Das Unterhaltsrecht
in der
familienrichterlichen Praxis

Die neuere Rechtsprechung des Bundesgerichtshofs
und die Leitlinien der Oberlandesgerichte zum Unterhaltsrecht
und zum Verfahren in Unterhaltsprozessen

Begründet von

Philipp Wendl und Siegfried Staudigl

7., völlig überarbeitete und erweiterte Auflage

von

RiBGH **Hans-Joachim Dose**, Karlsruhe
VRiOLG a. D. **Dr. Peter Gerhardt**, München
RiOLG a. D. **Werner Gutdeutsch**, Ebersberg
RA, FA für Familien- und Steuerrecht **Jürgen Kemper**, Überlingen
RiBGH **Dr. Frank Klinkhammer**, Karlsruhe
VRiOLG a. D. **Dieter Pauling**, Grafing
VRiOLG **Dietrich Schmitz**, Celle
VRiOLG a. D. **Harald Scholz**, Ratingen

Verlag C. H. Beck München 2008

Zitiervorschlag:

Wendl / Bearbeiter – z. B.
Wendl / Schmitz Unterhaltsrecht, § 10 Rn. 119

Verlag C. H. Beck im Internet:
beck.de

ISBN 978 3 406 56381 2

© 2008 Verlag C. H. Beck oHG
Wilhelmstraße 9, 80801 München

Satz und Druck: Druckerei C. H. Beck, Nördlingen
(Adresse wie Verlag)

Gedruckt auf säurefreiem, alterungsbeständigem Papier
(hergestellt aus chlorfrei gebleichtem Zellstoff)

Vorwort zur 7. Auflage

Der Höhenflug des Wendl/Staudigl hat auch seit dem Erscheinen der 6. Auflage angehalten; das Standardwerk zum Unterhaltsrecht musste trotz der erheblich angestiegenen Auflage nachgedruckt werden, um die Nachfrage befriedigen zu können. Die Neuauflage war zunächst für Mitte 2007 geplant, da das Unterhaltsrechtsänderungsgesetz noch im Jahre 2006 verabschiedet werden und zum 1. 4. 2007 in Kraft treten sollte. Das Gesetzgebungsverfahren verzögerte sich jedoch aus verschiedenen Gründen. Das Gesetz wurde erst am 27. 12. 2007 im Bundesgesetzblatt verkündet und trat bereits am 1. 1. 2008 in Kraft. Obwohl die Praxis sich innerhalb kürzester Zeit auf die bedeutsamen Änderungen des Unterhaltsrechts einstellen musste, haben Autoren und der Verlag bewusst darauf verzichtet, die 7. Auflage auf Kosten der Gründlichkeit schon kurze Zeit nach dem Inkrafttreten des Gesetzes erscheinen zu lassen. Sie hielten es für richtig, vor Abschluss der Manuskriptarbeiten die Verabschiedung des Gesetzes durch das Parlament und die Veröffentlichung der Düsseldorfer Tabelle sowie der Leitlinien der Oberlandesgerichte abzuwarten. So ist das Handbuch allenthalben auf dem neuesten Stand. Es berücksichtigt – im Gegensatz zu manchem Werk der Konkurrenz – die neuen Unterhaltstabellen auch in den zahlreichen Rechenbeispielen, die ein besonderes Merkzeichen des Buches sind. Die Rechtsprechung ist bis Anfang März 2008 ausgewertet; einige wichtige, erst später veröffentlichte Entscheidungen konnten noch während der Druckarbeiten nachgetragen werden.

Das Unterhaltsrechtsänderungsgesetz führt zu tief greifenden Eingriffen in die Struktur des Unterhaltsrechts, die naturgemäß umfangreiche Änderungen und Ergänzungen der bisherigen Kommentierung, an einigen Stellen sogar eine Neubearbeitung erforderlich machten. Dies betrifft zunächst den neu eingeführten Mindestunterhalt minderjähriger Kinder, den Vorrang des Unterhalts minderjähriger und privilegierter volljähriger Kinder und die bedarfsdeckende Anrechnung des Kindergeldes. Auch der Ehegattenunterhalt war eingehend zu überarbeiten, da die Eigenverantwortung des (geschiedenen) Ehegatten für seinen Unterhalt (§§ 1569, 1574, 1578 b BGB) erheblich an Bedeutung gewonnen hat. Ferner wirkt sich die weitgehende Angleichung des Betreuungsunterhalts verheirateter und nicht verheirateter Elternteile (§§ 1570, 1615 l BGB) an zahlreichen Stellen auf den Text des Handbuches aus.

Besondere Bedeutung für die Praxis dürfte der gründlich überarbeitete § 5 „Rangverhältnisse und Mangelfälle" gewinnen. Der Vorrang des Unterhalts minderjähriger und privilegierter volljähriger Kinder führt dazu, dass es eine Mangelverteilung zwischen diesen Kindern und dem Ehegatten des Schuldners nicht mehr geben wird. Vielmehr kann es, wenn nach Befriedigung dieser Kinder noch Mittel zur Verfügung stehen, zu einer Mangelverteilung im 2. oder 3. Rang, insbesondere zwischen gleichrangigen Ehegatten, aber auch zwischen volljährigen Kindern kommen.

Auch die Bedeutung der Ansprüche auf Betreuungsunterhalt nach § 1615 l BGB und des Unterhalts eingetragener Lebenspartner hat zugenommen. Die Ausführungen hierzu wurden deshalb aus dem früheren § 6 ausgegliedert und in den neuen § 7 überführt.

In der 6. Auflage konnte die damals gerade verabschiedete Reform des Sozialrechts durch das Vierte Gesetz für moderne Dienstleistungen am Arbeitsmarkt und das Gesetz zur Einordnung des Sozialhilferechts in das Sozialgesetzbuch nur kurz erwähnt, aber nicht näher behandelt werden. Die Neuauflage behandelt diese wichtige Thematik nunmehr in § 8, einem eigenen Hauptabschnitt. Die Reform der Sozialhilfe einschließlich der Grundsicherung im Alter und bei Erwerbsminderung sowie die Einführung einer Grundsicherung für Arbeitsuchende durch das Arbeitslosengeld II sind dort eingehend dargestellt. Dabei wurde insbesondere auf den Bezug der sozialrechtlichen Vorschriften zum Unterhaltsrecht geachtet.

Die Rechtsfragen bei Auslandsberührungen werden nunmehr in § 9 (bisher: § 7) erörtert. Neu aufgenommen ist das Unterhaltsrecht der Länder England und Wales, Finnland, Irland und Schottland. Damit liegen inzwischen insgesamt 27 Darstellungen des nationalen Unterhaltsrechts vor. Auch die Änderungen der europäischen Verordnungen und internationalen

Vorwort

Vereinbarungen sowie die neue Rechtsprechung zum internationalen Kollisionsrecht und zur Anerkennung ausländischer Entscheidungen sind berücksichtigt.

Die Darstellung des Verfahrensrechts (nunmehr § 10) wurde grundlegend neu bearbeitet und unter Berücksichtigung der neuesten höchstrichterlichen Rechtsprechung erheblich erweitert. Hervorzuheben sind hier insbesondere die Kommentierung des Rechtsmittelrechts einschließlich der Anschlussberufung, des einstweiligen Rechtsschutzes, der Vertretung des minderjährigen Kindes (§ 1629 BGB) und die Erläuterung der Übergangsvorschrift des § 36 Nr. 1 EGZPO.

Schließlich sei auf die umfassende Neubearbeitung und wesentliche Erweiterung des Abschnitts „Unterhalt und Einkommensteuer" hingewiesen, der der zunehmenden Bedeutung des Steuerrechts für die Unterhaltsbemessung Rechnung trägt.

Die Zeit seit Erscheinen der 6. Auflage ist nicht nur durch Gesetzesänderungen, sondern auch durch zahlreiche bedeutsame Entscheidungen des Bundesgerichtshofs und des Bundesverfassungsgerichts gekennzeichnet. Sie betreffen insbesondere den Elternunterhalt, die Inhaltskontrolle von Eheverträgen, die Anwendung der Differenzmethode, die Ausgestaltung und die Dauer des Unterhaltsanspruchs nach § 1615 l Abs. 2 Satz 3 BGB, die Obliegenheit zur Einleitung einer Verbraucherinsolvenz, den Wohnvorteil, die Berücksichtigung einer zusätzlichen Altersvorsorge, den Ausbildungsunterhalt volljähriger Kinder, die Hausmannrechtsprechung, die Berücksichtigung des Splittingvorteils und des Realsplittings beim Ehegatten- und Kindesunterhalt, die Begrenzung und Befristung des nachehelichen Unterhalts sowie die Bemessung der ehelichen Lebensverhältnisse. Alle Autoren haben sich bemüht, diese Entscheidungen und ihre Bedeutung für die Praxis darzustellen, sie aber ggf. auch kritisch zu hinterfragen.

Eine Besonderheit des Handbuchs ist der Rechtsprechungsanhang R, in dem die wichtigsten Entscheidungen des Bundesgerichtshofs und des Bundesverfassungsgerichts in Auszügen abgedruckt sind. Manchem Leser mag dieser Anhang im Zeitalter der juristischen Datenbanken als überholt vorkommen. Wir wissen jedoch, dass gerade dieser Teil des Handbuchs von vielen Nutzern sehr geschätzt wird. Auch für diese Auflage musste der Anhang kritisch durchgesehen werden: Entscheidungen vor 1990 sind daher nur noch ausnahmsweise abgedruckt. Dafür wurden aus der Zeit von Mai 2003 bis einschließlich 5. März 2008 insgesamt 97 neue Grundsatzentscheidungen mit ihrem wesentlichen Inhalt – aufgegliedert und mit Zwischenüberschriften versehen – in den Teil R aufgenommen.

Im Autorenteam haben sich erneut bedeutsame Veränderungen ergeben. Frank Klinkhammer, der ab Juni 2008 dem Familiensenat des Bundesgerichtshofs angehören wird, ist neu eingetreten und hat einen Teil des Pensums von Harald Scholz übernommen. Das Verfahrensrecht wird nunmehr von Dietrich Schmitz bearbeitet. Wolfgang Thalmann, dem wir für seine bisherige Arbeit herzlich danken, ist gesundheitsbedingt aus dem Autorenkreis ausgeschieden. Die weiteren Autoren, Hans-Joachim Dose, Peter Gerhardt, Werner Gutdeutsch, Jürgen Kemper, Dieter Pauling und Harald Scholz haben erneut ihre große familienrechtliche Erfahrung in die Neuauflage eingebracht.

Wir Autoren danken erneut für die zahlreichen Hinweise, die uns aus dem Kreis der Leser erreicht haben, und bitten darum, auch die Neuauflage kritisch zu begleiten. Unseren Frauen, die unter der zeitraubenden Autorentätigkeit besonders leiden mussten, danken wir herzlich für die Geduld und das Verständnis, das sie uns entgegen gebracht haben. Dank gilt auch den Mitarbeiterinnen und Mitarbeitern des Lektorats für die Koordinierung und verständnisvolle Unterstützung unserer Arbeit.

Im Mai 2008

Die Autoren

Hinweise für die Benutzung der 7. Auflage

Die Gerichtsentscheidungen sind dann mit Fundstellen aus den Zeitschriften FamRZ und NJW zitiert, wenn sie nicht (auszugsweise) im Anhang R abgedruckt wurden; andernfalls ist eine Fundstelle und der Verweis auf die Ziffer im Teil R angegeben. Bei den Seitenangaben erfolgt eine Angabe der Folgeseiten nur dann, wenn sich die konkret zitierte Stelle weder auf der ersten noch auf der zweiten Seite der zitierten Entscheidung befindet.

Rund 300 der wichtigsten Entscheidungen des BGH und des Bundesverfassungsgerichts sind im **Rechtsprechungsanhang R** auszugsweise enthalten. Dieser Anhang bildet eines der konzeptionellen Merkmale des Handbuches und soll es dem Praktiker ermöglichen, zentrale Passagen aus der Judikatur sofort nachzuschlagen. Eine Umfrage unter Beziehern der 3. Auflage hatte ja ergeben, dass dieser Rechtsprechungsteil sehr geschätzt wird. Sein Umfang hat sich in der 7. Auflage verringert, da durch die Entwicklung in der neuesten Rechtsprechung einige ältere, in den Fußnoten nicht mehr zitierte Entscheidungen gestrichen werden konnten. Insgesamt 97 neue wichtige Entscheidungen aus den letzten Jahren wurden nachgetragen. Die Nummerierung dieser Entscheidungsauszüge (R 1–R 692) weist deshalb Lücken auf; sie enthält auch zusätzliche Entscheidungen, die innerhalb der fortlaufenden Zählung mit Großbuchstaben gekennzeichnet sind (etwa R 528 A) – dies ist dadurch verursacht, dass die Entscheidungen nach dem Datum sortiert sind und einige ältere Entscheidungen nachträglich eingefügt wurden. Einen schnellen Überblick bietet die am Ende des Anhangs R abgedruckte Konkordanzliste.

Damit der Umfang der Neuauflage nicht so groß wird, wurde auch bei dieser Auflage auf den Abdruck der meisten unterhaltsrechtlichen Tabellen und Leitlinien verzichtet, zumal diese in einer Beilage zur NJW sowie durch die Veröffentlichungen in der FamRZ allen Praktikern leicht zugänglich sind. Der **Anhang D** enthält deshalb nur noch die aktuelle Fassung der Düsseldorfer Tabelle.

Die Randnummern sind in jedem der 10 Hauptparagraphen durchgezählt. An verschiedenen Stellen befinden sich Lücken in der Randnummernzählung; diese sollen Platz für Erweiterung der entsprechenden Kommentierungsabschnitte in späteren Auflagen bieten, ohne dass dann die bisher vorhandene Randnummernzählung geändert werden müsste. **Querverweisungen** innerhalb eines Hauptkapitels geben nur die jeweilige Randnummer an, bei einer Verweisung auf eine Stelle in einem anderen Hauptkapitel ist zusätzlich auch der Paragraph angegeben (Beispiel: vergleiche eingehend Rn. 1/393).

Paragraphen sind grundsätzlich wie folgt zitiert: § 1361 IV 3 BGB – die römischen Ziffern bezeichnen also die Absätze der einzelnen Paragraphen, die arabischen Zahlen die Sätze der einzelnen Absätze.

Da sich dieses Handbuch schon von seiner Konzeption her schwerpunktmäßig mit der Rechtsprechung – insbesondere der des Bundesgerichtshofes – auseinandersetzt, wurde auf ein Literaturverzeichnis bewusst verzichtet. Einschlägige Literatur ist in den Fußnoten nachgewiesen.

Inhaltsübersicht

Inhaltsverzeichnis

§ 1 Die Ermittlung des unterhaltsrechtlich relevanten Einkommens

Inhalt

Inhalt

Inhalt

Inhalt

Inhalt

Inhalt

§ 2 Kindes-, Eltern- und sonstiger Verwandtenunterhalt

A. Kindesunterhalt

1. Abschnitt: Grundlagen

2. Abschnitt: Bedürftigkeit des Kindes

Inhalt

Inhalt

Inhalt

§ 3 Familienunterhalt

§ 4 Ehegattenunterhalt

A. Allgemeines zur Struktur des Anspruchs

B. Einzelne Ansprüche und Unterhaltsverhältnis

1. Abschnitt: Der Trennungsunterhalt

Inhalt

Inhalt

§ 5 Rangverhältnisse und Mangelfälle

Inhalt

§ 6 Sonderfragen

1. Abschnitt: Selbstständige Bestandteile des Unterhaltsanspruchs

2. Abschnitt: Unterhalt für die Vergangenheit

§ 7 Unterhalt zwischen nicht verheirateten Eltern und zwischen Lebenspartnern

1. Abschnitt: Ansprüche der Mutter oder des Vaters eines nichtehelichen Kindes gegen den anderen Elternteil und damit zusammenhängende Ansprüche

2. Abschnitt: Unterhaltsansprüche zwischen eingetragenen Lebenspartnern

§ 8 Unterhalt und Sozialleistungen

1. Abschnitt: Das Verhältnis von Sozial- und Unterhaltsrecht

Inhalt

Inhalt

Inhalt

§ 10 Verfahrensrecht

Inhalt

Inhalt

Abkürzungsverzeichnis

AVAG .... Anerkennungs- und Vollstreckungsausführungsgesetz vom 30. 5. 1988 (BGBl. I 662)

AUG .... Auslandsunterhaltsgesetz vom 19. 12. 1986 (BGBl. I 2563)

AuR .... Agrar- und Umweltrecht (Zeitschrift)

BL .... Unterhaltsrechtliche Leitlinien der Familiensenate des Kammergerichts Berlin

BraL .... Unterhaltsleitlinien des OLG Brandenburg

BrauL .... Leitlinien des OLG Braunschweig

BrL .... Leitlinien zum Unterhaltsrecht der Familiensenate des Hanseatischen OLG in Bremen

CL .... Unterhaltsrechtliche Leitlinien des OLG Celle

DL .... Leitlinien zum Unterhalt, herausgegeben von den Senaten für Familiensachen des OLG Düsseldorf

DrL .... Unterhaltsleitlinien des OLG Dresden

DT .... Düsseldorfer Tabelle

EuGVÜ .... Europäisches Übereinkommen über die gerichtliche Zuständigkeit und Vollstreckung gerichtlicher Entscheidungen in Zivil- und Handelssachen

FGB .... Familiengesetzbuch der ehemaligen DDR

FL .... Unterhaltsgrundsätze des OLG Frankfurt am Main

HaL .... Unterhaltsrechtliche Grundsätze der Familiensenate des Hanseatischen OLG Hamburg

HL .... Leitlinien zum Unterhaltsrecht der Familiensenate des OLG Hamm

HÜÜ 73 .... Haager Übereinkommen über das auf Unterhaltspflichten anwendbare Recht vom 2. 10. 1973

HUVÜ 73 .... Haager Übereinkommen über die Anerkennung und Vollstreckung von Unterhaltsentscheidungen vom 2. 10. 1973

IPR .... Internationales Privatrecht

IZPR .... Internationales Zivilprozessrecht

KL .... Unterhaltsrichtlinien der Familiensenate des OLG Köln

KobL .... Unterhaltsleitlinien des OLG Koblenz

NaL .... Unterhaltsleitlinien des OLG Naumburg

OL .... Unterhaltsrechtliche Leitlinien der Familiensenate des OLG Oldenburg

RL .... Unterhaltsrechtliche Grundsätze des OLG Rostock zum Kindesunterhalt

SaL .... Unterhaltsrechtliche Leitlinien des Saarländischen OLG

SchL .... Unterhaltsrechtliche Leitlinien des Schleswig-Holsteinischen OLG

SL (SüdL) .... Süddeutsche Leitlinien

ThL .... Unterhaltsrechtliche Leitlinien der Familiensenate des Thüringer OLG

Im Übrigen gilt das Abkürzungsverzeichnis der FamRZ.

§ 1 Die Ermittlung des unterhaltsrechtlich relevanten Einkommens

1. Abschnitt: Überblick und Grundlagen

I. Der Unterhaltsanspruch

1. Unterhaltsberechtigungen

Gegenstand des vorliegenden Buches sind die auf Ehe oder Lebenspartnerschaft, Ver- **1** wandtschaft und gemeinsamer Elternschaft beruhenden Unterhaltsansprüche. Wer nicht in der Lage ist, für sich selbst aufzukommen, ist auf fremde Hilfe angewiesen. Nach dem Subsidiaritätsprinzip (s. Rn. 8/7 ff.) sind dafür in erster Linie die im Gesetz vorgesehenen Unterhaltspflichtigen zuständig. Für Ansprüche innerhalb der Familie enthält das deutsche Unterhaltsrecht jedoch **keine Generalklausel**, die den Kreis der Berechtigten und Verpflichteten festlegt. So wird Geschwistern, Onkeln, Tanten, Nichten, Neffen, Vettern und Cousinen kein Unterhalt geschuldet. Ausgehend von drei Grundverhältnissen, nämlich der Ehe oder Lebenspartnerschaft, der Verwandtschaft in gerader Linie und gemeinsamer Elternschaft regelt das Gesetz bestimmte Unterhaltstatbestände und legt fest, wer in welchem Umfang unterhaltsberechtigt und unterhaltsverpflichtet ist.

Der Unterhaltsanspruch **minderjähriger Kinder** beruht auf den §§ 1601 ff. BGB. Die **1 a** Eltern trifft ihnen gegenüber nach § 1603 II 1 eine gesteigerte Unterhaltspflicht (Rn. 2/247). Der Elternteil, der das Kind betreut, erfüllt in der Regel allein dadurch seine Unterhaltspflicht (§ 1606 III 2 BGB). Der Barunterhalt wird dann in voller Höhe vom anderen Elternteil geschuldet (vgl. Rn. 2/282 ff.). Der Unterhalt minderjähriger Kinder wird in § 2 A Abschnitte 1–5, 7 und 8 (Rn. 2/1 ff., 193 ff.) behandelt. Zu den früheren Besonderheiten des Kindesunterhalts in den neuen Bundesländern s. Rn. 2/207 a, 210 a, 212 f.

Der Unterhalt **volljähriger Kinder** richtet sich ebenfalls nach §§ 1601 ff. BGB und ist daher mit dem Unterhalt der minderjährigen Kinder identisch (Rn. 2/17). Die Eltern haften nach § 1606 III 1 BGB ab Eintritt der Volljährigkeit anteilig nach ihren Einkommens- und Vermögensverhältnissen für den Barunterhalt (vgl. Rn. 2/334). Wegen des Wegfalls der gesteigerten Unterhaltspflicht gegenüber nicht privilegierten volljährigen Kindern (§ 1603 II 2 BGB) und ihres Nachrangs (§ 1609 Nr. 4 BGB) wird ihnen ein höherer Selbstbehalt zugestanden (Rn. 2/417). Im Mangelfall haben Unterhaltsansprüche der Ehegatten und minderjähriger sowie privilegierter volljähriger Kinder nach § 1609 Nr. 1–3 BGB Vorrang (Rn. 2/429 f.). Der Unterhalt volljähriger Kinder wird in § 2 A Abschnitt 1–4 und 6–8 (Rn. 2/1 und 2/330) behandelt. Zu den früheren Besonderheiten in den neuen Bundesländern s. Rn. 2/369 a, 420.

Auch der Unterhaltsanspruch von **Eltern gegen ihre Kinder** und die Unterhaltsansprü- **1 b** che von Verwandten in gerader Linie ab dem zweiten Grad beruhen auf den §§ 1601 ff. BGB. Bei diesen Ansprüchen wird auf den Eigenbedarf des Pflichtigen noch stärker Rücksicht genommen (s. Rn. 2/620). Insgesamt s. dazu § 2 B (Rn. 2/600).

Der **Familienunterhalt** nach §§ 1360 ff. BGB soll den gesamten Lebensbedarf der **1 c** Familie einschließlich des Bedarfs der Kinder bei bestehender Lebensgemeinschaft sichern. Er ist nicht auf eine Geldrente gerichtet, sondern auf Bedarfsbefriedigung durch häusliche Arbeitsleistungen und finanzielle Beiträge. Dieser Anspruch wird in § 3 behandelt (Rn. 3/1). Der Anspruch ist nur ausnahmsweise in Geld zu berechnen, wenn über gleich- oder nachrangige Ansprüche Dritter (z. B. der Eltern eines Ehegatten oder Kinder aus erster Ehe) zu befinden ist (vgl. Rn. 3/2).

Der Unterhalt **getrennt lebender Ehegatten** nach § 1361 BGB ist durch Zahlung einer Geldrente zu leisten (§ 1361 IV 1 BGB), weil jetzt die häusliche Gemeinschaft aufgelöst ist. Der Anspruch auf Trennungsunterhalt ist weder mit dem Familienunterhalt noch mit dem Anspruch auf nacheheliche Unterhalt identisch (Rn. 4/14). Der in der Ehe bisher nicht erwerbstätige Ehegatte wird in § 1361 II BGB besonders geschützt (s. Rn. 4/16). Der Trennungsunterhalt wird im 1. Abschnitt des § 4 B (Rn. 4/2 ff.) behandelt.

Der Unterhalt **geschiedener Ehegatten** nach §§ 1569 ff. BGB betrifft die Zeit nach Rechtskraft der Scheidung. Es handelt sich dabei um einen neuen, eigenständigen Anspruch. Jetzt wirkt sich aus, dass die Verantwortung der Eheleute füreinander nach der Scheidung nur noch in abgeschwächter Form vorhanden ist. Ein Anspruch besteht nur, wenn der Berechtigte nach der Scheidung nicht selbst für seinen Unterhalt sorgen kann (§ 1569 BGB). Das ist der Fall, solange und soweit

- von dem Bedürftigen wegen
  - Kinderbetreuung (§ 1570 BGB; Rn. 4/64 f.),
  - Alters (§ 1571 BGB; Rn. 4/88 f.) oder
  - Krankheit oder Gebrechen (§ 1572 BGB; Rn. 4/96 f.)
  eine Erwerbstätigkeit nicht erwartet werden kann,
- der Bedürftige keine angemessene Erwerbstätigkeit zu finden vermag (§ 1573 I BGB; Rn. 4/104, 131),
- die Einkünfte aus einer angemessenen Erwerbstätigkeit zum vollen Unterhalt nach § 1578 BGB nicht ausreichen (Aufstockungsunterhalt; § 1573 II BGB; Rn. 4/122),
- der Bedürftige zur Erlangung einer angemessenen Erwerbstätigkeit einen Ausbildungs- bedarf hat (§ 1575 BGB; Rn. 4/147) oder
- aus sonstigen schwerwiegenden Gründen die Versagung von Unterhalt grob unbillig wäre (§ 1576 BGB; Rn. 4/160).

Der nacheheliche Unterhalt wird im 2. Abschnitt von § 4 B (Rn. 4/42) behandelt.

Wurde die Ehe in den alten Bundesländern **vor dem 1. 7. 1977 geschieden,** gilt nach Art. 12 Nr. 3 II 1 des 1. EheRG noch das frühere verschuldensabhängige Unterhaltsrecht (§§ 58 f. EheG). Die Düsseldorfer Tabelle[1] sieht in B II 1 dazu folgende Regeln vor:

- Bei Ansprüchen nach §§ 58, 59 EheG wird Unterhalt in gleicher Höhe geschuldet, wie er nach dem neuen Recht zu zahlen wäre.
- Bei Ansprüchen nach § 60 EheG ist in der Regel die Hälfte des nach den §§ 58, 59 geschuldeten Unterhalts zu zahlen.
- Bei Ansprüchen nach § 61 EheG entscheidet die Billigkeit. Obergrenze ist der nach §§ 59, 60 EheG geschuldete Unterhalt.

Diese Regelung erscheint sachgerecht und wird, soweit ersichtlich, auch überall so praktiziert.[2]

Für Unterhaltsansprüche von Ehegatten, die vor dem 3. 10. 1990 in der früheren DDR geschieden worden sind, ist nach Art. 234 § 5 EGBGB noch das FGB-DDR maßgeblich. Diese Ansprüche sind zuletzt in der 5. Auflage im 8. Abschnitt von § 6 ab Rn. 6/650 behandelt worden.

Nach § 1313 BGB kann eine fehlerhaft zustande gekommene Ehe durch ein Gestaltungs- urteil mit Wirkung ex nunc aufgehoben werden.[3] Der Unterhalt von Ehegatten, deren **Ehe aufgehoben** wurde folgt grundsätzlich den Vorschriften über den nachehelichen Unterhalt (§ 1318 I BGB). Unterhalt steht nach § 1318 II BGB uneingeschränkt allerdings nur dem hinsichtlich des Aufhebungsanspruches gutgläubigen Ehegatten zu. Wer die Aufhebbarkeit kannte, kann Unterhalt nur verlangen, wenn auch der andere bösgläubig war. Die Interessen gemeinsamer Kinder haben jedoch Vorrang.

1 d   **Elternschaftsunterhalt.** Sind oder waren die Eltern eines Kindes nicht miteinander verheiratet, gewährt § 1615 l BGB Unterhaltsansprüche für den betreuenden Elternteil. Dieser Betreuungsunterhalt, der in § 7 näher behandelt wird, hat seine Wurzel in der gemeinsamen Elternschaft. Für die Dauer des Mutterschutzes hat der Vater der Mutter

---

[1] Abgedruckt im Anhang D
[2] Vgl. BGH FamRZ 2006, 317
[3] Vgl. BGH, FamRZ 1967, 562; OLG Frankfurt FamRZ 2002, 705

Unterhalt zu leisten, weil sie in dieser Zeit nicht in der Lage ist, für ihren Unterhalt selbst zu sorgen (§ 1615 l I BGB). Der daran anschließende Unterhaltsanspruch für die Dauer von wenigstens drei Jahren ab der Geburt des Kindes[4] soll dem berechtigten Elternteil die notwendige Erziehung des gemeinsamen Kindes ermöglichen.

2. Struktur des Unterhaltsanspruchs

Der Unterhaltsanspruch unterscheidet sich grundlegend von allen anderen auf Zahlung **2** einer Geldsumme gerichteten Ansprüchen dadurch, dass für den jeweiligen Unterhaltszeitraum beim Verpflichteten immer auch seine **Leistungsfähigkeit,** beim Berechtigten auch dessen **Bedürftigkeit** vorliegen muss. Während es bei schuldrechtlichen Ansprüchen auf diese Zusatzfragen nicht ankommt, stehen sie im Unterhaltsrecht im Vordergrund aller Streitigkeiten. Zunächst sind daher stets die Einkommens- und Vermögensverhältnisse auf beiden Seiten sorgfältig zu klären. In der Regel sind sie auch für die Höhe des Unterhalts maßgeblich, die nur in Ausnahmefällen unabhängig vom Einkommen des Verpflichteten festgelegt wird (Rn. 2/8, 2/368, 4/366 ff.).

Der Unterhaltsanspruch wird nicht als Einheit gesehen sondern entsteht für jeden Zeitabschnitt neu, in dem seine Voraussetzungen vorliegen. Wegen der monatlichen Zahlungsweise (§ 1361 IV 2, § 1585 I 2, § 1612 III 1 BGB) geschieht dies also von Monat zu Monat. Deshalb schafft ein klagabweisendes Urteil keine Rechtskraft für die Zukunft, so dass eine neue Leistungsklage für spätere Zeiträume nicht an die Voraussetzungen des § 323 ZPO gebunden ist.[5] Für die einzelnen Unterhaltsrechtsverhältnisse gibt es zum Teil gemeinsame Regeln, etwa auf dem Gebiet der Einkommensermittlung (Rn. 1/8 ff.), zum Teil bestehen aber auch ganz erhebliche Unterschiede, die auf die verschiedenen Unterhaltstatbestände zurückzuführen sind. Das gilt vor allem für die Höhe des Unterhalts, die Dispositionsfreiheit der Parteien, die Verwirkung usw.

3. Prüfungsschema

Wegen der Abhängigkeit des Unterhaltsanspruches von den beiderseitigen Einkommens- **2 a** und Vermögensverhältnissen ist bei der rechtlichen Beurteilung stets das Folgende **Prüfungsschema** zu beachten:
* Ist der Tatbestand einer **konkreten Anspruchsgrundlage** (Unterhaltsanspruchsnorm, §§ 1601, 1360 f., 1361, 1569 ff., 1615 l BGB) erfüllt?
* Wie hoch ist der **Bedarf des Berechtigten** (= Bedarfsstufe)? Die Höhe bestimmt sich nach den konkreten Lebensverhältnissen, wie sie sich aus den Einkommens- und Vermögensverhältnissen der Parteien ergeben (Rn. 2/205, 2/364, 368, 4/166, 172).
* Ist der **Berechtigte** in Höhe seines Bedarfs auch bedürftig, d. h. kann er seinen Bedarf nicht auch ganz oder jedenfalls teilweise durch eigene Einkünfte decken (= Stufe der Bedürftigkeit)?
* Ist der **Verpflichtete** in dieser Höhe ohne Beeinträchtigung seines (notwenigen, eheangemessenen[6] oder angemessenen) eigenen Bedarfs auch leistungsfähig (= Leistungsstufe, Prüfung der Leistungsfähigkeit)?[7]
* Bestehen für den konkreten Fall weitere für oder gegen den Unterhaltsanspruch sprechende Voraussetzungen oder sonstige Besonderheiten? Dabei handelt es sich im Wesentlichen um
  - die Begrenzung und Befristung des Unterhalts (vgl. Rn. 4/578 f.),
  - die Verwirkung (vgl. Rn. 2/626 f., 4/596 f.),
  - den Verzug (vgl. Rn. 6/115 f.),
  - die Rückforderung (vgl. Rn. 6/200 f.),

---

[4] BGH, FamRZ 2006, 1362 = R 656 a; vgl. auch BT-Drucksache 16/1830 S. 30 ff.
[5] BGH, FamRZ 2005, 101 = R 620
[6] BGH, FamRZ 2006, 683
[7] Zur Verbraucherinsolvenz vgl. Rn. 1/652 ff.

- die Aufrechnung (Rn. 6/300 f.),
- die Mangelverteilung (vgl. Rn. 5/1 ff.),
- die Rangfolge (vgl. Rn. 5/102 ff.) und
- den Unterhaltsanspruch bei Gütergemeinschaft (Rn. 6/400 ff.).

- Abschließend ist das Ergebnis nach den jeweiligen Umständen des Einzelfalles stets auf seine Angemessenheit und Ausgewogenheit hin zu überprüfen, und zwar gleichgültig, ob es sich um einen so genannten Mangelfall handelt[8] oder nicht.[9]

4. Höhe des Unterhalts und Zahlungsweise

2 b • Beim Ehegattenunterhalt richtet sich die Höhe gemäß §§ 1361 I, 1578 BGB nach den **ehelichen Lebensverhältnissen**. Dieser Begriff umschreibt somit eine zentrale Frage des Unterhaltsrechts. Zwar besteht auch nach der neuesten Rechtsprechung des BGH zur Anrechnungs- und Differenzmethode[10] Übereinstimmung, dass sich der Unterhalt in der Regel nach einer Quote dieser ehelichen Lebensverhältnisse bemisst. Maßgeblich für die Bemessung der ehelichen Lebensverhältnisse sind aber nicht nur die Bareinkünfte, die während der Ehe zur Deckung des Lebensbedarfs zur Verfügung standen, sondern auch Haushalts- und Kinderbetreuungsleistungen des nicht erwerbstätigen Ehegatten (Rn. 4/30 ff., 172 ff., 184 a ff., 359 ff.).

• Beim Unterhalt minderjähriger und ihnen gleichgestellter privilegierter volljähriger Kinder (§ 1603 II BGB)[11] richtet sich die Lebensstellung (§ 1610 I BGB) nach dem Einkommen des Verpflichteten und die Höhe des Unterhalts nach den im jeweiligen OLG-Bezirk geltenden Tabellen und Leitlinien (s. unten Rn. 7), die sich durchweg den Werten der Düsseldorfer Tabelle anschließen (Rn. 2/122 f., 364 ff.). Volljährige Kinder mit eigener Wohnung haben demgegenüber eine eigene Lebensstellung, weswegen die Rechtsprechung für sie von festen Bedarfssätzen ausgeht (Rn. 2/366, 368 ff.).[12]

• Bei den Unterhaltsansprüchen sonstiger Verwandter richtet sich die Höhe nach der Lebensstellung des Bedürftigen und der Leistungsfähigkeit des Berechtigten[13] (s. Rn. 2/612 und 2/616).

• Beim Unterhalt wegen gemeinsamer Elternschaft kommt es ebenfalls auf die Lebensstellung des Berechtigten an (Rn. 7/1 ff.), weil § 1615 l III 1 BGB auf den Verwandtenunterhalt (§ 1610 I BGB) verweist.[14] Diese richtet sich grundsätzlich nach dem Einkommen, das der Berechtigte ohne die Geburt des Kindes zur Verfügung hätte. Allerdings ist schon der Unterhaltsbedarf durch den Halbteilungsgrundsatz begrenzt.[15] Die Leistungsfähigkeit ist wie beim Ehegattenselbstbehalt durch einen Betrag begrenzt, der zwischen dem notwendigen und dem angemessenen Selbstbehalt liegt.[16]

In der Regel wird eine monatlich im Voraus fällige Geldrente – also **Barzahlung** – geschuldet; §§ 1361 IV, 1585 I, 1612 I und III BGB. **Fällig** ist der Unterhaltsanspruch danach ab dem konkreten Tag, von dem ab Unterhalt geschuldet wird. Der Familien-, Kindes-, Trennungs- und nacheheliche Unterhalt wird nach der für diese Berechtigten maßgeblichen Regelung in § 1613 I 2 BGB (vgl. auch §§ 1361 IV 4, 1360 a III BGB) stets schon mit dem Ersten des Monats geschuldet, in dem Auskunft verlangt wurde, Verzug entstand oder Rechtshängigkeit eingetreten ist, sofern der Anspruch dem Grunde nach

---

[8] BGH, FamRZ 2006, 26 = R 637 a; 2005, 354 = R 624; 2003, 363 mit Anm. Scholz FamRZ 2003, 514

[9] BGH, FamRZ 2005, 1154 = R 630 a; 2000, 1492 = R 546 c; 1987, 456, 459

[10] BGH, FamRZ 2005, 1979 = R 640 d; 2005, 1154 = R 630 e; 2004, 1173; 2003, 848; 2001, 986 = R 563

[11] Vgl. insoweit BGH, FamRZ 2006, 99 = R 641 a

[12] BGH, FamRZ 2007, 542, 543; 2006, 99, 100 = R 641 a

[13] BGH, FamRZ 2006, 26 = R 637 a; 2004, 795 = R 606 c; 2004, 792 = R 605 b, d; 2003, 1179; 2002, 1698 = R 580 c

[14] Vgl. BGH, FamRZ 1998, 541 = R 520

[15] BGH, FamRZ 2005, 442 = R 625 b

[16] BGH, FamRZ 2005, 354 = R 624; 2005, 357

bestand. Das gilt seit der Änderung des § 1585 b II BGB durch das Unterhaltsrechtsänderungsgesetz seit dem 1. Januar 2008 auch für den nachehelichen Unterhalt (s. Rn. 6/100 f.). Die Zahlung des geschuldeten Unterhalts richtet sich nach § 270 BGB, weil auch die Unterhaltsschuld eine Geldschuld i. S. dieser Vorschrift ist.[17] Das Geld hat der Schuldner daher auf seine Kosten und seine Gefahr an den Gläubiger zu übermitteln. Es handelt sich somit um eine qualifizierte Schickschuld. Denn Leistungsort bleibt nach §§ 270 IV, 269 I BGB der Wohnsitz des Schuldners. Für die Rechtzeitigkeit der Leistung kommt es daher ausschließlich darauf an, ob das Geld rechtzeitig **abgesandt** wurde. Ein am Monatsersten fälliger Unterhalt ist somit spätestens an diesem Tag abzusenden.[18]

Unterhaltszahlungen erfolgen regelmäßig unbar durch **Kontoüberweisungen**. Da Barzahlung geschuldet wird, liegt hierin lediglich eine Leistung an Erfüllungs Statt. Dies kann zu Problemen führen, wenn der Unterhalt auf ein überzogenes Konto überwiesen wird und die Bank keine Verfügung über das Guthaben zulässt. War die Kontenüberweisung nicht vereinbart, muss der Unterhaltsverpflichtete ein zweites Mal zahlen.[19] Überweisungen auf ein Konto müssen daher vorher abgesprochen werden.

Mit der Umstellung der deutschen Währung von DM auf **Euro** (Art. 10, 15 EuroVO) ist **2 c** dieser gesetzliches Zahlungsmittel geworden. Alle Verträge und Vollstreckungstitel mit DM-Beträgen sind auf den Euro umgerechnet (Art. 14 EuroVO).[20] Dies ist nur eine **Währungsumstellung**. Die Werte bleiben unverändert, es kann daher nicht zu Äquivalenzänderungen kommen. Die Vertragskontinuität bleibt gewahrt.

5. Härteregelungen

Bei schuldhaften Verfehlungen des Unterhaltsberechtigten oder grober Unbilligkeit aus **2 d** anderen Gründen kann der Unterhalt ganz oder jedenfalls zum Teil entfallen. Beim Ehegattenunterhalt richtet sich dies nach §§ 1361 III, 1579 BGB (Rn. 4/37 ff., 4/596 ff.), beim Verwandtenunterhalt nach § 1611 BGB (Rn. 2/472 ff., 2/626 ff.). Daneben ist der nacheheliche Unterhalt unter Berücksichtigung aller Umstände des Einzelfalles, insbesondere ev. ehebedingter Nachteile, herabzusetzen oder zeitlich zu befristen, wenn ein an den ehelichen Lebensverhältnissen orientierter ungekürzter Unterhalt auch unter Berücksichtigung der Belange eines gemeinsamen Kindes unbillig wäre (§ 1578 b BGB; vgl. Rn. 4/578 ff.).

6. Unterhalt und Sozialhilfe

Nach § 19 I SGB XII (BSHG) ist Hilfe zum Lebensunterhalt „dem zu gewähren, der **2 e** seinen notwendigen Unterhalt nicht oder nicht ausreichend aus eigenen Kräften und Mitteln, vor allem aus seinem Einkommen und Vermögen, beschaffen kann". Diese Hilfe (= Sozialhilfe) ist jedoch nach § 2 SGB XII nachrangig.[21] Gesetzliche Ansprüche auf Unterhalt haben grundsätzlich Vorrang. Wird gleichwohl Sozialhilfe geleistet, weil der Unterhaltsschuldner seiner Verpflichtung nicht nachkommt, geht der Unterhaltsanspruch nach § 94 I SGB XII auf den Träger der Sozialhilfe über und kann dann von diesem durchgesetzt werden.[22] Die öffentlichen Leistungen sind aber dann nicht subsidiär sondern bedarfsdeckend, wenn sie eigene staatliche Aufgaben verfolgen. So sieht das Kinder- und Jugendhilferecht (SGB VIII) z. B. für Fälle der Heimunterbringung keinen Übergang des zivilrechtlichen Unterhaltsanspruches, sondern lediglich einen Anspruch auf einen öffentlich-rechtlichen Kostenbeitrag vor.[23] Das Verhältnis von Unterhalt und Sozialhilfe wird in Rn. 8/1 ff. näher behandelt (vgl. auch Rn. 83 zum ALG II).

---

[17] OLG Köln FamRZ 1990, 1243
[18] OLG Köln, FamRZ 1990, 1243; a. A. Palandt/Diederichsen, § 1612 Rn. 4 unter Hinweis auf AG Überlingen FamRZ 1985, 1143
[19] Vgl. OLG Hamm, FamRZ 1988, 499
[20] 1 Euro = 1,95583 DM
[21] BGH, FamRZ 2000, 1358, 1359 = R 543
[22] BGH; FamRZ 2005, 25; 2004, 1097 = R 610 (einschränkend)
[23] BGH, FamRZ 2007, 377, 378 f. = R 666 d

7. Gerichtliches Verfahren

2 f   Alle Unterhaltssachen sind Familiensachen. Nach § 23 a Nr. 2 und 3 GVG, § 23 b I Nr. 5, 6 und 13 GVG, § 621 I Nr. 4, 5 und 11 ZPO gehören sie zur ausschließlichen Zuständigkeit des Familiengerichts. Es gilt das Verfahrensrecht der ZPO. Unterhalt für ein minderjähriges Kind kann neben dem ordentlichen Verfahren wahlweise auch in einem stark vereinfachten Verfahren nach §§ 645 f. ZPO geltend gemacht werden (s. Rn. 10/321). Das gerichtliche Verfahren wird in § 10 behandelt (Rn. 10/1 ff.).

II. Zu den Tabellen und Leitlinien der Oberlandesgerichte

1. Die Bedeutung von Tabellen und Leitlinien in der Praxis

3   Weil das Gesetz zur Bestimmung des angemessenen Unterhalts keine festen Maßstäbe, sondern nur ausfüllungsbedürftige unbestimmte Rechtsbegriffe enthält, sind von den Oberlandesgerichten im Interesse einer Einheitlichkeit der Rechtsprechung der Instanzgerichte und der Rechtssicherheit (Berechenbarkeit gleich liegender typischer Fälle) Unterhaltstabellen und Leitlinien entwickelt worden. Für die Zeit ab dem 1. Juli 2003 haben sich die Oberlandesgerichte auf eine einheitliche Leitlinienstruktur[24] geeinigt und ihre Leitlinien auch inhaltlich weitgehend angeglichen. Die Tabellen und Leitlinien besitzen **keinen Rechtssatzcharakter** und keine einer Rechtsnorm vergleichbare Verbindlichkeit. Es handelt sich um Hilfsmittel, die der Richter zur Ausfüllung des unbestimmten Rechtsbegriffs „angemessener Unterhalt" verwendet, um eine möglichst gleichmäßige Behandlung gleichartiger Lebenssachverhalte zu erreichen. Im Abänderungsverfahren ist das Gericht wegen des fehlenden Rechtssatzcharakters nicht verpflichtet, die im Ersturteil herangezogenen Leitlinien oder Tabellen zugrunde zu legen. Es kann daher beim Ehegattenunterhalt ohne weiteres die Beteiligungsquote geändert oder von der Anrechnungsmethode zur Differenzmethode übergegangen werden, soweit dies sachlich veranlasst ist (Rn. 10/162 b).[25]

4   Die **Leitlinien** enthalten Hinweise zur Rechtsanwendung in Standardsituationen. Bei ihrer Anwendung muss der Tatrichter aber stets die gesetzlichen Vorgaben und die Besonderheiten des konkret zu entscheidenden Falles beachten.[26] Den Tabellen ist der konkret geschuldete Unterhalt bei feststehendem Einkommen zu entnehmen. Beim Kindesunterhalt hat sich die **Düsseldorfer Tabelle** (s. Rn. 2/209) bundesweit durchgesetzt. Sie beruht auf Koordinierungsgesprächen zwischen Richtern der Familiensenate an den Oberlandesgerichten Düsseldorf, Hamm und Köln sowie der Unterhaltskommission des Deutschen Familiengerichtstages e. V. unter Berücksichtigung einer Umfrage bei allen übrigen Oberlandesgerichten. Ausgangspunkt ist der in § 1612 a BGB neu geschaffene Mindestunterhalt minderjähriger Kinder auf der Grundlage des doppelten Kinderfreibetrages nach § 32 VI 1 EStG. Er beträgt davon für Kinder bis zur Vollendung des 6. Lebensjahres 87%, sodann bis zur Vollendung des 12. Lebensjahres 100% und bis zur Volljährigkeit 117% (näher dazu s. Rn. 2/206). Mit der Anpassung der ersten Einkommensgruppe der Düsseldorfer Tabelle an den wieder eingeführten Mindestunterhalt minderjähriger Kinder ist die Tabelle nunmehr ohne Einschränkungen auch auf Unterhaltstatbestände in den neuen Bundesländern anzuwenden. Wegen des gesetzlich festgelegten Mindestbedarfs bleibt auch bei geringem Einkommen kein Raum für einen nach der früheren **Berliner Vortabelle** gekürzten Unterhaltsbedarf (vgl. dazu die Vorauflage Rn. 2/210 a).

5   Nach ständiger Rechtsprechung des BGH ist eine Orientierung des Tatrichters an Tabellen und Leitlinien revisionsrechtlich bedenkenfrei, sofern nicht im Einzelfall besondere Umstände eine Abweichung erfordern.[27] Die Anwendung von Tabellen und Leitlinien obliegt dem tatrichterlichen Ermessen. Revisionsrechtlich kann nur überprüft werden, ob die Richtwerte

---

[24] FamRZ 2003, 909
[25] BGH, FamRZ 2003, 848; 2003, 518; 2001, 1687 = R 566
[26] BGH, FamRZ 2006, 683 = R 649 d unter 2.
[27] BGH, FamRZ 2006, 683 = R 649 d; 2000, 358 = R 537 b; 1985, 354; 1983, 678

den anzuwendenden Rechtsvorschriften entsprechen, ob ein entsprechender Lebenserfahrungssatz aufgestellt werden kann, ob besondere Umstände des Einzelfalls hinreichend berücksichtigt sind und ob sich das Gericht an die selbstgesetzten Maßstäbe gehalten hat.[28]

Aus den Vorbemerkungen der Tabellen und Leitlinien ist ersichtlich, dass sie auch von ihren Verfassern nur in diesem Sinn als Orientierungshilfe gemeint sind und so verstanden werden sollen. Auf dieser Basis sind die Tabellen und Leitlinien neben der Rechtsprechung des BGH wichtige Erkenntnisquellen nicht nur für Richter und Rechtsanwälte, sondern auch für die Betroffenen selbst. Die mit der Veröffentlichung der Leitlinien erfolgte Aufdeckung der früher oft nur schwer erkennbaren allgemeinen Maßstäbe hat auch durch die dadurch ausgelösten Diskussionen eine Annäherung der Rechtsprechung in den einzelnen Oberlandesgerichtsbezirken zur Folge gehabt. Entsprechend haben sich vor einigen Jahren die Oberlandesgerichte Bamberg, Karlsruhe, München, Nürnberg, Stuttgart und Zweibrücken weitgehend auf gemeinsame Süddeutsche Leitlinien[29] geeinigt.

2. Düsseldorfer Tabelle zum Unterhaltsbedarf

Inzwischen bestimmen alle Oberlandesgerichte den Unterhaltsbedarf minderjähriger sowie volljähriger Kinder ohne eigene Lebensstellung nach den Beträgen der Düsseldorfer Tabelle. Sie wird in den oberlandesgerichtlichen Leitlinien lediglich in unterschiedlichem Umfang ergänzt bzw. zu einzelnen Punkten abgeändert. Die Düsseldorfer Tabelle, (DT), Stand 1. 1. 2008,[30] ist in dieser Auflage des Handbuchs abgedruckt unter Rn. 2/209 sowie im Anhang D. Nachdem Neufassungen der Düsseldorfer Tabelle in der Vergangenheit stets zum 1. Juli in Kraft traten, wird die Tabelle künftig wegen der Anknüpfung des Mindestunterhalts in § 1612 a I 2 BGB an den steuerlichen Kinderfreibetrag aus § 32 VI 1 EStG (zur Übergangsregelung vgl. § 36 Nr. 4 EGZPO) bei Bedarf zum 1. Januar des betreffenden Jahres anzupassen sein.[31] Die frühere Berliner Vortabelle zur Düsseldorfer Tabelle für das Beitrittsgebiet, zuletzt Stand 1. 7. 2007, ist in der Vorauflage abgedruckt, und zwar dort in Rn. 2/210 a und im Anhang L.[32] Sie gilt nur noch für Unterhaltszeiträume bis Ende Dezember 2007, weil das neue Unterhaltsrecht für die Zeit ab Januar 2008 in § 1612 a BGB einen einheitlichen Mindestunterhalt geschaffen hat, was eine differenzierte Betrachtung des Unterhaltsbedarfs in den neuen Bundesländern verbietet.[33]

3. Oberlandesgerichtliche Leitlinien zum Unterhaltsrecht

Inzwischen haben nahezu alle deutschen Oberlandesgerichte Leitlinien entwickelt, die sich aus Gründen der Übersichtlichkeit und zur weiteren Angleichung seit dem 1. Juli 2003 an eine gemeinsam festgelegte Struktur[34] halten. Die Leitlinien sind unter www.heiss-born.de abrufbar. Es liegen vor:
– Unterhaltsrechtliche Leitlinien der Familiensenate in Süddeutschland – Oberlandesgerichte Bamberg, Karlsruhe, München, Nürnberg, Stuttgart und Zweibrücken –, Stand 1. 1. 2008,[35] abgekürzt SüdL.[36]
– Unterhaltsrechtliche Leitlinien der Familiensenate des Kammergerichts in Berlin, Stand 1. 1. 2008,[37] abgekürzt BL.

---

[28] BGH, FamRZ 2006, 683 = R 649 d; 1983, 678
[29] FamRZ 2008, 231 Stand 1. 1. 2008
[30] FamRZ 2008, 211. In der NJW sind die Tabellen und Leitlinien in Heft 10/2008 abgedruckt
[31] Vgl. Klinkhammer FamRZ 2008, 194
[32] Zum Stand 1. Juli 2007 vgl. FamRZ 2007, 1370
[33] Vgl. FamRZ 2008, 215
[34] Bundeseinheitliche Struktur für unterhaltsrechtliche Leitlinien, FamRZ 2003, 909
[35] FamRZ 2008, 231
[36] Im Internet sind die SüdL u. a. veröffentlicht unter: „www.olg-karlsruhe.de" (unter Entscheidungen); „www.justiz.bayern.de/olgm" (unter Pressestelle); „www.justiz.bayern.de/olgn" (unter Presseinformationen/Aktuelles); „www.olg-stuttgart.de" (unter Entscheidungen); „www.olgzw.justiz.rlp.de"
[37] FamRZ 2008, 472; vgl. auch die Homepage im Internet: „www.kammergericht.de"

- Unterhaltsleitlinien des OLG Brandenburg,[38] Stand 1. 1. 2008, abgekürzt BraL.
- Unterhaltsrechtliche Leitlinien des OLG Braunschweig,[39] Stand 1. 1. 2008, abgekürzt BrauL.
- Leitlinien zum Unterhaltsrecht der Familiensenate des Hanseatischen Oberlandesgerichts in Bremen, Stand 1. 1. 2008,[40] abgekürzt BrL.
- Unterhaltsrechtliche Leitlinien des Oberlandesgerichts Celle, Stand 1. 1. 2008,[41] abgekürzt CL.
- Unterhaltsleitlinien des OLG Dresden, Stand 1. 1. 2008, abgekürzt DrL.[42]
- Leitlinien der Familiensenate des Oberlandesgerichts Düsseldorf zum Unterhaltsrecht, Stand 1. 1. 2008,[43] abgekürzt DL.
- Unterhaltsgrundsätze des OLG Frankfurt a. M., Stand 1. 1. 2008,[44] abgekürzt FL.
- Unterhaltsrechtliche Grundsätze der Familiensenate des Hanseatischen Oberlandesgerichts Hamburg, Stand 1. 1. 2008,[45] abgekürzt HaL.
- Leitlinien zum Unterhaltsrecht der Familiensenate des Oberlandesgerichts Hamm, Stand 1. 1. 2008,[46] abgekürzt HL.
- Thüringer Tabelle zum Unterhaltsrecht des OLG Jena, Stand 1. 1. 2008,[47] abgekürzt ThL.
- Unterhaltsleitlinien des OLG Koblenz, Stand 1. 1. 2008, abgekürzt KobL[48]
- Unterhaltsrichtlinien der Familiensenate des Oberlandesgerichts Köln, Stand 1. 1. 2008,[49] abgekürzt KL.
- Unterhaltsleitlinien des OLG Naumburg, Stand 1. 1. 2008,[50] abgekürzt NaL.
- Unterhaltsrechtliche Leitlinien der Familiensenate des OLG Oldenburg, Stand 1. 1. 2008,[51] abgekürzt OL.
- Unterhaltsrechtliche Grundsätze des OLG Rostock, Stand 1. 1. 2008,[52] abgekürzt RL.
- Unterhaltsrechtliche Leitlinien des Saarländischen Oberlandesgerichts, Stand 1. 1. 2008,[53] abgekürzt SaL.
- Unterhaltsrechtliche Leitlinien des Schleswig-Holsteinischen Oberlandesgerichts, Stand 1. 1. 2008,[54] abgekürzt SchL.

III. Zum anrechenbaren monatlichen Nettoeinkommen

8   Die Einkommensermittlung erfolgt für Berechtigte und Verpflichtete nach den **gleichen allgemeinen Grundsätzen.** Es macht zunächst auch keinen Unterschied, ob die Höhe von

---

[38] FamRZ 2008, 215; vgl. auch die Homepage im Internet: „olg.brandenburg.de"
[39] FamRZ 2008, 467; vgl. auch die Homepage im Internet: „www.oberlandesgericht-celle.niedersachsen.de"
[40] FamRZ 2008, 333
[41] FamRZ 2008, 338; vgl. auch die Homepage im Internet: „www.oberlandesgericht-celle.niedersachsen.de" (unter Rechtsprechung)
[42] FamRZ 2008, 220; vgl. auch die Homepage im Internet: „www.justiz.sachsen.de/olg/"
[43] FamRZ 2008, 749; vgl. auch die Homepage im Internet: „www.olg-duesseldorf.nrw.de" (unter Service)
[44] FamRZ 2008, 224; vgl. auch die Homepage im Internet: „www.olg-frankfurt.justiz.hessen.de"
[45] FamRZ 2008, 343; vgl. auch die Homepage im Internet: „fhh.hamburg.de/stadt/Aktuell/justiz/gerichte/oberlandesgericht/start.html"
[46] FamRZ 2008, 347; vgl. auch die Homepage im Internet: „www.olg-hamm.nrw.de" (unter Service)
[47] FamRZ 2008, 235; vgl. auch die Homepage im Internet: „www.thueringen.de/olg/"
[48] FamRZ 2008, 355; vgl. auch die Homepage im Internet „www. olgko.justiz.rlp.de"
[49] FamRZ 2008, 571; vgl. auch die Homepage im Internet: „www.olg-koeln.nrw.de" (unter Service)
[50] FamRZ 2008, 359; vgl. auch die Homepage im Internet: „www.sachsen-anhalt.de/LPSA/index.php?id=olg" (unter Rechtsprechung)
[51] FamRZ 2008, 365; vgl. auch die Homepage im Internet: „www.oberlandesgericht-oldenburg.niedersachsen.de" (unter Service/Downloads)
[52] FamRZ 2008, 369; vgl. auch die Homepage im Internet: „www.mv-justiz.de/gerichte.htm" (unter Oberlandesgericht Rostock)
[53] FamRZ 2008, 374
[54] FamRZ 2008, 478; vgl. auch die Homepage im Internet: „www.olg-schleswig.de"

Familienunterhalt, Ehegattenunterhalt oder Kindesunterhalt bestimmt werden soll. Erst bei der später zu prüfenden Bedarfsstufe ist zu entscheiden, ob alle ermittelten Einkünfte für die Unterhaltsbestimmung maßgeblich sein sollen. Dies kann wegen der unterschiedlichen Ausgestaltung der Unterhaltsansprüche beim Kindes- und Ehegattenunterhalt und auch beim sonstigen Verwandtenunterhalt abweichend zu beurteilen sein (vgl. Rn. 18 ff.). Auf eine genaue Einkommensermittlung kann nur in Ausnahmefällen verzichtet werden. Beim **Ehegattenunterhalt** ist dies möglich, wenn das Einkommen des Verpflichteten so hoch ist, dass anstelle des Quotenunterhalts der konkrete Bedarf festgestellt werden muss[55] (s. Rn. 4/366 ff.). Beim **Kindesunterhalt** kann auf die Einkommensermittlung verzichtet werden, wenn der Verpflichtete seine uneingeschränkte Leistungsfähigkeit einräumt und der gesamte Bedarf des Berechtigten jedenfalls nicht über dem anerkannten Betrag liegt.[56]

1. Grundsatz der unterschiedslosen Erfassung aller Einkünfte aus allen Einkommensarten

Bei der Einkommensermittlung gilt sowohl für den Berechtigten als auch für den Ver- **9** pflichteten der Grundsatz der unterschiedslosen Erfassung aller unterhaltsrechtlich relevanten Einkünfte, d. h. es sind auf beiden Seiten grundsätzlich **alle zufließenden Einkünfte** anzurechnen, gleichgültig welcher Art sie sind und aus welchem Anlass sie gezahlt werden.[57] Auch Sachleistungen,[58] ein Lottogewinn[59] und selbst regelmäßige Gewinne eines Skatspielers sind heranzuziehen.[60] Zu erfassen sind somit alle Einkünfte aus allen Einkunftsarten. Innerhalb jeder Einkunftsart zählen dazu alle aus dieser Einkunftsart zufließenden Einkünfte, z. B. beim Arbeitseinkommen (Rn. 55 f.) u. a. auch Sonderzuwendungen, Zulagen, Spesen, Prämien, Weihnachtsgeld, Urlaubsgeld, Auslösungen, Überstundenvergütungen sowie sonstige Nebeneinnahmen. Sogar die Tilgungsanteile einer Leibrente sind zu berücksichtigen.[61] Dabei trifft sowohl den Unterhaltspflichtigen als auch den Berechtigten eine Obliegenheit, alle ihm zumutbaren Einkünfte zu erzielen. Sie sind verpflichtet, sowohl ihre Arbeitskraft als auch ihr Vermögen so gut wie möglich einzusetzen. Kommen sie dieser Pflicht nicht nach, können ihnen unter besonderen Voraussetzungen **fiktive Einkünfte** zugerechnet werden. Beim Verpflichteten erhöhen diese zusätzlichen Einkünfte sein anrechenbares Einkommen (Rn. 487 ff.), beim Berechtigten mindern sie die Bedürftigkeit (Rn. 519 ff.). Wird der Unterhaltspflichtige oder der Unterhaltsberechtigte allerdings überobligationsmäßig tätig, ist nur der unterhaltsrelevante Teil in die Unterhaltsermittlung einzubeziehen[62] (Rn. 540 ff.).

2. Zur Berechnung des anrechenbaren Nettoeinkommens

Maßgeblich für die Unterhaltsberechnung ist aber nur der Teil des Einkommens, der zur **10** Deckung des laufenden Lebensbedarfs zur Verfügung steht und dafür eingesetzt wurde oder bei Anlegung eines objektiven Maßstabs dafür eingesetzt werden könnte.[63] Dies ist das **unterhaltsrechtlich relevante Nettoeinkommen.** Bei den nicht anzurechnenden Einkommensteilen handelt es sich um folgende typische Abzugsposten vom Bruttoeinkommen (vgl. Rn. 586 f.):
- Zahlungen für **Lohn- oder Einkommensteuer,** Solidaritätszuschlag und Kirchensteuer (Rn. 567 a, 568, 582 ff.).

---

[55] BGH, FamRZ 2007, 117, 118 = R 662 b; 1994, 1169 = R 481
[56] BGH, FamRZ 1983, 473
[57] BGH, FamRZ 2006, 99 = R 641 c, e (zum Kindergeld und zur Ausbildungsvergütung beim Kindesunterhalt); 1986, 780 (zur Aufwandsentschädigung eines Abgeordneten); 1983, 670 (zu Sitzungsgeldern kommunaler Abgeordneter)
[58] BGH, FamRZ 2005, 97 = R 616 a
[59] OLG Frankfurt FamRZ 1995, 874
[60] OLG Düsseldorf FamRZ 1994, 896
[61] BGH, FamRZ 1994, 228 = R 471 c
[62] BGH, FamRZ 2005, 1154 = R 630 c, e
[63] BGH, FamRZ 2007, 1532, 1534 = R 681 d; 1989, 838; 1986, 780

- **Vorsorgeaufwendungen** für Krankheit, Pflegebedürftigkeit, Invalidität, Alter und Arbeitslosigkeit (Rn. 596 f.).
- Aufwendungen, die zur Erzielung des Einkommens erforderlich sind. Es handelt sich hierbei im Wesentlichen um **Werbungskosten.**[64] Bei Einkünften aus abhängiger Arbeit werden die Werbungskosten auch berufsbedingte oder ausbildungsbedingte Aufwendungen genannt (Rn. 87 ff.). Bei Einkünften von bilanzierenden und nicht bilanzierenden Unternehmern oder Freiberuflern und Landwirten heißen sie Betriebsausgaben (Rn. 126, 163, 183, 214 ff.). Bei den übrigen Einkunftsarten heißen sie wie im Steuerrecht Werbungskosten.
- Regelmäßiger Mehrbedarf durch Kinderbetreuung (Rn. 605), durch Ausbildung oder durch Krankheit, Behinderung oder Alter (Rn. 4/166 ff., 432 ff.).
- Berücksichtigungsfähige Zins- und Tilgungsleistungen bei Schulden (Rn. 614 ff.).
- Beim Ehegattenunterhalt zusätzlich:
  - Berücksichtigungsfähige Aufwendungen des Verpflichteten zur Vermögensbildung, soweit unterhaltsrechtlich dem Berechtigten eine Fortsetzung der Vermögensbildung zugemutet werden kann (Rn. 4/202 ff.).
  - Der Kindesunterhalt, soweit er dem Gesetz oder einer hinzunehmenden Vereinbarung entspricht. Freiwillige Leistungen sind Geschenke an Dritte, die dem unterhaltspflichtigen Ehegatten nicht einkommensmindernd und dem Unterhaltsberechtigten nicht bedarfserhöhend entgegengehalten werden dürfen.[65]

3. Zum monatlichen Nettoeinkommen

11   Der geschuldete Unterhalt ist jeweils monatlich im Voraus zu zahlen; § 1361 IV 2, § 1585 I 2, § 1612 I und III BGB. Für den gesamten rückständigen Unterhalt ab Verzugseintritt (§§ 1613 I, 1360a III, 1361 IV 4, 1585 b II BGB) kann das anrechenbare Einkommen konkret ermittelt werden. Für den künftigen Unterhalt muss wegen dessen Abhängigkeit von den beiderseitigen Einkünften hingegen vorausschauend geprüft werden, welches Einkommen dem Verpflichteten und dem Berechtigten voraussichtlich künftig monatlich zur Verfügung stehen wird.[66] Diese **Zukunftsprognose** beruht auf den Werten der Vergangenheit, die bei unverändertem Bezug ohne weiteres der Berechnung auch des zukünftigen Unterhalts zugrunde gelegt werden können. Gab es im Prüfungszeitraum außerordentliche Einnahmen oder Ausgaben, mit deren Wiederholung nicht zu rechnen ist, muss das Ergebnis um diese Zahlungsvorgänge bereinigt werden. Gleiches gilt, wenn künftig, z. B. wegen eines Wechsels der Steuerklasse in Folge der Ehescheidung, höhere Abzüge geschuldet sind (s. Rn. 569). Das unbereinigte Ergebnis kann dann nur für den im Prüfungszeitraum geschuldeten Unterhalt gelten, nicht aber für die Zukunft.

12   Das in der Vergangenheit liegende Monatseinkommen, das zum Ausgangspunkt der Unterhaltsberechnung für die Zukunft werden soll, bemisst sich wegen der Unregelmäßigkeit nahezu aller Einkünfte bei Arbeitnehmern nach dem Durchschnitt des letzten Jahreseinkommens. Dazu können entweder die letzten 12 Monate vor der Unterhaltsbestimmung oder **das letzte abgelaufene Kalenderjahr** herangezogen werden. Bei im Wesentlichen gleich bleibenden Einkünften empfiehlt es sich, von dem letzten abgelaufenen Kalenderjahr auszugehen. Auf diesem Weg können die einzelnen Faktoren des Einkommens am besten und sichersten berücksichtigt werden. Dies gilt auch bei Arbeitnehmern, denn bei ihnen gibt es ebenfalls unregelmäßige Zahlungen (z. B. Steuererstattungen, Steuernachzahlungen, Sonderzuwendungen), mit denen so problemlos ein Durchschnittseinkommen gebildet werden kann.[67] Die Heranziehung des Kalenderjahres ist bei Arbeitnehmern auch deshalb sinnvoll, weil es dann in der Regel genügt, zur Einkommensermittlung die Jahresabrechnung oder die Lohnsteuerbescheinigung heranzuziehen (vgl. auch Rn. 50 ff.).

---

[64] BGH, FamRZ 1988, 159, 161

[65] BGH, FamRZ 2005, 967, 969 = R 629 b (zu freiwilligen Leistungen von Dritten); OLG Karlsruhe, FamRZ 1985, 286, 288; OLG Zweibrücken, FamRZ 1982, 1016

[66] BGH, FamRZ 2005, 101 = R 620

[67] BGH, FamRZ 1983, 996; OLG München FamRZ 1984, 173

Eine **Korrektur** des nach dem abgelaufenen Kalenderjahr berechneten durchschnittlichen 13 Einkommens muss aber dann erfolgen, wenn feststeht, dass sich das Einkommen nicht unwesentlich und nachhaltig geändert hat.[68] In einem solchen Fall muss die Änderung des Einkommens schon bei der Prognose des künftigen Durchschnittseinkommens berücksichtigt werden. Das fiktive Durchschnittseinkommen muss dann ggf. auf der Grundlage aktueller Einkommensbelege für kurze Zeitabschnitte errechnet werden. Wird jedoch nur geltend gemacht, dass Änderungen zu erwarten sind und lässt sich deren Umfang noch nicht konkret bestimmen, muss wegen der Unsicherheit von Zukunftsprognosen jeder Art deren Eintritt abgewartet werden. Anschließend kann eine Änderung nach § 323 ZPO erfolgen (Rn. 10/157 ff.).[69]

Bei den jährlich schwankenden Einkünften von **Gewerbetreibenden, Freiberuflern,** 14 bilanzierenden Unternehmern oder bei schwankenden **Miet- oder Kapitaleinkünften** ist ein möglichst zeitnaher Mehrjahresdurchschnitt, im Regelfall ein Durchschnitt aus den letzten drei Jahren, zu bilden, damit nicht ein zufällig günstiges oder ungünstiges Jahr als Maßstab für die Zukunft dient[70] (vgl. Rn. 274 f.). Wegen der hier bestehenden Abhängigkeit von den Jahresabschlüssen, d. h. Bilanzen mit Gewinn- und Verlustrechnung (Rn. 110, 119 ff.), oder Einnahmen-Überschuss-Rechnungen (Rn. 111, 183 f.) sind in diesen Fällen stets abgeschlossene Kalenderjahre zugrunde zu legen. Wenn mit einer stetigen Weiterentwicklung der Einkünfte zu rechnen ist, kann im Einzelfall auch eine Prognose auf der Grundlage des zuletzt erreichten Einkommens zugrunde gelegt werden.[71] Bei Vorliegen besonderer Umstände, vor allem bei sehr schwankenden Einkünften kann auch ein Zeitraum von mehr als drei Jahren herangezogen werden (Fünfjahresdurchschnitt). Wie weit in die Vergangenheit zurückgegangen werden soll, ist Sache des Tatrichters.[72] Stets ist aber die mit einiger Sicherheit vorauszusehende künftige Entwicklung in die Betrachtung einzubeziehen. Dazu gehört auch ein mit hoher Wahrscheinlichkeit eintretender, nicht abzuwendender und dem Selbständigen nicht vorwerfbarer Einkommensrückgang.[73] Das kann aber nicht ohne weiteres auch für einen Einkommensrückgang gelten, der so einschneidend ist, dass er den erreichten Lebensstandard grundlegend verändert, und der von unabsehbarer Dauer und ohne Aussicht auf Besserung ist. Unter solchen Umständen gewinnt die unterhaltsrechtliche Erwerbsobliegenheit besondere Bedeutung, wonach ein Unterhaltspflichtiger seine Arbeitskraft und sonstige zu Gebote stehenden Einkommensquellen so gut wie möglich einzusetzen hat.[74] Erwirtschaftet der selbständige Unternehmer nur Verluste oder äußerst geringe Einkünfte, kann er nach einer Übergangszeit unterhaltsrechtlich zur Aufgabe des Unternehmens und zur Aufnahme einer abhängigen Arbeit verpflichtet sein (Rn. 515).[75]

Das durchschnittliche Monatseinkommen ergibt sich bei Arbeitnehmern, indem ihr 15 Jahreseinkommen durch 12 geteilt wird. Bei Selbstständigen werden die zusammengerechneten Jahresgewinne durch die Zahl der Monate des Prüfungszeitraumes geteilt. Ein regelmäßiges wöchentliches Einkommen wird auf das Jahr hochgerechnet und durch 12 geteilt. Ein wöchentliches Arbeitslosengeld von 300 EUR ergibt somit ein Monatseinkommen von 300 × 52 : 12 = 1300 EUR. Zum Prüfungszeitraum für Arbeitnehmer s. näher Rn. 50 f. und bei Freiberuflern Rn. 274 f.

4. Zur Berücksichtigung von Abfindungen und einmaligen höheren Zuwendungen

Höhere einmalige **Sonderzuwendungen,** wie z. B. als Mitarbeiterbeteiligung, aus Anlass 16 eines Jubiläums, als Abfindung bei Arbeitsplatzverlust auf Grund eines Sozialplanes oder aus Anlass der Aufhebung eines Arbeitsvertrages oder als Übergangsbeihilfe der Bundeswehr,

---

[68] BGH, FamRZ 1984, 353; OLG München a. a. O.
[69] Vgl. aber BGH, FamRZ 2005, 101 = R 620
[70] BGH, FamRZ 2004, 1177 = R 615 b; 1986, 48, 51; 1985, 471; 1985, 357
[71] BGH, FamRZ 1985, 471; OLG Hamm FamRZ 1997, 310 (Arzt)
[72] BGH, FamRZ 1985, 357
[73] BGH, FamRZ 2003, 590 = R 586; zum Einkommensrückgang vgl. auch BGH FamRZ 2006, 683 = R 649 f–h
[74] BGH, FamRZ 1993, 1304
[75] OLG Düsseldorf, FamRZ 1997, 1078

sind jedenfalls dann nur bei der Unterhaltsberechnung zu berücksichtigen, wenn sie Lohnersatzfunktion haben.[76] Auch wenn die Parteien die Sonderzuwendung durch Ehevertrag oder unterhaltsrechtlichen Vergleich in die Unterhaltsberechnung einbezogen haben, bleibt es bei dieser Zuordnung, was eine **Doppelberücksichtigung** beim Zugewinnausgleich ausschließt.[77] Allgemein kann für die Zuordnung zum Unterhalt oder zum Zugewinn danach differenziert werden, ob und in welchem Umfang der Vermögenswert oder dessen Erträge der Sicherung des allgemeinen Lebensunterhalts dienen.[78] Soweit die Sonderzuwendung bei der Unterhaltsberechung (und nicht beim Zugewinnausgleich) zu berücksichtigen ist, ist sie auf mehrere Jahre zu verteilen.[79] Eine Abfindung bei Beginn des Vorruhestandes ist auf die Zeit bis zur erwarteten Verrentung aufzuteilen.[80] Eine Sonderzuwendung, die auf Grund einer früheren unzumutbaren Tätigkeit gezahlt wird, ist in vollem Umfang zu berücksichtigen, da es sich insoweit um zumutbares Einkommen handelt.[81] Soweit erforderlich ist die Abfindungssumme selbst (nicht nur etwaige Zinseinkünfte) im Rahmen einer sparsamen Wirtschaftsführung zur Deckung des nach den **ehelichen Lebensverhältnissen** bemessenen Unterhaltsbedarfs aller Berechtigten und des Verpflichteten zu verwenden. Der Verpflichtete ist aber bei beengten wirtschaftlichen Verhältnissen nicht gehalten, die ihm aus der Abfindung zur Verfügung stehenden Mittel voll einzusetzen, um die aus dem verminderten laufenden Einkommen nicht mehr finanzierbaren Ansprüche des Berechtigten nach den früheren ehelichen Lebensverhältnissen weiter zu bezahlen, wenn ihm bei angemessenem Verbrauch selbst nur ein Betrag unterhalb der früheren ehelichen Lebensverhältnisse verbleibt.[82] Eine Verteilung auf mehrere Jahre kommt auch bei überdurchschnittlich hohen Erträgen aus selbstständiger Erwerbstätigkeit in Betracht[83] (vgl. auch Rn. 71 ff.).

17   Eine Abfindung dient als Ersatz des fortgefallenen Arbeitseinkommens dazu, dass eine Zeit lang die bisherigen wirtschaftlichen Verhältnisse aufrechterhalten werden können. Sie ist deshalb zeitlich so zu verteilen, dass der angemessene Bedarf des Berechtigten und des Verpflichteten in bisheriger Höhe sichergestellt wird. Erst nach Ablauf dieser Zeit erfolgt eine Anpassung des Unterhalts an die veränderten Verhältnisse.[84] Bei gesteigerter Unterhaltspflicht gegenüber minderjährigen Kindern sind die Mittel für den eigenen Bedarf sparsam einzusetzen, um den notwendigen Unterhalt des minderjährigen Kindes nach Möglichkeit bis zur Volljährigkeit sicherzustellen[85] (s. auch Rn. 72). Weil die Abfindung nicht aus einer fortdauernden Erwerbstätigkeit herrührt, ist von ihr ein **Erwerbstätigenbonus** nicht in Abzug zu bringen.[86]

IV. Unterschiedliche Berücksichtigung der Einkünfte bei der Berechnung des Kindesunterhalts und des Ehegattenunterhalts

1. Berücksichtigung der Einkünfte beim Kindesunterhalt

18   Für die Berechnung des Kindesunterhalts spielen uneingeschränkt alle Nettoeinkünfte des Verpflichteten und alle Nettoeinkünfte des Kindes eine Rolle. Der Bedarf **minderjähriger Kinder** ergibt sich aus der Düsseldorfer Tabelle (s. Rn. 6), wobei für die Einordnung in die

---

[76] BGH, FamRZ 2001, 278; 1998, 362
[77] BGH, FamRZ 2008, 761, 763; 2004, 1352 und 2003, 432, 433
[78] Zum Verbot der Doppelberücksichtigung allgemein: Schulz FamRZ 2006, 1237
[79] BGH, FamRZ 1987, 930; 1987, 359; 1982, 250
[80] OLG München FamRZ 2005, 714; OLG Karlsruhe FamRZ 2001, 1615; OLG Frankfurt FamRZ 2000, 611
[81] OLG Köln FamRZ 2006, 342; OLG Koblenz FamRZ 2002, 325
[82] Zu den wandelbaren ehelichen Lebensverhältnissen vgl. BGH, FamRZ 2008, 968 = R 689 g; 2006, 683; BGH, FamRZ 1990, 269, 271
[83] BGH, FamRZ 1982, 250
[84] BGH, FamRZ 1987, 359; 1982, 250; OLG Koblenz FamRZ 2006, 1447
[85] BGH, FamRZ 1987, 930
[86] BGH, FamRZ 2007, 983, 987 = R 676 e

unterschiedlichen Einkommensgruppen ohne Einschränkung alle Einkünfte des Verpflichteten maßgeblich sind (oben Rn. 9).

Soweit sich der Unterhaltsbedarf **volljähriger Kinder** auf Grund von unterhaltsrechtlichen Leitlinien nach festen Bedarfssätzen bemisst, sind die Einkünfte eines Verpflichteten für die Bedarfsfeststellung an sich ohne Bedeutung. Sind allerdings beide Eltern barunterhaltspflichtig, müssen für die Berechnung des jeweiligen Unterhaltsanteils alle Einkünfte beider Eltern ermittelt und berücksichtigt werden (Rn. 2/433 ff.).

Im Rahmen der **Bedürftigkeitsprüfung** sind uneingeschränkt alle Einkünfte des Kindes **19** bedürftigkeitsmindernd auf den Bedarf des Kindes anzurechnen[87] (weiter dazu Rn. 2/86). Zur Beurteilung der **Leistungsfähigkeit** des Unterhaltspflichtigen sind ebenfalls ohne Einschränkung alle Einkünfte des Unterhaltspflichtigen bedeutsam.[88] Unterste Opfergrenze ist der jeweilige Selbstbehalt des Unterhaltspflichtigen (Rn. 5/1 ff.).

2. Berücksichtigung der Einkünfte beim Ehegattenunterhalt

Der Unterhaltsbedarf des Berechtigten bemisst sich sowohl beim Trennungsunterhalt **20** (§ 1361 BGB) als auch beim nachehelichen Unterhalt (§ 1578 BGB) nach den **ehelichen Lebensverhältnissen.** Dieser Bezug erfordert jedoch keine feste Anknüpfung an die Verhältnisse im Zeitpunkt der rechtskräftigen Scheidung[89] und schließt es nicht aus, nacheheliche Entwicklungen schon bei der Bedarfsermittlung zu berücksichtigen (vgl. Rn. 4/299 ff.).[90] Nach dem Sinn des Gesetzes ist bei der Bemessung der die ehelichen Lebensverhältnisse prägenden Einkünfte vielmehr danach zu unterscheiden, ob diese sich seit Rechtskraft der Ehescheidung erhöht oder verringert haben. Nach ständiger Rechtsprechung des BGH können sich **Einkommensverbesserungen,** die erst nach der Scheidung beim unterhaltspflichtigen Ehegatten eintreten, dann bedarfssteigernd auswirken, wenn ihnen eine Entwicklung zugrunde liegt, die aus der Sicht zum Zeitpunkt der Scheidung mit hoher Wahrscheinlichkeit zu erwarten war und wenn diese Erwartung die ehelichen Lebensverhältnisse bereits geprägt hatte. Das ist regelmäßig, nicht aber bei einem Karrieresprung, der Fall.[91] Umgekehrt können auch nach der Scheidung eintretende **Einkommensminderungen** für die Bedarfsbemessung nicht grundsätzlich unberücksichtigt bleiben, sofern sie nicht auf einer Verletzung der Erwerbsobliegenheit des Unterhaltsverpflichteten beruhen oder durch freiwillige berufliche oder wirtschaftliche Dispositionen des Unterhaltsverpflichteten veranlasst sind und von diesem durch zumutbare Vorsorge aufgefangen werden können. Der BGH hat deshalb in seiner neuesten Rechtsprechung ausdrücklich ausgesprochen, dass die Anknüpfung der nach § 1578 I 1 BGB maßgebenden Umstände an den Zeitpunkt der Rechtskraft des Scheidungsurteils schon nach ihrem Zweck für den unterhaltsberechtigten Ehegatten keine die früheren ehelichen Lebensverhältnisse unverändert fortschreibende Lebensstandardgarantie begründet, deren Erfüllung nur in den Grenzen fehlender Leistungsfähigkeit des unterhaltsverpflichteten Ehegatten an dessen dauerhaft veränderte wirtschaftliche Verhältnisse angepasst und nur insoweit auch „nach unten korrigiert" werden kann. Für eine solche Absicherung bietet das Recht des nachehelichen Unterhalts, das – jedenfalls im Prinzip – nur die Risiken der mit der Scheidung fehlgeschlagenen Lebensplanung der Ehegatten und der von ihnen in der Ehe praktizierten Arbeitsteilung angemessen ausgleichen will, keine gedankliche Rechtfertigung. Das Unterhaltsrecht will den bedürftigen Ehegatten nach der Scheidung wirtschaftlich im Grundsatz nicht besser stellen, als er sich ohne die Scheidung stünde **(wandelbare eheliche Lebensverhältnisse).** Bei Fortbestehen der Ehe hätte ein Ehegatte die negative Einkommensentwicklung des anderen Ehegatten ebenfalls wirtschaftlich mit zu tragen. Es ist nicht einzusehen, warum die Scheidung ihm das Risiko einer solchen – auch vom unterhaltspflichtigen Ehegatten hinzunehmenden – Ent-

---

[87] BGH, FamRZ 2006, 99, 101 = R 641 c, e; 1988, 159; 1980, 1109

[88] BGH, FamRZ 1982, 250

[89] So noch BGH, FamRZ 1999, 367

[90] Zur Berücksichtigung der Haushaltstätigkeit und Kindererziehung BGH, FamRZ 2001, 986 = R 563

[91] BGH, FamRZ 2008, 968 = R 689 g; 1987, 459; 1985, 791; 1982, 684

wicklung, wenn sie dauerhaft und vom Schuldner nicht durch in Erfüllung seiner Erwerbs-obliegenheit gebotenen Anstrengungen vermeidbar ist, abnehmen soll.[92] Maßgeblich sind deshalb beim Trennungsunterhalt die nachhaltig prägenden Einkünfte bis zur Entscheidung, während beim nachehelichen Unterhalt im Grundsatz vom gegenwärtigen Einkommen auszugehen und nur bei der Begrenzung im Ausnahmefall zwischen Einkommenssteigerun-gen oder Einkommensminderungen nach Rechtskraft der Scheidung zu unterscheiden ist (weiter dazu 4/30 f. und 4/166 ff., 240 ff.).

21 Bei der Bedarfsbemessung sind daher grundsätzlich alle aktuellen Einkünfte, bis auf die bei Rechtskraft der Ehescheidung nicht absehbaren Einkommenssteigerungen, zu berück-sichtigen.

– In der sog. **Alleinverdienerehe** sind dies nach der neueren Rechtsprechung des BGH[93] aber nicht nur die prägenden Einkünfte des Verpflichteten. Wenn der unterhaltsberech-tigte Ehegatte nach der Scheidung ein Einkommen erzielt oder erzielen kann, das gleich-sam als Surrogat des Wertes seiner bisherigen Haushaltstätigkeit oder Kindererziehung angesehen werden kann, tritt dieses Einkommen an die Stelle der früheren Tätigkeit, das bereits die ehelichen Lebensverhältnisse geprägt hatte und ist deswegen nach der Diffe-renzmethode in die Unterhaltsberechnung einzubeziehen (vgl. Rn. 4/179 ff.).[94] Kann der Unterhaltsberechtigte (z. B. wegen fortdauernder Kindererziehung) allerdings auch wei-terhin kein eigenes Einkommen erzielen, bemisst sich der Bedarf allein nach den Ein-kommens- und Vermögensverhältnissen des Unterhaltspflichtigen. Dann wird der Unter-haltsbedarf durch Multiplikation des prägenden Einkommens des Verpflichteten mit der Ehegattenquote (z. B. $^3/_7$) berechnet (vgl. DT B I 1 a).

Beispiel:
Erwerbseinkommen des Verpflichteten: 3500;
Berechtigter ohne eigenes Einkommen;
Unterhaltsbedarf des Berechtigten (Bonus $^1/_7$): 3500 × 3 : 7 = 1500.

22 – In der **Doppelverdienerehe** sind die prägenden Einkünfte beider Ehegatten maßgeb-lich.[95] Die Bedarfsbemessung kann auf der Grundlage der Einkünfte beider Ehegatten unter Berücksichtigung des jedem Ehegatten auf sein Einkommen zustehenden Erwerbs-tätigenbonus[96] erfolgen. Auf den so errechneten Betrag ist das eigene Einkommen des Berechtigten anzurechnen (Additionsmethode). Dieses gilt auch für das nach der Recht-sprechung des BGH (Rn. 21) anrechenbare Einkommen des Unterhaltsberechtigten, das dieser nach der Scheidung erzielt oder erzielen kann und das als Surrogat des Wertes seiner bisherigen (Haushalts-)Tätigkeit angesehen werden kann. Es prägt also bereits die ehelichen Lebensverhältnisse und erhöht damit den Unterhaltsbedarf. Wenn bei allen zu berücksichtigenden Einkünften ein Erwerbstätigenbonus zu berücksichtigen ist, lässt sich der Unterhaltsbedarf einfacher nach der **Differenzmethode** ermitteln. Dieses erfolgt durch Multiplikation der Differenz der beiderseits prägenden Einkünfte mit der Ehegat-tenquote, vgl. DT B I 1 b) aa).

Beispiel:
Erwerbseinkommen M 3500; Erwerbseinkommen F 700;
Unterhaltsanspruch nach der Additionsmethode (Bonus 1/7): (3500 × $^3/_7$ = 1500) + (700 × $^4/_7$ = 400) = 1900 − 700 = 1200 (Rn. 1/26);
Unterhaltsanspruch nach der Differenzmethode (Bonus $^1/_7$): 3500 − 700 = 2800 × 3 : 7 = 1200.

Der **Erwerbstätigenbonus** ist vom bereinigten Nettoeinkommen abzuziehen[97] (Rn. 4/377). Bei Mischeinkünften darf er nur vom Erwerbseinkommen, nicht hingegen von sonstigen Einkünften abgezogen werden.[98] Hat der Verpflichtete prägende Erwerbseinkünfte

---

[92] BGH, FamRZ 2008, 968 = R 689 g; 2006, 683 = R 649 f, g; 2003, 590 = R 586 a
[93] BGH, FamRZ 2001, 986 = R 563
[94] BGH, FamRZ 2004, 1170 = R 612; 2004, 1173 = R 611
[95] BGH, FamRZ 2004, 443 = R 604 c; 1989, 838
[96] BGH, FamRZ 2004, 1867, 1868
[97] BGH, FamRZ 1997, 806 = R 512 b, c
[98] BGH, FamRZ 1991, 1163, 1166 = R 437 c; 1990, 989 (unter 3.)

und der Berechtigte prägende Renteneinkünfte,[99] so ist nur das Erwerbseinkommen des Verpflichteten vor der Unterhaltsberechnung um $1/7$ bzw. $1/10$ (zur Höhe vgl. Rn. 4/380) zu bereinigen (vgl. zum Erwerbstätigenbonus allgemein Rn. 94 a; 4/373 f.). Der Unterhaltsbedarf beträgt dann $1/2$ aus der Differenz der verbleibenden Einkünfte.[100]

Beispiel:
Nettoeinkommen M 3500 – $1/7$ (500) = 3000; prägende Rente F 1000;
Unterhaltsanspruch: 3000 – 1000 = 2000 : 2 = 1000.

Der berechtigte Ehegatte ist **bedürftig,** wenn und soweit er seinen Unterhaltsbedarf nicht **23** durch anrechenbare eigene Einkünfte decken kann. Hierzu zählen auf dieser Stufe auch alle nicht prägenden Einkünfte des Berechtigten, die weder als Surrogat noch sonst Bezug zu den ehelichen Lebensverhältnissen haben. Die eheprägenden Einkünfte wurden bereits auf der Stufe der Bedarfsbemessung (Rn. 21, 22) im Weg der Differenzmethode zunächst (in Höhe von $4/7$) bedarfserhöhend und sodann (in vollem Umfang) bedarfsdeckend berücksichtigt. Nur die nicht prägenden Einkünfte werden nach der **Anrechnungsmethode** berücksichtigt, d. h. durch Abzug von dem ohne sie errechneten (geringeren) Unterhaltsbedarf. Allerdings sind auch nicht prägende Erwerbseinkünfte vor der Anrechnung um $1/7$ bzw. $1/10$ (als Arbeitsanreiz) zu bereinigen (Rn. 4/375).

Beispiel:
Prägendes Erwerbseinkommen M 3500;
nicht prägendes Erwerbseinkommen F 1400 – $1/7$ (200) = 1200;
Unterhalt: 3500 × 3 : 7 = 1500 – 1200 = 300.

Verfügt der Unterhaltsberechtigte sowohl über prägende als auch über nicht prägende **24** Einkünfte, sind die Differenzmethode und die Anrechnungsmethode **nebeneinander** anzuwenden.

Beispiel:
Prägendes Erwerbseinkommen M 3500;
prägendes Erwerbseinkommen F 700;
Unterhaltsbedarf: 3500 – 700 = 2800 × $3/7$ = 1200;
nicht prägendes Erwerbseinkommen F 700 – $1/7$ (100) = 600;
Unterhalt: 1200 – 600 = 600.

Bei der abschließenden Beurteilung der **Leistungsfähigkeit** des Verpflichteten sind alle Einkünfte des Verpflichteten, also sowohl prägende wie nicht prägende Einkünfte, heranzuziehen.[101] Vorrangige Unterhaltspflichten, z. B. auf Kindesunterhalt, sind zuvor in tatsächlich gezahlter Höhe und nicht um das anrechenbare Kindergeld erhöht oder gemindert vom Einkommen abzuziehen.[102] Als unterste Opfergrenze des Verpflichteten ist sein Selbstbehalt zu wahren[103] (Rn. 5/1).

Anstelle der Differenzmethode und der Anrechnungsmethode wird teilweise auch die **25** **Additionsmethode** zur Unterhaltsberechnung herangezogen.[104] Diese Methode (näher dazu Rn. 4/386) unterscheidet sich nur in den einzelnen Rechenschritten von der oben dargestellten Berechnung, führt aber – bei beiderseits bereinigtem Einkommen – stets zum gleichen Ergebnis.[105] Im zuletzt dargestellten Beispiel rechnet die Additionsmethode 3500 × 6 : 7 + 700 × 6 : 7 = 3000 + 600 = 3600 : 2 (Halbteilungsprinzip) = 1800 (Bedarf) – 1200 (Gesamteinkommen F 1400 × 6 : 7) = 600.

Eine weitere Berechnungsmöglichkeit **(Quotenbedarfsmethode),** ergibt sich aus Ziff. **26** 15.2 i. V. m. dem Anhang der unterhaltsrechtlichen Leitlinien des OLG Düsseldorf. Danach beträgt der Bedarf des Berechtigten $3/7$ der Erwerbseinkünfte des anderen Ehegatten und $4/7$

---

[99] BGH, FamRZ 1982, 894; OLG Hamm FamRZ 1998, 295
[100] BGH, FamRZ 1989, 1160, 1162; DT B I 1 a
[101] BGH, FamRZ 1986, 780; 1985, 354
[102] BGH, FamRZ 2005, 347 = R 622
[103] BGH, FamRZ 2006, 683 = R 649 c, d; BVerfG FamRZ 2004, 253
[104] BGH, FamRZ 2005, 1979 = R 640 b–d; vgl. Mayer, FamRZ 1992, 138; Gerhardt, FamRZ 1993, 261
[105] BGH, FamRZ 2001, 986, 988 = R 563

der eigenen Einkünfte sowie $^1/_2$ des sonstigen Einkommens beider Eheleute, soweit die Einkünfte und geldwerten Vorteile eheprägend sind. Prägendes Erwerbseinkommen des Berechtigten ist hierauf voll anzurechnen, nichtprägendes mit $^6/_7$. Mit dem hier gegebenen Beispiel wäre daher so zu rechnen: (3500 × 3 : 7) + (700 × 4 : 7) = 1500 + 400 = 1900 – 700 (volles prägendes Einkommen F) – 600 ($^6/_7$ nicht prägendes Einkommen F) = 600 DM. Also der gleiche Betrag.

3. Zusammenfassendes Ergebnis

27   Die Einkünfte sind in **unterschiedlichem Umfang** zur Unterhaltsberechnung heranzuziehen, je nachdem, ob es sich um Kindesunterhalt oder Ehegattenunterhalt handelt. Hiergegen wird in der Praxis oft verstoßen, vor allem wenn im gleichen Verfahren sowohl Ehegattenunterhalt und Kindesunterhalt verlangt wird.
- Beim **Kindesunterhalt** sind auf allen Stufen alle Einkünfte des Verpflichteten und des Berechtigten maßgeblich.
- Beim **Ehegattenunterhalt** ist zu differenzieren in prägende und nicht prägende Einkünfte. Auf der Stufe der Bedarfsbemessung dürfen nur prägende Einkünfte des Verpflichteten und des Berechtigten verwendet werden, wenngleich die aktuellen Einkünfte nach der neuesten Rechtsprechung des BGH zu den ehelichen Lebensverhältnissen[106] im Zweifel auch eheprägend sind. Die somit regelmäßig prägenden Einkünfte des Berechtigten werden auf dieser Stufe mittels der Differenzmethode berücksichtigt. Nicht prägende Einkünfte des Berechtigten werden auf der Bedürftigkeitsstufe auf den festgestellten Bedarf verrechnet. Bei der Prüfung der **Leistungsfähigkeit** sind alle Einkünfte des Verpflichteten, also sowohl prägende wie nicht prägende Einkünfte, bedeutsam (vgl. Rn. 4/228 f.).

V. Ermittlung der unterhaltsrechtlich relevanten Einkünfte anhand steuerrechtlicher Unterlagen

1. Darlegungen der Parteien zum unterhaltsrechtlich relevanten Einkommen

28   Den Unterhaltsberechtigten trifft die **Darlegungs- und Beweislast** für das Einkommen des Verpflichteten, nach dem sich die Höhe seines Bedarfs bemisst. Er hat ferner die Darlegungs- und Beweislast für seine Bedürftigkeit sowie für die tatbestandlichen Voraussetzungen einer unterhaltsrechtlichen Anspruchsnorm (Rn. 6/703 ff.). Der Verpflichtete hat die Darlegungs- und Beweislast für eine von ihm behauptete Leistungsunfähigkeit (Rn. 6/710 ff.). Da die Unterhaltsbeteiligten die genauen Einkommensverhältnisse des jeweils anderen nicht oder nur teilweise kennen, sind sie gegenseitig zur vollständigen Angabe ihrer Einkommens- und Vermögensverhältnisse verpflichtet.[107] Sie können daher zur Vorbereitung eines Unterhaltsverfahrens **Auskunft** und die Vorlage entsprechender Unterlagen verlangen (Rn. 661 f.). Der Berechtigte kann seinen Auskunfts- und Unterhaltsanspruch auch im Wege einer Stufenklage geltend machen (Rn. 10/213 f.). Um den laufenden Unterhalt ab Aufforderung zur Auskunft zu sichern, ist die Stufenklage allerdings nicht notwendig, zumal das Gesetz jetzt auch für den nachehelichen Unterhalt auf § 1613 I BGB verweist (§§ 1585 II, 1360 a III, 1361 IV 4 BGB). Danach kann der Berechtigte Unterhalt für die Vergangenheit schon von dem Zeitpunkt an fordern, in dem er den Unterhaltspflichtigen zur Auskunft aufgefordert hat. Im Rahmen des Auskunftsanspruchs hat der jeweils Berechtigte gegenüber dem anderen einen Anspruch auf Vorlage einer systematischen Aufstellung der erforderlichen Angaben, die ihm ohne übermäßigen Arbeitsaufwand die Berechnung des Unterhaltsanspruchs ermöglicht (s. Rn. 661 und für die Auskunft durch Selbständige 276 ff.).[108]

---

[106] BGH, FamRZ 2008, 968 = R 689 g; 2006, 683 = R 649 f–h; 2004, 1173 = R 611; 2001, 986
[107] Zum Elternunterhalt vgl. aber BGH, FamRZ 2003, 1836
[108] BGH, FamRZ 1997, 811 (Scheidungsverbund); 1994, 1169 (bei konkreter Bedarfsermittlung); 1004, 28; 1983, 996, 998

Die Einkommensberechnungen erfolgen in der Praxis häufig so, wie auch dem **Finanz-** 29
amt gegenüber abgerechnet wird.[109] Dazu werden die Angaben aus den Steuerbescheiden
oder den für das Finanzamt erstellten Jahresabschlüssen und Steuererklärungen einfach übernommen. Im Unterhaltsverfahren müssen die Einnahmen und die behaupteten Aufwendungen allerdings im Einzelnen so dargestellt werden, dass die allein steuerrechtlich beachtlichen
Aufwendungen von solchen, die unterhaltsrechtlich bedeutsam sind, abgegrenzt werden
können (für die Auskunft Selbständiger s. Rn. 278).[110]

Eine nur ziffernmäßige Aneinanderreihung einzelner Kostenarten wie Abschreibungen, 30
allgemeine Kosten, Kosten für Versicherungen usw. genügt solchen Anforderungen nicht.[111]
Steuerrechtlich beachtliche Aufwendungen oder Abschreibungen können ganz oder teilweise unberücksichtigt bleiben, wenn ihre unterhaltsrechtliche Abzugsfähigkeit nicht näher
dargelegt wird (vgl. Rn. 220 ff., 232 ff.). Das Gericht kann z. B. Bewirtungs- oder Repräsentationskosten unberücksichtigt lassen oder die Abschreibungsbeträge für einen Pkw
kürzen und die Abschreibungszeit verlängern[112] (vgl. Rn. 243 ff.).

Die erforderlichen Darlegungen können nicht durch einen Antrag auf Vernehmung eines
Steuerberaters oder Sachverständigen ersetzt werden.[113] Eine Beweiserhebung durch Zeugenvernehmung oder Sachverständigengutachten kommt erst in Betracht, wenn und soweit
vom Gegner die Richtigkeit **detailliert** behaupteter Ausgaben bestritten wird.[114]

2. Richterliche Ermittlung unterhaltsrechtlich relevanter Einkünfte und Vorlage von Unterlagen

In der Praxis bereitet die Ermittlung der unterhaltsrechtlich relevanten Einkünfte oft 31
große Schwierigkeiten, weil die Unterhaltsbeteiligten hierzu nur ungenaue, verschleiernde,
unvollständige und – nicht selten – auch bewusst falsche Angaben machen, die teilweise
sogar den Tatbestand eines versuchten Prozessbetrugs erfüllen. Dieser Umstand verpflichtet
das Gericht zur genauen Nachprüfung unsubstantiierter oder bestrittener Auskünfte. Zuverlässige Feststellungen lassen sich für den Zahlungsantrag dann regelmäßig nur anhand
schriftlicher Unterlagen treffen, deren Beschaffung und unterhaltsrechtliche Auswertung
deshalb zu den wichtigsten richterlichen Aufgaben gehört (Rn. 32). Zu solchen Unterlagen
zählen in der Regel Verdienstbescheinigungen des Arbeitgebers und Steuerbescheide (Einkommensteuer) mit entsprechenden Steuererklärungen nebst dazugehörigen Belegen und
Unterlagen, die für die steuerlichen Ermittlungen der Einkünfte notwendig sind, wie
Aufzeichnungen, Gewinn- und Verlustrechnungen, Bilanzen u. ä. Eine Verpflichtung zur
Vorlage solcher Belege, auch der Steuerbescheide und Erklärungen, besteht nach den
§§ 1361 IV 4, 1580 S. 2, 1605 I 2 BGB (s. Rn. 661 ff.).[115]

Vom Gericht kann die Vorlage solcher Belege von Amts wegen nach § 273 ZPO oder auf 32
Antrag einer Partei nach § 421 ZPO angeordnet werden. Die Vorlage von Handelsbüchern
(§ 238 HGB) kann nach § 258 HGB auch in Unterhaltssachen verlangt werden. Kommt eine
Partei einer solchen Anordnung nicht nach, können die Behauptungen des Beweisführers
über den Inhalt der zurückgehaltenen Unterlagen entsprechend § 427 ZPO als bewiesen
angesehen werden.[116] Das Gericht kann auch ohne entsprechenden Antrag einer Partei eine
Gehaltsauskunft bei einer Behörde einholen, wie – wie in der Regel – die Einkommensverhältnisse in dem Verfahren eine Rolle spielen.[117] Neben den materiellrechtlichen Verpflichtungen zur Auskunft nach §§ 1361 IV 4, 1580 2, 1605 I 2 BGB wurde durch das
Gesetz zur Vereinheitlichung des Unterhalts minderjähriger Kinder in § 643 ZPO auch eine

---

[109] BGH, FamRZ 1982, 680

[110] BGH, FamRZ 1987, 46, 48; 1985, 357; 1980, 770

[111] BGH, FamRZ 1980, 770

[112] BGH, FamRZ 2005, 1159 = R 623a; 2003, 741; 1987, 46, 48; 1984, 39

[113] BGH, FamRZ 1980, 770

[114] BGH, FamRZ 1980, 770

[115] BGH, FamRZ 2002, 666; 1982, 680, 682; 1982, 151

[116] OLG Karlsruhe FamRZ 1990, 533

[117] BGH, FamRZ 1986, 885

prozessuale Auskunftspflicht der Parteien und Dritter geschaffen[118] (s. Rn. 661). Die nach dieser Vorschrift erlassene Aufforderung zur Auskunft ist nicht anfechtbar.[119] Auf die Zulässigkeit der Stufenklage hat das Auskunftsrecht des Gerichts allerdings keinen Einfluss.[120]

3. Unterhaltsrechtliche Relevanz steuerrechtlich erfasster Einkünfte

33   Das Einkommen wird auch im Steuerrecht regelmäßig genau erfasst. Es stehen daher meist **steuerrechtliche Unterlagen** zur Überprüfung der unterhaltsrechtlichen Angaben zur Verfügung. Um die Angaben in solchen steuerrechtlichen Unterlagen besser auf ihre unterhaltsrechtliche Relevanz überprüfen und auswerten zu können, ist es hilfreich, wenn man Sinn, Zweck und Bedeutung solcher Angaben im Rahmen der steuerrechtlichen Ermittlungen versteht und wenn man die Positionen kennt, bei denen die entsprechenden Angaben mit besonderer Aufmerksamkeit auf ihre unterhaltsrechtliche Relevanz überprüft werden müssen (vgl. Rn. 220 ff., 232 ff.). Denn das unterhaltsrechtlich relevante Einkommen ist nicht identisch mit dem steuerpflichtigen Einkommen (s. Rn. 582 ff.).[121]

34   Die zu versteuernden Einkünfte eines Verpflichteten sind in der Regel **nicht identisch** mit dem Einkommen, aus dem sich der Unterhalt bemisst.[122] Teilweise ist das Steuerrecht großzügiger als das Unterhaltsrecht. Denn unterhaltsrechtlich wird einerseits zusätzlich vieles als Einkommen angerechnet, was nicht versteuert werden muss, z. B. Wohngeld[123] (Rn. 452), BAföG-Leistungen (Rn. 456), teilweise Renten (Rn. 438 ff.) u. ä. Andererseits wird nicht alles, was steuerrechtlich als Werbungskosten oder Betriebsausgaben abgezogen werden kann, auch unterhaltsrechtlich als berechtigter Abzugsposten anerkannt. Es gibt auch eine Vielzahl von steuerspezifischen Absetzungs- und Abschreibungsmöglichkeiten zur Konjunkturbelebung oder Vermögensbildung, die zum Schutz der Unterhaltsberechtigten nicht einkommensmindernd berücksichtigt werden dürfen[124] (s. Rn. 1/243 ff.). Andererseits ist das Steuerrecht in Teilbereichen auch restriktiver als das Unterhaltsrecht. Denn Aufwendungen für die Altersvorsorge können unterhaltsrechtlich in Höhe der gesetzlichen Rentenversicherung (gegenwärtig 19,9% des Bruttoeinkommens) und zusätzlich als private Altersvorsorge ich Höhe weiterer 4% des Bruttoeinkommens[125] (beim Elternunterhalt sogar 5%[126]) berücksichtigt werden, während das Steuerrecht neben den Beiträgen zu gesetzlichen Rentenversicherung (§ 10 I Nr. 2 EStG) eine zusätzliche Altersvorsorge nur bis zu einem Höchstbetrag von 2100 €/jährlich vorsieht (§§ 10 a I, 82 EStG). Bereits ab einem Bruttojahreseinkommen von 52 500 € ist das Steuerrecht insoweit also restriktiver. Auch die sonstige Vorsorge durch Kranken-, Pflege- und Unfallversicherung ist steuerlich auf einen Jahresbetrag von 2400 €, bei Nichtselbständigen sogar nur auf 1500 €/jährlich, begrenzt (§ 10 I Nr. 3 a, IV EStG), während sie unterhaltsrechtlich regelmäßig voll abgezogen werden kann. Schließlich ist auch die steuerliche Berücksichtigung von berufsbedingten Fahrtkosten auf die Hälfte des tatsächlichen Aufwands (z. Zt. sogar nur ab dem 21. km) begrenzt, während unterhaltsrechtlich die gesamte Fahrtstrecke zu berücksichtigen ist.

35   Wegen der besonders in Bezug auf **Abschreibungen von Gebäuden** im Steuerrecht herrschenden Großzügigkeit (vgl. Rn. 150 ff., 195, 243 ff.) ist die Übertragbarkeit auf das Unterhaltsrecht besonders sorgfältig zu prüfen. Unterhaltsrechtlich dürfen nur solche Beträge abgeschrieben werden, die für die Erhaltung der Einkommensquelle tatsächlich erforderlich sind bzw. waren. Alles, was darüber hinausgeht und aus wirtschaftspolitischen Gründen auf eine Steuerersparnis hinausläuft, der Vermögensmehrung dient oder in sonstiger Weise zu einer unterhaltsrechtlich nicht zumutbaren Minderung des Unterhaltsanspruchs führt, hat

---

[118] BGH, FamRZ 2005, 1986
[119] OLG Naumburg EzFamR aktuell 2000, 357; OLGR Celle 1999, 304
[120] OLG Naumburg FamRZ 2000, 101
[121] BGH, FamRZ 1998, 357 = R 515 a; 1987, 46, 48; 1980, 770
[122] BGH, FamRZ 1997, 281, 283 = R 509 g
[123] BGH, FamRZ 2003, 860
[124] BGH, FamRZ 2003, 741; 1997, 281, 283 = R 509 g
[125] BGH, FamRZ 2005, 1817, 1822 = R 632 j
[126] BGH, FamRZ 2004, 792, 793 = R 605 a

außer Betracht zu bleiben (s. Rn. 102, 150 ff., 243 ff.).[127] Allerdings ist zu beachten, dass die Abschreibung (Absetzung für Abnutzung = AfA) jedenfalls beim Anlagevermögen regelmäßig nur zu einer Gewinnverschiebung führt (s. Rn. 150 ff.).

Auch bei **Einkünften aus Vermietung und Verpachtung** wirken sich erfahrungs- **36** gemäß Abschreibungen für die Abnutzung (AfA) von Gebäuden sowie Instandsetzungskosten erheblich zugunsten des Steuerpflichtigen aus, ohne dass diese in gleicher Weise unterhaltsrechtlich berücksichtigt werden dürfen. So berühren z. B. die Abschreibungen für die Abnutzung von Gebäuden das unterhaltsrechtlich maßgebliche Einkommen nicht, weil ihnen lediglich eine pauschal vermutete Wertminderung von Vermögensgegenständen zugrunde liegt. Insoweit gehen die zulässigen steuerlichen Pauschalen vielfach über das tatsächliche Ausmaß einer Wertminderung hinaus. Außerdem kann eine solche Wertminderung durch eine günstige Entwicklung des Immobilienmarktes ausgeglichen werden. Steuerlich anerkannte Verluste aus Vermietung oder Verpachtung sowie aus Beteiligungen sind unterhaltsrechtlich nur dann zu berücksichtigen, wenn der Unterhaltspflichtige substantiiert darlegt, wie sich die Beträge im Einzelnen zusammensetzen, und wenn eine Prüfung der einzelnen Positionen ergibt, dass sie nach unterhaltsrechtlichen Grundsätzen anerkennungsfähig sind. Dabei sind Positionen, die keine Vermögenseinbuße zum Gegenstand haben oder nicht der tatsächlichen Wertminderung oder Nutzung entsprechen, nicht zu berücksichtigen.[128] **Instandsetzungskosten** oder sonstige Investitionen können nur insoweit einkommensmindernd berücksichtigt werden, als es sich um notwendigen Erhaltungsaufwand handelt und nicht um Aufwand für Vermögensbildung, wie er etwa vorliegt, wenn Ausbauten und wertsteigernde Verbesserungen vorgenommen worden sind.[129] Grundsätzlich ist es zwar ratsam, die handelsrechtlichen und steuerrechtlichen Belege wegen ihres meist unersetzlichen informativen Wertes für die Einkommensermittlung heranzuziehen. Es ist aber wichtig, bei der unterhaltsrechtlichen Bewertung jeder Einzelnen steuerrechtlichen Einkunftsart an die unterschiedlichen steuerrechtlichen Ermittlungsarten zu denken und dabei aufmerksam die jeweiligen unterhaltsrechtlichen Besonderheiten zu erkennen und korrigierend zu berücksichtigen.

4. Steuerrechtliche und unterhaltsrechtliche Einkunftsarten

Die nahezu lückenlose Einkommenserfassung im Steuerrecht legt es nahe, die hierzu **37** entwickelte Systematik auch für das Unterhaltsrecht heranzuziehen. Das Steuerrecht kennt sieben Einkunftsarten (§ 2 EStG):
- Einkünfte aus Land- und Forstwirtschaft.
- Einkünfte aus Gewerbebetrieb.
- Einkünfte aus selbständiger Arbeit.
- Einkünfte aus nichtselbständiger Arbeit.
- Einkünfte aus Kapitalvermögen.
- Einkünfte aus Vermietung und Verpachtung.
- Sonstige Einkünfte im Sinn des § 22 EStG.

Die Einkünfte aus den drei ersten Einkunftsarten werden wegen der Art ihrer Ermittlung **38** als **Gewinn** bezeichnet (§ 2 II Nr. 1 EStG). Die Gewinnermittlung erfolgt je nach Größe und Art des Betriebes im Weg des Betriebsvermögensvergleichs (Bilanzierung; § 4 I EStG) oder auf vereinfachte Weise durch eine Einnahmen-Überschuss-Rechnung (§ 4 III EStG). Gewinn nach der zuletzt genannten Methode ist die Summe der Betriebseinnahmen abzüglich aller Betriebsausgaben. Die Einkünfte aus den vier weiteren Einkunftsarten sind wegen der Art ihrer Ermittlung so genannte **Überschusseinkünfte.** Überschuss ist die Summe aller Einnahmen abzüglich der Werbungskosten (§ 2 II Nr. 2 EStG).

Die steuerrechtlich relevanten Einkünfte sind also in allen Fällen so genannte **Rein- 39 einkünfte,** die sich errechnen aus der Summe aller zugeflossenen, zu versteuernden Brutto-

---

127 BGH, FamRZ 1998, 357 = R 515; 1987, 46, 48; 1980, 770
128 BGH, FamRZ 1997, 281; OLGR Koblenz 2002, 46
129 BGH, FamRZ 1997, 281; 1984, 39, 41

einnahmen abzüglich der Aufwendungen, die zur Erwerbung, Sicherung oder Erhaltung der Einnahmen notwendig waren. Das sind alle Betriebsausgaben und Werbungskosten. Die gleiche Weise der Einkommensermittlung gilt im Prinzip auch für die unterhaltsrechtlich relevanten Einkünfte. Auch diese sind Reineinkünfte, d. h. Bruttoeinnahmen abzüglich Werbungskosten oder Betriebsausgaben. Beim Arbeitseinkommen werden die Werbungskosten im Unterhaltsrecht als **berufsbedingte Aufwendungen** bezeichnet. Zu den steuerrechtlich relevanten Einkunftsarten kommen unterhaltsrechtlich auch vermögenswerte Vorteile wie z. B. **Wohnvorteile** (Rn. 311 ff.), nicht zu versteuernde Einkommensteile und **fiktives Einkommen** aus unterlassener zumutbarer Erwerbstätigkeit (Rn. 486 ff.) sowie aus nicht verantwortlich genutztem Vermögen (Rn. 425 ff.) hinzu. Einer besonderen Erörterung bedürfen auch Einkünfte aus **unzumutbarer Erwerbstätigkeit,** weil diese nach den §§ 242 BGB, 1577 II BGB nur unter besonderen Bedingungen und ggf. nur teilweise anzurechnen sind (Rn. 540 ff.).[130]

5. Gliederung der unterhaltsrechtlich relevanten Einkünfte

40 Aus Gründen der unterhaltsrechtlichen Praxis hält sich die Gliederung der Einkünfte in § 1 dieses Buches nicht an die im Steuerrecht vorgegebene Reihenfolge der einzelnen Einkunftsarten. Übereinstimmung besteht jedoch mit der Art und Weise der jeweils im Steuerrecht durchzuführenden Einkommensermittlung bei den verschiedenen Einkunftsarten. Werden die unterhaltsrelevanten Einkünfte nach sachlichen Gesichtspunkten geordnet, kann man von Erwerbseinkünften, Vermögenseinkünften, Erwerbsersatzeinkünften sowie sonstigen Einkünften sprechen.

41 **Erwerbseinkünfte** sind alle Einkünfte, die auf dem Einsatz der Arbeits- und Leistungskraft beruhen. Nur von diesen Einkünften ist dem Erwerbstätigen bei der Ermittlung des Ehegattenunterhalts der so genannten „Erwerbstätigenbonus" (Rn. 94 a sowie 4/373 ff.) zu belassen. Der Erwerbstätigenbonus soll nach ständiger Rechtsprechung des BGH den mit der Erwerbstätigkeit einher gehenden Aufwand abgelten und zugleich einen Arbeitsanreiz bieten.[131] Auch bei fiktiven Einkünften wegen unterlassener zumutbarer Erwerbstätigkeit ist ein Erwerbstätigenbonus zu berücksichtigen.[132] Bei den übrigen Einkünften ist dieses hingegen nicht angebracht. Zu den Erwerbseinkünften zählen:
– Einkünfte aus abhängiger Arbeit (siehe Rn. 46 ff.).
– Einkünfte von Freiberuflern, sonstigen Selbstständigen und Gewerbetreibenden, die nicht buchführungspflichtig sind und auch freiwillig keine Bücher führen (siehe Rn. 183 ff.).
– Einkünfte von Vollkaufleuten, Gewerbetreibenden und sonstigen Selbstständigen, die ihren Gewinn nach § 5 EStG durch Betriebsvermögensvergleich ermitteln (Rn. 1/110 ff.). Bei dieser Einkunftsart ist zu berücksichtigen, dass es sich genau genommen um eine Mischung von Erwerbseinkünften und Vermögenseinkünften handelt, weil der Gewinn in Form von Zinsen und Mieten auch auf dem investierten Kapital beruht (§§ 15, 18 EStG; s. auch Rn. 174). Diese Einkünfte werden unterhaltsrechtlich zu den Erwerbseinkünften gerechnet, wenn und soweit auch der persönliche Leistungseinsatz für die Gewinnerzielung bedeutsam ist.
– Einkünfte aus Land- und Forstwirtschaft (Rn. 199 ff., 285).

42 Bei den **Vermögenseinkünften** handelt es sich im Wesentlichen um alle Nutzungen aus einem Vermögen oder Kapital einschließlich der Gebrauchsvorteile eines Vermögens. Unterhaltsrechtlich sind in diesem Zusammenhang auch die Probleme einer zumutbaren, aber unterlassenen Vermögensverwertung zu erörtern.
Die bedeutsamsten Vermögenseinkünfte sind:
– Einkünfte aus Vermietung und Verpachtung (Rn. 293 ff.).
– Wohnvorteil als Gebrauchsvorteil eines Vermögens (Rn. 311 ff.).

---

[130] BGH, FamRZ 2005, 1154 = R 630 c, d
[131] BGH, FamRZ 1992, 539 = R 444 c
[132] BGH, FamRZ 2005, 23, 25 = R 619; OLGR Köln 2005, 679 = NJOZ 2005, 4419

– Einkünfte aus Kapital (Zinsen, Dividenden oder Verwertungserlöse) (Rn. 403 ff.).
– Zurechenbare Einkünfte aus unterlassener zumutbarer Vermögensverwertung (Rn. 1/425 ff.).

Bei den **Erwerbsersatzeinkünften** handelt es sich um Einkommen aus einer früheren 43 Erwerbstätigkeit, die wegen Alters oder Invalidität beendet wurde oder wegen Krankheit oder Arbeitslosigkeit vorübergehend unterbrochen ist. Hierzu zählen:
– Einkünfte aus Renten und Pensionen (Rn. 438 ff.).
– Einkünfte aus vergleichbaren Erwerbsersatzleistungen, wie etwa Arbeitslosengeld, Krankengeld usw. (Rn. 80 ff.).

Zu den **sonstigen Einkünften** zählen insbesondere: 44
– Alle sozialstaatlichen Zuwendungen wie Wohngeld, BAföG, Kindergeld, Pflege-, Erziehungs- und Elterngeld, Ausbildungsbeihilfen und Leistungen der Grundsicherung (Rn. 451 ff.).
– Der steuerrechtliche Splittingvorteil[133] (Rn. 573 ff., 577 ff. und 4/356).
– Freiwillige unentgeltliche Zuwendungen Dritter (Rn. 468 ff.).
– Zuwendungen eines neuen Partners an den Berechtigten sowie entsprechende fiktive Einkünfte als Gegenleistungen für die Haushaltsführung oder sonstige Versorgungsleistungen[134] (Rn. 472 ff.).
– Einkünfte aus Unterhaltszahlungen (Rn. 479 ff.).

Abschließend sind verschiedene sozialstaatliche Leistungen zu erwähnen, die unterhalts- 45 rechtlich überwiegend nicht als Einkommen zu werten sind (Rn. 483 sowie 6/499 ff.). Gesondert erörtert wird die unterhaltsrechtlich bedeutsame fiktive Zurechnung erzielbarer Einkünfte bei unterlassener zumutbarer Erwerbstätigkeit (Rn. 486 ff.) und die Anrechnung von Einkünften aus unzumutbarer Erwerbstätigkeit[135] (Rn. 540 ff.). Da es sich bei den hier beschriebenen Einkünften um Reineinkünfte und nicht um Nettoeinkünfte handelt, sind diese noch zu vermindern um die Einkommensteile, die für Unterhaltszwecke nicht zur Verfügung stehen (Rn. 588 ff.).

2. Abschnitt: Einkünfte aus abhängiger Arbeit sowie Nebeneinkünfte und Lohnersatzleistungen bei oder nach einem bestehenden Arbeitsverhältnis

I. Überblick

1. Bruttoeinnahmen und berufsbedingte Aufwendungen

Die Einkünfte aus abhängiger Arbeit sind **Überschusseinkünfte** (Rn. 38). Sie errechnen 46 sich aus der Summe aller Bruttoeinnahmen eines Kalenderjahres abzüglich aller in dem gleichen Kalenderjahr entstandener Ausgaben, die notwendig waren, um dieses Einkommen zu erwerben oder zu erhalten. Diese Ausgaben werden **berufsbedingte Aufwendungen** oder wie im Steuerrecht Werbungskosten genannt. Zu ermitteln ist somit der Überschuss, der sich nach Abzug der berufsbedingten Aufwendungen ergibt.

Zu den Bruttoeinnahmen zählen grundsätzlich alle Einkünfte, die ein Arbeitnehmer aus 47 einem Arbeits- oder Dienstverhältnis laufend, unregelmäßig oder einmalig bezieht, einschließlich Sonderzuwendungen, Zulagen, Zuschlägen, Zuschüssen, Sachbezügen, sonstigen Nebeneinnahmen[1] und Steuererstattungen.[2] Es kommt auch nicht darauf an, ob die Er-

---

[133] Vgl. insoweit aber BGH, FamRZ 2007, 793 = R 674 e; 2005, 1817 = R 632 b, c
[134] BGH, FamRZ 2004, 1173 = R 611
[135] BGH, FamRZ 2005, 1154 = R 630 c–e
[1] BGH, FamRZ 1986, 780
[2] Vgl. BGH, FamRZ 2005, 104; OLG Nürnberg FamRZ 2006, 1132; OLGR Hamm 2001, 47; vgl. auch Rn. 1/582

werbstätigkeit legal oder als **„Schwarzarbeit"** ausgeübt wird.[3] Da „Schwarzarbeit" allerdings jederzeit folgenlos beendet werden darf, weil sie gesetzwidrig und damit auch unzumutbar ist, können Einkünfte daraus nicht bei der Berechnung des künftigen Unterhaltsanspruchs berücksichtigt werden.[4] Diesem ist vielmehr ein ordnungsgemäß versteuertes fiktives Einkommen zugrunde zu legen. Stammen die „schwarzen" Einkünfte allerdings aus einer Nebentätigkeit, sind die in Rn. 74 f. dazu entwickelten Grundsätze zu beachten. Das laufende Entgelt sowie gesetzliche, tarifliche oder freiwillige Zulagen oder Zuwendungen sind in der Regel anhand der **Verdienstbescheinigungen** des Arbeitgebers, der Steuerbescheinigung (vgl. Rn. 568 ff., 679) oder des **Steuerbescheids** nebst **Steuererklärung** festzustellen. Zwischen den Berufseinnahmen und den berufsbedingten Aufwendungen muss ein zweckbedingter wirtschaftlich notwendiger Zusammenhang bestehen.

48   Anders als im Steuerrecht, das Werbungskosten in der Regel anerkennt, wenn der Pflichtige sie als berufsnotwendig bezeichnet, sind **berufsbedingte Aufwendungen** unterhaltsrechtlich stets vom Gericht auf ihre objektive Notwendigkeit und Angemessenheit zu überprüfen und gegebenenfalls nach einer Schätzung gemäß § 287 ZPO (Rn. 6/728 ff.) herabzusetzen. Deshalb sind genaue Darlegungen zur Notwendigkeit und zur Höhe der berufsbedingten Aufwendungen erforderlich, wenn ein konkreter Abzug über die gängigen Pauschalen hinaus (Rn. 89 ff.) verlangt wird.

2. Nicht berufsbedingte Aufwendungen

49   Nicht zu den berufsbedingten Aufwendungen zählen vor allem die Ausgaben für die **Vermögensbildung,** soweit sie über eine zulässige Altersvorsorge hinausgehen, und alle Kosten der **privaten Lebensführung,** wie Aufwendungen für Ernährung, Wohnung, Kleidung, Repräsentation und für Wirtschaftsgüter, deren Nutzung im privaten Bereich üblich ist. Betreffen so genannte gemischte Aufwendungen sowohl die private Lebensführung als auch den beruflichen Bereich, so sind sie grundsätzlich überhaupt nicht absetzbar. Ausnahmsweise ist eine Aufteilung in einen nicht absetzbaren Anteil für die private Lebensführung und einen abziehbaren berufsbedingten Anteil zulässig, wenn objektive Merkmale und Unterlagen eine zutreffende und leicht nachprüfbare Trennung und Anteilsschätzung nach § 287 ZPO (Rn. 6/728) ermöglichen. Dies kann z. B. der Fall sein bei Kraftfahrzeug-[5] (Rn. 96 ff.), Telefon- (Rn. 105) und Reisekosten (Rn. 107 a), wenn genaue und zuverlässige Einzelangaben vorliegen.

II. Der Prüfungszeitraum

50   Vgl. zunächst oben Rn. 11 f. In der Praxis der Instanzgerichte wird aus Gründen der Praktikabilität das jeweils **zuletzt abgelaufene Kalenderjahr** als Beurteilungszeitraum bevorzugt.[6] Dabei werden auch die erst in der Jahresmitte oder am Jahresende bezogenen Sonderzuwendungen in vollem Umfang mit einbezogen.[7] Dieser Weg bietet erhebliche Vorteile. Das Jahreseinkommen lässt sich ohne weiteres entweder der Lohnsteuerbescheinigung (Rn. 679) oder der Gehaltsabrechnung für den Dezember des Vorjahres entnehmen, wenn darin auch die aufgelaufenen Jahresbeträge ausgewiesen werden. Zusätzlich braucht in der Regel nur nach etwaigen Steuernachzahlungen oder -erstattungen gefragt zu werden. Werden dagegen die Gehaltsabrechnungen für die letzten 12 Monate herangezogen, müssen zunächst alle Monatsabrechnungen beschafft und sodann alle Einzelbeträge zusammengerechnet werden. Dies kann bei einmaligen Sonderzahlungen zu Schwierigkeiten führen, weil

---

[3] OLG Nürnberg EzFamR aktuell 1997, 339
[4] OLG Hamm – 1 UF 259/77 – nicht veröffentlicht
[5] BGH, FamRZ 2006, 846 = R 648 a
[6] BGH, FamRZ 1983, 996; OLG Frankfurt FamRZ 1989, 1300, OLG Hamm FamRZ 1986, 1102; OLG München, FamRZ 1984, 173
[7] OLG Hamburg FamRZ 1997, 574

sie steuerlich auf das Kalenderjahr umzulegen sind. Die höhere Aktualität der Gehaltsabrechnungen der letzten 12 Monate kann den erhöhten Aufwand deswegen nur dann rechtfertigen, wenn seit Beendigung des letzten Kalenderjahres nicht unerhebliche Änderungen des relevanten Einkommens eingetreten sind.

Sind nach dem zugrunde gelegten Kalenderjahr durch **Lohnerhöhungen** oder -ermäßi- **51** gungen, Änderungen der Steuerklasse u. ä. wesentliche Veränderungen eingetreten, muss ihnen durch Zu- oder Abschläge von dem nachgewiesenen Einkommen Rechnung getragen werden. Hat etwa ein bisher gut verdienender Unterhaltspflichtiger kurz vor der mündlichen Verhandlung das Rentenalter erreicht und verfügt er jetzt nur über eine bescheidene Rente, darf für die in der Zukunft liegenden Zeiträume nur von der Rente ausgegangen werden. Für die Zeit bis zur Verrentung ist der Unterhalt dagegen noch nach den Einkünften des vergangenen Kalenderjahres zu bestimmen.

Manchmal **verändert** sich das unterhaltsrechtlich relevante Einkommen mehrmals im **52** Kalenderjahr erheblich. Auch in diesen Fällen sollte in der Regel auf den Jahresdurchschnitt abgestellt werden.

Beispiel:
Zu Beginn des Jahres beträgt das relevante Einkommen 2100 EUR. Im Mai fällt eine bisher berücksichtigte Verbindlichkeit von 300 EUR weg, von September bis November gibt es nur Arbeitslosengeld von monatlich 1300 EUR, im Dezember wurden 2400 EUR verdient.

Vielfach wird in diesen Fällen der Unterhalt für die einzelnen Zeitabschnitte getrennt be- **53** rechnet, also von Januar bis Mai aus 2100 EUR, von Juni bis August aus 2400 EUR, von September bis November aus 1300 EUR und für die folgende Zeit aus 2400 EUR. Dieses umständliche Verfahren bürgt nur scheinbar für größere Gerechtigkeit. Der Berechtigte erhält ständig wechselnde Beträge und kann sich daher nur schlecht auf seine Zukunft einstellen. Das nur in einem Monat erzielte Einkommen von 2400 EUR kann nicht ohne weiteres als dauerhaft erzielbar behandelt werden. Jedenfalls für die Vergangenheit aber auch für die Zukunft sollte daher selbst in solchen Fällen von dem **Durchschnittseinkommen** von 2100 × 5 (Januar bis Mai) + 2400 × 3 (Juni bis August) + 1300 × 3 (September bis November) + 2400 (Dezember) = 10 500 + 7200 + 3900 + 2400 = 24 000 : 12 = 2000 EUR ausgegangen werden.[8] Eine andere Beurteilung der zukünftigen Unterhaltsansprüche ist nur dann veranlasst, wenn sich zusätzliche Anhaltspunkte dafür ergeben, dass das im Dezember erzielte Einkommen von 2400 EUR dauerhaft gesichert ist. Ist etwa der Verpflichtete Beamter mit diesem Einkommen geworden, wäre es richtig, für die Vergangenheit vom Durchschnittseinkommen aber für die ab Januar des Folgejahres fällig werdenden Unterhaltsansprüche ausschließlich von dem nunmehr erzielten Einkommen von 2400 EUR auszugehen.

Bei Auseinandersetzungen, die sich in die Länge ziehen, kann es erforderlich werden, den **54** Prüfungszeitraum zu verändern und dem Zeitablauf anzupassen. Wurde etwa im Oktober 2001 Trennungsunterhalt für die Zeit ab der Trennung im Juni 2001 auf der Basis der durchschnittlichen Einkünfte des Jahres 2000 geltend gemacht und kommt es 2001 nicht mehr zum Verfahrensabschluss, so sollte sofort mit Beginn des Jahres 2002 der Unterhalt nach den Einkünften 2001 neu berechnet werden. Die neu berechneten Einkünfte sind dann nicht nur für die Zukunft, sondern auch für die Rückstände aus dem Jahr 2001 maßgeblich. Das führt in der Regel schon deswegen zu gerechteren Ergebnissen, weil der Unterhalt für das abgelaufene Jahr nach dem konkret erzielten Einkommen errechnet werden kann und es deswegen keiner **Prognose** bedarf. Für den künftigen Unterhalt bildet das zeitnähere Einkommen ebenfalls eine bessere Grundlage für die Zukunftsprognose. Wenn sich allerdings nur wenig verändert hat, ist es nicht zwingend erforderlich, den Prüfungszeitraum im laufenden Verfahren zu verändern.

---

[8] OLG Zweibrücken FamRZ 2000, 112

III. Typische Bruttoeinnahmen

1. Barbezüge aller Art

55 – Löhne, Gehälter, Provisionen und Tantiemen,[9] Prämien für besondere Leistungen, Umsatz- und Gewinnbeteiligungen,[10] nebst Zuschlägen, Zulagen und Sonderzuwendungen aller Art[11] sowie der Wehrsold nach dem Wehrsoldgesetz.[12]
– Beamtengehalt nebst Familienzuschlag,[13] einschließlich kinderbezogener Bestandteile der Dienstbezüge.[14] Beruht der Familienzuschlag auch darauf, dass der Unterhaltspflichtige eine weitere Ehe eingegangen ist (vgl. § 40 I Nr. 1 und 3 BBesG), ist er beim Kindesunterhalt in voller Höhe zu berücksichtigen. Bei der Bemessung des Unterhaltsanspruchs eines ersten Ehegatten bleibt er nicht – wie der Splittingvorteil aus der zweiten Ehe – völlig unberücksichtigt, sondern ist hälftig als Einkommen zu berücksichtigen[15] (vgl. Rn. 55 a). Der Zuschlag zum Ortszuschlag, den der in einer neuen Ehe verheiratete Beamte für ein bei ihm lebendes Stiefkind erhält, zählt allerdings bei der Bemessung des Unterhaltsanspruchs eines früheren Ehegatten nicht zum unterhaltsrelevanten Einkommen.[16] Stehen beide Elternteile im öffentlichen Dienst, ist der nur einmal ausbezahlte kindbezogene Teil des Familienzuschlages zwischen den Eltern aufzuteilen.
– Die Haushalts- und Erziehungszulage eines Beamten der Europäischen Kommission.[17]
– Entgelt für Arbeit in einer Behindertenwerkstatt.[18]
– Kinderzuschüsse, die das Kindergeld übersteigen.[19] Das ergibt sich jetzt ausdrücklich aus § 1612 c BGB.
– Erhöhte Auslandsdienstbezüge nebst Zuschlägen und Zulagen, die dem Ausgleich der besonderen materiellen und immateriellen Belastungen infolge des Dienstes im Ausland dienen.[20] Zum Ausgleich für schwierige Lebensbedingungen kann jedoch ein Teil anrechnungsfrei bleiben.[21] In vollem Umfang können der Kaufkraftausgleich und ein Mietzuschuss unberücksichtigt bleiben, wenn schon nach § 287 ZPO angenommen werden kann, dass damit nur ein tatsächlich vorhandener Mehraufwand abgedeckt wird.[22]
– Urlaubs- und Weihnachtsgeld sowie sonstige Sonderzuwendungen.[23] Dabei dürfen nicht die im Monat der Auszahlung einbehaltenen Steuern, sondern nur die aufs ganze Jahr bezogenen Steuern abgesetzt werden (Näheres zu den Steuern s. Rn. 558 ff.).

---

[9] OLGR Frankfurt 1997, 166
[10] BGH, FamRZ 1982, 680; OLGR Schleswig 2001, 373
[11] BGH, FamRZ 1986, 780; 1982, 250
[12] BFH DStR 1991, 905; OLG Schleswig FamRZ 2005, 369 (zur Auslandszulage)
[13] BGH, FamRZ 2007, 793 = R 674 h, i; 2007, 882 = R 675 e; 1990, 981, 983; OLG Köln, FamRZ 1983, 750
[14] BGH, FamRZ 2007, 882 = R 675 e; 1989, 172; 1983, 49; BVerfG FamRZ 1999, 561
[15] BGH FamRZ 2007, 793, 797 f. = R 674 h; OLG Hamm FamRZ 2005, 1177; anders noch die Vorauflage und BGH, FamRZ 1990, 981, 983 = R 416 d
[16] BGH FamRZ 2007, 793, 798 = R 674 i; OLG Hamm FamRZ 2005, 1177 (unter Hinweis auf BGH, FamRZ 2005, 1817 = R 632 b–d, f und BVerfG FamRZ 2003, 1821; anders noch die Vorauflage unter Hinweis auf BGH, FamRZ 1989, 172; a. A. OLG Hamm FamRZ 2005, 1177
[17] OLG Koblenz, FamRZ 1995, 1374
[18] OLG Brandenburg FamRB 2004, 287; der Auffassung des OLG Oldenburg, FamRZ 1996, 625, eine bedarfsmindernde Anrechnung dürfe nicht erfolgen, weil das Entgelt nur eine Anerkennung darstelle und die Eingliederung in das Erwerbsleben vorbereiten solle, kann nicht gefolgt werden
[19] BGH, FamRZ 1981, 28; 1980, 1112; OLG Hamm FamRZ 1994, 895
[20] BGH, FamRZ 1980, 342, 344; OLGR Hamm 1999, 90; OLG Koblenz FamRZ 2000, 1154
[21] OLG Schleswig FamRZ 2005, 369; OLG Stuttgart FamRZ 2002, 820; OLG Köln, FamRZ 1991, 940
[22] OLG Bamberg, FamRZ 1997, 1339; vgl. dazu Rn 9/23 ff.
[23] BGH, FamRZ 1982, 250; 1991, 416, 418; OLG München FamRZ 1996, 307

- Berufsübliche Prämien wie Treue- und Leistungsprämien; Prämien wegen Verbesserungs-vorschlägen, Umsatzbeteiligungen u. ä.[24]
- 13. oder 14. Monatsgehalt.[25]
- Monatszulagen.[26]
- Krankenversicherungszuschüsse des Arbeitgebers für einen privat krankenversicherten Arbeitnehmer.[27] Abzugsfähig sind dann im Gegenzug allerdings die gesamten Kranken-versicherungsbeiträge.
- Fliegerzulagen und Fliegeraufwandsentschädigungen nach dem Soldatenversorgungs-gesetz. Die Mehraufwendungen zum Erhalt der fliegerischen Leistungsfähigkeit können pauschal mit 1/3 gemäß § 287 ZPO geschätzt werden.[28]
- Streckengeld eines Postbediensteten.[29] Der Arbeitnehmer muss belegen, dass diese Zah-lungen durch erhöhte berufsbedingte Aufwendungen verbraucht werden.
- Vermögenswirksame Leistungen des Arbeitgebers. Zwar sind vermögenswirksame Leis-tungen des Arbeitgebers grundsätzlich Bestandteil des Arbeitsentgelts und daher lohn-steuer- und sozialversicherungspflichtig. In Höhe der Zusatzleistungen des Arbeitgebers (Sparzulage) verbleiben sie allerdings unterhaltsrechtlich anrechnungsfrei, weil sie dem Arbeitnehmer insoweit zweckgebunden nur für eine Vermögensanlage zur Verfügung stehen. In diesem Umfang sind die vermögenswirksamen Leistungen daher mit der Nettoquote von dem Arbeitsentgelt abzuziehen (vgl. unterhaltsrechtliche Leitlinien der Oberlandesgerichte Ziff. 10.6).[30] Soweit der Beklagte über die zweckgebundenen ver-mögenswirksamen Leistungen seines Arbeitgebers hinaus Teile seines Arbeitsentgelts vermögenswirksam anlegt, ist dies unterhaltsrechtlich nur im Rahmen der vom Bundes-gerichtshof gebilligten zusätzlichen Altersversorgung zu berücksichtigen.[31]
- Arbeitgeberzahlungen für eine als betriebliche Altersversorgung ausgestaltete Direktver-sicherung sind nur als Durchgangsposition dem Einkommen hinzuzurechnen.[32] Denn die Zuschüsse sind als Beiträge für die Direktversicherung sogleich wieder abzusetzen, soweit sie sich im Rahmen einer zulässigen zusätzlichen Altersversorgung halten (vgl. auch Rn. 597 a).[33]
- Ministerialzulage.[34]
- Heimarbeiterzuschlag.
- Abgeordnetenentschädigungen und Kostenpauschale zur Abgeltung typischer mandats-bedingter Aufwendungen. Der Abgeordnete muss darlegen und belegen, in welchem Umfang er durchschnittlich die Aufwandsentschädigung oder Kostenpauschale für man-datsbedingte Aufwendungen benötigt.[35]
- Sitzungsgelder bei Mitwirkung in kommunalen Gebietsvertretungen.[36]
- Entschädigungen für Schöffentätigkeit und für die Führung einer Vormundschaft[37] sowie für ähnliche ehrenamtliche Tätigkeiten.

---

[24] BGH, FamRZ 1970, 636; 1982, 250
[25] BGH, FamRZ 1970, 636
[26] BGH, FamRZ 1982, 887
[27] OLG Hamm FamRZ 2001, 370
[28] BGH, FamRZ 1994, 21 = R 466 a; OLG Hamm FamRZ 1991, 576
[29] OLG Köln vom 23. 11. 1978 – 21 UF 86/78 – unveröffentlicht
[30] BGH, FamRZ 1980, 984; OLG Karlsruhe FamRZ 2003, 1675
[31] BGH, FamRZ 2005, 1817 = R 632j (bis zu 4% des Bruttoeinkommens beim Kindes- und Ehegattenunterhalt); 2004, 792 = R 605a (bis zu 5% des Bruttoeinkommens beim Elternunter-halt)
[32] OLG Celle FamRZ 2005, 297; OLG Schleswig FamRZ 2005, 211; OLG Nürnberg EzFamR aktuell 2002, 67; OLGR Hamm 1998, 66
[33] BGH, FamRZ 2005, 1817 = R 632j (4% der Bruttoeinkünfte); 2004, 792 = R 605a (5% der Bruttoeinkünfte beim Elternunterhalt)
[34] OLG Köln, FamRZ 1982, 706
[35] BGH, FamRZ 1986, 780; OLG Stuttgart FamRZ 1994, 1251
[36] BGH, FamRZ 1983, 670, 672; 1986, 780; OLG Bamberg FamRZ 1999, 1082 und 1986, 1144
[37] BGH, FamRZ 1983, 670, 673

– Vergütungen des Krankenhauspersonals aus Liquidationseinnahmen der Chefärzte oder aus einem Mitarbeiterfonds (Liquidationspool).

– Trinkgelder einschließlich der Anteile aus einem Trinkgeldpool. Besteht Streit über die Höhe der Trinkgelder, darf nicht einfach eine Schätzung nach § 287 ZPO erfolgen, wenn konkrete Beweisangebote vorliegen.[38]

– Erfindervergütungen.

– Übergangsbeihilfe der Bundeswehr für einen ausgeschiedenen Soldaten.[39]

– Krankenhaustagegelder aus einem privaten Versicherungsvertrag.[40]

– Steuererstattungen (dazu s. Rn. 576, 579 ff.).

55 a   **Familienzuschlag** nach § 40 I BBesG (Stufe 1) erhalten Beamte, Richter oder Soldaten u. a., wenn sie verheiratet sind oder wenn sie geschieden und aus dieser Ehe in Höhe des Familienzuschlags zum Unterhalt verpflichtet sind. Ist ein Ehegatte seinem geschiedenen Ehegatten aus erster Ehe vorrangig unterhaltspflichtig (§ 1609 Nr. 2 BGB) und ist er nach der Scheidung eine zweite Ehe eingegangen, beruht die Zahlung des Familienzuschlags auf zwei alternativen Rechtsgründen (§ 40 I Nr. 1 und 3 BBesG). Nachdem das BVerfG und dem folgend der BGH entschieden haben, dass in solchen Fällen der **Splittingvorteil** aus der zweiten Ehe nur dieser Ehe zugute kommt und deswegen beim nachehelichen Unterhaltsanspruch des ersten Ehegatten unberücksichtigt bleibt,[41] stellt sich die Frage, wie mit dem Familienzuschlag zu verfahren ist. Die Rechtsprechung zum Ehegattensplitting ist darauf nicht übertragbar, weil der Familienzuschlag nach seiner öffentlich-rechtlichen Zweckbestimmung nicht stets der neuen Ehe vorbehalten bleiben und nur deren Belastungen mildern soll. Nach § 40 I Nr. 3 BBesG wird er vielmehr auch bewilligt, um die Unterhaltslasten aus einer geschiedenen Ehe abzumildern. Dann treten durch die neue Ehe keine finanziellen Veränderungen ein und der Familienzuschlag wird auch nicht erst durch die Eheschließung ausgelöst, weil er schon zuvor gewährt wurde. Einem ersten Ehegatten, auf dessen Unterhaltsanspruch das Gesetz ebenfalls abstellt, kann der Familienzuschlag deswegen durch die zweite Ehe nicht vollständig entzogen werden.[42]

Andererseits ergibt sich aus der Begründung des Gesetzes zur Reform des öffentlichen Dienstrechts, mit dem der bis Juni 1997 geltende Ortszuschlag durch den neuen Familienzuschlag ersetzt wurde, dass damit die Funktion des familienbezogenen Bezahlungsbestandteils verdeutlicht werden sollte.[43] Sinn und Zweck des Familienzuschlags ist es danach, den unterschiedlichen Belastungen des Familienstands Rechnung zutragen. Weil der Familienzuschlag somit auch die zusätzlichen Belastungen in der neuen Familie abmildern will, ist es nicht gerechtfertigt, ihn in vollem Umfang für einen gegenüber dem neuen Ehegatten vorrangigen Unterhaltsanspruch zu verwenden. Das wäre aber der Fall, wenn der Familienzuschlag stets voll als Einkommen berücksichtigt würde und deswegen der jeweils nach § 1609 BGB bevorrechtigte Unterhaltsberechtigte davon profitieren könnte. Wird der Familienzuschlag also wegen der bestehenden (zweiten) Ehe und zugleich nach § 40 I Nr. 3 BBesG wegen einer fortdauernden Unterhaltspflicht aus einer früheren Ehe gezahlt, ist er nach seinem Sinn und Zweck auf beide Ansprüche aufzuteilen und deswegen bei der Bemessung des Unterhaltsanspruchs der geschiedenen Ehefrau nur **hälftig** zu berücksichtigen (vgl. auch Rn. 4/260).[44]

Beim **Kindesunterhalt** ist hingegen der gesamte Familienzuschlag zu berücksichtigen. Denn beim Verwandtenunterhalt ist nicht auf eheprägende Einkommensbestandteile, sondern auf das tatsächlich vorhandene Einkommen und die reale Steuerlast abzustellen.[45]

---

[38] BGH, FamRZ 1991, 182, 184 = R 430 c

[39] BGH, FamRZ 1987, 930; OLG Naumburg FamRZ 2003, 474

[40] BGH, FamRZ 1994, 626; 1987, 930; 1987, 36; OLG Bremen FamRZ 1991, 86

[41] BVerfG FamRZ 2003, 1821 = R 598; BGH, FamRZ 2005, 1817 = R 632 b–d

[42] BGH, FamRZ 2007, 793, 797 f. = R 674 h; OLG Celle FamRZ 2005, 716; OLG Oldenburg FamRZ 2006, 1127

[43] BT-Drucks. 13/3994, S. 29, 42

[44] BGH, FamRZ 2007, 793, 797 f. = R 674 h; OLG Hamm FamRZ 2005, 1177

[45] BGH, FamRZ 2005, 1817 = R 632 c (zum Ehegattensplitting); OLG Hamm FamRZ 2005, 1177

2. Zweckbestimmte Entgelte für berufsbedingte Mehraufwendungen wie Spesen, Reisekosten und Auslösungen

Spesen und Reisekosten sind durch Geschäfts- oder Dienstreisen veranlasste Aufwendun- **56** gen. Meist sind es Fahrtkosten, zusätzlicher Aufwand für die Verpflegung, Übernachtungskosten sowie sonstige Nebenkosten. Dazu können auch die Kosten für Wochenendheimfahrten bei einer längeren Reise gehören.

Unterhaltsrechtlich werden Spesen und Reisekosten zunächst als Einkommen behan- **57** delt. Die durch die beruflich veranlasste Reise tatsächlich entstandenen und nachgewiesenen Aufwendungen sind jedoch grundsätzlich in vollem Umfang abzuziehen, etwa die Fahrtkosten bei Sitzungsgeldern.[46] Wenn solche Entgelte im konkreten Fall oder nach der Lebenserfahrung nur einen tatsächlich anfallenden Mehraufwand abdecken, können sie daher unterhaltsrechtlich von vornherein unberücksichtigt bleiben[47] (vgl. auch Rn. 70, 109). Wenn bei bescheiden bemessenen Pauschalvergütungen nur geringe Überschüsse verbleiben, können diese Beträge ebenfalls wegen Geringfügigkeit anrechnungsfrei bleiben.[48]

Auslösungen, manchmal heißt es auch Auslösen, sind Entschädigungen, die private **58** Arbeitgeber ihren Arbeitnehmern zum Ausgleich für Mehraufwendungen infolge auswärtiger Beschäftigung zahlen. Dies gilt auch bei Beschäftigungen im Ausland.[49] Auslösungen sind steuerfrei, soweit sie konkret entstandenen Mehraufwand ausgleichen. Zahlt der Arbeitgeber höhere Auslösungen, als es dem tatsächlichen Mehraufwand entspricht, sind diese insoweit steuerpflichtig. Zahlt er geringere Auslösungen, zählt der Fehlbetrag zu den abziehbaren Werbungskosten des Arbeitnehmers. Unterhaltsrechtlich gilt für die Auslösungen im Prinzip das Gleiche wie für Spesen (Rn. 57).[50] Sind Auslösungen erkennbar höher als der tatsächliche Mehraufwand, empfiehlt sich eine konkrete Berechnung, wobei der Betrag, der den tatsächlichen Aufwand übersteigt, zum Einkommen gerechnet werden muss.[51] Der anrechenbare Differenzbetrag kann nach § 287 ZPO geschätzt werden (Rn. 6/728 ff.).

In Einzelfällen haben diese zweckbestimmten Entgelte auch eine **häusliche Ersparnis** **59** bei den privaten Lebenshaltungskosten zur Folge. Diese Ersparnis kann bis zu $^1/_3$ oder $^1/_2$ der Aufwandsentschädigung betragen.[52] Sie ist dann ebenfalls nach § 287 ZPO zu schätzen und zum Einkommen zu rechnen. Eine solche **Ersparnisschätzung** wird allerdings in der Regel nur bei Abwesenheitsspesen angebracht sein,[53] wie bei Tagesspesen, Essensspesen, Trennungsentschädigungen, Auslösungen, Montageprämien und Aufwandsentschädigungen. Fraglich ist eine häusliche Ersparnis bei Übernachtungsgeldern, Kleider- und Schmutzzulagen. Allenfalls bei gehäuften häuslichen Abwesenheiten sollte darüber nachgedacht werden, ob sich dadurch Einsparungen an Wasser-, Strom- und Heizkosten ergeben. Im Allgemeinen sollte derartiges kleinliches Nachrechnen vermieden werden (zu den besonderen Problemen beim Ersatz von Fahrtkosten s. nachfolgend Rn. 96 f.).

In der gerichtlichen Praxis wurde in der Vergangenheit nicht selten um die Anrechnung **60** von Spesen und Auslösungen beim Einkommen gerungen. Der damit verbundene Aufwand an Zeit und Energie lohnt sich jedoch nur selten. Weil die Spesen häufig dem entstandenen Aufwand entsprechen, kann von ihrer Bewertung nach steuerrechtlichen Grundsätzen ausgegangen werden. Handelt es sich um **steuerfreie** Spesen, Reisekosten und Auslösungen, wird vermutet, dass nur entstandener Aufwand abgedeckt wurde. In diesen Fällen kann nur eine häusliche Ersparnis berücksichtigt werden, die in den Leitlinien der Oberlandesgerichte (Ziff. 1.4) regelmäßig mit $^1/_3$ geschätzt wird. Nur wenn eine häusliche Ersparnis ausgeschlossen ist (z. B. beim Kilometergeld), scheidet eine Anrechnung dieser Entgelte vollständig aus. Soweit Spesen und Auslösungen hingegen **steuerpflichtig** sind, erfolgt eine

---

[46] BGH, FamRZ 1983, 670, 672
[47] BGH, FamRZ 1990, 266; OLG Köln FamRZ 2003, 602; OLG Frankfurt FamRZ 1994, 1031
[48] BGH, FamRZ 1983, 670, 673
[49] OLG Koblenz FamRZ 2000, 1154; OLGR Hamm 1999, 90
[50] BGH, FamRZ 1990, 266
[51] BGH, FamRZ 1980, 342 (zu Auslandsentschädigungen); 1986, 780 (zur Aufwandsentschädigung eines Abgeordneten)
[52] BGH, VRS 1960, 801; OLG Stuttgart FamRZ 2002, 820
[53] OLG Bamberg, FamRZ 1982, 519

Zurechnung zum Einkommen, die nur dann entfällt, wenn ein entsprechender tatsächlicher Aufwand dargelegt werden kann.

61   Als rechtlicher Ansatz ist stets zu beachten, dass Spesen, Reisekosten und Auslösungen als Einkommen gelten. Davon sind allerdings die mit ihrer Leistung zusammenhängenden Aufwendungen, diese wiederum vermindert um die häusliche Ersparnis, abzuziehen. Wenn die Oberlandesgerichte deswegen in Regelfällen, in denen – anders als beim Kilometergeld – eine häusliche Ersparnis nicht von vornherein ausgeschlossen ist, pauschal $1/3$ der Spesen und Auslösungen zum Einkommen hinzurechnen,[54] bestehen dagegen grundsätzlich keine Bedenken. Zu berücksichtigen ist aber, dass selbst eine nachgewiesene häusliche Ersparnis vielfach als Einkommen aus „unzumutbarer Tätigkeit" angesehen werden muss und deshalb nach § 242 oder § 1577 II BGB nicht angerechnet werden kann (Rn. 540 ff.). Dieser Gesichtspunkt kann z. B. in Betracht kommen, wenn eine besonders lästige Reisetätigkeit vorliegt oder wenn ein Fernfahrer, statt sich im Hotel einzuquartieren, die Nacht in seinem Lastzug verbringt.

62   Wenn der Unterhaltspflichtige detailliert und unter Beweisantritt vorträgt, er habe von seinem Arbeitgeber Fahrtkostenerstattung nur gegen konkreten Nachweis der tatsächlich angefallenen Kosten erhalten und Spesen sowie Auslöse seien für entsprechende Mehraufwendungen voll verbraucht worden, reicht es nicht aus, wenn der Unterhaltsberechtigte diesem Vortrag nur mit allgemeinem, unsubstantiiertem Bestreiten entgegentritt. Das Gericht kann den substantiierten Tatsachenvortrag des Verpflichteten zu Fahrtkostenerstattungen, Spesen oder Auslösungen dann mangels substantierten Bestreitens ohne Beweisaufnahme seiner Entscheidung zugrunde legen.[55] Im Allgemeinen sollte kleinliches Nachrechnen in diesem Bereich vermieden werden. Dies gilt vor allem, wenn nur der Kindesunterhalt zu bestimmen ist, weil das zusätzlich zu berücksichtigende Einkommen häufig ohnehin nicht zu einer höheren Einkommensgruppe der Düsseldorfer Tabelle führt. Der mit der Überprüfung verbundene Arbeitsaufwand lohnt sich deswegen regelmäßig nur bei den oft mit großzügigem Spesenersatz verbundenen Aufenthalten im Ausland.

3. Die Leitlinien zu den Spesen, Reisekosten, Auslösen

63   Nach der neu vereinbarten bundeseinheitlichen Leitlinienstruktur (hierzu Rn. 7) werden die Spesen, Reisekosten und Auslösungen jeweils unter **Ziff. 1.4** geregelt.

- Nach SüdL 1.4 gelten Spesen und Reisekosten sowie Auslösen in der Regel als Einkommen. Damit zusammenhängende Aufwendungen, vermindert um häusliche Ersparnisse, sind jedoch abzuziehen. Bei Aufwendungspauschalen (außer Kilometergeld) kann $1/3$ als Einkommen angesetzt werden.
- Die BL 1.4 sind wortgleich mit Ziff. 1.4 der SüdL.
- Nach BraL 1.4 werden Spesen und Auslösungen dem Einkommen zugerechnet, soweit dadurch eine Ersparnis eintritt oder Überschüsse verbleiben. Im Zweifel kann davon ausgegangen werden, dass eine Ersparnis eintritt oder Überschüsse verbleiben, die mit $1/3$ der Nettobeträge dem Einkommen zuzurechnen sind.
- Nach BrauL 1.4 werden Spesen und Auslösungen pauschal zu $1/3$ dem Einkommen hinzugerechnet, soweit nicht nachgewiesen wird, dass die Zulagen notwendigerweise in weitergehendem Umfang verbraucht werden und keine häusliche Ersparnis eintritt. Bei steuerfreien Auslösungen wird davon ausgegangen, dass sie auf Nachweis gezahlt wurden.
- Nach BrL 1.4 gelten Spesen und Reisekosten sowie Auslösen in der Regel als Einnahmen. Damit zusammenhängende Aufwendungen, vermindert um häusliche Ersparnisse, sind jedoch abzuziehen. Bei Aufwendungspauschalen kann $1/3$ als Einkommen angesetzt werden.
- Nach CL 1.4 werden Spesen und Auslösungen pauschal zu $1/3$ dem Einkommen hinzugerechnet, soweit nicht nachgewiesen wird, dass die Zulagen notwendigerweise in weitergehendem Umfang verbraucht werden und keine häusliche Ersparnis eintritt.

---

[54] OLG Stuttgart FamRZ 2002, 820; OLGR Braunschweig 1995, 262; Leitlinien der Oberlandesgerichte Ziff. 1.4
[55] BGH, FamRZ 1990, 266

- Nach DL 1.4 sind Auslösungen und Spesen nach den Umständen des Einzelfalls anzurechnen. Soweit solche Zuwendungen geeignet sind, laufende Lebenshaltungskosten zu ersparen, ist diese Ersparnis in der Regel mit $^1/_3$ des Nettobetrages zu bewerten.
- Die DrL 1.4 sind wortgleich mit Ziff. 1.4 der SüdL.
- Nach FL 1.4 ist über die Anrechenbarkeit von Spesen und Auslösungen nach Maßgabe des Einzelfalls zu entscheiden. Als Anhaltspunkt kann eine anzurechnende häusliche Ersparnis (also nicht für reine Übernachtungskosten oder Fahrtkosten bis zu der in Ziff. 10.2.2 definierten Höhe) von einem Drittel in Betracht kommen.
- Die HaL 1.4 sind annähernd wortgleich mit Ziff. 1.4 der SüdL.
- Nach HL 1.4 ist über die Anrechnung von Auslösungen und Spesen nach Maßgabe des Einzelfalls zu entscheiden. Im Zweifel kann davon ausgegangen werden, dass eine Ersparnis eintritt, die mit $^1/_3$ der Nettobeträge zu bewerten und insoweit dem anrechenbaren Einkommen zuzurechnen ist.
- Nach KL 1.4 sind geldwerte Zuwendungen aller Art des Arbeitgebers Einkommen, soweit sie entsprechende Eigenaufwendungen ersparen.
- Nach KobL 1.4 sind Auslösungen und Spesen nach den Umständen des Einzelfalls anzurechnen. Soweit solche Zuwendungen geeignet sind, laufende Lebenshaltungskosten zu ersparen, ist diese Ersparnis i. d. R. mit $^1/_3$ des Nettobetrags zu bewerten. Das ist in der Regel anzunehmen, wenn die Zuwendung versteuert wird.
- Die NaL 1.4 sind wortgleich mit Ziff. 1.4 der SüdL.
- Nach OL 1.4 sind Auslösungen und Spesen Einnahmen, soweit sie sich nicht auf die Erstattung nachgewiesener Auslagen beschränken. Aufwendungspauschalen sind auf Grund häuslicher Ersparnis i. d. R. mit $^1/_3$ ihres Nettowertes anzurechnen.
- Die RL 1.4 sind wortgleich mit Ziff. 1.4 der SüdL.
- Die SchlL 1.4 sind annähernd wortgleich mit Ziff. 1.4 der SüdL.
- Die ThL 1.4 sind annähernd wortgleich mit Ziff. 1.4 der SüdL.

4. Vergütungen und Zuschläge für Überstunden, Mehrarbeit, Urlaubsabgeltung und sonstige überobligationsmäßige Belastungen, wie bei Zuschlägen für Schicht-, Nacht-, Feiertags- und Sonntagsarbeit sowie bei Zulagen für Schmutz-, Schwer- und Schwerstarbeit

Solche Vergütungen sind in der Regel, auch wenn sie ganz oder teilweise steuerfrei **64** gewährt werden, voll anzurechnen, wenn sie berufstypisch sind und entweder in geringem Umfang anfallen oder zumindest das im Beruf des Pflichtigen übliche Maß nicht übersteigen[56] (vgl. auch Rn. 74 ff.). Im Regelfall wird man Überstunden bis zu 10% der normalen Arbeitszeit als Überstunden in geringem Umfang ansehen können und voll anrechnen.[57] Bei Berufskraftfahrern können in der Regel Überstunden **bis zu 25%** der normalen Arbeitszeit noch als berufstypisch beurteilt werden.[58] Wegen der gesteigerten Unterhaltpflicht gegenüber minderjährigen und ihnen nach § 1603 II 2 BGB gleichgestellten Kindern (§ 1603 II BGB) können vom Unterhaltpflichtigen geleistete Überstunden unter Umständen sogar in weitergehendem Umfang voll, sonst teilweise, anrechenbar sein.[59]

Geht das Überstundenmaß oder die sonstige Mehr- bzw. Sonderarbeit deutlich über **65** diesen üblichen Rahmen hinaus,[60] sind sie wie Einkünfte aus **unzumutbarer Arbeit** zu bewerten und nach Treu und Glauben nach den Umständen des Einzelfalls zu berücksichtigen.[61] Beim unterhaltsberechtigten Ehegatten erfolgt eine Anrechnung unzumutbarer

---

[56] BGH, FamRZ 1983, 886; 1982, 779; 1980, 984; OLG Brandenburg FamRZ 2004, 484
[57] BGH, FamRZ 2004, 186 = R 595 a; OLG Nürnberg EzFamR aktuell 2000, 292
[58] OLG Köln, FamRZ 1984, 1109; OLG Hamm FamRZ 2000, 605
[59] OLG Koblenz FamRZ 2005, 650; OLG Hamm FamRZ 2001, 565; OLG Nürnberg FuR 1997, 154;
[60] Vgl. OLG Bamberg FamRZ 2005, 1114
[61] BGH, FamRZ 2005, 1154 = R 630 c–e; 1980, 984; BVerfG 1 BvR 2236/06; OLG Stuttgart FamRZ 1995, 1487

Überstunden nach § 1577 II BGB, sonst nach Billigkeit gemäß § 242 BGB (s. Rn. 540 ff.).

66   Ähnliches gilt bei Zuschlägen für **Schicht-, Sonntags-, Feiertags- und Nachtarbeit** sowie bei Zuschlägen für sonstige überobligationsmäßige Belastungen. Sie sind voll anzurechnen, wenn sie berufstypisch sind und in geringem Umfang anfallen.[62] Übersteigen sie dieses Maß, können sie ebenfalls wie Einkünfte aus unzumutbarer Erwerbstätigkeit behandelt werden. Es handelt sich dann auch insoweit um Einkünfte aus überobligationsmäßigen Leistungen mit der Folge, dass der Mehrverdienst um einen gewissen „Bonus" vermindert werden kann. Nach OLG München[63] kann in solchen Fällen etwa ein Drittel der Zuschläge als Kompensation für die erheblichen Belastungen anrechnungsfrei verbleiben. Der Pflichtige soll sich hierdurch eine etwas aufwändigere Freizeit und Erholungsgestaltung leisten können und einen Anreiz erhalten, die belastenden Schicht- und Feiertagsarbeiten im Interesse der Unterhaltsberechtigten auch weiterhin auszuüben. Dieses gilt allerdings nicht für geldwerte Versorgungsleistungen (an einen neuen Partner), die regelmäßig am Wochenende erbracht werden[64] (vgl. Rn. 472 ff.).

67   **Urlaubsabgeltung:** Auch Einkünfte, die durch Verzicht auf den tarifgemäßen Urlaub erzielt werden (sog. Urlaubsabgeltung), sind wie Einkünfte aus unzumutbarer Arbeit (Rn. 1/540 ff.) zu behandeln. Sie resultieren aus überobligationsmäßigen Anstrengungen, weil einem Arbeitnehmer nach allgemeiner Überzeugung und sozialer Gepflogenheit ein Verzicht auf den Jahresurlaub nicht zugemutet werden kann.[65] Wenn allerdings nur ein Anteil des Jahresurlaubs abgegolten wurde, weil dieser ohnehin nicht mehr fristgerecht angetreten werden konnte, bestehen keine Bedenken, die Hälfte des ausgezahlten Betrages als unterhaltsrelevantes Einkommen zu berücksichtigen.[66]

68   Soweit es sich bei den Einkünften um **überobligationsmäßige** und damit unzumutbarer Tätigkeit handelt, können vom Berechtigten und vom Verpflichteten die zum Mehrverdienst führenden belastenden Umstände (hohe Überstunden, Urlaubsverzicht, Schichtarbeit, Schmutzarbeit und dergleichen) **jederzeit beendet** werden.[67] Erst ab dann prägt die unzumutbare Tätigkeit die ehelichen Lebensverhältnisse nicht mehr[68] und ist deswegen für den künftigen Ehegattenunterhalt nicht mehr zu berücksichtigen (näher dazu Rn. 4/256 ff. und 4/542 ff.).

5. Sachbezüge, d. h. zusätzliche Leistungen des Arbeitgebers, die in einem geldwerten Vorteil bestehen

69   Die Bewertung der Sachbezüge erfolgt mit dem Betrag, der am Verbrauchsort für eine vergleichbare Ware oder Leistung üblicherweise zu zahlen ist. Dieser Wert ist nach § 287 ZPO zu schätzen. Anzurechnen ist also die durch die Sachzuwendung eingetretene **Ersparnis.** Sachbezüge sind:
- Freie Wohnung (oder Unterkunft),[69] Zuschüsse zu den Energiekosten, zur Verpflegung[70] und zu den Aufwendungen für Dienstpersonal.[71]
- Verbilligte Dienst- oder Werkswohnung oder sonstige Miet- und Wohnvorteile.
- Verbilligter Warenbezug und sonstige Einkaufs- oder Sonderrabatte.[72]

---

[62] OLG Celle FamRZ 2004, 1573; OLG Nürnberg EzFamR aktuell 2000, 292; OLG Naumburg DAVorm 1992, 1121

[63] OLG München, NJW 1982, 835

[64] BGH FamRZ 2004, 1170 = R 612; 2004, 1173 = R 611 (jeweils Differenzmethode); OLG Hamm FamRZ 1995, 1152

[65] OLG Köln, FamRZ 1984, 1108; AG Freiburg FamRZ 2004, 705

[66] BGH NJW-RR 1992, 1282

[67] BGH, FamRZ 1983 146, 148; OLG Hamburg, FamRZ 1984, 1257

[68] BGH, FamRZ 2006, 683 = R 649 b und 2003, 590 = R 586 a (zu den wandelbaren ehelichen Lebensverhältnissen); anders noch die Vorauflage und BGH, FamRZ 1985, 360, 362

[69] OLG Bremen vom 20. 7. 1977 – WF 37/77 –

[70] OLG Frankfurt FamRZ 1994, 1031

[71] BGH, FamRZ 1983, 352

[72] OLG Hamm FamRZ 1999, 166

- Deputate in der Land- und Forstwirtschaft.
- Unentgeltliche Überlassung eines Dienst- oder Geschäftswagens für private Zwecke.[73] Auch wenn der Arbeitgeber einen Betriebs-Pkw nur für die Fahrten zwischen Wohnung und Arbeitsstätte unentgeltlich zur Verfügung stellt, ist dies ein geldwerter Vorteil, der zu schätzen und anzurechnen ist.
- Jahreswagenvorteil.[74]
- Gewährung von Zuschüssen für private Anschaffungen.
- Privater Anteil der vom Arbeitgeber übernommenen festen und laufenden Kosten eines Telefonanschlusses in der Wohnung des Arbeitnehmers.
- Aufwendungen des Arbeitgebers für Verpflegungsmehraufwendungen und für doppelte Haushaltsführung.[75]
- Verbilligte Überlassung von Aktien zu einem Vorzugskurs.
- Zuschüsse des Arbeitgebers zur freiwilligen Weiterversicherung in der Altersversorgung (vgl. Rn. 1/55).
- Freifahrten und Freiflüge für private Zwecke.

Bei den Sachbezügen kommt es zunächst darauf an, ob ein tatsächlich entstandener **70** beruflicher Mehraufwand abgegolten werden soll. Wird z. B. ein beruflicher Mehraufwand für einen Auslandsaufenthalt mit berufsbedingten Repräsentationspflichten durch zusätzliche Sachleistungen des Arbeitgebers wie freie Zweitwohnung, Dienstwagen und sonstige Vorteile ausgeglichen, sind die Sachleistungen unterhaltsrechtlich genauso wenig zu bewerten wie der Aufwand.[76] Handelt es sich jedoch um zusätzliche Leistungen ohne beruflichen Mehraufwand (z. B. freie Kost und Wohnung), sind sie zu bewerten. Für die Bemessung des beruflichen Mehraufwands kann auf die Bewertungsrichtlinien des Steuer- und Sozialversicherungsrechts zurückgegriffen werden, weil sie realistisch sind und jeweils den Marktpreisen angepasst werden.[77] Auch dann sind aber stets die damit ev. verbundenen ersparten Aufwendungen zu bewerten und bei der Einkommensermittlung zu berücksichtigen (vgl. Rn. 60, 109).

6. Einmalige Zahlungen und Sonderzuwendungen wie z. B. Abfindungen u. ä.

Abfindungen aus Arbeitsverhältnissen (vgl. zunächst Rn. 16) haben regelmäßig Lohn- **71** ersatzfunktion und sind deshalb als Einkommen zu bewerten.[78] Jedenfalls wenn die Parteien die Sonderzuwendung schon durch Ehevertrag oder unterhaltsrechtlichen Vergleich in die Unterhaltsberechnung einbezogen haben, bleibt es bei dieser Zuordnung,[79] was eine **Doppelberücksichtigung** beim Zugewinnausgleich ausschließt (vgl. Rn 4/228 ff.).[80] Sie sind, wie sonstige einmalige Zuwendungen, je nach Höhe auf einen größeren Zeitraum (ein Jahr und länger) angemessen zu verteilen.[81] Ein verhältnismäßig geringer Einmalbetrag kann aber in vollem Umfang dem Jahr des Geldflusses zugeschlagen werden und hat damit keine Auswirkungen auf Folgejahre.[82] Im Einzelnen zählen hierzu:
- Gratifikationen[83] und Jubiläumszuwendungen.[84]

---

[73] OLG Karlsruhe FuR 2006, 472; OLGR Hamm 2004, 304 = BeckRS 2005 08946; OLG Hamburg EzFamR aktuell 2001, 45; OLGR Frankfurt 1997, 166; OLG Köln FamRZ 1981, 489; OLG Hamburg FamRZ 1987, 1044

[74] AG Essen FamRZ 1990, 195 (ca. 195 EUR mtl. = alle 8 Jahre Neuwagen erspart); AG Stuttgart FamRZ 1990, 195 (20% Rabatt jährlich)

[75] Vgl. aber OLG Zweibrücken FamRZ 1997, 837

[76] BGH, FamRZ 1983, 352; OLG Köln FamRZ 2003, 602 (zu Reisekosten)

[77] BFH, NJW 2007, 1167 (zur steuerlichen Bewertung eines Dienstwagens)

[78] BGH, FamRZ 2001, 278; 1998, 362; OLGR Köln 2004, 285

[79] BGH, FamRZ 2004, 1352 und 2003, 432

[80] Zum Verbot der Doppelberücksichtigung allgemein: Schulz FamRZ 2006, 1237

[81] BGH, FamRZ 1987, 930; 1987, 359; 1982, 250, 252; OLG Karlsruhe FamRZ 2001, 1615

[82] BGH, FamRZ 1988, 1039

[83] OLG Karlsruhe FamRZ 2004, 1651; OLG München FamRZ 1996, 307

[84] BGH, FamRZ 1970, 636

– Abfindungen bei Verlust eines Arbeitsplatzes z. B. auf Grund eines Sozialplans.[85]
– Austrittsvergütungen, die ein Arbeitnehmer bei vorzeitiger Beendigung seines Arbeitsverhältnisses aus gesundheitlichen Gründen von der Versorgungskasse seines Arbeitgebers erhält.[86]
– Sonstige Abfindungen, Übergangsgelder oder Übergangsbeihilfen bei Entlassung aus einem Dienst- oder Arbeitsverhältnis oder aus der Bundeswehr.[87]

72   Ein Abfindungsbetrag wegen **Ausscheidens aus dem Erwerbsleben** ist auf eine längere Zeit zu verteilen.[88] Ist die Abfindung nicht mehr vorhanden, kann sich der Unterhaltsschuldner auf seine Leistungsunfähigkeit nur dann berufen, wenn er nicht unterhaltsbezogen leichtfertig oder verantwortungslos gehandelt hat.[89] Die Abfindungssumme selbst, nicht nur die Zinseinkünfte, ist im Rahmen einer sparsamen Wirtschaftsführung zur Deckung des nach den früheren ehelichen Lebensverhältnissen bemessenen Unterhaltsbedarfs aller zu verwenden. Die Abfindung dient als Ersatz des fortgefallenen Arbeitseinkommens dazu, dass die bisherigen wirtschaftlichen Verhältnisse vorübergehend aufrechterhalten werden können.[90] Sie ist deshalb zeitlich so zu verteilen, dass der angemessene Bedarf des Berechtigten und des Verpflichteten in bisheriger Höhe sichergestellt wird.[91] Auch im Rahmen des Ehegattenunterhalts ist von der als Ersatz für ein fortgefallenes Arbeitseinkommen gezahlten und auf einen längeren Zeitraum umgelegten Abfindung **kein Erwerbstätigenbonus** abzusetzen.[92] Erst nach Ablauf dieser Zeit erfolgt eine Anpassung des Unterhalts an die veränderten Verhältnisse.[93] Bei älteren Arbeitnehmern und beim Vorruhestand ist die Abfindung auf die Zeit bis zum Rentenbeginn zu verteilen.[94] Eine Übergangsbeihilfe der Bundeswehr, die in einer Summe ausgezahlt wird,[95] dient dazu, die Zeit bis zum Erwerb eines neuen Arbeitsplatzes zu überbrücken. Endet der Zeitraum der Arbeitslosigkeit früher als vermutet, ist der verbliebene Teil der Abfindung nicht dem neuen Arbeitseinkommen hinzuzurechnen sondern verbleibt dem Unterhaltspflichtigen als gewöhnliches Vermögen,[96] wenn er nicht zur Aufstockung des neuen Einkommens auf das frühere Maß erforderlich ist.[97]

73   Der Unterhaltspflichtige ist aber bei beengten wirtschaftlichen Verhältnissen nicht gehalten, die ihm aus der Abfindung zur Verfügung stehenden Mittel voll einzusetzen, um die aus dem verminderten laufenden Einkommen nicht mehr finanzierbaren Ansprüche des Berechtigten nach den früheren ehelichen Lebensverhältnissen weiter zu bezahlen, wenn ihm bei angemessenem Verbrauch selbst nur ein Betrag unterhalb der früheren ehelichen Lebensverhältnisse verbleibt.[98] Bei gesteigerter Unterhaltspflicht gegenüber minderjährigen Kindern sind die Mittel für den eigenen Bedarf sparsam einzusetzen, um den notwendigen Unterhalt des minderjährigen Kindes nach Möglichkeit bis zur Volljährigkeit sicherzustellen.[99]

---

[85] BGH, FamRZ 2007, 983 = R 676 d; 1982, 250, 252; OLG Koblenz FamRZ 2006, 1447 und 1991, 573; OLG München FamRZ 2005, 714; OLG Saarbrücken FuR 2004, 260; OLG Dresden FamRZ 2000, 1433; a. A. OLG Hamm FamRZ 1999, 1068 (Zugewinn)
[86] OLG Köln, FamRZ 1998, 619
[87] BGH, FamRZ 1987, 930; OLG München FamRZ 2006, 1125; OLG Köln FamRZ 2006, 342; OLG Naumburg FamRZ 2003, 474
[88] BGH, FamRZ 2007, 983, 987 = R 676 d
[89] OLG München, FamRZ 1998, 559; OLG Celle FamRZ 1992, 590
[90] OLGR Koblenz 2000, 143; OLG Frankfurt FamRZ 2000, 611
[91] BGH, FamRZ 1987, 930; 1987, 359; 1982, 250; OLG Dresden FamRZ 2000, 1433
[92] BGH, FamRZ 2007, 983, 987 = R 676 e
[93] BGH, FamRZ 1987, 359; 1982, 250; OLG Koblenz FamRZ 2006, 1447
[94] OLG München FamRZ 2005, 714; OLG Karlsruhe FamRZ 2001, 1615 (8 Jahre und 8 Monate); OLG Frankfurt FuR 2001, 371 (6¼ Jahre); OLG Hamm FamRZ 1999, 233; OLG Koblenz, FamRZ 1991, 573 (6 Jahre)
[95] OLG Naumburg FamRZ 2003, 474
[96] OLGR Frankfurt 2001, 262
[97] OLG Dresden FamRZ 2000, 1433
[98] Zu den wandelbaren ehelichen Lebensverhältnissen vgl. BGH, FamRZ 2006, 683; BGH, FamRZ 1990, 269, 271
[99] BGH, FamRZ 1987, 930; OLG Hamm, FamRZ 1997, 1169; OLG Brandenburg FamRZ 1995, 1220

7. Einkünfte aus Nebentätigkeiten und sonstiger Zweitarbeit neben einer haupt-beruflichen Tätigkeit

Die Berücksichtigung von Einnahmen aus einer Nebentätigkeit zusätzlich zu den Ein- **74** künften aus einem regulären Arbeitsverhältnis richtet sich vornehmlich nach **Zumutbarkeitsgesichtspunkten.**[100] Wie bei der Berücksichtigung von Einkünften aus Überstunden (Rn. 64 ff.) ist auch hier § 1577 II BGB zu beachten, dessen Rechtsgedanke über § 242 BGB auch im Verwandtenrecht gilt.[101] Der Umfang der Anrechnung richtet sich daher stets nach Treu und Glauben unter Berücksichtigung der Umstände des Einzelfalls.[102] Hat die Partei des Unterhaltsrechtsstreits die Nebentätigkeit allerdings aus freien Stücken und nicht aus finanzieller Not im Zusammenhang mit der Trennung und Scheidung aufgenommen, spricht dies – wie bei überobligationsmäßiger Tätigkeit allgemein – als **Indiz** dafür, dass ihr die zusätzliche Tätigkeit möglich ist und die daraus resultierenden Einkünfte, jedenfalls solange sie erzielt werden, dem Grunde nach zu berücksichtigen sind.[103] Geht die Nebentätigkeit allerdings über das zumutbare Maß hinaus, kann der Unterhaltsberechtigte eine Übernahme zusätzlicher Tätigkeit nicht verlangen und der Unterhaltspflichtige eine bislang ausgeübte Nebentätigkeit jederzeit einschränken oder aufgeben.[104] Eine dadurch bedingte Minderung des Gesamteinkommens und damit des Unterhalts ist mit der Abänderungsklage geltend zu machen.[105]

Was dem einzelnen nach der jeweils geltenden Sozialauffassung an Arbeit zumutbar ist, ist **75** bei abhängiger Arbeit weitgehend durch Tarifverträge oder Gesetze geregelt. Grundsätzlich besteht bei abhängiger Arbeit nur eine Verpflichtung zu tarifgemäßer oder dienstzeitgemäßer Erwerbstätigkeit.[106] Nach **§ 3 ArbZG** darf die werktägliche Arbeitszeit der Arbeitnehmer acht Stunden nicht überschreiten. Auf bis zu zehn Stunden kann sie nur verlängert werden, wenn innerhalb von sechs Kalendermonaten oder innerhalb von 24 Wochen im Durchschnitt acht Stunden werktäglich nicht überschritten werden. Übersteigt die Arbeitsbelastung aus Haupt- und Nebentätigkeit diese Grenze, ist regelmäßig von einer überobligatorischen und damit unzumutbaren Tätigkeit auszugehen. Entscheidend ist deswegen auf die **Summe der Arbeitsbelastung** aus Haupt- und Nebentätigkeit abzustellen.[107] Wird die Nebentätigkeit neben einer tarifüblich vollen Haupttätigkeit ausgeübt, handelt es sich im Zweifel um eine überobligationsmäßige zusätzliche Arbeitsbelastung, die mit der Situation eines Überstunden leistenden Arbeitnehmers vergleichbar ist (Rn. 64 ff.).[108] Geht der Unterhaltspflichtige aber einer nicht vollschichtigen Erwerbstätigkeit nach, obwohl er dazu in der Lage ist, muss er jedenfalls in Fällen der gesteigerten Unterhaltspflicht nach § 1603 II BGB eine zusätzliche Nebentätigkeit übernehmen, um den Unterhalt seiner Kinder sicherzustellen.[109] Ist ein Unterhaltspflichtiger arbeitslos und auf Grund seines Alters und seiner Ausbildung für eine Vollzeitstelle nicht mehr vermittelbar, kann ihn die Obliegenheit treffen, sich um eine Nebentätigkeit zu bemühen, bei der er jedenfalls so viel hinzu verdienen kann, wie es ihm ohne Anrechnung auf die Arbeitslosenunterstützung erlaubt ist. Denn es kann nicht ohne weiteres davon ausgegangen werden, dass der für eine Vollzeitbeschäftigung nicht mehr vermittelbare Unterhaltsverpflichtete auch für solche Nebentätigkeiten nicht mehr vermittelbar ist.[110] Ein vollschichtig tätiger Arbeitnehmer mit tariflichem Einkommen ist regelmäßig auch bei gesteigerter Unterhaltspflicht gegenüber minderjährigen Kindern

---

[100] BGH, FamRZ 1988, 156; 1983, 152; vgl. auch BVerfG FamRZ 2003, 661

[101] BGH, FamRZ 1995, 475 = R 491 b

[102] BGH, FamRZ 1980, 984

[103] BGH, FamRZ 2006, 846 = R 648 c; 2005, 1154 = R 630 c–e; 2005, 442 = R 625 c; BVerfG FamRZ 2003, 661, 662

[104] BGH, FamRZ 2006, 846 = R 648 d; 2005, 1154 = R 630 c, d; vgl. auch BVerfG FamRZ 2007, 273

[105] BGH, FamRZ 1988, 156; 1983, 152

[106] BVerfG FamRZ 2003, 661, 662

[107] BGH, FamRZ 2008, 872 = R 690 c; KG FamRZ 2003, 1208, 1210

[108] BGH FuR 2001, 224; vgl. KG FamRZ 2003, 1208

[109] BGH FuR 2001, 224

[110] BGH, FamRZ 1983, 152

(§ 1603 II BGB) nicht verpflichtet, eine zusätzliche Nebentätigkeit aufzunehmen.[111] Soweit dem die Rechtsprechung einiger Oberlandesgerichte entgegensteht, ist dies schon von Verfassungs wegen nicht haltbar.[112]

76 Hat der Verpflichtete viele Jahre lang bis in die Zeit nach der Trennung der Parteien eine zusätzliche Wochenendarbeit **ausgeübt,** kann es fraglich sein, ob dies als überobligationsmäßige Nebentätigkeit zu beurteilen ist. Es liegt nahe, die aus einem derart beständigen Nebenerwerb erzielten Einkünfte, die die für das Maß des Unterhalts entscheidenden Lebensverhältnisse geprägt hatten, auch weiterhin der Unterhaltsermittlung zugrunde zu legen, wenn sie nach wie vor erzielt werden (vgl. Rn. 74).[113] Ergibt die tatrichterliche Beurteilung allerdings, dass es sich hierbei um eine unzumutbare überobligationsmäßige Tätigkeit gehandelt hat, können die daraus erzielten Einkünfte teilweise unberücksichtigt bleiben und nur der **unterhaltsrelevante Teil** in die Unterhaltsbemessung einbezogen werden.[114] In **Mangelfällen** und bei einer nach § 1603 II BGB gesteigerten Unterhaltspflicht ist eine Anrechnung eher zumutbar.[115] Beim Verpflichteten sind Nebeneinkünfte in der Regel nicht bedarfserhöhend zu berücksichtigen, wenn der Berechtigte selbst nur einer Teilzeitarbeit nachgeht und mit den hieraus erzielten Einkünften seinen daraus und nach dem Haupteinkommen des Verpflichteten berechneten Bedarf selbst decken kann.[116]

77 Einnahmen aus einer Nebentätigkeit sind bei der Unterhaltsberechnung voll zu berücksichtigen, soweit die zusätzliche Tätigkeit unter Billigkeitsgesichtspunkten zumutbar ist (vgl. Ziff. 7 der OLG-Leitlinien). Selbst bei überobligationsmäßiger Nebentätigkeit kommt zumindest eine teilweise Anrechnung im Betracht, wenn die Tätigkeit schon vor der Trennung oder über eine längere Zeit hinweg ausgeübt worden ist und weiterhin ausgeübt wird. Ist die Nebentätigkeit überobligationsmäßig, verbietet sich zur **Höhe** allerdings eine feste und für alle Fälle geltende Quote.[117] Nach der Rechtsprechung des BGH ist darüber vielmehr nach Billigkeit unter Berücksichtigung der Umstände jedes Einzelfalles (Umfang der gesamten Arbeitsleistung, Dauer der Nebentätigkeit in der Vergangenheit, hohe Schuldenbelastung, Sicherung des Mindestbedarfs, Umfang der Arbeitsleistung des Berechtigten) zu entscheiden.[118] Nach Auffassung des OLG Köln[119] sind Nebeneinkünfte beim Ehegattenunterhalt nicht einkommenserhöhend zu berücksichtigen, wenn sie während des Zusammenlebens nicht zum Familienunterhalt, sondern im Wesentlichen zur Vermögensbildung verwendet wurden und damit die ehelichen Lebensverhältnisse mit geprägt haben.

78 Einkünfte aus **Werkstudentenarbeit** oder ähnliche Nebeneinkünfte bei Schülern, Lehrlingen und Studenten: Allgemein sind Schüler, Lehrlinge und Studenten nicht verpflichtet, durch eigene Erwerbstätigkeit zu ihrem Unterhalt beizutragen, denn ihre Haupttätigkeit in Schulbesuch, Ausbildung, Fortbildung und Studium ist als volle Arbeitstätigkeit anzusehen, der sie sich mit ganzer Kraft widmen müssen.[120] Entsprechend umfasst auch die öffentlich-rechtliche Ausbildungsförderung nach § 11 I BAföG mit den Kosten für Lebensunterhalt

---

[111] BVerfG FamRZ 2003, 661
[112] OLGR Nürnberg 2002, 215 (allgemein nicht zumutbar); OLG Koblenz FamRZ 2002, 965 (nur für Leistungsfähigkeit); OLG Celle FamRZ 2002, 694 (nicht zumutbar); OLG Koblenz FamRZ 2002, 481 (geringer Nebenverdienst zumutbar); KGR Berlin 2002, 146 (neben Kindeserziehung); OLG Düsseldorf FamRZ 2001, 1477 (leichte Erwerbstätigkeit neben Erwerbsunfähigkeitsrente); OLG Stuttgart FuR 2001, 569 (Nebentätigkeit eines Arbeitslosen bis zur Anrechnungsgrenze); OLG Hamm FamRZ 2001, 565 (bis insgesamt 200 Std. monatlich); OLG Hamm FuR 2001, 559 (bis zum Regelbetrag)
[113] BVerfG FamRZ 2003, 661, 662; vgl. auch OLG Saarbrücken FF 2001, 23 mit Anm. Büttner
[114] BGH, FamRZ 2005, 1154 = R 630 e; dazu s. auch OLG Hamburg, FamRZ 1996, 217 (Busfahrer und Schiffsführer am Wochenende); OLG Stuttgart, FamRZ 1995, 1487 (Nebentätigkeit als Discjockey); OLGR Hamm 2000, 346 (Einnahmen als Hobbymusiker)
[115] BGH, FamRZ 1983, 569, 571; OLG Celle FamRZ 2000, 1430
[116] OLG Koblenz, FamRZ 1991, 1440
[117] So noch OLG München, FamRZ 1982, 801 (Einkünften aus Nebentätigkeit als Kommentator neben Beamtentätigkeit)
[118] BGH, FamRZ 2005, 1154 = R 630 c, d
[119] OLG Köln, FamRZ 1998, 1427
[120] BGH, FamRZ 1995, 475, 477 = R 491 b; OLG Celle FamRZ 2001, 1640, 1641; OLG Hamm, FamRZ 1997, 231; OLGR Düsseldorf 1993, 8

und Ausbildung den gesamten Unterhaltsbedarf. Es ist im konkreten Einzelfall zu prüfen, ob die Nebentätigkeit im Hinblick auf Art, Ziel, Dauer, Intensität und Stand der Ausbildung oder des Studiums einerseits sowie Art und Umfang der Nebentätigkeit andererseits ohne Gefährdung von Ausbildung oder Studium möglich und zumutbar ist. Während der **Schulzeit** ist eine Nebentätigkeit generell unzumutbar.[121] So bleibt auch der Betrag anrechnungsfrei, den sich der Schüler als Taschengeld durch Austragen von Zeitungen verdient. Eine Anrechnung von Schülereinkünften kommt ausnahmsweise nur dann in Betracht, wenn der Unterhaltspflichtige dartut und beweist, dass ihn die Unterhaltspflicht besonders hart trifft, weil ihm unterhaltsbezogene Vorteile (z. B. Kindergeld, Kindergeldanteil mit Familienzuschlag) verloren gehen oder sich der Unterhaltszeitraum deshalb verlängert, weil sich der Berechtigte nicht hinreichend der Ausbildung widmet.[122] Zwischen Abitur und Studium ist dem Schüler eine Erholungszeit von ca. 3 Monaten zuzubilligen, in der eine Nebentätigkeit nicht verlangt werden kann.[123] Erst bei einer weiteren Verzögerung ist eine vorübergehende Tätigkeit zumutbar, die auch aus einfacher Hilfsarbeit bestehen kann. Nach allgemeiner Auffassung trifft einen **Studenten** neben dem Studium in der Regel keine Erwerbsobliegenheit. Denn er soll sich, auch im Interesse des Unterhaltspflichtigen, mit ganzer Kraft sowie dem gehörigen Fleiß und der gebotenen Zielstrebigkeit dem Studium widmen, um dieses innerhalb angemessener und üblicher Dauer zu beenden. Das gilt auch für die Zeit der Semesterferien, die neben der notwendigen Erholung der Wiederholung und Vertiefung des Stoffes dient, soweit sie nicht ohnehin durch studienbedingte Arbeiten (Hausarbeiten) ausgefüllt ist. Allerdings ist eine Nebentätigkeit während des Studiums ganz oder teilweise zumutbar, wenn es sich z. B. um studiumbegleitende Praktika oder sonst studiumfördernde Nebenarbeit im Studienfach handelt.[124] Übt ein Student sonst eine (Neben-)Erwerbstätigkeit aus, so stellt die Vergütung, die er hierfür erhält, grundsätzlich Einkommen aus überobligationsmäßiger Tätigkeit dar.

Die Anrechnung solcher Einkünfte aus unzumutbarer Tätigkeit bestimmt sich auch im Verwandtenunterhaltsrecht nach dem – hier nach § 242 BGB entsprechend heranzuziehenden – Rechtsgedanken des § 1577 II BGB. Danach bleiben Einkünfte anrechnungsfrei, soweit der Unterhaltsverpflichtete nicht den vollen Unterhalt leistet (§ 1577 II 1 BGB). Darüber hinaus kommt eine Anrechnung insoweit in Betracht, als dies unter Berücksichtigung der beiderseitigen wirtschaftlichen Verhältnisse der Billigkeit entspricht (§ 1577 II 2 BGB).[125] Ausnahmen kommen allenfalls bei Mithilfe im elterlichen Betrieb, bei eigener Unterhaltspflicht gegenüber minderjährigen Kindern[126] und in den ersten Studiensemestern in Betracht. In der Regel wird die Nebentätigkeit jedenfalls dann nicht mehr zumutbar sein, wenn sie eine zielstrebige Ausbildung, vor allem einen bevorstehenden Examensabschluss, verzögern oder gefährden würde.[127]

Ist dem Schüler oder Studenten im Einzelfall eine Nebentätigkeit aus besonderen Gründen **79** ganz oder teilweise **zumutbar,** sind die Einkünfte daraus auf seinen Bedarf anzurechnen, weil Einkünfte aus zumutbarer Tätigkeit nach §§ 1602, 1577 I BGB grundsätzlich anzurechnen sind. Nur ausnahmsweise kann bei geringfügigen Einkünften von einer Anrechnung abgesehen werden, wenn mit den Einnahmen Kosten einhergehen oder sie als zusätzliches Taschengeld neben dem Unterhalt gerechtfertigt sind.[128] Das Entgelt aus einer solchen Nebentätigkeit ist aber stets voll anzurechnen, wenn der Student „bummelt" und seiner Ausbildungsverpflichtung nicht in einer von ihm zu erwartenden Weise nachkommt.[129]

Ist die Nebentätigkeit hingegen **unzumutbar,** kann der Student oder Schüler sie jederzeit aufgeben. Erzielt er die Einkünfte gleichwohl auch weiterhin, ist über deren An-

---

[121] OLGR Zweibrücken 2001, 157; OLG Köln FamRZ 1996, 1101; KG FamRZ 1982, 516
[122] OLGR Zweibrücken 2001, 157; OLG Köln FamRZ 1996, 1101
[123] KG FamRZ 1985, 962
[124] OLG Karlsruhe – 16 UF 138/02 – BeckRS 2004 06930
[125] BGH, FamRZ 1995, 475 = R 491 b; OLGR Hamm 1998, 174 (verschwiegene Einkünfte des Studenten); OLG Hamm FamRZ 1997, 1496; OLG Koblenz FamRZ 1996, 382
[126] OLG Nürnberg EzFamR aktuell 2001, 216; OLG Hamm FamRZ 1992, 469
[127] BGH, FamRZ 1983, 140; 1980, 126; OLG Hamm FamRZ 1992, 469
[128] OLG Düsseldorf FamRZ 1986, 590; OLG Koblenz FamRZ 1996, 382
[129] LG Hamburg FamRZ 1997, 1421

rechnung nach den Rechtsgedanken der §§ 1577 II, 242 BGB zu entscheiden[130] (vgl. Rn. 78). Ist danach ein unterhaltsrelevanter Teil des Einkommens zu berücksichtigen, erfolgt dies bei der Bemessung des Ehegattenunterhalts in Wege der Differenzmethode.[131] Bei den Einkünften eines Werkstudenten ist stets zwischen Art, Ziel und Dauer der Ausbildung einerseits und den Belangen des Berechtigten und des Verpflichteten andererseits abzuwägen, wobei es entscheidend auch auf die Höhe der Einkünfte ankommt.[132] Je nach dem Ergebnis dieser Abwägung können die Einkünfte ganz oder teilweise anrechnungsfrei bleiben, oder als unterhaltsrelevanter (An-)Teil berücksichtigt werden. Erzielt z. B. ein ausnahmsweise noch unterhaltsberechtigter Student nach Ablauf der Regelstudienzeit und bevorstehender Examen weiterhin Nebeneinkünfte, können diese nunmehr voll angerechnet werden.[133] Nicht vertretbar ist es hingegen, einem Studenten, dem monatlich Unterhalt i. H. v. ca. 640 EUR zur Verfügung steht (vgl. insoweit die OLG-Leitlinien Ziff. 13.1.2), generell eigene Einkünfte bis zur Höhe des notwendigen Selbstbehalts eines Erwerbstätigen anrechnungsfrei zu lassen.[134] Die Verwendung für besondere Wünsche (z. B. Urlaubsreisen) ist kein geeignetes Kriterium für eine Anrechnung nach Billigkeitsgesichtspunkten.[135] Für eine Nichtanrechnung kann auch sprechen, dass die Eltern überdurchschnittlich gut verdienen[136] (s. auch Rn. 552 ff.). Die Darlegungslast für die nur ausnahmsweise in Betracht kommende Anrechnung von Schülereinkünften trägt der Unterhaltspflichtige.[137]

8. Sozialleistungen mit Lohnersatzfunktion

80   Sozialleistungen werden entsprechend ihrem Leistungszweck danach unterschieden, ob sie eine **Lohnersatzfunktion** haben oder eine **Unterhaltsersatzfunktion.** Diese Differenzierung ist vor allem bedeutsam für die Beantwortung der Frage, ob und in welchem Umfang Sozialleistungen unterhaltsrechtlich als Einkommen anzurechnen sind. Sozialleistungen mit Lohnersatzfunktion sind unterhaltsrechtlich als Einkommen anzurechnen. Soweit nur eine Unterhaltsersatzfunktion besteht, wie etwa bei der subsidiären Sozialhilfe, erfolgt keine Anrechnung (vgl. Rn. 483 und 7/1 ff.). Als Sozialleistungen mit Lohnersatzfunktion kommen in Betracht:

81   **a) Der Anspruch auf Arbeitslosengeld I** (ALG I) bei Arbeitslosigkeit und beruflicher Weiterbildung nach § 117 SGB III[138] setzt voraus, dass der Arbeitslose arbeitsfähig ist und sich der Arbeitsvermittlung zur Verfügung stellt, seine Arbeitskraft also dem Arbeitsmarkt anbietet. Das Arbeitslosengeld I ist ein Ausgleich für entgangenen Arbeitsverdienst, hat mithin Lohnersatzfunktion.[139] Es ist auch dann voll anzurechnen, wenn es Ersatz für eine an sich unzumutbar gewesene Tätigkeit ist.[140] Beim Ehegattenunterhalt wird **kein Erwerbstätigenbonus** vorweg abgezogen.[141] Kosten, die bei der Suche nach einer neuen Stelle entstehen, sind jedoch abzuziehen (Rn. 102 Stichwort „Anzeigen").

---

[130] BGH, FamRZ 1995, 475, 477 = R 491 c; OLG Hamm FamRZ 1998, 767; FamRZ 1997, 1496; FamRZ 1997, 232; OLGR Karlsruhe 1998, 46
[131] BGH, FamRZ 2005, 1154 = R 630 e
[132] OLG Celle FamRZ 2001, 1640, 1641 (16 000 DM jährlich); OLG Hamm FamRZ 1998, 767 (350 DM mtl. anrechnungsfrei); OLG Schleswig FamRZ 1996, 814 (600 DM mtl. anrechnungsfrei)
[133] LG Hamburg, FamRZ 1997, 1421
[134] BGH, FamRZ 1995, 475 = R 491 b
[135] BGH, FamRZ 1995, 475, 478 = R 491 c; OLG Köln FamRZ 1996, 1101 (Verwendung für PKW, Motorrad)
[136] OLG Hamm, FamRZ 1994, 1279
[137] OLG Zweibrücken NJWE-FER 2001, 4
[138] BGH, FamRZ 1987, 456, 458; NJW 1984, 1811
[139] BGH, NJW 1984, 1811; Leitlinien der Oberlandesgerichte Nr. 2.1
[140] OLG Düsseldorf FamRZ 2002, 99; OLGR München 1996, 150; OLG Hamburg, FamRZ 1992, 1308; OLG Stuttgart, FamRZ 1996, 415; a. A. OLG Köln FamRZ 2001, 625; FamRZ 1994, 897
[141] BGH, FamRZ 2007, 983, 987 = R 676 e; OLG Karlsruhe, FamRZ 1998, 746; OLG Stuttgart, FamRZ 1996, 415; OLGR München 1996, 150; OLGR Hamburg 1996, 8

Die Dauer des Anspruchs auf Arbeitslosengeld I richtet sich gemäß § 127 SGB III einerseits nach der Dauer des versicherungspflichtigen Arbeitsverhältnisses und andererseits nach dem Lebensalter bei Entstehung des Anspruchs. Sie beträgt gegenwärtig 6 bis 18 Monate und soll (rückwirkend zum 1. Januar 2008) auf 15 Monate (schon) für 50-jährige, auf 18 Monate für 55-jährige und auf 24 Monate für 58-jährige verlängert werden, sofern die dafür zusätzlich erforderliche Beschäftigungsdauer nach § 127 II SGB III erfüllt ist. Nach § 129 Nr. 1 SGB III beträgt das Arbeitslosengeld I für Arbeitslose, die mindestens ein Kind i. S. des § 32 I, III–V EStG (also eheliche oder nichteheliche Kinder) haben, 67% des pauschalierten Nettoentgelts (**erhöhter Leistungssatz**), während es sonst nur 60% (allgemeiner Leistungssatz, § 129 Nr. 2 SGB III) beträgt. Dieser wegen eines leiblichen Kindes gewährte erhöhte Leistungssatz des Arbeitslosengeldes ist auch im Falle einer Wiederverheiratung des Unterhaltspflichtigen bei der Bemessung des nachehelichen Unterhaltsanspruchs der ersten Ehefrau als Einkommen zugrunde zu legen.[142] Denn umgekehrt ist der Unterhalt für das leibliche Kind als eheprägend vor der Berechnung des Ehegattenunterhalts von dem maßgeblichen Einkommen des Unterhaltspflichtigen abzuziehen.[143]

Zwar erhält ein Arbeitsloser den erhöhten Leistungssatz nach § 129 Nr. 1 SGB III auch dann, wenn dessen Ehegatte oder Lebenspartner mindestens ein Kind im Sinne des § 32 I, IV–V EStG hat, sofern beide Ehegatten oder Lebenspartner unbeschränkt einkommensteuerpflichtig sind und nicht dauernd getrennt leben. Dieser erhöhte Leistungssatz infolge eines fremden Kindes ist aber nicht auf die eigene Unterhaltspflicht gegenüber dem Kind, sondern auf die Einkommensgemeinschaft innerhalb der neuen Ehe oder Lebensgemeinschaft zurückzuführen. In solchen Fällen muss der erhöhte Leistungssatz – wie nach der Rechtsprechung des BVerfG und des BGH der Splittingvorteil aus der neuen Ehe[144] – bei der Bemessung der Unterhaltspflicht gegenüber einem geschiedenen Ehegatten unberücksichtigt bleiben.[145]

Wie das ALG I haben auch das Teilarbeitslosengeld nach § 116 Nr. 2 SGB III, das **82** Übergangsgeld nach § 116 Nr. 3 SGB III, das **Kurzarbeitergeld (§ 116 Nr. 4 SGB III)** und das **Insolvenzgeld (§ 116 SGB III**; früher Konkursausfallgeld) Lohnersatzfunktion und sind wie Arbeitslosengeld als Erwerbsersatzeinkommen zu behandeln[146] (Rn. 86).

b) Die frühere Arbeitslosenhilfe ist mit Wirkung zum 1. Januar 2005 entfallen. Das SGB **83** II hat die Arbeitslosenhilfe und die Sozialhilfe für Erwerbsfähige zu einer einheitlichen Leistung, dem **Arbeitslosengeld II** (ALG II), zusammengeführt (s. auch Rn. 8/171 ff.).[147] Nach § 7 SGB II erhalten die Personen zwischen dem 15. und dem vollendeten 65. Lebensjahr ALG II, die erwerbsfähig und hilfebedürftig sind.[148] Inzwischen sind mehrere Änderungen des SGB II in Kraft getreten, von denen die wichtigste mit § 33 SGB II die frühere Anspruchsüberleitung mittels Verwaltungsakt durch einen gesetzlichen Anspruchsübergang ersetzt hat.[149] Damit und mit der Subsidiarität des ALG II ist die Lohnersatzfunktion der Arbeitslosenhilfe entfallen und durch eine Unterhaltsersatzfunktion ersetzt worden. Das ALG II ist deswegen, auch soweit es an die Stelle der früheren Arbeitslosenhilfe getreten ist, grundsätzlich unterhaltsrechtlich nicht mehr als Einkommen zu berücksichtigen (vgl. Rn. 8/220 ff.). Das gilt im Ansatz auch für ein an den **Unterhaltsschuldner** geleistetes ALG II, weil es auch insoweit allein den sozialhilferechtlichen Lebensbedarf abdeckt,

---

[142] BGH, FamRZ 2007, 983, 986 = R 676 c

[143] BGH, FamRZ 2006, 683, 686 = R 649 h

[144] BVerfG FamRZ 2003, 1821; BGH FamRZ 2007, 793, 796 = R 674 e; 2005, 1817, 1819 = R 632 b–d

[145] BGH, FamRZ 2007, 983, 986 = R 676 c

[146] OLG Hamburg EzFamR aktuell 2001, 45

[147] Viertes Gesetz für moderne Dienstleistungen am Arbeitsmarkt vom 24. Dezember 2003 (Hartz IV; BGBl I 2954); vgl. insoweit Klinkhammer FamRZ 2004, 1909

[148] Vgl. insoweit die Verordnung zur Berechnung von Einkommen sowie zur Nichtberücksichtigung von Einkommen und Vermögen beim Arbeitslosengeld II/Sozialgeld (Arbeitslosengeld II/Sozialgeld-Verordnung – Alg II–V) vom 17. Dezember 2007, BGBl I 2007, 2942

[149] Gesetz zur Fortentwicklung der Grundsicherung für Arbeitssuchende vom 20. Juli 2006 (Fortentwicklungsgesetz; BGBl I 1706); vgl. insoweit Scholz FamRZ 2006, 1417 und Klinkhammer FamRZ 2006, 1171

lediglich Unterhaltsfunktion hat und ohnehin kein Einkommen sichert, das den verfassungsrechtlich gewährleisteten Mindestselbstbehalt[150] übersteigt.[151] Wie bei der Sozialhilfe (s. Rn. 1/483) treten jedoch Probleme auf, wenn die Gesamteinkünfte des Unterhaltspflichtigen seine notwendigsten Bedürfnisse übersteigen, weil bei der Bemessung der Sozialhilfe von einem anrechrechenbaren Nettoeinkommen Freibeträge abgesetzt werden (§§ 11 II Nr. 6, 30 SGB II). Während das Einkommen des Unterhaltspflichtigen allein seinen Selbstbehalt dann regelmäßig nicht übersteigt, kann er aus der Summe seines Einkommens und des ergänzenden Arbeitslosengeldes II zu Unterhaltsleistungen in der Lage sein. Weil das Arbeitslosengeld II wegen der im Gesetz vorgesehenen **Freibeträge** nicht zurück gefordert werden kann, muss der Unterhaltspflichtige dieses zunächst für die Sicherung der eigenen notwendigen Bedürfnisse verwenden. Sein Einkommen benötigt der Unterhaltspflichtige dann nicht mehr in voller Höhe zur Sicherung seines eigenen Selbstbehalts. Dann kann er den Teil davon für Unterhaltszwecke einsetzen, der gemeinsam mit dem Arbeitslosengeld II den jeweiligen Selbstbehalt übersteigt. Diese Beurteilung ist auch für besondere Leistungen nach dem SGB II geboten, die über den sozialhilferechtlichen Lebensbedarf hinausgehen, von der Subsidiarität ausgenommen sind und somit auch den Unerhaltpflichtigen entlasten sollen. Dabei handelt es sich um folgende Leistungen:

- Nach § 24 SGB II erhält der erwerbsfähige Hilfsbedürftige innerhalb von zwei Jahren nach dem Ende des Bezugs von ALG I einen **Zuschlag,** der in der ursprünglichen Fassung des § 19 S. 1 SGB II ausdrücklich von den sonstigen Leistungen zur Sicherung des Lebensunterhalts abgegrenzt war. In der Neufassung wurde diese Differenzierung zwar aufgegeben. Dafür wird jetzt schon in der Überschrift des Unterabschnitts 1 des 3. Kapitels und 2. Abschnitts des SGB II zwischen dem ALG II und dem befristeten Zuschlag differenziert. § 19 SGB II bezieht sich damit ausdrücklich nur noch auf das ALG II i. e. S., während der befristete Zuschlag in § 24 SGB II geregelt ist. Auch der Sache nach verfolgt der befristete Zuschlag eher eine Lohnersatzfunktion, zumal er zur Höhe an der Differenz zwischen dem erdienten ALG I (vgl. Rn. 81) und dem ALG II ansetzt und nicht zum sozialhilferechtlichen Lebensbedarf des ALG II zählt.[152]
- Nach § 29 SGB II kann erwerbsfähigen Hilfsbedürftigen, die arbeitslos sind, bei Aufnahme einer sozialversicherungspflichtigen oder selbständigen Erwerbstätigkeit zur Überwindung von Hilfebedürftigkeit ein **Einstiegsgeld** erbracht werden, wenn dies zur Eingliederung in den allgemeinen Arbeitsmarkt erforderlich ist. Das Einstiegsgeld kann auch erbracht werden, wenn die Hilfebedürftigkeit durch oder nach Aufnahme der Erwerbstätigkeit entfällt. Damit soll es einen Anreiz bieten, eine neue Arbeitsstelle anzutreten oder eine selbständige Tätigkeit zu ergreifen, was eine Unterhaltsersatzfunktion ausschließt. Zur Höhe knüpft es allerdings nicht an das frühere Erwerbseinkommen, sondern an die Dauer der Arbeitslosigkeit und die Größe der Bedarfsgemeinschaft an. In diesem gesetzlichen Rahmen enthält § 29 III SGB II eine Verordnungsermächtigung zur Bemessung der Höhe des Einstiegsgeldes. Weil das Einstiegsgeld somit als reiner Erwerbsanreiz gewährt wird, handelt es sich um eine staatliche Subvention, die auch keine Lohnersatzfunktion erfüllt. Allerdings spricht der Anreiz- und Subventionscharakter des Einstiegsgeldes dafür, dass – wie auch sonst bei Subventionen – auch der andere Teil davon profitieren soll. Dafür spricht auch, dass das Einstiegsgeld neben dem ALG II gewährt wird und somit über den sozialhilferechtlichen Lebensbedarf des ALG II hinausgeht.[153]
- **Nicht** anrechenbar ist hingegen der in dem ALG II enthaltene **Wohnkostenanteil.** Zwar erhielten Sozialhilfeempfänger bis Ende 2004 neben der Sozialhilfe Wohngeld nach dem WoGG, das unterhaltsrechtlich als Einkommen zu berücksichtigen ist.[154] Inzwischen sind Empfänger des ALG II, wie die Empfänger von Sozialhilfe nach dem SGB XII, vom Bezug

---

[150] Vgl. insoweit BGH, FamRZ 2006, 683 = R 649 c; BVerfG FamRZ 2004,
[151] Klinkhammer FamRZ 2004, 1909, 1913 f., a. A. die Leitlinien der Oberlandesgerichte jeweils unter Ziff. 2.2
[152] Klinkhammer FamRZ 2006, 1171, 1172; im Ergebnis ebenso OLG München FamRZ 2006, 1125 und OLGR Zweibrücken 2005, 947
[153] OLG Celle FamRZ 2006, 1203; vgl. auch Klinkhammer FamRZ 2006, 1171, 1172
[154] BGH, FamRZ 1982, 587; 1982, 898

des Wohngeldes ausgeschlossen (§ 1 II Nr. 1, 2 und 3 WoGG), weil dieses bereits aus Gründen der Verwaltungsvereinfachung bei der Höhe ihrer allgemeinen Sozialleistung berücksichtigt ist. Bei der Sozialhilfe hat der Gesetzgeber dem Rechnung getragen, indem er den rechnerischen Wohngeldanteil vom Kostenersatz bei Doppelleistung (§ 105 II SGB XII) und vom Anspruchsübergang (§ 94 I 6 SGB XII) ausgenommen hat. Wegen der bezweckten Verwaltungsvereinfachung und der Beschränkung der Gesamtleistung auf den sozialhilferechtlichen Lebensbedarf spricht aber schon dies nicht notwendig für eine Berücksichtigung des Wohnkostenanteils als Einkommen des Unterhaltspflichtigen. Beim ALG II hat der Gesetzgeber zwar auch aus Gründen der Verwaltungsvereinfachung den Kostenersatz eingeschränkt (§ 40 II SGB II). Selbst bei der Neuregelung des Anspruchsübergangs zum 1. August 2006 (§ 33 SGB II) hat er aber insoweit von einer Einschränkung abgesehen, was gegen eine unterhaltsrechtliche Anrechnung des Wohnkostenanteils spricht.[155]

c) Krankengeld, Krankentagegeld und **Krankenhaustagegeld**[156] sind ebenfalls **84** Lohnersatzleistungen und somit als Einkommen anzurechnen.[157] Gleiches gilt für die Lohnfortzahlung im Krankheitsfall. Von dem Einkommen sind jedoch krankheitsbedingte Mehrkosten abzuziehen.[158] Diese sind allerdings konkret nachzuweisen, weil die Vermutung des § 1610a BGB für diese Einkünfte mit Lohnersatzfunktion nicht gilt.[159] Zu beachten ist auch, dass die Kosten häufig als außergewöhnliche Belastungen steuerlich absetzbar sind.[160] Auch insoweit ist bei Ehegattenunterhalt der Erwerbstätigenbonus nicht abzuziehen.[161]

d) Nach § 1 des Bundeserziehungsgeldgesetzes (BErzGG) hat Anspruch auf **Erzie-** **85** **hungsgeld,** wer u.a. mit einem Kind, für das ihm die Personensorge zusteht, in einem Haushalt lebt, es selbst betreut und erzieht und keine oder keine volle (weniger als 30 Stunden wöchentlich) Erwerbstätigkeit ausübt. Das BErzGG gilt nur noch für Ansprüche auf Erziehungsgeld wegen Kindern, die **vor dem 1. Januar 2007 geboren** wurden; es ist deswegen und im Hinblick auf die zweijährige Förderungsdauer auf die Zeit bis Ende 2008 befristet worden. Für später geborene Kinder richtet sich die Förderung nach dem BEEG (vgl. Rn. 85 a). Wird das Kind von beiden Eltern betreut, kann nur einem von ihnen, den sie bestimmen müssen, Erziehungsgeld gezahlt werden. Einen nicht sorgeberechtigten Elternteil kann Erziehungsgeld nur mit Zustimmung des sorgeberechtigten gezahlt werden (§ 3 BErzGG). Das Erziehungsgeld wird unter Beachtung der Einkommensgrenzen bis zur Vollendung des 12. Lebensmonats als Budget oder bis zur Vollendung des 24. Lebensmonats als Regelbetrag gezahlt (§ 4 BErzGG). Die Höhe des Erziehungsgeldes beträgt – jeweils einkommensabhängig – bei einer beantragten Zahlung als Budget monatlich 450 € und bei einer beantragten Zahlung als Regelbetrag monatlich 300 € (§ 5 BErzGG). Ein Mutterschaftsgeld ist für die Zeit ab der Geburt auf das Erziehungsgeld anzurechnen (§ 7 BErzGG). Das Erziehungsgeld und das entsprechend anrechenbare Mutterschaftsgeld bleiben für den Bezug von Sozialleistungen als Einkommen unberücksichtigt (§ 8 BErzGG). Nach § 9 BErzGG werden Unterhaltsverpflichtungen durch die Zahlung des Erziehungsgeldes und anderer vergleichbarer Leistungen der Länder nicht berührt; dies gilt jedoch nicht in den Fällen des § 1361 III, der §§ 1579, 1603 II und des § 1611 I BGB.

Das **Erziehungsgeld** hat somit keine Lohnersatzfunktion, sondern wird auch an Eltern gezahlt, die zuvor nicht erwerbstätig waren. Weil das Erziehungsgeld weder tatsächliche Einkommenseinbußen ausgleichen noch für den tatsächlichen Betreuungsaufwand entschädigen soll, wird durch den Bezug die Betreuung und Erziehung eines Kindes durch eine nicht oder nicht voll erwerbstätige, sorgeberechtigte Person in der ersten Lebensphase des Kindes allgemein gefördert.[162] Es ermöglicht und erleichtert es somit den Eltern, im

---

155 OLG Celle FamRZ 2006, 1203; vgl auch Klinkhammer FamRZ 2006, 1171, 1172 f. m. w. N.
156 OLG Bremen FamRZ 1991, 86
157 BGH, FamRZ 1987, 36; OLG Köln FamRZ 2001, 177; OLG Karlsruhe FamRZ 2000, 1091; Leitlinien der Oberlandesgerichte Nr. 2.1
158 BGH, FamRZ 1987, 36, 38; OLG Hamm FamRZ 2006, 124; KGR 2002, 163
159 OLGR Schleswig 1998, 105; OLG Schleswig SchlHA 1992, 216
160 BFH NJW 2000, 2767
161 OLG Hamburg, FamRZ 1992, 1308; OLGR Hamburg 1996, 8
162 BVerfG FamRZ 1994, 363

Anschluss an die Mutterschutzfrist ganz oder teilweise auf eine Erwerbstätigkeit zu verzichten. Damit dient es sozialpolitischen Zielen und schafft zugleich einen finanziellen Anreiz für die Kindererziehung.[163] Dieses sozialpolitische Ziel wird dadurch unterstützt, dass nach **§ 9 Satz 1 BErzGG** Unterhaltsverpflichtungen nicht durch die Zahlung des Erziehungsgeldes und anderer vergleichbarer Leistungen der Länder berührt werden. Der Barunterhaltspflichtige soll durch die Zahlung des Erziehungsgeldes an den Unterhaltsberechtigten von seiner Unterhaltsverpflichtung grundsätzlich nicht entlastet werden. Die Leistung nach dem Bundeserziehungsgeldgesetz soll dem Erziehungsgeldberechtigten also regelmäßig ungeschmälert zugute kommen. Nach übereinstimmender Auffassung ist das Erziehungsgeld deswegen im Regelfall nicht als anrechenbares Einkommen bei der Bemessung von Unterhaltsansprüchen zu berücksichtigen.[164]

Dies gilt nach **§ 9 Satz 2 BErzGG** allerdings nicht in den Fällen der gesteigerten Unterhaltspflicht gegenüber minderjährigen Kindern (§ 1603 II BGB)[165] und im Rahmen einer Billigkeitsabwägung nach den §§ 1361 III, 1579[166] und 1611 I BGB. In diesen Fällen steht die Unterhaltsgewährung in besonderem Maße unter dem Gebot der Billigkeit, und es könnte zu groben Ungerechtigkeiten führen, wenn das Erziehungsgeld bei der Bemessung des Unterhalts unberücksichtigt bliebe.[167] Ob das Erziehungsgeld nach § 9 S. 2 BErzGG auch im Rahmen des Anspruchs auf Familienunterhalt zu berücksichtigen ist, wenn es nicht von dem – auch von seinen minderjährigen Kindern aus erster Ehe in Anspruch genommenen – Unterhaltspflichtigen, sondern von seinem (ebenfalls) unterhaltsberechtigten zweiten Ehegatten bezogen wird und wenn wegen der eingeschränkten Leistungsfähigkeit des Unterhaltspflichtigen ein absoluter Mangelfall vorliegt, war in Rechtsprechung und Literatur umstritten. Zur Klärung dieser Frage ist im Rahmen der Auslegung des § 9 S. 2 BErzGG zwischen zwei Fallgruppen mit unterschiedlichem Regelungsinhalt zu unterscheiden:[168]

Soweit die Vorschrift des § 9 S. 2 BErzGG auf 1579 BGB (ggf. i. V. mit § 1361 III BGB) und auf § 1611 I BGB abstellt, lassen sich die Billigkeitskriterien zur Vermeidung grober Ungerechtigkeiten[169] unmittelbar aus diesen Bestimmungen entnehmen. Wenn wegen eines sittlichen Verschuldens des Unterhaltsberechtigten eine Herabsetzung, zeitliche Begrenzung oder, bei grober Unbilligkeit, sogar eine vollständige Versagung des Unterhalts in Betracht kommt, liegt es nahe, ihm auch sein Erziehungsgeld nicht anrechnungsfrei zu belassen. Denn diesen Bestimmungen ist gemein, dass sie – bis auf § 1579 Nr. 1 BGB – auf ein sittliches Verschulden des Unterhaltsberechtigten abstellen. In solchen Fällen würde es zu groben Ungerechtigkeiten führen, wenn das Erziehungsgeld – wie im Regelfall nach § 9 S. 1 BErzGG – nicht bei der Unterhaltsbemessung berücksichtigt, sondern dem Unterhaltsberechtigten in voller Höhe zusätzlich belassen würde. Im Ergebnis gilt aber auch nichts anderes in Fällen kurzer Ehedauer nach § 1579 Nr. 1 BGB, der den Grundsatz der Eigenverantwortlichkeit beider Ehegatten nach § 1569 BGB betont. Auch in solchen Fällen wäre es mit der Möglichkeit einer Begrenzung, Herabsetzung oder vollständigen Versagung des Unterhalts nicht vereinbar, wenn dem Unterhaltsberechtigten das von ihm bezogene Erziehungsgeld stets anrechnungsfrei verbliebe. Die in § 9 S. 2 BErzGG aus Gründen der Billigkeit geregelten Ausnahmen vom Grundsatz der Nichtanrechnung des Erziehungsgeldes, nämlich in den Fällen der §§ 1361 III, 1579 und 1611 I BGB, greifen daher nur ein, wenn der **Unterhaltsberechtigte** das Erziehungsgeld erhält. Bezieht hingegen der unterhaltspflichtige Ehegatte das Erziehungsgeld, ist kein Grund dafür ersichtlich, den geschuldeten Unterhalt wegen eines sittlichen Verschuldens des Unterhaltsberechtigten sogar zu erhöhen. Dann bleibt es für den Unterhaltsberechtigten bei dem Grundsatz des § 9 S. 1 BErzGG, wonach die Unterhaltspflicht durch das Erziehungsgeld nicht berührt wird. Anderenfalls

---

[163] BT-Drucks. 10/3729 S. 13; BGH; FamRZ 2006, 1010 = R 651
[164] BVerfG FamRZ 2000, 1149 m. w. N.
[165] OLGR Dresden 2000, 426; OLGR Koblenz 2000, 335; OLGR Hamm 2000, 59; OLG Nürnberg, FamRZ 1998, 981; Leitlinien der Oberlandesgerichte Nr. 2.5
[166] OLGR Zweibrücken 2000, 430
[167] BT-Drucks. 10/3792 S. 18
[168] BGH, FamRZ 2006, 1182
[169] Vgl. BT-Drucks. 10/3792 S. 18

würde das sittliche Verschulden des Unterhaltsberechtigten bzw. die ihm auferlegte Eigenverantwortlichkeit indirekt zu seinem Vorteil geraten, weil das unterhaltsrechtlich zu berücksichtigende Einkommen des Unterhaltspflichtigen um das diesem gezahlte Erziehungsgeld erhöht würde.

Nicht vergleichbar ist damit der weitere von § 9 S. 2 BErzGG erfasste Fall der gesteigerten Unterhaltspflicht gegenüber minderjährigen oder ihnen nach § 1603 II 2 BGB gleichgestellten Kindern. In einem solchen Fall sind grobe Ungerechtigkeiten denkbar, wenn das Erziehungsgeld dem Berechtigten anrechnungsfrei (neben sonstigen Einkünften) verbleibt, während vorrangige minderjährige Kinder, die ihren Unterhalt naturgemäß nicht selbst decken können, im Mangelfall nicht ihren vollen Unterhalt erhalten. Der Regelungsgehalt dieses Ausnahmetatbestands des § 9 S. 2 BErzGG erfasst deswegen lediglich die Fälle, in denen der nach § 1603 II BGB **Unterhaltspflichtige** das Erziehungsgeld bezieht.[170] Nur dann entspricht es dem Gebot der Billigkeit, den Unterhaltspflichtigen wegen seiner gesteigerten Unterhaltspflicht gegenüber minderjährigen Kindern auch auf das Erziehungsgeld zurückgreifen zu lassen. Erhält hingegen der unterhaltsberechtigte Ehegatte das Erziehungsgeld, rückt der Zweck des Erziehungsgeldes als einkommensunabhängige Sozialleistung mit sozialpolitischen Zielen in den Vordergrund. Nach dem Willen des Gesetzgebers soll der Unterhaltspflichtige durch den Bezug des Erziehungsgeldes auf Seiten des Berechtigten gerade nicht entlastet werden, auch wenn dies dazu führt, dass konkurrierende Unterhaltsansprüche minderjähriger Kinder nicht voll befriedigt werden können.[171]

Auch soweit Erziehungsgeld nach § 9 S. 2 BErzGG als Einkommen des Unterhaltspflichtigen zu berücksichtigen ist, muss es unterhaltsrechtlich erst dann eingesetzt werden, wenn und soweit sein eigener Selbstbehalt sichergestellt ist.[172] (zum Pflege- und Erziehungsgeld nach §§ 23 III, 39 SGB VIII (KJHG) s. Rn. 463 a).

e) Nach § 1 des Bundeselterngeld- und Elternzeitgesetzes (BEEG) hat Anspruch auf **85 a** **Elterngeld**, wer u. a. mit einem Kind, für das ihm die Personensorge zusteht, in einem Haushalt lebt, es selbst betreut und erzieht und keine oder keine volle (weniger als 30 Stunden wöchentlich) Erwerbstätigkeit ausübt. Das Gesetz gilt nur für Kinder, die **ab dem 1. Januar 2007 geboren** wurden; für früher geborene Kinder gelten die Vorschriften des BErzGG weiter fort (§ 27 BEEG; vgl. insoweit Rn. 85). Wird das Kind von beiden Eltern betreut, kann nur einem von ihnen, den und dessen Bezugsdauer sie bestimmen müssen, Elterngeld gezahlt werden (§ 5 BErzGG). Das Elterngeld kann von dem Tag der Geburt bis zur Vollendung des 14. Lebensmonats des Kindes bezogen werden; ein Elternteil kann aber höchstens für zwölf Monate Elterngeld beziehen. Für den anderen Elternteil besteht ein Anspruch auf zwei weitere Monate, wenn dann bei ihm eine Minderung des Einkommens aus Erwerbstätigkeit erfolgt (§ 3 I bis III BEEG). Die Eltern können auch Zahlung der hälftigen Monatsbeträge für den doppelten Auszahlungszeitraum verlangen (§ 6 BEEG). Elterngeld wird in Höhe von 67% des in den letzten zwölf Kalendermonaten vor der Geburt des Kindes durchschnittlich erzielten monatlichen Einkommens aus Erwerbstätigkeit bis zu einem Höchstbetrag von 1800 € monatlich für volle Monate gezahlt, in denen die berechtigte Person kein Einkommen aus Erwerbstätigkeit erzielt (§ 2 I BEEG). War das durchschnittliche monatliche Einkommen aus Erwerbstätigkeit vor der Geburt geringer als 1000 €, erhöht sich der Prozentsatz auf bis zu 100 (§ 2 II BEEG).[173] Ein Mutterschaftsgeld, das der Mutter nach der RVO oder dem Gesetz über die Krankenversicherung der Landwirte ab dem Tag der Geburt zusteht, wird auf das Elterngeld angerechnet. Das gilt nicht für ein Mutterschaftsgeld nach § 13 II MuSchG, das 210 € beträgt (§ 3 I BEEG). Das Elterngeld und das entsprechend anrechenbare Mutterschaftsgeld bleiben für den Bezug von Sozialleistungen bis zur Höhe von 300 € monatlich als Einkommen unberücksichtigt (§ 10 I BEEG). Nach § 11 BEEG werden Unterhaltsverpflichtungen durch die Zahlung des Eltern-

---

[170] OLG Hamm FamRZ 1995, 805, 806; BVerfG FamRZ 2000, 1149 (für Ansprüche nach § 1615l II BGB)

[171] BVerfG FamRZ 2000, 1149

[172] BGH, FamRZ 2006, 1010 = R 651; BVerfG FamRZ 2004, 253

[173] Zur verfassungsrechtlichen Einordnung des Elterngeldes und der steuerlichen Absetzbarkeit von Kinderbetreuungskosten vgl. Brosius-Gersdorf JZ 2007, 326

geldes und anderer vergleichbarer Leistungen der Länder nur insoweit berührt, als die Zahlung 300 € monatlich (bei Verlängerung auf die doppelter Zeit und halber Höhe 150 € monatlich) übersteigt. Das gilt jedoch nicht in den Fällen des § 1361 III, der §§ 1579, 1603 II und des § 1611 I BGB.

Weil das Elterngeld einkommensabhängig gewährt wird, hat es Lohnersatzfunktion und ist deswegen im Grundsatz als Einkommen das bezugsberechtigten Elternteils zu berücksichtigen. Nur bis zur Höhe von 300 € monatlich bleibt es nach § 11 Satz 1 BEEG – wie früher das Erziehungsgeld – unberücksichtigt. Wird es hälftig an beide Eltern gezahlt, bleibt es jeweils bis zur Höhe von 150 € anrechnungsfrei (§§ 6 Satz 2 und 11 Satz 2 BEEG). Bei Mehrlingsgeburten vervielfachen sich die Sätze mit der Zahl der geborenen Kinder (§ 11 Satz 3 BEEG). In besonders gelagerten Fällen, die § 11 Satz 4 BEEG im Einzelnen aufzählt, ist allerdings das gesamte Elterngeld bei der Unterhaltsbemessung zu berücksichtigen. Das ist bei Bezug des Elterngeldes durch den Unterhaltsberechtigten der Fall, wenn auf seiner Seite ein Verwirkungstatbestand erfüllt ist (§§ 1361 III, 1579, 1611 I BGB). Ein vom Unterhaltspflichtigen bezogenes Elterngeld ist hingegen nur dann nach § 11 Satz 2 BEEG i. V. m. § 1603 II BGB in vollem Umfang zu berücksichtigen, wenn eine gesteigerte Unterhaltspflicht gegenüber minderjährigen Kindern oder privilegierten Volljährigen vorliegt (vgl. insoweit Rn. 1/85).[174]

85 b   f) Das **Mutterschaftsgeld** nach §§ 13, 14 MuSchG i. V. m. §§ 195, 200 RVO hat Lohnersatzfunktion und ist deswegen als Einkommen zu berücksichtigen. Frauen, die Mitglieder der gesetzlichen Krankenkasse sind, erhalten während der Zeit des Beschäftigungsverbots nach § 3 II, 6 I MuSchG Mutterschaftsgeld nach § 13 MuSchG i. V. m. §§ 195, 200 RVO. Ergänzend dazu erhalten sie nach § 14 MuSchG einen Zuschuss des Arbeitgebers in Höhe der Differenz zu ihrem Nettoeinkommen. Diese Lohnersatzleistung währen des Mutterschutzes (sechs Wochen vor bis acht Wochen nach der Geburt) wird auf das Elterngeld angerechnet, verliert dadurch aber nicht seinen Charakter als Lohnersatzleistung.[175]

86   Außerdem sind wegen ihrer **Lohnersatzfunktion** anzurechnen:
- Renten aus der gesetzlichen[176] oder einer privaten[177] Unfallversicherung.
- Kurzarbeitergeld nach § 116 Nr. 4, 169 ff. SGB III,[178] Schlechtwettergeld,[179] Streikgeld.[180]
- Insolvenzgeld nach §§ 3 Nr. 10, 116 Nr. 5, 183 ff. SGB III[181] (früheres Konkursausfallgeld nach §§ 141 a, 141 b AFG).[182]
- Ausbildungsvergütungen (zu Ausbildungsbeihilfen vgl. Rn. 467) und Anlernzuschüsse sind anrechenbares Einkommen nach Vorabzug ausbildungsbedingter Aufwendungen.[183]
- Anwärterbezüge (früher Unterhaltszuschüsse) für Beamte im Vorbereitungsdienst u. ä.[184]
- Stipendien.[185]
- Überbrückungsgeld eines Strafgefangenen für den Entlassungsmonat, in dem das Überbrückungsgeld ausbezahlt wird, das so genannte Hausgeld bleibt anrechnungsfrei (vgl. Rn. 485 b).[186]

---

[174] BGH, FamRZ 2006, 1182 und 2006, 1010 = R 651 (zur gleichen Rechtsfrage beim Erziehungsgeld)

[175] BGH, FamRZ 2006, 1010, 1013 = R 651; OLG Zweibrücken FamRZ 1987, 820; a. A. OLG Brandenburg FamRB 2004, 287

[176] BGH, FamRZ 1982, 252; OLGR Naumburg 1997, 337; vgl. auch Rn. 339 f

[177] OLG Brandenburg FamRZ 2004, 484

[178] So auch LSG München InVo 2002, 157

[179] OLG Zweibrücken FamRZ 2000, 112; die §§ 209 ff. SGB III sind zum 1. April 2006 aufgehoben worden

[180] So BSGE 19, 230; zum Steuerrecht BFHE 184, 474

[181] Zur Höhe BSG ArbuR 2002, 359; LSG Celle ZInsO 2002, 392

[182] OLG Hamburg EzFamR aktuell 2001, 45

[183] BGH, FamRZ 2006, 99 = R 641 c; 1988, 159; 1981, 541; OLG Naumburg FamRZ 2001, 1480; OLG Hamm FamRZ 1998, 1612; vgl. auch die OLG-Leitlinien Nr. 10.2.3 und 13.2

[184] BVerfG MDR 1993, 290; OLG Braunschweig NJW 1955, 1599

[185] Vgl. BVerfG FamRZ 1998, 893; BFH DStRE 2002, 276 (ERASMUS); OLG Koblenz NJW-RR 1992, 389; OLG Bamberg FamRZ 1986, 1028

[186] BGH, FamRZ 2002, 813 = R 573; 1982, 792, 794; 1982, 913; OLG Hamm FamRZ 2004, 1743; OLG Zweibrücken FamRZ 2004, 1291; OLG Karlsruhe, FamRZ 1998, 45; siehe auch Rn. 385 b

Bezüge aus Renten, Pensionen und ähnlichen Leistungen, die genau genommen auch Lohnersatzleistungen sind, werden in Rn. 438 gesondert erörtert.

IV. Berufs- und ausbildungsbedingte Aufwendungen

1. Berufs- und ausbildungsbedingte Aufwendungen als Abzugsposten

Berufsbedingte Aufwendungen sind vom Einkommen abziehbare Werbungskosten, weil **87** sie zur Einkommenserzielung notwendig sind.[187] Sie werden in allen OLG-Bezirken vor Abzug eines Erwerbstätigenbonus (vgl. insoweit Rn. 94a sowie 4/373 ff.) konkret oder pauschaliert vom Einkommen abgezogen.[188] Denn die für berufsbedingte Aufwendungen benötigten Einkünfte können nicht mehr zur Bestreitung der Kosten der allgemeinen Lebensführung verwendet werden und mindern deshalb das unterhaltsrechtlich relevante Einkommen. Dabei ist aber erforderlich, dass sich die Aufwendungen nach objektiven Kriterien eindeutig **von den Kosten der privaten Lebenshaltung abgrenzen** lassen.[189] Ein Abzug berufsbedingter Aufwendungen setzt deswegen zwingend voraus, dass solche Kosten überhaupt entstanden sind und künftig fortbestehen.[190] Erfahrungsgemäß können bei Einkünften aus abhängiger Arbeit berufsbedingte Aufwendungen für **Fahrten zur Arbeitsstätte** (Rn. 96 ff.), außerhäusliche Verpflegung, erhöhten Kleiderverschleiß, Beiträge zu Berufsverbänden u. ä. entstehen. Steuerrechtlich entspricht dem die Zuerkennung eines Arbeitnehmerpauschalbetrages nach § 9a I Nr. 1a EStG in Höhe von jährlich 920 EUR, sofern nicht konkret höhere Aufwendungen geltend gemacht und belegt werden. Bei der unterhaltsrechtlichen Einkommensermittlung sind zu den berufsbedingten Aufwendungen auch außergewöhnliche **Kinderbetreuungskosten** zu rechnen, z. B. wenn infolge der Berufstätigkeit die Betreuung durch Dritte erforderlich wird[191] (s. Rn. 107).

Unterhaltsrechtlich sind solche Aufwendungen im Einzelnen **darzulegen** und entweder **88** der Höhe nach pauschaliert (s. Rn. 89 ff.) geltend zu machen oder konkret aufzuschlüsseln und nachzuweisen (s. Rn. 95). Für ausbildungsbedingte Aufwendungen von Lehrlingen oder Studenten und Schülern mit eigenen Einkünften gilt im Prinzip das Gleiche[192] (genaueres s. Rn. 2/90 ff.). Zwar können berufsbedingte Aufwendungen nur dann berücksichtigt werden, wenn solche tatsächlich entstanden sind. Zu Höhe ist nach ständiger Rechtsprechung des BGH[193] aber eine Schätzung nach § 287 ZPO zulässig (s. dazu Rn. 6/733 ff.). Dabei sind die Pauschalierungen in den Leitlinien der Oberlandesgerichte Orientierungshilfen für die gebotene Schätzung. Erhält der Arbeitnehmer eine Entschädigung und ist diese etwa gleich hoch wie der nachgewiesene Mehraufwand, muss die Entschädigung in vollem Umfang unberücksichtigt bleiben, weil sich die Beträge gegenseitig aufheben. Bei nicht Erwerbstätigen, etwa Rentnern und Pensionären, kann es keine abziehbaren berufsbedingten Aufwendungen geben.[194]

2. Zur Pauschalierung berufsbedingter Aufwendungen

Da einerseits im Zusammenhang mit einer Erwerbstätigkeit regelmäßig berufsbedingte **89** Aufwendungen entstehen und andererseits ein konkreter Nachweis oft mühsam und schwer ist, erkennt die Praxis überwiegend (s. u.) eine **Pauschalierung** berufsbedingter Aufwen-

---

[187] BGH, FamRZ 1988, 159, 161

[188] Vgl. Ziff. 10.2.1 der Leitlinien der Oberlandesgerichte und Anmerkung A 3 zur Düsseldorfer Tabelle

[189] SüdL 10.2; BL 10.2; BrL 10.2; CL 10.2; DL 10.2; FL 10.2; HaL 10.2; KL 10.2; SchL 10.2; OL 10.2

[190] BGH, FamRZ 2003, 860; OLG Karlsruhe FamRZ 1992, 344

[191] BGH FamRZ 2005, 1154 = R 630c; 2005, 442 = R 625c; 2001, 350; OLG Celle FamRZ 2004, 1380; vgl. auch Leitlinien der Oberlandesgerichte Nr. 10.3 und § 4f EStG

[192] BGH, FamRZ 2006, 99 = R 641c; vgl. auch die Leitlinien der Oberlandesgerichte Nr. 13.2

[193] BGH, FamRZ 2006, 108 = R 642a; 1981, 541, 543

[194] BGH, FamRZ 1982, 579, 581

dungen an, wenn auch in unterschiedlichem Umfang. Die Leitlinien der Oberlandesgerichte sehen teilweise eine solche Pauschalierung vor, wenn keine höheren berufsbedingten Aufwendungen behauptet und nachgewiesen werden. Voraussetzung ist aber, dass überhaupt berufsbedingte Aufwendungen entstanden sind, die sich von den privaten Lebenshaltungskosten eindeutig abgrenzen lassen und dies vorgetragen ist.[195] Nach der neu vereinbarten bundeseinheitlichen Leitlinienstruktur (hierzu näher oben Rn. 7) werden die berufsbedingten Aufwendungen jeweils unter **Ziff. 10.2.1** geregelt.

– Nach SüdL kann bei Vorliegen entsprechender Anhaltspunkte eine Pauschale von 5% des Nettoeinkommens angesetzt werden. Übersteigen die berufsbedingten Aufwendungen diese Pauschale, so sind sie im Einzelnen darzulegen. Bei eingeschränkter Leistungsfähigkeit kann im Einzelfall mit konkreten Kosten gerechnet werden.

– Nach BL sind berufsbedingte Aufwendungen bei Einkünften aus nichtselbständiger Tätigkeit vom Einkommen abzuziehen, wobei ohne Nachweis eine Pauschale von 5% – mindestens 50 EUR, bei geringfügiger Teilzeitarbeit auch weniger, und höchstens 150 EUR monatlich – des Nettoeinkommens geschätzt werden kann. Übersteigen die berufsbedingten Aufwendungen diese Pauschale, so sind sie im Einzelnen darzulegen. Bei beschränkter Leistungsfähigkeit kann im Einzelfall mit konkreten Kosten gerechnet werden.

– Nach BraL sind berufsbedingte Aufwendungen im Rahmen des Angemessenen vom Arbeitseinkommen abzuziehen. Sie können in der Regel mit einem Anteil von 5% des Nettoeinkommens angesetzt werden, wenn hinreichende Anhaltspunkte für eine Schätzung bestehen. Werden höhere Aufwendungen geltend gemacht oder liegt ein Mangelfall vor, so sind sämtliche Aufwendungen im Einzelnen darzulegen und nachzuweisen.

– Nach BrauL kann bei Vorliegen entsprechender Anhaltspunkte von Einkünften aus nichtselbstständiger Erwerbstätigkeit eine Pauschale von 5% des Nettoeinkommens angesetzt werden, höchstens jedoch monatlich 150 € und mindestens monatlich 50 € bzw. 25 € bei geringerem Monatseinkommen als 500 €. Übersteigen die berufsbedingten Aufwendungen diese Pauschale oder werden sie bestritten, so sind sie im Einzelnen darzulegen.

– Nach BrL setzt die Berücksichtigung berufsbedingter Aufwendungen eine konkrete Darlegung des Aufwandes voraus.

– Nach CL kann bei Vorliegen entsprechender Anhaltspunkte von Einkünften aus nichtselbstständiger Erwerbstätigkeit eine Pauschale von 5% des Nettoeinkommens angesetzt werden. Übersteigen die berufsbedingten Aufwendungen diese Pauschale, so sind sie im Einzelnen darzulegen.

– Nach DL, die sich auf Ziff. A 3 der DT beziehen, sind berufsbedingte Aufwendungen, die sich von den privaten Lebenshaltungskosten nach objektiven Merkmalen eindeutig abgrenzen lassen, vom Einkommen abzuziehen, wobei bei entsprechenden Anhaltspunkten eine Pauschale von 5% des Nettoeinkommens – mindestens 50 EUR, bei geringfügiger Teilzeitarbeit auch weniger, und höchstens 150 EUR monatlich – geschätzt werden kann. Übersteigen die berufsbedingten Aufwendungen die Pauschale, sind sie insgesamt nachzuweisen. Dies gilt somit für alle Oberlandesgerichte, die die Düsseldorfer Tabelle uneingeschränkt anwenden.

– Nach DrL kann bei Vorliegen entsprechender Anhaltspunkte eine Pauschale von 5% des Nettoeinkommens, höchstens aber 150 EUR angesetzt werden. Übersteigen die berufsbedingten Aufwendungen die Pauschale, so sind sie im Einzelnen darzulegen. Bei beschränkter Leistungsfähigkeit ist mit konkreten Kosten zu rechnen.

– Nach FL kann bei Vorliegen entsprechender Anhaltspunkte eine Pauschale von 5% des Nettoeinkommens (maximal 150 €) abgesetzt werden. Diese Pauschale wird vom Nettoeinkommen vor Abzug von Schulden und besonderen Belastungen abgezogen. Übersteigen die berufsbedingten Aufwendungen diese Pauschale, so sind sie im Einzelnen darzulegen.

– Nach HaL wird eine Pauschale in der Regel nicht gewährt, sondern die berufsbedingten Aufwendungen sind im Einzelnen darzulegen.

---

[195] BGH, FamRZ 2003, 860; OLG Braunschweig FamRZ 1995, 356; OLG Karlsruhe FamRZ 1992, 344

– Nach HL mindern notwendige berufsbedingte Aufwendungen von Gewicht das Einkommen, soweit sie konkret dargelegt werden.
– Nach KL wird eine Pauschale von 5% in der Regel nicht gewährt, sondern die berufsbedingten Aufwendungen sind im Einzelnen darzulegen.
– Nach KobL sind berufsbedingte Aufwendungen, die sich von den privaten Lebenshaltungskosten nach objektiven Merkmalen abgrenzen lassen, vom Einkommen abzuziehen, wobei bei entsprechenden Anhaltspunkten eine Pauschale von 5% des Nettoeinkommens – mindestens 50 EUR, bei geringfügiger Teilzeitarbeit auch weniger, und höchstens 150 EUR monatlich – geschätzt werden kann. Übersteigen die berufsbedingten Aufwendungen die Pauschale, sind sie insgesamt nachzuweisen.
– Nach NaL kann bei Vorliegen entsprechender Anhaltspunkte eine Pauschale von 5% ohne betragsmäßige Begrenzung angesetzt werden. Werden höhere Aufwendungen geltend gemacht oder liegt ein Mangelfall vor, sind die (gesamten) Aufwendungen im Einzelnen darzulegen und nachzuweisen.
– Nach OL ist bei Einnahmen aus nichtselbständiger Tätigkeit eine Pauschale von 5% des Nettoeinkommens – bei Vollzeittätigkeit mindestens 50 EUR und höchstens 150 EUR – anzusetzen. Eine Anerkennung von diese Pauschale übersteigenden sowie mit anderen Einnahmen verbundenen Aufwendungen setzt die konkrete Darlegung des Aufwandes voraus.
– Nach RL setzt die Berücksichtigung berufsbedingter Aufwendungen eine konkrete Darlegung voraus. Eine Schätzung nach § 287 ZPO ist möglich.
– Nach SchL werden notwendige berufsbedingte Aufwendungen vom Einkommen nur abgezogen, wenn sie konkret nachgewiesen sind. Eine Pauschale wird nicht gewährt.
– Nach ThL sind bei der Bereinigung des Nettoeinkommens berufsbedingte Aufwendungen nur auf konkreten Nachweis absetzbar. Eine Schätzung nach § 287 ZPO kann erfolgen.

Gegen eine Pauschalierung sprechen sich somit nur noch die Oberlandesgerichte **90** Bremen (BrL), Hamburg (HaL), Hamm (HL), Jena (ThL), Köln (KL), Rostock (RL) und Schleswig (SchL) aus. Auch nach den Leitlinien dieser Gerichte ist bei konkretem Vortrag aber eine Schätzung nach § 287 ZPO zulässig.

Der BGH[196] hat in einer früheren Entscheidung zu **ausbildungsbedingten** Aufwendun- **91** gen ausgeführt, dass solche grundsätzlich zum Ausgleich eines erhöhten Bedarfs von der Ausbildungsvergütung abgezogen werden können, jedoch nicht pauschal in Höhe der Hälfte der Vergütung angenommen werden dürfen. Sie sind vielmehr entsprechend den besonderen Verhältnissen des Einzelfalls festzustellen,[197] wobei jedoch Richtsätze, die auf die gegebenen Verhältnisse abgestellt sind und der Lebenserfahrung entsprechen, als Anhalt dienen können, falls nicht im Einzelfall besondere Umstände eine Abweichung bedingen. Der BGH hatte damals einen Betrag von 120 DM akzeptiert. In der Folgezeit hat er für den Regelfall einen monatlichen ausbildungsbedingten Mehrbedarf von pauschal 145 DM[198] und jüngst einen solchen von pauschal 160 DM für bedenkenfrei gehalten. Entsprechend gehen einige Oberlandesgerichte in ihren Leitlinien (Ziff. 10.2.3; vgl. Rn. 7) inzwischen von einem regelmäßigen ausbildungsbedingten Mehrbedarf aus (SüdL = 90 €; BraL = 90 €; BrauL = 90 €; DL und DT = 90 €; HL = 85 €; KL = 90 €; KobL = 90 €; NaL = 10% max 90 €; OL = 90 €; SchL = 90 €). Dem ist aus Gründen der Rechtseinheitlichkeit zuzustimmen, sofern sich die genannten Beträge nicht von dem üblichen Wert solcher Aufwendungen entfernen, lediglich für den Regelfall gelten und stets auch die Besonderheiten des konkreten Einzelfalles berücksichtigt werden müssen.

Der BGH hat zwar in ständiger Rechtsprechung betont, dass die Bemessung **berufs-** **92** **bedingter** Aufwendungen nach pflichtgemäßem Ermessen des Tatrichters zu erfolgen hat.[199] Ebenso hat er in ständiger Rechtsprechung die pauschale Kürzung des Nettoeinkommens um 5% für berufsbedingte Aufwendungen als im Rahmen des tatrichterlichen Ermes-

---

[196] BGH, FamRZ 1981, 541, 543
[197] So auch OLG Dresden FamRZ 1999, 1351
[198] BGH, FamRZ 1988, 159
[199] BGH, FamRZ 2006, 108 = R 642 a

sens liegend akzeptiert.[200] In einer weiteren Entscheidung[201] hat er eine den Pauschalabzug von 5% versagende OLG-Entscheidung aufgehoben und ausgeführt, dass der Pauschalabzug berechtigt sei, weil sich die Parteien auf den Pauschalabzug verständigt hätten. Ein entsprechender Parteiwille sei zu beachten. Ein solcher pauschalierter Abzug in Höhe von 5% des Nettoeinkommens ist aber dann nicht ausreichend, wenn der Unterhaltpflichtige höhere Aufwendungen konkret vorgetragen hat.[202] Dann muss der Tatrichter, notfalls im Wege der Schätzung nach § 287 ZPO, den Gesamtbetrag der berufsbedingten Aufwendungen bemessen.

93   Werden berufsbedingte Aufwendungen nach einer prozentualen Pauschale (etwa 5%) des Nettoeinkommens bemessen, dann ist vor der Berechnung der Pauschale das Bruttoeinkommen **um Steuern und Vorsorgeaufwendungen zu bereinigen**.

Beispiel:
70 564 € (Bruttoeinkommen) − 20 071 € (Lohnsteuer) − 1103,90 € (Solidaritätszuschlag) − 6142,50 € (Rentenversicherung) − 2047,50 € (Arbeitslosenversicherung) − 3227,63 € (Krankenversicherung) − 363,38 € (Pflegeversicherung) = 37 608,09 €: 12 = 2977,31 € × 5% = 148,87 €. Das bereinigte Nettoeinkommen beträgt somit 2977,31 € − 148,87 € = 2828,44 €.

94   Mit der Inanspruchnahme einer Pauschale sind **alle berufsbedingten Aufwendungen** aus abhängiger Arbeit abgegolten. Es kann dann neben der Pauschale nicht zusätzlich konkret abgerechnet werden. Werden über die Pauschale hinausgehende berufsbedingte Aufwendungen geltend gemacht, sind die gesamten berufsbedingten Aufwendungen konkret darzulegen und in der nachgewiesenen oder nach § 287 ZPO geschätzten Höhe abzuziehen.

94 a   Da mit dem Abzug einer Pauschale alle berufsbedingten Aufwendungen abgegolten sind, ist zweifelhaft, ob danach und nach Abzug eines ev. Kindesunterhalts vom bereinigten Einkommen[203] noch ein **Erwerbstätigenbonus**[204] (s. Rn. 41) in der bislang üblichen **Höhe** von ¹/₇ abgesetzt werden darf.[205] Nach ständiger Rechtsprechung des BGH muss dem Unterhaltpflichtigen bei der Bemessung des ehebedingten Unterhaltsbedarfs die Hälfte des verteilungsfähigen Einkommens „maßvoll übersteigender Betrag" verbleiben.[206] Diesen Berufstätigenbonus hat der BGH stets damit begründet, dass der mit der Erwerbstätigkeit verbundene höhere Aufwand abzugelten und **zugleich** ein Anreiz für die weitere Erwerbstätigkeit zuzubilligen sei.[207] Sind berufsbedingte Kosten bereits in voller Höhe vom Einkommen abgezogen worden, ist der nur noch als Anreiz zur Erwerbstätigkeit dienende pauschale Bonus geringer zu bemessen, als wenn er berufsbedingte Aufwendungen einschließt.[208] Das muss aber auch dann gelten, wenn berufsbedingte Aufwendungen pauschal mit 5% abgesetzt wurden, weil auch damit regelmäßig der beruflich entstandene zusätzliche Aufwand vollständig abgegolten ist. Deswegen hat der BGH[209] für solche Fälle eine Herabsetzung des Erwerbstätigenbonus von ¹/₇ auf ¹/₉ gebilligt, wenngleich er dabei erneut darauf hingewiesen hat, dass die Höhe des Erwerbstätigenbonus allein im Ermessen des Tatrichters steht und deswegen nur bedingt revisionsrechtlich nachprüfbar ist. Bei besonders beengten wirtschaftlichen Verhältnissen kann neben dem Vorwegabzug berufsbedingter Aufwendungen ein weiterer Bonus sogar vollständig entfallen.[210] Im Regelfall genügt der bloße Abzug berufsbedingter Kosten, auch wenn er mit 5% pauschaliert ist, hingegen dem doppelten Zweck des Erwerbstätigenbonus nicht.[211] Auf der Grundlage dieser Rechtsprechung des

---

[200] BGH, FamRZ 2006, 108 = R 642 a; 2002, 536, 537 = R 572 a; 1984, 151, 153; 1982, 887
[201] BGH, FamRZ 1986, 790
[202] BGH, FamRZ 2006, 108 = R 642 b
[203] BGH, FamRZ 1999, 367; 1997, 806
[204] BGH, FamRZ 2004, 1867, 1868
[205] BGH, FamRZ 1993, 1304 = R 465 c; 1990, 989 = R 418 c; dafür OLG Düsseldorf FamRZ 1999, 1349, OLG München FamRZ 1993, 328
[206] BGH, FamRZ 1990, 1090; 1990, 503 = R 413; 1989, 842 (selbst mit ¹/₇ bemessen)
[207] BGH, FamRZ 1992, 539 = R 444 c; 1988, 265; 1985, 161, 164; 1981, 1165
[208] BGH, FamRZ 1995, 346 (unter 4 b); 1990, 1090; OLG Karlsruhe FamRZ 1996, 350
[209] BGH, FamRZ 1997, 806 = R 512 b; 1990, 989 (unter 3.); 1990, 979
[210] BGH, FamRZ 1992, 539; OLG Koblenz FamRZ 1995, 169
[211] BGH, FamRZ 2004, 254; 1991, 670; 1991, 170; 1990, 1085

BGH sollte es beim Abzug eines zusätzlichen Erwerbstätigenbonus auch neben pauschalen berufsbedingten Auslagen bleiben (vgl. auch Rn. 4/373 ff.). Die Unterscheidung zwischen berufsbedingten Auslagen und Erwerbstätigenbonus ist nämlich auch deswegen geboten, weil bei dem Einkommen Selbstständiger regelmäßig schon die berufsbedingten Auslagen berücksichtigt sind und deswegen nur noch der Erwerbstätigenbonus abgesetzt werden muss.[212] Allerdings halte ich auf der Grundlage der Rechtsprechung des BGH[213] eine Herabsetzung des Erwerbstätigenbonus auf ¹/₁₀ für geboten, wenn er sich – wie nach der Rechtsprechung aller Oberlandesgerichte – nur noch auf den Arbeitsanreiz beschränkt.[214] Denn unabhängig von der Möglichkeit einer Pauschalierung der berufsbedingten Aufwendungen lassen alle Oberlandesgerichte den zusätzlichen Abzug aller berufsbedingten Aufwendungen zu, die sich von den privaten Lebenshaltungskosten nach objektiven Merkmalen eindeutig abgrenzen lassen.

3. Konkrete Bemessung berufsbedingter Aufwendungen

Werden berufsbedingte Aufwendungen konkret geltend gemacht, was auch bei den Ober- **95** landesgerichten möglich ist, die eine pauschale Geltendmachung anerkennen (siehe Rn. 89), dann müssen alle berufsbedingten Aufwendungen nach Grund und Höhe **dargelegt** und bei Bestreiten nachgewiesen werden.[215] Die behaupteten Aufwendungen müssen eindeutig von privaten Lebenshaltungskosten abgegrenzt werden können. Es darf sich also nicht um so genannte Mischaufwendungen handeln. Für eine solche konkrete Geltendmachung gibt es eine Reihe von typischen Einzelpositionen, die in Rn. 102 ff. zusammengestellt sind und erörtert werden. Bei jeder dieser Positionen sind Grund und Höhe nach den besonderen Verhältnissen des Einzelfalls vom Gericht festzustellen. Dabei können Richtsätze, die auf die gegebenen Verhältnisse abgestellt sind und der Lebenserfahrung entsprechen, als Anhalt dienen.[216] Die Höhe eines behaupteten und dem Grunde nach nachgewiesenen Aufwandes kann nach § 287 ZPO (Rn. 6/728 ff.) geschätzt werden. Wenn der Berechtigte den unter Beweis gestellten substantiierten Tatsachenvortrag nur allgemein und unsubstantiiert bestreitet, kann das Gericht den Tatsachenvortrag als unstreitig ohne Beweisaufnahme seiner Entscheidung zugrunde legen.[217]

4. Berechnung von Fahrtkosten

Grundsätzlich besteht die Verpflichtung, für Fahrten zwischen Wohn- und Arbeitsstätte **96** die billigeren **öffentlichen Verkehrsmittel** zu benutzen. Die dadurch entstehenden Kosten sind jedoch grundsätzlich anzuerkennen.[218] Kann die Arbeitsstätte in zumutbarer Weise mit einem billigeren öffentlichen Verkehrsmittel erreicht werden, können Kraftfahrzeugkosten hingegen nicht als berufsbedingte Aufwendungen abgesetzt werden.[219] Auch für dienstliche Fahrten muss sich der Pflichtige mit dem Verkehrsmittel begnügen, dessen dienstliche Notwendigkeit vom Dienstherrn anerkannt wird. Wenn der Dienstherr zeitsparende Pkw-Reisen im Dienst nicht nach den Reisekostenvorschriften ersetzt, muss davon ausgegangen werden, dass er die Zeitersparnis dienstlich nicht für notwendig hält.[220] In all diesen Fällen dürfen trotz Benutzung des eigenen Pkw nur die Kosten abgezogen werden, die bei Benut-

---

[212] Vgl. Leitlinien der Oberlandesgerichte Nr. 15.2
[213] Vgl. insoweit BGH, FamRZ 1990, 1090
[214] BGH, FamRZ 1998, 899 = R 525 c; so jetzt auch Ziff. 15.2 der SüdL
[215] OLG Dresden FamRZ 2001, 47; OLGR Hamm 2000, 292
[216] BGH, FamRZ 1981, 541, 543
[217] BGH, FamRZ 1990, 266
[218] BGH, FamRZ 1998, 1501 = R 521 b
[219] BGH, FamRZ 1998, 1501 = R 521 b; 1984, 988, 990; 1982, 360, 362; OLG Karlsruhe FuR 2001, 565; OLG Dresden FamRZ 1999, 1528; FamRZ 1999, 1351 (jeweils zur Darlegungslast); OLG Hamburg ZfJ 1999, 354; OLG Hamm FamRZ 1996, 958; OLG Karlsruhe FamRZ 1981, 783 (Entfernung 3 km)
[220] OLG Köln, FamRZ 1982, 707

zung öffentlicher Verkehrsmittel entstanden wären.[221] Dabei kommt es stets aber auch auf die wirtschaftlichen Verhältnisse aller Beteiligten, auch diejenigen des Unterhaltspflichtigen an.[222] Bei besonders hohen Fahrtkosten kann einen Unterhaltsschuldner nach § 1603 II BGB ausnahmsweise eine Obliegenheit treffen, in die Nähe seiner Arbeitsstelle umzuziehen[223] oder, wenn er wegen einer neuen Verbindung oder aus anderen Gründen nicht umziehen kann,[224] sich eine neue Arbeit in unmittelbarer Nähe des Wohnorts zu suchen.

97   Der Ersatz von **Kraftfahrzeugkosten** (vgl. auch Rn. 236, 604 a) kann hingegen nur verlangt werden, wenn die Arbeitsstätte mit öffentlichen Verkehrsmitteln nicht oder nur in verkehrsmäßig nicht zumutbarer Weise erreicht werden kann, wenn das Fahrzeug auch während der Berufstätigkeit beruflich benötigt wird (z. B. im Außendienst oder bei mehreren Beschäftigungsorten) oder wenn der Verpflichtete aus persönlichen Gründen (z. B. Krankheit, Gehbehinderung oder sonstige wesentliche Körperbehinderung) auf die Benutzung eines Pkw dringend angewiesen ist.[225] Gleiches kann gelten, wenn der Unterhaltspflichtige im Schichtdienst arbeitet und deswegen auf die Benutzung seines PKW angewiesen ist.[226] Im Mangelfall kann allerdings auch bei längerer Fahrtzeit die Benutzung öffentlicher Verkehrsmittel zumutbar sein.[227] Teilweise wird bei beengten finanziellen Verhältnissen oder bei längerer Fahrstrecke auch die Höhe der Kilometerkosten reduziert.[228]

98   Wird ein Pkw – wie meist – auch privat genutzt, sind die Gesamtkosten im Verhältnis der beruflichen und privaten Nutzung aufzuteilen.[229] Dazu ist festzustellen, wie viele Kilometer jährlich gefahren werden und welcher Anteil davon dienstlich veranlasst ist, weil nur die Kosten des beruflichen Anteils abgezogen werden können. Sie sind auf der Grundlage entsprechender Feststellungen nach § 287 ZPO zu schätzen, wenn eine eindeutige Abgrenzung der berufsbedingten Fahrten von den privaten Lebenshaltungskosten nicht möglich ist.[230] Bei einem Nettoeinkommen des Mannes von ca. 1600 € und der Frau von ca. 1400 € ist die Nutzung eines Pkw grundsätzlich den allgemeinen Lebenshaltungskosten zuzurechnen. Für die berufsbedingten Fahrten zur Arbeitsstelle können dann nicht die gesamten Betriebskosten, sondern nur die durch diese Fahrten entstehenden **Mehrkosten** vom Einkommen abgezogen werden.[231]

99   Bei berechtigter Pkw-Benutzung zählen sowohl die Betriebskosten als auch die **Anschaffungskosten** zu den abziehbaren berufsbedingten Aufwendungen.[232] Für eine notwendig werdende Neuanschaffung dürfen Rücklagen gebildet werden,[233] was aber nicht neben Kreditkosten für das alte Auto in Betracht kommt.[234] Die Anschaffungskosten eines Pkw können aber auch auf die voraussichtliche Laufzeit des Fahrzeugs umgelegt und wie bei Abschreibungen abgesetzt werden. Die Betriebskosten (Steuer, Versicherung, Treibstoff, Wartung und Reparaturen) sind entweder konkret abzurechnen oder können nach § 287 ZPO geschätzt werden (vgl. auch Rn. 604 a). Nach ständiger Rechtsprechung des BGH[235] können für die **gesamten Pkw-Kosten** „mangels sonstiger konkreter Anhaltspunkte" auch die Kostenansätze nach § 9 III des Gesetzes über die Entschädigung von Zeugen und Sach-

---

[221] OLG Karlsruhe FuR 2001, 565

[222] BGH, FamRZ 1989, 483

[223] BGH, FamRZ 1998, 1501 = R 521 b; OLG Koblenz FamRZ 1994, 1609; OLG Naumburg FamRZ 1997, 311; a. A. OLG Hamm FamRZ 2001, 46

[224] BVerfG FuR 2007, 76 = NJW-RR 2007, 649

[225] OLG Karlsruhe FuR 2001, 565; OLG Hamm NJW-RR 1998, 724

[226] BGH NJW-RR 1995, 129; OLG Naumburg FamRZ 1998, 558

[227] OLG Brandenburg FamRZ 1999, 1010

[228] OLGR Hamm 2000, 276: Bei längerer Strecke als 20 km/täglich Reduzierung von 0,42 DM/km auf 0,35 DM/km

[229] BGH, NJW-RR 1992, 1282; FamRZ 1982, 360, 362; vgl. auch OLG Karlsruhe FuR 2006, 472; OLG Hamm NJW-RR 2005, 515

[230] OLG München, FamRZ 1984, 173

[231] BGH, FamRZ 1984, 988, 990

[232] OLG Hamm ZFE 2006, 156; OLG Dresden FamRZ 2000, 1176; OLGR Karlsruhe 1999, 276; OLG Hamm FamRZ 1998, 1512

[233] BGH, FamRZ 1982, 360, 362

[234] OLG Hamm FamRZ 1997, 835

[235] BGH, FamRZ 1994, 87 = R 468 b; vgl. auch OLGR Saarbrücken 2005, 49

verständigen (ZSEG; jetzt § 5 des Justizvergütungs- und -entschädigungsgesetzes, JVEG) herangezogen werden, die seinerzeit für Zeugen einen Satz von 0,40 DM für jeden angefangenen Kilometer vorsahen[236] (Sachverständigen wurde schon damals ein Satz von 0,52 DM/ km ersetzt). In der gegenwärtigen Fassung sieht § 5 II Nr. 1 JVEG für Zeugen einen Satz von 0,25 €/km vor, was allerdings nur die Abgeltung der Betriebskosten und der Abnutzung des KFZ erfasst. Für Sachverständige (§ 5 II Nr. 2 JVEG) ist zur Abgeltung der Anschaffungs-, Unterhaltungs- und Betriebskosten sowie zur Abgeltung der Abnutzung ein Satz von 0,30 €/km vorgesehen. Wird nach dieser Pauschale abgerechnet, sind damit alle Pkw-Kosten einschließlich der Anschaffungskosten abgegolten.[237]

Entsprechend lehnen sich einige **Leitlinien der Oberlandesgerichte** (s. Rn. 7; nach der neuen einheitlichen Leitlinienstruktur jeweils unter Ziff. 10.2.2) zutreffend an die Höhe der Entschädigung für Sachverständige[238] an (§ 5 II Nr. 2 JVEG) und setzen für notwendige berufsbedingte Fahrtkosten regelmäßig **0,30 €/km** ab. Das gilt für die SüdL, BL, BrL, BraL, BranL, CL, DL, FL, HL, HaL, KL, OL, SchL und die ThL. Diese Rechtsprechung hat der BGH ausdrücklich gebilligt.[239] Bei Entfernungen ab 30 km einfache Fahrstrecke sollen für die Mehrkilometer 0,20 €/km berücksichtigt werden.

Teilweise werden in Anlehnung an die Entschädigung für Zeugen (§ 5 II Nr. 1 JVEG) regelmäßig **0,25 €/km** abgesetzt. Das gilt für die BraL.

Andere Pauschalen sind festgelegt in den DrL (0,27 €/km), den KobL (10 €/km monatlich) und den RL (0,27 €/km[240, 241]).

Teilweise wird vertreten, dass die Pauschalen ungeeignet sind, wenn das Fahrzeug mit einem beim Einkommen abgezogenen Kredit angeschafft wurde, weil damit die Anschaffungskosten doppelt berücksichtigt seien. In einem solchen Fall sei auf die reinen Betriebskosten abzustellen.[242] Das verkennt aber, dass die Kreditkosten steuerlich bestenfalls in Höhe des entsprechenden Steuersatzes erstattet werden, was auch schon bei der Bemessung des Kilometersatzes für Sachverständige nach § 5 II Nr. 2 JVEG berücksichtigt ist, zumal diese neben den Betriebskosten und der Abnutzung auch die Anschaffung des Fahrzeugs erfasst. Während der Sachverständige die gefahrenen Kilometer zusätzlich erstattet bekommt, bleiben diese beim Verpflichteten unterhaltsrechtlich unberücksichtigt.

Bei Benutzung **anderer Fahrzeuge** können nur entsprechend geringere Pauschalen berücksichtigt werden. Das OLG Karlsruhe[243] ging bei Benutzung eines Motorrades von 0,24 DM/km, das OLG Hamm[244] bei der Nutzung eines Motorrollers von 0,12 €/km aus.

Die berufsbedingt gefahrenen Kilometer sind substantiiert darzulegen und zu belegen. **100** Das schließt die einfache Entfernung zwischen Wohnung und Arbeitsstätte und die Häufigkeit der Fahrten ein. Wegen der Wochenenden, der Urlaubs- und Feiertage ist regelmäßig von einem Jahresdurchschnitt auszugehen. Bei normaler Arbeitszeit ergeben sich etwa **220 Arbeitstage** im Jahr. Liegt die Arbeitsstätte von der Wohnung 15 km entfernt, ergibt sich ein monatlicher Aufwand von 15 km × 2 Fahrten × 220 Tage × 0,30 €/km: 12 Monate = 165 €. Ergibt sich bei **weiten Entfernungen** eine unangemessen hohe Belastung, muss darüber nachgedacht werden, ob der Wechsel in eine näher gelegene Wohnung zumutbar

---

[236] BGH, FamRZ 2006, 1182, 1183; NJW-RR 1992, 1282

[237] BGH, FamRZ 2006, 846 = R 648 a

[238] Vgl. OLG Karlsruhe NJWE-FER 1999, 268

[239] BGH, FamRZ 2006, 1511 = R 658 (unter 1 d)

[240] Vgl. aber OLG Naumburg OLG-NL 1997, 140

[241] OLG Dresden EzFamR aktuell 1999, 376; OLG Dresden FamRZ 1999, 1528; OLG Hamm NJW-RR 2005, 515; OLGR Hamm 2001, 128; OLGR Koblenz 1999, 401

[242] OLG Hamm, FamRZ 1997, 835. Das OLG schätzte die reinen Betriebskosten nach § 287 ZPO auf 0,15 DM pro Entfernungskilometer. Dies dürfte zu niedrig sein. Besser wäre ohnehin gewesen, den Kredit nicht zu berücksichtigen und die Pauschale heranzuziehen. Ein anderer Senat des OLG Hamm – FamRZ 1997, 836 – will festgestellt haben, dass die „festen Kosten bei höherer Fahrleistung anteilig sinken". Dies ist jedenfalls für die dort angegebene Strecke von täglich 84 km nicht nachvollziehbar. Das OLG Naumburg – FamRZ 1998, 558 – hat daher konsequent für eine einfache Strecke von 85 km täglich die dort übliche Pauschale von 0,45 DM/km uneingeschränkt zugestanden

[243] FuR 2001, 565

[244] OLGR Hamm 2003, 256 = BeckRS 2003, 09223

ist.[245] Ein Wechsel der Arbeitsstelle kommt hingegen nur in Betracht, wenn ein Umzug wegen einer neuen gefestigten Verbindung des Unterhaltsschuldners ausgeschlossen ist (vgl. Rn. 96). „Echte" Fahrtkosten von monatlich 227 € sind nach dem OLG Hamm[246] noch nicht zu beanstanden. In einem Mangelfall beim Kindesunterhalts hat das OLG Koblenz[247] die rechnerischen Fahrtkosten von rd. 500 € auf ein Viertel reduziert.

101   Fahrtkosten sind nicht abziehbar, wenn und soweit sie durch **Kilometergeldzahlungen** oder sonstige Fahrtkostenerstattungen des Arbeitgebers erstattet werden. Werden die Aufwendungen für Anschaffung und Haltung eines Pkw in Anlehnung an ADAC-Tabellen geschätzt, so ist zu beachten, dass auch in einer solchen Schätzung in der Regel die vollen Anschaffungs- und Betriebskosten enthalten sind. Deshalb sind auch dann Zuschüsse des Arbeitgebers zu den Anschaffungskosten zu berücksichtigen.[248]

5. Zusammenstellung weiterer berufsbedingter oder ausbildungsbedingter Aufwendungen

102 • **Abschreibungen** oder AfA (Absetzungen für Abnutzung) bezüglich der Anschaffungskosten von berufsbedingt benötigten Gegenständen (genaueres zur AfA Rn. 154 f., 243 ff.). Abschreibungen sind bei Einkünften aus abhängiger Arbeit selten. Ausnahmsweise können darunter z. B. die Anschaffungskosten für ein beruflich benötigtes Auto (Rn. 97 ff.), für notwendige Einrichtungsgegenstände eines beruflich benötigten eigenen Arbeitszimmers (Rn. 104) oder für sonstige wichtige Gegenstände oder Werkzeuge wie z. B. für das Musikinstrument eines abgestellten Musikers fallen. Bei der Abschreibung handelt es sich um eine Aufteilung der Anschaffungskosten auf eine pauschale Gesamtzeit der Verwendung. Das kann auch unterhaltsrechtlich sinnvoll und geboten sein, damit der Unterhaltsanspruch nicht zu sehr durch hohe einmalige Ausgaben gemindert wird. Eine Bindung an die steuerlichen Abschreibungssätze besteht allerdings nicht.[249] Steuerlich wirksame Abschreibungen können unterhaltsrechtlich übernommen werden, wenn es dadurch nicht zu Verfälschungen der unterhaltsrechtlichen Leistungsfähigkeit kommt und sie sich im Wesentlichen mit einer tatsächlichen Verringerung der für den Lebensbedarf verfügbaren Mittel decken. Dies gilt für die geringfügigen Wirtschaftsgüter im Jahr der Anschaffung und für die linearen Abschreibungen beweglicher Wirtschaftsgüter, soweit sie einen tatsächlichen Wertverlust der Wirtschaftsgüter widerspiegelt. Bezüglich der linearen Abschreibung eines Pkw der gehobenen Klasse ist von einer Nutzungsdauer von mindestens zehn Jahren auszugehen.[250] Dabei hat der Unterhaltspflichtige die Voraussetzungen der abgeschriebenen Beträge darzulegen und deswegen auch dazu vorzutragen, dass und weshalb der Zeitraum der Abschreibung und der tatsächlichen Lebensdauer der betroffenen Güter deckungsgleich sind. Bestehen daran ernsthafte Zweifel, kann $^1/_3$ des steuerlichen Abschreibungsbetrages dem unterhaltspflichtigen Einkommen zugeschlagen werden.[251] Dabei ist die Verteilung der Gesamtkosten allerdings nach unterhaltsrechtlichen Zumutbarkeitsgesichtspunkten bei Berücksichtigung der beiderseitigen Interessen vorzunehmen. So hat das OLG Hamm[252] für Musiker einer Tanzband nur $^2/_3$ der steuerlichen Abschreibungen ihrer Instrumente anerkannt (für Selbstständige vgl. Rn. 243 ff.).

• Anzeigen und sonstige **Bewerbungskosten** eines Arbeitslosen oder Arbeitsuchenden; z. B. auch entsprechende Schreib- und Telefonkosten, Reisekosten für Vorstellungsgespräche u. ä.

---

[245] BGH, FamRZ 1998, 1501 = R 521 b; dagegen OLG Hamm FamRZ 2001, 46
[246] OLG Hamm, FamRZ 1997, 356
[247] FamRZ 1994, 1609
[248] BGH, FamRZ 1982, 579, 581
[249] BGH, FamRZ 2005, 1159 = R 623 a; 2003, 741, 743; 1998, 357; 1984, 39
[250] OLGR Koblenz 2002, 46 = BeckRS 2001 30212022
[251] OLG Köln FamRZ 2002, 819; vgl. aber OLG Celle FamRZ 2005, 1098
[252] OLGR Hamm 1999, 124

- **Arbeitsmittel,** wie Aufwendungen für **Fachliteratur,**[253] die nicht dienstlich zur Ver- **103**
fügung steht, oder für spezifische **Berufskleidung,**[254] die von den durchschnittlichen
Verhältnissen im Sozialbereich des Pflichtigen erheblich abweicht,[255] oder für Werkzeuge
und Gegenstände, die dringend zur Berufsausübung benötigt werden, z. B. das Instrument
eines Musikers u. ä. In der Regel sind solche Arbeitsmittel vom Arbeitgeber zu stellen
und deshalb nur ausnahmsweise abziehbar. Eine unterhaltsrechtliche Berücksichtigung
scheidet auch aus, wenn sich die Kosten nicht eindeutig von den Kosten der privaten
Lebensführung trennen lassen.[256]
- **Arbeitsgerichtsprozess,** z. B. Kosten eines Kündigungsschutzprozesses[257] oder eines
Folgeprozesses.
- **Arbeitszimmer.** Aufwendungen hierfür sind nur ausnahmsweise abziehbar,[258] wenn der **104**
Arbeitgeber ein solches nicht zur Verfügung stellt, obwohl es dringend benötigt wird, wie
es z. B. bei Provisionsvertretern und Heimarbeitern möglich sein kann. Bei nur gelegent-
lichen beruflichen Arbeiten zu Hause entfällt ein zwingendes Erfordernis für ein Arbeitszimmer.[259] Ein Abzug entfällt außerdem, wenn die private Wohnung zum Arbeiten (z. B.
bei Heimarbeit) genutzt wird, weil das Arbeitszimmer von der privaten Nutzung klar
abgegrenzt sein müsste.[260] Wird die Absetzbarkeit anerkannt, sind auch beruflich dringend benötigte **Einrichtungsgegenstände** absetzbar.
- **Beiträge** zu berufswichtigen Verbänden wie Gewerkschaften,[261] Beamtenbund, Richter-
bund u. a.,[262] sowie Kammerbeiträge[263] aber auch zur Sterbegeldkasse.[264]
- **Betriebsrat.** Abziehbar sind Aufwendungen, die notwendig mit einer Betriebsratstätig-
keit zusammenhängen.
- **Doppelte Haushaltsführung.** Mehraufwendungen für einen doppelten Haushalt sind un- **105**
terhaltsrechtlich nur abziehbar, wenn sowohl die Begründung als auch die Aufrechterhaltung
einer doppelten Haushaltsführung beruflich notwendig ist und ein Umzug an den Beschäftigungsort nicht möglich oder nicht zumutbar ist. In der Regel wird eine solche Notwendigkeit nur bei verheirateten Ehegatten, die nicht getrennt leben, oder im Interesse von Kindern
bejaht werden können. Bei getrennt lebenden oder geschiedenen Ehegatten setzt eine
Berücksichtigung voraus, dass die Kosten niedrig sind und besondere persönliche Gründe
die doppelte Haushaltsführung gerechtfertigt erscheinen lassen.[265] Bei nachgewiesener
berechtigter doppelter Haushaltsführung sind abziehbar die tatsächlichen Kosten der zweiten Unterkunft am Beschäftigungsort, Mehraufwendungen für Verpflegung und Kosten
für wöchentliche Familienheimfahrten. Zuschüsse des Arbeitgebers sind anzurechnen.[266]
- Fachliteratur (siehe dazu Rn. 103).
- Fehlgelder bei der Kassenführung durch Arbeitnehmer sind abziehbar, wenn sie nach
vertraglicher Vereinbarung vom Arbeitnehmer zu tragen sind und der Fehlbestand nachgewiesen ist.
- Fernsprechgebühren sind nur absetzbar, wenn nachgewiesen werden kann, dass Telefon-
gespräche dringend für berufliche Zwecke geführt werden müssen.[267] Im Zweifel handelt

---

[253] OLG Karlsruhe FamRZ 1999, 1276; BGH NJW-RR 1992, 1282 (konkreter Nachweis erforderlich); FamRZ 1984, 374 a. E.; vgl. auch Rn. 2/370
[254] OLG Düsseldorf FamRZ 1994, 1049 (unter 5.); vgl. aber OLG Karlsruhe FamRZ 1996, 350 (unter 1 a)
[255] OLG Köln, FamRZ 1982, 706
[256] KG FamRZ 2003, 1107 (unter 1 bb)
[257] Vgl. aber OLG Dresden FamRZ 2000, 1433; OLG Hamm FamRZ 1996, 1017
[258] OLG Bamberg FamRZ 1987, 1295
[259] OLG Köln, FamRZ 1983, 750, 753
[260] OLG Celle FamRZ 2006, 1203 (unter 1 c); KG FamRZ 2003, 1107 (unter 1 bb)
[261] BGH, FamRZ 2006, 1511 = R 658 (unter 1 d); OLG Frankfurt, DAV 1983, 92; OLG Köln
FamRZ 1985, 1166; vgl. aber OLG Düsseldorf FamRZ 2005, 2016
[262] OLG Köln, FamRZ 1983, 751, 753
[263] OLG Köln EzFamR aktuell 2001, 122 = BeckRS 2000 30144978
[264] OLG Celle FamRZ 1999, 162; OLG Hamm 4 UF 225/77 – unveröffentlicht
[265] OLG Zweibrücken, FamRZ 1997, 837
[266] BGH, FamRZ 1990, 266
[267] OLG Bamberg FamRZ 1987, 1295

es sich um Kosten der privaten Lebensführung. Nur ausnahmsweise wird der berufliche Anteil eindeutig vom privaten Anteil abgegrenzt und geschätzt werden können.

106 • **Fortbildungskosten** sind Aufwendungen, die erforderlich sind, um in einem bereits ausgeübten Beruf auf dem laufenden zu bleiben und den jeweiligen Anforderungen dieses Berufs gerecht zu werden oder um sich im Falle eines drohenden Verlustes des Arbeitsplatzes eine andere Beschäftigungschance zu sichern.[268] Dazu zählt der Besuch von notwendigen Fachtagungen und Fachlehrgängen. Abziehbar sind Lehrgangskosten, Tagungsgebühr, Fahrt-, Verpflegungs- und Übernachtungskosten, abzüglich der vom Arbeitgeber übernommenen oder erstatteten Leistungen sowie einer etwaigen häuslichen Ersparnis (vgl. Rn. 1/59). Die Fortbildung ist auch bei vorübergehender Einkommensminderung hinzunehmen, wenn der Mindestunterhalt gewahrt bleibt und die Unterhaltsreduzierung bei Abwägung der gegenseitigen Interessen zumutbar ist.[269]

• Instandhaltungs- und Reparaturkosten sind nur abziehbar, wenn sie sich auf berufsnotwendige Arbeitsmittel und sonstige berufsnotwendige Gegenstände beziehen.

107 • **Kinderbetreuungskosten** können vom Einkommen abgezogen werden, wenn sie dem Sorgeberechtigten für die Betreuung seiner Kinder entstehen, damit er einer Erwerbstätigkeit nachgehen kann (z. B. Kosten einer Ganztagsschule oder Entgelt für Pflege- oder Aufsichtsperson u. ä.).[270] Zu Höhe ist jedoch zu beachten, dass die Kinderbetreuungskosten schon steuerlich berücksichtigt werden können. Seit Januar 2006 können erwerbstätige allein erziehende Elternteile oder Eltern die zusammenleben und beide einer Erwerbstätigkeit nachgehen 2/3 der Kosten, höchstens 4000 €, absetzen. Bei Gewinnen sind solche Kosten nach § 4 f EStG als Betriebsausgaben zu berücksichtigen, bei Überschusseinkünften (vgl. Rn. 1/38) kommen nach § 9 V i. V. m. § 4 f EStG in gleichem Umfang Werbungskosten in Betracht. In einer Alleinverdienerehe oder wenn der allein erziehende Elternteil nicht erwerbstätig ist, könne die Kosten in der Zeit vom vollendeten dritten bis zum vollendeten sechsten Lebensjahr nach § 10 I Nr. 5 EStG als Sonderausgaben berücksichtigt werden. Befindet sich der steuerpflichtige Elternteil in einer Ausbildung, ist er behindert oder krank, kann er entsprechende Ausgaben bis zum vollendeten 14. Lebensjahr des Kindes oder darüber hinaus als Sonderausgaben absetzen, wenn sich das Kind wegen einer vor Vollendung des 25. Lebensjahres eingetretenen Behinderung nicht selbst unterhalten kann.[271] Die Anrechnung solcher Kosten als berufsbedingte Aufwendung wird dem Grundsatz von Treu und Glauben besser gerecht als die Nichtanrechnung eines Teils des Einkommens wegen unzumutbarer Erwerbstätigkeit. Nach der Rechtsprechung des BGH kann sogar ein offenbar pauschaler Betreuungsbonus gewährt werden, wenn die Betreuung zwar ohne konkreten Kostenaufwand, jedoch unter besonderen Erschwernissen erfolgt.[272] Nach der einheitlichen Leitlinienstruktur der Oberlandesgerichte (s. Rn. 1/7) werden die Kinderbetreuungskosten unter **Ziff. 10.3** geregelt. Nach SüdL, BL (ohne Bonus), BraL, BrL, CL, DrL, DL, FL, HaL, HL, KL, KobL, NaL, OL, RL, SchL (ohne Bonus) und ThL sind Kinderbetreuungskosten abzugsfähig, soweit infolge der Berufstätigkeit die Betreuung durch Dritte erforderlich ist. Außerdem kann ein Kinderbetreuungsbonus angesetzt werden. Die KobL bemessen den regelmäßigern Betreuungsbonus mit 300 € bei Kindern bis zum 3. Lebensjahr, bei älteren Kindern, gleichzeitiger Betreuung mehrerer Kinder oder Teilzeitarbeit nach den Umständen des Einzelfalles. Die FL begrenzen einen pauschalen Abzug auf monatlich bis zu 200 €. Ein Freibetrag für Kinderbetreuungskosten kann auch dann gerechtfertigt sein, wenn die neue Ehefrau unentgeltlich Betreuungsleistungen für die Kinder des Verpflichteten aus der 1. Ehe erbringt[273] (s. auch Rn. 557 b und Rn. 4/187).

---

[268] OLGR Hamm FamRZ 1997, 280
[269] OLG Bamberg FamRZ 2000, 307
[270] OLG Köln FamRZ 2002, 463
[271] Vgl. Scholz FamRZ 2006, 737
[272] BGH, FamRZ 2006, 846 = R 648 b; 2005, 818; 2001, 350, 352 = R 551 c; 1991, 182, 184 = R 430 b mit weiteren Nachweisen; vgl. aber OLGR Hamm 2001, 89
[273] BGH, FamRZ 1995, 537 = R 493 b

- Prozesskosten und Rechtsberatungskosten in Arbeitsgerichtsverfahren, z. B. wegen Kündigung. Absetzbar sind auch die Kosten des Scheidungsverfahrens[274] einschließlich der notwendigen Folgesachen. Die Kosten des Unterhaltsverfahrens sind hingegen nicht abzugsfähig, weil sonst der Unterhaltsberechtigte über den Unterhalt den gegen ihn geführten Prozess mitfinanzieren würde.
- Reinigungskosten bei spezieller Berufskleidung, falls nicht vom Arbeitgeber ersetzt. Allerdings fielen diese auch bei Normalkleidung an,[275] es sei denn, außergewöhnliche berufliche Verschmutzung verursache erhöhten Reinigungsbedarf.
- **Reisekosten** für beruflich veranlasste Reisen. Hierzu gehören u. a. Fahrtkosten, Mehr- **107a** aufwendungen für Verpflegung, Übernachtungskosten, Nebenkosten und unter Umständen auch Kosten für Zwischenheimfahrten. Erstattungen durch den Arbeitgeber sind allerdings anzurechnen und können das unterhaltsrechtlich relevante Einkommen sogar erhöhen, wenn dem keine tatsächlichen Mehraufwendungen gegenüberstehen[276] (vgl. auch Rn. 56 f., 97 ff.).
- Repräsentations- und Bewirtungskosten sind regelmäßig nicht abziehbare Kosten der privaten Lebensführung. Dies gilt auch, wenn sie der Förderung des Berufs dienen. Die Rechtsprechung ist insoweit sehr zurückhaltend.[277]
- Steuerberatungskosten sind anzuerkennen, wenn die Zuziehung eines Steuerberaters **108** zweckdienlich erscheint. Außerdem kommen geringere Steuern auch dem anderen Ehepartner zugute. Das OLG Hamm[278] lehnt die Berücksichtigung dieser Kosten bei Arbeitnehmern grundsätzlich ab, wenn nur eine „ganz normale Steuererklärung" abzugeben war. Dies ist abzulehnen, weil sich erst durch die Beratung ergeben kann, ob steuerliche Besonderheiten vorliegen. Ein Abzug der tatsächlich angefallenen Steuerberaterkosten ist deswegen – auch wegen des gegenwärtig noch sehr komplizierten Steuerrechts – nur dann ausgeschlossen, wenn von vornherein feststeht, dass für das abgelaufene Steuerjahr weder eine Steuerpflicht noch eine Erstattung in Betracht kommt.
- Taxifahrten, wenn sie beruflich unbedingt notwendig waren und nicht als unangemessen anzusehen sind. Auch dann sind aber stets die Erstattungsbeträge des Arbeitgebers oder ev. steuerliche Vorteile abzusetzen.
- **Umzugskosten** können berücksichtigt werden, wenn und soweit sie beruflich veranlasst waren, z. B. durch Betriebsverlegung an einen anderen Ort, nicht bei Wohnungswechsel innerhalb desselben Ortes. Dies kommt auch in Betracht, wenn der Umzug notwendig ist, um am neuen Ort eine Erwerbstätigkeit aufzunehmen.[279] Die Kosten sind konkret nachzuweisen. Erstattungen durch den Arbeitgeber oder steuerliche Vorteile sind anzurechnen (vgl. auch Rn. 6/18).
- Unfallkosten, wenn der Unfall sich im Beruf oder während einer beruflich veranlassten Fahrt ereignet hat und der Schaden nicht vom Arbeitgeber oder einem ersatzpflichtigen Dritten ersetzt wurde. Im Übrigen kann ein unfallbedingter Mehrbedarf der Verletztenrente aus der gesetzlichen Rentenversicherung gegengerechnet werden.[280] (zur Unfallversicherung vgl. Rn. 596).
- Verpflegungsmehraufwendungen, wenn sie auf Dienstreisen, anlässlich einer zu berücksichtigenden doppelten Haushaltsführung (siehe oben), anlässlich sonstiger berufsbedingter längerer Abwesenheit von zu Hause oder bei ständig wechselnden Arbeitsstellen entstehen.[281]

---

[274] OLG Karlsruhe NJW-RR 1998, 578
[275] OLG Schleswig DAVorm 1987, 268, 270
[276] OLG Köln FamRZ 2003, 602; OLGR Braunschweig 1995, 262; OLG Zweibrücken FamRZ 1981, 257 unter Hinweis auf BGH FamRZ 1980, 770
[277] BGH, FamRZ 1987, 46; vgl. aber OLG Hamm NJWE-FER 1999, 110 und OLG Köln FamRZ 1992, 322
[278] OLG Hamm, FamRZ 1992, 1177; so auch OLG Frankfurt JurBüro 1988, 360
[279] BGH, FamRZ 1983, 29
[280] BGH, FamRZ 1982, 252
[281] OLG Frankfurt FamRZ 1994, 1031

6. Berufsbedingte Aufwendungen, für die Zulagen (Auslands-, Kleider-, Schmutz-zulagen) oder ähnliche Entgelte (Aufwandsentschädigungen, Spesen, Reisekosten) gezahlt werden

109   Wie schon oben in Rn. 57 und 70 ausgeführt wurde, sind solche Zulagen und Entgelte zunächst unabhängig von ihrer Zweckbestimmung als Entschädigung für berufsbedingte Aufwendungen voll dem Bruttoeinkommen zuzurechnen. Als Ausgleich kann der tatsächlich beruflich entstandene Aufwand vom Gesamteinkommen abgezogen werden, wenn er unbestritten oder nachgewiesen ist.[282] Sind die pauschalen Entschädigungen und die berufsbedingten Aufwendungen – wie in der Regel – der Höhe nach unterschiedlich, so ist die Differenz als Einkommen (wenn die Entschädigung höher ist) oder als Ausgabe (wenn die Aufwendungen höher sind) zu berücksichtigen. Sind die Entschädigungen und der Aufwand im Wesentlichen gleich, so können beide Posten unterhaltsrechtlich unberücksichtigt bleiben[283] (zur Darlegungs- und Beweislast vgl. Rn. 6/700 ff.).

Der BGH hat als berücksichtigungsfähige Aufwendungen u. a. anerkannt:
– Bei behaupteten besonderen Repräsentationskosten im Ausland die Kosten für Dienstpersonal, Taxifahrten, einen Casinobeitrag und den Beitrag für die deutsche Delegation.[284]
– Bei der Mitwirkung an Sitzungen einer kommunalen Bezirksvertretung die Fahrtkosten, Kosten für gelegentliche Stärkungen während der Sitzung und einen an die Partei abzuführenden Geldbetrag.[285] Umgekehrt ist die Aufwandsentschädigung (Kostenpauschale) eines Bundestagsabgeordneten,[286] eines Landtagsabgeordneten (Bayern)[287] sowie eines Bürgermeisters oder Kreisrats (Bayern)[288] als Einkommen behandelt worden, soweit sie nicht durch konkreten Aufwand aufgezehrt wird. Das OLG Hamm[289] hat die Anrechnung bei einem Gemeinderatsmitglied abgelehnt, weil die Kostenpauschale für die Deckung des Aufwandes bestimmt und dafür auch nötig sei.
– Die Entschädigungen für eine Schöffentätigkeit und für die Führung einer Vormundschaft hat der BGH nach Sachlage im Hinblick auf fast gleich hohe konkrete Mehrausgaben unberücksichtigt gelassen.[290]

3. Abschnitt: Gewinneinkünfte – Einkommensermittlung durch Betriebsvermögensvergleich

I. Die steuerlichen Gewinnermittlungsarten

110   Das Einkommensteuergesetz unterteilt die sieben in § 2 I EStG aufgeführten Einkunftsarten (Rn. 37) in **Gewinneinkünfte** und **Überschusseinkünfte.**

Gemäß § 2 II EStG sind Gewinneinkünfte
– Einkünfte aus Land- und Forstwirtschaft (§ 13 EStG)
– Einkünfte aus Gewerbebetrieb (§ 15 EStG)
– Einkünfte aus selbstständiger Arbeit (§ 18 EStG).

Anders als bei den Überschusseinkünften, bei denen die Einkünfte durch Ermittlung des Überschusses der (zugeflossenen) Einnahmen über die (abgeflossenen) Werbungskosten (=

---

[282] BGH, FamRZ 1983, 352; 1980, 342, 344; OLG Köln FamRZ 2003, 602
[283] BGH, FamRZ 1983, 670
[284] BGH, FamRZ 1983, 352; 1980, 342; vgl. auch OLG Koblenz FamRZ 2000, 1154; OLGR Hamm 1999, 90
[285] BGH, FamRZ 1983, 670
[286] OLG Stuttgart FamRZ 1994, 1251
[287] BGH, FamRZ 1986, 780; OLG Bamberg FamRZ 1986, 1144
[288] OLG Bamberg 1999, 1082
[289] OLG Hamm FamRZ 1980, 997
[290] BGH, FamRZ 1983, 670

berufsbedingte Aufwendungen) ermittelt werden, sind die Einkünfte aus Land- und Forstwirtschaft, Gewerbebetrieb und selbstständiger Arbeit durch Feststellung des Gewinns nach §§ 4 ff. EStG zu ermitteln. Dies geschieht im Regelfall durch den **Betriebsvermögensvergleich,** der in diesem Abschnitt dargestellt wird.

Ausnahmsweise können jedoch gemäß § 4 III EStG auch Gewinneinkünfte entspre- **111**
chend den Überschusseinkünften durch **Ermittlung des Überschusses der** (zugeflossenen) **Einnahmen über die** (abgeflossenen) **Betriebsausgaben** (Rn. 183 ff.) ermittelt werden. Eine weitere Sonderregelung gilt für die Einkünfte aus Land- und Forstwirtschaft, die je nach Umfang durch Betriebsvermögensvergleich, Einnahmen-Überschuss-Rechnung oder gemäß § 13 a EStG nach **Durchschnittssätzen** (Rn. 199) festzustellen sind.

Unabhängig von der Art der Gewinnermittlung können an Gewinneinkünften mehrere Personen in Form einer Personengesellschaft beteiligt sein. In diesem Fall wird der Gewinn wie bei Einzelpersonen für die Personengesellschaft festgestellt und im Wege der **gesonderten und einheitlichen Gewinnfeststellung** den Beteiligten zugeschrieben.

Sofern der Steuerpflichtige seiner Verpflichtung zur Einkommensermittlung nicht nachkommt, kann dieses vom Finanzamt gemäß § 162 AO durch **Schätzung** (Rn. 202) festgestellt werden.

Die besonderen Arten der Einkommensermittlung werden im 4. Abschnitt dargestellt. Mit der unterhaltsrechtlichen Bewertung der steuerlichen Einkommensermittlung befasst sich der 5. Abschnitt.

II. Überblick zum Personenkreis und zur Einkommensermittlung

1. Zum Personenkreis

Einkünfte aus Gewerbebetrieb sind gemäß § 15 EStG insbesondere: **112**
– Einkünfte aus gewerblichen Unternehmen
– Gewinnanteile der Gesellschafter von Personengesellschaften.

Nach § 15 II EStG ist **Gewerbebetrieb** eine **selbstständige nachhaltige Betätigung,** die **mit Gewinnerzielungsabsicht** unternommen wird und sich als **Beteiligung am allgemeinen wirtschaftlichen Verkehr** darstellt, wenn die Betätigung weder der Land- und Forstwirtschaft gemäß § 13 EStG noch der selbstständigen Tätigkeit nach § 18 EStG zuzuordnen ist. Gewerbetreibende sind u. a. Kaufleute, Handwerker und Fabrikanten. Die steuerrechtliche Bedeutung der Zuordnung zu den gewerblichen Einkünften liegt in den Vorschriften zur Gewinnermittlung und der Belastung gewerblicher Einkünfte mit Gewerbesteuer.

Auch **Kapitalgesellschaften,** deren Einkommen nach dem Körperschaftssteuergesetz zur Besteuerung veranlagt wird (Rn. 408), ermitteln den Gewinn gemäß § 8 KStG (Körperschaftsteuergesetz) nach den Vorschriften des EStG.

2. Umfang der Einkünfte aus Gewerbebetrieb

Alle Einkünfte, die **im Rahmen eines Gewerbebetriebs** erzielt werden, sind **gewerb- 113
liche Einkünfte,** auch wenn sie für sich gesehen einer anderen Einkunftsart zuzurechnen wären.

Beispiel:
Ein Kraftfahrzeughändler vermietet zu seinem Betriebsvermögen gehörende Garagen an Privatpersonen. Die Mieten sind nicht nach § 21 EStG als Mieteinkünfte sondern als gewerbliche Einkünfte im Sinn des § 15 EStG zu erfassen und zu versteuern.
Ein Fabrikant legt betrieblich eingenommene Gelder als Festgeld an. Die Zinsen sind nicht nach § 20 EStG als Kapitaleinkünfte sondern als gewerbliche Einkünfte im Sinn des § 15 EStG zu erfassen und zu versteuern.

Auch diese Einkünfte werden im Steuerbescheid nicht bei den „eigentlichen" Einkunftsarten sondern bei den Einkünften aus Gewerbebetrieb, bzw. selbständiger Arbeit erfasst.

114   Auch an sich nicht gewerbliche Einkünfte einer **Kapitalgesellschaft** sowie einer **GmbH & Co KG** werden nach § 15 III Nr. 2 EStG steuerlich grundsätzlich wie Einkünfte aus Gewerbebetrieb behandelt.

115   **Löhne, Gehälter, Mieten und Zinsen,** die eine Personengesellschaft an ihre Gesellschafter zahlt, sind gemäß § 15 I Nr. 2 EStG bei der steuerlichen Gewinnermittlung als sogenannte „**Vorabvergütung**" den gewerblichen Einkünften der Gesellschaft zuzurechnen und im Rahmen der gesonderten und einheitlichen Gewinnfeststellung (Rn. 206) auf die betreffenden Gesellschafter zu verteilen.

> **Beispiel:**[1]
> An der ABC-Altenpflegeheim KG sind die Gesellschafter A, B und C beteiligt. Die KG ist von der Gewerbesteuer befreit. A hat als Komplementär die Geschäfte der KG geführt und dafür 60 000 € entnommen, die auf seinem Verrechnungskonto verbucht wurden. B hat der oHG das Betriebsgebäude für 48 000 € pa. vermietet, C hat für ein der oHG gewährtes Darlehen 6000 € Zinsen erhalten. In der betriebswirtschaftlichen Gewinnermittlung sind neben den sonstigen Betriebsausgaben auch diese Beträge abgezogen worden. Der verbleibende Gewinn ist mit 100 000 € ausgewiesen. Die Einkünfte aus Gewerbebetrieb betragen 100 000 € (incl. „Gehalt" von 60 000 €) + 48 000 € + 6000 € = 214 000 €.

Es wäre falsch, derartige Einkünfte außerhalb der steuerlichen Gewinnermittlung noch einmal bei den jeweiligen Einkunftsarten – Nichtselbstständige Arbeit, Vermietung und Verpachtung, Kapitalvermögen – zu erfassen, da sie damit doppelt berücksichtigt würden. Der dem jeweiligen Gesellschafter zuzurechnende **Gewinnanteil** ergibt sich verbindlich und spezifiziert aus der **gesonderten und einheitlichen Gewinnfeststellung.**

3. Gesetzliche Grundlagen der Gewinnermittlung

116   Nach der Definition des § 4 I EStG ist der Gewinn der Unterschiedsbetrag zwischen dem Betriebsvermögen (Rn. 175) am Schluss des Wirtschaftsjahres und dem Betriebsvermögen am Schluss des vorangegangenen Wirtschaftsjahrs, vermehrt um den Wert der Entnahmen und vermindert um den Wert der Einlagen. Dies entspricht genau dem System der Feststellung des Zugewinns im ehelichen Güterrecht.

Familienrecht: Zugewinnausgleich	Steuerrecht: Betriebsvermögensvergleich
Endvermögen	Betriebsvermögen am Jahresende
– Anfangsvermögen	– Betriebsvermögen am Vorjahresende
+ Minderungen nach § 1375 BGB	+ Entnahmen
– Schenkungen und Erbschaften	– Einlagen
= Zugewinn	= Gewinn

§ 4 I EStG stellt wie das eheliche Güterrecht auf **Stichtage** ab. Dem Endvermögen entspricht das Betriebsvermögen am Jahresende, das Anfangsvermögen das Betriebsvermögen am Ende des Vorjahres. Dem Zugewinn entspricht der steuerliche Gewinn, wobei dieser allerdings im Gegensatz zu jenem durchaus negativ, also ein Verlust sein kann.

Ähnlich den Regelungen der §§ 1374 II, 1375 II BGB für den Zugewinnausgleich gibt es auch beim Betriebsvermögensvergleich **für die Gewinnermittlung unerhebliche Vorgänge,** nämlich **Entnahmen und Einlagen** (Rn. 176 ff.). Wie im ehelichen Güterrecht die Vermögensveränderungen unberücksichtigt bleiben, die ihre Ursache außerhalb der Ehe haben, sind **bei der Gewinnermittlung** durch Betriebsvermögensvergleich **nicht betrieblich veranlasste Vorgänge irrelevant.**

117   Bei Gewerbetreibenden, die auf Grund gesetzlicher Vorschriften verpflichtet sind, Bücher zu führen und regelmäßig Abschlüsse zu machen oder dies freiwillig tun, ist gemäß § 5 I EStG das **Betriebsvermögen** anzusetzen, das **nach den handelsrechtlichen Grundsät-**

---

[1] Ausführlich mit Lösung Rn. 206

zen ordnungsgemäßer Buchführung auszuweisen ist. Entsprechend kodifiziert § 140 AO die steuerliche Verpflichtung zu Buchführung und Jahresabschluss für den, der auf Grund anderer Gesetze Bücher führen muss.

Für Gewerbetreibende gelten die §§ 238 ff. HGB. Danach sind die **ordnungsmäßige Buchführung** (§ 238 HGB) und die **Erstellung eines Jahresabschlusses,** bestehend aus der **Bilanz und der Gewinn- und Verlustrechnung** (§ 242 HGB) vorgeschrieben.

Für Gewerbetreibende, die nicht unter §§ 238 ff. HGB fallen, gilt § 5 EStG nur dann, wenn sie freiwillig Bücher führen und regelmäßig Abschlüsse machen. Darunter fallen in erster Linie Selbstständige im Sinn des § 18 EStG. Dass Einnahmen und Ausgaben im Wege der doppelten Buchführung (Rn. 128 ff.) erfasst werden, führt allein noch nicht zur Bilanzierungspflicht.

4. Ausnahmeregelungen

Für sonstige Gewerbetreibende besteht eine Verpflichtung zur Buchführung und zur **118** Erstellung eines Jahresabschlusses nur, wenn
– der Umsatz 500 000 € oder
– der Gewinn 30 000 €
pro Jahr übersteigt (Rn. 183). Dies ergibt sich aus § 141 AO, der in solchen Fällen die §§ 238 bis 240 I, §§ 243 bis § 256 HGB für entsprechend anwendbar erklärt. Es besteht **keine Verpflichtung, neben der Bilanz auch eine Gewinn- und Verlustrechnung zu erstellen,** da auf § 242 Abs. 2 HGB nicht verwiesen wird.

Nachdem infolge der Änderung des HGB der Kreis der Kaufleute alle Gewerbetreibenden unabhängig von der Art des Gewerbes erfasst, dürfte § 141 AO nur insoweit von Bedeutung sein, als präzise definiert ist, wer nicht buchführungs- und abschlusspflichtig ist.

III. Der Jahresabschluss

1. Handelsbilanz[2]

Nach § 247 HGB sind in die Handelsbilanz aufzunehmen **119**
– das Anlagevermögen,
– das Umlaufvermögen,
– das Eigenkapital,
– die Schulden und
– die Rechnungsabgrenzungsposten.
Außerdem können Rückstellungen gebildet werden (§ 249 HGB).

Wie das Anlage- und Umlaufvermögen und die Schulden zu bewerten sind, ist im HGB ebenso geregelt wie Einzelheiten zur Bildung von Rechnungsabgrenzungsposten und Rückstellungen. Die nach diesen Grundsätzen erstellte Bilanz heißt „**Handelsbilanz**". Die Handelsbilanz soll dem Kaufmann selbst und seinen Geschäftspartnern, vorrangig den Kreditgebern regelmäßig Aufschluss über sein Vermögen geben. Die handelsrechtlichen Vorschriften für die Bilanz sind deshalb vom **Prinzip vorsichtiger Bewertung** geprägt;[3] Gewinn und Vermögen sollen eher zu niedrig als zu hoch angesetzt werden.

Die Bilanz ist nach § 266 I HGB in **Kontenform** aufzustellen, und sieht wie nachfolgend **120** dargestellt aus:[4]

---

[2] Die Vorschriften des HGB für die Bilanz und Gewinn- und Verlustrechnung gelten an sich nur für Kapitalgesellschaften, werden jedoch in den Grundzügen generell angewandt
[3] Schmidt/Weber-Grellet EStG § 5 Rn. 77 und 381; Baumbach/Hopt/Merkt HGB, § 243 Rn. 9 und § 252 Rn. 10 ff.
[4] In verkürzter Form

AKTIVA	PASSIVA
A. Anlagevermögen	A. Eigenkapital[5]
Immaterielle Vermögensgegenstände	Gezeichnetes Kapital
Sachanlagen	Kapitalrücklage
Finanzanlagen	Gewinnrücklagen
	Gewinnvortrag/Verlustvortrag
	Jahresüberschuss/Jahresfehlbetrag
B. Umlaufvermögen	B. Rückstellungen
Vorräte	
Forderungen	C. Verbindlichkeiten
Wertpapiere	
Schecks, Kassenbestand, Guthaben	
C. Rechnungsabgrenzungsposten	D. Rechnungsabgrenzungsposten

Auf der linken Seite steht immer das positive Vermögen (Aktivkonten), auf der rechten Seite stehen die Schulden und das Eigenkapital (Passivkonten). Da das Vermögen abzüglich der Schulden den Wert des Unternehmens ausmacht, stellt das **Eigenkapital** den Wert des Unternehmens dar.

Das mag verwirren: obwohl doch das Eigenkapital den Wert des Betriebs darstellt, wird es wie die Schulden auf der Passivseite geführt. Dies erklärt man sich am besten damit, dass die Bilanz die betriebliche Sphäre darstellt. **Das Kapital sind die „Schulden", die der Betrieb bei seinem Inhaber hat.**

121 **Beispiel:**

U will einen Handelsbetrieb eröffnen. Er beschafft sich dazu ein Gebäude zum Kaufpreis von 800 000 €, Büroinventar für 50 000 €, Kraftfahrzeuge für 100 000 € und Waren für den Weiterverkauf für 200 000 €. Aus einer Erbschaft und Ersparnissen hat er 100 000 €, von denen er 50 000 € auf das betriebliche Girokonto einzahlt und 50 000 € für die Anschaffungen verwendet. Im Übrigen finanziert er das Anlagevermögen durch Bankkredit. Die für die Verarbeitung bestimmten Waren erwirbt er mit der Vereinbarung, sie beim Weiterverkauf zu bezahlen.

Seine Eröffnungsbilanz sind dem gemäß so aus:

AKTIVA		PASSIVA	
Anlagevermögen		**Eigenkapital**	
Maschinen	800 000	Kapital	100 000
Inventar	50 000		
Kraftfahrzeuge	100 000		
		Verbindlichkeiten	
Umlaufvermögen		Verbindlichkeiten aus Lieferung	200 000
Waren	200 000	und Leistung	
Girokonto	50 000	Langfristige Verbindlichkeiten	900 000
	1 200 000		**1 200 000**

122   Die von U vorgenommene Einlage ist in das Betriebsvermögen eingegangen und dort in den bilanzierten Aktiva enthalten. Das **Kapital** beinhaltet keinen eigenen Vermögenswert sondern **stellt spiegelbildlich das Nettovermögen dar:** Übersteigen die Aktiva die Passiva, ist also das Nettovermögen positiv, so steht das Kapital auf der Passivseite, also „im Minus". Würden dagegen die Passiven die Aktiven übersteigen, müsste das Kapital die

---

[5] Die Gliederung des Eigenkapitals gilt für Kapitalgesellschaften. Bei Einzelunternehmen wird das Kapital nur nach (Vorjahres-)Kapital und (Jahres-)Gewinn/Verlust untergliedert. Bei den Personengesellschaften wird in der Regel für jeden Gesellschafter gesondert das Festkapital und das Variable Kapital ausgewiesen

werthaltigeren Passiven ausgleichen, wäre deshalb auf der Aktivseite aufzuführen. Da man es zum Zweck der Erhaltung der Bilanzstruktur auf der rechten Seite bei den Passiva stehen lässt, spricht man vom **negativen Kapital.** Es kann in solchen Fällen aber auch als Aktivposten auf der linken Seite der Bilanz ausgewiesen werden. Das Unternehmen hat in diesem Fall keine Schulden bei seinem Inhaber sondern eine Forderung ihm gegenüber (Rn. 120).

Beispiel: 123
Am Jahresende wird der Bestand des Betriebsvermögens festgestellt. Nach Berücksichtigung der Abschreibungen ergeben sich beim Anlagevermögen

- für das Gebäude   780 000 €
- für das Inventar   45 000 €
- für die Kraftfahrzeuge   80 000 €
  Beim Umlaufvermögen sind zu erfassen

- Waren   40 000 €
- Girokonto   5 000 €
  Die Schulden haben sich reduziert

- Verbindlichkeiten aus Lieferung und Leistung   100 000 €
- Langfristige Verbindlichkeiten   855 000 €

Die Bilanz des U nach Ablauf des ersten Wirtschaftsjahrs stellt sich daher dar:

AKTIVA		PASSIVA		
Anlagevermögen		**Eigenkapital**		
Gebäude	780 000	Anfangskapital	100 000	
Inventar	45 000	Gewinn/Verlust	– 105 000	
Kraftfahrzeuge	80 000			– 5 000
Umlaufvermögen		**Verbindlichkeiten**		
Rohwaren	40 000	Verbindlichkeiten aus Liefe-		
Girokonto	5 000	rung und Leistung	100 000	
		Langfristige Verbindlichkeiten		
			855 000	
	950 000			**950 000**

Die Verbindlichkeiten bei Banken und Lieferanten übersteigen mit 955 000 € das Aktivvermögen von 950 000 € um 5000 €, der Betrieb ist also bei steuerlichen Ansätzen um diesen Betrag überschuldet, das Kapital mit 5000 € negativ. Im Fall einer Insolvenz hätte der persönlich haftende Betriebsinhaber 5000 € aus dem Privatvermögen einzuschießen, wenn die Buchwerte den tatsächlichen Verkehrswerten entsprächen.

2. Steuerbilanz

Gemäß § 5 I EStG ist das in der Handelsbilanz festgestellte Betriebsvermögen auch für **124** die nach § 4 I EStG für die Ermittlung des steuerlichen Gewinns zu erstellende **Steuerbilanz** maßgeblich.[6] Das handelsrechtliche **Prinzip vorsichtiger Bewertung** läuft jedoch dem Interesse des Fiskus zuwider, da der Gewinn für die steuerlich relevanten Einkünfte maßgeblich ist und demzufolge nicht zu gering sondern möglichst realistisch festgestellt werden soll. Die handelsrechtlichen Vorschriften sind daher u. a. durch § 5 II bis VI, § 6 und § 7 EStG modifiziert.

Auf Grund des in den maßgeblichen Vorschriften des HBG und des EStG vorhandenen Spielraums ist es möglich, eine beiden Gesetzen entsprechende Bilanz, also eine **Einheits-**

---

[6] Einzelheiten und Besonderheiten der Maßgeblichkeit der Handelsbilanz bleiben hier unerörtert

bilanz aufzustellen.[7] Daher findet man Handels- und Steuerbilanzen bei kleineren Unternehmen höchst selten nebeneinander.

Da im Unterhaltsrecht das zur Verfügung stehende Einkommen zum Zweck angemessener Verteilung auf den Unterhaltspflichtigen und die Unterhaltsberechtigten möglichst sachgerecht ermittelt werden soll, ist die **Handelsbilanz als Mittel zur Feststellung des unterhaltsrechtlich relevanten Einkommens weniger geeignet als die Steuerbilanz.**[8] Muss man ausnahmsweise auf eine Handelsbilanz zurückgreifen, bedürfen die Daten besonders sorgfältiger Überprüfung.[9]

125   Die im HGB vorgeschriebene **Gliederung der Bilanz** (Rn. 120) wird üblicherweise auch **für die Steuerbilanz** verwendet. Die Grundstruktur ist allgemeingültig, die Untergliederung erfolgt darüber hinaus nach branchenspezifischen Bedürfnissen oder Vorgaben.

Aufgrund des Zusammenhangs zwischen Bilanz einerseits und Gewinn- und Verlustrechnung andererseits gelten die vorstehenden Ausführungen in gleicher Weise für die steuerrechtliche Gewinn- und Verlustrechnung.

3. Gewinn- und Verlustrechnung

126   Zum ordnungsgemäßen kaufmännischen Jahresabschluss gehört nach § 242 II HGB die **Gegenüberstellung der Aufwendungen und Erträge,** die sogenannte Gewinn- und Verlustrechnung. Während die Bilanz statisch das Betriebsvermögen zum jeweiligen Bilanzstichtag darstellt, werden in der Gewinn- und Verlustrechnung alle Erträge und Aufwendungen des abgelaufenen Wirtschaftsjahres erfasst.

Gemäß § 275 I HGB ist die Gewinn- und Verlustrechnung in **Staffelform** aufzustellen. In II und III ist detailliert beschrieben, wie die einzelnen Erlöse und Aufwendungen aufzuführen sind. Der Übersichtlichkeit halber wird nachfolgend eine stark verkürzte Gewinn- und Verlustrechnung nach dem Gesamtkostenverfahren dargestellt und wegen der Darstellung im Detail auf die gesetzliche Vorschrift verwiesen.

127   Sowohl die Bilanz als auch die Gewinn- und Verlustrechnung weisen den Gewinn aus. Wenn die Buchführung zwischen zwei Bilanzstichtagen einerseits, die Feststellung des Betriebsvermögens zu diesen Zeitpunkten andererseits ordnungsgemäß war, so müssen die Auswirkungen der einzelnen Geschäftsvorfälle auf das Betriebsvermögen logischerweise zu demselben Ergebnis führen wie der Bestandsvergleich, da die Summe der Erträge und der Gesamtaufwand in der Gewinn- und Verlustrechnung das Anfangsvermögen in der Bilanz erhöhen, bzw. verringern (Rn. 146).

Umsatzerlöse
Veränderungen des Warenbestands
Sonstige betriebliche Erträge
Materialaufwand
Personalaufwand
Abschreibungen
Sonstige betriebliche Aufwendungen
Erträge aus Beteiligungen
Zinsen und ähnliche Erträge
Zinsen und ähnliche Aufwendungen
Außerordentliche Erträge und Aufwendungen
Steuern vom Einkommen und Ertrag[10]
Gewinn

---

[7] Baumbach/Hopt/Merkt § 242 Rn. 6

[8] Herrschende Meinung, statt vieler: Strohal: Unterhaltsrechtlich relevantes Einkommen bei Selbstständigen, 3. Auflage Rn. 57

[9] Borth in Schwab: Handbuch des Familienrechts, Teil IV Rn. 722

[10] Beim Einzelunternehmen und bei Personengesellschaften findet sich hier nur die Gewerbesteuer, die Einkommensteuer ist kein betrieblicher Aufwand. Wenn sie aus betrieblichen Mittels bezahlt wird, ist sie als Privatentnahme zu buchen

IV. Die Doppelte Buchführung

1. Vorbemerkung

Auch soweit keine Verpflichtung zur Buchführung nach § 238 HGB oder § 141 AO **128** besteht, zeichnen Gewerbetreibende wie Selbstständige die Geschäftsvorfälle ihres Betriebs in der Form der **doppelten Buchführung** auf, da die EDV-Buchführung, derer sie sich in der Regel bedienen, entsprechend aufgebaut ist. Die **einfache Buchführung** genügt nur unter besonderen Verhältnissen, etwa in Kleinbetrieben des Einzelhandels oder Handwerks, die aber in der Regel nicht buchführungspflichtig sind.[11] Da die Buchführung die Grundlage für die Gewinn- und Verlustrechnung ist und auch der überwiegende Teil der Posten der Bilanz aus der Buchführung entnommen wird, ist es für das Verständnis des Jahresabschlusses unverzichtbar, sich mit den Grundlagen der Buchführung vertraut zu machen.

2. Grundzüge der doppelten Buchführung

Während die Geschäftsvorfälle in der einfachen Buchführung nur auf **Erfolgskonten** **129** erfasst werden, werden in der doppelten Buchführung sowohl **Bestandskonten** als auch Erfolgskonten bebucht. Bestandskonten gehören zur Bilanz, Erfolgskonten zur Gewinn- und Verlustrechnung.

Beispiel:
In der einfachen Buchführung wird eine Verfügung über das Guthaben auf dem Geschäftskonto nur dort als Abfluss gebucht. In der doppelten Buchführung muss dagegen zwingend eine Gegenbuchung erfolgen, z. B. auf dem Kassenkonto (Bestandskonto), wenn der Betrag in die Geschäftskasse eingelegt wurde, auf dem Konto „Mieten" (Erfolgskonto), wenn damit die Geschäftsmiete bezahlt wurde oder auf dem Privatkonto (Bestandskonto), wenn das Geld zu betriebsfremden Zwecken entnommen wurde.

Zu Beginn eines Wirtschaftsjahres werden die Bilanzposten aus der Schlussbilanz des **130** Vorjahres in die Buchführung übernommen. Wie die Bilanz selbst gliedert sich die Buchführung in Konten auf. Die Aktiva, also das positive Vermögen, stehen wie in der Bilanz auf der linken Seite, die Passiva, also die Schulden und das Eigenkapital, finden sich auf der rechten Seite. In der Buchführung werden jedoch nicht die Begriffe „Aktiva" und „Passiva" aus der Bilanz verwandt sondern **„Soll" und „Haben"** aus der Gewinn- und Verlustrechnung. Aktiva stehen also im „Soll", Passiva im „Haben".[12]

Die laufenden Geschäftsvorfälle werden zwingend doppelt erfasst, nämlich einmal im „Soll" und einmal im „Haben". Wie das obige Beispiel zeigt, ist aber unterschiedlich, ob der Geschäftsvorfall mit Buchung und Gegenbuchung auf Bestandskonten oder mit einer Buchung auf einem Bestandskonto und mit der Gegenbuchung auf einem Erfolgskonto zu buchen ist.

Wird durch einen Geschäftsvorfall nur ein Bestandskonto berührt, die dort eintretende Vermögensänderung also nicht durch Änderung eines anderen Bestandskontos kompensiert, so ändert sich um den Buchungsbetrag das Betriebsvermögen. Eine **Bestandsbuchung im Soll** ergibt sich aus einer **Vermögensmehrung**, eine **Buchung im Haben** aus einer **Vermögensminderung** in der Bilanz, die Gegenbuchung im Soll führt zu einem Aufwand, im Haben zu einem Ertrag in der Gewinn- und Verlustrechnung. Die durch eine Buchung verursachten Veränderungen in der Bilanz einerseits und der Gewinn- und Verlustrechnung andererseits sind in jedem Fall betragsmäßig identisch.

---

[11] Baumbach/Hopt/Merkt § 238 Rn. 12

[12] Durch den täglichen Umgang mit dem eigenen Girokonto verbindet man mit dem Begriff „Haben" das Guthaben, mit dem Begriff „Soll" das überzogene Konto, also die Schulden. Dass genau das Gegenteil richtig ist, verdeutlicht man sich am schnellsten und einfachsten damit, dass das Spar- und Girokonto ein Konto der Bank ist. „Soll" auf dem Girokonto bedeutet für die Bank, dass der Kontoinhaber an sie zahlen soll, das Guthaben hat also die Bank. „Haben" dagegen besagt, dass sie an den Kunden zu zahlen hat

131 In der Buchführung werden alle Geschäftsvorfälle erfasst, die das Betriebsvermögen betreffen. Dies können sein:

- Vermögensverlagerungen (keine Veränderung des Betriebsvermögens)
- Entnahmen und Einlagen (außerbetrieblich bedingte Veränderung des Betriebsvermögens)
- Aufwendungen und Erträge (betrieblich bedingte Veränderung des Betriebsvermögens).

132 Drei **Grundprinzipien** sind **für die doppelte Buchführung** charakteristisch:

- Die Kontenform der Bilanz bleibt auch in der laufenden Buchführung erhalten, indem für jeden Bilanzposten – sowohl Aktiva als auch Passiva – ein eigenes Konto mit „Soll" und „Haben" eröffnet wird. Bestandserhöhungen werden daher auf dem jeweiligen Konto im „Soll", Bestandsminderungen im „Haben" gebucht. In der laufenden Buchhaltung wird – außer bei Stornierung fehlerhafter Buchungen – nicht saldiert.
- Jeder „Soll" – Buchung ist zwingend eine „Haben" – Buchung zugeordnet und umgekehrt, so dass auch in der laufenden Buchführung das Gleichgewicht immer erhalten bleibt.
- Wenn beide Buchungen auf Bestandskonten erfolgen, ergibt sich nur eine qualitative aber keine quantitative Änderung des Betriebsvermögens, also kein Gewinn oder Verlust. Wird ein Geschäftsvorfall dagegen auf einem Bestands- und einem Erfolgskonto erfasst, ergibt sich daraus eine quantitative Veränderung des Betriebsvermögens, also ein Gewinn oder Verlust.

3. Buchungen auf Bestandskonten

Beispiel:

133 Bei U ergeben sich folgende Geschäftsvorfälle:
1. Vom Girokonto hebt U 500 € ab und legt sie in die Bürokasse.
2. U kauft eine einen Schreibtischsessel für 1160 € brutto und lässt den Kaufpreis von seinem Girokonto abbuchen.
3. U schafft einen PKW an. Seine Bank überweist den Kaufpreis von brutto 34 800 € unmittelbar von seinem Darlehenskonto.[13]
4. U erhöht seinen Lagerbestand durch Ankauf von Waren für 23 200 € brutto.
5. Die laufende Rate in Höhe von 10 000 € für das Darlehen wird vom Girokonto abgebucht.

134 Diese Geschäftsvorfälle werden in der Buchführung – im sogenannten „Buchungssatz" – wie folgt erfasst:

Kasse	500	S	Girokonto	500	H

Obwohl das Girokonto in der Eröffnungsbilanz mit einem Guthaben auf der Aktivseite, in der Buchführung also im Soll steht, wird der entnommene Betrag nicht dort im Minus gebucht sondern im Haben, also der Passivseite. Dies lässt sich anhand der sogenannten „T-Konten", der Darstellung der Einzelkonten darstellen:

Girokonto

	Übertrag in Kasse	500 €

(Haben = Vermögensminderung auf dem Girokonto)

Kasse

Übertrag vom Girokonto	500 €	

(Soll = Vermögensmehrung in der Kasse)

---

[13] Die umsatzsteuerliche Sonderregelung für betrieblich und privat genutzte Pkw bleibt hier zur Vereinfachung unberücksichtigt

Erst in der Bilanz erfolgt die Zusammenfassung je nach Saldo auf der Aktiv- oder Passivseite.
Die Buchungssätze für die weiteren Geschäftsvorfälle lauten:

Inventar	1 000	S	Girokonto	1 160	H
Vorsteuer	160	S			

Kraftfahrzeuge	30 000	S	Langfristige Verbindlich-keiten	34 800	H
Vorsteuer	4 800	S			

Die vorstehenden Buchungen zeigen, dass beim bilanzierenden Unternehmer der Abzugsmöglichkeit der an die Lieferanten bezahlten **Umsatzsteuer** – der sogenannten **Vorsteuer**[14] – dadurch Rechnung getragen wird, dass nur die verbleibende Vermögensmehrung durch die angeschafften Wirtschaftsgüter im Anlage- oder Umlaufvermögen erfasst wird. Die Vermögensminderung durch die an den Lieferanten gezahlte oder geschuldete Vorsteuer wird durch die gleichzeitige Erfassung als Forderung gegenüber dem Finanzamt kompensiert.[15]

Auch die Zahlung der **Tilgungsrate** führt nicht zu Gewinn oder Verlust. Gemäß § 362 **135** BGB erlischt durch die Tilgung (= Zahlung vom Girokonto) die Verbindlichkeit (= anteilige Rückführung des Darlehens).

Langfristige Verbindlich-keiten	10 000	S	Girokonto	10 000	H

Fasst man die dargestellten Buchungen in einer „Zwischenbilanz" zusammen, so ergibt **136** sich folgende Darstellung:[16]

Anlagevermögen		**Kapital**	
2) Sessel	+ 1 000		
3) Kraftfahrzeuge	+ 30 000		
Umlaufvermögen		**Verbindlichkeiten**	
1) Girokonto	− 500	3) Langfristige Verb.	+ 34 800
1) Kasse	+ 500	4) Verb. aus Lieferung + Leistung	− 23 200
2) Girokonto	− 1 160	5) Langfristige Verbindlich-keiten	+ 10 000
5) Girokonto	− 10 000		
2) Vorsteuer	+ 160		
3) Vorsteuer	+ 4 800		
4) Warenbestand	+ 20 000		
4) Vorsteuer	+ 3 200		
Summe Aktivbuchungen	**48 000**	**Summe Passivbuchungen**	**48 000**

Dem Prinzip der doppelten Buchführung entsprechend sind die Summen von „Soll" – und „Haben"-Buchungen gleich. Da nur Bestandskonten angesprochen worden sind, heben sich Vermögensmehrungen und Minderungen per Saldo auf. Es gibt weder Gewinn noch

---

[14] Die Abzugsfähigkeit der Vorsteuer setzt nach § 14 UStG die Vorlage einer Rechnung mit ausgewiesener Umsatzsteuer voraus
[15] Ausführlich dazu Rn. 166
[16] Die Ziffern bei den Bilanzposten beziehen sich auf die Nummern des Beispielsfalls

Verlust. In der Bilanz ist dieses daraus zu entnehmen, dass sich das Eigenkapital nicht geändert hat.

4. Buchungen auf Erfolgskonten

137 Dies ist anders, wenn die Geschäftsvorfälle auf Erfolgskonten gegenzubuchen sind.

Beispiele:
1. U bezahlt die Miete von 3000 € netto für das Ladengeschäft per Dauerauftrag von seinem Girokonto.
2. U schuldet am Monatsende Löhne/Gehälter von 10 000 € netto zzgl. 6000 € Lohnsteuer, Kirchensteuer und Solidaritätszuschlag. Die Löhne und Gehälter zahlt er noch am Monatsletzten aus. Die Sozialabgaben in Höhe von 8000 € (AG + AN) hat er Ende des Monats gezahlt, die Steuern führt er erst des folgenden Monats ab.
3. U verkauft aus seinen Beständen Waren mit dem Buchwert von 20 000 € zum Verkaufspreis von 50 000 € zzgl. USt.

Im Fall 1. verringert sich der Bestand des Girokontos um 3480 €, im Fall 2 um 18 000 €. Hier erhöhen sich außerdem die Verbindlichkeiten um 6 000 €, da die Steuern im folgenden Monat abgeführt werden müssen. Im Fall 3 vermindert sich der Warenbestand um 20 000 €, die Forderungen erhöhen sich um 58 000 €. Auch die Umsatzsteuer und die Vorsteuer werden auf den Bestandskonten erfasst. Erfasst man die Geschäftsvorfälle in unserer „Zwischenbilanz" nur mit den Bestandsbuchungen, würde sich dies so darstellen:

Anlagevermögen		Kapital	
Umlaufvermögen		**Verbindlichkeiten**	
1) Girokonto	− 3 480	2) Verb. Lohnsteuer pp.	+ 6 000
1) Vorsteuer	+ 480	3) Umsatzsteuer	+ 8 000
2) Girokonto	− 18 000		
3) Warenbestand	− 20 000		
3) Forderungen aus L+L	+ 58 000		
Summe Aktivbuchungen	**+ 17 000**	**Summe Passivbuchungen**	**+ 14 000**

138 Im Gegensatz zu den reinen Bestandsbuchungen heben sich Vermögensmehrungen und Vermögensminderungen nicht auf. Da die Bilanz jedoch im Gleichgewicht bleiben muss, können die Gegenbuchungen nur beim Kapital erfolgen. Dies ist auch folgerichtig: das Kapital gibt den Bestand des Betriebsvermögens wieder. Vermögensmehrungen oder -minderungen senken oder steigern also das Kapital. Die Vorgänge haben also das Betriebsvermögen um 3000 € erhöht; diese Vermögensmehrung ist nach der Definition des § 4 EStG der Gewinn.

Anlagevermögen		Kapital	
		Gewinn	+ 3 000
Umlaufvermögen		**Verbindlichkeiten**	
1) Girokonto	− 3 480	2) Verb. Lohnnebenkosten	+ 6000
1) Vorsteuer	+ 480	3) Umsatzsteuer	+ 8 000
2) Girokonto	− 18 000		
3) Warenbestand	− 20 000		
3) Forderungen aus L+L	+ 58 000		
Summe Aktivbuchungen	**+ 17 000**	**Summe Passivbuchungen**	**+ 17 000**

5. Die Gewinn- und Verlustrechnung

Die Geschäftsvorfälle, die das Betriebsvermögen verändern, werden jedoch nicht auf dem **139** zum Kapital gehörenden Bestandskonto gegengebucht; dort wird erst beim Jahresabschluss der Saldo als Gewinn oder Verlust erfasst. In der Buchführung wird das Kapitalkonto in **Ertrags- und Aufwandskonten** der Gewinn- und Verlustrechnung untergliedert, die zum einen den Erfordernissen des § 275 HGB entsprechen müssen und sich im Übrigen nach den Bedürfnissen des Buchführenden bezüglich der Spezifizierung seiner Buchführung richten. Die in den Beispielen dargestellten Geschäftsvorfälle werden dem gemäß wie folgt gebucht:

Miete[17]	3 000	S	Girokonto	3 480	H	
Vorsteuer[18]	480	S				
Löhne/Gehälter	10 000	S	Girokonto	10 000	H	
Sozialabgaben	8000					
Lohnsteuer	6 000	S	Verbindlichkeiten	6 000	H	
Wareneinsatz[19]	20 000	S	Waren	20 000	H	
Forderungen	58 000	S	*Erlöse*	50 000	H	
				Umsatzsteuer	8 000	H
						H

Wie das Kapital in der Bilanz spiegelbildlich den Gesamtwert des Vermögens darstellt, **140** entspricht der Vermögensänderung im Einzelfall spiegelbildlich die Erfassung des erlöswirksamen Vorgangs außerhalb der Bilanz in der Gewinn- und Verlustrechnung. So geht vom Konto des U die Miete mit 3000 € netto ab. Die Buchung des Betrags im Haben des Girokontos mindert dessen Bestand und damit das Betriebsvermögen. Die Gegenbuchung auf dem Erfolgskonto spiegelt diesen Vorgang als Aufwand in dem Erfolgskonto der Gewinn- und Verlustrechnung.[20]

6. Das Privatkonto oder das Variable Kapitalkonto

Nicht nur Erträge und Aufwendungen sondern auch Entnahmen und Einlagen verändern **141** das Betriebsvermögen und damit das Kapitalkonto. Um gemäß § 4 Abs. 1 EStG die durch Entnahmen und Einlagen bedingten Kapitalveränderungen von denen zu unterscheiden, die auf Erträge oder Aufwendungen zurückzuführen sind, wird das Kapitalkonto nicht nur in die Konten der Gewinn- und Verlustrechnung untergliedert. Es werden also auch für Privatentnahmen und -einlagen entsprechende Unterkonten gebildet. Beim Einzelunternehmer sind dies die Privatkonten.[21]

---

[17] Zur besseren Übersicht sind in dieser Darstellung die Erfolgskonten immer kursiv dargestellt

[18] Auch bei der Erfassung von Aufwand und Ertrag werden die Umsatzsteuer und Vorsteuer auf Bestandskonten gebucht, weil die dem Kunden in Rechnung gestellte Umsatzsteuer an das Finanzamt abgeführt werden muss, während die dem Unternehmer in Rechnung gestellte Vorsteuer mit der Umsatzsteuer verrechnet bzw. vom Finanzamt zurückgefordert werden kann. Die **Umsatzsteuer** ist daher beim bilanzierenden Unternehmer **erfolgsneutral**

[19] Zum Warenkonto und Wareneinsatz vgl. Rn 173 f.

[20] Die bezahlte Umsatzsteuer wird als Vorsteuer (Forderung gegenüber dem Finanzamt) aktiviert, der Vorgang bleibt erfolgsneutral

[21] Bei Personengesellschaften werden statt dessen Variable Kapitalkonten geführt

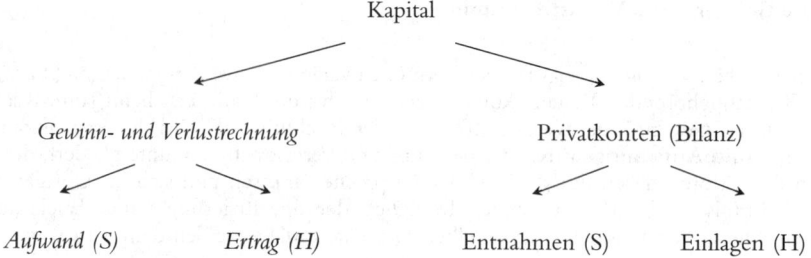

Auch das Privatkonto kann wieder in Unterkonten aufgeteilt werden, vorrangig in Einlagen und Entnahmen, darüber hinaus jedoch in beliebig viele Unterkonten (Rn. 177).

142   **a) Bareinzahlungen und Barauszahlungen**

Beispiel:
1. Um einen finanziellen Engpass zu überbrücken, überweist U von seinem privaten Girokonto 5000 € auf das Geschäftskonto.
2. U hebt vom Geschäftskonto 3000 € für seinen Privatbedarf ab.

Durch die Einlage von 5000 € erhöht sich das Guthaben auf dem Geschäftskonto und damit das Betriebsvermögen, während die Entnahme von 3000 € das Guthaben und damit das Betriebsvermögen mindert. Da das Kapital spiegelbildlich den Wert des Betriebsvermögens darstellt, verändert sich betragsgleich das Kapital, wie es auch durch die Erträge und Aufwendungen geschieht. Versteht man das Eigenkapital sinnbildlich als Schulden des Betriebs gegenüber seinem Inhaber (Rn. 121), so erhöhen sich diese bei jeder Einlage und verringern sich bei jeder Entnahme. Das **Privatkonto** ist ein **Bestandskonto**.
Die Beispielsfälle 1. und 2. werden daher wie folgt erfasst:

| Girokonto | 3 000 | S | Privateinlagen | 3 000 | H |
| Privatentnahmen | 5 000 | S | Girokonto | 5 000 | H |

143   **b) Private Nutzung und Entnahme betrieblicher Wirtschaftsgüter**[22]

Beispiel:
1. U nutzt das betriebliche Telefon auch privat. Er schätzt die auf die privaten Telefonate anfallenden Kosten auf 200 € p. a.
2. U entnimmt einen im Anlagevermögen mit 1000 € erfassten Schreibtisch; der Teilwert zuzüglich Umsatzsteuer beträgt 1392 €.

Der private Kostenanteil wird nicht von den Betriebsausgaben abgezogen sondern mit den Selbstkosten des U als Ertrag erfasst, als ob er diese Leistung – Überlassung des Telefons – an einen Dritten erbracht hätte. Der fiktive Ertrag wird gleichzeitig als Entnahme erfasst, so dass wie folgt zu buchen ist:

| Privatentnahmen | 236 | S | *Unentgeltliche Wertabgabe* | 200 | H |
| | | | Umsatzsteuer | 36 | H |

Die Entnahme ist gemäß § 6 I 4 EStG mit dem **Teilwert** anzusetzen. Das ist gemäß § 6 I 1 3 EStG der Betrag, den ein Erwerber des ganzen Betriebs im Rahmen des Gesamtkaufpreises für das einzelne Wirtschaftsguts ansetzen würde. **Obergrenze** für den Teilwert sind die **Wiederbeschaffungskosten, Untergrenze** ist der **Einzelveräußerungspreis**.[23] Die Entnahme unterliegt gemäß § 3 I b 1 UStG der Umsatzsteuer, so dass sie in der Buchführung wie folgt zu erfassen ist:

---

[22] Einzelheiten dazu in Rn. 179 ff.
[23] Schmidt/Glanegger § 6 Rn. 226 und 228

Privatentnahmen	1 392	S	*Unentgeltliche Wertabgabe*	1 200	H
			Umsatzsteuer	192	H
Abgang Anlagevermögen	1 000	S	Anlagevermögen	1 000	H

U bucht wie bei einer Veräußerung an einen Dritten einen Nettoertrag von 1200 €.　**144** Diesem steht nur ein Aufwand aus dem Abgang aus dem Anlagevermögen in Höhe von 1000 € gegenüber. Die Differenz zwischen dem Buchwert und dem Teilwert des Anlagevermögens – die sogenannte „**Stille Reserve**" – stellt einen steuerpflichtigen Ertrag dar. Der entnommene Gegenstand ist mit dem Teilwert und der zu zahlenden Umsatzsteuer als Privatentnahme zu buchen. U wird also so behandelt, als hätte er einen Bruttoerlös von 1392 € erzielt und diesen Betrag seinem Geschäftskonto entnommen, um den Schreibtisch zu diesem Betrag zu erwerben.

7. Entwicklung des Jahresabschlusses aus der Buchführung

Zur Erstellung des Jahresabschlusses werden die während des Geschäftsjahres in der Buch-　**145** führung erfassten Konten saldiert und nach Bestandskonten und Erfolgskonten getrennt. Die Bestandskonten gehen in die Bilanz ein, die Erfolgskonten in die Gewinn- und Verlustrechnung. In der Bilanz findet man daher nur die durch die Buchungsvorgänge des abgelaufenen Geschäftsjahrs geänderten Vermögenswerte, die Änderungsvorgänge selbst verschwinden durch den Abschluss der Konten. Da sie aber spiegelbildlich durch die Gegenbuchungen auf den in die Gewinn- und Verlustrechnung eingegangenen Erfolgskonten erfasst worden sind, kann man die Vermögensveränderungen dort erfasst und saldiert nach den verursachenden Geschäftsvorfällen entnehmen.

Wenn – was in aller Regel der Fall ist – die Erträge sowie die dadurch verursachten Vermögensmehrungen einerseits und die Aufwendungen und die dadurch bedingten Vermögensminderungen andererseits sich nicht decken, so ergibt sich als Differenz der Gewinn oder Verlust. Da wiederum alle auf den Erfolgskonten erfassten und in die Gewinn- und Verlustrechnung eingegangenen Erträge den auf den Bestandskonten erfassten Vermögensmehrungen entsprechen, während alle auf den Erfolgskonten erfassten und in die Gewinn- und Verlustrechnung eingegangenen Aufwendungen den auf den Bestandskonten erfassten Vermögensminderungen entsprechen ist die Differenz in der Bilanz und in der Gewinn- und Verlustrechnung betragsmäßig gleich.

Der Zusammenhang zwischen Vorjahresbilanz, Buchführung, Gewinn- und Verlustrech-　**146** nung und Schlussbilanz lässt sich so darstellen:

Vorjahresbilanz　　　　　　　　　　　　　　　　　　　　　**Schlussbilanz**
Aktiva – Passiva　　　　　　　　　　　　　　　　　　　　　**Aktiva – Passiva**

　　↓　　　　　　　　　　　　　　　　　　　　　　　　　　　　↑

Anfangs-　　+ Vermögensmehrungen　　　− Vermögensminderungen　　Endbestand
bestand

　　　　　　　　　　　　　　　✕

　　　　　　　　− Aufwand　　　+ Ertrag

Gewinn- und Verlustrechnung
Aufwand – Ertrag

Die Vermögensmehrungen (= Bestand) im Soll werden als Ertrag (= Gewinn- und Verlustrechnung) im Haben, Vermögensminderungen (= Bestand) im Haben werden als Aufwand (= Gewinn- und Verlustrechnung) im Soll gebucht.

V. Die steuerliche Behandlung des Anlagevermögens

1. Definition

147   Das Steuerrecht unterscheidet zwischen **Umlaufvermögen** und **Anlagevermögen.** Während das Umlaufvermögen selbst Gegenstand der betrieblichen Tätigkeit – Anschaffung und Veräußerung beim Handelsbetrieb, bzw. Anschaffung, Verarbeitung und Veräußerung beim Werkunternehmen – darstellt, dient das Anlagevermögen dem eigentlichen Betriebszweck. Lediglich diese Kriterien sind für die Unterscheidung von Umlauf- und Anlagevermögen von Bedeutung. Selbst **gleichartige Wirtschaftsgüter** können in ein- und demselben Betrieb **einmal Umlaufvermögen, ein andermal Anlagevermögen** sein.

> **Beispiel:**
> K ist selbstständiger Fahrzeugmechaniker. Er betreibt eine Werkstatt und befasst sich außerdem mit der Anschaffung und Veräußerung von Gebrauchtfahrzeugen. Zu seinem Betriebsvermögen gehört u. a. ein Kleinlastwagen, den K für den Einkauf von Ersatzteilen, etc. einsetzt. Außerdem hat er 20 Fahrzeuge gebraucht erworben, instandgesetzt und zum Zwecke der Weiterveräußerung bereitgestellt.

Der Kleinlastwagen gehört zum Anlagevermögen; alle übrigen Fahrzeuge sind Umlaufvermögen.

> **Beispiel:**
> Der Immobilienmakler M betreibt sein Büro in einem ausschließlich zu diesem Zweck genutzten Reihenhaus. Neben der Vermittlung von Immobilienkaufverträgen erwirbt M Wohneigentum in Versteigerungen, um es weiterzuveräußern. Gegenwärtig befinden sich aus solchen Geschäften in seinem Betriebsvermögen zwei Eigentumswohnungen.

Das Reihenhaus, in dem M sein Büro betreibt, dient der Ausübung seines Berufes und ist deshalb Anlagevermögen. Die beiden Eigentumswohnungen sind Objekte seiner Tätigkeit – Ankauf und Verkauf von Immobilien – und somit Umlaufvermögen.

Die Unterscheidung ist deshalb von Bedeutung, weil Anlagevermögen und Umlaufvermögen bei der Gewinnermittlung und bei der Ermittlung des unterhaltsrechtlichen Einkommens unterschiedlich behandelt werden.

2. Arten des Anlagevermögens

148   Das Steuerrecht unterscheidet zwischen
- beweglichem und unbeweglichem Anlagevermögen
- abnutzbarem und nicht abnutzbarem Anlagevermögen.

Unbewegliches Anlagevermögen sind Grundstücke und Gebäude, die im Gegensatz zum Zivilrecht nicht als einheitlicher Gegenstand angesehen werden sondern unterschiedlich zu behandeln sind. Sogar einzelne Gebäudeteile können bei unterschiedlicher Nutzung selbstständige Wirtschaftsgüter sein.

> **Beispiel:**
> R kauft ein Grundstück und errichtet darauf ein Wohn- und Geschäftshaus. Im Erdgeschoss richtet er seine Anwaltskanzlei ein, im gleich großen Obergeschoss befindet sich seine Familienwohnung.

Das erste Geschoss des Hauses ist abnutzbares unbewegliches Anlagevermögen; das Obergeschoss gehört zum Privatvermögen. Das Grundstück ist hälftig unbewegliches nicht abnutzbares Anlagevermögen und hälftig Privatvermögen. Erträge und Aufwendungen sind entsprechend steuerbar dem Betrieb oder steuerfrei dem privaten Bereich zuzurechnen.

3. Anschaffungskosten in der Bilanz[24]

Bei der Gewinnermittlung durch Betriebsvermögensvergleich ist der Zufluss und Abfluss **149** von Geldmitteln ohne Bedeutung. Die Anschaffung eines Wirtschaftsguts[25] hat keinen Einfluss auf den Gewinn; sie schlägt sich daher nicht in der Gewinn- und Verlustrechnung nieder. Dem durch die Anschaffung des neuen Wirtschaftsguts verursachten Mehrwert des Anlagevermögens steht eine Minderung des Geldvermögens gegenüber.

In der Buchführung stellt sich die Anschaffung eines Lkw so dar:

| Kraftfahrzeuge | 45 000 | S | Bank | 45 000 | H |

Dem Zuwachs im Anlagevermögen (Kraftfahrzeuge im Soll) steht ein Abgang im Umlaufvermögen (Girokonto im Haben) gegenüber, das Betriebsvermögen ändert sich also nicht. Dies gilt auch, wenn die Anschaffung aus einem Kredit finanziert wird:

| Kraftfahrzeuge | 45 000 | S | Verbindlichkeiten | 45 000 | H |

Aktiva und Passiva erhöhen sich durch den Anschaffungsvorgang in gleichem Umfang. Die Gewinn- und Verlustrechnung wird weder durch die Anschaffung noch durch die Bezahlung oder Finanzierung des Kaufpreises berührt. Erst die **Wertminderung** des angeschafften Wirtschaftsgutes ändert den Bestand des Betriebsvermögens. Dieser Änderung in der Bilanz entspricht die Abschreibung oder Absetzung für Abnutzung in der Gewinn- und Verlustrechnung.

4. Absetzung für Abnutzung in der Bilanz und der Gewinn- und Verlustrechnung

Der Begriff „**Abschreibung**" stammt aus dem Bilanzrecht des HGB, wo es in § 253 I 1 **150** heißt:

„*Vermögensgegenstände sind höchstens mit den Anschaffungs- oder Herstellungskosten, vermindert um die Abschreibungen nach den Absätzen 2 und 3 anzusetzen.*"

Die Handelsbilanz soll zum maßgeblichen Stichtag, insbesondere zum Ende eines Wirtschaftsjahres, den Wert des Handelsunternehmens für den Unternehmer selbst, insbesondere aber auch für Kreditgeber, Geschäftspartner und Anteilseigner darstellen. Da der Wertansatz zum Schutz der Gläubiger gemäß § 252 I Nr. 4 HGB vorsichtig zu erfolgen hat, die Wirtschaftgüter also keinesfalls überbewertet werden dürfen,[26] müssen nutzungs- und alterungsbedingte, aber auch technische Wertminderungen der ursprünglich mit den Anschaffungskosten bilanzierten Wirtschaftsgüter durch angemessene Abschläge, eben die „Abschreibungen" korrigiert werden.

Die dem § 252 HGB entsprechende Bewertungsvorschrift des Bilanzsteuerrechts findet **151** sich in § 6 EStG. Danach sind Wirtschaftsgüter des Anlagevermögens, die der Abnutzung unterliegen, mit den Anschaffungs- oder Herstellungskosten vermindert um die **Absetzung für Abnutzung** anzusetzen. Anstelle des Begriffs der Abschreibung ist also bei abnutzbaren Wirtschaftsgütern von der „Absetzung für Abnutzung" die Rede, die unter der Abkürzung „**AfA**" geläufiger ist.

Im EStG finden sich im ausführliche Regelungen zur AfA. In § 7 EStG werden aufgeführt:[27]

---

[24] Die Umsatzsteuer bleibt bei den nachfolgenden Ausführungen unberücksichtigt, da sie sich auf die maßgeblichen Probleme nicht auswirkt

[25] Steuerrechtliche Bezeichnung vgl. § 6 EStG

[26] Näheres siehe Baumbach/Hopt/Merkt § 252 Rn. 12

[27] Sonderregeln gelten gemäß § 7 Abs. 4 und 5 und § 7 b EStG für Gebäude. Gemäß §§ 7 c bis k EStG, §§ 75 ff. EStDV und anderen Gesetzen, etwa dem Fördergebietsgesetz, können in bestimmten Fällen Sonderabschreibungen vorgenommen werden

- in Abs. 1 Satz 1 bis 3 die lineare AfA,
- in Abs. 1 Satz 5 die AfA nach Maßgabe der Leistung,
- in Abs. 1 Satz 6 die AfA für außergewöhnliche technische oder wirtschaftliche Abnutzung,
- in Abs. 2 die degressive AfA.[28]

152   Eine dem § 253 IV HGB entsprechende Generalklausel „Abschreibung im Rahmen vernünftiger kaufmännischer Beurteilung" kennt das Steuerrecht nicht.

Auch der Ansatz der für die Höhe der Jahres-AfA maßgeblichen **betriebsgewöhnlichen Nutzungsdauer** ist nicht in das Belieben des Steuerpflichtigen gestellt, sondern in vom Bundesministerium der Finanzen herausgegebenen AfA-Tabellen[29] geregelt. Diese sind für die AfA ausnahmsweise nicht maßgeblich, wenn im Einzelfall der Steuerpflichtige geltend macht, dass in seinem Betrieb die betriebsgewöhnliche Nutzungsdauer auf Grund höherer Beanspruchung des Wirtschaftsguts geringer ist. Änderungen der in den Tabellen geregelten Nutzungsdauer erfolgen mit genereller Wirkung aus technischen[30] oder steuerlichen[31] Gründen.

Beispiel:
U macht geltend, eine mit der betriebsgewöhnlichen Nutzungsdauer von 12 Jahren in der AfA-Tabelle verzeichnete Maschine werde bei ihm im Dreischichtbetrieb 24 Stunden täglich eingesetzt. Die Nutzungsdauer betrage deshalb nur vier Jahre.

Die Erfassung der Wertminderung in den Bestandsbuchungen erfolgt durch Buchung im Haben, also auf der Passivseite. Die Gegenbuchung wird auf dem Erfolgskonto „Absetzung für Abnutzung" im Soll vorgenommen. Bei einer betriebsgewöhnlichen Nutzungsdauer von neun Jahren gemäß der amtlichen AfA-Tabelle ergibt sich für den LKW (Rn. 149) in jedem vollen Kalenderjahr:[32]

| *AfA Kraftfahrzeuge* | 45 000 | S | Kraftfahrzeuge | 45 000 | H |

153   Die im Haben erfasste Wertminderung wird mit dem Bestand saldiert und verringert das Betriebsvermögen beim Jahresabschluss in der Bilanz. Die Buchung der AfA wird als Aufwand in der Gewinn- und Verlustrechnung erfasst. Nach der **Wertverzehrthese**[33] wird die AfA als Wertverzehr und dieser als betrieblicher Aufwand deklariert.

5. Lineare AfA

154   Die Grundregeln der steuerlichen AfA in finden sich in § 7 EStG. Es heißt dort in Abs. 1:

„Bei Wirtschaftsgütern, deren Verwendung oder Nutzung durch den Steuerpflichtigen zur Erzielung von Einkünften sich erfahrungsgemäß auf einen Zeitraum von mehr als einem Jahr erstreckt, ist jeweils für ein Jahr der Teil der Anschaffungs- oder Herstellungskosten abzusetzen, der bei gleichmäßiger Verteilung dieser Kosten auf die Gesamtdauer der Verwendung oder Nutzung auf ein Jahr entfällt (Absetzung für Abnutzung in gleichen Jahresbeträgen). Die Absetzung bemisst sich hierbei nach der betriebsgewöhnlichen Nutzungsdauer des Wirtschaftsgutes."

Diese Methode wird als lineare Abschreibung bezeichnet. Die jährliche AfA bemisst sich für die gesamte Nutzungsdauer mit einer gleich bleibenden Quote der Anschaffungskosten. Die AfA und der jeweilige Restwert stellen sich bei einem am 1. 1. 01 für 10 000 € angeschafften Wirtschaftsgut mit einer Nutzungsdauer von 10 Jahren wie folgt dar:

---

[28] Für Anschaffungen bis 31. 12. 2007
[29] Die Tabellen enthalten aufgegliedert nach einer Vielzahl von Gewerbebetrieben verbindliche Regeln für die Nutzungsdauer der dort verwendeten Wirtschaftsgüter. Alle Tabellen im Internet unter http://www.urbs.de/afa/home.htm
[30] z. B. Verkürzung der AfA für Computer auf drei Jahre
[31] z. B. Verlängerung der Nutzungsdauer langlebiger Wirtschaftsgüter durch die Steuerreform zum 1. 1. 2001
[32] Jahr der Anschaffung monatlich zeitanteilig
[33] Schmidt/Kulosa EStG § 7 Rn. 3

Jahr	AfA (Gewinn- und Verlustrechnung)	Restwert (Bilanz)
01	1 000 €	9 000 €
02	1 000 €	8 000 €
usw.	usw.	usw.
08	1 000 €	2 000 €
09	1 000 €	1 000 €
10	1 000 €	0 €

Für Gebäude gab und gibt es Sonderregeln: nach § 7 IV EStG gilt für Gebäude, die zu **154a** einem Betriebsvermögen (Rn. 175) gehören und nicht Wohnzwecken dienen und für die der Bauantrag nach dem 31. 3. 1985 gestellt worden ist, eine jährliche lineare AfA von 3%.[34] Wenn diese Voraussetzungen nicht vorliegen, beträgt die AfA 2% pro Jahr.

6. Degressive AfA

Die degressive AfA gibt es **nur für vor dem 1. 1. 2008 angeschaffte Wirtschafts-** **155** **güter.** Die bis dahin angeschafften Wirtschaftsgüter können linear oder degressiv abgeschrieben werden. Während die lineare AfA auch bei Überschusseinkünften (z. B. Vermietung, Nichtselbstständige Tätigkeit) möglich ist, gibt es die **degressive Abschreibung nur bei den Gewinneinkünften** (Land- und Forstwirtschaft, Gewerbebetrieb, Selbstständige Arbeit). Die Definition findet sich in § 7 II EStG:

„Bei beweglichen Wirtschaftsgütern des Anlagevermögens kann der Steuerpflichtige statt der Absetzung für Abnutzung in gleichen Jahresbeträgen die Absetzung für Abnutzung in fallenden Jahresbeträgen bemessen."

Die degressive AfA errechnet sich mit einem **festen Prozentsatz vom jeweiligen Wert** beim Beginn der AfA-Periode, also den Anschaffungskosten im ersten, dem jeweiligen Restbuchwert in den folgenden Jahren; der Prozentsatz durfte höchstens das Dreifache der linearen AfA-Rate und 30% betragen.[35] Zu dem Zeitpunkt, zu dem die lineare Abschreibung auf der Basis des vorhandenen Restwertes und der Restnutzungsdauer günstiger wird, kann auf die lineare Abschreibung übergegangen werden (§ 7 III EStG). Tabellarisch ergibt sich gegenüber dem vorangehenden Beispiel:

Jahresende	AfA linear	AfA 20% degressiv	Restwert Linear	Restwert degressiv
01	1000 €	2000 €	9000 €	8000 €
02	1000 €	1600 €	8000 €	6400 €
03	1000 €	1280 €	7000 €	5120 €
04	1000 €	1024 €	6000 €	4096 €
05	1000 €	819 €	5000 €	3277 €
06	1000 €	655 €	4000 €	2622 €
07	1000 €	655 €	3000 €	1967 €
08	1000 €	655 €	2000 €	1312 €
09	1000 €	655 €	1000 €	657 €
10	1000 €	657 €	0 €	0 €
	10 000 €	10 000 €		

---

[34] Bis 2000: 4%
[35] Für vom 1. 1. 2001 bis 31. 12. 2007 angeschaffte Wirtschaftsgüter das Zweifache und 20%

Degressive AfA-Raten sind **in den ersten vier Jahren höher, danach niedriger** als bei der linearen AfA.[36] Der linearen und der degressiven AfA ist gemeinsam, dass sie über die Dauer der betriebsgewöhnlichen Nutzungsdauer den steuerlichen Wert des abnutzbaren Vermögens Jahr für Jahr verringern und als Betriebsausgaben abzugsfähig sind, bis die Summe der AfA-Beträge die Anschaffungskosten kompensiert hat.

Die degressive AfA ist zum Teil sachbezogen, da nicht wenige Wirtschaftsgüter gerade zum Anfang der Nutzungsdauer überdurchschnittlich an Wert verlieren. In erster Linie stellt sie eine steuerliche Vergünstigung dar, die dem Unternehmer die Anschaffung neuer Wirtschaftsgüter erleichtern und damit die Wirtschaft allgemein fördern soll. Sie ist daher wiederholt zum Gegenstand von Gesetzesänderungen geworden. Während sie bis 2000 das Dreifache der linearen AfA, höchstens 30% der Anschaffungskosten betrug, betrug der Höchstsatz von 2001 bis 2005 das Zweifache, bzw. 20% der Anschaffungskosten, um dann in 2006 und 2007 auf die ursprünglichen Sätze zurückzugehen. Für Anschaffungen nach dem 31. 12. 2007 gibt es keine degressive AfA mehr.

155 a   Für **Gebäude** gab es **bis 2005** in § 7 V EStG **unterschiedliche Sonderregelungen** für die degressive AfA, die ausschließlich der Subvention dienten. Angesichts der Nutzungsdauer von Gebäuden sind ist die degressive AfA für vor diesem Stichtag angeschaffte Gebäude noch zu beachten. Nur für nach dem 31. 12. 1995 angeschaffte Gebäude liegt die jährliche AfA zurzeit noch über der linearen AfA.

7. Sonderabschreibungen und Ansparrücklage

156   **a) Sonderabschreibungen.** Sonderabschreibungen sind auf Grund unterschiedlicher steuerlicher Vorschriften möglich. Sie sind gemäß § 7 a VIII EStG nur zulässig, wenn die Wirtschaftsgüter in ein besonderes, **laufend zu führendes Verzeichnis** aufgenommen werden, das den Tag der Anschaffung oder Herstellung, die Anschaffungs- oder Herstellungskosten, die betriebsgewöhnliche Nutzungsdauer und die Höhe der Sonderabschreibungen enthält, soweit dies nicht bereits aus der Buchführung ersichtlich ist. Am meisten werden die Sonderabschreibungen zur Förderung kleiner und mittlerer Betriebe nach **§ 7 g EStG** in Anspruch genommen.

Nach dieser Vorschrift können bei beweglichen Wirtschaftsgütern[37] des Anlagevermögens unter bestimmten Voraussetzungen im Jahr der Anschaffung oder Herstellung und in den folgenden vier Jahren neben der linearen oder degressiven Abschreibung Sonderabschreibungen bis zu insgesamt 20% der Anschaffungs- oder Herstellungskosten vorgenommen werden.

Beispiel:
Der Unternehmer U, der die Voraussetzungen des § 7 g EStG erfüllt, hat im Jahr 01 eine neue Maschine für 100 000 € angeschafft, nachdem sich auf Grund eines außergewöhnlichen Auftrags ein überdurchschnittlicher Gewinn abgezeichnet hat. Nach der maßgeblichen AfA-Tabelle beträgt die betriebsgewöhnliche Nutzungsdauer der Maschine 5 Jahre, die jährliche AfA bei linearer Absetzung also 20%. U kann nimmt daneben die Sonderabschreibung Sonderabschreibung nach § 7 g EStG gleich ersten Jahr voll in Anspruch.

Jahr	lineare AfA	AfA § 7 g EStG	Jahres-AfA
01	20 000 €	20 000 €	40 000 €
02	20 000 €		
03	20 000 €		
04	20 000 €		
05	0		

---

[36] Der Zeitpunkt hängt von der jeweiligen Nutzungsdauer ab
[37] Bei Anschaffungen bis 31. 12. 2007 nur für neue Wirtschaftsgüter

U kann die Sonderabschreibung jedoch auch anders verteilen, z. B.:

Jahr	lineare AfA	AfA § 7 g EStG	Jahres-AfA
01	20 000 €	10 000 €	30 000 €
02	20 000 €	8000 €	28 000 €
03	20 000 €	0 €	20 000 €
04	20 000 €	2000 €	22 000 €
05	0		

Durch die Inanspruchnahme der Sonderabschreibung sind bereits nach dem vierten Jahr der fünfjährigen Nutzungsdauer alle Anschaffungskosten abgeschrieben, es ist also für das fünfte Jahr keine AfA mehr einkommens- und steuermindernd anzusetzen. Auch bei Inanspruchnahme der Sonderabschreibung kann das Wirtschaftsgut insgesamt nur zu 100% abgesetzt werden. Der Vorteil liegt in dem durch die Verschiebung der anteiligen Steuerlast bedingten Liquidität und dem Zinsvorteil.

Wird die Sonderabschreibung neben der degressiven AfA in Anspruch genommen, so mindert sie das für das folgende Jahr zur Verfügung stehende AfA-Volumen.

Beispiel:
Bei einem zum Jahresbeginn 2005 für 10 000 € neu angeschafften Wirtschaftsgut mit zehnjähriger Nutzungsdauer konnten im ersten Jahr die degressive AfA mit 20% und die Sonderabschreibung bis zu weiteren 20% abgesetzt werden. Die AfA im zweiten Jahr errechnet sich mit 20% aus 10000 € – 2000 € –2000 €, also 12% der ursprünglichen Anschaffungskosten.

Seit dem 1. 1. 2000 konnte die Sonderabschreibung nach § 7 g EStG nur in Anspruch genommen werden, wenn zuvor für das angeschaffte Wirtschaftsgut eine **Ansparrücklage** gebildet worden war. Diese Einschränkung ist inzwischen weggefallen, da der an die Stelle der Ansparrücklage getretene Investitionskostenabzugsbetrag (Rn. 157 a) keine Voraussetzung für die Sonderabschreibung mehr ist sondern neben dem Investitionskostenabzugsbetrag geltend gemacht werden kann.

b) Ansparabschreibung, Ansparrücklage und Sonderabschreibung. Die früher so- **157** genannte „Ansparabschreibung" ist keine Abschreibung oder AfA sondern eine Rücklage für eine künftige Anschaffung. Sie war letztmals für Wirtschaftsgüter möglich, die bis 2007[38] angeschafft wurden. Unter bestimmten betrieblichen Gegebenheiten konnten nach § 7 g III EStG Ansparrücklagen gebildet werden. Der Steuerpflichtige konnte schon **vor einer Investition gewinnmindernde Rücklagen** bilden. Diese Rücklage durfte 40% der Anschaffungs- bzw. Herstellungskosten des innerhalb der zwei folgenden Jahre anzuschaffenden Wirtschaftsgutes nicht überschreiten.

Die Rücklage war[39] **im Jahr der Anschaffung des Wirtschaftsguts aufzulösen,** spätestens mit Ablauf des zweiten auf die Anschaffung folgenden Jahres. Wenn keine Anschaffung erfolgt war, mussten 6% Zinsen pro Jahr zugerechnet werden. Wenn die zu versteuernden Einkünfte in der Progressionszone lagen, führte die Auflösung der Ansparrücklage zu einer höheren Belastung als durch ihre Bildung erspart wurde. Die Bildung einer Ansparrücklage war zulässig, ohne dass die Investitionsabsicht glaubhaft gemacht werden musste.[40] Wenn die Investitionsabsicht bereits im ersten Jahr aufgegeben wurde, war die Ansparrücklage zum Jahresende in vollem Umfang aufzulösen.[41]

Nach dem zwischen dem 1. 1. 2000 und 31. 12. 2007 geltenden Recht war die vorherige Bildung eine Ansparrücklage Voraussetzung für die Geltendmachung einer Sonderabschrei-

---

[38] Bei Einnahmen-Überschuss-Rechnung bis 31. 12.; bei Bilanzierern bis Ablauf des letzten vor dem 18. 7. 07 endenden Wirtschaftsjahr
[39] In 2009 werden letztmals nach altem Recht gebildete Ansparrücklagen aufgelöst
[40] BFH BStBl 2002, 385
[41] BFH BStBl 06, 66

bung § 7 g I und II EStG.[42] Dies war im Jahr der Anschaffung gewinnerhöhend aufzulösen. Die **Ansparrücklage** konnte **bis zu 40%**, die **Sonderanschreibung** im Anschaffungsjahr **bis zu 20%** der Anschaffungskosten[43] betragen. Bei voller Ausnutzung mit 40% ergäbe sich im Jahr der Anschaffung meistens ein unerwünschter Gewinn, so dass ein geringerer Satz gewählt wurde.

Beispiel:

U hat für eine Anfang Januar 03 getätigte Anschaffung einer betrieblich genutzten Maschine zum Kaufpreis von 50 000 € netto mit einer betriebsgewöhnlichen Nutzungsdauer von 10 Jahren im Jahr 01 eine Ansparrücklage von 30% gebildet und im Jahr 03 eine Sonderabschreibung von 20% in Anspruch genommen.

Bilanzmäßig stellte sich dies wie folgt dar:

Bilanz		Gewinn- und Verlustrechnung		Gewinn
01				
Ansparrücklage	15 000 € (S)	Bildung Ansparrücklage 30%	15 000 € (H)	− 15 0000 €
02				
Ansparrücklage	15 000 € (S)			+/− 0 €
03				
Ansparrücklage	− 15 000 € (H)	Auflösung Ansparrücklage	15 000 € (S)	+ 15 000 €
Maschine 2.1.	50 000 € (S)	Anschaffungsdarlehen	50 000 € (H)	+/− 0 €
Maschine 31.12.	35 000 € (S)	Sonderabschreibung 20% lineare AfA 10%	10 000 € (H) 5 000 € (H)	− 15 000 €

Im Jahr der Bildung der Ansparrücklage wird dies als Aufwand gewinnmindernd erfasst. Im Jahr der Anschaffung erhöht sich der Gewinn um die aufgelöste Ansparrücklage von 15 000 € und verringert sich um die Sonderabschreibung von 10 000 € und die reguläre AfA von 5000 €. Damit wird der Auflösungsgewinn kompensiert jedoch neben der Sonderabschreibung auch die lineare AfA verbraucht. U hat also gegenüber der Investition ohne Inanspruchnahme der Ansparrücklage im Jahr 01 eine Gewinnminderung von 15 000 €; im Jahr 02 ergibt sich kein Unterschied. Im Jahr 03 hat er einen um 5000 € höheren Gewinn, weil die reguläre AfA mit der Gewinnerhöhung aus der Auflösung der Ansparrücklage verrechnet wird.

Wenn U die Ansparrücklage mit 40% voll ausgeschöpft hätte, müsste er in 03 sogar einen zusätzlichen Auflösungsgewinn von 5000 € versteuern. Dies hätte er aber durch die degressive AfA vermeiden können. Wenn der Gewinn im Wege der Einnahmen-Überschuss-Rechnung ermittelt und die Anschaffungskosten mit einem Darlehen verzinst worden wäre, könnte durch Inanspruchnahme eines Disagios eine weitere Gewinnminderung bewirkt werden.

Bei optimaler Ausnutzung hätten sich für einen Einnahmen-Überschuss-Rechner folgende Vorteile ergeben:

Anlageverzeichnis		Gewinn- und Verlustrechnung		Gewinn
01				
Ansparrücklage	20 000 € (S)	Bildung Ansparrücklage 40%	20 000 € (H)	− 20 000 €

---

[42] Dies galt nicht für Existenzgründer
[43] Bei umsatzsteuerpflichtigen: der Nettoanschaffungskosten betragen
[44] *nicht belegt*

Anlageverzeichnis		Gewinn- und Verlustrechnung		Gewinn
02				
Ansparrücklage	20 000 € (S)			+/– 0 €
03				
Ansparrücklage	– 20 000 € (H)	Auflösung Ansparrücklage	20 000 € (S)	+ 20 000 €
Maschine 2.1.	50 000 € (S)	Anschaffungsdarlehen	50 000 € (H)	+/– 0 €
Maschine 31.12.	25 000 € (S)	Sonderabschreibung 20%	10 000 € (H)	
		Degressive Abschreibung 30%	15 000 € (H)	
		Disagio 5%	2 500 € (H)	– 37 500 €

c) Investitionsabzugsbetrag. Anstelle der Bildung einer Ansparrücklage können seit   **157 a**
dem 1. 1. 2008 Steuerpflichtige nach § 7 g EStG einen **Investitionsabzugsbetrag** in
Anspruch nehmen. Für diesen gelten von der bisherigen Gesetzeslage abweichende Bestimmungen. Die Investitionsfrist wird auf drei Jahre verlängert; der Abzugsbetrag kann auch für
gebrauchte Wirtschaftsgüter in Anspruch genommen werden. Im Gegensatz zur Ansparrücklage erfolgt die Abwicklung außerbilanziell. Der Investitionskostenabzug beeinflusst
daher im Gegensatz zur Ansparrücklage nicht mehr den im Jahresabschluss ausgewiesenen
steuerlichen Gewinn sondern wird separat steuermindernd erfasst.

Wenn die begünstigte Investition nicht erfolgt wird der Investitionskostenabzug rückgängig gemacht. Es erfolgt also keine Auflösung ex nunc mit Verzinsung sondern eine Änderung des früheren Steuerbescheids ex tunc mit verzinster Nachversteuerung. Erfolgt die Investition planmäßig, so kann der Abzugsbetrag im Ergebnis gewinnneutral auf die Anschaffungskosten übertragen werden. Damit reduziert sich die Bemessungsgrundlage für die AfA:
nur 60% der Anschaffungskosten bleiben abzuschreiben. Das gilt nach § 7 g II EStG auch für
die Sonderabschreibung, die also neben dem Investitionskostenabzug abgesetzt werden kann.

Beispiel:
U beabsichtigt, im Jahr 04 eine Maschine für 100 000 € anzuschaffen. Er kann im Jahr 01 einen
Investitionsabzugsbetrag von 40 000 € gewinnmindernd in Anspruch nehmen. Bei der Anschaffung im Jahr 04 ist der Investitionsabzugsbetrag gewinnerhöhend aufzulösen, jedoch
können gleichzeitig die Anschaffungskosten um denselben Betrag gewinnmindernd abgesetzt werden. Für die AfA stehen damit nur noch 60 000 €, bei zehnjähriger Nutzungsdauer also eine
jährliche AfA von 6000 € – im Jahr der Anschaffung ggfs. zeitanteilig – zur Verfügung. Bei
Inanspruchnahme der Sonderabschreibung (Rn. 157 c) kommen im Jahr der Anschaffung und den
folgenden vier Jahren noch einmal bis zu insgesamt 12 000 € dazu.

Bevor das Wirtschaftsgut angeschafft ist, können 40% der Anschaffungskosten vom
Gewinn abgesetzt werden, dazu kommen im Anschaffungsjahr bis zu 18%.

d) Investitionsförderung im Vergleich. Eine Gegenüberstellung zeigt die auch unter-   **157 b**
haltsrechtlich relevanten Änderungen der Investitionsförderung nach dem 31. 12. 2007.

Investition bis 31. 12. 2007	Investition ab 1. 1. 2008
§ 7 g III – VII EStG	§ 7 I EStG
Höchstbetrag: 40% der Anschaffungskosten, höchstens 154 000 € in drei Jahren	Höchstbetrag: 40% der Anschaffungskosten, höchstens 200 000 € in drei Jahren
für **neue** bewegliche abnutzbare Wirtschafts-güter	für bewegliche abnutzbare Wirtschaftsgüter

Investition bis 31. 12. 2007	Investition ab 1. 1. 2008
§§ 15, 18 EStG: Betriebsvermögen bis 204 517 € (auch für Einnahmen-Überschuss-Rechner)	§§ 15, 18 EStG: Betriebsvermögen bis 235 000 € (nur bei Bilanzierung)
§ 13 EStG: Einheitswert bis 122 710 € (auch für Einnahmen-Überschuss-Rechner)	§ 13 EStG: Wirtschaftswert bis 125 000 € (nur bei Bilanzierung)
	Einnahmen-Überschuss-Rechner: Gewinn bis 100 000 €
keine gesetzliche Regelung, aber genaue Bezeichnung des Wirtschaftsguts	schriftliche Benennung der Funktion und der voraussichtlichen Anschaffungskosten
Anschaffung bis Ende des zweitfolgenden Jahrs	Anschaffung bis Endes des drittfolgenden Jahrs
fast ausschließliche betriebliche Nutzung im Jahr der Inanspruchnahme von Sonderabschreibungen	fast ausschließliche betriebliche Nutzung im Anschaffungsjahr und dem folgenden Jahr
Verbleib im Betriebsvermögen mindestens ein Jahr	Verbleib im Betriebsvermögen mindestens in den drei der Anschaffung folgenden Jahren
Investition: gewinnerhöhende Auflösung	Investition: gewinnerhöhende Auflösung; Minderung der Anschaffungs- bzw. Herstellungskosten bis zur Höhe der Auflösung
ohne Investition: Auflösung mit 6% Zinsen p. a. im Jahr der Auflösung	Rückgängigmachung im Jahr der Bildung; ggfs. Änderung der Steuerbescheide
Sonderregelungen für Existenzgründer	

157 c   e) **Sonderabschreibungen** können wie bisher in Höhe von 20% der Anschaffungskosten im Jahr der Anschaffung oder Herstellung sowie den folgenden vier Jahren vorgenommen werden. Im Gegensatz zur bisherigen Regelung, nach der die Bildung einer Ansparrücklage voraussetzte, ist ein Investitionsabzugsbetrag nicht Voraussetzung für die Sonderabschreibung. Die Sonderabschreibung kann neben der Herabsetzung der Anschaffungs- oder Herstellungskosten vorgenommen werden.

8. Sofortabschreibung bei geringwertigen Wirtschaftsgütern

158   Die gesetzlichen Bestimmungen für die ratenweise Absetzung für Abnutzung gelten zunächst unabhängig von der Höhe der Anschaffungs- oder Herstellungskosten. Aus Gründen der Vereinfachung können jedoch selbstständig nutzbare Wirtschaftsgüter des Anlagevermögens bei Anschaffungskosten bis zu 150 € netto[45] – bei vor dem 1. 1. 2008 angeschafften Wirtschaftsgütern bis zu 410 € – gemäß § 6 Abs. 2 EStG im Jahr der Anschaffung

---

[45] Auch wenn kein Vorsteuerabzug zulässig ist (EStR Abschnitt 86 Absatz IV)

vollständig abgeschrieben werden.[46] Jedoch ist in diesem Fall ein Verzeichnis zu führen. Das Verzeichnis wird in der Regel dadurch ersetzt, dass für derartige Anschaffungen in der Buchführung ein eigenes Konto eingerichtet wird.[47]

Seit dem 1. 1. 2008 müssen **Wirtschaftsgütern** mit Anschaffungskosten **von über 150 €**   **158 a** **bis zu 1000 €** in einen **Sammelposten** eingestellt werden, der jährlich mit 20% aufgelöst wird. Bei vorzeitigem Ausscheiden eines Wirtschaftsguts ändert sich die Absetzung nicht: es bleibt bei der pauschalen fünfjährigen Abschreibung, obwohl das Wirtschaftsgut nicht mehr vorhanden ist.

9. Veräußerungserlöse

Im Gegensatz zur Anschaffung kann die Veräußerung bei der Gewinnermittlung durch **159** Betriebsvermögensvergleich zu steuerlich relevanten Gewinnen oder Verlusten führen, da der Veräußerungserlös in der Regel nicht mit dem in der letzten Bilanz erfassten Wert, dem sogenannten Buchwert übereinstimmt. Die jährlich als AfA gewinnmindernd erfasste Wertminderung ist pauschaliert; auch bei zufällig der tatsächlich eingetretenen Wertminderung entsprechender AfA bestimmt das Verkaufsgeschick des Steuerpflichtigen und die Marktlage den Veräußerungserlös.

Beispiel:
Der Unternehmer hat einen für 30 000 € angeschafften Pkw linear mit 16,67% p. a. abgesetzt; der Buchwert beträgt, als U den Pkw nach drei Jahren verkauft, noch 15 000 €. Er erzielt beim Verkauf einen Erlös von 20 000 €.[48]

Die Gewinnauswirkung zeigt sich am einfachsten in der entsprechenden Buchung:[49]

Girokonto	20 000	S	Kraftfahrzeuge	15 000	H
			Gewinn	*5 000*	H

Das Vermögen erhöht sich um 20 000 € durch den Geldzufluss und verringert sich um 15 000 € durch Verkleinerung des Pkw-Bestandes. Die Differenz ergibt den Gewinn in der Bilanz. In der Buchhaltung wird häufig auch der gesamte Erlös als Ertrag verbucht; dann wird der Abgang des Wirtschaftsgutes ebenfalls erfolgswirksam als Aufwand erfasst, so dass im Ergebnis derselbe Gewinn herauskommt:

Girokonto	20 000	S	*Erlös aus Veräußerung von Anlagevermögen*	*20 000*	*H*
Abgang von Anlagevermögen	*15 000*	*S*	Kraftfahrzeuge	15 000	H

In der Bilanz erhöht sich das Guthaben um 20 000 €, der Fahrzeugbestand verringert sich um 15 000 €; die Änderung des Betriebsvermögens beträgt + 5000 €. In der Gewinn und Verlustrechnung wird ein Ertrag von 20 000 € und ein Aufwand von 5000 €, was per Saldo ebenfalls einen Gewinn von 5000 € ergibt.

Beispiel:
Wie vor, jedoch erzielt U beim Verkauf nur 10 000 €.

Dieser Fall ist in der Buchführung wie folgt zu erfassen:

Girokonto	10 000	S	Kraftfahrzeuge	15 000	H
Verlust	*5 000*	*S*			H

---

[46] Schmidt/Glanegger EStG § 6 Rn. 455 ff.
[47] Schmidt/Glanegger EStG § 6 Rn. 457
[48] Die Umsatzsteuer wird in diesem Beispiel vernachlässigt
[49] Zum besseren Verständnis ist die Buchung gekürzt dargestellt

Die Differenz der Vermögensmehrung durch den Verkaufserlös zum Buchwert des abgegebenen Fahrzeugs wird als Aufwand gewinnmindernd erfasst. Saldiert man beide Positionen, also die AfA über die gesamte tatsächliche Nutzungsdauer und den Veräußerungsgewinn, bzw. Verlust, so hat sich **von der Anschaffung bis zum Verkauf der genaue wirtschaftliche Wertverlust steuermindernd** ausgewirkt.

	Ausgangsfall	Variante
Anschaffungskosten	30 000 €	30 000 €
Veräußerungserlös	− 20 000 €	− 10 000 €
Aufwand	**10 000 €**	**20 000 €**
AfA	− 15 000 €	− 15 000 €
Gewinn/Verlust	+ 5 000 €	− 5 000 €
Aufwand	**10 000 €**	**20 000 €**

Auch bei nicht abnutzbaren Wirtschaftsgütern können durch die Veräußerung steuerpflichtige Erlöse entstehen, wenn der Veräußerungserlös wegen eines besonders günstigen Kaufpreises oder zwischenzeitlicher Wertsteigerung über den Anschaffungskosten liegt.

Beispiel:
1. U hat in einer Zwangsversteigerung ein Grundstück für 175 000 € zzgl. 5000 € Erwerbsnebenkosten erworben. Da er es entgegen seiner ursprünglichen Planung nicht benötigt, verkauft er es nach neun Monaten zum tatsächlichen Verkehrswert für 250 000 €.
2. U hat eine Lizenz für die Herstellung und den Verkauf einer Software für 10 000 € erworben. Durch eine gute Markteinführung werden ihm für die Lizenz ein Jahr später 60 000 € geboten, als er sie wegen einer betrieblichen Umstrukturierung zum Verkauf anbietet.

Im Fall 1) sind die den Buchwert von 180 000 € übersteigenden 70 000 €, im Fall 2) 50 000 € steuerpflichtige Veräußerungsgewinne. Die Differenz zwischen Veräußerungserlös und Buchwert bezeichnet man als **Stille Reserven,** die beim Abgang aus dem Betriebsvermögen **aufgedeckt** und versteuert werden. Im Ergebnis stellt daher immer die Differenz zwischen den Anschaffungs- bzw. Herstellungskosten und dem Veräußerungserlös den steuermindernden Aufwand oder den zu versteuernden Ertrag dar, gleichgültig ob und welcher Höhe zwischenzeitlich abgeschrieben wurde.

10. Finanzierung

160   Die Aufnahme und die Tilgung von Krediten ist steuerlich irrelevant, da sie sich ausschließlich auf der Vermögensebene abspielt. Sie beeinflusst daher den Gewinn nicht. Nur die Zinsen sind als Aufwand steuerlich relevant. Bei Annuitätendarlehen sind daher bereits in der Buchführung Zins- und Tilgungsanteil auseinander zu halten.

Beispiel:
U nimmt am 31. 12. einen Kredit von 10 000 € auf, der mit 8% p. a. zu verzinsen und in 36 zum Monatsende fälligen gleich bleibenden Raten in Höhe von 313,36 € zurückzuzahlen ist. Der Kredit wird auf das betriebliche Girokonto ausgezahlt; von diesem Konto werden die monatlichen Annuitäten abgebucht.

Die Kreditaufnahme wird wie folgt gebucht:

Girokonto	10 000	S	Langfr. Verbindlichkeit	10 000	H

Die monatlichen Raten sind in Zins und Tilgung aufzuteilen:
31. 1.

Langfristige Verbindlich-keit	246,70	S	Girokonto	313,36	H
Zinsen	66,66				

28. 2.

Langfristige Verbindlich-keit	248,34	S	Girokonto	313,36	H
Zinsen	65,02				

31. 3.

Langfristige Verbindlich-keit	250,00	S	Girokonto	313,36	H
Zinsen	63,36				

etc.

Im Jahresabschluss sind die Tilgungen nur aus dem Vergleich zwischen dem Anfangs- und Endbestand zu entnehmen, da die einzelnen Beträge mit dem Anfangsbestand saldiert werden und nur der sich daraus ergebende Endbestand übernommen wird. Die Summe der Zinszahlungen findet sich dagegen in der Gewinn- und Verlustrechnung als Aufwandsposten.

11. Investitionszulagen

Investitionszulagen nach dem Investitionszulagengesetz werden unter im Einzelnen gere- **161** gelten Voraussetzungen für Investitionen im Fördergebiet[50] gewährt. Nach § 12 InvZulG gehören Investitionszulagen nicht zu den Einkünften im Sinne des Einkommensteuergesetzes. Sie mindern nicht die steuerlichen Anschaffungs- und Herstellungskosten, damit auch nicht die AfA. Das bedeutet, dass die vollen Anschaffungskosten ohne Abzug der Investitionszulage abgeschrieben werden können, ohne dass die Zulage versteuert werden muss.

Beispiel:
U erhält für die Anschaffung einer Produktionsanlage mit einer betriebsgewöhnlichen Nutzungsdauer von 10 Jahren und Anschaffungskosten von 100 000 € eine **Investitionszulage** nach § 5 InvZulG in Höhe von 12 500 €, bezahlt also 87 500 € selbst.

Dennoch kann er den vollen Kaufpreis von 100 000 € absetzen. U erhält daher noch eine Steuerminderung in Höhe seines jährlichen Spitzensteuersatzes bezogen auf die jährliche AfA aus den vom Staat bezahlten 12 500 €.

12. Investitionszuschüsse

Zuschüsse für die Anschaffung oder Herstellung von aktivierungspflichtigen Wirtschafts- **161 a** gütern sind nach Nr. 6.5 der Einkommensteuerrichtlinien 2005 gewinnerhöhend zu erfassen oder als Minderung der Anschaffungs- bzw. Herstellungskosten.[51] Im ersten Fall fließt dem Begünstigten die Steuer über die AfA aus den vollen Anschaffungskosten zurück; im zweiten Fall dürfen sie bei der Absetzung für Abnutzung nicht gewinnmindernd angesetzt werden, da nur die aktivierten Anschaffungskosten abgeschrieben werden können.

---

[50] Berlin, Brandenburg, Mecklenburg-Vorpommern, Sachsen, Sachsen-Anhalt und Thüringen
[51] Schmidt/Glanegger EStG § 6 Rn. 103

Es können entweder die vollen Anschaffungskosten einschließlich des Investitionszuschusses aktiviert und damit der Zuschuss versteuert werden.[52] Dann werden die vollen Anschaffungskosten über die betriebsgewöhnliche Nutzungsdauer gewinnmindernd abgesetzt.

Es können aber auch nur die tatsächlichen Anschaffungskosten aktiviert und abgesetzt werden. Die erste Variante wird in der Regel nur dann gewählt, wenn im Jahr des Zuschusses nur ein sehr geringe Gewinn oder sogar ein Verlust erwirtschaftet wurde, mit dem Zuschuss dann verrechnet werden kann.

Beispiel:
U erhält für die Anschaffung einer Produktionsanlage mit Anschaffungskosten von 100 000 € einen **Investitionszuschuss** von 12 500 €. Hier hat U die Wahl, die vollen Anschaffungskosten zu aktivieren; er kann dann 100 000 € über die Nutzungsdauer anteilig absetzen. Wenn er den Investitionskostenzuschuss steuerfrei bucht, setzt er auch nur 87 500 € ab.

VI. Unterhaltsrechtlich relevante Merkmale der Gewinnermittlung durch Betriebsvermögensvergleich

1. Periodengerechte Gewinnermittlung

162   **a) Grundsatz.** Das wesentliche und prinzipielle Merkmal der Bilanz mit Gewinn- und Verlustrechnung besteht im „Stichtagsprinzip" und der periodengerechten Gewinnermittlung. In der Bilanz werden alle aktiven und passiven Vermögenswerte, die den Wert des Betriebes ausmachen, zum Bilanzstichtag erfasst. Die Bilanz gibt – wenn auch zu steuerlichen Buchwerten – wieder, was ein Käufer des Unternehmens am Bilanzstichtag als Kaufpreis bezahlen würde.

Dem trägt die periodengerechte Gewinnermittlung Rechnung: nicht der Zufluss oder Abfluss von Geldmitteln ist für das Betriebsvermögen maßgeblich sondern die Erhöhung oder Verminderung des Vermögens, die nicht notwendig zeitgleich erfolgen müssen. Ertrag und Aufwand in der Gewinn- und Verlustrechnung decken sich daher nicht notwendig zeitlich mit dem Zufluss von Betriebseinnahmen oder dem Abfluss von Betriebsausgaben.[53]

163   **b) Forderungen und Verbindlichkeiten.** Dementsprechend müssen alle Betriebseinnahmen und Betriebsausgaben bereits bei der Entstehung der ursächlichen Forderungen und Verbindlichkeiten in die Gewinn- und Verlustrechnung aufgenommen werden, auch wenn der Zu- oder Abfluss der Geldmittel bereits vor Beginn oder erst nach Ende des maßgeblichen Geschäftsjahres erfolgt ist. In der Gewinn- und Verlustrechnung ist deshalb auch nicht von Betriebseinnahmen und Betriebsausgaben sondern von **Ertrag** und **Aufwand** die Rede.

Beispiel:
U hat für K ein umfangreiches Gutachten erstellt. Nach Fertigstellung und Übergabe übersendet er am 28. 11.01 die Ausfertigungen mit einem abschließenden Schreiben und seiner Honorarrechnung über 23 800 € brutto. K bezahlt diese am 20. 1. 02.
Von dem eingegangenen Honorar bezahlt U die Rechnung für die Wartung seiner EDV-Anlage, die Anfang Dezember 01 durchgeführt und am 23. 12. 02 mit 4.760 € in Rechnung gestellt wurde.

Wenn U seinen Gewinn nach § 4 I EStG durch Betriebsvermögensvergleich ermittelt, sind sowohl das Honorar als Erlös als auch die erhaltene Rechnung als Aufwand im Jahr 01 zu erfassen, auch wenn die Bezahlung erst im Jahr 02 zu einer Betriebseinnahme, bzw. Betriebsausgabe führt. Die Leistungen sind in 02 erbracht, die Gegenleistungen werden geschuldet.

Würde U zum 31. 12. 01 seinen Betrieb mit allen Aktiven und Passiven verkaufen, so würde der Käufer die Honorarforderung erwerben und das im Januar 02 zufließende

---

[52] Das Betriebsvermögen vermehrt sich um die vollen Anschaffungskosten und vermindert sich um den tatsächlichen Aufwand. Die Differenz – also der Zuschuss – ist steuerbarer Ertrag

[53] Die Begriffe „Betriebseinnahmen" und „Betriebsausgaben" werden hier nur im Sinne des Zu- und Abflusses von Geldmitteln verwendet

Honorar vereinnahmen dürfen, ohne die dafür ursächliche Leistung noch erbringen zu müssen, wie er andererseits auch die Verbindlichkeit gegenüber dem EDV-Betrieb übernehmen und im Januar begleichen müsste, obwohl der Vorteil nicht mehr ihm zugute kommt. Der Wert des Unternehmens erhöht sich also durch die Forderungen und vermindert sich durch die Verbindlichkeiten bereits bei ihrer Entstehung und nicht erst bei der Erfüllung, also dem Zu- oder Abfluss.

Dem gemäß hat U die Forderung als Aktiv- die Verbindlichkeit als Passiv-Posten in die Bilanz zum 31. 12.01 einzustellen und das Honorar als Erlös, die Rechnung für die EDV-Wartung als Aufwand in der Gewinn- und Verlustrechnung 02 zu erfassen.

In der Buchführung stellen sich die Bildung von Forderungen und Verbindlichkeiten so dar:

Forderungen	23 200	S	*Erlöse aus Gutachten*	20 000	H
			Umsatzsteuer	3 200	H

| *Instandhaltungskosten* | 4 000 | S | Verbindlichkeiten aus Lieferungen und Leistungen | 4 640 | H |
| Vorsteuer | 640 | S | | | |

Zum Zeitpunkt des Entstehens der Forderung erfolgt also die Berücksichtigung für Ertrags- und Umsatzsteuer.[54]

Wenn dann später die Zahlungen eingehen, bzw. geleistet werden, sind diese Vorgänge **164** **erfolgsneutral,** also ohne Gewinnauswirkung zu erfassen. Dies erfolgt durch die **Auflösung** der Forderungen und Verbindlichkeiten:

Girokonto	23 200	S	Forderungen	23 200	H

Verbindlichkeiten	4 640	S	Girokonto	4 640	H

Wenn die Erfüllung der Forderung und der Verbindlichkeiten nicht in demselben Geschäftsjahr erfolgt, in dem sie gebildet wurden, werden sie beim Jahresabschluss in die Bilanz aufgenommen. Der Ertrag, bzw. der Aufwand wird dementsprechend in der Gewinn- und Verlustrechnung bereits erfasst, ohne dass der Zufluss oder der Abfluss erfolgt wäre.

c) Wertberichtigungen. Der Tatsache, dass sich nicht mit Sicherheit prognostizieren **165** lässt, dass die sich als Ertrag verbuchten Forderungen auch realisieren lassen, trägt das Bilanzrecht dadurch Rechnung, dass Wertberichtigungen gewinnmindernd gebucht werden. Durch **Einzelwertberichtigung** wird eine Forderung korrigiert, die ganz oder teilweise uneinbringlich geworden ist; durch **Pauschalwertberichtigung** wird der Forderungsbestand zum Ende des Geschäftsjahres um 1% verringert, um voraussichtlichen Ausfällen Rechnung zu tragen. Gewinnauswirkung hat nur die Veränderung der Wertberichtigung gegenüber dem Vorjahr. Nur die Vermögensveränderung stellt nach der Definition in § 4 EStG einen Gewinn oder Verlust dar; dies gilt auch für die Gewinnauswirkung einzelner Bilanzposten.

d) Umsatzsteuer. Bei der Gewinnermittlung durch Betriebsvermögensvergleich wirken **166** sich umsatzsteuerliche Vorgänge nicht auf den Gewinn aus. Zwar entsteht mit Erbringung und Abrechnung einer umsatzsteuerpflichtigen Leistung eine Forderung in Höhe des Bruttobetrages. Gleichzeitig entsteht jedoch gegenüber dem Finanzamt eine Verbindlichkeit in Höhe der vereinnahmten Umsatzsteuer, so dass Steuerforderung und -verbindlichkeit sich aufheben, sich also nur die Nettoforderung auf den Gewinn auswirkt. Dasselbe gilt umgekehrt im Hinblick auf Vorsteuer. Mit Erbringung und Abrechnung einer umsatzsteuer-

---

[54] Zur Ist-Versteuerung siehe Rn. 166

pflichtigen Leistung gegenüber dem Steuerpflichtigen entsteht für diesen eine Verbindlichkeit in Höhe des Bruttobetrages, gleichzeitig jedoch eine Forderung in Höhe der anteiligen Umsatzsteuer gegenüber dem Finanzamt auf Erstattung der Vorsteuer, so dass sich auch hier beide Posten gewinnmäßig neutralisieren.

Dies gilt auch in den Fällen der **Ist-Versteuerung** gemäß § 20 UStG.[55] In diesem Fall wird die Umsatzsteuer, die als Forderung gewinnerhöhend erfasst aber noch nicht eingenommen ist, als „nicht fällige Umsatzsteuer" gewinnmindernd passiviert.

167   **e) Rechnungsabgrenzungsposten.** Der periodengerechten Gewinnermittlung tragen auch Rechnungsabgrenzungsposten nach § 250 HGB und § 5 V EStG Rechnung. Rechnungsabgrenzungsposten sind zu bilden, wenn Einnahmen oder Ausgaben für einen Zeitraum getätigt werden, der das Ende des Geschäftsjahrs überdauert.

Beispiele:[56]
Am 1. 10. zahlt U Versicherungsprämien in Höhe von 6000 € für die folgenden zwölf Monate. Der auf das laufende Wirtschaftsjahr entfallende Anteil ist als Betriebsausgabe zu buchen; der für das folgende Jahr bezahlte Anteil ist durch Rechnungsabgrenzung gewinnneutral zu erfassen und im folgenden Jahr gewinnmindernd aufzulösen.
Für eine für 18 Monate vermietete Baumaschine hat der Vermieter die gesamte Miete in Höhe von 24 000 € bereits bei Übergabe am 30. 6. im Voraus bezahlt bekommen. Nur in Höhe des auf das Wirtschaftsjahr entfallenden Anteils ist die Miete als Ertrag zu buchen. Die Miete für die Zeit nach Abschluss des Geschäftsjahres ist gewinnneutral abzugrenzen und im folgenden Jahr gewinnerhöhend aufzulösen.

In der Buchführung erfolgt die Erfassung dieser Vorgängen so:

Versicherungsbeiträge	2 000	S	Girokonto	6 000	H
Aktive Rechnungsab-grenzung	4 000	S			

Girokonto	24 000	S	*Erlöse aus Vermietung*	8 000	H
			Passive Rechnungs-abgrenzung	16 000	

Erst bei der Auflösung im folgenden Jahr erfolgt die Erfassung des zeitanteiligen Aufwands, bzw. Ertrages:

Versicherungsbeiträge	4 000	S	Aktive Rechnungs-abgrenzung	4 000	H
Pass. Rechnungsabgren-zung	16 000	S	*Erlöse aus Vermietung*	16 000	

Zu Lasten der Bilanzposten – also ohne Zufluss oder Abfluss – werden die dem neuen Wirtschaftsjahr zuzuordnenden Erträge bzw. Aufwendungen gebucht. Obwohl durch die Auflösung der Rechnungsabgrenzungsposten keine Einnahmen oder Ausgaben anfallen, wird ein Aufwand gebucht und geht in die Gewinnermittlung ein. Die Bildung und Auflösung von Rechnungsabgrenzungsposten verlagert die Betriebsausgaben in den Zeitraum der wirtschaftlichen Zugehörigkeit. Die Aufnahme der Rechnungsabgrenzungsposten in die Bilanz erfasst den Anspruch auf kostenlose, da bereits bezahlte zu beanspruchende Gegenleistung, bzw. die Verpflichtung zur „kostenlos" noch zu erbringenden Leistung als einen positiven, bzw. negativen Vermögenswert.

168   **f) Rückstellungen.** Die Bildung von Rückstellungen ist in § 249 HGB geregelt. Nach dem Grundsatz vorsichtiger Bewertung des Betriebsvermögens sind in der Handelsbilanz für

---

[55] Betrifft insbesondere freiwillig bilanzierende Freiberufler
[56] Zur Vereinfachung der Darstellung bleibt die Umsatzsteuer unberücksichtigt

– ungewisse Verbindlichkeiten und drohende Verluste aus schwebenden Geschäften Rückstellungen zu bilden,
außerdem für
– im Geschäftsjahr unterlassene Aufwendungen für Instandhaltung, die im folgenden Geschäftsjahr innerhalb von drei Monaten oder für Abfallbeseitigung, die im folgenden Geschäftsjahr nachgeholt werden,
– Gewährleistungen, die ohne rechtliche Verpflichtung erbracht werden.
Darüber hinaus dürfen in der Handelsbilanz – freiwillig – Rückstellungen gebildet werden für
– unterlassene Instandhaltungsaufwendungen, wenn die Instandhaltung innerhalb des folgenden Geschäftsjahres nachgeholt werden,
– genau umschriebene, dem Geschäftsjahr oder einem früheren Geschäftjahr zuzuordnende Aufwendungen, die wahrscheinlich oder sicher, der Höhe oder des Zeitpunktes ihres Eintritts aber unbestimmt sind.
Da der Grundsatz vorsichtiger Bewertung steuerrechtlich nur eingeschränkt gilt, wird § 249 HGB in § 5 III–IVb EStG modifiziert. Rückstellungen, die im Handelsrecht nicht zwingend vorgeschrieben sondern nur erlaubt sind, sind steuerrechtlich nicht gestattet.
Wenn der erwartete Aufwand anfällt, für den die Rückstellung gebildet worden ist, darf **169** dieser bis zum Betrag der Rückstellung nicht erneut als gewinnmindernd gebucht werden, die Rückstellung ist gewinnneutral aufzulösen. Fällt er nicht oder nur in geringerem Umfang an, so ergibt die Auflösung der Rückstellung einen außerordentlichen Ertrag. Ist der tatsächliche Aufwand höher, so ist der Mehrbetrag als periodenfremder Aufwand gewinnmindernd zu erfassen.

Beispiele:
1. Für das abgelaufene Jahr ist Gewerbesteuer in Höhe 2000 € nachzuzahlen; tatsächlich sind es nur 1600 €.
2. Es werden für den Jahresabschluss Steuerberatungskosten von voraussichtlich 8000 € anfallen; tatsächlich werden es 9000 €.

Die Verpflichtung zur Zahlung der Gewerbesteuer, die sich aus dem Jahresgewinn errechnet, entsteht erst mit dem Ablauf des Wirtschaftsjahrs, also erst nach Ablauf des Veranlagungszeitraums. Sie ist aber dem abgelaufenen Geschäftsjahr wirtschaftlich zuzuordnen. Der Kaufmann hat den Jahresabschluss für das abgelaufenen Geschäftsjahr zu erstellen; die Tätigkeit des Steuerberaters kann aber erst nach Vorliegen aller Daten, also nach Jahresabschluss aufnehmen. Es liegen also zum Jahresende noch keine Verbindlichkeiten vor. Um die Kosten in die Gewinn- und Verlustrechnung einbuchen zu können, bucht man entsprechende Rückstellungen auf einem Bestandskonto vermögensmindernd gegen.

Gewerbesteuer	*2 000*	S	Gewerbesteuer-Rückstellung	*2 000*	H
Abschlusskosten	*8 000*	S	Rückstellung für Abschlusskosten	*8 000*	H

Wie bei den Verbindlichkeiten erfolgt die **Auflösung von Rückstellungen erfolgsneutral.**

Gewerbesteuer-Rückstellung	2 000	S	Girokonto	1 600	H
		S	*Ertrag aus Auflösung der Rückstellung*	400	H
Rückstellung für Abschlusskosten	8 000	S	Girokonto	9 000	H
periodenfremder Aufwand	*1 000*				

170   **g) Langfristige und unregelmäßige Rückstellungen.** Während die Rückstellungen für Gewerbesteuer und Abschlusskosten jährlich gebildet und jährlich wieder aufgelöst werden, bleiben z. B. Gewährleistungs- und Pensionsrückstellungen über mehrere Geschäftsjahre hinweg zum Teil langfristig bestehen. Ihre Bildung unterscheidet sich nicht von den regelmäßigen kurzfristigen Rückstellungen.

Die **unveränderte Übernahme einer Rückstellung** hat **keine Gewinnauswirkung,** da gemäß § 4 EStG nur die Änderung des Betriebsvermögens als Gewinn oder Verlust zu erfassen ist. Soweit sich die Rückstellung später als begründet erweist, ist sie **erfolgsneutral aufzulösen.** War sie der Höhe oder gar dem Grunde nach unnötig, entsteht ein **periodenfremder Ertrag.**

> **Beispiel:**
> U hat auf Grund eines selbstständigen Beweisverfahrens im Jahre 02 50 000 € für Gewährleistungen auf in 01 erbrachte Leistungen zurückgestellt.[57] Im anschließenden Prozess wird im Dezember 04 ein Vergleich abgeschlossen auf Grund dessen U an den A Anfang 05 20 000 € zahlt.
>
> In der Buchführung werden die Vorgänge wie folgt erfasst:
> Zum Bilanzstichtag des Geschäftsjahres 01 wird die Rückstellung gebildet:

Gewährleistungen	50 000	S	Rückstellung	50 000	H

> Die Rückstellung (= Bestandskonto) geht vermögensmindernd in die Bilanz, die zu erwartenden Betriebsausgaben für die Durchführung der Gewährleistung oder Erstattung des Werklohns werden als Aufwand in der Gewinn- und Verlustrechnung erfasst.
> Zum Bilanzstichtag der Geschäftsjahre 02 und 03 wird der Posten unverändert übernommen. Da nur Änderungen des Betriebsvermögens zu Gewinnen oder Verlusten führen, tritt keine Vermögensänderung ein. Dem gemäß ist auch kein diesbezüglicher Gewinn oder Verlust zu verzeichnen.
> Durch den Vergleich im Geschäftsjahr 04 wird aus der ungewissen Verbindlichkeit eine gewisse in Höhe von 20 000 €; die darüber hinausgehende Rückstellung ist aufzulösen.[58]

Rückstellungen	50 000	S	Verbindlichkeiten	20 000	H
			Periodenfremder Ertrag	30 000	H

> Die in 01 um 50 000 € vorgenommene Verminderung des Einkommens wird durch die Erfassung eines fiktiven Ertrags in Höhe von 30 000 € auf den tatsächlich begründeten Aufwand von 20 000 € reduziert. In 05 wird erfolgsneutral die Betriebsausgabe erfasst.

Verbindlichkeiten	20 000	S	Bank	20 000	H

171   Von der Gewährleistungsrückstellung unterscheidet sich die Pensionsrückstellung (Rn. 270) dadurch, dass sie in der Regel stufenweise gebildet und auch stufenweise wieder aufgelöst wird. Für jedes Jahr der Betriebszugehörigkeit des begünstigten Arbeitnehmers kann der Unternehmer den Betrag als (Personal-)Aufwand buchen, den er ansparen müsste, um den daraus resultierenden Anteil an der Betriebsrente bei Fälligkeit abdecken zu können. Ein hoher Betrag entsteht nur in dem Jahr der erstmaligen Bildung der Pensionsrückstellung, da die Betriebsrente in der Regel erst nach längerer Betriebszugehörigkeit zugesagt wird und die Rentenverpflichtung im ersten Jahr für die bereits erfüllte Betriebszugehörigkeit rückwirkend entsteht. Nur die Bildung und die jährliche Erhöhung stellt betrieblichen Aufwand dar.

172   **h) Sonderposten mit Rücklageanteil (Rücklage gemäß § 6 b EStG).** Sonderposten mit Rücklagenanteil gemäß § 6 b EStG werden gebildet, um die an sich steuerpflichtige

---

[57] Die rückstellungsfähigen Verfahrenskosten bleiben außer Betracht
[58] Jetzt eventuell anfallende Umsatzsteuer/Vorsteuer bleibt zur Vereinfachung außer Ansatz

Auflösung stiller Reserven aus Veräußerung (Rn. 159) von betrieblichen Grundstücken oder Gebäuden[59] sowie Aufwuchs bei land- oder forstwirtschaftlichem Grundbesitz steuerfrei auf Ersatzbeschaffungen zu übertragen. Sie werden daher wie Rückstellungen behandelt, sind daher nach Realisierung der Investition oder Ablauf der gesetzlichen Frist aufzulösen.

Beispiel:
U hat vor Jahrzehnten für – umgerechnet – 10 000 € ein Betriebsgrundstück erworben. Er verkauft dieses zum Verkehrswert von 100 000 € im Jahr 01 und erwirbt für 120 000 € im Jahr 02 ein Ersatzgrundstück.

An sich würde der die bilanzierten Anschaffungskosten um 90 000 € übersteigende Anteil am Veräußerungserlös (Aufdeckung „stiller Reserven") als steuerpflichtiger Gewinn zu erfassen sein (Rn. 159). Die späteren Anschaffungskosten dürften nicht abgeschrieben werden, da ein Grundstück kein abnutzbares Wirtschaftsgut ist. Diese steuerlich konsequente aber wirtschaftlich unverständliche Belastung wird vermieden, indem der Veräußerungsgewinn als Sonderposten mit Rücklagenanteil gebucht wird.

Bank	100 000	S	Grundstück	10 000	H
			Veräußerungsgewinn	*90 000*	H
Veräußerungsgewinn	*90 000*		SoPo (6 b-Rücklage)	90 000	

Der Veräußerungsgewinn wird also in die Rücklage umgebucht. Bei Anschaffung des Ersatzgrundstücks ist der Sonderposten aufzulösen.

Grundstück	30 000	S	Bank	120 000	H
SoPo (6 b-Rücklage)	90 000	S			

Von den Anschaffungskosten wird nur die den Sonderposten mit Rücklagenanteil übersteigende Betrag als Grundstück aktiviert. Die in dem alten Grundstück ruhenden stillen Reserven werden ohne Aufdeckung und Versteuerung auf das neue Grundstück übertragen. Obwohl die Anschaffungskosten 120 000 € betragen haben, wird es nur mit 30 000 € aktiviert. Mit den restlichen 90 000 € wir die 6 b-Rücklage aufgelöst. Würde das neue Grundstück verkauft, wären dann auch die stillen Reserven aus dem alten Grundstück zu versteuern.

Das gilt auch dann, wenn die Neuinvestition nicht innerhalb der gesetzlichen Fristen[60] erfolgt. Werden nach § 6 b EStG stille Reserven auf ein abnutzbares Wirtschaftsgut, etwa ein Betriebsgebäude, übertragen, mindern sich die Anschaffungskosten und gehen in Höhe der Rücklage nicht in die Absetzung für Abnutzung ein. Würde das Grundstück später für 150 000 € veräußert oder entnommen, so wären auch die aus dem ersten Grundstück stammenden stillen Reserven zu versteuern.

Bank	150 000	S	Grundstück	30 000	H
			Veräußerungsgewinn	120 000	

Die 120 000 € setzen sich zusammen aus der Wertsteigerung des neuen Grundstücks in Höhe von 30 000 € und den übertragenen stillen Reserven von 90 000 €.

i) Sonderposten mit Rücklageanteil (Ansparrücklage gemäß § 7 g EStG). Auch **172 a** die Ansparrücklage wird in der Bilanz als Sonderposten mit Rücklageanteil erfasst. Die Bildung einer Ansparrücklage war letztmals im Jahr 2007 möglich. Wegen der Einzelheiten wird auf Rn. 157 verwiesen.

---

[59] Nur bei Gewinnermittlung durch Betriebsvermögensvergleich möglich
[60] Vier Jahre, bei Neuerrichtung von Gebäuden sechs Jahre

2. Wareneinkauf, Bestandsveränderungen und Inventur

173   Da bei der Gewinnermittlung durch Betriebsvermögensvergleich das Betriebsvermögen zum jeweiligen Bilanzstichtag zu bewerten ist, ergibt sich zwingend, dass Wertveränderungen **Gewinnauswirkung** haben. Der Bestand kann **durch qualitative oder quantitative Veränderungen des Umlaufvermögens** erhöht oder verringert werden.

Qualitative Änderung ist z. B. die AfA (Rn. 150 ff.) beim Anlagevermögen. Beim Umlaufvermögen führt die Verarbeitung zu einer Neubewertung. Auch die Reduzierung des Teilwerts durch Sinken des Marktpreises für die Neuanschaffung führt zu einer – geringeren – Neubewertung in der Bilanz.[61]

> **Beispiel:**
> F ist als Zulieferer für einen Metallverarbeitungsbetrieb tätig. Er verzinkt gleichartige Eisenteile, die er unbehandelt anschafft und nach Verarbeitung mit Gewinn weiterveräußert. Aus der Buchführung ergibt sich
>
> – ein Anfangsbestand[62] unbehandelter Teile von 10 000 Stück mit Gesamtwert von 8000 € und
> – ein Anfangsbestand verarbeiteter Teile von 5000 Stück mit Gesamtwert von 12 000 €.
> – ein Zukauf unbehandelter Teile von 100 000 Stück mit Gesamtwert von 80 000 €,
> – ein Verkauf verarbeiteter Teile von 90 000 Stück mit Gesamtwert von 270 000 €,
> – Die Inventur am Jahresende ergibt
> – einen Endbestand unbehandelter Teile von 15 000 Stück mit Gesamtwert von 12 000 € und
> – einen Endbestand verarbeiteter Teile von 10 000 Stück mit Gesamtwert von 28 000 €.

174   Die **Anschaffung von Wirtschaftsgütern des Umlaufvermögens** hat bei der Gewinnermittlung durch Betriebsvermögensvergleich **keinen Einfluss auf den Gewinn.** Der Einkauf wird zwar zunächst mit den Einkaufspreisen als Aufwand gebucht, z. B.:[63]

Wareneinkauf	80 000	S	Girokonto	80 000	H

Der Verkauf wird mit den Verkaufspreisen als Ertrag erfasst:

Erlöse aus Verkauf	270 000	S	Bank	270 000	H

Obwohl dem aus dem Verkauf erzielten Erlös der Abgang der verkauften Waren gegenüber steht, wird der Warenausgang nicht als Aufwand gewinnmindernd gebucht, weil der Warenbestand mit dem Einkaufspreis, der Warenverkauf mit dem Verkaufspreis erfasst wird. Es müsste als bei jedem Verkauf der Einkaufspreis des verkauften Gegenstands ermittelt und gegengebucht werden. Auch die qualitative Wertsteigerung durch die Verarbeitung wird nicht laufend ermittelt.

Stattdessen wird am Ende des Geschäftjahrs im Wege der **Inventur** festgestellt, was an Waren noch vorhanden ist. Auch werden dabei die Werte festgestellt.

Die Differenz zum Anfangsbestand erhöht oder vermindert die Betriebsausgaben.

Endbestand unbehandelter Werkstücke	12 000
./. Anfangsbestand	– 8000
Bestandsveränderung	+ 4000

Endbestand verarbeiteter Werkstücke	28 000
./. Anfangsbestand	– 12 000
Bestandsveränderung	+ 16 000

---

[61] Schmidt/Glanegger § 6 EStG Rn. 320 ff.
[62] Die Posten der Vorjahresbilanz werden im Wege der Eröffnungsbuchung (= EB) in die Buchführung übernommen (vgl. Rn. 130)
[63] Umsatzsteuer bleibt zur Vereinfachung unberücksichtigt; vgl. dazu Rn. 166

Die im Wege der vom Steuerpflichtigen vorgenommenen Inventur ermittelte Veränderung des Warenbestands wird eingebucht:

Warenbestand, unbehandelt.	4 000	S	*Bestandsveränderung*	4 000	H
Warenbestand, verarbeitet.	16 000	S	*Bestandsveränderung*	16 000	H

In diesem Beispielsfall verändert sich auf die Weise der aus der Buchführung ermittelte Gewinn um
- quantitative Erhöhung des gesamten Lagerbestandes,
- qualitative Wertsteigerung durch Verarbeitung und
- Teilwertveränderungen.

3. Betriebsvermögen

Dem Betriebsvermögen steht das steuerrechtlich irrelevante Privatvermögen gegenüber. **175** Die Zuordnung von Wirtschaftsgütern ist mitunter nicht einfach, da viele Wirtschaftsgüter nicht ausschließlich betrieblich oder ausschließlich privat genutzt werden.
   Bei der Gewinnermittlung wird unterschieden zwischen
– notwendigem Betriebsvermögen
– notwendigem Privatvermögen und
– gewillkürtem Betriebsvermögen.
   Notwendiges Betriebsvermögen stellen nach der Rechtsprechung des BFH die Wirtschaftsgüter dar, die funktional auf den Einsatz im Betrieb ausgerichtet sind und bei denen diese Bestimmung objektiv erkennbar ist. Zum **notwendigen Privatvermögen** gehören solche Wirtschaftsgüter, die keinen anzuerkennenden funktionalen Bezug zum Betrieb aufweisen, die also der privaten Lebensführung des Steuerpflichtigen und seiner Angehörigen dienen.
   Nach Abschnitt 13 Abs. 1 der Einkommensteuerrichtlinien ist bei betrieblich und privat genutzten Wirtschaftsgütern notwendiges Privatvermögen, was zu weniger als 10% betrieblich, notwendiges Betriebsvermögen, was zu mehr als 50% betrieblich genutzt wird. Bei 10–50% betrieblicher Nutzung kann gewillkürtes Betriebsvermögen geschaffen werden.
   Als **gewillkürtes Betriebsvermögen** kommen solche Wirtschaftsgüter in Betracht, die bestimmt und geeignet sind, den Betrieb zu fördern. Die Verknüpfung mit der Ausübung des Betriebs ist daher weniger eng als beim notwendigen Betriebsvermögen, die Rechtsprechung dazu meist großzügig[64] Gewillkürtes Betriebsvermögen durfte nach früheren Rechtsprechung nur in einer Bilanz gebildet werden. Der BFH hat seine Rechtsprechung jedoch geändert[65] und die Bildung von gewillkürtem Betriebsvermögen auch in der Einnahmen-Überschuss-Rechnung zugelassen.

Beispiel:
U erwirbt ein Mehrfamilienwohnhaus. Die Wohnungen vermietet er an seine Arbeiter und ihre Familien zum ortsüblichen Mietzins.

Das Wohnhaus ist kein notwendiges Betriebsvermögen. Seine Erwerbstätigkeit kann U genauso gut ausüben, wenn seine Arbeiter auf dem freien Markt Wohnungen nehmen. Der betriebliche Zusammenhang reicht jedoch für gewillkürtes Betriebsvermögen aus, wenn U das Wohnhaus im Anlagevermögen aktiviert. Bei der Einnahmenüberschussrechnung ist die Zuordnung eines Wirtschaftsguts zum gewillkürten Betriebsvermögen in unmissverständlicher Weise durch entsprechende, zeitnah erstellte Aufzeichnungen auszuweisen.[66]

---

[64] Schmidt/Heinicke § 4 Rn. 151; Beispiele siehe EStR Abschnitt 13 Abs. 9
[65] BFH BStBl 2004 II S. 985
[66] BFH a.a.O.

VII. Entnahmen und Einlagen

1. Entnahmen

176   Das Betriebsvermögen ändert sich nicht nur aus betrieblicher Veranlassung durch Erträge oder Aufwand sondern auch durch **nicht betrieblich veranlasste Vorgänge.** Bei der Buchung der Geschäftsvorfälle ist aus der Veränderung der Bestandskonten nicht ersichtlich, ob diese betriebsbedingt oder privat veranlasst sind. Gemäß § 4 I EStG müssen aber die privaten von den betriebsbedingten Vermögensänderungen unterschieden werden (Rn. 116). Bereits in der Buchführung werden daher die **vermögensändernden Geschäfts-vorfälle** auf einem der Gewinn- und Verlustrechnung zugeordneten **Erfolgskonto** oder einem der Bilanz zugeordneten **Kapital- oder Privatkonto** gegengebucht. Die Summe der Privatentnahmen und die Summe der Privateinlagen eines Geschäftsjahres finden sich deshalb **in der Bilanz beim Kapital.**

     § 4 I 2 EStG definiert als Entnahmen **alle Wirtschaftsgüter,**[67] nämlich
– Barentnahmen
– Waren
– Erzeugnisse
– Nutzungen
– Leistungen.

177   Entnahmen eines Steuerpflichtigen für sich, für seinen Haushalt oder für andere betriebsfremde Zwecke sind mit dem **Teilwert** anzusetzen (Rn. 143). Wenn im Fall einer Entnahme der **Buchwert,** also der Betrag, mit dem das entnommenen Wirtschaftsgut in einer auf diesen Tag zu erstellenden Bilanz aufzunehmen wäre, vom Teilwert abweicht, ergibt sich ein Gewinn oder Verlust.

178   **a) Barentnahmen.** Bei Barentnahmen sind Buchwert und Teilwert gleich, sie sind daher immer erfolgsneutral[68] (Rn. 142).

     Nicht auf Grund steuerlicher Vorschriften sondern zum Zwecke einer übersichtlicheren Erfassung der Privatentnahmen werden diese häufig weiter aufgeschlüsselt. So sehen z. B. die gängigen DATEV-Kontenrahmen SKR 03 und SKR 04 vor:
– Privatentnahmen allgemein (enthält nicht nur Barentnahmen!)
– Privatsteuern
– beschränkt abzugsfähige Sonderausgaben
– unbeschränkt abzugsfähige Sonderausgaben
– Zuwendungen, Spenden
– Außergewöhnliche Belastungen
– Unentgeltliche Wertabgaben
– Grundstücksaufwand.[69]

     Ob von diesen **Buchungsmöglichkeiten** Gebrauch gemacht wird oder ob sogar weitere Unterkonten eingerichtet werden, ist in keiner Weise vorgeschrieben sondern steht **im Belieben des Steuerpflichtigen.** Es besteht auch keine Notwendigkeit, eingerichtete Konten regelmäßig zu bebuchen. So kann er zum Beispiel bei entsprechendem Guthaben die Einkommensteuervorauszahlungen vom Betriebskonto, bei fehlender Liquidität vom Privatkonto überweisen. Privat veranlasste Zahlungen führen u. U. zu steuerschädlichen Überentnahmen (Rn. 260).

179   **b) Entnahmen von Anlagevermögen.** Entnahmen von Anlagevermögen und Umlaufvermögen sind erfolgsneutral, wenn **Buchwert und Teilwert** (Rn. 143) des entnommenen Wirtschaftsgutes **gleich** sind, sie haben jedoch Gewinnauswirkung, wenn der Buchwert nicht mit dem Teilwert übereinstimmt.

---

[67] ABC der Entnahmen bei Schmidt/Glanegger § 6 Rn. 425
[68] Sie ändern den Gewinn nicht
[69] Für privaten Grundbesitz

Beispiel:
U schenkt einen bisher ausschließlich betrieblich genutzten PKW seinem Sohn zum Staatsexamen. Das Fahrzeug war für 24 000 € angeschafft worden und wird durch Absetzung für Abnutzung in der Bilanz noch mit 12 000 € geführt. Der Teilwert[70] beträgt

    a) 12 000 €,   b) 16 000 €,   bzw. c) 8 000 €.

Im Fall a) ergibt sich weder ein Gewinn noch ein Verlust, da Buchwert und Teilwert übereinstimmen. Im Fall b) liegt der Teilwert um 4000 € über dem Buchwert. Durch den tatsächlichen Wertverzehr übersteigende AfA-Raten haben sich **Stille Reserven** gebildet, die bei der Entnahme – wie bei einem Verkauf – aufgelöst und versteuert werden.[71] Im Fall c) ist der Teilwert geringer als der Buchwert; die AfA-Raten waren geringer als der tatsächliche Wertverzehr. Die durch die Entnahme aufgedeckte Differenz wird als erlösschmälernder Aufwand erfasst.

c) Entnahmen von Umlaufvermögen. Auch Umlaufvermögen ist bei der Entnahme **180** mit dem Teilwert anzusetzen. Wäre U in dem unter Rn. 179 dargestellten Beispiel Kfz-Händler und gehörte der PKW zu seinem Gebrauchtwagenbestand, so wäre der Teilwert des Fahrzeugs ebenfalls in Ansatz zu bringen.

Für die in der Praxis regelmäßig vorkommenden Entnahmen von selbst hergestellten Lebensmitteln werden von den Oberfinanzdirektionen Pauschalwerte zugrundegelegt, die jährlich an die wirtschaftliche Entwicklung angepasst werden. Bei diesen Schätzwerten sind nicht nur die Kosten des Wareneinkaufs sondern auch die Verarbeitungs-[72] und die anteiligen Gemeinkosten[73] berücksichtigt.

Die Pauschalen beruhen auf Erfahrungswerten und bieten dem Steuerpflichtigen die Möglichkeit, die Warenentnahmen monatlich pauschal zu verbuchen. Sie entbinden ihn damit von der Aufzeichnung einer Vielzahl von Einzelentnahmen. Diese Regelung dient der Vereinfachung und lässt keine Zu- und Abschläge wegen individueller persönlicher Ess- oder Trinkgewohnheiten zu. Auch Krankheit und Urlaub rechtfertigen keine Änderung der Pauschbeträge. Die Pauschbeträge sind Jahreswerte für eine Person. Für Kinder von über 2 bis zu 12 Jahren ist die Hälfte des jeweiligen Wertes anzusetzen. Tabakwaren sind in den Pauschbeträgen nicht enthalten. Soweit diese entnommen werden, sind die Pauschbeträge entsprechend zu erhöhen (Schätzung). Die pauschalen Werte berücksichtigen im jeweiligen Gewerbezweig das allgemein übliche Warensortiment. Bei gemischten Betrieben (Metzgerei oder Bäckerei mit Lebensmittelangebot oder Gastwirtschaft) ist nur der jeweils höhere Pauschbetrag der entsprechenden Gewerbeklasse anzusetzen.

Für 2008 gelten folgende Werte für den Eigenverbrauch (Jahresbetrag pro erwachsene Person):[74]

Gewerbezweig	Jahreswerte für eine Person ohne Umsatzsteuer (in €)		
	ermäßigter Steuersatz	voller Steuersatz	insgesamt
Bäckerei	790	401	1191
Fleischerei	627	940	1567
Gast- und Speisewirtschaften			
a) mit Abgabe von kalten Speisen	752	1128	1880
b) mit Abgabe von kalten und warmen Speisen	1040	1855	2895

---

[70] Hier gleich dem Einzelveräußungspreis, Schmidt/Glanegger § 6 Rn. 228
[71] Bei umsatzsteuerpflichtigen Unternehmer fallen auch 16% Umsatzsteuer an
[72] Insbesondere Lohnkosten, Hilfsstoffe
[73] Alle betrieblichen Festkosten
[74] Fundstelle: http://www.urbs.de/zahlen/change.htm?lohn2.htm

Gewerbezweig	Jahreswerte für eine Person ohne Umsatzsteuer (in €)		
	ermäßigter Steuersatz	voller Steuersatz	insge-samt
Getränkeeinzelhandel		339	339
Konditorei und Café	802	690	1492
Milch, Milcherzeugnisse, Fettwaren und Eier (Einzelhandel)	477	63	540
Nahrungs- und Genussmittel (Einzelhandel)	1090	527	1617
Obst, Gemüse, Südfrüchte und Kartoffeln (Einzelhandel)	251	188	439

181   **d) Nutzungs- und Leistungsentnahmen.** Die Nutzung betrieblicher Wirtschaftsgüter und die Inanspruchnahme von betrieblichen Leistungen sind als Entnahme zu erfassen. Da sich der Wert der Nutzungen und Leistungen nicht in der Bilanz verkörpert, führen derartige Entnahmen mit ihrem vollen Wert zu steuerpflichtigen Erlösen. der Unternehmer wird im Ergebnis so behandelt, als hätte er die Nutzungen oder Leistungen einem fremden Dritten gegen Entgelt gewährt und den daraus erzielten Erlös entnommen. Allerdings bleibt die dabei zu erzielende Gewinnspanne außer Ansatz; es werden die Selbstkosten angesetzt.

Bei dem in der Praxis häufigsten Fall, der **privaten Nutzung eines betrieblichen PKW,**[75] der zu mehr als 50% betrieblich genutzt wird, sind nach § 6 I Nr. 4 Satz 2 EStG für den **Privatanteil monatlich 1% des Bruttolistenpreises** einschließlich Sonderausstattung anzusetzen sind, sofern der Steuerpflichtige nicht ein ordnungsgemäßes **Fahrtenbuch** führt und dadurch die Aufteilung der betrieblichen und privaten Nutzung belegen kann.

Fahrten zwischen Wohnung und Arbeitsstätte gelten ab dem 1. 1. 2007 nicht mehr als Betriebsausgaben. Es werden daher gemäß § 6 I Nr. 4 Satz 3 **0,03% pro Entfernungskilometer** pro Entfernungskilometer gewinnerhöhend zugerechnet, wenn das Fahrzeug – auch nur gelegentlich – für **Fahrten zwischen Wohnung und Arbeitsstätte** benutzt wird. Der Listenpreis ist auch Gebrauchtfahrzeugen oder mit Rabatt erworbenen Fahrzeugen anzusetzen. Wie bei nichtselbständig Tätigen wird nur für die 20 km übersteigende Entfernung[75a] zwischen Wohnung und Arbeitsstätte ein Pauschalbetrag von 0,30 € als Betriebsausgabe zugelassen.

Entfallen **nicht mehr als 50% auf die betriebliche Nutzung,** so ist der **betriebliche Anteil** vom Steuerpflichtigen **glaubhaft zu machen.** Dies erfolgt in der Regel durch Aufzeichnungen über einen repräsentativen Zeitraum; an die Aufzeichnungen werden nicht die gleichen Anforderungen wie an ein Fahrtenbuch gestellt.

Der Umfang des **Privatanteils** an den Kosten privater und betrieblicher **Telefonnutzung** wird dagegen geschätzt.

2. Einlagen

182   Einlagen bestehen nicht ausschließlich in **Bareinzahlungen.** In Betracht kommen nach § 4 I 5 EStG daneben alle **sonstigen Wirtschaftsgüter.**[76]

Wie Barentnahmen führen auch Bareinzahlungen weder zu Ertrag noch zu Aufwand. Auch für Einlagen können in der Buchführung beliebige Unterkonten geführt werden, was nur sinnvoll ist, wenn es sich um regelmäßige Einlagen handelt. So wird in den DATEV-Kontenrahmen SKR 03 und SKR 04 auch nur ein Konto „Grundstücksertrag"[77] genannt.

---

[75] Einzelheiten im Schreiben des Bundesfinanzministeriums vom 7. 7. 2006 BStBl 2006 I S. 446
[75a] Nach Auffassung des BFH verfassungswidrig; 2 BvL 2/07 noch nicht entschieden
[76] ABC der Einlagen bei Schmidt/Glanegger § 6 Rn. 441
[77] Für privaten Grundbesitz

Privat verauslagte Betriebsausgaben werden als Privateinlage erfasst, wenn der Steuerpflichtige sich die verauslagten Kosten nicht aus dem Betriebsvermögen (Kasse, Bank) erstatten lässt.

Beispiel:
U benutzt für eine Geschäftsreise den PKW seiner Ehefrau, weil sich das Geschäftsfahrzeug in der Reparatur befindet. Die Kosten für die Übernachtung zahlt er mit seiner privaten Kreditkarte. Auf der Rückfahrt wird er unverschuldet in einen Unfall verwickelt; der Unfallverursacher flüchtet unerkannt. Das Fahrzeug erleidet einen Totalschaden. Es besteht keine Kaskoversicherung.

U kann die Kosten der PKW Nutzung mit einem Pauschalbetrag von 0,30 €/km als Einlage buchen, ebenso die Übernachtungskosten. Der Wert des Fahrzeugs vor dem Unfall wird als „Aufwandseinlage" gebucht.[78]

4. Abschnitt: Sonstige Gewinneinkünfte – Einkommensermittlung durch Einnahmen-Überschuss-Rechnung und nach Durchschnittssätzen sowie das Einkommen von Personengesellschaften

I. Einnahmen-Überschuss-Rechnung

1. Gesetzliche Grundlagen und Personenkreis

Die Gewinnermittlung durch Einnahmen-Überschuss-Rechnung stellt die **Ausnahme** **gegenüber** der Gewinnermittlung durch **Betriebsvermögensvergleich** dar. Nur in den Fällen, in denen sich nicht aus den im 3. Abschnitt dargelegten Vorschriften die Verpflichtung zur Gewinnermittlung durch Betriebsvermögensvergleich ergibt, darf der Steuerpflichtige gemäß **§ 4 III EStG** als Gewinn den **Überschuss der Einnahmen über die Ausgaben** ansetzen.[1]   **183**

Nach § 140 AO i. V. m. §§ 1, 238 HGB ist jeder Gewerbetreibende von der Einnahmen-Überschuss-Rechnung ausgeschlossen und zur Gewinnermittlung durch Betriebsvermögensvergleich verpflichtet, wenn sein Unternehmen einen kaufmännischen Geschäftsbetrieb erfordert oder im Handelsregister eingetragen ist.

Nach § 141 AO kommt bei **Gewerbetreibenden** die Einnahmen-Überschuss-Rechnung nur in Betracht, wenn
* die Umsätze 500 000 €[2]
  oder
* der Gewinn 30 000 €
  im Wirtschaftsjahr, bei Einkünften aus **Land- und Forstwirtschaft**
* selbstbewirtschaftete land- und forstwirtschaftliche Flächen mit einem Wirtschaftswert von mehr als 25000 €
  oder
* der Gewinn 30000 €
  im Kalenderjahr nicht übersteigen.

Diese Einschränkungen gelten nach den Vorschriften der Abgabenordnung nicht für **Einkünfte aus selbstständiger Arbeit.** Derartige Einkünfte erzielen nach § 18 EStG unter anderem   **184**
– Wissenschaftler, Künstler, Schriftsteller, Lehrende und Erzieher,
– Ärzte, Zahnärzte, Tierärzte, Rechtsanwälte, Notare, Patentanwälte, Steuerberater
– Vermessungsingenieure, Ingenieure, Architekten,
– Heilpraktiker, Krankengymnasten sowie
– Journalisten, Dolmetscher und Übersetzer,
sofern sie in keinem Anstellungsverhältnis[3] stehen.

---

[78] Schmidt/Glanegger § 6 Rn. 441 „Aufwandseinlage"
[1] Schmidt/Heinicke § 4 Rn. 4
[2] Bis 31. 12. 2006: 350000 €
[3] Zur Scheinselbstständigkeit Schmidt EStG/Wacker § 18 Rn. 7

185   **Selbstständige** sind von der Gewinnermittlung durch Einnahmen-Überschuss-Rechnung nur nach § 5 I EStG ausgeschlossen, d. h. wenn sie freiwillig Bücher führen und Abschlüsse machen. Buchführung in diesem Sinn ist die doppelte Buchführung unter Zugrundelegung der periodengerechten Gewinnermittlung.[4]

Die **Einnahmen-Überschuss-Rechnung** ist **für Selbstständige der Regelfall,** für Gewerbetreibende die Ausnahme.

2. Methode der Gewinnermittlung

186   In der Einnahmen-Überschuss-Rechnung sind alle **Einnahmen** und **Ausgaben** zu erfassen, soweit es sich nicht um solche handelt, die im Namen und für Rechnung eines anderen vereinnahmt oder verausgabt werden, wie z. B. Fremdgelder oder Gerichtskosten bei Rechtsanwälten. **Einnahmen** sind in § 4 III EStG nicht definiert. In entsprechender Anwendung von § 8 I EStG[5] sind es

„alle Güter, die in Geld oder Geldeswert bestehen und dem Steuerpflichtigen im Rahmen einer der Einkunfts-arten zugeflossen sind. "

Eine klare Unterscheidung zwischen Betriebsausgaben und Aufwendungen gibt das EStG nicht.[6] Auch in der Rechtsprechung und der steuerlichen Fachliteratur werden die Begriffe meist synonym verwendet. Jedoch wird man in Parallele zur Unterscheidung von Erträgen und Betriebseinnahmen als Aufwand die wirtschaftliche Auswirkung und als Betriebsausgabe den Abfluss von Geld oder Geldeswert anzusehen haben.

Während also in der Gewinn- und Verlustrechnung unabhängig vom Zeitpunkt des Zuflusses oder Abflusses der Einnahmen und Betriebsausgaben diese als **Ertrag und Aufwand** erfasst werden, sobald sie sich im Betriebsvermögen auswirken (Rn. 162), werden in der Einnahmen-Überschuss-Rechnung gemäß § 11 I Satz 1 und II Satz 1 EStG **Einnahmen** und **Ausgaben** aufgezeichnet, die als **innerhalb des Kalenderjahres bezogen** gelten, **in dem sie** dem Steuerpflichtigen **zu- bzw. abgeflossen** sind.

187   Das **Zuflussprinzip** in der Einnahmen-Überschuss-Rechnung wird jedoch in § 11 EStG insoweit eingeschränkt, als **regelmäßig wiederkehrende Einnahmen,** die kurz vor Beginn oder kurze Zeit nach Beendigung des Kalenderjahres fällig werden, als in dem Kalenderjahr getätigt gelten, dem sie wirtschaftlich zuzuordnen sind, mithin **periodengerecht** erfasst werden.

Beispiel:
1. U zahlt die Miete für seinen Laden an V durch Dauerauftrag zum Ersten des jeweiligen Monats. Wegen des Neujahrstages buchte die Bank die Januarmiete bereits kurz vor dem Ende des Wirtschaftsjahres 01 von seinem Konto ab.
2. Mit K hat U in einem Unternehmensberatervertrag vereinbart, dass er monatlich im Voraus ein Pauschalhonorar erhält. Da K über die Jahreswende verreist, überweist er vor seiner Abreise das Januarhonorar an U, auf dessen Konto es kurz vor Jahresende eingeht.

Bei strenger Anwendung des Zuflussprinzips müsste U das Honorar in 01 als Erlös, die Miete als Betriebsausgabe erfassen. Gemäß § 11 EStG gilt jedoch für derartige Fälle nicht das Zuflussprinzip sondern ausnahmsweise die **periodengerechte Gewinnermittlung.** Voraussetzung ist allerdings, dass die **Zahlungen kurz vor oder nach dem Jahreswechsel** erfolgen, wobei nur ein **Zeitraum von höchstens zehn Tagen** als kurz gilt. Abgeführte Lohnsteuern und Sozialabgaben – fällig am 15. des Folgemonats – werden daher erst im Folgejahr erfasst, auch wenn sie wirtschaftlich dem Kalenderjahr zuzuordnen sind.

Unter diese Regelung fallen auch
– Zinsen
– Zahlung von Arbeitslohn

---

[4] Schmidt/Weber-Grellet § 5 Rn. 15; BFH, BStBl II 1990, 287
[5] Schmidt/Heinicke § 4 Rn. 420
[6] Vgl. § 4 IV EStG

- Honorarzahlungen der kassenärztlichen Vereinigung,
- Umsatzsteuervorauszahlungen.[7]

3. Steuerliche Unterlagen

Bei der Gewinnermittlung durch Einnahmen-Überschuss-Rechnung braucht **keine Bi-** 188
lanz aufgestellt zu werden, da das Betriebsvermögen und seine Veränderungen für die
Gewinnermittlung ohne Bedeutung sind. **Nach § 4 III EStG** besteht **keine Notwendigkeit irgendwelche Aufzeichnungen** zu fertigen. Es muss keine Inventur gemacht werden;
es wäre steuerrechtlich nicht zu beanstanden, wenn lediglich eine Belegsammlung vorgelegt
würde, aus der sich die betrieblichen Einnahmen und Ausgaben ersehen lassen.[8]
Dennoch bestehen auch bei der Gewinnermittlung durch Einnahmen-Überschuss-Rech-
nung Aufzeichnungspflichten; es sind gemäß Abschnitt H 18.2 der aktuellen Einkommensteuerrichtlinien u. a. zu führen:
- Verzeichnis sofort abgeschriebener geringwertiger Wirtschaftsgüter nach § 6 II EStG
- Verzeichnis nicht abnutzbarer Anlagegüter gemäß § 4 III Satz 5 EStG
- Anlageverzeichnis für degressive und Sonderabschreibung
- besondere Aufzeichnungen für Entnahmen und Einlagen gemäß § 4 Abs. 4 a Satz 6
  EStG.
Wenn Einkünfte in unterhaltsrechtlich relevanter Höhe erzielt werden, dürfte der Steuer- 189
und Unterhaltspflichtige nicht nur eine Einnahmen-Überschuss-Rechnung sondern auch
Buchführungsunterlagen besitzen, die von gleicher Qualität sind, wie die bei der Ge-
winnermittlung durch Betriebsvermögensvergleich. **In aller Regel** wird wie beim bilanzierenden Steuerpflichtigen auf eine **EDV-Buchführung** zurückgegriffen werden können.
Die EDV-Buchführung baut auf demselben **Kontenrahmen** auf wie die **Doppelte
Buchführung** für die Gewinn- und Verlustrechnung.[9] Sie unterscheidet sich ausschließlich
dadurch, dass die Geschäftsvorfälle erst zum Zeitpunkt des Zuflusses oder Abflusses erfasst
werden.[10] Forderungen und Verbindlichkeiten, Rechnungsabgrenzungsposten, Rückstellungen etc. werden daher nicht bebucht. Die Konten des Anlagevermögens und teilweise des
Umlaufvermögens (Kasse, Banken) sowie die Privatkonten werden bebucht, in der Einnahmen-Überschuss-Rechnung am Jahresende aber nicht ausgedruckt.
Zu Kontrollzwecken (Abstimmung der Buchungen) werden sie jedoch mit der Einnahmen-Überschuss-Rechnung als „**Sonstige Konten**" erfasst und ausgedruckt.

4. Unterschiede zur Gewinn- und Verlustrechnung

a) Zuflussprinzip. Einnahmen und Ausgaben werden bei der Gewinnermittlung durch 190
Einnahmen-Überschuss-Rechnung zum **Zeitpunkt** des Zu- oder Abflusses erfasst. Auf die
Auswirkung auf das Betriebsvermögen kommt es nicht an, eine Zuordnung zu Jahr der
wirtschaftlichen Veranlassung erfolgt nicht.[11] Der Steuerpflichtige, der seinen Gewinn durch
Einnahmen-Überschuss-Rechnung ermittelt, hat es in der Hand, den **Gewinn** auf das
folgende Jahr zu **verschieben,** dass er
- Betriebseinnahmen erst im Folgejahr einzieht,
- im Folgejahr fällige Rechnungen schon vor Jahresende bezahlt,
- Vorschüsse auf ihm noch nicht erbrachte Leistungen zahlt.
Umgekehrt kann er **Gewinne** in ein früheres Jahr **vorziehen,** indem er
- auf noch nicht abgeschlossene Leistungen Vorschüsse einzieht,
- Rechnungen trotz Fälligkeit erst im Folgejahr bezahlt.

---

[7] BFH, DStR 2007, 1856
[8] Schmidt/Heinicke § 4 Rn. 374 f.
[9] In aller Regel wird der Kontenrahmen SKR 03 verwendet
[10] Zu den Besonderheiten beim Anlagevermögen vgl. Rn. 193 ff. und Entnahmen von betrieblichen
  Wirtschaftsgütern vgl. Rn. 196 f.
[11] Schmidt/Heinicke § 4 Rn. 370 f.

Während dies bei der Gewinnermittlung durch Betriebsvermögensvergleich eine Steuerverkürzung darstellen würde, ist es in der Einnahmen-Überschuss-Rechnung erlaubt.

191   Der **Totalgewinn,** also der gesamte Gewinn zwischen Beginn und Beendigung der Einkunftserzielung ist mit dem durch Betriebsvermögensvergleich ermittelten Gewinn gleich.[12] Dies gilt zum größten Teil auch in kurzen Zeitabschnitten, da der Bildung der für die periodengerechte Gewinnermittlung erforderlichen Bilanzposten die Auflösung der entsprechenden Posten aus dem Vorjahr gegenübersteht (Rn. 164, 167 und 169).

192   Während die **Umsatzsteuer,** die **Vorsteuer** und die **Zahlung oder Erstattung von Umsatzsteuer** in der Gewinn- und Verlustrechnung keine Auswirkungen auf den Gewinn haben, werden sie in der Einnahmen-Überschuss-Rechnung beim Zufluss als Einnahme, beim Abfluss als Ausgabe behandelt. Durch **Anschaffung hochwertiger Anlagegüter** kann daher auf Grund der sofort nach Vorlage der Rechnung mit Umsatzsteuerausweis abzugsfähigen Vorsteuer eine gravierende Gewinnverschiebung herbeigeführt werden, ohne dass steuerrechtlich zu beanstanden wäre.

> **Beispiel:**
> Der nicht bilanzierungspflichtige Selbstständige U kauft am Anfang Dezember einen ausschließlich betrieblich genutzten PKW für 60 000 € zuzüglich 11 400 € Umsatzsteuer.

Die im Kaufpreis enthaltene **Vorsteuer** kann U in der Einnahmen-Überschuss-Rechnung für das abgelaufene Geschäftsjahr **gewinnmindernd** als Betriebsausgabe ansetzen, sobald ihm die Rechung mit ausgewiesener Umsatzsteuer vorliegt. Im Januar des folgenden Jahres mindert sie die von U zu zahlende Umsatzsteuer und erhöht damit den Gewinn. Im Gegensatz zur Gewinnermittlung durch Betriebsvermögensvergleich, bei der die Umsatzsteuer gewinnneutral behandelt wird (Rn. 166), wirkt sie sich in der Einnahmen-Überschuss-Rechnung auf den Gewinn aus.

Umgekehrt wirkt sich die eingenommene Umsatzsteuer gewinnerhöhend aus:

> **Beispiel:**
> R erhält Ende des Geschäftsjahres ein Anwaltshonorar von 1000 € zuzüglich 190 € Umsatzsteuer.

Die Umsatzsteuer erhöht das Einkommen von R, obwohl sie bereits im Januar des folgenden Jahres an das Finanzamt abgeführt wird und das Einkommen des R wieder mindert.

193   Während in der Gewinn- und Verlustrechnung durch Rechnungsabgrenzung **Vorauszahlungen von Jahresbeiträgen** u. ä. auf das laufende und folgende Jahr, **Disagio** und **Leasingsonderzahlungen** auf mehrere Jahre verteilt werden, stellen sie in der Einnahmen-Überschuss-Rechnung **sofort abzugsfähige Betriebsausgaben** dar.[13]

> **Beispiel:**
> U nimmt für die Anschaffung einer Maschine einen Kredit in Höhe von 100 000 € auf. Die Bank zahlt den Betrag an den Lieferanten und bucht vom Geschäftskonto das vereinbarte Disagio von 10% = 10 000 € ab. Die Laufzeit für das Darlehen beträgt fünf Jahre.

Während das Disagio für das zweite bis fünfte Jahr in der Bilanz im Wege der Rechnungsabgrenzung gewinnerhöhend zu aktivieren und Jahr für Jahr mit 2000 € aufzulösen ist (Rn. 167), kann es in der Einnahmen-Überschuss-Rechnung sofort als Betriebsausgabe angezogen werden.

194   **b) Umlaufvermögen.** Während die **Anschaffung** von Umlaufvermögen in der Gewinn- und Verlustrechnung nicht zu einer Gewinnminderung führt (Rn. 174), stellen die Anschaffungskosten in der Einnahmen-Überschuss-Rechnung zum Zeitpunkt des Abflusses eine gewinnmindernde Betriebsausgabe dar. Durch **Erhöhung des Vorrates** an hochwertigem Umlaufvermögen lassen sich daher u. U. massive Gewinnverschiebungen herbeiführen.

> **Beispiel:**
> Um das in diesem Jahr überdurchschnittlich hohe Einkommen zu kompensieren kauft und bezahlt der Zahnarzt Z zum Ende im Dezember einen für sieben Jahre reichenden Vorrat an Zahngold.

Der Bundesfinanzhof hat das Vorliegen einer sofort abzugsfähigen Betriebsausgabe bejaht.[14]

---

[12] Schmidt/Heinicke § 4 Rn. 10
[13] Schmidt/Heinicke § 4 Rn. 385
[14] BFH BStBl 1994 II, 750

Qualitative Bestandsveränderungen durch Verarbeitung von Umlaufvermögen (Rn. 174) wirken sich dagegen in der Einnahmen-Überschuss-Rechnung nicht auf Gewinn aus, ebenso wenig Veränderungen des Marktwertes bereits angeschaffter Warenvorräte. Die Wertsteigerung wirkt sich erst bei der Veräußerung aus.

c) Das Anlagevermögen in der Einnahmen-Überschussrechnung. Bei Aufwen- **195** dungen für die **Anschaffung von** Wirtschaftsgütern des Anlagevermögens wird das **Zuflussprinzip durchbrochen.** Obwohl die Anschaffungskosten Ausgaben im Sinn des § 11 II EStG sind, darf der Steuerpflichtige sie erst im Jahr der Veräußerung als Betriebsausgabe berücksichtigen, gemäß § 4 III Satz 3 EStG bei abnutzbaren Wirtschaftsgütern des Anlagevermögens nicht die Anschaffungskosten sondern nur die **AfA gemäß § 7 EStG** wie eine Betriebsausgabe berücksichtigen.

Beispiel:
A hat Anfang Januar 1 zum Betrieb einer Arztpraxis ein Geschäftshaus erworben. Die Anschaffungskosten betrugen umgerechnet 300 000 €, A hat den Betrag aus einer Erbschaft auf das Praxiskonto eingezahlt und von dort bei Fälligkeit von Kaufpreis und diversen Anschaffungsnebenkosten die Überweisungen getätigt. Von den Anschaffungskosten entfielen 100 000 € auf das Grundstück. Ende Dezember 2003 verkauft er das Objekt zum Preis von 360 000 €. Auf das Grundstück entfallen davon 120 000 €.

Jahr	Vorgang	Betrag	Gewinnauswirkung
01	Kauf		
	Grundstück	100 000 €	
	Gebäude	200 000 €	0 €
01	AfA § 7 IV EStG	6 000 €	– 6 000 €
02	AfA § 7 IV EStG	6 000 €	– 6 000 €
03	AfA § 7 IV EStG	6 000 €	– 6 000 €
03	Verkauf		
	Grundstück	120 000 €	+ 20 000 €
	Gebäude	240 000 €	+ 58 000 €

Obwohl aus betrieblicher Veranlassung im Jahr 01 umgerechnet 300 000 € abgeflossen sind, darf A diese nicht als Betriebsausgabe absetzen. Gemäß § 4 III Satz 4 EStG dürfen die **Anschaffungskosten für das Grundstück** erst **bei der Veräußerung,** die **für das Gebäude** nur im Wege der **AfA nach § 7 IV EStG** einkommensmindernd als Betriebsausgabe angesetzt werden.

Beim Grundstück ist der anteilige Verkaufspreis von 120 000 € als Einnahme, der anteilige Kaufpreis von 100 000 € als Ausgabe anzusetzen. Daraus ergibt sich ein Veräußerungsgewinn von 20 000 €. Beim Gebäude stellt ebenfalls der anteilige Verkaufspreis von 240 000 € eine Einnahme dar. Die Differenz zwischen dem Verkehrswert 240 000 € und dem Buchwert von 182 000 € ergibt den Veräußerungsgewinn von 64 000 €.

Durch diese Sondervorschriften erfolgt eine **Gleichstellung** mit der Behandlung **des Anlagevermögens** in der Gewinnermittlung durch **Betriebsvermögensvergleich.** In Abänderung seiner früheren Rechtsprechung hat der Bundesfinanzhof auch in der Einnahmen-Überschuss-Rechnung **gewillkürtes Betriebsvermögen** zugelassen (Rn. 175).

Die **„Wertverzehrthese",** die besagt, dass die Anschaffung abnutzbarer Wirtschaftsgüter **196** eine Vermögensumschichtung darstellt und erst der quantitative oder qualitative Wertverzehr durch die Abnutzung einen steuerlich relevanten Aufwand ausmacht, ist für die Einnahmen-Überschuss-Rechnung **nicht anwendbar,** da auch der Wertverzehr keinen Geldabfluss, also keine Betriebsausgabe darstellt. Nach der **„Aufwandsverteilungsthese"**[15] stellen die Anschaffungskosten an sich sofort abzugsfähige Betriebsausgaben dar, die jedoch auf Grund der gesetzlichen AfA-Regelung über die betriebsübliche Nutzungsdauer verteilt werden müssen.

---

[15] Vgl. dazu im Einzelnen Schmidt/Kulosa § 7 Rn. 2; Kemper FuR 2003, 113 ff. und 168 ff., FamRZ 2003, 1430

197   **d) Entnahmen und Einlagen.** Der Gewinn ergibt sich in der Einnahmen-Überschuss-Rechnung aus dem Überschuss der **Betriebs**einnahmen über die **Betriebs**ausgaben. Nur diese sind daher bei der Gewinnermittlung zu erfassen. **Privat veranlasste** Entnahmen oder Einlagen von Geld oder Geldeswerten sind daher **ohne Relevanz.** Einer ausdrücklichen Regelung, dass sie sich nicht auf den Gewinn auswirken dürfen, wie sie für die Gewinnermittlung durch Betriebsvermögensvergleich in § 4 I EStG enthalten ist, bedarf es für die Einnahmen-Überschuss-Rechnung daher nicht. Entnahmen und Einlagen brauchten daher bis 1999 nicht aufgezeichnet werden und erschienen nicht in der Einnahmen-Überschuss-Rechnung.

Dies hat sich durch die Einfügung des § 4 IVa EStG geändert, der in Satz 6 eine gesonderte Aufzeichnung von Einnahmen und Ausgaben zum Zweck der Ermittlung von Überentnahmen vorschreibt.[16]

Es gibt in der Einnahmen-Überschuss-Rechnung **keine Privatkonten,** da diese zu der Bilanz zugeordneten Bestandskonten gehören (Rn. 141). Da in der Regel auch für die Aufzeichnung zur Einnahmen-Überschuss-Rechnung die doppelte Buchführung verwendet wird (Rn. 190), werden **in der Buchführung** auch die **Privatkonten** geführt und bebucht und neben der Einnahmen-Überschuss-Rechnung als „Sonstige Konten" ausgedruckt.[17]

198   Anders ist es jedoch bei der **Entnahme oder der privaten Nutzung von Wirtschaftsgütern.** Diese führen zu unentgeltlichen Wertabgaben, die wie in der Gewinnermittlung durch **Betriebsvermögensvergleich** behandelt werden (Rn. 179–181). Für die Einkommensermittlung ist jedoch nicht die Entnahme als solche sondern nur die Gewinnauswirkung der Entnahmehandlung, nämlich die **Aufdeckung stiller Reserven** (Rn. 144 und 159), entscheidend. Sie wird – wie in der Gewinn- und Verlustrechnung beim Ertrag – in der Einnahmen-Überschuss-Rechnung **bei den Einnahmen erfasst.**[18]

II. Gewinnermittlung nach Durchschnittssätzen

1. Zum Personenkreis und zur Einkommensermittlung

199   Zum Personenkreis, der seine Gewinne nach Durchschnittssätzen gemäß § 13 a EStG ermitteln kann, zählen ausschließlich **Land- und Forstwirte.** Voraussetzung ist aber, dass
– keine Verpflichtung zur Buchführung und zum Jahresabschluss besteht (§ 13 a Abs. 1 Nr. 1 EStG) und
– ein im Einzelnen gesetzlich bestimmter Umfang der Landwirtschaft nicht überschritten wird (§ 13 a Abs. 1 Nr. 2–4 EStG).
Landwirte, die buchführungspflichtig sind und einen Jahresabschluss machen müssen, haben dies auch zum Zweck der Gewinnermittlung zu tun.[19] Besteht eine solche Verpflichtung nicht, werden jedoch die in § 13 a Abs. 1 Nr. 2–4 EStG vorgegebenen Werte überschritten, so besteht auch für Land- und Forstwirte die Verpflichtung zur Gewinnermittlung durch Einnahmen-Überschuss-Rechnung nach § 4 Abs. 3 EStG (Rn. 183 ff.).

2. Die Ermittlung der Durchschnittssätze

200   Gemäß § 13 a III EStG setzt sich der Durchschnittssatzgewinn zusammen aus
– dem Grundbetrag (IV),
– den Zuschlägen für Sondernutzungen (V),

---

[16] Nach Auffassung von Strohal Rn. 140 besteht die Aufzeichnungspflicht nur im Fall von Überentnahmen vor. Dies ist nicht zutreffend, da nur anhand der Aufzeichnung der Entnahmen und Einlagen im Vergleich mit dem Gewinn festgestellt werden kann, ob Überentnahmen vorliegen. Zutreffend Schmidt/Heinicke § 4 Rn. 376

[17] Wegen der Einzelheiten kann daher auf Rn. 178 verwiesen werden

[18] Die Gleichbehandlung ergibt sich aus der Gleichstellung der Einnahmen-Überschuss-Rechnung mit dem Betriebsvermögensvergleich in § 4 III Satz 3 und 4 EStG

[19] Schmidt/Seeger § 13a EStG Rn. 5 ff.; In diesem Fall kann auf die Ausführungen zur Gewinnermittlung im 3. Abschnitt verwiesen werden

- den nach VI zu ermitelnden Gewinnen,
- den vereinnahmten Miet- und Pachtzinsen,
- den vereinnahmten Kapitalerträgen, die sich aus Kapitalanlagen von Veräußerungserlösen im Sinne des Absatzes 6 Satz 1 Nr. 2 ergeben.

Die Höhe des Grundbetrags richtet sich bei der landwirtschaftlichen Nutzung nach dem Hektarwert der selbst bewirtschafteten Fläche. Je Hektar sind zwischen 205 € und 512 € anzusetzen.[20]

Was tatsächlich aus der landwirtschaftlichen Nutzung erwirtschaftet worden ist, ist nur in **201** den Fällen von steuerlicher Relevanz, in denen der Landwirt freiwillig oder auf Grund gesetzlicher Vorschriften seinen Gewinn durch Einnahmen-Überschuss-Rechnung oder Bilanz mit Gewinn- und Verlustrechnung ermittelt. Der nach Durchschnittsätzen ermittelte Gewinn hat mit den realen Verhältnissen nichts gemein.

III. Einkommensermittlung durch Schätzung

Soweit die Finanzbehörde den Gewinn nicht ermitteln oder berechnen kann, hat sie nach **202** § 162 AO die **Besteuerungsgrundlagen** zu **schätzen.** Geschätzt wird nicht der Gewinn als solcher, geschätzt werden dürfen **nur Tatsachen.**[21] Dies ist regelmäßig der Fall, wenn dem Steuerpflichtigen die genaue Ermittlung der einkunftsrelevanten Tatsachen nicht möglich oder nicht zuzumuten ist.

Beispiel:
A hat seine Praxis und seine Wohnung im selben Gebäude. An die Telefonanlage sind die Telefongeräte der Wohnung und der Praxis angeschlossen.

Die Finanzbehörde wird den privaten Anteil an den Telefonkosten nach ihren Erfahrungssätzen schätzen.[22]

Sofern die vom Steuerpflichtigen erteilten **Auskünfte nicht ausreichen** oder **Unterlagen,** die der Steuerpflichtige zu führen hat, **nicht vorgelegt** werden oder es ihnen an Beweiskraft ermangelt, können die gesamten Besteuerungsgrundlagen **geschätzt** werden.

IV. Wechsel der Gewinnermittlungsart

Steuerpflichtige, die nicht auf Grund der gesetzlichen Bestimmungen zur Gewinnermitt- **203** lung durch Betriebsvermögensvergleich verpflichtet sind, können durch die **Art ihrer Aufzeichnungen** die **Art der Gewinnermittlung** bestimmen. Freiwillige Buchführung mit Abschlusserstellung zwingt zur Gewinnermittlung durch durch Betriebsvermögensvergleich[23] (Rn. 185). Der Wechsel der Gewinnermittlungsart ist nur zum Beginn eines Wirtschaftsjahres möglich. Die notwendigen Maßnahmen beim Wechsel von der Einnahmen-Überschuss-Rechnung zum Betriebsvermögensvergleich sind zum Jahresbeginn erforderlich und können nicht nachgeholt werden.[24] Der Steuerpflichtige ist an seine Wahl drei Jahre gebunden.

Durch **Zurechnung von Forderungen und Warenbestand, Abzug von Anzahlungen, Verbindlichkeiten, und Rückstellung sowie Zurechnung oder Abzug von Rechnungsabgrenzungsposten** ergibt sich eine Veränderung des Gewinns, in der Regel eine Erhöhung, weil neben den vor dem Wechsel mangels Zufluss noch nicht versteuerten Erträgen auch die am Jahresende noch nicht zugeflossenen Betriebseinnahmen nach dem Prinzip der periodengerechten Gewinnermittlung gewinnerhöhend erfasst werden müssen,

---

[20] Stand 2008
[21] Klein, Abgabenordnung, 7. Aufl., § 162 Nr. 2
[22] BFH BStBl 1979, 149; vgl. auch Rn. 180
[23] Schmidt/Heinicke § 4 Rn. 377
[24] Schmidt/Heinicke § 4 Rn. 6

während die Erfassung von Betriebsausgaben und Aufwand meistens geringer ist. Dieser sogenannte **Übergangsgewinn** (Saldo aus Zu- und Abrechnungen) kann auf drei Jahre verteilt werden.[25]

V. Ermittlung des Einkommens aus Beteiligung an Gesellschaften

1. Gesetzliche Grundlagen und Personenkreis

204 **Personengesellschaften,** nämlich
– Gesellschaften bürgerlichen Rechts,
– Partnerschaftsgesellschaften,
– offenen Handelsgesellschaften,
– Kommanditgesellschaften[26]
sind als solche nicht einkommensteuerpflichtig.[27] In § 1 I EStG werden nur natürliche Personen aufgeführt. Einkommensteuerpflichtig sind ihre Gesellschafter. Ihre Einkünfte, gleich welcher Art (Rn. 37) sie sind, werden nach § 15 I Nr. 2 EStG als Einkünfte aus Gewerbebetrieb behandelt (Ausnahme Rn. 205). Die Personengesellschaft trägt aber die Umsatzsteuer und die Gewerbesteuer. Einkommensteuerpflichtig sind aber die einzelnen Gesellschafter mit ihren jeweiligen Gewinnanteilen.[28] Steuerrechtlich werden diese Personenvereinigungen als **Mitunternehmerschaften bezeichnet.**[29]

Wenn Gesellschafter von einer Personengesellschaft Einkünfte beziehen, z. B. Tätigkeitsvergütungen, Vermietung oder Darlehen, werden diese im Rahmen der Gewinnverteilung den jeweiligen Gesellschaftern zugeordnet. Verträge zwischen der Personengesellschaft und ihren Gesellschaftern werden **steuerrechtlich nicht anerkannt** (Rn. 206 ff.).

204 a Anders ist es bei den **Kapitalgesellschaften.** Dieses sind nach § 1 des Körperschaftssteuergesetzes (KStG)
– Kapitalgesellschaften (insbesondere Europäische Gesellschaften, Aktiengesellschaften, Kommanditgesellschaften auf Aktien, Gesellschaften mit beschränkter Haftung);
– Genossenschaften einschließlich der Europäischen Genossenschaften;
– Versicherungs- und Pensionsfondsvereine auf Gegenseitigkeit;
– sonstige juristische Personen des privaten Rechts;
– nichtrechtsfähige Vereine, Anstalten, Stiftungen und andere Zweckvermögen des privaten Rechts;
– Betriebe gewerblicher Art von juristischen Personen des öffentlichen Rechts.
Körperschaften sind eigene Steuersubjekte. Deshalb werden Verträge zwischen der Körperschaft und ihren Anteilseigner auch steuerrechtlich anerkannt. Alle in § 2 II Satz 1 EStG aufgeführten Einkünfte sind bei der Kapitalgesellschaft Einkünfte aus Gewerbebetrieb. Geschäftsführerbezüge und sonstige Gehälter, Mieten, Zinsen etc. sind bei der Körperschaft Betriebsausgaben und werden bei den Anteilseignern erfasst, wie wenn sie diese Einkünfte von fremden Dritten erzielen würden.

204 b **Beispiel:**
A ist Gesellschafter der X-GmbH. Er erhält von der GmbH als deren Geschäftsführer ein regelmäßiges Jahresgehalt von 100 000 €. Für die Vermietung eines Lagerplatzes an die GmbH erhält er eine jährliche Miete von 12 000 €. A hat der GmbH zum marktüblichen Zins von 5% ein Darlehen von 100 000 € gegeben. Die GmbH erzielt im Jahr 01 einen Gewinn vor Körperschaftssteuer in Höhe von von 100 000 €, im Jahr 02 sind es 200 000 €. Im Jahr 01 werden keine Gewinne ausgeschüttet. Im Jahr 02 schüttet die GmbH Gewinne aus; A erhält 20 000 €.

---

[25] Einzelheiten EStR 4.6 , Amtliche Hinweise 4.6; Schmidt/Heinicke § 4 Rn. 650 ff.
[26] Auch GmbH & Co KG
[27] Anders bei der Umsatzsteuer und der Gewerbesteuer: hier ist das Unternehmen, bzw. der Gewerbebetrieb steuerpflichtig
[28] Anders bei der Gewerbesteuer: steuerpflichtig ist nach § 5 GewStG das Unternehmen
[29] Schmidt/Wacker § 15 EStG Rn. 160

Zu versteuern sind:

Jahr	GmbH		Gesellschafter	
01	100 000 €	§ 1 KStG, § 15 EStG	100 000 € 12 000 € 5 000 €	§ 19 EStG (Rn. 46 ff.) § 21 EStG (Rn. 293, 409) § 20 EStG (Rn. 408)
02	200 000 €	§ 1 KStG, § 15 EStG	100 000 € 12 000 € 5 000 € 10 000[29a] €	§ 19 EStG (Rn. 46 ff.) § 21 EStG (Rn. 293, 409) § 20 EStG (Rn. 408) § 3 Nr. 40, § 20 EStG (Rn. 408)

Alle Einkünfte des A werden bei seiner Steuerveranlagung erfasst. Mit Ausnahme der Gewinnausschüttung sind es bei der GmbH Betriebsausgaben. Bei der Besteuerung der ausgeschütteten Gewinne wird die Vorbelastung durch die Körperschaftssteuer pauschal kompensiert: Bis einschließlich 2007 gilt gemäß § 3 Nr. 40 EStG das **Halbeinkünfteverfahren,** ab 2009 das **Teileinkünfteverfahren.** Damit wird der Reduzierung der Körperschaftsteuer von 25% auf 15% Rechnung getragen. Bei Gesellschaftsanteilen im Privatvermögen wird ab 2009 statt der Berücksichtigung der Einkünfte bei der Einkommensteuer die Kapitalertragsteuer (Rn. 567 b) als **Abgeltungssteuer** (Rn. 567 c) erhoben. Werden **fiktive Gewinnausschüttungen** dem unterhaltsrechtlichen Einkommen zugerechnet, so ist die entsprechende fiktive Steuerbelastung nach diesen Grundsätzen zu ermitteln. In der Regel macht dies die Hinzuziehung eines Steuersachverständigen nötig.

Eine **Personengesellschaft** die nur **aus Selbstständigen** im Sinn des § 18 EStG besteht, **205** erzielt Einkünfte aus selbstständiger Tätigkeit. Wenn jedoch auch nur einem der Gesellschafter die Qualifikation des § 18 EStG fehlt oder er gewerbliche Einkünfte erzielt, sind die gesamten Einkünfte der Personengesellschaft gewerbliche Einkünfte.[30]

Beispiele:
1. Die Architekten A und B üben ihren Beruf gemeinsam in einer Gesellschaft bürgerlichen Rechts aus. Nach dem Tod von A geht der Anteil auf seine Ehefrau F über, die als gelernte Steuerfachangestellte im Anstellungsverhältnis die Buchhaltung der GbR und die rechnerische Abwicklung der Bauvorhaben übernommen hatte. B führt mit F die Gesellschaft weiter.
2. Die Architekten A und B üben ihren Beruf gemeinsam in einer Gesellschaft bürgerlichen Rechts aus. Außerdem erwerben sie Mehrfamilienhäuser und verkaufen diese nach Umbau und Renovierung als Eigentumswohnungen weiter.

Im Fall 1. erzielt die GbR gewerbliche Einkünfte, weil F keinen freien Beruf i. S. d. § 18 EStG ausübt. Im Fall 2. erzielt die GbR neben den Einkünften aus § 18 EStG auch aus dem Immobiliengeschäft Einkünfte aus gewerblicher Tätigkeit. In beiden Fällen sind die gesamten Einkünfte der GbR solche aus Gewerbebetrieb.

2. Gesonderte und einheitliche Gewinnfeststellung bei Mitunternehmerschaften

Die Ermittlung der Gewinnanteile aus einer Mitunternehmerschaft erfolgt in zwei Stufen. **206** Zunächst wird nach den Gewinnermittlungsvorschriften des Einkommensteuergesetzes der Gewinn des Unternehmens festgestellt. Dieser wird dann gemäß § 180 AO in der gesonderten und einheitlichen Gewinnfeststellung auf die einzelnen Mitunternehmer verteilt.

Beispiel:
An der ABC-Altenpflegeheim KG sind die Gesellschafter A, B und C beteiligt. Die KG ist von der Gewerbesteuer befreit. Aufgrund entsprechender Regelung im Gesellschaftsvertrag haben
– A als Komplementär die Geschäfte der KG geführt und dafür monatlich 6 000 € entnommen,

---

[29a] Ab 2009 12 000 €
[30] Und damit auch gewerbesteuerpflichtig!

– B hat für die KG das Rechnungswesen und die Buchhaltung bearbeitet und den Jahresabschluss erstellt, wofür ihm in Lauf des Jahres 48 000 € auf sein privates Girokonto überwiesen wurden,

– C für die Vermittlung einzelner Geschäfte insgesamt 12 000 € erhalten.

Die Zahlungen sind vertragsgemäß als Vorabgewinn in der Buchhaltung auf den variablen Kapitalkonten der Gesellschafter gewinnneutral erfasst worden. Den verbleibenden Gewinn haben sie gleichmäßig aufgeteilt. Der Gewinn ist ist in der Gewinn- und Verlustrechnung mit 252 000 € ausgewiesen.

Die gesonderte und einheitliche Gewinnfeststellung ergibt folgendes Bild:

ABC oHG

A	B	C
Vorabgewinn	Vorabgewinn	Vorabgewinn
72 000 €	48 000 €	126 000 €
+	+	+
Anteil am lfd. Gewinn	Anteil am lfd. Gewinn	Anteil am lfd. Gewinn
40 000 €	40 000 €	40 000 €
=	=	=
Gewerbliche Einkünfte	**Gewerbliche Einkünfte**	**Gewerbliche Einkünfte**
112 000 €	**88 000 €**	**52 000 €**

Die Einkünfte der oHG aus Gewerbebetrieb sind den Gesellschaftern nach dem vorstehend erläuterten Schlüssel zuzurechnen. Die Gesellschafter erzielen mit ihren **Vorabgewinnen** keine Einkünfte aus nichtselbstständiger Tätigkeit. Alle Einkünfte sind Einkünfte aus Gewerbebetrieb und werden so in den Steuererklärungen der Gesellschafter erfasst und in den Steuerbescheiden ausgewiesen.

207   Der in der Gewinn- und Verlustrechnung oder Einnahmen-Überschuss-Rechnung ausgewiesene Gewinn und der Gesamtgewinn der Mitunternehmerschaft sind nicht notwendig identisch. Wenn die den Gesellschaftern zustehende Sondervergütung nicht nur aus dem erzielten Gewinn sondern auf Grund eines im Gesellschaftsvertrag oder sondervertraglich vereinbarten Leistungsaustauschverhältnisses zu Lasten der Gesellschaft auch dann beansprucht werden kann, wenn der Gewinn nicht ausreicht oder sogar ein Verlust erwirtschaftet worden ist, wird sie in der Gewinn- und Verlustrechnung als Aufwand, bzw. in der Einnahmen-Überschuss-Rechnung als Betriebsausgabe gewinnmindernd erfasst.

In solchen Fällen werden die **Sonderbetriebseinnahmen** – ebenso damit verbundene **Sonderbetriebsausgaben** der Gesellschafter in einem eigenen zusätzlichen Jahresabschluss erfasst. Die Form dieses besonderen Jahresabschlusses richtet sich nach der Gewinnermittlung der Mitunternehmerschaft. Wenn diese bilanziert, sind auch die Sondervergütungen im Wege einer (Sonder-)bilanz zu ermitteln; ermittelt die Mitunternehmerschaft – etwa eine Anwaltssozietät oder ärztlich Gemeinschaftspraxis – ihren Gewinn nach § 4 III EStG, gilt dieses auch für die Sondervergütungen

Beispiel:
Die ABC-Altenpflegeheim KG hatte im vorigen Beispielsfall alle Leistungen an die Gesellschafter A, B und C aufgrund individueller Verträge mit den Gesellschaftern zu erbringen, und zwar auch bei Verlusten der Gesellschaft. Im Jahresabschluss wird ein Verlust von 60 000 € ausgewiesen: Die Aufwendungen an die Gesellschafter sind gewinnmindernd als Aufwand gebucht. A hatte ein Jahresgehalt von 72 000 € bezogen; B der Gesellschaft das in seinem Eigentum stehende Gebäude gegen eine Jahresmiete von 48 000 € überlassen. Die Instandhaltungskosten, die im abgelaufenen Wirtschaftsjahr 20 000 € betrugen, hatte B vertragsgemäß getragen; sonstige Kosten sind im Rahmen der Vermietung bei ihm mit 4000 € angefallen. C hat als einziger Gesellschafter auswärts gewohnt. Für die Teilnahme an Gesellschafterversammlungen sind ihm Kosten in Höhe von 1000 € entstanden, die ihm die Gesellschaft nicht zu erstatten hatte.

Sonderbetriebseinnahmen und -ausgaben der Gesellschafter sind auch hier Einkünfte aus Gewerbebetrieb. Die gesonderte und einheitliche Gewinnfeststellung sieht schematisch dargestellt wie folgt aus:

ABC oHG

A	B	C
Anteil am lfd. Gewinn − 20 000 € + Sonderbetriebseinnahmen 72 000 € − = **Gewerbliche Einkünfte** **52 000 €**	Anteil am lfd. Gewinn − 20 000 € + Sonderbetriebseinnahmen 48 000 € − Sonderbetriebsausgaben 24 000 € = **Gewerbliche Einkünfte** **4 000 €**	Anteil am lfd. Gewinn − 20 000 € + Sonderbetriebseinnahmen 12 000 − Sonderbetriebsausgaben 1 000 € = **Gewerbliche Einkünfte** **− 9 000 €**

Soweit sich für einzelne Gesellschafter **andere Wertansätze als in der Bilanz** ergeben, ist **207 a** dies in **Ergänzungsbilanzen** darzustellen. Die daraus resultierenden zusätzlichen Gewinne oder Verluste gehen ebenfalls in die gesonderte und einheitliche Gewinnfeststellung ein.

Beispiel:
D übernimmt den Anteil des C an der ABC oHG. Für dessen Anteil am Betriebsvermögen mit einem Buchwert von 100 000 € zahlt D entsprechend dem Verkehrswert 200 000 €.

Soweit der Kaufpreis auf abnutzbare Wirtschaftsgüter des Anlagevermögens entfällt, hat D auch die Differenz zwischen dem Buchwert und seinen Anschaffungskosten in einer Ergänzungsbilanz darzustellen. Er kann die daraus resultierende **zusätzliche AfA** einkommensmindernd berücksichtigen. Auch die Ergebnisse aus der Ergänzungsbilanz sind in der **gesonderten und einheitlich Gewinnfeststellung** zu berücksichtigen. Die dort für die einzelnen Gesellschafter ausgewiesenen Gewinne sind die Berechnungsgrundlage für das unterhaltsrechtliche Einkommen.

3. Betriebsverpachtung und Betriebsaufspaltung

Wenn ein Unternehmer seinen Betrieb an einen anderen verpachtet, bleiben seine **208** Einkünfte aus der **Betriebsverpachtung** solche aus Gewerbebetrieb nach § 15 EStG, solange der Betrieb nach Ende der Pachtzeit von ihm selbst wieder übernommen und in der bisherigen Art fortgeführt werden kann. Dies gilt dann nicht, wenn der Unternehmer dem Finanzamt gegenüber die Betriebsaufgabe erklärt hat. dann erzielt er nur noch Einkünfte aus Vermietung und Verpachtung. Die stillen Reserven seines Betriebs einschließlich des ideellen Geschäftswertes sind jedoch im Jahr der Aufgabe nach § 16 EStG zu versteuern. Unterhaltsrechtlich ist der Aufgabeerlös kein Einkommen sondern Vermögensverwertung.

Eine **Betriebsaufspaltung** setzt ein **Besitzunternehmen** und ein **Betriebsunterneh-** **208 a** **men** voraus, die sachlich und personell verflochten sind. Das Besitzunternehmen muss dem Betriebsunternehmen funktional wesentliche Betriebsgrundlagen – etwa Grundstücke, Gebäude, Produktionsanlagen – überlassen haben **(sachliche Verflechtung)**. Dieselben Personen oder Personengruppen müssen Inhaber beider Unternehmen sein oder in beiden Unternehmen bestimmen können **(personelle Verflechtung)**.

Beispiel:
U hat seinen bisher allein geführten Fabrikationsbetrieb mit dem gesamten Betriebsvermögen an die X-GmbH verpachtet. Gesellschafter der GmbH sind U mit 60 % und A mit 40 % der Anteile. Alle wesentlichen Entscheidungen in der Gesellschafterversammlung der GmbH können mit einfacher Mehrheit beschlossen werden. U und A sind Geschäftsführer der GmbH. U hat im abgelaufenen Wirtschaftsjahr 200 000 € Pacht und 150 000 € Gehalt von der GmbH erhalten.
Hätte U mit 50% oder weniger oder überhaupt nicht an der GmbH beteiligt, so wären die Pachteinnahmen als Einkünfte aus Vermietung und Verpachtung nach § 21 EStG zu erfassen. Aufgrund der Betriebsaufspaltung sind sie jedoch Einkünfte aus Gewerbebetrieb nach § 15 EStG. Das Geschäftsführergehalt ist trotz Betriebsaufspaltung Einkunft aus nichtselbständiger Tätigkeit.

In der Regel ist das Besitzunternehmen ein Einzelunternehmen oder eine Personengesellschaft, das Betriebsunternehmen eine GmbH. Zwingend ist dies aber nicht: beide Unternehmen können in jeder beliebigen Form betrieben werden. Die Besitzgesellschaft erhält von der Betriebsgesellschaft für die Überlassung des Betriebs einen Pachtzins, der bei der Betriebsgesellschaft gewinnmindernd als Aufwand erfasst wird. **Gewinnausschüttungen sind Sonderbetriebseinnahmen** (Rn. 205) bei der Besitzgesellschaft, da die Anteile der Besitzgesellschafter an der Betriebsgesellschaft zum Sonderbetriebsvermögen bei der Besitzgesellschaft gehören. Die **Bezüge des Geschäftsführers der Besitzgesellschaft** gehören dagegen bei ihm zu den **Einkünften aus nichtselbständiger Arbeit,** auch wenn der Geschäftsführer der Betriebsgesellschaft gleichzeitig Besitzgesellschafter ist. Dies gilt aber nur, wenn die Betriebsgesellschaft eine GmbH oder andere Körperschaft ist.

Bei Unterhaltsbeteiligten, die an Besitzunternehmen und Betriebsunternehmen beteiligt sind, beziehen sie auch aus beiden Unternehmen unterhaltsrechtlich relevante Einnahmen.[31] Aufschluss geben in solchen Fällen die Einkommensteuerbescheide und die einheitlichen und gesonderten Gewinnfeststellungen (Rn. 206).

5. Abschnitt: Gewinneinkünfte im Unterhaltsrecht

I. Vorbemerkung

1. Verwertbarkeit steuerlicher Einkommensermittlung im Unterhaltsrecht

209   Trotz aller Kritik an der Verwertbarkeit der steuerlichen Einkommensermittlung stellt diese in der Praxis die unverzichtbare Basis für die Feststellung des unterhaltsrechtlichen Einkommens[1] dar. Die Auffassung, es müsse zur Ermittlung des unterhaltsrechtlich relevanten Einkommens eine „Unterhaltsbilanz" erstellt werden,[2] hat sich nicht durchgesetzt. Kaum ein Steuerberater verfügt über ausreichende unterhaltsrechtliche Kenntnisse. Entscheidend ist aber wohl eher, dass der erhebliche Aufwand für die Erstellung zusätzlicher Bilanzen und die damit verbundenen Kosten in keinem vertretbaren Verhältnis zu dem angestrebten Nutzen stehen.[3]

Es wird daher auch in Zukunft kein Weg daran vorbeigehen, die steuerlichen Unterlagen daraufhin zu prüfen, ob und in welchen Punkten die steuerlichen Grundlagen zu modifizieren sind.

Dass das steuerrechtlich relevante Einkommen und das unterhaltsrechtlich relevanten nicht immer identisch sind,[4] ist zutreffend. Dies ist aber kein „Privileg" der Gewinneinkünfte.

Beispiel:

A hat im Jahr 2007 ein Jahresbruttogehalt von 32 000 € bezogen. Ihm wurden netto 17 600 € ausgezahlt. Die Arbeitnehmerbeiträge zur Sozialversicherung beliefen sich auf 6736 € (RV 3184 €, AV 672 €, KV 2608 €, PV 272) Unstreitig bestehende berufsbedingte Aufwendungen hat er nicht näher substantiiert.

Das Finanzamt erkennt ohne Nachweis an
– für berufsbedingte Aufwendungen (Werbungskosten)   920 €
– für Vorsorgeaufwendungen[5]   2 392 €

Unterhaltsrechtlich sind abzugsfähig
– berufsbedingte Aufwendungen (Rn. 89)   880 €
– für Vorsorgeaufwendungen (Rn. 596 ff.)   6 736 €

---

[31] BGH, FamRZ 2004, 1179 = R 613
[1] Zur Unverwertbarkeit der Handelsbilanz vgl. Rn. 124
[2] Nickl, Die unterhaltsrechtliche Bilanz als Basis der Einkommensermittlung bei selbstständigen Unterhaltsverpflichteten, Bremen 1987
[3] Für eine einzige Einkommensermittlung wären wenigstens drei Unterhaltsbilanzen aufzustellen
[4] Ständige Rechtsprechung: BGH, FamRZ 2003, 741 = R 590
[5] Berechung nach § 10 III EStG n. F.

Je nach Lage des Einzelfalls kann das steuerlich relevante Einkommen auch bei Nicht- **210** selbstständigen höher oder niedriger als das unterhaltsrechtliche sein. Dagegen ist die Schlussfolgerung[6] unzutreffend – zumindest nicht allgemein gültig –, dass das steuerlich ermittelte (Netto-)Einkommen bei Gewerbetreibenden und Selbstständigen das (unterhalts-rechtliche) Mindesteinkommen darstellt.

Beispiel:
U bebaut ein zum Betriebsvermögen gehörendes Grundstück mit einem Wohnhaus zum Zweck privater Nutzung. Die im Jahr 1970 angefallenen Anschaffungskosten des Grundstücks haben 20 000 € betragen; der Verkehrswert (Teilwert) zum Zeitpunkt der Bebauung beträgt 80 000 €.

Unterhaltsrechtlich findet kein Zufluss von verfügbarem Einkommen statt; es liegt lediglich eine Vermögensverlagerung vor. Einkommensteuerrechtlich führt die Entnahme von Betriebsvermögen in das Privatvermögen zur Aufdeckung stiller Reserven, d. h. zu einem Gewinn in Höhe der Differenz zwischen Anschaffungskosten und Teilwert, hier 60 000 €.[7]

2. Vorbehalt der Nachprüfung

Im 3. Abschnitt (Rn. 110 ff.) ist dargestellt, dass im Gegensatz zum bei der handelsrechtli- **211** chen Gewinnermittlung maßgeblichen Vorsichtsprinzip (Rn. 124) bei der steuerlichen Gewinnermittlung durch Betriebsvermögensvergleich nach §§ 4, 5 EStG oder Einnahmen-Überschuss-Rechnung nach § 4 III EStG ein möglichst realistisches Einkommen festgestellt wird.

Nicht immer jedoch ist der im steuerlichen Jahresabschluss und dem daraufhin erlassenen Steuerbescheid festgestellte Gewinn mit dem tatsächlichen steuerlichen Gewinn identisch. Das gilt insbesondere dann, wenn der Steuerbescheid[8] unter dem Vorbehalt der Nachprüfung steht. Gemäß § 164 AO erfolgt eine Steuerfestsetzung unter Nachprüfungsvorbehalt, wenn der Steuerfall nicht abschließend geprüft ist. In solchen Fällen ist der vom Steuerpflichtigen mit der Steuererklärung eingereichte Jahresabschluss allenfalls auf Förmlichkeiten und grobe Unrichtigkeiten überprüft worden. Der Vorbehalt der Nachprüfung bewirkt, dass die Steuerfestsetzung aufgehoben oder geändert werden kann.

Bis zu einer abschließenden Prüfung liegen dem Steuerbescheid (vgl. Fn. 5) somit lediglich die Buchführung des Steuerpflichtigen oder im Regelfall des Steuerberaters zu Grunde, die dieser anhand der ihm vom Steuerpflichtigen vorgelegten Unterlagen erstellt hat. Es ist davon auszugehen, dass ein versierter Steuerberater zwar keine Beihilfe zur Steuerhinterziehung leistet, jedoch steuerrechtliche Beurteilungsspielräume vollumfänglich zugunsten des Steuerpflichtigen ausschöpft. Was letztendlich steuerrechtlich Bestand behält, ergibt sich erst aus den Bescheiden, die auf Grund des Ergebnisses der Außenprüfung ohne Vorbehalt der Nachprüfung erlassen werden.[9]

3. Steuerliche Außenprüfung (Betriebsprüfung)

Eine Außenprüfung – im täglichen Sprachgebrauch „Betriebsprüfung" genannt – ist nach **212** § 193 AO bei allen Steuerpflichtigen, die Einkünfte aus Gewerbebetrieb (Rn. 111), Land- und Forstwirtschaft (Rn. 199) oder selbstständiger Arbeit (Rn. 184) beziehen, ohne Einschränkung zulässig. Sie erfolgt, „wenn zu erwarten ist, dass eine größere Anzahl von Lebensvorgängen mit einem größeren Zeitaufwand zu prüfen ist",[10] als dies im Rahmen der Steuerveranlagung möglich wäre.

---

[6] BGH a. a. O.

[7] Dies gilt in gleicher Weise für Gewinn- und Verlustrechnung und Einnahmen-Überschuss-Rechnung

[8] Einkommensteuerbescheid beim Einzelunternehmer, Gesonderte und einheitliche Gewinnfeststellung bei Personengesellschaften

[9] Sofern nicht dagegen Einspruch eingelegt und ggfs. geklagt wird

[10] Klein AO, § 193 Nr. 1

Nach § 3 der Betriebsprüfungsordnung werden untergliedert
– Großbetriebe
– Mittelbetriebe
– Kleinbetriebe und
– Kleinstbetriebe,
wobei die Zuordnung zu den einzelnen Klassen von den Finanzbehörden festgelegt wird.[11]
Nur bei Großbetrieben erfolgt – in der Regel im dreijährigen Turnus – eine lückenlose
Prüfung der Jahresabschlüsse. Bei den übrigen Betrieben liegt die Anordnung im Ermessen der
Finanzbehörde, wobei davon auszugehen ist, dass dafür die Wahrscheinlichkeit der Erzielung
erheblicher Nachzahlungen maßgeblich ist. Betriebsprüfungen kleinerer Betriebe werden
insbesondere auch dann angeordnet, wenn sich aus Kontrollmitteilungen bei Prüfungen der
Geschäftspartner Anhaltspunkte für Unregelmäßigkeiten bei der Gewinnermittlung ergeben.

4. Steuerhinterziehung

213   Allein die Möglichkeit zur Verschaffung von Schwarzgeld bei Gewerbetreibenden und
Selbstständigen darf genauso wenig wie die Möglichkeit zur Schwarzarbeit bei einem nichtselbstständig Tätigen Veranlassung zu Zurechnungen zum steuerlich ermittelten Einkommen
geben, solange nicht konkrete Hinweise für solche Steuerhinterziehungen vorliegen. Mit
Freiheitsstrafe bis zu fünf Jahren oder mit Geldstrafe wird gemäß § 370 AO wegen Steuerhinterziehung bestraft, wer den Finanzbehörden über steuerlich erhebliche Tatsachen unrichtige oder unvollständige Angaben macht oder solche Tatsachen verschweigt; der Versuch
ist strafbar. Bereits die Ausstellung falscher Belege oder Falschbuchungen werden gemäß
§ 379 AO als Steuergefährdung verfolgt.

II. Steuerrechtlich und unterhaltsrechtlich irrelevante Aufwendungen

214   Ein aus einer ordnungsgemäßen Buchführung entwickelter Jahresabschluss entspricht
insoweit auch unterhaltsrechtlichen Anforderungen, als nicht betriebsbedingte Aufwendungen nicht gewinnmindernd erfasst werden dürfen. Ausschließlich persönlich bedingte Aufwendungen, die unterhaltsrechtlich nicht einkommensmindernd berücksichtigt werden dürfen, stellen auch steuerrechtlich keine gewinnmindernden Ausgaben dar.

Nach § 12 EStG dürfen u. a. Beträge, die für den Haushalt des Steuerpflichtigen und für
den Unterhalt seiner Familienangehörigen aufgewendet werden, ebenso wenig bei den
Einkünften abgezogen werden wie die Aufwendungen für die Lebensführung, die die wirtschaftliche oder gesellschaftliche Stellung des Steuerpflichtigen mit sich bringt, auch wenn
diese zur Förderung des Berufs oder der Tätigkeit des Steuerpflichtigen erfolgen.

Rein privat veranlasste Ausgaben, etwa der Einkauf von Lebensmitteln für den Haushalt
oder die Anschaffung privater Kleidung gehören daher nicht zu den Betriebsausgaben oder
Werbungskosten sondern sind als Privatentnahme zu erfassen, sofern die Barzahlung aus der
betrieblichen Kasse oder vom Geschäftskonto erfolgt.

Beispiel:
U kauft sich einen neuen Anzug und bezahlt dieses mit der Bankkarte, die für das Geschäftskonto
ausgestellt ist. Der Betrag wird von diesem Konto abgebucht.

Der Vorgang ist als Privatentnahme zu erfassen. Buchungsmäßig steht ein solcher Vorgang
einer privaten Geldentnahme gleich; wofür das Geld verwendet worden ist, ist steuerlich
irrelevant. Derartige Vorgänge dürfen daher weder in der Gewinn- und Verlustrechnung
noch in der Einnahmen-Überschussrechnung zu finden sein.

215   Nicht eindeutig beruflich bedingter Aufwand[12] stellt steuerlich weder Betriebsausgabe
noch Werbungskosten dar.

---

[11] Zuletzt BStBl 2006 I S. 530
[12] Beispiele aus der BFH-Rechtsprechung Schmidt/Drenseck § 12 Rn. 13; siehe EStR Abschnitt
H 117 und 117 a

Beispiel:
R macht geltend, dass er üblicherweise legere und preisgünstige Kleidung benutze, ausschließlich aus beruflicher Veranlassung in der Kanzlei teure Maßanzüge tragen müsse.

Die Nutzung der Anzüge wird steuerlich nicht als Betriebsausgabe anerkannt. Bei der Beurteilung der Abzugsfähigkeit derartiger Aufwendungen wird kein Unterschied zwischen Selbstständigen und Nichtselbstständigen gemacht. Im Unterhaltsrecht wird man im Einzelfall entscheiden müssen, ob gemischte Aufwendungen anteilig anzurechnen sind.

Nur wenn sich berufliche und private Nutzung abgrenzen und getrennt erfassen lassen, ist bei der steuerlichen Einkommensermittlung eine Aufteilung vorzunehmen, die entweder auf einer Schätzung beruht – wie etwa bei der privaten Nutzung des betrieblichen Telefons – oder auf Grund pauschalierter Berechnungsmethoden zu ermitteln ist, so beim privat und betrieblich genutzten PKW (Rn. 181 und 227).

Was ordnungsgemäß auf Privatkonten verbucht ist, beeinflusst den Gewinn nicht, wirkt sich also nicht auf das Einkommen aus.[13]

III. Unterhaltsrechtlich relevante Unterschiede zwischen Gewinn- und Verlustrechnung und Einnahmen-Überschuss-Rechnung

Unabhängig davon, ob der Gewinn durch Gewinn- und Verlustrechnung oder durch **216** Einnahmen-Überschuss-Rechnung ermittelt wird: der Gesamtgewinn von der Aufnahme bis zur Beendigung der Erwerbstätigkeit ist betragsmäßig identisch. Aus der unterschiedlichen Art der Gewinnermittlung ergeben sich jedoch zeitliche Verschiebungen. Während in der **Gewinn- und Verlustrechnung** der **Eintritt der Vermögensmehrung** maßgeblich ist, kommt es in der **Einnahmen-Überschuss-Rechnung** auf den **Zufluss oder Abfluss** der für eine Leistung zu erbringenden **Geldzahlung** an.

Soweit die Auswirkung eines Geschäftsvorfalls auf das Vermögen und der damit verbundene Zufluss oder Abfluss von Geldmitteln in ein und demselben Wirtschaftsjahr erfolgen, ergeben sich auch bei der Ermittlung des Jahresgewinns gegenüber der Einnahmen-Überschuss-Rechnung keine Unterschiede. Nur wenn zwischen der Vermögensänderung und dem Zu- oder Abfluss ein Bilanzstichtag liegt, ergeben sich vorübergehende Abweichungen.

Beispiele:
Der ausschließlich mit der Bauplanung beauftragte Architekt hat am 10. 11. dem Auftraggeber die fertigen Planungsunterlagen übergeben und sein Honorar in Rechnung gestellt. Die Zahlung des Honorars geht auf seinem Konto
a) am 27. 12.
b) am 5. 1. des folgenden Jahres
ein.

Für eine Gewinn- und Verlustrechnung ist die Forderung im November erlöswirksam zu buchen; das Honorar wird also unabhängig vom Zeitpunkt des Zahlungseingangs erfasst.[14] Für eine Einnahmen-Überschuss-Rechnung wird erst der Zahlungseingang als Erlös verbucht; im Fall a) wird das Honorar daher noch im selben Geschäftsjahr, im Fall b erst im Folgenden als Einkommen erfasst. Ein Unterschied zwischen dem durch Betriebsvermögensvergleich ermittelten Gewinn und der Einnahmen-Überschuss-Rechnung ergibt sich also nur, wenn der Zufluss oder Abfluss der Betriebseinnahmen oder Betriebsausgaben nicht in dem Wirtschaftsjahr erfolgen, dem der Aufwand oder Ertrag wirtschaftlich zuzuordnen ist.

Das für die Gewinnermittlung durch Betriebsvermögensvergleich maßgebliche Prinzip **217** der periodengerechten Gewinnermittlung entspricht dem aus der Unterhaltsrechtsprechung zur Anrechnung von Steuern bekannten **Für-Prinzip** (Rn. 584 c). Die Einnahmen-Über-

---

[13] Rn. 116; Rn. 142 ff.; Rn. 176 ff.; Rn. 197 f.
[14] Würde die Zahlung bereits im November erfolgen, könnte auch direkt der Zahlungseingang als Erlös verbucht werden, da die zu bildende Forderung ja sonst in derselben Buchungsperiode wieder aufgelöst werden müsste

schuss-Rechnung baut dagegen auf dem dem unterhaltsrechtlichen **In-Prinzip** entsprechenden Zufluss-Prinzip auf.

Bei der Erfassung von
- Forderungen und Verbindlichkeiten (Rn. 163; 1/253),
- Rechnungsabgrenzungsposten (Rn. 167; 1/255) und
- Rückstellungen (Rn. 168 ff.; 1/256)

in der Bilanz werden in der Gewinn- und Verlustrechnung Erträge und Aufwendungen in dem Jahr gewinnwirksam gebucht, dem sie wirtschaftlich zuzuordnen sind, auch wenn der Zufluss oder Abfluss der in Geld oder Geldeswert bestehenden Betriebseinnahmen oder -ausgaben außerhalb des Jahres erfolgt sind.[15] Der in der Bilanz und der Gewinn- und Verlustrechnung festgestellte Gewinn basiert daher zu einem nicht unerheblichen Teil auf noch nicht geflossenen Einkünften, bzw. noch nicht bezahlten Schulden, was sich aber zum großen Teil durch die Auflösung entsprechender Bilanzposten aus dem Vorjahr bzw. innerhalb des Auskunftszeitraums ausgleicht.[16]

IV. Unterhaltsrechtliche Bewertung der Gewinnermittlung nach Durchschnittsätzen und durch Schätzung

1. Gewinnermittlung nach Durchschnittssätzen

218   Die Gewinnermittlung nach Durchschnittssätzen (Rn. 199 ff.) ist für die Berechnung des unterhaltsrechtlich relevanten Einkommens **unbrauchbar.**[17] Die Schätzwerte liegen weit unter dem tatsächlich zur Verfügung stehenden Einkommen. Soweit nicht auf Grund der erteilten Auskünfte (Rn. 285) ein **Sachverständigengutachten** Aufschluss geben kann, wird man allenfalls über die der tatsächlichen Lebensführung **den konkreten Bedarf ermitteln** können, wobei besonders zu berücksichtigen ist, dass Landwirte in großem Umfang den Lebensunterhalt aus dem eigenen Betrieb decken können.[18]

2. Steuerliche Gewinnschätzungen

219   Wenn mangels der nach der Abgabenordnung geschuldeten Mitwirkung der Gewinn von Gewerbetreibenden und Selbstständigen durch die Finanzbehörde geschätzt (Rn. 202) worden ist, liegen dieser Schätzung die für das steuerliche Einkommen maßgeblichen Kriterien zugrunde. Die **Schätzung erfolgt auf der Basis des innerbetrieblichen Vergleichs** mit Veranlagungszeiträumen, für die Gewinnermittlungen vorliegen, und dem Fremdvergleich mit vergleichbaren anderen Betrieben und auf der Basis der Richtwerte.

Mit der Schätzung greift die Finanzbehörde – insbesondere bei dem Verdacht von Steuerhinterziehungen – in der Regel sehr hoch, um die Abgabe einer Steuererklärung als das „kleinere Übel" zu erzwingen. Da ein Sachverständiger kaum bessere Möglichkeiten hat als die Finanzbehörden, **wird man für die Ermittlung des unterhaltsrechtlich relevanten Einkommens auf den Schätzbetrag zurückgreifen** können.

Dabei muss man allerdings genau wie bei der regulären Gewinnermittlung die Erforderlichkeit unterhaltsrechtlich bedingter Korrekturen prüfen.

---

[15] Einzelheiten siehe Rn. 183 ff. und 1/190 ff.

[16] Eine Gewinn- und Verlustrechnung lässt sich allerdings in der modernen EDV-Buchführung – z. B. DATEV – ohne Schwierigkeiten im Nachhinein als Einnahmen-Überschuss-Rechnung erstellen. Alle nicht im Geschäftsjahr zugeflossenen Einnahmen, bzw. abgeflossenen Ausgaben werden automatisch herausgerechnet

[17] Strohal Rn. 212; Heiß/Heiß 3. Kap. Rn. 342

[18] Schwab/Borth IV Rn. 743

3. Einkünfte des Gesellschafter-Geschäftsführers einer GmbH

Wie bei Rn. 204b dargestellt, kann der Gesellschafter einer GmbH von dieser außer **219 a** **ausgeschütteten Gewinnen** auch andere Einkünfte beziehen, insbesondere **Lohn** oder **Gehalt, Mieten** oder **Zinsen.** Wenn der Unterhaltsbeteiligte weder aus seiner Gesellschafterstellung noch aus einer eventuellen Tätigkeit für die GmbH Einfluss auf die Gewinnerzielung und oder Gewinnausschüttung hat, muss man seine jeweiligen Einkünfte anhand seiner persönlichen Unterlagen, z. B. Verdienstbescheinigungen, Miet- und Darlehensverträgen feststellen. Alle Einkünfte sind aus dem Steuerbescheid ersichtlich. Verpflichtungen zur Vorlage der Jahresabschlüsse bestehen nicht, da die Gewinne der GmbH nur im Rahmen der Ausschüttungen zu Einkünften beim Gesellschafter führen. Bei stark unterschiedlichen Gewinnausschüttungen wird man unter Umständen wie bei gewerblichen Einkünften ein Mehrjahresmittel bilden müssen.

Beispiel:
A ist technischer Angestellter bei der X-GmbH. Sein unterhaltsrechtlich bereinigtes Einkommen beträgt im Jahr 05 monatlich 2500 €. Anlässlich seiner 25-jährigen Betriebszugehörigkeit hat er vor einigen Jahren einen Geschäftanteil von 0,5% bekommen. Die Gesellschaft hat je nach Gewinnlage unterschiedliche Gewinnausschüttungen vorgenommen. A hat unter Berücksichtigung der Steuerbelastung erhalten: im Jahr 03: 1200 €, im Jahr 04: 0 € und im Jahr 05: 2400 €. Die Schwankungen entsprechen dem Üblichen.

Es ist sachgerecht, dem unterhaltrechtlichen Einkommen des A monatlich 100 € zuzuschlagen.

Anders sind die Verhältnisse beim Gesellschafter-Geschäftsführer der GmbH zu behan- **219 b** deln.

Beispiel:
S war als selbständiger Steuerberater tätig. Sein durchschnittlicher Umsatz betrug in den letzten Jahren seiner selbständigen Tätigkeit 300 000 €, der Gewinn vor Steuern 150 000 €. Vor Beginn des unterhaltsrechtlichen Prüfungszeitraums hat S eine GmbH gegründet, deren alleiniger Gesellschafter und Geschäftsführer er ist. Er erteilt im Jahr 04 Auskunft über seine Einkünfte aus Geschäftsführertätigkeit und legt seine Jahresverdienstbescheinigung vor, woraus sich ein Jahresnettoeinkommen bei Lohnsteuerklasse I/0 mit 32 000 € ergibt. Dies entspricht einem Bruttogehalt von ca. 60 000 €. Außerdem belegt er Einkünfte aus der Vermietung den in seinem Alleineigentum stehenden Kanzleiräumen an die GmbH in Höhe von 24 000 €. Auf Nachfrage teilt er mit, die GmbH habe seit ihrer Gründung noch keine Gewinnausschüttungen vorgenommen.

Bei einem **alleinigen Gesellschafter-Geschäftsführer** sollte die Ermittlung des unterhaltsrechtlich maßgeblichen Einkommens in gleicher Weise **wie bei einem Selbständigen** erfolgen, wenn offenkundig ist, dass er seine Einkünfte in der GmbH thesauriert. Das bedeutet im Beispielsfall, dass S Auskunft über die Einkünfte der GmbH in den letzten drei Jahren zu erteilen und die Jahresabschlüsse der Gesellschaft vorzulegen hat. Die Gewinne der GmbH werden in derselben Weise unterhaltsrechtlich geprüft wie die eines Selbständigen. Auch die Gewinnthesaurierung der GmbH unterliegt der unterhaltsrechtlichen Überprüfung. Soweit sie weder betrieblich veranlasst ist, noch den Einkommensverhältnissen entspricht, kann sie unterhaltsrechtlich keinen Bestand haben. Im Beispielsfall läge nahe, die Einkünfte aus seiner selbständigen Tätigkeit für den Unterhalt heranzuziehen, wenn sich die Umsätze nicht wesentlich geändert haben sollten.

In den meisten Fällen werden die tatsächlichen Verhältnisse zwischen diesen beiden extremen angesiedelt sein. Bei Gesellschaftern, die nicht alleiniger **Gesellschafter-Geschäftsführer** sind, die aber auf Grund der Quote ihrer Beteiligung und/oder ihrer Position (Geschäftsführer, Prokurist, Beirat) die **Geschäfte der Gesellschaft und oder die Gewinnausschüttung steuern oder in ihrem Interesse maßgeblich beeinflussen** können, wird man prüfen müssen, inwieweit gewinnmindernde Maßnahmen persönlich bedingt sind. Je größer der Geschäftsanteil des unterhaltsbeteiligten Gesellschafters und je enger seine Beziehungen zu den Mitgesellschaftern sind, umso größer sind seine Möglichkeiten, seine unterhaltsrechtlichen Einkünfte zu bestimmen.[19] Wenn der unterhaltsbeteiligte Gesellschaf-

---

[19] BGH, FamRZ 2004, 1179 = R 613

ter und/oder Geschäftsführer auf die Geschäfts- und Bilanzpolitik der Gesellschaft Einfluss nehmen kann gelten für die Auskunfts- und Belegpflicht dieselben Kriterien wir bei der Personengesellschaft (Rn. 284). Immer können die – verkürzten – Bilanzen beim **Handelsregister** eingesehen werden, wenn die Gesellschaft nach § 325 HGB zur Offenlegung verpflichtet ist.

Wenn der Unterhaltsbeteiligte die Gewinnausschüttung nach nicht gesellschaftsbedingten Kriterien sondern persönlichen Interessen maßgeblich beeinflussen kann, wird man die Gründe für geringen Gewinnausschüttungen hinterfragen müssen. Die Beweislast für betriebliche Gründe liegt beim Gesellschafter.

V. Posten der Gewinn- und Verlustrechnung und der Einnahmen-Überschussrechnung nach unterhaltsrechtlichen Kriterien[20]

1. Erträge/Einnahmen

220　　**a) Umsatzerlöse.** Alle der betrieblichen Tätigkeit zuzuordnenden Betriebseinnahmen sind als Umsatzerlöse zu erfassen, in der Gewinn- und Verlustrechnung periodengerecht[21] zum Zeitpunkt des Entstehens der Forderung, in der Einnahmen-Überschuss-Rechnung zum Zeitpunkt des Zuflusses der Gegenleistung.[22] Zu den Umsatzerlösen gehören auch solche aus Nebenleistungen, wie etwa dem Kunden in Rechnung gestellte Verpackungs- und Transportkosten bei einem Handelsbetrieb. Inwieweit eine Untergliederung in einzelne Umsatzarten erfolgt, liegt im Belieben des Unternehmers und richtet sich in erster Linie nach betriebswirtschaftlichen Überlegungen.

Beispiel:
U betreibt einen Kraftfahrzeugwerkstatt und handelt mit Gebrauchfahrzeugen und Ersatzteilen.

U kann in seiner Buchführung und im Jahresabschluss alle Umsätze auf einem Konto erfassen oder aber untergliedern, z.B.
– Erlöse aus Verkauf von Kraftfahrzeugen
– Erlöse aus Verkauf von Ersatzteilen
– Erlöse aus Reparaturen
und mehr.

221　　**b) Erträge aus Verkauf von Anlagevermögen.** Die Erlöse aus dem Verkauf von Anlagevermögen erhöhen den laufenden Gewinn (Rn. 159), soweit stille Reserven aufgedeckt werden. Dies ist dann der Fall, wenn das Wirtschaftsgut beim Verkauf mehr als die Anschaffungskosten bringt oder durch frühere Abschreibungen (AfA) der Buchwert unter dem Verkaufspreis liegt. Falls unterhaltsrechtliche Korrekturen als erforderlich angesehen werden, ist zu beachten, dass in der Regel der **Veräußerungserlös** – also nicht nur der **Veräußerungsgewinn** – bei den Erträgen und der Buchwert als **Anlagenabgang** beim Aufwand, gewinnerhöhend damit der Veräußerungsgewinn erfasst wird. Unterhaltsrechtlich ist zu prüfen, inwieweit Gewinnerhöhungen aus Anlageverkäufen in die Einkommensprognose einfließen dürfen. Gewinne oder Verluste aus dem Auskunftszeitraum sind unterhaltsrechtlich zu korrigieren, wenn sie im Zahlungszeitraum nicht mehr zu erwarten sind (hierzu im Einzelnen oben Rn. 11 ff.).

Beispiel:
U hat einen kleinen Betrieb, in dem er mit einer Maschine Werkzeugteile herstellt. Die Maschine ist zum Zeitpunkt ihres Verkaufs seit fünf Jahren auf 0 € abgeschrieben. Beim Verkauf im letzten Jahr des Auskunftszeitraums erzielt U einen Kaufpreis von netto 18 000 €.

---

[20] Soweit sich aus den folgenden Ausführungen nicht ausdrücklich etwas anderes ergibt, gelten sie für Gewinn- und Verlustrechnung und Einnahmen-Überschuss-Rechnung gleichermaßen
[21] Siehe dazu Rn. 261
[22] Vgl dazu Rn. 137; 163 f.; 253

Wenn man den Gewinn nicht unterhaltsrechtlich storniert, wird dem U ein Mehrein-kommen von monatlich 500 € brutto zugerechnet, das er in den folgenden Jahren nicht erzielen wird, die ein derartiger Verkauf nicht mehr ansteht.

Ob der **Erlös aus dem Verkauf von Anlagevermögen** unterhaltsrechtlich zum **Ein-kommen** zählt oder der Vorgang der **Vermögenssphäre** zuzuordnen ist, muss im Einzelfall entschieden werden. Veräußerungsgewinne aus dem Verkauf zu von teilweise oder ganz abgeschriebenen Wirtschaftsgütern sind dann unterhaltsrechtlich relevantes Einkommen, soweit die AfA-Raten auch bei der Festsetzung des Unterhalts berücksichtigt worden sind.

Ein Veräußerungsgewinn aus der **Wertsteigerung eines Grundstücks** wird man in der **221a** Regel der **Vermögenssphäre** zurechnen müssen.

> **Beispiel:**
> Zum Betriebsvermögen des U gehört ein Grundstück, dass U mit dem Betrieb zusammen im Jahr 2000 von seinem Vater geerbt hat. Es ist in der Bilanz ordnungsgemäß mit den Anschaffungskosten aus dem Jahr 1958 in Höhe von umgerechnet 2000 € aktiviert und wird im Auskunftszeitraum für 52000 € verkauft. In der Gewinn- und Verlustrechnung sind die stillen Reserven von 50000 € dem laufenden Gewinn zugerechnet.

Der Veräußerungsgewinn ist in diesem Fall unterhaltsrechtlich irrelevant. Er ist als Ver-mögensmehrung auf der güterrechtlichen Ebene zu berücksichtigen. Soweit die Wertsteige-rung bei Eingehung der Ehe schon vorhanden war, fällt sie in den privilegierten Erwerb. Die auf den Veräußerungsgewinn entfallenden Steuern sind ebenfalls auf der Vermögensebene zu berücksichtigen. Zu beachten ist auch der Zusammenhang zwischen AfA und Veräuße-rungserlös (grundlegend Rn. 147 ff.).

> **Beispiel:**
> U hat Anfang 01 einen ausschließlich betrieblich genutzten PKW für 30000 € angeschafft und neben der regulären AfA von 5000 € eine Sonderabschreibung nach § 7 g EStG in Höhe von 6000 € geltend gemacht. Bei der Berechung des Unterhalts ist die Sonderabschreibung gewinner-höhend zugerechnet worden. Anfang 04 wurde der PKW für 12000 € verkauft. Der Buchwert betrug 9000 € (30000 € − 6000 € − 3 × 5000 €), der steuerliche Veräußerungsgewinn somit 3000 €. Bei der nächsten Einkommensermittlung auf der Basis der Jahre 04 bis 06 wird der Veräußerungsgewinn unterhaltsrechtlich nicht korrigiert.

Der berufsbedingte Aufwand aus der Nutzung des PKW betrug 18000 € (=Anschaf-fungskosten 30000 € − Verkaufserlös 12000 €). Durch die steuerliche Abschreibung auf den Buchwert sind daher 3000 € mehr an Betriebsausgaben berücksichtigt worden, als tatsächlich angefallen sind. Beim Unterhalt ist jedoch nur die lineare Abschreibung 01 bis 03 mit 15000 € berücksichtigt. Das 3000 € weniger als die tatsächliche Wertminderung. Statt des steuerlichen Veräußerungsgewinns von 3000 € ist also ein unterhaltsrechtlicher Ver-äußerungsverlust von 3000 € einkommensmindernd anzusetzen.

c) Erträge aus Bestandsveränderungen.[23] Bei der Gewinnermittlung durch Betriebs- **222** vermögensvergleich führen alle Mehrungen des Umlaufvermögens, die nicht auf Einlagen zurückzuführen sind, zu Erträgen oder Aufwendungen, gleichgültig ob irgendwelche Geld-mittel oder sonstige Vermögenswert dem Betrieb zugeflossen wären.[23a] In Betracht kommen (Rn. 173 f.)
– Wertsteigerung durch Verarbeitung (Rn. 194)
– Veränderung des Bestands durch nicht verbrauchten Wareneinkauf.

Eine Wertzuschreibung bei gestiegenem Marktpreis von Umlaufvermögen kommt nur nach vorheriger Teilwertabschreibung und nur bis zur Höhe der Anschaffungskosten in Betracht.[24] Obwohl kein Geldzufluss vorliegt, sollte unterhaltsrechtlich keine Korrektur erfolgen, da sich die Wertveränderungen in der Regel kurzfristig gewinnneutral monetari-sieren. So wirkt sich z. B. der Verkaufserlös nicht mehr auf den Gewinn aus, soweit er auf der bereits berücksichtigten Wertsteigerung beruht. Zu beachten ist aber, dass die Bestandsver-änderung durch die vom Steuerpflichtigen selbst durchzuführenden **Inventur** ermittelt wird.

---

[23] (Nicht bei Einnahmen-Überschuss-Rechnung)
[23a] Vgl. dazu BGH, FamRZ 2003, 741 = R 590 b
[24] Schmidt/Heinicke § 4 Rn. 50

Wird der Bestand[25] zu gering bewertet, sinkt der Gewinn. Wenn die Entwicklung während des Auskunftszeitraums zu Bedenken Anlass gibt, ist die Einholung eines Gutachtens geboten, wenn sich die Abweichungen nicht klären lassen.

223   **d) Erträge aus Herabsetzung oder Auflösung von Wertberichtigungen.**[26] Mit 1% der in der Bilanz ausgewiesenen **Nettoforderungen** (Rn. 165) aus Lieferungen und Leistungen kann eine erlösmindernde Wertberichtigung gebucht werden. Reduzieren sich in der Bilanz die Forderungen gegenüber dem Vorjahr, so reduziert sich auch die Wertberichtigung in entsprechendem Umfang und wird gewinnerhöhend aufgelöst.

Beispiel:
Gegenüber der Bilanz 01 mit Forderungen in Höhe von 250 000 € sind in der Bilanz 02 nur noch 200 000 € ausgewiesen. Die Wertberichtigung ist wie folgt aufzulösen:

Pauschalwertberichtigung	500	S	*Erlöse aus der Auflösung von Pauschalwertberichtigungen*[27]	500	H

Der Erhöhung des Betriebsvermögens in der Bilanz (= Gewinn) entspricht der Ertrag in der Gewinn- und Verlustrechnung (= Gewinn). Eine unterhaltsrechtliche Korrektur ist nicht geboten. Der Gewinnerhöhung durch die Auflösung entspricht die frühere Gewinnminderung durch die Bildung der Pauschalwertberichtigung.

Eine gewinnsteigernde Wertberichtigung ergibt sich auch dann, wenn sich eine Forderung, für die wegen Illiquidität eines Schuldner früher eine Einzelwertberichtigung vorgenommen wurde, doch noch ganz oder teilweise erfüllt wird.

Beispiel:
U hat eine Forderung von netto 40 000 €[28] gegen einen Kunden im Jahr 01 im Wege der Einzelwertberichtigung vollständig ausgebucht, nachdem in der Ersten nach Insolvenzeröffnung durchgeführten Gläubigerversammlung vom Insolvenzverwalter die Einstellung mangels Masse prognostiziert worden war. Erst in 02 stellte sich heraus, dass verbindlich mit einer Befriedigung in Höhe von 25% zu rechnen sei.

U muss in den nächsten Bilanz gewinnerhöhend einbuchen, was die Forderung wert ist.

Forderungen	10 000	S	*Erlöse aus der Auflösung von Wertberichtigungen*	10 000	H

Unterhaltsrechtlich ist eine Korrektur allenfalls dann vorzunehmen, wenn es sich um eine hohe Wertberichtigung handelt, die vor dem unterhaltsrechtlich maßgeblichen Zeitraum gebildet wurde und in Zukunft ein entsprechender Gewinn nicht mehr zu erwarten ist.

224   **e) Erträge aus der Auflösung von Sonderposten mit Rücklageanteil – Rücklage nach § 6 b EStG.** Sonderposten mit Rücklageanteil (Rn. 172) sind bei in der Gewinnermittlung durch Betriebsvermögensvergleich zulässigen **Rücklagen nach § 6 b EStG** aufzulösen, wenn die Ersatzbeschaffung nicht fristgerecht erfolgt oder die Rücklage nicht in vollem Umfang auf die Anschaffungskosten übertragen wird Unterhaltsrechtlich stellt der Auflösungsertrag als zeitlich verschobener Gewinn aus Vermögensverwertung dar. Er ist daher unterhaltsrechtlich in der Regel nach den dafür geltenden Kriterien (Rn. 221, 221 a) zu berücksichtigen. Nach der Rechtsprechung des BGH ist die Einkommensteuerbelastung für die Ermittlung des unterhaltsrechtliche maßgeblichen Einkommens fiktiv zu ermitteln. Da der Geldzufluss sich nicht auswirkt, darf der Unterhaltsberechtigte auch nicht mit der diesbezüglichen Einkommensteuer belastet werden (Rn. 583 c).[29]

Da die unterhaltsrechtliche Einkommensermittlung im Allgemeinen nicht unerhebliche Zeit nach dem letzten Bilanzstichtag stattfindet, wird in der Regel feststehen, was aus der gewinnmindernden Maßnahme geworden ist.

---

[25] In der Bilanz
[26] (Nicht bei Einnahmen-Überschuss-Rechnung)
[27] Bei der Darstellung von Buchungssätzen wird für die Bestandskonten die Normalschrift, für Erfolgskonten die Kursivschrift gewählt. Zu den Grundlagen der Buchführung vgl. Rn 128 ff.
[28] Die Umsatzsteuer wird im Beispielsfall nicht dargestellt
[29] BGH, FamRZ 1987, 36 = R 310; bestätigt durch BGH, FamRZ 1992, 1045

f) Erträge aus der Auflösung von Sonderposten mit Rücklageanteil – Anspar- 224 a
rücklage nach § 7 g EStG. Auch die Auflösung einer Ansparrücklage nach § 7 g EStG
führt zu einem Ertrag, und zwar unabhängig davon, ob das Wirtschaftsgut, für das die
Rücklage gebildet worden ist oder nicht (Rn. 172 a).

Bei der Ermittlung des unterhaltsrechtlich maßgeblichen Einkommens ist grundsätzlich
zunächst zu ermitteln, ob und in welchem **Umfang** die Ansparrücklagen während des
Auskunftszeitraums **gebildet und wieder aufgelöst worden sind.**[30] Denn soweit sich
Bildung und Auflösung decken, können sich Einkommensveränderungen nur insoweit
ergeben, als im Jahr der Bildung und der Auflösung infolge unterschiedlicher Höhe des zu
versteuernden Einkommens unterschiedliche Steuersätze ergeben.[31]

Beispiel:
U hat über sein Einkommen in den Jahren 01 bis 03 Auskunft erteilt. Aus den Bilanzen ergeben sich
folgende Daten zu Ansparrücklagen:

01	100 000 €
02	150 000 €
03	86 000 €

In der Bilanz des Jahres 01 waren die Vorjahreswerte mit angegeben. Eine Ansparrücklage war dort
nicht aufgeführt.

Dem entspricht in der Gewinn- und Verlustrechnung:
01 = Bildung einer Ansparrücklage von 100 000 €
02 = Bildung einer weiteren Ansparrücklage von 50 000 €
03 = Auflösung der Ansparrücklage aus 01 mit 100 000 € und Bildung einer neuen Ansparrücklage
von 36 000 €.

Die Veränderung der bilanzierten Ansparrücklage ergibt sich aber einfacher aus der Bilanz
(Rn. 270 a).[32]

g) Sachbezüge. Abgabe oder Nutzung von Umlaufvermögen zugunsten seiner Arbeit- 225
nehmer – sogenannte Sachbezüge – sind beim Arbeitgeber als umsatz- und einkommen-
steuerpflichtiger Erlös gewinnerhöhend zu buchen, wobei auch hier vielfach pauschaliert
wird. Zu erwähnen sind vor allem:
– freie Kost,
– freie oder verbilligte Unterkunft,
– kostenloser oder verbilligter Warenbezug und
– private Nutzung betrieblicher Kraftfahrzeuge.

Die Beträge für Kost und Unterkunft sind in § 2 der Sozialversicherungsentgeltverord-
nung geregelt.[33] In der Gewinnberechnung des Arbeitgebers heben sich die Sachbezüge auf,
da sie im Rahmen der Erträge als Erlöse, beim Aufwand in gleicher Höhe als Aufwand/
Betriebsausgaben erfasst werden. Als Unkosten bleiben ihm die für die Bereitstellung der
Sachbezüge angefallen Kosten (Wareneinkauf, Herstellungskosten etc.) Soweit es sich um
Leistungen an fremde Arbeitnehmer des Unterhaltspflichtigen handelt, können daher die in
den steuerlichen Unterlagen vorgegebenen Zahlen unbeanstandet in die Berechnung des
unterhaltsrechtlich maßgeblichen Einkommens übernommen werden, da der Arbeitgeber
auch bei zu gering angesetzten Pauschalen keinen wirtschaftlichen Vorteil hätte sondern
lediglich der Arbeitnehmer private Aufwendungen verbilligt erhielte.

Aufmerksamkeit ist aber geboten, wenn ein neuer Lebens- oder Ehepartner im Betrieb
des Unterhaltspflichtigen – oder auch Unterhaltsberechtigten – tätig ist, dessen Einkommen
ermittelt werden muss. In diesem Fall hat man, wenn das Arbeitsverhältnis nicht als berufsbedingt anerkennt, den einkommenserhöhenden Sachbezug zu berücksichtigen, den Personal-
aufwand einschließlich des darin enthaltenen Sachbezugs jedoch dem Einkommen zuzurechnen.

---

[30] Zur Ermittlung der Gewinnauswirkung mittels der Bilanz siehe Rn. 270 a
[31] Dieses Problem stellt sich dann nicht, wenn man nicht für jedes Jahr des Auskunftszeitraums sondern
für das erste Zahlungsjahr fiktiv die Steuer aus dem Einkommensmittel errechnet. (vgl. Rn. 584 b)
[32] Voraussetzung ist aber, dass man die Einkommensteuer aus dem Dreijahresmittel beim unterhaltsrechtlichen Einkommen ansetzt.
[33] Diese ersetzt die frühere Sachbezugsverordnung, die es letztmals für 2006 gab.

226   **h) Versicherungsentschädigungen.** Werden Schäden an versicherten Wirtschaftsgütern instandgesetzt und die dadurch anfallenden Kosten ganz oder teilweise von einer Sach- oder Haftpflichtversicherung ersetzt, sind die Ersatzleistungen steuer- wie unterhaltsrechtlich relevante Erlöse und kompensieren die Instandsetzungskosten. Betriebseinnahme und Betriebsausgabe heben sich im Ergebnis auf.

Wird das beschädigte Wirtschaftgut nicht repariert kann eine Absetzung für Abnutzung in Höhe der Wertminderung erfolgen: Soweit diese sich nicht mit der Versicherungsleistung deckt, entstehen Aufwand/Betriebsausgabe oder Ertrag/Betriebseinnahme.

227   **i) Unentgeltliche Wertabgaben. aa) Grundlagen.** Während Barentnahmen (Rn. 178) oder privat veranlasste Abhebungen vom Geschäftskonto über das Privatkonto gebucht werden und den Gewinn nicht beeinflussen, verhält es sich anders, wenn betrieblich angeschaffte oder hergestellte Gegenstände zu privaten Zwecken entnommen (Rn. 179 f.) oder neben der betrieblichen Nutzung auch zu privaten Zwecken genutzt (Rn. 181) werden. In solchen Fällen werden nicht etwa die Betriebsausgaben anteilig gekürzt. Vielmehr werden alle zugrundeliegenden Aufwendungen als Betriebsausgaben erfasst, die privaten Entnahmen und Nutzungen also wie Leistungen an Dritte als Erlöse aufgeführt.

Da die privaten Entnahmen und Nutzungen von betrieblichen Wirtschaftsgütern als Erlöse zu erfassen sind, ist aus einem ordnungsgemäß erstellten Jahresabschluss zu erkennen, ob und in welcher Höhe privat bedingte Aufwendungen gebucht worden sind. Eine **unterhaltsrechtliche Korrektur** darf zur Vermeidung doppelter Berücksichtigung **nur bei den Einnahmen und nicht bei den Betriebsausgaben** erfolgen.

228   **bb) Sachentnahmen.** Bei Selbstständigen und Gewerbetreibenden kommen insbesondere in Betracht

* der private Verbrauch von Lebensmitteln und Getränken bei Gastwirten und einschlägigen Handelsbetrieben,
* der private Verbrauch von Arzneimitteln bei Apothekern und Ärzten,
* die private Nutzung des betrieblichen Telefons,
* die private Nutzung des betrieblichen Kraftfahrzeuges,
* die Entnahme von betrieblich genutzten Gegenständen ins Privatvermögen sowie
* der Einsatz von Betriebspersonal zu privaten Zwecken.

Der nach § 6 I Nr. 4 Satz 1 EStG für die Privatentnahmen anzusetzende Teilwert wird in diesen Fällen nicht tatsächlich ermittelt sondern vom Steuerpflichtigen geschätzt oder mit Pauschalbeträgen angesetzt. So wird z. B. der Eigenverbrauch von Lebensmitteln nach jährlich vom Bundesministerium der Finanzen festgesetzten Werten (Rn. 180) gebucht.

Bei korrekter Buchführung wird der Eigenverbrauch mit diesen Pauschalwerten als steuerpflichtige Einnahme erfasst.

> **Beispiel:**
> Der geschiedene Gastwirt lebt mit seiner Lebensgefährtin und deren beiden minderjährigen Kindern zusammen. Alle Mahlzeiten nehmen die vier Personen in der Gaststätte ein.

Die **Beköstigung eines Gastwirtes** im eigenen Betrieb wird im Jahresabschluss als **Unentgeltliche Wertabgabe** erfasst. Sie beträgt 2895 € (Rn. 180) für jede erwachsene Person, die Hälfte für das minderjährige Kind. Der monatliche Eigenverbrauch der Beispielspersonen beträgt also 3 × 241 € = 723 € und ist wie folgt zu erfassen:

Privat (Kapital)		815	S	Unentgeltliche Wertabgabe	711	H
				Umsatzsteuer	104	H

Dadurch dass die Entnahme der Lebensmittel als umsatzsteuerpflichtiger Erlös gebucht wird, wird der Steuerpflichtige im Ergebnis so behandelt, als hätte er die für die Beköstigung seiner neuen Familie erforderlichen Lebensmittel zum Preis von 830 € monatlich = 9,22 € pro erwachsene Person und Tag aus versteuertem Einkommen erworben. Auf die Pauschalansätze wird man jedenfalls dann zurückgreifen können, wenn kein Mangelfall vorliegt.

Dagegen bedürfen die **Entnahmen von Anlage- oder Umlaufvermögen** einer sorgfältigen Prüfung, bei der man auch nicht immer auf den Teilwert abstellen kann. Es ist vielmehr festzustellen, was ein Nichtselbstständiger hätte aufwenden müssen.

Beispiel:
U stellt Motorrasenmäher her. Er entnimmt einen davon aus dem Lagerbestand
a) für seinen eigenen Hausgarten,
b) als Geschenk für eine gemeinnützige Einrichtung.
In der Buchführung wird der Vorgang nicht erfasst. In der Inventur finden sich nur die noch im Lager befindlichen Rasenmäher, die – für diesen Typ – zutreffend mit 300 € bewertet wurden. Der Ladenverkaufspreis beträgt 500 € netto.

Steuerlich wäre die Entnahme in beiden Fällen mit dem Teilwert anzusetzen gewesen. Unterhaltsrechtlich wird man zumindest im Fall a) den Verkaufspreis ansetzen müssen.[34]

cc) Nutzungsentnahmen. Wenn der Unterhaltspflichtige sein Telefon auch privat benutzt, insbesondere wenn die Privatwohnung an die Telefonanlage des Betriebs angeschlossen ist, wird der Privatanteil vom Finanzamt in der Regel geschätzt und[35] als Unentgeltliche Wertabgabe dem Gewinn zugerechnet. Wenn die Schätzung zu großzügig erfolgt oder wenn der Unterhaltspflichtige von höheren Ansätzen ohne erklärbaren Grund abweicht, ist dies gegebenenfalls unterhaltsrechtlich zu korrigieren.

Von größerer Bedeutung ist die Behandlung der gemischten Nutzung betrieblicher Kraftfahrzeuge.[36] Nach § 6 Absatz 1 Nr. 4 Satz 2 EStG sind bei betrieblicher und privater Nutzung eines betrieblichen Fahrzeugs für den Privatanteil monatlich 1% des Bruttolistenpreises einschließlich Sonderausstattung anzusetzen, sofern der Steuerpflichtige nicht ein ordnungsgemäßes Fahrtenbuch führt und dadurch die Aufteilung der betrieblichen und privaten Nutzung belegen kann. Ab dem 1. 1. 2006 gilt die 1%-Regelung jedoch nur, wenn das Fahrzeug zu mehr als 50% betrieblich genutzt wird; andernfalls wird der betriebliche Anteil geschätzt.

Dazu kommen 0,03% des Bruttolistenpreises pro Entfernungskilometer abzüglich der Kilometerpauschale von 0,30 € pro Kilometer,[37] wenn das Fahrzeug – auch nur gelegentlich – für Fahrten zwischen Wohnung und Arbeitsstätte benutzt wird. Der Listenpreis ist auch Gebrauchtfahrzeugen oder mit Rabatt erworbenen Fahrzeugen anzusetzen. Ab dem 1. 1. 2007 wird die Entfernungspauschale erst ab dem 21. Kilometer gewährt. Nach Auffassung des Bundesfinanzhofs ist ernstlich zweifelhaft, ob diese Kappung verfassungsgemäß ist.[38]

Beispiel:
Der Landarzt A hat einen Pkw – deutscher Listenpreis brutto 60 000 € – als Euroimport für 48 000 € angeschafft. Er schreibt das Fahrzeug linear mit jährlich 16,67% = 8000 € ab.[39] Steuer und Versicherungen betragen jährlich zusammen 1000 €. Laufende Kosten – Benzin, Inspektionen, Reifen, Wagenwäsche etc. – betrugen 5000 €.[40] Er ist mit dem Fahrzeug privat 15 000 km, zu Hausbesuchen und zu beruflich bedingten Veranstaltungen 30 000 km gefahren. Die Zahlen sind zutreffend geschätzt; ein Fahrtenbuch hat A nicht geführt. Die Praxis ist 10 km vom Wohnhaus entfernt; A hat an 250 Tagen gearbeitet. Auf die Fahrten zwischen Wohnung und Praxis entfallen also 5000 km.
Das Finanzamt berechnet dem A privat:

Pauschale 12% von 60 000 €	7200 €
10 × 0,03 von 60 000 € × 12 Monate (bis 2006)	2160 €
steuerliches Mehreinkommen	9360 €

---

[34] Zur Entnahme von Anlagevermögen vgl. das Beispiel Rn. 210
[35] Ggfs. zuzüglich der gesetzlichen Umsatzsteuer
[36] Ausführlich dazu Schöppe-Fredenburg in FuR 1998, 153
[37] 0,30 € pro Kilometer, ab 1. 1. 2006 erst ab dem 21. Entfernungskilometer
[38] BFH, NJW 2007, 2943
[39] Für nach dem 31. 12. 2000 angeschaffte Pkw ist eine betriebsgewöhnliche Nutzungsdauer von sechs Jahren zugrunde zu legen
[40] Ärzte zahlen keine USt und haben keinen Vorsteuerabzug

A wird also behandelt als hätte er aus versteuertem Einkommen 9360 €[41] für die private Nutzung seines Fahrzeugs aufwenden müssen.

Unterhaltsrechtlich sind die beruflichen Fahrten einschließlich der Fahrten von und zur Arbeitsstätte berufsbedingte Aufwendungen, so dass sich folgende Berechnung ergibt:

laufende Kosten pro Jahr	5000 €
feste Kosten pro Jahr	1000 €
AfA (Nutzungsdauer 6 Jahre) 16,67 von 48 000 €	8000 €
Kosten total	14 000 €
davon betrieblich $^{35}/_{50}$ = 70	9800 €
und privat $^{15}/_{50}$ = 30	4200 €

Während steuerlich als 9360 € einkommenserhöhend angesetzt werden, wären es unterhaltsrechtlich nur 4200 €.[42] Bei einer Pauschalberechnung ergeben sich 15 000 km × 0,30 €/km = 4500 €.

Einkommensteuerrechtlich kann wegen der zwingenden Regelung in § 4 V Nr. 6 EStG die 1%-Regelung durch den Steuerpflichtigen nur durch Führung eines Fahrtenbuchs vermieden werden. Unterhaltsrechtlich ist diese Vorschrift nicht zwingend, so dass auch eine Schätzung nach § 287 ZPO in Betracht kommt. Dies ist dann geboten, wenn für die Ermittlung des unterhaltsrechtlichen Einkommens auf frühere Jahre zurückgegriffen wird, in denen kein Fahrtenbuch geführt wurde und der tatsächliche Anteil der privaten Nutzung nicht mehr genau ermittelt werden kann. Eine Schätzung kann auch dann geboten sein, wenn ausschließlich aus betrieblichen Gründen ein repräsentatives Fahrzeug angeschafft und auch privat genutzt wird. Ob unterhaltsrechtlich zu korrigieren ist, hängt von den Umständen des Einzelfalls ab. Das OLG Hamm hat eine Herabsetzung der steuerlichen Bewertung der privaten Nutzung eines betrieblichen PKW vorgenommen, weil aus betrieblichen Gründen ein besonders repräsentatives Fahrzeug zur Verfügung gestellt worden war.[43]

Bei Benutzung eines PKW wird die Korrektur in der Regel zu einer Verringerung des Einkommens führen, da seit der Neuregelung ab 1. 1. 2007 die Fahrten zwischen Wohnung und Arbeitsstätte als privat veranlasst gelten, soweit die Entfernung nicht mehr als 20 km beträgt.[44]

230   **j) Zinsen und sonstige Kapitalerträge.** Zinsen für betriebliche Bankguthaben oder sonstige Erträge aus angelegtem Betriebsvermögen sind immer Gewinneinkünfte gemäß § 2 II Nr. 1 EStG und nicht Einkünfte aus Kapitalvermögen nach § 20 EStG (Rn. 113). Eine Korrektur ist nicht geboten. Zu beachten ist, dass die Zinsen nicht außerhalb der Gewinneinkünfte noch einmal als Zinseinkünfte erfasst werden. Dies ist ausgeschlossen, wenn man die Gesamteinkünfte anhand der Steuerbescheide überprüft.

231   **k) Umsatzsteuer.** Die mit der bei der Gewinnermittlung durch Betriebsvermögensvergleich mit den Forderungen erfasste Umsatzsteuer ist gewinnneutral, da ihr eine identische Verbindlichkeit gegenüber dem Finanzamt gegengebucht wird (Rn. 137 f.); 1/166). Sie wird als nicht fällige Umsatzsteuer gegengebucht, wenn dem Unternehmer gemäß § 20 UStG vom Finanzamt die **Ist-Versteuerung** gestattet ist,[45] d. h. zwar ihre Einkünfte periodengerecht erfassen und versteuern müssen, jedoch die Umsatzsteuer erst bei Vereinnahmung abzuführen haben.

Die **Umsatzsteuer** stellt jedoch in der **Einnahmen-Überschuss-Rechnung** zum Zeitpunkt des Zuflusses des Erlöses eine **Betriebseinnahme** dar und erhöht den Gewinn (Rn. 192). Da sie auch hier nur ein durchlaufender Posten ist, sollte sie bei der Ermittlung des unterhaltsrechtlichen Einkommens abgezogen werden.[46]

---

[41] Beim Umsatzsteuerpflichtigen kommen noch einmal 16% USt auf 80% des Nettoeigenverbrauchs dazu

[42] Die hier dargestellte Problematik ergibt stellt sich in gleicher Weise, wenn einem Arbeitnehmer vom Arbeitgeber ein Betriebsfahrzeug für den Privatgebrauch und/oder die Fahrten zwischen Wohnung und Arbeitstätte zur Verfügung gestellt wird vgl. Rn. 236

[43] OLG Hamm, FamRZ 2008, 281

[44] Nach Auffassung des BFH verfassungswidrig, siehe NJW 2007, 2943

[45] Die Sonderregelung gilt u. a. für freiwillig bilanzierende Selbstständige

[46] Vgl. den Beispielsfall in Rn. 192

Unterhaltsrechtliche Änderungen bei der Umsatzsteuer müssen zwingend auch bei der Vorsteuer und den Umsatzsteuerzahlungen (Rn. 261) vorgenommen werden.

2. Aufwand/Betriebsausgaben

a) Allgemeines. Bei allen Betriebsausgaben kann man grundsätzlich die Frage stellen, ob **232** es sich jeweils um berufsbedingten Aufwand handelt oder sie nur den persönlichen Bedarfsvorstellungen entsprechen. Dies gilt für z. B. die Größe und Ausstattung der Praxis oder des Büros von Freiberuflern. Obwohl die Anschaffungskosten von Anlagevermögen als solche den Gewinn nicht beeinflussen, wirken sie sich über Gebrauchs- und Unterhaltungskosten, AfA und eventuell Zinsen für Anschaffungskredite auf den Gewinn aus. Für die steuerliche Anerkennung sind weder Notwendigkeit, noch Angemessenheit, Üblichkeit oder Zweckmäßigkeit Voraussetzung.[47] Nur soweit durch die Betriebsausgaben die private Lebensführung des Steuerpflichtigen berührt wird, erfolgt nach $\S$ 4 V 7 EStG eine Angemessenheitsprüfung.[48] Diese erfolgt im Allgemeinen recht großzügig. Unterhaltsrechtlich wird man unter Umständen andere Maßstäbe anzusetzen haben.

> **Beispiel:**
> Der Arzt A least einen PKW zum Kaufpreis von 150 000 €. Gewinnmindernd sind gegenüber einem kleineren Fahrzeug
> – die Leasingsonderzahlung,
> – die Leasingraten,
> – die Kfz-Steuer und die Versicherungen
> – die Verbrauchskosten.
> Er nutzt das Fahrzeug für die Fahrten zwischen Wohnung und Praxis und für Hausbesuche. Längere Fahrten unternimmt er nur privat im Urlaub.

Bei der steuerlichen Angemessenheitsprüfung wird nur zwischen einem üblichen Betriebsfahrzeug und einem Sport- oder Luxusfahrzeug.[49] Unterhaltsrechtlich wird man engere Grenzen ziehen müssen, vor allem wenn die Kfz-Aufwendungen in einem unangemessenen Verhältnis zu den Einnahmen und dem verbleibenden Gewinn stehen. Insbesondere wird man bei einer erst nach der Scheidung angeschafften Luxusfahrzeug auf die eheprägenden Verhältnisse abzustellen haben, sofern sich nicht die wirtschaftlichen Gegebenheiten nachhaltig verändert haben. Es sollte aber wie bei allen erforderlich erscheinenden Korrekturen im Auge behalten, ob sich die für notwendig erachteten Änderungen wirklich nennenswert auf den Unterhalt auswirken.

Das OLG Düsseldorf hat im Jahr 1981[50] geurteilt, der Unterhaltspflichtige habe bei seinen Investitionsentscheidungen vorrangig seine Unterhaltsverpflichtungen zu berücksichtigen. Diese Auffassung ist zu Recht auf Kritik gestoßen.[51] Eine Überprüfung ist nur dann zulässig und geboten, wenn die Investitionen gegenüber früheren Jahren erst bei Absehbarkeit der Trennung erheblich zugenommen haben und/oder auch den privaten Bedürfnissen dienen.[52] Auch wird im Mangelfall ein strengerer Maßstab anzulegen sein.[53]

Grundsätzlich wird es dem Familienrichter schon mangels betriebswirtschaftlicher Sachkunde verwehrt sein, über das Unterhaltsrecht eine Investitionskontrolle auszuüben. Es wird jedoch Sache des Unterhaltspflichtigen sein, in begründeten Fällen die **Berufsbedingtheit von Anschaffungen und Betriebsausgaben** darzulegen und nachzuweisen, insbesondere dann, wenn sich gegenüber der Zeit des Zusammenlebens gravierende Abweichungen ergeben oder die Investitionen oder Betriebsausgaben in einem offensichtlichen Missverhältnissen zu den Erträgen stehen.

---

[47] Schmidt/Heinicke $\S$ 4 Rn. 483
[48] Im Einzelnen dazu Schmidt/Heinicke $\S$ 4 Rn. 602
[49] Schmidt/Heinicke $\S$ 4 Rn. 602; ausführlich zu Pkw BFH BStBl 1987 II S. 853
[50] FamRZ 1982, 1108 ff.
[51] Schwab/Borth Rn. IV 760; Maier S. 224 ff., Strohal Rn. 293
[52] Pkw, Büroausstattung, betrieblich genutztes Flugzeug
[53] Schwab/Borth a. a. O.

233   **b) Wareneinkauf.** Die Anschaffung von Vorratsvermögen wird in der Gewinn- und Verlustrechnung nur insoweit als Aufwand erfasst, als es im Geschäftsjahr verarbeitet oder verkauft worden ist. Dies erfolgt durch Erfassung der Bestandsveränderung mittels der **Inventur**[54] (Rn. 173 f.). Dabei werden auch Änderungen des Wertes des Umlaufvermögens erfasst. Schon weil der Stichtag für die Inventur bei der Überprüfung des Jahresabschlusses – sei es im Rahmen einer Betriebsprüfung (Rn. 212), sei es bei der Ermittlung des unterhaltsrechtlichen Einkommens – längst verstrichen ist, ist die Ermittlung des Warenbestands und die dadurch bedingte Gewinnveränderung nicht nachprüfbar. Eine unterhaltsrechtliche Kontrolle ist nur in eingeschränktem Maß möglich, in dem man den Wareneinsatz über mehrere Jahre vergleicht. Anhand der vom Bundesfinanzministerium alljährlich für die Betriebsprüfung (Rn. 212) herausgegebenen **Richtsatzsammlung**[55] lässt sich das Verhältnis von Wareneinsatz und Gewinn prüfen. Gegebenenfalls wird man eine Auskunft des Finanzamtes einholen oder ein Gutachten erstellen lassen müssen.

Bei der unterhaltsrechtlichen Auswertung der **Einnahmen-Überschussrechnung** (Rn. 194) ist zu prüfen, ob der Wareneinkauf nennenswert gestiegen ist, um auf Kosten des unterhaltsberechtigten Partners schon für spätere Jahre einzukaufen. Die **Anschaffung von Umlaufvermögen** ist in der Einnahmen-Überschuss-Rechnung ohne Einschränkung nach dem Zuflussprinzip zu erfassen. Die Sonderregelung des § 4 Abs. 3 Satz 4 EStG gilt nur für die Anschaffung von abnutzbarem **Anlage**vermögen. Beim Umlaufvermögen bietet sich eine Möglichkeit, durch **Vorverlagerung von Betriebsausgaben** das steuerliche Einkommen auf legale Weise erheblich zu mindern.

234   **c) Aufwendungen für Hilfs- und Betriebsstoffe.** Die Anschaffung von Hilfs- und Betriebsstoffen führt in der Gewinn- und Verlustrechnung nicht zu einer Gewinnminderung. Sie werden zwar wie die zur Verarbeitung und/oder Weiterveräußerung bestimmten Waren bei der Anschaffung als Aufwand gebucht. Jedoch wird durch Inventur der Endbestand am Bilanzstichtag ermittelt und im Vergleich mit dem Vorjahresbestand festgestellt, was tatsächlich verbraucht worden ist. Auf diese Weise wird als Aufwand nur erfasst, was wirtschaftlich dem Geschäftsjahr zuzuordnen ist.[56]

Im Gegensatz dazu gilt auch hier in der Einnahmen-Überschussrechnung gilt das Zuflussprinzip. So werden z. B. die für die Anschaffung von Heizöl aufgewandten Kosten unabhängig von der Notwendigkeit der Anschaffung der jeweiligen Menge zum Zeitpunkt der Bezahlung der Rechnung als Betriebsausgabe erfasst.

Beispiel:
Der Inhaber eine kleinen Pension H deckt sich üblicherweise im April mit Heizöl ein, da es zu diesem Zeitpunkt erfahrungsgemäß am billigsten ist. Nach der Trennung von seiner Ehefrau tankt er am 31. 12. noch einmal voll und bezahlt den Kaufpreis von 3000 € noch am selben Tag.

Für die Einkommensermittlung sind diese 3000 € korrekt im laufenden Jahr gewinnmindernd einzubuchen. Legt man der Ermittlung des unterhaltsrechtlich relevanten Einkommens den zurückliegenden Dreijahreszeitraum zugrunde, reduziert sich das Durchschnittseinkommen um 1000 € p. a. Unterhaltsrechtlich wird man daher diesen Aufwand dem Einkommen zuschlagen müssen.[57]

Wäre der Hotelier zur Gewinnermittlung durch Betriebsvermögensvergleich verpflichtet, müsste er in der Bilanz den Heizölbestand am Jahresende in der Bilanz gewinnerhöhend erfassen. Der Einkauf würde sich – jedenfalls bei korrekter Inventur – nicht auf den Gewinn auswirken.

235   **d) Personalkosten.** Bei Personalkosten[58] ist dann eine Überprüfung angesagt, wenn der neue Lebens- oder Ehepartner als Arbeitnehmer des Steuerpflichtigen beschäftigt ist. Das Finanzamt prüft nicht, ob der Steuerpflichtige nur das betriebsnotwendige Personal eingestellt hat. Kontrolliert wird allenfalls

---

[54] Bestandsaufnahme am Ende des Wirtschaftsjahres; Schmidt/Glanegger § 6 Rn. 20

[55] Zuletzt BStBl 2006 I S. 374; abrufbar auch unter www.bundesfinanzministerium.de

[56] Zur Buchführung und Berechnungsmethode vgl. Rn. 173 und 174

[57] Dasselbe Problem kann natürlich auftreten, wenn beim Unterhalt Vermietungseinkünfte eine Rolle spielen

[58] Zur Anerkennung von Familiengesellschaften Einkommensteuerrichtlinien R 15.9

– ob ein Scheinarbeitsverhältnis mit einer nahe stehenden Person – etwa dem nicht verheirateten Lebenspartner – zum Zweck der Einkommensverlagerung (Vermeidung des Progressionsnachteils) vorliegt oder
– beim Ehegattenarbeitsverhältnis unter Fremden übliche Bedingungen gelten.

Auch wenn steuerlich nur wirksam vereinbarte, tatsächlich ausgeübte und einem Fremdvergleich standhaltende Arbeitsverhältnisse zwischen Familienangehörigen anerkannt werden, ist der Missbrauch nicht selten, sei es dass das gesamte Arbeitsverhältnis fingiert ist, sei es dass dem nahe stehenden Arbeitnehmer Bezüge oder Vergünstigungen gewährt werden, die aus der persönlichen Beziehung, nicht aber aus dem Arbeitsverhältnis resultieren, wie etwa Direktversicherung oder betriebliche Altersversorgung. Durch ein solches Arbeitsverhältnis können u. U. auch mittelbare Folgekosten verursacht werden wie etwa zusätzlich Haftpflichtversicherungsprämien oder die Einrichtung eines zusätzlichen Arbeitsplatzes.

Abgesehen davon, dass das Finanzamt in der Regel kaum wissen wird, ob und mit welcher beschäftigten Person der nicht wiederverheiratete Steuerpflichtige eine private Beziehung unterhält, wird eine Feststellung des tatsächlich zu hohen Einkommens erst im Rahmen einer Betriebsprüfung erfolgen, die zum Zeitpunkt der Auskunftserteilung noch in ferner Zukunft liegen wird.

Soweit der neue Lebenspartner unverheiratet keinen Unterhaltsanspruch hat oder verheiratet dem bisherigen Ehepartner im Unterhaltsrang nachgeht, wird auch **bei einem tatsächlich ausgeübten Arbeitsverhältnis** zu prüfen sein, ob hier nicht die den früheren Ehepartner schützende gesetzliche Regelung der **Rangfolge unterlaufen** wird. Maßgeblich dürfte in einem solchen Fall sein, ob durch die Einstellung des Lebenspartners ein anderer Arbeitnehmer entlassen wurde oder die Einstellung eines anderen Arbeitnehmers eingespart werden konnte. Die Schaffung eines betrieblich nicht erforderlichen Arbeitsplatzes ist zwar steuerlich anerkennungsfähig, nicht aber unterhaltsrechtlich.

Wenn durch plötzlich gestiegene Personalkosten gravierende Einkommensminderungen eingetreten sind, kann sich unter Umständen auch die Frage stellen, ob der Unterhaltspflichtige/Unterhaltsberechtigte noch in ausreichendem Maße seiner eigenen Verpflichtung zur Erwerbstätigkeit nachkommt oder einen angestellten Mitarbeiter die ihm selbst obliegende Arbeit verrichten lässt.

Beispiel:
R hat nach der Trennung von seiner Ehefrau seine frühere Referendarin F nach ihrem zweiten Examen als Rechtsanwältin angestellt. Er unterhält mit ihr seit längerem eine Liebesbeziehung. Er zahlt ihr gegenüber üblichen 25 000 bis 30 000 € ein Jahresgehalt von brutto 40 000 €. Bis zur Einstellung von F hatte R eine durchschnittliche Wochenarbeitszeit von 50 Stunden. Durch die Tätigkeit von F braucht er nur noch 30 Stunden zu arbeiten. Die gewonnene Freizeit verbringt er mit F.

e) Fahrzeugkosten. Bei ordnungsgemäßer Buchführung wird der Anteil der privaten **236** Nutzung eines betrieblichen PKW bei den Unentgeltlichen Wertabgaben (Rn. 227) einkommenserhöhend berücksichtigt, ebenso die Überlassung an den als Arbeitnehmer beschäftigten neuen (Ehe-)Partner. Eine Kürzung der Fahrzeugkosten kommt daher wohl nur in Betracht, wenn der Unternehmer ein unangemessen teures Fahrzeug mit entsprechend hohen Betriebsausgaben (Feste Kosten, AfA, lfd. Kosten) benutzt (Rn. 232).

f) Reisekosten. Reisekosten werden bei Gewerbetreibenden und Selbstständigen in **237** gleicher Weise kritisch auf private Veranlassung geprüft wie beim Arbeitnehmer. Dies geschieht aber in der Regel erst im Rahmen einer Betriebsprüfung, so dass eine unterhaltsrechtliche Prüfung bei ungeprüften Jahreabschlüssen geboten sein kann, wenn Anlass zur Annahme von missbräuchlichem Ansatz besteht. In der Regel wird der unterhaltsbegehrende Ehepartner die notwendigen Informationen aus der Handhabung von Geschäftsreisen während des ehelichen Zusammenlebens haben, die dem Finanzamt nicht gegeben wurden. Bei Ungereimtheiten ist substantiiert zu bestreiten, womit dem Auskunftspflichtigen obliegt, die Berufsbedingtheit der Aufwendungen spezifiziert darzulegen und zu beweisen.

g) Bewirtungskosten. Gemäß § 4 V Nr. 2 EStG sind Bewirtungsaufwendungen nur **238** mit 70%[59] als Betriebsausgabe zu berücksichtigen, soweit sie angemessen und ihre betrieb-

---

[59] Bis 2007 80%

liche Veranlassung durch Angabe u. a. des Anlasses und der bewirteten Personen nachzuweisen. Inwieweit darüber hinaus unterhaltsrechtlich Zurechnungen erfolgen müssen, wird man im Einzelfall entscheiden müssen. Bei unterhaltsrechtlichen Zurechnungen ist der steuerliche Pauschalabzug von 30% zu berücksichtigen, soweit er bei der steuerlichen Gewinnermittlung bereits erfasst sein sollte (Rn. 240).

239   **h) Geschenke.** Geschenke an Personen, die nicht seine Arbeitnehmer sind, dürfen den Gewinn nicht mindern, es sei denn, dass sie 40 € pro Empfänger und Jahr nicht überschreiten. Geschenke an Arbeitnehmer sind bei diesem lohnsteuerpflichtig, für den Arbeitgeber Personalkosten (Rn. 233).

240   **i) Nicht abzugsfähige Betriebsausgaben.** In einer ordnungsgemäßen Buchführung werden nicht abzugsfähige Bewirtungskosten und nicht abzugsfähige Betriebsausgaben auf besonderen Konten erfasst, mindern aber nicht den im Jahresabschluss ausgewiesenen Gewinn. Bei der Ermittlung des unterhaltsrechtlichen Einkommens ist daher darauf zu achten, dass dies nicht übersehen wird. Ein Vergleich des Gewinns mit den im Steuerbescheid aufgeführten Einkünften aus Gewerbetrieb ist immer geboten.

Steuerlich nicht abzugsfähige Betriebsausgabe ist ab 2008 auch die Gewerbesteuer. Sie mindert damit nicht mehr den steuerlichen, wohl aber den betrieblichen Gewinn. Sie ist nach wie vor berufsbedingter Aufwand und damit unterhaltsrechtlich einkommensmindernd zu berücksichtigen (Rn. 559 b).

241   **j) Instandhaltungskosten/Instandsetzungskosten.** Den Positionen Instandsetzung und Instandhaltung ist jedenfalls dann unterhaltsrechtlich besondere Beachtung zu schenken, wenn diese außergewöhnlich hoch sind, insbesondere im Vergleich mit früheren Jahren. Selbst die **Generalüberholung** eines Gebäudes für etliche hunderttausend Euro kann unter steuerlichen Aspekten als sofort abzugsfähige Instandhaltung bei den Betriebsausgaben einkunftsmindernd erfasst werden, wobei es nicht darauf ankommt, ob diese Maßnahmen notwendig waren. Solange nichts Neues geschaffen sondern Vorhandenes ersetzt wird, handelt es sich um sofort abzugsfähige Betriebsausgaben, bzw. Werbungskosten.[60]

Nach der Rechtsprechung des BGH sind Instandsetzungskosten bei Gebäuden unterhaltsrechtlich nur insoweit einkommensmindernd zu berücksichtigen, als es sich um **notwendigen Erhaltungsaufwand** handelt und nicht um solchen für Ausbauten und wertsteigernde Verbesserungen, die der Vermögensbildung dienen.[61]

Es ist durchaus nicht ausgeschlossen, dass der Unterhaltspflichtige in dem für den Unterhaltsbedarf maßgeblichen Zeitraum – zufällig oder absichtlich – einmalig langfristig werterhaltende Maßnahmen vornimmt, die sich der Unterhaltsberechtigte dann mit der Folge massiver Unterhaltskürzung anrechnen lassen müsste, wenn hier keine Korrekturen vorgenommen werden.

Grundsätzlich ist bei Instandsetzungsmaßnahmen größeren Umfangs zu überlegen, ob diese nicht über einen längeren Zeitraum zu verteilen, bzw. bei unterschiedlich hohen Aufwendungen in mehreren Jahren mit dem zu errechnenden Mittelwert in Ansatz zu bringen sind.[62]

Bei der Gewinnermittlung durch Betriebsvermögensvergleich kommt bei der Gewinnermittlung durch Betriebsvermögensvergleich außerdem eine Rückstellung (Rn. 168 ff.; Rn. 269) für unterlassene Aufwendungen für Instandhaltung in Betracht, wenn diese in den ersten drei Monaten des folgenden Jahres nachgeholt wird.[63]

242   **k) Mieten und Pachten, Leasing, Disagio.** Die Ausführungen zu den Personalkosten (Rn. 235) gelten auch bei Miet- und Pachtzinsen, wenn Vermieter oder Verpächter eine nahe stehende Person ist. In solchen Fällen wird die Angemessenheit der Höhe der Miet- oder Pachtzinsen zu prüfen sein. Zu prüfen ist in solchen Fällen unter Umständen auch, ob das Objekt überhaupt benötigt wird, während dies bei Anmietung oder Anpachtung von Fremden sicherlich der unternehmerischen Entscheidung und nicht der unterhaltsrechtlichen Kontrolle unterliegt.

---

[60] Schmidt/Glanegger § 6 Rn. 199
[61] BGH, FamRZ 2005, 1159 = R 623
[62] Diese gelten auch auch bei Einkünften aus Vermietung oder Verpachtung Rn. 338
[63] Die für Instandhaltungen vom 4. bis 12. Monat des folgenden Jahres nach § 249 HGB zulässigen Rückstellungen dürfen in der Steuerbilanz nicht gebildet werden

In der Einnahmen-Überschuss-Rechnung können wegen des Zu- und Abflussprinzips Mietvorauszahlungen (Rn. 193) unmittelbar als Betriebsausgabe gewinnmindernd angesetzt werden. Dies schafft die Möglichkeit, unterhaltsrechtlich irrelevante Betriebsausgaben in einem scheinbar unverdächtigen Posten unterzubringen. Dasselbe gilt für Leasing-Sonderzahlungen.

Entsprechend kann das Disagio in der Einnahmen-Überschuss-Rechnung sofort abzugsfähiger Aufwand sein, während es in der Bilanz über die Laufzeit des Darlehens aktiviert und zeitanteilig als Betriebsausgabe abgesetzt wird.

Beispiel:
1. A least im Jahr nach der Trennung einen Mercedes – Kaufpreis 45 000 € und leistet eine Leasingsonderzahlung von 10 000 €. Die Leasingraten betragen im ersten Jahr 14 400 €. Steuerlich sind für die Sonderzahlung und die laufenden Raten 24 400 € als Betriebsausgabe erfasst.
2. Für die Einrichtung eines neuen Behandlungszimmers nimmt er im Dezember ein Darlehen in Höhe von 40 000 € auf. Er erhält 90% ausgezahlt. Das Darlehen ist bei einer Laufzeit von 5 Jahren mit 6% zu verzinsen. Der Steuerberater hat die Zinsen für Dezember in Höhe von 400 € und das Disagio in Höhe von 4000 € als Betriebsausgabe gebucht.

Während derartige Aufwendungen in der Bilanz durch Rechnungsabgrenzungsposten auf mehrere Jahre verteilt werden, sind sie bei der Einnahmen-Überschuss-Rechnung sofort abzugsfähiger Aufwand. Es erscheint sachgerecht, auch unterhaltsrechtlich derartige Aufwendungen zeitanteilig zu erfassen, auch wenn dies dem In-Prinzip widerspricht.

l) Abschreibung/Absetzung für Abnutzung/AfA.[64] Die wirtschaftlichen Auswirkungen der Nutzung von Anlagevermögen bei der unterhaltsrechtlichen Einkommensermittlung zu erfassen, hat in der Vergangenheit erhebliche Schwierigkeiten gemacht und war deshalb in der Rechtsprechung und Literatur jahrelang eines der umstrittensten Themen. Herrschende Auffassung war lediglich, dass die **AfA für Gebäude** (Rn. 154 a und 155 a) im Regelfall das unterhaltsrechtlich maßgebliche Einkommen nicht mindert. Allerdings hat der BGH die Frage, ob an dieser Rechtsprechung festzuhalten ist, in seiner Entscheidung vom 11. 5. 2005[65] ausdrücklich als nicht entscheidungserheblich offen gelassen.[66] **243**

Zur AfA sonstigen Anlagevermögens hatte sich der BGH im Urteil 23. 4. 1980[67] geäußert **244** und festgestellt, dem durch das steuerliche Institut der Abschreibung pauschal berücksichtigten Verschleiß von Gegenständen des Anlagevermögens entspreche oft keine tatsächliche Wertminderung in Höhe des steuerlich anerkennungsfähigen Betrages, erst recht keine entsprechende Minderung des Einkommens. Dementsprechend haben die meisten Oberlandesgerichte in **ständiger Rechtsprechung** den Ansatz einer **verlängerten Nutzungsdauer** und damit die **Kürzung der jährliche AfA** für geboten gehalten.

Auch mit dem Urteil des BGH vom 19. 3. 2003[68] sind die Probleme noch nicht **244 a** abschließende gelöst. Laut diesem Urteil kann **im Regelfall der Ansatz der linearen AfA** nach den von der Finanzverwaltung herausgegebenen **AfA-Tabellen** in die Ermittlung des unterhaltsrechtlich maßgeblichen Einkommens übernommen werden. Die **Gerichte** sind jedoch **nicht daran gebunden**[69], insbesondere sind auch die **Tabellenwerte** dann **unbeachtlich,** wenn sie „erkennbar nicht auf Erfahrungswissen beruhen", also offensichtlich unzutreffend sind. Maßgeblich für diese Entscheidung war, dass nach Auffassung des BGH die **AfA-Tabellen regelmäßig den tatsächlichen Wertverzehr** wiedergeben. Dies gelte insbesondere für die vom Bundesministerium der Finanzen im Jahr 2000 erstellte – heute noch gültige – AfA-Tabelle für die allgemein verwendbaren Anlagegüter.[70]

---

[64] Eine umfassende Darstellung der Behandlung der AfA im Steuerrecht findet sich unter Rn. 147 ff.
[65] BGH, FamRZ 2005, 1159 = R 623 (zur Ermittlung des Wohnwerts von selbstgenutztem Wohneigentum ergangen)
[66] Zur Tilgung von Darlehen siehe Rn. 256 a
[67] FamRZ 1980, 770
[68] FamRZ 2003, 741 = R 590 c
[69] Siehe dazu Rn. 245
[70] BStBl 2000 I 1532; alle Tabellen im Internet unter www.urbs.de/afa/home.htm

Eine solche Auffassung ist bereits in der Vergangenheit von einer größeren Zahl der Gerichte vertreten worden.[71] Für die auch unterhaltsrechtlich zu beachtende Angemessenheit der linearen AfA nach den aktuellen AfA-Tabellen spricht die Vermutung. Wer bei der Ermittlung des unterhaltsrechtlich maßgeblichen Einkommens davon abweichen will, hat die Vermutung mit substantiiert darzulegenden Tatsachen zu entkräften; einfaches Bestreiten reicht nicht mehr aus.[72] Die frühere Rechtsprechung,[73] die eine pauschale AfA-Kürzung für geboten halten, dürfte damit überholt sein.

245   Die **unterhaltsrechtlichen Leitlinien** der Oberlandesgerichte – Stand 1. 1. 2008 – befassen sich nur zum geringen Teil mit der AfA für bewegliche Wirtschaftsgüter im Unterhaltsrecht.

Das **OLG Düsseldorf** und das **OLG Koblenz** erkennen Abschreibungen an, soweit dem steuerlich zulässigen Abzug ein **tatsächlicher Wertverlust** entspricht, was für die Gebäudeabschreibung in der Regel zu verneinen sei. Das **OLG Hamburg** akzeptiert in der Regel **lineare Abschreibungen.** Das **OLG Schleswig** geht davon aus, dass der Abschreibung in der Regel entsprechende **Ausgaben für Betriebsmittel** gegenüberstehen, die Abschreibung daher gewinnmindernd abzusetzen sei, berücksichtigt sie aber nicht, wenn sie über das tatsächliche Ausmaß der Wertminderung (etwa bei Gebäuden) hinausgehen. Das **OLG Oldenburg** will steuerliche Abschreibungen grundsätzlich „unterhaltsrechtlich korrigieren".

246   Zur steuerrechtlich korrekt vorgenommenen **Sonderabschreibung** (Rn. 156) hat der BGH[74] entschieden, dass das betreffende Wirtschaftsgut im Jahr der Anschaffung und in der Folgezeit zu unterhaltsrechtlichen Zwecken fiktiv linear abzuschreiben ist. Der die lineare AfA übersteigende Betrag ist dem Gewinn zuzurechnen, da nur die lineare AfA dem tatsächlichen, unterhaltsrechtlich relevanten Wertverzehr entspreche. Eine fiktive Steuerberechnung (Rn. 583 c) – auf der Basis des so erhöhten Einkommens – sei nicht erforderlich.

248   Nach herrschender Auffassung ist für die Berechnung des Unterhalts auf das verfügbare Einkommen abzustellen. Berufsbedingte Aufwendungen sind als einkommensmindernd in Abzug zu bringen. Dass die Anschaffung und Nutzung betriebsnotwendigen Anlagevermögens auch berufsbedingt ist, lässt sich nicht bestreiten, wird aber nicht angemessen berücksichtigt, wenn die AfA isoliert behandelt und die **zusammenhängenden Auswirkungen** von **Anschaffung, Abschreibung und Veräußerung** (ausführlich dazu Rn. 147 ff.) nicht beachtet und in die unterhaltsrechtliche Beurteilung einbezogen werden.

Beispiel:[75]
U schafft im Januar 01 für 30 000 € einen ausschließlich betrieblich genutzten PKW an. Da das Geschäft im Jahr 03 schlecht gelaufen ist und das Fahrzeug inzwischen nicht mehr benötigt wird, verkauft er es gleich Anfang Januar 04 für 18 000 €. U erteilt Auskunft über seinen Gewinn von 01 bis 03.

Dass in Höhe der Differenz von 12 000 € zwischen Anschaffungskosten von 30 000 € und Veräußerungserlös von 18 000 € berufsbedingte Aufwendungen zu berücksichtigen sind, sollte außer Frage stehen. Von der nahe liegenden Möglichkeit, die Anschaffungskosten im Jahr 01 als einkommensmindernd und den Veräußerungserlös im Jahr 04 als einkommenserhöhend zu erfassen, wird im Unterhaltsrecht kein Gebrauch gemacht, obwohl es dem Zuflussprinzip entspräche; denn das verfügbare Einkommen hat sich im Jahr 01 um 30 000 € verringert, im Jahr 04 um 18 000 € erhöht.

249   Bei der **Gewinnermittlung durch Betriebsvermögensvergleich** (ausführlich dazu Rn. 149 ff.) ist der Zufluss und Abfluss von Geldeswert ohne Bedeutung: ausschließlich die **quantitative Veränderung des Betriebsvermögens** ist **maßgeblich.** Durch die **Anschaffung von Anlagevermögen** ergibt sich nur eine **Vermögensverschiebung:** das Guthaben auf dem Geschäftskonto verringert sich um den Betrag, mit dem der PKW ins Anlagevermögen aufzunehmen ist; bei Finanzierung der Anschaffungskosten steht dem

---

[71] OLG Bremen FamRZ 1995, 935, OLG Bamberg FamRZ 1987, 1181; OLG Karlsruhe FamRZ 1990, 1234; OLG Frankfurt a. M. FuR 2002, 83; OLG München OLGR 2001, 98

[72] So auch Schürmann, FamRB 2006, 183, 186

[73] OLG Hamm in ständiger Rechtsprechung, zuletzt FamRZ 2002, 885, OLG Köln FamRZ 2002, 819; weitere Nachweise bei Kalthoener/Büttner Rn. 948

[74] BGH, FamRZ 2003, 741 = R 590 c

[75] Die Umsatzsteuer bleibt zur Vereinfachung unberücksichtigt

angeschafften Wirtschaftsgut eine entsprechende Lieferanten- oder Bankverbindlichkeit gegenüber. Das Vermögen bleibt quantitativ unverändert, die Anschaffung von Anlagevermögen hat keine Gewinnauswirkung.

In die Bilanzen 01 bis 03 darf das Fahrzeug nur mit dem durch die Abnutzung verringerten Wert aufgenommen werden. Die Wertminderung wird nach der amtlichen AfA-Tabelle mit ⅙ der Anschaffungskosten, also 5000 €/Jahr angesetzt. Ende 03 beträgt der Buchwert somit 15 000 €.

Wegen des Zusammenhangs zwischen Bilanz und Gewinn- und Verlustrechnung muss in der Buchführung[76] der im „Haben" auf dem Konto „PKW" gebuchte **jährliche Minderwert** in der Gewinn- und Verlustrechnung im „Soll", also als Aufwand erfasst werden.

Gewinn- und Verlustrechnung § 7 I EStG: „Wertverzehr"		Bilanz § 6 I 1 EStG: Minderwert		
AfA	*5000*	S PKW	*5000*	H

Dieser Zusammenhang zwischen bilanziellem Ansatz und Berücksichtigung in der Gewinn- und Verlustrechnung stützt sich auf die vom BGH für das Unterhaltsrecht übernommene **„Wertverzehrthese".**[77]

Wenn U seinen Gewinn im Wege der **Einnahmen-Überschuss-Rechnung** 250 (Rn. 183 ff.) ermitteln würde, käme es auf die Vermögensänderungen für die Gewinnermittlung nicht an, da das Vermögen in der Einnahmen-Überschuss-Rechnung nicht erfasst wird sondern der Gewinn sich aus der Gegenüberstellung der Einnahmen und der Betriebsausgaben ergibt. Jedoch dürfen gemäß § 4 III Satz 3 EStG auch hier die Anschaffungskosten nicht zum Zeitpunkt des Abflusses als Betriebsausgabe abgesetzt werden (Rn. 195 f.) sondern stattdessen erst über die betriebsgewöhnliche Nutzungsdauer verteilt in Höhe der jährlichen AfA.

Da der Wertverzehr in der Einnahmen-Überschuss-Rechnung keine Rolle spielt, ist die Wertverzehrthese deshalb auch für die Behandlung der Anschaffungskosten für das Anlagevermögen ungeeignet. Plausibel ist hier nur die **Aufwandsverteilungsthese.**[78]

Beim Verkauf im Jahr 04 erhöht sich das bilanzierte Vermögen um den erhaltenen 251 Verkaufserlös von 18 000 € und verringert sich um den Buchwert des abgegebenen Fahrzeugs von 15 000 €.

Bank	18 000	S	PKW	15 000	H
			Veräußerungsgewinn	*3000*	H

Da durch Erfassung des Gewinns oder Verlustes bei der Veräußerung eines abschreibungsfähigen Wirtschaftsgutes die **zu hohe oder zu niedrige AfA** und damit in der Vergangenheit zu niedrige oder zu hohe Steuer **kompensiert** wird, und so exakt der tatsächliche Aufwand für das genutzte Wirtschaftsgut als einkunftsmindernde Betriebausgabe erfasst wird, ist **über die gesamte Nutzungsdauer** gesehen der **wirtschaftlich zutreffende Gewinn der Besteuerung** zugrundegelegt worden.

Da auch die Unterhaltsverpflichtung in der Regel über einen längeren Zeitraum besteht, beim Gewerbetreibenden und Selbstständigen sogar nicht nach dem jeweiligen Jahresbetrag sondern nach einem mehrjährigen Mittelwert des Einkommens errechnet wird, wird sich häufig eine im Einzelfall zu hohe AfA ausgleichen. Dies gilt insbesondere dann, wenn man der Einkommensermittlung nicht mehr wie bisher einen Drei- sondern wie anlässlich des 14. Familiengerichtstages gefordert einen Fünfjahreszeitraum zugrundelegt.[79]

Die in der Rechtsprechung vorgenommenen Korrekturen wie Verlängerung der Nut- 252 zungsdauer[80] oder Umrechnung degressiver auf lineare AfA sind in vielen Fällen überflüssig.

---

[76] Zu den Grundsätzen der Doppelten Buchführung vgl. Rn. 128–146
[77] Vgl. Rn. 153 und Schmidt/Kulosa § 7 Rn. 3
[78] Vgl. Schmidt/Kulosa § 7 Rn. 2
[79] Empfehlungen des 14. Deutschen Familiengerichtstags in FamRZ 2002, 296
[80] Nicht mehr BGH vgl. FamRZ 2003, 741 = R 590 c

Übersehen wird nämlich,[81] dass in Fällen linearer AfA **bei unterhaltsrechtlich verlänger-ter Nutzungsdauer** AfA-Raten zugerechnet werden müssen, wenn das Wirtschaftsgut steuerlich längst abgeschrieben ist, da nunmehr der **unterhaltsrechtlich fingierte Rest-buchwert** weiter abgeschrieben werden muss.

253   Welch fatale Konsequenz es hat, wenn man diesen Zusammenhang übersieht zeigte eine ältere Entscheidung des OLG Hamm.[82] Das OLG hat die teilweise Zurechnung der AfA eines Fahrzeugs zum Gewinn damit begründet, dass im Bestandsverzeichnis des Unterhalts-pflichtigen weitere aber voll abgeschriebene Fahrzeuge enthalten seien, woraus sich ergebe, dass der Wertverzehr geringer sei als die steuerliche AfA. Nach Einschätzung des OLG sollte die Nutzungsdauer doppelt so lang sein wie steuerlich berücksichtigt. Hier hätte dann aber konsequenter Weise der nach vollständiger steuerlicher Abschreibung der älteren Fahrzeuge bei diesen noch vorhandene (unterhaltsrechtliche) Restwert weiter abgeschrieben und das steuerliche Einkommen und damit der steuerliche Gewinn entsprechend gekürzt werden müssen.

Beispiel:[83]
U hat im Betriebsvermögen drei jeweils für 10 000 € angeschaffte Fahrzeuge mit einer betriebs-gewöhnlichen Nutzungsdauer von fünf Jahren. Zwei Fahrzeuge sind 01 angeschafft, ein drittes wurde im Jahr 06 dazugekauft. R schreibt linear ab und erteilt für die Jahre 06 bis 09 Aus-kunft.

Jahr	steuerliche AfA 1	steuerliche AfA 2	steuerliche AfA 3	steuerliche AfA total
01	2 000 €	2 000 €		4 000 €
02	2 000 €	2 000 €		4 000 €
03	2 000 €	2 000 €		4 000 €
04	2 000 €	2 000 €		4 000 €
05	2 000 €	2 000 €		4 000 €

Auskunftszeitraum:

06			2 000 €	2 000 €
07			2 000 €	2 000 €
08			2 000 €	2 000 €

Für 06 bis 08 dürften nach Auffassung des OLG Hamm nur zu 50% der AfA anerkannt werden, pro Jahr also 1000 €. Bei konsequenter Durchführung dieser Ansicht hätte das Gericht auch die steuerlich bereits abgeschriebenen Anhänger berücksichtigen müssen, was zu folgender Berechnung geführt hätte:

Jahr	korrigierte AfA 1	korrigierte AfA 2	korrigierte AfA 3	korrigierte AfA total
01	1 000 €	1 000 €		2 000 €
02	1 000 €	1 000 €		2 000 €
03	1 000 €	1 000 €		2 000 €
04	1 000 €	1 000 €		2 000 €
05	1 000 €	1 000 €		2 000 €

---

[81] Siehe dagegen zutreffend Weychardt a. a. O.
[82] FamRZ 2002, 885
[83] Ausführlich Kemper, FamRZ 2003, 1430

Auskunftszeitraum:

06	1 000 €	1 000 €	1 000 €	3 000 €
07	1 000 €	1 000 €	1 000 €	3 000 €
08	1 000 €	1 000 €	1 000 €	3 000 €
	Zurechnung + 3 000 €	Zurechnung + 3 000 €	Kürzung – 3 000 €	Saldo: + 3 000 €

Statt einer Erhöhung des Dreijahresgewinns um 3000 € hätte eine Reduzierung um diesen Betrag erfolgen müssen.[84]

Entsprechendes gilt, wenn die Nutzungsdauer unverändert bleibt, jedoch die vom Unter- **254** haltspflichtigen vorgenommene degressive AfA bei der unterhaltsrechtlichen Einkommensermittlung kompensiert wird. Diese ist zwar für nach dem 31. 12. 2007 angeschaffte Wirtschaftsgüter nicht mehr zulässig, wird aber unterhaltsrechtlich noch mehrere Jahre von Bedeutung sein, da gerade bei Wirtschaftsgütern mit langer Nutzungsdauer die steuerlichen Auswirkungen besonders hoch sind.

Wenn man bei degressiver AfA die anfangs die linearen Raten übersteigende Gewinnminderung nicht akzeptiert, müssen die AfA-Raten bei der Unterhaltsberechnung erhöht werden, sobald die lineare AfA höher ist. Ansonsten würden die durch die Nutzung des Wirtschaftsgutes zwischen Anschaffung und Veräußerung bzw. Verwertung anfallenden berufsbedingten Aufwendungen nur zum Teil berücksichtigt. Bei einem Wirtschaftsgut mit Anschaffungskosten von 100 000 € und zehnjähriger Nutzungsdauer ergeben sich im Vergleich folgende Entwicklungen:[85]

	lineare AfA	Restwert	degress. AfA	Restwert
			höher	
01	10 000	90 000	20 000	80 000
02	10 000	80 000	16 000	64 000
03	10 000	70 000	12 800	51 200
04	10 000	60 000	10 240	10 240
			niedriger	
05	**10 000**	50 000	**8 192**	40 960
06	10 000	40 000	6 554	32 768
07	10 000	30 000	6 554	26 114
08	10 000	20 000	6 554	19 660
09	10 000	10 000	6 554	6 552
10	10 000	0	6 552	0

Die insbesondere in der Rechtsprechung übersehene **Kompensation durch Berücksichtigung des Veräußerungserlöses**[86] beim steuerlichen Einkommen zeigt sich in der nachfolgenden Gegenüberstellung:

---

[84] Im entschiedenen Fall hat das OLG Hamm den Dreijahresgewinn um 11 485 DM zu hoch angesetzt

[85] Die Werte bei der degressiven AfA sind – steuerlich in diesem Maß unzulässig – wegen der Überschaubarkeit stark abgerundet

[86] Bejahend jetzt bei der unterbewertem Umlaufvermögen BGH, FamRZ 2003, 741 = R 590 b

Jahr	Lineare AfA	Degressive AfA	Einkommensänderung
01	− 10 000	− 20 000	− 10 000
02	− 10 000	− 16 000	− 6 000
03	− 10 000	− 12 800	− 2 800
Gesamt	− 30 000	− 48 800	− 18 800
Restbuchwert	+ 70 000	− 51 200	
Veräußerungserlös	+ 60 000	+ 60 000	
Veräußerungsge-winn/-verlust	− 10 000	+ 8 800	+ 18 800

Die zunächst durch die AfA eingetretene Einkommensminderung wird bei der Veräußerung durch die unterschiedlich hohen Veräußerungsgewinne auf den tatsächlichen Aufwand reduziert. Der bei der steuerlichen Einkommensermittlung erfasste **Veräußerungsgewinn muss unterhaltsrechtlich abgezogen werden,** soweit in den Vorjahren die degressive AfA unterhaltsrechtlich nicht anerkannt, das Einkommen also um die AfA-Differenz erhöht wurde.[87]

254 a   Entsprechende Korrekturen sind erforderlich, wenn man gemäß der Rechtsprechung des BGH[88] die **Sonderabschreibung** nicht anerkennt. Durch die Sonderabschreibung erhöht sich das AfA-Volumen nicht. Es kann zwar zusätzlich zur linearen oder degressiven AfA die Sonderabschreibung vorgenommen werden. Um diese verringert sich aber die verbleibende AfA (Rn. 156). Bei neben linearer AfA vorgenommener Sonderabschreibung ist das Wirtschaftsgut früher abgeschrieben, so dass nach steuerlicher Vollabschreibung noch ein unterhaltsrechtlicher Restwert abzuschreiben wäre (siehe Rn. 253), bei degressiver AfA wird früher als ohne Sonderabschreibung der Zeitpunkt erreicht, von dem ab die degressiven Raten unter denen der linearen AfA liegen.

255   Außerdem ist zu berücksichtigen, dass in der Mehrzahl der Fälle der Unterhaltspflichtige nicht nur einige wenige Wirtschaftsgüter steuerlich absetzt und darüber hinaus außer bei Neugründung des Unternehmens die Anschaffungen über Jahre verteilt sind. Den steuerlich noch absetzbaren Wirtschaftsgütern steht in der Regel eine weitaus größere Zahl an noch genutzten aber längst voll abgeschriebener Wirtschaftsgüter gegenüber, wie sich aus dem vorstehend (Rn. 251 f.) dargestellten Fall zeigt.[89]

Macht der Unterhaltspflichtige von der Möglichkeit der degressiven AfA Gebrauch, wird er sich bei einem Teil derselben in der Anfangsphase mit über der linearen AfA liegenden Raten, bei anderen in späten Phase mit geringeren Raten bewegen. Wirtschaftsgüter, die früher angeschafft und ganz oder teilweise abgesetzt worden sind und stille Reserven enthalten, werden im unterhaltsrechtlich maßgeblichen Zeitraum unter Erzielung eines Veräußerungsgewinns verkauft. Je umfangreicher also der Bestand abnutzbarer Wirtschaftsgüter und je kürzer die tatsächliche Nutzungsdauer ist, umso mehr wird die durchschnittliche steuerliche Abschreibung der tatsächlichen Wertminderung entsprechen.

256   Zu beachten bei der Beurteilung vermeintlich zu hoher AfA nicht nur die Kompensation bei der Veräußerung und die notwendige Berücksichtigung des nach steuerlich vollständiger Abschreibung auf Grund unterhaltsrechtlich längerer Nutzungsdauer noch zu berücksichtigenden restlichen „Wertverzehrs" sondern auch die durch die – vom Unternehmer mit der degressiven AfA im Jahr der Anschaffung und den folgenden Jahren beabsichtigte – einkommenserhöhende Reduzierung der Ertragsteuern: Durch die unterhaltsrechtlich vermeintlich **zu hoch angesetzte AfA** hat der Unternehmer einen entsprechend geringeren Gewinn, also eine **geringere Belastung mit Gewerbe-, Einkommen- und Kirchensteuern, sowie Solidaritätszuschlag.** Einer um 1000 € geringeren Jahres-AfA steht daher bei

---

[87] Kleinle und Weychardt a. a. O., Linderer a. a. O.; anders Fischer-Winkelmann a. a. O.
[88] BGH, FamRZ 2003, 741 = R 590 c
[89] Fischer-Winkelmann a. a. O.

hohem zu versteuernden Einkommen eine Steuerminderung von bis zu 477 €[90] gegenüber, so dass die Auswirkung auf das unterhaltsrechtlich maßgebliche Einkommen nur etwas mehr als die Hälfte der beanstandeten AfA-Differenz ausmacht. Der BGH verneint jedoch im Allgemeinen die Notwendigkeit fiktiver Steuerberechnung (Rn. 583 ff.) bei Herabsetzung der AfA.

Fazit: Die **Absetzung für Abnutzung** ist ein **notwendiges Instrument des Bilanz-** 256 a **steuerrechts.** Da es bei der Gewinnermittlung durch Betriebsvermögensvergleich nicht auf den Zu- und Abfluss von Geld oder Geldeswerten ankommt sondern auf die Veränderung des Betriebsvermögens, muss dessen nutzungsbedingter Wertverlust gewinnmindernd erfasst werden. Da es nicht auf den Wert des Betriebsvermögens sondern nur auf den Geldfluss ankommt ist die Absetzung für Abnutzung **der Einnahmen-Überschuss-Rechnung wesensfremd.** Sie wird **jedoch gemäß § 4 III EStG als entsprechend anwendbar erklärt.** Der Zusammenhang zwischen Anschaffungskosten, Absetzung für Abnutzung und Veräußerungsgewinn gewährleistet, dass in jedem Fall – gleich welche AfA-Methode man wählt – die Differenz zwischen Anschaffungskosten und Veräußerungserlös gewinnmindernd erfasst werden. Wie immer man im Unterhaltsrecht mit der AfA verfährt, muss dieses auch hier gewährleistet sein. Denn diese Differenz ist berufsbedingter Aufwand (siehe auch Rn. 256 c).

m) Absetzung für Abnutzung und Tilgung von Anschaffungskrediten. In den 256 b meisten Fällen wird die Anschaffung von Wirtschaftsgütern mit mehrjähriger Nutzungsdauer nicht aus vorhandenen Mitteln sondern aus **Anschaffungskrediten** finanziert. Diese müssen nicht nur verzinst sondern auch getilgt werden.

Beispiel:
U hat einen ausschließlich betrieblich genutzten PKW für 36.000 € netto angeschafft und dafür in gleicher Höhe ein Darlehen aufgenommen. Vertragsgemäß zahlt er das Darlehen in 72 Monatsraten zu je 500 € zurück. Die Zahlungen leistet er durch Überweisung vom Guthaben des betrieblichen Girokontos.

Das Guthaben auf dem Girokonto mindert sich monatlich um 500 €, in gleicher Höhe reduziert sich das Darlehen; es liegt eine sogenannter Aktiv-Passivtausch vor. Die Höhe des Betriebsvermögens ändert sich nicht. Die buchhalterische Erfassung erfolgt ausschließlich auf Bestandskonten; die Gewinn- und Verlustrechnung wird nicht betroffen. Die Zahlung von **Tilgungsraten** ist **gewinnneutral** (Rn. 160).

Der PKW wird nach der gültigen AfA-Tabelle bei einer Nutzungsdauer von sechs Jahren mit jährlich 6000 € steuerlich abgeschrieben. Wenn man steuerliche AfA als Wertverzehr und die Tilgungsraten als unterhaltsrechtlich relevante Vermögensbildung anerkennt und nebeneinander ansetzt, werden dem U für die Nutzung des PKW in sechs Jahren insgesamt 36 000 € AfA und 36 000 € Tilgung als berufsbedingter Aufwand angerechnet, also die doppelten Anschaffungskosten. **Tilgungsraten dürfen** daher **unterhaltsrechtlich nicht angesetzt** werden, **soweit** die **AfA für das Wirtschaftsgut berücksichtigt** wird, dessen Anschaffungskosten mit dem Darlehen finanziert worden sind.[91]

Die **Tilgung** von Bau- oder Anschaffungsdarlehen bei Gebäuden, bei denen die steuerliche AfA beim Unterhalt nicht einkommensmindernd berücksichtigt wird, hat der BGH zutreffend als Vermögensbildung angesehen, die im entschiedenen Fall den Unterhaltsberechtigten nicht angerechnet werden dürfe.[92] Ob der BGH im Umkehrschluss die Tilgung eines für den Bau oder Erwerb eines Gebäudes aufgenommenen Kredits einkommensmindernd berücksichtigen würde, wenn der Aufwand im Rahmen der eheprägenden Einkommensverhältnisse als angemessen anzusehen ist, lässt die Entscheidung nicht erkennen. In einer späteren Entscheidung[93] hat der BGH entschieden, dass Tilgungsleistungen für ein Darlehen zum Erwerb einer Immobilie als Form zusätzlicher Altersversorgung zu berücksichtigen sein können.

---

[90] Die Gewerbesteuer bleibt hier unberücksichtigt, weil sie sich durch den Abzug als Betriebsausgabe und teilweise Anrechnung auf die Einkommensteuer beim einkommensteuerpflichtigen Unternehmer nicht auswirkt. Bei der fiktiven Steuerberechnung muss aber auch die Gewerbesteuer neu berechnet werden
[91] BGH, FamRZ 2004, 1179 = R 613
[92] BGH, FamRZ 2005, 1159 = R 623
[93] BGH, FamRZ 2005, 1817 = R 632

Bei **Annuitätendarlehen** wird ein **fester Monatsbetrag auf Zins- und Tilgungsraten** gezahlt. Infolge des Tilgungsanteils reduziert sich laufend der Zins; der Tilgungsanteil wird höher. In der **Gewinn- und Verlustrechnung** wird **nur der Zinsanteil** erfasst; der **Tilgungsanteil** geht **in die Bilanz** ein (Rn. 161).

256 c   **n) Abschreibungsbedingte Steuerermäßigung im Unterhaltsrecht.** Nach der Rechtsprechung des BGH sind dem Unterhaltsbeteiligten die Steuervorteile zu belassen, die auf Grund tatsächlicher einkommensmindernder, unterhaltsrechtlich jedoch nicht anerkannter Aufwendungen gewährt werden. Dies ist bereits 1986 im „Bauherrenmodellfall"[94] entschieden. Dort stellt der BGH fest, dass

> „zwar einerseits die in diesem Rahmen anfallenden Zins- und Tilgungsaufwendungen nicht als einkommensmindernd berücksichtigt werden dürfen, dass aber andererseits auch die dadurch erzielte Steuerersparnis außer Betracht bleiben muss."

In seiner Entscheidung vom 1. 12. 2004[95] hat der BGH diese Auffassung bestätigt. Da der BGH eine fiktive AfA-Berechnung vornimmt, wenn er keinen Wertverzehr sieht, ist in den einschlägigen Entscheidungen von einer fiktiven Steuerberechnung nicht einmal die Rede. Das unterhaltsrechtlich maßgebliche Einkommen wird um den nicht anerkannten Teil der AfA erhöht, die **abschreibungsbedingte Steuerersparnis wird nicht korrigiert.**

Für die **Sonderabschreibung** hat der BGH dies ausdrücklich entschieden[96] und zusätzlich damit begründet, dass im entschiedenen Fall die Steuerersparnis wegen geringer Einkünfte in den Folgejahren endgültig erhalten geblieben sei. Dies ist aber im Allgemeinen nicht so: auch bei Vornahme von Sonderabschreibungen wird insgesamt nur der tatsächliche Wertverlust während der Nutzung steuermindernd berücksichtigt (Rn. 156).

Zur Behandlung der Steuerbelastung im Fall der Bildung einer **Ansparrücklage** nach § 7 g III EStG hat der BGH[97] zwar zunächst zutreffend festgestellt, dass es sich um eine Rückstellung für künftige abschreibungsfähige Investitionen handele; die sich als vorgezogene Abschreibung darstelle. Es heißt dann:

> „Sie stellt sich als vorgezogene Abschreibung und damit wirtschaftlich als eine befristete Kreditierung der Steuerschuld dar. Sie dient der Verbesserung der Liquidität und Eigenkapitalausstattung kleinerer und mittlerer Betriebe und soll diesen die Vornahme von Investitionen erleichtern."

> „Bereits daraus ist ersichtlich, dass der Zweck dieser Vorschrift weitgehend durchkreuzt würde, wenn die hierdurch erhöhte Liquidität des Unternehmens automatisch eine erhöhte Unterhaltsschuld des Unternehmers zur Folge hätte, da die zusätzlich zur Verfügung stehenden liquiden Mittel gerade nicht in den privaten Konsum fließen sollen, was das letztlich vom Fiskus übernommene Insolvenzrisiko erhöhen würde."

Nicht anders ist es aber im Fall der **Sonderabschreibung** und der **degressiven AfA:** auch hier wird durch gegenüber der linearen AfA frühere Abschreibung dem Unternehmer durch zinsfreie Kreditierung der Steuerschuld ein **Liquiditätsvorteil,** gewährt. Die zunächst durch höher AfA ersparte Steuer zahlt er in den Jahren zurück, in denen die AfA gegenüber der regulären linearen AfA geringer und der für die Einkommensteuer maßgebliche Gewinn entsprechend höher ausfällt (Rn. 156). Der Widerspruch ist bisher ungeklärt.

257   **o) Sofortabschreibung GWG.** Von der Möglichkeit, die Anschaffungskosten für geringwertige Wirtschaftsgüter im Jahr der Anschaffung voll abzuschreiben (Rn. 158) wird in der Praxis in der Regel Gebrauch gemacht. Zum einen führt die Sofortabschreibung zu sofortiger Gewinn- und Steuerminderung, zum andern erspart man sich Buchführungsaufwand. In aller Regel ist der Aufwand pro Jahr etwa gleich bleibend, so dass es sachgerecht ist, sie unterhaltsrechtlich zu übernehmen.[98]

---

[94] BGH, FamRZ 1987, 36 = R 310 a

[95] BGH; FamRZ 2005, 1159 = R 623

[96] BGH, FamRZ 2003, 741 = R 590 c

[97] BGH, FamRZ 2004, 1177 = R 615

[98] Anders wird man entscheiden müssen, wenn ohne betrieblichen Anlass die Anschaffungskosten weit über denen früherer Jahre liegen

Für ab 2008 angeschaffte geringwertige Wirtschaftsgüter (Rn. 158) liegt die Grenze für die Sofortabschreibung bei 150 €. Hier wird schon wegen Geringfügigkeit der Gewinnauswirkung eine unterhaltsrechtliche Korrektur entbehrlich sein. Die auf fünf Jahre festgeschriebene Nutzungsdauer von Wirtschaftsgütern mit Anschaffungskosten zwischen 151 € und 1000 € zu korrigieren, wird allenfalls in Ausnahmefällen notwendig sein.

p) Telefon. Der Privatanteil an betrieblichen Telefonkosten wird in einem korrekten **258** Jahresabschluss bei den Erlösen auf dem Konto „Unentgeltliche Wertabgaben" erfasst (Rn. 227). Eine Korrektur bei unterhaltsrechtlich nicht akzeptablem steuerlichen Ansatz muss daher dort erfolgen.

q) Zinsaufwendungen. Steuerlich stellen Zinsen für Kredite zum Zwecke der Anschaf- **259** fung von betrieblich genutzten Wirtschaftsgütern Betriebsausgaben dar. Zu beachten ist, dass steuerlich unerheblich ist, ob die Kreditaufnahme notwendig ist. Betrieblich bedingte Kreditzinsen werden vom Finanzamt auch dann anerkannt, wenn der Steuerpflichtige das Wirtschaftsgut ohne Inanspruchnahme eines Kredites aus seinem Privatvermögen hätte bezahlen können.

Werden vom betrieblichen Kontokorrentkonto Privatentnahmen getätigt und gerät das Konto dadurch ins Minus oder erhöht sich solches, sind die auf die Privatentnahme entfallenden Zinsen nicht als Betriebsausgabe abzugsfähig. Zur Vermeidung dient das **Zweikontenmodell,** bei dem ein Konto für die Betriebseinnahmen und ein weiteres für die Betriebsausgaben verwendet wird. Das Betriebseinnahmenkonto wird im Plus gehalten; ausschließlich von diesem werden die Privatentnahmen getätigt. Wenn die Einnahmen zur Deckung des privaten und betrieblichen nicht ausreichen, wird das Betriebsausgabenkonto durch Finanzierung ausschließlich betrieblicher Ausgaben überzogen; die Zinsen dieses Kontos sind Betriebsausgaben.[99]

Bis Ende 1998 war es möglich, auf diese Weise unbegrenzt über Gewinn und Rücklagen **260** hinaus alle Betriebseinnahmen privat zu entnehmen, auch wenn infolgedessen sämtliche betriebliche Aufwendungen mit Schulden finanziert werden mussten. Voraussetzung war lediglich, dass durch die Privatentnahme nicht unmittelbar zusätzliche Schulden entstanden. Mit dem sogenannten **Mehrkontenmodell** ließen sich private Schulden – meistens aus dem Bau des Wohnhauses – in betriebliche umwandeln. Der BFH hat diese Methode entgegen den ständigen Bestrebungen der Finanzverwaltung mehrfach für zulässig erklärt, so dass der Gesetzgeber mit einer Ergänzung des § 4 EStG um den Abs. 4a eingegriffen hat. Zinsen werden seitdem nur noch eingeschränkt als betrieblich veranlasst anerkannt, wenn mehr privat entnommen worden ist als aus Einlagen, Rücklagen und Gewinn zur Verfügung stand.[100]

Unterhaltsrechtlich bleibt das Mehrkontenmodell insbesondere deshalb aktuell, weil **Zinsen aus bis zum 31. 12. 1998 umgeschuldeten Privatkrediten** gemäß § 52 XI EStG auch **weiterhin als Betriebsausgaben anerkannt** werden.

Auch bei steuerlicher Akzeptanz des Mehrkontenmodells muss man die umgeschuldeten Kredite unterhaltsrechtlich wie Privatschulden beurteilen und danach die unterhaltsrechtliche Relevanz prüfen.

r) Vorsteuer und gezahlte Umsatzsteuer. Während Vorsteuer und Umsatzsteuerzah- **261** lungen in der Gewinn- und Verlustrechnung nicht erscheinen,[101] werden sie in der Einnahmen-Überschussrechnung als Betriebseinnahmen, bzw. Betriebsausgaben erfasst. Obwohl es sich wirtschaftlich um durchlaufende Posten handelt, da der Steuerpflichtige die eingenommene Umsatzsteuer abführen muss und die gezahlte Vorsteuer verrechnen kann, ergeben sich durch die Erfassung in der Einnahmen-Überschussrechnung unter Umständen erhebliche Gewinnverschiebungen.

Beispiel:
Der nicht bilanzierende selbstständige S kauft am 20. 12. 2002 einen neuen PKW zur ausschließlich betrieblichen Nutzung für 50 000 € und eine EDV-Anlage mit Software für 25 000 € zuzüglich

---

[99] Schmidt/Drenseck § 12 Rn. 25 „Zinsen"

[100] Schmidt/Heinicke § 4 Rn. 522 ff.; Strohal Rn. 268

[101] Mit Verbuchung der umsatzsteuerpflichtigen Forderung wird eine Verbindlichkeit gegenüber dem Finanzamt, mit Verbuchung der vor steuerbelasteten Verbindlichkeit eine Forderung gegen das Finanzamt gebucht. Es werden also nur Bestandskonten, keine Erfolgskonten berührt

8000 € + 4000 € Umsatzsteuer. Dadurch reduziert sich sein Gewinn um diese 12 000 €, nämlich die an die Lieferanten gezahlte Umsatzsteuer. Die kompensierende Gewinnerhöhung tritt erst im Jahr 2003 ein, wenn sich die als Betriebsausgabe zu buchende Umsatzsteuerzahlung um den anrechenbaren Vorsteuerbetrag vermindert.

Dass der Steuerpflichtige in einem solchen Fall die aus diesen 12 000 € resultierende Einkommensteuer erst ein Jahr später zahlen muss, trifft den Fiskus nicht besonders schwer. Wenn aber der Unterhaltsschuldner den Kauf in dem letzten für die Unterhaltsberechnung maßgeblichen Jahr ausführt, ist die Unterhaltseinbuße erheblich. Es ist meines Erachtens daher das einzig Sinnvolle, Umsatzsteuer, Vorsteuer und Umsatzsteuerzahlungen auch in der Einnahmen-Überschuss-Rechnung außer Betracht zu lassen, da es sich letztlich um durchlaufende Posten handelt.[102]

Bei Korrekturen der Vorsteuern und Umsatzsteuerzahlungen ist auch die Umsatzsteuer entsprechend zu korrigieren (Rn. 231).

262   **s) Betriebliche Steuern.** Beim Einzelunternehmer und bei gewerblichen Personengesellschaften wird hier – letztmals im Wirtschaftsjahr 2007 – die Gewerbesteuer erfasst. Sie stellt steuerlich eine Betriebsausgabe dar und ist auch unterhaltsrechtlich als berufsbedingter Aufwand anzuerkennen. In der Einnahmen-Überschuss-Rechnung werden alle im Lauf des Wirtschaftsjahres gezahlten Gewerbesteuern in der Regel auf ein Konto gebucht, gleichgültig, für welchen Zeitraum sie gezahlt wurden. In der Gewinn- und Verlustrechnung werden die Steuervorauszahlungen für das abgelaufene Wirtschaftsjahr sowie der als Rückstellung (Rn. 267) gegengebuchte noch offene Betrag erfasst. Gewerbesteuerzahlungen für frühere Jahre finden sich im Allgemeinen der besseren Übersicht wegen auf besonderen Konten.

Nach der Neuregelung ist die Gewerbesteuer nicht abzugsfähige Betriebsausgabe, mindert daher zwar den betrieblichen, nicht aber den steuerlichen Gewinn. Unterhaltsrechtlich bleibt sie berufsbedingter Aufwand.[103]

Wenn auf diesen Konten Einkommensteuerzahlungen gebucht sind, verfälscht das den Gewinn, da Einkommensteuern Privatsteuern sind, die bei Zahlung aus dem Betriebsvermögen auf einem Privatkonto (Rn. 1/178) gewinnneutral gebucht werden müssen.

262 a   **t) Bildung von Sonderposten mit Rücklageanteil – § 6 b – Rücklage.** Durch Bildung eine Rücklage nach § 6 b EStG soll verhindert werden, dass bei der Veräußerung von Betriebsvermögen ein steuerbarer Gewinn entsteht, wenn innerhalb von vier Jahren nach Ablauf des Jahres, in dem die Veräußerung erfolgt ist, eine Re-Investition erfolgt (Rn. 172). Wenn der Veräußerungsgewinn als solcher nicht unterhaltsrechtlich relevant ist (Rn. 211), sind keine Korrekturen nötig.[104]

262 b   **u) Bildung von Sonderposten mit Rücklageanteil – Ansparrücklage.** Ob die durch Bildung einer **Ansparabschreibung** oder **Ansparrücklage** (Rn. 157) erfolgte Gewinnminderung bei der Ermittlung des unterhaltsrechtlich maßgeblichen Einkommens zugerechnet werden muss, hat der BGH bisher nicht entschieden. In der zur Ansparrücklage ergangenen Entscheidung[105] musste die Frage nicht beantwortet werden, da im maßgeblichen Zeitraum zwar Ansparrücklagen bestanden, aber weder gebildet noch aufgelöst wurden. Aus den Ausführungen zur fiktiven Steuerberechnung (Rn. 583 c) ist jedoch zu entnehmen, dass die Ansparrücklage wie die Sonderabschreibung nicht als Minderung des unterhaltsrechtlich maßgeblichen Einkommens angesehen werden. Zutreffend ist die Feststellung des BGH, dass in den Jahren **keine Korrekturen nötig** sind, in denen **Ansparrücklagen weder gebildet noch aufgelöst** worden sind. Nur die Bildung oder die Auflösung einer Rücklage beeinflusst den Gewinn.[106]

Entsprechend darf man auch den **Investitionsabsetzbetrag** (Rn. 157 a) nicht als Minderungsposten für das unterhaltsrechtlich maßgebliche Einkommen ansetzen.

---

[102] So auch OLG Celle FamRZ 2000, 1153
[103] Im Einzelnen dazu Rn. 559 b
[104] Zum Zusammenhang zwischen Bildung und Auflösung von Rücklagen siehe Rn. 224 a und 270 a
[105] BGH, FamRZ 2004, 1177 = R 615
[106] Zum Zusammenhang zwischen Bildung und Auflösung von Rücklagen siehe Rn. 224 a und 270 a

VI. Bilanzposten in unterhaltsrechtlicher Betrachtung

1. Vorbemerkung

Die Bilanz als solche ist dient nicht der Gewinnermittlung sondern gibt den Stand des **263** Betriebsvermögens am Bilanzstichtag zu steuerlichen Wertansätzen wieder (Rn. 124 ff.). Der in der Bilanz aufgeführte Gewinn ergibt sich theoretisch aus dem Betriebsvermögensvergleich mit Vorjahresbilanz; in der Praxis wird er aus der Gewinn- und Verlustrechnung eingebucht und separat beim Vorjahreskapital ausgewiesen (Rn. 145 f.).

Aus der Bilanz ist jedoch zu ersehen, inwieweit in der Gewinn- und Verlustrechnung Aufwand gewinnmindernd aufgezeichnet ist, der noch nicht als Betriebsausgabe ab-, bzw. Einnahme noch nicht zugeflossen ist. Die Bilanz erspart daher die umständliche **Prüfung** einzelner Posten der Gewinn- und Verlustrechnung **auf Abweichungen vom In-Prinzip.**

Beispiel:
Die Gewinn- und Verlustrechnung 02 weist einen Aufwand für Gewährleistungen in Höhe von 100 000 € aus. Die Bilanz enthält eine Rückstellung für Gewährleistungen in Höhe von 20 000 €, die in der Bilanz 01 noch nicht enthalten ist.

Da die Rückstellung im Jahr 02 gebildet worden ist, ist der verbuchte Aufwand in dieser Höhe noch nicht als Betriebsausgabe abgeflossen.[107] Eine bereits am Jahresbeginn bestehende Rückstellung wirkt sich auf den Gewinn nicht aus, da insoweit das Betriebsvermögen am Jahresanfang und am Jahresende gleich ist (Rn. 116).

Der Vergleich einzelner Posten in mehreren aufeinander folgend Bilanzen lässt zumeist erkennen, ob die Bildung und Auflösung per Saldo zu Gewinnveränderungen geführt hat.[108] Die **Änderung eines Bilanzposten** gegenüber dem Vorjahr **zeigt,** inwieweit sich innerhalb des Jahres eine **Gewinnauswirkung** ergeben hat. Häufig heben sich die Bildung von Bilanzposten und die Auflösung der Vorjahresposten auf.

Beispiel:
1. U zahlt für eine Betriebsausfallversicherung jährlich gleich bleibend jeweils am 1. September 12 000 €.
2. Am 31. 12. 01 verzeichnet U gewinnerhöhend noch nicht bezahlte Forderungen in Höhe von 100 000 €. Die in der Vorjahresbilanz mit 80 000 € ausgewiesen Forderungen sind im Lauf des Jahres bezahlt worden. Seinen am 31. 12. 01 bilanzierten unbezahlten Verbindlichkeiten in Höhe von 40 000 € steht die Begleichung der Vorjahresverbindlichkeiten in Höhe von 50 000 € gegenüber.

Fall 1: Zum Bilanzstichtag ist für den auf das folgende Wirtschaftsjahr entfallenden Anteil eine Rechnungsabgrenzung (Rn. 167, 268) in Höhe von 8000 € gewinnerhöhend einzubuchen. Sofern noch nicht in der Buchführung geschehen ist die Rechnungsabgrenzung in derselben Höhe aus der Vorjahresbilanz für die Monate 01–08 des abgelaufenen Jahres gewinnmindernd auszubuchen. Die Buchungen heben sich daher auf; im Ergebnis wird nur als Betriebsausgabe berücksichtigt, was für das jeweilige Wirtschaftsjahr gezahlt worden ist.

Fall 2: Der Saldo aus der Bilanzierung der Forderungen und der Auflösung der Vorjahresforderungen mit + 20 000 €, stehen − 10 000 € Saldo aus Erfassung und Auflösung von Verbindlichkeiten gegenüber.

Soweit nicht bereits durch derartige Vorgänge die Unterschiede zwischen der periodengerechten Gewinnermittlung durch Betriebsvermögensvergleich und der dem Zuflussprinzip weitgehend entsprechenden Gewinnermittlung durch Einnahmen-Überschuss-Rechnung im Lauf eines Jahres kompensieren, tritt dieser Effekt umso stärker ein, je länger der Zeitraum ist über den der Gewinn ermittelt wird. Die Gewinnermittlung durch Betriebsvermögensvergleich führt nicht zu einem anderen Gewinn als die Einnahmen-Überschuss-Rechnung, er wird nur zeitlich verschoben erfasst.[109] Unterhaltsrechtlich ist die steuerliche

---

[107] Vgl. zu den steuerlichen Grundlagen Rn. 170
[108] Vgl. dazu die Beispiele in Rn. 265 und 267
[109] Vgl dazu nachfolgend Rn. 266–271

Behandlung zu übernehmen, es sei denn, dass man die gesamte Gewinnermittlung auf das Zuflussprinzip umstellen will. Eine Umrechnung der Gewinn- und Verlustrechnung in eine Einnahmen-Überschuss-Rechnung ist in der Regel nicht erforderlich.[110]

Um festzustellen, ob eine Korrektur überhaupt eine nennenswerte Änderung des Gewinns ergibt, reicht es aus, beim zu überprüfenden Posten nur den Bestand am Beginn des Auskunftszeitraums mit dem Bestand an dessen Ende zu vergleichen, da nur die Änderung von Vermögensposten Auswirkung auf den Gewinn hat. Soweit die Bilanz des ersten Jahres des Auskunftszeitraums nicht die Vorjahreszahlen enthält, ergibt sich der Anfangsbestand aus dem entsprechenden Konto der Buchhaltung.

> **Beispiel:**
> In den Bilanzen des Auskunftszeitraums verzeichnet U folgende Gewährleistungsrückstellungen:
> Jahr 1:   20 000 €
> Jahr 2:   160 000 €
> Jahr 3:   40 000 €
> Aus dem Konto „Gewährleistungsrückstellungen des Jahres 1 ergibt sich ein Anfangsbestand von 34 000 €.

Für die Berechnung des unterhaltsrechtlichen Einkommens wird auf den Durchschnittsgewinn des Auskunftszeitraums abgestellt; dies ist ein Drittel des Gesamtgewinns. Der Gewinn ist nach der Definition des § 4 I EStG der Unterschied des Betriebsvermögens am Ende des Wirtschaftsjahrs zu dem am Anfang des Wirtschaftsjahres. Mithin ist der Gesamtgewinn der Unterschied zwischen dem Betriebsvermögen am Anfang und am Ende des Auskunftszeitraums.

Die Rückstellungen des U gehen on das Betriebsvermögen am Anfang des Auskunftszeitraums mit 34 000 €, am Ende mit 40 000 € ein, sie haben daher den Gesamtgewinn um 6000 €, den Durchschnittsgewinn um 2000 € vermindert. Falsch wäre es, Rückstellungen und ähnliche Bilanzposten für die Ermittlung des unterhaltsrechtlichen Einkommens zu eliminieren (vgl. dazu auch Rn. 268).

Nur die **Änderung des Betriebsvermögens führt zu Gewinn oder Verlust,** nur die **Änderung eines Bilanzpostens hat daher Gewinnauswirkung.**

2. Anlagevermögen

264   Anschaffungskosten für Anlagevermögen wirken sich nicht unmittelbar (Rn. 149) sondern ausschließlich über die Absetzung für Abnutzung (Rn. 150 ff. und 1/241 ff.) gewinnmindernd aus. Bei der Veräußerung entsteht meistens ein Gewinn oder Verlust, da der Buchwert in der Regel nicht dem Veräußerungserlös entspricht (Rn. 221).

3. Umlaufvermögen

265   Die Anschaffungskosten von Umlaufvermögen werden zwar als Aufwand gewinnmindernd erfasst. Durch Inventur und einzubuchende Bestandsveränderungen (Rn. 231) wirken sich im Jahresabschluss jedoch nur der tatsächliche Wareneinsatz und eventuelle Wertveränderungen auf den Gewinn aus.

Beim Wertansatz des Umlaufvermögens ist ein nicht unerheblicher Beurteilungsspielraum gegeben, so dass die vom Steuerpflichtigen und die vom Finanzamt vorgenommenen Wertansätze sich häufig deutlich unterscheiden. Je niedriger das Umlaufvermögen bewertet wird, umso geringer fällt der Gewinn aus. Dies wird jedoch beim Verkauf durch einen entsprechend höheren Gewinn wieder kompensiert. Zutreffend hat der BGH[111] die Bewertung des Umlaufvermögens für entscheidungsunerheblich angesehen. Dies gilt jedoch uneingeschränkt nur dann, wenn die Veräußerung in angemessener Zeit erfolgt und nicht zu niedrig bewertete Waren gehortet werden.[112]

---

[110] Im Rahmen einer DATEV-Buchführung aber durchaus möglich
[111] BGH, FamRZ 2003, 741 = R 590 b
[112] Anders in der Einnahmen-Überschuss-Rechnung (Rn. 194)

4. Forderungen und Verbindlichkeiten

In aller Regel stellen die Bilanzposten „Forderungen" und „Verbindlichkeiten" vom **266** Umfang her die größte Abweichung vom unterhaltsrechtlich maßgeblichen In-Prinzip dar. Für die Ermittlung des der Bilanz zugrundezulegenden Betriebsvermögens kommt auf das Entstehen und nicht auf die Realisierung der Forderungen und Verbindlichkeiten an (Rn. 163). Dem wird in der der Gewinn- und Verlustrechnung zugrundeliegenden Buchführung Rechnung getragen, indem bereits die **Forderungen als Ertrag,** die **Verbindlichkeiten als Aufwand** erfasst werden. Der in der Bilanz und der Gewinn- und Verlustrechnung festgestellte Gewinn basiert daher zu einem häufig nicht unerheblichen Teil auf noch nicht geflossenen Einkünften, bzw. noch nicht bezahlten Schulden.[113]

Soweit Bildung und Auflösung der Forderungen und Verbindlichkeiten in demselben Wirtschaftsjahr erfolgen, heben sie sich auf. Es gibt also keinen Unterschied zur Einnahmen-Überschussrechnung. Erfolgt die Bezahlung der Forderung erst in einem späteren Wirtschaftsjahr, führt dies aber zu einer Vorverlagerung des Gewinns zum Zweck der periodengerechten Gewinnermittlung, läuft also dem unterhaltsrechtlichen In-Prinzip konträr zuwider. Dies gilt bei der Buchung von Verbindlichkeiten und ihrer Begleichung im Folgejahr mit umgekehrten Vorzeichen entsprechend. Hier werden Betriebsausgaben gewinnmindernd vorgezogen.

Unterhaltsrechtliche Korrekturen sind in der Regel nicht erforderlich (Rn. 263).

Aus dem Vergleich der Bilanzansätze für **Darlehen** ergibt sich die jährliche Tilgung. **266 a** Tilgungsraten stellen keine quantitative Vermögensveränderung sondern nur eine Umschichtung in der Regel vom Girokonto auf das Darlehenskonto dar. Sie haben daher keine Gewinnauswirkung. Wenn sie nach dem Zuflussprinzip unterhaltsrechtlich als einkommensmindernde Vermögensbildung oder Rückführung eheprägender Verbindlichkeiten anzusetzen sind, muss dies daher unter Abänderung des unterhaltsrechtlichen Einkommens erfolgen.[114]

5. Anzahlungen

Bei der Gewinnermittlung durch Betriebsvermögensvergleich werden **Anzahlungen** als **267** **Passivposten** erfasst. Damit wird dem Umstand Rechnung getragen, dass entweder die Leistung, für die die Anzahlung erbracht ist, bereits vermögensmehrend gebucht oder aber noch geschuldet wird und damit das Betriebsvermögen vermindert. In der Einnahmen-Überschuss-Rechnung dagegen ist der als Anzahlung geleistete Geldeingang ohne Korrektur als Erlös erfasst.

Beispiel:
U hat einen Auftrag zur Herstellung und Montage von Fenstern für ein Bürogebäude erhalten. Der Festpreis beträgt 10 000 € Liefertermin ist der 1. 3. 02. Nach Auftragserteilung am 20. 12. 01 hat er eine Anzahlung von 1500 € erhalten.

Das Betriebsvermögen hat sich zum 31. 12. erhöht um die Einzahlung auf der Bank, es ist mit der Liefer- und Montageverpflichtung belastet, der nur noch die restliche Werklohnforderung gegenübersteht. Ein Unternehmenskäufer würde die Anzahlung kaufpreismindernd bewerten, da er die Gegenleistung insoweit unentgeltlich erbringen müsste.

6. Rechnungsabgrenzungsposten

Bei den Rechnungsabgrenzungsposten handelt es sich in den meisten Fällen – z. B. **268** Kfz-Steuern, betriebliche Versicherungen – um Jahresbeiträge, die regelmäßig anfallen. Soweit sich nicht die Auflösung und die Neubildung decken und dadurch periodengerechter Aufwand und tatsächlicher Mittelabfluss übereinstimmen, erfolgt in der Regel ein kurz-

---

[113] Vgl. dazu auch Rn. 216
[114] Zur Konkurrenz von AfA und Tilgung wird auf die Ausführungen unter Rn. 256 b verwiesen

fristiger Ausgleich, so dass unterhaltsrechtlich kein Handlungsbedarf bestehen dürfte. Dies lässt sich durch den Vergleich der entsprechenden Bilanzposten kontrollieren, da ja nach dem System der Gewinnermittlung durch Betriebsvermögensvergleich **nur die Veränderung des Betriebsvermögens** zu Gewinn oder Verlust führt.

Beispiel:
U zahlt die Versicherungsbeiträge für seinen Taxibetrieb zu unterschiedlichen Zeitpunkten während des Geschäftsjahres. Während des unterhaltsrechtlichen Auskunftszeitraums 01–03 haben sich die Tarife und die Zahl der Versicherungsverträge mehrfach geändert. In der Gewinn- und Verlustrechnung sind im Jahresdurchschnitt Versicherungsbeiträge von 8000 € erfasst. In den Bilanzen sind für die Versicherungsbeiträge folgende aktive Rechnungsabgrenzungen aufgeführt:

01	2800 €
02	3700 €
03	2700 €

Aus der Bilanz 01 ergibt sich der Vorjahresbetrag mit 2400 €.[115]

In der Zeit vom Anfang 01 bis Ende 03 hat sich dieser Bilanzposten daher um 2700 € (Anfangsvermögen) − 2400 € (Endvermögen) geändert; bei konsequenter Anwendung des Zuflussprinzips könnte U daher die Verringerung seines Einkommens um 300 €, jährlich also 100 € verlangen.

Das Resultat ergibt sich auch aus der Überlegung, dass zwar durch Bildung der aktiven Rechnungsabgrenzung (Rn. 167) in Höhe von 2700 € per 31. 12. 03 die tatsächlich abgeflossenen Versicherungsbeiträge um 2700 € gekürzt und erst in 04 als Aufwand gebucht werden dürfen, dass aber umgekehrt durch Auflösung des Bilanzpostens (Rn. 167) aus 00 im Jahr 01 ein gewinnmindernder Aufwand gebucht wurde, der tatsächlich bereits in 00 als Betriebsausgabe abgeflossen war.

7. Rückstellungen und Rücklagen

269 Für kurzfristige und regelmäßige Rückstellungen (Rn. 168 f.) gelten die Ausführungen zur Rechnungsabgrenzung (Rn. 268) entsprechend: Im Allgemeinen werden bei der Ermittlung des unterhaltsrechtlichen Einkommen keine Korrekturen notwendig sein.

Bei **Gewährleistungsrückstellungen** u. ä. (Rn. 170, 263) muss zunächst geprüft werden, ob und wann sie aufgelöst wurden. Erfolgten Bildung und Auflösung im Auskunftszeitraum, dann besteht kein Handlungsbedarf, weil sich im Ergebnis nur der tatsächliche Aufwand gewinnmindernd ausgewirkt hat. Da in aller Regel zwischen dem Stichtag für die letzte Bilanz und der Entscheidung über den Unterhalt erhebliche Zeit verstrichen ist, sind bis dahin möglicherweise in der letzten Bilanz enthaltene Rückstellungen gewinnneutral oder gewinnerhöhend aufgelöst.[116] Die unterhaltsrechtliche Behandlung unterschiedlich: Wenn der Aufwand, für den die Rückstellung gebildet wurde, tatsächlich entstanden ist, wird man sie anerkennen, andernfalls einkommenserhöhend herausrechnen müssen.[117] Nach den **Leitlinien des OLG Oldenburg** ist die Bildung von Rückstellungen zu korrigieren. Nach zutreffender Auffassung des **BGH**[118] ist **gegebenenfalls mit sachverständiger Hilfe zu überprüfen,** ob der Beklagte sein Einkommen durch eine entsprechende Bilanzpolitik, durch **erhöhte Rückstellungen** steuerlich vermindert hat, was unterhaltsrechtlich nicht anzuerkennen wäre.

Zu beachten ist jedoch auch hier, dass **nur die Bildung oder Auflösung der Rückstellung gewinnwirksam** sind. Sie darf daher, wenn sie in mehreren aufeinander folgenden Bilanzen steht, nicht mehrfach zugerechnet werden.

270 Dies zeigt sich insbesondere bei **Pensionsrückstellungen.**

---

[115] Der Betrag ist aus den Buchführungsunterlagen 01 zu entnehmen, da der Bilanzposten als Anfangsbestand in das Buchführungskonto übernommen werden musste
[116] Vgl. dazu das Beispiel in Rn. 170
[117] Zu Rückstellungen Schwab/Borth IV Rn. 684 f.
[118] BGH, FamRZ 2003, 741 = R 615

Beispiel:
U hat seinem Prokuristen P anlässlich seiner 20-jährigen Betriebszugehörigkeit am Ende des Wirtschaftsjahres 01 eine Betriebsrente von 400 € monatlich zugesagt. P ist in diesem Jahr 45 Jahre alt geworden.

Zum Zeitpunkt der Zusage hat P durch die Arbeitsleistung seit seinem Eintritt in das Unternehmen die Hälfte der Altersversorgung verdient. U muss gemäß § 6 a II EStG für die zugesagte Rente eine Rückstellung bilden und zwar in Höhe des durch versicherungsmathematisches Gutachten zu ermittelnden zeitanteiligen Teilwerts. Die Rückstellung mindert den Gewinn in der Bilanz, durch Erfassung entsprechender Personalkosten auch in der Gewinn- und Verlustrechnung. In den folgenden zwanzig Jahren erhöht sich die Rückstellung um den Beträge, um die sich die Anwartschaft jeweils erhöht. Nur diese Differenz wirkt sich gewinnmindernd aus:[119]

Bilanzstichtag	Rückstellung	Gewinnminderung
31. 12. 01	9 086 €	9 086 €
31. 12. 02	9 976 €	890 €
31. 12. 03	10 924 €	948 €
31. 12. 04	11 934 €	1 010 €
31. 12. 05	13 013 €	1 078 €

Die durch die Gewinnminderungen erzielten Steuereinsparungen werden dadurch kompensiert, dass bei Zahlung der Betriebsrente diese zwar als Aufwand gewinnmindernd erfasst wird, jedoch jährlich die gebildete Rückstellung zeitanteilig aufzulösen ist. In aller Regel wird die Einkommenserhöhung den Unterhaltsberechtigten nicht mehr zugute kommen, so dass in Höhe des Zuwachses der Rückstellungen im Auskunftszeitraum das unterhaltsrechtliche Gesamteinkommen zu erhöhen ist.[120]

Wird der Unterhaltsberechnung das Einkommen 01 bis 03 zugrundegelegt, so wäre es insgesamt um 10 924 €, das Jahreseinkommen also um 3641 € zu erhöhen. Im Zeitraum 02–04 wären es dagegen 2848 €, bzw. pro Jahr 949 €.

Rücklagen nach § 6 b EStG oder § 7 g EStG beeinflussen ebenfalls den Gewinn nur in **270 a** den Jahren in denen sie gebildet oder aufgelöst werden. Grundsätzlich ist daher auch hier zur unterhaltsrechtlichen Einkommensüberprüfung die Gewinn- und Verlustrechnung heranzuziehen. Der jeweilige Bestand der Rücklage in der Bilanz ist unmaßgeblich. Nur Änderungen des Betriebsvermögens, also auch der Einzelnen bilanzierten Positionen wirken sich auf den Gewinn aus.

Allerdings kann man die Gewinnauswirkung auch aus der Bilanz ermitteln. Wenn man acu den Stand am Beginn des Prüfungszeitraums kennt, hat dabei sogar den Vorteil, dass man die gesamte Gewinnauswirkung im Prüfungszeitraum einfach feststellen kann. Ist der Bestand am Ende höher, liegt in Höhe der Differenz ein Minderung des Gewinns, ist er niedriger eine Erhöhung des Gewinns vor.

Beispiel:
U hat über sein Einkommen in den Jahren 01 bis 03 Auskunft erteilt. Aus den Bilanzen ergeben sich folgende Daten zu Ansparrücklagen:

01	100 000 €
02	150 000 €
03	36 000 €

In der Bilanz des Jahres 01 waren die Vorjahreswerte mit angegeben. Eine Ansparrücklage war dort nicht aufgeführt.

Da die Bilanz nur über den Vermögensstatus Auskunft gibt, wäre es bei unterhaltsrechtlicher Nichtanerkennung der Ansparrücklage falsch, die Gewinne des U um die angegebenen Jahresbeträge zu erhöhen. Nur die Änderung des Betriebsvermögens und damit partiell

---

[119] Berechnung von Wolfgang Banzhaf, Wirtschaftsmathematiker in Stuttgart
[120] Anders wird zu entscheiden sein, wenn zur Absicherung der späteren Pensionsverpflichtung tatsächliche Rücklagen gebildet werden

auch die Änderung eines Bilanzpostens stellen den Gewinn dar. Die Auswirkung auf den Gewinn ergibt sich aus Endbestand – Anfangsbestand = Gewinnauswirkung. Hier hatte U Anfang 01 keine Ansparrücklage bilanziert, Ende 03 standen 36 000 € in der Bilanz. Das Betriebsvermögen hat sich durch diesen Posten daher im Prüfungszeitraum um 36 000 € vermindert. Wenn man die Ansparrücklage unterhaltsrechtlich zurechnen müsste, ergibt sich eine Erhöhung gegenüber dem steuerlichen Ansatz um 36 000 € : 3 = 12 000 € pro Jahr.

8. Wertberichtigungen

271 Wenn bei Erstellung der Bilanz bereits konkret abzusehen ist, dass eine Forderung nicht realisierbar ist, muss wegen des handelsrechtlichen Vorsichtsprinzips eine Wertberichtigung vorgenommen werden, d. h. die Forderung darf nur insoweit bilanziert werden, als mit einer Tilgung zu rechnen ist. Auch in der Steuerbilanz erfolgt in der Regel eine solche **Einzel-Wertberichtigung.**

Die Tatsache, dass sich erfahrungsgemäß auch solche Forderungen z. T. nicht realisieren lassen, bei denen dies bei Erstellung der Bilanz noch nicht abzusehen ist, wird in der Steuerbilanz dadurch Rechnung getragen, dass eine **Pauschalwertberichtigung** in Höhe von 1% vom Nettobetrag der in der Bilanz ausgewiesenen Forderungen aus Lieferungen und Leistungen vorgenommen wird. Wenn diese Wertberichtigung – wie üblich – fortlaufend bilanziert wird, tritt eine Gewinnerhöhung oder Gewinnreduzierung nur in Höhe der Änderung des Betrags zum Vorjahr ein. In der Regel wird man daher die Pauschalwertberichtigung auch unterhaltsrechtlich akzeptieren können.

Beispiel:

Bilanz	Forderungen (brutto 19% MwSt)	Pauschalwertberichtigung
00	1 190 000 €	10 000 €
01	1 190 000 €	10 000 €
02	1 428.000 €	12 000 €
03	1 368 500 €	11 500 €

Wie bei allen Bilanzposten gilt auch hier, dass nur die Änderung Gewinnauswirkung hat. Dem Anfangsbestand am Beginn des Auskunftszeitraums 01–03 in Höhe von 10 000 € steht am Ende ein Bestand von 11 500 € gegenüber, der Durchschnittsgewinn würde sich daher vor Gewerbe- und Einkommensteuer um 500 € jährlich erhöhen.

Aufmerksamkeit ist aber dann geboten, wenn erstmals in einem für die Unterhaltsberechnung maßgeblichen Jahr eine Wertberichtigung gebucht wird. Auch hohe Einzelwertberichtigungen können manipuliert sein.[121]

9. Kapital

272 Das Kapital (Rn. 120–123) stellt keinen eigenen Vermögenswert dar. Es ist ein fiktiver Posten, der den Wert des Unternehmens wiedergibt. In der Jahresbilanz natürlicher Personen und Personengesellschaften werden die Vermögensveränderungen gegenüber dem Vorjahr getrennt nach Gewinn, Einlagen und Entnahmen ausgewiesen (Rn. 145).

10. Privatentnahmen und Privateinlagen

273 Einlagen und Entnahmen dürfen gemäß § 4 I EStG den Gewinn nicht beeinflussen. Da sie jedoch Auswirkung auf das Betriebsvermögen haben, werden sie bei der Gewinnermitt-

---

[121] Sie würden erst im Rahmen einer Außenprüfung gewinnerhöhend korrigiert

lung durch Betriebsvermögensvergleich in der Buchführung erfasst. Wenn bei der Einnahmen-Überschuss-Rechnung eine EDV-Buchhaltung gemacht wird, wird ebenfalls doppelt gebucht, auch wenn weder Bank- noch Kapital- oder Privatkonten in der Einnahmen-Überschuss-Rechnung erscheinen. Die Höhe der Entnahmen wird nach herrschender Meinung zur Überprüfung des verfügbaren Einkommens herangezogen, wenn die steuerlichen Unterlagen nicht vollständig oder widersprüchlich sind.[122]

Gemäß § 4 Abs. 1 Satz 2 EStG sind Entnahmen alle Wirtschaftsgüter (Barentnahmen, Waren, Erzeugnisse, Nutzungen oder Leistungen), die der Steuerpflichtige dem Betrieb für sich, für seinen Haushalt oder für andere betriebsfremde Zwecke im Lauf des Wirtschaftsjahres entnommen hat.

Beispiele:
a) Barentnahmen:
   Entnahme von Bargeld aus der Kasse oder Überweisung auf ein privates Konto,
   Überweisung auf ein fremdes Konto ohne betriebliche Veranlassung,
b) Warenentnahmen:
   Entnahme von Umlaufvermögen vor der Verarbeitung (z. B. Lebensmitteln) zum privaten Verbrauch,
   Verzicht auf eine betriebliche Forderung aus privatem Anlass,
   Bebauung eines betrieblichen Grundstücks mit einem privat genutzten oder privat vermieteten Wohnhaus,
c) Erzeugnisentnahmen:
   Entnahme von verarbeitetem Umlaufvermögen (z. B. Backwaren) zum privaten Verbrauch,
d) Nutzungsentnahmen
   Private Telefon- oder Fahrzeugnutzung,
e) Einsatz von betrieblichem Personal für private Zwecke.

Gemäß § 4 Abs. 1 Satz 5 EStG sind Einlagen alle Wirtschaftsgüter (Bareinzahlungen und sonstige Wirtschaftsgüter), die der Steuerpflichtige dem Betrieb im Laufe des Wirtschaftsjahres zugeführt hat.

Beispiele:
a) Bareinlagen:
   Einlage von Bargeld in die Kasse oder Überweisung von einem privaten Konto,
   Überweisung von einem fremden Konto ohne betriebliche Veranlassung,
b) Wareneinlagen:
   Einlage von Umlaufvermögen zur Verarbeitung,
   Einbringung einer privaten Forderung,
   Einbringung eines privaten Grundstücks oder Gebäudes zur dauernden betrieblichen Nutzung
c) Nutzungseinlagen
   Betriebliche Nutzung des privaten Telefons oder PKW
d) Einsatz von betrieblichem Personal für private Zwecke.

Neben Nutzungsentnahmen, die immer Gewinnauswirkung haben, ist auch bei Entnahmen von Anlage- oder Umlaufvermögen eine Gewinnauswirkung gegeben, wenn Buchwert und Teilwert nicht identisch sind (Rn. 210). Da die Gewinnauswirkung aber bei den Erträgen oder bei Aufwand erfasst wird, bedarf es insoweit keiner Kontrolle der Privatkonten.

11. Investitionszulagen und Investitionszuschüsse

Mit der unterhaltsrechtlichen Behandlung von **Investitionszulagen** (Rn. 161) hat sich **273 a** der BGH in seinem Urteil vom 19. 2. 2003[123] befasst und die AfA einkommenserhöhend zugerechnet, wie sie auf den subventionierten Teil der Anschaffungskosten entfiel. Dass dies allerdings mit der in demselben Urteil noch einmal bestätigten Auffassung nicht zu vereinbaren ist, nach der die AfA unterhaltsrechtlich in Höhe des tatsächlichen Wertverzehrs anzuerkennen ist wird nicht angesprochen (ausführlich Rn. 256).

---

[122] Vgl. dazu Rn. 287
[123] BGH FamRZ 2003, 741 = R 590 d

Das Urteil ist **auf Investitionszuschüsse nicht anwendbar,** da Investitionszuschüsse nicht steuerfrei gewährt werden.[124]

VII. Aufwandsverteilung statt Wertverzehr

1. Aufwandsverteilung statt Wertverzehr

273 b   Das Urteil des BGH zur Berücksichtigungsfähigkeit der linearen AfA nach der aktuellen AfA-Tabelle hat zwar dazu geführt, dass die Behandlung der AfA im Unterhaltsprozess kalkulierbarer geworden ist, die eigentlichen Probleme sind dadurch jedoch nicht beseitigt. Die unterschiedlichen Regeln in den unterhaltsrechtlichen Leitlinien (Rn. 245) zeigen dies.

Wann Tabellenwerte für die AfA *„erkennbar nicht auf Erfahrungswerten"* beruhen, ist unklar, ebenso wie der nach Auffassung des BGH nach wie vor maßgebliche **Wertverzehr** festgestellt werden soll. Auf den Wertverzehr abzustellen, ist generell unterhaltsrechtlich fragwürdig, insbesondere aber dann verfehlt, wenn keine Anschaffungskosten angefallen sind. In seiner Entscheidung vom 19. 2. 2003[125] hat der BGH die AfA gewinnerhöhend zugerechnet, soweit die Anschaffungskosten der abgesetzten Wirtschaftsgüter aus einer staatlichen **Investitionszulage** (Rn. 161 a) finanziert worden waren. In eben diesem Urteil hatte er wenige Zeilen davor festgestellt, dass die lineare AfA anzuerkennen sei, da diese dem tatsächlichen Wertverzehr entspreche. Wenn aber der Wertverzehr auch das **unterhaltsrechtliche Einkommen mindert,** kann es auf die Frage nicht ankommen, wer die Anschaffungskosten getragen hat.

Vor allem ist es für die Frage des Wertverzehrs unerheblich, ob die Anschaffungskosten aus betrieblichen Mitteln oder Darlehen geleistet wurden ob die Mittel für die Anschaffung aus einer Privateinlage stammen.[126] Mit der herrschenden Auffassung, wonach die steuerliche AfA bei entsprechendem Wertverzehr den Gewinn mindert, stehen diese Auffassungen nicht im Einklang: auch ein aus staatlichen Investitionszulage oder einer Privateinlage finanziertes abnutzbares Wirtschaftsgut unterliegt dem Wertverzehr. Diese Urteile zeigen unausgesprochen auf, dass der Wertverzehr nicht zum Zuflussprinzip des Unterhaltsrechts passt. Auf die für den Unterhalt zur Verfügung stehenden Einkünfte hat es nicht die geringste Auswirkung, ob und in welcher Höhe ein betrieblich genutztes Wirtschaftsgut an Wert verliert.

Der Aufwandsverteilungsthese ist grundsätzlich der Vorzug zu geben, da nicht entscheidend ist,

„ob sich das Wirtschaftsgut verbraucht sondern ob die Aufwendungen sich verbrauchen".[127]

Wenn schon im Steuerrecht die Berechtigung der Wertverzehrthese in Frage gestellt wird, gibt es keine Veranlassung, im Unterhaltsrecht an ihr festzuhalten. Wenn man davon ausgeht, dass die AfA ein Instrument der **Aufwandsverteilung** ist, kommt man zu vertretbaren Lösungen, die auch ohne dogmatische Widersprüche individuell angepasst werden können, wenn dies zu einer gerechten Einkommensverteilung erforderlich ist.

Der BGH selbst hat in dem oben genannten Urteil vom 19. 2. 2003 – jedenfalls im Ergebnis – die Aufwandsverteilungsthese bereits angewandt: er erhöht er die lineare AfA um den Anteil, der auf die **Investitionszulage** entfällt. Obwohl das Wirtschaftsgut linear, also in Höhe des tatsächlichen Wertverzehrs abgeschrieben wurde, die AfA nach ständiger Rechtsprechung nicht hätte gekürzt werden dürfen, wird sie **unterhaltsrechtlich nur anerkannt, soweit sie auf die vom Unternehmer selbst aufgebrachten Anschaffungskosten entfällt.** Mit dem Widerspruch zur Wertverzehrthese setzt sich der BGH allerdings nicht auseinander. Auch das OLG München stellt nicht auf den Wertverzehr sondern auf den **„Geldmittelabfluss"** aus dem Betrieb ab.

---

[124] Steuerliche Einzelheiten unter Rn. 161 a
[125] FamRZ 2003, 741 R = 590 d
[126] So aber OLG München FamRZ 2005, 1907
[127] Schmidt/Kulosa, EStG § 7 Rn. 3

Diese Auffassung ist aber abzulehnen: wenn man an sich betrieblich veranlasste Aufwendungen deshalb nicht für unterhaltsrechtlich abzugsfähig hält, weil sie aus privaten Mitteln stammen, verlangt man im Ergebnis die Verwertung des Vermögen zur Deckung des Unterhalts. Dies ist aber im Allgemeinen unzulässig (Rn. 417 ff.). In den Leitlinien des OLG Schleswig wird die unterhaltsrechtliche Relevanz der AfA darauf gestützt, dass „*der Abschreibung in der Regel entsprechende Ausgaben für Betriebsmittel gegenüberstehen*".

Die **Wertverzehrthese** hat zudem den Nachteil, dass dem üblicherweise nicht über Bilanzkenntnisse verfügenden Unterhaltsberechtigten nicht verständlich zu machen ist, warum der Wertverlust eines betrieblich benutzten Gegenstands seinen Unterhalt mindern soll. Dass aber die Anschaffungskosten das Einkommen mindern und dies sich auf den Unterhalt auswirkt, ist dagegen auch für einen steuerlichen Laien plausibel. Darüber hinaus ermöglicht die Aufwandsverteilung eine wesentlich flexiblere und damit den individuellen Gegebenheiten anpassbare Handhabung.

- Man könnte im **Regelfall** entsprechend § 4 III EStG die **steuerliche AfA als angemessene Verteilung der Anschaffungskosten** ansetzen. In diesem Fall wären Raten für eventuelle Anschaffungsdarlehen nicht zusätzlich zu berücksichtigen, die tatsächliche Verteilung des Investitionsaufwands bliebe also aus Vereinfachungsgründen unberücksichtigt,
- **Abweichend davon** könnte man statt der AfA die **Tilgungsraten als tatsächliche individuelle Aufwandsverteilung** zugrundelegen, wenn dies aus Billigkeits- oder Praktikabilitätsgründen in Einzelfällen geboten ist,
- Für künftige Anschaffungen gebildete **Rücklagen** wären – wie vermögensbildende Aufwendungen – **einkommensmindernd** zu berücksichtigen, weil der Aufwand für die Anschaffung schon im Voraus die Mittel für den Lebensunterhalt gekürzt hat,
- Man könnte die AfA vollständig **gewinnerhöhend** zurechnen, wenn **keine Anschaffungskosten** angefallen sind und auch keine Neuanschaffung in unterhaltsrechtlich relevanter Zeit zu erwarten ist.

Die Behandlung der **Anschaffungskosten von Gebäuden** ließe sich ohne dogmatische Probleme individuell regeln. Maßgeblich sind die unterhaltsrechtlichen **Grundsätze der Vermögensbildung.** Danach wäre zu entscheiden ist zu entscheiden, ob Tilgungsraten für Anschaffungskredite bei nicht abnutzbaren oder nicht an Wert verlierenden Wirtschaftsgütern berücksichtigungsfähig sind. Auch wäre maßgeblich, ob die Anschaffung im Auskunftszeitraum erfolgt ist und/oder Anschaffungskredite noch getilgt werden.

2. Unterhaltsrechtliche Auswirkung bei der Anschaffung von Anlagevermögen bei Aufwandsverteilung

Ein weiterer Vorteil der Aufwandsverteilungstheorie ist, dass sich das **Problem der** 273 c **fiktiven Steuerberechnung** aus dem um nicht anerkannte Abschreibungen erhöhten Einkommen nicht mehr stellen würde: Da man mit der Aufwandsverteilung auf der Ebene des tatsächlich zur Verfügung stehenden Einkommens ist, sind die abschreibungsbezogenen Steuervorteile nicht zu korrigieren. Wenn der Unterhaltspflichtige Steuerersparnisse aus Sonderabschreibungen, Ansparrücklagen oder – ab 1. 1. 2008 – dem **Investitionsabzugsbetrag für Anzahlungen** oder **tatsächliche Rücklagen** verwendet, können diese als vorgezogener Aufwand berücksichtigt werden. Nur bei „Re-Investition" verbleibt ihm die Steuerersparnis. Fließt die Ersparnis nicht in die Investition, erhöht sie dagegen ungekürzt das unterhaltsrechtlich maßgebliche Einkommen. Dasselbe gilt, wenn die Anzahlungen oder die Rücklagenbildung nur zum Zweck der Minderung des verfügbaren Einkommens erfolgt ist, etwa nicht den eheprägenden Gepflogenheiten entspricht.

Beispiel 1:
Der Fuhrunternehmer U kauft seit Jahren die betrieblich benötigten Fahrzeuge auf Kredit, leistet in der Regeln aber Anzahlungen, die er aus den durch Ansparrücklage und/oder Sonderabschreibung ersparten Steuern finanziert. Die Anschaffungskosten schreibt er im Übrigen linear ab.

In einem solchen Fall wäre es sachgerecht, die Anschaffungskosten nicht auf der Basis der linearen AfA zu verteilen sondern die individuelle Aufteilung des U zu übernehmen. Die AfA würde komplett gewinnerhöhend zugerechnet, stattdessen würden die Anzahlung und die – wegen der Anzahlung in Summe geringeren – Tilgungsraten einkommensmindernd abgezogen. Die Steuerersparnis selbst ist unterhaltsrechtlich irrelevant. Sie würde in das unterhaltsrechtliche Einkommen einfließen. Wäre die Steuerersparnis aus der Sonderabschreibung dagegen nicht zur Anzahlung verwendet worden, käme die Steuerersparnis ungekürzt den Unterhaltsberechtigten zu. Dasselbe müsste gelten, wenn diese Art der Finanzierung bis zur Trennung nicht üblich war und damit der Anschein gegen eine berufsbedingte und für eine privat veranlasste Aufwendung spricht.

Beispiel 2:
Der Handwerker H hat fünf Jahre vor der Trennung für 60 000 € eine Maschine mit betriebsgewöhnlicher Nutzungsdauer von 15 Jahren angeschafft. Die Anschaffungskosten sind teils vorher angespart, teils danach abgezahlt worden. Zum Zeitpunkt der Trennung ist die Maschine vollständig bezahlt. Rücklagen für eine Ersatzbeschaffung stehen in absehbarer Zeit nicht an.

Nach herrschender Auffassung müsste die unterhaltsberechtigte Familie noch zehn Jahre lang eine abschreibungsbedingte Einkommensminderung in Höhe des restlichen Wertverzehrs von insgesamt 40 000 € hinnehmen. Dass die Unterhaltsberechtigten die Investition durch Konsumverzicht mitgetragen haben, ist unerheblich, da es auf den Wertverzehr der Maschine und nicht auf die Modalitäten der Finanzierung ankommt. Nach dem Grundsatz unterhaltsrechtlicher Aufwandsverteilung sind die Anschaffungskosten bereits vor der Trennung verteilt. Da für diese Maschine keine Anschaffungskosten mehr aufzuwenden sind, stünde das um die steuerliche AfA erhöhte Einkommen für den Unterhalt zur Verfügung, ohne dass eine Steuerkorrektur zu erfolgen hätte. Der im Fall späterer Veräußerung erzielte Gewinn wäre einkommenserhöhend zuzurechnen, jedoch eine daraus geleistete Anzahlung wiederum als Anschaffungsaufwand abzuziehen.

Beispiel 3:
Der Computerspezialist C hat sich während der Ehe selbständig gemacht und fünf Jahre vor der Trennung günstig ein Betriebsgebäude gekauft. Dieses ist mit Darlehen finanziert, für die er monatliche Tilgungsleistungen von 750 € aufbringen muss. Die Zinsen betragen gegenwärtig 2000 € monatlich. Für das zuvor genutzte Gebäude musste er 2500 € Miete zahlen.

Variante a:
C hat den Kaufpreis aus einer Erbschaft finanziert.

Variante b:
C hatte das Grundstück bereits vor 15 Jahren gekauft, es ist inzwischen schuldenfrei.

Nach heutiger Auffassung wäre in allen Fällen die Gebäudeanschreibung mangels Wertverzehr einkommenserhöhend zuzurechnen. Die Tilgungsleistungen wären irrelevant, allenfalls als Altersversorgung abzuziehen. Auf der Basis der Aufwandsverteilung könnte man im Grundfall die Raten berücksichtigen.

VIII. Berechnung des unterhaltsrechtlichen Einkommens

1. Prüfungszeitraum

274   Wegen der jährlich der Höhe nach stark schwankenden Einkünften von Gewerbetreibenden und Selbstständigen ist ein **möglichst zeitnaher Mehrjahresdurchschnitt** zu bilden, damit nicht ein zufällig günstiges oder ungünstiges Jahr als Maßstab für die Zukunft dient. Dies gilt vor allem dann, wenn in Zukunft mit weiteren Schwankungen zu rechnen ist.[128] Dies wird der Regelfall sein. Wenn mit einem stetigen Anstieg oder Rückgang der Ein-

---

[128] BGH, FamRZ 1986, 48, 51; FamRZ 1985, 357; FamRZ 1983, 680

künfte zu rechnen ist, kann im Einzelfall der Tatrichter auch das zuletzt erreichte Einkommen zugrundelegen.[129]

Beispiel:
A hat im Jahr 01 eine Facharztpraxis eröffnet. Im Jahr 04 erteilt er Auskunft über seine Einkommen bis 03. Es ergibt sich ein unterhaltsrechtlich relevantes Einkommen

für 01	20 000 €
für 02	50 000 €
für 03	80 000 €.

Wenn keine Anhaltspunkte für einen Einkommensrückgang bestehen, wäre es unbillig, den Unterhalt aus 50 000 € zu berechnen.

Nach herrschender Auffassung und Rechtsprechung wird für die Ermittlung des unterhaltsrechtlich relevanten Einkommens ein **Zeitraum von drei Jahren** als erforderlich und **ausreichend** angesehen.[130] Im Hinblick auf die Besonderheiten bei Gewerbetreibenden und Selbstständigen ist der Empfehlung des 14. Familiengerichtstags zuzustimmen, dass ein **Fünfjahreszeitraum** zugrunde zu legen ist.[131] Dies gilt insbesondere bei starken Gewinnschwankungen, umfangreichen Abschreibungen und Rückstellungen, da sich im Fünfjahreszeitraum nahezu alle derartigen Einflüsse ausgleichen. Man wird auch dann auf den Fünfjahreszeitraum abstellen müssen, wenn Anlass zur Annahme besteht, dass in Kenntnis der bevorstehenden Unterhaltspflichten im Gegensatz zur früheren betrieblichen Praxis steuerlich legale Mittel der Gewinnverlagerung genutzt und die Gewinne durch strafrechtliche Methoden verkürzt hat.

Bei kontinuierlichen Gewinnveränderungen – Steigerung oder Minderung – wird wie im obigen Beispielsfall einer Betriebsgründung der Mittelwert keine zuverlässige Prognose für den Unterhaltszahlungszeitraum geben. Hier kann unter Umständen aus der in der laufenden Buchhaltung abgelaufener aber noch nicht abgeschlossener Jahre festgestellt werden, ob mit einer weiteren Steigerung/Minderung der Gewinne zu rechnen ist. Zu beachten ist aber, dass Rückschlüsse aus dem vorläufigen Gewinn aus der Buchhaltung gegenüber den Bilanzgewinnen früherer Jahre ohne steuerliche Fachkenntnisse nicht möglich sind.

Bietet sich eine pauschale Schätzung an, kann z.B. eine unterschiedliche Gewichtung ähnlich dem sogenannten **„Stuttgarter Verfahren"** erfolgen, das für die Bewertung von Anteilen an Kapitalgesellschaften verwendet wird. Dabei wäre das erste Jahr mit dem einfachen, das zweite Jahr mit dem doppelten und das letzte Jahr mit dem dreifachen Gewinn zusammenzurechnen und die Summe durch sechs zu teilen.

Im obigen Beispielsfall ergäbe sich daraus ein Durchschnittsgewinn von 60 000 €.

für 01	20 000 € x 1 =	20 000 €
für 02	50 000 € x 2 =	100 000 €
für 03	80 000 € x 3 =	240 000 €
	$^1/_6$ von	360 000 €

Die Ermittlung des Einkommens in dieser Weise soll eine möglichst genaue Prognose für das Einkommen sein, das in dem Zeitraum zur Verfügung steht, in dem der Unterhalt geleistet werden muss. Einkommensrelevante Ereignisse, die im Zahlungszeitraum nicht mehr zu erwarten sind, müssen daher bei der Ermittlung des unterhaltsrechtlich maßgeblichen Einkommens eliminiert werden.[132]

2. Berücksichtigung von Verlusten aus anderen Wirtschaftjahren

Soweit in einem Wirtschaftsjahr die Aufwendungen/Betriebsausgaben Ertrag/Betriebs- **274 a** einnahmen übersteigen, entsteht ein Verlust. Dieser kann gemäß § 2 II EStG bei der Einkommensteuerveranlagung zunächst in eingeschränktem Umfang mit positiven Einkünf-

---

[129] BGH, FamRZ 1985, 471; ausführlich dazu Strohal Rn. 206 ff.
[130] Kalthoener/Büttner Rn. 680 mit umfangreichen Nachweisen; Strohal Rn. 205
[131] FamRZ 2002, 296
[132] BGH, FamRZ 2004, 1177 = R 615

ten aus derselben oder einer anderen Einkunftsart verrechnet werden. Im Fall der Zusammenveranlagung (Rn. 573 b) ist auch die Verrechnung mit positiven Einkünften des Ehepartners möglich.

Soweit danach noch negative Einkünfte verbleiben, können diese gemäß § 10 d I EStG vom Gesamtbetrag der Einkünfte des unmittelbar vorangegangenen Wirtschaftsjahres (= Verlustrücktrag), weiter verbleibende in den folgenden Wirtschaftsjahren (= Verlustvortrag) abgezogen werden.

Die Verluste aus dem folgenden oder aus früheren Jahren erscheinen also nicht in den Gewinn- und Verlustrechnungen oder Einnahmen-Überschuss-Rechnungen; der Ausgleich erfolgt außerhalb des Jahresabschlusses im Rahmen der Steuerveranlagung. Der Verlustabzug beeinflusst nicht die Gewinnermittlung sondern nur die Höhe der Steuerbelastung.

Der Verlustabzug ist auch nicht auf Gewinneinkünfte (Rn. 110) beschränkt. Verluste – also negative Einkünfte – sind in allen Einkommensarten möglich.

Unterhaltsrechtlich stellen sich dieselben Fragen wie bei außergewöhnlicher Gewinnentwicklung im Auskunftszeitraum sowie bei der Ermittlung der unterhaltsrechtlich maßgeblichen Steuerbelastung, so dass auf die Ausführungen unter Rn. 274 und 275 hingewiesen werden kann.

3. Berücksichtigung außerbetrieblicher Aufwendungen

275   Da in der Gewinn- und Verlustrechnung und der Einnahmen-Überschuss-Rechnung alle berufsbedingten Aufwendungen enthalten sind, besteht kein Anlass, von dem ermittelten (Brutto-)Einkommen die 5%ige Pauschale für berufsbedingten Aufwand in Abzug zu bringen.

Abzugsfähig sind jedoch alle anderen Aufwendungen, die auch dem Nichtselbstständigen zustehen, vor allem
- Steuern (ausführlich unter Rn. 558 ff., Rn. 591 ff.)
- Vorsorgeaufwendungen (Rn. 598)
- ehebedingte Verbindlichkeiten (Rn. 614).

Nach ständiger Rechtsprechung des BGH sind von den unterhaltsrechtlich bereinigten Gewinneinkünften die tatsächlich in den einzelnen Jahren des Prüfungszeitraums gezahlten Steuern abzuziehen und erstatteten Steuern zuzurechnen. Dies ist in Rechtsprechung und Literatur umstritten.

Dagegen ist an Vorsorgeaufwendungen in Abzug zu bringen, was in dem Jahr, für das Unterhalt verlangt wird, entrichtet wurde oder voraussichtlich entrichtet werden muss (Rn. 596 ff.)

4. Berücksichtigung des Übergangsgewinns beim Wechsel der Gewinnermittlungsart

275 a   In der Regel entsteht beim Wechsel von der Einnahmen-Überschuss-Rechnung zum Betriebsvermögensvergleich (Rn. 203) ein Übergangsgewinn, weil nach dem Wechsel die bisher mangels Zu- oder Abfluss noch nicht als Ertrag oder Aufwand berücksichtigten Betriebseinnahmen und -ausgaben erfasst werden. Im ersten Jahr nach dem Wechsel wird der Gewinn um die im Vorjahr noch nicht erfassten Betriebseinnahmen und -ausgaben verfälscht. Wenn der Wechsel zu Beginn des ersten Jahres des Auskunftszeitraums vorgenommen wurde, ist der Übergangsgewinn bei der Berechnung des unterhaltsrechtlich maßgeblichen Einkommens zu stornieren, die Steuerbelastung ist fiktiv zu ermitteln. Ist der Wechsel jedoch nach dem ersten Jahr des Auskunftszeitraums erfolgt, müssen die steuerlichen Gewinnkorrekturen insoweit berücksichtigt werden, als sie auf den Betriebseinnahmen oder -ausgaben des Auskunftszeitraums entfallen.

Beim Wechsel vom Betriebsvermögensvergleich zur Einnahmen-Überschuss-Rechnung erfolgt nach dem Wechsel in der Regel eine Gewinnminderung, da der bereits gewinnerhöhend berücksichtigte Zufluss den gewinnmindernd berücksichtigten Abfluss übersteigen dürfte. Auch hier muss beim Wechsel jeweils beachtet werden, dass steuerliche Korrekturen immer dann auch unterhaltsrechtlich relevant sind, wenn sie auf Vorgänge innerhalb des Auskunftszeitraums zurückzuführen sind.

IX. Auskunfts- und Belegpflichten

1. Allgemeines

Gewerbetreibende und Selbstständige sind nach denselben gesetzlichen Bestimmun- **276** gen zur Erteilung von Auskünften und Vorlage von Belegen verpflichtet **wie alle anderen am Unterhaltsverfahren beteiligten Personen.** In erster Linie gelten deshalb die allgemeinen Grundsätze.[133] Die Auskunft ist zu erteilen durch Vorlage einer systematischen Aufstellung aller Angaben, die nötig sind, damit der Berechtigte ohne übermäßigen Arbeitsaufwand seinen Unterhaltsanspruch berechnen kann.

Eine Auskunftspflicht besteht nicht, wenn der maximale Unterhaltsbedarf abgedeckt ist.[134]

2. Besonderheiten des Auskunftsanspruchs gegenüber Gewerbetreibenden und Selbstständigen

Während bei Nichtselbstständigen auf das Einkommen der Letzten zwölf Monate abge- **277** stellt wird, sind Gewerbetreibende und Selbstständige verpflichtet über **drei volle Geschäftsjahre** Auskunft zu erteilen.[135] Im Allgemeinen deckt sich das Geschäftsjahr von Gewerbetreibenden und Selbstständigen mit dem Kalenderjahr, jedoch können im Handelsregister eingetragene Unternehmen mit Zustimmung ein **abweichendes Wirtschaftsjahr** beantragen, wovon insbesondere bei saisonabhängigen Betrieben Gebrauch gemacht wird, um ein wirtschaftlich sinnvolles Ergebnis zu erzielen.

Beispiel:
Um die Winter- und Sommersaison vollständig zu erfassen, wählt der Hotelier den Zeitraum 1. 10. bis 30. 9. für das Wirtschaftsjahr.
Ein Hersteller von Tiefkühlkost beginnt das Wirtschaftsjahr am Schluss der Erntezeit 1. 10.

Unabhängig von den handelsrechtlichen und steuerrechtlichen Erfordernissen wird im Unterhaltsrecht die **Erstellung des Jahresabschlusses innerhalb von sechs Monaten** nach Ende des Wirtschaftsjahres verlangt.[136]

Für den Zeitraum zwischen dem Ablauf des letzten Geschäftsjahres und der Geltendmachung des Anspruchs besteht keine Auskunftspflicht.[137] Dem ist zuzustimmen: bei Gewerbetreibenden und Selbstständigen kann im Allgemeinen aus der **Hochrechnung eines Jahresabschnitts** auf ein volles Kalenderjahr **kein verwertbares Ergebnis** erzielt werden, weil die Einnahmen und Betriebsausgaben nur selten kontinuierlich über das Jahr verteilt anfallen. In Ausnahmefällen kann aber der Vergleich eines Zeitabschnitts mit dem entsprechenden Vorjahresabschnitt Aufschluss über die weitere Entwicklung geben, wenn etwa in der Eröffnungs- oder Anstiegsphase[138] eine Prognose überprüft werden soll.[139]

Die Auskunft darf sich weder auf die Wiedergabe der steuerlichen Daten beschränken, auch **278** ist der Hinweis auf die Auskunfteinholung beim Steuerberater nicht ausreichend. Die Forderung auf Erstellung eines an unterhaltsrechtlichen Kriterien orientierten Jahresabschlusses[140]

---

[133] Ausführungen dazu im 14. Abschnitt Rn. 661 ff.
[134] BGH, FamRZ 1994, 1169 = R 481
[135] OLG München FamRZ 1992, 1207
[136] OLG München a. a. O.
[137] OLG München a. a. O.
[138] Strohal Rn. 206 f.
[139] Wegen der Möglichkeit zur Verschiebung von Einkünften müssen aber Einkommensrückgänge während der Auseinandersetzung äußerst zurückhaltend bewertet werden
[140] Nickl a. a. O.

hat sich nicht durchgesetzt.[141] Sachgerecht erscheint die zur zur Einkommensermittlung durch Einnahmen-Überschuss-Rechnung ergangene Entscheidung des OLG München,[142] deren Leitsätze daher wiedergegeben werden:

1. Die Erteilung der Auskunft richtet sich im Unterhaltsrecht nach BGB §§ 260, 1580, 1605 Abs 1 und erfordert eine systematische Zusammenstellung aller erforderlichen Angaben, die notwendig sind, um dem Berechtigten ohne übermäßigen Arbeitsaufwand eine Berechnung seiner Unterhaltsansprüche zu ermöglichen.

2. Die Darstellung des Endergebnisses entsprechend einem Steuerbescheid genügt generell nicht; vielmehr müssen die gesamten Einnahmen und auch die damit zusammenhängenden Ausgaben niedergeschrieben werden.

3. Die Vorlage von Belegen soll dem Berechtigten nur die Überprüfung der Auskunft ermöglichen.

4. Um Kleinigkeiten im Auskunftsverfahren zu vermeiden, genügt es, in der Auskunft den Gewinn bzw Überschuss pauschal anzuführen und hinsichtlich der Einzelposten auf eine beigefügte Anlage, z. B. die Einnahmen-/Überschussrechnung oder die Aufstellung über Einnahmen und alle Werbungskosten, Bezug zu nehmen.

Diese Anforderungen können auf die Einkommensermittlung durch Betriebsvermögensvergleich übertragen werden, sofern man die systembedingte Abweichung vom unterhaltsrechtlichen In-Prinzip hinnimmt (Rn. 162 ff. und 1/260).

3. Besonderheiten des Belegansprüchs gegenüber Gewerbetreibenden und Selbstständigen

279   Bei der in der überwiegenden Zahl der Fälle angewandten EDV Buchführung liegen vor oder können aus der Buchführung und dem Jahresabschluss „per Knopfdruck" erstellt werden:

Betriebsvermögensvergleich	Einnahmen-Überschuss-Rechnung
• Bilanz	• Einnahmen-Überschuss-Rechnung
• Gewinn- und Verlustrechnung	
• Bilanz nach Konten	• Einnahmen-Überschuss-Rechnung nach Konten
• Gewinn- und Verlustrechnung nach Konten	• Einnahmen-Überschuss-Rechnung mit Kontennachweis
• Bilanz mit Kontennachweis	• Sonstige Konten
• Gewinn- und Verlustrechnung mit Kontennachweis	
• Entwicklung des Anlagevermögens (Summenblatt und Einzelkonten)	• Entwicklung des Anlagevermögens (Summenblatt und Einzelkonten)

            • Betriebwirtschaftliche Auswertungen
            • Liquiditätsberechnungen
            • Summen- und Saldenlisten
            • Einzelkonten
            • Lohn- und Gehaltsabrechnungen
            • ggfs. Betriebsprüfungsberichte

Außerdem hat der Steuerpflichtige aufzubewahren
• Sparkassen- und Bankunterlagen;
• Kassenbuch und
• Einzelbelege.

Während die Bilanz, die Gewinn- und Verlustrechnung und die Einnahmen-Überschuss-Rechnung die aus der Buchführung und der Inventur[143] erfassten Daten in wenigen

---

[141] Strohal Rn. 272
[142] a. a. O.
[143] Eine Inventur findet nur bei der Gewinnermittlung durch Betriebsvermögensvergleich statt

Sammelposten saldiert darstellen und deshalb zur unterhaltsrechtlichen Überprüfung ungeeignet sind, sind in den **nach Konten gegliederten Abschlussunterlagen** alle Positionen
einzeln aufgeführt, für die nach Abschluss der Buchführung positive oder negative Salden
vorhanden waren. In der Fassung **„mit Kontennachweis"** sind die Nummern der jeweiligen Einzelkonten aufgeführt.

Die **Vorlage der Bilanz** sowie Gewinn- und Verlustrechnung, bzw. der **Einnahmen-** 280
Überschuss-Rechnung jeweils mit Kontennachweis sollten mit dem Beleganspruch
verlangt werden, da aus ihnen erforderlichenfalls auf die Einzelkonten (Jahreskonten) der
Buchführung zurückgegriffen werden kann, wenn dies zur Überprüfung unterhaltsrechtlicher Relevanz erforderlich erscheint. Auf den Einzelkonten sind alle einzelnen Buchungen
unter Angabe von Gegenkonto, Datum und Einzelbeleg ausgewiesen, so dass jeder Geschäftsvorfall bis in seinen Ursprung zurückverfolgt werden kann.

Personalkosten werden allerdings in die Buchführung nur mit den monatlichen Gesamt-
beträgen übernommen, soweit nicht zum Zweck betriebswirtschaftlicher Kontrolle eine
Untergliederung[144] vorgenommen wurde. Hier muss man die **Lohnabrechnungen** verlangen, wenn z. B. der neue Lebens- oder Ehepartner beim Auskunftspflichtigen angestellt ist.

In der Praxis wird man zunächst die Bilanz mit Gewinn- und Verlustrechnung[145] – jeweils
mit Kontennachweis – vorlegen lassen, um dann die **Einzelposten auf unterhaltsrechtliche Relevanz** zu **prüfen.** Soweit diese substantiiert bestritten werden, hat der Auskunftspflichtige durch Vorlage der detaillierten Unterlagen die betriebliche Veranlassung der
Aufwendungen oder Betriebsausgaben darzulegen und zu beweisen.

Die einzelnen Anlagegüter sind in einem **Anlagenverzeichnis** aufgeführt, in dem
Anschaffungskosten, Zeitpunkt der Anschaffung, Nutzungsdauer, Abschreibungsart, Sonderabschreibungen und Veräußerungszeitpunkt eines jeden einzelnen Wirtschaftsgutes aufgezeichnet werden.

Da die Jahresabschlüsse erst im Rahmen einer **Betriebsprüfung** auf steuerliche Korrekt- 281
heit überprüft werden, ist auch Auskunft zu erteilen, ob hinsichtlich der Abschlüsse im
Auskunftszeitraum eine Betriebsprüfung durchgeführt worden ist. Ob die vorgelegten Steuerbescheide auf Grund einer Betriebsprüfung ergangen sind, ergibt sich aus den Erläuterun-
gen am Schluss des Bescheids. Gegebenenfalls ist der **Abschlussbericht** vorzulegen.[146] Der
Schlussbericht ist zwar kein formaler Bescheid sondern gibt dem Finanzamt lediglich die
Veranlassung zur Abänderung der für den Prüfungszeitraum ergangenen Steuerbescheide;
dem Bericht sind aber Einzelheiten zu den Ansätzen in der Bilanz und der Gewinn- und
Verlustrechnung, bzw. in der Einnahmen-Überschuss-Rechnung zu entnehmen. Allein die
Tatsache, dass der Bescheid nicht mehr unter dem Vorbehalt der Nachprüfung steht, besagt
nicht unbedingt zwingend, dass bereits eine Betriebsprüfung erfolgt ist.

Die **Betriebswirtschaftliche Auswertung (BWA)** stellt für den jeweiligen Buchungs- 282
zeitraum – in der Regel den Kalendermonat – Aufwand und Ertrag, bzw. Betriebseinnahmen und Betriebsausgaben gegenüber; insbesondere bei Unternehmen mit hohen und
schwankenden Umsätzen ist die BWA für unterhaltsrechtliche Berechnungen ungeeignet
(Rn. 274), auch wenn sie außer den Daten für den aktuellen Monat die jeweiligen Jahressummen enthält. Dazu kommt, dass häufig die AfA erst am Jahresende eingebucht wird und
ebenso wenig wie nicht monatlich anfallende Betriebsausgaben (Urlaubsgeld, Weihnachtsgeld, Versicherungsbeiträge zeitanteilig gebucht werden.

Die **Summen- und Saldenliste (SuSa)** enthält eine Aufstellung aller bebuchten
Konten und zwar die monatlichen Buchungen, die Jahressummen der jeweiligen Buchungen seit Beginn des Wirtschaftsjahres und den Saldo der bebuchten Konten zum Zeitpunkt
der letzten Erfassung. Die Summen- und Saldenliste ist ebenso wenig verwertbar wie die
BWA.

Daneben sind – soweit erstellt, bzw. erlassen – vorhanden 283
- Einkommensteuererklärungen
- Einkommensteuerbescheide

---

[144] Z. B. Verwaltung, Produktion, Verkauf, Transportwesen o. ä.
[145] Bzw. Einnahmen-Überschuss-Rechnung
[146] Strohal Rn. 162

- Gewerbesteuererklärungen
- Gewerbesteuerbescheide
- Umsatzsteuererklärungen
- Umsatzsteuerbescheide
- Umsatzsteuervoranmeldungen.

Die Steuererklärungen von Gewerbetreibende und Selbstständige dürften nahezu ausnahmslos mit Computerprogrammen erstellt sein, mit denen auch die Steuerberechnungen ausgedruckt werden können. Wenn also die Steuererklärung gefertigt, der Bescheid aber noch nicht erlassen ist, wird man vom Auskunftspflichtigen auch die Vorlage einer solchen **Steuerberechnung** verlangen können.

Für unterhaltsrechtliche Einkommensermittlung sind nur **Einkommensteuerbescheide** geeignet. Die **Gewerbesteuer** basiert zwar auch auf dem Gewinn aus dem Gewerbetrieb; dieser wird jedoch durch komplizierte Zu- und Abrechnungen modifiziert. **Umsatzsteuerbescheide** sind für die Einkommensermittlung **ungeeignet.** Die Umsatzsteuer ist gemäß § 4 I EStG in der Gewinnermittlung durch Betriebsvermögensvergleich gewinnneutral, in der Einnahmen-Überschuss-Rechnung durchlaufender Posten. Auf den Gewinn hat sie deshalb nur bei der Einnahmen-Überschuss-Rechnung vorübergehend Einfluss. Umsatzsteuervoranmeldungen basieren auf der monatlichen Buchführung, so dass – wenn überhaupt auf unterjährige Belege zurückgegriffen werden muss, zweckmäßigerweise auf die Betriebswirtschaftliche Auswertung und/oder Summen- und Saldenliste zurückgegriffen wird.

4. Besonderheiten bei Personengesellschaften

284   Personengesellschaften sind als Unternehmer umsatzsteuerpflichtig und gegebenenfalls als Gewerbebetriebe gewerbesteuerpflichtig. Der Einkommensteuerpflicht unterliegen jedoch nur die einzelnen Gesellschafter. Für deren Einkommensermittlung liegen vor (Rn. 206):

- der Jahresabschluss der Gesellschaft,
- die **gesonderte und einheitliche Gewinnfeststellung** (Rn. 207),
- ggfs. **Sonderbilanzen** und
- ggfs. **Ergänzungsbilanzen** (Rn. 208).

Der Auskunftspflichtige hat im Hinblick auf die Daten der Gesellschaft bis zur Grenze seines gesellschaftsrechtlichen Auskunfts- und Kontrollrechtes die für die unterhaltsrechtliche Überprüfung seines Einkommens erforderlichen Auskünfte zu erteilen.[147] Daten, ausschließlich die anderen Gesellschafter betreffen, sind gegebenenfalls unkenntlich zu machen.[148]

5. Auskünfte von Land- und Forstwirten

285   Soweit Land- und Forstwirte ihren Gewinn durch Betriebsvermögensvergleich oder Einnahmen-Überschuss-Rechnung ermitteln (Rn. 183, 199), gelten die zu diesen Gewinnermittlungsarten erörterten Grundsätze ohne Abstriche. Wird der Gewinn dagegen nach Durchschnittssätzen ermittelt (Rn. 200), besteht kein Verpflichtung Aufzeichnungen zu machen oder Belege aufzubewahren. Eine solche Verpflichtung ergibt sich auch nicht aus den unterhaltsrechtlichen Bestimmungen.[149] Wenn man es nicht vorzieht, den Unterhaltsbedarf im Wege der Schätzung aus der tatsächlichen Lebensführung zu ermitteln, ist über die einkommensrelevanten Daten Auskunft zu erteilen.[150]

---

[147] OLG Naumburg FamRZ 2001, 1303
[148] BGH, FamRZ 1983, 680 (zum Einkommensteuerbescheid bei Zusammenveranlagung mit dem neuen Partner)
[149] – nicht belegt –
[150] Zu den erforderlichen Daten vgl. Heiß/Heiß Kap. 3 Rn. 343

6. Auskunftspflichten bei Schätzungen

Inwieweit über einkommensrelevante Tatsachen Auskünfte erteilt werden, wenn der 286
Steuerpflichtige dieser Verpflichtung gegenüber der Finanzbehörde nicht nachgekommen
ist, ist mehr als fraglich. Bei Zugrundelegung der steuerlichen Schätzung (Rn. 202) wird
man ergänzende Auskünfte gleichwohl für unterhaltsrechtlich relevante Posten verlangen
können.

X. Alternative Methoden der Einkommensermittlung

1. Entnahmen als Grundlage der Einkommensermittlung

a) Vorbemerkung. Da sich die unterhaltsrechtliche Rechtsprechung mit der Ermittlung 287
des unterhaltsrechtlich relevanten Einkommens bei Selbstständigen und Gewerbetreibenden
aus dem steuerlichen Gewinn – insbesondere bei der Gewinnermittlung durch Betriebsvermögensvergleich – seit je her schwer tut, wird immer wieder die Frage aufgeworfen, ob
die Entnahmen (Privatentnahmen) als unterhaltsrechtlich relevantes Einkommen angesetzt
werden können.[151] Die **unterhaltsrechtlichen Leitlinien** schweigen sich meistens dazu
aus. Nach **OLG Schleswig** kann ausnahmsweise auf die Privatentnahmen abgestellt werden,
soweit sie Ausdruck eines nicht durch Verschuldung finanzierten Lebensstandards sind. Das
OLG Koblenz will ausnahmsweise auf die Entnahmen abzüglich der Einlagen abstellen,
wenn eine zuverlässige Gewinnermittlung nicht möglich oder der Betriebsinhaber unterhaltsrechtlich zur Verwertung seines Vermögens verpflichtet ist. Für das **OLG Oldenburg**
können die Entnahmen Indizcharakter für die Feststellung der verfügbaren Mittel haben.

Die in der Literatur vertretene Auffassung geht mit der Heranziehung der Privatentnahmen inzwischen wesentlich restriktiver um als in der Vergangenheit. Nach Auffassung von
Linderer[152] können Privatentnahmen im Unterhaltsprozess nur Indizwirkung für die Höhe
des Einkommens haben, bzw. Hilfsmittel bei der wahren Einkommensverhältnisse sein;
lediglich bei Verpflichtung zur Verwertung des Vermögensstamms können sie einen brauch-
baren Ansatz zur Einkommensermittlung darstellen. Auch Gerhardt[153] sieht eine unterhaltsrechtliche Relevanz der Privatentnahmen nur in Ausnahmefällen als möglich an.

b) Einzelheiten. Privatentnahmen und Privateinlagen bestehen nicht nur in Geldzuflüs- 288
sen, Geldabflüssen und der Erfassung der privaten Nutzung betrieblicher Wirtschaftsgüter
(Rn. 273). Es trifft auch nicht zu, dass über die Privatentnahmen nur der tägliche Bedarf
finanziert und über Einlagen nur andere Einkünfte in den Betrieb einfließen.[154] Ausnahmslos **jede außerbetrieblich bedingte Änderung des Betriebsvermögens** wird über die
Entnahmen und Einlagen erfasst (Rn. 271). Die meisten Geschäftsvorfälle werden – da
steuerlich ohne Belang – auf dem allgemeinen Privatkonto erfasst.

Ob der Steuerpflichtige seine Privatentnahmen bereits bei der Entnahme nach den im
Kontenrahmen vorgegebenen Unterkonten (Rn. 178) spezifiziert, obliegt seiner freien Entscheidung ebenso wie, ob er dies regelmäßig tut. So wird er zur Vermeidung von steuer-
schädlichen Überentnahmen (Rn. 258) oder des Einblicks seiner Buchhaltung in seine
privaten Verhältnisse die Einkommensteuervorauszahlungen nicht vom betrieblichen Konto
vornehmen. Die **Analyse der Privatentnahmen** ist **nicht weniger kompliziert als die
der steuerlichen Gewinnermittlung.**

Privatentnahmen liegen auch vor, wenn lediglich eine Umschichtung von betrieblichem
Vermögen ins Privatvermögen vorgenommen wird, die unterhaltsrechtlich irrelevant ist.[155]
Da Privatentnahmen Vermögensverfügungen sind, kann es **Überschneidungen mit dem
Zugewinn** geben.

---

[151] Schürmann, Die Entnahmen – Einblick in die Lebensverhältnisse, FamRZ 2002, 1149
[152] Heiß/Born Kap. 45 Rn. 31
[153] FA-FamR 6. Kap. Rn. 38 e
[154] So aber offensichtlich Schürmann a. a. O.
[155] Vgl. das Beispiel unter Rn. 210

Beispiel:
Im den drei Jahren nach seiner Ehescheidung liefen die Geschäfte des U ausnehmend schlecht. Die Betriebseinnahmen deckten gerade einmal die Betriebsausgaben. Auf Drängen der Bank verkaufte U eine weitere kleinere Teilfläche des nicht mehr benötigten Lagerplatzes für 30 000 € an den Nachbarn zur Arrondierung dessen Privatgrundstücks. Beim Zugewinnausgleich war das Grundstück mit dem Verkehrswert berücksichtigt worden. Die Entnahmen in den drei Jahren betrugen 60 000 €.

Würde man den Unterhalt aus den Entnahmen berechnen, so würde die Ehefrau des U zum zweiten Mal an dem zur Deckung der Überentnahmen veräußerten Vermögen partizipieren.

289   **Entnahmen und Einlagen** steuern bei Selbstständigen und Gewerbetreibenden das Betriebsvermögen. Wie beim nichtselbstständig Tätigen die **Vermögensbildung** aber unterhaltsrechtlich nur bei entsprechenden Einkommensverhältnissen unterhaltsrechtlich zu berücksichtigen ist und das Vermögen nur ausnahmsweise für den Unterhalt herangezogen werden muss, muss man auch bei Selbstständigen und Gewerbetreibenden derselben Maßstäbe ansetzen. Nur soweit die Entnahmen dem gegebenenfalls unterhaltsrechtlich zu bereinigenden Gewinn entsprechen, sind sie verfügbares Einkommen.

Beispiel:
1. Der Angestellte A hat ein Jahresnettoeinkommen von 60 000 €. Er unterhält ein Gehaltskonto, auf das der Arbeitgeber monatlich das Nettogehalt überweist. Per Dauerauftrag gehen davon auf das Hauswirtschaftskonto monatlich 2000 €. Davon werden alle Lebenshaltungskosten der dreiköpfigen Familie gedeckt. Das verbleibende Gehalt verwendet A zur Anschaffung von Wertpapieren.
2. Der in gleichen familiären Verhältnissen lebende Unternehmer U, der nach Abzug von Steuern und Vorsorgeaufwendungen auch über das gleiche Einkommen wie A verfügt, überweist von seinem Geschäftskonto monatlich auf das Hauswirtschaftskonto 2000 €.

Nach herrschender Auffassung wird die Vermögensbildung unterhaltsrechtlich nur akzeptiert, soweit sie angemessen ist. Eine Vermögensbildung von 36 000 € ist nicht angemessen, wenn für den Lebensunterhalt nicht mehr als der notwendige Bedarf übrigbleibt, weder beim Nichtselbstständigen noch beim Gewerbetreibenden oder Selbstständigen.

290   **c) Fazit.**
1. Durch Entnahmen und Einlagen wird die Vermögensbildung des Gewerbetreibenden und Selbstständigen gesteuert. Zur Prüfung der Angemessenheit muss daher wie beim nichtselbstständig Tätigen das verfügbare Einkommen festgestellt werden. Dies ergibt sich aus dem unterhaltsrechtlich zu bereinigenden Gewinn.
2. Die steuerliche Erfassung der Privatentnahmen und Privateinlagen beschränkt sich nicht auf die Entnahme oder Einlage von Geld. Sie bedarf in gleicher Weise wie die steuerliche Gewinnermittlung einer unterhaltsrechtlichen Überprüfung, wenn man sie für die Einkommensermittlung heranzieht.
3. Der herrschenden Auffassung, die die Entnahmen nur in Ausnahmefällen heranzieht ist zuzustimmen. Dabei sind Einlagen und Entnahmen zu saldieren. Zu prüfen ist, inwieweit Privatentnahmen bereits gewinnerhöhend erfasst worden sind.

2. Cash flow

291   Häufig wird bei der Analyse und der Erläuterung von Bilanzen der Begriff „Cash flow" (= Geldflussrechnung) verwendet. Der Cash flow stellt die ertragsbezogene Liquidität eines Unternehmens dar. Eine einheitliche Definition dieses Begriffes gibt es nicht. Auch wenn der Cash flow der Umsetzung der periodengerechten Gewinnermittlung in das Zuflussprinzip nahe kommt und hier wie dort Vermögensveränderungen ohne Liqiditätsauswirkung eliminiert, erscheint ist angesichts der unklaren Definition und der unterschiedlichen Varianten der Berechnung unzweckmäßig, den Cash flow als unterhaltsrechtlich maßgebliche Berechnungsgrundlage zu übernehmen.[156]

---

[156] So auch Strohal a. a. O. Rn. 168, 211; Schwab/Borth IV Rn. 763

Wenn der Empfehlung des 14. Familiengerichtstags[157] folgend der Prüfungszeitraum für **292** die Ermittlung des Durchschnittseinkommens – wenigstens in den Fällen zweifelhafter Ergebnisse bei der Auswertung des Dreijahreseinkommens – auf fünf Jahre erstreckt wird, nivellieren sich die Unterschiede zwischen der steuerlichen Gewinnermittlung durch Betriebsvermögensvergleich weitgehend, so dass allenfalls wenige der unterhaltsrechtlich relevanten Bilanzposten (Rn. 261 ff.) weiterer Korrekturen bedürfen. Dabei wird dann in Regel die Zuziehung des Steuerberaters die Einholung eines Sachverständigen ersetzen.

6. Abschnitt: Einkünfte aus Vermietung und Verpachtung sowie aus einem Wohnvorteil

I. Einkünfte aus Vermietung und Verpachtung

1. Zur Einkunfts- und Gewinnermittlungsart

Miet- und Pachteinnahmen sind Einkünfte aus der Nutzung eines Vermögens (s. **293** Rn. 403).

Einkünfte aus Vermietung und Verpachtung sind sog. Überschusseinkünfte (§ 2 II Nr. 2 **294** EStG) und werden wie Einkünfte aus abhängiger Arbeit durch Abzug der Werbungskosten von den Bruttoeinnahmen ermittelt (vgl. Rn. 46). Zum Nachweis können Überschussrechnungen verlangt werden, die eine genaue Aufstellung der Bruttoeinkünfte und aller sie kürzenden Werbungskosten enthalten (vgl. §§ 8, 9 EStG). Geht es um **Unterhaltsrückstände,** sind die in diesem Zeitraum tatsächlich erzielten Mieteinkünfte heranzuziehen, wobei aus Vereinfachungsgründen ein Jahresdurchschnitt bzw. bei einem über ein Jahr liegenden Rückstand ein Mehrjahresdurchschnitt gebildet werden kann.[1] Bei der für den **künftigen Unterhalt** zu treffenden Prognoseentscheidung ist, soweit die Mieteinnahmen der Höhe nach schwanken, ein möglichst zeitnaher Mehrjahresdurchschnitt zu bilden.[2] Beim Ehegattenunterhalt sind nur die tatsächlich erzielten Mieteinkünfte **prägend,** wenn vorhandener Wohnraum zum Teil nicht vorwerfbar leer stand.[3]

Vermietet oder verpachtet werden gegen Miet- oder Pachtzins Grundstücke, Gebäude, **295** Gebäudeteile, möblierte Zimmer, bewegliche Gegenstände, Betriebe, Geschäfte, Praxen, Entnahme von Bodenschätzen (Sand, Kies), vgl. § 21 EStG. Das vermietete oder verpachtete Objekt selbst zählt zum Vermögen. Deshalb können Aufwendungen (= Tilgungen) für den Erwerb des Objekts oder für werterhöhende Maßnahmen nicht als Werbungskosten abgesetzt werden, wohl aber Zinsen und Finanzierungskosten, die für einen Erwerbskredit aufgenommen worden sind und noch laufend gezahlt werden müssen (§ 9 I Nr. 1 EStG). Etwas anderes kann nur gelten, wenn es sich bei der Tilgung um eine zulässige **Altersvorsorge** handelt (vgl. näher Rn. 597 b, 598 a). Der Wertzuwachs, der sich aus der Entwicklung des Immobilienmarktes oder aus sonstigen Gründen ergibt, ist kein Einkommen. Die Berücksichtigung des Wertes der Immobilie im Zugewinnausgleich und der Mieteinkünfte im Unterhalt beinhaltet **keinen Verstoß** gegen das **Verbot der Doppelverwertung,** da es einmal um den Vermögensstamm und einmal um die Nutzungen aus dem Vermögen als Einkommen geht (vgl. Rn. 4/288). Muss wegen des Zugewinnausgleichs eine Immobilie veräußert werden, reduziert sich aber das Einkommen des Ausgleichspflichtigen ab Scheidung entsprechend, d. h. es dürfen insoweit keine fiktiven Mieteinkünfte wegen des Verbots der Doppelverwertung mehr angesetzt werden.[3a] Auch Nießbraucher und Untervermieter erzielen Einkünfte aus Vermietung und Verpachtung. Bei einer Untervermietung entfällt

---

[157] FamRZ 2002, 296
[1] BGH, FamRZ 2007, 1532 = R 681 c
[2] BGH, FamRZ 2007, 1532 = R 681 c; 1986, 48 = R 275 d
[3] BGH, FamRZ 2007, 1532 = R 681 b
[3a] BGH, FamRZ 2007, 1532 = R 681 h

aber der Ansatz eines Einkommens, wenn sie nur der Reduzierung der zu hohen eigenen Mietkosten dient (vgl. auch Rn. 305).

2. Einnahmen

296   Zu den Einnahmen zählen in der Regel:
– Miet- oder Pachtzinsen.
– Mietvorauszahlungen, Mietzuschüsse und Baukostenzuschüsse.
– Alle Nebenleistungen des Mieters für Strom, Wasser, Heizung, Müllabfuhr, Straßenreinigung u. ä. sowie sonstige Erstattungen von Werbungskosten durch den Mieter.
– Entschädigungen, die als Ersatz für entgangene Miet- oder Pachtzinsen gezahlt werden.
– Schadensersatzleistungen des Mieters oder Pächters, die auf einer Vertragsverletzung beruhen.
– Wert von Sachleistungen oder Dienstleistungen des Mieters anstelle eines Barzinses.
– Bau- oder Reparaturaufwendungen des Mieters, die mit der Miete verrechnet werden.

297   Steuerrechtlich zählt der Nutzwert eines eigengenutzten Hauses (Wohnung) nur noch als Mieteinnahme, wenn das Haus vor dem 1. 1. 1987 errichtet und nicht wahlweise in das Privateigentum übergeführt wurde. Seit 1. 1. 1987 wird der Nutzwert einer nach diesem Zeitpunkt errichteten Wohnung nicht mehr besteuert. **Unterhaltsrechtlich** ist ein solcher Wohnvorteil in jedem Fall als Einkommen anzusetzen (s. unten Rn. 311 ff.).

3. Abziehbare Ausgaben

Abziehbare Werbungskosten, jeweils bezogen auf ein konkretes Objekt, für das Einnahmen erzielt werden, soweit sie vom Vermieter bezahlt und nicht vom Mieter direkt an den Erzeuger geleistet werden.

298 • Allgemeine **Hausunkosten** als Werbungskosten: Grundsteuer und öffentliche Gebühren für Müllabfuhr, Abwasser, Straßenreinigung, Kaminkehrer, Wasser, Strom, Gas u. ä., Kosten für Zentralheizung, Warmwasserbereitung, Fahrstuhl, Hauslicht, Hausmeister (vgl. § 556 I BGB, § 2 BetrKV).
– Ausgaben für Hausverwaltung,
– notwendige Reisekosten zum Mietobjekt,
– notwendige Prozesskosten für Miet- und Räumungsprozesse,
– Beiträge zum Haus- und Grundbesitzerverein,
– Prämien für notwendige Hausversicherungen (Sach-Haftpflicht-, Brand- und sonstige Schadensversicherungen).

299 • Notwendige **Erhaltungsaufwendungen** (= Kosten für Instandhaltungs- und Schönheitsreparaturen): Instandsetzungskosten können unterhaltsrechtlich nur einkommensmindernd berücksichtigt werden, wenn es sich um einen notwendigen Erhaltungsaufwand handelt, dagegen nicht, wenn sie der Vermögensbildung dienen, z. B. bei Ausbauten und wertsteigernden Verbesserungen.[4] Gegebenenfalls ist durch einen Sachverständigen der Anteil der notwendigen Erhaltungsaufwendungen und der Anteil für wertsteigernde Vermögensverbesserungen festzustellen. Größere notwendige Erhaltungsaufwendungen können nach einem wirtschaftlich sinnvollen Zeitplan auf etwa zwei bis fünf Jahre verteilt werden. Stehen konkrete Instandhaltungsmaßnahmen bevor, können hierfür **Rücklagen** gebildet werden, wenn sie sich im Rahmen der zu erwartenden Instandhaltungskosten bewegen.[5] Zur Finanzierung können, falls die entsprechenden Barmittel nicht vorhanden sind, auch Darlehen aufgenommen werden. Beim Ehegattenunterhalt sind diese Abzahlungen, auch wenn sie erst nach Trennung/Scheidung aufgenommen wurden, als sog. unumgängliche Schulden eheprägend (vgl. näher Rn. 616).[6]

---

[4] BGH, FamRZ 2000, 351 = R 538 d; 1997, 281 = R 509 g
[5] BGH, FamRZ 2000, 351 = R 538 d
[6] OLG München, FamRZ 2002, 1407; Gerhardt, FuR 2007, 393

Bei Eigentumswohnanlagen sind auch die nach der Eigentümerordnung pauschal zu leistenden Rücklagen zu berücksichtigen.

- **Abschreibungen** für Gebäudeabnutzungen (AfA): Steuerrechtlich sind solche Abschrei- **300** bungen möglich (vgl. §§ 7 ff. EStG). Steuerrechtlich zulässige Abschreibungen für Gebäudeabnutzung und Instandsetzungskosten **berühren** vor allem bei Einkünften aus Vermietung und Verpachtung das **unterhaltsrechtlich maßgebliche Einkommen nicht,** weil diesen lediglich ein pauschal angerechneter Verschleiß von Vermögensgegenständen zugrunde liegt, der erfahrungsgemäß entweder konkret nicht vorliegt oder zumindest über das tatsächliche Ausmaß der Wertminderung hinausgeht und auch ausgeglichen sein kann durch eine günstige Entwicklung des Immobilienmarktes.[7] Die kurzfristige Abnützung von Gebäuden wird zudem durch Instandhaltungsmaßnahmen aufgefangen. Der langfristige Wertverlust eines Gebäudes erstreckt sich über einen Zeitraum von 80–100 Jahren, d. h. es handelt sich um eine gegenüber der Unterhaltspflicht vernachlässigbare Größe. Im Zweifel wird der Vermieter einen durch gleichzeitige Werterhöhungen nicht ausgeglichenen konkreten Wertverlust behaupten und nachweisen müssen. Ob dies auch für Gewerbeimmobilien mit kurzer Nutzungsdauer (Lagerhallen usw.) gilt, hat der BGH noch nicht entschieden. Insoweit wird man auf die tatsächliche konkrete Nutzungsmöglichkeit abzustellen und die AfA wie bei sonstigem Betriebsvermögen zu berücksichtigen haben (vgl. Rn. 149 ff.).
- Laufend noch zu zahlende **Kredit- und Finanzierungskosten** (z. B. Zinsen für Darle- **301** hen u. ä.): **Nicht abziehbar** sind ab Rechtshängigkeit des Scheidungsverfahrens als Stichtag für den Zugewinnausgleich bzw. bei Gütertrennung ab Trennung Tilgungsbeträge, wenn diese der **einseitigen** Vermögensbildung dienen.[8] Handelt es sich um eine gemeinsame Immobilie der Eheleute und damit um eine **gemeinsame** Vermögensbildung, sind dagegen auch die Tilgungsleistungen zu berücksichtigen, da sie beiden Eheleuten zugute kommen, d. h. die regelmäßige Bedienung der Kredite auch nach Trennung/Scheidung bis zur Vermögensauseinandersetzung im beiderseitigen Interesse der Eheleute liegt (vgl. Rn. 629). Tilgt nur einer der Eheleute die Schuld, erfolgt durch die unterhaltsrechtliche Berücksichtigung kein Gesamtschuldnerausgleich nach § 426 I 1 BGB (vgl. Rn. 632). Auch bei **Alleineigentum** kann im Einzelfall eine **Berücksichtigung der Tilgung** in Betracht kommen, wenn es sich **um eine zulässige Altersvorsorge** handelt (näher Rn. 597 b, 598 a). Sind die Mieteinkünfte **nach einem objektiven Maßstab** so hoch, dass sie für die Lebensführung nicht benötigt werden, sind sie für die Unterhaltsberechnung nicht heranzuziehen;[9] es erfolgt dann in der Regel eine konkrete Bedarfsermittlung (vgl. Rn. 659 a; 4/366 ff.). Bilden die Einkünfte aus Vermietung/Verpachtung mit mehreren Objekten die wesentliche Einkunftsquelle, kann es im Einzelfall ebenfalls angemessen sein, zum Ausgleich des Steuervorteils aus der nicht berücksichtigten Gebäudeabschreibung die Tilgung als Abzugsposten anzuerkennen.

4. Verluste

Liegen steuerrechtliche Verluste aus Vermietung und Verpachtung vor, ist unterhaltsrecht- **302** lich zu differenzieren.

- Beruhen die Verluste nur auf Abschreibungen und/oder überhöhten Instandhaltungspauschalen, ist das steuerrechtliche Einkommen zu korrigieren. Auch wenn nur dadurch positive Mieteinkünfte entstehen, hat der Steuervorteil aus der Abschreibung bei **Alleineigentum** dem Pflichtigen/Bedürftigen zu verbleiben, da das Steuerrecht im Gegensatz zum Unterhaltsrechts diesen Abzugsposten anerkennt und deshalb eine fiktive Steuerberechnung vorzunehmen ist (näher Rn. 593).[10] Handelt es sich um eine **gemeinsame**

---

[7] BGH, FamRZ 2005, 1159 = R 623 a; 1997, 281, 283 = R 509 g
[8] BGH, FamRZ 2008, 963 = R 692 d, e; 2007, 879 = R 677 d; vgl. auch Gerhardt FuR 2007, 393
[9] BGH, FamRZ 2007, 1532 = R 681 d
[10] BGH, FamRZ 2005, 1159 = R 623 a

Vermögensbildung der Eheleute, ist diese bis zur Vermögensauseinandersetzung zu berücksichtigen (vgl. näher Rn. 593), d. h. es verbleibt beim Abzug der AfA und bei der tatsächlich gezahlten Steuer (s. auch unten).

- Handelt es sich um mehrere Objekte, bei denen nur ein Teil nach Korrektur der Abschreibung Verluste macht, ist nach Objekten getrennt abzurechnen.
- Liegen kurzfristige Verluste vor, z. B. durch vorübergehende Mietausfälle, sind die Negativeinkünfte unterhaltsrechtlich zu akzeptieren.
- Bei Verlusten aus der Beteiligung an **Abschreibungsmodellen** handelt es sich um Aufwendungen zur **Vermögensbildung,** die der Verpflichtete zu Lasten des Unterhalts ab Rechtshängigkeit des Scheidungsverfahrens als Stichtag für den Zugewinnausgleich bzw. bei Gütertrennung ab Trennung nicht mehr fortsetzen darf, wenn es sich um eine **einseitige** Vermögensbildung handelt.[11] Hierfür anfallende **Zins- und Tilgungsleistungen** dürfen dann **nicht einkommensmindernd** berücksichtigt werden. Der Berechtigte kann allerdings verlangen, so gestellt zu werden, als hätten die vermögensbildenden Aufwendungen nicht stattgefunden, nachdem das Steuerrecht im Gegensatz zum Unterhaltsrecht diese Abzugsposten (Zinsen; AfA = Tilgung) anerkennt. Die **Steuervorteile** aus den Verlusten **verbleiben** dem Verpflichteten daher allein.[12] Dies führt zu einer **fiktiven** Steuerberechnung (vgl. Rn. 593). Sie erfolgt in der Weise, dass das zu versteuernde Einkommen um den in dem Steuerbescheid ausgewiesenen Verlustabzug aus Vermietung erhöht wird. Aus dem erhöhten Einkommen wird eine fiktiv zu zahlende Steuer nach der Steuertabelle ermittelt. Von dem unterhaltsrechtlich relevanten Bruttoeinkommen (ohne Berücksichtigung eines Verlustabzuges und ggf. weiterer nur steuerlich, nicht aber unterhaltsrechtlich zu berücksichtigender Ausgaben, vgl. Rn. 593) ist anstelle der tatsächlich gezahlten Steuer die fiktiv ermittelte Steuerlast in Abzug zu bringen.
- Handelt es sich bei dem Abschreibungsmodell um eine **gemeinsame** Vermögensbildung, sind die Abzahlungen (Zins und Tilgung) in voller Höhe als Abzugsposten zu berücksichtigen, ebenso die daraus resultierenden Steuervorteile (vgl. Rn. 301). Nur die einseitige Vermögensbildung geht zu Lasten des Bedürftigen und muss daher hinter dem Unterhalt zurückstehen. Eine gemeinsame Vermögensbildung kommt dagegen als Vermögensmehrung beiden Eheleuten zugute; eine Einstellung der Zahlungen hätte vielfach auch hohe Verzugszinsen zur Folge, für die beide Eheleute haften. Früher war umstritten, ob die Abzahlungen dabei die Erwerbseinkünfte kürzen oder ob negative Mieteinkünfte zu bilden sind. Letzteres beeinflusst die Höhe des Erwerbstätigenbonus. Wie der BGH nunmehr beim Wohnwert entschieden hat,[13] sind negative Mieteinkünfte zu bilden, da es sich um eine allein dieser Einkunftsart zuzuordnende gemeinsame Schuld handelt (vgl. näher Rn. 354 ff.).

5. Zurechnung von Mieteinnahmen aus einem gemeinsamen Objekt und fiktive Mieteinnahmen aus unterlassener zumutbarer Vermietung

303   Sind beide Eheleute Miteigentümer des Mietobjektes, stehen im Regelfall die Mieteinnahmen nach § 743 I BGB jedem zur Hälfte zu. Etwas anderes gilt nur dann, wenn sich die Parteien ausdrücklich oder stillschweigend geeinigt haben, dass die Einkünfte einem Beteiligten allein gehören sollen.[14]

304   Vermietbarer Grundbesitz ist, wie sonstiges Vermögen, unterhaltsrechtlich in zumutbarer, ertragbringender Weise zu nutzen (vgl. auch Rn. 425).

Für den berechtigten Ehegatten ergibt sich aus § 1577 I BGB die Obliegenheit, vorhandenes Vermögen so ertragreich wie möglich anzulegen und zu nutzen, weil auch solche Einkünfte seine Bedürftigkeit mindern, die zwar tatsächlich nicht gezogen werden, aber in

---

[11] BGH, FamRZ 2008, 963 = R 692 d, e
[12] BGH, FamRZ 2005, 1159 = R 623 a; 2003, 741 = R 590 c; FamRZ 1987, 36 = R 310 a; FamRZ 1987, 913, 915
[13] BGH, FamRZ 2007, 879 = R 677 d
[14] BGH, FamRZ 1986, 434

zumutbarer Weise gezogen werden könnten.[15] Dies gilt auch für vermietbare Garagen.[16] Wer eine zumutbare Nutzung durch Vermietung unterlässt, dem ist der durchschnittlich erzielbare Ertrag (Mietzins) als **fiktives Einkommen** zuzurechnen. Die gleichen Grundsätze gelten, wenn es um die Leistungsfähigkeit des Pflichtigen geht, soweit von einem unterhaltsbezogen leichtfertigen Verhalten auszugehen ist.[17] Als Orientierung für eine Schätzung (§ 287 ZPO) dient der voraussichtlich erzielbare Mietzins für ein nach Ortslage, Größe, Zuschnitt und Bequemlichkeit vergleichbares, qualitativ gleichwertiges Objekt.[18] Werden – teilweise – nicht vorwerfbar keine Mieteinkünfte erzielt, z. B. wenn der Mieter den Mietzins nicht leistet oder eine kurzfristige Vermietung nicht möglich oder zumutbar ist, entfällt der Ansatz fiktiver Mieteinkünfte.

Bei selbst genutzten **Wohnungseigentum** ist zu prüfen, ob es dem Benutzer zugemutet **305** werden kann, künftig anderweitig eine Wohnung zu nehmen, um auf diese Weise u. U. eine wirtschaftlich günstigere Verwertung des Hauses zu ermöglichen[19] und überschüssige Mieteinnahmen zur Deckung des Unterhaltsbedarfs einzusetzen. Zumutbar kann es auch sein, durch Vermietung einzelner Räume des Hauses Mieteinnahmen zu erzielen.[20] Entsprechende Einkünfte können dann fiktiv zugerechnet werden. In der Regel löst sich dieses Problem jedoch bereits durch Ansatz der objektiven Marktmiete beim nachehelichen Unterhalt für den Wohnvorteil (vgl. Rn. 320).

Während der **Trennungszeit** ist eine Vermietung oder Teilvermietung des Familien- **306** heimes in der Regel nicht zumutbar, weil eine mögliche Wiederherstellung der ehelichen Lebensgemeinschaft nicht erschwert werden darf. Eine Ausnahme kann bestehen, wenn Anhaltspunkte für das endgültige Scheitern der Ehe bestehen, z. B. bei einer Trennungszeit über drei Jahren oder einem in der Trennungszeit geschlossenen Ehevertrag mit Gütertrennung sowie ab Rechtshängigkeit des Scheidungsverfahrens (vgl. Rn. 317). Die Verpachtung eines Wochenendgrundstückes oder eines Ferienheimes ist regelmäßig zumutbar.[21]

Von einem **volljährigen Kind mit eigenem Einkommen** muss der Berechtigte nach **307** der Trennung für die Wohnungsüberlassung ein entsprechendes Entgelt verlangen und im Fall seiner Weigerung die Wohnung anderweitig vermieten. Denn insoweit liegt bereits eine Vermögensnutzung vor, die nach der Trennung nicht mehr zu Lasten des Unterhaltspflichtigen kostenlos fortgeführt werden darf. Unterlässt dies der Berechtigte, können ihm bedarfsmindernd fiktive Einkünfte für die unterlassene Teilvermietung zugerechnet werden, wenn und soweit das Kind nicht mehr auf mietfreie Überlassung der Wohnung angewiesen ist.[22] Diese Grundsätze gelten nicht, wenn sich das Kind noch in Ausbildung befindet.[23]

In allen Fällen einer fiktiven Zurechnung von Einkünften wegen unterlassener Vermie- **308** tung oder Teilvermietung müssen im Rahmen einer Zumutbarkeitsprüfung die Belange des Berechtigten und des Verpflichteten unter Berücksichtigung der Umstände des Einzelfalls angemessen gegeneinander abgewogen werden.[24]

Soweit fiktive Einkünfte angesetzt werden, **erhöhen** sie den **Bedarf** nach den ehelichen **309** Lebensverhältnissen **nicht,** da sie in der Ehe nicht erzielt wurden und damit nicht prägend sind.[25] Sie reduzieren nach § 1577 I BGB lediglich die **Bedürftigkeit** des Berechtigten,[26] bzw. erhöhen die **Leistungsfähigkeit** des Pflichtigen.[27]

---

[15] BGH, FamRZ 1998, 87, 89 = R 516 c; FamRZ 1990, 269, 270 = NJW 1990, 709; FamRZ 1990, 283, 288

[16] BGH, FamRZ 1990, 283, 288

[17] BGH, FamRZ 1990, 269; FamRZ 1990, 283, 288

[18] BGH, FamRZ 1985, 89

[19] BGH, FamRZ 2000, 950 = R 540 a; FamRZ 1988, 145, 149; FamRZ 1984, 358, 360

[20] BGH, FamRZ 1988, 145, 149

[21] BGH, FamRZ 1989, 1160

[22] BGH, FamRZ 1990, 269, 271

[23] BGH, FamRZ 2000, 351 = R 538 c

[24] BGH, FamRZ 1988, 145, 149; FamRZ 1990, 269, 271

[25] BGH, FamRZ 1990, 269, 271

[26] BGH a. a. O.

[27] BGH, FamRZ 1990, 283, 288

310   Bei **Gütergemeinschaft** dürfen auch nach der Scheidung keine erzielbaren Zinsen als fiktives Einkommen zugerechnet werden, weil alle erzielbaren Einnahmen bis zur vollzogenen Auseinandersetzung in das Gesamtgut fallen und bei der Auseinandersetzung beide Eheleute an solchen Einnahmen zu gleichen Teilen partizipieren (§§ 1474 ff. BGB). Deshalb dürfen faktische oder fiktive Mieteinnahmen nicht nochmals einseitig einem Ehegatten zugerechnet werden[28] (vgl. auch Rn. 327 und insgesamt Rn. 6/400 ff.).

6. Eigene Mietkosten

310 a   Bei den Mietkosten für die selbstgenutzte Wohnung handelt es sich um keine Einnahmen-, sondern um eine **Ausgabenposition.** Sie gehören zu den allgemeinen Lebenshaltungskosten und sind jeweils im Bedarf des Berechtigten bzw. Selbstbehalt (= Eigenbedarf) des Pflichtigen enthalten. Sie sind vom **Bedürftigen** aus seinem Eigeneinkommen einschließlich Unterhalt,[29] vom **Pflichtigen** aus den ihm nach Unterhaltsleistung verbleibenden Resteinkünften zu begleichen.

310 b   Beim **Pflichtigen** sind die eigenen Wohnkosten im Selbstbehalt enthalten (näher Rn. 5/19 ff.) und insoweit in den Leitlinien seit 1. 7. 2003 in Nr. 21.2, 21.3, 21.4 geregelt. Sie betragen seit der Unterhaltsreform zum 1. 1. 2008 einheitlich in allen OLG-Bezirken beim **notwendigen Selbstbehalt** derzeit 360 €, beim **angemessenen Selbstbehalt** 450 €.[30] Werden diese Kosten erheblich und nach den Umständen nicht vermeidbar überschritten, ist der Selbstbehalt entsprechend anzuheben. Dies ist vor allem beim notwendigen Selbstbehalt (Existenzminimum) zu beachten, da der Pflichtige ansonsten sozialhilfebedürftig würde. Maßgebend wird jeweils bei überhöhten Mietkosten sein, ob nach den Umständen des Einzelfalls auch eine billigere Wohnung anmietbar ist oder nicht. Bestehen bei niedrigeren Einkünften **Wohngeldansprüche,** besteht eine Obliegenheit, diese in Anspruch zu nehmen und dadurch die Eigenbelastung zu kürzen (vgl. auch Rn. 452 ff.).[31] Seit Inkrafttreten des SGB II und SGB XII zum 1. 1. 2005 ist allerdings bei Bezug von Arbeitslosengeld II und Sozialhilfe Wohngeld in diesen Sozialleistungen mit enthalten. Bewohnen beim Verwandtenunterhalt neben dem Pflichtigen weitere Personen die Wohnung, sind die Mietkosten für Erwachsene nach Köpfen aufzuteilen und für minderjährige Kinder mit ⅕ des Tabellenunterhalts anzusetzen.[32] Wohnt der Pflichtige billiger, u. U. sogar umsonst, spielt dies nur im **Mangelfall** eine Rolle. Problematisch ist, ob der Selbstbehalt dann im Einzelfall, vor allem wenn es um den Unterhalt minderjähriger Kinder und die Sicherung des Mindestunterhalts geht, entsprechend zu kürzen ist.[33] Wohnt der Pflichtige kostenlos bei den Eltern, handelt es sich um eine freiwillige Leistung, die im Mangelfall bewertet werden kann.[34] Wohnt der Pflichtige beim Elternunterhalt kostengünstiger, kann nach BGH der Selbstbehalt nicht reduziert werden, weil es dem Pflichtigen überlassen bleibt, wie er bei beengten Verhältnissen seine Mittel verteilt.[35] Entsprechendes hat beim Unterhalt Volljähriger und beim Ehegattenunterhalt zu gelten. Nach BGH kann auch beim Unterhalt minderjähriger Kinder aus den genannten Gründen der Selbstbehalt nicht gekürzt werden.[36] Dem kann aus mehreren Gründen nicht gefolgt werden. Nach § 1603 II 1, 2 BGB sind zur Bezahlung des Unterhalts Minderjähriger im Gegensatz zum sonstigen Verwandtenunterhalt und Ehegattenunterhalt alle Mittel einzusetzen, damit auch Ersparnisse gegenüber den im Selbstbehalt angesetzten Kosten. Außerdem ist zu beachten, dass im Sozialrecht zwischen Wohnkosten und sonstigen Lebenshaltungskosten differenziert wird. Das Argument, jeder dürfe selbst

---

[28] BGH, FamRZ 1984, 559, 561
[29] OLG Köln, FamRZ 2002, 98
[30] Vgl. DT A 5; SüdL, BrL, BraL, BrauL, DrL, HL, HaL, KL, KoL, jeweils Nr. 21.2, 21.3.1; NaL Nr. 21.5.2; nach FL 380/480 €, nach ThL 290/330 € (Kaltmiete)
[31] Vgl. z. B. SüdL Nr. 21.5.2
[32] Vgl. SüdL Nr. 21.5.2
[33] OLG Dresden, FamRZ 1999, 1522
[34] BGH, FamRZ 1999, 843 = R 533 c
[35] BGH, FamRZ 2004, 370 = R 603 d; FamRZ 2004, 186
[36] BGH, FamRZ 2006, 1664 = R 657 e

entscheiden, wie er seine Mittel verbraucht, betrifft beim Existenzminimum (= notwendiger Selbstbehalt) deshalb nur die Lebenshaltungskosten und nicht auch die Wohnkosten. Geht es beim Verwandtenunterhalt um den **Familienbedarf** des verheirateten Pflichtigen, betragen die Wohnkosten bei einer Kürzung um 25% wegen der ersparten Aufwendungen durch das Zusammenleben beim notwendigen Selbstbehalt derzeit 630 € (360 + 75% aus 360 = 270), beim angemessenen Selbstbehalt des Volljährigen gerundet 800 € (450 + 75% aus 450), bei Ansprüchen Eltern-Kind ebenfalls 800 €.[37]

Im **Ehegattenmindestselbstbehalt** belaufen sich die Mietkosten auf 400 € (vgl. SüdL   **310 c** Nr. 21.4). Beim Ehegattenunterhalt ist aber bei der Trennung zusätzlich zu beachten, dass es um die Mietkosten beider Eheleute geht. Bleibt der Pflichtige nach Trennung der Eheleute und Auszug des Bedürftigen in der Ehewohnung und zahlt die Mietkosten weiter, handelt es sich in der Höhe der Miete um trennungsbedingte Mehrkosten. Auch wenn nach der geänderten Rechtsprechung des BGH zu den ehelichen Lebensverhältnissen ein trennungsbedingter Mehrbedarf nicht mehr Teil des Bedarfs sein kann, ist er als Ausgabenposition zu berücksichtigen (vgl. Rn. 380 ff., 623 a). Durch Übernahme der vollen Mietkosten, besteht beim Pflichtige eine im Rahmen der Bedarfsermittlung zu prüfende Mehrbelastung, die grundsätzlich berücksichtigungsfähig ist. Liegt der ehegemessene Selbstbehalt (= Hälfte des Bedarfs) über dem Ehegattenmindestselbstbehalt von derzeit 1000 €, wird es regelmäßig zumutbar sein, die Mehrbelastung selbst zu tragen, soweit die Mietkosten in einer vertretbaren Relation zum verbleibenden Einkommen stehen (bis 50% einschließlich Nebenkosten). Verbleibt dem Pflichtigen dagegen unter Berücksichtigung der Mietkosten nur der Ehegattenmindestselbstbehalt, ist zu prüfen, ob ihm die Aufgabe der durch den Auszug des Bedürftigen zu großen Ehewohnung zumutbar ist. Nach den beim Wohnwert entwickelten Grundsätzen ist dabei zu beachten, ob durch Aufgabe der Ehewohnung eine Versöhnung der Eheleute erschwert wird (vgl. Rn. 317), ferner, ob und wann mietrechtlich überhaupt eine Kündigung möglich ist. Da die Aufgabe einer Mietwohnung nicht so weitreichende Konsequenzen wie der Verkauf eines Eigenheimes hat, wird man spätestens nach Ablauf des Trennungsjahres den Wechsel in eine kleinere billigere Wohnung zumuten können. Bis dahin ist der Selbstbehalt entsprechend den überhöhten Mietkosten anzuheben, da der Pflichtige ansonsten sozialhilfebedürftig würde.

Beim **Bedürftigen** spielen erhöhte Mietkosten i. d. R. nur beim Ehegattenunterhalt eine   **310 d** Rolle. Beim Unterhalt **Minderjähriger** und noch **bei den Eltern lebender volljähriger Kinder** tragen die Eltern die Mietkosten. Im Tabellenunterhalt ist dabei ein Zuschuss zu den Mietkosten von 20% enthalten (näher Rn. 2/214). Bei **Volljährigen mit eigenem Hausstand** belaufen sich die Mietkosten im Bedarfssatz von 640 € auf 270 €;[38] bei nicht vermeidbaren höheren Kosten ist der Bedarf entsprechend zu erhöhen.

Bleibt beim **Trennungsunterhalt** der Bedürftige in der Ehewohnung, während der   **310 e** **Pflichtige** die Miete **weiter bezahlt,** ist die Mietzahlung abweichend von den sonstigen Grundsätzen zunächst wie eine berücksichtigungswürdige Schuld zu behandeln, d. h. sie kürzt bei der Bereinigung des Nettoeinkommens das Einkommen des Pflichtigen (näher Rn. 623 a).[39] Denn es besteht für beide Eheleute zunächst keine Obliegenheit, die durch den Auszug eines Ehepartners den anderen zu große Wohnung aufzugeben, um eine Versöhnung nicht zu erschweren. Ein Mietverhältnis kann regelmäßig auch nicht sofort beendet werden, bei einem gemeinschaftlichen Mietverhältnis bedarf es zudem der Kündigung durch beide Eheleute. Wie beim Pflichtigen wird man aber auch beim Bedürftigen aus den dort genannten Gründen nicht erst ab Scheidung, sondern bereits zu einem früheren Zeitpunkt, d. h. spätestens nach Ablauf des Trennungsjahres, verlangen können, die zu große Ehewohnung aufzugeben[40] und deshalb ab diesem Zeitpunkt die Bezahlung der Mietkosten als Teilzahlung auf den Unterhalt ansehen. Der Berechtigte erhält damit nur den um die gezahlte Miete gekürzten Unterhalt ausbezahlt, während die Miete als Restzahlung unmittelbar an den Vermieter geht (§§ 362 II, 185 BGB). Die nach § 185 BGB notwendige

---

[37] Vgl. z. B. SüdL Nr. 22.3
[38] Vgl. z. B. SüdL, BrL, BraL, FL, HaL, KL, NaL jeweils Nr. 13.1.2; DrL: 280 €
[39] OLG Köln, FamRZ 2002, 98
[40] OLG Köln, a. a. O.

Einwilligung des Berechtigten liegt zumindest konkludent in dem bisherigen Einverständnis der Fortzahlung der Miete durch den Ehepartner an den Vermieter.

Stellt der Pflichtige die Mietzahlungen ein, obwohl der gemeinsame Mietvertrag noch fortbesteht, d. h. er noch weiter haftet, verbleibt es bei den oben genannten Grundsätzen (vgl. auch Rn. 346).[41] Muss der Bedürftige die Miete allein tragen, weil der Mietvertrag umgeschrieben wurde oder nach einem Umzug höhere Mietkosten anfielen, handelt es sich um ein Problem des **trennungsbedingten Mehrbedarfs.** Dieser bildet seit der geänderten Rechtsprechung des BGH zu den ehelichen Lebensverhältnissen mit der Surrogatslösung keinen Teil des Bedarfs mehr (s. näher Rn. 380 ff.; 4/169, 427 ff.). Er ist im Einzelfall nur noch als Ausgabenposition (sog. unumgängliche Schuld) zu berücksichtigen (näher Rn. 623 a). Beim nachehelichen Unterhalt ist ferner der Grundsatz der Eigenverantwortung zu beachten, d. h. es wird regelmäßig Bedürftigen und Pflichtigen zumutbar sein, ihre Mietkosten den verfügbaren Mitteln anzupassen. Bei einem gemieteten großen Haus oder einer größeren Wohnung wird im Einzelfall eine **Teilvermietung** zumutbar sein, um die Mietbelastung zu senken. Die Mieteinnahmen aus Untervermietung sind dabei regelmäßig keine eigenen Einkünfte, sondern dienen nur der Reduzierung der eigenen Kosten.

II. Der Wohnvorteil beim Wohnen im eigenen Haus

1. Der Wohnvorteil als unterhaltsrechtlich zu berücksichtigender Vermögensvorteil

311   Unterhaltsrechtlich zu berücksichtigende Einkünfte sind auch Vermögenserträge und sonstige wirtschaftliche Nutzungen, die aus einem Vermögen gezogen werden. Zu solchen Nutzungen des Vermögens zählen die Vorteile des mietfreien Wohnens im eigenen Haus. Es handelt sich insoweit um Nutzungen des Grundstückseigentums i. S. von § 100 BGB in Form von Gebrauchsvorteilen.[42]

312   Der Nutzen besteht im Wesentlichen darin, dass der Eigentümer für das Wohnen keine Mietzinszahlungen leisten muss, die in der Regel einen Teil des allgemeinen Lebensbedarfs ausmachen. Soweit diese ersparten Mietaufwendungen höher sind als die mit dem Eigentum verbundenen Unkosten, ist die Differenz, d. h. **der Betrag, um den der Eigentümer billiger als der Mieter lebt,** als Einkommen anzusetzen.[43] Der Wohnwert besteht dabei sowohl bei Allein- als auch bei Miteigentum der Immobilie, ebenso bei Gütergemeinschaft, Nießbrauch oder einem unentgeltlichen dinglichen oder schuldrechtlichen Wohnrecht. Da es um die Nutzung und nicht um die Verwertung des Vermögens geht, kommt es auf die Herkunft der Mittel zur Schaffung des Wohneigentums nicht an, ein Wohnwert ist daher auch anzusetzen bei Erwerb eines dinglichen Wohnrechts aus einer Schmerzensgeldzahlung,[44] bei Kauf eines Reihenhauses aus ererbten Mitteln[45] oder aus dem Zugewinn bzw. Erlös aus der Vermögensauseinandersetzung (vgl. insoweit Rn. 382 ff.).

312 a   Bei **freiwilligen Zuwendungen Dritter,** z. B. der Eltern, kommt es auf die Willensrichtung des Zuwendenden an (s. näher Rn. 468 ff.). Soweit die Eltern ihrem Kind während der Ehe und/oder nach der Trennung/Scheidung ohne Gegenleistung kostenlos eine Wohnung zur Verfügung stellten, handelt es sich um eine freiwillige Leistung ohne Einkommenscharakter, so dass kein Wohnwert anzusetzen ist.[46] Anders ist die Sachlage, wenn für das

---

[41] OLG Köln, a. a. O.

[42] BGH, FamRZ 2007, 879 = R 677 a; FamRZ 2007, 793 = R 674 d; FamRZ 2005, 1817 = R 632 g; FamRZ 2003, 1179 = R 592 a; FamRZ 2000, 950 = R 540 a; FamRZ 1998, 87 = R 516 a; NJW 1998, 2821 = R 525 e

[43] BGH, FamRZ 2007, 879 = R 677 a; FamRZ 2003, 1179 = R 592 a; FamRZ 2000, 950 = R 540 a; FamRZ 1998, 87 = R 516 a; FamRZ 1995, 869 = R 494; FamRZ 1994, 1100, 1102 = R 482 b; FamRZ 1990, 283, 288

[44] BGH, FamRZ 1988, 1031, 1033

[45] BGH, FamRZ 1986, 560, 562

[46] OLG München, FamRZ 1996, 169

mietfreie Wohnen Gegenleistungen zu erbringen sind, z. B. Pflege und Betreuung[47] oder ein Leibgeding. Eine freiwillige Leistung Dritter liegt auch vor, wenn die Eltern dem Unterhaltspflichtigen Geld schenken, mit dem er ein Eigenheim kauft[48] oder ihm ein Haus schenken, sich aber den lebenslangen Nießbrauch vorbehalten.[49]

Heiratet der Pflichtige wieder und lebt in einem seiner **neuen Ehefrau gehörenden Eigenheim,** liegt **keine freiwillige Leistung** eines Dritten vor, da dann das mietfreie Wohnen von der Ehefrau im Rahmen ihrer Pflicht zum Familienunterhalt nach § 1360 a BGB gewährt wird.[50] Diese Gebrauchsvorteile sind sowohl bei der Bedarfsermittlung zu berücksichtigen als auch bei der Leistungsfähigkeit im Rahmen der Wohnkosten im Selbstbehalt.[51] Gegenüber dem ersten Ehegatten ist bei der Bedarfsermittlung allerdings in diesen Fällen zu beachten, dass dieser Wohnvorteil die erste Ehe nicht geprägt hat.

Ist ein Teil des Grundstücks, z. B. eine Garage, vermietet, handelt es sich bei dem Mietzins **313** um „Früchte" des Grundstücks i. S. von § 99 III BGB. Unterbleibt die Teilvermietung, rechnet die Möglichkeit zur Nutzung der Garage ebenfalls zu den Gebrauchsvorteilen i. S. von § 100 BGB.[52]

2. Die unterhaltsrechtliche Bewertung des Wohnvorteils beim Ehegattenunterhalt

Der Wert des Wohnens als Vermögensnutzung kann objektiv festgestellt werden. Es bedarf **314** dazu der Ermittlung des objektiven Mietwertes auf der einen und der mit dem Grundeigentum verbundenen Lasten auf der anderen Seite. Die steuerrechtliche Behandlung ist für diese Bewertung unbeachtlich.[53]

Der Wohnwert entspricht damit grundsätzlich der **objektiven Marktmiete** ohne Miet- **315** nebenkosten, d. h. der sog. Kaltmiete für eine nach Ortslage, Größe, Beschaffenheit, Zuschnitt und Bequemlichkeit vergleichbare Wohnung.[54] Nur die Marktmiete bewertet den Gebrauchsvorteil entsprechend dem Mietobjekt. Nach BGH kürzen dabei die allgemeinen Grundstückskosten und -lasten als verbrauchsunabhängige Nebenkosten die Nutzung des Grundeigentums,[55] nicht dagegen die vom jeweiligen individuellen Verhalten bestimmten verbrauchsabhängigen Nebenkosten (s. hierzu Rn. 334 ff.). Der Begriff der objektiven Marktmiete entspricht dann aber nicht der sog. Vergleichsmiete nach § 558 BGB, in der Betriebs-, Modernisierungs- und Kapitalkosten gemäß §§ 556, 559, 560 BGB nicht enthalten sind, da auch ein Teil der verbrauchsunabhängigen Nebenkosten Betriebskosten sind (vgl. näher Rn. 334 ff.). Unter **Marktmiete** ist daher die Miete ohne die auf einen Mieter umlegbaren Nebenkosten zu verstehen (eingehend Rn. 335 ff.),[56] d. h. der Wert, um den der Eigentümer gegenüber einem Mieter billiger lebt. Der objektive Mietwert ist tatrichterlich festzustellen. Ein mit Ort und Mietpreisen vertrauter Richter oder Anwalt wird ihn in der Regel nach § 287 ZPO schätzen können, wobei zu berücksichtigen ist, dass die Eheleute regelmäßig schon längere Zeit das Eigenheim bewohnten, es also nicht um eine maximal erzielbare Miete wie bei einer Neuvermietung geht. Die mit erheblichen Kosten und Zeitverlust verbundene Einschaltung eines Sachverständigen erscheint in den meisten Fällen entbehrlich. Um schätzen zu können, muss der Anwalt aber immer die hierfür **wertbildenden Faktoren vortragen,** d. h. insbesondere die qm, Anzahl der Räume, Baujahr des Objekts, Einzelhaus mit Garten oder Eigentumswohnanlage usw.

---

[47] BGH, FamRZ 1995, 537 = R 492 b
[48] OLG Saarbrücken FamRZ 1999, 396
[49] OLG Koblenz, FamRZ 2003, 534
[50] BGH, FamRZ 2008, 986 = R 689 j
[51] BGH, FamRZ 2008, 986 = R 689 j
[52] BGH, FamRZ 1990, 283, 288; FamRZ 1986, 434
[53] BGH, FamRZ 1995, 869 = R 482 b; FamRZ 1990, 283, 288
[54] BGH, FamRZ 2003, 1179 = R 592 a; FamRZ 2000, 950 = R 540 a; NJW 1985, 49
[55] BGH, FamRZ 2003, 1179 = R 592 c; FamRZ 1998, 899 = R 525; FamRZ 1995, 869 = R 492 b; FamRZ 1994, 1100, 1102 = R 482 b; FamRZ 1990, 989 = R 418 a
[56] Vgl. SüdL, BL, BraL, BrL, BrauL, CL, DL, DrL, FL, HaL, HL, KL, KoL, NaL, OL, RL, SchL jeweils Nr. 5

316   Eine Wohnwertermittlung kann unterbleiben, wenn sich die Parteien auf einen bestimmten Wohnwert geeinigt haben oder einen behaupteten Wohnwert etwa zur Vermeidung von Sachverständigenkosten außer Streit stellen.[57]

317   Bei der **Bewertung des Wohnvorteils** ist jedoch zu beachten, dass Wohnkosten zu den allgemeinen Lebenshaltungskosten zählen und deshalb einen Teil des Unterhaltsbedarfs des Berechtigten sowie des Eigenbedarfs des Verpflichteten beinhalten. Diese Bedarfspositionen ändern sich mit der Zurechnung eines Wohnwertes, dem als Rechnungsposten ein verfügbares Einkommen nicht entspricht, so dass ein Ausgleich nur durch Einsparungen bei den übrigen Lebenshaltungskosten möglich wird.[58] Gebrauchsvorteile sind kein Bargeld. In sehr vielen Fällen ist das Haus, das als Heim für die ganze Familie angelegt war, nach der Trennung für den zurückbleibenden Ehegatten und dessen neuen Lebenszuschnitt zu groß, zu aufwändig und auch zu kostspielig. Es ist wie mit einem zu großen Gewand, das von ihm nicht mehr ausgefüllt werden kann. Graba spricht deshalb zu Recht von einem **„toten Kapital"**.[59] Der BGH hat diesen Begriff übernommen.[60] Maßgebend ist unterhaltsrechtlich, ob nach Treu und Glauben eine Verwertung oder (Unter-)Vermietung des Familienheims zumutbar ist. In der Trennungszeit ist das zunächst nicht der Fall[61] (vgl. Rn. 306). Denn es dürfen keine Fakten geschaffen werden, die eine mögliche Wiederherstellung der ehelichen Lebensgemeinschaft erschweren.[62]

Diese „aufgedrängte Bereicherung" hat zur Folge, dass in der **Trennungszeit** erst einmal nicht der objektiv erzielbare, sondern aus Billigkeitsgründen nur ein **unterhaltsrechtlich angemessener Betrag** als Wohnwert anzusetzen ist.[63] Dieser angemessene Betrag ist so zu bewerten, dass den Parteien noch ausreichende Mittel für ihre sonstige Lebensführung zur Verfügung bleiben. Nach BGH muss der Wert aber objektbezogen bemessen werden.[64]

Entgegen seiner früheren Rechtsprechung, dies betreffe die gesamte Trennungszeit unabhängig von der Trennungsdauer,[65] **gilt** dies aber **nicht** mehr, wenn eindeutig feststeht, dass die **Ehe endgültig gescheitert** ist.[66] Dies liegt z. B. vor, wenn die Eheleute in der Trennungszeit einen Ehevertrag mit Gütertrennung schließen oder **das Scheidungsverfahren rechtshängig wird,**[67] durch Veräußerung des gemeinsamen Familienheimes an einen Dritten oder an den Ehepartner bereits die Vermögensauseinandersetzung durchführen oder die Trennungsdauer über 3 Jahre liegt, weil ab diesem Zeitraum nach § 1566 II BGB grundsätzlich vom Scheitern einer Ehe auszugehen ist (s. unten Rn. 319).[68]

318   **Trennungsunterhalt.** Nach der allgemeinen Lebenserfahrung wird ein vernünftiger Mensch von den zur Bestreitung aller Lebenshaltungskosten zur Verfügung stehenden Mitteln etwa $1/4$ bis $1/3$ für seinen Wohnbedarf (Miete ohne Mietnebenkosten) ausgeben und den Rest zur Deckung seines sonstigen Aufwands und seiner übrigen Bedürfnisse verwenden. In Ballungsgebieten mit höheren Lebenshaltungskosten muss man inzwischen teilweise mit prozentual höheren Mietkosten rechnen. Der **angemessene Wohnwert** wurde deshalb früher nach der sog. Drittelobergrenze ermittelt,[69] die sich an den Einkommensverhältnissen der Parteien orientierte. In seiner grundlegenden Entscheidung vom 22. 4. 1998[70] hat der BGH demgegenüber ausgeführt, dass der angemessene Wohnwert als eingeschränkter

---

[57] BGH, FamRZ 1986, 434
[58] BGH, FamRZ 2003, 1179 = R 592 a
[59] Graba, NJW 1987, 1721
[60] BGH, R 525 e; FamRZ 1989, 1160
[61] BGH, FamRZ 2003, 1179 = R 592 a; FamRZ 2000, 351 = R 538 b
[62] BGH, FamRZ 2000, 351 = R 538 b; FamRZ 1989, 1160
[63] BGH, FamRZ 2007, 879 = R 677 a; FamRZ 2003, 1179 = R 592 a; NJW 1998, 2821 = R 525 e; FamRZ 1990, 989, 991; FamRZ 1989, 1160, 1163
[64] BGH, FamRZ 2007, 879 = R 677 b; FamRZ 2003, 1179 = R 592 a; NJW 1998, 2821 = R 525 e
[65] BGH, FamRZ 2000, 351 = R 538 b
[66] BGH, FamRZ 2008, 963 = R 692 b
[67] BGH, FamRZ 2008, 963 = R 692 b, c
[68] BGH, FamRZ 2008, 963 = R 692 b, c; Gerhardt, FuR 2007, 393
[69] Vgl. 3. Auflage 1/229 ff.
[70] BGH, FamRZ 2007, 879 = R 677 b; 2003, 1179 = R 592 a; NJW 1998, 2821 = R 525 e

Wohnvorteil unter Berücksichtigung des durch den Auszug eines Ehepartners entstehenden „toten Kapitals" nur noch in einer Höhe in Rechnung zu stellen ist, wie er sich als angemessene Wohnungsnutzung durch den Zurückbleibenden allein darstellt. Die ehelichen Lebensverhältnisse verwirklichen sich damit nach der Trennung in Form eines entsprechend geringer anzusetzenden Gebrauchsvorteils als bedarfsprägender Wohnwert.[71] Der verbleibende Gebrauchswert ist dabei in der Regel danach zu bestimmen, welchen Mietzins der Ehegatte auf dem örtlichen Wohnungsmarkt für eine **dem ehelichen Lebensstandard entsprechende kleinere Wohnung** zahlen müsste, nach oben begrenzt durch die objektive Marktmiete. Haben die Eheleute im Einzelfall, gemessen an ihren sonstigen wirtschaftlichen Verhältnissen, zu aufwändig gewohnt, kann dies berücksichtigt und der verbleibende Wohnwert auf einen angemessenen Betrag zurückgeführt werden.

Der in der Trennungszeit zunächst anzusetzende **angemessene Wohnwert** richtet sich damit nicht mehr nach den Einkommensverhältnissen der Eheleute, sondern nach der Marktmiete unter Berücksichtigung des durch den Auszug eines Ehegatten entstehenden „toten Kapitals".[72] Diese Bewertung ist grundsätzlich dem Tatrichter vorbehalten. Im Ergebnis ist die Reduzierung der Marktmiete auf einen angemessenen Betrag vom Tatrichter zu **schätzen.**[73] Ein Anhaltspunkt können die Mietkosten des ausziehenden Ehegatten sein,[74] soweit er eine dem ehelichen Lebensstandard entsprechende kleinere Wohnung anmietet, die er mit seinen ihm nach Abzug des Unterhalts verbleibenden Mitteln bezahlen kann. In den meisten Fällen wird man zu einem sachgerechten Ergebnis kommen, wenn man die objektive Marktmiete um etwa ein Drittel reduziert und den dann rechnerisch ermittelten Unterhalt nochmals auf seine Angemessenheit überprüft.[75] **318a**

Etwas anderes gilt beim Trennungsunterhalt, wenn das endgültige Scheitern der Ehe feststeht, z.B. weil das Wohnungseigentum bereits in der Trennungszeit durch **Veräußerung** verwertet wurde. Nach der geänderten Rechtsprechung des BGH sind die Zinsen aus dem Erlös dann Surrogat der früheren Wohnwertes und damit eheprägend (näher Rn. 382 ff.).[76] Wird mit dem Erlös neues Wohneigentum erworben, ist der neue Wohnwert Surrogat,[77] wobei wegen der Vermögensumschichtung und der daraus resultierenden Nutzung des sog. toten Kapitals die Marktmiete anzusetzen ist. Das Gleiche gilt, wenn im Rahmen der Vermögensauseinandersetzung ein Ehegatte bereits in der Trennungszeit die Haushälfte des Ehepartners am gemeinsamen Familienheim übernimmt. Wird bereits in der Trennungszeit ein Teil der Ehewohnung **untervermietet,** d.h. das tote Kapital voll genutzt, sind die Mieteinkünfte nicht als Einkommen anzusetzen, sondern als Wohnwert die objektive Marktmiete heranzuziehen. Das Gleiche gilt, wenn ein **neuer Lebensgefährte** in die Wohnung aufgenommen wird;[78] es wird regelmäßig zumutbar sein, dass dieser einen Wohnkostenbeitrag leistet. Nach dem Verbot der Doppelverwertung dürfen dann aber aus diesem Grund keine Einkünfte wegen ersparter Aufwendungen durch Zusammenleben mit einem neuen Partner angesetzt werden (näher Rn. 4/267 ff.; vgl. aber auch Rn. 478). **319**

Die **Marktmiete** ist ferner anzusetzen, wenn durch das Verhalten der Eheleute, z.B. durch die **Rechtshängigkeit** des **Scheidungsverfahrens,** den Abschluss eines Ehevertrages mit Gütertrennung oder durch eine Trennungszeit über drei Jahre das **endgültige Scheitern der Ehe** feststeht (vgl. § 1566 II BGB).[79] **319a**

Beim **nachehelichen Unterhalt** besteht in der Regel keine Veranlassung, für die Wohnwertberechnung vom Grundsatz der objektiven Marktmiete abzuweichen. Die unterhalts- **320**

---

[71] BGH, FamRZ 2007, 879 = R 677a

[72] BGH, FamRZ 2003, 1179 = R 592a; NJW 1998, 2821 = R 525e

[73] Gerhardt, FuR 2007, 393

[74] BGH, NJW 1998, 2821 = R 525e

[75] Brühler Schriften zum Familienrecht, 13. Deutscher Familiengerichtstag, Beschlüsse Arbeitskreis 3, I 2b; Gerhardt, FuR 2007, 393

[76] BGH, FamRZ 2008, 963 = R 692a; FamRZ 2006, 387 = R 643f; FamRZ 2005, 1159 = R 623b; FamRZ 2002, 88 = R 569b; FamRZ 2001, 986, 991 = R 563e; FamRZ 2001, 1140, 1143 = R 560b

[77] BGH, FamRZ 2006, 387 = R 643f; 2001, 1140 = R 560b

[78] OLG Koblenz NJW 2003, 1816; Gerhardt, FamRZ 1993, 1139

[79] BGH, FamRZ 2008, 963 = R 692b, c

rechtliche Obliegenheit, vorhandenes Vermögen so ertragreich wie möglich anzulegen, um die Bedürftigkeit zu mindern, bzw. die Leistungsfähigkeit zu erhöhen,[80] bedeutet, dass der erzielbare Wohnwert, d. h. die objektive Marktmiete als Vermögensnutzung heranzuziehen ist.[81] **Ab Scheidung** besteht keine Veranlassung mehr, eine zu große Wohnung beizubehalten. Will der Berechtigte auf den bisherigen Wohnkomfort nicht verzichten, muss er sich den entsprechenden „Mehrwert" als Einkommen anrechnen lassen.[82]

Nach BGH besteht zwar durch den Auszug des Ehepartners der Wohnvorteil nur in Höhe der eingeschränkten Nutzung, der im Familienheim zurückbleibende Ehegatte ist aber verpflichtet, den freiwerdenden Raum ertragreich zu verwerten.[83] Im Ergebnis führt dies regelmäßig zur objektiven Marktmiete.[84] Einfacher ist es deshalb zur Begründung der Höhe des Wohnwertes entsprechend der ursprünglichen Argumentation des BGH den Wert als Nutzung des Grundeigentums im Sinne des § 100 BGB von vornherein als den Wert zu bezeichnen, den der Eigentümer billiger als ein Mieter lebt[85] und diesen Wert nur aus Billigkeitsgründen, z. B. in der Trennungszeit, auf einen angemessenen Betrag herabzusetzen. Der Eigentümer lebt stets in Höhe der objektiven Marktmiete billiger als ein Mieter.

320 a   Seltene Ausnahmefälle, in denen auch beim nachehelichen Unterhalt aus Billigkeitsgründen nur ein angemessener Wohnwert anzusetzen ist, liegen nur vor, wenn unter Abwägung aller Umstände des Einzelfalls nach Treu und Glauben eine **Weiter- oder Untervermietung unzumutbar** oder ein Verkauf nicht durchführbar ist, d. h. eine Vermögensverwertung aus Billigkeitsgründen nicht verlangt werden kann.[86] Derartige Gründe liegen z. B. vor, wenn es sich um ein von einem Ehegatten bereits in die Ehe eingebrachtes Familienheim handelt, die finanziellen Verhältnisse beengt sind und deshalb eine Veräußerung der Immobilie nicht zumutbar erscheint oder es sich um ein nicht veräußerbares oder nur mit starken Verlusten verkaufbares Objekt handelt. Im Einzelfall ist dabei immer zu prüfen, ob der im Familienheim verbleibende Ehegatte mit den vorhandenen Barmitteln seine Lebenshaltungskosten finanzieren kann, ansonsten ist nach § 242 BGB eine Ergebniskorrektur veranlasst. Ein Ausnahmefall ist nicht gegeben, wenn sich ein Ehepartner weigert, das gemeinsame Wohnungseigentum zu veräußern.[87] Beim Verwandtenunterhalt wird vom BGH vertreten, der angemessene Wohnwert könne auch angesetzt werden, wenn sich der Pflichtige eine der Marktmiete entsprechende Mietwohnung nicht hätte leisten können.[88] Diese Auffassung wird man nur in Ausnahmefällen auf den Ehegatten übertragen können, weil man in der Regel nicht weiß und wissen kann, welche Miete die Eheleute gezahlt hätten, wenn sie sich kein Wohnungseigentum angeschafft hätten. Im Übrigen orientieren sich die ehelichen Lebensverhältnisse nach einem objektiven Maßstab (s. näher Rn. 4/213 ff.), dem als Nutzung des Vermögens allein die Marktmiete entspricht.

Soweit ein Ehegatte nach der Trennung oder nach der Scheidung eine **neue Immobilie** erwirbt und dadurch mietfrei wohnt, z. B. aus dem Verkaufserlös des Familienheimes (vgl. näher Rn. 319, 366 e, 393) oder aus einer Erbschaft, ist aus den oben genannten Gründen ebenfalls die objektive Marktmiete als Wohnwert anzusetzen. Das Gleiche gilt, wenn er vom gemeinsamen Familienheim die Haushälfte des Ehepartners erwirbt.

321   Völlig offen ist derzeit, welcher Wohnwert nach der durch die Unterhaltsreform ab 1. 1. 2008 geltenden Rechtslage bei **gleichrangigen Ehegatten** anzusetzen ist. Um die Berechnung nicht zu erschweren, sollte möglichst für ein von der Zweitfamilie des Pflichtigen weiter genutztes Objekt ein einheitlicher Wohnwert für alle Beteiligten angesetzt werden.

---

[80] BGH, FamRZ 2003, 1179 = R 592 a; FamRZ 2000, 950 = R 540 a; FamRZ 1992, 423 = R 442 c, e; FamRZ 1990, 269

[81] BGH, FamRZ 2003, 1179 = R 592 a; FamRZ 2000, 950 = R 540 a; FamRZ 1998, 87 = R 516 a; FamRZ 1995, 869 = R 494; FamRZ 1994, 1100, 1102 = R 482 b; FamRZ 1992, 423, 425 = R 442 c, e

[82] BGH, FamRZ 2000, 950 = R 540 a

[83] BGH, a. a. O.

[84] BGH, FamRZ 2003, 1179 = R 592 a

[85] Vgl. z. B. BGH, FamRZ 1995, 896 = R 494

[86] BGH, FamRZ 2003, 1179 = R 592 a; FamRZ 2000, 950 = R 540 a

[87] BGH, FamRZ 1994, 1100, 1102 = R 482 b

[88] BGH, FamRZ 2003, 1179 = R 592 b

Dabei ist zu differenzieren, ob der Pflichtige oder der Bedürftige mietfrei wohnt. Wohnt der **Pflichtige** in der ersten und zweiten Ehe im selben Objekt mietfrei, erscheint es angemessen, generell die Marktmiete anzusetzen, auch für den Wohnwert in der zweiten Ehe. Durch den Ansatz der Ersparnis auf Grund des Zusammenlebens mit dem zweiten Ehegatten bei noch bestehender zweiter Ehe wird ausreichend ausgeglichen, dass für die bestehende Ehe an sich nur der angemessene Wohnwert anzusetzen wäre. Außerdem ist der Wohnwert beim Familienunterhalt nur Rechenfaktor, der bei Zusammenleben nach der tatsächlichen Ersparnis zu bewerten ist, d. h. mangels toten Kapitals mit der Marktmiete. Bei Scheitern auch der zweiten Ehe ist bereits nach der derzeitigen Rechtsprechung generell die Marktmiete heranzuziehen. Wohnt der erste Ehegatte als Bedürftiger weiterhin mietfrei, verbleibt es beim bisherigen Ansatz der Marktmiete ab Scheidung. Lebt der zweite bedürftige Ehegatte nach Scheitern der zweiten Ehe weiterhin mietfrei, gilt das Gleiche. Besteht nur in der zweiten Ehe der Wohnvorteil, gelten für die Bewertung die gleichen Grundsätze (vgl. auch Rn 312 a). Es ist aber zu beachten, dass dieser Wohnwert nur die zweite Ehe prägt, d. h. bei gleichrangigen Ehegatten dann eine Kontrollrechnung durchzuführen ist (vgl. näher Rn. 4/266 f.).

Der Wohnwert bestimmt sich somit grundsätzlich nach der **objektiven Marktmiete.** **321 a** Beim **Trennungsunterhalt** ist aus Billigkeitsgründen zunächst nur ein **angemessener** Wohnwert anzusetzen, da eine Verwertung des durch den Auszug des Partners entstehenden sog. toten Kapitals nicht verlangt werden kann, um eine Versöhnung der Eheleute nicht zu erschweren. Etwas anderes gilt, wenn das **endgültige Scheitern der Ehe** durch Rechtshängigkeit des Scheidungsverfahrens feststeht[88 a] oder wenn der im Familienheim zurückbleibende Ehegatte aus eigenem Entschluss aus den frei gewordenen Räumen bereits Nutzungen zieht, z. B. durch Untervermietung oder Aufnahme eines neuen Lebensgefährten, bei gleichrangigen Ehegatten. Bei Verkauf des Familienheimes sind statt des bisherigen Wohnwertes die Zinsen aus dem Erlös eheprägendes Surrogat. Beim **nachehelichen Unterhalt** ist als Wohnwert regelmäßig die objektive Marktmiete anzusetzen, ebenso bei einem neuen, erst nach der Trennung der Parteien entstandenen Wohnwert.

Nachdem Trennungs- und nachehelicher Unterhalt verschiedene Streitgegenstände sind, bereitet die unterschiedliche Bewertung des Wohnwertes beim Trennungs- und nachehelichen Unterhalt keine Probleme. Soweit beim Trennungsunterhalt ab Rechtshängigkeit des Scheidungsverfahrens die Marktmiete anzusehen ist, kann dies bereits bei der ersten Berechnung des Trennungsunterhalts berücksichtigt werden, da es um einen bestimmbaren Zeitpunkt geht. Da es sich nur um eine Berechnungsmethode handelt, besteht im Abänderungsverfahren insoweit auch keine Bindungswirkung.[89]

Die **Leitlinien** der Oberlandesgerichte differenzieren, soweit sie den Wohnwert behandeln, entsprechend der Rechtsprechung des BGH seit 1. 7. 1999 zwischen dem angemessenen Wohnwert in der Trennungszeit und der objektiven Marktmiete beim nachehelichen Unterhalt. Die Änderung der Rechtsprechung des BGH, bei entgültigem Scheitern der Ehe bereits in der Trennungszeit die Marktmiete anzusetzen, wurde aber noch nicht eingearbeitet. Aufgrund der zwischen allen Oberlandesgerichten ab 1. 7. 2003 vereinbarten einheitlichen Leitlinienstruktur ist der Wohnwert unter **Nr. 5** abgehandelt. **322**

* Nach den **Süddeutschen Leitlinien** ist der Wohnvorteil durch mietfreies Wohnen im eigenen Heim als wirtschaftliche Nutzung des Vermögens unterhaltsrechtlich wie Einkommen zu behandeln. Auszugehen ist vom vollen Mietwert. Wenn es nicht möglich oder nicht zumutbar ist, die Wohnung aufzugeben und das Objekt zu vermieten oder zu veräußern, kann statt dessen die ersparte Miete angesetzt werden, die angesichts der wirtschaftlichen Verhältnisse angemessen wäre. Dies kommt insbesondere für die Zeit bis zur Scheidung in Betracht, wenn ein Ehegatte das Eigenheim allein bewohnt.[90] **323**

* Entsprechende Formulierungen enthalten die BL, BrL, BrauL, CL, DL, DrL, HaL, KL, KoL, NaL, OL, RL und SchL. **324**

[88 a] BGH FamRZ 2008, 963 = R 692 b, c
[89] BGH, FamRZ 1994, 1100 = R 482 a
[90] SüdL Nr. 5

325 • Die FL weisen zusätzlich darauf hin, dass die Untergrenze des Wohnwertes der Kaltmiet-
       anteil im Selbstbehalt sein kann; ebenso die TL (im Mangelfall).

325 a • Die HL differenzieren zwischen Wohnwert beim Trennungsunterhalt (angemessener
       Wohnwert), nachehelicher Unterhalt (objektive Marktmiete, aus Billigkeitsgründen aus-
       nahmsweise angemessener Wohnwert) und Verwandtenunterhalt (objektive Marktmiete,
       aus Billigkeitsgründen angemessener Wohnwert).

325 b • Nach dem Brandenburgischen OLG ist die Mietersparnis bei Wohnen im eigenen Haus
       unter Berücksichtigung verbrauchsunabhängiger Hauskosten als Einkommen anzurech-
       nen. Der Wohnwert errechnet sich regelmäßig unter Zugrundelegung des üblichen
       Entgelts für ein vergleichbares Objekt. Er kann im Einzelfall auch darunter liegen.

326   Eine **Erhöhung** des angemessenen Wohnwerts hat zu erfolgen, wenn **gemeinsame
       Kinder** im Eigenheim wohnen, für die Unterhalt geleistet wird, weil im Kindesunterhalt
       ein Wohnkostenbeitrag enthalten ist.[91] Dies erfolgt am einfachsten, indem man bei der
       Bemessung der angemessenen Wohnungsgröße für den im Familienheim zurückbleibenden
       Ehegatten auch das Kinderzimmer berücksichtigt (vgl. näher Rn. 399).

327   Bei einer **Gütergemeinschaft** kann bis zur endgültigen Auseinandersetzung des Gesamt-
       gutes, d. h. auch über die Scheidung hinaus, regelmäßig nur ein angemessener Wohnwert
       angesetzt werden, soweit noch ein Ehegatte das Familienheim bewohnt. Ab Scheidung
       verwalten die Eheleute bei der Auseinandersetzung das Gesamtgut gemeinsam, auch wenn
       vorher ein Alleinverwaltungsrecht eines Ehegatten bestand (§§ 1471, 1472 BGB). Die
       Eheleute können das Eigenheim daher nur gemeinsam anderweitig (unter-)vermieten oder
       veräußern, der Erlös fließt nach § 1473 BGB ins Gesamtgut.[92] Der Ansatz eines fiktiven
       Einkommens wegen unterlassener anderweitiger (Unter-)Vermietung oder Veräußerung
       scheidet somit aus.[93] Ist das Gesamtgut dagegen auseinandergesetzt und hat einer der
       Eheleute das Familienheim übernommen, ist der Wohnwert mit der Marktmiete zu bewer-
       ten.

328   Soweit bei der Unterhaltsberechnung ein Wohnwert anzusetzen ist, empfiehlt es sich, die
       Additionsmethode heranzuziehen (hierzu näher Rn. 4/386 ff.). Sie ist die verständlichere
       Methode[94] und führt vor allem bei schwierigen Fällen mit Mischeinkünften zu nachvoll-
       ziehbaren Lösungen. Um zu sachgerechten Ergebnissen zu kommen, ist nämlich in vielen
       Fällen exakt zwischen dem Bedarf nach den ehelichen Lebensverhältnissen und dem hierauf
       anzurechnenden Einkommen des Berechtigten zu trennen, insbesondere wenn es um die
       Anrechnung von Hauslasten auf den Wohnwert (s. näher Rn. 334 ff.) oder um das Zins-
       einkommen aus dem Verkaufserlös des Familienheims als Surrogat des früheren Wohnwerts
       geht (s. näher Rn. 382 ff.).

329   Wird der Unterhalt nach der Additionsmethode errechnet (vgl. näher Rn. 4/386 ff.), ist
       der Wohnwert sowohl bei der Ermittlung des Unterhaltsbedarfs als auch bei der Feststellung
       der Unterhaltshöhe mit der gleichen Bezugsgröße, d. h. nach dem angemessenen Wohnwert
       oder der objektiven Marktmiete, anzusetzen, da es sich um einen einheitlichen Rechen-
       vorgang handelt.[95] Würde man anders vorgehen und den Wohnwert z. B. bei der Bedarfs-
       ermittlung nach der objektiven Marktmiete, bei der Bedürftigkeit nach dem angemessenen
       Wohnwert ansetzen, wäre die Leistungsfähigkeit des Pflichtigen nicht mehr gewahrt, weil
       ihm nicht mehr die Hälfte des Bedarfs verbleiben würde.

330   **Rechenbeispiele** zur Berechnung des Unterhalts bei mietfreiem Wohnen im Familien-
       heim, wenn das Ehepaar ein Haus bewohnt, für das eine ortsübliche Marktmiete von 800 €
       bezahlt werden müsste und der angemessene Wohnwert auf 500 € zu schätzen ist. Bei dieser
       Berechnung ist zu berücksichtigen, dass es sich bei der Zurechnung eines Wohnvorteils nicht
       um Erwerbseinkünfte handelt, sondern um sonstige Einkünfte, bei denen ein **Erwerbs-
       tätigenbonus nicht berücksichtigt** werden darf[96] (s. auch Rn. 4/373, 384). Der Wohn-

[91] BGH, FamRZ 1992, 423 = R 442 a, e; FamRZ 1989, 1160, 1163 = R 395 d
[92] BGH, FamRZ 1984, 559
[93] OLG Nürnberg FamRZ 1997, 1217; OLG Karlsruhe, FamRZ 1996, 1414
[94] BGH, FamRZ 2001, 986, 991 = R 563 d
[95] BGH, NJW 1998, 2821 = R 525 e
[96] BGH, FamRZ 1991, 1163 = R 437 c; FamRZ 1990, 989, 991; FamRZ 1989, 1160, 1163

wert der **Ehewohnung** ist stets **prägend**[97] (s. näher Rn. 365 ff.). Die Berechnung erfolgt nach der Additionsmethode, wobei die Beispiele jeweils mit einem Erwerbstätigenbonus von $1/10$ (SüdL) und $1/7$ (DT) gerechnet werden.

Beispiel 1:
Bereinigtes Nettoerwerbseinkommen M: 2000 €; F 1000 € (prägend); M und F trennen sich, das Scheidungsverfahren ist noch nicht rechtshängig.
a) M bleibt in Ehewohnung
b) F bleibt in Ehewohnung
Lösung:
Beim Trennungsunterhalt ist zunächst der angemessene Wohnwert, d. h. 500 €, anzusetzen.
a) M bleibt in Ehewohnung:
Nach SüdL mit $1/10$
Bedarf: $1/2 \times (9/10 \times 2000 + 500 + 9/10 \times 1000) = 1600$;
Höhe: $1600 - 9/10 \times 1000 = 700$
Nach DT mit $1/7$
Bedarf: $1/2 \times (6/7 \times 2000 + 500 + 6/7 \times 1000) = 1536$;
Höhe: $1536 - 6/7 \times 1000 = 679$
Die Leistungsfähigkeit des M ist jeweils gegeben, da ihm einschließlich des mietfreien Wohnens die Hälfte des gemeinsamen Einkommens verbleibt und der Mindestehegattenselbstbehalt von 1000 € gewahrt ist.
b) F bleibt in Ehewohnung
Nach SüdL mit $1/10$
Bedarf: $1/2 \times (9/10 \times 2000 + 500 + 9/10 \times 1000) = 1600$;
Höhe: $1600 - (9/10 \times 1000 + 500) = 200$
Nach DT mit $1/7$
Bedarf: $1/2 \times (6/7 \times 2000 + 500 + 6/7 \times 1000) = 1536$;
Höhe: $1536 - (6/7 \times 1000 + 500) = 179$

Beispiel 2:
Wie 1, aber das Scheidungsverfahren ist rechtshängig oder M und F lassen sich scheiden.
a) M bleibt in Ehewohnung
b) F bleibt in Ehewohnung
Lösung:
Ab endgültigen Scheitern der Ehe durch Rechtshängigkeit des Scheidungsverfahrens und beim nachehelichen Unterhalt ist die objektive Marktmiete, d. h. 800 €, als Wohnwert anzusetzen.
a) M bleibt in Ehewohnung:
Nach SüdL mit $1/10$
Bedarf: $1/2 \times (9/10 \times 2000 + 800 + 9/10 \times 1000) = 1750$;
Höhe: $1750 - 9/10 \times 1000 = 850$
Nach DT mit $1/7$
Bedarf: $1/2 \times (6/7 \times 2000 + 800 + 6/7 \times 1000) = 1686$;
Höhe: $1686 - 6/7 \times 1000 = 829$
Die Leistungsfähigkeit des M ist jeweils gegeben, da ihm einschließlich des mietfreien Wohnens die Hälfte des gemeinsamen Einkommens verbleibt und der Mindestehegattenselbstbehalt von 1000 € gewahrt ist.
b) F bleibt in Ehewohnung:
Nach SüdL mit $1/10$
Bedarf: $1/2 \times (9/10 \times 2000 + 800 + 9/10 \times 1000) = 1750$;
Höhe: $1750 - (9/10 \times 1000 + 800) = 50$
Nach DT mit $1/7$
Bedarf: $1/2 \times (6/7 \times 2000 + 800 + 6/7 \times 1000) = 1686$;
Höhe: $1686 - (6/7 \times 1000 + 800) = 29$

3. Eigenheimzulage

Bei Errichtung und Kauf eines im Inland gelegenen Eigenheims zwischen 1996 und 2005 **331** konnten staatliche Fördermittel nach dem Eigenheimzulagengesetz (EigZulG) beansprucht werden. Dies galt auch bei Ausbauten und Erweiterung der Wohnung, nicht dagegen bei

---

[97] BGH, FamRZ 1990, 989 = R 418 a; FamRZ 1989, 1160, 1162; FamRZ 1986, 437

Anschaffung einer Ferien- oder Wochenendwohnung (§ 2 EigZulG). Die Eigenheimzulage wurde nicht gewährt, wenn eine erhöhte Absetzung nach § 7b EStG oder § 10e EStG geltend gemacht wurde (§ 6 III EigZulG). Jeder Ehegatte konnte sie nur jeweils für ein Objekt in Anspruch nehmen (§ 6 I EigZulG). Für ab 2006 erworbene Objekte gibt es keine Eigenheimzulage mehr, da die Eigenheimförderung für Neuanschaffungen inzwischen beendet ist und nur noch für die bis spätestens 2005 erworbenen Objekte abgewickelt wird.

332 Die Fördermittel wurden ab Fertigstellung oder Anschaffung für 8 Jahre gewährt (§ 3 EigZulG). Die Höhe der Eigenheimzulage betrug pro Jahr für Neubauten bis zu 2556 €, für die Anschaffung von Gebäuden, die 2 Jahre und älter sind, bis zu 1278 €, die Kinderzulage 767 € pro Kind (§ 9 EigZulG) bei Einkommensgrenzen von 163 614 € Einkünften bei gemeinsamer und von 81 807 € bei getrennter Veranlagung mit Erhöhung um 30 678 € pro Kind (§ 5 EigZulG).

333 Die Eigenheimzulage ist, soweit sie noch bezahlt wird, unterhaltsrechtliches Einkommen.[98] Sie erhöht entweder den Wohnwert oder kürzt die Abzahlungen.[99] Für die Praxis ist zu beachten, dass die Eigenheimzulage zwar vom Finanzamt ausbezahlt wird, aber nicht im Steuerbescheid auftaucht, sondern hierzu ein gesonderter Bescheid ergeht. Ein Auskunftsverlangen hat sich deshalb auch hierauf zu erstrecken, bei Vorlage von Belegen ist der Bescheid gesondert anzufordern.

4. Abziehbare Hauslasten, Instandhaltungskosten und Annuitätsleistungen vom Wohnwert

334 Nach der Rechtsprechung des BGH ist dem Eigentümer ein Wohnvorteil nur insoweit zuzurechnen, als der Wohnwert die mit dem Grundeigentum verbundenen Unkosten übersteigt.[100] Ein Wohnwert besteht nämlich nur, soweit der Eigentümer billiger lebt als der Mieter.[101] Er soll bei der Unterhaltsbemessung weder besser noch schlechter gestellt werden. Es wird ihm daher nur die Differenz aus Wohnwert und dem Mietzins vergleichbarem Aufwand als Einkommen zugerechnet.

335 **a) Verbrauchsunabhängige und verbrauchsabhängige Nebenkosten.** Abziehbar sind nach BGH die mit dem Grundeigentum verbundenen allgemeinen Grundstückskosten und -lasten,[102] wozu er die verbrauchsunabhängigen Nebenkosten und Instandhaltungskosten (s. unten Rn. 338) rechnet.[103] Abzugsposten sind dabei nach seiner derzeitigen Rechtsprechung verbrauchsunabhängige Nebenkosten und Instandhaltungskosten,[104] nicht aber verbrauchsabhängige Nebenkosten. Die Leitlinien der meisten Oberlandesgerichte führen in Nr. 5 als Abzugsposten verbrauchsunabhängige Nebenkosten und Instandhaltungskosten auf, begrenzen die Abzugsfähigkeit verbrauchunabhängiger Nebenkosten aber auf die wenigen Fälle, in denen die entsprechenden Kosten nicht auf den Mieter umgelegt werden können.[105] Im Mietrecht werden die verbrauchsabhängigen und verbrauchsunabhängigen Nebenkosten als **Betriebskosten** bezeichnet (§ 556 BGB i. V. mit § 2 BetrKV).

336 **Verbrauchsabhängige Nebenkosten,** d. h. insbesondere die Kosten für Heizung, Strom, Gas, Müllabfuhr, Wasser, Abwasser u. ä., sind generell nicht abzugsfähig. Sie zählen zu den allgemeinen Lebenshaltungskosten und werden regelmäßig auf den Mieter umgelegt

---

[98] SüdL, BL, BraL, BrL, CL, DrL, FL, HaL, KL, NaL, RL, SchL, TL jeweils Nr. 5
[99] OLG München, FamRZ 1999, 251
[100] BGH, FamRZ 2008, 963 = R 692d; FamRZ 2007, 879 = R 677a; FamRZ 2003, 1179 = R 592c; FamRZ 2000, 951 = R 540d; FamRZ 2000, 351, 354 = R 538c; d; FamRZ 1998, 87 = R 516a; NJW 1998, 2821, 2824 = R 525e; FamRZ 1995, 869 = R 494; FamRZ 1994, 1100, 1102 = R 482b
[101] BGH, FamRZ 1995, 869 = R 494
[102] BGH, FamRZ 2007, 879 = R 677a; FamRZ 2000, 950, 951 = R 540d; FamRZ 2000, 351, 354 = R 538c, d; NJW 1998, 2821, 2824 = R 525e; FamRZ 1995, 869 = R 494
[103] BGH, FamRZ 2000, 351, 354 = R 538c, d; NJW 1998, 2821, 2824 = R 525e; FamRZ 1997, 281, 283 = R 509g
[104] BGH, FamRZ 2007, 879 = R 677; FamRZ 2000, 351, 354 = R 538c, d
[105] Vgl. SüdL, BL; Bra, BrL, CL, DrL, DL, FL, HaL, KL, NaL, OL, RL, SchL jeweils Nr. 5; nach HL kürzen verbrauchsunabhängige Nebenkosten den Wohnwert

(vgl. § 2 BetrKV), der Eigentümer lebt also insoweit nicht billiger als der Mieter, worauf der BGH zu Recht abstellt.[106] Außerdem können sie sich je nach wechselndem Verbrauch laufend ändern und individuell gesteuert werden. Auch der marktübliche Wohnwert wird nach der Kaltmiete ohne Mietnebenkosten bemessen.

Demgegenüber knüpfen die in der Regel fixen **verbrauchsunabhängigen Lasten** nur **337** an das Grundstückseigentum an und sind damit echte Kosten des Eigentums. Der BGH spricht insoweit von allgemeinen Grundstückskosten und -lasten und sonstigen verbrauchsunabhängigen Nebenkosten,[107] ohne im Einzelnen darzulegen, welche Kosten damit gemeint sind. Allgemeine Grundstückskosten und -lasten sind z. B. Grundsteuer, Brandversicherung, Haushaftpflicht, Kaminkehrer, Aufzug, Hausreinigung usw. Auch diese Kosten können aber gemäß § 556 I BGB, § 2 BetrKV als Betriebskosten auf den Mieter umgelegt werden. Während der BGH u. U. noch davon ausgeht, dass vom Mieter lediglich die verbrauchsabhängigen Nebenkosten zu tragen sind, zeigt die tägliche Praxis, dass heute regelmäßig Formularmietverträge zur Anwendung kommen, in denen alle nach § 556 I BGB umlegbaren Betriebskosten vom Mieter zu zahlen sind. Nachdem bei der Bemessung des Wohnwerts maßgebend ist, inwieweit der Eigentümer billiger als der Mieter lebt, ist dem Rechnung zu tragen. Gemäß den seit 1. 1. 2008 geltenden Neufassungen der verschiedenen Unterhaltsleitlinien sind nach Nr. 5 deshalb nur noch die verbrauchsunabhängigen Nebenkosten vom Wohnwert abziehbar, mit denen ein Mieter üblicherweise nicht belastet wird (s. oben Rn. 335). Auf den Mieter nach § 2 BetrKO **umlegbare Betriebskosten** sind neben den verbrauchsabhängigen Nebenkosten wie Heizung, Wasser und Warmwasser einschließlich der damit verbundenen Wartungskosten, Abwasser, Straßenreinigung und Müllabfuhr **auch** Grundsteuer, Aufzug, Hausreinigung, Gartenpflege, Beleuchtung, Kaminkehrer, Antennenanlage, Sach- und Haftpflichtversicherung sowie Hauswart. Nicht erfasst werden im Ergebnis bei Wohnanlagen lediglich die Kosten der Hausverwaltung und des Geldverkehrs, die gemäß § 556 IV BGB, § 2 BetrKO als nicht aufgeführte Betriebskosten generell nicht auf einen Mieter umlegbar sind. Gegen BGH, der bisher verbrauchsunabhängige Nebenkosten in vollem Umfang als Abzugsposten anerkennt,[108] sind von den sog. **verbrauchsunabhängigen Nebenkosten** damit nur eventuell entstandene Verwalterkosten vom Wohnwert abzugsfähig, **alle sonstigen Kosten** dagegen **nicht**.[109] Nur auf diese Weise wird erreicht, dass der im Unterhaltsrecht verwendete Mietbegriff als Anhaltspunkt für die Bemessung des Wohnwerts mit dem mietrechtlichen Mietbegriff gemäß § 558 BGB übereinstimmt. Zahlt der aus dem Familienheim ausgezogene Unterhaltspflichtige diese Kosten weiter, kürzen sie deshalb bei **gemeinsamen Eigentum** nicht den Wohnwert, sondern sind Abzugsposten bei der Bereinigung seines Erwerbseinkommens.[110] Da bei einem im Eigentum **beider Eheleute stehenden Wohneigentum** beide Ehegatten nach Gemeinschaftsrecht verpflichtet sind, die nicht auf dem individuellen Verbrauch fallenden Hauskosten je zur Hälfte zu tragen, ist es in diesen Fällen allerdings einfacher, die verbrauchsunabhängigen Nebenkosten entsprechend der Rechtsprechung des BGH vom Wohnwert abzuziehen.[111] Ein Ausgleichsanspruch entfällt dadurch. Bei Alleineigentum eines Ehegatten muss dieser die verbrauchsunabhängigen Nebenkosten alleine tragen.

b) Instandhaltungskosten. Abziehbar sind ferner notwendige Instandhaltungsaufwen- **338** dungen als Grundstückslasten.[112] Auch insoweit lebt der Eigentümer nicht billiger als ein Mieter. Unter Instandhaltungskosten versteht man die Kosten zur Erhaltung des Wohnraumes (vgl. §§ 535 I 2, 554 I BGB), die konkret anfielen. Sie sind abzugrenzen von Kosten

---

[106] BGH, FamRZ 1995, 869 = R 494

[107] BGH, NJW 1998, 2821, 2824 = R 525 e

[108] BGH, FamRZ 2007, 879 = R 677 a; FamRZ 2000, 351, 354 = R 538 c; NJW 1998, 2821, 2824 = R 525 e

[109] OLG Hamm, FamRZ 2003, 460; OLG München, FamRZ 2002, 1407; Quack in Anm. zu BGH, FamRZ 2000, 665

[110] OLG Köln, FamRZ 2002, 97

[111] Gerhardt, FuR 2007, 393

[112] BGH, FamRZ 2000, 351, 354 = R 538 d; FamRZ 1997, 281, 283 = R 509 g

für Ausbauten und Modernisierungsaufwendungen (vgl. § 554 II, III BGB), die als vermögensbildende Ausgaben anzusehen sind.[113] Diese sind nur Abzugsposten, wenn es sich um Miteigentum handelt und beide Eheleute mit der Wertverbesserung einverstanden sind.

339 Zur Finanzierung für Instandhaltungskosten können **Rücklagen** gebildet werden, wenn es sich um konkrete unaufschiebbare Maßnahmen handelt, die zur ordnungsgemäßen Bewohnbarkeit der Immobilie erforderlich sind.[114] Eine generelle Rücklagenbildung wird man bei Eigentumswohnungen zulassen, da sie nach der Eigentümerordnung regelmäßig vorgeschrieben ist und der Vermeidung von sehr hohen konkreten Instandhaltungskosten dient.[115] Zur Finanzierung von Instandhaltungskosten können auch **Kredite** berücksichtigt werden, wenn die vorhandenen Barmittel nicht ausreichen.[116]

340 Ausgaben für Instandhaltungsmaßnahmen, auch soweit sie über Kredite finanziert werden, sind bei einem eheprägenden Wohnwert **eheprägend,** auch wenn sie erst nach Trennung/Scheidung entstehen.[117]

341 Instandhaltungskosten sind, auch wenn sie bar bezahlt werden, je nach Höhe immer auf einen **angemessenen** Zeitraum umzulegen, z. B. auf drei bis fünf Jahre.

342 **c) Zins und Tilgung.** Bei Zins- und Tilgungsleistung ist zu **differenzieren,** ob es sich um einen prägenden oder nichtprägenden Wohnwert handelt (vgl. insoweit Rn. 366 ff.), wem das Eigenheim gehört und wer abzahlt.

343 Abzuziehen sind stets die **Kreditzinsen** für Hausschulden eines **prägenden Wohnwertes,**[118] d. h. Zinsen, die im Berechnungszeitraum noch zu bezahlen waren. Das Gleiche gilt für die Zinsen eines Darlehens bei einem **nichtprägenden Wohnwert.**[118a] Sie sind wie eine Nutzungsentschädigungen am direktesten mit einem Mietzins vergleichbar. Außerdem sind die Zinsen auch bei Mieteinkünften als Werbungskosten Abzugsposten (vgl. Rn. 301). Bei der Bedürftigkeit/Leistungsfähigkeit ist jedoch zu beachten, wer den Kredit abzahlt.

344 Bei der **Tilgungsleistung als Vermögensbildung** ist nach der geänderten Rechtsprechung des BGH zu differenzieren, ob es sich um einen **prägenden oder nichtprägenden Wohnwert** handelt, beim eheprägenden Wohnwert ferner, ob die Immobilie im **Allein- oder Miteigentum** der Ehegatten steht und wer abzahlt.[119] Bei Alleineigentum ist außerdem zu prüfen, ob es sich bei er Tilgung um eine **zulässige Altersvorsorge** handelt (näher Rn. 597 b, 598 a).

Der BGH hat zu dieser Frage seine frühere Rechtsprechung bei prägendem Alleineigentum geändert und vertritt nunmehr wie beim Verwandtenunterhalt die Auffassung, dass bereits bei der **Bedarfsermittlung** die **Unterhaltspflicht der einseitigen Vermögensbildung vorgeht** (näher unten Rn. 345).[120] Die geänderte Rechtsprechung ist zu begrüßen, weil die frühere Rechtsprechung, bei dieser Frage zwischen Bedarf und Bedürftigkeit/Leistungsfähigkeit zu differenzieren, kaum verständlich war, keinem Gerechtigkeitsgebot entsprach und dadurch eine Doppelverwertung der Tilgung beim Unterhalt und Zugewinnausgleich vermieden wird (näher Rn. 4/232).[121]

Waren für einen **eheprägenden Wohnwert** bei der Trennung **noch Abzahlungen** zu leisten, gilt daher folgendes:

345 • Für die **Ermittlung des Bedarfs nach den ehelichen Lebensverhältnissen** kürzen bei **Miteigentum** Zins und Tilgung den eheprägenden Wohnwert.[122] Unter Tilgung fällt auch eine gesonderte Abzahlung durch monatliche Einzahlungen in eine sog. Tilgungs-

---

[113] BGH, FamRZ 1997, 281, 283 = R 509 g
[114] BGH, FamRZ 2000, 351, 354 = R 538 d
[115] OLG München, FamRZ 2002, 1407
[116] BGH a. a. O.
[117] OLG München, FamRZ 2002, 1407
[118] BGH, FamRZ 2008, 963 = R 692 d; FamRZ 2007, 879 = R 677 d; FamRZ 2000, 950, 952 = R 540 d; FamRZ 1998, 87 = R 516 a; FamRZ 1995, 869 = R 494; FamRZ 1994, 1100, 1102 = R 482 b; FamRZ 1989, 1160, 1162
[118a] BGH, FamRZ 2008, 963 = R 692 d; FamRZ 2000, 950 = R 540 d
[119] Gerhardt, FuR 2007, 393
[120] BGH, FamRZ 2008, 963 = R 692 d; 2007, 879 = R 677 d
[121] Gerhardt/Schulz, FamRZ 2005, 1523; Gerhardt, FuR 2007, 393
[122] BGH, FamRZ 2003, 1179 = R 592 c; FamRZ 2000, 950, 952 = R 540 d

lebensversicherung. Soweit das Ehepaar während des Zusammenlebens auf das gemeinsame Eigenheim Kredite (= Zins und Tilgung) leistet, wohnt es nicht billiger als ein Mieter.

- Bei der **Bedarfsermittlung** ist die Berücksichtigung der Abzahlungen bei Miteigentum unproblematisch, da sie den gemeinsamen Wohnwert und nicht das Erwerbseinkommen kürzen und es deshalb nicht darauf ankommt, wer abzahlt. Die Abzahlung kommt aber beiden Eheleuten zugute und ist deshalb auch über die Scheidung hinaus bis zur Vermögensauseinandersetzung zu berücksichtigen.[123] Bei Miteigentum handelt es sich regelmäßig um gemeinsame Schulden der Eheleute, deren Fortzahlung im gemeinsamen Interesse liegt, um hohe Verzugszinsen oder eine Zwangsversteigerung durch den Darlehensgläubiger zu vermeiden. Sie vermehrt bis zu einer Vermögensauseinandersetzung das gemeinsame Vermögen. Deshalb ist es unproblematisch, dass die Tilgung Vermögensbildung ist (vgl. näher Rn 659). Die unterhaltsrechtliche Berücksichtigung einer gemeinsamen Schuld lässt einen Gesamtschuldnerausgleich nach § 426 I 1 BGB entfallen, da eine anderweitige Regelung vorliegt.[124] Etwas anderes gilt nur, wenn die Parteien in einem Unterhaltsvergleich ausdrücklich vereinbaren, dass die Frage von Ausgleichsansprüchen ausgeklammert und offen gehalten bleiben soll,[125] wovon jedoch im Hinblick auf die nachfolgenden Ausführungen abzuraten ist. Bei Miteigentum sind daher auch auf der **Bedürftigkeitsstufe** nicht nur die Zinsen, sondern auch die Tilgung bis zur Verwertung des Objekts, d. h. auch über die Scheidung hinaus, als Abzugsposten beim nach § 1577 I BGB anzurechnenden Wohnwert des Berechtigten zu berücksichtigen, soweit er nach der Trennung weiterhin mietfrei in der Ehewohnung lebt.[126] Das Gleiche gilt bei der Prüfung der **Leistungsfähigkeit,** wenn der Verpflichtete nach der Trennung in der Ehewohnung bleibt. Voraussetzung für die Anrechnung von Zins und Tilgung auf den Wohnwert ist allerdings in beiden Fällen, dass der **mietfrei Wohnende** auch die **Abzahlungen leistet.** Zahlt der mietfrei wohnende Bedürftige sie nur **zur Hälfte,** während die andere Hälfte vom Pflichtigen getilgt wird, kürzt sie den nach § 1577 I BGB auf den Bedarf anzurechnenden Wohnwert nur in dieser Höhe, während sich gleichzeitig die Leistungsfähigkeit des Pflichtigen um den von ihm übernommenen Anteil der Schuld mindert.[127] Zahlt hingegen der **Pflichtige allein** die Hausschulden ab, während der **Bedürftige** weiterhin **mietfrei** im Eigenheim lebt, ist der nach § 1577 I BGB bedarfsmindernde Wohnwert ohne Kürzung durch Hausschulden anzusetzen; als berücksichtigungswürdige Schuld kürzt die Abzahlung dagegen die Leistungsfähigkeit des Pflichtigen. Rechnerisch führt dies jeweils dazu, dass durch die Berücksichtigung der Abzahlung bei der Bedürftigkeit/Leistungsfähigkeit der Unterhalt so verändert wird, wie wenn beide Eheleute je die Hälfte des Kredits zahlen würden (vgl. Beispiele Rn. 353).

- Ein Sonderfall besteht, wenn der **Pflichtige** seine **Zahlungen** auf Zins und Tilgung **einstellt** und auch der weiterhin im Familienheim lebende Bedürftige nichts abbezahlt. Für die Bedarfsermittlung entfällt bei dieser Sachlage die Anrechnung eines prägenden Wohnvorteils in Höhe der Schuld, da mietfreies Wohnen unterhaltsrechtlich nur zu berücksichtigen ist, soweit der Wohnwert nicht durch damit verbundene Belastungen und Unkosten aufgezehrt wird.[128] Haftet der Berechtigte wie üblich bei Miteigentum als Gesamtschuldner, ist nach BGH auch von einem nach § 1577 I BGB auf den Bedarf anzurechnenden gekürzten Mietvorteil, d. h. einem Wohnwert nach Schuldenabzug des weiterhin im gemeinsamen Eigentum lebenden Bedürftigen auszugehen, obwohl auch er nichts abzahlt. Denn auch der Berechtigte schuldet gegenüber dem Darlehensgläubiger die Zahlung, so dass der Fall nicht anders liegt als bei einem Mieter, der die geschuldete Miete nicht zahlt.[129] Der Auffassung des BGH ist zu folgen, da ansonsten die Zahlungs- **346**

---

[123] BGH, FamRZ 1995, 869 = R 494
[124] BGH, FamRZ 1988, 264; FamRZ 1986, 881; OLG Köln, FamRZ 1994, 961; FamRZ 1995, 1149
[125] BGH, FamRZ 1995, 216, 218
[126] Gerhardt, FamRZ 1993, 1039, 1041
[127] BGH, FamRZ 1994, 1100, 1102 = R 482 b
[128] BGH, FamRZ 1995, 291 = R 487 b
[129] BGH a. a. O.

einstellung den Pflichtigen privilegiert würde und er es in der Hand hat, durch Wiederaufnahme der Abzahlung zu erreichen, dass ab diesem Zeitpunkt im Rahmen der Anrechnung des Eigeneinkommens des Bedürftigen nach § 1577 I BGB der ungekürzte Wohnwert den Unterhalt reduziert (s. oben und Beispiel Rn. 353).

347 • Bei **Alleineigentum** hat der BGH seine frühere **Rechtsprechung** hingegen grundlegend **geändert.** Denn dann ist zu beachten, dass beim gesetzlichen Güterstand die **Tilgung** ab Rechtshängigkeit des Scheidungsverfahrens eine **einseitige Vermögensbildung** darstellt, bei Gütertrennung bereits ab der Trennung bzw bei einer erst in der Trennungszeit vereinbarten Gütertrennung ab deren Beginn. Nach der früheren Rechtsprechung des BGH war die Tilgung bei der Bedarfsermittlung trotzdem zu berücksichtigen, wenn die Abzahlung nach einem objektiven Maßstab wirtschaftlich vertretbar war.[130] Bei der Bedürftigkeit und Leistungsfähigkeit war dagegen immer zu beachten, dass der Unterhalt nur zur Finanzierung der Lebenshaltungskosten des Bedürftigen und nicht zu seiner Vermögensbildung dient[131] bzw. bei der Leistungsfähigkeit der Unterhaltsverpflichtung nicht vorgeht.[132] Die gleiche Tilgung wurde damit nur beim Bedarf berücksichtigt, nicht aber bei der Bedürftigkeit/Leistungsfähigkeit. Diese kaum verständliche Rechtsprechung hat der BGH mit seinem Urteil vom 28. 3. 2007 grundlegend geändert und zwischenzeitlich mit Urteil vom 5. 3. 2008 bestätigt. Ab Beendigung des gesetzlichen Güterstandes, d. h. der Rechtshängigkeit des Scheidungsverfahrens ist die **Tilgung als einseitige Vermögensbildung** nicht mehr als Abzugsposten zu berücksichtigen, weil der Unterhaltsberechtigte an der Vermögensbildung nicht mehr über den Zugewinn partizipiert und auf die tatsächlichen Verhältnisse abzustellen ist.[133] Entsprechendes gilt bei einer Gütertrennung ab Trennung oder Beginn der Gütertrennung.[133a] Etwas anderes gilt nur, wenn es sich bei der **Tilgung um eine zulässige Altersvorsorge** handelt (s. näher Rn. 597 b, 598 a).[134] Abzuziehen sind damit nur noch die Zinsen.

348 • Nach BGH ist in der Trennungszeit bei der **Bedürftigke**it zusätzlich zu berücksichtigen, dass die Kreditbelastungen bei Alleineigentum des Bedürftigen nur in Höhe der Eigeneinkünfte einschließlich des Wohnwertes als Abzugsposten angesetzt werden können.[135] Bis Rechtshängigkeit des Scheidungsverfahrens als Stichtag für den Zugewinnausgleich gilt dies für Zins und Tilgung, ab Rechtshängigkeit nur noch für die Zinsen, da die Tilgung als einseitige Vermögensbildung keinen Abzugsposten mehr darstellt.

349 • Zinsen und Tilgungsleistungen werden im Allgemeinen zusammen in festen Raten (Annuitäten) an Banken und Bausparkassen bezahlt. Obige Ausführungen gelten aber auch, wenn es sich um getrennte Verträge handelt und für das Darlehen nur die Zinsen gezahlt werden, während die Tilgung durch Beitragszahlung auf eine Lebensversicherung erfolgt, die nach Auszahlung den Kredit ablöst. Wegen der differenzierten Beurteilung der Tilgungsleistungen ist es meist notwendig, dass der auf die Annuitäten entfallende Zins- und Tilgungsanteil getrennt beziffert wird.

350 • Läuft die Darlehensrückzahlung, die auf den eheprägenden Wohnwert geleistet wird, aus, ist ab diesem Zeitpunkt weder Zins noch Tilgung abzuziehen, weil die ehelichen Lebensverhältnisse auch durch den Wegfalls von Schulden geprägt werden.[136] Seit der geänderten Rechtsprechung des BGH zu den ehelichen Lebensverhältnissen durch die Surrogatslösung mit einer völligen Neubewertung der ehelichen Lebensverhältnisse (näher Rn. 4/172 ff., 217 ff.) kommt es dabei nicht mehr darauf an, ob die Abzahlung in einem nahen Zusammenhang mit der Scheidung endet. Maßgebend sind allein die tatsächlichen Verhältnisse, d. h. der Wegfall der Schuld. Wird die Schuld **vorzeitig getilgt,** ist dies ebenfalls eheprägend, da es sich bei der vorzeitigen Ablösung von Krediten bei Trennung/

---

[130] Vgl. z. B. BGH, FamRZ 1995, 869
[131] BGH, FamRZ 1992, 423 = R 442 b
[132] BGH, FamRZ 1984, 353; 1987, 36
[133] BGH, FamRZ 2008, 963 = R 692 d; 2007, 879 = R 677 d
[133a] BGH, FamRZ 2008, 963 = R 692 e
[134] BGH, FamRZ 2008, 963 = R 692 f; 2007, 879 = R 677 d
[135] BGH, FamRZ 2007, 879 = R.677 e
[136] BGH, FamRZ 1995, 869 = R 494

Scheidung aus vorhandenem Kapital um eine wirtschaftlich vernünftige Überlegung und deshalb um keine Abweichung vom Normalverlauf handelt.[137] Bei Reduzierung der Abzahlung vgl. Rn. 631.

* Übersteigen die Abzahlungen den Wohnwert, vgl. näher Rn. 354 ff.
* Wird aus einem eheprägenden Surrogat; z. B. dem Erlös des Familienheims, ein neuer **351** Wohnwert gebildet, prägt dieser die ehelichen Lebensverhältnisse (s. Rn. 383).[138] Wird hierfür eine neue Schuld aufgenommen, ist diese nichtprägend.[139] Abzugsfähig sind nach BGH **nur die Zinsen, nicht** aber die **Tilgung** als einseitige Vermögensbildung,[140] da der andere Ehegatte sonst über den Unterhalt die nichtprägende Schuld und damit die Vermögensbildung mitfinanzieren müsste. Der Unterhalt dient aber nur zur Bezahlung der Lebenshaltungskosten, nicht zur Bezahlung von vermögensbildenden Aufwendungen.[141] Die Berücksichtigung der Zinsen beruht darauf, dass sie auch bei Mieteinkünften einen Abzugsposten bilden (näher Rn. 301). Es ist aber in diesen Fällen immer zu prüfen, ob es sich bei der Tilgung um eine zu berücksichtigende **Altersvorsorge** handelt (vgl. Rn. 597 b, 598 a).[142] Nach BGH ist in diesen Fällen außerdem zu prüfen, ob bei dem Erwerb der Immobilie mit Krediten unter Berücksichtigung von Zins und Tilgung bei der Abzahlung eine zu niedrige Rendite gegenüber einer Anlage des Geldes ohne Schuldenaufnahme erzielt wird.[143] Bei Unwirtschaftlichkeit ist der Wohnwert nicht in voller Höhe, sondern durch **Vermögensumschichtung** mit einem Betrag anzusetzen, den man bei Kauf einer Immobilie ohne Schuld erzielt hätte (s. näher Rn. 393). Bei Verkauf des Familienheims an Dritte oder den Ehepartner vgl. auch Rn. 386 ff.
* Das Gleiche gilt, wenn es sich um einen neuen **nichtprägenden Wohnwert** handelt, **351 a** z. B. aus einer Erbschaft nach Trennung/Scheidung (s. Rn. 4/271) oder Ersparnissen nach Trennung/Scheidung, der mit einem Darlehen finanziert werden musste. Auch insoweit handelt es sich um eine nichtprägende Schuld. Abzuziehen sind nur die **Zinsen** (vgl. Rn. 343), die **Tilgung** als einseitige Vermögensbildung nur, wenn sie als **Altersvorsorge** zu berücksichtigen ist (s. Rn. 597 b, 598 a).

Sind verbrauchsunabhängige Nebenkosten, Instandhaltungskosten sowie Zins und Til- **352** gung abzugsfähig, ist genau zwischen Bedarf und Bedürftigkeit (= Unterhaltshöhe) zu trennen. Die Unterhaltsberechnung kann dann nur nach der Additionsmethode erfolgen (vgl. hierzu ausführlich Rn. 4/386 ff.), weil die Differenzmethode den Bedarf nach den ehelichen Lebensverhältnissen nicht ermittelt, sondern nur den Restbedarf quotiert.

d) Zusammenfassung: **353**

(1) Verbrauchsunabhängige Nebenkosten, die üblicherweise nicht auf einen Mieter umgelegt werden, und notwendige Instandhaltungsaufwendungen kürzen den Wohnwert. Sonstige Nebenkosten sind dagegen nicht zu berücksichtigen. Etwas anderes kann aus Vereinfachungsgründen nur gelten, wenn es sich um eine gemeinsame Immobilie handelt, in der der Bedürftige lebt, während der Pflichtige weiterhin die verbrauchsunabhängigen Nebenkosten wie Grundsteuer und Hausversicherungen trägt, an denen sich auch der Bedürftige beteiligen müsste.

(2) Bei einem prägenden Wohnwert eines im gemeinsamen Eigentum der Eheleute stehenden Familienheimes kürzen bis zur Vermögensauseinandersetzung angefallene Abzahlungen (Zins und Tilgung) das für den Bedarf nach den ehelichen Lebensverhältnissen anzusetzende Einkommen für mietfreies Wohnen, auch wenn die Zahlungen nach der

---

[137] BGH, NJW 1998, 2821 = R 525
[138] BGH, FamRZ 2005, 1159 = R 623 b, c; 2001, 1140 = R 560 b
[139] BGH, FamRZ 2000, 950 = R 540 d
[140] BGH, FamRZ 2000, 950, 952 = R 540 b; FamRZ 1998, 87, 88 = R 516 b; FamRZ 1992, 423 = R 442 b
[141] BGH, FamRZ 1998, 87, 88 = R 516 b; FamRZ 1992, 423, 425 = R 442 b
[142] BGH, FamRZ 2008, 963 = R 692 f; 2007, 897 = R 677 d
[143] BGH, FamRZ 2005, 1159 = R 623 d; FamRZ 2006, 387 = R 643 f; FamRZ 2001, 1140 = R 560 a; FamRZ 1998, 87, 89 = R 516 c

Trennung eingestellt werden. Bei der Anrechnung des Eigeneinkommens des Berechtigten auf diesen Bedarf, bzw. bei der Feststellung der Leistungsfähigkeit des Pflichtigen kürzen Zins und Tilgung weiterhin den Wohnwert, soweit der mietfrei Wohnende sie bezahlt. Soweit der nicht mietfrei Wohnende Pflichtige für die Hausschulden aufkommt, ist dagegen der ungekürzte Wohnwert auf den Bedarf anzurechnen. Stellt der Pflichtige Zahlungen auf einen prägenden Wohnwert ein, kürzen sie bei einer Gesamtschuld den nach § 1577 I BGB auf den Bedarf anzurechnenden Wohnwert des Berechtigten in Höhe der Schuld.

(3) Bei prägendem mietfreien Wohnen und Alleineigentum kürzen die Zinsen für die Bedarfsermittlung und bei der Bedürftigkeit/Leistungsfähigkeit den Wohnwert. Die Tilgungsleistungen als einseitige Vermögensbildung sind dagegen nur bis zur Rechtshängigkeit des Scheidungsverfahrens als Stichtag für den Zugewinnausgleich als Abzugsposten zu berücksichtigen, es sei denn, es handelt sich um eine Altersvorsorge im Rahmen der insgesamt zulässigen 24% des Bruttoeinkommens. Bei Gütertrennung erfolgt die Berücksichtigung bis zur Trennung bzw. dem Beginn der Gütertrennung in der Trennungszeit.

(4) Bei einem als Surrogat des früheren mietfreien Wohnens anzusetzenden prägenden Wohnwert und bei einem nichtprägenden Wohnwert sind bei neuen nichtprägenden Schulden nur die Zinsen, nicht aber die Tilgung als einseitige Vermögensbildung zu berücksichtigen, es sei denn, es handelt sich um eine zulässige Altersvorsorge (vgl. 3). Vorab ist in diesen Fällen stets zu prüfen, ob mit dem nur durch Schuldenaufnahme geschaffenen neuen Wohnwert eine angemessene Rendite erzielt wird, ansonsten ist eine Vermögensumschichtung vorzunehmen.

Rechenbeispiele:
Fall 1:
M und F trennen sich, Erwerbseinkommen M 3000 €; F 1000 € (prägend); M zahlt für in gemeinsamem Eigentum stehende Ehewohnung mit Mietwert 800 € Zinsen von 250 € und Tilgung von 50 €. Der Wert einer angemessenen kleineren Wohnung für eine Person (2½ Zimmer) beläuft sich auf 500. Ein Scheidungsverfahren ist noch nicht rechtshängig.
a) M bleibt in Wohnung
b) F bleibt in Wohnung
Lösung (nach Additionsmethode):
Da Trennungsunterhalt, ist zunächst der angemessene Wohnwert von 500 € und nicht die objektive Marktmiete anzusetzen. Für die Bedarfsermittlung ist dieser Wohnwert jeweils um 250 € Zinsen und 50 € Tilgung auf 200 € zu kürzen.
a) M bleibt in Ehewohnung:
Nach SüdL mit $^{1}/_{10}$
1) Bedarf: $^{1}/_{2} \times (^{9}/_{10} \times 3000 + 200 + ^{9}/_{10} \times 1000) = 1900$
2) Höhe: $1900 - ^{9}/_{10} \times 1000 = 1000$
Leistungsfähigkeit M gegeben, da mietfrei = 200 € wohnt und ihm 2200 € verbleiben (3000 + 200 − 1000), d. h. die Hälfte des Bedarfs einschließlich seines Erwerbstätigenbonus und sein Ehegattenmindestselbstbehalt von 1000 € gewahrt ist.
Nach DT mit $^{1}/_{7}$
1) Bedarf: $^{1}/_{2} \times (^{6}/_{7} \times 3000 + 200 + ^{6}/_{7} \times 1000) = 1814$
2) Höhe: $1814 - ^{6}/_{7} \times 1000 = 957$
Leistungsfähigkeit M gegeben, da mietfrei = 200 € wohnt und ihm 2243 € verbleiben (3000 + 200 − 957), d. h. die Hälfte des Bedarfs einschließlich seines Erwerbstätigenbonus und sein Ehegattenmindestselbstbehalt von 1000 € gewahrt bleibt.
b) F bleibt in Ehewohnung:
Wohnwert für Bedarf 200 €, für Bedürftigkeit (= Höhe) 500 €, da M Kredit zahlt
Nach SüdL mit $^{1}/_{10}$
1) Bedarf: $^{1}/_{2} \times (^{9}/_{10} \times 3000 + 200 + ^{9}/_{10} \times 1000) = 1900$
2) Höhe: $1900 - (^{9}/_{10} \times 1000 + 500) = 500$
Leistungsfähigkeit M gegeben, da ihm weiterhin 2200 € (3000 − 250 − 50 − 500) bleiben, d. h. die Hälfte des Bedarfs einschließlich seines Erwerbstätigenbonus und sein Ehegattenmindestselbstbehalt von 1000 € gewahrt ist.
Nach DT mit $^{1}/_{7}$
1) Bedarf: $^{1}/_{2} \times (^{6}/_{7} \times 3000 + 200 + ^{6}/_{7} \times 1000) = 1814$
2) Höhe: $1814 - (^{6}/_{7} \times 1000 + 500) = 457$

Leistungsfähigkeit M gegeben, da ihm weiterhin 2243 € (3000 − 250 − 50 − 457) bleiben, d. h. die Hälfte des Bedarfs einschließlich seines Erwerbstätigenbonus und sein Ehegattenmindestselbstbehalt von 1000 € gewahrt ist.

Hinweis: Im Ergebnis wird die Abzahlung des Kredits so gewertet, wie wenn er von beiden Eheleuten zu gleichen Teilen geleistet wurde.

Fall 2:

M und F werden geschieden. M hat ein Erwerbseinkommen von 3000 €, F von 1000 €. Die objektive Marktmiete beträgt 1000 €, die Zinsen 300 € und die Tilgung 100 €.

a) M bleibt in der Ehewohnung (Miteigentum) und zahlt Zins und Tilgung

b) F bleibt in der Ehewohnung und zahlt alles ab

c) F bleibt in der Ehewohnung, M zahlt Zins und Tilgung

d) F bleibt in der Ehewohnung und zahlt $1/2$ Zins und Tilgung, M zahlt die andere Hälfte des Kredits.

Lösung:

Wohnwert jeweils nach objektiver Marktmiete

a) M bleibt in Ehewohnung:

Wohnwert: $1000 − 300 − 100 = 600$

Unterhalt:

Lösung nach SüdL mit $1/10$

1) Bedarf: $1/2 \times (9/10 \times 3000 + 600 + 9/10 \times 1000) = 2100$

2) Höhe: $2100 − 9/10 \times 1000 = 1200$

Leistungsfähigkeit M gegeben, da mietfrei (= 600 €) wohnt und ihm daher 2400 € verbleiben (3000 + 600 − 1200), d. h. die Hälfte des Bedarfs einschließlich seines Erwerbstätigenbonus und der Ehegattenmindestselbstbehalt von 1000 € gewahrt ist.

Lösung nach DT mit $1/7$

1) Bedarf: $1/2 \times (6/7 \times 3000 + 600 + 6/7 \times 1000) = 2014$

2) Höhe: $2014 − 6/7 \times 1000 = 1157$

Leistungsfähigkeit M gegeben, da mietfrei (= 600 €) wohnt und ihm daher 2443 € verbleiben (3000 + 600 − 1157), d. h. die Hälfte des Bedarfs einschließlich seines Erwerbstätigenbonus und der Ehegattenmindestselbstbehalt von 1000 € gewahrt ist.

b) F bleibt in Ehewohnung:

Wohnwert wie a

Unterhalt:

Lösung nach SüdL mit $1/10$

1) Bedarf: $1/2 \times (9/10 \times 3000 + 600 + 9/10 \times 1000) = 2100$

2) Höhe: $2100 − (9/10 \times 1000 + 600) = 600$

Leistungsfähigkeit M gegeben, da ihm 2400 € verbleiben (3000 − 600), d. h. die Hälfte des Bedarfs einschließlich seines Erwerbstätigenbonus und der Ehegattenmindestselbstbehalt von 1000 € gewahrt ist.

Lösung nach DT mit $1/7$

1) Bedarf: $1/2 \times (6/7 \times 3000 + 600 + 6/7 \times 1000) = 2014$

2) Höhe: $2014 − (6/7 \times 1000 + 600) = 557$

Leistungsfähigkeit M gegeben, da ihm 2443 € verbleiben (3000 − 557) d. h. die Hälfte des Bedarfs einschließlich seines Erwerbstätigenbonus und der Ehegattenmindestselbstbehalt von 1000 € gewahrt ist.

c) F bleibt in Ehewohnung, M zahlt ab:

Wohnwert für Bedarf 600, für Höhe 1000

Unterhalt:

Lösung nach SüdL mit $1/10$

1) Bedarf: $1/2 \times (9/10 \times 3000 + 600 + 9/10 \times 1000) = 2100$

2) Höhe: $2100 − (9/10 \times 1000 + 1000) = 200$

Leistungsfähigkeit M gegeben, da ihm auch hier 2400 € verbleiben (3000 − 300 − 100 − 200), vgl. a.

Lösung nach DT mit $1/7$

1) Bedarf: $1/2 \times (6/7 \times 3000 + 600 + 6/7 \times 1000) = 2014$

2) Höhe: $2014 − (6/7 \times 1000 + 1000) = 157$

Leistungsfähigkeit M gegeben, da ihm auch hier 2443 € verbleiben (3000 − 300 − 100 − 157), vgl. a. Der Unterhalt der F kürzt sich jeweils genau in Höhe der von M übernommenen Abzahlung der gemeinsamen Schuld (vgl. b)

d) F bleibt in Ehewohnung und zahlt $1/2$ Zins + $1/2$ Tilgung:

Wohnwert für Bedarf 600, für Höhe $1000 − 150 − 50 = 800$

Unterhalt:

Lösung nach SüdL mit $^1/_{10}$

1) Bedarf: $^1/_2 \times (^9/_{10} \times 3000 + 600 + {}^9/_{10} \times 1000) = 2100$
2) Höhe: $2100 - (^9/_{10} \times 1000 + 800) = 400$

Leistungsfähigkeit M gegeben, da ihm weiterhin 2400 € verbleiben $(3000 - 150 - 50 - 400)$, vgl. a.

Lösung nach DT mit $^1/_7$

1) Bedarf: $^1/_2 \times (^6/_7 \times 3000 + 600 + {}^6/_7 \times 1000) = 2014$
2) Höhe: $2014 - (^6/_7 \times 1000 + 800) = 357$

Leistungsfähigkeit M gegeben, da ihm weiterhin 2443 € verbleiben $(3000 - 150 - 50 - 357)$, vgl. a.
Der Unterhalt der F kürzt sich wiederum im Verhältnis der von M weiterhin geleisteten Abzahlung (vgl. b)

Fall 3

M hat ein prägendes bereinigtes Nettoeinkommen aus Erwerbstätigkeit von 3000 €, F von 1400 €. F arbeitet im öffentlichen Dienst und hat dort eine Zusatzaltersversorgung von 4% ihres Bruttoeinkommens. Die Parteien lebten mietfrei im Eigenheim, das F gehört, und trennen sich. Die objektive Marktmiete der 100 qm großen 4-Zimmerwohnung beläuft sich auf 1000 €, der Wert einer angemessenen kleineren Wohnung für eine Person (2 $^1/_2$-Zimmer) 600 €. Für die Wohnung sind von F noch mtl. 300 € (200 € Zinsen, 100 € Tilgung) abzuzahlen. F bleibt nach der Trennung in ihrer Wohnung und verlangt Unterhalt. Welchen Anspruch hat F
a) ab der Trennung?
b) ab Rechtshängigkeit des Scheidungsverfahrens?
c) ab Scheidung, wenn die kinderlose Ehe 7 Jahre dauerte?

Lösung:

Zu a)

§ 1361 BGB
Der Wohnwert ist zunächst beim Trennungsunterhalt, da regelmäßig eine Vermietung nicht zumutbar ist, mit einem angemessenen Betrag für geschätzte Wohnkosten einer kleineren Wohnung und damit mit 600 € anzusetzen. Die objektive Marktmiete bleibt außer Betracht. Hiervon sind nicht nur die Zinsen, sondern auch die Tilgung als einseitige Vermögensbildung abzuziehen, da M über den Zugewinn noch an der Vermögensbildung von F partizipiert.
Der Restwohnwert beträgt damit 300 € $(600 - 200 - 100)$.

Nach SüdL mit $^1/_{10}$:

Bedarf: $^1/_2 \times (^9/_{10} \times 3000 + {}^9/_{10} \times 1400 + 300) = 2130$
Höhe: $2130 - (^9/_{10} \times 1400 + 300) = 570$

Nach DT mit $^1/_7$:

Bedarf: $^1/_2 \times (^6/_7 \times 3000 + {}^6/_7 \times 1400 + 300) = 2036$
Höhe: $2036 - (^6/_7 \times 1400 + 300) = 536$

Zu b:

Ab Rechtshängigkeit des Scheidungsverfahrens ist mit einer Wiederherstellung der ehelichen Lebensgemeinschaft nicht mehr zu rechnen und damit als Wohnwert die Marktmiete einzusetzen. Außerdem kann ab Rechtshängigkeit beim Wohnwert die Tilgung als einseitige Vermögensbildung nicht mehr berücksichtigt werden. Bei der Tilgung handelt es sich auch um keine zulässige Altersvorsorge. Der Restwohnwert beträgt nunmehr 800 € (1000–200).

Nach SüdL mit $^1/_{10}$:

Bedarf: $^1/_2 \times (^9/_{10} \times 3000 + {}^9/_{10} \times 1400 + 800) = 2380$
Höhe: $2380 - (^9/_{10} \times 1400 + 800) = 320$

Nach DT mit $^1/_7$:

Bedarf: $^1/_2 \times (^6/_7 \times 3000 + {}^6/_7 \times 1400 + 800) = 2286$
Höhe: $2286 - (^6/_7 \times 1400 + 800) = 286$

Zu c:

§ 1573 II BGB
Wohnwert: Objektive Marktmiete, da Vermietung zumutbar ist, gekürzt nur um die Zinsen, nicht die Tilgung als einseitige Vermögensbildung: $1000 - 200 = 800$; Berechnung damit wie b.
Wegen der kurzen Ehedauer wäre dieser Anspruch nach § 1578 b BGB zeitlich zu begrenzen (Einzelfallfrage).

5. Abzug von Hausschulden, die den Wohnwert übersteigen, vom sonstigen Einkommen

354   Sind die berücksichtigungswürdigen Hausschulden bei einer im **Miteigentum** stehenden Immobilie höher als der prägende Wohnwert, so entfällt für die Bedarfsermittlung die

Zurechnung eines Wohnvorteils.[144] Der Hausbewohner erbringt für das Wohnen eine höhere Gegenleistung als der Mieter eines vergleichbaren Wohnobjektes.

Es ist dann zusätzlich zu prüfen, ob, in welchem Umfang und in welcher Weise der den Wohnwert übersteigende Mehrbetrag der Hausschulden berücksichtigungsfähig ist. Bis zur Höhe des Wohnwertes erfolgt kein einkommensmindernder Abzug.[145]

Bei **Alleineigentum** eines prägenden Wohnwertes ist bei gesetzlichem Güterstand zusätzlich zu differenzieren zwischen der Zeit bis zur Rechtshängigkeit des Scheidungsverfahrens und ab Rechtshängiget (vgl. Rn. 349). Außerdem ist bei der Tilgung vorab zu prüfen, ob und in welcher Höhe es sich um eine zulässige Altersvorsorge handelt (vgl. Rn 597 b, 598 a). Zur Überschuldung vgl. auch Rn. 652 ff. **355**

Im Einzelnen sind folgende Umstände bedeutsam:

- Die Verbindlichkeiten müssen **ehebedingt** sein, d. h. aus der Zeit des ehelichen Zusammenlebens stammen und für das Haus verwendet worden sein.[146] **356**

- Die Tilgung berücksichtigungswürdiger Schulden hat im Rahmen eines **vernünftigen** **357** **Tilgungsplanes** in angemessenen Raten zu erfolgen.[147] Soweit möglich, ist die Abzahlung durch Kreditverlängerung zu reduzieren.

- Bei einem in **Miteigentum** stehenden Eigenheim und einer gemeinsamen Schuld der **358** Eheleute sind auch über den Wohnwert hinausgehende Zins- und Tilgungsleistungen aus den oben bereits genannten Gründen beim Bedarf und der Bedürftigkeit/Leistungsfähigkeit zu berücksichtigen (vgl. Rn. 345 ff.). Der Bedarf nach den ehelichen Lebensverhältnissen ist dann ohne Wohnwert und gekürzt um den über den Wohnwert hinausgehenden Schuldenanteil anzusetzen. Dies gilt auch über die Scheidung hinaus bis zur Vermögensauseinandersetzung. Die Berücksichtigung der Abzahlung bewirkt, dass kein Gesamtschuldnerausgleich erfolgt, es sich also weiter um eine gemeinsame Zahlung und gemeinsame Vermögensbildung handelt. Um im Hinblick auf die Gesamtschuld eine Gleichbehandlung der Eheleute zu erreichen, ist die den Wohnwert übersteigende Schuld nicht beim Erwerbseinkommen (und damit bonusmindernd, vgl. Rn. 4/377), sondern als negativer Wohnwert anzusetzen. Dies hat der BGH inzwischen bestätigt.[148] Abzüge sind bei der Einkommensart vorzunehmen, zu der sie gehören. Würde man hingegen die den Wohnwert übersteigende Schuld, wie z. T. vertreten wird, beim Erwerbseinkommen des Pflichtigen abziehen, würde sich dessen Erwerbstätigenbonus entsprechend reduzieren und der Unterhalt des Bedürftigen erhöhen. Dies ist nicht gerechtfertigt, nachdem es um eine gemeinsame Schuldentilgung und Vermögensbildung geht.

- Bei **Alleineigentum** gelten beim gesetzlichen Güterstand bis zur Rechtshängigkeit des **359** Scheidungsverfahrens die gleichen Grundsätze. Ab Rechtshängigkeit ist zu berücksichtigen, dass es sich bei der Tilgung um eine **nicht mehr berücksichtigungsfähige einseitige Vermögensbildung** handelt, die nicht mehr abgezogen werden kann, außer es handelt sich um eine zulässige **Altersvorsorge** (vgl. Rn. 597 b, 598 a). Das Gleiche gilt bei der Gütertrennung ab Trennung, bzw. ab Beginn des Güterstandes. Abzuziehen sind dagegen stets die Zinsen. Übersteigen sie in der Trennungszeit den angemessenen Wohnwert bzw. nach der Scheidung die Marktmiete, entfällt für die Bedarfsermittlung ein Wohnwert (s. oben Rn. 354). Den Wohnwert übersteigende Zinsen sind beim Bedarf als negativer Wohnwert zu berücksichtigen (s. oben Rn. 358), die Tilgung kann nur noch als Altersvorsorge angesetzt werden. Sind die Zinsen niedriger als der Wohnwert, besteht ein Restwohnwert. Bis zur Rechtshängigkeit des Scheidungsverfahrens ist bei der Bedürftigkeit außerdem zu berücksichtigen, dass nach BGH eine Abzugsfähigkeit der Verbindlichkeit nur möglich ist bis zur Höhe des Eigeneinkommens einschließlich Wohnwert (vgl. 348).[149]

---

[144] BGH, FamRZ 1995, 291 = R 487 b; FamRZ 1987, 572, 575
[145] BGH, FamRZ 1987, 572, 575; FamRZ 1984, 358
[146] BGH, FamRZ 1984, 358; FamRZ 1982, 157; FamRZ 1982, 23
[147] BGH, FamRZ 1982, 355; FamRZ 1982, 23
[148] BGH, FamRZ 2007, 879 = R 677 c
[149] BGH, FamRZ 2007, 879 = R 677 e

360 • Wurde das **Anwesen** nach Trennung und Scheidung **veräußert** und dabei alle Schulden getilgt, sind die Zinsen aus dem Erlös als Surrogat des früheren Wohnwertes prägend,[150] auch wenn in der Ehe nur ein negativer Wohnwert vorlag. Denn auch ein über dem Wohnwert liegender Zinserlös ist Surrogat des früheren Wohnwertes.[151] Gerade bei zu hohen Belastungen ist ein Verkauf mit vorzeitiger Ablösung der Kredite eine wirtschaftlich vernünftige Überlegung, der Wegfall der Schuld damit eheprägend (vgl. Rn. 350).[152] Bei Hypothekendarlehen ist allerdings zu beachten, dass bei vorzeitiger Ablösung in der Regel eine sog. Vorfälligkeitsentschädigung anfällt. **Verbleiben** nach Veräußerung des Familienheims noch **Verbindlichkeiten,** die durch den Erlös nicht abgedeckt wurden, handelt es sich bei **Miteigentum** um berücksichtigungsfähige Schulden (s. oben Rn. 358). Bei **Alleineigentum** ist zu beachten, dass keine einseitige Vermögensbildung mehr vorliegt. Deshalb ist eine Gesamtabwägung vorzunehmen, inwieweit eine Berücksichtigungswürdigkeit gegeben ist. Hierbei ist auf die Belange des Pflichtigen und Bedürftigen abzustellen, ferner wann und warum es zu einer einseitigen Vermögensbildung kam. Bei hohem Einkommen wird man regelmäßig zur Berücksichtigungswürdigkeit kommen. Bei beengten Verhältnissen sollte zumindest einschließlich Eigeneinkommen der notwendige Bedarf in Höhe des Mindestselbstbehalts (derzeit 1000 €) gesichert bleiben. Etwas anderes kann gelten, wenn es dadurch zu einer dauerhaften Überschuldung des Pflichtigen kommt.

361 • Bei einem **nichtprägenden Wohnwert** können nur die Zinsen, nicht die Tilgung abgezogen werden (vgl. näher Rn. 351). Übersteigen die Zinsen den Wohnwert, sind sie nur bis zur Höhe des Wohnwertes berücksichtigungsfähig.

362 • **Nicht abgezogen** werden darf aus den gleichen Gründen ein Kredit zur Finanzierung des Zugewinns, durch den die vom Gesetz zugemutete Verwertung des Hauses zum Verkauf abgewendet wurde. Es handelt sich um keine berücksichtigungswürdige Schuld (vgl. Rn. 634). Der Unterhalt darf durch diese Art des Vermögenserhalts (= Vermögensbildung) nicht zu Lasten des anderen Partners verkürzt werden.[153]

Rechenbeispiel:
Fall:
M und F trennen sich. Erwerbseinkommen M 2800 € netto, F 1050 €. M zahlt für die im gemeinsamen Eigentum stehende Ehewohnung mit Mietwert 600 € die Zinsen von 700 € sowie die Tilgung mit 100 € ab. Die geschätzten Wohnkosten für eine angemessenere kleinere Wohnung betragen 400 €.
a) F bleibt in Wohnung und will Trennungsunterhalt; das Scheidungsverfahren ist noch nicht rechtshängig
b) M bleibt in Wohnung, F will Trennungsunterhalt
c) F bleibt in Wohnung und will nachehelichen Unterhalt
d) M bleibt in Wohnung, F will nachehelichen Unterhalt
e) Wie a, aber die Wohnung gehört M, der durch eine Direktversicherung eine Altersvorsorge von 24% hat.
Lösung:
a) F bleibt in Ehewohnung und will Trennungsunterhalt:
Für den Trennungsunterhalt ist als Wohnwert zunächst nur ein angemessener Betrag, hier 400 €, anzusetzen. Die Abzahlungen sind unter Berücksichtigung des mietfreien Wohnens auch bezüglich der Tilgung zu berücksichtigen, da es sich um eine gemeinsame Vermögensbildung handelt. Da es um die Hausschulden geht, sind sie beim Wohnwert abzuziehen und insoweit einen negativen Wohnwert zu bilden.
Der Wohnwert beträgt damit für den Bedarf minus 400 € (400 € – 700 € – 100 €). Bei der Unterhaltshöhe ist er, soweit F in der Wohnung verbleibt, in Höhe von 400 € anzusetzen, da F nichts abzahlt
Berechnung nach SüdL mit $^1/_{10}$
Bedarf: $^1/_2$ ($^9/_{10}$ × 2800 € + $^9/_{10}$ × 1050 € − 400 €) = 1533 €
Höhe: 1533 € − ($^9/_{10}$ × 1050 € + 400 €) = 188 €

---

[150] BGH, FamRZ 2001, 1140 = R 560 b; FamRZ 2001, 986, 991 = R 563 e
[151] BGH, FamRZ 2002, 88 = R 569 b
[152] BGH, NJW 1998, 2821, 2822 = R 525 a
[153] BGH, FamRZ 2000, 950, 952 = R 540 c

Leistungsfähigkeit M gegeben, da M trotz Abzahlung 1813 € verbleiben (2800 € − 700 € − 100 € − 188 €), d. h. die Hälfte des gemeinsamen Einkommens und der Mindestselbstbehalt von 1000 € gewahrt ist.

Berechnung nach DT mit $^1/_7$
Bedarf: $^1/_2$ × ($^6/_7$ × 2800 € + $^6/_7$ × 1050 € − 400 €) = 1450 €
Höhe: 1450 € − ($^6/_7$ × 1050 € + 400 €) = 150 €
Leistungsfähigkeit M gegeben, da M trotz Abzahlung 1850 € verbleiben (2800 € − 700 € − 100 € − 150 €), d. h. die Hälfte des gemeinsamen Einkommens und der Mindestselbstbehalt von 1000 € gewahrt ist.

Hinweis: Ab Rechtshängigkeit des Scheidungsverfahrens Lösung wie c

b) M bleibt in Ehewohnung, F will Trennungsunterhalt:
Wohnwert wie a für Bedarf

Berechnung nach SüdL mit $^1/_{10}$
1. Stufe: $^1/_2$ ($^9/_{10}$ × 2800 € + $^9/_{10}$ × 1050 € − 400 €) = 1533 €
2. Stufe: 1533 € − $^9/_{10}$ × 1050 € = 588 €
Leistungsfähigkeit M gegeben, da M auch hier trotz Abzahlung durch das mietfreie Wohnen 1813 € verbleiben, (2800 € + 400 € − 700 € − 100 € − 588 €), vgl. a.

Berechnung nach DT mit $^1/_7$
1. Stufe: $^1/_2$ × ($^6/_7$ × 2800 € + $^6/_7$ × 1050 € − 400 €) = 1450 €
2. Stufe: 1450 € − $^6/_7$ × 1050 € = 550 €
Leistungsfähigkeit M gegeben, da M auch hier trotz Abzahlung durch das mietfreie Wohnen 1850 € verbleiben (1450 € + 400 € − 700 € − 100 € − 550 €), vgl. a

c) F bleibt in Wohnung und will nachehelichen Unterhalt
Für den nachehelichen Unterhalt ist als Wohnwert die Marktmiete, hier 600 €, anzusetzen, ansonsten wie a. Der Wohnwert beträgt damit für den Bedarf minus 200 € (600 € − 700 € − 100 €). Bei der Unterhaltshöhe ist er, soweit F in der Wohnung verbleibt, in Höhe von 600 € anzusetzen, da F nichts abzahlt

Berechnung nach SüdL mit $^1/_{10}$
Bedarf: $^1/_2$ ($^9/_{10}$ × 2800 € + $^9/_{10}$ × 1050 € − 200 €) = 1633 €
Höhe: 1633 € − ($^9/_{10}$ × 1050 € + 600 €) = 88 €
Leistungsfähigkeit M gegeben, da M trotz Abzahlung 1913 € verbleiben (2800 € − 700 € − 100 € − 88 €), d. h. die Hälfte des gemeinsamen Einkommens und der Mindestselbstbehalt von 1000 € gewahrt ist.

Berechnung nach DT mit $^1/_7$
Bedarf: $^1/_2$ × ($^6/_7$ × 2800 € + $^6/_7$ × 1050 € − 200 €) = 1550 €
Höhe: 1550 € − ($^6/_7$ × 1050 € + 600 €) = 50 €
Leistungsfähigkeit M gegeben, da M trotz Abzahlung 1950 € verbleiben (2800 € − 700 € − 100 € − 150 €), d. h. die Hälfte des gemeinsamen Einkommens und der Mindestselbstbehalt von 1000 € gewahrt ist.

d) M bleibt in Ehewohnung, F will nachehelichen Unterhalt:
Wohnwert wie c für Bedarf

Berechnung nach SüdL mit $^1/_{10}$
1. Stufe: $^1/_2$ ($^9/_{10}$ × 2800 € + $^9/_{10}$ × 1050 € − 200 €) = 1633 €
2. Stufe: 1633 € − $^9/_{10}$ × 1050 € = 688 €
Leistungsfähigkeit M gegeben, da M auch hier trotz Abzahlung durch das mietfreie Wohnen 1913 € verbleiben, (2800 € + 600 € − 700 € − 100 € − 688 €), s. c.

Berechnung nach DT mit $^1/_7$
1. Stufe: $^1/_2$ × ($^6/_7$ × 2800 € + $^6/_7$ × 1050 € − 200 €) = 1550 €
2. Stufe: 1550 € − $^6/_7$ × 1050 € = 650 €
Leistungsfähigkeit M gegeben, da M auch hier trotz Abzahlung 1950 € verbleiben (2800 € + 600 € − 700 € − 100 € − 650 €), s. c.

e) Wie a, aber die Wohnung gehört M
Es ist bei der Berechnung zu differenzieren bis zur Rechtshängigkeit und nach der Rechtshängigkeit. Bis zur Rechtshängigkeit verbleibt es bei der Lösung a, da F noch an der Vermögensbildung des M über den Zugewinnausgleich partizipiert.
Ab Rechtshängigkeit:
Abzuziehen sind nur die Zinsen, nicht die Tilgung als einseitige Vermögensbildung, nachdem sie keine zulässige Altersvorsorge darstellt. Als Wohnwert ist die Marktmiete anzusetzen. Der Wohnwert beträgt damit für den Bedarf minus 100 € (600 − 700).

Berechnung nach SüdL mit $^1/_{10}$
1. Stufe: $^1/_2$ ($^9/_{10}$ × 2800 € + $^9/_{10}$ × 1050 € − 100 €) = 1683 €
2. Stufe: 1683 € − $^9/_{10}$ × 1050 € = 738 €

Leistungsfähigkeit M gegeben, da M durch das mietfreie Wohnen 1962 € verbleiben (2800 € + 600 € – 700 € – 738 €).

Berechnung nach DT mit ¹/₇

1. Stufe: ¹/₂ × (⁶/₇ × 2800 € + ⁶/₇ × 1050 € – 100 €) = 1600 €
2. Stufe: 1600 € – ⁶/₇ × 1050 € = 700 €

Leistungsfähigkeit M gegeben, da M trotz Abzahlung 2000 € verbleiben (2800 + 600 – 700 – 700).

6. Nutzungsentschädigung

362 a   Eine Nutzungsentschädigung kann auf Grund einer richterlichen Entscheidung oder auf Grund einer Vereinbarung der Eheleute anfallen, wenn der ausziehende Ehegatte Eigentümer oder Miteigentümer des Hauses ist. Sie entspricht einem Mietzins für einen Teil des Anwesens. Nach der geänderten Rechtsprechung des BGH ist sie Surrogat des früheren Wohnwertes und damit bei einer Unterhaltsberechnung eheprägend.[154]

363   Bei einem Streit der Eheleute, wer von ihnen zur alleinigen Benutzung einer im Miteigentum oder Alleineigentum stehenden Ehewohnung berechtigt ist, entscheidet der Familienrichter nach § 3 HausratsVO in einem Hausratsverfahren oder nach § 1361 b BGB. Er kann bei der Zuweisung an einen Ehegatten wegen des Alleineigentums oder Miteigentumsteils des anderen Ehegatten ein Nutzungs- oder Mietverhältnis begründen sowie eine Nutzungsentschädigung festlegen.

Bei Nutzung eines Hauses, das dem anderen Ehegatten **allein gehört,** besteht außerhalb eines Verfahrens auf Zuweisung der Ehewohnung nach § 1361 b BGB oder nach § 3 der HausratsVO kein Anspruch gegen den Eigentümer auf Nutzungsregelung. Der andere ist gegen den Willen des Eigentümers zur alleinigen Nutzung nicht berechtigt.

364   Seit der Neufassung des § 1361 b III BGB kann eine Nutzungsentschädigung auch bei freiwilligem Auszug und bei Miteigentum verlangt werden (lex specialis zu § 745 II BGB).

Ein angemessener Ausgleich für die alleinige Benutzung kann darin bestehen, dass der das Haus bewohnende Ehegatte die Kosten des Hauses einschließlich aller Annuitätszahlungen übernimmt, soweit die Kosten in etwa dem Nutzungsentgelt entsprechen und damit ein ausgewogenes Verhältnis besteht.[155] Ein Gesamtschuldnerausgleich kommt dann nicht in Betracht, weil es sich um eine anderweitige Regelung im Sinne des § 426 I BGB handelt.

Eine Neuregelung nach § 1361 b BGB wird erst ab dem Zeitpunkt wirksam, ab dem sie erstmals mit Nachdrücklichkeit verlangt wurde.[156] Eine bloße Zahlungsaufforderung reicht dazu nicht aus. Verlangt ein Ehegatte, der nach der Trennung der Parteien in der beiden gehörenden Ehewohnung allein weiter lebt und wie bisher die Hauskredite weiter bedient, später rückwirkend einen Gesamtschuldnerausgleich nach § 426 I BGB, kann der andere Ehegatte rückwirkend mit einem Anspruch auf Nutzungsentschädigung aufrechnen.[157]

Bei der Entscheidung über die Höhe der Nutzungsentschädigung sind vom Gericht u. a. zu berücksichtigen der Mietwert des Hauses, Nebenkosten, Zins- und Tilgungsleistungen sowie etwaige zufließende Mieteinnahmen. Da es sich nach der geänderten Rechtsprechung des BGH um ein Surrogat des mietfreien Wohnens in der Ehe handelt, ist es in der Regel angebracht, bei Miteigentum die Hälfte des Wohnwertes anzusetzen, bei Alleineigentum des nicht mehr im Familienheim lebenden Ehegatten den vollen Wohnwert.

Ein entsprechendes Nutzungsentgelt kann auch ohne gerichtliche Entscheidung vereinbart werden.

Vereinbarten die Parteien bei einem im gemeinsamen Eigentum stehenden Familienheim neben dem Barunterhalt, dass ein Ehegatte auch nach der Scheidung mit den Kindern **weiterhin das Eigenheim bewohnen darf,** handelt es sich bei der zur Verfügung gestellten Nutzung der gemeinsamen Immobilie um einen neben der Geldrente geleisteten **Naturalunterhalt.**[158] Für nach dem 1. 1. 2008 geschlossene Vereinbarungen muss dabei zur

---

[154] BGH, FamRZ 2005, 1817 = R 632 h
[155] BGH, FamRZ 1986, 436; FamRZ 1986, 881
[156] BGH, FamRZ 1995, 216 = R 485B a; FamRZ 1993, 676
[157] BGH, FamRZ 1993, 676
[158] BGH, FamRZ 1997, 484, 486 = R 508

Wirksamkeit die nach der **Neufassung des § 1585 c BGB** notwendige **Form** gewahrt sein. Auch wenn § 1585 BGB beim nachehelichen Unterhalt grundsätzlich eine Geldrente vorsieht, kann nach § 1585 c BGB diese Art der Unterhaltsleistung vereinbart werden.[159] Darin liegt zugleich eine Neuregelung der Nutzung und Verwaltung, wobei ein an sich höherer Unterhaltsanspruch durch die alleinige Nutzung der gemeinsamen Immobilie kompensiert wird. Veräußert der Ausziehende später seinen Miteigentumsanteil an einen Dritten, und muss der im Anwesen Verbleibende an den Dritten eine Nutzungsentschädigung zahlen, muss ihn der Ausziehende unterhaltsrechtlich von dieser Nutzungsentschädigung freistellen.[160]

Im Ergebnis liegt bei Nutzung des Miteigentums des Ehegatten, auch wenn dies unterhaltsrechtlich berücksichtigt wurde, immer eine Naturalleistung in Höhe des halben Wohnwertes vor; bei Durchführung des **Realsplittings** kann dies deshalb statt oder neben dem Barunterhalt als Sonderausgabe gemäß § 10 I 1 EStG angesetzt werden.[161]

Soweit im **Unterhaltsverfahren** ein Wohnwert einkommenserhöhend berücksichtigt **364 a** wurde, kommt daneben keine Nutzungsentschädigung mehr nach §§ 1361 b BGB, 3 HausrVO in Betracht.[162] Ansonsten würde ein Verstoß gegen das **Verbot der Doppelverwertung** vorliegen (vgl. näher Rn. 4/228).[163] Wie oben bereits ausgeführt wurde, ist die Nutzungsentschädigung insoweit unterhaltsrechtlich bereits kompensiert.[164] Denn der im Unterhaltsverfahren angesetzte Wohnwert beinhaltet bereits eine Regelung über den Nutzungswert des dem Ausziehenden gehörenden, aber vom anderen Ehegatten genutzten Miteigentums. Dies gilt nicht nur bei einem Wohnwert nach der objektiven Marktmiete, sondern auch bei Ansatz des angemessenen Wohnwertes in der Trennungszeit, da auch insoweit über den Gebrauchswert der gesamten Wohnung entschieden wurde.[165] Der ausziehende bzw. verbleibende Ehegatte wird dadurch nicht schlechter gestellt, soweit die Nutzungsentschädigung dem Wohnwert entspricht (s. oben Rn. 364).

Rechenbeispiele: **364 b**
M und F werden geschieden. Erwerbseinkommen M 2000 €, F 1000 € (prägend). Der Mietwert der gemeinsamen Ehewohnung beträgt 700 €. F beantragt nachehelichen Unterhalt.
a) M bleibt in der Ehewohnung.
b) M bleibt in der Ehewohnung und zahlt F eine Nutzungsentschädigung von 350 €.
c) F bleibt in der Ehewohnung.
d) F bleibt in der Ehewohnung und zahlt M eine Nutzungsentschädigung von 350 €.
Lösung (nach der Additionsmethode):
a) M bleibt in Ehewohnung:
Nach SüdL mit $^1/_{10}$
Bedarf: $^1/_2 \times (^9/_{10} \times 2000 + ^9/_{10} \times 1000 + 700) = 1700$
Höhe: $1700 ./. ^9/_{10} \times 1000 = 800$
M verbleiben damit einschließlich des Wohnwertes 1900 € (2000 + 700 ./. 800), F 1800 € (1000 + 800).
Nach DT mit $^1/_7$
Bedarf: $^1/_2 \times (^6/_7 \times 2000 + ^6/_7 \times 1000 + 700) = 1636$
Höhe: $1636 ./. ^6/_7 \times 1000 = 778$
M verbleiben damit einschließlich des Wohnwertes 1922 € (2000 + 700 ./. 778), F 1778 € (1000 + 778).
b) M bleibt in Ehewohnung und zahlt Nutzungsentschädigung:
Nach SüdL mit $^1/_{10}$
Bedarf: $^1/_2 \times (^9/_{10} \times 2000 + ^9/_{10} \times 1000 + 700) = 1700$
Höhe: $1700 ./. (^9/_{10} \times 1000 + 350) = 450$
M verbleiben damit einschließlich des Wohnwertes 1900 € (2000 + 700 ./. 350 ./. 450), F 1800 € (1000 + 350 + 450).

---

[159] BGB a. a. O.
[160] BGH a. a. O.
[161] BFH, FamRZ 2000, 1360
[162] BGH, FamRZ 2003, 432 = R 583; FamRZ 1994, 1100, 1102 = R 482 b
[163] BGH, FamRZ 2003, 432 = R 583
[164] BGH, FamRZ 1997, 484, 486 = R 508
[165] Gerhardt, FamRZ 1993, 1139, 1141

Nach DT mit $^1/_7$

Bedarf: $^1/_2 \times (^6/_7 \times 2000 + {}^6/_7 \times 1000 + 700) = 1636$

Höhe: 1636 ./. ($^6/_7 \times 1000 + 350$) = 428

M verbleiben damit einschließlich des Wohnwertes weiterhin 1922 € (2000 + 700 ./.350 ./. 428),
F 1778 € (1000 + 350 +428).

c) F bleibt in Ehewohnung:

Nach SüdL mit $^1/_{10}$

Bedarf: $^1/_2 \times (^9/_{10} \times 2000 + {}^9/_{10} \times 1000 + 700) = 1700$

Höhe: 1700 ./. ($^9/_{10} \times 1000 + 700$) = 100

M verbleiben damit 1900 € (2000 ./. 100), F einschließlich des Wohnwertes 1800 € (1000 + 700 + 100).

Nach DT mit $^1/_7$

Bedarf: $^1/_2 \times (^6/_7 \times 2000 + {}^6/_7 \times 1000 + 700) = 1636$

Höhe: 1636 ./. ($^6/_7 \times 1000 + 700$) = 78

M verbleiben damit weiterhin 1922 € (2000 ./. 78), F einschließlich des Wohnwertes 1778 € (1000 + 700 +78).

d) F bleibt in Ehewohnung und zahlt Nutzungsentschädigung:

Beim Bedarf verbleibt es beim Wohnwert von 700, bei der Bedürftigkeitsstufe (= Höhe) ist bei F dagegen nur der um die Nutzungsentschädigung als Belastung gekürzte Wohnwert von 350 € (700 ./. 350) anzusetzen

Nach SüdL mit $^1/_{10}$

Bedarf: $^1/_2 \times (^9/_{10} \times 2000 + {}^9/_{10} \times 1000 + 700) = 1700$

Höhe: 1700 ./. ($^9/_{10} \times 1000 + 350$) = 450

M verbleiben damit 1900 € (2000 + 330 ./. 450), F einschließlich des Wohnwertes 1800 € (1000 + 350 + 450).

Nach DT mit $^1/_7$

Bedarf: $^1/_2 \times (^6/_7 \times 2000 + {}^6/_7 \times 1000 + 700) = 1636$

Höhe: 1636 ./. ($^6/_7 \times 1000 + 350$) = 428

M verbleiben damit weiterhin 1922 € (2000 + 350 ./. 428), F einschließlich des Wohnwertes 1778 € (1000 + 350 + 428).

7. Unterhaltsrechtliche Auswirkung eines Wohnvorteils beim Ehegattenunterhalt

365 **a) Wohnvorteil und Bedarfsbemessung.** Im Rahmen der Bedarfsbemessung (§§ 1361, 1578 BGB) zählt der Wohnvorteil (= Differenz zwischen Wohnwert und abzugsfähigen Hauskosten) zu den die ehelichen Lebensverhältnisse **prägenden Einkünften,** wenn die Eheleute bis zur Trennung ein eigenes Haus oder eine Eigentumswohnung (Allein- oder Miteigentum) bewohnt haben.[166]

365 a • Für diese Beurteilung als prägend ist der Lebenszuschnitt maßgeblich, den die Eheleute während der Zeit des Zusammenlebens in der Ehe (= bis zur Trennung) durch ihre Leistungen begründet haben.[167]

366 • **Prägend** ist dabei der Wohnwert, der nach Abzug von verbrauchsunabhängigen Nebenkosten, die üblicherweise nicht auf einen Mieter umgelegt werden, Instandhaltungskosten sowie bei Trennung/Scheidung noch zu zahlenden Abzahlungen (Zins und Tilgung) verbleibt, da die Eheleute nur in dieser Höhe billiger als ein Mieter wohnten[168] (vgl. Rn. 334 ff.). Er bemisst sich in der Trennungszeit zunächst nach einem angemessenen Wert, ab Rechtshängigkeit des Scheidungsverfahrens und nach der Scheidung nach der objektiven Marktmiete (vgl. Rn. 317 ff.). Auch wenn durch den Ansatz eines angemessenen Wohnwertes der Bedarf während der Trennungszeit dadurch aus Billigkeitsgründen niedriger ausfällt als bei Ansatz der objektiven Marktmiete, ist dies hinzunehmen. Denn die ehelichen Lebensverhältnisse verwirklichen sich nach der Trennung der Parteien in

---

[166] BGH, FamRZ 2007, 879 = R 677 a; FamRZ 2005, 1817 = R 632 g; FamRZ 2003, 1179 = R 592 a; FamRZ 2001, 1140, 1143 = R 560 b; FamRZ 2001, 986, 991 = R 563 e; FamRZ 2000, 950, 952 = R 540 a; FamRZ 1998, 87 = R 516 a

[167] BGH, FamRZ 2007, 879 = R 677 a; NJW 1998, 2821 = R 525 f

[168] BGH, FamRZ 2007, 879 = R 677 a; FamRZ 2003, 1179 = R 592 a; FamRZ 2000, 950, 951 = R 540 a; FamRZ 1998, 87 = R 516 a; NJW 1998, 2821, 2823 = R 525 e

Form eines entsprechend geringer anzusetzenden Gebrauchsvorteils als bedarfsprägend.[169] Dies gilt nicht, wenn die Endgültigkeit der Trennung feststeht, z. B. ab Rechtshängigkeit des Scheidungsverfahrens, durch einen Ehevertrag in der Trennungszeit mit Gütertrennung oder bei einer Trennung über drei Jahre (vgl. Rn. 317).[170] Im Ergebnis geht es insoweit nur um eine Bewertungsfrage unter Berücksichtigung der vorhandenen Barmittel für einen Zeitraum, in dem eine Vermögensverwertung/-umschichtung des durch den Auszug des Ehepartners entstandenen sog. toten Kapitals noch nicht verlangt werden kann, um eine Versöhnung der Eheleute nicht zu erschweren. Es bleibt aber beim Grundsatz, dass die ehelichen Lebensverhältnisse durch mietfreies Wohnen geprägt wurden.

- Haben die Eheleute in der Ehezeit zwei Immobilien als Familienheim genutzt, sind beide **366 a** Wohnwerte eheprägend. Dies ist vor allem zu beachten, wenn die Eheleute nach der Trennung jeweils eine der Wohnungen nutzen.

- Ein eheprägendes mietfreies Wohnen liegt auch vor, wenn den Eheleuten in der Ehe zwei **366 b** Wohnungen gehörten, wovon sie eine bewohnten und die andere vermieteten, das Mietverhältnis wegen der Trennung gekündigt wurde und diese Wohnung dann von dem aus dem Familienheim ausziehenden Ehegatten genutzt wird. Denn das mietfreie Wohnen ist dann **Surrogat** der früheren prägenden Mieteinkünfte.

- **Wohnen beide Eheleute** nach der Trennung zunächst noch **weiter im Eigenheim,** ist **366 c** der Wohnwert beim Bedarf als eheprägend zu berücksichtigen, auch wenn er sich bei der Unterhaltsberechnung im Ergebnis als wertneutral auswirkt, da er dann auf der Bedürftigkeitsstufe zur Hälfte anzurechnen ist. Es ist jedoch zu beachten, dass sich der Bedarf dadurch erhöht. Außerdem wird dadurch berücksichtigt, wer Hausschulden abzahlt (vgl. Rn. 342 ff.).

- Wohnt bei zwei **gleichrangigen** bedürftigen **Ehegatten** der **Pflichtige** in der ersten **366 d** und zweiten Ehe mietfrei, ist die Marktmiete als Wohnwert anzusetzen. Der Ausgleich in der zweiten Ehe, dass dort bei Zusammenleben der Eheleute an sich nur der angemessene Wohnwert anzusetzen wäre, wird durch die Ersparnis aus dem Zusammenleben ausgeglichen, zumal bei Zusammenleben noch kein totes Kapital entsteht und es damit auf den tatsächlichen Wohnwert ankommt. Entsprechendes gilt für den Bedürftigen, der mietfrei wohnt. Wohnt der Pflichtige nur in der zweiten Ehe mietfrei, ist dieser Wohnwert gegenüber dem ersten Ehegatten nichtprägend. Zur Berechnung bei nichtprägenden Einkünften vgl. Rn. 4/395.

- Wird das gemeinsame Familienheim nach Trennung/Scheidung veräußert und aus dem **366 e** Erlös eine neue Immobilie angeschafft, ist der neue Wohnwert als Surrogat des früheren mietfreien Wohnens eheprägend (näher Rn. 382 ff.).[171] Zur Übernahme der Haushälfte des anderen Ehegatten näher Rn. 394.

- Das Gleiche gilt, wenn der Wohnwert Surrogat sonstiger eheprägender Einkünfte ist, z. B. **366 f** von prägenden Kapital- oder Mieteinkünften oder aus dem eheprägenden Zugewinnausgleich angeschafft wurde (vgl. hierzu Rn. 395).

- Die ehelichen Lebensverhältnisse werden **nicht geprägt** durch ein Haus, das von den **367** Eheleuten zwar als Ehewohnung geplant, aber nicht gemeinsam bewohnt wurde, weil es bei Trennung erst im Rohbau fertiggestellt war.[172]

- Ein Wohnvorteil ist **nichtprägend,** wenn ein Ehegatte das Haus oder die Ehewohnung **367 a** erst **nach der Trennung/Scheidung** mit nicht prägenden Mitteln, z. B. einer Erbschaft, einem Lottogewinn oder nach der Trennung aufgebauten Ersparnissen, erworben und bezogen hat.[173]

---

[169] BGH, FamRZ 2000, 351, 353 = R 538 b; NJW 1998, 2821, 2823 = R 525 e

[170] BGH, FamRZ 2008, 963 = R 692 b, c

[171] BGH, FamRZ 2006, 387 = R 643 f; FamRZ 2005, 1159 = R 623 b, c; FamRZ 2001, 1140, 1143 = R 560 b; FamRZ 2001, 986, 991 = R 563 e

[172] BGH, FamRZ 1988, 145

[173] BGH, FamRZ 1988, 1031

367 b   •   Kein eheprägender Wohnwert ist anzusetzen, wenn die Eheleute in der Ehe mietfrei und ohne Gegenleistung in einer Immobilie der Eltern oder eines nahen Angehörigen lebten (vgl. Rn. 312 a).

368   **Entfallen** für einen Ehepartner infolge seines Auszugs bei Trennung die **Nutzungen des Hauses,** so hat dieser Ausfall der Nutzungen **keinen Einfluss** auf die Beurteilung der prägenden ehelichen Lebensverhältnisse, weil der bedürftige Ehegatte nach der Intention des Gesetzes vor einem sozialen Abstieg infolge der Scheidung bewahrt werden soll.[174] Der Wohnwert bleibt prägend erhalten, während der Trennungszeit zunächst in Höhe eines angemessenen Wertes, ab Rechtshängigkeit des Scheidungsverfahrens und nach Scheidung in Höhe der objektiven Marktmiete. Am besten lässt sich dies nach der Additionsmethode darstellen, da dort klar erkennbar ist, dass es für die Bedarfsermittlung nicht darauf ankommt, wer nach Trennung/Scheidung im Familienheim bleibt, sondern nur, dass ein eheprägender Wohnwert vorhanden ist (vgl. Beispiele Rn. 330).

Wird das Familienheim veräußert, setzt sich der frühere Wohnwert nur noch in Höhe der Nutzungen am Erlös als Surrogat fort (näher Rn. 382 ff.).

Nutzungen der Ehewohnung, die der ausziehende Ehegatte nicht mehr ziehen kann, bleiben bei dem **auf den Bedarf** nach den ehelichen Lebensverhältnissen **anzurechnenden Einkommen** des Berechtigten, bzw. der Leistungsfähigkeit des Pflichtigen **außer Betracht,** d. h. dem **Ausziehenden** ist nach §§ 1577 I, 1581 BGB **kein Wohnvorteil** zuzurechnen. Dabei kommt es auf die Gründe der Trennung nicht an. Ein Ehegatte führt nicht dadurch mutwillig seine Bedürftigkeit herbei, dass er aus der Ehewohnung auszieht. Das gilt in gleicher Weise für den Verpflichteten und den Berechtigten.[175]

369   **b) Wohnvorteil und Bedürftigkeit des Berechtigten.** Hat der **Berechtigte** nach der Trennung weiterhin einen **prägenden Wohnvorteil,** weil er in der Ehewohnung verbleibt, **kürzt** dieser seinen sich aus den ehelichen Lebensverhältnissen ergebenden **Bedarf** (§ 1577 I BGB). Er ist beim Trennungsunterhalt zunächst auf einen angemessenen Wert zu begrenzen, soweit er auch bei der Bedarfsermittlung nur mit einem angemessenen Wert angesetzt wurde,[176] ab Rechtshängigkeit des Scheidungsverfahrens und beim nachehelichen Unterhalt richtet er sich bei Bedarf und Bedürftigkeit nach der objektiven Marktmiete (vgl. Rn. 317 ff.). Der **prägende Wohnwert** ist also vom **Wertansatz** bei der Ermittlung des Bedarfs und des auf diesen Bedarf anzurechnenden Einkommens des Berechtigten (= Unterhaltshöhe) stets **identisch**[177] (vgl. Rn. 329, 365). Die **tatsächlich anzurechnende Wohnwerthöhe** kann jedoch differieren. Denn bei den zum Zeitpunkt der Trennung auf das Eigenheim noch zu leistenden Abzahlungen ist zwischen Bedarfsermittlung und anzurechnendem Einkommen zu unterscheiden. Bei der Ermittlung des Bedarfs sind sie bei Miteigentum in vollem Umfang zu berücksichtigen (s. oben Rn. 343 ff.), bei Alleineigentum bis zur Rechtshängigkeit des Scheidungsverfahrens, danach nur noch die Zinsen und eine als Altersvorsorge zu berücksichtigende Tilgung (näher Rn. 349). Beim anzurechnenden Einkommen kommt es darauf an, ob und in welcher Höhe sie der Berechtigte nach der Trennung weiterbezahlt, wenn ja ferner, ob es sich um Allein- oder Miteigentum handelt (vgl. Rn. 345 ff.).

369 a   Handelt es sich um einen prägenden Wohnwert aus einem Surrogat früherer prägender Einkünfte (Wohnwert, Mieteinkünfte, Zugewinnausgleich usw.) mit einer neuen und damit nichtprägenden Hausschuld, sind bei Bedarf und Bedürftigkeit/Leistungsfähigkeit nur die Zinsen, nicht die Tilgung als einseitige Vermögensbildung Abzugsposten (vgl. Rn. 351), außer es handelt sich um eine Altersvorsorge.

370   Hat der Berechtigte einen **nichtprägenden Wohnvorteil,** z. B. durch Eigentumserwerb aus Mitteln eines Lottogewinn, einer Abfindung, aus nach der Trennung aufgebauten Ersparnissen, aus Erbschaft oder aus einem neuen dinglichen Wohnrecht, dann mindert dieser Wohnvorteil die Bedürftigkeit ebenfalls, weil der Berechtigte nach § 1577 I BGB alle prägenden und nichtprägenden Einkünfte bedarfsmindernd heranziehen muss.[178] Der nicht-

---

[174] BGH, FamRZ 1986, 437
[175] BGH, FamRZ 1989, 1160, 1162; FamRZ 1986, 434
[176] BGH, NJW 1998, 2821, 2823 = R 525 e
[177] BGH a. a. O.
[178] BGH, FamRZ 1998, 87 = R 516 b; NJW-RR 1988, 1093, 1095

prägende neue Wohnwert ist stets mit der **objektiven Marktmiete** anzusetzen. Werden zum Erwerb der neuen Immobilie Schulden aufgenommen, kürzen nach BGH zwar die **Zinsen,** nicht aber die **Tilgung** als einseitige Vermögensbildung den Wohnwert, da der Unterhalt nicht der Finanzierung der Vermögensbildung des Bedürftigen dient.[179] Es ist aber zu prüfen, ob durch Vermögensumschichtung eine bessere Rendite zu erzielen ist. Letzteres führt vielfach dazu, nur einen ohne Aufnahme von Schulden erzielbarer Wohnwert anzusetzen, bzw. soweit dieser neue Wohnwert im Verhältnis zum eingesetzten Kapital eine zu geringe Rendite erbringt, Zinsen aus dem eingesetzten Kapital (vgl. näher Rn. 393).

Wenn die Parteien in einem früheren Vergleich einen prägenden Wohnvorteil bei der **371** Bedarfsbemessung völlig unberücksichtigt gelassen haben, dann ist auch in einem **Abänderungsverfahren** (§ 323 II ZPO) kein Wohnvorteil zu berücksichtigen. Die sich aus der Präklusion ergebende Einschränkung der Abänderbarkeit ist im Verfahren nach § 323 ZPO zu beachten.[180] Nach ständiger Rechtsprechung des BGH binden auch fehlerhafte Feststellungen, da § 323 ZPO nur der Korrektur fehlgeschlagener Prognosen dient, nicht wie ein Rechtsmittel der Beseitigung von Fehlern.[181] Wurde in einem Vorverfahren der ehenangemessene Bedarf konkret ermittelt und dabei der Wohnbedarf auf 500 € bemessen, so ist ein späterer höherer neuer Wohnvorteil des Berechtigten in Höhe des Mehrwertes auf den Bedarf anzurechnen, wobei der frühere Wohnwert nach Maßgabe der gestiegenen Lebenshaltungskosten fort zuschreiben ist.

Die Bedürftigkeit des Berechtigten wird nicht gemindert, wenn ihm die Eltern oder ein **372** naher Angehöriger **freiwillig und kostenlos** als Sachleistung eine Wohnung zur Verfügung stellen oder ihn in ihre Wohnung unentgeltlich aufnehmen (vgl. Rn. 312 a). Die Anrechenbarkeit solcher Leistungen hängt in solchen Fällen grundsätzlich vom Willen des Zuwendenden ab. Geht dieser Wille, wie in der Regel, dahin, den Berechtigten zu unterstützen, ohne den Verpflichteten von seiner Unterhaltpflicht zu entlasten, ist die Zuwendung nicht mit dem Unterhaltsanspruch zu verrechnen.[182] Eine Ausnahme besteht nur im Mangelfall, da im Mangelfall auch freiwillige Leistungen Dritter als Einkommen angesetzt werden können (näher Rn. 5/71).[183]

Erfolgt die Wohnungsgewährung im Rahmen der **Haushaltsführung für einen neuen Lebensgefährten,** ist in dem für die als vermögenswerter Vorteil anzusetzende Ersparnis das kostenlose Wohnen mit enthalten (vgl. Rn. 4/267 ff.).[184]

Erhält der Berechtigte für die Nutzung seines Miteigentumsanteils oder seines Allein- **373** eigentums gemäß einer Vereinbarung oder einer richterlichen Entscheidung ein Nutzungsentgelt, so mindert diese Zahlung seine Bedürftigkeit und ist auf seinen Bedarf nach den ehelichen Lebensverhältnissen anzurechnen (vgl. Rn. 362 a).

c) Wohnvorteil und Leistungsfähigkeit des Verpflichteten. Bei der Ermittlung der **374** **Leistungsfähigkeit** des Verpflichteten sind wie beim Bedürftigen **alle Einkünfte** heranzuziehen, die diesem zufließen, gleich welcher Art sie sind und auf welcher Grundlage sie sie bezieht[185] (vgl. auch Rn. 4/570). Dazu zählen sowohl alle prägenden Einkünfte, z.B. ein prägender Wohnvorteil, als auch alle nichtprägenden Einkünfte, z.B. ein Wohnvorteil aus einem erst nach der Trennung aus einer Erbschaft erworbenen Haus oder bei Wiederverheiratung das kostenlose Wohnen im Haus des neuen Ehegatten.[186] Zur Höhe eines prägenden oder nichtprägenden Wohnwertes gelten die bereits beim Bedürftigen gemachten Ausführungen (s. oben Rn. 369 ff.).

---

[179] BGH, FamRZ 2000, 950, 951 = R 540 b; FamRZ 1998, 87 = R 516 b; FamRZ 1992, 423 = R 442 b

[180] FamRZ 2007, 793; FamRZ 1990, 269

[181] BGH, FamRZ 2001, 905, 906; FamRZ 2000, 1687

[182] BGH, FamRZ 1980, 40, 42; FamRZ 1980, 879; FamRZ 1985, 584

[183] BGH, FamRZ 1999, 843, 847 = R 533 c

[184] BGH, FamRZ 1995, 343

[185] BGH, FamRZ 1986, 780; FamRZ 1985, 354, 356; FamRZ 1980, 342; FamRZ 1982, 250; FamRZ 1981, 338

[186] BGH, FamRZ 2008, 986 = R 689 j

Bei einem **negativen Wohnwert** ist zu beachten, dass Abzahlungen, die den Wohnwert übersteigen, nicht berücksichtigungsfähig sind, soweit sie dem Mietkostenanteil im Selbstbehalt entsprechen; sie würden ansonsten im Ergebnis doppelt verwertet (vgl. Rn. 402 b).

375   **Nichtprägende Einkünfte des Verpflichteten** sind unterhaltsrechtlich heranzuziehen, wenn eheprägende Belastungen nicht berücksichtigungsfähig sind, z. B. prägende nachrangige Unterhaltslasten im Mangelfall, oder erst nach der Scheidung entstandene nichtprägende neue nachrangige Unterhaltspflichten, z. B. gegenüber den Eltern.

376   Im Rahmen der Leistungsfähigkeit darf dem Verpflichteten – wie beim Berechtigten – nicht leistungserhöhend zugerechnet werden, dass ihn die Eltern oder ein naher Angehöriger unentgeltlich in der Wohnung aufnehmen oder ihm als Sachleistung kostenlos eine Wohnung zur Verfügung stellen. Seine Leistungsfähigkeit erhöht sich dadurch nur, wenn es sich um eine Gegenleistung handelt (s. näher Rn. 312 a, 468 ff.). Eine Ausnahme besteht im Mangelfall; der Selbstbehalt kann dann um den den Selbstbehalt enthaltenen Wohnkostenanteil gekürzt werden.[187] Etwas anderes gilt, wenn der Pflichtige nach Wiederverheiratung in das Haus des neuen Ehepartners zieht, da das mietfreie Wohnen dann Teil des Familienunterhalts nach § 1360 a BGB ist (s. oben Rn. 374).[188]

Nimmt der Pflichtige einen neuen Lebensgefährten mietfrei bei sich auf oder zieht der Pflichtige zu einem neuen Lebensgefährten, liegt durch die jeweilige Ersparnis ein nichtprägendes Einkommen vor, da der Doppelhaushalt billiger ist als der Einzelhaushalt und sich der neue Partner an den Kosten beteiligen kann. Wie der BGH inzwischen entschieden hat, handelt es sich bei der Ersparnis um keine freiwillige Leistung, sondern um eine Folge des Zusammenlebens (näher Rn. 4/266).[188a]

Im Rahmen des § 1581 BGB können bei einer Billigkeitsabwägung auch Kosten, die der Verpflichtete für eine Eigentumswohnung seiner neuen Freundin zahlt, leistungsmindernd berücksichtigt werden, soweit der Verpflichtete in dieser Höhe einen Gegenwert in Form des freien Wohnens erlangt.[189]

377   **d) Wohnvorteil und trennungsbedingter Mehrbedarf.** Durch Trennung und Auszug eines Partners aus dem Familienheim kann ein trennungsbedingter Mehrbedarf entstehen. Dies zeigt sich gerade beim mietfreien Wohnen. Während des Zusammenlebens entfiel auf beide Eheleute der volle Wohnwert in Höhe der Marktmiete, d. h. auf jeden der halbe Wohnwert. Nach der Trennung wird für den im Familienheim verbleibenden Ehegatten aus Billigkeitsgründen nur ein angemessener Wert angesetzt, der aber regelmäßig über dem halben Wohnwert liegt. Da einem Ehepartner der reduzierte Wohnwert nach dem Auszug des Ehegatten allein verbleibt, der Ausziehende dagegen regelmäßig Mietkosten entsprechend diesem angemessenen Wohnwert hat, zeigt sich gerade beim Wohnwert die generelle Problematik des trennungsbedingten Mehrbedarfs und der verfehlte Ansatz nach der früheren Rechtsprechung. Beide Ehepartner haben durch die Trennung erhöhte Kosten, die sich regelmäßig aufheben.

378   Das folgende Beispiel soll dies verdeutlichen, wobei aus Vereinfachungsgründen davon ausgegangen wird, dass M und F Rentner sind.

Beispiel:
M hat ein Nettoeinkommen von 2000 €, F von 1000 €, der Wohnwert beträgt 800 € (Marktmiete).
Solange M und F in der Ehewohnung leben, würde auf jeden die Hälfte des Wohnwertes fallen und sich der Unterhalt der F daher wie folgt berechnen:
Bedarf: 1/2 (2000 + 1000 + 800) = 1900
Höhe: 1900 ./. (1000 + 400) = 500
Durch einen Auszug von M und F ändert sich am festgestellten Bedarf nichts, da aber dem in der Wohnung Verbleibenden der Wohnwert jetzt voll angerechnet wird, ändert sich die Unterhaltshöhe.
M bleibt in der Wohnung:
Höhe: 1900 ./. 1000 = 900

---

[187] OLG Koblenz, FamRZ 2002, 1215; OLG Dresden, FamRZ 1999, 1522
[188] BGH FamRZ 2008, 986 = R 689 j
[188a] BGH, FamRZ 2008, 594 = R 688 b, c
[189] BGH, FamRZ 1982, 898

F bleibt in der Wohnung:
Höhe: 1900 ./. (1000 + 800) = 100
Der Unterhalt verschiebt sich damit durch den Auszug jeweils in Höhe des halben Wohnwertes; im Ergebnis ist dieser Teil des Unterhalts (im Beispiel 400 €) bei gemeinsamem Eigentum eine Nutzungsentschädigung, die über den Unterhalt verrechnet wird, die aber für den im Eigenheim Verbleibenden zugleich einen entsprechenden Mehrbedarf ergibt.

Bei dem im Eigenheim Verbleibenden ist jedoch in der Trennungszeit aus Billigkeitsgründen zunächst nicht die Marktmiete, sondern nur ein angemessener Wohnwert anzusetzen. Dieser wird so berechnet, dass unter Berücksichtigung des toten Kapitals die Miete für eine entsprechend kleinere Wohnung herangezogen wird (vgl. Rn. 318).

Geht man vom obigen Beispiel aus und setzt den angemessenen Wohnwert mit 500 € an, ist die Unterhaltsberechnung daher zu korrigieren, da der eheprägende Wohnwert aus Billigkeitsgründen niedriger angesetzt wird.

F bleibt in der Wohnung:
Bedarf: ½ (2000 + 1000 + 500) = 1750 (statt 1900)
Höhe: 1750 ./. (1000 + 500) = 250
M bleibt in der Wohnung:
Bedarf: wie oben
Höhe: 1750 ./. 1000 = 750

Die trennungsbedingten Mehrkosten des in der Wohnung Verbleibenden werden damit zum Teil bereits durch den aus Billigkeitsgründen reduzierten Wohnwert und die sich daraus ergebende Erhöhung des Unterhalts, wenn der Bedürftige im Eigenheim verbleibt, bzw. Senkung des Unterhalts, wenn der Pflichtige das Familienheim weiter bewohnt, ausgeglichen. Der darüber hinausgehende Betrag kann nicht zugesprochen werden, weil der Wohnwert aus Billigkeitsgründen so angesetzt wurde, dass der ausziehende Ehegatte in gleicher Höhe eine Wohnung anmieten kann. Im Ergebnis haben damit beide Eheleute gegenüber der Ehe gleich hohe Mehrkosten, d. h. der Mehrbedarf neutralisiert sich.

Nach der früheren Rechtsprechung des BGH war ein trennungsbedingter Mehrbedarf des **379** Bedürftigen unterhaltsrechtlich bei der Bedarfsbemessung nur zu berücksichtigen, wenn er geltend gemacht wurde. Soweit nur **prägende** Einkünfte vorhanden waren, wurde mit dem errechneten sog. Quotenunterhalt alles verteilt, so dass kein zusätzlicher trennungsbedingter Mehrbedarf zugesprochen werden konnte.[190] Ein geltend gemachter trennungsbedingter Mehrbedarf des Bedürftigen konnte deshalb nur zum Tragen kommen, wenn zusätzliche Mittel des Bedürftigen oder Pflichtigen vorhanden waren, die bei der Bedarfsbemessung nicht berücksichtigt wurden, weil sie die ehelichen Lebensverhältnisse nicht geprägt hatten.[191]

Nach der geänderten Rechtsprechung des BGH durch die Surrogatslösung können **380** trennungsbedingte Mehrkosten **nicht** mehr **bedarfserhöhend** zugesprochen werden (vgl. Rn. 310 e; 4/169 a; 4/427 ff.).[192] Aus der Begründung seiner Entscheidung ergibt sich eindeutig, dass dies nicht nur gilt, wenn keine zusätzlichen Mittel zu verteilen sind, sondern generell wegen der Surrogatslösung und der dadurch erfolgten Beseitigung der früheren Benachteiligung des den Haushalt führenden Ehegatten. Der trennungsbedingte Mehrbedarf ist im Gegensatz zu sonstigen den Elementarbedarf übersteigenden Mehrkosten, wie Kranken- und Altersvorsorge sowie ausbildungsbedingter Mehrbedarf, im Gesetz nicht verankert (vgl. § 1578 II, III BGB). Er wurde nur entwickelt, um die früheren Härten der bei Hausfrauen angewandten Anrechnungsmethode zu mildern.[193] Nachdem durch die geänderte Rechtsprechung des BGH zu den ehelichen Lebensverhältnissen diese Härten nicht mehr gegeben sind, besteht kein Grund mehr, weiterhin trennungsbedingten Mehrbedarf zuzusprechen.

Ein Teil der Oberlandesgerichte setzt den trennungsbedingten Mehrbedaf weiterhin **381** bedarfserhöhend an, soweit zusätzliche Mittel vorhanden sind. Gegen diese Auslegung des

---

[190] BGH, FamRZ 1995, 343
[191] BGH, FamRZ 1995, 343; FamRZ 1984, 149, 151; FamRZ 1982, 255, 257
[192] BGH; FamRZ 2007, 1303 = R 669b; FamRZ 2004, 1357; vgl. auch Gerhardt, FamRZ 2003, 272; Graba, FamRZ 2002, 857; Büttner, NJW 2001, 3244; für Beibehaltung in eingeschränktem Umfang Borth, FamRZ 2001, 1655
[193] Graba, FamRZ 2002, 857; Luthin, FamRZ 1996, 326

Begriffs der ehelichen Lebensverhältnisse im Sinne der §§ 1361 I, 1578 I BGB bestehen grundsätzliche Bedenken. Mehrkosten, die durch die Trennung entstehen, sind Trennungsfolgen, haben also mit dem ehelichen Standard nichts zu tun. Nachdem das Institut der Ehe in Art. 6 GG geschützt ist, kann der Begriff „eheliche Lebensverhältnisse" nicht dahingehend ausgeweitet werden, dass hierunter auch rein trennungsbedingte Mehrkosten fallen; letzteres wäre nicht eheerhaltend, sondern scheidungsfördernd. Es entspricht auch nicht dem Gerechtigkeitsgebot, dass diese Mehrkosten von einem Ehegatten für den anderen aufzubringen sind, da dies Feststellungen erfordern würde, wer die Trennung verursacht hat. Darauf kommt es aber seit der Einführung des Zerrüttungsprinzips nicht mehr an. Auch der Grundsatz der Eigenverantwortung in § 1569 BGB weist darauf hin, dass trennungsbedingte Mehrkosten selbst zu tragen sind.

Trennungsbedingte Mehrkosten können deshalb nicht mehr bedarfserhöhend angesetzt werden, sondern sind allenfalls noch als **Abzugsposten** zu berücksichtigen, wenn es sich um eine unumgängliche erst nach der Trennung entstandene Verbindlichkeit handelt, die nach der geänderten Rechtsprechung des BGH berücksichtigungswürdig ist (näher Rn 623 a).

8. Wohnvorteil und Unterhalt nach Veräußerung des Familienheims

382   **a) Erlös als Surrogat:** Nach der früheren Rechtsprechung des BGH war bei Veräußerung des Familienheims nach Trennung oder Scheidung der **Wohnvorteil,** der die ehelichen Lebensverhältnisse **geprägt hatte,** festzustellen und als Bestandteil der ehelichen Lebensverhältnisse bei der Ermittlung des Bedarfs fiktiv mit in die Bemessungsgrundlage für den Unterhaltsanspruch einzubeziehen.[194] Auf diese Weise sollte ein sozialer Abstieg des Bedürftigen durch die Veräußerung des Familienheims vermieden werden.

383   Diese Rechtsprechung hat der BGH zeitgleich mit der Änderung seiner Rechtsprechung zur Haushaltsführung in der Ehe entsprechend einer Empfehlung des Arbeitskreises 3 des 13. Deutschen Familiengerichtstages 1999[195] grundlegend geändert.[196] Die **Zinsen aus dem Erlös** oder ein mit dem Erlös angeschaffter **neuer Wohnwert** sind **Surrogat** des früheren Wohnwertes und damit **eheprägend.**[197] Dies gilt auch, wenn die Zinsen aus dem Erlös den früheren Wohnwert **übersteigen.**[198]

384   Die Änderung der Rechtsprechung ist sehr zu begrüßen. Es handelt sich um eine Lösung, die immer schon gangbar war und wesentlich einleuchtender ist. Die frühere Rechtsprechung wurde vom Normalbürger – und auch von vielen Juristen – nicht verstanden, weil bei einem Verkauf des Eigenheimes immer nur die beiderseitigen Erlösanteile verglichen wurden, nicht aber der frühere Wohnwert und der Erlös. Letzterer war in der Praxis selten identisch und konnte im Einzelfall auch zu unbilligen Ergebnissen führen, z. B. wenn der Wohnwert durch Abzahlungen niedrig, der Verkaufserlös dagegen durch teure Grundstückspreise hoch lag. Die Surrogatslösung ist daher auch fairer, da die Parteien das Risiko des Verkaufs teilen. Wie der BGH zu Recht ausgeführt hat, beinhaltet sie auch Abweichungen vom früheren Wohnwert, nachdem der Wert eines Surrogats nicht identisch mit dem abzulösenden Wert sein muss. Beide Eheleute teilen damit das Risiko des durch Beendigung der Ehe notwendigen Verkaufs, nachdem die Immobilie bei Trennung/Scheidung nicht real zwischen ihnen geteilt werden kann. Der Wert hat sich an dem jetzt vorhandenen und nicht zugunsten bzw. zulasten eines Ehegatten an einen früher vorhandenen Nutzungsvorteil zu orientieren. Nur dieses Ergebnis entspricht der Realität. Dies führt aber dazu, die Zinsen in voller Höhe als Surrogat anzusetzen, auch wenn sie den früheren Wohnwert übersteigen.[199]

---

[194] Vgl. z. B. BGH, FamRZ 1998, 87 = R 516 b; FamRZ 1994, 1100, 1102 = R 482 b

[195] Brühler Schriften zum Familienrecht, Bd. 11, 13. Deutscher Familiengerichtstag 1999, Beschlüsse Arbeitskreis 3 zu III

[196] Gerhardt, FamRZ 2003, 414

[197] BGH, FamRZ 2008, 963 = R 692; FamRZ 2006, 387 = R 643 f; FamRZ 2005, 1817 = R 632 g; FamRZ 2005, 1159 = R 623 b, c; FamRZ 2002, 88 = 569 b; FamRZ 2001, 986, 991 = R 563 e; FamRZ 2001, 1140, 1143 = R 560 b

[198] BGH, FamRZ 2002, 88, 91 = R 569 b

[199] BGH, FamRZ 2002, 88 = R 569 b

Letzteres muss auch gelten, wenn im Einzelfall durch hohe Abzahlungen der Wohnwert null oder sogar negativ war, durch einen hohen Immobilienwert nicht nur die Schulden beglichen werden, sondern auch ein Erlös verbleibt. Denn maßgebend für das Surrogat sind allein die derzeitigen Verhältnisse.[200] Es besteht allerdings keine generelle Verpflichtung, wegen der Trennung/Scheidung Vermögen zu veräußern, um eine höhere Rendite und damit höhere Einkünfte zu erzielen.[201] Wenn aber eine Veräußerung des Familienheimes wegen Trennung/Scheidung erfolgen muss, weil eine Teilung in Natur bei gemeinsamem Immobilieneigentum nicht möglich ist bzw. sonstige bei Trennung/Scheidung entstehende finanzielle Belastungen, z. B. durch den Zugewinn, bei Alleineigentum einen Verkauf erfordern, sind die nunmehr gezogenen Nutzungen, i. d. R. Zinsen aus dem Erlös oder ein mit dem Erlös angeschaffter neuer Wohnwert, als tatsächlich vorhandenes Einkommen, für die Unterhaltsbemessung maßgebend.

Für die Praxis ist darauf hinzuweisen, dass sich nach **Veräußerung des gemeinsamen Familienheimes** die **Unterhaltsberechnung ändert.** Während bis dahin der Wohnwert bei der Bedürftigkeit bzw. Leistungsfähigkeit nur bei dem Ehegatten angesetzt wurde, der in der Wohnung verblieb, werden die Zinsen aus dem Erlös als Surrogat bei beiden Ehegatten je zur Hälfte eingestellt.

b) Eigenheim gehört den Ehegatten gemeinsam. Die geänderte Rechtsprechung **385** führt zu wesentlich vereinfachten Lösungen, vor allem im Hauptanwendungsfall, dass das Familienheim beiden Eheleuten gemeinsam gehört und der Erlös geteilt wird. Denn im Ergebnis sind die beiderseitigen Zinsen dann beim Ehegattenunterhalt wertneutral. Streitigkeiten der Eheleute über erzielbare Zinshöhe sind damit überflüssig, da die Zinsen für beide gleich hoch anzusetzen sind. Ausnahmen könnten sich allenfalls ergeben, wenn die Zinsen erheblich über den steuerlichen Freibeträgen liegen und die Eheleute sehr unterschiedliche Steuersätze haben. I. d. R. werden diese Abweichungen aber vernachlässigbar sein. Die **beiderseitigen Zinsen** sind damit in gleicher Höhe beim Bedarf anzusetzen und in Höhe des jeweiligen (Hälfte-)Anteils bei der Bedürftigkeit bzw. Leistungsfähigkeit.

Fall 1:
M hat ein bereinigtes Nettoeinkommen von 3000 €, F von 1500 €. M und F wohnten im Eigenheim mit einem Wohnwert von 1000 €, wobei sie noch 400 € Schulden monatlich abzahlen mussten. Welchen Unterhaltsanspruch hat F, wenn der Verkaufserlös des Hauses 200 000 € betrug, wovon sie 100 000 € erhielt und hieraus Zinseinkünfte von monatlich 400 € erzielt?

Lösung:
Eheprägend ist neben dem Erwerbseinkommen der Parteien nach Veräußerung des Eigenheimes nicht mehr der frühere Wohnwert von 600 € (1000 ./. 400), sondern als Surrogat die Zinsen aus dem Verkaufserlös, auch wenn sie den Wohnwert übersteigen. Dabei ist zu beachten, dass beide Ehepartner je 400 € Zinsen erhalten. Die Lösung erfolgt nach der Additionsmethode, da nur nach dieser Methode der Bedarf ermittelt wird, was zur verständlicheren Darstellung unumgänglich ist.

Nach SüdL mit $^1/_{10}$:
Bedarf: $^1/_2$ ($^9/_{10}$ 3000 + $^9/_{10}$ 1500 + 2 × 400) = 2425
Höhe: 2425 ./. ($^9/_{10}$ 1500 + 400) = 675

Nach DT mit $^1/_7$:
Bedarf: $^1/_2$ ($^6/_7$ 3000 + $^3/_7$ 1500 + 2 × 400) = 2328;
Höhe: 2328 ./. ($^6/_7$ 1500 + 400) = 643
Wäre der Erlös wegen höherer Schulden auf dem Eigenheim nur 100 000 €, so dass jeder Ehegatte 50 000 € erhält und hieraus 200 € Zinsen erzielt, würde sich das Ergebnis nicht ändern.

Nach SüdL mit $^1/_{10}$:
Bedarf: $^1/_2$ ($^9/_{10}$ 3000 + $^9/_{10}$ 1500 + 2 × 200) = 2225
Höhe: 2225 ./. ($^9/_{10}$ 1500 + 200) = 675

Nach DT mit $^1/_7$:
Bedarf: $^1/_2$ ($^6/_7$ 3000 + $^3/_7$ 1500 + 2 × 200) = 2128;
Höhe: 2128 ./. ($^6/_7$ 1500 + 200) = 643

Im Ergebnis kann beim Ehegattenunterhalt **bei gemeinsamem Eigentum bei Verglei- 386 chen vereinfacht** vorgegangen werden. Da der Erlös wertneutral ist, kann man als Ge-

---

[200] BGH FamRZ 2008, 968 = R 689 g
[201] BGH, FamRZ 1997, 281 = R 509 f; FamRZ 1992, 1045 = R 448 a

schäftsgrundlage vereinbaren, dass der Bedarf nur aus dem sonstigen Einkommen, i. d. R. dem Erwerbseinkommen, ermittelt, dagegen die Zinsen aus dem Verkaufserlös weder beim Bedarf, noch bei der Bedürftigkeit/Leistungsfähigkeit angesetzt werden, da sich das Ergebnis rechnerisch nicht ändert. Dies hat den großen Vorteil, dass die Ehegatten über das Kapital frei verfügen können und in den Verhandlungen die üblichen gegenseitigen Vorwürfe, Geld verschleudert zu haben, unterbleiben, vor allem auch in späteren Abänderungsfällen. Wegen der ab 1. 1. 2008 geltenden neuen Rangordnung mit der Möglichkeit, dass zu einem späteren Zeitpunkt gleichrangige Ehegattenansprüche oder Ansprüche nach § 1615 l BGB entstehen können, sollte in der Geschäftsgrundlage ein Passus aufgenommen werden, dass dann beim Bedürftigen und Pflichtigen ein gleichhoher bestimmter Betrag als Zinseinkommen anzusetzen ist.

Fall 1 (vereinfacht):
Lösung:
Nach SüdL mit $^1/_{10}$:
$^1/_2$ ($^9/_{10}$ 3000 + $^9/_{10}$ 1500) = 2025
2025 ./. $^9/_{10}$ 1500 = 675
Nach DT mit $^1/_7$:
$^3/_7$ (3000 ./. 1500) = 643

387   Um Missverständnisse zu vermeiden: Diese **vereinfachte Lösung gilt nur bei Miteigentum** der Ehegatten, nicht bei Alleineigentum Sie gilt ferner nicht in einem Mangelfall, wenn es um die Leistungsfähigkeit des Pflichtigen geht und nicht beim Kindesunterhalt, bei dem die Zinsen als Surrogat des früheren Wohnwertes beim Barunterhaltspflichtigen selbstverständlich für die Bedarfsermittlung des Kindes heranzuziehen sind. Bei mehreren gleichrangigen Ehegatten nach der ab 1. 1. 2008 geltenden Rangordnung gilt die wertneutrale Lösung nur, wenn die zweite Ehe noch besteht, nicht dagegen, wenn auch die zweite Ehe des Pflichtigen gescheitert ist.

Soweit mit dem **Erlös ein neuer Wohnwert** angeschafft wurde, vgl. Rn. 393.

388   Waren in einem **Urteil** oder **Unterhaltsvergleich** nach der früheren Rechtsprechung des BGH beim Bedarf der frühere Wohnwert angesetzt und hierauf die Zinsen aus dem Erlös angerechnet worden, besteht durch die geänderte höchstrichterliche Rechtsprechung ein **Abänderungsgrund,** wenn sich durch die geänderte Rechtsprechung die Unterhaltsberechnung ändert. Das frühere Ergebnis kann deshalb mit einer **Abänderungsklage** korrigiert werden.[202] Der Abänderungsgrund liegt dabei **ab der geänderten Rechtsprechung des BGH** vor.[203]

389   **c) Eigenheim im Alleineigentum eines Ehegatten.** Bei Alleineigentum des Bedürftigen/Pflichtigen bleiben die Zinsen in vollem Umfang als Surrogat eheprägend, bei der Bedürftigkeit/Leistungsfähigkeit sind sie in vollem Umfang beim Eigentümer als Einkommen anzusetzen.

Fall 2:
Wie Fall 1, aber das Eigenheim stand im Alleineigentum von
a) M
b) F
Lösung:
Zu a)
Nach SüdL mit $^1/_{10}$:
Bedarf: $^1/_2$ ($^9/_{10}$ 3000 + $^9/_{10}$ 1500 + 800) = 2425
Höhe: 2425 ./. $^9/_{10}$ 1500 = 1075
Leistungsfähigkeit M: gegeben, da ihm 2725 € verbleiben (3000 + 800 ./. 1075), d. h. die Hälfte des Bedarfs zuzüglich seines Erwerbstätigenbonus und der Ehegattenmindestselbstbehalt von 1000 € gewahrt bleibt.
Nach DT mit $^1/_7$:
Bedarf: $^1/_2$ ($^6/_7$ 3000 + $^6/_7$ 1500 + 800) = 2328;
Höhe: 2328 ./. $^6/_7$ 1500 = 1043

---

[202] BGH, FamRZ 2007, 882; FamRZ 2007, 793 = 674 e; FamRZ 2005, 1979; FamRZ 2003, 1734; FamRZ 2003, 848 = R 588 c; FamRZ 2001, 1687 = R 566 a
[203] BGH, FamRZ 2007, 793 = R 674 e; 2005, 1979; 2003, 518 = R 585 b; 2001, 1687 = R 566 b

Leistungsfähigkeit M: gegeben, da ihm 2757 € verbleiben (3000 + 800 ./. 1043), d. h. die Hälfte des Bedarfs zuzüglich seines Erwerbstätigenbonus und der Ehegattenmindestselbstbehalt von 1000 € gewahrt bleibt.

Zu b)
Nach SüdL mit $^1/_{10}$:
Bedarf: $^1/_2$ ($^9/_{10}$ 3000 + $^9/_{10}$ 1500 + 800) = 2425
Höhe: 2425 ./. ($^9/_{10}$ 1500 + 800) = 275
Nach DT mit $^1/_7$:
Bedarf: $^1/_2$ ($^6/_7$ 3000 + $^6/_7$ 1500 + 800) = 2328;
Höhe: 2328 ./. ($^6/_7$ 1500 + 800) = 243

d) Verwendung und Verbrauch des Erlöses. Aus der unterhaltsrechtlichen Obliegen- **390** heit des Bedürftigen, sich möglichst selbst zu unterhalten bzw. des Pflichtigen, für den errechneten Unterhalt leistungsfähig zu sein, ergibt sich zum einen die Verpflichtung, den Verkaufserlös adäquat anzulegen, zum anderen, das Geld nicht ungerechtfertigt zu verbrauchen.

- Soweit der Berechtigte das Geld **angelegt** hat, hat er die Obliegenheit, sein Vermögen so **391** ertragreich wie möglich zu nutzen.[204] Niedrige Sparbuchzinsen reichen hierfür regelmäßig nicht aus. Im Einzelfall wird aber zuzubilligen sein, dass ein Teil des Geldes so angelegt wird, dass es schnell verfügbar bleibt, z. B. über Festgeld. Höhere Zinseinkünfte sind vor ihrer Anrechnung auf den Bedarf um die Zinsabschlagsteuer (derzeit noch 30%, §§ 43, 43 a EStG), ggf. auch um eine darüber hinausgehende Einkommen- und Kirchensteuer, zu kürzen,[205] wobei der Freibetrag bei Einzelveranlagung derzeit seit dem Veranlagungszeitraum 2007 750 € (bei gemeinsamer Veranlagung jeweils der doppelte Betrag) zuzüglich 51 € pauschale Werbungskosten beträgt (§§ 9 a I Nr. 2, 20 IV EStG). Wie bereits ausgeführt, spielt diese Frage bei Veräußerung eines im gemeinsamen Miteigentum stehenden Familieneigenheimes beim Ehegattenunterhalt keine Rolle, da die Zinsen in gleicher Höhe angesetzt werden (s. oben Rn. 385). Bei Alleineigentum eines Ehegatten, bei gleichrangigen Ehegatten, beim Anspruch nach § 1615 l BGB oder beim Kindesunterhalt ist dieses Problem aber zu beachten.
- Wurde das Geld ganz oder teilweise **verbraucht,** ohne Nutzungen zu ziehen, können **392** fiktive Zinseinkünfte nur angesetzt werden, wenn der Bedürftige unwirtschaftlich handelte und dadurch eine mutwillige Herbeiführung der Bedürftigkeit nach § 1579 Nr. 4 BGB vorliegt (näher Rn. 4/694 ff.).[206] Dies ist der Fall, wenn sich der Berechtigte unter grober Missachtung dessen, was jedem einleuchten muss, oder in Verantwortungs- und Rücksichtslosigkeit gegen den Unterhaltspflichtigen über die erkannte Möglichkeit nachteiliger Folgen für seine Bedürftigkeit hinweggesetzt hat.[207] Letzteres entfällt, soweit der Berechtigte das Geld für Verfahrenskosten, den Umzug, notwendige neue Einrichtungsgegenstände oder Fahrzeuge oder für seine unzureichende Altersversorgung ausgegeben hat.[208] Betreut der Bedürftige gemeinschaftliche minderjährige Kinder, entfällt ein Ansatz fiktiver Zinsen bei Verbrauch des Verkaufserlöses von vornherein, wenn der Mindestbedarf nicht gesichert ist.[209] Probleme nach der geänderten Rechtsprechung ergeben sich in der Praxis, wenn die Parteien einen Teil des Erlöses in **unterschiedlicher Höhe verbraucht** haben, wenn mit dem Erlös erneut Wohneigentum mit neuen Schulden erworben wird, wenn ein Ehegatte seinen Hälfteanteil an den anderen Ehegatten verkauft hat und wenn in den Erlös auch andere Zahlungen, z. B. der Zugewinn, eingeflossen sind. Aus Billigkeitsgründen wird man in der Regel bei Miteigentum die beiderseitigen Zinseinkünfte bei Verbrauch eines Teils des Geldes gleich hoch ansetzen, so dass sie sich im Ergebnis

---

[204] BGH, FamRZ 1992, 423, 425 = R 442 c; FamRZ 1990, 267, 270
[205] OLG München, FamRZ 1994, 1459
[206] BGH, FamRZ 2005, 1159 = R 623 e; FamRZ 1997, 873, 875 = R 513 c; FamRZ 1990, 989, 991 = R 418 d
[207] BGH, FamRZ 1990, 989, 991 = R 418 d
[208] BGH a. a. O.
[209] BGH, FamRZ 1997, 873, 875 = R 513 c

wertneutral verhalten (vgl. Rn. 385 Fall 1).[210] Das OLG Koblenz schlägt dabei vor, dass von den Zinsen aus dem niedrigeren Kapitalrest auszugehen ist, um den sparsamen Ehegatten nicht zu benachteiligen.[211]

393 • Wurde mit dem Erlös neues Wohneigentum gebildet, ist der **neue Wohnwert** Surrogat des früheren vollen Wohnwertes bzw. bei Miteigentum halben Wohnwertes und insoweit eheprägend.[212] Er richtet sich regelmäßig nach der **objektiven Marktmiete** (vgl. Rn. 319). Abzugsposten sind, falls für den Erwerb neue, d. h. nichtprägende Kredite aufgenommen wurden, nach BGH nur die Zinsen, nicht aber die Tilgung, da sie der **einseitigen** Vermögensbildung dient.[213] Der Unterhalt dient aber nicht dazu, Vermögensbildung zu ermöglichen.[214] Etwas anderes gilt nur, wenn es sich um eine zulässige Altersvorsorge handelt (vgl. Rn. 597 b, 598 a).[215] Die Berücksichtigung der Zinsen beruht hingegen darauf, dass sie auch bei Mieteinkünften als Werbungskosten Abzugsposten darstellen und damit berücksichtigungswürdig sind (vgl. Rn. 301, 343), auch wenn sie Teil der neuen Schuld sind. Ergibt der neue Wohnwert im Verhältnis zum eingesetzten Kapital keine ertragreiche Rendite, ist im Einzelfall zu prüfen, ob eine Verpflichtung zur **Vermögens-umschichtung** besteht.[216] Dabei sind nach BGH alle Umstände des Einzelfalls unter Berücksichtigung der Belange des Berechtigten und Pflichtigen gegeneinander abzuwägen. Zu beachten sind die beiderseitigen früheren wie jetzigen Wohnverhältnisse, ferner wie hart den Pflichtigen die Unterhaltslast trifft und welcher Entscheidungsspielraum dem Vermögensinhaber eingeräumt werden kann.[217] Bei Miteigentum wird es aus Gleichbehandlungsgründen vielfach angemessen sein, durch Vermögensumschichtung für die Unterhaltsberechnung nur die objektive Marktmiete einer ohne Schulden angeschafften Immobilie bzw. Zinsen aus dem vorhanden gewesenen Kapital als Einkommen anzusetzen.[218] Zu vergleichen ist dabei der neue Wohnwert abzüglich Zins und Tilgung mit einem ohne Schuldenaufnahme gebildeten neuen Wohnwert, bzw. die Zinsen aus einer Kapitalanlage.[219] Denn auf Grund der generellen unterhaltsrechtlichen Obliegenheiten, seinen Bedarf möglichst selbst zu decken bzw. sich voll leistungsfähig zu halten, darf kein Ehegatte bei gleich hohem Erlös durch eine unterschiedliche Vermögensanlage benachteiligt werden.

394 **e) Veräußerung des Hälfteanteils an den Ehepartner.** Kauft ein Ehepartner dem anderen seinen Hälfteanteil ab, ist nach BGH bei einem Ehegatten der **volle Wohnwert** abzüglich der **Zinsen aus den Hausschulden** und der **Zinsen** des für die Veräußerung an den Ehegatten **aufgenommenen Darlehens,** beim anderen Ehegatten die **Zinsen aus dem Erlös** als eheprägend beim Bedarf anzusetzen.[220] Die Tilgung des neu aufgenommenen Darlehens ist als **einseitige Vermögensbildung** nicht zu berücksichtigen, es sei denn es handelt sich um eine zusätzliche **Altersvorsorge.**[221] Bei den aus der Ehezeit übernommenen Hausschulden ist zu berücksichtigen, dass durch die Übertragung des Hälfteanteils die zunächst in der Ehe gemeinsame Vermögensbildung zur **einseitigen Vermögensbildung** wird, wie der BGH zwischenzeitlich entschieden hat.[222] Der Ansatz des vollen Wohnwertes

---

[210] Brühler Schriften zum Familienrecht, Bd. 12, 14. Deutscher Familiengerichtstag 2001, Beschlüsse Arbeitskreis 13 zu II 1

[211] OLG Koblenz FamRZ 2002, 1407

[212] BGH, FamRZ 2001, 1140, 1143 = R 560 b; FamRZ 2001, 986, 991 = R 563 e

[213] BGH, FamRZ 2008, 963 = R 692 d, e; FamRZ 2005, 1159 = R 623 c; FamRZ 2001, 1140, 1143 = R 560 c; FamRZ 2000, 950 = R 540 c; FamRZ 1998, 87, 88 = R 516 c; FamRZ 1992, 423, 425 = R 442 c

[214] BGH, FamRZ 1998, 87, 88 = R 516 c

[215] BGH, FamRZ 2008, 963 = R 692 f.; 2007, 879 = R 677 d

[216] BGH, FamRZ 2005, 1159 = R 623 d; FamRZ 2001, 1140, 1143 = R 560 a; FamRZ 1998, 87, 89 = R 516 c; FamRZ 1992, 423 = R 442 c

[217] BGH, FamRZ 2001, 1140, 1143 = R 560 a

[218] BGH, FamRZ 1998, 87, 89 = R 516 c

[219] BGH, FamRZ 1998, 87, 89 = R 516 c

[220] BGH, FamRZ 2008, 963 = R 692 a, d, e; 2005, 1159 = R 623 c

[221] BGH, FamRZ 2008, 963 = R 692 f

[222] BGH, FamRZ 2008, 963 = R 692 d, e; anders noch BGH, FamRZ 2005, 1159 = R 623 c

beim Erwerber entspricht den realen Verhältnissen und rechtfertigt sich nach BGH durch die Berücksichtigung der zusätzlichen Zinsen aus dem Übernahmedarlehen, womit praktisch ausgeglichen wird, dass beim anderen Ehegatten bereits für eine Haushälfte Zinsen als Surrogat angesetzt wurden.[223] Die gleiche Lösung gilt, wenn die gemeinsame Immobilie von einem Ehegatten im Rahmen der **Zwangsversteigerung** erworben wurde.[224] Anders ist die Sachlage nach BGH nur, wenn sich die Übernahme des Familienheimes durch einen Ehepartner nicht als angemessene Vermögensnutzung darstellt, sondern unwirtschaftlich ist und deshalb eine Obliegenheit zur Vermögensumschichtung besteht.[225]

Gegen die Lösung des BGH bestehen Bedenken, auch wenn sie von den realen Gegebenheiten ausgeht. Denn sie führt meistens zur **Benachteiligung eines Ehegatten,** weil Wohnwert und Zinsen aus dem Erlös selten gleich hoch sind. Die Benachteiligung kann sowohl den Pflichtigen als auch den Bedürftigen treffen, je nachdem, ob der Wohnwert hoch bzw. durch Belastungen niedrig oder der Erlös hoch oder niedrig ist. Dies erschwert aber eine Einigung über die Übertragung der Haushälfte an einen Ehepartner. Nach der Rechtslage kann eine Übertragung aber nur einvernehmlich erfolgen oder durch Zwangsversteigerung. Zumindest für einvernehmliche Lösungen ist deshalb die Übertragung der Haushälfte an den Ehepartner nicht anders zu werten als der Verkauf der Immobilie an einen Dritten mit einem wertneutralen Erlös für beide Ehegatten (s. oben Rn. 385 ff).

Fall 3:
a) M und F werden am 10. 4. 2008 geschieden. Sie wohnten im Eigenheim mit einer Marktmiete von 1000 €, wobei für aufgenommene Grundschulden noch 600 € abzuzahlen sind (500 € Zinsen, 100 € Tilgung). M kauft F ihren Hälfteanteil des Familienheims für 100 000 € ab und übernimmt ihren Hälfteanteil offener Schulden von 40 000 € (offene Gesamtschuld 80 000 €). Zur Zahlung der 100 000 € nahm er einen Kredit auf, den er mit mtl. Raten von 500 € (400 € Zinsen, 100 € Tilgung) abbezahlt. M hat ein bereinigtes Nettoerwerbseinkommen von 2000 €, wobei er über eine Gesamtaltersvorsorge von 24% des Bruttoeinkommens verfügt. F war in der Ehe Hausfrau und ist jetzt ganztägig berufstätig mit einem bereinigten Nettoeinkommen von 1000 €. Aus dem Erlös hat F Zinseinkünfte von 250 €. Unterhaltsanspruch F?
b) Wie a, aber die Abzahlung des Familienheimes betrug nur noch 400 € (300 € Zinsen, 100 € Tilgung).
c) Wie a, aber das Familienheim war schuldenfrei.
Lösung:
Zu a)
Eheprägend ist bei M nach BGH der volle Wohnwert abzüglich der eheprägenden Zinsen (= 500 €) sowie abzüglich der Zinsen von mtl. 400 € des neu aufgenommenen nichtprägenden Kredits von 100 000 € zur Auszahlung der F. Nicht abzusetzten sind dagegen die Tilgungen, da sie jeweis der einseitigen Vermögensbildung dienen. Sie bilden auch keine zulässige Altersvorsorge im Rahmen einer Gesamtaltersversorgung von 24% des Bruttoeinkommens. Der Wohnwert beläuft sich damit auf 100 € (1000 − 500 − 400).
Bei F sind nach BGH die Zinsen von mtl. 250 € aus dem Erlös als Surrogat des früheren Wohnwertes anzusetzen.
Nach SüdL mit $^1/_{10}$:
$^1/_2$ ($^9/_{10}$ 2000 + 100 + 250 + $^9/_{10}$ 1000) = 1525
1525 − ($^9/_{10}$ 1000 + 250) = 375
Nach DT mit $^1/_7$:
$^1/_2$ ($^6/_7$ 2000 + 100 + 250 + $^6/_7$ 1000) = 1461
1461 − ($^6/_7$ 1000 + 250) = 353
AA, insbesondere für gütliche Einigung:
Nach dem vorliegendem Beispiel würde F durch den Verkauf an den Ehegatten statt an einen Dritten schlechter gestellt, weil bei Verkauf an einen Dritten nach Abzug der Schulden von einem Erlös von 200 000 € (2 × 100 000) und damit von Zinseinkünften von 500 € (2 × 250) auszugehen wäre. Damit kann m. e. eine Vermögensumschichtung bei M verlangt werden und der Wohnwert bei M und die Zinsen aus dem Erlös bei F wären wertneutral.

---

[223] BGH, FamRZ 2008, 963 = R 692 a; 2005, 1159 = R 623 c
[224] BGH, FamRZ 2005, 1817 = R 632 h
[225] BGH,.FamRZ 2005, 1159 = R 623 d

Nach SüdL (vereinfacht):

$1/2$ $(9/10\ 2000 + 9/10\ 1000) = 1350$

$1350 - (9/10\ 1000) = 450$

Nach DT mit $1/7$:

$3/7\ (2000 - 1000) = 429$

Zu b)

Nach BGH beträgt der eheprägende Wohnwert des M jetzt 300 € $(1000 - 300 - 400)$

Nach SüdL mit $1/10$:

$1/2$ $(9/10\ 2000 + 300 + 250 + 9/10\ 1000) = 1625$

$1625 - (9/10\ 1000 + 250) = 475$

Nach DT mit $1/7$:

$1/2$ $(6/7\ 2000 + 300 + 250 + 6/7\ 1000) = 1561$

$1561 - (6/7\ 1000 + 250) = 453$

AA:

Lösung wie a, auch wenn F nunmehr durch den Verkauf an M gegenüber einem Verkauf an einen Dritten bessergestellt wäre.Das Ergebnis nach BGH wäre hier allerdings fast wertneutral.

Zu c:

Nach BGH beträgt der eheprägende Wohnwert des M jetzt 600 EUR $(1000 - 400)$

Nach SüdL mit $1/10$:

$1/2$ $(9/10\ 2000 + 600 + 250 + 9/10\ 1000) = 1775$

$1775 - (9/10\ 1000 + 250) = 625$

Nach DT mit $1/7$:

$1/2$ $(6/7\ 2000 + 600 + 250 + 6/7\ 1000) = 1711$

$1711 - (6/7\ 1000 + 250) = 604$

AA:

Lösung wie a. Es besteht hier die Gefahr, dass der Pflichtige zur Vermeidung der überhöhten Unterhaltslast den für den Bedürftigen vielfach sehr ungünstigen Weg der Zwangsversteigerung beschreitet.

395   **f) Verkaufserlös und Zugewinn.** Enthält der Erlös bei Veräußerung des Eigenheimes bei einem Ehegatten zugleich auch einen Zugewinnausgleich, sind die Zinsen aus dem Zugewinnausgleichsbetrag nach der geänderten Rechtsprechung des BGH ebenfalls **prägend.** Es bleibt daher bei den bereits allgemein geschilderten Grundsätzen. Wie der BGH inzwischen entschieden hat, sind die Zinsen aus dem Zugewinnausgleich Surrogat, soweit sie bereits die Ehe als Erträge des ausgleichspflichtigen Ehegatten geprägt hatten.[226] Der BGH hat in seiner Entscheidung zwar offen gelassen, ob dies auch gilt, wenn der Zugewinn auf Vermögen beruht, aus dem in der Ehe keine Nutzungen flossen, z. B. aus unterschiedlichem Anfangsvermögen, Kapitallebensversicherungen, Firmenbewertungen. Unter Berücksichtigung des Vereinfachungsgrundsatzes wird man künftig aber auch in diesem Fall die Zinsen – im weitesten Sinn – als Surrogat der beim Endvermögen vorhandenen Aktiva bzw. von prägenden Passiva (Zahlung auf Lebensversicherung als Altersvorsorge) ansehen können. Dies entspricht auch der gewandelten Rechtsprechung, die Lebensverhältnisse stärker am vorhandenen realen Einkommen zu orientieren.[227] Es würde auch zu unüberwindbaren Schwierigkeiten stoßen, Zinsen aus dem Zugewinnausgleichsbetrag unterschiedlich zu behandeln, insbesondere wenn das Endvermögen durch Passiva gekürzt wurde.

395 a   Bei der Unterhaltsberechnung ist allerdings zu beachten, dass bei dieser Sachlage der Erlös aus der Veräußerung des Eigenheimes zwar zu gleich hohen Zinssätzen bei beiden Eheleuten führt, aber zu keiner wertneutralen Lösung, weil beide Eheleute durch den Zugewinnausgleich unterschiedliche Endbeträge erhalten und damit unterschiedliche Kapitaleinkünfte beziehen. Am einfachsten errechnet sich dies, indem man nach der Additionsmethode beim Bedarf die Gesamtzinsen aus dem Verkaufserlös ansetzt und bei der Bedürftigkeit (Höhe) die nach der Zugewinnverrechnung anteilig auf den Bedürftigen fallenden Zinsen anrechnet.

Fall 4:

M. hat eine bereinigtes Nettoerwerbseinkommen von 2000 €, F von 1000 €. Der Verkaufserlös des Familienheimes betrug 200 000 €, wovon an sich jedem Ehegatten 100 000 € zustanden und jeder hieraus 350 € monatliche Zinseinkünfte erzielen könnte. Ferner fällt noch ein Zugewinnausgleich von 50 000 € an.

---

[226] BGH, FamRZ 2008, 963 = R 692 h; FamRZ 2007, 1532 = R 682 k

[227] Vgl. z. B. BGH, FamRZ 2008, 968 = R 689 g; FamRZ 2006, 683 = R 649 f, g

a) Ausgleichspflichtig für den Zugewinn ist M, so dass F aus dem Verkaufserlös 150 000 € erhält (100 000 + 50 000), d. h. weitere Zinsen (neben 350 € aus 100 000 €) von 175 € hat, während M nur 175 € Zinsen verbleiben.

b) Ausgleichspflichtig für den Zugewinn ist F, so dass F nur 50 000 € ausbezahlt erhält (100 000 ./. 50 000), d. h. nur 175 € Zinsen erzielt, während M einen Zinserlös von 525 € hat.

Lösung:

Zu a)

Beim Bedarf sind die Zinsen aus dem beiderseits verbleibenden Erlös und Zugewinnausgleich als Surrogat anzusetzen, d. h. bei F 525 € (350 + 175), bei M 175 € aus den ihm verbleibenden 50 000 €. Im Ergebnis verbleibt es damit beim Bedarf bei dem Ansatz der Gesamtzinsen aus dem Verkaufserlös von 700 € (2 × 350) Bei der Bedürftigkeit sind bei F die Zinsen aus dem Erlösanteil und aus dem Zugewinn von 525 € zu berücksichtigen.

Nach SüdL mit $^1/_{10}$:

Bedarf: $^1/_2$ ($^9/_{10}$ 2500 + $^9/_{10}$ 1000 + 175 + 525) = 1925

Höhe: 1925 ./. ($^9/_{10}$ 1000 + 525) = 500

Die Leistungsfähigkeit des M bleibt trotz Zugewinnzahlung gewahrt, da ihm 2175 € verbleiben (2500 + 175 ./. 500), d. h. die Hälfte des Bedarfs zuzüglich der Erwerbsbonus und der Ehegattenmindestselbstbehalt von 1000 € gewahrt bleibt

Nach DT mit $^1/_7$:

Bedarf: $^1/_2$ ($^6/_7$ 2500 + $^6/_7$ 1000 + 175 + 525) = 1850

Höhe: 1850 ./. ($^6/_7$ 1000 + 525) = 468

Zu b)

Beim Bedarf sind nunmehr bei M 525 € Zinsen und bei F 175 € Zinsen anzusetzen, d. h. er ändert sich gegenüber der Lösung a nicht. Bei der Bedürftigkeit sind bei F nur 175 € Zinsen aus dem ihr verbleibenden Betrag von 50 000 €. anzurechnen.

Nach SüdL mit $^1/_{10}$:

Bedarf: $^1/_2$ ($^9/_{10}$ 2500 + $^9/_{10}$ 1000 + 525 + 175) = 1925

Höhe: 1925 ./. ($^9/_{10}$ 1000 + 175) = 850

Die Leistungsfähigkeit des M bleibt gewahrt, da ihm weiterhin 2175 € verbleiben (2500 + 525 ./. 850), d. h. die Hälfte des Bedarfs zuzüglich der Erwerbsbonus und der Ehegattenmindestselbstbehalt von 1000 € gewahrt bleibt

Nach DT mit $^1/_7$:

Bedarf: $^1/_2$ ($^6/_7$ 2500 + $^6/_7$ 1000 + 525 + 175) = 1850

Höhe: 1850 ./. ($^6/_7$ 1000 + 175) = 817

9. Unterhaltsrechtliche Auswirkungen des Wohnwertes beim Verwandtenunterhalt

a) Kindesunterhalt. Beim Kindesunterhalt ist zu unterscheiden, ob der barunterhalts- **396** pflichtige oder der das Kind betreuende Elternteil mietfrei wohnt.

• **Mietfreies Wohnen des Pflichtigen.** Für die Bedarfsbemessung und für die Leistungs- **397** fähigkeit des Verpflichteten zählt jedes Einkommen. Wohnt der Pflichtige mietfrei, ist daher vor der Einordnung in eine Einkommensgruppe nach der Düsseldorfer Tabelle ein Wohnvorteil einkommenserhöhend zuzurechnen, weil für die Einkommensgruppen der Tabelle das gesamte Einkommen des Unterhaltsschuldners heranzuziehen ist. Anders als beim Ehegattenunterhalt, der nach einer Quote der prägenden Einkünfte bemessen wird, spielt es beim Kindesunterhalt keine Rolle, ob der Wohnvorteil prägend war, weil das Kind ohne jede Einschränkung an der Entwicklung des Lebensstandards des barunterhaltspflichtigen Elternteils in ähnlicher Weise weiterhin teilnimmt wie während intakter Ehe.[228] Bewohnen neben dem Pflichtigen weitere Familienangehörige das Eigenheim, z. B. bei Wiederverheiratung der neue Ehegatte oder bei Kindern nichtverheirateter Eltern dessen Ehefrau, kann der Wohnwert nur anteilig angesetzt werden. Bei Erwachsenen ist der Wohnwert nach Köpfen zu verteilen,[229] Kinder sind geringer, z. B. mit $^1/_5$ des Tabellenbetrags des Unterhalts nach der Düsseldorfer Tabelle, anzusetzen.[230]

---

[228] BGH, FamRZ 2000, 358 = R 537 a; FamRZ 1996, 160 = R 496 a; FamRZ 1993, 1304 = R 464 b

[229] OLG München, FamRZ 1999, 251

[230] Vgl. SüdL Nr. 21.5.2

398 • **Mietfreies Wohnen des betreuenden Elternteils.** Beim **minderjährigen Kind** wird durch den Barunterhalt dessen gesamter Lebensbedarf abgedeckt mit Ausnahme des Betreuungsbedarfs, den der sorgeberechtigte Elternteil bis zur Volljährigkeit gleichwertig erbringt. Durch die Bedarfssätze der Düsseldorfer Tabelle wird daher auch ein Wohnbedarf des Kindes mit abgegolten, d. h. in dem geleisteten Barunterhalt ist ein Teil für den Wohnbedarf bestimmt.[231]

Wenn – wie in der Regel – das Kind mietfrei in Wohn- und Haushaltsgemeinschaft mit dem Sorgeberechtigten lebt, wird dadurch die Bedürftigkeit des Kindes nicht gemindert. Der Sorgeberechtigte darf eigenverantwortlich den Unterhalt für den Gesamtbedarf des Kindes verwenden. Außerdem will er nach der Lebenserfahrung mit einer Wohnungsgewährung nicht den barunterhaltspflichtigen Elternteil entlasten. Das mietfreie Wohnen des betreuenden Elternteils führt damit nicht zu einer Kürzung des Barunterhalts des Kindes.[232] Eine Ausnahme kann nach Treu und Glauben angebracht sein, wenn zwar der betreuende Elternteil weiterhin mietfrei im Familienheim wohnt, der Barunterhaltspflichtige nach Absprache aber alle Hausschulden abzahlt,[233] ferner im Mangelfall.

399 Der für das Kind geleistete Barunterhalt **erhöht** aber beim Trennungsunterhalt durch den darin enthaltenen Mietkostenzuschuss den Wohnwert des mietfrei wohnenden, das Kind **betreuenden Elternteils.**[234] Bei der Berechnung des Ehegattenunterhalts ist der Wohnwert daher in diesen Fällen angemessen zu erhöhen. Beim angemessenen Wohnwert, der in der Trennungszeit zunächst herangezogen wird (vgl. Rn. 317), geschieht das am einfachsten, indem man bei der Abwägung, welche Wohnungsgröße unter Berücksichtigung des sog. toten Kapitals angemessen ist, das Kinderzimmer mitberücksichtigt und bewertet; also z. B. bei einer Wohnungsgröße von 4 Zimmern mit einer Marktmiete von 800 € als angemessenen Wohnwert nicht eine 2–2¹/₂ Zimmer große Wohnung mit einem Wohnwert von 500 €, sondern eine 3 Zimmer große Wohnung mit einem Wohnwert von 600 € ansetzt. Ist beim Ehegattenunterhalt dagegen die objektive Marktmiete heranzuziehen, entfällt eine Erhöhung, da der Wert des mietfreien Wohnens bereits voll ausgeschöpft ist.

400 • **Eigener Wohnvorteil des Kindes.** Ein Wohnvorteil mindert die Bedürftigkeit des Kindes nur, wenn die Wohnung dem Kind selbst gehört, wenn also z. B. das Kind durch Erbfolge oder Schenkung eine eigene Wohnung erhalten hat, die vom Sorgeberechtigten verwaltet und mitbenutzt wird. In einem solchen Fall ist der Barunterhalt des minderjährigen Kindes um den Wohnkostenanteil im Tabellenunterhalt von 20 % zu kürzen (s. oben), regelmäßig dagegen nicht um einen höheren Betrag, da eine Vermögensverwertung des Eigenheimes durch das Kind nach § 1602 II BGB nicht in Betracht kommt und dem Kind ein angemessener Betrag für die allgemeinen Lebenshaltungskosten verbleiben muss.

401 • **Wohnvorteil beim volljährigen Kind.** Bei volljährigen Kindern wird in der Regel ebenfalls mit festen Bedarfssätzen oder den Sätzen der Düsseldorfer Tabelle der gesamte Lebensbedarf des Kindes, also auch ein Wohnbedarf, mitabgegolten. Deshalb mindert ein Wohnvorteil des Kindes (z. B. Wohnen in einer eigenen Eigentumswohnung) dessen Bedürftigkeit. Lebt ein noch in Ausbildung befindlicher Volljähriger mit eigenem Hausstand im Eigenheim, wird man seinen Bedarf von derzeit 640 €[235] um den darin enthaltenen Wohnanteil für Unterkunft und Heizung von 270 € kürzen.[236]

Lebt das Kind in der Wohnung eines leistungsfähigen Elternteils, kürzt dieses Wohnen dagegen seinen Bedarf nicht. Der die Unterkunft gewährende Elternteil kann vom Volljährigen jedoch für diese Naturalleistung **Kostgeld** verlangen und mit dem anteiligen Unterhaltsanspruch verrechnen.[237]

---

[231] BGH, FamRZ 1992, 425 = R 442a, e; FamRZ 1989, 1160, 1163
[232] BGH a. a. O.
[233] OLG Düsseldorf, FamRZ 1994, 1049, 1053
[234] BGH a. a. O.
[235] DT I 7; SüdL, BL, BrL, CL, FL, HaL, HL, KL, OL jeweils Nr. 13.1.2
[236] SüdL, BrL, FL, HaL, KL, NaL jeweils Nr. 13.1.2
[237] BGH, FamRZ 1988, 1039

Lebt das Kind in Haushalts- und Wohngemeinschaft mit einem nicht leistungsfähigen Elternteil, so mindert dieser Vorteil den Barunterhaltsanspruch gegen den anderen Elternteil ebenfalls nicht, weil der nicht barunterhaltspflichtige Elternteil in der Regel mit seiner freiwilligen unentgeltlichen Zuwendung nicht den barunterhaltspflichtigen Elternteil von dessen Unterhaltsverpflichtung entlasten will. Im Einzelfall kann es gerechtfertigt sein, in solchen Fällen im Hinblick auf Ersparnisse durch das Zusammenleben in Haushalts- und Wohngemeinschaft von einem geminderten Gesamtbedarf des Kindes auszugehen, insbesondere im Mangelfall.

- **Wohnwertbemessung beim Kindesunterhalt.** Vom BGH noch nicht entschieden **402** wurde die Frage, ob als Wohnwert beim Kindesunterhalt beim barunterhaltspflichtigen Elternteil stets die objektive Marktmiete oder nur ein angemessener Wohnwert anzusetzen ist. In seiner Entscheidung vom 19. 3. 2003 zum Elternunterhalt hat er lediglich zum Ausdruck gebracht, dass zwar grundsätzlich von der objektiven Marktmiete auszugehen ist, aber nach Treu und Glauben nur ein angemessener Wohnwert angesetzt werden kann, wenn die verbleibenden Mittel für Unterhaltszahlung und Lebensführung nicht ausreichen, nachdem der Wohnwert kein Bargeld ist.[238] Die Gründe, die beim Trennungsunterhalt aus Billigkeitsgründen zur Begrenzung auf den sog. angemessenen Wohnwert führten, weil eine sofortige Unter- oder Weitervermietung nicht zumutbar ist, treffen im Übrigen auch auf den Kindesunterhalt ehelicher Kinder zu. Außerdem ist stets eine Kontrollrechnung vorzunehmen, wie viel Bargeld dem Pflichtigen zur Lebensführung verbleibt, d. h. ob gegenüber minderjährigen Kindern sein notwendiger Selbstbehalt ohne Wohnkosten (derzeit 900 ./. 360 = 540 €) verbleibt.[239] Der **Wohnwert** kann auch beim Volljährigen nicht generell nur nach den Wohnkosten im Selbstbehalt angesetzt werden.[240] Er wird sich meistens bei beengten finanziellen Verhältnissen während der **Trennung nach** dem **angemessenen** Wert richten. **Ab Rechtshängigkeit des Scheidungsverfahrens,** bei Kauf eines neuen Eigenheimes, bei sehr guten Einkommensverhältnissen und bei Kindern nichtverheirateter Eltern wird dagegen regelmäßig die **objektive Marktmiete** anzusetzen sein, es sei denn, der Pflichtige wäre dadurch gezwungen, das Eigenheim zu veräußern.[241] Dies entspricht auch den Empfehlungen des Arbeitskreises 3 des 13. Deutschen Familiengerichtstages 1999.[242] Der Wohnwert ist wie beim Ehegattenunterhalt um auf den Mieter nicht umlegbare verbrauchsunabhängige Nebenkosten und Instandhaltungskosten zu kürzen (vgl. Rn. 335, 337).

Abzugsposten beim Wohnwert des Pflichtigen. Auch die Frage, inwieweit Haus- **402 a** schulden zu berücksichtigen sind, richtet sich regelmäßig nach den bereits beim Ehegattenunterhalt geschilderten Grundsätzen, da den Belastungen durch den Wohnwert ein Gegenwert durch mietfreies Wohnen gegenübersteht. Bei den Verbindlichkeiten ist wie bei allen Schulden beim Kindesunterhalt eine umfassende Interessenabwägung nach dem Zweck der Verbindlichkeit, Zeitpunkt und Art der Entstehung der Schuld sowie Kenntnis der Unterhaltsverpflichtung nach Grund und Höhe vorzunehmen.[243] Beim minderjährigen Kind muss zumindest der Mindestunterhalt gesichert sein. Der Kredit muss insgesamt im angemessenen Rahmen zum Wohnwert stehen.[244] Zu berücksichtigen ist ferner, ob es sich um eine bereits in der Ehe bzw. vor Kenntnis der Barunterhaltsverpflichtung angeschaffte Immobilie handelt, bei nach Kenntnis der Unterhaltsverpflichtung erworbenem Eigenheim, inwieweit es den Wohnbedarf einer neuen Familie abdeckt. Über den Wohnwert hinausgehende Schulden sind regelmäßig nicht anzuerkennen,[245] außer es liegen sehr gute Einkommensverhält-

---

[238] BGH, FamRZ 2003, 1179 = R 592 b
[239] BGH, FamRZ 2008, 968 = R 689 i
[240] BGH, FamRZ 2006, 1100 = R 654 i
[241] Gerhardt, FamRZ 1993, 1139
[242] Brühler Schriften zum Familienrecht, Bd. 11, 13. Deutscher Familiengerichtstag 1999, Beschlüsse des Arbeitskreises 3 zu I 3 a
[243] BGH, FamRZ 2002, 815 = R 570 c
[244] BGH, NJW-RR 1995, 129 = R 482A; FamRZ 1984, 358
[245] BGH, FamRZ 2003, 445, 447 = R 587 a

nisse vor. Zu prüfen ist ferner, ob die Tilgung nicht gestreckt werden oder bei Wiederverheiratung sich der neue Ehepartner an der Abzahlung beteiligen kann.[246] In Ausnahmefällen kann bei zu hoher Belastung des Eigenheims oder bei Kenntnis der Unterhaltsschuld bei einem erst nach der Trennung der Eltern neugeschaffenen Wohnungseigentum eine Vermögensumschichtung in Betracht kommen, wenn dies bei Abwägung der beiderseitigen Belange aus der Sicht des Unterhaltsberechtigten notwendig und für den Pflichtigen zumutbar erscheint.[247] Kommt eine Vermögensumschichtung nicht in Betracht, kann es im Einzelfall angebracht sein, die Tilgungsrate für den Hauskredit als Vermögensbildung außer Ansatz zu lassen.[248] Zieht der Pflichtige nach der Trennung aus dem Familienheim aus, während der Ehegatte mit Kindern weiter dort wohnt, zahlt aber nach wie bisher die auf dem Familienheim lastenden Schulden ab, kürzen letztere sein Erwerbseinkommen. Insgesamt ist zu beachten, dass bei Berücksichtigung von Abzahlungen auf ein Eigenheim beim Kindesunterhalt ein zu kleinlicher Maßstab zu vermeiden ist, soweit bei Minderjährigen der Mindestunterhalt gesichert ist, bei noch bei einem Elternteil lebenden Volljährigen der Unterhalt nach Gruppe 1 der Altersstufe 4 der DT, bei Volljährigen mit eigenem Hausstand der Festbetrag von derzeit 640 € jeweils nach Abzug des Bedarfs deckenden hälftigen bzw. vollen Kindergeldes (§ 1612b I Nr. 1, 2 BGB).

402 b **Bei der Leistungsfähigkeit** ist im Mangelfall bzw. bei Volljährigen bei der Haftungsverteilung zu beachten, dass **Hausschulden im Einzelfall nicht zu berücksichtigen** sind, soweit sie den **Wohnkosten entsprechen,** die nach den normalen Lebenshaltungskosten aufzubringen sind.[249] Dies gilt zumindest für die im notwendigen bzw. angemessenen Selbstbehalt enthaltenen Wohnkosten (360 €/450 €),[250] wovon noch die darin enthaltenen Heizkosten abzuziehen sind. Denn diese Abzahlungen entsprechen im Ergebnis einer Miete und würden damit zu einem doppelten Ansatz führen. Die Nichtberücksichtigung von Schulden gilt dabei abweichend von den sonstigen Grundsätzen **nur im Rahmen der Leistungsfähigkeit,** nicht bereits bei der Bedarfsermittlung (= Eingruppierung), da nur bei der Leistungsfähigkeit der Mietanteil im Selbstbehalt eine Rolle spielt. Es muss in diesen Fällen aber stets eine **Kontrollrechnung** vorgenommen werden, ob dem Pflichtigen unter Berücksichtigung der Hausschulden zumindest die für die Lebensführung notwendigen Mittel, d. h. der notwendige Selbstbehalt ohne Wohnkosten von derzeit 540 € (900 € − 360 €) verbleiben, da er sonst gezwungen wäre, das Eigentum zu veräußern (vgl. Fall 2).

Fall 1:
M und F wohnen im 4 Zimmer großen Eigenheim und trennen sich. M hat ein prägendes bereinigtes Nettoeinkommen von 2400 €, F hat kein Einkommen. Sie betreut die gemeinsamen Kinder K 1 (3) und K 2 (7) und erhält das Kindergeld von 308 €. Die Marktmiete für das Eigenheim beträgt 800 €, der angemessene Wohnwert für eine kleinere 2-Zimmer-Wohnung für eine Person 500 €, für eine kleinere 3-Zimmer-Wohnung für eine Person mit 2 Kindern 600 €. F begehrt ab 1. 4. 2008 Kindes- und Trennungsunterhalt. Das Scheidungsverfahren ist nocht nicht rechtshängig.
a) M wohnt mietfrei in der Ehewohnung
b) F wohnt mietfrei in der Ehewohnung
Lösung:
a) M wohnt mietfrei:
Anzusetzen ist nach der Trennung der angemessene Wohnwert, da M alleine im Familienheim lebt, unter Berücksichtigung, dass auch die Kinder im Haus gelebt hatten. Da M ansonsten zu wenig Bargeld verbleibt, ist der Wohnwert nur mit 500 EUR anzusetzen.
Kindesunterhalt:
Einkommen M: 2100 + 500 = 2600
K 1: DT Gr 4 St 1 = 321 (= 120% des Mindestunterhalts); 321 − 77 ($^1/_2$ Kindergeld) = 244
K 2: DT Gr 4 St 2 = 371 (= 120% des Mindestunterhalts); 371 − 77 ($^1/_2$ Kindergeld) = 294
Trennungsunterhalt:
Bereinigtes Nettoerwerbseinkommen M: 2100 − 244 − 294 (jeweils Zahlbetrag) = 1562
Nach SüdL mit $^1/_{10}$: $^1/_2$ ($^9/_{10}$ 1562 + 500) = 954

---

[246] BGH, a. a. O.
[247] BGH, NJW-RR 1995, 129 = R 482A
[248] BGH a. a. O.
[249] BGH, FamRZ 2002, 815 = R 570 c; FamRZ 1984, 358 = NJW 1984, 1237
[250] Vgl. DT I 5; SüdL 21.2, 21.3.1

Nach DT mit $^1/_7$: $^1/_2$ ($^6/_7$ 1562 + 500) = 920
Leistungsfähigkeit M ist jeweils gegeben, da er mietfrei wohnt und ihm zB nach SüdL noch 609 EUR Bargeld verbleiben (2100 − 244 − 294 − 954), d. h. sein Selbstbehalt abzüglich Wohnkosten (1000 − 400 = 600).

b) F wohnt mietfrei.
Kindesunterhalt:
K 1: DT Gr 3 St 1 = 307 (= 110% des Mindestunterhalts); keine Reduzierung wegen mietfreien Wohnens; 307 − 77 = 230
K 2: DT Gr 3 St 2 = 355 (= 110% des Mindestunterhalts); 355 − 77 = 278
Trennungsunterhalt:
Anzusetzen ist nach der Trennung der angemessene Wohnwert mit Kind, da F mit den Kindern im Familienheim lebt, von 600 EUR.
Bereinigtes Nettoeinkommen M: 2100 − 230 − 278= 1592
Nach SüdL mit $^1/_{10}$:
Bedarf: $^1/_2$ ($^9/_{10}$ 1592 +600) = 1017
Höhe: 1017 − 600 = 417
Nach DT mit $^1/_7$:
Bedarf: $^1/_2$ ($^6/_7$ 1592 +600) = 983
Höhe: 983 − 600 = 383

Fall 2:
a) M hat einen nichtehelichen Sohn K (geb. 10. 6. 2007), der von ihm ab 1. 5. 2008 Unterhalt verlangt. M hat ein bereinigtes Nettoerwerbseinkommen von 1600 EUR; er wohnt in einer Eigentumswohnung mit einem Wohnwert von 300 EUR, für die er monatlich noch 200 EUR Schulden abzahlt.
Welchen Anspruch hat K, wenn M ansonsten keine weiteren Unterhaltspflichten hat?
b) Wie wäre es, wenn M noch für seine beiden weiteren Kinder K 2 (geb. 4. 5. 1995) und K 3 (geb. 8. 7. 1993) Unterhalt zahlen müsste
Lösung
Zu a)
Einkommen M: 1600 € + 100 € = 1700 €; die Hausschulden kürzen für die Bedarfsermittlung den Wohnwert (300 − 200)
DT Gr. 4 (+ 2), St. 1 : 321 (= 1115% des Mindestunterhalts)
Kindergeldverrechnung: 321 − 77 = 244
Zu b)
DT Gr. 2 (Keine Höherstufung), St 1 (K1) und 3 (K2 und K3)
K1 : 307; 307 − 77 = 216; K2 + K3: jeweils 384; 384 − 77 = 307
Leistungsfähigkeit gegeben, da insoweit die Wohnwertschulden nicht anzusetzen sind, da sie den Wohnkosten im Selbstbehalt entsprechen.
Für die Leistungsfähigkeit beträgt damit das Einkommen des M 1900 € (1600 + 300); 1900 − 216 − 307 − 307 = 1070).
Kontrollrechnung: 1600 (tatsächliche Barmittel) − 216 − 2 × 307 (Zahlbeträge beim Kindesunterhalt) − 200 (Hausschuld) = 570, d. h. die notwendigen Lebenshaltungskosten (900 − 360 = 540) verbleiben M.

b) Sonstiger Verwandtenunterhalt. Der Wohnwert wird hier regelmäßig mit der **402 c** objektiven Marktmiete anzusetzen sein es ist aber in jedem Einzelfall zu prüfen, ob aus Billigkeitsgründen lediglich ein angemessener Wert ansetzen werden kann, damit der eigene angemessene Bedarf gemäß § 1603 I BGB gesichert bleibt. Dies gilt insbesondere beim Elternunterhalt.[251] Da der Wohnwert kein Bargeld ist, muss beachtet werden, ob bei Ansatz der objektiven Marktmiete noch genügend Barmittel für die Lebenshaltungskosten nach Zahlung des Unterhalts verbleiben. Der Ansatz der objektiven Marktmiete statt des angemessenen Wohnwertes darf regelmäßig nicht dazu führen, dass das Eigenheim verkauft werden muss. Zu beachten ist ferner, ob der Ansatz der Marktmiete über die individuellen Verhältnissen hinausgeht, weil das Eigenheim z. B. durch Eigenleistungen kostengünstig errichtet wurde.[252] Beim **Elternunterhalt** darf die Unterhaltsverpflichtung deshalb nicht zu einer spürbaren Absenkung des Lebensstandards führen, so dass auch aus diesem Grunde vielfach nicht die Marktmiete, sondern nur ein angemessener Wohnwert angesetzt werden

---

[251] BGH, FamRZ 2003, 1179 = R 592 b
[252] BGH, FamRZ 2003, 1179 = R 592 b

kann.[253] Entsprechendes gilt bei der **Ersatzhaftung der Großeltern.**[254] Im Ergebnis kommt es beim Eltern- und Großelternunterhalt darauf an, welcher Lebensstand dem Pflichtigen im Verhältnis zu dem Bedürftigen zuzubilligen ist und ob eine Obliegenheit zur Verwertung der Immobilie besteht.[255] Bewohnen mehrere Familienangehörige das Eigenheim, wird man den Wohnwert nach Köpfen verteilen (vgl. näher Rn. 397). Ansonsten gelten die bereits beim Kindesunterhalt dargelegten Grundsätze (vgl. Rn. 397 ff.), d. h. der Wohnwert erhöht das Einkommen des Pflichtigen, bzw. reduziert den Bedarf des Berechtigten. **Abzahlungen** werden regelmäßig auch bezüglich der Tilgung wohnwertmindernd zu berücksichtigen sein, soweit ein Restwohnwert verbleibt.[256] Bei der **Leistungsfähigkeit** ist beim Pflichtigen wie beim Kindesunterhalt zu beachten, dass die Abzahlungen nicht zu anzusetzen sind, soweit sie den Wohnkosten im Selbstbehalt entsprechen (vgl. Rn. 402 b). Außerdem ist in einer Kontrollrechnung zu überprüfen, wie viele Barmittel für die Lebenshaltung verbleiben.

7. Abschnitt: Einkünfte aus Vermögen, Verwertung des Vermögensstammes und fiktive Einkünfte bei unterlassener zumutbarer Vermögensnutzung bzw. unterlassener Verwertung des Vermögensstammes

I. Einkünfte aus Vermögen

1. Vermögenserträge

403   Zu den Vermögenserträgen zählen vor allem:
– Zinsen aus Kapitalvermögen (Rn. 408).
– Einkünfte aus Beteiligungen an Kapitalgesellschaften, z. B. an einer GmbH oder an einer Aktiengesellschaft (Rn. 404, 407 f.). Einkünfte aus Beteiligungen an Personengesellschaften, z. B. an einer GbR, einer Partnerschaftsgesellschaft, einer OHG oder einer KG, sind solche aus selbständiger Tätigkeit oder gewerbliche Einkünfte (204 ff.).
– Einkünfte aus Vermietung und Verpachtung (Rn. 293 ff.).
– Einkünfte aus Gebrauchsvorteilen, insbesondere Wohnvorteilen (Rn. 311 ff.).
– Einkünfte aus Verwertung des Vermögensstammes (Rn. 410 ff.) mit Schaffung wiederkehrender Leistungen, z. B. aus einer Leibrente (Rn. 417, 439).
– Einkünfte aus Erbansprüchen und Pflichtteilsforderungen (Rn. 434).
– Einkünfte aus sonstigem Vermögen jeder Art. Anzurechnende Vermögenserträge sind auch eine monatliche Haftungsentschädigung, die für die Bereitstellung eines Grundstücks als Sicherheitsleistung bezahlt wird,[1] oder Erträge aus der Anlage von Schmerzensgeld.[2]

2. Anrechnung von Vermögenseinkünften

404   Vermögenseinkünfte erhöhen als Erträge des Vermögens das unterhaltsrechtlich relevante Einkommen des jeweiligen Vermögensinhabers, also sowohl das des Berechtigten als auch das des Verpflichteten.[3] Auf die **Herkunft** des ertragbringenden Vermögens kommt es

---

[253] BGH, FamRZ 2006, 2003, 1179 = R 592 b
[254] BGH, FamRZ 2006, 26 = R 637 b
[255] BGH, FamRZ 2003, 1179 = R 592 c
[256] BGH, FamRZ 2003, 1179 = R 592 c
[1] BGH, FamRZ 1987, 36, 38
[2] BGH, FamRZ 1988, 1031
[3] OLGR Köln 2005, 713

nicht an.[4] Das Vermögen, dessen Zinserträge zu berücksichtigen sind, kann aus einer Erbschaft,[5] aus erarbeitetem Vermögen, einem Zugewinnausgleich,[6] einer Leibrente (vgl. insoweit aber Rn. 417, 439),[7] aus der Anlage einer kapitalisierten Schmerzensgeldrente,[8] aus einer Grundstücksveräußerung oder -versteigerung, einer Abfindung nach Auflösung einer stillen Gesellschaft[9] oder auch aus einem Kapital stammen, das mit Mitteln des Unterhalts angespart worden ist.[10] Die ehelichen Lebensverhältnisse können sogar schon dadurch geprägt sein, dass ein Ehegatte mit Rücksicht auf eine zu erwartende **Erbschaft** davon absieht, in angemessener Weise für sein Alter vorzusorgen und einen höheren Anteil seines Bruttoeinkommens für den Lebensunterhalt verwendet. Dann wirken sich auch erst nach der Scheidung anfallende Einkünfte aus einer Erbschaft indirekt als eheprägend aus, weil sie eine Fortsetzung des zu großzügigen Lebensstils erlauben, indem sie die Altersversorgung unabhängig von sonstigen Rücklagen auf ein angemessenes Maß aufstocken.[11] Als Vermögenseinkünfte gelten auch **Einnahmen aus Kapitalbeteiligungen** an Personengesellschaften[12] (z. B. Kommanditbeteiligung an einer KG oder OHG; vgl. Rn. 403, 204 ff.) oder Kapitalgesellschaften[13] (z. B. als Gesellschafter einer GmbH oder einer Aktiengesellschaft; vgl. 403). Die Einnahmen aus diesen Beteiligungen sind wegen der eingeschränkten Verfügungsbefugnis (z. B. als Mitgesellschafter) regelmäßig nur im tatsächlich erzielten Umfang zu berücksichtigen. Nur wenn der Vermögende, z. B. als Alleingesellschafter und Geschäftsführer einer GmbH, unmittelbar Einfluss auf die Dispositionen der Gesellschaft hat und somit die Höhe der Erträge steuern kann, was ihm erhebliche Manipulationsmöglichkeiten verschaffen würde, sind die Einkünfte nach den Maßstäben der Einkommen von Freiberuflern und Gewerbetreibenden (Rn. 110 ff., 209 ff.) zu beurteilen.

Bei Zahlung eines Schmerzensgeldes steht zwar die spezifische schadensersatzrechtliche Funktion des Schmerzensgeldes als Ausgleich immaterieller Beeinträchtigungen des Betroffenen und als Genugtuung der Berücksichtigung nicht entgegen. Allerdings kann unter Berücksichtigung des Rechtsgedankens des § 1610 a BGB eine Ausnahme gelten, soweit ein immaterieller Mehrbedarf besteht, für dessen Ausgleich die Leistung bestimmt war. Denn hat der Schmerzensgeldempfänger derartige körperliche Verletzungen davongetragen, dass er während des Unterhaltszeitraums unter andauernden schwerwiegenden Behinderungen zu leiden hat, so ist solchen Belastungen durch eine maßvolle, die Belange eines unterhaltsberechtigten Kindes berücksichtigende Anhebung seines notwendigen Selbstbehalts Rechnung zu tragen.[14] Dieser Gesichtspunkt ist auch auf den Bedarf des Unterhaltsberechtigten übertragbar. Bei Vermögenserträgen darf kein Abzug für einen inflationsbedingten Wertverlust des Vermögensstammes gemacht werden.[15] Allerdings sind die Vermögenserträge um Tilgungsleistungen für Kredite zu kürzen, mit denen die Einkommensquelle schon während des Zusammenlebens der Ehegatten finanziert worden ist,[16] und die weiterhin anfallen.

Beim **Kindesunterhalt** sind sowohl beim Berechtigten (auch bei minderjährigen Kin- **405** dern, § 1602 II BGB) als auch beim Verpflichteten ohne Einschränkung alle Vermögens-

---

[4] BGH, FamRZ 1985, 471; 1985, 582; 1985, 357, 359; OLG Celle FamRZ 1999, 508; OLG Bamberg FamRZ 1992, 1305
[5] OLG Oldenburg FamRZ 2005, 718; OLG Hamm FamRZ 1998, 620
[6] BGH, FamRZ 2007, 1532 = R 681 k; 1987, 912; 1985, 357; OLG Saarbrücken NJW-RR 2005, 1454 und FamRZ 2003, 685; OLG Bamberg FamRZ 1992, 1305; OLG Koblenz FamRZ 1989, 59; zum Verbot der Doppelverwertung vgl. aber OLG München FamRZ 2005, 714
[7] BGH, FamRZ 1994, 228 = R 471 c
[8] BGH, FamRZ 1988, 1031; OLG Karlsruhe FamRZ 2002, 750
[9] Dazu BGH (II. ZS) FamRZ 2001, 1290
[10] BGH, FamRZ 2007, 1532 = R 681 d–f; 1986, 441; 1985, 582; 1985, 357
[11] BGH, FamRZ 2006, 387 = R 643 a; OLG Frankfurt FamRZ 1986, 165
[12] BGH, FamRZ 2003, 432; OLG Bamberg FamRZ 2006, 344
[13] BGH, FamRZ 2004, 1179 = R 613; 1982, 680; OLG Celle FuR 2001, 509; OLGR Frankfurt 1994, 175
[14] BGH, FamRZ 1989, 170, 172
[15] BGH, FamRZ 1986, 441; 1992, 423 = R 442 c; a. A. zuvor OLG Stuttgart FamRZ 1985, 607; OLG Saarbrücken FamRZ 1985, 447
[16] BGH, FamRZ 2005, 1159 und 2003, 1179 (zum Wohnwert); 1991, 1163 = R 437 b; OLGR Hamm 2004, 304; OLG Stuttgart FamRZ 2004, 1109

erträge bedeutsam und zwar für die Bedarfsbemessung, die Bedürftigkeit und die Leistungsfähigkeit.

406   Beim **Ehegattenunterhalt** dürfen bei der Bedarfsbemessung nach §§ 1361 I, 1578 I
BGB nur in dem Umfang Vermögenserträge berücksichtigt werden, wie sie bereits die
ehelichen Lebensverhältnisse nachhaltig geprägt haben, d. h. bereits während des Zusammenlebens[17] zum Verbrauch zur Verfügung gestanden haben[18] (näher s. Rn. 20 f.). Dazu
zählen auch Erträge aus einem vor der Trennung durch Erbfall erworbenen Vermögen eines
der Ehegatten.[19] Prägende Erträge des Berechtigten sind in die Differenzrechnung (vgl.
Rn. 21) einzustellen. Nichtprägende Erträge und Nutzungen des Berechtigten mindern
dessen Bedürftigkeit und sind mittels der Anrechnungsmethode (vgl. Rn. 23) auf den
Unterhaltsanspruch anzurechnen. Zu beachten ist, dass bei Vermögenserträgen der sog.
„Ehegattenbonus" als Erwerbsanreiz entfällt und deswegen die Ehegattenquote insoweit
in der Regel 50% beträgt (Rn. 4/384 und Fn. 12). Das wird häufig bei gemischten
Einkünften übersehen. Im Rahmen der Leistungsfähigkeit des Verpflichteten sind sowohl
prägende wie auch nichtprägende Erträge und Nutzungen zu berücksichtigen.

3. Ermittlung der Vermögenserträge

407   Die Ermittlung der Vermögenserträge erfolgt als **Überschussrechnung** durch Abzug der
Werbungskosten von den Bruttoeinnahmen (§ 2 II Nr. 2 EStG). Bei solchen Einkünften
(z. B. aus einer Kapitalgesellschaft) gibt es – wie bei Freiberuflern – oft erhebliche Einkommensschwankungen. Deshalb ist unterhaltsrechtlich auch hier in der Regel der Durch-
schnittswert aus einem **längeren Zeitraum** zugrunde zu legen (Rn. 274 f.). Wer Kapitaleinkünfte bezieht, die vom Gewinn einer Kapitalgesellschaft abhängen (z. B. der Gesellschafter einer GmbH), ist verpflichtet, auf Verlangen die Bilanzen nebst Gewinn- und
Verlustrechnung sowie sonstige Belege vorzulegen, aus denen der Unternehmensgewinn
ermittelt werden kann (Rn. 681). Nach §§ 242, 264 HGB hat der gesetzliche Vertreter einer
Kapitalgesellschaft den **Jahresabschluss** mit der Bilanz und der Gewinn- und Verlustrechnung in den ersten drei Monaten des Geschäftsjahres für das vergangene Geschäftsjahr
aufzustellen.

Zumeist handelt es sich bei den Einkünften aus Kapital allerdings um **Zinseinkünfte.**
Insoweit kann vom Unterhaltspflichtigen die Vorlage der entsprechenden Bankbelege, Spar-
bücher, Darlehensverträge und sonstiger Verträge verlangt werden. Über den **Vermögensstamm** kann nach §§ 1605 I 3, 1361 IV, 1580, 260 I BGB, §§ 12 II, 16 II Lebenspart-
nerschaftsG Auskunft und Vorlage eines Bestandsverzeichnisses verlangt werden, dessen
Richtigkeit ebenfalls nach § 260 II BGB auf Verlangen an Eides Statt zu versichern ist, wenn
der begründete Verdacht einer Sorgfaltspflichtverletzung besteht. Mehr zur Auskunft und
Abgabe der eidesstattlichen Versicherung siehe Rn. 661 f., 692. Daneben ist das Gericht
nach § 643 ZPO befugt, entsprechende Auskünfte von den Parteien oder bestimmten
Stellen einzuholen.

Wer einen Unterhaltsanspruch geltend macht, hat die der Begründung des Anspruchs
dienenden tatsächlichen Umstände wahrheitsgemäß anzugeben und darf nichts verschweigen, was etwa seine Unterhaltsbedürftigkeit in Frage stellen könnte. Das gilt mit Rücksicht
auf die nach § 138 I ZPO bestehende prozessuale Wahrheitspflicht erst recht während eines
laufenden Rechtsstreits. Ändern sich die maßgeblichen Verhältnisse während des Rechtsstreits, sind Umstände, die sich auf den geltend gemachten Anspruch auswirken können,
auch ungefragt anzuzeigen (s. Rn. 696 ff.). Die Entscheidung darüber, ob und gegebenenfalls inwieweit solche Beträge nicht anrechenbar sind oder ob ein Teilbetrag verbleibt, der
möglicherweise nach § 1577 III BGB eingesetzt oder zumindest mit anrechenbaren Zinseinkünften angelegt werden muss, obliegt dem Gericht und nicht der jeweiligen Partei.[20]

---

[17] BGH, FamRZ 2008, 968 = R 689; BVerfG FamRZ 1993, 171; OLG Celle FamRZ 1999, 508
[18] Zu den wandelbaren ehelichen Lebensverhältnissen vgl. auch BGH, FamRZ 2006, 683 =
R 649 f–h
[19] BGH, FamRZ 1988, 1145, 1147; OLG Hamm FamRZ 1998, 620
[20] BGH, FamRZ 2000, 153 = R 534

4. Einkünfte aus Kapitalvermögen

Zu den Einnahmen aus Kapitalvermögen zählen u. a. **Zinsen** aus Sparvermögen, Fest- **408** geld, Bausparguthaben, gegebenen Darlehen und Hypotheken, Anleihen, Einlagen und sonstigen Konten bei Kreditinstituten sowie Diskonterträge bei Wechselgeschäften, Ausschüttungen von Investmentgesellschaften, Stückzinsen, Gewinnanteile aus Beteiligung an Kapitalgesellschaften, Dividenden, Einkünfte aus stiller Gesellschaft und aus sonstigen Wertpapieren. Nach neuester Rechtsprechung[21] können auch **Wertzuwächse von Papieren ohne Ausschüttung** darunter fallen. Unabhängig davon wären aus unterhaltsrechtlicher Sicht ohnehin Vermögenseinkünfte zu berücksichtigen, weil die Obliegenheit besteht, das Vermögen entsprechend ertragreich anzulegen. Zu den Vermögenseinkünften gehören auch Spekulationsgewinne, die der Versteuerung unterliegen.[22] Solche Einkünfte haben allerdings regelmäßig nicht die ehelichen Lebensverhältnisse geprägt, wenn sie dem Vermögenszuwachs dienten und deswegen nicht für den allgemeinen Lebensunterhalt zur Verfügung standen.[23] Dann sind sie nur beim Verwandtenunterhalt und im Rahmen der Leistungsfähigkeit zu berücksichtigen. Bei Gewinnanteilen an Kapitalgesellschaften gehören auch die anzurechnenden Körperschaftssteuern zu den Einkünften; § 20 I Nr. 1 und 3 EStG. Bei einem **Mehrheitsgesellschafter** ist unterhaltsrechtlich zu prüfen, ob der Gewinn korrekt ermittelt wurde,[24] bei einem Minderheitsgesellschafter dürfen solche Korrekturen hingegen nicht vorgenommen werden.[25] Bei der Beteiligung an einer Personengesellschaft ist auch der Umfang des zustehenden Entnahmerechts zu berücksichtigen.[26]

- **Abziehbare Werbungskosten** sind: Depotgebühren, Bankspesen für Verwaltung, Schließfachmiete, Kosten für Teilnahme an der Hauptversammlung, einschlägige Versicherungsbeiträge, Kosten für einen notwendigen Vermögensverwalter sowie anteilige Steuern (Kapitalertragsteuer und persönliche Steuern).
- **Nicht abziehbar** sind Aufwendungen für das Kapital oder das sonstige Vermögen selbst sowie der Verlust des Kapitals oder des Vermögens; ferner Aufwendungen zur Wertverbesserung. Auch ein Ausgleich für zukünftige Kaufkraftverluste kann nicht abgezogen werden.[27]

5. Einkünfte aus Grundstücken

Grundstücke können vermietet oder verpachtet werden. Die hierauf beruhenden Einkünf- **409** te werden in Rn. 293 ff. behandelt. Bewohnt der Eigentümer sein Haus oder seine Eigentumswohnung selbst, kann ihm ein geldwerter Wohnvorteil zugerechnet werden (dazu s. Rn. 311 ff.). Diese Regeln gelten sowohl für den Berechtigten als auch für den Unterhaltspflichtigen. Zum Einkommen gehört auch der Betrag, den ein Ehegatte von einem neuen Partner als Entgelt für Wohnungsgewährung erhält oder den er sich dafür anrechnen lassen muss.[28] Werden Grundstücke schuldhaft weder vermietet oder verpachtet, noch vom Eigentümer genutzt oder verkauft, können fiktive Einkünfte angesetzt werden (Rn. 425 ff.). Ist der Eigentümer ausnahmsweise verpflichtet, auch den Stamm seines Vermögens einzusetzen (Rn. 410 ff.), muss die Immobilie verkauft werden. Der Erlös ist dann bei der Unterhaltsberechnung wie das Kapital einer ausbezahlten Lebensversicherung einzusetzen (s. Rn. 424 a f.). Muss der Stamm nicht verwertet werden, kommt es auf den bei einer Vermietung oder Verpachtung zu erzielenden Erlös an.

---

[21] Vgl. BVerwG, FamRZ 1999, 1653
[22] OLG Stuttgart FamRZ 2002, 635
[23] Vgl. BGH, FamRZ 2007, 1532 = R 681 d–h; OLGR Hamm 1998, 373
[24] OLG Celle FuR 2001, 509
[25] Im Einzelnen s. hierzu Fischer-Winkelmann, FamRZ 1996, 1391; vgl. auch Rn. 1/404
[26] BGH, VersR 1968, 770; OLG Frankfurt FuR 2001, 370; OLG Dresden FamRZ 1999, 850
[27] BGH, FamRZ 1992, 423 = R 442 c; 1986, 441
[28] BGH, FamRZ 1983, 150; 1980, 879, 880; 1980, 665, 668; für den umgekehrten Fall das Wohnens bei einem neuen Lebenspartner als freiwillige Leistung vgl. aber OLG Hamm NJWE-FER 2000, 249

II. Zur Verwertung des Vermögensstammes

1. Obliegenheit zur Verwertung des Vermögensstammes auf Grund einer Billigkeitsabwägung

410   In Ermangelung sonstiger Mittel müssen **unterhaltsberechtigte** Ehegatten (Rn. 411 ff., 414 ff.) und Verwandte mit Ausnahme minderjähriger Kinder (Rn. 421, 421 b, 2/623 f.) ebenso wie der **Unterhaltsverpflichtete** (Rn. 417 f., 419 f., 421 a) bei beschränkter Leistungsfähigkeit den Vermögensstamm verwerten, soweit dies nicht unwirtschaftlich oder unter Berücksichtigung der beiderseitigen wirtschaftlichen Verhältnisse nicht unbillig ist (§§ 1577 I und III, 1581 S. 2, 1602 I, 1603 II 3 BGB). Nur **minderjährige Kinder** (Rn. 421) müssen ihren eigenen Vermögensstamm im Verhältnis zu ihren Eltern nicht angreifen, solange die Eltern leistungsfähig sind (§ 1602 II BGB).

Die danach gebotene Billigkeitsabwägung ist Sache des Tatrichters. Sie erfordert eine umfassende Beurteilung der Umstände des Einzelfalls. Diese Beurteilung kann vom Revisionsgericht nur darauf überprüft werden, ob sie von zutreffenden rechtlichen Vorstellungen ausgeht und die wesentlichen Gesichtspunkte berücksichtigt.[29] Die Obliegenheit zur Vermögensverwertung findet aber stets dort ihre Grenze, wo dem Verpflichteten nicht mehr die Mittel zur Bestreitung des eigenen unentbehrlichen Lebensbedarfs (Selbstbehalt) verbleiben würden und er durch die Unterhaltszahlungen selbst sozialhilfebedürftig würde.[30] Dies gilt auch, wenn der Unterhalt nur aus dem Stamm des Vermögens aufgebracht werden kann.[31] Zum Stamm des Vermögens gehören auch die stillen Reserven eines Unternehmers (dazu s. Rn. 1/198).

Je **größer** das Vermögen ist, umso eher kommt eine Obliegenheit zur Verwertung in Betracht. Kleinere Vermögen können geschont werden, damit eine Reserve für Notfälle oder als Altersvorsorge erhalten bleibt; bei größeren Vermögen kann ein entsprechender Sockelbetrag als Schonvermögen verbleiben.[32] Die Auffassung, dass eine Verwertung schon dann ausscheidet, wenn der Erlös nicht für einen lebenslangen Unterhalt ausreicht,[33] überzeugt jedenfalls nicht, wenn ohnehin nur ein zeitlich befristeter Bedarf besteht und dieser durch die Verwertung von Vermögen abgedeckt wird.[34] Besteht eine Pflicht zur Verwertung des Vermögensstammes, so hat ein Affektionsinteresse an bestimmten Gegenständen umso weniger Gewicht, je höher der Wert ist.[35]

410 a   Grundsätzlich dient somit das Vermögen, zusammen mit den Einkünften, der lebenslangen Unterhaltssicherung (zur Abfindung vgl. Rn. 71 ff.). Es soll nicht den **Erben** erhalten werden, wenn davon zu Lebzeiten ein berechtigter Unterhaltsanspruch erfüllt werden kann. Das Vermögen ist daher so zu verwerten, dass der Unterhaltsbedarf bei Berücksichtigung der überschaubaren wirtschaftlichen Entwicklung während der gesamten voraussichtlichen Dauer des Anspruchs erfüllt werden kann.[36]

Zuvor ist allerdings auch schon bei der Bestimmung des **Schonvermögens,** das zur Sicherung des eigenen Unterhaltsbedarfs des Verpflichteten (Selbstbehalt) unberücksichtigt bleiben muss, die voraussichtlich gesamte Lebensdauer des Verpflichteten zu beachten.[37] Dabei ist insbesondere zu berücksichtigen ob das Vermögen zur Sicherung der **eigenen Altersvorsorge** vorgesehen ist. Zwar erfolgt die primäre Altersvorsorge regelmäßig im

---

[29] BGH, FamRZ 1987, 912; 1986, 560
[30] BGH, FamRZ 2006, 683 = R 649 (zum Ehegattenselbstbehalt); BVerfG FamRZ 2004, 253
[31] BGH, FamRZ 1989, 170, 172
[32] BGH, FamRZ 1998, 367 = R 517 c; OLG Celle FamRZ 2001, 47 (Schonbetrag von 5000 DM bei Unterhaltsanspruch eines volljährigen Kindes); OLGR Karlsruhe 2000, 369 (schwerbehindertes Kind); OLGR Schleswig 1999, 441 (Schonbetrag von 4500 DM bei Unterhaltsanspruch eines volljährigen Kindes)
[33] OLG Hamm, FamRZ 1997, 1537
[34] BGH, FamRZ 2002, 1698, 1702 = R 580 c
[35] BGH, FamRZ 1998, 367, 369 = R 517 c
[36] BGH, FamRZ 1985, 354; 1966, 28
[37] BGH, FamRZ 1989, 170

Wege der gesetzlichen Rentenversicherung. Nachdem sich jedoch zunehmend die Erkenntnis durchgesetzt hat, dass die primäre Versorgung in Zukunft nicht mehr für eine angemessene Altersversorgung ausreichen wird, sondern zusätzlich private Vorsorge zu treffen ist,[38] darf einem Unterhaltpflichtigen diese Möglichkeit nicht mit dem Hinweis auf die Beeinträchtigung der Leistungsfähigkeit zur Erfüllung von Unterhaltsansprüchen genommen werden. Denn die eigene angemessene Altersvorsorge geht jedenfalls dann der Sorge für die Unterhaltsberechtigten vor, wenn er diesen nicht nach § 1603 II BGB gesteigert unterhaltspflichtig ist und dem Unterhaltpflichtigen deswegen vorrangig auch die Sicherung des eigenen angemessenen Unterhalts zu gewährleisten ist.[39] Ihm ist deshalb die Möglichkeit eröffnet, geeignete Vorkehrungen dafür zu treffen, dass er nicht seinerseits im Alter auf Unterhaltsansprüche oder sonstige staatliche Förderung angewiesen ist. Vor diesem Hintergrund hat der BGH die einer zusätzlichen Altersversorgung dienenden Aufwendungen als abzugsfähig anerkannt.[40] Ist es dem Unterhaltsschuldner aber gestattet, die zur eigenen Altersicherung notwendigen Beträge zusätzlich zurückzulegen, dann müssen auch die so geschaffenen Vermögenswerte als Altersicherung dem Zugriff der Unterhaltsgläubiger entzogen bleiben, um den Zweck der Altersicherung erreichen zu können. Dabei steht es dem Unterhaltpflichtigen nach ständiger Rechtsprechung des BGH grundsätzlich frei, in welcher Weise er – jenseits der gesetzlichen Rentenversicherung – Vorsorge für sein Alter trifft. Der BGH hat deswegen sowohl den Abschluss von Lebensversicherungen als auch sonstige vermögensbildende Investitionen als angemessene Art der Altersversorgung gebilligt, soweit sie geeignet sind, diesen Zweck zu erreichen. Das gilt auch für den Erwerb von Wertpapieren oder Fondsbeteiligungen als auch für bloßes Sparvermögen.[41] In welchem Umfang vorhandenes Vermögen im konkreten Einzelfall dem eigenen angemessenen Unterhalt einschließlich der eigenen Altersvorsorge dient und deswegen dem Zugriff der Unterhaltsgläubiger entzogen ist, kann deswegen nur individuell beantwortet werden.[42]

Die Umrechnung eines vorhandenen Kapitals in eine **lebenslange Rente** ist wegen der **410 b** unbekannten individuellen Lebenserwartung und wegen der sich ständig ändernden Ertragsmöglichkeiten schwierig. Da ohnehin eine entsprechende Anlage erforderlich ist, kann im Einzelfall bei einer Bank oder einem größeren Versicherungsunternehmen nachgefragt werden, in welcher Höhe sich eine lebenslange Rente ergibt, wenn das einzusetzende Kapital sofort in einem Betrag eingezahlt wird. Da den Erben nichts erhalten werden muss, ist von den möglichen Vertragsvarianten diejenige maßgeblich, die ohne Rückzahlung eines nicht verbrauchten Kapitalrestes im Todesfall die größte Rente ergibt. Bei Lebensversicherungen auf Kapitalbasis braucht nur gefragt zu werden, welche Rente sich bei Ausübung des **Rentenwahlrechts** ergeben würde. Auch hier wäre die Variante maßgeblich, die den Erben nichts oder jedenfalls möglichst wenig zukommen lässt.[43]

2. Verwertung des Vermögensstammes des Berechtigten beim nachehelichen Unterhalt; § 1577 III BGB

Der **Anspruchsberechtigte auf nachehelichen Unterhalt** hat grundsätzlich zunächst **411** auch eigenes Vermögen jeder Art einzusetzen (§ 1577 I BGB). Auch Vermögen, das aus der Veräußerung eines früher gemeinsam genutzten Anwesens herrührt, soll, wie alle Vermögenswerte eines Unterhaltsberechtigten, dazu dienen, ergänzend dessen Unterhaltsbedarf auf Lebenszeit zu sichern.[44] Einzusetzen sind deswegen jedenfalls die **Erträge** aus einem

---

[38] Vgl. Art. 6 des Altersvermögensgesetzes vom 26. Juni 2001, BGBl. I 1310, 1335
[39] BGH, FamRZ 2003, 1179, 1182 (zum Elternunterhalt)
[40] BGH, FamRZ 2005, 1817 = R 632j (bis zu 4% des Bruttoeinkommens); 2004, 792 = R 605a (bis zu 5% des Bruttoeinkommens beim Elternunterhalt)
[41] BGH, FamRZ 2006, 1511 = R 658d; 2003, 860
[42] BGH, FamRZ 2006, 1511 = R 658d, e
[43] Vgl. den vom OLG Hamm in FamRZ 1998, 1520 behandelten Fall mit kritischer Anmerkung Bienko, FamRZ 1999, 512; zur Verwendung von Sterbetafeln zur Ermittlung von Schätzwerten beim Zugewinnausgleich vgl. BGH, FamRZ 1992, 1155, 1159
[44] BGH, FamRZ 1985, 354, 356; OLG Bamberg FamRZ 1992, 1305

- Versteigerungserlös,[45]
- Vermögen aus Zugewinnausgleich,[46]
- Kapital aus einer ausbezahlten Lebensversicherung (s. Rn. 424 a),[47]
- Miteigentumsanteil am Haus (s. Rn. 423 f.),[48]
- Erbanteil, z. B. an einem Baugrundstück[49] sowie
- Sparguthaben.[50]

412   Den **Stamm des Vermögens** muss der Unterhaltsberechtigte nach § 1577 III BGB allerdings ausnahmsweise nicht zu verwerten, *soweit die Verwertung unwirtschaftlich oder unter Berücksichtigung der beiderseitigen Interessen unbillig wäre.* Bei der insoweit gebotenen Billigkeitsabwägung sind vor allem folgende Umstände zu berücksichtigen:

- Voraussichtliche Dauer der Unterhaltsbedürftigkeit des Berechtigten und der Ertragsmöglichkeit des zur Verfügung stehenden Vermögens.[51]
- Belange naher Angehöriger wie Eltern und Kinder.[52]
- Der Umstand, dass ein Vermögenswert aus dem Verkauf eines gemeinsamen Hauses stammt und dass auch der Verpflichtete einen entsprechenden Erlösanteil zur freien Verfügung erhalten hat.[53]
- In welcher Höhe der Berechtigte sonstiges Vermögen oder Altersvorsorge besitzt.[54]
- Das Ausmaß der Belastung des Verpflichteten durch eine Unterhaltsgewährung aus seinem Einkommen
- Der Verlust eines Wohnvorteils (vgl. dazu Rn. 311 ff.).[55]
- Die Verwertung eines angemessenen selbst genutzten **Immobilienbesitzes,** der ohnehin stets zur Anrechnung eines Wohnvorteils führt, kann danach regelmäßig nicht gefordert werden.[56] Allgemein braucht der Unterhaltsberechtigte den Stamm seines Vermögens auch dann nicht zu verwerten, wenn dies für ihn mit einem wirtschaftlich nicht mehr vertretbaren Nachteil verbunden wäre.

413   Besteht der Vermögensstamm aus einem Barvermögen (Sparguthaben), so ist dessen Verwertung zwar grundsätzlich nicht unwirtschaftlich[57] (vgl. aber Rn. 410 a). Erzielt der Berechtigte keine laufenden Erwerbseinkünfte, so ist ihm aber zumindest eine „Reserve" als **Notgroschen** für Fälle plötzlich auftretenden Sonderbedarfs zu belassen.[58] Bei solchen Rücklagen darf deswegen in der Regel nur die Rendite für kurzfristig verfügbare Sparguthaben in Ansatz gebracht werden.[59] Der Miteigentumsanteil an einem Einfamilienhaus macht eine solche Rücklage nicht entbehrlich, weil er bei eigener Nutzung regelmäßig nicht verwertet werden muss und auch sonst erfahrungsgemäß nur unter Schwierigkeiten, daher nicht kurzfristig und häufig nur unwirtschaftlich zu verwerten ist.[60] Hat der Verpflichtete seinerseits kein Vermögen, das er zur Deckung plötzlich auftretenden Sonderbedarfs verwenden könnte, wäre es allerdings unbillig, dem Berechtigten zu gestatten, einen Teil

---

[45] BGH, FamRZ 1985, 582

[46] BGH, FamRZ 1985, 357, 359; zum Verbot der Doppelverwertung vgl. aber BGH, FamRZ 2007, 1532 = R 681 h; 2004, 1352 und 2003, 432 und allgemein: Schulz FamRZ 2006, 1237

[47] OLG Hamm FamRZ 2000, 1286

[48] BGH, FamRZ 1984, 662

[49] BGH, FamRZ 1980, 43; OLG Oldenburg FamRZ 2005, 718

[50] BGH, FamRZ 1985, 582; 1985, 360

[51] BGH, FamRZ 1985, 354, 356; OLG München FamRZ 1994, 1459

[52] BGH, FamRZ 1980, 126, 128

[53] BGH, FamRZ 2006, 387; 2005, 1159

[54] BGH, FamRZ 2006, 1511 = R 658 c, d; 1985, 360

[55] BGH, FamRZ 1985, 360

[56] BGH, FamRZ 2006, 1511 = R 658 c, d; vgl. auch BVerfG FamRZ 2005, 1051 und Brudermüller NJW 2004, 633, 637 m. w. N.

[57] BGH, FamRZ 1985, 360

[58] BGH, FamRZ 2006, 1511 = R 658 b; 1998, 367, 369 = R 517 c; 1986, 439; 1985, 354, 356; 1985, 360

[59] BGH, FamRZ 1986, 439

[60] BGH, FamRZ 1985, 360

seines Vermögens auf Kosten des Verpflichteten als „Notgroschen" unangegriffen zu lassen (s. auch Rn. 4/557 f.).[61]

Besteht das Vermögen aus einer **Lebensversicherung,** die dem Unterhaltsberechtigten zur Abgeltung der Ansprüche aus dem Versorgungsausgleich übertragen wurde, dient das Kapital im Zweifel zur Deckung des laufenden Lebensunterhalts im Alter. Der ausgezahlte Betrag muss dann unter Berücksichtigung der statistischen Lebenserwartung und der erzielbaren Zinsen auf mehrere Jahre verteilt werden[62] (vgl. Rn. 424 a f.).

3. Verwertung des Vermögensstammes des Berechtigten beim Trennungsunterhalt

Für den **Unterhaltsberechtigten beim Trennungsunterhalt** fehlt eine dem § 1577 **414** III BGB entsprechende Bestimmung. Eine Verwertungspflicht ergibt sich nach der Rechtsprechung des BGH[63] jedoch aus § 1361 I und II BGB, wenn der Unterhalt des Berechtigten aus dem Stamm seines Vermögens bestritten werden kann. Diese Verpflichtung geht allerdings beim Trennungsunterhalt weniger weit als beim Scheidungsunterhalt, bei dem jeder der beiden Scheidungspartner im Grundsatz wirtschaftlich auf eigenen Füßen stehen soll (§ 1569 BGB), während beim Trennungsunterhalt die wirtschaftliche Grundlage der ehelichen Gemeinschaft zunächst noch nicht beeinträchtigt und offen gehalten werden soll, dass die Ehegatten nach Möglichkeit wieder zu ihrer ehelichen Gemeinschaft zurückfinden (vgl. z.B. § 1361 II BGB). Außerdem haben die Eheleute während der Trennungszeit noch eine stärkere Verantwortung füreinander als nach der Scheidung, was auch gegen eine Verwertung des Vermögens des Berechtigten sprechen kann.[64]

Eine Verpflichtung zur Verwertung des Vermögensstamms besteht vor allem dann, wenn **415** die Eheleute dies schon **während der bestehenden Ehe** zur Unterhaltsdeckung getan haben. Sie kann aber auch bestehen, wenn die Ehegatten nach ihrem gemeinsamen Lebensplan während intakter Ehe den Vermögensstamm nicht oder nur in besonderen Fällen angegriffen haben. Mit der Aufgabe der häuslichen Gemeinschaft tritt nämlich eine wesentliche Änderung der Verhältnisse ein. Dann sind beide Ehegatten einander nicht mehr gemäß § 1360 BGB verpflichtet, die Familie angemessen zu unterhalten. Bei dem Anspruch auf Trennungsunterhalt nach § 1361 BGB handelt es sich vielmehr um einen Anspruch auf Barunterhalt eines Ehegatten gegen den anderen, was diesen Anspruch von dem Anspruch auf Familienunterhalt grundlegend unterscheidet. Deshalb kann ein entsprechender früherer gemeinsamer Lebensplan bezüglich der Nichtverwertung des Vermögensstammes bei der gebotenen Billigkeitsabwägung nur als ein Umstand unter mehreren anderen bedeutsam werden.

Als weitere zu berücksichtigende Umstände kommen neben der Höhe des dem Unter- **416** haltsberechtigten zur Verfügung stehenden Vermögens besonders die **Einkommens- und Vermögensverhältnisse des Verpflichteten** in Betracht.[65] Auch die Dauer des Getrenntlebens kann bedeutsam sein, weil bei kurzer Trennung noch eher eine Aussicht auf eine Wiederaufnahme der ehelichen Lebensgemeinschaft besteht. Je länger die Trennung währt, desto eher kann eine Verpflichtung zur Verwertung des Vermögensstammes bejaht werden.[66] Von Bedeutung kann aber auch sein, dass die Ehegatten nur wenige Monate zusammengelebt haben und dass dem Berechtigten neben Grundvermögen auch ein größeres Wertpapierdepot zusteht.[67]

---

[61] BGH, FamRZ 1984, 364, 367
[62] OLG Hamm FamRZ 2000, 1286
[63] BGH, FamRZ 1985, 360
[64] BGH, FamRZ 2008, 963 = R 692 b, d (zum Wohnvorteil); 2005, 97 = R 616 a; 1986, 556; OLG Koblenz FamRZ 2005, 1482
[65] BGH, FamRZ 1997, 281, 285 = R 509 i; OLG Koblenz FPR 2002, 310
[66] BGH, FamRZ 1985, 360; OLG Hamm FamRZ 1993, 1085; OLG Karlsruhe FamRZ 1990, 163
[67] OLG Hamm, FamRZ 1993, 1085, 1087; OLG Frankfurt FamRZ 1995, 874 (Anteil am Lottogewinn i. H. v. 350 000 DM)

4. Vermögensverwertung beim Verpflichteten im Rahmen von Ehegattenunterhalt; § 1581 S. 2 BGB

417   Beim **nachehelichen Unterhalt** muss der **Unterhaltspflichtige** nach § 1581 S. 2 BGB bei beschränkter Leistungsfähigkeit den Stamm seines Vermögens nicht verwerten, *soweit die Verwertung unwirtschaftlich oder unter Berücksichtigung der beiderseitigen wirtschaftlichen Verhältnisse unbillig wäre*[68] (zu der Billigkeitsabwägung beim Unterhaltsberechtigten s. Rn. 412 f.). Im Rahmen der Billigkeitsabwägung ist auch beim Unterhaltsschuldner zu berücksichtigen, in welchem Umfang er Vermögen angespart hat und ob dieses als Rentenersatz bei sonst sehr geringer Altersrente vorgesehen ist. Dann muss er ab Rentenbeginn – vorbehaltlich seiner Leistungsfähigkeit (vgl. Rn. 410) – den Stamm des Vermögens nicht nur für den eigenen Unterhalt sondern auch für den Unterhalt des Berechtigten verwenden.[69] Hat der unterhaltspflichtige Ehegatte sein Vermögen veräußert und in ein Rentenstammrecht **umgewandelt,** aus dem wiederkehrende Leistungen fließe, hat er im Ergebnis den Vermögensstamm bereits für sich selbst angegriffen und zum laufenden Verbrauch bestimmt. Die aus der Veräußerung fließenden Leibrentenzahlungen sind damit von vornherein nicht als Vermögensstamm anzusehen[70] (vgl. auch Rn. 1/439). Gleiches gilt für den Betrag einer Rentennachzahlung, der ebenfalls unterhaltsrechtlich relevantes Einkommen ist.[71] Da unterhaltsrechtlich grundsätzlich keine Vermögenslage hinzunehmen ist, die keinen oder nur einen eindeutig unwirtschaftlichen Ertrag bringt, ist allerdings ggf. eine Umschichtung des Vermögens (vgl. Rn. 429 ff.) zumutbar.

418   Beim **Trennungsunterhalt** sind im Rahmen des § 1361 BGB auch die Grundsätze des § 1581 S. 2 BGB (Rn. 417) mit heranzuziehen. Die in § 1581 S. 2 BGB festgelegten Billigkeits- und Wirtschaftlichkeitsmaßstäbe setzen dabei eine äußerste Grenze, bis zu der vom Unterhaltspflichtigen eine Vermögensverwertung verlangt werden kann. Ergänzend sind die Besonderheiten zu berücksichtigen, die das Verhältnis der Ehegatten während des Getrenntlebens von demjenigen nach der Scheidung unterscheiden.[72] Wichtig sind in diesem Zusammenhang vor allem die noch bestehende stärkere Verantwortung der Eheleute füreinander, das höhere Maß an Rücksichtnahme auf die beiderseitigen Interessen und der Umstand, dass Eheleute bei der Regelung ihrer unterhaltsrechtlichen Beziehungen im Interesse der Aufrechterhaltung ihrer Ehe möglichst nicht zu Änderungen ihrer Lebensverhältnisse gedrängt werden sollen, die sich zerrüttungsfördernd auswirken könnten. Diese Pflicht zur Rücksichtnahme kann einem der Vermögensverwertung entgegenstehenden Interesse des Verpflichteten überwiegendes Gewicht verleihen und dazu führen, dass dem Unterhaltspflichtigen die Verwertung seines Vermögens nicht zugemutet werden kann, während er es nach der Scheidung für den Unterhalt des anderen einsetzen müsste. Deshalb ist dem Verpflichteten eine Vermögensverwertung, die ihm die Grundlage seiner beruflichen Existenz entziehen und die gemeinsame Lebensplanung und -grundlage im Fall einer Fortsetzung der ehelichen Lebensgemeinschaft gefährden würde, grundsätzlich nicht zuzumuten. Er braucht insbesondere einen landwirtschaftlichen Betrieb während der Trennungszeit nicht zu veräußern, wohl aber kann ihm eine Teilverwertung durch Veräußerung oder Belastung einzelner Grundstücke zugemutet werden.[73] Auch hier ist allerdings die Dauer der Trennung ein bedeutsamer Umstand, weil bei kurzer Trennung noch eher Aussicht auf Wiederaufnahme der ehelichen Gemeinschaft besteht. Je länger die Trennung währt, desto eher kann eine Verpflichtung zur Verwertung des Vermögensstamms bejaht werden.[74]

---

[68] BGH, FamRZ 1986, 560; 1985, 354
[69] OLG Schleswig FuR 2004, 279
[70] BGH, FamRZ 1994, 228 = R 471 c
[71] OLGR Braunschweig 1997, 157; OLG Hamburg FamRZ 1991, 953 (zur Umlegung auf einen angemessenen Zeitraum)
[72] BGH, FamRZ 2005, 97 = R 616 a; 1986, 556; 1985, 360
[73] BGH, FamRZ 1986, 556
[74] OLG Karlsruhe FamRZ 1990, 163

5. Vermögensverwertung beim Kindesunterhalt

Vermögen des Verpflichteten. Wie allgemein beim Verwandtenunterhalt muss der **419** Unterhaltspflichtige grundsätzlich auch im Verhältnis zu Kindern den Stamm seines Vermögens zur Bestreitung des Unterhalts einsetzen. Eine allgemeine Billigkeitsgrenze, wie sie § 1581 Satz 2 BGB für die Leistungsfähigkeit beim nachehelichen Ehegattenunterhalt vorsehen, enthält das Gesetz im Bereich des Verwandtenunterhalts nicht. Das einsetzbare Vermögen ergibt sich hingegen zunächst aus § 1603 I BGB, wonach nicht unterhaltspflichtig ist, *wer bei Berücksichtigung seiner sonstigen Verpflichtungen außerstande ist, ohne Gefährdung seines eigenen angemessenen Unterhalts den Unterhalt zu gewähren.*

Einschränkungen der Obliegenheit zum Einsatz auch des Vermögensstammes ergeben sich allein daraus, dass nach dem Gesetz auch die sonstigen Verpflichtungen des Unterhaltsschuldners zu berücksichtigen sind und er seinen eigenen angemessenen Unterhalt nicht zu gefährden braucht. Daraus folgt, dass eine Verwertung des Vermögensstammes nicht verlangt werden kann, wenn sie den Unterhaltsschuldner von fortlaufenden Einkünften abschneiden würde, die er zur Erfüllung weiterer Unterhaltsansprüche oder anderer berücksichtigungswürdiger Verbindlichkeiten[75] oder zur Bestreitung seines eigenen Unterhalts benötigt. Auch die Verwertung, jedenfalls die Veräußerung, eines nach den übrigen Verhältnissen der Familie angemessenen Familieneigenheims wird im Allgemeinen nicht verlangt werden können, weil es ebenfalls der Befriedigung des Unterhaltsbedarfs des Schuldners selbst und ggf. weiterer Familienangehöriger dient und zugleich Mietaufwendungen erspart.[76] Allgemein braucht der Unterhaltsschuldner den Stamm seines Vermögens nicht zu verwerten, wenn dies für ihn mit einem wirtschaftlich nicht mehr vertretbaren Nachteil verbunden wäre, denn auch das wäre mit der nach dem Gesetz gebotenen Berücksichtigung der ansonsten zu erfüllenden Verbindlichkeiten nicht zu vereinbaren und müsste letztlich den eigenen angemessenen Unterhaltsbedarf des Verpflichteten in Mitleidenschaft ziehen.[77] Diese Grundsätze gelten gleichermaßen für den Deszendentenunterhalt wie für den Anspruch auf Zahlung von Elternunterhalt.[78] Da das Gesetz eine allgemeine Billigkeitsgrenze nicht vorsieht, sind umfassende Zumutbarkeitsabwägungen erforderlich, in deren Rahmen auch Zuwendungen an nachrangig berechtigte Angehörige berücksichtigt werden können.[79] Danach ist dem Verpflichteten die Verwertung eines Ferienhauses jedenfalls zumutbar, wenn dieses weder als Einkommensquelle noch zur Befriedigung des Wohnbedarfs der Familie benötigt wird.[80]

Gegenüber **minderjährigen Kindern** hat der verpflichtete Elternteil nach § 1603 II 1 **420** BGB alle verfügbaren Mittel, d. h. auch den Vermögensstamm, zu seinem und der Kinder Unterhalt gleichmäßig zu verwenden.[81] Das gilt nach § 1603 II 2 BGB gleichermaßen für den Unterhaltsanspruch privilegierter volljähriger Kinder. Der Unterhaltspflichtige kann dann auch zum Verkauf seines Miteigentumsanteils an einem Grundstück verpflichtet sein; sein Wunsch, auf dem Grundstück zur Vermögensbildung Eigentumswohnungen zu errichten, ist gegenüber dem Anspruch der Kinder auf Mindestunterhalt (§ 1612a BGB) nachrangig.[82] Auch im Rahmen dieser erweiterten Unterhaltspflicht darf der Vermögensstamm jedoch nur dann zur Befriedigung des Mindestbedarfs des Kindes herangezogen werden, wenn der notwendige Eigenbedarf des Verpflichteten (notwendiger Selbstbehalt) unter Berücksichtigung seiner voraussichtlichen Lebensdauer sowie unter Einbeziehung zu erwartender künftiger Erwerbsmöglichkeiten bis an sein Lebensende gesichert bleibt.[83] Denn nach ständiger Rechtsprechung des BVerfG und des BGH besteht eine Unterhaltspflicht nicht,

---

[75] Vgl. BGH, FamRZ 1989, 170; 1982, 157 f.; OLG Hamm FamRZ 1998, 1609
[76] Brudermüller NJW 2004, 633, 637; vgl. auch § 90 II Nr. 8 SGB XII
[77] BGH, FamRZ 1988, 604; 1986, 48
[78] BGH, FamRZ 2006, 1511 = R 658 c–e
[79] BGH, FamRZ 1998, 367, 369 = R 517 c
[80] BGH, FamRZ 1986, 48, 50
[81] OLG Hamburg FamRZ 2000, 1431; OLG Dresden FamRZ 1999, 396
[82] OLG Köln FamRZ 2006, 809; KG FamRZ 2004, 1745; OLG Dresden FamRZ 1999, 396; OLGR Celle 1998, 42 (jeweils zum früheren Regelbetrag)
[83] BGH, FamRZ 1989, 170; KG FamRZ 2003, 1864

soweit der Unterhaltschuldner infolge einer Unterhaltsleistung selbst sozialhilfebedürftig würde. Dem Unterhaltspflichtigen muss schon aus verfassungsrechtlichen Gründen jedenfalls der Betrag verbleiben, der seinen eigenen Lebensbedarf nach sozialhilferechtlichen Grundsätzen sicherstellt. Die finanzielle Leistungsfähigkeit endet also dort, wo der Unterhaltspflichtige nicht mehr in der Lage ist, seine eigene Existenz zu sichern.[84] Bei minderjährigen Kindern wird dem verpflichteten Elternteil im Rahmen des § 1603 II 1 BGB selbst der Einsatz von Schmerzensgeldzahlungen zugemutet.[85] Hat der Verpflichtete allerdings während des Unterhaltszeitraums unter fortwirkenden schwerwiegenden Behinderungen zu leiden, so kann solchen Belastungen im Hinblick auf die besondere Ausgleichsfunktion des Schmerzensgeldes bei der Unterhaltsbemessung dadurch Rechnung getragen werden, dass ein Teil des Schmerzensgeldes deswegen unberücksichtigt bleibt.[86] Eine weitere Grenze besteht auch hier, sobald dem Verpflichteten wegen der Stammverwertung bedarfsnotwendige Einkünfte verloren gehen.[87]

421   **Vermögen der Kinder.** Eine allgemeine Billigkeitsgrenze, wie sie § 1577 III BGB für den Bedarf beim nachehelichen Ehegattenunterhalt vorsieht, enthält das Gesetz im Bereich des Verwandtenunterhalts nur für den Unterhaltsanspruch minderjähriger Kinder (§ 1602 II BGB). Sonst ist für den Unterhaltsbedarf auf § 1602 I BGB abzustellen, wonach nur derjenige unterhaltsberechtigt ist, der *außerstande ist, sich selbst zu unterhalten.* Hierzu außerstande ist jedoch nicht, wer über verwertbares Vermögen verfügt. Auch dabei ist allerdings auf Zumutbarkeitserwägungen abzustellen.

Für **volljährige Kinder** ist die Grenze der Unzumutbarkeit nach der Rechtsprechung des BGH etwas enger zu ziehen als im Rahmen der ausdrücklichen Regelung des § 1577 III BGB, angenähert etwa dem Begriff der groben Unbilligkeit. Der Tatrichter hat darüber im Einzelfall nach einer umfassenden Zumutbarkeitsabwägung zu entscheiden, die alle bedeutsamen Umstände und insbesondere auch die Lage des Unterhaltspflichtigen berücksichtigt[88] Dabei kann auch volljährigen Kindern ein Sockelbetrag als Schonvermögen verbleiben (vgl. Rn. 410 ff.), grundsätzlich müssen sie zunächst aber ihr eigenes Vermögen verwerten, soweit dies nicht unwirtschaftlich ist.[89] Hat etwa ein volljähriges Kind von seiner Großmutter Investmentanteile im Wert von 25 000 € geerbt, sind diese vorrangig bis zu einem Schonbetrag für den Unterhalt zu verwenden.[90] Eigenes Vermögen des volljährigen unterhaltsberechtigten Kindes in erheblichem Umfang schließt deswegen regelmäßig dessen Bedürftigkeit aus.[91] Gehört dem volljährigen Kind mit Anspruch auf Ausbildungsunterhalt ein mit einem Nießbrauch belastetes Grundstück, ist u. U. ein Kredit aufzunehmen, bei dem die Rückzahlungsraten bis zum Eintritt in das Erwerbsleben gestundet werden.[92]

Minderjährige Kinder brauchen ihren eigenen Vermögensstamm im Verhältnis zu ihren Eltern allerdings nicht zu verwerten, solange die Eltern leistungsfähig sind (§ 1602 II BGB). Die Eltern können das Kind aber nach § 1603 II 3 BGB auf den Stamm seines Vermögens verweisen, wenn andernfalls ihr eigener angemessener Unterhalt gefährdet wäre.[93] In einem solchen Fall ist das Vermögen allerdings zunächst ausdrücklich vom Familiengerichtgericht freizugeben (§§ 1638, 1643 BGB). Auch bei der Verwertung von Kindesvermögen müssen keine unwirtschaftlichen Maßnahmen getroffen werden (s. Rn. 412 sowie 2/106 f.). Hat ein minderjähriges Kind vorhandenes Vermögen verbraucht, ist ihm das nach § 1611 II BGB nicht vorwerfbar.[94]

---

[84] BVerfG FamRZ 2006, 683 = R 649 c; 2001, 1685; BGH, FamRZ 2006, 765 (zum Ehegattenselbstbehalt); 1996, 1272; 1990, 849
[85] BGH, FamRZ 1989, 170
[86] BGH, FamRZ 1989, 170 (Erhöhung des Selbstbehalts)
[87] OLG Hamburg, FamRZ 1991, 472
[88] BGH, FamRZ 1998, 367 = R 517 c; OLG Karlsruhe FamRZ 2001, 47 (behindertes Kind)
[89] OLG Celle FamRZ 2001, 47 (Schonvermögen 5000 DM); OLGR Schleswig 1999, 441 (Schonvermögen 4500 DM); OLG Düsseldorf, FamRZ 1990, 1137; OLGR Braunschweig 1996, 117
[90] OLG München, FamRZ 1996, 1433: 50 000 DM
[91] OLG Celle FamRZ 2001, 47; OLG Köln FamRZ 1999, 1277
[92] OLG Bamberg, FamRZ 1999, 876
[93] BGH, FamRZ 1985, 360
[94] BGH, FamRZ 1988, 159

6. Vermögensverwertung beim Elternunterhalt

Die Rechtsprechung hat sich zunehmend mit Unterhaltsansprüchen von unterhaltsbedürf- **421 a** tigen Eltern gegen ihre erwachsenen Kinder zu befassen.[95] Diese Ansprüche gehören genauso zum Verwandtenunterhalt nach §§ 1601 f. BGB wie die Ansprüche der Kinder gegen die Eltern (vgl. Rn. 419). Auch im Rahmen des Elternunterhalts muss der Unterhaltsschuldner deswegen grundsätzlich den Stamm seines Vermögens einsetzen. Hinsichtlich der Opfergrenze für den Unterhaltpflichtigen werden jedoch Unterschiede gemacht, die sich vor allem in einem „maßvollen Zuschlag" beim Selbstbehalt (vgl. Rn. 2/616 ff., 641 ff.) auswirken.[96] Hinsichtlich der Verwertung des Vermögensstammes trifft es zwar zu, dass es im Verwandtenunterhalt im Unterschied zur Regelung des § 1577 III BGB für die Bedürftigkeit und des § 1581 S. 2 BGB für die Leistungsfähigkeit beim nachehelichen Unterhalt an einer allgemeinen gesetzlichen Billigkeitsgrenze fehlt.[97] Gleichwohl ist auch hier im Rahmen einer umfassenden **Zumutbarkeitsabwägung** auf der Grundlage des § 1602 I BGB für die Bedürftigkeit und des § 1603 I BGB für die Leistungsfähigkeit der besonderen Lage von erwachsenen Unterhaltpflichtigen gegenüber ihren Eltern Rechnung zu tragen[98] (s. hierzu auch Rn. 2/641 f.). Einschränkungen der Obliegenheit zum Einsatz des Vermögensstammes ergeben sich aber daraus, dass nach dem Gesetz auch die sonstigen Verpflichtungen des Unterhaltsschuldners zu berücksichtigen sind und er seinen eigenen angemessenen Unterhalt nicht zu gefährden braucht. Daraus folgt, dass eine Verwertung des Vermögensstammes nicht verlangt werden kann, wenn sie den Unterhaltsschuldner von fortlaufenden Einkünften abschneiden würde, die er zur Erfüllung weiterer Unterhaltsansprüche oder anderer berücksichtigungswürdiger Verbindlichkeiten oder zur Bestreitung seines eigenen Unterhalts benötigt.[99] Allgemein braucht der Unterhaltsschuldner den Stamm seines Vermögens auch dann nicht zu verwerten, wenn dies für ihn mit einem wirtschaftlich nicht mehr vertretbaren Nachteil verbunden wäre (vgl. zum nachehelichen Unterhalt § 1577 III BGB); denn auch das wäre mit der nach dem Gesetz gebotenen Berücksichtigung der ansonsten zu erfüllenden Verbindlichkeiten nicht zu vereinbaren und müsste letztlich den eigenen angemessenen Unterhaltsbedarf des Verpflichteten in Mitleidenschaft ziehen.[100] Diese für den Deszendentenunterhalt entwickelten Grundsätze müssen jedenfalls auch dann herangezogen werden, wenn ein Anspruch auf Zahlung von Elternunterhalt zu beurteilen ist. Denn in dem rechtlich sogar schwächer ausgestalteten Unterhaltsrechtsverhältnis zwischen unterhaltsberechtigten Eltern und ihren unterhaltpflichtigen Kindern können keine strengeren Maßstäbe gelten.[101]

Dass der Elternunterhalt vergleichsweise schwach ausgestaltet ist, wirkt sich somit nicht nur auf den dem **Unterhaltpflichtigen** monatlich zu belassenden Selbstbehalt, sondern auch auf sein **Schonvermögen** und damit auf seine Obliegenheit zum Einsatz des Vermögensstammes aus. Auch insoweit ist zu berücksichtigen, dass ein unterhaltpflichtiges Kind seine Vermögensdispositionen regelmäßig in Zeiten getroffen hat, in denen Elternunterhalt nicht geschuldet wurde. Deswegen hat es regelmäßig auch seine Lebensverhältnisse auf die vorhandenen Einkünfte und Vermögenswerte eingerichtet. Das gilt jedenfalls insoweit, als der Unterhaltsschuldner seine Vermögenswerte als Alterssicherung vorgesehen und deswegen seinen gesamten Lebensplan auch auf diese Beträge eingestellt hat. Zwar erfolgt die primäre Altersversorgung regelmäßig durch die gesetzliche Rentenversicherung. Nachdem sich jedoch zunehmend die Erkenntnis durchgesetzt hat, dass die primäre Versorgung in Zukunft nicht mehr für eine angemessene Altersversorgung ausreichen wird, sondern zusätzlich private Vorsorge zu treffen ist,[102] darf einem Unterhaltpflichtigen diese Möglich-

---

[95] BGH, FamRZ 2006, 1511 = R 658 e; 2006, 935 = R 644; 2004, 1184; 2004, 795; 2004, 792; 2004, 443; 2004, 370; 2004, 366; 2002, 1698
[96] BGH, FamRZ 2002, 1698 = R 580 c; 1992, 795 = R 445
[97] BGH, FamRZ 1998, 367, 369 = R 517 c
[98] OLG Hamm FamRZ 2002, 1212; OLGR München 2000, 78 (Beleihung einer vom Berechtigten geschenkten Immobilie)
[99] BGH, FamRZ 1989, 170; OLG Hamm FamRZ 2006, 885
[100] BGH, FamRZ 1986, 48; OLG Köln FamRZ 2003, 471
[101] BGH. FamRZ 2006, 1511; 2004, 1184; OLG Karlsruhe FamRZ 2004, 292
[102] Vgl. Art. 6 des Altersvermögensgesetzes vom 26. Juni 2001, BGBl. I 1310, 1335

keit nicht mit dem Hinweis auf die Beeinträchtigung der Leistungsfähigkeit zur Erfüllung von Unterhaltsansprüchen genommen werden. Denn die eigene angemessene Altersvorsorge geht der Sorge für die Unterhaltsberechtigten grundsätzlich vor, wenn dem Unterhaltspflichtigen – wie bei der Inanspruchnahme auf Elternunterhalt – vorrangig die Sicherung seines eigenen angemessenen Unterhalts zu gewährleisten ist.[103] Dem Unterhaltpflichtigen ist deshalb die Möglichkeit eröffnet, geeignete Vorkehrungen dafür zu treffen, dass er nicht seinerseits im Alter auf Unterhaltsansprüche oder sonstige staatliche Förderung angewiesen ist. Vor diesem Hintergrund hat der BGH auch die der zusätzlichen Altersversorgung dienenden Aufwendungen bis zu 5% des Bruttoeinkommens als abzugsfähig anerkannt.[104] Auf diese Weise kann in dem rechtlich schwächer ausgestalteten Unterhaltsrechtsverhältnis zwischen erwachsenen Kindern und ihren unterhaltsbedürftigen Eltern der notwendige Handlungsspielraum gewahrt werden, der es dem Unterhaltpflichtigen erlaubt, sich selbst für das Alter angemessen abzusichern. Ist es dem Schuldner des Anspruchs auf Elternunterhalt aber gestattet, die zur eigenen Alterssicherung notwendigen Beträge zusätzlich zurückzulegen, dann müssen auch die so geschaffenen Vermögenswerte als Alterssicherung dem Zugriff des Unterhaltsgläubigers entzogen bleiben, um den Zweck der Alterssicherung erreichen zu können. Dabei steht es dem Unterhaltpflichtigen nach ständiger Rechtsprechung des BGH grundsätzlich frei, in welcher Weise er – jenseits der gesetzlichen Rentenversicherung – Vorsorge für sein Alter trifft. Wenn er sich angesichts der unsicheren Entwicklung der herkömmlichen Altersversorgungen für den Abschluss von Lebensversicherungen entscheidet, muss dieser Entschluss unterhaltsrechtlich im Allgemeinen akzeptiert werden. Gleiches gilt sowohl für Wertpapieren oder Fondsbeteiligungen als auch für ein zur Alterssicherung angelegtes Sparvermögen.[105] Bei der Bemessung einer individuellen Vermögensfreigrenze sind die Besonderheiten des jeweiligen Einzelfalles zu berücksichtigen, ohne dass dies einer Pauschalierung für den Regelfall entgegenstehen müsste. Der BGH hat neben dem in zumutbarer Weise als Alterssicherung zurück gelegten Vermögen auch die Rücklage für ein beruflich benötigtes Kraftfahrzeug anerkannt.[106]

Für den Unterhaltpflichtigen ist die Verwertung des Miteigentumsanteils an einem **Familienwohnheim** zugunsten der Unterhaltsansprüche seiner Eltern i. d. R. unwirtschaftlich und kann daher nicht verlangt werden.[107] Gleiches gilt für eine selbst genutzte Eigentumswohnung.[108] Das ist aber nicht der Fall, wenn der Unterhaltsschuldner wegen einer geringen Restforderung auf einen Teil seines erheblichen Vermögens zurückgreifen muss. Dann kommt es auch nicht auf die voraussichtliche Lebensdauer des Unterhaltpflichtigen an.[109]

Ein – nicht minderjähriger – **Unterhaltsberechtigter** ist im Verhältnis zu dem Unterhaltpflichtigen grundsätzlich gehalten, vorhandenes Vermögen zu verwerten, soweit ihm dies – auch unter Wirtschaftlichkeitsgesichtspunkten – zumutbar ist. Das schließt es indessen nicht aus, dem Unterhaltsberechtigten eine gewisse Vermögensreserve als so genannten Notgroschen für Fälle plötzlich auftretenden (Sonder-)Bedarfs zu belassen. Auch betagte Eltern können noch Notfallreserven benötigen, deren Auflösung ihnen deshalb nicht angesonnen werden kann. Was die Höhe des so genannten Notgroschens anbelangt, ist nach Auffassung des BGH regelmäßig zumindest der sozialhilferechtliche Schonbetrag anzusetzen.[110] Hat ein Elternteil eigenes Vermögen in Form der Teilhabe an einer ungeteilten Erbengemeinschaft, ist er verpflichtet, dieses als Kreditunterlage für seinen Pflegebedarf zu nutzen.[111] Ein **Unterhaltsberechtigter,** der pflegebedürftig ist und sich in Heimpflege

---

103 BGH, FamRZ 2003, 1179
104 BGH, FamRZ 2004, 792; zum Ehegattenunterhalt vgl. BGH, FamRZ 2005, 1817 = R 632 j
105 BGH, FamRZ 2003, 860
106 BGH, FamRZ 2006, 1511 = R 658 g (für ein Gesamtvermögen von 113 400 €); OLG München FamRZ 2005, 299 (80 000 €)
107 LG Heidelberg, FamRZ 1998, 164
108 OLG Köln FamRZ 2001, 1475
109 BGH, FamRZ 2002, 1698, 1702 = R 580 c; OLG Köln (27. ZS) FamRZ 2003, 470; a. A. OLG Köln (25. ZS) FamRZ 2003, 471, das lediglich offensichtlich unwirtschaftliche Vermögensverwertungen ausnimmt
110 BGH, FamRZ 2004, 370 = R 603 a
111 BGH, FamRZ 2006, 935 = R 644

Dose

befindet, hat somit zunächst sein Vermögen bis auf einen angemessenen Notgroschen einzusetzen, bevor er sein Kind auf Unterhalt in Anspruch nehmen kann.[112]

7. Vermögensverwertung beim Unterhaltsanspruch aus Anlass der Geburt

Der Unterhaltsanspruch aus Anlass der Geburt (§ 1615l II 2 BGB) ist in jüngster Zeit **422** immer stärker dem Unterhaltsanspruch des geschiedenen Ehegatten wegen Betreuung eines Kindes (§ 1570 BGB) angeglichen worden.[113] Entsprechend hat die Rechtsprechung den Anspruch mit Blick auf die auch hier im Vordergrund stehende Betreuung und Erziehung des gemeinsamen Kindes dem Betreuungsunterhalt weitgehend **angeglichen.**[114] Die fehlende nacheheliche Solidarität kann deswegen auch aus verfassungsrechtlicher Sicht keine gravierenden Unterscheide in der Ausgestaltung des Unterhaltsrechts rechtfertigen, solange das Kind unter Berücksichtigung staatlicher Hilfen einer (teilweisen) Betreuung bedarf. Unterschiede sind lediglich hinsichtlich der Dauer des Unterhaltsanspruchs gerechtfertigt, soweit der (nacheheliche) Betreuungsunterhalt auf nachehelicher Solidarität beruht (vgl. allgemein Rn. 7/1 ff.).[115] Nachdem der Gesetzgeber nunmehr auch den Rang des Unterhaltsanspruchs wegen Kindererziehung demjenigen wegen nachehelicher Kindererziehung angeglichen hat (§ 1609 Nr. 2 BGB), sind bei der Bemessung einer Obliegenheit zum Einsatz des Vermögens jedenfalls auch die gesetzlichen Vorgaben im Rahmen des Betreuungsunterhalts zu berücksichtigen (Rn. 411 ff., 417 ff.). Zwar sehen die nach § 1615l III 1 BGB anwendbaren Vorschriften über den Verwandtenunterhalt im Unterschied zur Regelung des § 1577 III BGB für die Bedürftigkeit und des § 1581 S. 2 BGB für die Leistungsfähigkeit beim nachehelichen Unterhalt keine allgemeine gesetzliche Billigkeitsgrenze vor.[116] Gleichwohl ist auch hier im Rahmen einer umfassenden **Zumutbarkeitsabwägung** auf der Grundlage des § 1602 I BGB für die Bedürftigkeit und des § 1603 I BGB für die Leistungsfähigkeit der weitgehenden Angleichung des Anspruchs an den nachehelichen Betreuungsunterhalt Rechnung zu tragen.

Allerdings ist beim **Unterhaltsberechtigten** zu berücksichtigen, dass ihm im Rahmen des Verwandtenunterhalts kein Anspruch auf Altersvorsorgeunterhalt zusteht und er ev. vorhandenes Vermögen deswegen zur Alterssicherung benötigt.[117]

8. Verwertung von Grundstücken

Grundvermögen kann durch Veräußerung, Belastung oder (Teilungs-)Versteigerung ver- **423** wertet werden (vgl. Rn. 410 f.). Die Tatsache, dass im Fall einer sofortiger Verwertung **künftige Wertsteigerungen** verloren gehen, führt für sich genommen noch nicht zu einer Unzumutbarkeit oder Unwirtschaftlichkeit. Dies gilt vor allem bei der Verwertung von Erbanteilen an einem Baugrundstück.[118] Gestaltet sich der an sich veranlasste Verkauf einer Eigentumswohnung allerdings schwierig und zeitraubend, kann es wirtschaftlich sinnvoller sein, eine Vermietung vorzunehmen.[119] Gleiches gilt, wenn ein Verkauf des Grundstücks den Unterhaltsschuldner von laufenden Einkünften abschneiden würde, die er für vorrangige Unterhaltspflichten oder zur Sicherung des eigenen Lebensbedarfs in Form des jeweils geltenden Selbstbehalts benötigt.[120] Möglicherweise kann der Erbanteil anstelle einer endgültigen Verwertung zur Kreditbeschaffung für den Unterhalt verwendet werden. Wenn wirtschaftlich vertretbare Rückzahlungsmöglichkeiten bestehen, kann bis zur Höhe des

---

[112] OLG Köln FamRZ 2001, 437
[113] Vgl. BGH, FamRZ 2005, 347 = R 622
[114] BGH, FamRZ 2005, 442 = R 625 b; 2005, 357; 2005, 354 = R 624; 2005, 347 = R 622
[115] BGH, FamRZ 2006, 1362 = R 656 a
[116] BGH, FamRZ 1998, 367, 369 = R 517 c
[117] KG FPR 2003, 671; OLG Hamm FF 2000, 137
[118] BGH, FamRZ 1980, 43
[119] OLG Karlsruhe, FuR 1998, 361
[120] BGH, FamRZ 2004, 1184

Vermögens auch die Inanspruchnahme eines Real- oder Personalkredits für Unterhaltszwecke sowie eine entsprechende Vermögensbelastung zugemutet werden.

Die Verwertung **landwirtschaftlich** genutzter Flächen scheitert häufig an der mit diesen Flächen verbundenen Sicherung des eigenen Lebensbedarfs. Der Hof wird regelmäßig als der maßgebende Vermögensbestandteil die wirtschaftliche Grundlage der Einkünfte darstellen, die der Unterhaltsschuldner als Lebens- und Erwerbsgrundlage für sich und andere vor- oder gleichrangige Unterhaltsberechtigte erhalten muss.[121] Die Aufnahme von Krediten unter Belastung der Hofflächen würde den Schuldner immer weiter in die Verschuldung treiben, was ihm nach der Rechtsprechung des BGH nicht zumutbar ist.[122] Dies, wie ein Verkauf einzelner Flächen, kommt also nur dann in Betracht, wenn die Flächen wegen der Größe des Betriebs nicht zur Fortführung des Hofes erforderlich sind oder wenn der Hof dauerhaft keine genügenden Einkünfte abwirft und dem Unterhaltsschuldner deswegen ein Berufswechsel zumutbar ist. Eine Verpachtung einzelner Flächen ist nicht zumutbar, wenn diese zur Fortführung des Hofes notwendig sind oder wenn dadurch keine höheren Gewinne erzielt werden können als gegenwärtig aus landwirtschaftlicher Tätigkeit in Verbindung mit den dafür erzielten Subventionen.[123]

424   Sind der Berechtigte und der Verpflichtete **Miteigentümer** eines gemeinsamen Hauses, blockieren sie sich häufig gegenseitig bei der Verwertung. Ein Ehegatte kann die Zustimmung zur Teilungsversteigerung so lange verweigern, bis das Scheidungsverfahren und ein Verfahren auf Zugewinnausgleich abgeschlossen sind.

> **Beispiel:**
> F ist ausgezogen und verlangt von M Unterhalt. Das Haus ist schuldenfrei. M bietet F für ihren Hälfteanteil 150 000 EUR und erklärt, dass sie von diesem Kapital ihren Unterhalt bestreiten könne. F möchte jedoch 200 000 EUR. Dazu ist M nicht bereit und verlangt nun, dass F ihren Hälfteanteil beleiht und davon lebt. F beantragt hierauf lediglich die Teilungsversteigerung und verlangt erneut Unterhalt.

Es liegt kein Verstoß gegen unterhaltsrechtliche Obliegenheiten vor, wenn sich ein Miteigentümer auf die Aufhebung der Gemeinschaft durch **Teilungsversteigerung** und anschließende Erlösteilung (§ 753 BGB) beschränkt, weil die Wirtschaftlichkeit am ehesten durch Verwertung im Weg der Aufhebung der Miteigentumsgemeinschaft gewährleistet ist. Denn bei einem Verkauf oder einer Beleihung des Miteigentumsanteils ist demgegenüber erfahrungsgemäß ein geringerer Erlös zu erwarten.[124] Erwirbt ein Ehegatte den Miteigentumsanteil des anderen im Wege der Teilungsversteigerung, muss er das Grundstück regelmäßig nicht verwerten, wenn er es selbst als Wohnung nutzt (vgl. Rn. 412). Dann tritt für den seinen Anteil verlierenden Ehegatten der Erlös als Surrogat an die Stelle der Nutzungsvorteile seines Miteigentumsanteils. Allerdings ist auch er dann nicht gehalten, den Vermögensstamm zu verwerten, sondern muss sich nur die Einkünfte (Zinsen) aus dem Erlös anrechnen lassen. Beim erwerbenden Ehegatten ist dann der volle Wohnwert, vermindert um eventuelle Belastungen, anzusetzen.[125] Einer Teilungsversteigerung können allerdings nicht unerhebliche rechtliche Hindernisse entgegenstehen. So bedarf schon der Antrag gemäß § 1365 BGB der **Zustimmung** des anderen Ehegatten, wenn die Ehegatten (noch) im gesetzlichen Güterstand leben und der Grundstücksanteil des Antragstellers dessen ganzes Vermögen darstellt.[126] Die Zustimmung kann verweigert werden, wenn durch sie der Zugewinnausgleichsanspruch konkret gefährdet wäre oder wenn voraussichtlich nach Beendigung des Güterstandes gemäß § 242 BGB ein Anspruch auf Übereignung des Grundstücksanteils selbst bestehen wird.[127] Damit kann ein Ehegatte die Zustimmung zur Teilungsversteigerung so lange verweigern, bis das Scheidungsver-

---

[121] BGH, FamRZ 2005, 97 = R 616 a
[122] BGH, FamRZ 2005, 608 = R 627 a
[123] OLG Hamm Agrar- und Umweltrecht 2003, 377
[124] BGH, FamRZ 1984, 662
[125] BGH, FamRZ 2006, 387 = R 643 f; 2005, 1817 = R 632 g, h; 2005, 1159 = R 623 b
[126] OLG Frankfurt FamRZ 1999, 524; BayObLG FamRZ 1996, 1013; OLG Düsseldorf FamRZ 1995, 309; OLG Bremen FamRZ 1984, 272
[127] BayObLG, FamRZ 1981, 46

fahren und ein Verfahren auf Zugewinnausgleich abgeschlossen sind.[128] Ausnahmsweise kann der Teilungsversteigerung auch noch nach rechtskräftiger Ehescheidung der Einwand der unzulässigen Rechtsausübung entgegenstehen, wenn die Aufhebung der Gemeinschaft für einen Ehegatten mit einem unzumutbar unbilligen Ergebnis verbunden wäre.[129] Die Zwangsversteigerung kann auch zur Abwendung einer ernsthaften Gefährdung des Wohls eines gemeinschaftlichen Kindes einstweilen eingestellt werden (§ 180 III 1 ZVG).[130]

9. Verwertung des ausgezahlten Kapitals einer Lebensversicherung

Lebensversicherungen dienen der Altersvorsorge (vgl. Rn. 410 a f.) und/oder der Kapital- **424 a** bildung. Im Fall der Scheidung unterliegen Lebensversicherungen auf Rentenbasis nach § 1587 a II Nr. 5 BGB dem Versorgungsausgleich.[131] Lebensversicherungen auf Kapitalbasis sind beim gesetzlichen Güterstand in den Zugewinnausgleich einzubeziehen.[132] Bei Gütertrennung erfolgt hingegen kein Ausgleich des in der Ehe angesammelten Kapitals (vgl. auch § 1414 S. 2 BGB). Die laufenden Beiträge des Versicherungsnehmers werden bei der Unterhaltsberechnung vom Einkommen vorweg abgezogen, soweit es sich um eine angemessene Altersvorsorge handelt,[133] (s. Rn. 597 a, 598) die damit beim Ehegattenunterhalt prägende Aufwendungen zur Vermögensbildung darstellen (Rn. 4/30, 200). Diese unterschiedlichen Ausgangspunkte lassen keine einheitliche Beantwortung der Frage zu, ob das ausbezahlte Kapital verwertet werden muss.

Beim **nachehelichen Ehegattenunterhalt** ist für den **Verpflichteten** von § 1581 S. 2 **424 b** BGB auszugehen. Danach braucht auch dieses Kapital nicht eingesetzt zu werden, soweit es unwirtschaftlich oder unter Berücksichtigung der beiderseitigen wirtschaftlichen Verhältnisse unbillig wäre. Die danach geforderte Billigkeitsabwägung verlangt eine umfassende Bewertung aller Umstände eines Einzelfalles. Folgende Gesichtspunkte können sich dabei auswirken:

- Kann der Unterhaltsbedarf auch ohne Kapitalverwertung gesichert werden?
- Verbleibt dem Vermögensinhaber, der ebenfalls vom Vermögen leben muss, genug für den eigenen lebenslangen Bedarf?[134]
- Wie sind die Vermögensverhältnisse des anderen?[135]
- Wurden die Versicherungsprämien bei der Unterhaltsberechnung einkommensmindernd berücksichtigt?[136]
- Wirkte sich die Lebensversicherung schon beim Zugewinnausgleich auf die Ausgleichsforderung aus (vgl. Rn. 16)?[137]
- Liegt eine Einkommensänderung vor, die eine Bedarfsverringerung rechtfertigen kann (vgl. Rn. 4/299, 338).

Daneben muss aber immer auch gefragt werden, ob es den ehelichen Lebensverhältnissen gemäß § 1578 BGB entspricht, dass auch das Kapital verbraucht wird.

Fall: Der Arzt M zahlt seit 1980 für eine Lebensversicherung monatlich 1000 EUR. 1995 wird er geschieden. Unter Berücksichtigung des Aufwands für die Lebensversicherung wurden der kranken

---

[128] OLG Köln FamRZ 2002, 97; 2001, 176; OLG Frankfurt FamRZ 1997, 1490
[129] BGH, FamRZ 1977, 458
[130] Näher zur Verwertung des Miteigentumsanteils siehe Haußleiter/Schulz, Vermögensauseinandersetzung 4. Auflage Kap 5 Rn. 33 ff., 44 ff.
[131] BGH, FamRZ 2003, 664; 1993, 684 (zur Ausübung des Rentenwahlrechts); 1984, 156
[132] BGH, FamRZ 2003, 664 (zur Ausübung des Kapitalwahlrechts nach Ende der Ehezeit); 2003, 1267; 1995, 1270
[133] BGH, FamRZ 2005, 1817 = R 632j (4% der Bruttoeinkünfte); 2004, 792 = R 605a (5% der Bruttoeinkünfte beim Elternunterhalt)
[134] OLG München, FamRZ 1994, 1459
[135] BGH, FamRZ 1986, 560; OLG Hamm FamRZ 2000, 1286
[136] OLG Hamm, FamRZ 1998, 1520
[137] OLG Düsseldorf, FamRZ 1998, 621; zum Verbot der Doppelberücksichtigung allgemein: Schulz FamRZ 2006, 1237

Ehefrau F als Unterhalt monatlich 1800 EUR zugesprochen. Im Jahr 2000 beendet M seine Tätigkeit. Er erhält von der Lebensversicherung 500 000 EUR. Davon kauft er Pfandbriefe zu 6% und hat deshalb monatlich nur noch 2500 EUR zur Verfügung. F wehrt sich gegen eine Herabsetzung der Unterhaltszahlungen.

Die Lebensversicherung war hier als alleinige Altersvorsorge gedacht, sollte also im Alter die ehelichen Lebensverhältnisse aufrechterhalten. Wegen fehlender zusätzlicher Einkünfte war abzusehen, dass dazu auch das Kapital verbraucht werden musste. Dafür spricht schon, dass F durch eine langjährige Unterhaltsschmälerung die Lebensversicherung mitfinanziert hatte (s. dazu auch Rn. 4/314 ff.). Die Umrechnung des Kapitals in Monatsbeträge geschieht nach den in Rn. 410 a f. mitgeteilten Grundsätzen.

Die gleiche Regelung gilt nach § 1577 III BGB beim nachehelichen Unterhalt für den **Berechtigten.** Wird ihm eine Lebensversicherung ausbezahlt, ist nach ähnlichen Kriterien zu prüfen, ob auch das Kapital in die Bedarfsberechnung einzubeziehen ist.[138] Nicht anders ist beim Trennungsunterhalt (s. Rn. 414 ff., 418) und beim Verwandtenunterhalt (s. Rn. 419 ff.) zu verfahren. Maßgeblich sind stets Gesichtspunkte der Billigkeit (s. dazu auch Rn. 4/350 a).

III. Zurechnung fiktiver Erträge bei unterlassener zumutbarer Vermögensnutzung oder Vermögensverwertung

1. Fiktive Zurechnung erzielbarer Erträge im Rahmen einer Obliegenheit zur Erzielung von Vermögenserträgen oder zur Vermögensverwertung

425   Dem Berechtigten und dem Verpflichteten sind fiktive Erträge als Einkommen zuzurechnen, wenn sie es unterlassen, ihr Vermögen in zumutbar ertragbringender Weise zu nutzen oder zu verwerten. Die Bejahung einer entsprechenden Obliegenheit setzt stets eine **Zumutbarkeitsprüfung** voraus, bei der die Belange des Berechtigten und Verpflichteten unter Berücksichtigung der Umstände des Einzelfalls gegeneinander abzuwägen sind.[139]

426   Für den **berechtigten** Ehegatten ergibt sich aus § 1577 I BGB grundsätzlich die Obliegenheit, vorhandenes Vermögen **so ertragreich wie möglich** anzulegen und zu nutzen, weil auch solche Einkünfte seine Bedürftigkeit mindern, die er in zumutbarer Weise ziehen könnte, aber nicht zieht.[140] Es handelt sich hierbei um eine aus § 242 BGB abgeleitete Obliegenheit,[141] deren Bejahung im Einzelfall eine Zumutbarkeitsprüfung erfordert.[142] Nach § 1577 III BGB kann für den Berechtigten beim nachehelichen Unterhalt auf Grund einer Billigkeitsabwägung sogar eine Obliegenheit zur Verwertung des Vermögensstammes bestehen (s. Rn. 411 ff.). Ähnliche Obliegenheiten bestehen beim Trennungsunterhalt im Rahmen des § 1361 BGB[143] (s. Rn. 414 ff.) und beim Verwandtenunterhalt im Rahmen des § 1602 I, II BGB (s. Rn. 421 ff.).[144] Besteht eine Obliegenheit zur Verwertung, kann im Rahmen der Bedürftigkeit sogar ein fiktiver Verwertungserlös berücksichtigt werden.

426 a   Auch den **unterhaltspflichtigen** Ehegatten trifft eine Obliegenheit, alle ihm zumutbaren Einkünfte zu erzielen[145] (s. Rn. 417). Unterlässt er dieses, muss er sich insoweit als leistungsfähig behandeln lassen. Einen Anhalt für die Obliegenheit zur Vermögensverwertung bietet § 1581 BGB, der auch im Rahmen des Trennungsunterhalts nach § 1361 BGB mit heran-

---

[138] OLG Hamm FamRZ 2000, 1286; OLG Celle FamRZ 2000, 1153 (von Zugewinn i. H. v. 340 000 DM einen Teilbetrag i. H. v. 100 000 DM für Altersicherung ohne Zinsgewinn verwendet)
[139] BGH, FamRZ 1990, 269; 1988, 145, 149; 1986, 560; 1986, 439; OLGR Hamm 2000, 329 (an ein Kind verschenktes Vermögen)
[140] BGH, FamRZ 1990, 269; 1988, 145, 149; 1986, 439; 1986, 560; 1986, 441
[141] BGH, FamRZ 1986, 439
[142] BGH, FamRZ 1998, 87, 89 = R 516 c
[143] BGH, FamRZ 1986, 556; 1985, 360
[144] BGH, FamRZ 2006, 1511 = R 658 c
[145] BGH, FamRZ 1988, 604, 607; 1986, 556

zuziehen ist (s. Rn. 418).[146] Zu beachten ist jedoch, dass sich beim Unterhaltsverpflichteten fiktive Einkünfte nur bei der Prüfung der Leistungsfähigkeit auswirken können, nicht hingegen bei der **Bedarfsermittlung** (vgl. Rn. 406, 508). Denn wer ein größeres Vermögen noch nie wirtschaftlich genutzt hat, darf auch nicht auf Grund fiktiver Einkünfte aus diesem Vermögen zu höherem Unterhalt verurteilt werden, als es dem bisherigen Bedarf entsprach.[147] Auch beim Verwandtenunterhalt muss sich der Verpflichtete fiktiv Vermögenserträge zurechnen lassen, die er zumutbarerweise erzielen könnte. Er muss nach § 1603 I, III BGB den Vermögensstamm verwerten, wenn dies nicht mit einem wirtschaftlich nicht mehr vertretbaren Nachteil für ihn verbunden ist[148] (s. Rn. 419 f., 421 a, 422).

2. Obliegenheiten bei Immobilien

Sowohl der Unterhaltsberechtigte als auch der Unterhaltspflichtige muss ein angemessenes **427** und selbst genutztes Einfamilienhaus grundsätzlich nicht verwerten. Regelmäßig ist stattdessen nur der Wohnvorteil zu berücksichtigen (Rn. 31 ff.; vgl. auch § 90 II Nr. 8 SGB XII). Sonstiges Grundvermögen ist aber regelmäßig bestmöglich zu verwerten (s. Rn. 423 f.). Selbst wenn eine Verwertung nicht in Betracht kommt, ist die Immobilie aber unter Berücksichtigung aller Umstände des Einzelfalles möglichst ertragreich einzusetzen. Das kann folgende Verpflichtungen nach sich ziehen:
- Vermietung eines großen luxuriösen Hauses und Anmietung einer weniger kostspieligen Wohnung.[149]
- Vermietung einzelner Räume eines Hauses.[150] Im Allgemeinen wird die Vermietung von Einzelräumen an Fremde wegen der damit verbundenen Unbequemlichkeiten bei der Benutzung der sanitären Einrichtungen und der Küche unzumutbar sein. Für Räume, die während der Ehe volljährigen Kindern unentgeltlich überlassen waren, ist jedoch ein Entgelt zu fordern, wenn die Kinder ein eigenes Einkommen haben und nicht mehr auf die kostenlose Überlassung angewiesen sind.[151] Auch von einem aufgenommenen neuen Lebenspartner ist Miete zu verlangen.[152]
- Veräußerung eines Hauses und Deckung des Unterhaltsbedarfs aus den Erträgen des anzulegenden Kapitals.[153]
- Veräußerung einzelner Grundstücke eines landwirtschaftlichen Anwesens[154] (s. aber Rn. 423) oder eines Baugrundstücks.[155]
- Kreditaufnahme und Belastung des Grundvermögens im Rahmen des Zumutbaren und unter Berücksichtigung der Tilgungsmöglichkeiten.[156]
- Mitwirkung bei der Verwertung der in Miteigentum stehenden Familienwohnung[157] (dazu Rn. 424). Wer sich dagegen sträubt, läuft Gefahr, dass ihm fiktive Einkünfte zugerechnet werden.

---

[146] BGH, FamRZ 1986, 556
[147] BGH, FamRZ 2006, 683 = R 649 f–h; 1997, 281 = R 509 i
[148] BGH, FamRZ 1988, 604, 607; 1986, 48, 50
[149] BGH, FamRZ 1988, 145, 149; 1984, 358, 360
[150] BGH, FamRZ 1988, 145, 149; 1984, 358; 1986, 439; OLGR Jena 2006, 218
[151] BGH, FamRZ 2006, 99 = R 641; 1990, 269; OLG Hamm FamRZ 2004, 108; OLG Bamberg, FamRZ 1999, 849
[152] OLGR Frankfurt 1994, 175 (dann auch während der Trennungszeit voller Wohnwert)
[153] Vgl. BGH, FamRZ 2005, 1159; 1988, 145, 149
[154] BGH, FamRZ 1986, 556; OLG Schleswig FamRZ 1985, 809
[155] BGH, FamRZ 1982, 23, 25; bei Verbrauch vgl. BGH, FamRZ 1997, 873; KG FamRZ 2004, 1745
[156] BGH, FamRZ 1988, 259, 263; 1982, 678; OLGR München 2000, 78; OLG Bamberg FamRZ 1999, 876
[157] OLG Frankfurt/Main, FamRZ 1992, 823; vgl. aber OLG Köln FamRZ 2002, 97 (zum Trennungsunterhalt)

3. Obliegenheiten bei Barvermögen, wie Sparguthaben, Zugewinnausgleichszahlungen oder Veräußerungserlösen

428   Bei **Barmitteln** besteht die Verpflichtung, sie möglichst gewinnbringend anzulegen.[158] Bei erstmaligem Zufluss von Barmitteln z. B. aus der Vermögensauseinandersetzung oder aus einer Unterhaltsabfindung besteht eine angemessene Überlegungsfrist zu Art und Zeitpunkt der Anlage. Fiktive Einkünfte dürfen erst nach Verstreichen dieser Frist zugerechnet werden.[159] Eine solche Zurechnung kommt in Betracht, wenn das Geld leichtfertig dem Unterhalt entzogen,[160] vergeudet, verspielt[161] oder so angelegt wird, dass es keinen Ertrag bringt (s. Rn. 430).

4. Obliegenheit zur Vermögensumschichtung

429   Ein unterhaltsberechtigter Ehegatte ist grundsätzlich verpflichtet, vorhandenes Vermögen so anzulegen, dass dieses möglichst sichere und hohe Erträge abwirft.[162] Wenn der Berechtigte ertragloses Vermögen besitzt, z. B. eine Münzsammlung, wird ihm die Umschichtung in ein Erträge abwerfendes Vermögen in der Regel zuzumuten sein.[163] Sonst kommt es darauf an, ob es ihm zumutbar ist, sein Vermögen zu günstigeren Bedingungen einzusetzen. Ist dieses nicht der Fall, muss die gewählte Anlageform unterhaltsrechtlich hingenommen werden.[164] Zurückhaltung ist aber geboten, wenn es nur darum geht, ob in einer anderen Anlageform eine höhere Rendite erzielbar ist. Zwar kann im Einzelfall auch eine Obliegenheit zur Vermögensumschichtung oder zur Veräußerung eines Hauses bestehen, wenn anderenfalls keine wirtschaftlich angemessene Nutzung des Hauses zu verwirklichen ist.[165] Davon kann aber nicht schon dann ausgegangen werden, wenn ein Wohnvorteil nicht den Ertrag erreicht, der aus einem Veräußerungserlös erzielbar wäre. Eine Obliegenheit, das vorhandene Vermögen durch Umschichtung ertragreicher einzusetzen, kommt also regelmäßig nur dann in Betracht, wenn sich die tatsächliche Anlage als **eindeutig unwirtschaftlich** darstellt.[166] Somit verbleibt dem Vermögensinhaber eine gewisse Entscheidungsfreiheit. Von ihm kann jedenfalls nicht verlangt werden, nur wegen möglicherweise höherer Erträge die Sicherheit der Vermögensanlage zu vernachlässigen oder eine im Verkehr ungewöhnliche Anlageform zu wählen. Würde ein etwaiger Verkauf des Hausgrundstücks keinen nennenswerten Überschuss erbringen, scheidet schon deswegen eine Pflicht zur Vermögensumschichtung ebenso wie eine solche zur Veräußerung des Grundbesitzes aus.[167] Der Grundsatz, dass die Obliegenheit eines **getrennt lebenden** Ehegatten zur Verwertung seines Vermögensstammes im Allgemeinen nicht so weit geht wie diejenige eines Geschiedenen (vgl. Rn. 414 ff.), gilt entsprechend auch für die Obliegenheit zu einer Vermögensumschichtung.[168] Grundlegende Veränderungen der Vermögensanlage werden in dieser Zeit nur unter besonderen Umständen und nicht kurzfristiger Vorteile wegen verlangt werden können. Stets muss sich die bisherige Vermögensanlage als eindeutig unwirtschaftlich darstellen, ehe vom Vermögensinhaber eine Umschichtung verlangt werden kann.[169]

---

[158] BGH, FamRZ 1988, 145, 149; 1986, 439; OLG Koblenz FF 2005, 193; OLGR Köln 2003, 168; OLG Frankfurt FuR 2001, 371

[159] BGH, FamRZ 1986, 441, 443

[160] BGH, FamRZ 2007, 1532 = R 681 e–h; OLGR Hamm 2000, 329

[161] OLG Hamm, FamRZ 1999, 516

[162] OLG Stuttgart FamRZ 1993, 559; OLGR München 2000, 124

[163] Unveröffentlichtes Urteil des BGH vom 29. 6. 1983 – IV b ZR 395/81

[164] BGH, FamRZ 1986, 441; 1988, 145 (zur vollständigen oder teilweisen Vermietung eines großen und luxuriösen Einfamilienhauses)

[165] BGH, FamRZ 2000, 950; NJW-RR 1995, 129

[166] BGH, FamRZ 2006, 387, 391 = R 643 f; 2005, 1159, 1162 = R 623 d; 2001, 1140; 1998, 87 = R 516 c (Einsatz von 263 000 DM zum Kauf eines Einfamilienhauses); 1992, 423; OLG Hamm EzFamR aktuell 2002, 68; OLG Frankfurt FuR 2001, 371

[167] BGH NJW-RR 1995, 129 = R 482 A

[168] BGH, FamRZ 1986, 439

[169] BGH, FamRZ 1986, 560; 1986, 439

Entsprechend ist der Unterhaltsberechtigte nicht befugt, vorhandenes Vermögen so um- **430** zuschichten, dass es zu erheblichen Einkommensverlusten führt.[170] Wer also aus der Vermögensauseinandersetzung im Rahmen der Ehescheidung 300 000 € erhält, zusätzlich 200 000 € aufnimmt, für 500 000 € ein Haus kauft und wegen der Kreditverbindlichkeiten fast keinen anrechenbaren **Wohnwert** erzielt, muss sich den Vorwurf der Unwirtschaftlichkeit gefallen lassen.[171] Bei dem Vergleich des Mietwerts mit einem möglichen Kapitalertrag sind vom Mietwert bis zur Zustellung des Scheidungsantrags die gesamten Finanzierungskosten, danach aber nicht die Kapitalrückzahlung, abzuziehen.[172] Beim Ehegattenunterhalt waren die ehelichen Lebensverhältnisse der Parteien ursprünglich dadurch geprägt, dass sie gemeinsam Eigentümer des Hauses waren, in dem sie zunächst zusammen mietfrei wohnten und das ein Ehegatte seit der Trennung nutzte. Der eheangemessene Bedarf erhöhte sich deshalb durch die gezogenen Nutzungsvorteile.[173] Diese Nutzungsvorteile entfallen, wenn das gemeinsam genutzte Haus im Zusammenhang mit der Ehescheidung veräußert wird. An ihre Stelle treten die Vorteile, die die Ehegatten aus dem Erlös ihrer Miteigentumsanteile ziehen oder ziehen könnten. Das können entweder Zinseinkünfte sein oder, soweit mit dem Erlös ein neues Eigenheim finanziert worden ist, der Vorteil, der in dem mietfreien Wohnen in diesem besteht.[174] Zwar kann auch in solchen Fällen eine Obliegenheit zur Vermögensumschichtung bestehen, etwa wenn andernfalls keine wirtschaftlich angemessene Nutzung des Verkaufserlöses verwirklicht worden ist. Davon kann aber nicht schon dann ausgegangen werden, wenn der nunmehr zuzurechnende Wohnvorteil nicht den Ertrag erreicht, den der Ehegatte aus dem erhaltenen Erlös hätte erzielen können. Vielmehr muss sich die tatsächliche Anlage des Vermögens auch hier – unter Berücksichtigung der Umstände des Einzelfalls – als eindeutig unwirtschaftlich darstellen, bevor der, ein neues Eigenheim erwerbende, Ehegatte auf eine andere Anlageform und daraus erzielbare Erträge verwiesen werden kann.[175] Nur dann ist, wie in dem oben geschilderten Fall, davon auszugehen, dass der Wohnbedarf auch mit einer Eigentumswohnung zu einem deutlich geringeren Kaufpreis und ohne Aufnahme eines weiteren Kredits angemessen hätte befriedigt werden können. Bei der Unterhaltsberechnung ist in solchen Fällen nur der fiktive Wohnwert dieser – dann aber unbelasteten – Wohnung anzurechnen. Das OLG Koblenz[176] hält es für unwirtschaftlich, wenn ein Barvermögen von rund 36 000 € zum Kauf einer Eigentumswohnung verwendet wird, die insgesamt 102 000 € kostet. Demgegenüber liegt eine eindeutig unwirtschaftliche Anlage des Vermögens jedenfalls dann nicht vor, wenn die Wohnung unter Berücksichtigung aller Umstände des Einzelfalles weder zu groß, noch zu teuer ist. Dagegen spricht auch, wenn der Erwerb den ehelichen Lebensverhältnissen entspricht, weil die Eheleute zuvor in einem ihnen gehörenden Haus gewohnt hatten und auch die Tilgung einer angemessenen Altersvorsorge entspricht. Dem anderen Ehegatten ist diese Verwendung des Geldes dann regelmäßig zuzumuten, insbesondere wenn er auf die Anrechnung von Zinsen aus dem Betrag von 36 000 € nicht angewiesen war. Entsprechend hat auch das OLG Frankfurt[177] den Kauf des Miteigentumsanteils an einer Doppelhaushälfte mit einem aus der Zwangsversteigerung des ehelich genutzten Hauses zugeflossenen Betrag von 118 000 € als nicht eindeutig unwirtschaftlich angesehen. Wer als allein stehende Person ein nach den Umständen zu wertvolles Haus bewohnt, und gleichwohl Unterhalt verlangt, wird sich stets auf eine nutzbringendere Anlage seines Vermögens verweisen lassen müssen.[178]

Stets ist auch danach zu fragen, ob die wirtschaftlichen Verhältnisse des Verpflichteten es **431** erfordern, dass der Berechtigte aus seinem Vermögen einen bestmöglichen Ertrag erzielt.[179]

---

[170] OLG Hamm FamRZ 1999, 917
[171] BGH, FamRZ 1992, 423 = R 442 c + d
[172] Vgl. dazu BGH, FamRZ 2008, 963 = R 692 d–f; 1998, 87, 89 = R 516 c
[173] BGH, FamRZ 1998, 87, 88
[174] BGH, FamRZ 2006, 387 = R 643 f; 2001, 1140, 1143; 2001, 986, 991; 1998, 87, 92
[175] BGH, FamRZ 2006, 387 = R 643 f; 2005, 1159 = R 623 d; 2000, 950, 951
[176] OLG Koblenz, FamRZ 1997, 371
[177] OLG Frankfurt FuR 2001, 371
[178] Vgl. dazu OLG Düsseldorf, FamRZ 1996, 1418, 1420
[179] BGH, FamRZ 1986, 560

Bei der Umschichtung von Immobilien in eine Kapitalanlage muss auch der **Kaufkraftverlust** von Geldvermögen im Verhältnis zu Immobilienwerten mitbedacht werden.[180] Der Grundsatz, dass beim Trennungsunterhalt die Obliegenheit zur Verwertung des Vermögensstammes nicht so weit geht wie beim nachehelichen Unterhalt (vgl. Rn. 414 ff.), gilt auch für die Obliegenheit zur Vermögensumschichtung.[181]

5. Obliegenheit zur Einziehung von Forderungen, zur Kreditaufnahme und zur Belastung eines Vermögens

432 Der Unterhaltsschuldner kann auch verpflichtet sein, sich im Weg der **Beleihung** seines Vermögens Mittel für den Unterhalt zu verschaffen[182] (vgl. aber Rn. 1/423). Dies kommt insbesondere in Betracht, wenn eine sonstige Verwertung des Vermögens zu wirtschaftlichen Bedingungen nicht möglich ist.[183] Muss der einkommenslose Unterhaltspflichtige beim Verwandtenunterhalt im Rahmen seiner Leistungsfähigkeit auch den Vermögensstamm einsetzen, ist es ihm zumutbar, eine ihm vom Bedürftigen geschenkte Immobilie jedenfalls dann zu beleihen, wenn an sich die Voraussetzungen der Rückgewähr der Schenkung wegen Notlage nach § 528 BGB gegeben sind.[184] Selbst eine Kreditbeschaffung durch Beleihung eines Erbteils in Form der Teilhabe an einer ungeteilten Erbengemeinschaft kann zugemutet werden.[185] Auch der Unterhaltsberechtigte hat im Rahmen des Zumutbaren alle Möglichkeiten einer Kreditaufnahme auszunutzen, um nicht unterhaltsbedürftig zu werden.[186] Ist der Verpflichtete bereits so sehr überschuldet, dass die Kreditrückzahlung seine finanziellen Möglichkeiten übersteigt, kann ihm eine weitere Erhöhung der Schulden nicht zugemutet werden.[187] Die Verpflichtung, sich Mittel für den Unterhalt durch Inanspruchnahme eines Kredits zu verschaffen, ist stets begrenzt durch die Möglichkeit, die Zins- und Tilgungszahlungen für das Darlehen aufbringen zu können.[188] Verfügt ein volljähriger Unterhaltsberechtigter über beleihungsfähigen Grundbesitz, der es ihm ermöglicht, Kredit aufzunehmen, mit dem er seinen Unterhalt bis zum Eintritt ins Erwerbsleben selbst decken kann, wobei von der Möglichkeit einer Stundung entsprechender Ratenzahlungsverbindlichkeiten bis zu diesem Zeitpunkt auszugehen ist, so fehlt es an der Bedürftigkeit.[189] **Minderjährige Kinder** sind wegen § 1602 II BGB nicht zur Kreditaufnahme verpflichtet.[190]

433 Wer in Kenntnis der Unterhaltspflicht oder Bedürftigkeit erhebliche Vermögenswerte verschenkt, verschleiert oder sonst in unverantwortlicher Weise verbraucht und dadurch Einkünfte verliert, ist jedenfalls fiktiv so zu behandeln, als hätte er die Vermögenswerte und die daraus zu erzielenden Erträge noch. Außerdem kommt dann eine Verwirkung des Unterhaltsanspruchs in Betracht (vgl. Rn. 2/478 ff.; 4/657 ff.).

6. Obliegenheit zur Verwertung von Erbanteilen und Pflichtteilsrechten

434 Den Parteien eines Unterhaltsrechtsstreits stehen manchmal Beteiligungen an noch nicht auseinander gesetzten Erbengemeinschaften oder Pflichtteilsrechte nach einem verstorbenen Elternteil zu. Häufig ist es „totes Kapital" ohne jeden Ertrag und wird dadurch einer Berücksichtigung bei der Leistungsfähigkeit oder bei der Bedürftigkeit entzogen. Grundsätzlich sind derartige Rechte, die zum Stammvermögen gehören, rasch und konsequent zu realisieren. Die ehelichen Lebensverhältnisse können sogar schon durch die Erwartung eines Erbanfalls

---

[180] BGH, FamRZ 1986, 560, 561; 1986, 439; OLG Karlsruhe FamRZ 2001, 47
[181] BGH, FamRZ 1986, 556
[182] BGH, FamRZ 1988, 259; 1985, 916; 1982, 678; OLG Bamberg FamRZ 1999, 876
[183] BGH, FamRZ 1986, 48
[184] OLGR München 2000, 78
[185] BGH, FamRZ 2006, 935 = R 644; 1980, 43
[186] BGH, FamRZ 1988, 259, 263; 1985, 916
[187] BGH, FamRZ 2005, 608 = R 627 a; 1982, 678
[188] BGH, FamRZ 1966, 28
[189] OLG Bamberg 1999, 876
[190] BGH, FamRZ 1985, 916

geprägt worden sein, wenn die Ehegatten im Hinblick darauf keine oder nur geringe Altersvorsorge betrieben und ihr verfügbares Einkommen vollständig verbraucht haben.[191]

Der BGH weist darauf hin, dass kein Grund besteht, von den Vermögensbestandteilen, deren Verwertung dem **Unterhaltsberechtigten** zuzumuten ist, einen **Pflichtteilsanspruch** von vornherein auszunehmen. Bei solchen Ansprüchen handelt es sich in aller Regel um einen fälligen Zahlungsanspruch, dessen Geltendmachung nicht generell als unwirtschaftlich angesehen werden kann.[192] Im Rahmen der Zumutbarkeit sind jedoch Einschränkungen zu beachten:

- Es darf sich nicht um relativ geringe, unsichere Beträge handeln.[193]
- Aufseiten des Unterhaltsberechtigten sind bei Pflichtteilsrechten Zumutbarkeitsgesichtspunkte zu berücksichtigen.[194] Pflichtteilsansprüche entstehen meist beim Tod des zuerst versterbenden Elternteils, wenn der überlebende Elternteil Vollerbe wird. Werden in dieser Situation gegen den Vollerben Pflichtteilsansprüche durchgesetzt, besteht die Gefahr einer Enterbung oder des Wegfalls der Einsetzung zum Schlusserben im Wege des „Berliner Testaments" (§ 2269 BGB). Diese Gefahr darf dem Verpflichteten aber nicht „ohne weiteres" entgegengehalten werden. Maßgeblich sind vielmehr die Höhe des Pflichtteilsanspruches, Umstände und Höhe der Erberwartung sowie die wirtschaftliche Situation des Pflichtteilschuldners und des Unterhaltsschuldners. In der Regel wird dem Unterhaltsberechtigten die Verwertung des Pflichtteilsanspruches zur Behebung seiner Bedürftigkeit zugemutet werden müssen.
- Steht dem **Verpflichteten** ein Erbanteil oder Pflichtteilsrecht zu, ist beim **Ehegatten-** 435 **unterhalt** zu prüfen, ob es bei intakter Ehe zu einer Verwertung gekommen wäre oder sogar schon gekommen ist, weil nur dieses die ehelichen Lebensverhältnisse prägt.[195] Nur wenn dies zutrifft und wenn damit eine Anhebung der ehelichen Lebensverhältnisse verbunden gewesen wäre, dürfen bei einer späteren Unterhaltsberechnung insoweit fiktive Einkünfte herangezogen werden.[196] Beim **Kindesunterhalt,** der an die ehelichen Lebensverhältnisse nicht gebunden ist, entscheiden Zumutbarkeitsgesichtspunkte wie beim Unterhaltsberechtigten. Entscheidend wird hier vor allem sein, in welchem Umfang das übrige Vermögen und Einkommen zur Unterhaltsleistung herangezogen werden kann und ob dadurch der Mindestunterhalt gesichert ist.[197] Es können aber auch Gesichtspunkte der Pietät gegenüber dem überlebenden Elternteil wirksam werden.

7. Höhe der fiktiv zurechenbaren Erträge

Fiktiv zuzurechnen ist der durchschnittlich erzielbare Ertrag einer zumutbaren Nutzung 436 oder Verwertung, z. B. eine angemessene Verzinsung eines Kapitals.

- Bei der Zurechnung fiktiver Zinsen kann eine Orientierung an den langfristig erzielbaren Renditen öffentlicher Anleihen, etwa der Bundesschatzbriefe oder, wenn dies günstiger ist, an den Zinssätzen für Festgelder erfolgen. Zinsen dürfen nicht sofort vom Kapitalzufluss an zugerechnet werden, sondern erst nach Ablauf einer Überlegungsfrist.[198] Der Zeitraum bis zu einer ggf. erst späteren Auszahlung muss, soweit nicht der Einsatz des Vermögensstammes zumutbar ist, durch Kredit überbrückt werden.
- Bei leer stehenden Wohnungen ist von dem angemessenen ortsüblichen Mietzins auszugehen (zum Wohnvorteil beim Wohnen im eigenen Haus vgl. Rn. 311 ff.).
- Bei der Verwertung des Stammvermögens ist auf den Verkehrswert abzustellen.

---

[191] BGH, FamRZ 2006, 387 = R 643 d, e; OLG Hamburg FamRZ 2003, 1108
[192] BGH, FamRZ 1993, 1065 = R 461; OLG Oldenburg FamRZ 2005, 718
[193] OLG Hamm, FamRZ 1997, 1537
[194] BGH, FamRZ 1993, 1065 = R 461 a + b
[195] BGH, FamRZ 2006, 387 = R 643 d, e (zur Erberwartung); 1982, 996; OLG Hamm FamRZ 1998, 620
[196] BGH, FamRZ 1988, 1145; 1982, 996 (für einen Pflichtteil), OLG München, FamRZ 1993, 62 (für einen Erbteil); OLGR Karlsruhe 2002, 125 (für ein vorweggenommenes Erbrecht)
[197] OLG Köln FamRZ 2006, 809
[198] BGH, FamRZ 1986, 441, 443

437   Bei fiktiven Vermögenseinkünften aus Kapital oder Vermietung ist trotz der oft nicht
einfachen Beurteilung von steuerrechtlichen Abzugsmöglichkeiten die anfallende **Steuerlast** anhand von Computerprogrammen oder jedenfalls nach § 287 ZPO zu schätzen und
vom fiktiven Ertrag abzuziehen. Bei den Einkünften aus Kapital sind nach § 20 IV EStG die
Werbungskosten und der Sparerfreibetrag (750 € bei Ledigen, 1500 € bei Verheirateten) zu
berücksichtigen. Der gedachte Ertrag darf nicht zum Ausgleich eines inflationsbedingten
Kaufkraftschwundes gemindert werden.[199]

8. Abschnitt: Einkünfte aus Pensionen, Renten und ähnlichen wiederkehrenden Bezügen Nichterwerbstätiger

1. Allgemeines

438   Laufende Einkünfte aus Pensionen und Renten aller Art nebst Zuschlägen und Zulagen
sind unterhaltsrechtlich wie Erwerbseinkommen zu berücksichtigen.[1] Das gilt auch für
andere Bezüge, Vorteile und Zulagen, die wegen Erreichens der Altersgrenze, teilweiser oder
voller Erwerbsminderung[2] oder für Witwen und Waisen gewährt werden. Gleiches gilt für
Leibrenten und sonstige private Rentenzahlungen aus Anlass von Vermögensübertragungen,
für private Versorgungsrenten und Schadensrenten aus Versicherungsverträgen, für betriebliche Renten und andere wiederkehrende Leistungen wie Altenleistungen in der Landwirtschaft u. ä. Bei diesen Einkommensersatzleistungen gibt es **keine berufsbedingten Aufwendungen** (Werbungskosten) und deshalb auch keinen entsprechenden pauschalen oder
konkreten Abzug.[3] Dafür kann ein nachgewiesener konkreter Mehrbedarf abgezogen werden (Rn. 441, 611). Ein **Erwerbstätigenbonus** ist von Renteneinkünften bei der Bemessung des Ehegattenunterhalts regelmäßig ebenfalls nicht abzusetzen.[4] Ausnahmsweise können allerdings z. B. beim Bezug einer Erwerbsunfähigkeitsrente besondere Gründe (krankheitsbedingte Nachteile) dafür sprechen, auch dem Rentenempfänger einen entsprechenden
Bonus zu gewähren.[5]

Beim Ehegattenunterhalt prägen die Renteneinkünfte insgesamt den Bedarf und sind
deswegen im Wege der **Differenzmethode** zu berücksichtigen, und zwar unabhängig
davon, ob sie (teilweise) auf eigenen vorehelich erworbenen Anwartschaften, auf dem infolge
der Scheidung durchgeführten Versorgungsausgleich oder auf nachehelich erworbenen
Anwartschaften beruhen.[6] Entgegen der früheren Auffassung des BGH muss dies auch für
Anwartschaften gelten, die mit Mitteln des Altersvorsorgeunterhalts erworben sind.[7] Denn
sonst würde der unterhaltsberechtigte Ehegatte mit dem Altersvorsorgeunterhalt und der
damit verbundenen Kürzung des Elementarunterhalts anrechenbare Versorgungsanwartschaften erwerben, die nur den Unterhaltspflichtigen entlasten würden. Richtig ist es
deswegen, auch den Altersvorsorgeunterhalt als Fortentwicklung der ehelichen Lebensverhältnisse anzusehen und die daraus begründeten Anwartschaften im Wege der Differenzmethode zu berücksichtigen.

438 a   Renten mit Lohnersatzfunktion sind stets als Einkommen bei der Unterhaltsberechnung
zu berücksichtigen. Wird eine Rente allerdings wegen eines Körper- oder Gesundheitsschadens gezahlt, will die Rente regelmäßig auch die dadurch entstandenen Mehrkosten

---

[199] BGH, FamRZ 1986, 441; 1992, 423
[1] BGH, FamRZ 2003, 848, 851 = R 588 a, e, g; 2005, 1479 = R 636 a und OLGR Saarbrücken
1998, 446 (zu den ehelichen Lebensverhältnissen bei durchgeführtem Versorgungsausgleich)
[2] OLG Köln FamRZ 2001, 1524
[3] BGH, FamRZ 1983, 150; FamRZ 1982, 579, 581
[4] BGH, FamRZ 1982, 894; OLG Hamm FamRZ 1998, 295
[5] BGH, FamRZ 1990, 981 = R 416 a
[6] BGH, FamRZ 2005, 1479 = R 636 a; 2002, 88, 91 = R 569 a; vgl. aber BGH, FamRZ 2006, 317
(zu außergewöhnlichen nachehelichen Rentenentwicklungen) und 2003, 848 = R 588 a (zu
vorehelich erworbenen Rentenanwartschaften)
[7] A. A. noch BGH, FamRZ 2002, 88, 91; vgl. jetzt aber BGH FamRZ 2005, 1479, 1480 = R 636 a

ausgleichen. Die dafür notwendigen Beträge sind dem Verletzten deswegen vorweg zu belassen.[8] **§ 1610 a BGB,** der zum 23. Januar 1991 in Kraft getreten ist, stellt insoweit für den Verwandtenunterhalt eine gesetzliche Vermutung auf, wonach die Sozialleistungen regelmäßig nicht höher sind, als die Aufwendungen infolge eines Körper- oder Gesundheitsschadens. Für den Trennungsunterhalt verweist § 1361 I 1 2. HS BGB, für den nachehelichen Unterhalt § 1578 a BGB auf diese Vorschrift. Nach dem Zweck des § 1610 a BGB soll die Darlegungs- und Beweisnot gemildert werden, in der sich Körper- oder Gesundheitsbeschädigte als Berechtigte oder Verpflichtete in Unterhaltsangelegenheiten befanden, wenn sie – entsprechend der früheren Rechtsprechung – versuchten, den konkreten schadensbedingten Mehrbedarf darzulegen und zu beweisen. Die gesetzliche Vermutung betrifft den Grund und die Höhe der Sozialleistung. Nunmehr obliegt es dem Unterhaltsgegner darzulegen und zu beweisen, dass die Sozialleistung den tatsächlichen schadensbedingten Mehraufwand übersteigt. Begünstigt sind aber ausschließlich Körper- und Gesundheitsbeschädigte, denen Sozialleistungen zufließen, die nur oder neben einem ideellen Ausgleich den Ausgleich schädigungsbedingter Mehraufwendungen bezwecken, also keine Einkommensersatzfunktion haben (s. Rn. 443 ff.). Hat eine Rente daneben auch Einkommensersatzfunktion, gilt die Vermutung des § 1610 a BGB nicht, sodass die Höhe der unfallbedingten Mehraufwendungen dann vom Verletzten dargelegt und bewiesen werden muss (s. Rn. 441 ff.).

2. Arten von Versorgungsbezügen und Renten nebst Zulagen und Zuschlägen

- **Pensionen,**[9] Familienzuschlag (vgl. insoweit Rn. 55 a)[10] und kinderbezogene Bestand- **439** teile der Bezüge eines Beamten.[11]
- **Renten** einschließlich Zusatzrenten[12] und Kinderzuschuss zu Renten (§§ 35 ff. SGB VI), abzüglich eines Betrages in Höhe des fiktiven Kindergeldes (§ 1612 c BGB). Der Zuschuss dient der Deckung des Bedürfnisses des Rentenempfängers und nicht – wie das Kindergeld[13] – ausschließlich der Erleichterung der Unterhaltslast aller Unterhaltspflichtigen gegenüber Kindern.[14]
  Rente wegen teilweiser oder voller **Erwerbsminderung** (§ 43 SGB VI; zur Grundsicherung bei Erwerbsminderung s. Rn. 467 a ff.)[15] oder Rente für Bergleute (§ 45 SGB VI).
- Grundrente nach § 31 BVG. Diese gilt als Teil der Kriegsopferversorgung, zwar nach der Zielsetzung des BVG als Entschädigung für den Verlust der körperlichen Integrität und als Ausgleich für Mehraufwendungen wegen der Schädigung. Sie steht dem Beschädigten aber auch zur Deckung seines tatsächlichen Lebensbedarfs zur Verfügung, und zwar je nach den Verhältnissen des Einzelfalls teilweise des schädigungsbedingt besonderen als auch des allgemeinen Bedarfs. Deshalb ist die Rente grundsätzlich als Einkommen zu behandeln, soweit sie nicht durch den tatsächlichen Mehrbedarf aufgezehrt wird.[16] Dabei gilt allerdings die Vermutung des § 1610 a BGB, wonach die Aufwendungen infolge eines Körper- oder Gesundheitsschadens nicht geringer sind, als die Höhe der Leistungen[17] (vgl. aber Rn. 438 a, 443 ff.; zur Berücksichtigung eines ev. Mehrbedarfs).
- Schwerstbeschädigten- und Pflegezulage nach §§ 31 und 35 b BVG. Sie wird, wie die Grundrente, als pauschaler Ausgleich für die Beeinträchtigung der körperlichen Unver-

---

[8] Vgl. z. B. BGH, FamRZ 1982, 252

[9] BGH, FamRZ 2004, 254 (zur Erwerbsobliegenheit bei frühzeitiger Pensionierung)

[10] BGH, FamRZ 2007, 793, 797 f. = R 674 h, i; vgl. auch OLGR Saarbrücken 1998, 446

[11] BGH, FamRZ 2007, 882 = R 675 e; 1989, 172

[12] Zur sog. Riester-Rente vgl. Strohal FamRZ 2002, 277

[13] Vgl. insoweit BGH, FamRZ 2005, 347 = R 622; 1997, 806, 809

[14] BGH, FamRZ 1981, 28; 1980, 1112

[15] OLG Jena FamRZ 2006, 1299 (zur Zuverdienstmöglichkeit); OLG Hamm FamRZ 2004, 1807 (zur Grundsicherung wegen Erwerbslosigkeit)

[16] BGH, FamRZ 1983, 674; 1982, 579; 1982, 252; 1981, 1165

[17] OLGR München 1994, 126; OLG Nürnberg EzFamR aktuell 1993, 71; OLG Hamm FamRZ 1992, 186 (beschränkt auf die Grundrente) und 1991, 1199

sehrtheit und für Mehraufwendungen gewährt.[18] Allerdings wird die Vermutung des § 1610 a BGB bei diesen Einkünften kaum widerlegbar sein, sodass regelmäßig davon auszugehen ist, dass sie durch den tatsächlichen Mehrbedarf aufgezehrt werden.

- Die Ausgleichsrente, die Schwerbeschädigte nach § 32 BVG erhalten, wenn sie infolge ihres Gesundheitszustands, hohen Alters oder aus einem von ihnen nicht zu vertretenden sonstigen Grund eine ihnen zumutbare Erwerbstätigkeit nicht, nur in beschränktem Umfang oder nur mit überdurchschnittlichem Kräfteaufwand ausüben können, hat Einkommensersatzfunktion und ist deswegen grundsätzlich bei der Unterhaltsbemessung zu berücksichtigen.[19] Allerdings ist auch hier ein tatsächlicher Mehrbedarf wegen der Schwerbeschädigung abzusetzen.
- **Leibrenten.** Bei einer Leibrente, die als Gegenleistung für eine Vermögensveräußerung vereinbart ist, wurde der Vermögensstamm in ein Rentenstammrecht umgewandelt, aus dem die einzelnen Rentenleistungen als wiederkehrende Leistungen fließen. Damit sind auch diese Rentenleistungen von vornherein nicht als Vermögensstamm i. S. v. § 1581 S 2 BGB anzusehen (vgl. Rn. 417). In der laufenden Leibrentenzahlungen ist zwar wirtschaftlich gesehen neben der Zinsleistung auch ein Tilgungsanteil enthalten. Unterhaltsrechtlich beinhaltet das aber keine Verwertung des Vermögensstammes und steht deswegen einer Berücksichtigung der gesamten Leibrente nicht entgegen. Eine Verwertung des Vermögensstammes würde nur dann vorliegen, wenn das Rentenstammrecht selbst – etwa durch eine Rekapitalisierung – angegriffen würde.[20]

440 • Eine Berufsschadensausgleichsrente nach § 30 III BVG hat Einkommensersatzfunktion und ist deswegen als unterhaltsrechtlich relevantes Einkommen zu berücksichtigen.[21] Die gesetzliche Vermutung des § 1610 a BGB, wonach die Aufwendungen infolge eines Körper- oder Gesundheitsschadens nicht geringer sind, als die Höhe der Leistungen, gilt wegen der Einkommensersatzfunktion nicht für diesen Rentenanteil.[22]
- Auch der Ehegattenzuschlag nach § 33 a BVG ist unterhaltsrechtlich relevantes Einkommen, denn er soll die Erfüllung einer Unterhaltspflicht erleichtern.[23]
- Die Kleiderzulage nach § 15 BVG deckt einen erhöhten Bedarf und befriedigt, wie die Grundrente, allgemeine Unterhaltsbedürfnisse. Sie ist deswegen grundsätzlich als Einkommen zu berücksichtigen.[24] Allerdings gilt auch für sie die Vermutung des § 1610 a BGB, wonach die Leistungen regelmäßig durch einen erhöhten Bedarf aufgebraucht werden.[25]
- Die Verletztenrente aus der gesetzlichen Unfallversicherung nach §§ 7 ff., 26 ff. SGB VII hat auch Einkommensersatzfunktion und ist deswegen unterhaltsrechtlich grundsätzlich als Einkommen zu behandeln.[26] Weil die Rente daneben unfallbedingte Mehraufwendungen ausgleichen will, sind die dafür notwendigen Beträge dem Verletzten vorweg zu belassen.[27] Insoweit gilt wegen der Einkommensersatzfunktion die Vermutung des § 1610 a BGB jedoch nicht, sodass die Höhe der unfallbedingten Mehraufwendungen vom Verletzten dargelegt und bewiesen werden muss.
- Renten nach dem Bundesentschädigungsgesetz (BEG) wegen Schadens an Körper und Gesundheit (§§ 28 ff. BEG) und wegen Schadens im beruflichen Fortkommen (§§ 64 ff. BEG), weil sie Einkommensersatzfunktion haben.[28] Auch insoweit sind schadensbedingte Mehraufwendungen vom Verletzten darzulegen und zu beweisen.

---

[18] BGH, FamRZ 1983, 674; 1982, 579; 1982, 252; 1981, 1165
[19] BGH, FamRZ 1983, 674; 1982, 252
[20] BGH, FamRZ 1994, 228 = R 471 c; OLGR München 1992, 122; OLG Köln FamRZ 1983, 643
[21] BGH, FamRZ 1983, 674; OLG Bamberg FamRZ 1981, 266
[22] OLG Hamm FamRZ 1992, 186
[23] BGH, FamRZ 1982, 252; vgl. aber BGH, FamRZ 2005, 1817 = R 632
[24] BGH, FamRZ 1983, 674; 1982, 579
[25] OLG Hamm FamRZ 1991, 1199
[26] BGH, FamRZ 1983, 674; OLG Koblenz FamRZ 2003, 1106; OLG Hamm FamRZ 2001, 441 (Rente für Bergleute)
[27] BGH, FamRZ 1982, 252
[28] BGH, FamRZ 1983, 674

- **Waisenrente**[29] und Halbwaisenrente (§ 48 SGB VI). Diese Renten sind als eigenes Einkommen des Kindes auf dessen Unterhaltsbedarf anzurechnen. Damit kommen sie mehreren Unterhaltspflichtigen im Verhältnis ihrer Haftungsanteile für Bar- und Betreuungsunterhalt zugute, weil sich der Unterhaltsbedarf um den Rentenbetrag mindert und die Haftung nur für den Restbetrag bestehen bleibt.[30] Die Halbwaisenrente kommt dem allein unterhaltspflichtigen überlebenden Elternteil in voller Höhe zugute. Wird eine Halbwaisenrente nach dem Tod des Stiefvaters gewährt, kommt die Entlastung durch die Halbwaisenrente wie sonstiges Kindesvermögen mehreren Unterhaltspflichtigen im Verhältnis ihrer Haftungsanteile zugute. Wegen der Gleichwertigkeit des Betreuungs- und des Barunterhalts ist die (Halb)Waisenrente bei minderjährigen Kindern jeweils hälftig darauf anzurechnen.[31]
- Das Blindengeld ist ebenfalls grundsätzlich unterhaltsrelevantes Einkommen.[32] Weil mit dieser Sozialleistung allerdings neben einem ideellen Ausgleich nur der Ausgleich schädigungsbedingter Mehraufwendungen bezweckt ist, gilt insoweit die Vermutung des § 1610a BGB, wonach die Sozialleistung regelmäßig durch die erhöhten Aufwendungen aufgebraucht wird.[33]
- Witwenrente nach § 46 SGB VI und Erziehungsrente nach § 47 SGB VI (zur wieder aufgelebten Witwenrente s. Rn. 484).
- Zu Lebensversicherungen s. Rn. 424a f.

3. Berücksichtigung von konkretem Mehrbedarf und Mehraufwand

a) Die allgemeine Regelung. Ein Teil der hier behandelten Einkünfte wird jedenfalls **441** auch wegen **körperlicher Behinderungen** und der dadurch bedingten zusätzlichen Aufwendungen gewährt. Nach der Rechtsprechung des BGH ist der Mehrbedarf aber grundsätzlich nur in dem Umfang zu berücksichtigen, wie er tatsächlich entsteht. Der Betroffene muss also (vorbehaltlich Rn. 443 ff.) den konkreten Mehrbedarf substantiiert darlegen. Die Feststellung des Mehrbedarfs muss in jedem Einzelfall den besonderen Bedürfnissen des Betroffenen entsprechen. Das Gericht kann allerdings den Aufwand, der mit bestimmten vermehrten Bedürfnissen eines Geschädigten üblicherweise verbunden ist, nach § 287 ZPO schätzen (vgl. Rn. 6/728), wobei auch der ideelle Zweck der Renten in billiger Weise berücksichtigt werden kann. Je nach den Umständen des Einzelfalls kann eine großzügigere Beurteilung geboten sein, wenn und soweit es dem Geschädigten nicht zumutbar ist, seine Mehraufwendungen in allen Einzelheiten spezifiziert darzulegen.[34] Unentgeltlich erbrachte Pflege- und Hilfeleistungen naher Verwandter wirken sich unterhaltsrechtlich nicht bedarfsmindernd aus. Bei diesen Leistungen handelt es sich um freiwillige Leistungen Dritter, die dem Unterhaltsschuldner nur dann zugute kommt, wenn der Dritte auch ihn mit seiner Pflegeleistung unterhaltsrechtlich entlasten will.[35] Der für Pflegeleistungen erforderliche Einsatz des Dritten ist sonst regelmäßig als Ausgleich des tatsächlichen Mehrbedarfs anzusehen und auf die Versorgung anzurechnen.[36]

Ist nach den konkreten Umständen wegen der Art der Beschädigung eine genaue **442** Trennung zwischen allgemeinem Lebensbedarf und schädigungsbedingtem Mehrbedarf nur schwer möglich, kann der Aufwand für beides einheitlich bemessen werden, indem z.B. die Kosten einer Heimunterbringung um einen angemessenen Zuschlag erhöht werden.[37] Ist

---

[29] OLG Frankfurt FamRZ 1989, 279
[30] BGH, FamRZ 2006, 1597, 1599 = R 659b; BGHZ 44, 312, 316f. = FamRZ 1966, 97; BVerfGE 25, 167, 194
[31] BGH, FamRZ 2006, 1597, 1599 = R 659b
[32] OLG Hamm FamRZ 1990, 405; OLG Nürnberg FamRZ 1981, 964; vgl. auch Ziff. 2.7 der Leitlinien der Oberlandesgerichte
[33] OLG Hamm FamRZ 2003, 1771; OLG Schleswig FamRZ 1992, 471
[34] BGH, FamRZ 1982, 898; 1981, 1165; 1981, 338
[35] BGH, FamRZ 2005, 967, 969 = R 629b
[36] OLG Hamm FamRZ 1990, 405 (zum staatlichen Blindengeld)
[37] BGH, FamRZ 1981, 1165

der Beschädigte, etwa weil er beiderseits oberschenkelamputiert ist, auf die Benutzung eines Pkw angewiesen, sind seine Aufwendungen für die Anschaffung, Umrüstung und Benutzung des Pkw sowie für eine Pflegekraft und eine Haushaltshilfe als schädigungsbedingter Mehrbedarf zu berücksichtigen.[38] Zuschüsse Dritter, auf die ein Rechtsanspruch besteht, sind wiederum auf den Mehrbedarf anzurechnen.[39] Die Berücksichtigung des Mehraufwands erfolgt dadurch, dass er in festgestellter Höhe von der Rente abgezogen wird, weil er sie insoweit verbraucht. Ein solcher Abzug unterbleibt, wenn ein Mehrbedarf nicht konkret geltend gemacht wird oder nicht vorhanden ist.[40] Die Kosten einer objektiv erforderlichen Hilfskraft können ausnahmsweise auch dann berücksichtigt werden, wenn eine Hilfskraft nicht beschäftigt wird und der Behinderte stattdessen „in einer schlicht unzumutbaren häuslichen Situation dahinlebt".[41] Ausnahmsweise kann es der ideelle Charakter rechtfertigen, dem Unterhaltspflichtigen den gesamten Betrag der Rente auch insoweit zur alleinigen Verfügung zu belassen, als die staatliche Sozialleistung von ihm nicht dazu benötigt wird, die materiellen Mehraufwendungen abzudecken.[42]

443 **b) Die Sonderregelung der §§ 1610a, 1578a, 1361 I 1 HS 2 BGB.** Durch die Neuregelung der §§ 1610a, 1578a, 1361 I 1 HS 2 BGB zum 23. Januar 1991 wurde bei bestimmten Sozialleistungen die **Darlegungs- und Beweislast** geändert.[43] Im Geltungsbereich dieser Vorschriften wird gesetzlich vermutet, dass ein Behinderter die wegen der Behinderung empfangenen Sozialleistungen auch tatsächlich für den mit der Behinderung verbundenen Mehraufwand benötigt. Diese Regelung gilt für den **Berechtigten** ebenso wie für den **Verpflichteten.** Es macht auch keinen Unterschied, ob es um Kindesunterhalt, Trennungsunterhalt, nachehelichen Unterhalt oder sonstigen Verwandtenunterhalt geht. Damit wird einerseits eine Vereinfachung des Unterhaltsverfahrens und andererseits eine Besserstellung des Behinderten erreicht, zumal er keinen Verwendungsnachweis mehr führen muss. Wenn der Gegner den vollständigen Verbrauch dieser Sozialleistungen anzweifeln will, muss er nunmehr seinerseits substantiiert vortragen und den Beweis dafür erbringen.[44] Da dies kaum gelingen wird, kann als Grundregel festgehalten werden, dass Sozialleistungen, die von § 1610a BGB erfasst werden, unterhaltsrechtlich in der Regel nicht relevant sind.

444 Die Vermutung der unterhaltsrechtlichen Bedarfserfüllung von Sozialleistungen gilt nach dem gesetzlichen Wortlaut aber nur für diejenigen Sozialleistungen, die ihren Leistungsgrund in **Körper- und Gesundheitsschäden** haben. Damit sind zunächst alle Sozialleistungen im Sinn von § 5 SGB I gemeint. Begünstigt sind aber ausschließlich Körper- und Gesundheitsbeschädigte, denen Sozialleistungen zufließen, die nur oder neben einem ideellen Ausgleich den Ausgleich schädigungsbedingter Mehraufwendungen bezwecken, also keine Einkommensersatzfunktion haben. Hat eine Rente daneben auch Einkommensersatzfunktion, gilt die Vermutung des § 1610a BGB nicht, sodass die Höhe der unfallbedingten Mehraufwendungen auch weiterhin vom Verletzten dargelegt und bewiesen werden muss (vgl. Rn. 80 f.: Renten wegen teilweiser oder voller Erwerbsminderung,[45] Krankengeld, Unfallrente[46] u. ä. und Rn. 439 f.: Ausgleichsrenten nach §§ 30 III und 32 BVG, Ehegattenzuschlag nach § 33a BVG). Für sie bleibt es im Falle eines behinderungsbedingten Mehraufwands bei der in Rn. 441 beschriebenen Darlegungs- und Beweislast.[47]

445 Unter die Regelung der §§ 1610a, 1578a, 1361 I HS 2 BGB fallen (s. auch Rn. 439 f.) Sozialleistungen wie

---

[38] BGH, FamRZ 1982, 579; OLGR München 1994, 126
[39] BGH, FamRZ 1982, 579
[40] BGH, FamRZ 1982, 579
[41] OLG Karlsruhe, FamRZ 1998, 479
[42] OLG Karlsruhe FamRZ 1990, 1240 (zum staatlichen Blindengeld)
[43] OLG Bamberg FamRZ 1992, 185; OLG Hamm FamRZ 1991, 1199
[44] OLG Schleswig FamRZ 2000, 1367; OLG Hamm FamRZ 1991, 1199
[45] OLG Köln FamRZ 2001, 1524
[46] OLG Hamm FamRZ 2001, 441 (Rente für Bergleute); OLG Schleswig FamRZ 1993, 712
[47] BGH, FamRZ 1994, 21 = R 466b; für eine differenzierende Betrachtungsweise bei der Unfallrente sprechen sich Brudermüller/Klattenhoff in FuR 1993, 333 aus

- Leistungen an den Pflegebedürftigen aus der Pflegeversicherung (zur Pflegeperson s. Rn. 463 ff.),[48]
- Blindengeld, das nach landesrechtlichen Vorschriften gewährt wird,[49]
- orthopädische Hilfsmittel nach § 13 BVG,
- Führungshundezulage für Blinde nach § 14 BVG,
- Kleider- und Wäschezuschuss nach 15 BVG,[50]
- Kosten von Krankenbehandlung und Badekuren nach § 18 BVG,[51]
- Grundrente nach § 31 I BVG,[52]
- Schwerstbeschädigtenzulage nach § 31 V BVG,[53]
- Pflegezulagen nach § 35 BVG,[54]
- Leistungen nach § 80 Soldatenversorgungsgesetz (SVG), nach §§ 47, 47 a und 50 Zivildienstgesetz (ZDG), nach § 59 Bundesgrenzschutzgesetz (BGSG), nach § 1 Opferentschädigungsgesetz (OEG), nach §§ 28, 31 BEG und ähnlichen Rechtsvorschriften.

Im Bereich dieser Vorschriften ist es nunmehr Sache des Gegners, **darzulegen,** dass die 446 Sozialleistungen den behinderungsbedingten Mehrbedarf übersteigen. Dazu genügt es nicht, geltend zu machen, dass während des Zusammenlebens ein Teil der Sozialleistungen dem allgemeinen Konsum zugeführt wurde. Denn durch die Trennung und den damit verbundenen Ausfall der Betreuungsleistungen des Partners entstehen in der Regel erhebliche zusätzliche Aufwendungen für Hilfspersonen. Die gesetzliche Vermutung kann daher nur durch den Nachweis entkräftet werden, dass in dem Zeitraum, für den Unterhalt beansprucht wird, mit den Sozialleistungen entweder der allgemeine Konsum oder eine Vermögensbildung finanziert wird.[55] Dieser Nachweis wird je nach Zweck der bewilligten Sozialleistung nur schwer zu führen sein.[56] Geschieht die Pflege kostenlos durch einen Dritten, gelten die für unentgeltliche Zuwendungen Dritter entwickelten Grundsätze (s. Rn. 468 f.).

4. Berücksichtigung von Nebeneinkünften

Nebeneinkünfte von Rentnern und Pensionären sind wie Einkünfte aus **unzumutbarer** 447 **Tätigkeit** zu behandeln (s. Rn. 74 ff. und 540 ff.). Nach dem Erreichen der Regelaltersgrenze (z. Zt. des 65. Lebensjahres) entfällt nach den sozialen Gepflogenheiten im Regelfall eine Verpflichtung zu weiterer Erwerbstätigkeit. Kein Ehegatte kann von dem anderen verlangen, dass er nach Erreichen des Ruhestandsalters weiterarbeitet es sei denn, eine solche Tätigkeit ist ausnahmsweise aus besonderen Gründen geboten. Erzielt der gegenüber einem minderjährigen Kind gesteigert (§ 1603 II BGB) Unterhaltspflichtige trotz teilweiser Erwerbsfähigkeit eine Erwerbsunfähigkeitsrente, kann er im Mangelfall ausnahmsweise verpflichtet sein weiterhin eine leichte Nebentätigkeit auszuüben.[57] Dies kann auch bei Freiberuflern der Fall sein, die auch bei fortgesetzter Ehe nach Erreichen des 65. Lebensjahres weitergearbeitet hätten. Regelmäßig kann eine über die Vollendung des 65. Lebensjahres fortgeführte Berufstätigkeit jedoch jederzeit aufgegeben werden. Einkünfte, die gleichwohl nach Vollendung des 65. Lebensjahres aus Erwerbstätigkeit erzielt werden, stammen deswegen grundsätzlich aus unzumutbarer Tätigkeit.

---

[48] OLG Koblenz FamRZ 2005, 1482; OLG Hamm, FamRZ 2003, 1771 und 1994, 1193; OLGR Zweibrücken 2001, 108; OLG München 1995, 263; OLG Stuttgart FamRZ 1994, 1407
[49] OLG Hamm FamRZ 2003, 1771; OLG Schleswig FamRZ 1992, 471
[50] BGH, FamRZ 1982, 579; OLG Hamm FamRZ 1991, 1199
[51] Vgl. insoweit BSGE 92, 19
[52] BGH, FamRZ 1982, 579; OLGR München 1994, 126; OLG Nürnberg EzFamR aktuell 1993, 71; OLG Hamm FamRZ 1992, 186 (nicht für Berufsschadensausgleichsrente nach § 30 BVG)
[53] BGH, FamRZ 1982, 579
[54] OLGR München 1994, 126
[55] OLG Schleswig FamRZ 2000, 1367; OLGR Hamm 1999, 313; OLG Bamberg FamRZ 1992, 185; OLG Hamm FamRZ 1991, 1199
[56] OLGR München 1994, 126; OLG Nürnberg EzFamR aktuell 1993, 71
[57] OLG Düsseldorf FamRZ 2001, 1477; OLG Schleswig ZfS 1998, 522

Ob und in welchem Umfang ein **überobligationsmäßig** erzieltes Einkommen bei der Unterhaltsberechnung zu berücksichtigen ist, lässt sich nach der Rechtsprechung des BGH nicht pauschal beantworten, sondern ist stets von den besonderen Umständen des Einzelfalles abhängig.[58] Dabei kann die freiwillige Ausübung einer Berufstätigkeit ein maßgebendes Indiz für eine Vereinbarkeit der Arbeit mit der persönlichen Situation sein. Ein überobligatorisch erzieltes Einkommen ist bei der Unterhaltsbemessung deswegen nicht von vornherein unberücksichtigt zu lassen. Über die Anrechnung ist vielmehr nach Treu und Glauben unter Berücksichtigung der Umstände des Einzelfalles zu entscheiden. Dabei ist nicht zu beanstanden, wenn zunächst ein besonderer Aufwand von dem Einkommen abgesetzt wird, der berufsbedingt wegen des Alters oder wegen der teilweisen Erwerbsunfähigkeit zusätzlich entsteht. In welchem Umfang ein überobligatorisch erzieltes Einkommen nach diesen Grundsätzen unberücksichtigt bleiben kann, ist grundsätzlich einer tatrichterlichen Entscheidung vorbehalten, die sich allerdings nicht auf feste Prozentsätze stützen darf, sondern stets auch die besonderen Umstände des Einzelfalles berücksichtigen muss.[59] Unter besonderen Umständen könne die Einkünfte aus der Nebentätigkeit sogar bis zur Differenz des Vollzeiteinkommens und der Rente angerechnet werden, z. B. wenn ein vorzeitig pensionierter Beamter in zumutbarer Weise Einkünfte neben seiner Pension erzielt.[60] Beim Ehegattenunterhalt ist dann der sog. unterhaltsrelevante Teil der überobligationsmäßig erzielten Einkünfte im Wege der Additions- bzw. Differenzmethode in die Unterhaltsberechnung einzubeziehen, während der übrige – nicht unterhaltsrelevante – Teil wie beim Verwandtenunterhalt vollständig unberücksichtigt bleibt.[61]

5. Berücksichtigung eines Rentenanspruchs ab Antragstellung sowie einer Rentennachzahlung

448   Eine **Rentennachzahlung,** die der **Unterhaltsverpflichtete** für einen längeren zurückliegenden Zeitraum erhält, ist nicht auf die zurückliegenden Monate aufzuteilen, sondern für einen entsprechenden zukünftigen Zeitraum den laufenden Bezügen für Zwecke der Unterhaltsberechnung hinzuzurechnen.[62] Denn ein Unterhaltsanspruch setzt stets die Bedürftigkeit des Berechtigten und die Leistungsfähigkeit des Unterhaltpflichtigen in dem betreffenden Unterhaltszeitraum voraus. Die Leistungsfähigkeit des Unterhaltpflichtigen erhöht sich aber mit dem Erhalt der Nachzahlung erst für die Zukunft. So hätte die Nachzahlung auch bei Fortbestand der Ehe nur für künftige Unterhaltszwecke zur Verfügung gestanden. Ein bereits bestehender Titel kann dann im Hinblick auf diese zusätzlichen Einkünfte abgeändert werden, wenn die weiteren Voraussetzungen des § 323 ZPO erfüllt sind, insbesondere die Wesentlichkeitsschwelle (Abs. 1) überschritten und die Zeitschranke (Abs. 3) eingehalten ist.[63] Wird die Nachzahlung allerdings geleistet noch bevor über den rückständigen Unterhaltsanspruch entschieden ist, kann und muss (§ 323 II ZPO) der dann vorhandene Betrag auch auf die noch offene Zeit angerechnet werden.[64] Nachzahlungen in Unterhaltsfällen nach §§ 5, 6 VAHRG erfolgen an den Berechtigten und den Verpflichteten je zur Hälfte und gelten damit pauschal etwaige Unterhaltsansprüche ab.[65] Der Verpflichtete, der eine Rente beantragt hat und auf diese Rente noch keine Vorschüsse erhält, kann sich möglicherweise mit Blick auf die erwartete Bewilligung anderweitig einen Kredit verschaffen. Lässt er den Berechtigten an seiner auf diese Weise verbesserten Leis-

---

[58] BGH, FamRZ 2005, 442, 444 = R 625 c
[59] BGH, FamRZ 2005, 1154 = R 630 c–e; OLG Köln, FamRZ 1984, 269; OLG Frankfurt FamRZ 1985, 481
[60] OLG Hamm FamRZ 1995, 1422
[61] BGH, FamRZ 2005, 1154 = R 630 e
[62] OLG Nürnberg FamRZ 1997, 961; OLG Hamburg FamRZ 1991, 953
[63] BGH, FamRZ 1985, 155
[64] So im Ergebnis für den Berechtigten OLG Frankfurt EzFamR aktuell 2002, 85
[65] OLG Düsseldorf FamRZ 2003, 769; OLG Frankfurt FuR 2002, 81; vgl. auch OLG Nürnberg FamRZ 1997, 961

tungsfähigkeit nicht teilhaben, kann er ihm auch die Verpflichtungen aus einem solchen Kredit nicht einkommensmindernd entgegenhalten.[66]

Erhält der **Unterhaltsberechtigte** eine Rentennachzahlung, mindert sich seine Bedürf- **449** tigkeit aus den gleichen Gründen erst ab Zugang der Nachzahlung und nicht rückwirkend.[67] Die Unterhaltsbedürftigkeit kann dann für eine Übergangszeit ganz entfallen. Selbst wenn der Unterhaltsberechtigte zurzeit der Klageerhebung bereits das Rentenalter erreicht und einen Rentenantrag unter Berücksichtigung der ihm durch den Versorgungsausgleich übertragenen oder begründeten Rentenanwartschaften gestellt hat, ist seine Bedürftigkeit allein durch den Anspruch noch nicht entfallen. Im Falle einer rückwirkenden Rentenbewilligung ist allerdings auch der Unterhaltsberechtigte verpflichtet, diese zusätzlichen Einkünfte bei der Bemessung seiner Unterhaltsbedürftigkeit zu berücksichtigen. Ist der Unterhaltsanspruch für den betreffenden Zeitraum noch rechtshängig, kann die Nachzahlung noch bedürftigkeitsmindernd berücksichtigt werden. Ist der von der Rentenerhöhung betroffene Unterhaltsanspruch allerdings nicht (mehr) rechtshängig, kann die Nachzahlung auf zweierlei Weise berücksichtigt werden. Der Nachzahlungsbetrag kann, angemessen auf die Zukunft verteilt, als künftiges Einkommen bedürftigkeitsmindernd berücksichtigt werden, was der Unterhaltsschuldner unter den Voraussetzungen des § 323 ZPO im Wege der Abänderungsklage durchsetzen könnte. In der Praxis wird aber auch der Weg gewählt, dem Unterhaltsschuldner Ausgleich in der Höhe zu leisten, in der sich sein Unterhaltsanspruch für die Vergangenheit ermäßigt hätte, wenn die Rente schon während des fraglichen Zeitraums gezahlt worden wäre (vgl. Rn. 450).[68] Um sich diesen Rückzahlungsanspruch zu erhalten und dem Einwand der Entreicherung nach § 818 III BGB zu entgehen, kann der Unterhaltsschuldner dem Unterhaltsberechtigten ab Stellung seines Rentenantrags zur Abwendung der gegenwärtig noch vorliegenden Bedürftigkeit ein zins- und tilgungsfreies Darlehen mit der Verpflichtung anbieten, im Fall einer endgültigen Ablehnung des Rentenantrags auf dessen Rückzahlung zu verzichten[69] (vgl. Rn. 6/204 ff.). Zur Sicherung eines solchen Darlehens kann der Anspruch auf Rentennachzahlung abgetreten werden. Dem Berechtigten obliegt es, einen solchen Kredit zur Minderung seiner Bedürftigkeit anzunehmen und in eine Sicherungsabtretung einzuwilligen. Tut er dies nicht, muss er sich unterhaltsrechtlich so behandeln lassen, als hätte er dem zugestimmt und die Unterhaltsleistungen lediglich darlehensweise erhalten.[70] Denn es verstößt gegen Treu und Glauben, wenn der Unterhaltsberechtigte durch die Ablehnung eines solchen Kreditangebots seine Bedürftigkeit zu Lasten des Unterhaltspflichtigen aufrechterhalten will.

Insbesondere wenn mit der auf die Zukunft umlegbaren Rentennachzahlung auch eine **450** Rentenkürzung beim Unterhaltspflichtigen einhergeht (zum Unterhaltsprivileg vgl. aber § 5 VAHRG, zum Rentenprivileg § 101 III SGB VI), kann die Änderung unterhaltsrechtlich oft nicht vollständig ausgeglichen werden. In Fällen einer Rentennachzahlung an den Unterhaltsberechtigten nimmt die Rechtsprechung dann nach § 242 BGB einen **Erstattungsanspruch** des Unterhaltspflichtigen gegen den Berechtigten für die Zeit und in der Höhe an, in der sich der Unterhaltsanspruch ermäßigt hätte, wenn die Rente schon in der fraglichen Zeit gezahlt worden wäre. Wird eine Rente rückwirkend für einen Zeitraum nachgezahlt, in dem der Unterhaltsanspruch bereits durch Leistungen des Unterhaltspflichtigen erfüllt war, so „verfehle" die Nachzahlung den mit ihr verfolgten Zweck, den Unterhaltsbedarf zu sichern. Es widerspreche deswegen auch Treu und Glauben, dem Berechtigten für den Zeitraum, in dem er Unterhalt bezogen hat, auch die nachgezahlte Rente zu Lasten des Unterhaltspflichtigen in vollem Umfang zu belassen.[71] Ein solcher Erstattungsanspruch bestehe nicht nur, wenn die Rentennachzahlung auf einem Versorgungsausgleich beruhe

---

[66] BGH, FamRZ 1985, 155
[67] BGH, FamRZ 1990, 269; OLGR Braunschweig 1997, 157; OLG Hamburg FamRZ 1991, 953; a. A. OLG Frankfurt EzFamR aktuell 2002, 85
[68] BGH, FamRZ 1990, 269; OLG Zweibrücken FamRZ 1997, 504; OLG Hamm FamRZ 1988, 732
[69] BGH, FamRZ 1998, 951 = R 526; OLGR Oldenburg 2005, 696 = BeckRS 2005 09037
[70] BGH, FamRZ 1983, 574
[71] BGH, FamRZ 1990, 269; 1989, 718

und eine Rentenkürzung des Verpflichteten zur Folge habe, sondern auch, wenn sie ganz oder teilweise auf Grund von Anwartschaften gewährt werde, die der Berechtigte durch eine eigene Erwerbstätigkeit erlangt hat[72] (zur Unterhaltsbemessung bei Rentenbezug vgl. Rn. 1/438). Eine Neuberechnung des Unterhalts sei auch notwendig, wenn der Anspruch auf nachehelichen Unterhalt auf der Grundlage einer Rente berechnet worden sei, die durch den Versorgungsausgleich aus einer früheren Ehe gekürzt war und der Unterhaltsgläubiger nach dem Tod dieses Ehegatten aus der früheren Ehe auf seinen Antrag die **Rentenkürzung erstattet** erhalte (§ 4 VAHRG).[73] Die Entscheidung über den Erstattungsanspruch erfolge auf Grund einer tatrichterlichen **Billigkeitsabwägung im Rahmen des § 242 BGB.** Sie unterliege der revisionsrechtlichen Nachprüfung nur im Hinblick darauf, ob sie einen Rechtsirrtum oder einen Verstoß gegen allgemeine Erfahrungssätze enthalte oder wesentliches Vorbringen der Parteien ersichtlich unberücksichtigt gelassen habe.[74] Ein solcher Erstattungsanspruch sei vor allem dann berechtigt, wenn die Nachzahlung aus dem Versorgungsausgleich stamme und zu einer Kürzung der laufenden Altersrente des Verpflichteten führe.[75] Er solle aber auch dann gewährt werden, wenn nicht nach Rn. 1/449 verfahren werden kann, weil wegen der Rentengewährung für die Zukunft kein Unterhaltsanspruch mehr besteht.

Diese Rechtsprechung ist schon deswegen **verfehlt,** weil sie entweder die Rechtskraft der bestehenden Unterhaltsentscheidung übergeht oder auf einer Anspruchsgrundlage beruht, deren Voraussetzungen nicht vorliegen.[76] Würde sich der Anspruch unmittelbar auf Rückzahlung des (nach der Rentennachzahlung) überzahlten Unterhalts richten, müsste er die Rechtskraft früherer Entscheidungen zum Unterhalt beachten. Denn eine rechtskräftige Entscheidung zur Hauptsache bildet (unbeschadet der Möglichkeit nach Rn. 1/449) den Rechtsgrund der Unterhaltszahlung, was einer Rückforderung entgegensteht. Die Rechtskraft kann zwar durch eine Unterhaltsabänderung nach § 323 ZPO beseitigt werden, wobei eine Herabsetzung des geschuldeten Unterhalts nach den §§ 323 III ZPO, 1585 b II BGB aber erst für die Zeit ab Rechtshängigkeit möglich ist. Soweit die Rechtsprechung hingegen, zur Vermeidung dieses Widerspruchs mit der Rechtskraft eines bestehenden Unterhaltstitels, einen direkten Anspruch auf Auszahlung eines Teils der erhaltenen Rentennachzahlung annimmt, fehlt dem eine Anspruchsgrundlage. Die §§ 242, 313 BGB enthalten selbst keine eigene Anspruchsgrundlage für den Rückzahlungsanspruch, sondern betreffen lediglich die Geschäftsgrundlage oder den Zweck der Leistung, hier also der Rentennachzahlung. Eine Rückforderung käme dann allenfalls nach §§ 812 ff. BGB in Betracht, was aber ausscheidet, weil insoweit eine Leistung des Rentenversicherungsträgers und nicht eine solche des Unterhaltsschuldners vorliegt. Im Ergebnis kommt eine Rückforderung des auf einen Unterhaltstitel geleisteten Unterhalts im Falle einer Rentennachzahlung deswegen nur dann in Betracht, wenn der Unterhaltsschuldner den Unterhalt als Darlehen geleistet hat (vgl. Rn. 1/449). Sonst sollte der erhaltene Betrag – wenn möglich – zur Sicherung des Unterhaltsbedarfs für die Zukunft genutzt werden.

---

[72] BGH, FamRZ 1990, 269
[73] OLG Frankfurt FamRZ 2002, 958
[74] BGH, FamRZ 1990, 269
[75] BGH, FamRZ 1989, 718
[76] Anders noch die Vorauflage

9. Abschnitt: Sonstige Einkünfte aus sozialstaatlichen Zuwendungen, freiwilligen Zuwendungen Dritter, Versorgungsleistungen des Berechtigten für seinen neuen Partner, aus Unterhaltsleistungen, Schmerzensgeld sowie nicht anzurechnende Vermögensvorteile

I. Sozialstaatliche Zuwendungen wie Wohngeld, BAföG, Pflege- und Erziehungsgeld, Kindergeld, Ausbildungsbeihilfen und -geld sowie Leistungen nach §§ 41 ff. SGB XII (Grundsicherung im Alter und bei Erwerbsminderung)

1. Allgemeines (vgl. auch Rn. 8/1 ff.)

Nach der Rechtsprechung des BGH sind auch sozialstaatliche Zuwendungen unabhängig **451** von ihrer sozialpolitischen Zweckbestimmung grundsätzlich unterhaltsrechtlich als Einkommen anzurechnen, soweit sie geeignet sind, den allgemeinen Lebensunterhalt des Empfängers endgültig zu decken. Dies trifft zu für das Wohngeld[1] (Rn. 452 ff.), für BAföG-Leistungen,[2] nicht aber für Pflegegelder.[3] Ferner, wie bereits erörtert, für vermögenswirksame Leistungen (Rn. 55), Teile des Arbeitslosengeldes II mit Lohnersatzfunktion[4] (Rn. 83) und sozialstaatliche Renten (z. B. nach dem BEG; Rn. 440) sowie für das Überbrückungsgeld des Strafgefangenen (Rn. 86). Eine Sonderstellung nimmt das Kindergeld ein (Rn. 460 ff.). Nicht als Einkommen anzurechnen sind **subsidiäre Sozialleistungen**[5] wie etwa die Sozialhilfe (Rn. 483) und der Regelbetrag des Arbeitslosengeldes II (Rn. 83) sowie wegen sonstiger besonderer Umstände die Sparzulage[6] (Rn. 55) und das Hausgeld des Strafgefangenen (Rn. 86). Ansprüchen auf **Grundsicherung** sind gegenüber den darin privilegierten Verwandten gerader Linie als Einkommen zu behandeln (vgl. Rn. 467 a).

2. Zur Anrechnung von Wohngeld und Eigenheimzulagen

Nach der Rechtsprechung des BGH und der Oberlandesgerichte ist **Wohngeld**[7] bei der **452** Unterhaltsbemessung grundsätzlich einkommenserhöhend zu berücksichtigen, soweit es nicht erhöhte Aufwendungen für den Wohnbedarf ausgleicht.[8] Im Einklang mit der Rechtsprechung des BGH[9] wird der Bezug von Wohngeld häufig als Indiz dafür angesehen, dass den Wohngeldempfänger Wohnkosten treffen, die unterhaltsrechtlich als erhöht zu werten sind. Dann gleicht das Wohngeld nur die überhöhten Mietkosten aus und ist nicht als zusätzliches Einkommen zu berücksichtigen. Weil das aber nicht stets der Fall ist, muss der Wohngeldempfänger **darlegen,** dass und in welcher Höhe das Wohngeld im konkreten Fall erhöhte Wohnkosten ausgleicht.[10] Tut er das nicht, ist das Wohngeld als Einkommen anzurechnen.[11] Das Wohngeld ist zuletzt 2001 erhöht worden. Insbesondere wegen des erheblichen Anstiegs der Heizkosten ist eine erneute Anhebung für 2008 vorgesehen. Empfänger von ALG II erhalten kein Wohngeld, weil ihre Wohnkosten schon durch andere Leistungen abgedeckt sind.

---

[1] BGH, FamRZ 2003, 860
[2] BGH, FamRZ 2000, 640
[3] BGH FamRZ 2006, 846, 848 = R 648 c; vgl. BVerwG FamRZ 2003, 756
[4] BGH, FamRZ 1996, 1067, 1069; 1987, 456
[5] BGH, FamRZ 1993, 417 = R 458; 2000, 1358 = R 543 a
[6] BGH, FamRZ 1980, 984
[7] Wohngeldgesetz in der Fassung der Bekanntmachung vom 2. 1. 2002, BGBl I 2002, 1 ff.
[8] BGH, FamRZ 2003, 860, 862; 1985, 374; 1984, 772, 774; 1982, 587, 589 f.; vgl. auch die Leitlinien der Oberlandesgerichte unter 2.3
[9] BGH, FamRZ 2003, 860, 862 = R 590 A c; 1982, 587, 589
[10] BGH, FamRZ 1984, 772
[11] BGH, FamRZ 1985, 374

453 Wohngeld ist danach voll anzurechnen, wenn die tatsächlich gezahlte Miete niedriger ist als der im Unterhaltsanspruch oder Eigenbedarf enthaltene Wohnkostenanteil, weil dann das Wohngeld nicht unvermeidbare erhöhte Aufwendungen für den Wohnbedarf ausgleicht.[12] Darauf, um wie viel die gezahlte Miete das Wohngeld unterschreitet, kommt es dann nicht an.[13] Ist dagegen die tatsächlich gezahlte Miete höher als der im Unterhaltsanspruch oder Eigenbedarf[14] enthaltene Wohnkostenanteil, so bleibt ein Betrag in Höhe der Differenz zwischen der tatsächlich gezahlten Miete und dem Wohnkostenanteil anrechnungsfrei. Nur der überschießende Rest des Wohngeldes ist dann als Einkommen anzurechnen.[15]

454 Um festzustellen, ob und in welcher Höhe Wohngeld als Einkommen anzurechnen ist, sind nach der Rechtsprechung des BGH folgende Punkte zu klären:
- Wie hoch ist der tatsächlich gezahlte Mietzins und für wie viel Personen deckt dieser den Mietbedarf? Wird die Wohnung z. B. vom Berechtigten nicht allein bewohnt, sondern zusammen mit dem neuen Partner und zwei Kindern, so sind die Wohnkosten im Verhältnis von $1/3 : 1/3 : 1/6 : 1/6$ aufzuteilen.[16]
- Wie hoch ist der im Unterhaltsanspruch oder Eigenbedarf enthaltene Wohnkostenanteil? Dieser Anteil am Lebensbedarf, dessen Einsatz für Wohnkosten unterhaltsrechtlich zuzumuten ist, ist an der konkreten Unterhaltshöhe und den individuellen Verhältnissen zu orientieren.[17] In der Regel, d. h. bei Fehlen besonderer Umstände, wird dieser Anteil nicht höher als mit $1/3$ des Unterhaltsanspruchs anzusetzen sein, weil nach der Lebenserfahrung für Wohnzwecke nicht mehr als $1/3$ des Unterhalts (= des für den Gesamtlebensbedarf zur Verfügung stehenden Einkommens) ausgegeben werden kann. Unter Berücksichtigung der Umstände des Einzelfalles ist dieser Anteil deswegen grundsätzlich eher niedriger ansetzen; nur in Großstädten kann ein höher Anteil üblich sein.
- Für welche Personen wird das Wohngeld bezogen? Bei mehreren Personen erfolgt die Aufschlüsselung des Wohngeldes nach den gleichen Grundsätzen wie die Aufteilung der Wohnungsmiete (vgl. oben).[18] Das Wohngeldgesetz selbst sieht keine anteilige Aufschlüsselung des Wohngeldes vor.[19] Ist die Differenz zwischen dem Mietzinsanteil und dem im Bedarf enthaltenen Wohnkostenanteil niedriger als der Wohngeldanteil nach der hier durchzuführenden Berechnung, so bleibt das Wohngeld in Höhe dieser Differenz anrechnungsfrei. Der überschießende Betrag ist anzurechnen. Ist der Mietzinsanteil hingegen geringer als der Wohngeldanteil, ist das Wohngeld voll anzurechnen.

In der **Praxis** wird – wohl auch wegen dieser komplizierten Berechnung – das Wohngeld vielfach **von vornherein anrechnungsfrei** gelassen mit der Begründung, nach der Lebenserfahrung könne davon ausgegangen werden, dass den Wohngeldempfänger Wohnkosten treffen, die auch unterhaltsrechtlich als erhöht bezeichnet werden können und die das Wohngeld vollständig aufzehren.[20] Das widerspricht der Rechtsprechung des Bundesgerichtshofs, weil dieser Schluss nicht zwingend ist[21] und deswegen der Wohngeldbezieher die **Darlegungs- und Beweislast** dafür trägt, dass und in welchem Umfang das Wohngeld erhöhte Wohnkosten – als Differenz der tatsächlichen Miete mit dem Wohnkostenanteil der Einkünfte – ausgleicht. Dieser Pauschalierung sollte deswegen jedenfalls in den Fällen entgegengetreten werden, in denen die Wohnung von mehreren Personen mit jeweils eigenen Einkünften bewohnt wird, etwa auch von Kindern mit deren Unterhaltsansprüchen. Auch hier kann sich der Mietanteil so verringern, dass letztendlich doch eine Anrechnung des Wohngeldes in Betracht kommt.[22]

---

[12] BGH, FamRZ 1985, 374; 1984, 772; 1982, 898
[13] BGH. FamRZ 2006, 1664, 1666 = R 657 d
[14] Vgl. insoweit Nr. 21.2 und 21.3 der Leitlinien der Oberlandesgerichte
[15] BGH, FamRZ 2003, 860, 862 = R 590 A c; 1983, 587, 590
[16] BGH, FamRZ 1982, 587
[17] BGH, FamRZ 2000, 950, 951; 1998, 899
[18] Vgl. aber LSG Celle-Bremen L 8 AS 307/05, veröffentlicht bei Juris
[19] BGH, FamRZ 1982, 587
[20] Vgl. z. B. OLG Hamburg, FamRZ 1985, 291; OLG Karlsruhe, FamRZ 1985, 286, 288 und FamRZ 1981, 783; OLG Hamm, FamRZ 1984, 783; s. auch BL 2.3
[21] BGH, FamRZ 1984, 772, 774; 1982, 898, 899; 1982, 587, 588
[22] Vgl. auch BGH, FamRZ 2003, 860, 862

Eigenheimzulagen nach dem Eigenheimzulagengesetz (EigZulG) gehören in vollem 455 Umfang zum Einkommen.[23] Bei der Berechnung des Wohnwerts wird die Eigenheimzulage von den auf der Immobilie lastenden Abzahlungen abgezogen (Rn. 331 ff.).[24] Für die Praxis ist von besonderer Bedeutung, dass die Eigenheimzulage zwar vom Finanzamt ausgezahlt wird, aber nicht im Steuerbescheid auftaucht. Der Auskunftsanspruch des Unterhaltsgläubigers (1361 IV, 1580, 1605 BGB) erstreckt sich deswegen auch auf die Höhe der bewilligten Eigenheimzulage.[25]

3. Zur Anrechnung von BAföG-Leistungen

Leistungen nach dem Bundesausbildungsförderungsgesetz[26] (BAföG; vgl. auch 456 Rn. 8/279 ff.) sind als **Einkommen** anzurechnen, soweit sie als Regelleistungen gewährt werden. Dies gilt auch, soweit die Förderung nur **darlehensweise** gewährt wird.[27] Nicht als Einkommen anzurechnen sind jedoch die **Vorausleistungen** nach den §§ 36, 37 BAföG, weil diese nur subsidiär gewährt werden und nach Anspruchsübergang gemäß § 37 BAföG vom Unterhaltsverpflichteten zurückgefordert werden können.[28] Nach der Neuregelung des § 37 BAföG erwirbt das Land im Falle eines Übergangs des Unterhaltsanspruches neben seinem eigenen Auskunftsrecht nach § 47 IV BAföG i. V. m. § 60 SGB I zugleich auch den unterhaltsrechtlichen Auskunftsanspruch.[29] Siehe dazu auch die Leitlinien der Oberlandesgerichte (oben Rn. 7 und dort unter 2.4). Subsidiär ist auch eine Ausbildungsbeihilfe nach § 40 AFG[30] bzw. jetzt nach §§ 59 ff. SGB III (dazu näher Rn. 467).

Nach § 1 BAföG besteht ein Rechtsanspruch auf individuelle Ausbildungsförderung für 457 eine der Neigung, Eignung und Leistung entsprechende Ausbildung, wenn dem Auszubildenden die für seinen Lebensunterhalt und seine Ausbildung erforderlichen Mittel nicht anderweitig zur Verfügung stehen. Ein Unterhaltsanspruch gegen die Eltern geht nach § 37 BAföG nur insoweit bis zur Höhe der geleisteten Aufwendungen auf das Land über, als das Einkommen der Eltern nach dem BAföG auf den Bedarf des Auszubildenden anzurechnen ist. Die **BAföG-Förderung** ist somit zwar grundsätzlich subsidiär gegenüber Unterhaltspflichten der Eltern und nicht dauernd getrennt lebender Ehegatten. Eine dauerhafte staatliche Förderung scheidet aber nur dann aus, wenn nach verwaltungsrechtlichem Maßstab[31] vorrangig auf Eltern oder nicht getrennt lebende Ehegatten zurückgegriffen werden muss. Hat die Behörde dem Antrag des Kindes hingegen unter Berücksichtigung des Einkommens der Eltern nach verwaltungsrechtlichem Maßstab des BAföG stattgegeben, ist damit zugleich ein Rückgriff ausgeschlossen und die Förderung somit als Einkommen des Kindes zu berücksichtigen. Gegenüber anderen zivilrechtlichen Unterhaltspflichtigen ist die Förderung dann von vornherein nicht subsidiär. Auf die Leistungsfähigkeit des getrennt lebenden Ehegatten oder sonstiger Verwandter kommt es also nicht an.[32] Auch nichteheliche Lebensgemeinschaften berühren den Anspruch nicht. Selbst tatsächlich erbrachte Unterhaltsleistungen der Großeltern oder eines Lebensgefährten sind nicht auf den Anspruch anzurechnen.[33]

Für Eltern und nicht dauernd getrennt lebende Ehegatten ergeben sich Einschränkungen der Subsidiarität von BAföG-Leistungen somit sowohl aus dem Ausbildungsablauf des Förderungsberechtigten, als auch aus dem – günstigeren – verwaltungsrechtlichen Maßstab bei

---

[23] OLG Koblenz FamRZ 2004, 1573; OLGR Köln 2002, 251 = BeckRS 2002 05932
[24] OLG München, FamRZ 1999, 251
[25] OLG Bamberg FamRZ 2006, 344
[26] BAföG i. d. F. der Bekanntmachung vom 6. 6. 1983 (BGBl I 1983, 645), zuletzt geändert durch Art. 4 IX das Gesetzes vom 22. September 2005 (BGBl I 2005, 2809)
[27] BGH, NJW-RR 1986, 1262; FamRZ 1985, 916; FamRZ 1989, 499
[28] BGH, FamRZ 1996, 798; NJW-RR 1986, 1262; FamRZ 1985, 916; FamRZ 1980, 126, 128
[29] Anders zur früheren Rechtslage noch BGH, FamRZ 1991, 1117
[30] BGH, FamRZ 1986, 151, 153
[31] BGH, FamRZ 2000, 640; OLG Dresden FuR 1999, 479; OLG Stuttgart FamRZ 1995, 489; zur Sozialhilfe vgl. Rn. 8/91 f.
[32] BGH, FamRZ 1980, 126
[33] OLG Celle FamRZ 1993, 352; OVG Münster NJW 1990, 2640

der Berechung ihres unterhaltspflichtigen Einkommens. Einkommen der Eltern bleibt stets außer Betracht, wenn der Auszubildende ein Abendgymnasium oder Kolleg besucht oder bei Beginn des Ausbildungsabschnitts das 30. Lebensjahr vollendet hatte (§ 11 III Nr. 1 und 2 BAföG). Gleiches gilt nach § 11 III Nr. 3 und 4 BAföG, wenn er vor Beginn des Ausbildungsabschnitts entweder nach Vollendung des 18. Lebensjahres fünf Jahre oder nach einer Berufsausbildung von wenigstens drei Jahren weitere drei Jahre erwerbstätig und in der Lage war, sich selbst zu unterhalten.[34] Sonst richtet sich das anrechenbare Einkommen der Unterhaltspflichtigen nach den Bestimmungen des BAföG.[35] Danach bleiben von dem Einkommen der Eltern und des Ehegatten pauschale Freibeträge anrechnungsfrei und auch das darüber hinausgehende Einkommen wird nur zu 50% (abzüglich 5% für jedes weitere anrechenbare Kind) angerechnet (§ 25 I bis IV BAföG). Maßgeblich ist das Einkommen der Unterhaltspflichtigen im vorletzten Kalenderjahr vor Beginn des Bewilligungszeitraums (§ 24 I BAföG) und nur auf Antrag dasjenige im Bewilligungszeitraum, wenn es wesentlich niedriger ist (§ 24 III BAföG).

457 a   Macht der Auszubildende glaubhaft, dass seine Eltern den nach dem BAföG anrechenbaren Unterhaltsbetrag nicht leisten, kann ihm auf Antrag und nach Anhörung der Eltern eine subsidiäre Vorausleistung bewilligt werden (§ 36 BAföG). In diesem Fall geht sein Unterhaltsanspruch zusammen mit dem unterhaltsrechtlichen Auskunftsanspruch bis zur Höhe der geleisteten Beträge auf das Land über (§ 37 BAföG). Im Gegensatz zur dauerhaften Förderung ist die Vorausleistung deswegen nicht als Einkommen des Kindes bedarfsdeckend zu berücksichtigen.[36]

458   Erhält der Unterhaltsberechtigte Leistungen nach dem BAföG, sind diese also (mit Ausnahme der subsidiären Vorausleistungen nach § 36 BAföG) als Einkommen anzurechnen. Im Rahmen einer ergänzenden Unterhaltsforderung gegen die Eltern sind die als Einkommen zu behandelnden BAföG-Leistungen nicht um einen ausbildungsbedingten Mehrbedarf zu kürzen.[37] Das gilt grundsätzlich auch für BAföG-**Darlehen** (§§ 17 II, III, 18 ff. BAföG), weil auch diese wegen ihrer besonders günstigen Konditionen erhebliche unterhaltsrechtlich relevante wirtschaftlichen Vorteile enthalten. Sie sind regelmäßig bis zum Zahlungstermin unverzinslich (§ 18 I, II 1 BAföG) und nach § 18 a BAföG nur in einkommensabhängigen Raten nach Abschluss der Ausbildung zurückzuzahlen. Außerdem ist ein leistungsabhängiger Teilerlass des Darlehens möglich (§ 18 b BAföG). Letztlich ist das Darlehen für eine Erstausbildung nach § 17 II 1 BAföG auch nur bis zu einem Höchstbetrag von 10 000 EUR zurückzuzahlen. Entscheidend ist aber, dass auch durch die darlehensweise gewährten Leistungen die augenblickliche Bedürftigkeit des Empfängers in gleicher Weise gemindert wird, wie durch endgültig gewährte Leistungen. Würden sie nicht auf den Unterhalt angerechnet, würde der Auszubildende sie zusätzlich zum Unterhalt beziehen, d. h. er würde mehr erhalten, als ihm unterhaltsmäßig zustünde. Da der Beginn und die Art der Rückzahlung von seinen späteren Einkommensverhältnissen und seinem Leistungseinsatz abhängig sind, belastet ihn die Rückzahlungsverpflichtung auch nicht unangemessen hart. Auch insoweit spricht deswegen nichts dagegen, darlehensweise gewährte BAföG-Leistungen auf den Unterhalt anzurechnen.[38]

Wegen der günstigen Darlehensbedingungen ist einem Studierenden in der Regel die Kreditaufnahme in Form eines BAföG-Darlehens zumutbar.[39] Allerdings sind im Rahmen der gebotenen **Zumutbarkeitsprüfung** stets die beiderseitigen Interessen zu berücksichtigen. Betroffen sind davon aber nur die Kinder von Eltern, die nach dem System der Einkommens- und Vermögensanrechnung (§§ 21 ff. und 26 ff. BAföG) in Höhe der als Ausbildungsförderung in Betracht kommenden Darlehensbeträge als nicht leistungsfähig gelten, so dass nicht davon ausgegangen werden kann, dass ihnen die Unterhaltsgewährung leicht fällt. Außerdem haben sie im Allgemeinen ihre Kinder bereits über die übliche

---

[34] OLG Stuttgart FamRZ 1996, 181

[35] BGH, FamRZ 2000, 640

[36] BGH, FamRZ 1996, 798 (zur unwirksamen Unterhaltsbestimmung nach § 1612 II BGB)

[37] OLGR Köln 2005, 204; a. A. OLGR Schleswig 1999, 245

[38] BGH, FamRZ 1985, 916; NJW-RR 1986, 1262

[39] BGH, FamRZ 1989, 499

Ausbildungszeit hinaus bis zur Erlangung der Hochschulreife unterhalten.[40] Das Vorliegen besonderer Umstände müsste – als Abweichung vom Regelfall – der Studierende **behaupten und nachweisen**. Solches kommt z. B. in Betracht, wenn Darlehen und Unterhaltsanspruch nicht einmal den Mindestbedarf decken[41] oder wenn ein noch Minderjähriger auf das Darlehen angewiesen wäre.[42]

Wenn die Zumutbarkeit bejaht wird und der Student bei Antragstellung ein BAföG-Darlehen erhalten könnte, ist ihm bei unterlassener Antragstellung ein **fiktives Einkommen** in Höhe der BAföG-Leistungen zuzurechnen.[43] Allerdings erfüllt der Studierende seine Obliegenheit regelmäßig schon durch die erstmalige Antragstellung. Eine unterhaltsrechtlich vorwerfbare Obliegenheitsverletzung liegt nicht vor, wenn ein früherer Antrag abgelehnt wurde und der Unterhaltsschuldner den Berechtigten nicht ausdrücklich angehalten hat, einen neuen Antrag zu stellen.[44] Der Unterhaltsberechtigte ist grundsätzlich auch nicht verpflichtet, gegen einen ablehnenden Bescheid Rechtsmittel einzulegen, wenn dies der Unterhaltspflichtige nicht ausdrücklich von ihm verlangt.[45] **Rückzahlungsraten** aus einem BAföG-Darlehen sind erst dann vom Einkommen des Unterhaltsberechtigten abzuziehen, wenn bereits eine Rückzahlungsverpflichtung besteht oder zumindest unmittelbar bevorsteht.[46] **459**

4. Kindergeld und Kinderzuschlag nach § 6 a BKGG

Das staatliche Kindergeld[47] nach §§ 62 f. EStG und nach dem BKGG dient dem allgemeinen **Familienleistungsausgleich** (vgl. Rn. 2/486 ff.). Es ist eine öffentliche Sozialleistung, die gewährt wird, um die Unterhaltslast der Eltern gegenüber ihren Kindern zu erleichtern. Das gilt auch, wenn ein im Ausland lebender barunterhaltspflichtiger Elternteil in dem ausländischen Staat kindergeldberechtigt wäre und sein dort begründeter Anspruch wegen der sich aus dem deutschen Recht ergebenden Kindergeldberechtigung des anderen Elternteils ruht.[48] Kindergeld soll beide Eltern entlasten. Aus Gründen der Verwaltungsvereinfachung wird es jedoch gemäß § 64 I EStG immer nur an einen Berechtigten ausgezahlt. Ursprünglich erfolgte der interne Ausgleich unter den Eltern mit der Konstruktion eines familienrechtlichen Ausgleichsanspruches. In der Praxis der Gerichte entwickelte sich dann die Übung, das Kindergeld über den Anspruch auf Kindesunterhalt zwischen den unterhaltspflichtigen Eltern auszugleichen.[49] Dem hatte sich der BGH angeschlossen und zugleich entschieden, dass Kindergeld **nicht als Einkommen des bezugsberechtigten Elternteils** anzusehen ist.[50] Mit der zum 1. 7. 1998 in Kraft getretenen früheren Fassung des § 1612 b BGB hatte das Gesetz diese Regelung im Wesentlichen übernommen (zu den Einzelheiten s. Rn. 2/499, sowie für minderjährige Kinder Rn. 2/502 f. und für volljährige Kinder Rn. 2/505 f.). Entsprechend ist das Kindergeld auch nach den Leitlinien der Oberlandesgerichte (s. Rn. 7) nicht als Einkommen des unterhaltspflichtigen Elternteils zu berücksichtigen.[51] Im Einklang damit sah § 1612 b V BGB a. F. ausdrücklich vor, dass das Kindergeld für den Unterhalt eingesetzt werden musste, um jedenfalls den Regelbetrag und ab der Neufassung zum 1. Januar 2001 135% des Regelbetrags nach der früheren Regelbetrag-Verordnung sicherzustellen.[52] Der restliche Teil des Kindergeldes verblieb den Eltern anrech- **460**

---

[40] BGH, FamRZ 1985, 916; NJW-RR 1986, 1262
[41] So OLG Köln FamRZ 1985, 1166
[42] OLG Hamm FamRZ 1987, 91; BGH, FamRZ 1985, 916 bezieht sich auf volljährige Darlehensempfänger
[43] BGH, FamRZ 1980, 126, 128
[44] OLG Hamm FamRZ 1998, 1612
[45] BGH, FamRZ 1989, 499
[46] BGH, FamRZ 1986, 148
[47] Seit dem 1. 1. 2002 beträgt es für das 1. bis 3. Kind 154 EUR und ab dem 4. Kind 179 EUR (vgl. Rn. 2/493)
[48] BGH, FamRZ 2004, 1639
[49] Vgl. Rn. 2/530 ff., 2/539 ff.
[50] BGH, FamRZ 1997, 806 = R 512 f.
[51] Vgl. Leitlinien der Oberlandesgerichte Ziff. 3 und 14
[52] BGH, FamRZ 2006, 108 = R 642 a; 2003, 445

nungsfrei, indem im Rahmen des Ehegattenunterhalts nicht nur der tatsächliche Zahlbetrag auf den Kindesunterhalt, sondern der ungekürzte Tabellenbetrag abgesetzt wurde. In seiner neuesten Rechtsprechung hat der BGH zwar daran festgehalten, dass das Kindergeld kein Einkommen der Eltern bildet. Darüber hinaus hat er aber dem Kind einen Anspruch auf Auskehr des Kindergeldes zugesprochen und dieses bedarfsdeckend auf seinen Barunterhaltsanspruch angerechnet. Damit hat er das Kindergeld unterhaltsrechtlich als **Einkommen des Kindes** bewertet.[53] Das geht einher mit sozialhilferechtlichen Vorschriften, in denen das Kindergeld ebenfalls als Einkommen des Kindes gewertet wird. Aus sozialhilferechtlicher Sicht ist das an minderjährige Kinder gezahlte Kindergeld dem jeweiligen Kind als Einkommen zuzurechnen, soweit es bei diesem zur Deckung des notwendigen Lebensunterhaltes benötigt wird (§ 82 I 2 SGB XII). Gleiches gilt nach § 11 I 3 i. V. m. § 7 III Nr. 2 und 4 SGB II für Kinder innerhalb der Bedarfsgemeinschaft bis zur Vollendung des 25. Lebensjahres, also bis zur neuen Förderungshöchstdauer. Mit der Neufassung des § 1612 b BGB zum 1. Juli 2007 hat sich der Gesetzgeber dem jetzt auch für die unterhaltsrechtliche Einordnung des Kindergeldes angeschlossen.

461   Der BGH hat seine schon vor in Kraft treten des § 1612 b BGB vertretene Auffassung[54] in ständiger Rechtsprechung bestätigt und erneut entschieden, dass Kindergeld kein Einkommen ist, das bei der Berechnung des **Ehegattenunterhalts** nach § 1578 BGB berücksichtigt werden darf.[55] Daran hat sich durch die Neufassung des § 1612 b BGB nichts geändert. Zwar steht das Kindergeld jetzt unmittelbar dem Kind als Einkommen zu und ist deswegen auf dessen Barunterhaltsanspruch (bei minderjährigen Kindern hälftig, bei volljährigen Kindern in voller Höhe) bedarfsdeckend anzurechnen (s. Rn. 462). Mit dieser Bedarfsdeckung entlastet es indirekt den barunterhaltspflichtigen Elternteil und – bei minderjährigen Kindern in Höhe der zweiten Hälfte des Kindergeldes – auch den betreuenden Elternteil. Bei volljährigen Kindern ergibt sich durch die Bedarfsdeckung des Kindergeldes eine Entlastung der nur noch barunterhaltspflichtigen Eltern im Umfang ihres Anteils an der Barunterhaltspflicht.[56] Weil das Kindergeld jetzt aber dem Kind als Einkommen zusteht, bleibt es bei dieser Entlastung der Eltern von ihrer Barunterhaltspflicht. Ein zusätzlicher Ausgleich im Rahmen des Ehegattenunterhalts oder des Unterhalts nach § 1615 l BGB ist jetzt nicht mehr geboten. Insoweit ist nur noch die Belastung zu berücksichtigen, die durch den vorrangigen Kindesunterhalt tatsächlich entsteht. Seit mit der Neufassung des § 1612 b BGB das Kindergeld als Einkommen des Kindes behandelt wird, ist deswegen von dem unterhaltsrelevanten Einkommen nur noch der **tatsächliche Zahlbetrag** auf den Kindesunterhalt abzusetzen (vgl. auch Rn. 2/510).[57] Das trägt auch zu der gewünschten Vereinfachung des Unterhaltsrechts bei, zumal künftig nur noch der Betrag als eheprägend abgesetzt werden kann, der tatsächlich geleistet wird und deswegen nicht für andere Unterhaltszwecke zur Verfügung steht. Schließlich bleiben einem Unterhaltspflichtigen auch nach Zahlung des Ehegattenunterhalts stets 55% (oder 4/7) der Entlastung für eigene Zwecke erhalten. Nur im Mangelfall, wenn also dem unterhaltspflichtigen Ehegatten mit und ohne Entlastung durch das Kindergeld nur der Ehegattenselbstbehalt verbleibt, kann es im Hinblick auf weitere mit den Kindern verbundene Kosten geboten sein, ihren jeweiligen Selbstbehalt mäßig anzuheben.[58]

Soweit der BGH früher bei der Bestimmung des Ehegattenunterhalts das Kindergeld verschiedentlich zum Einkommen des Unterhaltspflichtigen gerechnet hatte handelte es sich dabei stets um besonders gelagerte Sachverhalte. In einem Fall[59] war der Kindesunterhalt

---

[53] So grundlegend BGH, FamRZ 2006, 99, 101 = R 641 e; zur Entwicklung der Rechtsprechung vgl. auch Dose, FamRZ 2007, 1289 ff.

[54] BGH, FamRZ 1997, 806, 808 ff. = R 512 f.

[55] BGH, FamRZ 2005, 347 = R 622; 2003, 445 = R 587 b; 2000, 1492, 1494 = R 546 d; vgl. auch BVerfG FamRZ 2003, 1370 = R 593

[56] Vgl. insoweit BGH, FamRZ 2006, 99, 101 = R 641 e; 2006, 1597, 1599 = R 659 b

[57] BGH, FamRZ 2008, 963 = R 692 g; BT-Drucksache 16/1830 S. 29; Scholz FamRZ 2007, 2221, 2224; Klinkhammer FamRZ 2008, 193, 199; Dose FamRZ 2007, 1289, 1292 f.; Gerhardt FamRZ 2007, 945, 948

[58] BGH, FamRZ 2005, 706, 708 = R 626 (zu den Kosten des Umgangsrechts)

[59] BGH, FamRZ 1984, 769, 771

bereits durch Pflegegeld vollständig gesichert, in anderen Fällen[60] handelte es sich um volljährige Kinder, für die ausschließlich der Vater aufkam. Soweit der BGH in einer weiteren Entscheidung[61] darauf abgestellt hatte, dass es sich um einen Mangelfall handele, hat er dieser Rechtsprechung inzwischen ebenfalls aufgegeben.[62] Diese Entscheidungen durften daher schon in der Vergangenheit nicht so verstanden werden, als ob das Kindergeld beim Ehegattenunterhalt zum Einkommen der Eheleute zu rechnen wäre. Im Regelfall wäre dies beim Kindergeld für minderjährige Kinder auch ein überflüssiger Rechenschritt, weil sich bei der hälftigen Aufteilung des Kindergeldes auf beide Ehegatten die Zurechnung zu den beiderseitigen Einkünften gegenseitig aufhebt.[63]

> **Beispiel:**
> Verbleiben dem Verpflichteten nach Abzug des Unterhalts für ein Kind noch 2800 EUR, würden einem einkommenslosen Berechtigten hiervon 2800 × 3 : 7 = 1200 EUR zustehen. Wird das Kindergeld von 154 EUR jedem Ehegatten zur Hälfte als Einkommen zugerechnet, ergibt sich keine Veränderung. Das Einkommen des Verpflichteten betrüge nunmehr 2800 + 77 = 2877 EUR, beim Berechtigten sind es 77 EUR. Danach sind unverändert 2877 − 77 = 2800 × 3 : 7 = 1200 EUR zu zahlen.

Unabhängig davon bleibt aber auch das Kindergeld für volljährige Kinder, das den Eltern wegen ihrer unterschiedlichen Haftungsquote in unterschiedlichem Umfang zugute kommt,[64] selbst im Mangelfall[65] bei der Bemessung anderer Unterhaltsansprüche unberücksichtigt. Das entspricht der Neufassung des § 1612 b BGB, der das Kindergeld jetzt auch aus unterhaltsrechtlicher Sicht als Einkommen des Kindes versteht. Deswegen ist der ständigen Rechtsprechung des BGH[66] zu folgen, der die Zurechnung von Kindergeld zum Einkommen bei der Bedarfsermittlung für den Ehegattenunterhalt selbst dann ablehnt, wenn das Kindergeld für ein nicht gemeinschaftliches Kind gezahlt wird. Auch soweit einem Ehegatten wegen eines weiteren nicht gemeinsamen Kindes hinsichtlich der gemeinsamen Kinder ein sog. **Zählkindvorteil** erwächst, ist dieser nicht als unterhaltsrelevantes Einkommen in die Bedarfsberechnung einzubeziehen, sondern kommt dem betreffenden Elternteil allein zugute, § 1612 b II BGB (zum Kindergeld und Zählkindervorteil im Mangelfall s. Rn. 5/83 f., zur Verrechnung des Kindergeldes mit dem Unterhalt s. Rn. 2/500 ff.). Ähnliche Leistungen sind der **Kinderzuschuss** aus der gesetzlichen Rentenversicherung, Kinderzulagen aus der gesetzlichen Unfallversicherung und die Kinderzulagen von zwischen- oder überstaatlichen Einrichtungen.[67] Diese Zuwendungen verdrängen nach § 65 EStG das Kindergeld. Soweit dies der Fall ist, gilt nach § 1612 c BGB die gleiche Regelung wie in § 1612 b BGB (näher dazu Rn. 2/498).

In der grundlegenden Entscheidung vom 26. Oktober 2005 hat der BGH allerdings **462** klargestellt, dass das Kindergeld dem volljährigen **Kind als Einkommen** zusteht und deswegen auf seinen Bedarf anzurechnen ist.[68] Diese rechtliche Einordnung hat der Gesetzgeber mit der Neufassung des § 1612 b I BGB übernommen und zugleich auf minderjährige Kinder übertragen, zumal das Kindergeld danach (bei Volljährigen voll, bei minderjährigen Kindern hälftig) zur Deckung des Barbedarfs des Kindes zu verwenden ist und diesen entsprechend mindert. Zwar bezweckt das Kindergeld grundsätzlich eine gezielte Förderung von Familien mit Kindern, deren Lebensverhältnisse sich durch den Bedarf der Kinder generell schwieriger gestalten.[69] Es ist deswegen auch dazu bestimmt, die Eltern von ihrer jeweiligen Unterhaltpflicht zu entlasten. Diese Entlastung betrifft aber nicht das Verhältnis

---

[60] BGH, FamRZ 1990, 979 = R 412 b; 1990, 499, 502 = R 407 d; vgl. jetzt aber BGH, FamRZ 2006, 99, 101 = R 641 e
[61] BGH, FamRZ 1992, 539, 541 = R 444 c
[62] BGH, FamRZ 2005, 347 = R 622
[63] Vgl. BGH, FamRZ 2006, 99 = R 641 e
[64] BGH, FamRZ 2006, 99 = R 641 e
[65] BGH, FamRZ 2005, 347 = R 622
[66] BGH, FamRZ 2000, 1492, 1494 = R 546 d, mit dem er das abweichende Urteil des OLG München FamRZ 1999, 511 abgeändert hat; 1997, 806 = R 512 f.; 1977, 806 = R 512 f.
[67] Vgl. OLG Koblenz, FamRZ 1995, 1374 für die Beamten der Europäischen Kommission
[68] BGH, FamRZ 2006, 99 = R 641 e; a. A. noch BGH, FamRZ 1997, 806 = R 512 a
[69] BVerfG FamRZ 1977, 611; BGH, FamRZ 1988, 604

der Eltern untereinander, sondern nur ihr Verhältnis zu den Kindern, weil mit dem Kindergeld der Kindesunterhalt gesichert werden soll. Die vom Gesetz bezweckte Entlastung der Eltern tritt dadurch ein, dass sie nur noch den um das (hälftige) Kindergeld reduzierten Barunterhalt schulden[70] (vgl. Rn. 461). Schon nach der früheren Fassung das § 1612b V BGB war das Kindergeld in besonders beengten Verhältnissen für den Bedarf des Kindes einzusetzen und stand den Eltern dann nicht mehr zur Verfügung. Wegen der damit erstrebten Sicherung des Existenzminimums der Kinder war diese Regelung trotz der damit (teilweise) entfallenen Entlastung der Eltern verfassungsrechtlich nicht zu beanstanden.[71] Nunmehr wird das (bei minderjährigen Kindern hälftige) Kindergeld stets als Einkommen des Kindes auf dessen Barunterhaltsbedarf angerechnet. Verfassungsrechtliche Bedenken ergeben sich daraus jedoch nicht, weil der primär sozialpolitische Zweck, nämlich die Entlastung der Eltern, dadurch gewahrt bleibt, dass diese nur in Höhe des verbleibenden Bedarfs Kindesunterhalt zahlen müssen (Rn. 461).

462 a   Bei **minderjährigen Kindern** wird das Kindergeld allerdings nur zur Hälfte auf den Barbedarf angerechnet. Denn wenn ein minderjähriges unverheiratetes Kind von seinen Eltern in der Weise unterhalten wird, dass der eine Elternteil das Kind pflegt und erzieht und der andere für den Barunterhalt aufkommt, so ist darin regelmäßig eine Unterhaltsleistung der Eltern zu gleichen Anteilen zu erblicken (§ 1606 III 2 BGB). Das hat zur Folge, dass ihnen auch das Kindergeld je zur Hälfte zugute kommen soll.[72] Entsprechend sieht § 1612b I Nr. 1 BGB für solche Fälle ausdrücklich nur eine hälftige Anrechnung auf den Barunterhaltsbedarf des Kindes vor.

Volljährigen Kindern haften die Eltern nur noch für einen – erhöhten – Barunterhaltsbedarf, während der Anspruch auf Betreuungsunterhalt entfallen ist. Eine Entlastung der Eltern durch das Kindergeld kommt dann noch insoweit in Betracht, als sie den geschuldeten Barunterhalt anteilig erbringen. Für die danach gebotene anteilige Aufteilung des Kindergeldes hat das Gesetz im Einklang mit der Rechtsprechung des BGH[73] mit der Neufassung des § 1612b BGB I Nr. 2 BGB den einfachsten Weg gewählt. Danach ist das volle Kindergeld bedarfsdeckend auf den Unterhaltsbedarf des volljährigen Kindes anzurechnen, womit erreicht wird, dass beide Elternteile entsprechend der jeweils geschuldeten Unterhaltsquote vom Barunterhalt entlastet werden. Die Zurechnung des Kindergeldes als Einkommen des volljährigen Kindes geht zudem einher mit der Vorschrift des § 74 I 3 EStG, die dem Kind unter Umständen sogar ein eigenes Bezugsrecht für das Kindergeld einräumt.

Für **privilegierte Volljährige** oder sonstige volljährige Kinder, die noch bei einem (nicht barunterhaltspflichtigen) Elternteil wohnen, ergibt sich insoweit kein Unterschied. Soweit dieser Elternteil trotz seiner Leistungsunfähigkeit Naturalleistungen durch Wohnungsgewährung und im Rahmen der gemeinsamen Haushaltsführung erbringt, kann er dafür zwar ein erhaltenes Kindergeld einsetzen. Im Unterschied zur Unterhaltspflicht gegenüber einem minderjährigen Kind erfüllt er mit den Naturalleistungen aber keine zusätzliche eigene Unterhaltspflicht. In diesem Umfang wird also das Kindergeld – in Form von Naturalleistungen – bedarfsdeckend eingesetzt und entlastet deswegen den allein für den Barbedarf unterhaltspflichtigen Elternteil. Erbringt der nicht (bar-)leistungsfähige Elternteil hingegen keine Naturalleistungen oder nur solche in einem Umfang, der die Höhe des vollen Kindergeldes nicht erreicht, steht dem Kind im Übrigen unterhaltsrechtlich ein Anspruch auf Auskehr des Kindergeldes zu, weil es sonst beim nicht leistungsfähigen (und auch nicht leistenden) Elternteil verbliebe und es deswegen den Zweck einer Entlastung von der Unterhaltspflicht nicht erreichen könnte (vgl. § 1612b I BGB). In beiden Fällen wird die dem allein unterhaltspflichtigen Elternteil zustehende Entlastung durch bedarfsdeckende Naturalleistungen an das Kind oder eine ebenfalls bedarfsdeckende Auskehr des Kindergeldes

---

[70] BGH, FamRZ 2006, 99, 101 = R 641 e; 2006, 1597, 1599 = R 659 b; 2005, 347 = R 622; 2003, 445 = R 587 b

[71] BVerfG FamRZ 2003, 1370 = R 593 a; BGH, FamRZ 2003, 445 = R 587 b; zum Ausgleich durch Erhöhung des Selbstbehalts vgl. BGH, FamRZ 2005, 706, 708 = R 626; vgl auch BVerfG FamRZ 2001, 541 und 756

[72] BGH, FamRZ 2006, 1597, 1599 = R 659 b; 2006, 99, 101 = R 641 e

[73] BGH, FamRZ 2006, 99, 101 = R 641 e

erreicht. Für die volle bedarfsdeckende Anrechnung des Kindergeldes kommt es deswegen nicht darauf an, ob das volljährige Kind bei dem nicht (bar-)leistungsfähigen Elternteil wohnt und von diesem Naturalleistungen erhält, oder ob es sich (z. B. als auswärts wohnender Student) in vollem Umfang selbst unterhält und deswegen das Kindergeld zur eigenen Verfügung hat.[74]

Nach § 6a BKGG könne Personen für die in ihrem Haushalt lebenden und noch nicht **462b** 25 Jahre alten Kinder auf Antrag (§§ 6a II 5 BKGG, 28 SGB X) einen **Kinderzuschlag** erhalten. Der Kinderzuschlag beträgt bis zu 140 € monatlich (§ 6a II 1 BKGG). Die ursprünglich in § 6a II 3 BKGG vorgesehene Befristung des Kinderzuschlags auf 36 Monate ist zum 1. Januar 2008 aufgehoben worden. Die Summe der Kinderzuschläge für mehrere Kinder wird zu einem Gesamtkinderzuschlag zusammengefasst (§ 6a II 2 BKGG). Voraussetzung für die Zahlung ist, dass die Antragsteller für die Kinder Anspruch auf Kindergeld nach dem BKGG oder nach §§ 62ff. EStG haben, ihr nach den §§ 11, 12 SGB II zu bemessendes Einkommen und Vermögen mit Ausnahme des Wohngeldes den ohne die Berücksichtigung von Kindern maßgeblichen Betrag des Arbeitslosengeldes II nicht unterschreitet und diesen Betrag zuzüglich des Gesamtkinderzuschlags nicht überschreitet und dass deswegen durch die Zahlung des Kinderzuschlags eine Hilfsbedürftigkeit nach § 9 SGB II vermieden werden kann (§ 6a I, IV 1 BKGG). Mit dem Kinderzuschlag will der Gesetzgeber somit den Eltern, deren eigener Bedarf durch ihr Einkommen oder Vermögen gedeckt ist, davor bewahren, Arbeitslosengeld II oder Sozialgeld beantragen zu müssen, um den notwendigen Lebensunterhalt ihrer minderjährigen Kinder sicherstellen zu können.[75] Inzwischen plant der Gesetzgeber eine Absenkung der Einkommensgrenze auf monatlich 900 € für Paarhaushalte und 600 € für Alleinerziehende, die möglicherweise noch 2008 in Kraft treten wird. Für Monate, in denen das Kind zumutbare Anstrengungen zur Einkommenserzielung unterlassen hat, wird deswegen auch kein Kinderzuschlag gezahlt (§ 6a III 3 BKGG).

Der Kinderzuschlag mindert sich um das nach den §§ 11, 12 SGB II mit Ausnahme des Wohngeldes zu berücksichtigende **Einkommen des Kindes** mit Ausnahme des Kindergeldes (§ 6a III 1, 2 BKGG). Liegt das maßgebliche **Einkommen des Antragstellers** unter dem eigenen Bedarf nach dem SGB II, wird ein Kinderzuschlag nicht gewährt, weil dann ohnehin Arbeitslosengeld II gezahlt werden muss. Liegt das maßgebliche Einkommen des Antragstellers hingegen über diesem Betrag und unterhalb der Höchstgrenze, wird der Kinderzuschlag stufenweise gemindert (§ 6a IV 3–5 BKGG). Dann wird der Kinderzuschlag, bei mehreren Kindern der Gesamtkinderzuschlag, für je 10 € höhere Erwerbseinkünfte um jeweils 7 € gekürzt. Anderes Einkommen sowie anrechenbares Vermögen mindern den Kinderzuschlag in voller Höhe (§ 6a IV 6–8 BKGG). Der Anspruch auf Kinderzuschlag entfällt, wen der Berechtigte erklärt, ihn wegen eines damit verbundenen Verlustes von anderen höheren Ansprüchen nicht geltend machen zu wollen. Die Erklärung kann aber für die Zukunft widerrufen werden (§ 6a V BKGG).[76]

Nach §§ 3 II 1, 6a I BKGG steht der Kinderzuschlag den Eltern oder dem allein **462c** betreuenden Elternteil zu, nicht dem Kind. Sozialrechtlich wird er hingegen, wie das Kindergeld,[77] dem Kind als Einkommen zugerechnet, weil gerade sein Bedarf gedeckt und damit seine Hilfebedürftigkeit nach dem SGB II vermieden werden soll (§ 11 I 2, 3 SGB II). **Unterhaltsrechtlich** ist ein Kinderzuschlag – wie das Kindergeld – zur Deckung des Barunterhaltsbedarfs des Kindes zu verwenden und deswegen ebenfalls als **Einkommen des Kindes** zu behandeln. Zwar ist § 1612b BGB nicht unmittelbar auf den Kinderzuschlag anwendbar und auch § 1612c BGB, der die Vorschrift auf andere wiederkehrende Leistungen für entsprechend anwendbar erklärt, greift nicht ein, weil der Kinderzuschuss neben und nicht an Stelle des Kindergeldes gezahlt wird.[78] Für eine Behandlung des Kinderzuschlags als

---

[74] BGH, FamRZ 2006, 99, 102 = R 641e
[75] Scholz in Scholz/Stein Praxishandbuch Familienrecht Teil L Stand: September 2005 Rn. 185ff.
[76] Zur Berechnung des Kinderzuschlags vgl. LSG Rheinland-Pfalz BeckRS 2006 44913 und SG Koblenz BeckRS 2006 44181
[77] Vgl. insoweit BGH, FamRZ 2006, 99, 101
[78] Klinkhammer FamRZ 2004, 1909, 1912; Scholz in Scholz/Stein a.a.O. Rn. 189

Einkommen des Kindes spricht aber schon die jüngste Rechtsprechung des BGH zu § 1612 b BGB a. F.[79] Wie durch das Kindergeld soll auch durch den Kinderzuschlag die Unterhaltslast gegenüber dem Kind erleichtert werden. Der Kinderzuschuss wird nur gezahlt, wenn der berechtigte Antragsteller über Einkünfte verfügt, die zwar seinen eigenen Bedarf, nicht aber den Bedarf des Kindes deckt. Er soll also gezielt einen ungedeckten Unterhaltsbedarf des Kindes decken, um eine Hilfsbedürftigkeit nach § 9 SGB II zu vermeiden. Dann muss ein gezahlter Kinderzuschlag auch für diesen Bedarf des Kindes verwendet werden, steht also in vollem Umfang dem Kind zu. Erbringt der berechtigte Elternteil aus dem gezahlten Kinderzuschlag keine Naturalleistungen, die den Barunterhaltsbedarf des Kindes decken, steht dem Kind unterhaltsrechtlich ein Anspruch auf Auskehr zu.[80] Damit deckt der Kinderzuschlag den Bedarf des Kindes und verhindert, dass nur wegen dieses Bedarfs Leistungen nach dem SGB II beantragt werden müssten.

462 d   Als eigenes Einkommen deckt ein gezahlter Kinderzuschlag somit den Unterhaltsbedarf des Kindes und steht in diesem Umfang einem Anspruch auf **Kindesunterhalt für die Vergangenheit** entgegen, soweit keine Rückforderung in Betracht kommt.[81] Insoweit sieht das Gesetz auch weder einen gesetzlichen Anspruchsübergang wie in § 94 SGB XII und in § 33 SGB II noch eine Überleitungsmöglichkeit durch Verwaltungsakt vor. Einem Anspruch auf **künftigen Kindesunterhalt** steht der Kinderzuschlag allerdings nicht entgegen. Denn unabhängig davon, ob dieser als eigenes Einkommen des Kindes anzusehen ist, mindert sich der Anspruch auf Kinderzuschlag nach § 6 a III BKGG um eigenes Einkommen und Vermögen des Kindes, also auch um dessen Barunterhalt. Darin kommt eine Subsidiarität des Kinderzuschlags zum tragen, die einer Deckung des künftigen Unterhaltsbedarfs des Kindes entgegensteht.[82]

Dagegen ist auch ein gezahlter Kinderzuschlag im Rahmen eines Anspruchs auf **Ehegattenunterhalt** oder auf Betreuungsunterhalt nach § 1615 l BGB nicht als Einkommen des Elternteils zu berücksichtigen. Als Einkommen des Kindes (s. Rn. 6/462 b) ist der Kinderzuschlag für seinen Unterhaltsbedarf zu verwenden und steht damit dem antragsberechtigten Elternteil, um dessen Bedarf es hier geht, nicht zusätzlich zur Verfügung.

5. Pflege- und Erziehungsgeld nach SGB VIII, Pflegegeld für Pflegepersonen nach SGB XI, Pflegegeld nach SGB XII, Leistungen nach dem Stiftungs- und dem Kindererziehungsleistungsgesetz

463   Ansprüche auf **Pflegegeld** ergeben sich in verschiedenen tatsächlichen Konstellationen aus unterschiedlichen gesetzlichen Grundlagen. Dabei sind folgende Fallgestaltungen zu unterscheiden:
- Pflegegeld nach §§ 23 I, II, 39 SGB VIII (KJHG) bei Förderung in Kindertagespflege, Erziehung in einer Tagesgruppe, Vollzeitpflege, Heimerziehung, sozialpädagogischer Einzelbetreuung oder Eingliederungshilfe für seelisch behinderte Kinder und Jugendliche[83] (vgl. Rn. 463 a),
- Pflegegeld nach dem Sozialgesetzbuch XI – Soziale Pflegeversicherung (§ 37 I SGB XI),[84]
- Pflegegeld nach § 64 SGB XII, insbesondere für die Pflege eigener schwer behinderter Kinder,[85]
- Pflegezulagen nach § 35 BVG, § 37 SGB V und § 269 I LAG (vgl. Rn. 465 ff.).

---

[79] BGH, FamRZ 2006, 99, 102

[80] BGH, FamRZ 2006, 99, 102 (zum Kindergeld nach früherem Recht)

[81] So auch Schürmann FF 2005, 10; a. A. Klinkhammer FamRZ 2004, 1909, 1912 und Scholz in Scholz/Stein a.a.O. Rn. 189

[82] So auch Klinkhammer FamRZ 2004, 1909, 1912 und Scholz in Scholz/Stein a.a.O. Rn. 189; zur gleichgelagerten Frage bei der Grundsicherung im Alter vgl. BGH, FamRZ 2007, 1158 = R 667 a, b

[83] OLG Zweibrücken FamRB 2002, 167; siehe Rn. 463 a

[84] Siehe Rn. 463 b

[85] Siehe Rn. 464; BVerwG FamRZ 2003, 756

Nach **§ 23 I SGB VIII (KJHG)** umfasst die Förderung in Kindertagespflege neben der 463 a
Vermittlung zu einer geeigneten Tagespflegeperson sowie deren fachlicher Beratung, Beglei-
tung und weiterer Qualifizierung auch die Gewährung einer laufenden Geldleistung. Die an
die Pflegeperson zu zahlende laufende Geldleistung umfasst nach § 23 II SGB VIII die
Erstattung ihres angemessenen Sachaufwands, einen angemessenen Beitrag zur Anerkennung
ihrer Förderungsleistung und die teilweise Erstattung von Beiträgen zur Unfall- und Rentenversicherung. Wird Erziehung in einer Tagesgruppe, Vollzeitpflege, Heimerziehung,
sozialpädagogische Einzelbetreuung oder Eingliederungshilfe für seelisch behinderte Kinder
und Jugendliche gewährt, so ist nach **§ 39 I SGB VIII** auch der notwendige Unterhalt des
Kindes oder Jugendlichen außerhalb des Elternhauses einschließlich der Kosten der Erziehung sicherzustellen. Nach § 39 II SGB VIII soll durch die laufende Leistung der gesamte
regelmäßig wiederkehrende Bedarf gedeckt werden, was – außer bei Erziehung in einer
Tagesgruppe oder einer Tageseinrichtung – auch einen angemessenen Barbedarf zur persönlichen Verfügung des Kindes (Taschengeld) umfasst.

Das Pflege- und Erziehungsgeld nach den §§ 23 I, II, 39 SGB VIII wird zwar zur
Förderung des Kindes oder Jugendlichen gewährt, unterhaltsrechtlich ist es aber (wie die
entsprechenden Einkünfte nach dem früheren JWG) als **Einkommen der Pflegeperson**
zu berücksichtigen, soweit es, wie in der Regel, den für den Unterhalt des Pflegekindes
benötigten Betrag übersteigt und als Anerkennung für die Betreuung und erzieherischen
Bemühungen der Pflegeperson gezahlt wird (vgl. § 23 II Nr. 2 SGB VIII).[86] Der Bedarf des
Pflegekindes umfasst alles, was es zum Lebensunterhalt benötigt, insbesondere die Aufwendungen für Ernährung, Bekleidung, Reinigung, Körper- und Gesundheitspflege, Hausrat,
Unterkunft, Heizung, Beleuchtung, Schulbedarf, Bildung und Unterhaltung.[87] Um den
überschießenden Anerkennungsbedarf ermitteln zu können, ist zunächst der Bedarf des
Pflegekindes festzustellen und notfalls nach § 287 ZPO zu schätzen. Die Düsseldorfer
Tabelle bietet hierfür keinen ausreichenden Anhaltspunkt, weil das Pflegegeld zwar gestaffelt
nach Altersgruppen (§ 39 II 3, V SGB VIII) aber unabhängig vom Einkommen gewährt
wird. Außerdem enthalten die Sätze der Düsseldorfer Tabelle in der Regel einen für Fremd-
unterbringung zu niedrigen Mietanteil. Der den Bedarf des Kindes übersteigende Teil des
Pflegegeldes ist den Pflegeeltern als Einkommen zuzurechnen. Im Zweifel wird man etwa
1/3 des Pflegegeldes heranziehen können, bei 600 EUR Pflegegeld also 200 EUR als Einkommen für die Pflegeperson.[88] Soweit Pflegegeld als Einkommen der Pflegeperson behandelt wird, ist auch der **Erwerbstätigenbonus** zu berücksichtigen.[89]

Auf den **Unterhaltsanspruch des Kindes oder des Jugendlichen** wirkt sich das für sie
gezahlte Pflegegeld bedarfsdeckend aus. Das gilt nach neuester Rechtsprechung des BGH
sowohl für das frühere Recht, als auch für die zum 1. Oktober 2005 in Kraft getretene – und
nach § 97 b SGB VIII auch für laufende Maßnahmen ab April 2006 geltende – Neufassung
des SGB VIII.[90] Zwar umfasst der Unterhaltsbedarf eines auswärts untergebrachten Kindes
neben dem Barunterhalt auch den Betreuungsunterhalt, der sich nach neuester Rechtsprechung des BGH pauschal nach der Höhe des Barunterhalts richtet.[91] Dieser Unterhaltsbedarf
wurde aber schon nach dem früheren Recht in vollem Umfang durch die Leistungen der
Kinder- und Jugendhilfe gedeckt. Die nach den Vorschriften des SGB VIII in der **bis zum
30. September 2005** geltenden Fassung gewährten Leistungen waren zwar grundsätzlich
gegenüber Unterhaltsansprüchen subsidiär, zumal durch sie die Verpflichtungen Anderer,
insbesondere Unterhaltspflichtiger ausdrücklich nicht berührt werden sollten (§ 10 I Satz 1
SGB VIII a. F.).[92] Diese grundsätzliche Subsidiarität wurde aber schon nach früherem Recht
durch diverse Vorschriften eingeschränkt und speziell ausgestaltet. War ein Kind schon vor

---

86 OLGR Hamm 1999, 313; OLG Hamburg FamRZ 1992, 444; OLG Karlsruhe FamRZ 2004, 645
   (zur Berücksichtigung im PKH-Verfahren)
87 BGH, FamRZ 1984, 769, 771
88 So OLGR Zweibrücken 2002, 75
89 OLG Braunschweig, FamRZ 1996, 1216
90 BGH, FamRZ 2007, 377, 379 = R 666 a, c, d
91 BGH, FamRZ 2006, 1597, 1598 = R 659 a
92 Wiesner SGB VIII Kinder- und Jugendhilfe vor § 90 Rn. 2 f.

der Maßnahme der Kinder- und Jugendhilfe von seinen Eltern getrennt, ging der zivilrechtliche Unterhaltsanspruch in Höhe des Betrages auf den Träger der öffentlichen Jugendhilfe
über, der zu zahlen wäre, wenn die Leistungen der Jugendhilfe und der sie veranlassende
besondere Bedarf außer Betracht bleiben. Wurden die Kinder hingegen erst durch die
Maßnahme der Kinder- und Jugendhilfe von ihren Eltern getrennt, erfolgte kein Anspruchsübergang; der Träger der öffentlichen Jugendhilfe war dann darauf verwiesen, die Eltern
durch öffentlich-rechtlichen Leistungsbescheid zu den durch die Maßnahme ersparten
Unterhaltskosten heranzuziehen.[93] In beiden Fällen sollte die finanzielle Belastung der Eltern
durch die Maßnahme der Kinder- und Jugendhilfe nicht erhöht werden. Soweit deren
Kosten die Unterhaltspflicht nach der Düsseldorfer Tabelle überstiegen, waren die Sozialleistungen deswegen nicht subsidiär und die Eltern nicht zur Erstattung verpflichtet.

An dieser begrenzten Subsidiarität hat sich durch die **ab dem 1. Oktober 2005** geltende
Fassung des SGB VIII nichts geändert. Zwar werden auch jetzt nach § 10 I SGB VIII
Verpflichtungen Anderer durch die Leistungen der Kinder- und Jugendhilfe grundsätzlich
nicht berührt. Zugleich hat der Gesetzgeber aber in § 10 II SGB VIII die Art der Inanspruchnahme unterhaltspflichtiger Personen dahin konkretisiert, dass sie stets im Wege des
öffentlich-rechtlichen Kostenbeitrags an den Kosten der Leistungen und vorläufigen Maßnahmen zu beteiligen sind. Im Einklang damit ordnet § 10 II Satz 2 SGB VIII jetzt ausdrücklich an, dass der Bedarf des jungen Menschen durch die Leistungen und vorläufigen
Maßnahmen gedeckt ist, was beim zivilrechtlichen Unterhaltsanspruch berücksichtigt werden muss. Wegen des somit stets voll gedeckten zivilrechtlichen Unterhaltsanspruchs hat das
Gesetz die frühere Vorschrift zur Überleitung dieses zivilrechtlichen Anspruchs auf den
Träger der Jugendhilfe ersatzlos gestrichen. Zum Umfang des jetzt nur noch vorgesehenen
öffentlich-rechtlichen Kostenbeitrags enthält § 94 V SGB VIII eine Verordnungsermächtigung, von der durch die Verordnung zur Festsetzung der Kostenbeiträge für Leistungen und
vorläufige Maßnahmen in der Kinder- und Jugendhilfe (Kostenbeitragsverordnung – Kos-
tenbeitragsV) vom 1. Oktober 2005 (BGBl. I S. 2907) Gebrauch gemacht worden ist.[94]

463 b   Für die Leistungen der **Pflegeversicherung** nach § 37 I SGB XI gilt folgendes:[95]

Die **bedürftige Person,** für die das Pflegegeld gezahlt wird, kann sich auf die Vermutung
des § 1610 a BGB stützen (vgl. Rn. 443, 463 a). Weil danach regelmäßig vermutet wird, dass
mit dem Pflegegeld ein entsprechend hoher zusätzlicher pflegebedingter Aufwand einhergeht, wird die Bedürftigkeit des Gepflegten durch die Leistungen der Pflegeversicherung
regelmäßig nicht berührt. Im Einzelfall kann es sogar unschädlich sein, wenn das Pflegegeld
nicht vollständig für Hilfsdienste ausgegeben wird, weil diese zum Teil unentgeltlich erbracht
werden.[96] Denn der zusätzliche Aufwand kann auch dann die Höhe des Pflegegeldes
erreichen und eine (teilweise) unentgeltliche Pflege soll den Unterhaltspflichtigen nicht
entlasten.

Auch bei der **Pflegeperson,** an die das nach § 37 I SGB XI bewilligte Pflegegeld
weitergeleitet wird, bleibt dieses bei der Ermittlung von Unterhaltsansprüchen **grundsätzlich unberücksichtigt** (§ 13 VI Satz 1 SGB XI). Mit dieser Regelung soll erreicht werden,
dass das Pflegegeld nicht nur dem Pflegebedürftigen selbst, sondern auch der Pflegeperson,
die die häusliche Pflege übernommen hat, möglichst ungeschmälert erhalten bleibt.[97] Damit
wollte der Gesetzgeber ausdrücklich von der bisherigen zivilrechtlichen Rechtsprechung
zum Pflegegeld nach dem BSHG und dem SGB V abweichen, wonach das vom Pflegebedürftigen an die Pflegeperson weitergeleitete Pflegegeld zu einem erheblichen Teil als
„Vergütungsanteil" der Pflegeperson bewertet und demzufolge unterhaltsrechtlich als Einkommen der Pflegeperson berücksichtigt worden war. Eine solche Anrechnung als Einkommen der Pflegeperson hat der Gesetzgeber nicht für vereinbar mit dem sozialpolitischen
Anliegen einer Förderung der häuslichen Pflege und Stärkung der Pflegebereitschaft und

---

[93] BGH; FamRZ 2007, 377, 378 = R 666 c
[94] BGH, FamRZ 2007, 377, 379 = R 666 d
[95] Grundlegend dazu Büttner, FamRZ 1995, 193 ff. und FamRZ 2000, 596
[96] OLG Hamm, FamRZ 1998, 1431
[97] BGH, FamRZ 2006, 846, 848 = R 648 c–e; OLGR Saarbrücken 2004, 192; OLGR Schleswig
2002, 296

-fähigkeit im häuslichen Bereich erachtet. Mit der Neuregelung soll vielmehr erreicht werden, dass z. B. bei einer geschiedenen Ehefrau nicht mehr der Unterhaltsanspruch gegenüber dem geschiedenen Ehemann gemindert wird, wenn sie für die Pflege des gemeinsamen behinderten pflegebedürftigen Kindes Pflegegeld erhält.[98] Der BGH hat mit Blick auf diese zum 1. August 1999 in Kraft getretene Neufassung des § 13 VI Satz 1 SGB XI nicht mehr an seiner entgegenstehenden früheren Auffassung festgehalten.[99] Soweit keiner der in § 13 VI 2 SGB XI geregelten Ausnahmefälle vorliegt, verbietet sich mithin eine unterhaltsrechtliche Berücksichtigung des Pflegegeldes.[100]

Ein an die Pflegeperson weitergeleitetes Pflegegeld ist nach § 13 VI Satz 2 SGB XI nur in wenigen **Ausnahmefällen** als ihr Einkommen zu berücksichtigen. Dabei hat der Gesetzgeber (mit Ausnahme der letzten Alternative) die gleichen Fälle aufgezählt, wie dieses nach § 9 Satz 2 BErzGG für das Erziehungsgeld und § 11 Satz 2 BEEG für das Elterngeld gelten (vgl. insoweit Rn. 1/85 f.). Das ist der Fall:

– wenn die Pflegeperson ihren Anspruch auf Trennungsunterhalt nach § 1361 III i. V. m. § 1579 Nr. 2 bis 8 BGB, ihren Anspruch auf nachehelichen Unterhalt nach § 1579 Nr. 1 bis 8 BGB oder ihren Anspruch auf Verwandtenunterhalt nach § 1611 I BGB verwirkt hat,

– wenn die Pflegeperson nach § 1603 II BGB gesteigert unterhaltspflichtig ist oder

– wenn die Pflegeperson eine Erwerbsobliegenheit trifft und sie deswegen ihren Unterhaltsbedarf ganz oder teilweise durch eigene Einkünfte decken kann, soweit der Pflegebedürftige mit dem Unterhaltspflichtigen nicht in gerader Linie verwandt ist. Das gilt also nicht, wenn die Ehefrau ein gemeinsames behindertes Kind oder die Eltern des Unterhaltspflichtigen betreut.[101]

Die Pflegeperson muss ihre Einkünfte allerdings nicht **versteuern,** wenn sie zu den Angehörigen zählt oder mit der Pflege auch eine sittliche Pflicht i. S. von § 33 II SGB XI erfüllt (§ 3 Nr. 36 EStG).

Pflegegeld nach **§ 64 SGB XII** (früher § 69 BSHG), das für häusliche Pflege durch nahe **464** stehende Personen (z. B. Eltern) oder als Nachbarschaftshilfe nach § 63 SGB XII gewährt wird und sich zur Höhe nach den Beträgen der Pflegeversicherung in § 37 I SGB XI richtet, ist wie beim Pflegegeld nach §§ 23 I, II, 39 SGB VIII (siehe Rn. 1/463 a) der Pflegeperson in Höhe des den Bedarf des Pfleglings übersteigenden Teiles als Einkommen zuzurechnen.[102] Dabei ist im Zweifel etwa ein Drittel als Einkommen der Pflegeperson anzurechnen. Bezieht die Pflegeperson zusätzlich das staatliche Kindergeld, das sie im Wege des Familienleistungsausgleichs zusätzlich entlastet (vgl. Rn. 460 ff.), kann ihr das Pflegegeld ausnahmsweise auch in höherem Umfang als Einkommen zugerechnet werden, weil die zu einer angemessenen Versorgung des Kindes erforderlichen Mittel teilweise bereits anderweitig durch das Kindergeld gedeckt sind.[103] Für die Bemessung des Unterhaltsanspruchs des Pflegebedürftigen selbst, ist das Pflegegeld hingegen schon wegen seiner subsidiären Natur (vgl. § 94 SGB XII) nicht zum Einkommen zu rechnen.[104] Unabhängig davon scheidet eine Berücksichtigung als Einkommen des Pflegebedürftigen auch deswegen aus, weil mit den Pflegeleistungen regelmäßig ein entsprechend höherer Bedarf einhergeht (§ 1610 a BGB). Denn die Höhe des Pflegegeldes richtet sich gemäß § 63 I bis III SGB XII nach dem Umfang der erforderlichen Pflegeleistungen und umfasst auch bei Kindern nur den zusätzlichen Pflegebedarf gegenüber einem gesunden gleichaltrigen Kind (§ 64 IV SGB XII).

Auch für **sonstige Arten** von Pflegegeld (z. B. nach Landesrecht) gilt für den Behinderten **465** regelmäßig der Grundsatz, dass die Sozialleistung nur den behinderungsbedingt erhöhten Bedarf ausgleicht (§ 1610 a BGB; vgl. Rn. 438 a). Das Pflegegeld hat deswegen grund-

---

[98] BT-Drucks. 14/580 S. 5
[99] Zum früheren Recht vgl. noch BGHR SGB XI § 37 Abs. 1 Pflegegeld, OLG Hamm FamRZ 1999, 852
[100] BGH, FamRZ 2006, 846, 848 = R 648 c–e
[101] OLG Koblenz FamRZ 2000, 826
[102] Vgl. BGHR SGB XI § 37 Abs. 1 Pflegegeld; BGH, FamRZ 1987, 259, 261
[103] So im Ergebnis auch BGH, FamRZ 1984, 769, 771
[104] BGH, FamRZ 1993, 417 = R 458

sätzlich keinen Einfluss auf seinen allgemeinen Unterhaltsbedarf.[105] Wird das Pflegegeld allerdings als nicht subsidiäre Sozialleistungen für den gesamten Unterhaltsbedarf gewährt, ist es nicht nur auf den behinderungsbedingten Mehrbedarf anzurechnen.[106] Dann ist es mangels Forderungsübergang und Subsidiarität aber auch auf den nach Abdeckung des Pflegeaufwandes übrig bleibenden allgemeinen Bedarf anzurechnen (vgl. Rn. 463 a).

466   Schon die Leistungen nach dem **Kindererziehungsleistungsgesetz** vom 12. 7. 1987 (KLG), die ursprünglich nur den vor 1921 geborenen Müttern zustanden, haben, wie jetzt die Kindererziehungszeiten nach § 56 SGB VI, versicherungsrentenähnlichen Charakter und sind daher auf den Bedarf eines Berechtigten ohne weiteres **anzurechnen.**[107] Die Leistungen nach dem Gesetz über die Errichtung einer Stiftung „**Hilfswerk für behinderte Kinder**" vom 17. 12. 1971 (HiWerkBehKG) werden im Sozialrecht nicht angerechnet,[108] weil sie den Behinderten bessere Eingliederungschancen eröffnen und ihnen daher ungeschmälert zugute kommen sollen. Diese besondere Zweckbestimmung lässt auch unterhaltsrechtlich eine Anrechnung auf den Bedarf des Behinderten nicht zu (vgl. auch § 1610 a BGB). Die Pflegeperson muss sich allerdings auch hier (wie beim Pflegegeld in Rn. 463 a) einen nach § 287 ZPO zu schätzenden Anteil der Leistungen als Einkommen zurechnen lassen, wenn sie Unterhalt beansprucht.

466 a   Pflegezulagen sind außerdem vorgesehen in § 37 SGB V (häusliche Krankenpflege), in § 269 I LAG und nach den Vorschriften des BVG.[109]

6. Ausbildungsbeihilfe und Ausbildungsgeld nach dem Arbeitsförderungsrecht (SGB III = AFG)

467   **Berufsausbildungsbeihilfen** nach den §§ 59 f., 65 ff., 72–76 SGB III sind als Lohnersatzleistungen **grundsätzlich** – wie Leistungen nach dem BAföG (vgl. insoweit Rn. 456 ff.) – Einkommen des Auszubildenden, weil sie im Regelfall von der Agentur für Arbeit nicht zurückgefordert werden können. Weil dem Unterhaltsberechtigten daneben nicht auch noch Unterhaltsansprüche gegen die Eltern zustehen können, führt die gesetzliche Regelung zu einer bedarfsdeckenden Entlastung der Eltern.[110] Grundsätzlich ist die Ausbildungsbeihilfe deswegen auf den Bedarf des Kindes anzurechnen. Einen Übergang des Unterhaltsanspruchs auf die Agentur für Arbeit sieht das Gesetz in § 72 II SGB III nur für den Fall vor, dass die Förderung als **Vorausleistung** nach § 72 I SGB III ohne Rücksicht auf bestehende Unterhaltsansprüche gewährt wurde. Nur in diesem Fall ist die Berufsausbildungsbeihilfe subsidiär und deswegen nicht auf den Unterhaltsbedarf anzurechnen.[111] Dann bleibt der Unterhaltsanspruch erhalten und die Agentur für Arbeit kann nach Anspruchsübergang gemäß § 72 II 4 SGB III im Umfang der Leistungen sogar Herausgabe eines an den Auszubildenden gezahlter Unterhalts verlangen. Selbst im Falle einer Vorausleistung ist eine Rückforderung für die Bewilligungszeit, die vor dem Rechtsübergang nach § 72 II SGB III liegt, allerdings ausgeschlossen.

Berufsausbildungsbeihilfen **für Arbeitslose** nach §§ 74 ff. SGB III können weder zurückgefordert werden noch ist ein Forderungsübergang vorgesehen. Sie sind deswegen nicht subsidiär und somit ebenfalls als Einkommen des Berechtigten anzurechnen.

Gleiches gilt für das **Ausbildungsgeld für Behinderte** nach § 104 SGB III. Auch diese Leistung wird unabhängig von Unterhaltsansprüchen gewährt; ein Forderungsübergang ist nur in eingeschränktem Umfang bei Überschreitung von Einkommensfreigrenzen vorgesehen und wird erst mit der Anzeige der Förderung an die Eltern wirksam. Im Regelfall ist das Ausbildungsgeld daher ebenfalls nicht subsidiär, sondern deckt den Unterhaltsbedarf auch im

---

[105] A. A. noch BGH, FamRZ 1985, 917, 919
[106] BGH, FamRZ 1993, 417 = R 458
[107] BGH, FamRZ 1992, 162 = R 438
[108] BVerwG, FamRZ 1993, 181
[109] BGH, FamRZ 1993, 411 (zu § 35 BVG); OLG Hamm FamRZ 1992, 186 (zu § 30 BVG)
[110] BGH, FamRZ 2000, 640 (zu BAföG-Leistungen)
[111] BGH, FamRZ 2006, 1100 = R 654 a–d (zum Ausbildungsunterhalt); 1986, 151; OLG Brandenburg ZfJ 2001, 159; OLG Oldenburg FamRZ 1989, 531; OLG Schleswig SchlHA 1988, 53

Verhältnis zum Verpflichteten endgültig ab. Dann bleibt es auch hier bei der Grundregel, dass Einkünfte jeder Art die Bedürftigkeit der Berechtigten mindern.[112] Seit Inkrafttreten des § 1610 a BGB spricht allerdings eine (widerlegbare) Vermutung dafür, dass ein behinderungsbedingter Mehrbedarf in Höhe der Sozialleistung vorliegt, der vorweg vom Ausbildungsgeld abzuziehen ist.

7. Leistungen der Grundsicherung im Alter und bei Erwerbsminderung (§§ 41 ff. SGB XII)

Als Bestandteil der Rentenreform des Jahres 2001 war mit Art. 12 des Altersvermögensgesetzes (AvmG) vom 26. Juni 2001[113] das Gesetz über die bedarfsorientierte Grundversorgung im Alter und bei Erwerbsminderung (Grundsicherungsgesetz – GSiG) verabschiedet worden, das zum 1. Januar 2003 in Kraft getreten war. Zum 1. Januar 2005 sind diese Vorschriften als **§§ 19 II, 41 ff. SGB XII** in das Sozialhilferecht übernommen worden (s. auch Rn. 8/147 ff.). Es gewährt dem berechtigten Personenkreis (§ 41 SGB XII), nämlich Personen, die das 65. Lebensjahr vollendet haben oder volljährigen Personen, die dauerhaft voll erwerbsgemindert i.S. von § 43 II SGB VI sind, einen gegenüber der Sozialhilfe vorrangigen (§ 19 II 3 SGB XII) Anspruch auf Grundsicherung.[114] Voraussetzung ist, dass der Berechtigte seinen Lebensunterhalt nicht aus eigenem Einkommen oder Vermögen beschaffen kann (§ 41 II SGB XII). Von dem Erwerbseinkommen aus selbständiger oder nichtselbständiger Tätigkeit ist regelmäßig allerdings ein Betrag von 30%, bei Beschäftigung in einer Werkstatt für behinderte Menschen ein Achtel, abzusetzen (§ 82 Abs. 3 SGB XII). Einkommen und Vermögen eines nicht getrennt lebenden Ehegatten sowie des Partners einer eheähnlichen Lebensgemeinschaft, die dessen notwendigen Lebensunterhalt übersteigen, sind zu berücksichtigen.[115] Keinen Anspruch auf Grundsicherung haben Personen, die ihre Bedürftigkeit in den letzten zehn Jahren vorsätzlich oder grob fahrlässig herbeigeführt haben (§ 41 III SGB XII). Das ist z.B. der Fall, wenn sie in dieser Zeit ohne gesetzliche oder moralische Pflicht ein eigenes Vermögen an Dritte übertragen haben. Nach § 42 S. 1 SGB XII lehnen sich die Leistungen der Grundsicherung unter Aufgabe der früheren Pauschalierung durch das GSiG den Leistungen der Sozialhilfe nach den §§ 27 ff. SGB XII an. Sie umfassen den Regelsatz nach § 28 SGB XII, Aufwendungen für Unterkunft und Heizung nach § 29 bzw. § 98 SGB XII,[116] Mehrbedarfe nach § 30 SGB XII sowie einmalige Bedarfe nach § 31 SGB XII, die Kranken- und Pflegeversicherungsbeiträge nach § 32 SGB XII und Hilfe zum Lebensunterhalt in Sonderfällen nach § 34 SGB XII. Reichen diese Leistungen nicht aus, um den Bedarf eines Berechtigten zu decken, können entsprechend § 37 SGB XII ergänzende Darlehen erbracht werden (§ 42 S. 2 SGB XII).

Bei der **Bedürftigkeitsprüfung** bleiben gemäß § 43 II 1 SGB XII Unterhaltsansprüche gegenüber Eltern und Kindern der Leistungsberechtigten, nach der Entstehungsgeschichte und dem Sinn des Gesetzes aber auch allgemein gegenüber Verwandten in gerader Linie,[117] unberücksichtigt, wenn deren jährliches Gesamteinkommen nach § 16 SGB IV unter 100 000 € liegt. Nach § 43 II 2 SGB XII wird vermutet, das das Einkommen eines Unterhaltspflichtigen diese Grenze nicht überschreitet. Nach dem Sinn des Gesetzes müssen dann auch freiwillige Leistungen solcher nachrangigen Verwandten unberücksichtigt bleiben, weil sie nicht den Staat entlasten sondern dem Bedürftigen zusätzliche Einkünfte verschaffen wollen (§ 84 II SGB XII).[118] Die Landkreise und kreisfreien Städte sind als Träger der Grundsicherung bei der Prüfung des anrechenbaren Einkommens zunächst ausschließlich auf die Angaben des

467a

---

[112] OLG Brandenburg FamRB 2004, 287; OLG München, FamRZ 1992, 212, 214 zu der insoweit gleichgebliebenen früheren Regelung in §§ 40, 58 I 3 AFG

[113] BGBl I 2001, 1310

[114] Vgl. BGH, FamRZ 2002, 1698, 1701 = R 580 c unter 3 f.

[115] Vgl. insoweit die Empfehlungen des Deutschen Vereins für öffentliche und private Vorsorge FamRZ 2005, 1387, Nr. 172–176

[116] Vgl. Paul ZfF 2005, 145

[117] Vgl. Klinkhammer, FamRZ 2002, 997, 999

[118] Vgl. BGH, FamRZ 2005, 967, 969 = R 629 b

Antragstellers angewiesen; zur Widerlegung der Vermutung nach Satz 2 kann der zuständige Träger der Sozialhilfe lediglich von den Leistungsberechtigten Angaben verlangen, die Rückschlüsse auf die Einkommensverhältnisse der Unterhaltspflichtigen zulassen (§ 43 II 3 SGB XII). Ein eigenständiger Auskunftsanspruch gegen dessen unterhaltspflichtige Kinder und Eltern besteht nach § 43 II 4, 5 SGB XII nur, wenn „hinreichende Anhaltspunkte" für ein Überschreiten der genannten Einkommensgrenze vorliegen.[119] Ein Anspruch des Leistungsberechtigten auf Grundsicherung entfällt nur insoweit, als die Vermutung des § 43 II 2 SGB XII durch die Angaben des Berechtigten und die darauf folgende Auskunft eines Unterhaltspflichtigen widerlegt ist (§ 43 II 6 SGB XII). Allerdings haftet der privilegierte Unterhaltspflichtige nach Sinn und Zweck der Regelung auch dann nur mit dem die Haftungsgrenze von 100 000 €/jährlich übersteigenden Einkommen vorrangig vor den Leistungen der Grundsicherung. Weil in § 43 II 1 SGB XII lediglich vom Gesamteinkommen des Unterhaltspflichtigen, nicht aber von dessen Vermögen die Rede ist, hat sich die Auffassung durchgesetzt, dass Grundsicherung im Alter und bei Erwerbsminderung unabhängig von dem Vermögen eines dem Grunde nach unterhaltspflichtigen Elternteils oder Kindes zu bewilligen ist.[120]

467 b   Ob Unterhaltsansprüche **Einkommen i. S. von § 43 SGB XII** sind und damit den Anspruch auf Grundsicherung ausschließen können, hängt von der Unterhaltsbeziehung ab. Das SGB XII privilegiert in § 43 II 1 nur den Unterhalt von Verwandten, während es im Übrigen, insbesondere bei getrennt lebenden oder geschiedenen Ehegatten, beim grundsätzlichen Vorrang des Unterhalts vor der Sozialleistung verbleibt.

Jede von **nicht privilegierten** Unterhaltspflichtigen zugeflossene Unterhaltszahlung ist also als Einkommen zu behandeln. Das gilt auch für die von diesen Personen noch geschuldeten Unterhaltsleistungen, sodass der Berechtigte darauf verwiesen werden kann, zunächst das Bestehen eines Unterhaltsanspruches zu prüfen und diesen geltend zu machen.[121] Selbst wenn die Durchsetzung ungewiss oder die Vollstreckung gefährdet ist, sind die Anforderungen an eine Unzumutbarkeit der Anspruchserhebung erheblich höher anzusetzen als bei der Sozialhilfe, denn die Grundsicherung dient weder der Verhinderung akuter Notsituationen, noch kann, wie bei der Sozialhilfe mittels Anspruchsübergang nach § 94 SGB XII, beim Unterhaltsschuldner Rückgriff genommen werden.[122] Bei zweifelhafter Realisierbarkeit eines Unterhaltsanspruchs gegen nicht privilegierte Unterhaltspflichtige ist also zunächst Sozialhilfe zu beantragen; Grundsicherung tritt erst an deren Stelle, wenn Unterhalt auch von ihnen nicht erlangt werden kann. Aus denselben Gründen gilt auch nichts anderes, wenn der Unterhaltsanspruch gegen nicht privilegierte Unterhaltspflichtige auf fiktiven Einkünften beruht.

Unterhaltsleistungen **privilegierter** Verwandter sind hingegen nur dann ausnahmsweise als Einkommen zu werten und können den Anspruch auf Grundsicherung ausschließen, soweit sie in der Vergangenheit tatsächlich geflossen sind, um den Bedarf des Leistungsberechtigten zu decken.[123]

467 c   Umgekehrt ist die auf Grund eines stattgebenden Bescheids der Sozialbehörde gewährte Grundsicherung stets auch **Einkommen des Leistungsberechtigten** im unterhaltsrechtlichen Sinn und vermindert den Bedarf gegenüber privilegierten Unterhaltspflichtigen. Der **privilegierte** Unterhaltspflichtige (Verwandter in gerader Linie) kann den Berechtigten sogar auf die Inanspruchnahme der Grundsicherung verweisen, was zur fiktiven Anrechnung der daraus möglichen Einkünfte führt. Dieses folgt schon daraus, dass die eigenständige Grundsicherung weder einen Nachrang entsprechend § 2 SGB XII, noch einen Anspruchsübergang entsprechend § 94 SGB XII kennt und Verwandte in gerader Linie durch § 43 II SGB XII ausdrücklich entlasten will.[124]

---

[119] Dazu Steymans, FamRZ 2002, 1687

[120] BGH, FamRZ 2006, 1511, 1515 = R 658 f (zum Elternunterhalt)

[121] OLG Zweibrücken FamRZ 2003, 1850

[122] So auch Klinkhammer, FamRZ 2002, 997, 1000

[123] BGH, FamRZ 2007, 1158, 1159 f. = R 667 b; OLGR Saarbrücken 2005, 88; OLG Nürnberg FamRZ 2004, 1988; OLG Brandenburg FamRB 2004, 287; BVerwG ZMR 1998, 113 m. w. N. (zum Wohngeld)

[124] BGH, FamRZ 2007, 1158, 1159 f. = R 667 a mit Anm. Scholz; 2002, 1698, 1701 = R 580 c unter 3 f.; OLG Brandenburg JAmt 2006, 262; OLG Hamm FamRZ 2006, 125 (allerdings begrenzt auf

Gegenüber **nicht privilegierten** Unterhaltspflichtigen (getrennt lebende oder geschiedene Ehegatten) ist der Anspruch auf Grundsicherung nachrangig und deswegen für die Bedürftigkeit bedeutungslos. Ein Anspruch auf Grundsicherung kommt dann nur im Mangelfall in Betracht, wenn der vollständige Bedarf des Berechtigten durch den vorrangigen Unterhaltsanspruch gegenüber getrennt lebenden oder geschiedenen Ehegatten nicht gedeckt werden kann.[125]

Unbillige Ergebnisse entstehen auch dann nicht, wenn z. B. mit zwei Geschwistern Unterhaltspflichtige vorhanden sind, von denen nur einer die Einkommensgrenze von 100 000 €/jährlich überschreitet und deswegen nicht mehr nach § 43 II 1 SGB XII privilegiert ist. Wenn nur der privilegierte Sohn vorhanden wäre, könnte er sich auf den Nachrang seiner Unterhaltspflicht berufen. Umgekehrt haftet der nicht privilegierte Sohn vorrangig auf Unterhalt, weil der Unterhaltsanspruch gegen ihn bei der Ermittlung des Einkommens des Berechtigten berücksichtigt wird und nach § 43 II 6 SGB XII den Anspruch ausschließt. Da die Unterhaltspflichtigen aber nicht gesamtschuldnerisch sondern nach § 1606 III 1 BGB anteilig nach ihren Erwerbs- und Vermögensverhältnissen haften, verbleibt es dann bei der alleinigen Haftung des nicht privilegierten Sohnes. Selbst wenn dessen Haftungsgrenze keine vollständige Bedarfsdeckung ermöglichen würde, käme für den restlichen Bedarf ein Anspruch auf Grundsicherung in Betracht, was ebenfalls einen Rückgriff auf den privilegierten Sohn ausschließen würde.[126] Diese Regelung verstößt nicht gegen den Gleichheitssatz des Art. 3 I GG, weil auch die Unterhaltspflicht gegen den nicht privilegierten Sohn durch die Einkommensgrenze des § 43 II 1 SGB XII begrenzt ist (a. A. Scholz Rn. 8/160). Mit seinem darunter liegenden Einkommen haftet er neben dem anderen Sohn nur insoweit anteilig nach den Einkommens- und Vermögensverhältnissen, als der Unterhaltsbedarf nicht schon durch den dann vorrangigen Anspruch auf Grundsicherung gedeckt ist.

Beispiel:[127]
Die 70-jährige O ist verwitwet. Sie hat einen Bedarf von 730 EUR, wohnt in einer Mietwohnung (Wohnungskosten: 300 EUR) und bezieht eine Rente von 400 EUR.
Tochter T ist allein stehend und bezieht ein bereinigtes Einkommen von 2100 EUR.
a) Unterhaltsberechnung ohne Berücksichtigung der Grundsicherung:

Bedarf der O	730 EUR	
abzüglich Rente	400 EUR	
ungedeckter Bedarf	330 EUR.	330,00 EUR
Leistungsfähigkeit der T:		
Einkommen	2100 EUR	
abzüglich Selbstbehalt	1250 EUR	
Leistungsfähigkeit ¹/₂ ×	850 EUR	
Unterhaltsanspruch		330,00 EUR.

b) Unterhaltsberechnung unter Berücksichtigung der Grundsicherung nach dem SGB XII:

Ungedeckter Bedarf (s. o.)		330,00 EUR
Abzüglich Grundsicherung		
– Regelsatz nach § 28 SGB XII[128]	293,00 EUR	
– Kranken- und Pflegeversicherung	29,20 EUR	
– Kosten Unterkunft/Heizung (§ 29 SGB XII)	300,00 EUR	
Summe der Grundsicherung	622,20 EUR	
Abzüglich Rente (§ 41 II SGB XII)	400,00 EUR	
Zu leistende Grundversorgung	222,20 EUR	222,20 EUR
Unterhaltsanspruch		107,80 EUR.

Leistungen nach den GSiG); OLG Nürnberg FamRZ 2004, 1988 (bei Obliegenheitsverstoß); OLG Hamm FamRZ 2004, 1807; OLG Oldenburg FamRZ 2004, 295
[125] A. A. OLG Bremen FamRZ 2005, 801
[126] Anders Klinkhammer FamRZ 2002, 997, 1003
[127] Vgl. zum früheren GSiG Klinkhammer, FamRZ 2002, 997, 1002
[128] Vgl. FamRZ 2005, 1386 sowie die Homepage: www.bmgs.bund.de/downloads/regelsaetze

II. Freiwillige unentgeltliche Zuwendungen eines Dritten

468   Freiwillige Zuwendungen eines Dritten (z. B. durch einen nahen Angehörigen) können in Barleistungen (auch in Form eines zinslosen Kredits) und Sachleistungen (z. B. kostenloser Wohnungsgewährung) bestehen. Solche Leistungen, durch die allenfalls einer nur sittlichen Pflicht entsprochen wird, werden den Zuwendungen auf Grund rechtlicher Verpflichtung nicht gleichgestellt und mindern in der Regel die Bedürftigkeit des Berechtigten nicht. Es ist daher stets zu klären, ob der Berechtigte einen rechtlichen Anspruch auf solche Leistungen hat. Besteht kein solcher rechtlicher Anspruch (wie in der Regel bei freiwilligen Leistungen), hängt die Anrechenbarkeit einer solchen Leistung grundsätzlich **vom Willen des Zuwendenden** ab.[129] Liegt keine ausdrückliche Willensbestimmung des Zuwendenden vor, lässt sie sich in der Regel aus den persönlichen Beziehungen der Beteiligten zueinander erschließen.[130] Geht dieser Wille, wie in der Regel, dahin, den Berechtigten zusätzlich zu unterstützten, ohne den Verpflichteten von dessen Unterhaltspflicht zu entlasten, ist die Zuwendung unterhaltsrechtlich nicht zu berücksichtigen.[131] Wird größeres Kapital geschenkt, so sind aber die hieraus erzielbaren Zinsen als eigenes Einkommen zu berücksichtigen.[132] Nur ausnahmsweise können die freiwilligen unentgeltlichen Zuwendungen eines Dritten selbst im Mangelfall bei der Billigkeitsabwägung ganz oder teilweise berücksichtigt werden (Rn. 5/100).[133] Wird der Dritte selbst auf Unterhalt in Anspruch genommen, kann er seine freiwilligen Leistungen in keinem Fall unterhaltsmindernd absetzen. Leistet allerdings ein Elternteil Unterhalt für ein gemeinsames Kind ohne hierzu verpflichtet zu sein, muss der andere Elternteil diese Zahlungen nach Treu und Glauben gegen sich gelten lassen, solange er die Zahlungen beanstandungslos entgegengenommen hat.[134]

469   Zuwendungen in diesem Sinn können auch **Naturalleistungen** sein, wie etwa persönliche Dienstleistungen in Form von Pflege und Betreuung, für die der Leistungsempfänger andernfalls bezahlen müsste. Wird z. B. ein unterhaltspflichtiger Behinderter von seiner Ehefrau umsonst gepflegt, steht ihm in Höhe der „eingesparten" Mittel ein Freibetrag zu, wenn der Ehepartner nur ihn unterstützen will.[135] Das Gleiche gilt, wenn die neue Ehefrau eines Unterhaltspflichtigen unentgeltlich Kinder aus der ersten Ehe betreut.[136] Auch der geldwerte Vorteil, den der Pflichtige dadurch hat, dass er mietfrei im Haus eines neuen Partners lebt, kann nicht ohne weiteres seinen sonstigen Einkünften hinzugerechnet werden.[137] Allerdings sind in solchen Fällen die durch die gemeinsame Haushaltsführung ersparten Kosten der Lebenshaltung zu berücksichtigen.[137a]

Am Merkmal einer unentgeltlichen Zuwendung fehlt es in der Regel, wenn der Berechtigte seinerseits gegenüber dem Dritten unentgeltliche Leistungen (z. B. Versorgungsleistungen; vgl. Rn. 471 ff.) erbringt.[138] Wirtschaftlich gesehen handelt es sich hierbei in Wirklichkeit um **vermögenswerte Gegenleistungen,** die geeignet sein können, die Zuwendungen des Dritten abzugelten. In Höhe des Wertes der Gegenleistungen sind dann die Zuwendungen als Einkommen im Wege der Differenzmethode zu berücksichtigen.[139] Die Höhe des Betrages hat das Gericht unter Berücksichtigung der Umstände des Einzel-

---

[129] BGH, FamRZ 2005, 967, 969 = R 629 b; 1995, 537 = R 493 b; 1993, 417, 419 = R 458

[130] BGH, FamRZ 2005, 967, 969 = R 629 b

[131] BGH, FamRZ 2000, 153, 154 = R 534 c; 1995, 537, 538 f. = R 493 b; 1988, 159; 1985, 584; 1980, 40, 42

[132] OLG Köln, FamRZ 1993, 711

[133] BGH, FamRZ 2000, 153, 154 = R 534 c; 1999, 843 = R 533 c

[134] OLGR Hamm 2000, 326

[135] BGH, FamRZ 1995, 537 = R 493 a; OLGR Hamm 1997, 205; OLG Hamm FamRZ 1990, 405

[136] BGH IVb ZR 379/81 vom 29. 6. 1983 zit. in BGH, FamRZ 1995, 537 = R 493 a

[137] OLG Bamberg, FamRZ 1996, 628; OLG München FamRZ 1996, 169

[137a] BGH, FamRZ 2008, 594 = R 688

[138] OLG Hamm NJWE-FER 2000, 249

[139] BGH FamRZ 2004, 1170 = R 612; 2004, 1173 = R 611

falls zu ermitteln und gegebenenfalls nach § 287 ZPO (s. dazu Rn. 6/728 f.) zu schätzen.[140]

Dritter in diesem Sinn kann beim **Kindesunterhalt** auch der andere Elternteil sein.[141] **470** Nach der Lebenserfahrung kann zwar grundsätzlich nicht angenommen werden, dass ein Elternteil den anderen nach der Trennung von dessen gesetzlicher Unterhaltsverpflichtung entlasten will, wenn er trotz Leistungsunfähigkeit Sachleistungen, z. B. in Form der Wohnungsgewährung, an das gemeinsame volljährige Kind erbringt. Soweit der Elternteil diese Leistungen aber mit dem noch an ihn ausgezahlten Kindergeld verrechnet und dieses entgegen § 1612 b I BGB nicht an das volljährige Kind auskehrt, entlasten die – dann entgeltlich erbrachten – Leistungen den barunterhaltspflichtigen anderen Elternteil.[142] (zur Berücksichtigung freiwilliger Zuwendungen eines Dritten oder eines Elternteils an Kinder vgl. Rn. 2/100 ff.; zu Zuwendungen eines **Lebensgefährten des Kindes** vgl. Rn. 2/105).

III. Zuwendungen eines neuen Partners an den Berechtigten sowie Gegenleistungen des Berechtigten an den neuen Partner

1. Allgemeines

Grundsätzlich gelten die Ausführungen zu Rn. 468 f. auch für das Verhältnis von Personen, die in eheähnlicher Lebensgemeinschaft zusammenleben, da die eheähnliche Lebensgemeinschaft als solche keine Rechtsbeziehungen und gegenseitige Rechtsansprüche zwischen den Partnern schafft. Deshalb mindern an sich freiwillige Zuwendungen des neuen Partners an den Berechtigten dessen Bedürftigkeit nicht, weil der Berechtigte auf solche Zuwendungen keinen Rechtsanspruch hat und sein neuer Partner nach der Lebenserfahrung nur ihn unterstützen, aber nicht den früheren Partner von dessen Unterhaltspflicht entlasten will. Dies gilt im Prinzip für alle Leistungen des neuen Partners, vor allem für die **Wohnungsgewährung** (s. Rn. 478), finanzielle Zuwendungen und ähnliche Leistungen.[143]

2. Zur Anrechnung von Leistungen des neuen Partners

Führt der **Unterhaltsberechtigte** seinem neuen Partner allerdings den **Haushalt**[144] oder **472** erbringt er ihm sonstige Versorgungsleistungen (Wohnungsgewährung u. ä.), so können dessen Bar- und Sachleistungen nicht mehr als unentgeltlich beurteilt werden (vgl. auch Rn. 4/266 ff.). Sie beinhalten dann wirtschaftlich eine Vergütung für die ihm erbrachten Versorgungsleistungen (vgl. aber Rn. 475, 480 sowie 4/231 a, 232 ff.). Dabei kommt es nicht darauf an, ob die beiden Partner ausdrücklich entsprechende Absprachen getroffen haben. Der wirkliche Wert der Leistungen, die der Berechtigte von seinem neuen Partner unter Berücksichtigung dessen Leistungsfähigkeit erhält oder erhalten müsste, ist als **Surrogat** früherer Kindererziehung und Haushaltstätigkeit im Wege der Differenzmethode in die Unterhaltsbemessung einzubeziehen.[145] Die geldwerten Versorgungsleistungen sind insoweit nicht anders zu beurteilen, als wenn ein Unterhaltsberechtigter eine bezahlte Tätigkeit im Haushalt annehmen würde.[146] Selbst wenn die Erwerbsfähigkeit des Unterhaltsberechtigten eingeschränkt ist, er aber dennoch einen neuen Partner versorgt, ist davon auszugehen, dass er die häusliche Tätigkeit zusätzlich zu seiner sonstigen Erwerbstätigkeit übernehmen kann.

---

[140] BGH, FamRZ 1983, 146; 1980, 665, 668; 1980, 40, 42; OLG Hamm FamRZ 2000, 1285
[141] Vgl. OLGR Hamm 2000, 326
[142] BGH, FamRZ 2006, 99, 101 = R 641 e
[143] BGH, FamRZ 1995, 537 = R 493 b; 1980, 40, 42; 1980, 879, 880, OLG Hamm FamRZ 2000, 1285
[144] Zur Hausmannrechtsprechung beim Unterhaltspflichtigen vgl. BGH. FamRZ 2006, 1827, 1828 = R 660 a, b; 2006, 1010, 1012 = R 650; siehe auch Rn. 2/172 ff.
[145] BGH, FamRZ 2004, 1170 = R 612; 2004, 1173 = R 611
[146] BGH, FamRZ 2001, 1693, 1694 = R 567

Sie ist deswegen regelmäßig nicht überobligationsmäßig.[147] Zur Ermittlung der angemessenen Vergütung ist daher stets zu klären, welche Zuwendungen dem Berechtigten von seinem neuen Partner zufließen und welchen anrechenbaren Wert diese haben.

473   Meist besteht die Zuwendung in der Bereitstellung der **Wohnung** (s. Rn. 478) und der (teilweisen) Übernahme von Kosten der allgemeinen Lebenshaltung, wie Heizung, Strom, Lebensmittel u. ä. Von den Gesamtkosten ist ein Abzug in Höhe des Betrages geboten, der erforderlich ist, um die durch die Versorgung des neuen Partners verursachten Ausgaben zu bestreiten. Im Allgemeinen werden die gesamten Zuwendungen des neuen Partners abzüglich eines solchen Abschlags für eigene Mehraufwendungen für die Abgeltung der hauswirtschaftlichen Tätigkeit und sonstige Versorgungsleistungen des Berechtigten bestimmt sein, so dass es in der Regel gerechtfertigt sein wird, die Zuwendungen in diesem Umfang beim Berechtigten als Einkommen zu berücksichtigen.[148] Über den Umfang der Betreuungs- und Versorgungsleistungen sind richterliche Feststellungen zu treffen; dabei handelt es sich in der Regel um Instandhaltungs- und Pflegearbeiten in der Wohnung, Waschen der Wäsche, Einkaufen, Überlassung von Haushaltsgeräten, Kochen, Betreuung von Kindern des neuen Partners u. ä.[149]

3. Zur fiktiven Anrechnung einer angemessenen Vergütung für Versorgungsleistungen des Unterhaltsberechtigten

474   Erbringt der neue Partner seinerseits keine Leistungen oder bleibt sein Beitrag hinter dem tatsächlichen Wert der **Versorgungsleistungen** zurück, die ihm der Berechtigte gewährt, muss der wirkliche Wert der vom Berechtigten erbrachten Leistungen in entsprechender Anwendung des § 850 h ZPO als maßgeblich angesehen werden. Eine solche kostenlose und verhältnismäßig gering vergütete Leistung für den neuen Partner kann hier ebenso wenig zu Lasten des unterhaltspflichtigen Ehegatten gehen, wie im Bereich des § 850 h ZPO zum Nachteil eines Gläubigers. Deshalb muss sich der Berechtigte in derartigen Fällen grundsätzlich eine angemessene Vergütung für seine Dienste anrechnen lassen.[150] Ist der neue Partner zu einer solchen Vergütung nicht in der Lage, muss geprüft werden, ob der Berechtigte nicht zumindest im Umfang einer solchen angemessenen Vergütung anderweitig eine **Erwerbstätigkeit** finden könnte, wobei dem neuen Partner eine Mithilfe zugemutet werden kann, weil er sonst kostenlos die Leistungen des Berechtigten erhalten würde. Denn Zuwendungen des neuen Partners können nicht angerechnet werden, soweit dieser leistungsunfähig ist;[151] der neue Partner muss also **finanziell im Stande sein,** die ihm erbrachten Leistungen zu vergüten.[152] Bei relativ geringen Einkünften des neuen Lebenspartners ist allerdings zu berücksichtigen, dass dieser die Aufwendungen auch dann aus seinem geringen Einkommen finanzieren müsste, wenn er allein leben würde.[153] Das Einkommen des neuen Partners kann u. U. der Bescheinigung zum Lohnausfall für die Zeugenentschädigung entnommen werden.[154]

475   Bei einem Anspruch auf Betreuungsunterhalt nach § 1570 BGB sind solche Versorgungsleistungen neben der Kindesbetreuung **zumutbar** und deshalb im Rahmen der §§ 1577 I, 1578 I BGB bei der Bemessung des eheangemessenen Unterhalts zu berücksichtigen.[155] Bei der zuzurechnenden Vergütung handelt es sich allerdings nicht um Einkünfte aus Erwerbs-

---

[147] Zur Berücksichtigung überobligationsmäßiger Einkünfte vgl. BGH, FamRZ 2005, 1154, 1156 = R 630 c–e; s. auch Rn. 1/540 ff.

[148] BGH, FamRZ 1980, 40, 42

[149] BGH, FamRZ 1989, 487

[150] BGH, FamRZ 2004, 1170 = R 612; 1984, 662; 1980, 665, 668; 1980, 879; OLGR Koblenz 1997, 205; OLGR Hamm 2000, 326; OLGR Hamm 2000, 236, a. A. OLG München FamRZ 2006, 1535

[151] BGH, FamRZ 1985, 273

[152] BGH, FamRZ 1989, 487

[153] BGH, FamRZ 1987, 1011, 1013 (für ein Nettoeinkommen von 1366 DM im Jahre 1987)

[154] OLG Hamm, FamRZ 1993, 1450

[155] BGH, FamRZ 1995, 343 = R 489 a; 1987, 1011

tätigkeit, sondern um eine besondere Art anderweitiger Deckung des Unterhaltsbedarfs, den unberücksichtigt zu lassen unbillig wäre.[156] Eine solche Vergütung, die jederzeit wegfallen kann, darf auch nicht einer unterhaltssichernden Erwerbstätigkeit nach § 1573 IV BGB gleichgesetzt werden.[157] Wenn der Unterhaltsberechtigte bereits im Rahmen seiner Erwerbsobliegenheit sonstiges Einkommen erzielt, darf die Versorgungsleistung nach § 850 h ZPO gleichwohl nicht unberücksichtigt bleiben. Selbst soweit sie neben einer vollschichtigen Erwerbstätigkeit überobligationsmäßig ist, kann deren Entgelt nach den zu § 1577 II BGB entwickelten Grundsätzen **mindestens teilweise** in die Unterhaltsberechnung einbezogen werden[158] (vgl. hierzu auch Rn. 550). Macht der Verpflichtete derartige Versorgungsleistungen geltend, obliegt es dem Bedürftigen, dies zu widerlegen.[159]

4. Zur Bemessung der angemessenen Vergütung

Die Höhe des anzurechnenden Betrages ist vom Gericht zu ermitteln. Dabei ist – **476** ausgehend vom Umfang der Versorgungsleistungen und dem Wert der Wohnungsgewährung – vor allem auf den **objektiven Wert** abzustellen, den die Haushaltsführung und die sonstigen Vermögensleistungen für den Partner unter Berücksichtigung dessen Einkommens haben.[160] Bei dieser Ermittlung können Richtsätze, die auf die angegebenen Verhältnisse abgestimmt sind und der Lebenserfahrung entsprechen, sowie Richtlinien und Erfahrungssätze, die zur Bestimmung von Schadensersatzrenten für die Verletzung oder Tötung von Hausfrauen entwickelt worden sind, als Anhalt dienen, soweit nicht im Einzelfall besondere Umstände eine Abweichung gebieten.[161]

Die Bremer, Dresdener, Berliner, Kölner, Rostocker und Süddeutschen Leitlinien (s. **477** Rn. 7)[162] bewerten die Haushaltsführung in der Regel mit einem Betrag von 200 bis 550 €.[163] Bei Bestehen einer eheähnlichen Lebens- und Haushaltsgemeinschaft berücksichtigt das OLG Oldenburg in der Regel einen wirtschaftlichen Vorteil von 425 €, wenn nicht die Leistungsunfähigkeit des Partners feststeht.[164] Das OLG Frankfurt berücksichtigt für die Führung des Haushalts eines leistungsfähigen Dritten durch einen Nichterwerbstätigen regelmäßig ein fiktives Einkommen von 380 €, das OLG Koblenz und das OLG Düsseldorf ein solches von regelmäßig 350 € und das OLG Jena eines von 300 €. Das OLG Hamm fingiert für die Haushaltstätigkeit im Falle der Vollversorgung eine Vergütung von 250 bis 500 €.[165] Der BGH hat die Bewertung der Haushaltstätigkeit in kinderloser Ehe mit 400 DM revisionsrechtlich gebilligt.[166] **Gegenleistungen des neuen Partners gegenüber Kindern** des Berechtigten (z. B. Hausaufgabenüberwachung) können bei der Schätzung nicht berücksichtigt werden, weil der Vater des Kindes unterhaltsrechtlich nicht verpflichtet ist, dem neuen Partner die Beaufsichtigung der Kinder zu entgelten. Der Wert der Versorgungsleistungen für den neuen Partner ist daher ohne Abzug wegen dessen Betreuungsleistungen für Kinder des Berechtigten zu ermitteln.[167] Können solche Versorgungsleistungen im Ausnahmefall nicht angenommen werden, weil jeder Partner den auf ihn entfallenden Anteil selbst oder die hälfte der insgesamt anfallenden Arbeiten trägt, kann dennoch eine **Ersparnis von ca. 20–25% der Lebenshaltungskosten** zugrunde gelegt werden.[168]

---

[156] BGH, FamRZ 1988, 259, 263
[157] BGH, FamRZ 1987, 689
[158] BGH, FamRZ 2005, 1154 = R 630 c–e; 1995, 343 = R 489 a
[159] BGH, FamRZ 1995, 291 = R 487 b
[160] BGH, FamRZ 2001, 1693, 1694 = R 567
[161] BGH, FamRZ 1984, 662; 1980, 40, 42
[162] Jeweils unter Ziff. 6
[163] Vgl. BGH, FamRZ 2001, 1693, 1694 = R 567 mit Anm. Büttner
[164] Leitlinien Ziff. 6
[165] Leitlinien Ziff. 6; vgl. auch OLGR Hamm 2000, 346
[166] BGH, FamRZ 2001, 1693 = R 567 b
[167] BGH, FamRZ 1983, 146, 148
[168] BGH, FamRZ 2004, 792, 793 = R 605 b, c; OLG München FamRZ 2004, 485; OLG Hamburg, FamRZ 1987, 1044; OLG Frankfurt, FamRZ 1985, 957; a. A. OLG Karlsruhe FamRZ 2004, 1209

5. Zur Wohnungsgewährung durch den neuen Partner

478   Die hier zu behandelnden Fälle liegen in der Regel so, dass der **Unterhaltsberechtigte in der Wohnung** des neuen Partners aufgenommen wird und dort seine fiktiv zu bewertenden Versorgungsleistungen erbringt.[169] Wenn die Wohnungsgewährung isoliert betrachtet wird, ergibt sich folgendes Bild: Trägt der neue Partner die Wohnkosten allein, könnte der Berechtigte nicht den vollen Unterhalt verlangen, sondern nur einen solchen, der auf Grund der anderweitigen Deckung seines Wohnbedarfs reduziert ist; die Darlegungs- und Beweislast dafür, dass dies auf Grund einer konkreten Absprachen mit dem neuen Partner nicht der Fall ist, trägt die Unterhaltsberechtigte mit den sonstigen Voraussetzungen ihrer Bedürftigkeit.[170] Dann wäre der Unterhaltsbedarf zusätzlich zu der fiktiven Vergütung für die Haushaltstätigkeit um den Wohnbedarf, also etwa um 20–30%, gedeckt. Diese Sicht berücksichtigt allerdings die **Freiwilligkeit der Leistungen Dritter** (vgl. Rn. 468 f.) nicht hinreichend, weil für die Haushaltstätigkeit mit dem fiktiven Entgelt und der Wohnungsgewährung eine doppelte Gegenleistung des neuen Partners berücksichtigt würde. Ist die Haushaltstätigkeit durch das fiktive Entgelt voll abgegolten, bleibt als Rechtsgrund für die Wohnungsgewährung aber nur die Freiwilligkeit der Leistungen durch den neuen Lebenspartner. Der Wohnbedarf ist deswegen nur dann unterhaltsmindernd gedeckt, wenn die Wohnungsgewährung nicht als freiwillige Leistung Dritter sondern als Entgelt für die Haushaltstätigkeit erfolgt, was neben fiktiv zu bewertende Versorgungsleistungen regelmäßig nicht der Fall ist.[171]

Anders zu beurteilen ist die kostenlose Wohnungsgewährung des neuen Partners für die **in die Wohnung mit aufgenommenen Kinder** aus der früheren Ehe, da insoweit weder Gegenleistungen der Kinder vorliegen, noch nach der Lebenserfahrung ein Wille des neuen Partners auf Entlastung des barunterhaltspflichtigen Elternteils von dessen Unterhaltspflicht gegenüber den Kindern angenommen werden kann.[172] Der Kindesunterhalt ist somit in diesen Fällen ungekürzt zu zahlen.

IV. Unterhaltsleistungen als anrechnungsfähiges Einkommen

1. Grundsatz

479   Auch Unterhaltsleistungen, die ein Unterhaltspflichtiger von seinem Ehegatten erhält, zählen grundsätzlich zu seinem Einkommen. Weil diese Unterhaltsleistungen aber der **Deckung des eigenen angemessenen Bedarfs** dienen, muss der Unterhaltspflichtige sie nicht für den Unterhalt anderer Berechtigter, auch nicht für den seiner Kinder verwenden. Das gilt vor allem, wenn der Ehegattenunterhalt unter Vorwegabzug des Kindesunterhalts berechnet wurde.[173] Er ist aber auch sonst nicht dazu bestimmt, Unterhaltsverpflichtungen gegenüber Kindern zu erfüllen. Entsprechend wird auch der Bedarf des Ehegatten nicht dadurch erhöht, dass er von Kindern auf Unterhalt in Anspruch genommen wird.[174] Anderenfalls müsste der (neue) Ehegatte über den Umweg des Ehegattenunterhalts Kindesunterhalt zahlen, für den er nicht (mehr) haftet. Dies ist stets zutreffend, wenn der Empfänger die Unterhaltsleistungen braucht, um seinen eigenen angemessenen Unterhalt decken zu können, und er den Kindern nach § 1603 I BGB nur bis zur Grenze seines eigenen angemessenen Unterhalts haftet. Für diese Fälle ergibt sich unmittelbar aus § 1603 I BGB, dass aus einem Unterhalt, der den angemessenen eigenen Bedarf nicht übersteigt, kein Unterhalt für Kinder bezahlt werden muss.[175] Jedenfalls in diesem Rahmen kann der

---

[169] Vgl. OLG Nürnberg NJW-RR 1996, 1412

[170] BGH, FamRZ 1995, 343 = R 489 b

[171] OLG Hamm FamRZ 2001, 46; OLG Hamm FamRZ 2000, 1285; So auch Büttner, FamRZ 1996, 126, 138

[172] BGH, FamRZ 1980, 665, 669

[173] OLG Hamm, FamRZ 1992, 91

[174] BGH, FamRZ 1985, 273

[175] BGH, FamRZ 2006, 1827, 1828 = R 660 b; 2006, 1010, 1014 = R 651; 1991, 182 = R 430 a; 1980, 555

berechtigte Ehegatte seinen Unterhalt nach Belieben verwenden. Es ist ihm auch nicht verwehrt, den Unterhalt teilweise, z. B. für eine ergänzende Altersversorgung,[176] anzusparen. Durch eine solche freiwillige Einschränkung in der Lebensführung mindert sich seine Bedürftigkeit nicht. Diese mindert sich erst, wenn er seinen Bedarf dauerhaft zumindest teilweise aus eigenen Kräften oder mit eigenen Mitteln, etwa Zinseinkünften aus dem Ersparten, decken kann[177] (näher dazu s. Rn. 2/148; zum **Taschengeld**[178] s. Rn. 3/56).

2. Ausnahmen

Im Verhältnis von Eltern zu ihren **minderjährigen Kindern** besteht nach § 1603 II **480** BGB eine gesteigerte Unterhaltsverpflichtung der Eltern, die auf der besonderen familienrechtlichen Verantwortung der Eltern gegenüber minderjährigen und privilegierten volljährigen Kindern beruht.[179] Die Eltern sind dann verpflichtet, alle verfügbaren Mittel gleichmäßig zu ihrem Unterhalt und zum Unterhalt der Kinder zu verwenden. Den barunterhaltspflichtigen Elternteil trifft deswegen grundsätzlich eine Obliegenheit zur Aufnahme einer Erwerbstätigkeit, um dadurch wenigstens den eigenen notwendigen Lebensbedarf und den Mindestunterhalt der Kinder sicherzustellen (vgl. auch Rn. 2/172 ff.).[180] War der seinen Kindern unterhaltpflichtige Elternteil in seiner früheren Ehe erwerbstätig und hat er diese Erwerbstätigkeit zugunsten der Haushaltsführung und Kindererziehung in seiner neuen Ehe aufgegeben, kann dieser **Rollenwechsel** mit der sich daraus ergebenden Minderung seiner Erwerbseinkünfte nur ausnahmsweise akzeptiert werden. Das ist nur der Fall, wenn wirtschaftliche Gesichtspunkte oder sonstige Gründe von gleichem Gewicht, die einen erkennbaren Vorteil für die neue Familie mit sich bringen, im Einzelfall den Rollentausch rechtfertigen. Die minderjährigen Kinder aus erster Ehe müssen eine solche Einbuße ihrer Unterhaltsansprüche also nur hinnehmen, wenn das Interesse des Unterhaltpflichtigen und seiner neuen Familie an der Aufgabenverteilung ihr eigenes Interesse an der Beibehaltung der bisherigen Unterhaltssicherung deutlich überwiegt.[181]

Müssen die minderjährigen Kinder aus erster Ehe den Rollenwechsel in der neuen Familie hinnehmen, können sie für ihre Unterhaltsansprüche grundsätzlich nicht auf **Unterhaltsleistungen eines späteren Ehepartners** zurückgreifen. Denn aus Sicht des neuen Ehegatten liefe dies auf eine Unterhaltspflicht für die Kinder seines Ehegatten aus erster Ehe hinaus, die im Gesetz nicht vorgesehen ist.[182] Stattdessen ist der barunterhaltpflichtige Elternteil verpflichtet, neben der Kindererziehung in zweiter Ehe eine Nebenerwerbstätigkeit aufzunehmen. Diese Verpflichtung ergibt sich aus dem Gleichrang der minderjährigen Kinder aus beiden Ehen, die es dem Elternteil versagt, sich allein den Kindern aus einer Ehe zu widmen. Weil der neue Ehegatte es auch im Falle der Vollerwerbstätigkeit des den Kindern aus erster Ehe unterhaltpflichtigen Ehepartners hinnehmen müsste, dass die Einnahmen daraus nicht in voller Höhe dem Familienunterhalt zur Verfügung stünden, sondern teilweise für den Unterhalt der Kinder verwendet werden müssten, trifft ihn auch in dieser Konstellation nach dem Rechtsgedanken des § 1356 II BGB eine Pflicht, die Nebentätigkeit zu ermöglichen. Das durch die Nebentätigkeit erlangte eigene Einkommen kann der barunterhaltpflichtige Elternteil in vollem Umfang für den Unterhaltsanspruch seiner Kinder aus erster Ehe verwenden, soweit sein eigenen notwendiger Lebensbedarf durch den Anspruch auf Familienunterhalt gegen seinen zweiten Ehegatten gesichert ist.[183] Erzielt der barunterhaltpflichtige Elternteil wegen der Erziehung der Kleinstkinder in seiner neuen Ehe allerdings Erziehungsgeld oder Elterngeld (vgl. Rn. 85 f.), ist ihm daneben keine Erwerbstätigkeit zumutbar. An Stelle der Einkünfte daraus ist dann aber das Erziehungs- oder

---

[176] BGH, FamRZ 2006, 1511, 1513 = R 658 d
[177] BGH, FamRZ 1985, 582
[178] BGH, FamRZ 2006, 1827, 1830 = R 660 b; 2004, 366 = R 599
[179] BGH, FamRZ 1989, 170
[180] BGH, FamRZ 2006, 1827, 1828 = R 660 a, b; 2006, 1010, 1012 = R 651
[181] BGH, FamRZ 2006, 1827, 1828 = R 660 a; 2006, 1010, 1012 = R 651
[182] BGH, FamRZ 2006, 1827, 1830 = R 660 b
[183] BGH, FamRZ 2006, 1827, 1828 = R 660 b; 2004, 24 = R 660 a, b

Elterngeld für den Kindesunterhalt einzusetzen, sofern der eigene notwendige Lebensbedarf durch seinen Anspruch auf Familienunterhalt gesichert ist.[184]

Neben dem eigenen Einkommen aus Nebentätigkeit oder Erziehungs- bzw. Elterngeld muss der barunterhaltspflichtige Elternteil den von seinem zweiten Ehegatten geschuldeten Familienunterhalt nur insoweit für den Unterhaltsanspruch der Kinder aus erster Ehe einsetzen, als er seinen Anspruch auf **Taschengeld** betrifft. Dieser Teil des Familienunterhalts steht ihm zur Befriedigung seiner persönlichen Bedürfnisse nach eigenem Gutdünken und freier Wahl unabhängig von einer Mitsprache des anderen Ehegatten zur Verfügung. Im Rahmen seiner gesteigerten Unterhaltspflicht nach § 1603 II BGB hat er diese Geld deswegen ebenfalls für den Kindesunterhalt zu verwenden, wenn sein eigener notwendiger Lebensbedarf durch den Familienunterhalt im Übrigen vollständig gedeckt ist. Wegen der Beschränkung auf den frei verfügbaren Teil des Familienunterhalts führt dies nicht zu einer indirekten Haftung der zweiten Ehefrau für den Unterhaltsanspruch der Kinder ihres Ehegatten aus erster Ehe.[185] Nur der Taschengeldanspruch ist im Rahmen der gesteigerten Unterhaltspflicht nach § 1603 II BGB als Einkommen zu berücksichtigen.

481 Erhält der berechtigte Elternteil zusätzlich zu eigenen Erwerbseinkünften **Aufstockungsunterhalt nach § 1573 II BGB,** dann ist er ebenso zu Unterhaltsleistungen gegenüber seinen minderjährigen und volljährigen[186] Kindern verpflichtet, wenn sein Gesamteinkommen aus Unterhalt und Eigenverdienst höher ist als sein eigener (notwendiger oder angemessener) Lebensbedarf (vgl. Rn. 2/148). Dabei wird der eigene Lebensbedarf zunächst durch die Summe aus dem Erwerbseinkommen und dem Aufstockungsunterhalt gesichert. Soweit die Summe über diesen eigenen Lebensbedarf hinausgeht, wird der Unterhaltsanspruch der Kinder nicht aus seinem eigenen Unterhalt, sondern aus seinem Erwerbseinkommen geleistet.[187] Voraussetzung ist allerdings auch dann, dass ihm sein notwendiger bzw. angemessener Selbstbehalt verbleibt (siehe auch Rn. 480 und 5/1). Auch bei der Berechnung des Haftungsanteils nach § 1606 III 1 BGB bei beiderseitiger Barunterhaltspflicht der Eltern ist ein Aufstockungsunterhalt mit dessen Erwerbseinkommen zusammenzurechnen[188] (näher dazu s. Rn. 2/148).

V. Schmerzensgeld

482 Schmerzensgeld ist jedenfalls bei der Prüfung der Leistungsfähigkeit eines Elternteils gegenüber **minderjährigen Kindern** als Einkommen zu berücksichtigen. Das gilt allerdings nicht, wenn es nur oder neben einem ideellen Anteil den Ausgleich von Mehraufwendungen für Körper- und Gesundheitsschäden bezweckt und deswegen nach § 1610 a BGB vermutet wird, dass die Kosten der zusätzlichen Aufwendungen nicht geringer sind als das gezahlte Schmerzensgeld (vgl. Rn. 438 a, 443).[189] Auch wenn diese Vermutung widerlegt werden kann, ist das Schmerzensgeld bei vorliegenden Behinderungen nur teilweise als Einkommen anzurechnen oder andernfalls der Selbstbehalt maßvoll zu erhöhen.[190] Handelt es sich um Einkommen eines noch unterhaltsberechtigten Kindes, bleiben das Schmerzensgeld und ggf. auch die hieraus erzielten Einkünfte selbst dann unberücksichtigt, wenn das Kind inzwischen volljährig ist[191] (vgl. Rn. 421). Dies setzt im Rahmen der Billigkeit aber voraus, dass dem Verpflichteten ein angemessener Unterhalt verbleibt.

Beim **Ehegattenunterhalt** sind hingegen jedenfalls die Einkünfte aus dem Schmerzensgeld voll anzurechnen.[192] Mit dem Kapital selbst darf der Empfänger jedoch frei umgehen,

---

[184] BGH, FamRZ 2006, 1010, 1014 = R 651; 2001, 1065
[185] BGH, FamRZ 2006, 1827, 1830 = R 660 b; 2004, 366 = R 599 c
[186] OLG Hamm FamRZ 1988, 1270 mit Anmerkung Däther FamRZ 1989, 507
[187] OLG Celle FamRZ 1998, 1614 (für Arbeitslosengeld)
[188] BGH, FamRZ 1986, 153
[189] OLG Hamm FamRZ 2003, 1771
[190] BGH, FamRZ 1989, 170
[191] OLG Düsseldorf, FamRZ 1992, 1097; BVerwG FamRZ 1995, 1348 (zum Einsatz des Schmerzensgeldes als Härte i. S. von § 88 III BSHG)
[192] BGH, FamRZ 1988, 1031; OLG Karlsruhe FamRZ 2002, 750

„um sich nach seinen Wünschen und Interessen einen gewissen Ausgleich für den erlittenen immateriellen Schaden zu ermöglichen" (vgl. Rn. 410 ff.).

VI. Zu den nicht als Einkommen anzurechnenden Geldeinkünften

Sozialhilfe,[193] die dem Unterhaltsbedürftigen nach den Vorschriften des SGB XII geleis- **483** tet wird, hat auf den Unterhaltsanspruch keinen Einfluss (zur Grundsicherung nach den §§ 41 ff. SGB XII vgl. aber Rn. 467 a ff.). Sie mindert die Bedürftigkeit des **Unterhaltsberechtigten** nicht, da sie wegen ihres subsidiären Charakters (§ 2 SGB XII) den Unterhaltspflichtigen nicht von einer Leistungspflicht befreien soll[194] (vgl. ausführlich Rn. 8/1 ff.). Wie die allgemeinen Leistungen des **Arbeitslosengeldes II** (vgl. insoweit Rn. 1/82) hat also auch die Sozialhilfe keine Einkommensersatz- sondern nur eine subsidiäre Unterhaltsersatzfunktion. Dieser Grundsatz gilt allerdings nur eingeschränkt, wenn der nach § 94 I 1 SGB XII vorgesehene Übergang des Unterhaltsanspruchs auf den Sozialhilfeträger ausnahmsweise gemäß § 94 II 1 SGB XII ausgeschlossen ist.[195] Dadurch soll der Unterhaltspflichtige in gleicher Weise wie der Unterhaltsberechtigte geschützt werden, was eine öffentlich-rechtliche Vergleichsberechnung erforderlich macht (vgl. Rn. 8/91 ff.). Ein Rückgriff des Sozialhilfeträgers gegen den Unterhaltspflichtigen scheidet nach § 94 III 1 Nr. 2 SGB XII aus, wenn der Anspruchsübergang eine unbillige Härte für ihn bewirken würde.[196] Dann ist die schon geleistete Sozialhilfe ausnahmsweise als bedarfsdeckend zu berücksichtigen. Ist ein Forderungsübergang ausgeschlossen, weil der Unterhaltsanspruch auf der Berücksichtigung **fiktiver Einkünfte** des Unterhaltsschuldners beruht, kann es nach § 242 BGB ausnahmsweise angebracht sein, auf Unterhaltsansprüche, die vor Zustellung der Klageschrift entstanden sind, Sozialhilfeleistungen ganz oder teilweise anzurechnen.[197]

Für den **Unterhaltspflichtigen** kann die allgemeine Sozialhilfe grundsätzlich schon deswegen nicht als Einkommen berücksichtigt werden, weil sie geleistet wird, um seine notwendigsten Bedürfnisse abzudecken. Nach ständiger Rechtsprechung des BVerfG und des BGH muss dem Unterhaltspflichtigen aber stets ein eigenes Einkommen verbleiben, das seinen eigenen notwendigsten Bedarf abdeckt.[198] Wie bei dem Arbeitslosengeld II (s. Rn. 1/83) treten allerdings Probleme auf, wenn die Gesamteinkünfte des Unterhaltspflichtigen seine notwendigsten Bedürfnisse übersteigen, weil bei der Bemessung der Sozialhilfe von einem anrechrechenbaren Nettoeinkommen Freibeträge abgesetzt werden (§ 82 III SGB XII). Während allein das Einkommen des Unterhaltspflichtigen seinen Selbstbehalt dann regelmäßig nicht übersteigt, kann er aus der Summe seines Einkommens und der ergänzenden Sozialhilfe zu Unterhaltsleistungen in der Lage sein. Weil die Sozialhilfe auch in diesen Fällen nicht zurück gefordert wird, muss der Unterhaltspflichtige diese zunächst für die Sicherung der eigenen notwendigen Bedürfnisse verwenden. Sein Einkommen benötigt der Unterhaltspflichtige dann nicht mehr in voller Höhe zur Sicherung seines eigenen Selbstbehalts. Dann kann er den Teil davon für Unterhaltszwecke einsetzen, der gemeinsam mit der ergänzenden Sozialhilfe den jeweiligen Selbstbehalt übersteigt.

Die **wiederaufgelebte Witwenrente** nach dem vorletzten Ehegatten gemäß §§ 46 III, **484** 90, 107, 243 IV, 269 II–IV SGB VI und § 44 II-V BVG bleibt als Einkommen unberücksichtigt, weil sie gegenüber dem Anspruch auf Witwenrente, Versorgung oder Unterhalt nach bzw. gegenüber dem letzten Ehegatten subsidiär ist[199] (zum Einkommen aus Renten allge-

---

[193] Siehe die Empfehlungen des Deutschen Vereins für öffentliche und private Fürsorge für die Heranziehung Unterhaltspflichtiger in der Sozialhilfe, FamRZ 2005, 1387

[194] BGH, FamRZ 2000, 1358, 1359 = R 543; 1999, 843 = R 533 b; 1984, 364, 366; 1983, 574; 1981, 30; OLG Hamm FamRZ 2000, 1091

[195] BGH, FamRZ 2000, 1358, 1359 = R 543; s. auch OLGR Koblenz 2005, 19; OLG Hamm FamRZ 2002, 751; FamRZ 2000, 1222; OLGR Koblenz 1999, 326

[196] BGH FamRZ 2004, 1097 = R 610

[197] BGH, FamRZ 2000, 1358; 1999, 843 = R 533 c; 1998, 818

[198] BGH, FamRZ 2006, 683, 684 = R 649 c; 1990, 849; BVerfG FamRZ 2004, 253; 2001, 1685

[199] BGH, FamRZ 1979, 211; OLGR Saarbrücken 1998, 446; OLG Hamm FamRZ 1987, 597

mein vgl. Rn. 438 ff.). Gleiches gilt für den Anspruch auf Witwenversorgung nach aufgelöster neuer Ehe gemäß § 61 III BeamtVG. Wegen des Nachrangs dieser wiederaufgelebten Renten- oder Versorgungsbezüge ist der Unterhaltsanspruch so zu berechnen, als existiere diese Rente nicht. Nach Rechtskraft des Unterhaltsurteils wird der Versorgungsträger die Rente oder die Versorgung entsprechend kürzen.[200] Diese Subsidiarität besteht grundsätzlich auch dann fort, wenn ein Unterhaltsanspruch nach § 1579 BGB beschränkt wird oder wenn der Anspruch auf den §§ 60 ff. EheG beruht.[201] Soweit ein Unterhaltsanspruch aber wegen Unbilligkeit nach § 1579 BGB entfällt, kann die wiederaufgelebte Witwenrente nicht als subsidiär dahinter zurücktreten.[202] Das gilt auch dann, wenn der dem Unterhaltspflichtigen verbleibende Betrag erheblich niedriger ist als die Bezüge des Berechtigten, so dass eine „Schieflage mit unterhaltsrechtlich unvertretbaren Ergebnissen" entsteht.[203]

485   Die **Arbeitnehmersparzulage** ist als zweckgebundene freiwillige Leistung des Arbeitgebers nicht anzurechnen (vgl. Rn. 55).[204]

485 a   Ein unterhaltspflichtiger **Untersuchungs- oder Strafgefangener** kann sich regelmäßig auf seine durch die Haft bedingte Leistungsunfähigkeit berufen. Das ist ihm nach Treu und Glauben nur ausnahmsweise verwehrt, wenn die Strafhaft auf einem Fehlverhalten beruht, das sich gerade auf die Unterhaltspflicht gegenüber dem Unterhaltsgläubiger bezieht.[205] Nur in solchen Fällen kommt deswegen eine Anrechnung fiktiver Einkünfte nach Höhe des auf dem allgemeinen Arbeitsmarkt erzielbaren Einkommens in Betracht (dazu allgemein Rn. 516 f.). Soweit er allerdings tatsächlich – als Freigänger oder innerhalb der Haft – Einkommen erzielt, ist dieses grundsätzlich bei der Unterhaltsbemessung zu berücksichtigen. Grenzen ergeben sich lediglich aus dem (auch insoweit zu wahrenden) Selbstbehalt[206] und der unterhaltsrechtlich verbindlichen konkreten Zweckbestimmung. Während der Haft kann der Gefangene Arbeitsentgelt nach § 43 StVollzG, Ausbildungsbeihilfe nach § 44 StVollzG, (Arbeits-)Ausfallentschädigung nach § 45 StVollzG oder Taschengeld nach § 46 StVollzG erhalten. Von diesen Bezügen darf der Gefangene mindestens 30 € monatlich als Hausgeld, bei Arbeit in einem freien Beschäftigungsverhältnis ein angemessenes Hausgeld, sowie das angemessene Taschengeld für den Einkauf oder anderweit verwenden. Nach § 49 StVollzG ist auf Antrag des Gefangenen zur Erfüllung einer gesetzlichen Unterhaltspflicht aus seinen Bezügen ein Unterhaltsbeitrag an den Unterhaltsberechtigten oder einen Dritten zu zahlen. Reichen seine Einkünfte nach Abzug des Hausgeldes und des Unterhaltsbeitrags nicht aus, um den Haftkostenbeitrag (§ 50 StVollzG) zu begleichen, wird der Unterhaltsbeitrag nur bis zur Höhe des nach § 850 c ZPO unpfändbaren Betrags gezahlt. Aus den Bezügen des Gefangenen ist ferner nach § 51 StVollzG ein Überbrückungsgeld zu bilden, das den Lebensunterhalt des Gefangenen und seiner Unterhaltsberechtigten für die ersten vier Wochen nach seiner Entlassung sichern soll. Bezüge des Gefangenen, die nicht als Hausgeld, Haftkostenbeitrag, Unterhaltsbeitrag oder Überbrückungsgeld in Anspruch genommen werden, stehen ihm nach § 52 StVollzG als Eigengeld wie Einkommen zur Verfügung.

485 b   **Hausgeld** erzielt er durch Arbeit zum Zwecke des Einkaufs von Nahrungs- und Genussmitteln, von Körperpflegemitteln oder zur Bezahlung von Postgebühren (§ 47 StVollzG). Die Höhe des Hausgeldes übersteigt auch unter Berücksichtigung der freien Unterkunft, Verpflegung, Bekleidung und Gesundheitsfürsorge den Mindestbedarf der notwendigen Ausgaben nicht und ist dem Strafgefangenen unter Berücksichtigung des Resozialisierungsgedankens auch bei gesteigerter Unterhaltspflicht nach § 1603 II 1 BGB zu belassen.[207] Etwas anderes kann dann gelten, wenn die notwendigen Bedürfnisse des Strafgefangenen durch

---

[200] BGH, FamRZ 1986, 889; 1979, 211; 1979, 470
[201] BGH, FamRZ 1986, 889; 1979, 470
[202] OLG Hamm NJW-RR 2006, 651
[203] OLG Düsseldorf, FamRZ 1998, 743 und 1996, 947 mit weiteren Nachweisen; OLG Koblenz FamRZ 1987, 1154
[204] BGH, DAVorm 1982, 263; FamRZ 1980, 984; OLG Karlsruhe FamRZ 2003, 1675
[205] BGH FamRZ 2002, 813 = R 573; 1982, 913; OLG Koblenz FamRZ 2004, 1313
[206] OLG Hamm FamRZ 2004, 1743 (Selbstbehalt eines Freigängers 280 €/mtl.); OLG Köln FamRZ 2004, 1744 (Selbstbehalt 480 €/mtl.)
[207] BGH, FamRZ 2002, 813 = R 573; 1982, 913; vgl. auch OLG Frankfurt NStZ 1994, 608

einen eigenen Unterhaltsanspruch abgedeckt sind. Dann kann das Hausgeld zur Befriedigung von Unterhaltsansprüchen gegen den Inhaftierten herangezogen werden (vgl. Rn. 480 f.).[208] Umgekehrt deckt das Hausgeld im Zusammenhang mit den sonstigen Leistungen, wie freie Unterkunft und Versorgung, den Unterhaltsbedarf eines inhaftierten Unterhaltsberechtigten, sodass daneben kein weiterer Unterhaltsbedarf mehr besteht.[209]

Im Gegensatz zum Hausgeld dient das **Überbrückungsgeld**[210] dem Unterhalt des Gefangenen und seiner Familie in den ersten vier Wochen nach seiner Haftentlassung (§ 51 I StVollzG). Da der Gefangene erst nach seiner Entlassung über dieses Geld verfügen kann, steht es auch unterhaltsrechtlich erst ab diesem Zeitpunkt zur Verfügung. Für Unterhaltsansprüche nach der Entlassung steht es nach dem Zweck zwar zur Verfügung, ist aber insbesondere bei Arbeitslosigkeit auf einen angemessenen Zeitraum aufzuteilen.[211]

10. Abschnitt: Fiktives Einkommen aus unterlassener zumutbarer Erwerbstätigkeit

Die tragenden Grundsätze des Unterhaltsrechts, nach denen   **486**
- nur bei Bedürftigkeit Unterhalt verlangt werden kann und
- bei Leistungsunfähigkeit kein Unterhalt geschuldet wird,

stellen nicht allein auf das tatsächlich vorhandene Einkommen und Vermögen ab. Daneben ist stets auch nach der Arbeits- und Erwerbsfähigkeit und somit nach den Ursachen einer Bedürftigkeit oder einer Leistungsunfähigkeit zu fragen. Im Einzelfall kann dies dazu führen, dass ein an sich Mitteloser keinen Unterhalt verlangen kann oder sogar seinerseits zum Unterhalt verpflichtet ist. **Dogmatisch** werden solche Ergebnisse dadurch abgesichert, dass bei selbstverschuldeter Mittellosigkeit in bestimmten Fällen **fiktive Einkünfte** zugerechnet werden. Fiktive Einkünfte sind somit sowohl bei der Leistungsfähigkeit des Verpflichteten (Rn. 487 ff.) als auch bei der Bedürftigkeit des Berechtigten (Rn. 519 f.) von Bedeutung. Bei der Bedarfsbemessung spielen sie hingegen keine große Rolle (Rn. 508 f.). Im Rahmen der **Prozesskostenhilfe** werden fiktive Einkünfte normalerweise nicht zugerechnet. Dies kann allenfalls dann geschehen, wenn es „andernfalls zu einer missbräuchlichen Inanspruchnahme von Prozesskostenhilfe durch arbeitsunlustige Personen käme" und die erzielbaren Einkünfte die Prozesskosten decken würden.[1] Auch die **Sozialhilfe** kennt keine Zurechnung fiktiver Einkünfte. Unterhaltsansprüche, die auf der Zurechnung fiktiver Einkünfte beruhen, gehen daher nach der Rechtsprechung des BGH nicht nach § 94 I 1 SGB XII auf den Sozialhilfeträger über[2] sondern verbleiben dem Unterhaltsberechtigten. Werden sie trotz des Bezugs von Sozialhilfe weiter verfolgt, kann ihm der Verpflichtete u. U. den Einwand unzulässiger Rechtsausübung entgegenhalten (siehe dazu Rn. 8/1 ff.).

Fiktive Einkünfte werden in erster Linie bei Verletzung von Erwerbsobliegenheiten zugerechnet. Damit befasst sich der vorliegende Abschnitt. Wird ein **Vermögen** nicht wirtschaftlich genutzt, können ebenfalls fiktiv erzielbare Einkünfte zugerechnet werden (siehe dazu Rn. 1/425 ff.). Zu fiktiven Einkommenserhöhungen wegen fiktiver Berücksichtigung von **Steuervorteilen** vgl. Rn. 1/583 ff. Fiktives Einkommen kann auch durch einen Verzicht auf öffentlich-rechtliche Hilfe entstehen, sofern diese Einkommensersatzfunktion haben. Wer z. B. als BAföG-Berechtigter aus Nachlässigkeit keinen Antrag stellt, kann so behandelt werden, als ob er BAföG-Leistungen erhielte[3] (vgl. Rn. 456 ff. sowie 8/279 ff.).

---

[208] OLG Zweibrücken FamRZ 1990, 553
[209] OLG Zweibrücken FamRZ 2004, 1291
[210] OLG Frankfurt NStZ-RR 2006, 156; OLG Karlsruhe NStZ 2006, 62; OLG Hamburg StV 2003, 403
[211] BGH, FamRZ 1982, 792, 794
[1] BVerfG NJW-RR 2005, 1725; OLG Karlsruhe, FamRZ 2004, 1120; OLG Naumburg FamRZ 2001, 924; OLG Koblenz FamRZ 1997, 376
[2] BGH, FamRZ 2000, 1358 = R 543 a; 1999, 843 = R 533; 1998, 818 = R 524 (jeweils zum früheren § 91 I 1 BSHG)
[3] BGH, FamRZ 1980, 126, 128; OLG Hamm, FamRZ 1998, 1612

I. Zurechnung fiktiver Einkünfte beim Unterhaltsschuldner

1. Allgemeine Grundsätze

487   Das Gesetz trifft keine besondere Bestimmung für den Fall, dass der Unterhaltspflichtige seine Leistungsunfähigkeit selbst herbeigeführt hat. Hieraus folgert der BGH, dass dessen Leistungsunfähigkeit grundsätzlich auch dann zu beachten ist, wenn sie von ihm selbst – auch schuldhaft – herbeigeführt wurde. Nur **ausnahmsweise** wird dem Verpflichteten „nach Maßgabe von Treu und Glauben" die Berufung auf seine Leistungsunfähigkeit verwehrt.[4] In der gerichtlichen Praxis werden in diesem Zusammenhang zwei unterschiedliche Fallgruppen behandelt.[5]

488   **Fall 1:** M verfügte über erhebliches Einkommen, so dass er gut für seine Angehörigen sorgen konnte. Nach der Scheidung vermindern sich seine Einkünfte dauerhaft mit der Folge, dass er seinen Unterhaltsverpflichtungen nur noch eingeschränkt nachkommen kann.
In diesem Fall geht es zunächst um die Frage, ob und in welchem Umfang sich der Einkommensrückgang auf den **Bedarf** der Unterhaltsberechtigten auswirkt. Danach geht es zusätzlich um die **Leistungsfähigkeit.**

- Nach der neuesten Rechtsprechung des BGH zu den wandelbaren ehelichen Lebensverhältnissen wirkt sich eine Einkommensreduzierung nicht nur auf den **Unterhaltsbedarf** der Kinder, sondern auch auf denjenigen des Ehegatten nach den ehelichen Lebensverhältnissen aus.[6] Das ist nur dann ausnahmsweise nicht der Fall, wenn die Reduzierung des Einkommens auf einer Verletzung der Erwerbsobliegenheit des Unterhaltspflichtigen beruht oder durch freiwillige berufliche oder wirtschaftliche Dispositionen des Unterhaltspflichtigen veranlasst ist und von ihm nicht durch zumutbare Vorsorge aufgefangen werden kann[7] (siehe dann Rn. 1/508 ff.). Regelmäßig hat die Reduzierung des Einkommens deswegen auch eine Herabsetzung des danach zu bemessenden Unterhaltsbedarfs zur Folge.
- Gleiches gilt für die **Leistungsfähigkeit** des Unterhaltspflichtigen. Ist ihm die Reduzierung seines Einkommens vorwerfbar, wird er in Höhe des bisherigen Unterhaltsbedarfs weiterhin als leistungsfähig angesehen. Das frühere Einkommen bleibt also weiterhin maßgeblich, auch wenn der Verpflichtete nicht mehr so viel verdient[7a] (hierzu vertiefend Rn. 1/494 ff.). Ist die Einkommensminderung hingegen nicht vorwerfbar und darf deshalb an das frühere Einkommen nicht angeknüpft werden, so ist auch die Leistungsfähigkeit auf der Grundlage der veränderten Einkünfte unter Abwägung der beiderseitigen Interessen neu zu bemessen (Rn. 502 ff.).

Fall 2: M hat noch nie gut verdient. Er hat zwar eine ordentliche Ausbildung, aus Bequemlichkeit geht er jedoch keiner regelmäßigen Arbeit nach und ist deshalb nicht in der Lage, Unterhalt zu leisten. Sein Vermögen ist so festgelegt, dass es keinen Ertrag bringt.
In diesem Fall kann bei der Bemessung des eheangemessenen **Bedarfs** nicht an ein früheres Einkommen angeknüpft werden. Der Unterhaltsbedarf ist dann allein auf der Grundlage einer fiktiven Einkommenszurechnung zu bemessen, wenn das Fehlen der Einkünfte nicht unverschuldet ist (vgl. Rn. 508 ff.). Entsprechend ist in diesem Fall auch die Leistungsfähigkeit isoliert zu ermitteln (dazu näher Rn. 494 ff., 502 ff.).[8]

489   Die Anrechnung fiktiver Einkünfte beruht auf folgenden Überlegungen:
Die Leistungsfähigkeit des Unterhaltsschuldners wird nicht nur durch sein tatsächlich vorhandenes Vermögen und Einkommen bestimmt, sondern auch durch seine **Arbeits- und**

---

[4] BGH, FamRZ 2002, 813 = R 573; 1985, 273, 275
[5] Vgl. die Gegenüberstellung in BGH, FamRZ 1987, 252; zu dieser Differenzierung s. auch Rn. 2/145
[6] BGH, FamRZ 2008, 968 = R 689 g; 2007, 793, 795 = R 674 a, b; 2006, 683, 685 = R 649 f–h; 2003, 590, 591 = R 586
[7] BGH, FamRZ 2008, 968 = R 689 g; 2006, 683, 685 = R 649 h; 2003, 590, 591 = R 586
[7a] BGH, FamRZ 2008, 872 = R 690
[8] Zur Erforderlichkeit der Differenzierung vgl. BGH, FamRZ 1997, 281 = R 509 f.

Erwerbsfähigkeit. Reichen seine tatsächlichen Einkünfte nicht aus, so trifft ihn unterhaltsrechtlich die Obliegenheit, die ihm zumutbaren Einkünfte zu erzielen, insbesondere seine Arbeitsfähigkeit so gut wie möglich einzusetzen und eine ihm mögliche Erwerbstätigkeit auszuüben. Kommt er dieser Erwerbsobliegenheit nicht nach, muss er sich so behandeln lassen, als ob er ein Einkommen, das er bei gutem Willen erzielen könnte, auch tatsächlich hätte. Zum unterhaltsrechtlich relevanten Einkommen werden daher auch Einkünfte gerechnet, die der Verpflichtete zumutbarerweise erzielen könnte, aber tatsächlich nicht erzielt.[9] Die Erwerbsobliegenheit verpflichtet grundsätzlich (mit Ausnahmen z. B. bei Kindererziehung) zur Aufnahme einer **Vollerwerbstätigkeit.** Grundsätzlich ist auch ein Unterhaltsschuldner, der eine sichere Teilzeitbeschäftigung hat, verpflichtet, sich nachhaltig um eine vollschichtige Erwerbstätigkeit zu bemühen. Stattdessen kann es aber auch zumutbar sein, das gegenwärtige Einkommen aus einer nicht vollschichtigen Berufstätigkeit durch eine zusätzliche Nebenbeschäftigung aufzubessern.[10] Neben eine vollschichtigen Berufstätigkeit besteht aber regelmäßig keine Verpflichtung zur Aufnahme einer **Nebentätigkeit** (s. Rn. 74 ff.).

Hat der Unterhaltsschuldner bislang noch keine vollschichtige Berufstätigkeit ausgeübt, setzt die Berücksichtigung fiktiver Einkünfte neben dem Vorwurf nicht ausreichender Bemühungen um einen solchen Arbeitsplatz auch die Feststellung voraus, dass er unter Berücksichtigung seiner persönlichen Qualifikation Einkünfte in der fiktiv zurechenbaren Höhe tatsächlich erzielen könnte.[11] Anders ist es, wenn der Unterhaltsschuldner leichtfertig eine Einkommensminderung herbeigeführt hat (Rn. 494 ff.). Dann kann ihm das zuvor erzielte Einkommen weiterhin fiktiv zugerechnet werden. Damit wird der in Ehekrisen häufig anzutreffenden Tendenz entgegengewirkt, zum Nachteil der Berechtigten vorhandenes Einkommen einzuschränken.[12] Kann dem Verpflichteten ein solcher Vorwurf gemacht werden, kommt es also nicht mehr darauf an, ob er seine früheren Einkünfte in Zukunft wieder erzielen kann. Er bleibt vielmehr im bisherigen Umfang leistungsfähig.[13] Verstöße gegen die Erwerbsobliegenheit können aber auch unabhängig von früheren Einkünften dazu führen, dass eine vorhandene Leistungsunfähigkeit nicht berücksichtigt wird (vgl. dazu Rn. 508 f.).

Gegenüber **minderjährigen Kindern** haben Eltern nach § 1603 II BGB eine verstärkte **490** Unterhaltspflicht und daraus folgend eine verstärkte Erwerbsobliegenheit. Sie sind minderjährigen Kindern gegenüber verpflichtet, alle verfügbaren Mittel zu ihrem und aller Kinder Unterhalt gleichmäßig zu verwenden. Deshalb dürfen sie in einer neuen Ehe nicht ohne Grund die Haushaltsführung und Kindererziehung übernehmen und auf eine eigene Erwerbstätigkeit verzichten.[14] Stets müssen die Eltern im Verhältnis zu minderjährigen Kindern ihre Arbeitsfähigkeit so gut wie möglich einsetzen und sich Einkünfte anrechnen lassen, die sie durch zumutbare Erwerbstätigkeit erreichen könnten.[15] Diese Verpflichtung legt ihnen nicht nur bei der Wahl ihres Arbeitsplatzes, sondern auch bei der Aufgabe einer Stellung Beschränkungen auf. Von den Eltern kann sogar in zumutbaren Grenzen sowohl ein Orts- als auch ein Berufswechsel verlangt werden, wenn sie auf diese Weise ihre Unterhaltspflicht erfüllen können.[16] Gegenüber dieser, sich als höherwertig erweisenden familienrechtlichen

---

[9] BVerfG FamRZ 2005, 1893; BGH, FamRZ 2005, 23, 24 = R 619; 2003, 1471, 1473; 1994, 372, 373 = R 473 c und 1987, 252 für Verstöße gegen Erwerbsobliegenheiten; 1990, 283, 288 für unterlassene Vermietung von Garagen; 1980, 126, 128 für nicht geltend gemachte BAföG-Einkünfte

[10] Vgl. aber BGH, FamRZ 2008, 594, 596 = R 688 und BVerfG FamRZ 2007, 273; OLG Karlsruhe FamRZ 2005, 1855; OLG Bamberg FamRZ 2005, 1114

[11] BGH, FamRZ 2003, 1471; OLG Karlsruhe FamRZ 2005, 1855; OLG Hamm FamRZ 2005, 803

[12] BGH, FamRZ 2008, 872 = R 690 b, c; OLG Karlsruhe FamRZ 2006, 223; OLG Hamm FamRZ 1999, 1528 zur bewussten unterhaltsbezogenen Aufgabe des Arbeitsplatzes

[13] BGH, FamRZ 2008, 872 = R 690 b, c; 1994, 372 = R 473 c; 1992, 1045, 1047 = R 448 a; 1988, 597, 599; 1987, 930, 932; 1987, 372, 374

[14] BGH, FamRZ 2006, 1827 = R 660 a; 2006, 1010, 1012 = R 651

[15] BGH, FamRZ 2003, 1471

[16] BGH, FamRZ 1980, 1113; OLG Koblenz FamRZ 2005, 650. Nach OLG Dresden in FamRZ 1997, 836 besteht die Obliegenheit, aus einem neuen Bundesland in ein altes Bundesland umzusiedeln, aber nur, wenn dort ein Arbeitsplatz konkret in Aussicht steht. Nach der gleichen Entscheidung besteht in der Regel aber keine Obliegenheit zu einer Nebentätigkeit während einer Umschulungsmaßnahme. Nach OLG Hamm FamRZ 1998, 42, 43 muss sich ein arbeitsloser

Unterhaltspflicht muss u. U. auch das Recht des unterhaltspflichtigen Elternteils auf freie Entfaltung seiner Persönlichkeit sowie auf freie Berufswahl zurücktreten[17] (vgl. auch § 10 SGB II). Allerdings setzt die Verpflichtung zu einer bundesweiten Arbeitssuche stets im Einzelfall die Prüfung voraus, ob dies dem Unterhaltspflichtigen unter Berücksichtigung seiner persönlichen Bindungen, insbesondere des Umgangsrechts und der Umgangspflicht mit seinen Kindern, zumutbar ist.[18] Von einem Landwirt mit unzureichendem Einkommen kann z. B. verlangt werden, dass er zur Nebenerwerbslandwirtschaft übergeht oder notfalls die Landwirtschaft ganz aufgibt und eine anderweitige volle Erwerbstätigkeit mit höheren Einkünften aufnimmt.[19] Gleiches gilt bei sonstiger selbständiger Tätigkeit, wenn über Jahre hinweg nur Verluste erwirtschaftet wurden[20] oder eine nachhaltige Sicherung des Unterhalts ausgeschlossen ist. Bei unverschuldeter Arbeitslosigkeit ist der Unterhaltspflichtige, der keine Aussicht auf eine neue vollzeitige Berufstätigkeit hat, wegen der gesteigerten Erwerbsobliegenheit (§ 1603 II BGB) zur Aufnahme einer geringfügigen Nebenbeschäftigung verpflichtet, weil nach § 141 SGB III ein Teil des Einkommens neben dem bezogenen Arbeitslosengeld I anrechnungsfrei verbleibt.[21] Es kann auch eine Verpflichtung zur beruflichen Weiterbildung bestehen (vgl. §§ 77 ff. SGB III), wenn auf diese Weise der Kindesunterhalt gesichert werden kann. Andererseits müssen unterhaltspflichtige Eltern im Interesse der Kinder auf eine Weiterbildung (z. B. weiterführende Schule oder Hochschulstudium) oder Umschulung verzichten, wenn sie eine zumutbare Erwerbstätigkeit in ihrem früheren Beruf finden können.[22] Demgegenüber hat eine Erstausbildung regelmäßig Vorrang vor der Unterhaltspflicht (s. Rn. 497).

Bei Eingriffen in die vom Unterhaltsschuldner gewählte Erwerbstätigkeit kommt es stets auf den Einzelfall an. Einem Oberarzt kann es wegen der regelmäßig günstigen Prognose durchaus gestattet sein, eine eigene Praxis zu gründen, auch wenn er in der Anlaufphase nur geringeren Unterhalt zahlen kann.[23] Die Einkommensreduzierung eines Polizeibeamten zur Vorbereitung des Aufstiegs in den gehobenen Polizeidienst ist von den Unterhaltsberechtigten hinzunehmen, wenn der Mindestunterhalt gewahrt und ihnen die Reduzierung unter Abwägung der beiderseitigen Interessen zumutbar ist.[24] Allerdings muss der gesteigerte Unterhaltspflichtige sich besonders intensiv um Arbeit bemühen und deswegen auch Aushilfstätigkeiten und Gelegenheitsarbeiten annehmen.[25] Wenn er eine Umschulung durchführt oder ein Studium aufgenommen hat, kann er verpflichtet sein, zeitweilig in dem früher ausgeübten Beruf tätig zu sein, soweit er damit den Mindestunterhalt seiner minderjährigen Kinder aufbringen kann.[26] In besonders gelagerten Fällen kann eine entsprechende Pflicht auch gegenüber dem **geschiedenen Ehegatten** bestehen, obwohl es insoweit an einer gesteigerten Unterhaltspflicht fehlt.[27]

491   Gegenüber **volljährigen Kindern** besteht keine gesteigerte Erwerbsobliegenheit. Ein Volljähriger, der sich nicht in Berufsausbildung befindet, ist in erster Linie für seinen Lebensunterhalt selbst verantwortlich (siehe Rn. 2/330 ff.). Hat er eine (ggf. mehrstufige)[28] Berufsausbildung abgeschlossen, ist er verpflichtet, seine eigene Arbeitskraft zur Sicherung seines notwendigen Unterhaltsbedarfs zu nutzen.[29] Für die Obliegenheit eines gesunden

---

Hilfsarbeiter „bundesweit" um Arbeit bemühen, wenn ihm ein konkreter Rat gegeben werden kann, in welcher anderen Region bessere Chancen für eine Hilfsarbeiterstelle bestehen
[17] BGH, FamRZ 2003, 1471, 1473; 1987, 930, 932; 1981, 341, 344; 1981, 539; 1980, 1113
[18] BVerfG FamRZ 2007, 469; 2006, 469
[19] BGH, FamRZ 1998, 357 = R 515 b; 1993, 1304
[20] BGH, FamRZ 2003, 741 = R 590 f.; OLG Koblenz FamRZ 2000, 288; OLG Dresden FF 2000, 31; vgl. aber OLG Hamm FamRZ 2004, 1514 und OLGR Stuttgart 2002, 231
[21] OLG Zweibrücken FamRZ 2000, 308, 309 m. Anm. Luthien
[22] BGH, FamRZ 1987, 930, 932; 1981, 539; 1980, 1113; OLGR Jena 2005, 584
[23] OLG Frankfurt/Main NJW-RR 1990, 1427
[24] OLG Bamberg FamRZ 2000, 307, 308
[25] OLG Hamburg FamRZ 1984, 924; OLG Koblenz, FamRZ 1984, 1225
[26] OLG Hamburg FamRZ 1991, 106; OLG Koblenz FamRZ 1991, 1475
[27] BGH, FamRZ 1981, 539 (unter Hinweis auf dem Gleichrang nach früherem Recht)
[28] BGH, FamRZ 2006, 1100 = R 654 b–d
[29] BGH, FamRZ 1985, 273; 1987, 930, 932

Volljährigen zur Nutzung seiner Arbeitskraft gelten dann ähnliche Maßstäbe wie beim Unterhaltsverpflichteten gegenüber minderjährigen Kindern (Rn. 1/489). Er ist gehalten, auch berufsfremde Tätigkeiten aufzunehmen und es sind ihm sogar Arbeiten unterhalb seiner gewohnten Lebensstellung zuzumuten.[30] Ehe er von seinen Eltern Unterhaltszahlungen verlangen kann, muss er zunächst selbst bis zur Zumutbarkeitsgrenze Opfer auf sich nehmen und im gesamten Bundesgebiet nach einer Arbeitsstelle als ungelernter Arbeiter suchen.[31] Diese eigene Erwerbsobliegenheit des volljährigen Kindes ist bei der Beurteilung der Erwerbsobliegenheit der Eltern stets mitzubeachten. Allerdings besteht regelmäßig auch gegenüber volljährigen Kindern eine Obliegenheit zur Ganztagsarbeit. Arbeitet ein Elternteil ohne besonderen Anlass nur halbtags, kann daher fiktiv ein Einkommen aus Ganztagstätigkeit angenommen werden.[32]

Wenn sich der Unterhaltspflichtige beruflich unter **Aufgabe seiner bisherigen Tä-** 492 **tigkeit** verändert und diese Veränderung für ihn eine voraussehbare zeitweise rückläufige Einkommensentwicklung zur Folge hat, muss er vorher sicherstellen, dass er den geschuldeten Unterhalt auch bei geringeren Einkünften erfüllen kann. Dies kann durch Kreditaufnahme oder vorherige **Rücklagenbildung** geschehen. Sonst darf er im Regelfall seine bisherige Tätigkeit nicht aufgeben.[33] Solche beruflichen Veränderungen können u. a. sein:
– Arbeitsplatzaufgabe, um sich selbstständig zu machen;[34]
– beruflicher Wechsel vom Krankenhausarzt zum frei praktizierenden Arzt;[35]
– Beginn einer weiteren Ausbildung nach vorangegangener Berufstätigkeit;[36]
– jede sonstige berufliche Veränderung.

Grundsätzlich hat die Erfüllung von Unterhaltspflichten Vorrang vor beruflichen Interessen des Verpflichteten.[37]

Auch bei fiktiven Erwerbseinkünften ist im Rahmen des Ehegattenunterhalts ein **Er-** 493 **werbstätigenbonus** zu berücksichtigen.[38] Kreditraten, die zuvor einkommensmindernd abgesetzt werden konnten sind auch weiterhin vom fiktiven Einkommen abzuziehen.[39] Im Rahmen der gesteigerten Unterhaltspflicht gegenüber minderjährigen Kindern kann im Einzelfall aber eine Pflicht zur Einleitung der **Verbraucherinsolvenz** gegeben sein, wenn der Unterhaltspflichtige neben den Kreditraten nicht wenigstens den Mindestunterhalt zahlen kann (s. auch Rn. 648 a).[40] Wird ein **Vermögen** nicht „so ertragreich wie möglich" genutzt, kommt auch insoweit eine fiktive Anrechnung der daraus erzielbaren Einkünfte in Betracht (vgl. Rn. 425 ff.). Bei der Prüfung, ob der Unterhaltspflichtige sein Vermögen und seine Arbeitskraft bestmöglich verwertet hat, obliegt ihm die **Darlegungs- und Beweislast** für eine Einschränkung oder den Verlust seiner Leistungsfähigkeit (vgl. Rn. 6/710 f.). Soweit der Unterhaltspflichtige sich auf eine von ihm nachgewiesene Leistungsunfähigkeit beruft, obliegt dem Unterhaltsberechtigten der Nachweis, dass eine Einkommensminderung gleichwohl unterhaltsbezogen leichtfertig eingetreten ist.[41]

---

[30] BGH, FamRZ 1985, 1245; 1985, 273
[31] OLG Zweibrücken, FamRZ 1984, 1250; OLG Köln, FamRZ 1983, 942; vgl. aber BVerfG FamRZ 2007, 469
[32] OLG Hamm, FamRZ 1998, 42
[33] BGH, FamRZ 1988, 145, 147; 1988, 256; 1987, 372, 374; OLGR Naumburg 2001, 55; OLG Hamm, FamRZ 1996, 959
[34] BGH, FamRZ 1987, 372, 374 = Rn. 436
[35] BGH, FamRZ 1988, 256; 1988, 145, 147; OLG Hamm, FamRZ 1996, 959
[36] BGH, FamRZ 1987, 930, 932
[37] BGH, FamRZ 1985, 782, 786; 1982, 365
[38] BGH, FamRZ 2005, 23 = R 619; 1991, 307, 310 = R 427 b
[39] OLG Hamm, FamRZ 1995, 1203
[40] BGH, FamRZ 2005, 608 = R 627 a–c; zur Bemessung des unterhaltsrelevanten Einkommens nach Eröffnung der Verbraucherinsolvenz vgl. BGH, FamRZ 2008, 137, 138 ff. = R 684 b–e; im Rahmen des Ehegattenunterhalts trifft den Unterhaltspflichtigen hingegen regelmäßig keine Obliegenheit zur Einleitung der Verbraucherinsolvenz vgl. BGH, FamRZ 2008, 497 = R 687
[41] OLG Karlsruhe FamRZ 2000, 1419; OLG Düsseldorf, FamRZ 1994, 926; a. A. OLG Hamm, FamRZ 1994, 755

2. Leistungsfähigkeit des Verpflichteten bei leichtfertig herbeigeführter Einkommensminderung (oder -verlust) durch Arbeitsaufgabe, Berufswechsel, berufliche Verselbstständigung oder sonstige berufliche Veränderung

494   Bei **Aufgabe seines Arbeitsplatzes** (z. B. durch eigene Kündigung), bei Arbeitgeberkündigung sowie bei Berufswechsel, beruflicher Verselbständigung oder sonstiger beruflicher Veränderung, die sich nachteilig auf Einkünfte auswirken, ist stets zu prüfen, ob der Verpflichtete eine sich daraus ergebende Leistungsunfähigkeit oder Leistungsminderung selbst **schuldhaft herbeigeführt** hat. Für den von § 1579 Nr. 4 BGB erfassten Fall einer vom Unterhaltsgläubiger selbst verursachten Bedürftigkeit hatte der BGB schon früh entschieden, dass für eine Verwirkung des Unterhaltsanspruchs zwar kein vorsätzliches Verhalten erforderlich ist, andererseits aber einfache Fahrlässigkeit nicht ausreicht. Erforderlich ist vielmehr ein leichtfertiges, vom üblichen sozialen Standard abweichendes Verhalten, bei dem sich die Vorstellungen und Antriebe, die diesem Verhalten zugrunde liegen, auch auf die Bedürftigkeit als Folge dieses Verhaltens erstrecken müssen (sog. unterhaltsbezogene Leichtfertigkeit). Leichtfertig in diesem Sinn handelt, wer seine Arbeitskraft oder sein Vermögen, also die Faktoren, die ihn in die Lage versetzen, seinen Lebensunterhalt selbst zu bestreiten, auf sinnlose Art aufs Spiel setzt und einbüßt. Dabei muss er sich unter grober Nichtachtung dessen, was jedem einleuchten muss, oder in Verantwortungslosigkeit und Rücksichtslosigkeit gegen den Unterhaltspflichtigen über die erkannten möglichen nachteiligen Folgen für seine Bedürftigkeit hinwegsetzen.[42] Im Gegensatz zur Bedürftigkeit des Unterhaltsberechtigten enthält das Gesetz zwar keine ausdrücklichen Regelungen zur selbst herbeigeführten Leistungsunfähigkeit des Unterhaltspflichtigen. Für diesen gesetzlich nicht besonders geregelten Fall der vom **Unterhaltsschuldner** selbst verursachten Leistungsunfähigkeit können allerdings keine geringeren Anforderungen gelten. Der BGH löst diese Lücke nach dem Grundsatz von **Treu und Glauben** (§ 242 BGB) unter Berücksichtigung der gesetzlichen Regelung zum Wegfall der Bedürftigkeit in § 1579 Nr. 4 BGB. Auch wer seine Leistungsunfähigkeit freiwillig selbst herbeigeführt hat, kann sich nur dann darauf berufen, wenn er nicht leichtfertig gehandelt und somit nicht gegen Treu und Glauben verstoßen hat.[43]

Unterhaltsrechtlich kann ein **selbstverschuldeter** aber doch ungewollter Verlust des Arbeitsplatzes nicht der freiwilligen Aufgabe einer versicherungspflichtigen Tätigkeit gleichgestellt werden. In solchen Fällen ist dem Unterhaltspflichtigen nur dann aus Treu und Glauben die Berufung auf seine Leistungsunfähigkeit verwehrt, wenn es sich bei dem Fehlverhalten um eine schwerwiegende und nicht nur durch leichteres Verschulden geprägte Tat handelt, und die dieser zugrunde liegenden Vorstellungen und Antriebe sich auch auf die Verminderung der unterhaltsrechtlichen Leistungsfähigkeit als Folge des Verhaltens erstreckt haben.[44] Erforderlich ist somit, dass sich das für den Verlust des Arbeitsplatzes ursächliche Verhalten seinerseits als Verletzung seiner Unterhaltspflicht darstellt. Für diesen unterhaltsrechtlichen Bezug (auch einer Straftat) reicht es nicht aus, dass ein Verhalten für den Verlust des Arbeitsplatzes kausal geworden ist oder dass sich der Verlust des Arbeitsplatzes außer auf den Lebensstandard des Unterhaltspflichtigen auch auf denjenigen seiner unterhaltsberechtigten Angehörigen auswirkt. Deswegen ist grundsätzlich ein Fehlverhalten erforderlich, dass sich gerade auf seine Unterhaltspflicht bezieht. Selbst wenn es aber an einem solchen objektiven Unterhaltsbezug fehlt, kann sich ein für den Verlust des Arbeitsplatzes ursächliches Fehlverhalten im Einzelfall als Verletzung seiner Unterhaltspflicht darstellen. Dazu bedarf es jedoch einer auf diesen Einzelfall bezogenen Wertung dahin, ob die der Tat zugrunde liegenden Vorstellungen und Antriebe des Täters sich gerade auf die Verminderung seiner unterhaltsrechtlichen Leistungsfähigkeit als Folge seines Verhaltens erstreckt haben. Dabei bietet die Vorhersehbarkeit des Arbeitsplatzverlustes für sich genommen kein geeignetes Kriterium, um den unterhaltsrechtlichen Bezug einer vom Unterhaltsschuldner

---

[42] BGH, FamRZ 2001, 541; 2000, 815; 1988, 375; 1984, 364, 367 f.; 1981, 1042, 1044 f. (jeweils zum früheren § 1579 Nr. 3 BGB)
[43] BGH, FamRZ 2003, 1471, 1473; 2000, 815, 816 f. = R 541; 1994, 240
[44] BGH, FamRZ 1994, 240

begangenen Straftat zu begründen[45] (vgl. Rn. 516). Dem Unterhaltsschuldner ist die Berufung auf die eigene Leistungsunfähigkeit vielmehr nur dann versagt, wenn er seine Leistungsunfähigkeit durch **unterhaltsbezogene Mutwilligkeit** herbeigeführt hat, die allerdings nicht stets vorsätzliches Handeln erfordert, sondern auch leichtfertig herbeigeführt sein kann. In Anlehnung an die Regelungen zum Wegfall der Bedürftigkeit des Unterhaltsberechtigten bejaht der BGH[46] also auch beim Unterhaltspflichtigen eine Anrechnung fiktiven Einkommens nur bei schuldhaftem Verhalten.

Ein solches schuldhaftes Verhalten liegt vor,   **495**
– wenn der Pflichtige seinen Arbeitsplatz aufgibt, um sich der Unterhaltspflicht zu entziehen oder um seine Einkünfte zu vermindern oder zu verschleiern,
– wenn der Pflichtige bewusst seine wirtschaftliche Existenz zerstört oder absichtlich gebummelt hat,
– wenn er seinen Arbeitsplatz infolge eines mutwilligen oder verantwortungslosen oder zumindest leichtfertigen Verhaltens verloren hat.

Dabei hält der BGH an früheren Formulierungen, wie Aufgabe des Arbeitsplatzes „ohne zureichenden Grund" oder „ohne vernünftigen Grund" nicht mehr fest, sondern verlangt stets eine **„unterhaltsbezogene Leichtfertigkeit"** zumindest in der Schuldform der **bewussten Fahrlässigkeit,** die als Regelfall angesehen wird,[47] also schuldhaftes Verhalten in der Form eines zumindest leichtfertigen Verhaltens.[48]

Nach dieser Rechtsprechung des BGH ist eine tatsächlich bestehende Leistungsunfähig- **496** keit allerdings **grundsätzlich zu beachten,** und zwar selbst dann, wenn der Verpflichtete sie durch freiwillige Aufgabe seines Arbeitsplatzes herbeigeführt hat.[49] Nur schwerwiegende Gründe sind geeignet, ihm nach Treu und Glauben im Verhältnis zu Ehegatten und Kindern die Berufung auf seine Leistungsunfähigkeit zu verwehren. Ein solcher Verstoß gegen Treu und Glauben kann im Allgemeinen nur angenommen werden, wenn sich der Verpflichtete verantwortungslos oder zumindest leichtfertig verhalten hat.[50] Dieser Vorwurf verantwortungslosen Verhaltens setzt voraus, dass dem Verpflichteten die Verantwortungslosigkeit seines Verhaltens nach seinen Erkenntnismöglichkeiten einsichtig war.[51] Ob dies der Fall ist, kann sich vor allem aus dem Bezug seines Verhaltens zur Unterhaltspflicht ergeben.

Die Annahme eines **zumindest leichtfertigen Verhaltens** erfordert stets eine genaue **497** Bewertung und Abwägung aller maßgeblichen Umstände des Einzelfalles.[52] Dabei sind vor allem folgende Umstände abzuwägen:
– der bisherige berufliche Werdegang des Verpflichteten;
– seine Erfahrungen, Fähigkeiten und Neigungen sowie seine Motivation;
– berechtigte Erwartung auf langfristige Verbesserungen der beruflichen und wirtschaftlichen Situation;
– Ausnutzung von Möglichkeiten einer Unterhaltsvorsorge durch Rücklagenbildung oder Kreditaufnahme bei vorübergehender rückläufiger Einkommensentwicklung;
– sonstige wirtschaftliche und persönliche Verhältnisse des Verpflichteten und seiner unterhaltsberechtigten Angehörigen;
– der grundsätzliche Vorrang der Erstausbildung.[53]

Bei der Prüfung einer Leichtfertigkeit dürfen später eingetretene Umstände, die im Zeit- **498** punkt der beruflichen Veränderung noch nicht vorhersehbar waren, nicht berücksichtigt werden. Das Grundrecht auf freie Berufswahl und Berufsausübung (Art. 12 GG) steht zwar in Wechselwirkung zu der aus Art. 6 GG folgenden Verantwortung für die Familie, muss

---

[45] BGH, FamRZ 2002, 813, 814 = R 573; 2000, 815, 816f. = R 541
[46] BGH, FamRZ 2000, 815, 816f. = R 541
[47] BGH, FamRZ 1994, 240
[48] BGH, FamRZ 2002, 813, 814 = R 573; 2000, 815, 816f. = R 541; 1985, 158; 1985, 273, 275
[49] BGH, FamRZ 1987, 372, 374; 1985, 158
[50] BGH, FamRZ 1989, 159
[51] BGH, FamRZ 1993, 1055 = R 462A b; 1985, 158, 160
[52] BGH, FamRZ 1988, 597, 599; 1987, 930, 932
[53] BGH, FamRZ 1994, 372, 375 = R 473 d

aber im Zweifel dazu führen, dass eine berufliche Entscheidung zu respektieren ist.[54] Dabei ist stets auch das **Elternrecht** zu beachten.[55] Wem auch nur vorläufig das Aufenthalts-bestimmungsrecht über seine Kinder übertragen wurde, dem darf kein Vorwurf gemacht werden, wenn er zugunsten der Kindesbetreuung seine beruflichen Möglichkeiten nachvoll-ziehbar einschränkt.[56] Andererseits kann die Erfüllung von Unterhaltspflichten nach den Besonderheiten eines Einzelfalles auch Vorrang vor den beruflichen Interessen des Unter-haltspflichtigen haben.[57]

Diese Grundsätze sind entsprechend anwendbar, wenn der Unterhaltspflichtige eine berufliche Entscheidung trifft, die eine gegenüber dem früheren Zustand **erheblich einge-schränkte Leistungsfähigkeit** zur Folge hat.[58] Dies betrifft die Fälle, in denen nach der Trennung Überstunden abgebaut und deshalb weniger anstrengende und deshalb schlechter bezahl-te Tätigkeiten übernommen werden. Generell werden solche Entscheidungen zu tolerieren sein, solange eine akzeptable Grundversorgung der Unterhaltsberechtigten verbleibt. Proble-matisch sind auch **Vorruhestandsvereinbarungen,** wenn das verbleibende Einkommen nicht mehr für den notwendigen Unterhalt ausreicht. Anders kann es allerdings sein, wenn eine größere Abfindung gezahlt wurde, von der auch der Berechtigte unterhaltsrechtlich profitiert.[59] Grundsätzlich ist jedoch jeder verpflichtet, bis zur Vollendung der allgemeinen Altersgrenze (z. Zt. noch 65. Lebensjahr) zu arbeiten.[60] Wenn der Arbeitnehmer keine schwerwiegenden Gründe für die Beendigung des Arbeitsverhältnisses hatte und dem Ar-beitgeber kein Recht zur Kündigung zustand, kann ein Verstoß gegen die unterhaltsrecht-liche Erwerbsobliegenheit angenommen werden.[61] In der Vereinbarung von **Altersteilzeit** ist allerdings dann keine unterhaltsbezogene Mutwilligkeit zu sehen, wenn der Bedarf der Unterhaltsberechtigten durch eigene Einkünfte auf einem relativ hohen Niveau sichergestellt ist[62] oder wenn im Zeitpunkt der Vereinbarung überwiegende betriebliche, gesundheitliche und persönliche Gründe dafür sprechen.[63] Erhält ein Beamter allerdings wegen Inanspruch-nahme eines sog Sabbatjahres reduzierte Bezüge, muss er sich für die Berechnung des Ehegattenunterhalts sein volles Einkommen anrechnen lassen.[64] Auch ein voll erwerbsfähiger Unterhaltspflichtiger, der sich bereits im Alter von 41 Jahren mit seinen Versorgungsbezügen als Strahlflugzeugführer bei der Bundeswehr begnügt, verletzt seine Erwerbsobliegenheit, wenn nicht Anhaltspunkte dafür vorgetragen sind, dass er auf Grund seiner Beanspruchung einen besonderen physischen und psychischen Verschleiß erlitten hat und ihm jede andere berufliche Tätigkeit nicht mehr zumutbar wäre. Dann obliegt es ihm unterhaltsrechtlich, das Niveau seines bisherigen Erwerbseinkommens über seine Pensionierung hinaus durch eine andere berufliche Tätigkeit zu halten.[65]

499   Der Verzicht eines Arbeitnehmers auf die **Kündigungsschutzklage** kann nur dann leichtfertig sein, wenn die Kündigung offensichtlich unbegründet war.[66] An der erforderli-chen Leichtfertigkeit fehlt es auch dann, wenn der Arbeitsplatz während einer längeren Zeit der **Arbeitsunfähigkeit** aufgegeben wird. Stellt sich später heraus, dass die Arbeitsunfähig-keit gleichwohl nur vorübergehend war, besteht aber eine Obliegenheit, noch während des Krankengeldbezugs nach einem neuen Arbeitsplatz zu suchen.[67] Wer aus einem alten

---

[54] BGH, FamRZ 1988, 256
[55] BVerfG FamRZ 2007, 469; 2006, 469
[56] BVerfG, FamRZ 1996, 343 = R 498
[57] BGH, FamRZ 1985, 782, 786; 1983, 140
[58] BGH, FamRZ 1987, 930, 932; 1987, 372, 374
[59] BGH, FamRZ 2004, 1352; OLG München FamRZ 2005, 714; OLG Hamm, FamRZ 1998, 27
[60] BGH, FamRZ 1999, 708 = R 532 c
[61] OLG Koblenz FamRZ 2004, 1573 (Mitarbeiter der Deutschen Bahn)
[62] OLG Koblenz FamRZ 2000, 610
[63] OLG Hamm NJW 2005, 161; OLGR Koblenz 2004, 474; OLG Köln FamRZ 2003, 602; OLG Hamm FamRZ 2001, 1476 und FamRZ 2001, 482
[64] OLGR Schleswig 2002, 26
[65] BGH, FamRZ 2004, 254
[66] BGH, FamRZ 1994, 372 = R 473 c; OLG Hamm FamRZ 2002, 1427; OLG Dresden, FamRZ 2000, 1433 und 1997, 836
[67] OLG Hamm, FamRZ 1997, 1016

Bundesland in seinen Heimatort in den neuen Bundesländern zurückkehrt, handelt jedenfalls bei familiären oder sonstigen persönlichen Bindungen nicht leichtfertig und kann unterhaltsrechtlich keinen Nachteil daraus haben, dass er in einem seinen Fähigkeiten voll entsprechenden neuen Arbeitsverhältnis weniger verdient.[68] Eine nach **Erreichen des 65. Lebensjahres** ausgeübte Tätigkeit darf ohne unterhaltsrechtliche Nachteile grundsätzlich jederzeit eingestellt werden.[69]

Wird auf Grund einer Zumutbarkeitsabwägung allerdings ein zumindest leichtfertiges **500** Verhalten des Unterhaltpflichtigen bejaht, dann ist es ihm nach Treu und Glauben verwehrt, sich auf seine Leistungsunfähigkeit oder seine beschränkte Leistungsfähigkeit zu berufen. Er wird unterhaltsrechtlich so behandelt, wie wenn er sein Einkommen **in bisheriger Höhe** weiterhin erzielen würde und damit weiterhin den ungekürzten Unterhalt zahlen könnte.[70] Der Unterhalt ist dann auf der Grundlage der früheren regelmäßigen Erwerbseinkünfte des Verpflichteten zu berechnen, denn für die Unterhaltsbemessung bleiben die Einkommensverhältnisse vor der leichtfertigen beruflichen Veränderung maßgeblich.[71]

Einem Unterhaltsschuldner, der sich leichtfertig selbständig gemacht hat und der später arbeitsunfähig **erkrankt** ist, kann die Berufung auf seine Leistungsunfähigkeit selbst dann verschlossen sein, wenn das ihm vorzuwerfende Verhalten dazu geführt hat, dass er im Krankheitsfall keine Lohnfortzahlung und kein anschließendes Krankengeld erhält. Denn er muss bei Aufgabe seiner abhängigen Arbeit schon den jederzeit möglichen Fall einer Erkrankung bedenken und geeignete Vorsorge treffen, um seiner Unterhaltspflicht auch im Krankheitsfall nachkommen zu können. Ähnliches gilt, wenn er eine ihm angebotene Möglichkeit zur Aufnahme einer anderen versicherungspflichtigen Tätigkeit nicht wahrgenommen hat.[72]

In den folgenden Fallgruppen hat die Rechtsprechung bisher einen **Unterhaltspflichti-** **501** **gen** wegen treuwidrigen Verhaltens als weiterhin leistungsfähig behandelt oder jedenfalls eine Überprüfung der Treuwidrigkeit verlangt (siehe dazu auch Rn. 4/280):
– Leichtfertige Kündigung des Arbeitsplatzes durch den Verpflichteten.[73] Dabei handelt auch derjenige leichtfertig, der seine Arbeit wegen Konflikten am Arbeitsplatz aufgibt, ohne zuvor eine interne Bereinigung anzustreben oder sich einen Ersatzarbeitsplatz zu verschaffen.[74]
– Vom Verpflichteten leichtfertig verschuldete Kündigung durch den Arbeitgeber.[75]
– Leichtfertige weitere Ausbildung nach abgeschlossener Berufsausbildung bzw. nach Berufsausübung, ohne dass der Unterhalt der Angehörigen gesichert war.[76]
– Leichtfertige Arbeitsplatzaufgabe, um sich selbstständig zu machen, ohne vorherige Unterhaltssicherung durch Kreditaufnahme oder Rücklagenbildung.[77]
– Unterlassene Vorsorge bei Berufswechsel mit vorhersehbarem Einkommensrückgang.[78]
– Fortsetzung eines Studiums, wenn die Regelstudienzeit bereits um drei Semester überschritten und ein Studienabschluss noch nicht absehbar ist.[79]

Zur Berücksichtigung fiktiver Einkünfte bei einem Arbeitsplatzverlust infolge von Straftaten siehe Rn. 1/516 f.

---

[68] OLG Brandenburg, FamRZ 1997, 1073; a.M. OLG Dresden, FamRZ 1998, 979
[69] BGH, FamRZ 2006, 683, 684 = R 649b; OLG Hamm, FamRZ 1997, 883
[70] BGH, FamRZ 1987, 930, 932; 1987, 372, 374; 1981, 539
[71] BGH, FamRZ 2008, 872 = R 690b, c; 1987, 930, 932
[72] BGH, FamRZ 1988, 597, 599
[73] BGH, FamRZ 2008, 872 = R 690b–d; 1985, 158; OLGR Hamburg 1996, 8; OLG Bamberg FamRZ 1988, 1083; OLG Stuttgart FamRZ 1982, 1076
[74] OLG Hamm, FamRZ 1997, 357
[75] BGH, FamRZ 1993, 1055 = R 462A b; 1988, 597, 599; OLG Hamm FamRZ 1998, 979; OLG Karlsruhe NJW-RR 1992, 1412
[76] BGH, FamRZ 1987, 930, 932; 1980, 1113; OLG Hamm FamRZ 1998, 979
[77] BGH, FamRZ 1987, 930, 932; 1987, 372, 374; 1980, 1113; OLG Hamm FamRZ 1996, 959
[78] BGH, FamRZ 1982, 365; zum Einkommensrückgang vgl. i.Ü. BGH, FamRZ 2003, 590 = R 586c; OLG Bamberg JurBüro 1990, 1646
[79] OLG Hamm FamRZ 1998, 30

3. Unterhaltsbemessung bei nicht leichtfertig herbeigeführter Einkommensminderung

502   Wird auf Grund einer **Zumutbarkeitsabwägung** (Rn. 497) festgestellt, dass der Verpflichtete bei seiner beruflichen Veränderung nicht leichtfertig gehandelt hat, ist zu prüfen, ob und in welcher Höhe nach den gegebenen Umständen der Unterhalt vorübergehend oder auf Dauer neu zu bemessen ist. Dabei kann sich sogar der ursprünglich maßgebliche Unterhaltsbedarf eines geschiedenen Ehegatten verringern.[80] Denn grundsätzlich hat in diesem Fall der Berechtigte die berufliche Veränderung und deren unterhaltsrechtliche Auswirkungen zu akzeptieren.[81] Das bedeutet allerdings nicht, dass jede damit verbundene, vorübergehende Einkommensminderung sofort auch eine Unterhaltsminderung zur Folge hat. Denn auch in Fällen des nicht treuwidrigen Verhaltens sind ergänzend die Grundsätze heranzuziehen, die allgemein für die Leistungsfähigkeit des Unterhaltspflichtigen gelten. Führt dieser durch seine berufliche Veränderung freiwillig eine voraussehbar rückläufige Entwicklung seiner Einkünfte herbei, so ist ihm zuzumuten, seinen Plan erst zu verwirklichen, wenn er in geeigneter Weise durch **Rücklagenbildung oder Kreditaufnahme** sichergestellt hat, dass er seine Unterhaltsverpflichtungen in der Übergangszeit auch bei geringeren Einkünften erfüllen kann.[82] Konnte er eine solche Vorsorge treffen, muss er den Unterhalt in unveränderter Höhe weiterzahlen.[83] Die Dauer einer solchen Übergangszeit ist nach den Umständen des Einzelfalles zu bemessen.

503   Ist eine zeitweilige Absenkung der ehelichen Lebensverhältnisse auch durch eine Kreditaufnahme oder Verwendung von Rücklagen nicht vermeidbar oder stellt sich später heraus, dass die neuen Einkünfte innerhalb der eingeplanten Zeit unter Berücksichtigung einer angemessenen Tilgung für aufgenommene Kredite den früheren Verdienst nicht wieder erreichen, so stellt sich die Frage, ob, in welcher Höhe und für welche Zeit der Unterhalt auf der Grundlage verminderter Einkünfte neu zu berechnen ist.[84] Zwar müssen Unterhaltsberechtigte, seien es Verwandte, Mütter eine außerhalb einer Ehe geborenen Kindes oder frühere Ehegatten, einen Rückgang des Einkommens des Unterhaltspflichtigen grundsätzlich mittragen.[85] Das gilt aber nicht ausnahmslos, wenn die Reduzierung des Einkommens auf eine Entscheidung des Unterhaltspflichtigen zurückzuführen ist, obwohl deren Auswirkungen von vornherein für ihn absehbar waren. Die Berücksichtigung dieser Auswirkungen erfordert deswegen eine **neue Zumutbarkeitsabwägung.** Dabei ist neben den persönlichen und wirtschaftlichen Verhältnissen vor allem zu klären, ob im konkreten Fall das größere Schwergewicht dem Interesse des Verpflichteten an der beruflichen Veränderung oder dem Interesse des Berechtigten an der Beibehaltung des bisherigen Lebensstandards zukommt. Im Rahmen des Ehegattenunterhalts kann für diese Abwägung von Bedeutung sein, ob die berufliche Veränderung der ursprünglichen **gemeinsamen Lebensplanung** vor der Trennung entsprach. Wenn sich der Unterhaltsberechtigte auch bei Fortbestand der ehelichen Lebensgemeinschaft in seiner Lebensführung vorübergehend wirtschaftliche Beschränkungen auferlegt hätte, um die finanziellen Lasten des anderen in einem gewissen Umfang und für beschränkte Zeit zu erleichtern, spricht auch dieses für eine Herabsetzung der ehelichen Lebensverhältnisse.

504   Weil das künftig erzielbare Einkommen stets auf einer Prognose beruht und das früher aus einer anderen Tätigkeit erzielte Einkommen keine sicheren Rückschlüsse darauf zulässt, wird der Tatrichter den nach diesen Grundsätzen neu festzulegenden Unterhaltsbedarf im Allgemeinen nur im Weg einer Schätzung nach § 287 ZPO ermitteln können.[86] Der

---

[80] BGH, FamRZ 2007, 793, 795 = R 674 a; 2006, 683, 685 = R 649 g, h; 2003, 590, 591 = R 586 (zu den wandelbaren ehelichen Lebensverhältnissen)

[81] BGH, FamRZ 1988, 145, 147

[82] BGH, FamRZ 1988, 145, 147; 1987, 372; OLG Hamm FamRZ 1996, 959

[83] BGH, FamRZ 1988, 256; OLG Brandenburg FamRZ 1995, 1220

[84] BGH, FamRZ 1993, 1304 = R 464; 1988, 256; 1988, 145, 147

[85] BGH, FamRZ 2007, 793, 795 = R 674 a; 2006, 683, 685 = R 649 g, h; 2003, 590, 591 = R 586 (zu den wandelbaren ehelichen Lebensverhältnissen bei Ehegatten)

[86] BGH, FamRZ 1988, 256

Berechtigte kann aber verlangen, dass sein Unterhalt wieder auf das vor der beruflichen Veränderung erreichte Niveau angehoben wird, sobald und soweit die neuen Einkünfte dies unter Berücksichtigung einer angemessenen Tilgung erlauben.[87] Bei späteren Einkommenssteigerungen im Rahmen einer normalen beruflichen Entwicklung nach den ehelichen Lebensverhältnissen ist daher der Unterhalt bei einer Unterhaltsabänderung nach diesen höheren Einkünften zu bemessen.

War die berufliche Veränderung (z. B. Beginn einer Zweitausbildung) nicht leichtfertig, **505** weil etwa der Lebensbedarf zu dieser Zeit gesichert war, und ist der Berechtigte erst später in gesteigertem Umfang und nicht vorhersehbar bedürftig geworden, so kann diesem eine vorübergehende Unterhaltsminderung, u. U. sogar ein **zeitweiliger Wegfall** der Unterhaltszahlungen zugemutet werden, wenn die Ausbildung nur noch eine verhältnismäßig kurze Zeit in Anspruch nimmt, erhöhte Einkommens- und Aufstiegschancen bietet und nicht gegen den Willen des Berechtigten aufgenommen worden war. Denn letztlich steigert die verbesserte berufliche Situation des Verpflichteten auch den späteren Anspruch des Berechtigten.[88] Mit ähnlicher Begründung hat der BGH sogar den zeitweiligen Wegfall von Unterhaltsleistungen für den Berechtigten für zumutbar gehalten, wenn ein Mediziner sich nach seiner Ausbildung im Hinblick auf die zu erwartenden wirtschaftlichen Verbesserungen sofort wirtschaftlich selbstständig gemacht und anfangs noch keinen Gewinn erzielt hat.[89] In beiden Fällen partizipieren die Berechtigten später unterhaltsrechtlich auch an den höheren Einkünften.

Ein freiwilliger **Arbeitsplatzwechsel** ist auch dann unterhaltsrechtlich nicht vorwerfbar, **506** wenn durch die neue Tätigkeit ein annähernd gleich hoher Verdienst erzielt wird. Kommt es später aus nicht vorhersehbaren und vom Unterhaltspflichtigen nicht zu vertretenden Gründen dennoch zu nachhaltigen Einkommenseinbußen (z. B. durch Währungsverfall bei Arbeit im Ausland), so ist der Unterhalt nach dem tatsächlichen Einkommen neu zu bemessen. Ein fiktives Einkommen darf dann nicht angerechnet werden.[90]

Hat der Verpflichtete eine **Arbeitgeberkündigung** nicht leichtfertig verschuldet, ist der **507** Unterhalt auf der Grundlage des Arbeitslosengeldes I (vgl. Rn. 81) neu zu berechnen. Eine unerwartet eintretende unverschuldete Arbeitslosigkeit des Unterhaltspflichtigen beeinflusst nicht nur dessen Leistungsfähigkeit, sondern auch die für die frühere Unterhaltsbemessung maßgeblichen prägenden ehelichen Lebensverhältnisse.[91] Nach Beendigung der Arbeitslosigkeit ist der Unterhalt dann nicht mehr auf der Grundlage des früheren Erwerbseinkommens, sondern nach den Einkünften aus der neuen Erwerbstätigkeit zu bemessen. Bei einer Kündigung durch den Arbeitgeber kann dem Pflichtigen aber in der Regel zugemutet werden, die **Kündigungsschutzvorschriften** auszunutzen, wenn dies nicht von vornherein aussichtslos ist.[92] Ist die Kündigung nicht zu verhindern, muss er auch **Abfindungsansprüche** gegen seinen Arbeitgeber geltend machen (vgl. Rn. 71 ff.).[93] Um seinen Arbeitsplatz zu erhalten, darf und muss der Unterhaltspflichtige eine Gehaltskürzung akzeptieren. Erklärt er sich mit einer wegen schwieriger Auftrags- und Beschäftigungslage beabsichtigten Änderungskündigung (geplante 10%ige Lohnkürzung) nicht einverstanden und wird ihm deshalb ordnungsgemäß gekündigt, kann ihm ein entsprechend um 10% gekürztes fiktives Einkommen zugerechnet werden[94] (siehe dazu auch Rn. 4/276 ff., 287).

Im Hinblick auf die **Beendigung einer bestehenden Arbeitslosigkeit** treffen den **507 a** Unterhaltspflichtigen die gleichen Pflichten wie den Unterhaltsberechtigten (dazu Rn. 527 ff.). Bei Arbeitslosigkeit muss der Unterhaltspflichtige daher nachprüfbar vortragen, was er im Einzelnen unternommen hat, um einen neuen Arbeitsplatz zu finden. Dazu

---

[87] BGH, FamRZ 1988, 256
[88] BGH, FamRZ 1983, 140; vgl. auch OLG Bamberg FamRZ 2000, 307
[89] BGH, FamRZ 1985, 782, 786
[90] BGH, FamRZ 1988, 705
[91] BGH, FamRZ 2008, 968 = R 689 g; 2006, 683, 685 = R 649 a; 2003, 590, 591 = R 586; 1988, 256
[92] OLG Hamm FamRZ 2002, 1427 und 1995, 1203; OLG Frankfurt, FamRZ 1983, 392
[93] OLG Hamburg FamRZ 1998, 619; OLG Brandenburg FamRZ 1995, 1220; OLG Koblenz FamRZ 1991, 573
[94] OLG Celle, FamRZ 1983, 704; a. A. OLG Hamm FamRZ 1997, 356

gehören konkrete Angaben, wann und bei welchem Arbeitgeber er sich beworben hat. Allein die Verletzung dieser Obliegenheit rechtfertigt es aber noch nicht, dem Unterhaltspflichtigen ein Einkommen aus Erwerbstätigkeit zuzurechnen. Zusätzlich ist immer auch zu prüfen, ob der Arbeitslose überhaupt vermittelbar war. Das hängt neben den Verhältnissen am Arbeitsmarkt auch von den persönlichen Eigenschaften des Bewerbers, insbesondere seinem Alter, seiner Ausbildung, seiner Berufserfahrung und seinem Gesundheitszustand ab.[95] Zu dieser weiteren Voraussetzung der Anrechnung fiktiver Einkünfte muss das Gericht nachprüfbare Feststellungen treffen.[96] In der Rechtsprechung wird gefordert, dass der Arbeitslose für die Suche nach Arbeit etwa die Zeit aufwendet, die ein Erwerbstätiger für seinen Beruf aufwendet, so dass monatlich 20 Bewerbungen zu verlangen seien.[97] Nur wenn von vornherein sicher feststeht, dass ein passender Arbeitsplatz nicht zu finden ist, kann auf Bewerbungen verzichtet werden.[98] Das wird regelmäßig bei Unterhaltspflichtigen der Fall sein, die in erheblichem Umfang erwerbsbehindert sind oder kurz vor dem allgemeinen Rentenalter stehen. Unterlässt der arbeitslose Unterhaltspflichtige in anderen Fällen eine ihm mögliche und zumutbare Suche nach einer Erwerbstätigkeit, liegt schon darin eine Leichtfertigkeit, sodass ihm ein fiktives Einkommen auch ohne leichtfertige Verletzung der Erwerbsobliegenheit selbst zugerechnet werden kann[99] (näheres dazu Rn. 2/145). Die **Höhe fiktiver Einkünfte** richtet sich in diesen Fällen nicht nach den früher erzielten Einkünften. Maßstab ist vielmehr das Entgelt, das der Unterhaltspflichtige bei erfolgreichen Bewerbungen hätte erzielen können[100] (näheres dazu Rn. 1/536).

Hat der Unterhaltspflichtige infolge **betrieblicher Umstrukturierung** bei demselben Arbeitgeber einen neuen Arbeitsvertrag mit deutlich ungünstigeren Bedingungen geschlossen, ist er nach einer kurzen Orientierungsfrist gehalten, sich um eine besser bezahlte Arbeitsstelle, aber nur ausnahmsweise um eine zusätzliche Nebentätigkeit (vgl. Rn. 1/74 ff.) zu bemühen.[101]

4. Bedarfsbemessung auf der Grundlage von fiktiv zugerechneten Einkünften des Unterhaltspflichtigen

508   Konnte wegen eines zuvor erzielten Einkommens auf einen früher bestehenden Unterhaltsanspruch und damit auf eine zuvor maßgebliche Bedarfsbemessung zurückgegriffen werden, war nach früherer Rechtsprechung nur noch die **Leistungsfähigkeit** zu prüfen. Auf der Grundlage der neueren Rechtsprechung des BGH zu den wandelbaren ehelichen Lebensverhältnissen[102] wirkt sich eine nacheheliche Verminderung des maßgeblichen Einkommens allerdings auch auf den Unterhaltsbedarf nach den ehelichen Lebensverhältnissen aus (siehe Rn. 488 Fall 1).[103] Wenn ein Unterhaltspflichtiger hingegen noch nie entsprechend seinen Möglichkeiten nachhaltig am Wirtschaftsleben teilgenommen hat, ist der Unterhaltsbedarf des Berechtigten losgelöst von einem früher erzielten Einkommen völlig neu zu ermitteln (Rn. 488 Fall 2). Dann wirken sich die weiteren Probleme bei der Ermittlung der Höhe der erzielbaren Einkünfte schon auf die Bemessung des **fiktiven Bedarfs** aus. Dies ist nur dann nicht der Fall, wenn der Bedarf unabhängig vom Einkommen festgestellt werden kann, etwa bei auswärtiger Unterbringung eines minderjährigen Kindes[104] oder (wie nach den Leitlinien aller OLG, oben Rn. 7)[105] beim Unterhaltsanspruch

---

[95] BGH, FamRZ 1996, 345, 1994, 372; 1987, 912, 913; 1987, 144, 145
[96] BGH, FamRZ 1996, 345, 1993, 789
[97] OLG Karlsruhe FamRZ 2002, 1567; OLG Köln FamRZ 1997, 1104; OLG Naumburg FamRZ 1997, 311; vgl. dazu auch OLG Hamm FamRZ 1998, 982, 983
[98] OLG Nürnberg, FamRZ 1998, 857
[99] OLG Düsseldorf, FamRZ 1998, 851
[100] OLG Hamm FamRZ 2000, 1219 und FamRZ 1998, 979; OLG Frankfurt/Main, FamRZ 1995, 1217
[101] OLG Hamm FamRZ 2003, 177
[102] BGH, FamRZ 2008, 968 = R 689 g; 2006, 683, 685 = R 649 a; 2003, 590, 591 = R 586
[103] BGH, FamRZ 2007, 793, 795 = R 674 a
[104] BGH, FamRZ 2007, 377, 378 = R 666 b; 2006, 1597, 1598 = R 659 a
[105] Vgl. Ziff. 13.1 der jeweiligen Leitlinien und Anm. A 7 Abs. 2 zur DT

volljähriger Kinder, die nicht mehr im Haushalt eines Elternteils leben (vgl. Rn. 2/368 ff.). Auch der Mindestunterhalt minderjähriger Kinder nach § 1612 a BGB wird stets unabhängig vom Einkommen des Unterhaltspflichtigen als Mindestbedarf geschuldet.[106] Auch in diesen Fällen kommt es also nur noch auf die Leistungsfähigkeit des Unterhaltspflichtigen an.[107]

Muss schon der **Unterhaltsbedarf anhand fiktiver Einkünfte** festgestellt werden, **509** dürfen sich keine Widersprüche zu den gesetzlichen Bestimmungen ergeben, nach denen für die Unterhaltsbemessung konkrete Lebenssachverhalte, wie etwa die ehelichen Lebensverhältnisse, maßgeblich sein sollen. Das gilt auch auf der Grundlage der Rechtsprechung des BGH zu den **wandelbaren ehelichen Lebensverhältnissen**.[108] Denn durch diese Rechtsprechung des BGH ist die Unterhaltsbemessung nicht von dem gesetzlich in § 1578 I BGB vorgegebenen Maßstab losgelöst, sondern lediglich der unbestimmte Rechtsbegriff der ehelichen Lebensverhältnisse weiter konkretisiert worden. Während dieser Begriff keine Lebensstandardgarantie gewährleistet und der Unterhaltsberechtigte deswegen ein unverschuldetes Absinken des maßgeblichen Einkommens mittragen muss, ist nicht jede spätere Einkommenssteigerung auf die ehelichen Lebensverhältnisse zurückzuführen und auch weiterhin jedenfalls der sog. Karrieresprung unberücksichtigt zu lassen.[109] Entsprechend hatte der BGH[110] schon im Jahre 1992 entschieden, dass lediglich gedachte wirtschaftliche Verhältnisse, die keine Grundlage in der tatsächlichen Einkommenssituation der Ehegatten während der Ehe haben, die ehelichen Lebensverhältnisse nicht prägen können. Ein nachehelicher Unterhaltsbedarf könne daher nicht aus fiktiven Mitteln hergeleitet werden, die den Ehegatten während des Zusammenlebens objektiv nie oder jedenfalls nicht nachhaltig zur Verfügung gestanden hätten. Der BGH gibt dazu folgendes Beispiel: Ein Ehegatte hätte nach seinen Kenntnissen und Fähigkeiten bei zumutbarem Einsatz seiner Arbeitskraft während des Zusammenlebens ein höheres Einkommen erzielen können. Aus Bequemlichkeit habe er dies jedoch unterlassen, so dass sich beide Eheleute von vorneherein mit einem niedrigeren Standard begnügen mussten. Liege eine solche Situation vor, dürften zur Bedarfsbestimmung für den nachehelichen Unterhalt die erzielbaren höheren Einkünfte nicht fiktiv herangezogen werden. Das gilt für einen erheblichen Anstieg des Einkommens durch fiktiv anrechenbare Einkünfte nach wie vor, während geringere fiktiv erzielbare Einkünfte schon den Unterhaltsbedarf nach den (wandelbaren) ehelichen Lebensverhältnissen beeinflussen.

Unter Bezug auf eine Entscheidung des OLG Karlsruhe[111] hatte der BGH[112] diese Recht- **509 a** sprechung sodann auf den **Kindesunterhalt** erstreckt. Die Höhe eines von der Einkommenssituation des Unterhaltspflichtigen abhängigen Unterhaltsbedarfs könne nicht aus lediglich fiktivem Einkommen hergeleitet werden. Nur gedachte wirtschaftliche Verhältnisse, die keine Grundlage in der tatsächlichen Einkommenssituation des Unterhaltspflichtigen haben, könnten die Lebensstellung des Kindes nicht prägen. Daher könne ein Unterhaltsbedarf nicht aus fiktiven Mitteln hergeleitet werden, die dem Unterhaltspflichtigen nie zur Verfügung gestanden haben. Das gilt nach der neueren Rechtsprechung des BGH aber schon dann nicht, wenn der Unterhaltspflichtige über einen längeren Zeitraum Einkünfte in dieser Höhe erzielt und damit die Lebensstellung des Kindes dauerhaft geprägt hatte.[113] Denn die Lebensstellung des Kindes wird nicht nur von dem tatsächlich erzielten Einkommen sondern auch von der Leistungsfähigkeit des Unterhaltspflichtigen bestimmt[114] (vgl. auch Rn. 2/114). Weil in solchen Fällen auch der Bedarf eines geschiedenen Ehegatten nach den ehelichen Lebensverhältnissen nach diesem fiktiv fortbestehenden Einkommen zu bemessen

---

[106] BGH, FamRZ 2003, 1471, 1472; 2002, 536, 538 = R 572 c (zum Bedarf in Höhe von 135% des Regelbedarfs nach altem Recht)
[107] OLG Karlsruhe, FamRZ 1993, 1481
[108] BGH, FamRZ 2007, 793, 795 = R 674 a
[109] BGH, FamRZ 2006, 683, 685 = R 649 f; 2003, 590, 591 = R 586
[110] BGH, FamRZ 1992, 1045, 1047 = R 448 a
[111] OLG Karlsruhe, FamRZ 1993, 1481
[112] BGH, FamRZ 1997, 281 = R 509 f, i
[113] BGH, FamRZ 2000, 1358 = R 543 b; 1993, 1304 = R 464 b
[114] BGH, FamRZ 2003, 1471

ist, kann nur so ein ausgewogenes Verhältnis zwischen der Höhe des Kindesunterhalts und des Ehegattenunterhalts erreicht werden. In der gleichen Entscheidung hat der BGH zum **Trennungsunterhalt** entschieden, dass auch dessen Bedarf grundsätzlich nicht aus höheren fiktiven Mitteln hergeleitet werden darf. Beim Ehegattenunterhalt sei insoweit auch keine Korrektur wegen des zu beachtenden objektiven Maßstabs, wonach sowohl eine zu dürftige Lebensführung als auch ein übermäßiges Ausgabeverhalten unberücksichtigt bleibt[115] (vgl. Rn. 4/210), möglich. Der objektive Maßstab dürfe nicht dazu führen, dass der Boden der ehelichen Lebensverhältnisse verlassen und Einkünfte als prägend herangezogen würden, die tatsächlich nie vorhanden waren (Rn. 509).

510   Diese Grundsätze schränken die Heranziehung fiktiver Einkünfte zur Unterhaltsbemessung zwar nicht unerheblich ein. Dies entspricht jedoch den **gesetzlichen Vorschriften,** wonach die Bindung des Unterhaltsbedarfs an die ehelichen Lebensverhältnisse beim Ehegattenunterhalt (§ 1578 I BGB) und an die Lebensstellung der Eltern beim Kindesunterhalt nach der Düsseldorfer Tabelle (§ 1610 I BGB) vorrangig zu beachten sind. In der Praxis dürfte die Auswirkung dieser Rechtsprechung allerdings nicht sehr groß sein, weil Unterhaltsverhältnisse mit dauerhaft fehlenden Einkünften nicht allzu häufig anzutreffen sind. In den meisten Fällen werden sich früher erzielte Einkünfte feststellen lassen, an die entsprechend den in Rn. 494 und 502 aufgezeigten Regeln angeknüpft werden kann (siehe dazu auch Rn. 2/113 f.).

511   Soweit sich eine Lebensstellung des Unterhaltsberechtigten und ein sich daraus herzuleitender Unterhaltsbedarf ausnahmsweise nicht aus fiktiven Mitteln herleiten lassen, erfordert die Bemessung des geschuldeten Unterhalts stets weitere Feststellungen zur maßgeblichen Lebensstellung, insbesondere zu einem unterhaltsrechtlich relevanten früheren Einkommen des Unterhaltsschuldners. Bei der Frage nach der Höhe fiktiver Einkünfte muss in diesem Zusammenhang also geklärt werden, in welchem Umfang es möglich gewesen wäre, im Unterhaltzeitraum weiterhin konkrete Einkünfte zu erzielen (zur Arbeitslosigkeit s. Rn. 507 a). Gleiches gilt, wenn das Vermögen nicht sinnvoll genutzt wird (s. Rn. 425 f.). Weil es hier nur um die Bemessung der objektiven Lebensstellung geht, kommt es insoweit auf eine unterhaltsbezogene **Leichtfertigkeit** nicht an (vgl. Rn. 2/145). Bestand für den Verpflichteten eine reale Beschäftigungschance mit bestimmten Einkünften, „so stellt sich allein die Frage, ob ihm die dazu erforderliche Erwerbstätigkeit auch zugemutet werden kann".[116]

512   Zusammenfassend lassen sich folgende Feststellungen treffen:
- Als erstes ist zu prüfen, ob zur Bedarfsbestimmung nicht doch an früheres Einkommen angeknüpft werden kann (Rn. 494 ff., 502 ff.).
- Auch wenn dies nicht möglich ist, kommt es beim **Ehegattenunterhalt** hinsichtlich des Bedarfs ausschließlich auf die (wandelbaren) ehelichen Lebensverhältnisse an. Fiktive Einkünfte dürfen dabei nicht zu einer Erhöhung des Lebensstandards führen. Soweit allerdings der Unterhaltspflichtige sein Einkommen leichtfertig vermindert hat, kann auch nach der Rechtsprechung des BGH fiktiv an das frühere Einkommen angeknüpft werden. Ein Landwirt, dessen Betrieb erst zum Ende der Ehezeit unrentabel wurde, kann daher schon hinsichtlich der Bedarfsbemessung verpflichtet sein, eine zusätzliche Teilzeitbeschäftigung anzunehmen oder den Betrieb aufzugeben und ganztags in abhängiger Stellung zu arbeiten.[117] Hat sich jedoch ein an sich Leistungsfähiger schon während der Ehe erfolgreich um Unterhaltsleistungen gedrückt, schuldet er auch keinen nachehelichen Unterhalt (s. dazu auch Rn. 4/272 f.).
- Beim **Kindesunterhalt** ist der Bedarf dann von fiktiven Einkünften unabhängig, wenn einkommensunabhängige feste Bedarfsbeträge maßgeblich sind. Sonst bemisst sich der Unterhaltsbedarf jedenfalls dann nach der Höhe eines fiktiven Einkommens, wenn der unterhaltspflichtige Elternteil Einkünfte in dieser Höhe über längere Zeit erzielt und damit die Lebensstellung des Kindes geprägt hatte. Wer allerdings noch nie gut verdient hat, darf auf fiktiver Grundlage regelmäßig nur zu Kindesunterhalt in der danach gebote-

---

[115] BGH, FamRZ 2007, 1532 = R 681 d–f; 1989, 1160, 1161
[116] BGH, FamRZ 1987, 252
[117] BGH, FamRZ 1993, 1304 = R 464 a

nen Höhe, also in Höhe des Mindestbedarfs nach § 1612 b BGB verurteilt werden, wenn nicht seine Leistungsfähigkeit ausnahmsweise auf andere Art die Lebensstellung des Kindes beeinflusst hatte.[118]

5. Arbeitsplatzaufgabe wegen beruflicher Weiterbildung oder Zweitausbildung

Grundsätzlich ist der Unterhaltspflichtige nicht berechtigt, seinen Beruf, der seiner Fami- **513** lie eine auskömmliche Lebensgrundlage bietet, zum Zweck einer weiteren Ausbildung aufzugeben. Tut er es trotzdem ohne Rücksicht auf eine bereits bestehende Bedürftigkeit der von ihm abhängigen Familienangehörigen und ohne deren Einverständnis, muss er sie selbst dann abbrechen, wenn sie zwischenzeitlich bereits weiter fortgeschritten ist. Kommt er dem nicht nach, ist ihm ein fiktives Einkommen zuzurechnen.[119] Hatte der Unterhaltspflichtige die Zweitausbildung **im Einvernehmen** mit seinem Ehegatten aufgenommen und war der Unterhalt durch eine Erwerbstätigkeit des anderen Ehegatten zunächst gesichert, ist ihm ein Abbruch der Zweitausbildung jedenfalls dann nicht mehr zuzumuten, wenn der Abschluss der Zweitausbildung alsbald (in ca. 1 bis 2 Jahren) bevorsteht. Dem steht dann nicht entgegen, dass der Frau wegen der Geburt eines Kindes eine weitere Erwerbstätigkeit unmöglich geworden ist, soweit ein Abbruch der einvernehmlich aufgenommenen Weiterbildung unwirtschaftlich und unvernünftig wäre.[120] Dann hat der Unterhaltspflichtige seine Fortbildung aber mit dem gebotenen Fleiß und zielstrebig zum Abschluss zu bringen.[121] Wer sich allerdings noch in der „Erstausbildung" befindet, muss sich keine fiktiven Einkünfte zurechnen zu lassen.[122]

Auch aus Sicht des Unterhaltsberechtigten ist eine vorübergehende Unterhaltsminderung **514** und u. U. sogar ein zeitweiliger Wegfall von Unterhaltszahlungen zumutbar, wenn die Zweitausbildung des Unterhaltspflichtigen bereits weit fortgeschritten ist und nur noch eine verhältnismäßig kurze Zeit in Anspruch nimmt, erhöhte Einkommens- und Aufstiegschancen bietet und nicht gegen den Willen der Berechtigten aufgenommen wurde. Zulässig kann eine berufliche Fortbildung des Unterhaltspflichtigen unter Berücksichtigung aller übrigen Gesichtspunkte auch dann sein, wenn während ihrer Dauer jedenfalls das **Existenzminimum**[123] gesichert ist.[124] Denn schließlich begünstigt die verbesserte berufliche Situation des Unterhaltspflichtigen auch den Unterhaltsberechtigten, weil sie ihm seinerseits bessere Ausbildungs- und Berufsaussichten bietet.[125] Die Tatsache, dass eine nach Aufgabe des Arbeitsplatzes beabsichtigte oder durchgeführte Umschulung mit öffentlichen Mitteln gefördert wird, ist unterhaltsrechtlich ohne Bedeutung und hat, bei Vorliegen der sonstigen Voraussetzungen, die Anrechnung eines fiktiven Einkommens in früherer Höhe zur Folge.[126] Anders ist es allerdings, wenn das Arbeitsamt einem unverschuldet arbeitslos gewordenen Unterhaltspflichtigen die Förderung einer Umschulungsmaßnahme aus Gründen besserer Vermittelbarkeit bewilligt hat. Dann kann während der Förderungszeit kein fiktives Einkommen angerechnet werden.[127] Auch unter Berücksichtigung der gesteigerten Unterhaltspflicht nach § 1603 II BGB ist dem Unterhaltsschuldner eine Umschulung zuzubilligen, wenn für ihn sonst praktisch **keine Vermittlungschancen** bestehen.[128] Denn dann würde die Zurechung fiktiver Einkünfte schon daran scheitern, dass der Unterhaltspflichtige vor der Umschulung keine reale Beschäftigungschance auf dem Arbeitsmarkt hat (vgl. Rn. 529 f.). Wer jedoch bisher nur „ungelernte Tätigkeiten" ausgeübt hat, darf sich nicht auf eine

---

[118] BGH, FamRZ 2000, 1358 = R 543 b
[119] BGH, FamRZ 1983, 140
[120] BGH, FamRZ 1983, 140
[121] OLG Koblenz FamRZ 2006, 725
[122] BGH, FamRZ 1994, 372, 375 = R 473 d; vgl. aber KGR 2004, 408
[123] Vgl. dazu BGH, FamRZ 2003, 363 = R 584 b, c, f
[124] OLG Bamberg FamRZ 2000, 307, 308
[125] BGH, FamRZ 1983, 140
[126] OLG Stuttgart, FamRZ 1983, 1233
[127] OLG Düsseldorf, FamRZ 1984, 392
[128] OLG Hamm, FamRZ 1997, 1168

Umschulung berufen, wenn damit nur der Hauptschulabschluss und keine konkrete Berufsqualifikation erreicht werden soll.[129] Eine Verpflichtung zur Aufnahme einer Nebentätigkeit besteht bei Umschulungsmaßnahmen nicht, wenn die Umschulung den Schüler wie eine vollschichtige Erwerbstätigkeit beansprucht.[130]

6. Fiktives Einkommen bei Selbständigen

515   Für Selbständige gelten die bereits erörterten Grundsätze mit folgenden Besonderheiten:
- Wer sich selbständig machen will und dadurch eine voraussehbare rückläufige Einkommensentwicklung herbeiführt, muss vorher bestehende Unterhaltsverpflichtungen durch **Bildung von Rücklagen** bzw. durch Kreditaufnahme jedenfalls für eine Übergangszeit sicherstellen (siehe Rn. 492) oder in sonstiger Weise dafür sorgen, dass er den Unterhalt in bisheriger Höhe weiterzahlen kann. Er muss auch dafür sorgen, dass er bei einem unvorhergesehenen Krankheitsfall leistungsfähig bleibt (siehe Rn. 500).
- Der Selbständige ist verpflichtet, seinen Betrieb weiterhin so zu leiten, dass er Unterhalt in bisheriger Höhe weiterzahlen kann.
- Einem selbständigen Unternehmer, der nur Verluste erwirtschaftet, kann die Aufgabe des Unternehmens und die Aufnahme einer abhängigen Arbeit zugemutet werden, wenn er sonst auf absehbare Zeit zu Unterhaltsleistungen nicht in der Lage ist.[131] Dabei sind alle Umstände des Falles sorgfältig abzuwägen, und es ist ihm eine Karenzzeit zuzubilligen. Diese Überlegungszeit kann zwei Jahre betragen.[132]
- Auch ein Selbständiger darf eine nach Erreichen des **65. Lebensjahres** noch ausgeübte Tätigkeit jederzeit ohne unterhaltsrechtliche Nachteile einstellen.[133]

7. Fiktives Einkommen bei Arbeitsplatzverlust infolge von Straftaten, sonstigen Verfehlungen oder Alkoholmissbrauch

516   Hier handelt es sich regelmäßig um verschuldete, aber nicht gewollte Leistungsunfähigkeiten. Der Dieb will normalerweise seine Leistungsfähigkeit sogar verbessern. Der Alkoholiker verharmlost sein Trinkverhalten und geht in der Regel davon aus, dass er nicht auffällt, bevor die Trunksucht schließlich Krankheitswert erlangt. Die Regeln, die bei der freiwilligen Aufgabe eines Arbeitsplatzes gelten (Rn. 494, 513), können daher für diese Fälle nicht ohne weiteres übernommen werden.[134] Die unterhaltsrechtliche Vorwerfbarkeit einer durch Straftaten bedingten Leistungsunfähigkeit ist auf schwerwiegende Fälle zu beschränken, vor allem auf die, in denen sich das strafbare Verhalten **gegen den Unterhaltsberechtigten gewendet** hat.[135] Um den unterhaltsrechtlichen Bezug einer vom Unterhaltsschuldner begangenen Straftat zu begründen genügen allerdings für sich genommen weder die Kausalität für den Arbeitsplatzverlust noch dessen Vorhersehbarkeit.[136] Dem Unterhaltsschuldner ist die Berufung auf die eigene Leistungsunfähigkeit vielmehr nur dann versagt, wenn er seine Leistungsunfähigkeit durch unterhaltsbezogene Mutwilligkeit herbeigeführt hat, die aber nicht nur vorsätzliches, sondern auch leichtfertiges Handeln umfasst[137] (vgl. Rn. 494 f.). Bei Leichtfertigkeit, die gewöhnlich bewusste Fahrlässigkeit sein wird, ergibt sich damit das Erfordernis, dass der Unterhaltsschuldner die Möglichkeit des Eintritts der Leistungsunfähig-

---

[129] OLG Hamm, FamRZ 1998, 979 mit ablehnender Anmerkung Struck, FamRZ 1998, 1610
[130] BGH, FamRZ 1994, 372 = R 473 c; BVerfG FamRZ 2003, 661; OLG Hamm, FamRZ 1997, 1168; OLG Dresden FamRZ 1997, 836; a. A. OLG Koblenz FamRZ 2002, 1215; KG NJWE-FER 2001, 119 (zum Kindesunterhalt)
[131] BGH, FamRZ 1993, 1304 = R 464; OLG Koblenz, FamRZ 1984, 1225; OLG Köln, FamRZ 1983, 87
[132] OLG Hamm FamRZ 2004, 1514; OLG Düsseldorf, FamRZ 1997, 1078
[133] OLG Hamm, FamRZ 1997, 883
[134] BGH, FamRZ 1993, 1055 = R 462A b, 1066
[135] BGH, FamRZ 2002, 813 = R 573
[136] BGH, FamRZ 2000, 815, 816 f. = R 541
[137] BGH, FamRZ 1994, 240; 1993, 1055

keit als Folge seines Verhaltens erkennt und im Bewusstsein dieser Möglichkeit, wenn auch im Vertrauen auf den Nichteintritt jener Folge, handelt. Der Unterhaltsschuldner muss sich also unter grober Missachtung dessen, was jedem einleuchten muss, oder in Verantwortungslosigkeit und Rücksichtslosigkeit gegen den Unterhaltsgläubiger über die erkannte Möglichkeit nachteiliger Folgen für seine Leistungsfähigkeit hinweggesetzt haben. Wesentlich ist also, ob die der Tat zugrunde liegenden Antriebe und Vorstellungen auch auf die Verminderung der Leistungsfähigkeit als Folge der Straftat gerichtet waren oder sich zumindest aufgedrängt haben.[138] Für die vom **Unterhaltsgläubiger** selbst verursachte Bedürftigkeit hatte der BGH dies nach § 1579 Nr. 3 BGB schon wiederholt entschieden.[139] Entsprechend kann auch die Berufung eines strafgefangenen Unterhaltsschuldners auf seine Leistungsunfähigkeit gegen Treu und Glauben verstoßen.[140] Dies kann z. B. für den Fall einer Fahnenflucht gelten, weil damit die Einkommensquelle verloren geht und der Unterhaltsanspruch unmittelbar gefährdet wird.[141] Nach Auffassung des OLG Koblenz sollen bei sexuellem Missbrauch eines minderjährigen Kindes für die Dauer der Haft zwar dem geschädigten Kind gegenüber fiktive Einkünfte herangezogen werden, den Geschwistern gegenüber allerdings nicht.[142] Das überzeugt schon wegen der unterschiedlichen Behandlung der gleichrangigen Kinder nicht. Entsprechend hat auch der BGH darauf hingewiesen, dass sich der Täter einer Sexualstraftat (noch dazu im familiären Bereich) regelmäßig keine Vorstellungen darüber macht, dass er auf Grund seiner Tat den Arbeitsplatz verlieren und seine unterhaltsrechtliche Leistungsfähigkeit einbüßen könnte.[143] Unterhaltsbezogen leichtfertiges Verhalten kann hingegen bei schuldhaften Verstößen gegen die Arbeitspflicht vorliegen, wenn sich z. B. ein Arbeitnehmer mit einem Arztattest eine tatsächlich nicht bestehende Arbeitsunfähigkeit bescheinigen lässt und ihm daraufhin gekündigt wird.[144]

Wer wegen wiederholten Arbeitsantritts in **alkoholisiertem** Zustand seinen Arbeitsplatz 517 verloren hat, darf sich jedenfalls dann auf verminderte Leistungsfähigkeit berufen, wenn es sich „ähnlich wie beim Führen eines Kraftfahrzeugs unter Alkoholeinfluss" um ein typisches jugendlich unüberlegtes Vorgehen gehandelt hat, verbunden mit dem Gedanken, schon nicht aufzufallen.[145] Trotz des Krankheitscharakters der Alkoholabhängigkeit kann eine darauf beruhende Kündigung vorwerfbar sein, wenn die Abhängigkeit leichtfertig und unentschuldbar herbeigeführt wurde.[146] Unterlässt der alkoholkranke Unterhaltspflichtige eine Erfolg versprechende Langzeittherapie, muss er sich so behandeln lassen, als ob die Kur alsbald durchgeführt worden wäre und er danach dem Arbeitsmarkt wieder zur Verfügung stünde.[147] Gleiches gilt, wenn der Unterhaltsschuldner eine begonnene Entzugstherapie bei voller Einsichtsfähigkeit in die eigene Krankheit und deren unterhaltsbezogene Auswirkungen abbricht.[148] Allerdings sind an die Einsichts- und Steuerungsfähigkeit strenge Voraussetzungen zu stellen, was regelmäßig nicht ohne sachverständige Hilfe beantwortet werden kann.

8. Fiktives Einkommen bei unentgeltlichen oder unterbezahlten Dienstleistungen gegenüber Dritten

Leistet der Unterhaltspflichtige einem Dritten ständig ganz oder teilweise unentgeltliche 518 oder unterbezahlte Dienste, die normalerweise vergütet werden, so muss er sich, wie im Vollstreckungsrecht gemäß § 850 h II ZPO, grundsätzlich eine angemessene Vergütung für seine Dienste anrechnen lassen. Der BGH hatte dies zunächst für den in eheähnlicher

---

[138] BGH, FamRZ 2001, 541; 2000, 815; 1988, 375
[139] BGH, FamRZ 1984, 364, 367 f.; 1981, 1042, 1044 f.
[140] BGH, FamRZ 1982, 913, 914
[141] OLG Bamberg, FamRZ 1997, 1486
[142] OLG Koblenz, FamRZ 1998, 44
[143] BGH, FamRZ 2002, 813, 814 f. = R 573
[144] OLG Hamm, FamRZ 1998, 979
[145] BGH, FamRZ 1994, 240
[146] BGH, FamRZ 1981, 1042; OLG Hamm, FamRZ 1996, 1017
[147] BGH, FamRZ 1981, 1042; OLG Hamburg, FamRZ 1998, 182
[148] KG FamRZ 2001, 1617

Gemeinschaft lebenden Berechtigten entschieden.[149] (siehe dazu Rn. 474). Erst recht gilt dieser Rechtsgedanke für Leistungen des Unterhaltspflichtigen nach Trennung und Scheidung.[150] Eine in nichtehelicher Lebensgemeinschaft lebende Mutter, die ein aus dieser Verbindung hervorgegangenes Kleinkind betreut, ist jedoch nicht verpflichtet, zur Erfüllung von Unterhaltsansprüchen minderjähriger Kinder aus einer früheren Ehe erwerbstätig zu werden.[151] Fiktive Einkünfte können ihr deswegen auch nicht nach den Grundsätzen der Hausmannrechtsprechung des BGB zugerechnet werden. Wer jedoch anstelle einer Erwerbstätigkeit seine betagten Eltern betreut, muss sich in der Regel jedenfalls gegenüber minderjährigen Kindern als leistungsfähig behandeln lassen, weil diese den Eltern im Rang vorgehen. In jedem Fall sind das Einkommen und das Vermögen der betreuten Eltern so zu ermitteln, dass ein fiktives Entgelt bestimmt werden kann.

Zur Erwerbsobliegenheit und fiktiven Zurechnungen bei Übernahme der **„Hausmann- oder Hausfrauenrolle"** in neuer Ehe[152] vgl. oben Rn. 480 sowie Rn. 2/172.

II. Zurechnung fiktiver Einkünfte beim Berechtigten

1. Bedürftigkeitsminderung durch Zurechnung fiktiver Einkünfte bei unterlassener zumutbarer Erwerbstätigkeit

519   Beim Unterhaltsberechtigten ist die Anrechnung tatsächlicher oder fiktiver Erwerbseinkünfte ein Problem seiner Bedürftigkeit (§§ 1361 II, 1577 I, 1602 BGB). Insoweit gelten für den Berechtigten die gleichen Grundsätze wie für den Unterhaltspflichtigen in Bezug auf dessen Leistungsfähigkeit. Die auch nachehelich nach den §§ 1570 ff. BGB fortwirkende Verantwortlichkeit von **Ehegatten** füreinander verpflichtet den unterhaltsberechtigten Ehegatten zur Minderung seiner Bedürftigkeit. Wie der Unterhaltspflichtige hat auch er die Obliegenheit, seine Arbeitsfähigkeit so gut wie möglich einzusetzen. Entsprechend muss er sich Einkünfte anrechnen lassen, die er bei gutem Willen durch eine zumutbare und mögliche Erwerbstätigkeit erzielen könnte.[153] Ein unterhaltsberechtigter Ehegatte, der sich nicht hinreichend um eine Arbeit bemüht, muss sich ein fiktives Einkommen in erzielbarer Höhe als Surrogat des wirtschaftlichen Werts seiner bisherigen Leistung durch Haushaltsführung und/oder Kindererziehung anrechnen und dieses nach der Additions- bzw. Differenzmethode in die Unterhaltsberechnung einbeziehen lassen.[154] Der Bedarf richtet sich dann nach der Summe dieses fiktiven, an die Stelle der Hausarbeit und Kindererziehung in der Ehe getretenen Einkommen und dem in der Ehe erzielten und auch heute noch erzielbaren Einkommen des anderen Ehegatten.[155] So können etwa einer beurlaubten Beamtin, deren Kinder deutlich älter als drei Jahre alt sind, regelmäßig fiktive Einkünfte aus Halbtagstätigkeit in ihrer Beamtenstelle zugerechnet werden, wenn sie ihrer Erwerbsobliegenheit nicht nachkommt und stattdessen aus dem Beamtenverhältnis ausscheidet.[156] Wird dem bedürftigen Ehegatten ein fiktives Einkommen aus vollschichtiger Tätigkeit zugerechnet, das den im Rahmen der Differenzmethode angestiegenen Bedarf nach den ehelichen Lebensverhältnissen gemäß § 1578 I BGB nicht voll deckt, dann beruht der verbleibende Unterhaltsanspruch auf § 1573 II BGB, nicht auf Erwerbsunfähigkeit.[157] Entsprechend beruht der Unterhaltsanspruch bei fiktiver Zurechnung eines Einkommens aus Halbtagstätigkeit neben der Erziehung und Betreuung eines Kindes nur bis zur Höhe des vollschichtig erzielbaren

---

149 BGH, FamRZ 1987, 1011; 1984, 683; 1984, 662; 1980, 665
150 BGH, FamRZ 2004, 1173 = R 611; 2004, 1170 = R 612
151 OLG Frankfurt/Main, FamRZ 1992, 979
152 BGH. FamRZ 2006, 1827, 1828 = R 660b; 2006, 1010, 1012 = R 651
153 BGH, FamRZ 1988, 927, 929; 1988, 256, 258; 1988, 159; 1981, 1042; OLG Karlsruhe FamRZ 2002, 1567; OLGR Köln 2002, 251
154 BGH, FamRZ 2005, 1979, 1981 = R 640b–d
155 BGH, FamRZ 2003, 434 = R 589; OLG Hamm FamRZ 2002, 751
156 OLG Celle, FamRZ 1998, 1518
157 BGH, FamRZ 1988, 927, 929

Einkommens auf § 1570 BGB und darüber hinaus, bis zur Höhe des gesamten Unterhaltsbedarfs nach den ehelichen Lebensverhältnissen gemäß § 1578 I BGB, als Aufstockungsunterhalt auf § 1573 II BGB.[158]

Nach ähnlichen Grundsätzen sind **volljährige Kinder,** die sich nicht in Ausbildung **519 a** befinden,[159] verpflichtet, durch den Einsatz ihrer Arbeitsfähigkeit für den eigenen Lebensbedarf selbst zu sorgen.[160] (siehe dazu auch Rn. 491). Befindet sich der Unterhaltsberechtigte noch in der Ausbildung, ist er verpflichtet, bestehende BAföG-Ansprüche geltend zu machen. Auch die Verletzung dieser Obliegenheit kann zur Anrechnung fiktiver Einkünfte führen (Rn. 456 ff.). Auch **minderjährigen Kindern** kann ein fiktives Einkommen zugerechnet werden, wenn sie nach Abschluss der allgemeinen Schulausbildung keiner weiteren Berufsausbildung und auch keiner Erwerbstätigkeit nachgehen (anders noch die Vorauflage; vgl. auch Rn. 2/46).[161] Die Anrechnung ist allerdings durch die Vorschriften des Gesetzes zum Schutz der arbeitenden Jugend (Jugendarbeitsschutzgesetz – JArbSchG) begrenzt. Danach dürfen Minderjährige, die das 15. Lebensjahr noch nicht vollendet haben oder noch der Vollzeitschulpflicht unterliegen, grundsätzlich nicht beschäftigt werden und können ihren Bedarf deswegen nicht durch eine eigene Erwerbstätigkeit decken.

Gibt der Unterhaltsberechtigte eine Erwerbstätigkeit **leichtfertig** auf oder verdient er bei **520** einem freiwilligen Arbeitsplatzwechsel weniger als vorher, ist er unterhaltsrechtlich so zu behandeln, als hätte er weiterhin die Einkünfte aus seiner bisherigen Tätigkeit (wie Rn. 1/494 f.). Regelmäßig kann dem Unterhaltsberechtigten sogar ein Wechsel des Arbeitsplatzes zugemutet werden, wenn er bei einer anderen Stelle mehr verdienen könnte, ohne dadurch sonstige Nachteile zu erleiden. Wird ein unterhaltsberechtigter Ehegatte **unverschuldet arbeitslos,** z. B. durch eine nicht leichtfertig verursachte Arbeitgeberkündigung, so ist der Unterhalt – wie bei entsprechender Leistungsunfähigkeit des Unterhaltspflichtigen (Rn. 1/502 f.) – neu zu berechnen (s. auch Rn. 4/287). Macht sich der Berechtigte selbständig oder produziert er in seinem Unternehmen nur Verluste, gelten ebenfalls ähnliche Grundsätze wie für den Unterhaltspflichtigen (Rn. 515).

Ein Unterhaltsanspruch kann außerdem entfallen oder herabgesetzt werden, wenn der **521** berechtigte Ehegatte seine Bedürftigkeit **mutwillig herbeigeführt hat** (§§ 1361 III, 1579 Nr. 4 BGB; dazu im Einzelnen Rn. 4/676). Das ist vor allem dann der Fall, wenn der Unterhaltsberechtigte durch sein früheres Verhalten in vorwerfbarer Weise krank und erwerbsunfähig geworden ist oder in vorwerfbarer Weise nicht dafür gesorgt hat, dass er wieder erwerbsfähig wird. Allerdings erfordert auch der Vorwurf der mutwillig herbeigeführten Bedürftigkeit eine unterhaltsbezogene Leichtfertigkeit (dazu siehe Rn. 494 f.). Ähnliches gilt nach § 1611 BGB beim Kindesunterhalt, wenn das Kind durch ein sittliches Verschulden bedürftig geworden ist und die Inanspruchnahme des verpflichteten Elternteils (grob) unbillig wäre (dazu im Einzelnen Rn. 2/472 f.). Auch das setzt ein erheblich vorwerfbares Verhalten des Unterhaltsberechtigten mit zumindest **unterhaltsbezogener Leichtfertigkeit** voraus.[162] Fiktives Einkommen aus Rentenbezügen kann im Rentenalter über § 1579 Nr. 4 BGB zugerechnet werden, wenn der Berechtigte Vorsorgeunterhalt zweckwidrig nicht an einen Versorgungsträger weitergeleitet hat.[163]

Der Berechtigte hat die **Darlegungs- und Beweislast** für seine Bedürftigkeit, d. h. für **522** alle Umstände, die für seine Bedürftigkeit bedeutsam sind, also z. B. für seine Arbeitsunfähigkeit, seine Bemühungen um einen Arbeitsplatz, seine Nichtvermittelbarkeit auf dem Arbeitsmarkt u. ä. (vgl. Rn. 6/703 f.). Zweifel gehen deshalb zu seinen Lasten (s. auch nachstehend Rn. 527, 531, 532).

---

[158] BGH, FamRZ 2007, 793, 798 = R 674 j (Aufstockungsunterhalt neben Betreuungsunterhalt); FamRZ 2007, 1232, 1233 = R 678 (Aufstockungsunterhalt neben Unterhalt wegen Krankheit)
[159] BGH, FamRZ 2006, 1100 = R 654 b–d (zur gestuften Ausbildung)
[160] BGH, FamRZ 1985, 273
[161] OLG Koblenz JAmt 2004, 153; OLG Köln FuR 2005, 570; OLG Brandenburg FamRZ 2005, 2094; OLG Brandenburg JAmt 2004, 504; a. A. OLG Stuttgart FamRZ 1997, 447
[162] BGH, FamRZ 1985, 273, 275
[163] BGH, FamRZ 2005, 1479 (zum Rentenbezug); OLGR Koblenz 2002, 9; OLGR Schleswig 2001, 41; OLG Hamm, FamRZ 1991, 1056

2. Zumutbare Erwerbstätigkeiten des Berechtigten

523   Art und Umfang einer Erwerbstätigkeit, die vom Berechtigten zur Minderung seiner Bedürftigkeit verlangt werden kann, sind auch von der jeweiligen Anspruchsgrundlage abhängig.

Beim **Trennungsunterhalt** kann der nicht erwerbstätige Ehegatte darauf verwiesen werden, seinen Unterhalt durch eine Erwerbstätigkeit selbst zu verdienen, wenn dies von ihm nach seinen persönlichen Verhältnissen, insbesondere wegen einer früheren Erwerbstätigkeit unter Berücksichtigung der Ehedauer und nach den wirtschaftlichen Verhältnissen der Ehegatten erwartet werden kann (§ 1361 II BGB; dazu Rn. 4/16 f.).[164] Wird eine Erwerbsobliegenheit bejaht, muss die zumutbare Erwerbstätigkeit wie bei § 1574 II BGB eheangemessen sein.

524   Beim **nachehelichen Unterhalt** besteht wegen des Grundsatzes der Eigenverantwortung nach § 1569 BGB grundsätzlich die Obliegenheit, eine angemessene Erwerbstätigkeit auszuüben (§ 1574 I BGB). Angemessen ist eine Erwerbstätigkeit, die der Ausbildung, den Fähigkeiten, einer früheren Erwerbstätigkeit, dem Lebensalter und dem Gesundheitszustand entspricht, soweit eine solche Tätigkeit nicht nach den ehelichen Lebensverhältnissen, insbesondere unter Berücksichtigung der Ehedauer und der Dauer der Pflege oder Erziehung gemeinschaftlicher Kinder, unbillig wäre (§ 1574 II BGB; vgl. Rn. 4/131 f.). Soweit erforderlich ist der Berechtigte auch zur beruflichen Aus- oder Fortbildung verpflichtet, wenn er nach deren Abschluss voraussichtlich eine geeignete Erwerbstätigkeit aufnehmen oder ausweiten kann (§ 1574 III BGB). Eine approbierte Ärztin ohne Berufserfahrung muss sich z. B. einer Fortbildung unterziehen und darf sich dann nicht nur um Stellen in einer Arztpraxis oder einem Krankenhaus bewerben, sondern muss auch Ausbildungstätigkeiten in Alten- oder Krankenpflegerschulen und dergleichen übernehmen.[165]

525   Ob und inwieweit der Unterhaltsberechtigte nach diesen Bestimmungen zu einer Erwerbstätigkeit verpflichtet ist, ist im konkreten Einzelfall auf Grund einer **Zumutbarkeitsabwägung** der maßgeblichen Umstände festzustellen.[166] Hat der Unterhaltspflichtige nach § 1581 BGB[167] nur nach Billigkeitsgrundsätzen Unterhalt zu leisten, weil sein eigener angemessener Unterhalt gefährdet ist, so kann dies zu einer Verschärfung der Anforderungen führen, die an die Erwerbstätigkeit des Unterhaltsberechtigten zu stellen sind.[168]

526   An die Unterhaltsbedürftigkeit eines **volljährigen Kindes,** das sich nicht in einer Ausbildung befindet,[169] stellt die Rechtsprechung, sofern nicht besondere Erschwernisgründe vorgetragen sind, strenge Anforderungen; für die Suche eines Ausbildungsplatzes billigt sie aber regelmäßig einen Zeitraum von bis zu 3 Monaten zu.[170] Für die Erwerbsobliegenheit eines volljährigen Kindes, das schon eine abgeschlossene Berufsausbildung hat und sich nicht in Berufsausbildung befindet, gelten ähnliche Maßstäbe wie bei der verstärkten Unterhaltspflicht der Eltern gegenüber minderjährigen Kindern. Dem Volljährigen sind zur Deckung des eigenen Unterhaltsbedarfs dann auch berufsfremde Tätigkeiten sowie Arbeiten unterhalb seiner gewohnten Lebensstellung zuzumuten.[171] Der Volljährige muss auch eine von einem Elternteil angebotene Stelle annehmen.[172] Nach allgemeiner Auffassung trifft einen **Studenten** neben dem Studium in der Regel keine Erwerbsobliegenheit. Denn er soll sich, auch im Interesse des Unterhaltspflichtigen, mit ganzer Kraft sowie dem gehörigen Fleiß und der gebotenen Zielstrebigkeit dem Studium widmen, um dieses innerhalb angemessener und üblicher Dauer abzuschließen. Das gilt auch für die Zeit der Semesterferien, die neben der notwendigen Erholung der Wiederholung und Vertiefung des Stoffes dient, soweit sie nicht

---

[164] BGH, FamRZ 2005, 23 = R 619; OLG Köln FamRZ 1993, 711; Dose, FamRZ 2007, 1289, 1296

[165] OLG Hamm, FamRZ 1998, 243; zur nachehelichen Erwerbsobliegenheit nach neuem Recht vgl. Dose, FamRZ 2007, 1289, 1296 ff.

[166] BGH, FamRZ 1985, 50; 1982, 148; OLG Karlsruhe FamRZ 2002, 1567

[167] Vgl. BGH, FamRZ 2006, 683 = R 649 d

[168] BGH, FamRZ 1983, 569, 571

[169] BGH, FamRZ 2006, 1100 = R 654 b–d (zur gestuften Ausbildung)

[170] OLG Hamm NJW-RR 2006, 509 (Zeit zwischen Abitur und Studium); OLG Hamburg FamRZ 2003, 180, 181; OLG Hamm FamRZ 1987, 411

[171] BGH, FamRZ 1987, 930, 932; 1985, 273

[172] OLG Zweibrücken, FamRZ 1984, 1250

ohnehin durch studienbedingte Arbeiten (Hausarbeiten) ausgefüllt ist. Übt ein Student gleichwohl eine (Neben-)Erwerbstätigkeit aus, so stellt die Vergütung, die er hierfür erhält, grundsätzlich Einkommen aus überobligationsmäßiger Tätigkeit dar. Die Anrechnung solcher Einkünfte aus unzumutbarer Tätigkeit bestimmt sich auch beim Verwandtenunterhalt nach dem – hier entsprechend heranzuziehenden – Rechtsgedanken des § 1577 II BGB.[173] Danach bleiben Einkünfte anrechnungsfrei, soweit der Unterhaltspflichtige nicht den vollen Unterhalt leistet (§ 1577 II 1 BGB). Darüber hinaus kommt eine Anrechnung insoweit in Betracht, als dies unter Berücksichtigung der beiderseitigen wirtschaftlichen Verhältnisse der Billigkeit entspricht (§ 1577 II 2 BGB).[174] Allerdings kann einem Studierenden während der Semesterferien ausnahmsweise eine gewisse Erwerbstätigkeit zugemutet werden, wenn durch diese der Examensabschluss nicht verzögert oder gefährdet wird[175] (zur Berücksichtigung eines Einkommens von Studenten und Schülern siehe oben Rn. 78 f.).

III. Ernsthafte Bemühungen um eine Erwerbstätigkeit und reale Beschäftigungschancen

1. Ernsthafte Bemühungen um eine Arbeitsstelle

Wer zur Aufnahme einer Erwerbstätigkeit verpflichtet ist, muss sich ernsthaft und intensiv **527** um eine Arbeitsstelle bemühen. Die Meldung bei der Agentur für Arbeit zum Zweck der Arbeitsvermittlung (vgl. § 35 SGB III) reicht hierzu nicht aus, weil erfahrungsgemäß nicht alle Arbeitsstellen über die Arbeitsagentur vermittelt werden.[176] Weil viele Arbeitgeber ohne Einschaltung der Arbeitsagentur Arbeitskräfte über Stellenanzeigen in Tageszeitungen und Anzeigenblättern suchen, gehört zu den zumutbaren Bemühungen um eine Arbeitsstelle auch, dass sich der Unterhaltspflichtige aus eigenem Antrieb laufend über Zeitungsannoncen, Vermittlungsagenturen und ähnliches um Arbeit bemüht.[177] Er muss Stellenangebote in Zeitungen und Anzeigenblättern, die am Wohnort und in der Region erscheinen, auf entsprechende Anzeigen sorgfältig überprüfen. In Frage kommen auch sonstige Privatinitiativen wie Erkundigungen im Bekanntenkreis, Nachfrage bei früheren Arbeitgebern u. ä. Zu den Bemühungen gehören aber vor allem rechtzeitige schriftliche oder persönliche und nicht nur telefonische Bewerbungen bei Gesellschaften und Behörden, die für zumutbare Stellen in Frage kommen. In der Rechtsprechung wird gefordert, dass der Arbeitslose für die Suche nach Arbeit etwa die Zeit aufwendet, die ein Erwerbstätiger für seinen Beruf aufwendet, so dass monatlich 20 Bewerbungen zu verlangen seien.[178] Wichtiger als die Quantität ist aber die Qualität und Aussagekraft der einzelnen Bewerbungen.[179] Um seiner **Darlegungs- und Beweislast** für hinreichende Bemühungen zu genügen, muss der Unterhaltspflichtige in nachprüfbarer Weise vortragen, welche Schritte er im Einzelnen unternommen hat, um eine Arbeitsstelle zu finden.[180] Er muss nachprüfbar darlegen, um welche Stellen er sich in der fraglichen Zeit beworben hat, was aus diesen Bewerbungen geworden ist und was er sonst konkret unternommen hat, um Arbeit zu finden. Dazu muss er auch die entsprechenden Bewerbungsschreiben und die Antwortschreiben vorlegen.[181]

Die Arbeitsbemühungen und die subjektive **Arbeitsbereitschaft** müssen ernsthaft sein. **528** Wenn daran Zweifel bestehen, muss der Richter dies besonders sorgfältig nachzuprüfen.

---

[173] OLGR Karlsruhe 1999, 46; OLGR Hamm 1998, 174; OLG Karlsruhe FamRZ 1994, 1278
[174] BGH, FamRZ 2005, 23, 24 = R 619; 1995, 475 = R 491 b
[175] BGH, FamRZ 1983, 140; FamRZ 1980, 126
[176] BGH, FamRZ 1986, 1085; 1986, 244, 246; OLGR Hamm 2004, 394
[177] BGH, FamRZ 2000, 1358, 1359 f. = R 543
[178] OLG Hamm FamRZ 2004, 298; OLG Hamm NJW-RR 2004, 149; OLGR Jena 2002, 316; OLG Naumburg, FamRZ 1997, 311
[179] OLG Hamm FamRZ 2004, 298
[180] BGH, FamRZ 2000, 1358, 1359 f. = R 543; 1996, 345, 346
[181] OLG Dresden FamRZ 1999, 1527; OLG Hamburg, FamRZ 1984, 1245; OLG Zweibrücken, FamRZ 1984, 1250; OLG Stuttgart, FamRZ 1983, 1233

Dabei muss er versuchen, aus der Arbeitsbiographie, dem Parteivortrag oder aus sonstigen Umständen Erkenntnisse über die Ernsthaftigkeit der subjektiven Arbeitsbereitschaft zu gewinnen. Anhaltspunkte dafür können sich aus dem Text von Bewerbungsschreiben oder Absagen aber auch anlässlich einer Beweiserhebung zu Vorstellungsgesprächen ergeben. Oft ist nicht auszuschließen, dass eine fehlende Arbeitswilligkeit dadurch verschleiert wird, dass zwar einerseits umfangreich zu missglückten Bewerbungen vorgetragen wird, andererseits aber zumutbare ernsthafte **Stellenangebote verschwiegen** werden.[182] Deshalb sind selbst 50 Absagen und mehr noch kein zwingender Nachweis ausreichender Bemühungen um einen Arbeitsplatz. Zweifel an der Ernsthaftigkeit von Bewerbungsbemühungen gehen zu Lasten des Arbeitsuchenden, der sich auf die fehlenden eigenen Einkünfte beruft.[183]

2. Reale Beschäftigungschance auf dem Arbeitsmarkt

529   Ob ein Arbeitsuchender einen geeigneten Arbeitsplatz finden kann, ist auch von objektiven Voraussetzungen abhängig, wie den jeweiligen Verhältnissen auf dem Arbeitsmarkt und den persönlichen Eigenschaften des Arbeitsuchenden wie Alter, Ausbildung, Berufserfahrung, Gesundheitszustand, Geschlecht u. ä.[184] Auf seine mangelnden Sprachkenntnisse kann der Unterhaltspflichtige sich allerdings nur für eine Übergangszeit berufen. Denn zu den gesteigerten Anforderungen an seine Bemühungen um einen neuen Arbeitsplatz gehört es nicht nur, die berufliche Qualifikation weiter zu fördern (vgl. §§ 48 ff. SGB III), sondern auch, sich unter Ausnutzung sämtlicher Hilfsangebote intensiv um eine Verbesserung der deutschen Sprachkenntnisse zu bemühen.[185] In Zeiten der Vollbeschäftigung sind an den Nachweis vergeblichen Bemühens höhere Anforderungen zu stellen als in Zeiten hoher Arbeitslosigkeit auf dem einschlägigen Arbeitsmarkt. Allgemein bestehen in dicht besiedelten Gebieten mit hohem Beschäftigungsstand bessere Bedingungen als in strukturschwachen und weniger bevölkerten Landesteilen.[186] Auch bei längerer (und sogar mehrjähriger) Arbeitslosigkeit besteht kein genereller Erfahrungssatz, dass ein älterer Unterhaltspflichtiger keine Arbeitsstelle mehr finden wird. Er kann sich deswegen nicht stets pauschal auf eine fehlende reale Erwerbsmöglichkeit berufen, sondern hat substantiiert darzulegen und gegebenenfalls zu beweisen, dass er keine reale Chance auf einen Arbeitsplatz hat.[187] **Der Tatrichter** muss im Einzelfall darüber entscheiden, ob die Chance, eine Arbeit zu finden, real, jedenfalls nicht völlig irreal oder nur theoretischer Art ist. Jeder ernsthafte Zweifel daran, ob bei sachgerechten Bemühungen eine nicht ganz von der Hand zu weisende Beschäftigungschance bestanden hätte und besteht, geht zu Lasten des Arbeitspflichtigen. Andererseits kann der Nachweis als geführt angesehen werden, wenn nach dem Ergebnis der tatrichterlichen Würdigung eine Beschäftigungschance praktisch nicht bestanden hat.[188] Solches kann bei erheblichen krankheitsbedingten Einschränkungen der Fall sein, insbesondere wenn die Person ohnehin kurz vor dem Rentenbeginn steht.

530   Wird zum Beweis der substantiiert behaupteten Nichtvermittelbarkeit die Einholung einer **Auskunft der Arbeitsagentur** beantragt, muss diese eingeholt werden, denn die amtliche Auskunft einer Behörde ersetzt die Zeugenvernehmung des sonst in Frage kommenden Sachbearbeiters. Der Richter darf sich über einen solchen Beweisantrag nicht hinwegsetzen und nicht ohne weiteres vom Gegenteil ausgehen.[189] Bestätigt die Arbeitsagentur, dass die betreffende Person von der Arbeitsverwaltung voraussichtlich nicht vermittelt werden kann, sind die dafür benannten Gründe tatrichterlich zu würdigen. Es ist aber in jedem Fall weiter zu fragen, ob bei ausreichender Entfaltung von Privatinitiative

---

[182] BGH, FamRZ 1986, 244, 246

[183] OLG Brandenburg JAmt 2004, 502

[184] BGH, FamRZ 2005, 23, 24 = R 619; 1996, 345, 346; 1994, 372; 1993, 789; 1987, 912; 1987, 144; 1986, 885; 1986, 244

[185] OLG Celle FamRZ 1999, 1165

[186] BGH, FamRZ 1986, 244, 246

[187] OLGR Dresden 2000, 53; OLG Hamm FamRZ 1999, 1011

[188] BGH, FamRZ 1994, 372; 1987, 144; 1986, 885

[189] BGH, FamRZ 1987, 912

(Rn. 527) nicht gleichwohl ein angemessener Arbeitsplatz gefunden werden könnte.[190] Derartigen Bestätigungen der Agentur für Arbeit kommt daher für die Praxis nur eine eingeschränkte Bedeutung zu. Eine auf der Erfahrung des Gerichts und seiner Kenntnis von den Verhältnissen des örtlichen Arbeitsmarktes beruhende tatrichterliche Beurteilung der Vermittelbarkeit ist aus Rechtsgründen (revisionsrechtlich) nicht zu beanstanden.[191]

3. Darlegungs- und Beweislast zu den Arbeitsbemühungen und zur Beschäftigungschance

Wer trotz Erwerbslosigkeit Unterhalt beansprucht, hat die **Darlegungs- und Beweislast** **531** für seine Bedürftigkeit (vgl. Rn. 6/707). Er muss in nachprüfbarer Weise vortragen, welche Schritte er im Einzelnen unternommen hat, um einen zumutbaren Arbeitsplatz zu finden und die sich ergebenden Erwerbsmöglichkeiten auszunutzen. Er muss außerdem ggf. darlegen und nachweisen, dass für ihn objektiv eine reale Beschäftigungschance nicht bestanden hat.[192] Gleiches gilt für den Unterhaltsschuldner, der sich auf seine Leistungsunfähigkeit oder beschränkte Leistungsfähigkeit infolge Arbeitslosigkeit beruft[193] (vgl. Rn. 6/710). Im Rahmen der nach § 1603 II BGB gesteigerten Erwerbsobliegenheit ist der Unterhaltsschuldner darlegungs- und beweispflichtig dafür, dass er die Kündigung seines Arbeitsverhältnisses nicht zu vertreten hat und trotz intensiver Anspannung aller Kräfte keine neue Erwerbstätigkeit finden konnte.[194] Bei verbleibenden Zweifeln wird er als leistungsfähig behandelt.

IV. Krankheitsbedingte Arbeitsunfähigkeit

1. Krankheitsbedingte Erwerbsunfähigkeit und Pflicht zur Wiederherstellung der Arbeitskraft

Fehlendes oder unzulängliches Erwerbseinkommen wird häufig mit krankheitsbedingter **532** Arbeitsunfähigkeit begründet. Wer behauptet, infolge Krankheit arbeitsunfähig oder nur beschränkt arbeitsfähig zu sein, hat seine gesundheitliche Beeinträchtigung genau anzugeben und das Ausmaß der Minderung seiner Arbeitsfähigkeit nachzuweisen. Das gilt für den Unterhaltsberechtigten wie für den Unterhaltspflichtigen. Die Anerkennung als Schwerbehinderter, sei es auch zu 100%, rechtfertigt nicht ohne weiteres den Schluss auf eine Erwerbsunfähigkeit.[195] Fehlt es an entsprechendem Vortrag zu konkreten Erwerbsbeeinträchtigungen, muss sich der Unterhaltspflichtige so behandeln lassen, als verfüge er tatsächlich über die erzielbaren Einkünfte. Auf entsprechenden Vortrag kann der Nachweis einer Minderung der Erwerbsfähigkeit durch die Einholung eines **ärztlichen Sachverständigengutachtens** geführt werden.[196] Empfehlenswert ist es, damit einen Arbeitsmediziner zu beauftragen. Aufgabe des Sachverständigen ist es, zu klären, ob qualitative oder quantitative Leistungseinschränkungen vorliegen.

Zu den **qualitativen Leistungseinschränkungen** gehören
– die Unfähigkeit zu Arbeiten unter Zeitdruck,
– die Unfähigkeit zu Nacht- oder Wechselschicht,
– die Unfähigkeit, schwer zu heben oder schwer zu tragen,
– die Unverträglichkeit von bestimmten Reizstoffen, Hitze oder Kälte
– die Unfähigkeit, in offenen oder in geschlossenen Räumen zu arbeiten, und
– die Unfähigkeit, im Sitzen, Gehen oder Stehen zu arbeiten.

---

[190] OLG Köln NJWE-FER 1997, 174
[191] BGH, FamRZ 1993, 789; 1988, 604
[192] BGH, FamRZ 1996, 345; 1993, 789; 1987, 144; 1986, 885; 1986, 244, 246; OLG Köln 2005, 1912; OLG Brandenburg JAmt 2004, 502
[193] OLG Karlsruhe FamRZ 2000, 1419
[194] OLG Brandenburg JAmt 2004, 502; OLG Stuttgart JAmt 2001, 48; OLG Hamm, FamRZ 1998, 1252
[195] OLGR Saarbrücken 2002, 174
[196] BGH, FamRZ 2003, 1471, 1473; OLG Schleswig FF 2003, 110; OLG Celle FamRZ 2000, 1153

Die **quantitativen Einschränkungen** bringen die Reduktion des Leistungsvermögens in zeitlicher Hinsicht zum Ausdruck, in erster Linie die Unfähigkeit zur Ganztagsarbeit. Ursache können körperliche Beeinträchtigungen sein, aber auch psychische Erkrankungen, die das Durchhaltevermögen, die Leistungsmotivation, die Ausdauer, die nervliche Belastbarkeit, die Anpassungsfähigkeit oder die geistige Beweglichkeit beeinträchtigen.

Im Fall einer Krankheit trifft den Berechtigten wie den Verpflichteten die Obliegenheit, alles zur **Wiederherstellung seiner Arbeitskraft** Erforderliche zu tun, um seine Unterhaltsbedürftigkeit zu mindern bzw. seine Leistungsfähigkeit wiederherzustellen. Wer leichtfertig oder fahrlässig die Möglichkeit ärztlicher Behandlung und Behebung der der Aufnahme einer Erwerbstätigkeit entgegenstehenden Schwierigkeiten nicht nutzt, muss sich unterhaltsrechtlich so behandeln lassen, als hätte er das Notwendige getan. Der Verpflichtete kann dann u. U. als leistungsfähig angesehen werden.[197] Der Bedürftige kann seinen Unterhaltsanspruch verwirken, weil er seine Bedürftigkeit mutwillig herbeigeführt bzw. aufrechterhalten hat.[198] Das OLG Hamm[199] geht z. B. bei einer neurotischen Depression davon aus, dass bewusstes Vermeiden ärztlicher Hilfe dazu führt, dass der Unterhaltsgläubiger als erfolgreich therapiert anzusehen ist (siehe dazu auch Rn. 4/97 ff.). War der Unterhaltsberechtigte, dessen überwiegend psychisch bedingte Krankheitssymptome zur völligen Erwerbsunfähigkeit geführt haben, allerdings krankheitsbedingt wegen fehlender Therapieeinsicht zur Durchführung von Heilmaßnahmen nicht in der Lage, kann ihm dies unterhaltsrechtlich nicht angelastet und ihm ein Unterhaltsanspruch nicht wegen mutwilliger Herbeiführung der Bedürftigkeit versagt werden.[200] Gleiches gilt, wenn er eine Therapie durchgeführt hat, die aber ohne Erfolg geblieben ist.[201]

533   Bei **Suchtdelikten** wie Alkohol- oder Drogenabhängigkeit kann die Bedürftigkeit im Sinne des § 1579 Nr. 4 BGB auch dadurch mutwillig herbeigeführt sein, dass der Unterhaltsberechtigte es leichtfertig unterlassen hat, durch geeignete und zumutbare Maßnahmen seine Erwerbsfähigkeit wiederherzustellen (vgl. Rn. 516 f.). Die Frage, von welchem Zeitpunkt an dem Bedürftigen die Erkenntnis über die Art seiner Erkrankung zugerechnet werden kann, und die Beurteilung des Zeitraums, innerhalb dessen er gehalten war, wirksame Maßnahmen zur Wiederherstellung seiner Gesundheit zu ergreifen, sind Gegenstand tatrichterlicher Würdigung.[202] Wer aus nicht vorwerfbarer Labilität und Charakterschwäche nicht in der Lage ist, dem Alkoholmissbrauch entgegenzusteuern und Maßnahmen zu dessen Bekämpfung zu ergreifen, braucht unterhaltsrechtliche Nachteile nicht zu befürchten[203] (genaueres dazu Rn. 4/683 f.).

2. „Rentenneurose" des Berechtigten

534   Bei psychischen Krankheiten, die der so genannten **„Rentenneurose"** oder „Prozessneurose" des Haftpflichtrechts und Sozialrechts vergleichbar sind, lassen sich keine körperlichen Einschränkungen der Erwerbsfähigkeit feststellen, während die Person subjektiv von der Krankheit überzeugt und deswegen nicht zu einer Erwerbstätigkeit in der Lage ist. Dies wirft zunächst erhebliche Darlegungs- und Beweisschwierigkeiten auf. Selbst wenn ein Unterhaltsberechtigter derart erkrankt ist, kann er aus unterhaltsrechtlicher Sicht nur dann als bedürftig behandelt werden, wenn er erfolglos versucht hat, selbst beruflich tätig zu

---

[197] KG FamRZ 2001, 1617

[198] BGH, FamRZ 1988, 375, 377; 1987, 359, 361; 1981, 1042; OLG Hamm NJW-RR 2003, 510; OLG Hamburg, FamRZ 1982, 702; OLG Düsseldorf, FamRZ 1982, 518

[199] OLG Hamm, FamRZ 1999, 237; vgl. auch OLG Düsseldorf FamRZ 1990, 68 und FamRZ 1987, 1262; OLG Hamburg FamRZ 1982, 702

[200] KG FamRZ 2002, 460; OLG Bamberg FamRZ 1998, 370; OLG Hamm FamRZ 1996, 1080

[201] OLGR Schleswig 2001, 248

[202] OLG Brandenburg FamRZ 2007, 72, 73; KG FamRZ 2001, 1617; OLGR Schleswig 2001, 248; OLG Düsseldorf FamRZ 1987, 1262; OLG Frankfurt FamRZ 1985, 1043; OLG Düsseldorf FamRZ 1985, 310; OLG Stuttgart FamRZ 1981, 963

[203] OLG Bamberg, FamRZ 1998, 370; OLG Hamm FamRZ 1996, 1080; OLG Frankfurt DAVorm 1987, 677

werden. Zwar ist nach allgemeiner Meinung grundsätzlich auch derjenige bedürftig, der infolge einer seelischen Störung erwerbsunfähig ist. Anders ist die Bedürftigkeit jedoch zu beurteilen, wenn die seelische Störung ihr Gepräge erst durch das – wenn auch unbewusste – Begehren nach einer Lebenssicherung oder durch die Ausnutzung einer vermeintlichen Rechtsposition erhält und der Unterhaltsanspruch zum Anlass genommen wird, den Mühen des Arbeitslebens auszuweichen. Diese Grundsätze hat der Bundesgerichtshof im Schadensersatzrecht zur Haftungsbegrenzung bei so genannten Rentenneurosen entwickelt.[204] Damit wird dem Gesichtspunkt Rechnung getragen, dass die Wiedereingliederung neurotisch labiler Personen in den sozialen Lebens- und Pflichtenkreis teilweise gerade daran scheitert, dass die Aussicht besteht, ein bequemes Renteneinkommen zu erhalten. Auch darf dem Rentenneurotiker, dessen Verhalten wesentlich von Begehrensvorstellungen bestimmt ist, seine **Flucht in die seelische Krankheit** rechtlich nicht „honoriert" werden. Laufende Zahlungen sollen nicht zur Verfestigung eines Zustandes beitragen, der letztlich der körperlichen und seelischen Gesundung des Geschädigten abträglich ist. Entsprechende Erwägungen gelten im Recht der gesetzlichen Rentenversicherung: Erforderlich für die Anerkennung ist dort, dass die seelische Störung nicht aus eigener Kraft überwunden werden kann. Wenn vorhersehbar ist, dass eine Rentenablehnung die neurotischen Erscheinungen des Versicherten verschwinden lässt, muss die Rente versagt werden, weil es mit dem Sinn und Zweck der Rentengewährung bei Berufsunfähigkeit nicht zu vereinbaren ist, dass gerade die Rente den Zustand aufrecht erhält, dessen nachteilige Folgen sie ausgleichen soll.[205] Im **Unterhaltsrecht,** das zwischen geschiedenen Ehegatten auf der Fortwirkung der ehelichen Beistandspflichten im Sinne einer nachehelichen Solidarität und im Übrigen auf der Verwandtschaft von Unterhaltsgläubiger und Unterhaltsschuldner beruht, kann den Auswirkungen von seelischen Störungen und Fehlreaktionen jedenfalls keine geringere rechtliche Bedeutung beigemessen werden als im Haftungs- und Sozialversicherungsrecht. Eine Bedürftigkeit scheidet deswegen – ganz oder teilweise – aus, wenn voraussehbar ist, dass sich der neurotische Zustand bei Versagung oder Minderung des Unterhaltsanspruchs infolge der dadurch bedingten Aktivierung eigener Kräfte verändern kann. Ist dagegen die seelische Störung so übermächtig, dass sie voraussichtlich auch nach Aberkennung des Unterhaltsanspruchs fortdauern würde, muss von einer fortbestehenden Unterhaltsbedürftigkeit ausgegangen werden.[206] Wegen der Simulationsmöglichkeiten ist stets Wachsamkeit des Tatrichters und des Sachverständigen geboten. Dem Unterhaltsberechtigten obliegt allerdings die Darlegungs- und Beweislast dafür, dass bei ihm eine Erkrankung in Form einer Rentenneurose vorliegt und dass seine seelische Erkrankung so übermächtig ist, dass sie auch nach Aberkennung eines Unterhaltsanspruchs nicht überwunden werden kann.[207]

Neurosen haben Krankheitswert, sind aber durch eine **therapeutische Behandlung** 535 veränderbar. Es besteht daher die unterhaltsrechtliche Verpflichtung, sich zur Wiederherstellung der Erwerbsfähigkeit in eine solche therapeutische Behandlung zu begeben und aktiv daran mitzuwirken, die psychische Arbeitsunwilligkeit zu heilen. Verstößt der Kranke gegen diese Obliegenheit, muss er sich unterhaltsrechtlich so behandeln lassen, als sei eine solche Behandlung erfolgreich gewesen.[208]

V. Bemessung und Dauer der fiktiven Einkünfte

1. Zur Bemessung fiktiver Einkünfte

Die Höhe fiktiver Einkünfte mangels hinreichender Bemühungen um einen Arbeitsplatz 536 kann im Allgemeinen nur im Weg einer Schätzung nach **§ 287 ZPO** ermittelt werden.[209]

---

[204] Grundlegend BGHZ 20, 137 = NJW 1956, 1108; BGH NJW 1979, 1935
[205] BSG NJW 1964, 2223, 2224
[206] BGH, FamRZ 1984, 660; OLG Düsseldorf FamRZ 1990, 68
[207] BGH, FamRZ 1984, 660; 1981, 1042; OLG Hamburg, FamRZ 1982, 702
[208] OLG Hamm FamRZ 1999, 237; OLG Düsseldorf, FamRZ 1982, 518
[209] BGH, FamRZ 1986, 885; 1984, 662; OLG Köln, FamRZ 1982, 707, 709

Geschätzt wird ein **Nettobetrag,** der nach Abzug von Steuern und Vorsorgeaufwendungen erzielt werden könnte. Ausschlaggebend ist allerdings ein früheres Einkommen, wenn ein Arbeitsverhältnis vorwerfbar aufgegeben worden ist und keine Gründe dagegen sprechen, dass künftig ebenfalls ein Einkommen in dieser Höhe erzielt werden kann.[210] Sonst ist unter Berücksichtigung der örtlichen Besonderheiten ein Einkommen zu ermitteln, das der Betreffende nach seinem Alter, seiner Vorbildung, seinen Fähigkeiten und seinem Gesundheitszustand erzielen könnte.[211] Maßgeblich ist dann stets das **erzielbare Einkommen.** Fehlen im Einzelfall verlässliche konkrete Anhaltspunkte für eine Schätzung, können als vergleichbare Beträge die in den Anlagen zum Fremdrentengesetz (FRG) aufgeführten Bruttojahresentgelte herangezogen werden.[212] Diese Bruttojahresentgelte beruhen auf zuverlässigen, für die gesamte Bundesrepublik geltenden Erhebungen und Feststellungen und sind daher für eine vergleichbare Schätzung durchschnittlicher Einkommen besonders geeignet.[213] Ohne besonderen Grund können keinesfalls nur die untersten beruflichen Möglichkeiten maßgeblich sein.[214]

537   Bei einer Schätzung ist auf den objektiven Wert der Arbeitsleistungen abzustellen. Für Versorgungsleistungen und Haushaltsführung können Richtsätze, die auf die gegebenen Verhältnisse abgestimmt sind und der Lebenserfahrung entsprechen, sowie Richtlinien und Erfahrungssätze, die zur Bestimmung von Schadensrenten für die Verletzung oder Tötung von Hausfrauen entwickelt worden sind, als Anhalt dienen, soweit nicht im konkreten Einzelfall besondere Umstände eine Abweichung gebieten[215] (siehe dazu Rn. 476 f.). Die fiktive Höhe des Verdienstes aus wechselnden Aushilfs- und Gelegenheitsarbeiten muss vom Gericht in nachprüfbarer Weise dargelegt und begründet werden. Nötig sind dazu Angaben zur Art der in Betracht kommenden Gelegenheits- und Aushilfstätigkeiten, zum „Markt" für solche Tätigkeiten in dem für den Berechtigten erreichbaren Einzugsgebiet sowie zu dem möglichen persönlichen Zugang des Berechtigten zu diesem „Markt". Häufig wird es sich dabei um Arbeiten in einem **fremden Haushalt** handeln (zum Wert der Haushaltstätigkeit vgl. Rn. 477). Im Falle einer Obliegenheit zur Ausübung einer Ganztagstätigkeit ist allerdings von einem höheren Wert auszugehen, als es der üblichen Haushaltstätigkeit entspricht. Dabei ist auch der Gesundheitszustand der betroffenen Person im Einzelfall mit zu berücksichtigen.[216] Wird Ehegattenunterhalt geltend gemacht, ist auch der **Erwerbstätigenbonus** von $1/7$ zu berücksichtigen.[217]

Wer sich auf die Obliegenheit zur Erzielung fiktiver Einkünfte durch den Prozessgegner beruft, hat ein der beruflichen Qualifikation des Gegners entsprechendes erzielbares Einkommen schlüssig vorzutragen. Die **Darlegungs- und Beweislast** dafür, dass ein solches Einkommen nicht erzielbar ist, trifft dann den erwerbslosen Gegner.[218]

2. Zur Dauer fiktiver Einkünfte

538   Ein fiktives Einkommen ist so lange zuzurechnen, wie sich die maßgeblichen Umstände, die nach § 242 BGB zur Bejahung eines fiktiven Einkommens geführt haben, nicht wesentlich geändert haben.[219] Bei einem Unterhaltspflichtigen, der seinen **Arbeitsplatz leichtfertig aufgegeben** hatte, ist daher zu klären, ob er die Arbeit zu einem späteren Zeitpunkt

---

[210] BGH, FamRZ 2008, 872 = R 690 b, c; 2005, 1979, 1981 = R 640 b–d; KG FamRZ 2003, 1208; OLG Hamburg, FamRZ 1982, 611
[211] BGH, FamRZ 1984, 374, 377; OLG Koblenz FamRZ 2006, 725; KG FuR 2005, 454; OLG Hamm FamRZ 2005, 35
[212] Vgl. BGBl I 2006, S. 1881 ff.
[213] OLG Düsseldorf, FamRZ 1981, 255
[214] OLG Düsseldorf, FamRZ 1991, 220
[215] BGH, FamRZ 1984, 662; 1980, 40, 42
[216] BGH, FamRZ 1984, 682, 686
[217] BGH, FamRZ 2005, 23, 25 = R 619; 1991, 307 = R 427 b
[218] BGH, FamRZ 1986, 244; OLG Brandenburg JAmt 2004, 502; OLG Naumburg, FamRZ 1998, 557
[219] OLG Karlsruhe, FamRZ 1983, 931

aus hinnehmbaren Gründen ohnehin verloren hätte. Nur wenn dies der Fall ist, dürfen die Einkünfte aus dem früheren Arbeitsverhältnis nicht mehr fiktiv zugerechnet werden. Es kommt dann darauf an, was der Unterhaltspflichtige bei zureichenden Bemühungen um eine neue Arbeitsstelle hätte verdienen können.[220] Soweit vertreten wird, dass die früheren Einkünfte stets nur für eine gewisse Übergangszeit maßgeblich sein können,[221] ist dem nicht zu folgen.[222] Erfolgt die Zurechnung wegen **fehlender Bemühungen** um einen Arbeitsplatz, so kann dem Unterhaltspflichtigen ein fiktives Einkommen hingegen nur so lange angerechnet werden und die Bedürftigkeit eines Unterhaltsberechtigten nur so lange verneint werden, wie sich der Betreffende nicht hinreichend um einen neuen Arbeitsplatz bemüht (dazu s. Rn. 507a). Ein solches ernsthaftes und intensives – wenn auch wegen der gegenwärtigen Arbeitsmarktlage, eines fortgeschrittenen Alters oder eines verschlechterten Gesundheitszustands erfolgloses – Bemühen kann im Weg einer **Abänderungsklage** geltend gemacht werden.[223] Das Gleiche gilt, wenn wegen leichtfertigen Verlustes des Arbeitsplatzes das frühere Einkommen fiktiv zugerechnet wurde und sich später ergibt, dass auch auf dem früheren Arbeitsplatz nur noch ein **geringeres Einkommen** erzielbar wäre.[224] Für ein Abänderungsbegehren mit dem Ziel der Anhebung des Kindesunterhalts auf den Mindestunterhalt nach § 1612a BGB genügt die Darlegung von Verhältnissen, die eine fiktive Zurechnung von Einkünften auf Seiten des Unterhaltspflichtigen erlauben. Das ist z. B. beim Auslaufen einer Eingliederungshilfe durch die Agentur für Arbeit der Fall, weil der Betreffende dann dem Arbeitsmarkt wieder zur Verfügung steht und die gebotenen Anstrengungen unternehmen muss, um seine Arbeitskraft voll auszuschöpfen.[225] Mit der Abänderungsklage kann hingegen nicht geltend gemacht werden, dass das im Ausgangsverfahren fiktiv zugerechnete Einkommen zu hoch angesetzt wurde, auch wenn dies im Versäumnisverfahren geschehen ist.[226]

3. Vorsorgeunterhalt

Die fiktive Unterstellung eines Einkommens aus Erwerbstätigkeit hat beim **Berechtigten** 539 grundsätzlich zur Folge, dass insoweit auch kein Vorsorgeunterhalt geschuldet wird.[227] Die Höhe des Altersvorsorgeunterhalts bemisst sich dann auf der Grundlage des verbleibenden Anspruchs auf Barunterhalt.[228] Krankenvorsorgeunterhalt wird schon dann nicht mehr geschuldet, wenn Einkommen aus einer Teilzeitarbeit zuzurechnen ist, weil die gesetzliche Krankenversicherung eine Vollversicherung schon bei Teilzeittätigkeit sicherstellt.[229] Erhält ein Ehegatte hingegen weiterhin Altersvorsorgeunterhalt und verwendet er diesen zweckwidrig für den allgemeinen Lebensbedarf, handelt er mutwillig i. S. v. § 1579 Nr. 4 BGB, es sei denn, er weist nach, dass er aus einer besonderen Notlage heraus gehandelt hat. Kann er dies nicht, ist er so zu behandeln, als hätte er dieses Geld zum Aufbau der Altersvorsorge verwendet; der entsprechende Betrag ist ihm dann später als fiktives Renteneinkommen zuzurechnen.[230]

---

[220] OLG Hamm, FamRZ 1995, 1217
[221] OLGR Schleswig, 2001, 181
[222] BGH, FamRZ 2008, 872 = R 690c
[223] OLG Schleswig, FamRZ 1985, 69; OLG Celle, FamRZ 1983, 717; OLG Karlsruhe, FamRZ 1983, 931
[224] BGH, FamRZ 2008, 872 = R 690b
[225] OLG Köln FamRZ 2003, 1960
[226] OLG Hamm, FamRZ 1997, 891; zur Abänderung eines Anerkenntnisurteils vgl. BGH, FamRZ 2007, 1459 = R 680
[227] OLG Köln, FamRZ 1993, 711
[228] BGH, FamRZ 2007, 117, 118 = R 662a–e (zur Bemessung des Altersvorsorgeunterhalts)
[229] OLG Hamm, FamRZ 1994, 107
[230] BGH, FamRZ 2003, 848 = R 588e; (Differenzmethode); 1987, 684; OLGR Koblenz 2002, 9; OLGR Köln 2001, 397; OLGR Schleswig 2001, 41

11. Abschnitt: Einkommen aus unzumutbarer Erwerbstätigkeit

I. Grundsatz

1. Abgrenzung zumutbare und unzumutbare Tätigkeit

540   Das Unterhaltsrecht legt den Parteien wechselnde Obliegenheiten auf. Der Unterhaltsgläubiger hat die Unterhaltslast soweit wie möglich zu verringern, der Unterhaltsschuldner hat sich leistungsfähig zu halten. Bedürftiger wie Pflichtiger müssen daher ihre Arbeitskraft so gut wie möglich einsetzen (s. näher Rn. 487 ff. und 519 ff.).

541   Die Erwerbsobliegenheit bezieht sich aber nur auf **zumutbare Tätigkeiten.** Wird der Berechtigte oder Verpflichtete dagegen **überobligationsmäßig** tätig, z. B. durch Berufstätigkeit nach der Trennung/Scheidung trotz Betreuung eines Kindes unter drei Jahren, durch Zusatztätigkeiten neben einer Vollzeittätigkeit oder durch Ferienarbeit als Student, handelt es sich um eine sog. **unzumutbare Erwerbstätigkeit.** Unzumutbar bedeutet, dass für diese Tätigkeit keine Erwerbsobliegenheit besteht. Derjenige, der sie ausübt, ist unterhaltsrechtlich also nicht gehindert, sie **jederzeit zu beenden,** gleichgültig, ob er Unterhaltsschuldner ist und möglicherweise seine Leistungsfähigkeit herabsetzt oder ob er sich in der Rolle des Unterhaltsgläubigers befindet und seine Bedürftigkeit erhöht.[1]

542   Die unterhaltsrechtliche Berücksichtigung des Einkommens aus unzumutbarer Tätigkeit ist im Gesetz nur unvollkommen in dem schwer verständlichen § 1577 II BGB beim Ehegattenunterhalt geregelt. Nach der Rechtsprechung wird es nur zum Teil oder überhaupt nicht angerechnet (s. näher Rn. 546 ff., 557 ff., 4/542 ff.). Im konkreten Einzelfall ist **vorab** aber zunächst **genau zu prüfen,** ob es sich um Einkünfte aus einer nachhaltig erzielten, dauerhaften und damit zumutbaren oder aus einer überobligationsmäßigen, jederzeit beendbaren und damit unzumutbaren Tätigkeit handelt.

2. Erwerbstätigkeit trotz Betreuung kleiner Kinder

543   Die Wahrung der Kindesbelange und die gemeinschaftliche Verantwortung von Eltern für ihre Kinder bewirken, dass bei deren Betreuung auch beim Ehegattenunterhalt der Grundsatzes der Eigenverantwortung zurücktritt und in erster Linie auf die Belange des Kindes abgestellt werden muss.[2] Darauf hat der Gesetzgeber bei der Reform des Unterhaltsrechts zum 1. 1. 2008 trotz der Stärkung der Eigenverantwortung in § 1569 BGB beim nachehelichen Unterhalt in seinen Materialien zur Neufassung des § 1570 BGB ausdrücklich hingewiesen.[3] Auch wenn die Neufassung der §§ 1570, 1615l BGB insgesamt bei ehelichen Kindern zu einer Vorverlagerung des Beginns der Erwerbsobliegenheit führt, dienen Betreuungsansprüche nicht der Entlastung des Pflichtigen, sondern der Stärkung und Förderung des Kindeswohls durch eine frühere Absicherung des Arbeitsplatzes des das Kind betreuenden Elternteils. Die Vorverlagerung des Beginns der Berufstätigkeit entspricht den geänderten realen Verhältnissen mit dem ab Vollendung des 3. Lebensjahrs eines Kindes garantierten Kindergartenplatz (§ 24 I SGB VIII) und den in den letzten Jahrzehnten erfolgten gesellschaftlichen Veränderungen mit einem früheren Einstieg in das Berufsleben trotz Kinderbetreuung.[4]

    Nach der Neufassung der §§ 1570, 1615l II BGB zum 1. 1. 2008 besteht mindestens bis zur Vollendung des 3. Lebensjahres eines Kindes keine Erwerbsobliegenheit. In der Trennungszeit gilt dies auch bei der Betreuung nichtgemeinschaftlicher im Haushalt lebender Kinder (vgl. Rn. 4/19 a). Ab welchem Zeitpunkt und in welchem Umfang danach eine

---

[1] BGH, FamRZ 2006, 846 = R 648 d; FamRZ 1984, 364; FamRZ 1983, 146, 149
[2] BT-Drs 16/6980 vom 7. 11. 2007 S. 9
[3] BT-Drs a. a. O. S. 9
[4] BT-Drs a. a. O. S. 8

Erwerbsobliegenheit beginnt, ist im Gegensatz zur bis 31. 12. 2007 geltenden Rechtslage und Rechtsprechung in Abkehr vom bis dahin angewandten sog. Altersphasenmodell stärker nach dem konkreten Einzelfall zu beurteilen. Dabei sind nach §§ 1570 I 3, 1615 l II 5 BGB die Belange des Kindes und die bestehenden Kinderbetreuungsmöglichkeiten zu berücksichtigen, nach §§ 1570 II, 1615 l II 5 BGB ferner der Vertrauensschutz in die während des Zusammenlebens vereinbarte und praktizierte Rollenverteilung und Ausgestaltung der Kinderbetreuung (vgl. Rn. 4/64 ff.).[5] Nach dem sich aus den Materialien ergebenden Willen des Gesetzgebers ist dabei **kein abrupter Wechsel von der elterlichen Betreuung zur Vollzeittätigkeit** gewollt, sondern wie bisher ein **gestufter, an den Belangen des Kindes und den bestehenden Kinderbetreuungsmöglichkeiten orientierter Übergang** ins Berufsleben.[6] Außerdem ist zu berücksichtigen, dass ein Ehegatte, der wegen der Kinderbetreuung seine eigene Erwerbstätigkeit dauerhaft oder eingeschränkt aufgegeben hat, anders zu behandeln ist als ein Ehegatte, der trotz Kinderbetreuung alsbald in den Beruf zurückkehren wollte.[7]

Nach der bis 31. 12. 2007 geltenden Rechtslage wurde in der Regel bei Berufstätigkeit **544** neben der Kinderbetreuung ein Einkommen aus unzumutbarer Tätigkeit bejaht, wenn nach dem in den Leitlinien festgelegten Altersphasenmodell noch nicht oder noch nicht im vollen Umfang gearbeitet werden musste.[8] Ab wann ab der Unterhaltsreform zum 1. 1. 2008 bei einer Berufstätigkeit trotz Betreuung kleiner Kinder von einer **überobligatorischen Tätigkeit** gesprochen werden kann, ist derzeit noch nicht abschließend geklärt. Eindeutig ist die Sachlage auf Grund des Gesetzeswortlautes in §§ 1570 I 1, 1615 l II 3 BGB nur, soweit gearbeitet wird, obwohl das **Kind das 3. Lebensjahr noch nicht vollendet** hat.[9] Ist das Kind dagegen älter, indiziert die Ausübung einer Berufstätigkeit, dass offensichtlich die entsprechenden Betreuungsmöglichkeiten bestehen und damit eine Erwerbsobliegenheit gegeben ist. Eine Ausnahme könnte gelten, wenn bei Betreuung mehrerer Kinder entgegen der Eheplanung eine Erwerbstätigkeit aufgenommen werden muss, weil sich der Pflichtige weigert, Unterhalt zu zahlen oder auf Grund Überschuldung nur bedingt leistungsfähig ist; ebenso wenn das Kind schwer behindert ist, selbst wenn Pflegegeld nach § 13 VI SGB XI bezahlt wird.[10] Dagegen kann nicht mehr wie nach der früheren Rechtsprechung des BGH darauf abgestellt werden, dass der Ehepartner seit der Trennung als Betreuungsperson ausfällt[11] oder die Tätigkeit wegen beengter finanzieller Verhältnisse in der Ehe aus Not aufgenommen werden musste.[12]

Nach der geänderten Rechtsprechung des BGH ist beim Ehegattenunterhalt auch eine **544 a** überobligatorische Tätigkeit **eheprägend.** Das Einkommen ist aber vorab nach § 1577 II BGB um einen anrechnungsfreien Teil zu kürzen (näher Rn. 546, 4/236, 264).[13] Dies gilt auch, wenn der **Pflichtige** die Kinder betreut, wobei dann die Kürzung des Einkommens aus Billigkeitsgründen nach § 242 BGB zu erfolgen hat (näher Rn. 556).[14]

Die neue Rechtslage ab 1. 1. 2008 zeigt deutlicher als bisher auf, dass das Problem der **545** Berufstätigkeit neben der Kinderbetreuung nicht in der Einordnung als normale oder überobligatorische Tätigkeit liegt, weil sich am Aufgabenbereich des neben der Kinderbetreuung berufstätigen Elternteils nichts geändert hat. Entscheidend ist vielmehr die in diesen Fällen immer schon gegebene und auch künftig weiterhin bestehende Doppelbelastung.[15]

---

[5] BT-Drs a. a. O. S. 8, 10
[6] BT-Drs a. a. O. S. 9; vgl. auch Gerhardt, FuR 2008, 9
[7] BT-Drs a. a. O. S. 9; Gerhardt, FuR 2008, 9
[8] Vgl Vorauflage Rn. 543 ff.
[9] Gerhardt, FuR 2008, 9
[10] BGH, FamRZ 2006, 846 = R 648 c
[11] So noch BGH, FamRZ 2006, 846 = R 648 c
[12] So noch BGH FamRZ 1983, 146; FamRZ 1998, 1501 = R 521 a; FamRZ 2003, 518 = R 585 c
[13] BGH, FamRZ 2005, 967 = R 629 c; FamRZ 2005, 1154 = R 630 e; FamRZ 2006, 683 = R 649 b; FamRZ 2006, 846 = R 648 e
[14] BGH, FamRZ 2003, 848 = R 588 d; FamRZ 2001, 350 = R 551 c
[15] Vgl. den von Meier, FamRZ 2008, 101 eindrucksvoll geschilderten Tagesablauf einer allein erziehenden Mutter

545 a   Die Doppelbelastung wird zum Teil ausgeglichen durch die Berücksichtigung der konkreten **Kinderbetreuungskosten** (näher Rn. 605).[16] Nach dem Willen des Gesetzgebers sind diese generell als Abzugsposten bei der Unterhaltsberechnung zu berücksichtigen[17] bzw. Mehrbedarf des Kindes sind, z. B. Kindergartenkosten (näher Rn. 605, 2/275).[17a] Dies gilt nicht nur, wenn es beim nachehelichen Ehegattenunterhalt um den Tatbestand des § 1570 BGB geht, sondern auch bei einem Anspruch nach § 1573 II BGB, wenn der Kinder betreuende Elternteil nur durch eine Kosten verursachende Ganztagsbetreuung des Kindes einer Vollzeittätigkeit nachgehen kann. Zusätzlich erfolgt der Ausgleich der Doppelbelastung durch Ansatz eines **Betreuungsbonus** (näher Rn. 606). Bisher wurde bei Berufstätigkeit trotz Betreuung kleiner Kinder regelmäßig eine überobligatorische Tätigkeit angenommen und Betreuungskosten und Betreuungsbonus im Rahmen des anrechnungsfreien Betrages nach § 1577 II BGB angesetzt. Durch die Vorverlagerung der Erwerbsobliegenheit kommt dies im Ergebnis nur noch in Betracht, wenn das Kind das 3. Lebensjahr noch nicht vollendet hat. Betreuungskosten und Betreuungsbonus gewinnen deshalb als Abzugsposten nach Nr. 10.3 der Leitlinien ein erheblich größeres Gewicht. Dies gilt insbesondere für den Betreuungsbonus, mit dem der finanziell nicht messbare Mehraufwand durch die Berufstätigkeit neben der Kinderbetreuung etwas ausgeglichen werden soll (vgl. eingehend Rn. 606 a). Dieser Mehraufwand ist naturgemäß bei kleinen Kindern größer, da diese regelmäßig noch einer ständige Betreuung bedürfen.[18] Er besteht aber im Einzelfall auch noch bei über 10-jährigen Kindern bis zur Volljährigkeit, z. B. bei Schulproblemen, in der Pubertät, bei Suchtproblemen usw. Im Einzelfall ist es daher angemessen, bis zur Volljährigkeit einen Betreuungsbonus zuzubilligen, soweit ein entsprechender Sachvortrag erfolgt.[18a]

545 b   Die Bonushöhe richtet sich nach den Umständen des Einzelfalls (Anzahl und Alter der Kinder; Umfang der Betreuungsbedürftigkeit und eigene Tätigkeit)[19] und ist nach Abwägung aller Umstände zu schätzen. Eine Pauschalierung hat der BGH abgelehnt.[20] Dem ist wegen der Vielzahl der möglichen Fallgestaltungen zuzustimmen. Zu den näheren Einzelheiten vgl. Rn. 606 b.

545 c   Handelt es sich um eine **überobligatorische** Tätigkeit, weil gearbeitet wird, obwohl das Kind das 3. Lebensjahr noch nicht vollendet hat, sind die konkreten Betreuungskosten und der Betreuungsbonus im Rahmen des anrechnungsfreien Betrages nach § 1577 II BGB zu berücksichtigen.[21] Eine zusätzliche Berücksichtigung als Abzugsposten bei der Bereinigung des Nettoeinkommens nach Nr. 10.3 der Leitlinien kommt wegen des Verbots der Doppelverwertung dann nicht mehr in Frage. Wird eine **normale Tätigkeit** angenommen oder betreut **der Pflichtige** die Kinder und geht zugleich einer Erwerbstätigkeit nach, erfolgt die Berücksichtigung bei der Bereinigung des Nettoeinkommens (näher Rn. 605 ff.).[22]

545 d   Wie bereits ausgeführt hat der BGH eine Pauschalierung des Betreuungsbonus abgelehnt (s. oben Rn. 545 b). Entsprechendes gilt auch für die **Höhe des anrechnungsfreien Betrages nach § 1577 II BGB.** Soweit der BGH dabei zuletzt gebilligt hatte, den anrechnungsfreien Teil auf 50%[23] oder bei einem Mehrverdienst nur zu einem Drittel anzusetzen,[24] hat er übersehen, dass die jeweilige Ausgangsentscheidung das überobligatorische Einkommen nach seiner früheren Rechtsprechung als nichtprägend angesetzt hatte und sich rechnerisch die Höhe des anrechnungsfreien Betrages eines überobligatorischen Einkommens als prägend beim Bedarf doppelt so hoch auswirkt als bei einer Anrechnung als nichtprägend.

---

[16] BGH, FamRZ 1991, 182 = R 430 b
[17] BT-Drs 16/1830 vom 15. 6. 2006 S. 17
[17a] BGH, FamRZ 2008, 1152 = R 691 c
[18] Meier, FamRZ 2008, 101
[18a] Gerhardt, NJW-Spezial 2008, 228
[19] BGH, FamRZ 2001, 350 = R 551 c
[20] BGH, FamRZ 2005, 1154 = R 630 d
[21] Gerhardt in Anm. zu BGH, FamRZ 2005, 1154
[22] Vgl. SüdL, BL, BraL, BrL, CL, DrL, DL, FL, HaL, KoL, NaL, OL, RL, SchL, ThL jeweils Nr. 10.3
[23] BGH, FamRZ 2005, 967 = R 629 c
[24] BGH, FamRZ 2007, 882 = R 675

Kürzungen um 50% werden daher seltene Ausnahmefälle darstellen, z. B. bei hohen konkreten Betreuungskosten.

Wegen der geschilderten Abgrenzungsproblematik und dem in allen Fällen stets gegebenen Problem der Doppelbelastung wird es vielfach angemessen sein, einen nach § 1577 II BGB anrechnungsfreien Teil des Einkommens unter Berücksichtigung von Betreuungskosten und Betreuungsbonus bzw. den Abzugsposten Betreuungskosten und Betreuungsbonus nach Nr. 10.3 der Leitlinien nach den näheren Umständen des Einzelfalls **gleich hoch** zu bewerten (vgl. Beispiel Rn. 545 g).   **545 e**

Beim **Verwandtenunterhalt** gelten diese Kriterien nicht. Bei minderjährigen Kindern besteht eine gesteigerte Erwerbsobliegenheit (näher Rn. 2/247 ff.). Die beim Unterhaltsanspruch nach §§ 1570, 16151 BGB entwickelten Kriterien, die auf der gemeinsamen Verantwortung der Eltern für ihre Kinder beruhen, gelten insoweit nicht. Nach BGH kann vielmehr die Erwerbsobliegenheit bereits ab Beendigung der Zahlung von Erziehungsgeld[25] bzw. Elterngeld beginnen. Außerdem darf bei mehreren Kindern, die in verschiedenen Haushalten leben, nicht nur für ein Kind eine Unterhaltsleistung erbracht werden (sog. Hausmann-Rechtsprechung, vgl. Rn. 2/172 ff.). Auch ein trotz Betreuung kleiner Kinder erzieltes Einkommen ist deshalb bei der Leistungsfähigkeit zur Sicherung des Existenzminimums regelmäßig ungekürzt heranzuziehen. Geht es dagegen um höhere Einkommensgruppen, kann es angebracht sein, aus Billigkeitsgründen nach § 242 BGB einen Teil des Einkommens anrechnungsfrei zu belassen.   **545 f**

Fall   **545 g**
M und F werden am 1. 2. 2008 nach 10-jähriger Ehe geschieden. Das gemeinsame Kind K (7) bleibt bei M und wird nach der Schule von Ms Lebensgefährtin betreut. M erhält das Kindergeld für K. Er hat ein Nettoeinkommen von 2800 EUR, fährt mit öffentlichen Verkehrsmitteln zum Arbeitsplatz und zahlt ein Ehedarlehen von monatlich 150 EUR ab. Welchen Unterhaltsanspruch hat F gegen M bei der Scheidung, wenn sie ein eheprägendes Nettoeinkommen aus einer Vollzeittätigkeit von 1100 EUR und nachgewiesene Fahrtkosten von 100 EUR hat, sie trotz teilweiser Übernahme der Familienarbeit in der Ehe keine beruflichen Nachteile hat, deshalb auch bei einer durchgehenden vollen Erwerbstätigkeit 1100 € verdienen würde und für K keinen Barunterhalt leistet?

Lösung
Anspruch nach § 1573 II BGB.
Bereinigtes Nettoeinkommen M:
Abzugsposten sind 5% berufsbedingte Aufwendungen, die Eheschuld, der als Barunterhalt anzusetzende Unterhalt für K (Tabellenbetrag), wobei sich der Unterhalt aus dem bereinigten Nettoeinkommen des M errechnet und ein Betreuungsbonus für K, nachdem L das Kind nach der Schule betreut und M keine konkreten Betreuungskosten geltend macht, z. B. 200 EUR
2800 ./. 140 ./.150 = 2510; DT Gr. 5 (+1) St. 2 = 387; 387 ./. 77 = 310
2510 ./. 200 ./. 310 = 2000
Bereinigtes Nettoeinkommen F: 1100 ./. 100 = 1000
Nach SüdL mit $^1/_{10}$:
Bedarf: $^1/_2$ ($^9/_{10}$ 2000 + $^9/_{10}$ 1000) = 1350
Höhe: 1350 ./. $^9/_{10}$ 1000 = 450
Nach DT mit $^1/_7$:
$^3/_7$ (2000 ./. 1000) = 429
Der Anspruch ist bei einer Ehedauer von 10 Jahren ohne berufliche Nachteile der F nach § 1578 b BGB aus Billigkeitsgründen zu begrenzen. Ob eine zeitliche Begrenzung des Anspruchs nach § 1578 b II BGB oder eine Begrenzung auf den angemessenen Bedarf nach § 1578 b I BGB aus Billigkeitsgründen in Betracht kommt, ist eine Einzelfallfrage, kann aber hier dahingestellt bleiben. Denn auch bei einer Begrenzung auf den angemessenen Bedarf wäre der Unterhaltsanspruch beendet, weil F mit ihrem Eigeneinkommen den angemessenen Bedarf selbst deckt.[26] Die Dauer der Übergangszeit ist ebenfalls eine Einzelfallfrage, die von den näheren Umständen abhängt. In Betracht käme z. B. eine Übergangszeit von drei Jahren.

Fall
a) M hat nach Abzug des Kindesunterhalts ein bereinigtes Nettoeinkommen von 1600 EUR, F aus einer Geringverdienertätigkeit von 400 EUR, wobei sie das gemeinsame zweijährige Kind betreut,

---

[25] BGH, FamRZ 2006, 1010 = R 650
[26] BGH, FamRZ 2007, 2052 = R 683

erst nach der Trennung wegen der beengten finanziellen Verhältnisse zu arbeiten begann und konkrete Fahrtkosen von 20 € hat.
Anspruch F?
b) Wie wäre es, wenn F konkrete Betreuungskosten von 50 EUR geltend machen würde?
c) Wie wäre es im Fall b, wenn das Kind bereits vier Jahre alt wäre und F wie in der Ehe beabsichtigt die Berufstätigkeit aufgenommen hat?
Lösung
zu a)
Das Einkommen der F ist beim Alter des Kindes überobligatorisch und daher nach § 1577 II 2 BGB nur zum Teil anzusetzen. Als anrechnungsfreier Betrag kommen z. B. 100 EUR in Betracht. Das bereinigte Nettoeinkommen von F beträgt dann nach Abzug von 20 € berufsbedingten Aufwendungen und des anrechnungsfreien Betrages 280 EUR. (400 ./. 20 ./. 100). Nach der geänderten Rechtsprechung des BGH ist das Einkommen der F in dieser Höhe prägend.
Nach SüdL mit $^1/_{10}$:
$^1/_2$ ($^9/_{10}$ 1600 + $^9/_{10}$ 280) = 846;
846 ./. $^9/_{10}$ 280 = 594.
Nach DT mit $^1/_7$:
$^3/_7$ (1600 ./. 280) = 566
zu b)
Die konkreten Betreuungskosten sind bei der Billigkeitsabwägung zu berücksichtigen, so dass weiterhin von einem anrechnungsfreien Betrag von 100 EUR auszugehen ist (Rest ist Betreuungsbonus); Lösung dann wie a.
zu c)
Es liegt keine überobligatorische Tätigkeit vor, da die Aufnahme der Geringverdienertätigkeit durch F aufzeigt, dass die Betreuung des Kindes gesichert ist. Wegen der weiterhin bestehenden Doppelbelastung Berufstätigkeit und Kinderbetreuung ist aber bei der Bereinigung des Nettoeinkommens neben den konkreten Betreuungskosten von 50 EUR ein Betreuungsbonus anzusetzen, z. B. von 50 €. Lösung dann wie a.

II. Zur Anrechnung von Einkommen aus unzumutbarer Tätigkeit beim Berechtigten

1. Anrechnung nach § 1577 II BGB beim Ehegattenunterhalt

546   § 1577 II BGB beinhaltet eine Spezialregelung für die Anrechnung von Einkünften aus unzumutbarer Erwerbstätigkeit des Bedürftigen beim nachehelichen Unterhalt. § 1577 II BGB wird auch auf den Trennungsunterhalt angewendet.[27] Nach der geänderten Rechtsprechung des BGH handelt es sich auch bei einem Einkommen aus überobligatorischer Tätigkeit um ein Surrogat der Familienarbeit und damit **prägendes** Einkommen. Es ist lediglich vorab aus Billigkeitsgründen um einen anrechnungsfreien Teil zu kürzen (vgl. Beispiel Rn. 545 g).[28]

547   Eine unzumutbare Tätigkeit lag nach BGH nach der bis 31. 12. 2007 geltenden Rechtslage insbesondere vor, wenn der Bedürftige bei beengten finanziellen Verhältnissen trotz Betreuung kleiner Kinder erwerbstätig war oder wurde[29] (s. oben Rn. 544). Dabei hatte der BGH zuletzt nur noch darauf abgestellt, ob nach dem Altersphasenmodell keine oder keine volle Erwerbsobliegenheit bestand und die Überobligationsmäßigkeit aus dem Umstand hergeleitet, dass der Ehepartner durch die Trennung nicht mehr als Betreuungsperson zur Verfügung stand, um die Mehrbelastung Berufstätigkeit und Kinderbetreuung aufzufangen.[30] Nach der ab 1. 1. 2008 geltenden Rechtslage wird man regelmäßig bei Berufstätigkeit und Kinderbetreuung von einer überobligatorischen Tätigkeit ausgehen können, wenn das Kind

---

[27] BGH, FamRZ 1983, 146 = R 142 b
[28] BGH, FamRZ 2006, 683 = R 649 b; FamRZ 2005, 1154 = R 630 e; FamRZ 2005, 967 = R 629 c
[29] BGH, FamRZ 2006, 846 = R 648 c; FamRZ 2003, 518 = R 585 c; FamRZ 1998, 1501, 1502 = R 521 a; FamRZ 1983, 146 = R 142 d, e
[30] BGH, FamRZ 2006, 846 = R 648 c

das 3. Lebensjahr noch nicht vollendet hat; dies gilt auch bei **Ansprüchen nach § 1615l BGB** (vgl. näher 544, 7/14). Im Einzelfall kann außerdem eine überobligatorische Tätigkeit vorliegen, wenn ein behindertes Kind betreut und daneben gearbeitet wird, selbst wenn für das Kind Pflegegeld nach § 13 VI SGB XI geleistet wird.[31]

Eine unzumutbare Tätigkeit ist ferner gegeben, wenn der Bedürftige nach der Verrentung **548** oder Pensionierung mit 65 Jahren weiter arbeitet oder **Nebentätigkeiten** verrichtet (vgl. Rn. 447).[32]

Das Gleiche gilt, wenn die Berechtigte nach der Trennung trotz ausreichender Bemühun- **549** gen keine angemessene Arbeit im Sinne des § 1574 II BGB findet und deshalb eine **untergeordnete Stellung** annimmt, z. B. statt in ihrem erlernten Beruf als Kindergärtnerin als Verkaufshilfe arbeitet.[33] Dies gilt aber nur, wenn in der Ehe vom Bedürftigen keine im Verhältnis zur Ausbildung untergeordneten Tätigkeiten ausgeübt wurde, da letztere ansons- ten nach der geänderten Rechtsprechung des BGH[34] und der Neufassung des § 1574 II BGB zum 1. 1. 2008 eine angemessene Tätigkeit wäre. Gemäß § 1577 II 2 BGB ist das Einkommen der Bedürftigen dann nicht in voller Höhe, sondern mit einem der Billigkeit entsprechenden gekürzten Betrag anzusetzen.

Erhält der Bedürftige bei einer überobligatischen Tätigkeit wegen Verlusts des Arbeits- **549a** platzes **Arbeitslosengeld,** handelt es sich um kein Einkommen aus unzumutbarer Tätig- keit.[35]

Soweit eine Frau trotz **teilweiser Berufstätigkeit** einem neuen Lebensgefährten den **550** **Haushalt führt** und für ihn Versorgungsleistungen erbringt, wird nach BGH die anzuset- zende Vergütung regelmäßig ein Einkommen aus zumutbarer Tätigkeit darstellen, da die Haushaltsführung erfahrungsgemäß eher als eine Erwerbstätigkeit mit anderen Verpflichtun- gen vereinbar ist.[36] Nach der Rechtsprechung des BGH wird allerdings bei einer **Vollzeit- tätigkeit** davon auszugehen sein, dass die Haushaltsführung in der neuen Partnerschaft geteilt wird und deshalb keine Vergütungsleistung anzusetzen ist.[37] Meines Erachtens handelt es sich in beiden Fällen um kein Problem der Zahlung einer Vergütungsleistung, weil bekanntermaßen für eine Haushaltstätigkeit weder in der Ehe noch in einer neuen Part- nerschaft etwas bezahlt wird, sondern um ersparte Aufwendungen durch das Zusammen- leben (näher Rn. 4/266 ff.).[38] Bei ersparten Aufwendungen stellt sich das Problem des un- zumutbaren Einkommens nicht.

Eine in der Ehe bereits seit einem längeren Zeitraum trotz behaupteter **gesundheitlicher** **550a** **Beeinträchtigungen** ausgeübte Erwerbstätigkeit, die nach der Scheidung fortgesetzt wird, ist ebenfalls nicht überobligatorisch.[39]

2. Anrechnung bei Ehegatten nach altem Recht (§§ 58 ff. EheG)

Die §§ 58 ff. EheG enthalten keine dem § 1577 II BGB entsprechende Regelung. Ande- **551** rerseits kann § 1577 II BGB nicht rückwirkend auf Altfälle angewendet werden. Nach der Rechtsprechung des BGH erfolgt bei solchen Altfällen eine Anrechnung von Erwerbsein- kommen nach den Grundsätzen von Treu und Glauben unter Berücksichtigung der beson- deren Umstände des Einzelfalls durch den Tatrichter.[40] Der BGH hat es akzeptiert, wenn nach diesen Grundsätzen bei unzumutbarer Arbeit nur der halbe Arbeitsverdienst als Ein- kommen angerechnet wird.[41] Da diese Rechtsprechung des BGH noch auf seiner früheren

---

[31] BGH, FamRZ 2006, 846 = R 648c
[32] BGH, FamRZ 2006, 683 = R 649b
[33] BGH, NJW-RR 1992, 1282 = R 454
[34] BGH, FamRZ 2005, 23 = R 619
[35] OLG Köln, FamRZ 2006, 342
[36] BGH, FamRZ 1995, 343
[37] BGH, FamRZ 2005, 567 = R 629d
[38] OLG München, FamRZ 2006, 1535; FamRZ 2005, 713; Gerhardt, FamRZ 2003, 372
[39] BGH, NJW 1998, 2821, 2822 = R 525d
[40] BGH, FamRZ 1983, 146, 148
[41] BGH a. a. O.

Auffassung, es handle sich um nichtprägendes Einkommen, beruhte, entspricht dies bei Ansatz des Einkommens nach seiner geänderten Rechtsprechung als eheprägend einer Kürzung von 25% (s. oben Rn. 545 d).

3. Anrechnung bei Kindern

552   Bei **minderjährigen Schülern** besteht keine Erwerbsobliegenheit. Eine Ausnahme kann nur bestehen, wenn der Minderjährige nach Beendigung der Schulzeit seine Ausbildung nicht fortsetzt oder eine aufgenommene Lehre abbricht. Er ist dann je nach Lage des Einzelfalls zur Aufnahme von Aushilfsarbeiten oder einer Hilfsarbeitertätigkeit verpflichtet. Ansonsten dienen Ferienjobs oder Zeitungsaustragen regelmäßig nur der Verbesserung des Taschengeldes und sind daher aus Billigkeitsgründen nicht auf den Kindesunterhalt anzurechnen, sondern sind anrechnungsfrei (vgl. Rn. 78, 2/88). Dies gilt selbst dann, wenn das erzielte Einkommen höher ist oder für Luxuswünsche (gebrauchter Pkw oder Motorrad) verwendet wird.[42]

552 a   Beim **volljährigen Schüler bis 21 Jahre,** der noch im Haushalt eines Elternteils lebt, besteht grundsätzlich ebenfalls keine Obliegenheit, neben der Schule einer Erwerbstätigkeit nachzugehen, so dass die gleichen Grundsätze gelten. Im Mangelfall kann unter Umständen verlangt werden, durch Aufnahme einer Aushilfsbeschäftigung selbst zur Deckung des Lebensbedarfs beizutragen.[43] Das dann erzielte Einkommen wäre zumindest teilweise analog § 1577 II BGB auf den Bedarf anzurechnen.

553   Bei sonstigen **volljährigen Kindern** kommen Einkünfte aus unzumutbarer Tätigkeit vor allem bei Werkstudentenarbeit vor. Vergütungen für Nebentätigkeiten eines Studenten in den Semesterferien sind grundsätzlich Einkommen aus einer überobligationsmäßigen Tätigkeit.[44] Der Student soll sich, auch im Interesse des Unterhaltpflichtigen, mit ganzer Kraft sowie dem gehörigen Fleiß und der gebotenen Zielstrebigkeit dem Studium widmen, um dieses innerhalb angemessener Zeit und üblicher Dauer zu beenden. Die Semesterferien dienen daher neben der Erholung der Vertiefung und Wiederholung des Stoffes, soweit sie nicht ohnehin durch studienbedingte Arbeiten (Praktikum, Hausarbeiten) ausgefüllt sind.[45]

Da eine gesetzliche Regelung fehlt, ist die **Anrechenbarkeit** solcher Leistungen **nach § 1577 II BGB analog** unter Berücksichtigung der Umstände des Einzelfalls zu beurteilen. Danach bleiben Einkünfte anrechnungsfrei, soweit der Verpflichtete nicht den vollen Unterhalt leistet. Darüber hinaus kommt eine Anrechnung in Betracht, soweit dies unter Berücksichtigung der beiderseitigen wirtschaftlichen Verhältnisse der Billigkeit entspricht.[46] Zu berücksichtigen sind dabei u. a. die Lebenshaltungskosten (z. B. Miete über den in den Leitlinien ausgewiesenen Wohnkosten, derzeit 270 €[47]) und studienbedingte Mehraufwendungen. Soweit ein entsprechender Mehrbedarf besteht, wird das insoweit erzielte Einkommen anrechnungsfrei zu belassen sein. Das Gleiche gilt, wenn der Unterhalt nicht freiwillig bezahlt, sondern im Wege der Zwangsvollstreckung beigetrieben werden muss.[48] Ein pauschaler anrechnungsfreier Betrag z. B. in Höhe der Differenz des Bedarfs eines Studenten und des notwendigen Selbstbehalts des Pflichtigen als Existenzminimum ist dagegen ohne nähere Prüfung des Einzelfalls abzulehnen[49] (s. auch Rn. 78 ff., 2/88).

---

[42] OLG Köln, FamRZ 1996, 1001
[43] BGH, FamRZ 2003, 363, 365 = R 584 b
[44] BGH, FamRZ 1995, 475 = R 491 b
[45] BGH a. a. O.
[46] BGH a. a. O.
[47] Vgl. z. B. SüdL Nr. 13.1.2
[48] BGH a. a. O.
[49] BGH a. a. O.

III. Anrechnung von Einkommen aus unzumutbarer Erwerbstätigkeit beim Verpflichteten

1. Einkünfte des Verpflichteten aus unzumutbarer Erwerbstätigkeit

Beim Verpflichteten ist ein Erwerbseinkommen aus unzumutbarer Tätigkeit u. a. möglich **554** in folgenden Fällen:
- Bei über das übliche Maß hinausgehenden Überstunden,[50] Urlaubsabgeltung und sonstigen überobligationsmäßigen, unüblichen Mehrarbeiten und Belastungen[51] (vgl. näher Rn. 64 ff.).
- Bei Nebentätigkeit und sonstiger unzumutbarer Zweitarbeit[52] (vgl. Ausführungen Rn. 74 ff.).
- Bei Berufstätigkeit des Verpflichteten trotz Kinderbetreuung (vgl. Rn. 544 a).[53]
- Bei Zusatzverdienst bei Renten- und Pensionsempfängern (vgl. Ausführungen Rn. 447).

Ob in den genannten Fällen von einer vollen oder teilweisen unzumutbaren Tätigkeit **555** auszugehen ist, hängt von den konkreten Umständen des Einzelfalles ab. Ein wesentliches Kriterium ist das jeweilige Berufsbild. Mehrarbeit, für die keine Erwerbsobliegenheit besteht und die jederzeit beendet werden kann, ist regelmäßig überobligatorisch.[54] Beim **Verwandtenunterhalt** sind regelmäßig alle Einkünfte heranzuziehen. Insbesondere beim Kindesunterhalt Minderjähriger und privilegierten Volljähriger kann wegen der erhöhten Erwerbsobliegenheit nach § 1603 II 1, 2 BGB eine Nebentätigkeit oder Überstunden zur Sicherung des Regelbedarfs zumutbar sein (s. näher Rn. 2/251). Auch wenn vom Barunterhaltspflichtigen weitere minderjährige Kinder betreut werden, ist sein Einkommen für den Kindesunterhalt nicht nach § 1577 II BGB oder durch einen Betreuungsbonus zu kürzen.[55] Beim **Ehegattenunterhalt** ist eine neben einer vollschichtigen Erwerbstätigkeit ausgeübte Nebentätigkeit unzumutbar, soweit sie jederzeit beendet werden kann (s. näher Rn. 74 ff., 447). Anders ist die Sachlage, wenn bei bestimmten Berufsgruppen oder bei Selbstständigen Zusatzarbeiten Bestandteil ihrer Tätigkeit sind (z. B. Gutachter-, Prüfertätigkeit), sich der Beruf aus mehreren Tätigkeiten zusammensetzt (freischaffender Künstler und Hochschullehrer,[56] Arzt und Gutachter, Arztpraxis und Werksarzt, Abgeordneter und Rechtsanwalt) und damit nur als eine einheitliche Tätigkeit gewertet werden kann. Der früher geäußerten Auffassung des BGH, eine während einer Ehe über einen längeren Zeitraum dauerhaft ausgeübte Zusatztätigkeit, z. B. eine 6 – bis 7-jährige Wochenendarbeit während des Zusammenlebens, sei eine zumutbare Tätigkeit,[57] kann nicht gefolgt werden; denn maßgebendes Abgrenzungskriterium ist allein, ob der Pflichtige diese Tätigkeit jederzeit folgenlos beenden kann. Beim Ehegattenunterhalt ist aber niemand neben einer Vollzeittätigkeit zu Zusatzarbeiten verpflichtet, auch nicht bei beengten Verhältnissen. Ob der BGH seiner früheren Auffassung noch folgt, ist bereits deshalb fraglich, weil nach seiner früheren Rechtsprechung auch vom Pflichtigen ausgeübte überobligatorische Tätigkeit nichtprägend war[58] und damit für die Unterhaltsberechnung überhaupt nicht angesetzt wurde. Diese Rechtsprechung hat er aber zwischenzeitlich geändert und sieht auch ein Einkommen aus unzumutbarer Tätigkeit als prägend an, soweit es nach Treu und Glauben anzusetzen ist.[59] Bei Überstunden oder Sonntagsarbeit kommt es darauf an, ob die Mehrarbeit berufstypisch

---

[50] BGH, FamRZ 2004, 186 = R 595 a
[51] BGH, FamRZ 1980, 984
[52] BGH FamRZ 2006, 846 = R 648 d; FamRZ 1985, 360, 362; FamRZ 1983, 152
[53] BGH, FamRZ 2001, 350 = R 551 c; FamRZ 1991, 182
[54] Eingehend Born, FamRZ 1997, 129, 136
[55] BGH, FamRZ 2006, 1597 = R 659 c
[56] BGH, FamRZ 1983, 152
[57] BGH, FamRZ 1985, 360
[58] Vgl. z. B. BGH, FamRZ 1985, 360
[59] BGH, FamRZ 2003, 848 = R 588 d

ist oder nicht (vgl. im Einzelnen Rn. 64 ff.). Bei Selbständigen ist zu beachten, dass für sie nicht die gleichen Arbeitszeiten gelten wie für Nichtselbständige.

555 a   Wird die Berufstätigkeit **über die Regelzeit der Altersrente** von derzeit 65 Jahren hinaus fortgesetzt oder werden von einem Rentner/Pensionär **Zusatztätigkeiten** ausgeübt, handelt es sich um eine überobligatorische Tätigkeit. Der Pflichtige kann insoweit nicht anders behandelt werden wie der Bedürftige, bei dem der BGH dies bereits entschieden hat.[60] Es darf insoweit auch nicht differenziert werden, ob es sich um einen Selbständigen oder Nichtselbständigen handelt. Auch Selbständige können ihre Tätigkeit ab Vollendung des 65. Lebensjahres jederzeit beenden. Die Problematik ist deshalb nur über die Frage zu lösen, in welchem Umfang die über das 65. Lebensjahr hinausgehenden Erwerbseinkünfte nach § 242 BGB angesetzt werden (s. unten Rn. 557 c).

556   In welchem Umfang bei der Bemessung des Ehegattenunterhalts das Mehreinkommen eines Ehegatten aus einer Erwerbstätigkeit zu berücksichtigen ist, die er **neben der Betreuung von Kindern** über das gebotene Maß hinaus ausübt, ist nach den Grundsätzen von Treu und Glauben unter Berücksichtigung der Umstände des Einzelfalls tatrichterlich zu beurteilen. Generell liegt eine beim Bedürftigen nur eine **unzumutbare Tätigkeit** vor, wenn das Kind das dritte Lebensjahr noch nicht vollendet hat (vgl. 544). Ansonsten hängt es von der Betreuungsbedürftigkeit der Kinder und den vorhandenen Betreuungseinrichtungen ab; insoweit gilt beim Pflichtigen nichts anderes wie beim Bedürftigem (vgl. § 1570 I 2, 3 BGB. Reduziert er wegen der Kinderbetreuung berechtigt seine Tätigkeit, ist dies zu akzeptieren, da der Bedeutung und Tragweite des Elternrechts Rechnung zu tragen ist.[61]

2. Zur Anrechnung solcher Einkünfte

557   Beim Verpflichteten fehlt wie beim Kindesunterhalt eine dem § 1577 II BGB entsprechende Bestimmung. Deshalb ist bei ihm ein Einkommen aus unzumutbarer Tätigkeit nach den allgemeinen unterhaltsrechtlichen Grundsätzen von **Treu und Glauben** unter Berücksichtigung der besonderen Umstände des Einzelfalls **anzurechnen.**[62] Wie bereits ausgeführt ist dabei zwischen Kindes- und Ehegattenunterhalt zu differenzieren.

557 a   Beim Unterhalt **minderjähriger Kinder** ist zur Sicherung des Mindestunterhalts bzw. des Ausbildungsbedarfs **Volljähriger** auch ein an sich überobligatorisches Einkommen in voller Höhe anzusetzen. Ansonsten kann das überobligatorisch erzielte Einkommen nur teilweise angerechnet werden, z. B. wenn es um die Eingruppierung in eine höhere Gruppe der DT oder um die Berechnung des Haftungsanteils eines Volljährigen geht.

557 b   Beim **Ehegattenunterhalt** hat der BGH seine frühere Rechtsprechung geändert und behandelt auch dieses Einkommen als **prägend,** soweit es nach Treu und Glauben anzusetzen ist.[63] Insoweit wird man unter Berücksichtigung des konkreten Einzelfalls regelmäßig nur einen Teil des Einkommens, z. B. $1/3$ bis $1/2$, der Unterhaltsberechnung zugrunde legen, wenn es sich um eine neben der vollen Berufstätigkeit ausgeübten Nebentätigkeit handelt. Gibt der Pflichtige die Nebentätigkeit auf und senkt sich dadurch das Einkommen, ist diese Einkommensreduzierung eheprägend und damit vom Bedürftigen zu akzeptieren (näher Rn. 4/243, 265), d. h. der Titel entsprechend abzuändern.

Diese Grundsätze von Treu und Glauben gelten auch für die Anrechenbarkeit von Erfindervergütungen.[64]

557 c   Wird über die **Regelalterszeit** hinaus in vollem Umfang gearbeitet, kann allenfalls das bisherige Einkommen ohne Berücksichtigung der zusätzlich gezahlten Altersvorsorge angesetzt werden, d. h. die überobligatorische Tätigkeit des Pflichtigen kann nicht zu einer Verbesserung der Lebensstellung des Bedürftigen führen. Im Einzelfall ist aber zu prüfen, ob nicht lediglich die Altersvorsorge und ein kleiner Teil des bisherigen Einkommens nach Treu

---

[60] BGH, FamRZ 2003, 848 = R 588 d
[61] BVerfG, FamRZ 1996, 343, 344 = R 498
[62] BGH, FamRZ 2001, 350 = R 551 c; FamRZ 1991, 182 = R 430 b; FamRZ 1983, 146, 148 = R 142 d, e
[63] BGH, FamRZ 2003, 848 = R 588 d
[64] Nichtveröffentlichte BGH-Entscheidung vom 4. 11. 1984 – IV b ZR 614/80

und Glauben für die Unterhaltsberechnung herangezogen wird oder nur die Altersvorsorge. Prüfungskriterien sind insbesondere, warum trotz Bezugs der Altersrente weitergearbeitet wird und inwieweit der Bedürftige auf Fortzahlung des bisherigen Unterhalts angewiesen ist. Bezieht der Pflichtige mangels ausreichender Altersvorsorge ausnahmsweise ab dem 65. Lebensjahr keine Versorgungsbezüge und muss deshalb noch weiterarbeiten, dient dieses überobligatorische erzielte Einkommen seiner eigenen Versorgung und damit der Sicherung des eigenen Unterhalts. Für die Bedarfsermittlung kann es damit nur in dem Umfang herangezogen werden, in dem der Pflichtige üblicherweise ab dem 65. Lebensjahr eine Altersversorgung hätte.

Handelt es sich bei einer **Berufstätigkeit neben der Betreuung von Kindern** um eine **557 d** überobligatorische Tätigkeit, ist nach Treu und Glauben nur ein Teil des Einkommens anzusetzen. Dabei sind die konkreten Betreuungskosten und/oder ein „Betreuungsbonus" als anrechnungsfrei zu berücksichtigen.[65] Handelt es sich um eine **normale Tätigkeit,** sind wegen der **Doppelbelastung** Berufstätigkeit und Kinderbetreuung wie beim Bedürftigen bei der Bereinigung des Nettoeinkommens nach Nr. 10.3 der Leitlinien die konkreten **Betreuungskosten** und ein **Betreuungsbonus** abzuziehen (vgl. Rn. 545 a, 605 ff.). In beiden Fällen ist damit das Einkommen wie beim Bedürftigen nicht in voller Höhe anzusetzen, sondern gekürzt um einen anrechnungsfreien Betrag, entweder im Rahmen des § 242 BGB oder bei der Bereinigung des Nettoeinkommens.

Muss der Pflichtige daneben auch für den Barunterhalt des Kindes aufkommen, weil der andere Elternteil nicht leistet, ist zusätzlich der aus seinem Einkommen errechnete Zahlbetrag des Kindesunterhalts vorab abzuziehen (vgl. Beispiel Rn. 545 g).

12. Abschnitt: Unterhalt und Einkommensteuer

I. Einführung

1. Besteuerung von Ehe und Familie und Grundgesetz

Gemäß Art. 6 Absatz 1 GG stehen Ehe und Familie unter dem besonderen Schutz der **558** staatlichen Ordnung. Dies bedingt unter anderem, dass der Staat die wirtschaftlichen Grundlagen der Ehe und Familie nicht beeinträchtigen darf. Das Bundesverfassungsgericht hat wiederholt Einfluss auf die Besteuerung des Familieneinkommens genommen. So wurde auf Grund des Urteils vom 17. 1. 1957[1] das heute noch gültige **Ehegattensplitting** eingeführt, das vom Gericht auch für die kinderlose Ehe als verfassungsgemäß bestätigt wurde.[2]

Die steuerliche Förderung der Ehe durch das Ehegattensplitting darf nicht durch Berücksichtigung des Steuervorteils bei der Ermittlung des für den **Unterhalt eines früheren Ehepartners** maßgeblichen Einkommens der neuen Ehe teilweise wieder entzogen werden.[3] Umstritten ist, ob dies auch gilt, wenn geschiedene und der verheiratete Ehepartner nach dem neuen Unterhaltsrecht gleichrangig sind.[4]

Bereits am 25. 9. 1992[5] wurde die **Verfassungswidrigkeit der Besteuerung des 558 a Existenzminimums** festgestellt. Demzufolge sieht das Einkommensteuergesetz einen **Grundfreibetrag** (Rn. 573 e) vor, der unabhängig von der Höhe des zu versteuernden Einkommens **steuerfrei** bleibt. Dieser Grundfreibetrag muss das Existenzminimum des Steuerpflichtigen abdecken. Dieses ist von der Bundesregierung im 6. Existenzminimums-

---

[65] BGH, FamRZ 2001, 350 = R 551 c
[1] BVerfG, FamRZ 1957, 208
[2] BVerfG, FamRZ 1982, 1185
[3] BVerfG, FamRZ 2003, 1281
[4] Gegen die Fortgeltung Gerhardt/Gutdeutsch FamRZ 2007, 778; FamRZ 2007, 945; FamRZ 2007, 2035; Hauß, FamRB 2008, 52; dagegen: Brandtner FamRZ 2007, 2033 und Schürmann, FamRZ 2008, 313
[5] BVerfG, FamRZ 1993, 285

bericht[6] vom 2. 11. 2006 für 2008 mit 7140 € festgestellt. Der Grundfreibetrag ist in den Steuertabellen (Rn. 565 b) berücksichtigt, und zwar für einzeln oder getrennt veranlagte Steuerpflichtige in der Grundtabelle mit 7664 € und für zusammen veranlagte Ehepaare in der Splittingtabelle mit 15 328 €.

558 b   Dass nicht nur das Existenzminimum des Steuerpflichtigen und seines Ehepartners sondern auch das **Existenzminimum der Kinder steuerfrei** bleiben muss, wurde vom Bundesverfassungsgericht im Jahr 1998[7] in mehreren Entscheidungen festgestellt. Ob dies durch Kindergeld oder Kinderfreibeträge (Rn. 486 ff., 2/494) erfolgt oder über eine Kombination von beidem, hat das Gericht dem Gesetzgeber überlassen.

2. Unterhaltsrechtliche Relevanz von Steuern

559   Während die Einkünfte aus nichtselbständiger Tätigkeit nur mit Einkommensteuer, Solidaritätszuschlag und gegebenenfalls Kirchensteuer belastet werden, belastet der Staat andere Einkunftsarten mit weiteren Steuern.

559 a   Die bei den Einkünften von Unternehmern[8] anfallende **Umsatzsteuer** geht gar nicht erst in die Gewinnermittlung ein, wenn der Gewinn durch Betriebsvermögensvergleich ermittelt wird. Wird der Gewinn durch Einnahmen-Überschuss-Rechnung ermittelt, so handelt es sich bei der Umsatzsteuer um einen durchlaufenden Posten, der durch Vorsteuer und Umsatzsteuerzahlungen kompensiert wird. Bei der Ermittlung des unterhaltsrechtlich relevanten Einkommens sind die umsatzsteuerrechtlichen Vorgänge zu eliminieren (Rn. 231 und 261).

559 b   Die **Gewerbesteuer** ist betrieblich veranlasst. Sie wurde deshalb bis zum 31. 12. 2007 in der Gewinn- und Verlustrechnung, bzw. Einnahmen-Überschuss-Rechnung als **Betriebsausgabe gewinnmindernd** erfasst. Ab dem 1. 1. 2008 gilt jedoch eine neue Regelung: Nach dem durch das **Unternehmenssteuerreformgesetz 2008** eingefügten § 4 V b EStG ist die Gewerbesteuer eine **steuerlich nicht abzugsfähige Betriebsausgabe.** Sie mindert daher den betrieblichen, nicht aber den steuerlichen Gewinn. Im Unterhaltsverfahren ist vom betrieblichen Gewinn auszugehen, da die Gewerbesteuer nach wie vor um **berufsbedingter Aufwand** ist. Betrieblicher Gewinn und steuerlicher Gewinn werden am Ende der Gewinn- und Verlustrechnung, bzw. der Einnahmen-Überschuss-Rechnung getrennt ausgewiesen. Im Einkommensteuerbescheid ist bei den Einkünften aus Gewerbebetrieb der um die Gewerbesteuer erhöhte Gewinn angegeben.

Auch nach neuem Recht wird die Gewerbesteuer **bei Einzelunternehmern und Gesellschaftern von Personengesellschaften** – hier mit der Quote ihres Gewinnanteils – **von der Einkommensteuer abgezogen.** Der **Einkommensteuerbescheid** weist daher auch **bei Selbständigen die endgültige Steuerbelastung** aus.

559 c   Die auf das Einkommen von Körperschaften erhobene **Körperschaftssteuer** betrifft das Einkommen der Gesellschafter nicht unmittelbar. Beim Gesellschafter wird als Einkommen nur erfasst, was ihm von der Gesellschaft ausgezahlt wird. Der **ausgeschüttete Gewinn** wird bei ihm bei den **Einkünften aus Kapitalvermögen** (Rn. 204 a f., 408) ausgewiesen, wenn er den Gesellschaftsanteil im Privatvermögen hält, bei den **Einkünften aus Gewerbebetrieb** (Rn. 113 ff.), wenn er zum Betriebsvermögen des Gesellschafters gehört.

Sonstige Zuwendungen der Gesellschaft an die Gesellschafter, wie z. B. **Gehalt, Miete** oder **Zinsen** werden bei den entsprechenden Einkommensarten in gleicher Weise erfasst, wie wenn diese Einkünfte von einem fremden Dritten bezogen würden. Es kann daher **bei der Ermittlung des unterhaltsrechtlichen Einkommens** eines Gesellschafters an einer Kapitalgesellschaft auf den **Einkommensteuerbescheid** abgestellt werden.

559 d   Im Rahmen der Ermittlung des unterhaltsrechtlich maßgeblichen Einkommens ist also nur die Einkommensteuer von Bedeutung, nebst ihren Annexsteuern Solidaritätszuschlag

---

[6] BT-Drs 16/3265, S. 5
[7] u. a. BVerfG, FamRZ 1999, 291
[8] Unternehmer ist nach § 4 UStG, wer eine gewerbliche oder berufliche Tätigkeit selbständig ausübt

(SolZ) und Kirchensteuer (KiSt). Lohnsteuer (Rn. 567 a, 568 ff.), Zinsabschlagsteuer und Kapitalertragssteuer (Rn. 567 b) sind Einkommensteuer.

Bis zum Jahr 2010 kann sich jedoch noch die Wohnbauförderung nach dem **Eigenheim-** 559 e **zulagengesetz** (EigZulG) (Rn. 331 ff.) auf das unterhaltsrechtlich maßgebliche Einkommen auswirken. Unbeschränkt Steuerpflichtige können nach § 9 EigZulG eine jährliche Eigenheimzulage von bis zu 1250 € zuzüglich 205 € für bestimmte Wärmeschutzmaßnahmen, weiter zuzüglich 800 € für jedes Kind, für das sie kindergeldberechtigt sind, erhalten, wenn sie bis zum 31. 12. 2003 eine Wohnung in einem im Inland gelegenen Haus oder einer Eigentumswohnung hergestellt oder angeschafft haben. Die Förderung gilt für das Jahr der Anschaffung, bzw. Herstellung und die sieben folgenden Jahre.

3. Steuersätze

Einkommensteuer, Kirchensteuer und **Solidaritätszuschlag** sind in der Regel der 560 **größten Abzugsposten beim Bruttoeinkommen.** Bei einem zu versteuernden Einkommen von 30 000 € liegt der **Durchschnittssteuersatz** der Einkommensteuer bereits ohne Solidaritätszuschlag und Kirchensteuer über der Quote der Arbeitnehmeranteile zur Sozialversicherung.

zu versteuerndes Einkommen	Durchschnitts-steuersatz	mit KiSt und Soli	Grenz-steuersatz	mit KiSt und Soli
20 000,00 €	14,30%	16,23%	27,10%	30,76%
30 000,00 €	19,35%	22,02%	31,60%	35,87%
40 000,00 €	23,10%	26,22%	36,20%	41,09%
50 000,00 €	26,20%	29,74%	40,80%	46,31%
75 000,00 €	31,40%	35,64%	42,00%	47,67%

Beim Abzug von Posten, die das zu versteuernde Einkommen mindern, kommt es nicht 560 a auf den Durchschnittssteuersatz sondern auf den höheren **Grenzsteuersatz** an. Dies ist die Quote der Besteuerung der Einkommensspitze:

Beispiel:

zu versteuerndes Einkommen	ESt	Steuersatz
30 000 €	5807 €	19,35% Durchschnittssteuersatz
29 900 €	5776 €	19,31% Durchschnittssteuersatz
auf die letzten 100 € entfallen mit 5,5% SolZ und 8% Ki.S.t	31 € 35,19%	31% Grenzsteuersatz

Bezogen auf die Einkommensminderung von 100 € mindert sich die Steuerbelastung um 31%. Rechnet man den Solidaritätszuschlag und die Kirchensteuer dazu, sind es sogar über 35%.

Hat ein Steuerpflichtiger neben steuerpflichtigen Einkünften auch solche bezogen, die 560 b nicht der (deutschen) Einkommensteuer unterliegen, z.B. **Arbeitslosengeld** o.ä., **Krankengeld** oder **Mutterschaftsgeld** o.ä., in Deutschland nicht steuerbare **ausländische Einkünfte** etc.,[9] gilt nach § 32 b EStG ein besonderer Steuersatz. Dieser wird ermittelt, indem man aus dem um die zusätzlichen Einkünfte erhöhten Einkommen den Durchschnittssteuersatz ermittelt und diesen dann auf das zu versteuernde Einkommen anwendet. Durch diesen sogenannten **Progressionsvorbehalt** wird gewährleistet, dass das zusätzliche Einkommen als solches zwar steuerfrei bleibt, das zu versteuernde Einkommen jedoch mit der Progression des Gesamteinkommens versteuert wird.

---

[9] Vollständige Aufstellung in § 32 b EStG

Beispiel:

Das zu versteuernde Einkommen des A beträgt 20 000 €. Daraus ergibt sich nach der Grundtabelle eine Einkommensteuer von 2850 €. Zusätzlich hat A jedoch ein steuerfreies Krankengeld von 5000 € erhalten.

Der Durchschnittssteuersatz aus 25 000 € beträgt 17,08%, angewandt auf das zu versteuernde Einkommen ergibt sich eine Einkommensteuer von 3416 €, also 566 € mehr als ohne Krankengeld.[10]

560 c   Umgekehrt vermindert sich der Steuersatz durch die **Tarifbegrenzung bei Gewinneinkünften** nach § 32 c EStG in der Weise, dass auf den 250 000 € übersteigenden Teil des zu versteuernden Einkommens ein 3%iger Steuerabschlag gewährt wird. Hat der Steuerpflichtige außer Gewinneinkünften noch andere Einkünfte kürzt sich der Prozentsatz auf den Anteil der Gewinneinkünfte.

Beispiel:

Das zu versteuernde Einkommen des U beträgt 360 000 €. Daraus ergibt sich nach der Grundtabelle eine Einkommensteuer von 146 586 €. In den Einkünften sind 240 000 €, also zwei Drittel, Gewinneinkünfte.

Das zu versteuernde Einkommen übersteigt den Sockelbetrag von 250 000 € um 110 000 €. Daraus ergibt sich ein Entlastungsbetrag von 110 000 € × 3% × 2/3 = 2200 €.

560 d   **Besondere Steuersätze** gelten z. B. gemäß § 34 EStG für außerordentliche Einkünfte und § 34 a EStG nicht entnommene Gewinne.

Außerordentliche Einkünfte im Sinn des § 34 EStG sind Gewinne nach § 16 I EStG aus der **Veräußerung eines Gewerbebetriebs** insgesamt oder auch eines Teilbetriebs oder der **Veräußerung eines Geschäftsanteils an einer Personengesellschaft.** Dies gilt gemäß § 18 EStG auch bei freiberuflicher Arbeit. Auch **Vergütungen für mehrjährige Tätigkeiten** sind außergewöhnliche Einkünfte. Die infolge der Zusammenballung von solchen Einkünften auf einen Veranlagungszeitraum massive Erhöhung der Progression wird durch eine besondere Berechnung der Einkommensteuer vermindert.[11]

Bei Veräußerungsgewinnen kann stattdessen nach § 16 IV EStG ein **Freibetrag** und nach § 34 III EStG ein **ermäßigter Steuersatz** in Anspruch genommen werden. Dies gilt aber nur für einen einzigen Veräußerungsfall im Leben und setzt die Vollendung des 55. Lebensjahrs voraus.

Um die Benachteiligung von Einzelunternehmern und Personengesellschaften gegenüber Kapitalgesellschaften zu mindern, kann für **nicht entnommene Gewinne** ab dem Veranlagungszeitraum 2008 ein **auf 28,25% reduzierter Steuersatz** beantragt werden. Bei späterer Entnahme dieses Gewinns erfolgt eine Nachversteuerung.

560 e   Ein besondere Regelung gilt für **Parteispenden:** diese werden nicht wie Sonderausgaben (Rn. 564 c) oder außergewöhnliche Belastungen (Rn. 564 f) vom Einkommen abgezogen sondern mindern nach § 34 g EStG die tarifliche Einkommensteuer um 50% der Zuwendungen, höchstens jedoch um 825 €, bei zusammenveranlagten Ehegatten um 1650 €.

Beispiel:

M hat für die CDU 4000 €, F für die Grünen 800 € gespendet. Die tarifliche Einkommensteuer bei der Zusammenveranlagung beträgt 24 000 €.

M und F können durch Geltendmachung ihre Einkommensteuer um 1650 € auf 22 350 € reduzieren.

4. Einkommensteuergesetz, Richtlinien und amtliche Hinweise; Solidaritätszuschlags- und Kirchensteuergesetz; Eigenheimzulage

561   Die Besteuerung des Einkommens natürlicher Personen regelt das Einkommensteuergesetz (EStG). Seit dem 1. 1. 1996 sind im EStG in §§ 62 bis 78 auch die Regelungen für das Kindergeld (Rn. 2/486 ff.) enthalten. Ausführliche Erläuterungen zu den einzelnen Vor-

---

[10] Im Einzelnen EStH 32 b
[11] Einzelheiten bei Schmidt/Seger, EStG § 34

schriften enthalten die Einkommensteuerrichtlinien (EStR) sowie die Amtlichen Hinweise (EStH). Richtlinien und Hinweise haben keinen Gesetzescharakter sondern sind als Selbstbindung der Finanzverwaltung anzusehen. Der Steuerpflichtige kann auf Grund des Gleichheitsgrundsatzes die Anwendung der Richtlinien und Hinweise auf seine Steuerveranlagung verlangen. Nimmt er eine günstigere Auslegung für sich in Anspruch und lehnt das Finanzamt dies ab, so kann er gegebenenfalls durch die Finanzgerichte die Vereinbarkeit der einschlägigen Richtlinien und Hinweise mit dem Gesetz überprüfen lassen.

Der **Solidaritätszuschlag** wird als Ergänzungsabgabe zur Einkommensteuer und zur **561 a** Körperschaftsteuer erhoben. Auf die Festsetzung und Erhebung des Solidaritätszuschlags sind die Vorschriften des Einkommensteuergesetzes und des Körperschaftsteuergesetzes entsprechend anzuwenden (vgl. § 1 Solidaritätszuschlaggesetz). Der SolZ beträgt 5,5% der Einkommensteuer (§ 4 SolZG), wobei jedoch Freibeträge gemäß § 3 III SolZG zu beachten sind. Entsprechendes gilt für die Berechnung der Kirchensteuer, die landesgesetzlich geregelt ist und teils 8%, teils 9% der Einkommensteuer beträgt. Solidaritätszuschlag und Kirchensteuer werden zusammen mit der Einkommensteuer, bzw. Lohnsteuer erhoben.

II. Grundbegriffe des Einkommensteuerrechts

1. Steuerpflicht

Das EStG unterscheidet zwischen **unbeschränkter** (§ 1 EStG) und **beschränkter Steu-** **562** **erpflicht** (§ 50 EStG). Diese Unterscheidung hat auch Bedeutung für das Unterhaltsrecht. Einerseits führt nur die **unbeschränkte Steuerpflicht** zur steuerlichen Erfassung des gesamten Einkommens, gleich wo dieses Einkommen erzielt wird („Welteinkommensprinzip"),[12] andererseits ist die unbeschränkte Steuerpflicht Voraussetzung für die Gewährung steuerlicher Vergünstigungen, wie etwa der **Ehegattenveranlagung** nach §§ 26 ff. EStG (Rn. 573 ff.), des **Realsplitting** nach § 10 I EStG[13] (Rn. 580 ff.), der sonstigen **Sonderausgaben** der §§ 10, 10 a und 10 c EStG sowie der **außergewöhnlichen Belastungen** nach § 33 ff. EStG (Rn. 581 ff.).

Unbeschränkt steuerpflichtig sind nach § 1 EStG **natürliche Personen,** die **im Inland** ihren **Wohnsitz** oder **gewöhnlichen Aufenthalt** haben. Einen Wohnsitz hat nach § 8 der Abgabenordnung (AO) jemand dort, wo er eine Wohnung unter Umständen hat, die darauf schließen lassen, dass er die Wohnung beibehalten und benutzen wird. Nach § 9 AO hat jemand dort den gewöhnlichen Aufenthalt, wo er sich unter Umständen aufhält, die erkennen lassen, dass er an diesem Ort oder in diesem Gebiet nicht nur vorübergehend verweilt. Als gewöhnlicher Aufenthalt im Geltungsbereich dieses Gesetzes ist stets und von Beginn an ein zeitlich zusammenhängender Aufenthalt von mehr als sechs Monaten Dauer anzusehen; kurzfristige Unterbrechungen bleiben unberücksichtigt. Dies gilt nicht, wenn der Aufenthalt ausschließlich zu Besuchs-, Erholungs-, Kur- oder ähnlichen privaten Zwecken genommen wird und nicht länger als ein Jahr dauert.

Auf Antrag werden jedoch nach § 1 III EStG auch natürliche Personen ohne Wohnsitz **562 a** oder gewöhnlichen Aufenthalt als **unbeschränkt einkommensteuerpflichtig** behandelt, die im Inland weder Wohnsitz noch gewöhnlichen Aufenthalt haben, soweit sie **inländische Einkünfte** im Sinne des § 49 EStG beziehen. Dies gilt nur, wenn ihre Einkünfte im Kalenderjahr mindestens zu 90% der deutschen Einkommensteuer unterliegen oder die nicht der deutschen Einkommensteuer unterliegenden Einkünfte den **Grundfreibetrag** nach § 32 I Satz 1 Nr. 2 EStG[14] (Rn. 573 e) nicht übersteigen. Dieser Betrag ist zu kürzen, soweit es nach den Verhältnissen im Wohnsitzstaat des Steuerpflichtigen notwendig und angemessen ist.

---

[12] Schmidt/Seeger, EStG § 2 Rn. 4
[13] Vgl. dazu § 50 I EStG
[14] Im Jahr 2007 6136 €

562 b　　Die **fiktive unbeschränkte Steuerpflicht von Angehörigen der EU** oder des Europäischen Wirtschaftsraums (EWR)[15] nach § 1 a EStG reicht für die Inanspruchnahme des **Realsplitting** nach § 10 I EStG aus, wenn die Besteuerung des Unterhalts beim Empfänger durch eine Bescheinigung der ausländischen Steuerbehörde nachgewiesen wird (§ 1 a I Nr. 1 EStG). Die **Ehegattenveranlagung** nach § 26 ff. EStG (Rn. 571, 573) ist möglich, wenn einer der Ehegatten seinen Wohnsitz oder gewöhnlichen Aufenthalt im Inland hat oder die zusammengerechneten Einkünfte der Eheleute zu höchstens 10% oder dem doppelten Grundfreibetrag im EU-Ausland erzielt werden (§ 1 a I Nr. 2 EStG). Dabei muss es sich um Einkünfte handeln, die nach den Gesetzen des anderen EU-Staats, nicht nach den deutschen Gesetzen steuerbar sind.[16]

562 c　　**Beschränkt Steuerpflichtige** dürfen Betriebsausgaben (§ 4 Abs. 4 bis 8 EStG) oder Werbungskosten (§ 9 EStG) nur insoweit abziehen, als sie mit inländischen Einkünften in wirtschaftlichem Zusammenhang stehen. Sonderausgaben, und außergewöhnliche Belastungen sind nicht anzugsfähig; Realsplitting und Ehegattenveranlagung sind nicht möglich.

2. Umfang der Besteuerung und Ermittlung des zu versteuernden Einkommens

563　　**a) Umfang der Besteuerung.** Der Einkommensteuer unterliegen
1. Einkünfte aus Land- und Forstwirtschaft (Rn. 199 ff.),
2. Einkünfte aus Gewerbebetrieb (Rn. 112 ff.),
3. Einkünfte aus selbständiger Arbeit (Rn. 183 ff.),
4. Einkünfte aus nichtselbständiger Arbeit (Rn. 46 ff.),
5. Einkünfte aus Kapitalvermögen (Rn. 408 ff.),
6. Einkünfte aus Vermietung und Verpachtung (Rn. 293 ff., 409),
7. sonstige Einkünfte im Sinne des § 22 (Rn. 438 ff.),

die der Steuerpflichtige während seiner unbeschränkten Steuerpflicht oder als inländische Einkünfte erzielt. Die **Aufzählung ist abschließend;** ein Beurteilungs- oder Ermessensspielraum besteht nicht. Analoge Anwendungen der Bestimmungen zu Lasten des Steuerpflichtigen sind nicht zulässig. Die Steuerpflicht erfasst daher zum Teil unterhaltsrechtlich nicht relevante Einkünfte (z. B. **nichtprägende Einkünfte**); zum Teil sind unterhaltsrechtlich maßgebliche Einkünfte nicht steuerpflichtig (z. B. **fiktives Erwerbseinkommen, Wohnvorteil**).

563 a　　**b) Ermittlung des zu versteuernden Einkommens.** Die **Ermittlung des zu versteuernden Einkommens** ist in § 2 III–V EStG geregelt. Eine ausführliche Übersicht enthalten die Einkommensteuerrichtlinien (Rn. 561). Das zu versteuernde Einkommen errechnet sich nach Abschnitt 2 wie folgt:

Summe der Einkünfte aus allen Einkunftsarten
+ Hinzurechnungsbeträge
Summe der Einkünfte
– Entlastungsbeträge (Rn. 564 f.)
Gesamtbetrag der Einkünfte
– Verlustabzug (Rn. 564 b)
– Sonderausgaben (Rn. 564 c ff.)
– außergewöhnliche Belastungen (Rn. 564 f ff.)
– Steuerbegünstigungen
+ zuzurechnendes Einkommen nach dem Außensteuergesetz
Einkommen
– Freibeträge für Kinder (Rn. 2/494 ff.) und Härteausgleich
zu versteuerndes Einkommen

---

[15] Island, Norwegen und Liechtenstein
[16] EuGH, DStR 2007, 232

3. Überblick über wichtige Abzugsposten

a) Entlastungsbeträge. Der **Altersentlastungsbetrag** nach § 24 a EStG ist ein nach **564** einem Prozentsatz ermittelter Betrag des Arbeitslohns zur Minderung der Steuerbelastung. Er wird ohne Antrag bei der Steuerveranlagung des Kalenderjahrs berücksichtigt, vor dem der Steuerpflichtige das 64. Lebensjahr vollendet hat, also erstmals in dem Jahr, in dem der Steuerpflichtige 65 Jahre alt wird.

Der **Entlastungsbetrag für Alleinerziehende** nach § 24 b EStG in Höhe von 1308 € **564 a** steht alleinstehenden Steuerpflichtigen zu, wenn zu ihrem Haushalt wenigstens ein Kind gehört, für das ihm ein **Kinderfreibetrag** nach § 32 VI EStG (Rn. 2/486 ff.) oder Kindergeld nach § 64 EStG (Rn. 2/486) zusteht. Der Entlastungsbetrag steht beiden einzeln veranlagten (Rn. 572) Elternteilen zu, wenn jeder die Voraussetzungen erfüllt.

Ein Kind gehört zum Haushalt des Steuerpflichtigen, wenn es dauerhaft in dessen Wohnung lebt oder mit seiner Einwilligung vorübergehend, z. B. zu Ausbildungszwecken, auswärtig untergebracht ist. Haushaltszugehörigkeit erfordert ferner eine Verantwortung für das materielle (Versorgung, Unterhaltsgewährung) und immaterielle Wohl (Fürsorge, Betreuung) des Kindes. Eine Heimunterbringung ist unschädlich, wenn die Wohnverhältnisse in der Familienwohnung die speziellen Bedürfnisse des Kindes berücksichtigen und es sich im Haushalt des Steuerpflichtigen regelmäßig aufhält.[17] Ist das Kind nicht in der Wohnung des Steuerpflichtigen gemeldet, trägt der Steuerpflichtige die Beweislast für das Vorliegen der Haushaltszugehörigkeit. Ist das Kind bei mehreren Steuerpflichtigen gemeldet oder gehört es unstreitig zum Haushalt des Steuerpflichtigen ohne bei ihm gemeldet zu sein, ist es aber bei weiteren Steuerpflichtigen gemeldet, steht der Entlastungsbetrag demjenigen Alleinstehenden zu, zu dessen Haushalt das Kind tatsächlich gehört. Dies ist im Regelfall derjenige, der das Kindergeld erhält.[18]

Negative Einkünfte des Steuerpflichtigen, die im Jahr ihrer Entstehung nicht mit positi- **564 b** ven Einkünften verrechnet werden können, werden nach § 10 d EStG im vorangegangenen Jahr und soweit dadurch nicht verbraucht in den auf die Entstehung folgenden Jahren als **Verlustabzug** vor den weiteren Sonderausgaben vom Gesamtbetrag der Einkünfte abgezogen.

Beispiel:

	Gewinn/Verlust	Verlustabzug	Einkommen
01	200 000 €	0 €	200 000 €
02	40 000 €	− 40 000 €	0 €
03	− 120 000 €	0 €	0 €
04	90 000 €	− 80 000 €	10 000 €
Summe	210 000 €	− 120 000 €	210 000 €

Der durch den Abzug im Jahr 02 nicht ausgeglichene Verlust aus dem Jahr 03 darf nicht im Jahr 01 abgezogen werden, obwohl es für U dort die höchste Steuerersparnis gegeben hätte, sondern muss auf die folgenden Jahre vorgetragen werden. Da der Verlust als erster Posten vom Gesamtbetrag der Einkünfte abgezogen wird (Rn. 563 a), verfallen die Steuervorteile aus Sonderausgaben, außergewöhnlichen Belastungen, Kinderfreibeträgen usw. sowie dem Grundfreibetrag. Da bei Zusammenveranlagung auch die Vergünstigungen des Ehepartners entfallen, ist die getrennte Veranlagung vorzuziehen. Wenn Verluste das Einkommen zusammenveranlagter Eheleute betroffen haben, kann die Aufteilung im Innenverhältnis auf der Grundlage fiktiver getrennter Veranlagung erfolgen (Rn. 578 d).[19]

b) Sonderausgaben. Unterhaltsleistungen an den dauernd getrennt lebenden oder ge- **564 c** schiedenen Ehegatten können nach § 10 I Nr. 1 EStG bis zur Höhe von 13 805 € als Sonderausgabe angezogen werden. Das Verfahren wird als **Realsplitting** (Rn. 580) bezeichnet, da im Gegensatz zur fiktiven Einkommensaufteilung bei der Zusammenveranlagung (Rn. 573 b) nur der real gezahlte Unterhalt berücksichtigt wird.

---

[17] BFH, BStBl 2002 II, 244
[18] Ausführlich dazu: BMF-Schreiben, DStR 2004, 2054
[19] BGH, FamRZ 2006, 1178 = R 655

Beispiel:
M und F sind verheiratet. M hat ein Bruttogehalt von 36 920 €, F hat kein steuerpflichtiges Einkommen. M und F haben zwei Kinder von 12 und 14 Jahren. Im Januar 01 haben sich M und F getrennt. M zahlt monatlich 500 € Trennungsunterhalt.

Im Trennungsjahr werden M und F zusammenveranlagt (Rn. 573 b). Zur Steuerberechnung werden von dem um den Arbeitnehmerpauschbetrag von 920 € gekürzten Bruttogehalt des M, also seinem Einkommen im Sinn des § 2 EStG (Rn. 563) 50 % = 18 000 € der F zu gerechnet. Die Steuerbelastung (Lohnsteuer (Rn. 568 ff.) mit Solidaritätszuschlag und Kirchensteuer) beträgt ca. 3291 €. Im Jahr 02 ist keine Zusammenveranlagung mehr möglich. Wegen des beschränkten Realsplittings werden nur die gezahlten 6000 € abzüglich der Pauschalen für Werbungskosten und Sonderausgaben (vgl. Beispiel 581 a) der F zu gerechnet. Diese sind bei ihr steuerfrei, M werden vom Gehalt im Jahr 5145 € einbehalten. Die Zusammenveranlagung war daher um 1854 € günstiger.

564 d Ein Abzug von Kindesunterhalt als Sonderausgabe ist nicht möglich.[20] Jedoch können nach § 10 I Nr. 5 EStG zwei Drittel der Aufwendungen für **Dienstleistungen zur Betreuung** eines zum Haushalt gehörenden Kindes zwischen dem dritten und sechsten Geburtstag höchstens jedoch 4000 € je Kind als Sonderausgabe abgesetzt werden, unter den besonderen Voraussetzungen auch bis zum 14., bei einem behinderten Kind bis zum 25. Geburtstag.[21]

564 e Während bis einschließlich 2004 sämtliche **Vorsorgeaufwendungen** nach § 10 III EStG a. F. nur bis zur Höhe von 5069 € steuerlich abzugsfähig waren, sind es auf Grund der vom Bundesverfassungsgericht[22] geforderten Gesetzesänderung ab dem 1. 1. 2005 bei ausschließlich der **Alters- und Hinterbliebenenvorsorge** des Steuerpflichtigen dienenden Aufwendungen nach § 10 III EStG 20 000 €, bei sonstigen Vorsorgeaufwendungen nach § 10 IV EStG 2400 €. Die Höchstbeträge verdoppeln sich bei Zusammenveranlagung von Eheleuten (Rn. 573 b). Bei Steuerpflichtigen, die ohne eigene Beitragsleistungen Anspruch auf Vorsorge haben, z. B. bei Beamten und, Sozialversicherten, erfolgt eine **Kürzung der Höchstbeträge.** Bei Zusammenveranlagung von Eheleuten (Rn. 573 b) erfasst die Kürzung nach § 10 III EStG a. F. den Vorsorgeabzug des Ehegatten auch dann, wenn dieser selbständig tätig ist und die Voraussetzungen für die Kürzung erfüllt. Dies wirkt sich angesichts der hohen Höchstbeträge nach neuem Recht im Allgemeinen nicht mehr aus.

In einer Übergangszeit bis 2019 werden die nach altem Recht geltenden Höchstbeträge für die Altersvorsorge reduziert, die neuen Beträge werden um jährlich 2 % ansteigend seit 2005 mit 60 % auf 100 % im Jahr 2025 erhöht.

564 f **c) Außergewöhnliche Belastungen.** Erwachsen einem Steuerpflichtigen **zwangsläufig größere Aufwendungen** als der überwiegenden Mehrzahl der Steuerpflichtigen gleicher Einkommensverhältnisse, gleicher Vermögensverhältnisse und gleichen Familienstands, so sind diese gemäß § 33 EStG **auf Antrag** als **außergewöhnliche Belastung** einkommensmindernd zu berücksichtigen. Dabei sind die Aufwendungen jedoch um die **zumutbare Belastung** zu kürzen. Diese wird aus dem Gesamtbetrag der Einkünfte wie folgt ermittelt:

Gesamtbetrag der Einkünfte	bis 15 340 €	bis 51 130 €	über 51 130 €
Einzelveranlagung und getrennte Veranlagung	5 %	6 %	7 %
Zusammenveranlagung	4 %	5 %	6 %
1–2 Kinder	2 %	3 %	4 %
3 oder mehr Kinder	1 %	1 %	2 %

---

[20] Die Berücksichtigung der Aufwendungen für Kinder geschieht durch Kindergeld oder Kinderfreibeträge (Rn. 2/486 ff.)

[21] Die Aufwendungen werden nach § 4 f EStG bei Gewinneinkünften in diesem Umfang bereits vom Gewinn abgezogen, vermindern also auch die Gewerbesteuer

[22] BVerfG, NJW 2002, 1103

Was im Einzelnen als außergewöhnliche Belastung im Sinn des § 33 EStG berücksichtigt wird ist gesetzlich nicht geregelt. Aufschluss geben die Einkommensteuerrichtlinien und – hinweise (Rn. 561) sowie eine umfangreiche Rechtsprechung.[23]
Für das unterhaltsrechtliche Verfahren bedeutsam sind u. a.

Art der Belastungen	Abzug
Adoptionskosten	nein
Ausbildungskosten	nein
Befruchtung, künstliche	ja
Besuchsreisen	nein
Ehescheidung, Kosten des Verbundverfahrens	ja
Ehescheidung, Kosten sonstiger Folgesachen	nein
Ehescheidung, Kosten für neuen Haushalt	nein
Ehescheidung, Kosten einer Mediation[24]	ja
Fahrkosten, bei Behinderungen	z. Teil
Hausrat, Zerstörung durch Katastrophen	ja
Internatskosten	§ 33 a
Krankheitskosten, nicht erstattete	ja
Nachhilfe	§ 33 a
Sozialversicherungsbeiträge, für behindertes Kind	ja
Therapie, Kosten: wenn krankheitsbedingt	ja
Umzugskosten	nein
Unterhalt	§ 33 a
Versorgungsausgleich	nein
Zugewinnausgleich	nein

Für **typische und häufige außergewöhnliche Belastungen** sind in § 33 a EStG **564 g**
Pauschalregelungen vorgesehen:
– Unterhalt 7680 € (Rn. 581)
– Ausbildungsfreibeträge 924 € (Rn. 564 i)
– Haushaltshilfe oder Heimunterbringung 624 €/924 €.

Gemäß § 33 a III EStG gibt es **neben § 33 a EStG keine Steuerermäßigung nach § 33 EStG.** Ein Abzug für zumutbare Belastung wird in den Fällen des § 33 a EStG nicht vorgenommen. Liegen die Voraussetzungen nicht für das ganze Kalenderjahr vor, so werden sie gemäß § 33 a IV EStG für jeden vollen Monat um $^{1}/_{12}$ gekürzt.

Unterhalt ist nur als außergewöhnliche Belastung abzugsfähig, wenn er auf Grund gesetz- **564 h** licher Verpflichtung gezahlt wird und für den Unterhaltsberechtigten kein Kindergeld gezahlt oder Kinderfreibetrag in Anspruch genommen werden kann.

Zur Abgeltung des Sonderbedarfs eines sich in Berufsausbildung befindlichen, auswärtig **564 i** untergebrachten Kindes wird nach § 33 a II EStG ein **Ausbildungsfreibetrag** von 924 € gewährt. Auch dieser wird nur einmal gewährt. Wenn getrennt oder einzeln veranlagte Eltern ihrem Kind Unterhalt gewähren und die Voraussetzungen für den Ausbildungsfreibetrag vorliegen, erhalten sie diesen für jedes Kind je zur Hälfte, soweit sie keine Teilung vornehmen. Im Gegensatz zum Kinderfreibetrag (Rn. 2/486 ff.) ist die **Aufteilung** des Ausbildungsfreibetrags **disponibel.**

Beispiel:
M und F leben getrennt. Sie haben zwei Kinder, den 13 jährigen S und die 19 jährige T. S lebt im Haushalt der F, T studiert auswärts; sie erhält den Unterhalt mit 324 € von M und mit 162 € von F. Das zu versteuernde Einkommen beträgt bei M 30 000 €, bei F sind es 8000 €.

Das Einkommen von F ist steuerfrei. M zahlt 5160 € Steuern p. a. Nach § 33 a II Satz 5 EStG wird der Ausbildungsfreibetrag hälftig aufgeteilt, unabhängig von der Höhe des Anteils am Unterhalt. Auf gemeinsamen Antrag der Eltern kann jedoch M den gesamten Freibetrag bekommen und damit über 300 € Steuern sparen. Sind M und F sich nicht einig, so müsste

---

[23] Schmidt/Loschelder § 33 Rn. 35
[24] FinMin Niedersachsen DStR 2000, 1691

M die F auf Zustimmung verklagen. Der Sachverhalt ist nicht anders zu beurteilen als bei der Zustimmung zur Zusammenveranlagung (Rn. 578 und 579 ff.) oder zum Realsplitting (Rn. 580 f).

4. Die Entstehung und die Höhe der Einkommensteuer

565 Die Einkommensteuer[25] entsteht nach § 36 I EStG mit Ablauf des **Veranlagungszeitraums;** dies ist das jeweilige Kalenderjahr.[26] Bei **abweichendem Wirtschaftsjahr** (Rn. 277) von **Gewerbetreibenden** gelten die Einkünfte gemäß § 4 a II Nr. 2 EStG als in dem Jahr bezogen, in dem das Wirtschaftsjahr endet; bei **Land- und Forstwirten** dagegen werden die Einkünfte zeitanteilig erfasst (§ 4 a II Nr. 1 EStG). Die Einkommensteuer wird gemäß § 25 EStG nach Ablauf des Kalenderjahres nach dem Einkommen erhoben, das der Steuerpflichtige in diesem Veranlagungszeitraum bezogen hat.

Beispiel:
Das Wirtschaftsjahr des Landwirtes L beginnt am 1.7. und endet am 30.6. des darauf folgenden Jahres. Sein Gewinn betrug:
40 000 € im Wirtschaftsjahr 01/02, davon 30 000 € von Juli 01 bis Dezember 01 und 10 000 € Zeit von Januar 02 bis Juni 02
48 000 € im Wirtschaftsjahr 02/03, davon 36 000 € von Juli 02 bis Dezember 02 und 12 000 € Zeit von Januar 03 bis Dezember 03

In der Einkommensteuerveranlagung 02 werden Einkünfte aus Landwirtschaft in Höhe von 10 000 € + 36 000 € = 46 000 € erfasst. Bei einem Gewerbetreibenden mit den gleichen Bedingungen würde im Jahr der gesamte Gewinn des Wirtschaftsjahrs 01/02 in Höhe von 40 000 € besteuert.

565 a Gemäß § 149 III AO ist die Einkommensteuererklärung bis zum 31. 5. des Folgejahres abzugeben. Fristverlängerungen werden auf Antrag gewährt, insbesondere dann, wenn das zu versteuernde Einkommen wie bei Gewinneinkünften und bei Einkünften aus Vermietung und Verpachtung vom Steuerpflichtigen oder seinem Berater selbst ermittelt werden muss. In solchen Fällen ist die Abgabe der Einkommensteuererklärung Ende des folgenden Jahres, in begründeten Einzelfällen sogar bis zum 28. 2. des übernächsten Jahres nicht ungewöhnlich. Die Erzielung des Einkommens und die Feststellung der darauf zu erhebenden Steuern fallen daher in der Regel – teilweise sogar ganz erheblich – zeitlich auseinander.

565 b Die Höhe der Einkommensteuer richtet sich nach § 32 a EStG nach der Höhe des zu versteuernden Einkommens. Da mit dem sehr komplizierten Rechenschlüssel die Ermittlung der Steuer sehr schwierig und zeitaufwändig wäre, sind die Berechnungen in zwei Tabellen erfasst. Der **Grundtabelle** ist die **bei Einzelveranlagung und getrennter Veranlagung,** der **Splittingtabelle** die **bei Zusammenveranlagung** anfallende Steuer zu entnehmen. Anders als in der Lohnsteuertabelle sind in den Einkommensteuertabellen **keine Abzüge berücksichtigt.** Die Lohnsteuertabelle geht vom (Brutto-)Einkommen aus nichtselbständiger Arbeit aus, die Einkommensteuertabellen basieren auf dem zu versteuernden Einkommen (Rn. 563 a). Auf der Grundlage dieser Tabellen sind die EDV-Steuerberechnungsprogramme erstellt.

5. Vorauszahlungen

566 Im Allgemeinen werden vom Finanzamt Vorauszahlungen auf die für das im laufenden Jahr erzielte Einkommen voraussichtlich anfallende Einkommensteuer, den Solidaritätszuschlag und die Kirchensteuer erhoben. Wenn sie durch **Vorauszahlungsbescheid** fest-

---

[25] Soweit im Folgenden nicht ausdrücklich anders erwähnt gelten die Ausführungen sinngemäß auch für die Kirchensteuer und den Solidaritätszuschlag

[26] Bei Zustellung des Scheidungsantrags vor dem 1. 1. des Folgejahrs wird die noch bestehende Steuerlast daher nicht berücksichtigt

gestellt sind, entsteht die Verpflichtung zum 1. eines jeden Quartals,[27] Zahlungen sind jedoch erst am 10. März, 10. Juni, 10. September und 10. Dezember zu leisten. Die **Höhe der Vorauszahlungen** richtet sich nach dem zu versteuernden Einkommen aus der letzten Einkommensteuerveranlagung, es sei denn dass sich aus schlüssigen Angaben des Steuerpflichtigen etwas anderes ergibt. Für das laufende Jahr werden die noch nicht fälligen Vorauszahlungen angepasst, wenn diesen ein geringeres Einkommen zugrunde liegt. Wenn zwischen dem Veranlagungszeitraum, der Gegenstand des Steuerbescheids war, und dem Zeitpunkt des Erlasses dieses Steuerbescheids ein volles Kalenderjahr liegt, werden für dieses gegebenenfalls höhere Vorauszahlungen nachträglich festgesetzt. Eine Anpassung kann auch von Amts wegen veranlasst werden, wenn aus den Umsatzsteuervoranmeldungen auf ein höheres Einkommen zu schließen ist.

Beispiel:
Das Finanzamt erlässt den Steuerbescheid für 02 im Juli 04 und setzt die Steuern auf insgesamt 24 000 € fest. Da die Vorauszahlungen für 02 auf 4 × 5000 € festgesetzt waren, wird eine Nachzahlung von 4000 € angeordnet. Gleichzeitig erfolgt eine nachträgliche Anpassung der Vorauszahlungen für 03 von ebenfalls 4 × 5000 € um weitere 4000 €. Die für September und Dezember 04 noch nicht fälligen Vorauszahlungen werden angepasst, so dass sich auch für 04 insgesamt Vorauszahlungen in Höhe von 24 000 € ergeben.

6. Abzugsteuern

Vorauszahlungen stellen auch die Abzugsteuern dar. Dies sind die Lohnsteuer und die Kapitalertrags- und Zinsabschlagsteuer.   **567**

a) Lohnsteuer. Die Lohnsteuer (Rn. 568) ist keine selbständige Steuer sondern Einkommensteuer, die bei Einkünften aus nichtselbständiger Tätigkeit nicht im Wege der Veranlagung nach § 25 EStG festgesetzt sondern gemäß § 38 EStG durch **Abzug vom Arbeitslohn** oder Gehalt durch den Arbeitgeber einbehalten und an das Finanzamt abgeführt wird. Sie wird bei der Steuerveranlagung **wie eine Steuervorauszahlung** nach § 37 EStG auf die Einkommensteuerschuld **angerechnet**.   **567 a**

b) Kapitalertragsteuer und Zinsabschlagsteuer. Entsprechendes gilt für Kapitaleinkünfte gemäß § 44 EStG. Die Kapitalertragsteuer von 20% und die Zinsabschlagsteuer von 30% werden bei Auszahlung einbehalten und an das Finanzamt abgeführt. Bei der Veranlagung werden die Kapital- und Zinseinkünfte brutto, d. h. einschließlich der Steuer, beim Gesamtbetrag der Einkünfte erfasst und in die Besteuerung einbezogen. Die einbehaltenen Steuern werden neben der Lohnsteuer und der Steuervorauszahlung auf die Steuerschuld angerechnet. Die Höhe der Besteuerung richtet sich daher immer nach dem individuellen Steuersatz des Steuerpflichtigen. **Werbungskosten** werden gemäß § 9 a EStG gegen Nachweis in voller Höhe, sonst pauschal mit 51 € für jeden Steuerpflichtigen abgezogen. Es gibt bei den Einkünften aus Kapitalvermögen eine **Freibetrag von 750 €**. Bei Zusammenveranlagung (Rn. 573 b) bleiben 1500 € steuerfrei.   **567 b**

Die Kapitalertragsteuer und die Zinsabschlagsteuer werden bis zur Höhe von 801 €, bei Zusammenveranlagung von 1602 € nicht einbehalten, wenn der Steuerpflichtige gemäß § 44 a II EStG auf dem amtlich vorgeschriebenen Formular einen **Freistellungsantrag** stellt. Entsprechend der Obliegenheit zum Eintrag von Freibeträgen auf die Lohnsteuerkarte (Rn. 570 ff.) besteht auch hierzu die Verpflichtung.

Beispiel:
S erteilt Auskunft über Zinseinkünfte im Prüfungszeitraum in Höhe von insgesamt 567 €. Aus den Abrechnungen der Bank, zu deren Vorlage S verpflichtet ist, ergibt sich folgende Berechnung:

Zinsen	800 €
./. Zinsabschlagsteuer	240 €
./. Solidaritätszuschlag	13 €
Auszahlung	567 €

---

[27] Nicht geleistete Vorauszahlungen sind daher beim Zugewinnausgleich nur zu berücksichtigen, wenn ein Vorauszahlungsbescheid vorliegt

Einen Freistellungsauftrag hat S nicht gestellt. Ein Steuerbescheid für den Prüfungszeitraum liegt noch nicht vor. Im Vorjahresbescheid waren keine Zinserträge erfasst.

Dem unterhaltsrechtlichen Einkommen sind 253 € zuzurechnen, da bei einer Freistellung aus 801 € keine Steuern angefallen wären. Zu beachten ist allerdings, ob mit dem Steuerbescheid eine Steuererstattung erfolgt. Diese darf dann nicht nochmals zugerechnet werden.

567 c   **c) Abgeltungssteuer.** Ab dem 1. 1. 2009 werden Kapitalertragsteuer und Zinsabschlagsteuer zu einer **einheitlichen Kapitalertragsteuer in Höhe von 25%** zusammengefasst (§ 32 d EStG neu). Eine **Einbeziehung in die Veranlagung** erfolgt nur **auf Antrag** des Steuerpflichtigen. Damit wird für die Bezieher geringer Einkünfte eine erhöhte Besteuerung der Kapital- und Zinseinkünfte vermieden. Werbungskostenpauschale und Freibetrag werden zu einem **Freibetrag von 801 €** zusammengefasst. Der Abzug tatsächlicher höherer Werbungskosten ist nicht mehr vorgesehen. Die mit der Abgeltungssteuer belasteten Einkünfte erscheinen daher nicht mehr in der Steuererklärung oder im Steuerbescheid, wenn keine Einbeziehung in die Veranlagung beantragt ist.
Die Ausführungen zur Freistellung (Rn. 567 a) gelten entsprechend.

III. Besteuerung von Einkünften aus nichtselbständiger Tätigkeit

1. Einkommensermittlung

568   **a) Werbungskosten/Arbeitnehmerpauschbetrag.** Für die Besteuerung von Einkünften aus nichtselbständiger Arbeit (Rn. 46 ff.) nach § 19 EStG gelten besondere Regeln. So wird gemäß § 9 a I EStG für Aufwendungen, die im Zusammenhang mit der Erwerbstätigkeit anfallen („Werbungskosten"), der Arbeitnehmerpauschbetrag in Höhe von **920 €** abgezogen, auch wenn geringere oder gar keine Werbungskosten angefallen sind. Bei Versorgungsbezügen ist ein Pauschalbetrag von 102 € steuerfrei. Wenn der Steuerpflichtige höhere Werbungskosten geltend machen will, geschieht dies im Veranlagungsverfahren (Rn. 571 ff.).[28] Die Freibeträge werden monatlich zeitanteilig bei der Bemessung der Lohnsteuer berücksichtigt.
Abzugsfähig sind bei den Einkünften aus nichtselbständiger Tätigkeit nach § 9 EStG u. a.
- Beiträge zu Berufständen und Berufsverbänden (Absatz 1 Nr. 3),
- Mehraufwendungen, die einem Arbeitnehmer wegen einer aus beruflichem Anlass begründeten doppelten Haushaltsführung entstehen, und zwar unabhängig davon, aus welchen Gründen die doppelte Haushaltsführung beibehalten wird (Absatz 1 Nr. 5),
- Aufwendungen für Arbeitsmittel, z. B. Werkzeuge und typische Berufskleidung (Absatz 1 Nr. 6),
- Abschreibung von Arbeitsmitteln, die bei Gewinneinkünften zum Anlagevermögen gehören würden (Absatz 1 Nr. 7).[29]

568 a   **Keine Werbungskosten** sind die Aufwendungen für **Fahrten zwischen Wohnung und Arbeitsstätte.** Zur Abgeltung derartiger Aufwendungen wird stattdessen eine Entfernungspauschale von 0,30 € pro vollen Entfernungskilometer und jeden Arbeitstag gewährt, die wie Werbungskosten anzusetzen ist. Der absetzbare Betrag ist auf 4500 € pro Kalenderjahr begrenzt, wenn nicht bei Nutzung eines PKW höhere Kosten angefallen sind. Die Pauschale wird auch gewährt, wenn keine Kosten anfallen.

Beispiel:
A fährt von seiner Wohnung mit dem Fahrrad 4 km zu einem Treffpunkt, von wo er zusammen mit seinem Vater zur Arbeit fährt. Die Strecke beträgt 36 km. Der Vater berechnet ihm keine Kosten.

A kann die volle Pauschale von 40 km × 0,30 €/km = 12 € pro Arbeitstag in Anspruch nehmen. Die Pauschale wird seit dem 1. 1. 2007 erst ab dem 21. Entfernungskilometer gewährt. Dies ist nach Auffassung des Bundesfinanzhofs verfassungswidrig.[30] Er hat die Frage

---

[28] Zur Eintragung von Freibeträgen siehe Rn. 570 ff.
[29] Vgl. dazu die Ausführungen Rn. 147 ff. und Rn. 243 ff.
[30] BFH, NJW 2007, 2943

dem Bundesverfassungsgericht zur Entscheidung[31] vorgelegt. Das Urteil lag bei Redaktionsschluss noch nicht vor. Demzufolge lassen die Finanzämter bis zur Entscheidung des Gerichts die Eintragung der ungekürzten Pauschale auf die Lohnsteuerkarte zu und **veranlagen nur vorläufig zur Einkommensteuer.**

Unterhaltsrechtlich sind die Pauschalen ohne Bedeutung, maßgeblich sind für die Fahrten zwischen Wohnung und Arbeitstätte die unterhaltsrechtlichen Ansätze (Rn. 96 ff.).[32]

b) Lohnsteuer/Antragsveranlagung. Im Gegensatz zu den Gewinneinkünften wird **568 b** die Einkommensteuer nicht im Wege veranlagter Steuervorauszahlungen (Rn. 566) erhoben sondern vom Arbeitgeber – bei Versorgungsbezügen vom Versorgungsträger – auf der Basis des monatlichen Bruttobezugs ermittelt, einbehalten und an die zuständige Finanzkasse abgeführt. Die so gezahlte Einkommensteuer wird als **Lohnsteuer** (Rn. 567 a) bezeichnet. Die monatliche Lohnsteuer berechnet sich nach dem tatsächlichen Monatsgehalt oder Monatslohn. Bei stark wechselnden Einkünften wird daher wegen der Steuerprogression insgesamt zu viel Steuer abgezogen.

Beispiel:
Das monatliche Bruttoeinkommen des A beträgt 3000 €; der Arbeitgeber behält davon jeweils 570,41 € für Lohnsteuer und Solidaritätszuschlag ein. Zum 1.7. wird das Gehalt auf 4000 € erhöht, der Steuerabzug beträgt nunmehr 932,89 €.

Insgesamt werden daher 9019,80 € abgeführt. Für das Jahreseinkommen von 42 000 € werden jedoch nur 8938,17 € geschuldet. Der gleiche Effekt tritt bei Zahlung von Gratifikationen oder Tantiemen ein. Auf Antrag kann ein Arbeitgeber mit der Auszahlung des Dezemberbezugs den Lohnsteuerausgleich vornehmen, bei mindestens zehn Beschäftigten ist der **Lohnsteuerjahresausgleich durch den Arbeitgeber** Pflicht. Voraussetzungen und Ausnahmen ergeben sich aus § 42 b EStG.

In der Praxis stellt man durch Vergleich der Steuerbelastung im Dezember mit einem anderen Monat mit gleich hohem Einkommen fest, ob der Ausgleich durchgeführt ist. Das Problem stellt sich nicht, wenn man – was bei einem Prüfungszeitraum über den Jahreswechsel generell zu empfehlen ist –, das Nettoeinkommen mit einem entsprechenden Programm aus dem Bruttoeinkommen der belegten Monate mit den Daten (Steuertabelle, Lohnsteuerklasse, Kinderfreibeträge, Quoten der Sozialversicherungsbeiträge) aus dem letzten Bescheid errechnet.

Die **Jahreslohnsteuer** bemisst sich gemäß § 38 a EStG nach dem Arbeitslohn, den der Arbeitnehmer im maßgeblichen Kalenderjahr bezieht. Dabei gilt abweichend von dem für Einkünfte aus nichtselbständiger Arbeit gültigen Zuflussprinzip (§ 11 EStG) als Kalenderjahr der **Lohnabrechnungszeitraum.**

Beispiel:
A hat am 3.1. von seinem Arbeitgeber 15 000 € brutto erhalten. Darin enthalten sind 5000 € laufendes Gehalt für den Vormonat Dezember und ein Bonus in Höhe von 10 000 € für das abgelaufene Jahr.

Als im abgelaufenen Kalenderjahr bezogen gelten 12 × 5000 € = 60 000 €. Der Bonus von 10 000 € wird mit dem Einkommen des laufenden Jahres versteuert, weil er nicht zum Lohnzahlungszeitraum um den Jahreswechsel gehört. Unter besonderen Voraussetzungen, die in § 46 EStG im Einzelnen aufgeführt sind, ist bei einem lohnsteuerpflichtigen keine Veranlagung zur Einkommensteuer erforderlich.

Beispiel:
M ist im Veranlagungsjahr nur bei einem Arbeitgeber tätig gewesen. Freibeträge waren auf der Lohnsteuerkarte nicht eingetragen. Sonstige Einkünfte hat M nicht erzielt.

M ist nicht zur Abgabe einer Einkommensteuererklärung verpflichtet. Er kann eine solche aber im Wege der **Antragsveranlagung** abgeben, wenn er mit einer Steuererstattung rechnen kann, weil er z.B. höhere Werbungskosten als den Arbeitnehmerpauschbetrag geltend machen kann oder Sonderausgaben über die Pauschale von 36 € (vgl. § 10 c I EStG) hatte.

---

[31] BVerfG, 2 BvL 1/07
[32] Vgl. auch BGH, FamRZ 2006, 108, 110 = R 642

Eine **Veranlagung** ist aber u. a. dann **vorgeschrieben,** wenn
* Verheiratete die Lohnsteuerklassenkombination III/V (Rn. 569) gewählt haben oder
* Freibeträge auf der Lohnsteuerkarte eingetragen (Rn. 570 ff.) waren.

2. Lohnsteuerklassen

569   Bei der Bemessung der Lohnsteuer werden nach § 38 a EStG auch die persönlichen Verhältnisse des Steuerpflichtigen berücksichtigt, soweit sie typischerweise vorliegen. Dies erfolgt durch die Einstufung in die in § 38 b EStG definierten Lohnsteuerklassen I bis VI.

Steuer-klasse	berücksichtigte Abzüge (§§ des EStG)
I bis V	Arbeitnehmer-Pauschbetrag (§ 9 a Satz 1 Nr. 1 Buchstabe a) oder bei Versorgungsbezügen Pauschbetrag (§ 9 a Satz 1 Nr. 1 Buchstabe b); Zuschlag zum Versorgungsfreibetrag (§ 19 Abs. 2); Sonderausgaben-Pauschbetrag (§ 10 c Abs. 1)
I, II und IV	Sonderausgaben-Pauschbetrag (§ 10 c Abs. 1); Vorsorgepauschale nach Maßgabe des § 10 c Abs. 2 oder Abs. 3, jeweils in Verbindung mit § 10 c Abs. 5
III	doppelter Sonderausgaben-Pauschbetrag (§ 10 c Abs. 1); Vorsorgepauschale nach Maßgabe des § 10 c Abs. 2 oder Abs. 3, jeweils in Verbindung mit § 10 c Abs. 4 Satz 1 und Abs. 5
II	Entlastungsbetrag für Alleinerziehende (§ 24 b)
V	Zuschläge
VI	Zuschläge
I bis VI	Versorgungsfreibetrag (§ 19 Abs. 2) und Altersentlastungsbetrag (§ 24 a), wenn die Voraussetzungen für den Abzug dieser Beträge jeweils erfüllt sind

Die Lohnsteuer richtet sich in der Steuerklasse III nach der **Splittingtabelle,** in den Steuerklassen I und II sowie IV bis VI nach der **Grundtabelle.** Der Steuerpflichtige wird in der Steuerklasse III versteuert, als ob sein Einkommen das Gesamteinkommen der Ehepartner wäre, auch dann, wenn der andere Ehepartner ebenfalls zu versteuerndes Einkommen hat. Dieser muss daher zwingend in die Lohnsteuerklasse V, in der die zu hohe Begünstigung des anderen ausgeglichen wird, er zahlt also einen Teil der Steuern des anderen aus seinem Einkommen. Da die Zurechnung pauschal erfolgt und nicht mit der tatsächlichen Steuerbelastung der beiden Eheleute übereinstimmt, ist in den Fällen der Besteuerung nach den Steuerklassen III/V gemäß § 46 II Nr. 3 a EStG die Abgabe einer Einkommensteuererklärung zwingend vorgeschrieben.

569 a   Die in der Lohnsteuerkarte eingetragenen **Kinderfreibeträge** (Rn. 2/494) wirken sich nicht auf die Lohnsteuer aus, da die Familienförderung vorab über das Kindergeld erfolgt. Die Eintragung von Kindern mindert jedoch die Belastung mit Solidaritätszuschlag und Kirchensteuer. Wenn die Berücksichtigung der Kinderfreibeträge nach § 32 VI EStG zu einer das Kindergeld übersteigenden Steuerentlastung führt, wird die geringere Steuer festgesetzt und das Kindergeld zu gerechnet. Dies erfolgt diese im Rahmen der **Günstigerprüfung** (Rn. 2/495) bei der Steuerveranlagung. Die Zurechnung erfolgt auch dann, wenn der Unterhaltspflichtige auf die Anrechnung des Kindergeldanteils verzichtet hat.[33] Die Frage, ob dies auch bei Kürzung des anrechenbaren Anteils nach § 1612 b V BGB gilt, hat der BFH[34] dem Bundesverfassungsgericht vorgelegt. Darüber ist noch nicht entschieden.[35] Wie die Finanzbehörden nach der Gesetzesänderung zum 1. 1. 2008 (Rn. 655 b) verfahren, bleibt abzuwarten.

Im **Trennungsjahr** können **nicht die Steuerklasse I oder II** gewählt werden. Diese Steuerklassen entsprechen der Einzelveranlagung, die aber im Trennungsjahr nicht zulässig ist (Rn. 573 b).

---

[33] BFH, DStRE 2004, 945
[34] BFH, DStRE 2005, 259
[35] BVerfG 2 BvL 3/05

3. Freibeträge

Über die in den Lohnsteuertabellen bereits berücksichtigten, allen Steuerpflichtigen **570** zustehenden Abzüge vom Einkommen (Rn. 569) hinaus können gemäß § 39 a EStG auch individuelle steuermindernde Belastungen durch **Eintragung von Freibeträgen** beim Lohnsteuerabzug geltend gemacht werden. Dies sind insbesondere
- die Pauschale übersteigende Werbungskosten,
- diverse Sonderausgaben,
- diverse außergewöhnliche Belastungen.

Diese Vorteile in Anspruch zu nehmen, ist eine **unterhaltsrechtlichen Obliegenheit.**[36] Der Antrag auf Eintragung kann bis zum 30. November des Kalenderjahres gestellt werden, für das die Lohnsteuerkarte gilt. Die Eintragung von Werbungskosten, Sonderausgaben und außergewöhnlichen Belastungen ist nur zulässig, wenn die Aufwendungen abzüglich des Arbeitnehmerpauschbetrags insgesamt einen **Mindestbetrag von 600 €** übersteigen.

Auch der nach § 10 I EStG als Sonderausgabe abzugsfähige an den geschiedenen Ehe- **570 a** partner im laufenden Jahr zu zahlende Ehegattenunterhalt kann auf die Lohnsteuerkarte eingetragen werden.

Beispiel:
A ist geschieden er hat zwei Kinder. Er hat ein monatliches Bruttoeinkommen von 4800 €. Sein Nettoeinkommen – Lohnsteuerklasse I/1 – beträgt 2358 €. Steuerlich anrechenbare Werbungskosten fallen jährlich mit 2720 € an. Ehegattenunterhalt zahlt er seit Anfang des Jahres in Höhe von 700 €.

A kann sich die den Arbeitnehmerpauschbetrag von 920 € übersteigenden Werbungskosten mit (2720 € – 920 € =) 1800 € und den Ehegattenunterhalt mit 8400 €, insgesamt also 10 200 € auf die Lohnsteuerkarte eintragen lassen. Sein Nettoeinkommen erhöht sich damit um 435 € auf monatlich 2793 €. Der Steuervorteil wirkt sich schon beim Bezug des Gehalts und nicht erst bei der Steuerveranlagung im nächsten Jahr aus und kommt damit auch den Unterhaltsgläubigern früher zugute.

In zwei Urteilen im Jahr 2007[37] hat der BGH die Obliegenheit zur **Eintragung des Realsplittings** auf die Lohnsteuerkarte **eingeschränkt:** einzutragen ist nur der Unterhalt, der auf Grund eines Anerkenntnisses oder einer rechtskräftigen Verurteilung oder der freiwillig gezahlt worden ist. Der BGH stellt zutreffend darauf ab, dass das Finanzamt wegen der für Sonderausgaben geltenden Abflussprinzips nach § 11 II EStG[38] den Unterhalt erst dann einkommensmindernd berücksichtigt, wenn der Unterhalt tatsächlich gezahlt wird.

Zu beachten sind die steuerlichen Voraussetzungen: der Sonderausgabenabzug ist nur in dem Jahr möglich, in dem die Zahlungen geleistet werden. Ein fiktive Erhöhung des Einkommens darf daher nur erfolgen, soweit der Unterhaltsschuldner den Sonderausgabenabzug noch hätte in Anspruch nehmen können (Rn. 583 d).

Neben der Eintragung von steuermindernden Aufwendungen und Freibeträgen kann die **570 b** Lohnsteuer auch reduziert werden, wenn der Steuerpflichtige mehrere Arbeitsverhältnisse hat. **Auf der Lohnsteuerkarte VI** für ein zweites oder weitere Dienstverhältnisse kann gemäß § 39 a EStG ein **Freibetrag** bis zur Höhe des Betrags eingetragen werden, für den beim ersten Dienstverhältnis noch keine Steuer anfallen. Dieser Freibetrag wird auf die Lohnsteuerkarte für das erste Dienstverhältnis als Hinzurechnungsbetrag eingetragen. Hiermit wird erreicht, dass der volle Freibetrag schon bei der Lohnsteuer erfasst wird. Überzahlungen der Lohnsteuer nach Klasse VI werden vermieden oder verringert. Der Antrag ist auf einem amtlichen Vordruck zu stellen.

Beispiel:
Die unterhaltsberechtigte F hat zwei lohnsteuerpflichtige Arbeitsverhältnisse. Bei beiden Arbeitgebern beträgt ihr monatliches Bruttoeinkommen 510 €. Mit Lohnsteuerklasse II/0,5 werden vom ersten Arbeitgeber keine Steuern einbehalten, beim anderen mit Lohnsteuerklasse VI sind es 76,50 €.

---

[36] Leitlinien Nr. 10.1; BGH, FamRZ 2007, 1232, 1234
[37] BGH, FamRZ 2007, 793, 797 = R 674 g; FamRZ 2007, 885 = R 675 c
[38] Schmidt/Heinicke § 11 Rn. 30 „Sonderausgaben"

Sie will sich ihr Nettoeinkommen nach Abzug berufsbedingte Aufwendungen und Erwerbstätigenbonus mit 943,50 € auf den Unterhaltsbedarf anrechnen lassen.

Wenn F sich auf der Lohnsteuerkarte VI einen jährlichen Freibetrag von 6120 € eintragen lässt, bezieht sie ihren Zweitlohn steuerfrei. Beim ersten Arbeitsverhältnis ergibt sich trotz der Zurechnung dieses Freibetrags immer noch kein Steuerabzug. Das Nettoeinkommen der F erhöht sich also um monatlich 76,50 €. In die Unterhaltsberechnung einzustellen sind also 1020 €.

570 c   Die Obliegenheit zur Minderung der Steuerbelastung trifft also nicht nur den Unterhaltspflichtigen sondern auch den Unterhaltsberechtigten. Dieser ist insbesondere gehalten, die aus dem **Vorsorgeunterhalt** aufzubringen Versicherungsbeiträge **als Sonderausgabe auf den Lohnsteuerkarte eintragen** zu lassen. Unterlässt er dieses oder hat er den Vorsorgeunterhalt zweckentfremdet verbraucht, muss die mögliche Steuerersparnis fiktiv ermittelt und einkommenserhöhend zugerechnet werden. Entsprechend geringer fällt der Nachteilsausgleich aus.

570 d   Das Finanzamt hat ab 2009 abweichend nach § 39 e EStG bei verheirateten unbeschränkt steuerpflichtigen Arbeitnehmern, die nicht dauernd getrennt leben und die beide Arbeitslohn beziehen, auf Antrag beider Ehegatten auf der Lohnsteuerkarte einzutragen:
- den Prozentsatz in ganzen Zahlen, der dem Anteil des jeweiligen Arbeitslohns am Gesamtarbeitslohn beider Ehegatten entspricht, und
- beim Ehegatten mit der bisherigen Steuerklasse V die Zahl der Kinderfreibeträge entsprechend der Zahl der Kinderfreibeträge des Ehegatten mit der bisherigen Steuerklasse III.

Damit wird erreicht, dass die Nachteile der Steuerklassenwahl III/V (Rn. 578 a) vermieden den **Eheleuten schon mit der Lohnsteuer** den **ihrem jeweiligen Einkommens entsprechenden Anteil** an der insgesamt zu entrichtenden Einkommensteuer abgezogen werden.

IV. Einkommensteuerveranlagung nach steuerrechtlichen Kriterien

1. Veranlagungsarten im Einkommensteuergesetz

571   Die gesetzlichen Methoden für die Feststellung der Einkommensteuer sind die **Einzelveranlagung** und die **Ehegattenveranlagung.** Bei der Ehegattenveranlagung unterscheidet das Gesetz
- die getrennte Veranlagung nach §§ 26, 26 a EStG
- die Zusammenveranlagung nach §§ 26, 26 b EStG und
- die besondere Veranlagung für den Veranlagungszeitraum der Eheschließung nach §§ 26, 26 c EStG.[39]

Der Einzelveranlagung entsprechen die Lohnsteuerklassen (Rn. 569) I und II, der Ehegattenveranlagung die Lohnsteuerklassen III bis V. Einzeln veranlagt werden unverheiratete, geschiedene oder verwitwete Personen[40] sowie getrennt lebende Ehepartner von dem auf die Trennung folgenden Kalenderjahr an.

Beispiel:
Die seit längerem in Schwierigkeiten lebenden M und F geraten am Silvesterabend des Jahres 01 in einen Streit, der „das Fass zum Überlaufen bringt". F entscheidet sich für die sofortige Trennung.

Wenn F noch am Silvesterabend ausziehen würde, müssten M und F bereits im Jahr 02 einzeln veranlagt werden. Erfolgt der Auszug erst am Neujahrstag, so gilt für das Jahr 02 noch die Ehegattenveranlagung.

---

[39] Die besondere Veranlagung ermöglicht einem Geschiedenen oder Verwitweten im Jahr der Wiederheirat die Einzelveranlagung zu wählen, wenn dies gegenüber der Zusammenveranlagung oder getrennten Veranlagung ausnahmsweise günstiger ist

[40] In dem auf den Tod des Ehepartners folgenden Jahr kann nochmals die Zusammenveranlagung gewählt werden („Gnadensplitting")

Unbeschränkt einkommensteuerpflichtige Ehegatten, die zu Beginn des Kalenderjahres nicht dauernd getrennt leben oder bei denen diese Voraussetzungen im Lauf des Jahres eingetreten sind, werden grundsätzlich nicht einzeln veranlagt, sondern können nur zwischen der Zusammenveranlagung und der getrennten Veranlagung wählen, sofern nicht die Voraussetzungen für die besondere Veranlagung nach § 26 c EStG vorliegen.

2. Einzelveranlagung

Die Modalitäten der Einzelveranlagung sind nicht ausdrücklich geregelt; sie ergeben sich **572** aus der Anwendung der für die Einkommens- und Steuerermittlung maßgeblichen Bestimmungen des EStG. Nur bei der Einzelveranlagung wird der **Entlastungsbetrag für Alleinerziehende** (Rn. 564 a) nach § 24 b EStG gewährt. Die Einzelveranlagung ist im Trennungsjahr noch nicht möglich (Rn. 573 c).

3. Ehegattenveranlagung

Ehegatten, die beide **unbeschränkt steuerpflichtig** (Rn. 562) im Sinn des § 1 I oder II **573** oder des § 1 a EStG sind und nicht dauernd getrennt leben und bei denen diese Voraussetzungen zu Beginn des Veranlagungszeitraums vorgelegen haben oder im Laufe des Veranlagungszeitraums eingetreten sind, können gemäß § 26 EStG zwischen getrennter Veranlagung und Zusammenveranlagung wählen.

a) Getrennte Veranlagung § 26 a EStG. Wenn die Ehegatten die getrennte Veranla- **573 a** gung wählen, wird ihr zu versteuerndes Einkommen separat nach der Grundtabelle (Rn. 565) besteuert. Der **Entlastungsbetrag für Alleinerziehende** (Rn. 564 a) steht den Steuerpflichtigen anders als bei der Einzelveranlagung aber nicht zu. Die **Sonderausgaben** werden bei dem Ehegatten erfasst, den sie betreffen. **Außergewöhnliche Belastungen,** z. B. der Ausbildungsfreibetrag (Rn. 564 i), werden hälftig auf die Eheleute verteilt, soweit diese nichts anderes beantragen.

Beispiel:
M und F lassen sich getrennt veranlagen, da M Verluste aus früheren Jahren vorträgt (Rn. 564 b), die seine Einkünfte vollständig kompensieren. M und F haben zwei auswärts studierende Kinder.

Da der Gesamtbetrag der Einkünfte des M bereits durch den Verlustabzug auf 0 € reduziert wird, kann er wegen des Nachrangs der außergewöhnlichen Belastung (Rn. 563 a) durch den Ausbildungsfreibetrag keine Steuerminderung mehr erreichen. M und F werden daher übereinstimmend den Freibetrag bei F ansetzen.

Auch bei Einzelveranlagung nach Ablauf des Trennungsjahrs (Rn. 572, 573 c) ist die Aufteilung des Freibetrags den Eltern freigestellt. Wenn ein Elternteil durch den Freibetrag keine Steuervorteile erzielen kann, muss er der Übertragung auf den anderen zustimmen.[41] Ob dies bei entsprechendem Nachteilsausgleich auch dann gilt, wenn der andere Elternteil eine erheblich höhere Steuerersparnis hat, ist bisher nicht entschieden aber wohl zu bejahen.

b) Zusammenveranlagung § 26 b EStG. Bei zusammenveranlagten Ehegatten wird **573 b** auf das zu versteuernde Einkommen die Splittingtabelle (Rn. 565) angewandt. Dies beinhaltet, dass die **Summe der Einkünfte** beider Eheleute **zusammengerechnet,** Sonderausgaben, außergewöhnliche Belastungen und persönliche Freibeträge zusammengefasst abgezogen werden, das sich daraus ergebende zu versteuernde Einkommen halbiert und die sich daraus ergebenden Steuern (Einkommensteuer, Solidaritätszuschlag und Kirchensteuer) wieder zusammengerechnet werden. Dadurch wird die Auswirkung der Steuerprogression vermindert und zwar umso deutlicher, je größer der Einkommensunterschied ist (Rn. 578 f).

Die Möglichkeit zur Zusammenveranlagung besteht auch noch **im Trennungsjahr,** da **573 c** die Ehegattenveranlagung zwingend vorgeschrieben ist. Dies gilt selbst dann, wenn sich die Eheleute schon am 1. 1. getrennt haben (Rn. 571). Wenn aber die Voraussetzungen zur

---

[41] Schmidt/Loschelder § 33 a Rn. 66

Ehegattenveranlagung auf Grund vorher vollzogener Trennung zum Jahresbeginn nicht vorgelegen haben, begründet ein unverbindliches Zusammenleben, etwa ein gemeinsamer Urlaub, nicht das **Recht auf Zusammenveranlagung,** wohl aber ein **ernsthafter Versöhnungsversuch** unter Wiederaufnahme der ehelichen Lebensgemeinschaft **in Fortsetzungsabsicht,** auch wenn diese erneut in der Trennung endet.

Die Rechtsprechung ist nicht einheitlich. Das FG Hamburg[42] vertritt die Auffassung:

„Da grundsätzlich bereits das Zusammenleben an einem Tage im Veranlagungszeitraum für die Zusammenveranlagung genügt, so dass eine Heirat am 31. Dezember zur Zusammenveranlagung im abgelaufenen Jahr und eine Trennung der Ehegatten am 1. Januar die Zusammenveranlagung im neuen Jahr ermöglicht, kommt es weniger auf die Dauer des Versöhnungsversuchs an. Ausschlaggebend ist vielmehr, dass die Eheleute die vorangegangene Trennung rückgängig machen und die Lebens- und Wirtschaftsgemeinschaft auf Dauer wiederherstellen wollen. Gelegentliche gemeinsame Übernachtungen, mehrtägige Besuche oder auch gemeinsame Urlaubsreisen begründen deshalb noch keine Lebens- und Wirtschaftsgemeinschaft und unterbrechen mithin das Getrenntleben nicht.“

Vom FG Nürnberg wird dagegen der **Dauer des Versöhnungsversuchs** die **größere Bedeutung** zugemessen.[43] Das Gericht führt in diesem Urteil aus:

„Bei einer vorangegangenen dauernden Trennung von Eheleuten kann erst ein Zusammenleben von über einem Monat und weiterer objektiven Gegebenheiten und Umständen sowie unter Heranziehung der inneren Einstellung der Ehegatten zur ehelichen Lebensgemeinschaft von einer – wenn auch (nicht absehbar) kurzen – Wiederherstellung der ehelichen Lebensgemeinschaft gesprochen werden, die zu einem „nicht dauernd getrennt“ Leben führt und damit die Zusammenveranlagung eröffnet.“

Zutreffend muss man folgende Unterscheidung treffen:
- Hat die Lebensgemeinschaft am ersten Tag des Veranlagungszeitraums noch bestanden, so kommt es nicht darauf an, nach wie vielen Tagen sie auseinandergeht. Die Ehegattenveranlagung – zusammen oder getrennt – ist in jedem Fall zwingend, die Einzelveranlagung ist ausgeschlossen.
- Haben die Eheleute zu Beginn des Veranlagungszeitraums getrennt gelebt, ziehen aber in der ernsthaften Absicht zusammen, die Lebensgemeinschaft auf Dauer wieder aufzunehmen, lebt das Recht zur Ehegattenveranlagung wieder auf, und zwar auch dann, wenn der Versöhnungsversuch scheitert.
- Erfolgt die Rückkehr in die Ehewohnung in der unverbindlichen Absicht, es noch einmal zu versuchen, oder verbringt man nur noch einmal einen gemeinsamen Urlaub, so bleibt es bei der Einzelveranlagung.
- Ob der Versöhnungsversuch nach den familienrechtlichen Kriterien vorliegt ist nicht entscheidend; § 1567 II BGB ist nicht maßgeblich. Es kommt auf die tatsächlichen Umstände des Einzelfalls an.
- Die Aufgabe der nach der Trennung bezogenen Zweitwohnung wird unabhängig von der Dauer des Versöhnungsversuchs die Zusammenveranlagung rechtfertigen.
- Ein Versöhnungsversuch nach der Scheidung ist steuerrechtlich irrelevant, da keine Ehegatteneigenschaft mehr vorliegt.

573 d   Bei der **Steuerveranlagung** sind die **Angaben im Scheidungsurteil unerheblich,**[44] die **Beiziehung der Scheidungsakten** gegen den Willen der Ehegatten ist **unzulässig,** es sei denn dass dies im überwiegenden Interesse der Allgemeinheit unter strikter Wahrung der Verhältnismäßigkeit erforderlich ist[45] In der Regel sind die Angaben der Ehegatten anzuerkennen, sie lebten nicht dauernd getrennt, es sei denn, dass die äußeren Umstände gegen das Bestehen einer ehelichen Lebens- und Wirtschaftsgemeinschaft sprechen.[46] Da die Zusam-

---

[42] FG Hamburg 13. 9. 2002, VI 87/01
[43] FG Nürnberg, DStRE 2005, 938: ein Monat
[44] BFH BStBl II 1986, 486
[45] BFH BStBl II 1991, 806
[46] BFH DStRE 1998, 54

menveranlagung eine Steuervergünstigung mit sich bringt, liegt die Darlegungs- und Beweislast beim Steuerpflichtigen.[47]

c) Vor- und Nachteile der Zusammenveranlagung. Der Einkommensteuertarif ist **573 e** gemäß § 32 a EStG gestaffelt bis zu einem **Grundfreibetrag von 7664 €**, zwei unterschiedliche **Progressionszonen** und zwei **Proportionalzonen**. In den Proportionalzonen erhöht sich die Steuer mit dem Prozentsatz der Erhöhung des Einkommens, in den Progressionszonen steigt auch der Prozentsatz der Steuer an.

Grundfreibetrag	bis	7664 €
15–20%	bis	12 739 €
20–42%	bis	52 151 €
42%	ab	52 152 €
45% („Reichensteuer")	ab	250 001 €

Bei der **Zusammenveranlagung** wird der **Nachteil der Progression reduziert 573 f** (Rn. 573 b), und zwar umso mehr, je unterschiedlicher die Einkünfte der Ehegatten sind.

Beispiel:
Das zu versteuernde Familieneinkommen beträgt 60 000 €. Bei Zusammenveranlagung entfallen darauf 11 614 € Einkommensteuer.[48] Bei getrennter Veranlagung ergibt sich folgende Steuerbelastung:

zvE[49] Ehemann	zvE Ehefrau	ESt Ehemann	ESt Ehefrau	Summe ESt	Mehrsteuern
60 000 €	0 €	17 286 €	0 €	17 286 €	5672 €
40 000 €	20 000 €	9223 €	2850 €	12 073 €	459 €
30 000 €	30 000 €	5807 €	5807 €	11 614 €	0 €

Die größte Steuerersparnis durch die Zusammenveranlagung wird mit 5672 €, bei Berücksichtigung von SolZ und Ki.S.t sogar in Höhe von 6438 € erzielt, wenn die Ehefrau kein eigenes Einkommen hat. Wenn die Eheleute ein gleich hohes zu versteuerndes Einkommen haben, führen getrennte Veranlagung und Zusammenveranlagung zum selben Ergebnis. Schon **bei annähernd gleich hohen zu versteuernden Einkünften** kann die Zusammenveranlagung **nachteilig** sein. So verzehrt der Kürzungsbetrag bei Vorsorgeaufwendungen (Rn. 564 e) nach § 10 III a. F. EStG nicht nur den **Vorwegabzug** des Arbeitnehmerehegatten sondern auch den des anderen, auch wenn dieser freiberuflich oder gewerblich tätig ist.[50] Die **getrennte Veranlagung** ist häufig auch dann **vorzuziehen,** wenn einer der Ehegatten einen **Verlust** (Rn. 564 b) erzielt hat, weil mit der Verlustverrechnung auch dessen Grundfreibetrag und die steuermindernden Posten sich nicht mehr auswirken.

Zu beachten ist, dass **steuerliches und unterhaltsrechtliches Einkommen stark differieren** können, z. B. bei unterhaltsrechtlich nicht anerkennungsfähigen Verlusten aus Abschreibung von Immobilien. Es ist daher im Einzelfall – gegebenenfalls durch den Steuerberater – zu prüfen, ob sich eine Auseinandersetzung um die Veranlagung (Rn. 578 ff.) überhaupt lohnt.

Wenn beide Eheleute ein zu versteuerndes Einkommen über je 52 152 € haben, wirkt sich die Zusammenveranlagung nicht mehr aus, da von diesem Betrag an der Prozentsatz der Einkommensteuer 42% vom zu versteuernden Einkommen beträgt. Diese Regel gilt allerdings wiederum dann nicht, wenn durch die Zusammenveranlagung einer der Ehepartner aus der „Reichensteuer" herausgeholt werden kann.

Beispiel:
Das zu versteuernde Einkommen beträgt bei M 80 000 €, bei F 55 000 €.

---

[47] FG Hamburg VI 87/01
[48] Solidaritätszuschlag und Kirchensteuer erhöhen die Beträge prozentual
[49] Zu versteuerndes Einkommen
[50] Bei der Neuregelung tritt dieser Nachteil angesichts der Höhe der Freibeträge in der Regel aber nicht mehr aus.

Bei getrennter Veranlagung zahlt M 25 686 €, F 15 186 €, zusammen also 40 872 €; bei Zusammenveranlagung ergibt sich bei einem zu versteuernden Einkommen von 135 000 € ebenfalls eine Einkommensteuer von 40 872 €.

Beispiel:
Das zu versteuernde Einkommen beträgt bei M 80 000 €, bei F 260 000 €.

Bei getrennter Veranlagung fallen bei M 25 686 €, bei F 101 586 € an Einkommensteuer, insgesamt also 127 272 €. Bei Zusammenveranlagung sind es 126 972 € und damit 300 € weniger. Dies sind 3% „Reichensteuer" aus den 10 000 €, die F über der Einkommensgrenze von 250 000 € liegt. Bei Zusammenveranlagung werden M und F je 170 000 € zugerechnet; auch das Einkommen der F wird daher nur mit einem Spitzensteuersatz von 42% versteuert, die Reichensteuer entfällt.

4. Verfahren

574   Das Finanzamt führt die **getrennte Veranlagung** gemäß § 26 II EStG **nur auf Antrag** eines Ehegatten durch. Wird von den Steuerpflichtigen keine diesbezügliche Erklärung abgegeben, wird nach § 26 III EStG unterstellt, dass die Ehegatten die Zusammenveranlagung wählen. Dies ist aber nur dann der Fall, wenn die gewünschte Veranlagungsart in der Steuererklärung nicht angekreuzt wird, da nach § 25 III EStG in jedem Fall die Einkommensteuererklärung **von beiden Ehegatten eigenhändig unterschrieben** werden muss.

Das Wahlrecht der Ehegatten für eine Getrennt- oder Zusammenveranlagung zur Einkommensteuer wird in der Insolvenz eines Ehegatten durch den Insolvenzverwalter und im vereinfachten Insolvenzverfahren durch den Treuhänder ausgeübt.[51]

574 a   Die **Wahl** zwischen der Zusammenveranlagung und der getrennten Veranlagung kann **bis zur Bestandskraft der Einkommensteuerbescheide** ausgeübt und geändert werden.[52] Das gilt auch, wenn der Bescheid gegen den anderen Ehegatten schon bestandskräftig geworden ist.[53]

Beispiel:
M und F – beide erwerbstätig – haben im Februar 02 die Einkommensteuererklärung für 01 abgegeben und die Zusammenveranlagung beantragt. Vor Erlass des Steuerbescheids trennen sie sich und teilen dies dem Finanzamt unter Angabe der neuen Adressen mit. Der Steuerbescheid wird dem M zwei Wochen früher als der F zugestellt. M erhält eine Steuererstattung und lässt den Steuerbescheid bestandskräftig werden. F legt Einspruch gegen den Steuerbescheid ein beantragt die getrennte Veranlagung.

Das Finanzamt muss dem Antrag der F stattgeben. Da sich dadurch die Steuern für M erhöhen, wird der Bescheid für M aufgehoben. Auch M wird nun getrennt veranlagt und muss Steuern nachzahlen.

Der **Antrag auf eine andere Art der Veranlagung** stellt für den Ehegatten des Antragstellers ein **rückwirkendes Ereignis im Sinn von § 175 AO** dar.[54] Daher kann der Ehegatte, der vor der Trennung der Versteuerung seiner Einkünfte nach der ungünstigen Lohnsteuerklasse V zugestimmt hat, durch Antrag auf getrennte Veranlagung erreichen, dass er rückwirkend nach Lohnsteuerklasse IV versteuert wird und zu Lasten des anderen Ehegatten die Mehrsteuer erstattet bekommt.[55]

Mit mehreren gleich lautenden Entscheidungen hat der BFH am 17. 1. 2008 noch einmal bestätigt, dass der einseitige Antrag eines mittlerweile geschiedenen Ehegatten auf getrennte Veranlagung für zurückliegende Veranlagungszeiträume wirksam ist, wenn der die getrennte Veranlagung beantragende Ehegatten eigene Einkünfte hat, die zur Einkommensteuerveranlagung führen. Der familienrechtliche Anspruch auf Zusammenveranlagung ist nicht von den Finanzbehörden zu prüfen.[56]

---

[51] BGH, FamRZ 2007, 1320
[52] Schmidt EStG § 26 Rn. 17
[53] BFH/NV 2006, 933
[54] BFH, BStBl II 2005 690; DStR 05, 1359
[55] Wegen der unterhaltsrechtlichen Behandlung vgl. Rn. 578 a ff.
[56] BFH III B 81/07, III B 82/07, III B 81/07, III B 82/07

Der **Antrag auf getrennte Veranlagung** ist für das Finanzamt nur dann **unbeachtlich,** 574 b
wenn die getrennte Veranlagung dem **Antragsteller** offenkundig keinerlei Vorteile bietet,
er also über **keine steuerpflichtigen Einkünfte** verfügt **und auch keine Verluste** erklären
kann. Das gilt auch dann, wenn dem anderen Ehegatten eine Steuerstraftat zur Last gelegt
wird.[57] In allen anderen Fällen muss der Ehegatte, der durch die getrennte Veranlagung
Nachteile erwartet, seinen Anspruch auf Zusammenveranlagung gegenüber dem anderen
vor dem Zivilgericht geltend machen.[58]

Durch die Neuregelung nach dem Jahressteuergesetz 2008 können die Ehepartner ab
2009 die Nachteile der Steuerklassenwahl III/V schon beim Lohnsteuerabzug vermeiden
(Rn. 570 d).

5. Gesamtschuld und Haftungsbeschränkung

Durch das Unterschreiben einer gemeinsamen Steuererklärung übernimmt der Ehegatte **575**
allein dadurch **keine Verantwortung für die Richtigkeit** der Angaben des anderen
Ehegatten, er haftet daher nicht für dessen Steuerschulden nach § 71 AO. Zusammenver-
anlagte Ehegatten sind jedoch nach § 44 I AO als **Gesamtschuldner** für die Zahlung der
gesamten Steuer verpflichtet. Jeder Ehegatte kann jedoch seine gesamtschuldnerische Verpflichtung für den Anteil des anderen an der gemeinsamen Steuerschuld **durch Antrag
nach §§ 268 ff AO ausschließen.** Die Aufteilung erfolgt nach dem Maßstab fiktiver
getrennter Veranlagung,[59] erstreckt sich aber nur auf noch nicht durch Vorauszahlungen
getilgte Steuerschulden.

6. Erstattung von Steuern

Ergibt die Steuerveranlagung eine Erstattungspflicht des Finanzamtes gegenüber den **576**
Steuerpflichtigen, so stehen die Erstattungsansprüche gemäß § 37 AO dem zu, auf dessen
Rechnung die Überzahlung erfolgt ist. Dabei kommt es auf den erkennbaren Willen des
Zahlenden zum Zeitpunkt der Zahlung an.[60] Über eine zivilrechtlich abweichende Verteilung hat das Finanzamt nicht zu entscheiden.[61] Werden Einkommensteuer-**Vorauszahlungen** für zusammen zur Einkommensteuer veranlagte Eheleute geleistet, kann aus der Sicht
des Finanzamtes als Zahlungsempfänger mangels entgegenstehender ausdrücklicher Ab-
sichtsbekundungen auf Grund der zwischen den Eheleuten bestehenden **Lebens- und
Wirtschaftsgemeinschaft** angenommen werden, dass derjenige Ehegatte, der die Zahlung
auf die gemeinsame Steuerschuld bewirkt, mit seiner Zahlung auch die Steuerschuld des
anderen mit ihm zusammen veranlagten Ehepartners begleichen will. In diesem Fall sind bei
einer Überzahlung beide Ehegatten erstattungsberechtigt. Der **Erstattungsbetrag** ist dann
zwischen ihnen **hälftig aufzuteilen.**[62]

V. Unterhaltsrechtliche Kriterien für die Steuerveranlagung

1. Frühere Rechtsprechung des Bundesgerichtshofes

Bereits im Jahr 1976 hat der BGH entschieden, dass ein Ehegatte dem anderen gemäß **577**
§ 1353 I EStG zur Zusammenveranlagung bei der Einkommensteuer verpflichtet ist, wenn
dies ihm selbst keine steuerlichen Nachteile, dem anderen aber **steuerliche Vorteile** bringt.
Die Verletzung dieser Verpflichtung führte schon nach damaliger Rechtsprechung zum

---

[57] BFH, NJW 1992, 1471
[58] BGH, FamRZ 2002, 1024
[59] Vgl. Beispiele Rn. 579 a und 579 b
[60] BFH/NV 2002, 1274 (ständige Rechtsprechung)
[61] Klein, AO § 37 Nr. 4
[62] BFH, NJW 2006, 942

Anspruch des anderen Ehegatten auf **Schadensersatz.**[63] Über die Frage, wie bei beiderseitigen Einkünften im Detail zu verfahren ist, hatte der BGH nicht zu entscheiden, da der Sachverhalt dazu keine Veranlassung gegeben hatte. Der BGH beschränkte sich auf die allgemeine Feststellung, dass es ausreiche, wenn im Fall eigener Einkünfte die gegenüber der getrennten Veranlagung anfallende Mehrsteuer ersetzt werde. Es bestehe **kein Anspruch auf Beteiligung an der Steuerersparnis** des begünstigten Ehegatten.

In der zum Zugewinnausgleich ergangenen Entscheidung vom 6. 12. 1978[64] hat der BGH festgestellt, dass Eheleute auch im Güterstande der Zugewinngemeinschaft hinsichtlich ihres Vermögens grundsätzlich völlig selbständig sind, gleichermaßen beim Vermögen und bei den Schulden. Deshalb habe im Verhältnis der Ehegatten zueinander jeder von ihnen für die Steuer, die auf seine Einkünfte entfalle, selbst aufzukommen. Dies führe im Falle der Zusammenveranlagung dazu, dass bei der Aufteilung der Steuerschuld die Höhe der beiderseitigen Einkünfte zu berücksichtigen ist, die der Steuerschuld zugrunde liegen. Mit dem Hinweis, dass nur bei Aufteilung mit der Quote der Steuerbelastung bei fiktiver getrennter Veranlagung die Auswirkung der Steuerprogression (Rn. 573 f.) angemessen berücksichtigt werde, ließ der BGH die Frage der Aufteilung mangels Entscheidungserheblichkeit offen.

2. Aktuelle Rechtsprechung

578   **a) Grundsätzliche Voraussetzungen für die Zusammenveranlagung.** Die Zusammenveranlagung kann wegen einer angeblichen Steuerstraftat des anderen Ehegatten nicht verweigert werden. Auch die gesamtschuldnerische Haftung nach § 44 AO ist kein rechtfertigender Grund für eine Verweigerung, da gemäß § 268 AO die Haftung bei Zusammenveranlagung auf die Steuern aus dem eigenen Einkommen beschränkt werden kann.[65] Die Verpflichtung besteht auch, wenn **ungewiss** ist, **ob die Zusammenveranlagung steuerlich überhaupt möglich** ist.[66] Letzteres ist insbesondere bei Zweifeln an der steuerlichen Relevanz eines Versöhnungsversuchs (Rn. 573 c) der Fall. Über die steuerliche Seite hat nicht das Zivilgericht sondern das Finanzamt zu entscheiden.

Beispiel:
M verlangt für das Jahr nach der Trennung die Zusammenveranlagung, weil er für drei Wochen in die Ehewohnung zurückgekehrt war. F hat die Einzelveranlagung beantragt, weil sie nie die Absicht zur Versöhnung gehabt habe.

Nur wenn die Zusammenveranlagung gewählt wird, kann das Finanzamt die Voraussetzungen dafür prüfen. Ein Antrag auf Einzelveranlagung würde daher zu einer Prüfung der Voraussetzungen für eine Zusammenveranlagung keinen Anlass geben (Rn. 574).

Beim Vorliegen einer **Ehegatteninnengesellschaft** gelten deren Kriterien auch für die Veranlagung zur Einkommensteuer. Ein Anspruch auf Zustimmung zu einer Zusammenveranlagung zur Einkommensteuer ergibt sich dann aus der Verpflichtung, an der **Erreichung des gemeinsamen Gesellschaftszwecks** mitzuwirken.[67]

578 a   **b) Zurechnung von Lohnsteuerabzügen nach Lohnsteuerklassen III/V vor der Trennung.** In dem der Entscheidung vom 12. 6. 2002[68] zugrunde liegenden Fall hatten die Parteien, die beide Einkünfte aus nichtselbständiger Tätigkeit bezogen, in den Jahren vor der Trennung einvernehmlich die Lohnsteuerklasse III (Rn. 568 ff.) für den Ehemann mit dem höheren Einkommen und die Lohnsteuerklasse V für die Ehefrau gewählt und waren für mehrere Jahre vor der Trennung zusammenveranlagt worden. Während der Ehemann die gegen ihn ergangenen Bescheide bestandskräftig werden ließ, hatte die Ehefrau vor Rechtskraft der Zusammenveranlagungsbescheide die getrennte Veranlagung beantragt und dem

---

[63] BGH, FamRZ 77, 38
[64] BGH, NJW 1979, 546
[65] Schmidt/Seeger § 26 Rn. 22
[66] BGH, FamRZ 2005, 182 = R 621
[67] BGH, FamRZ 2003, 1454 = R 596
[68] BGH, FamRZ 2002, 1024 = R 578

entsprechend eine hohe Steuerrückzahlung erhalten. Der Ehemann, nunmehr nach §§ 175 AO, 26 a EStG ebenfalls getrennt veranlagt, musste eine weitaus höhere Nachzahlung leisten.[69]

Nach dem Urteil des BGH kann der Ehegatte, der während des Zusammenlebens die ungünstige Steuerklasse V gewählt hatte, nach der Trennung die Zustimmung zur Zusammenveranlagung nicht davon abhängig machen, dass ihm die Steuern in Höhe des Differenzbetrags zur getrennten Veranlagung – Steuerklasse IV – ersetzt werden. Er hat lediglich Anspruch darauf, dass er nicht mehr als die von seinem Gehalt abgeführte Lohnsteuer zu tragen hat. Der BGH verneint zwar nicht die in der Entscheidung von 1976 (Rn. 577) vertretene Auffassung, wonach Eheleute die Steuern im Verhältnis der Besteuerung ihrer jeweiligen Einkünfte bei getrennter Veranlagung zu tragen haben, lässt dies aber dann nicht gelten, wenn sie ausdrücklich oder stillschweigend eine andere Aufteilung vereinbart haben. Eine solche abweichende Regelung liege auch im Fall der Steuerklassenwahl III/V vor.

c) Zurechnung von Steuervorauszahlungen vor der Trennung. Bereits am 20. 3. **578 b** 2002[70] hatte der BGH den Anspruch des klagenden Ehemanns auf Erstattung einer anteilig auf die Steuerschuld der Ehefrau verrechneten Steuervorauszahlung mit derselben Begründung verneint: Wie die Wahl der Steuerklassen ist auch die Handhabung der Steuervorauszahlung eine **bindende Abweichung** vom Prinzip der Belastung des jeweiligen Ehegatten mit der seinen Einkünften entsprechenden Einkommensteuer und vom Gesamtschuldnerausgleich nach § 426 BGB.

In einer dritten Entscheidung im Jahr 2002[71] hat der BGH dem Ehemann den Anspruch die gesamte Steuererstattung zu gesprochen, weil dieser in der Vergangenheit ständig alle Steuervorauszahlungen für beide Ehegatten gezahlt, aber auch sämtliche Erstattungen einbehalten hatte.

d) Aufteilung von Lohnsteuern im Trennungsjahr. Sehr detailliert hat sich der BGH **578 c** in seiner Entscheidung vom 23. 5. 2007[72] mit der Steuerveranlagung im Trennungsjahr befasst. Die Parteien, beide nichtselbständig tätig, hatten sich nach zehnjähriger Ehe im November getrennt. Der Abzug der Lohnsteuer erfolgte bis zum Jahresende beim Verdienst des Ehemanns nach Lohnsteuerklasse III, während vom Verdienst der Ehefrau die Lohnsteuerabzug nach Lohnsteuerklasse V abgeführt wurde. Die Ehefrau hatte beim Finanzamt nach Ablauf des Kalenderjahres die getrennte Veranlagung beantragt und ein Betrag von rund 3000 € erstattet bekommen. Der Beklagte, nunmehr ebenfalls getrennt veranlagt, sollte rund 3900 € nachzahlen. Er verlangte deshalb von der Ehefrau die Zustimmung zu Zusammenveranlagung. Zwischen den Parteien war streitig, ob die Ehefrau die Mehrsteuern aus der Lohnsteuerklasse V gegenüber der Steuerklasse IV erstattet verlangen konnte.

Der BGH hat dies gemäß seiner Entscheidung vom 12. 6. 2002 (Rn. 578 a) verneint, jedoch der Ehefrau für den Teil des Trennungsjahres **ab der Trennung** einen **Ausgleich** zugesprochen, der entweder durch Unterhaltszahlung oder durch Erstattung der sich für diesen Zeitraum gegenüber der getrennte Veranlagung ergebenden Mehrsteuern.

e) Aufteilung von Steuernachzahlungen für Zeiten vor der Trennung. Der Ent- **578 d** scheidung des BGH vom 31. 5. 2006[73] lag vereinfacht dargestellt folgender Sachverhalt zugrunde:

Fall

M und F hatten sich 1999 getrennt. Aufgrund einer Betriebsprüfung im Jahr 2001 für einen Zeitraum vor der Trennung ergaben sich bei Zusammenveranlagung Nachforderungen in Höhe von umgerechnet 17 650 €. Diese resultierten daraus, dass ursprünglich das positive Einkommen der F mit einem Verlust des M in Höhe von 100 000 € verrechnet worden war. Durch Verrechnung des Verlustes (Rn. 564 b) mit den Einkünften der F ergab sich ein zu versteuerndes Einkommen bei der Zusammenveranlagung von 150 000 € (F) – 100 000 (M) auf 50 000 €. In der Betriebsprüfung

---

[69] Zur steuerrechtlichen Behandlung siehe Rn. 574 b
[70] BGH, FamRZ 2002, 729 = R 575
[71] BGH, FuR 2002, 498
[72] BGH, FamRZ 2007, 1229 = R 679
[73] BGH, FamRZ 2006, 1178 = R 655

wurde der Verluste nur in Höhe von 50 000 € anerkannt, wodurch sich das zu versteuernde Einkommen auf 100 000 € erhöhte. F machte geltend, nur das – wenn auch negative – Einkommen des M sei höher festgesetzt worden, M berief sich darauf, dass auch nach der Änderung sein Einkommen negativ und daher steuerfrei geblieben sei. Die ursprünglich festgesetzte Steuer hatte F bezahlt.

Der BGH entschied, dass die Aufteilung einer nach der Trennung fällig gewordenen Steuerschuld und der sich hieraus ergebenden Erstattungs- bzw. Nachzahlungsansprüche zusammen veranlagter Ehegatten hat im Innenverhältnis grundsätzlich unter entsprechender Heranziehung des § 270 AO **auf der Grundlage fiktiver getrennter Veranlagung der Ehegatten** zu erfolgen habe.

Die Entscheidung, dass die Aufteilung von Steuerbelastungen nicht im Verhältnis der Einkünfte sondern im Verhältnis der bei fiktiver getrennter Veranlagung auf das zu versteuernde Einkommen des jeweiligen Ehegatten zu erfolgen hat, ist zu begrüßen, beantwortet sie nicht nur eine seit Jahrzehnten offene Frage (Rn. 577) sondern bringt auch eine sachgerechte Regelung.

Die von Wever dagegen geäußerten Bedenken[74] sind unbegründet. Der BGH setzt sich nicht in Widerspruch zu seinen bisherigen Grundsätzen: Die Aufteilung von nach der Trennung zu leistenden Steuernachzahlungen besagt nichts anderes, als dass die Zahlungen bis zur Trennung als von dem geleistet gelten, auf dessen zu versteuerndes Einkommen sie entfallen.

Ob die Entscheidung des BGH vom 12. 6. 2002 (Rn. 578 a) damit zu vereinbaren ist, lässt sich aus dem Tatbestand des Urteils nicht feststellen. Richtig ist die Entscheidung jedenfalls insoweit, als sie der Ehefrau Steuererstattungssprüche versagt, die nur aus der nachträglichen getrennten Veranlagung entstanden und zu Lasten des Ehemanns gegangen waren. Nach dem im Urteil beschriebenen Sachverhalt kam es auch bei der Zusammenveranlagung zu einer Nachzahlung. Da nach den dargestellten Grundsätzen die Zahlungen während des Zusammenlebens auch nicht erstattet verlangt werden können, wenn sie zum Teil auf die Steuerschuld des anderen Ehepartners zu verrechnen sind, hätte sie sich an der Nachzahlung quotenmäßig beteiligen müssen, aber keinesfalls etwas zurückerhalten.

Da die anteiligen Steuerverbindlichkeiten in das Endvermögen als Schulden eingestellt werden müssen, kann in den Fällen auf die Quotierung verzichtet werden, in denen sie sich auf den Zugewinnausgleich auswirken.[75]

3. Zusammenfassung der Grundsätze und Musterberechnungen

579   **a) Zusammengefasste Grundsätze.** Die Zustimmung zur Zusammenveranlagung kann nicht von einer unmittelbaren Beteiligung am Steuervorteil des Ehegatten abhängig gemacht werden, sofern dies nicht schon vor der Trennung so gehandhabt worden war. Die **steuerrechtliche Zulässigkeit** und sonstige Steuerprobleme sind **im Veranlagungsverfahren vom Finanzamt zu klären** und berühren die familienrechtliche Verpflichtung zur Zusammenveranlagung nicht.

Für die **Zeit vor der Trennung und im Trennungsjahr** besteht die gegenseitige Verpflichtung zur Zusammenveranlagung, sofern nicht ausnahmsweise feststeht, dass keiner der Ehegatten davon einen Vorteil hat.

Für die Aufteilung der Steuerschuld gelten für die Zeit bis zum Tag der Trennung die **ausdrückliche Vereinbarung** oder tatsächliche Handhabung vor der Trennung. Die Wahl der Lohnsteuerklassen, die Regelung der Vorauszahlungen und die Abwicklung von Nachzahlungen und Erstattungen sind für diesen Zeitraum auch nach der Trennung maßgeblich. Vor der Trennung geleistete Vorauszahlungen oder abgeführte Lohnsteuern müssen vom begünstigen Ehepartner nicht erstattet oder verrechnet werden.

Für nach der Trennung bis zum Ende des Trennungsjahrs entstehende Steuerbelastung sind **frühere Regelungen nicht mehr verbindlich.** Für diesen Zeitraum ist bei der

---

[74] So auch Wever, FamRZ 2006, 1181
[75] Palandt/Brudermüller, BGB, § 1372 Rn. 11; § 1375 Rn. 19

Zusammenveranlagung die Steuerlast (Lohnsteuer; Einkommensteuervorauszahlungen jeweils mit Solidaritätszuschlag und Kirchensteuer) nach dem Verhältnis der jeweiligen Steuerlast der Ehepartner bei fiktiver getrennter Veranlagung aufzuteilen oder der Steuernachteil durch Unterhalts- oder Ausgleichszahlung zu kompensieren.

Soweit durch die Steuerveranlagung oder nachträgliche Änderungen vorangegangener Steuerfestsetzung **nach der Trennung Nachzahlungen oder Erstattungen** anfallen, werden diese **im Verhältnis fiktiver Veranlagung** aufgeteilt. Die tatsächliche Aufteilung der während der Lebensgemeinschaft erfolgten Zahlungen und Erstattungen bleibt unberührt. Die Forderungen oder Nachzahlungen entstehen am Ende des Veranlagungszeitraums (Rn. 565) und sind beim gesetzlichen Güterstand ins **Endvermögen** einzustellen. Die Quotierung ist daher überflüssig, wenn die Differenz über den Zugewinnausgleich wieder nivelliert wird.

b) Aufteilung von Jahressteuern bei fiktiver getrennter Veranlagung. Die Berech- **579 a** nung der Verteilung der gesamten Steuern im Trennungsjahr zeigt das folgende Beispiel, wobei zur Vereinfachung von einer Trennung bereits zu Anfang des Jahres ausgegangen wird.

Beispiel:[76]
M hat ein zu versteuerndes Einkommen von 35 000 €, F von 15 000 €. Bei getrennter Veranlagung würden bei M 7500 €, bei F 1500 € Einkommensteuer, insgesamt also 9000 € anfallen. Bei Zusammenveranlagung sind es 8400 €. M hat Vorauszahlungen von 8000 € geleistet, bei F hat der Arbeitgeber 3400 € Lohnsteuer abgeführt. M und F haben sich am 2.1. getrennt. Trennungsunterhalt wurde nicht gezahlt.

Da die eheliche Wirtschaftsgemeinschaft zu Beginn des Jahres aufgehoben worden ist, ist die bis zum Ende des Vorjahres geübte Handhabung nicht mehr maßgeblich. Die Steuerbelastung ist wie folgt aufzuteilen:

veranlagte Einkommensteuer		− 8400 €
Vorauszahlungen M + Lohnsteuer F		11 400 €
Erstattung		**3000 €**

fiktive Gesamtsteuer bei getrennter Veranlagung	**9000 €**	
Anteil M	7500 €	$5/6$
Anteil F	1500 €	$1/6$

tatsächliche Einkommensteuer bei Zusammenveranlagung		**8400 €**
Anteil M	$5/6$	7000 €
Anteil F	$1/6$	1400 €

Vorauszahlung M		**8000 €**
Anteil M	$5/6$	− 7000 €
Erstattung M		**1000 €**

Lohnsteuer F		**3400 €**
Anteil F	$1/6$	− 1400 €
Erstattung F		**2000 €**

Von der Erstattung in Höhe von 3000 € erhält M 1000 €, F 2000 €.

Variante:
M hat nur 3000 € Vorauszahlungen geleistet.

Veranlagte Einkommensteuer		− 8400 €
Vorauszahlungen M + Lohnsteuer F		6400 €
Nachzahlung		**− 2000 €**

---

[76] Solidaritätszuschlag und Kirchensteuer sind zum besseren Verständnis im Beispielsfall nicht berücksichtigt

fiktive Gesamtsteuer bei getrennter Veranlagung	**9000 €;**	
Anteil M	7500 €;	$^5/_6$
Anteil F	1500 €;	$^1/_6$
tatsächliche Einkommensteuer bei Zusammenveranlagung	**8400 €;**	
Anteil M	$^5/_6$	7000 €;
Anteil F	$^1/_6$	1400 €;
Vorauszahlung M		**3000 €;**
Anteil M	$^5/_6$	– 7000 €;
Nachzahlung M		**– 4000 €;**
Lohnsteuer F		**3400 €;**
Anteil F	$^1/_6$	– 1400 €;
Erstattung F		**2000 €;**

M hat die Nachzahlung von 2000 € an das Finanzamt zu leisten und weitere 2000 € an F zu zahlen. Zu beachten ist, dass die bei Zusammenveranlagung von Eheleuten zusammengefassten Sonderausgaben, außergewöhnliche Belastungen und Freibeträge bei fiktiver getrennter Veranlagung **beim jeweiligen Ehepartner zu berücksichtigen** sind. Eine **fiktive Steuerberechnung** kann im Hinblick darauf **auch bei getrennter Veranlagung** erforderlich sein, da die Eheleute wegen der Wahlmöglichkeiten nach § 26 a II EStG die steuermindernden Aufwendungen bei höher versteuerten Ehegatten ansetzen werden.

Nur in seltenen Fällen wird man beim internen Ausgleich der Ehegatten untereinander mit dieser Berechnung auskommen, da die Zusammenveranlagung von Eheleuten letztmals im Trennungsjahr möglich ist. Nur in zwei Fällen ist daher die gesamte Jahressteuer noch fiktiver getrennter Veranlagung denkbar: entweder haben sich die Eheleute bereits zu Jahresbeginn getrennt (Rn. 571) oder für das streitgegenständliche Kalenderjahr sind noch keine Vorauszahlungen geleistet und keine Lohnsteuer abgeführt. Dies kommt nur bei in Betracht, wenn beide Eheleute selbständig tätig sind, und auch da nur in Ausnahmefällen. In der Regel werden also nur Nachzahlungen oder Erstattungen auszugleichen sein (Rn. 579 b). Bedeutsam ist die Berechnung allerdings dann, wenn die Steuerbelastung eines zusammenveranlagten wiederverheirateten Unterhaltsbeteiligten (Rn. 583 d) festgestellt werden muss.

579 b   c) **Aufteilung von Steuernachzahlungen nach der Trennung.** Die Aufteilung von Steuernachzahlungen nach der Trennung bei während des Zusammenlebens erfolgter Zahlung von Lohnsteuern, Vorauszahlungen oder Schlusszahlungen soll an einem weiteren Beispiel dargestellt werden:

Beispiel:
M hat ein monatliches Durchschnittseinkommen von 5500 € brutto, M ein solches von 1400 €. Vom Jahreseinkommen des M sind in der Steuerklasse III durch den Arbeitgeber an Lohnsteuer und Solidaritätszuschlag insgesamt 12 339 € einbehalten worden, bei F waren es in Steuerklasse V 4247 €, insgesamt also 16 586 €. Nach Ablauf des Jahre haben sich M und F getrennt. Die in der Zusammenveranlagung festgestellte Jahressteuer beträgt 17 815 €, so dass M und F 1238 € nachzahlen müssen.

Das Finanzamt würde bei nachträglich getrennter Veranlagung M und F jeweils die tatsächlich abgeführte Lohnsteuer mit Solidaritätszuschlag zurechnen, der F dem gemäß 3036 € erstatten und dem M eine Nachzahlung in Höhe von 6688 € aufgeben.[77] Da unterhaltrechtlich der steuerliche Mehraufwand der F während des Zusammenlebens als ausgeglichen gilt und nicht nachträglich korrigiert werden darf, wird nur die Nachzahlung im Verhältnis fiktiver getrennter Veranlagung aufgeteilt. Dies ergibt folgende Berechnung:

ESt F getrennt/(ESt M getrennt + ESt F getrennt) ⋆ Nachzahlung zusammen = Anteil F
ESt M getrennt/(ESt M getrennt + ESt F getrennt) ⋆ Nachzahlung zusammen = Anteil M
Angewandt auf den Beispielsfall sieht die Gleichung so aus:
1201 €/(19 035 € + 1201 €) ⋆ 1329 € = 79 €
19 035 €/(19 035 € + 1201 €) ⋆ 1329 € = 1250 €

---

[77] So im unter Rn. 578 a beschriebenen Fall

So ist gewährleistet, dass es hinsichtlich der vor der Trennung geleisteten Zahlungen oder erhaltenen Erstattungen bei der ausdrücklichen oder konkludenten Vereinbarung bleibt. Wenn die bei Lohnsteuer berücksichtigten Pauschalen übersteigende **Werbungskosten und Sonderausgaben oder außergewöhnliche Belastungen** auf den Lohnsteuerkarte eingetragen waren, wird daran nichts geändert. Auch auf diese Steuervorteile erstreckt sich die Bindung an die ausdrückliche oder stillschweigende Vereinbarung. Werden derartige **Steuerminderungen** jedoch erst **bei der Steuerveranlagung** nach der Trennung berücksichtigt, sind sie bei der fiktiven Steuerberechnung dem **Ehegatten zuzurechnen, bei dem sie angefallen sind.** Maßgeblich ist der Zeitpunkt der Zahlungen: bis zur Trennung gilt die bisherige Handhabung, nach der Trennung gilt die Aufteilung nach fiktiver getrennter Veranlagung.

Beispiel:
Wie im vorigen Fall hat M hat ein monatliches Durchschnittseinkommen von 5500 € brutto, M ein solches von 1400 €. Vom Jahreseinkommen des M sind in der Steuerklasse III durch den Arbeitgeber an Lohnsteuer und Solidaritätszuschlag jedoch nicht 12 339 € sondern 11 812 € wegen der Eintragung hoher Werbungskosten einbehalten worden, bei F waren es wie im Grundfall in Steuerklasse V 4247 €. Die in der Zusammenveranlagung festgesetzte Nachzahlung beträgt auf Grund dieser Werbungskosten und nur auf F allein entfallender außergewöhnlicher Belastungen nur 800 €.

In die obige Berechnungsformel geht die tatsächliche – geringere – Lohnsteuer mit Solidaritätszuschlag ein; die vom Gehalt des M einbehalten worden ist. Die außergewöhnlichen Belastungen verringern die Steuerbelastung der F in der fiktiven getrennten Veranlagung und damit ihren Anteil an der Nachzahlung. Dies entspricht den Grundsätzen des BGH, weil die tatsächlich bei M einbehaltene Lohnsteuer mit Solidaritätszuschlag die wirtschaftlichen Verhältnisse während des Zusammenlebens geprägt hat und im Regelfall beiden Eheleuten zugute gekommen ist. Die Steuererstattung auf Grund der außergewöhnlichen Belastungen der F fließt erst nach der Auflösung des gemeinsamen Haushaltes. Es gibt keinen Grund die Berücksichtigung von steuermindernden Aufwendungen anders zu behandeln als die Wahl der Steuerklassen: Wenn F von M nicht die auf Grund der Steuerklasse V zu hohe Lohnsteuer zurückverlangen kann, braucht sie auch dann keinen Ausgleich zu leisten, wenn ihre außergewöhnlichen Belastungen aus der „gemeinsamen Kasse" aufgebracht worden sind.

VI. Die Abzugsfähigkeit von Unterhaltslasten beim Einkommen

1. Realsplitting

a) Steuerliche Grundlagen. Der für die Familienangehörigen gezahlte Unterhalt sowie **580** freiwillige oder auf Grund einer freiwillig begründeten Rechtspflicht oder auf Grund gesetzlicher Verpflichtung an eine unterhaltsberechtigte Person erbrachte Zuwendungen dürfen nach § 12 Nr. 1 und Nr. 2 EStG **weder bei den einzelnen Einkunftsarten noch beim Gesamtbetrag der Einkünfte abgezogen** werden. Nur soweit dies ausdrücklich gesetzlich geregelt ist, sind derartige Aufwendungen als Sonderausgabe (Rn. 564 c) oder außergewöhnliche Belastung (Rn. 564 h) abzugsfähig.

Unterhaltsleistungen eines unbeschränkt Steuerpflichtigen **an den geschiedenen oder dauernd getrennt lebenden** unbeschränkt steuerpflichtigen oder als EU-Angehörigen gemäß § 1 a EStG gleichgestellten **Ehegatten** sind nach § 10 I Nr. 1 EStG bis zu einem Höchstbetrag von 13 805 € pro Jahr einkommensmindernde Sonderausgaben, wenn der Geber dies **mit Zustimmung des Empfängers** beantragt, sogenanntes „begrenztes Realssplitting".

Eine gesetzliche Unterhaltpflicht ist nicht Voraussetzung für den Sonderausgabenabzug. Es genügen auch Unterhaltszahlungen die **freiwillig** oder auf Grund einer freiwillig eingegangenen Verpflichtung geleistet werden. Nur der im jeweiligen Kalenderjahr real geleistete Unterhalt kann – begrenzt auf den Höchstbetrag von 13 805 € p. a. als Sonderausgabe abgesetzt werden; für welchen Zeitraum die Zahlung bestimmt ist.

Beispiel:

M lebt seit Ende 01 getrennt. Unterhalt an F zahlt er nicht, obwohl diese wegen der Betreuung der gemeinsamen Kinder keiner Erwerbstätigkeit nachgeht. Mit einer einstweiligen Anordnung wird M im Mai 02 zu monatlichen Unterhaltszahlungen in Höhe von monatlich 600 € verurteilt. Er zahlt bis zum Jahresende 4800 €, im Jahr 03 7200 €. Im Hauptverfahren vergleichen M und F sich im Dezember 03 auf einen monatlichen Ehegattenunterhalt von 1000 € ab Jan 04; nachzuzahlen sind 11 600 €.

Den für 02 nachzuzahlenden Unterhalt kann M nicht mehr ansetzen, auch wenn der Steuerbescheid noch nicht bestandkräftig wäre. Nur die tatsächlich in 02 gezahlten 4800 € sind als Sonderausgabe abzugsfähig. In 03 sind durch die Zahlungen auf Grund der einstweiligen Anordnung 7200 € „verbraucht". M kann also maximal noch 6605 € abziehen, wenn er mindestens diesen Betrag vor Jahresende zahlt. In 04 kann er den laufenden Unterhalt 12 000 € abziehen, so dass von der Nachzahlung noch 1805 € geltend gemacht werden können. Wenn F sich nicht darauf einlässt, dass der verbleibende Rückstand erst ab 05 mit anteilig 1805 € jährlich getilgt wird, verfällt die steuerliche Abzugsmöglichkeit.[78]

Es müssen auch keine monatlich regelmäßigen Zahlungen sein; auch **einmalige Nachzahlungen** sind abzugsfähig, ebenso **gelegentliche Unterstützungsleistungen,** z. B. zur Ermöglichung eines Urlaubs. Nicht abzugsfähig sind dagegen Zuwendungen ins Vermögen.

Beispiel:

M übereignet der F einen Gebrauchtwagen oder schenkt ihr Geld für die Anschaffung eines Fahrzeugs.

580 a   Der Höchstbetrag gilt bei mehreren Unterhaltspflichten für jede.

Das Realsplitting ist bei **Unterhaltszahlungen der Erben** des unterhaltpflichtigen Ehepartners nach § 1586 b EStG nicht zulässig,[79] auch nicht Zahlungen des Vaters an die nicht mit ihm verheiratete die Mutter seines Kindes nach § 1615 l BGB.[80]

580 b   Neben **Barunterhalt** kommen auch **Sachleistungen oder Nutzungen,** insbesondere die **unentgeltliche Überlassung einer Wohnung** in Betracht. Wird eine Wohnung unentgeltlich zu Unterhaltszwecken überlassen und dadurch der Anspruch der Unterhaltsberechtigten auf Barunterhalt vermindert, so ist die Wohnungsüberlassung **mit dem objektiven Mietwert**[81] einer geldwerten Sachleistung (Ausgabe) gleichzusetzen, mit der lediglich der Zahlungsweg der Unterhaltsleistungen abgekürzt wird. Aus demselben Grund kann der Unterhaltsverpflichtete die von ihm übernommenen umlagefähigen Nebenkosten als Unterhalt nach § 10 I EStG absetzen. Entschieden hat der BFH dies bisher aber nur für die auf den Miteigentumsanteil des unterhaltsberechtigten Ehepartners entfallenden verbrauchsunabhängigen Kosten der Wohnung einschließlich Schuldzinsen.[82]

Beispiel:

F bewohnt mit den gemeinsamen Kindern die frühere Ehewohnung. Diese gehört F und M je zur Hälfte. Der objektive Mietwert beträgt monatlich 800 €. Der Wohnwert ist im Unterhaltsprozess mit 500 € festgestellt. M hat sich im Wege eines Vergleichs verpflichtet, der F die Wohnung zur alleinigen Nutzung zu überlassen und sämtliche Nebenkosten von 180 € zu tragen.

Als Sonderausgabe kann M ansetzen:

• den auf sein Miteigentum entfallenden Anteil an der objektiven Miete von 400 €,
• die Nebenkosten von 180 €.[83]

Maßgeblich hierfür ist, dass der Verpflichtete seiner Ehefrau auch einen entsprechend höheren Barunterhalt hätte bezahlen und im Gegenzug die Erstattung der von ihm übernommenen Kosten hätte fordern können.

---

[78] Für 05 und ggfs. weitere Jahre kann M nicht nur den laufenden Unterhalt sondern auch die Nachzahlung, insgesamt höchstens 13 805 € auf die Lohnsteuerkarte eintragen lassen (Rn. 570 ff.)

[79] BFH, NJW 1998, 1584

[80] BFH, NV 1995, 777

[81] BFH, FamRZ 2000, 1360

[82] BFH, ZFE 2007, 282

[83] EStH 10.2 „Wohnungsüberlassung"

Das Realsplitting kann **nicht auf Teile eines Jahres beschränkt** werden. Ob der 580 c
Höchstbetrag ausgeschöpft wird oder nur ein Teil des Unterhalts geltend gemacht wird, liegt
aber im Ermessen der Beteiligten. Eine Beschränkung auf einen Teil des Unterhalts ist
insbesondere zu erwägen, wenn der volle Abzug beim Unterhaltsempfänger auch zu außersteuerlichen Nachteilen führt (Rn. 580 d).

Die **Zustimmung ist unbefristet** und kann vom Empfänger nicht für das laufende oder
frühere Kalenderjahre widerrufen werden. Der Geber muss den **Sonderausgabenabzug** in
jedem Jahr neu beantragen; dies erfolgt in der Steuererklärung und kann auch nach
Bestandskraft der beiderseitigen Steuerbescheide erfolgen, wenn die Zustimmung erst nachträglich erteilt und auch der Antrag erst nachträglich gestellt worden ist.[84]

Beispiel:
M und F haben sich nach der Trennung im Jahr 01 über einen Ehegattenunterhalt in Höhe von
geeinigt Außerdem hat F in der den Eheleuten je zur Hälfte gehörenden ETW gewohnt. Sie hat
keine Miete, jedoch die Nebenkosten bezahlt. Der objektive Mietwert betrug 600 € monatlich. Ab
02 waren M und F in der Lohnsteuerklasse I, bzw. II. Von der Möglichkeit des Realsplitting war
ihnen nichts bekannt. Als sie Ende 03 im Rahmen der Scheidungsvereinbarung informiert wurden,
waren die Steuerbescheide für 02 bestandskräftig.

M kann eine Änderung seines Steuerbescheides nach § 175 AO beantragen und 12 ×
200 € Barunterhalt sowie 12 × 300 € für die unentgeltliche Überlassung seines Anteils an
der ETW als Sonderausgabe absetzen. Der Steuerbescheid der F wird nach § 175 AO von
Amts wegen geändert: 6000 € werden als sonstige Einkünfte nach § 22 EStG angesetzt.

Auch die Erweiterung der ursprünglich beschränkten Zustimmung stellt einen Fall der
rückwirkenden Änderung nach § 175 AO dar und kann daher nachträglich zur Steuerermäßigung führen.[85]

b) Nachteilsausgleich. Die Unterhaltsleistungen stellen beim Empfänger sonstige Ein- 580 d
künfte im Sinn des § 22 EStG dar, soweit sie vom Unterhaltspflichtigen als Sonderausgaben
abgesetzt werden. Sie sind zu versteuern, soweit sie allein oder zusammen mit anderen
steuerpflichtigen Einkünfte die Freibeträge übersteigen. Wenn der Unterhaltsempfänger,
nicht aber der Unterhaltspflichtige unbeschränkt steuerpflichtig ist, ist der Unterhalt beim
Empfänger nicht zu versteuern.[86]

Nach § 10 I EStG als Sonderausgabe abgezogener Unterhalt ist auch nach anderen
Gesetzen **als Einkommen zu behandeln**. So kann der Trennungsunterhalt schon vor
der Rechtskraft der Scheidung dazu führen, dass der Empfänger aus der **Familienversicherung** des Unterhaltspflichtigen herausfällt.[87] Dies ist gemäß § 10 I Nr. 5 SGB V
dann der Fall, wenn mit dem Trennungsunterhalt regelmäßig eine Einkommensgrenze
von einem Siebtel der monatlichen Bezugsgröße nach § 18 SGB IV überschritten wird.[88]
Die dann anfallenden Versicherungsbeiträge übersteigen leicht den steuerlichen Vorteil
beim Geber. Auch können durch Überschreiten von Einkommensgrenzen öffentlichrechtliche Vergünstigungen etc. entfallen, z. B. Wohnungsbauprämien. Diese Nachteile können
durch **Beschränkung des Realsplitting** auf den unschädlichen Teilbetrag oder den
Ansatz des Unterhalts nach § 33 a I als außergewöhnliche Belastung (Rn. 581) vermieden
werden.

Unschädlich ist das Realsplitting dagegen im Hinblick auf eine Geringfügige Beschäftigung, den sogenannten „Minijob". Nach § 40 a IV EStG ist nur eine andere Beschäftigung
bei demselben Arbeitgeber, nicht aber sonstiges Einkommen schädlich. Nach § 8 II SGB IV
sind nur mehrere Geringfügige Beschäftigungen zusammenzurechnen und führen zur Versicherungspflicht. Sonstige Einkünfte im Sinn des § 22 EStG, zu denen auch der beim Geber
als Sonderausgabe geltend gemachte Unterhalt gehört, ändern an der Versicherungsfreiheit
eines Minijobs nichts.

---

[84] BFH, DB 1989, 2259
[85] BFH, NJW-RR 2007, 217
[86] BFH, FamRZ 2004, 1286
[87] BSG FamRZ 94, 1239; Lösungsmöglichkeit siehe Rn. 581
[88] Dies sind 350 € (Stand 2007).

580 e Je geringer der Unterschied des jeweils zu versteuernden Einkommens bei Geber und Empfänger vor der Berücksichtigung der Unterhaltszahlung ist, umso geringer sind die steuerlichen Vorteile.

> **Beispiel:**
> M hat ein zu versteuerndes Einkommen von 42 000 €, bei F sind es 24 000 €. Das unterhaltsrechtliche Einkommen entspricht dem zu versteuernden. M zahlt 6000 € Kindesunterhalt. Einer Kirche gehören M und F nicht. M zahlt an F einen Jahresunterhalt von 6000 €.[89]

Ohne Realsplitting zahlen M und F zusammen 14 706 € Einkommensteuer und Solidaritätszuschlag, mit Realsplitting sind es 14 357 €. Die Steuerersparnis beträgt 349 € pro Jahr.

> **Beispiel:**
> M hat ein zu versteuerndes Einkommen von 36 000 €, bei F sind es 24 000 €. Das unterhaltsrechtliche Einkommen entspricht dem zu versteuernden. Kinder sind nicht vorhanden. Einer Kirche gehören M und F nicht. M zahlt an F einen Jahresunterhalt von 6000 €.

Ohne Realsplitting zahlen M und F zusammen 12 428 € Einkommensteuer und Solidaritätszuschlag, mit Realsplitting sind es 12 253 €. Die Steuerersparnis beträgt 175 € pro Jahr.[90]

580 f   **c) Unterhaltsrechtliche Fragen.** Der Empfänger hat die **Zustimmung zum Realsplitting** auf Verlangen des Gebers nach dem Grundsatz von Treu und Glauben zu erteilen,[91] weil er damit die finanzielle Belastung des Gebers verringert. Eine schuldhafte Verweigerung der Zustimmung führt zur **Schadensersatzpflicht.**[92] Die Zustimmung kann aber davon abhängig gemacht werden, dass der Geber dem Empfänger die wirtschaftlichen **Nachteile** (Einkommensteuer, Solidaritätszuschlag, Kirchensteuer und sonstige finanzielle Nachteile)[93] **ausgleicht,** die ihm durch das Realsplitting entstehen.

Im Jahr der **Wiederheirat des Empfängers beschränkt** sich der **Ausgleich** jedoch auf die Nachteile, die auch ohne die Wiederheirat entstanden wären.[94] Dem ist grundsätzlich zuzustimmen, es sei denn, dass die absetzbaren Unterhaltszahlungen für die Zeit vor der Wiederheirat des Unterhaltsberechtigten geschuldet wurden und der Unterhaltsverpflichtete die verspätete Zahlung zu vertreten hat.

> **Beispiel:**
> F verlangt im Januar des Jahres 01 von M nacheheliehen Unterhalt. Sie hat keine eigenen Einkünfte. M bestreitet jegliche Unterhaltspflicht und zahlt nicht. F erhält im Wege einer Einstweiligen Anordnung monatlich 300 € zugesprochen. Das Hauptsacheverfahren zieht sich bis Ende 03 hin, da M nur zögernd Auskünfte erteilt und sein Einkommen sich schwer ermitteln lässt. M wird zu 650 € monatlich verurteilt. Die Zahlung des rückständigen Unterhalts in Höhe von 12 600 € erfolgt im Januar des Jahres 04. Wegen der Wiederheirat der F wird im Jahr 04 kein laufender Unterhalt mehr geschuldet. M verlangt die Zustimmung zum Realsplitting, F verlangt einen Ausgleich in Höhe von 4072 €.

Den steuerlichen Nachteil errechnet sie zutreffend wie folgt:

	ohne Realsplitting		**mit Realsplitting**
zu versteuerndes Einkommen	40 000 €		40 000 €
Unterhalt F		12 600 €	
− Werbungskosten § 9 a EStG		− 102 €	
			12 498 €
	40 000 €		**52 498 €**

---

[89] Der Erwerbstätigenbonus bleibt diesem und dem folgenden Beispiel zur Vereinfachung außer Ansatz
[90] Die Steuerersparnis bei M und die Mehrsteuern bei F sind für diese Vergleichsberechnung ohne Bedeutung, da wegen des Nachteilsausgleichs nur die Gesamtersparnis maßgeblich ist
[91] BGH, FamRZ 1998, 953 = R 527
[92] BGH, FamRZ 1988, 820; NJW 1988, 2886
[93] BGH, FamRZ 1983, 576
[94] BGH, FamRZ 1992, 1050

	ohne Realsplitting	**mit Realsplitting**
Einkommensteuer (Splittingtarif)	5700 €	9288 €
Solidaritätszuschlag	314 €	511 €
Kirchensteuer	456 €	743 €
Gesamtsteuerbelastung	**6470 €**	**10 542 €**

Wenn M für die verspätete Zahlung das Realsplitting verlangt, darf F nicht schlechter gestellt werden als bei pünktlicher Zahlung. Die Voraussetzungen der §§ 280, 286 BGB müssen vorliegen.

In neuerer Rechtsprechung[95] hat der BGH festgestellt, dass bei **Wiederheirat des Unterhaltspflichtigen** nicht nur der nacheheliche Unterhalt sondern auch der **Realsplittingvorteil ohne Berücksichtigung des Splittingvorteils** aus seiner neuen Ehe zu ermitteln ist. Der geschiedene Ehegatte dürfe aus den Steuervorteilen der neuen Ehe nicht profitieren aber auch nicht schlechter gestellt werden.

Beispiel:
Der in zweiter Ehe verheiratete M hat ein Monatsbruttoeinkommen von 5000 €; er zahlt keine Ki.S.t. Seine zweite Ehefrau betreut ein gemeinsames Kind von sechs Monaten und ist nicht erwerbstätig. F – die geschiedene Ehefrau des M – betreut das 6 jährige Kind aus der Ehe mit M und ist ebenfalls nicht erwerbstätig. M bleiben in der Lohnsteuerklasse III/1,5 ca. 3250 € netto; bei Steuerklasse I/1 wären es ca. 2750 €.

M zahlt Kindesunterhalt nach seinem tatsächlichen Nettoeinkommen von 3250 €. Für den nachehelichen Unterhalt ist von dem fiktiven Steuer ohne den Splittingvorteil in Höhe von 2750 € abzüglich Kindesunterhalt auszugehen. Bei einem angenommenen nachehelichen Unterhalt von 600 € würde die Bemessungsgrundlage für den nachehelichen Unterhalt um einen Realsplittingvorteil von 260 € erhöht, obwohl M tatsächlich nur 185 € Steuern spart.

580 g Für die Erteilung der Zustimmung gelten nach der Rechtsprechung des BGH[96] folgende Kriterien:
- Der barunterhaltsberechtigte Ehegatte muss dem sog. begrenzten Realsplitting grundsätzlich zustimmen, wenn der Unterhaltpflichtige die **steuerlichen Nachteile ausgleicht,** die dem Berechtigten daraus erwachsen.
- Die Zustimmung kann nur Zug um Zug gegen eine **bindende Erklärung** verlangt werden, durch die sich der Unterhaltsverpflichtete zur Freistellung des Unterhaltsberechtigten von den ihm entstehenden steuerlichen Nachteilen verpflichtet.
- Von einer entsprechenden Verpflichtung zum Ausgleich sonstiger Nachteile kann der Unterhaltsberechtigte seine **Zustimmung nur** abhängig machen, wenn er diese **Nachteile im Einzelfall substantiiert** darlegt.
- Von einer **Sicherheitsleistung** kann der Unterhaltsberechtigte seine Zustimmung nur abhängig machen, wenn zu besorgen ist, dass der Unterhaltspflichtige seine Verpflichtung zum Ausgleich der finanziellen Nachteile nicht oder nicht rechtzeitig erfüllen wird.

580 h Zu den grundsätzlich zu erstattenden Nachteilen aus der Inanspruchnahme des begrenzten Realsplittings gehören auch die Steuervorauszahlungen des Ehegatten, dessen Einkommen sich durch diese Wahl der Besteuerung erhöht und deshalb zur Festsetzung von Vorauszahlungen führt.[97] Der Anspruch auf **Erstattung der Steuervorauszahlungen** kann bereits **zum Zeitpunkt ihrer Fälligkeit** gegeben sein.

580 i Die **Zustimmung** ist **auch bei Streitigkeiten über die Höhe des Unterhalts** zu erteilen, da die Höhe des gezahlten Unterhalts keine Frage der Zustimmung zum Realsplitting ist; die Zustimmung gilt dem Grunde nach, soweit sie nicht ausnahmsweise betragsmäßig beschränkt wird. Die Angabe des als Sonderausgabe abzusetzenden Betrags erfolgt in

[95] BGH, FamRZ 2007, 1232, 1232 = R 678 b
[96] BGH, FamRZ 1983, 576; NJW 1983, 1545
[97] OLG Hamburg, FamRZ 2005, 519; OLG Bamberg, FamRZ 1987, 1047 gegen OLG Karlsruhe, FamRZ 1992, 67

der Anlage U, die mit der Einkommensteuererklärung des Unterhaltsverpflichteten abgegeben wird. Die Unterzeichnung der **Anlage U** wird **nicht geschuldet.**[98] Bei Meinungsverschiedenheiten über die Höhe des als Sonderausgabe abzugsfähigen Unterhalts, z. B. bei Sachleistungen, kann dem unterhaltsberechtigten Ehepartner kein Anerkenntnis zugemutet werden.

Die Zustimmung darf **nicht** davon abhängig gemacht werden, dass der Geber den Empfänger **an der Steuerersparnis beteiligt,** die dieser auf Grund des Sonderausgabenabzugs erhält.[99] Diese kommt dem Empfänger verspätet durch die Einkommenserhöhung beim Geber zugute, wobei der von diesem geleistete Nachteilsausgleich wiederum einkommensmindernd ins Gewicht fällt. Eine Aufrechnung gegen den Anspruch auf Nachteilsausgleich ist nicht zulässig.[100]

Die Zustimmung ist zum Nachweis in der Regel **schriftlich** oder zur Niederschrift des Finanzamtes zu erklären.[101] Wird sie gegenüber dem Finanzamt erklärt, ist der Geber zu benachrichtigen.[102] Die Klage auf Zustimmung ist eine Familiensache und richtet sich auf Abgabe einer Willenserklärung. Eine Vollstreckung aus dem Urteil erübrigt sich wegen der Fiktion nach § 894 ZPO. Ein Widerruf durch den Unterhaltsberechtigten ist in diesem Fall ausgeschlossen, gegebenenfalls muss er klagen.

580 k Der **Nachteilsausgleich** kann **auch nach Ablauf der Jahresfrist** des § 1585 b BGB noch geltend gemacht werden. Er ist ein Anspruch eigener Art und fällt nicht unter diese Bestimmung; sie ist auch nicht analog anzuwenden, da der Geber bei Inanspruchnahme des Realsplittings mit der Erstattungspflicht rechnen muss und insoweit keinen Vertrauensschutz genießt.[103] Im Sinn des Art. 5 II EuGVVO ist der Anspruch auf Nachteilsausgleich ist jedoch eine Unterhaltssache.[104] Der Unterhaltsberechtigte kann daher seinen Anspruch auf Nachteilsausgleich bei dem für seinen Wohnsitz zuständigen Gericht einklagen, wenn der Unterhaltsverpflichtete im EU-Ausland lebt.

2. Unterhaltszahlungen als außergewöhnliche Belastung

581 Der an den auf Dauer getrennt lebenden oder geschiedenen Ehegatten auf Grund gesetzlicher Verpflichtung gezahlte Unterhalt kann statt als Sonderausgabe nach § 10 EStG **bis zur Höhe von 7680 €** auch gemäß § 33 a EStG als außergewöhnliche Belastung vom Gesamtbetrag der Einkünfte abgezogen werden, wenn der Unterhaltsempfänger kein oder nur geringes Vermögen hat. Dies ist nach Auffassung der Finanzverwaltung ein Vermögen mit einem Verkehrswert von nicht mehr als 15 500 €. Selbstbewohntes angemessenes Wohneigentum wird nicht berücksichtigt.[105] **Eigene Einkünfte sind** auf den Abzugsbetrag **anzurechnen,** soweit sie 624 € im Jahr übersteigen.

Im Gegensatz Realsplitting ist der Unterhalt als außergewöhnliche Belastung beim Empfänger **kein Einkommen,** so dass er nicht zu versteuern ist und auch nicht zum Ausscheiden aus der Familienversicherung führt. Der Nachteilsausgleich entfällt. Die Berücksichtigung des Unterhalts ist daher beim Trennungsunterhalt eine Möglichkeit, den Versicherungsschutz des unterhaltsberechtigten Ehepartners aus der Familienversicherung (Rn. 580 d) zu erhalten.

Die Inanspruchnahme ist auch möglich, wenn der Unterhaltsempfänger nicht unbeschränkt steuerpflichtig ist. In diesen Fällen ist der Abzug der Unterhaltsleistungen die einzige Möglichkeit steuerlicher Berücksichtigung.

581 a Wenn sowohl § 10 I EStG als auch § 33 a EStG anwendbar sind, kommt es auf die Verhältnisse im Einzelfall an, welcher Ansatz der günstigere ist. In der Regel ist dies das

---

[98] BGH, FamRZ 1998, 953 = R 527

[99] BGH, FamRZ 1984, 1211

[100] BGH, FamRZ 1997, 544

[101] Schmidt/Heinicke, EStG § 10 Rn. 54

[102] OLG Karlsruhe, FamRZ 2004, 960

[103] BGH, FamRZ 1985, 1232 = R 273; BGH FamRZ 2005, 1162 = R 631

[104] BGH, FamRZ 2008, 40

[105] Schmidt/Loschelder, § 33 a Rn. 27; Einzelheiten EStR 33 a

Realsplitting, sobald der Unterhalt den Grenzbetrag nach § 33 a EStG übersteigt oder der Unterhaltsempfänger eigene Einkünfte über 52 € monatlich hat.

Beispiel:
M hat ein zu versteuerndes Einkommen von 60 000 € p. a. und zahlt 12 000 € nachehelichen Unterhalt. F hat kein Einkommen und kein Vermögen. F muss bei Durchführung des Realsplitting den Unterhalt abzüglich pauschaler Werbungskosten von 102 € und pauschaler Sonderausgaben von 36 € Einkommensteuer in Höhe von 624 € zahlen.

Realsplitting		außergewöhnliche Belastung	
abziehbar	12 000 €	abziehbar	7680 €
verbleibende EStG	10 577 €	verbleibende EStG	12 266 €
Nachteilsausgleich	624 €		
Steuerbelastung	**11 201 €**		**12 266 €**

Der Abzug nach § 33 a EStG bringt also eine deutlich geringere Steuerentlastung, hat jedoch den Vorteil, dass er ohne Zustimmung und ohne Nachteilsausgleich geltend gemacht werden kann. Man sollte deshalb auf das Realsplitting verzichten, wenn der Unterhalt nicht oder nur wenig mehr als 7680 € jährlich, also 640 € monatlich beträgt und die steuerrechtlichen Voraussetzungen (Rn. 581) vorliegen.

581 b Der den Höchstbetrag nach § 10 I EStG übersteigende Unterhalt kann nicht nach § 33 EStG als außergewöhnliche Belastung abgesetzt werden. Nach Auffassung des BFH wird **durch die Wahl des Realsplitting** der **gesamte Unterhalt** zur **Sonderausgabe** erklärt, so dass andere Abzugsmöglichkeiten ausscheiden.[106]

Ein Abzug des Unterhalts nach § 33 EStG kommt nicht in Betracht, da § 33 a EStG lex specialis ist.[107] Dies gilt auch für Nachzahlungen.

VII. Berücksichtigung der Steuerbelastung beim unterhaltsrechtlichen Einkommen

1. Grundlagen

582 Durch die **Unterhaltszahlung** soll der Unterhaltsempfänger **am laufenden Einkommen des Unterhaltspflichtigen angemessen beteiligt** werden. Dabei ist auf die aktuellen Einkommensverhältnisse abzustellen, soweit sie eheprägend sind (Rn. 4/179). Da es aber nicht möglich ist, das im Zahlungszeitraum zur Verfügung stehende Einkommen zeitgleich zu ermitteln, muss im Wege einer Prognose das **künftige Einkommen geschätzt** werden (vgl. Rn. 11 ff.). Diese Prognose basiert auf den Einkünften in möglichst aktueller Vergangenheit. Die **einkommenserheblichen Umstände** aus der Vergangenheit **müssen jedoch korrigiert** werden, soweit sie **erkennbar im Unterhaltszeitraum nicht mehr eintreten** werden (vgl. Rn. 11, 13, 53).[108] Wenn eine künftige Änderung zwar zu erwarten, ihr Umfang jedoch nicht zu bestimmen ist, muss deren Eintritt abgewartet und dann eine Abänderung des Unterhalts veranlasst werden.

2. Rechtsprechung des Bundesgerichtshofes

583 Der BGH hält trotz vielfach zugestandener Ausnahmen in ständiger Rechtsprechung am **In-Prinzip als Grundsatz** fest: bei der Ermittlung des unterhaltsrechtlichen Einkommens ist auf die **Steuern** abzustellen, **die im Prüfungszeitraum,** d. h. bei nichtselbständig Tätigen in den letzten zwölf Monaten, bei selbständig Tätigen in den letzten drei Jahren vor

---

[106] BFH, BStBl 2001, 338
[107] Schmidt/Loschelder § 33 Rn. 35 „Unterhalt"
[108] BGH, FamRZ 2004, 1177 = R 615

der Unterhaltsberechnung **tatsächlich gezahlt oder erstattet** worden sind. Der Leitsatz des Urteils des BGH vom 31. 1. 1990[109] lautet:

> *„Es wird daran festgehalten, dass bei der Ermittlung der ehelichen Lebensverhältnisse grundsätzlich auf das tatsächliche, auf der Grundlage der konkreten Steuerbelastung (hier: nach Steuerklasse I) verfügbare Netto-einkommen des unterhaltsverpflichteten Ehegatten abzustellen ist."*

Der BGH nimmt Bezug auf frühere Urteile.[110] Diesen Grundsatz hat der BGH noch im selben Jahr in mehreren Entscheidungen[111] wiederholt. Schon im Jahr 1980[112] hatte der BGH sogar für den Fall der Wiederheirat des Unterhaltspflichtigen das nach Lohnsteuerklasse III besteuerte Einkommen zugrunde gelegt.[113]

583 a   Auch für Steuern auf **Einkünfte von Selbständigen** soll das In-Prinzip gelten. In der Entscheidung des BGH vom 19. 2. 2003[114] heißt es:

> *„Vielmehr entspricht es der Rechtsprechung des Senats, dass Steuern regelmäßig in der Höhe angerechnet werden, in der sie im Prüfungszeitraum real angefallen sind."*

583 b   Auch in seiner Entscheidung vom 23. 5. 2007[115] hat der BGH noch einmal dargelegt, dass **grundsätzlich von den tatsächlich erzielten Einkünften auszugehen** und deswegen auch die Steuerlast in ihrer jeweils realen Höhe maßgebend ist. Dies gilt nach Auffassung des BGH unabhängig davon, ob sie im konkreten Fall seit der Trennung gestiegen oder gesunken ist und ob das auf einem gesetzlich vorgeschriebenen Wechsel der Steuerklasse oder auf einer Änderung des Steuertarifs beruht.[116]

Berichtigungen der tatsächlich, durch Steuerbescheid oder Lohnabrechnung nachgewiesenen Nettoeinkünfte sind nur in besonders gelagerten Fällen vorzunehmen, wenn z. B.
* nicht prägende Einkünfte geflossen sind,[117]
* steuerliche Vergünstigungen vorliegen, die dem Unterhaltsberechtigten nicht zugute kommen dürfen (Ehegattensplitting aus neuer Ehe,[118] Verheiratetenzuschlag aus zweiter Ehe,[119] oder der auf den neuen Ehepartner entfallende Kinderfreibetrag[120]),
* erreichbare Steuervorteile entgegen einer Obliegenheit (Rn. 570 ff., Rn. 592 b, 593) nicht in Anspruch genommen worden sind.[121]

583 c   Weitere Ausnahmen vom In-Prinzip wurden schon früher anerkannt, so etwa
* wenn wegen **Verletzung der Erwerbsobliegenheit** fiktive Einkünfte oder Mehreinkünfte zu berücksichtigen sind,[122]
* wenn **steuermindernde Aufwendungen** als unterhaltsrechtlich irrelevant dem Einkommen zugerechnet werden.[123]

In der letztgenannten zum Bauherrenmodell ergangenen Entscheidung hat der BGH festgestellt, dass bei der unterhaltsrechtlichen Einkommensermittlung eine **fiktive Steuerberechnung** erfolgen muss, **wenn** steuerlich relevante **Betriebsausgaben oder Werbungskosten unterhaltsrechtlich nicht anerkannt** werden. In diesem Fall sei es unbillig, die dadurch erzielten, die Einkommensminderung teilweise kompensierenden Steuervorteile nicht ebenfalls außer Ansatz zu lassen.

---

[109] BGH, FamRZ 1990, 981 = R 416 c
[110] BGH, FamRZ 1983, 152; FamRZ 1988, 486; FamRZ 1988, 817
[111] BGH, FamRZ 1990, 503 = R 413; NJW 1991, 224 = R 425; FamRZ1991, 670 = R 431 a
[112] BGH, FamRZ 1980, 984
[113] überholte Rechtsprechung, vgl. Rn. 583 d
[114] BGH, FamRZ 2003, 741 (744) = R 590 c
[115] BGH FamRZ 2007, 1232 = R 678
[116] A. a. O. S. 1234
[117] BGH, FamRZ 1990, 981 = R 416 c
[118] BGH, FamRZ 2005, 1817; NJW-Spezial 2005, 536
[119] BGH, FamRZ 2007, 882 (884); nicht dagegen beim Kinderzuschlag und beim Kinderfreibetrag
[120] A. a. O.
[121] Hinweis auf BGH FamRZ 1998, 953 = R 527
[122] BGH, a. a. O.
[123] BGH, FamRZ 1987, 36 = R 310; bestätigt BGH, FamRZ 1992, 1045

Dementsprechend wurde in einer neueren Entscheidung[124] der Steuervorteil aus wegen nach § 323 ZPO **nicht zu berücksichtigten Fahrkosten** dem Unterhaltsschuldner belassen.

Anders dagegen verhält es sich, wenn die unterhaltsrechtlich nicht anerkannten einkommensmindernden Umstände **nicht zu einem Abfluss von Geldmitteln** geführt haben, etwa bei **linearer Abschreibung von Gebäuden.**[125] Allerdings hat der BGH in dieser Entscheidung die durch das OLG vorgenommene fiktive Steuerberechnung mit der Begründung bestätigt, dass ohne die Anschaffung der Immobilie die Steuerminderung nicht erfolgt wäre. Auch bei **Sonderabschreibungen**[126] hält der BGH eine fiktive Steuerberechnung nicht für nötig.

Wenn jedoch die Bildung von **Ansparrücklagen** (Rn. 157) unterhaltsrechtlich nicht als abzugsfähig anerkannt wird, muss nach einer späteren Entscheidung eine fiktive Steuerberechnung vorgenommen werden.[127] Es ist diejenige Steuerbelastung – fiktiv – zu berücksichtigen, die ohne die Ansparabschreibungen angefallen wäre. Der BGH begründet dies damit, dass der Zweck der Ansparrücklage weitgehend durchkreuzt würde, wenn die hierdurch erhöhte Liquidität des Unternehmens automatisch eine erhöhte Unterhaltsschuld des Unternehmers zur Folge hätte, da die zusätzlich zur Verfügung stehenden liquiden Mittel gerade nicht in den privaten Konsum fließen sollen, was das letztlich vom Fiskus übernommene Insolvenzrisiko erhöhen würde. Dies gilt aber in gleicher Weise bei der Sonderabschreibung, die ebenso wie die Ansparrücklage die Liquidität des investierenden Unternehmens durch nachgelagerte Besteuerung erhöhen soll (Rn. 156 ff.; 246).

Dass in Fällen der **Wiederheirat des Unterhaltspflichtigen** das für den nachehelichen **583 d** Unterhalt maßgebliche Einkommen mit einer fiktiven Steuerberechnung auf der Basis getrennter Veranlagung ermittelt werden muss, ist seit dem Urteil des Bundesverfassungsgerichts vom 7. 10. 2003[128] nicht mehr umstritten.[129] Unterschiedliche Auffassungen werden zur Frage vertreten, ob die Entscheidung auch in den Fällen gilt, in denen nach der Änderung des Unterhaltsrechts zum 1. 1. 2008 der Anspruch auf nacheheliche Unterhalt und der Unterhaltsanspruch des mit dem Unterhaltsschuldner verheirateten Ehepartners gleichrangig sind (Rn. 592 b).[130] Zu korrigieren ist aber nicht nur der Splittingvorteil sondern auch herauszurechnen, welche Sonderausgaben, außergewöhnliche Belastungen und Kinderfreibeträge[131] dem nicht unterhaltspflichtigen Ehepartner zustehen.

Für die **Berechnung des Unterhalts der Kinder** – gleichgültig aus welcher Ehe – ist jedoch das tatsächliche Einkommen **unter Berücksichtigung des Ehegattensplittings** zugrunde zu legen.[132]

Daran dass das unterhaltsrechtlich maßgebliche Einkommen des Unterhaltspflichtigen **nicht aus der Lohnsteuerklasse V** errechnet werden darf,[133] hat sich nichts geändert. In der Lohnsteuerklasse V wird ein Zuschlag zum tatsächlichen Einkommen versteuert zum Ausgleich dafür, dass der andere Ehepartner mit einer Progression ohne Berücksichtigung des zweiten Einkommens begünstigt wird (Rn. 569).

Wenn in der neuen Ehe beide Ehegatten steuerpflichtige Einkünfte erzielen, darf jedoch auch nicht von der Steuerklasse III ausgegangen werden. Der auf den Unterhaltspflichtigen entfallende Steueranteil ist nicht mehr durch einen Zuschlag – so noch der BGH a. a. O. – sondern wie bei der Ermittlung der unterhaltsrechtlichen Einkünfte nach der

---

[124] BGH, FamRZ 2007, 882, 884 = R 675 a

[125] BGH, FamRZ 2005, 1159 = R 623

[126] BGH, FamRZ 2003, 741 = R 590 c

[127] BGH, FamRZ 2004, 1177

[128] BVerfG, FamRZ 2003, 1821 = R 598

[129] BGH, FamRZ 2005, 1817 = R 632; FamRZ 2007, 882 = R 675; FamRZ 2007, 1232, 1233, = R 678 b

[130] Dafür: Brandtner, FamRZ FamRZ 2007, 2033; Schürmann, FamRZ 2008, 313; dagegen Gerhardt FamRZ 2007, 778, 779; FamRZ 2007, 945, 947; FA-FamR 6. Kap. Rn. 69, Gutdeutsch, FamRZ 2007, 778, 779; FamRZ 2007, 2035

[131] BGH, FamRZ 2007, 983 = R 676 b

[132] BGH, FamRZ 2007, 882 = R 675 b

[133] BGH, FamRZ 1980, 984

Trennung (Rn. 579a) im Verhältnis **fiktiver getrennter Steuerveranlagung** zu ermitteln.[134] Dem nicht unterhaltspflichtigen Ehepartner müssen dabei auch die Steuervergünstigungen aus Werbungskosten, Sonderausgaben, außergewöhnlichen Belastungen und Freibeträgen verbleiben,[135] da er sonst an der Unterhaltsverpflichtung des anderen beteiligt würde.

Beim **Realsplitting** (Rn. 580ff.) wird die Verpflichtung zum Eintrag auf die Lohnsteuerkarte nur hinsichtlich des **bereits festgestellten** oder **vom Schuldner anerkannten Betrags oder Teilbetrags** angenommen (Rn. 570a), jedoch Steuerminderung fiktiv auch dann berücksichtigt, wenn Zahlungen trotz Anerkenntnis oder Verurteilung schuldhaft nicht erbracht worden sind.[136]

583e Eine **fiktive Steuerberechnung beim Unterhaltsberechtigten** wird man vornehmen müssen, wenn dieser den **Vorsorgeunterhalt zweckwidrig verbraucht** und deshalb keine Vorsorgeaufwendungen als Sonderausgabe abziehen kann (Rn. 570a).

3. Bedenken gegenüber dem In-Prinzip als Regel

584 In der Entscheidung zur Ansparrücklage[137] stellt der BGH fest, dass die Ermittlung des unterhaltsrechtlich maßgeblichen Einkommens aus dem Einkommen des Prüfungszeitraums, also das In-Prinzip nicht als Dogma missverstanden werden dürfe. Die Heranziehung der Ergebnisse der Vorjahre erscheine ausnahmsweise nicht gerechtfertigt, wenn sie keinen zuverlässigen Schluss auf die Höhe des laufenden Einkommens zulasse. Wenn man diesen Grundsatz der unterhaltsrechtlichen Berücksichtigung der Steuerbelastung zugrunde legt, ergibt sich folgendes: die Steuerbelastung ist ein Abzugsposten bei der Ermittlung des unterhaltsrechtlich maßgeblichen Einkommens (Rn. 595ff.). Wenn das unterhaltsrechtlich maßgebliche Einkommen aus dem steuerrechtlich maßgeblichen Einkommen ermittelt ist, lässt sich der Umfang der daraus resultieren den Steuerbelastung genau berechnen; ein Rückgriff auf die Steuerbelastung im Prüfungszeitraum ist daher nicht zulässig, wenn die steuerrechtlich relevanten Verhältnisse im Zahlungszeitraum, sei es auf der Ebene der Einkommensermittlung, sei es auf der Ebene der Steuergesetze, von denen im Prüfungszeitraum nennenswert abweichen. In einem solchen Fall muss die Steuerbelastung fiktiv ermittelt werden.

584a Die Betrachtung der BGH-Rechtsprechung zeigt, dass das In-Prinzip nicht der tragende Grund für die jeweilige Entscheidung war. Teils wurde es nur erwähnt, wenn es wegen besonderer Umstände nicht angewandt wurde,[138] teils wurde es nur unterstützend herangezogen. So ist das wesentliche Argument für den BGH in der ausführlich begründeten Entscheidung vom 24. 1. 1990,[139] dass das nach Abzug der Lohnsteuer aus Klasse I verbleibende Nettoeinkommen zum Zeitpunkt der Ehescheidung bereits prägend war. Dann heißt es:

> *„Gleichwohl hat der Senat seine Rechtsprechung auch (Hervorhebung durch Verf.) auf Gründe der Praktikabilität gestützt, weil die Ermittlung eines fiktiven Einkommens unter Ansatz einer anderen als der tatsächlich zugrundegelegten Steuerklasse mit Schwierigkeiten und Unsicherheiten behaftet sein könne.“*

Dass die Argumentation mit der Schwierigkeit fiktiver Steuerberechnung nicht mehr zeitgemäß ist, hat das Bundesverfassungsgericht inzwischen ausdrücklich festgestellt.

> *„Auch im Übrigen ist aber eine etwas schwierigere, jedoch mögliche und durch Technik und Programme unterstützte Berechnung kein hinreichender Grund, Steuervorteile in Abweichung von der gesetzgeberischen Absicht zuzuordnen.“[140]*

---

[134] BGH, FamRZ 2007, 882, 884 = R 675a., zur Regelung ab 1. 1. 2008 siehe Fn. 123
[135] BGH, FamRZ 2007, 983 = R 676
[136] BGH, FamRZ 1990, 504 = R 413; FamRZ 2007, 1232, 1234 = R 678d; FamRZ 2007, 793, 797 = R 674g
[137] BGH, FamRZ 2004, 1177 = R 615
[138] Siehe die Fundstellen für die Entscheidungen unter Rn. 583b bis 583d
[139] BGH, FamRZ 1990, 981 = R 416c (unter II. 4. Abs. 1 der Begründung)
[140] BVerfG a. a. O. Gründe C. II. 1. c) letzter Satz

Bei **Einkünften aus Gewerbebetrieb,** Selbstständiger Arbeit und Land- und Forst- **584 b** wirtschaft oder auch bei Einkünften aus Vermietung oder Verpachtung ist die Abweichung der künftigen Steuerlast von den im Prüfungszeitraum angefallenen Steuern **die Regel,** eine Übereinstimmung wäre der reine Zufall. Die **Festsetzung der Steuervorauszahlung** erfolgt im Allgemeinen auf der Grundlage der Einkünfte, die im letzten Steuerbescheid festgestellt worden waren, und entspricht daher nur selten den tatsächlichen Einkünften. Die endgültige Steuerbelastung wird in den meisten Fällen erst ein bis zwei Jahre nach Ablauf des Veranlagungszeitraums festgesetzt, meistens unter dem Vorbehalt der Nachprüfung (Rn. 211), so dass unter Umständen erst nach weiteren drei bis fünf Jahren nach Abschluss einer Betriebsprüfung (Rn. 212) eine verbindliche Festsetzung vorliegt. Eine Betriebsprüfung führt häufig **zu erheblichen Nachzahlungen** oder selten zu Erstattungen.

Nach der Rechtsprechung des BGH ist das unterhaltsrechtlich relevante Einkommen aus dem Einkommensdurchschnitt der letzten drei Jahre zu ermitteln (Rn. 274), wobei dabei die jeweilige tatsächliche Steuerbelastung zu berücksichtigen ist (Rn. 583 a). Unerheblich ist dabei bei strikter Anwendung des In-Prinzips, ob die Steuerbelastung den tatsächlichen Einkünften entspricht und ob geflossene Steuerzahlungen und Steuererstattungen überhaupt im Bezug zum Einkommen des Jahres stehen.

Beispiel:
U erteilt zur Ermittlung seines unterhaltsrechtlich maßgeblichen Einkommens Auskunft für die Wirtschaftsjahre 03 bis 05. In den Jahren 03 und 04 hat er neben den Steuervorauszahlungen für das jeweils laufende Jahr auf Grund von Steuerbescheiden für 01 und 02 insgesamt 12 000 € nachgezahlt. In Jahr 04 und 05 hat er Vorauszahlungen in Höhe von jeweils 30 000 € pro Jahr geleistet. In 04 kam dazu eine Nachzahlung von 20 000 € auf Grund der Betriebsprüfung für die Jahre 00 bis 02. Aufgrund der Steuerveranlagung für 04 ergibt sich eine Steuererstattung von 10 000 €, in 06 ergibt sich für 05 eine Erstattung von 5000 €.

U hat im Prüfungszeitraum neben den Steuern für 02 und 03, die mit dem sich für die beiden Jahr ergebenden Betrag bis 05 abgewickelt waren, folgende Einkommensteuern gezahlt:

Nachzahlung für 02 und 03	12 000 €
Vorauszahlungen für 04 und 05	60 000 €
Nachzahlung für 00 bis 02	20 000 €
insgesamt	92 000 €

Davon entfallen 32 000 € auf Einkünfte vor 03, die nicht in die unterhaltsrechtliche Einkommensermittlung eingehen. Von den Vorauszahlungen in 04 und 05 für die laufenden Jahre erhält er nach dem Prüfungszeitraum insgesamt 15 000 € zurück. Im Ergebnis werden also 47 000 € mehr an Steuern einkommensmindernd berücksichtigt, als auf das maßgebliche Einkommen entfallen.

Bei anderen Konstellationen ergeben sich zu geringe Steuerabzüge. Dass sich die im Prüfungszeitraum für die vorangegangene Zeit realisierten Steuern mit denen aufheben, die für den Prüfungszeitraum erst nach dessen Ablauf zu- oder abfließen, ist kaum jemals der Fall.

Das **In-Prinzip** ist deshalb vor allem insoweit **seit Jahren in der Kritik,** als es auch bei **584 c** der Einkommensermittlung von Gewerbetreibenden und Selbstständigen angewandt wird. Die unterschiedlichen Alternativen zum strengen In-Prinzip des BGH bei der Berücksichtigung der Einkommensteuer bei der Ermittlung des unterhaltsrechtlich relevanten Einkommens sind[141]
- das Für-Prinzip unter Berücksichtigung der veranlagten Steuern,
- das Für-Prinzip mit vollständiger fiktiver Steuerberechnung und
- das Für-Prinzip mit partieller fiktiver Steuerberechnung.

---

[141] Zitiert nach Maier, Das unterhaltsrechtliche Einkommen von Selbstständigen 1996, S. 368 ff.; vgl. auch Fischer-Winkelmann/Maier FamRZ 1993/880 und 1995, 79; Blaese FamRZ 1994, 216; Kleffmann FuR 1994, 159; Strohal Rn. 316 ff.

Das **Für-Prinzip** unter Berücksichtigung der veranlagten Steuern[142] bedeutet, dass statt der tatsächlich im Prüfungszeitraum gezahlten und erstatteten Steuern die vom Finanzamt **für den Prüfungszeitraum veranlagten Steuern** ohne Korrekturen in Ansatz gebracht werden. Beim Für-Prinzip mit vollständiger fiktiver Steuerberechnung werden zunächst **alle unterhaltsrechtlich relevanten Korrekturen** am steuerlichen Einkommen vorgenommen und aus diesem sodann fiktiv die Einkommensteuer errechnet. Dies steht der differenzierten Auffassung zur Berücksichtigung steuerlicher Auswirkungen von unterhaltsrechtlich nicht anerkannten Posten in der steuerlichen Gewinnermittlung entgegen.[143] Der **BGH** wendet daher inzwischen in Einzelfällen das Für-Prinzip mit partieller fiktiver Steuerberechnung an (Rn. 583 c). Danach werden die veranlagten Steuern nur korrigiert, soweit die Einkommenskorrektur auf Grund tatsächlicher, aber unterhaltsrechtlich nicht anerkannter Einkommensveränderungen erfolgt.

Es wäre wünschenswert, das In-Prinzip generell bei der Ermittlung des unterhaltsrechtlich maßgeblichen Einkommens als ungeeignet aufzugeben.[144]

584 d Dabei sollte jedoch **nicht für jedes Jahr** des Prüfungszeitraums die **fiktive Steuerbelastung** ermittelt werden. Die für Gewerbetreibende und Selbstständige auf der Basis der Vorjahreseinkünfte erstellte Prognose für das im Unterhaltszeitraum maßgebliche Einkommen ist noch weniger zuverlässig ist als beim Nichtselbstständigen. Daher bringt auch die Ermittlung der auf die Einkünfte in den einzelnen Kalenderjahren des Prüfungszeitraums entfallende Einkommensteuer keine größere Genauigkeit. Gemessen an den Unsicherheiten der Einkommensprognose ist die Auswirkung der jeweiligen Steuerprogression minimal.

Es ist daher sachgerecht, die Steuerbelastung aus dem unterhaltsrechtlich maßgeblichen Bruttoeinkommen, also dem **Mehrjahresmittel,** nach den für den Unterhaltszeitraum gültigen Sätzen berechnen. Dies macht es überflüssig, für die Ermittlung des unterhaltsrechtlich maßgeblichen Einkommens drei Steuerberechnungen vorzunehmen.

Beispiel:
Das Einkommen des U wird wie folgt ermittelt:

für 01 mit	39 000 €
für 02 mit	54 000 €
für 03 mit	48 000 €

Es wird der Vereinfachung halber unterstellt, dass das unterhaltsrechtlich maßgebliche und das zu versteuernde Einkommen identisch sind.

Das unterhaltsrechtlich relevante Durchschnittseinkommen im Prüfungszeitraum beträgt 47 000 €. Dies wird prognostisch als fiktives Einkommen für die Zukunft unterstellt, weil das tatsächliche Einkommen nicht vorhersehbar ist (Rn. 582). Welche Einkommensteuer bei diesem Einkommen zu zahlen wäre, lässt sich aber anhand des EStG zweifelsfrei berechnen: es sind nach der Grundtabelle 11 866 €.

Bei fiktiver Ermittlung der Einkommensteuern für die einzelnen Jahre des Prüfungszeitraums ergäben sich:

• für 01	8861 €
• für 02	14 766 €
• für 03	12 285 €

im Mittel also 11 971 und damit keine 3 € pro Monat mehr als bei der Berechnung der Einkommensteuer aus dem fiktiven Durchschnittseinkommen. Angesichts der Ungewissheit der Einkommensermittlung ist die Differenz marginal.

Wenn man die dogmatische Überlegung nicht akzeptiert, rechtfertigt sich die Berechnungsmethode aus Praktikabilitätsgründen, die der BGH ja selbst als rechtfertigenden Grund ansieht (Rn. 584).

584 e Auch bei **Einkünften aus nichtselbstständiger Arbeit** hat der BGH inzwischen wiederholt die fiktive Steuerberechnung zugelassen (Rn. 583 b). Grundsätzlich sollen jedoch

---

[142] So bereits OLG Frankfurt FamRZ 1989, 1300; 3. Senat OLG Brandenburg, Leitlinien 1.7 bzw. OLG Düsseldorf, Leitlinien 10.1 wenden bei Selbstständigen das Für-Prinzip an
[143] Vgl. BGH, FamRZ 2003, 741 und 1987, 36
[144] Siehe auch FA-FamR/Gerhardt, 2008, 6. Kapitel Rn. 67 für Einkünfte von Selbständigen

nach wie vor die tatsächlichen, **durch Steuerbescheid oder Lohnabrechnung nachgewiesenen Nettoeinkünfte** für das unterhaltsrechtlich maßgebliche Einkommen herangezogen werden.[145]

Im Gegensatz zu den Steuervorauszahlungen bei Selbständigen errechnet sich die vom Arbeitgeber in Abzug gebrachte **Lohnsteuer aus den tatsächlich bezogenen Einkünften.** Auch bei Einkünften aus nichtselbständiger Arbeit gibt es jedoch viele Konstellationen, in den die **Besteuerung im Prüfungszeitraum für den Zahlungszeitraum nicht repräsentativ** und eine zuverlässige Prognose für das zu versteuernde Einkommen im Zahlungszeitraum möglich ist, z. B.:

- Im Prüfungszeitraum waren die Eheleute noch zusammen veranlagt, im Zahlungszeitraum ist die Einzelveranlagung vorgeschrieben.
- Maßgeblich ist das nach dem Ehegattensplitting zu ermittelnde Einkommen eines Wiederverheirateten; es ist noch keine Steuerveranlagung erfolgt, die Lohnsteuer wurde nach Steuerklasse III oder V berechnet.[146]
- Im Prüfungszeitraum ergingen ausnahmsweise Steuerbescheide für mehrere Jahre oder gar keiner.
- Im Prüfungszeitraum waren noch keine Steuerfreibeträge auf der Lohnsteuerkarte eingetragen.
- Im Prüfungszeitraum waren die Möglichkeiten der Eintragung in die Lohnsteuerkarte ausgeschöpft, die Steuerermäßigung aber zugleich noch für das Vorjahr im Rahmen der Steuerveranlagung vergütet worden.
- Im Zahlungszeitraum ergeben sich aus anderen Gründen – vgl. Steuersenkungen 2004/2005 oder Kappung der Entfernungspauschale 2007 – wesentliche Veränderungen des Steuerbelastung.
- Werbungskosten, Sonderausgaben oder außergewöhnliche Belastungen ändern sich, z. B. durch Einzahlungen für eine Riesterrente, Änderung der Entfernungspauschale durch Wechsel des Arbeitsplatzes oder der Wohnung, Wegfall oder Entstehen von Unterhaltspflichten, die nach § 33 a EStG abzugsfähig sind.

Bei Zusammenveranlagung eines Unterhaltsbeteiligten mit seinem Ehepartner muss selbst dann in der Regel eine fiktive Steuerberechnung vorgenommen werden, wenn es bei der Zusammenveranlagung bleibt, weil der Anteil des unterhaltsbeteiligten Ehepartners am gesamten Nettoeinkommen im Verhältnis fiktiver getrennter Veranlagung erfolgen muss (Rn. 583 d). Insbesondere in der Zeit der Änderung der steuerlichen Verhältnisse infolge von Trennung und Scheidung ist daher das In-Prinzip auch bei Einkünften aus nichtselbständiger Tätigkeit die Ausnahme, die fiktive Steuerberechnung die Regel.

Fazit: Der BGH hat mit seiner Rechtsprechung zu den Fällen fiktiver Steuerberechnung **584 f** praktikable Grundsätze aufgestellt, die anders als die Anwendung des In-Prinzips zu einem realistischen und gerechten Ansatz der steuerbedingten Einkommenskürzung führen. Diese Grundsätze sollten allgemein und nicht nur in Ausnahmefällen der Maßstab für die Ermittlung der unterhaltsrechtlich maßgeblichen Steuerbelastung sein. Das In-Prinzip kann nach wie vor bei Einkünften aus nichtselbständiger Tätigkeit als Vereinfachung gelten, wenn – abgesehen von den Umbrüchen in der Trennungs- und Scheidungsphase – die Einkommens- und damit auch die Einkommensteuerverhältnisse nur geringen Veränderungen unterliegen (siehe Rn. 584 b).

4. Hinweise zur fiktiven Steuerberechnung[147]

Um die unterhaltsrechtlich maßgebliche Steuerbelastung festzustellen, ist die Auswirkung **585** der unterhaltsrechtlich erforderlichen Korrekturen auf das zu versteuernde Einkommen zu

---

[145] BGH FamRZ 2007, 1232 = R 678 b

[146] Bei der Besteuerung von Ehegatten mit Lohnsteuerklassenkombination III und V ergibt weder beim einen noch beim anderen den maßgeblichen Steueranteil; der Ehepartner mit der Steuerklasse V zahlt einen erheblichen Teil der auf das Einkommen des andreren entfallenden Steuer (Rn. 578 c)

[147] Siehe auch Rn. 579 a zu fiktiver getrennter Veranlagung

ermitteln. Die Änderungen greifen bei der Ermittlung des zu versteuernden Einkommens[148] zwar an unterschiedlicher Stelle ein, wirken sich aber immer auf das zu versteuernde Einkommen aus.

Beispiel:
Laut dem für die Einkommensberechnung maßgeblichen letzten Steuerbescheid hat M ein zu versteuerndes Einkommen von 29 000 €.
Im Steuerbescheid sind Verluste in Höhe von 8000 € berücksichtigt, die aus einem unterhaltsrechtlich nicht anerkannten Bauherrenmodell resultieren.

Das unterhaltsrechtliche Einkommen wird wegen nicht anerkannter tatsächlich entstandener Einkommensminderungen um 8000 € erhöht. Wenn kein Steuerberechungsprogramm zur Verfügung steht und kein Gutachten eingeholt werden soll, kann die fiktive Steuerberechnung mit dem Abgabenrechner des Bundesfinanzministeriums[149] vorgenommen werden.

585 a

		Fiktiver Ansatz:
Einkünfte aus selbständiger Arbeit	45 000 €	
Einkünfte aus Vermietung und Verpachtung	− 8000 €	
Summe der Einkünfte	*37 000 €*	
Entlastungsbeträge	0 €	
Gesamtbetrag der Einkünfte	*37 000 €*	
Sonderausgaben	6000 €	
außergewöhnliche Belastungen	2000 €	
Einkommen	*29 000 €*	*Fiktiver Ansatz:*
Kinderfreibetrag	0 €	
zu versteuerndes Einkommen	*29 000 €*	*37 000 €*
Einkommensteuer	**5491 €**	**8150 €**
Solidaritätszuschlag	302 €	448 €
Kirchensteuer	439 €	652 €
	6232 €	**9250 €**

Wenn im Steuerbescheid **Kinderfreibeträge** berücksichtigt sind, erfolgt im Steuerbescheid die **Günstigerprüfung** (Rn. 569 a): wenn das Kindergeld höher ist als der Steuervorteil aus dem Kinderfreibetrag, errechnet sich der Solidaritätszuschlag und die Kirchensteuer aus dem um den Kinderfreibetrag gekürzten zu versteuernden Einkommen, die Einkommensteuer jedoch aus dem Einkommen:

		Fiktiver Ansatz:
Einkünfte aus selbständiger Arbeit	45 000 €	
Einkünfte aus Vermietung	− 8000 €	
Summe der Einkünfte	*37 000 €*	
Entlastungsbeträge	0 €	
Gesamtbetrag der Einkünfte	*37 000 €*	
Sonderausgaben	6000 €	
außergewöhnliche Belastungen	2000 €	
Einkommen	*29 000 €*	*Fiktiver Ansatz:*
Kinderfreibetrag	2904 €	
zu versteuerndes Einkommen	*26 096 €*	*34 096 €*
Einkommensteuer	**4598 €**	**7151 €**
Solidaritätszuschlag	253 €	393 €
Kirchensteuer	368 €	572 €
zuzurechnendes Kindergeld	0 €	924 €
	5219 €	**8116 €**

---

[148] Siehe dazu Rn. 563 a
[149] Https://www.abgabenrechner.de/ekst/index.jsp

Beim tatsächlichen zu versteuernden Einkommen beträgt die Steuervergünstigung durch den Kinderfreibetrag 5491 € – 4598 € = 893 € gegenüber dem hälftigen Kindergeld von 924 €. Es bleibt nach der Günstigerprüfung also beim Kindergeld. Die Steuer errechnet sich aus dem Einkommen. Solidaritätszuschlag und Kirchensteuer errechnen sich aber aus dem zu versteuernden Einkommen (Rn. 563 a), da sie Annexsteuer zur zu zahlenden Einkommensteuer sind. Bei der Erhöhung des zu versteuernden Einkommens um die nicht anerkannten Verluste ergibt sich durch die höhere Steuerprogression ein Steuervorteil durch den Kinderfreibetrag in Höhe von 8150 € – 7151 € = 999 €. Der Steuervorteil ist höher als das hälftige Kindergeld, auch die Einkommensteuer wird aus dem zu versteuernden Einkommen berechnet, das Kindergeld wird zugerechnet.

Sind in die Unterhaltsberechnung Personen einbezogen, die mit einem neuen Ehepartner **585 b** zusammen veranlagt werden, ist folgendes zu beachten: Im Steuerbescheid sind alle Posten zusammengefasst, die den Gesamtbetrag der Einkünfte mindern – u. a. Sonderausgaben und außergewöhnliche Belastungen (Rn. 563 a). Wird für einen Beteiligten das Einkommen ermittelt, müssen diese Posten aufgeteilt werden. Wegen der Berechnung der Steuerbelastung auf der Basis fiktiver getrennter Veranlagung wird auf die Berechnungen bei Rn. 579 a verwiesen.

VIII. Steuerfragen bei Unterhalt, Zugewinn und Vermögen

1. Doppelberücksichtigung von Steuerschulden und Forderungen

Nach Nr. 10 Nr. 1 der unterhaltsrechtlichen Leitlinien sind die Steuern bei der Ermitt- **586** lung des unterhaltsrechtlichen Einkommens vom Bruttoeinkommen abzuziehen. Nach dem zwar häufig durchbrochenen aber noch nicht revidierten Grundsatz der BGH-Rechtsprechung sind Steuernachzahlungen oder -erstattungen zum Zeitpunkt des Zuflusses oder Abflusses auch bei der Ermittlung des unterhaltsrechtlich maßgeblichen Einkommens zu berücksichtigen.

Beispiel:
M und F leben seit mehreren Jahren getrennt und werden auch einzeln zur Einkommensteuer veranlagt. Anfang Januar 04 wird der Scheidungsantrag zugestellt. F macht nachehelichen Unterhalt geltend und verlangt Auskunft über das Einkommen des M im Jahr 03. In diesem Jahr hatte der nichtselbständig tätige M ausweislich der Jahresverdienstbescheinigung ein Nettoeinkommen von 30 000 €. In 03 hat er die Steuerbescheide für die beiden vorangegangenen Jahre 01 und 02 erhalten. Es werden jeweils ca. 2000 € erstattet. Eine Erstattung in dieser Höhe fiel regelmäßig auch in früheren Jahren an und ist auch bei der letztmaligen Unterhaltsfestsetzung in die Unterhaltsberechnung eingegangen.

Bei strenger Anwendung des In-Prinzips (Rn. 583) müssten für den Unterhalt 04 2 × 2000 € zusätzliches Einkommen zugerechnet werden. Andererseits sind Ansprüche aus dem Steuerverhältnis Vermögensgegenstände die bei der Ermittlung des Zugewinns zu berücksichtigen sind.[150] Aufgrund des **Verbots der Doppelberücksichtigung**[151] **von Vermögen im Unterhalt und beim Zugewinn** sind die Ansprüche auf Steuererstattungen nicht ins Endvermögen einzustellen, soweit sie bei der Ermittlung des Unterhalts berücksichtigt worden sind. Ob dies auch gilt, wenn es sich um Steuernachzahlungen, also Schulden handelt, ist umstritten und höchstrichterlich noch nicht entschieden.

2. Steuerprobleme bei der Übertragung von Einkommensquellen

Bei hohen Unterhaltsverpflichtungen kommt es zur **Überschreitung des** steuerlich **587** abzugsfähigen **Höchstbetrags** von 13 805 €; der Mehrbetrag muss dann aus versteuertem Einkommen aufgebracht werden. In manchen Fällen besteht auch das Interesse an einer

---

[150] BGH, FamRZ 2006, 1178 = R 655
[151] BGH, FamRZ 2004, 1352

Vermeidung langwieriger Unterhaltspflichten. Durch Kapitalisierung der Unterhaltsverpflichtung lassen sich nur geringe Steuervorteile erzielen, da eine Steuerminderung durch Realsplitting (Rn. 580 ff.) auch bei Unterhaltsabfindungen auf den Jahresbetrag von 13 805 € begrenzt ist und ein Abzug als außergewöhnliche Belastung (Rn. 581) an der fehlenden Zwangsläufigkeit scheitert.

587 a   Durch eine **Übertragung von ertragbringendem Vermögen** auf den unterhaltsberechtigten Ehepartner gehen steuerbare Einkünfte des Unterhaltspflichtigen auf den Unterhaltsberechtigten über und kompensieren oder mindern dessen Unterhaltsbedarf. Zu beachten ist aber, dass solche Maßnahmen **erhebliche Belastungen mit Einkommensteuer, Gewerbesteuer und Umsatzsteuer** auslösen können. Dies gilt immer dann, wenn der übertragene Gegenstand zu einem **Betriebsvermögen** gehört oder es sich um ein **Veräußerungsgeschäft nach § 23 I EStG** handelt.

> **Beispiel:**
> M ist zum nachehelichen Unterhalt in Höhe von 1000 € monatlich verpflichtet. Außerdem hat er Zugewinnausgleich in Höhe von 150 000 € zu leisten. Zu seinem Vermögen gehört eine vermietete Eigentumswohnung im gleichen Wert. Die daraus nach Abzug der Kosten erzielten Mieten von monatlich 500 € sind beim Einkommen des M berücksichtigt. Den Kaufpreis der Eigentumswohnung mit umgerechnet 120 000 € hatte M bei den Einkünften aus Vermietung gemäß § 7 V Nr. 3 c) EStG acht Jahre lang mit 4% abgeschrieben. Der steuerliche Wert der Eigentumswohnung beträgt aktuell 81 600 €
>
> Wenn M in Anrechnung auf den Zugewinnausgleich die Wohnung überträgt, mindern sich seine Einkünfte um 6000 € im Jahr, die der F erhöhen sich um denselben Betrag. Entsprechend vermindert sich bei M das zu versteuernde Einkommen zu Lasten der F. Wenn zwischen Anschaffung der Wohnung und der Übertragung auf F nicht mehr als zehn Jahre vergangen sind, ist der Unterschiedsbetrag zwischen dem Verkehrswert zum Zeitpunkt der Übertragung und dem steuerlichen Wert („Buchwert") nach § 23 I EStG einkommensteuerpflichtig. Im Beispielsfall – Veräußerung nach acht Jahren – müsste M 68 400 € versteuern.
>
> Bei anderen Wirtschaftsgütern, insbesondere bei Wertpapieren beträgt die Frist ein Jahr.

587 b   Gehört der übertragene Vermögensgegenstand zu einem **Betriebsvermögen** (Rn. 175), so führt **jede Veräußerung** (= entgeltliche Übertragung) zur **Besteuerung** des Differenzbetrags (sogenannte **„Stille Reserve"**). **Das gilt auch für Schenkungen,** da hier eine Entnahme unterstellt wird, die wie eine entgeltliche Veräußerung zu versteuern ist. Außer der Einkommensteuer mit Solidaritätszuschlag fällt auch **Gewerbesteuer** und – wenn nicht wie etwa bei Immobilien ein Befreiungstatbestand vorliegt – auch **Umsatzsteuer** an.

13. Abschnitt: Berechnung des bereinigten Nettoeinkommens durch unterhaltsrechtlich relevante Abzüge

I. Überblick zu den relevanten Abzügen

1. Das bereinigte Nettoeinkommen

588   Wie bereits erörtert (s. Rn. 10), ist für die Unterhaltsberechnung nur der Teil des Einkommens zugrunde zu legen, der zur Deckung des laufenden Lebensbedarfs zur Verfügung steht und bisher dafür eingesetzt wurde bzw. bei Anlegung eines objektiven Maßstabs dafür eingesetzt werden könnte.[1] Es ist dies das sog. **bereinigte Nettoeinkommen.**[2]

Dieses bereinigte Nettoeinkommen wird berechnet, indem von den Bruttoeinkünften aus allen bisher erörterten Einkunftsarten abgezogen wird, was für andere Zwecke als den

---

[1] BGH, FamRZ 1997, 806 = R 512 b; FamRZ 1986, 780 = R 301 a; FamRZ 1985, 471 = R 252 b; FamRZ 1985, 357 = R 243 b
[2] BGH, FamRZ 1985, 471 = R 252 b

laufenden Lebensbedarf verwendet werden muss und deshalb unterhaltsrechtlich als zulässiger Abzugsposten anerkannt werden kann.[3]

Auch nach der gemeinsamen Leitlinienstruktur der Oberlandesgerichte ist Grundlage der Unterhaltsberechnung das bereinigte Nettoeinkommen, d. h. das Bruttoeinkommen abzüglich Steuern und Aufwendungen für Altersvorsorge, Arbeitslosen- und Krankenversicherung, wovon im Einzelfall noch weitere Abzüge wie insbesondere berufsbedingte Aufwendungen, Kinderbetreuungskosten, berücksichtigungswürdige Schulden, Unterhaltslasten vorzunehmen sind (jeweils Nr. 10).[4] Der Unterhalt geht also nicht allen sonstigen Ausgaben der Beteiligten vor.

Bei der Bildung des bereinigten Nettoeinkommens ist im Einzelfall zu differenzieren, ob **588a** es sich um Verwandten- oder Ehegattenunterhalt handelt. Beim **Verwandtenunterhalt** sind stets die aktuellen Einkünfte und die berücksichtigungsfähigen aktuellen Abzugsposten anzusetzen. Beim **Ehegattenunterhalt** war bisher zu unterscheiden, ob es um den Bedarf oder die Bedürftigkeit/Leistungsfähigkeit geht.[5] Für den **Bedarf** waren nur die **eheprägenden Abzugsposten** berücksichtigungsfähig. Wegen der geänderten Rechtsprechung des BGH zu den ehelichen Lebensverhältnissen und einem stärkeren Abstellen auf die tatsächlichen Gegebenheiten passt aber inzwischen bei den Abzugsposten der Begriff der Prägung nicht mehr (eingehend Rn. 4/185 ff.).[6] Er entspricht vielmehr wie beim Verwandtenunterhalt der **Berücksichtigungswürdigkeit.**[7] Berücksichtigungswürdig sind bei der Steuer, den Vorsorgeaufwendungen, den berufsbedingten Aufwendungen und den Kinderbetreuungskosten alle tatsächlichen Ausgaben[8] (Ausnahme: Steuervorteil des Pflichtigen bei Wiederverheiratung und Vorrang des ersten Ehegatten), wegen der geänderten Rangordnung alle vorrangigen Unterhaltspflichten unabhängig vom Zeitpunkt der Entstehung[9] sowie alle bis zur Scheidung entstandenen nachrangigen Unterhaltslasten, soweit beim Bedürftigen kein Mangelfall vorliegt (näher Rn. 656), ferner alle berücksichtigungswürdigen Schulden, d. h. alle bis zur Trennung entstandenen oder erst nach der Trennung nicht leichtfertig aufgenommenen neuen Verbindlichkeiten.[10] Der BGH begründet diese mehr an der Realität orientierte Rechtsprechung damit, dass der Bedürftige nach der Trennung/Scheidung nicht nur an einer voraussehbaren Einkommenserhöhung des Pflichtigen, sondern auch an einer nicht vorwerfbaren Einkommensminderung teilnimmt.[11] Einkommensminderungen können dabei sowohl durch einen Einkommensrückgang, z. B. durch Arbeitslosigkeit oder Verrentung, als auch durch nicht vorwerfbare höhere Ausgaben eintreten.[12] Die stärkere Berücksichtigung der tatsächlichen Gegebenheiten hat bei Ausgaben zur einseitigen Vermögensbildung nach BGH ferner zur Folge, dass Tilgungen zur einseitigen Vermögensbildung ab Rechtshängigkeit des Scheidungsverfahrens als Stichtag für den Zugewinnausgleich dem Unterhalt nicht mehr vorgehen, auch wenn sie bereits in der Ehe anfielen (Ausnahme zulässige Altersvorsorge, vgl. Rn. 597b, 598a).[13] Die geänderte Rechtsprechung des BGH zur Prägung, d. h. zur Berücksichtigungswürdigkeit von unterhaltsrechtlich relevaten Ausgabenpositionen ist eine konsequente Fortentwicklung der Surrogatslösung und sehr zu begrüßen, weil sie mehr auf die tatsächlichen Gegebenheiten abstellt und damit

---

[3] BGH, FamRZ 1985, 357 = R 243b

[4] SüdL, BL, BraL, BrauL, BrL, CL, DL, DrL, FL, HaL, HL, KL, KoL, NaL, OL, RL, SchL, TL jeweils Nr. 10

[5] Vgl. SüdL, BL, BrL, CL, DrL, HaL, KL, NaL, RL, SchL jeweils vor 1

[6] BGH FamRZ 2008, 968 = R 689g; FamRZ 2007, 793 = R 674a, b; FamRZ 2006, 683 = R 649f, g, h

[7] Gerhardt FamRZ 2007, 945

[8] Vgl. z. B. BGH FamRZ 2007, 793 = R 674b, f; FamRZ 2006, 387 = R 643e; FamRZ 1990, 499; FamRZ1 990, 979; FamRZ 1991, 340; FamRZ 1991, 670

[9] BGH FamRZ 2006, 683 = R 649g; FamRZ 2007, 793 = R 674a

[10] BGH FamRZ 2008, 968 = R 689g; Gerhardt FamRZ 2007, 945

[11] BGH FamRZ 2006, 683 = R 649f, g, h; FamRZ 2007, 793 = R 674a; FamRZ 2008, 968 = R 689g

[12] BGH FamRZ 2006, 683 = R 649; 2007, 793 = R 674a; FamRZ 2008, 968 = R 689g

[13] BGH FamRZ 2007, 879 = R 677d; FamRZ 2008, 963 = R 692d, e, f; vgl. auch Gerhardt FuR 2007, 393

verständlicher ist (vgl. näher Rn. 4/185 ff). Dadurch kommt es im Gegensatz zur früheren Fallrechtsprechung auch wieder zu einer einheitlichen Behandlung der Abzugsposten beim Ehegattenunterhalt. Denn bei den Steuern, den Vorsorgeaufwendungen, den berufsbedingten Aufwendungen und den Kinderbetreuungskosten hatte der BGH schon immer auf die tatsächlichen Belastungen abgestellt, nur bei den Schulden und bei Unterhaltslasten differenzierter, wann sie entstanden.[14]

Der Begriff Berücksichtigungswürdigkeit kann beim Verwandten- und Ehegattenunterhalt unterschiedlich ausgelegt werden, auch innerhalb des Verwandtenunterhalts, z. B. bei minderjährigen Kindern oder beim Elternunterhalt.

2. Die Abzugsposten im Einzelnen:

589   – Lohn- oder Einkommensteuer und Kirchensteuer.
– Vorsorgeaufwendungen für Krankheit, Invalidität, Alter und Arbeitslosigkeit.
– Berufsbedingte Aufwendungen, Werbungskosten oder Betriebsausgaben.
– Kinderbetreuungskosten und Betreuungsbonus
– Im konkreten Einzelfall Aufwendungen für einen berechtigten Mehrbedarf wegen Krankheit, Behinderung oder Alter.
– Berücksichtigungswürdige Schulden.

Beim Ehegattenunterhalt und beim **sonstigen Verwandtenunterhalt** (ohne Kindesunterhalt Minderjähriger) außerdem
– Unterhaltsleistungen für Kinder und sonstige berücksichtigungswürdige Unterhaltspflichten sowie berücksichtigungswürdige Aufwendungen des Verpflichteten für die Vermögensbildung.

590   **Nicht abziehbar** sind die Kosten des laufenden Lebensbedarfs wie Miete, Haushaltsgeld usw. Die Lebenshaltungskosten sind im eigenen Unterhalt, dem sog. Selbstbehalt enthalten. Kein Abzugsposten ist beim Ehegattenunterhalt ferner der sog. Erwerbstätigenbonus. Er ist nur bei der Quotierung zu berücksichtigen und kürzt dann bei der Unterhaltsberechnung das bereinigte Nettoeinkommen (vgl. näher Rn. 4/377).

II. Abzug von Steuern

1. Abzug der tatsächlich angefallenen Steuern

591   Abziehbar sind die Einkommensteuer bzw. Lohnsteuer, der Solidaritätszuschlag und die Kirchensteuer, und zwar grundsätzlich in der Höhe, in der sie in dem maßgeblichen Kalenderjahr entrichtet wurden (sog. In-Prinzip, vgl. näher Rn. 583 ff.).[15] Dies gilt auch bei einem Wechsel der Steuerklasse von III in I und umgekehrt bzw. von gemeinsamer in getrennter Veranlagung. Eine Ausnahme besteht beim Ehegattenunterhalt bei Wiederverheiratung des Pflichtigen (s. unten Rn. 592). Da es auf die tatsächlichen Verhältnisse ankommt, ist beim Ehegattenunterhalt eine erst nach der Scheidung entstandene **neue Steuer prägend**, z. B. eine durch Wiedereintritt in die Kirche entstandene Kirchensteuer.[16]

591 a   **Steuererstattungen** erhöhen nach ständiger Rechtsprechung des BGH das Einkommen im Jahr des Anfalls, **Steuernachzahlungen** mindern es.[17] Soweit wegen verzögerter Abgabe der Steuererklärung oder aus anderen Gründen in einem Jahr zwei Steuererstattungen anfielen, im Vorjahr dagegen keine, können diese im Einzelfall auf beide Jahre verteilt werden, um Einkommensverzerrungen zu vermeiden. Entfallen bisherige Steuerfreibeträge,

---

[14] Gerhardt FamRZ 2007, 945
[15] BGH FamRZ 2007, 793 = R 674 b, f; FamRZ 1991, 670 = R 431 a; FamRZ 1991, 304 = R 425; FamRZ 1990, 503 = R 413; FamRZ 1990, 499 = R 407 c
[16] BGH, FamRZ 2007, 793 = R 674 b
[17] BGH, FamRZ 1980, 984

kann für die Prognoseentscheidung des künftig zu zahlenden Unterhalts eine darauf beruhende Steuererstattung nicht mehr angesetzt werden.

Ändert sich nach der Trennung der Eheleute die **Lohnsteuerklasse**, z. B. von III in I **591 b** (vgl. § 38 b EStG), ist entgegen der früheren Rechtsprechung des BGH eine **fiktive Berechnung** anhand der aktuellen Steuerklasse durchzuführen, da der Unterhalt aus dem künftigen tatsächlichen Einkommen zu leisten ist (vgl. näher unten Rn. 593 c).

Ist eine **fiktive Steuerberechnung** durchzuführen (vgl. unten Rn. 593 und Rn. 585), gilt **591 c** das sog. Für-Prinzip. Denn eine fiktive Steuerberechnung richtet sich stets nach der Steuerlast, die sich bei Ansatz des für die Unterhaltsberechnung relevanten Einkommen ergibt.

Um beim Ansatz der tatsächlichen Steuerlast ein möglichst reales Einkommen ermitteln **591 d** zu können, besteht für Lohnsteuerpflichtige die Obliegenheit, alle gesetzlichen Möglichkeiten zur Steuerentlastung durchzuführen.[18] Dies wird durch die **Eintragung von Freibeträgen auf der Lohnsteuerkarte** erreicht (vgl. näher Rn. 570). Letzteres gilt insbesondere für Freibeträge bei Fahrtkosten (näher Rn. 568 a, auch zur Höhe). Zur Abgrenzung der Fahrtkosten eines Leiharbeiters mit unterschiedlichen Einsatzorten und doppelter Haushaltsführung vgl. Rn. 568, 604 a. Die Höhe des Freibetrags muss aber zweifelsfrei feststehen. Dies ist vor allem beim Realsplitting zu beachten (s. unten Rn. 594 a).

2. Wiederverheiratung des Pflichtigen

Beim Ehegattenunterhalt hat der **Steuervorteil bei Wiederverheiratung** des Pflichtigen nach einem Beschluss des BVerfG vom 7. 10. 2003 bei Vorrang des ersten Ehegatten der **592** neuen Ehe zu verbleiben.[19] Das BVerfG hat die frühere anderweitige Rechtsprechung des BGH, diesen Steuervorteil für die Unterhaltsberechnung eines nach § 1582 BGB a. F. vorrangigen ersten Ehegatten heranzuziehen und das Ergebnis nur über § 1579 Nr. 7 BGB a. F. (= § 1579 Nr. 8 BGB n. F.) zu korrigieren, wenn die zweite Ehe wegen beengter Verhältnisse auf den Splittingvorteil angewiesen war,[20] wegen Verstoßes gegen Art. 6 GG für verfassungswidrig erklärt. Der BGH hat zwischenzeitlich diese Rechtsprechung übernommen und dargelegt, dass in diesen Fällen eine **fiktive Berechnung** entsprechend einer getrennten Veranlagung des Pflichtigen unter Berücksichtigung des Realsplittingvorteils durchzuführen ist.[21] Auswirkungen hat dies im Ergebnis aber nur, wenn der neue Ehegatte kein oder nur ein geringes Einkommen nach Steuerklasse V hat, da ansonsten Steuerklasse I und IV identisch sind.

Beim **Kindesunterhalt** und sonstigem Verwandtenunterhalt gilt die Entscheidung des **592 a** BVerfG nicht. Insoweit ist stets das tatsächlich vorhandene Einkommen und damit auch die tatsächlich gegebene Steuerlast einschließlich aller Steuervorteile anzusetzen.[22] Auch den Kindern aus der ersten Ehe kommt damit der Steuervorteil durch Wiederverheiratung einschließlich des Realsplittingvorteils zugute.[23]

Auf nach § 1609 Nr. 2 BGB **gleichrangige Ehegatten** ist die Rechtsprechung des **592 b** BVerfG **nicht entsprechend anzuwenden.**[24] Die Entscheidung des BVerfG bezog sich nur auf zwei Sachverhalte mit **vorrangigen ersten Ehegatten** nach § 1582 BGB a.F., d. h. auf Fälle, in denen der neue Ehegatte völlig leer ausging.[25] Das BVerfG hat dabei in seinem Beschluss ausdrücklich darauf hingewiesen, dass der erste Ehegatte durch den Vorrang

---

[18] BGH FamRZ 2008, 968 = R 689 g; FamRZ 2007, 793 = R 674 f; FamRZ 1999, 372 = R 529 c
[19] BVerfG, FamRZ 2003, 1821 = R 598
[20] Vgl. z. B. BGH, FamRZ 1990, 981 = R 416 c
[21] BGH, FamRZ 2008, 968 = R 689 b; FamRZ 2007, 1232 = R 678 b; FamRZ 2005, 1817 = R 632 b; FamRZ 2007, 983 = R 676 b
[22] BGH, FamRZ 2008, 968 = R 689 c; FamRZ 2007, 882 = R 675 b; FamRZ 2005, 1817 = R 632 c
[23] BGH, FamRZ 2007, 882 = R 675 b; FamRZ 2005, 1817 = R 632 c
[24] Gerhardt/Gutdeutsch, FamRZ 2007, 776; Gerhardt, FamRZ 2007, 945; Gutdeutsch, FamRZ 2007, 2035; Hauß, FamRB 2008, 52; Empfehlungen des Arbeitskreises 3 des 17. Deutschen Familiengerichtstages; a. A. Schürmann, FamRZ 2008, 313; Reinken FPR 2008, 9
[25] BVerfG, FamRZ 2003, 1821 = R 598

ausreichend bevorzugt wird. Bei Gleichrangigen erhält der neue Ehegatte dagegen unter Berücksichtigung seines Eigeneinkommens und der Ersparnisse durch das Zusammenleben mit dem Pflichtigen nach dem gleichen Maßstab Unterhalt wie der erste Ehegatte. Der Sachverhalt ist also nicht vergleichbar mit dem vom BVerfG entschiedenen Fall. Dem steht nicht entgegen, dass das BVerfG in seinem Beschluss umfassend auf den Schutzzweck des Ehegattensplitting für bestehende Ehen einging, der nicht dadurch unterlaufen werden darf, dass der steuerlich gewährte Vorteil einer geschiedenen Ehe zugebilligt wird.[26] Denn bei gleichrangigen Ehegatten verbleibt der neuen Ehe dieser Splittingvorteil. Es geht lediglich um die Frage, mit welchem Einkommen und auf welche Weise der Unterhalt Gleichrangiger im Rahmen des § 1578 BGB zu berechnen ist.[27] Eine gegenteilige Auffassung würde ansonsten zu dem widersinnigen Ergebnis führen, das BVerfG habe die Zweitehe durch eine größere Verteilungsmasse bevorzugen wollen. Nur ergänzend ist darauf hinzuweisen, dass lediglich das Abstellen auf tatsächliche Einkommensverhältnisse der vom Gesetzgeber gewollten Vereinfachung des Unterhaltsrechts entspricht.[28] Nach der **ab 1. 1. 2008 geltenden Rechtslage** findet die Rechtsprechung des BVerfG daher **nur noch Anwendung,** wenn der erste Ehegatte bei Wiederverheiratung des Pflichtigen nach § 1609 Nr. 2 BGB **vorrangig** ist, dagegen **nicht,** wenn **Gleichrang** besteht. Bei Gleichrang ist vielmehr, wie auch ansonsten für die Unterhaltsberechnung, auf die tatsächliche Steuerlast unter Berücksichtigung des Realsplittings abzustellen.

592 c   Dem Unterhaltspflichtigen ist es bei Wiederverheiratung aus den fortbestehenden gegenseitigen unterhaltsrechtlichen Treuepflichten nicht gestattet, bei Berufstätigkeit des neuen Ehepartners die ungünstige Steuerklasse V statt IV zu wählen, um sein Einkommen zu reduzieren.[29] Die Verschiebung der Steuerbelastung ist in diesen Fällen durch einen an Hand der Steuerklasse IV in tatrichterlichen Verantwortung zu schätzenden Abschlag zu korrigieren.[30] Ist wegen Vorrang des ersten Ehegatten eine fiktive Steuerberechnung vorzunehmen und der zweite Ehegatte berufstätig, ist die Steuerschuld des Pflichtigen nach dem Verhältnis der Steuerbeträge vorzunehmen, die jeder Ehegatte nach dem Grundtarif auf seine Einkünfte zu entrichten hätte (näher unten Rn. 595).[31]

3. Fiktive Berechnung

593 • Eine fiktive Steuerberechnung ist durchzuführen, wenn der betreffende Steuerschuldner, idR der Unterhaltspflichtige, Ausgaben hat, die nach dem **Steuerrecht anerkannt, unterhaltsrechtlich aber nicht berücksichtigt** werden. Denn in diesen Fällen muss dem Betreffenden der Steuervorteil verbleiben, um ihn nicht doppelt zu benachteiligen. Dies gilt insbesondere, wenn Bewirtungs- und Repräsentationskosten nicht oder nur zum Teil anerkannt werden,[32] bei nicht anerkannten Fahrtkosten,[32a] wenn unterhaltsrechtlich nicht berücksichtigte außergewöhnliche Belastungen nach § 33 EStG das Einkommen mindern (vgl. Rn. 564 g), bei Einkünften Selbständiger oder Gewerbetreibender, soweit einzelne Ausgabenpositionen unterhaltsrechtlich nicht anerkannt wurden, z. B. bei der Korrektur von Ansparabschreibungen, die im Berechnungszeitraum nicht wieder in gleicher Höhe aufgelöst wurden (näher Rn. 583 c),[33] bei geänderten Abschreibungssätzen, weil die gewählte Abschreibungsdauer nicht der tatsächlichen Nutzungsdauer entspricht (vgl. Rn. 243 ff.)[34] oder bei geänderte Privatanteilen bei nur teilweiser Nutzung

---

[26] BVerfG, FamRZ 2003, 1821 = R 598
[27] Gutdeutsch, FamRZ 2007, 2035
[28] BT-Drs 16/1830 vom 15. 6. 2006 S. 14
[29] BGH, FamRZ 2004, 443 = R 604 a
[30] BGH, FamRZ 2004, 443 = R 604 a
[31] BGH, FamRZ 2006, 1178 = R 655 a
[32] BGH, FamRZ 2003, 741 = R 590 c
[32a] BGH, FamRZ 2007, 882 = R 675 a
[33] BGH, FamRZ 2004, 1177 = R 655 b
[34] BGH, FamRZ 2003, 741 = R 590 c

eines Pkw als Firmenfahrzeug, bei Negativeinkünften zur einseitigen Vermögensbildung, insbesondere bei Einnahmen aus Vermietung und Verpachtung (vgl. Rn. 302),[35] bei der unterhaltsrechtlich nicht zu berücksichtigenden AfA von Gebäuden (näher Rn. 300),[36] bei nicht berücksichtigten Steuerberaterkosten, bei Ansatz fiktiver Einkünfte oder bei teilweise nichtprägenden und deshalb für die Bedarfsermittlung beim Ehegattenunterhalt nicht heranzuziehendem Einkommen.[37] Aus Praktibilitätsgründen ist allerdings vor Durchführung einer fiktiven Steuerberechnung bei kleineren steuerlich, aber nicht unterhaltsrechtlich berücksichtigten Positionen zu überprüfen, ob die fiktive Steuerberechnung zu einer relevaten Änderung des Ergebnisses führt

- Beinhaltet der steuerlich anerkannte Abzugsposten ausnahmsweise keine tatsächliche **593 a** Ausgabe, sondern dient lediglich Investitionsanreizen, z. B. eine **Sonderabschreibung,** ist dagegen keine fiktive Steuerberechnung durchzuführen (s. näher Rn. 583 c).[38] Der dadurch entstehende Steuervorteil kommt vielmehr allen Beteiligten zugute. Das Gleiche gilt, wenn es sich um Negativeinkünfte zur **gemeinsamen Vermögensbildung** handelt (vgl. Rn. 302).

- Eine fiktive Unterhaltsberechnung ist ferner vorzunehmen, wenn mögliche **Steuerfrei-** **593 b** **beträge** nicht in die Lohnsteuerkarte eingetragen wurden (vgl. oben Rn. 591 d) oder wenn bei Wiederverheiratung die Steuerklassenwahl nicht ordnungsgemäß erfolgte (vgl. Rn. 592 d). Entsprechendes gilt, wenn beim Verwandtenunterhalt der Pflichtige wiederverheiratet ist, sein nicht unterhaltspflichtiger Ehegatte über ein Einkommen verfügt und die anteilige Steuerlast zu ermitteln ist (s. unten Rn. 595).

- Eine fiktive Steuerberechnung hat ferner zu erfolgen, wenn nur Einkommensunterlagen **593 c** für die Vergangenheit vorliegen, aber eine **Prognoseentscheidung für das künftige** **Einkommen** zu treffen ist und feststeht, dass sich beim Lohnsteuerpflichtigen die Steuerklasse geändert hat (I statt III) bzw. bei Einkommensteuerpflichtigen eine getrennte und keine gemeinsame Veranlagung mehr erfolgt. Die frühere Rechtsprechung des BGH, auch in diesen Fällen die bisherige Steuerlast anzusetzen und hinsichtlich der geänderten Verhältnisse auf eine Abänderungsklage zu verweisen, um fiktive Berechnungen zu vermeiden,[39] ist seit der Entscheidung des BVerfG vom 7. 10. 2003 überholt (vgl. auch Rn. 583 d).[40] Das BVerfG hat in dieser Entscheidung ausdrücklich der früheren Rechtsprechung des BGH eine Absage erteilt, aus Praktibilitätsgründen keine fiktive Steuerberechnung vorzunehmen, weil den Gerichten letztere jederzeit mit Unterstützung von Rechenprogrammen möglich ist. Da sich eine Prognoseentscheidung an einem möglichst realen Einkommen zu orientieren hat,[41] muss daher auch ein Einkommensrückgang durch eine höhere Steuerbelastung berücksichtigt werden. Dies führt nicht nur bei Nichtselbständigen ab dem der Trennung folgenden Jahr, sondern vor allem auch bei Selbständigen/Gewerbetreibenden regelmäßig zu einer fiktiven Steuerberechnung. Der in der Literatur zum Teil noch geführt Streit zwischen dem In-Prinzip und dem Für-Prinzip beruht im Wesentlichen auf einer überholten Rechtsprechung des BGH. Soweit der BGH nach seiner geänderten Rechtsprechung beim Ehegattenunterhalt möglichst auf die tatsächlichen Verhältnisse abstellt, entspricht dies dem seit der Surrogatslösung geänderten Prägungsbegriff, wobei insoweit das fiktive Einkommen und die fiktiven Ausgaben den tatsächlichen Verhältnissen gleichgestellt werden (näher Rn. 4/185 b, 219).

Ist eine fiktive Steuerberechnung **durchzuführen,** ist bei **Nichtselbständigen** das letzte **593 d** Jahresbruttoeinkommen heranzuziehen und die Steuerlast an Hand der aktuellen Steuertabelle umzurechnen. Bei **Selbständigen/Gewerbetreibenden** wird der letzte Steuer-

---

[35] BGH, FamRZ 2005, 1159 = R 623 a; FamRZ 2003, 741 = R 590 c; FamRZ 1987, 36
[36] BGH, FamRZ 2005, 1159 = R 623 a
[37] BGH, FamRZ 2007, 793 = R 674 f; FamRZ 1990, 503 = R 413
[38] BGH, FamRZ 2003, 741 = R 590 c
[39] Vgl. z. B. BGH, FamRZ 1990, 981
[40] BVerfG, FamRZ 2003, 1821 = R 598
[41] Vgl. BGH, FamRZ 2007, 793 = R 674 f; FamRZ 2007, 1232 = R 678 b

bescheid benötigt, um an Hand der im Einzelfall zu berücksichtigenden konkreten Werbungskosten und Sonderausgaben das zu versteuernde Einkommen ermitteln zu können. Angesetzt werden können nur die unterhaltsrechtlich zu berücksichtigende Werbungskosten, Sonderausgaben und außergewöhnlichen Belastungen usw. Erst aus dem auf diese Weise festgestellten zu versteuernden Einkommen ist die genaue aktuelle Steuerlast zu ermitteln. Im Hinblick auf den Vereinfachungsgrundsatz ist dabei die Steuerlast bei Selbständigen/ Gewerbetreibenden nicht für jedes herangezogene Jahr gesondert, sondern nur aus dem ermittelten Mehrjahresdurchschnitt zu errechnen. Zu den näheren Einzelheiten vergleiche Rn. 585 ff.

4. Realsplitting

594   Steuervorteile auf Grund des Realsplittings bis zu einem Höchstbetrag von 13 805 € im Jahr (§ 10 I EStG) sind wahrzunehmen.[42] Sie sind erst im Jahr des Vorteilseintritts unterhaltsrechtlich zu berücksichtigen (weitere Einzelheiten und Rechtsprechungshinweise hierzu Rn. 580 ff.). Der Bedürftige muss nach Treu und Glauben dem Realsplitting zustimmen, wenn der Pflichtige die daraus entstehenden Nachteile ersetzt[43] und sich hierzu bindend verpflichtet.[44] Die Anlage U zur Einkommensteuererklärung muss er nicht unterzeichnen, es ist vielmehr ausreichend, wenn er dem Finanzamt des Pflichtigen seine Zustimmung mitteilt.[45] Die **Zustimmung zum Realsplitting** ist auch zu erteilen, wenn zweifelhaft ist, ob die vom Pflichtigen steuerliche geltend gemachten Aufwendungen dem Grunde und der Höhe nach als Unterhaltsleistungen im Sinne des § 10 I Nr. 1 EStG anerkannt werden.[46] Unterhaltsleistungen nach § 10 I Nr. 1 EStG sind nicht nur der geleistete Barunterhalt, sondern auch Naturalleistungen wie die unentgeltliche Überlassung des Miteigentumsanteils an einer gemeinsamen Wohnung (vgl. Rn. 364),[47] die Zahlung von Hausnebenkosten des Ehepartners, seiner Krankenversicherung usw. Bei Durchführung des Realsplittings muss der Pflichtige dem Bedürftigen daraus entstehende **Nachteile ersetzen,** worunter nicht nur steuerliche Nachteile fallen, sondern auch höhere Krankenkassenkosten bei der gesetzlichen Krankenversicherung oder der Wegfall öffentlicher Leistungen (vgl. Rn. 584); der Ersatz von Steuerberaterkosten kann nur verlangt werden, wenn die Zustimmung zum Realsplitting ohne Übernahme dieser Kosten wegen schwieriger steuerrechtlicher Fragen unzumutbar ist.[48] Eine Sicherheitsleistung für die zu erstattenden Kosten muss der Pflichtigen lediglich leisten, wenn zu befürchten ist, dass er seiner Verpflichtung zum Ausgleich finanzieller Nachteile nicht oder nicht rechtzeitig nachkommt.[49] Zum Realsplitting im Jahr der Wiederverheiratung vgl Rn. 580 f. Für den Nachteilsausgleich gilt § 1585 b III BGB nicht (vgl. Rn. 6/113).[50]

594 a   Für das Realsplitting sind **Freibeträge** nur einzutragen, wenn der Unterhalt durch Anerkenntnis, Verurteilung oder freiwillige Leistung erfüllt wird.[51] Ist beim Unterhalt nur der Spitzenbetrag streitig, der Sockelbetrag dagegen nicht, ist ein Freibetrag zum Realsplitting in Höhe des Sockelbetrags einzutragen; wird dies unterlassen, ist eine entsprechende fiktive Steuerberechnung vorzunehmen.[52] Kein Freibetrag ist nach BGH dagegen einzutragen, wenn beim Realsplitting noch über die Unterhaltshöhe insgesamt gestritten wird.[53]

---

[42] BGH, FamRZ 2007, 1303 = R 669 a; FamRZ 2007, 793 = R 474 f; FamRZ 2005, 1162 = R 631 a; 1998, 953 = R 527

[43] BGH, FamRZ 2007, 1303 = R 669 a; FamRZ 1998, 953 = R 527

[44] BGH, FamRZ 2005, 1162 = R 631 a

[45] BGH, FamRZ 1998, 953 = R 527

[46] BGH, a. a. O.

[47] BFH, FamRZ 2000, 1360

[48] BGH, FamRZ 2002, 1024, 1027 = R 578 b

[49] BGH, a. a. O.

[50] BGH FamRZ 2005, 1162 = R 631 c

[51] BGH, FamRZ 2008, 968 = R 689 e; FamRZ 2007, 882 = R 675 c; FamRZ 2007, 1232 = R 678 c; FamRZ 2007, 793 = R 674 b; FamRZ 1999, 372 = R 529 c

[52] BGH, FamRZ 1999, 372 = R 529 c

[53] BGH, FamRZ 2007, 793 = R 674 g

Nach BGH kann in diesen Fällen auch keine fiktive Ermittlung des Realsplittingvorteils über eine zweistufige Berechnung erfolgen, weil die steuerliche Anerkennung des Realsplittings voraussetzt, dass der Unterhalt in diesem Jahr auch tatsächlich bezahlt wurde (§ 11 I 1 EStG).[54] Dieses Argument des BGH gilt allerdings nur für rückständigen, nicht für künftigen Unterhalt, so dass bei gütlichen Einigungen eine volle Einbeziehung des Realsplittingvorteils erfolgen kann, um Abänderungsverfahren zu vermeiden.

5. Zusammenveranlagung

Ist der Pflichtige beim Verwandtenunterhalt verheiratet bzw. wiederverheiratet und hat **595** der mit dem Bedürftigen nicht verwandte Ehegatte bei gemeinsamer Veranlagung eigene Einkünfte, ist die Steuerbelastung des Pflichtigen fiktiv zu ermitteln. Steuerfreibeträge, die auf den Ehegatten fallen, sind diesem bei der Ermittlung der fiktiven Steuer zu belassen.[55] Nach BGH ist in diesen Fällen zunächst die Steuerlast des Pflichtigen im Innenverhältnis unter Heranziehung des § 270 AO auf der Grundlage einer getrennten Veranlagung fiktiv zu ermitteln.[56] Im Verhältnis der dabei festgestellten fiktiven Steuerlast für jeden Ehegatten ist sodann die tatsächlich angefallene Steuer aufzuteilen. Zu den näheren Einzelheiten vergleiche Rn. 577 ff.

Das Gleiche gilt, wenn beim Ehegattenunterhalt der **berufstätige neue Ehegatte** des **595 a** Pflichtigen nach § 1609 Nr. 3 BGB gegenüber dem ersten Ehegatten **nachrangig** ist. Bei **Gleichrang** ist dagegen für die Bedarfsermittlung die jeweilige tatsächliche Steuerlast anzusetzen, da sich durch die Drittelrechnung ein eventueller interner Steuerausgleich nicht auswirkt (vgl. hierzu Rn. 4/405). Auf der Bedürftigkeitsstufe gilt im Ergebnis nichts anderes, da die Mittel der neuen Familie verbleiben und es nur darum geht, welchen Unterhalt der alleinlebende bedürftige erste Ehegatte erhält.

III. Abzug von Vorsorgeaufwendungen

1. Bei Nichtselbstständigen

a) Kranken- und Arbeitslosenvorsorge. Abziehbar sind Vorsorgeaufwendungen für **596** eine Krankenversicherung, Pflegeversicherung, Unfallversicherung und Arbeitslosenversicherung. Bei Unfallversicherungen ist dabei zu prüfen, ob keine Überversicherung vorliegt. Wie bei der Steuer kommt es dabei immer auf die **aktuelle Höhe** dieser Aufwendungen an. Bei Einkünften aus abhängiger Arbeit des Pflichtigen und berufstätigen Bedürftigen fallen hierunter alle gesetzlichen Abzüge für Krankheit, Unfall und Arbeitslosigkeit, soweit sie den Arbeitnehmer treffen. Diese Aufwendungen sind regelmäßig aus der Brutto- und Nettoeinkommensbestätigung des Arbeitgebers zu ersehen.

Bei einer **gesetzlichen Krankenversicherung** ist nur der Arbeitnehmeranteil abzuset- **597** zen. Umfasst der ausgewiesene Krankenkassenzahlungsbetrag auch den Arbeitgeberanteil (= voller Krankenkassenbeitrag), so ist vor Abzug des vollen Krankenkassenbeitrags das Bruttoeinkommen um den Arbeitgeberanteil zu erhöhen bzw der Krankenkassenbeitrag um den Arbeitgeberanteil zu kürzen.[57] Bei einer **privaten Krankenversicherung** gelten die gleichen Grundsätze (s. auch Rn. 4/498). Leistet der Arbeitgeber bei denjenigen, die über der Beitragsbemessungsgrenze für die gesetzliche Krankenversicherung liegen und sich deshalb privat versichern, Zuschüsse, sind die Kranken- und Pflegeversicherungskosten um diese Beiträge zu reduzieren. Durch die Leistungseinschränkungen bei der gesetzlichen Krankenversicherung im Zuge der Gesundheitsreform sind auch Zusatzversicherungen, z.B. für Krankenhausaufenthalt, Zahnersatz, berücksichtigungsfähig, soweit sie zu einer ausreichen-

---

[54] BGH, FamRZ 2007, 793 = R 674 g; FamRZ 2007, 882 = R 675 c
[55] BGH, FamRZ 2007, 981 = R 676 b; FamRZ 2007, 882 = R 675 f
[56] BGH, FamRZ 2006, 1178 = R 655 a
[57] BGH, FamRZ 1982, 887

den Krankheitsvorsorge erforderlich sind und in einem angemessenen Verhältnis zum Einkommen stehen. Das Gleiche gilt, wenn bei einer Privatversicherung eine Eigenbeteiligung vereinbart wurde und nachgewiesen wird, dass diese Eigenbeteiligung ausgeschöpft wurde.

Seit 1. 1. 1995, dem Inkrafttreten des Pflegeversicherungsgesetzes, sind die Beiträge zur **Pflegeversicherung** zu berücksichtigen (s. näher Rn. 4/525 a). Bei Arbeitgeberzuschüssen gelten die zur Krankenversicherung gemachten Ausführungen entsprechend.

Abzugsfähig sind ferner Vorsorgeaufwendungen für Arbeitslosigkeit, insbesondere die gesetzliche Arbeitslosenversicherung.

Beim **Ehegattenunterhalt** sind jeweils die Ausgaben in der tatsächlich entstandenen und anerkannten Höhe berücksichtigungswürdige Aufwendungen und damit **prägend,** unabhängig davon, ob sie bereits in der Ehe bestanden oder erst nach Trennung/Scheidung entstanden sind (näher Rn. 4/185 b, 186, 237).

597 a   **b) Altersvorsorge.** Unter die **primäre Altersvorsorge** fallen die gesetzliche Rentenversicherung und die Beamtenversorgung. Liegt das Einkommen des Pflichtigen **über der Beitragsbemessungsgrenze** zur Rentenversicherung (2008: 5300 € brutto monatlich, in den neuen Bundesländern 4500 € brutto), ist ihm eine primäre **Versorgung für das Alter** von ca. 20% des Bruttoeinkommens zuzubilligen,[58] wie der BGH zwischenzeitlich mehrfach anerkannt hat (s. Rn. 598 a).[59] Denn jeder hat den Anspruch, für sein Alter entsprechend seinen Einkommensverhältnissen adäquat versorgt zu sein, wobei die Sicherung des eigenen Unterhalts, auch für das Alter, immer Unterhaltsleistungen an Dritte vorgeht.[60]

597 b   Wegen der großen Unsicherheit über die Zukunft der gesetzlichen Rentenversicherung und der bereits erfolgten Einschränkungen in der Altersvorsorge bei Rentnern und Beamten können nach der geänderten Rechtsprechung des BGH sowohl beim Ehegatten- als auch beim Verwandtenunterhalt neben dieser **primären Altersvorsorge** weitere **4% des Bruttoerwerbseinkommens als zweite Säule** für die Altersvorsorge verwendet werden,[61] so dass sich die **Gesamtversorgung für das Alter auf 24% des Bruttoerwerbseinkommens** beläuft. Die 4% wurden hierbei dem Altersvermögensgesetz vom 20. 6. 2001 entnommen (sog. Riester-Rente). Etwas anderes gilt nur, wenn der Betreffende bereits anderweitig für das Alter ausreichend abgesichert ist.[61a] Als **Zusatzversorgung** kommen betriebliche Zusatzversorgungen bzw. solche des öffentlichen Dienstes in Betracht, ferner Direktversicherungen, auch wenn es sich um Kapitallebensversicherungen handelt, Tilgungen von Immobilienschulden, Wertpapiere, Fonds, Sparguthaben.[62] Dies gilt sowohl für den **Pflichtigen** als auch für den **Bedürftigen,** wenn er über eigenes Einkommen verfügt.[63] Der Umstand, dass es sich vielfach auch um Vermögensbildung handelt, steht dem nicht entgegen, da in der heutigen Zeit die Vermögensbildung regelmäßig eine vernünftige Form der Altersvorsorge bildet. Deshalb erfolgt die Berücksichtigung dieser zusätzlichen Altersvorsorge bei der Bereinigung des Nettoeinkommens nicht als (einseitige) Vermögensbildung. Maßgebend ist allerdings, dass die Leistungen für diese Zusatzversorgung **tatsächlich** erbracht werden, eine fiktive Altersvorsorge gibt es nicht.[64] Beim **Elternunterhalt** hat der BGH sogar eine Gesamtaltersvorsorge von insgesamt 25% des Bruttoeinkommens, d. h. als zweite Säule 5%, anerkannt.[65] **Ausnahmen,** in denen keine zusätzliche Altersvorsorge

---

[58] BGH, FamRZ 2007, 117 = R 662 d, e

[59] BGH, FamRZ 2008, 963 = R 692 f; FamRZ 2007, 793 = R 674 c; FamRZ 2005, 1817 = R 632 j; FamRZ 2003, 860 = R 590 A d

[60] BGH, FamRZ 2007, 117 = R 662 d, e; FamRZ 2003, 1179 = R 592; 2003, 860 = R 590 A

[61] BGH, FamRZ 2008, 963 = 692 f; FamRZ 2007, 793 = R 674 c; FamRZ 2006, 387 = R 643 b; FamRZ 2005, 1817 = R 632 j

[61a] BGH, FamRZ 2006, 387 = R 643

[62] BGH, FamRZ 2008, 963 = R 692 f; FamRZ 2005, 1817 = R 632 i, j; FamRZ 2003, 860 = R 590 A d

[63] BGH, FamRZ 2008, 963 = R 692 f; FamRZ 2006, 387 = R 643 b; FamRZ 2005, 1817 = R 632 j

[64] BGH, FamRZ 2007, 793 = R 674 c; FamRZ 2007, 193 = R 664 b; FamRZ 2003, 860 = R 590 A d

[65] BGH, FamRZ 2007, 793 = R 674 c; FamRZ 2006, 1511 = R 658 g; FamRZ 2004, 792 = R 605 a

zugebilligt werden kann, bestehen nur im Mangelfall[66] oder wenn der Mindestunterhalt eines minderjährigen Kindes gefährdet wäre.[67]

Beim Ehegattenunterhalt sind diese Leistungen **prägend,** auch wenn sie erst nach **597 c** Trennung/Scheidung aufgenommen wurden, da bei der Berücksichtigungswürdigkeit einer Altersvorsorge immer allein auf die tatsächlichen Leistungen abzustellen ist.[68] Nachdem es sich insoweit um Altersvorsorge und **keine einseitige Vermögensbildung** handelt, kommt das Verbot der Doppelverwertung nicht zum Tragen (vgl. Rn. 4/228).

Zu beachten ist bezüglich der sog. zweiten Säule, dass bei Eintritt des Rentenfalls auch der Vermögensstamm einer insoweit als Altersvorsorge vorgenommenen Kapitalbildung für den Unterhalt einzusetzen ist (näher Rn. 4/314).

2. Bei Selbstständigen und Gewerbetreibenden

a) Kranken- und Pflegeversicherung. Bei einem Selbstständigen oder bei sonstigem **598** Erwerbseinkommen können wie bei Nichtselbständigen die Beiträge für eine freiwillige Krankenversicherung, Pflegeversicherung und Unfallversicherung abgezogen werden. Bei der **Kranken- und Pflegeversicherung** richten sich die Abzüge nach den entsprechenden Kosten einer Privatversicherung einschließlich Zusatzversicherungen und Eigenanteilen. Nicht berücksichtigungsfähig sind regelmäßig Kosten für die Absicherung einer Arbeitslosigkeit, da Selbstständigen keine Kündigung droht.[69] Dies gilt auch für Gesellschafter-Geschäftsführer, die als Selbstständig anzusehen sind, da sie maßgebenden Einfluss auf die Entscheidung der Gesellschaft und damit die Fortdauer der eigenen Anstellung besitzen.[70]

b) Altersvorsorge. Bei Selbständigen gelten die bei Nichtselbständigen gemachten Aus- **598 a** führungen entsprechend, d. h. sie haben einschließlich der sog. zweiten Säule einen Anspruch auf eine **Gesamtaltersvorsorge von 24%** des Bruttoerwerbseinkommens, d. h. ihres **Gewinns.** Zu berücksichtigen sind insoweit neben **berufsständischen Altersversorgungen** (z. B. Rechtsanwalts- oder Ärzteversorgung) und **Lebensversicherungen** sonstige vermögensbildende Aufwendungen wie Tilgung für Immobilien (auch bei Negativeinkünften, vgl. Rn. 4/207, 211), Wertpapiere, Fonds, Sparguthaben usw., soweit es sich nicht um rein spekulative Anlageformen handelt.[71] Dies gilt auch bei sehr **hohen Einkünften,** da sich jeder entsprechend seinem tatsächlichen Einkommen altersmäßig versorgen kann und die Altersvorsorge Teil des eigenen Unterhalts ist (s. oben Rn. 597 a). Wie bereits ausgeführt müssen die Leistungen aber **tatsächlich erbracht** werden (s. oben Rn. 597 b).

Die Altersvorsorge ist beim Ehegattenunterhalt in der anerkannten Höhe **prägend,** auch wenn die Altersvorsorge nach Trennung/Scheidung im zulässigen Rahmen angehoben wurde (s. oben Rn. 597 c). Bei Eintritt des Rentenfalls ist der daraus stammende Vermögensstamm einzusetzen (s. oben Rn. 597 c, 4/314). Dies gilt auch hinsichtlich des Erlöses aus dem Verkauf einer Praxis, Kanzlei usw. Das Vermögen ist in diesen Fällen entsprechend der Lebenserwartung als monatliche Rente umzulegen, wobei Obergrenze das vor dem Rentenfall erzielte Erwerbseinkommen ist.[72]

3. Krankenversicherungs- und Vorsorgeunterhalt

Macht der berechtigte **Ehegatte** als Unterhalt auch Vorsorgeaufwendungen für Alter oder **599** Krankheit geltend, so ist das Einkommen des Verpflichteten vor der Berechnung des

---

[66] BGH, FamRZ 2003, 741 = R 590 e
[67] OLG Düsseldorf 2006, 1685
[68] BGH, FamRZ 2007, 1232 = R 678 f; FamRZ 2007, 793 = R 674 c; 2006, 387 = R 643 e; 1991, 304
[69] BGH, FamRZ 2003, 860, 863 = R 590 A e
[70] BGH, a. a. O.
[71] BGH, FamRZ 2008, 963 = R 692 f; FamRZ 2007, 793 = R 674 c; FamRZ 2006, 387 = R 643 b; FamRZ 2005, 1817 = R 632 j; FamRZ 2004, 792 = R 605 a; FamRZ 2003, 860 = R 590 A a
[72] Empfehlungen des Arbeitskreises 3 des 17. Deutschen Familiengerichtstages 2007

endgültigen Elementarunterhalts durch Vorabzug um die Beiträge zu bereinigen, die als Altersvorsorgeunterhalt und (oder) Krankheitsvorsorgeunterhalt zugesprochen werden.[73] Es handelt sich insoweit um einen gesetzlich normierten Fall des trennungsbedingten Mehrbedarfs (§§ 1361 I, 1578 II, III BGB). Dabei ist zunächst die Krankenvorsorge abzuziehen und in einem erneuten Rechengang die Altersvorsorge zu ermitteln (näher Rn. 4/515). Der Vorabzug entfällt, wenn bei sehr guten Einkommensverhältnissen der Unterhalt nach dem konkreten Bedarf ermittelt wird oder **nichtprägendes Einkommen des Bedürftigen** vorhanden ist, weil der Vorsorgebedarf dann neben dem laufenden Unterhaltsbedarf befriedigt werden kann, ohne dass der Halbteilungsgrundsatz verletzt wird[74] (vgl. näher Rn. 4/483 ff.). Hat der Berechtigte ein eigenes Einkommen, so erfolgt der Abzug der Krankenversicherung von diesem, wenn er gesetzlich krankenversichert ist. Ein Anspruch auf Altersvorsorgeunterhalt besteht dagegen auch bei eigen Einkünften, wenn ein Unterhaltsanspruch gegeben ist, weil die Altersvorsorge aus dem eigenen Einkommen nicht der ehelichen Lebensverhältnissen entspricht. Genauere Ausführungen zum Altersvorsorgeunterhalt und Krankheitsvorsorgeunterhalt Rn. 4/448 ff., 498 ff.

600   Solange getrennt lebende Ehegatten noch nicht geschieden sind, ist der Bedürftige noch in der gesetzlichen Krankenversicherung des berufstätigen Ehegatten mitversichert, wenn er kein eigenes Einkommen hat, so dass ihm kein zusätzlicher eigener Krankheitsvorsorgebedarf erwächst. Nach der Scheidung kann ein solcher Bedarf entstehen, weil die Mitversicherung eine bestehende Ehe voraussetzt[75] (s. näher Rn. 4/498 ff.). Nach §§ 10, 9 I Nr. 2 SGB V besteht die Möglichkeit, innerhalb von 3 Monaten ab Rechtskraft der Scheidung der gesetzlichen Krankenversicherung beizutreten. Bei privat Versicherten wird regelmäßig der bisherige Vertrag gekündigt, die Versicherung hat aber die Obliegenheit, mit dem Bedürftigen einen eigenen Vertrag abzuschließen, falls er nicht durch Aufnahme einer Berufstätigkeit gesetzlich krankenversichert wird. Die Höhe der bei privat Versicherten vom Berechtigten für eine angemessene Krankenversicherung aufzuwendenden Kosten kann danach bemessen werden, was bei einer freiwilligen Weiterversicherung beim gleichen Versicherungsträger und bei einem Einkommen in Höhe des Unterhalts gezahlt werden müsste[76] (s. eingehend Rn. 4/498 ff.).

Bei der Altersvorsorge endet die Teilhabe an der Versorgung des Partners mit der Rechtshängigkeit des Scheidungsverfahrens als Endstichtag für den Versorgungsausgleich (§ 1587 II BGB), so dass ab diesem Zeitpunkt ein Altersvorsorgeunterhalt verlangt wereden kann (§ 1361 I 2 BGB). Die Höhe richtet sich nach dem errechneten Unterhalt (s. näher Rn. 4/465 ff.).

600 a   Beim **Kindesunterhalt** wird in den Tabellenbeträgen der Düsseldorfer Tabelle und bei den Festbeträgen für Volljährige mit eigenem Hausstand davon ausgegangen, dass bei der Krankenversicherung eine Familienversicherung besteht. Bei privat Versicherten sind die Tabellenbeträge um die Kosten für die Krankenversicherung zu erhöhen.[77] Abzugsposten bei der Bereinigung des Nettoeinkommens für den Kindesunterhalt sind dann neben dem Elementarunterhalt gemäß der Düsseldorfer Tabelle auch die Krankenversicherungskosten einschließlich einer ggf. anfallenden Eigenbeteiligung.

IV. Berufsbedingte Aufwendungen

1. Bei Gewinnermittlung

601   Bei Einkünften aus selbstständiger Tätigkeit, Gewerbebetrieb und Land- und Forstwirtschaft ist nach § 2 II Nr. 1 EStG der Gewinn im Wege der Bilanzierung oder durch eine Einnahmen-Überschussrechnung zu ermitteln (vgl. Rn. 110 ff., 186 ff., 220 ff.). Sämtliche

---

[73] BGH, FamRZ 2007, 117 = R 662 a; FamRZ 2003, 590 = R 587 d; FamRZ 1983, 888
[74] BGH, FamRZ 2007, 117 = R 662 b; FamRZ 2003, 590 = R 587 d; FamRZ 1999, 372, 374 = R 529 b; vgl. auch Leitlinien Nr. 15.4
[75] BGH, FamRZ 1982, 887
[76] BGH, FamRZ 1989, 483 = R 382 a
[77] DT A 9; SüdL, BL, BraL, BrauL, BrL, CL, DL, DrL, FL, HaL, HL, KL, KoL, NaL, OL, RL, SchL, TL jeweils Nr. 11.1

anfallenden Ausgaben sind als Betriebsausgaben bereits berücksichtigt, so dass daneben **keine zusätzlichen berufsbedingten Ausgaben** anfallen.

2. Bei Einkünften aus Kapital und Vermietung und Verpachtung

Nach § 2 II Nr 2 EStG ergibt sich hier das Einkommen aus dem Überschuss der Ein- **602** nahmen über die Werbungskosten. Diese **Werbungskosten** sind in der Regel abziehbar. Vgl. insoweit näher zum Einkommen aus Vermietung und Verpachtung Rn. 298 ff. und aus Kapital Rn. 408. Weitere berufsbedingte Aufwendungen kommen nicht in Betracht.

3. Bei Renten, Pensionen

Bei diesen Einkünften gibt es keine berufsbedingten Aufwendungen und deshalb auch **603** **keinen** entsprechenden **pauschalen oder konkreten Abzug.**[78]

4. Bei Nichtselbstständigen

Auch bei Nichtselbstständigen wird das Einkommen aus dem Überschuss der Einnahmen **604** über die Werbungskosten gebildet (§ 2 II Nr 2 EStG). Unterhaltsrechtlich werden die Werbungskosten als **berufsbedingte Aufwendungen** bezeichnet. Hierunter fallen in erster Linie die Fahrtkosten zum Arbeitsplatz (vgl. näher Rn. 96 ff.). Berufsbedingte Aufwendungen sind aber auch Arbeitsmittel, Beiträge zu Berufsverbänden, Fortbildungskosten und im Einzelfall Kosten der doppelten Haushaltsführung (vgl. Aufstellung Rn. 102 ff.). Soweit sie zur Erzielung des Einkommens erforderlich sind und vom Arbeitgeber nicht ersetzt werden, sind sie abzugsfähig.[79] Da es sich bei Unterhaltsfällen um Massenerscheinungen handelt, sind nach BGH aus Vereinfachungsgründen Pauschalen zulässig.[80] Üblich ist insoweit der Ansatz einer Pauschale von 5% des Nettoeinkommens. Nach der zwischen den Oberlandesgerichten vereinbarten gemeinsamen Leitlinienstruktur werden die berufsbedingten Aufwendungen in den einzelnen Unterhaltsleitlinien in Nr. 10.2 abgehandelt. Eine Pauschale von 5% setzen neben der Düsseldorfer Tabelle Anm. A 3 die Süddeutschen Leitlinien und die Leitlinien des Kammergerichts sowie der Oberlandesgerichte Brandenburg, Braunschweig, Celle, Frankfurt, Dresden, Düsseldorf, Koblenz, Naumburg und Oldenburg jeweils in Nr. 10. 2. 1 an, die Düsseldorfer Tabelle und die Leitlinien des Kammergerichts sowie der Oberlandesgerichte Braunschweig, Düsseldorf, Koblenz und Oldenburg dabei mit einer Unter- und Obergrenze von 50 € bzw. 150 €, der Oberlandesgerichte Dresden und Frankfurt nur mit einer Obergrenze von 150 €. Im Gegensatz zum Steuerrecht wird die Pauschale dabei nicht aus dem Brutto-, sondern dem Nettoeinkommen gebildet. Neben der Pauschale können keine Einzelposten, z. B. Gewerkschaftsbeitrag, Reinigungskosten für Kleidung usw., gesondert verlangt werden, sondern bei Überschreitung des Pauschalbetrags sind alle Einzelpositionen konkret darzulegen. **Geringfügige Einzelkosten,** z. B. Hemden- oder Kleiderreinigung und Telefonkosten, sind dabei konkret darzulegen, eine Schätzung scheidet in diesen Fällen aus.[81] Wird keine Pauschale geltend gemacht, sind derartige Kosten regelmäßig bereits mit dem Erwerbstätigenbonus abgegolten.[82] Im Mangelfall kann verlangt werden, dass die berufsbedingten Aufwendungen konkret vorgetragen werden (vgl Südl Nr. 10.2.1). Nach den Leitlinien der OLG Bremen, Hamburg, Hamm, Köln, Rostock, Schleswig und Thüringen sind berufsbedingte Aufwendungen generell nur bei konkretem Nachweis abzugsfähig.[83]

Ein Überschreiten der Pauschale kommt regelmäßig bei **hohen Fahrtkosten** in Betracht. **604 a** Zunächst ist in diesen Fällen zu prüfen, ob nicht billigere Fahrten mit öffentlichen Verkehrs-

---

[78] BGH, FamRZ 1982, 579, 581
[79] BGH, FamRZ 1988, 159
[80] BGH, FamRZ 2006, 108; FamRZ 2002, 536 = R 572 a
[81] BGH, FamRZ 2007, 193 = R 664 a
[82] BGH FamRZ 2007, 193 = R 664 a
[83] BrL, DrL, HaL, HL, KL, RL, SchL jeweils Nr. 10.2.1

mitteln zumutbar sind oder Fahrgemeinschaften gebildet werden können.[84] Dies gilt insbesondere, wenn Fahrtkosten mit dem Pkw das Nettoeinkommen in unverhältnismäßiger Höhe aufzehren, z. B. zu einem Drittel[85] oder wenn es um den Mindestunterhalt beim minderjährigen Kind geht.[86] Wird nur eine Pauschale von 5% berücksichtigt, ist zu beachten, dass dem Pflichtigen dann der Steuervorteil der nicht berücksichtigten Fahrtkosten zu verbleiben hat. Zu den steuerlichen Freibeträgen vgl. Rn. 568 a. Wird die Benutzung des Pkw für Fahrten zum Arbeitsplatz anerkannt, weil der Pkw auch beruflich benötigt wird (z. B. Außendienst) oder aus persönlichen Gründen die Autofahrten zu erstatten sind (Krankheit, Körperbehinderung, ungünstige öffentliche Verkehrsmittel, sehr gute Einkommensverhältnisse), sind die Gesamtkosten im Verhältnis der beruflichen und privaten Nutzung aufzuteilen. In den Leitlinien werden in Nr. 10. 2. 2 seit 1. 1. 2008 weiterhin teilweise unterschiedliche Beträge angesetzt, nach den SüdL, BrL, BrauL, CL, DrL, FL, HL, HaL, KL, NaL, OL, SchL und ThL 0,30 € pro gefahrener Kilometer, nach den DrL und Rl 0,27 €, nach den BraL 0,25 € und nach den KoL 10 € monatlich pro gefahrener Kilometer. Bei längeren Fahrten (über 30 km einfach) besteht die Möglichkeit einer Reduzierung dieses Betrages, nach den SüdL, BrL, HaL und KL auf 0,20 €, nach den DrL auf 0,18 €, nach den FL auf 0,15 € und nach den HL auf 0,10 €. Wie der BGH inzwischen klargestellt hat, sind hierin **sämtliche** mit der Haltung, dem Betrieb, der Steuer, der Versicherung, der Abnutzung und der Anschaffung anfallenden **Kosten** enthalten.[87] Dies gilt auch für bei der Anschaffung des Fahrzeugs eingegangene Schulden, ebenso für künftige Anschaffungskosten. Werden die Darlehenskosten für die Anschaffung des Fahrzeuges in der Ehe im Einzelfall als eheprägende Schuld berücksichtigt, weil sie im Verhältnis zu den errechneten Fahrtkosten zu hoch sind, können als Kilometerpauschale nur noch die zu schätzenden reinen Betriebskosten (z. B. 50% der Pauschale) oder die pauschalen 5% als berufsbedingte Aufwendungen angesetzt werden.[88] Bei einer normalen Arbeitszeit von 220 Tagen im Jahr und einer Kilometerpauschale von 0,30 € ergeben sich deshalb z. B. bei einer Fahrtstrecke von 25 km einfach zu berücksichtigende Fahrtkosten von 275 € (220 × 25 × 2 × 0,30 : 12). Werden bei einem Einsatz als Leiharbeiter über 5% hinausgehende Fahrtkosten zu verschiedenen Arbeitsstätten geltend gemacht, dürfen an den Nachweis keine übertriebenen Anforderungen gestellt werden; soweit sie steuerlich nicht angesetzt wurden, ist zu beachten, dass in diesem Fall nach dem Steuerrecht diese Ausgaben auch als Kosten der doppelten Haushaltsführung deklariert werden können (vgl. auch Rn. 568).[89] Zu weiteren Einzelheiten und Rechtsprechungshinweisen vgl. Rn. 96 ff.

604 b Berufsbedingte Aufwendungen sind, da sie den steuerlichen Werbungskosten entsprechen, immer in Höhe des berücksichtigungswürdigen Anfalls abziehbar, auch beim Ehegattenunterhalt, da wie bei der Steuer und den Vorsorgeaufwendungen der aktuelle Aufwand **eheprägend** ist (näher Rn. 4/186 ff.). Zur Abgrenzung zum Erwerbstätigenbonus vgl. Rn. 94 a, 4/378.

604 c Bei **Azubis** sind die berufs- und ausbildungsbedingten Aufwendungen abzugsfähig, nach der Düsseldorfer Tabelle Anm. A 8 und den SüdL, BraL, DL, HL, KL, KoL NaL, OL und SchL jeweils Nr. 10. 2. 3 seit 1. 1. 2008 weiterhin mit einem Pauschbetrag von 90 €, nach den DrL und FL mit 5%. Die BL, BrL, Ha und RL setzen nach Nr. 10. 2. 3 keine Pauschale an, sondern kennen ausbildungsbedingten Aufwendungen nur gegen konkreten Nachweis an (vgl. eingehend Rn. 2/90 ff.).

604 d Bei **Arbeitslosen** sind Aufwendungen für die Arbeitsplatzsuche nur bei konkretem Nachweis zu berücksichtigen. Das Gleiche gilt für andere Sozialleistungen mit Lohnersatzfunktion (s. näher Rn. 80 ff.).

---

[84] BGH; FamRZ 1982, 360
[85] BGH, FamRZ 1998, 1501 = R 521 b
[86] BGH, FamRZ 2002, 536 = R 572 a
[87] BGH, FamRZ 2006, 846 = R 648 a; BGH früher: nur künftige Anschaffungskosten, vgl. BGH, NJW-RR 1992, 1282
[88] Born in Anm. zu BGH, FamRZ 2006, 846 = R 648 a
[89] BGH, FamRZ 2006, 108 = R 642 a, b

V. Kinderbetreuungskosten und Betreuungsbonus

1. Kinderbetreuungskosten

Kinderbetreuungskosten sind zwar im weitesten Sinn auch berufsbedingte Aufwendun- **605** gen. Sie werden aber in den Leitlinien in Nr. 10.3 gesondert abgehandelt und können deshalb **neben** pauschalen berufsbedingten Aufwendungen verlangt werden. Ansonsten würde der kinderbetreuende Elternteil benachteiligt. Sie sind deshalb auch erst nach pauschalen berufsbedingten Aufwendungen vom Nettoeinkommen abzuziehen. Kinderbetreuungskosten sind generell anzuerkennen, wenn sie zur Ausübung einer Berufstätigkeit erforderlich sind und in angemessenem Rahmen geltend gemacht werden (vgl. Rn. 4/187). Auf die Berücksichtigungswürdigkeit bei der Unterhaltsberechnung hat der Gesetzgeber bei der Reform des Unterhaltsrechts zum 1. 1. 2008 in seinen Materialien zu § 1570 BGB ausdrücklich hingewiesen.[90] Dies gilt beim Ehegattenunterhalt nicht nur für den Betreuungsanspruch, sondern auch für den Aufstockungsunterhalt, wenn nur durch eine Kosten verursachende Kinderbetreuung gearbeitet werden kann.[91] Sie können von der jeweiligen Betreuungsperson, d. h. sowohl vom **Bedürftigen** als auch vom **Pflichtigen** bei Ausübung einer Berufstätigkeit neben der Kinderbetreuung geltend gemacht werden. Handelt es sich beim Bedürftigen um eine **überobligatorische Tätigkeit** gemäß § 1577 II BGB, sind sie im Rahmen des anrechnungsfreien Betrages zu berücksichtigen und dürfen deshalb wegen des Verbots der Doppelverwertung nicht zusätzlich als Abzugsposten bei der Bereinigung des Nettoeinkommens angesetzt werden (s. näher Rn. 545 c).[92] Abzugsposten bei der Bereinigung des Nettoeinkommens sind sie damit nur, wenn es sich beim Bedürftigen um eine normale Tätigkeit handelt oder wenn der Pflichtige die Kinder betreut.

Unter Kinderbetreuungskosten fallen insbesondere Kosten für eine Kinderkrippe, Tagesstätte, Hort oder eine Betreuungsperson (auch bei Betreuung durch nahe Angehörige). **Kindergartenkosten** sind dagegen nach einem Urteil des BGH vom 5. 3. 2008 Mehrbedarf des Kindes (näher Rn. 2/275).[92a] Die Höhe der Kosten dürfen im Hinblick auf die wechselseitigen Obliegenheiten, den Bedarf möglichst selbst zu decken bzw. sich leistungsfähig zu erhalten, nicht überhöht sein.

Zur Prägung vgl. Rn. 606 c.

Offen ist derzeit, ob Kinderbetreuungskosten auch als **Mehrbedarf des Kindes** angesetzt **605 a** werden können, wenn kein Ehegattenunterhaltsanspruch besteht. Der Gesetzgeber hat diesen Abzugsposten zwar beim neugefassten Betreuungsanspruch nach § 1570 BGB behandelt, im Ergebnis aber nur auf die generelle Berücksichtigungswürdigkeit bei der Unterhaltsbemessung hingewiesen.[93] Der BGH hat bisher darauf abgestellt, ob die Kosten begründende Einrichtung aus pädagogischen Gründen besucht wird oder um dem Elternteil eine Berufstätigkeit zu ermöglichen.[94] Nach der Neufassung der Betreuungsansprüche wird man meist Letzteres annehmen müssen. Andererseits handelt es sich stets um Kosten, die das Kind betreffen. Dies hat der BGH ausdrücklich für **Kindergartenkosten** klargestellt (s. oben).[94a] Deshalb sollte aus Billigkeitsgründen bei der Abgrenzung ein großzügiger Maßstab angesetzt werden und eine Berücksichtigung als Mehrbedarf des Kindes erfolgen, wenn ein Anspruch auf Ehegattenunterhalt z. B. wegen Zusammenlebens mit einem neuen Partner oder Wiederverheiratung nicht besteht.[94b]

---

[90] BT-Drs 16/1830 vom 15. 6. 2006 S. 17
[91] Gerhardt, FuR 2008, 9
[92] Gerhardt in Anm. zu BGH, FamRZ 2005, 1154
[92a] BGH, FamRZ 2008, 1152 = R 691 c
[93] BT-Drs 16/1830 vom 15. 6. 2006 S. 17
[94] BGH, FamRZ 2007, 882 = R 675 g
[94a] BGH, FamRZ 2008, 1152 = R 691 c, d
[94b] BGH, FamRZ 2008, 1152 = R 691 c

2. Betreuungsbonus

606   Werden bei Ausübung einer Berufstätigkeit trotz Betreuung kleiner Kinder keine konkreten Betreuungskosten geltend gemacht, ist statt dessen ein sog. **Betreuungsbonus** vorweg vom Nettoeinkommen abzuziehen. Für den Pflichtigen hat der BGH dies bereits mehrfach entschieden.[95] Beim Bedürftigen können keine anderen Grundsätze gelten (näher Rn. 543 ff.). Der Betreuungsbonus kommt aber auch **zusätzlich** zu konkret geltend gemachten Betreuungskosten in Betracht.[95a] In den einzelnen Leitlinien wurde deshalb neben konkreten Betreuungskosten auch der Betreuungsbonus als Abzugsposten aufgenommen.[96]

606 a   Der Betreuungsbonus wurde nach der bis 31. 12. 2007 geltenden Rechtslage beim Bedürftigen vielfach nur bei einer überobligatorischen Tätigkeit im Rahmen des nach § 1577 II BGB anrechnungsfreien Teils des Einkommens berücksichtigt. Seit der Neufassung des § 1570 I 1 BGB und der damit verbundenen erheblichen Vorverlagerung der Erwerbsobliegenheit bei Kinderbetreuung kann aber regelmäßig nur noch von einer überobligatorischen Tätigkeit ausgegangen werden, wenn der Kinder betreuende Elternteil einer Berufstätigkeit nachgeht, obwohl das Kind das 3. Lebensjahr noch nicht vollendet hat (näher Rn. 544, 547). Damit gewinnt der Betreuungsbonus einen völlig **neuen Stellenwert.** Denn es geht nicht mehr um die in der Vergangenheit oft sehr schwierige Abgrenzung, ob bei einer Berufstätigkeit neben der Kinderbetreuung eine normale oder eine überobligatorische Tätigkeit vorliegt (s. näher Rn. 544 ff.), sondern um das in all diesen Fällen immer gegebene Problem der **Doppelbelastung.** An der realen Situation des kinderbetreuenden Elternteils hat sich durch die vorverlagerte Erwerbsobliegenheit mit der Unterhaltsreform zum 1. 1. 2008 nichts geändert. Der erhöhte Aufwand, der durch eine Berufstätigkeit neben der Kinderbetreuung gegenüber einer Berufstätigkeit ohne Kinderbetreuung entsteht, wird in den meisten Fällen nicht in vollem Umfang durch die Berücksichtigung der konkreten Betreuungskosten aufgefangen. Er muss deshalb auch im Interesse des Kindeswohles **stärker** als bisher berücksichtigt werden.[97] Das Verhältnis Betreuungskosten zum Betreuungsbonus ist im Ergebnis nichts anderes als das Verhältnis berufsbedingter Aufwendungen zum Erwerbstätigenbonus. Die Betreuungskosten bzw. berufsbedingten Aufwendungen umfassen die konkret entstehenden Mehrkosten, der Betreuungsbonus bzw. Erwerbstätigenbonus den generell vorhandenen, finanziell aber oft nicht messbaren Mehraufwand. Bei der Betreuung von Kindern betrifft dies z. B. das unumgänglich notwendige frühere Aufstehen, das Verbringen in den Kindergarten und das pünktliche Abholen, die Überwachung der Hausaufgaben, das kurzfristige Organisieren einer anderweitigen Betreuung in Krankheitsfällen, die Gestaltung der Ferienzeit außerhalb des eigenen Urlaubs, das Zurückstellen eigener Freizeitinteressen usw.[98] Die alleinige Zuständigkeit für die Alltagsbetreuung erfordert zudem wesentlich mehr Zuwendung und Anstrengung als die Kinderbetreuung in einer intakten Familie. Kleine Kinder benötigen dabei außerhalb der Kindergarten- bzw. der Schulzeit regelmäßig noch eine Betreuung rund um die Uhr.[99] Ein Betreuungsbonus ist deshalb seit der Gesetzesänderung zum 1. 1. 2008 in wesentlich stärkerem Umfang als bisher anzusetzen, um die **Doppelbelastung durch die Vorverlagerung der Erwerbsobliegenheit bei Kinderbetreuung** aufzufangen.[100] Da vielfach auch ältere Kinder noch einer intensiven Betreuung bedürfen, insbesondere bei Schulproblemen, sollte er nicht nur bei der Betreuung kleiner Kinder bis zum Alter von 10 Jahren zugebilligt werden, sondern je nach Sachvortag und Einzelfall bis zur Volljährigkeit (vgl. auch Rn. 545 a). Wie die konkreten Betreuungskosten ist auch der Betreuungsbonus, soweit er zugebilligt wird, nicht nur bei Ansprüchen nach § 1570 BGB, sondern auch nach § 1573 II BGB anzusetzen.

---

[95] BGH, FamRZ 2001, 350 = R 551 c; FamRZ 1991, 482; FamRZ 1986, 790
[95a] Eingehend Gerhardt NJW-Spezial 2008, 228
[96] Vgl. SüdL, BrL, BraL, BrauL, CL, DrL, FL, HL, HaL, KL, KoL, NaL, OL, ThL jeweils Nr. 10.3
[97] Vgl. Empfehlungen des Arbeitskreises 13 des 167. Deutschen Familiengerichtstages 2007
[98] Vgl. Meier, FamRZ 2008, 101 und den von ihm eindrucksvoll geschilderten Tagesablauf einer allein erziehenden Mutter
[99] Meier, FamRZ 2008, 101
[100] Gerhardt, NJW Spezial 2008, 228

Die **Höhe des Bonus** richtet sich nicht nach festen Pauschalen oder dem jeweiligen **606 b** Tabellenkindesunterhalt, sondern nach den Umständen des Einzelfalls.[101] Abzustellen ist insbesondere auf das Alter des Kindes und seine Betreuungsbedürftigkeit, die Anzahl der Kinder sowie Umfang und Arbeitszeit des Elternteils.[102] Wird das Kind teilweise anderweitig betreut, z. B. bei Besuch eines Kindergartens, kommt es auf den Umfang der verbleibende Restbetreuung an.[103] Die einzelnen Konstellationen sind insgesamt zu vielschichtig, um eine einheitliche Bewertung zu ermöglichen, so wünschenswert dies für die Praxis zur Vereinfachung wäre.[104] Generell ist lediglich der Halbteilungsgrundsatz zu beachten, so dass sich je nach Umständen des Einzelfalls die Höhe des Betreuungsbonus unter Berücksichtigung der konkreten Betreuungskosten vielfach zwischen 5–30% des Nettoeinkommens bewegen wird.

Betreut der für den Ehegattenunterhalt Pflichtige neben seiner vollen Erwerbstätigkeit das **606 c** Kind und zahlt der andere Ehegatte wegen beengter Verhältnisse keinen Kindesunterhalt, wird in der Praxis der Abzug des Betreuungsbonus häufig verwechselt mit dem Abzug des Barunterhalts. Denn der Pflichtige muss in diesen Fällen sowohl für den Bar- als auch für den Naturalunterhalt des Kindes trotz Berufsausübung aufkommen, so dass es sich um zwei Abzugsposten handelt (vgl. näher Rn. 557 d).

Beim Ehegattenunterhalt kommt es für die Frage der **Prägung** der Abzugsposten Betreu- **606 d** ungskosten und Betreuungsbonus nur auf den **tatsächlichen** Anfall bzw. Ansatz an, nicht auf den Zeitpunkt der Entstehung (näher Rn. 4/185 ff.).[105]

VI. Berücksichtigung eines Mehrbedarfs für Krankheit, Behinderung und Alter

1. Mehrbedarf und Mehrbedarfsfälle

Einen Mehrbedarf kann es sowohl beim Berechtigten als auch beim Verpflichteten geben. **607** Er kann sich durch erhöhte Kosten oder einen erhöhten Bedarf ausdrücken.

Ein erhöhter Bedarf entsteht, wenn auf Grund besonderer Umstände des Einzelfalls zusätzliche Mittel für Aufwendungen benötigt werden, die durch den Elementarbedarf nicht gedeckt werden und deshalb zusätzlich zum Elementarunterhalt als unselbstständiger Unterhaltsbestandteil des einheitlichen Lebensbedarfs aufgewendet bzw. geleistet werden müssen (s. auch Rn. 4/167 und 437 ff.). Bei dem Mehrbedarf muss es sich um vorhersehbare regelmäßige Mehraufwendungen handeln. Elementarbedarf und Mehrbedarf zusammen beinhalten den vollen Gesamtunterhalt.

Erhöhte Aufwendungen können entstehen infolge Krankheit, Unfall, Alter, Pflegebedürf- **607 a** tigkeit, Gebrechlichkeit und auf Grund einer Ausbildung, Fortbildung oder Umschulung. Auch Aufwendungen für eine aus gesundheitlichen Gründen benötigte Haushaltshilfe können ein solcher Mehrbedarf sein,[106] desgleichen der Eigenanteil für Arzt- und Arzneimittelkosten sowie Aufwendungen für eine Zugehfrau, die aus krankheits- oder altersbedingten Gründen benötigt wird.[107]

Übernimmt die (neue) **Ehefrau Pflegeleistungen** eines Schwerstbehinderten, geht dies über die im Rahmen der gegenseitigen Beistandspflicht der Ehegatten gemäß §§ 1353, 1360 BGB geschuldete übliche Krankenpflege hinaus und stellt eine freiwillige Leistung des Ehegatten dar, die sonstigen Unterhaltsberechtigten, z. B. Kindern, nicht zugute kommen soll. Der Unterhaltspflichtige kann in diesem Fall die **ersparten Fremdpflegekosten als krankheitsbedingten Mehrbedarf** von seinem Einkommen abziehen.[108]

---

[101] BGH FamRZ 2005, 1154 = R 630 d
[102] BGH, FamRZ 2005, 1154 = R 630 d; FamRZ 2001, 350 = R 551 c
[103] BGH a. a. O.
[104] Gerhardt in Anm. zu BGH, FamRZ 2005, 1154
[105] Gerhardt, FamRZ 2007, 945
[106] BGH, FamRZ 1984, 151, 154
[107] BGH, FamRZ 1986, 661, 663
[108] BGH, FamRZ 1995, 537 = R 493 b

Ähnliche Mehrbedarfsfälle wurden bereits bei den Renteneinkünften erörtert (s. dazu näher Rn. 441 ff.).

Ein Mehrbedarf ist im Ergebnis auch der Krankheitsvorsorgeunterhalt und der Altersvorsorgeunterhalt eines Ehegatten (s. näher Rn. 4/438).

608   Ein Mehrbedarf muss grundsätzlich durch Darlegung **konkreter Tatsachen** vorgetragen und nachgewiesen werden. Eine pauschale Berücksichtigung erkennt der BGH nicht an. Ein konkreter Nachweis zu Art und Höhe des Mehrbedarfs kann in der Regel durch Vorlage von Belegen über Ausgaben geführt werden, die gemacht werden mussten, um den Mehrbedarf zu decken. Die Ausgaben sind unter Berücksichtigung der beiderseitigen wirtschaftlichen und persönlichen Verhältnisse auf ihre Notwendigkeit und Angemessenheit zu überprüfen. Die angemessene Höhe kann erforderlichenfalls nach § 287 ZPO geschätzt werden.

609   **Kein Mehrbedarf** als Teil des Bedarfs ist ein trennungsbedingter Mehrbedarf beim Ehegattenunterhalt (s. dazu Rn. 4/169 a, 427 ff.). Trennungsbedingte Mehrkosten sind dagegen im Einzelfall als **unumgängliche Schulden** zu berücksichtigen (vgl. Rn. 623 a).

2. Berücksichtigung eines Mehrbedarfs

610   Wird bei einem Mehrbedarf für Körper- oder Gesundheitsschäden **eine Sozialleistung nach § 1610 a BGB** erbracht, ist die Sozialleistung in Höhe der Aufwendungskosten kein Einkommen (vgl. näher Rn. 443 ff.), so dass ein Mehrbedarf nur in Betracht kommt, wenn die tatsächlich anfallenden Kosten die Sozialleistung übersteigen.

Ansonsten ist ein Mehrbedarf nach näherer Prüfung aller Umstände zu berücksichtigen, soweit er angemessen ist. Dabei ist zwischen Pflichtigem und Bedürftigem zu differenzieren.

611   Beim **Pflichtigen** erfolgt ein Abzug der konkreten Kosten vom Nettoeinkommen. Der Mehrbedarf verbleibt ihm also zusätzlich zu seiner Ehegattenquote (genauere Einzelheiten s. Rn. 4/443 ff.).

612   Hat der **Berechtigte** eigenes Einkommen, wird sein Mehrbedarf ebenfalls von seinem Einkommen abgezogen und dann erst der Unterhalt berechnet. Ihm verbleibt sein Mehrbedarf anrechnungsfrei zusätzlich zum Unterhalt. Hat der Berechtigte kein Einkommen, ist der Mehrbedarf zusätzlich als unselbständiger Bestandteil des Unterhaltsbedarfs geltend zu machen (Rn. 4/435, 438 ff.).

613   Beim Kindesunterhalt gelten die gleichen Grundsätze. Hat das **Kind einen Mehrbedarf,** haben ihn die zur Unterhaltsleistung verpflichteten Eltern anteilig gemäß § 1606 III BGB bis zur Grenze des Selbstbehalts zusätzlich zum Elementarunterhalt zu bezahlen[109] (s. dazu Rn. 2/325).

VII. Berücksichtigung von Schulden

1. Zur Problematik der Berücksichtigung von Schulden sowie zu Regelungen in den Leitlinien

614   **a) Gesetzliche Regelung.** Nach dem Gesetz sind **Schulden** im Rahmen der **Leistungsfähigkeit** des Verpflichteten zu berücksichtigen (§§ 1581, 1603 I BGB). Gemäß § 1581 BGB muss der Verpflichtete nur einen Billigkeitsunterhalt leisten, wenn er nach seinen Erwerbs- und Vermögensverhältnissen unter Berücksichtigung seiner sonstigen Verpflichtungen nicht in der Lage ist, dem Berechtigten ohne Gefährdung seines eigenen angemessenen Unterhalts den vollen Unterhalt nach § 1578 BGB zu gewähren.

Nach § 1603 I BGB besteht keine Unterhaltsverpflichtung, wenn der Unterhaltsschuldner bei Berücksichtigung seiner sonstigen Verpflichtungen außerstande ist, ohne Gefährdung seines angemessenen Unterhalts dem Kind dessen angemessenen Unterhalt zu gewähren. Verpflichtungen im Sinne dieser Bestimmungen sind vor allem Schulden. Hierunter fallen

---

[109] BGH, FamRZ 1998, 286 = R 518 a

aber auch alle sonstigen Verbindlichkeiten, z. B. Unterhaltslasten, Steuern, Vorsorgeaufwendungen usw.

b) Berücksichtigung bei der Bedarfsermittlung für den Ehegattenunterhalt. Ge- **615** setzlich ist nicht ausdrücklich geregelt, ob und inwieweit auch im Rahmen der **Bedarfsbemessung** Schulden zu berücksichtigen sind. Dazu gibt es weder in § 1361 BGB noch in § 1578 BGB Anhaltspunkte.

Trotzdem spielen Schulden nach ständiger Rechtsprechung bereits im Rahmen der Bedarfsbemessung eine Rolle, weil sie die verfügbaren Mittel reduzieren. Der BGH hatte früher den Abzug auf sogenannte ehebedingte Verbindlichkeiten beschränkt. Insoweit handelt es sich um Verbindlichkeiten, die noch vor der Trennung mit Einverständnis des anderen Ehegatten entstanden sind oder in die Ehe mitgebracht wurden und auch bei Fortbestehen der ehelichen Gemeinschaft aus dem Einkommen abzubezahlen gewesen wären (s. näher Rn. 622 ff.). Mittel, die zur Bezahlung solcher Verbindlichkeiten benötigt werden, stehen für deren Laufzeit zur Verwendung für den laufenden Lebensunterhalt nicht zur Verfügung. Sie mindern als **prägende Ausgabe** das für Unterhaltszwecke verbrauchbare Einkommen. Auch bei Fortbestand der Ehe hätten solche Mittel zur Deckung des laufenden Lebensbedarfs nicht zur Verfügung gestanden. Etwas anderes gilt, wenn die Schuld generell nicht als berücksichtigungswürdig angesehen werden kann, z. B. bei Luxusausgaben oder Verschwendung (s. näher Rn. 625).

Der BGH hat seine frühere **Rechtsprechung** zwischenzeitlich **geändert.** Abzugsposten **616** sind für die Bedarfsermittlung nicht nur Schulden aus der Zeit des Zusammenlebens, sondern auch nach der **Trennung/Scheidung entstandene Verbindlichkeiten,** soweit sie **unumgänglich** sind bzw. **nicht leichtfertig** eingegangen wurden.[110] Da es keine Lebensstandardgarantie gibt, nimmt der Bedürftige nach der Trennung nicht nur an Einkommenserhöhungen des Pflichtigen, sondern auch an Einkommensminderungen durch nicht vorwerfbare Einkommensreduzierungen oder neue Ausgaben teil.[111] Die Neuaufnahme der Schuld als berücksichtigungswürdige Ausgabe darf nur nicht auf einem unterhaltsbezogen leichtfertigen oder mutwilligen Verhalten beruhen.[112] Derartige Ausgaben sind dann bereits bei der Bedarfsermittlung zu berücksichtigen. Der herkömmliche Begriff eheprägend ist insoweit irreführend, maßgebend ist nach der geänderten Rechtsprechung des BGH die **Berücksichtigungswürdigkeit der Ausgaben** (näher Rn. 622).[113] Mit dieser neuen Rechtsprechung erfolgt eine stärkere Anpassung an die realen Gegebenheiten. Sie ist deshalb sehr zu begrüßen. Der BGH hat aus diesem Grunde auch seine Rechtsprechung zum Abzug einseitig vermögensbildender Ausgaben beim Ehegattenunterhalt geändert und den tatsächlichen Verhältnissen angepasst (vgl. näher Rn. 631).[114] Tilgungen zur **einseitigen Vermögensbildung** gehen der Unterhaltsverpflichtung nicht vor und können damit ab Rechtshängigkeit des Scheidungsverfahrens nicht mehr berücksichtigt werden, es sei denn, es handelt sich um eine zu berücksichtigende Altersvorsorge (näher Rn. 597 b, 598 a).[115] Deshalb ist bei den Verbindlichkeiten künftig zwischen nicht vermögensbildenden Verbindlichkeiten, insbesondere sog. Konsumschulden, und Verbindlichkeiten zur gemeinsamen oder einseitigen Vermögensbildung zu differenzieren.

Ist im Rahmen der Bedarfsbemessung die Abtragung eines Kredits zu berücksichtigen, ist **617** zunächst das Einkommen um diese Belastungen zu vermindern und erst dann der Bedarf der Ehegatten mit der Ehegattenquote aus den nach Abzug der Belastungen für Unterhaltszwecke verbleibenden Mitteln zu errechnen.[116] Im Ergebnis gilt auch bei Selbstständigen und Gewerbetreibenden für betriebliche Aufwendungen nichts anderes. Darlehen für not-

---

[110] BGH, FamRZ 2008, 968 = R 689 g; FamRZ 2006, 683 = R 649 g, h; näher Gerhardt, FamRZ 2007, 945
[111] BGH, FamRZ 2008, 968 = R 689 g; FamRZ 2006, 683 = R 649 f, g, h
[112] BGH, FamRZ 2008, 968 = R 689 g
[113] Gerhardt, FamRZ 2007, 945
[114] BGH, FamRZ 2008, 963 = R 692 d, e; 2007, 879 = R 677 d
[115] BGH, FamRZ 2008, 963 = R 692 f; 2007, 879 = R 677 d
[116] BGH, FamRZ 1997, 806 = R 512 b; FamRZ 1989, 159; FamRZ 1985, 911

wendige Anschaffungen kürzen als Ausgaben den Gewinn, die Zinsen unmittelbar, die Tilgung mittelbar über die Abschreibung.

Bei der Berücksichtigungswürdigkeit einer Schuld kommt es bei Konsumgütern, die zu keiner Vermögensbildung führen (Möbel, PKW usw.), nicht darauf an, wer mit dem Darlehen angeschaffte **Gegenstände nach der Trennung behält.** Letzteres ist nur eine Frage der Vermögensauseinandersetzung, nicht der Bemessung des Unterhalts.[117]

618   Die Abzahlung von Schulden erfolgt üblicherweise durch den **Pflichtigen.** Hat auch der **Berechtigte** ein eigenes Einkommen und **tilgt ehebedingte** Verbindlichkeiten, ist in gleicher Weise auch dessen Einkommen um solche Verbindlichkeiten zu bereinigen, ehe der Unterhaltsbedarf berechnet wird. Insoweit ist er mit dem Verpflichteten gleich zu behandeln.[118]

Dagegen **erhöht** sich der Bedarf des Berechtigten **nicht,** weil er Mittel für eine **neue Schuldentilgung** benötigt. Sein Unterhaltsanspruch umfasst nur seinen laufenden Lebensbedarf. Zu diesem Lebensbedarf gehört im unterhaltsrechtlichen Sinn nicht sein Interesse an der Tilgung von Schulden. Die Unterhaltsverpflichtung umfasst grundsätzlich nicht die Verpflichtung, Schulden des anderen Ehegatten zu tilgen.[119] Nach der Trennung aufgenommene **nichtprägende, d. h. nicht berücksichtigungswürdige Schulden** des Berechtigten haben keinen Einfluss auf dessen **Bedürftigkeit,** d. h. sie können seine Bedürftigkeit, die sich nach seinem ungedeckten Bedarf bemisst, nicht erhöhen. Eine **Ausnahme** besteht nur, soweit es sich um **unumgängliche,** z. B. trennungsbedingte Mehrkosten handelt und keine Mittel, z. B. Sparvermögen, zu deren Deckung vorhanden sind (vgl. Rn. 623 a).

619   c) **Berücksichtigung bei der Bedürftigkeit und Leistungsfähigkeit.** Seit der geänderten Rechtsprechung des BGH zum Abzug berücksichtigungsfähiger Verbindlichkeiten gilt die früher notwendige strikte Unterscheidung beim Abzug von Schulden zwischen Bedarf und Bedürftigkeit/Leistungsfähigkeit nur noch eingeschränkt. **Handelt es sich um eine berücksichtigungswürdige Schuld, ist sie sowohl beim Bedarf als auch bei der Bedürftigkeit/Leistungsfähigkeit Abzugsposten.**[120] Maßgebend ist bei der Bedürftigkeit/Leistungsfähigkeit lediglich, wer abzahlt. Ist die Verbindlichkeit dagegen nicht berücksichtigungsfähig, ist sie weder beim Bedarf noch bei der Bedürftigkeit/Leistungsfähigkeit anzusetzen.

620   d) **Berücksichtigung beim Verwandtenunterhalt.** Die vorstehenden Erörterungen gelten dem Grundsatz nach in gleicher Weise für den **Ehegattenunterhalt und den Verwandtenunterhalt.** Auch beim Kindes- und sonstigen Verwandtenunterhalt sind Verbindlichkeiten vom Einkommen abzuziehen, bevor z. B. der Unterhaltsbedarf eines Kindes nach der DT aus dem bereinigten Nettoeinkommen bemessen wird.[121] Minderjährige Kinder leiten ihre Lebensstellung von den unterhaltspflichtigen Eltern ab, nach Trennung der Eltern bezüglich der Geldrente vom barunterhaltspflichtigen Elternteil.[122] Ist der Elternteil mit Schulden belastet, beeinträchtigt dies auch die Lebensstellung des Kindes. Da es beim Kindesunterhalt immer auf das tatsächlich verfügbare Einkommen ankommt, gilt dies bei ehelichen Kindern auch für erst nach der Trennung der Eheleute aufgenommene Kredite, es ist aber insoweit immer eine Einzelfallprüfung vorzunehmen (näher Rn. 644 ff.). Beim Unterhalt Volljähriger, beim sonstigen Verwandtenunterhalt und bei Unterhaltsansprüchen nach § 1615 l II BGB ist ebenfalls bereits auf der Bedarfsebene die notwendige Einzelfallprüfung vorzunehmen, soweit beim Bedarf die Einkommensverhältnisse des Pflichtigen zu berücksichtigen sind(Genaueres s. Rn. 648 ff.).

621   e) **Behandlung der Schulden in den Leitlinien.** Nach der gemeinsamen Leitlinienstruktur der Oberlandesgerichte wird die Berücksichtigungswürdigkeit von Schulden in Nr. 10. 4 abgehandelt. Ein Teil der Oberlandesgerichte hat dabei die geänderte Rechtsprechung des BGH, dass auch nach der Trennung/Scheidung entstandene unumgängliche Schulden bedarfsprägend sind, noch nicht in den Leitlinien umgesetzt.

---

[117] BGH, FamRZ 1995, 869, 870 = R 494; OLG München, FamRZ 1995, 233
[118] BGH a. a. O.
[119] BGH, FamRZ 1985, 902
[120] BGH FamRZ 2008, 497 = R 687
[121] BGH, FamRZ 1996, 160, 161 = R 496 b
[122] BGH, FamRZ 2002, 536 = R 572 b

- Die **Süddeutschen Leitlinien** trennen wegen der geänderten Rechtsprechung des BGH nicht mehr zwischen Ehegatten- und Verwandtenunterhalt sowie beim Ehegattenunterhalt zwischen Bedarf und Leistungsfähigkeit/Bedürftigkeit. Sie verweisen nur noch auf die Berücksichtigungswürdigkeit der Verbindlichkeit, die Kriterien der Zumutbarkeitsabwägung und die im Einzelfall bestehende Obliegenheit zur Einleitung eines Verbraucherinsolvenzverfahrens.

- Entsprechende Formulierungen enthalten die BrauL, KoL und SchL, wobei letztere noch darauf hinweisen, dass auch nach der Trennung entstandene unabwendbare Schulden Abzugsposten sind und unverhältnismäßig hohe Hausschulden nur für eine Übergangszeit nach der Trennung.

- Die DrL verweisen zusätzlich darauf, dass Tilgungen zur Vermögensbildung ab Scheidung nicht mehr berücksichtigt werden können. Dies gilt aber nach BGH nur bei einseitiger Vermögensbildung, außerdem bereits beim gesetzlichen Güterstand ab Rechtshängigkeit des Scheidungsverfahrens bzw bei Gütertrennung ab Trennung.

- Die BraL, BrL, BL, CL, FL, NL, HaL, KL, OL und RL berücksichtigen gemäß der früheren Rechtsprechung des BGH für die Bedarfsermittlung beim Ehegattenunterhalt nur die bis zur Trennung der Eheleute entstandenen Schulden. Sie sind insoweit durch die geänderte Rechtsprechung des BGH überholt.

2. Abzug berücksichtigungswürdiger Schulden bei der Bedarfsermittlung des Ehegattenunterhalts

a) Berücksichtigungswürdige Schulden. Wie bereits ausgeführt ist der Begriff ehe- **622** prägend seit der geänderten Rechtsprechung des BGH nur noch im Sinne einer Berücksichtigungswürdigkeit zu verstehen (s. oben Rn. 616). Nach der Neubewertung der ehelichen Lebensverhältnisse im Gefolge der Surrogatslösung mit einem stärkeren Abstellen auf die tatsächlichen Gegebenheiten ist deshalb bei der Bedarfsermittlung vor noch zwischen **nicht vermögensbildenden Schulden**, z. B. Konsumschulden (= Verbindlichkeiten für den täglichen Bedarf), in die Ehe mitgebrachte Schulden, Schulden aus Überziehungskrediten, Schadensereignissen usw. und **vermögensbildenden Schulden** zu unterscheiden. Bei den nicht vermögensbildenden Schulden ist im Rahmen der **Berücksichtigungswürdigkeit** zu differenzieren, ob sie vor oder nach der Trennung entstanden sind, bei den vermögensbildenden Schulden, ob es sich um eine einseitige oder gemeinsame Vermögensbildung handelt und ob eine zulässige Altersvorsorge vorliegt. Aus Gleichbehandlungsgründen gelten die folgenden Ausführungen nicht nur, wenn wie üblich der Pflichtige die Schulden tilgt, sondern auch, wenn der Berechtigte über eigenes Einkommen verfügt und Verbindlichkeiten abzahlt.

b) Nicht vermögensbildende Schulden. Schulden, die nicht der Vermögensbildung **623** dienen, sind als ehebedingte Verbindlichkeiten abziehbar, wenn sie bereits vor der Trennung mit ausdrücklicher oder stillschweigender Zustimmung des anderen Ehepartners begründet wurden oder in die Ehe mitgebracht wurden und damit die ehelichen Lebensverhältnisse geprägt haben[123] (vgl. Rn. 4/185, 188). Die Mittel für die Abzahlung der Schulden hätten auch bei Fortsetzung des ehelichen Zusammenlebens ohne Trennung nicht zur Deckung des laufenden Lebensbedarfs zur Verfügung gestanden und sind damit berücksichtigungswürdig. Nicht ausschlaggebend ist, ob im Außenverhältnis beide Ehegatten für diese Verbindlichkeiten haften oder nur ein Ehegatte allein, bzw., wer den Gegenstand nach der Trennung erhält.[124] Letzteres ist allein im Rahmen der Hausrats- oder Vermögensauseinandersetzung und des Zugewinns zu klären. Unter die bis zur Trennung angefallenen berücksichtigungswürdigen Schulden, die nicht der Vermögensbildung dienen, fallen insbesondere Konsumkredite, voreheliche Schulden, die auch während der Ehe weiter abbezahlt werden mussten, Überziehungskredite, auch im Zusammenhang mit der Trennung.

---

[123] BGH a. a. O.
[124] BGH, FamRZ 1995, 869 = R 494; OLG München, FamRZ 1995, 233

623 a   Für die Bedarfsermittlung zu berücksichtigende Schulden sind nach der geänderten Rechtsprechung des BGH aber auch erst nach der **Trennung/Scheidung** aufgenommene **neue einseitige Verbindlichkeiten,** soweit sie unumgänglich sind bzw. nicht leichtfertig eingegangen wurden.[125] Wie bei einer Einkommensreduzierung muss der Bedürftige auch ein Absenken des Bedarfs durch neu eingegangene, nicht vermeidbare Ausgaben hinnehmen. Es gibt **keine Lebensstandardgarantie** mehr, der Bedürftige trägt daher auch die Risiken einer negativen Entwicklung der vorhandenen Mittel mit.[126] Im Gegensatz zur früheren Rechtsprechung sind deshalb nach der Trennung/Scheidung nicht vorwerfbar entstandene neue einseitige Belastungen nicht erst bei der Leistungsfähigkeit zu berücksichtigen, was im Einzelfall zu einer Korrektur des Bedarfs mit einem Billigkeitsunterhalt führte.[127] Der Bedürftige muss vielmehr die Realität des tatsächlich vorhandenen geringeren Einkommens des Pflichtigen bereits bei der Bedarfsbemessung anerkennen. An den Begriff „unterhaltsbezogen nicht leichtfertig oder mutwillig eingegangene Schuld" ist dabei ein strenger Maßstab zu stellen. Es dürfen keine anderweitigen Mittel zur Abzahlung vorhanden sein (nichtprägendes Einkommen, vermögensbildende Einkünfte), außerdem muss die Kreditaufnahme nach Würdigung des Einzelfalls notwendig sein. **Beispiele** sind trennungsbedingte Kredite zur Finanzierung des Umzugs, notwendigen Mobiliars, der Kaution für eine Mietwohnung usw., ferner nach der Scheidung neue nicht vorwerfbar entstandene Schulden, z. B. für den notwendigen Kauf eines gebrauchten Pkw bei einem mit öffentlichen Verkehrsmitteln nicht erreichbaren Arbeitsplatz. Auch bei Wiederverheiratung des Pflichtigen können in der neuen Ehe aufgenommene Schulden nach obigen Kriterien berücksichtigungswürdig sein. Durch die Beschränkung auf nicht leichtfertig oder mutwillig eingegangene neue Schulden ist nach **Grund und Höhe** sichergestellt, dass nicht jede neue nach Trennung eingegangene Verbindlichkeit als Abzugsposten anzuerkennen ist.[128]

624   Notwendige Kosten des **Umgangsrecht** sind stets als unumgängliche Schuld **berücksichtigungswürdig,** da die Ausübung des Umgangsrecht verfassungsrechtlich geschützt ist. Sie sind zunächst über das Kindergeld zu decken. Reicht das Kindergeld hierfür nicht aus, z. B. bei höheren Fahrtkosten, kürzen sie das bereinigte Nettoeinkommen.[129] Dies ist insbesondere ab der Reform des Unterhaltsrechts zum 1. 1. 2008 zu beachten, wenn bei der Bereinigung des Nettoeinkommens für den Ehegattenunterhalt durch Abzug des Zahlbetrags für den Kindesunterhalt dem Pflichtigen rechnerisch nur ein Viertel des Kindergeldes verbleibt und damit die nachgewiesenen konkreten Umgangskosten nicht gedeckt werden können.[130] Maßgebend ist aber stets, dass sie anfallen und im Einzelfall erforderlich sind.

624 a   Durch eine Umschuldung nach der Trennung verlieren Verbindlichkeiten nicht ihren Charakter als berücksichtigungswürdige Verbindlichkeiten. Bei einer Kreditausweitung anlässlich der Umschuldung sind Beträge in Höhe der noch nicht getilgten ehebedingten Verbindlichkeiten weiter zu berücksichtigen,[131] in darüber hinausgehender Höhe dagegen nur, wenn es sich bei der Kreditausweitung um eine nicht leichtfertig begründete neue Schuld handelt.

625   Ausnahmsweise **nicht berücksichtigungsfähig** sind nach Treu und Glauben Verbindlichkeiten, die während der Ehe von einem der Eheleute leichtfertig, für luxuriöse Zwecke oder ohne verständlichen Grund eingegangen sind.[132] Hierunter fallen Kredite für Spielschulden, einseitig betriebene teure Hobbys oder Reisen,[133] Anschaffung eines zweiten Motorrades,[134] Spekulationen usw. Bei den ehelichen Lebensverhältnissen ist auf einen objektiven Maßstab abzustellen (näher Rn. 4/213 ff.), dies hat auch für die Ausgaben zu gelten.

---

[125] BGH, FamRZ 2008, 968 = R 689 g; FamRZ 2006, 683 = R 649 f, g
[126] BGH, FamRZ 2008, 968 = R 689 g; FamRZ 2006, 683 = R 649 g
[127] Vgl. Vorauflage § 1 Rn. 642
[128] Gerhardt, FamRZ 2007, 945
[129] BGH, FamRZ 2007, 193 = R 664 c; FamRZ 2005, 706 = R 626; 1995, 215
[130] Gerhardt, FuR 2008, 9
[131] BGH, NJW 1998, 2821, 2822 = R 525 b
[132] BGH, FamRZ 1996, 160 = R 496 c; FamRZ 1984, 358, 360
[133] Gerhardt, FamRZ 2007, 945
[134] OLG Düsseldorf, FamRZ 2007, 1039

Werden ehebedingte Verbindlichkeiten nach der Trennung **ohne Not aufrechterhalten,** 626
dürfen sie nicht mehr vom Einkommen abgezogen werden. Der BGH hat dies bejaht
bezüglich Bereitstellungszinsen für einen während des Zusammenlebens geplanten Hausbau,
nachdem dem Bauvorhaben mit dem Auseinanderbrechen der ehelichen Lebensgemeinschaft der Boden entzogen worden war und der Berechtigte zur Mitwirkung an der möglichen Rückgängigmachung des Projekts bereit war.[135]

    c) Vermögensbildende Schulden. Bei vermögensbildenden Schulden ist zwischen 627
Zins und **Tilgungen** zu differenzieren, ferner zwischen gemeinsamer und einseitiger
Vermögensbildung. Außerdem ist zu prüfen, ob es sich um eine zulässige Altersvorsorge
handelt.

- **Zinsen** als Geldbeschaffungskosten sind regelmäßig berücksichtigungsfähig, auch wenn 628
  die Verbindlichkeit erst nach Trennung/Scheidung aufgenommen wurde (vgl. z. B. zu
  den Hausschulden Rn. 345 ff.).[136]
- **Gemeinsame Vermögensbildung.** Bei einer gemeinsamen Vermögensbildung, die 629
  naturgemäß vor der Trennung gebildet wurde, ist die **Tilgung** als Abzugsposten zu
  berücksichtigen (näher Rn. 659; 4/202), weil beide Ehegatten die Vermögensbildung
  wollten und sie beiden zugute kommt. Dies gilt auch über die Scheidung hinaus bis zur
  Vermögensauseinandersetzung. Übernimmt ein Ehegatte bei der Vermögensauseinandersetzung den damit finanzierten Wertgegenstand, z. B. die gemeinsame Immobilie, wird
  aus der gemeinsamen eine einseitige Vermögensbildung (vgl. Rn. 394).[137]
- **Einseitige Vermögensbildung.** Tilgungsleistungen für eine einseitige Vermögensbil- 630
  dung sind nach der **geänderten Rechtsprechung** des BGH beim gesetzlichen Güterstand ab Rechtshängigkeit des Scheidungsverfahrens als Stichtag für den Zugewinnausgleich, bei Gütertrennung bereits ab Trennung **nicht mehr als Abzugsposten** zu
  berücksichtigen, es sei denn, es handelt sich um eine zulässige **Altersvorsorge** (vgl.
  Rn. 597 b, 598 a).[138] Denn der **Unterhalt geht der Vermögensbildung vor.** Bei der
  Tilgung zur einseitigen Vermögensbildung stellte die frühere Rechtsprechung des BGH
  bei der Bedarfsermittlung darauf ab, ob sie nach einem objektiven Maßstab angemessen
  war.[139] Eine Ausnahme galt nur für sog. Negativeinkünfte zur einseitigen Vermögensbildung, die generell nicht berücksichtigungsfähig sind, bei denen aber dem Pflichtigen
  der Steuervorteil zu verbleiben hat (s. näher Rn. 302.).[140] Bei **positiven Einkünften**
  konnte dies im Einzelfall zu einer Doppelverwertung der Tilgung im Zugewinn und
  Unterhalt führen.[141] Bei der Bedürftigkeit war die Tilgung hingegen nicht anzusetzen,
  weil der Unterhalt nur zur Finanzierung der Lebenskosten des Bedürftigen dient, nicht zu
  einer Vermögensbildung.[142] Das Gleiche galt bei der Leistungsfähigkeit, da der Unterhalt
  der Vermögensbildung dort nicht vorging.[143] Diese differenzierte Betrachtungsweise
  wurde in der Praxis kaum verstanden und stand auch nicht im Einklang mit dem seit der
  Unterhaltsreform zum 1. 1. 2008 verstärkt zu beachtenden **Vereinfachungsgrundsatz.**[144] Sie entsprach auch nicht dem Gerechtigkeitsgebot. Nach der geänderten Rechtsprechung des BGH ist stärker auf die **tatsächlichen Gegebenheiten** abzustellen, so dass
  es für die Berücksichtigungswürdigkeit nicht mehr darauf ankommt, dass die Tilgung zur
  einseitigen Vermögensbildung die in der Ehe vorhandenen Mittel kürzte, sondern nur
  noch, dass der Ehepartner nicht mehr hinnehmen muss, die einseitige Vermögensbildung

---

[135] BGH, FamRZ 1983, 670, 673
[136] BGH, FamRZ 2008, 963 = R 692 d; FamRZ 2007, 879 = R 677 d; 2000, 950 = R 540 b; 1998,
87 = R 516 b
[137] BGH, FamRZ 2008, 963 = R 692 a, d
[138] BGH, FamRZ 2008, 963 = R 692 d, e, f; FamRZ 2007, 879 = R 677 d
[139] Vgl. z. B. BGH, FamRZ 1994, 353; 1997, 36
[140] BGH, FamRZ 2003, 741 = R 590 c; 1987, 87
[141] Eingehend Gerhardt/Schulz, FamRZ 2005, 317; 2005, 1523
[142] BGH, FamRZ 1992, 423 = R 442 b
[143] Vgl. z. B. BGH, FamRZ 1984, 353; FamRZ 1987, 36
[144] BT-Drs 16/1830 vom 15. 6. 2006 S. 14

des Pflichtigen durch einen gekürzten Unterhalt mit zu finanzieren.[145] Deshalb sind von Schulden zur einseitigen Vermögensbildung ab dem Zeitpunkt, ab dem beim gesetzlichen Güterstand über den Zugewinnausgleich keine Teilhabe an dieser Vermögensbildung mehr erfolgt, d. h. ab Rechtshängigkeit des Scheidungsverfahrens nur noch die **Zinsen, nicht mehr die Tilgung** zu berücksichtigen. (Ausnahme: zulässige Altersvorsorge)[146] Bei **Gütertrennung** gilt dies bereits ab Trennung bzw. ab Beginn der Gütertrennung, wenn diese erst in der Trennungszeit vereinbart wurde.[147] Nach dieser geänderten Rechtsprechung kann es auch zu keiner Doppelverwertung beim Unterhalt und Zugewinn durch Berücksichtigung der Tilgung beim Zugewinn mehr kommen (näher Rn. 4/232).[148]

631   **d) Wegfall von Verbindlichkeiten.** Eheprägende Verbindlichkeiten sind so lange einkommensmindernd zu berücksichtigen, solange tatsächliche Zahlungen auf sie geleistet werden. **Entfallen** die **Zahlungen** wegen Kredittilgung, dann **erhöht sich das anrechenbare Einkommen** und damit der Bedarf in Höhe der bisher geleisteten Zahlungen,[149] unabhängig davon, ob dies vor oder nach der Scheidung war.[150] (s. auch Rn. 4/298). Zu berücksichtigen ist bei Konsumkrediten auch eine **vorzeitige Tilgung** aus dem Erlös eines verkauften Schrebergartens oder sonstigen Gegenstandes, der während der Ehe keine wirtschaftlich messbaren Vorteile brachte. Denn es handelt sich insoweit um eine wirtschaftlich vernünftigen Überlegung, einen Kapitalwert einzusetzen, um damit gemeinsame Schulden abzulösen und dadurch die beiderseitigen finanziellen Verhältnisse zu bereinigen.[151] Entsprechendes gilt bei vermögensbildenden Krediten, z. B. Hausschulden, wenn sie nach der Trennung/Scheidung vorzeitig zurückgeführt (vgl. Rn. 350) oder reduziert werden.[151a]

632   **e) Gesamtschuldenausgleich.** Soweit eine gemeinsame Schuld bei der Bildung des bereinigten Nettoeinkommens für den Ehegattenunterhalt berücksichtigt wird, **entfällt** ein Gesamtschuldnerausgleich, weil es sich insoweit um eine anderweitige Regelung nach § 426 I 2 BGB handelt.[152] Dies gilt nicht, wenn eine gemeinsame Schuld lediglich beim Kindesunterhalt berücksichtigt wurde.[153]

633   **f) Darlegungs- und Beweislast.** Die Darlegungs- und Beweislast für berücksichtigungswürdige Schulden des Pflichtigen trägt der Unterhaltsschuldner, da es im Ergebnis um eine Reduzierung seiner Leistungsfähigkeit geht.[154]

634   **g) Nichtprägende Schulden.** Keine berücksichtigungswürdigen Verbindlichkeiten sind nach der Trennung entstandene einseitige neue Schulden, die unterhaltsbezogen leichtfertig eingegangen wurden, d. h. die zur Befriedigung eigener Bedürfnisse aufgenommen wurden, ohne dass dies erforderlich war, z. B. für eine Urlaubsreise, Einrichtungsgegenstände zur Verbesserung des Wohnkomfort, Kauf eines größeren Pkw usw. Dies gilt insbesondere, wenn an sich ausreichende Barmittel zur Verfügung standen. Deshalb sind Kredite, die zur **Finanzierung des Zugewinns** aufgenommen wurden, nicht berücksichtigungsfähig.[155] Bei **Wiederverheiratung des Pflichtigen** gelten die gleichen Maßstäbe, da auch dann in erster Linie auf die tatsächlich vorhandenen Mittel abzustellen ist. Bei diesen den Bedarf nicht beeinflussenden nichtprägenden Schulden verbleibt es bei dem Grundsatz, dass der Unterhalt nur dazu dient, die Lebenshaltungskosten zu finanzieren, nicht aber die Schulden des anderen Ehegatten zu bezahlen.[156]

---

[145] BGH, FamRZ 2008, 963 = R 692 d
[146] BGH, FamRZ 2008, 963 = R 692 d; 2007, 879 = R 677 d
[147] BGH, FamRZ 2008, 963 = R 692 e
[148] Gerhardt/Schulz, FamRZ 2005, 1523; Gerhardt, FamRZ 2007, 945
[149] BGH, FamRZ 1988, 701, 703; FamRZ 1982, 678
[150] BGH, FamRZ 2005, 967 = R 629; FamRZ 1990, 1085, 1087; FamRZ 1988, 701, 703
[151] BGH, NJW 1998, 2821, 2822 = R 525 a
[151a] BGH, FamRZ 2007, 879 = R 677 c
[152] BGH, FamRZ 2005, 1236; 1995, 216; OLG München, FamRZ 2006, 208; OLG Bremen FamRZ 2007, 47
[153] BGH, FamRZ 2007, 1975
[154] BGH, FamRZ 1990, 283, 287
[155] BGH, FamRZ 2000, 950 = R 540 c
[156] BGH, FamRZ 1985, 902

Nicht berücksichtigungsfähig sind ferner einseitig in der Ehe eingegangenen Kredite **635** für luxuriöse oder leichtfertige oder ohne verständlichen Grund eingegangene Zwecke (s. näher Rn. 625).

Nicht berücksichtigungsfähig sind ferner die **Prozesskosten.** Prozesskosten für Schei- **635 a** dungs- und Folgeverfahren sind von jeder Partei in der Höhe, in der sie ihr auferlegt wurden, aus den Lebenshaltungskosten selbst zu tragen. Ist eine Partei dazu nicht in der Lage, kann sie Prozesskostenhilfe in Anspruch nehmen. Werden hierfür Prozesskostenhilfe- raten angeordnet, können letztere in Ausnahmefällen berücksichtigungswürdig sein, falls ansonsten zur Lebensführung keine ausreichenden Mittel in Höhe des Existenzminimums verbleiben und eine Aufhebung der Ratenzahlungsverpflichtung trotz beengter Mittel nicht erreichbar ist. Ähnliches gilt auch für Kosten anderer Prozesse. Wer zu Unrecht Prozess- kosten verursacht hat, hat sie im Zweifel aus seinem Einkommen selbst zu tragen. Prozess- kosten sind beim Bedürftigen auch kein Teil seines Bedarfs. Er kann lediglich im Verfahren wegen Trennungs- und Familienunterhalt nach §§ 1361 IV 4, 1360 a IV BGB Prozess- kostenvorschuss beantragen (s. näher Rn. 6/20 ff.).

h) Schuldenabzug in angemessener Höhe. Soweit Verbindlichkeiten dem Grunde **636** nach als berücksichtigungswürdige Verbindlichkeiten abgezogen werden können, ist zusätz- lich zu prüfen, ob sie dies unter Anlegung eines objektiven Maßstabs auch der Höhe nach sind. Denn entscheidend für die Bedarfsbemessung ist der Lebensstandard, der nach den von dem Einkommen geprägten ehelichen Lebensverhältnissen vom Standpunkt eines vernünfti- gen Betrachters aus angemessen erscheint. Damit hat, gemessen am verfügbaren Einkom- men, sowohl eine zu dürftige Lebensführung als auch ein übermäßiger Aufwand außer Betracht zu bleiben[157] (s. auch Rn. 4/213 ff.).

Wurde z. B. während des Zusammenlebens ein nach objektiven Umständen unvertretbar geringer Teil des Einkommens zur Rückführung von Verbindlichkeiten aufgewendet, ist zu prüfen, wie sich ein vernünftiger Betrachter bei Fortdauer der ehelichen Lebensgemeinschaft verhalten hätte, und es ist dementsprechend auf einen vernünftigen Tilgungsplan abzustel- len.[158] Mit ähnlichen Erwägungen kann der Schuldenabzug auch verringert und auf einen längeren Zeitraum verteilt werden, wenn die Eheleute zugunsten einer raschen Schuldentil- gung übermäßig dürftig gelebt haben.[159] Voraussetzung ist, dass der Gläubiger mit einer Streckung der Schuld durch niedrigere Abzahlungsraten oder Stundung der Tilgung einver- standen ist.

i) Überschuldung. Bei einer Überschuldung des Verpflichteten hat eine Tilgung be- **637** rücksichtigungswürdiger Schulden im Rahmen eines **vernünftigen Tilgungsplanes** zu erfolgen.[160] Bei **ehebedingten Schulden** ist danach zu fragen, wie sich der Verpflichtete ohne die Trennung vernünftigerweise verhalten hätte, um die Schulden abzubauen. Dies gilt nicht nur, wenn die Eheleute über ihre Verhältnisse gelebt hatten, sondern auch, wenn es sich um Geschäftsschulden oder um Fehlinvestitionen handelt. Im Rahmen eines vernünfti- gen Tilgungsplanes sind Beiträge in einer Höhe zu berücksichtigen, wie sie im Fall der Fortdauer der ehelichen Lebensgemeinschaft bei verantwortlicher Abwägung der Unter- haltsbelange und der Fremdgläubigerinteressen für die Schuldentilgung verwendet worden wären. Ihre Höhe ist anhand des verfügbaren oder erzielbaren Einkommens zu schätzen.[161] Der Verpflichtete muss sich bei seinen Gläubigern außerdem um **günstigere Zahlungs- bedingungen** bemühen. Er muss dazu im Einzelnen konkret darlegen und nachweisen, was er in dieser Hinsicht unternommen hat. Unterlässt er solche zumutbaren Bemühungen, kann tatrichterlich eine Anpassung der Zins- und Tilgungsleistungen vorgenommen wer- den.[162] Eine Obliegenheit, ein Verbraucherinsolvenzverfahren einzuleiten, besteht dagegen nach BGH beim Ehegattenunterhalt nicht (näher Rn. 654).[163]

---

[157] BGH, FamRZ 1995, 869 = R 494; FamRZ 1987, 36, 39; FamRZ 1987, 838
[158] BGH, FamRZ 1982, 678
[159] BGH, FamRZ 1984, 358, 360
[160] BGH, FamRZ 2002, 536, 542 = R 572 g; FamRZ 1982, 23; FamRZ 1982, 250, 252
[161] BGH, FamRZ 1982, 23
[162] BGH, FamRZ 1982, 23
[163] BGH; FamRZ 2008, 497 = R 687

638   Ergibt sich bei einer Überschuldung, dass während des Zusammenlebens ein nach objektiven Maßstäben unvertretbar geringer Teil des Einkommens zur Rückführung der Verbindlichkeiten aufgewendet worden ist, kann der Verpflichtete bei der Beurteilung seiner Leistungsfähigkeit für die Zukunft nicht daran festgehalten werden, wenn er nunmehr zur Zahlung angemessener Tilgungsraten im Rahmen eines vernünftigen Tilgungsplans entschlossen ist. Dies ist vor allem dann wichtig, wenn die dem Verpflichteten verbleibenden Beträge nicht ausreichen, um die laufenden Zinsen abzudecken, und damit nicht gegen ein weiteres Anwachsen der Schulden angegangen wird.[164]

639   Handelt sich um **berücksichtigungswürdige Schulden** und gelingt es dem Verpflichteten trotz zumutbarer Bemühungen nicht, die getroffenen Dispositionen rückgängig zu machen und seine Leistungsfähigkeit wiederherzustellen, muss sich der Berechtigte mit einer den notwendigen Unterhalt unterschreitenden Alimentierung zufriedengeben und sich fehlende Mittel unter äußerster Anspannung seiner Kräfte durch einen über das im allgemeinen Gebotene hinausgehenden Einsatz selbst verschaffen. Denn sein Bedarf wird durch die Überschuldung entsprechend gekürzt. Bei einer Überschuldung durch **einseitig vermögensbildende** Verbindlichkeiten, die auf Fehlspekulationen beruhen, ist im Einzelfall zu prüfen, ob nach Treu und Glauben eine Berücksichtigung auch über die Rechtshängigkeit des Scheidungsverfahrens hinaus erfolgen muss. Dies gilt vor allem, wenn der Verpflichtete nicht einmal zur Begleichung der laufenden Zinsen in der Lage ist und Unterhaltsleistungen daher nur auf Kosten einer weiteren Erhöhung der Schulden möglich wären. Dies kann eine derartige Beeinträchtigung des wirtschaftlichen Fortkommens des Verpflichteten zur Folge haben, dass die Grenze des Zumutbaren überschritten wird.[165]

3. Berücksichtigungswürdige Schulden im Rahmen der Bedürftigkeit und Leistungsfähigkeit

640   **a) Bedürftiger.** Hat der Bedürftige eigenes Einkommen und tilgt in der Ehezeit entstandene Verbindlichkeiten, kürzen sie nicht nur den Bedarf, sondern auch sein Einkommen auf der Bedürftigkeitsstufe. Aus Gleichbehandlungsgründen gilt dies auch für erst nach der Trennung entstandene neue unumgängliche Verbindlichkeiten, insbesondere bei trennungsbedingten Schulden für den Umzug, notwendiges Mobiliar usw. (vgl. Rn. 623a). Sonstige neue Schulden sind hingegen auch bei der Bedürftigkeit nicht berücksichtigungsfähig, weil der Unterhalt nicht dazu dient, die Schulden des Bedürftigen abzuzahlen. Tilgungen zur einseitigen Vermögensbildung sind ab Rechtshängigkeit des Scheidungsverfahrens wie beim Bedarf auch bei der Bedürftigkeit kein Abzugsposten.

641   **b) Pflichtiger.** Auf der **Leistungsstufe** sind wie beim Bedarf alle Verbindlichkeiten zu berücksichtigen (vgl. §§ 1581, 1603 I BGB), die ehebedingt sind sowie alle erst nach Trennung oder Scheidung entstandene unumgängliche Verbindlichkeiten (vgl. Rn. 623a).[166] Nach der früheren Rechtsprechung waren unumgängliche erst nach der Trennung/Scheidung entstandene Verbindlichkeiten nur bei der Leistungsfähigkeit zu prüfen und führten zu einer Herabsetzung des Unterhalts auf einen Billigkeitsunterhalt.[167] Durch die geänderte Rechtsprechung des BGH, mehr auf die realen Verhältnisse abzustellen, sind derartige Korrekturen nicht mehr erforderlich (vgl. Rn. 623a).

4. Berücksichtigung von Schulden beim Verwandtenunterhalt

642   Die bisher erörterten Grundsätze gelten im Wesentlichen auch beim Verwandtenunterhalt, da beim Verwandtenunterhalt die Rechtsprechung schon immer beim Abzug von Schulden auf die Berücksichtigungswürdigkeit abgestellt hat. Sie ergibt sich generell aus § 1603 I BGB, wonach grundsätzlich Schulden des Verpflichteten zu berücksichtigen sind.

---

[164] BGH, FamRZ 1984, 657 = R 216; FamRZ 1982, 678
[165] BGH, FamRZ 1984, 657 = R 216
[166] BGH FamRZ 2008, 497 = R 687
[167] Vgl. z. B. BGH, FamRZ 2004, 1357

Selbst die Ansprüche minderjähriger Kinder haben keinen allgemeinen Vorrang vor den sonstigen Verpflichtungen des Unterhaltsschuldners.[168]

a) Kindesunterhalt. Schulden sind beim Kindesunterhalt wie beim Ehegattenunterhalt **643** bereits bei der **Bedarfsermittlung** und nicht erst bei der Prüfung der Leistungsfähigkeit berücksichtigungsfähig.[169] Denn der für die Unterhaltsbemessung maßgebliche Lebensstandard wird durch die tatsächlich verfügbaren Mittel der Eltern geprägt mit der Folge, dass sich auch die abgeleitete Stellung des Kindes und damit die Eingruppierung in die DT nach diesen Verhältnissen richtet.[170]

Bei der Prüfung, ob es sich um eine **berücksichtigungsfähige Verbindlichkeit** handelt, **644** ist der Zweck der eingegangenen Verpflichtung, der Zeitpunkt und die Art ihrer Entstehung, die Dringlichkeit der beiderseitigen Bedürfnisse, die Kenntnis des Unterhaltsschuldners von Grund und Höhe der Unterhaltsschuld und seine Möglichkeit, die Leistungsfähigkeit in zumutbarer Weise ganz oder teilweise wiederherzustellen, sowie gegebenenfalls schutzwürdige Belange des Drittgläubigers zu prüfen.[171] Es hat ein angemessener Ausgleich zwischen den Interessen des Unterhaltsgläubigers, Unterhaltsschuldners und Drittgläubigers zu erfolgen, ggf. auch durch Streckung der Tilgung.[172] Dabei ist zu differenzieren, ob es um den Mindestunterhalt oder um einen Kindesunterhalt im oberen Bereich der Düsseldorfer Tabelle geht.

Die **Darlegungs- und Beweislast** für eine Berücksichtigungsfähigkeit trägt der Schuld- **644 a** ner, da es im Ergebnis um eine Herabsetzung seiner Leistungsfähigkeit geht.[173]

• **Minderjähriges Kind.** Handelt es sich um Schulden, die bereits die ehelichen Lebens- **645** verhältnisse der Eltern bis zur Trennung geprägt haben, ist die Schuld in der Regel berücksichtigungswürdig, da die Kinder wirtschaftlich unselbstständig sind und ihre Lebensstellung von den Eltern ableiten, d. h. von deren Einkommensverhältnissen und Konsumverhalten abhängig sind.[174] Im Ergebnis gilt dies nicht nur für Konsumkredite, sondern auch für Schulden zur **gemeinsamen Vermögensbildung der Eltern**, z. B. zum Bau eines Familienheimes (s. näher Rn. 402 a). Sie sind bei der Leistungsfähigkeit in Höhe der ersparten Wohnkosten nicht zu berücksichtigen (näher Rn. 402 b),[175] darüber hinaus nur, wenn sich die Abzahlung im angemessenen Rahmen hält, selbst wenn das Haus nach der Trennung vorübergehend vermietet wurde.[176] Tilgungsleistungen zur **einseitigen Vermögensbildung** sind dagegen regelmäßig nicht berücksichtigungsfähig, da der Unterhalt der Vermögensbildung vorgeht. Die gleichen Grundsätze gelten wegen des Gleichbehandlungsgrundsatzes nach Art. 6 V GG beim Unterhalt von Kindern nichtverheirateter Eltern, soweit die Schuld vor Kenntnis der Barunterhaltspflicht aufgenommen wurde.

• Kredite, die allein zur Befriedigung rein persönlicher Bedürfnisse aufgenommen wurden, sind hingegen, auch wenn sie eheprägend waren, beim Kindesunterhalt nicht berücksichtigungsfähig.[177]

• Zu beachten ist, dass minderjährige Kinder bei Vorhandensein einer erheblichen Ver- **646** schuldung soweit möglich den **Mindestunterhalt** nach § 1612 a I BGB bzw. derzeit nach der Übergangsregelung gemäß § 36 Nr. 4 EGZPO erhalten sollen (vgl. auch Rn. 2/158), was einem Unterhalt nach der ersten Gruppe der DT entspricht. Bei minderjährigen Kindern scheidet zumindest bis zum Ende der Schulpflicht von vornherein jede Möglichkeit aus, durch eigene Anstrengungen zur Deckung des notwendigen Unterhaltsbedarfs beizutragen, so dass sie besonders schutzwürdig sind.[178] Außerdem haben Kinder im

---

[168] BGH, FamRZ 2008, 137 = R 684 a; FamRZ 1996, 160
[169] BGH, FamRZ 2002, 536, 537 = R 572 b; FamRZ 1996, 160 = R 496 b
[170] BGH, FamRZ 2002, 536, 537 = R 572 b
[171] BGH, FamRZ 2002, 536, 537 = R 572 b, g; FamRZ 1996, 160 = R 496 c; FamRZ 1992, 797 = R 447 a; FamRZ 1986, 254, 256
[172] BGH, FamRZ 2002, 536, 542 = R 572 g
[173] BGH, FamRZ 1990, 283, 287
[174] BGH, FamRZ 2002, 536, 537 = R 572 b; FamRZ 1996, 160, 161 = R 496 b
[175] BGH, FamRZ 2002, 815 = R 570 c
[176] BGH, NJW-RR 1995, 129 = R 482A
[177] BGH, FamRZ 1992, 797 = R 447 a
[178] BGH, FamRZ 2002, 536, 540 = 572 g; FamRZ 1997, 806

Gegensatz zu Ehegatten auf die Entstehung von Schulden selbst keinen Einfluss.[179] Die nach Billigkeitsgrundsätzen vorzunehmende Abwägung der berechtigten Interessen des Verpflichteten und der minderjährigen Kinder wird daher regelmäßig zu keiner Berücksichtigung von Schulden führen, durch die der Mindestunterhalt nicht mehr erreicht wird.[180] Denn sowohl für die Abwägung im Rahmen der Bedarfsbemessung als auch für die Mangelfallkürzung auf der Leistungsstufe ist bei minderjährigen Kindern zusätzlich zu ihrem Schutz zu berücksichtigen, dass ihnen gegenüber eine gesteigerte Unterhaltsverpflichtung besteht (§ 1603 II BGB).[181] Kann der Verpflichtete den Kindesunterhalt nach Gruppe 1 der DT nur **auf Kosten einer ständig weiterwachsenden Verschuldung** leisten, sind Ausnahmen angebracht.[182] Dabei ist auch zu prüfen, ob dem Elternteil, der den Betreuungsunterhalt leistet, in Abweichung von der Regel des § 1606 III 2 BGB nicht ein Teil der Barunterhaltsverpflichtung für das minderjährige Kind auferlegt werden kann. Dies ist insbesondere dann angebracht, wenn dieser während bestehender Ehe der Kreditaufnahme zugestimmt und an ihr wirtschaftlich teilgenommen hat. (Vgl auch § 1603 II 3 BGB, näher Rn. 2/274.)[183] Eine Ausnahme kann ferner bestehen, wenn die **notwendigen Umgangskosten** nicht durch das Kindergeld gedeckt sind (vgl. Rn. 624); sie sind dann zu berücksichtigen, selbst wenn es dadurch zum Mangelfall kommt.[184]

647 • In der Regel dürfen sich Eltern ferner auf Kreditverbindlichkeiten nicht berufen, die sie **in Kenntnis ihrer Barunterhaltsverpflichtung** gegenüber einem Kind eingegangen sind. Anders ist die Sachlage bei neuen Verbindlichkeiten, die als unumgänglich anzusehen sind.

648 • **Volljähriger.** Es gelten die oben angeführten Grundsätze. Bei nicht privilegierten Volljährigen ist im Rahmen der Berücksichtigungswürdigkeit des Schuldenabzugs zu beachten, dass kein erhöhter Einsatz aller Mittel gemäß § 1603 II 1, 2 BGB besteht. Bei einer Überschuldung ist deshalb ein großzügigerer Maßstab angebracht. Andererseits ist die gemeinsame Verantwortung der Eltern für eine angemessene Ausbildung nach § 1610 II BGB zu beachten, für die sich die Eltern im Zweifel einschränken müssen. Auch vom Vater eines studierenden volljährigen Kindes kann deshalb im Allgemeinen verlangt werden, dass er auf dessen Unterhaltsbedürftigkeit bis zum Abschluss der Ausbildung Rücksicht nimmt, bevor er mit dem Bau eines Eigenheimes beginnt und dadurch seine Leistungsfähigkeit erschöpfende Verbindlichkeiten eingeht.[185]

649 **b) Sonstiger Verwandtenunterhalt.** Auch beim sonstigen Verwandtenunterhalt ist die Berücksichtigungswürdigkeit von Schulden nach seiner umfassenden Abwägung des Einzelfalls zu prüfen. Es gelten insoweit die beim Kindesunterhalt bereits dargestellten Grundsätze (vgl. Rn. 644). Das Problem stellt sich regelmäßig erst bei der Prüfung der Leistungsfähigkeit. Dabei ist je nach dem Rang der Unterhaltsberechtigung ein großzügigerer Maßstab angebracht. Zu den näheren Einzelheiten vgl. auch Rn. 2/621.

650 Beim **Elternunterhalt** ist zu beachten, dass es sich in der Regel um keine von vornherein voraussehbare Unterhaltsverpflichtung handelt, die der Unterhaltsschuldner bei Kreditaufnahme einplanen musste. Voll zu berücksichtigen sind insbesondere Hausschulden, da damit die eigenen Wohnbedürfnisse gedeckt werden, d. h. es sich um die Sicherung des eigenen Unterhalts handelt.[186] Lediglich bei Schulden, die nach Kenntnis der Unterhaltspflicht aufgenommen wurden, ist eine sorgfältige Prüfung mit Interessenabwägung geboten. Zu Schulden beim Elternunterhalt vgl. im Übrigen näher Rn. 2/621.

651 Bei **Ansprüchen nach § 1615l II BGB** ist stets eine Abwägung der beiderseitigen Interessen vorzunehmen, vor allem, ob die Schuld bereits vor Kenntnisnahme der Schwangerschaft entstanden ist und ob der Kredit für als notwendig anzusehende Bedürfnisse aufgenommen wurde.

---

[179] BGH, FamRZ 1984, 657, 659
[180] BGH, FamRZ 1984, 657, 659
[181] BGH, FamRZ 1986, 254, 256
[182] BGH; FamRZ 2008, 137 = R 684 a; 2002, 536 = R 572 d
[183] BGH, FamRZ 1986, 254, 256
[184] BGH, FamRZ 2007, 193 = R 664 c; 2005, 706 = R 626
[185] BGH, FamRZ 1982, 157
[186] BGH, FamRZ 2003, 1179 = R 592 c

Gerhardt

5. Verbraucherinsolvenz bei Überschuldung

Die Obliegenheit des Pflichtigen, sich leistungsfähig zu halten, kann es bei nachhaltiger **652** und dauerhafter Überschuldung, die zum Mangelfall führt, gebieten, ein **Verbraucherinsolvenzverfahren zu beantragen** (vgl. Rn. 2/158 ff., 4/61 a und eingehend 5/92 ff.).[187] Seit dem Insolvenzrechtsänderungsgesetz vom 26. 10. 2001 und der Erhöhung der Pfändungsfreigrenzen sind die Zumutbarkeitsvoraussetzungen an den Schuldner gestiegen, über ein Verbraucherinsolvenzverfahren eine Restschuldbefreiung zu erwirken.[188] Im Gegensatz zur Verweisung auf die Pfändungsfreigrenzen, die dem Schuldner keine dauerhafte Perspektive schafft, weil Schulden einschließlich Zinsen weiterlaufen, führt die Insolvenz nach § 300 InsO zur Restschuldbefreiung.[189] Sie entlastet damit im Ergebnis auf Kosten der Kreditgeber das Sozialamt, das ansonsten für die Bedürftigen aufkommen müsste. Unterhaltsrückstände fallen dann allerdings auch in die Insolvenz.

Zu den allgemeinen Voraussetzungen für die Durchführung des Insolvenzverfahrens vgl. eingehend Rn. 5/93 ff.

Eine Obliegenheit, ein Verbraucherinsolvenzverfahren einzuleiten, besteht nach BGH **653** aber nur bei **minderjährigen Kindern** und **privilegierten Volljährigen,** wenn der Mindestunterhalt durch dauerhafte Überschuldung nicht gesichert ist.[190] Denn nur ihnen gegenüber besteht eine gesteigerte Unterhaltspflicht.[191] Es ist dann Aufgabe des Pflichtigen, Umstände vorzutragen und zu beweisen, dass die Einleitung eines Insolvenzverfahrens im konkreten Einzelfall unzumutbar ist.[192] Zu prüfen ist in diesen Fällen, ob die Verbindlichkeit des Pflichtigen unterhaltsrechtlich überhaupt berücksichtigungswürdig ist, die Laufzeit der Einzelverbindlichkeiten und der Unterhaltsverpflichtung, ob eine Restschuldbefreiung im Insolvenzverfahren erreichbar ist (Zahlungsunfähigkeit des Schuldners gemäß § 17 InsO; keine Versagensgründe nach § 290 InsO), ob es dem Schuldner zumutbar ist, sich gegenüber den einzelnen Gläubigern auf Pfändungsfreigrenzen zu berufen (Bank; Privatgläubiger) und in welcher Höhe sich die Unterhaltsforderung bei Berufung auf die Pfändungsfreigrenzen beläuft. Im Ergebnis handelt es sich immer um eine Einzelfallentscheidung. Der Unterhaltsgläubiger hat zwar keinen generellen Vorgang vor anderen Gläubigern des Pflichtigen und umgekehrt. Durch das Insolvenzänderungsgesetz vom 26. 10. 2001 und die Erhöhung der Pfändungsfreigrenzen hat der Gesetzgeber aber mittelbar einen Vorrang des Bedürftigen durch Erhöhung des bei Unterhaltslasten nicht pfändbaren Teils des Arbeitseinkommens geschaffen. Zu beachten ist aber auch, dass durch das Insolvenzverfahren die wirtschaftliche Bewegungsfreiheit des Pflichtigen sechs Jahre eingeschränkt ist (§ 287 InsO),[193] bis zur Löschung aus der sog. Schuldnerkartei ca. zehn Jahre.

Die Durchführung eines Insolvenzverfahrens ist bei der Unterhaltsberechnung des Kindesunterhalts zu berücksichtigen.[194] Die sonstigen Verbindlichkeiten des Pflichtigen sind dann nicht mehr an zu setzen. Ihm verbleiben bei Unterhaltslasten sein unpfändbarer Teil des Einkommens (§ 850 c ZPO i. V. mit der PfändungsfreigrenzenVO). Hieraus kann er Unterhalt leisten, da ihm gegenüber dem Bedürftigen gemäß § 850 d ZPO nur sein jeweiliger Selbstbehalt verbleiben muss.[195] Dem Unterhalt wird insoweit ein Vorrang vor sonstigen Verbindlichkeiten eingeräumt. Bei **Selbständigen** ist allerdings zu beachten, dass Honoraransprüche ohne Abzüge in die Insolvenzmasse fallen, so dass er im Insolvenzverfahren beantragen muss, ihm hiervon soviel zu belassen, wie er für seinen eigenen und den Unterhalt der Bedürftigen benötigt, höchstens aber so viel, wie ihm verbleiben würde,

---

[187] BGH, FamRZ 2008, 497 = R 687; FamRZ 2008, 137 = R 684 b; 2005, 608 = R 627 a
[188] Vgl. allgemein Hauß, FamRZ 2006, 1496; MDR 2002, 1163; Hoppenz, FF 2003, 158; Melchers FuR 2003, 145
[189] BGH FamRZ 2008, 497 = R 687
[190] BGH, FamRZ 2008, 497 = R 687; FamRZ 2008, 137 = R 684 b; 2005, 608 = R 627 a
[191] BGH, FamRZ 2008, 497 = R 687
[192] BGH, FamRZ 2005, 608 = R 627 a, c; vgl. auch OLG Dresden. FamRZ 2003, 1028; OLG Stuttgart, FamRZ 2003, 1216; OLG Koblenz, FamRZ 2003, 109; NJW 2004, 1256
[193] BGH, FamRZ 2008, 497 = R 687
[194] BGH, FamRZ 2008, 137 = R 684 b
[195] BGH, FamRZ 2008, 137 = R 684 f

wenn sein Einkommen aus laufendem Arbeits- oder Dienstlohn bestände (§ 36 I InsO i. V. mit § 850 i I ZPO).[196] Aus Gleichbehandlungsgründen ist auch bei Selbständigen die vollständige materielle Unterhaltsschuld zu berücksichtigen.[197] Der dem Selbständigen nach § 850 i ZPO zu belassende notwendige Unterhalt umfasst auch seine Vorsorgeaufwendungen.

654   Beim **Trennungs- und nachehelichen Unterhalt** besteht dagegen nach der Entscheidung des BGH vom 12. 12. 2007 **keine Obliegenheit,** ein Verbraucherinsolvenzverfahren durchzuführen.[198] Ihnen gegenüber besteht nicht wie bei minderjährigen Kindern eine gesteigerte Erwerbsobliegenheit. Beim Ehegattenunterhalt handelt es sich in der Regel auch um Schulden aus der Ehezeit, die der Bedürftige mittragen muss. Außerdem hat der Ehegatte, vor allem nach der Scheidung die Obliegenheit, den eigenen Unterhalt selbst sicher zu stellen. Die verfassungsrechtlich geschützte allgemeine Handlungsfreiheit des Pflichtigen lässt deshalb eine Obliegenheit zur Einleitung eines Verbraucherinsolvenzverfahrens entfallen.[199]

VIII. Nur beim Ehegattenunterhalt und sonstigem Verwandtenunterhalt zu berücksichtigende Abzüge

1. Kindesunterhalt und sonstige vorrangige Unterhaltslasten

655   **a) Ehegattenunterhalt.** Ehebedingte Verbindlichkeiten sind auch Unterhaltszahlungen für alle minderjährigen Kinder und nach § 1603 II 2 BGB privilegierten Volljährigen, unabhängig vom Zeitpunkt der Entstehung des Anspruchs, sowie für sonstige Unterhaltsberechtigte, für die bereits **während bestehender Ehe** Unterhalt geleistet werden musste. Auch solche Unterhaltsverpflichtungen werden beim Ehegattenunterhalt vom Einkommen abgezogen, ehe der **Bedarf** nach der Ehegattenquote bemessen wird (s. näher Rn. 4/189 ff.).

Kein Vorabzug von Unterhaltsleistungen erfolgt dagegen beim Kindesunterhalt Minderjähriger, weil die Bedarfsberechnung nach der DT davon ausgeht, dass für weitere Unterhaltsberechtigte Unterhalt geschuldet wird (s. Rn. 2/231 ff.). Unterhalt für weitere Kinder wird vielmehr bei der Eingruppierung berücksichtigt.

655 a • **Minderjährige Kinder und privilegierte Volljährige.** Der Kindesunterhalt Minderjähriger war auch nach der bis 31. 12. 2007 geltenden Rechtslage trotz Gleichrangs nach § 1609 BGB a. F. ein Abzugsposten, weil sie sich nicht selbst unterhalten können.[200] Er war jedoch nach der früheren Rechtsprechung des BGH begrenzt auf Kinder, die bis zur Rechtskraft der Scheidung geboren wurden und entfiel, wenn dadurch ein Missverhältnis zum verbleibenden Bedarf des Ehegatten entstand, d. h. im Mangelfall (näher Rn. 4/189 ff.).[201] Nach der Scheidung geborene minderjährige Kinder des Pflichtigen waren hingegen nur bei der Leistungsfähigkeit zu berücksichtigen und führten zur Korrektur des Unterhalts nach § 1581 BGB auf einen Billigkeitsunterhalt. Mit Urteil vom 13. 3. 2006 **änderte der BGH** diese **Rechtsprechung** grundlegend.[202] Seither ist auch der Unterhalt für **nach der Scheidung geborene minderjährige Kinder** bereits bei der Bedarfsermittlung des Ehegatten als **eheprägend,** d. h. als berücksichtigungswürdiger Abzugsposten anzusetzen, weil sich minderjährige Kinder generell nicht selbst unterhalten können.[203] Es verblieb aber dabei, dass im Mangelfall durch den Gleichrang nach

---

[196] BGH, FamRZ 2008, 137 = R 684 d
[197] BGH, FamRZ 2008, 137 = R 684 d
[198] BGH; FamRZ 2008, 497 = R 687
[199] BGH; FamRZ 2008, 497 = R 687
[200] Vgl. z. B. BGH, Fam 2003, 363 = R 584 f; 1999, 367
[201] BGH, FamRZ 2003, 363 = R 584 f
[202] BGH, FamRZ 2006, 683 = R 649 g, h
[203] BGH, FamRZ 2008, 968 = R 689 g; FamRZ 2007, 983; 2006, 683 = R 649 g

§ 1609 BGB a. F. der Unterhalt zu kürzen war. Mit der Reform zum 1. 1. 2008 und der neuen Rangordnung nach § 1609 BGB n. F. sind **alle minderjährigen Kinder** und nach § 1603 II 2 BGB **privilegierten Volljährigen vorrangig** und damit auch in beengten Verhältnissen als **berücksichtigungswürdige Unterhaltslast vorweg** abzuziehen (näher Rn. 4/189).[204] Die neue Rangordnung gilt zwar primär nur für die Leistungsfähigkeit,[205] wirkt sich aber wegen der Berücksichtigungswürdigkeit des generellen Vorabzugs des Unterhalts aller minderjährigen Kinder auch auf die Bedarfsermittlung aus. Zur Höhe des Abzugs, wenn im zweiten Rang ein Mangelfall vorliegt, vgl. Rn. 4/191.

- Abzuziehen war bei Minderjährigen bis 31. 12. 2007 jeweils der Tabellenbetrag des **655 b** Kindesunterhalts, seit der Reform zum 1. 1. 2008 der **Zahlbetrag,** nachdem das Kindergeld seither gemäß § 1612 b BGB bedarfsdeckend anzusetzen ist (vgl. näher Rn. 4/193). Zu berücksichtigen ist dabei jeweils nur der tatsächlich geschuldete Unterhalt, nicht ein höher titulierter, soweit davon ausgegangen werden kann, dass der Titel abgeändert werden kann.[206] Wenn es um rückständigen Unterhaltgeht, bei dem eine Änderung nicht mehr in Betracht kommt, ist dagegen der titulierte Kindesunterhalt abzuziehen (vgl. Rn. 4/200). Zur Korrektur der Höhe des Kindesunterhalts bei fiktiver Steuerberechnung beim vorrangigen Ehegatten vgl. Rn. 4/190.

- Treffen nach § 1609 Nr. 1 BGB gleichrangige Unterhaltslasten Minderjähriger und nach **655 c** § 1603 II 2 BGB privilegierter Volljähriger zusammen, ergibt sich wegen der vom Gesetzgeber nur unvollständig geregelten Rechtstellung des privilegierten Volljährigen das Problem, dass für den Unterhalt des minderjährigen Kindes nur der barunterhaltspflichtige Elternteil haftet, für den Unterhalt des privilegierten Volljahrigen dagegen beide Elternteile. Bei Minderjährigen ist zu beachten, dass nach § 1612 I Nr. 1 BGB nur das halbe Kindergeld den Barbedarf deckt, beim privilegierten Volljährigen dagegen nach der geänderten Rechtsprechung des BGH und der Neuregelung in § 1612 b I Nr. 2 BGB das volle Kindergeld. Da bei Gleichrangigen kein gegenseitiger Vorabzug erfolgt, ist der Barunterhalt des minderjährigen Kindes nicht vorweg abzuziehen. Lediglich bei beengten Verhältnissen kann nach BGH eine anteilige Verrechnung in Betracht kommen (vgl. auch Rn. 2/470 ff.).[207]

- **Sonstige Volljährige.** Abzugsposten ist beim Ehegattenunterhalt **trotz Nachrangs** auch **656** der Unterhalt nicht privilegierter volljähriger Kinder, soweit er die ehelichen Lebensverhältnisse geprägt hat[208] und kein Mangelfall vorliegt (vgl. näher Rn. 4/194). Denn die Rangfrage spielt nur im Mangelfall eine Rolle. Da aus Gleichbehandlungsgründen der Mangelfall des Bedürftigen und Pflichtigen nicht unterschiedlich behandelt werden kann, liegt ein Mangelfall vor, wenn dem Bedürftigen einschließlich seines eigenen Einkommens der angemessene Bedarf entsprechend dem angemessenen Selbstbehalt des Volljährigen von derzeit 1100 € nicht verbleibt (näher Rn. 2/360 ff.).[209] Nach der geänderten Rechtsprechung des BGH zur Kindergeldverrechnung bei Volljährigen[210] und der geänderten Rechtslage zum 1. 1. 2008 ist das Kindergeld nach § 1612 b I Nr. 2 BGB **bedarfsdeckend** anzusetzen. Abzugsposten ist deshalb nur der verbleibende **Restbedarf.**[211]

- **Vorrangiger Ehegatte und Anspruch nach § 1615 l BGB.** Abzugsposten sind ferner **657** nach der geänderten Rechtsprechung des BGH[212] seit der Unterhaltsreform zum 1. 1. 2008 bei nachrangigen Ehegatten der Unterhalt vorrangiger Ehegatten und der Unterhalt nach § 1615 l BGB. Dies ist insbesondere zu beachten, wenn der Unterhalt des ersten

[204] Gerhardt, FuR 2008, 9
[205] BGH; FamRZ 2008, 968 = R 689 h
[206] BGH, FamRZ 2003, 363, 367 = R 584 h
[207] BGH, FamRZ 2002, 815 = R 570 d
[208] BGH, FamRZ 2006, 26 = R 637 d; FamRZ 2003, 860 = R 590 A g
[209] BGH, FamRZ 1991, 1163; 1986, 553
[210] BGH, FamRZ 2007, 542; 2006, 1100 = R 654 h; 2006, 774; 2006, 99 = R 641 e
[211] Dose, FamRZ 2007, 1229
[212] BGH, FamRZ 2006, 683 = R 649 g, h

nachrangigen Ehegatten die ehelichen Lebensverhältnisse des vorrangigen zweiten Ehegatten geprägt hat, d. h. berücksichtigungswürdig ist (näher Rn. 4/198). Zwischen gleichrangigen Ehegatten besteht dagegen kein Vorwegabzug, sondern nur eine wechselseitige Berücksichtigung (vgl. Rn. 4/197).

657 a • **Elternunterhalt.** Auch sonstige nachrangige Unterhaltslasten, insbesondere Elternunterhalt, sind Abzugsposten, wenn sie die ehelichen Lebensverhältnisse geprägt haben, d. h. bis zur Rechtskraft der Scheidung entstanden und damit berücksichtigungswürdig sind, und dadurch kein Missverhältnis zum verbleibenden Bedarf des Ehegatten entsteht.[213] Dies gilt nach BGH sogar bei sog. **latenten Unterhaltslasten**, d. h. Unterhaltspflichten, die in der Ehe bereits voraussehbar waren, z. B. weil das Sozialamt durch Rechtswahrungsanzeige auf übergegangene Unterhaltsansprüche hingewiesen hatte.[214] Ein Missverhältnis liegt entsprechend den oben angeführten Grundsätzen zur Berücksichtigung des Unterhalts Volljähriger vor, wenn beim Bedürftigen ein Mangelfall eintritt, d. h. dem bedürftigen Ehegatten einschließlich seines Eigeneinkommens der angemessene Bedarf entsprechend dem angemessenen Selbstbehalt des Pflichtigen nicht mehr verbleibt. Dieser beträgt gegenüber Eltern derzeit mindestens 1400 € (vgl. Nr. 21.3.2 der Leitlinien). Voraussetzung ist aber stets, dass gegenüber den Eltern eine tatsächliche Unterhaltsverpflichtung besteht und nicht nur eine freiwillige Zahlung erfolgt.

657 b • **Kein Abzugsposten.** Nicht abziehbar sind Unterhaltsleistungen, für die keine gesetzliche Verpflichtung besteht oder die über den Rahmen des gesetzlichen Unterhalts hinausgehen. Dies gilt insbesondere für den Unterhalt von **Stiefkindern.**[215]

658 **b) Ansprüche nach § 1615 l II BGB.** Abzugsposten war nach der Rechtslage bis 31. 12. 2007 der Unterhalt aller minderjährigen Kinder und des Ehegatten des Pflichtigen (§ 1615 l III 3 BGB a. F.). Seit der Unterhaltsreform zum 1. 1. 2008 und der geänderten Rangordnung gemäß § 1609 BGB ist nur noch der Unterhalt aller minderjährigen Kinder und privilegierten Volljährigen berücksichtigungswürdig. Bei Gleichrang mit einem Ehegatten nach § 1609 Nr. 2 BGB erfolgt kein Vorwegabzug, sondern nur eine wechselseitige Berücksichtigung (näher Rn. 4/197).

658 a **c) Sonstige Volljährige.** Bei der Bildung des bereinigten Nettoeinkommens sind an sich alle vorrangigen Unterhaltslasten abzugsfähig. Dies gilt uneingeschränkt für den Unterhalt aller minderjährigen Kinder und privilegierten Volljährigen. Umstritten ist, ob auch der Ehegattenunterhalt bei der Ermittlung der Haftungsanteile zu berücksichtigen ist (näher Rn. 2/438 ff.). Insoweit hat das Gleiche zu gelten wie nach der früheren Rechtsprechung des BGH bei Minderjährigen, d. h. wegen der gemeinsamen Verantwortung der Eltern für die Ausbildung des Volljährigen ist der Elternunterhalt nur im Mangelfall ein Abzugsposten. Bei der Ermittlung der Haftungsanteile der unterhaltspflichtigen Eltern nach § 1606 III 1 BGB ist dagegen geleisteter Ehegattenunterhalt als Einkommen zu berücksichtigen (näher Rn. 481).[216]

658 b **d) Sonstiger Verwandtenunterhalt.** Beim sonstigen Verwandtenunterhalt sind vorab alle vorrangigen Unterhaltslasten, z. B. bei Ansprüchen der Eltern gegen ihr Kind, noch bestehende Unterhaltsansprüche der Enkelkinder und des Ehegatten des Kindes, abzuziehen (§ 1609 Nr. 1, 2, 3, 4 BGB). Der Familienunterhalt des Ehegatten ist dabei in Konkurrenzfällen zu monitarisieren und entsprechend den ehelichen Lebensverhältnissen beim Trennungs- und nachehelichen Unterhalt zu berechnen (näher Rn. 3/67 ff.).

2. Vermögenswirksame Leistungen des Pflichtigen

659 **a) Ehegattenunterhalt.** Eine **gemeinsame Vermögensbildung** der Eheleute ist grundsätzlich zu beachten, da sie beiden Eheleuten bis zur Vermögensauseinandersetzung,

---

[213] BGH, FamRZ 2004, 792 = R 605 d; 2004, 186 = R 595 c, d; 2003, 860 = R 590 A g
[214] BGH, FamRZ 2004, 186 = R 595 d; 2003, 860 = R 590 A h
[215] BGH, FamRZ 2005, 1817 = R 632 e
[216] BGH, FamRZ 2005, 1817

und nicht nur bis zur Trennung/Scheidung zugute kommt und die Fortführung regelmäßig im beiderseitigen Interesse der Eheleute liegt (näher Rn. 301, 4/202). Dies gilt nicht nur für das gemeinsam bewohnte Eigenheim (vgl. Rn. 345), sondern auch für alle sonstigen Immobilien, auch bei Negativeinkünften (vgl. Rn. 302). Zu berücksichtigen sind ferner alle einseiigen vermögensbildenden Ausgaben als Abzugsposten, die als **Altersvorsorgeaufwendungen** anerkannt wurden (vgl. Rn. 597 b, 598 a). Dies ist insbesondere im Rahmen der Zusatzversorgung als zweite Säule von 4% des Bruttoerwerbseinkommens zu beachten sowie bei der Gesamtversorgung von Selbständigen in Höhe von 24% des Gewinns.

Bei **einseitigen** vermögensbildenden Ausgaben ist zu differenzieren. Bei **sehr guten** **659 a** Einkommensverhältnissen kann man generell davon ausgehen, dass ein Teil der Mittel in die Vermögensbildung fließt, weil er für die Lebensführung nicht benötigt wird. Dies führt beim Ehegattenunterhalt in der Regel zu einer **konkreten Bedarfsermittlung,** so dass sich die Frage eines Vorabzugs vermögensbildender Ausgaben nicht stellt (näher Rn. 4/366 ff.). Bei **durchschnittlichen** Einkommensverhältnissen war nach der früheren Rechtsprechung des BGH zu prüfen, ob eine einseitige Vermögensbildung in der Ehe zu keinem Konsumverzicht und damit zu keiner Einschränkung des Lebensstandards geführt hat.[217] War dies nach einem objektiven Maßstab nicht der Fall, waren die angelegten Beträge bei der Bedarfsermittlung einkommensmindernd zu berücksichtigen, nicht aber bei der Bedürftigkeit und Leistungsfähigkeit, weil der Unterhalt nur der Finanzierung der Lebenshaltungskosten dient bzw. die Vermögensbildung dem Unterhalt nicht vorgeht.[218] Nach der **geänderten Rechtsprechung des BGH** ist bei Ausgaben stärker auf die tatsächlichen Verhältnisse abzustellen und damit eine Berücksichtigungswürdigkeit ab dem Zeitpunkt nicht mehr gegeben, ab dem der Bedürftige an der Vermögensbildung des Pflichtigen nicht mehr teilnimmt und umgekehrt (Ausnahme: zulässige Altersvorsorge).[219] Dies ist beim gesetzlichen Güterstand die Rechtshängigkeit des Scheidungsverfahrens als Stichtag für den Zugewinnausgleich, bei Gütertrennung die Trennung[220] Die fehlende Berücksichtigungswürdigkeit gilt sowohl für die Bedarfsermittlung als auch für die Bedürftigkeit/Leistungsfähigkeit.

b) Verwandtenunterhalt. Berücksichtigungsfähig können nur vermögensbildende Auf- **660** wendungen des Pflichtigen sein, nie des Bedürftigen. Maßgebend ist insoweit immer eine Einzelfallbetrachtung, welchem Zweck die Vermögensbildung dient. Bei Ansprüchen minderjähriger Kinder wird man vermögensbildende Ausgaben nur ausnahmsweise anerkennen können, es sei denn, es wird damit ein unterhaltsrechtlich relevanter Gegenwert, z. B. ein Wohnwert, geschaffen (vgl. Rn. 402 a). Der Mindestunterhalt muss aber immer gesichert bleiben. Anzuerkennen als Altersvorsorge sind vermögensbildende Aufwendungen im Rahmen der zulässigen Gesamtversorgung von 24% (vgl. Rn. 597 b, 598 a) bzw. beim Elternunterhalt von 25% (vgl. Rn. 597 b),[221] außer der Mindestunterhalt ist nicht gesichert (vgl. Rn. 597 b). Bei höheren Einkommensgruppen der Düsseldorfer Tabelle kann dagegen ein großzügigerer Maßstab angebracht sein.

Beim sonstigen Verwandtenunterhalt ist wie bei Schulden eine umfassende Interessenabwägung vorzunehmen. Dabei ist generell zu beachten, dass der Unterhalt der Vermögensbildung vorgeht.[222] Vorab muss man aber prüfen, ob die Vermögensbildung der eigenen Lebensführung, d. h. der Sicherung des eigenen Unterhalts, dient, z. B. beim Kauf eines Eigenheims, oder zur Alterssicherung gedacht ist. Ein wesentliches Prüfungskriterium kann auch sein, ob die vermögensbildende Aufwendung bereits vor Kenntnis der Barunterhaltspflicht getätigt wurde und ob sie ohne größere Verluste rückgängig gemacht werden kann (vgl. auch Rn. 2/621, 624, 639).

[217] Vgl. z. B. BGH, FamRZ 1982, 151; 2003, 848
[218] Vgl. z. B. BGH, FamRZ 1984, 353; 1987, 36; 1992, 423
[219] BGH, FamRZ 2008, 963 = R 692 d, e; 2007, 879 = R 677 d
[220] BGH, FamRZ 2008, 963 = R 692 d
[221] BGH, FamRZ 2005, 1817 = R 632 j
[222] BGH, FamRZ 2004, 443 = R 604 b; 2004, 370 = R 603 b

14. Abschnitt: Der Anspruch auf Auskunft und Vorlage von Belegen

I. Der Auskunftsanspruch

1. Allgemeiner Überblick

661   Zweck der Auskunft ist es, einer **Beweisnot** des Darlegungs- und Beweispflichtigen abzuhelfen (vgl. auch Rn. 276 ff. für das Einkommen Selbständiger, Rn. 2/517 ff. für den Kindesunterhalt und Rn. 10/203 ff. zum Prozessrecht). Sie soll die Parteien in die Lage versetzen, ihren Anspruch richtig zu bemessen und einen Rechtsstreit durch Abschluss einer gütlichen Unterhaltsvereinbarung zu vermeiden. Die Auskunft verschafft dem vermeintlichen Unterhaltsgläubiger somit erst die notwendigen Informationen, um das Bestehen eines Unterhaltsanspruchs prüfen zu können. Allein mit dem außergerichtlichen oder gerichtlichen Auskunftsbegehren berühmt er sich deswegen noch nicht eines Unterhaltsanspruchs, sodass es dem vermeintlichen Unterhaltsschuldner zunächst an einem Feststellungsinteresse für eine negative Feststellungsklage fehlt.[1] Neben den in diesem Abschnitt behandelten materiellrechtlichen Verpflichtungen zur Auskunft nach §§ 1361 IV 4, 1580, 1605 BGB wurde durch das Gesetz zur Vereinheitlichung des Unterhalts minderjähriger Kinder mit § 643 ZPO noch eine **prozessuale Auskunftspflicht** der Parteien und Dritter geschaffen. Diese gilt für alle in § 621 I Nr. 4, 5 und 11 ZPO genannten Unterhaltsverfahren, also für alle auf Verwandtschaft, Ehe und sonstiger Elternschaft (§ 1615 l BGB) gestützte Unterhaltsklagen. Damit wurde allerdings nicht das Amtsermittlungsprinzip für Unterhaltsverfahren eingeführt, weil das Auskunftsrecht erst auf dem Parteivortrag aufbaut. Deswegen bleibt es auch insoweit bei der Parteiherrschaft.[2] Mit der neuen Regelung sollen lediglich die bereits nach §§ 139, 142 f., 273, 358 a, 377 III ZPO bestehenden Möglichkeiten zur Prozessförderung durch das Gericht sachgerecht erweitert werden. Allerdings schränkt die Vorschrift die Verschwiegenheitspflicht des Arbeitgebers und der sonstigen Auskunftspflichtigen gegenüber dem Gericht ein. Dies ergibt sich aus der gesetzlichen Wertung des § 643 II ZPO, wonach das Gericht im Unterhaltsrechtsstreit über die Einkünfte einer Partei, die seiner Aufforderung zur Auskunftserteilung nicht nachkommt, unmittelbar Auskünfte einholen darf. Die genannten Personen sind nach § 643 III 1 ZPO zur Auskunft verpflichtet und können sich nicht auf eine eigene Verschwiegenheitspflicht berufen, da sich der Gesetzgeber für den Vorrang des Unterhaltsinteresses vor dem Geheimhaltungsinteresse entschieden hat. Für den Unterhaltsanspruch eines minderjährigen Kindes kann das Familiengericht sogar Auskünfte über die Höhe der Einkünfte und des Vermögens von den Finanzämtern einholen (§ 643 II 1 Nr. 3). Daraus ist ersichtlich, dass die Sicherung der wirtschaftlichen Basis des minderjährigen Kindes sogar Vorrang vor der Wahrung des Steuergeheimnisses hat.[3] Ob und in welchem Umfang das Gericht von den Parteien Auskünfte verlangt, steht in seinem Ermessen. Ein solches Vorgehen kommt insbesondere dann in Betracht, wenn die nach §§ 1361 IV 3, 1580, 1605 BGB vorgelegten Unterlagen unvollständig oder veraltet sind, weil sich der Unterhaltsprozess verzögert hat. Dann kann es geboten sein, das unterhaltsrelevante Einkommen und Vermögen zu aktualisieren, um die Prognose der künftigen Einkommensverhältnisse im Interesse beider Parteien auf möglichst zeitnahen Daten aufzubauen. Der von § 1605 II BGB bezweckte Schutz des Unterhaltsschuldners vor ständigen Nachfragen des Unterhaltsgläubigers ist damit nicht beeinträchtigt, weil die Zweijahresfrist für ein erneutes Auskunftsbegehren ohnehin erst mit der letzten mündlichen Verhandlung vor einer Einigung oder gerichtlichen Entscheidung beginnt[4] (vgl. Rn. 674). Weil mit der gerichtlichen Auflage zur Erteilung einer Auskunft keinem Antrag der Partei stattgegeben

---

[1] OLG Brandenburg FamRZ 2005, 117
[2] OLG Naumburg FamRZ 2000, 101
[3] BGH, FamRZ 2005, 1986, 1987
[4] OLGR Karlsruhe 2004, 305

wird, sieht das Gesetz dagegen auch kein Rechtsmittel vor.[5] Da die materiellrechtlichen Verpflichtungen zur Auskunft vor allem im vorprozessualen Raum zum Tragen kommen, haben sie durch die Einführung der zusätzlichen prozessualen Auskunftspflicht nicht an Bedeutung verloren. Eine vorprozessuale Verpflichtung zur Auskunft besteht auch nach § 6 UVG, § 60 SGB II, § 315 SGB III, § 97 a SGB VIII und § 117 SGB XII (zur Verpflichtung zu ungefragten Informationen vgl. unten Rn. 696 ff.).

Der Sache nach wirkt die Auskunft wie eine **Selbstanzeige**. Eine Auskunftspflicht **661 a** besteht, wenn und soweit die Auskunft für die Unterhaltsbemessung von Bedeutung ist. Allerdings müssen die übrigen materiellen Voraussetzungen des Unterhaltsanspruchs vorliegen, die von den wirtschaftlichen Verhältnissen des Auskunftspflichtigen unabhängig sind.[6] Die Auskunft muss sich auf den jeweils maßgeblichen Prüfungszeitraum (Rn. 50 ff., 276 ff.) beziehen (vgl. Rn. 672). Sie betrifft dem Wortlaut nach zwar nur das Einkommen und Vermögen des Auskunftspflichtigen, gilt aber darüber hinaus sinngemäß als Ausfluss von § 242 BGB[7] für alle Umstände, deren Kenntnis für die Bemessung des Unterhaltsanspruchs notwendig ist. Sie umfasst somit auch eine Auskunft über die Fortdauer von Beschwerden, die eine Arbeitsunfähigkeit begründen[8] oder über die Höhe von Steuererstattungen.[9] Die Auskunft muss weder höchstpersönlich noch unter Wahrung der Schriftform des § 126 BGB mit eigenhändiger Unterschrift des Auskunftspflichtigen erteilt, sondern kann auch schriftsätzlich durch einen bevollmächtigten Rechtsanwalt des Verpflichteten abgegeben werden, sofern nicht gewichtige Gründe es rechtfertigen, eine vom Anwalt gefertigte Auskunft als unzureichend zurückzuweisen[10] (vgl. Rn. 667).

Die Auskunftspflicht besteht nicht, wenn sie den Unterhaltsanspruch **unter keinem 662 Gesichtspunkt** beeinflussen kann,[11] denn sie dient nicht dazu, andere als für die Bemessung des Unterhaltsanspruchs notwendige Informationen für die Rechtsverfolgung zu beschaffen.[12] Haben die Ehegatten Unterhaltsansprüche rechtswirksam wechselseitig ausgeschlossen, so ist eine nach der Trennung erhobene Klage auf Auskunft über die Einkünfte des anderen Ehegatten jedenfalls dann rechtsmissbräuchlich, wenn der Einsatzzeitpunkt nicht gewahrt ist (vgl. §§ 1571 Nr. 3, 1572 Nr. 2–4, 1573 III BGB) und auch keine maßgebliche Veränderung der Verhältnisse, die Einfluss auf den Unterhaltsbedarf haben könnte, vorgetragen wird.[13] Gleiches ist der Fall, wenn die Leistungsfähigkeit des Unterhaltspflichtigen außer Streit steht und ein Quotenunterhalt nicht geschuldet wird, weil der Unterhalt ausnahmsweise konkret zu bestimmen ist.[14] Es besteht auch dann keine Auskunftspflicht, wenn die Leistungsfähigkeit für den geltend gemachten Kindesunterhalt außer Frage steht oder wenn auch bei höherem Einkommen kein höherer Unterhalt verlangt werden könnte.[15] Das Gleiche gilt, wenn ein Unterhalt infolge der Härteklausel des § 1579 BGB sicher und ausnahmsweise schon unabhängig von der Höhe eines sonst gegebenen Unterhaltsanspruchs entfällt.[16] Ist dieses aber wegen der unbekannten Höhe des rechnerischen Unterhalts noch zweifelhaft oder kommt nur eine Befristung oder Herabsetzung des geschuldeten Unterhalts in Betracht, kann weiter Auskunft verlangt werden.[17] Bezüglich eines Arbeitsentgelts, das die

---

[5] OLGR Celle 1999, 304; OLG Naumburg EzFamR aktuell 2000, 357
[6] OLGR Frankfurt 2005, 496
[7] BGH, FamRZ 1983, 473; 1982, 680
[8] OLG Schleswig, FamRZ 1982, 1018
[9] OLG Düsseldorf, FamRZ 1991, 1315
[10] BGH, FamRZ 2008, 600, 601; OLG Hamm FamRZ 2005, 1194; OLGR München 1998, 82
[11] BGH, FamRZ 1985, 791; 1983, 674; 1983, 996, 998; OLG Düsseldorf, FamRZ 1998, 1191
[12] OLG Hamm FamRZ 2005, 1839; KGR 2002, 86
[13] OLG Köln FamRZ 2000, 609
[14] BGH, FamRZ 2007, 117, 118 = R 662 b; 1994, 1169 = R 481; OLGR Karlsruhe 2000, 195; OLG Hamm, FamRZ 1996, 736
[15] BGH, FamRZ 1983, 473
[16] BGH, FamRZ 1983, 996; s. auch OLG Bamberg, FamRZ 1998, 741: „wenn auszuschließen ist, dass ein Unterhaltsanspruch dem Grunde nach überhaupt in Betracht kommt". Einschränkend OLG München, FamRZ 1998, 741: Härtegründe nach § 1579 BGB können generell nicht zum Verlust des Anspruchs auf Auskunft führen und sind daher im Auskunftsverfahren auch nicht zu prüfen
[17] OLG Bamberg FamRZ 2006, 344; OLGR Karlsruhe 2001, 327

ehelichen Lebensverhältnisse nicht prägt, besteht kein Auskunftsanspruch zur Ermittlung des Unterhaltsbedarfs.[18] Weil der Auskunftsanspruch aber die Durchsetzbarkeit des Unterhaltsanspruchs insgesamt erfasst, kann der Unterhaltsberechtigte auch darüber Auskunft verlangen, wenn die Leistungsfähigkeit des Unterhaltsschuldners nicht sicher feststeht. Ein Anspruch auf Auskunft kann auch dann entfallen, wenn der Unterhaltsschuldner für den relevanten Zeitraum bereits in einem anderen Verfahren zur Auskunft über seine Einkommensverhältnisse verurteilt wurde.[19] Ein nachrangig Unterhaltspflichtiger muss eine Auskunft erst erteilen, wenn feststeht, dass die vorrangig haftenden Unterhaltspflichtigen ganz oder teilweise leistungsunfähig sind.[20] Der unterhaltsrechtliche Auskunftsanspruch ist kein unselbstständiges Nebenrecht, das dem Leistungsanspruch gemäß §§ 412, 401 BGB folgt. Der Sozialhilfeträger konnte daher nach dem früheren Recht mit dem übergegangenen Unterhaltsanspruch nicht auch den Anspruch auf Auskunft erwerben.[21] Nach § 94 I SGB XII (früher § 91 I BSHG) geht im Falle einer Gewährung von Sozialhilfe der Auskunftsanspruch jetzt aber ausdrücklich zusammen mit dem Unterhaltsanspruch auf den Träger der Sozialhilfe über.[22]

663   Die Auskunftsverpflichtung erstreckt sich auch auf das **Vermögen.** Diese weitgehende Verpflichtung wird in der Praxis oft nicht hinreichend beachtet. Wegen der laufenden Veränderungen des Vermögens und seiner Erträge muss in dem Titel stets ein **Stichtag** festgelegt werden. Ist dies im Urteil übersehen worden, liegt keine vollstreckbare Verpflichtung vor,[23] wenn der Stichtag nicht durch Auslegung eindeutig ermittelt werden kann.[24] Über den Verbleib von früheren Vermögensgegenständen braucht keine Auskunft erteilt zu werden,[25] wenn nicht ausnahmsweise die Zurechnung fiktiver Einkünfte aus dem Vermögen in Betracht kommt. Mit dem Auskunftsanspruch kann daher auch keine Abrechnung über die während der Ehe erfolgten Geldzuflüsse verlangt werden.[26] Als Stichtag für die Vermögensbewertung sollte regelmäßig der 31. Dezember des Vorjahres herangezogen werden, weil sich auf diesen Tag regelmäßig auch die Bankabrechnungen hinsichtlich der Guthaben und Schulden auf den Geschäftskonten, der Wertpapiere usw. beziehen. Zum Vermögen ist wie beim Zugewinn (§ 1379 BGB) ein Verzeichnis über den Vermögensbestand mit Wertangaben nach § 260 I BGB zu fertigen. Dabei sind auch die **Passiva** anzugeben, weil sich der Unterhaltsberechtigte sonst kein zutreffendes Bild von der Höhe seines Anspruchs machen kann. Auch diese Angaben sind gegebenenfalls eidesstattlich zu versichern (Rn. 692 f.). Die Auskunft erstreckt sich somit auch darauf, wie das im Rahmen der Vermögensauseinandersetzung erhaltene Kapital angelegt wurde[27] (zum Klageverfahren s. Rn. 10/203 f., zur Stufenklage Rn. 10/213, zur Vollstreckung Rn. 686 ff. und zu den allgemeinen Einschränkungen s. Rn. 662).

663 a   Ist der Unterhaltspflichtige seiner Auskunftspflicht nicht schon vorgerichtlich nachgekommen, wird der Anspruch regelmäßig im Wege der **Stufenklage** geltend gemacht. Allerdings kann sich der Unterhaltsberechtigte den Anspruch auf rückständigen Unterhalt nach §§ 1360 a III, 1361 IV 4, 1585 b II 2, 1613 I BGB inzwischen auch allein dadurch erhalten, dass er den Unterhaltspflichtigen **zum Zwecke der Geltendmachung des Unterhaltsanspruchs** zu Auskunft auffordert. Der von der Rechtsprechung nach früherem Recht für erforderlich befundenen Stufenmahnung bedarf es jetzt also nicht mehr. Allerdings ist die Auskunftsklage keine Folgesache i. S. von § 623 ZPO und kann deswegen nicht im Scheidungsverbund geltend gemacht werden, wenn sie nicht zur Vorbereitung des nachehelichen

---

[18] BGH, FamRZ 1985, 791
[19] OLG Köln FamRZ 2001, 1713
[20] OLG Hamm FamRZ 2005, 1926; LG Osnabrück, FamRZ 1984, 1032
[21] BGH, FamRZ 1991, 1117
[22] OLG München FamRZ 2002, 1213; OLG Karlsruhe FamRZ 2001, 926; KG FamRZ 1997, 1405; Näheres dazu Künkel, FamRZ 1996, 1509
[23] OLG Karlsruhe FamRZ 1986, 271
[24] OLGR Karlsruhe 2004, 240
[25] OLG Karlsruhe FamRZ 1986, 271; OLG Hamburg FamRZ 1985, 394; OLG Düsseldorf FamRZ 1981, 893
[26] BGH, FamRZ 1978, 677 für den insoweit gleichartigen güterrechtlichen Anspruch auf Auskunft
[27] OLG Karlsruhe, FamRZ 1990, 756

Unterhalts oder des Kindesunterhalts (§ 623 I 1 ZPO) als Stufenklage erhoben wird.[28] Im Rahmen einer isolierten Auskunftsklage ist über den Anspruch durch Endurteil zu entscheiden. Im Rahmen einer Stufenklage ergeht über den Auskunftsanspruch (und später ggf. über den Anspruch auf eidesstattliche Versicherung) ein Teilurteil, wenn nicht der gesamte Unterhaltsanspruch aus Gründen, die nicht in der Höhe des anrechenbaren Einkommens liegen, durch Endurteil abgewiesen werden muss.

Hat das Gericht über den Auskunftsanspruch entschieden, richtet sich die **Beschwer** für **663 b** eine Berufung der unterlegenen Partei (§ 511 II 1 ZPO) nach dessen Interesse, das gemäß § 3 ZPO nach freiem Ermessen zu bemessen ist. Hat das Gericht den Auskunftsantrag abgewiesen, bezieht der **Anspruch des Klägers** auf Auskunft seinen wirtschaftlichen Wert typischerweise daraus, dass mit ihm die Durchsetzung eines Hauptanspruchs vorbereitet werden soll. Deshalb ist die Beschwer eines Klägers, dessen Auskunftsklage abgewiesen worden ist, mit einem Bruchteil des begehrten Unterhalts festzusetzen, der in der gerichtlichen Praxis mit Werten zwischen $1/4$ und $1/10$ der Hauptsache bemessen wird.[29] Hat das Gericht dem Auskunftsantrag hingegen stattgegeben, richtet sich die **Beschwer des Beklagten** nach seinem Interesse, die Auskunft nicht erteilen zu müssen. Dabei ist – von Fällen eines besonderen Geheimhaltungsinteresses abgesehen[30] – auf den Aufwand an Zeit und Kosten abzustellen, den die Erteilung der nach dem erstinstanzlichen Urteil geschuldeten Auskunft erfordert.[31] Die Kosten der Zuziehung einer sachkundigen Hilfsperson (z. B. eines Steuerberaters) können nur berücksichtigt werden, wenn sie zwangsläufig entstehen, weil der Auskunftspflichtige selbst zu einer sachgerechten Auskunft nicht in der Lage ist.[32]

2. Auskunft beim Ehegattenunterhalt

Ein Auskunftsanspruch über Einkünfte und Vermögen steht beim **Trennungsunterhalt** **664** und beim **nachehelichen Ehegattenunterhalt** beiden Ehegatten wechselseitig zu (§§ 1580, 1361 IV 4 i. V. m. 1605 BGB). Sinngemäß gelten diese Bestimmungen auch für Altehen, weil der Auskunftsanspruch eine Ausprägung des durch Treu und Glauben (§ 242 BGB) gebotenen Grundsatzes ist, nach dem innerhalb eines bestehenden Schuldverhältnisses (hier gesetzliches Unterhaltsrechtsverhältnis) derjenige, der ohne Verschulden über das Bestehen und den Umfang seiner Ansprüche in Unkenntnis ist, von dem Verpflichteten eine entsprechende Auskunft verlangen kann, wenn dieser zur Erteilung unschwer in der Lage ist.[33] Auskunft für den nachehelichen Unterhalt nach § 1580 BGB wird ab **Rechtshängigkeit des Scheidungsantrags** geschuldet.[34] Der Anspruch kann im Rahmen einer Stufenklage im Scheidungsverbund geltend gemacht werden. Dann ist über das Auskunftsbegehren vor Erlass des Scheidungs- oder Unterhaltsurteils vorab durch Teilurteil zu entscheiden[35] (vgl. auch §§ 623 II 2, 628 ZPO). Eine isolierte Auskunftsklage ist allerdings keine Folgesache im Sinne von § 623 ZPO und somit im Scheidungsverbund unzulässig.[36] Ein Auskunftsanspruch besteht nicht, wenn die Einkünfte des Unterhaltsverpflichteten überdurchschnittlich hoch sind und der Unterhaltspflichtige seine Leistungsfähigkeit nicht in Frage stellt.[37] Denn dann ist der Unterhaltsbedarf konkret zu berechnen, zumal das vorhandene Einkommen schon während des Zusammenlebens nicht ausschließlich für die Lebenshaltungskosten sondern auch für Vermögensbildung oder andere Zwecke verwendet worden ist.[38]

---

[28] BGH, FamRZ 1997, 811; 1982, 151
[29] BGH, FuR 2001, 236; FamRZ 1993, 1189 ($1/5$ gebilligt); 1982, 787
[30] BGH, FamRZ 2005, 1986
[31] BGH, FamRZ 2007, 714; 2005, 104; (GSZ) 1995, 349
[32] BGH, FamRZ 2002, 666, 667
[33] BGH, FamRZ 1982, 680
[34] BGH, FamRZ 1983, 674
[35] BGH, FamRZ 1982, 151; 1982, 996
[36] BGH FamRZ 1997, 811 = R 511 B
[37] OLGR Karlsruhe 2000, 195
[38] BGH, FamRZ 1994, 1169

Für den **Familienunterhalt** sieht das Gesetz (trotz eines Gesetzentwurfs des Bundesrats vom 9. 7. 1999 zu § 1360 a III BGB)[39] zurzeit keinen ausdrücklichen Auskunftsanspruch vor.[40] Zur Vorbereitung einer Klage auf Wirtschaftsgeld,[41] Haushalts- oder Taschengeld[42] steht dem Berechtigten allerdings unmittelbar aus § 1353 BGB ein Anspruch auf grobe Information über die Einkommens- und Vermögensverhältnisse zu.[43] Das gilt auch für die Vorbereitung der Trennung, die oft nur mit Hilfe von Trennungsunterhalt durchführbar ist.

3. Auskunft beim Kindesunterhalt

665   Nach § 1605 BGB sind Eltern gegenüber Kindern und Kinder gegenüber den Eltern verpflichtet, auf Verlangen über ihre Einkünfte und ihr Vermögen Auskunft zu erteilen, soweit dies zur Feststellung eines Unterhaltsanspruchs erforderlich ist. Das ist in der Regel der Fall, wenn der Unterhalt einkommensabhängig nach der Düsseldorfer Tabelle bemessen wird. Eine Auskunft ist zur Ermittlung des Unterhaltsbedarfs jedoch nicht erforderlich, wenn der Unterhalt für nicht mehr bei den Eltern lebende volljährige Kinder **nach festen Bedarfssätzen** bemessen wird,[44] sofern nicht besondere Umstände vorgetragen werden, die ausnahmsweise eine Abweichung von diesen festen Regelbedarfssätzen rechtfertigen[45] (näher dazu Rn. 2/518). Ist allerdings die Leistungsfähigkeit des Unterhaltspflichtigen im Streit, bleibt es trotz des feststehenden Unterhaltsbedarfs bei der Auskunftspflicht. Zwar ist der Unterhaltspflichtige und nicht der Unterhaltsberechtigte für die (mangelnde) Leistungsfähigkeit darlegungs- und beweispflichtig. Um eine erfolglose Klage zu vermeiden und eine außergerichtliche Einigung zu fördern, steht dem Berechtigten auch insoweit ein Auskunftsanspruch zu, wenn nicht die Leistungsfähigkeit des Unterhaltspflichtigen außer Zweifel steht. Die Auskunft kann von jedem Elternteil verlangt werden, der auf Barunterhalt in Anspruch genommen wird (vgl. § 1606 III 2 BGB). Über die Einkünfte des neuen Ehepartners braucht keine Auskunft erteilt zu werden, weil dieser dem Kind nicht unterhaltspflichtig ist.[46] Soweit es im Rahmen des Unterhaltsanspruchs gegen einen Ehegatten auf dessen Familienunterhalt ankommt, ist dies nach den allgemeinen Grundsätzen für die Beweis- und Darlegungslast im Hauptsacheverfahren festzustellen.[47]

666   Im Zusammenhang mit der Bemessung des Kindesunterhalts kann aber auch **ein Elternteil vom anderen** Auskunft über dessen Einkünfte und Vermögen verlangen, wenn er bei beiderseitiger Barunterhaltspflicht (vgl. Rn. 2/433 ff.) von einem gemeinschaftlichen Kind auf Barunterhalt in Anspruch genommen wird und ohne diese Auskunft seinen Haftungsanteil nach § 1606 III 1 BGB nicht errechnen kann. Diese Auskunftspflicht ergibt sich allerdings nicht aus einer analogen Anwendung des § 1605 BGB, sondern unmittelbar aus § 242 BGB als Folge der besonderen Rechtsbeziehungen der Eltern, die gegenüber gemeinschaftlichen Kindern gleichrangig unterhaltspflichtig sind.[48] Diesem Auskunftsbegehren steht nicht entgegen, dass das Kind seinen Auskunftsanspruch nach § 1605 BGB gegen beide Eltern geltend machen könnte.[49] Denn die zusätzliche Auskunftspflicht gegenüber dem anderen Elternteil ergibt sich im Rahmen des Kindesunterhalts auch aus § 1618 a BGB, wonach Eltern und Kinder einander Beistand und Rücksicht schuldig sind. Wegen der Leitbildfunktion dieser Bestimmung, die zur Ausfüllung von Lücken im Familienrecht

---

[39] BR-Drucksache 268/99, Anlage

[40] OLG München FamRZ 2000, 1219

[41] OLG Celle FamRZ 1999, 162

[42] BGH, FamRZ 1998, 608

[43] BGH FamRZ 2001, 23, 24; 1986, 558, 560; OLG München FamRZ 2000, 1219; OLG Karlsruhe FamRZ 1990, 161

[44] Vgl. Leitlinien der Oberlandesgerichte Ziff. 13.1

[45] OLG Naumburg FamRZ 2001, 1480

[46] Zur Hausmannrechtsprechung vgl.: BGH. FamRZ 2006, 1827, 1828 = R 660 a, b; 2006, 1010, 1012 = R 650 b, c

[47] OLG Karlsruhe, FamRZ 1993, 1481

[48] BGH FamRZ 2003, 1836; 1988, 268, 269; OLG Zweibrücken FamRZ 2001, 249; OLGR Schleswig 2001, 373

[49] OLG Hamm FamRZ 2005, 1926

heranzuziehen ist, muss ein barunterhaltspflichtiger Elternteil das gemeinschaftliche Kind wegen der notwendigen Informationen nicht auf eine Inanspruchnahme des anderen barunterhaltspflichtigen Elternteils verweisen.[50] Diese Auskunftsverpflichtung der Eltern untereinander kann auch bei minderjährigen Kindern in Betracht kommen, wenn Anhaltspunkte dafür bestehen, dass ausnahmsweise auch der betreuende Elternteil (vgl. Rn. 2/287 f.) Barunterhalt leisten muss.[51]

4. Auskunft beim Elternunterhalt

Im Rahmen des Elternunterhalts haben mehrere unterhaltspflichtige **Geschwister** einan- **666 a** der Auskunft über ihre Einkommens- und Vermögensverhältnisse zu geben, soweit dies für die Berechnung des eigenen Haftungsanteils erforderlich ist. Dieser Anspruch ergibt sich aus Treu und Glauben (§ 242 BGB), weil sie nach § 1606 III 1 BGB anteilig nach ihren Einkommens- und Vermögensverhältnissen für den Unterhalt der Eltern haften und deswegen in einem besonderen Rechtsverhältnis zueinander stehen. Allerdings hat der BGH[52] einen solchen – über die gesetzliche Regelung der §§ 1580, 1605 BGB hinausgehenden – Auskunftsanspruch nur dann nach Treu und Glauben (§ 242 BGB) angenommen, wenn die besondere rechtliche Beziehungen unmittelbar zwischen den Beteiligten bestehen. Das ist gegenüber den Schwägern und Schwägerinnen nicht der Fall, so dass ihnen gegenüber kein unmittelbarer Auskunftsanspruch besteht.[53]

5. Auskunft beim Unterhaltsanspruch aus Anlass der Geburt (§ 1615 l BGB)

Der Unterhaltsbedarf des kindererziehenden nichtehelichen Elternteils richtet sich gemäß **666 b** § 1610 I BGB nach der zuvor erreichten Lebensstellung. Diese ist jedenfalls dann, wenn die Eltern zuvor nicht zusammen gelebt haben, unabhängig von der Höhe des Einkommens des unterhaltspflichtigen Elternteils. Sie richtet sich vielmehr grundsätzlich nach dem Einkommen, das dieser Elternteil ohne die Geburt ihres Kindes zur Verfügung hätte. Dabei werden die Lebensstellung und damit der Unterhaltsbedarf jedoch durch den Halbteilungsgrundsatz begrenzt.[54] Obwohl für die Höhe des Unterhaltsbedarfs in solchen Fällen die Einkommens- und Vermögensverhältnisse des Unterhaltspflichtigen unerheblich sind, scheidet ein Auskunftsanspruch nach § 1605 BGB nicht aus. Denn der Unterhaltsberechtigte bedarf der Auskunft, um sich der **Leistungsfähigkeit** des Unterhaltspflichtigen zu vergewissern.[55] Allerdings setzt der Auskunftsanspruch des kindererziehenden Elternteils gegen den anderen Elternteil dann voraus, dass der Unterhaltsbedarf konkret dargelegt wird.[56] Erfüllt der Unterhaltspflichtige diesen Bedarf in vollem Umfang, kommt ein Auskunftsanspruch nicht mehr in Betracht.

II. Die Auskunftserteilung

1. Die systematische Aufstellung

Die Auskunft ist nach §§ 260, 261 BGB durch Vorlage einer **systematischen Aufstel-** **667** **lung** aller Angaben zu erteilen, die nötig sind, damit der Berechtigte ohne übermäßigen Arbeitsaufwand seinen Unterhaltsanspruch berechnen kann.[57] Schon der Unterhaltsberech-

---

[50] BGH, FamRZ 1988, 268; OLGR Schleswig 2001, 373
[51] OLG Köln, FamRZ 1992, 469
[52] BGH, FamRZ 1988, 268
[53] BGH, FamRZ 2003, 1836; OLG München FamRZ 2002, 50
[54] BGH, FamRZ 2005, 442 = R 625 b
[55] OLGR Nürnberg 2003, 261
[56] OLGR Frankfurt 2005, 496
[57] OLG Dresden FamRZ 2005, 1195; OLG Hamm FamRZ 2005, 1194

tigte darf sich nicht darauf beschränken, pauschal „Auskunft über die Einkommensverhältnisse" des Unterhaltspflichtigen zu verlangen sondern er muss eindeutig festlegen, welche
Auskünfte er zur Berechnung seines Unterhaltsanspruchs benötigt. Es kann nicht dem
Unterhaltspflichtigen überlassen bleiben, zu ermitteln, was die Auskunft fordernde Partei
unter einer „Zusammenstellung über alle Ein- und Ausgaben" versteht.[58] Grundsätzlich
können Angaben zu allen Bruttoeinnahmen und Aufwendungen bzw. Ausgaben und den
sonstigen unterhaltsrechtlich relevanten Abzügen verlangt werden.[59] Auch Spekulationsgewinne, die der Versteuerung unterliegen, sind unterhaltsrechtlich erheblich und damit von
der Auskunftsverpflichtung umfasst.[60] An einer geordneten systematischen Aufstellung fehlt
es, wenn der Verpflichtete nur eine Reihe von Belegen, etwa Lohnabrechnungen und
Steuerbescheide, vorlegt. Diese müssen vom Verpflichteten zu einem geschlossenen Werk
zusammengefügt werden.[61] Der auf Wertermittlung in Anspruch genommene Ehegatte ist
grundsätzlich nur insoweit zur Ermittlung und Angabe der Vermögenswerte verpflichtet, als
er selbst dazu imstande ist. Dritte Personen, insbesondere einen Sachverständigen, braucht er
mit der Wertermittlung nicht zu beauftragen.[62] Dies schließt jedoch nicht aus, dass der
Verpflichtete – wie beim Zugewinnausgleich – zu Einzelfragen Auskünfte einholen oder
Hilfskräfte einschalten muss, um den Wert der Vermögensgegenstände (z. B. eines Hausgrundstücks) zuverlässig zu ermitteln, wenn es für den Unterhaltsanspruch darauf ankommt.
Dadurch anfallende Auslagen gehören dann zu den Kosten der Wertermittlung, die der
Verpflichtete zu tragen hat.[63]

Die Auskunft ist eine Wissenserklärung, die – abgesehen von einfachen Fällen – grundsätzlich von dem Schuldner der Auskunft persönlich abgegeben werden muss. Die bislang
streitige Frage, ob diese persönliche Auskunft der **Schriftform** bedarf, hat der Bundesgerichtshof inzwischen verneint. Danach ist zwar eine schriftlich verkörperte Zusammenstellung erforderlich, die aber keine gesetzliche Schriftform i. S. des § 126 BGB und damit
auch keine persönliche Unterschrift des Auskunftsschuldners erfordert.[64] Das ändert allerdings nichts daran, dass die Auskunft als Wissenserklärung höchstpersönlicher Natur ist und
als nach § 888 ZPO zu vollstreckende unvertretbare Handlung von dem Auskunftspflichtigen in Person zu erfüllen ist.[65] Die Information muss somit vom Auskunftspflichtigen selbst
stammen, ohne dass dadurch die Hinzuziehung von Hilfspersonen als Boten des höchstpersönlich Erklärenden, z. B. seines Rechtsanwalts, ausgeschlossen ist.[66] Allerdings ist lediglich die Abgabe der Erklärung höchstpersönlicher Natur,[67] nicht hingegen deren Übermittlung, die auch durch Hinzuziehung eines Dritten, also durch Schreiben eines Rechtsanwalts
erfolgen kann.[68] Dabei kann der Dritte allerdings lediglich als Bote und nicht als Vertreter
handeln, weil die Auskunft höchstpersönlicher Natur ist.[69] Auf die schriftliche Zusammenfassung aller Einkünfte in einer Urkunde kann aber auch dann schon deshalb nicht verzichtet
werden, weil nur dieses Schriftstück zum Gegenstand einer eidesstattlichen Versicherung
(Rn. 692) werden kann.

668   Zu allen Einnahmen sind auch die damit zusammenhängenden **Ausgaben** mitzuteilen,
denn die Auskunft soll den Unterhaltsberechtigten auch vor einer zu hohen Unterhalts-

---

[58] OLG Düsseldorf FamRZ 2001, 836
[59] BGH, FamRZ 1983, 996, 998; 1980, 770; OLG Dresden FamRZ 2005, 1195; OLG Köln FamRZ
     2000, 622; OLG Hamm, FamRZ 1983, 1232
[60] OLG Stuttgart FamRZ 2002, 635
[61] BGH FamRZ 1983, 1232; OLG Hamm FamRZ 2006, 865 und 2005, 1194; OLG Köln FamRZ
     2003, 235; OLGR München 1998, 82
[62] BGH NJW-RR 2001, 210; FamRZ 1991, 316
[63] BGH FamRZ 1991, 316; OLGR München 1996, 129
[64] BGH, FamRZ 2008, 600, 601 m. w. N.
[65] BGH, FamRZ 1986, 369
[66] BGH, FamRZ 2007, 714; 2006, 33 f. und 2002, 666, 667
[67] BGH FamRZ 1989, 731
[68] OLG Hamm FamRZ 2005, 1194; OLG Zweibrücken EzFamR aktuell 2000, 71; OLGR Mün-
     chen 1998, 82; a. A. OLG Köln FamRZ 2003, 235; OLG München FamRZ 1996, 738 und 1995,
     737
[69] BGH, FamRZ 2008, 600, 601

forderung und den dadurch verursachten Kosten schützen. Gleichartige Ausgaben können allerdings zusammengefasst werden, soweit der Verzicht auf detaillierte Angaben üblich ist und eine Orientierung des Auskunftsberechtigten nicht verhindert. Bei Gewinneinkünften von Freiberuflern genügt es, nur das Endergebnis in der Auskunft anzuführen und auf eine beigefügte Gewinn- und Verlustrechnung Bezug zu nehmen.[70] Ist ein Unterhaltspflichtiger an einer Publikumsgesellschaft beteiligt, kann der Unterhaltsberechtigte von ihm als Beleg in der Regel die Vorlage des Bescheides über die gesonderte Feststellung des Gewinns oder Verlustes durch das Betriebsfinanzamt verlangen.[71]

Die Auskunft kann von einem **Selbstständigen** auch dann verlangt werden, wenn sein **669** Steuerberater die Gewinnermittlung noch nicht fertig gestellt hat. Es ist dann eine angemessene Frist zur Auskunftserteilung zu setzen.[72] In der Praxis verschleppen Freiberufler häufig das Auskunftsverfahren unter Berufung auf ihren Steuerberater. Das kann nicht toleriert werden. Spätestens etwa ab Ende Juni eines jeden Jahres muss unterhaltsrechtlich die Gewinn- und Verlustrechnung für das Vorjahr vorliegen, wenn die nachteiligen Folgen der fehlenden Sachaufklärung (Rn. 276 ff.) vermieden werden sollen[73] (zum **Klageantrag** in solchen Fällen s. die Beispiele in Rn. 10/205). Im Einzelfall kann es geboten sein, neben der Gewinn- und Verlustrechnung[74] auch konkret Auskunft über Anschaffungen, Abschreibungen, Veräußerungen, private Nutzungsanteile, Aushilfskräfte, staatliche Zuschüsse usw. zu verlangen.[75] Dem auskunftspflichtigen Unterhaltsschuldner ist die Auskunft nicht deshalb unmöglich, weil über sein Unternehmen ein Gesamtvollstreckungsverfahren stattfindet.[76]

Im Auskunftsverfahren einschließlich des Verfahrens auf Abgabe einer eidesstattlichen **670** Versicherung **ist Kleinlichkeit zu vermeiden** (§§ 259 III, 260 III BGB). Sachgesamtheiten und Inbegriffe von Gegenständen können als solche aufgeführt werden, wenn und soweit der Verzicht auf eine detaillierte Aufschlüsselung im Verkehr üblich ist und eine ausreichende Orientierung des Auskunftsberechtigten nicht verhindert. An die Aufschlüsselung können umso geringere Anforderungen gestellt werden, je eher bei dem Empfänger der Auskunft eine persönliche Kenntnis vorausgesetzt werden kann.[77] In der Praxis streiten die Parteien gelegentlich jahrelang und über mehrere Instanzen über die geschuldete Auskunft, auch wenn ein solcher Streit wenig sinnvoll ist. Der Unterhaltsberechtigte sollte unter allen Umständen möglichst **rasch zur Leistungsklage** übergehen, um zu hohe Rückstände zu vermeiden und der Gefahr eine Verwirkung rückständigen Unterhalts zu entgehen.[78] Der Anspruch lässt sich meist auch bei noch nicht vollständig erfülltem Auskunftsanspruch hinreichend sicher beziffern. Nur so kann den Verschleppungstendenzen des Unterhaltspflichtigen wirksam begegnet werden. Bei unvollständiger Aufklärung zu einem Unterhaltsrückgang kommen dem Unterhaltsberechtigten ohnehin in der Regel die Grundsätze über die Darlegungslast zu Hilfe (s. Rn. 6/700 ff.).

Bei Einkünften aus **abhängiger Arbeit** sind das Bruttogehalt, Art und Umfang der **671** Abzüge sowie Sonderzahlungen wie Weihnachts- und Urlaubsgeld, Spesen, Auslösungen, Tantiemen etc. anzugeben (vgl. Rn. 55). Es genügt nicht, wenn nur das Einkommen für einen einzelnen Monat vorgetragen und durch einen Einkommensnachweis belegt wird. Eine solchermaßen unvollständige Auskunft ist zu ergänzen.[79] Die Auskunft muss sich auf alle verschiedenen Einkunftsarten (s. Rn. 40 f.) erstrecken. Bei Einkünften als **GmbH-Gesellschafter** ist über Gewinne und Zinsen der Gesellschaft Auskunft zu erteilen[80] (näher dazu Rn. 681). Wenn der Schuldner ausschließlich seinen Lohnnachweis einreichen muss,

---

[70] OLG München, FamRZ 1996, 738
[71] OLG Bamberg FamRZ 2006, 344
[72] OLG Düsseldorf, DAV 1982, 689; OLG Koblenz, FamRZ 1981, 922
[73] OLG München, FamRZ 1992, 1207
[74] OLGR Karlsruhe 2002, 167
[75] Vgl. KG Berlin, FamRZ 1997, 360
[76] OLG Brandenburg FamRZ 1998, 178
[77] BGH, FamRZ 1984, 144
[78] Vgl. insoweit BGH, FamRZ 2007, 453, 454 = R 665 a–c
[79] BGH, FamRZ 1983, 996, 998; 1982, 250, 252
[80] BGH, FamRZ 1982, 680

ist dafür eine recht kurze Frist von ca. 3 Wochen angemessen; ausnahmsweise kann schon eine Frist von einer Woche zuzüglich Postlaufzeit ausreichen.[81]

2. Der Zeitraum

672　　Die Auskunft ist für den Zeitraum zu erteilen, der für die Unterhaltsbemessung maßgeblich ist. Bei Arbeitnehmern ist sie also in der Regel für das abgelaufene Kalenderjahr[82] (vgl. Rn. 50 f.), bei Selbständigen oder bei sonstigen schwankenden Einkünften in der Regel für die drei letzten abgelaufenen Kalenderjahre (vgl. Rn. 274, 277) und im Einzelfall auch für eine längere Zeit geschuldet.[83] Bei Land- und Forstwirten sollte sich die Auskunft nicht auf das Kalenderjahr beziehen, sondern auf das vom 1. Juli bis zum 30. Juni laufende Wirtschaftsjahr[84] (s. Rn. 277).

3. Die Kosten

673　　Die Kosten der Auskunftserteilung hat der Auskunftspflichtige als Schuldner zu tragen, soweit sie durch die Erteilung eines Vermögensverzeichnisses oder durch die Ermittlung und die Angabe des Vermögenswertes entstehen. Dazu gehören auch die Kosten der Übersetzung einer fremdsprachigen Urkunde.[85] Selbst ev. **Sachverständigenkosten** trägt der Auskunftsberechtigte wenn sie zwangsläufig entstehen, weil der Auskunftspflichtige allein nicht zu einer sachgerechten Auskunftserteilung in der Lage ist.[86]

4. Zur Häufigkeit

674　　Grundsätzlich kann eine Auskunft erst **nach Ablauf von zwei Jahren** erneut verlangt werden (§ 1605 II BGB). Denn in kürzeren zeitlichen Abständen gibt es normalerweise keine Änderungen, die so ins Gewicht fallen, dass eine Abänderung nach § 323 ZPO verlangt werden kann. Die Frist beginnt bei einer rechtskräftigen Verurteilung zur Auskunft mit dem Tag der letzten mündlichen Verhandlung zu laufen.[87] Hat das Gericht im schriftlichen Verfahren entschieden, ist die von Gericht gesetzte Frist maßgeblich, die dem Schluss der mündlichen Verhandlung entspricht.[88] Haben die Parteien einen Vergleich geschlossen, kommt es auf den Zeitpunkt des Vergleichs an.[89] Auf den Zeitpunkt der Auskunft kommt es hingegen nicht an, weil die Entscheidung oder die Einigung noch auf dieser zeitgebundenen Auskunft beruht und mit dieser Prognose eine – zumindest zeitweilige – Stabilisierung des Unterhaltsrechtsverhältnisses bezweckt ist.[90]

Kann der Unterhaltsberechtigte glaubhaft machen, dass beim Unterhaltspflichtigen schon vor Ablauf der Zweijahresfrist erhebliche Einkommenssteigerungen oder Vermögensmehrungen eingetreten sind, kann er auch schon früher eine neue Auskunft verlangen.[91] Ergab die frühere Auskunft einen Mangelfall, so sind für das Auskunftsverlangen des Unterhaltsberechtigten geringere Anforderungen an die Wesentlichkeit der Änderungen i. S. des § 1605 II BGB zu stellen.[92] Hatte sich der Berechtigte in einem Vergleich verpflichtet, die

---

[81] OLG Naumburg FamRZ 2001, 1719

[82] OLG Dresden FamRZ 2005, 1195

[83] BGH, FamRZ 1985, 471; 1985, 357

[84] OLG Düsseldorf FamRZ 1997, 830

[85] OLG Koblenz FamRZ 1990, 79

[86] BGH, FamRZ 1991, 316; 1982, 682; vgl. aber BGH FamRZ 2006, 33; 2002, 666

[87] OLG Hamburg, FamRZ 1984, 1142; anders OLG Koblenz, FamRZ 1979, 1021: Urteilsverkündung

[88] AG Essen FamRZ 1993, 593

[89] OLGR Hamm 2002, 182; OLG Düsseldorf, FamRZ 1993, 591, 592 f.; OLG Stuttgart, FamRZ 1978, 717

[90] A. A. OLG Hamm FamRZ 2005, 1585

[91] OLG Köln FamRZ 2003, 1960

[92] OLGR Karlsruhe 2000, 284

Aufnahme einer Erwerbstätigkeit von sich aus anzuzeigen, kann der Verpflichtete vor Ablauf von zwei Jahren eine Auskunft nur verlangen, wenn er die Aufnahme einer Erwerbstätigkeit glaubhaft macht.[93] Diente die erste Auskunft der Berechnung des Trennungsunterhalts, braucht für eine Auskunft zum nachehelichen Unterhalt eine Zweijahresfrist allerdings nicht beachtet zu werden, weil diese Ansprüche nicht identisch sind.[94] Die Frist gilt auch nicht für eine Partei, die zunächst für sich selbst Auskunft verlangt hat und später in Prozessstandschaft für ein minderjähriges Kind erneut Auskunft begehrt (§ 1629 III BGB).[95]

Bei Stufenklagen gegenüber **Freiberuflern** wird manchmal nach der Auskunftserteilung **675** ein Gutachten zum Einkommen eingeholt, dessen anschließende Erörterung und Überprüfung das Verfahren so sehr in die Länge zieht, dass die zweijährige Wiederholungsfrist noch während des Rechtsstreits abläuft. In dieser Situation sollte einer neuen förmlichen Auskunftsklage innerhalb des gleichen Verfahrens mit allen prozessualen Mitteln (§ 263 ZPO) entgegengetreten werden, weil das Verfahren sonst nie zum Abschluss gebracht werden kann.[96] Das Gericht kann den Verpflichteten dann über §§ 273, 643 ZPO auffordern, die neuen Jahresabschlüsse vorzulegen, und bei einer Verweigerung die entsprechenden Schlüsse aus der Untätigkeit ziehen (vgl. Rn. 6/700 ff.). Soweit angenommen wird, dass in einem Unterhaltsprozess noch vor Ablauf der Sperrfrist eine weitere Auskunft für Unterhaltszeiträume verlangt werden kann, die im ersten Auskunftsverlangen nicht enthalten waren,[97] wird verkannt, dass damit die Sperrfrist unzulässigerweise verletzt wird. Wenn die erste Auskunft schon erteilt ist, kann nicht mehr von einer zeitlichen Erweiterung des ersten Auskunftsbegehrens gesprochen werden. Es liegt vielmehr ein neues Auskunftsbegehren vor, das grundsätzlich an die Einhaltung der Sperrfrist gebunden ist. Nur ausnahmsweise kann schon vor Ablauf der Sperrfrist eine neue Auskunft verlangt werden, wenn sich die frühere Auskunft auf den Beginn einer selbstständigen Erwerbstätigkeit beschränkte und glaubhaft gemacht ist, dass inzwischen wesentlich höhere oder auch andere Einkünfte erzielt werden.[98] Im Hinblick auf die neu geschaffene prozessuale Auskunftspflicht in § 643 ZPO mit der Möglichkeit Auskünfte auch von Amts wegen einzuholen (s. Rn. 661) dürften derartige Streitigkeiten allerdings nicht mehr oft vorkommen.

5. Schadensersatzanspruch bei Verstoß gegen die Auskunftspflicht

Gerät der Auskunftspflichtige mit der Erteilung der Auskunft in Verzug, so kann er dem **676** Berechtigten zum Ersatz des daraus entstandenen Schadens verpflichtet sein.[99] Der Schaden kann etwa in den Prozesskosten bestehen, die der Kläger nach § 91 ZPO zu tragen hat, wenn sich erst im Rahmen einer Stufenklage nach der verspätet erteilten Auskunft herausstellt, dass ein Unterhaltsanspruch wegen fehlender Leistungsfähigkeit nicht gegeben ist. Dieser Schaden kann im gleichen Verfahren durch Klageänderung geltend gemacht werden;[100] auch dafür ist das Familiengericht zuständig.[101] Ein ersatzfähiger Schaden liegt auch dann vor, wenn der Unterhalt wegen einer verzögerten Auskunft erst so spät geltend gemacht werden konnte, dass ein Teil der Rückstände wegen fehlenden Verzugs nicht mehr durchgesetzt werden konnte.[102] Allerdings schuldete der Unterhaltspflichtige rückständigen Verwandten-, Familien- und Trennungsunterhalt seit der Neufassung der §§ 1613 I 1, 1360a III, 1361 IV 4 BGB schon für die Zeit ab Zugang eines isolierten Auskunftsersuchens (s. Rn. 6/105a). Das hat der Gesetzgeber jetzt durch das Unterhaltsänderungsgesetz 2008

---

[93] OLG Bamberg, FamRZ 1990, 75
[94] OLG Hamm FamRZ 2004, 377; OLG Düsseldorf FamRZ 2002, 1038; OLG Hamm, FamRZ 1996, 868; a. A. OLG Jena, FamRZ 1997, 1280
[95] OLG Brandenburg, FamRZ 1998, 1192
[96] Vgl. OLGR Bamberg 2000, 83
[97] OLG Düsseldorf, FamRZ 1997, 1271 m. w. N.
[98] OLGR Karlsruhe 2000, 284
[99] BGH, FamRZ 1984, 163, 165
[100] BGH, FamRZ 1995, 348 = R 479 b; OLG Karlsruhe FamRZ 1999, 1216
[101] KGR 1998, 267
[102] BGH, FamRZ 1985, 155, 158

mit der Verweisung in § 1585 b II BGB auch für den nachehelichen Unterhalt übernommen. Auf die von der Rechtsprechung geschaffene Verzugswirkung der Stufenmahnung kommt es deswegen auch insoweit nicht mehr an. Rückständiger Unterhalt ist jetzt schon ab Zugang des isolierten Auskunftsersuchens geschuldet.

III. Vorlage von Belegen über das Einkommen

1. Allgemeines

677   Der Auskunftspflichtige muss auf Verlangen im Rahmen seine Auskunftspflicht nach §§ 1361 IV 4, 1580 S. 2, 1605 I 2 BGB auch Belege über die Höhe seiner Einkünfte vorlegen. Der Gläubiger kann Vorlage der Originale verlangen und sich davon Abschriften oder Fotokopien fertigen.[103] Auskunft und Vorlage von Belegen sind **getrennte Ansprüche,** die auch einzeln geltend gemacht werden können.[104] Allerdings darf der Anspruch auf Vorlage von Belegen inhaltlich nicht über den Auskunftsanspruch hinausgehen. Der Auskunftspflichtige muss vielmehr nur solche Belege vorlegen, über die er Auskunft erteilt hat und die für die Feststellung des Unterhaltsanspruchs erforderlich sind. Dabei ist auf den Informationsbedarf des Auskunftsberechtigten im konkreten Einzelfall abzustellen. Hinsichtlich der Höhe eines Vermögens besteht eine solche Verpflichtung nur dann, wenn der Vermögensstamm verwertet werden muss (s. Rn. 410 ff.) und er deswegen den Einkünften i. S. v. § 1605 I 2 BGB zuzurechnen ist. Vermögenserträge zählen hingegen stets zu den Einkünften (s. Rn. 403 ff.), die nach § 1605 I 2 BGB auf Verlangen zu belegen sind. Wird die Vorlage von Belegen und Unterlagen verlangt, müssen diese im Antrag und im Urteilstenor genau bezeichnet werden. Ein Antrag, „diejenigen Belege beizufügen, aus denen die Richtigkeit des Zahlenmaterials entnommen werden kann", genügt diesen Anforderungen nicht. Er ist nicht hinreichend bestimmt und deshalb als unzulässig abzuweisen.[105] Hat das Gericht gleichwohl ein (Teil-)Urteil mit einer derart unbestimmten Vorlageverpflichtung ausgesprochen, ist dieser Titel wertlos, weil er wegen der fehlenden Bestimmbarkeit nicht vollstreckt werden kann.[106] Klageantrag und Urteilsformel müssen die Belege daher so bestimmt bezeichnen, dass es notfalls einem Gerichtsvollzieher möglich ist, sie aus den Unterlagen des Verpflichteten auszusondern und dem Berechtigten zu übergeben[107] (zur Vollstreckung siehe Rn. 686 ff.).

2. Der Umfang der Vorlegungspflicht

678   Die Verpflichtung zur Vorlage von Belegen findet ihre Grenze in der **Zumutbarkeit** für den Verpflichteten. Der Berechtigte kann daher nicht Vorlage der gesamten Buchführung verlangen, wenn es nicht im Einzelfall ausnahmsweise darauf ankommt.[108] Wenn er keinen konkreten Anlass hat, die Richtigkeit der Bilanz anzuzweifeln, muss er davon ausgehen, dass sie richtig ist. Zu beachten ist auch, dass die Vorlegungspflicht nicht über den Auskunftsanspruch hinausgeht. Der Berechtigte kann daher nur die Vorlage solcher Belege fordern, die er für die Feststellung des Unterhaltsanspruchs benötigt. Abzustellen ist somit auf den Informationsbedarf des Berechtigten.[109]

Folgende Unterlagen kommen in Betracht:

679   Als vorzulegende Belege nennt das Gesetz in § 1605 I 2 BGB insbesondere Bescheinigungen des Arbeitgebers, womit **Verdienstbescheinigungen** gemeint sind.[110] Soweit Ver-

---

[103] KG FamRZ 1982, 624
[104] OLG Karlsruhe BeckRS 2004 06938; OLG München, FamRZ 1996, 307 und 1993, 202
[105] BGH, FamRZ 1983, 454; OLG Hamm, FamRZ 1983, 1232 und FamRZ 1979, 1012; OLG Düsseldorf, FamRZ 1978, 717
[106] Vgl. Baumbach, ZPO, 65. Aufl. 2007 § 888 Rn. 2
[107] OLG Stuttgart, FamRZ 1991, 84
[108] OLG Schleswig, FamRZ 1981, 53
[109] OLG München, FamRZ 1993, 202
[110] BGH, FamRZ 1983, 996, 998

dienstbescheinigungen vorgelegt sind, die für den nachzuweisenden Zeitraum lückenlos sämtliche Einkünfte aus dem Arbeitsverhältnis ausweisen, ist die Verpflichtung zur Vorlage von Belegen damit in der Regel erfüllt. Das hat zur Folge, dass der Auskunftsberechtigte nicht die Vorlage weiterer Dokumente – etwa des Arbeitsvertrages – verlangen kann. Lässt sich die Höhe der Einkünfte für einen bestimmten Zeitraum hingegen nicht zweifelsfrei aus den vorliegenden Verdienstbescheinigungen entnehmen, kann grundsätzlich auch die Vorlage solcher Schriftstücke verlangt werden, aus denen sich entsprechende Erkenntnisse gewinnen lassen. Das ergibt sich aus dem Sinn und Zweck der Bestimmung, die sicherstellen soll, dass der Berechtigte auf Grund der belegten Auskunft in die Lage versetzt wird, den Unterhaltsanspruch konkret zu berechnen und im Verfahren einen entsprechend bezifferten Klageantrag zu stellen.[111]

Da für die Einkommensprognose bei Arbeitnehmern in der Regel vom Einkommen in dem zuletzt abgelaufenen Kalenderjahr ausgegangen wird (s. Rn. 50), begnügen sich die Parteien und ihnen folgend die Gerichte meist mit Vorlage der elektronischen Lohnsteuerbescheinigung oder der **Lohnsteuerkarte**. In der Regel sind diese auch hinreichend aussagekräftig. Denn nach § 41 b EStG in Verbindung mit A 135, 136 LStR hat der Arbeitgeber bei Beendigung des Arbeitsverhältnisses oder am Ende des Kalenderjahres spätestens bis zum 28. Februar des Folgejahres auf Grund der Eintragungen im Lohnkonto die Dauer des Dienstverhältnisses im Kalenderjahr, den Bruttoarbeitslohn, die Steuerabzüge, das Kurzarbeiter-, Schlechtwetter- und Winterausfallgeld, den Zuschuss zum Mutterschaftsgeld und die Arbeitgeberleistungen für Fahrten zwischen Arbeitsplatz und Wohnung zu bescheinigen. Eingetragen werden auch die steuerfrei gezahlten Verpflegungszuschüsse und Vergütungen bei doppelter Haushaltsführung und die Abgaben für die Sozialversicherung (§ 41 b I 2 Nr. 10 bis 13 EStG). Dabei darf aber nicht übersehen werden, dass die Lohnsteuerkarte **Lücken** aufweisen kann, weil sie keine Auskunft über das bezogene Arbeitslosen- und Krankengeld gibt, auch nicht über die steuerfreien Leistungen, wie etwa Spesen, Zuschläge für Feiertags- und Nachtarbeit oder ähnliche steuerfreie Leistungen. Liegen Anhaltspunkte dafür vor, dass der Arbeitnehmer im Beurteilungszeitraum Arbeitslosen- oder Krankengeld, Spesen oder sonstige steuerfreien Leistungen des Arbeitgebers bezogen hat, kann auf die entsprechenden Leistungsbescheide und die monatlichen Einzelabrechnungen nicht verzichtet werden. Diese Belege sind daher in solchen Fällen zusätzlich anzufordern und müssen dann auch vorgelegt werden.[112] Der Auffassung von Vogel,[113] die Lohnsteuerkarte eigne sich generell nicht für eine Einkommensermittlung, weil sie keinen Aufschluss über die Einkommensentwicklung gebe, kann so pauschal nicht gefolgt werden. Denn Feststellungen dazu, aus welchen Teilbeträgen sich das Jahreseinkommen im Einzelnen zusammensetzt und wie sich die Einkünfte im Verlauf des letzten Jahres entwickelt haben, sind oft entbehrlich. Anderes gilt nur, wenn sich die Höhe der Einkünfte innerhalb des letzten Jahres dauerhaft geändert hat und deswegen bei der Einkommensprognose für den künftigen Unterhaltsanspruch von den zuletzt gezahlten Einkünften auszugehen ist. In dem nachfolgenden Beispiel ist der Unterhalt für das Jahr 2006 auf der Grundlage des durchschnittlichen unterhaltsrelevanten Einkommens von 3000 € zu bemessen, während für die Zeit ab Januar 2007 von Einkünften in Höhe von 3050 € auszugehen ist. Das setzt allerdings einen Nachweis der Einkommensentwicklung innerhalb des Jahres 2006 voraus:

Beispiel:

Monatseinkommen in der Zeit von Januar bis Mai 2006:	2980 €
Monatseinkommen in der Zeit von Juni bis Oktober 2006:	3000 €
Monatseinkommen in der Zeit von November bis Dezember 2006:	3050 €
Durchschnittseinkommen für die Unterhaltsberechnung im Jahre 2006	
$(5 \times 2.980$ €$) + (5 \times 3.000$ €$) + (2 \times 3.050$ €$) = 36.000$ €$/12 =$	3000 €
Einkommensprognose für die Unterhaltsberechnung ab Januar 2007:	3050 €

---

[111] BGH, FamRZ 1994, 28
[112] OLG Frankfurt, FamRZ 1987, 1056
[113] Vogel, FuR 1995, 197, 204

680   **Einkommensteuerbescheide** und dazugehörende Einkommensteuererklärungen können verlangt werden, wenn nicht schon die vorgelegten Einkommensbescheinigungen einen zuverlässigen und vollständigen Überblick über das unterhaltsrelevante Einkommen geben. Im Einzelfall ist eine Pflicht zur Vorlage abgelehnt worden, wenn ein unterhaltspflichtiger Beamter oder Richter, dessen Bezügemitteilungen vorliegen, keine selbständigen Nebeneinkünfte erzielt.[114] Das ist aber jedenfalls dann bedenklich, wenn der Auskunftspflichtige besondere Kosten steuerlich absetzen kann und sich dies aus den vorgelegten Einkommensnachweisen nicht vollständig ergibt. Wird Vorlage des Einkommensteuerbescheids verlangt, ist unbedingt das jeweilige Veranlagungsjahr anzugeben. Weil sich der Steuerbescheid allein an steuerlichen Grundlagen orientiert, können ihm die allein unterhaltsrechtlich relevanten Einkünfte nicht zuverlässig entnommen werden; er ist aber regelmäßig geeignet, wenigstens ein Mindesteinkommen als Grundlage der Unterhaltsbemessung zu belegen. Denn jedenfalls können ihm die Höhe der zu versteuernden Einkünfte und das steuerliche Nettoeinkommen entnommen werden.[115]

Auf Verlangen muss der Pflichtige auch die dem Steuerbescheid zugrunde liegenden **Steuererklärungen** vorlegen. Meist kann aus dem Steuerbescheid erst zusammen mit der Steuererklärung erkannt werden, welche Einkommensteile steuerrechtlich unberücksichtigt geblieben sind und inwieweit steuerrechtlich absetzbare Beträge anerkannt wurden, die unterhaltsrechtlich möglicherweise nicht als einkommensmindernd hinzunehmen sind.[116] Dies gilt vor allem für die Gewinn- und Verlustrechnung Selbständiger. Beruft sich ein Unterhaltsschuldner für seine eingeschränkte Leistungsfähigkeit auf sein steuerpflichtiges Einkommen, muss er zwar nicht sämtliche Belege vorlegen, mit denen die behaupteten Aufwendungen gegenüber der Steuerbehörde glaubhaft zu machen sind. Er muss jedoch seine Einnahmen und behaupteten Aufwendungen im Einzelnen so darstellen, dass die allein steuerlich beachtlichen Aufwendungen von solchen, die unterhaltsrechtlich von Bedeutung sind, abgegrenzt werden können.[117] Spekulationsgewinne ergeben sich nach Maßgabe der §§ 22 Nr. 2, 23 I 1 Nr. 2 EStG schon aus dem Einkommensteuerbescheid.[118] Soweit die Vorlage von Steuerbescheiden und Erklärungen zur Bemessung des unterhaltsrelevanten Einkommens erforderlich ist, muss es hingenommen werden, wenn aus den Unterlagen auch auf die Ertragslage einer Gesellschaft oder auf die Einkommensverhältnisse von Mitgesellschaftern geschlossen werden kann.[119]

681   **Gesellschafter** einer Abschreibungsgesellschaft, die in Form einer Personengesellschaft als GmbH & Co. KG geführt wird, müssen grundsätzlich nur die gesonderte Feststellung des Gewinns oder Verlustes durch das zuständige Betriebsfinanzamt mit der entsprechenden Steuernummer vorlegen. Diese Unterlagen dienen der Kontrolle der Angaben in der Anlage GSE zur entsprechenden Einkommensteuererklärung. Einen Anspruch auf weitergehende Belege, die die Gesellschaft selbst betreffen, hat der Auskunftsberechtigte nicht, weil die Anleger einer Publikumsgesellschaft grundsätzlich keinen Einfluss auf die Geschäftsführung und die Gewinnsituation haben. Die Bilanzen haben daneben keine eigenständige Bedeutung, zumal sie ohnehin der gesonderten Gewinnfeststellung des Betriebsfinanzamtes zugrunde liegen. Anderes gilt nur, wenn substantiierter Sachvortrag des Auskunftsberechtigten dazu vorliegt, dass die Feststellung des Finanzamtes unzutreffend sein könnte.[120] Ist der Auskunftspflichtige allerdings zugleich **Geschäftsführer** einer GmbH und bezieht er gewinnabhängige Einkünfte, müssen auch die Bilanzen und die Gewinn- und Verlustrechnungen der GmbH vorgelegt werden.[121] Das Gleiche gilt für die Körperschafts- und Umsatzsteuerbescheide.

---

[114] OLG Dresden FamRZ 2005, 1195
[115] BGH, FamRZ 1982, 151; vgl. insoweit auch BGH FamRZ 1998, 357 = R 515 a
[116] BGH, FamRZ 1998, 357 = R 515 a; 1982, 680, 682; OLG München FamRZ 1993, 202; OLG Hamm FamRZ 1992, 1190; OLG Stuttgart FamRZ 1991, 84; a. A. OLGR Schleswig 2001, 373
[117] BGH, FamRZ 1998, 357 = R 515 a
[118] OLG Stuttgart FamRZ 2002, 635; OLGR Stuttgart 2001, 419
[119] BGH, FamRZ 1982, 151
[120] OLG Bamberg FamRZ 2006, 344
[121] BGH, FamRZ 1982, 680; OLGR Schleswig 1999, 152

Der unterhaltpflichtige Gesellschafter oder Geschäftsführer kann die Vorlage nicht mit dem Hinweis auf die **Belange anderer Beteiligter** verweigern.[122] Grundsätzlich hat ein selbständiger Gewerbetreibender oder sonstiger Freiberufler auch seine Einkommensteuerbescheide vorzulegen.[123] Dabei tritt der Schutz des Steuergeheimnisses regelmäßig gegenüber den Belangen des Unterhaltsberechtigten zurück.[124] Wird der Auskunftpflichtige in dem vorzulegenden Steuerbescheid allerdings zusammen mit seinem neuen Ehegatten veranlagt, darf er in dem Bescheid und den dazugehörenden Steuererklärungen solche Angaben abdecken oder sonst unkenntlich machen, die **ausschließlich seinen Ehegatten** betreffen oder in denen Werte für ihn und seinen Ehegatten zusammengefasst sind, ohne dass sein eigener Anteil daraus entnommen werden kann. Beträge, die beide Ehegatten gleichmäßig betreffen, müssen dagegen angegeben werden, weil andernfalls der Anteil des Auskunftpflichtigen nicht ermittelt werden kann. Wenn und soweit aus diesen Angaben Schlüsse auf die Verhältnisse der Ehegatten gezogen werden können, muss dies hingenommen werden.[125] Die Steuererklärung muss allerdings nicht vorgelegt zu werden, wenn der Auskunftpflichtige sämtliche relevanten Einkünfte bereits in anderer Weise ausreichend belegt hat oder wenn der Vorlage im Einzelfall ein schutzwürdiges Interesse des Auskunftpflichtigen entgegensteht[126] oder die Angaben für den Unterhaltsanspruch ohne besondere Bedeutung sind. Gleiches gilt, wenn auf Grund besonderer Umstände die Gefahr einer missbräuchlichen Verwendung droht.[127]

Vorlage von Geschäftsunterlagen. Vom bilanzierenden Kaufmann (s. Rn. 119 ff.) kann **682** die Vorlage von Bilanzen nebst Gewinn- und Verlustrechnung verlangt werden, da seine Einkünfte hieraus am sichersten entnommen werden können. Wenn, wie in der Regel, die Unterhaltshöhe vom Unternehmensgewinn abhängig ist, sind die Belege vorzulegen, aus denen sich dieser Unternehmensgewinn ergibt bzw. ermitteln lässt. Dies gilt auch für Unterlagen einer GmbH, wenn der Auskunftpflichtige als Gesellschafter und Geschäftsführer der GmbH vom Gewinn der Gesellschaft abhängige Einkünfte bezieht. Belange der Gesellschaft oder von Mitgesellschaftern müssen in einem solchen Fall regelmäßig hinter dem Interesse des Unterhaltsberechtigten zurückstehen.[128] Bei Verdacht unvollständiger Angaben kann auch die Vorlage oder Einsicht in sonstige Geschäftsunterlagen (Bücher, Buchhaltungsunterlagen und Konten) verlangt werden. Die gleichen Grundsätze gelten für die Einnahmen- und Überschussrechnung und sonstige Unterlagen bei nicht bilanzierenden Gewerbetreibenden und Freiberuflern (s. Rn. 1/183 ff.). Es handelt sich insoweit nur um eine andere Gewinnermittlungsart (zum Wechsel vgl. Rn. 1/203).

Unterhaltsrelevant können auch die **Umsatzsteuerbescheide** und die dazugehörenden **683** Erklärungen sein. Diese ermöglichen eine Überprüfung der Angaben in den Einkommensteuererklärungen sowie in der Gewinn- und Verlustrechnung.[129] Vor allem die Angaben zum Eigenverbrauch[130] und zu Art und Höhe der Umsätze in den Umsatzsteuererklärungen lassen einen Rückschluss auf Geschäftsumfang und Lebensstil des Verpflichteten zu. Umsatzsteuererklärungen haben zudem einen hohen Informationswert für die laufenden Einkünfte eines Freiberuflers oder Unternehmers, weil sie monatlich abzugeben sind und daher den **Zeitraum bis in die Gegenwart** erfassen. Dies gewinnt vor allem dann an Bedeutung, wenn geltend gemacht wird, dass die nach den zurückliegenden Kalenderjahren berechneten Einkünfte keinen sicheren Schluss auf die gegenwärtigen und künftigen Erträge zulassen.

Verlangt werden kann auch die Vorlage von Belegen über die Höhe von Aufwandsentschädigungen und den mandatsbedingten Aufwand von Abgeordneten.[131]

---

[122] BGH, FamRZ 1982, 151
[123] BGH, FamRZ 1983, 680, 682; 1982, 680, 682; 1982, 151
[124] BGH, FamRZ 1982, 680, 682; OLGR Schleswig 1999, 152
[125] BGH, FamRZ 1983, 680, 682
[126] BGH, FamRZ 2005, 1986; 2005, 1064
[127] BGH, FamRZ 1982, 680, 682
[128] BGH, FamRZ 1994, 27; 1982, 680; OLG Braunschweig FamRZ 2005, 725
[129] KG FamRZ 1997, 360; OLG München FamRZ 1996, 738
[130] Vgl. insoweit BGH, FamRZ 2004, 370 = R 603; OLG Hamm FamRZ 1997, 674; OLG Frankfurt FamRZ 1992, 64
[131] BGH, FamRZ 1986, 780; OLG Stuttgart FamRZ 1994, 1251; OLG Bamberg FamRZ 1986, 1144

684   Wenn durch eine Bescheinigung des Arbeitgebers die tatsächliche Höhe der insgesamt bezogenen Einkünfte nicht ausreichend belegt wird, kann zusätzlich auch die Vorlage des **Arbeitsvertrages** verlangt werden.[132] Das kann insbesondere bei einer Tätigkeit im Ausland der Fall sein, wenn sich aus den vorgelegten Dokumenten nicht ergibt, welcher Betrag für welchen Zeitraum konkret ausgezahlt wurde, und ob daneben weitere Zahlungen erfolgen, weil sich das Gehaltsgefüge des Arbeitgebers möglicherweise aus mehreren im Einzelnen nicht bekannten Elementen zusammensetzt und auch Aufwands- oder andere Entschädigungen geleistet werden (s. auch Rn. 679).

685   Kontoauszüge von Banken u. ä. werden hingegen regelmäßig nicht geschuldet.[133] Sie sind entbehrlich, weil sie zur Bemessung des unterhaltsrelevanten Einkommens nichts beitragen können. Die Höhe des Einkommens belegt ein Kontoauszug nur indirekt und somit auch nur unzuverlässig. Allenfalls ev. Zinseinkünfte lassen sich fortlaufenden und lückenlosen Kontoauszügen entnehmen; einfacher und aussagekräftiger ist aber auch insoweit eine konkrete Bankauskunft zu Zinsgewinnen. Räumt eine Partei bestimmte Zinseinkünfte bei einer bestimmten Bank ein, liegt sogar ein nach § 288 ZPO nicht mehr beweisbedürftiges Geständnis vor. Die weitere Frage, ob die Partei noch aus anderen Quellen zusätzliche Zinseinkünfte bezieht, lässt sich nicht mit einem für die zugegebenen Zinsen ausgestellten Beleg klären. Da Belege nur „über die Höhe" vorzulegen sind, brauchen **keine Negativatteste,** also Bestätigungen über das Nichtvorhandensein bestimmter Einkünfte, vorgelegt zu werden.[134]

IV. Die Vollstreckung von Titeln zur Auskunft und zur Vorlage von Belegen[135]

1. Vollstreckungsfähige Titel

686   Im Rahmen der Vollstreckung ist zunächst zu prüfen, ob ein vollstreckungsfähiger Titel vorliegt. Denn viele Titel sind nicht vollstreckungsfähig, weil sie die geschuldete Leistung **nicht konkret bezeichnen** und daher zu unbestimmt sind.[136] Vor allem der Zeitraum, für den Auskunft zur Bemessung des Unterhalts verlangt wird, und der Zeitpunkt, für den ggf. auch das Vermögen aufgelistet werden soll (s. Rn. 677), müssen genau angegeben sein. Eine allgemeine Verurteilung, Auskünfte über das Einkommen und das Vermögen zu erteilen, lässt sich daher nicht vollstrecken.[137] Die geforderten Belege müssen ebenfalls genau bezeichnet sein.[138] An der Vollstreckungsfähigkeit fehlt es auch dann, wenn die Auskunftserteilung im Titel von einer Zug um Zug zu erbringenden Gegenleistung abhängig gemacht wurde, die ihrerseits nicht eindeutig bestimmt ist.[139] Die Urteilsformel kann aber mit Hilfe des Tatbestands und der Entscheidungsgründe ausgelegt werden.[140] Ist etwa ein Freiberufler zur Vorlage seiner „Geschäftsunterlagen" verurteilt worden, kann die Auslegung ergeben, dass damit die Gewinn- und Verlustrechnung gemeint ist. Die nicht näher eingeschränkte Verurteilung, Auskunft zum Einkommen in einem bestimmten Jahr zu geben, verpflichtet zur Angabe aller im Steuerrecht aufgeführten Einkommensarten.

687   Eine Zwangsvollstreckung nach § 888 ZPO kommt nur dann in Betracht, wenn die geschuldete Auskunft verweigert worden oder erkennbar unvollständig ist. Sonst ist für

---

[132] BGH, FamRZ 1994, 28 = R 467; OLG München FamRZ 1993, 202
[133] Palandt/Diederichsen, § 1605 Rn. 16; vgl. aber BGH, FuR 2002, 423
[134] OLG München, FamRZ 1993, 202
[135] Grundlegend dazu Büttner, FamRZ 1992, 629
[136] BGH FamRZ 2002, 666; 1983, 454, 455; OLG Brandenburg FamRZ 2004, 820; OLG Bamberg FamRZ 1994, 1048
[137] OLGR Saarbrücken 2001, 498; OLG Frankfurt/Main, FamRZ 1991, 1334; OLG Karlsruhe FamRZ 1983, 631
[138] BGH, FamRZ 1989, 731
[139] BGH, FamRZ 1994, 101
[140] BGH, FamRZ 2002, 666; 1986, 45

Vollstreckungsmaßnahmen kein Raum; dem Interesse des Auskunftsberechtigten, eine wahrheitsgemäße und vollständige Auskunft zu erhalten, wird in der Bekräftigungsstufe (s. Rn. 1/692 f.) entsprochen, die im Wege der Stufenklage (ZPO § 254) mit dem Auskunftsverlangen verbunden werden kann.[141]

Auch im Vollstreckungsverfahren nach § 888 ZPO ist (noch) zu prüfen, ob die Erfüllung **688** der titulierten Verpflichtung dem Schuldner möglich ist.[142] Wird festgestellt, dass die **titulierte Leistung nicht möglich ist,** weil etwa die vorzulegenden Belege nicht existieren, scheitert die Vollstreckung ebenfalls.[143] Ist der Auskunftspflichtige etwa zur Vorlage der Steuererklärung und des Steuerbescheides für das letzte Jahr verurteilt worden und existieren diese Unterlagen noch nicht, hat das Urteil insoweit keinen vollstreckungsfähigen Inhalt. Der Auskunftspflichtige ist durch das Urteil nicht etwa verpflichtet, die verlangte Steuererklärung zu erstellen. Die dafür entstehenden (Steuerberater-)Kosten bleiben dann bei der Bestimmung der Berufungsbeschwer außer Betracht.[144] Allerdings ist bei der Bemessung der Beschwer die Gefahr zu berücksichtigen, dass der Auskunftspflichtige etwaigen Vollstreckungsversuchen wegen der Vorlage der noch nicht existenten Steuererklärung und des ebenfalls nicht vorhandenen Steuerbescheides entgegentreten muss.[145] Beruft sich der Schuldner im Vollstreckungsverfahren darauf, ihm seien die von ihm verlangten Handlungen unmöglich, trägt er dafür die Darlegungs- und Beweislast und muss dazu substantiiert und nachprüfbar vortragen.[146] Durch ein Insolvenzverfahren wird dem Schuldner die Auskunft nicht unmöglich. Denn der Verwalter hat ihm zumindest Kopien der erforderlichen Unterlagen herauszugeben.[147] Die Frage, ob der Vollstreckungstitel der materiellen Rechtslage entspricht, darf im Vollstreckungsverfahren nicht geprüft werden.[148] Anders ist es, wenn Erfüllung eingewendet wird. Dieser Einwand kann unmittelbar im Vollstreckungsverfahren gemäß § 891 ZPO geltend gemacht werden.[149] Er ist beachtlich, wenn die vom Vollstreckungsschuldner behauptete Erfüllung offenkundig, zugestanden, unstreitig oder nachgewiesen ist.[150] Dagegen findet im Zwangsvollstreckungsverfahren keine Beweisaufnahme über die dem Erfüllungseinwand zugrunde liegenden Tatsachen statt. Wäre eine solche Beweisaufnahme notwendig, ist der Vollstreckungsschuldner darauf verwiesen, den Erfüllungseinwand im Rahmen der Vollstreckungsabwehrklage nach § 767 ZPO geltend zu machen. Die Verpflichtung zur Vorlage von Belegen ist in der Regel durch Übersendung von Ablichtungen an den Gläubiger oder dessen Prozessbevollmächtigten zu erfüllen.[151]

2. Die Art der Vollstreckung

Die geschuldeten **Auskünfte** sind Wissenserklärungen des Auskunftspflichtigen.[152] Weil **689** die Verpflichtung deswegen eine **unvertretbare Handlung** erfasst, erfolgt die Vollstreckung nach § 888 ZPO. Vor der Festsetzung des Zwangsgeldes und/oder der Zwangshaft ist der Auskunftsschuldner zwar anzuhören; das Zwangsmittel kann aber nach § 888 II ZPO – anders als bei der Vollstreckung nach § 33 FFG – ohne vorausgegangene Androhung festgesetzt werden. Der Beschluss, der das Zwangsmittel festsetzt, bildet einen Vollstreckungstitel nach § 794 I Satz 3 ZPO. Er wird nach § 329 III ZPO von Amts wegen zugestellt und ist nach § 793 ZPO mit sofortiger Beschwerde anfechtbar. Die sofortige Beschwerde gegen die

---

[141] OLG Zweibrücken EzFamR aktuell 2000, 71
[142] OLG Hamm, FamRZ 1997, 1094
[143] BGH, FamRZ 1992, 535 = R 443; 1989, 731; OLG Düsseldorf, FamRZ 1997, 830
[144] BGH, FamRZ 1992, 425
[145] BGH, EzFamR aktuell 1993, 405; a. A. OLG München, OLG-Report 1996, 58
[146] OLG Brandenburg FamRZ 2007, 63; OLG Köln InVo 1996, 107
[147] OLG Brandenburg, FamRZ 1998, 178; vgl. auch BGH, FamRZ 2008, 137 = R 684 a–d; OLG Koblenz FamRZ 2005, 915
[148] OLG München, FamRZ 1992, 1207
[149] OLG Frankfurt OLGZ 1991, 340; OLG Bamberg, FamRZ 1993, 581
[150] OLGR Köln 2003, 380
[151] OLG Schleswig SchlHA 1980, 71
[152] Palandt/Heinrichs § 261 Rn. 20

Verhängung eines Zwangsgeldes hat keine aufschiebende Wirkung, weil § 570 I ZPO trotz der Neufassung durch das Zivilprozessreformgesetz auf Beschlüsse nach den §§ 888, 890 ZPO nicht anwendbar ist.[153] Auf Antrag ist deswegen ggf. die Vollziehung des angefochtenen Beschlusses einstweilen auszusetzen.[154]

Die Vollstreckung des rechtskräftig festgesetzten Zwangsmittels ist allerdings mühsam. Sie erfolgt nur auf Antrag des Gläubigers, nicht von Amts wegen.[155] Zuerst muss nach § 724 I ZPO eine **Vollstreckungsklausel** erteilt werden. Das Zwangsgeld wird nach den allgemeinen Regeln des Vollstreckungsrechts beigetrieben.[156] Ein zur Erzwingung der – vollständigen – Auskunftserteilung festgesetztes Zwangsgeld kann auch durch das Beschwerdegericht herabgesetzt werden, wenn zwischenzeitlich teilweise Auskunft erteilt worden ist. Denn in jeder Lage des Vollstreckungsverfahrens zu prüfen ist, ob die Maßnahme noch notwendig ist und ob nach dem Inhalt des Schuldtitels noch ein Anspruch auf Erzwingung der Auskunftserteilung besteht.[157] Das beigetriebene Zwangsgeld fällt der Staatskasse an.[158] Zwangshaft wird auf Grund eines Haftbefehls des Prozessgerichts gemäß §§ 904 ff. ZPO vollstreckt. Ist der Schuldner prozessunfähig, wird das Zwangsgeld gleichwohl in sein Vermögen vollstreckt, die Zwangshaft aber gegen seinen gesetzlichen Vertreter.[159] Sobald die Auskunft erteilt ist, ist die Vollstreckung zu beenden.[160] Denn das Zwangsgeld nach § 888 ZPO ist ein Beugemittel und soll den Schuldner lediglich zur Durchführung der unvertretbaren Handlung anhalten. Wird die Auskunft trotz Vollstreckung des Zwangsgeldes oder der Zwangshaft nicht erteilt, kann auf Antrag erneut ein Zwangsgeld oder Zwangshaft festgesetzt werden, sobald die Zwangsvollstreckung aus einem vorausgegangenen Beschluss abgeschlossen ist.[161]

690   Bei der Verpflichtung, **Belege vorzulegen,** handelt es sich in der Regel um eine vertretbare Handlung. Die Vollstreckung geschieht daher grundsätzlich gemäß § 883 ZPO im Wege der **Wegnahme durch den Gerichtsvollzieher.** Findet der Gerichtsvollzieher die herauszugebenden Belege nicht vor, ist der Schuldner verpflichtet, auf Antrag des Gläubigers zu Protokoll an Eides statt zu versichern, dass er die Sache nicht besitze und auch nicht wisse, wo sich die Sache befinde (§ 883 II ZPO). Diese – von der Auskunft abweichende – Art der Vollstreckung ist jedoch dann sehr unbefriedigend, wenn aus dem gleichen Titel auch eine nach § 888 ZPO zu vollstreckende Auskunft geschuldet wird. Im Interesse einer effektiven Vollstreckung nimmt die Praxis in solchen Fällen daher an, dass es sich bei der Vorlageverpflichtung nur um eine unwesentliche Nebenverpflichtung zur Auskunftspflicht handelt, die zusammen mit dieser durch Zwangsgeld und Zwangshaft vollstreckt werden kann.[162]

691   Der Schuldner ist nur verpflichtet, die Belege „vorzulegen". Geschuldet wird daher nur eine vorübergehende Überlassung ohne Besitzaufgabe.[163] Der Gläubiger ist jedoch berechtigt, sich vor der Rückgabe **Kopien anzufertigen.**[164] Die Praxis begnügt sich häufig damit, dass bereits der Verpflichtete Kopien anfertigt und übergibt. Bei Verdacht auf Fälschungen sollte der Berechtigte jedoch stets auf Vorlage der Originale zum Vergleich mit den Kopien bestehen. Ein bestehender Titel bezieht sich immer auf die Originale.[165]

---

[153] OLG Köln FamRZ 2005, 223; a. A. Musielak/Lackmann ZPO § 888 Rn. 14 und § 890 Rn. 20
[154] Vgl. insoweit BGH, FamRZ 2005, 1064 und 2005, 1066
[155] BGH, FamRZ 1983, 578
[156] BGH, FamRZ 1983, 578; OLG Stuttgart, FamRZ 1997, 1495; Thomas/Putzo ZPO 27. Aufl. § 888 Rn. 15
[157] OLG Nürnberg EzFamR aktuell 1997, 135
[158] BGH, FamRZ 1983, 578
[159] Thomas/Putzo a. a. O., § 888 Rn. 16
[160] Thomas/Putzo a. a. O., § 888 Rn. 14
[161] OLG Brandenburg, FamRZ 1998, 180
[162] OLGR Karlsruhe 2000, 311; OLG Hamm NJW 1974, 653; s. auch Büttner, FamRZ 1992, 629, 632
[163] OLG Hamm NJW 1974, 653; Zöller/Stöber ZPO, 26. Aufl. § 883 Rn. 2
[164] KG, FamRZ 1982, 614
[165] KG, FamRZ 1982, 514 und 1296; der entgegenstehenden Ansicht des OLG Frankfurt/M. in FamRZ 1997, 1296 kann schon wegen der großen Gefahr von Fälschungen beim Ablichten nicht gefolgt werden

V. Die eidesstattliche Versicherung

1. Voraussetzungen

Nach §§ 259 II, 260 II BGB kann eine eidesstattliche Versicherung verlangt werden, wenn **692** der begründete Verdacht besteht, dass die Auskunft in einzelnen Punkten **nicht mit der erforderlichen Sorgfalt** erteilt worden ist. Es muss also streitig sein, ob in einer schon vorliegenden Auskunft einzelne Posten falsch sind oder überhaupt fehlen. Dazu muss stets bereits eine Auskunft in der Form eines Bestandsverzeichnisses nach § 260 I BGB erteilt worden ist.[166] Ist das nicht der Fall, muss zunächst die Auskunftspflicht vollstreckt werden (s. Rn. 689). Ob der Verpflichtete die vorliegende Auskunft mit der erforderlichen Sorgfalt erteilt hat, ist im wesentlichen Tatfrage. Das Rechtsbeschwerdegericht kann insoweit nur prüfen, ob die Erwägungen des Tatrichters von Rechtsirrtum beeinflusst sind, ob er also wesentliche Umstände unberücksichtigt gelassen hat oder seine Entscheidung gegen Denkgesetze verstößt. Für das Vorliegen der Voraussetzungen des § 260 II BGB ist der Auskunftsberechtigte darlegungs- und beweispflichtig.[167] Allerdings kann von ihm nur in dem Umfang substantiierter Vortrag erwartet werden, als er sich mit zumutbaren Anstrengungen Kenntnis verschaffen kann. Unter Umständen kann sein Wissensstand als Beweisbelasteter zum Maßstab der Darlegungslast werden.[168] Dem Gläubiger fehlt allerdings ein Rechtsschutzinteresse für die Heranziehung des Schuldners zur eidesstattlichen Versicherung, wenn er sich – sei es z. B. als Miteigentümer oder Mitgesellschafter – über ein eigenes Einsichtsrecht leichter, schneller und zuverlässiger Gewissheit über die Richtigkeit und Vollständigkeit der Abrechnung verschaffen kann.[169]

Die Feststellung, dass die Auskunft in einzelnen Punkten **unvollständig oder unrichtig** **693** ist, begründet nicht ohne weiteres die Annahme mangelnder Sorgfalt. Der in solchen Fällen zunächst gegebene Verdachtsgrund ist entkräftet, wenn nach dem Vortrag des Auskunftspflichtigen davon auszugehen ist, dass seine mangelhafte Auskunft auf unverschuldeter Unkenntnis oder auf einem entschuldbaren Irrtum beruht. In einem solchen Fall besteht nur ein Anspruch auf **ergänzende Auskunft.**[170] Die auf eine mangelhafte Auskunft gegründete Verurteilung zur Abgabe der eidesstattlichen Versicherung setzt deshalb neben der Unvollständigkeit oder Unrichtigkeit des Verzeichnisses die Feststellung voraus, dass sich die Unvollständigkeit oder Unrichtigkeit bei gehöriger Sorgfalt hätte vermeiden lassen.[171]

In der Praxis zeigt sich allerdings, dass falsche oder unvollständige Auskünfte selten auf **694** einem unverschuldeten Irrtum beruhen. In der Regel liegen grobe Nachlässigkeiten oder sogar **handfeste Betrugsversuche** vor. In solchen Fällen sollte sofort die eidesstattliche Versicherung verlangt werden, zumal dies die vom Gesetzgeber vorgegebene Reaktion auf unzutreffende Auskünfte ist. Die eidesstattliche Versicherung ist auch abzugeben, wenn der Auskunftspflichtige nicht mitgeteilt hat, wie er das bei der Vermögensauseinandersetzung erhaltene Kapital angelegt hat.[172] Weil nach §§ 260 III, 259 III BGB in Angelegenheiten von geringer Bedeutung kein Anspruch auf Abgabe der eidesstattlichen Versicherung besteht, sind Kleinlichkeiten insoweit stets zu vermeiden.[173]

2. Die Durchsetzung des Anspruchs

Die eidesstattliche Versicherung kann **freiwillig** vor dem Gericht der freiwilligen Ge- **695** richtsbarkeit nach §§ 163, 79 FGG abgegeben werden. Zuständig ist der Rechtspfleger (§ 3

---

[166] BGH, FamRZ 1984, 144; 1983, 996, 998; OLGR Hamm 2000, 380
[167] BGH, FamRZ 1984, 144
[168] BGH (KZR 13/92) WuW 1994, 237
[169] BGH NJW 1998, 1636
[170] BGH WM 1996, 466
[171] BGH, FamRZ 1984, 144
[172] OLG Karlsruhe, FamRZ 1990, 756
[173] BGH, FamRZ 1984, 144

Nr. 1 b RPflG). Wird die eidesstattliche Versicherung verweigert, kann der Anspruch im Wege der **Klage** geltend gemacht werden. Meist empfiehlt sich eine Stufenklage nach § 254 ZPO. Ist der Schuldner zur Abgabe einer eidesstattlichen Versicherung (bezüglich der Richtigkeit der erteilten Auskunft) verurteilt worden, ist diese nach § 889 Abs. 1 ZPO beim Amtsgericht als **Vollstreckungsgericht** abzugeben. Das Verfahren der Abgabe der eidesstattlichen Versicherung beginnt aber regelmäßig erst mit dem Antrag des Gläubigers, in dem dem Vollstreckungsgericht Titel, Klausel und Zustellung als Voraussetzungen für die Zwangsvollstreckung nachgewiesen werden.[174] Zuständig ist auch dort der Rechtspfleger (§ 20 Nr. 17 RPflG); die Anordnung der Erzwingungshaft ist jedoch dem Richter vorbehalten (§ 4 II Nr. 2 RPflG). Zwangsmittel nach §§ 889 II, 888 ZPO dürfen erst festgesetzt werden, wenn das nach § 889 I ZPO zuständige Amtsgericht einen Termin zur Abgabe der eidesstattlichen Versicherung bestimmt hat, in dem der Schuldner nicht erschienen ist oder die Abgabe verweigert hat.[175] Die Kosten für die Abnahme der eidesstattlichen Versicherung trägt nach § 261 III BGB der Gläubiger; das gilt sowohl für die freiwillige Abgabe im FGG-Verfahren, als auch für das Verfahren vor dem Vollstreckungsgericht.[176] Diese Kostenfolge ist aber nicht auf den Rechtsstreit zur Abgabe der eidesstattlichen Versicherung übertragbar. Bleibt ein verfrühter Antrag des Auskunftsberechtigten hingegen erfolglos, fallen ihm die Kosten, einschließlich derjenigen einer erfolgreichen Beschwerde des Auskunftspflichtigen, zur Last[177]

VI. Die Verpflichtung zu ungefragten Informationen[178]

1. Voraussetzungen

696   Zwar schuldet der Auskunftspflichtige gemäß §§ 1580, 1605 BGB grundsätzlich nur „auf Verlangen" Auskunft über seine Einkünfte und sein Vermögen. Unter engen[179] Voraussetzungen besteht daneben aber eine zusätzliche Verpflichtung zu „ungefragten" Informationen nach dem Grundsatz von Treu und Glauben (§ 242 BGB). Eine solche Verpflichtung kann unter besonderen Umständen bestehen, wenn der **Unterhaltsberechtigte** einen rechtskräftig zuerkannten Unterhalt laufend entgegennimmt, ohne die Aufnahme oder Aufstockung einer eigenen Erwerbstätigkeit zu offenbaren.[180] Auch dann ergibt sich eine Offenbarungspflicht aber nicht schon daraus, dass die neuen Tatsachen zu einer wesentlichen Änderung im Sinn von § 323 ZPO führen. Das Schweigen muss sich darüber hinaus als „evident unredlich" darstellen, was der Fall ist, wenn der Verpflichtete die Änderung weder erwarten noch erkennen konnte und deshalb von einer förmlichen Auskunft abgesehen hat, während der Berechtigte durch die ständige Annahme des Unterhalts den Irrtum des Verpflichteten noch unterstützt hat.[181] Die Pflicht zur Rücksichtnahme der einen Partei auf die Belange der anderen erhöht sich noch, wenn es um die Durchführung einer **Unterhaltsvereinbarung** geht. Dann ist der Unterhaltsberechtigte schon im Hinblick auf seine vertragliche Treuepflicht gehalten, jederzeit und unaufgefordert dem anderen Teil Umstände zu offenbaren, die ersichtlich dessen Verpflichtungen aus dem Vertrag berühren.[182] Soll nach einer Unterhaltsvereinbarung ein bestimmtes Einkommen des Unterhaltsberechtigten anrechnungsfrei bleiben, kann deswegen sogar vollendeter Betrug vorliegen, wenn der Unterhaltspflichtige nicht ungefragt informiert wird, sobald der Verdienst diese Grenze deutlich

---

[174] OLG Frankfurt FamRZ 2004, 129
[175] OLG Frankfurt FamRZ 2004, 129; OLG Düsseldorf, FamRZ 1997, 1495
[176] BGH NJW 2000, 2113
[177] OLG Frankfurt FamRZ 2004, 129
[178] Grundlegend dazu Hoppenz, FamRZ 1989, 337 ff.
[179] OLG Hamm, FamRZ 1997, 433
[180] BGH, Urteil vom 16. April 2008 – XII ZR 107/06; FamRZ 1986, 450
[181] BGH, FamRZ 1986, 794; OLG Koblenz, FamRZ 1997, 1338
[182] BGH, Urteil vom 16. April 2008 – XII ZR 107/06; FamRZ 2000, 153, 154 = R 534; 1997, 483 = R 510 a; OLG Bamberg FamRZ 2001, 834

übersteigt.[183] Entsteht die Pflicht zu ungefragten Informationen noch während eines laufenden Unterhaltsverfahrens, müssen die Mitteilungen unverzüglich erfolgen.[184] Nimmt ein Unterhaltsberechtigter titulierte Unterhaltsbeträge laufend entgegen und erreicht er durch einen weiteren Vergleich sogar eine Erhöhung des Unterhalts, obwohl er bereits seit längerem in einer nicht offenbarten eheähnlichen Versorgungsgemeinschaft zusammenlebt, erfüllt er auch den Tatbestand einer vorsätzlichen sittenwidrigen Schädigung gemäß § 826 BGB.[185]

Die zu der Offenbarungspflicht eines Unterhaltsberechtigten entwickelte Rechtsprechung **697** setzt besondere Umstände voraus, die das Unterbleiben der Information als evident unredlich erscheinen lassen; sie lässt sich deswegen nicht ohne weiteres auf den **Unterhaltspflichtigen** übertragen. Denn das Risiko der grundsätzlich beim Unterhaltsberechtigten liegenden Aktualisierung des Auskunftsanspruchs kann nur ausnahmsweise dem Unterhaltspflichtigen aufgebürdet werden.[186] Eine Pflicht zur ungefragten Information kann sich für den Unterhaltspflichtigen aber dann ergeben, wenn er wegen fehlender Leistungsfähigkeit nur einen reduzierten Unterhalt schuldet und der Grund für die Kürzung später wegfällt. Auch dann setzt die Pflicht zur ungefragten Information aber voraus, dass das Schweigen über die günstige Entwicklung der wirtschaftlichen Verhältnisse „evident unredlich" erscheint.[187] Das ist nicht der Fall, wenn der Unterhaltspflichtige die bei der Bemessung des nachehelichen Unterhalts zunächst berücksichtigten Verbindlichkeiten nicht mehr bedient, sofern die Zahlungen im Rahmen der eigenen Vermögensbildung geleistet wurden.[188]

Eine **Pflicht zur Selbstoffenbarung** besteht somit für den Unterhaltsschuldner[189] nur **698** bei mehr oder weniger „betrügerischem Verhalten". Ob das Verschweigen unerwarteter Einkommenssteigerungen beim Unterhaltsgläubiger in besonderem Maße als unredlich erscheint, kann auch danach beurteilt werden, ob der Unterhaltsschuldner Änderungen seines eigenen Einkommens für den fraglichen Zeitraum mitgeteilt hat.[190] War mit Veränderungen zu rechnen, konnte vom Gegner erwartet werden, dass er von seinem Auskunftsanspruch Gebrauch macht. Hat er diese ihm zumutbare Rechtsausübung unterlassen, kann das Verschweigen von Veränderungen nicht als „evident" unredlicher Verstoß gegen die Grundsätze von Treu und Glauben angesehen werden. Der Auffassung des OLG Hamm,[191] ein unterhaltsberechtigter Ehegatte sei grundsätzlich verpflichtet, dem Unterhaltsschuldner die Aufnahme einer eheähnlichen Lebensgemeinschaft zu offenbaren, kann daher nicht gefolgt werden. Eine solche Pflicht kann allenfalls dann eintreten, wenn der Unterhaltsschuldner wegen früherer Äußerungen oder sonstiger Umstände keinesfalls mit einer solchen Veränderung rechnen konnte.

2. Die Folgen des Verschweigens

Wer eine bestehende Verpflichtung zur Erteilung von ungefragten Informationen verletzt, **699** **schuldet Schadensersatz.** Der Unterhaltsberechtigte kann ohne Rücksicht auf die Vorschriften über die Geltendmachung von rückständigem Unterhalt (§§ 1360a III, 1361 IV 4, 1585b, 1613 BGB) und auf bereits vorliegende Verurteilungen oder Vereinbarungen zusätzlichen Unterhalt als Verzugsschaden (§ 286 BGB) geltend machen. Der Verzug bezieht sich insoweit auf die unterlassene Information.[192] Der Verpflichtete kann bereits Geleistetes ohne die Einschränkungen durch das Bereicherungsrecht zurückverlangen. Bei einer Verurteilung kann er sogar die Zeitschranke des § 323 III ZPO durchbrechen, wenn die weiteren Voraus-

---

[183] BGH, FamRZ 1997, 483 = R 510 a; OLG Frankfurt FamRZ 2003, 1750; OLG Hamm FamRZ 1994, 1265; vgl. auch OLG Hamm FamRZ 2004, 1786
[184] OLG Düsseldorf, FamRZ 1997, 827, 828
[185] OLG Hamm FuR 1998, 319
[186] OLG Düsseldorf FamRZ 1995, 741
[187] BGH, FamRZ 1988, 270
[188] OLG Bamberg, FamRZ 1994, 1178
[189] Vgl. OLG Düsseldorf FamRZ 1995, 741
[190] OLG Hamm FamRZ 1997, 433
[191] OLG Hamm, FuR 1998, 319
[192] OLGR Karlsruhe 2004, 177; Hoppenz, FamRZ 1989, 337, 341

setzungen einer sittenwidrigen Schädigung nach § 826 BGB vorliegen. Dazu genügt es, dass derjenige, der eine Veränderung trotz bestehender Offenbarungspflicht verschwiegen hat, die Tatumstände des Falles gekannt und in Bezug auf die Schadenszufügung vorsätzlich gehandelt hat[193] (dazu näher Rn. 6/231 f.). Als Schadensersatz wegen missbräuchlicher Vollstreckung (vgl. auch § 717 II ZPO) kann der Verpflichtete im Wege der Vollstreckungsgegenklage nach § 767 ZPO auch die Unterlassung der Zwangsvollstreckung und die Herausgabe des Titels verlangen.[194] Daneben kann die Verletzung der Pflicht zu ungefragten Informationen auch zur **Verwirkung** des noch gegebenen Restanspruches führen.[195] Unter Umständen kann es aber auch angebracht sein, nur den über den notwendigen Selbstbehalt hinausgehenden Teil des Unterhaltsanspruchs zu versagen.[196]

---

[193] BGH, FamRZ 1988, 270, 272
[194] OLG Düsseldorf, FamRZ 1997, 827
[195] BGH, Urteil vom 16. April 2008 – XII ZR 107/06; FamRZ 1997, 483 = R 510b; OLG Koblenz, FamRZ 1997, 371; OLG Hamm FamRZ 1994, 1265
[196] OLG Frankfurt FamRZ 2003, 1750; OLG Koblenz, FamRZ 1997, 1338, 1339

§ 2 Kindes-, Eltern- und sonstiger Verwandtenunterhalt

A. Kindesunterhalt

1. Abschnitt: Grundlagen

I. Entstehung und Dauer des Unterhaltsanspruchs

1. Eltern-Kind-Verhältnis

Anspruchsgrundlage für den Kindesunterhalt ist § 1601 BGB. Danach sind Verwandte in **1** gerader Linie verpflichtet, einander Unterhalt zu gewähren. Dies gilt besonders für **Eltern** gegenüber ihren Kindern. Die Unterhaltspflicht ist beim minderjährigen Kind Ausdruck der elterlichen Sorge (§§ 1626 ff. BGB), beim volljährigen Kind Ausfluss der über die Volljährigkeit hinausgehenden familienrechtlichen Solidarität (§ 1618 a BGB). Eine Unterhaltspflicht besteht jedoch nur, wenn die tatbestandlichen Voraussetzungen der §§ 1601 ff. BGB gegeben sind. Auf §§ 242, 1618 a BGB allein kann der Unterhaltsanspruch nicht gestützt werden, wohl aber auf eine vertragliche Vereinbarung.[1] Vgl. dazu auch Rn. 26, 520 a ff.

Nach § 1601 BGB sind aber auch Kinder gegenüber ihren Eltern, Großeltern und ggf. Urgroßeltern unterhaltspflichtig. Ebenso müssen Großeltern und Urgroßeltern ggf. für ihre Enkel und Urenkel Unterhalt leisten. Vgl. hierzu *Pauling* Rn. 600 ff.

Das Eltern-Kind-Verhältnis wird durch das **Abstammungsrecht** (§§ 1591 ff. BGB) **1 a** geregelt.[2] Die Fortschritte der Medizin, insbesondere die Möglichkeit der künstlichen Befruchtung, haben den hergebrachten Begriff der Eltern in Frage gestellt. Deshalb hat § 1591 BGB i. d. F. des Kindschaftsrechtsreformgesetzes (KindRG)[3] erstmals den Begriff der Mutter definiert; die rechtlichen Voraussetzungen der Vaterschaft sind in §§ 1592, 1593 BGB geregelt worden.

Mutter ist danach die Frau, die das Kind geboren hat (§ 1591 BGB). Bei der in Deutschland verbotenen Leihmutterschaft[4] ist also die Frau, die entgegen dem Verbot oder im Ausland das Ei gespendet hat, nicht Mutter im Sinne des Gesetzes. Sie ist mit dem Kind nicht verwandt. Das Gesetz eröffnet weder ihr noch dem Kind die Möglichkeit, durch Statusklage oder isolierte Feststellungsklage die blutsmäßige Verwandtschaft und die Abstammung festzustellen.[5] Daher sind auch gesetzliche Unterhaltsansprüche des Kindes gegen die Eispenderin ausgeschlossen. Wenn die Eispenderin das Kind nach der Geburt in ihren Haushalt aufgenommen hat, kann wie bei der heterologen **Insemination** (vgl. dazu am Ende der Rn.) u. U. ein Unterhaltsanspruch auf vertraglicher Grundlage in Betracht kommen, da die Frau dadurch praktisch die elterliche Verantwortung übernommen hat.[6]

Vater ist der Ehemann oder der innerhalb eines Zeitraums von 300 Tagen vor der Geburt verstorbene Ehemann der Mutter (§§ 1592 Nr. 1, 1593 S. 1 BGB). Bei Wiederheirat

---

[1] BGH, FamRZ 2001, 1601 = R 562 b
[2] Vgl. zum Abstammungsrecht MüKo/Seidel, §§ 1591 ff., Eckebrecht in Scholz/Stein, Praxishandbuch Familienrecht, Teil Q; Gaul, FamRZ 1997, 1441, 1447
[3] Vom 16. 12. 1997 – BGBl. I 2942
[4] Vgl. §§ 13 c, 13 d Adoptionsvermittlungsgesetz i. d. F. der Bekanntmachung vom 22. 12. 2001 – BGBl. 2002 I 354, § 1 Embryonenschutzgesetz vom 13. 12. 1990 – BGBl. I 2746
[5] Eckebrecht in Scholz/Stein (Fn. 1) Teil Q Rn. 16 ff.; Gaul, FamRZ 1997, 1441, 1464; für Zulassung einer Feststellungsklage nach § 256 ZPO MüKo/Seidel, § 1591 Rn. 27. Ob der Ausschluss aller Rechte (und Pflichten) der Eispenderin mit der Verfassung vereinbar ist, bedarf nach der Entscheidung des BVerfG, FamRZ 2003, 816, weiterer Erörterung
[6] BGH, FamRZ 1995, 861, 865; vgl. auch BGH, FamRZ 1995, 995

der Mutter und Geburt eines Kindes innerhalb von 300 Tagen nach Auflösung der früheren Ehe löst § 1593 S. 3 BGB den Konflikt zwischen den als Vätern in Betracht kommenden Ehemännern. Bei Kindern, die nicht von dem Ehemann der Mutter abstammen, kann die Vaterschaft auf Anerkennung oder auf gerichtlicher Feststellung beruhen (§ 1592 Nr. 2, 3 BGB). Vor Wirksamkeit der Anerkennung oder vor Rechtskraft der Feststellung dürfen die Rechtswirkungen der Vaterschaft nicht geltend gemacht werden, sofern sich nicht aus dem Gesetz anderes ergibt (§§ 1594 I, 1600 d IV BGB).[7] Deshalb sind nach wie vor Unterhaltsansprüche nichtehelicher Kinder vor Anerkennung oder **vor gerichtlicher Feststellung der Vaterschaft ausgeschlossen.** Die Abstammung muss im Statusverfahren geklärt werden; über sie darf nicht als Vorfrage in einem der Disposition der Parteien überlassenen Zivilprozess, insbesondere in einem Rechtsstreit über Unterhalt oder über den Regress des Scheinvaters gegen den biologischen Vater, entschieden werden.[8] Dies gilt auch dann, wenn die Berufung des biologischen Vaters auf die Regresssperre gegen Treu und Glauben verstößt, da die Feststellung der Vaterschaft nicht nur unterhaltsrechtliche, sondern auch statusrechtliche und erbrechtliche Konsequenzen hat und die Interessen Dritter, vor allem des Kindes, berührt.[9] Lediglich § 1615 o I BGB lässt die Geltendmachung des Kindesunterhalts für die Ersten drei Monate nach der Geburt durch einstweilige Verfügung gegen den Mann zu, der die Vaterschaft anerkannt hat oder der nach § 1600 d II BGB als Vater vermutet wird. Nach § 1615 o II BGB kann dieser Mann durch einstweilige Verfügung auch zur Zahlung des Unterhalts für die Mutter nach § 1615 l I BGB, also für die Dauer von sechs bis acht Wochen nach der Geburt verpflichtet werden. Der Nasciturus, gesetzlich vertreten durch das Jugendamt als Beistand, kann schon vor der Geburt nach § 1615 o BGB Unterhalt verlangen.[10] Die Sperrwirkung der §§ 1594 I, 1600 d IV BGB stellt das Kind und die nichteheliche Mutter freilich nicht rechtlos. Nach § 1613 II Nr. 2 a BGB kann Unterhalt nach Anerkennung oder Feststellung der Vaterschaft auch für die davor liegende Zeit geltend gemacht werden, obwohl die Voraussetzungen des § 1613 I 1 BGB, insbesondere Verzug, nicht vorliegen. Vgl. dazu Rn. 6/105 a.

Die Vaterschaft kann unter bestimmten Voraussetzungen (vgl. § 1600 BGB)[10a] angefochten werden. Seit dem 30. 4. 2004 besteht auch ein Anfechtungsrecht des leiblichen Vaters, wenn zwischen dem Kind und dem Ehemann der Mutter, der nach § 1593 Nr. 1 BGB als Vater im Rechtssinne gilt, keine sozial-familiäre Beziehung besteht oder im Zeitpunkt seines Todes bestanden hat (§ 1600 I Nr. 2, II, III BGB).[11] Die Klärung der Vaterschaft unabhängig vom Anfechtungsverfahren (§ 1598 a BGB i. d. F. des Gesetzes vom 26. 3. 2008[12]) hat für das Unterhaltsrecht keine Bedeutung, da allein die Anfechtung der Vaterschaft, die weiterhin an bestimmte Fristen gebunden bleibt, das Vater-Kind-Verhältnis beendet.

Ein Ehemann, der der **heterologen Insemination** oder einer interzytoplasmatischen Spermieninjektion mit dem Samen eines anderen Mannes bei seiner Ehefrau zugestimmt hat, kann die Vaterschaft nicht mehr anfechten (§ 1600 IV BGB). Dagegen ist das Anfechtungsrecht des Kindes nicht ausgeschlossen.[13] Wird die Vaterschaft nicht angefochten, ist der Ehemann der Mutter als Vater im Rechtssinne dem Kind zum Unterhalt verpflichtet.[14]

---

[7] Vgl. dazu Gaul, FamRZ 1997, 1441, 1447

[8] Vgl. OLG Hamm FamRZ 2005, 475; 2007, 1764

[9] A. A. offenbar BGH vom 16. 4. 2008 – XII ZR 144/06 (bei Drucklegung noch nicht veröffentlicht) OLG Düsseldorf FamRZ 2000, 1032; zweifelnd OLG Hamm FamRZ 2007, 1764

[10] OLG Schleswig, MDR 2000, 397 mit. Anm. Born

[10a] Vgl. dazu die Änderung des § 1600 BGB durch das Gesetz zur Ergänzung des Rechts zur Anfechtung der Vaterschaft vom 13. 3. 2008 – BGBl. I 313, das Scheinanerkennungen der Vaterschaft entgegen treten will.

[11] Vgl. dazu Höfelmann FamRZ 2004, 745

[12] BGBl. I 441; vgl. dazu im Einzelnen Frank und Helms, FamRZ 2007, 1277

[13] Janzen, FamRZ 2002, 785

[14] Zur Unterhaltspflicht des Ehemannes auf vertraglicher Grundlage nach früherem Recht BGH, FamRZ 1995, 861; kritisch dazu Gaul, FamRZ 1997, 1441, 1465

Das Kindschaftsreformgesetz (KindRG)[15] und das Kindesunterhaltsgesetz (KindUG)[16] **1b** haben die Unterschiede zwischen **ehelichen und nichtehelichen Kindern** fast völlig beseitigt. Selbst der Begriff „nichteheliches Kind" wird vom Gesetz vermieden, sondern lediglich in § 1615a BGB in schwer verständlicher Weise umschrieben. Auch nicht miteinander verheiratete Eltern können seit dem 1. 7. 1998 das Sorgerecht für ein Kind gemeinsam ausüben (§ 1626a BGB).[17] Für eine Legitimation nichtehelicher Kinder durch Eheschließung der Eltern und für Ehelichkeitserklärung besteht danach kein Bedürfnis mehr. Die entsprechenden Vorschriften (§§ 1719 S. 1, 1736, 1740 BGB a. F.) sind ersatzlos aufgehoben worden. Ähnliches gilt für den Unterhalt nichtehelicher Kinder. Die §§ 1615b bis 1615k BGB a. F. sind entfallen. Als „Besondere Vorschriften für das Kind und seine nicht miteinander verheirateten Eltern"[18] sind im Gesetz nur noch §§ 1615a, 1615l bis 1615o BGB verblieben. Diese regeln aber nicht die Bemessung des Kindesunterhalts, sondern vorzugsweise die Rechte der Mutter des nichtehelichen Kindes. Der Kindesunterhalt wird lediglich in § 1615o I BGB angesprochen (vgl. dazu Rn. 1a). Alle übrigen Sondervorschriften für das nichteheliche Kind in der bis 30. 6. 1998 geltenden Fassung des BGB sind entweder aufgehoben oder als für alle Kinder geltendes Recht in die §§ 1601ff. BGB neuer Fassung übernommen worden. Dies bedeutet u. a., dass auch die Düsseldorfer Tabelle (vgl. dazu Rn. 209ff.) uneingeschränkt für nichteheliche Kinder anzuwenden ist. Vgl. dazu Rn. 204ff.

Ein Eltern-Kind-Verhältnis kann nach wie vor durch **Adoption** begründet werden **1c** (§§ 1754, 1767 II 1 BGB). Durch die Annahme eines minderjährigen Kindes erlischt die Verwandtschaft zu den bisherigen Eltern (§ 1755 I BGB). Unterhaltsrechtlich treten diese Wirkungen teilweise schon ein, sobald die Eltern des minderjährigen Kindes die erforderliche Einwilligung in die Adoption erteilt haben und das Kind in die Obhut des Annehmenden mit dem Ziel der Annahme aufgenommen ist. Von diesem Zeitpunkt an ist der Annehmende vor den Verwandten des Kindes und damit auch vor dessen Eltern zum Unterhalt verpflichtet (§ 1751 IV 1 BGB). Zur Unterhaltspflicht bei der Adoption eines Volljährigen vgl. § 1770 III BGB. Ein vertraglicher Unterhaltsanspruch kann bestehen, wenn ein Mann und eine Frau ein Kind ohne förmliche Annahme zu sich nehmen und es durch mittelbare Falschbeurkundung im Geburtenbuch als ihr eigenes Kind eintragen lassen.[19] Zur Auswirkung dieses Anspruchs auf den Familienunterhalt vgl. Rn. 3/27.

Die Unterhaltspflicht der Eltern besteht gegenüber **minderjährigen und volljährigen** **1d** **Kindern,** solange die unter Rn. 2ff. dargestellten Anspruchsvoraussetzungen vorliegen, insbesondere solange das Kind sich nicht selbst unterhalten kann (§ 1602 BGB). Der Unterhaltsanspruch des minderjährigen und derjenige des volljährigen Kindes sind identisch. Im Einzelnen bestehen manche Unterschiede. Vgl. dazu im Einzelnen Rn. 17ff., 193ff., 330ff.

2. Übersicht über die wichtigsten Anspruchsvoraussetzungen und Einwendungen gegen den Anspruch

a) Bedürftigkeit. Nach § 1602 I BGB sind Kinder nur unterhaltsberechtigt, wenn sie **2** außerstande sind, sich selbst zu unterhalten, d. h., wenn sie bedürftig sind. Das ist in der Regel der Fall, solange sie minderjährig sind und kein eigenes Einkommen haben. Bedürftig sind Kinder auch, solange sie sich noch in einer Berufsausbildung befinden (§ 1610 II BGB). Genaueres dazu Rn. 45, 56ff.

Auf die Ursache der Bedürftigkeit kommt es beim Kindesunterhalt grundsätzlich nicht an. Die gesetzliche Regelung des Verwandtenunterhalts enthält keine dem Ehegattenunterhalt vergleichbare Aufzählung von unterschiedlichen Bedarfsgründen und Einsatzzeitpunkten (vgl. §§ 1570ff. BGB). Das Kind kann auch nach Eintritt der Volljährigkeit erneut bedürftig werden, z. B. durch Arbeitslosigkeit, Krankheit oder Betreuung eines eigenen Kindes.

---

[15] Vom 16. 12. 1997 – BGBl. I 2942
[16] Vom 6. 4. 1998 – BGBl. I 666
[17] Dazu Fröhlich in Scholz/Stein (Fn. 1) Teil E Rn. 67ff.
[18] So die Überschrift vor § 1615a BGB
[19] BGH, FamRZ 1995, 995; OLG Bremen, FamRZ 1995, 1291

Jedoch sind dann an die Obliegenheit des volljährigen Kindes, sich selbst durch jede, auch berufsfremde Arbeit zu unterhalten, strenge Anforderungen zu stellen.[20] Genaueres dazu Rn. 48, 406. Ist das volljährige Kind durch sittliches Verschulden bedürftig geworden, wird nur Unterhalt nach Billigkeit geschuldet (§ 1611 BGB; vgl. Rn. 478, 480).

3   **b) Bedarf.** Der Bedarf des Kindes richtet sich im Allgemeinen nach den Lebensverhältnissen seiner Eltern, da es in der Regel noch keine selbstständige Lebensstellung (vgl. § 1610 I BGB) erreicht hat. Entscheidend sind insbesondere die Einkommens- und Vermögensverhältnisse der Eltern. Genaueres dazu Rn. 108 ff. Der Bedarf von Kindern, die im Haushalt der Eltern oder eines Elternteils leben, wird üblicherweise nach der Düsseldorfer Tabelle (Rn. 209 ff.), bemessen. Die Tabelle baut auf dem **Mindestunterhalt** für minderjährige Kinder auf, den § 1612 a I 2 BGB seit dem 1. 1. 2008 auf den doppelten Freibetrag für das sächliche Existenzminimum eines Kindes, also den doppelten Kinderfreibetrag nach § 32 VI 1 EStG festsetzt. Vgl. dazu Rn. 246 b. Das minderjährige Kind kann den Unterhalt als Prozentsatz des jeweiligen Mindestunterhalts verlangen (§ 1612 a I BGB). Vgl. unten Rn. 246 a ff.

4   **c) Leistungsfähigkeit. Ein Unterhaltsanspruch des Kindes besteht nur, wenn die** Eltern bzw. der barunterhaltspflichtige Elternteil leistungsfähig sind, und zwar gerade in der Zeit, in der das Kind bedürftig ist.[21] Nach § 1603 I BGB sind Eltern nicht unterhaltspflichtig, wenn sie bei Berücksichtigung ihrer sonstigen Verpflichtungen außerstande sind, den Unterhalt ohne Gefährdung ihres eigenen angemessenen Unterhalts zu gewähren. Gegenüber **minderjährigen Kindern** besteht jedoch eine verschärfte Unterhaltspflicht (§ 1603 II 1 BGB). Die Eltern sind minderjährigen Kindern gegenüber verpflichtet, alle verfügbaren Mittel zu ihrem und der Kinder Unterhalt gleichmäßig zu verwenden. Genaueres dazu Rn. 247 ff. In dieser Weise haften sie auch für den Unterhalt volljähriger unverheirateter Kinder bis zur Vollendung des 21. Lebensjahres, solange diese im Haushalt der Eltern oder eines Elternteils leben und sich in der allgemeinen Schulausbildung befinden (sog. **privilegiert volljährige Kinder;** § 1603 II 2 BGB). Dazu Rn. 452 ff. Ist der unterhaltspflichtige Elternteil nicht in der Lage, allen gleichrangig Berechtigten Unterhalt zu leisten, liegt ein sog. Mangelfall vor. Dann werden zunächst die vorrangigen Ansprüche der minderjährigen unverheirateten und der privilegiert volljährigen Kinder befriedigt (§ 1609 Nr. 1 BGB n. F.). Im Übrigen ist der zur Verfügung stehende Betrag nach Abzug des Selbstbehalts auf die Berechtigten entsprechend der weiteren Rangordnung des § 1609 BGB n. F. zu verteilen; vgl. Rn. 159 ff.; Gutdeutsch Rn. 5/1 ff.

4 a   **d) Haftung der Eltern.** Nach § 1606 III 1 BGB haften die Eltern für den Barunterhalt anteilig nach ihren Erwerbs- und Vermögensverhältnissen. Jedoch erfüllt der Elternteil, der ein unverheiratetes minderjähriges Kind betreut, seine Unterhaltspflicht in der Regel durch Pflege und Erziehung (§ 1606 III 2 BGB). Zum Bar-, Natural- und Betreuungsunterhalt vgl. Rn. 8 ff. Zur Haftung der Eltern auf Bar- und Betreuungsunterhalt beim minderjährigen Kind Rn. 282 ff., zur anteiligen Barunterhaltspflicht beim volljährigen Kind Rn. 433 ff. Wenn ein Elternteil oder ein Dritter anstelle des eigentlich Verpflichteten Unterhalt leistet, kann ein familienrechtlicher Ausgleichsanspruch begründet sein (Rn. 529 ff.); ggf. kommt auch ein Übergang des Unterhaltsanspruchs auf den Leistenden in Betracht (§§ 1607 II 2, III, 1608 BGB; dazu Rn. 534, 545 ff.).

4 b   **e) Sonderfragen**
* **Kindergeld** ist seit dem 1. 1. 2008 zur Deckung des Barbedarfs des Kindes zu verwenden, und zwar zur Hälfte, wenn ein Elternteil seine Unterhaltspflicht durch Betreuung nach § 1606 III 2 BGB erfüllt, im Übrigen in voller Höhe (§ 1612 b I BGB n. F.).[22] Dazu Rn. 501 ff.
* Bei mehreren Unterhaltsberechtigten und eingeschränkter Leistungsfähigkeit des Verpflichteten kommt es auf die **Rangverhältnisse** an. Dazu Gutdeutsch Rn. 5/102 ff.

---

[20] BGH, FamRZ 1985, 273; FamRZ 1985, 1245

[21] BGH FamRZ 2006, 1511, 1512 = R 658 a mit Anm. Klinkhammer

[22] Bei beiderseitiger Barunterhaltspflicht ergab sich die bedarfsdeckende Anrechnung des Kindergeldes bereits aus dem Urteil des BGH vom 26. 10. 2005 FamRZ 2006, 99 = R 641 e mit Anm. Viefhues und Scholz

- Unterhalt für die **Vergangenheit** wird nur unter bestimmten Voraussetzungen, insbesondere bei Verzug, geschuldet. Dazu Gerhardt Rn. 6/100 ff.
- Kindesunterhalt kann wegen illoyalen Verhaltens **verwirkt** werden, nicht jedoch während der Minderjährigkeit des Kindes. Dazu Rn. 478 ff.
- Kindesunterhalt unterliegt seit dem 1. 1. 2002 der regelmäßigen **Verjährungsfrist** von drei Jahren (§§ 195, 197 II BGB); jedoch ist die Verjährung bis zur Volljährigkeit des Kindes gehemmt (§ 207 I 2 Nr. 2 BGB). Dazu Gerhardt Rn. 6/140 ff. Zum Übergangsrecht vgl. Art. 229 § 6 EGBGB.
- Die Geltendmachung von Kindesunterhalt kann **wegen verspäteter Geltendmachung** nach § 242 BGB unzulässig sein. Dazu Gerhardt Rn. 6/135.
- Ein Unterhaltsanspruch des Kindes kann auch durch **Vertrag** begründet werden. Der gesetzliche Anspruch kann durch Vereinbarungen modifiziert werden. Vgl. Rn. 520 a. Jedoch ist ein **Verzicht** auf künftigen Kindesunterhalt nicht zulässig. Dazu Rn. 521 ff.
- **Sozialleistungen** haben in vielfältiger Hinsicht Einfluss auf den Unterhaltsanspruch des Kindes. Sozialstaatliche Zuwendungen sind grundsätzlich als Einkommen zu behandeln, nicht dagegen subsidiäre Sozialleistungen. Dazu Dose Rn. 1/80 ff., 451 ff. Bei subsidiären Sozialleistungen (vgl. Rn. 8/7 ff.), insbesondere beim Arbeitslosengeld II, bei der Sozialhilfe und beim Unterhaltsvorschuss, geht der Unterhaltsanspruch nach § 33 SGB II, § 94 SGB XII, § 7 UVG u. U. auf den Sozialleistungsträger über. Dazu im Einzelnen Rn. 8/60 ff., 225 ff., 270 ff.

3. Beginn und Ende des Unterhaltsanspruchs

Die Unterhaltspflicht beginnt mit der Geburt des Kindes und **dauert dem Grunde nach** **5** **lebenslang** fort, solange das Kind bedürftig ist und die Eltern leistungsfähig sind; sie ist nicht an bestimmte Altersgrenzen gebunden.[23]

Diese Pflicht zur Unterhaltsleistung und zur Finanzierung einer Ausbildung besteht über den Eintritt der Volljährigkeit hinaus für die Dauer normaler Ausbildungs- und Studienzeiten. Das Kind erhält in dieser Zeit den sogenannten Ausbildungsunterhalt (§ 1610 II BGB; vgl. Rn. 56 ff.).

In der Regel **endet der Unterhaltsanspruch,** wenn das Kind nach einer abgeschlosse- **6** nen Ausbildung in der Lage ist, für seinen Lebensunterhalt selbst zu sorgen. Dies wird meistens erst nach Eintritt der Volljährigkeit der Fall sein. Weigert sich das Kind, sich einer Ausbildung zu unterziehen, muss es seinen Lebensunterhalt selbst durch eigene Arbeit sicherstellen. Dies gilt auch für ein arbeitsfähiges minderjähriges Kind.[24] Unterhaltsansprüche bestehen in einem solchen Fall nicht, solange das Kind sich nicht ausbilden lässt oder nicht wenigstens eine Aushilfsarbeit aufnimmt. Genaueres dazu Rn. 46 ff. Beginnt das Kind eine Ausbildung oder eine Berufstätigkeit, entfällt seine Bedürftigkeit in Höhe der anzurechnenden Vergütung erst dann, wenn diese tatsächlich gezahlt wird, nicht dagegen schon mit dem Antritt der Ausbildung oder der Erwerbstätigkeit.[25]

Ein bereits erloschener Unterhaltsanspruch kann **wieder aufleben,** wenn und solange das **7** Kind erneut bedürftig wird. An die Bedürftigkeit eines volljährigen Kindes sind dabei strenge Anforderungen zu stellen (vgl. Rn. 48, 406).[26]

Der Unterhaltsanspruch **erlischt** mit dem Tod des Kindes oder des verpflichteten Eltern- **7 a** teils. Für Rückstände und bereits fällige Leistungen gilt dies natürlich nicht (§ 1615 I BGB). Stirbt das Kind während des laufenden Monats, hat der Verpflichtete den Unterhalt für den vollen Monat zu zahlen (§ 1612 III 2 BGB). Er hat auch für die Beerdigungskosten aufzukommen, soweit ihre Bezahlung nicht von dem Erben zu erlangen ist (vgl. §§ 1615 II, 1968 BGB). Entgegen der Regelung beim Ehegattenunterhalt (§ 1586 b BGB) geht die Unterhaltspflicht nicht auf die Erben des Verpflichteten über. Dafür besteht kein Bedürfnis,

---

[23] BGH, FamRZ 1984, 682
[24] OLG Düsseldorf, FamRZ 1990, 194
[25] So zu Recht Nickel FamRZ 2006, 887 gegen AG Weiden FamRZ 2006, 565
[26] BGH, FamRZ 1985, 273; FamRZ 1985, 1245

weil das Kind beim Tod eines Elternteils erb- und pflichtteilsberechtigt ist, zudem der nächste Verwandte, in erster Linie der andere Elternteil, Unterhalt zu leisten hat, falls die Erbschaft oder der Pflichtteil den Bedarf des Kindes nicht decken (§ 1601 BGB).

II. Unterhaltsarten

1. Bar-, Betreuungs- und Naturalunterhalt

8   Der Unterhaltsanspruch des Kindes umfasst nach § 1610 II BGB seinen gesamten Lebensbedarf einschließlich der Kosten für eine angemessene Ausbildung und – bei einem minderjährigen Kind – für die Erziehung. Dazu gehören im Wesentlichen Wohnung, Verpflegung, Kleidung, Versorgung, Betreuung, Erziehung, Bildung, Ausbildung, Erholung sowie Gesundheits- und Krankheitsfürsorge.[27] Zu Recht weist das Bundesverfassungsgericht,[28] allerdings im Rahmen von Ausführungen zum steuerlichen Existenzminimum, darauf hin, dass die Eltern auf Grund ihrer Unterhaltspflicht dem Kind auch eine Entwicklung zu ermöglichen haben, die es zu einem verantwortlichen Leben in der Gesellschaft befähigt, insbesondere durch Mitgliedschaft in Vereinen, durch Erlernen moderner Kommunikationstechniken, von Kultur- und Sprachfertigkeiten und durch die sinnvolle Gestaltung der Freizeit und der Ferien. Erbringen die Eltern diese vielfältigen Leistungen nicht in Natur (vgl. Rn. 9), werden die dafür erforderlichen Kosten dem Kind nach § 1612 I 1 BGB als sog. **Barunterhalt** in Form einer Geldrente geschuldet. Dies ist die Regel, wenn die Eltern nicht zusammenleben oder wenn das Kind das Elternhaus verlassen hat.

Der Barunterhaltspflichtige kann nach § 1612 I 2 BGB **verlangen,** dass ihm die Gewährung des Unterhalts ganz oder teilweise **in anderer Art,** z. B. in der Form von Sachleistungen, gestattet wird, wenn besondere Gründe dies rechtfertigen. Diese Vorschrift, die beim Kindesunterhalt wegen § 1612 II 1 BGB nur geringe praktische Bedeutung hat, ist immerhin die gesetzliche Grundlage dafür, dass ein erwerbstätiger Elternteil den **Krankenversicherungsschutz** seiner Kinder durch Mitversicherung in der gesetzlichen Krankenkasse sicherstellen kann.[29] Dadurch werden gegenüber einer privaten Krankenversicherung beachtliche Kosten erspart, da Kinder, die sich einer Schul- oder Berufsausbildung unterziehen, bis zum vollendeten 25. Lebensjahr in der Regel im Rahmen der Familienversicherung beitragsfrei mitversichert sind (§ 10 II Nr. 3 SGB V). Bis zur Vollendung des 18. Lebensjahres entfällt auch die sog. Praxisgebühr von 10,– € pro Quartal (§§ 28 IV 1, 61 S. 2 SGB V). Vgl. auch Rn. 6/14. Ob der Barunterhaltspflichtige, der nicht Mitglied einer gesetzlichen Krankenkasse ist, verlangen kann, dass die Kinder weiter in seiner privaten Krankenversicherung versichert bleiben, hängt von den Umständen ab. Im Allgemeinen werden keine höheren Kosten entstehen, wenn die Versicherung vom sorgeberechtigten Elternteil für die Kinder fortgeführt wird und der Barunterhaltspflichtige die Kosten des Versicherungsschutzes als Teil des Barunterhalts den Kindern zur Verfügung stellt. Anders kann es sein, wenn der betreuende Ehegatte oder das Kind einen Versicherungsvertrag bei einem anderen Unternehmen abschließen wollen und dadurch höhere Kosten verursachen würden. Dann kann der barunterhaltspflichtige Elternteil nach § 1612 I 2 BGB verlangen, dass die bisherige Mitversicherung im Rahmen seiner Krankenversicherung fortgeführt wird, es sei denn, dass es bei der Erstattung von Krankheitskosten wegen seines Verhaltens (z. B. nicht pünktliche Weiterleitung der erstatteten Beträge) zu Unzuträglichkeiten gekommen ist.[30] Ist der barunterhaltspflichtige Elternteil, z. B. als Beamter, beihilfeberechtigt, kann er das Kind darauf verweisen, ihm die Belege über die Krankheitskosten zu überlassen, damit er sie der Beihilfestelle zur Erstattung vorlegen kann. Zur Krankenversicherung beim Tabellenunterhalt vgl. Rn. 215, 371, 390. Leben die Eltern mit dem Kind – wenn auch

---

[27] BGH, FamRZ 1988, 159, 161; FamRZ 1983, 473
[28] FamRZ 1999, 285, 290
[29] OLG Düsseldorf, FamRZ 1994, 396 mit Anmerkung van Els, FamRZ 1994, 926, der § 1618 a BGB für anwendbar hält
[30] Vgl. OLG Düsseldorf, FamRZ 1992, 981, 983

getrennt – noch in derselben Wohnung, so kann der Pflichtige nach § 1612 I 2 BGB den **Wohnbedarf** des Kindes dadurch decken, dass er die Miete für die gesamte Wohnung oder die Belastungen des Einfamilienhauses (der Eigentumswohnung) trägt. Dies rechtfertigt dann eine Kürzung des sich aus der Düsseldorfer Tabelle ergebenden Tabellenunterhalts, und zwar um rund 20% (SüdL 21.5.2). Vgl. dazu auch Rn. 102, 214.

Nach dem Gesetz ist der Barunterhalt nur scheinbar die Regel. Im Gegenteil wird **9** üblicherweise minderjährigen und volljährigen Kindern, die das Elternhaus noch nicht verlassen haben, **Naturalunterhalt** gewährt, wenn die Eltern, ob verheiratet oder nicht, in einem Haushalt zusammenleben (vgl. Rn. 8). Der Naturalunterhalt findet seine gesetzliche Grundlage in § 1612 II 1 BGB. Danach können Eltern bei unverheirateten Kindern, gleich ob minderjährig oder volljährig, **bestimmen,** in welcher **Art und** für welche **Zeit** im Voraus der Barunterhalt gewährt werden soll, sofern auf die Belange des Kindes die gebotene Rücksicht genommen wird. Dieser Naturalunterhalt umfasst alles, was in Natur zur Befriedigung der Lebensbedürfnisse geleistet wird, wie freie Kost, Wohnung, Versorgung, sonstige Sachaufwendungen und Leistungen, aber auch ein angemessenes Taschengeld. Zum Bestimmungsrecht der Eltern vgl. Rn. 21 ff.

Naturalunterhalt ist gesetzlich geschuldeter Unterhalt (auch im Sinne des § 844 BGB), und zwar selbst dann, wenn er einem verheirateten (behinderten) volljährigen Kind geleistet wird.[31] Er ist nicht kostenlos, da Nahrung, Kleidung, Spielzeug, Bücher, Lernmittel usw. gekauft werden müssen und auch der für das Kind bestimmte Wohnraum finanzielle Aufwendungen erfordert. Diese Aufwendungen für das im Haushalt der Eltern lebende Kind sind bei verheirateten Eltern Teil des Familienunterhalts, zu dem beide Ehegatten durch ihre Arbeit und ihr Vermögen beizutragen haben; dabei steht die Haushaltsführung der Erwerbstätigkeit gleich (§ 1360 BGB; vgl. Rn. 3/12, 35). Dieses gilt auch für das bei den Eltern lebende volljährige, unverheiratete Kind. Ihm wird auf Grund einer konkludenten Bestimmung der Eltern Naturalunterhalt gewährt. Es hat dann kein Recht auf Unterhalt in Form einer Geldrente (vgl. Rn. 3/10). Andererseits hat ein solches Kind, wenn es den Haushalt der Eltern verlassen hat, keinen Anspruch, dort wieder gegen deren Willen aufgenommen zu werden; die Eltern schulden in diesem Fall dem bedürftigen Kind eine Geldrente (§ 1612 I 1 BGB), allein sie bestimmen, nicht das Kind, ob es Naturalunterhalt erhalten soll.[32] Bei einem minderjährigen Kind ist die Bestimmung Ausfluss der elterlichen Sorge. Steht den Eltern die Sorge gemeinsam zu, ist die Bestimmung von beiden zu treffen, da sie – ebenso wie die Festlegung des Aufenthalts des Kindes bei dem einen oder anderen Elternteil – keine Angelegenheit des täglichen Lebens ist, über die der Elternteil, der das Kind in Obhut hat, allein entscheiden darf (vgl. § 1687 I 1, 2 BGB). Können sich die Eltern nicht einigen, muss das Familiengericht entscheiden und die Bestimmung einem Elternteil übertragen (§ 1628 BGB). Hat ein Elternteil allein das Sorgerecht, so bestimmt er, ob Naturalunterhalt zu gewähren ist. Der nicht sorgeberechtigte Elternteil kann die Bestimmung nur für die Zeit treffen, in der das Kind in seinen Haushalt aufgenommen worden ist (§ 1612 II 2 BGB; vgl. unten Rn. 28). Bei einem Volljährigen hat grundsätzlich der von diesem in Anspruch genommene Elternteil das Bestimmungsrecht (vgl. unten Rn. 29 ff.).

Bei minderjährigen Kindern werden außer dem Barunterhalt noch die Versorgung, **10** Betreuung, Erziehung und Haushaltsführung für das Kind geschuldet. Es ist dies ein reiner Leistungsaufwand, der **Betreuungsunterhalt** genannt wird. Er darf nicht mit dem Naturalunterhalt verwechselt werden.[33] Der Naturalunterhalt deckt anstelle des vom Gesetz (§ 1612 I 1 BGB) als Regel vorgesehenen Barunterhalts die materiellen Bedürfnisse des Kindes, während der Betreuungsunterhalt den Anspruch des Kindes auf Pflege und Erziehung, also auf persönliche Zuwendung und Versorgung, befriedigen soll. Der betreuende Elternteil erfüllt nach § 1606 III 2 BGB seine Verpflichtung, zum Unterhalt des Kindes beizutragen, in der Regel durch dessen Pflege und Erziehung, bei der er sich allerdings der Hilfe Verwandter oder sonstiger Dritter bedienen kann (vgl. Rn. 283). Die Auffassung des BGH,[34]

---

[31] BGH FamRZ 2006, 1108 mit Anm. Luthin
[32] BGH, FamRZ 1994, 1102 = R 480 mit Anm. Scholz, FamRZ 1994, 1314
[33] Ungenau: BGH, FamRZ 1994, 1102 = R 480 mit Anm. Scholz, FamRZ 1994, 1314, 1315
[34] BGH, FamRZ 1994, 1102 = R 480 mit Anm. Scholz, FamRZ 1994, 1314

das Recht des Kindes auf Betreuung beruhe nicht auf seinem Unterhaltsanspruch, trifft daher nicht zu. Richtig ist nur, dass das Kind den Anspruch auf Betreuung nicht einklagen, sondern nur die Verurteilung der Eltern zur Leistung von Barunterhalt gerichtlich durchsetzen kann (§ 1612 I 1 BGB). Anspruch und Klagbarkeit sind jedoch nicht unbedingt miteinander verknüpft.[35]

2. Gleichwertigkeit von Bar- und Betreuungsunterhalt

11   Bei **Minderjährigen** erfüllt der Elternteil, bei dem das Kind lebt, seinen Anteil an der gesamten Unterhaltsverpflichtung in der Regel durch die Pflege, Betreuung und Erziehung des Kindes (§ 1606 III 2 BGB). Er leistet den **Betreuungsunterhalt** (siehe Rn. 10). Bar- und Betreuungsunterhalt sind im Regelfall **gleichwertig**.[36] Dies gilt jedenfalls, wenn sich die Einkommensverhältnisse beider Eltern im mittleren Bereich halten und das Einkommen des barunterhaltspflichtigen Elternteils nicht wesentlich geringer ist als das des betreuenden Elternteils.[37] Nur in Ausnahmefällen kann der betreuende Elternteil auch – ganz oder teilweise – zum Barunterhalt herangezogen werden (vgl. dazu Rn. 287 ff.). Ist ein Elternteil verstorben oder z. B. wegen einer Erkrankung weder zur Zahlung von Barunterhalt noch zur Pflege und Erziehung des Kindes in der Lage, muss der andere sowohl den Bar- als auch den Betreuungsunterhalt sicherstellen. Lebt das Kind in seinem Haushalt, erhält es Naturalunterhalt (vgl. Rn. 10). Wird das Kind vollständig von Dritten, z. B. den Großeltern betreut, soll der Betreuungsunterhalt pauschal in Höhe des sich aus der Düsseldorfer Tabelle ergebenden Barunterhalts bemessen werden (Rn. 13). Der Elternteil schuldet dann den doppelten Tabellenbetrag. Dies schließt freilich nicht aus, dass auch höhere Betreuungskosten, z. B. bei Aufenthalt in einem Heim, von dem Elternteil zu tragen sind.[38]

12   Der **nicht betreuende Elternteil** ist dem minderjährigen Kind – von Ausnahmefällen (vgl. Rn. 287) abgesehen – **allein barunterhaltspflichtig.** Er trägt die Kosten des gesamten Lebensbedarfs (Rn. 122 ff., 214 ff.) und stellt die dafür benötigten Mittel in Form einer Geldrente (§ 1612 I 1 BGB) als Barunterhalt zur Verfügung. Im Einvernehmen mit dem anderen Elternteil kann er einen Teil des Barunterhalts auch in der Form von Sachleistungen (als Naturalunterhalt nach § 1612 BGB) erbringen.[39] Auch besondere Gründe können nach § 1612 I 2 BGB die Gewährung von Naturalunterhalt rechtfertigen (vgl. dazu Rn. 8).

13   Der Aufwand, den die Betreuung eines minderjährigen Kindes erfordert, ist je nach dessen Alter, Gesundheit und Eigenart unterschiedlich. Darauf kommt es aber in der Regel nicht an. Barleistungen und Betreuungsleistungen sind rechtlich gleichwertig (§ 1606 III 2 BGB). Damit trägt das Gesetz der Tatsache Rechnung, dass eine auf den Einzelfall abstellende rechnerische Bewertung des Betreuungsaufwands meist unzulänglich bleiben müsste. Einer rechnerischen Bewertung (Monetarisierung) der Betreuung, z. B. durch den Ansatz von Aufwendungen, die für die Besorgung vergleichbarer Dienste durch Hilfskräfte erforderlich wären, bedarf es grundsätzlich nicht.[40] Zu Ausnahmefällen vgl. Rn. 287 ff. Wenn kein Elternteil seine Unterhaltspflicht durch Pflege und Erziehung erfüllt (§ 1606 III 2 BGB), müssen die Eltern oder der allein leistungsfähige Elternteil auch den Betreuungsunterhalt sicherstellen, der nach einer neueren Entscheidung des BGH[41] pauschal in Höhe des sich aus der Düsseldorfer Tabelle ergebenden Barunterhalts anzusetzen ist, wenn nicht höhere Betreuungskosten, z. B. bei Aufenthalt in einem Heim oder einem Internat, einen konkret zu berechnenden Mehrbedarf begründen.

Dies schließt es aber nicht aus, bei der Berechnung des Ehegattenunterhalts als Werbungskosten oder berufsbedingte Aufwendungen den Aufwand zu ermitteln, der dem betreuenden Elternteil dadurch entsteht, dass er infolge seiner Berufstätigkeit die Versorgung des

---

[35] Scholz, FamRZ 1994, 1314
[36] BGH, FamRZ 2006, 1597 f. = R 659 a mit Anm. Born; BGH FamRZ 1994, 696, 699 = R 477 c
[37] BGH, FamRZ 1991, 182 = R 430 a; FamRZ 1980, 994 = NJW 1980, 2306
[38] BGH FamRZ 2006, 1597 mit zu Recht kritischer Anm. Born
[39] BGH, FamRZ 1987, 58; FamRZ 1985, 584
[40] BGH FamRZ 2006, 1597 f. = R 659 a mit Anm. Born
[41] FamRZ 2006, 1597 = R 659 a mit zu Recht kritischer Anm. Born

Kindes zum Teil Dritten übertragen muss. Auch kann ein Betreuungsbonus gewährt werden.[42] Genaueres Rn. 275, 275 a, 283, 290 ff., 321 sowie 1/107.

Der **Grundsatz der Gleichwertigkeit** von Bar- und Naturalunterhalt gilt nach der **14** Rechtsprechung des BGH im Regelfall für **jede Altersstufe** minderjähriger, unverheirateter Kinder bis zum Eintritt der Volljährigkeit.[43]

Die Einführung des **gemeinsamen Sorgerechts** durch das KindRG zum 1. 7. 1998 hat **14 a** dazu geführt, dass etliche Eltern auch nach Trennung und/oder Scheidung die Verantwortung für ihre minderjährigen Kinder weiter gemeinsam wahrnehmen und die Betreuung unter sich aufteilen. In solchen Fällen wird man nicht stets davon ausgehen können, dass ein Elternteil den gesamten Barunterhalt allein zu tragen hat. Teilen die Eltern die Versorgungs- und Erziehungsaufgaben etwa hälftig unter sich auf, kommt eine anteilige Barunterhaltspflicht der Eltern in Betracht.[44] Vgl. dazu Rn. 316 b.

Während das Gesetz bis zum 30. 6. 1998 davon ausging, dass ein **nichteheliches Kind 14 b** von seiner allein sorgeberechtigten Mutter betreut wurde und der Vater lediglich Barunterhalt zu leisten hatte (§§ 1615 f, 1705 BGB a. F.), kann der Vater seitdem seine Unterhaltspflicht auch durch Betreuung erfüllen. Solange die Eltern in einer nichtehelichen Gemeinschaft zusammenleben, wird dem Kind ohnehin Naturalunterhalt (Rn. 9) geleistet. Dies beruht auf einer Bestimmung der sorgeberechtigten Mutter oder der nach § 1626 a BGB gemeinsam sorgeberechtigten Eltern. Trennen die Eltern sich später, so steht es ihnen frei, den Aufenthalt des Kindes beim Vater festzulegen. Dann hat dieser Betreuungs- und die Mutter Barunterhalt zu leisten.

Ab Erreichen der **Volljährigkeit** werden **keine Betreuungsleistungen** mehr geschuldet.[45] An die Stelle des entfallenden Betreuungsunterhalts tritt erhöhter Barbedarf.[46] Die Unterhaltsbemessung erfolgt nach § 1606 III 1 BGB, d. h. anteilig nach den Einkommens- und Vermögensverhältnissen beider Eltern.[47] Dies gilt grundsätzlich auch dann, wenn das volljährige Kind weiterhin die Schule besucht und sich an seinen Lebensverhältnissen zunächst nichts ändert, es z. B. weiter im Haushalt der Mutter lebt und von ihr versorgt wird. Das Gegenteil ergibt sich auch nicht aus §§ 1603 II 2, 1609 BGB. Diese Vorschriften stellen sog. **privilegiert volljährige Kinder,** also volljährige unverheiratete Kinder bis zur Vollendung des 21. Lebensjahres, solange sie im Haushalt der Eltern oder eines Elternteils leben und sich in der allgemeinen Schulausbildung befinden, minderjährigen Kindern gleich, aber nur hinsichtlich der Leistungsfähigkeit und des Ranges.[48] Daher ist für eine entsprechende Anwendung des § 1606 III 2 BGB auf privilegiert volljährige Kinder kein Raum.[49] Vgl. dazu im einzelnen Rn. 452 ff. Zur Anwendung des § 1606 III 1 BGB, wenn das volljährige Kind wegen Krankheit oder Behinderung tatsächlich betreuungsbedürftig ist, vgl. Rn. 450.

Sind **beide Eltern** dem Kind **barunterhaltspflichtig,** so haften sie anteilig nach ihren **16** Erwerbs- und Vermögensverhältnissen (§ 1606 III 1 BGB). Wegen der Einzelheiten vgl. für das minderjährige Kind Rn. 289 ff. und für das volljährige Kind Rn. 433 ff.

3. Verhältnis des Minderjährigen- zum Volljährigenunterhalt

Minderjährigen- und Volljährigenunterhalt sind **identisch.**[50] Dies gilt auch dann, **17** wenn das Kind verheiratet ist, gleichwohl aber noch eine Unterhaltspflicht der Eltern be-

---

[42] BGH, FamRZ 1991, 182 = R 430 b; gegen den Ansatz eines Betreuungsbonus beim Kindesunterhalt BGH FamRZ 2006, 1597, 1599 = R 659 c mit Anm. Born
[43] BGH FamRZ 2006, 1597, 1599 = R 659 a mit Anm. Born; FamRZ 1994, 696, 698 = R 477 c
[44] BGH FamRZ 2006, 1015, 1017 = R 646 b mit Anm. Luthin
[45] BGH FamRZ 2006, 99 f. = R 641 d mit Anm. Viefhues und Scholz; FamRZ 2002, 815, 817 = R 570 b
[46] BGH FamRZ 2002, 815, 817 = R 570 b
[47] BGH a. a. O.
[48] BGH a. a. O.
[49] BGH FamRZ 2002, 815, 817 = R 570 b unter Hinweis auf die ganz herrschende Meinung; anders Johannsen/Henrich/Graba, § 1606 Rn. 10
[50] BGH, FamRZ 1994, 696 = R 477 a

steht.[51] Allerdings ist der Unterhaltsanspruch des minderjährigen Kindes gegenüber dem des volljährigen Kindes bevorzugt ausgestaltet. Eltern haften dem minderjährigen unverheirateten Kind verschärft und haben daher ihre verfügbaren Mittel bis zum notwendigen Selbstbehalt von 900,– € bei Erwerbstätigen bzw. 770,– € bei Nichterwerbstätigen nach Anm. A 5 I der Düsseldorfer Tabelle Stand: 1. 1. 2008 (vgl. Rn. 264) einzusetzen (§ 1603 II 1 BGB). Während diese verschärfte Haftung früher mit dem Eintritt der Volljährigkeit endete, gilt sie ab 1. 7. 1998 auch zugunsten sog. privilegiert volljähriger Kinder bis zur Vollendung des 21. Lebensjahres, solange sie im Haushalt der Eltern oder eines Elternteils leben, nicht verheiratet sind und sich in der allgemeinen Schulausbildung befinden (§ 1603 II 2 BGB). Vgl. Rn. 15, 452 ff. Ihrem nicht privilegiert volljährigen Kind haften Eltern nur bis zur Grenze ihres eigenen angemessenen Unterhalts (§ 1603 I BGB), der nach Anm. A 5 II der Düsseldorfer Tabelle 1100,– € (Rn. 417) beträgt. Ab Volljährigkeit wird Betreuungsunterhalt nicht mehr geschuldet (vgl. Rn. 15). Der Elternteil, der seine Unterhaltsverpflichtung bisher durch Betreuung erfüllte, haftet nun, Leistungsfähigkeit vorausgesetzt, ebenfalls anteilig auf Barunterhalt (§ 1606 III 1 BGB). Volljährigenunterhalt kann verwirkt werden, Minderjährigenunterhalt dagegen nicht (§ 1611 II BGB). Diese und weitere Besonderheiten, die für den Unterhalt Minderjähriger bestehen (dazu Rn. 193 ff.), rechtfertigen es nicht, den Anspruch auf Volljährigenunterhalt als eigenständigen Anspruch aufzufassen. Die unveränderte Fortdauer des die Unterhaltspflicht begründenden Verwandtschaftsverhältnisses über den Eintritt der Volljährigkeit hinaus unterscheidet den Verwandtenunterhalt grundsätzlich vom Ehegattenunterhalt, der für die Zeit vor und nach der Scheidung auf jeweils anderen Anspruchsgrundlagen beruht.[52]

18   Dies hat zur Folge, dass **Unterhaltsurteile** und Vergleiche, die aus der Zeit der Minderjährigkeit des Kindes stammen, über den Zeitpunkt der Vollendung der Volljährigkeit hinaus **weiter gelten.**[53] Dies gilt sowohl für Unterhaltstitel, die auf einen bestimmten Unterhalt lauten, als auch für solche, die einen dynamischen Unterhalt im Sinne des § 1612 a I 1 BGB titulieren.[54] Im Übrigen ist in prozessualer Hinsicht zu beachten:
– Hat ein Elternteil einen Titel in Prozessstandschaft für das minderjährige Kind nach § 1629 III 1 BGB erwirkt, ist nach Eintritt der Volljährigkeit gemäß § 1629 III 2 BGB, § 727 ZPO eine **Titelumschreibung** auf den Volljährigen nötig.
– Wird das Kind während eines noch schwebenden Prozesses, durch den ein Elternteil gegen den anderen Kindesunterhalt in Prozessstandschaft geltend macht, volljährig, so tritt es durch **Parteiwechsel** an die Stelle des bisher klagenden Elternteils in den Rechtsstreit ein.
– Führt der vertretungsberechtigte Elternteil den Unterhaltsprozess im Namen des Kindes (vgl. § 1629 I 3, II 2 BGB), so fällt mit Volljährigkeit die gesetzliche Vertretung fort. Dasselbe gilt, wenn das Jugendamt im Prozess als Beistand und damit als gesetzlicher Vertreter des Kindes aufgetreten war.[55] Der Rechtsstreit muss vom volljährigen Kind selbst weiter betrieben werden.
– Einzelheiten zur Prozessstandschaft siehe Rn. 2/316 a, 538.

19   Ein wirksamer Unterhaltstitel aus der Zeit der Minderjährigkeit kann nur im Weg der **Abänderungsklage** (§ 323 ZPO) nach Eintritt der Volljährigkeit abgeändert werden. Eine Leistungsklage auf höheren Unterhalt ist ebenso unzulässig[56] wie eine Vollstreckungsgegenklage, die der Schuldner erhebt.[57]

20   Materiell endet der Unterhalt des Minderjährigen mit dem Tag der Volljährigkeit, nicht erst am Monatsende. Der Volljährigenunterhalt beginnt mit dem 18. Geburtstag des Kindes

---

[51] OLG Koblenz FamRZ 2007, 653
[52] BGH, FamRZ 1984, 682
[53] BGH FamRZ 2006, 99, 100; 1983, 582; OLG Saarbrücken FamRZ 2007, 1829; anders zu Unrecht OLG Hamm FamRZ 2006, 48 mit zustimmender Anm. Otten und ablehnender Anm. Stollenwerk
[54] BGH FamRZ 2006, 99, 100; anders zu Unrecht OLG Hamm FamRZ 2006, 48 mit zustimmender Anm. Otten und ablehnender Anm. Stollenwerk
[55] OLG Brandenburg FamRZ 2006, 1782
[56] BGH, FamRZ 1988, 1039; FamRZ 1984, 682
[57] OLG Koblenz FamRZ 2007, 653

und nicht am Ersten des Monats, in den der Geburtstag fällt, oder gar erst am Ersten des folgenden Monats (vgl. dazu Rn. 202, 218, 340). § 1612 a III BGB bezieht sich nur auf den Minderjährigenunterhalt. Dies kann bei Abänderungsklagen wegen erhöhten Bedarfs oder wegen geminderter Leistungsfähigkeit des Verpflichteten infolge des veränderten Selbstbehaltssatzes (angemessener Selbstbehalt von 1100,– € statt des notwendigen Selbstbehalts von 900,– € bzw. 770,– €) eine Rolle spielen (vgl. dazu Rn. 264, 407 ff., 417 ff.).

Der anteilige Unterhalt bis zum Tage der Volljährigkeit ist in der Weise zu berechnen, dass die monatliche Unterhaltsrente mit dem Kalendertag multipliziert und durch die Anzahl der Tage im Monat (z. B. 30 oder 31) dividiert wird.[58]

III. Bestimmungsrecht der Eltern

1. Bestimmungsrecht

Nach § 1612 II 1 BGB können Eltern gegenüber **unverheirateten** Kindern bestimmen, 21 in welcher Art (Bar- oder Naturalunterhalt) und für welche Zeit im Voraus Unterhalt gewährt werden soll. Daher können sie insbesondere festlegen, dass der Unterhalt weiterhin im Elternhaus entgegenzunehmen ist. In Ausnahmefällen kommt die Gewährung von Naturalunterhalt auch bei verheirateten Kindern in Betracht.[59]

Dieses Bestimmungsrecht gilt gegenüber **minderjährigen und volljährigen** Kindern.[60] 22 Es ist bei einem Minderjährigen Ausfluss der elterlichen Sorge (vgl. dazu Rn. 9).

Der Gesetzgeber hat das umstrittene Bestimmungsrecht der Eltern bei einem volljährigen Kind zu Recht nicht in Frage gestellt. Könnte das Kind nach Eintritt der Volljährigkeit stets das Elternhaus verlassen und Unterhalt in Form einer Geldrente verlangen, würden die Eltern vielfach wirtschaftlich überfordert.[61] Jedoch wird in § 1612 II 1 BGB n. F. ausdrücklich klargestellt, dass die Bestimmung nur wirksam ist, sofern auf die Belange des Kindes die gebotene Rücksicht genommen wird. Dies hat Bedeutung insbesondere für das volljährige Kind.[62]

Eine wirksame Bestimmung setzt voraus, dass der Unterhaltsanspruch als solcher nicht 23 bestritten wird, sondern nur die Art der Unterhaltsgewährung einseitig geregelt wird.[63]

Sachlich muss die Bestimmung, wie sich aus § 1610 II BGB ergibt, den **gesamten** 24 **Lebensbedarf** des Kindes umfassen. Das schließt nicht aus, eine Bestimmung dahin zu treffen, dass der Unterhalt zu einem abgrenzbaren Teil in Natur (z. B. Wohnung und Verpflegung im Elternhaus) und im Übrigen in Geld (z. B. als Taschengeld sowie für sonstige Sachaufwendungen) gewährt wird. In solchen Fällen ist auch die Überlassung von Geldbeträgen ein Teil des in Form von Naturalleistungen gewährten Unterhalts.[64] Es reicht dagegen nicht aus, wenn Eltern einzelne Betreuungs- und Pflegeleistungen anbieten, den übrigen Unterhalt aber offen lassen.[65]

Das Bestimmungsrecht nach § 1612 II 1 BGB verschafft den Eltern auch nach Volljährig- 25 keit einen gewissen **Einfluss auf die Lebensführung** des Kindes. Zwar haben die Eltern bei der Ausübung des Bestimmungsrechts auf die Belange des Kindes die gebotene Rücksicht zu nehmen (§ 1612 II 1 BGB; vgl. Rn. 22, 34 f.); auch sind volljährige Kinder zur Selbstbestimmung herangewachsen. Jedoch schulden nicht nur die Eltern, sondern auch die Kinder ihren Eltern Beistand und Rücksicht (§ 1618 a BGB), zumal da sie von ihnen wirtschaftlich abhängig sind. Außerdem werden die Eltern bei einer solchen Bestimmung in

---

[58] BGH, FamRZ 1988, 604
[59] BGH FamRZ 2006, 1108
[60] BGH, FamRZ 1996, 798 = R 501 b; FamRZ 1993, 417, 420 = NJW-RR 1993, 222
[61] Vgl. dazu die Begründung des Regierungsentwurfs zum UÄndG BT-Drs. 16/1830 S. 26
[62] Vgl. Beschlussempfehlung und Bericht des Rechtsausschusses zum KindUG, BT-Drs. 13/9596 S. 32
[63] OLG Stuttgart, FamRZ 1984, 504
[64] BGH, FamRZ 1985, 584; FamRZ 1984, 37; FamRZ 1983, 369
[65] BGH, FamRZ 1993, 417, 420

der Regel wirtschaftlich – vor allem durch Ersparnisse bei den Wohnkosten – entlastet. Es kann daher Kindern nach wie vor in der Regel zugemutet werden, nach Volljährigkeit noch gewisse Zeit im Elternhaus zu verbleiben. In diesem Zusammenhang ist darauf hinzuweisen, dass auch das SGB II volljährigen Kindern unter 25 Jahren ein Verbleiben im Elternhaus grundsätzlich zumutet (§§ 7 III Nr. 4, 22 IIa SGB II; vgl. Rn. 8/181, 205). Die berechtigten Interessen des Kindes werden dadurch geschützt, dass die Bestimmung der Eltern nur wirksam ist, wenn sie auf seine Belange die gebotene Rücksicht nehmen (Rn. 22). Insbesondere darf die Bestimmung der Eltern nicht die Ausbildung des Kindes behindern oder gefährden.

26   Das Bestimmungsrecht ist ein **Gestaltungsrecht**.[66] Es ist gegenüber bereits volljährigen Kindern durch eine rechtsgeschäftliche, empfangsbedürftige Willenserklärung auszuüben. Da für die Bestimmung keine besondere Form vorgeschrieben ist, kann sie auch durch schlüssiges Verhalten erfolgen. Letzteres setzt allerdings voraus, dass der Verpflichtete weiß oder wenigstens mit der Möglichkeit rechnet, einer von ihm durch konkludentes Verhalten abgegebenen Erklärung könne rechtliche Bedeutung zukommen. Bei der Prüfung, ob im Einzelfall eine den gesetzlichen Anforderungen gerecht werdende Bestimmung vorliegt, gelten die allgemeinen Grundsätze zur Ermittlung des Inhalts empfangsbedürftiger Willenserklärungen. Dabei ist davon auszugehen, wie die Erklärung von dem Empfänger aufgefasst wurde oder bei unbefangener Würdigung nach Treu und Glauben aufgefasst werden musste.[67]

Haben die Eltern vereinbart, der Vater solle Unterhalt in Natur gewähren, so kann in der tatsächlichen Handhabung der Unterhaltsgewährung in der Folgezeit eine dieser Vereinbarung entsprechende elterliche Unterhaltsbestimmung durch schlüssiges Verhalten gesehen werden.[68] Den Eltern und dem Kind bleibt es unbenommen, Art und Höhe des Unterhalts durch **Vertrag** zu regeln. So können die Eltern eine ihnen gehörende Eigentumswohnung dem Kind zum Wohnen überlassen und insoweit Naturalunterhalt gewähren, wenn sie die Kosten der Wohnung selbst tragen. Die Beteiligten können aber auch einen Mietvertrag abschließen. Dann sind die Eltern nur zum Barunterhalt verpflichtet. Das Kind hat mit Hilfe des Unterhalts die Miete zu entrichten.[69]

2. Bestimmungsberechtigung

27   Das Bestimmungsrecht steht nach § 1612 II 1 BGB den Eltern grundsätzlich gemeinsam zu. Es ist bei minderjährigen unverheirateten Kindern Ausfluss der elterlichen Sorge, die auch die Unterhaltsgewährung umfasst (Rn. 9). Bei unverheirateten volljährigen Kindern gibt es den Eltern die Möglichkeit, auf die Art der Unterhaltsgewährung Einfluss zu nehmen. Sie dürfen dieses Recht allerdings nur ausüben, wenn sie auf die Belange des Kindes die gebotene Rücksicht nehmen (§§ 1612 II 1, 1618 a BGB).

28   **a) Minderjährige Kinder.** Leben die Eltern getrennt oder sind sie geschieden, steht das Bestimmungsrecht dem Inhaber des Sorgerechts als Teil der Personensorge zu (§ 1631 I BGB). Bei gemeinsamer elterlicher Sorge üben die Eltern es gemeinsam aus. Bei Meinungsverschiedenheiten müssen sie versuchen, sich zu einigen (§ 1627 S. 2 BGB). Misslingt das, können sie das Familiengericht anrufen. Dieses kann die Entscheidung einem Elternteil übertragen und die Übertragung mit Beschränkungen und Auflagen verbinden (§ 1628 BGB). Bei alleiniger elterlicher Sorge eines Elternteils hat nur dieser das Bestimmungsrecht.[70] Der andere Elternteil ist an die Bestimmung gebunden. Er kann insbesondere nicht die Übersiedlung des Kindes in seinen Haushalt verlangen, wenn das Kind beim Sorgeberechtigten wohnt und es von diesem im Sinne des § 1606 III 2 BGB betreut wird. Wechselt das Kind gegen den Willen des Sorgeberechtigten zum anderen Elternteil, geht das Bestimmungsrecht nicht auf diesen über.[71] Es bleibt dem anderen Elternteil überlassen, eine

---

[66] OLG Brandenburg FamRZ 2004, 900 f.
[67] BGH, FamRZ 1983, 369; OLG Brandenburg FamRZ 2004, 900 f.
[68] BGH, FamRZ 1985, 584
[69] Zur steuerlichen Zulässigkeit einer solchen Vereinbarung BFH, NJW 2000, 758
[70] OLG Brandenburg FamRZ 2004, 900 f.
[71] OLG Koblenz NJW 2006, 3649

Änderung des Sorgerechts in dem dafür vorgesehenen Verfahren zu erwirken (§ 1696 BGB). Die Entscheidung des Familiengerichts über das Sorgerecht ist für den Unterhaltsprozess bindend. Trifft der Sorgeberechtigte die Bestimmung, dass das Kind von Dritten, z. B. in einer Pflegefamilie, einem Heim oder einem Internat betreut wird und entstehen dadurch erhebliche Mehrkosten, kann im Unterhaltsprozess geprüft werden, ob gewichtige Gründe diese Kosten rechtfertigen. Vgl. dazu Rn. 320 b bis 322.

Der nicht sorgeberechtigte Elternteil kann eine Bestimmung nur für die Zeit treffen, in der das Kind in seinen Haushalt aufgenommen ist (§ 1612 II 2 BGB). Ein solches Recht hat er jedoch nicht für die üblichen Besuche der Kinder in den Ferien, auch wenn diese einige Wochen dauern. Derartige Besuche ermöglichen nur die **Ausübung des Umgangsrechts;** sie sind nicht unvorhersehbar und geben dem barunterhaltspflichtigen Elternteil deshalb grundsätzlich nicht die Befugnis, die pauschalierte monatliche Unterhaltsrente zu kürzen.[72] Bei umfangreicherem Aufenthalt des Kindes beim nicht sorgeberechtigten Elternteil wird man ein zeitlich eingeschränktes Recht, die Art des Unterhalts bestimmen zu können, nicht generell ausschließen können; der Barunterhalt ist aber auch in einem solchen Fall nur ausnahmsweise zu kürzen.[73] Vgl. Rn. 168, 316 b. Der Vater, der während einer längeren Krankheit der Mutter das Kind in seinen Haushalt aufnimmt, trifft dadurch konkludent die Bestimmung, dass er Unterhalt in Natur gewähren will. Daran ist er auch nicht durch ein Urteil gehindert, das ihn zu einem früheren Zeitpunkt zur Zahlung von Barunterhalt an das Kind verurteilt hatte.[74] Zur Minderung der Leistungsfähigkeit durch Umgangskosten vgl. Rn. 168 ff., zum Kindesunterhalt bei gemeinsamer elterlicher Sorge vgl. Rn. 316 ff.

b) Volljährige Kinder. Bei diesen legt es der unterhaltsrechtliche Zusammenhang nahe, **29** im Regelfall das Bestimmungsrecht **dem Elternteil** zuzubilligen, **der** von dem volljährigen Kind **in Anspruch genommen wird.** Dieser kann das Recht, auch durch Erklärung in einem Unterhaltsrechtsstreit, einseitig ohne Mitwirkung des anderen Elternteils ausüben, hat jedoch dessen Interessen zu berücksichtigen.[75] Vgl. dazu Rn. 35. Die Bestimmung ist nur wirksam, sofern auf die Belange des Kindes die gebotene Rücksicht genommen wird (§ 1612 II 1 BGB n. F.; dazu Rn. 33 f.).

Verlangt das volljährige Kind, das das Elternhaus verlassen hat, von beiden weiter **zusam-** **30** **menlebenden Eltern** Barunterhalt, können sie die Bestimmung, dass das Kind in ihrem Haushalt weiterhin Naturalunterhalt entgegenzunehmen hat, nur gemeinsam ausüben. Sich widersprechende Erklärungen sind unwirksam (vgl. auch Rn. 31), weil die Gewährung von Naturalunterhalt durch den einen und von Barunterhalt durch den anderen Elternteil bei Zusammenleben in einem Hauhalt kaum möglich ist. Zudem weiß das Kind nicht, wie es sich verhalten soll. Dies ist mit seinen berechtigten Belangen nicht zu vereinbaren. Bei zusammenlebenden verheirateten Eltern ist der Naturalunterhalt überdies Teil des Familienunterhalts (Rn. 3/10) und daher von beiden Ehegatten aufzubringen (§ 1360 BGB).

Besondere Probleme entstehen, wenn das (volljährige) Kind seine **getrennt lebenden** **31** **Eltern,** von denen jeder leistungsfähig ist, auf Barunterhalt in Anspruch nimmt. Widersprechende Erklärungen der Eltern können auch in diesem Fall die Belange des Kindes missachten, so z. B., wenn jeder Elternteil ohne Rücksicht auf das Kind die Bestimmung trifft, dass es den Unterhalt in seinem Haushalt entgegenzunehmen hat.[76] Andererseits ist es durchaus möglich, dass die Bestimmung des einen Elternteils den wohlverstandenen Interessen des Kindes entspricht, die andere jedoch nicht. Dies ist z. B. der Fall, wenn der Vater nach Eintritt der Volljährigkeit dem Kind Unterhalt in seinem Hause anbietet, obwohl es seit langem ohne Beanstandungen bei der Mutter wohnt und dort weiter leben will. In solchen Fällen wird man die interessengerechte Bestimmung für wirksam halten müssen, die andere dagegen für unwirksam. Dies hat zur Folge, dass derjenige Elternteil, der die wirksame Bestimmung getroffen hat, Unterhalt in Natur leistet. Das Kind kann von dem anderen

---

[72] BGH FamRZ 2006, 1015, 1017 = R 646 d; FamRZ 2007, 707 = R 672 c mit Anm. Luthin.
[73] Vgl. dazu BGH FamRZ 2006, 1015, 1017 = R 646 d mit Anm. Luthin; OLG Düsseldorf, NJW 2001, 3344; auch OLG Hamm, FamRZ 1994, 529
[74] Bedenklich: BGH FamRZ 1994, 1102 = R 480 mit Anm. Scholz, FamRZ 1994, 1314
[75] OLG Celle, FamRZ 1997, 966
[76] Vom BGH FamRZ 1988, 831 nicht entschieden

Barunterhalt verlangen. Dieser schuldet allerdings nicht mehr, als seinen Einkommens- und Vermögensverhältnissen (§ 1606 III 1 BGB) entspricht. Vgl. dazu Rn. 435.

3. Wirksamkeit der Unterhaltsbestimmung

32   **a) Bis zum 31. 12. 2007 geltendes Recht.** Nach § 1612 II BGB a. F. war das Prozessgericht im Unterhaltsprozess an die Bestimmung der Eltern oder des bestimmungsberechtigten Elternteils gebunden. Nur schwerwiegende Mängel, insbesondere die Unbestimmtheit sowie rechtliche oder tatsächliche Undurchführbarkeit führten zur Unwirksamkeit der Erklärung.[77] Die Interessen des Kindes wurden grundsätzlich nur in einem gesonderten Verfahren berücksichtigt, in dem das Familiengericht die Unterhaltsbestimmung aus „besonderen Gründen" abändern konnte. Dieses Nebeneinander zweier Verfahren führte in der Praxis zu erheblichen Schwierigkeiten. In vielen Fällen war unklar, ob das Vorbringen des Kindes, das die Bestimmung nicht anerkennen wollte, im Unterhaltsprozess oder nur in dem weiteren Verfahren berücksichtigt werden durfte. Zudem war streitig, ob über die Abänderung der Unterhaltsbestimmung für ein volljähriges Kind der Richter oder der Rechtspfleger zu entscheiden hatte.[78]

33   **b) Neufassung des § 1612 II BGB zum 1. 1. 2008.** Das UÄndG hat Satz 2 der alten Fassung zu Recht ersatzlos gestrichen und damit das Verfahren auf Abänderung der Unterhaltsbestimmung beseitigt. In der Sache selbst hat sich freilich kaum etwas geändert. Die Umstände, die früher eine Abänderung der Unterhaltsbestimmung rechtfertigten, werden nunmehr im Unterhaltsprozess bei Prüfung der Wirksamkeit der Bestimmung berücksichtigt.[79] Die Eltern, die einem unverheirateten minderjährigen oder volljährigen Kind zum Unterhalt verpflichtet sind, können nach § 1612 II 1 BG n. F. Art und Weise der Unterhaltsgewährung nur bestimmen, **sofern** sie auf die Belange des Kindes die gebotene **Rücksicht** nehmen. Fehlt es daran oder leidet die Bestimmung an sonstigen Mängeln (Rn. 35), ist sie unwirksam.[80] Im Unterhaltsprozess ist die Wirksamkeit der Bestimmung daher eine Vorfrage, über die der Richter im Urteil zu entscheiden hat. Ist die Bestimmung unwirksam, hat das Gericht entsprechend § 1612 I 1 BGB eine Geldrente zuzusprechen. Eine wirksame Bestimmung bindet dagegen die Eltern und das Kind. Die Klage auf Barunterhalt ist ggf. abzuweisen.

34   Die Entscheidung, ob die Eltern die gebotene Rücksicht auf die Belange des Kindes genommen haben, hängt von einer umfassenden **Würdigung der Interessen** ab.[81] Dabei ist zugunsten der Eltern vor allem zu berücksichtigen, dass § 1612 II BGB sie vor einer wirtschaftlichen Überforderung durch längere Ausbildungszeiten und zunehmende Ausbildungskosten bewahren will.[82] Deshalb kann dem volljährigen Kind, auf das die Vorschrift vorzugsweise zugeschnitten ist, zunächst ein Verbleiben im Elternhaus zugemutet werden, wenn nicht gewichtige Gründe entgegenstehen. Solche Gründe liegen vor, wenn der Ausbildungsbetrieb oder der Studienort vom Wohnort der Eltern nur schwer zu erreichen ist oder dem Kind wegen langer Fahrzeiten eine tägliche Rückkehr in das Elternhaus nicht zugemutet werden kann. vgl. auch Rn. 35. Unterhaltsrechtliche Belange des Kindes werden in der Regel nicht beeinträchtigt, wenn in Ausübung des Bestimmungsrechts der gesamte Unterhalt (Rn. 24) angeboten wird.[83] Das Bedürfnis des volljährigen Kindes, ein eigenes Leben, auch zusammen mit einem Freund oder einer Freundin, zu führen, genügt jedenfalls bei einem Kind, das gerade volljährig geworden ist oder in seiner Berufsausbildung noch keine nennenswerten Fortschritte gemacht hat, nicht. Die Interessen der Eltern müssen jedoch hinter denen des Kindes zurücktreten, wenn sie den wohlverstandenen Belangen des Kindes zuwider laufen.[84] So kann es sein, wenn das Kind bereits seit einiger Zeit volljährig

---

[77] Vgl. Vorauflage Rn. 2/36 ff.
[78] Vgl. dazu die Vorauflage Rn. 2/41
[79] Vgl. Begründung des Regierungsentwurfs zum UÄndG, BT-Drs. 16/1830 S. 26
[80] Vgl. Begründung des Regierungsentwurfs zum UÄndG, BT-Drs. 16/1830 S. 26
[81] OLG Karlsruhe FamRZ 2004, 655
[82] Vgl. Begründung des Regierungsentwurfs zum UÄndG, BT-Drs. 16/1830 S. 25
[83] BGH, FamRZ 1988, 831.
[84] BayObLG, FamRZ 2000, 976

ist, vor allem, wenn es schon einige Jahre einen eigenen Hausstand geführt hat und kraft der Unterhaltsbestimmung wieder in den elterlichen Haushalt zurückkehren soll.[85] Dies ist insbesondere einem seit langem volljährigen Kind, das an einer schweren Krankheit leidet und in einem funktionierenden sozialen Umfeld lebt, nicht zuzumuten.[86] Anders kann es sein, wenn die Eltern ihr behindertes Kind im eigenen Haushalt wie bisher versorgen wollen und dazu auch – ggf. unter Heranziehung mobiler Pflegedienste – in der Lage sind.[87] Zum Unterhaltsanspruch des erwerbsunfähigen volljährigen Kindes vgl. Rn. 405 f. Eine **tief greifende Entfremdung** zwischen dem bestimmenden Elternteil und dem Kind kann zur Unwirksamkeit der Bestimmung führen, jedenfalls dann, wenn sie auch auf unangemessene Erziehungsmaßnahmen zurückzuführen ist.[88] Dazu gehören vor allem, aber nicht notwendigerweise, eine erniedrigende Behandlung oder körperliche Züchtigungen.[89] Jedoch darf das Kind die Entfremdung nicht durch eigenes Verhalten provoziert haben.[90] Die Bestimmung kann ferner unwirksam sein, wenn seit Jahren kein engerer Kontakt zu dem bestimmenden Elternteil besteht, z. B. weil das Kind nach der Scheidung von dem anderen Elternteil erzogen worden ist.[91] Auf die Belange des Kindes wird vielfach auch dann nicht die gebotene Rücksicht genommen, wenn sich das Kind dem anderen Elternteil stärker verbunden fühlt und es deshalb nach Volljährigkeit in dessen Wohnung umzieht und der Elternteil, bei dem es bisher gewohnt hat, dies zum Anlass nimmt, die Rückkehr in seinen Haushalt durch eine Bestimmung nach § 1612 II 1 BGB zu erzwingen.[92] Auch sich widersprechende Bestimmungen der Eltern können unwirksam sein (vgl. Rn. 30 f.).

Schon nach dem bis zum 31. 12. 2007 geltenden Recht wurde die Unterhaltsbestimmung **35** als unwirksam angesehen, wenn sie an **schwerwiegenden Mängeln** litt. Daran hat sich durch die Neufassung des § 1612 II BGB nichts geändert, zumal da die Bestimmung in diesen Fällen regelmäßig auf die Belange des Kindes nicht die gebotene Rücksicht nimmt. Eine Unterhaltsbestimmung ist danach unwirksam,

- wenn sie **nicht den gesamten Lebensbedarf** des Kindes umfasst (vgl. Rn. 24),[93]
- wenn sie **rechtlich undurchführbar** ist,[94] insbesondere wenn sie mit der Aufenthaltsbestimmung des gesetzlichen Vertreters, z. B. des Betreuers eines volljährigen Kindes oder des Pflegers eines minderjährigen Kindes, nicht zu vereinbaren ist. Wenn das Aufenthaltsbestimmungsrecht des Betreuers oder des Pflegers in seinen Auswirkungen mit dem elterlichen Bestimmungsrecht kollidiert, haben die Befugnisse des Betreuers oder Pflegers den Vorrang.[95] Die von den Eltern gewählte Art der Unterhaltsgewährung kann auch rechtlich undurchführbar sein, wenn das Kind wegen der geltenden Zulassungsbeschränkung sein Studium nicht an dem Ort aufnehmen kann, an dem ihm Naturalunterhalt angeboten wird; in einem solchen Fall kann auch eine zunächst (z. B. während des Schulbesuchs) zulässige Unterhaltsbestimmung nachträglich unwirksam werden;[96]
- wenn der angebotene Unterhalt für das Kind **tatsächlich unerreichbar** ist.[97] Dies ist der Fall, wenn bei gemeinsamer elterlicher Sorge der Vater seinen minderjährigen Kindern Unterhalt in Natur anbietet, obwohl sie sich bei der Mutter aufhalten. Hier sind die Kinder wegen des entgegenstehenden Willens der Mutter ohne eigenes Verschulden nicht in der Lage, der Unterhaltsbestimmung des Vaters Folge zu leisten; der Streit der Eltern kann zu einer Entscheidung des Familiengerichts nach § 1628 BGB führen (vgl. Rn. 28), darf sich aber im Unterhaltsprozess nicht zu Lasten des Kindes aus-

---

[85] OLG Hamburg, FamRZ 1983, 643; KG FamRZ 2006, 60
[86] KG, FamRZ 2000, 979
[87] Vgl. BGH FamRZ 2006, 1108
[88] OLG Celle, FamRZ 1997, 966; KG, FamRZ 2003, 619
[89] OKG Köln, FamRZ 1996, 963; BayObLG, FamRZ 1986, 930
[90] KG, FamRZ 1990, 791; OLG Hamburg, FamRZ 1990, 1269
[91] BayObLG, FamRZ 2000, 976
[92] OLG Köln, FuR 2001, 415; OLG Schleswig, FuR 1998, 178
[93] BGH, FamRZ 1996, 417, 420; FamRZ 1988, 831
[94] BGH, FamRZ 1996, 798 = R 501 b
[95] BGH, FamRZ 1985, 917
[96] BGH, FamRZ 1996, 798 = R 501 b
[97] BGH, FamRZ 1996, 798 = R 501 b; FamRZ 1992, 426

wirken.[98] Bei einem volljährigen Kind kann die Unterhaltsbestimmung aus tatsächlichen Gründen dann undurchführbar sein oder nachträglich werden, wenn es sein Studium auf Grund eines Zuweisungsbescheides der ZVS an einem anderen Ort aufnehmen muss und eine tägliche Rückkehr zum Wohnort der Eltern nicht möglich oder nicht zumutbar ist;[99]

- wenn sie die schutzwürdigen **Interessen des anderen Elternteils missachtet.**[100] Zwar muss ein Elternteil zunächst auf die Belange des Kindes die gebotene Rücksicht nehmen, muss aber auch denjenigen des anderen Elternteils Rechnung tragen. In einem solchen Fall bedarf es einer **Abwägung der gegenseitigen Interessen der Eltern.** Die einseitige Bestimmung ist nur dann wirksam, wenn die Gründe des bestimmenden Elternteils die berechtigten Belange des Kindes wahren und zugleich dem anderen Elternteil unter Berücksichtigung seiner entgegenstehenden Interessen zugemutet werden kann, die beabsichtigte Art der Unterhaltsgewährung hinzunehmen. Bei dieser Abwägung spielen vor allem wirtschaftliche Interessen eine Rolle, aber auch Veränderungen der beiderseitigen Lebensverhältnisse durch die Art der Unterhaltsgewährung. Die Befürchtung, dass der Bestimmende einen familienrechtlichen Ausgleichsanspruch gegen den anderen Elternteil geltend machen werde, reicht allein noch nicht aus, um die einseitige Bestimmung als nicht gerechtfertigt zu beurteilen.[101]
- wenn sie **offensichtlich missbräuchlich** aus sachfremden Erwägungen getroffen worden ist.[102]

36   Ist die Unterhaltsbestimmung unwirksam, wird eine Geldrente geschuldet (§ 1612 I 1 BGB). Haben die Eltern dagegen eine wirksame Naturalunterhaltsbestimmung getroffen, kann das Kind **keinen Barunterhalt** verlangen. Nimmt es den angebotenen Naturalunterhalt nicht an, kann es weder eine Teilunterhaltsrente noch ein ihm ausgesetztes Taschengeld noch den Wert des von den Eltern ersparten Unterhalts beanspruchen.[103] Die Bestimmung entfaltet auch gegenüber dem Träger der Ausbildungsförderung Wirkung, führt also bei Ablehnung von Naturalunterhalt durch das Kind dazu, dass ein Anspruch auf Unterhalt in Geld, der auf den Träger der Ausbildungsförderung nach § 37 BAföG übergehen könnte, nicht besteht.[104] Dasselbe gilt für den Träger der Grundsicherung für Arbeitsuchende, den Sozialhilfeträger und das Amt für Ausbildungsförderung, wenn einem Kind, das entgegen einer wirksamen Unterhaltsbestimmung Barunterhalt verlangt, Arbeitslosengeld II, Sozialgeld (§ 28 SGB II), Sozialhilfe oder Ausbildungsförderung nach dem BAföG gewährt wird.[105] Zum Anspruchsübergang vgl. Rn. 8/60 ff., 229 ff., 290.

37   Hat ein Elternteil eine wirksame Bestimmung getroffen, **leistet das volljährige Kind ihr aber nicht Folge,** kann es auch den anderen Elternteil nicht auf Barunterhalt in Anspruch nehmen, da es seinen Bedarf dadurch decken kann, dass es den angebotenen Naturalunterhalt annimmt. Leistet der andere Elternteil, weil er es mit dem Kind nicht verderben will, gleichwohl Barunterhalt, kann er gegen seinen (früheren) Ehepartner keinen familienrechtlichen Ausgleichsanspruch geltend machen, da auf diesem Weg dessen Bestimmungsrecht letztlich gegenstandslos würde.

Haben getrennt lebende Eltern in einem Unterhaltsvergleich vereinbart, in welcher Art jeder von ihnen dem (minderjährigen oder volljährigen) Kind den Unterhalt gewährt, so kann sich ein Elternteil von dieser Vereinbarung jedenfalls nicht ohne besondere Gründe durch anderweitige Bestimmung der Unterhaltsgewährung lösen. Eine solche Vereinbarung wird auch durch den Eintritt der Volljährigkeit nicht wirkungslos.[106]

---

[98] BGH, FamRZ 1992, 426
[99] BGH, FamRZ 1996, 798 = R 501 b; 1988, 831; OLG Celle, FamRZ 2001, 116; OLG Karlsruhe FamRZ 2004, 655
[100] BGH, FamRZ 1988, 831
[101] BGH, FamRZ 1988, 831
[102] BGH, FamRZ 1996, 798 = R 501 b
[103] BGH, FamRZ 1984, 37 = NJW 1984, 305; a. A. Schwab/Borth V 218
[104] BGH, FamRZ 1996, 798 = R 501 b; FamRZ 1984, 37
[105] Vgl. dazu BGH, FamRZ 2002, 1698 mit Anm. Klinkhammer = R 580 a; FamRZ 1981, 250, 252
[106] BGH, FamRZ 1983, 892, 895

4. Prozessuales

Mit Inkrafttreten des UÄndG ist das frühere Verfahren auf Abänderung der Unterhalts- **38** bestimmung der Eltern entfallen. Vgl. Rn. 32 f. Mangels einer Übergangsvorschrift ist ein anhängiges Verfahren am 1. 1. 2008 unzulässig geworden. Die Hauptsache ist damit erledigt. Es bleibt den Beteiligten überlassen, ihren Streit in einem bereits rechtshängigen oder noch einzuleitenden Unterhaltsprozess auszutragen. In diesem Rechtsstreit ist die Wirksamkeit der Unterhaltsbestimmung eine Vorfrage.

– derzeit nicht belegt – **39–41**

2. Abschnitt: Bedürftigkeit des Kindes

I. Unvermögen des Kindes, sich selbst zu unterhalten

1. Nichterwerbspflichtige Kinder

Bedürftig ist nur, wer außerstande ist, sich selbst zu unterhalten (§ 1602 I BGB). Dies ist **42** der Fall, wenn das Kind nicht erwerbstätig sein darf (Rn. 43), nicht erwerbstätig sein kann (Rn. 44) oder, insbesondere wegen Schulbesuchs, Studiums oder einer Ausbildung, keiner Erwerbstätigkeit nachgehen muss (Rn. 45 ff.) und es weder über ausreichendes sonstiges Einkommen (z. B. Waisenrente, Kapitaleinkünfte) oder Vermögen (vgl. Rn. 106 ff.) verfügt. Nicht bedürftig ist das Kind in der Regel, wenn es den Wehr- oder Ersatzdienst leistet (Rn. 346 ff.). Dasselbe gilt, wenn es sich in Straf- oder Untersuchungshaft befindet.[1] Jedoch kann ein Anspruch auf Prozesskostenvorschuss für die Verteidigung im Strafverfahren gegeben sein.[2] Vgl. Rn. 6/28.

Minderjährige, die jünger als 15 Jahre alt sind oder noch der Vollzeitschulpflicht unter- **43** liegen, dürfen nach §§ 2 III, 5 I, 7 I JugArbSchG nicht beschäftigt werden und können ihren Bedarf daher nicht durch Erwerbstätigkeit decken. Auch soweit Kinder und Jugendliche ausnahmsweise mit leichten Arbeiten beschäftigt werden dürfen, besteht für sie eine Erwerbsobliegenheit nicht, solange sie sich in einer Schul- oder Berufsausbildung befinden (vgl. Rn. 46, 48). Gleichwohl erzieltes Einkommen, z. B. aus **Schülerarbeit,** Nachhilfe-unterricht, Austragen von Zeitungen usw., stammt aus **unzumutbarer Tätigkeit** und ist daher in entsprechender Anwendung des § 1577 II BGB nicht anzurechnen, wenn der Unterhaltspflichtige nicht den geschuldeten Unterhalt leistet; im Übrigen kann derartiges Einkommen nach Billigkeit teilweise auf den Unterhaltsanspruch angerechnet werden.[3] Näheres Rn. 88, 286.

Kranke oder behinderte Kinder können erwerbsunfähig sein. Sie sind dann bedürftig **44** und können ihre Eltern auf Unterhalt in Anspruch nehmen, auch wenn sie bereits eine selbstständige Lebensstellung erreicht hatten; allerdings sind in diesem Fall nicht ohne weiteres die Bedarfssätze anzuwenden, die für den Unterhalt volljähriger Kinder in der Düsseldorfer Tabelle festgelegt sind; vielmehr wird in der Regel eine konkrete Bemessung des Unterhaltsbedarfs angezeigt sein (vgl. dazu Rn. 405).[4] Erwerbsunfähige Kinder trifft die Obliegenheit, sich einer Erfolg versprechenden und zumutbaren ärztlichen Behandlung zu unterziehen (vgl. dazu Rn. 1/532). Kinder, die aus sittlichem Verschulden krank und dadurch unterhaltsbedürftig geworden sind, können den Unterhaltsanspruch ganz oder teilweise verwirken (§ 1611 I BGB). Dies gilt allerdings grundsätzlich nur für volljährige Kinder (§ 1611 II BGB). Genaueres dazu Rn. 478 ff. Bei volljährigen Kindern, die an einer **Unterhaltsneurose** leiden, wird man ein sittliches Verschulden im Sinne des § 1611 I 1 BGB nur schwer bejahen können. Eine dem § 1579 Nr. 8 (früher: Nr. 7)

---

[1] AG Stuttgart, FamRZ 1996, 955 f.; vgl. OLG Zweibrücken FamRZ 2004, 1291
[2] DIJuF, JAmt 2002, 126
[3] BGH, FamRZ 1995, 475 = R 491 b, c; OLG Köln, FamRZ 1995, 55
[4] BGH FamRZ 2006, 1108 f.; OLG Bamberg, FamRZ 1994, 255

BGB[5] entsprechende Vorschrift existiert beim Kindesunterhalt nicht. Einen Unterhaltsanspruch wird man daher nur verneinen können, wenn eine Flucht in die seelische Krankheit vorliegt und sich das Kind mit ärztlicher Hilfe aus seiner seelischen Fehlhaltung befreien kann (vgl. dazu Rn. 1/534 f.).

2. Ausbildungsbedürftige Kinder

45   Jedes Kind hat das **Recht auf** eine angemessene **Ausbildung,** damit es später seinen Unterhalt selbst durch eigene Erwerbstätigkeit sicherstellen kann. Während der Ausbildung ist das Kind unterhaltsbedürftig; sein Bedarf umfasst nicht nur die Lebenshaltungskosten, sondern auch die Kosten der Ausbildung, z. B. Schulgeld, soweit es nicht von der öffentlichen Hand übernommen wird, Fahrtkosten zur Ausbildungsstätte usw. (§ 1610 II BGB).

46   Das Kind ist **verpflichtet, sich ausbilden zu lassen.** Kommt es dieser Obliegenheit nicht nach, werden die Eltern, solange es minderjährig ist, durch Erziehungsmaßnahmen auf es einwirken müssen. Hat es das Elternhaus zu Recht oder zu Unrecht bereits verlassen, kann es trotz der **Minderjährigkeit** darauf verwiesen werden, sich einer Ausbildung zu unterziehen oder, wenn es keinen Ausbildungsplatz findet, seinen Unterhalt durch eigene Erwerbstätigkeit sicherzustellen, sofern es nicht dem Arbeitsverbot des JugArbSchG oder der Schulpflicht unterliegt.[6] Vgl. dazu Rn. 43. Bei Abbruch einer Lehre hat es sich mit Unterstützung des oder der Sorgeberechtigten nachdrücklich um einen anderen Ausbildungsplatz und in der Zwischenzeit um eine bedarfsdeckende Tätigkeit, mindestens aber eine Teilzeitbeschäftigung, zu bemühen.[7] § 1611 II BGB verbietet es nicht, einem minderjährigen Kind bei Verletzung seiner Erwerbsobliegenheit fiktive Einkünfte zuzurechnen.[8] So auch Rn. 1/519 a. Volljährige Kinder, die sich keiner Berufsausbildung unterziehen, sind grundsätzlich nicht unterhaltsbedürftig. Dies gilt auch dann, wenn sie ein Praktikum oder ein freiwilliges soziales bzw. ökologisches Jahr (Rn. 348 a) durchlaufen, das für den beabsichtigten Beruf nicht förderlich ist,[9] oder wenn sie zunächst ein Fach studieren, das nicht auf das Berufsziel bezogen ist (sog. Parkstudium; vgl. unten Rn. 70).[10] Vgl. Rn. 48, 65. Eine Au-Pair-Tätigkeit im Ausland ist allenfalls eine Ausbildung im Sinne des § 1610 II BGB, wenn sie mit dem Besuch einer (Sprach-)Schule oder von Universitätskursen verbunden ist und dies die Arbeitszeit des Kindes zu einem beachtlichen Teil in Anspruch nimmt.[11] Zudem wird ein beachtlicher Teil des Bedarfs durch Gewährung von Kost und Logis und von Taschengeld gedeckt sein.

47   Die Eltern haben keinen Anspruch darauf, dass ein Kind sich ausbilden lässt. Sie können, wenn Erziehungsmaßnahmen nicht mehr in Betracht kommen, lediglich die Zahlung von Unterhalt einstellen, wenn das Kind seiner Ausbildungsobliegenheit nicht nachkommt.

3. Erwerbspflichtige Kinder

48   Ein **Volljähriger,** der sich **nicht in einer Schul- oder Berufsausbildung** befindet oder der nach Ausbildungsabschluss arbeitslos ist, muss primär für seinen Lebensunterhalt selbst aufkommen. An die Beurteilung seiner Bedürftigkeit sind strenge Anforderungen zu stellen. Für die Nutzung seiner Arbeitskraft gelten ähnliche Maßstäbe wie für die Haftung der Eltern gegenüber minderjährigen Kindern. Der gesunde Volljährige muss grundsätzlich **jede Arbeitsmöglichkeit** ausnutzen und auch berufsfremde Tätigkeiten und Arbeiten unter

---

[5] Zur Unterhaltsneurose beim nachehelichen Unterhalt: OLG Düsseldorf FamRZ 1990, 68
[6] OLG Rostock FamRZ 2007, 1267; OLG Koblenz JAmt 2004, 153; OLG Köln FUR 2005, 570; OLG Düsseldorf FamRZ 1990, 194; a. A. OLG Saarbrücken FamRZ 2000, 40; OLG Stuttgart FamRZ 1997, 447
[7] OLG Koblenz JAmt 2004, 153
[8] BGH FamRZ 1998, 671 = R 523; OLG Koblenz JAmt 2004, 153; a. A. OLG Stuttgart FamRZ 1997, 447
[9] OLG Naumburg FamRZ 2008, 86; OLG Frankfurt, FamRZ 1990, 789
[10] OLG Koblenz, FamRZ 1991, 108
[11] Büttner, NJW 2000, 2547, 2549; zur Kindergeldberechtigung vgl. BFH, NJW 1999, 3214

seiner gewohnten Lebensstellung annehmen.[12] Dies gilt nicht nur, wenn er in seinem erlernten Beruf keine Anstellung findet, sondern auch, wenn er seine bisherige Arbeitsstelle verliert.[13] Das volljährige Kind muss ggf. auch eine von seinem Vater in dessen Geschäft angebotene Stelle annehmen.[14] Vgl. auch Rn. 1/519. Nimmt eine Abendschule nur einen kleinen Teil der Arbeitskraft in Anspruch, kann dem Kind unter Umständen eine Aushilfstätigkeit zugemutet werden.[15] Kommt der Volljährige einer zumutbaren Erwerbsobliegenheit nicht nach, entfällt seine Bedürftigkeit in Höhe eines erzielbaren Erwerbseinkommens. Auf § 242 BGB oder auf § 1618 a BGB allein kann ein Unterhaltsanspruch nicht gestützt werden.[16] Vgl. dazu auch Rn. 520 a.

Zum Bedarf des Kindes, das keine Berufsausbildung absolviert, gleichwohl ausnahmsweise unterhaltsberechtigt ist, vgl. Rn. 406.

Auch ein **minderjähriges Kind** ist zur Erwerbstätigkeit verpflichtet, wenn es nicht mehr **49** schulpflichtig ist und sich nicht ausbilden lässt (vgl. oben Rn. 46).

4. Erwerbspflicht des Kindes trotz Schwangerschaft oder Betreuung eines eigenen Kindes

Eine Tochter, die schwanger ist oder ein eigenes Kind betreut und deshalb nicht erwerbs- **50** tätig ist, kann **ausnahmsweise** einen **Unterhaltsanspruch** gegen ihre Eltern haben. Ein solcher Anspruch dient nur der Behebung der eigenen Bedürftigkeit der Mutter, nicht der des (Enkel-)Kindes, für dessen Bedarf zunächst der Kindesvater aufzukommen hat.[17] Ein Unterhaltsanspruch der Tochter wird in erster Linie bei Geburt eines nichtehelichen Kindes in Betracht kommen, wenn der vorrangige Anspruch auf Betreuungsunterhalt gegen den Kindesvater (§ 1615 l II 2, III 2 BGB) nicht besteht oder nicht verwirklicht werden kann. Jedoch ist auch ein Unterhaltsanspruch einer verheirateten Tochter infolge der Geburt eines ehelichen Kindes nicht ausgeschlossen, z. B. wenn der vorrangig haftende Ehemann (§ 1608 S. 1 BGB) verstorben ist oder Unterhaltsansprüche gegen ihn aus §§ 1361, 1570 BGB nicht realisiert werden können. Schließlich kommt auch ein Anspruch des Vaters, der sein eigenes (nichteheliches) Kind betreut, gegen seine Eltern in Betracht, wenn er einen Unterhaltsanspruch gegen die Kindesmutter nicht realisieren kann (vgl. § 1615 l IV BGB). Vgl. dazu Rn. 545 ff.

Eltern sind ihrem Kind, das ein eigenes (Enkel-)Kind betreut, nur dann unterhaltspflichtig, **51** wenn der andere Elternteil des (Enkel-)Kindes nicht leistungsfähig ist. Volljährige Kinder, die selbst Kinder haben, sind für das Kind grundsätzlich selbst verantwortlich. Vgl. Rn. 48. Der Unterhaltsanspruch gegen die Eltern ist **nachrangig.** Vorrangig haften der Ehemann für den Unterhalt der verheirateten Mutter und der nicht verheiratete Vater für denjenigen der nichtehelichen Mutter (§§ 1608 S. 1, 1615 l III 2 BGB). Das Gleiche gilt für die (eingetragene) Lebenspartnerin der Mutter (§ 1608 S. 4 BGB). Die Unterhaltspflicht des Vaters des nichtehelichen Kindes beginnt frühestens vier Monate vor der Entbindung und endet frühestens drei Jahre danach; sie verlängert sich, solange und soweit dies der Billigkeit entspricht (§ 1615 l II 3, 4 BGB). Vgl. dazu im Einzelnen Rn. 7/18 ff.

In der Praxis kommt fast nur der Anspruch der Mutter eines nichtehelichen Kindes gegen **52** ihre Eltern vor. Diese haften – anders als der Kindesvater nach § 1615 l II BGB[18] (vgl. dazu Pauling Rn. 7/20 ff.) – nur dann auf Unterhalt, wenn die Mutter alle Erwerbsmöglichkeiten ausgeschöpft hat. Im Verhältnis zu ihren Eltern steht es nicht im Belieben der Kindesmutter, ob sie ihr Kind selbst versorgen möchte. Voraussetzung ist vielmehr, dass die **Betreuung** und Versorgung des Kindes durch die Mutter in dessen Interesse **erforderlich** ist, weil eine Möglichkeit zu einer anderweitigen entgeltlichen oder unentgeltlichen Versorgung, z. B. in

---

[12] BGH, FamRZ 1987, 930, 932; FamRZ 1985, 273; FamRZ 1985, 1245.
[13] OLG Zweibrücken, FamRZ 1984, 1250; OLG Hamburg, FamRZ 1984, 607; OLG Köln, FamRZ 1983, 942
[14] OLG Zweibrücken, FamRZ 1984, 1250
[15] OLG Köln, FamRZ 2006, 504, das jedoch im konkreten Fall dem Kind zu viel zumutet
[16] BGH, FamRZ 2001, 1601 = R 562 b
[17] BGH, FamRZ 1985, 273
[18] BGH, FamRZ 1998, 541

einem Hort, durch Verwandte oder eine Tagesmutter, bzw. durch den Kindesvater und jetzigen Lebenspartner nicht besteht.[19] Dasselbe gilt, wenn die Fremdbetreuung durch Erwerbseinkünfte, die die Mutter durch eine ihr zuzumutende Tätigkeit erzielen könnte, nicht finanziert werden kann. Zu berücksichtigen ist aber, dass das Kind ab seinem dritten Lebensjahr Anspruch auf einen Kindergartenplatz hat und dass geplant ist, die Fremdbetreuung jüngerer Kinder deutlich zu verbessern. Der **Lebensgefährte** der Mutter ist jedenfalls dann zur unentgeltlichen Mitbetreuung des Kindes verpflichtet, wenn er dessen Vater ist. Er trägt mindestens seit dem 1. 7. 1998, also seit Inkrafttreten des KindRG und des KindUG, Verantwortung für das Kind, selbst wenn er die elterliche Sorge nicht gemäß § 1626 a BGB gemeinsam mit der Mutter ausübt, da diese Gesetze nahezu alle Unterschiede zwischen ehelichen und nichtehelichen Kindern abgeschafft haben.[20] Vgl. dazu Rn. 1 b, 192. Die Tochter kann daher ihren Eltern nicht entgegenhalten, die Betreuung des nichtehelichen Kindes durch den Kindesvater sei eine freiwillige Leistung eines Dritten, die ihre Bedürftigkeit nicht beseitige (Rn. 100 ff.). Führt die Mutter des Kindes dem Kindesvater den Haushalt, so mindern Leistungen, die sie von ihm für die gemeinsame Lebenshaltung entgegennimmt, ihre Bedürftigkeit.[21] Vergütet der Kindesvater die Haushaltsführung durch die Mutter nicht, kann ihr ein fiktives Entgelt für die Versorgung ihres Partners zugerechnet werden (vgl. Rn. 89, 1/472 f.). Erziehungsgeld, das ein Elternteil für ein bis zum 31. 12. 2006 geborenes Kind bezieht, ist im Verhältnis zu seinen eigenen Eltern grundsätzlich kein anrechenbares Einkommen (§ 9 BErzGG).[22] Elterngeld, das für ab 1. 1. 2007 geborene Kinder gezahlt wird, ist dagegen als Einkommen anzurechnen, soweit es den Mindestbetrag von in der Regel 300,– € übersteigt (§ 11 Bundeselterngeld- und Elternzeitgesetz – BEEG).[23] Ob während der Zeit, in der Erziehungs- oder Elterngeld bezogen wird, eine Erwerbsobliegenheit des betreuenden Elternteils gegenüber seinen eigenen unterhaltspflichtigen Eltern besteht, ist noch nicht entschieden.[24]

Wenn eine Schwangere oder ein Elternteil, der ein Kind bis zur Vollendung seines 6. Lebensjahres betreut, Arbeitslosengeld II oder Sozialhilfe bezieht, geht der Unterhaltsanspruch gegen die Eltern nicht auf den Träger der Grundsicherung für Arbeitsuchende bzw. den Sozialhilfeträger über (§ 33 II 1 Nr. 3 SGB II, § 94 I 4 SGB XII). Gleichwohl können die Eltern das Kind nicht auf die Inanspruchnahme dieser subsidiären Sozialleistungen verweisen. Es steht vielmehr dem Kind frei, von seinen eigenen Eltern Unterhalt zu verlangen und dadurch die Sozialleistung entbehrlich zu machen (vgl. dazu Rn. 8/68, 128, 236, 256).

53   Wegen der verstärkten eigenen Erwerbsobliegenheit der Kindesmutter hindert die **Betreuung eines** schulpflichtigen siebenjährigen und eines sechzehnjährigen **Kindes** jedenfalls eine Teilerwerbstätigkeit nicht.[25] Auch die Betreuung eines weiteren zweijährigen Kindes steht nur dann einer Teilerwerbstätigkeit entgegen, wenn die ganztägige Betreuung und Versorgung des Kindes durch die Kindesmutter selbst in dessen objektivem Interesse erforderlich ist, weil eine Möglichkeit zu einer Teilzeitversorgung, z. B. in einem Hort, einem Kindergarten oder bei Verwandten nicht besteht.[26] Dasselbe gilt, wenn die Kinder durch den Lebensgefährten der Mutter betreut werden können, jedenfalls dann, wenn dieser der Vater eines der Kinder ist (s. Rn. 52).[27]

54   Die – im Regelfall wohl beste – vollständige Selbstbetreuung der Kinder zu wählen, steht der Mutter zwar kraft ihres Sorgerechts frei, aber sie kann die Entscheidung nicht auf Kosten

---

[19] BGH, FamRZ 1985, 273
[20] So BGH, FamRZ 2001, 614, 616 = R 556 b unter Aufgabe seiner früheren Rechtsprechung (FamRZ 1995, 598)
[21] So OLG Koblenz, FamRZ 1991, 1469, jedenfalls dann, wenn die Partner seit Jahren in einem „festgefügten sozialen Verbund" leben
[22] OLG München, FamRZ 1999, 1166
[23] Vom 5. 12. 2006 – BGBl. I 2748; zum Elterngeld vgl. Scholz FamRZ 2007, 7
[24] Der BGH FamRZ 2006, 1010, 1014 = R 650 c mit Anm. Borth hat in einem „Hausmannsfall" (dazu Rn. 166, 172 ff.) eine solche Obliegenheit des Elternteils, der Erziehungsgeld bezieht, gegenüber dem eigenen Kind verneint
[25] BGH, FamRZ 1985, 1245
[26] BGH, FamRZ 1985, 1245; OLG München, FamRZ 1999, 1166
[27] BGH, FamRZ 2001, 614, 616 = R 556 b; OLG Oldenburg, FamRZ 1991, 1090

ihrer Eltern treffen. Auch möglicherweise auftretende versorgungstechnische Probleme bei Teilerwerbstätigkeit im Krankheitsfall, etwaige Entfernungs- und Verkehrsprobleme, fehlende Koordinierung von Betriebs- und Kindergartenferien, sind nicht geeignet, die Kindesmutter von vornherein davon zu entbinden, sich um Arbeitsstellen zu bemühen.[28]

Hinsichtlich des **Selbstbehalts** der unterhaltspflichtigen Eltern gilt § 1603 BGB. Ist die 54a (nicht verheiratete) Tochter noch minderjährig, steht ihnen nur der notwendige Selbstbehalt zu (§ 1603 II 1 BGB). Vgl. dazu Rn. 260, 264ff. Bei einem privilegiert volljährigen Kind (vgl. dazu Rn. 452ff.) kommt ein Anspruch auf Barunterhalt nicht in Betracht, da die Tochter dann noch im Haushalt der Eltern oder eines Elternteils leben und die Schule besuchen muss (§ 1603 II 2 BGB). In einem solchen Fall erhält sie Naturalunterhalt im elterlichen Haushalt. Nach Auszug der volljährigen Tochter aus dem elterlichen Haus verbleibt den Eltern der angemessene Selbstbehalt von 1100,– € gemäß § 1603 I BGB, Anm. A 7 II der Düsseldorfer Tabelle Stand: 1. 1. 2008. Vgl. dazu Rn. 417ff. Hat die Tochter die Ausbildung bereits beendet und eine selbstständige Lebensstellung erlangt und ist sie infolge der Schwangerschaft oder der Geburt des Kindes erneut bedürftig geworden, kommt in Anlehnung an die Rechtsprechung des BGH[29] zum Elternunterhalt eine Erhöhung des angemessenen Selbstbehalts der Eltern auf 1400,– € bzw. 1050,– € (Anm. D I der Düsseldorfer Tabelle Stand: 1. 1. 2008), möglicherweise zuzüglich 50% des Mehreinkommens in Betracht. Vgl. dazu Rn. 620.

Sollte ausnahmsweise die Bedürftigkeit der Kindesmutter bejaht werden können, scheidet 55 eine **Verwirkung** des Unterhaltsanspruchs nach § 1611 I BGB in der Regel aus. Zur Verwirkung vgl. Rn. 478ff. Die Herbeiführung der eigenen Bedürftigkeit durch einfaches Verschulden berührt den Unterhaltsanspruch nicht, sondern nur ein vorwerfbares sittliches Verschulden von erheblichem Gewicht. Infolge gewandelter gesellschaftlicher Auffassung wird heute der intime Umgang zwischen erwachsenen Partnern auch im Rahmen einer flüchtigen Verbindung nicht mehr sittlich missbilligt. Auch kommt es in der Regel nicht darauf an, ob die Partner (sichere) Maßnahmen der Empfängnisverhütung getroffen haben.[30] War die Kindesmutter bei der Zeugung noch minderjährig, scheidet eine Verwirkung ohnehin aus (§ 1611 II BGB).[31]

II. Ausbildungsunterhalt

1. Ausbildungsanspruch

Eltern schulden ihren minderjährigen wie ihren volljährigen Kindern, ihren Söhnen wie 56 ihren Töchtern nach § 1610 II BGB eine angemessene Vorbildung für einen Beruf. Dies gilt selbstverständlich auch dann, wenn die Eltern nie miteinander verheiratet waren, das Kind also nicht ehelich ist.

„**Angemessen**" ist eine Ausbildung, die der Begabung und den Fähigkeiten, dem 57 Leistungswillen und den beachtenswerten, nicht nur vorübergehenden Neigungen des einzelnen Kindes am besten entspricht. Geschuldet wird die den Eltern **wirtschaftlich zumutbare Finanzierung einer optimalen begabungsbezogenen Berufsausbildung** ihres Kindes, die dessen Neigungen entspricht, ohne dass sämtliche Neigungen und Wünsche berücksichtigt werden müssen, insbesondere nicht solche, die sich nur als flüchtig oder vorübergehend erweisen oder mit den Anlagen und Fähigkeiten des Kindes oder den wirtschaftlichen Verhältnissen der Eltern nicht zu vereinbaren sind.[32]

---

[28] BGH, FamRZ 1985, 1245
[29] FamRZ 2002, 1698, 1701 = R 580c; FamRZ 2003, 1179, 1182 = R 592e jeweils mit Anm. Klinkhammer
[30] BGH, FamRZ 1985, 273
[31] BGH, FamRZ 1988, 159, 163
[32] BGH FamRZ 2006, 1100f. = R 654a; FamRZ 2000, 420 = R 536a; FamRZ 1992, 170; FamRZ 1989, 853

Auf den Beruf oder die gesellschaftliche Stellung der Eltern kommt es nicht an, wohl aber auf deren wirtschaftliche Leistungsfähigkeit.

58   Kinder haben grundsätzlich nur Anspruch auf **eine Ausbildung,** nicht auf mehrere. Haben Eltern die ihnen obliegende Pflicht, ihrem Kind eine angemessene Ausbildung zu gewähren, in rechter Weise erfüllt und hat es den üblichen Abschluss seiner Ausbildung erlangt, sind sie ihrer Unterhaltspflicht aus § 1610 II BGB in ausreichender Weise nachgekommen. Sie sind unter diesen Umständen grundsätzlich nicht verpflichtet, noch eine weitere zweite Ausbildung zu finanzieren, der sich das Kind nachträglich nach Beendigung der ersten Ausbildung unterziehen will.[33] Dieser Grundsatz ist jedoch durch zahlreiche Ausnahmen durchlöchert (vgl. unten Rn. 73 ff., 78 ff.). Die in der Rechtsprechung entwickelten Ausnahmen vom Grundsatz der Finanzierung nur einer Ausbildung dürfen nicht als abschließender, andere Fallgruppen ausschließender Katalog verstanden werden.[34]

2. Berufswahl

59   Bei **Minderjährigen** bestimmen die Eltern oder der sorgeberechtigte Elternteil im Interesse des Kindes unter Berücksichtigung der Kriterien zu Rn. 57 zunächst die Schule, nach Beendigung des Schulbesuchs den Beruf, in dem das Kind ausgebildet werden soll. An dem Entscheidungsprozess ist das Kind entsprechend seinem Entwicklungsstand zu beteiligen (§ 1626 II 2 BGB). Die Eltern haben auf Eignung und Neigung des Kindes Rücksicht zu nehmen (§ 1631 a S. 1 BGB) und auf Grund ihrer Erfahrungen mit dem Kind eine Prognose anzustellen. Dabei müssen nur solche Neigungen und Begabungen berücksichtigt werden, deren Vorhandensein über einen längeren Zeitraum hinweg beobachtet werden konnte und die nicht auf einer flüchtigen Laune des Augenblicks beruhen.[35] Bei gemeinsamer elterlicher Sorge müssen die Eltern versuchen, sich zu einigen (§ 1627 S. 2 BGB). Bei Alleinsorge ist die Entscheidung des sorgeberechtigten Elternteils von dem anderen grundsätzlich hinzunehmen, auch wenn die gewählte Ausbildung mit Mehrkosten verbunden ist.[36] Vgl. dazu Rn. 320 b. Nur in Ausnahmefällen kommen Maßnahmen des Familiengerichts nach §§ 1666, 1629 II 3, 1796 BGB in Betracht.

60   **Volljährige** entscheiden gemeinsam mit ihren Eltern über die Berufswahl.[37] Letztlich können sie die Entscheidung allein treffen, insbesondere das Studienfach wählen,[38] ggf. auch gegen den Willen ihrer Eltern. Sie müssen allerdings bei dieser Entscheidung die Kriterien zu Rn. 57 beachten. Vgl. dazu auch Rn. 342 ff. Im Streitfall entscheidet das Familiengericht (Rn. 64).

61   **Eltern in wirtschaftlich beengten Verhältnissen** sind nicht zur Finanzierung einer aufwändigen Ausbildung verpflichtet, auch wenn sie den Fähigkeiten des Kindes entsprechen würde. Das Ausbildungsverhältnis zwischen Eltern und Kindern ist nach § 1618 a BGB von gegenseitiger Rücksicht geprägt. Aus diesem **Gegenseitigkeitsprinzip**[39] (vgl. dazu näher Rn. 65) folgt, dass sich der Berechtigte bei Verschlechterung der wirtschaftlichen Verhältnisse seiner Eltern oder bei eigenen Verstößen gegen die Obliegenheit zur zielstrebigen Ausbildung auf eine weniger kostspielige Ausbildung oder einen weniger kostspieligen Ausbildungsort verweisen lassen muss (vgl. Rn. 343). In solchen Fällen hat die staatliche Ausbildungsförderung einzugreifen. Zu berücksichtigen ist allerdings, dass in Deutschland in der Regel kein Schulgeld zu zahlen ist. Die insbesondere im Vergleich zum Ausland verhältnismäßig geringen Studiengebühren, die nunmehr von vielen Hochschulen erhoben werden, können vorfinanziert werden; das aufgenommene Darlehen ist vom Kind nach Ende des Studiums in Raten zu tilgen. Zudem verbleibt den Eltern gegenüber volljährigen Kindern,

---

[33] BGH, FamRZ 2000, 420 = R 536 a; FamRZ 1993, 1057 = R 462 b; FamRZ 1992, 170; FamRZ 1989, 853

[34] BGH FamRZ 2006, 1100, 1102 = R 654 d

[35] OLG Stuttgart, NJW 1979, 1166

[36] OLG Nürnberg, FamRZ 1993, 837

[37] BGH, FamRZ 2000, 420 = R 536 a

[38] Vgl. BGH, FamRZ 1996, 798 = R 501 a

[39] BGH FamRZ 2006, 1100, 1102 = R 654 c; FamRZ 1995, 416

die das Elternhaus verlassen oder die allgemeine Schulausbildung beendet haben, der große Selbstbehalt (§ 1603 I, II 2 BGB), der nach der Düsseldorfer Tabelle Stand: 1. 1. 2008 (Anm. A 5 II) und den Leitlinien der Oberlandesgerichte in allen Bundesländern bis auf Schleswig-Holstein[40] 1100,– € beträgt (vgl. Rn. 417; 21.3.1 der Leitlinien). Eltern werden sich daher der Finanzierung einer Ausbildung nur in seltenen Fällen entziehen können. Besondere Bedeutung gewinnt die **Zumutbarkeit** der weiteren Unterhaltszahlung dagegen bei Verletzung der Ausbildungsobliegenheit (Rn. 65) und in den Fällen der Weiterbildung, insbesondere bei dem Ausbildungsgang Abitur – Lehre – Studium (vgl. dazu unten Rn. 78 ff.).

Bei ernsthaften Zweifeln an der **Eignung** und am Leistungswillen des Kindes für eine **62** beabsichtigte Ausbildung, insbesondere für ein anspruchsvolles Studium, sind die Eltern nicht gehalten, Unterhalt zu gewähren. Vgl. dazu Rn. 65. Sie sind nicht verpflichtet, begabungsmäßig abwegige Berufswünsche und damit eine offensichtliche Fehlentwicklung zu finanzieren, die voraussehbar zu Enttäuschungen führen wird. Dies gilt vor allem bei mehrfachem Scheitern im Rahmen der bisherigen Ausbildung. Vgl. Rn. 68 a. Die Eignung des Kindes ist aus der Sicht eines objektiven Beobachters bei Aufnahme der Ausbildung zu beurteilen. Dies schließt allerdings nicht aus, zur Bestätigung des gewonnenen Ergebnisses die spätere Entwicklung des Kindes heranzuziehen.[41] Dies gilt besonders dann, wenn es um die Frage geht, ob die Eltern die Begabung des Kindes falsch eingeschätzt haben.[42] Hat das Kind die Hochschulreife erworben, wird nur in seltenen Ausnahmefällen seine Eignung für ein Studium verneint werden können. Dies kann allerdings in Betracht kommen, wenn das Kind infolge ihm möglicherweise nicht anzulastender Verzögerungen das Abitur erst im vorgerückten Alter von z. B. 28 Jahren besteht.[43] Vgl. auch Rn. 65 a.

Ein Berufswunsch kann von den Eltern dagegen nicht mit der Begründung abgelehnt **63** werden, dass später ungünstige Anstellungsaussichten bestünden. Einmal arbeiten viele Kinder, insbesondere solche mit Hochschulabschluss, nicht in dem Bereich, für den sie sich durch ihre Ausbildung in erster Linie qualifiziert haben. Zum anderen tragen die Eltern nach Ausbildungsabschluss nicht das **Arbeitsplatzrisiko des Kindes.** Vielmehr ist das Kind dann verpflichtet, selbst für seinen Lebensunterhalt zu sorgen und jede Arbeitsstelle, auch außerhalb des erlernten Berufs, notfalls Hilfsarbeiten, anzunehmen (vgl. Rn. 48).

Besteht zwischen Eltern und Kindern **Streit um die Angemessenheit eines Berufs- 64 wunsches,** ist hierüber bei Volljährigen vom Familienrichter im Rahmen eines Unterhaltsprozesses zu entscheiden. Bei Minderjährigen kann das Familiengericht die erforderlichen Maßnahmen nach §§ 1666, 1629 II 3, 1796 BGB treffen.

3. Ausbildungsverpflichtungen des Kindes und Ausbildungsdauer

a) Beginn und Durchführung der Ausbildung. Nach dem **Gegenseitigkeitsprinzip 65** (Rn. 61) steht der Verpflichtung der Eltern, dem Kind eine angemessene Berufsausbildung zu ermöglichen (§ 1610 II BGB), die Ausbildungsobliegenheit des Kindes gegenüber. Vgl. Rn. 46. Nach Ablauf einer **Orientierungsphase** (vgl. dazu auch Rn. 71), deren Dauer unterschiedlich ist und sich nach Alter, Entwicklungsstand und den gesamten Lebensumständen richtet, hat das Kind seinen Berufs- und Lebensweg eigenverantwortlich zu gestalten.[44] Zu lange Verzögerungen der Aufnahme einer Berufsausbildung können zum Verlust des Ausbildungs- und damit des Unterhaltsanspruchs führen.[45]

Das Kind ist daher gehalten, alsbald nach der Schule oder der Beendigung des letzten Ausbildungsabschnitts eine Berufsausbildung zu beginnen oder fortzusetzen und sie mit Fleiß und der gebotenen Zielstrebigkeit in angemessener und üblicher Zeit zu beenden. Ausbildungsunterhalt wird nur insoweit geschuldet, als er für eine angemessene Vorbildung zu einem Beruf erforderlich ist. Hat das Kind keine Lehrstelle gefunden, steht ihm Unterhalt

---

[40] SchL 21.1 und 3
[41] BGH FamRZ 2006, 1100, 1102 = R 654 d; FamRZ 1991, 322
[42] BGH a. a. O.; FamRZ 2000, 420 = R 536 c
[43] BGH FamRZ 2006, 1100, 1102 = R 654 f; FamRZ 2000, 420 = R 536 d
[44] BGH, FamRZ 2001, 757 = R 557 a
[45] BGH, FamRZ 1998, 671 = R 523

auch für die Dauer der Teilnahme an einem berufsvorbereitenden Lehrgang oder am Berufsgrundschuljahr zu.[46] Vgl. dazu Rn. 77, 459 Stichwort: Berufsschule. Wenn das Kind nachhaltig seine Obliegenheit, die Ausbildung planvoll und zielstrebig aufzunehmen und durchzuführen, verletzt, büßt es den Unterhaltsanspruch ein und ist darauf zu verweisen, seinen Unterhalt selbst durch Erwerbstätigkeit sicherzustellen (vgl. Rn. 48). Die Voraussetzungen für eine Verwirkung des Unterhaltsanspruchs (§ 1611 I BGB; vgl. Rn. 478 ff.) brauchen nicht vorzuliegen.[47] Diese Grundsätze gelten auch dann, wenn das Kind nach Beendigung der Schule zunächst **überhaupt keine Ausbildung** beginnt.

Die Konsequenzen dieser Rechtsprechung dürfen freilich nicht überschätzt werden. Es bleibt dabei, dass jedes Kind grundsätzlich Anspruch auf eine Berufsausbildung hat (Rn. 56 ff.). Der Ausbildungsanspruch kann daher nur dann versagt werden, wenn das Kind nachhaltig während eines längeren Zeitraums seine Ausbildungsobliegenheit verletzt und den Eltern deshalb weiterer Unterhalt **nicht mehr zugemutet** werden kann (vgl. dazu auch Rn. 83). Dabei sind alle Umstände des Falles, insbesondere die schulischen Leistungen und der bisherige Ausbildungsgang des Kindes zu würdigen. Danach brauchen die Eltern unter Umständen nicht mehr damit zu rechnen, dass das Kind die Hochschulreife nachholt und ein Studium beginnt.[48] Es kann auch ins Gewicht fallen, dass auf Grund des Alters des Kindes steuerliche Erleichterungen, Kindergeld und kindbezogene Gehaltsbestandteile unabhängig vom Ausbildungsstand entfallen.[49] Vgl. dazu Rn. 488 ff. Schließlich können auch das Alter der Eltern und die von ihnen im Vertrauen auf das Verhalten des Kindes getroffenen Dispositionen eine Rolle spielen (vgl. Rn. 83).[50]

65 a   Nach diesen Grundsätzen hat ein Kind, das nach dem Schulabschluss nicht sogleich eine Ausbildung begonnen hat, um z. B. zur „Selbstfindung" eine Weltreise zu unternehmen, mangels Bedürftigkeit keinen Unterhaltsanspruch. Es ist vielmehr darauf angewiesen, seinen Bedarf durch ungelernte Arbeit oder aus eigenem Vermögen zu decken. Dadurch verliert es aber nicht ohne weiteres den Anspruch auf eine angemessene Ausbildung. So kann auch ein 24-jähriges Kind jedenfalls dann eine Ausbildung oder ein Studium beginnen, wenn die Eltern noch damit rechnen mussten, auf Unterhalt in Anspruch genommen zu werden.[51] Jedoch ist mit zunehmendem Alter des Kindes besonders zu prüfen, ob die erste oder ggf. die weitere Ausbildung angemessen ist, ob angesichts der Entwicklung des Kindes Zweifel an seiner Eignung und seinem Leistungswillen bestehen (vgl. dazu Rn. 62) und ob mit einem erfolgreichen Abschluss des Studiums gerechnet werden kann.[52] Die Eltern werden aber dem Kind, wenn es seine Begabung zulässt, in aller Regel den Besuch der Sekundarstufe II ermöglichen müssen, damit es die Hochschulreife erlangen kann.[53] Dies gilt auch dann, wenn es – wie viele Kinder – vor Ende des Schulbesuchs noch keine genauen Vorstellungen über das Studienfach hat. Ein mäßiger Hauptschulabschluss schließt eine praktische Ausbildung nicht aus; beim Scheitern des Kindes in dieser Ausbildung kann der Wechsel zu einer anderen gerechtfertigt sein.[54] Jedoch endet die Unterhaltspflicht der Eltern, wenn das Kind aus einer Verweigerungshaltung unzureichende Leistungen, z. B. an einer Fachschule, erbringt. Dann muss es die Ausbildung abbrechen und seinen Unterhalt durch ungelernte Arbeit sicherstellen.[55] Auch wenn eine Berufsausbildung nicht abgeschlossen oder nicht einmal begonnen wurde, kann der Anspruch des Kindes auf eine angemessene Ausbildung mit der Zeit vollständig zurücktreten, wenn das Kind eine selbstständige Lebensstellung erlangt hat und seinen Bedarf auf Grund bislang ausgeübter Tätigkeiten oder sonst erworbener Fähigkeiten selbst decken kann.[56] Vgl. Rn. 406. Voraussetzung des Ausbildungs-

---

[46] OLG Brandenburg FamRZ 2006, 560; OLG Hamm FamRZ 2004, 1131
[47] BGH FamRZ 1998, 671 = R 523
[48] BGH, FamRZ 1998, 671 = R 523
[49] BGH, FamRZ 1998, 671 = R 523
[50] BGH, FamRZ 1989, 853
[51] OLG Köln FamRZ 2005, 301; OLG Stuttgart, FamRZ 1996, 181
[52] BGH, FamRZ 2000, 420, 422 = R 536 c, d; OLG Hamm, FamRZ 1995, 1007
[53] OLG Karlsruhe, NJW-FER 1998, 148
[54] OLG Hamm, FamRZ 1997, 695
[55] OLG Hamm FamRZ 1997, 695
[56] OLG Hamm FamRZ 1995, 1007

unterhalts ist, dass das Kind seine Ausbildung **zielstrebig** und ohne wesentliche Verzögerungen, die in seinen Verantwortungsbereich fallen, betreibt.[57] Es muss darlegen und ggf. beweisen, dass es diesen Anforderungen in der Vergangenheit grundsätzlich genügt hat oder jedenfalls begründete Aussicht auf eine Änderung seines bisherigen Verhaltens besteht, wenn es weiter Unterhalt begehrt.[58] Vgl. dazu auch Rn. 68 a. Dies bedeutet aber nicht, dass das Kind auf Möglichkeiten weiteren Kenntniserwerbs, der einer angemessenen Berufsausbildung dient, zu verzichten hat, um den Unterhaltspflichtigen zu entlasten.[59]

b) Studienverlauf. Ein Studierender hat grundsätzlich den für seinen Studiengang maß- **66** geblichen Studienplan einzuhalten.[60] Ihm ist allerdings ein **gewisser Spielraum** für die selbstständige Auswahl der angebotenen Lehrveranstaltungen und für den eigenverantwortlichen Aufbau des Studiums zuzugestehen, sofern dadurch nicht der ordnungsgemäße Abschluss des Studiums innerhalb angemessener Frist gefährdet wird. Allein die Tatsache, dass eine vorgeschriebene Zwischenprüfung nicht rechtzeitig absolviert wurde, führt noch nicht zum Verlust des Anspruchs auf Ausbildungsunterhalt, wenn es auch sonst üblich ist, die Zwischenprüfung entgegen dem Wortlaut der Prüfungsordnung erst später abzulegen, und wenn ein ordnungsgemäßer Abschluss des Studiums innerhalb angemessener und üblicher Zeit möglich bleibt.[61] Vgl. auch Rn. 68 a.

c) Studienort, Auslandsaufenthalt. Innerhalb des ihm zustehenden Spielraums kann **67** das Kind den Studienort wechseln oder zeitweise im Ausland studieren, wenn dadurch Kenntnisse erworben, vertieft oder erweitert werden, die seine fachliche Qualifikation und seine Berufsaussichten fördern. Soweit hierdurch ein erhöhter Unterhaltsbedarf besteht, ist dieser regelmäßig vom Verpflichteten zu tragen, sofern sich die Finanzierung in den Grenzen seiner wirtschaftlichen Leistungsfähigkeit hält und sie für ihn nicht wirtschaftlich unzumutbar ist; vgl. dazu Rn. 83. Zeitliche Verzögerungen müssen hingenommen werden, wenn sie durch die Studienbedingungen im Ausland oder durch Sprachschwierigkeiten bedingt sind, wenn der Auslandsaufenthalt (vor allem bei Minderjährigen) von den Eltern mit zu verantworten ist oder wenn das Kind schwierigen häuslichen Verhältnissen (Rn. 74) entkommen wollte.[62] Jedoch darf der ordnungsgemäße Abschluss des Studiums innerhalb angemessener Frist nicht gefährdet sein.[63]

d) Ausbildungsdauer, Überschreitung der Regelstudienzeit. Unterhalt muss grund- **68** sätzlich nur **bis zum Regelabschluss** einer üblichen Ausbildung (Abschlussprüfung nach einer Lehre oder einem Studium, insbesondere Diplom, Magister oder erstes Staatsexamen) gezahlt werden.

Die Rechtsprechung wird demnächst zu entscheiden haben, wie die Abschlüsse nach der Studienreform, die derzeit mit dem Ziel der Vereinheitlichung der europäischen Studiengänge durchgeführt wird,[64] unterhaltsrechtlich zu beurteilen sind. Das Studium teilt sich künftig in die Bachelor-Ebene, die Master-Ebene und die Doktoratsebene auf. Nach einem Vollzeitstudium von drei bis vier Jahren kann der Grad eines **Bachelors** erworben werden, nach ein bis zwei weiteren Jahren der Grad eines **Masters.** Die Einzelheiten der Reform und ihre Auswirkungen auf das Unterhaltsrecht lassen sich gegenwärtig noch nicht hinreichend übersehen, zumal da Anforderungen und Studienangebote von Land zu Land und von Hochschule zu Hochschule variieren. Der Bachelor soll wohl zu einer mehr praxisbezogenen beruflichen Tätigkeit befähigt sein, der Master dagegen zu einer wissenschaftlich fundierten Berufsausübung. Der Masterabschluss entspricht in seiner Wertigkeit im Wesentlichen der Diplom- oder der Magisterprüfung bzw. bei Juristen, Lehrern sowie bei verwandten Berufen dem ersten Staatsexamen, bei Medizinern der 2. ärztlichen Prüfung. Da diese

---

[57] OLG Hamm FamRZ 2005, 1005
[58] OLG Hamm FamRZ 2005, 60
[59] BGH FamRZ 1992, 1064 = R 446
[60] BGH FamRZ 1992, 1064 = R 446
[61] BGH FamRZ 1992, 1064 = R 446; FamRZ 1987, 470; FamRZ 1984, 777
[62] BGH, FamRZ 2001, 757 = R 557 b
[63] BGH, FamRZ 1992, 1064 = R 446
[64] Vgl. dazu der von der Kultusministerkonferenz am 22. 4. 2005 beschlossene Qualitätsrahmen für deutsche Hochschulabschlüsse (www.kmk.org/doc/beschl/BS_050421)

Prüfungen bislang unterhaltsrechtlich als Abschluss der Ausbildung anerkannt waren, wird man die Eltern grundsätzlich für verpflichtet halten müssen, dem Kind in Zukunft den Masterabschluss zu ermöglichen.[65] Voraussetzung ist freilich, dass es die erste Prüfung zum Bachelor bestanden und etwaige weitere Zulassungsvoraussetzungen der Hochschule erfüllt hat. Bei Nichtbestehen dieser Prüfung gelten die zu Rn. 68 b entwickelten Grundsätze. Übt das Kind nach bestandener Bachelor-Prüfung eine berufliche Tätigkeit aus, dürfte grundsätzlich die Unterhaltspflicht der Eltern enden. Nimmt es später erneut das Studium mit dem Ziel des Erwerbs des Mastergrades auf, wird ein Wiederaufleben der Unterhaltspflicht allenfalls in Ausnahmefällen in Betracht kommen.

68 a   Eine **Promotion** ist nur ausnahmsweise der Regelabschluss eines Studiums. Dies wird auch für die Studenten gelten, die demnächst nach Bestehen der Master-Prüfung promovieren wollen. Zudem ist der Doktorand in der Regel gehalten, einer Teilzeitarbeit nachzugehen und hierdurch seinen Bedarf zu decken, so dass eine Unterhaltspflicht der Eltern im Allgemeinen nicht in Betracht kommt.[66] Unterhalt für ein Zusatzstudium nach der Abschlussprüfung für das Lehramt zum Erwerb der Lehrbefähigung für ein weiteres Unterrichtsfach wird von den Eltern auch dann nicht geschuldet, wenn sich dadurch die Anstellungschancen erhöhen.[67] Vgl. aber hierzu Rn. 78 ff. Auch die Vorbereitung auf die **Meisterprüfung** gehört im Allgemeinen nicht zur Berufsausbildung; jedoch kann sich eine Verpflichtung der Eltern zur Fortzahlung des Unterhalts aus den Grundsätzen über die Weiterbildung ergeben.[68] Vgl. unten Rn. 78 ff.

68 b   Unterhalt wird nur während der üblichen Ausbildungsdauer geschuldet. Auf die Mindeststudiendauer kann nicht abgestellt werden. Einen Anhalt für die Zeit, innerhalb deren ein durchschnittlicher Student bei gehöriger Anstrengung den Studienabschluss erreichen kann, wird in der Regel die **Höchstförderungsdauer nach § 15 a BAföG** bieten.[69] Vgl. dazu Rn. 8/282. Eine **Verlängerung** dieser Zeit kann in Betracht kommen:

– bei **Krankheit,**[70]
– bei Verzögerungen, die auf gestörten Familienverhältnissen (Rn. 74) oder **erzieherischem Fehlverhalten** der Eltern und den daraus entstehenden psychischen Folgen für das Kind beruhen,[71]
– bei **leichterem,** nur vorübergehendem **Versagen** des Kindes,[72] z. B. einmaligem Nichtbestehen einer Prüfung oder bei Hinauszögern des Examens, wenn dadurch der Abschluss der gesamten Ausbildung in angemessener Zeit nicht gefährdet wird,
– bei **erheblichen Schwierigkeiten** während des Studiums, die nicht dem Kind anzulasten sind, sondern auf Mängeln des Ausbildungssystems beruhen, z. B. darauf, dass manche Lehrveranstaltungen, insbesondere Seminare, die belegt werden müssen, überfüllt sind und Studenten deshalb zurückgewiesen werden oder dass Bibliotheken unzureichend mit Fachliteratur ausgestattet sind,[73]
– bei **Auslandsstudium,** Wechsel des Studienorts (vgl. Rn. 67),[74]
– bei sonstigen **zwingenden Umständen,** die eine Unterbrechung oder eine Verzögerung des Studiums zur Folge haben. Solche Verhältnisse können vorliegen, wenn der Student seinen Lebensunterhalt durch **Nebenarbeit** verdienen muss, weil die Eltern ihren Unterhaltspflichten verschuldet oder unverschuldet nicht nachkommen. Vgl. auch Rn. 88. Allerdings wird das Kind in einem solchen Fall eine Vorauszahlung nach § 36 BAföG beantragen müssen (vgl. Rn. 8/288).

---

[65] OVG Hamburg FamRZ 2006, 1615
[66] OLG Hamm, FamRZ 1990, 904; OLG Karlsruhe, OLGZ 1980, 209
[67] OLG Stuttgart, FamRZ 1996, 1434
[68] OLG Stuttgart, FamRZ 1996, 1435
[69] OLG Hamm, FamRZ 1994, 387
[70] OLG Hamm FamRZ 1990, 904; recht weitgehend OLG München FamRZ 2007, 911, das auch bei einer 38-jährigen Tochter einen Anspruch auf weitere Finanzierung eines durch Krankheit verzögerten Studiums bejaht
[71] BGH FamRZ 2001, 757, 759 = R 557 b; FamRZ 2000, 420 = R 536 c
[72] BGH, FamRZ 2006, 1100, 1102 = R 654 e
[73] OLG Hamm, FamRZ 1990, 904
[74] BGH, FamRZ 1992, 1064 = R 446

Vom Kind ist zu verlangen, dass es die Gründe für die Verzögerung des Studiums substantiiert **darlegt und ggf. beweist.** Im Allgemeinen wird man eine Überschreitung der üblichen Studiendauer um ein bis zwei Semester tolerieren können. Nach nicht bestandener Prüfung muss einem Studierenden grundsätzlich ein, nur in seltenen Ausnahmefällen ein zweiter Wiederholungsversuch zugestanden werden, bevor Rückschlüsse auf fehlende Eignung für den angestrebten Beruf gezogen werden können. Anders kann es liegen, wenn Zweifel an der psychischen Belastbarkeit und damit an der Prüfungsfähigkeit des Kindes bestehen.[75] Ferner ist Unterhalt für die Zeit des Examens zu gewähren und für einen Zeitraum von etwa drei Monaten, innerhalb dessen sich das Kind um eine Arbeitsstelle bewerben kann.[76]

e) Bummelstudium. Die Grundsätze zu Rn. 68 b bedeuten nicht, dass die Eltern ein **69** „Bummelstudium" finanzieren müssen. Wenn der Student nachhaltig seine Obliegenheit verletzt, dem Studium pflichtbewusst und zielstrebig nachzugehen, dann büßt er seinen Anspruch auf Ausbildungsunterhalt ein und muss sich darauf verweisen lassen, seinen Lebensunterhalt durch Erwerbstätigkeit selbst zu verdienen.[77]

f) Parkstudium. Die Eltern sind unterhaltsrechtlich nicht verpflichtet, ein nicht berufs- **70** zielbezogenes Parkstudium zu finanzieren.[78] Vielmehr hat das Kind während der Wartezeit bis zur Zulassung zum gewünschten Studienfach seinen Bedarf durch eigene Erwerbstätigkeit sicherzustellen.[79] Wird während eines von den Eltern tolerierten Parkstudiums Unterhalt bezahlt, muss sich das Kind bereits während der Wartezeit intensiv mit den angestrebten Fächern befassen.[80] Haben Eltern ohne rechtliche Verpflichtung ein Parkstudium finanziert oder hat sich die Ausbildung aus sonstigen Gründen verzögert, darf der Unterhalt für ein dann aufgenommenes, zielstrebig betriebenes Studium um die letztlich nutzlos verstrichene Zeit gekürzt werden. Unterhalt für ein wertloses **Teilstudium** wird nicht geschuldet. Die Unterhaltspflicht für das jetzt aufgenommene Studium kann nur insgesamt bejaht oder verneint werden.[81] Beginnt das Kind ein Teilstudium, das nicht zu einem Abschluss führen kann (Magisterstudium ohne Hauptfach, aber mit zwei Nebenfächern), hat es keinen Unterhaltsanspruch.[82]

g) Wechsel oder Abbruch der Ausbildung. Ein Wechsel der Ausbildung ist unbe- **71** denklich, wenn er auf sachlichen Gründen beruht und unter Berücksichtigung der Gesamtumstände aus der Sicht des Unterhaltspflichtigen wirtschaftlich zumutbar ist. Jedem jungen Menschen ist zuzubilligen, dass er sich über seine Fähigkeiten irrt oder falsche Vorstellungen über den gewählten Beruf hat. Ihm steht daher eine **Orientierungsphase** zu (vgl. auch Rn. 65). Ein Wechsel kann insbesondere dann gerechtfertigt sein, wenn zwischen der abgebrochenen und der angestrebten Ausbildung ein **sachlicher Zusammenhang** besteht. Dem Unterhaltspflichtigen können der Wechsel der Fachrichtung oder des Ausbildungsplatzes und die damit verbundenen Mehrkosten umso mehr zugemutet werden, je früher der Wechsel stattfindet. Die Belange des Schuldners erfordern es grundsätzlich, dass das Kind versucht, sich mit ihm über seine geänderten Ausbildungspläne zu verständigen.[83]

Die Gründe, die die Eltern zur Finanzierung einer Zweitausbildung verpflichten (vgl. Rn. 73 ff.), werden auch bei einem Wechsel der Ausbildung eine weitere Unterhaltspflicht rechtfertigen.[84] Daher kann ein mehrfacher Abbruch der Ausbildung entschuldbar sein, wenn er auf erzieherischem Fehlverhalten der Eltern, den sich daraus ergebenden psychischen Folgen für das Kind oder auf einer Erkrankung beruht.[85] Liegen solche Umstände

[75] OLG Hamm, FamRZ 1997, 767
[76] OLG Hamm, FamRZ 1990, 904
[77] BGH, FamRZ 1987, 470; OLG Hamm, FamRZ 1995, 1006; 2005, 60
[78] OLG Koblenz, FamRZ 1991, 108
[79] OLG Frankfurt, FamRZ 1990, 789
[80] OLG Celle, FamRZ 1983, 641
[81] BGH, FamRZ 1990, 149
[82] OLG Karlsruhe, FamRZ 2001, 852
[83] BGH, FamRZ 2001, 757, 759 = R 557 b
[84] Vgl. BGH FamRZ 2000, 420 = R 536 a, b
[85] BGH, FamRZ 2000, 420 = R 536 b, c; FamRZ 2001, 757 = R 557 b

nicht vor, kommt ein Studienwechsel ohne Einverständnis des Verpflichteten in der Regel nur bis zum 2., allenfalls 3. Semester in Frage, keinesfalls mehr in der zweiten Studienhälfte. Dasselbe gilt für den Wechsel des Ausbildungsplatzes oder einer Fach(ober-)schule, wenn bereits ein beachtlicher Teil der Ausbildungszeit verstrichen ist. Der Berechtigte hat ohne Zustimmung des Verpflichteten dann nur die Wahl zwischen Fortsetzung der begonnenen oder Selbstfinanzierung einer anderen Ausbildung. Ein nach fortgeschrittener Ausbildung behaupteter ernsthafter Neigungswandel ist kein wichtiger Grund für einen Fachrichtungs-wechsel, wenn es dem Auszubildenden möglich und zumutbar war, die gegen die zuerst gewählte Fachrichtung sprechenden Gründe vorher zu erkennen.[86] In der Regel ist es mit den schutzwürdigen Belangen des Verpflichteten nicht vereinbar, einem Studenten vor dem Studienabbruch wegen mangelnder Eignung eine „Überlegungs- und Erfahrungszeit" von drei Semestern zuzugestehen.[87] Vgl. dazu auch Rn. 75.

72   **h) Kontrollrechte der Eltern.** Dem Grundsatz der Gegenseitigkeit (vgl. Rn. 61, 65) widerspricht es, wenn der Berechtigte den zu Ausbildungszwecken gezahlten Unterhalt zu anderen Zwecken (Reisen, Bummeln) verwendet. Nimmt das Kind Unterhalt entgegen, obwohl es die Ausbildung abgebrochen hat, ohne eine neue zu beginnen, kann der Unter-haltsanspruch ganz oder teilweise verwirkt sein (§ 1611 I BGB).[88] Der Verpflichtete ist deshalb zu einer gewissen Kontrolle der Ausbildung berechtigt und kann die **Vorlage von Zeugnissen** über Zwischenprüfungen, erfolgreiche Teilnahme an Übungen, Studien-bescheinigungen usw. verlangen.[89] Besucht das Kind berechtigterweise eine Privatschule (vgl. Rn. 317 ff.), so kann der Pflichtige den Nachweis des Schulbesuchs und der Höhe des Schulgeldes jedenfalls dann fordern, wenn das Kind im Ausland lebt oder der unterhalts-pflichtige Elternteil keine Möglichkeit hat, sich von dem Wohlergehen und der Entwicklung des Kindes zu überzeugen.[90] Solche Kontrollrechte der Eltern ergeben sich aus § 242 BGB.[91] Weigert sich das Kind, die zu Recht geforderten Belege vorzulegen, sind die Eltern berechtigt, den Unterhalt bis zur Beibringung der Nachweise zurückzuhalten (§ 273 I BGB). Das Aufrechnungsverbot der §§ 394, 400 BGB (vgl. Rn. 6/300 ff.) steht der Aus-übung des Zurückbehaltungsrechts nicht entgegen, da die Zurückhaltung des Unterhalts keinen der Aufrechnung gleichkommenden Erfolg hat.[92] Legt das Kind ordnungsgemäße Studiennachweise vor, ist der Unterhalt nachzuzahlen. Kann es den Nachweis nicht erbrin-gen, ist der Unterhalt dagegen zu versagen, weil das Kind nicht nachgewiesen hat, die Ausbildung ordnungsgemäß betrieben zu haben.[93]

4. Finanzierung einer Zweitausbildung

73   Haben Eltern ihre Pflicht zur Gewährung einer Ausbildung in rechter Weise erfüllt, sind sie im Allgemeinen zur Finanzierung einer Zweitausbildung nicht verpflichtet (vgl. Rn. 58).[94] Es ist unerheblich, ob und in welchem Umfang sie finanziell zur Erstausbildung beigetragen haben; denn § 1610 II BGB verfolgt nur das Ziel, dem Kind **eine angemesse-ne Ausbildung** zu verschaffen, verlangt aber nicht unter allen Umständen, dass die Eltern diese Ausbildung bezahlt haben.[95] Jedoch kann bei der Frage, ob die Eltern trotz eines früheren vorübergehenden Versagens des Kindes eine (weitere) Ausbildung finanzieren müssen, nicht unberücksichtigt bleiben, dass das Kind sich bislang bemüht hat, sie finanziell möglichst wenig zu belasten.[96] Vgl. dazu Rn. 75.

---

[86] OLG Frankfurt, FamRZ 1997, 694
[87] BGH, FamRZ 1987, 470
[88] OLG Köln FamRZ 2005, 301
[89] OLG Celle, FamRZ 1980, 914
[90] Vgl. hierzu OLG Hamm, FamRZ 1996, 49
[91] BGH, FamRZ 1987, 470; OLG Hamm, FamRZ 1996, 49
[92] BGH, NJW 1987, 3254
[93] BGH, FamRZ 1987, 470
[94] BGH, FamRZ 1993, 1057; 1991, 322; 1989, 853
[95] BGH, FamRZ 1989, 853
[96] Vgl. BGH FamRZ 2006, 1100, 1102 = R 654 g

Unerheblich ist auch, ob die Richtlinien der staatlichen Ausbildungsförderung die Förderung der zweiten Ausbildung vorsehen. Allein die Tatsache, dass das Kind bei einem Studienfach, das einer Zulassungsbeschränkung unterliegt, die Studienberechtigung für die Zweitausbildung erlangt hat, rechtfertigt die Fortdauer der Unterhaltpflicht der Eltern nicht.[97] Entscheidend ist allein, ob die Erstausbildung angemessen war, d. h. der Begabung und den Fähigkeiten des Kindes, seinem Leistungswillen und beachtenswerten Neigungen entsprochen hat.[98]

Eine **Verpflichtung** der Eltern **zur Finanzierung einer Zweitausbildung** (zur Wei- **74**
terbildung vgl. Rn. 78 ff.) besteht **ausnahmsweise,**

- wenn das Kind nach dem Abitur eine praktische Ausbildung durchläuft und sich erst danach zu einem Studium, entschließt **(Ausbildungsgang Abitur – Lehre – Studium;** vgl. dazu Rn. 80 ff.), nicht aber, wenn das Kind nach dem Sekundarabschluss I zunächst eine Lehre absolviert, dann die Fachoberschule besucht, dort die Hochschulreife erwirbt und anschließend ein Studium beginnt (vgl. dazu Rn. 84);[99]
- wenn die Eltern das Kind gegen dessen Willen **in eine unbefriedigende Ausbildung gedrängt** hatten, die seiner damaligen Neigung und Begabung nicht entsprach.[100] Das ist insbesondere der Fall, wenn die Eltern dem Kind ein Studium aus Kostengründen verweigert haben und es deshalb eine Lehre absolviert hat[101] oder wenn sie einen während der Ausbildung rechtzeitig vorgebrachten Wunsch nach einem Ausbildungswechsel abgelehnt haben;[102]
- wenn, vor allem bei **Spätentwicklern,** bei der Berufswahl entweder die eigentliche **Begabung** des Kindes **von den Eltern falsch eingeschätzt** oder infolge einer Entwicklungsstörung nicht rechtzeitig entdeckt und erst später, spätestens bei Ende der Erstausbildung oder beim Beginn der Zweitausbildung, erkennbar geworden ist;[103] vgl. dazu Rn. 75.
- wenn die Voraussetzungen des Ausbildungsgangs Abitur – Lehre – Studium nicht vorliegen (vgl. Rn. 80 ff.), aber die bisherige Ausbildung die **Begabungen** und Fertigkeiten des Kindes **nicht voll ausgeschöpft hat** (z. B. die Ausbildung zum Industriekaufmann bei einem Abiturienten mit einem im oberen Bereich liegenden Notendurchschnitt) **und** die **Verzögerung** des Studienabschlusses durch die vorgeschaltete praktische Ausbildung auf einem **leichteren vorübergehenden Versagen** des Kindes beruht, z. B. weil es auf den Rat einer fachkundigen Behörde vertraut hat;[104] vgl. dazu Rn. 75;
- wenn sich **schwierige häusliche Verhältnisse,** vor allem Trennung und Scheidung der Eltern nachteilig auf die Entwicklung und Ausbildung des Kindes ausgewirkt, insbesondere zu einer Verschlechterung seiner Leistungen während der Ausbildung geführt haben;[105]
- wenn sich die **Notwendigkeit eines Berufswechsels** herausstellt, weil der erlernte Beruf aus gesundheitlichen Gründen, z. B. einer Allergie bei einer Friseurin, oder aus Gründen, die bei Beginn der Ausbildung nicht vorhersehbar waren, keine Lebensgrundlage mehr bietet.[106] Die Notwendigkeit muss sich jedoch während oder unmittelbar nach Abschluss der Ausbildung herausstellen, da das Kind, das durch Ausübung des erlernten Berufs bereits eine selbstständige Lebensstellung erlangt hat, das Arbeitsplatzrisiko allein trägt (vgl. Rn. 63).

Insgesamt ist festzustellen, dass der BGH seine frühere Rechtsprechung, den Eltern die **75**
Finanzierung nur einer Ausbildung aufzuerlegen,[107] zwar weiter aufrecht erhält, aber so viele

---

[97] BGH, FamRZ 1977, 629 ff.; OLG Frankfurt, FamRZ 1984, 926

[98] OLG Frankfurt, FamRZ 1984, 926

[99] BGH FamRZ 2006, 1100, 1101 = R 654 c

[100] BGH, FamRZ 2006, 1100, 1102 = R 654 d; 2000, 420 = R 536 a; FamRZ 1995, 416; FamRZ 1989, 853; FamRZ 1980, 1115

[101] BGH FamRZ 1991, 322

[102] BGH, FamRZ 1991, 931 = NJW-RR 1991, 770

[103] BGH FamRZ 2006, 1100, 1102 = R 654 d; FamRZ 2000, 420 = R 536 a

[104] BGH FamRZ 2006, 1100, 1102 = R 654 e, g; FamRZ 1993, 1057 = R 462 b; vgl. auch BGH, FamRZ 2000, 420 = R 536 a

[105] BGH FamRZ 2000, 420 = R 536 b, c; FamRZ 2001, 1601 = R 562 a

[106] BGH, FamRZ 1995, 416; OLG Frankfurt, FamRZ 1994, 257

[107] So z. B. BGH FamRZ 1977, 629 = NJW 1977, 1474

Ausnahmen zugelassen hat, dass die Unterhaltsklage eines Kindes, das dem Richter die Überzeugung vermittelt, nach etlichen Fehlschlägen endlich eine angemessene Ausbildung zu beginnen, kaum noch abgewiesen werden kann. Während der BGH[108] früher die Auffassung vertrat, die Berücksichtigung einer **Spätentwicklung** würde zu uferlosen Ansprüchen auf Ausbildungsfinanzierung führen, die die Eltern mit unübersehbaren und unangemessenen Unterhaltspflichten belasteten, ist es nunmehr gerade Ziel der neueren Rechtsprechung, eine unangemessene Benachteiligung von Spätentwicklern zu vermeiden.[109] Deshalb hält der BGH zwar daran fest, dass die berufliche Eignung eines Kindes nach seinen Anlagen und Neigungen zu Beginn der Ausbildung zu beurteilen ist; dies gilt aber nicht, wenn die zunächst getroffene Entscheidung auf einer deutlichen Fehleinschätzung der Begabung des Kindes beruht.[110]

Während früher eine Fehleinschätzung der Begabung durch die Eltern erforderlich war, eine unzutreffende Prognose des Kindes selbst nicht ausreichte, ist davon in den späteren Entscheidungen[111] zu Recht nicht mehr die Rede, da die Eltern den Berufsweg des minderjährigen Kindes nicht ohne dessen Beteiligung festlegen dürfen (§ 1626 II BGB) und das volljährige Kind ohnehin selbst über seine Ausbildung entscheidet. Die Berücksichtigung einer Spätentwicklung scheidet jedoch nach wie vor aus, wenn das Kind nach Abschluss der Ausbildung längere Zeit in dem erlernten Beruf gearbeitet hat.[112] Dadurch hat es eine eigene Lebensstellung erlangt. Eine zusätzliche Ausbildung ist dann in der Regel nur neben der Berufsausübung, z. B. durch ein Fernstudium oder den Besuch einer Abendschule möglich. Sie ist vom Kind selbst zu finanzieren. Die Fehleinschätzung der Begabung geht vielfach mit einem leichteren vorübergehenden Versagen des Kindes einher. Ist dieses überwunden und erbringt das Kind nunmehr brauchbare Leistungen, werden die Eltern auch eine nicht unerhebliche Verzögerung der Ausbildung hinnehmen müssen.[113] Dabei ist ggf. zugunsten des Kindes zu berücksichtigen, dass es sich bisher bemüht hat, seine Eltern finanziell möglichst wenig zu belasten, und seinen Unterhalt weitgehend selbst gedeckt hat.[114] Vgl. dazu auch Rn. 73. Jedoch kann eine besonders lange Ausbildung nach wie vor dazu führen, dass der Ausbildungsanspruch entfällt und das Kind seinen Unterhalt mit ungelernter Tätigkeit oder mithilfe seiner sonstigen Begabungen und Fähigkeiten decken muss.[115]

76   Durch den zweijährigen Dienst als **Zeitsoldat** hat ein Kind keine angemessene Berufsausbildung erlangt. Dies gilt jedenfalls für einen Abiturienten,[116] aber auch für ein Kind mit Haupt- oder Realschulabschluss, da die allenfalls erlangte Eignung zum Unteroffizier das Kind einseitig auf die Laufbahn eines Berufssoldaten festlegt und ein wesentlicher Teil des Dienstes des Zeitsoldaten der Erfüllung der Wehrpflicht dient.[117]

77   Eine auf einer Regelschule neben dem Schulabschluss erworbene berufliche Qualifikation (z. B. Facharbeiter mit Abitur in der früheren DDR) ist in der Regel keine angemessene Berufsausbildung. Eine weitere Ausbildung, insbesondere ein Studium, ist daher nicht ausgeschlossen.[118] Es ist nicht erforderlich, dass zwischen der mit dem Abitur erworbenen beruflichen Qualifikation und dem anschließenden Studium ein sachlicher Bezug besteht.[119] Das **Berufsgrundschuljahr,** das vor allem Kindern, die keine Lehrstelle erhalten haben, eine berufliche Grundbildung für eine nachfolgende Berufsausbildung vermitteln soll, reicht als angemessene Ausbildung im Sinne des § 1610 II BGB nicht aus. Vgl. Rn. 65 sowie zur Doppelqualifikation durch eine Berufsausbildung und gleichzeitigen Schulbesuch Rn. 459.

---

[108] BGH FamRZ 1981, 344, 346; FamRZ 1981, 346, 347
[109] BGH FamRZ 2006, 1100, 1102 = R 654 d m. w. N.
[110] BGH FamRZ 2006, 1100, 1102 = R 654 d m. w. N.
[111] BGH FamRZ 2006, 1100, 1102 = R 654 d; FamRZ 2000, 420 = R 536 a
[112] Vgl BGH FamRZ 1989, 853 = NJW 1989, 2253
[113] BGH FamRZ 2006, 1100, 1103 = R 654 f, g
[114] BGH FamRZ 2006, 1100, 1103 = R 654 f, g
[115] BGH FamRZ 2006, 1100, 1102 = R 654 f
[116] BGH, FamRZ 1992, 170
[117] BGH, FamRZ 1992, 170
[118] KG, FamRZ 1994, 1055
[119] OLG Brandenburg, FamRZ 1997, 1107

5. Weiterbildung, insbesondere Studium nach einer praktischen Ausbildung

Ein Anspruch auf Ausbildungsunterhalt kann ausnahmsweise auch dann in Betracht **78** kommen, wenn die weitere Ausbildung als eine bloße **Weiterbildung** anzusehen ist und diese **von vornherein angestrebt** war. Dann haben die Eltern ihre Verpflichtung erst erfüllt, wenn die geplante Ausbildung insgesamt beendet ist. Gleiches gilt, wenn während der ersten Ausbildung eine **besondere,** die Weiterbildung erfordernde **Begabung** des Kindes deutlich geworden ist[120] (vgl. Rn. 75) oder wenn sich herausstellt, dass der zunächst erlernte Beruf ohne die Weiterbildung aus nicht vorhersehbaren Gründen keine ausreichende Lebensgrundlage bietet.[121]

Im Allgemeinen kann nicht darauf abgestellt werden, ob die weitere Ausbildung als **79** Weiterbildung oder Zweitausbildung zu qualifizieren ist, zumal insoweit nicht selten erhebliche Abgrenzungsschwierigkeiten bestehen. Es genügt auch nicht, dass mit der Erstausbildung die formelle Berechtigung zum Studium erlangt wurde. Mit dieser Begründung würde sonst bereits jede im ersten oder zweiten Bildungsweg erlangte förmliche Studienberechtigung die Verpflichtung der Eltern zur Finanzierung des Studiums nach sich ziehen. Die Entscheidung, ob eine zu finanzierende Weiterbildung vorliegt, ist im Rahmen einer **Zumutbarkeitsabwägung** in tatrichterlicher Verantwortung auf Grund der Sachlage des konkreten Einzelfalls zu treffen.[122]

Die angestrebte Weiterbildung wird meist ein Studium sein. Jedoch kann auch die Vorbereitung auf die **Meisterprüfung** ein Teil einer einheitlichen Ausbildung sein, die nach den unter Rn. 80 ff. dargestellten Grundsätzen von den Eltern zu finanzieren ist.[123] Vgl. oben Rn. 68 a.

Die Abgrenzungsschwierigkeiten zwischen Zweitausbildung und Weiterbildung sind **80** durch die Rechtsprechung des BGH weitgehend gegenstandslos geworden. Der BGH hat festgestellt, dass sich auf Grund eines veränderten Verhaltens der Schulabgänger die Ausbildung **Abitur – Lehre – Studium** zu einem eigenen und durchgehenden Ausbildungsweg entwickelt hat. Deshalb hat der BGH diesen Weg unterhaltsrechtlich als **eine** mehrstufige Ausbildung gewertet, wenn die einzelnen Abschnitte in einem engen sachlichen und zeitlichen Zusammenhang stehen.[124] Dies dürfte auch für den Ausbildungsgang Abitur – Lehre – Fachhochschulstudium gelten. Zur Ausbildung Haupt-(Real-)schule, Lehre, Fachoberschule, Fachhochschule vgl. Rn. 84.

Der **enge sachliche Zusammenhang** erfordert, dass praktische Ausbildung und Studi- **81** um derselben Berufssparte angehören oder jedenfalls so zusammenhängen, dass das eine für das andere eine fachliche Ergänzung, Weiterführung oder Vertiefung bedeutet oder dass die praktische Ausbildung eine sinnvolle Vorbereitung für das Studium darstellt.[125]
- Dieser enge sachliche Zusammenhang ist **bejaht** worden bei einer
  - Ausbildung zur Bauzeichnerin und dem Studium der Architektur,[126]
  - Banklehre und dem Studium der Rechtswissenschaft,[127]
  - kaufmännischen Lehre und dem Studium der Betriebswirtschaft,[128]
  - landwirtschaftlichen Lehre und dem Studium der Agrarwissenschaft,[129]
  - Ausbildung zur gestaltungstechnischen Assistentin für Grafikdesign und dem Studium der Pädagogik für das Lehramt der Primarstufe mit dem Schwerpunkt Kunst.[130]

---

[120] BGH FamRZ 2006, 1100, 1102 = R 654 d; FamRZ 1989, 853
[121] BGH, FamRZ 1977, 629
[122] BGH, FamRZ 1977, 629
[123] OLG Stuttgart, FamRZ 1996, 1435
[124] BGH, FamRZ 2006, 1100, 1102 = R 654 b; FamRZ 1995, 416; 1993, 1057 = R 462 a; FamRZ 1992, 170, 172 = R 439; FamRZ 1989, 853
[125] BGH, FamRZ 1989, 853
[126] BGH, FamRZ 1989, 853; der BGH FamRZ 2006, 1100, 1102 f. hat offen gelassen, ob ein sachlicher Zusammenhang zwischen einer Maurerlehre und dem Architekturstudium besteht.
[127] BGH, FamRZ 1992, 170
[128] So BGH FamRZ 1993, 1057, 1059
[129] BGH, FamRZ 1990, 149
[130] OLG Köln FamRZ 2003, 1409

- Der enge sachliche Zusammenhang ist **verneint** worden bei einer
  - kaufmännischen Lehre und dem Studium des Maschinenbaus,[131]
  - kaufmännischen Lehre und dem Medizinstudium,[132]
  - Ausbildung zum Speditionskaufmann und dem Studium der Rechtswissenschaft,[133]
  - Ausbildung zur „Europasekretärin" mit dem Schwerpunkt Textverarbeitung unter gleichzeitiger Vermittlung von Fremdsprachenkenntnissen und einem anschließenden Studium der Volkswirtschaftslehre.[134]

82   Der **enge zeitliche Zusammenhang** erfordert, dass der Auszubildende nach dem Abschluss der Lehre das Studium mit der gebotenen Zielstrebigkeit aufnimmt. Übt er zunächst den erlernten Beruf aus, obwohl er mit dem Studium beginnen könnte, und wird der Entschluss zum Studium aus sonst nicht erkennbar, so wird der Zusammenhang und damit die Einheitlichkeit des Ausbildungsweges aufgehoben.[135] Die Ableistung des Wehr- oder Ersatzdienstes nach der Lehre, aber vor Aufnahme des Studiums ist unschädlich.[136] Vgl. auch Rn. 76. Der enge zeitliche Zusammenhang kann auch dann gewahrt sein, wenn die Zeit zwischen der praktischen Ausbildung und dem Studium auf zwangsläufige, dem Kind nicht anzulastende Umstände zurückzuführen ist, z. B. auf Entwicklungsstörungen infolge von familiären Schwierigkeiten (Rn. 68 b, 74).[137]

Der **Studienentschluss** muss nicht von vornherein, sondern kann **erst nach** Beendigung **der Lehre** gefasst werden. Es entspricht gerade der Eigenart dieses Ausbildungsweges, dass die praktische Ausbildung vielfach aufgenommen wird, ohne dass sich der Auszubildende endgültig schlüssig wird, ob er nach deren Abschluss ein Studium anschließen soll.[138] Demgemäß brauchen die Eltern nicht schon vor Aufnahme des Studiums von der Absicht, die Ausbildung fortzusetzen, informiert zu werden.[139]

Eine **kurzfristige Ausübung des erlernten Berufs** schließt den engen zeitlichen Zusammenhang nicht aus, wenn das Studium zum frühest möglichen Zeitpunkt nach Ende der Ausbildung aufgenommen wird, die Berufstätigkeit also im Wesentlichen die Zeit bis zum Studium überbrückt.[140]

83   Die Finanzierung des Studiums muss für die Eltern wie der Ausbildungsunterhalt allgemein (vgl. dazu Rn. 65) **zumutbar** sein. Die Zumutbarkeit wird nicht nur durch die wirtschaftliche Leistungsfähigkeit der Eltern, sondern auch durch die Frage bestimmt, ob und inwieweit sie damit rechnen müssen, dass ihr Kind nach dem Schulabschluss und nach einer Lehre noch weitere Ausbildungsstufen anstrebt.

Ob sich das Studium im Rahmen der wirtschaftlichen Leistungsfähigkeit der Eltern hält, ob es ihnen zumutbar ist, muss sorgfältig geprüft werden.[141] Je älter ein Kind bei Aufnahme einer (weiteren) Ausbildung ist und je eigenständiger es seine Lebensverhältnisse gestaltet, desto mehr tritt die Elternverantwortung zurück und umso sorgfältiger ist die Angemessenheit der Ausbildung zu prüfen.[142] Zu berücksichtigen ist insbesondere:

- ob die Eltern durch die bisherige Ausbildung finanziell nicht oder nur wenig in Anspruch genommen worden sind[143] oder ob sie durch eine vom Kind bezogene Ausbildungsvergütung, durch steuerliche Vorteile, durch Kindergeld oder in anderer Weise entlastet waren,[144]

---

[131] BGH, FamRZ 1993, 1057
[132] BGH, FamRZ 1991, 1044
[133] BGH, FamRZ 1992, 1407
[134] BGH, FamRZ 2001, 1601 = R 562 a
[135] BGH, FamRZ 1989, 853
[136] So offenbar BGH, FamRZ 1993, 1057 = NJW 1993, 2238; vgl. auch BGH, FamRZ 1992, 170 = R 439
[137] BGH, FamRZ 2001, 1601 = R 562 a
[138] BGH, FamRZ 1989, 853
[139] BGH, FamRZ 1992, 170 ff.
[140] BGH, FamRZ 1989, 853
[141] BGH, FamRZ 1989, 853; vgl. auch BGH, FamRZ 1998, 671 = R 523
[142] BGH FamRZ 2006, 1100, 1103 = R 654 f; FamRZ 1998, 671 = R 523
[143] BGH FamRZ 2006, 1100, 1103 = R 654 g
[144] BGH, FamRZ 1989, 853

- ob das Kind mit dem Abschluss der Lehre bereits ein Alter erreicht hat, in dem die Eltern nicht mehr damit rechnen mussten, dass es noch ein Studium aufnehmen werde,[145]
- ob die Eltern in der gerechtfertigten Erwartung eines früheren Ausbildungsabschlusses anderweitige finanzielle Dispositionen getroffen haben, die ihre Leistungsfähigkeit in Anspruch nehmen und sich nur unter Einbußen rückgängig machen lassen,[146] sich z. B. ein Elternteil aus wichtigem Grund einer Umschulung unterzieht (vgl. Rn. 412, auch Rn. 252),
- ob sich die Eltern bereits der Altersgrenze nähern und ihnen ein besonderes Interesse zugestanden werden muss, ihre Geldmittel frei von Unterhaltsansprüchen zur eigenen Verfügung zu haben.[147]

Die Grundsätze zum Ausbildungsgang Abitur – Lehre – Studium sind nicht anwendbar, **84** wenn das Kind **erst nach** Abschluss **der Lehre** durch weiteren Schulbesuch die (Fach-)**Hochschulreife** erwirbt und dann ein Studium aufnimmt. Dies gilt insbesondere beim Ausbildungsgang **Haupt-(Real-)schule, Lehre, Fachoberschule, Fachhochschule.** Der BGH verneint in diesen Fällen grundsätzlich die Einheitlichkeit der Ausbildung, weil anders als in den Abitur-Lehre-Studium-Fällen die Eltern nicht mit der Aufnahme eines Studiums nach der Lehre rechnen müssten.[148] Er bejaht aber ausnahmsweise eine einheitliche Ausbildung und damit einen Unterhaltsanspruch, wenn das Kind **von vornherein die Absicht** geäußert hatte, nach der Lehre die Fachoberschule zu besuchen und anschließend **zu studieren oder** die Eltern auf Grund besonderer Anhaltspunkte mit einem derartigen Werdegang des Kindes rechnen mussten. Dies kann der Fall sein, wenn sich in der schulischen Entwicklung oder in der Lehre eine deutliche Begabung, insbesondere in theoretischer Hinsicht, zeigt.[149] Eine Verpflichtung zur Finanzierung des Studiums besteht auch, wenn die Eltern vor Antritt der Lehre sich darüber einig waren, dass dem Kind die Möglichkeit eröffnet werden sollte, später auf dem zweiten Bildungsweg das Abitur nachzuholen und dann zu studieren[150] Im Jahre 1990 hatte der BGH es dagegen noch für möglich gehalten, dass der Entschluss zum Studium erst während der praktischen Ausbildung gefasst wird.[151] Notwendig ist, dass das Studium als Weiterbildung anzusehen ist, die beiden Ausbildungen also in einem engen sachlichen und zeitlichen Zusammenhang stehen (vgl. Rn. 81 f.).[152] Der sachliche Zusammenhang ist z. B. bei einer Ausbildung zum Zimmerer und dem Studiengang „Baubetrieb" gegeben.[153] Er fehlt dagegen, wenn das Kind auf der Schule zunächst scheitert und beim Beginn der praktischen Berufsausbildung weder die Absicht besteht, nach deren Abschluss die Fachhochschule zu besuchen und zu studieren, noch nach Begabung, Leistungsbereitschaft und Leistungsverhalten eine Weiterbildung nach Abschluss der praktischen Ausbildung zu erwarten ist.[154]

Der Verpflichtete braucht über den Plan, nach Abschluss der Lehre die Ausbildung fortzusetzen, **nicht informiert** zu werden. Es reicht aus, wenn diese Absicht in einem ernsthaften Gespräch mit dem nicht barunterhaltspflichtigen Elternteil geäußert worden ist. Wenn der Unterhaltpflichtige hiervon allerdings erst nachträglich erfährt, kann dies im Rahmen der Zumutbarkeitsprüfung von Bedeutung sein.[155] Genaueres zur Zumutbarkeit Rn. 83. Zum Ausbildungsgang Abitur – Lehre – Fachhochschulstudium vgl. Rn. 80. Die Unterhaltspflicht kann fortdauern, wenn die Begabung des Kindes zunächst falsch eingeschätzt worden ist oder wenn die Verzögerung des endgültigen Berufsabschlusses auf vorübergehendem leichtem Versagen des Kindes beruht.[156]

[145] BGH, FamRZ 1989, 853
[146] BGH, FamRZ 1989, 853
[147] BGH, FamRZ 1989, 853
[148] BGH FamRZ 2006, 1100, 1101 = R 654 c
[149] BGH, FamRZ 2006, 1100, 1101 f. = R 654 d; FamRZ 1995, 416; OLG Bamberg, FamRZ 1998, 315
[150] OLG Koblenz, FamRZ 2001, 1164
[151] BGH, FamRZ 1991, 320
[152] BGH, FamRZ 2006, 1100, 1103 = R 654 c; FamRZ 1995, 416
[153] OLG Karlsruhe, NJW-FER 2001, 17
[154] BGH, FamRZ 1995, 416
[155] BGH, FamRZ 1991, 320
[156] BGH FamRZ 2006, 1100, 1103 = R 654 d, g

85   Fehlt es an einem engen sachlichen Zusammenhang zwischen **zwei Ausbildungen,** wird eine Unterhaltspflicht der Eltern nicht allein dadurch begründet, dass das Kind von vornherein die Ausbildung in zwei verschiedenen Berufen anstrebt. Notwendig ist stets, dass die zweite Ausbildung sich als bloße Weiterbildung darstellt. Dies ist bei fehlendem engem sachlichem Zusammenhang ausgeschlossen.[157] Eine Unterhaltsberechtigung des Kindes kann dann nur bejaht werden, wenn die Eltern ausnahmsweise eine Zweitausbildung finanzieren müssen (oben Rn. 73 ff.).

III. Einkommen und Vermögen des Kindes

1. Anrechenbare Einkünfte des Kindes

86   Einkünfte des Kindes sind bei der Ermittlung seiner Bedürftigkeit genauso umfassend zu berücksichtigen wie beim Verpflichteten. Deshalb mindert **eigenes Einkommen** des Kindes jeder Art dessen Bedürftigkeit.[158] Einkünfte sind erst von dem Tag an zu berücksichtigen, an dem sie tatsächlich gezahlt worden sind. Auf den Beginn der Erwerbstätigkeit oder der Ausbildung kommt es bei nachschüssiger Zahlweise der Vergütung nicht an.[159] Nur ausnahmsweise bestimmt das Gesetz, dass Einkünfte nicht auf den Unterhaltsanspruch anzurechnen sind. Dies ist vor allem bei **subsidiären Sozialleistungen** (vgl. Rn. 1/451 ff., 8/7 ff.) der Fall, insbesondere
- bei der Sozialhilfe nach dem SGB XII (Rn. 1/483, 8/18 ff.),
- bei der Grundsicherung für Arbeitsuchende nach dem SGB II, vor allem beim Arbeitslosengeld II (Rn. 8/171 ff.),
- bei Leistungen nach dem Unterhaltsvorschussgesetz (Rn. 8/262 ff.),
- bei Vorausleistungen nach dem BAföG (Rn. 1/456 ff., 8/279 ff.)

Erziehungsgeld für bis zum 31. 12. 2006 geborene Kinder (Rn. 1/85, 2/52), Elterngeld für ab 1. 1. 2007 geborene Kinder (Rn. 1/85 a, 2/52) und weitergeleitetes Pflegegeld (Rn. 1/463 ff., 2/329) sind nur unter bestimmten Voraussetzungen anrechenbares Einkommen (§ 9 BerzGG, § 11 BEEG, § 13 VI SGB XI). **Kindergeld** ist seit dem 1. 1. 2008 als Einkommen des Kindes zu berücksichtigen. Es mindert den Anspruch des Kindes auf Barunterhalt, und zwar bei Betreuung des minderjährigen Kindes gemäß § 1606 III 2 BGB zur Hälfte, im Übrigen in voller Höhe (§ 1612 b I BGB n. F.). Vgl. dazu im Einzelnen Rn. 500 ff.

87   Als **anrechenbare Einkünfte** kommen vor allem in Betracht:
- Ausbildungsvergütungen (Rn. 90 ff.);
- sonstige Einkünfte aus Erwerbstätigkeit und fiktives Einkommen aus unterlassener zumutbarer Erwerbstätigkeit (Rn. 144 ff., 1/487 ff.);
- Einkünfte aus Vermietung und Verpachtung (Rn. 1/293 ff.), aus einem Wohnvorteil (Rn. 1/311 ff.), aus Zinsen und sonstigen Kapitalerträgen (Rn. 1/403 ff.);
- Waisen- und Halbwaisenrente[161] (Rn. 1/440);
- endgültige BAföG-Leistungen, auch soweit sie als unverzinsliches Darlehen gewährt werden[162] (Rn. 1/456 ff., 8/286); zu Vorausleistungen vgl. Rn. 8/287;
- nicht subsidiäre Sozialleistungen, insbesondere solche, die der Berechtigte durch Beiträge erkauft hat, wie z. B. Leistungen der gesetzlichen Renten-, Kranken-, Pflege-, Arbeitslosen- oder Unfallversicherung; bei Sozialleistungen infolge eines Körper- oder Gesundheitsschadens wird vermutet, dass die schadensbedingten Aufwendungen nicht geringer sind als die Sozialleistungen (§ 1610 a BGB; Näheres dazu Rn. 1/443 f.);

---

[157] BGH, FamRZ 1992, 1407; FamRZ 1991, 1044
[158] BGH FamRZ 2006, 1597 f. = R 659 b mit Anm. Born
[159] So mit Recht Nickel FamRZ 2006, 687 gegen AG Weiden FamRZ 2006, 565
[160] nicht belegt
[161] BGH FamRZ 2006, 1597, 1599 = R 659 b mit Anm Born; FamRZ 1980, 1109
[162] BGH, FamRZ 1989, 499

– Leistungen nach dem SGB VIII, die seit dem 1. 1. 2005 nicht mehr subsidiär sind, seitdem aber einen öffentlich-rechtlichen Kostenbeitrag der Eltern auslösen können (vgl. §§ 91 ff. SGB VIII)[162a], vgl. dazu Rn 1/463 a, 2/327 a.

Einkünfte aus **Werkstudentenarbeit und Ferienjobs** sowie ähnliches Nebeneinkom- **88** men von Schülern und Studenten sind nicht oder nur teilweise anrechenbar (vgl. Rn. 286, 350, 1/552 ff.). Da ein Schüler oder Student – auch während der Schul- bzw. Semester- ferien – zu einer Erwerbstätigkeit neben dem Schulbesuch oder dem Studium nicht verpflichtet ist, stammt gleichwohl erzieltes **Einkommen aus überobligationsmäßiger Tätigkeit.** Derartige Einkünfte sind in entsprechender Anwendung des § 1577 II 1 BGB nicht anzurechnen, wenn der Verpflichtete nicht den vollen Unterhalt leistet, z. B. weil er die Zahlungen eingestellt hatte, das Kind also die Erwerbstätigkeit aufnehmen musste, um seinen Lebensunterhalt bestreiten zu können.[163] Von einer Anrechnung wird auch abzuse- hen sein, wenn der Student durch seinen Verdienst Sonderbedarf, z. B. Umzugskosten, decken will, für den die laufenden Unterhaltszahlungen nicht ausreichen. Man wird dem Schüler und Studenten ebenfalls nicht verwehren können, sich durch Nebentätigkeit in angemessenem Umfang einen besseren Lebensstandard zu ermöglichen, als der nach Tabel- lensätzen bemessene Unterhalt zulassen würde. Zu beachten ist aber, dass die Ausbildung unter der Erwerbstätigkeit nicht leiden darf.[164] Danach können insbesondere Einkünfte eines Studenten aus geringfügiger Nebentätigkeit in den Anfangssemestern anrechnungsfrei bleiben.[165] Im Übrigen kommt analog § 1577 II 2 BGB eine Anrechnung insoweit in Betracht, als dies unter Berücksichtigung der beiderseitigen wirtschaftlichen Verhältnisse der Billigkeit entspricht.[166] Steht ein Student in einem festen Anstellungsverhältnis, z. B. weil er in den Labors eines Wirtschaftsunternehmens Versuche für seine Diplomarbeit durchführt, wird man seinen Bedarf höher als den Studentenunterhalt nach der Düssel- dorfer Tabelle Stand: 1. 1. 2008 von 640,– € (vgl. Rn. 369) ansetzen und ihm jedenfalls den Mindestbedarf eines Erwerbstätigen von 900,– € nach Anm. A 7 II der Düsseldorfer Tabelle zubilligen müssen; darauf kann eine etwaige Vergütung teilweise angerechnet werden.[167]

Bei Schülern wird die Nichtanrechnung geringer Einkünfte, auch wenn sie für Luxusan- schaffungen, z. B. ein gebrauchtes Motorrad, verwendet werden, in der Regel der Billigkeit entsprechen, falls schutzwürdige Interessen des Pflichtigen nicht verletzt werden, insbeson- dere falls das Kind seine schulischen Pflichten erfüllt und dem Verpflichteten durch die Erwerbstätigkeit des Kindes keine unterhaltsbezogenen Vorteile (Kindergeld, Steuerfrei- beträge, kinderbezogene Bestandteile des Familienzuschlags usw.) entgehen.[168]

Zu überobligationsmäßigen Einkünften eines volljährigen, in einem Heim lebenden Kindes aus Arbeit in einer Behindertenwerkstatt vgl. Rn. 405.

Beim Zusammenleben des Kindes mit einem anderen Partner in **nichtehelicher** **89** **Lebensgemeinschaft** ist die Rechtsprechung des BGH zum Ehegattenunterhalt grund- sätzlich heranzuziehen, soweit sie die Bedürftigkeit des Ehegatten betrifft, nicht dagegen, soweit sie auf § 1579 BGB, insbesondere § 1579 Nr. 8 (früher Nr. 7) beruht.[169] Dem Kind kann daher ein fiktives Einkommen zugerechnet werden, wenn es dem Lebens- gefährten den Haushalt führt und ihn versorgt (vgl. Rn. 1/469).[170] Auch werden im Rahmen einer auf Dauer angelegten nichtehelichen Lebensgemeinschaft finanzielle Mittel, die das Kind von seinem Partner für die gemeinsame Lebenshaltung entgegennimmt, seine Bedürftigkeit grundsätzlich mindern, auch wenn es nicht den Haushalt führt (vgl.

[162a] BGH, FamRZ 2007, 377 = R 666 a
[163] BGH, FamRZ 1995, 475, 477 = R 491 b, c; OLG Hamm, FamRZ 1997, 231
[164] So mit Recht OLG Hamm, FamRZ 1997, 1497
[165] BGH, FamRZ 1995, 475, 477 = R 491 b, c
[166] BGH, FamRZ 1995, 475, 477 = R 491 b, c
[167] OLG Hamm, FamRZ 1997, 231
[168] OLG Köln, FamRZ 1996, 1101
[169] BGH, FamRZ 1989, 487
[170] Vgl. BGH, FamRZ 2008, 594; FamRZ 2001, 1693 = R 567; gegen den Ansatz fiktiver Einkünfte und für teilweise Deckung des Bedarfs durch Zuwendungen des Lebensgefährten: Scholz FamRZ 2003, 265, 270

Rn. 52).[171] Jedoch wird stets geprüft werden müssen, ob wirklich eine nichteheliche Lebensgemeinschaft vorliegt. Zwei Studenten leben im Zweifel in einer **Wohngemeinschaft** und nicht in einer Lebensgemeinschaft. Solange sich das unterhaltsberechtigte Kind zielstrebig einer Ausbildung unterzieht, wird ein fiktives Einkommen für die Versorgung des Partners kaum angesetzt werden können, selbst wenn sexuelle Beziehungen bestehen. In einem solchen Fall werden beide Partner sich die Haushaltsführung teilen. Zudem trifft ein Kind, das sich ausbilden lässt, keine Erwerbsobliegenheit. Dann fehlt die Rechtfertigung dafür, ein fiktives Versorgungsentgelt zuzurechnen.

2. Anrechnung einer Ausbildungsvergütung

90   Ausbildungsvergütungen, Ausbildungsbeihilfen, Zuschüsse während eines Praktikums und ähnliche Bezüge sind vom Zeitpunkt der Zahlung an (Rn. 86) **anrechenbare Einkünfte** des Auszubildenden. Vor der Anrechnung sind sie um ausbildungsbedingte Aufwendungen (Werbungskosten) oder ausbildungsbedingten Mehrbedarf (vgl. Rn. 1/87 ff.) zu bereinigen.[172] Solche Aufwendungen können entstehen für Fahrtkosten, Lernmittel, besonderen Kleidungsaufwand u. ä.

91   Die Höhe der ausbildungsbedingten Aufwendungen kann nicht pauschal mit der Hälfte der Ausbildungsvergütung angenommen werden, sondern ist grundsätzlich entsprechend den besonderen Verhältnissen des Einzelfalles vom Gericht festzustellen. Dabei ist eine Anlehnung an Richtsätze und Leitlinien möglich, die auf die gegebenen Verhältnisse abgestellt sind und der Lebenserfahrung entsprechen.[173]

92   Die Düsseldorfer Tabelle und ein Teil der Leitlinien der Oberlandesgerichte pauschalieren den ausbildungsbedingten Mehrbedarf (Rn. 93); andere verlangen eine konkrete Darlegung der Mehraufwendungen, die dem Gericht eine Schätzung nach § 287 ZPO ermöglicht (vgl. Rn. 95, 6/728 ff.).

93   Die meisten Oberlandesgerichte ziehen **Pauschalen für ausbildungsbedingten Mehrbedarf** von der Ausbildungsvergütung ab.

     Die Oberlandesgerichte **Brandenburg, Braunschweig, Düsseldorf, Hamm, Koblenz, Köln, Oldenburg, Schleswig** und die **süddeutschen Oberlandesgerichte** setzen eine Pauschale von 90,– € an (jeweils 10. 2. 3 der Leitlinien). Das OLG Düsseldorf gewährt die Pauschale nur, wenn das Kind im Haushalt der Eltern oder eines Elternteils lebt (Düsseldorfer Tabelle Stand: 1. 1. 2008 Anm. A 8). Die Pauschale von 90,– € findet ihre Rechtfertigung darin, dass die Beträge der Tabelle Kindesunterhalt im Wesentlichen auf den Bedarf eines Schülers zugeschnitten sind, der Auszubildende, der bereits am Berufsleben teilnimmt, dagegen einen höheren, nur schwer bezifferbaren Bedarf hat, der neben den üblichen berufsbedingten Aufwendungen (Fahrgeld, Berufskleidung usw.) durch die Pauschale abgegolten werden soll.[174] Das heißt freilich nicht, dass derartige Aufwendungen neben der vollen Pauschale von 90,– € geltend gemacht werden können.[175] Reicht die Pauschale für den anzuerkennenden ausbildungsbedingten Mehrbedarf nicht aus, ist der Mehraufwand insgesamt darzulegen und ggf. nachzuweisen. Insoweit gilt Anm. A 3 der Düsseldorfer Tabelle sinngemäß.

     Der BGH hat den pauschalierten Abzug eines ausbildungsbedingten Mehrbedarfs in Höhe von 85,– € nach der Düsseldorfer Tabelle Stand: 1. 1. 2002[176] für rechtlich unbedenklich gehalten.[177] Dies dürfte auch für den jetzt überwiegend angesetzten Betrag von 90,– € gelten.

94   Hat der minderjährige oder volljährige Auszubildende bereits einen **eigenen Haushalt** und wird deshalb der Bedarf nach der Düsseldorfer Tabelle Stand: 1. 1. 2008 (Anm. A 7

---

171 OLG Koblenz, FamRZ 1991, 1469 f.; a. A. OLG Celle, FamRZ 1993, 352, das eine freiwillige Leistung eines Dritten annimmt
172 BGH, FamRZ 1988, 159; FamRZ 1981, 541 = NJW 1981, 2462
173 BGH, FamRZ 1981, 541, 543 = NJW 1981, 2462
174 Scholz, FamRZ 1993, 125, 133
175 Anders zu Unrecht OLG Hamburg, JAmt 2001, 300
176 FamRZ 2001, 810
177 BGH FamRZ 2006, 99, 100 = R 641 b

II 2) mit 640,– € angesetzt (vgl. Rn. 368 ff.), kann die Pauschale von 90,– € nicht gewährt werden, wie sich aus Anm. A 8 der Tabelle ergibt.[178] Die Berücksichtigung ausbildungsbedingten Mehrbedarfs wird vielfach abgelehnt, weil im Richtsatz von jetzt 640,– € derartige Mehrkosten bereits enthalten seien (vgl. dazu Rn. 382). Es erscheint jedoch angemessen, statt des Pauschbetrags von 90,– € wenigstens die Pauschale von 5% des Einkommens für berufsbedingte Aufwendungen, mindestens aber 50,– € abzusetzen; diese Pauschale steht nach Anm. A 3 der Düsseldorfer Tabelle jedem zu, der einer abhängigen Erwerbstätigkeit nachgeht.[179] So ausdrücklich DL 10.2.3.

Die **konkrete Darlegung** des ausbildungsbedingten Mehrbedarfs wird von den Ober- **95** landesgerichten **Bremen, Hamburg, Rostock** und vom **Kammergericht** gefordert. Die Oberlandesgerichte **Dresden** und **Frankfurt** gehen auch beim Auszubildenden von einer **Pauschale von 5%** des Einkommens aus. Vgl. 10.2.3 der jeweiligen Leitlinien.

3. Anrechnung von Einkommen auf Barunterhalt und auf Betreuungsunterhalt

Einkünfte des Kindes kommen grundsätzlich beiden Eltern zugute, wenn jeder von ihnen **96** Unterhalt leistet.

Leistet, wie es bei **Minderjährigen** die Regel ist, ein Elternteil den **Barunterhalt** und **97** erbringt der andere Elternteil die **Betreuungsleistungen,** werden wegen der Gleichwertigkeit von Bar- und Betreuungsunterhalt nach § 1606 III 2 BGB beide Eltern je zur Hälfte durch das Einkommen des Kindes entlastet. Das heißt, die Einkünfte des Kindes, insbesondere Ausbildungsvergütung, Waisengeld, Zinseinkünfte, seit dem 1. 1. 2008 auch Kindergeld (§ 1612 b I 1 Nr. 1 BGB; vgl. dazu Rn. 500 ff.), sind nur **zur Hälfte auf den Barunterhalt** zu anzurechnen, zur anderen Hälfte dienen sie als Ausgleich für die Betreuungsleistungen des anderen Elternteils.[180] Vgl. Rn. 286.

Beispiel:
Nettoeinkommen des Vaters = 1400,– €. Der 16-jährige Sohn S bezieht eine Ausbildungsvergütung von 300,– €. Er lebt bei der Mutter, die das Kindergeld von 154,– € erhält.
Unterhalt nach DT 3/3 = 402,– € (Höhergruppierung um zwei Einkommensgruppen nach DT Anm. A 1 wegen unterdurchschnittlicher Unterhaltsbelastung; vgl. Rn. 233).
Anrechenbare Ausbildungsvergütung (vgl. Rn. 90 ff.) 300,– €; ausbildungsbedingte Aufwendungen 90,– € (vgl. Rn. 93). Bereinigte Vergütung: 300 – 90 = 210,– €. Anzurechnender hälftiger Anteil: 105,– €.
Restbedarf, zugleich geschuldeter Unterhalt : 402 – 105 – 77 (hälftiges Kindergeld) = 220,– €. V behält 1400 – 220 = 1180,– € und damit mehr als der Bedarfskontrollbetrag der 3. Einkommensgruppe von 1100,– €. Eine Höhergruppierung in die 4. Einkommensgruppe scheidet schon deshalb aus, weil der Bedarfskontrollbetrag dieser Gruppe von 1200,– € nicht gewahrt wäre.[181] Zur Bedarfskontrolle vgl. Rn. 239 ff., zur Verrechnung des Kindergeldes vgl. Rn. 500 ff.

Besteht **bei Minderjährigen** ausnahmsweise eine **Barunterhaltspflicht beider Eltern,** **98** z. B. weil das Kind in einem Heim lebt, ist grundsätzlich wie bei Volljährigen das Einkommen des Kindes in voller Höhe vom Bedarf abzuziehen und erst der Restbedarf anteilig nach § 1606 III 1 BGB zu verteilen. Vgl. dazu Rn. 289 ff., 304. Auch das Kindergeld wird seit dem 1. 1. 2008 in voller Höhe bedarfsdeckend angerechnet, wenn das Kind nicht von einem Elternteil im Sinne des § 1606 III 2 BGB betreut wird. Vgl. Rn. 505 ff.

Das **volljährige Kind** wird nach Eintritt der Volljährigkeit nicht mehr von einem Eltern- **99** teil im Rechtssinne betreut, selbst wenn sich mit der Vollendung des 18. Lebensjahres an den bisherigen Ausbildungs- und Wohnverhältnissen nichts geändert hat.[182] Volljährige unverheiratete Kinder stehen zwar bis zur Vollendung des 21. Lebensjahres minderjährigen

---

[178] So auch das OLG Hamm (HL 10.2.3, 13.1.2)
[179] OLG Düsseldorf, FamRZ 1994, 1610; vgl. auch HL 10. 2. 2 in Verbindung mit 13.1.2
[180] BGH, FamRZ 1988, 159, 161; FamRZ 1980, 1109, 1111 = NJW 1981, 168, 170
[181] Zur Höhergruppierung nach der Neufassung der Düsseldorfer Tabelle zum 1. 1. 2008 vgl. Klinkhammer FamRZ 2008, 193, 197
[182] BGH, FamRZ 2006, 99, 102 = R 641 d mit Anm. Viefhues und Scholz; FamRZ 1994, 696, 698 = R 477 c

unverheirateten Kindern gleich, solange sie im Haushalt der Eltern oder eines Elternteils leben und sich in der allgemeinen Schulausbildung befinden. Dies betrifft aber nur die verschärfte Haftung der Eltern und den Rang der privilegiert volljährigen Kinder (§§ 1603 II 2, 1609 II 1 BGB). § 1606 III 2 BGB gilt für ein solches Kind nicht. Vgl. dazu im einzelnen Rn. 452 ff., 467 ff. Deshalb sind grundsätzlich beide Eltern im Rahmen ihrer Leistungsfähigkeit dem volljährigen Kind barunterhaltspflichtig (vgl. § 1606 III 1 BGB; Rn. 15, 433 ff.). Demgemäß sind Einkünfte des Kindes, insbesondere eine Ausbildungsvergütung, aber auch sonstiges Einkommen, seit dem 1. 1. 2008 auch Kindergeld (Rn. 505 ff.), auf den nach den Tabellen und Leitlinien ermittelten Bedarf voll anzurechnen; der Restbedarf ist anteilig nach § 1606 III 1 BGB von den Eltern zu tragen.[183] Vgl. dazu Rn. 433 ff. und das Beispiel Rn. 449. Eine volle Anrechnung des Kindeseinkommens, z. B. einer Halbwaisenrente, aber auch des Kindergeldes, findet selbst dann statt, wenn ein Elternteil nach dem Tode des anderen sowohl Bar- als auch Betreuungsunterhalt sicherstellen muss.[184] Ist ein Elternteil nicht leistungsfähig (Rn. 407 ff., 417 ff.), schuldet der andere Elternteil allein den Unterhalt in Höhe des Restbedarfs.

4. Freiwillige Zuwendungen eines Dritten oder eines Elternteils

100   Bei freiwilligen Zuwendungen eines Dritten, auf die das Kind keinen rechtlichen Anspruch hat, hängt die Anrechenbarkeit als Einkommen des Kindes grundsätzlich vom **Willen des zuwendenden Dritten** ab.[185] Vgl. hierzu eingehend Rn. 1/468 ff. Hier geht es vielfach um Zuwendungen, die das Kind von Verwandten des Elternteils, bei dem es lebt, oder von dessen neuem Partner erhält. Diese Personen erbringen derartige Leistungen in der Regel freiwillig und ohne Rechtspflicht. Sie wollen das Kind zusätzlich unterstützen und nicht den anderen unterhaltspflichtigen Elternteil entlasten. Daher sind diese Leistungen im Normalfall nicht als anrechenbares Einkommen des Kindes anzusehen.[186] Eine Entlastung des barunterhaltspflichtigen Elternteils kann dagegen beabsichtigt sein, wenn einer seiner Verwandten, z. B. die Mutter des Kindesvaters, das Kind in ihren Haushalt aufnimmt und versorgt oder es in sonstiger Weise unterstützt.[187] Freiwillige Leistungen können einmalige oder regelmäßige Geldgeschenke sein oder sonstige geldwerte Sach- oder Naturalleistungen, wie z. B. unentgeltliche Wohnungsgewährung, Verköstigung oder die Pflege eines hilflosen Ehegatten.[188] Ererbtes Vermögen, das dem Kind ohne Zweckbindung durch eine testamentarische Auflage zugewendet worden ist, kann dagegen nicht als freiwillige Leistung des Erblassers in dem hier erörterten Sinn angesehen werden.[189] Vgl. dazu auch Rn. 107. Bei Schenkungen unter Lebenden ist oft davon auszugehen, dass der Schenker einen Verbrauch des geschenkten Geldbetrages oder eine Veräußerung der geschenkten Sache, z. B. eines Grundstücks, nicht wünscht, zumal da ihm auf die Dauer von zehn Jahren ein Rückforderungsrecht wegen Notbedarfs zusteht (§§ 528 I, 529 I BGB). Als Einkommen sind daher in der Regel nur Zinsen bzw. Nutzungsvorteile anzurechnen;[190] vgl. auch Rn. 114 a. Durch das Büchergeld der Studienstiftung des Deutschen Volkes soll die besondere Begabung des studierenden Kindes gefördert, nicht aber der Unterhaltspflichtige entlastet werden. Die Gewährung des Büchergeldes ist die freiwillige Leistung eines Dritten, mag auch der Student auf Grund des Bewilligungsbescheides einen Anspruch auf die demnächst zu zahlenden Raten des Büchergeldes haben.[191]

---

[183] BGH FamRZ 2006, 99 ff. = R 641 e mit Anm. Viefhues und Scholz

[184] BGH FamRZ 2006, 1597, 1599 mit Anm. Born

[185] BGH, FamRZ 1995, 537 = R 493 b; FamRZ 1993, 417, 419 = R 458

[186] BGH, FamRZ 1995, 537 = R 493 b; FamRZ 1985, 584

[187] BGH, FamRZ 1993, 417, 419 = R 458

[188] BGH, FamRZ 1995, 537 = R 493 b; OLG Hamm, FamRZ 1999, 166; vgl. auch BGH FamRZ 2005, 967, 969 = R 629 b

[189] OLG München, FamRZ 1996, 1433; Büttner, FamRZ 2002, 1445, 1447

[190] Büttner, FamRZ 2002, 1445, 1447

[191] Büttner, FamRZ 2002, 1445, 1446

Im **Mangelfall** ist es nicht ausgeschlossen, aus Billigkeitserwägungen die freiwilligen Leistungen des Dritten, die dieser ohne Rückforderungsabsicht, aber nicht zur Entlastung des Pflichtigen erbracht hat, ganz oder teilweise auf den Unterhaltsbedarf des Berechtigten anzurechnen.[192] Vgl. dazu Rn. 5/70. M. E. kommt dies allerdings nur für die Vergangenheit in Betracht, da der Dritte die Leistungen jederzeit einstellen kann. Bei **Verwirkung** des Unterhaltsanspruchs nach § 1611 BGB sind die freiwilligen Leistungen eines Dritten nicht in die Billigkeitsabwägung einzubeziehen.[193]

Dritter in diesem Sinn (Rn. 100) kann **auch ein Elternteil** sein.[194] Deshalb sind freiwil- **101** lige und überobligationsmäßige Leistungen eines Elternteils in der Regel nicht auf den Barunterhaltsanspruch gegen den anderen Elternteil anzurechnen. Es kann im Allgemeinen nach der Lebenserfahrung nicht angenommen werden, dass der zuwendende Elternteil mit seiner Leistung den anderen Elternteil von dessen Unterhaltsverpflichtung entlasten will; vielmehr ist regelmäßig nur eine freiwillige Unterstützung des Kindes beabsichtigt.[195]

Bei Barunterhaltspflicht beider Eltern (Rn. 289 ff., 433 ff.) wird der anteilige Anspruch des Kindes gegen einen Elternteil nicht dadurch erfüllt, dass der andere Elternteil überobligationsmäßige Leistungen erbringt, d. h. dem Kind mehr zuwendet, als es seinem Haftungsanteil entspricht.[196]

Gleiches gilt im Prinzip bei Barunterhaltspflicht nur eines Elternteils (Rn. 282 ff.), wenn der nicht barunterhaltspflichtige Elternteil dem Kind trotzdem Geld oder geldwerte Leistungen (z. B. Wohnungsgewährung) zuwendet und dafür vom Kind keine Gegenleistung verlangt.[197]

Um eine solche nicht anrechenbare Zuwendung handelt es sich auch, wenn ein Elternteil dem bei ihm wohnenden, in Ausbildung befindlichen Kind die Ausbildungsvergütung belässt und vom Kind keinen oder einen zu niedrigen Beitrag zu den Kosten der Wohnung, Verköstigung und sonstige materielle Versorgung verlangt. Solche Mehrleistungen entlasten nicht den anderen Elternteil.[198] Vielmehr ist der von diesem zu zahlende Unterhalt nach den allgemeinen Regeln zu bemessen (vgl. dazu Rn. 286, 448 f.). Es bleibt dem Elternteil, bei dem das Kind wohnt, überlassen, dessen Bedarf bei Minderjährigkeit aus dem vom anderen Elternteil geschuldeten Unterhalt zu decken oder sich mit dem volljährigen Kind hinsichtlich der Leistungen, die er noch erbringt (Wohnungsgewährung, Verpflegung usw.), auseinanderzusetzen und sie mit dem anteiligen Anspruch des Kindes auf Barunterhalt zu verrechnen; vgl. auch Rn. 104.

Soweit ein Elternteil Unterhaltsleistungen erbracht hat, die über das von ihm geschuldete Maß hinausgehen, dürfte ein Rückforderungsanspruch gegen das Kind an § 685 II BGB scheitern, da dem Elternteil in der Regel die Absicht fehlt, von ihm Ersatz zu verlangen.[199]

Wird bei einem **minderjährigen Kind** dessen **Barbedarf** nach der Düsseldorfer Tabelle **102** bemessen, so deckt der danach zu zahlende Barunterhalt den **gesamten Lebensbedarf** des Kindes ab, insbesondere alle Aufwendungen für Wohnung, Verpflegung, Kleidung, sonstige Versorgung, Ausbildung, Erholung und Gesundheitsfürsorge. Vgl. Rn. 214. Ausgenommen sind jedoch regelmäßiger Mehrbedarf, Sonderbedarf und Prozesskostenvorschuss (vgl. Rn. 133 ff., 138, 317 ff., 401 ff., 6/1 ff., 20 ff.). In den Bedarfssätzen der Düsseldorfer Tabelle ist berücksichtigt, dass das Kind einerseits einen **Wohnbedarf** hat und dass andererseits durch das Zusammenleben mit einem Elternteil eine Ersparnis eintritt (Rn. 214).[200] Dessen

---

[192] Vgl. dazu BGH, FamRZ 1999, 843, 847 = R 533 c, der allerdings die Frage nicht abschließend entscheidet; a. A. Büttner, FamRZ 2002, 1445, 1448
[193] Büttner, FamRZ 2002, 1445, 1447; a. A. Schwab-Borth, Scheidungsrecht, 5. Aufl., IV Rn. 416 (zu § 1579 BGB)
[194] Vgl. BGH, FamRZ 2006, 99, 100 = R 641 d mit Anm. Viefhues und Scholz
[195] BGH, FamRZ 1988, 159, 161; FamRZ 1986, 151 = NJW-RR 1986, 426; FamRZ 1985, 584; OLG Koblenz, FamRZ 2002, 1281
[196] BGH, FamRZ 1988, 159, 161; FamRZ 1986, 151 = NJW-RR 1986, 426; FamRZ 1985, 584
[197] BGH, FamRZ 2006, 99, 100 = R 641 d mit Anm. Viefhues und Scholz
[198] BGH, FamRZ 1988, 159, 161; vgl. auch BGH, FamRZ 2006, 99, 100 ff. = R 641 d mit Anm. Viefhues und Scholz
[199] BGH, FamRZ 1998, 367 = R 517 a
[200] BGH, FamRZ 2006, 99, 101 = R 641 d mit Anm. Viefhues und Scholz

Aufwendungen für das vom Kind bewohnte Zimmer einschließlich der anteiligen Kosten für die von ihm mitbenutzten Räume (Wohnzimmer, Bad, Küche usw.) sind durch den Barunterhalt nach der Düsseldorfer Tabelle abgegolten. Der Elternteil kann daher den Barunterhalt zum Teil zur Deckung des Wohnbedarfs des Kindes verwenden. Er gewährt dem Kind kein kostenfreies Wohnen, das bei der Bemessung des Barunterhalts zu berücksichtigen wäre.

103   Bei **volljährigen Kindern** gelten im Prinzip ähnliche Grundsätze. Mit dem Tabellenunterhalt wird im Normalfall – gleichgültig, ob das Kind bereits einen eigenen Haushalt hat oder noch bei einem Elternteil lebt – der gesamte Lebensbedarf des Volljährigen einschließlich des Wohnbedarfs abgegolten (Rn. 372, 389).[201]

- Ohne Probleme ist dies, wenn der Volljährige nicht bei einem Elternteil wohnt. Sind beide Eltern barunterhaltspflichtig und wendet ihm ein Elternteil mehr zu, als dessen Haftungsanteil entspricht, so entlastet dies als freiwillige überobligationsmäßige Leistung nicht den anderen Elternteil. Gleiches gilt, wenn bei alleiniger Barunterhaltspflicht eines Elternteils der andere Elternteil dem Kind freiwillige Zusatzleistungen erbringt.[202]
- Wohnt bei Barunterhaltspflicht beider Eltern der Volljährige bei einem Elternteil, so erfüllt dieser seine anteilige Unterhaltpflicht in der Regel durch Gewährung von Naturalunterhalt, indem er Wohnraum und sonstige geldwerte Leistungen zur Verfügung stellt (vgl. Rn. 9). Sind seine Leistungen mehr wert, als seinem Haftungsanteil entspricht, so wird der Haftungsanteil des anderen Elternteils nicht gemindert. Decken die Naturalleistungen den Haftungsanteil des Elternteils nicht vollständig, so ist der Differenzbetrag als Barunterhalt zu zahlen.
- Stellt ein nicht leistungsfähiger Elternteil seinem volljährigen Kind Wohnraum kostenlos zur Verfügung, so wird der andere allein barunterhaltspflichtige Elternteil dadurch nicht entlastet, weil es sich um eine freiwillige Zuwendung handelt. Jedoch ist bei der Bedarfsbemessung zu berücksichtigen, dass das Miteinanderwohnen und Zusammenwirtschaften Ersparnisse bei den Lebenshaltungskosten mit sich bringt.[203] Vgl. Rn. 102. Die Düsseldorfer Tabelle Stand: 1. 1. 2008 trägt dieser Minderung des Bedarfs dadurch Rechnung, dass sie den Unterhalt des im Haushalt eines Elternteils lebenden volljährigen Kindes einkommensabhängig in einer 4. Altersstufe ausweist und damit – ausgenommen die 10. Einkommensgruppe – niedriger als den Unterhalt des Kindes mit eigenem Haushalt ansetzt, der nach Anm. A 7 II in der Regel mit einem Festbetrag von 640,– € (Rn. 368 ff., 377 ff.) angenommen wird. Bei Einkünften, die diesen Einkommensgruppen entsprechen, kommt ohnehin eine Erhöhung des Festbetrages in Betracht (Rn. 128 ff., 376).

Wohnen der betreuende Elternteil und das Kind in einer Immobilie, die diesem Elternteil oder beiden Eltern gemeinsam gehört, so ist der Wohnvorteil allein dem Elternteil zuzurechnen.[204] Trägt der barunterhaltspflichtige Elternteil die Annuitäten, tilgt er damit nicht anteilig den Kindesunterhalt. Vgl. dazu eingehend Rn. 1/398 f.

Nimmt der Unterhaltsverpflichtete das Kind vollständig in seinen Haushalt auf, gewährt er ihm im Zweifel auf Grund einer Bestimmung nach § 1612 II 1 BGB Naturalunterhalt. Dann hat auch das volljährige Kind keinen Anspruch auf Barunterhalt. Vgl. dazu Rn. 21 ff., 36.

Genaueres zur Bemessung des Unterhalts volljähriger Kinder und zur Berücksichtigung des Wohnbedarfs vgl. Rn. 368 ff., 383 ff., 398 ff.

104   **Zuwendungen des barunterhaltspflichtigen Elternteils** bewirken in der Regel eine Erfüllung des Barunterhaltsanspruchs, soweit sie für den jeweils aktuellen Lebensbedarf verwendet werden können. Zahlungen an das minderjährige Kind reichen nicht aus; sie müssen vielmehr den gesetzlichen Vertreter erreichen.

---

[201] BGH FamRZ 2006, 99, 100 f. mit Anm. Viefhues und Scholz
[202] BGH FamRZ 2006, 99, 100 f. = R 641 e mit Anm. Viefhues und Scholz
[203] BGH, FamRZ 1988, 1039
[204] BGH, FamRZ 1992, 425 = R 442 a, e; die gegenteilige Auffassung des OLG Düsseldorf, FamRZ 1994, 1049, 1053, die auch in der 5. Auflage vertreten wurde, führt zu überaus komplizierten Berechnungen

Raten, die der barunterhaltspflichtige Elternteil regelmäßig zugunsten des Kindes auf einen Sparvertrag, auf eine Lebens- oder Unfallversicherung einzahlt, sind kein Unterhalt, sondern freiwillige Leistungen, weil mit ihnen der aktuelle Lebensbedarf nicht gedeckt werden kann.

Die Aufwendungen, die durch den **Umgang** des barunterhaltspflichtigen Elternteils mit **104 a** dem minderjährigen Kind entstehen, sind einschließlich der Kosten für einen gemeinsamen Urlaub keine freiwilligen Leistungen; sie sind vom Umgangsberechtigten grundsätzlich selbst zu tragen, können allerdings bei engen wirtschaftlichen Verhältnissen, vor allem wenn zur Finanzierung des Mindestunterhalts das Kindergeld herangezogen werden muss, zu einer Erhöhung des notwendigen Selbstbehalts führen.[205] Vgl. dazu Rn. 126, 168 ff. Zur Unterhaltsberechnung, wenn die Eltern die Betreuung des Kindes unter sich aufteilen, vgl. Rn. 316 b.

Auch Zuwendungen eines **Lebensgefährten** eines Elternteils oder des Kindes können **105** freiwillige Leistungen eines Dritten sein, in Ausnahmefällen dagegen auch auf den Unterhaltsanspruch angerechnet werden (Rn. 52, 89).[206]

5. Berücksichtigung des Kindesvermögens

Ein **minderjähriges,** unterhaltsbedürftiges **Kind** muss nach § 1602 II BGB den **Stamm 106 des eigenen Vermögens** grundsätzlich nicht für Unterhaltszwecke verwenden. Anders ist es jedoch, wenn die Eltern bei Berücksichtigung ihrer sonstigen Verpflichtungen außerstande sind, Unterhalt ohne Gefährdung ihres eigenen angemessenen Bedarfs zu gewähren; dann besteht eine gesteigerte Unterhaltspflicht der Eltern nicht (§ 1603 II 3 BGB). Vgl. dazu Rn. 247 ff. Das Kind muss in diesem Fall das Vermögen für seinen Unterhalt bis auf einen Notgroschen einsetzen (vgl. Rn. 107). Dagegen sind Einkünfte aus Vermögen stets zur Deckung des Unterhalts heranzuziehen. Soweit sie reichen, ist das Kind nicht bedürftig. Zu den Vermögenserträgen im Einzelnen vgl. Rn. 1/403 ff.

Das **volljährige Kind** hat – im Gegensatz zum minderjährigen Kind – vorrangig den **107 Vermögensstamm** zu verwerten, bevor es seine Eltern auf Unterhalt in Anspruch nimmt.[207] Dies gilt auch für das privilegiert volljährige Kind im Sinne des § 1603 II 2 BGB (vgl. dazu Rn. 452 ff.), da § 1602 II BGB nicht entsprechend anwendbar ist (Rn. 462).

Zur Verwertung des Vermögensstammes ist zunächst auf Rn. 1/410 ff., 419 ff. hinzuweisen. Zum Kindesunterhalt ist ergänzend zu bemerken: § 1577 III BGB, nach dem beim Ehegattenunterhalt die Verwertung des Vermögens nicht unwirtschaftlich und unter Berücksichtigung der beiderseitigen Vermögensverhältnisse nicht unbillig sein darf, ist nicht entsprechend anzuwenden. Das Gesetz sieht vielmehr beim Verwandten- und damit beim Kindesunterhalt eine allgemeine Billigkeitsgrenze für die Verwertung des Vermögens nicht vor. Andererseits können Billigkeitserwägungen nicht gänzlich außer Betracht bleiben. Die Grenze der Unzumutbarkeit wird daher etwas enger als bei § 1577 III BGB zu ziehen sein, angenähert etwa dem Rahmen der groben Unbilligkeit. In einer umfassenden Zumutbarkeitsabwägung sind alle bedeutsamen Umstände, insbesondere auch die Lage des Unterhaltsverpflichteten zu berücksichtigen. Hierbei können auch nachrangige Unterhaltsansprüche der Großeltern des Kindes gegen den Kindesvater eine Rolle spielen.[208] Das volljährige Kind ist daher nicht bedürftig, wenn es die Geltendmachung einer Forderung unterlässt, die es in zumutbarer Weise einziehen könnte. Dies gilt auch für eine Forderung gegen einen Elternteil, wenn dieser einen dem Kind gehörenden namhaften Geldbetrag für sich verwendet hat und ihm aufrechenbare Gegenansprüche gegen das Kind, z.B. ein Ersatzanspruch nach § 1648 BGB, nicht zustehen.[209] Auch ererbtes Vermögen ist zu verwerten, jedenfalls wenn es dem Kind ohne Zweckbindung zugewendet worden ist.[210] Vgl. dazu Rn. 100. Der

---

[205] BGH, FamRZ 2005, 706 = R 626
[206] BGH, FamRZ 1993, 417 = R 458
[207] OLG Düsseldorf, FamRZ 1990, 1137; OLG München, FamRZ 1996, 1433
[208] BGH, FamRZ 1998, 367, 369 = R 517 c
[209] BGH, FamRZ 1998, 367, 368 = R 517 a, b
[210] OLG München, FamRZ 1996, 1433; vgl. auch BGH, FamRZ 1998, 367, 368 = R 517 c

Verkauf eines gebrauchten Kraftfahrzeugs, insbesondere eines PKWs, ist wegen des raschen Wertverfalls gebrauchter Fahrzeuge häufig unwirtschaftlich und dem Kind nicht zuzumuten.[211]

Ein Sparguthaben ist grundsätzlich für den Unterhalt zu verbrauchen; jedoch muss dem Volljährigen, wenn nicht auf der Seite des Verpflichteten enge wirtschaftliche Verhältnisse vorliegen, jedenfalls ein **Notgroschen** verbleiben, der früher in Anlehnung an die Sätze des BSHG (§ 1 I Nr. 1 b VO zu § 88 BSHG) mit 2301,– € (= 4500,– DM) angesetzt worden ist.[212] Der BGH hat in diesem Zusammenhang Schonbeträge zwischen 1279,– € bis 4091,– € (früher: 2500,– DM bis 8000,– DM) genannt, die Höhe des „Notgroschens" aber letztlich offen gelassen; er hat jedoch darauf hingewiesen, dass dem Kind daneben nicht ohne Weiteres vom Großvater ererbte Goldmünzen als Erinnerungsstücke belassen werden können, weil ein Affektionsinteresse vorliege.[213] § 1 I 1 Nr. 1 der jetzt geltenden VO zur Durchführung des § 90 II Nr: 9 SGB XII belässt dem Sozialhilfeempfänger bei Inanspruchnahme von Hilfe zum Lebensunterhalt einen Schonbetrag von 1600,– €, bei Inanspruchnahme sonstiger Hilfen von 2600,– €. Vgl. dazu Rn. 8/43. Da das volljährige Kind in der Regel erwerbsfähig im Sinne des § 8 II SGB II ist und deshalb nur Grundsicherung für Arbeitsuchende, nicht aber Hilfe zum Lebensunterhalt nach dem SGB XII beziehen könnte (§ 5 II 1 SGB II), bietet es sich nunmehr an, nicht mehr auf die Schonbeträge des Sozialhilferechts abzustellen, sondern auf diejenigen des SGB II. Danach hat dem volljährigen Kind ein Schonvermögen von jeweils 150,– € je vollendetes Lebensjahr, mindestens aber von **3100,– €,** zu verbleiben (§ 12 II Nr. 1 SGB II). Für das minderjährige Kind gilt einheitlich der Mindestbetrag von 3100,– € (§ 12 II Nr. 1 a SGB II; vgl. dazu Rn. 8/199). Ein zusätzlicher Freibetrag von 750,– € wegen notwendiger Anschaffungen (§ 12 II Nr. 4 SGB II) sollte nicht gewährt werden, da der Unterhalt grundsätzlich pauschal den gesamten Lebensbedarf umfasst und nur ausnahmsweise bei größeren Anschaffungen ein Anspruch wegen Sonderbedarfs bestehen kann (vgl. Rn. 6/1 ff.).

107 a   Unwirtschaftlichkeit kann vorliegen, wenn das Kind aus dem Vermögensstamm angemessene Einkünfte erzielt, auf die es jetzt und in Zukunft angewiesen ist und die bei Verwertung des Vermögens fortfallen würden. Auch wenn das Kind gehalten ist, das Vermögen für den Unterhalt einzusetzen, muss es die vorhandenen Mittel nicht vollständig verbrauchen, bevor es von seinen Eltern Unterhalt verlangt. Es liegt vielmehr nahe, die für den eigenen Unterhalt einzusetzenden Mittel auf die voraussichtliche Ausbildungszeit umzulegen. Dies gilt jedenfalls dann, wenn die Mittel dem Kind zur Finanzierung seiner Ausbildung zugewendet worden sind.[214]

Verfügt das volljährige Kind über Bauerwartungsland, bei dem erhebliche Wertsteigerungen bevorstehen, kann es ggf. auf die Möglichkeit der Kreditaufnahme verwiesen werden.[215] Dasselbe gilt, wenn es an einer ungeteilten Erbengemeinschaft beteiligt und die Auseinandersetzung nur unter Schwierigkeiten zu bewerkstelligen ist.[216] In der Regel ist aber die Aufnahme von Fremdmitteln, deren Amortisation die finanziellen Möglichkeiten übersteigt, nicht zumutbar.[217]

---

[211] BGH, FamRZ 1998, 367, 369 = R 517 c; FamRZ 2001, 21, 23; OLG Düsseldorf, FamRZ 1994, 767, 770

[212] OLG Düsseldorf, FamRZ 1990, 1137; ebenso OLG Koblenz, FamRZ 1996, 382; vgl. auch BGH FamRZ 2004, 370 = R 603 a (zum unterhaltsbedürftigen Elternteil beim Elternunterhalt)

[213] BGH, FamRZ 1998, 367, 369 = R 517 c

[214] Vgl. BGH, FamRZ 1998, 367, 369 = R 517 c; dazu im Einzelnen OLG Köln, NJW-FER 1999, 176

[215] BGH, VersR 1966, 283; OLG Hamburg, FamRZ 1980, 912

[216] Vgl. BGH FamRZ 2006, 935, 937 = R 644 mit Anm. Hauß

[217] BGH, FamRZ 2001, 21, 23

3. Abschnitt: Barbedarf des Kindes

I. Bedarfsbemessung nach der von den Eltern abgeleiteten Lebensstellung des Kindes

1. Lebensstellung des Kindes und Unterhaltsbedarf

Nach der allgemein für den Verwandtenunterhalt geltenden Vorschrift des § 1610 I BGB **108** bestimmt sich das Maß des zu leistenden Unterhalts nach der Lebensstellung des Berechtigten (angemessener Unterhalt). Kriterien einer eigenen Lebensstellung sind im Allgemeinen der ausgeübte Beruf, die berufliche Stellung, die Berufsausbildung, vor allem aber Einkommen und Vermögen. Der BGH spricht – allerdings im Rahmen der Unterhaltpflicht des Kindes gegenüber seinen Eltern – zu Recht davon, dass die Unterhaltpflicht auch durch den sozialen Rang bestimmt wird.[1] Ein Kind hat bis zum Abschluss der Ausbildung noch keine Lebensstellung in diesem Sinn. Es ist wirtschaftlich unselbstständig und von seinen Eltern abhängig. Deshalb muss die Lebensstellung des Kindes von der seiner Eltern abgeleitet werden. Dabei kommt es entscheidend auf die **Einkommens- und Vermögensverhältnisse der Eltern** an.[2] Dies gilt insbesondere für das minderjährige Kind, da die Berufsausbildung in aller Regel vor dem 18. Geburtstag nicht abgeschlossen werden kann.

Zur Lebensstellung des Kindes aus einer zerbrochenen Familie gehört die Tatsache der **109** Trennung und Scheidung der Eltern mit den sich daraus oft ergebenden ungünstigen persönlichen und wirtschaftlichen Folgen.[3] Das Kind muss daher hinnehmen, dass sein Unterhalt nach dem jetzigen Einkommen des barunterhaltspflichtigen Elternteils bemessen wird, auch wenn dessen Einkünfte infolge der trennungsbedingten Einstufung in eine ungünstigere Steuerklasse gesunken sind. Dagegen kommt dem Kind – anders als dem geschiedenen Ehegatten – der Splittingvorteil aus der vom Unterhaltspflichtigen eingegangenen neuen Ehe zugute.[4] Vgl. auch unten Rn. 116.

Neben dieser Verknüpfung mit den wirtschaftlichen Verhältnissen seiner Eltern ist die **110** Lebensstellung des Kindes geprägt durch seinen speziellen sozialen Rang, durch sein „Kindsein", also durch den Besuch des Kindergartens und der Schule oder durch die Berufsausbildung.[5] Seine Bedürfnisse werden also durch die Rolle des Kleinkindes, des Schulkindes, des Auszubildenden bestimmt.

Der Kindesunterhalt soll dem Kind vor allem während der Ausbildung (vgl. Rn. 56 ff.) kein Leben im Luxus ermöglichen (Rn. 128 ff.). Er bezweckt vielmehr das Hineinwachsen des Kindes in eine seiner Begabung und Ausbildung entsprechende persönliche und wirtschaftliche Selbstständigkeit. Aufgabe des Kindes ist es, mit zunehmendem Alter sich unter Entfaltung der eigenen Kräfte und Fähigkeiten eine eigene Lebensstellung zu schaffen und von seinen Eltern sowohl persönlich als auch wirtschaftlich unabhängig zu werden. Dies schließt freilich nicht aus, dass dieser Zweck, z. B. bei einem kranken oder behinderten Kind, nicht stets verwirklicht werden kann.

Auch bei einem **volljährigen,** in der Ausbildung befindlichen **Kind** kommt es unter- **111** haltsrechtlich nur darauf an, dass es während der Ausbildungszeit noch keine wirtschaftliche Selbstständigkeit erreicht hat. Die Lebensstellung eines Studenten oder Auszubildenden, der – wie regelmäßig – keine oder keine ausreichenden eigenen Einkünfte hat, bleibt daher von der seiner Eltern abgeleitet, solange er noch auf die ihm von diesen zur Verfügung gestellten

---

[1] BGH, FamRZ 2002, 1698, 1700 mit Anm. Klinkhammer = R 580 c
[2] BGH, FamRZ 2002, 536, 537 m. Anm. Büttner = R 572 c; FamRZ 2000, 358 mit Anm. Deisenhofer = R 537 a; BGH, FamRZ 1996, 160 = R 496 a; FamRZ 1987, 58
[3] BGH, FamRZ 1981, 543
[4] BGH, FamRZ 2007, 1232 m. Anm. Maurer; FamRZ 2005, 1817, 1822 m. Anm. Büttner, FamRZ 2005, 1899; zur Höhe s. BGH, FamRZ 2007, 882, 885 (Aufteilung der Steuerschuld); a. A. OLG Oldenburg, FamRZ 2006, 1127 m. Anm. Borth, FamRB 2006, 234
[5] BGH, FamRZ 1987, 58

Mittel angewiesen ist. Deshalb richtet sie sich während des Studiums oder der Ausbildung nach den wirtschaftlichen Verhältnissen der Eltern.[6]

112   Die **Lebensstellung** und damit der Unterhalt des Kindes hängt aber auch von der Zahl der unterhaltsberechtigten Geschwister und von etwaigen **Unterhaltsansprüchen** des oder der (früheren) Ehegatten des Verpflichteten ab. Dem trägt die Düsseldorfer Tabelle durch eine grundsätzlich vom Einkommen des Schuldners abhängige Unterhaltsbemessung, durch Zu- und Abschläge bei unter- oder überdurchschnittlicher Unterhaltslast (DT A 1; vgl. Rn. 231 ff.) und durch das System der Bedarfskontrollbeträge (DT A 6; vgl. Rn. 239 ff.) Rechnung.[7] Das Kind muss sich also mit dem begnügen, was der verpflichtete Elternteil billigerweise an Unterhalt leisten kann. Daher ist der Unterhalt des Kindes auch von der **Leistungsfähigkeit** des Schuldners abhängig. Jedoch ist auch beim Kindesunterhalt streng zwischen Bedarf und Leistungsfähigkeit zu unterscheiden.[8] Vgl. dazu Rn. 127 b, 140 ff.

2. Einkommen als Kriterium der Lebensstellung der Eltern

113   Die Lebensstellung der Eltern wird vorzugsweise durch ihre Einkünfte bestimmt, und zwar unabhängig davon, aus welcher Quelle sie stammen und zu welchem Zweck sie bestimmt sind. Die Eltern haben deshalb, soweit sie barunterhaltspflichtig sind (vgl. dazu Rn. 117, 119 ff.), grundsätzlich ihr **gesamtes anrechenbares Nettoeinkommen** zur Unterhaltsleistung heranzuziehen. Dazu gehören alle Einkünfte und geldwerten Vorteile, z. B. Arbeitsverdienst, Renten, Zinsen, Wohnvorteil (Rn. 1/8 ff.). Vom Einkommen sind Steuern und Vorsorgeaufwendungen abzuziehen. Dazu zählen Aufwendungen für die gesetzliche Kranken-, Pflege-, Renten- und Arbeitslosenversicherung oder die angemessene private Kranken-, Pflege- und Altersvorsorge (Nr. 10. 1 der Leitlinien der Oberlandesgerichte). Zur zusätzlichen Altersvorsorge s. Rn. 284.

113 a   Der **BGH** hält übereinstimmend mit der ganz herrschenden Praxis regelmäßig nur das **Einkommen des Barunterhaltspflichtigen** für bedarfsbestimmend.[9] Bei näherem Hinsehen erweist sich diese Sichtweise allerdings als verkürzend. Denn die Lebensstellung der Kinder leitet sich bei geschiedenen wie auch bei zusammen lebenden Eltern regelmäßig von beiden Elternteilen ab.[10] Der Bedarf eines Kindes ist höher, wenn beide Eltern Einkommen erzielen. Das ist damit zu begründen, dass das höhere Familieneinkommen nicht nur den Eltern, sondern auch den Kindern zugute kommt. Die Betrachtungsweise des BGH führt dagegen zu einer Vermischung von Bedarf und Leistungsfähigkeit.[11] Diese bleibt wohl in der Regel folgenlos (und die Methode kann zur Vereinfachung angewendet werden), wenn es allein um den Kindesunterhalt geht und der Unterhalt letztlich durch die Leistungsfähigkeit des Barunterhaltspflichtigen begrenzt wird.

Verzerrungen ergeben sich indessen etwa bei Geschwistertrennung oder wenn der betreuende Elternteil zum Ehegattenunterhalt verpflichtet ist.

Beispiel:
M und F sind geschiedene Eheleute. Der zwölfjährige Sohn S lebt bei F, die siebzehnjährige Tochter T bei M. F ist wieder verheiratet. Beide Eltern sind voll berufstätig. M hat ein Nettoeinkommen von 2800,– €, F ein Einkommen von 1400,– €.
M ist barunterhaltspflichtig für S; F ist barunterhaltspflichtig für T.
Berechnung:
Nach dem BGH beträgt der Bedarf des S nach dem Einkommen des barunterhaltspflichtigen M 497,– € (DT 7/3, Stand 1. 1. 2008, Höhergruppierung um zwei Gruppen). Der Bedarf seiner Schwester T läge dagegen nach dem Einkommen der barunterhaltspflichtigen F bei nur 402,– € (DT 3/3, Stand 1. 1. 2008, Höhergruppierung um zwei Gruppen). Dass die T einen um 95,– €

---

[6] BGH, FamRZ 1997, 281 = R 509 h; FamRZ 1987, 58
[7] S. Klinkhammer FamRZ 2008, 193
[8] BGH, FamRZ 1997, 281, 283 = R 509 f
[9] Zuletzt BGH, FamRZ 2007, 707, 708
[10] So zutreffend Scholz, FamRZ 2006, 1728, 1729
[11] Scholz, FamRZ 2006, 1728, 1729

geringeren Bedarf haben soll, obwohl sie bei dem Elternteil mit dem höheren Einkommen lebt, will nicht recht einleuchten, ebenso wenig, dass ihr Bedarf steigen sollte, wenn sie zur weniger verdienenden Mutter umzieht.

Zutreffend ist vielmehr auch hier die Ermittlung des Bedarfs nach dem **zusammengerechneten Einkommen** beider Eltern.[12] Der Bedarf beider Kinder ist daher übereinstimmend nach dem Gesamteinkommen von 2800,– € + 1400,– € = 4200,– € zu bemessen mit je 526,– € (ohne Höhergruppierung). Abzüglich des hälftigen Kindergelds ergibt sich ein Zahlbetrag von je 449,– €. Erst im Rahmen der Leistungsfähigkeit erfolgt die Kürzung auf die bei alleiniger Barunterhaltspflicht zu zahlenden Beträge von 420,– € (497,– € ./. 77,– € DT 7/3) von M für S und 325,– € (402,– € ./. 77,– €) von F für T. Den Unterschiedsbetrag von 95,– € für T hat der M beizusteuern, der insoweit abweichend von der Regel des § 1606 III 2 BGB auch für den Barunterhalt aufzukommen hat.

Die Frage ist nicht bloß theoretischer Natur, sondern kann insbesondere beim Ehegattenunterhalt oder aber auch bei der Frage der Mithaftung des betreuenden Elternteils praktische Auswirkungen haben. Zur Haftung des betreuenden Elternteils s. Rn. 274.

Im **Regelfall** kann indessen zur Vereinfachung an der vom BGH verwendeten Methode festgehalten werden. Im Folgenden wird der Bedarf deswegen nur in begründeten Ausnahmefällen auf Grund des zusammengerechneten Einkommens der Eltern ermittelt.

Die Lebensstellung der Eltern wird nicht nur durch ihre tatsächlichen Einkünfte, sondern **114** auch durch die Erwerbsmöglichkeiten bestimmt, die sie nutzen könnten. Ist dem arbeitsfähigen Schuldner wegen unzureichender Bemühungen um eine Arbeitsstelle ein **fiktives Einkommen** zuzurechnen, ist dieses für die Bemessung des Unterhalts maßgebend. Zwar ist die Zurechnung fiktiver Einkünfte in erster Linie ein Problem der Leistungsfähigkeit des Schuldners (vgl. dazu Rn. 144, 256). Gleichwohl können fiktiv zuzurechnende Einkünfte bei der Bemessung des Unterhalts und damit des Bedarfs nicht unberücksichtigt bleiben. Daher ist fiktives Einkommen des barunterhaltspflichtigen Elternteils für die Eingruppierung in das System der Düsseldorfer Tabelle maßgebend. Dies gilt auch dann, wenn es über dem Mindestunterhalt nach §§ 1612 a BGB (n. F.), 36 Nr. 4 EGZPO (1. Einkommensgruppe der Düsseldorfer Tabelle) liegt.[13] Die gegenteilige Auffassung des OLG Karlsruhe[14] überzeugt nicht; sie ist vom BGH[15] zu Recht missbilligt worden. Danach ist der Ansatz eines fiktiven Einkommens, das einen höheren Unterhalt als den Regelbetrag rechtfertigt, zulässig, wenn der Pflichtige über längere Zeit Einkünfte in entsprechender Höhe tatsächlich erzielt und damit den Lebensunterhalt der Familie bestritten hat. Das geht mir nicht weit genug. Auf die früheren Einkünfte des Schuldners kommt es beim Kindesunterhalt nicht an, sondern nur auf das im Unterhaltszeitraum erzielte oder erzielbare Einkommen (vgl. Rn. 116). Auch ist nicht entscheidend, ob die Eltern jemals mit dem Kind zusammen gelebt und wovon sie ihren Unterhalt bestritten haben. Deshalb kann das Kind eines Studenten, das aus einer flüchtigen Beziehung hervorgegangen ist, nicht auf den Regelbetrag verwiesen werden, wenn sich der Vater nach bestandenem Examen weigert, einer Erwerbstätigkeit nachzugehen. Sicher muss das Kind hinnehmen, dass der Vater nur ein geringes Einkommen erzielen kann; es braucht sich aber nicht damit abzufinden, dass er sich nicht um eine seinem Alter, seiner Vorbildung und seinen Fähigkeiten entsprechende Arbeitsstelle bemüht.[16] Damit soll nicht ausgeschlossen werden, dass ein Unterhaltspflichtiger aus achtenswerten Gründen eine ihm mögliche, besser bezahlte Arbeit ablehnen darf. Dies kann der Fall sein, wenn er eine bestimmte Tätigkeit, z. B. Tierversuche oder Arbeit in einem Rüstungsbetrieb, nicht (mehr) mit seinem Gewissen vereinbaren kann. Auch wird man dem Schuldner, der sich seit Jahren mit geringen Bezügen begnügt hat, nicht ohne weiteres ansinnen dürfen, eine andere, höher vergütete Arbeit anzunehmen, wenn die Ehe zerbricht und nunmehr Kindesunterhalt zu zahlen ist. Eine solche Rücksichtnahme kann

---

12 Scholz, FamRZ 2006, 1728, 1729
13 BGH, FamRZ 2000, 1358 = R 543 b; FamRZ 1993, 1304, 1306 = R 464 b; OLG Zweibrücken, FuR 1998, 321; vgl. auch BGH, FamRZ 2003, 1471, 1473
14 FamRZ 1993, 1481
15 FamRZ 2000, 1358 = R 543 b
16 So mit Recht OLG Düsseldorf, FamRZ 1991, 220

aber im Allgemeinen nur dann am Platze sein, wenn das Existenzminimum des unterhaltsberechtigten Ehegatten, der minderjährigen und der privilegiert volljährigen Kinder im Sinne des § 1603 II 2 BGB gesichert ist. Keine Schonung verdient, wer bislang gut verdient hat, arbeitslos geworden ist und sich nicht um eine neue Arbeit bemüht. Zurückhaltung ist dagegen geboten bei der Zurechnung fiktiver Nebeneinkünfte, wenn der Pflichtige bereits eine vollschichtige Erwerbstätigkeit ausübt.[17] Vgl. dazu Rn. 251; zum Mindestunterhalt und zum Existenzminimum Rn. 127 a, b.

Diese Auffassung deckt sich mit der Rechtsprechung des BGH.[18] Zu Recht betont der BGH allerdings auch, dass lediglich gedachte wirtschaftliche Verhältnisse, die keine Grundlage in der tatsächlichen Einkommenssituation des Pflichtigen haben, dessen Lebensstellung nicht prägen und daher die Höhe des Bedarfs des Kindes nicht lediglich aus fiktivem Einkommen hergeleitet werden darf. Hat der Pflichtige zusammen mit seiner Familie von einer Rente und den Erträgen von Mietgrundstücken gelebt, so dürfen der Unterhaltsbemessung nicht ohne weiteres wesentlich höhere Einkünfte zugrunde gelegt werden, die erst durch Verwertung des Vermögens und durch Kapitalverzehr erzielt werden können.[19] Zur Bemessung fiktiver Einkünfte vgl. § 1 und Rn. 2/144 ff., 256.

114 a   **Freiwillige Leistungen Dritter** erhöhen das anrechnungsfähige Einkommen des Pflichtigen und damit den Bedarf des Kindes nicht. Insoweit kann zunächst auf die entsprechenden Ausführungen im Rahmen der Bedürftigkeit des Kindes verwiesen werden (vgl. Rn. 100 ff.). Daher schuldet der barunterhaltspflichtige Elternteil grundsätzlich keinen höheren Unterhalt als seinem laufenden Einkommen entspricht, wenn er bei seiner jetzigen Ehefrau, seiner Lebensgefährtin oder seinen eigenen Eltern mietfrei wohnt. Anders ist es jedoch, wenn dem Unterhaltspflichtigen ein Vermögenswert geschenkt wird (vgl. Rn. 100). Die hieraus gezogenen Nutzungen, z. B. der Wohnwert des geschenkten Grundstücks, sind anrechenbares Einkommen. Allerdings wird der Wohnwert in der Regel nach dem Marktmiete, sondern nach der ersparten Miete für eine den Einkommensverhältnissen angemessene Wohnung festzusetzen sein, da die Veräußerung des geschenkten Grundstücks kaum zumutbar sein dürfte.[20] Wird ein Geldbetrag für einen bestimmten Zweck geschenkt, wird der Pflichtige in der Regel nicht gehalten sein, diesen Betrag entgegen dem Willen des Zuwendenden möglichst ertragreich anzulegen. Die Zurechnung fiktiver Einkünfte scheidet danach jedenfalls dann aus, wenn kein Mangelfall vorliegt. Der Pflichtige kann vielmehr den Betrag entsprechend den Absichten des Schenkers verwenden, muss sich allerdings tatsächlich gezogene Nutzungen als Einkommen bei der Unterhaltsbemessung anrechnen lassen.[21]

115   **Schulden** können die Leistungsfähigkeit des Schuldners beeinflussen.[22] Beim Bedarf des unterhaltsbedürftigen Kindes sind Verbindlichkeiten nur ausnahmsweise zu berücksichtigen, vor allem bei einer erheblichen dauernden Verschuldung, die aus der Zeit des Zusammenlebens der Eltern stammt und damit den Lebensstandard der damals noch intakten Familie geprägt hat.[23] Der Bedarf des Kindes kann indessen nicht niedriger liegen als nach dem 1. Einkommensgruppe der Düsseldorfer Tabelle, der dem Mindestunterhalt nach §§ 1612 a I BGB, 36 Nr. 4 EGZPO entspricht. Die Frage, ob Schulden bereits bei der Bedarfsbemessung oder erst im Rahmen der Leistungsfähigkeit zu berücksichtigen sind, kann von erheblicher praktischer Bedeutung sein; vgl. dazu und zur Verbraucherinsolvenz Rn. 158, 158 a.

---

[17] BVerfG, FamRZ 2003, 661 = R 591; bedenklich allerdings insoweit die Auffassung des OLG Frankfurt, NJW 2007, 382, dass für einen 36-jährigen Abiturienten und Studenten der Neurobiologie kein den Selbstbehalt übersteigendes Einkommen erzielbar sei und er gegenüber seinem minderjährigen Kind daher vollständig leistungsunfähig sei.

[18] So BGH, FamRZ 2000, 1358 = R 543 b; FamRZ 2003, 1471, 1473 m. Anm. Luthin; vgl. auch FamRZ 1997, 281, 283 = R 509 f

[19] FamRZ 1997, 281, 283 = R 509 f, g

[20] Vgl. dazu BGH, FamRZ 2003, 1179 = R 592 b

[21] Vgl. dazu OLG Saarbrücken, FamRZ 1999, 396, dem ich nur teilweise folgen kann

[22] BGH, FamRZ 1992, 797 = R 447 a

[23] BGH, FamRZ 2002, 536, 537, 540, 542 mit Anm. Büttner = R 572 e, g; FamRZ 1996, 160, 162 = R 496 b

3. Einkommensverhältnisse der Eltern im Unterhaltszeitraum

Der Unterhalt des Kindes wird, anders als der nacheheliche Unterhalt von Ehegatten, **116** nicht durch die Einkommens- und Vermögensverhältnisse der Eltern zum Zeitpunkt der Auflösung ihrer Ehe oder zu einem anderen Einsatzzeitpunkt bestimmt.[24] Deshalb nimmt das Kind am weiter steigenden Lebensstandard des barunterhaltspflichtigen Elternteils in ähnlicher Weise teil wie während der Zeit der intakten Ehe der Eltern. Ebenso muss es hinnehmen, dass das Einkommen des barunterhaltspflichtigen Elternteils sinkt (Rn. 109), es sei denn, dieser hat infolge leichtfertigen, unterhaltsbezogenen Verhaltens eine Einkommensquelle verloren. Das Kind partizipiert damit grundsätzlich an allen Einkommensveränderungen des barunterhaltspflichtigen Elternteils, auch wenn diese nicht vorauszusehen waren und auf einer vom Normalverlauf abweichenden Entwicklung beruhen. Voraussetzung ist allerdings, dass der Schuldner seine Arbeitskraft und sonstige ihm zu Gebote stehende Einnahmequellen in ausreichendem Maße einsetzt.[25] Ist dies nicht der Fall, wird der Unterhalt nach einem fiktiven Einkommen des Schuldners bemessen (vgl. dazu Rn. 114).

Maßgeblich sind daher stets die **jeweiligen Einkommens- und Vermögensverhältnisse** des Barunterhaltspflichtigen in den Zeiträumen, für die Unterhalt gefordert wird.[26] Nach der Trennung der Eltern richtet sich der Kindesunterhalt folglich nach der ungünstigeren Steuerklasse. Der Vorteil aus dem begrenzten Realsplitting ist hinzuzurechnen. Heiratet der Unterhaltspflichtige erneut, so bemisst sich der Kindesunterhalt sowohl beim Bedarf als auch bei der Leistungsfähigkeit unter Einbeziehung des Splittingvorteils aus der neuen Ehe.[27]

4. Bedarfsbemessung bei alleiniger Barunterhaltspflicht eines Elternteils

Eine **alleinige Barunterhaltspflicht** eines Elternteils besteht **gegenüber minderjäh-** **117** **rigen Kindern,** wenn – wie im Regelfall – Barunterhalt und Betreuungsunterhalt gleichwertig sind und der andere daher seine Unterhaltpflicht durch Betreuung der Kinder erfüllt (§ 1606 III 2 BGB; Genaueres dazu Rn. 11 ff.). Da volljährige Kinder, auch privilegiert volljährige im Sinne des § 1603 II 2 BGB, nicht mehr von ihren Eltern betreut werden, haften diese anteilig für den Unterhalt des Kindes nach ihren Einkommens- und Vermögensverhältnissen (§ 1606 III 1 BGB).[28] Vgl. dazu Rn. 433 ff., 467 ff.

Ein Elternteil kann ferner allein barunterhaltspflichtig sein, wenn der andere Elternteil bei Berücksichtigung seiner sonstigen Verpflichtungen außerstande ist, ohne **Gefährdung seines eigenen angemessenen Unterhalts** den Unterhalt zu gewähren (§ 1603 I BGB). Das gilt im Grundsatz sowohl für minderjährige als auch für volljährige Kinder. Bei minderjährigen Kindern ist jedoch zu beachten, dass der nicht betreuende Elternteil verpflichtet ist, alle verfügbaren Mittel für den Kindesunterhalt einzusetzen, soweit nicht sein **notwendiger Selbstbehalt** gefährdet ist (§ 1603 II 1 BGB; vgl. dazu Rn. 260, 263 ff.). Ist allerdings der eigene angemessene Unterhalt des barunterhaltspflichtigen Elternteils nicht gewahrt, muss ausnahmsweise, allerdings nur bei erheblich höheren eigenen Einkünften,[29] der betreuende Elternteil den Barunterhalt ganz oder teilweise mit übernehmen (§§ 1603 II 3, 1606 III 1 und 2 BGB; vgl. Rn. 274 ff.).

Bei alleiniger Barunterhaltspflicht eines Elternteils lässt sich der **Unterhalt im Regelfall** **118** **(vereinfachend) nur nach dem Einkommen des barunterhaltspflichtigen Elternteils**

---

[24] BGH, FamRZ 1993, 1304, 1306 = R 464 b

[25] BGH, FamRZ 1993, 1304, 1306 = R 464 b

[26] BGH, FamRZ 1985, 371, 373 = NJW 1985, 1340, 1343

[27] BGH, FamRZ 2007, 1232 m. Anm. Maurer; FamRZ 2005, 1817, 1822 m. Anm. Büttner; FamRZ 2005, 1899; zur Höhe BGH, FamRZ 2007, 882, 885; a. A. OLG Oldenburg, FamRZ 2006, 1127 m. Anm. Borth, FamRB 2006, 234

[28] BGH, FamRZ 2002, 815, 817 = R 570 b

[29] BGH, FamRZ 1991, 182 = R 430 a; NJW-FER 2001, 7; OLG Düsseldorf, FamRZ 1992, 92 = NJW-RR 1992, 2

bemessen (vgl. Rn. 113 a,).[30] Dies gilt bei minderjährigen Kindern jedenfalls dann, wenn sich die Einkünfte der Eltern im mittleren Bereich halten und das Einkommen des betreuenden Elternteils nicht höher ist als das des barunterhaltspflichtigen Elternteils.[31]

5. Bedarfsbemessung bei Barunterhaltspflicht beider Eltern

119   Beide Eltern sind barunterhaltspflichtig
- bei **volljährigen Kindern,** auch privilegiert volljährigen Kindern (Rn. 467 ff.), wenn beide leistungsfähig sind (§ 1603 I BGB),
- bei **minderjährigen Kindern,** wenn eine Ausnahme vom Regelfall bejaht wird, z. B. wenn ein Ehegatte durch die Betreuung allein seine Unterhaltpflicht gegenüber dem Kind nicht oder nicht in vollem Umfang erfüllt (§ 1606 III 2 BGB; Genaueres Rn. 289 ff.).

120   Bei beiderseitiger Barunterhaltspflicht ist für die Bemessung des Bedarfs **volljähriger Kinder** die **Summe des Nettoeinkommens beider Eltern** maßgeblich, weil in diesem Fall das Einkommen beider Eltern Einfluss auf die Lebensstellung des Kindes hat (§ 1606 III 1 BGB).[32] Jedoch hat ein Elternteil höchstens den Unterhalt zu leisten, der sich allein nach seinem Einkommen aus der Unterhaltstabelle ergibt (vgl. dazu Rn. 388). Das zusammengerechnete Einkommen der Eltern kann allerdings nur dann maßgeblich sein, wenn der Bedarf auch des volljährigen Kindes einkommensabhängig nach der Tabelle Kindesunterhalt bemessen wird. Diese Berechnungsweise, die von der Düsseldorfer Tabelle und den Leitlinien der meisten Oberlandesgerichte für den Fall empfohlen wird, dass das volljährige Kind noch im Haushalt eines Elternteils lebt (vgl. dazu im Einzelnen Rn. 383 ff.), ist vom BGH[33] gebilligt worden.

Eine Bemessung des Unterhalts nach dem zusammengerechneten Einkommen beider Eltern kommt dagegen nicht in Betracht, wenn die Tabellen und Leitlinien den Bedarf mit festen Beträgen ansetzen. Dies ist nach der Düsseldorfer Tabelle der Fall bei volljährigen Kindern mit eigenem Hausstand, vor allem Studierenden (vgl. DT Anm. A 7: 640,– €). Nur noch wenige Oberlandesgerichte sehen feste Bedarfssätze auch bei volljährigen Kindern vor, die bei einem Elternteil leben. Zur Bemessung des Volljährigenunterhalts im Einzelnen muss auf Rn. 391 ff., zur Problematik fester Bedarfssätze auf Rn. 366 verwiesen werden.

121   Eine Bemessung des Bedarfs **minderjähriger Kinder** nach dem zusammengerechneten Einkommen beider Eltern wird man außer den bereits oben angesprochenen Fällen (Rn. 113 a) dann in Betracht ziehen können, wenn das Kind nicht von einem Elternteil, sondern von Dritten betreut wird, sich also z. B. in einem Heim befindet. Dann kommt überdies eine anteilige Barunterhaltpflicht beider Eltern in Frage (vgl. Rn. 289 ff.). Anders liegt es dagegen, wenn der betreuende Elternteil auf Barunterhalt haftet, weil seine Einkünfte wesentlich höher sind als die des anderen Elternteils und dieser seinen eigenen angemessenen Bedarf gefährden würde, wenn er den Barunterhalt entrichten würde (vgl. Rn. 274 ff.). Dann wird der Unterhalt des Kindes nach den besonderen Umständen des Einzelfalls zu bemessen sein (vgl. auch Rn. 277). Bei besonders günstigen Einkommens- und Vermögensverhältnissen des betreuenden Elternteils kommt eine konkrete Berechnung des Unterhalts nach den berechtigten Bedürfnissen des Kindes in Betracht (Genaueres Rn. 128 ff., 229).[34]

II. Regelbedarf, regelmäßiger Mehrbedarf und Sonderbedarf

1. Pauschalierung des Kindesunterhalts nach Tabellen

122   In Durchschnittsfällen wird in der Praxis der Regelbedarf eines Kindes, vor allem eines minderjährigen Kindes, als normaler durchschnittlicher Lebensbedarf einkommensabhängig

---

[30] BGH, FamRZ 2002, 536, 537 = R 572 b

[31] BGH, FamRZ 1986, 151; FamRZ 1981, 543; vgl. auch BGH, FamRZ 2000, 358 = R 537 b

[32] BGH, FamRZ 1994, 696, 698 = R 477 b; FamRZ 1988, 1039 = R 366 b

[33] BGH, FamRZ 1994, 696, 698 = R 477 b

[34] BGH, FamRZ 2002, 358 mit Anm. Deisenhofer = R 537 c; OLG Düsseldorf, FamRZ 1994, 767; FamRZ 1992, 981; OLG Koblenz, FamRZ 1992, 1217

nach **Tabellen und Leitlinien** bemessen. Die Tabellen und Leitlinien sind mit Fundstellen[35] in Rn. 1/6 f. aufgeführt. Die wichtigste Tabelle ist die **Düsseldorfer Tabelle** (vgl. dazu im Einzelnen Rn. 207 ff.).[36] Sie wird beim Kindesunterhalt von allen Oberlandesgerichten angewendet, jedoch in etlichen Einzelpunkten modifiziert.

Die Tabellen und Leitlinien bemessen den Unterhalt des Kindes nach Altersstufen und **123** nach dem **Einkommen** des barunterhaltspflichtigen Elternteils. Dies gilt uneingeschränkt für minderjährige Kinder, nach der Düsseldorfer Tabelle und nahezu allen Leitlinien auch für volljährige Kinder, die im Haushalt eines Elternteils leben. Für volljährige Kinder mit eigenem Haushalt, insbesondere Studierende, werden generell feste Bedarfssätze ausgewiesen. Die Einzelheiten der Tabellenunterhalts werden für minderjährige Kinder in Rn. 203 ff. und für volljährige Kinder in Rn. 360 ff. dargestellt.

Die Düsseldorfer Tabelle regelt den Kindesunterhalt bis in den Bereich der gehobenen **124** und guten Einkommen hinein. Derzeit reicht die Tabelle bis zu einem Einkommen des barunterhaltspflichtigen Elternteils von 5100,– €. Sie erfasst dagegen nicht besonders günstige Einkommens- und Vermögensverhältnisse (vgl. dazu Rn. 128 ff., 229). Im Bereich der Düsseldorfer Tabelle, also in Durchschnittsfällen, sind Tabellen und Leitlinien ein anerkanntes **Hilfsmittel** für die Unterhaltsbemessung. Der Richter verwendet sie zur Ausfüllung des unbestimmten Rechtsbegriffs **„angemessener Unterhalt"**, um eine möglichst gleichmäßige Behandlung gleichartiger Lebenssachverhalte zu erreichen. Sie enthalten Regeln, die auf der allgemeinen Lebenserfahrung beruhen, und ermöglichen daher eine Vereinfachung der Unterhaltsbemessung, eine gleichmäßige konkrete Rechtsanwendung und eine Vereinheitlichung der Rechtsprechung im Regelfall. Von ihnen kann abgewichen werden, wenn besondere Umstände dies im Einzelfall erfordern. Das mit Hilfe der Tabelle gewonnene Ergebnis ist stets **auf seine Angemessenheit** für den zu entscheidenden Einzelfall **zu überprüfen.**[37] Hierfür enthält die Düsseldorfer Tabelle die Institute der Höher- und Herabgruppierung bei unterdurchschnittlicher bzw. überdurchschnittlicher Unterhaltslast (DT A 1; vgl. Rn. 231 ff.) und des Bedarfskontrollbetrages (DT A 6; vgl. Rn. 239 ff.).

Bei den Regelbedarfssätzen der Tabellen und Leitlinien handelt es sich um **Pauschalen,** **125** die den gesamten Lebensbedarf abdecken (Rn. 214, 217, 362, 370). Durch eine solche Unterhaltspauschalierung wird aus praktischen Gründen im Allgemeinen die Berücksichtigung von bedarfserhöhenden oder bedarfsmindernden Einzelumständen vermieden. Dies liegt im Interesse der Befriedung und Beruhigung des Unterhaltsrechtsverhältnisses, das sonst durch häufige Einzelanforderungen in unerwünschter Weise belastet würde.[38] Daher scheidet eine Anhebung des Tabellenunterhalts wegen besonderer Ausgaben z. B. für Kleidung, für Feste und Geburtstage aus. Derartige Mehrausgaben werden durch Minderausgaben zu anderen Zeiten ausgeglichen. Anders liegt es bei regelmäßigem Mehrbedarf (Rn. 133 ff.) und Sonderbedarf (Rn. 133, 138 ff.).

Eine Kürzung des Tabellenunterhalts kommt nicht in Betracht, wenn der nichtsorgebe- **126** rechtigte Elternteil das Kind im Rahmen seines üblichen Umgangsrechts während der **Ferien** einige Wochen bei sich hat und in dieser Zeit betreut und versorgt. Solche Teildeckungen des Unterhalts durch Naturalleistungen sind vorhersehbar und berechtigen nicht zu einer Unterhaltskürzung.[39] Vgl. Rn. 104, 168.

2. Mindestbedarf und Existenzminimum

Bis zum 30. 6. 1998 war nach § 1615 f I BGB a. F. für nichteheliche Kinder der turnus- **127** mäßig durch Rechtsverordnung (Regelunterhalts-VO) festgelegte **Regelunterhalt** zu zah-

---

[35] Die bis Anfang 2008 veröffentlichten Tabellen und Leitlinien sind in FamRZ 2008, 211 ff. sowie als Beilage zu Heft 10/2008 der NJW bzw. 3/2008 der FPR abgedruckt

[36] Zur Geschichte der Düsseldorfer Tabelle und ihren Hintergründen s. Scholz, Die Düsseldorfer Tabelle, Festschrift 100 Jahre Oberlandesgericht Düsseldorf, S. 265 ff.; zur aktuellen Düsseldorfer Tabelle (Stand: 1. 1. 2008) Klinkhammer, FamRZ 2008, 193

[37] BGH, FamRZ 2000, 1492 = R 546 c; FamRZ 2000, 358 m. Anm. Deisenhofer = R 537 b; FamRZ 1992, 539, 541 = R 444 b

[38] BGH, FamRZ 1984, 470, 472

[39] BGH FamRZ 2007, 707, 708; FamRZ 2006, 1015 jeweils m. Anm. Luthin; FamRZ 1984, 470, 472

len. Danach richtete sich gemäß § 1610 III 1 BGB a. F. auch der Mindestunterhalt des ehelichen Kindes. Das KindUG hob §§ 1610 III, 1615 f. BGB a. F. ersatzlos auf. Vom 1. 7. 1998 bis zum Inkrafttreten der Unterhaltsreform 2007 am 1. 1. 2008 hatte das eheliche wie das nichteheliche Kind Anspruch auf einen seinen Verhältnissen entsprechenden **(Individual-)Unterhalt,**[40] der sich aus § 1610 I BGB ergab und sich im Wesentlichen nach den Einkommensverhältnissen des barunterhaltspflichtigen Elternteils richtete (Rn. 116 ff.). Dieser Unterhalt konnte nach § 1612 a I BGB auch als Vomhundertsatz des jeweiligen Regelbetrages verlangt werden. Der **Regelbetrag** wurde wie der frühere Regelunterhalt durch Rechtsverordnung **(Regelbetrag-VO)** festgelegt, zuletzt zum 1. 7. 2007.[41] Die Regelbetrag-VO unterschied zwischen dem Regelbetrag **West** (§ 1 Regelbetrag-VO) und dem niedriger festgelegten Regelbetrag **Ost** (§ 2 Regelbetrag-VO), der für das Beitrittsgebiet galt.[42]

127 a   Wie das Bundesverfassungsgericht in verschiedenen Entscheidungen zum Einkommensteuerrecht ausgeführt hat, muss dem Steuerpflichtigen nach Erfüllung seiner Steuerschuld von seinem Einkommen zumindest so viel verbleiben, wie er zur Bestreitung seines notwendigen Lebensunterhalts und desjenigen seiner Familie bedarf (Familienexistenzminimum). Dieses Existenzminimum bemisst sich nach dem Mindestbedarf, wie er im Sozialhilferecht anerkannt ist, und gilt auch für das sächliche Existenzminimum eines Kindes, für das der Steuerpflichtige aufkommen muss. Dessen Leistungsfähigkeit wird aber über den existenziellen Sachbedarf hinaus auch durch den Betreuungs- und Erziehungsbedarf des Kindes gemindert. Deshalb muss das Einkommen des unterhaltspflichtigen Elternteils auch insoweit von der Einkommensteuer verschont werden.[43] Das sächliche Existenzminimum betrug im Jahr 2001 für alle minderjährigen Kinder 6768,– DM pro Jahr (= 564,– DM pro Monat);[44] für das Jahr 2003 geht die Bundesregierung von einem sächlichen Existenzminimum von 3648,– € im Jahr (= 304,– € pro Monat) aus.[45]

Im Hinblick auf die dargestellte Rechtsprechung des Bundesverfassungsgerichts war umstritten, ob ein Mindestbedarf des Kindes in Höhe des Existenzminimums anzuerkennen sei.[46] Der BGH hat dies abgelehnt und die Regelbeträge weiterhin angewendet.[47] Das Barexistenzminimum des Kindes sollte nach Ansicht des Gesetzgebers auf andere Weise, namentlich durch die zum 1. 1. 2001 geänderte Kindergeldanrechnung gemäß § 1612 b V BGB (a. F.) sichergestellt werden. Danach war das Kindergeld ganz oder teilweise nicht auf den Tabellenunterhalt anzurechnen, wenn der Pflichtige außer Stande war, Unterhalt in Höhe von 135% des Regelbetrages zu zahlen. Das Barexistenzminimum wurde hier allerdings in bedenklicher Weise pauschal auf 135% des Regelbetrages festgelegt.[48]

127 b   Auch wenn die Vorschrift (noch) nicht verfassungswidrig war, war der Gesetzgeber aufgerufen, die von ihm durch Aufhebung des § 1610 III BGB a. F. geschaffene Lücke zu schließen.[49] Mit der Unterhaltsreform 2007 ist der Gesetzgeber diesem Aufruf gefolgt. Vor allem auf Grund der Entscheidung des BVerfG vom 9. 4. 2003[50] ist nunmehr mit dem wieder eingeführten gesetzlichen Mindestunterhalt eine verlässliche Anknüpfung geschaffen worden.[51]

§ 1612 a I BGB definiert den unterhaltsrechtlichen Mindest-Barbedarf eines minderjährigen Kindes. Entscheidende Neuerung ist nach der Begründung des Gesetzentwurfs,[52] dass

---

[40] BGH, FamRZ 2002, 536, 539 mit Anm. Büttner = R 572 c; Rühl/Greßmann, Kindesunterhaltsgesetz 1998, Rn. 54; Strauß, FamRZ 1998, 993; anders nach wie vor Graba, FamRZ 2002, 129, 133
[41] BGBl. I 1044, FamRZ 2007, 1068
[42] Zu den Einzelheiten der bis zum 31. 12. 2007 geltenden Regelung s. Scholz in der Vorauflage 2/127 a
[43] BVerfG, FamRZ 1993, 285; 1999, 285; 1999, 291
[44] Dritter Existenzminimumbericht BT-Drucks. 14/1926
[45] Sechster Existenzminimumbericht BT-Drucks. 16/3265
[46] Weitere Nachweise bei Scholz in der Vorauflage
[47] BGH, FamRZ 2002, 536 mit Anm. Büttner = R 572 c, f
[48] Vgl. BVerfG, FamRZ 2003, 1370 = R 593; BGH, FamRZ 2003, 445 = R 584 b
[49] Nachdrücklich in diesem Sinne Scholz in der Vorauflage
[50] BVerfGE 108, 52 = FamRZ 2003, 1370
[51] Vgl. dazu Scholz, FamRZ 2007, 2021, und Klinkhammer, FamRZ 2008, 193
[52] BT-Drucks. 16/1830 S. 26

die Bestimmung des Mindestunterhalts von der Anknüpfung an die Regelbetrag-VO abgekoppelt wird. Damit wurde der Kritik des BVerfG an der fehlenden Normenklarheit begegnet. Anknüpfungspunkt sind nunmehr das Steuerrecht und die dort enthaltene Bezugnahme auf den existenznotwendigen Bedarf von Kindern, der nach der Entscheidung des BVerfG vom 10. 11. 1998[53] von der Einkommensteuer verschont bleiben muss.

Das Existenzminimum wird von der Bundesregierung alle zwei Jahre in einem Existenzminimum-Bericht auf der Grundlage der durchschnittlichen sozialhilferechtlichen Regelsätze der Bundesländer und statistischer Berechnungen der durchschnittlichen Aufwendungen für Wohn- und Heizkosten in den alten Bundesländern ermittelt. Zuletzt wurde auf der Grundlage der Einkommens- und Verbrauchsstichprobe (EVS) 2003 der Sechste Existenzminimumbericht vom 2. 11. 2006 veröffentlicht.[54] Der Existenzminimum-Bericht bildet die Orientierungsgröße für die Höhe des einkommensteuerlichen sächlichen Existenzminimums. Als steuerliches Existenzminimum eines Kindes gewährt das Steuerrecht in § 32 VI 1 EStG den steuerpflichtigen Eltern einen Kinderfreibetrag von derzeit je 1824 €, der jedem Elternteil zusteht und zusammengerechnet das sächliche Existenzminimum ergibt. Der Kinderfreibetrag soll sicherstellen, dass Eltern der zur Sicherung des sächlichen Existenzminimums eines Kindes erforderliche Teil ihres Einkommens steuerfrei verbleibt. Der Betrag gilt seit 1. 1. 2002 in unveränderter Höhe.

§ 32 VI EStG gewährt jedem Elternteil einen Freibetrag. Das sächliche Existenzminimum ist demnach mit dem doppelten Freibetrag zu bemessen, der auf den Monat umgerechnet derzeit also bei 304 € liegt. Der Mindestunterhalt gilt seit Inkrafttreten der Unterhaltsreform am 1. 1. 2008 einheitlich für das **gesamte Bundesgebiet.** Die Abstufung des Bedarfs zwischen Ost und West ist damit für den Mindestunterhalt minderjähriger Kinder abgeschafft und demzufolge auch für die Düsseldorfer Tabelle ohne Bedeutung.[55] Der Mindestunterhalt ist allerdings in der **Übergangsvorschrift** des **§ 36 Nr. 4 EGZPO** vorübergehend abweichend von § 1612a I BGB festgelegt worden.

Er beträgt für die:

    1. Altersstufe (0–5 Jahre):   **279 €**
    2. Altersstufe (6–11 Jahre):   **322 €**
    3. Altersstufe (12–17 Jahre):   **365 €.**

Das beruht auf dem Hintergrund, dass das UÄndG mit der Anknüpfung an den jeweiligen steuerlichen Kinderfreibetrag für das sächliche Existenzminimum zu niedrigeren Zahlbeträgen (West) geführt hätte, als sie sich bis zum 31. 12. 2007 aus den Regelbeträgen im Zusammenhang mit der eingeschränkten Kindergeldanrechnung gemäß § 1612b V BGB ergeben haben.

Diese Wirkung ist durch die Übergangsregelung (§ 36 Nr. 4 EGZPO) gezielt vermieden worden, indem diese einen gegenüber § 1612a BGB höheren Mindestunterhalt festlegt.[56] Es handelt sich hierbei um eine politische Einzelmaßnahme, die vor allem der Kritik an einer Absenkung des Kindesunterhalts und dem damit verbundenen Vorwurf vorbeugen soll, eines der erklärten Hauptziele des UÄndG, den Vorrang des Kindeswohls, nur unvollkommen verwirklicht zu haben. In der praktischen Auswirkung kommt diese Maßnahme einer für die Belange des Unterhaltsrechts **vorgezogenen Erhöhung des Existenzminimums** gleich, das ja seit 2003 auf unverändertem Niveau liegt. Eine künftige Erhöhung des Kinderfreibetrags wird demnach zunächst kaum zu einer Erhöhung des Mindestunterhalts führen.

Der **Mindestunterhalt** geht auf den Existenzminimum-Bericht[57] zurück und deckt ausgehend vom Sozialhilferecht folgende regelmäßigen **Bedarfspositionen** des täglichen Lebens ab:

---

[53] BVerfGE 99, 216 ff.; dazu Kaiser-Plessow, FPR 2005, 479
[54] BT-Drucks. 16/3265
[55] Klinkhammer, FamRZ 2008, 193, 194 f.
[56] Näher dazu Scholz, FamRZ 2007, 2021, 2022 f.
[57] 6. Existenzminimum-Bericht für das Jahr 2008, BT-Drucks. 16/3265

- Sozialhilferechtliche Regelsätze, die insbesondere Leistungen für Ernährung, Kleidung, Körperpflege, Hausrat, Haushaltsenergie (ohne die auf die Heizung entfallenden Anteile) sowie für persönliche Bedürfnisse des täglichen Lebens umfassen,
- Kosten der Unterkunft (Bruttokaltmiete und vergleichbare Aufwendungen für Haus- oder Wohnungseigentum) sowie
- Heizkosten (ohne die im Regelsatz enthaltenen Kosten für Warmwasserbereitung)

127 c   Der Mindestunterhalt ersetzt in verschiedener Hinsicht den Regelbetrag nach der Regelbetrag-VO. Er hat vor allem folgende **Wirkungen:**

- **Darlegungs- und Beweislast:** Das Kind kann im Unterhaltsprozess ohne nähere Darlegung seiner Lebensverhältnisse den Mindestunterhalt geltend machen. Es braucht insoweit seinen Bedarf (insbesondere das Einkommen des Unterhaltspflichtigen) nicht darzulegen oder zu beweisen. Der Unterhaltspflichtige trägt die Darlegungs- und Beweislast für seine mangelnde oder eingeschränkte Leistungsfähigkeit.[58] Dies gilt auch, wenn der Unterhaltsanspruch nach § 7 UVG, § 33 SGB II oder § 94 SGB XII auf einen öffentlichen Träger oder nach § 1607 BGB auf einen Dritten, insbesondere einen Verwandten übergegangen ist.[59] Vgl. auch Rn. 230.
- Die **Einsatzbeträge im Mangelfall** sind nicht mehr mit 135% des Regelbetrags zu bemessen, wie es nach bisheriger Rechtslage bei der Konkurrenz von Ehegatten- und Kindesunterhalt erforderlich war.[60] Zumal es eine Mangelfallberechnung wegen des Vorrangs minderjähriger Kinder und privilegierter Volljähriger nur noch im Verhältnis zwischen gleichrangigen Kindern geben kann, ist der Bedarf nunmehr nach dem Mindestunterhalt zu bemessen, worauf allerdings nach § 1612 b I BGB das hälftige Kindergeld anzurechnen ist. In die Mangelfallberechnung sind also die **Zahlbeträge** einzustellen (Anm. C zur Düsseldorfer Tabelle).[61] Auch für privilegiert volljährige Schüler ist nach der Gruppe 4/1 der Düsseldorfer Tabelle der sich nach Abzug des vollen Kindergelds ergebende Zahlbetrag einzustellen.[62]
- Der Abzug von **Schulden** erfordert nach wie vor eine umfassende Abwägung der Interessen der Beteiligten. Es ist in Ausnahmefällen trotz der verschärften Haftung des Schuldners für sein minderjähriges oder privilegiert volljähriges Kind möglich, Schulden auch dann zu berücksichtigen, wenn der Mindestunterhalt nicht gezahlt werden kann.[63] Vgl. dazu Rn. 158.
- Auch bei den Anforderungen, die an die **Erwerbsobliegenheit** des barunterhaltspflichtigen Elternteils zu stellen sind, ist zu berücksichtigen, dass die gesteigerte Unterhaltspflicht nach § 1603 II BGB eingreift, wenn der Mindestunterhalt nicht gewährleistet ist; hierzu Rn. 247 ff.
- Schließlich greift bei nicht gewährleistetem Mindestunterhalt auch die Obliegenheit des Unterhaltsschuldners zur **Verwertung seines Vermögensstamms** (Rn. 262).

127 d   **Abänderung bestehender Titel nach § 36 EGZPO:** Titel über Kindesunterhalt, die nach § 1612 a BGB a. F. dynamisiert wurden, sind nach § 36 EGZPO anzupassen. Dazu bedarf es **keiner Abänderungsklage.** Anstelle des Regelbetrages tritt nach § 36 Nr. 3 S. 4 lit. a – d EGZPO der Mindestunterhalt. Das angerechnete Kindergeld ist je nach Anrechnungsmethode (Abzug des hälftigen Kindergelds oder weniger oder ohne Kindergeldanrechnung (lit. d) = lit. a; Hinzurechnung des hälftigen Kindergelds = lit. b; Anrechnung des vollen Kindergelds = lit. c) zu berücksichtigen. Die folgenden Beispiele verdeutlichen die Anpassung im Regelfall, dass das Kindergeld dem betreuenden Elternteil ausgezahlt wird.

Beispiele:
Beispiel 1: Lautet der Titel auf 121% des Regelbetrags (West) der 2. Altersstufe abzüglich des anrechenbaren Kindergeldes nach § 1612 b V BGB, so vollzieht sich die **Umrechnung in drei Schritten:**

---

[58] Vgl. (zur bisherigen Rechtslage) BGH, FamRZ 2002, 536, 540 mit Anm. Büttner = R 572 d
[59] BGH, FamRZ 2003, 444 = R 582
[60] BGH, FamRZ 2003, 363 = R 584 c
[61] Klinkhammer, FamRZ 2008, 193, 200 m. w. N.
[62] Vgl. BGH, FamRZ 2007, 542
[63] BGH, FamRZ 2002, 536, 541 mit Anm. Büttner = R 572 b, e, g

1. Zahlbetrag ermitteln: 297 – 43 = 254 €
2. Hälftiges Kindergeld addieren: 254 + 77 = 331 €
3. Verhältnis zum Mindestunterhalt: 331 : 322 = **102,7%**

Kontrolle: 102,7% Mindestunterhalt = aufgerundet 331 ./. 77 Kindergeld = 254 €
Der Titel ist daher kraft Gesetzes auf 102,7% des Mindestunterhalts der zweiten Altersstufe umgestellt.

Beispiel 2: Ein Titel über 100% des Regelbetrages (West) der 1. Altersstufe mit eingeschränkter Kindergeldanrechnung ist wie folgt umzurechnen:

1. Zahlbetrag ermitteln: 202 – 6 = 196 €
2. Hälftiges Kindergeld addieren: 196 + 77 = 273 €
3. Verhältnis zum Mindestunterhalt: 273 : 279 = **97,8%**

Kontrolle: 97,8% Mindestunterhalt = aufgerundet 273 ./. 77 Kindergeld = 196 €
Der Titel ist kraft Gesetzes auf 97,8% des Mindestunterhalts der 1. Altersstufe umgestellt.
Titel, die auf **100% des Regelbetrags (West) der 2. und 3. Altersstufe** (jeweils ohne Kindergeldanrechnung) lauten, richten sich wegen der durch die Übergangsregelung beibehaltenen Bedarfssätze auf 100% des Mindestunterhalts, nunmehr abzüglich des hälftigen Kindergelds.[64]

Beispiel 3: Ein Titel über 100% des Regelbetrages **Ost** der 1. Altersstufe mit eingeschränkter Kindergeldanrechnung ist wie folgt umzurechnen:

1. Zahlbetrag ermitteln: 186 – 11 = 175 €
2. Hälftiges Kindergeld addieren: 175 + 77 = 252 €
3. Verhältnis zum Mindestunterhalt: 252 : 279 = 90,3%

Kontrolle: 90,3% Mindestunterhalt = aufgerundet 252 ./. 77 Kindergeld = 175 €
Der Titel ist kraft Gesetzes auf 90,3% des Mindestunterhalts der 1. Altersstufe umgestellt.
Im Ergebnis stimmen dynamisierte Titel also jeweils mit nicht dynamisierten Titeln, deren Zahlbetrag unabhängig von der gesetzlichen Neuregelung fortgilt, überein.

3. Bedarfsbemessung bei besonders günstigen Einkommens- und Vermögensverhältnissen der Eltern

Für besonders günstige Einkommens- und Vermögensverhältnisse der Eltern enthält die **128** Düsseldorfer Tabelle, die sich auf den Unterhalt bei Einkommen bis zu 5100,– € monatlich beschränkt, keine Empfehlungen. Sie enthält nur den Hinweis, dass dann der Unterhalt „nach den Umständen des Falles" zu bemessen ist. Grundsätzlich gibt es beim Kindesunterhalt **keine** allgemein gültige obere Grenze (sog. **Sättigungsgrenze**), die nicht überschritten werden dürfte. Andererseits bedeutet die Ableitung des Kindesunterhalts von der Lebensstellung der Eltern nicht, dass bei überdurchschnittlich guten wirtschaftlichen Verhältnissen der Eltern den Kindern eine luxuriöse Lebensgestaltung ermöglicht werden muss.[65]

Eine **Unterhaltsbegrenzung** ergibt sich vor allem aus der besonderen Lage, in der sich **129** minderjährige Kinder während ihrer Schul- und Ausbildungszeit sowie während des Heranwachsens befinden. Trotz der Verknüpfung mit den wirtschaftlichen Verhältnissen der Eltern oder eines Elternteils ist ihre Lebensstellung in erster Linie **durch** ihr **Kindsein** geprägt (Rn. 110). Anders als Ehegatten, für die jedenfalls in dem noch nicht der Vermögensbildung zuzurechnenden Einkommensbereich der Grundsatz der gleichmäßigen Teilhabe gilt, können Kinder nicht einen bestimmten Anteil an dem Einkommen des Unterhaltspflichtigen verlangen. Unterhaltsgewährung für Kinder bedeutet stets Befriedigung ihres gesamten, auch eines gehobenen Lebensbedarfs, nicht aber Teilhabe am Luxus (§ 1610 II BGB). Auch in besten Verhältnissen lebende Eltern schulden dem Kind nicht, was es wünscht, sondern was es nach deren Lebensstandard, an den es sich vielfach gewöhnt hat, braucht. Dieser Lebensstandard soll dem Kind auch nach Trennung der Eltern grundsätzlich erhalten bleiben.[66] Jedoch darf die Unterhaltsbemessung weder einem gedeihlichen

---

[64] Zu weiteren Beispielen und zu den übrigen Gestaltungen nach § 36 Nr. 3 S. 4 lit. b – d EGZPO s. Anm. E zur Düsseldorfer Tabelle

[65] BGH, FamRZ 2000, 358 mit Anm. Deisenhofer = R 537 c; FamRZ 1987, 58; FamRZ 1983, 473

[66] BGH, FamRZ 2000, 358 mit Anm. Deisenhofer = R 537 c

Eltern-Kind-Verhältnis entgegenwirken noch dazu führen, die Lebensstellung des Elternteils anzuheben, bei dem das Kind lebt.[67]

Bemerkungen des BGH[68] sprechen dafür, dass bei minderjährigen Kindern, deren Eltern in überdurchschnittlichen wirtschaftlichen Verhältnissen leben, ein Unterhaltsbedarf über die Höchstsätze der Düsseldorfer Tabelle hinaus in der Regel nicht angenommen werden soll. In einer anderen Entscheidung hat der BGH dagegen, wenn auch bei einem volljährigen Kind, einen Unterhalt gebilligt, der deutlich über die Sätze der Düsseldorfer Tabelle hinausging.[69] Richtig ist, dass man bei einer Erhöhung des Unterhalts des minderjährigen Kindes über die **Höchstsätze der Düsseldorfer Tabelle** hinaus vorsichtig sein muss. Insbesondere ist eine automatische Fortschreibung der Tabelle über den Bereich eines monatlichen Einkommens von jetzt 5100,– € hinaus nicht zulässig.[70] Vielmehr ist auf die **Umstände des Einzelfalls** abzustellen und der Unterhalt auch bei Einkünften deutlich über dem Einkommensbereich der Düsseldorfer Tabelle nur maßvoll anzuheben. Der BGH hat klar gestellt, dass der Kindesunterhalt bei günstigen wirtschaftlichen Verhältnissen nicht faktisch auf dem für die höchste Einkommensgruppe geltenden Satz festgeschrieben werden darf. Vielmehr steht es dem Kind frei, einen höheren Unterhaltsbedarf darzulegen und zu beweisen.[71] Vgl. dazu im einzelnen Rn. 229.

130   Der **Unterhalt des Studierenden** oder des volljährigen Kindes mit eigenem Haushalt wird nahezu von allen Tabellen und Leitlinien mit einem Festbetrag von 640,– € angesetzt (DT A 7; vgl. dazu Rn. 368 ff.). Dieser Betrag ist angesichts der Mietkosten in Universitätsstädten knapp bemessen, da bereits die Höchstförderung nach dem BAföG im Jahre 2002 rund 585,– € betrug. Zumal der BAföG-Höchstsatz mit Wirkung ab dem 1. 10. 2008 von 585,– € auf 643,– € angehoben wird,[72] wird man den Bedarfssatz von 640,– € für den Studierenden eher überschreiten dürfen als die Tabellensätze für minderjährige Kinder. Eine Anhebung des Regelunterhalts von 640,– € wird bereits im oberen Einkommensbereich der Tabelle in Betracht kommen, da schon bei einem Einkommen des Barunterhaltspflichtigen von ab 4301,– € der Unterhalt für das volljährige im Haushalt eines Elternteils lebende Kind auf Grund der allerdings nicht von allen Oberlandesgerichten anerkannten Altersstufe 4 der Düsseldorfer Tabelle (DT A 7 II) 621,– € und bei einem Einkommen ab 4701,– € 653,– € beträgt; vgl. dazu Rn. 376, 383 ff. Da das Leben außerhalb des Elternhauses teurer ist und sich das studierende Kind mit eigenem Haushalt nicht schlechter stehen darf, als wenn es weiterhin bei einem Elternteil wohnen würde, wird man in solchen Fällen den Bedarfssatz von 640,– € angemessen erhöhen müssen.

131   Bei **volljährigen Kindern,** die noch im **Haushalt eines Elternteils** leben, gelten die Grundsätze unter Rn. 129 f. entsprechend, jedenfalls dann, wenn man nach der Düsseldorfer Tabelle den Unterhalt der 4. Altersstufe entnimmt und damit einen einkommensabhängigen Volljährigkeitszuschlag gewährt (DT A 7 I; Rn. 383 ff.).[73] Sehr großzügig hat das OLG Düsseldorf[74] bereits nach der DT von 1992 bei allerdings überaus günstig situierten Eltern den Bedarf des bei der Mutter lebenden Kindes mit 1400,– DM angenommen; der Richtsatz für Studierende betrug damals 950,– DM. Setzt man dagegen mit einigen Oberlandesgerichten für den bei einem Elternteil lebenden Volljährigen einen Festbetrag als Unterhalt an (vgl. Rn. 391 ff.), so wird man eher gemäß den Ausführungen zu Rn. 130 eine Überschreitung des Festbetrages in den höheren Einkommensgruppen der Tabelle rechtfertigen können.

---

[67] BGH, FamRZ 1987, 58; FamRZ 1983, 473

[68] BGH, FamRZ 1988, 159

[69] BGH, FamRZ 1987, 58

[70] BGH, FamRZ 1980, 665, 669 = NJW 1980, 1686, 1689; OLG Frankfurt/M., FamRZ 1992, 98

[71] BGH, FamRZ 2000, 358 mit Anm. Deisenhofer = R 537 c; vgl. auch BGH, FamRZ 2001, 1603

[72] 22. BAföGÄndG v. 23. 12. 2007, BGBl. I 3254; der Höchstsatz errechnet sich allerdings nach §§ 13, 13 a BAföG unter Einbeziehung von Zuschlägen für Kranken- und Pflegeversicherung, die im Unterhaltsbedarf nicht enthalten sind. Ohne Zuschläge betragen die Höchstsätze (alt/neu) 530 €/584 €.

[73] OLG Karlsruhe, FamRZ 1992, 1217

[74] FamRZ 1994, 767

Im Übrigen ist auch bei volljährigen Kindern der **Unterhalt nach oben zu begrenzen.** **132** Unterhaltsgewährung bedeutet auch bei Volljährigen Befriedigung des gesamten Lebensbedarfs, nicht aber Teilhabe am Luxus.[75] Anhebungen des Unterhalts über den Betrag von 640,– € hinaus sind nicht unbegrenzt zulässig. Es ist stets zu berücksichtigen, dass der Unterhalt auch eines Studenten deutlich unter den Nettoeinkünften eines angehenden Akademikers liegen muss. Ein Betrag von 1000,– €, der das Nettogehalt eines Referendars deutlich übersteigt, sollte nicht überschritten werden. Derartige Beträge sind bisher kaum zuerkannt worden. Der BGH hat allerdings bereits im Jahre 1987 einen Unterhalt von 1700,– DM für die studierende Tochter eines vielfachen Millionärs gebilligt.[76] Das OLG Düsseldorf hat den Bedarf einer Studentin, deren Eltern ein Einkommen von je 12 000,– DM hatten, auf 1400,– DM,[77] das OLG Köln[78] bei ähnlichen Verhältnissen auf 1500,– DM begrenzt. Das OLG Brandenburg (BraL 13. 1) beschränkt die Erhöhung des Unterhalts bei guten wirtschaftlichen Verhältnissen auf das Doppelte des Regelsatzes eines nicht im Haushalt eines Elternteils lebenden volljährigen Kindes.

Wenn das Kind einen besonders hohen Unterhaltsbedarf geltend macht, insbesondere **132 a** Unterhalt über den Höchstsätzen der Düsseldorfer Tabelle verlangt, muss es im Einzelnen **darlegen und beweisen,** worin sein erhöhter Bedarf besteht und welche Mittel zu seiner Deckung erforderlich sind **(konkrete Bedarfsermittlung).**[79] Vgl. dazu Rn. 230.

4. Regelmäßiger Mehrbedarf

Mehrbedarf ist derjenige Teil des Lebensbedarfs (§ 1610 II BGB), der regelmäßig, **133** jedenfalls während eines längeren Zeitraums, anfällt und das Übliche derart übersteigt, dass er mit Regelsätzen nicht erfasst werden kann, aber kalkulierbar ist und deshalb bei der Bemessung des laufenden Unterhalts berücksichtigt werden kann. **Sonderbedarf** ist dagegen ein unregelmäßig auftretender, außergewöhnlich hoher Bedarf (§ 1613 II BGB), der nicht auf Dauer besteht und daher zu einem einmaligen, jedenfalls aber zeitlich begrenzten Ausgleich neben dem regelmäßig geschuldeten Barunterhalt führen kann (vgl. dazu Rn. 138 ff.; 6/1 ff.). Der BGH[80] verlangt für Sonderbedarf, dass sich die Kosten nicht mit Wahrscheinlichkeit voraussehen lassen und bei der Bemessung des laufenden Unterhalts nicht berücksichtigt werden konnten.

Der typische Fall des regelmäßigen Mehrbedarfs, der durch den Regelunterhalt nach der **134** Düsseldorfer Tabelle nicht gedeckt wird, ist der **krankheitsbedingte Mehrbedarf** des dauernd pflegebedürftigen, behinderten Kindes, soweit er nicht durch die Krankenkasse oder durch nicht subsidiäre Sozialleistungen gedeckt wird.[81] Dazu Rn. 327 a. Auch **Kindergartenkosten** sind nach neuerer Rechtsprechung des BGH Mehrbedarf des Kindes. Dazu näher Rn. 275. Dies gilt auch für die Kosten einer psychotherapeutischen Behandlung, wenn feststeht, dass die Behandlung über einen längeren Zeitraum erforderlich sein wird.[82] Nicht durch den Tabellenunterhalt erfasste Mehrkosten können auch durch den **Besuch von Privatschulen,** Tagesheimschulen, Internaten oder durch eine aufwändige Ausbildung z. B. zum Konzertpianisten oder aber durch schon länger gepflegten Reitsport[83] entstehen.[84] Auch **Nachhilfekosten,** die über einen längeren Zeitraum und nicht überraschend anfallen, sind Mehrbedarf (kein Sonderbedarf).[85] Der **Mehrbedarf durch Heimunterbringung**

---

[75] BGH, FamRZ 2000, 358 mit Anm. Deisenhofer = R 537 c; FamRZ 1988, 1039; FamRZ 1987, 58; KG, FamRZ 1998, 1386

[76] BGH, FamRZ 1987, 58

[77] OLG Düsseldorf, FamRZ 1992, 981

[78] NJW-FER 1999, 176

[79] BGH, FamRZ 2000, 358 mit Anm. Deisenhofer = R 537 c

[80] BGH, FamRZ 2006, 612, 613 (m. Anm. Luthin) für Kosten der Konfirmation

[81] BGH, FamRZ 1983, 689

[82] OLG Düsseldorf, FamRZ 2001, 444

[83] OLG Naumburg, FamRZ 2008, 177

[84] BGH, FamRZ 1983, 48 = R 141; FamRZ 2001, 1603

[85] OLG Düsseldorf NJW-RR 2005, 1529

gemäß § 37 SGB VIII ist grundsätzlich auch unterhaltsrechtlich maßgebend, wird aber regelmäßig durch die dem entsprechende Jugendhilfe gedeckt.[86] Vgl. Rn. 317 ff., 401 ff.

135   Ein nicht anderweitig gedeckter Mehrbedarf ist **zusätzlich** zum Regelbedarf als laufender Unterhalt zu zahlen, wenn es sich um vorhersehbare, regelmäßig anfallende Mehraufwendungen handelt **und** die kostenverursachenden **Mehraufwendungen** im Interesse des Kindes zu Lasten des Unterhaltsschuldners **berechtigt** sind. Der Gesamtunterhaltsanspruch besteht dann aus der Summe von Regelbedarf und regelmäßigem Mehrbedarf, abzüglich etwaiger Einsparungen. Ist der Kindesunterhalt oberhalb des Mindestunterhalts festgesetzt, so kann ein gewisser Teil des Mehrbedarfs schon aus dem regelmäßigen Unterhalt bestritten werden.[87] Vgl. dazu Rn. 321, 323, 401 ff.

136   Am Mehrbedarf muss sich unter Umständen der **Elternteil, der ein minderjähriges Kind betreut** und dadurch normalerweise nach § 1606 III 2 BGB seine Unterhaltspflicht erfüllen würde, **beteiligen,** wenn er über Einkünfte verfügt, insbesondere wenn er erwerbstätig ist oder ihn eine Erwerbsobliegenheit trifft. § 1606 III 2 BGB gibt bei (erheblichem) Mehrbedarf insbesondere eines behinderten Kindes keine Grundlage dafür ab, den betreuenden Elternteil von Mehrbedarf gänzlich freizustellen.[88] Vielmehr ist unabhängig von dieser Bestimmung nach einer den Interessen der Beteiligten gerecht werdenden Lösung zu suchen. Dabei muss auch berücksichtigt werden, dass das behinderte Kind, das bei einem Elternteil lebt, besonderen Betreuungsaufwand erfordern kann.[89] Zur Verteilung der Unterhaltslast bei regelmäßigem Mehrbedarf auf beide Eltern vgl. im einzelnen Rn. 323 ff.

137   Muss sich der andere Elternteil nicht am Mehrbedarf beteiligen, hat der Unterhaltsschuldner für den gesamten Bedarf (Regelbedarf und Mehrbedarf) aufzukommen, soweit ihm dies ohne Gefährdung seines eigenen angemessenen Unterhalts möglich ist (§ 1603 I BGB). Solange sein **Selbstbehalt** nicht berührt wird, hat er den Bedarf des Berechtigten selbst dann zu befriedigen, wenn dieser Bedarf höher ist als sein eigener. Diese Situation kommt gerade bei Krankheit und dadurch bedingtem Mehrbedarf vor.[90] Bei minderjährigen Kindern ist zudem die erweiterte Unterhaltspflicht nach § 1603 II 1 BGB, die ggf. bis zum notwendigen Selbstbehalt geht, zu beachten. Dem Pflichtigen wird allerdings in vielen Fällen die Unterhaltslast (teilweise) durch staatliche Leistungen abgenommen (vgl. dazu Rn. 327 ff.).

5. Sonderbedarf

138   Nach der Legaldefinition des § 1613 II Nr. 1 BGB ist Sonderbedarf im Gegensatz zum Regelbedarf (Rn. 122 ff.) oder Mehrbedarf (Rn. 133) ein unregelmäßiger außerordentlich hoher Bedarf, der nicht auf Dauer besteht und daher zu einem einmaligen, jedenfalls aber zeitlich begrenzten Ausgleich neben dem regelmäßig geschuldeten Barunterhalt führen kann. Vgl. Rn. 133.

Sonderbedarf muss überraschend und der Höhe nach nicht abschätzbar sein. Nur wenn er nicht mit Wahrscheinlichkeit voraussehbar war und deshalb bei der Bemessung der laufenden Unterhaltsrente – ggf. als Mehrbedarf – nicht berücksichtigt werden konnte, ist das Kind berechtigt, ihn neben der Geldrente geltend zu machen.[91] Da das Gesetz nur einen „außergewöhnlich" hohen Bedarf als Sonderbedarf gelten lässt, hat es im Zweifel bei der laufenden Unterhaltsrente sein Bewenden. Nur in Ausnahmefällen soll eine gesonderte Ausgleichung zusätzlicher unvorhergesehener Ausgaben erfolgen.[92] Wenn sich der Berechtigte auf eine voraussehbare Ausgabe einrichten kann, gehört diese im Zweifel zum laufenden Unterhalt.

139   Ob ein Sonderbedarf zu bejahen ist, kann nicht nach allgemein gültigen Maßstäben festgelegt werden. Es kann grundsätzlich nur von Fall zu Fall für die jeweils in Frage stehende

---

[86] BGH, FamRZ 2007, 377 m. Anm. Doering-Striening.
[87] OLG Düsseldorf NJW-RR 2005, 1529 (für – längerfristige – Nachhilfekosten)
[88] BGH, FamRZ 1998, 286 = R 518 a; FamRZ 1983, 689
[89] BGH, FamRZ 1983, 689
[90] BGH, FamRZ 1986, 48
[91] BGH, FamRZ 2006, 612 (Konfirmationskosten); FamRZ 2001, 1603, 1605
[92] BGH, FamRZ 1984, 470, 472

Aufwendung entschieden werden, ob sie als Sonderbedarf zu behandeln ist.[93] Ein typischer Sonderbedarf sind unvorhergesehene Krankheits-, Operations- und ähnliche Kosten, soweit sie nicht von der Krankenkasse getragen werden.[94] Kein Sonderbedarf sind Kosten der Konfirmation.[95]

Zum Sonderbedarf im Einzelnen siehe Rn. 6/1 ff.

4. Abschnitt: Leistungsfähigkeit des Unterhaltspflichtigen

I. Leistungsfähigkeit und Eigenbedarf des Unterhaltsschuldners

Die Leistungsfähigkeit des Schuldners ist nach § 1603 BGB zu beurteilen. Entscheidend **140** ist, ob der Schuldner imstande ist, dem Kind Unterhalt zu gewähren, ob er also den Bedarf des Kindes befriedigen kann. Dabei kommt es auf den sog. **Restbedarf** an, also den Bedarf, der nach Anrechnung etwaigen Einkommens oder Vermögens des Kindes (Rn. 86 ff.) verbleibt. Nach der Änderung zum 1. 1. 2008 ist hier die **geänderte Systematik der Kindergeld-Anrechnung** zu beachten. Nach § 1612 b I 2 BGB mindert das Kindergeld den Barbedarf des Kindes. Es ist damit nicht – wie bislang – auf den bereits festgestellten Unterhaltsanspruch anzurechnen. Der Unterhaltsanspruch ergibt sich vielmehr erst nach Anrechnung des Kindergelds. Weil das Kindergeld mithin – vergleichbar mit einer Ausbildungsvergütung – als Einkommen des Kindes behandelt wird, ist der Restbedarf der Tabellenbetrag abzüglich des – anteiligen – Kindergelds.[1]

Leistungsfähig ist derjenige Elternteil, der den Restbedarf des Kindes decken kann, ohne dass bei Berücksichtigung seiner sonstigen Verpflichtungen sein eigener angemessener Unterhalt, also sein eigener angemessener Bedarf gefährdet ist (§ 1603 I BGB). Gegenüber dem minderjährigen Kind wird die Leistungsfähigkeit allerdings erweitert (§ 1603 II 1 BGB). Vgl. dazu Rn. 247 ff. Die verschärfte Unterhaltspflicht gilt seit dem 1. 7. 1998 auch gegenüber volljährigen unverheirateten Kindern bis zur Vollendung des 21. Lebensjahres, die sich in der allgemeinen Schulausbildung befinden und im Haushalt der Eltern oder eines Elternteils leben (§ 1603 II 2 BGB). Vgl. Rn. 452 ff. Der Eigenbedarf, der dem pflichtigen Elternteil belassen werden kann, wird gerade auch durch das Vorhandensein unterhaltsberechtigter Kinder bestimmt. Dem Pflichtigen wird zugemutet, sein Einkommen und ggf. sein Vermögen[2] mit den unterhaltsberechtigten Kindern und etwaigen anderen Unterhaltsberechtigten zu teilen und ggf. mit Beträgen auszukommen, die unter dem Lebensstandard seiner Berufsgruppe liegen. Zum Selbstbehalt vgl. sogleich Rn. 141, 260 ff., zur Verwertung des Vermögensstammes Rn. 262.

Die **Opfergrenze** ist gegenüber Kindern der eigene angemessene Bedarf im Sinne des **141** § 1603 I BGB. Diese Vorschrift gewährleistet jedem Unterhaltspflichtigen vorrangig die Sicherung seines eigenen angemessenen Unterhalts; ihm sollen grundsätzlich die Mittel bleiben, die er zur Deckung des seiner Lebensstellung entsprechenden allgemeinen Bedarfs benötigt.[3] Die Düsseldorfer Tabelle (A 5 II) setzt diesen zur Deckung des allgemeinen Bedarfs erforderlichen Betrag mit 1100,– € an (vgl. zum angemessenen Selbstbehalt gegenüber volljährigen Kindern Rn. 417 ff., gegenüber minderjährigen Kindern Rn. 272 und gegenüber privilegiert volljährigen Kindern Rn. 468). Gegenüber minderjährigen und privilegiert volljährigen Kindern besteht eine gesteigerte Unterhaltspflicht, wenn nicht ein anderer unterhaltspflichtiger Verwandter vorhanden ist oder das Kind über Vermögen verfügt (§ 1603 II 3 BGB). Der Schuldner ist dann verpflichtet, alle verfügbaren Mittel zu seinem

---

[93] BGH, FamRZ 2006, 612; FamRZ 1983, 29; FamRZ 1982, 145
[94] BGH, FamRZ 1983, 29; OLG Celle, OLGR 2008, 241 (Kieferorthopädische Behandlungskosten)
[95] BGH, FamRZ 2006, 612, 613 m. Anm. Luthin; vgl. auch OLG Naumburg, FamRZ 2006, 666 (Kommunion); OLG Brandenburg, FamRZ 2006, 644 (Jugendweihe)
[1] Dose, FamRZ 2007, 1289, 1292 f.; Scholz, FamRZ 2007, 2021; Klinkhammer, FamRZ 2008, 193
[2] BGH, FamRZ 1986, 48; OLG Düsseldorf, FamRZ 1994, 767, 769
[3] BGH, FamRZ 1992, 795, 797

und der Kinder Unterhalt gleichmäßig zu verwenden (vgl. dazu im einzelnen Rn. 247 ff.). Ihm verbleibt grundsätzlich nur der **notwendige Selbstbehalt,** der nach A 5 I der Düsseldorfer Tabelle bei erwerbstätigen Schuldnern 900,– €, bei nichterwerbstätigen 770,– € beträgt (Rn. 264). Auch in einem solchen Fall darf der Pflichtige aber seinen eigenen unabweisbaren Bedarf vorab befriedigen. Vgl. Rn. 269. Der Schuldner ist daher nur dann nicht leistungsfähig, wenn seine Einkünfte und ggf. sein Vermögen – allerdings unter Anlegung eines strengen Maßstabs – nicht zur Deckung seiner eigenen angemessenen, bei Unterhaltspflichten gegenüber minderjährigen und privilegiert volljährigen Kindern zur Deckung seiner notwendigen Bedürfnisse ausreichen.

II. Anrechenbare Einkünfte des Schuldners

1. Tatsächliche Einkünfte

142   Für die Beurteilung der Leistungsfähigkeit ist wie beim Bedarf des berechtigten Kindes (vgl. Rn. 113) das gesamte **Einkommen** des Schuldners maßgebend.
Die Einzelheiten der Einkommensermittlung sind in § 1 (Rn. 1/8 ff.) dargestellt. Darauf kann verwiesen werden.

143   **Ersparnisse,** die ein Schuldner erzielt, weil ihm ein Dritter ohne Rechtspflicht **freiwillige Leistungen** erbringt, die dem unterhaltsberechtigten Kind nicht zugute kommen sollen, stehen nicht für den Unterhalt des Kindes zur Verfügung (vgl. Rn. 100 ff., 1/468 ff.). Der BGH hat es deshalb gebilligt, dass das Einkommen eines schwerstbehinderten Vaters, der auf dauernde Hilfe angewiesen ist, um die Beträge gekürzt wird, die er dadurch erspart, dass ihn seine Ehefrau über das nach § 1360 BGB gebotene Maß hinaus pflegt und versorgt.[4] Geht der Beistand eines Ehegatten über dieses Maß nicht hinaus, ist er unterhaltsrechtlich nicht zu beachten. Dies gilt auch dann, wenn die Ehegatten eine Vergütung vertraglich vereinbaren.[5] Anders kann es dagegen liegen, wenn die Ehefrau ihre Arbeitsstelle oder ihr Studium aufgegeben hat, um ihren behinderten Ehemann pflegen zu können.[6]
Auch in der Gewährung eines **zinslosen Darlehens** kann eine freiwillige Zuwendung liegen, die allein dem Unterhaltspflichtigen zukommen soll.[7] Ein Wohnvorteil kann dann nicht zugerechnet werden, wenn marktübliche Zinsen den Wohnwert übersteigen.

2. Fiktive Einkünfte

144   **Leistungsunfähigkeit** ist im Unterhaltsprozess grundsätzlich **auch dann** zu beachten, **wenn** der Schuldner sie selbst **schuldhaft** herbeigeführt hat. Nur schwerwiegende Gründe, die sich aus einem verantwortungslosen, zumindest leichtfertigen und unterhaltsbezogenen Verhalten ergeben, verwehren dem Schuldner nach Treu und Glauben die Berufung auf die Leistungsunfähigkeit. Die Nichterhebung einer Kündigungsschutzklage genügt im Allgemeinen nicht,[8] wohl aber rechtfertigen die freiwillige, nicht durch besondere Gründe gerechtfertigte Aufgabe des Arbeitsplatzes[9] ebenso wie Bummelei die Zurechnung eines fiktiven Einkommens. Der BGH hat allerdings die Anforderungen an ein **verantwortungsloses, zumindest leichtfertiges und unterhaltsbezogenes Verhalten** des Pflichtigen hoch angesetzt. So reichen weder alkoholbedingter Verlust des Arbeitsplatzes noch die fristlose Kündigung des Arbeitsverhältnisses durch den Arbeitgeber wegen eines Diebstahls des Schuldners im Betrieb ohne weiteres aus.[10] Nach Auffassung des BGH muss das leichtfertige

---

[4] BGH, FamRZ 1995, 537, 539 = R 493 b
[5] OLG Hamm, FamRZ 1999, 166
[6] BGH, FamRZ 1995, 537, 539 = R 493 b
[7] BGH, FamRZ 2005, 967
[8] BGH, FamRZ 1994, 373, 375 = R 473 c
[9] Vgl. BGH, FamRZ 2003, 1471, 1473; FamRZ 2002, 813 = R 573
[10] BGH, FamRZ 2000, 815 = R 541; FamRZ 1994, 240; FamRZ 1993, 1055; vgl. auch OLG Düsseldorf, FamRZ 1994, 1049 ff.

Verhalten nicht nur für den Verlust des Arbeitsplatzes ursächlich sein, sondern sich auch als Verletzung der Unterhaltspflicht darstellen.[11] Leichtfertigkeit ist gewöhnlich mit bewusster Fahrlässigkeit gleich zu setzen. Der Schuldner muss danach die Möglichkeit der Leistungsunfähigkeit als Folge seines Verhaltens erkannt und im Bewusstsein dieser Möglichkeit, wenn auch im Vertrauen auf den Nichteintritt jener Folge gehandelt und sich hierüber unter grober Missachtung dessen, was jedem einleuchten muss, oder aus Verantwortungs- oder Rücksichtslosigkeit hinweggesetzt haben.[12] Deshalb soll sich der Unterhaltsschuldner nach Auffassung des BGH auch dann nicht auf Leistungsunfähigkeit berufen dürfen, wenn er diese durch eine schwere vorsätzliche Straftat gegen den Berechtigten herbeigeführt hat, z. B. wenn er wegen sexuellen Missbrauchs seines Kindes inhaftiert worden ist.[13] M. E. muss sich der Vater jedenfalls dann als leistungsfähig behandeln lassen, wenn er sich einer schweren Straftat gegen das Leben oder die körperliche Integrität des Unterhaltsberechtigten oder eines nahen Familienangehörigen schuldig gemacht hat, insbesondere wenn er einen Tötungsversuch oder ein Sexualdelikt an einem seiner Kinder begangen hat. In einem solchen Fall kann es nicht darauf ankommen, ob sich der Schuldner über seine unterhaltsrechtliche Leistungsfähigkeit Gedanken gemacht hat. Es muss ausreichen, dass sich der Vater bewusst der Einsicht verschließt, dass seine Straftat Sanktionen nach sich ziehen und überdies gravierende Folgen für seine Familie haben wird. Er wird sich entgegen der Auffassung des BGH[14] nicht nur gegenüber dem berechtigten Kind, sondern auch gegenüber der Kindesmutter und einem anderen Kind aus dieser Verbindung als leistungsfähig behandeln lassen müssen, jedenfalls wenn ihm erhebliche, sich über lange Zeit erstreckende Verfehlungen zur Last fallen. Vgl. dazu auch Rn. 1/487 ff.

In der Regel wird man auch die Aufgabe des Arbeitsplatzes nicht als leichtfertig ansehen können, wenn der Vater nach Trennung der Eltern sich ganz der Betreuung kleiner Kinder widmen will, deren elterliche Sorge ihm zeitweise durch einstweilige Anordnung des Gerichts anvertraut worden war.[15] Eine Zurechnung fiktiver Einkünfte für die Zeit nach der Betreuung der Kinder ist erst möglich, wenn eine Übergangsfrist verstrichen ist, innerhalb der sich der Vater um eine neue Stelle hat bemühen können. Vgl. dazu unten Rn. 146.

Dies bedeutet aber nicht, dass fiktives Einkommen dem Schuldner nur dann zugerechnet **145** werden darf, wenn ihm leichtfertiges, unterhaltsbezogenes Verhalten zur Last fällt. Vielmehr wird die **Leistungsfähigkeit** des Schuldners nicht nur durch tatsächlich vorhandenes Einkommen, sondern **auch durch seine Erwerbsfähigkeit** und seine Erwerbsmöglichkeiten bestimmt.[16] Verfügt er über keine Einkünfte oder reicht vorhandenes Einkommen zur Erfüllung der Unterhaltspflichten nicht aus, trifft ihn unterhaltsrechtlich die Obliegenheit, die ihm zumutbaren Einkünfte zu erzielen, insbesondere seine Arbeitskraft so gut wie möglich einzusetzen und eine einträgliche Erwerbstätigkeit auszuüben. Insbesondere legt ihm die verschärfte Unterhaltspflicht gegenüber minderjährigen und privilegiert volljährigen Kindern eine erhöhte Arbeitspflicht unter gesteigerter Ausnutzung seiner Arbeitskraft auf. Kommt er dieser Erwerbsobliegenheit nicht nach, muss er sich so behandeln lassen, als ob er ein Einkommen, das er bei gutem Willen erzielen könnte, auch tatsächlich hätte.[17] Wenn einem Unterhaltspflichtigen, der bereits eine vollschichtige Erwerbstätigkeit ausübt, fiktive Nebeneinnahmen zugerechnet werden sollen, weil er Überstunden leisten oder Nebeneinkünfte erzielen könne, so ist am Maßstab der Verhältnismäßigkeit zu prüfen, ob ihm die zeitliche und psychische Belastung durch die ausgeübte und die zusätzliche Belastung unter Berücksichtigung der Bestimmungen zum Schutze der Arbeitskraft, insbesondere des Arbeitszeitgesetzes, zugemutet werden kann.[18]

Diese Einkommensfiktion setzt nur voraus, dass der Schuldner eine ihm mögliche und zumutbare **Erwerbstätigkeit im Unterhaltszeitraum unterlässt,** obwohl er sie tatsäch-

---

[11] BGH, FamRZ 2002, 813 = R 573; FamRZ 2000, 815 = R 541
[12] BGH, FamRZ 2000, 815 = R 541
[13] BGH, FamRZ 2002, 813 = R 573; OLG Koblenz, FamRZ 1998, 44
[14] BGH, FamRZ 2002, 813 = R 573; teilweise ebenso OLG Koblenz, FamRZ 1998, 44
[15] BVerfG, FamRZ 1996, 343 = R 498
[16] BGH, FamRZ 2003, 1471; FamRZ 1996, 345
[17] BGH, FamRZ 2003, 1471; FamRZ 1996, 345; FamRZ 1994, 373, 375 = R 473 c
[18] BVerfG, FamRZ 2003, 661 = R 591

lich ausüben könnte. Ein unterhaltsbezogenes, zumindest leichtfertiges Verhalten des Pflichtigen ist insoweit nicht erforderlich.[19] Vgl. dazu Rn. 114. Dies gilt auch dann, wenn dem Pflichtigen ein Einkommen zugerechnet werden soll, das die erste Einkommensgruppe der Düsseldorfer Tabelle übersteigt.[20] Ein leichtfertiges unterhaltsbezogenes Verhalten, das die Leistungsunfähigkeit herbeigeführt hat, ist nur Voraussetzung für die Einkommensfiktion, wenn der Pflichtige durch früheres Verhalten eine Einkommensquelle, insbesondere eine einträgliche Arbeitsstelle, verloren hat und deshalb im Unterhaltszeitraum die früheren Einkünfte nicht mehr erzielen kann. Notwendig ist freilich stets, dass der Pflichtige bei ausreichenden Bemühungen tatsächlich einen Arbeitsplatz gefunden hätte, dass also für ihn nach seinen persönlichen Eigenschaften und Fähigkeiten (Alter, Ausbildung, Berufserfahrung, Gesundheit) angesichts der Verhältnisse auf dem Arbeitsmarkt eine reale Erwerbsmöglichkeit besteht.[21] Vgl. auch Rn. 1/511.

146 Hat der Schuldner durch ein vorwerfbares Verhalten, das noch nicht als leichtfertig oder als unterhaltsbezogen bezeichnet werden kann, seine Arbeitsstelle verloren, kann ihm sein früheres Einkommen nicht zugerechnet werden. Dies bedeutet aber nicht, dass er auf Dauer leistungsunfähig ist. Vielmehr ist er verpflichtet, sich entsprechend seinen Fähigkeiten und seinen Erwerbsmöglichkeiten mit Nachdruck um einen neuen Arbeitsplatz zu bemühen. Unterlässt er das, sind ihm erzielbare Einkünfte fiktiv zuzurechnen. Dabei ist allerdings zu berücksichtigen, dass er insbesondere bei einer Straftat gegenüber dem Arbeitgeber auf dem allgemeinen Arbeitsmarkt für gut bezahlte Vertrauensstellungen nicht mehr vermittelbar sein kann und dass ihm nach Verlust des Arbeitsplatzes, vor allem wenn er bereits älter ist, eine angemessene **Übergangszeit zur Suche einer neuen Stelle** zuzubilligen ist.[22]

Beispiel:
Der bei einer Bank in gehobener Position beschäftigte Schuldner verliert wegen eines nicht unterhaltsbezogenen Diebstahls eines Computers seines Arbeitgebers fristlos seine Arbeitsstelle. Für eine Übergangszeit, während der sich der Pflichtige nachhaltig um einen anderen Arbeitsplatz zu bewerben hat, können nur die tatsächlichen Bezüge (zunächst kein Einkommen wegen der vom Arbeitsamt verhängten Sperrzeit, danach Arbeitslosengeld) als anrechenbares Einkommen angesetzt werden. Falls der Pflichtige sich ihm bietende Arbeitschancen nicht ausgenutzt hat, kann nach dieser Zeit davon ausgegangen werden, dass der Schuldner deutlich niedrigere Bezüge aus einer untergeordneten Tätigkeit erzielen könnte.

147 Weitere Einzelheiten zum Ansatz fiktiver Einkünfte vgl. oben Rn. 114 und § 1. Zur Erwerbsobliegenheit bei gesteigerter Unterhaltspflicht nach § 1603 II 1 BGB vgl. unten Rn. 247 ff.

3. Unterhaltsleistungen als anrechenbare Einkünfte

148 Unterhaltsleistungen, die ein Elternteil von einem Dritten erhält, sind Einkünfte und daher grundsätzlich für den Unterhalt von Kindern zu verwenden. Als anrechenbares Einkommen kommt praktisch nur Unterhalt in Betracht, den ein getrennt lebender oder geschiedener Ehegatte zahlt. Das Wirtschaftsgeld, das ein mit seinem (zweiten) Ehegatten zusammen lebender Elternteil als Bestandteil des Familienunterhalts erhält, ist kein Einkommen, da es treuhänderisch für die Zwecke der neuen Familie zu verwenden ist (Rn. 3/47). Zur Unterhaltspflicht in solchen Fällen vgl. Rn. 156. Zahlungen, die ein Elternteil von anderen, insbesondere seinen eigenen Eltern erhält, sind in der Regel freiwillige Leistungen Dritter und bei der Bemessung des Kindesunterhalts daher nicht zu berücksichtigen (vgl. dazu Rn. 100 ff.).

Zwar umfasst der Ehegattenunterhalt nur den eigenen Bedarf, nicht auch denjenigen der Kinder.[23] Dies schließt aber nicht aus, dass ein Elternteil, der seinerseits Ehegattenunterhalt

[19] OLG Düsseldorf, FamRZ 1998, 851; wohl auch BGH, FamRZ 2003, 1471, 1473 mit Anm. Luthin
[20] So auch BGH, FamRZ 2002, 813 = R 573; FamRZ 1997, 281, 283 = R 509 f.; anders zu Unrecht OLG Karlsruhe, FamRZ 1993, 1481
[21] BGH, FamRZ 2003, 1471; FamRZ 1996, 345
[22] OLG Düsseldorf, FamRZ 1998, 851, 853; FamRZ 1994, 1049 ff. = NJW-RR 1994, 327 ff.
[23] BGH, FamRZ 1985, 273

bezieht, seinem Kind unterhaltspflichtig ist.[24] Denn der **eheangemessene Bedarf,** den ein Elternteil von seinem Ehegatten als Unterhalt erhält (§§ 1361 I 1, 1578 I 1 BGB), kann höher sein als der **Eigenbedarf,** der ihm **gegenüber seinem Kind** nach § 1603 BGB verbleiben muss. Dazu näher Rn. 149. Der Ehegattenunterhalt wird von den ehelichen Lebensverhältnissen bestimmt und besteht in der Regel in einer Quote des Einkommens, das die ehelichen Lebensverhältnisse geprägt hat und das um den Kindesunterhalt bereinigt ist. Der notwendige oder angemessene Selbstbehalt gegenüber dem Kind wird dagegen in festen Geldbeträgen ausgedrückt und beträgt nach der Düsseldorfer Tabelle 770,– € bzw. 900,– € gegenüber dem minderjährigen und 1100,– € gegenüber dem volljährigen Kind (vgl. unten Rn. 264 ff., 417 ff.).

Praktisch wird die Problematik, ob Ehegattenunterhalt zur Deckung des Kindesunterhalts **149** herangezogen werden kann, in der Regel nur dann, wenn der Ehegattenunterhalt ohne Vorwegabzug des Kindesunterhalts berechnet worden ist, z. B. wenn der bedürftige Ehegatte Unterhalt nicht vom anderen Elternteil, sondern von seinem (zweiten) Ehegatten zu beanspruchen hat. Zu Unterhaltsansprüchen gegen den anderen Elternteil und zum Vorwegabzug des Kindesunterhalts vgl. unten Rn. 150 ff.

Ist der Vorwegabzug des Kindesunterhalts unterblieben, so hat der seinerseits unterhaltsberechtigte Elternteil, den gegenüber seinem minderjährigen oder privilegiert volljährigen Kind eine gesteigerte Unterhaltspflicht im Sinne des § 1603 II BGB trifft, alles Einkommen, das über seinem notwendigen Selbstbehalt von 770,– € bzw. von 900,– € liegt (vgl. DT A 5 I), für den Unterhalt des Kindes einzusetzen.[25] Aber auch einem volljährigen Kind schuldet ein Elternteil, der seinerseits auf Ehegattenunterhalt angewiesen ist, Unterhalt, wenn ihm sein eigener angemessener Unterhalt bleibt (§ 1603 I BGB).[26] Denn der angemessene Bedarf im Sinne des § 1603 I BGB, der nach der Düsseldorfer Tabelle (A 5 II) 1100,– € beträgt (vgl. Rn. 417 f.), kann geringer sein als der eheangemessene Unterhalt im Sinne des § 1578 I 1 BGB. Die Bedarfsbeträge nach §§ 1361 I 1, 1578 I 1 BGB einerseits und nach § 1603 I BGB andererseits sind daher **nicht identisch.**[27] Vgl. dazu unten Rn. 151, 272, 416

Beispiel:
Die Mutter erhält von ihrem zweiten Ehemann 1400,– € Ehegattenunterhalt. Hiervon stehen für den Unterhalt des volljährigen studierenden Kindes aus erster Ehe 1400 – 1100 (angemessener Selbstbehalt) = 300,– € zur Verfügung. Ist der Vater leistungsunfähig, schuldet die Mutter 300,– € Kindesunterhalt.

Unterhalt ist daher anrechenbares Einkommen. Er ist insoweit für den Kindesunterhalt einzusetzen, als er die Selbstbehaltssätze gegenüber dem minderjährigen oder volljährigen Kind nach den Tabellen und Leitlinien übersteigt.

Auch der **Aufstockungsunterhalt,** den ein getrennt lebender oder geschiedener Elternteil bezieht, der nur über Erwerbseinkünfte verfügt, die seinen eheangemessenen Bedarf nicht decken, ist für den Kindesunterhalt heranzuziehen. Bei der Bemessung des Kindesunterhalts ist von dem Erwerbseinkommen und dem Aufstockungsunterhalt auszugehen, soweit die Gesamteinkünfte die Selbstbehaltssätze übersteigen. Vgl. aber Rn. 150 ff.

In der Praxis spielt die Unterhaltspflicht des seinerseits unterhaltsberechtigten Ehegatten **150** nur eine untergeordnete Rolle, wenn sich der **Unterhaltsanspruch gegen den anderen Elternteil** des unterhaltsbedürftigen Kindes richtet. Wohnt das minderjährige Kind beim seinerseits unterhaltsberechtigten Ehegatten, haftet dieser ohnehin nicht auf Kindesunterhalt, weil er seine Unterhaltspflicht durch Betreuung erfüllt (§ 1606 III 2 BGB).

Probleme entstehen aber, wenn das minderjährige Kind bei einem Elternteil lebt, der **151** selbst seinem getrennt lebenden oder geschiedenen Ehegatten unterhaltspflichtig ist. Ähn-

---

[24] BGH, FamRZ 1985, 273; OLG Hamm, FamRZ 1996, 1234; vgl. auch BGH, FamRZ 2002, 742 = R 576 a; BGH, FamRZ 2004, 24
[25] BGH, FamRZ 1985, 273
[26] BGH, FamRZ 1986, 553; die Entscheidung BGH, FamRZ 1980, 555 ist überholt
[27] BGH, FamRZ 1990, 260, 262; anders Wendl in der 2. Auflage S. 172, wohl auch Dose Rn. 1/479. Zur entsprechenden Problematik beim Verhältnis des Ehegatten – zum Elternunterhalt vgl. BGH, FamRZ 2003, 860, 864 = R 590 A f

liches gilt, wenn das Kind sich bei einem Dritten, z. B. in einer Pflegefamilie, aufhält oder wenn es nach Volljährigkeit bereits das Elternhaus verlassen hat. In all diesen Fällen wird die Problematik allerdings weitgehend entschärft, wenn der **Kindesunterhalt** – wie es abgesehen von Mangelfällen (Rn. 159 ff.) allgemeiner Übung entspricht – **zunächst berechnet** und vor Ermittlung des Ehegattenunterhalts vom Einkommen des beiden Berechtigten unterhaltpflichtigen Ehegatten abgezogen wird. Bei betreuungsbedürftigen minderjährigen Kindern muss das Einkommen des Pflichtigen ggf. auch um Betreuungskosten oder einen Betreuungsbonus bereinigt werden (vgl. Rn. 275). Der Vorwegabzug gilt nicht nur für den Unterhalt minderjähriger und ihnen gleichgestellter volljähriger Kinder im Sinne des § 1603 II 2 BGB, sondern bei guten wirtschaftlichen Verhältnissen auch für den Unterhalt sonstiger volljähriger und daher nachrangiger Kinder (vgl. Rn. 416, 439). Der Unterhalt des nachrangigen volljährigen Kindes darf aber nur vom Einkommen des Pflichtigen abgesetzt werden, wenn dies nicht zu einem Missverhältnis zum Ehegattenunterhalt führt; dem berechtigten Ehegatten muss mindestens ein Unterhalt in Höhe des angemessenen Eigenbedarfs von 1100,– € nach der Düsseldorfer Tabelle (A 5 II) verbleiben (Rn. 152).[28] Andernfalls – insbesondere, aber nicht nur im Mangelfall (Rn. 152) – muss zunächst der Ehegattenunterhalt berechnet werden; das volljährige Kind erhält also nur dann Unterhalt, wenn und soweit der andere Elternteil nach Zahlung des Ehegattenunterhalts noch leistungsfähig ist.

Wird der Kindesunterhalt vom Einkommen des Pflichtigen vorweg abgezogen, zahlt allein dieser sowohl den Ehegatten- als auch den gesamten Kindesunterhalt. Durch den Vorwegabzug des Kindesunterhalts vom anrechnungsfähigen Einkommen vermindert sich jedoch der Ehegattenunterhalt. Vgl. dazu im Einzelnen die Beispiele Rn. 154 f.

Schwierigkeiten entstehen erst, wenn das Kind sich nicht an diese Berechnungsweise hält und trotz des Vorwegabzugs des Kindesunterhalts seinerseits Unterhaltsansprüche gegen den Elternteil geltend macht, der selbst Ehegattenunterhalt bezieht. Hat das Kind – sei es in Natur, sei es durch eine Geldrente – Unterhalt von dem zur Zahlung von Ehegattenunterhalt verpflichteten Elternteil erhalten, kann es den anderen Elternteil für die Vergangenheit nicht mehr in Anspruch nehmen. Durch den Vorwegabzug ist der Unterhaltsanspruch des Kindes bereits erfüllt. Denn bei einverständlicher Festlegung des Ehegattenunterhalts haben die Eltern stillschweigend vereinbart, dass der Kindesunterhalt allein durch den Ehegatten aufgebracht wird, der den gekürzten Ehegattenunterhalt zu zahlen hat. Bei Verurteilung zu Ehegattenunterhalt ersetzt das Urteil, das den Vorwegabzug des Kindesunterhalts anordnet, diese Vereinbarung. In jedem Fall erbringt der Elternteil, der entsprechend diesem Vertrag oder entsprechend dem Urteil den Kindesunterhalt sichergestellt hat, keine freiwillige Leistung, die nicht auf den Kindesunterhalt anzurechnen wäre (vgl. dazu Rn. 100).[29] Für die Zukunft kann das Kind allerdings unabhängig von der Festlegung des Ehegattenunterhalts den anderen Elternteil in Anspruch nehmen. Es kann nach § 267 II BGB der Erfüllung seines Unterhaltsanspruchs durch den Elternteil widersprechen, der nach dem Gesetz nicht zur Zahlung des Kindesunterhalts verpflichtet ist.[30]

152   In einem **Mangelfall** kann die Unterhaltspflicht des seinerseits unterhaltsberechtigten Elternteils ohnehin nicht praktisch werden, da ihm bei einem minderjährigen oder einem privilegiert volljährigen Kind sein notwendiger, bei einem volljährigen Kind sein angemessener Selbstbehalt verbleiben muss. Dann setzt sich bei Minderjährigen und privilegiert Volljährigen der Vorrang des Kindesunterhalts durch, bei nicht privilegiert Volljährigen der Vorrang des Ehegattenunterhalts. Vgl. dazu Rn. 159 ff., 165, 429 ff.

153   Auch wenn der **Ehegattenunterhalt tituliert** ist, kann es auf die Frage ankommen, ob der Elternteil, der von seinem Ehegatten Unterhalt erhält, seinerseits zur Zahlung von Unterhalt an ein Kind herangezogen werden muss. Dies kann z. B. der Fall sein, wenn das Kind erst nach dem Urteil oder dem Vergleich über den Ehegattenunterhalt geboren worden ist und dem gemäß sein Unterhaltsanspruch noch nicht berücksichtigt werden konnte. Ein

---

[28] Vgl. dazu BGH, FamRZ 2003, 860 mit Anm. Klinkhammer = R 590 A g; FamRZ 1991, 1163 = R 437 a; FamRZ 1986, 553, 555

[29] Im Ergebnis ebenso OLG Hamm, FamRZ 1996, 1234; OLG Koblenz, FamRZ 2002, 1282

[30] Offen gelassen von OLG Koblenz, FamRZ 2002, 1282; anders anscheinend OLG Hamm, FamRZ 1996, 1234

Urteil, das die Eltern untereinander über den Ehegattenunterhalt erwirkt haben, bindet das unterhaltsberechtigte Kind nicht. Der Unterhalt ist so zu berechnen, als ob ein Titel nicht bestünde und über alle Ansprüche zugleich entschieden würde.[31] Dem Verpflichteten muss es überlassen bleiben, durch eine Abänderungsklage den Titel an die veränderten Verhältnisse anzupassen. Ist dies, insbesondere wegen der für den Schuldner weiterhin geltenden Sperrwirkung des § 323 III ZPO, nicht möglich, kann der titulierte Anspruch auf Ehegattenunterhalt für die Übergangszeit zwischen Eintritt des Abänderungsgrundes und Erhebung der Abänderungsklage in einem angemessenen Umfang bei der Berechnung des Kindesunterhalts als Schuld berücksichtigt werden.[32] Vgl. dazu Rn. 228. Diese Grundsätze gelten auch für den Fall, dass ein Elternteil Aufstockungsunterhalt bezieht. Vgl. dazu das Beispiel Rn. 155.

Beispiel 1:   **154**

Einkommen des Vaters (V) 3500,– €. Durch Urteil ist Ehegattenunterhalt der von V schwangeren Mutter (M) in Höhe von 1500,– € ($^3/_7$ von 3500) tituliert. Das Kind muss nach seiner Geburt wegen einer längeren, aber nicht dauernden Krankheit von M von einer Tante versorgt werden. Diese verlangt von den Eltern monatlich 500,– € für die Betreuung des Kindes. Das Kindergeld von 154,– € erhält der Vater (§ 64 III EStG).

Allein V schuldet den nicht nach der Düsseldorfer Tabelle, sondern konkret berechneten Bedarf des Kindes von 500,– € (vgl. Rn. 317). Bei voller Anrechnung des Kindergeldes nach § 1612 b I 1 Nr. 2 BGB verbleibt ein restlicher Bedarf von 346,– €. V muss es überlassen bleiben, den Ehegattenunterhalt durch Abänderungsklage auf den jetzt zutreffenden Betrag von (3500 – 346) × $^3/_7$ = 1352,– € reduzieren zu lassen.

Lediglich für die Zeit zwischen Geburt des Kindes und Erhebung der Abänderungsklage kann eine Berücksichtigung des Ehegattenunterhalts bei der Berechnung des Unterhaltsanspruchs des Kindes in Betracht kommen. Für diese Zeit ist zu rechnen:

Vergleichbares Einkommen des V: 3500 – 1500 (titulierter Ehegattenunterhalt) – 1100 (angemessener Eigenbedarf) = 900,– €. Vergleichbares Einkommen der M: 1500 – 1100 (angemessener Eigenbedarf) = 400,– €; vergleichbares Gesamteinkommen der Eltern 1300,– €.

Unterhaltsanteil des V: 346 × 900 : 1300 = 240,– €.

Unterhaltsanteil der M: 346 × 400 : 1300 = 106,– €.

Zur Berechnung des Unterhalts eines minderjährigen Kindes bei Barunterhaltspflicht beider Elternteile vgl. Rn. 289 ff., zur Kindergeldverrechnung Rn. 504.

Beispiel 2:   **155**

Einkommen des Vaters (V) 2800,– €, Einkommen der wegen Krankheit nur beschränkt arbeitsfähigen Mutter (M) 700,– €. Durch Urteil titulierter Aufstockungsunterhalt nach der Differenzmethode (2800 – 700) × $^3/_7$ = 900,– €.

Der volljährige, in einer eigenen Wohnung lebende Sohn, der bislang wegen des Wehrdienstes nicht unterhaltsbedürftig war, verlangt nunmehr Unterhalt von 640,– € nach der Düsseldorfer Tabelle Stand: 1. 1. 2008 (A 7 II). M bezieht das Kindergeld von 154,– €. V zahlt den gesamten Kindesunterhalt von 640 – 154 (Kindergeld) = 486,– €. Zur Verrechnung des Kindergeldes beim volljährigen Kind vgl. Rn. 356, 513, 515.

Der Unterhalt der M ist auf (2800 – 486 –700) × $^3/_7$ = 692,– € zu kürzen, ggf. im Wege der **Abänderungsklage.** M verfügt zusammen mit dem Unterhalt über ein Einkommen von 700 + 692 = 1392,– € und damit über mehr als über den angemessenen Eigenbedarf von 1100,– € gegenüber dem volljährigen Kind, so dass der Kindesunterhalt vom Einkommen des V vorweg abgezogen werden kann (vgl. Rn. 151).

Berechnung des Kindesunterhalts für die **Übergangszeit** zwischen Ende des Wehrdienstes und Erhebung der Abänderungsklage (Berücksichtigung des titulierten Aufstockungsunterhalts als Schuld; vgl. oben Rn. 153).

Vergleichbares Einkommen des V: 2800 – 900 (titulierter Aufstockungsunterhalt) – 1100 (angemessener Eigenbedarf) = 800,– €. Vergleichbares Einkommen der M: 700 + 900 – 1100 = 500,– €. Vergleichbares Einkommen beider Eltern: 1300,– €.

Unterhaltsanteil des V: 486 × 800 : 1300 = 299,– €.

Unterhaltsanteil der M: 486 × 500 : 1300 = 187,– €. Außerdem schuldet M dem Sohn das volle Kindergeld von 154,– €, insgesamt also 341,– €.

---

[31] BGH, FamRZ 1992, 797 = R 447 b
[32] BGH, FamRZ 1992, 797 = R 447 b

156   Übernimmt ein unterhaltspflichtiger **wiederverheirateter Elternteil** in der neuen Ehe die **Haushaltsführung** und bezieht er von seinem neuen Ehegatten im Rahmen des Familienunterhalts (§ 1360 BGB) Wirtschaftsgeld, ist dieses nicht für den Kindesunterhalt heranzuziehen. Jedoch kann der notwendige, ggf. auch der angemessene Eigenbedarf (§ 1603 I, II BGB) durch den Familienunterhalt gedeckt sein. Dann ist der Ehegatte, der dem Kind aus erster Ehe zum Unterhalt verpflichtet ist, gehalten, aus dem Ertrag einer Nebentätigkeit dessen Unterhaltsanspruch zu befriedigen, ohne sich auf den Selbstbehalt berufen zu können.[33] Im Übrigen muss auf die Ausführungen zur sog. Hausmannrechtsprechung verwiesen werden. Vgl. dazu Rn. 172 ff.

157   Ein wiederverheirateter Elternteil kann jedoch für ein Kind aus erster Ehe unterhaltspflichtig sein, wenn er sich **von seinem zweiten Ehegatten getrennt** hat oder von ihm geschieden ist und von ihm Ehegattenunterhalt erhält. Der Unterhalt ist anrechenbares Einkommen. Dem Elternteil muss aber gegenüber dem minderjährigen und dem privilegiert volljährigen Kind der notwendige, gegenüber dem sonstigen volljährigen Kind der angemessene Unterhalt verbleiben. Vgl. dazu oben Rn. 149 und das dortige Beispiel.

III. Berücksichtigung sonstiger Verpflichtungen des Schuldners

1. Schulden und Verbraucherinsolvenz

158   Berücksichtigungsfähige Schulden beeinflussen in der Regel nicht den Bedarf des Kindes, sondern mindern die Leistungsfähigkeit des pflichtigen Elternteils (vgl. oben Rn. 115 und 1/614 ff., 649 ff.).[34] Unterhaltsansprüchen kommt kein allgemeiner Vorrang vor Forderungen anderer Gläubiger zu. Andererseits dürfen Verbindlichkeiten nur unter Berücksichtigung von Unterhaltsinteressen getilgt werden. Daher bedarf es, insbesondere wenn nicht einmal der Unterhalt minderjähriger Kinder in Höhe des Mindestunterhalts sichergestellt wäre, einer umfassenden **Interessenabwägung.**[35] Dabei sind vor allem der Zweck der eingegangenen Verpflichtungen, der Zeitpunkt und die Art ihrer Entstehung, die Dringlichkeit der beiderseitigen Bedürfnisse, die Kenntnis des Schuldners vom Bestehen der Unterhaltsschuld und seine Möglichkeiten, die Leistungsfähigkeit in zumutbarer Weise wiederherzustellen, von Bedeutung.[36] Zu berücksichtigen ist auch, dass minderjährige, unverheiratete Kinder zu ihrem Unterhalt in aller Regel nicht durch eigene Anstrengungen beitragen können.[37] Nachdem der Gesetzgeber nunmehr einen Mindestbedarf von Kindern wieder eingeführt hat (§ 1612 a I BGB, § 36 Nr. 4 EGZPO), führt diese Interessenabwägung im Allgemeinen dazu, dass der unterhaltspflichtige Elternteil dem minderjährigen Kind wenigstens den Mindestunterhalt (= Unterhalt nach der ersten Einkommensgruppe der Düsseldorfer Tabelle) zu zahlen hat, zumal ihm die Bedürftigkeit des Kindes und damit das Bestehen der Unterhaltsschuld bekannt ist. Eine Unterschreitung des Mindestunterhalts kommt nur in Ausnahmefällen in Betracht, insbesondere dann, wenn der Schuldner bei voller Berücksichtigung des Kindesunterhalts nur die Zinsen der anderen Forderungen (teilweise) aufbringen, nicht aber die Schulden selbst tilgen könnte.[38]

158 a   **Obliegenheit zur Einleitung der Verbraucherinsolvenz?** Der BGH hat in der Entscheidung vom 23. 2. 2005[39] seine bisherige Rechtsprechung zur Berücksichtigungsfähigkeit

---

[33] BGH, FamRZ 2001, 1065 mit Anm. Büttner = R 549 c; FamRZ 2002, 742 mit Anm. Büttner = R 576 a; BGH, FamRZ 2004, 24

[34] Zur Unterscheidung von Bedarf und Leistungsfähigkeit beim Kindesunterhalt vgl. BGH, FamRZ 1997, 281, 283 = R 509 f. und oben Rn. 112, 114 f

[35] BGH, FamRZ 2005, 608 mit Anm. Schürmann, FamRZ 2005, 887; BGH, FamRZ 2002, 536, 541 mit Anm. Büttner = R 572 b, e

[36] BGH, FamRZ 1996, 160 ff. = R 496 c; FamRZ 1992, 797 = R 447 a

[37] BGH, FamRZ 2005, 608 mit Anm. Schürmann, FamRZ 2005, 887; BGH, FamRZ 1996, 160, 162 = R 496 c

[38] BGH, FamRZ 1986, 254, 256

[39] BGH, FamRZ 2005, 608

von Schulden im Hinblick auf die gesetzlichen Möglichkeiten der Verbraucherinsolvenz nach § 304 ff. InsO und die damit eingeräumte Möglichkeit der Restschuldbefreiung nach §§ 286 ff. InsO weiter entwickelt. Er hat entschieden, dass den Unterhaltsschuldner grundsätzlich eine Obliegenheit zur Einleitung der Verbraucherinsolvenz treffe, wenn dieses Verfahren zulässig und geeignet sei, den laufenden Unterhalt seiner **minderjährigen Kinder** dadurch sicherzustellen, dass ihm Vorrang vor sonstigen Verbindlichkeiten eingeräumt werde. Eine Ausnahme gilt nach dem BGH nur dann, wenn der Unterhaltsschuldner Umstände vorträgt und ggf. beweist, die eine solche Obliegenheit im Einzelfall als unzumutbar darstellen. Die **Darlegungslast des Schuldners** umfasst dabei nach dem BGH auch die Interessen der Unterhaltsgläubiger.[40]

Während dem Schuldner nach bisheriger Sichtweise nicht zugemutet werden konnte, durch Unterhaltszahlungen immer tiefer in Schulden zu geraten, kann daran nach dem BGH nicht mehr uneingeschränkt festgehalten werden, nachdem der Gesetzgeber mit den §§ 304 ff. InsO die Möglichkeit der Verbraucherinsolvenz mit Restschuldbefreiung geschaffen hat.[41] Wegen der Unsicherheiten und der mit der Verbraucherinsolvenz auch für das unterhaltsberechtigte Kind verbundenen Nachteile fordert der BGH stets die **Abwägung der Vor- und Nachteile,** die mit der Einleitung des Insolvenzverfahrens verbunden sind.

Im entschiedenen Einzelfall hat der BGH übereinstimmend mit dem OLG Stuttgart als Vorinstanz[42] die Einleitung der Verbraucherinsolvenz für geboten gehalten.

Voraussetzungen und mögliche Einwände: 158 b

- Die Entscheidung des BGH betrifft einen Fall der **gesteigerten Unterhaltspflicht nach § 1603 II BGB,**[43] auf die der BGH in den Gründen auch verwiesen hat. Allein aus § 1603 I BGB lässt sich – etwa beim Ausbildungsunterhalt eines nicht privilegiert Volljährigen – eine Obliegenheit zur Einleitung des Insolvenzverfahrens nicht herleiten.[44] Etwas anderes gilt allerdings, wenn der Unterhaltsschuldner sich für eine Verbraucherinsolvenz entschieden hat und sich aus dem eröffneten Insolvenzverfahren im Einzelfall auch für die nachrangigen Unterhaltsgläubiger Vorteile ergeben.[45]
- Erforderlich ist in jedem Fall, dass die Voraussetzungen für die Eröffnung des Verbraucherinsolvenz-Verfahrens mit der Möglichkeit der Restschuldbefreiung gegeben sind **(Eröffnungsgrund).** Es muss also Zahlungsunfähigkeit oder drohende Zahlungsunfähigkeit (§§ 16–18 InsO) des Unterhaltsschuldners bestehen.
- Die vom Unterhaltsschuldner nach Beendigung des Verfahrens zu zahlenden **Verfahrenskosten** (vgl. § 4 a InsO) sind für sich genommen kein Hinderungsgrund.
- Auch die **Einschränkungen in der Lebensführung** des Unterhaltsschuldners durch die Bestellung eines Treuhänders, die Abtretung der Bezüge aus dem Dienstverhältnis und die den Unterhaltsschuldner treffenden Auskunfts- und Mitwirkungspflichten stehen der Einleitung der Verbraucherinsolvenz nicht im Wege.
- Ob nach der Wohlverhaltensperiode von sechs Jahren die **Restschuldbefreiung** (§ 286 InsO) tatsächlich bewilligt wird, lässt sich regelmäßig nicht im Voraus feststellen.
- Die **Belange anderer Gläubiger** bleiben wegen der von der InsO vorgegebenen Rangfolge grundsätzlich unberücksichtigt, wobei der BGH aber etwa bei Unterhaltsgläubigern eine Abwägung für angebracht hält.[46]
- Die **Dauer des Insolvenzverfahrens** ist abzuwägen mit der Restlaufzeit des Kredits und der voraussichtlichen Dauer der – gesteigerten – Unterhaltspflicht nach § 1603 II BGB.
- Die **Belange des Unterhaltsschuldners** können die Einleitung der Insolvenz ebenfalls unzumutbar machen.[47]

---

[40] BGH, FamRZ 2005, 608, 610
[41] BGH, FamRZ 2005, 608, 609
[42] FamRZ 2003, 1216
[43] Ebenso BGH FamRZ 2008, 137 = R 684
[44] Ähnlich für den Ehegattenunterhalt BGH FamRZ 2008, 497 = R 687; OLG Celle, FamRZ 2006, 1536 (vgl. auch OLG Karlsruhe, FamRZ 2006, 953); für den Unterhalt nach § 1615 l BGB OLG Koblenz, NJW-RR 2005, 1457
[45] BGH FamRZ 2008, 137 = R 684
[46] Vgl. etwa das Beispiel von Schürmann, FamRZ 2005, 887, 889
[47] Vgl. dazu etwa Schürmann, FamRZ 2005, 887, 888 f. m. N.

- Da auch die **Interessen des unterhaltsberechtigten Kindes** mit einzubeziehen (und vom Unterhaltsschuldner darzulegen) sind, ist auch zu berücksichtigen, dass anders als laufender Unterhalt während des Insolvenzverfahrens die bis zur – voraussichtlichen – Insolvenzeröffnung aufgelaufenen **Unterhaltsrückstände** zu Insolvenzforderungen werden und somit allein mit der – regelmäßig unbedeutenden – Insolvenzquote befriedigt und von der Restschuldbefreiung erfasst werden (§§ 89 II 2, 301 InsO). Nicht selten wird es hier um erhebliche Zeiträume gehen. Entscheidend ist daher der **Zeitpunkt,** zu dem die Insolvenz beantragt und – vor allem – eröffnet wird. Man wird daher auch einbeziehen müssen, ob der Unterhaltsberechtigte vom Unterhaltsschuldner die Einleitung des Insolvenzverfahrens verlangt hat und – wenn nicht – vorrangig andere Alternativen, wie z. B. eine **Umschuldung** und **Kreditstreckung** zu prüfen haben.

158 c   **Nachteile des Insolvenzverfahrens:** Insbesondere dem letztgenannten Aspekt kommt Gewicht zu. Denn im konkreten Fall kann das Insolvenzverfahren den Unterhaltsberechtigten je nach Zeitpunkt seiner Eröffnung höchst unwillkommen sein. Wenn der Unterhaltsschuldner sich bei Erhebung der Klage – wie üblicherweise – schon mehrere Monate im Rückstand befindet und bis zur erstinstanzlichen Entscheidung etwa ein Jahr vergangen ist, bis zu einem zweitinstanzlichen Urteil deutlich mehr, liegt es sogar in seinem Interesse, den Insolvenzantrag möglichst erst nach Abschluss des Verfahrens zu stellen. Denn er kann sich auf diese Weise der Unterhaltsansprüche für mehrere Jahre entledigen oder jedenfalls – bei später versagter Restschuldbefreiung – deren Vollstreckung verhindern. Ob man ihm dies unterhaltsrechtlich vorwerfen kann, ist schon deswegen praktisch unbedeutend, weil entweder die Restschuldbefreiung eintritt oder aber dem Unterhaltsberechtigten jedenfalls die Vollstreckung verwehrt wird.[48]

Nicht zuletzt aus diesen Gründen ist versucht worden, die zunächst gepriesene neue Entschuldungsmöglichkeit nunmehr auf eine Obliegenheit zur Berufung auf die Pfändungsfreigrenzen („Vollstreckungsschutzobliegenheit") zu reduzieren, wobei die wesentliche Aussage des BGH als zu weitgehend oder nur als Schlagwort bezeichnet worden ist.[49] Eine derartige Obliegenheit würde für sich betrachtet indessen zu einem stetigen Anwachsen der Schulden führen, was gerade vermieden werden soll.[50] Weil das Zurückziehen auf die Pfändungsfreigrenzen regelmäßig nur im Zusammenhang mit dem gleichzeitigen Antrag auf Einleitung der Verbraucherinsolvenz sinnvoll und zumutbar ist, lassen sich beide Aspekte (Vollstreckungsschutz und Verbraucherinsolvenz) jedenfalls im Regelfall nicht trennen. Gerade die Entschuldungsmöglichkeit hat den BGH ja maßgeblich zu seiner neuen Rechtsprechung veranlasst.

Scholz hat sich nicht zuletzt aus diesen Gründen in der Vorauflage (Rn. 158 a) zu den Möglichkeiten der Verbraucherinsolvenz skeptisch geäußert. An dieser Einschätzung ist demnach im Wesentlichen festzuhalten. Im praktischen Ergebnis wird die Möglichkeit der Verbraucherinsolvenz in den meisten Fällen nur als Argument bei der Interessenabwägung eine Rolle spielen. Wenn der Unterhalt minderjähriger oder privilegiert volljähriger Kinder betroffen ist, werden die Ergebnisse denen bei herkömmlicher Betrachtungsweise (Interessenabwägung) ohnehin weitgehend entsprechen.

158 d   **Rechtsfolgen der Insolvenzeröffnung:** Nach §§ 35, 36 InsO umfasst die Insolvenzmasse alle pfändbaren Gegenstände, die dem Schuldner zurzeit der Eröffnung gehören und die er während des Verfahrens erlangt. Rückständige Unterhaltsansprüche sind Insolvenzforderungen; sie werden von der Restschuldbefreiung erfasst (§ 301 I InsO). Künftige Unterhaltsforderungen sind dagegen außerhalb des Insolvenzverfahrens gegen den Schuldner selbst geltend zu machen (§§ 38, 40 InsO). Wegen solcher Ansprüche kann der Gläubiger in den Teil der Bezüge des Schuldners vollstrecken, der für andere Gläubiger nicht pfändbar ist (§ 89 II 2 InsO). Es handelt sich hierbei um den Differenzbetrag zwischen der allgemeinen

---

[48] Auch der in Einzelfällen zulässige Antrag auf Feststellung, dass der Unterhaltsanspruch – auch – auf unerlaubter Handlung beruht (vgl. § 89 II 2 InsO), hilft im praktischen Ergebnis nicht wesentlich weiter, weil das pfändbare Differenzeinkommen für eine Vollstreckung der Rückstände kaum ausreichen wird.

[49] So etwa von Hauß, FamRZ 2006, 306, 308; FamRZ 2006, 1496

[50] BGH FamRZ 2008, 497 = R 687; Wohlgemuth, FamRZ 2006, 308

Pfändungsfreigrenze nach §§ 850 a, 850 c ZPO (derzeit etwa bei der Unterhaltspflicht gegenüber zwei Kindern 1470 € netto) und dem unterhaltsrechtlichen Selbstbehalt.[51] Der Unterhaltsschuldner ist verpflichtet, alle Möglichkeiten zur Erhöhung des pfändungsfreien Betrages auszuschöpfen.[52] Dagegen darf er auf den auch für andere Gläubiger pfändbaren Teil der Bezüge nicht im Wege der Einzelzwangsvollstreckung zugreifen.[53]

Die seit dem 1. 1. 2002 deutlich erhöhten **Pfändungsfreigrenzen** können im Rahmen der Interessenabwägung der Gläubiger berücksichtigt werden, vor allem bei der Beurteilung, ob dem Unterhaltsschuldner etwa eine Umschuldung zumutbar und möglich ist. Eine alleinige Orientierung der Leistungsfähigkeit an den Vollstreckungsmöglichkeiten ist jedoch nach wie vor unzulässig.[54] Um bestehende Engpässe bei **kurzfristigen Liquiditätslücken** zu vermeiden, dürfte schließlich das herkömmliche Instrumentarium, namentlich die Abwägung der Belange von Unterhaltsgläubiger, -schuldner und weiteren Gläubigern (vgl. 10.4 der Leitlinien) vollauf genügen.

2. Beeinträchtigung der Leistungsfähigkeit durch Unterhaltsansprüche anderer Berechtigter; Mangelfälle

a) Leistungsfähigkeit und Mangelfall. Ein Elternteil ist **leistungsfähig,** wenn sein **159** Einkommen ausreicht, den **Restbedarf aller Unterhaltsberechtigten** (vgl. Rn. 140) und seinen eigenen angemessenen Bedarf zu decken. Der Mangelfall (im engeren Sinne) ist dagegen durch die fehlende Fähigkeit des Pflichtigen gekennzeichnet, bei Wahrung seines notwendigen Selbstbehalts aus seinem Einkommen den Bedarf der erstrangigen Berechtigten (vollständig) zu decken, so dass eine Mangelfallrechnung (gleichmäßige Verteilung des zur Verfügung stehenden Einkommens – Veteilungsmasse – auf die gleichrangigen Berechtigten) anzustellen ist.[55]

Die Höhe des Bedarfs der Berechtigten kann nach dem System der Düsseldorfer Tabelle, die je nach der Zahl der Unterhaltsberechtigten Höher- und Herabgruppierungen kennt (DT A 1; vgl. dazu Rn. 231 ff., 387), von der Zahl der Unterhaltsberechtigten abhängig sein. Erst für den Fall, dass der Pflichtige aus seinem Einkommen nicht den Bedarf aller Unterhaltsberechtigten befriedigen kann, also im Mangelfall, greift die vom Gesetzgeber (§ 1609 BGB) festgelegte Rangfolge der Unterhaltsberechtigten ein.

Vorrangig zu berücksichtigen sind die Unterhaltsansprüche minderjähriger und privile- **160** giert volljähriger Kinder (§ 1609 Nr. 1 BGB). Danach folgen die Unterhaltsansprüche der kinderbetreuenden Elternteile (§§ 1570, 1615 l BGB) sowie sonstiger Ehegattenunterhalt (§§ 1569 ff. BGB) bei Ehen von langer Dauer (§ 1609 Nr. 2 BGB), darauf die übrigen Ehegatten und geschiedenen Ehegatten (§ 1609 Nr. 3 BGB). Im vierten Rang folgen die Unterhaltsansprüche der (nicht privilegierten) volljährigen Kinder (§ 1609 Nr. 4 BGB), alsdann die der Enkel (§ 1609 Nr. 5 BGB) und zum Schluss diejenigen der Verwandten der aufsteigenden Linie, insbesondere der Eltern und Großeltern (§ 1609 Nr. 6 und 7 BGB). Vgl. dazu Rn. 429 ff. Der Rang der Lebenspartner entspricht dem der Ehegatten (§§ 5, 16 LPartG).

Reicht das Einkommen des Schuldners nicht aus, um **gleichrangige Ansprüche** mehre- **161** rer Berechtigter zu befriedigen, ist das für Unterhaltszwecke zur Verfügung stehende Einkommen bei Ansprüchen minderjähriger und privilegiert volljähriger Kinder nach Abzug des notwendigen Selbstbehalts (vgl. dazu Rn. 263 ff.) auf die Berechtigten zu verteilen. Die Einsatzbeträge der Berechtigten sind verhältnismäßig zu kürzen. Es findet also eine **Mangelverteilung**[56] statt. Dies gilt auch dann, wenn die Unterhaltsberechtigten, die mit dem

---

[51] BGH FamRZ 2008, 497 = R 687. Zur vollstreckungsrechtlichen Freigrenze nach § 850 d ZPO s. Klinkhammer, FamRZ 2007, 85, 91
[52] BGH FamRZ 2008, 137 = R 684 (Antrag eines Selbstständigen auf Erhöhung des pfandfreien Betrages nach § 850 f, 850 i ZPO)
[53] Vgl. im Einzelnen Uhlenbruck, FamRZ 1998, 1473
[54] BGH FamRZ 2008, 497 = R 687; BGH, FamRZ 1984, 657
[55] BGH, FamRZ 2003, 363, 366 mit Anm. Scholz, FamRZ 2003, 514
[56] Zur Unterhaltsberechnung in Mangelfällen BGH, FamRZ 2003, 363 = R 584 b, c mit Anm. Scholz, FamRZ 2003, 514

Schuldner in einer Haushaltsgemeinschaft zusammenleben, durch die Leistung von Unterhalt an einen anderen Berechtigten, insbesondere ein Kind aus einer früheren Ehe, sozialhilfebedürftig würden.[57]

162 **b) Konkurrenz mehrerer minderjähriger oder privilegiert volljähriger Kinder.** Zunächst ist zu prüfen, ob der Schuldner den Unterhalt der beteiligten Kinder unter Wahrung seines notwendigen Selbstbehalts aufbringen kann. Nach der bis zum 31. 12. 2007 gültigen Rechtslage war für den Kindesunterhalt der sich aus der Düsseldorfer Tabelle ergebende Tabellenbetrag maßgebend. Anrechenbares Kindergeld blieb außer Betracht, weil es auch im Mangelfall nicht als Einkommen zu berücksichtigen war.[58] Aufgrund des früheren § 1612 b V BGB war eine Kindergeldanrechnung in Mangelfällen ohnedies weitestgehend ausgeschlossen.

Seit dem **1. 1. 2008** hat sich die rechtliche Ausgangslage verändert. Nach § 1612 b I 2 BGB mindert das Kindergeld in dem nach § 1612 b I 1 BGB anrechenbaren Umfang den Barbedarf des Kindes. Demzufolge sind bei der Frage, ob der Unterhaltsschuldners hinreichend leistungsfähig ist, nunmehr die **Zahlbeträge** abzuziehen (Anm. C zur Düsseldorfer Tabelle).[59]

Reicht das Einkommen des Schuldners zur Deckung des Unterhalts nicht aus, ist zu prüfen, ob er den Unterhalt nach Herabgruppierung mit Hilfe der Bedarfskontrollbeträge zahlen kann. Ein Mangelfall liegt erst vor, wenn der Pflichtige auch den Unterhalt der 1. Einkommensgruppe der Tabelle bei Wahrung seines notwendigen Selbstbehalts nicht leisten kann. Vgl. Rn. 239, 242. Ist dies der Fall, muss eine Mangelfallberechnung durchgeführt werden. Im Folgenden werden an einem Beispielfall die Berechnungsweisen nach der bis zum 31. 12. 2007 geltenden Rechtslage und zur Rechtslage ab 1. 1. 2008 gegenübergestellt. Nach der bisherigen Rechtslage ergaben sich die Einsatzbeträge aus der 6. Einkommensgruppe der Düsseldorfer Tabelle (Tabellenbeträge), ab 1. 1. 2008 sind die Mindestunterhaltsbeträge (Einkommensgruppe 1) abzüglich anrechenbares Kindergeld (Zahlbeträge) anzusetzen.

Beispiel:
Einkommen des allein barunterhaltspflichtigen Vaters: 1450,– €. Die wiederverheiratete Mutter betreut die gemeinsamen Kinder K 1 (16 Jahre), K 2 (11 Jahre) und K 3 (9 Jahre). Sie bezieht das Kindergeld von je 154,– €.
1. Berechnung **bis zum 31. 12. 2007** (*Düsseldorfer Tabelle* 2007)
Bedarf der Kinder nach DT 6/3 bzw. 6/2: 389 + 331 + 331 = 1051,– € (Gesamtbedarf).
Für den Kindesunterhalt stehen zur Verfügung 1450 – 900 (notwendiger Selbstbehalt nach DT A 5 I) = 550,– €.
Anspruch K 1: 389 × 550 : 1051 = 204,– €.
Anspruch K 2 und K 3: 331 × 550 : 1051 = 173,– €.
Der Kindergeldanteil des Vaters ist nach § 1612 b V BGB nicht anzurechnen, da er weniger als 135% des Regelbetrages von 389 – 77 = 312,– € bzw. von 331 – 77 = 254,– € zahlen kann (vgl. dazu die Vorauflage Rn. 509, 5/83 ff.).
2. Berechnung **ab dem 1. 1. 2008** (*Düsseldorfer Tabelle* 2008)
Bedarf der Kinder nach DT 1/3 (K 1): 365 – 77 = 288 bzw. DT 1/2 (K 2 und K 3) 322 – 77 = 245; Gesamtbedarf: 288 + 245 + 245 = 778 €. Für den Kindesunterhalt stehen zur Verfügung 1450 – 900 (notwendiger Selbstbehalt nach DT A 5 I) = 550,– €. Anspruch K 1: 288 × 550 : 778 = 204,– €. Anspruch K 2 und K 3: 245 × 550 : 778 = 173,– €. Die Zahlbeträge bleiben demnach gleich. Änderungen der Zahlbeträge ergeben sich nur, wenn ein Kind der 1. Altersstufe vorhanden ist, dessen Mindest-Zahlbetrag sich zum 1. 1. 2008 um 6,– € erhöht hat.

163 **c) Zusammentreffen eines Ehegatten mit minderjährigen oder privilegiert volljährigen Kindern.** Bis zum 31. 12. 2007 galten nach der neueren Rechtsprechung des BGH[60] die folgenden Grundsätze:
- Zunächst waren die **Unterhaltsansprüche** der Kinder und des Ehegatten individuell zu berechnen. Ein Mindestunterhalt war weder dem Kind noch dem Ehegatten geschuldet.

---

[57] BGH, FamRZ 1996, 1272 = R 507 b
[58] BGH, FamRZ 1997, 806; vgl. auch BGH, FamRZ 2000, 1492 mit Anm. Scholz = R 546 d
[59] Dazu Klinkhammer, FamRZ 2008, 193, 200
[60] FamRZ 2003, 363 = R 584 b, c, d, f mit Anm. Scholz, FamRZ 2003, 514

Der Kindesunterhalt war nach der Düsseldorfer Tabelle der 1. Einkommensgruppe, bei Nichtanwendung der Bedarfskontrollbeträge (Rn. 239 ff.) auch einer höheren Gruppe zu entnehmen (vgl. Rn. 162). Der Ehegattenunterhalt war grundsätzlich unter Vorwegabzug des Kindesunterhalts mit Hilfe einer Quote (z. B. von $^3/_7$) zu ermitteln. Abzuziehen war der sich aus der Tabelle ergebende Kindesunterhalt, nicht der Zahlbetrag nach Verrechnung des Kindergeldes. Führte der Vorwegabzug des Kindesunterhalts zu einem unverhältnismäßig niedrigen Ehegattenunterhalt, war letzterer ohne Vorwegabzug neu zu ermitteln. Jedoch durfte diese Berechnung ihrerseits nicht einen Ehegattenunterhalt ergeben, der außer Verhältnis zum Kindesunterhalt stand. Dies war vor allem der Fall, wenn der so errechnete Bedarf des Existenzminimum des Ehegatten nach B V und B VI (a. F.) der Düsseldorfer Tabelle überstieg und deshalb mit den ehelichen Lebensverhältnissen nicht in Einklang stand. In einem solchen Fall war der Bedarf des Ehegatten auf die Beträge nach B V bzw. B VI (a. F.) der Düsseldorfer Tabelle zu begrenzen. Ggf. konnten diese Beträge weiter gekürzt werden.

- Konnte der Schuldner die so errechneten Ansprüche unter Wahrung seines notwendigen Selbstbehalts von grundsätzlich 1000,– € (gegenüber dem Ehegatten[61]) bzw. 900,–/ 770,– € (gegenüber den erstrangigen Kindern) nicht decken, lag ein Mangelfall vor. Dann war als Einsatzbetrag für jeden Berechtigten das jeweilige **Existenzminimum,** auf das als solches kein Anspruch bestand, das vielmehr nur als Hilfsmittel zur Berechnung der Mangelquote dient, zugrunde zu legen. Als Existenzminimum waren einzusetzen
  - für minderjährige Kinder 135% des Regelbetrages, bei privilegiert volljährigen Kindern wegen ihres Gleichrangs ebenfalls 135% des Richtsatzes der 1. Einkommensgruppe, im Ergebnis also die Richtsätze der 6. Einkommensgruppe,
  - für die getrennt lebenden oder geschiedenen Ehegatten das Existenzminimum nach B V der Düsseldorfer Tabelle von 900,– € bzw. von 770,– €, je nachdem, ob der Ehegatte erwerbstätig ist oder nicht,
  - für den mit dem Schuldner zusammenlebenden Ehegatten das Existenzminimum nach B VI der Düsseldorfer Tabelle (a. F.) von 615,– € bzw. 535,– €, auch hier je nach Ausübung einer Erwerbstätigkeit oder nicht.
- Das jeweilige Existenzminimum war im Verhältnis der Verteilungsmasse zur Summe der Einsatzbeträge zu kürzen und das Ergebnis schließlich auf seine **Angemessenheit** zu überprüfen.

Kindergeld wurde nach Maßgabe des § 1612 b V BGB angerechnet.

Beispiel:
Bereinigtes Einkommen des allein barunterhaltspflichtigen Vaters (V): 1400,– €.
Die getrennt lebende Mutter (M) betreut die gemeinsamen Kinder K 1 (3 Jahre) und K 2 (1 Jahr). Sie ist nicht erwerbstätig und bezieht das Kindergeld von je 154,– €.
1. Berechnung **bis zum 31. 12. 2007** (*Düsseldorfer Tabelle* 2007)
Bedarf der Kinder nach DT 1/1 jeweils 202,– €. Bedarf der M: 1400 – 202 – 202 = 996 × $^3/_7$ = 427,– €. Da offensichtlich ein Mangelfall vorliegt, kann auf eine Kontrollberechnung ohne Vorwegabzug des Kindesunterhalts verzichtet werden.
Einsatzbeträge für K 1 und K 2: Existenzminimum in Höhe von 135% des Regelbetrages (= 6. Einkommensgruppe) = jeweils 273,– €.
Einsatzbetrag M: Existenzminimum nach B V 2 der Düsseldorfer Tabelle = 770,– €. Summe der Einsatzbeträge: 273 + 273 + 770 = 1316,– €.
Für den Unterhalt stehen zur Verfügung: 1400 – 1000 (Ehegattenselbstbehalt) = 400,– €.
Anspruch der M: 770 × 400 : 1316 = 234,– €.
Anspruch der Kinder: jeweils 273 × 400 : 1316 = 83,– €; hinzukommen jeweils $^1/_2$ der weiteren Verteilungsmasse von 100,– € gegenüber Kindern (= 1000 – 900), so dass der Kindesunterhalt je 133,– € beträgt .
Keine Kindergeldverrechnung (§ 1612 b V BGB).
2. Berechnung **ab dem 1. 1. 2008** (*Düsseldorfer Tabelle* 2008)
Bedarf der Kinder nach DT 1/1 jeweils 279 – 77 = 202,– €. Bedarf der M: 1400 – 202 – 202 = 996 × $^3/_7$ = 427,– €. Offensichtlich liegt ein Mangelfall vor.
Einsatzbeträge für K 1 und K 2 (Zahlbeträge): 279 – 77 = 202,– €. Der Kindesunterhalt ist nach § 1609 Nr. 1 BGB (n. F.) vorrangig. V verbleiben nach Abzug des Kindesunterhalts 1400 – 202 –

---

[61] BGH, FamRZ 2006, 683

202 = 996,– €. Da V nach Abzug des Kindesunterhalts damit weniger als der Ehegattenselbstbehalt von 1000 € verbleibt, ist er für den Ehegattenunterhalt nicht leistungsfähig. Im praktischen Ergebnis verbleiben ihm 96,– € mehr als nach der bisherigen Rechtslage, weil sich der Ehegattenselbstbehalt hier anders als nach bisheriger Rechtslage auf das Ergebnis aller Unterhaltsansprüche auswirkt.

164   **d) Konkurrenz mehrerer nachrangiger volljähriger Kinder.** Nicht privilegiert volljährige Kinder kommen erst dann zum Zuge, wenn keine vorrangig Berechtigten vorhanden sind oder der Schuldner nach Deckung der vorrangigen Ansprüche unter Wahrung seines angemessenen Selbstbehalts von 1100,– € (vgl. Rn. 417 ff.) noch leistungsfähig ist.

Beispiel:
Die 20- und 22-jährigen Kinder K 1 und K 2 studieren und leben in einem Studentenheim. Einkommen des Vaters (V): 1900,– €. Die wiederverheiratete Mutter ist nicht berufstätig; sie versorgt ein sechsjähriges Kind aus der neuen Verbindung. Sie bezieht das Kindergeld für K 1 und K 2 von je 154,– €. Ihr Ehemann ist arbeitslos.
Bedarf der Kinder nach der Düsseldorfer Tabelle (A 7 I): jeweils 640,– €.
Da die Mutter ein vorrangiges minderjähriges Kind betreut, trifft sie keine Erwerbsobliegenheit. Daher ist allein V den Kindern K 1 und K 2 unterhaltspflichtig. Für Unterhaltszwecke stehen zur Verfügung: 1900 – 1100 (angemessener Eigenbedarf nach A 5 II der Düsseldorfer Tabelle) = 800,– €. Jedes der Kinder hat nach bedarfsdeckender Anrechnung des vollen Kindergelds (§ 1612 b I S. 1 Nr. 2) einen Bedarf von 640 – 154 = 486 €. Der Gesamtbedarf beider Kinder beträgt 2 × 486 = 972 €. Die Verteilungsmasse ist mit 800,– € geringer. Die Kinder erhalten je 400,– €.

165   Reicht das Einkommen des Pflichtigen nach Abzug des angemessenen Selbstbehalts von 1100,– € nicht aus, um außer den vorrangigen auch **nachrangige Unterhaltsansprüche** zu befriedigen, fallen die nachrangig Berechtigten ganz oder teilweise aus.[62] Vgl. Rn. 152, 430.

3. Beeinträchtigung der Leistungsfähigkeit durch Betreuung eines anderen unterhaltsberechtigten Kleinkindes

166   Nach Trennung oder Scheidung kann sich die Mutter eines minderjährigen Kindes aus erster Ehe, das vom Vater versorgt wird, nicht ohne weiteres auf Leistungsunfähigkeit berufen, wenn sie wegen der Geburt eines Kindes aus einer neuen Verbindung keiner Erwerbstätigkeit nachgeht. Der Vater erfüllt seine Unterhaltpflicht grundsätzlich durch die Betreuung des minderjährigen Kindes aus erster Ehe (§ 1606 III 1 BGB). Nur ausnahmsweise kommt seine Mithaftung in Betracht. Vgl. Rn. 287.
Ist die Mutter wiederverheiratet, greifen die Grundsätze der sog. Hausmannrechtsprechung ein (vgl. Rn. 172 ff.). Der BGH hat diese Rechtsprechung in Abkehr von einer früheren Entscheidung[63] auch auf den Fall erstreckt, dass die Mutter mit dem Vater ihres nichtehelichen Kindes zusammen lebt.[64] Vgl. dazu Rn. 190 ff.
Ist die Mutter nicht wiederverheiratet und lebt sie auch mit dem Vater des nichtehelichen Kindes nicht in einer Partnerschaft, so kann sie gleichwohl von ihrem früheren Ehemann keinen Ehegattenunterhalt verlangen, weil sie kein gemeinsames Kind pflegt oder erzieht (§ 1570 BGB). Dennoch darf sie sich im Verhältnis zu ihrem minderjährigen Kind aus erster Ehe nicht auf die Betreuung ihres nichtehelichen Kindes beschränken. Die Auffassung, dass die Betreuung des Kleinkindes vorgehe und von ihr die Aufnahme einer Erwerbstätigkeit nicht verlangt werden könne,[65] findet im Gesetz keine Stütze. Sie wurde schon im Jahre 1981 vom BGH[66] nicht gebilligt und ist auch mit der neueren Hausmannrechtsprechung des BGH[67] nicht zu vereinbaren. Die Unterhaltsansprüche der beiden Kinder sind gleichrangig. § 1615 l II 2, 3 BGB entbindet die Mutter nur im Verhältnis zu ihrem nichtehelichen Kind und zu dessen Vater von einer Erwerbsobliegenheit, und zwar regelmäßig nur auf die Dauer

---

[62] BGH, FamRZ 1984, 683, 685
[63] BGH, FamRZ 1995, 598
[64] BGH, FamRZ 2001, 614 = R 556 b
[65] OLG Frankfurt, FamRZ 1992, 979, 981; OLG Stuttgart, FamRZ 1984, 611
[66] FamRZ 1982, 25, 26 sub 2 e
[67] BGH, FamRZ 2001, 614 = R 556 a

von drei Jahren. Es ist daher Aufgabe der Mutter, die Betreuung des Kleinkindes aus ihrer neuen Verbindung durch Dritte, z. B. eine Tagesmutter, durch Verwandte, durch ihren Lebensgefährten (vgl. Rn. 52, 192), die Ganztagsschule oder durch einen Hort sicherzustellen.[68] Die dadurch entstehenden Kosten mindern allerdings ihr anrechenbares Einkommen. Dies kann dazu führen, dass die Mutter mangels Leistungsfähigkeit für das Kind aus der früheren Ehe keinen Barunterhalt zu leisten hat.

> **Beispiel:**
> Der arbeitslose frühere Ehemann betreut das 14–jährige Kind aus der geschiedenen Ehe mit der Mutter (M). Er bezieht das Kindergeld. M verdient durch vollschichtige Tätigkeit 1300,– €. Sie erhält für das sechsjährige nichteheliche Kind von dessen Vater Unterhalt, nicht aber für sich selbst. Die Betreuung des Kindes kann M nur durch eine Tagesmutter sichern, die 300,– € verlangt. Da ihr der notwendige Selbstbehalt von 900,– € nach A 5 I der Düsseldorfer Tabelle verbleiben muss, kann sie für das Kind aus ihrer früheren Ehe nur 1300 − 300 − 900 = 100,– € Unterhalt zahlen.

Wenn die Mutter nach § 1615 l BGB vom Vater des nichtehelichen Kindes Unterhalt erhält, kann dadurch ihr notwendiger Selbstbehalt gesichert sein. Sie muss dann den Ertrag einer Berufstätigkeit nach Abzug von Betreuungskosten voll für den Unterhalt des Kindes aus ihrer früheren Ehe einsetzen.[69] Vgl. dazu Rn. 149.

Dieselben Grundsätze gelten, wenn sich der Vater, der einem Kind aus einer früheren Ehe **167** Unterhalt zu leisten hat, auf die Betreuung eines Kindes aus einer Verbindung mit einer anderen Partnerin beschränkt.[70] Ähnliche Probleme wie die hier erörterten können sich ergeben, wenn jeder Elternteil nach Trennung oder Scheidung ein Kind aus der gescheiterten Ehe betreut. Vgl. dazu Rn. 309 ff.

4. Minderung der Leistungsfähigkeit durch Umgangskosten

Das minderjährige Kind hat das Recht zum Umgang mit jedem Elternteil, unabhängig **168** davon, ob die Eltern die elterliche Sorge gemeinsam ausüben oder ob einem von ihnen das Sorgerecht allein übertragen ist. Damit korrespondieren das Recht und die Pflicht des nicht betreuenden Elternteils zum Umgang (§ 1684 I BGB); sie sind Ausfluss seiner Verantwortung für dessen Wohl (§§ 1618 a, 1626, 1631 BGB). Der nicht betreuende Elternteil hat ein subjektives Recht auf Umgang. Der andere Elternteil hat auf die Belange, insbesondere die Vermögensinteressen des Berechtigten Bedacht zu nehmen. Er darf die Wahrnehmung des Umgangsrechts nicht erschweren oder gar verleiden. Eine Verletzung dieser Pflicht kann Schadensersatzansprüche auslösen.[71]

Dem entsprechend hat das BVerfG gefordert, dass auch das Unterhaltsrecht dem Unterhaltspflichtigen nicht die Möglichkeit nehmen dürfe, sein Umgangsrecht zur Erhaltung der Eltern-Kind-Beziehung unter Berücksichtigung des Kindeswohls auszuüben.[72]

Teilweise abweichend von seiner früheren Rechtsprechung, nach der Umgangskosten jedenfalls in der Regel unberücksichtigt blieben,[73] hat der BGH nunmehr vor allem im Hinblick auf § 1612 b V BGB a. F. **angemessene Umgangskosten** des barunterhaltspflichtigen Elternteils mit seinem Kind dann für annerkennungsfähig erklärt, wenn diese nicht anderweitig abgedeckt sind.[74] Das gilt vor allem, wenn der Unterhaltspflichtige die Kosten nicht aus einem ihm verbleibenden Kindergeldanteil decken kann. Die Umgangskosten können dann nach dem BGH zu einer **maßvollen Erhöhung des Selbstbehalts** oder einer entsprechenden **Minderung des unterhaltsrelevanten Einkommens** führen.

Zur Unterhaltsberechnung bei umfangreichem Umgang, der sich einer dauernden Mitbetreuung annähert, vgl. Rn. 316 b.

---

[68] OLG Düsseldorf, FamRZ 1996, 167
[69] BGH, FamRZ 2001, 1065, 1066 = R 549 c
[70] OLG Düsseldorf, FamRZ 1996, 167
[71] BGH, FamRZ 2002, 1099 = NJW 2002, 2566
[72] BVerfG, FamRZ 2003, 1371, 1377
[73] BGH, FamRZ 1995, 215; FamRZ 2002, 1099
[74] BGH, FamRZ 2005, 706 m. Anm. Luthin; FamRZ 2003, 445, 449; Scholz, Vorauflage Rn. 169

169   Die gesonderte Berücksichtigung von Umgangskosten hat der BGH vor allem im Hinblick auf die frühere Regelung zur eingeschränkten Kindergeldanrechnung nach § 1612 b V BGB a. F. anerkannt, weil das Kindergeld nach dieser am 1. 1. 2001 in Kraft getretenen Vorschrift dem Unterhaltspflichtigen nicht oder nur eingeschränkt zur Finanzierung der Umgangskosten zur Verfügung stand.

Nach der durch die **Unterhaltsreform 2007** geänderten Systematik ist auch auf den Mindestunterhalt regelmäßig das hälftige Kindergeld anzurechnen. Damit wird das Kindergeld zwar – vordergründig – abweichend von § 1612 b V BGB a. F. beim zu zahlenden Unterhalt berücksichtigt. Es ist allerdings zu beachten, dass die Anrechnung nach § 1612 b I BGB n. F. bedarfsdeckend erfolgt. Das hat zur Folge, dass die Leistungsfähigkeit des Unterhaltspflichtigen nicht mehr auf Grund der ungekürzten Tabellenbeträge festzustellen ist, sondern anhand der Zahlbeträge. Während nach bisheriger Rechnung dem Unterhaltspflichtigen also noch über den Selbstbehalt hinaus das hälftige Kindergeld verblieb, ist das nun nicht mehr der Fall. Im Ergebnis bleibt das Kindergeld also entsprechend der Regelung in § 1612 b V BGB a. F. unberücksichtigt. Die Rechtsprechung des BGH gilt also fort und greift ein, wenn der Unterhaltspflichtige nur den Mindestunterhalt (abzüglich des hälftigen Kindergelds) zu zahlen hat und die Umgangskosten aus seinem (notwendigen) Selbstbehalt aufbringen müsste.

> **Beispiel:**
> Der V hat ein bereinigtes Monatsnettoeinkommen von 1150 €. Er ist allein dem sechsjährigen Kind K zum Unterhalt verpflichtet. Für zweiwöchentliche Besuchskontakte hat er Fahrtkosten und zusätzlichen Verpflegungsaufwand von monatlich 100 €.
> Der V schuldet dem K den Mindestunterhalt von 322 € abzüglich des hälftigen Kindergelds von 77 €, mithin 245 €. Eine Höherstufung wegen unterdurchschnittlicher Unterhaltslast kommt nicht in Betracht, weil das Einkommen des V deutlich unter der Grenze zur zweiten Einkommensgruppe liegt.
> **Berechnung:** Die beiden vom BGH akzeptierten Methoden führen hier zum selben Ergebnis.
> a) Anhebung des Selbstbehalts: 900 € + 100 € = 1000 €. Für den Elementarunterhalt verbleiben
>   1150 € – 1000 € = 150 €.
> b) Abzug vom Einkommen: 1150 € – 100 € = 1050 € – 900 € = 150 €.
> Die Differenz zwischen dem ungekürzten (245 €) und dem gekürzten Unterhalt (150 €) von 95 € entspricht den nicht durch das Einkommen und das Kindergeld abgedeckten Umgangskosten.

Für **Wohnkosten** hält der BGH indessen – von Ausnahmefällen abgesehen – einen Abzug nicht für angezeigt, weil es angemessen und ausreichend sein dürfte, die Kinder in den dem Wohnbedarf des Unterhaltspflichtigen entsprechenden Räumlichkeiten mit unterzubringen.[75] Die **Angemessenheit** der Kosten ist maßgeblich nach dem **Wohl des Kindes** zu bestimmen.[76] Der BGH hält dazu das hälftige Kindergeld jedenfalls in der Regel für ausreichend. Sowohl die Angemessenheit der Kosten als auch die Rechtsfolge der maßvollen Erhöhung des Selbstbehalts lassen es zu, im Einzelfall das Barexistenzminimum des Kindes in die Betrachtung einzubeziehen und mit seinen eigenen Umgangsbelangen wie denen des Unterhaltspflichtigen **abzuwägen.**

170   Verfügt der Unterhaltspflichtige indessen auch nach Abzug der Umgangskosten noch über **ausreichendes Einkommen,** bleibt es dabei, dass Umgangskosten regelmäßig nicht zu berücksichtigen sind.[77] Erst recht sollten bei besseren Verhältnissen Umgangskosten in der Regel nicht vom anrechenbaren Einkommen des unterhaltspflichtigen Elternteils abgezogen werden. Dies lässt sich m. E. mit § 1606 III 2 BGB begründen. Wenn zum Bedarf des Kindes auch der Umgang mit dem nicht betreuenden Elternteil gehört, fallen diesem die dadurch entstehenden Kosten in der Regel allein zur Last. **Ausnahmen** sind denkbar, wenn das Kind beim betreuenden Elternteil in einem weit entfernten Ort lebt und deshalb durch die Ausübung des Umgangs beachtliche Kosten entstehen, die vom Berechtigten angesichts seiner wirtschaftlichen Verhältnisse nicht in zumutbarer Weise aufgebracht werden können.[78]

---

[75] BGH, FamRZ 2005, 706, 708; vgl. BSG, FamRZ 2007, 465
[76] BGH, FamRZ 2005, 706, 708
[77] BGH, FamRZ 2006, 1015, 1018 m. Anm. Luthin
[78] OLG Karlsruhe, FamRZ 1992, 58; KG, FamRZ 1998, 1386

Jedoch muss der Umgangsberechtigte alle Möglichkeiten nutzen, um diese Kosten so niedrig wie möglich zu halten.[79] So ist er ggf. auf die Benutzung öffentlicher Verkehrsmittel zu verweisen; auch kann von ihm verlangt werden, hohe Fahrtkosten dadurch zu vermeiden, dass er die Häufigkeit des Umgangs einschränkt und dafür die einzelnen Besuche verlängert.[80] Entscheidend ist auch hier das Wohl des Kindes (Rn. 169).

Der nicht betreuende Elternteil kann die **Kosten,** die er **für den Unterhalt** des Kindes **171 während der Ausübung des Umgangsrechts,** z. B. für dessen Ernährung, aufwendet, in der Regel nicht vom Barunterhalt abziehen.[81] Vgl. oben Rn. 104, 126. Zum Wechselmodell und diesem nahe kommenden Betreuungsmodellen s. u. Rn. 316 a/316 b.

IV. Leistungsfähigkeit eines Elternteils bei Übernahme der Haushaltsführung nach Wiederverheiratung oder Begründung einer nichtehelichen Lebensgemeinschaft („Hausmannrechtsprechung")

1. Erwerbsobliegenheit des wiederverheirateten, haushaltsführenden Ehegatten gegenüber gleichrangigen Berechtigten, insbesondere gegenüber minderjährigen Kindern aus erster Ehe

Niemand darf sich seiner Unterhaltspflicht – sei es gegenüber seinen Kindern, insbeson- **172** dere seinen minderjährigen Kindern, sei es gegenüber seinem (früheren) Ehegatten – dadurch entziehen, dass er eine neue Familie gründet, keiner Erwerbstätigkeit nachgeht und sich allein auf die Haushaltsführung und ggf. Kinderversorgung in der neuen Ehe beschränkt. Diese sog. Hausmannrechtsprechung hat der BGH im Jahre 1979 begründet,[82] sie aber seit 1996 zugunsten der Berechtigten und zu Lasten des Unterhaltspflichtigen erheblich **verschärft.**[83] Inzwischen hat er sie auch auf die Haushaltsführung in einer nichtehelichen Lebensgemeinschaft erstreckt.[84] Eine weitere Verschärfung der Haftung hat der BGH durch seine Entscheidung vom 5. 10. 2006[85] vollzogen, indem er auch die mit der Rollenwahl verbundenen Vorteile in die Unterhaltspflicht mit einbezogen hat.

Trotz Eingehung einer neuen Ehe bleibt ein Elternteil einem minderjährigen Kind aus erster Ehe, das vom anderen Elternteil betreut wird, barunterhaltspflichtig (§ 1606 III 2 BGB), auch wenn er im Einvernehmen mit dem neuen Partner die Haushaltsführung und ggf. die Kindesbetreuung übernimmt. Damit erfüllt er nur seine Unterhaltspflicht gegenüber dem neuen Ehegatten und ggf. gegenüber dem Kind aus der neuen Ehe (§§ 1360 S. 2, 1606 III 2 BGB), dagegen nicht gegenüber dem minderjährigen Kind aus erster Ehe.[86] Dies führt zu einem Konflikt zwischen den Unterhaltsinteressen der gemeinsamen Kinder aus der alten Familie, dem früheren Ehegatten und den Mitgliedern der neuen Familie. Der barunterhaltspflichtige Ehegatte darf sich also dann nicht ohne weiteres auf die Sorge für die Angehörigen aus der neuen Familie beschränken. Er muss auch für die minderjährigen und privilegiert volljährigen Kinder sowie ggf. für den unterhaltsbedürftigen Ehegatten aus der ersten Ehe (vgl. dazu Rn. 173) sorgen. Deshalb kann die Beschränkung auf die Rolle des Hausmanns bzw. der Hausfrau allenfalls unter engen Voraussetzungen anerkannt werden, vor allem dann nicht, wenn der Unterhaltspflichtige früher den Familienunterhalt durch Erwerbstätigkeit sichergestellt hat, also ein **Rollentausch** vorgenommen worden ist.[87] Fehlt es im Verhältnis zu den Berechtigten aus der ersten Ehe an einem rechtfertigenden Grund für den Rollen-

---

[79] BGH, FamRZ 1995, 215 mit ablehnender Anm. Weychardt, FamRZ 1995, 539 = R 483; OLG Karlsruhe, FamRZ 1992, 58
[80] OLG Karlsruhe, FamRZ 1992, 58
[81] BGH, FamRZ 1984, 473
[82] BGH, FamRZ 1980, 43
[83] BGH, FamRZ 1996, 796 = R 500 a
[84] BGH, FamRZ 2001, 614 mit Anm. Büttner = R 556 b
[85] BGH, FamRZ 2006, 1827 m. Anm. Strohal
[86] BGH, FamRZ 1996, 796 = R 500 a
[87] BGH, FamRZ 1996, 796 = R 500 a

wechsel, ist dem Pflichtigen grundsätzlich sein bisheriges Einkommen fiktiv zuzurechnen. Vgl. dazu Rn. 176.

Kann die Rollenwahl gebilligt werden, muss der Pflichtige gleichwohl zum Unterhalt der Berechtigten aus der ersten Ehe, insbesondere der minderjährigen Kinder, beitragen. Der neue Ehegatte hat die Erfüllung dieser Obliegenheit nach dem Rechtsgedanken des § 1356 II 2 BGB zu ermöglichen, zumal bei der Aufgabenverteilung in der neuen Ehe die beiderseits bekannte Unterhaltslast gegenüber Kindern aus früheren Ehen berücksichtigt werden muss. Denn der neue Ehegatte müsste es auch im Falle der Vollerwerbstätigkeit des unterhaltspflichtigen Ehegatten hinnehmen, dass die Einnahmen daraus nicht ganz zur Bestreitung des Familienunterhalts zur Verfügung stünden, sondern zum Teil zum Unterhalt der gleichrangigen Kinder aus der früheren Ehe verwendet werden müssten.[88] Der Pflichtige muss allerdings nicht das Haushalts- oder Wirtschaftsgeld, das er von seinem neuen Ehegatten erhält, für den Unterhalt der minderjährigen Kinder aus erster Ehe einsetzen, weil dieses nur treuhänderisch zur Verwendung für Bedürfnisse der Familie überlassen wird.[89] Er ist jedoch gehalten, Taschengeld für den Barunterhalt zu verwenden.[90] Kann er aus dem Taschengeld, wie es die Regel ist, keinen oder keinen ausreichenden Unterhalt zahlen, muss er wenigstens teilweise erwerbstätig sein, um zum Ausgleich einen entsprechenden Barunterhalt zahlen zu können;[91] denn trotz der Wahl der Rollen des Hausmanns oder der Hausfrau bleibt für den unterhaltspflichtigen Elternteil im Verhältnis zu den minderjährigen Kindern aus erster Ehe eine Erwerbsobliegenheit bestehen.[92]

173   Die Erwerbsobliegenheit des „Hausmanns" oder der „Hausfrau" besteht vor allen Dingen gegenüber **minderjährigen Kindern aus erster Ehe**,[93] aber auch gegenüber einem nichtehelichen Kind, das von dem anderen Elternteil oder einem Dritten betreut wird. Die Hausmannrechtsprechung ist auch zugunsten (nicht verheirateter) **privilegiert volljähriger Kinder** bis zur Vollendung des 21. Lebensjahres anwendbar, solange diese im Haushalt der Eltern oder eines Elternteils leben und sich in der allgemeinen Schulausbildung befinden, da diese Kinder denselben Rang wie minderjährige Kinder haben (§ 1609 Nr. 1 BGB); vgl. dazu Rn. 453 ff. Dieselben Grundsätze müssen aber ausnahmsweise auch gegenüber dem unterhaltsbedürftigen **früheren Ehegatten** gelten, jedenfalls dann, wenn dessen Unterhaltsberechtigung auf § 1570 BGB beruht.[94]

173 a   Die Grundsätze der Hausmannrechtsprechung sind auch **zugunsten eines nichtehelichen Kindes** anzuwenden, wenn der Kindesvater verheiratet ist, keine Erwerbstätigkeit ausübt, sich vielmehr auf die Betreuung eines Kindes aus dieser Ehe beschränkt, da das Gesetz nicht mehr zwischen nichtehelichen und ehelichen Kindern unterscheidet und ihre Unterhaltsansprüche daher denselben Rang haben (§ 1609 BGB). Für Unterhaltsansprüche der betreuenden **Mutter des nichtehelichen Kindes,** die nach der neuen Gesetzeslage mit dem Unterhalt der betreuenden geschiedenen Ehefrau im Rang gleichgestellt sind (§ 1609 Nr. 2 BGB) gilt nunmehr das Gleiche wie für den früheren Ehegatten.

174   Der haushaltführende Ehegatte ist nach Maßgabe der nachfolgenden Ausführungen (Rn. 179–183) verpflichtet, eine **(Neben-)Erwerbstätigkeit** auszuüben,
– wenn aus der neuen Ehe keine Kinder hervorgegangen sind, er vielmehr nur den Haushalt für den berufstätigen neuen Ehegatten führt (vgl. dazu Rn. 180),
– wenn er in der neuen Ehe eigene Kinder zu betreuen hat,
– erst recht, wenn er in der neuen Ehe Kinder seines Ehegatten versorgt.

175   Der BGH gestattet dem haushaltführenden Elternteil nur in eingeschränktem Umfang die Berufung darauf, dass sein eigener notwendiger Bedarf, der nach der Düsseldorfer Tabelle bei Ausübung einer Erwerbstätigkeit 900,– € beträgt (vgl. Rn. 264), nicht gewahrt sei.

---

[88] BGH, FamRZ 2006, 1827, 1828 m. w. N. m. Anm. Strohal
[89] BGH, FamRZ 1995, 537 = R 493 a; FamRZ 1986, 668
[90] BGH, FamRZ 2006, 1827, 1830 m. Anm. Strohal; FamRZ 2001, 1065, 1068 mit Anm. Büttner; BVerfG, FamRZ 1985, 143, 145
[91] BGH, FamRZ 2006, 1827, 1828 m. w. N. m. Anm. Strohal
[92] BVerfG, FamRZ 1985, 143, 145; BGH, FamRZ 1996, 796 = R 500 a
[93] BGH, FamRZ 1996, 796 = R 500 a
[94] BGH, FamRZ 1996, 796 = R 500 a

Vielmehr ist der **Verdienst** des „Hausmanns" aus einer Nebentätigkeit voll anzurechnen, auch wenn er **unter dem Selbstbehalt** bleibt, soweit sein Eigenbedarf bereits durch den Unterhalt gesichert ist, den sein Ehegatte nach §§ 1360, 1360 a BGB schuldet.[95] Der haushaltführende Ehegatte ist daher grundsätzlich verpflichtet, den Barunterhalt des minderjährigen Kindes aus erster Ehe zu tragen oder sich mindestens daran zu beteiligen. Voraussetzung ist allerdings, dass sich eine Unterhaltspflicht auch dann ergäbe, wenn der Unterhalt der unterhaltsberechtigten Angehörigen der neuen Familie, allerdings mit Ausnahme des nachrangigen zweiten Ehegatten, berücksichtigt wird.[96] Vgl. dazu Rn. 186. Wenn bei unterhaltsrechtlich hinzunehmender Rollenwahl der neue Ehegatte den Selbstbehalt des Unterhaltspflichtigen durch sein Einkommen nicht vollständig sicherstellen kann, darf der Unterhaltspflichtige seine Einkünfte aus der Nebentätigkeit zunächst zur Sicherung des eigenen notwendigen Selbstbehalts verwenden.[97] Reicht das effektive oder fiktive Einkommen des haushaltführenden Ehegatten nicht aus, um seinen angemessenen Bedarf zu decken, ist zu prüfen, ob der Vater als anderer unterhaltspflichtiger Verwandter im Sinne des § 1603 II 3 BGB in der Lage ist, ohne Beeinträchtigung seines eigenen angemessenen Bedarfs auch den Barunterhalt für das Kind ganz oder teilweise aufzubringen.[98] Vgl. dazu Rn. 186, zur Problematik des § 1603 II BGB im Allgemeinen Rn. 271 f., 274 ff.

Voraussetzung für die Anwendung dieser „Hausmannrechtsprechung" ist, dass die Unter- **176** haltsberechtigten der alten Familie die **Rollenwahl** in der neuen Familie hinnehmen müssen. Während der BGH[99] zunächst offen gelassen hatte, ob die Rollenverteilung auch bei einem etwa gleich bleibenden Familieneinkommen zu tolerieren wäre, hat er später eindeutig klargestellt, dass die Übernahme der Haushaltsführung durch den Unterhaltspflichtigen, dagegen einer Erwerbstätigkeit durch den neuen Ehegatten mindestens zu einer **wesentlich günstigeren Einkommenssituation der neuen Familie** führen muss.[100] Er hat zu Recht darauf hingewiesen, dass allein die Möglichkeit, durch den Rollentausch eine Verbesserung des Lebensstandards zu erreichen, jedenfalls dann nicht ohne weiteres hingenommen werden kann, wenn sie mit der Leistungsunfähigkeit des Verpflichteten und infolgedessen mit einer Verschlechterung des Lebensstandards des Berechtigten verbunden ist. Der BGH neigt anscheinend dazu, dass der Verpflichtete in einem solchen Fall ähnlich wie bei einem zulässigen Berufswechsel zumutbare Vorsorgemaßnahmen zur Sicherstellung des Unterhalts des Berechtigten zu treffen hat; er hat dies allerdings letztlich offen gelassen. Es reicht danach nicht allein aus, dass die Rollenwahl wirtschaftlich oder aus sonstigen Gründen vernünftig ist. Sie kann keinesfalls geduldet werden, wenn es der neuen Familie dadurch wirtschaftlich schlechter geht als bei umgekehrter Aufgabenverteilung, da in einem solchen Fall die Absicht des Unterhaltspflichtigen, die alte Familie zu benachteiligen, offen zutage liegt.

Ist die Rollenwahl nicht hinzunehmen, bleibt der haushaltführende Ehegatte zu einer Erwerbstätigkeit in früherem Umfang verpflichtet. Ihm wird ein Einkommen aus einer solchen Tätigkeit fiktiv zugerechnet. Entsprechend diesen fiktiven Einkünften ist er Unterhalt zu leisten. Dabei sind allerdings dann bestehende gleichrangige Unterhaltsansprüche der Angehörigen der neuen Familie zu berücksichtigen.[101] Die minderjährigen Kinder profitieren in jedem Falle von einer durch die Wiederverheiratung gestiegenen Leistungsfähigkeit des Unterhaltspflichtigen,[102] sodass sich hier die Frage, ob der Rollentausch berechtigt war oder nicht, regelmäßig nicht stellt. Vgl. dazu Rn. 172, 186.

Die Pflicht zur Aufnahme einer Erwerbstätigkeit besteht in der Regel nicht, solange der **177** haushaltsführende Ehegatte in der Zeit nach der Geburt eines Kindes aus der neuen Ehe

---

[95] BGH, FamRZ 2001, 1065, 1067 mit Anm. Büttner = R 549 c; BGH, FamRZ 1996, 796, 798 = R 500 b

[96] BGH, FamRZ 2001, 1065, 1067 mit Anm. Büttner = R 549 c; FamRZ 1996, 796, 798 = R 500 b

[97] BGH, FamRZ 2006, 1827, 1830; FamRZ 2006, 1010, 1014 m. Anm. Borth

[98] BGH, FamRZ 1998, 286 = R 518 a; FamRZ 2002, 742 mit Anm. Büttner = R 576 c; BGH, FamRZ 2004, 24

[99] BGH, FamRZ 1987, 472; FamRZ 1987, 252

[100] BGH, FamRZ 1996, 796 = R 500 a

[101] BGH, FamRZ 1996, 796 = R 500 b

[102] BGH, FamRZ 2006, 1827, 1830

Erziehungsgeld bezieht.[103] Er ist allerdings verpflichtet, dieses auch für den Unterhalt des minderjährigen Kindes aus erster Ehe einzusetzen. Zwar werden Unterhaltspflichten durch den Bezug des Erziehungsgeldes grundsätzlich nicht berührt. Dies gilt jedoch nicht im Falle der gesteigerten Unterhaltspflicht nach § 1603 II BGB (§ 9 S. 2 BErzGG).[104] Das vom neuen Ehegatten des unterhaltspflichtigen Elternteils bezogene Erziehungsgeld ist (bei dessen Unterhaltsanspruch gegen den zum Kindesunterhalt verpflichteten) nicht als Einkommen zu berücksichtigen.[105] Nach der seit 1. 1. 2008 geltenden Rechtslage wirkt sich das allerdings kaum mehr aus, weil der Kindesunterhalt nach § 1609 Nr. 1, 2 BGB gegenüber dem Ehegattenunterhalt vorrangig ist.

Das **Kindergeld,** das für ein Kind aus der neuen Verbindung gezahlt wird, ist nicht für den Unterhalt des Kindes aus erster Ehe einzusetzen. Dies folgt bereits aus der bedarfsdeckenden Anrechnung gemäß § 1612 b I BGB.

Auch während des Bezuges von **Elterngeld nach dem BEEG,** das das Erziehungsgeld für seit dem 1. 1. 2007 geborene Kinder ersetzt (und erweitert), ist der betreuende Elternteil zu einer Erwerbstätigkeit nicht verpflichtet.[106] Ob das Elterngeld für den Kindesunterhalt einzusetzen ist, ist differenziert zu betrachten. Hinsichtlich des Sockelbetrages von 300 € ist das Elterngeld zwar grundsätzlich nicht für den Unterhalt einzusetzen. Etwas anderes gilt aber für die verschärfte Unterhaltspflicht gegenüber Minderjährigen und privilegierten Volljährigen nach § 1603 II BGB. Hier ist der Sockelbetrag von 300 € als Einkommen einzusetzen (§ 11 S. 4 BEEG). Der darüber hinausgehende Betrag des Elterngelds ist uneingeschränkt als Einkommen des Beziehers zu berücksichtigen.

178   Das BVerfG hält die (frühere) Hausmannrechtsprechung des BGH für **verfassungsgemäß.**[107]

2. Umfang der Erwerbsobliegenheit des haushaltsführenden Ehegatten; Verpflichtungen des neuen Partners

179   Der **Umfang der Erwerbstätigkeit** hängt davon ab, in welchem Maße der Unterhaltspflichtige nach den individuellen Verhältnissen in der zweiten Ehe zu einer solchen Tätigkeit in der Lage ist.[108] Dabei sind neben dem Alter der von ihm betreuten Kinder auch die berufliche Inanspruchnahme seines neuen Ehegatten und sonstige Betreuungsmöglichkeiten zu berücksichtigen. Ist der neue Ehegatte beruflich derart belastet, dass er den barunterhaltspflichtigen Ehegatten nicht persönlich entlasten kann oder will, ist stets zu prüfen, ob er seiner Verpflichtung zur Rücksichtnahme auf die weiteren Unterhaltspflichten seines Ehegatten nicht auf andere Weise genügen kann. Das kann auch durch die **Finanzierung einer Hilfe** für die Haushaltsführung und Kindesbetreuung geschehen.[109]

180   Sind aus der neuen Verbindung **keine betreuungsbedürftigen Kinder** hervorgegangen, kann eine Beschränkung des unterhaltspflichtigen Elternteils auf die Haushaltsführung im Allgemeinen nicht hingenommen werden; vgl. dazu Rn. 176. Vielmehr ist der Elternteil in der Regel gehalten, vollschichtig erwerbstätig zu sein.[110] Hat er früher eine verantwortungsvolle und ausreichend dotierte Erwerbstätigkeit ausgeübt, wird er Unterhalt in bisheriger Höhe weiterzahlen müssen. Die Eheschließung und die Aufgabenverteilung in der neuen Ehe entbinden ihn nicht von der Unterhaltsverpflichtung gegenüber seinen Kindern und dem früheren Ehegatten. Im Gegenteil kann sein notwendiger Selbstbehalt niedriger angesetzt werden als nach der Düsseldorfer Tabelle oder den Leitlinien des zuständigen Oberlandesgerichts (in der Regel 900,– €; vgl. dazu Rn. 264), weil der Bedarf des Unterhaltspflichtigen durch die gemeinsame Haushaltsführung mit dem ebenfalls erwerbstätigen Ehe-

---

[103] BGH, FamRZ 2006, 1010, 1014 mit Anm. Borth
[104] BGH, a. a. O.
[105] BGH, FamRZ 2006, 1182 mit Anm. Luthin
[106] Scholz, FamRZ 2007, 7, 9, unter Hinweis auf BGH, FamRZ 2006, 1010, 1014 mit Anm. Borth
[107] BVerfG, FamRZ 1985, 143, 145
[108] BGH, FamRZ 2006, 1827, 1830 mit Anm. Strohal = R 660
[109] BGH, FamRZ 2006, 1827, 1830 mit Anm. Strohal = R 660
[110] Vgl. BGH, FamRZ 2001, 1065 mit Anm. Büttner = R 549 b; FamRZ 1996, 796 = R 500 a

gatten geringer ist.[111] Eine eingeschränkte Erwerbstätigkeit kann hingenommen werden, wenn der neue Ehegatte behindert, gleichwohl noch berufstätig ist, jedoch besonderer Zuwendung bedarf.[112] Ist ausnahmsweise die Aufgabenverteilung in der neuen Ehe hinzunehmen, so ist vom haushaltsführenden Elternteil mindestens eine umfangreiche Nebentätigkeit zu verlangen, die es ihm erlaubt, für seine minderjährigen Kinder jedenfalls den Mindestunterhalt, also den Unterhalt nach der ersten Einkommensgruppe der Düsseldorfer Tabelle aufzubringen.

Die Erwerbsobliegenheit des Pflichtigen bleibt auch dann bestehen, wenn in der neuen **181** Ehe ein oder mehrere **gleichrangige kleine Kinder** zu betreuen sind. Dies gilt grundsätzlich auch bei einem Säugling.[113] Allerdings wird es hier zunächst genügen, wenn der haushaltsführende Ehegatte das Elterngeld (Erziehungsgeld) für den Unterhalt des Kindes aus erster Ehe einsetzt (vgl. Rn. 177). Jedoch können die minderjährigen Kinder der früheren Familie nicht ohne weiteres verlangen, dass der ihnen zur Leistung verpflichtete Elternteil in gleichem Umfang wie bisher erwerbstätig bleibt. Derartige Konflikte sind nach Zumutbarkeitsgesichtspunkten zu lösen. Es ist zu prüfen, inwieweit dem Pflichtigen trotz einer ihm obliegenden Betreuung der Kinder aus zweiter Ehe zugemutet werden kann, einer Erwerbstätigkeit nachzugehen, aus deren Ertrag die Ansprüche der erstehelichen Kinder gedeckt werden können. Ist die Übernahme der Haushaltsführung und der Kinderbetreuung im Vergleich zur Erwerbstätigkeit in der früheren Ehe mit einem **Rollenwechsel** (vgl. dazu Rn. 172) verbunden, sind die Gründe, die dies rechtfertigen sollen, einer besonders restriktiven Prüfung zu unterziehen.[114] Kann die Rollenverteilung ausnahmsweise gebilligt werden, muss der Unterhaltspflichtige die Haushaltsführung und Betreuung der Kinder in der neuen Ehe auf das unbedingt notwendige Maß beschränken, damit er durch die Nebentätigkeit den Unterhaltsbedarf seiner unterhaltsberechtigten Kinder aus der früheren Ehe soweit wie möglich sicherstellen kann.[115] Zum Umfang der Erwerbsobliegenheit vgl. unten Rn. 186.

Dem barunterhaltspflichtigen Elternteil können neben seiner Hausmannsrolle **Teilzeit-** **182** **beschäftigungen,**[116] Heimarbeit am Computer, häusliche Erledigung einfacher Lohnarbeiten,[117] Putztätigkeiten in den Abendstunden[118] und leichtere Arbeiten in einem fremden Haushalt,[119] auch eine zeitweise Tätigkeit als Nachtpförtner u. ä. zugemutet werden, selbst wenn er qualifiziert ausgebildet ist (z. B. als Amtmann).[120]

Der neue Ehegatte kann selbst bei einer förmlichen Vereinbarung über die Aufgaben- **183** verteilung in der Ehe im Verhältnis zu den minderjährigen Kindern aus der ersten Ehe nicht verlangen, dass der Pflichtige in der neuen Ehe unter Verzicht auf eine Erwerbstätigkeit nur die Haushaltsführung und Kinderbetreuung übernimmt. **Der zweite Ehegatte** ist vielmehr gehalten, dem Unterhaltspflichtigen durch eine **Teilübernahme häuslicher Aufgaben** die erforderliche Zeit und damit die Möglichkeit zu verschaffen, seine Arbeitskraft nicht vollständig für Mitglieder der neuen Familie, sondern auch für den Unterhalt minderjähriger Kinder aus der ersten Ehe zu verwenden.[121] Gegebenenfalls ist es dem Unterhaltspflichtigen zuzumuten, sich die Erwerbsmöglichkeit durch den Einsatz einer Hilfskraft zu verschaffen.[122] Freilich mindern die dadurch entstehenden Kosten das erzielbare Einkommen.

---

[111] BGH, FamRZ 2002, 742 mit Anm. Büttner = R 576 b; FamRZ 1998, 287 = R 518 a
[112] Vgl. dazu BGH, FamRZ 1980, 43, der aber für den Fall, dass minderjährige Kinder aus der neuen Ehe nicht vorhanden sind, nur von einer nicht völligen Entlastung vom Unterhalt gegenüber Kindern aus erster Ehe ausgeht
[113] BGH, FamRZ 1982, 25, 26 sub 2 e
[114] BGH, FamRZ 1996, 796 = R 500 a
[115] BGH, FamRZ 1996, 796 = R 500 a
[116] BGH, FamRZ 1980, 43 = NJW 1980, 340
[117] BGH, FamRZ 1986, 668; FamRZ 1982, 25
[118] BGH, FamRZ 1987, 270
[119] BGH, FamRZ 1986, 668
[120] BGH, FamRZ 1982, 590
[121] BGH, FamRZ 2001, 1065, 1066 mit Anm. Büttner = R 549 a
[122] BGH, FamRZ 2006, 1827, 1830 mit Anm. Strohal = R 660; FamRZ 2001, 1065 mit Anm. Büttner = R 549 a; FamRZ 1996, 796 = R 500 a

3. Bemessung der dem Verpflichteten anzurechnenden (fiktiven) Nebeneinkünfte

184   Ist die Rollenverteilung hinzunehmen (Rn. 180 f.) und erzielt der Verpflichtete **tatsächlich Nebeneinkünfte,** muss er sie für den Unterhalt der minderjährigen Kinder aus erster Ehe einsetzen. Dies gilt aber nur dann, wenn sein **eigener Bedarf** durch den vom zweiten Ehegatten gewährten Familienunterhalt gedeckt ist.[123] Der zweite Ehegatte muss also in der Lage sein, seinen Eigenbedarf, den Bedarf seines haushaltsführenden Partners, der Kindern aus erster Ehe unterhaltpflichtig ist, und den Bedarf minderjähriger Kinder aus der neuen Ehe aufzubringen. Wegen der Berechnung der konkurrierenden Ansprüche kann zunächst auf Rn. 3/64 ff. verwiesen werden. Jedoch sind hier Besonderheiten zu beachten. Der Eigenbedarf des zweiten Ehegatten, der ihm zu belassen ist, kann nicht aus §§ 1578, 1581 BGB entnommen werden, da nicht zu beurteilen ist, welcher Betrag dem zweiten Ehegatten gegenüber dem Unterhaltsberechtigten zu verbleiben hat, es vielmehr um das Konkurrenzverhältnis zwischen Unterhaltsberechtigten aus verschiedenen ehelichen oder auch nicht-ehelichen Verbindungen geht (vgl. Rn. 173 a). Daher sollte § 1603 I BGB mindestens entsprechend angewendet werden. Dies ist deshalb gerechtfertigt, weil der zweite Ehegatte zu den Kindern seines Partners aus erster Ehe (oder zu dessen nichtehelichen Kindern) in keinem Unterhaltsverhältnis steht und die Voraussetzungen des § 1603 II BGB daher nicht vorliegen. Der haushaltsführende Elternteil muss sich dagegen auf den notwendigen Selbstbehalt verweisen lassen. Die Selbstbehaltssätze können wegen der Ersparnis durch die gemeinsame Haushaltsführung niedriger angesetzt werden, als in Anm. A 5 der Düsseldorfer Tabelle festgelegt. In der Regel wird man den Bedarf des erwerbstätigen zweiten Ehegatten in entsprechender Anwendung von Anm. A 5 II der Düsseldorfer Tabelle mit 1100,– € ansetzen, nicht dagegen mit dem notwendigen Selbstbehalt von 900,– €. Der verpflichtete Elternteil muss sich demgegenüber eine Haushaltsersparnis anrechnen lassen, da er mit seinem zweiten Ehegatten zusammen lebt.[124] Eine Berechnung des Familienunterhalts nach Quoten unter Berücksichtigung des Erwerbstätigenbonus scheidet aus.[125]

Für das eigene Kind hat der zweite Ehegatte mindestens den Richtsatz der ersten Einkommensgruppe der Tabelle aufzubringen, da der haushaltsführende Partner diesem Kind gegenüber seine Unterhaltspflicht durch Betreuung erfüllt (§ 1606 III 2 BGB). Das Kindergeld für das Kind aus der neuen Verbindung ist nur für dieses Kind zu verwenden. Vgl. dazu Rn. 177. Es darf daher bei der Prüfung, ob der notwendige Selbstbehalt des haushaltsführenden Elternteils gewahrt ist, nicht berücksichtigt werden.

Das Einkommen des zweiten Ehegatten und der Ertrag der Nebentätigkeit des haushaltsführenden Elternteils sind zu addieren. Nach Abzug des Unterhalts für das Kind aus zweiter Ehe ist der verbliebene Betrag jedem Ehegatten zur Hälfte zuzuweisen.[126] Dies kommt allerdings nur in Betracht, wenn nach Teilung des Familieneinkommens für den zweiten Ehegatten mindestens der angemessene Selbstbehalt von 1100,– € verbleibt. Erst wenn das Einkommen der neuen Familie nach Abzug des Kindesunterhalts den angemessenen Selbstbehalt des zweiten Ehegatten und den notwendigen Selbstbehalt des pflichtigen Elternteils deckt, muss der Verpflichtete den Ertrag einer Nebentätigkeit jedenfalls teilweise für den Unterhalt des Kindes aus erster Ehe verwenden. Reicht das Einkommen des zweiten Ehegatten dagegen zur Deckung des Bedarfs der neuen Familie nicht aus, darf der haushaltsführende Partner sein Nebeneinkommen zunächst zur Deckung seines eigenen Bedarfs verwenden, bevor er Unterhalt an ein minderjähriges Kind aus seiner ersten Ehe zu zahlen hat.

Beispiel:
Das 10-jährige Kind K 1 aus erster Ehe wird vom Vater betreut. Die Mutter (M) ist wiederverheiratet und versorgt das 2-jährige Kind K 2 aus der neuen Ehe. Sie verdient durch eine zumutbare

---

[123] BGH, FamRZ 2001, 1065, 1066 mit Anm. Büttner = R 549 a; BGH, FamRZ 2002, 742 mit Anm. Büttner = R 576 a

[124] BGH, FamRZ 2003, 363 = R 584 c mit Anm. Scholz, FamRZ 2003, 514; die früher in B.VI der Düsseldorfer Tabelle enthaltenen Beträge sind seit 2008 in der Tabelle nicht mehr ausgewiesen.

[125] BGH, FamRZ 2002, 742 mit Anm. Büttner = R 576 a, b; vgl. auch BGH, FamRZ 2001, 21

[126] BGH, FamRZ 2002, 742 mit Anm. Büttner = R 576 a, b; vgl. auch BGH, FamRZ 2003, 860 = R 590 A j

Nebentätigkeit am Wochenende 250,– €. Das Einkommen des zweiten Ehegatten beläuft sich auf 1500,– €. Die Rollenwahl ist hinzunehmen, da M bei vollschichtiger Tätigkeit nur 750,– €, also deutlich weniger als ihr Ehemann verdienen könnte (Rn. 181). Einkommen der neuen Familie ohne Kindergeld für K 2: 1750,– € abzüglich Kindesunterhalt K 2 (Zahlbetrag) von 202,– € (DT 1/1) = 1548,– €. Da bei Halbteilung dieses Betrages der angemessene Selbstbehalt des zweiten Ehemannes von 1100,– € gefährdet wäre, kann M hiervon nur ein Betrag von 448,– € zugewiesen werden. Dieser Betrag deckt (auch unter Berücksichtigung der Haushaltsersparnis) nicht einmal ihr eigenes Existenzminimum und erlaubt daher die Zahlung von Kindesunterhalt nicht.

Unterlässt der Verpflichtete eine ihm mögliche und ihm zumutbare Erwerbstätigkeit, so **185** ist ihm ein **fiktives Einkommen** zuzurechnen. Dieses ist dann für die Beurteilung seiner Leistungsfähigkeit maßgebend.[127] Vgl. dazu Rn. 145.

Der BGH hat früher die Auffassung vertreten, dass die Erwerbsobliegenheit zu einem **186** Nebenerwerb nur so weit reiche, dass die Unterhaltsberechtigten aus der früheren Ehe nicht schlechter gestellt würden, als sie ständen, wenn der Verpflichtete erwerbstätig wäre.[128] Dann könne – jedenfalls bei Vorhandensein eines Kleinkindes in der zweiten Ehe – der neue Partner nicht ohne weiteres erwerbstätig sein und nicht zum Unterhalt der neuen Familie beitragen. Der Verpflichtete müsse dann von seinem früheren Erwerbseinkommen in der Regel auch die neue Familie unterhalten. Vor einer dadurch bedingten Schmälerung des Barunterhalts seien die Berechtigten aus der früheren Ehe nicht geschützt. Die Obergrenze fiktiver Einkünfte sei hypothetisch danach zu bestimmen, wie der Unterhaltsanspruch bestehen würde, wenn der „Hausmann" voll erwerbstätig geblieben wäre und von seinem Einkommen die alte und die neue Familie zu unterhalten hätte.[129] Von dieser Ansicht ist der BGH inzwischen abgerückt.[130] Die jetzige Rechtsprechung des BGH ist wie folgt zusammen zu fassen: Die **Wiederverheiratung** des unterhaltspflichtigen Elternteils kann dazu führen, dass sich das ersteheliche Kind als Folge des Hinzutritts weiterer minderjähriger Kinder aus der neuen Ehe eine **Schmälerung seines Unterhalts** gefallen lassen muss. Andererseits kann sich die Wiederverheiratung auch zum **Vorteil** des Kindes aus erster Ehe auswirken. Das Gesetz stellt in § 1603 BGB auf die tatsächlichen Verhältnisse des Unterhaltspflichtigen ab und bemisst die Unterhaltspflicht danach, ob und inwieweit er imstande ist, den begehrten Unterhalt ohne Gefährdung seines eigenen Bedarfs zu zahlen. Daher ist die Sicherstellung des eigenen Unterhalts des dem Kind verpflichteten Elternteils in der neuen Ehe zu berücksichtigen. In derartigen Fällen kommt es also nicht darauf an, welches fiktive Einkommen der unterhaltspflichtige Elternteil aus einer Vollzeittätigkeit erzielen und ob er aus diesen fiktiven Einkünften den Unterhalt aller Berechtigten sicherstellen könnte **(keine Kontrollberechnung)**,[131] sondern allein darauf, ob sein notwendiger Selbstbehalt durch das Einkommen des Ehegatten ganz oder teilweise gewährleistet wird und ob dem gemäß die Einkünfte des Pflichtigen die aus einer ihm möglichen und zumutbaren Nebentätigkeit die Zahlung von Kindesunterhalt erlauben.[132]

Ist durch den Unterhalt des zweiten Ehegatten und durch den Ertrag der Nebentätigkeit der notwendige, aber nicht der angemessene Selbstbehalt des haushaltsführenden Elternteils gedeckt, ist zu prüfen, ob der **frühere Ehegatte als anderer unterhaltspflichtiger Verwandter** in der Lage ist, neben der Betreuung des Kindes auch dessen Barunterhalt ganz oder teilweise sicherzustellen (§ 1603 II 3 BGB).[133] Vgl. dazu Rn. 175 und zur Problematik des § 1603 II 3 BGB Rn. 271 f., 274 ff.

---

[127] BGH, FamRZ 2001, 1065, 1067 mit Anm. Büttner = R 549 b; BVerfG, FamRZ 1985, 143, 145
[128] BGH, FamRZ 1987, 472, 474; BGH, NJW 1985, 318
[129] BGH, FamRZ 1987, 472, 474; NJW 1985, 318
[130] BGH, FamRZ 2006, 1827 mit Anm. Strohal = R 660; FamRZ 2001, 1065, 1067 mit Anm. Büttner = R 549 c
[131] BGH, FamRZ 2006, 1827 mit Anm. Strohal = R 660
[132] BGH, FamRZ 2006, 1827 mit Anm. Strohal = R 660; FamRZ 2001, 1065, 1067 mit Anm. Büttner = R 549 c
[133] BGH, FamRZ 2002, 742 mit Anm. Büttner = R 576 c

4. Unterhaltspflicht des haushaltsführenden Elternteils gegenüber einem volljährigen Kind

187   Die bisher dargestellten Grundsätze gelten nicht nur gegenüber minderjährigen Kindern, sondern – wie bereits Rn. 173 erwähnt – auch gegenüber (nicht verheirateten) **privilegiert volljährigen Kindern** bis zur Vollendung des 21. Lebensjahres, solange diese im Haushalt der Eltern oder eines Elternteils leben und sich in der allgemeinen Schulausbildung befinden. Diese Kinder haben denselben Rang wie minderjährige Kinder (§ 1609 Nr. 1 BGB); vgl. dazu Rn. 452 ff.

187 a   Die Hausmannrechtsprechung kann dagegen nicht ohne weiteres auf **Unterhaltsansprüche anderer volljähriger Kinder** angewendet werden, auch wenn diese ihre Ausbildung noch nicht abgeschlossen haben. Es handelt sich hier um Kinder, die entweder bereits das 21. Lebensjahr vollendet, als 18–20-Jährige bereits das Elternhaus verlassen haben oder sich nicht mehr in der allgemeinen Schulausbildung befinden, sondern z. B. bereits in einem Lehrverhältnis stehen, studieren oder eine berufsbezogene Fachschule besuchen. Vgl. dazu Rn. 452 ff. Diese volljährigen Kinder sind gegenüber minderjährigen und privilegiert volljährigen Kindern sowie gegenüber dem Ehegatten nachrangig (§ 1609 BGB). Ein Elternteil kann sich ihnen gegenüber grundsätzlich darauf berufen, dass er wegen Übernahme der häuslichen Aufgaben in seiner zweiten Ehe zu Unterhaltsleistungen ohne Gefährdung des eigenen Unterhalts nicht in der Lage ist (§ 1603 I BGB). Seine Unterhaltspflicht beginnt regelmäßig erst bei Einkünften oberhalb des angemessenen Selbstbehalts. Dieser beträgt nach den meisten Tabellen und Leitlinien im alten Bundesgebiet derzeit 1100,– € (vgl. dazu Rn. 417 ff.). Bis zu dieser Höhe müssen dem unterhaltspflichtigen Elternteil die Einkünfte zur Deckung seines eigenen Lebensbedarfs verbleiben. Soweit er allerdings das Einkommen nicht benötigt, weil sein angemessener Bedarf durch den vom neuen Partner geleisteten **Familienunterhalt** (§§ 1360, 1360 a BGB) gesichert ist, hat er die Einkünfte auch Volljährigen gegenüber für Unterhaltszwecke zu verwenden.[134] Vgl. dazu auch Rn. 189.

Zu unterscheiden sind danach folgende Fallgruppen:

188   • Der wiederverheiratete **Elternteil** ist neben der Haushaltsführung in geringem Umfang **erwerbstätig** und erzielt daraus effektiv Einkünfte. Diese Nebentätigkeit kann im Verhältnis zum volljährigen Kind aus erster Ehe überobligationsmäßig sein, vor allem wenn er ein minderjähriges Kind aus der zweiten Ehe betreut, das noch in vollem Umfang betreuungsbedürftig ist. Das in dieser Weise erzielte Einkommen ist nur nach Maßgabe von Treu und Glauben anzurechnen.[135] Vgl. Rn. 189. Stammt das Einkommen nicht aus überobligationsmäßiger Tätigkeit, ist es zwar voll für die Unterhaltsberechnung anzurechnen. Es steht aber für den Unterhalt des volljährigen Kindes nur dann zur Verfügung, wenn die Einkünfte des zweiten Ehegatten so auskömmlich sind, dass er daraus den angemessenen Bedarf des Elternteils im Sinne des § 1603 I BGB decken kann. Eine Unterhaltspflicht scheidet dagegen aus, wenn dies nicht der Fall ist und der Elternteil daher sein Nebeneinkommen für seinen eigenen Bedarf benötigt.[136]

Der Bedarf des zweiten Ehemannes ist mit mindestens 1100,– € anzusetzen (vgl. Rn. 184), der Bedarf des unterhaltspflichtigen Elternteils wegen Zusammenlebens mit seinem neuen Partner bei unterstellter Haushaltsersparnis von 25% nur mit mindestens 825,– €, der Bedarf eines minderjährigen Kindes aus zweiter Ehe, dessen Barunterhalt der zweite Ehemann sicherzustellen hat (§ 1606 III 2 BGB), mit den Richtsätzen der Düsseldorfer Tabelle. Vgl. auch Rn. 184.

189   • Der wiederverheiratete Ehegatte führt nur den Haushalt, erzielt daher **keine Einkünfte.** Dann kommt es darauf an, ob er trotz der in der neuen Ehe übernommenen Aufgaben zu einer Nebentätigkeit gegenüber dem volljährigen Kind verpflichtet ist. Eine Erwerbsobliegenheit ist schon wegen des Vorrangs des Minderjährigenunterhalts (§ 1609 Nr. 1 BGB), der auch durch Betreuung erbracht werden kann (Rn. 10), in der Regel zu

---

[134] BGH, FamRZ 1987, 472; vgl. auch BGH, FamRZ 1986, 553
[135] BGH, FamRZ 1987, 472
[136] BGH, a. a. O.; vgl. auch BGH, FamRZ 2002, 742 mit Anm. Büttner = R 576 a, b

verneinen, wenn der wiederverheiratete Elternteil ein Kleinkind aus der zweiten Ehe betreut. Ich halte es dagegen nicht für richtig, dem Anspruch des zweiten Ehegatten einen unbeschränkten Vorrang in der Art einzuräumen, dass der einem volljährigen Kind barunterhaltspflichtige Elternteil sich in jedem Fall nur auf die Haushaltsführung beschränken darf. Vielmehr lässt sich die Führung eines kinderlosen Haushalts oder eines Haushalts mit einem Kind, das eine weiterführende Schule besucht, mindestens mit einer teilschichtigen Erwerbstätigkeit oder einer Aushilfsarbeit vereinbaren, wie die Praxis zahlreicher Ehepaare belegt. Das Recht der in zweiter Ehe verheirateten Partner, nach § 1356 BGB zu bestimmen, dass einer von ihnen sich allein auf die Haushaltsführung beschränkt, wird durch den Unterhaltsanspruch des volljährigen Kindes eingeschränkt. Dem entspricht m. E. auch die Auffassung des BGH,[137] der eine Unterhaltspflicht des haushaltführenden Elternteils auf Grund eines Einkommens aus einer Nebentätigkeit für möglich hält, wenn der zweite Ehegatte durch auskömmlichen Familienunterhalt den angemessenen Unterhalt des Elternteils sicherstellt. Vgl. oben Rn. 187.

Inwieweit einem Ehegatten, der in der neuen Ehe den Haushalt führt, aber nicht für ein in vollem Umfang betreuungsbedürftiges Kind sorgt, im Verhältnis zu einem volljährigen Kind aus erster Ehe eine (teilschichtige) Erwerbstätigkeit zugemutet werden kann, ist nach den Maßstäben des § 1574 II BGB (analog) zu beurteilen.[138] Danach ist entscheidend, ob eine berufliche Tätigkeit seiner Ausbildung, seinen Fähigkeiten, seinem Lebensalter und seinem Gesundheitszustand sowie den ehelichen Lebensverhältnissen entspricht; dabei sind auch die Dauer beider Ehen sowie die Dauer der Pflege und Erziehung minderjähriger Kinder zu berücksichtigen. Ist das Kind aus der zweiten Ehe nur noch teilweise betreuungsbedürftig oder ist die zweite Ehe kinderlos, kann eine Teilzeitarbeit zumutbar sein. Zu bedenken ist allerdings, dass einem Elternteil, der Jahrzehnte den Haushalt geführt hat, in vielen Fällen nicht zugemutet werden kann, in vorgerücktem Alter in das Erwerbsleben zurückzukehren und mit dem Ertrag einer Nebentätigkeit zum Unterhalt eines volljährigen Kindes beizutragen.

Beispiel:
Einkommen der wiederverheirateten Mutter (M), die ein zweijähriges Kind aus ihrer zweiten Ehe (K 2) betreut, 300,– €. Ein volljähriges, auswärts studierendes Kind aus erster Ehe (K 1) verlangt Unterhalt. Der Vater des Kindes ist krank und daher nicht leistungsfähig. Das Kindergeld von 154,– € erhält K 1 (§ 74 I EStG).
Einkommen des zweiten Ehemannes 2000,– €; Unterhalt für K 2 nach seinem Einkommen 307,– € (DT 3/1) – 77,– € (½ Kindergeld) = 230,– €. Einkommen der Eheleute also 2300,– € – 230,– € (Unterhalt für K 2) = 2070,– €.
Bedarf des zweiten Ehemannes 1100,– €, der M 825,– € (Rn. 188), insgesamt also 1925,– €.
Bedarf K 1 nach DT Anm. A 7 II 640,– € – 154,– € (volles Kindergeld) = 486,– €.
Von dem Familieneinkommen von 2070,– € bleiben nach Abzug der Selbstbehaltssätze von 1925,– € nur 145,– € für den Unterhalt von K 1 übrig.

Verfügt der andere Elternteil des volljährigen Kindes über Einkommen, wird eine Unterhaltspflicht des wiederverheirateten Elternteils, der nur ein Kind aus der neuen Verbindung betreut, vielfach ausscheiden. Im Übrigen ist bei der Verteilung der Unterhaltslast § 1606 III 1 BGB zu beachten. Der sich auf Grund der Einkommensverhältnisse ergebende Verteilungsschlüssel kann wertend verändert werden.[139] Vgl. dazu Rn. 450. **189 a**

5. Hausmannrechtsprechung bei Übernahme der Haushaltsführung in einer nichtehelichen Lebensgemeinschaft

Eindeutig ist, dass sich ein Elternteil, der für ein minderjähriges Kind barunterhaltspflichtig ist und erwerbstätig sein könnte, **nicht allein durch Übernahme der Haushalts-** **190**

---

[137] BGH, FamRZ 1987, 472; vgl. auch BGH, FamRZ 2002, 742 mit Anm. Büttner = R 576 a und (jeweils zum Elternunterhalt) BGH, FamRZ 2004, 366; FamRZ 2004, 370, beide mit Anm. Strohal S. 441; FamRZ 2004, 443 mit Anm. Schürmann.
[138] BGH, FamRZ 1980, 555; OLG Hamburg, FamRZ 1998, 41
[139] OLG Hamm, FamRZ 1997, 835

führung in einer nichtehelichen Lebensgemeinschaft der Unterhaltspflicht gegenüber dem Kind entziehen kann.

Dieser Grundsatz gilt auch, wenn **aus der Lebensgemeinschaft** ein **Kind** hervorgegangen ist. Auch wenn die Mutter das Kind allein betreuen muss, z. B. weil ihr Partner einen mit weiten Reisen verbundenen Beruf ausübt, muss sie grundsätzlich einer Erwerbstätigkeit nachgehen, um den Unterhalt für das beim Vater lebende Kind aus ihrer früheren Ehe zahlen zu können. Allerdings wird sie vielfach nicht oder nur eingeschränkt leistungsfähig sein, weil ihr Einkommen zunächst um die Kosten für die Betreuung des Kindes während ihrer Erwerbstätigkeit zu bereinigen ist (vgl. dazu Rn. 166).

191   Steht der Lebenspartner der Mutter dagegen für eine Mitbetreuung des nichtehelichen Kindes zur Verfügung, stellt sich die Frage, ob die Grundsätze der **Hausmannrechtsprechung** auch im Rahmen einer **nichtehelichen Lebensgemeinschaft** anzuwenden sind. Dies hat der BGH[140] im Gegensatz zu im Schrifttum vertretenen Ansichten[141] zunächst verneint, weil der Lebensgefährte nicht verpflichtet sei, auf finanzielle Belastungen der Mutter in irgendeiner Form Rücksicht zu nehmen. Im Hinblick auf die Änderungen des Kindschafts- und des Kindesunterhaltsrechts zum 1. 7. 1998 und den Widerspruch in Rechtsprechung und Schrifttum hat der BGH diese mit dem Rechtsgefühl nicht zu vereinbarende Auffassung inzwischen aufgegeben.[142] Zwar ist der Lebensgefährte als solcher nicht wie der Ehegatte zur ehelichen Lebensgemeinschaft verpflichtet und daher nicht ohne weiteres gehalten, seiner Partnerin durch Teilbetreuung des gemeinsamen Kindes eine (teilschichtige) Erwerbstätigkeit zu ermöglichen. Er ist aber zugleich Vater des gemeinsamen Kindes, dessen Betreuung die Mutter an der Erfüllung ihrer Unterhaltspflichten gegenüber dem Kind aus ihrer früheren Ehe oder ihrer früheren Partnerschaft hindert. Die Zeit, in der man die Auffassung vertreten konnte, dass zwischen nicht miteinander verheirateten Eltern keine Rechtsbeziehungen bestehen, gehört der Vergangenheit an. Nach § 1615 l II 3–5 BGB ist der Vater eines nichtehelichen Kindes der Mutter mindestens bis zum dritten Geburtstag des Kindes, nach Billigkeit auch darüber hinaus, zum Unterhalt verpflichtet. Er kann seit dem 1. 7. 1998 im Einverständnis mit der Mutter zusammen mit ihr die gemeinsame elterliche Sorge ausüben (§ 1626 a I Nr. 1 BGB). Er hat wie ein mit der Mutter verheirateter Vater ein Recht auf Umgang mit dem Kind (§ 1684 BGB). Auch wenn es nicht zur gemeinsamen elterlichen Sorge kommt, kümmert sich der Kindesvater, der mit der Mutter zusammenlebt, in aller Regel mit um die Erziehung und Versorgung des Kindes, zumal viele Väter – im Gegensatz zu den Gepflogenheiten früherer Zeiten – am Wohl ihrer nichtehelichen Kinder sehr interessiert sind und häufig Lebensgemeinschaften die Vorstufe zur Ehe sind. Dazu ist er im Übrigen dem Kind gegenüber nach § 1618 a BGB verpflichtet.[143]

192   Man wird jedenfalls nach der Gleichstellung der ehelichen und der nichtehelichen Kinder und nach der Stärkung der Rechte des Vaters des nichtehelichen Kindes durch das KindUG **§ 1618 a BGB** nicht auf das Verhältnis zwischen den Eltern einerseits und den Kindern andererseits beschränken dürfen. Zu Recht leitet man auch bisher aus dieser Vorschrift Pflichten der Geschwister untereinander her.[144] Es bestehen daher jedenfalls seit dem 1. 7. 1998 keine Bedenken, mit Hilfe des § 1618 a BGB auch Rechte und Pflichten der Eltern untereinander zu begründen, wenn sich diese (bei verheirateten Eltern) nicht ohnehin aus § 1353 BGB ergeben. Die Beziehungen zwischen den Eltern auf das Eherecht zu beschränken,[145] wird den heutigen gesellschaftlichen Gegebenheiten nicht mehr gerecht. Freilich wird bei Zusammenleben mehr Beistand und Rücksicht gefordert, als wenn die nicht verheirateten Eltern nie einen gemeinsamen Haushalt geführt oder als wenn sie sich nach

---

[140] FamRZ 1995, 598

[141] Schwab/Borth, Scheidungsrecht, 4. Aufl., V Rn. 141; so auch die Vorauflage an dieser Stelle

[142] BGH, FamRZ 2001, 614 mit Anm. Büttner = R 556 b; dort auch umfangreiche Hinweise auf Rechtsprechung und Schrifttum

[143] Es war schon nach dem bis 30. 6. 1998 geltenden Recht weitgehend anerkannt, dass § 1618 a BGB auch das Verhältnis des nichtehelichen Kindes zu seinem Vater betrifft. Vgl. dazu Staudinger/Coester, § 1618 a BGB Rn. 21

[144] MüKo/v. Sachsen-Gesaphe, § 1618 a Rn. 54; Staudinger/Coester, § 1618 a Rn. 24

[145] So anscheinend Staudinger/Coester, § 1618 a Rn. 25

zeitweiser Lebensgemeinschaft wieder getrennt haben. Was an Beistand und Rücksicht gefordert ist, richtet sich nach den konkreten Beziehungen.[146] Zu Recht weist der BGH[147] darauf hin, dass zwischen den nicht verheirateten Eltern eine dem $\S$ 1356 BGB entsprechende Situation besteht. Jedenfalls dann, wenn der nichteheliche Vater im Einvernehmen mit der Mutter einen Teil der Erziehungsaufgaben übernimmt, ist er verpflichtet, für die Mutter einzuspringen, wenn und soweit diese zur Erfüllung ihrer Unterhaltspflicht gegenüber einem Kind aus erster Ehe einer teilschichtigen Erwerbstätigkeit nachgehen muss. Der Umstand, dass er nicht zur Übernahme dieser Teilbetreuung gezwungen werden kann, ist unerheblich. Auch in der Ehe sind Betreuungspflichten gegenüber dem Kind nicht einklagbar. Es ist Aufgabe der Mutter, die auf Unterhalt für ein Kind aus ihrer früheren Ehe in Anspruch genommen wird, die Haushaltsführung und Kinderbetreuung mit Hilfe ihres Lebensgefährten so zu organisieren, dass sie durch Nebenarbeit zum Unterhalt eines Kindes aus ihrer früheren Ehe beitragen kann. Sie hat darzulegen und zu beweisen, dass sie dazu nicht in der Lage ist und dass ihr Lebensgefährte aus wichtigen Gründen,[148] z. B. wegen einer Behinderung oder wegen ungewöhnlicher beruflicher Beanspruchung, zu der eine normale 40-Stunden-Woche nicht ausreicht, die Übernahme häuslicher Aufgaben ablehnt.[149]

Dies alles gilt entsprechend, wenn nicht die Mutter, sondern der **Vater** des nichtehelichen Kindes dessen **Betreuung** und die Führung des Haushalts übernimmt.[150]

5. Abschnitt: Der Unterhaltsanspruch minderjähriger Kinder

I. Besonderheiten beim Unterhalt minderjähriger Kinder

Der Unterhalt minderjähriger und volljähriger Kinder beruht auf derselben Anspruchs- **193** grundlage. Minderjährigen- und Volljährigenunterhalt sind daher **identisch**[1] (vgl. Rn. 17). Der Unterhaltsanspruch des Minderjährigen besteht nach Eintritt der Volljährigkeit – wenn auch mit Modifikationen (vgl. dazu die Übersicht Rn. 330 ff.) – fort. Das minderjährige Kind wird gegenüber dem volljährigen in etlichen Punkten begünstigt.

- Während bei volljährigen Kindern die Bedürftigkeit besonderer Begründung bedarf (z. B. **194** Fortdauer einer Berufsausbildung), sind minderjährige Kinder – bis auf seltene Ausnahmen – **bedürftig,** da sie entweder eine Schule (zum Schulsystem vgl. Rn. 457 ff.) besuchen oder für einen Beruf ausgebildet werden und daher nicht in der Lage sind, sich selbst zu unterhalten (vgl. Rn. 43).

- Der **Bedarf** des minderjährigen Kindes richtet sich nach den Lebensverhältnissen der El- **195** tern (vgl. Rn. 108). Er wird von der ganz einhelligen Praxis entsprechend dem Alter der Kinder und dem Einkommen des barunterhaltspflichtigen Elternteils **nach der Düsseldorfer Tabelle** bemessen (vgl. Rn. 209 ff.). Die in den neuen Bundesländern früher herangezogenen Vortabellen zur Düsseldorfer Tabelle (vgl. Rn. 210 a) finden seit 1. 1. 2008 (Gleichsetzung der Bedarfssätze für das gesamte Bundesgebiet auf Grund der Unterhaltsreform 2007) keine Anwendung mehr. Der Unterhalt erhöht sich ausnahmsweise um etwaigen Mehrbedarf (vgl. Rn. 133 ff., 317 ff.) oder Sonderbedarf (vgl. Rn. 133, 138 ff.).

- Auch beim minderjährigen Kind wird die Unterhaltspflicht der Eltern durch deren **196** **Leistungsfähigkeit** beschränkt. Ein barunterhaltspflichtiger Elternteil braucht grundsätz-

---

[146] So mit Recht Staudinger/Coester, $\S$ 1618a Rn. 21 für das Verhältnis des nichtehelichen Kindes zu seinem Vater
[147] FamRZ 2001, 614 mit Anm. Büttner = R 556 b, c
[148] OLG Oldenburg, FamRZ 1991, 1090
[149] Anders OLG Hamm, FamRZ 1998, 1250
[150] BGH, FamRZ 2001, 614 mit Anm. Büttner = R 556 b
[1] BGH, FamRZ 1994, 696 = R 477 a

lich keinen Unterhalt zu leisten, wenn dadurch sein eigener angemessener Unterhalt gefährdet ist (§ 1603 I BGB). Dieser Grundsatz wird allerdings – vor allem für Unterhaltspflichtige, die in engen wirtschaftlichen Verhältnissen leben – weitgehend außer Kraft gesetzt. Die Eltern trifft, wenn kein anderer unterhaltspflichtiger Verwandter vorhanden ist, nach § 1603 II 1 BGB eine **gesteigerte Unterhaltspflicht** (vgl. Rn. 247 ff.). Ihnen verbleibt dann nur der sog. notwendige Selbstbehalt (vgl. Rn. 260 ff., 263 ff.). Dies gilt auch für die Haftung der Eltern gegenüber privilegiert volljährigen Kindern (Rn. 452 ff.).

197 • Der Unterhalt des minderjährigen Kindes kann **dynamisiert** und in einem bestimmten Prozentsatz des jeweiligen Mindestunterhalts ausgedrückt werden (§ 1612a I BGB, § 36 Nr. 4 EGZPO). Vgl. dazu im Einzelnen Rn. 246a ff.

198 • Der Elternteil, der ein gemeinsames minderjähriges Kind **betreut,** erfüllt dadurch in der Regel seine Unterhaltspflicht (§ 1606 III 2 BGB) und ist daher nicht zur Leistung von Barunterhalt verpflichtet (vgl. Rn. 11). Eine Barunterhaltspflicht beider Eltern besteht bei minderjährigen Kindern nur ausnahmsweise (vgl. Rn. 289). Das **Bestimmungsrecht** nach § 1612 II 1 BGB steht bei gemeinsamer Sorge beiden Eltern zu, bei alleiniger elterlicher Sorge dem sorgeberechtigten Elternteil (vgl. Rn. 27 f.).

199 • Der Unterhaltsanspruch des minderjährigen Kindes geht dem des Ehegatten und **dem Anspruch des volljährigen Kindes vor.** Privilegiert volljährige Kinder im Sinne des § 1603 II 2 BGB, also nicht verheiratete Kinder bis zur Vollendung des 21. Lebensjahres, die bei den Eltern oder bei einem Elternteil leben und sich in der allgemeinen Schulausbildung befinden, stehen rangmäßig minderjährigen Kindern gleich (§ 1609 Nr. 1 BGB). Vgl. dazu Rn. 454 ff.

200 • **Eigenes Einkommen des Kindes,** insbesondere eine Ausbildungsvergütung, wird sowohl auf den Barunterhalt als auch auf den Betreuungsunterhalt angerechnet, und zwar in der Regel je zur Hälfte (vgl. Rn. 96 ff., 286). **Kindergeld** ist wie Einkommen des Kindes zu behandeln und ist im Zweifel hälftig auf den Bedarf anzurechnen (§ 1612b I BGB).

201 • Der Unterhaltsanspruch eines minderjährigen Kindes kann grundsätzlich **nicht verwirkt** werden. Nur Fehlverhalten eines minderjährigen verheirateten Kindes kann zu einer Herabsetzung oder einem Ausschluss des Unterhalts führen (§ 1611 II BGB; vgl. Rn. 479).

202 • Der Unterhalt eines Kindes als Minderjähriger **endet** mit dem Tag des Eintritts der Volljährigkeit, nicht erst am Monatsende.[2] Dies ist seit dem 1. 7. 1998 nicht mehr zweifelsfrei, weil nach § 1612a III BGB der Regelbetrag einer höheren Altersstufe ab dem Ersten des Monats zu zahlen ist, in dem das Kind das betreffende Lebensjahr vollendet. Diese Vorschrift kann für den Übergang zum Volljährigenunterhalt aber nicht analog herangezogen werden. Dagegen spricht, dass der Unterhalt des volljährigen Kindes an andere und schwerer zu erfüllende Voraussetzungen geknüpft ist als der Minderjährigenunterhalt (höherer Selbstbehalt; Unanwendbarkeit des § 1606 III 2 BGB, Nachrangigkeit). Deshalb ist auf den Tag abzustellen, an dem die Volljährigkeit eintritt. Vgl. auch Rn. 20, 218, 340.

II. Grundsätze der Bemessung des Bedarfs minderjähriger Kinder

1. Der Unterhalt des nichtehelichen Kindes bis zum 30. 6. 1998

203   Das eheliche und das nichteheliche Kind wurden bis zum 30. 6. 1998 bei der Bemessung des Unterhaltsbedarfs nicht gleich behandelt. Der Gesetzgeber ordnete zwar in § 1615a BGB a. F. die Anwendung der für eheliche Kinder geltenden Vorschriften der §§ 1601 ff. BGB an, sah sich aber in § 1615c BGB a. F. zu der Regelung veranlasst, dass bei der

---

[2] BGH, FamRZ 1988, 604

Bemessung des Unterhalts des nichtehelichen Kindes die Lebensstellung beider Eltern zu berücksichtigen sei. Diese Vorschrift wurde teilweise dahin verstanden, dass auf den Mittelwert der Einkünfte der Eltern abzustellen sei, teilweise wurde wie beim ehelichen Kind das Einkommen des allein barunterhaltspflichtigen Vaters für maßgebend gehalten.[3] Nach § 1615 f BGB a. F. hatte der Vater des nichtehelichen Kindes mindestens den Regelunterhalt zu zahlen. Dieser wurde in § 1615 f I 2 BGB a. F. definiert als der zum Unterhalt eines Kindes, das sich in der Pflege seiner Mutter befindet, bei einfacher Lebenshaltung im Regelfall erforderliche Betrag. Der Vater konnte mit der Klage auf Zahlung des Regelunterhalts in Anspruch genommen werden; die Angabe eines bestimmten Betrages war nicht erforderlich (§ 642 ZPO a. F.). Bei höherem Einkommen des Vaters konnte das Kind einen Zuschlag zum Regelunterhalt verlangen; bei unzureichender Leistungsfähigkeit war ein Abschlag festzusetzen (§ 642 d ZPO a. F., § 1615 h BGB a. F.). Der Regelunterhalt wurde durch die Verordnung zur Berechnung des Regelunterhalts vom 27. 6. 1970[4] bestimmt, die in regelmäßigen Abständen an die Lohn- und Preisentwicklung angepasst wurde, zuletzt zum 1. 1. 1996.[5]

Der Regelbedarf eines minderjährigen Kindes war nach § 1610 III 1 BGB a. F. zugleich der Mindestbedarf eines ehelichen Kindes, das in den Haushalt eines geschiedenen Elternteils aufgenommen war und vom anderen Elternteil Unterhalt verlangte. Dieser Mindestbedarf (= Regelunterhalt) war der Unterhalt, der in der ersten Einkommensgruppe der Düsseldorfer Tabelle ausgewiesen war. Die Tabelle war gleichwohl bis zum 30. 6. 1998 nicht unmittelbar auf nichteheliche Kinder anwendbar, da deren Unterhalt, wie dargelegt, nach anderen Grundsätzen als der Unterhalt ehelicher Kinder zu bemessen war. Allerdings wurde vielfach die Düsseldorfer Tabelle als Anhaltspunkt für die Bemessung des Unterhalts des nichtehelichen Kindes herangezogen.

2. Die Bedarfsbemessung bei ehelichen und nichtehelichen Kindern seit dem 1. 7. 1998

Zum 1. 7. 1998 wurden zunächst durch das Kindschaftsrechtsreformgesetz[6] die ehelichen **204** und die nichtehelichen Kinder in ihrem Status gleichgestellt (§§ 1591 ff., 1626 ff. BGB n. F.). Auch das Verfahrensrecht wurde vereinheitlicht. Alle Streitigkeiten, die den Status und den Unterhalt ehelicher und nichtehelicher Kinder betreffen, sind nunmehr von den Familiengerichten, im zweiten Rechtszug von den Familiensenaten der Oberlandesgerichte zu entscheiden (§§ 23 b, 119 I Nr. 1 GVG).

Auf dem Gebiet des Unterhaltsrechts wurden **die Unterschiede zwischen ehelichen und nichtehelichen Kindern durch das Kindesunterhaltsgesetz**[7] fast vollständig beseitigt. Vgl. dazu Rn. 1 b. Der Unterhalt des minderjährigen Kindes richtet sich seit dem 1. 7. 1998 nach der Lebensstellung der Eltern (Rn. 108), mögen diese miteinander verheiratet sein, sich getrennt haben, geschieden sein, in nichtehelicher Lebensgemeinschaft verbunden sein oder nie miteinander zusammengelebt haben. Bei verheirateten oder nicht verheirateten Eltern, die mit ihren gemeinsamen Kindern zusammenleben, stellt sich die Frage, ob sie ihnen unterhaltspflichtig sind, in der Praxis kaum. Zur entsprechenden Problematik beim Familienunterhalt vgl. Rn. 3/10. Leben dagegen die Eltern getrennt, so erfüllt derjenige, der das Kind betreut, seine Unterhaltspflicht durch Pflege und Erziehung (§ 1606 III 2 BGB). Für den Barunterhalt hat grundsätzlich allein der andere Elternteil aufzukommen (Rn. 11). Seine Lebensstellung, also seine Einkommens- und Vermögensverhältnisse, bestimmen den Bedarf des Kindes (Rn. 118, 113 a). Entscheidend für die Höhe des Kindesunterhalts ist daher in der Regel das Einkommen des barunterhaltspflichtigen Elternteils. Die verfahrensrechtlichen Vorschriften über den Regelunterhalt nichtehelicher Kinder

---

[3] Göppinger/Maurer, Unterhaltsrecht, 6. Aufl., Rn. 809 ff. mit weiteren Nachweisen
[4] BGBl. 1970 I 1010
[5] Art. 2 der VO über die Anpassung und Erhöhung von Unterhaltsrenten für Minderjährige vom 25. 9. 1995 – BGBl. I 1190 = FamRZ 1995, 1327
[6] Vom 16. 12. 1997 – BGBl. I 2942
[7] Vom 6. 4. 1998 – BGBl. I 666

(§§ 642 ff. ZPO a. F.) wurden durch das KindUG aufgehoben und durch einen neuen „Abschnitt 6 – Verfahren über den Unterhalt" ersetzt;[8] damit entfällt die Bemessung des Unterhalts nichtehelicher Kinder durch Zuschläge oder Abschläge beim Regelunterhalt (§ 642 d ZPO a. F.).

Demgemäß rechtfertigt das Gesetz eine unterschiedliche Bemessung des Unterhalts ehelicher und nichtehelicher Kinder nicht mehr. Der Bedarf des nichtehelichen Kindes und die Leistungsfähigkeit seiner Eltern richten sich ausschließlich nach §§ 1601 ff. BGB.

205   Der Bedarf des ehelichen wie des nichtehelichen Kindes ist nach den individuellen Verhältnissen, also nach dem Einkommen des barunterhaltspflichtigen Elternteils zu bemessen (vgl. allerdings Rn. 113 a). Dies geschieht üblicherweise mit Hilfe der **Düsseldorfer Tabelle**. Vgl. dazu Rn. 207. Der so ermittelte Unterhalt kann vom Kind beziffert und damit als **statischer** Geldbetrag gefordert und ggf. eingeklagt werden. Aus dem früheren Recht des nichtehelichen Kindes (§§ 642 ff. ZPO a. F.) hat das Gesetz aber die Möglichkeit übernommen, den Unterhalt nach einem durch Rechtsverordnung in bestimmten Abständen anzupassenden, also **dynamischen Betrag** zu bemessen. Vgl. dazu Rn. 246 a ff. Dieses Recht haben seit dem 1. 7. 1998 alle minderjährigen Kinder, die mit dem barunterhaltspflichtigen Elternteil nicht in einem Haushalt leben (§ 1612 a I BGB). Aus dem „Regelunterhalt" nach früherer Rechtslage wurde der **„Regelbetrag"**. Damit sollte klargestellt werden, dass die Regelbeträge nicht bedarfsdeckend sind, sondern deutlich hinter dem Existenzminimum zurückblieben. Der Regelbetrag war daher eine reine Bezugsgröße.[9] Er war **nicht** mit dem Existenzminimum oder **dem Mindestbedarf** des Kindes **identisch**.[10] Vgl. dazu näher Rn. 127 c.

206   Die Regelbeträge wurden durch die Regelbetrag-Verordnung[11] entsprechend dem Alter des Kindes für bestimmte **Altersstufen** festgesetzt, und zwar für die Zeit bis zur Vollendung des 6. Lebensjahres (1. Altersstufe), für die Zeit bis zur Vollendung des 12. Lebensjahres (2. Altersstufe) und für die Zeit vom 13. Lebensjahr an (3. Altersstufe). Die **Regelbeträge** entsprachen in der Zeit vom 1. 7. 1998 bis zum 30. 6. 1999 dem Regelunterhalt nach der letzten Regelunterhalt-Verordnung.[12] Sie wurden **zum 1. Juli jedes zweiten Jahres**, erstmals zum 1. 7. 1999 und letztmals zum 1. 7. 2007, durch Rechtsverordnung des Bundesministeriums der Justiz **angepasst.** Maßstab war nach § 1612 a IV BGB die Entwicklung des durchschnittlich verfügbaren Arbeitsentgelts in den letzten zwei Kalenderjahren.

Die **Regelbeträge für das alte Bundesgebiet** sind wie folgt festgesetzt worden:[13]

für den Zeitraum	0–5 Jahre	6–11 Jahre	12–17 Jahre
1. 7. 1998–30. 6. 1999	349 DM	424 DM	502 DM
1. 7. 1999–30. 6. 2001	355 DM	431 DM	510 DM
1. 7. 2001–31. 12. 2001	366 DM	444 DM	525 DM
1. 1. 2002–30. 6. 2003	188 €	228 €	269 €
1. 7. 2003–30. 6. 2005	199 €	241 €	284 €
1. 7. 2005–30. 6. 2007	204 €	247 €	291 €
1. 7. 2007–31. 12. 2007	202 €	245 €	288 €

---

[8] Art. 3 Nr. 9 KindUG

[9] BT-Drucks. 13/9596 S. 32; vgl. auch Strauß, FamRZ 1998, 994

[10] BGH, FamRZ 2002, 536, 539 mit Anm. Büttner = Rn. 572 c

[11] Die Verordnung ist als Art. 2 in das KindUG aufgenommen worden, kann aber durch Verordnung geändert werden (Art. 7 KindUG)

[12] VO über die Anpassung und Erhöhung von Unterhaltsrenten für Minderjährige vom 25. 9. 1995 – BGBl. I 1190 = FamRZ 1995, 1327

[13] Vgl. Art. § 1 der Regelbetrag-VO in der Fassung der Dritten VO zur Änderung der Regelbetrag-VO vom 24. 4. 2003 – BGBl. I 546

Für die **neuen Bundesländer** gilt seit dem 3. 10. 1990 das Unterhaltsrecht des BGB 206 a
(Art. 234 § 1 EGBGB). Die Regelunterhaltssätze für das Beitrittsgebiet lagen zunächst
erheblich unter den Sätzen für die alte Bundesrepublik.[14] Auch die seit dem 1. 7. 1998
eingeführten Regelbeträge Ost entsprachen nicht dem westlichen Niveau.

Die **Regelbeträge für das Beitrittsgebiet** sind wie folgt festgesetzt worden:[15]

für den Zeitraum	0–5 Jahre	6–11 Jahre	12–17 Jahre
1. 7. 1998–30. 6. 1999	314 DM	380 DM	451 DM
1. 7. 1999–30. 6. 2001	324 DM	392 DM	465 DM
1. 7. 2001–31. 12. 2001	340 DM	411 DM	487 DM
1. 1. 2002–30. 6. 2003	174 €	211 €	249 €
1. 7. 2003–30. 6. 2005	183 €	222 €	262 €
1. 7. 2005–30. 6. 2007	188 €	228 €	269 €
1. 7. 2007–31. 12. 2007	186 €	226 €	267 €

Die Regelbeträge, die bis zum 31. 12. 2007 nach § 1612 a BGB a. F. und der vom 206 b
Bundesministerium der Justiz erlassenen Regelbetrag-VO dem Kindesunterhalt zugrunde
lagen, waren nicht bedarfsdeckend ausgestaltet. Das Unterhaltsrechtsänderungsgesetz hat die
Regelbeträge abgeschafft und die Bedarfsbemessung auf eine völlig neue Grundlage gestellt.
Der **Mindestunterhalt** wird so bemessen, dass er das Existenzminimum des Kindes gewähr-
leistet. Er gilt **einheitlich für das ganze Bundesgebiet.**
Der Mindestunterhalt ist allerdings zunächst in der Übergangsvorschrift des **§ 36 Nr. 4
EGZPO** vorübergehend abweichend von der nach § 1612 a I BGB an sich vorgesehenen
Anknüpfung an das steuerrechtliche Existenzminimum festgelegt.

Er beträgt für die:

1. Altersstufe (0–5 Jahre): **279 €**
2. Altersstufe (6–11 Jahre): **322 €**
3. Altersstufe (12–17 Jahre): **365 €**.

Vgl. Rn. 127 c.
Das minderjährige Kind hat das Recht, als **dynamischen Unterhalt** nicht nur den
Mindestunterhalt selbst zu verlangen, sondern einen bestimmten **Prozentsatz** des jeweiligen Mindestunterhalts (§ 1612 a I BGB, § 36 Nr. 4 EGZPO). Damit kann das Kind der
jeweiligen Leistungsfähigkeit des barunterhaltspflichtigen Elternteils Rechnung tragen. Vgl.
dazu Rn. 246 a ff.
Auch wenn das Kind von dieser Möglichkeit Gebrauch macht, ist zunächst der Unterhalt
mit Hilfe der Düsseldorfer Tabelle (vgl. dazu Rn. 207 ff.) zu errechnen. Der Schuldner ist je
nach der Zahl der Unterhaltsberechtigten unter Wahrung des Bedarfskontrollbetrages in eine
andere Einkommensgruppe der Tabelle höher- oder herabzugruppieren (vgl. Rn. 231 ff.,
239 ff.). Seine Leistungsfähigkeit ist zu berücksichtigen (Rn. 247 ff.). Erst der so ermittelte
individuelle Unterhalt darf in einen Prozentsatz des Mindestunterhalts umgerechnet werden.
Vgl. dazu Rn. 246 d. Die individuelle **Bemessung des Kindesunterhalts mit Hilfe der
Düsseldorfer Tabelle** ist daher stets **vorrangig.**

---

[14] Vgl. dazu die Vorauflage Rn. 6/621
[15] Vgl. Art. § 2 der RegelbetragVO in der Fassung der Dritten VO zur Änderung der RegelbetragVO vom 24. 4. 2003 – BGBl. I 546

III. Die Düsseldorfer Tabelle[16] und die ehemaligen Vortabellen für das Beitrittsgebiet[17]

1. Vorbemerkung

207 Die **Düsseldorfer Tabelle**[18] wird von allen Oberlandesgerichten des Bundesgebietes, z. T. mit gewissen Modifikationen, zur Bemessung des Unterhalts minderjähriger Kinder verwendet und meist in die eigenen Tabellen oder Leitlinien integriert. Seit dem Inkrafttreten der Unterhaltsrechtsänderung 2008 am 1. 1. 2008 gilt sie auch für das Beitrittsgebiet, nachdem die zwischen Ost und West unterschiedliche Bedarfsbemessung entfallen ist. Vgl. dazu Rn. 207 a, 210 a.

Zudem haben sich die Vertreter aller Oberlandesgerichte auf eine **bundesweite Struktur der Leitlinien** geeinigt.[19] Diese liegt den Leitlinien zugrunde, die die Oberlandesgerichte zuletzt zum 1. 1. 2008 herausgegeben haben. Zu den Tabellen und Leitlinien und zu ihren Fundstellen vgl. Rn. 1/6 f.

Das OLG Nürnberg, das zunächst eine eigene Tabelle herausgab,[20] hat sich zum 1. 7. 1998 den Unterhaltsleitlinien der Familiensenate in Bayern (BayL),[21] später den Unterhaltsrechtlichen Leitlinien der Familiensenate in Süddeutschland (SüdL) angeschlossen.[22]

Die Düsseldorfer Tabelle wird seit dem 1. 1. 1979 vom OLG Düsseldorf herausgegeben.[23] Die Tabellen der Jahre 1962 bis 1977 stammen vom damals zuständigen LG Düsseldorf.[24] Die Düsseldorfer Tabelle hat derzeit den **Stand vom 1. 1. 2008** und berücksichtigt die Änderungen der am selben Tag in Kraft getretenen Unterhaltsrechtsänderung.[25] Sie baut auf dem **gesetzlichen Mindestunterhalt** auf, der in § 1612a I BGB und zurzeit in

---

[16] Vgl. dazu Scholz, FamRZ 1993, 125; zu den späteren Änderungen der Tabelle vgl. Scholz, FamRZ 1998, 797; 1999, 1177; 2001, 1045; Soyka, FamRZ 2003, 1154; 2005, 1287; 2007, 1362; zur Düsseldorfer Tabelle nach der Unterhaltsreform 2007 (Stand 1. 1. 2008) s. Klinkhammer, FamRZ 2008, 193

[17] Vgl. Vossenkämper FamRZ 1998, 537; 2000, 1547; Soyka, FamRZ 2003, 1154; 2005, 1287; 2007, 1362

[18] In diesem Handbuch abgedruckt in Anhang D

[19] FamRZ 2003, 909; dazu Schürmann, FamRZ 2005, 490

[20] Vgl. Riegner, Grundzüge der Nürnberger Tabelle 1996, FamRZ 1996, 988

[21] FamRZ 1999, 773 = NJW 1999, Beil. zu Heft 34, S. 9

[22] Zu den Besonderheiten in der Anwendung der Leitlinien durch das OLG Nürnberg s. Riegner, FamRZ 2005, 1292

[23] Die früheren Tabellen sind abgedruckt:
Stand 1. 1. 1979: FamRZ 1978, 854
Stand 1. 1. 1980: FamRZ 1980, 19
Stand 1. 1. 1982: FamRZ 1981, 1207
Stand 1. 1. 1985: FamRZ 1984, 961
Stand 1. 1. 1989: FamRZ 1988, 911
Stand 1. 7. 1992: FamRZ 1992, 398
Stand 1. 1. 1996: FamRZ 1995, 1223
Stand 1. 7. 1998: FamRZ 1998, 534
Stand 1. 7. 1999: FamRZ 1999, 766
Stand 1. 7. 2001: FamRZ 2001, 806
Stand 1. 1. 2002: FamRZ 2001, 810, 1512
Stand 1. 7. 2003: FamRZ 2003, 903
Stand 1. 7. 2005: FamRZ 2005, 1300
Stand 1. 7. 2007: FamRZ 2007, 1367

[24] Die Fundstellen dieser Tabellen sind bei Köhler, Festschrift für Rebmann, S. 569, 576 wiedergegeben

[25] FamRZ 2008, 211 = NJW Beilage zu Heft 10/2008 bzw. FPR Beilage zu Heft 3/2008; zur Neufassung Klinkhammer, FamRZ 2008, 193

§ 36 Nr. 4 EGZPO festgelegt ist (vgl. dazu Rn. 203). Die Richtsätze der ersten Einkommensgruppe der Tabelle entsprechen dem gesetzlichen Mindestunterhalt.

Im **Beitrittsgebiet** galten bis zum 31. 12. 2007 die Berliner Tabelle[26] als Vortabelle der **207 a** Düsseldorfer Tabelle sowie die Leitlinien der ostdeutschen Oberlandesgerichte. Vgl dazu die Übersicht Rn. 1/6 f. Die Berliner Tabelle beruhte auf den niedrigeren Regelbeträgen Ost (Rn. 206 a) und wies zwei zusätzliche Einkommensgruppen unterhalb der Einkommensgruppe 1 der Düsseldorfer Tabelle auf. Die Berliner Tabelle ist zum 1. 1. 2008 entfallen. Für Übergangsfälle ist sie in ihrer jeweils gültigen Fassung weiterhin anzuwenden, wenn der Unterhalt bis zum 31. 12. 2007 zu ermitteln ist.

Die Düsseldorfer Tabelle ist ein **Hilfsmittel für die Bemessung des angemessenen 208 Unterhalts im Sinne des § 1610 BGB.** Die in der Tabelle ausgewiesenen Richtsätze sind Erfahrungswerte, die den Lebensbedarf des Kindes – ausgerichtet an den Lebensverhältnissen der Eltern und an seinem Alter – auf der Grundlage durchschnittlicher Lebenshaltungskosten typisieren, umso eine gleichmäßige Behandlung gleicher Lebenssachverhalte zu erreichen.[27] Die Düsseldorfer Tabelle ist daher keine Rechtsquelle, insbesondere **kein Gewohnheitsrecht.**[28] Ohnehin ist nur die eigentliche Tabelle mit den Zahlenwerten für den Unterhalt minderjähriger Kinder unumstritten. Bereits die Anmerkungen zur Tabelle Kindesunterhalt werden von den anderen Oberlandesgerichten nur zum Teil übernommen. Die Düsseldorfer Tabelle ist daher – wie die anderen Unterhaltstabellen und Leitlinien – nur eine **Richtlinie.**[29] Darauf weisen die Tabelle (Anm. A 1) und die meisten Leitlinien in ihren Vorbemerkungen hin. Jedes mit Hilfe der Tabelle gewonnene Ergebnis ist im Einzelfall auf seine Angemessenheit zu überprüfen.[30] Diese **Angemessenheitskontrolle** geschieht vor allem mit Hilfe des Bedarfskontrollbetrages und durch Höher- und Herabgruppierung. Vgl. dazu Rn. 231 ff., 239 ff.

Da die Richtsätze der Tabelle nur eine Empfehlung darstellen, bleibt es dem Berechtigten wie den Pflichtigen unbenommen, im Einzelnen vorzutragen, dass die Tabellensätze auf den zu beurteilenden Sachverhalt nicht passen. So kommt z. B. die Zubilligung regelmäßigen Mehrbedarfs (Rn. 133 ff., 317 ff., 401 ff.) oder unregelmäßigen Sonderbedarfs (Rn. 138 ff.) in Betracht, u. U. auch die Kürzung des Tabellenunterhalts wegen eingeschränkter Leistungsfähigkeit des Schuldners (Rn. 158 ff.). Allerdings wird man im Einzelfall sorgfältig prüfen müssen, ob wirklich besondere Umstände vorliegen, die eine Abweichung vom pauschalierten Unterhalt (Rn. 214) rechtfertigen.[31]

Die Richtsätze der Düsseldorfer Tabelle sind seit dem 1. 1. 2002 in **Euro** ausgewiesen. **208 a** Auf Deutsche Mark lautende Unterhaltsbeträge sind nach dem amtlichen Umrechnungskurs von 1,95583 DM = 1 Euro umzurechnen. Das gilt auch für Vollstreckungstitel. Bereits vor dem 1. 1. 2002 war der Euro nach Art. 2 der VO 974/98 des Rates der EU[32] seit 1. 1. 1999 die Währung aller Mitgliedstaaten der Europäischen Union, die den Euro eingeführt haben. Die Deutsche Mark war nur noch eine nicht dezimale Untereinheit des Euro (Art. 6 der VO). Zur Unterhaltsfestsetzung in Euro in der Zeit vor dem 1. 1. 2002 kann auf die Vorauflage Rn. 2/208 a verwiesen werden.

---

26 Zuletzt FamRZ 2007, 1370
27 BGH, FamRZ 2000, 358 = R 537 b
28 Anders Klingelhöffer, ZRP 1994, 383, 385
29 Scholz, FamRZ 1993, 125, 127; Jost, JR 2003, 89
30 BGH, FamRZ 2000, 1492 mit Anm. Scholz = R 546 c
31 Vgl. Jost, JR 2003, 89, 93
32 Vom 3. 5. 1998, Amtsblatt der Europäischen Gemeinschaften L 139 S. 1

2. Die Düsseldorfer Tabelle, Stand: 1. 1. 2008/1. 7. 2007/1. 7. 2005

209 *Düsseldorfer Tabelle, Stand: 1. 1. 2008*[33]

	Nettoeinkommen des Barunterhalts-pflichtigen (Anm. 3, 4)	Altersstufen in Jahren (§ 1612a Abs. 1 BGB)				Pro-zentsatz	Bedarfskon-trollbetrag (Anm. 6)
		0–5	6–11	12–17	ab 18		
	Alle Beträge in Euro						
1.	bis 1500	279	322	365	408	100	770/900
2.	1501 – 1900	293	339	384	429	105	1000
3.	1901 – 2300	307	355	402	449	110	1100
4.	2301 – 2700	321	371	420	470	115	1200
5.	2701 – 3100	335	387	438	490	120	1300
6.	3101 – 3500	358	413	468	523	128	1400
7.	3501 – 3900	380	438	497	555	136	1500
8.	3901 – 4300	402	464	526	588	144	1600
9.	4301 – 4700	425	490	555	621	152	1700
10.	4701 – 5100	447	516	584	653	160	1800
	ab 5101 nach den Umständen des Falles						

210 *Düsseldorfer Tabelle, Stand: 1. 7. 2007*[34]

	Nettoeinkommen des Barunterhalts-pflichtigen (Anm. 3, 4)	Altersstufen in Jahren (§ 1612a Abs. 3 BGB)				Vom-hun-dertsatz	Bedarfskon-trollbetrag (Anm. 6)
		0–5	6–11	12–17	ab 18		
	Alle Beträge in Euro						
1.	bis 1300	202	245	288	389	100	770/900
2.	1300 – 1500	217	263	309	389	107	950
3.	1500 – 1700	231	280	329	389	114	1100
4.	1700 – 1900	245	297	349	401	121	1050
5.	1900 – 2100	259	314	369	424	128	1100
6.	2100 – 2300	273	331	389	447	135	1150
7.	2300 – 2500	287	348	409	471	142	1200
8.	2500 – 2800	303	368	432	497	150	1250
9.	2800 – 3200	324	392	461	530	160	1350
10.	3200 – 3600	344	417	490	563	170	1450
11.	3600 – 4000	364	441	519	596	180	1550

[33] FamRZ 2003, 903 = NJW 2003, Beilage zu Heft 32 bzw. FPR 2003 Beilage zu Heft 8
[34] FamRZ 2001, 810

Nettoeinkommen des Barunterhaltspflichtigen (Anm. 3, 4)		Altersstufen in Jahren (§ 1612a Abs. 3 BGB)				Vomhundertsatz	Bedarfskontrollbetrag (Anm. 6)
		0–5	6–11	12–17	ab 18		
Alle Beträge in Euro							
12.	4400 – 4800	404	490	576	662	200	1750
13.	4400 – 4800	404	490	576	662	200	1750
über 4800 nach den Umständen des Falles							

Düsseldorfer Tabelle, Stand: 1. 7. 2005

Nettoeinkommen des Barunterhaltspflichtigen (Anm. 3, 4)		Altersstufen in Jahren (§ 1612a Abs. 3 BGB)				Vomhundertsatz	Bedarfskontrollbetrag (Anm. 6)
		0–5	6–11	12–17	ab 18		
Alle Beträge in Euro							
1.	bis 1300	204	247	291	335	100	770/890
2.	1300 – 1500	219	265	312	359	107	950
3.	1500 – 1700	233	282	332	382	114	1100
4.	1700 – 1900	247	299	353	406	121	1050
5.	1900 – 2100	262	317	373	429	128	1100
6.	2100 – 2300	276	334	393	453	135	1150
7.	2300 – 2500	290	351	414	476	142	1200
8.	2500 – 2800	306	371	437	503	150	1250
9.	2800 – 3200	327	396	466	536	160	1350
10.	3200 – 3600	347	420	495	570	170	1450
11.	3600 – 4000	368	445	524	603	180	1550
12.	4400 – 4800	388	470	553	637	190	1650
13.	4400 – 4800	408	494	582	670	200	1750
über 4800 nach den Umständen des Falles							

Die Düsseldorfer Tabelle galt auch vor dem 1. 1. 2008 hinsichtlich der Bedarfssätze für **210a** minderjährige Kinder auch im **Beitrittsgebiet,** uneingeschränkt jedoch erst ab einem Einkommen des barunterhaltspflichtigen Elternteils von 1150,– €. Für den darunter liegenden Bereich enthielten die Berliner Tabelle und die Leitlinien der ostdeutschen Oberlandesgerichte Vortabellen. Entsprechend den Altersstufen der Düsseldorfer Tabelle galten bis zum **31. 12. 2007** für das gesamte Beitrittsgebiet folgende Bedarfssätze (alle Beträge in Euro):

1. 7. 2007–31. 12. 2007

Einkommen	0–5 Jahre	6–11 Jahre	12–17 Jahre	Ab 18 Jahre
bis 1000	186	226	267	361
1000–1150	194	236	278	361
1150–1300	202	236	288	389

1. 7. 2005–30. 6. 2005

Einkommen	0–5 Jahre	6–11 Jahre	12–17 Jahre
bis 1000	188	228	269
1000–1150	196	238	280
1150–1300	204	247	291

Die Richtsätze der 4. Zeile (Einkommen von 1150,– bis 1300,– € entsprachen der 1. Einkommensgruppe der Düsseldorfer Tabelle, die für Einkommen bis 1300,– € galt. Für volljährige, auch privilegiert volljährige Kinder gibt es erst seit dem 1. 7. 2007 einheitliche Richtsätze für das Beitrittsgebiet.

210 b Die Struktur und der Inhalt der Düsseldorfer Tabelle mussten in den vergangenen Jahren mehrfach geändert werden.[35] Die deutliche Erhöhung des Kindergeldes durch das Jahressteuergesetz 1996 bedingte eine nachhaltige Anhebung der Tabellensätze zum 1. 1. 1996.[36] Zum 1. 7. 1998 wurden die bisher neun Einkommensgruppen auf zwölf vermehrt, weil § 1612 a I BGB die Möglichkeit eröffnet hatte, den Unterhalt minderjähriger Kinder als Vomhundertsatz eines Regelbetrages zu verlangen (vgl. dazu Rn. 246 a ff.). Dies bedingte naturgemäß einen anderen Zuschnitt der Einkommensgruppen. Es wurde eine neue Spalte „Vomhundertsatz" geschaffen, aus der abgelesen werden kann, um wie viel Prozent die Richtsätze der jeweiligen Einkommensgruppe gegenüber dem Regelbetrag, also dem Unterhalt der ersten Einkommensgruppe, steigen.[37] Nach verhältnismäßig geringfügigen Änderungen zum 1. 7. 1999[38] wurde zum 1. 7. 2001 im Hinblick auf die Rechtsprechung des BGH zur Unterhaltsbemessung bei höheren Einkünften des Pflichtigen[39] eine 13. Einkommensgruppe angefügt. Die Umstellung auf den Euro erzwang nicht nur eine Ausweisung der Tabellensätze in der neuen Währung, sondern auch eine erneute Änderung des Zuschnitts der Einkommensgruppen.[40] Ohne große Eingriffe blieben die Neufassungen zum 1. 7. 2005 und zum 1. 7. 2007, wobei die letzte Änderung sich allerdings auf Grund der erstmals gesunkenen Regelbeträge hervorhob.

Eine **grundlegende Umstrukturierung** hat die Düsseldorfer Tabelle zum **1. 1. 2008** auf Grund der Unterhaltsrechtsreform erfahren.[41] Nach dem Wegfall der Regelbeträge baut die Tabelle auf dem gesetzlichen Mindestunterhalt auf, der in § 1612 a I BGB und – zurzeit vorrangig – in § 36 Nr. 4 EGZPO festgeschrieben ist. Außer den Ausgangsbeträgen mussten auch die Prozentsätze und auch die Einkommensgruppen umgestaltet werden. Weil der Ausgangsbeträge höher liegen, enthält die Düsseldorfer Tabelle nur noch 10 Einkommensgruppen und einen höchsten Steigerungssatz von 160% (10. Einkommensgruppe).

3. Allgemeines zur Anwendung der Düsseldorfer Tabelle

211 **a) Barunterhalt.** Der gesamte Unterhaltsbedarf eines Minderjährigen besteht aus dem Barunterhalt, der vom barunterhaltspflichtigen Elternteil geschuldet wird, und dem **Betreuungsunterhalt,** den der betreuende Elternteil zu leisten hat (Rn. 8, 10).

Beide Unterhaltsteile sind nach § 1606 III 2 BGB im Regelfall rechtlich **gleichwertig.** Der betreuende Elternteil erfüllt in der Regel seine Unterhaltsverpflichtung vollständig dadurch, dass er das Kind versorgt, betreut, erzieht und beaufsichtigt. Demgegenüber kommt der barunterhaltspflichtige Elternteil seiner Unterhaltsverpflichtung dadurch nach, dass er die zur Befriedigung des gesamten sonstigen Lebensbedarfs des Kindes erforderlichen Bar-

---

[35] Vgl. dazu im Einzelnen Scholz in der 5. Auflage Rn. 2/210 a–210 c
[36] Zur Düsseldorfer Tabelle Stand: 1. 1. 1996 vgl. Scholz, FamRZ 1996, 65
[37] Zu weiteren Einzelheiten der Düsseldorfer Tabelle, Stand: 1. 7. 1998 vgl. Scholz, FamRZ 1998, 797
[38] Vgl. dazu Scholz, FamRZ 1999, 1177; Soyka, FamRZ 2003, 1154
[39] BGH, FamRZ 2000, 358 mit Anm. Deisenhofer
[40] Vgl. dazu Scholz, FamRZ 2001, 1045
[41] Vgl. dazu Klinkhammer, FamRZ 2008, 193

mittel in Form einer angemessenen Unterhaltsrente bereitstellt.[42] Genaueres zur Gleichwertigkeit der beiden Unterhaltsteile vgl. Rn. 11 ff. und zu Abweichungen von diesem Grundsatz vgl. Rn. 287 ff.

Die Richtsätze der Düsseldorfer Tabelle weisen **nur** den **Barunterhalt** aus, d. h. den gesamten durchschnittlichen Barbedarf eines minderjährigen Kindes. Erbringen beide Eltern keine Betreuungsleistungen, z. B. weil die Mutter krank oder verstorben ist und der berufstätige Vater das Kind nicht betreuen kann, muss er bei hinreichender Leistungsfähigkeit nicht nur die Kosten des Barunterhalts sicherstellen, sondern auch für die Kosten der Betreuung des Kindes, z. B. in einer Pflegefamilie, aufkommen.[43]

Die Regelbedarfssätze der Düsseldorfer Tabelle berücksichtigen auf Grund richterlicher **212** Erfahrung **alle durchschnittlichen Lebenshaltungskosten** des Minderjährigen, der im Haushalt eines Elternteils lebt (zu den einzelnen Bedarfspositionen beim Mindestunterhalt vgl. Rn. 127). Maßgeblich sind das Lohn- und Preisniveau am gewöhnlichen Aufenthaltsort des Kindes. Probleme aus unterschiedlichen Wohnorten des Kindes und des Barunterhaltspflichtigen entstehen nur in Fällen mit Auslandsberührung (dazu Rn. 7/1 ff.) und – bis zum 31. 12. 2007 – in den sog. **Ost-West-Fällen,** wenn also der Pflichtige im Beitrittsgebiet und das berechtigte Kind im alten Bundesgebiet wohnten oder wenn das Kind im Beitrittsgebiet lebte, der Schuldner dagegen in den alten Bundesländern. In den letztgenannten Fällen richtete sich der Bedarf des Kindes nach der an seinem Aufenthaltsort geltenden Unterhaltstabelle, der Selbstbehalt des Pflichtigen nach der Tabelle, die an seinem Aufenthalt gilt. Dies entsprach Nr. 25 nahezu aller Leitlinien der Oberlandesgerichte.

Die Regelbeträge nach der Regelbetrag-VO nahmen von Vornherein nicht für sich in **213** Anspruch, das Existenzminimum minderjähriger Kinder abzudecken. Jedenfalls die ersten vier Einkommensgruppen führten daher bis 2007 zu Beträgen, die das Existenzminimum nicht erreichten. Um das Existenzminimum der Kinder sicherzustellen, wurde nach der bisherigen Regelung das Kindergeld herangezogen.[44]

Das unterhaltsrechtliche Existenzminimum wurde mit der vom BVerfG[45] beanstandeten Vorschrift des § 1612 b V BGB mit 135% des jeweiligen Regelbetrages festgelegt. Weil die Düsseldorfer Tabelle auch nach der Änderung des § 1612 b V BGB zum 1. 1. 2001 auf den Regelbeträgen der Regelbetrag-VO aufbaute,[46] führte sie seit 2001 in den unteren Einkommensgruppen zwar zu unterschiedlichen Bedarfsbeträgen, im Ergebnis aber im Wesentlichen zu denselben Zahlbeträgen.

Der ab 1. 1. 2008 gültige **Mindestunterhalt** richtet sich hingegen gemäß § 1612 a I S. 2 BGB nach dem **doppelten Freibetrag für das sächliche Existenzminimum eines Kindes** (Kinderfreibetrag) nach § 32 VI S. 1 EStG. Daraus ergeben sich im Grundsatz die Ausgangsbeträge der Düsseldorfer Tabelle, und zwar zu 87% in der 1. Altersstufe, 100% in der 2. Altersstufe und 117% in der 3. Altersstufe (§ 1612 a I S. 3 BGB). Derzeit ist der Mindestunterhalt noch durch die Übergangsregelung des § 36 Nr. 4 EGZPO festgelegt.

In den Sätzen der Tabelle sind **alle Lebenshaltungskosten,** insbesondere die Kosten für **214** Nahrung, Wohnung, Kleidung, Körperpflege, Schulausbildung, Unterrichtsmaterial (soweit die Kosten nicht von der öffentlichen Hand getragen werden), Ferien, musische und sportliche Interessen sowie Taschengeld **pauschal** enthalten.[47] Vgl. dazu Rn. 125. Nicht von der Pauschalierung erfasst werden regelmäßiger Mehrbedarf (dazu Rn. 133 ff., 317 ff.) und Sonderbedarf (Rn. 138, 6/1 ff.). Die weitverbreitete Übung, **Wohnkosten** nur beim Ehegattenunterhalt zu berücksichtigen, ist verfehlt. Vielmehr dient ein Teil des Tabellenunterhalts zur Deckung des Wohnbedarfs des Kindes.[48] Der Ansatz für Wohnkosten ist wegen der Ersparnis durch das Zusammenwohnen mit dem betreuenden Elternteil nur gering (vgl.

---

[42] BGH, FamRZ 1988, 159, 161
[43] BGH, FamRZ 2006, 1597, 1598 = R 659; OLG Hamm, FamRZ 1991, 107
[44] S. dazu im Einzelnen Scholz, FamRZ 2007, 2021, 2022
[45] BVerfG FamRZ 2003, 1370, m. Anm. Luthin; vgl. auch BGH FamRZ 2003, 445, und zur vorausgegangenen Kritik etwa Becker, FamRZ 2001, 1266 und Luthin, FamRZ 2001, 1269
[46] Vgl. BGH FamRZ 2002, 536
[47] BGH, FamRZ 1983, 473
[48] BGH, FamRZ 1989, 1160, 1163; FamRZ 1992, 423 = R 442 a

Rn. 102). Nach der Umstrukturierung der Düsseldorfer Tabelle sind die Wohnkosten im Gegensatz zur früheren Rechtslage[49] auch in den unteren Einkommensgruppen in den Bedarfssätzen enthalten. Sie können mit **20%** des Tabellensatzes veranschlagt werden.[50] Das bedeutet freilich nicht, dass der Kindesunterhalt um 20% zu kürzen ist, wenn das Kind auf Kosten des sorgeberechtigten Elternteils in dessen Wohnung lebt. Vielmehr kann der betreuende Elternteil den Wohnanteil im Tabellenunterhalt zur Deckung der Wohnkosten heranziehen. Vgl. dazu Rn. 102. Eine Kürzung des Kindesunterhalts kommt dagegen in Betracht, wenn der Barunterhaltspflichtige die Kosten der Wohnung trägt, in der der betreuende Elternteil mit dem Kind lebt.[51] In einem solchen Fall wird ein Teil des Bedarfs des Kindes durch Naturalunterhalt (vgl. Rn. 9) gedeckt.

215   Die Tabellensätze gehen davon aus, dass das minderjährige Kind gemäß § 1612 I 2 BGB (vgl. Rn. 8) in der gesetzlichen Familienversicherung gegen Krankheit mitversichert ist (§ 10 II SGB V). Ist dies ausnahmsweise nicht der Fall, z. B. bei Richtern, Beamten, Soldaten und Selbstständigen, hat der Barunterhaltsschuldner zusätzlich auch für die Kosten der **Krankenversicherung des Kindes** aufzukommen. Dies wird in der Düsseldorfer Tabelle (Anm. A 9) und in Nr. 11. 1 der Leitlinien der meisten Oberlandesgerichte ausdrücklich klargestellt. Dementsprechend ist das Nettoeinkommen des Pflichtigen vor Anwendung der Tabelle auch um die Kosten der Krankenversicherung für das Kind zu bereinigen (so 11. 1 der meisten Leitlinien). Vgl. das Beispiel Rn. 216. Zur Krankenversicherung beim volljährigen Kind vgl. Rn. 371.

216   Minderjährige Kinder sind bei ihren Eltern beitragsfrei in der **Pflegeversicherung** mitversichert, gleichgültig ob diese Versicherung bei einer gesetzlichen Krankenkasse oder einem privaten Versicherungsunternehmen besteht (§§ 25 I, 110 I 2 f. SGB XI). Ein zusätzlicher Bedarf in Höhe der Beiträge zu einer Pflegeversicherung kann daher bei minderjährigen Kindern in aller Regel nicht anfallen. Zur Pflegeversicherung beim volljährigen Kind vgl. Rn. 371.

Beispiel:
Bereinigtes Einkommen des Vaters, eines Beamten, nach Abzug der Lohn- und Kirchensteuer und des Solidaritätszuschlages 1720,– €. Abzusetzen sind Beiträge von 150,– € (eigene Krankenversicherung), 20,– € (eigene Pflegeversicherung) und 50,– € (Krankenversicherung für das Kind). Anrechnungsfähiges Einkommen daher 1500,– € (nicht: 1550,– €). Der Unterhalt ist also grundsätzlich der 1. Einkommensgruppe zu entnehmen und beträgt z. B. für ein 13-jähriges Kind 365,– € abzüglich 77,– € (hälftiges Kindergeld) und zuzüglich 50,– € Krankenkassenbeitrag = 338,– € (vorbehaltlich einer etwaigen Höhergruppierung wegen unterdurchschnittlicher Unterhaltspflicht nach DT A 1 – vgl. dazu Rn. 231 ff.).

217   Die Tabellenwerte weisen nicht den objektiven Barbedarf des Minderjährigen während eines bestimmten Monats aus. Vielmehr wird der Unterhalt **über einen längeren Zeitraum pauschaliert.** Mit dem Pauschalbetrag müssen alle durchschnittlichen Lebenshaltungskosten des Minderjährigen befriedigt werden (zu den einzelnen Bedarfspositionen beim Mindestunterhalt vgl. Rn. 127). Durch die Pauschalierung sind auch zeitweilige Bedarfserhöhungen oder Bedarfsminderungen abgegolten, sofern kein Sonderbedarf oder Mehrbedarf geltend gemacht werden kann. Dies liegt im Interesse einer Befriedung des Verhältnisses von Unterhaltsgläubiger und Unterhaltsschuldner: Dieses Verhältnis soll nicht durch häufige Einzelanforderungen in unerwünschter Weise belastet werden.[52] Genaueres zum Mehrbedarf Rn. 133, 317 ff. und zum Sonderbedarf Rn. 133, 138 f. und 6/1 ff.

218   **b) Altersstufen.** Die Düsseldorfer Tabelle bestimmt den Kindesunterhalt zunächst nach dem **Alter** des Kindes. Sie teilt die minderjährigen Kinder entsprechend § 1612 a I 3 BGB in drei Altersstufen ein: bis zur Vollendung des 6. Lebensjahres, vom Beginn des 7. bis zur Vollendung des 12. Lebensjahres und vom Beginn des 13. bis zur Vollendung des 18. Lebensjahres. Die neue Altersstufe wird am Ersten des Monats erreicht, in dem das Kind 6 oder 12 Jahre alt wird (§ 1612 a I 3 BGB). Der höhere Unterhalt wird also vom Ersten des Monats

---

[49] S. dazu Scholz in der Vorauflage
[50] KL (21.5), SüdL (21.5.2)
[51] OLG Düsseldorf, FamRZ 1994, 1049, 1053; z. T. anders OLG München, FamRZ 1998, 824
[52] BGH, FamRZ 1984, 470, 472

an geschuldet, in den der 6. oder der 12. Geburtstag fällt. Um einem immer wieder vorkommenden Missverständnis vorzubeugen, ist in der Düsseldorfer Tabelle seit dem 1. 7. 1998 klargestellt worden, dass die erste Altersstufe für ein Kind von 0–5, die zweite von 6–11 und die dritte von 12–17 Jahren gilt.

Dem Gesetz ist nicht zu entnehmen, ab wann der Volljährigenunterhalt beginnt, da § 1612 a III BGB sich allein auf den Minderjährigenunterhalt bezieht. Da das minderjährige Kind unterhaltsrechtlich in vielfältiger Weise begünstigt wird, endet der Minderjährigenunterhalt erst am Tage vor dem 18. Geburtstag und nicht am Monatsersten. Vgl. dazu Rn. 20, 202.

c) Einkommen. Die Höhe des Kindesunterhalts hängt ferner vom Einkommen des **219** barunterhaltspflichtigen Elternteils (vgl. allerdings Rn. 113 a), bei Barunterhaltspflicht beider Eltern grundsätzlich vom zusammengerechneten Einkommen der Eltern ab. Ist der eigentlich barunterhaltspflichtige Elternteil nicht leistungsfähig, muss der andere einspringen und neben der Betreuung auch den Barunterhalt sicherstellen[53] (vgl. Rn. 545). Dann muss sich die Eingruppierung dieses Elternteils nach seinem Einkommen richten. Dies kann wichtig werden, wenn er auch anderen Berechtigten, z. B. seinem früheren Ehegatten, unterhaltspflichtig ist.

Die Tabelle versteht unter dem Einkommen die um berufsbedingte Aufwendungen und **220** berücksichtigungsfähige Schulden **bereinigten Nettoeinkünfte** des Unterhaltspflichtigen (DT A 3 und A 4). Die berufsbedingten Aufwendungen werden bei Einkünften aus abhängiger Tätigkeit pauschaliert. Sie betragen in der Regel 5% des Einkommens, mindestens 50,– €, höchstens 150,– €. Übersteigen die anzuerkennenden Aufwendungen die Pauschale, sind sie insgesamt nachzuweisen.[54]

Maßgeblich für die Einordnung in eine der Einkommensgruppen ist das anrechenbare **221** **Einkommen des barunterhaltspflichtigen Elternteils.**[55] Der Elternteil, der das Kind betreut, erfüllt hierdurch grundsätzlich seine Unterhaltpflicht (§ 1606 III 2 BGB). Genaueres hierzu Rn. 10.

Sind ausnahmsweise beide Eltern barunterhaltspflichtig, erfolgt die Einordnung nach der **222** Summe der Einkünfte beider Eltern (vgl. Rn. 291).

Kindergeld war nach bisher h. M. kein unterhaltsrelevantes Einkommen. Nach § 1612 b **223** I BGB n. F. ist es ab 1. 1. 2008 zum Teil oder in vollem Umfang bedarfsdeckend anzurechnen und wird damit wie **Einkommen des Kindes** behandelt.[56] Es bleibt bei der Eingruppierung in die Tabelle unberücksichtigt.

– *In dieser Aufl. nicht belegt* – **224, 225**

d) Aufenthalt und Betreuung des Kindes. Die Tabelle geht davon aus, dass die Eltern **226** getrennt leben, das Kind bei einem Elternteil wohnt, von diesem betreut wird und wegen dieses Zusammenlebens verminderte Bedürfnisse, insbesondere für Wohnraum hat (vgl. Rn. 214). Der andere Elternteil leistet demgegenüber den Barunterhalt (vgl. Rn. 211). Trifft dieses Betreuungsmodell zu, muss der **Tabellenunterhalt** unter Umständen **erhöht** werden.

Dies kommt vor allem in Betracht, wenn das Kind von Dritten betreut wird, z. B. bei den Großeltern, bei einem Vormund oder Pfleger, in einer Pflegefamilie oder in einem Heim lebt. Eine solche **Fremdbetreuung** kann erforderlich sein, wenn ein Elternteil verstorben und der andere nicht bereit oder in der Lage ist, die Versorgung des Kindes zu übernehmen, aber auch dann, wenn den Eltern das Sorgerecht ganz oder teilweise entzogen worden ist (vgl. § 1666 BGB). Das Kind kann u. U. auch aus Gründen, die in seiner Person liegen (z. B. Schwererziehbarkeit, körperliche oder geistige Behinderung), nicht durch die Eltern versorgt werden.

Nach dem **BGH**[57] ist, wenn ein Elternteil verstorben ist, der vom anderen Elternteil bei auswärtiger Unterbringung des Kindes zusätzlich zu erbringende Betreuungsunterhalt

---

[53] BGH, NJW 1971, 2069

[54] Scholz, FamRZ 1993, 125, 131 f.

[55] BGH, FamRZ 2002, 536, 539 mit Anm. Büttner = R 572 c; vgl. aber für bestimmte Fallkonstellationen (z. B. Geschwistertrennung) Rn. 113a

[56] Dose, FamRZ 2007, 1289, 1292; Scholz, FamRZ 2007, 2021, 2024

[57] FamRZ 2006, 1597 mit krit. Anm. Born = R 659

grundsätzlich **pauschal in Höhe des Barunterhalts** zu bemessen. Dies folge aus der Gleichwertigkeit von Barunterhalt und Betreuungsunterhalt sowie der Notwendigkeit einer im Unterhaltsrecht notwendigen Pauschalierung.[58] Für einen davon abweichenden Betreuungsbedarf trage derjenige die Darlegungs- und Beweislast, der sich darauf beruft.[59] Durch die Pauschalierung werden vor allem die Fälle erfasst, in denen das Kind bei Verwandten oder in einer Pflegefamilie lebt. Betreuungsleistungen Dritter entlasten den Unterhaltspflichtigen grundsätzlich nicht. Die Darlegung der Ausnahme dürfte dann vor allem auf einen Mehrbedarf bezogen sein. Wenn das Kind allerdings im **Heim** untergebracht ist, geht dies in der Regel mit Leistungen der Hilfe zur Erziehung einher, die nach § 10 II SGB VIII (n. F.) nur im Rahmen der öffentlichrechtlichen Kostenerstattung gemäß §§ 91 ff. SGB VIII von den Eltern zu erstatten sind.[60]

Für die Geschwister, die vom barunterhaltspflichtigen Elternteil betreut werden, hat der BGH eine Monetarisierung des Betreuungsunterhalts abgelehnt.[61] Auch ein Betreuungsbonus wegen überobligationsmäßiger Erwerbstätigkeit ist dem Elternteil hier grundsätzlich nicht gutzuschreiben.[62]

Von diesem Mehrbedarf des Kindes sind die Fälle zu unterscheiden, in denen die Fremdbetreuung notwendig wird, weil der Elternteil, in dessen Obhut sich das Kind befindet, einer Erwerbstätigkeit nachgeht. Dann ist der Betreuungsaufwand berufsbedingt. Vgl. dazu im einzelnen Rn. 275, 290, 317 ff., 321.

Betreuen die Eltern ein minderjähriges Kind, insbesondere beim gemeinsamen Sorgerecht, etwa zu gleichen Teilen, kann es angezeigt sein, den Tabellensatz wegen der dadurch entstehenden Mehrkosten, z. B. durch ein Kinderzimmer in der Wohnung jedes Elternteils, angemessen zu erhöhen.[63] Vgl. dazu auch Rn. 316 b.

226 a   Wohnt das minderjährige **Kind** berechtigterweise nicht mehr bei einem Elternteil, sondern führt es mit Einverständnis des Sorgeberechtigten einen **eigenen Haushalt,** z. B. weil es nur in einer anderen Stadt einen Ausbildungsplatz gefunden hat, kann der Unterhalt nicht ohne weiteres nach der Tabelle Kindesunterhalt bemessen werden. Wenn das Kind selbstständig lebt und nennenswerte Betreuungsleistungen eines Elternteils nicht mehr erbracht werden, kann es angezeigt sein, den Bedarf entsprechend dem Ansatz für ein volljähriges Kind mit eigenem Haushalt mit 640,– € anzunehmen (DT A 7 II). Näheres dazu Rn. 368 ff. In diesem Fall haften beide Elternteile entsprechend ihren Einkommens- und Vermögensverhältnissen anteilig für den Kindesunterhalt. Vgl. dazu Rn. 289 ff.

Ist das minderjährige Kind noch nicht selbstständig, sondern kehrt es am Wochenende und in den Ferien zu dem sorgeberechtigten Elternteil zurück, kümmert dieser sich um Wäsche, Kleidung und sonstige Bedürfnisse des Kindes, so erbringt er weiterhin nennenswerte Betreuungsleistungen. Dann wird in der Regel der Unterhalt der Tabelle Kindesunterhalt zu entnehmen und allein der nicht betreuende Elternteil zum Barunterhalt heranzuziehen sein. Vgl. dazu Rn. 283. In diesem Fall muss allerdings die anzurechnende Ausbildungsvergütung nicht um ausbildungsbedingten Mehrbedarf (vgl. dazu Rn. 93 ff.), sondern auch um die Kosten der Wohnung am Ausbildungsplatz und um etwaige Fahrtkosten zum betreuenden Elternteil gekürzt werden.

Ist die Restbetreuung nur geringfügig, kann es bei dem Ansatz von 640,– € und der beiderseitigen Barunterhaltspflicht verbleiben. Der Mehrbelastung eines Elternteils durch die Restbetreuung kann dadurch Rechnung getragen werden, dass die sich nach den Einkommens- und Vermögensverhältnissen der Eltern ergebende Verteilung der Unterhaltslast wertend zugunsten dieses Elternteils verändert wird (vgl. dazu Rn. 301).

---

[58] Anders als im Schadensersatzrecht; vgl. etwa BGH NJW 1993, 124

[59] A. A. OLG Stuttgart, FamRZ 2001, 1241 m. w. N. und Scholz in der Vorauflage.

[60] BGH, FamRZ 2007, 377; zur früheren Rechtslage nach dem SGB VIII OLG Düsseldorf, JAmt 2005, 94 als Vorinstanz

[61] BGH, FamRZ 2006, 1597, 1598 = R 659; kritisch dazu Born FamRZ 2006, 1601

[62] BGH, FamRZ 2006, 1597, 1599 = R 659

[63] BGH, FamRZ 2006, 1015, 1017; OLG Düsseldorf, NJW 2001, 3344; OLG-Report 1999, 313; Eschenbruch/Wohlgemuth, Rn. 3135

Wenn die Eltern mit dem Kind zusammenleben, ist der dem Kind geschuldete Unterhalt **226 b** Teil des Familienunterhalts. Ein eigener Unterhaltsanspruch des Kindes kommt nur ausnahmsweise in Betracht.

e) Inkrafttreten der Tabelle; Geltungsdauer. Die Düsseldorfer Tabelle gilt jeweils von **227** einem bestimmten **Stichtag** an, die jetzt gültige ab 1. 1. 2008. Für Unterhaltszeiträume bis zum 30. 6. 2007 ist die Tabelle Stand: 1. 1. 2005 anzuwenden, für die Zeit vom 1. 7. 2007 bis zum 31. 12. 2007 die Tabelle Stand 1. 7. 2007. Die Düsseldorfer Tabelle wird mit ihren Neufassungen künftig nicht mehr zum 1. 7., sondern zum 1. 1. in Kraft treten. Ob eine Änderung des Zahlenwerks erforderlich wird, richtet sich nach der **Gesetzgebung im Einkommensteuerrecht.**

Schon nach bisheriger Rechtslage war die Düsseldorfer Tabelle auch dann noch anwendbar, wenn sich die allgemeinwirtschaftlichen Verhältnisse bereits geändert hatten und mit der baldigen Neufassung der Tabelle zu rechnen war.[64] Diese Schematisierung führte dazu, dass ein **Unterhaltsurteil,** das kurz vor der Neufassung der Tabelle ergangen ist, nach deren Inkrafttreten trotz der Sperrwirkung des § 323 II ZPO **abgeändert** werden konnte, auch wenn die Änderung der wirtschaftlichen Verhältnisse, die ihren Niederschlag in den neuen Tabellensätzen gefunden hatte, teilweise bereits vor der letzten mündlichen Verhandlung im Vorprozess eingetreten war.[65]

Nach der seit dem 1. 1. 2008 gültigen Rechtslage wird jedenfalls die Änderung der Bedarfssätze wenigstens bei den Ausgangsbeträgen von § 32 VI 1 EStG gesetzlich vorgegeben sein, so dass an dieser Praxis festzuhalten ist.

Der Unterhaltsbedarf eines minderjährigen Kindes nach der Düsseldorfer Tabelle wird – **228** vorbehaltlich der Höher- bzw. Herabgruppierung nach A 1 der Düsseldorfer Tabelle (vgl. dazu Rn. 231 ff.) – grundsätzlich nicht dadurch beeinträchtigt, dass ein anderer Unterhaltsberechtigter vorhanden ist. Dies gilt auch dann, wenn dieser bereits einen **vollstreckbaren Titel** erwirkt hat. Die Unterhaltsansprüche sind grundsätzlich so zu errechnen, als ob über alle Ansprüche zugleich entschieden würde. Lediglich wenn der Vollstreckungstitel des anderen Berechtigten für die Vergangenheit wegen der Vorschrift des § 323 III ZPO nicht mehr abänderbar ist, kann dessen Unterhaltsanspruch in einem angemessenen Rahmen als Schuld berücksichtigt werden. Im Übrigen muss es dem Verpflichteten überlassen bleiben, die Abänderung des Titels zu betreiben.[66] Ist eine Abänderung nicht möglich, z. B. weil sich der Schuldner gegenüber einem anderen Unterhaltsberechtigten zu einem von vornherein überhöhten Unterhalt verpflichtet hat, scheidet auch eine Berücksichtigung der den gesetzlichen Unterhalt übersteigenden Unterhaltslast als Schuld aus.

f) Hohes Einkommen des Unterhaltspflichtigen. Die Düsseldorfer Tabelle begrenzt **229** den Kindesunterhalt nicht nach oben.[67] Bei Einkünften, die über den Höchstbetrag der 10. Einkommensgruppe hinausgehen (ab 5101,– €), also **bei besonders günstigen wirtschaftlichen Verhältnissen,** sieht die Tabelle vor, dass sich der Kindesunterhalt **„nach den Umständen des Falles"** richtet (vgl. Rn. 128 ff.). Dies bedeutet, dass die Bedarfssätze der Tabelle nicht schematisch entsprechend dem höheren Einkommen des barunterhaltspflichtigen Elternteils fortgeschrieben werden dürfen.[68] Vielmehr müssen auch bei höherem Einkommen der Eltern Kinder in einer ihrem Alter entsprechenden Weise an einer Lebensführung teil haben, die der besonders günstigen wirtschaftlichen Situation der Eltern Rechnung trägt. Nur unter Würdigung der besonderen Verhältnisse – namentlich einer Gewöhnung des Kindes an den von seinen Eltern gepflegten aufwändigen Lebensstil – kann festgestellt werden, welche Bedürfnisse des Kindes zu befriedigen sind und welche als bloße Teilhabe am Luxus nicht erfüllt werden müssen. Diese Gesamtumstände und Bedürfnisse müssen vom unterhaltsberechtigten Kind näher dargelegt werden.[69] Zur Darlegungs- und Beweislast in solchen Fällen vgl. Rn. 230. Insgesamt wird der Unterhalt entsprechend den

---

[64] BGH, FamRZ 1995, 221, 223 = R 485 b, c
[65] BGH, FamRZ 1995, 221, 224 = R 485 c
[66] BGH, FamRZ 1992, 797 = R 447 b; 2003, 363, 367 = R 584 h
[67] BGH, FamRZ 2000, 358 mit Anm. Deisenhofer = R 537 c
[68] BGH, FamRZ 2000, 358 mit Anm. Deisenhofer = R 537 c; OLG Düsseldorf, FamRZ 1998, 1191
[69] BGH, FamRZ 2000, 358 mit Anm. Deisenhofer = R 537 c; FamRZ 2001, 1603

Umständen des Einzelfalles auch bei Einkünften deutlich über dem Bereich der Tabelle nur maßvoll anzuheben sein. Dies entspricht auch weitgehend der bisherigen Praxis. So hat das OLG Düsseldorf[70] bei einem Einkommen des barunterhaltspflichtigen Vaters von 14 000,– DM monatlich den Höchstsatz nach der Düsseldorfer Tabelle Stand: 1. 1. 1989 von 785,– DM um 115,– DM auf 900,– DM erhöht. Bei ähnlichen Einkommensverhältnissen wird man den Höchstbetrag des Minderjährigenunterhalts nach der Düsseldorfer Tabelle Stand: 1. 1. 2008 von 584,– € (DT 10/3) wegen der gestiegenen Lebenshaltungskosten inzwischen um gut 100,– € erhöhen können. Dagegen halte ich es selbst bei noch deutlich günstigeren wirtschaftlichen Verhältnissen der Eltern nicht für richtig, dass das OLG Köln[71] 13 – und 15-jährigen Kindern einen Unterhalt von je 1740,– DM (rund 890,– €) zugebilligt hat, in dem für Kleidung 300,– DM, Urlaub 400,– DM, Tennis 300,– DM und Klavierunterricht 140,– DM enthalten waren. Vielmehr wird man einem Kind die Aufnahme besonders teurer Aktivitäten, die es bisher nicht ausgeübt hat, nicht schon deshalb zugestehen dürfen, weil die Eltern in besonders günstigen wirtschaftlichen Verhältnissen leben.[72] Bei fast volljährigen Kindern wird man eher eine Überschreitung des Höchstunterhalts nach der Tabelle rechtfertigen können als bei Kleinkindern.

Beispiel:
Bereinigtes Nettoeinkommen des Vaters (V) 5300,– €, der betreuenden Mutter 2000,– €. Zinseinkünfte des 10-jährigen Kindes monatlich 100,– €; das Kindergeld von 154,– € erhält die Mutter. Der Unterhaltsbedarf des Kindes beträgt nach dem Nettoeinkommen des allein barunterhaltspflichtigen V gemäß der höchsten Einkommensgruppe der Tabelle (DT 10/2) 516,– €.
Keine Höherstufung wegen Unterhalts für nur 1 Kind und keine Erhöhung wegen des Nettoeinkommens des V von 5500,– €, weil nicht dargelegt ist, worin der erhöhte Bedarf besteht (vgl. dazu unten Rn. 230). Das Einkommen des V, das die 10. Einkommensgruppe der Tabelle nicht erheblich übersteigt, reicht dazu allein nicht aus.
Anrechnung von 100,– € Zinsen und 154,– € Kindergeld (vgl. § 1612 b I BGB) zur Hälfte auf den Bar- und auf den Betreuungsunterhalt (vgl. dazu Rn. 97, 503). Auf das Einkommen der Mutter kommt es nicht an (§ 1606 III 2 BGB).
Unterhaltsanspruch: 516 – 50 (Zinsanteil) – 77 (Kindergeldanteil) = 389,– €.

230   Solange kein höherer Barbedarf geltend gemacht wird, als der jeweiligen Einkommensgruppe entspricht, werden an die **Darlegungslast** im Prozess keine besonderen Anforderungen gestellt. Das Kind hat lediglich das entsprechende anrechnungsfähige Nettoeinkommen des Barunterhaltspflichtigen für die jeweilige Einkommensgruppe darzulegen und eventuell nachzuweisen.[73] Wird nur der Unterhaltsbedarf nach Gruppe 1 (Mindestunterhalt) verlangt, braucht das Kind zum Einkommen des Schuldners nichts vorzutragen; vielmehr muss der Verpflichtete seine behauptete Leistungsunfähigkeit nachweisen.[74]
Verlangt der Berechtigte wegen einer weiter gehenden Leistungsfähigkeit des Verpflichteten einen höheren Unterhalt als nach Gruppe 10 der Tabelle, so muss er im Einzelnen darlegen, worin sein erhöhter Bedarf besteht und welche Mittel zu seiner Deckung erforderlich sind. Allerdings werden keine übertriebenen Anforderungen an die Darlegungslast gestellt werden dürfen. Das Kind ist nicht gehalten, seine gesamten – auch elementaren – Bedürfnisse und die zu deren Deckung erforderlichen Aufwendungen in allen Einzelheiten darzulegen. Es genügt der Hinweis auf besondere, vor allem auf kostenintensive Bedürfnisse. Das Gericht muss auf Grund des Parteivortrags in der Lage sein, den zur Deckung des erhöhten Bedarfs benötigten Betrag – notfalls im Wege der Schätzung – unter Heranziehung des Mehrbetrags zu berechnen, der sich aus einem Vergleich solcher Bedürfnisse mit dem bereits in der Düsseldorfer Tabelle erfassten Grundbedarf ergibt.[75] Bei Einkünften, die deutlich über dem Höchsteinkommen der Düsseldorfer Tabelle von 5100,– € liegen, wird

---

[70] FamRZ 1991, 806
[71] FamRZ 1994, 1323
[72] BGH, FamRZ 2000, 358 mit Anm. Deisenhofer = R 537 c; OLG Düsseldorf, FamRZ 1994, 767; vgl. auch OLG Düsseldorf, FamRZ 1992, 981, beide allerdings für volljährige Kinder
[73] BGH, FamRZ 1998, 357, 359
[74] BGH, FamRZ 2002, 536, 538 mit Anm. Büttner = R 572 d
[75] BGH, FamRZ 2000, 358 mit Anm. Deisenhofer = R 537 c; FamRZ 1983, 473; OLG Düsseldorf, FamRZ 1998, 1191

man in der Regel davon ausgehen können, dass das Kind an dem höheren Lebensstandard der Familie teilgenommen hat und deshalb auch nach der Trennung weiter teilnehmen muss. Allerdings bleibt es dem Verpflichteten unbenommen, dies substantiiert zu bestreiten und z. B. darauf hinzuweisen, dass die Eltern aus erzieherischen Gründen ihren Lebenszuschnitt eingeschränkt und wesentliche Teile des Einkommens zur Vermögensbildung verwendet haben. Dann ist es Aufgabe des Kindes, diesen Vortrag zu widerlegen und die Notwendigkeit eines über den Höchstbetrag der Tabelle hinausgehenden Unterhalts darzulegen und zu beweisen. Vgl. dazu oben Rn. 229.

4. Zu- oder Abschläge bei den Bedarfssätzen

231   Die Regelbedarfssätze der Düsseldorfer Tabelle sind darauf zugeschnitten, dass der Unterhaltspflichtige drei Unterhaltsberechtigten Unterhalt zu gewähren hat. Der **Rang der Unterhaltsberechtigten** spielt hierfür keine entscheidende Rolle, was die Anmerkung A.1 S. 1 der Düsseldorfer Tabelle ausdrücklich herausstellt.[76] Bei einer größeren Anzahl von Unterhaltsberechtigten können Abschläge von den Tabellensätzen bei einer geringeren Anzahl Zuschläge zu den Tabellenbeträgen angemessen sein. Es kommt dann die Einstufung in eine niedrigere oder eine höhere Gruppe in Betracht (DT A 1). Die Praxis spricht hier auch von **Herab- bzw. Höhergruppierung.** Diese Verfahren ist vom BGH stets gebilligt worden. Vgl. dazu Rn. 236. Die Wahl eines Zwischenbetrages zwischen zwei Gruppen, die früher empfohlen wurde, wird grundsätzlich nicht mehr angezeigt sein. Vgl. Rn. 210 b, 233, 239.

232   Die Höhergruppierung hängt damit zusammen, welche Einkommensspannen die jeweiligen Tabellengruppen aufweisen. Sind diese größer, wie es etwa bis zum 30. 6. 1998 der Fall war, war auch bei einer Unterhaltspflicht gegenüber nur einem Kind weitgehend anerkannt, dass in der Regel eine Höhergruppierung um zwei Einkommensgruppen vorzunehmen war. Seit dem 1. 7. 1998 verhielt sich das wegen einer kleineren Staffelung der Einkommensgruppen anders, sodass bei einer Unterhaltspflicht gegenüber nur einem Kind eine Höhergruppierung um drei Gruppen angemessen war.[77]

233   Seit dem **1. 1. 2008** enthält die wegen der Unterhaltsreform 2007 in ihrer Struktur grundlegend geänderte Düsseldorfer Tabelle mit einheitlichen Spannen von 400 € wiederum größer angelegte Einkommensgruppen. Das legt es nahe, zur früheren Praxis zurückzukehren und je Unterhaltsberechtigtem regelmäßig nur um eine Einkommensgruppe umzustufen.[78] Davon kann allerdings abgewichen werden, wenn sich das Einkommen an der oberen Grenze einer Einkommensgruppe befindet.

Voraussetzung jeder Höhergruppierung ist, dass der **Bedarfskontrollbetrag** derjenigen Einkommensgruppe gewahrt ist, aus welcher der Unterhalt entnommen werden soll. Ist dies nicht der Fall, hat die Höhergruppierung ganz oder teilweise zu unterbleiben. Vgl. dazu Rn. 240. Oberlandesgerichte, die den Bedarfskontrollbetrag nicht kennen, sind auf die allgemeine Angemessenheitskontrolle angewiesen, die bei jeder Unterhaltsbemessung vorzunehmen ist.[79] Vgl. dazu Rn. 124, 208, 242.

234   Eine **Herabgruppierung** ist geboten, wenn der Schuldner Unterhalt für mehr als drei Unterhaltsberechtigte schuldet. Vgl. Rn. 231. In diesem Rahmen kann auch berücksichtigt werden, dass der Schuldner mit einer zusätzlichem Unterhaltspflicht gegenüber seinem nachrangigen zweiten Ehegatten belastet ist.[80] Auch hier ist der Bedarfskontrollbetrag zu beachten. Vgl. Rn. 240.

235   Die Leitlinien der Oberlandesgerichte übernehmen in Nr. 11. 2 weitgehend die Rn. 231 wiedergegebene Formulierung der Anm. A 1 der Düsseldorfer Tabelle[81] Es wird meist nicht

---

[76] Nach FL 11.2 soll dies nur gelten, wenn für den Nachrangigen Mittel vorhanden sind (ebenso HaL) und verlangt für ein Einkommen bis 1300 für die Aufstufung eine besondere Prüfung

[77] Näher Scholz in der Vorauflage Rn. 232 f.

[78] BGH Urt. v. 6. 2. 2008 XII ZR 14/06 = R 689; Klinkhammer, FamRZ 2008, 193, 195 f.

[79] BGH, FamRZ 2000, 1492, 1493 mit Anm. Scholz = R 546 c

[80] Scholz, FamRZ 2002, 1497

[81] Nach OL 11.2 ist nur der Bedarf zweier Kinder zugrunde zu legen. KoL Nr. 11.2 scheint Ab- und Zuschläge nur auf minderjährige Kinder zu beschränken

festgelegt, ob und ggf. in welchem Ausmaß über eine Höher- bzw. über eine Herabgruppierung um mehr als eine Gruppe hinaus gegangen wird.

236   Die Einstufung in eine andere Gruppe der Tabelle wegen des Vorhandenseins einer geringeren oder größeren Anzahl von Unterhaltsberechtigten, als sie den Tabellensätzen für den Regelfall zugrunde liegt, begegnet revisionsrechtlich keinen Bedenken, da sie im Ermessen des Tatrichters liegt; diesem steht es frei, in diesem Rahmen Bedarfskontrollbeträge heranzuziehen.[82] Der **BGH** hat bei einer Unterhaltspflicht nur gegenüber einem Kind, allerdings vor der Neugestaltung der Tabelle zum 1. 7. 1998 (Rn. 233), eine Höhergruppierung um zwei Gruppen für angemessen gehalten.[83] Andererseits hat er bei Unterhaltspflichten gegenüber einer Ehefrau und vier Kindern die Herabgruppierung von der zweiten in die erste Einkommensgruppe gebilligt.[84]

237   Im konkreten Einzelfall können die Zu- oder Abschläge auch individuell nach § 287 II ZPO geschätzt werden.

238   Der Umfang des Ehegattenunterhalts (Elementar- und Vorsorgeunterhalt) beeinflusst die Einstufung des Kindes in eine Gruppe nicht, weil der **Ehegattenunterhalt** in der Regel erst **nach Abzug des Kindesunterhalts** vom Nettoeinkommen errechnet wird.[85] Anders kann es sein, wenn bei Höhergruppierung und Vorwegabzug des Ehegattenunterhalts der Bedarfskontrollbetrag nicht gewahrt bleibt oder das Ergebnis der Berechnung nach der Tabelle im Einzelfall aus besonderen Gründen unangemessen erscheint.[86] Genaueres zum Bedarfskontrollbetrag unten Rn. 239 ff.

5. Der Bedarfskontrollbetrag

239   Der Bedarfskontrollbetrag des Unterhaltspflichtigen ist eine Rechengröße. Er ist ab Gruppe 2 **nicht identisch mit dem Eigenbedarf oder dem Selbstbehalt** des Unterhaltspflichtigen. Er soll vielmehr eine ausgewogene Verteilung des Einkommens zwischen dem Unterhaltspflichtigen und den unterhaltsberechtigten Kindern gewährleisten. Wird der Bedarfskontrollbetrag der eigentlich in Betracht kommenden Einkommensgruppe unterschritten – wobei auch der Ehegattenunterhalt zu berücksichtigen ist –, muss der Tabellenbetrag der nächstniedrigeren Gruppe, deren Bedarfskontrollbetrag nicht unterschritten wird, angesetzt werden (DT A 6). Dann ist also eine Herabgruppierung vorzunehmen.

Die Düsseldorfer Tabelle ließ früher auch die Ansetzung eines Betrages zwischen zwei Einkommensgruppen, also eines Zwischenbetrages, zu. Nachdem aber die Zahl der Gruppen von neun auf dreizehn erhöht worden ist (vgl. Rn. 210 b) und damit der Einkommensbereich, den die Gruppen abdecken, kleiner geworden ist, war ein Zwischenbetrag grundsätzlich nicht mehr angemessen sein.[87] Auch nachdem die Anzahl der Einkommensgruppen aber wieder auf zehn verringert worden ist (ab 1. 1. 2008), sollte grundsätzlich kein Zwischenbetrag mehr gewählt werden. Vgl. auch Rn. 231, 233.

Der **BGH**[88] hat die Herauf- oder Herabgruppierung mit Hilfe der Bedarfskontrollbeträge ausdrücklich gebilligt, aber nicht vorgeschrieben. Es handelt sich nach seiner Auffassung um eine der denkbaren Kontrollen, die der Richter bei der Überprüfung der Unterhaltsbemessung auf Angemessenheit und Ausgewogenheit stets durchzuführen hat. Der BGH lässt es auch zu, die Angemessenheitskontrolle ohne feste Kontrollbeträge erst im Rahmen einer Ergebnisprüfung als letzter Stufe der Unterhaltsberechnung vorzunehmen. Welche Methode das Gericht wählt, liegt in seinem Ermessen. In einer jüngeren Entscheidung hat

---

[82] BGH, FamRZ 2000, 1492, 1493 mit Anm. Scholz = R 546 c

[83] BGH, FamRZ 1994, 696 = R 477 a

[84] BGH, FamRZ 1992, 539 = NJW 1992, 1621; vgl. nunmehr auch BGH v. 6. 2. 2008 = R 689

[85] BGH, FamRZ 2003, 363 = R 584 f mit Anm. Scholz, FamRZ 2003, 514; FamRZ 1999, 367 = R 530 b, c

[86] BGH, FamRZ 1992, 539, 541 mit Anm. Graba S. 541 = R 444 b

[87] Anders Steymans, FuR 1999, 63, der bei Unterschreiten des Bedarfskontrollbetrages eine Art Mangelfallberechnung durchführen will. Dies führt aber zu komplizierten Berechnungen, die die Gerichte unnötig belasten würden

[88] FamRZ 2000, 1492, 1493 mit Anm. Scholz = R 546 c

der **BGH**[89] nicht nur die Anwendung der Bedarfskontrollbeträge als eine Methode zur ausgewogenen Verteilung des Einkommens erwähnt, sondern auch die mit der neuen Rechtslage ab 1. 1. 2008 gestiegene Bedeutung hervorgehoben.

Bei der Kontrollrechnung wird mit dem (ungedeckten) **Unterhaltsbedarf** des Kindes **239 a** gerechnet. Das war bis zum Inkrafttreten der Unterhaltsreform 2007 am 1. 1. 2008 regelmäßig der **Tabellenunterhalt**.[90] Aufgrund der gesetzlichen Neuregelung der Kindergeldanrechnung in § 1612 b I BGB ist das Kindergeld nunmehr bedarfsdeckend anzurechnen. Es handelt sich hier um einen ausweislich der Gesetzesbegründung[91] bewusst vorgenommenen Systemwechsel, der auch hier zu beachten ist. Abziehbar ist dann nach wie vor der ungedeckte Bedarf des Kindes, der sich nunmehr allerdings aus dem Tabellenbetrag abzüglich des Kindergeldanteils **(Zahlbetrag)** ermittelt.

Beispiel:
Einkommen des Pflichtigen 1920,– €; Unterhalt für 3 Kinder im Alter von 13, 6 und 4 Jahren. Das Kindergeld von 154,– € pro Kind erhält die betreuende wiederverheiratete Mutter.
Kindesunterhalt (Zahlbeträge) nach DT 3/3, 3/2 und 3/1: 402 – 77 = 325 €; 355 – 77 = 278 €; 307 – 77 = 230 €; 325 + 278 + 230 = 833 €.
Dem Schuldner bleiben 1920 – 833 = 1087,– € und damit weniger als der Bedarfskontrollbetrag der 3. Einkommensgruppe von 1100,– €.
Korrigierte Berechnung:
Der Kindesunterhalt ist der 2. Gruppe zu entnehmen. Er beträgt 384 – 77 = 307 €; 339 – 77 = 262 €; 293 – 77 = 216 €; 307 + 262 + 216 = 785 €. Dem Schuldner bleiben (1920 – 765 =) 1135,– € und damit mehr als der Bedarfskontrollbetrag der 2. Einkommensgruppe von 1000,– €.

Die **Eingruppierung in eine höhere Einkommensgruppe** setzt voraus, dass dem **240** Pflichtigen nach Abzug des Kindes- und Ehegattenunterhalts der für die höhere Einkommensgruppe maßgebende Bedarfskontrollbetrag (nicht nur der notwendige Eigenbedarf) verbleibt. Unterschreitet der verbleibende Betrag den Bedarfskontrollbetrag, ist der Kindesunterhalt nach einer niedrigeren Einkommensgruppe zu bestimmen (so DT A 6; BraL, BrL, CL, HL, SL jeweils 11. 2). Die bei einem Einzelkind nach Rn. 233 gebotene Höhergruppierung hat daher zu unterbleiben, wenn der Bedarfskontrollbetrag der höheren Einkommensgruppe nicht gewahrt ist.

Beispiel:
Einkommen des Schuldners 1320,– €. Unterhaltspflicht nur gegenüber einem 16-jährigen Kind. Die nach Rn. 233 eigentlich gebotene Höhergruppierung um zwei Gruppen scheidet aus, weil bei einem Unterhalt von (402 – 77 =) 325,– € nach DT 3/3 der Bedarfskontrollbetrag von 1100,– € nicht gewahrt ist. Jedoch verbleibt dem Schuldner bei einem Unterhalt von (384 – 77 =) 307,– € nach DT 2/3 der dann maßgebende Bedarfskontrollbetrag der 2. Einkommensgruppe von 1000,– €. Daher wird ein Unterhalt von 307,– € geschuldet.

Der Bedarfskontrollbetrag hat seine besondere Bedeutung, wenn neben dem Kindes- auch **241** **Ehegattenunterhalt** geschuldet wird. Dass der Ehegattenunterhalt gegenüber dem Kindesunterhalt nunmehr nachrangig ist, ist nicht entscheidend.[92] Der Ehegattenunterhalt wird üblicherweise in der Weise berechnet, dass der **Zahlbetrag**[93] des Kindesunterhalts vorweg vom Einkommen des Pflichtigen abgezogen wird. Der nach bisherigem Recht (bis 31. 12. 2007) anzustellenden Betrachtung, ob der Ehegattenunterhalt und der vorweg abgezogene Kindesunterhalts in einem Missverhältnis stehen,[94] bedarf es nach der ab 1. 1. 2008 geltenden Rechtslage nicht mehr. Regelmäßig wird – bei Anwendung der Bedarfskontrollbeträge – in einem Mangelfall im 2. Rang der Kindesunterhalt der 1. Einkommensgruppe zu entnehmen sein.

Der Bedarfskontrollbetrag ermöglicht diese vom BGH geforderte **Angemessenheits- 242** **kontrolle** gerade dann, wenn es um die Frage geht, ob bereits ein Mangelfall vorliegt oder

---

[89] BGH Urt. v. 6. 2. 2008 XII ZR 14/06 = R 689
[90] Zuletzt BGH, FamRZ 2005, 347, 350 f.; Scholz, Vorauflage m. w. N.
[91] BT-Drucks. 16/1830 S. 29
[92] BGH Urt. v. 6. 2. 2008 XII ZR 14/06 = R 689
[93] Vgl. Klinkhammer FamRZ 2008, 193, 199 m. w. N.
[94] BGH, FamRZ 2003, 363 = R 584 b, f mit Anm. Scholz, FamRZ 2003, 514

nicht und wenn deshalb besonders auf ein ausgewogenes Verhältnis von Ehegatten- und Kindesunterhalt geachtet werden muss. Zum Mangelfall vgl. insbesondere Rn. 159, 163 ff., 3/74 f., 5/224 ff. Bei der üblichen Berechnung des Unterhalts kann der Ehegatten-Selbstbehalt des Schuldners bereits tangiert und dem gemäß eine Kürzung des Ehegattenunterhalts erforderlich sein, wenn der Kindesunterhalt einer höheren Einkommensgruppe der Düsseldorfer Tabelle entnommen wird. In einem solchen Fall kann jedoch noch der notwendige Selbstbehalt, der mit dem Bedarfskontrollbetrag der 1. Einkommensgruppe identisch ist, gewahrt sein, wenn der Kindesunterhalt unter entsprechender Herabgruppierung nach A 1 der Düsseldorfer Tabelle nach der 1. Gruppe bemessen wird. Dann kann auch unter Berücksichtigung des (etwas höheren) Ehegattenunterhalts der Schuldner hinreichend leistungsfähig sein, so dass noch kein Mangelfall gegeben ist.

Beispiel:
Einkommen des Vaters (V) 2160,– €. Ehegattenunterhalt und Unterhalt für zwei 3- und 4-jährige Kinder. Die nicht erwerbstätige Mutter (M) bezieht das Kindergeld von je 154,– €.
Berechnung ohne Bedarfskontrollbetrag:
Kindesunterhalt nach DT 3/1: 307 − 77 = 230 + 230 = 460,– €.
Ehegattenunterhalt: $(2160 - 460) \times {}^3/_7 = 729,– €$.
V behält 2160 − 460 − 729 = 971,– €, also weniger als den Ehegatten-Selbstbehalt von 1000,– €. Das würde zu einer Kürzung des Ehegattenunterhalts auf 700,– € führen.
Korrigierte Berechnung mit Bedarfskontrollbetrag:
Da die Bedarfskontrollbeträge der Einkommensgruppen 2 und 3 nicht gewahrt sind, muss der Kindesunterhalt der 1. Einkommensgruppe entnommen werden.
Kindesunterhalt also jeweils 279 − 77 = 202,– €. Ehegattenunterhalt: $2160 - 202 - 202 = 1756 \times {}^3/_7 = 753,– €$.
V behält dann 2160 − 202 − 202 − 753 = 1003,– € und damit mehr als Ehegatten-Selbstbehalt von 1000 €.

243   Die Bedarfskontrollbeträge der Düsseldorfer Tabelle werden von der weit überwiegenden Mehrheit der Oberlandesgerichte, insbesondere den Oberlandesgerichten **Brandenburg, Bremen, Celle, Hamburg, Hamm, Köln, Schleswig** und **den süddeutschen Oberlandesgerichten** anerkannt; allerdings werden sie nicht von allen Senaten in die Praxis umgesetzt. Dagegen enthalten die Leitlinien des **Kammergerichts** und der Oberlandesgerichte **Frankfurt, Jena, Naumburg, Oldenburg** und **Rostock** keine Bedarfskontrollbeträge. Vgl. jeweils 11. 2 der Leitlinien.

244, 245   − In dieser Aufl. nicht belegt −

246   Es ist nicht zu verkennen, dass die Bedarfskontrollberechnung verschiedene Rechengänge erfordern kann, bevor der endgültige Tabellenunterhalt ermittelt worden ist. Der Vorwurf, dass die Berechnungen mit dem Bedarfskontrollbetrag zu umständlich seien, geht gleichwohl fehl. Einmal muss jede Unterhaltsberechnung zum Schluss überprüft werden, damit festgestellt werden kann, ob das Ergebnis angemessen ist.[95] Der Bedarfskontrollbetrag schematisiert diese Prüfung und gibt damit zugleich den Maßstab für die in jeder Unterhaltsfestsetzung vorzunehmenden Angemessenheitsprüfung (vgl. Rn. 124, 208, 242). Zum anderen erkennt der Praktiker bei einiger Übung alsbald, ob er nur eine oder zwei Gruppen herabgruppieren muss oder ob er den Unterhalt, weil ohnehin nur der Selbstbehalt gewahrt sein kann, sogleich der ersten Einkommensgruppe zu entnehmen hat. Zudem erleichtern Rechenmaschinen, Taschenrechner und Computerprogramme die Berechnung.[96]

IV. Dynamischer Unterhalt nach dem Mindestunterhalt

246 a   Seit dem KindUG hat das minderjährige Kind ein **Wahlrecht zwischen statischem und dynamischem Unterhalt.**[97] Es kann Unterhalt in Form eines statischen Betrages begehren.

---

[95] BGH, FamRZ 2000, 1492, 1493 mit Anm. Scholz = R 546 d; FamRZ 2003, 363, 366 = R 584 f mit Anm. Scholz FamRZ 2003, 514
[96] So das Berechnungsprogramm von Gutdeutsch, Familienrechtliche Berechnungen (Beck'sche Beratungssysteme)
[97] Vgl. dazu eingehend Schumacher/Grün, FamRZ 1998, 778; Strauß, FamRZ 1998, 993

Dieser wird der Düsseldorfer Tabelle entnommen und muss bei Änderung der Verhältnisse neu festgesetzt werden, sei es durch Parteivereinbarung, sei es auf Abänderungsklage durch Urteil. Die seit dem 1. 7. 1998 bestehende Möglichkeit der Dynamisierung, wenn es mit dem pflichtigen Elternteil nicht in einem Haushalt lebt, richtete sich nach § 1612a I BGB a. F. bis zum 31. 12. 2007 auf den Unterhalt als Vomhundertsatz des jeweiligen Regelbetrages nach der in zwischen abgeschafften Regelbetrag-VO. Die Regelbeträge wurden durch Rechtsverordnung des Bundesministeriums der Justiz für drei verschiedene Altersstufen im Abstand von jeweils zwei Jahren festgesetzt und zum 1. Juli jeden zweiten Jahres der Lohnentwicklung angepasst (§ 1612a IV BGB a. F.). Die letzte Änderung der Regelbeträge erfolgte zum 1. 7. 2007[98] und galt bis zum Inkrafttreten der Änderungen am 1. 1. 2008.

Die Festsetzung des Kindesunterhalts ist durch die **Unterhaltsrechtsreform 2007** grundlegend geändert wörden. An Stelle der für das Existenzminimum von Vornherein unzureichenden Regelbeträge enthält das Gesetz nunmehr in § 1612a BGB, § 36 Nr. 4 EGZPO einen am Existenzminimum der Kinder orientierten **Mindestunterhalt.** Dieser ist nach der gesetzlichen Verweisung auf § 32 VI EStG nach dem im Steuerrecht geltenden sächlichen Existenzminimum zu bestimmen. Vgl. Rn. 127a, 205. Für den dynamisierten Kindesunterhalt steht insbesondere das **Vereinfachte Verfahren** über den Unterhalt Minderjähriger (§§ 645ff. ZPO) zur Verfügung.

Das Wahlrecht zwischen statischem und dynamischem Unterhalt kann sowohl bei der erstmaligen Festsetzung des Unterhalts als auch im Rahmen einer **Abänderungsklage** ausgeübt werden.[99] Allein der Wunsch, nunmehr statt des statischen dynamischen Unterhalt zu erhalten, reicht jedoch nicht aus. Vielmehr muss die Abänderungsklage aus anderen Gründen eröffnet sein; es müssen sich also die Verhältnisse, die dem Titel zugrunde liegen, wesentlich geändert haben (§ 323 I ZPO).[100]

Seit dem **1. 1. 2008** kann nach § 1612a I BGB ein **Prozentsatz des jeweiligen** **Mindestunterhalts** verlangt werden, der für das Kind nach § 1612a I 3 BGB entsprechend der erreichten Altersstufe gilt. Mit der Geltendmachung des jeweiligen Mindestunterhalts ist gemeint, dass das Kind schon vor Erreichen des 6. oder 12. Lebensjahres einen bestimmten Prozentsatz des Mindestunterhalts der erst später geltenden Altersstufe einklagen kann. In diesem Fall hat das Kind mit dem Ersten des Monats, in dem es das 6. oder 12. Lebensjahr vollendet (vgl. Rn. 218), Anspruch auf den Mindestunterhalt der 2. bzw. 3. Altersstufe, vervielfältigt mit dem im Titel festgelegten Prozentsatz (§ 1612a I BGB). Es kann daher nunmehr auch sog. **Staffelunterhalt** zugesprochen werden.[101] Der Antrag/Tenor könnte etwa wie folgt lauten: **246b**

Beispiel:
Der Beklagte wird verurteilt, an den am 3. 2. 2006 geborenen Kläger zu Händen der Kindesmutter ab 1/2008 monatlich im Voraus den Mindestunterhalt nach § 1612a Abs. 1 S. 3 BGB, 36 Nr. 4 EGZPO der Altersstufe 1 bis 1/2012, Altersstufe 2 von 2/2012 bis 1/2018 und Altersstufe 3 ab 2/2018 zu zahlen, jeweils abzüglich des halben Kindergelds für ein erstes Kind, derzeit zu zahlen also 202 €.

Erreicht das Kind das 18. Lebensjahr, so steigt es nicht in die 4. Altersstufe der Düssel- **246c** dorfer Tabelle auf, da der § 1612a I 3 BGB nur drei Altersstufen kennt. Andererseits wird der Titel nicht unwirksam, wenn das Kind **volljährig** wird (§ 798a ZPO). Es behält zunächst den Unterhalt der 3. Altersstufe. Dem Kind bzw. dem bisher allein barunterhaltspflichtigen Elternteil bleibt es überlassen, eine Abänderung des Titels nach § 323 ZPO zu betreiben, wenn sie eine anderweitige Festsetzung des Kindesunterhalts für angezeigt halten. Zu den Unterschieden zwischen Minderjährigen- und Volljährigenunterhalt vgl. Rn. 330ff. Es ist angesichts dieser Rechtslage fehlerhaft, ein Urteil über dynamischen Unterhalt nach § 1612a I BGB bis zur Vollendung des 18. Lebensjahres zu begrenzen.[102]

---

[98] Fünfte VO zur Änderung der Regelbetrag-VO vom 5. 6. 2007 – BGBl. I 1044, FamRZ 2007, 1068
[99] Schumacher/Grün, FamRZ 1998, 778, 781
[100] A. a. O.
[101] Johannsen/Henrich/Graba Eherecht, 4. Aufl., § 1612a Rn. 3
[102] OLG Saarbrücken, NJW-FER 2000, 142

246 d   Um den Prozentsatz ermitteln zu können, muss zunächst der betragsmäßig geschuldete Unterhalt mit Hilfe der Düsseldorfer Tabelle festgelegt werden. Dabei reicht es nicht aus, den Unterhalt der jeweiligen Einkommensgruppe der Düsseldorfer Tabelle zu entnehmen. Es ist vielmehr zu prüfen, ob eine Höher- oder Herabgruppierung vorzunehmen ist (Rn. 231 ff.), ob der Bedarfskontrollbetrag (Rn. 239 ff.) und der Selbstbehalt gewahrt (Rn. 247 ff.) sind und ob sich ggf. der Elternteil, bei dem das Kind lebt, am Barunterhalt zu beteiligen hat (Rn. 287 ff.). Die **individuelle Bemessung des Unterhalts** nach der Düsseldorfer Tabelle ist daher auch bei Zubilligung dynamischen Unterhalts nach § 1612 a I BGB unerlässlich. Vgl. Rn. 206 b.

246 e   Der nach Rn. 246 d ermittelte Unterhalt der maßgebenden Einkommensgruppe ist in einem **Prozentsatz** des Mindestunterhalts der maßgebenden Altersstufe auszudrücken. Der Prozentsatz ist auf eine Dezimalstelle zu begrenzen; jede weitere Dezimalstelle wird nicht berücksichtigt (§ 1612 a II 1 BGB). Eine Auf- oder Abrundung findet also nicht statt. Erst der mit Hilfe des Prozentsatzes errechnete Unterhalt wird auf den nächsten vollen Euro aufgerundet (§ 1612 a II 2 BGB).

246 f   Das Gesetz sieht keinen Höchstbetrag vor, bis zu dem der Unterhalt in einem Vomhundertsatz verlangt werden kann. Es kann also durchaus Unterhalt nach der höchsten Einkommensgruppe der Düsseldorfer Tabelle in Form eines Prozentsatzes von 160% des Mindestunterhalts begehrt und eingeklagt werden. Dagegen ist der Unterhalt, der im Vereinfachten Verfahren geltend gemacht werden kann, auf das 1,2-fache des Mindestunterhalts beschränkt (§ 645 I ZPO). 120% des Mindestunterhalts entsprechen den Richtsätzen der 5. Einkommensgruppe der Düsseldorfer Tabelle.

Es ist auch nicht ausgeschlossen, bei eingeschränkter Leistungsfähigkeit des Schuldners, also im Mangelfall, einen Unterhalt von weniger als 100%, z. B. 80% des Mindestunterhalts zu verlangen. Allerdings ist dies in der Regel nicht empfehlenswert. Vgl. dazu Rn. 246 i.

246 g   Das **Kindergeld** ist auch auf den dynamischen Unterhalt nach Maßgabe des § 1612 b BGB bedarfsmindernd anzurechnen. Das Kindergeld muss nicht beziffert werden.[103] Die mit der eingeschränkten Kindergeldanrechnung nach dem früheren § 1612 b V BGB verbundenen Schwierigkeiten sind durch die Unterhaltsreform 2007 beseitigt. § 1612 b I BGB sieht nur nur noch die hälftige oder volle Kindergeldanrechnung vor. Festzulegen ist demnach lediglich, ob es sich um ein erstes, zweites oder weiteres Kind handelt, damit der Titel bei künftigen Kindergeldänderungen für eine Abänderung nach § 655 ZPO hinreichend bestimmt ist. Vgl. Rn. 246 b. Falsch wäre es, nur die Zahlbeträge als Mindestunterhalt zu titulieren.

246 h   In der Praxis wird die Dynamisierung des Minderjährigenunterhalts hauptsächlich von den Jugendämtern im Rahmen des Vereinfachten Verfahrens beantragt. Viele Anwälte und Richter begegnen ihr aber mit Vorbehalten, weil Klageantrag und Urteilstenor angesichts der komplizierten gesetzlichen Regelung Mühe machen. Zu empfehlen ist die Geltendmachung dynamischen Unterhalts, wenn nur ein oder zwei Kinder Unterhalt begehren und mit wesentlichen Veränderungen des Einkommens des Schuldners und anderer unterhaltsrechtlich bedeutsamer Umstände in absehbarer Zeit nicht zu rechnen ist. Abzuraten ist von einer Dynamisierung
– wenn sich die Grundlagen der Unterhaltsbemessung voraussichtlich ändern werden, also wenn **Einkommensänderungen** bevorstehen, z. B. die Veränderung der Steuerklasse im Jahr nach der Trennung, oder wenn mit dem Hinzutreten weiterer Unterhaltsberechtigter (Kinder aus zweiter Ehe) zu rechnen ist,
– in **Mangelfällen,** weil dann bereits geringe Veränderungen des Einkommens die Leistungsfähigkeit und damit die Unterhaltshöhe beeinflussen können; zudem ändert sich das „Verteilungsgefüge",[104] wenn ein Kind in die nächste Altersstufe gelangt und bei ihm ein höherer Einsatzbetrag zu berücksichtigen ist,
– in Fällen mit **Auslandsberührung,**[105] da der ungewöhnliche Titel zu Schwierigkeiten bei der Vollstreckung im Ausland führen kann.

---

[103] Vgl. (zum früheren § 1612 b V BGB) OLG Düsseldorf FamRZ 2002, 1046, Eschenbruch/Klinkhammer, Unterhaltsprozess, 4. Aufl. Rn. 5087; teilweise a. A. Scholz in der Vorauflage
[104] Strauß, FamRZ 1998, 993, 997
[105] Empfehlung des DIJUF zur Durchsetzung von Unterhaltsansprüchen im Ausland mit dynamisiertem Titel, JAmt 2001, 468

Dann können sich die Vorteile der Dynamisierung, die gerade in der Vermeidung von Abänderungsklagen bestehen, nicht auswirken.

V. Leistungsfähigkeit der Eltern beim Unterhalt minderjähriger Kinder

1. Gesteigerte Unterhaltsverpflichtung der Eltern nach § 1603 II 1 BGB

Nach § 1603 II 1 und 3 BGB sind Eltern gegenüber minderjährigen Kindern verpflich- **247** tet, das seinen Unterhalt nicht etwa aus dem Stamm seines Vermögens decken kann, alle verfügbaren Mittel gleichmäßig zu ihrem Unterhalt und zum Unterhalt der Kinder zu verwenden, wenn kein anderer unterhaltspflichtiger Verwandter vorhanden ist, der den Unterhalt der Kinder ohne Gefährdung seines eigenen angemessenen Bedarfs (§ 1603 I BGB) aufbringen könnte (vgl. Rn. 271 ff.). Dies gilt nur für die Unterhaltspflicht gegenüber unverheirateten Kindern, nicht dagegen, wenn das Kind verheiratet war und die Ehe durch Tod, Scheidung oder Aufhebung aufgelöst worden ist. Vgl. zur entsprechenden Problematik beim privilegiert volljährigem Kind Rn. 455. Durch § 1603 II 1 BGB wird die Leistungs- fähigkeit der Eltern über die Grenze der Gefährdung des eigenen angemessenen Unterhalts hinaus erweitert.[106] Die Eltern trifft also eine **gesteigerte Unterhaltsverpflichtung.**[107] Sie beruht auf ihrer besonderen Verantwortung für den angemessenen, nicht bloß den notwendigen Unterhalt ihrer minderjährigen Kinder.[108] Seit dem 1. 7. 1998 gilt die gesteigerte Unterhaltspflicht nach § 1603 II 2 BGB auch gegenüber volljährigen unverheirateten Kindern bis zur Vollendung des 21. Lebensjahres, solange sie im Haushalt der Eltern oder eines Elternteils leben und sich in der allgemeinen Schulausbildung befinden. Vgl. zu diesen **privilegiert volljährigen Kindern** im Einzelnen Rn. 454 ff.

Für die Eltern besteht insbesondere eine Pflicht zur **gesteigerten Ausnutzung ihrer** **248** **Arbeitskraft,** d. h. eine verstärkte Erwerbsobliegenheit. Die Eltern sind verpflichtet, alle zumutbaren Erwerbsmöglichkeiten auszuschöpfen.[109] Jedoch ist stets der Grundsatz der Verhältnismäßigkeit zu wahren.[110] Vgl. dazu Rn. 251.

Der gesteigert Unterhaltspflichtige muss sich besonders intensiv um eine Erwerbstätigkeit **249** bemühen. Es sind ihm auch **Gelegenheitsarbeiten sowie berufsfremde Tätigkeiten** oder Arbeiten unterhalb seiner gewohnten Lebensstellung zuzumuten.[111]

Die Eltern sind in zumutbaren Grenzen sowohl zu einem **Ortswechsel** als auch zu einem **250** **Berufswechsel** verpflichtet.[112] Jedoch sind derartige Anstrengungen nur zumutbar, wenn sie Erfolg versprechen, also an anderem Ort oder in einem anderen Beruf bessere Arbeitschancen bestehen.[113] Zur Darlegungs- und Beweislast vgl. Rn. 259 a. Geht ein Elternteil einer selbstständigen landwirtschaftlichen Tätigkeit nach, die unzureichende Erträge abwirft, ist er gehalten, zur Nebenerwerbswirtschaft überzugehen und notfalls die Landwirtschaft ganz aufzugeben und eine höhere Einkünfte versprechende anderweitige volle Erwerbstätigkeit aufzunehmen.[114]

Den Eltern werden zusätzliche Anstrengungen zugemutet. Sie müssen notfalls **Über-** **251** **stunden** leisten oder **Nebenbeschäftigungen** aufnehmen, wenn das Existenzminimum (Mindestunterhalt) ihrer minderjährigen Kinder nicht gesichert ist. Vgl. dazu Rn. 127 c, d. Allerdings wird den Eltern nicht jeder zeitlich mögliche, sondern nur ein Einsatz abverlangt, der ihnen nach dem Grundsatz der Verhältnismäßigkeit zugemutet werden kann. Zu berücksichtigen sind der Gesundheitszustand des Pflichtigen sowie die körperliche und

---

[106] BGH, FamRZ 1984, 682
[107] BGH, FamRZ 1994, 372 ff. = R 473 c; FamRZ 1989, 170 = R 379 a
[108] BGH, FamRZ 2003, 1171, 1173; FamRZ 2000, 1358 = R 543 b
[109] BGH, FamRZ 1994, 372 ff. = R 473 c
[110] BVerfG, FamRZ 2003, 661 = R 591
[111] BGH, FamRZ 1994, 372 ff. = R 473 c; OLG Koblenz, FamRZ 1997, 1104
[112] BGH, FamRZ 1994, 372 = R 473 c
[113] OLG Hamm, FamRZ 1998, 43; OLG Dresden, FamRZ 1997, 836
[114] BGH, FamRZ 1998, 357, 359 = R 515 b

zeitliche Belastung durch den Hauptberuf.[115] Da auch Eltern minderjähriger Kinder Anspruch auf Erholung haben,[116] sind die Vorschriften des Arbeitszeitgesetzes zu beachten. Zu prüfen ist stets, ob der Schuldner überhaupt die tatsächliche und rechtliche Möglichkeit hat, eine Nebenbeschäftigung auszuüben oder Überstunden zu leisten.[117] Dies ist bei dem gegenwärtig angespannten Arbeitsmarkt nicht selbstverständlich. Zudem bedürfen Nebentätigkeiten in der Regel der Genehmigung des Arbeitgebers, auf deren Erteilung allerdings vielfach ein Rechtsanspruch bestehen wird. Bei Arbeitslosen oder Umschülern sind die gesetzlichen Anrechnungsvorschriften bezüglich Arbeitslosengeld oder Unterhaltsgeld zu beachten.[118] Beim Arbeitslosengeld ist ein Nebeneinkommen nur in Höhe von 165 € (§ 141 I SGB III) anrechnungsfrei.

Insgesamt ist bei der fiktiven Zurechnung von Nebeneinkünften Vorsicht geboten. Die Anforderungen, die die Gerichte in diesem Zusammenhang an die Erwerbsobliegenheit des barunterhaltspflichtigen Elternteils stellen, gehen teilweise zu weit.[119] Nach der Entscheidung des BVerfG vom 5. 3. 2003[120] sind für die Aufnahme einer **Nebentätigkeit** vor allem folgende Umstände von Bedeutung: Die Beschränkungen des Arbeitszeitgesetzes (§§ 3, 6 ArbZG) sind zu berücksichtigen. Zusätzlich ist zu prüfen, ob und in welchem Umfang es dem betreffenden Unterhaltsverpflichteten unter Abwägung seiner von ihm darzulegenden besonderen Lebens- und Arbeitssituation sowie gesundheitlichen Belastung mit der Bedarfslage des Unterhaltsberechtigten zugemutet werden kann, eine Nebentätigkeit auszuüben. Schließlich ist zu prüfen, ob es Nebentätigkeiten entsprechender Art für den Betreffenden auf dem Arbeitsmarkt gibt und der Aufnahme einer solchen Tätigkeit wiederum keine rechtlichen Hindernisse entgegenstünden. Die **Darlegungs- und Beweislast** liegt allerdings beim Unterhaltsverpflichteten.[121] Neben einer vollschichtigen Tätigkeit wird es in der Regel nicht möglich sein, ein Einkommen aus einer die gesetzlichen Freigrenzen ausschöpfenden Nebentätigkeit („400 €-Job") zu erzielen, sodass in Anbetracht zunehmend verbreiteter Niedriglöhne bei ungelernten Arbeitskräften eine (teilweise) Leistungsunfähigkeit akzeptiert werden muss.

Auch die – mit einem Umzug verbundene – **Verpflichtung zur bundesweiten Arbeitsplatzsuche** (vgl. auch § 10 SGB II) muss im Einzelfall begründet werden.[122] Zu beachten sind dabei die bestehenden persönlichen Bindungen.[123] Wichtig ist hier vor allem auch, dass die Zurechnung eines fiktiven Einkommens wegen Verstoßes gegen unterhaltsrechtliche Obliegenheiten im Einzelfall konsequent zu Ende gedacht wird. Wenn einem Unterhaltspflichtigen der Umzug in eine andere Region abverlangt wird, sind auch damit verbundene Umzugskosten zu berücksichtigen. Außerdem sind dadurch notwendig werdende Umgangskosten vom Einkommen abzuziehen oder dem Selbstbehalt hinzuzurechnen. Vgl. dazu Rn. 168 f., 269.

252   Die Eltern müssen grundsätzlich **auf eigene Aus- und Fortbildungswünsche verzichten.** Dies gilt vor allem dann, wenn der Unterhaltspflichtige bereits über eine Berufsausbildung verfügt und ihm die Erwerbsmöglichkeiten in dem erlernten Beruf, wenn auch möglicherweise nach einem zumutbaren Ortswechsel, eine ausreichende Lebensgrundlage bieten. Dann muss er in der Regel die angestrebte zusätzliche Ausbildung so lange verschieben, bis die Kinder nicht mehr unterhaltsbedürftig sind.[124] Kinder müssen allerdings eine Weiterbildung des Unterhaltspflichtigen hinnehmen, wenn sie nur mit einem vorübergehenden Einkommensrückgang verbunden und ihr Existenzminimum (Mindestunterhalt) gesichert ist.[125] Vgl. dazu Rn. 127 a, b. Verfügt der Schuldner noch über keine abgeschlos-

---

[115] BVerfG, FamRZ 2003, 661 = R 591; OLG Celle, FamRZ 2002, 694

[116] OLG Hamburg, FamRZ 1990, 784

[117] BVerfG, FamRZ 2003, 661 = R 591

[118] Vgl. Schürmann, FPR 2005, 448

[119] Zu weitgehend im Einzelfall m. E.: OLG Koblenz, FamRZ 1991, 1475; OLG Hamburg, FamRZ 1990, 784

[120] FamRZ 2003, 661 = R 591

[121] BGH, FamRZ 1998, 357, 359; BVerfG FamRZ 2003, 661 = R 591; BVerfG, FamRZ 1985, 143

[122] BVerfG, NJW 2006, 2317; BVerfG FamRZ 2007, 273

[123] BVerfG 14. 12. 2006 1 BvR 2236/06

[124] BGH, FamRZ 1994, 372, 374 f. = R 473 d; OLG Hamm, FamRZ 1998, 979 mit Anm. Born

[125] OLG Bamberg, FamRZ 2000, 307

sene Berufsausbildung, ist die bisher ausgeübte Tätigkeit als ungelernte oder angelernte Hilfskraft fortgefallen und bestehen reale Arbeitsmöglichkeiten in diesem Bereich nicht mehr, kann ihm die Aufnahme einer Ausbildung nicht verwehrt werden, auch wenn die Schulzeit länger zurückliegt. Denn die Erlangung einer angemessenen Berufsausbildung gehört zum eigenen Lebensbedarf des Pflichtigen, den dieser grundsätzlich vorrangig befriedigen darf.[126]

Die verstärkte Erwerbsobliegenheit legt den Eltern nicht nur bei der Wahl ihres Arbeits- **253** platzes, sondern auch bei der **Aufgabe einer Erwerbstätigkeit** Beschränkungen auf. Dies ändert allerdings nichts daran, dass sich der Schuldner auch dann auf den Verlust einer Arbeitsstelle berufen darf, wenn er ihn selbst – auch schuldhaft – herbeigeführt hat. Nur verantwortungsloses, zumindest **leichtfertiges** und **unterhaltsbezogenes Verhalten** rechtfertigt es, dem Schuldner die Berufung auf seine Leistungsunfähigkeit zu versagen.[127] Die Nichterhebung einer **Kündigungsschutzklage** ist jedenfalls dem Pflichtigen nicht vorzuwerfen, wenn der Erfolg der Klage zweifelhaft, die Kündigung also nicht eindeutig unwirksam ist.[128] Zudem darf der Unterhaltsschuldner eine etwaige Abfindung nach § 9 KSchG zunächst zur Deckung seines eigenen notwendigen Selbstbehalts verwenden.[129] Man wird allerdings gerade bei Unterhaltsansprüchen minderjähriger Kinder die Anforderungen an die Leichtfertigkeit nicht überspannen dürfen. Ein Elternteil, der ein minderjähriges Kind zu unterhalten hat, handelt in der Regel leichtfertig, wenn er ohne wichtige Gründe (z. B. Krankheit) eine Arbeitsstelle aufgibt, obwohl eine hinreichend sichere Aussicht auf einen anderen im Wesentlichen gleichwertigen Arbeitsplatz nicht besteht. Dasselbe gilt, wenn er **sich selbstständig macht,** ohne jedenfalls für eine Übergangszeit dafür zu sorgen, dass der Unterhalt des Kindes sichergestellt ist. Näheres bei § 1 Rn. 490 ff.

Hat der Pflichtige seine Arbeitsstelle schuldlos verloren, so kann ihm gleichwohl fiktives Einkommen zugerechnet werden, wenn er im Unterhaltszeitraum sich nicht um eine neue Arbeitsstelle bemüht und eine ihm mögliche und zumutbare Erwerbstätigkeit nicht aufnimmt.[130] Vgl. dazu auch Rn. 145.

Ein Elternteil, der ein minderjähriges Kind aus einer neuen Ehe versorgt, muss jedenfalls **254** eine geringfügige Tätigkeit ausüben, um den Unterhalt eines minderjährigen Kindes aus einer früheren Ehe mindestens teilweise zu decken.[131] Genaueres zu den so genannten **„Hausmannfällen"** in Rn. 172 ff., 281.

Gegenüber dieser aus Art. 6 I und II GG herzuleitenden verstärkten Unterhaltsverpflich- **255** tung müssen das Recht der Eltern auf **freie Entfaltung der Persönlichkeit** (Art. 2 I GG) sowie das Recht auf **freie Berufswahl** (Art. 12 I 1 GG) grundsätzlich zurücktreten.[132] Die Abwägung der grundrechtlich geschützten Interessen führt jedoch nicht in jedem Fall zu einem Vorrang des Unterhaltsanspruchs des minderjährigen Kindes vor den Belangen der Eltern. Die gesteigerte Unterhaltspflicht verpflichtet die Eltern vor allem, **das Existenzminimum des Kindes** sicherzustellen. Vgl. dazu Rn. 127 b, c, 247. Verfügt das Kind wenigstens über das Existenzminimum, kann unter Umständen ein Wechsel in eine geringer bezahlte Arbeitsstelle und damit eine Herabsetzung des Unterhalts hingenommen werden, z. B. wenn der Pflichtige mit dem Wechsel der Arbeitsstelle gesundheitsgefährdenden Schichtdienst vermeiden kann.[133] Vgl. auch zu der vergleichbaren Problematik einer Berufsausbildung des Unterhaltsschuldners Rn. 252 und der Aufgabe einer Erwerbstätigkeit Rn. 253.

Kommen die Eltern ihren gesteigerten Erwerbspflichten nicht nach, werden sie unter- **256** haltsrechtlich so behandelt, als würden sie über die Einkünfte, die sie bei gutem Willen durch eine zumutbare Erwerbstätigkeit erzielen könnten, auch tatsächlich verfügen. Es wird

---

[126] BGH, FamRZ 1994, 372, 374 f. = R 473 c, d
[127] BGH, FamRZ 1994, 372, 374 f. = R 473 c
[128] BGH, FamRZ 1994, 372, 374 f. = R 473 c; anders wohl OLG Hamm, FamRZ 2002, 1427
[129] A. A. offenbar OLG Hamm, FamRZ 2002, 1427
[130] OLG Düsseldorf, FamRZ 1998, 851
[131] BGH, FamRZ 1996, 796 = R 500 a; FamRZ 1987, 270
[132] BGH, FamRZ 1981, 341, 344; FamRZ 1981, 539
[133] OLG Karlsruhe, FamRZ 1993, 836

ihnen ein entsprechendes **Einkommen fiktiv zugerechnet,**[134] und zwar sowohl für die Bedarfsbemessung als auch für die Beurteilung der Leistungsfähigkeit. Es muss allerdings feststehen oder zumindest nicht auszuschließen sein, dass bei genügenden Bemühungen eine reale Erwerbschance bestanden hätte.[135] Näheres Rn. 114, 144 ff. Bei entsprechenden Erwerbschancen kann dem Schuldner auch ein Einkommen fiktiv zugerechnet werden, das über der ersten Einkommensgruppe der Düsseldorfer Tabelle liegt.[136] Nur Einkommen, das dem Unterhaltpflichtigen nie oder jedenfalls nicht so nachhaltig zur Verfügung gestanden hat, dass es die Lebensstellung des Kindes prägen konnte, bleibt unberücksichtigt.[137] Dies ändert freilich nichts daran, dass der Schuldner ggf. durch Verwertung seines Vermögens (dazu Rn. 127 c, d) das Existenzminimum des Kindes sicherzustellen hat.[138] Zum Einsatz des Vermögens vgl. Rn. 262. Die Auffassung des OLG Karlsruhe,[139] auf Grund fiktiven Einkommens könne nur der Mindestunterhalt nach der Tabelle zugesprochen werden, ist überholt. Vgl. dazu eingehend Rn. 114.

257   Wer als Unterhaltsverpflichteter nach dem Ausscheiden aus der Bundeswehr eine **Übergangsbeihilfe** erhält, muss diese im Rahmen einer sparsamen Wirtschaftsführung auch zur Deckung des Unterhaltsbedarfs eines minderjährigen Kindes verwenden. Mit Rücksicht auf die gesteigerte Unterhaltpflicht darf er diese Mittel – ähnlich wie eine **Abfindung** bei Ausscheiden aus einem Arbeitsverhältnis – für seinen eigenen Bedarf nur sparsam einsetzen, um den notwendigen Unterhalt des Minderjährigen möglichst bis zur Volljährigkeit sicherstellen zu können.[140]

258   Ein Elternteil, der selbst unterhaltsberechtigt ist und Ehegattenunterhalt erhält, muss u. U. auch diesen **Unterhalt** bis zur Höhe seines notwendigen Selbstbehalts für den Unterhalt eines minderjährigen Kindes verwenden, wenn und soweit die gesteigerte Unterhaltpflicht nach § 1603 II 1 BGB besteht.[141] Näheres dazu vgl. Rn. 148 ff., 172 ff.

259   Die erweiterte Unterhaltsverpflichtung gebietet es, die Leistungsfähigkeit unabhängig davon zu beurteilen, woher die zur Verfügung stehenden Mittel stammen. Dies rechtfertigt es, auch ein **Schmerzensgeld**, das der unterhaltspflichtige Elternteil erhalten hat, zu den Mitteln zu rechnen, deren Einsatz ihm nach § 1603 II 1 BGB zugemutet wird. Wenn der Verpflichtete während des Unterhaltszeitraumes noch unter fortdauernden schweren Behinderungen zu leiden hat, kann der Ausgleichsfunktion des Schmerzensgeldes durch eine maßvolle, die Belange des Kindes mitberücksichtigende Anhebung des notwendigen Selbstbehalts Rechnung getragen werden.[142] **Elterngeld** ist zwar im Hinblick auf den Sockelbetrag von 300,– € grundsätzlich nicht zum Unterhalt einzusetzen. Das gilt aber nicht bei gesteigerter Unterhaltpflicht für den Kindesunterhalt (§ 11 S. 4 BEEG; ebenso Erziehungsgeld § 9 S. 2 BErzGG).[143] Dagegen gilt die Privilegierung von Sozialleistungen für Körper- und Gesundheitsschäden nach § 1610 a BGB auch im Rahmen der verschärften Haftung nach § 1603 II 1 BGB, da eine dem § 11 S. 4 BEEG (§ 9 S. 2 BerzGG) entsprechende Regelung fehlt.[144] Zum Einsatz des Vermögens vgl. Rn. 262.

259 a Das minderjährige Kind, das nur den Mindestunterhalt nach §§ 1612 a I BGB, 36 Nr. 4 EGZPO (1. Einkommensgruppe der Düsseldorfer Tabelle) verlangt, braucht seinen Bedarf nicht weiter darzulegen. Der Barunterhaltspflichtige hat demgegenüber **darzulegen und zu beweisen,** dass er trotz der gebotenen Anstrengungen (vgl. Rn. 248 ff.) nicht in der Lage

---

[134] BGH, FamRZ 1994, 372 ff. = R 473 c
[135] BGH, FamRZ 1994, 372 ff. = R 473 c
[136] BGH, FamRZ 2003, 1471, 1473; FamRZ 2000, 1358 = R 543 b; OLG Düsseldorf, FamRZ 1991, 220
[137] BGH, FamRZ 2000, 1358 = R 543 b; vgl. auch BGH, FamRZ 1997, 281, 283 = R 509 f.; FamRZ 1993, 1304, 1306 = R 464 b
[138] Vgl. BGH, FamRZ 1989, 170
[139] FamRZ 1993, 1481
[140] BGH, FamRZ 1987, 930
[141] BGH, FamRZ 1985, 1243
[142] BGH, FamRZ 1989, 170, 172
[143] OLG Hamm, FamRZ 2000, 311
[144] So mit Recht MüKo/Born, § 1610 a Fn. 21; Johannsen/Henrich/Graba, § 1610 a Rn. 4; a. A. Palandt/Diederichsen, § 1610 a Rn. 3

ist, Unterhalt in dieser Höhe zu zahlen.[145] Vgl. Rn. 230. Diese Verteilung der Darlegungs- und Beweislast darf allerdings nicht dazu führen, dass jedem Schuldner ohne nähere Prüfung ein Einkommen zugerechnet wird, das ihm die Zahlung des Mindestunterhalts für ein oder mehrere Kinder ermöglicht.[146] Der notwendige Selbstbehalt und der Mindestunterhalt für ein minderjähriges Kind sind heute so hoch, dass sie zusammen das Einkommen, das der Pflichtige als ungelernte Kraft erzielen kann, häufig übersteigen. Das gilt besonders, wenn die Mutter barunterhaltspflichtig ist oder wenn Unterhalt für ein oder mehrere Kinder der 3. Altersstufe zu zahlen ist.[147]

2. Notwendiger Selbstbehalt bei gesteigerter Unterhaltspflicht

Wenn nicht ein anderer leistungsfähiger Verwandter vorhanden ist (§ 1603 II 3 BGB; **260** Rn. 271 ff.), haben Eltern im Rahmen der gesteigerten Unterhaltspflicht nach § 1603 II 1 BGB gleichsam das „Letzte" mit ihren minderjährigen Kindern zu teilen. Dasselbe gilt hinsichtlich der privilegiert volljährigen Kinder im Sinne des § 1603 II 2 BGB (vgl. dazu Rn. 445 ff.). Die Unterhaltsverpflichtung der Eltern findet erst dort ihre Grenze, wo die Möglichkeit der eigenen Fortexistenz in Frage gestellt wäre und ihnen nicht mehr die Mittel zur Bestreitung des unentbehrlichen Lebensbedarfs, also des **Existenzminimums,** verblieben würden.[148] Den Eltern dürfen also die Mittel für ihren eigenen notwendigen Lebensbedarf nicht genommen werden. Die Düsseldorfer Tabelle spricht in diesem Zusammenhang vom **notwendigen Eigenbedarf (Selbstbehalt)** des Verpflichteten (DT Anm. A 5 I). Gebräuchlich sind auch die Bezeichnungen „notwendiger Selbstbehalt" und „kleiner Selbstbehalt", jeweils in Abgrenzung zum „angemessenen Selbstbehalt" oder „großen Selbstbehalt" im Sinne von § 1603 I BGB. Die „untere Opfergrenze" des notwendigen Selbstbehalts wird weniger durch die individuellen Lebensumstände des Verpflichteten als vielmehr durch das Erfordernis bestimmt, die Grenze seiner Inanspruchnahme generalisierend festzulegen.[149] Zur Bemessung des notwendigen Selbstbehalts vgl. Rn. 263 ff.

Das **Existenzminimum** wird im Wesentlichen durch den **Sozialhilfebedarf** bestimmt. **261** Hiervon gehen auch die Berichte der Bundesregierung über die Höhe des steuerfrei zu lassenden Existenzminimums von Kindern und Familien aus. Vgl. dazu Rn. 127 a, b. Der im 6. Existenzminimum-Bericht für das Jahr 2008 angenommene Betrag für das sächliche Existenzminimum eines Alleinstehenden von 7140,– € pro Jahr, also von 595,– € pro Monat, kann gleichwohl nicht für das Unterhaltsrecht übernommen werden, da der Bericht offensichtlich zu niedrige Wohnkosten zugrunde legt.[150] Zu den Wohnkosten vgl. Rn. 268, zum Existenzminimum für das unterhaltsberechtigte Kind Rn. 127 a, b. Abzustellen ist für die Bemessung des Existenzminimums im Unterhaltsrecht auf die Sozialhilfe, die der Unterhaltspflichtige erhalten könnte. Daher kann niemand unterhaltspflichtig sein, der bei Zahlung von Unterhalt selbst Sozialhilfe in Anspruch nehmen müsste.[151] Dieser schon früher geltende Grundsatz findet seinen Niederschlag in § 94 III 1 SGB XII. In den in der Praxis verwendeten Tabellen und Leitlinien wird deshalb der notwendige Selbstbehalt mit einem Betrag angesetzt, der die Sätze der Sozialhilfe und damit den notwendigen Unterhalt nach § 850 d I 2 ZPO maßvoll übersteigt.[152] Ist die Sozialhilfe, die der Unterhaltsschuldner erhalten könnte, wenn er selbst bedürftig wäre, höher als der notwendige Selbstbehalt, muss dieser im Einzelfall angemessen erhöht werden.[153] Vgl. dazu Rn. 269. Dies gilt jedoch nur

---

[145] BGH, FamRZ 2002, 536 mit Anm. Büttner = R 572 d

[146] Vgl. OLG Brandenburg, NJW-FER 2001, 8

[147] Vgl. Büttner/Niepmann, NJW 2001, 2215, 2222

[148] BGH, FamRZ 2008, 594; FamRZ 1994, 372 ff. = R 473 c; s. Klinkhammer, FamRZ 2007, 85

[149] BGH, FamRZ 1982, 365 = NJW 1982, 1050

[150] Bericht über die Höhe des Existenzminimums von Erwachsenen und Kindern für das Jahr 2008 (Sechster Existenzminimumbericht) BTDrs. 16/3265

[151] BGH, FamRZ 2006, 683; BGH, FamRZ 1996, 1272 = R 507 b; FamRZ 1990, 849; vgl. auch BGH, FamRZ 2000, 1358 = R 543 a und Klinkhammer, FamRZ 2007, 85

[152] BGH, FamRZ 2003, 1466; FamRZ 1993, 1186, 1188 = R 463; FamRZ 1984, 1000 = R 210

[153] Seetzen, NJW 1994, 2505, 2508 m. w. N.; Hampel, Bemessung des Unterhalts an Hand von Unterhaltstabellen und Leitlinien der Oberlandesgerichte, 1994, Rn. 95

zugunsten des Pflichtigen selbst, nicht auch zugunsten weiterer Unterhaltsberechtigter, die mit ihm in einer Haushaltsgemeinschaft leben. Das Verhältnis mehrerer Berechtigter untereinander wird allein durch die Rangvorschriften (§ 1609 BGB, § 16 LPartG) bestimmt.[154] Damit weicht das Unterhaltsrecht in einem wichtigen Punkt vom Sozialhilferecht ab, das die Mitglieder der so genannten Bedarfsgemeinschaft bei der Bemessung des sozialhilferechtlichen Bedarfs des Hilfeempfängers mit berücksichtigt.

262 Der barunterhaltspflichtige Elternteil ist verpflichtet, den **Stamm seines Vermögens** einzusetzen, wenn er den Unterhalt des Kindes nicht durch Erwerbstätigkeit aufbringen kann. Eine Verwertung des Vermögensstammes kann allerdings nicht verlangt werden, wenn diese den Unterhaltsverpflichteten von fortlaufenden Einkünften abschneiden würde, die er zur Bestreitung seines eigenen Unterhalts benötigt. Auch im Rahmen der erweiterten Unterhaltspflicht darf der Vermögensstamm zur Befriedigung des Mindestbedarfs eines Kindes nur dann herangezogen werden, wenn unter Berücksichtigung der voraussichtlichen Lebensdauer und unter Einbeziehung etwa zu erwartender künftiger Erwerbsmöglichkeiten der notwendige Eigenbedarf des Verpflichteten bis an dessen Lebensende gesichert bleibt.[155] Vgl. auch Rn. 1/420. Zur Verpflichtung, im Rahmen der gesteigerten Unterhaltspflicht auch erhaltenes Schmerzensgeld einzusetzen, vgl. Rn. 259 und 1/482.

Nach diesen Grundsätzen muss der Schuldner auch Grundeigentum durch Verkauf oder Belastung verwerten, um den Unterhalt des minderjährigen Kindes zu sichern. Der Plan, auf dem Grundstück ein Wohngebäude zu errichten, muss demgegenüber zurücktreten.[156]

262 a Ob dem barunterhaltspflichtigen Elternteil eine **zusätzliche Altersvorsorge** zuzubilligen ist,[157] ist zurzeit noch offen. Dagegen spricht, dass nach § 1603 II BGB alle verfügbaren Mittel für den Unterhalt einzusetzen sind. Zudem ist der Unterhaltsschuldner bei unzureichendem Einkommen auch zum Einsatz seines Vermögens verpflichtet. Allenfalls werden hier in den Grenzen des Sozialrechts (vgl. §§ 11 II 1 Nr. 4, 82 II Nr. 3 SGB XII, 82, 86 EStG) steuerlich zertifizierte und geförderte Vorsorgebeiträge berücksichtigt werden können. Der Unterhaltsschuldner wird aber auch hier darzulegen haben, warum es ihm nicht zumutbar ist, den jeweiligen Vertrag für die naturgemäß vorübergehende Zeit seiner Pflicht zum Kindesunterhalt etwa ruhend zu stellen.

3. Die Bemessung des notwendigen Selbstbehalts nach den Tabellen und Leitlinien der Oberlandesgerichte

263 Der Gesetzgeber hat den notwendigen Selbstbehalt nicht betragsmäßig festgelegt. Auch der BGH hat keine Beträge vorgegeben, aber verlangt, dass dem Schuldner jedenfalls das Existenzminimum, also der Bedarf nach Sozialhilferecht verbleiben müsse.[158] Der notwendige Selbstbehalt müsse die Sozialhilfe, die der Schuldner erhalten könne, maßvoll übersteigen.[159] Nach der Rechtsprechung des BGH[160] ist die Bemessung des notwendigen Selbstbehalts Sache des Tatrichters. Diesem ist es nicht verwehrt, sich dabei an Erfahrungs- und Richtwerte in Unterhaltsleitlinien anzulehnen, sofern nicht im Einzelfall besondere Umstände eine Abweichung bedingen (vgl. auch Rn. 208, 1/3 ff.). Der notwendige Selbstbehalt ist – zumal im Rahmen der gesteigerten Unterhaltspflicht nach § 1603 II BGB – am sozialhilferechtlichen Bedarf zu orientieren, allenfalls geringfügig darüber.[161]

264 Die Oberlandesgerichte des gesamten Bundesgebiets gehen in ihren Leitlinien (Nr. 21. 2; vgl. Rn. 265) von den Beträgen der **Düsseldorfer Tabelle** für den **notwendigen Selbst-**

---

[154] BGH, FamRZ 1996, 1272 = R 507 b
[155] BGH, FamRZ 1989, 170; OLG Karlsruhe, NJW-FER 1999, 23
[156] OLG Dresden, FamRZ 1999, 396
[157] Vgl. BGH, FamRZ 2005, 1817 (Ehegattenunterhalt)
[158] Zu den Hintergründen Klinkhammer, FamRZ 2007, 85
[159] BGH, FamRZ 2006, 683; FamRZ 1994, 372 = R 473 c; FamRZ 1984, 1000 = R 210
[160] FamRZ 1982, 365
[161] BGH, FamRZ 2008, 594, 596 = R 688

behalt aus. Sie unterscheiden meist zwischen dem notwendigen Selbstbehalt des erwerbstätigen und des nicht erwerbstätigen Unterhaltsschuldners.

Die Sätze für den notwendigen Selbstbehalt betragen:

- **ab 1. 7. 2007:**
  - 900,– € als notwendiger Selbstbehalt eines **Erwerbstätigen,**
  - 770,– € als notwendiger Eigenbedarf eines **Nichterwerbstätigen.**

Früher betrugen die Selbstbehaltssätze der Düsseldorfer Tabelle:

- **vom 1. 7. 2005 bis zum 30. 6. 2007:**
  - 890,– € als notwendiger Selbstbehalt eines Erwerbstätigen,
  - 770,– € als notwendiger Eigenbedarf eines Nichterwerbstätigen.
- **vom 1. 1. 2002 bis zum 30. 6. 2005:**
  - 840,– € als notwendiger Selbstbehalt eines Erwerbstätigen,
  - 730,– € als notwendiger Eigenbedarf eines Nichterwerbstätigen.
- **vom 1. 7. 2001 bis 31. 12. 2001:**
  - 1640,– DM als notwendiger Selbstbehalt eines Erwerbstätigen,
  - 1425,– DM als notwendiger Eigenbedarf eines Nichterwerbstätigen.
- **vom 1. 1. 1996 bis 30. 6. 2001:**
  - 1500,– DM als notwendiger Selbstbehalt eines Erwerbstätigen,
  - 1300,– DM als notwendiger Eigenbedarf eines Nichterwerbstätigen.

Abweichende Beträge für den notwendigen Selbstbehalt setzen an: **265**
– das OLG **Frankfurt** (FL 21. 2) und das OLG **Schleswig** (SchL 21. 2) ab 1. 1. 2008 900,– € einheitlich für erwerbstätige und nicht erwerbstätige Schuldner.

Die **Oberlandesgerichte der neuen Bundesländer** legten bis zum 31. 12. 2007 in **265 a** ihren Leitlinien (jeweils 21. 2.) niedrigere Selbstbehaltssätze zugrunde (vgl. auch die bis 31. 12. 2007 gültige Berliner Tabelle).

Der höhere notwendige Selbstbehalt eines Erwerbstätigen steht auch einem **Umschüler 266** zu, wenn die Umschulung seine volle Arbeitskraft in Anspruch nimmt und er etwa den gleichen Aufwand wie ein Erwerbstätiger hat, z. B. weil er günstige Einkaufsangebote aus Zeitmangel nicht nutzen kann oder er sich besser als ein Nichterwerbstätiger kleiden muss.[162] Bei Bezug von **Krankengeld** ist vom Selbstbehalt eines Erwerbstätigen auszugehen, wenn eine Wiedereingliederung in das Erwerbsleben abzusehen ist.

Der **volle Selbstbehalt für Erwerbstätige** von 900,– € ist nicht bereits bei einer **267** geringfügigen oder weniger als halbschichtigen Erwerbstätigkeit anzuwenden.[163] In solchen Fällen hat der BGH allenfalls einen **Zwischenbetrag** für angebracht gehalten.[164] Um hier nicht zu viele Abstufungen vorzusehen, erscheint folgende Staffelung angemessen:

- Bei einer Erwerbstätigkeit, die noch keine halbschichtige Erwerbstätigkeit erreicht: Selbstbehalt in Höhe des **Zwischenbetrags** von 900/770 = **835,– €**
- Ab halbschichtiger Erwerbstätigkeit: voller Erwerbstätigenselbstbehalt von **900,– €**

Der um 130,– € höhere Selbstbehalt für einen erwerbstätigen Schuldner (vgl. die unter Rn. 264, 265 a aufgeführten Tabellen und Leitlinien) ist in erster Linie ein **Anreiz,** seine Erwerbstätigkeit nicht aufzugeben und sich statt dessen mit Sozialhilfe zu begnügen.[165] Dagegen werden konkret bezifferbare berufsbedingte Aufwendungen nicht durch den Zuschlag von 130,– € berücksichtigt. Vielmehr werden beim Pflichtigen, der sein Einkommen aus unselbstständiger Arbeit bezieht, bezifferbare berufsbedingte Aufwendungen von diesen Einkünften vorab abgezogen, und zwar pauschal 5%, mindestens 50,– €, höchstens aber 150,– € (so die Düsseldorfer Tabelle – DT Anm. A 3 – und die ihr folgenden Tabellen und Leitlinien),[166] oder der tatsächliche Aufwand auf Grund entsprechenden konkreten Vortrags. Genaueres zu den berufsbedingten Ausgaben vgl. Rn. 1/87 ff.

---

[162] OLG Hamm, FamRZ 2005, 2015; FamRZ 1999, 1015; OLG Dresden, FamRZ 2006, 1703; anders OLG Dresden, FamRZ 1999, 1015
[163] BGH, FamRZ 2008, 594, 597 = R 688
[164] BGH, FamRZ 2008, 594, 597 = R 688
[165] Scholz, FamRZ 1993, 125, 132; vgl. auch BGH, FamRZ 1997, 806; allgemein Klinkhammer, FamRZ 2007, 85
[166] Scholz, FamRZ 1993, 125, 131

Beispiel:
Erwerbseinkommen des Schuldners 1200,– €. Anrechenbar sind 1200,– € – 5% = 1140,– €. Unter Berücksichtigung des Selbstbehalts von 900,– € stehen 240,– € für den Kindesunterhalt zur Verfügung.

Der Trennung zwischen berufsbedingten Ausgaben und Erwerbstätigenzuschlag, wie sie die Düsseldorfer Tabelle vorsieht, entsprach der Einkommensermittlung nach § 76 BSHG. Nach § 76 II Nr. 4 BSHG waren die mit der Erzielung des Einkommens verbundenen notwendigen Ausgaben, in der Systematik der Düsseldorfer Tabelle (Anm. A 3) also die berufsbedingten Ausgaben, abzusetzen. Weiter waren nach § 76 II a Nr. 1 BSHG für Erwerbstätige Beträge in jeweils angemessener Höhe vom Einkommen abzuziehen. Dieser Abzug für Erwerbstätige, der in den meisten westlichen Bundesländern zuletzt 148,– € betrug, entsprach in seiner Funktion dem Zuschlag von 130,– €, der nach Anm. A 5 I der Düsseldorfer Tabelle dem Erwerbstätigen beim Selbstbehalt gewährt wird. Die seit dem 1. 1. 2005 deutlich erhöhten **Einkommensfreibeträge nach §§ 11, 30 SGB II** verfolgen jedoch zum großen Teil arbeitsmarktpolitische Zwecke und sind auf das Unterhaltsrecht nicht zu übertragen.[167] Eine Erhöhung des Selbstbehalts auf Grund der neuen sozialrechtlichen Einkommensfreibeträge wird daher nahezu allgemein abgelehnt. Statt dessen findet sich in den meisten Leitlinien (Nr. 2.2) der Zusatz, dass auch vom Sozialrecht freigehaltenes Einkommen (Freibeträge) zum unterhaltsrechtlichen Einkommen zählt.[168] Der **BGH**[169] hat herausgestellt, dass es auf den sozialhilferechtlichen **Bedarf** ankommt und der im Rahmen der gesteigerten Unterhaltspflicht zu belassende notwendige Selbstbehalt diesem entsprechend oder allenfalls geringfügig darüber hinausgehend zu bemessen ist.

267 a   Der Schuldner hat keinen Anspruch darauf, dass ihm neben dem notwendigen Selbstbehalt auch das Kindergeld zur Hälfte (§ 1612 b I BGB) verbleibt. **Kindergeld** ist zwar – auch nach der ab 1. 1. 2008 gültigen Unterhaltsreform – kein unterhaltsrelevantes Einkommen **der Eltern.**[170] Da es aber nach § 1612 b I BGB n. F. auf den Barbedarf des Kindes anzurechnen ist, steht es dem Unterhaltspflichtigen nicht neben dem Selbstbehalt zur Verfügung.

Beispiel:
V verfügt über ein bereinigtes Einkommen von 1102,– €. Er ist nur einem 5-jährigen Kind unterhaltspflichtig. Da ihm 900,– € verbleiben, kann er den Mindestunterhalt von 279 – 77 = 202,– € aufbringen. Von der Kindergeldanrechnung profitiert er nicht, denn auch ohne sie hätte er nur 202,– € zu zahlen.

268   In den Selbstbehaltssätzen der Düsseldorfer Tabelle von 900,– € bzw. von 770,– € sind **Wohnkosten** enthalten, und zwar **bis zu 360,– €** für Unterkunft einschließlich umlagefähiger Nebenkosten und Heizung **(Warmmiete).** Der Selbstbehalt kann angemessen erhöht werden, wenn dieser Betrag im Einzelfall erheblich überschritten wird und dies nicht vermeidbar ist (DT Anm. A 5). Dem sind die Oberlandesgerichte Bremen, Frankfurt, Hamburg, Hamm sowie Köln, ferner die süddeutschen Oberlandesgerichte gefolgt (jeweils Nr. 21. 2 der Leitlinien).

Andere Ansätze hinsichtlich des im Selbstbehalt enthaltenen Wohnkostenanteils enthalten die folgenden Leitlinien:
– Thüringen: 290,– € Kaltmiete
– Frankfurt: 290,– Kaltmiete + 90,– Nebenkosten und Heizung
– Celle, Naumburg, Oldenburg, Rostock, KG: kein Wohnkostenanteil ausgewiesen
– Schleswig: Bis 400,– €

269   Eine **Erhöhung der Selbstbehaltssätze** kommt vor allem dann in Betracht,
• wenn die **Wohnkosten** des Schuldners **überhöht sind,** also über dem im Selbstbehalt enthaltenen Ansatz von 360,– € liegen (vgl. dazu Rn. 268).[171] Allerdings ist, wie sich aus der Formulierung in der Düsseldorfer Tabelle (Anm. A 5) ergibt, Zurückhaltung gebo-

---

[167] Ausführlich dazu Klinkhammer, FamRZ 2007, 85
[168] Vgl. auch Arbeitskreis 4 des 17. DFGT Nr. 5
[169] BGH, FamRZ 2008, 594, 596 = R 688
[170] BGH, FamRZ 2000, 1492, 1494 = R 546 d
[171] BGH, FamRZ 1984, 1000 = NJW 1984, 1614 = R 210; OLG Bamberg, FamRZ 1993, 66

ten. Die Überschreitung des Betrages von 360,– € monatlich für Warmmiete muss erheblich und unvermeidbar sein. Der Schuldner ist gehalten, sich um eine preisgünstigere Wohnung zu bemühen und die Wohnkosten durch die Inanspruchnahme von Wohngeld zu senken.[172] Er hat darzulegen und zu beweisen, dass er dieser Obliegenheit nachgekommen ist. Als Anhalt für einen noch angemessenen Mietpreis können die Bestimmungen des Wohngeldgesetzes dienen. Die Wohnkosten dürfen auf Dauer nicht höher sein als die nach dem Wohngeldgesetz zu berücksichtigenden Aufwendungen;[173]

- wenn **angemessene Umgangskosten** des barunterhaltspflichtigen Elternteils mit seinem Kind nicht anderweitig abgedeckt sind, etwa durch das dem Unterhaltspflichtigen verbleibende Kindergeld, können die Umgangskosten zu einer maßvollen Erhöhung des Selbstbehalts (oder einer entsprechenden Minderung des unterhaltsrelevanten Einkommens) führen (vgl. dazu Rn. 168 f.).[174] Diese Folgen hat der BGH im Hinblick auf die frühere Regelung zur eingeschränkten Kindergeldanrechnung nach § 1612 b V BGB a. F. ausgesprochen, weil das Kindergeld dem Unterhaltspflichtigen nicht oder nur eingeschränkt zur Finanzierung der Umgangskosten zur Verfügung stand. Nach der **Unterhaltsreform 2007** findet zwar wiederum eine Kindergeldanrechnung statt. Weil diese indessen bedarfsdeckend erfolgt, steht das (anteilige) Kindergeld dem Unterhaltspflichtigen jedenfalls im Bereich des Mindestunterhalts im Ergebnis ebenfalls nicht zur Verfügung, sodass die neuere Rechtsprechung des BGH ihre Bedeutung behalten hat (vgl. Rn. 169).

Eine **Herabsetzung des notwendigen Selbstbehalts** ist möglich, wenn der Schuldner **270** im Einzelfall deutlich geringere Kosten hat, als in den Tabellensätzen berücksichtigt sind. Dies kann der Fall sein, wenn er mit einem leistungsfähigen neuen Partner in einer ehelichen oder nichtehelichen Gemeinschaft lebt und es deshalb zu **Ersparnissen durch eine gemeinsame Haushaltsführung** kommt.[175] Der barunterhaltspflichtige Elternteil kann sich nicht auf den notwendigen Selbstbehalt berufen, wenn sein eigener Unterhaltsbedarf durch den Familienunterhalt gesichert ist, den sein erwerbstätiger und leistungsfähiger Ehegatte leistet.[176] Eine Herabsetzung des Selbstbehalts kommt nicht schon dann in Betracht, wenn der Schuldner in einem bescheidenen Zimmer wohnt und deshalb weniger als 360,– € im Monat für die Warmmiete aufwenden muss. Es muss dem Pflichtigen überlassen bleiben, wie er sich innerhalb des ohnehin kargen notwendigen Selbstbehalts arrangiert. Ihm kann nicht verwehrt werden, für die Wohnung wenig auszugeben, sich dafür aber andere Annehmlichkeiten zu verschaffen. So wohl auch das OLG Köln (KL 13. 2), das zwar eine Absenkung des Wohnkostenanteils im Selbstbehalt bei niedriger Warmmiete für möglich hält, allerdings nur „ohne Einschränkung der Lebensführung." Auch ist eine pauschale Herabsetzung des notwendigen Selbstbehalts unter Hinweis auf den ländlichen Lebensbereich des Schuldners unzulässig.[177]

Bei der Bemessung der Ersparnis durch gemeinsame Haushaltsführung ist nach dem **BGH**[178] danach zu unterscheiden, ob der Unterhaltsschuldner verheiratet ist oder in einer nichtehelichen **Lebensgemeinschaft** wohnt. Bei verheiratetem Unterhaltsschuldner ist entscheidend darauf abzustellen, dass der Unterhaltsschuldner gegen seinen neuen Ehegatten nach §§ 1360, 1360 a BGB einen Anspruch auf Familienunterhalt hat. Auch bei nicht verheirateten Partnern komme es auf Grund der Synergieeffekte zu Ersparnissen bei **Wohnungskosten** und **allgemeinen Lebenshaltungskosten.** In beiden Fällen wird vorausgesetzt, dass der Partner zur Beteiligung an den Kosten in der Lage ist. Die Darlegungs- und Beweislast liegt beim Unterhaltsschuldner.

---

[172] OLG Bamberg, FamRZ 1993, 66

[173] KG, FamRZ 1994, 1047

[174] BGH, FamRZ 2005, 706; FamRZ 2003, 445; FamRZ 2008, 594, 599

[175] BGH, FamRZ 2008, 594, 597 = R 688; FamRZ 1998, 286, 288 = R 518 a; vgl. auch BGH, FamRZ 1995, 344 = R 488 c; FamRZ 1995, 343 = R 489 b, c; FamRZ 1991, 182 = R 430 d; vgl. auch BGH, FamRZ 2003, 860, 866 = R 510 A k (Berücksichtigung der Ersparnisse als Einkommen „erhöhend"?)

[176] BGH, FamRZ 2006, 1827; FamRZ 2001, 1065 = R 549 a, c; FamRZ 2004, 24; vgl. auch BL, BraL, BrL, CL, DrL, HaL, HL, OL (jeweils 21. 5), FL (21. 4. 1), RL (21. 6)

[177] OLG Düsseldorf, FamRZ 1999, 1020; anders OLG Dresden, FamRZ 1999, 1015

[178] BGH, FamRZ 2008, 594, 597 f.

Lebt der Unterhaltspflichtige allerdings besonders sparsam, begnügt er sich etwa mit kärglichen Wohnverhältnissen, und verwendet er das dadurch freibleibende Einkommen für andere Zwecke, so berechtigt dies nicht zur Herabsetzung des Selbstbehalts.[179] Die **Ersparnis auf Grund bescheidener Lebensweise** ist abzugrenzen von der auf Grund des Synergieeffekts der Lebensgemeinschaft eintretenden Ersparnis.[180]

Ist der Schuldner auf Dauer in einem **Pflegeheim** untergebracht und werden die Kosten durch Leistungen der Pflegeversicherung und sein Einkommen gedeckt, so braucht ihm nicht der notwendige Selbstbehalt in vollem Umfang belassen zu werden. Es genügt, wenn er einen Betrag behält, der seine restlichen Bedürfnisse im Heim deckt.[181]

Beispiel:
Der schwerst pflegebedürftige Vater (V), der einem 16-jährigen Kind unterhaltspflichtig ist, verfügt über eine Pension von netto 2200,– €. Pflegegeld nach § 43 V Nr. 3 SGB XI 1432,– €. Heimkosten 3032,– €. V bleiben 600,– €, die er angesichts des weitgehend gedeckten Lebensbedarfs und seiner höchst eingeschränkten sonstigen Bedürfnisse nicht in Höhe des notwendigen Selbstbehalts von 730,– €, sondern z. B. nur noch in Höhe von 300,– € für Taschengeld, Kleidung usw. benötigt. V kann daher dem Kind den Mindestunterhalt nach DT 1/3 in Höhe von 365,– € abzüglich 77,– € Kindergeld = 288,– € zahlen.

4. Keine gesteigerte Unterhaltsverpflichtung bei Vorhandensein eines anderen leistungsfähigen Verwandten

271   **a) Angemessener Bedarf der Eltern als Haftungsgrenze.** Die gesteigerte Haftung der Eltern tritt nicht ein, wenn weitere leistungsfähige unterhaltspflichtige Verwandte (z. B. Großeltern) vorhanden sind, denen auch bei Unterhaltsleistung ihr eigener angemessener Unterhalt verbleibt oder wenn das Kind seinen Unterhalt aus dem Stamm seines Vermögens decken kann (§ 1603 II 3 BGB). Die Eltern haften in diesem Fall nur dann ihrem minderjährigen Kind auf Barunterhalt, wenn und soweit ihr Einkommen ihren eigenen angemessenen Unterhalt übersteigt.

272   Der angemessene Bedarf der Eltern ist nach § 1603 I BGB, nicht dagegen nach § 1578 BGB zu bemessen. Er ist daher mit dem eheangemessenen Unterhalt und dem Ehegattenselbstbehalt nicht identisch.[182] Vgl. dazu auch Rn. 148, 416. Dies geht schon deshalb nicht an, weil der eheangemessene Bedarf durch die Unterhaltspflicht gegenüber minderjährigen Kindern bestimmt wird und der Kindesunterhalt in der Regel vor Bemessung des Bedarfs vom bedarfsprägenden Einkommen abgezogen wird; anders ist dies nur, wenn der Vorwegabzug zu einem Missverhältnis zwischen Ehegattenunterhalt und Kindesunterhalt führt[183] (vgl. dazu Rn. 163, 241). Der angemessene Bedarf gegenüber minderjährigen Kindern wird daher nach der Düsseldorfer Tabelle analog DT Anm. A 5 II, der ausdrücklich nur den großen Selbstbehalt gegenüber dem volljährigen Kind festlegt (dazu Rn. 417 ff.), auf **1100,– €** zu bemessen sein.[184]

273   **b) Großeltern als andere unterhaltspflichtige Verwandte.** Sind Eltern außerstande, ohne Gefährdung ihres eigenen angemessenen Bedarfs von 1100,– € den Unterhalt des Kindes zu decken, kommt in der Praxis vor allem eine Haftung der Großeltern nach § 1603 II 3 BGB in Betracht. Der Umfang des Unterhaltsanspruchs des Kindes richtet sich auch in diesem Fall nach der Lebensstellung der Eltern, nicht nach den möglicherweise deutlich besseren Einkommens- und Vermögensverhältnissen eines Großelternteils (vgl. Rn. 108 ff., 612). Sind die Eltern nicht leistungsfähig, wird ihr Einkommen gering sein und der Unterhalt des Enkelkindes in der Regel nicht über den Mindestunterhalt hinausgehen.[185] Anders kann es sein, wenn die Großeltern das Kind längere Zeit in ihren Haushalt aufgenommen hatten

---

[179] BGH, FamRZ 2006, 1664
[180] BGH, FamRZ 2008, 594, 598 = R 688
[181] BGH, FamRZ 1990, 849
[182] BGH, FamRZ 2006, 683; FamRZ 1990, 260, 264 = R 399 b
[183] BGH, FamRZ 2003, 363 = R 584 b, f mit Anm. Scholz, FamRZ 2003, 514
[184] BGH, FamRZ 2002, 742 = R 576 b
[185] Erdrich in Scholz/Stein, Praxishandbuch Familienrecht, Teil J Rn. 25

(Rn. 547). Naturgemäß muss auch dem Großvater sein eigener angemessener Bedarf verbleiben. Eine unterschiedslose Festsetzung des angemessenen Selbstbehalts der Eltern und der Großeltern würde dazu führen, dass ein minderjähriges Kind schon dann seinen leistungsfähigen **Großvater** in Anspruch nehmen könnte, wenn seinem Vater bei Erfüllung der Unterhaltspflicht weniger als 1100,– € verbleiben würden (und die Mutter nicht über Einkommen verfügt). Unbillige Ergebnisse können dadurch vermieden werden, dass der angemessene Selbstbehalt anderer unterhaltspflichtiger Verwandter, insbesondere der Großeltern, die ohnehin ihren Enkeln nicht verschärft haften und im Allgemeinen nicht damit rechnen müssen, von diesen auf Unterhalt in Anspruch genommen zu werden, über den Tabellensatz von 1100,– € hinaus erhöht wird.[186] Schon in der Vorauflage hat Scholz daher befürwortet, die Sätze heranzuziehen, die in Abschnitt D 1 der Düsseldorfer Tabelle bzw. in den Leitlinien der Oberlandesgerichte für den angemessenen Selbstbehalt der Kinder gegenüber ihren bedürftigen Eltern aufgeführt sind. Dem ist der **BGH**[187] gefolgt. Er hat dies vor allem mit unterschiedlichen Lebensverhältnissen im Hinblick auf eine der natürlichen Generationenfolge entsprechenden Entwicklung begründet, wie sie dem Volljährigenunterhalt und dem Unterhalt sonstiger Verwandter zugrunde liegen, außerdem mit dem unterschiedlichen Rang. Der BGH den Selbstbehalt der Großeltern zumindest in Höhe des **Selbstbehalts beim Elternunterhalt** (Anm. D der Düsseldorfer Tabelle) veranschlagt.[188] Das gilt auch dann, wenn die Enkel minderjährig sind und sich nicht selbst helfen können.[189] Dadurch dürfte auch die früher abweichende Praxis einiger Oberlandesgerichte, die den Selbstbehalt mit dem gegenüber Volljährigen gültigen Betrag veranschlagten,[190] überholt sein.

Der **angemessene Selbstbehalt anderer unterhaltspflichtiger Verwandter** (mit Ausnahme der Eltern) ist demnach auf 1400,– € zuzüglich der Hälfte des darüber hinausgehenden Einkommens festzusetzen. Im erhöhten Selbstbehalt von 1400,– € ist ein Betrag von bis zu 450,– € als Warmmiete enthalten. Darüber hinausgehende Mietkosten sind in der Regel anzuerkennen (vgl. dazu Rn. 620, 621). Dies gilt jedenfalls dann, wenn der andere unterhaltspflichtige Verwandte den Mietvertrag unterschrieben oder das Eigenheim erworben hat, bevor er von seinem Enkelkind auf Unterhalt in Anspruch genommen worden ist.

Die Haftung der anderen Verwandten, insbesondere des Großvaters, wird auch dadurch eingeschränkt, dass dem Unterhaltsanspruch des Enkels der Anspruch des Ehegatten, also der Großmutter, vorgeht (§ 1609 Nr. 3 BGB). Der angemessene Unterhalt der Ehefrau des nur aushilfsweise haftenden Großvaters ist analog Abschnitt D der Düsseldorfer Tabelle mit mindestens 1050,– € anzusetzen. Auch darin ist ein Wohnkostenanteil enthalten, der 350,– € beträgt. Vgl. im Übrigen auch zur ähnlichen Problematik des Unterhaltsanspruchs der Eltern gegen ihre verheirateten Kinder Rn. 2/625, 645.

Beispiel:
Pension des Großvaters netto 2500,– €. Unterhaltspflicht gegenüber der nicht erwerbstätigen Ehefrau (Großmutter). Miete für ein Einfamilienhaus 850,– €. Der Enkel fordert Unterhalt, weil die Mutter verstorben ist und der erwerbsunfähige Vater seinen eigenen angemessenen Bedarf von 1100,– € nicht decken kann.
Der Großvater darf zunächst seinen angemessenen Bedarf von 1400,– € und denjenigen seiner Ehefrau von 1050,– € behalten. In diesen Beträgen sind Wohnkosten nur mit 450,– € bzw. 350,– € enthalten. Daher können weitere Kosten von 850 – 800 = 50,– € berücksichtigt werden.
Der Großvater ist also nicht leistungsfähig, da sein Einkommen von 2500,– € seinen angemessenen Eigenbedarf von 1400,– €, den Mindestbedarf seiner Ehefrau von 1050,– € und zusätzliche Wohnkosten von 50,– €, insgesamt also 2500,– € nicht übersteigt.

Unklar ist der Bedarf der Großmutter, wenn das Einkommen über dem Gesamtselbstbehalt liegt. Die Sachlage ist nicht vollständig vergleichbar mit dem Bedarf der vorrangigen Ehefrau des unterhaltspflichtigen Kindes beim Elternunterhalt, weil auch die Großmutter

[186] OLG Oldenburg, NJW 2000, 2516
[187] BGH, FamRZ 2006, 26, 28
[188] BGH, FamRZ 2006, 26, 28; FamRZ 2007, 375
[189] BGH FamRZ, 2007, 375
[190] S. dazu Scholz in der Vorauflage

mit ihrem Enkel – anders als Schwiegertochter mit den Schwiegereltern – verwandt und ihm unterhaltspflichtig ist. Zur Ersatzhaftung der Großeltern vgl. Rn. 545 ff.

274   **c) Haftung des betreuenden Elternteils.** Eine Haftung des betreuenden Elternteils auf den Barunterhalt kommt in zwei Fällen in Frage:[191]

- Bei Gefährdung des angemessenen Selbstbehalts von 1100,– € des barunterhaltspflichtigen Elternteils (§ 1603 II 3 BGB).
- Bei erheblichem Ungleichgewicht der beiderseitigen Einkünfte (Ausnahme von der Regel des § 1606 III 2 BGB; dazu unten Rn. 289, 303).

274 a   Ein anderer unterhaltspflichtiger Verwandter i. S. des § 1603 II 3 BGB kann auch der **andere Elternteil** sein, sofern dieser bei Berücksichtigung seiner sonstigen Verpflichtungen in der Lage ist, den Barunterhalt des Kindes ohne Gefährdung seines eigenen angemessenen Unterhalts zu leisten.[192] Dann kann die verschärfte Unterhaltspflicht des nicht betreuenden Elternteils entfallen. Der andere Elternteil erfüllt zwar bei minderjährigen Kindern in der Regel seine Unterhaltspflicht in vollem Umfang durch deren Pflege und Erziehung (zur Gleichwertigkeit von Betreuungs- und Barunterhalt vgl. Rn. 11 ff.). Die Barunterhaltspflicht des nicht betreuenden Elternteils kann insbesondere aber entfallen oder sich ermäßigen, wenn er zur Unterhaltszahlung nicht ohne Beeinträchtigung seines eigenen angemessenen Unterhalts in der Lage wäre, während der andere Elternteil neben der Betreuung des Kindes auch den Barunterhalt leisten könnte, ohne dass dadurch sein eigener angemessener Unterhalt gefährdet würde.[193] In diesem Fall entfällt aber lediglich die gesteigerte Unterhaltspflicht nach § 1603 II 1, 2 BGB, also die Beschränkung auf den notwendigen Selbstbehalt. Davon nicht betroffen ist die Haftung, soweit Einkommen über dem angemessenen Selbstbehalt vorhanden ist. Der **angemessene Eigenbedarf der Eltern** ist grundsätzlich mit 1100,– € anzusetzen[194] (vgl. Rn. 272), nicht dagegen mit dem notwendigen Selbstbehalt von 900,– €. Der angemessene Selbstbehalt kann ermäßigt werden, wenn der Bedarf des Elternteils durch gemeinsame Haushaltsführung mit seinem erwerbstätigen (Ehe-)Partner geringer ist als bei einer Einzelperson.[195] Vgl. dazu auch Rn. 270. Eine Erhöhung des angemessenen Eigenbedarfs von 1100,– € für den betreuenden Ehegatten, wie für die Großeltern vorgeschlagen (Rn. 273), kommt dagegen nicht in Betracht. Zu Recht hat der BGH[196] darauf hingewiesen, dass sich der betreuende Elternteil auch im Rahmen des § 1603 I BGB Einschränkungen zugunsten seiner minderjährigen Kinder gefallen lassen muss, sofern das Einkommen des nicht betreuenden Elternteils nicht ausreicht, um seinen eigenen angemessenen Bedarf von ebenfalls 1100,– € zu befriedigen.

Eine (Mit-)Haftung des betreuenden Elternteils setzt nach dem BGH aber weiterhin voraus, dass die Inanspruchnahme des nicht betreuenden Elternteils zu einem **finanziellen Ungleichgewicht** zwischen den Eltern führen würde.[197]

Beispiel:
Einkommen des betreuenden Vaters (V) 1260,– €, der Mutter (M) 1150,– €. Bedarf des 5-jährigen Kindes auf Grund des Einkommens der M nach DT 1/1 279 – 77 = 202,– €. 154,– € Kindergeld bezieht der V
1. Schritt:
    M haftet allein mit dem Betrag, der über ihrem angemessenen Selbstbehalt liegt: 1150 – 1100 = 50,– €
2. Schritt:
    V müsste zur Wahrung des angemessenen Selbstbehalts der M 202 – 50 = 152,– € aufbringen.

---

[191] Näher dazu Scholz, in: Schwab/Hahne, Familienrecht im Brennpunkt 2004, S. 99, 107 ff.

[192] BGH, FamRZ 2008, 137, 140; FamRZ 1999, 286, 288 = R 518 a; FamRZ 1991, 182 = R 430 a; OLG Bamberg, FamRZ 1995, 566; OLG Düsseldorf, FamRZ 1992, 92

[193] BGH, FamRZ 2008, 137, 140 = R 684; FamRZ 1999, 286, 288 = R 518 a; FamRZ 1991, 182 = R 430 a

[194] Vgl. dazu BGH, FamRZ 2002, 742 = R 576 b für den früher geltenden Tabellenbetrag von 1800,– DM

[195] BGH, FamRZ 2002, 742 = R 575 b; 1999, 286, 288 = R 518 a

[196] BGH, FamRZ 1991, 182, 184 = R 430 b

[197] BGH, FamRZ 2008, 137, 140 = R 684; FamRZ 1998, 286, 288; FamRZ 1991, 182, 183; OLG Brandenburg, NJW 2007, 85; a. A. Göppinger/Wax/Kodal, Rn. 1557

3. Schritt (Gewichtung):
M verbleiben 1100 €; V verbleiben 1260 − 152 = 1108,− € (und 77,− € Kindergeldanteil). Bei voller Haftung der M verblieben M 1150 − 202 = 948,− €; V verblieben 1260,− € (und 77,− € Kindergeldanteil).

Stellt man allein auf den angemessenen Selbstbehalt ab, so bliebe die Betreuung durch M im Ergebnis ohne Auswirkungen und ließe die Bestimmung in § 1606 III 2 BGB leerlaufen. Diese Folge kann nur vermieden werden, wenn die Beteiligung des betreuenden Elternteils am Barunterhalt davon abhängig gemacht wird, dass ein erheblicher Unterschied zwischen den Einkünften der Eltern besteht.[198] Der BGH hat bei einem Einkommen des betreuenden Elternteils von rund 1600,− € jedenfalls eine alleinige Haftung des betreuenden Elternteils in Zweifel gezogen.[199] Nach Scholz[200] müssen dem betreuenden Elternteil nach Deckung des Kindesunterhalts wenigstens 500,− € mehr verbleiben als dem Barunterhaltspflichtigen.

Im Beispielsfall scheidet eine Beteiligung des Vaters am Barunterhalt aus, weil der Unterschied von 1260 − 948 = 312,− € unter Berücksichtigung der Betreuung durch V nicht zu einem finanziellen Ungleichgewicht zwischen den Eltern führt.

Diese Auffassung entspricht auch den Leitlinien zahlreicher Oberlandesgerichte (jeweils Nr. 12. 3), so der Oberlandesgerichte Bremen, Dresden, Düsseldorf (DL 12. 1), Frankfurt, Oldenburg, Rostock, Schleswig. Die SüdL sehen dagegen für die Mithaftung des betreuenden Elternteils, wenn der angemessene Selbstbehalt des anderen nicht gewahrt ist, nicht ausdrücklich eine weitere Einschränkung vor,[201] ähnlich Hamm (12.3), Koblenz, Köln und Celle (jeweils 12.1). Weitere Beispiele unter Rn. 278 ff.

274 b Verbleibt dagegen dem barunterhaltspflichtigen Elternteil nach Zahlung des Kindesunterhalts sein eigener angemessener Bedarf, so kommt eine Beteiligung des anderen Elternteils, der in wesentlich günstigeren Verhältnissen lebt, **abweichend von der in § 1606 III 2 BGB enthaltenen Regel** nur ausnahmsweise in Betracht.[202] Das OLG Frankfurt (FL 12.3) verlangt hier ein etwa dreifach höheres verfügbares Einkommen und gute Vermögensverhältnisse des betreuenden Elternteils. Vgl. dazu Rn. 303.

275 **d) Betreuungskosten und Betreuungsbonus.** Das Einkommen des betreuenden Elternteils, der auch zum Barunterhalt herangezogen werden soll, ist ggf. vor Vergleich der beiderseitigen Einkünfte um die Kosten der Betreuung des Kindes zu bereinigen. Dabei ist zu unterscheiden

− zwischen den Kosten, die als Mehrbedarf Teil des Kindesunterhalts sind, z. B. dem Aufwand, der durch die Heranziehung von Pflegepersonen bei einem behinderten Kind entsteht; Näheres zum Mehrbedarf des Kindes Rn. 133 ff., 226, 304 ff., 317 ff., 321 und 1/605 ff.

− und den Kosten für die Betreuung, die der betreuende Ehegatte aufwendet, um selbst berufstätig sein zu können.

Zu diesen **durch den Beruf bedingten Aufwendungen** gehören z. B. die Vergütung für eine Tagesmutter, deren Heranziehung ohne die Berufstätigkeit des betreuenden Elternteils nicht erforderlich wäre (vgl. Rn. 1/107), die Aufwendungen für Hausaufgabenüberwachung und sonstige Kosten, die dem betreuenden Elternteil infolge der erhöhten Inanspruchnahme durch Arbeit und Kinder in der allgemeinen Haushalts- und Lebensführung entstehen, z. B. Pkw-Kosten, damit er vor der Arbeit das Kind zum Kinderhort bringen und von dort nach der Arbeit wieder abholen kann.

Kindergartenkosten sieht der **BGH** in neuerer Rechtsprechung nicht als berufsbedingten Aufwand des betreuenden Elternteils, sondern als (Mehr-)**Bedarf des Kindes** an.[203] Die

---

[198] OLG Düsseldorf, FamRZ 1992, 92 = NJW-RR 1992, 2 im Anschluss an BGH, FamRZ 1991, 182 = R 430 a, b; vgl. auch BGH, FamRZ 2002, 742 = R 576 c

[199] BGH, FamRZ 2008, 137, 140 = R 684

[200] Scholz, in: Schwab/Hahne, Familienrecht im Brennpunkt, 99, 110; Scholz, FamRZ 2006, 1728; mit anderem Ansatz (Selbstbehalt des betreuenden Elternteils analog der Praxis zum Elternunterhalt) Gutdeutsch, FamRZ 2006, 1724, 1727

[201] Vgl. Göppinger/Wax/Kodal, Rn. 1557

[202] BGH, FamRZ 2002, 742 = R 576 c

[203] Urteil v. 5. 3. 2008 = R 691

Kosten des halbtägigen Kindergartenbesuchs sind nach dem BGH allerdings vom Bedarf nach der Düsseldorfer Tabelle gedeckt, falls dieser das Existenzminimum des Kindes nicht unterschreitet.[204] Der BGH hat dies für die Rechtslage ab dem 1. 1. 2008 aber ausdrücklich auf die Übergangsvorschrift gemäß § 36 Nr. 4 EGZPO bezogen. Im Existenzminimum, wie es künftig gemäß §§ 1612a I 2 BGB, 26 VI 1 EStG dem Mindestunterhalt zugrunde liegen wird, sind Kindergartenkosten nicht einkalkuliert. Darüber hinaus gehende Kosten des Ganztagskindergartens sind Mehrbedarf des Kindes.[205]

275 a   Das Einkommen des betreuenden Elternteils kann, wenn sich die Betreuung zwar ohne konkreten Kostenaufwand, aber nur unter besonderen Erschwernissen bewerkstelligen lässt, um einen **Betreuungsbonus** (vgl. Rn. 13) gemindert werden.[206] Eine solche Erschwernis der Betreuung kann bei einem Kleinkind ohne Weiteres bejaht werden. Der Bonus ist auch dann zu gewähren, wenn die Betreuung durch den dazu nicht verpflichteten (zweiten) Ehegatten oder den Partner des Elternteils sichergestellt wird, bei dem das Kind lebt.[207] Bei der Bemessung des Bonus wird man nicht kleinlich verfahren dürfen, nachdem das BVerfG,[208] wenn auch zum Sozialhilfe- und zum Einkommensteuerrecht, die Betreuungskosten als Teil des Existenzminimums des Kindes anerkannt hat. Vgl. dazu Rn. 127 ff. U. U. kann **neben dem Abzug effektiver Betreuungskosten** ein Bonus gewährt werden. Dies kommt insbesondere in Betracht, wenn bei einem kleinen Kind durch die tatsächlich aufgewendeten Kosten die Betreuung des Kindes nur teilweise sichergestellt werden kann und sich die Restbetreuung nur unter besonderen Erschwernissen bewerkstelligen lässt.[209] Der BGH hat bereits im Jahre 1996 einen Bonus 300,– DM für die Betreuung von zwei Kindern im Alter von 13 und 14 Jahren nicht beanstandet.[210] Heute müsste ein deutlich höherer Betrag angesetzt werden. Zu beachten ist indessen, dass der BGH einen Betreuungsbonus für die vom Unterhaltspflichtigen neben dem Barunterhalt übernommene Betreuung in einer neueren Entscheidung jedenfalls bei gesteigerter Unterhaltspflicht nach § 1603 II BGB abgelehnt hat.[211]

275 b   Schließlich kann das Einkommen des betreuenden Elternteils zum Teil aus **unzumutbarer Erwerbstätigkeit** stammen und dann nach § 242 BGB nur teilweise anzurechnen sein. Dies bedarf allerdings besonderer Feststellungen im Einzelfall.[212] Die Berücksichtigung **konkreter Mehrkosten** wird in der Regel dem Grundsatz von Treu und Glauben besser gerecht als die pauschale Nichtanrechnung eines Teils des Einkommens.[213] Eine generelle Anrechnung von Einkünften aus unzumutbarer Arbeit nur zur Hälfte[214] wäre gerade bei der Haftung gegenüber einem weiteren Kind, das sich bei dem anderen Elternteil oder in einem Heim befindet oder das aus einer anderen Verbindung stammt, offenbar unangemessen (vgl. zum Unterhalt bei Geschwistertrennung Rn. 309 ff.). In der Regel empfiehlt es sich daher, den besonderen Belastungen des betreuenden Ehegatten entweder durch Abzug der tatsächlich entstehenden Betreuungskosten oder durch einen Betreuungsbonus Rechnung zu tragen.

276   **e) Kindergeld.** Nach der vom 1. 7. 1998 bis zum 31. 12. 2007 geltenden Rechtslage war Kindergeld kein unterhaltsrelevantes Einkommen.[215] Seit dem 1. 1. 2008 ist das Kindergeld hingegen nach § 1612b I BGB bedarfsdeckend anzurechnen und wird insoweit unterhaltsrechtlich wie Einkommen des Kindes behandelt.[216] Soweit es dem betreuenden Eltern-

---

[204] BGH, FamRZ 2007, 882; Urteil v. 5. 3. 2008 = R 691
[205] BGH a. a. O.
[206] BGH, FamRZ 2001, 352 = R 551 c; 1991, 182 = R 430 b; OLG Zweibrücken, FuR 1998, 423
[207] BGH, FamRZ 2001, 352 = R 551 c
[208] FamRZ 1995, 86; FamRZ 1999, 285, 287
[209] BGH, FamRZ 1991, 182, 185 = R 430 b; OLG Hamm, FamRZ 2002, 1708 (allerdings für den Ehegattenunterhalt); vgl. auch SüdL 10.3
[210] BGH, FamRZ 1986, 790
[211] BGH, FamRZ 2006, 1597, 1599 mit krit. Anm. Born = R 659
[212] BGH, FamRZ 1991, 182 = R 430 b
[213] BGH, FamRZ 1982, 779
[214] So OLG Hamm, FamRZ 1996, 488; Born, FamRZ 1997, 129, 137; dagegen mit Recht OLG Zweibrücken, FuR 1998, 423
[215] BGH, FamRZ 2000, 1492 = R 546 d; Näheres in der Vorauflage
[216] Näher dazu Dose, FamRZ 2007, 1289, 1291; Scholz, FamRZ 2007, 2021, 2024

teil verbleibt, ist es nicht als Einkommen zu berücksichtigen, weil damit der allgemeine Betreuungsbedarf abgedeckt werden soll und eine für dem Barunterhalt entsprechende Anrechnungsbestimmung fehlt. Der betreuende Elternteil wird allerdings im praktischen Ergebnis mit dem Kindergeld die Lücke bis zum Unterhalt nach dem zusammengerechneten Einkommen der Eltern auffüllen müssen (vgl. Rn. 113 a) oder etwa für die Kindergartenkosten bei Halbtagsbetreuung verwenden müssen. Vgl. Rn. 275 und das Beispiel Rn. 274 a.

f) Berechnung des Unterhalts. In den Fällen des § 1603 II 3 BGB muss die Unter 277 haltsbemessung letztlich dem **Einzelfall** vorbehalten bleiben. § 1606 III 1 BGB, der allein auf das Verhältnis der Einkommens- und Vermögensverhältnisse der Eltern abstellt, kann nicht herangezogen werden (vgl. dazu Rn. 289 ff.). Zu Recht hat der BGH[217] in einem vergleichbaren Fall die **Verteilungsquote** im Hinblick auf die zusätzliche Belastung des betreuenden Ehegatten, der auch noch Barunterhalt aufbringen soll, **wertend verändert.** Auch der BGH[218] stellt nicht in erster Linie auf die beiderseitigen Einkommens- und Vermögensverhältnisse, sondern auf Billigkeitserwägungen (§ 242 BGB) ab.

Beispiel 1:   278
Einkommen der Mutter (M) 1200,– €, des Vaters (V) 2100,– €. Das 16-jährige Kind lebt bei V. Ehegattenunterhalt wird nicht geschuldet. V bezieht das Kindergeld von 154,– €.
Bedarf des Kindes nach dem Einkommen der M gemäß DT 1/3: 365 – 77 = 288,– €. Würde M verschärft auf Unterhalt haften, wäre sie für den Kindesunterhalt leistungsfähig: 1200 – 900 = 300,– €. Da ein 16-jähriges Kind keine besondere Betreuung mehr erfordert und ein erhebliches Einkommensgefälle besteht, dürfte es der Billigkeit entsprechen, dass M ihren angemessenen Bedarf von 1100,– € behält und 100,– € zum Unterhalt beiträgt, während V den Rest von 188,– € aufbringt (V verbleiben 1912,– € und das hälftige Kindergeld).

Beispiel 2:   279
Einkommen der Mutter (M) 1200,– €, des Vaters (V) 1700,– €. V betreut die 4- und 5-jährigen Kinder. Er bezieht das Kindergeld von 154,– € und zahlt für die Betreuung der Kinder in einer Tagesstätte (vgl. Rn. 275) 350,– € (Mehrkosten der Ganztagsbetreuung). Ehegattenunterhalt wird nicht geschuldet. Barbedarf der Kinder nach DT 1/1 je 279 – 77 = 202,– €, insgesamt also 404,– €. M kann jedoch unter Wahrung ihres notwendigen Selbstbehalts von 900,– € nur 300,– € für beide Kinder aufbringen. V muss daher aus seinem Einkommen zunächst den restlichen Kindesunterhalt von 404 + 350 – 300 = 454,– € tragen. Ihm bleiben nur 1246,– €. Daher besteht kein erheblicher Einkommensunterschied. Es verbleibt bei der Zahlung von 300,– € durch M. (Vgl. Rn. 274 a).

Beispiel 3:   280
Bereinigtes Einkommen des Vaters (V), der ein 7-jähriges Kind versorgt, 2700,– €; Einkommen der nicht selbst unterhaltsberechtigten Mutter (M) 1100,– €. V bezieht das Kindergeld von 154,– €. M kann ohne Gefährdung ihres angemessenen Unterhalts von 1100,– € den nach ihrem Einkommen berechneten Kindesunterhalt nach DT 1/2 von 322 – 77 = 245,– € auch nicht teilweise decken, während der große Selbstbehalt des V von 1100,– € selbst dann nicht berührt wird, wenn von seinem Einkommen angemessene Betreuungskosten abgezogen werden. V muss daher den Bar- und den Betreuungsunterhalt allein sicherstellen. Er behält das gesamte Kindergeld. Eine Mithaftung der M scheidet aus.[219]

g) Hausmannfälle. Aus § 1603 II 3 BGB ergeben sich unbefriedigende Konsequenzen 281 in all den Fällen, in denen ein wiederverheirateter sorgeberechtigter Elternteil in einer neuen Ehe die „**Hausmann– oder Hausfrauenrolle**" übernimmt und sich deshalb zur Zahlung von Unterhalt an ein gemeinschaftliches Kind aus erster Ehe, das sich in der Obhut des früheren Ehegatten befindet, nicht für verpflichtet hält. Der BGH[220] vermeidet solche Konsequenzen, indem er aus dem Grundsatz der Gleichrangigkeit der Unterhaltsansprüche minderjähriger Kinder aus erster und zweiter Ehe (§ 1609 Nr. 1 BGB) im Interesse der gemeinsamen Kinder eine Erwerbspflicht und damit auch eine Unterhaltspflicht des wiederverheirateten Ehegatten ableitet. Der neue Ehegatte muss es ihm ermöglichen, einer solchen

---

[217] BGH, FamRZ 1983, 689; vgl. auch OLG Bamberg, FamRZ 1995, 566, 568
[218] BGH, FamRZ 1991, 182 = R 430 b
[219] Ebenso OLG Köln, OLGR 2007, 647 (Einkommen des betreuenden Vaters: 2836 €, der barunterhaltspflichtigen Mutter von 1000 € bei einem angemessenen Selbstbehalt von zeitweise noch 1000 €)
[220] FamRZ 1996, 796 = R 500 a

Erwerbsverpflichtung nachzugehen. Genaueres zu dieser „Hausmannrechtsprechung" und den entsprechenden BGH-Entscheidungen Rn. 172 ff.

281 a   **h) Beweislast.** Beruft sich im Falle des § 1603 II 3 BGB der vom Kind auf Barunterhalt in Anspruch genommene Elternteil darauf, dass der andere, das Kind betreuende Elternteil im Hinblick auf seine günstigen wirtschaftlichen Verhältnisse zum Barunterhalt beizutragen habe, so hat er darzulegen und zu beweisen, dass sein angemessener Bedarf bei Leistung des Barunterhalts gefährdet wäre und dass die Einkommens- und Vermögensverhältnisse des anderen Elternteils dessen Heranziehung zum Barunterhalt rechtfertigen.[221]

VI. Alleinige Barunterhaltspflicht eines Elternteils oder Beteiligung beider Eltern am Barunterhalt

1. Alleinige Barunterhaltspflicht eines Elternteils

282   **Im Regelfall** besteht eine **Barunterhaltspflicht nur für den nicht betreuenden Elternteil,** weil der andere Elternteil nach § 1606 III 2 BGB wegen der grundsätzlichen Gleichwertigkeit von Barunterhalt und Betreuungsunterhalt mit der Betreuung und Erziehung des minderjährigen Kindes seine Unterhaltspflicht erfüllt (vgl. Rn. 10).

283   An dieser Gleichwertigkeit ändert sich grundsätzlich auch nichts durch eine **Erwerbstätigkeit des betreuenden Elternteils.** Bei der Betreuung des Kindes kann er sich durchaus zeitweise der Hilfe Verwandter (oder sonstiger Dritter) bedienen. Dies gilt auch bei längerem Aufenthalt eines Schülers im Ausland, insbesondere einem Schüleraustausch, wenn die Verbindung zum betreuenden Elternteil nicht abreißt.[222] In welcher Weise und zu welcher Zeit die Kindesbetreuung wahrgenommen wird, ist weder für die Frage der Erfüllung der Unterhaltspflicht noch der Gleichwertigkeit ausschlaggebend.[223] Jedoch muss stets ein nennenswerter Teil der Betreuung selbst wahrgenommen werden. Überlässt ein Elternteil die Pflege und Erziehung des Kindes (nahezu) völlig Dritten, z. B. der Großmutter, erfüllt er seine Unterhaltspflicht nicht durch Betreuung (§ 1606 III 2 BGB); er ist dann zu anteiligem Barunterhalt verpflichtet.[224] Vgl. dazu Rn. 289 ff.

284   Der Unterhalt des Kindes richtet sich bei Barunterhaltspflicht nur eines Elternteils nach dessen **anrechenbarem Nettoeinkommen** (vgl. aber Rn. 113 a). Vom Bruttoeinkommen sind Einkommen- bzw. Lohnsteuer, Kirchensteuer, Solidaritätszuschlag, Sozialversicherungsabgaben einschließlich des Beitrags zur Pflegeversicherung abzuziehen. Bei Selbstständigen sind Krankenversicherungsbeiträge und ebenfalls Beiträge zu einer Pflegeversicherung sowie Aufwendungen für die Altersvorsorge in angemessener Höhe (in der Regel 20% des Gesamteinkommens)[225] zu berücksichtigen. Aufwendungen für die **zusätzliche Altersvorsorge** (z. B. „Riester-Rente") dürften nach der neueren BGH-Rechtsprechung bis zu 4% des Bruttoeinkommens berücksichtigungsfähig sein, soweit sie tatsächlich gemacht werden.[226] Zu Einschränkungen im Rahmen der Leistungsfähigkeit bei gesteigerter Unterhaltspflicht s. Rn. 247 ff. Das Einkommen ist ferner um berufsbedingte Aufwendungen zu bereinigen. Diese werden bei Einkünften aus abhängiger Tätigkeit vielfach pauschaliert (nach A 5 der Düsseldorfer Tabelle mit 5% des Einkommens, mindestens 50,– €, höchstens 150,– €) oder konkret berechnet. Der Unterhalt des Kindes ist gemäß seinem Alter der entsprechenden Einkommensgruppe der Düsseldorfer Tabelle zu entnehmen (Genaueres Rn. 218 ff.).

285   Das **Kindergeld,** das ein Elternteil erhält, wird nach § 1612 b I BGB hälftig mit dem Unterhaltsanspruch verrechnet (= Kindergeldausgleich). Nach dem Obhutsprinzip wird das

---

[221] BGH, FamRZ 2002, 742 = R 576 c; 1981, 347; OLG Köln, FamRZ 1983, 714

[222] OLG Hamm, FamRZ 1999, 1149; a. A. wohl Büttner, NJW 2000, 2555

[223] BGH, FamRZ 1981, 347; FamRZ 1980, 994; vgl. auch BVerfG FamRZ 1999, 285, 287

[224] OLG Hamm, FamRZ 1991, 104; FamRZ 1990, 307

[225] BGH, FamRZ 2003, 860 mit Anm. Klinkhammer = R 590 A

[226] BGH, FamRZ 2005, 1817, 1821 = R 632 (Ehegattenunterhalt); FamRZ 2007, 793, 795 = R 674; Palandt/Diederichsen, § 1603 Rn. 19

Kindergeld in der Regel an den Elternteil gezahlt, der das Kind in seinen Haushalt aufgenommen hat (§ 64 II 1 EStG). Dann vermindert sich der Barunterhalt, den der andere Elternteil zu zahlen hat, um das halbe Kindergeld. Zur Problematik, wenn das Kindergeld ausnahmsweise, insbesondere während einer Übergangszeit nach Trennung der Eltern, an den barunterhaltspflichtigen Elternteil gezahlt wird, vgl. Rn. 539.

Beispiel:
Bereinigtes Nettoeinkommen des Vaters nach Abzug von Steuern und Sozialversicherungsabgaben sowie von berufsbedingten Auslagen 3000,– €.
Unterhalt für Frau und 2 Kinder (2 und 8 Jahre).
Mutter erhält das Kindergeld von 154,– € je Kind.
Kindesunterhalt nach DT 5/2: 387 − 77 = 310,– €
Kindesunterhalt nach DT 5/1: 335 − 77 = 258,– €
Gesamtkindesunterhalt: 310 + 258 = 568,– €.
Ehegattenunterhalt: 3000 − 568 = 2432 × $^3/_7$ = 1042,– €
Bedarfskontrolle: 3000 − 568 − 1042 = 1390 = mehr als 1300,– €.

Eigenes Einkommen des Kindes, z. B. aus einer Ausbildungsvergütung, ist nach Berei- **286** nigung um ausbildungsbedingten Mehrbedarf (vgl. dazu Rn. 90 ff.) bedürftigkeitsmindernd auf den Unterhaltsanspruch anzurechnen. Da Bar- und Betreuungsunterhalt in der Regel gleichwertig sind, muss die Ausbildungsvergütung dem betreuenden Elternteil anteilig zugute kommen. Sie ist also im Regelfall nur zur Hälfte auf den Barunterhalt anzurechnen.[227] Genaueres Rn. 97.

Beispiel:
Einkommen des Vaters 1800,– €, der betreuenden Mutter (M) 1400,– €. Ausbildungsvergütung des 17-jährigen Kindes, das bei M wohnt, 400,– €. Kein Ehegattenunterhalt. M bezieht das Kindergeld von 154,– €.
Kindesunterhalt nach DT 4/3 (Höhergruppierung um zwei Gruppen wegen Unterhaltspflicht nur gegenüber 1 Kind; vgl. Rn. 233): 420,– €.
Die Ausbildungsvergütung von 400 − 90 (ausbildungsbedingter Mehrbedarf nach DT Anm. A 8 (vgl. dazu Rn. 93) = 310,– € ist nur zur Hälfte anzurechnen (Rn. 97), also zu 155,– €.
Kindesunterhalt: 420 − 155 − 77 (Kindergeldanteil; vgl. Rn. 503) = 188,– €.
Keine Beteiligung der Mutter am Barunterhalt.

Einkommen aus **Schülerarbeit** stammt in der Regel aus unzumutbarer Tätigkeit und ist daher in analoger Anwendung des § 1577 II BGB nicht anzurechnen, wenn der Pflichtige nicht den geschuldeten Unterhalt leistet; im Übrigen kommt nur eine teilweise Anrechnung im Rahmen der Billigkeit in Betracht.[228] Bessert der Schüler lediglich sein Taschengeld geringfügig auf, wird von einer Anrechnung vielfach abgesehen werden können. Vgl. auch Rn. 43, 88, 1/552.

Die **Rundung** des errechneten Unterhalts ist in der Praxis nicht einheitlich. Nach **286a** § 1612a II 2 BGB ist der dynamisierte Unterhalt (Rn. 246a ff.) auf volle Euro aufzurunden. Wenn sich bei der Berechnung statischen Unterhalts ein nicht auf volle Euro lautender Betrag ergibt, wird § 1612a II 2 BGB zum Teil analog angewendet:[229] Nr. 24 HbL, KG, SchlL, KL, BrbL, BraL, DrL, FrL, SüdL, BrL, KoL, NL, RostL, Nr. 25 HL. Andere Oberlandesgerichte runden kaufmännisch (so auch hier): Nr. 24 CL, DL. Bei der Kindergeldanrechnung für ein viertes Kind wurde bislang eine Rundung nicht vorgenommen. Das wurde bei der Zahlbetragstabelle (Anhang zur Düsseldorfer Tabelle) beibehalten, obwohl die Kindergeldanrechnung nunmehr bedarfsdeckend erfolgt.

2. Barunterhaltspflicht des betreuenden Elternteils

Auch wenn das Kind nur von einem Elternteil betreut wird, kann es **Ausnahmen** von **287** der grundsätzlichen Gleichwertigkeit des Bar- und des Betreuungsunterhalts nach § 1606

---

[227] BGH, FamRZ 1988, 159, 161 = R 346h
[228] BGH, FamRZ 1995, 475, 477 = R 491b
[229] So auch Scholz in der Vorauflage

III 2 BGB geben. Dies hat zur Folge, dass der betreuende Elternteil ganz oder teilweise barunterhaltspflichtig sein kann.

Dies kann der Fall sein,

- wenn und soweit der andere Elternteil auch bei gesteigerter Unterhaltspflicht nach § 1603 II 1 BGB **nicht leistungsfähig** ist, z. B. wegen anzuerkennender Schulden[230] (vgl. dazu Rn. 115, 158), ihm also bei Erfüllung der Barunterhaltspflicht weniger als sein eigener notwendiger Selbstbehalt verbleibt, der nach der Düsseldorfer Tabelle (Anm. A 5 I) 900,– € bei einem Erwerbstätigen bzw. 770,– € bei einem Nichterwerbstätigen beträgt. Vgl. dazu und zu abweichenden Selbstbehaltssätzen Rn. 264 ff. Dasselbe gilt, wenn der andere Elternteil zwar wegen Verletzung der Erwerbsobliegenheit fiktiv als leistungsfähig behandelt wird, Unterhalt aber nicht beigetrieben werden kann (§ 1607 II 1 BGB; vgl. Rn. 545 f.). In einem solchen Fall muss der leistungsfähige betreuende Elternteil auch den Barunterhalt decken. Auch eine Ersatzhaftung der Großeltern (Rn. 545) scheidet in diesem Fall aus (§ 1606 II BGB).
- wenn der **nicht betreuende Elternteil** bei voller Leistung des Barunterhalts **seinen eigenen angemessenen Bedarf von 1100,– € gefährden** würde, während der betreuende Elternteil als anderer unterhaltspflichtiger Verwandter im Sinne des § 1603 II 3 BGB über ein deutlich höheres Einkommen verfügt und deshalb neben der Betreuung auch den Barunterhalt ganz oder zum Teil ohne Gefährdung seines angemessenen Eigenbedarfs aufbringen kann. In diesem Fall greift die verschärfte Unterhaltspflicht nicht ein. Die Berechnung der Haftungsanteile der Eltern richtet sich dann nach den Besonderheiten des Einzelfalls. Vgl. dazu Rn. 274 ff. Hiervon ist der Fall zu unterscheiden, dass der barunterhaltspflichtige Elternteil den Tabellenunterhalt ohne Gefährdung seines angemessenen Selbstbehalts tragen kann, die wirtschaftlichen Verhältnisse des anderen Elternteils aber so außergewöhnlich sind, dass ein erhebliches finanzielles Ungleichgewicht entsteht. Vgl. dazu Rn. 274 b, 303;
- bei **Zusatzbedarf,** also bei Mehrbedarf, Sonderbedarf und Prozesskostenvorschuss (vgl. dazu Rn. 289, 304, 317 ff., 6/1 ff., 20 ff.).

288   Macht der auf Barunterhalt in Anspruch genommene Elternteil einen solchen Ausnahmefall geltend, muss er konkret **darlegen** und nachweisen, dass die Einkommens- und Vermögensverhältnisse des betreuenden Elternteils sowie die sonstigen Umstände dessen – zumindest teilweise – Heranziehung zum Barunterhalt rechtfertigen.[231]

3. Anteilige Barunterhaltspflicht beider Eltern nach § 1606 III 1 BGB

289   **a) Voraussetzungen.** Nach § 1606 III 2 BGB haftet ein Elternteil in der Regel allein auf den gesamten Barunterhalt, wenn das minderjährige Kind (im Wesentlichen) bei dem anderen Elternteil lebt und von diesem betreut wird. Nur ausnahmsweise, wenn besondere Umstände gegeben sind, ist auf die Grundregel des § 1606 III 1 BGB abzustellen, nach der die Eltern entsprechend ihren Erwerbs- und Vermögensverhältnissen für den Kindesunterhalt haften. Die Anwendung des § 1606 III 1 BGB kann sich bei Zusatzbedarf auf diesen beschränken, während es beim Elementarunterhalt bei der alleinigen Unterhaltspflicht des nicht betreuenden Elternteils verbleibt. Vgl. dazu Rn. 304. Im Einzelfall kann es bei gemeinsamer Barunterhaltspflicht zu schwierigen Abgrenzungsfragen kommen, da zwischen alleiniger Betreuung durch einen Elternteil, genau aufgeteilter Betreuung durch beide Eltern und Fremdbetreuung zahlreiche Mischformen denkbar sind, die zunehmend von engagierten Eltern trotz ihrer Konflikte auf der Paarebene praktiziert werden.

Eine anteilige Barunterhaltspflicht beider Eltern kommt danach in Betracht,

- wenn das **Kind von Dritten betreut** wird, z. B. bei Verwandten, in einer Pflegefamilie, in einem Heim oder Internat lebt;

---

[230] BGH, FamRZ 1996, 160 = R 496 b, c
[231] BGH, FamRZ 1981, 347

– wenn das minderjährige Kind mit Zustimmung des Sorgeberechtigten oder bei gemeinsamer Sorge mit Zustimmung beider Eltern bereits in einem **eigenen Haushalt** lebt (vgl. Rn. 226 a);
– wenn die Eltern das Kind gemeinsam betreuen (**Wechselmodell**);
– wenn die wirtschaftlichen **Verhältnisse des betreuenden Elternteils wesentlich günstiger** sind als die des anderen;
– wenn **Zusatzbedarf** zu decken ist.

    b) Drittbetreuung des Kindes. Wird das minderjährige Kind von Dritten betreut, z. B.   **290** von den **Großeltern,** befindet es sich bei **Pflegeeltern,** in einem **Heim** oder im **Internat,** müssen sich beide Eltern am Barunterhalt für das minderjährige Kind beteiligen (§ 1606 III 1 BGB). Dasselbe gilt, wenn das Kind bereits einen **eigenen Haushalt** hat, z. B. in einer vom Jugendamt betreuten Wohnung lebt. Die Haftung der Eltern für den Bedarf des Kindes richtet sich dann grundsätzlich nach den vergleichbaren Erwerbs- und Vermögensverhältnissen der Eltern. Auf die Grundsätze, die bei Berechnung des Unterhalts volljähriger Kinder gelten, wird verwiesen (Rn. 433 ff.). Der **Restbetreuung** des Kindes durch einen oder beide Elternteile ist ggf. durch Veränderung des Verteilungsschlüssels Rechnung zu tragen (Rn. 301). Der jeweilige Unterhaltsanteil wird danach wie folgt berechnet:

    Zunächst ist der **gesamte Lebensbedarf** des Kindes zu ermitteln. Dieser besteht aus dem   **291** Regelbedarf, der nach der Düsseldorfer Tabelle bemessen wird (vgl. Rn. 211 ff.). Hinzu kommt der Betreuungsbedarf, der wegen der Fremdbetreuung nicht mehr der pauschalen Regelung des § 1606 III 2 BGB unterfällt. Zu bemessen sind demnach der **Regelbedarf** und der **Betreuungsbedarf.**

    Für die Feststellung des **Regelbedarfs** nach der Düsseldorfer Tabelle ist von der Summe   **291 a** der **Einkünfte beider Eltern** auszugehen, weil bei beiderseitiger Barunterhaltpflicht die Lebensstellung des Kindes durch das Einkommen der beiden Eltern geprägt wird. Der BGH[232] hat dies zwar bisher nur für den Unterhalt Volljähriger so entschieden (siehe Rn. 388). Die Begründung dazu trifft aber auch auf minderjährige Kinder zu, wenn Bar- und Betreuungsunterhalt nicht gleichwertig sind und sich daher beide Eltern am Barunterhalt beteiligen müssen.[233] Jedoch darf die Zusammenrechnung der Einkommen der Eltern nicht dazu führen, dass ein Elternteil höheren Unterhalt zu zahlen hat, als er allein nach seinem Einkommen nach der Düsseldorfer Tabelle zahlen müsste.[234] Diese Beschränkung gilt allerdings in Sonderfällen, insbesondere bei Mehrbedarf eines behinderten Kindes, nicht (vgl. dazu Rn. 304, 317 ff., 326 ff.).

    Haben beide Eltern zusammen ein **Einkommen** von 5101,– € und höher (= Obergrenze des Einkommens nach der Düsseldorfer Tabelle), richtet sich der Kindesunterhalt „nach den Umständen des Falles". Vielfach kann es bei den Regelbedarfssätzen der Einkommensgruppe 10 der Tabelle verbleiben (siehe Rn. 128 f., 229).

    Die früher streitige Frage, ob der bei Fremdunterbringung zusätzlich entstehende **Betreu-**   **291 b** **ungsbedarf** konkret zu bemessen ist[235] oder wegen der Gleichwertigkeit von Bar- und Betreuungsunterhalt pauschal zu monetarisieren ist, hat der **BGH**[236] nunmehr im Sinne der zweiten Meinung entschieden. Danach ist der Betreuungsunterhalt grundsätzlich pauschal in Höhe des Barunterhalts zu bemessen. Der BGH hat für die Pauschalierung neben dem Grundsatz der Gleichwertigkeit von Bar- und Betreuungsunterhalt auf die Notwendigkeit abgestellt, die Bemessung der Leistungen zu erleichtern. Die vom BGH entschiedene Fallgestaltung einer von den Großeltern betreuten Halbwaisen weist keinen entscheidenden Unterschied zur Fremdbetreuung bei Haftung beider Eltern auf.

    Die Methode der pauschalen Bemessung nach Tabellenbeträgen ist allerdings nicht widerspruchsfrei. Sie führt etwa dazu, dass der Betreuungsunterhalt für ein Kind mit zunehmendem Alter entsprechend dem steigenden Barunterhalt höher zu bemessen ist. Für die

---

[232] BGH, FamRZ 1994, 696; FamRZ 1986, 151
[233] BGH, FamRZ 1984, 39
[234] BGH, FamRZ 1984, 39
[235] So Scholz in der Vorauflage, der vom BGH, FamRZ 2006, 1597, 1598 unzutreffend für die a. A. zitiert worden ist
[236] BGH, FamRZ 2006, 1597 m. w. N. mit krit. Anm. Born

Betreuung eines Siebzehnjährigen wäre demnach mehr zu veranschlagen als für die Betreuung eines Kleinkindes.[237]

Der BGH lässt **Ausnahmen** von der Gleichwertigkeit des Bar- und Betreuungsunterhalts zu. Die Darlegungs- und Beweislast trägt derjenige Elternteil, der sich auf eine Ausnahme beruft. In Fällen der Heim- oder Internatsunterbringung stehen die Kosten regelmäßig fest, so dass die Darlegung der konkreten Kosten keine ernsthaften Schwierigkeiten bereitet. Bei der **Heimunterbringung** ist ohnedies zu beachten, dass regelmäßig öffentliche Jugendhilfeleistungen nach dem **SGB VIII** erbracht werden, die als (nicht subsidiäres) Einkommen des Kindes anzurechnen sind.[238]

292   Von dem Gesamtbedarf ist **eigenes Einkommen des Kindes** jeder Art bedürftigkeitsmindernd **voll abzuziehen**.[239] Auf diese Weise kommt das Kindereinkommen beiden Eltern entsprechend ihrem Haftungsanteil zugute. Eine Ausbildungsvergütung ist vor der Anrechnung um ausbildungsbedingten Mehrbedarf zu bereinigen (s. Rn. 90 ff.).

293   **Kindergeld** ist nach § 1612 b I BGB zur Deckung des Barbedarfs des Kindes zu verwenden. Der Unterhalt, den der das Kindergeld nicht beziehende Elternteil zu zahlen hat, ist im Wege der bedarfsdeckenden Anrechnung um die Hälfte des Kindergeldes zu vermindern (§ 1612 b I S. 1 Nr. 1 BGB). Der Unterhalt des Elternteils, der das Kindergeld erhält, ist um die Hälfte des Kindergeldes zu erhöhen. An dieser aus § 1612 b II BGB a. F. hergeleiteten Regelung hat die Unterhaltsreform 2007 nichts geändert. Kindergeld ist nach § 1612 b I S. 1 Nr. 2 bedarfsdeckend vom errechneten Tabellenunterhalt abzuziehen, wenn es bei Drittbetreuung nach §§ 64 II 1, 32 I EStG unmittelbar der Betreuungsperson zufließt.[240] Die auf Pflegeeltern grundsätzlich anwendbare Vorschrift des § 1612 b I BGB (vgl. Rn. 505) passt bei Barunterhaltspflicht beider Eltern nicht.

294   Die Eltern **haften** gemäß § 1606 III 1 BGB für den verbleibenden **Restbedarf anteilig** nach ihren Erwerbs- und Vermögensverhältnissen.[241] Die Unterhaltsquoten sind **nach der Leistungsfähigkeit** der Eltern zu bemessen.[242] Die Leistungsfähigkeit richtet sich nach den ihnen für Unterhaltszwecke tatsächlich zur Verfügung stehenden Mitteln,[243] also nach den **vergleichbaren Einkünften der Eltern.** Von dem jeweiligen Nettoeinkommen sind zunächst **alle notwendig zu erfüllenden Verpflichtungen** für Steuern, Krankheits- und Altersvorsorge, Pflegeversicherung, mit der Berufstätigkeit eines Elternteils zusammenhängende Betreuungskosten, ggf. ein Betreuungsbonus (vgl. Rn. 275, 275 a) abzuziehen, ferner berücksichtigungswürdige Verbindlichkeiten und Unterhaltszahlungen an andere Berechtigte, insbesondere an gleichrangige Geschwister und Halbgeschwister des unterhaltsberechtigten minderjährigen Kindes; denn die entsprechenden Gelder stehen zur Bestreitung des eigenen Bedarfs nicht zur Verfügung.[244] Zur vergleichbaren Problematik bei Berechnung des Unterhaltsanspruchs privilegiert volljähriger Kinder vgl. Rn. 470. Dagegen ist das Einkommen eines Elternteils nicht deshalb zu vermindern, weil er ein anderes Kind betreut, ohne dass dadurch besondere Kosten oder ein besonderer Betreuungsaufwand entstehen, wie dies z. B. bei einem fast volljährigen Kind der Fall ist.[245] Vgl. dazu unten Beispiel Rn. 297.

295   Außerdem ist bei den Einkünften beider Eltern der für den eigenen Unterhalt erforderliche Betrag, in der Regel ein gleich hoher **Sockelbetrag,** abzuziehen. Dadurch werden ungleiche Belastungen bei erheblichen Unterschieden der vergleichbaren Einkünfte vermieden. Der BGH sieht in dem Abzug eines solchen Sockelbetrages eine billigenswerte Methode, durch die eine unangemessene Belastung der Bezieher unterschiedlich hoher Einkünfte vermieden werden kann.[246] Der Sockelbetrag kann bei höheren Einkünften der Eltern wie beim Volljährigenunterhalt (vgl. Rn. 447) in Höhe des **angemessenen Selbst-**

---

[237] Vgl. Eschenbruch/Klinkhammer/Wohlgemuth, Unterhaltsprozess, Rn. 3133

[238] BGH, FamRZ 2007, 377 m. Anm. Doering-Striening

[239] BGH, FamRZ 2006, 1597, 1599 = R 659

[240] Vgl. dazu BGH, FamRZ 1986, 151 = NJW-RR 1986, 416

[241] BGH, FamRZ 1988, 159, 161 = R 346 f

[242] BGH, FamRZ 1986, 153 = R 278 b

[243] BGH, FamRZ 1988, 1039 = R 366 c

[244] BGH, FamRZ 1988, 1039 = R 366 c

[245] BGH, FamRZ 2006, 1597; FamRZ 1988, 1039 = R 366 c

[246] BGH, FamRZ 1988, 1039; FamRZ 1986, 153; FamRZ 1986, 151

behalts von 1100,– € nach der Düsseldorfer Tabelle (A 5 II) angesetzt werden (zu abweichenden Selbstbehaltssätzen einiger Oberlandesgerichte Rn. 417 ff.). Dadurch wird erreicht, dass jeder Elternteil mindestens seinen angemessenen Selbstbehalt behält. Vgl. dazu die Beispiele Rn. 297, 300. Wird der Kindesunterhalt bei dieser Berechnung nicht gedeckt, müssen die Eltern ihr Einkommen ggf. bis zum **notwendigen Selbstbehalt,** der nach Anm. A 5 I der Düsseldorfer Tabelle bei Erwerbstätigen 900,– €, bei Nichterwerbstätigen 770,– € beträgt (vgl. Rn. 264), für den Kindesunterhalt einsetzen. Das liegt darin begründet, dass nunmehr – für beide Elternteile – die verschärfte Unterhaltspflicht nach § 1603 II BGB eingreift. Diese Unterhaltsbemessung entspricht der Berechnung des Unterhalts beim privilegiert volljährigen Kind. Vgl. Rn. 468 sowie das Beispiel Rn. 298. Die Auffassung der Oberlandesgerichte Bremen und Oldenburg (ähnlich OLG Düsseldorf, jeweils 12. 3 der Leitlinien), dass als Sockelbetrag stets der notwendige Selbstbehalt vom Einkommen abzuziehen sei, ist zweifelhaft. Sie benachteiligt den weniger verdienenden Elternteil und kann dazu führen, dass dieser entgegen der Wertung des § 1603 II 3 BGB seinen angemessenen Selbstbehalt anzugreifen hat, obwohl der besser verdienende Elternteil über ausreichendes Einkommen oberhalb des angemessenen Selbstbehalts verfügt. Aus diesem Grund wird vielfach (offenbar auch vom BGH[247]) zwischen beengten und besseren Einkommensverhältnissen differenziert und nur im Mangelfall die Quotierung unter Abzug des notwendigen Selbstbehalts als Sockelbetrag durchgeführt, während es ansonsten bei dem angemessenen Selbstbehalt als Sockelbetrag verbleibt.[248] Auch dies führt indessen zu Widersprüchen, die das Beispiel 1, Rn. 297(Abwandlung) verdeutlicht. Vgl. auch Rn. 468, 468 a.

Hier wird statt dessen vorgeschlagen, die Quotenberechnung auf Grund des nach Abzug **296** des **angemessenen Selbstbehalts als Sockelbetrag** verbleibenden Einkommens als vergleichbares Einkommen vorzunehmen **(1. Schritt).** Erst wenn (und soweit) sich bei dieser Methode noch eine Bedarfslücke beim Kindesunterhalt ergibt **(Mangelfall),** haften beide Eltern für den Fehlbetrag anteilig mit ihrem jeweiligen Einkommen zwischen dem notwendigen und angemessenen Selbstbehalt **(2. Schritt).**[249] Näheres beim Beispiel 1, Rn. 297.

Verbleibt bei einem Elternteil eine Restbetreuung, kann der Verteilungsschlüssel u. U. wertend verändert werden (Rn. 305).

Beispiel 1: **297**
Den getrennt lebenden Eltern ist das Sorgerecht für ihr Kind (15 Jahre) vorläufig entzogen. Das Kind lebt bei einer Tante, die nach § 74 I 1 EStG das Kindergeld bezieht. Die Tante verzichtet im Interesse der Eltern auf eine Erstattung der Kosten für die Betreuung. Das Jugendamt macht als Vormund den Barunterhalt geltend. Der Vater (V) hat ein Einkommen von 1550,– €, die Mutter (M) ein Einkommen von 1100,– €
Bedarf des K auf Grund des zusammengerechneten Einkommens der Eltern von 2650,– € nach DT 4/3: 420 – 154 (volles Kindergeld) = 266,– €. Keine Höhergruppierung wegen unterdurchschnittlicher Unterhaltslast, da diese bei Zusammenrechnung der Einkommen beider Eltern zu unangemessenen Ergebnissen führt.[250]
Quotenberechnung mit notwendigem Selbstbehalt als Sockelbetrag:
Vergleichbares Einkommen V: 1550 – 900 = 650,– €
Vergleichbares Einkommen M: 1100 – 900 = 200,– €
Quote V: 650 : (650 + 200) × 266 = 203,– €; V verbleiben 1550 – 203 = 1347,– €
Quote M: 200: (650 + 200) × 266 = 63,– €; M verbleiben 1100 – 63 = 1037,– €
M muss 63,– € aus ihrem angemessenen Selbstbehalt aufbringen. Das widerspricht der gesetzlichen Regelung in § 1603 II S. 3 BGB, die eine verschärfte Unterhaltspflicht wegen des leistungsfähigen V nicht vorsieht.
Hier vorgeschlagene Methode:
1. Schritt (§§ 1603 I, 1606 III S. 1 BGB):
Vergleichbares Einkommen V: 1550 – 1100 = 450,– €
Vergleichbares Einkommen M: 1100 – 1100 = 0,– €

---

[247] BGH, FamRZ 2008, 137, FamRZ 2007, 542
[248] So auch Scholz in der Vorauflage
[249] Ähnlich Luthin/Schumacher, Unterhaltsrecht, Rn. 3181
[250] BGH, FamRZ 1986, 151; Scholz, FamRZ 1993, 125, 135

V ist hinreichend leistungsfähig (1550 − 266 = 1284,− €) und haftet demzufolge für den Kindesunterhalt in Höhe von 266,− € alleine.

2. Schritt (§§ 1603 II, 1606 III S. 1 BGB): Nicht erforderlich, weil kein Mangelfall vorliegt.

Kontrollberechnung: Wäre V alleine zum Unterhalt verpflichtet, so würde sich der Unterhalt wie
folgt berechnen:

Bedarf nach DT 4/3: 420,− €; Höherstufung um 2 Gruppen wegen unterdurchschnittlicher Unterhaltslast

Unterhalt: 420 − 154 (Kindergeld) = 266,− €. Die Frage, ob wegen der vollen Kindergeldanrechnung überhaupt noch eine Kontrollberechnung durchzuführen ist,[251] stellt sich hier wegen des
identischen Unterhaltsbetrages nicht.

Abwandlung: Das Einkommen des V beträgt 1300,− €, das Einkommen der M 1000,− €

Bedarf des K auf Grund des zusammengerechneten Einkommens von 2300,− € DT 3/3 (Einkommensgruppe 4 erst ab 2301,− €): 402,− €; 402 − 154 = 248,− € (ohne Höhergruppierung
s. o.)

Quotenberechnung mit notwendigem Selbstbehalt als Sockelbetrag:

Vergleichbares Einkommen V: 1300 − 900 = 400,− €

Vergleichbares Einkommen M: 1000 − 900 = 100,− €

Quote V: 400: (400 + 100) × 248 = 198,− €; V verbleiben 1300 − 198 = 1102,− €

Quote M: 100: (400 + 100) × 248 = 50,− €; M verbleiben 1000 − 50 = 950,− €

Auch hier verschiebt sich die Quote überproportional zu Lasten der M.

Hier vorgeschlagene Methode:

1. Schritt (§§ 1603 I, 1606 III S. 1 BGB):

Vergleichbares Einkommen V: 1300 − 1100 = **200,− €**

Vergleichbares Einkommen M: 1000 − 1100 = 0,− €

Mangelfall: V ist nicht hinreichend leistungsfähig, weil ihm für den Kindesunterhalt von 248,− € nur
200,− € zur Verfügung stehen.

2. Schritt (§§ 1603 II, 1606 III S. 1 BGB):

Vergleichbares Einkommen V (unterhalb des angemessenen Selbstbehalts): 1100 − 900 = 200,− €

Vergleichbares Einkommen M (unterhalb des angemessenen Selbstbehalts): 1000 − 900 = 100,− €

Quote V: 200: (200 + 100) × (248 − 200) = **32,− €**

Quote M: 100: (200 + 100) × (248 − 200) = **16,− €**

Ergebnis: V schuldet demnach 200 + 32 = **232,− €**; M schuldet **16,− €**; M verbleiben 1300 − 232
= 1068,− €; M verbleiben 1000 − 16 = 984,− €.

Kontrollberechnung: Wäre V alleine zum Unterhalt verpflichtet, so würde sich der Unterhalt wie
folgt berechnen:

Bedarf nach DT 3/3: 420,− €; Höherstufung um 2 Gruppen wegen unterdurchschnittlicher Unterhaltslast

Unterhalt: 402 − 154 (Kindergeld) = 248,− €. Die Frage, ob wegen der vollen Kindergeldanrechnung überhaupt noch eine Kontrollberechnung durchzuführen ist,[252] stellt sich auch hier wegen des
identischen Unterhaltsbetrages nicht.

298   Beispiel 2:

Anrechenbares Einkommen des Vaters (V) 1700,− €, der Mutter (M) 1200,− €. Den Eltern ist das
Sorgerecht für das gemeinsame 4-jährige Kind entzogen. Es wird auf Veranlassung des Vormundes
von einer Tante betreut, die sich mit dem Tabellenunterhalt und einer Vergütung von 300,− €
monatlich begnügt. Bei M lebt ein nichteheliches 17-jähriges Kind, für das sie von dessen Vater
Barunterhalt erhält. Kein Ehegattenunterhalt.

Regelbedarf des 4-jährigen Kindes entsprechend dem zusammengerechneten Einkommen der Eltern
von 2900,− € nach DT 5/1 335,− €. Keine Höhergruppierung wegen unterdurchschnittlicher
Unterhaltslast. Keine Kürzung des Einkommens der M wegen Betreuung des 17-jährigen Kindes
(vgl. Rn. 294).

Mehrbedarf für Betreuung 300,− €. Das Kindergeld von 154,− € wird an die Tante ausgezahlt.

Restbedarf des Kindes 335 + 300 − 154 = 481,− €.

Vergleichbares Einkommen des V: 1700 − 1100 (Sockelbetrag) = 600,− €.

Vergleichbares Einkommen der M = 1200 − 1100 = 100,− €.

Summe der vergleichbaren Einkommen: 700,− €.

V schuldet 481 × 600 : 700 = 412,− €.

M schuldet 481 × 100 : 700 = 69,− €.

Beide Eltern behalten mehr als ihren angemessenen Selbstbehalt von 1100,− €.

---

[251] So Gerhardt, FamRZ 2006, 740
[252] So Gerhardt, FamRZ 2006, 740

Beispiel 3: 299

Anrechenbares Einkommen des Vaters (V) 3500,– €, der Mutter (M) 1100,– €. Das gemeinsame 4-jährige Kind lebt bei einer Schwester des Vaters und wird von ihr betreut. V bezieht das Kindergeld von 154,– €. Kein Ehegattenunterhalt.

Regelbedarf des Kindes entsprechend dem zusammengerechneten Einkommen der Eltern von 4600,– € nach DT 9/1 425,– €.

Mehrbedarf für Betreuung durch die Schwester 150,– €.

Da V über ein deutlich höheres Einkommen als M verfügt, die Einkünfte der M zudem ihren angemessenen Bedarf von 1100,– € nicht überschreiten (vgl. Rn. 274, 295), muss V den gesamten Kindesunterhalt von 575 – 154 Kindergeld (§ 1612 b I S. 1 Nr. 2 BGB) = 421,– € allein tragen. M schuldet keinen Barunterhalt. Das Kindergeld ist von M in voller Höhe an das Kind auszukehren (§ 1612 b I S. 1 BGB).[253]

Beispiel 4: 300

Anrechenbares Einkommen des Vaters (V) 1850,– €, der Mutter (M) 1350,– €. M tilgt berücksichtigungsfähige Schulden von 100,– €. Kein Ehegattenunterhalt.

Das 5-jährige Kind wird von der Großmutter in deren Haushalt versorgt. Beide Eltern kümmern sich in ihrer Freizeit in etwa gleichem Umfang um das Kind. Die Großmutter verlangt nur den Tabellenunterhalt und verzichtet im Interesse der Eltern auf ein Entgelt für die Betreuung. Das Kindergeld von 154,– € erhält M.

Regelbedarf des Kindes entsprechend dem zusammengerechneten Einkommen der Eltern (1850 + 1350 – 100 = 3100,– €) nach DT 5/1 335 – 154 = 181,– €.

Vergleichbare und um den Sockelbetrag von 1100,– € gekürzte Einkommen des V: 1850 – 1100 = 750,– €; der M: 1350 – 100 – 1100 = 150,– €; insgesamt 900,– €.

Haftungsanteil des V: 181 × 750 : 900 = 140,– €.

Haftungsanteil der M: 181 × 150 : 900 = 41,– €.

Beide Eltern behalten mehr als ihren angemessenen Selbstbehalt von 1100,– €. M hat zudem nach § 1612 b I S. 1 BGB das volle Kindergeld an das Kind auszukehren.

Der Sockelbetrag bei **nicht aus Erwerbstätigkeit stammendem Einkommen** beträgt 301 bei der Haftung gemäß § 1603 I BGB (angemessener Selbstbehalt) 1100,– €, bei der Haftung gemäß § 1603 II (notwendiger Selbstbehalt) 770,– €.

Der **Haftungsanteil** ist **wertend zu verändern,** wenn bei grundsätzlicher Fremdbetreuung ein Elternteil **restliche Betreuungsaufgaben** erfüllt. Das Ausmaß dieser wertenden Veränderung des allein nach den finanziellen Verhältnissen ermittelten Haftungsanteils zugunsten des in dieser Weise zusätzlich belasteten Elternteils ist abhängig vom Umfang der tatsächlich erforderlichen und zu erbringenden Betreuungsleistungen.[254] Vgl. auch Rn. 305.

c) Gemeinsame Betreuung des Kindes durch die Eltern. Insbesondere bei beider- 302 seitiger Berufstätigkeit teilen Eltern immer häufiger die tägliche Pflege und Erziehung des Kindes unter sich auf, ohne sich an die gesetzliche Vorgabe in § 1687 BGB zu halten, nach der nur ein Elternteil das Kind betreut und die Mitbestimmung des anderen nur Angelegenheiten von erheblicher Bedeutung betrifft. Dies kommt vor allem bei nicht verheirateten Lebensgefährten, aber auch bei Ehegatten vor, die nach Trennung oder Scheidung die elterliche Sorge weiterhin gemeinsam ausüben. Vgl. dazu Rn. 226, 316 ff. Die zeitweilige Betreuung des Kindes während der Ausübung des Umgangsrechts reicht allerdings nicht aus (Rn. 104, 126, 171). Derartige Betreuungsmodelle können zu beachtlichen Schwierigkeiten bei der Unterhaltsberechnung führen. Zu den Einzelheiten vgl. Rn. 316 b.

d) Wesentlich günstigere Einkommensverhältnisse eines Elternteils. Der betreu- 303 ende Elternteil ist verpflichtet, auch den Barunterhalt ganz oder teilweise zu tragen, wenn der angemessene Bedarf des anderen Elternteils bei Erfüllung der Barunterhaltspflicht gefährdet würde (vgl. dazu Rn. 274, 287). Aber auch dann, wenn dies nicht der Fall ist, jedoch die wirtschaftlichen Verhältnisse des betreuenden Elternteils wesentlich günstiger sind als die des anderen, kann die alleinige Barunterhaltspflicht des anderen Elternteils zu einem erheblichen finanziellen Ungleichgewicht der beiderseitigen Belastungen führen.[255] In einem solchen Fall ist der betreuende Elternteil gehalten, sich am Barunterhalt zu beteiligen.

---

[253] Vgl. Scholz, FamRZ 2007, 2021, 2026
[254] BGH, FamRZ 1983, 689
[255] BGH, FamRZ 1991, 182, 184 = R 430 a

Dies ist aber auf wenige Ausnahmefälle zu beschränken.[256] Die Leitlinien der Oberlandesgerichte setzen zumeist für eine Mithaftung voraus, dass das Einkommen des betreuenden Elternteils **bedeutend höher** ist als das Einkommen des barunterhaltspflichtigen. Nach den Leitlinien des OLG Frankfurt (FL 12. 3) kommt eine Mithaftung des betreuenden Elternteils bei etwa dreifach höherem Einkommen und günstigen Vermögensverhältnissen in Betracht.

> **Beispiel:**
> V wohnt mit dem dreijährigen Kind zusammen mit seinen Eltern, die ihm die Betreuung des Kindes weitgehend abnehmen, in einem ihm gehörenden Haus, das im Wesentlichen schuldenfrei ist. Er verdient 3800,– €, M nur 1350,– €.
> M kann den Unterhalt für K nach DT 3/1 (bei zweimaliger Höhergruppierung, vgl. Rn. 233) von 307 – 77 = 230,– € zahlen, ohne dass ihr angemessener Bedarf gefährdet würde. Gleichwohl muss angesichts der wesentlich günstigeren Einkommens- und Vermögensverhältnisse V den Barunterhalt zusätzlich zur Betreuung übernehmen.

304   **e) Zusatzbedarf.** Fällt bei einem minderjährigen Kind Zusatzbedarf an, der nicht durch den Tabellenbetrag abgedeckt wird, so muss sich der betreuende Ehegatte grundsätzlich im Rahmen seiner Leistungsfähigkeit hieran beteiligen. Die Barunterhaltspflicht des anderen Elternteils in Höhe des Tabellenbetrages bleibt grundsätzlich unberührt.[257] In Betracht kommt dies vor allem bei Mehrbedarf infolge Erkrankung oder infolge Besuchs eines Internats (Rn. 317 ff.). Häusliche Ersparnisse, z. B. durch Verpflegung in der Mensa des Internats, sind zu berücksichtigen. Gemeinsam zu tragender Zusatzbedarf kann auch Sonderbedarf (Rn. 6/1 ff.) oder ein Prozesskostenvorschuss (Rn. 6/20 ff.) sein. Die Eltern haften für den Zusatzbedarf gemäß § 1606 III S. 1 BGB nach ihren Erwerbs- und Vermögensverhältnissen. Die Betreuung des Kindes befreit den betreuenden Elternteil auch nicht ohne Weiteres von seiner Erwerbsobliegenheit. Das Kind kann allerdings regelmäßig nicht darauf verwiesen werden, den Unterhalt auf Grund fiktiven Einkommens gegen den betreuenden Elternteil geltend zu machen; vgl. Rn. 440.

> **Beispiel:**
> V verdient 3000 €, M 1600 €. M betreut das gemeinsame Kind K (12 Jahre) und erhält das Kindergeld von 154 €. K ist lernbehindert und besucht im Einvernehmen beider Eltern eine Privatschule, die monatlich 300 € kostet. Keine häuslichen Ersparnisse durch den Privatschulbesuch. Tabellenunterhalt nur nach dem Einkommen des V von 3000 € (DT 7/3 bei zweimaliger Höhergruppierung; vgl. Rn. 233) = 497,– €. 497 – 77 = 420,– €.
> F muss sich am Mehrbedarf beteiligen. Bei der Berechnung der Haftungsanteile der Eltern für den Mehrbedarf sind der Tabellenunterhalt (abzüglich hälftiges Kindergeld) für K und der angemessene Selbstbehalt von 1100,– € (Rn. 295) vorweg abzuziehen
>
> Vergleichbare Nettoeinkommen:
> V: 3000 – 420   – 1100 =   1480,– €
> M: 1600   – 1100 =   500,– €
> Gesamteinkommen   1980,– €
>
> V zahlt: 300 × 1480 : 1980 = 224,– €
> M zahlt: 300 × 500 : 1980 = 76,– €
> V zahlt also 420 + 224 = 644,– €.
> M muss die restlichen Schulkosten von 76,– € aufbringen.

305   **f) Veränderung des Verteilungsschlüssels.** Insbesondere bei behinderten Kindern ist es häufig nicht angemessen, den betreuenden Elternteil an den dadurch entstehenden Kosten allein nach dem Maßstab der beiderseitigen Einkommens- und Vermögensverhältnisse zu beteiligen. Vielmehr muss seiner Zusatzbelastung durch die häufig anstrengende Betreuung und eine (Teil-) Barunterhaltspflicht dadurch Rechnung getragen werden, dass der Verteilungsschlüssel **wertend** verändert wird.[258] Es muss vermieden werden, dass der Elternteil, der das Kind ganz oder teilweise betreut und daher mehr leisten muss als der andere, durch die zusätzliche Heranziehung zum Barunterhalt im Verhältnis zum anderen Elternteil ungerecht belastet wird. Durch eine entsprechende Veränderung der Haftungsquoten soll die

---

[256] BGH FamRZ 2002, 742 = R 576 c
[257] BGH, FamRZ 1998, 286 = R 518 a; 1983, 689
[258] BGH, FamRZ 1985, 917

erhöhte Belastung aufgefangen und dem zusätzlich belasteten Elternteil als Ausgleich dafür im Vergleich zum anderen ein größerer Spielraum zur Befriedigung persönlicher Bedürfnisse belassen werden.[259] Das Ausmaß richtet sich danach, in welchem Umfang der sorgeberechtigte Elternteil erhöhte oder verminderte Betreuungsleistungen zu erbringen hat und worin diese im Einzelnen bestehen.[260]

Beispiel: $\qquad$ 306
Nettoeinkommen des Vaters (V) 2600,– €, der betreuenden Mutter (M): 2800,– €.
Das gemeinsame Kind K 1 (10 Jahre) ist lernbehindert und schwer erziehbar und besucht deshalb eine private Ganztagsschule; Mehrkosten 350,– €; häusliche Ersparnis 50,– €; M erhält das Kindergeld von 154,– €.
V ist einem weiteren Kind (4 Jahre) aus einer nichtehelichen Lebensgemeinschaft unterhaltspflichtig.
Regelbedarf K 2 nach DT 4/1: 321 − 77 = 244,– €
Regelbedarf K 1 nach DT 4/2: 371 − 77 = 294,– €; Mehrbedarf: 350 (Mehrkosten) − 50 (Ersparnis) = 300,– €; Gesamtbedarf: 594,– €.
Ermittlung der Haftungsanteile für den Mehrbedarf:
Das Einkommen des V ist um den Barunterhalt für beide Kinder zu kürzen (Rn. 294).
Vergleichbares Nettoeinkommen des V: 2600 − 294 (K 1) − 244 (K 2) − 1100 (Sockelbetrag) = 962,– €.
Vergleichbares Nettoeinkommen der M: 2800 − 1100 (Sockelbetrag) = 1700,– €.
Summe der vergleichbaren Beträge: 2662,– €.
Anteil des V: 300 × 962 : 2662 = 108,– €.
Anteil der M: 300 × 1700 : 2662 = 192,– €.
Da M das Kind nach der Schule, an den Wochenenden und in den Ferien weitgehend zu betreuen hat und im Verhältnis zu V allenfalls zu einer Halbtagstätigkeit verpflichtet ist, müssen die Haftungsanteile der Eltern für den Mehrbedarf wertend verändert werden. Es ist angemessen, dass M hiervon $\frac{1}{3}$, also 100,– €, V dagegen $\frac{2}{3}$, also 200,– €, aufbringt.

g) Betreuungskosten. Bislang war umstritten, ob Betreuungskosten Mehrbedarf des 307 Kindes oder berufsbedingte Aufwendungen des betreuenden Elternteils sind. Der BGH hat nunmehr für den häufigen Fall der Ganztagsbetreuung in einer Kindertagesstätte entschieden, dass die Kosten als Mehrbedarf des Kindes anzusehen sind.[261]

Beispiel:
Anrechenbares Einkommen des Vaters (V) 2200,– €, der Mutter (M) 1600,– €. Kein Ehegattenunterhalt (z. B. wegen Verwirkung nach § 1579 Nr. 7 BGB).
Das 5-jährige Kind lebt bei der erwerbstätigen M. Es besucht die Kindertagesstätte. Hierfür sind ein Beitrag von 100,– € sowie Essensgeld von 70,– € zu entrichten.
Regelbedarf des K nach dem Einkommen des V: DT 5/1 (Höherstufung um 2 Gruppen): 335 − 77 = 258,– €.
Vergleichbares Einkommen V: 2200 − 258 − 1100 = 842,– €
Vergleichbares Einkommen M: 1600 − 1100 = 500,– €
Mehrbedarf: 100,– € Kindergartenbeitrag. Das Essensgeld wird durch den Regelbedarf abgedeckt.
Anteil V: 842: (842 + 500): 100 = 63,– €
Anteil M: 500: (842 + 500): 100 = 37,– €.

h) Keine Gesamtschuld. Die Eltern haften dem Kind für ihren jeweiligen Unterhalts- 308 anteil nicht als Gesamtschuldner, sondern als Teilschuldner.[262] Vgl. auch Rn. 437. Dies gilt auch bei gesetzlichem Forderungsübergang, z. B. nach §§ 33 SGB II, 94 SGB XII.

4. Unterhalt bei Geschwistertrennung

a) Keine Verrechnung des Kindesunterhalts. Bei Geschwistertrennung erfüllt jeder 309 Elternteil, der mindestens eines von mehreren gemeinsamen minderjährigen Kindern betreut, nur gegenüber dem bei ihm befindlichen Kind seine Unterhaltspflicht durch Pflege und Erziehung (§ 1606 III 2 BGB). Dem anderen Kind ist er grundsätzlich zum Barunterhalt verpflichtet. Jedes Kind hat daher gegen den Elternteil, bei dem es nicht lebt, Anspruch

---

[259] BGH, FamRZ 1983, 689
[260] BGH, FamRZ 1983, 689
[261] BGH, Urt. v. 5. 3. 2008 = R 691
[262] BGH, FamRZ 1986, 153

auf Barunterhalt, dessen Höhe sich nach dem anrechenbaren Nettoeinkommen dieses Elternteils richtet. Sind die Einkünfte bei beiden Eltern annähernd gleich hoch, empfiehlt sich eine einvernehmliche Vereinbarung, dass jeder Elternteil in vollem Umfang für den Unterhalt (Bar- und Betreuungsbedarf) des bei ihm lebenden Kindes aufkommt, für das andere Kind dagegen keinen Barunterhalt zu leisten hat. Dies geschieht rechtlich in zulässiger Weise durch eine wechselseitige **Freistellungsvereinbarung** der Eltern, die allerdings nur sie selbst bindet.[263] Der Unterhaltsanspruch der Kinder bleibt unberührt, da die Eltern nicht in deren Namen mit Wirkung für die Zukunft auf Unterhalt verzichten können (§ 1614 I BGB). Vgl. dazu Rn. 525 ff.

310   **b) Einkünfte der Eltern.** Verfügen beide Eltern über Einkommen, insbesondere aus voll- oder halbschichtiger Erwerbstätigkeit, bemisst sich die Barunterhaltspflicht des Elternteils gegenüber dem von ihm nicht betreuten Kind nach den bisher dargestellten Grundsätzen (vgl. Rn. 282 ff.). Maßgebend ist daher zunächst das anrechenbare Nettoeinkommen des jeweils barunterhaltspflichtigen Elternteils (vgl. allerdings Rn. 113 a).

311   Mehrkosten, die dem Verpflichteten dadurch entstehen, dass er trotz des bei ihm befindlichen betreuungsbedürftigen Kindes einer Erwerbstätigkeit nachgeht (Kosten für den Besuch eines Horts, einer Ganztagsschule oder eines Kindergartens), dürften nach der Rechtsprechung des **BGH** nun weitgehend als Mehrbedarf des Kindes anzusehen sein und nicht – wie bisher wohl überwiegend vertreten[264] – als berufsbedingte Aufwendungen des betreuenden Elternteils. Der BGH hat dies indessen mit der Zweckrichtung der Unterbringung des Kindes begründet und darauf abgestellt, dass der Kindergartenbesuch in erster Linie **erzieherischen Zwecken** dient. Ob etwa für Kosten einer Tagesmutter etwas anderes gilt, ist offen. Wem die Kosten zuzurechnen sind, hat Auswirkungen darauf, ob sie auch dann vom nicht betreuenden Elternteil mit zu tragen sind, wenn er dem anderen Elternteil keinen Unterhalt schuldet.

312   Das Einkommen des barunterhaltspflichtigen Elternteils wird nur in seltenen Ausnahmefällen aus **unzumutbarer Erwerbstätigkeit** stammen. Bei Geschwistertrennung besteht eine ähnliche Situation wie bei der Hausmannrechtsprechung (Rn. 172 ff.). Der Elternteil, der nur eines von zwei Kindern betreut, erfüllt nur diesem gegenüber seine Unterhaltspflicht durch Pflege und Erziehung (§ 1606 III 2 BGB). Dem anderen Kind ist er barunterhaltspflichtig. Er darf sich also nicht auf die Betreuung des bei ihm lebenden Kindes beschränken, sondern muss mindestens durch eine Nebentätigkeit zum Unterhalt des anderen beitragen.[265] Vgl. auch Rn. 315.

313   Schließlich kann dem barunterhaltspflichtigen Elternteil wegen Betreuung des bei ihm lebenden Kindes ggf. ein **Betreuungsbonus** gewährt werden, wenn die Betreuung zwar ohne konkret erfassbare Mehrkosten, aber doch nur unter tatsächlichen Schwierigkeiten möglich ist.[266] Vgl. dazu Rn. 275 a.

314   Es ist stets darauf zu achten, dass bei den Eltern **mit gleichem Maß** gemessen wird. Es geht nicht ohne weiteres an, die Erwerbstätigkeit der Mutter, die ein 6-jähriges Kind betreut, für unzumutbar zu halten, beim Vater, in dessen Haushalt der 5-jährige Bruder lebt, dagegen das Einkommen voll anzurechnen. Dies kann allenfalls bei gesteigerter Unterhaltspflicht nach § 1603 II 1 BGB in Betracht kommen, wenn die Betreuungsmöglichkeiten, die dem Vater zur Verfügung stehen, wesentlich günstiger sind, z. B. weil er das bei ihm lebende Kind in die Obhut der Großmutter geben kann. Auch hier wird aber vielfach ein Betreuungsbonus zu gewähren sein.

Bei der Berechnung des Ehegattenunterhalts ist der Kindesunterhalt vorweg vom Einkommen des Verpflichteten, aber auch von den Einkünften des Berechtigten abzuziehen.[267]

315   **c) Erwerbsobliegenheit.** Wenn die Eltern nichts Gegenteiliges vereinbaren, kann ein Elternteil sich dem Unterhaltsanspruch des bei ihm nicht lebenden Kindes grundsätzlich

---

[263] OLG Zweibrücken, FamRZ 1997, 178

[264] So auch Scholz in der Vorauflage

[265] Vgl. dazu OLG Hamm, FamRZ 2003, 179

[266] BGH, FamRZ 1991, 182, 184 = R 430 b

[267] BGH, FamRZ 1992, 1163 = R 437 a; bedenklich KG, NJW-RR 1996, 1287, das den Kindesunterhalt beim unterhaltsberechtigten Ehegatten nur zu $^3/_7$ abzieht

nicht mit der Begründung entziehen, er betreue dessen Bruder oder Schwester (vgl. Rn. 309, 312). Er ist verpflichtet, das Existenzminimum des vom anderen Elternteil betreuten Kindes sicherzustellen (vgl. Rn. 127 a, c), wenn er dazu nach seinen beruflichen Fähigkeiten ohne Gefährdung seines notwendigen Selbstbehalts in der Lage ist. Er ist daher in der Regel verpflichtet, einer Erwerbstätigkeit nachzugehen und dafür zu sorgen, dass das bei ihm lebende Kind teilweise von Dritten betreut wird. Die insbesondere beim Ehegattenunterhalt (§ 1570 BGB) und dem Unterhalt nach § 1615 l BGB geltende Regel, dass ein Kleinkind der ständigen Betreuung durch einen Elternteil bedarf, kann nicht ohne weiteres herangezogen werden, da jeder der Eltern für den Unterhalt jedes seiner Kinder zu sorgen hat; vgl. dazu Rn. 172 ff. Die Mutter kann sich daher grundsätzlich nicht darauf berufen, sie könne nur einer teilschichtigen Arbeit nachgehen, weil sie eine 6-jährige (Halb-)Schwester des unterhaltsberechtigten Kindes betreuen müsse. Eine **Erwerbspflicht** eines Elternteils wird nur unter besonderen Umständen verneint werden können, z. B. wenn er ein Kleinkind zu betreuen hat und eine Fremdbetreuung auch bei Anlegung eines strengen Maßstabs nicht möglich ist,[268] während die Betreuungsmöglichkeiten beim anderen Elternteil deutlich günstiger sind, z. B. weil das bei ihm lebende Kind wesentlich älter und schon weitgehend selbstständig ist. Vgl. auch Rn. 166. Im Übrigen kann eine Barunterhaltspflicht eines Elternteils entfallen, wenn sein eigener angemessener Bedarf bei Leistung von Barunterhalt gefährdet wäre, während die Einkommens- und Vermögensverhältnisse des anderen deutlich günstiger sind (vgl. dazu näher Rn. 274 ff., 287).

5. Kindesunterhalt bei gemeinsamer elterlicher Sorge

Die Regelung der elterlichen Sorge ist für die Frage, welcher Elternteil Barunterhalt zu **316** leisten hat, unerheblich. Es kommt auch nicht darauf an, ob die Eltern verheiratet oder geschieden sind, ob sie zeitweilig oder ob sie nie zusammengelebt haben. Entscheidend ist allein, ob und in welchem Umfang ein Elternteil das Kind pflegt und erzieht und dadurch seine Unterhaltspflicht erfüllt (§ 1606 III 2 BGB; vgl. Rn. 11 ff.). Dies gilt auch bei allen Formen der gemeinsamen elterlichen Sorge, gleichgültig, ob sie nach Trennung und Scheidung verheirateter Eltern fortbesteht oder ob sie bei nicht verheirateten Eltern auf einer Sorgeerklärung nach § 1626 a BGB beruht. Ist das Kind in den Haushalt eines Elternteils eingegliedert und beschränkt sich der andere nur auf eine gelegentliche Betreuung, die der Ausübung eines Umgangsrechts nahekommt, so haftet allein er auf Barunterhalt. Die Höhe des Unterhalts ergibt sich wie üblich aus der Düsseldorfer Tabelle. Wechseln die Eltern in der Betreuung ab, ist der Unterhalt unter Berücksichtigung der beiderseitigen Betreuungsleistungen zu berechnen.[269] Vgl. dazu Rn. 289, 316 b.

Steht die elterliche Sorge den Eltern gemeinsam zu, so kann der Elternteil, in dessen **316 a** **Obhut** sich das Kind befindet, Unterhaltsansprüche des minderjährigen Kindes gegen den anderen Elternteil geltend machen (§ 1629 II 2 BGB in der seit 1. 7. 1998 geltenden Fassung). Bei verheirateten Eltern, die getrennt leben oder zwischen denen eine Ehesache anhängig ist, kann der nach § 1629 II 2 BGB vertretungsberechtigte Ehegatte die Unterhaltsansprüche des Kindes nur als Prozessstandschafter im eigenen Namen geltend machen (§ 1629 III 1 BGB). Der Unterhaltsschuldner kann an den anderen Elternteil gezahlten Kindesunterhalt nicht sogleich auf Grund anderer Forderungen gegen diesen wieder pfänden.[270]

Die durch die Obhut begründete gesetzliche Vertretung zur Geltendmachung von Unterhaltsansprüchen gilt für alle Fälle der gemeinsamen Sorge, also auch, wenn sie auf Sorgeerklärungen nach § 1626 a BGB beruht. Der Elternteil, bei dem das Kind lebt, kann nach § 1713 I 2 BGB[271] auch bei gemeinsamer Sorge die Anordnung einer Beistandschaft beantragen und dem Jugendamt die Geltendmachung des Unterhalts überlassen. Betreuen

---

[268] Vgl. OLG Düsseldorf, FamRZ 1996, 167
[269] OLG Düsseldorf, NJW 2001, 3344; A I 3. 1 der Empfehlungen des 10. Deutschen Familiengerichtstages, FamRZ 1994, 358
[270] BGH, FamRZ 2006, 860
[271] I. d. F. des Kinderrechteverbesserungsgesetzes vom 9. 4. 2002 – BGBl. I 1239

beide Eltern das Kind trotz ihrer Trennung weiter, so kommt es darauf an, bei wem der **Schwerpunkt der Pflege und Erziehung** des Kindes liegt.[272] Es muss genügen, dass der Anteil eines Elternteils an Betreuung und Versorgung den Anteil des anderen geringfügig übersteigt. Nach dem BGH entfällt die Obhut des einzelnen Elternteils erst beim (strikten) **Wechselmodell,** wenn das Kind in etwa gleichlangen Phasen beim einen und dem anderen Elternteil lebt.[273] Entscheidend ist, für welche Zeiten ein Elternteil für das Kind die Verantwortung hat, auch wenn er die Betreuung teilweise durch Dritte sicherstellt[274] (vgl. Rn. 283). Der gegenteiligen Auffassung, die ein eindeutiges Übergewicht der Betreuung bei einem Elternteil verlangt,[275] ist der BGH zu Recht nicht gefolgt. Sie ist wenig praktikabel, weil sie in zahlreichen Fällen zur Bestellung eines Ergänzungspflegers zwingt. Nach dem BGH liegt noch **kein Wechselmodell** vor, wenn das Kind etwa zu 1/3 vom Barunterhaltspflichtigen betreut wird[276] und auch dann nicht, wenn es regelmäßig fünf von vierzehn Tagen sowie die Hälfte der Schulferien vom Barunterhaltspflichtigen betreut wird.[277]

Praktizieren die Eltern dagegen ein **Wechselmodell** im oben beschriebenen strengen Sinne (etwa hälftige Teilung der Betreuung), besteht weder alleinige Vertretungsmacht noch Prozessstandschaft. Dann muss entweder für die Bestellung eines Ergänzungspflegers gesorgt oder aber nach § 1628 BGB die Entscheidungsbefugnis in der Unterhaltsfrage einem Elternteil übertragen werden.[278] Zur Berechnung des Unterhalts s. Rn. 316 c.

316 b　　Jedenfalls seit Einführung der gemeinsamen elterlichen Sorge ist festzustellen, dass sich viele Kinder öfter und länger beim umgangsberechtigten Elternteil aufhalten und dass sich der Umgang teilweise einer Mitbetreuung annähert. Gleichwohl muss es im Grundsatz dabei bleiben, dass die Ausübung auch eines großzügigen Umgangsrechts nicht zur Kürzung des Barunterhalts berechtigt. Vgl. Rn. 168. Die Beköstigung des Kindes während des Umgangs führt meist nicht zu nennenswerten Ersparnissen beim betreuenden Elternteil. Daher wird der Unterhaltsbedarf des Kindes dadurch nicht teilweise gedeckt.[279] Der BGH hat daran anknüpfend eine teilweise Bedarfsdeckung selbst dann abgelehnt, wenn das Kind regelmäßig fünf von vierzehn Tage und die Hälfte der Schulferien beim Barunterhaltspflichtigen verbringt.[280]

Dieser recht weitgehenden Tendenz, die nicht selten zu einer deutlichen Mehrbelastung eines Elternteils führt, kann dadurch begegnet werden, dass der Barunterhaltpflichtige bei Betreuungszeiten, die deutlich über die üblichen Umgangskontakte hinausgehen, seine **konkreten Mehraufwendungen** darlegt.[281] Ob und inwiefern den Aufwendungen konkrete **Ersparnisse** des (hauptsächlich) betreuenden Elternteils gegenüberstehen, kann dann nach **§ 287 ZPO** geschätzt werden.

Der erweiterte Umgang stellt in der Regel auch nicht in Frage, dass der andere Elternteil im Sinne des § 1606 III 2 BGB durch Pflege und Erziehung seine Unterhaltspflicht erfüllt, da er die Hauptverantwortung für das Kind trägt und in erster Linie dessen Ansprechpartner ist.[282] Zudem erlauben ihm die Zeiten, über die er durch den Aufenthalt des Kindes beim anderen Elternteil verfügt, in der Regel die Ausübung oder Erweiterung einer Erwerbstätigkeit nicht, weil der Umgang schwerpunktmäßig am Wochenende stattfindet.

Anders kann es sein, wenn die Eltern sich in der Betreuung abwechseln, so dass auf jeden von ihnen etwa die Hälfte der Pflege und Versorgung entfällt.[283] Dann kann eine anteilige

---

[272] BGH, FamRZ 2006, 1015 mit Anm. Luthin; Johannsen/Henrich/Jaeger, § 1629 Rn. 6; Büttner, FamRZ 1998, 585, 593
[273] BGH, FamRZ 2006, 1015, 1016; FamRZ 2007, 707 jew. mit Anm. Luthin
[274] OLG Düsseldorf, NJW 2001, 3344; Palandt/Diederichsen, § 1629 Rn. 31
[275] KG, FamRZ 2003, 53, das bei Mitbetreuung zu 1/3 eine Prozessstandschaft verneint
[276] BGH, FamRZ 2006, 1015
[277] BGH, FamRZ 2007, 707 = R 672
[278] BGH, FamRZ 2006, 1015, 1016 mit Anm. Luthin
[279] BGH, FamRZ 2006, 1015, 1017
[280] BGH, FamRZ 2007, 707 = R 672; wohl zu Recht krit. insoweit Luthin, FamRZ 2007, 710: Nach der Lebenserfahrung treffen den Vater in diesem Fall erhebliche Aufwendungen und liegen beträchtliche Ersparnisse der Mutter vor.
[281] BGH, FamRZ 2006, 1015, 1017 a. E.
[282] BGH, FamRZ 2006, 1015, 1017
[283] BGH, FamRZ 2006, 1015, 1017

Barunterhaltspflicht in Betracht kommen. Vgl. dazu Rn. 302, 316 c. Es wird im Einzelfall zu prüfen sein, ob die Richtsätze der Düsseldorfer Tabelle für den Bedarf ausreichen oder ob der **Tabellenunterhalt** wegen der **Mehrkosten** angemessen erhöht werden muss, die durch die Aufteilung der Betreuung entstehen, z. B. dadurch, dass in der Wohnung jedes Elternteils ein Kinderzimmer, Kleidung, Spielzeug, Schulbedarf usw. vorhanden sein müssen. Auch kann ein Wechselmodell zu häufigen **Fahrten zwischen den beiden Wohnungen** führen.[284] Vgl. dazu Rn. 226.

In einem solchen Fall sind die Eltern in der Regel beide zu einer Erwerbstätigkeit verpflichtet. Sie haben sich den Unterhalt entsprechend ihren Einkommens- und Vermögensverhältnissen ggf unter wertender Veränderung des Verteilungsschlüssels (dazu Rn. 296, 305, 321) zu teilen. Beide Eltern werden einen Teil des Unterhalts in Natur decken, so dass Barunterhalt nur in Form einer den Tabellenunterhalt nicht erreichenden Ausgleichszahlung zu entrichten sein wird.[285]

Beispiel: 316 c
V und M praktizieren für ihren fünfjährigen Sohn Florian ein strenges Wechselmodell mit gleichen Betreuungsanteilen auch während der Kindergartenferien.[286] Es entstehen Mehrkosten für die Wohnung (70,– €) und Fahrtkosten (50,– €), die der M trägt. Florian leidet an einer Allergie. Die homöopathische Behandlung verursacht einen nicht durch die Krankenversicherung abgedeckten Mehraufwand von mtl. 130,– €. Die Kosten trägt der V. Für die Bekleidung des Kindes, die von M besorgt wird, fallen mtl. durchschnittlich 70,– € an. Ferner fallen 285,– € Kindergartenkosten (einschließlich Essensgeld 70,– €) an. Diese trägt die M, die auch das Kindergeld bezieht.
V hat ein monatliches Nettoeinkommen von 2500,– €, M ein solches von 2000,– €.
Berechnung:
1. Regelbedarf nach DT 9/1 auf Grund 4500,– € (Einkommen von M und F): 425,– €. Darin sind die Kosten für Bekleidung und Essensgeld enthalten.
Restlicher Regelbedarf: 425 − 154 (volles Kindergeld nach § 1612 b I S. 1 Nr. 2 BGB) = 271,– €.
2. Mehrbedarf:
a) Zusatzkosten des Wechselmodells: 70 (Wohnkosten) + 50 (Fahrtkosten) = 120,– €[287]
b) Krankheitskosten: 130,– €
c) Kindergartenkosten: 285 −70 Essensgeld (Regelbedarf) = 215,– €
Summe Mehrbedarf: 120 + 130 + 215 = 465,– €
Gesamtbedarf des Kindes: 271 + 465 = 736,– €.
3. Aufteilung (§ 1606 III S. 1 BGB):
Vergleichbares Einkommen V (Rn. 295 ff.): 2500–1100 = 1400,– €
Vergleichbares Einkommen M: 2000–1100 = 900,– €
Anteil V am Gesamtbedarf: 1400: (1400 + 900) × 736 = 448,– €
Anteil M am Gesamtbedarf: 900: (1400 + 900) × 736 = 288,– €
Eine wertende Veränderung des Verteilungsschlüssels ist wegen der gleichen Betreuungsanteile nicht erforderlich.
4. Anrechnung erbrachter Leistungen / Kindergeld:
V: 448 − 130 (Krankheitskosten) − 120 = 198,– €
M: 288 − 70 (Kleidung) − 285 (Kindergarten einschließlich Essensgeld) + 77 (Kindergeld nach § 1612 b I S. 1) = 10,– €
5. Ausgleichszahlung: 198 − 10 = 188,– €; 188 : 2 = 94,– €, die der V an M zu zahlen hat.[288]

Die Kindergeldanrechnung erklärt sich aus § 1612 b I S. 1 BGB. Dem Kind steht zur Verwendung durch V und M jeweils die Hälfte des Kindergelds zu, weil beide Eltern sich die Betreuung und den Barunterhalt teilen.

---

[284] BGH, FamRZ 2006, 1015, 1017; OLG Düsseldorf, NJW 2001, 3344; OLG-Report 1999, 313; Eschenbruch/Wohlgemuth, Rn. 3135
[285] BGH, FamRZ 2006, 1015, 1017; OLG Düsseldorf, NJW 2001, 3344; zur Beteiligung des betreuenden Elternteils am Barunterhalt eingehend Scholz, FamRZ 2006, 1728
[286] Fall angelehnt an das Beispiel von Hammer, FamRB 2006, 275, 281 f.
[287] Bei höheren Einkommen kann allerdings der Mehrbedarf in dem auf Grund zusammengerechneten Einkommens ermittelten Elementarbedarf (teilweise) enthalten sein.
[288] Zum Muster einer möglichen Vereinbarung wird auf Hammer, FamRB 2006, 275, 281 f.

VII. Mehrbedarf minderjähriger Kinder

1. Berechtigung des Mehrbedarfs

317 Mehrbedarf ist derjenige Teil des Lebensbedarfs, der regelmäßig, jedenfalls während eines längeren Zeitraums anfällt und das Übliche derart übersteigt, dass er mit Regelsätzen nicht erfasst werden kann, aber kalkulierbar ist und deshalb bei der Bemessung des laufenden Unterhalts durch Anhebung des Tabellensatzes berücksichtigt werden kann. Vgl. dazu im Einzelnen Rn. 133 ff.

Bei minderjährigen Kindern entsteht Mehrbedarf z. B. **als krankheitsbedingter Mehrbedarf** für ein behindertes Kind oder als **schulischer Mehrbedarf** für Sonderunterricht, Besuch einer **Privatschule,** Ganztagsschule oder eines **Internats.** Auch die Kosten des **Ganztagskindergartens** stellen grundsätzlich Mehrbedarf des Kindes dar.[289] Auch die Notwendigkeit, ein außergewöhnliches künstlerisches Talent zu fördern, kann Mehrbedarf begründen. Die Pflege musischer Interessen im Rahmen einer angemessenen Erziehung ist dagegen aus dem Tabellenunterhalt zu bestreiten.[290] Ein solcher Mehrbedarf ist in Abgrenzung zum Sonderbedarf nur dann zu bejahen, wenn es sich um voraussehbare, regelmäßig anfallende laufende Mehrkosten handelt. Ob die Kosten für Nachhilfeunterricht Mehrbedarf oder Sonderbedarf darstellen, richtet sich nach der Regelmäßigkeit und der Voraussehbarkeit.[291]

Mehrbedarf kann auch dann entstehen, wenn ein Kind in einem Heim oder bei Pflegeeltern untergebracht werden muss, weil die Eltern das Kind verschuldet oder unverschuldet nicht versorgen können und ihnen daher das Sorgerecht ganz oder teilweise nach § 1666 BGB entzogen worden ist. Bei Anordnung einer Vormundschaft oder Pflegschaft kann auch die **Vergütung des Vormundes** oder Pflegers Mehrbedarf oder Sonderbedarf des Kindes sein. Vgl. dazu §§ 1836 c Nr. 1, 1836 d Nr. 2 BGB. Mehrbedarf kommt insbesondere bei einer länger dauernden Vormundschaft in Betracht, wenn dem Vormund eine laufende und der Höhe nach abschätzbare Vergütung zu gewähren ist.[292] Die Vergütung wird in der Regel von der Staatskasse übernommen. In ihrer Höhe geht der Unterhaltsanspruch des Kindes auf die Staatskasse über (§ 1836 e I BGB). Vgl. auch Rn. 405.

Ist der Besuch eines Horts, einer Ganztagsschule oder eines Internats nicht im Interesse des Kindes geboten, sondern deshalb erforderlich, damit der **betreuende Elternteil einer Erwerbstätigkeit** nachgehen kann, liegt kein Mehrbedarf des Kindes vor. In einem solchen Fall mindern die durch die Fremdbetreuung entstehenden Kosten das Einkommen des Elternteils. Vgl. dazu Rn. 307, 321. Zu Kindergartenkosten vgl. Rn. 275.

318 Zunächst ist zu klären, ob der Mehrbedarf des Kindes als **berechtigt** anerkannt werden kann und daher vom Verpflichteten (mit-)zutragen ist.

319 Die Berechtigung **krankheitsbedingten Mehrbedarfs** wird in der Regel nicht angezweifelt, da die Notwendigkeit zusätzlicher Pflege und Versorgung eines behinderten Kindes meist offen zutage liegt. Ähnliches gilt bei Unterbringung eines schwer erziehbaren Kindes in einem Heim oder einer Pflegefamilie (Rn. 327 a). Zum Umfang des Mehrbedarfs vgl. Rn. 326 ff. Kommt es zu einem Streit zwischen den Eltern über die Berechtigung des Mehraufwands, sind die unter Rn. 320 ff. dargestellten Grundsätze anzuwenden.

320 Dagegen ist die Berechtigung **schulischen Mehrbedarfs** häufig ein Streitpunkt der Eltern. Zu unterscheiden ist zwischen gemeinsamem und alleinigem Sorgerecht.

320 a **Bei gemeinsamem Sorgerecht** gehört die Frage, ob ein Kind eine andere Schule besuchen soll, zu den Angelegenheiten, die für das Kind von erheblicher Bedeutung sind und die daher von beiden Eltern in gegenseitigem Einvernehmen entschieden werden

---

[289] BGH Urt. v. 5. 3. 2008 = R 691
[290] Vgl. BGH, FamRZ 2001, 1603
[291] Vgl. OLG Düsseldorf, OLGR 2005, 534
[292] Vgl. Oelkers/Kraeft, FamRZ 2002, 790, 793. Zur Abgrenzung Mehrbedarf – Sonderbedarf vgl. OLG Nürnberg, FamRZ 1999, 1684

müssen (§ 1687 I 1 BGB). Dies gilt besonders für den oft mit erheblichen Kosten verbundenen Wechsel zu einer Privatschule oder für die Unterbringung des Kindes in einem Internat, in der Regel aber nicht für Sonder- oder Nachhilfeunterricht, der zudem meist als Sonderbedarf, nicht als Mehrbedarf zu klassifizieren sein wird (Rn. 6/17).[293] Können sich die Eltern in einer wichtigen Frage nicht einigen, kann das Familiengericht auf Antrag die Entscheidung einem Elternteil übertragen (§ 1628 BGB). Trifft dieser die Entscheidung, gelten die Ausführungen in Rn. 320 b. Einigen sich die Eltern über einen Schulwechsel, müssen sie beide die dadurch verursachten Mehrkosten unterhaltsrechtlich gegen sich gelten lassen. Vgl. dazu Rn. 320 c, 323 ff.

Bei alleinigem Sorgerecht ist der sorgeberechtigte Elternteil nach § 1631 I BGB **320 b** berechtigt, die Ziele und Wege einer Ausbildung unter Berücksichtigung der Eignung und Neigung des Kindes **verantwortlich** festzulegen. Dasselbe gilt, wenn bei gemeinsamer Sorge ein Elternteil den kostenträchtigen Schulwechsel veranlasst hat, nachdem ihm die Entscheidung vom Familiengericht übertragen worden ist (§ 1628 BGB). Der barunterhaltspflichtige Elternteil muss solche Entscheidungen hinnehmen, auch wenn sie sich kostensteigernd für ihn auswirken und sie ihm nicht sinnvoll erscheinen. Fehlentscheidungen sind ggf. durch das Familiengericht nach § 1666 BGB zu korrigieren.[294] Deshalb können im Unterhaltsrechtsstreit Maßnahmen des Sorgerechtsinhabers grundsätzlich nicht auf ihre Rechtmäßigkeit oder Zweckmäßigkeit überprüft werden. Das gilt auch bei der Wahl einer Mehrkosten verursachenden Privatschule.[295]

Trotz der generellen Bindung an eine Entscheidung des Sorgeberechtigten kann das Kind **Mehrbedarf nicht unbeschränkt** geltend machen. Dies gilt vor allem dann, wenn die entstehenden Mehrkosten erheblich sind. Die kostenverursachende Maßnahme muss sachlich begründet und wirtschaftlich zumutbar sein. Es müssen – ähnlich wie bei einem Auslandsstudium (vgl. dazu Rn. 67) – **wichtige Gründe** vorliegen, die es rechtfertigen, die durch die Wahl einer Privatschule verursachten Mehrkosten zu Lasten des Unterhaltspflichtigen als angemessene Bildungskosten anzuerkennen. Bei dieser Prüfung müssen insbesondere die Einkommens- und Vermögensverhältnisse der Eltern berücksichtigt werden. Zu prüfen ist ferner, ob andere Möglichkeiten der schulischen Förderung des Kindes bestehen, die bei geringeren Kosten zu einem vergleichbaren Erfolg führen würden.[296]

Mehrbedarf ist stets anzuerkennen, wenn der **barunterhaltspflichtige Elternteil** mit **320 c** der Maßnahme des Sorgeberechtigten **einverstanden** war. Ist der Mehrbedarf **berechtigt,** muss sich unter Umständen der betreuende Elternteil **an seiner Finanzierung beteiligen,**[297] ggf. auch – bei höheren Tabellengruppen – auch das Kind.[298] Vgl. unten Rn. 323 ff.

Ergibt die Prüfung, dass die Mehrkosten **nicht berechtigt** sind, verbleibt es beim **Tabellenunterhalt.** Die Mehrkosten muss dann der Elternteil tragen, der sie veranlasst hat.

Die **Internatsunterbringung** kann durch Gründe, die in der Person des Kindes liegen, **321** wie z. B. durch Lern- und Erziehungsschwierigkeiten und gesundheitliche Behinderungen, gerechtfertigt sein. Wegen der erheblichen Mehrkosten ist die Berechtigung dieser Maßnahme besonders **sorgfältig zu überprüfen.** Vgl. hierzu oben Rn. 320 ff.

Bei Internatsunterbringung wird in der Regel eine **beiderseitige Barunterhaltspflicht** bestehen, wenn der Sorgeberechtigte auf diese Weise einer eigenen Erwerbstätigkeit nachgehen und deshalb die von ihm veranlassten Kosten mitfinanzieren kann. Der Verteilungsschlüssel ist im Hinblick auf eine verbleibende Restbetreuung wertend zu verändern.[299] Dabei ist zu berücksichtigen, dass der sorgeberechtigte Elternteil das Kind vielfach in den Schulferien, also etwa während eines Vierteljahres, und an Wochenenden betreuen muss. Zur Berechnung des Unterhaltsanteils nach § 1606 III 1 BGB vgl. Rn. 289 ff.

---

[293] Vgl. aber OLG Düsseldorf, OLGR 2005, 534 (im entschiedenen Fall Mehrbedarf)
[294] BGH, FamRZ 1983, 48
[295] BGH, FamRZ 1983, 48
[296] BGH, FamRZ 1983, 48
[297] BGH, FamRZ 1999, 286 = R 518 a; FamRZ 1983, 689
[298] OLG Düsseldorf, NJW-RR 2005, 1529
[299] BGH, FamRZ 1985, 917

Der Gesamtbedarf (Regelbedarf und Internatskosten) muss ggf. im Hinblick auf die erheblichen **Einsparungen** bei den laufenden Lebenshaltungskosten gekürzt werden.[300] Vgl. dazu Rn. 304.

Ist die Internatsunterbringung nicht im Interesse des Kindes gerechtfertigt, sondern wird sie damit begründet, dass der **betreuende Elternteil** auf diese Weise einer **eigenen Erwerbstätigkeit** nachgehen kann (vgl. auch Rn. 275, 283, 307), sind die Internatskosten vom sorgeberechtigten Ehegatten zu tragen.[301] Er kann allerdings unter Umständen bei einem betreuungsbedürftigen Kind gegen den anderen Elternteil einen Anspruch auf Ehegattenunterhalt haben.

322 Macht das Kind Mehrbedarf geltend, muss es ebenfalls konkret **darlegen** und nachweisen, worin der Mehrbedarf besteht und warum er unterhaltsrechtlich berechtigt ist. Die zusätzlichen Aufwendungen sind mindestens für einen repräsentativen Zeitraum detailliert und nachvollziehbar aufzuschlüsseln.[302] Zu den Kontrollrechten des barunterhaltspflichtigen Elternteils Rn. 72.

2. Berechnung des geschuldeten Unterhalts bei berechtigtem Mehrbedarf

323 Ist der Mehrbedarf berechtigt, besteht der **Gesamtbedarf** des Kindes aus dem **Regelbedarf** nach der Düsseldorfer Tabelle **und** dem konkret zu ermittelnden **Mehrbedarf.** Bei der Bemessung des Gesamtbedarfs muss berücksichtigt werden, dass unter Umständen Aufwendungen eingespart werden, die normalerweise aus dem Tabellenunterhalt zu decken wären. Von den Gesamtkosten können dann Abzüge gemacht werden, z. B. wenn das Kind in einem Hort oder einer Ganztagsschule ein Mittagessen erhält. Die **Einsparung** kann durch Schätzung nach § 287 II ZPO ermittelt werden. Außerdem ist zu berücksichtigen, dass bei den Einkommensgruppen oberhalb der ersten Tabellengruppe (Existenzminimum) ein gewisser Betrag für andere Zwecke als den Elementarunterhalt abgezweigt oder angespart werden kann, was vom BGH etwa (sogar in vollem Umfang) für Kosten des (Halbtags-) Kindergartens[303] und die Kosten der Konfirmation erwogen worden ist.[304]

Die Aufteilung des Gesamtbedarfs in Tabellenunterhalt und Mehrbedarf wird insbesondere in Betracht kommen, wenn das Kind von einem Elternteil oder Verwandten betreut wird. Lebt es dagegen in einem Heim, deckt sich der Bedarf in der Regel mit den Heimkosten und etwaigen zusätzlichen Aufwendungen, z. B. für Fahrtkosten der Eltern zum Besuch des Kindes.[305] Der so errechnete Betrag ist allerdings um nicht subsidiäre Sozialleistungen zu kürzen. Vgl. dazu Rn. 326 ff.

324 Hat der **betreuende Elternteil kein eigenes Einkommen** und ist er, z. B. wegen Erwerbsunfähigkeit, nicht zu einer Berufstätigkeit verpflichtet, trägt der Barunterhaltspflichtige den Gesamtbedarf des Kindes einschließlich der Mehrkosten allein, soweit er dazu im Rahmen seiner Leistungsfähigkeit unter Berücksichtigung seiner gesteigerten Unterhaltspflicht gegenüber minderjährigen Kindern in der Lage ist. Ihm sollte grundsätzlich der Bedarfskontrollbetrag (Rn. 239 ff.) verbleiben. Im Mangelfall muss er allerdings auf den notwendigen Selbstbehalt verwiesen werden, selbst wenn der an das Kind zu zahlende Unterhalt höher sein sollte als der Betrag, den er selbst behält.[306]

325 Hat der **betreuende Elternteil eigenes Einkommen,** so hat er sich unter Berücksichtigung der beiderseitigen Einkommensverhältnisse nur am Mehrbedarf zu beteiligen (Rn. 304 ff.), wenn er weiter seine Unterhaltspflicht durch Betreuung erfüllt.[307] Dann bleibt die Barunterhaltspflicht des anderen Elternteils in Höhe des Tabellenunterhalts bestehen. Betreut kein Elternteil das Kind oder rechtfertigt die Restbetreuung durch einen Elternteil

---

[300] OLG Nürnberg, FamRZ 1993, 837
[301] BGH, FamRZ 1983, 689
[302] BGH, FamRZ 2001, 1603
[303] BGH, FamRZ 2007, 882
[304] BGH, FamRZ 2006, 612; vgl. auch OLG Düsseldorf, NJW-RR 2005, 1529 (Nachhilfekosten)
[305] OLG Bremen, FamRZ 2001, 1300
[306] BGH, FamRZ 1986, 48; FamRZ 1983, 48
[307] BGH, FamRZ 1998, 286 = R 518 a; FamRZ 1983, 689

die Anwendung des § 1606 III 2 BGB nicht, ist der Unterhalt nach § 1606 III 1 BGB anteilig von beiden Eltern entsprechend ihren Einkommens- und Vermögensverhältnissen zu tragen. Ggf. ist der Verteilungsmaßstab wertend zu verändern (Rn. 296, 305, 321).

Beispiel:[308]
M und V streiten über die Beteiligung an Nachhilfekosten. Diese fallen mit mtl. 150 € regelmäßig für den zwölfjährigen Sohn K an und sind rechtzeitig geltend gemacht worden. Einkommen des V nach Abzug des Tabellenunterhalts gemäß Einkommensgruppe 4 der Düsseldorfer Tabelle ermittelten Kindesunterhalts für zwei Kinder (Regelbedarf) und des der M geschuldeten Ehegattenunterhalts: 1500,– €; Einkommen der M einschließlich Ehegattenunterhalt: 1300,– €.
Der Tabellenunterhalt auf Grund Einkommensgruppe 4/3 (420,– €) lässt es zu, dass daraus Beträge für andere Zwecke abgezweigt oder angespart werden können,[309] was etwa ab Gruppe 2 mit je 10,– € veranschlagt werden kann. Verbleibender Mehrbedarf daher 150–30 = 120,– €. Der verbleibende Betrag ist nach dem vergleichbaren Einkommen der Eltern aufzuteilen.
Vergleichbares Einkommen V: 1500 – 1100 = 400,– €
Vergleichbares Einkommen M: 1300 – 1100 = 200,– €
Anteil V: 400: (400 + 200) × 120 = 80,– €
Anteil M: 200: (400 + 200) × 120 = 40,– €

Zur Berechnung der Haftungsanteile beim Mehrbedarf s. auch Rn. 316 c

3. Mehrbedarf des behinderten minderjährigen Kindes

326 Der Mehrbedarf eines behinderten Kindes kann erheblich sein und insbesondere bestehen
– in den Mehrkosten der Unterbringung, Erziehung, Pflege und Versorgung des Kindes in einem **Heim,** einschließlich der Fahrkosten zum Besuch des Kindes durch beide Eltern, nicht nur durch den sorgeberechtigten Elternteil,[310]
– in den Mehrkosten, die durch die **Versorgung des Kindes im Haushalt eines Elternteils** entstehen, insbesondere durch die behindertengerechte Ausstattung der Wohnung (Fahrstuhl, rollstuhlgerechte Türen, behindertengerechte Toilette und Badewanne usw.) oder durch die Pflege und Versorgung des Kindes, sei es durch den betreuenden Elternteil selbst (vgl. unten Rn. 329), sei es durch Dritte, vor allem mobile Pflegedienste,
– im Mehraufwand für Kleidung,
– im Mehraufwand für Hilfsmittel, z. B. einen Rollstuhl,
– in den Kosten einer psychotherapeutischen oder heilpädagogischen Behandlung,
– in den Mehrkosten einer Behindertenfreizeit gegenüber einem normalen Urlaub,
– in den Kosten für Sonderunterricht.

327 Infolge des Mehrbedarfs erhält das Kind vielfach **subsidiäre Sozialleistungen.** Diese sind kein anrechnungsfähiges Einkommen. Sozialhilfe ist nachrangig (§ 2 II SGB XII). Zudem steht dem Träger der Sozialleistung vielfach die Möglichkeit des Rückgriffs gegen den Unterhaltspflichtigen offen (vgl. z. B. § 94 SGB XII; vgl. dazu Rn. 6/500 ff., 508 ff.).
Zu den **subsidiären Sozialleistungen** gehört in erster Linie die **Sozialhilfe,** die Mehrbedarf hauptsächlich durch das Pflegegeld nach § 64 SGB XII abdeckt. Dieses Pflegegeld ist von dem Pflegegeld, das seit 1. 4. 1995 durch die Pflegekassen gewährt wird (vgl. unten Rn. 328), scharf zu unterscheiden. Das Pflegegeld nach § 64 SGB XII ist als Sozialhilfeleistung nicht bedarfsdeckend (§ 2 II SGB XII) und daher grundsätzlich **nicht** auf den Unterhaltsanspruch **anzurechnen** (vgl. Rn. 1/451, 1/483). Vielmehr geht in seinem Umfang der Unterhaltsanspruch auf den Sozialhilfeträger über (§ 94 SGB XII). Hinsichtlich des Umfangs des Anspruchsübergangs sind die Schutzvorschriften der § 94 III SGB XII zu beachten. Genaueres dazu Rn. 8/523 ff., 546 ff. Nur ausnahmsweise kann für die Vergangenheit eine Anrechnung des subsidiären Pflegegeldes auf den Unterhalt in Betracht kommen, wenn der gesetzliche Forderungsübergang ausgeschlossen ist.[311]

---

[308] Vgl. OLG Düsseldorf, NJW-RR 2005, 1529
[309] OLG Düsseldorf, NJW-RR 2005, 1529 m. w. N. (zur Rechtslage bis 2007)
[310] OLG Bremen, FamRZ 2001, 1300, das jedoch die Kosten des lediglich umgangsberechtigten Elternteils nicht berücksichtigen will
[311] BGH, FamRZ 1999, 843, 847 = R 533 c

327 a   Leistungen der **Jugendhilfe** sind nach der neueren Rechtsprechung des **BGH**[312] als bedarfsdeckendes Einkommen zu berücksichtigen und damit grundsätzlich nicht (mehr) subsidiär.[313] Für seinen Rückgriff gegen die Eltern ist der Träger der Kinder- und Jugendhilfe nun stets auf einen öffentlich-rechtlichen Kostenbeitrag (§§ 92, 94 SGB VIII) verwiesen.

328   **Nicht subsidiäre Sozialleistungen** sind vor allem Leistungen, die durch Versicherungsbeiträge erkauft werden, z. B. Leistungen der gesetzlichen Kranken- und Pflegekasse, insbesondere das im Rahmen der Pflegeversicherung zu zahlende **Pflegegeld nach § 37 I SGB XI,** oder die Übernahme der Pflegekosten bei vollstationärer Unterbringung (§ 43 SGB XI). Zu den nicht subsidiären Sozialleistungen gehört weiter das Blindengeld nach den Landesblindengesetzen. Das Blindengeld nach § 72 SGB XII (früher § 67 BSHG) ist zwar grundsätzlich subsidiär, wurde aber bis 2004 praktisch an alle Zivilblinden wegen der hohen Einkommensgrenze von 1705,– € (§ 81 II BSHG; zu den Einkommensgrenzen nach §§ 79 ff. BSHG vgl. die Vorauflage Rn. 6/538) wie eine Versorgungsleistung gewährt.[314] Auch wenn die hohe Einkommensgrenze inzwischen abgeschafft worden ist, dürfte sich daran im Ergebnis wegen der weiterhin bestehenden Vergünstigungen für blinde Menschen im Ergebnis nichts geändert haben.[315] Derartige Sozialleistungen, insbesondere Pflegegeld nach § 37 I SGB XI, sind **Einkommen** des Unterhaltsberechtigten. Sie sind daher auf den Unterhaltsanspruch anzurechnen, grundsätzlich aber nicht auf den Elementarunterhalt, sondern auf den Mehrbedarf. Dem steht § 1610 a BGB nicht entgegen.[316] Zu § 1610 a BGB vgl. Rn. 1/443 ff.

329   Versorgt der betreuende Elternteil, z. B. die Mutter, das behinderte Kind, so kann sie das **Pflegegeld,** soweit sie es nicht für Sachaufwendungen (häufigerer Wechsel der Wäsche, Windeln usw.) benötigt, für sich behalten. Es darf daher an sie „weitergeleitet" werden. Weitergeleitetes Pflegegeld ist seit dem 1. 8. 1999 im Unterhaltsrecht wie im Sozialhilferecht[317] **nicht als Einkommen des betreuenden Elternteils** anzurechnen (§ 13 VI SGB XI[318]) und damit anders als nach der bisherigen Rechtsprechung[319] bei der Ermittlung von Unterhaltsleistungen grundsätzlich nicht zu berücksichtigen. Eine Anrechnung findet dagegen nach § 13 VI 2 SGB XI bei verschärfter Unterhaltspflicht (§ 1603 II BGB) und in Verwirkungsfällen (§§ 1361 III, 1579, 1611 I BGB) statt, ferner dann, wenn von der Pflegeperson erwartet werden kann, ihren Bedarf ganz oder teilweise durch eigene Einkünfte zu decken, und der Pflegebedürftige mit dem Unterhaltspflichtigen nicht in gerader Linie verwandt ist. Pflegt die unterhaltspflichtige Mutter eines beim Vater wohnenden Kindes ihre eigene Mutter, so wird das weitergeleitete Pflegegeld nicht als Einkommen der Kindesmutter angerechnet, wenn es um den Unterhalt des Kindes geht, da es mit seiner Großmutter in gerader Linie verwandt ist. Verlangt die Kindesmutter dagegen Ehegattenunterhalt vom Kindesvater, ist das weitergeleitete Pflegegeld als ihr Einkommen zu berücksichtigen, weil der unterhaltspflichtige Ehemann mit seiner pflegebedürftigen Schwiegermutter nicht verwandt ist.

6. Abschnitt: Der Unterhaltsanspruch volljähriger Kinder

I. Besonderheiten beim Unterhalt volljähriger Kinder

330   Der Unterhaltsanspruch des volljährigen Kindes folgt grundsätzlich den allgemeinen Regeln des Verwandtenunterhalts. Er ist nicht in gleicher Weise privilegiert wie der Minderjährigenunterhalt. Seit dem 1. 7. 1998 stehen jedoch volljährige Kinder unter bestimm-

---

[312] BGH, FamRZ 2007, 377 m. Anm. Doering-Striening
[313] Anders noch Scholz in der Vorauflage, aber schon mit Hinweis auf die großteils anzutreffende Praxis der Leistungsträger, von einem Rückgriff abzusehen
[314] Schellhorn, BSHG, 16. Aufl., § 67 Rn. 2
[315] Schellhorn, SGB XII, 17. Aufl., § 72 Rn. 1
[316] BGH, FamRZ 1993, 417 = R 458
[317] Hess. VGH, FamRZ 1996, 976
[318] I. d. F. des 4. SGB XI-Änderungsgesetzes vom 21. 7. 1999 – BGBl. I 1656
[319] BGH, FamRZ 1993, 417 = R 458

ten Voraussetzungen bis zur Vollendung des 21. Lebensjahres hinsichtlich der verschärften Unterhaltspflicht der Eltern (§ 1603 II 2 BGB; Rn. 333) und hinsichtlich des Ranges (§ 1609 Nr. 1 BGB; Rn. 341) minderjährigen Kindern gleich. Zu diesen privilegiert volljährigen Kindern vgl. Rn. 452 ff.

Das volljährige Kind ist **bedürftig,** solange es sich berechtigterweise einer Berufsaus- **331** bildung unterzieht (§ 1610 I BGB; Rn. 56 ff., 342 ff.) oder bei Anlegung eines strengen Maßstabs, z.B. wegen Krankheit, nicht in der Lage ist, seinen Lebensunterhalt selbst aufzubringen (vgl. Rn. 48, 345).

Der **Bedarf** des volljährigen Kindes richtet sich, solange es noch wirtschaftlich von seinen **332** Eltern abhängig ist, insbesondere die Berufsausbildung noch nicht beendet hat, nach deren Lebensverhältnissen (vgl. Rn. 108, 343). Auch beim Volljährigen werden zur Bemessung des Bedarfs Tabellen und Leitlinien herangezogen (vgl. dazu unten Rn. 362 ff.). Zu berücksichtigen sind ausnahmsweise auch Mehrbedarf (vgl. Rn. 133 ff., 401 ff.) und Sonderbedarf (vgl. Rn. 138 ff., 6/1 ff.).

Nach § 1603 I BGB entfällt die **Leistungsfähigkeit** und damit die Unterhaltsverpflich- **333** tung eines Elternteils bereits dann, wenn dieser bei Berücksichtigung seiner sonstigen Verpflichtungen außerstande ist, ohne Gefährdung seines eigenen angemessenen Bedarfs dem Volljährigen Unterhalt zu gewähren. Eine gesteigerte Unterhaltspflicht, wie sie gegenüber dem minderjährigen Kind bestehen kann (§ 1603 II 1 BGB; vgl. dazu Rn. 247 ff.), kommt nur bei volljährigen unverheirateten Kindern bis zur Vollendung des 21. Lebensjahres in Betracht, solange sie im Haushalt der Eltern oder eines Elternteils leben und sich in der allgemeinen Schulausbildung befinden (§ 1603 II 2 BGB; vgl. dazu im einzelnen Rn. 452 ff.). Zur Leistungsfähigkeit beim Volljährigenunterhalt im Einzelnen s. Rn. 407 ff.

Mit Eintritt der Volljährigkeit erlischt das Sorgerecht (§ 1626 I BGB). Die Eltern ver- **334** lieren ihre Vertretungs- und Erziehungsbefugnisse (§§ 1626, 1629 BGB), gleichgültig ob gemeinsame oder alleinige elterliche Sorge bestand; sie sind nicht mehr zur Betreuung und Erziehung des Kindes berechtigt oder verpflichtet. **Betreuungsunterhalt** wird **nicht mehr geschuldet** (vgl. Rn. 15).[1] Wegen des Wegfalls der Betreuungsverpflichtung wird der bisher betreuende Elternteil ebenfalls barunterhaltspflichtig, sofern er leistungsfähig ist. Beide Eltern haften nach § 1606 III 1 BGB anteilig nach ihren Erwerbs- und Vermögensverhältnissen für den Unterhalt des Kindes.[2] Dies gilt auch gegenüber privilegiert volljährigen Kindern im Sinne des § 1603 II 2 BGB (vgl. Rn. 99, 467 ff.). Das Kind kann von jedem Elternteil nur den Teil des Unterhalts verlangen, der nach der anteiligen Haftung gemäß § 1606 III 1 BGB auf diesen Elternteil entfällt.[3] Ein Elternteil bleibt nur dann allein barunterhaltspflichtig, wenn der andere Elternteil nicht leistungsfähig ist (§ 1603 I BGB). Zur Berechnung der Haftungsanteile der Eltern vgl. Rn. 433 ff.

Trotz der Eigenverantwortlichkeit des Volljährigen können Eltern bei einem unverheirateten **335** Kind bestimmen, in welcher Art und für welche Zeit im Voraus Unterhalt gewährt werden soll (§ 1612 II 1 BGB), insbesondere dass das Kind Naturalunterhalt im Elternhaus entgegenzunehmen hat. Dieses **Bestimmungsrecht** steht den Eltern gemeinsam zu, bei getrennt lebenden oder geschiedenen Eltern grundsätzlich demjenigen von ihnen, der von dem volljährigen Kind auf Unterhalt in Anspruch genommen wird. Genaueres dazu oben Rn. 21 ff., 29 f.

Eigenes Einkommen, insbesondere eine Ausbildungsvergütung, wird nach Bereinigung **336** um berufsbedingte Aufwendungen oder ausbildungsbedingten Mehrbedarf auf den Bedarf des volljährigen Kindes angerechnet (vgl. Rn. 349 ff.). Der Barunterhalt wird entsprechend gekürzt. Eine Anrechnung des Einkommens auf fortdauernde Versorgungsleistungen des Elternteils, bei dem das Kind lebt, ist überholt (vgl. Rn. 452).

Nach Volljährigkeit kann das Kind den Unterhalt nicht mehr in dynamischer Form als **336a** Prozentsatz des Mindestunterhalts geltend machen (§ 1612a I 1 BGB; vgl. Rn. 246a ff). Auch das vereinfachte Verfahren nach § 645 ZPO einschließlich des vereinfachten Abänderungsverfahrens nach § 655 ZPO steht ihm nicht zu Gebote.[4]

---

[1] BGH, FamRZ 2002, 815, 817 = R 570 b
[2] BGH, FamRZ 2002, 815, 817 = R 570 b
[3] BGH, FamRZ 1988, 1039
[4] OLG Brandenburg, FamRZ 2002, 1346

337 **Kindergeld** wird seit dem 1. 1. 2008 bei volljährigen Kindern auf den Unterhalt in voller Höhe bedarfsdeckend angerechnet (§ 1612 b I 1 Nr. 2 BGB). Zur Situation bis zum 31. 12. 2007 s. Rn. 356. Vgl. dazu im Einzelnen Rn. 513 ff.

338 Der Unterhaltsanspruch des volljährigen Kindes kann ganz oder teilweise **verwirkt** werden, wenn das Kind durch sittliches Verschulden bedürftig geworden ist oder sich einer schweren Verfehlung gegenüber dem unterhaltspflichtigen Elternteil schuldig gemacht hat (§ 1611 I BGB). Genaueres dazu Rn. 478 ff.

339 Der Unterhaltsanspruch des minderjährigen und des volljährigen Kindes sind **identisch.** Die Besonderheiten, die für den Unterhalt Minderjähriger bestehen (dazu oben Rn. 193 ff.), rechtfertigen es nicht, den Anspruch auf Volljährigenunterhalt als eigenständigen Anspruch aufzufassen.[5] Die unveränderte Fortdauer des die Unterhaltspflicht begründenden Verwandtschaftsverhältnisses über den Eintritt der Volljährigkeit hinaus unterscheidet den Verwandtenunterhalt grundsätzlich vom Ehegattenunterhalt, der für die Zeit vor und nach der Scheidung auf jeweils anderen Anspruchsgrundlagen beruht.

Dies hat zur Folge:

- **Unterhaltsurteile** und Vergleiche, die aus der Zeit der Minderjährigkeit des Kindes stammen, gelten über den Zeitpunkt der Vollendung der Volljährigkeit hinaus bis zu einer Abänderung fort.[6] Wird dagegen Unterhalt nicht mehr geschuldet, weil der Bedarf des volljährigen Kindes auf längere Zeit gedeckt ist, muss der Titel dahin abgeändert werden, dass die Unterhaltspflicht entfällt, selbst wenn nicht ausgeschlossen werden kann, dass später der Unterhaltsanspruch wieder auflebt.[7] Ob allein die Ableistung des Wehr- oder des Ersatzdienstes einen dauernden Fortfall des titulierten Unterhalts[8] rechtfertigt, scheint mir angesichts der Verkürzung der Dienstpflicht fraglich zu sein. Hier wird es auf die Umstände des Einzelfalles, auf die Ernsthaftigkeit der Absicht des Kindes, eine Ausbildung zu beginnen, auf die Höhe des voraussichtlichen Restbedarfs und die Einkommensverhältnisse der Eltern ankommen.
- War ein solcher Titel von einem Elternteil in **Prozessstandschaft** für das Kind nach § 1629 BGB erwirkt worden, ist nach Eintritt der Volljährigkeit gemäß § 727 ZPO eine Umschreibung des Titels auf den Volljährigen nötig.
- Wird das Kind während eines noch schwebenden Prozesses volljährig, kann es durch **Parteiwechsel** an die Stelle des bisher klagenden, sorgeberechtigten Elternteils in den Rechtsstreit eintreten;[9] war das Kind, gesetzlich vertreten durch den betreuenden Elternteil, nach der Scheidung selbst Partei, fällt lediglich die gesetzliche Vertretung fort.
- Ein wirksamer Unterhaltstitel aus der Zeit der Minderjährigkeit kann nach Eintritt der Volljährigkeit nur im Weg der **Abänderungsklage** (§ 323 ZPO) abgeändert werden. Eine Leistungsklage ist unzulässig.[10]
- Die Vollstreckungsgegenklage gegen einen Unterhaltstitel, durch den einem minderjährigen Kind dynamischer Unterhalt im Sinne des § 1612 a I BGB (Rn. 246 a ff.) zuerkannt worden ist, kann nicht allein darauf gestützt werden, dass Minderjährigkeit nicht mehr bestehe (§ 798 a ZPO).

340 Materiell **beginnt der Unterhalt des volljährigen Kindes** mit dem Tag der Volljährigkeit, nicht bereits am Ersten des laufenden Monats. Dies kann insbesondere bei Abänderungsklagen wegen des höheren Regelbedarfs des Volljährigen nach den Tabellen und Leitlinien oder wegen geminderter Leistungsfähigkeit des Verpflichteten infolge des veränderten Selbstbehaltssatzes (angemessener Selbstbehalt von 1100,– € statt des notwendigen Selbstbehalts von 900,– € bzw. 770,– €) eine Rolle spielen (vgl. dazu Rn. 417 ff.). Der volle Monatsbetrag des infolge der Volljährigkeit höheren Unterhalts kann nicht verlangt werden, weil es insoweit an einer gesetzlichen Regelung fehlt. § 1612 a I 3, III BGB, der das

---

[5] BGH, FamRZ 1994, 696 = R 477 a; FamRZ 1984, 682
[6] BGH, FamRZ 1983, 582; OLG Hamm, FamRZ 1983, 208
[7] OLG Koblenz, FamRZ 1999, 677
[8] So OLG Koblenz, FamRZ 1999, 677
[9] Str., ob gesetzlicher oder gewillkürter Parteiwechsel; s. Eschenbruch/Klinkhammer, Unterhaltsprozess, Rn. 5060
[10] BGH, FamRZ 1988, 1039; FamRZ 1986, 153; FamRZ 1984, 682; FamRZ 1983, 582

Aufsteigen in den Altersstufen betrifft, gilt nur für minderjährige Kinder. Vgl. dazu Rn. 20, 202, 218. Die anteilige Berechnung erfolgt in der Weise, dass die monatliche Unterhaltsrente mit dem Kalendertag multippliziert und durch die Anzahl der Tage im Monat (z. B. 30 oder 31) dividiert wird.[11]

Unterhaltsansprüche volljähriger Kinder sind gegenüber den Unterhaltsansprüchen min- **341** derjähriger Kinder und des früheren sowie des jetzigen Ehegatten des Pflichtigen **nachrangig.** Vgl. dazu Rn. 429 ff. Jedoch stehen privilegierte Kinder im Sinne des § 1603 II 2 BGB im Rang ihren minderjährigen (Halb-)Geschwistern und dem Ehegatten des Unterhaltsschuldners gleich (§ 1609 Nr. 1 BGB). Vgl. dazu im Einzelnen Rn. 452 ff.

II. Bedürftigkeit des volljährigen Kindes

1. Auswirkungen der Volljährigkeit auf die Bedürftigkeit

Mit Eintritt der Volljährigkeit wird das Kind voll geschäftsfähig. Die Eltern verlieren ihre **342** gesetzliche Vertretungsbefugnis. Der Volljährige kann sein weiteres Leben eigenverantwortlich selbst gestalten und entsprechende Entscheidungen **rechtlich selbstständig** treffen.[12] Er kann z. B. seinen Beruf oder eine entsprechende Berufsausbildung, insbesondere das Studienfach,[13] selbst wählen, ggf. auch gegen den Willen seiner Eltern; vgl. auch Rn. 60.

Trotz der rechtlichen Selbstständigkeit bleibt der Volljährige **wirtschaftlich noch von** **343** **seinen Eltern** abhängig, solange er sich noch in einer Ausbildung befindet oder nach Ende der Berufsausbildung aus sonstigen Gründen unterhaltsbedürftig ist. Er hat während dieser Zeit noch keine eigene originäre Lebensstellung. Seine Lebensstellung im Sinn des § 1610 I BGB ist wegen der wirtschaftlichen Abhängigkeit von der seiner Eltern abgeleitet und richtet sich deshalb nach den wirtschaftlichen Verhältnissen seiner Eltern.[14] Deshalb hat er nach dem **Gegenseitigkeitsprinzip** bei seinen Entscheidungen auf die wirtschaftlichen Verhältnisse seiner Eltern Rücksicht zu nehmen. Er ist verpflichtet, seine Lebensplanung so zu gestalten, dass er möglichst bald von seinen Eltern auch wirtschaftlich unabhängig wird.[15] Vgl. dazu auch Rn. 60 f., 65.

Daraus ergeben sich für den Volljährigen folgende wichtige Verpflichtungen: **344**
- Das volljährige Kind muss seine Ausbildung **zielstrebig,** intensiv und mit Fleiß betreiben und sie innerhalb angemessener und üblicher Dauer beenden.[16] Genaueres dazu Rn. 60 ff., 65 ff. Die Eltern haben insoweit nach dem Gegenseitigkeitsprinzip **Kontrollrechte** (vgl. dazu Rn. 72). Verletzt der Volljährige seine Obliegenheit, der Ausbildung pflichtbewusst und zielstrebig nachzugehen, muss er sich darauf verweisen lassen, seinen Lebensbedarf durch eigene Erwerbstätigkeit selbst zu verdienen. Allein die darin liegende Verletzung des Gegenseitigkeitsprinzips führt zum Wegfall des Unterhaltsanspruchs, ohne dass die Voraussetzungen der Verwirkung (§ 1611 BGB; dazu Rn. 478 ff.) vorliegen müssten.[17]
- Der Volljährige muss bei seinen die Ausbildung betreffenden Entscheidungen auf die finanziellen Verhältnisse seiner Eltern **Rücksicht** nehmen. Bei nachhaltiger Verschlechterung der wirtschaftlichen Verhältnisse der Eltern muss er sich, wenn nicht die staatliche Ausbildungsförderung eingreift, auf eine weniger kostspielige Ausbildung oder auf einen weniger kostspieligen Ausbildungsort verweisen lassen (vgl. Rn. 61). Nach einer abgeschlossenen Ausbildung sind Eltern in der Regel zur Finanzierung einer Zweitausbildung nicht mehr verpflichtet.[18] Dieser Grundsatz hat allerdings zahlreiche Ausnahmen (vgl.

---

[11] BGH, FamRZ 1988, 604
[12] BGH, FamRZ 1998, 671 = R 523
[13] BGH, FamRZ 1996, 798 = R 501 a
[14] BGH, FamRZ 1987, 58; FamRZ 1986, 151
[15] BGH, FamRZ 2006, 1100
[16] BGH, FamRZ 2001, 757 = R 557 a; FamRZ 1998, 671 = R 523
[17] BGH, FamRZ 2001, 757 = R 557 a; FamRZ 1998, 671 = R 523
[18] BGH, FamRZ 2000, 420 = R 536 a; FamRZ 2006, 1100

dazu im Einzelnen Rn. 73 ff., 78 ff.). Er hat überdies durch die Rechtsprechung des BGH[19] zur einheitlichen Ausbildung Abitur – Lehre – Studium (vgl. Rn. 80 ff.) einen großen Teil seiner Bedeutung verloren. Zum Ausbildungsunterhalt im Einzelnen s. Rn. 56 ff.

345   Bereits das minderjährige Kind, das nicht die Schule besucht und sich auch keiner Berufsausbildung unterzieht, kann auf eine eigene Erwerbstätigkeit verwiesen werden (vgl. Rn. 46).[20] Die Obliegenheit zur eigenverantwortlichen Sicherung des Lebensunterhalts trifft den Volljährigen stärker als das minderjährige Kind. Ein **Volljähriger,** der sich **nicht in einer berechtigten Ausbildung** befindet, z. B. den Schulbesuch einstellt[21] oder nach Ausbildungsabschluss arbeitslos ist, muss primär für seinen Lebensunterhalt selbst aufkommen und dazu verstärkt seine eigene Arbeitsfähigkeit einsetzen. Er muss, wenn er gesundheitlich dazu in der Lage ist, jede Arbeit annehmen, auch berufsfremde Tätigkeiten und Arbeiten unterhalb seiner gewohnten Lebensstellung. Für die Nutzung seiner Arbeitskraft gelten ähnliche Maßstäbe wie für die Haftung der Eltern gegenüber minderjährigen Kindern.[22] Kommt der Volljährige dieser Erwerbsobliegenheit nicht nach, entfällt seine Bedürftigkeit in Höhe eines erzielbaren Erwerbseinkommens. Vgl. dazu Rn. 48.

Zur Bedarfsbemessung, wenn der Volljährige nach diesen Maßstäben, z. B. wegen Krankheit, unterhaltsberechtigt ist, s. unten Rn. 405 f.

345 a   Diese Grundsätze gelten auch für das privilegiert volljährige Kind im Sinne des § 1603 II 2 BGB. Dieses Kind steht nur hinsichtlich der verschärften Unterhaltspflicht der Eltern (§ 1603 II 2 BGB) und hinsichtlich des Ranges (§ 1609 I 1, II BGB) einem minderjährigen Kind gleich. Gibt ein solches Kind den Schulbesuch auf, so entfällt die Privilegierung; unverschuldete Unterbrechungen der Schulausbildung, z. B. durch Krankheit, sind dagegen unschädlich. Vgl. dazu im Einzelnen Rn. 452 ff., 461.

2. Unterhalt bei Wehr- oder Ersatzdienst, freiwilligem sozialem Jahr

346   Ein **Wehrpflichtiger,** der den Grundwehrdienst ableistet, ist in der Regel nicht unterhaltsbedürftig. Der BGH[23] hat zu Recht darauf hingewiesen, dass heute die Kaserne nicht mehr wie früher der Lebensmittelpunkt der Wehrpflichtigen ist, sondern dass die jungen Soldaten sie häufig nach Dienstschluss verlassen und im Elternhaus übernachten („Heimschläfer") oder jedenfalls am Wochenende nach Hause fahren. Gleichwohl ist der **Bedarf** des wehrpflichtigen Soldaten durch die Zuwendungen der Bundeswehr **in der Regel gedeckt.** Der Wehrpflichtige erhält freie Unterkunft und Verpflegung. Er hat Anspruch auf kostenlose Heilfürsorge. Die Dienstkleidung wird ihm gestellt. Die Kleidung wird gereinigt und instand gesetzt. Er hat Anspruch auf freie Wochenendheimfahrten. Für die Tage, an denen der Soldat von der Gemeinschaftsverpflegung befreit ist, wird ihm ein Verpflegungsgeld gewährt. Für die Dauer des Erholungsurlaubs erhält er den doppelten Satz des Verpflegungsgeldes. Auch der Sohn gut verdienender oder vermögender Eltern hat daneben grundsätzlich keinen Anspruch auf ergänzenden Unterhalt. Ihm stehen durch den Wehrsold zur Befriedigung des verbleibenden Bedarfs für Freizeitgestaltung, Zivilkleidung und zusätzliche Reisekosten bereits Mittel zur Verfügung, wie sie ein auswärts studierendes Kind, das monatlich in der Regel 640,– € erhält (vgl. dazu Rn. 369), schwerlich für derartige Zwecke erübrigen kann.

347   Andererseits kann im Einzelfall ein **besonderer Unterhaltsbedarf** bestehen, den der Wehrpflichtige aus den Mitteln, die ihm von der Bundeswehr zufließen, nicht befriedigen kann. Derartiges kann in Betracht kommen, wenn die Eltern dem Sohn vor dem Wehrdienst die Eingehung von nicht unbedeutenden, wiederkehrenden Verpflichtungen ermöglicht haben (z. B. den Bezug von periodisch erscheinenden Veröffentlichungen, die Mitgliedschaft in einem Sportverein, Musikunterricht o. ä.) und eine Beendigung der Verpflichtung nicht

---

[19] FamRZ 1989, 853
[20] OLG Düsseldorf, FamRZ 2000, 442; FamRZ 1990, 194; OLG Köln, FuR 2005, 570
[21] OLG Karlsruhe, FamRZ 1992, 1217
[22] BGH, FamRZ 1987, 930, 932; FamRZ 1985, 1245
[23] FamRZ 1990, 394

möglich, wirtschaftlich unvernünftig oder unzumutbar wäre, so dass der Wehrpflichtige die insoweit anfallenden erheblichen Kosten weiter zu tragen hat. Voraussetzung eines solchen Anspruchs ist aber, dass der Wehrpflichtige die besonderen Umstände, auf denen sein Mehrbedarf beruht, konkret vorträgt und bei Bestreiten nachweist.[24]

Während des **Ersatzdienstes** gelten dieselben Grundsätze,[25] da auf den Dienstpflichtigen **348** in Fragen der Fürsorge und der Heilfürsorge, der Geld- und Sachbezüge, der Reisekosten und des Urlaubs die Bestimmungen Anwendung finden, die für einen Soldaten des untersten Mannschaftsdienstgrades gelten (§ 35 I ZDG). Auch dem Zivildienstleistenden steht der Sold zur Befriedigung des Freizeitbedarfs zur Verfügung; seine elementaren Lebensbedürfnisse (Verpflegung, Wohnung, eventuelle Dienstkleidung sowie Heilfürsorge) sind durch Leistungen des Bundes gedeckt. Anders kann es jedoch sein, wenn der Ersatzdienstleistende nicht in einer dienstlichen Unterkunft, sondern weiterhin bei einem Elternteil wohnt. Für diesen Fall steht ihm eine Mietbeihilfe nicht zu. Der Dienstpflichtige ist grundsätzlich nicht gehalten, sich um die Einberufung zu einer Dienststelle zu bemühen, die eine dienstliche Unterkunft gewährt. Daher ist der Unterhaltsschuldner verpflichtet, die anteiligen Kosten der Wohnung des Dienstpflichtigen zu tragen. Der Umstand, dass der Elternteil, bei dem das Kind lebt, von diesem keinen Beitrag zu den Wohnkosten verlangt, entlastet den Unterhaltspflichtigen nicht, da die kostenlose Wohnungsgewährung ihm als freiwillige Leistung eines Dritten nicht zugute kommen darf.[26] Vgl. dazu Rn. 100 ff.

Ein **freiwilliges soziales oder ökologisches Jahr**[27] steht schon wegen seiner Freiwil- **348 a** ligkeit dem Wehr- oder Ersatzdienst nicht gleich. Wenn die soziale Tätigkeit nicht als Voraussetzung für eine andere Ausbildung (z. B. zum Altenpfleger) gefordert wird, kann es unterhaltsrechtlich nicht als Ausbildung anerkannt werden. Schon deshalb kann das volljährige Kind während dieses Jahres in der Regel keinen Unterhalt verlangen (vgl. Rn. 48). Zudem ist sein Bedarf wie beim Zivildienstleistenden in der Regel durch Unterkunft und Verpflegung, Taschengeld und Sozialversicherung gedeckt.[28]

3. Anrechnung von Einkommen, Vermögen und Kindergeld

Grundsätzlich ist Einkommen jeglicher Art (vgl. Rn. 86 f.) auf den Unterhalt des voll- **349** jährigen Kindes anzurechnen. Dies gilt vor allem für Ausbildungsvergütungen (vgl. dazu oben Rn. 90 ff.) und BAföG-Leistungen, auch soweit sie darlehensweise gewährt werden.[29]

Auch ein volljähriger Schüler oder Student ist zu einer **Erwerbstätigkeit** neben dem **350** Schulbesuch oder dem Studium nicht verpflichtet. Gleichwohl erzieltes **Einkommen** stammt **aus überobligationsmäßiger Tätigkeit.** Es ist entsprechend § 1577 II 1 BGB nicht anrechenbar, wenn das Kind nicht den vollen Unterhalt erhält, darüber hinaus nur nach Billigkeit (§ 1577 II 2 BGB).[30] Dies gilt auch für ein privilegiert volljähriges Kind im Sinne des § 1603 II 2 BGB. Vgl. dazu Rn. 88, 452 ff., 462.

Alle Einkünfte aus Erwerbstätigkeit sind vor ihrer Anrechnung um **berufsbedingte** **351** **Aufwendungen** (vgl. 1/87 ff.) zu bereinigen; eine Ausbildungsvergütung ist um ausbildungsbedingten Mehrbedarf (vgl. dazu Rn. 92 ff.) zu kürzen.

Das bereinigte Einkommen des Volljährigen mindert in voller Höhe dessen Bedürftigkeit **352** und damit den Unterhaltsanspruch. Es ist **auf den Bedarf anzurechnen,**[31] nicht auf den Betrag, den der Schuldner leisten kann (vgl. dazu Rn. 158 b). Da die Eltern volljährigen Kindern keine Betreuung mehr schulden (s. Rn. 15, 334), entfällt auch die bei Minderjährigen im Regelfall notwendige hälftige Anrechnung des Einkommens auf den Bar- und den

---

[24] FamRZ 1990, 394
[25] BGH, FamRZ 1994, 303 = R 472 a
[26] BGH, FamRZ 2006, 99; FamRZ 1994, 303
[27] Vgl. § 1 des Gesetzes zur Förderung eines freiwilligen sozialen Jahres vom 17. 8. 1964, zuletzt geändert durch Gesetz vom 24. 3. 1997 BGBl. I 594
[28] Vgl. OLG München, OLG-Report 2002, 142
[29] BGH, FamRZ 1989, 499
[30] BGH, FamRZ 1995, 475, 477 = R 491 b, c
[31] BGH, FamRZ 2006, 99

Betreuungsunterhalt gemäß § 1606 III 2 BGB. Die gegenteilige Praxis einer nur anteiligen Anrechnung der Ausbildungsvergütung hat der BGH nicht gebilligt.[32] Vom nicht Barunterhalt leistenden Elternteil gleichwohl erbrachte Betreuungsleistungen sind freiwillige Leistungen, die unterhaltsrechtlich unberücksichtigt bleiben müssen, zumal der Wohnbedarf des Kindes bereits mit dem Barunterhalt nach der 4. Altersstufe der Düsseldorfer Tabelle gedeckt wird.[33] Zu Übergangsfällen in der ersten Zeit nach Volljährigkeit vgl. Rn. 452 ff.; zur Anrechnung von Einkünften eines privilegiert volljährigen Kindes vgl. Rn. 350, 462.

353 Grundsätzlich sind bei Volljährigen, auch bei volljährigen Kindern im Sinne des § 1603 II 2 BGB (vgl. dazu Rn. 452 ff., 467 ff.), beide Eltern im Rahmen ihrer Leistungsfähigkeit barunterhaltspflichtig. Sie haften nach § 1606 III 1 BGB **anteilig** nach ihren Erwerbs- und Vermögensverhältnissen für **den Restbedarf,** also den Teil des Bedarfs, der nicht durch eigenes Einkommen des Berechtigten gedeckt ist und dem Kind als Unterhalt geschuldet wird.[34] Auf diese Weise werden die Eltern durch das Kindeseinkommen entsprechend ihrem Haftungsanteil entlastet.

354 Ist nur ein Elternteil barunterhaltspflichtig, weil der andere Elternteil nicht leistungsfähig ist, so schuldet der barunterhaltspflichtige Elternteil allein den Kindesunterhalt in Höhe des Restbedarfs. Einkommen des Kindes ist auch nicht teilweise zugunsten des nichtunterhaltspflichtigen Elternteils zu verrechnen, weil dieser weder Bar- noch Betreuungsunterhalt schuldet und leistet. Soweit er **freiwillig Naturalleistungen** erbringt, zählen diese **nicht als Einkommen** des Kindes, weil er nach der Lebenserfahrung mit seinen Leistungen nicht den anderen Elternteil von dessen Unterhaltsverpflichtung entlasten will.[35] Vgl. dazu im Einzelnen Rn. 100 ff.

355 **Vermögen** des Kindes mindert ggf. den Unterhaltsanspruch. Vgl. dazu im Einzelnen Rn. 107.

356 **Kindergeld** ist nach der durch das Unterhaltsrechtänderungsgesetz 2007 geänderten Systematik gemäß § 1612 b I BGB bedarfsdeckend anzurechnen. Es wird daher wie Einkommen des Kindes behandelt.[36]

Schon auf Grund der **bis zum 31. 12. 2007 geltenden Regelung** in § 1612 b I BGB (a. F.), wonach das auf das Kind entfallende **Kindergeld zur Hälfte** auf den Unterhaltsanspruch anzurechnen war, wenn es an den anderen Elternteil ausgezahlt wurde, war bereits nach der neueren Rechtsprechung des BGH[37] eine Einschränkung geboten, entsprechend der Zweckbestimmung des Kindergelds, die in der Erleichterung der Unterhaltslast bestand. Zumal der Barunterhaltspflichtige dem volljährigen Kind über den Bedarfssatz nach der Düsseldorfer Tabelle den gesamten Unterhalt zuwendet, sollte ihm schon nach bisheriger Rechtslage auch die Entlastung durch das Kindergeld in vollem Umfang zugute kommen.

Naturalleistungen, die der andere Elternteil an das volljährige Kind erbringt, kann sich der Elternteil vergüten lassen (etwa durch Verrechnung mit dem Anspruch auf Auskehrung des Kindergelds). Das gilt und galt schon vor dem 1. 1. 2008 auch für **privilegierte Volljährige.** Nach dem BGH macht es keinen Unterschied, ob ein volljähriges unverheiratetes Kind bis zum 21. Lebensjahr noch eine allgemeine Schulausbildung absolviert und deswegen nach § 1603 II 2 BGB privilegiert ist, oder ob ein volljähriges unterhaltsberechtigtes Kind während der Ausbildung eine eigene Wohnung unterhält. Denn auch in diesen Fällen soll das Kindergeld nur den allein barunterhaltspflichtigen Elternteil entlasten.[38]

Beispiel:
Bereinigtes Nettoeinkommen des Vaters (V): 2000 €. Ausbildungsvergütung des Kindes (K): 300 € zuzüglich 40 € Fahrtkostenerstattung. Das volljährige Kind (K) lebt bei der Mutter, die das Kindergeld von 154 € bezieht. Die Mutter hat kein Einkommen. Keine weiteren Unterhaltspflichten.

---

[32] BGH, FamRZ 2006, 99; zur Verrechnung beim Minderjährigenunterhalt vgl. Rn. 97, 99
[33] BGH, FamRZ 2006, 99; vgl. Rn. 214
[34] BGH, FamRZ 2002, 815 = R 570 b; FamRZ 1988, 159, 161; FamRZ 1985, 917, 919
[35] BGH, FamRZ 1995, 537 ff. = R 493 b; FamRZ 1988, 159, 161 = R 346 h; FamRZ 1986, 151
[36] Dose, FamRZ 2007, 2007, 1829; Scholz, FamRZ 2007, 2021, 2024; Klinkhammer, FamRZ 2008, 193
[37] BGH, FamRZ 2006, 99
[38] BGH, a. a. O.

Der Bedarf des Kindes richtet sich hier allein nach dem Einkommen des V und beträgt nach DT 5/4: 490,– € (Höherstufung um zwei Gruppen wegen unterdurchschnittlicher Unterhaltslast, weil V allein verpflichtet ist, vgl. Rn. 387).
Anrechenbares Einkommen des Kindes: 300 + 40 – 90 (Pauschale nach Anm. A.8 der DT) = 250,– €
Berechnung des Unterhalts: 490 – 250 – 154 (Kindergeld) = 86,– € (Unterhaltsanspruch).

Volljährige Kinder, die auf Dauer voll erwerbsgemindert sind (§ 43 II SGB VI), haben **357** seit dem 1. 1. 2003 bei Bedürftigkeit Anspruch auf **Grundsicherung bei Erwerbsminderung** (§ 41 ff. SGB XII, bis 31. 12. 2004: GSiG[39]) (Leistungen der Grundsicherung sind unter den Voraussetzungen des § 43 Abs. 2 Satz 2 SGB XII (bis 31. 12. 2004: § 2 Abs. 1 Satz 3 GSiG) auf den Unterhaltsbedarf eines Leistungsempfängers anzurechnen. Unterhaltsleistungen mindern – anders als bloße Unterhaltsansprüche – nach dem **BGH** allerdings den Anspruch auf Grundsicherungsleistungen.[40] Das **BSG** geht darüber hinaus und sieht auch (Natural-)Unterhaltsleistungen bei grundsätzlicher Subsidiarität nicht als Hinderungsgrund für die Bewilligung der Grundsicherung an.[41]
– *In dieser Auflage nicht belegt* – **358, 359**

III. Bedarf des volljährigen Kindes

1. Lebensbedarf und Bedarfsbemessung

a) Sicherstellung des Bedarfs. Der Unterhalt Volljähriger umfasst – wie der Unterhalt **360** Minderjähriger – grundsätzlich den gesamten Lebensbedarf einschließlich der Kosten für eine Berufsausbildung (§ 1610 II BGB). Zu diesem Lebensbedarf zählen im Wesentlichen alle Aufwendungen für Wohnung, Verpflegung, Kleidung, Körperpflege, Taschengeld, Ausbildung, Freizeitgestaltung und Erholung (Rn. 8). Zum Bedarf des volljährigen Kindes, soweit es noch keine eigene Lebensstellung innehat, gehört auch der Prozesskostenvorschuss.[42]
Erziehungs- und Betreuungsleistungen werden von den Eltern seit Eintritt der Volljährig-**361** keit nicht mehr geschuldet.[43] Vgl. oben Rn. 15, 334. Auch bei privilegiert volljährigen Kindern im Sine des § 1603 II 2 BGB, die noch im Haushalt der Eltern oder eines Elternteils wohnen, findet eine Betreuung im Rechtssinne nicht mehr statt. Vgl. dazu Rn. 452 ff. Ist ein volljähriges **Kind** noch betreuungsbedürftig, z. B. weil es geistig oder körperlich **behindert** ist, müssen die Eltern die Kosten der Pflege und der Betreuung grundsätzlich in Form einer Geldrente zur Verfügung stellen (§ 1612 I 1 BGB). Bei einem unverheirateten Kind können sie allerdings bestimmen, dass es den Unterhalt weiterhin in Natur, z. B. im Haushalt der Eltern oder eines Elternteils, entgegenzunehmen hat (§ 1612 II 1 BGB). Dann müssen sie aber den gesamten Lebensunterhalt, insbesondere auch die Pflege, durch eigene Arbeit oder durch den Einsatz Verwandter oder berufsmäßiger Pflegekräfte sicherstellen. Einzelheiten zum Bestimmungsrecht der Eltern vgl. Rn. 21 ff., zum Bedarf des volljährigen behinderten Kindes Rn. 405.
b) Bedarfsbemessung nach Tabellen und Leitlinien. Im Regelfall wird der Gesamt-**362** bedarf des Volljährigen mit pauschalierten Regelbedarfssätzen bemessen, die sich für den Ausbildungsunterhalt aus Tabellen oder Leitlinien ergeben (s. Rn. 364 f., 368 ff., 383 ff.). In Durchschnittsfällen sind die Leitlinien und die Unterhaltstabellen der Oberlandesgerichte ein anerkanntes **Hilfsmittel für eine Bedarfsbemessung**. Mit dem Tabellenunterhalt muss der Volljährige selbstverantwortlich seinen gesamten Lebensbedarf, auch den Wohnbedarf, bestreiten. Er muss mit diesen Mitteln auskommen. Die Unterhaltspauschalierung vermeidet

---

[39] S. dazu Klinkhammer, FamRZ 2002, 997; FamRZ 2003, 1793
[40] BGH, FamRZ 2007, 1158 m. w. N.; vgl. auch OLG Brandenburg, FPR 2004, 474 (LS)
[41] BSG, Urt. v. 8. 2. 2007, B 9 b SO 6/06 R Beck RS 2007, 46145 Rn. 32
[42] BGH, FamRZ 2005, 883
[43] BGH, FamRZ 2002, 815, 817 = R 570 b; FamRZ 1994, 696, 698 = R 477 b, c; vgl. auch BGH, FamRZ 1988, 159, 162

aus praktischen Gründen im Allgemeinen die Berücksichtigung von bedarfserhöhenden oder bedarfsmindernden Einzelumständen.[44] Näheres dazu oben Rn. 124 f.

363　Abweichend hiervon kann bei Vorliegen besonderer Umstände, vor allem bei günstigen Einkommens- und Vermögensverhältnissen der Eltern und bei Heimunterbringung des Kindes, im Einzelfall der **Bedarf** auch **konkret** ermittelt werden nach den notwendigen Aufwendungen für konkrete Einzelpositionen des Gesamtbedarfs. Vgl. hierzu Rn. 128, 402 ff.

364　Die **Düsseldorfer Tabelle** unterscheidet bei der Bedarfsbemessung
– zwischen **Volljährigen,** die noch **im Haushalt** der Eltern oder **eines Elternteils** leben,
– und Studierenden sowie **Kindern mit eigenem Haushalt.**

　Bei im Haushalt der Eltern oder eines Elternteils **lebenden volljährigen Kindern** wird der Unterhalt **einkommensabhängig** in der Weise ermittelt, dass der Bedarf der **4. Altersstufe** der Tabelle Kindesunterhalt entnommen wird (vgl. Anm. A 7 I der Düsseldorfer Tabelle). Die Richtsätze dieser Altersstufe entsprechen – von Rundungsdifferenzen abgesehen – den Tabellenbeträgen der 3. Altersstufe, erhöht um die Differenz zu den Beträgen der 2. Altersstufe.[45] Dies gilt auch für privilegiert volljährige Kinder im Sinne des § 1603 II 2 BGB (Rn. 384, 452 ff.). Einzelheiten und Beispiele dazu Rn. 383 ff.

365　Bei **Studierenden und volljährigen Kindern mit eigenem Haushalt** wird der angemessene Gesamtunterhaltsbedarf in der Regel mit einem Festbetrag von 640,– € angesetzt. Einzelheiten dazu Rn. 368 ff.

　Der Düsseldorfer Tabelle folgen die meisten Oberlandesgerichte des Bundesgebiets. Vgl. dazu Rn. 368 ff., 383 ff.

366　Der **BGH** geht ebenfalls davon aus, dass der Unterhalt eines Volljährigen, der noch bei einem Elternteil wohnt, entsprechend dem zusammengerechneten Einkommen der Eltern nach der Düsseldorfer Tabelle zu bestimmen ist.[46] Er hat bereits vor Jahren eine Berechnung des Unterhalts des bei einem Elternteil lebenden volljährigen Kindes nach dem zusammengerechneten Einkommen ausdrücklich gebilligt.[47] Demgegenüber hat er die Bemessung des Bedarfs mit einem Festbetrag von 950,– DM nach der Düsseldorfer Tabelle Stand 1. 7. 1992 Anm. 7 II (vgl. Rn. 377) bei einem volljährigen behinderten Kind, das im selben Haus wie seine Eltern, jedoch in der Wohnung seiner Schwester lebt und von der Mutter betreut wird, beanstandet und eine einkommensabhängige Unterhaltsbemessung verlangt.[48]

　Für den Studenten, der einen eigenen Haushalt unterhält, hat der BGH einen festen Regelbedarfssatz für unbedenklich gehalten.[49] M. E. ermöglicht die von den meisten Oberlandesgerichten angewandte Methode, den Unterhalt des im Haushalt eines Elternteils lebenden volljährigen Kindes einkommensabhängig nach der Düsseldorfer Tabelle zu bestimmen (vgl. Rn. 383 ff.), dagegen bei Kindern, die das Elternhaus bereits verlassen haben, grundsätzlich von einem einheitlichen Regelbedarfssatz auszugehen (vgl. Rn. 368 ff.), in der Regel eine zutreffende Bemessung des Unterhalts. Man darf jedoch nicht unberücksichtigt lassen, dass auch der Unterhalt eines volljährigen Kindes mit eigenem Haushalt weiter von der Lebensstellung der Eltern abhängt und daher eine Erhöhung des Regelsatzes von 640,– € bei guten Einkommensverhältnissen der Eltern möglich ist (vgl. dazu Rn. 376).[50] Dieser Auffassung scheint auch der BGH zuzuneigen.[51]

367　Die Regelbedarfssätze und die Tabellensätze gelten nur für den Durchschnittsfall. Bei Vorliegen besonderer Umstände kann von ihnen nach oben und unten abgewichen werden. Das gewonnene Ergebnis ist – wie stets bei der Anwendung von Tabellen und Leitlinien – **auf die Angemessenheit zu überprüfen.**[52] Vgl. dazu Rn. 124. Macht der Volljährige einen höheren Bedarf geltend, muss er – wie ein Minderjähriger (vgl. Rn. 230) – **darlegen**

---

[44] BGH, FamRZ 1984, 470, 472
[45] Scholz, FamRZ 2001, 1045, 1047, Soyka FamRZ 2003, 1154; Klinkhammer, FamRZ 2008, 193
[46] BGH, FamRZ 2006, 99, 100
[47] BGH, FamRZ 1994, 696 = R 477 b; FamRZ 1986, 151
[48] BGH, FamRZ 1997, 281, 283 f. = R 509 h
[49] BGH, FamRZ 1985, 916
[50] Soyka, FamRZ 2003, 1154
[51] BGH, FamRZ 1997, 281, 283 f. = R 509 h; FamRZ 1985, 916
[52] BGH, FamRZ 2000, 1492 = R 546 c; FamRZ 2000, 358 = R 537 b

und nachweisen, worin der erhöhte Bedarf besteht und welche Mittel zur Bedarfsdeckung im Einzelnen erforderlich sind.[53] Hält dagegen der Verpflichtete den sich aus den Tabellen und Leitlinien ergebenden Bedarf für überhöht, muss er dartun und ggf. beweisen, auf Grund welcher besonderen Umstände ein niedrigerer Bedarf gerechtfertigt ist.

Frühere Schwierigkeiten, wenn das Kind in dem einen, die Eltern oder ein Elternteil in   **367 a** einem anderen OLG-Bezirk wohnen und die Leitlinien der Oberlandesgerichte verschiedene Sätze für den Bedarf und die Leistungsfähigkeit vorsehen, sind seit dem 1. 1. 2008 auf Grund der Unterhaltsreform 2007 weitgehend entfallen. Hinsichtlich der Differenzen zwischen den alten und den neuen Bundesländern kann auf die Vorauflage verwiesen werden (Rn. 212 a ff.).

2. Bedarf von Studenten und Kindern mit eigenem Haushalt

Wohnt der Volljährige nicht bei einem Elternteil, wenden **alle Oberlandesgerichte**   **368** **feste Bedarfssätze** an.

a) Bei **Studierenden,** die nicht bei einem Elternteil leben und einen eigenen Haushalt   **369** führen (zu sonstigen Kindern mit eigenem Haushalt vgl. Rn. 377 ff.), beträgt der Gesamtunterhaltsbedarf nach der **Düsseldorfer Tabelle** (Anm. A 7 II) seit dem 1. 7. 2005 in der Regel **640,– €,** vom 1. 1. 2002 bis 30. 6. 2005 belief er sich auf 600,– €. Dem folgen, soweit ersichtlich, alle Oberlandesgerichte des alten Bundesgebiets (vgl. 13. 2 der Leitlinien).

Die für das **Beitrittsgebiet** zuständigen Oberlandesgerichte gehen auf Grund der Unter-   **369 a** haltsreform 2007 seit dem 1. 1. 2008 von den gleichen Richtsätzen aus. Wegen abweichender früherer Richtsätze, die für die Vergangenheit weiter anzuwenden sind, wird auf die Vorauflage und die bis 2007 vorgenommenen Änderungen verwiesen.

Der Richtsatz von 640,– € liegt derzeit (Sommer 2008) über dem Höchstsatz der Leis-   **370** tungen nach dem BAföG, die im alten Bundesgebiet 585,– € betragen. Er ist zum 1. 7. 2005 erhöht worden, da die Ausbildungsförderung nach dem BAföG schon seit 2002 nicht mehr angehoben worden ist und der Preisentwicklung Rechnung zu tragen war.[54] Der Betrag von 640,– € **deckt** den **gesamten Bedarf** des Studenten ab, also vor allem Verpflegung, Wohnen, Fachliteratur, Fahrten am Studienort und Heimfahrten zu den Eltern oder einem Elternteil. Beiträge zur Krankenversicherung und Pflegeversicherung sind darin nicht enthalten, auch nicht die in den vergangenen Jahren neu eingeführten **Studiengebühren** (Anm. A.9 zur Düsseldorfer Tabelle).

Die Kosten einer **Krankenversicherung** und Pflegeversicherung sind zusätzlich zum   **371** Regelsatz von 640,– € zu zahlen, wenn das Kind nicht in der Familienversicherung eines Elternteils beitragsfrei mitversichert ist. Diese Mitversicherung ist in der gesetzlichen Krankenversicherung und Pflegeversicherung bis zum vollendeten 25. Lebensjahr des Kindes möglich, wenn es sich in Schul- oder Berufsausbildung befindet oder ein freiwilliges soziales oder ökologisches Jahr (Rn. 348 a) leistet, darüber hinaus, wenn die Ausbildung durch Erfüllung einer gesetzlichen Dienstpflicht, insbesondere Wehr- und Ersatzdienst, unterbrochen oder verzögert worden ist (§ 10 II Nr. 3 SGB V, § 25 II Nr. 3 SGB XI). Die private Krankenversicherung, die Selbstständige, Richter, Beamte und Soldaten abschließen müssen, bietet in aller Regel keine beitragsfreie Mitversicherung von Kindern an. Dass der Unterhaltspflichtige auch die Krankenversicherung des Kindes – ggf. durch Zahlung eines zusätzlichen Beitrags neben dem Richtsatz der Tabellen – sicherzustellen hat, wird von der Düsseldorfer Tabelle (Anm. A 9) und den meisten Leitlinien (13. 2) anerkannt.

Wohnkosten sind Teil des Regelbedarfs. Sie werden in den Leitlinien der Oberlandes-   **372** gerichte Brandenburg, Hamburg, Bremen, Hamm, Düsseldorf, Köln, Frankfurt, Naumburg und den SüdL mit **270,– €** ausgewiesen, vom OLG Dresden (13.2.2) mit 280,– €.

– *In dieser Auflage nicht belegt* –   **373–375**

Der Richtsatz für das studierende Kind mit eigenem Haushalt kann bei **guten Einkom-**   **376** **mensverhältnissen der Eltern erhöht** werden (vgl. Rn. 128 ff.). Dies ist insbesondere

---

[53] BGH, FamRZ 2000, 358 = R 537 c
[54] Soyka, FamRZ 2005, 1287, 1288

angezeigt, wenn das Kind nach der Tabelle einen höheren Unterhalt als 640,– € erhalten würde, falls es noch im elterlichen Haushalt lebte. Das ist nach der Düsseldorfer Tabelle 2008 der Fall bei einem zusammengerechneten Einkommen der Eltern ab 4701,– €,[55] wonach sich ein Tabellenbetrag von 653,– € ergibt.

Das volljährige Kind mit eigenem Haushalt hat im Zweifel höhere Wohnkosten.[56] Vgl. dazu Rn. 130. Die meisten Leitlinien lassen deshalb eine angemessene Erhöhung des Studentenunterhalts oder jedenfalls eine Abweichung vom Richtsatz von 640,– € bzw. den Sätzen für das Beitrittsgebiet zu (jeweils 13. 1 der Leitlinien). Das OLG Düsseldorf hat bereits im Jahr 1992 bei Eltern, die beide über ein Einkommen von jeweils 12 000,– DM monatlich verfügten, einen Unterhalt von 1400,– DM für angemessen gehalten.[57] In Ausnahmefällen kann auch eine Ermäßigung des Bedarfssatzes von 640,– € möglich sein.

377   **b) Volljährige Kinder mit eigenem Haushalt.** Der Richtsatz von 640,– € kann auch für volljährige Schüler oder Auszubildende angesetzt werden, die das Elternhaus verlassen und einen eigenen Hausstand gegründet haben.[58] Dazu gehört auch das Leben in einer Wohngemeinschaft. Es reicht aber nicht aus, wenn ein volljähriges behindertes Kind in die Wohnung seiner Schwester umgezogen ist, aber noch im selben Haus wie seine Eltern lebt und von seiner Mutter betreut wird. In einem solchen Fall ist der Unterhalt einkommensabhängig nach der Düsseldorfer Tabelle zu bemessen.[59]

378   Der entsprechenden Empfehlung der **Düsseldorfer Tabelle** (DT Anm. A 7 II) folgen alle in Rn. 369, 369 a aufgeführten Tabellen und Leitlinien. Die obigen Ausführungen zum Studentenunterhalt (vgl. Rn. 369 ff.) gelten sinngemäß für den Unterhalt des volljährigen Kindes mit eigenem Haushalt.

379–381   – *In dieser Auflage nicht belegt* –

382   Nicht einheitlich wird die Frage beantwortet, ob und ggf. in welchem Umfang in dem Bedarfssatz von in der Regel 640,– € **ausbildungsbedingter Mehrbedarf** enthalten ist. Die Leitlinien der Oberlandesgerichte bestimmen meist, dass um ausbildungsbedingten Mehrbedarf gekürztes Einkommen auf den Bedarf des Kindes anzurechnen sei (so BraL, BrL,[60] BrauL, CL, HaL, KL, OL, NaL,[61] SüdL, jeweils 13. 2, 10.2.3). Dies bezieht sich nach der Systematik der Leitlinien auch auf den Unterhalt des volljährigen Kindes mit eigenem Hausstand. Andere Oberlandesgerichte stellen dagegen klar, dass bei Ansatz eines Festbetrages für den Bedarf des volljährigen Kindes ausbildungsbedingte Kosten nicht einkommensmindernd zu berücksichtigen seien. Vgl. BL, HL, KoL, SchL, jeweils 13. 1 oder 13. 2. Das OLG Düsseldorf[62] vermindert die Ausbildungsvergütung, wenn der Bedarf nach Anm. A 7 II der Tabelle mit 640,– € angesetzt wird, nicht um die Pauschale von jetzt 90,– € für ausbildungsbedingten Mehrbedarf (vgl. Anm. A 8 der Tabelle), sondern um die Mindestpauschale von jetzt 50,– € nach Anm. A 3 der Tabelle (DL 10. 2. 3, generell wie Werbungskosten FrL, DrL Nr. 10.2.3; vgl. Rn. 94).

3. Bedarf von Schülern, Studenten und Auszubildenden, die im Haushalt eines Elternteils leben

383   **a) Unterhaltsbemessung nach der Düsseldorfer Tabelle.** Nach der Düsseldorfer Tabelle (A 7 I) wird der Unterhalt volljähriger Kinder, die noch im Haushalt der Eltern oder eines Elternteils wohnen, seit 1. 1. 1996 nach den Richtsätzen der **Altersstufe 4** bemessen.

---

[55] Das Kammergericht sieht eine höhere Bemessung ab einem Einkommen über 4800,- € vor (Nr. 13.1.2); vgl. auch Soyka, FamRZ 2007, 1362, 1364 und Klinkhammer, FamRZ 2008, 193, 197

[56] Soyka, FamRZ 2003, 1154

[57] OLG Düsseldorf, FamRZ 1992, 981 ff.; der Richtsatz der Düsseldorfer Tabelle Stand: 1. 1. 1989 betrug damals 850,– DM

[58] Nach OLG Düsseldorf, NJW-RR 2007, 794 auch für ein bei Pflegeeltern lebendes, in der Ausbildung befindliches Kind

[59] BGH, FamRZ 1997, 281, 283 f. = R 509 h

[60] Nach Nr. 10.2.3 der Bremer LL konkret darzulegen und nach § 287 ZPO zu schätzen

[61] 10%, maximal 90,– €

[62] FamRZ 1994, 1610

Zur Errechnung der Richtsätze dieser Altersstufe vgl. Rn. 364. Dem folgt die weitaus überwiegende Zahl der der Oberlandesgerichte (jeweils Nr. 13.1 der LL). Die Leitlinien einzelner Oberlandesgerichte sehen Modifikationen vor. Das OLG Oldenburg entnimmt den Unterhalt für privilegierte Volljährige (§ 1603 II 2 BGB) der 3. Altersstufe. Das OLG Frankfurt sieht für ein Kind mit eigenem Einkommen einen Mindestbedarf von 530,– € vor (Nr. 13.1.1 LL).

Die Richtsätze der Altersstufe 4 gelten gerade nach nunmehr nahezu einheitlicher Praxis **384** auch für **privilegiert volljährige Kinder** im Sinne des § 1603 II 2 BGB (zu diesen Kindern im einzelnen Rn. 452 ff.).[63] Nur das OLG Oldenburg entnimmt den Unterhalt für solche Kinder der Altersstufe 3. Dies trägt aber nicht dem Erfahrungssatz Rechnung, dass volljährige Kinder bei pauschaler Betrachtung einen höheren Bedarf haben als minderjährige Kinder im Alter von 12–17 Jahren. Sie verlangen, auch wenn sie noch im Elternhaus leben, die Gleichbehandlung mit Erwachsenen, haben demgemäß – nicht zu Unrecht – höhere Ansprüche an Kleidung und Lebenshaltung und beanspruchen vielfach höheres Taschengeld. Demgemäß war es bis 30. 6. 1998 allgemeine Praxis, einem volljährigen Kind, auch wenn es bei seinen Eltern verblieb, einen höheren Unterhaltsbedarf zuzubilligen. Durch die Gleichstellung der privilegiert volljährigen Kinder mit Minderjährigen hat sich daran nichts geändert, da sich diese Gleichstellung nur auf die Leistungsfähigkeit des Schuldners und den Rang des Kindes bezieht (§§ 1603 II 2, 1609 I 1, II BGB).

Die Anwendung der Altersstufe 4 setzt auch und gerade bei nicht privilegiert volljährigen **385** Kindern voraus, dass das Kind noch im Haushalt der Eltern oder eines Elternteils lebt, sich also die **Lebensverhältnisse** durch die Volljährigkeit **nicht wesentlich geändert** haben. Sie ist daher vor allem bei Schülern oder Auszubildenden angebracht, aber auch bei Kindern, die am Wohnort der Eltern studieren. Jedoch kann gerade dann der nach der Tabelle errechnete Bedarf zu niedrig sein, z. B. für einen **Studenten,** der weiter im Elternhaus wohnt, aber durch Fahrten zum Studienort, Literatur, Repetitor, Mensaessen usw. besondere Aufwendungen hat, die in dem in erster Linie auf Schüler zugeschnittenen Tabellenunterhalt nicht berücksichtigt sind.[64] Studierende Kinder, deren Wohnort in einiger Entfernung von der Universitätsstadt liegt, bleiben häufig bei einem Elternteil wohnen, obwohl dies unterhaltsrechtlich nicht ohne weiteres von ihnen verlangt werden kann, sparen sich einen Kleinwagen zusammen und nehmen beachtliche Fahrzeiten und Fahrtkosten auf sich. Hier kann es sich empfehlen, das Kind so zu behandeln, als wohne es am Studienort, und den Bedarf mit 640,– € nach A 7 II der Tabelle anzusetzen.

Die Ermittlung des Unterhalts des volljährigen Kindes nach der Altersstufe 4 der Düssel- **386** dorfer Tabelle ist insbesondere dann angezeigt, wenn nur ein Elternteil barunterhaltspflichtig ist, also z. B. die Mutter, bei der das Kind lebt, nicht erwerbstätig zu sein braucht (dazu Rn. 411) oder sie durch ihr Einkommen den angemessenen Selbstbehalt von 1100,– € (vgl. dazu Rn. 417 ff.) nicht deckt. Auf einen solchen Fall ist die Düsseldorfer Tabelle in erster Linie zugeschnitten.[65] Zur Bedarfsbemessung bei beiderseitiger Barunterhaltspflicht der Eltern vgl. Rn. 388.

Bei unterdurchschnittlicher Unterhaltslast des allein barunterhaltspflichtigen Elternteils ist **387** eine **Höhergruppierung,** bei überdurchschnittlicher Belastung des Schuldners mit Unterhaltspflichten ist eine **Herabgruppierung** nach Anm. A 1 der Düsseldorfer Tabelle möglich. Vgl. Rn. 231 ff. Bestimmt sich der Bedarf des volljährigen Kindes nach den zusammengerechneten Einkünften der Eltern, ist dagegen in der Regel von einer Höhergruppierung abzusehen.[66] Vgl. Rn. 388.

Beispiel:
Einkommen des allein barunterhaltspflichtigen Vaters 2200,– €. Die wiederverheiratete Mutter (M) ist erwerbsunfähig. Sie bezieht das Kindergeld von 154,– €. Da der Vater nur dem volljährigen, bei

---

[63] OLG Hamm, FamRZ 1999, 1018; Strauß, FamRZ 1998, 993, 995 FamRefK/Häußermann, § 1610 Rn. 4; vgl. auch BGH, FamRZ 2002, 815 = R 570 c

[64] Scholz, FamRZ 1993, 125, 135; Soyka, FamRZ 2003, 1154. Generell für eine Kürzung des Festbetrages um eine Wohnkostenersparnis: OLG Koblenz, FamRZ 1996, 382

[65] Scholz, FamRZ 1993, 125, 135; Familienrecht ,96 S. 445, 479

[66] BGH, FamRZ 1986, 151; Scholz, FamRZ 1993, 125, 135

M lebenden Kind barunterhaltspflichtig ist, ergibt sich der Unterhalt unter zweimaliger Höhergruppierung nach A 1 der Tabelle aus der 5. Einkommensgruppe. Vgl. dazu Rn. 233. Der von V geschuldete Unterhalt beträgt also 490,– € und ist um das volle Kindergeld von 154,– € zu kürzen. Vgl. dazu Rn. 515. V hat also 336,– € zu zahlen.

388   Sind **beide Eltern** einem volljährigen Kind, das bei einem von ihnen lebt, barunterhaltspflichtig, ist der Bedarf nach den **zusammengerechneten Einkünften** der Eltern zu bemessen und der entsprechenden Einkommensgruppe der Tabelle zu entnehmen.[67] Ein Elternteil hat aber höchstens den Unterhalt zu leisten, der sich bei Zugrundelegung allein seines Einkommens aus der Tabelle ergeben würde.[68] Hiervon gehen alle Oberlandesgerichte aus, die den Bedarf des volljährigen Kindes, das im Haushalt eines Elternteils lebt, nach der 4. Altersstufe der Tabelle bestimmen (Rn. 383). Jedoch ist zu berücksichtigen, dass die Eltern dadurch besonders belastet sind, dass jeder von ihnen einen eigenen Haushalt führen muss. Deshalb ist eine Höhergruppierung nach A 1 der Düsseldorfer Tabelle in der Regel nicht angebracht.[69] Viele Oberlandesgerichte schließen eine Höhergruppierung, teilweise auch eine Herabgruppierung aus (so BrauL, DL, KoL, KGL, KL, OL, RL, ThürL, NaL jeweils 13. 1. 1); das OLG Frankfurt hält dagegen eine Höhergruppierung um eine Gruppe für möglich (FL 13. 1. 1 m. w. N.). Eine Herabstufung wegen doppelter Haushaltsführung wird, soweit ersichtlich, nur noch vom OLG Schleswig (SchL 13. 3) befürwortet. M. E. kann man eine Herabgruppierung nicht generell ausschließen. Lebt ein volljähriges Kind zusammen mit seinem 17-jährigen Bruder bei seiner Mutter, so bestimmt sich der Unterhaltsbedarf des Minderjährigen allein nach dem Einkommen seines barunterhaltspflichtigen Vaters, der Bedarf des volljährigen Kindes dagegen nach dem zusammengerechneten Einkommen der Eltern. Dies kann zu Abweichungen des Bedarfs des volljährigen und des Bedarfs des minderjährigen Kindes führen, wird allerdings durch die nunmehr volle Anrechnung des Kindergelds wieder relativiert. Zur entsprechenden Problematik beim privilegiert volljährigen Kind Rn. 470.

Beispiel:
Einkommen des Vaters (V) 2250,– €, der Mutter (M) 1150,– €, insgesamt 3400,– €. Das studierende volljährige Kind (K) lebt bei M, die das Kindergeld von 154,– € bezieht. Keine weiteren Unterhaltspflichten.
Der Bedarf des Kindes richtet sich nach dem zusammengerechneten Einkommen der Eltern und beträgt nach der 9. Einkommensgruppe der Düsseldorfer Tabelle 523 – 154 (Kindergeld) = 369,– €.
Vergleichbares Einkommen des V: 2250 – 1100 = 1150,– €.
Vergleichbares Einkommen der M: 1150 – 1100 = 50,– €.
Vergleichbares Einkommen beider Eltern: 1150 + 50 = 1200,– €.
Haftungsanteil des V: 369 × 1150 : 1200 = 354,– €.
Haftungsanteil der M: 369 × 50 : 1200 = 15,– €.
Wäre V allein barunterhaltspflichtig, schuldete er bei zweimaliger Höhergruppierung nach Anm. A 1 der Düsseldorfer Tabelle (Rn. 233) Unterhalt nach der 5. Einkommensgruppe von 490,– € und abzüglich des vollen Kindergelds 336,– €. Auf diesen Betrag ist seine Unterhaltspflicht zu begrenzen. Mit dem Fehlbetrag von 354 – 336 = 18,– € fällt das Kind aus.

Das Beispiel zeigt, dass die Begrenzung des Unterhalts auf den Betrag, den ein Elternteil nach der Tabelle allein auf Grund seines Einkommens zu zahlen hätte, in der Praxis kaum Bedeutung hat. Sie wirkt sich nur aus, wenn der Haftungsanteil des einen Elternteils sehr hoch, derjenige des anderen dagegen gering ist.

389   Der Tabellenunterhalt des volljährigen Kindes enthält wie beim Minderjährigen den **gesamten Lebensbedarf,** also auch die Wohnkosten. Diese sind jedoch wegen der Ersparnis infolge des Zusammenlebens mit einem Elternteil geringer als beim Studentenunterhalt (vgl. Rn. 372 f., auch Rn. 214).

---

[67] BGH, FamRZ 2006, 99
[68] BGH, FamRZ 2006, 99; FamRZ 1994, 696, 698; FamRZ 1988, 1039 = R 366 b; FamRZ 1986, 151; Gerhardt, FamRZ 2006, 740, hält diese Einschränkung nach der vom BGH nunmehr angewendeten vollen Kindergeldanrechnung für entbehrlich; dagegen Gutdeutsch, FamRZ 2006, 1502
[69] BGH, FamRZ 1986, 151; Scholz, FamRZ 1993, 125, 135

Der Unterhaltspflichtige hat neben dem Elementarunterhalt auch den **Krankenversiche-** 390
rungsschutz und die Pflegeversicherung sicherzustellen, wenn das Kind nicht bei einem
Elternteil in die Versicherung eingeschlossen ist. Auf die obigen Ausführungen wird verwiesen (vgl. Rn. 371).

b) Unterhaltsbemessung nach festen Regelbedarfssätzen. Die früher von einer 391
Reihe von Oberlandesgerichten auf den Unterhalt des im Haushalt eines Elternteils leben-
den nicht privilegiert volljährigen Kindes angewandten festen Regelbedarfssätze (s. dazu die
Vorauflage) werden heute – soweit ersichtlich – nicht mehr aufrechterhalten.

– *In dieser Auflage nicht belegt* – 392–397

c) Unterhaltsbemessung teilweise nach der Düsseldorfer Tabelle, teilweise nach 398
festen Regelbedarfssätzen. Das OLG **Frankfurt** (FL 13. 1. 1) setzt für den im Haushalt
eines Elternteils lebenden Volljährigen, der über kein Erwerbseinkommen verfügt, den
Tabellenbetrag der 4. Altersstufe der Düsseldorfer Tabelle entsprechend dem zusammengerechneten Einkommen der Eltern an. Erzielt der bei einem Elternteil lebende Volljährige
dagegen eigenes Erwerbseinkommen, so ist von einem festen Bedarfsbetrag von mindestens
530,– € auszugehen.

Dieser Berechnung folgt das OLG **Jena** (ThL 13. 2). Es bemisst den Bedarf wegen der 399
wirtschaftlichen Vorteile durch das Zusammenleben mit einem Elternteil ebenfalls auf
530,– €, soweit sich nicht aus der Tabelle ein höherer Bedarf ergibt.

d) Konkrete Unterhaltsbemessung. Auch der Unterhalt eines im Haushalt eines 400
Elternteils lebenden Schülers, Studenten oder Auszubildenden kann **bei günstigen Ein-**
kommensverhältnissen der Eltern über die Richtsätze der Tabellen und Leitlinien hinaus
erhöht werden. Genaueres dazu Rn. 128 ff., 376.

4. Regelmäßiger Mehrbedarf des volljährigen Schülers, Studenten oder Auszubil-
denden

Bei den Bedarfssätzen nach den Tabellen und Leitlinien handelt es sich um eine **pauscha-** 401
lierte Bemessung des gesamten durchschnittlichen **Normalbedarfs** des Volljährigen. Im
Einzelfall kann dieser Normalbedarf auch bei Volljährigen erhöht werden, wenn infolge
besonderer Umstände ein Mehrbedarf besteht und dieser regelmäßig anfällt (vgl. oben
Rn. 133 ff.).

So kann z. B. bei einem behinderten volljährigen Kind, das sich einer Ausbildung 402
unterzieht und dessen Bedarf daher nach den Regelsätzen der Tabellen und Leitlinien
bemessen wird, der Normalbedarf um **behinderungsbedingte** regelmäßige **Mehrkosten**
erhöht werden.[70] Ergänzend kann auf die Ausführungen zum behinderungsbedingten Mehrbedarf bei Minderjährigen und zu seiner teilweisen Deckung durch Sozialleistungen hingewiesen werden (Rn. 326 ff.). Zum Bedarf behinderter volljähriger Kinder, die sich in keiner
Ausbildung befinden, vgl. Rn. 405. Das volljährige Kind ohne selbstständige Lebensstellung
hat einen Anspruch auf **Prozesskostenvorschuss.**[71]

Regelmäßiger Mehrbedarf kann u. U. bejaht werden, wenn für ein **Studium im Aus-** 403
land[72] (vgl. dazu Rn. 67), für eine **Privatschule**[73] oder für eine sonstige entgeltliche Ausbildung, z. B. für Klavierunterricht zur Vorbereitung auf die Aufnahmeprüfung eines Konser-
vatoriums,[74] zusätzliche Kosten anfallen. Voraussetzung ist allerdings, dass die kostenverursachende Maßnahme sachlich berechtigt ist und die sich daraus ergebenden Mehrkosten dem
Unterhaltsverpflichteten nach dessen Einkommens- und Vermögensverhältnissen wirtschaftlich **zumutbar** sind. Monatliche Kosten von knapp 4000,– € für ein mehrjähriges Studium
in den USA dürften auch bei sehr guten, aber nicht außergewöhnlichen Einkommens- und
Vermögensverhältnissen den von den Eltern zu finanzierenden Rahmen sprengen.[75] Für die

[70] BGH, FamRZ 1985, 917, 919
[71] BGH, FamRZ 2005, 883
[72] BGH, FamRZ 1992, 1064 = R 446
[73] OLG Hamm, FamRZ 1997, 960
[74] OLG München, FamRZ 1992, 595; vgl. auch BGH, FamRZ 2001, 1603
[75] Anders zu Unrecht AG Köln, FamRZ 2000, 482

Zumutbarkeit gelten auch hier sinngemäß die Ausführungen zum Minderjährigenunterhalt (vgl. oben Rn. 317 ff.). Bei den hier erörterten Zusatzkosten der Ausbildung handelt es sich in der Regel nicht um Sonderbedarf, weil sie nicht überraschend auftreten und weil sie der Höhe nach bei vorausschauender Planung abschätzbar sind.[76] Zum Sonderbedarf vgl. Rn. 138 f., 6/1 ff.

404   Wer über den Normalbedarf hinausgehenden **Mehrbedarf** geltend macht, muss im Einzelnen **darlegen und** bei Bestreiten **beweisen,** worin dieser Mehrbedarf besteht und warum er berechtigt ist. Die Höhe berechtigter regelmäßiger Mehrkosten ist konkret zu ermitteln. Sie kann nach § 287 II ZPO geschätzt werden, wenn ein ausreichender entsprechender Sachvortrag besteht. Der Richter kann zu einem festen Betrag auf rechtlich nicht angreifbare Weise im Wege der Schätzung kommen.[77] Dabei kann auch berücksichtigt werden, dass es auf Grund der Mehraufwendungen auch **Einsparungen** beim Normalbedarf geben kann (vgl. Rn. 321).

5. Bemessung des Bedarfs des Volljährigen, der sich nicht in einer Ausbildung befindet

405   Die Unterhaltstabellen und die Regelbedarfssätze gelten bei einem volljährigen Kind vor allem, wenn und soweit es noch ausgebildet wird oder es sich noch einer Ausbildung unterziehen will, sei es auf einer Schule oder Hochschule, sei es in Form einer Lehre. Sie passen nicht oder allenfalls bedingt auf volljährige Kinder, die z. B. wegen einer **Behinderung** geistiger oder körperlicher Art eine Ausbildung nicht absolvieren können (vgl. Rn. 44, 345). Hier wird vielfach eine konkrete Bemessung des Bedarfs angebracht sein. So wird der Bedarf eines in einem Heim untergebrachten Kindes häufig den Unterbringungskosten und einem angemessenen Taschengeld entsprechen.[78] Lebt das behinderte volljährige Kind dagegen in der Familie, müssen die den Bedarf erhöhenden Umstände im Einzelnen dargelegt werden.[79] Eine Vergütung für die Arbeit in einer Behindertenwerkstatt wird in der Regel Einkommen aus unzumutbarer Tätigkeit sein (vgl. 1/540 ff., 2/88), wenn das Kind arbeitsunfähig und daher nicht zu einer Erwerbstätigkeit verpflichtet ist; die ohnehin meist nur geringe Entlohnung kann daher allenfalls zur teilweisen Deckung des Taschengeldes herangezogen werden. Es geht allerdings nicht an, sie schon deshalb nicht zu berücksichtigen, weil sie mehr als Anerkennung und als Versuch einer Eingliederung in das Erwerbsleben diene;[80] dies widerspricht dem Grundsatz, dass grundsätzlich jedes Einkommen zur Bedarfsdeckung heranzuziehen ist; vgl. Rn. 86. Die bedarfsorientierte Grundsicherung, die auch einem voll erwerbsgeminderten volljährigen Kind zustehen kann, ist Einkommen und daher auf den Bedarf anzurechnen (vgl. Rn. 357). Neben der konkreten Berechnung des Bedarfs ist es auch möglich, vor allem bei jüngeren volljährigen Kindern, den Bedarf zunächst auf der Basis der Düsseldorfer Tabelle zu berechnen und diesen Betrag dann um konkret vorzutragenden behinderungsbedingten Mehrbedarf (vgl. Rn. 402) zu erhöhen.[81] Steht ein volljähriges Kind unter **Betreuung,** so kann die Vergütung, die es dem Betreuer nach § 1836 BGB schuldet, Teil seines Unterhaltsbedarfs sein. Dasselbe gilt für den Aufwendungsersatz nach § 1835 BGB und die Aufwandsentschädigung nach § 1835 a BGB. Allerdings wird es sich unter Umständen nicht um Mehrbedarf, sondern um Sonderbedarf handeln.[82] Vgl. dazu auch Rn. 317.

Die Belastung der Eltern durch den oft sehr hohen Mehrbedarf des behinderten Kindes wird durch die Gewährung von Sozialhilfe und die Beschränkung des Rückgriffs des Sozialhilfeträgers nach § 94 III SGB XII erheblich reduziert.

---

[76] OLG Hamm, FamRZ 1994, 1281
[77] BGH, FamRZ 1985, 917, 919; vgl. auch OLG Düsseldorf, FamRZ 2002, 854
[78] OLG Oldenburg, FamRZ 1996, 625
[79] OLG Karlsruhe, FuR 2000, 440; OLG Düsseldorf, FamRZ 2002, 854
[80] So aber OLG Oldenburg, FamRZ 1996, 625
[81] OLG Düsseldorf, FamRZ 2002, 854
[82] OLG Nürnberg, MDR 1999, 616

Hat ein Volljähriger bereits durch eine Berufsausbildung oder durch längere Ausübung **406** einer ungelernten Tätigkeit eine eigene Lebensstellung erlangt (vgl. oben Rn. 108 ff.), so ist diese für die Bemessung des Bedarfs maßgebend, wenn das Kind, z. B. durch Arbeitslosigkeit oder Krankheit, **wieder bedürftig** wird.[83] Das Kind muss dann für seinen Unterhalt selbst aufkommen und grundsätzlich jede Erwerbsmöglichkeit auch unterhalb seiner bisherigen Lebensstellung annehmen.[84] Vgl. dazu Rn. 44, 48, 345. Der Volljährige muss sich ggf. zunächst mit Arbeitslosen- oder Krankengeld begnügen und eine entsprechende Schmälerung seiner Einkünfte hinnehmen. Seine Eltern kann er nur dann auf Unterhalt in Anspruch nehmen, wenn es ihm trotz aller Bemühungen nicht gelingt, das Existenzminimum zu sichern. Dieses beträgt jedenfalls bei durchschnittlichen Einkommensverhältnissen analog B V der Düsseldorfer Tabelle bei Erwerbstätigkeit 900,– €, bei Nichterwerbstätigkeit 770,– €.[85] Ein volljähriges Kind, das bereits eine eigene Lebensstellung erlangt hatte und dann wieder unterhaltsbedürftig wird, kann sich nicht besser stehen als ein Elternteil, der von seinem Kind Unterhalt verlangt und sich ebenfalls eine Schmälerung seines Bedarfs bis auf das Existenzminimum gefallen lassen muss.[86] Zur Höhe des angemessenen Selbstbehalts in derartigen Fällen Rn. 425.

IV. Leistungsfähigkeit der Eltern beim Unterhalt volljähriger Kinder

1. Grundsätzlich keine gesteigerte Unterhaltspflicht gegenüber volljährigen Kindern

Nach § 1603 I BGB braucht ein Elternteil einem volljährigen Kind keinen Unterhalt zu **407** zahlen, wenn er unter Berücksichtigung seiner sonstigen Verpflichtungen außerstande ist, ohne Gefährdung seines eigenen angemessenen Unterhalts den Kindesunterhalt zu gewähren. Ihm muss also sein **eigener angemessener Bedarf** oder der sog. **große Selbstbehalt** verbleiben. Zur Höhe des angemessenen Eigenbedarfs vgl. Rn. 417 ff.

§ 1603 II 1 BGB, nach dem Eltern alle verfügbaren Mittel für ihren und den Unterhalt **408** ihrer minderjährigen Kinder gleichmäßig zu verwenden haben (vgl. oben Rn. 247), gilt bei volljährigen Kindern grundsätzlich nicht. Nur sog. privilegiert volljährige Kinder sind den Minderjährigen seit dem 1. 7. 1998 hinsichtlich der Leistungsfähigkeit der Eltern (§ 1603 II 2 BGB) und damit der gesteigerten Unterhaltspflicht, aber auch hinsichtlich des Ranges (§ 1609 Nr. 1 BGB) gleichgestellt. Es handelt sich um unverheiratete volljährige Kinder bis zur Vollendung des 21. Lebensjahres, die im Haushalt der Eltern oder eines Elternteils leben und sich in der allgemeinen Schulausbildung befinden. Vgl. dazu eingehend Rn. 452 ff.

Gegenüber nicht privilegiert volljährigen Kindern trifft die Eltern dagegen **keine gesteigerte Unterhaltspflicht.** Dies hat folgende Konsequenzen:

- Die Eltern können nicht auf den notwendigen Eigenbedarf oder den kleinen Selbstbehalt **409** verwiesen werden (vgl. dazu bei minderjährigen Kindern Rn. 260 ff., 263 ff.).
- Die Obliegenheit zur Aufnahme von **Gelegenheitsarbeiten** und berufsfremden Tätig- **410** keiten, zur Vornahme eines **Orts- oder Berufswechsels** (vgl. Rn. 248 ff.) trifft die Eltern nicht in demselben Umfang wie gegenüber einem minderjährigen Kind. Zu einem Berufs- oder Ortswechsel ist ein Elternteil gegenüber einem volljährigen Kind nur ausnahmsweise gehalten, wenn die Notwendigkeit einer solchen Maßnahme evident ist, z. B. weil der bisherige Beruf oder der bisherige Arbeitsort wegen einer Veränderung der wirtschaftlichen Bedingungen keine langfristige Perspektive mehr bietet.
- Grundsätzlich wird ein Elternteil durch Ausübung einer **vollschichtigen Tätigkeit** **411** gegenüber einem volljährigen Kind seiner **Erwerbsobliegenheit** nachkommen. Über- stundenvergütungen werden allerdings weiterhin voll dem Einkommen zugerechnet,

---

[83] Vgl. etwa OLG Brandenburg, FPR 2004, 474 (LS)
[84] BGH, FamRZ 1987, 930, 932; FamRZ 1985, 273
[85] OLG Bamberg, FamRZ 1994, 255
[86] BGH, FamRZ 2003, 860 mit Anm. Klinkhammer = R 590 A b

soweit sie in geringem Umfang anfallen oder berufstypisch sind. Entgelt aus darüber hinausgehenden Überstunden kann aus unzumutbarer Tätigkeit stammen; es ist dann unter Berücksichtigung des Einzelfalles nach Treu und Glauben nicht oder nur teilweise anzurechnen (vgl. Rn. 1/65). Dies gilt sinngemäß auch für Einkünfte aus Nebenbeschäftigungen.

412 • Auch gegenüber einem volljährigen Kind müssen Eltern auf eigene **Aus- und Fortbildungswünsche** grundsätzlich verzichten, solange das Kind noch unterhaltsbedürftig ist. Die Grundsätze, die der BGH[87] für den Minderjährigenunterhalt entwickelt hat (vgl. Rn. 252), müssen sinngemäß für den Unterhalt des volljährigen Kindes gelten. Andererseits wird auch das volljährige Kind auf Zusatzausbildungen, wie z. B. ein betriebswirtschaftliches Studium nach einer Banklehre, unter Umständen verzichten müssen, wenn sich ein Elternteil aus einem wichtigen Grund umschulen oder fortbilden lassen will, da es dann für den Elternteil nicht zumutbar sein kann, weiter Unterhalt an das volljährige Kind zu zahlen. Hier müssen die Interessen des Kindes und diejenigen des Elternteils gegeneinander abgewogen werden. Zum Ausbildungsgang Abitur – Lehre – Studium, insbesondere zur Zumutbarkeit, vgl. Rn. 80 ff., 83.

413 • Ein Elternteil, der gegenüber einem volljährigen Kind unterhaltspflichtig ist, darf sich nicht durch **leichtfertiges, unterhaltsbezogenes Verhalten,** insbesondere durch Aufgabe einer ertragreichen Arbeit, **leistungsunfähig** machen (vgl. oben Rn. 144 ff., 253).

414 • Einem Elternteil, der seine **Erwerbsobliegenheit** gegenüber einem volljährigen Kind **nicht erfüllt,** wird ein **Einkommen** aus einer zumutbaren Erwerbstätigkeit, die er tatsächlich ausüben könnte, **fiktiv** zugerechnet (vgl. Rn. 145 f., 1/508 ff.).

415 • Die **Hausmannrechtsprechung** gilt beim volljährigen Kind nur in recht eingeschränktem Umfang. Vgl. dazu oben Rn. 187 ff.

2. Angemessener Eigenbedarf des Verpflichteten nach § 1603 I BGB und eheangemessener Bedarf nach §§ 1361, 1578 I 1, 1581 BGB

416   Der angemessene Eigenbedarf, der dem Verpflichteten gegenüber dem volljährigen Kind verbleiben muss (§ 1603 I BGB), entsprach schon nach früherer Praxis im Normalfall nicht dem eheangemessenen Eigenbedarf, der dem Unterhaltspflichtigen gegenüber seinem Ehegatten zustand (§ 1581 BGB). Dieser richtete sich als Spiegelbild des Bedarfs des Berechtigten nach den ehelichen Lebensverhältnissen (§ 1578 I 1 BGB),[88] die nach der zutreffenden Auffassung des BGH[89] – von Mangelfällen abgesehen (vgl. Rn. 159 ff.) – durch die Unterhaltspflicht gegenüber einem volljährigen Kind bestimmt werden. Auch nach der Änderung der Rechtsprechung und dem nunmehr mit einem Zwischenbetrag von notwendigem und angemessenem Selbstbehalt festzusetzenden Ehegattenselbstbehalt,[90] bedeutet dies nach wie vor, dass nicht nur der Unterhalt minderjähriger, sondern auch volljähriger Kinder vorweg vom Einkommen des unterhaltsverpflichteten Ehegatten abzuziehen ist, bevor der Unterhalt des bedürftigen Ehegatten errechnet wird. Dies darf jedoch nicht zu einem Missverhältnis hinsichtlich des wechselseitigen Bedarfs der Beteiligten führen.[91] Vgl. Rn. 151.

3. Bemessung des angemessenen Eigenbedarfs des verpflichteten Elternteils nach den Tabellen und Leitlinien der Oberlandesgerichte

417   Nach der **Düsseldorfer Tabelle** (A 5 II) beträgt der angemessene Eigenbedarf gegenüber Volljährigen seit dem 1. 1. 2005 in der Regel mindestens **1100,– €.** Vom 1. 1. 2002 bis 30. 6. 2005 belief er sich auf 1000,– €. Dieser Richtsatz gilt nach der Düsseldorfer Tabelle

---

[87] FamRZ 1994, 372, 374 f. = R 473 d
[88] BGH, FamRZ 1990, 260, 264
[89] FamRZ 2003, 860 mit Anm. Klinkhammer = R 590 A g; FamRZ 1986, 553, 555
[90] BGH, FamRZ 2006, 683
[91] FamRZ 2003, 860 mit Anm. Klinkhammer = R 590 A g; FamRZ 1986, 553, 555

und den Leitlinien der meisten Oberlandesgerichte **auch für einen nicht erwerbstätigen Unterhaltsschuldner**, z. B. einen Rentner oder Pensionär. Dazu im einzelnen Rn. 418. Wer aus dem Erwerbsleben ausgeschieden ist, muss ohnehin gegenüber seinem früheren Erwerbseinkommen eine deutliche Einbuße hinnehmen und seinen Lebensstandard entsprechend einschränken. Es ist unbillig, ihn zum Unterhalt für ein volljähriges Kind in stärkerem Umfang als einen Berufstätigen heranzuziehen, zumal da durch die Berufsausübung entstehende Aufwendungen bereits durch eine Pauschale von 5% oder jedenfalls auf konkreten Nachweis vom Einkommen abgesetzt werden.

Der Empfehlung der Düsseldorfer Tabelle, den angemessenen Selbstbehalt gegenüber **418** dem Volljährigen Kind für den erwerbstätigen und den nicht erwerbstätigen Schuldner einheitlich mit 1100,– € anzusetzen, folgen jetzt nahezu alle Oberlandesgerichte (jeweils 21. 3. 1 der Leitlinien). Das OLG Schleswig legt einen einheitlichen angemessenen Selbstbehalt von nur 1000,– € zugrunde.

Das OLG Braunschweig differenziert nach 1100,– € für Erwerbstätige und 980,– € für nicht Erwerbstätige (Nr. 21.3.1, 13.3 LL).

Die im angemessenen Eigenbedarf von 1100,– € enthaltenen **Wohnkosten** betragen bis **419** 450,– €. Es handelt sich um die Warmmiete, also die Kosten der Unterkunft einschließlich umlagefähiger Nebenkosten und Heizung (DT Anm. A 5 II). Auch der angemessene Selbstbehalt kann erhöht werden, wenn dieser Betrag im Einzelfall erheblich überschritten wird und dies nicht vermeidbar ist. Den Betrag von 450,– € für die Warmmiete haben die Oberlandesgerichte Bremen, Hamburg, Hamm, Köln und die süddeutschen Oberlandesgerichte übernommen (jeweils 21. 1 der Leitlinien). Das OLG Frankfurt geht von 480,– € aus (370,– € Kaltmiete, 110,– € Nebenkosten und Heizung), das OLG Jena weist nur die Kaltmiete von 370,– € aus. Das OLG Schleswig (SchL 21. 1) geht davon aus, dass im großen wie im kleinen Selbstbehalt bis zu 400,– € als Warmmiete enthalten sind.

Zu den früheren Leitlinien der für das **Beitrittsgebiet** zuständigen Oberlandesgerichte **420** (jeweils 21. 3. 1) s. die in der Vorauflage enthaltene Übersicht.

– *In dieser Auflage nicht belegt* – **421, 422**

Eine **Erhöhung des angemessenen Eigenbedarfs** über den Richtsatz von 1100,– € **423** oder die anderen von den Leitlinien aufgestellten Regelsätze hinaus kommt vor allem in Betracht,

- wenn in den **Abitur-Lehre-Studium-Fällen** nach der Rechtsprechung des BGH[92] zu **424** prüfen ist, ob das Studium für die Eltern oder den unterhaltspflichtigen Elternteil nach seinen wirtschaftlichen Verhältnissen zumutbar ist (vgl. Rn. 83). Dasselbe gilt in sonstigen Fällen der Weiterbildung (vgl. Rn. 78, 84, 85);
- wenn das **Kind** nach Abschluss einer Ausbildung, z. B. wegen eines Unfalls, **erneut 425 unterhaltsbedürftig** wird und sich der pflichtige Elternteil bereits auf den Fortfall der Unterhaltspflicht eingestellt und wirtschaftliche Dispositionen getroffen hat, die er bei Fortdauer der Unterhaltspflicht unterlassen hätte. Aus diesem Gesichtspunkt hat der BGH[93] bei Kindern, die ihren betagten Eltern Unterhalt zahlen müssen, eine Erhöhung des angemessenen Selbstbehalts auf den in der Düsseldorfer Tabelle unter D1 ausgewiesenen Betrag von derzeit 1400,– € für erforderlich gehalten. Dieser Grund trifft aber auch für die hier erörterte vergleichbare Situation beim Unterhalt volljähriger Kinder zu;[94]
- wenn die **Wohnkosten des Schuldners überhöht** sind, vor allem wenn der Betrag von **426** 450,– € warm (vgl. Rn. 419) überschritten wird und intensive Bemühungen des Schuldners um eine billigere Wohnung oder um Wohngeld fehlgeschlagen sind oder von vornherein keinen Erfolg versprechen (vgl. auch Rn. 269);
- bei **krankheitsbedingtem Mehrbedarf** des unterhaltspflichtigen Elternteils, insbeson- **427** dere wenn er wegen seiner Behinderung auf dauernde Pflege angewiesen ist und die dadurch entstehenden Kosten nicht durch Leistungen der Pflegeversicherung gedeckt sind. Pflegt die Ehefrau den Schuldner unentgeltlich, kommen die dadurch erzielten

---

[92] BGH, FamRZ 1989, 853
[93] BGH, FamRZ 2002, 1698, 1701 mit Anm. Klinkhammer = R 580 c
[94] OLG Düsseldorf, FamRZ 2001, 1724, 1726; OLG Hamm, NJW-RR 2002, 650

Ersparnisse dem Kind als freiwillige Leistungen eines Dritten (vgl. dazu Rn. 100 ff.) nicht zugute.[95]

428 Eine **Herabsetzung des angemessenen Eigenbedarfs** ist möglich, wenn der Pflichtige mit einem leistungsfähigen Partner in einer neuen Ehe oder einer **nichtehelichen Lebensgemeinschaft** zusammenlebt und dadurch Kosten, insbesondere Wohnkosten spart, er sich also gegenüber dem allein lebenden Unterhaltsschuldner besser steht.[96] Vgl. dazu Rn. 270. Auch kann der angemessene Eigenbedarf des wiederverheirateten Elternteils durch den auskömmlichen Familienunterhalt gesichert sein, den sein jetziger Ehegatte zur Verfügung stellt. Dann ist der Elternteil verpflichtet, aus seinem Einkommen zum Unterhalt des volljährigen Kindes beizutragen. Insoweit kann die Wiederverheiratung sich zum Vorteil des Kindes auswirken.[97] Dies gilt auch dann, wenn der Elternteil voll berufstätig ist.[98] Dazu im Einzelnen Rn. 187 ff.

Dagegen können Leistungen, die der Partner des Unterhaltspflichtigen diesem erbringt, grundsätzlich nicht dem volljährigen Kind zugute kommen. Der neue Ehegatte des Pflichtigen ist nicht verpflichtet, ihm Geldmittel für die Erfüllung von Unterhaltsansprüchen zur Verfügung zu stellen; vgl. dazu Rn. 187. **Leistungen des Partners** einer nichtehelichen Lebensgemeinschaftsind grundsätzlich als freiwillige Zuwendungen eines Dritten anzusehen und daher nicht dem Einkommen des Pflichtigen zuzurechnen (vgl. oben Rn. 100 ff., 1/471).[99] Eine Ausnahme besteht allerdings dann, wenn der Unterhaltsschuldner den Lebensgefährten versorgt, ihm den Haushalt führt und ihm dadurch eine geldwerte Leistung erbringt (vgl. Rn. 1/472 ff.).[100]

4. Berücksichtigung anderweitiger Verpflichtungen, insbesondere vorrangiger Unterhaltsansprüche

429 Der unterhaltspflichtige Elternteil kann dem nicht privilegierten volljährigen Kind **vorrangige Unterhaltsansprüche Dritter** entgegensetzen. Durch die Erfüllung dieser Ansprüche wird seine Leistungsfähigkeit gegenüber dem volljährigen Kind gemindert. Vorrangig sind nach § 1609 Nr. 1–3 BGB
- Unterhaltsansprüche minderjähriger Kinder, aber auch privilegiert volljähriger Kinder im Sinne des § 1603 II 2 BGB (vgl. dazu Rn. 452 ff., 466), also der Geschwister oder Halbgeschwister des volljährigen Kindes,
- Unterhaltsansprüche des früheren und ggf. des jetzigen Ehegatten des unterhaltspflichtigen Elternteils und des nichtehelichen Elternteils nach § 1615 l BGB.

Kann der Pflichtige die Unterhaltsansprüche aller Berechtigten erfüllen, wirkt sich der Vorrang nicht aus. Dann wird auch der Unterhalt des volljährigen Kindes vom Einkommen des Schuldners abgezogen. Erst von dem verbleibenden Einkommen wird der Ehegattenunterhalt ermittelt (vgl. Rn. 151, 416). Der Vorwegabzug des Unterhalts des volljährigen Kindes darf jedoch nicht zu einem Missverhältnis hinsichtlich des wechselseitigen Bedarfs führen.[101] Dem bedürftigen Ehegatten muss ein angemessener Unterhalt verbleiben, der im Verhältnis zum volljährigen Kind 1100,– € beträgt (vgl. Rn. 417 ff.).

430 Volljährige erhalten **nur insoweit Unterhalt,** als durch das Einkommen des pflichtigen Elternteils alle **vorrangigen Unterhaltsansprüche gedeckt** sind. Bei der Ermittlung des Unterhaltsbedarfs der vorrangigen Kinder sind aber auch nachrangige Unterhaltsberechtigte zu berücksichtigen (Anm. A.1 I Düsseldorfer Tabelle). Bevor also der Unterhalt des Voll-

---

[95] BGH, FamRZ 1995, 537 = R 493 b

[96] BGH, FamRZ 2001, 1065 = R 549 b; FamRZ 1998, 286, 288 = R 518 a; vgl. auch BGH, FamRZ 1995, 343 = R 489 b; FamRZ 1991, 182, 185 = R 430 d

[97] BGH, FamRZ 2001, 1065 = R 549 b; FamRZ 1998, 286, 288 = R 518 b; FamRZ 2004, 24 = R 600; vgl. auch BL, BraL, BrL, CL, DrL (jeweils 21. 5.), FL (21. 4. 1), HaL, HL, OL (jeweils 21. 5), RL (21. 6.), SüdL (21. 5. 1)

[98] So BGH, FamRZ 1998, 286, 288 = R 518 b

[99] BGH, FamRZ 1995, 537 = R 493 b

[100] BGH, FamRZ 1995, 344, 346 = R 488 c

[101] BGH, FamRZ 2003, 860 mit Anm. Klinkhammer = R 590 A g

jährigen gekürzt wird, wird in der Regel auf Grund der Bedarfskontrollbeträge eine Herabgruppierung der minderjährigen Geschwister bis in die Einkommensgruppe 1 der Düsseldorfer Tabelle in Betracht kommen. Bleibt auch dann noch eine Lücke, so kann der Volljährige nur die Differenz zwischen dem verbleibenden Einkommen und dem angemessenen Selbstbehalt beanspruchen.[102]

Der Nachrang des volljährigen Kindes (§ 1609 BGB) gilt auch, wenn es körperlich oder **431** geistig **behindert** ist. Auf seine Geschäftsfähigkeit kommt es nicht an. Nach Inhalt und Zweck der unterhaltsrechtlichen Normen ist für das Rangverhältnis ausschließlich das Alter des Kindes maßgeblich.[103]

Ist ein Elternteil wiederverheiratet und trägt er in der neuen Ehe ausschließlich durch die **432** Haushaltsführung zum Unterhalt der neuen Familie bei (§ 1360 S. 2 BGB; vgl. Rn. 3/12, 36), kommen Unterhaltsansprüche eines volljährigen Kindes nach der **Hausmannrechtsprechung** nur in Ausnahmefällen in Betracht. Im Einzelnen dazu Rn. 187 ff.

V. Ermittlung des Haftungsanteils der Eltern nach § 1606 III 1 BGB

1. Anteilige Haftung der Eltern

Grundsätzlich sind bei Volljährigen **beide Eltern barunterhaltspflichtig,** Leistungs- **433** fähigkeit allerdings vorausgesetzt (vgl. Rn. 440 ff.).

• Wohnt das **volljährige Kind im gemeinsamen Haushalt der** nicht getrennt lebenden **Eltern,** erhält es auf Grund einer Bestimmung der Eltern nach § 1612 II 1 BGB (vgl. oben Rn. 21 ff.) Naturalunterhalt als Teil des **Familienunterhalts,** zu dem beide Eltern nach Maßgabe des § 1360 BGB beizutragen haben. Die Haushaltsführung durch einen Ehegatten gilt auch gegenüber dem volljährigen Kind als Beitrag zum Familienunterhalt; sie und die Erwerbstätigkeit des anderen Elternteils sind gleichwertig (§ 1360 S. 2 BGB). Eine Unterhaltsrente wird dem volljährigen bei seinen Eltern lebenden Kind nur ausnahmsweise geschuldet, wenn ein Elternteil oder beide Eltern ihre Pflicht verletzen, zum Familienunterhalt beizutragen. Vgl. dazu Rn. 3/10.

• Lebt das **volljährige Kind nicht** mehr **im Elternhaus** und haben die Eltern eine **434** wirksame Bestimmung nach § 1612 II 1 BGB nicht getroffen (vgl. Rn. 35 ff.), so haften beide Eltern entsprechend ihren Erwerbs- und Vermögensverhältnissen auf Barunterhalt (§ 1606 III 1 BGB). Das Kind kann jedoch einen Elternteil auf den vollen Unterhalt in Anspruch nehmen, wenn der andere nicht über effektive Einkünfte verfügt, ihm vielmehr nur ein fiktives Einkommen zugerechnet wird. Vgl. dazu Rn. 440, 554.

• Die Eltern schulden auch entsprechend ihren Erwerbs- und Vermögensverhältnissen **435** Barunterhalt, wenn sie getrennt leben, das **volljährige Kind** aber **im Haushalt eines Elternteils** bleibt. Betreuungsunterhalt wird ihm nicht mehr geschuldet.[104] Vgl. Rn. 15, 334. § 1606 III 2 BGB kann auch nicht während einer Übergangszeit nach Volljährigkeit analog angewendet werden. Vgl. dazu Rn. 453. Durch das Kindesunterhaltsgesetz ist klargestellt, dass sich die Privilegierung volljähriger unverheirateter Kinder, die im Haushalt der Eltern oder eines Elternteils leben und eine allgemeine Schule besuchen, nur auf die Leistungsfähigkeit der Eltern und den Rang bezieht (§§ 1603 II 2, 1609 I, II 1 BGB).[105] Vgl. dazu Rn. 452 ff.

Gleichwohl kann das volljährige Kind den Elternteil, bei dem es lebt, in der Regel nicht auf Barunterhalt in Anspruch nehmen, da es im elterlichen Haushalt Naturalunterhalt erhält (dazu Rn. 9). Dieser Naturalunterhalt entbindet den das Kind versorgenden Elternteil aber nicht davon, rechnerisch zum Barunterhalt beizutragen, den beide Eltern nach § 1606 III 1 BGB schulden. Er ist auch gegenüber dem volljährigen Kind grund-

---

[102] BGH, FamRZ 1986, 48
[103] BGH, FamRZ 1987, 472, 474; FamRZ 1984, 683, 685
[104] BGH, FamRZ 2002, 815 = R 570 b
[105] BGH, FamRZ 2002, 815 = R 570 b

sätzlich verpflichtet, einer Erwerbstätigkeit nachzugehen. Ihm wird ein fiktives Einkommen zugerechnet, wenn er diese Obliegenheit verletzt. Auf der Basis dieses fiktiven Einkommens wird dann der Unterhaltsanspruch gegen den anderen Elternteil berechnet. Betreut der Elternteil, bei dem das volljährige Kind lebt, minderjährige Geschwister, richtet sich die Erwerbsobliegenheit nach deren Alter und Betreuungsbedürftigkeit. § 1606 III 2 BGB ist nicht einschlägig, da diese Vorschrift den Elternteil nur im Verhältnis zum jeweils betreuten minderjährigen Kind vom Barunterhalt entbindet. Man wird sich vielmehr an den Grundsätzen orientieren können, die im Rahmen des § 1570 BGB zur Erwerbsobliegenheit des betreuenden Ehegatten entwickelt worden sind. Zum Abzug von Betreuungskosten und eines Betreuungsbonus vom Einkommen vgl. Rn. 275, 275 a, 445. Ist der Elternteil, bei dem das Kind lebt, wiederverheiratet, ist die Hausmannrechtsprechung (Rn. 187 ff.) anzuwenden.

436　　Die Eltern **haften anteilig** für den **Restbedarf** des volljährigen Kindes (Bedarf abzüglich anzurechnenden Einkommens). Dabei ist die neue, auf die Rechtsprechung des BGH[106] zurückgehende, ab 1. 1. 2008 geänderte Kindergeldanrechnung zu beachten. Das anzurechnende Kindergeld ist als Einkommen des Kindes zu behandeln.[107] Es ist nach § 1612 b I BGB (n. F.) auf den Unterhaltsbedarf des Kindes anzurechnen.

– Zunächst muss der **gesamte Lebensbedarf** festgestellt und beziffert werden (s. Rn. 360 ff.). Der Unterhaltsbedarf ist nach den anzuwendenden Tabellen und Leitlinien (vgl. dazu oben Rn. 368 ff., 383 ff.) zu bestimmen.

– Hierauf ist **eigenes Einkommen des Volljährigen** bedarfsmindernd anzurechnen, nachdem es um Werbungskosten bereinigt worden ist (vgl. Rn. 349 ff.; 1/8 ff.).

– **Kindergeld** ist nach § 1612 b I 1 Nr. 2 BGB in vollem Umfang bedarfsmindernd anzurechnen. Vgl. dazu Rn. 503 f., 513 ff.

– Der Differenzbetrag ist der **Restbedarf,** für den **beide Eltern anteilig** haften.[108]

437　　Die anteilige Haftung nach § 1606 III 1 BGB begründet **Teilschulden** der Eltern (vgl. Rn. 308). Von jedem Elternteil kann – abgesehen von der Zurechnung nur fiktiven Einkommens (vgl. Rn. 440) – nur der jeweils anteilige Unterhaltsbetrag verlangt werden.[109]

2. Vergleichbares Einkommen der Eltern

438　　Die Eltern haben für den Unterhalt ihres volljährigen Kindes Einkommen jeder Art einzusetzen. Zum Einkommensbegriff vgl. Rn. 1/8 ff.

439　　Auch **Unterhalt,** den ein Elternteil von seinem (früheren) Ehegatten erhält, **ist Einkommen,** das für den Unterhalt eines volljährigen Kindes zur Verfügung steht. Vgl. Rn. 148. Voraussetzung für die Beteiligung am Unterhalt des Kindes ist jedoch, dass dem Elternteil der angemessene Selbstbehalt im Sinne des § 1603 I BGB, der nach den meisten Tabellen und Leitlinien 1100,– € beträgt (vgl. Rn. 417 ff.), verbleibt. Der angemessene Selbstbehalt nach § 1603 I BGB ist nicht mit dem sog. Ehegattenselbstbehalt identisch.[110] Vgl. dazu im Einzelnen Rn. 148, 416.

In der Praxis ist die Unterhaltspflicht des Elternteils, der nur oder jedenfalls teilweise von Ehegattenunterhalt lebt, allerdings kaum von Bedeutung. Sind sowohl ein volljähriges Kind als auch ein (früherer) Ehegatte unterhaltsbedürftig, muss zunächst – vom Mangelfall abgesehen (vgl. dazu Rn. 163 ff.) – der Kindesunterhalt nach dem Einkommen des unterhaltspflichtigen Ehegatten (Elternteils) bemessen und von den Einkünften des Schuldners abgezogen werden; sodann ist vom verbleibenden Rest die Unterhaltsquote des bedürftigen Ehegatten zu berechnen.[111] Zu einer anteiligen Haftung beider Eltern kann es bei dieser Berechnung nicht kommen. Vgl. im Einzelnen Rn. 151 und das Beispiel Rn. 155.

---

[106] BGH, FamRZ 2006, 99
[107] Dose, FamRZ 2007, 1289, 1292 f.
[108] BGH, FamRZ 1988, 159, 161 = R 346 f.; FamRZ 1985, 917, 919
[109] BGH, FamRZ 1989, 499; FamRZ 1986, 153
[110] BGH, FamRZ 2006, 683
[111] BGH, FamRZ 1986, 553, 555; OLG Frankfurt, FamRZ 1993, 231

Die **anteilige Haftung** der Eltern nach § 1606 III 1 BGB für den Restbedarf des voll- **440** jährigen Kindes richtet sich **nach** deren **Leistungsfähigkeit,**[112] also nach den für Unterhaltszwecke tatsächlich verfügbaren Mitteln.[113] Vergleichbar in diesem Sinn sind demnach die Einkommensteile, die jedem der Eltern von seinem Einkommen nach Bereinigung um anzuerkennende Abzugsposten (Rn. 441–447) zur Bestreitung des eigenen Lebensbedarfs und für den Unterhalt des Volljährigen verbleiben (vgl. oben Rn. 294 ff.). In den Vergleich ist ggf. auch der **Stamm des Vermögens** einzubeziehen, falls ihn ein Elternteil für den Unterhalt einzusetzen hat (vgl. Rn. 1/419 f.).[114] Fiktives Einkommen des Elternteils, bei dem das Kind lebt, kann in den Einkommensvergleich einbezogen werden, wenn sein Bedarf (teilweise) durch Naturalunterhalt gedeckt ist (vgl. Rn. 435). Im Übrigen braucht sich das volljährige Kind, insbesondere wenn es bereits das Elternhaus verlassen hat, auf **fiktive Einkünfte** eines Elternteils nicht verweisen zu lassen. Eine etwaige Verletzung der Erwerbsobliegenheit hat allein der betreffende Elternteil, nicht aber das Kind zu verantworten. Daher kann es den leistungsfähigen Elternteil entsprechend dem Rechtsgedanken des § 1607 II BGB in Anspruch nehmen. Dasselbe gilt, wenn der Aufenthalt des anderen Elternteils unbekannt ist. Auch in einem solchen Fall ist die Rechtsverfolgung gegen den anderen Elternteil erheblich erschwert (§ 1607 II 1 BGB). Dem leistungsfähigen Elternteil bleibt es unbenommen, gegen den anderen Unterhaltspflichtigen Regress zu nehmen.[115] Vgl. Rn. 554.

Das **vergleichbare Einkommen** ist in der Weise zu berechnen, dass von dem Einkom- **441** men jedes Elternteils alles abzuziehen ist, was zur Bestreitung des eigenen Bedarfs und des Unterhaltsbedarfs des Volljährigen nicht zur Verfügung steht.[116] Die Abzüge müssen allerdings unterhaltsrechtlich berechtigt sein.

Dazu zählen im Wesentlichen:
- die **gesetzlichen Abzüge** vom Lohn und Einkommen, vor allem die Einkommen- und **442** Kirchensteuer, sowie für die gesetzliche Renten-, Kranken- und Pflegeversicherung, bei Privatversicherten die Aufwendungen für eine angemessene entsprechende Vorsorge (vgl. Rn. 1/591 ff., 1/596 ff.), auch die Beiträge einer zusätzlichen Altersvorsorge sind in Höhe von 4% des Bruttoeinkommens zu berücksichtigen, sofern sie tatsächlich angespart werden;
- unterhaltsrechtlich zu berücksichtigende **Verbindlichkeiten** (vgl. Rn. 115, 158). **443**
- Kosten für anzuerkennenden krankheitsbedingten Mehrbedarf eines Elternteils (vgl. **444** Rn. 427);
- Kosten für die **Betreuung minderjähriger Geschwister,** wenn derartige Kosten **445** tatsächlich entstehen, oder ein Betreuungsbonus, wenn die Betreuung zwar ohne konkret fassbaren Aufwand, aber nur unter besonderen Schwierigkeiten möglich ist, wie z. B. bei kleinen Kindern.[117] Vgl. dazu Rn. 275, 275 a. Dagegen kann bei einem größeren Kind, das keiner ständigen Betreuung mehr bedarf, ein dem Barunterhalt entsprechender Betrag nicht vom Einkommen des nicht barunterhaltspflichtigen Elternteils mit der Begründung abgezogen werden, der Betreuungsunterhalt sei dem Barunterhalt gleichwertig (vgl. Rn. 294, 311, 435).[118]
- **Unterhaltszahlungen an vorrangige Berechtigte,** insbesondere an minderjährige **446** oder privilegiert volljährige Kinder oder an den geschiedenen Ehegatten (Rn. 429 ff.).

Außerdem ist bei jedem Elternteil ein **Sockelbetrag in Höhe des angemessenen** **447** **Selbstbehalts** abzuziehen, in der Regel also von 1100,– € (vgl. Rn. 417 ff.). Durch einen solchen Abzug werden bei erheblichen Unterschieden der vergleichbaren Einkünfte die sich daraus ergebenden ungleichen Belastungen zugunsten des weniger verdienenden Elternteils relativiert.[119] Der Abzug des Sockelbetrages ist in allen Leitlinien vorgesehen (jeweils 13. 3).

---

[112] BGH, FamRZ 1986, 153
[113] BGH, FamRZ 1988, 1039
[114] OLG Düsseldorf, FamRZ 1994, 767, 769
[115] OLG Frankfurt, FamRZ 1993, 231
[116] BGH, FamRZ 1988, 1039
[117] BGH, FamRZ 1991, 182, 184 = R 430 b
[118] BGH, FamRZ 1988, 1039
[119] BGH, FamRZ 1988, 1039; FamRZ 1986, 153; FamRZ 1986, 151

Der angemessene Selbstbehalt kann ggf. erhöht (Rn. 423 ff.) oder ermäßigt (Rn. 428) werden. Dann ist (nur) bei dem betroffenen Elternteil der so errechnete Eigenbedarf vom Einkommen abzuziehen; bei dem anderen Elternteil verbleibt es beim Abzug des Sockelbetrages von 1100,– €. Der angemessene Selbstbehalt kann auch durch den auskömmlichen Familienunterhalt sichergestellt werden, den der Ehegatte zur Verfügung stellt. In einem solchen Fall ist der Elternteil verpflichtet, zum Unterhalt des Kindes nach den Grundsätzen der Hausmannrechtsprechung (Rn. 187 ff.) beizutragen.[120] Im Rahmen des Vergleichs der Einkommen der Eltern kann bei ihm dann kein Sockelbetrag abgezogen werden.

3. Einzelheiten der Unterhaltsberechnung und wertende Veränderung des Verteilungsschlüssels

448   Die **Haftungsquote** nach § 1606 III 1 BGB wird in der Weise ermittelt, dass der Restbedarf des volljährigen Kindes mit dem **vergleichbaren Einkommen** jedes Elternteils (Rn. 438–447) multipliziert und durch die Summe der vergleichbaren Einkünfte beider Eltern geteilt wird.[121] Dies entspricht der allgemeinen Auffassung der Tabellen und Leitlinien (vgl. Rn. 447). Der Sockelbetrag deckt sich mit dem angemessenen Eigenbedarf und beträgt nach den meisten Tabellen und Leitlinien 1100,– € (vgl. Rn. 447). Im Beitrittsgebiet gelten niedrigere Selbstbehaltssätze (dazu Rn. 420).

449   In einer **Formel** ausgedrückt errechnet sich der Haftungsanteil jedes Elternteils wie folgt:

$$R \times V : S$$

R = Restbedarf des Kindes
V = vergleichbares Einkommen des haftenden Elternteils
S = Summe des vergleichbaren Einkommens beider Eltern

Diese Berechnung führt zum selben Ergebnis wie die Formel, die in einigen Leitlinien, insbesondere in den Süddeutschen Leitlinien (SüdL 13. 3.) empfohlen wird.

Beispiel:
Bedarf des studierenden Kindes: 640 – 154 = 486,– €
Nettoeinkommen des Vaters: 1800,– €
Nettoeinkommen der Mutter: 1300,– €
Vergleichbares Einkommen des Vaters. 1800 – 1100 = 700,– €.
Vergleichbares Einkommen der Mutter: 1300 – 1100 = 200,– €.
Vergleichbares Einkommen beider Eltern: 700 + 200 = 900,– €.
Quote des Vaters: 486 × 700 : 900 = 378,– €.
Quote der Mutter: 486 × 200 : 900 = 108,– €.

450   Das so gewonnene Ergebnis ist stets auf seine Angemessenheit zu überprüfen.[122] Der **Verteilungsschlüssel** ist **wertend zu verändern,** wenn besondere Umstände dies nahelegen, z. B. bei einem besonderen Betreuungsaufwand eines Elternteils gegenüber einem behinderten volljährigen Kind. Es ist unbillig, den betreuenden Elternteil in einem solchen Fall zur Deckung des Unterhaltsbedarfs im Verhältnis der vergleichbaren Einkünfte zu verpflichten. Deshalb ist es geboten, die Belastung des betreuenden Elternteils, die mit dem erhöhten Einsatz für den Behinderten verbunden ist, durch eine Veränderung des Verteilungsschlüssels zu seinen Gunsten aufzufangen.[123] Das Ausmaß der wertenden Veränderung ist abhängig vom Umfang der erforderlichen zusätzlichen Leistungen. Durch eine entsprechende Veränderung soll erreicht werden, dass der zusätzlich belastete Elternteil zum Ausgleich für seinen besonderen Einsatz einen größeren finanziellen Spielraum zur Befriedigung seiner persönlichen Bedürfnisse als der andere erhält. Es handelt sich hierbei nicht um eine unangebrachte „Monetarisierung" elterlicher Fürsorge, sondern um eine angemessene Ver-

---

[120] Vgl. BGH, FamRZ 2001, 1065 = R 549 c
[121] BGH, FamRZ 1988, 1039
[122] BGH, FamRZ 2000, 1492 = R 546 c; FamRZ 2000, 358 = R 537
[123] BGH, FamRZ 1985, 917, 919; OLG Hamm, FamRZ 1996, 303; so auch BrL, CL, DL, DrL, HaL, KL, NaL, SüdL jeweils 13. 3.

teilung der beiderseitigen Unterhaltslast.[124] Vgl. zur entsprechenden Problematik beim minderjährigen Kind Rn. 305 f.

4. Darlegungs- und Beweislast für die Haftungsanteile der Eltern

Nimmt das **volljährige Kind** einen Elternteil auf Unterhalt in Anspruch, hat es dessen **451** Haftungsanteil darzulegen und ggf. zu beweisen. Bei Übergang des Anspruchs auf den Träger der Ausbildungsförderung (§ 37 BAföG) oder den Sozialleistungsträger (§§ 33 SGB II, 94 SGB XII) trifft die Darlegungs- und Beweislast den nunmehrigen Anspruchsinhaber.[125] Zur Darlegungs- und Beweislast im Allgemeinen vgl. Rn. 6/700 ff.

Das Kind muss zunächst das **Einkommen des beklagten Elternteils** dartun. Die erforderlichen Angaben muss es sich von diesem notfalls durch die Geltendmachung des **Auskunftsanspruchs** verschaffen. U. U. genügt es jedoch, wenn das Kind die Behauptung aufstellt, das Einkommen sei gegenüber den Feststellungen in einem früheren Rechtsstreit (mindestens) um einen bestimmten Betrag angestiegen. Dann ist es Aufgabe des Elternteils, diese Behauptung substantiiert zu bestreiten. Dazu gehören Angaben über die Höhe seines jetzigen Einkommens.[126]

Bezieht der **andere Elternteil**, z. B. die Mutter, Einkünfte, muss das Kind deren Höhe angeben und bei Bestreiten unter Beweis stellen. Verfügt sie über **kein Einkommen,** genügt der entsprechende Vortrag des Kindes und ein Beweisantritt, z. B. auf Vernehmung der Mutter als Zeugin. Trägt der Vater substantiiert vor, dass die Mutter Einkünfte habe, dass bei ihr wegen Zusammenlebens mit einem Lebensgefährten ein geringerer angemessener Selbstbehalt anzusetzen oder dass ihr angemessener Selbstbehalt durch den von ihrem Ehemann gewährten Familienunterhalt gedeckt sei (vgl. Rn. 428, 447), muss das Kind diese Behauptung ausräumen und den Beweis führen, dass sie nicht zutrifft.[127] Das Kind muss die Mutter grundsätzlich – ebenso wie den Vater – auf Auskunft über ihre unterhaltsrechtlich relevanten Einkünfte in Anspruch nehmen.[128] Dem beklagten Vater bleibt es unbenommen, seinerseits die Mutter auf Auskunft in Anspruch zu nehmen.[129] Auf fiktive Einkünfte der Mutter braucht sich das Kind nicht verweisen zu lassen (vgl. Rn. 440).[130]

Bei einer **Abänderungsklage** hat der Kläger die Darlegungs- und Beweislast für eine Veränderung der Verhältnisse, die für die Unterhaltsbemessung in dem früheren Titel maßgebend waren. Im Übrigen bleibt es bei der allgemeinen Verteilung der Beweislast. Stammt der Titel aus der Zeit der Minderjährigkeit, muss das nunmehr volljährige Kind dartun und beweisen, dass der Unterhaltsanspruch fortbesteht, insbesondere welche Haftungsquote auf den jeweiligen Elternteil entfällt (§ 1606 III 1 BGB).[131] Aus diesem Grund liegt es bereits im eigenen Interesse des Kindes, jeweils beide Eltern auf Auskunft in Anspruch zu nehmen.

VI. Gleichstellung 18–20-jähriger Schüler mit Minderjährigen

1. Problematik der Privilegierung volljähriger Kinder während einer Übergangszeit nach Eintritt der Volljährigkeit

a) Rechtslage bis zum 30. 6. 1998. Die Herabsetzung des Volljährigkeitsalters vom 21. **452** auf das 18. Lebensjahr und die Verlängerung der Schulausbildung haben dazu geführt, dass

---

124 BGH, FamRZ 1985, 917, 919; FamRZ 1983, 689

125 Vgl. BGH, FamRZ 2003, 444 = R 579 (zu § 7 UVG)

126 BGH, FamRZ 1987, 259

127 OLG Celle, FamRZ 1993, 1235; vgl. auch OLG Düsseldorf, FamRZ 2002, 1646

128 Anders insoweit noch Scholz in der Vorauflage m. w. N.

129 BGH, FamRZ 1988, 268, 270 = R 351

130 OLG Frankfurt, FamRZ 1993, 231

131 KG, FamRZ 1994, 765; vgl. auch BGH, FamRZ 1990, 496

kaum ein Jugendlicher seine Ausbildung noch während der Minderjährigkeit abschließt. An den Lebensverhältnissen des jungen Erwachsenen ändert sich daher in vielen Fällen durch die Volljährigkeit – von der rechtlichen Selbstständigkeit abgesehen – nichts. Das Kind lebt weiter bei einem Elternteil, meist der Mutter, und wird von ihr wie bisher verköstigt und versorgt. Die Rechtsprechung hat zunächst versucht, diese Lücke durch **analoge Anwendung des § 1606 III 2 BGB** zu schließen. Der BGH hat in einem Urteil vom 8. 4. 1981[132] die entsprechende Anwendung des § 1606 III 2 BGB für eine Übergangszeit nach dem 18. Geburtstag des Kindes für möglich gehalten, da im Einzelfall ausnahmsweise in den ersten Jahren nach Eintritt der Volljährigkeit weiterhin von der Gleichwertigkeit des Barunterhalts und der Betreuungsleistungen ausgegangen werden könne, etwa wenn und solange sich der Barbedarf des Kindes gegenüber den üblichen Werten für minderjährige Kinder nicht wesentlich erhöhe. Deshalb hat der BGH die Ausbildungsvergütung eines volljährigen Kindes nur zur Hälfte auf den Barunterhalt angerechnet und sie im Übrigen wie beim Minderjährigenunterhalt (Rn. 97, 286) der Mutter gutgebracht, die nicht erwerbstätig war und ein weiteres minderjähriges Kind betreute.

Im Jahre 1994 ist der BGH[133] hiervon weitgehend abgerückt. Er hat zwar offengelassen, ob dem Urteil vom 8. 4. 1981[134] noch gefolgt werden könne, aber eindeutig klargestellt, dass es sich um eine auf die damals gegebenen Umstände bezogene **Ausnahme** gehandelt habe. Er hat die erwerbstätige Mutter für verpflichtet gehalten, zum Barunterhalt entsprechend ihren Einkommens- und Vermögensverhältnissen beizutragen (§ 1606 III 1 BGB), zumal da ihre Betreuungsleistungen in der Regel schon vom Umfang her nicht das Maß einer vollen Unterhaltsgewährung erreichen könnten. Damit war für die Praxis geklärt, dass eine **Fortdauer der Betreuung** und damit eine analoge Anwendung des § 1606 III 1 BGB über die Volljährigkeit hinaus **in der Regel nicht** in Betracht kam.

453   **b) Gesetzliche Neuregelung zum 1. 7. 1998.** Das KindUG hat volljährige unverheiratete Kinder bis zur Vollendung des 21. Lebensjahres minderjährigen unverheirateten Kindern teilweise gleichgestellt, solange sie im Haushalt der Eltern oder eines Elternteils leben und sich in der allgemeinen Schulausbildung befinden. Diese **Privilegierung** bezieht sich aber **nur** auf die **Leistungsfähigkeit** der Eltern (§ 1603 II 2 BGB; Rn. 464) und auf den **Rang** im Verhältnis zu anderen Unterhaltsberechtigten (§ 1609 Nr. 1 BGB; Rn. 466). Eine allgemeine Gleichstellung der 18–20-jährigen Schüler mit Minderjährigen war dagegen nicht beabsichtigt. Dies gilt insbesondere für die anteilige Haftung der Eltern, die auch gegenüber diesen Kindern eingreift (§ 1606 III 1 BGB), da ein volljähriges Kind nicht mehr betreut wird und daher der Elternteil, bei dem das Kind lebt, seine Unterhaltspflicht nicht mehr gemäß § 1606 III 2 BGB durch Betreuung erfüllen kann.[135] Vgl. dazu Rn. 334, 452, 467 ff. Auch hinsichtlich der Verwertung des Vermögens (§ 1602 II BGB; Rn. 462) und der Verwirkung (§ 1611 BGB; Rn. 478 ff.) steht das privilegiert volljährige Kind dem Minderjährigen nicht gleich. Bei der Pfändung von Arbeitseinkommen stehen Unterhaltsansprüche minderjähriger Kinder und Ansprüche privilegiert volljähriger Kinder seit dem 1. 1. 2008 gleich (§ 850 d II ZPO).[136]

Die Privilegierung bestimmter volljähriger Kinder nach §§ 1603 II 2, 1609 Nr. 1 BGB stellt eine **abschließende gesetzliche Regelung** dar, die nicht erweitert werden darf. Die frühere Rechtsprechung zur Gleichstellung volljähriger Kinder mit Minderjährigen während einer Übergangszeit nach Vollendung des 18. Lebensjahres (vgl. Rn. 452) ist überholt.

Auch **behinderte volljährige Kinder** stehen minderjährigen Kindern nicht gleich, selbst dann nicht, wenn sie hilflos sind und einer Betreuung bedürfen. Zu den Unterhaltsansprüchen solcher Kinder vgl. Rn. 401, 405 f.

---

[132] BGH, FamRZ 1981, 541
[133] FamRZ 1994, 696 = R 477 c; bestätigt durch BGH, FamRZ 2006, 99
[134] BGH, FamRZ 1981, 541
[135] BGH, FamRZ 2006, 99; BGH, FamRZ 2002, 815 = R 570 b; BR-Drucks. 959/96, S. 26 f.; FamRefK/Häußermann, § 1603 Rn. 2
[136] Zur früheren Rechtslage vgl. BGH, FamRZ 2003, 1176

2. Voraussetzungen der Privilegierung volljähriger Schüler nach §§ 1603 II 2, 1609 Nr. 1 BGB

a) Alter. Die Privilegierung erstreckt sich nur auf **Schüler** einer allgemein bildenden **454** Schule bis zur Vollendung des 21. Lebensjahres, also auf 18–20-jährige Kinder. Mit dem 21. Geburtstag sind §§ 1603 II 2, 1609 Nr. 1 BGB nicht mehr anwendbar, selbst wenn die Schulausbildung noch nicht beendet ist. Der Unterhaltsanspruch des Kindes ist dann uneingeschränkt nach den Regeln des Volljährigenunterhalts zu beurteilen. Für Auszubildende, Studenten, erwerbstätige oder nicht erwerbstätige junge Volljährige gilt die Privilegierung nicht.

b) Unverheiratete Kinder. Die Privilegierung erfasst nur ledige Kinder. Sie endet mit **455** der Heirat, auch wenn das Kind im elterlichen Haushalt verbleibt und weiter die Schule besucht; sie entsteht nicht wieder, wenn die Ehe aufgehoben oder geschieden wird oder durch den Tod des anderen Ehegatten endet und das Kind in den elterlichen Haushalt zurückkehrt. Mit der Heirat tritt das Kind in ein anderes Unterhaltssystem ein (§§ 1360, 1361, 1569, 1318 BGB). Selbst wenn in diesem Ansprüche nicht bestehen oder nicht durchgesetzt werden können, das Kind in den Haushalt eines Elternteils zurückkehrt und die Eltern (wieder) unterhaltspflichtig sind, leben die verschärfte Unterhaltspflicht und der Vorrang des privilegierten Kindes nicht wieder auf.[137] Wenn ein Kind geheiratet hat, dürfen die Eltern darauf vertrauen, dass sie ihrem Kind nur noch nachrangig unterhaltspflichtig sind (§ 1609 Nr. 4 BGB) und sich ihm gegenüber auf ihren angemessenen Selbstbehalt berufen können (§ 1603 I BGB). Dieses Vertrauen ist schutzbedürftig. Zudem wäre eine verschärfte Haftung mit der nur ersatzweise eintretenden Unterhaltspflicht der Eltern (§ 1608 BGB) nur schwer zu vereinbaren.

c) Haushaltsgemeinschaft mit den Eltern oder einem Elternteil. Das volljährige **456** Kind muss im Haushalt wenigstens eines Elternteils leben. Auch der Aufenthalt im Hause der Großeltern dürfte angesichts der engen familiären Bindung dafür ausreichen, jedenfalls dann, wenn das Kind seit frühester Jugend von ihnen versorgt worden ist.[138] Dagegen fällt der Aufenthalt bei Pflegeeltern oder in einem Heim nicht unter § 1603 II 2 BGB. Im Hause der Eltern muss das Kind seinen Lebensmittelpunkt haben, dort muss sich im Wesentlichen seine persönliche Habe befinden, dort muss es überwiegend schlafen. Eine auswärtige Beköstigung, z. B. in einer Schulmensa, schadet nicht. Die Haushaltsgemeinschaft dürfte in der Regel auch dann fortbestehen, wenn das Kind auswärts eine Schule besucht, am Schulort ein Zimmer hat oder in einem Internat lebt, aber am Wochenende und in den Ferien nach Hause zurückkehrt. Es kommt nicht darauf an, ob ein Elternteil Versorgungsleistungen übernimmt, also z. B. für das Kind kocht oder wäscht.[139] Eine Betreuung im Rechtssinne findet nach Volljährigkeit ohnehin nicht mehr statt (vgl. Rn. 334, 452 f.).

Unerheblich ist, ob der Elternteil, bei dem das Kind lebt, allein einen Haushalt unterhält, sich die Wohnung mit einem Lebensgefährten teilt oder eine Wohngemeinschaft mit anderen führt. Dies wird auch dann zu gelten haben, wenn ein Elternteil Unterkunft im Haushalt eines anderen gefunden hat, z. B. die Ehefrau nach der Trennung zu ihren Eltern gezogen ist und dort mit dem volljährigen Kind zusammenlebt.[140]

Vorübergehender Aufenthalt an einem anderen Ort schadet nicht, solange die Absicht der Rückkehr in den elterlichen Haushalt besteht. Dies gilt selbstverständlich für Urlaubsreisen, Krankenhaus- und Heimaufenthalte, aber auch für einen Auslandsaufenthalt während der allgemeinen Schulausbildung, z. B. für ein Schuljahr in den USA. Anders kann es dagegen liegen, wenn sich das Kind emanzipiert und unter Mitnahme seiner Sachen einen eigenen Hausstand begründet hat, z. B. auf Dauer zu einem Lebensgefährten gezogen ist und dort seinen Lebensmittelpunkt gefunden hat. Ob ein solcher endgültiger Auszug gegeben

---

[137] So Luthin/Schumacher Rn. 3203; RGRK/Mutschler, § 1602 Rn. 25; Soergel/Haeberle § 1602 Rn. 13; a. A. MüKo/Luthin § 1603 Rn. 78; FamRefK/Häußermann, § 1603 Rn. 4; Schwab/Borth, V Rn. 125

[138] OLG Dresden, FamRZ 2002, 695; einschränkend OLG Hamm, NJW-RR 2005, 1670

[139] FamRefK/Häußermann, § 1603 Rn. 6

[140] FamRefK/Häußermann, § 1603 Rn. 6

ist, wird sich allerdings erst nach Ablauf einer gewissen Übergangsfrist beurteilen lassen. Diese Übergangsfrist wird vielfach bis zur Vollendung des 21. Lebensjahres noch nicht abgelaufen sein, so dass bei Rückkehr in das Elternhaus die Privilegierung fortbesteht, wenn der Schulbesuch andauert. Macht der Elternteil, bei dem das Kind bislang gelebt hat, zu Recht von seinem Bestimmungsrecht nach § 1612 II 1 BGB Gebrauch, wird man einen endgültigen Auszug ohnehin verneinen müssen. Vgl. dazu Rn. 21 ff., 35.

457 **d) Allgemeine Schulausbildung.** Was unter diesem Begriff zu verstehen ist, lässt sich weder dem Gesetz noch der Gesetzesbegründung entnehmen. Der BGH[141] hat den Begriff der allgemeinen Schulausbildung unter Heranziehung der zu § 2 I 1 Nr. 1 BAföG entwickelten Grundsätze ausgelegt. In dieser Bestimmung wird von „weiterführenden allgemeinbildenden Schulen" gesprochen.

Die allgemeine Schulausbildung ist einerseits von der Berufsausbildung, andererseits vom Hochschulstudium abzugrenzen. Zu ihr gehören danach alle Bildungsgänge, die einen anerkannten Schulabschluss ermöglichen, der seinerseits die Grundlage für eine spezielle Berufsausbildung oder ein Studium bildet. Nicht ausreichend ist dagegen der Besuch einer Schule, die neben allgemeinen Ausbildungsinhalten bereits eine Ausbildung vermittelt, die auf ein konkretes Berufsfeld bezogen ist.[142]

Im Einzelnen setzt die allgemeine Schulausbildung nach der Rechtsprechung des BGH[143] voraus:

- Ziel des Schulbesuchs muss der **Erwerb eines allgemeinen Schulabschlusses** als Zugangsvoraussetzung für die Aufnahme einer Berufsausbildung oder den Besuch einer Hochschule oder Fachhochschule sein, also jedenfalls der Hauptschulabschluss, der Realschulabschluss die fachgebundene oder die allgemeine Hochschulreife. Diese Voraussetzung ist beim Besuch der Hauptschule, der Gesamtschule, der Realschule, des Gymnasiums und der Fachoberschule immer erfüllt.
- Die Schulausbildung muss die **Zeit und die Arbeitskraft** des Kindes voll oder zumindest überwiegend in Anspruch nehmen; eine Erwerbstätigkeit, durch die der Schüler seinen Lebensunterhalt verdienen könnte, darf neben der Schulausbildung nicht möglich sein. Dieses Erfordernis ist jedenfalls erfüllt, wenn die Unterrichtszeit 20 Wochenstunden beträgt, also unter Berücksichtigung der Vor- und Nacharbeit sowie eventueller Fahrtzeiten die Arbeitskraft des Kindes im Wesentlichen ausfüllt.
- Das Kind muss an einem **kontrollierten Unterricht** teilnehmen, die Schule muss in einer Weise organisiert sein, dass eine Stetigkeit und Regelmäßigkeit der Ausbildung wie beim herkömmlichen Schulbesuch gewährleistet ist. Die Teilnahme am Unterricht darf nicht der Entscheidung des Schülers überlassen sein.

Die Rechtslage ist wegen der Vielzahl der Schulformen und der Schulabschlüsse höchst unübersichtlich. Wegen der **Kulturhoheit der Länder** besteht in der Bundesrepublik kein einheitliches Schulsystem. Einzelne Abschlüsse werden nicht in allen Bundesländern anerkannt. In der Praxis wird es in der Regel erforderlich sein, durch eine **Auskunft der Schule** zu klären, ob die genannten Voraussetzungen einer allgemeinen Schulausbildung vorliegen. Eine Untersuchung der Frage, welche Schulformen in sämtlichen Bundesländern zur allgemeinen Schulausbildung im Sinne des § 1603 II 2 BGB gehören, würde den Rahmen dieses Handbuchs sprengen. Daher sollen anhand der Verhältnisse in **Nordrhein-Westfalen** die wesentlichen Fragen aufgezeigt werden, die bei der Auslegung des Begriffs „allgemeine Schulausbildung" zu bedenken sind.

458 In Nordrhein-Westfalen dauert die **Schulpflicht** zehn Jahre,[144] in anderen Ländern nur neun Jahre. Die Berufsschulpflicht, die Kinder trifft, die keine weiterführende Schule besuchen, endet mit dem 18. Lebensjahr, besteht aber, wenn vor dem 21. Lebensjahr ein Berufsausbildungsverhältnis begonnen worden ist, bis zu dessen Abschluss fort.[145] Nach der hier nicht interessierenden Grundschule können Kinder die Hauptschule, die Realschule,

---

[141] FamRZ 2001, 1068 = R 561 a
[142] BGH, FamRZ 2001, 1068, 1070 = R 561 a
[143] FamRZ 2001, 1068, 1070 = R 561 a; FamRZ 2002, 815 = R 570 a
[144] § 37 I SchulG NRW
[145] § 38 SchulG NRW

das Gymnasium, die Gesamtschule und Sonderschulen für geistig oder körperlich Behinderte besuchen. Daneben besteht – ohne dass die Aufzählung Anspruch auf Vollständigkeit erhebt – die Möglichkeit zum Besuch von Berufsschulen, Berufsfachschulen, Höheren Berufsfachschulen, Fachschulen, Fachoberschulen, Kollegschulen, Abendgymnasien und Volkshochschulen. Die im Folgenden aufgezählten Abschlüsse können an verschiedenen Schulformen erworben werden. Im Einzelnen gilt Folgendes:

- **Hauptschulabschluss nach der 9. Klasse.** Erwerb an der Hauptschule sowie durch erfolgreichen Abschluss der entsprechenden Klasse an der Realschule, der Gesamtschule und am Gymnasium; Erwerb eines gleichwertigen Abschlusses versuchsweise durch Besuch der Vorklasse zum Berufsgrundschuljahr; die Schulausbildung kann aber erst beendet werden, wenn die zehnjährige Schulpflicht erfüllt ist.
- **Hauptschulabschluss nach der 10. Klasse** (oder ein gleichwertiger Abschluss). Erwerb an der Hauptschule, der Realschule, der Gesamtschule und am Gymnasium durch erfolgreichen Abschluss der entsprechenden Klasse, ferner an der Berufsschule durch Besuch des Berufsgrundschuljahres.
- **Fachoberschulreife.** Erwerb an der Hauptschule und der Gesamtschule, der Realschule und am Gymnasium (Versetzung in Klasse 11) sowie durch Besuch des Berufsgrundschuljahres und der Berufsfachschule (bei diesen Schulformen aber nur bei bestimmten Leistungen). Auch an der Volkshochschule kann – ggf. auch in Abendkursen – der Realschulabschluss erworben werden.[146]
- **Berechtigung zum Besuch der gymnasialen Oberstufe.** Erwerb an der Hauptschule und der Gesamtschule, an der Berufsschule durch Besuch des Berufsgrundschuljahres sowie an der Berufsfachschule, der Realschule (bei diesen Schulformen aber nur bei bestimmten Leistungen) und am Gymnasium (Versetzung in Klasse 11).
- **Fachhochschulreife** (schulischer Anteil). Erwerb an Fachoberschulen, Höheren Berufsfachschulen, insbesondere Höheren Handelsschulen, in Nordrhein-Westfalen auch Berufsfachschule für Wirtschaft und Verwaltung genannt. Voraussetzung für den Besuch der Fachhochschule sind die Absolvierung bestimmter Praktika oder eine Berufsausbildung. Die Praktika können, wie bei den Beamten des gehobenen Dienstes, in die Fachhochschulausbildung integriert sein.
- **Abitur (allgemeine Hochschulreife).** Erwerb am Gymnasium, der Gesamtschule, an Höheren Berufsfachschulen (insbesondere der Höheren Handelsschule) mit gymnasialer Oberstufe und am Abendgymnasium.

Eine allgemeine Schulausbildung wird danach an allen Schulen vermittelt, die auf direktem Wege zu einem der aufgezählten Abschlüsse führen. Dies ist zweifellos bei der Hauptschule, der Realschule, dem Gymnasium, der Gesamtschule und bei der Sonderschule für körperlich und geistig Behinderte der Fall.[147] Das Studium an Hochschulen, Fachhochschulen oder Gesamthochschulen gehört dagegen nicht zur Schulausbildung, sondern baut auf ihr auf. **459**

Die Durchlässigkeit des Schulsystems führt jedoch zu beachtlichen Abgrenzungsschwierigkeiten. Wer einen Hauptschul- oder Realschulabschluss mit der entsprechenden Qualifikation hat, kann den Schulbesuch z.B. auf einem Gymnasium oder einer Gesamtschule, einer Fachoberschule oder einer Höheren Berufsfachschule fortsetzen, um die Hochschul- oder Fachhochschulreife zu erwerben. Ebenso ist der Wechsel zwischen verschiedenen Schulformen zulässig. In Nordrhein-Westfalen sind die Bildungsgänge der Berufsschule, der (Höheren) Berufsfachschule, Fachoberschule und Fachschule zum Berufskolleg zusammengefasst. Es vermittelt in einfach- und **doppelqualifizierenden Bildungsgängen** eine berufliche Qualifizierung und ermöglicht den Erwerb der allgemein bildenden Abschlüsse der Sekundarstufe II; die Abschlüsse der Sekundarstufe I können nachgeholt werden.[148] Das Berufskolleg kann man daher nicht ohne weiteres zu den allgemein bildenden Schulen zählen, es andererseits auch nicht gänzlich von dem Begriff der allgemeinen Schulausbildung

---

[146] BGH, FamRZ 2001, 1068, 1070 = R 561 a. Vgl. dazu auch Rn. 459 a. E.
[147] Vgl. auch BGH, FamRZ 2001, 1068, 1070 = R 561 a
[148] § 4 e I, II Schulverwaltungsgesetz NRW. in der Fassung der Bekanntmachung vom 18. 1. 1985 – GV. NRW. S. 155, zuletzt geändert durch Gesetz vom 19. 5. 2000 – GV. NRW. S. 462

im Sinne des § 1603 II 2 BGB ausnehmen, da die Durchlässigkeit des Schulwesens sowie die Verzahnung von Schul- und Berufsausbildung – bei allen Meinungsverschiedenheiten im Detail – allgemein anerkannt sind. Gleichwohl wird man bei Schulen, die auch berufliche Bildung vermitteln, eine **allgemeine Schulausbildung** nur bejahen können, wenn die in Rn. 457 aufgeführten Voraussetzungen gegeben sind, insbesondere Schwerpunkt der Ausbildung nicht die Ausbildung für einen bestimmten Beruf, sondern die Vermittlung einer allgemeinen Bildung ist, Vollzeitunterricht erteilt wird, ein kontrollierter Unterricht gewährleistet ist und Ziel der Ausbildung einer der in Rn. 458 erwähnten Schulabschlüsse ist.

Es ist unschädlich, wenn Praktika, z. B. in einem Betrieb in die Schulausbildung integriert sind. Auch wenn der Erwerb der Fachoberschul- oder der Fachhochschulreife an eine zusätzliche praktische Ausbildung oder ein Praktikum nach dem Schulbesuch geknüpft ist, steht dies der Anerkennung des schulischen Teils der Ausbildung als allgemeiner Schulausbildung nicht entgegen.[149]

Im Einzelnen gilt hinsichtlich der Einordnung dieser Schulen in das System der allgemeinen Schulausbildung folgendes:

- **Berufsschule:**
  - ja, im Berufsgrundschuljahr, da dort Schüler, die den Hauptschulabschluss erworben, aber noch keinen Ausbildungsplatz erhalten haben, den Hauptschulabschluss nach Klasse 10 und die Fachoberschulreife erwerben können und im Berufsgrundschuljahr nur die Grundbildung für eine nachfolgende Berufsausbildung gelegt wird;[150]
  - ja, in der Vorklasse zum Berufsgrundschuljahr, da sie der Vorbereitung auf die Aufnahme einer Berufsausbildung dient, Kenntnisse und Fähigkeiten aus mehreren Berufsfeldern vermittelt und den Hauptschulabschluss ermöglicht;[151]
  - nein, soweit neben einer Berufsausbildung in Fachklassen des dualen Systems der schulische Teil der Berufsausbildung vermittelt wird, da Unterricht in Teilzeitform oder in Unterbrechung der praktischen Ausbildung als Blockunterricht in Vollzeitform erteilt wird.[152]
- **Berufsfachschule:**
  - ja, soweit sie zur Fachoberschulreife führt und durch Vollzeitunterricht eine erweiterte Allgemeinbildung und eine berufliche Grundbildung vermittelt;[153]
- **Höhere Berufsfachschule:**
  - ja, soweit sie insbesondere als Höhere Handelsschule zur Fachhochschulreife oder als Höhere Berufsfachschule mit gymnasialer Oberstufe zur allgemeinen Hochschulreife führt;[154]
  - nein, soweit sie, teilweise neben der Fachhochschulreife, einen Berufsabschluss z. B. als staatlich geprüfter Assistent für Technik oder als staatlich geprüfter kaufmännischer Assistent für Betriebswirtschaft vermittelt.[155]
- **Fachschule:**
  - nein, da sie eine berufliche Weiterbildung z. B. in Technik, Gestaltung oder Sozialpädagogik bezweckt und in der Regel eine Berufsausbildung Voraussetzung für den Besuch ist.[156]
- **Fachoberschule:**
  - ja, soweit sie nach Abschluss der Sekundarstufe I (Fachoberschulreife) zur Fachhochschulreife führen soll, auch wenn in Klasse 11 neben dem Schulbesuch ein berufliches Praktikum zu absolvieren ist;[157]

---

[149] BGH, FamRZ 2002, 815, 816 = R 570a
[150] § 15 Anlage A zur VO über die Ausbildung und Prüfung in den Bildungsgängen des Berufskollegs (APO BK) vom 26. 5. 1999 – GV. NRW. S. 240, zuletzt geändert durch VO vom 29. 6. 2003 – GV. NRW. 357; vgl. auch FamRefK/Häußermann, § 1603 Rn. 9
[151] § 11 Anlage A APO BK
[152] §§ 2, 5 Anlage A APO BK
[153] § 1 I Anlage B APO BK
[154] BGH, FamRZ 2002, 815 = R 570a
[155] OLG Koblenz, NJW-FER 2001, 176; vgl. FamRefK/Häußermann, § 1603 Rn. 9
[156] § 1 Anlage E APO BK; FamRefK/Häußermann, § 1603 Rn. 9
[157] FamRefK/Häußermann, § 1603 Rn. 9

   – nein, wenn nach einer abgeschlossenen Berufsausbildung in Vollzeit- oder Teilzeitform die Fachhochschulreife erworben werden soll.
- **Abendgymnasium, Volkshochschule:**
  - ja, wenn die Abendkurse die Arbeitszeit des Schülers überwiegend in Anspruch
  nehmen, ein anerkannter Schulabschluss angestrebt und kontrollierter Unterricht
  erteilt wird,[158]
  - nein, wenn die Schule neben der Berufsausübung besucht wird.

Auf die Rechtsform der Schule kommt es nicht an. Ob die erwähnten Ausbildungsgänge **460**
vom Staat, der Gemeinde, den Kirchen, von **Privatschulen,** Ersatzschulen oder Ergän-
zungsschulen angeboten werden, ist nicht entscheidend. Auch der Besuch von Kursen, die
erst den Schulbesuch ermöglichen oder ersetzen sollen (z. B. Sprachunterricht bei Kindern
von Aussiedlern oder Asylbewerbern), gehört nach dem Zweck des § 1603 II 2 BGB zur
allgemeinen Schulausbildung. Notwendig ist allein, dass die Ausbildung dem Ziel dient,
einen staatlich anerkannten Schulabschluss zu erwerben.[159]

Der Schulbesuch wird durch Ferien, durch Krankheit oder Schwangerschaft selbstver- **461**
ständlich nicht unterbrochen. Auch sonstige **Unterbrechungen,** selbst von längerer Dauer,
sind grundsätzlich unschädlich. Es kommt nicht darauf an, ob der Schulbesuch bei Volljährigkeit noch andauert oder erst später wieder aufgenommen wird.[160] Das Kind befindet
sich bis zum Ablauf des Schuljahres in der allgemeinen Schulausbildung, in dem der Schulabschluss erworben wird. Der Vorschlag von Häußermann,[161] auf die Aushändigung des
Abschlusszeugnisses abzustellen, weil das Kind dann nicht mehr aus zwingenden Gründen
an einer bedarfsdeckenden Erwerbstätigkeit gehindert sei, befriedigt nicht. Der nächste
Ausbildungsabschnitt kann in aller Regel nicht sofort begonnen werden; auch muss dem
Kind nach Ende des tatsächlichen Schulbesuchs eine gewisse Erholungsphase zugestanden
werden.

3. Unterhaltsbemessung bei privilegiert volljährigen Kindern

   a) **Die Bedürftigkeit** des Kindes ist in aller Regel zu bejahen, da es als Schüler über kein **462**
Erwerbseinkommen verfügt und nicht zu einer Erwerbstätigkeit verpflichtet ist. Gleichwohl
erzieltes Erwerbseinkommen stammt aus unzumutbarer Tätigkeit und ist daher gar nicht
oder nur zu einem Teil anzurechnen. Vgl. dazu Rn. 88, 350. Zinsen aus Vermögen mindern
die Bedürftigkeit. Das Kind ist ggf. auch verpflichtet, den Stamm seines Vermögens zu
verwerten. § 1602 II BGB gilt nur für minderjährige Kinder. Vgl. dazu Rn. 107. Eine
entsprechende Anwendung dieser Vorschrift auf privilegiert volljährige Kinder ist im Gesetz
nicht vorgesehen.

   b) **Der Bedarf** des Kindes ist der **4. Altersstufe** der Düsseldorfer Tabelle zu entneh- **463**
men.[162] Dies entspricht der Auffassung fast aller Oberlandesgerichte. Nur das OLG Oldenburg ist hier anderer Auffassung und entnimmt den Bedarf der 3. Altersstufe, s. Rn. 383. Da
grundsätzlich beide Eltern barunterhaltspflichtig sind (Rn. 467), bemisst sich der Bedarf des
Kindes ohne Höhergruppierung nach ihren zusammengerechneten Einkünften[163] (vgl. Rn.
388). Ist dagegen ein Elternteil nicht leistungsfähig, richtet sich die Einstufung in die Düsseldorfer Tabelle nach dem Einkommen des allein barunterhaltspflichtigen Elternteils, da dieser
nicht mehr Unterhalt zu zahlen hat, als seinem eigenen Einkommen entspricht, vgl. dazu
Rn. 388. Mehrbedarf (Rn. 401 ff.) kommt ggf. hinzu. Anzurechnendes Einkommen des
Kindes (Rn. 462) und (seit 1. 1. 2008) das volle Kindergeld (§ 1612 b I 1 Nr. 2 BGB)
kürzen den Bedarf des Kindes.

---

[158] BGH, FamRZ 2001, 1068, 1070 = R 561 a
[159] BGH, FamRZ 2001, 1068, 1070 = R 561 a; FamRefK/Häußermann, § 1603 Rn. 9
[160] BGH, FamRZ 2001, 1068, 1070 = R 561 b; FamRefK/Häußermann, § 1603 Rn. 12
[161] FamRefK/Häußermann, § 1603 Rn. 13
[162] OLG Hamm, FamRZ 1999, 1018; Strauß, FamRZ 1998, 993, 995; FamRefK/Häußermann,
    § 1610 Rn. 4; vgl. auch BGH, FamRZ 2002, 815, 818 = R 570 c
[163] OLG Hamm, FamRZ 1999, 1018; Strauß, FamRZ 1998, 993, 995

464 **c) Leistungsfähigkeit.** Gegenüber dem privilegierten Kind besteht die gleiche (verschärfte) Erwerbsobliegenheit wie gegenüber einem minderjährigen Kind (Rn. 247 ff.). Die baruntrhaltpflichtigen Eltern haben alle verfügbaren Mittel für sich und den Unterhalt der minderjährigen und der privilegierten Kinder gleichmäßig zu verwenden (§ 1603 II 1, 2 BGB). Ihnen verbleibt im Mangelfall nur der notwendige Selbstbehalt von 900,– € bei Erwerbstätigkeit und von 770,– € bei Nichterwerbstätigkeit (vgl. dazu Rn. 264 ff.), wenn nicht ein anderer unterhaltspflichtiger Verwandter den Unterhalt aufbringen kann und deshalb die verschärfte Unterhaltspflicht nicht eingreift (vgl. Rn. 271 ff.). Der Elternteil, der minderjährige Geschwister des privilegiert volljährigen Kindes betreut, braucht einer Erwerbstätigkeit nicht nachzugehen, wenn ihm im Verhältnis zum anderen Elternteil in entsprechender Anwendung § 1570 BGB keine Erwerbsobliegenheit trifft. Vgl. dazu Rn. 411, 435. Anders liegt es, wenn die zu betreuenden Kinder aus einer anderen ehelichen oder nichtehelichen Verbindung stammen, da die Hausmannrechtsprechung auch zugunsten des privilegiert volljährigen Kindes gilt (Rn. 173). Auf fiktive Einkünfte braucht sich das Kind nicht verweisen zu lassen.[164] Vgl. dazu Rn. 440.

465 **d) Kindergeld** ist nach der durch die Unterhaltsreform 2007 geänderten Systematik gemäß § 1612 b I BGB zur Deckung seines Barbedarfs zu verwenden, also bedarfsdeckend anzurechnen. Dies gilt auch bei beiderseitiger Barunterhaltspflicht[165] (vgl. dazu Rn. 513, 515 a). Die bisherige Regelung in § 1612 b II BGB, wonach sich der Haftungsanteil des Elternteils, der das Kindergeld erhält, um die Hälfte des Kindergeldes erhöht, wird nunmehr durch die allgemeine Bestimmung erfasst, dass das Kindergeld für den Barbedarf des Kindes zu verwenden ist. Diese Vorschrift begründet einen Anspruch des Kindes[166] auf Auskehrung des Kindergelds.

466 **e) Rangverhältnis.** Das privilegiert volljährige Kind steht im Rang dem minderjährigen Kind gleich (§ 1609 Nr. 1 BGB) und geht allen weiteren Unterhaltsberechtigten vor.

467 **f) Anteilige Haftung der Eltern.** Nach § 1606 III 1 BGB haften die Eltern dem privilegiert volljährigen Kind entsprechend ihren Erwerbs- und Vermögensverhältnissen. § 1606 III 2 BGB, nach dem der betreuende Elternteil seine Unterhaltspflicht gegenüber dem minderjährigen Kind in der Regel durch Pflege und Erziehung erfüllt, gilt für privilegiert volljährige Kinder nicht.[167] Dies ist in der Gesetzesbegründung zum KindUG[168] ausdrücklich festgehalten und im weiteren Gesetzgebungsverfahren nicht in Frage gestellt worden. An diesen eindeutigen Willen des Gesetzgebers hat sich die Rechtsprechung zu halten, obwohl eine entsprechende Anwendung des § 1606 III 2 BGB auf privilegiert volljährige Kinder konsequent gewesen wäre, wenn man sie bei Leistungsfähigkeit und Rang mit minderjährigen Kindern gleichstellt. Im Übrigen führt die Lösung des Gesetzgebers zu Problemen, die nur schwer zu lösen sind. Vgl. dazu Rn. 470.

468 Anzuwenden sind die Grundsätze, die bei beiderseitiger Unterhaltspflicht der Eltern für ein minderjähriges Kind gelten (vgl. dazu Rn. 294 ff.). Die anrechenbaren Einkünfte der Eltern sind jeweils um einen **Sockelbetrag in Höhe des angemessenen Eigenbedarfs** zu kürzen, der nach den meisten Tabellen und Leitlinien monatlich 1100,– € beträgt. Dazu und zu abweichenden Sätzen für den angemessenen Eigenbedarf vgl. Rn. 417 ff.

Nach den allerdings nicht immer eindeutigen Leitlinien mancher Oberlandesgerichte (BL, BraL, DL, HL, OL, jeweils 13. 3) wird generell nur ein Sockelbetrag in Höhe des notwendigen Selbstbehalts abgezogen, weil jeder Elternteil dem Kind verschärft hafte.[169] Dies halte ich nicht für richtig. Aus § 1603 I, II 3 BGB folgt, dass jedem Elternteil zunächst sein angemessener Selbstbehalt verbleiben muss. Die verschärfte Unterhaltspflicht setzt sowohl beim minderjährigen als auch beim privilegiert volljährigen Kind erst ein, wenn kein anderer unterhaltspflichtiger Verwandter, z. B. der andere Elternteil, vorhanden ist, der den Bedarf ohne Gefährdung seines angemessenen Selbstbehalts decken kann. Vgl. dazu Rn.

---

[164] OLG Nürnberg, FamRZ 2000, 687
[165] So schon BGH, FamRZ 2006, 99
[166] Gesetzesbegründung, BT-Drucks. 16/1830 S. 30
[167] BGH, FamRZ 2002, 815, 817 = R 570 b und die dort zitierte ganz herrschende Meinung
[168] BR-Drucks. 959/96, S. 27
[169] So auch OLG Braunschweig, FamRZ 1999, 1454; Schwab/Borth, V 167

274, 295. Daraus folgt, dass bei beiderseitiger Unterhaltshaltspflicht der Eltern Einkommen, das den angemessenen Eigenbedarf von 1100,– € nicht überschreitet, grundsätzlich nicht für den Unterhalt des Kindes zur Verfügung steht.[170] Der Vorwegabzug nur des notwendigen Selbstbehalts führt, wenn kein Mangelfall (vgl. Rn. 470 a) vorliegt, zu unangemessenen Ergebnissen. Während der weniger verdienende Elternteil, der das minderjährige Kind betreut hat, sich bis zur Volljährigkeit an dessen Barunterhalt nicht zu beteiligen brauchte, wird er danach während der Privilegierung verschärft zum Unterhalt herangezogen; er kann sich erst nach Fortfall der Privilegierung auf seinen angemessenen Selbstbehalt berufen. Vgl. dazu die Beispiele Rn. 468 a.

Anders ist es dagegen, wenn bei einem Sockelbetrag in Höhe des angemessenen Selbstbehalts der Bedarf des Kindes (Rn. 463) nicht sichergestellt wird. Dann ist der Sockelbetrag bis auf den notwendigen Selbstbehalt von 900,– € bzw. 770,– € zu ermäßigen (vgl. Rn. 295, 298).[171] Diese Auffassung wird auch von den meisten Leitlinien vertreten (BrL, CL, DrL, FL, HaL, KL, NaL, RL, SüdL jeweils 13. 3). Ihr scheint auch der BGH[172] zuzuneigen. Er hat die Frage zwar nicht abschließend entschieden, aber dem Oberlandesgericht im konkreten Fall nahe gelegt, „mit Rücksicht auf die vorliegende Mangelsituation" den Sockelbetrag in Höhe des notwendigen Selbstbehalts zu bemessen. Daraus ist gerade nicht zu entnehmen, dass nach Ansicht des BGH in jedem Fall der notwendige Selbstbehalt als Sockelbetrag abgezogen werden soll.

Beispiel 1:   **468 a**

Das bei seiner Mutter (M) lebende 19-jährige Kind (K), das ein Gymnasium besucht, verlangt Unterhalt. Der Vater (V) hat ein bereinigtes Einkommen von 2500,– €, M von 1250,– €. Diese bezieht das Kindergeld von 154,– €. Kein Ehegattenunterhalt.

Der Bedarf von K beträgt nach dem zusammengerechneten Einkommen der Eltern von 3750,– € nach der 7. Einkommensgruppe der Düsseldorfer Tabelle, 4. Altersstufe 555,– € – 154,– € (Kindergeld) = 401,– €

Vorwegabzug eines Sockelbetrages von 1100,– €:

Vergleichbares Einkommen des V: 2500 – 1100 = 1400,– €.

Vergleichbares Einkommen der M: 1250 – 1100 = 150,– €.

Vergleichbares Einkommen beider Eltern: 1400 + 150 = 1550,– €.

Haftungsanteil des V: 1400 × 401 : 1550 = 362,– €.

Haftungsanteil der M: 150 × 401 : 1550 = 39,– €.

Vorwegabzug eines Sockelbetrages von 900,– €:

Vergleichbares Einkommen des V: 2500 – 900 = 1600,– €.

Vergleichbares Einkommen der M: 1250 – 900 = 350,– €.

Vergleichbares Einkommen beider Eltern: 1600 + 350 = 1950,– €

Haftungsanteil des V: 1600 × 401 : 1950 = 329,– €.

Haftungsanteil der M: 350 × 401 : 1950 = 72,– €.

Diese Berechnung führt zu einer unangemessenen Benachteiligung der wirtschaftlich schwächeren M (vgl. oben im Text und Rn. 295).

Beispiel 2:

Wie Beispiel 1, Einkommen des V: 1340,– €, Einkommen der M: 1176,– €.

Der Bedarf von K beträgt nach dem zusammengerechneten Einkommen der Eltern von 2516,– € nach der 4. Einkommensgruppe der Düsseldorfer Tabelle, 4. Altersstufe 470,– € – 154,– € (Kindergeld) = 316,– €

Vorwegabzug eines Sockelbetrages von 1100,– €:

Vergleichbares Einkommen des V: 1340 – 1100 = 240,– €.

Vergleichbares Einkommen der M: 1176 – 1100 = 76,– €

Vergleichbares Einkommen beider Eltern: 240 + 76 = 316,– €.

Jeder Elternteil haftet mit seinem verfügbaren Einkommen, kein Mangelfall.

Hat nun die M ein Einkommen von 1175,– €, also 1,– € weniger, so liegt ein **Mangelfall** vor. Eine Umstellung der Methode auf den *Abzug des notwendigen Selbstbehalts von 900,– € als Sockelbetrag* führt nun zu erheblichen Verzerrungen:

Vergleichbares Einkommen des V: 1340 – 900 = 440,– €

---

[170] OLG Düsseldorf, FamRZ 2001, 1242; OLG Hamm, FamRZ 2000, 379

[171] Ebenso Strauß, FamRZ 1998, 993, 995; anders FamRefK/Häußermann, § 1606 Rn. 2; vgl. auch OLG Hamm, FamRZ 1999, 1018

[172] FamRZ 2002, 815, 818 = R 570 d

Vergleichbares Einkommen der M: 1175 – 900 = 275,– €
Vergleichbares Einkommen beider Eltern: 440 + 275 = 715,– €
Anteil V: 440 : 715 × 316 = 194,– €
Anteil M: 276 : 715 × 316 = 122,– €
M müsste nun ihren notwendigen Selbstbehalt mit 47,– € angreifen (= 1175 – 122 – 1100, während V nunmehr sogar 46,– € oberhalb des angemessenen Selbstbehalts behielte.
Sachlich richtig ist es dagegen, den nach Abzug des angemessenen Selbstbehalts verbleibenden Fehlbetrag (1,– €) zwischen M und V hälftig zu teilen. S. das weitere Beispiel Rn. 275

469   Verfügt ein Elternteil nur über Einkommen zwischen 900,– € und 1100,– €, ist zwar sein notwendiger, nicht aber sein angemessener Selbstbehalt gewahrt. In einem solchen Fall ist er nach §§ 1603 II 2, 3, 1606 III 1 BGB nicht unterhaltspflichtig, wenn der andere Elternteil ein deutlich höheres Einkommen hat und den Unterhalt des Kindes allein ohne Gefährdung seines angemessenen Bedarfs von 1100,– € decken kann.[173] Vgl. dazu im Einzelnen die entsprechende Problematik beim Minderjährigenunterhalt Rn. 274, 275, 277 ff.

470   Probleme wirft die Berechnung des Unterhalts auf, **wenn minderjährige und privilegiert volljährige Kinder zusammentreffen.** Für den Barunterhalt des minderjährigen Kindes haftet der betreuende Elternteil nicht (§ 1606 III 2 BGB), während er sich am Barunterhalt des privilegiert volljährigen Kindes sehr wohl beteiligen muss (Rn. 467 f.). Der Bedarf des Minderjährigen richtet sich allein nach dem Einkommen des Barunterhaltspflichtigen (Rn. 118), derjenige des volljährigen Schülers nach dem zusammengerechneten Einkommen beider Eltern (Rn. 388, 463). Bei der Berechnung des Unterhalts des privilegiert volljährigen Kindes ist die Belastung der Eltern durch den Unterhalt des minderjährigen Kindes zu berücksichtigen. Daher ist das Einkommen des Elternteils, der den Barunterhalt für das minderjährige Kind allein aufzubringen hat, um den entsprechenden Tabellenbetrag zu bereinigen.[174] Effektiv entstehende Kosten der Betreuung des minderjährigen Kindes sind vom Einkommen des betreuenden Elternteils abzuziehen. Um einen Betreuungsbonus kann es nur dann bereinigt werden, wenn das Kind noch betreuungsbedürftig ist und die Betreuung neben der Erwerbstätigkeit besondere Schwierigkeiten bereitet, nicht aber bei einem weitgehend selbstständigen Kind. Vgl. dazu Rn. 275, 275 a. Der Vorwegabzug des Unterhalts des minderjährigen Kindes vom Einkommen des insoweit allein barunterhaltspflichtigen Elternteils scheint dem Gleichrang mit dem privilegiert volljährigen Kind (Rn. 465) zu widersprechen. Es ist jedoch auch beim Ehegattenunterhalt allgemeine Praxis, den Unterhalt minderjähriger Kinder vorweg vom Einkommen des Unterhaltspflichtigen abzuziehen. Dies ist nur dann bedenklich, wenn für den Ehegatten lediglich ein unverhältnismäßig niedriger Betrag als Unterhalt verbleibt.[175] Vgl. dazu im Einzelnen Rn. 163. Es erscheint angezeigt, bei der hier zu entscheidenden Problematik entsprechend vorzugehen und den Vorwegabzug des Unterhalts des minderjährigen Kindes bei Berechnung des Unterhalts des privilegiert volljährigen Kindes so lange zuzulassen, als für das minderjährige Kind jedenfalls der Regelbetrag, also der Unterhalt nach der 1. Einkommensgruppe der Düsseldorfer Tabelle, und für das privilegiert volljährige Kind der Unterhalt nach dem zusammengerechneten Einkommen der Eltern gesichert ist. So wohl auch FL 13. 3 und HL 13. 2. 2.

470 a   Borth[176] hält den Vorwegabzug des Unterhalts minderjähriger Geschwister für bedenklich, weil er dem in § 1606 III 1 BGB enthaltenen Element der individuellen Leistungsfähigkeit nicht hinreichend Rechnung trage. Nach Borth ist bei dem Elternteil, der Barunterhalt sowohl für das minderjährige als auch für das privilegiert volljährige Kind zahlt, der Teil des Einkommens, der den notwendigen Selbstbehalt übersteigt, auf die Kinder aufzuteilen, und zwar nach dem Verhältnis der Bedarfsbeträge. Der auf das privilegiert volljährige

---

[173] Strauß, FamRZ 1998, 993, 995; ebenso für den Unterhalt minderjähriger Kinder BGH, FamRZ 1998, 286, 288 = R 518 a

[174] OLG Hamburg, FamRZ 2003, 181, 183; so wohl für den Regelfall FamRefK/Häußermann, § 1606 Rn. 4 sowie OLG Hamm, FamRZ 1999, 1018; anders Strauß, FamRZ 1998, 993, 996. Vgl. auch BGH, FamRZ 1988, 1039 und Rn. 294

[175] BGH, FamRZ 2003, 363 = R 584 f mit Anm. Scholz, FamRZ 2003, 514

[176] Schwab/Borth, Rn. V 168; dem für den Mangelfall folgend OLG Jena NJW-RR 2006, 507; ähnlich FamRefK/Häußermann, § 1606 Rn. 4

Kind entfallende Betrag ist dem Einkommen des anderen Elternteils, gekürzt um den notwendigen Selbstbehalt, gegenüber zu stellen. Auf diese Methode hat der BGH[177] hingewiesen, ohne sie sich allerdings zu eigen zu machen. Die Auswirkungen des hier vorgeschlagenen Vorwegabzugs und der Methode von Borth sollen an folgendem Beispiel erläutert werden:

Beispiel:
Der 19-jährige Schüler einer Gesamtschule (K 1) lebt mit seinen 16– und 17-jährigen Brüdern K 2 und K 3 bei seiner Mutter (M), die das Kindergeld von jeweils 154,– € bezieht. Das bereinigte Einkommen des Vaters (V) beträgt 2950,– €, das der M 1400,– €. Kein Ehegattenunterhalt.
Der Bedarf von K 2 und K 3 beträgt, ausgehend allein vom Einkommen des V nach der 5. Einkommensgruppe der Düsseldorfer Tabelle, Altersstufe 3, jeweils 438,– € – 77,– € (Kindergeld) = 361,– €. Der Bedarf von K 1 beläuft sich entsprechend dem Einkommen beider Eltern von 4350,– € nach der 9. Einkommensgruppe der Düsseldorfer Tabelle, Altersstufe 4, auf 621,– € – 154,– € (Kindergeld) = 467,– €.
Berechnung des Unterhalts von K 1 *unter Vorwegabzug des Unterhalts der minderjährigen Geschwister:*
Vergleichbares Einkommen des V: 2950 – 361 – 361 – 1100 = 1128,– €. Vergleichbares Einkommen der M: 1400 – 1100 = 300,– €.
Vergleichbares Einkommen beider Eltern: 1128 + 300 = 1428,– €.
Haftungsanteil des V: 1128 × 467 : 1428 = 369,– €.
Haftungsanteil der M: 300 × 467 : 1428 = 98,– €.
Alternativlösung auf der Basis der Auffassung von Borth:[178]
Bedarf aller Kinder 467 + 361 + 361 = 1189,– €
Anteil K 1 am Kindesunterhalt: 467 : 1189 = 39,28%
Einzusetzendes Einkommen des V: 2950 – 900 = 2050,– €.
Einzusetzendes Einkommen der M: 1400 – 900 = 500,– €.
Anteil K 1 am einzusetzenden Einkommen des V: 39,28% von 2050 = 805,– €.
Gegenüber zu stellen sind 805,– € (V) und 500,– € (M) = 1305,– €.
Haftungsanteil des V: 805 × 467 : 1305 = 288,– €.
Haftungsanteil der M: 500 × 467 : 1305 = 179,– €.

Die Methode von Borth[179] benachteiligt also die Mutter, die trotz der alleinigen Barunterhaltspflicht des Vaters sich wirtschaftlich deutlich schlechter steht, in unangemessener Weise. Diese Berechnung kommt m. E. allenfalls im Mangelfall in Betracht, insbesondere wenn die minderjährigen Kinder nur Halbgeschwister des privilegiert Volljährigen sind.

Das **OLG Stuttgart**[180] hat dagegen beide vorgenannten Methoden verworfen und ermittelt sämtliche Unterhaltsansprüche aus dem ungekürzten Einkommen, wenn kein Mangelfall vorliegt.

g) Verwirkung. Da die entsprechende Anwendung des § 1611 II BGB auf das privilegiert volljährige Kind nicht angeordnet worden ist, kann dessen Unterhaltsanspruch verwirkt werden. Vgl. dazu Rn. 478 ff. **471**

in dieser Auflage nicht belegt **472–477**

VII. Verwirkung des Unterhaltsanspruchs des volljährigen Kindes

Nach § 1611 I BGB schulden Eltern nur einen Beitrag zum Unterhalt, der der Billigkeit **478** entspricht,
– wenn der Volljährige durch sittliches Verschulden bedürftig geworden ist,
– wenn er seine eigene Unterhaltspflicht gegenüber dem Pflichtigen gröblich vernachlässigt hat
– oder wenn er sich vorsätzlich einer schweren Verfehlung gegen den Unterhaltsschuldner oder gegen einen nahen Angehörigen des Pflichtigen (Ehegatten, Kind) schuldig gemacht hat.

---

[177] FamRZ 2002, 815, 818 = R 570 e; vgl. auch Rn. 468
[178] Zugleich unter Vorwegabzug von nur 900,– € (Rn. 468); vgl. Schwab/Borth Rn. V 167 f.
[179] Schwab/Borth Rn. V 168
[180] OLG Stuttgart, NJW-RR 2007, 439

Die Verpflichtung der Eltern entfällt ganz, wenn deren Inanspruchnahme grob unbillig wäre (§ 1611 I 2 BGB). Als Ausnahmevorschrift ist § 1611 BGB eng auszulegen. Zur Verwirkung des Unterhaltsanspruchs der Eltern gegen ihre Kinder vgl. Rn. 626 ff.

Wenn ein volljähriges Kind nachhaltig die Obliegenheit verletzt, seine Ausbildung planvoll und zielstrebig durchzuführen, verliert es seinen Unterhaltsanspruch schon wegen Verstoßes gegen das Gegenseitigkeitsprinzip. Die Voraussetzungen des § 1611 BGB brauchen nicht vorzuliegen.[181]

Die Verwirkung nach § 1611 BGB ist von der Verwirkung des Unterhaltsanspruchs wegen illoyaler verspäteter Geltendmachung (§ 242 BGB) zu unterscheiden. Vgl. dazu Rn. 6/135 ff.

479   Der Unterhaltsanspruch eines minderjährigen unverheirateten Kindes kann nicht verwirkt werden (§ 1611 II BGB). **Handlungen,** die ein Kind **während der Minderjährigkeit** begangen hat, können diesem auch dann **nicht** entgegengehalten werden, wenn das Kind nach Eintritt der Volljährigkeit noch unterhaltsbedürftig ist. Es kommt nur darauf an, wann der Verwirkungstatbestand eingetreten ist.[182] Der Unterhalt **privilegiert volljähriger Kinder** im Sinne des § 1603 II 2 BGB (vgl. Rn. 452 ff.) kann dagegen verwirkt werden, da das KindUG die entsprechende Anwendung des § 1611 II BGB auf diese Kinder nicht vorgesehen hat. Vgl. auch Rn. 471.

480   Die Herbeiführung der Bedürftigkeit durch **sittliches Verschulden** setzt einen Vorwurf von erheblichem Gewicht voraus.[183] Der Bedürftige muss in vorwerfbarer Weise das anerkannte Gebot der Sittlichkeit außer Acht gelassen haben. Ein derartiges Verschulden kann bei Zusammenleben des Kindes mit einem anderen in nichtehelicher Lebensgemeinschaft nicht bejaht werden, weil ein solches Verhalten heute nicht mehr als anstößig empfunden wird.[184] In Ausnahmefällen kann sich ein sittliches Verschulden aus dem Bezug des Verhaltens des Kindes zur Unterhaltsverpflichtung der Eltern ergeben. Vgl. auch Rn. 55.

Eine Unterhaltsverwirkung infolge sittlichen Verschuldens kann u. U. angenommen werden, wenn das volljährige Kind seine Bedürftigkeit durch übermäßigen **Rauschgift- oder Alkoholkonsum** verursacht hat.[185] Jedoch ist zu beachten, dass Alkohol- und Rauschgiftsucht häufig als eine Krankheit anzusehen sind. Dann kommt eine Verwirkung des Unterhaltsanspruchs nur in Betracht, wenn das einsichtsfähige volljährige Kind sich weigert, sich einer Erfolg versprechenden ärztlichen Behandlung zu unterziehen, oder es nach einer solchen Behandlung die ärztlichen Anweisungen nicht beachtet und rückfällig wird. Ein sittliches Verschulden kann vorliegen, wenn das volljährige Kind nach einer abgeschlossenen Berufsausbildung über lange Jahre ziellos ein Studium fortführt, aber keine Erwerbstätigkeit aufnimmt, die z. B. durch Mitgliedschaft in der gesetzlichen Sozialversicherung das Risiko der Krankheit, vor allem aber der Erwerbsunfähigkeit absichert.[186]

481   Die gröbliche **Verletzung der eigenen Unterhaltspflicht** gegenüber den unterhaltspflichtigen Eltern scheidet bei Kindesunterhalt in der Regel aus. Sie kann nur vorkommen, wenn das Kind bereits eine selbstständige Lebensstellung erreicht hatte, die bedürftigen Eltern trotz Leistungsfähigkeit nicht unterstützt hat, sich die Verhältnisse aber später umgekehrt haben, das volljährige Kind wieder unterhaltsbedürftig geworden ist (vgl. dazu Rn. 48, 345) und die Eltern leistungsfähig geworden sind.

482   Eine vorsätzlich **schwere Verfehlung** gegen den unterhaltspflichtigen Elternteil kann nur bei einer tiefgreifenden Beeinträchtigung schutzwürdiger wirtschaftlicher Interessen oder persönlicher Belange des Verpflichteten angenommen werden.[187] In Betracht kommen vor allem tätliche Angriffe, wiederholte grobe Beleidigungen oder Bedrohungen, falsche Anschuldigungen gegenüber Behörden[188] oder dem Arbeitgeber oder eine Schädigung des

---

[181] BGH, FamRZ 1998, 671 = R 523
[182] BGH, FamRZ 1995, 475 = R 491 a; FamRZ 1988, 159, 163 = R 346 j
[183] BGH, FamRZ 1985, 273
[184] BGH, FamRZ 1985, 273
[185] KG, FamRZ 2002, 1357; OLG Celle, FamRZ 1990, 1142
[186] OLG Hamm, NJW-RR 2002, 650
[187] OLG Celle, FamRZ 1993, 1235; OLG München, FamRZ 1992, 595, 597
[188] Vgl. OLG Hamm, NJW-RR 2006, 509

Verpflichteten in seiner beruflichen oder wirtschaftlichen Stellung.[189] Ein mehrfacher Einbruch in die Wohnung der volljährigen Tochter des Unterhaltspflichtigen soll den Tatbestand der schweren Verfehlung gegen einen nahen Angehörigen nicht erfüllen.[190] Ein Unterlassen reicht nur aus, wenn dadurch eine Rechtspflicht zum Handeln verletzt wird. Deshalb ist die **Ablehnung jeder persönlichen Kontaktaufnahme** zu dem unterhaltsverpflichteten Elternteil allein oder auch in Verbindung mit unhöflichen oder unangemessenen Äußerungen diesem gegenüber nicht als Grund für eine Herabsetzung oder den Ausschluss des Unterhalts nach § 1611 I BGB zu werten.[191] Erst recht reicht das Einschlafenlassen der persönlichen Beziehungen nicht aus,[192] ebenso wenig das Siezen oder Nichtgrüßen eines Eltern- oder Großelternteils.[193] Daher kann die Verweigerung des Kontakts zu einem Elternteil allenfalls unter besonderen Umständen als schwere Verfehlung angesehen werden, so wenn sie mit besonders beleidigendem oder verletzendem Verhalten einhergeht oder wenn sie den Verpflichteten, z.B. bei einer lebensgefährlichen Erkrankung, besonders hart trifft.[194] Die unzureichende Information der Eltern über ein beabsichtigtes Studium ist keine schwere Verfehlung.[195]

Das vorwerfbare Verhalten des Kindes muss nur im Fall eines sittlichen Verschuldens für **483** die Bedürftigkeit **ursächlich** sein. Der Kausalzusammenhang ist zu verneinen, wenn der Berechtigte auch unabhängig von dem sittlich zu beanstandenden Verhalten, z.B. durch Krankheit, unterhaltsbedürftig geworden wäre.[196] In einem solchen Fall ist aber stets zu prüfen, ob eine vorsätzlich schwere Verfehlung gegen den Verpflichteten vorliegt.

Voraussetzung einer Herabsetzung des Unterhalts ist, dass die Zahlung des vollen Unter- **484** halts **unbillig** wäre; ein Unterhaltsausschluss kommt nur bei grober Unbilligkeit in Betracht (§ 1611 I 1 und 2 BGB). Die Unterhaltsbeschränkung muss der Schwere und Nachhaltigkeit der Verfehlung angemessen sein. Notwendig ist daher stets eine umfassende **Abwägung aller** maßgeblichen **Umstände,** die auch das eigene Verhalten des Unterhaltsverpflichteten gegenüber dem Kind und dem anderen Elternteil, bei dem es vielfach lange Zeit gelebt hat und zu dem es besondere Beziehungen unterhält, angemessen berücksichtigt.[197] Daher kommt eine Unterhaltsverwirkung in der Regel nicht in Betracht, wenn der Verpflichtete für den Konflikt mitverantwortlich ist und sich seinerseits nicht um Wiederaufnahme des abgerissenen Kontakts bemüht hat.

Die **Darlegungs- und Beweislast** für das Vorliegen der Voraussetzungen des § 1611 **485** BGB und das Ausmaß der Verfehlung des Kindes trifft wegen des Ausnahmecharakters der Vorschrift den in Anspruch genommenen Elternteil.

Wird der Unterhaltsanspruch nach § 1611 BGB ganz oder teilweise ausgeschlossen, kann das unterhaltsbedürftige Kind nicht einen anderen Unterhaltspflichtigen in Anspruch nehmen (§ 1611 III BGB). Dies hat insbesondere Bedeutung, wenn das Kind sich einer schweren Verfehlung gegen den primär haftenden Elternteil schuldig gemacht hat, die gegenüber dem nachrangig haftenden Verwandten den Tatbestand des § 1611 I BGB nicht erfüllen würde. Vgl. auch zur Ersatzhaftung Rn. 553.

---

[189] OLG München, FamRZ 1992, 595, 597
[190] KG, FamRZ 2000, 1357 (m.E. bedenklich)
[191] BGH, FamRZ 1995, 475 = R 491a; a.A. offenbar OLG Celle, FuR 2002, 332, 335
[192] BGH, FamRZ 1995, 475 = R 491a
[193] OLG Köln, FamRZ 1996, 1101; OLG Hamm, FamRZ 1995, 1439
[194] OLG Bamberg, FamRZ 1992, 717, 719 mit Anm. Ewers, FamRZ 1992, 719 und Schütz, FamRZ 1992, 1338
[195] OLG Stuttgart, NJW-FER 2000, 80
[196] OLG Köln, FamRZ 1990, 310
[197] BGH, FamRZ 1995, 475 = R 491a

7. Abschnitt: Kindergeld und Kindesunterhalt

I. Der öffentlich-rechtliche Anspruch auf Kindergeld

1. Rechtsgrundlagen

486   Das Kindergeld dient dem Familienleistungsausgleich, der durch das Jahressteuergesetz 1996[1] auf neue Grundlagen gestellt worden ist; er wird seitdem in der Regel durch das **Einkommensteuerrecht,** nur ausnahmsweise durch das Bundeskindergeldgesetz (vgl. Rn. 487) verwirklicht. Den Entscheidungen des BVerfG vom 10. 11. 1998,[2] nach denen das steuerliche Existenzminimum eines Kindes auch den Betreuungs- und Erziehungsbedarf umfasst, hat der Gesetzgeber in zwei Schritten Rechnung getragen, einmal durch das (Erste) Gesetz zur Familienförderung vom 22. 12. 1999 – BGBl. I 2552, in Kraft getreten am 1. 1. 2000, und durch das Zweite Gesetz zur Familienförderung vom 16. 8. 2001 – BGBl. I 2074, in Kraft seit dem 1. 1. 2002.

Das Kindergeld ist bis auf wenige Sonderfälle (Rn. 487) im Einkommensteuergesetz geregelt. Anspruch auf Kindergeld hat nach § 62 I EStG,
– wer unabhängig von der Staatsangehörigkeit seinen Wohnsitz oder gewöhnlichen Aufenthalt im Inland hat
– oder wer ohne Wohnsitz oder gewöhnlichen Aufenthalt im Inland nach § 1 II, III EStG der unbeschränkten Einkommensteuerpflicht unterliegt.

Das Kind selbst muss grundsätzlich seinen Wohnsitz oder gewöhnlichen Aufenthalt im Inland, in der Europäischen Union oder im Europäischen Wirtschaftsraum haben (§ 63 I 3 EStG). Nicht freizügigkeitsberechtigte Ausländer, die im Besitz einer Niederlassungs- oder Aufenthaltserlaubnis sind, erhalten Kindergeld nur unter bestimmten Voraussetzungen (§ 62 II EStG). Näheres zur Kindergeldberechtigung und Kindergeldanrechnung bei Auslandsbezug vgl. Rn. 514.

Weitere Voraussetzung ist, dass Kindergeld für ein Kind im Sinne des § 63 EStG begehrt wird. Dazu Rn. 489 ff.

487   Das **Bundeskindergeldgesetz**[3] gilt nur noch für beschränkt Steuerpflichtige, also für Steuerausländer, die aus bestimmten Gründen, z. B. weil sie als Entwicklungshelfer oder Beamte besondere Beziehungen zu Deutschland haben, kindergeldberechtigt sein sollen (§ 1 I BKGG). Ferner erhalten Kinder, die in Deutschland ihren Wohnsitz oder gewöhnlichen Aufenthalt haben, Vollwaisen sind oder den Aufenthalt der Eltern nicht kennen und nicht bei einer anderen Person als Kind berücksichtigt werden, selbst Kindergeld nach § 1 II BKGG. Zur Kindergeldberechtigung nicht freizügigkeitsberechtigter Ausländer vgl. § 1 III BKGG. Die in § 2 BKGG genannten Anspruchsvoraussetzungen decken sich mit denjenigen der §§ 32, 63 EStG. Die Höhe des Kindergeldes entspricht den Beträgen, die nach § 66 EStG gezahlt werden (§§ 6, 20 I BKGG). Vgl. dazu Rn. 493. Mit dem Kindergeld darf der Kinderzuschlag nach § 6 a BKGG (vgl. Rn. 1/462 b) nicht verwechselt werden.

Ferner enthält das BKGG in §§ 7 ff. Vorschriften über Organisation und Verfahren der Kindergeldgewährung, insbesondere über die **Familienkasse,** die Teil der Bundesagentur für Arbeit ist. Zuständig für Klagen gegen die Bescheide der Familienkassen sind die Sozialgerichte, soweit die Kindergeldberechtigung auf dem Bundeskindergeldgesetz beruht (§ 15 BKGG). Zum Rechtsweg bei Gewährung des Kindergeldes nach §§ 62 ff. EStG vgl. Rn. 492. Die nachfolgenden Ausführungen beschränken sich auf das nach §§ 62 ff. EStG gezahlte Kindergeld.

---

[1] 11. 10. 1995 – BGBl. I 1250
[2] FamRZ 1999, 285, 291
[3] I. d. F. der Bekanntmachung vom 22. 2. 2005 – BGBl. I 458, geändert durch Art. 1 des Gesetzes vom 13. 12. 2006 – BGBl. I 2915

2. Anspruchsvoraussetzungen für Kindergeld nach §§ 62 ff. EStG

Der Familienleistungsausgleich wird nach § 31 S. 1 EStG entweder durch das Kindergeld **488** nach §§ 62 ff. EStG oder durch die Freibeträge nach § 32 VI EStG (Rn. 494 ff.) verwirklicht.[4] Das Kindergeld wird im laufenden Kalenderjahr als **vorweggenommene Steuervergütung** monatlich gezahlt (§§ 31 S. 3, 62 ff. EStG). Der Kinderfreibetrag wird bei der Lohnsteuer nicht berücksichtigt,[5] wohl aber bei den sogenannten Annexsteuern, also beim Solidaritätszuschlag und bei der Kirchensteuer (§ 51 a II, II a EStG). Jeder Berechtigte erhält zunächst das Kindergeld. **Ein Wahlrecht zwischen Kindergeld und Kinderfreibetrag besteht also nicht.** Erst in der Einkommensteuerveranlagung, also frühestens im folgenden Jahr, prüft das Finanzamt von Amts wegen, ob das Kindergeld oder die Freibeträge nach § 32 VI EStG günstiger sind (§ 31 S. 4 EStG). Sind die Freibeträge günstiger, wird das Kindergeld mit der sich ergebenden Einkommensteuererstattung verrechnet. Ist die Entlastung durch das Kindergeld höher als diese Steuererstattung, verbleibt das Kindergeld beim Steuerpflichtigen. Es dient, soweit es zur steuerlichen Freistellung des Existenzminimums nicht erforderlich ist, der Förderung der Familie (§ 31 S. 2 EStG) und ist insoweit eine **Sozialleistung.** Führen die Freibeträge zu einer über das Kindergeld hinausgehenden Steuerentlastung, wird die Steuer entsprechend niedriger festgesetzt. Das Kindergeld wird dann der auf dieser Basis ermittelten Einkommensteuer hinzugerechnet (§ 2 VI 3 EStG). Zum Vergleich zwischen Kindergeld und den Freibeträgen nach § 32 VI EStG vgl. Rn. 495.[6]

Die Voraussetzungen für das Kindergeld und die Freibeträge nach § 32 VI EStG sind im **489** Wesentlichen identisch, da in § 63 I EStG auf § 32 I, III bis V EStG verwiesen wird. Kindergeld wird grundsätzlich nur bis zur Vollendung eines bestimmten Lebensalters des Kindes oder für behinderte Kinder gewährt, und zwar[7]
– generell bis zur Vollendung des **18. Lebensjahres** (§ 32 III EStG),
– bis zur Vollendung des **21. Lebensjahres** bei Arbeitslosigkeit (§ 32 IV 1 Nr. 1 EStG),
– bis zur Vollendung des **25. Lebensjahres**[8] (früher des 27. Lebensjahres) während einer Berufsausbildung, während einer Übergangszeit zwischen zwei Ausbildungsabschnitten bis zu vier Monaten, bei Nichtvorhandensein eines Ausbildungsplatzes, während eines freiwilligen sozialen oder ökologischen Jahres oder während bestimmter weiterer Dienste (§ 32 IV 1 Nr. 2 EStG). Es kommt nicht darauf an, ob es sich um die erste oder eine weitere Berufsausbildung handelt.[9] Kindergeld wird auch gewährt, wenn das Kind während der Wartezeit auf einen Ausbildungsplatz einer Vollerwerbstätigkeit nachgeht, sofern das Einkommen die Grenze des § 32 IV 2 EStG (Rn. 490) nicht übersteigt;[10]
– **ohne Altersbegrenzung** bei körperlicher, geistiger oder seelischer Behinderung und dadurch bedingter Unfähigkeit, sich selbst zu unterhalten, falls die Behinderung bereits vor Vollendung des 25. Lebensjahres (früher des 27. Lebensjahres) bestanden hat (§ 32 IV 1 Nr. 3 EStG).[11]

Bei Ableistung des Wehr- und des Zivildienstes oder einer stattdessen ausgeübten Tätigkeit als Entwicklungshelfer wird ein Kind über das 21. bzw. 25. Lebensjahr (früher das 27. Lebensjahr) hinaus berücksichtigt (§ 32 V EStG).[12] Während des Wehr- oder Zivildienstes entfällt das Kindergeld. Dies ist verfassungsgemäß.[13]

---

[4] Vgl. dazu Scholz FamRZ 2006, 106; 2007, 2021, 2024; Dose FamRZ 2007, 1289
[5] Schmidt/Drenseck, EStG, § 39 Rn. 4
[6] Eingehend dazu Scholz, FamRZ 2006, 106; 1996, 65 ff. Zur steuerrechtlichen Problematik vgl. Tischler in Scholz/Stein, Praxishandbuch Familienrecht, Teil S Rn. 176 ff.
[7] Zu den Einzelheiten vgl. Dienstanweisung zur Durchführung des Familienleistungsausgleichs nach dem X. Abschnitt des EStG (DA-FamEStG) Stand: August 2004, BStBl. I 2004, 742, geändert am 13. 6. 2007, BStBl. 2007 I 489; Tischler in Scholz/Stein Teil S Rn. 191 ff.
[8] Für Kinder, die im Veranlagungszeitraum 2006 das 24., 25. oder 26. Lebensjahr vollendet haben, gilt die Übergangsvorschrift des § 52 XL 4 EStG
[9] BFH BStBl. II 2001, 107
[10] BFH FamRZ 2007, 468
[11] Vgl. dazu die Übergangsvorschrift des § 52 XL 5 EStG
[12] Vgl. dazu die Übergangsvorschrift des § 52 XL 6 EStG
[13] BVerfG NJW-RR 2004, 1225

Anspruch auf Kindergeld für ein verheiratetes Kind besteht nur dann, wenn die Einkünfte des Ehegatten für den vollständigen Unterhalt des Kindes nicht ausreichen, das Kind ebenfalls nicht über genügende Mittel verfügt und die Eltern deshalb weiter für seinen Unterhalt aufkommen müssen.[14]

Kindergeld wird nach dem **Monatsprinzip** nur für die Monate gezahlt, in denen die Anspruchsvoraussetzungen vorliegen (§ 66 II EStG). Dasselbe gilt nach § 32 III EStG für die Gewährung der Freibeträge nach § 32 VI EStG.

490   Für minderjährige Kinder wird Kindergeld ohne Rücksicht auf deren Einkommen gewährt.[15] Dagegen werden volljährige Kinder, die über **Einkünfte** und Bezüge von mehr als 7680,– € im Kalenderjahr verfügen, beim Kindergeld und bei den Freibeträgen nach § 32 VI EStG nicht berücksichtigt (§ 32 IV 2 EStG). Einkünfte sind solche im Sinne des § 2 I EStG. Bezüge sind alle Einnahmen in Geld oder Geldeswert, also auch steuerfreie Einnahmen, z. B. aus Kapitalvermögen in Höhe des Sparerfreibetrages nach §§ 32 IV 4, 20 IV EStG oder pauschal versteuerter Arbeitslohn.[16] Leistungen der Grundsicherung für Arbeitsuchende und Sozialhilfe können ebenfalls als Bezüge angesehen werden,[17] aber wohl nur dann, wenn der Träger den Steuerpflichtigen (Unterhaltsverpflichteten) nicht gemäß § 33 SGB II, § 94 SGB XII in Anspruch nimmt.[18]

Der Grenzbetrag von 7680,– € gilt seit dem 1. 1. 2004.[19] Bezieht das Kind Erwerbseinkommen, ist dieses um den Arbeitnehmerpauschbetrag von 920,– € (§ 9 a S. 1 Nr. 1 a EStG), ggf. um höhere Werbungskosten zu mindern. In verfassungskonformer Auslegung des § 32 IV 2 EStG sind auch Sozialversicherungsbeiträge vom Einkommen abzusetzen,[20] nicht aber Lohn- und Kirchensteuer oder Beiträge für eine private Zusatzkrankenversicherung oder eine private Rentenversicherung.[20a]

491   Das Kindergeld und die Freibeträge nach § 32 VI EStG werden für im ersten Grad mit dem Steuerpflichtigen verwandte Kinder und für Pflegekinder gewährt (§ 63 I i. V. m. § 32 I EStG).

Lediglich Kindergeld, dagegen keine Freibeträge,[21] erhält der Berechtigte für von ihm in seinen Haushalt aufgenommene Kinder seines Ehegatten und für Enkel (§ 63 I 1 Nr. 2, 3 EStG).

Das Kindergeld steht beiden Eltern zu. Es wird jedoch nur an einen Berechtigten gezahlt, bei mehreren Berechtigten nur an denjenigen, der das Kind in seinen Haushalt aufgenommen hat (§ 64 II 1 EStG). Dies verstößt nicht gegen die Verfassung.[22] Dieses sogenannte **Obhutsprinzip** bedeutet, dass das Kindergeld in der Regel dem Elternteil zusteht, der das Kind betreut. Bei Betreuung durch beide Elternteile oder bei einem umfangreichen Umgangsrecht kommt es darauf an, in wessen Haushalt sich das Kind überwiegend aufhält und wo es seinen Lebensmittelpunkt hat.[23] Der Elternteil, der das Kind nicht betreut, wird durch den bedarfsmindernden Abzug des Kindergeldes vom Unterhalt oder den familienrechtlichen Ausgleichsanspruch am Kindergeld beteiligt. Vgl. dazu Rn. 502, 505, 539 a. Zur Problematik, wenn das Kindergeld während einer Übergangszeit nach der Trennung an den nicht betreuenden Elternteil gezahlt wird, vgl. Rn. 539 a. Ist das Kind nicht in den Haushalt eines berechtigten Elternteils aufgenommen, so erhält das Kindergeld derjenige, der ihm

---

[14] BFH NJW 2007, 3231

[15] BFH BStBl. II 2000, 459 (dort auch zur Berücksichtigung von Einkünften, die im Jahr des Eintritts der Volljährigkeit anfallen)

[16] BFH, BStBl. 1975 II 139; Tischler in Scholz/Stein, Praxishandbuch Familienrecht, Teil S Rn. 208 f.

[17] Vgl. dazu FG Baden-Württemberg, FamRZ 1999, 536

[18] Vgl. BFH, BStBl. 1975 II 139

[19] Vorher galten nach den jeweiligen Fassungen des § 32 IV 2 EStG folgende Höchstgrenzen: 12 000,– DM (1996, 1997), 12 360,– DM (1998), 13 020,– DM (1999), 13 500,– DM (2000), 14 040,– DM (2001), 7188,– € (2002)

[20] BVerfG FamRZ 2005, 962, 966

[20a] BFH NJW 2008, 1022

[21] Tischler in Scholz/Stein, Praxishandbuch Familienrecht, Teil S Rn. 188

[22] BFH FamRZ 2005, 618

[23] BFH FamRZ 2005, 618

eine Unterhaltsrente zahlt (§ 64 III 1 EStG). Zahlen beide Eltern Unterhalt, steht das Kindergeld demjenigen zu, der die höchste Unterhaltsrente zahlt (§ 64 III 2 EStG).[24] Bei gemeinsamer Haushaltsführung mehrerer Berechtigter und bei gleich hohen Unterhaltsrenten bestimmen die Berechtigten, wer das Kindergeld erhalten soll. Dasselbe gilt, wenn kein Unterhalt gezahlt wird. Eine einmal getroffene Bestimmung bleibt bis zu ihrem Widerruf wirksam.[25] Wird eine Bestimmung nicht getroffen, entscheidet das Vormundschaftsgericht (§ 64 II 2, 3, III 3, 4 EStG). Bei der Entscheidung ist nur auf das Wohl des Kindes, nicht auf die Verwirklichung eines etwaigen zivilrechtlichen Ausgleichsanspruchs eines Elternteils abzustellen.[26]

Bei Arbeitnehmern außerhalb des öffentlichen Dienstes setzt die **Familienkasse** auf **492** Antrag das Kindergeld durch Bescheid fest und zahlt es auch aus (§§ 67, 70 EStG). Die Familienkasse hat ungeachtet ihrer Eingliederung in die Arbeitsverwaltung (vgl. dazu Rn. 487) insoweit die Stellung einer Bundesfinanzbehörde (§ 6 II Nr. 6 AO). Ein ablehnender Bescheid kann nur vor den Finanzgerichten angefochten werden, soweit die Familienkasse über das Kindergeld als vorweggenommene Steuervergütung, also auf Grund der Vorschriften des Einkommensteuerrechts entscheidet (§ 155 IV AO, § 33 I Nr. 1, II FGO). Bei Angehörigen des öffentlichen Dienstes wird das Kindergeld von der Anstellungskörperschaft festgesetzt und ausgezahlt, die insoweit als Familienkasse tätig wird (§ 72 I EStG). Zur Rechtsstellung der Familienkasse bei Bewilligung von Kindergeld nach dem Bundeskindergeldgesetz vgl. Rn. 487.

3. Kindergeld und Freibeträge nach § 32 VI EStG

a) Kindergeld. Durch § 66 EStG ist das Kindergeld zum 1. 1. 1996 kräftig angehoben **493** und später mehrfach erhöht worden. Es wird ohne Rücksicht auf das Einkommen der Eltern in folgender Höhe gezahlt:[27]

	1996	1997/98	1999	2000/01	ab 2002
1. und 2. Kind	200 DM	220 DM	250 DM	270 DM	154 €
3. Kind	300 DM	300 DM	300 DM	300 DM	154 €
ab 4. Kind	350 DM	350 DM	350 DM	350 DM	179 €

b) Freibeträge nach § 32 VI EStG. Seit dem 1. 1. 2002 erhält der Steuerpflichtige für **494** jedes zu berücksichtigende Kind – grundsätzlich unabhängig davon, ob das Kind in seinem Haushalt lebt oder nicht[28] – jeweils pro Jahr für das sächliche Existenzminimum einen Freibetrag **(Kinderfreibetrag)** von 1824,– € sowie **für den Betreuungs- und Erziehungs- oder Ausbildungsbedarf** einen **Freibetrag** von 1080,– € (§ 32 VI 1 EStG).[29] Diesen (halben) Freibeträgen entspricht das hälftige Kindergeld von 77,– € im Monat (924,– € im Jahr) für das erste bis dritte Kind und von 89,50 € im Monat (1074,– € im Jahr) ab dem vierten Kind. Die Freibeträge verdoppeln sich bei verheirateten, zusammen veranlagten Eltern (§ 32 VI 2 EStG). Den doppelten (vollen) Freibeträgen von 3648,– € bzw. 2160,– € entspricht das volle Kindergeld von 154,– € im Monat (1848,– € im Jahr) für das erste bis dritte und von 179,– € im Monat (2148,– € im Jahr) ab dem vierten Kind. Die vollen Freibeträge sind auch abzuziehen, wenn der andere Elternteil verstorben oder nicht unbeschränkt einkommensteuerpflichtig ist, wenn der Steuerpflichtige allein ein Kind angenommen hat oder wenn nur er zu dem Kind in einem Pflegekindschaftsverhältnis steht

---

[24] Zur Nichtberücksichtigung des Kindergeldes bei Berechnung der höheren Unterhaltsrente vgl. BFH NJW 2005, 3742
[25] BFH NJW 2005, 2175
[26] Vgl. OLG München FamRZ 2006, 1567
[27] Zur Entwicklung des Kindergeldes seit 1. 1. 1975 vgl. die Übersicht in FamRZ 2005, 1402
[28] BGH FamRZ 2007, 983, 986 mit Anm. Schürmann = R 676 b
[29] Zur Art und zur Höhe der Freibeträge vor dem 1. 1. 2002 vgl. Tischler in Scholz/Stein Teil S Rn. 177

(§ 32 VI 3 EStG). Der Kinderfreibetrag für das sächliche Existenzminimum kann nur dann auf einen Elternteil **übertragen** werden, wenn dieser, nicht aber der andere Elternteil seiner Unterhaltspflicht gegenüber dem Kind im Wesentlichen, also zu mindestens 75%, nachkommt (EStR 2005 R 32.13 II). Die Übertragung des Kinderfreibetrages führt stets auch zur Übertragung des Freibetrages für den Betreuungs- und Erziehungsbedarf oder Ausbildungsbedarf (EStR 2005 R 32.13 IV 2). Ist ein Elternteil mangels Leistungsfähigkeit nicht zur Zahlung von Unterhalt verpflichtet, kann der ihm zustehende Kinderfreibetrag nicht auf den anderen Elternteil übertragen werden, der den Unterhalt allein aufzubringen hat.[30] Diese Regelung ist nicht verfassungswidrig.[31]

Bei einem minderjährigen Kind kann der Freibetrag für den Betreuungs- und Erziehungsbedarf oder Ausbildungsbedarf auf den Elternteil übertragen werden, in dessen Wohnung das Kind gemeldet ist; erforderlich ist lediglich ein Antrag dieses Elternteils(§ 32 VI 6 EStG). Das Gesetz geht davon aus, dass dieser Elternteil seine Unterhaltspflicht durch die Betreuung des Kindes erfüllt.

Kein Freibetrag im Sinne des § 32 VI EStG ist der Ausbildungsfreibetrag von 924,– €, der nach § 33 a II EStG zur Abgeltung des Sonderbedarfs eines volljährigen Kindes gewährt wird, das sich in der Berufsausbildung befindet und auswärts untergebracht ist. Jedem Elternteil steht die Hälfte dieses Freibetrags zu; auf gemeinsamen Antrag ist andere Aufteilung möglich (§ 33 a II 5, 6 EStG). Vgl. auch Rn. 1/564 i.

495   **c) Günstigerprüfung.** Bei der Einkommensteuerveranlagung werden das Kindergeld für den gesamten Veranlagungszeitraum[31a] einerseits und der Kinderfreibetrag für das sächliche Existenzminimum sowie der Freibetrag für Betreuungs- und Erziehungs- oder Ausbildungsbedarf andererseits einander gegenübergestellt, und zwar bei zusammen veranlagten Eltern das volle Kindergeld den vollen Freibeträgen bzw. bei getrennt veranlagten Eltern das halbe Kindergeld grundsätzlich den halben Freibeträgen. Dies folgt aus §§ 2 VI 3, 31 S. 4 EStG („im Umfang des Kinderfreibetrages"). Ergibt sich dabei eine Differenz zwischen der bei Abzug der Freibeträge ermittelten Einkommensteuer und dem Kindergeld zugunsten des Steuerpflichtigen, werden die Freibeträge gewährt (§ 31 S. 4 EStG); das Kindergeld wird der Einkommenssteuer hinzugerechnet (§ 2 VI 3 EStG), um eine doppelte Begünstigung zu vermeiden.[32] Ist eine solche Differenz zugunsten des Steuerpflichtigen nicht festzustellen, verbleibt ihm das Kindergeld; die Freibeträge werden nicht gewährt (§ 31 S. 2, 4 EStG). In diesem Fall dient das Kindergeld nur teilweise der Freistellung des Existenzminimums von der Steuer; im Übrigen ist es eine Sozialleistung zur Förderung der Familie. Diese Günstigerprüfung erfolgt auch dann, wenn das Kindergeld nach § 64 II 1 EStG an den anderen Elternteil gezahlt wird, da der Steuerpflichtige am Kindergeld durch dessen bedarfsdeckenden Abzug vom Kindesunterhalt nach § 1612 b I BGB in der ab 1. 1. 2008 geltenden Fassung teilhat. Ob tatsächlich ein Abzug erfolgt, ist unerheblich (EStR R 31 III). Der halbe Kinderfreibetrag wird auch dann angesetzt, wenn der geschuldete Kindesunterhalt nicht um das Kindergeld gemindert wird, weil der Schuldner nicht in der Lage ist, wenigstens den Mindestunterhalt für sein minderjähriges Kind abzüglich des hälftigen Kindergeldes zu zahlen,[33] oder wenn ein Elternteil vertraglich auf die Anrechnung des hälftigen Kindergeldes auf den Kindesunterhalt verzichtet.[34] Entsprechendes galt bis zum 31. 12. 2007, wenn das Kindergeld nach § 1612 b V BGB a. F. ganz oder zum Teil nicht auf den Tabellenunterhalt angerechnet wurde. Vgl. dazu Rn. 499.

Der Vergleich zwischen dem Kindergeld und den Freibeträgen ist hinsichtlich jedes Kindes, beginnend mit dem ältesten, gesondert durchzuführen.[35] Dies ist wegen der Progression des Steuertarifs erforderlich, aber auch deshalb, weil ab dem vierten Kind ein höheres Kindergeld gewährt wird, die Freibeträge dagegen unverändert bleiben.

---

[30] BFH DStR 1997, 2017
[31] so BFH NJW 2007, 176 zu der bis 2001 geltenden Fassung des § 32 VI EStG
[31a] Schmidt/Loschelder § 31 Rn. 14
[32] Zur Günstigerprüfung bei Übertragung des Kinderfreibetrages BFH NJW 2004, 2471
[33] BFH NJW 2004, 2471
[34] BFH FamRZ 2004, 1571
[35] Tischler in Scholz/Stein, Teil S Rn. 178 a ff.

Beispiel:

Die minderjährigen Kinder K 1 und K 2 leben bei der Mutter M, die über kein Einkommen verfügt und von ihrem Lebensgefährten unterhalten wird. M erhält das Kindergeld von 1848,– € pro Kind und Jahr. Der Vater V, der über ein zu versteuerndes Einkommen von 34 000,– € verfügt, zahlt Kindesunterhalt, auf den das Kindergeld zur Hälfte bedarfsdeckend angerechnet wird.

Bei der einkommenslosen M können sich die Freibeträge nicht auswirken. Die ihr zustehende Kindergeldgeldhälfte ist also eine Sozialleistung (§ 31 S. 2 EStG).

Bei V ist folgende Günstigerprüfung durchzuführen:[36]

K 1:

	Einkommen	Einkommenssteuer[37]
ohne Freibeträge	34 000 €	7119 €
nach Abzug der halben Freibeträge von 1824 € und 1080 €	31 096 €	6159 €
Differenz		960 €
hinzuzurechnendes Kindergeld		9;24 €
Steuererstattung		36 €

K 2:

	Einkommen	Einkommenssteuer
ohne Freibeträge	31 096 €	6159 €
nach Abzug der halben Freibeträge von 1824 € und 1080 €	28 192 €	5239 €
Differenz		920 €
hinzuzurechnendes Kindergeld		924 €
Steuererstattung		0 €

Für K 1 werden also die Freibeträge gewährt, hinsichtlich K 2 verbleibt es beim Kindergeld.

496 Während das Kindergeld jedenfalls seit dem 1. 1. 2008 kein unterhaltsrechtliches Einkommen der Eltern mehr ist (vgl. Rn. 501), ist das höhere Einkommen, das sich bei der Günstigerprüfung auf Grund des **Kinderfreibetrages** nach § 32 VI 1 EStG ergibt, Einkommen des Steuerpflichtigen und daher bei der Bemessung des Unterhalts zu berücksichtigen, und zwar sowohl bei der Berechnung des Ehegatten- als auch des Kindesunterhalts.[38] Ist der Unterhaltspflichtige wiederverheiratet und ist aus dieser Ehe ein Kind hervorgegangen, muss der sich aus § 32 VI 2 EStG ergebende weitere (halbe) Kinderfreibetrag und der daraus folgende Steuervorteil der neuen Ehe vorbehalten bleiben, da er dem (neuen) Ehegatten zusteht.[39]

4. Abzweigung des Kindergeldes

497 Nach § 74 I EStG kann das Kindergeld auf Grund eines Bescheides der Familienkasse (vgl. Rn. 492) an das Kind oder an einen Dritten, der Unterhalt gewährt, z. B. an das Sozialamt oder den Träger der Grundsicherung für Arbeitsuchende, ausgezahlt werden, wenn ein Unterhaltsdefizit des Kindes besteht.[40] Ein solches Defizit ist gegeben,

– wenn der Kindergeldberechtigte seiner gesetzlichen Unterhaltspflicht nicht nachkommt,[41]
– wenn er nicht leistungsfähig ist
– oder wenn er nur Unterhalt in Höhe eines Betrages zu zahlen hat, der geringer ist als das in Betracht kommende Kindergeld.

---

[36] Schmidt/Loschelder, EStG, § 31 Rn. 13; vgl. Tischler in Scholz/Stein, Teil S Rn. 178 a ff.
[37] Nach der Grundtabelle 2007/2008
[38] BGH FamRZ 2007, 882, 885 f. = R 675 f mit Anm. Born
[39] BGH FamRZ 2007, 882, 885 f. = R 675 f mit Anm. Born
[40] BSG FamRZ 2008, 51, 53
[41] Zum Angebot von Naturalunterhalt anstelle der geschuldeten Geldrente vgl. BFH FamRZ 2006, 622; zur Gewährung von Naturalleistungen an ein schwer behindertes Kind, dessen Bedarf durch Leistungen der Grundsicherung nach §§ 41 ff. SGB XII gedeckt ist, vgl. BSG FamRZ 2008, 51, 54

Die Vorschrift des § 74 EStG, die § 48 SGB I entspricht, hat Bedeutung insbesondere dann, wenn ein Elternteil das Kindergeld bezieht, dem (volljährigen) Kind, das nicht mehr bei ihm wohnt, aber keinen Unterhalt leistet und auch das Kindergeld nicht an das Kind weiterleitet.

Ob die Entscheidung der Familienkasse von Amts wegen ergeht oder einen Antrag voraussetzt, lässt sich dem Gesetz nicht entnehmen. An das Kind selbst kann das Kindergeld nur ausgezahlt werden, wenn es volljährig ist und für sich selbst sorgt.[42]

5. Ähnliche Sozialleistungen

498   Haben die Eltern Anspruch auf Kinderzulagen aus der gesetzlichen Unfallversicherung (vgl. § 217 III SGB III) oder auf **Kinderzuschüsse aus der gesetzlichen Rentenversicherung,** die ohnehin nur noch bei Altrenten aus der Zeit vor dem 1. 1. 1992 gewährt werden (vgl. § 270 SGB VI), wird Kindergeld nicht gezahlt (§ 65 I Nr. 1 EStG). Jedoch sind diese Leistungen in Höhe des durch sie verdrängten Kindergeldes unterhaltsrechtlich wie Kindergeld, darüber hinaus wie Einkommen zu behandeln.[43] Dasselbe gilt, wenn für das **Kind im Ausland** oder von einer zwischen- oder überstaatlichen Einrichtung Kindergeld oder eine vergleichbare Leistung gewährt wird und deshalb Anspruch auf deutsches Kindergeld nicht besteht (§ 65 I Nr. 2, 3 EStG).[44] Verfassungsrechtliche Bedenken gegen § 65 I 1 Nr. 2 EStG bestehen nicht.[45] Zur Anrechnung des deutschen Kindergeldes auf den Unterhaltsanspruch, wenn ein ausländischer Kindergeldanspruch ruht, vgl. Rn. 514.[46]

Kinderbezogene **Teile des Ortszuschlages,** den Angestellte und Arbeiter im öffentlichen Dienst früher erhalten haben und teilweise auf Grund Übergangsrechts weiter beziehen, sind ebenso wie die kinderbezogenen Teile des **Familienzuschlages,** der nach §§ 39 ff. BBesG und den Landesbesoldungsgesetzen Beamten, Richtern oder Soldaten gezahlt wird, Einkommen; sie gelten nicht als Kindergeld, das ohnehin neben diesen Bestandteilen der Vergütung gewährt wird.[47] Dies gilt auch dann, wenn beide Eltern im öffentlichen Dienst tätig sind.[48] Vgl. auch Rn. 1/55 a. Kinderzulagen, die private Arbeitnehmer erhalten, sind kein Kindergeld, sondern anrechenbares Einkommen.[49] Dasselbe gilt für Kinderzulagen nach § 9 V Eigenheimzulagengesetz, das allerdings nur noch für eine Übergangszeit selbst genutzten Wohnungsbau steuerlich begünstigt.[50] Auch kinderbedingte Erhöhungen des Arbeitslosengeldes I gehören zum Einkommen.[51] Zum Kinderzuschlag nach § 6 a BKGG vgl. Rn. 1/462 b, zum Erziehungsgeld vgl. Rn. 85, zum Elterngeld vgl. Rn. 85 a.

II. Das Kindergeld nach dem bis zum 31. 12. 2007 geltenden Unterhaltsrecht

499   Die Berücksichtigung des Kindergeldes bei der Berechnung des Kindesunterhalts bereitete der Praxis bis zum Jahr 2007 beachtliche Schwierigkeiten. Das Kindergeld wurde jedenfalls seit 1997 von der Rechtsprechung[52] nicht als anrechenbares Einkommen der

---

[42] Nr. 74.1.2 der Dienstanweisung zur Durchführung des Familienleistungsausgleichs Stand: August 2004, BStBl. 2004 I 742, geändert am 13. 6. 2007 BStBl. I 489; vgl. auch BSG FamRZ 2008, 51
[43] BGH, FamRZ 1988, 607; FamRZ 1988, 604, 606
[44] OLG München FamRZ 1994, 456; vgl. die Übersicht über vergleichbare Leistungen im Sinne des § 65 I 1 EStG, die in ausländischen Staaten gewährt werden, FamRZ 2005, 1402
[45] BVerfG NJW-RR 2004, 1657
[46] Vgl. BGH FamRZ 2004, 1639
[47] BGH FamRZ 1989, 172
[48] OLG Karlsruhe, NJW-FuR 2000, 289
[49] BGH FamRZ 2007, 882, 885 = R 675 e; mit Anm. Born
[50] Vgl. Tischler in Scholz/Stein, Teil S Rn. 248ff.
[51] BGH FamRZ 2007, 983, 986 = R 676 c
[52] BGH FamRZ 1997, 806; FamRZ 2000, 1494 = R 546 d mit Anm. Scholz

Eltern angesehen. Es beeinflusste die Höhe des Kindesunterhalts, insbesondere die Eingruppierung in die Düsseldorfer Tabelle nicht, sondern wurde mit dem Kindesunterhalt verrechnet. Die Regelung in § 1612 b BGB a. F. war überaus kompliziert. Nach § 1612 b I BGB a. F. wurde das Kindergeld zur Hälfte auf den an das Kind zu zahlenden Unterhalt angerechnet, wenn es nicht an den barunterhaltspflichtigen Elternteil ausgezahlt wurde. Dies war vor allem der Fall, wenn das minderjährige Kind von dem anderen Elternteil betreut wurde oder es als volljähriges Kind noch bei dem anderen Elternteil lebte. Bei beiderseitiger Barunterhaltspflicht der Eltern verblieb es zunächst bei der hälftigen Anrechnung nach § 1612 b I BGB a. F. Daneben war nach § 1612 b II BGB a. F. der Unterhaltsanspruch gegen den Elternteil, der das Kindergeld bezog, um die Hälfte des Kindergeldes zu erhöhen. Dies führte stets zu einer hälftigen Aufteilung des Kindergeldes auf die Eltern, und zwar auch dann, wenn bei beiderseitiger Barunterhaltspflicht ein Elternteil nach seinen Einkommens- und Vermögensverhältnissen deutlich weniger als der andere zu zahlen hatte. § 1612 b II BGB a. F. wurde bis zur Entscheidung des BGH vom 26. 10. 2005[53] insbesondere bei volljährigen Kindern angewandt, aber auch bei minderjährigen Kindern, wenn ausnahmsweise beide Eltern barunterhaltspflichtig waren. Vgl. dazu Rn. 98, 289 ff.

Da der Kindesunterhalt bei minderjährigen Kindern auf nicht bedarfsdeckenden Regelbeträgen aufgebaut war und in vielen Fällen das Existenzminimum des Kindes nicht sicherstellte, ordnete der Gesetzgeber durch Änderung des § 1612 b V BGB a. F. an, dass ab 1. 1. 2001 eine Anrechnung des Kindergeldes unterblieb, soweit der Schuldner außerstande war, Unterhalt in Höhe von 135% des Regelbetrages zu zahlen. Dies führte dazu, dass bis zur 6. Einkommensgruppe der Düsseldorfer Tabelle, die 135% des Regelbetrages entsprach, also bis zu einem Einkommen von 2300,– € im Westen und von 1900,– € im Beitrittsgebiet, der Unterhalt weitgehend nivelliert wurde. Von wenigen Ausnahmen in den ersten Einkommensgruppen abgesehen, war ein Unterhalt zu zahlen, der 135% des Regelbetrages abzüglich des hälftigen Kindergeldes entsprach. Für Antragstellung und Tenorierung war allerdings zu beachten, dass nur der Tabellenbetrag der jeweiligen Einkommensgruppe ggf. abzüglich des nach § 1612 b V BGB a. F. anzurechnenden Kindergeldes zugesprochen werden konnte. Dies war so kompliziert, dass die Leitlinien und Tabellen Kindergeldverrechnungstabellen enthielten, aus denen sich die Tabellenbeträge der ersten sechs Einkommensgruppen, das anzurechnende Kindergeld und der jeweilige Zahlbetrag ergaben. Tragweite und Bedeutung des § 1612 b V BGB a. F. waren umstritten. Vgl. dazu die Vorauflage Rn. 2/509 ff., 515 c. Das BVerfG[54] hat zwar letztlich die Verfassungsmäßigkeit des § 1612 b V BGB a. F. bejaht, aber gerügt, dass das Kindergeldrecht immer weniger dem Gebot der Normenklarheit entspreche, und den Gesetzgeber zur Nachbesserung aufgefordert.

Durch Urteil vom 26. 10. 2005 stellte der BGH[55] die Berücksichtigung des Kindergeldes beim Volljährigenunterhalt auf neue Grundlagen. Er billigte dem volljährigen Kind einen Anspruch auf Verwendung des vollen Kindergeldes für seinen Unterhalt zu und hielt demgemäß, wenn dies nicht geschah, die Eltern für verpflichtet, das Kindergeld an das Kind auszukehren. Er behandelte das Kindergeld demgemäß als Einkommen des volljährigen Kindes und rechnete es bedarfsdeckend auf den Unterhaltsanspruch an. Dies galt auch für das privilegiert volljährige Kind, so dass eine Anwendung des § 1612 b V BGB a. F. insoweit ausschied.[56] Bei minderjährigen Kindern blieb es allerdings angesichts des Wortlauts des § 1612 b I, II, V BGB a. F. bei der Verrechnung des (hälftigen) Kindergeldes mit dem Unterhaltsanspruch.

---

[53] FamRZ 2006, 99 = R 641 mit Anm. Viefhues und Scholz
[54] FamRZ 2003, 1370 = R 593
[55] FamRZ 2006, 99 = R 641 e mit Anm. Viefhues und Scholz
[56] BGH FamRZ 2006, 99, 102 = R 641 e mit Anm. Viefhues und Scholz; BGH FamRZ 2007, 542

III. Die Behandlung des Kindergeldes nach dem Unterhaltsänderungsgesetz

1. Übersicht über den seit dem 1. 1. 2008 geltenden Kindergeldausgleich[57]

500 Nach öffentlichem Recht haben beide Eltern Anspruch auf Kindergeld. Zur Verwaltungsvereinfachung wird es aber nur an einen von ihnen ausgezahlt (vgl. Rn. 491). Leben die Eltern nicht in einem gemeinsamen Haushalt und kommt das Kindergeld daher nicht beiden zugute, muss das Zivilrecht für einen Ausgleich zwischen den Eltern sorgen. Dies geschah nach § 1612b BGB a. F. durch Verrechnung des Kindergeldes mit dem Kindesunterhalt (Rn. 499). Das Unterhaltsänderungsgesetz[58] hat den Kindergeldausgleich für Unterhaltszeiträume ab 1. 1. 2008 wesentlich vereinfacht. Der Gesetzgeber hat die Grundsätze des Urteils des BGH vom 26. 10. 2005[59] zum bedarfsdeckenden Vorwegabzug des Kindergeldes vom Unterhalt des volljährigen Kindes (Rn. 499) in das Unterhaltsänderungsgesetz übernommen und sie auf den Unterhalt minderjähriger Kinder erstreckt. § 1612b I BGB n. F. regelt wie die am 31. 12. 2007 außer Kraft getretene Fassung der Vorschrift – wenn auch in anderer Weise – nur den unterhaltsrechtlichen Ausgleich des Kindergeldes. Die Bestimmungen des Einkommensteuerrechts, insbesondere des § 31 EStG, nach denen das Kindergeld eine vorgezogene Steuervergütung, ggf. eine Sozialleistung ist, die den Eltern zusteht, bleiben unberührt.[60] Vgl. dazu Rn. 488.

501 Das ab 1. 1. 2008 geltende Recht enthält im Wesentlichen folgende Neuerungen:[61]

- Das Kindergeld ist zweckgebunden. Es ist nach § 1612b I BGB n. F. zur **Deckung des Barbedarfs** des Kindes zu verwenden, und zwar zur Hälfte, wenn ein Elternteil seine Unterhaltspflicht gegenüber einem minderjährigen unverheirateten Kind durch Betreuung im Sinne des § 1606 III 2 BGB erfüllt (Rn. 502ff.), in voller Höhe dagegen in allen anderen Fällen (Rn. 505ff.).
- Verwendet der kindergeldberechtigte Elternteil das zu berücksichtigende Kindergeld nicht für den Barbedarf des Kindes, hat dieses einen Anspruch auf **Auskehr des Kindergeldes.**
- Das Kindergeld wird zur Hälfte oder in voller Höhe als **Einkommen des Kindes** behandelt. Insoweit deckt es den Barbedarf des Kindes. Es findet also ein **bedarfsmindernder Vorwegabzug des Kindergeldes** vom Unterhalt statt.[62] Vgl. dazu Rn. 503, 505, 509. Das Kindergeld ist kein Einkommen der Eltern und darf bei der Bemessung des Kindesunterhalts, vor allem bei der Eingruppierung in die Düsseldorfer Tabelle, nicht einkommenserhöhend berücksichtigt werden.
- Überall dort, wo es auf die Höhe des Kindesunterhalts ankommt, besonders bei Beurteilung der Leistungsfähigkeit, im Mangelfall oder beim Zusammentreffen mit anderen, auch nachrangigen Unterhaltspflichten, z. B. gegenüber dem Ehegatten, dem betreuenden nicht verheirateten anderen Elternteil oder dem volljährigen Kind, ist nicht wie früher[63] der Tabellenbetrag, sondern der **Zahlbetrag** (Tabellenbetrag abzüglich des zu berücksichtigenden Kindergeldes) in die Berechnung einzustellen.[63a] Vgl. dazu Rn. 509ff.

---

[57] Vgl. dazu Scholz FamRZ 2007, 2021, 2024
[58] Vom 21. 12. 2007 – BGBl. I 3189
[59] FamRZ 2006, 99 = R 641 e mit Anm. Viefhues und Scholz
[60] Borth FamRZ 2006, 813, 819
[61] Vgl. dazu die Begründung des Gesetzentwurfs der Bundesregierung BT-Drucks. 16/1830 S. 28 ff.
[62] So die Begründung des Gesetzentwurfs der Bundesregierung BT-Drucks. 16/1830 S. 28; Borth, Unterhaltsänderungsgesetz, Rn. 332 f.
[63] Vgl. dazu BGH FamRZ 2005, 347, 350
[63a] BGH FamRZ 2008, 963 = R 692 g

2. Hälftige Berücksichtigung des Kindergeldes

Das Kindergeld ist nach § 1612 b I 1 Nr. 1 BGB n. F. zur Hälfte zur Deckung des Barbe- **502** darfs zu verwenden, wenn ein Elternteil seine Unterhaltspflicht durch Betreuung des Kindes im Sinne des § 1606 III 2 BGB erfüllt. Eine solche Betreuung ist, wie sich bereits aus dem Wortlaut des § 1606 III 2 BGB ergibt, nur **bei minderjährigen unverheirateten Kindern** möglich. Zudem entspricht es der ständigen Rechtsprechung des BGH, dass die Betreuung eines Kindes mit dessen Volljährigkeit endet.[64] Bei volljährigen Kindern kommt daher eine hälftige Berücksichtigung des Kindergeldes nicht in Betracht. Vielmehr ist es bei ihnen stets in voller Höhe bedarfsdeckend zu berücksichtigen. Vgl. dazu Rn. 505.

Betreuung im Sinne des § 1606 III 2 BGB findet nicht nur dann statt, wenn ein Elternteil das minderjährige Kind allein pflegt und erzieht. Er kann sehr wohl voll oder teilschichtig erwerbstätig sein und für die Betreuung die Hilfe Dritter in Anspruch nehmen, indem er z. B. das Kind zeitweise in die Obhut des anderen Elternteils, der Großeltern, einer Tagesmutter, eines Horts, einer Kindertagesstätte gibt oder die Versorgung des Kindes in anderer Weise sicherstellt. Es reicht aus, dass er die Hauptverantwortung für das Kind behält und sich persönlich um dessen Wohl und Wehe kümmert.[65] Lebt das Kind dagegen im Haushalt der Betreuungsperson und wird es von ihr verantwortlich erzogen und gepflegt, ist das Kindergeld nach § 1612 b I 1 Nr. 2 BGB n. F. voll auf den von den Eltern in Form einer Geldrente geschuldeten Unterhalt anzurechnen, der dann nicht nur den Barbedarf sondern auch den Betreuungsbedarf abdecken muss und in der Regel mit dem Doppelten des Tabellenbetrages anzusetzen ist (vgl. Rn. 11, 13, 505)[66]

Bezieht der betreuende Elternteil das Kindergeld, deckt es zur Hälfte, also in Höhe von **503** 77,– €, ab dem vierten Kind in Höhe von 89,50 € (vgl. Rn. 511), den Barbedarf des Kindes. Der Barunterhaltspflichtige ist daher lediglich verpflichtet, den Tabellenunterhalt abzüglich des halben Kindergeldes zu zahlen. Er kann den Kindergeldanteil z. B. dazu verwenden, um die Kosten des Umgangs mit dem Kind ganz oder teilweise zu decken. Zu den Umgangskosten vgl. Rn. 168 ff. Die andere Hälfte des Kindergeldes steht dem betreuenden Elternteil zu. Sie dient dazu, ihm die Betreuung zu erleichtern. Das Gesetz geht davon aus, dass diese Kindergeldhälfte damit letztlich dem Kind zugute kommt. Sie ist **kein unterhaltsrechtliches Einkommen** des betreuenden Elternteils und darf daher bei der Bemessung anderer Unterhaltspflichten, insbesondere des Ehegattenunterhalts, nicht berücksichtigt werden.[67] Vgl. dazu Rn. 509 ff.

Die hälftige Anrechnung des Kindergeldes findet auch dann statt, wenn ein Elternteil **504** nicht leistungsfähig oder verstorben ist und der andere deshalb das Kind **betreuen und** zusätzlich für den **Barunterhalt** aufkommen muss. In der Regel kommt es hierauf nicht an, weil der Elternteil dann in seinem Haushalt Naturalunterhalt leistet und demgemäß zu Recht das volle Kindergeld vereinnahmt. Die Bedarfsdeckung durch das Kindergeld wird jedoch dann praktisch, wenn der Elternteil einem nachrangigen Berechtigten Unterhalt zu zahlen hat, z. B. einem volljährigen nicht privilegierten Kind oder einem Ehegatten (vgl. dazu Rn. 509 f.). In einem solchen Fall kann der Elternteil dem anderen Berechtigten nicht den vollen Tabellenunterhalt, sondern nur den um das hälftige Kindergeld geminderten Zahlbetrag entgegenhalten.

Beispiel:
Der Vater V, der über ein Einkommen von 1500,– € verfügt, betreut nach dem Tod der Mutter in seinem Haushalt das 16-jährige Kind K 2. Betreuungskosten entstehen nicht. Kein Betreuungsbonus.[68] Sein weiteres 22-jähriges auswärts studierendes Kind K 1 verlangt Unterhalt. V bezieht das Kindergeld von je 154,– €.
Unterhalt K 2 nach DT 2008 1/3: 365 – 77 = 288,– €
Unterhalt K 1: 640 – 154 = 486,– €.

---

[64] BGH FamRZ 2006, 99 = R 641 d mit Anm. Viefhues und Scholz
[65] BGH FamRZ 2007, 707 = R 672 a
[66] So bereits zu dem bis zum 31. 12. 2007 geltenden Recht BGH FamRZ 2006, 1597 = R 659 a
[67] Ebenso Borth FamRZ 2006, 813, 819
[68] So BGH FamRZ 2006, 1597, 1599 = R 659 c mit Anm. Born

K 1 erhält 288,– €. Für K 2 bleiben wegen des Nachrangs des volljährigen Kindes (§ 1609 BGB n. F.) unter Berücksichtigung des angemessenen Selbstbehalts nach Anm. A 7 II zur Düsseldorfer Tabelle nur 1500 – 288 – 1100 = 112,– €.

3. Berücksichtigung des Kindergeldes in voller Höhe

505   **a) Nicht von einem Elternteil betreute Kinder.** Wird das Kind nicht von einem Elternteil verantwortlich betreut (vgl. Rn. 502), ist das Kindergeld in voller Höhe vom Barbedarf des Kindes abzuziehen. Dies gilt, wie § 1612 b I 1 Nr. 2 BGB n. F. eindeutig zum Ausdruck bringt, in allen anderen Fällen, insbesondere
– für minderjährige Kinder, die nicht von einem Elternteil, sondern verantwortlich von Dritten betreut werden,
– für verheiratete minderjährige Kinder,
– für privilegiert volljährige Kinder im Sinne des § 1603 II 2 BGB,
– für alle anderen volljährigen Kinder, gleichgültig ob sie im Haushalt eines Elternteils, anderer Verwandter oder im eigenen Haushalt leben, ob sie sich in einer Schul- oder sonstigen Ausbildung befinden, ob sie Einkünfte beziehen, ob sie arbeitslos, arbeitsunfähig, krank oder behindert sind oder nicht.

Das Gesetz entspricht damit weitgehend der schon vor Inkrafttreten des Unterhaltsänderungsgesetzes begründeten neueren Rechtsprechung des BGH.[69] Vgl. Rn. 499.

In allen diesen Fällen ist das **gesamte** auf das Kind entfallende **Kindergeld** von 154,– bzw. 179,– € Einkommen des jeweiligen Kindes und daher auf dessen **Barbedarf anzurechnen.** Zum Kindergeld für mehrere Kinder vgl. Rn. 511. Die bedarfsdeckende Anrechnung des Kindergeldes bedarf keiner Begründung, wenn das Kind selbst das Kindergeld bezieht (Rn. 497). Wird das Kindergeld dagegen noch an den Elternteil ausgezahlt, bei dem das Kind früher gelebt hat, kann es von ihm die Auskehr des vollen Kindergeldes verlangen. Gehört das volljährige Kind dem Haushalt des Elternteils an, dem das Kindergeld ausgezahlt wird, bezieht es in der Regel auf Grund einer Bestimmung nach § 1612 II 1 BGB (Rn. 21 ff.) Naturalunterhalt (Rn. 9); der Betreuungsunterhalt ist mit Vollendung des 18. Lebensjahres entfallen (Rn. 15). In einem solchen Fall kann davon ausgegangen werden, dass das Kindergeld für die Kosten des Naturalunterhalts verbraucht wird. Dann besteht kein Anspruch des Kindes gegen den Elternteil auf Auszahlung des Kindergeldes. Im Gegenteil ist in einem solchen Fall die Frage zu stellen, ob sich das Kind nicht über das Kindergeld hinaus an den Kosten des gemeinsamen Haushalts beteiligt und dafür einen Teil des vom anderen Elternteil gezahlten Barunterhalts zur Verfügung stellen muss.[70] Bezieht das Kind Leistungen nach dem SGB II oder dem SGB XII und hat der Träger der Grundsicherung für Arbeitsuchende oder der Sozialhilfeträger das Kindergeld nach § 74 EStG abgezweigt (Rn. 497), ist es bei der Berechnung des auf die Träger nach § 94 SGB XII, § 33 SGB II übergegangenen Unterhaltsanspruchs des Kindes als dessen bedarfsdeckendes Einkommen anzusehen. Zum Anspruchsübergang vgl. Rn. 8/60 ff., 229 ff.

506   **b) Unterhaltsberechnung bei Leistungsfähigkeit beider Elternteile.** Auszugehen ist vom vollen Bedarf des Kindes. Dieser entspricht in den hier erörterten Fällen (vgl. Rn. 505)
– bei minderjährigen Kindern, die nicht von einem Elternteil, sondern von Dritten betreut werden, dem nach der Tabelle geschuldeten Barunterhalt, der um Betreuungskosten erhöht wird, die in der Regel dem Barunterhalt entsprechen, die aber auch konkret nach den Heim- oder Pflegekosten berechnet werden können (vgl. Rn. 502),
– bei volljährigen Kinder, die im Haushalt eines Elternteils leben, gleich ob sie privilegiert volljährig sind oder nicht, dem Richtsatz der 4. Altersstufe der jeweiligen Gruppe der Düsseldorfer Tabelle,
– bei außerhalb des elterlichen Haushalts lebenden Kindern in der Regel dem Betrag von 640,– € nach Anm. A 7 II der Tabelle.

---

[69] FamRZ 2006, 99, 101 ff. = R 641 e mit Anm. Viefhues und Scholz; BGH FamRZ 2006, 1597 = R 659 b
[70] BGH FamRZ 2006, 99, 102 = R 641 e mit Anm. Viefhues und Scholz

Auf den so errechneten Bedarf ist das Kindergeld in voller Höhe von 154,– € beim ersten bis dritten Kind und von 179,– € ab dem vierten Kind **bedarfsdeckend anzurechnen,** und zwar ohne Rücksicht darauf, wer das Kindergeld bezieht. Der geschuldete Unterhalt ist um das volle Kindergeld zu kürzen.[71] Lediglich der verbleibende Restbedarf ist in die weitere Berechnung einzustellen. Wird das Kindergeld an den Elternteil ausgezahlt, bei dem das (volljährige) Kind lebt, hat dieses einen Anspruch darauf, dass das Kindergeld für seinen Barbedarf verwendet wird, z. B. durch Gewährung von Kost und Logis. Geschieht dies nicht, kann das Kind Auskehr des Kindergeldes verlangen, muss dann allerdings mit Hilfe des von den Eltern geschuldeten Unterhalts selbst für seinen Unterhalt sorgen. Bezieht der andere Elternteil, bei dem das Kind nicht wohnt, das Kindergeld, hat er es an das Kind auszukehren. Der Restbedarf ist anteilig von den Eltern aufzubringen Rn. 433 ff., 507). Wird das Kindergeld an das (volljährige) Kind selbst gezahlt oder wird es zu Gunsten eines minderjährigen oder volljährigen Kindes an einen Sozialleistungsträger abgezweigt (vgl. § 74 EStG; Rn. 497), ist der Bedarf des Kindes in Höhe des Kindergeldes gedeckt; die Eltern haften anteilig für den Restbedarf.

Nach Abzug des Kindergeldes richten sich die Haftungsanteile der Eltern nach ihren **507** Einkommens- und Vermögensverhältnissen (§ 1606 III 1 BGB). Das Einkommen der Eltern ist um einen Sockelbetrag in Höhe seines angemessenen, ggf. auch seines notwendigen Selbstbehalts, zu bereinigen. Vgl. dazu Rn. 295, 447. Der sich ergebende Zahlbetrag ist nicht mehr um Kindergeldanteile zu bereinigen.[72]

Die Kürzung des Unterhaltsbedarfs um das volle Kindergeld führt dazu, dass das Kindergeld jedem Elternteil in dem Maße zugute kommt, die seinem Unterhaltsanteil entspricht. Sie begünstigt den Elternteil, der einen höheren Unterhalt schuldet. Die bis zur Entscheidung des BGH vom 26. 10. 2005[73] praktizierte Verrechnung des hälftigen Kindergeldes mit dem Tabellenunterhalt (vgl. § 1612b I, II BGB a. F.) wirkte sich dagegen zum Vorteil des Elternteils aus, der den niedrigeren Unterhalt zu zahlen hatte.

Beispiel 1:
Der auswärts studierende Sohn S verlangt 640,– € Unterhalt.[74] Die Mutter M bezieht das Kindergeld; sie verdient bereinigt 2000,– €, der Vater V 3000,– €.
M muss das Kindergeld von 154,– € S zur Verfügung stellen. Der Restanspruch des S beträgt 486,– €.

Verfügbares Einkommen des V: 3000 − 1100	=	1900,– €
Verfügbares Einkommen der M: 2000 − 1100	=	900,– €
Summe:		2800,– €

Haftungsanteil des V: 486 × 1900 : 2800 = 330,– €
Haftungsanteil der M: 486 × 900 : 2800 = 157,– €
V zahlt 330,– €, M dagegen 157,– € Unterhalt und 154,– € Kindergeld, insgesamt also 311,– €.[75]

Beispiel 2:
Wie Beispiel 1. Jedoch bezieht V das Kindergeld (§ 64 II 2 EStG). Er hat es in voller Höhe vorab an das Kind abzuführen. Damit verwendet er es für dessen Unterhalt (§ 1612 b I 1 Nr. 2 BGB). Daneben schuldet er den errechneten Unterhalt von 330,– €, insgesamt also 484,– €; die Mutter zahlt 157,– €.

---

[71] Dose FamRZ 2007, 1289, 1292; OLG Brandenburg FamRZ 2006, 1782 (für volljährige Kinder nach dem bis zum 31. 12. 2007 geltenden Recht)

[72] So bereits zu dem bis 31. 12. 2007 geltenden Recht BGH FamRZ 2006, 99 = R 641 e mit Anm. Viefhues und Scholz; BGH FamRZ 2007, 542

[73] FamRZ 2006, 99 = R 641 e mit Anm. Viefhues und Scholz

[74] Ob der Betrag von 640,– € erhöht werden müsste, weil sich nach der Tabelle bei Zusammenrechnung der Einkünfte der Eltern ein höherer Unterhalt ergäbe (vgl. Beispiel 3 und Rn. 376), soll hier nicht erörtert werden.

[75] Nach der bis zur Entscheidung des BGH FamRZ 2006, 99 üblichen Praxis war dagegen wie folgt zu rechnen:
Haftungsanteil des V: 640 × 1900 : 2800 = 434,– €
Haftungsanteil der M: 640 × 900 : 2800 = 206,– €
V zahlte 434 − 77 = 357,– € (§ 1612 b I a. F.), M dagegen 206 + 77 = 283,– € (§ 1612 b II BGB a. F.)

Beispiel 3:

Wie Beispiel 1. Jedoch lebt S noch im Haushalt seiner Mutter und wird von ihr versorgt. Bedarf gemäß dem zusammengerechneten Einkommen der Eltern von 5000,– € nach DT 2008 10/4: 653,– €. Da das Kindergeld S zugute kommt, ist zwischen V und M nur der Restbedarf von (653 – 154 =) 499,– € zu verteilen.

Haftungsanteil des V: 499 × 1900 : 2800 = 339,– €
Haftungsanteil der M: 499 × 900 : 2800 = 160,– €
V zahlt 339,– €, M dagegen 160,– € Unterhalt. Kein weiterer Abzug des Kindergeldes.

508　　**c) Unterhaltsberechnung bei Leistungsfähigkeit nur eines Elternteils.** In den in Rn. 505 erörterten Fällen sind grundsätzlich beide Elternteile barunterhaltspflichtig. Trotzdem ist es nicht ungewöhnlich, dass nur ein Elternteil (Bar-)Unterhalt zu leisten hat, sei es weil der andere verstorben, sei es weil er aus verschiedenen Gründen leistungsunfähig ist. In einem solchen Fall kommt dem allein leistungsfähigen Elternteil das **volle Kindergeld** zugute. Es ist auf den Barbedarf des Kindes anzurechnen, gleichgültig ob es an einen Elternteil, an das Kind selbst oder einen Sozialleistungsträger ausgezahlt wird. Vgl. dazu Rn. 505. In der Praxis kommt am häufigsten der Fall vor, dass ein Elternteil einem volljährigen Kind – gleichgültig, ob es noch bei einem Elternteil oder bereits in einem eigenen Haushalt lebt – allein Unterhalt zu leisten hat, weil der andere nur über ein Einkommen verfügt, das den angemessenen Selbstbehalt nach Anm. A 7 II der Düsseldorfer Tabelle von 1100,– € nicht erreicht.

Beispiel:

Das volljährige Kind K lebt noch bei seiner nicht unterhaltsberechtigten Mutter M und besucht eine allgemeinbildende Schule. M, die nur über ein Einkommen von 750,– € verfügt, bezieht das Kindergeld. Der Vater V verdient bereinigt 2800,– €.
Unterhalt K nach DT 2008 6/4 (Höhergruppierung um eine Gruppe): 523,– € (vgl. Rn. 387)
Das Kindergeld kommt K zugute, weil er von M Kost und Logis erhält.
Restbedarf nach Anrechnung des Kindergeldes: 523 – 154 = 369,– €. Diesen Betrag hat V an K zu zahlen. Versorgungsleistungen der M sind nicht anzurechnen. Vgl. Rn. 505.

4. Auswirkungen der bedarfsdeckenden Berücksichtigung des Kindergeldes

509　　**a) Leistungsfähigkeit des Schuldners.** Da das Kindergeld – zur Hälfte oder in voller Höhe (§ 1612b I 1 BGB n. F.) – den Bedarf des Kindes mindert, braucht der Schuldner nur den Tabellenunterhalt abzüglich des zu berücksichtigenden Kindergeldes zu zahlen. Im Regelfall führt das zu keinem anderen Zahlbetrag, als wenn es bei der Verrechnung des Kindergeldes mit dem Tabellenbetrag entsprechend § 1612b I, II BGB a. F. geblieben wäre. Die Bedarfsdeckung durch das Kindergeld wird jedoch dann praktisch, wenn die Mittel des Schuldners begrenzt sind und es auf seine Leistungsfähigkeit ankommt. Reicht das Einkommen des Schuldners zur Zahlung des Tabellenunterhalts abzüglich des zu berücksichtigenden Kindergeldes, also des sog. **Zahlbetrages** aus, ohne dass sein notwendiger Selbstbehalt gefährdet wird, ist er leistungsfähig.[76] Dies ergibt sich unmittelbar aus § 1612b I 1 Nr. 1 BGB n. F. Einer dem § 1612b V BGB a. F. entsprechenden Vorschrift bedarf es nicht.[77]

Beispiel 1:

Die beiden Kinder (7 und 2 Jahre) verlangen von ihrem Vater V, der über ein Einkommen von 1350,– € verfügt, Unterhalt. Die Mutter M bezieht das Kindergeld.
Kindesunterhalt nach DT 2008 1/2 bzw. 1/3: 322,– € und 279,– €

Restbedarf (Zahlbeträge)　　　　　　K 1: 322 – 77 = 245,– €
　　　　　　　　　　　　　　　　　K 2: 279 – 77 = 202,– €

Für die Leistungsfähigkeit kommt es auf die Zahlbeträge, nicht die Tabellenbeträge an. V verbleiben 1350 – 447 = 903,– € und damit mehr als der notwendige Selbstbehalt von 900,– €. V ist leistungsfähig.

---

[76] Begründung des Regierungsentwurfs zum Unterhaltsänderungsgesetz BT-Drucks. 16/1830 S. 29; Vossenkämper FamRZ 2008, 201, 208
[77] Ebenso Borth FamRZ 2006, 813, 819 f.; Borth Unterhaltsänderungsgesetz Rn. 335

Falsch wäre die Berechnung: 1350 – 322 – 279 = 749,– € (= V teilweise nicht leistungsfähig).
Die Berechnung nach dem bis 31. 12. 2007 geltenden Recht und der Düsseldorfer Tabelle Stand:
1. 7. 2007 führte zu einem ähnlichen Ergebnis:
K 1 (DT 1/2): 245 – 0 = 245,– €
K 2 (DT 1/1): 202 – 6 (Kindergeld) = 196,– € (§ 1612b V BGB), insgesamt 441,– €. V behielt
909,– €.

Leistungsunfähig ist der Schuldner dagegen, wenn er ohne Gefährdung seines notwendigen Selbstbehalts den Tabellenbetrag abzüglich des zu berücksichtigenden Kindergeldes ganz oder teilweise nicht aufbringen kann.

Beispiel 2:
Das 2-jährige Kind verlangt von seinem Vater V, der über ein Einkommen von 1050,– € verfügt,
Unterhalt. Die Mutter M bezieht das Kindergeld.
Kindesunterhalt nach DT 2008 1/1: 279,– €
Restbedarf K: 279 – 77 = 202,– €.
V ist nur in Höhe von 1050 – 900 (notwendiger Selbstbehalt) = 150,– € leistungsfähig. Zahlbetrag:
150,– €. V behält 900,– €:
Die Berechnung nach dem bis zum 31. 12. 2007 geltendem Recht und der Düsseldorfer Tabelle
Stand: 1. 7. 2007 führte zum selben Ergebnis:
Unterhalt nach DT 1/1: 202,– €. Anspruch nur 150,– € (§ 1612b V BGB a. F.).

Auf den Zahlbetrag ist auch dann abzustellen, wenn zu prüfen ist, ob der Schuldner neben dem Unterhalt für ein minderjähriges Kind ohne Gefährdung seines angemessenen Selbstbehalts von 1100,– € nach DT Anm. A 7 II auch denjenigen für ein **nachrangiges volljähriges Kind** zu zahlen hat.[78]

Beispiel 3:
Der Student S, der am Studienort wohnt und 200,– € Ausbildungsbeihilfe nach dem BAföG
bezieht, und das 15-jährige Kind K, das bei seiner nicht unterhaltsberechtigten Mutter M lebt,
verlangen Unterhalt. Der Vater V verfügt über ein Einkommen von 1500,– €. M ist arbeitsunfähig
und hat kein Einkommen. Sie bezieht das Kindergeld von jeweils 154,– €.
Unterhaltsbedarf K: 365 – 77 = 288,– €
Unterhaltsbedarf S: 640 – 200 (BAföG) – 154 (Kindergeld) = 286,– €
Nach Abzug des vorrangigen Unterhalts für K, und zwar des Zahlbetrages, bleiben S noch (1500 –
288 =) 1212,– €. Unter Berücksichtigung seines angemessenen Selbstbehalts von 1100,– € gegenüber einem Volljährigen schuldet V seinem Sohn S 112,– €.

b) Kindergeld und Ehegattenunterhalt. Da das Kindergeld seit dem 1. 1. 2008 als **510**
Einkommen des Kindes behandelt wird und teilweise seinen Bedarf deckt, darf bei der
Berechnung des Ehegattenunterhalts nicht mehr der Tabellenbetrag vorweg vom Einkommen des Schuldners abgezogen werden. Denn nach dem Wortlaut des § 1612 I 2 BGB
mindert das zu berücksichtigende Kindergeld den Barbedarf des Kindes. Bei der Bemessung
des Ehegattenunterhalts darf aber nur der Restbedarf des Kindes vom Einkommen des
unterhaltspflichtigen Ehegatten abgesetzt werden. Vgl. dazu Rn. 1/461, 4/193. Daher ist
das Einkommen um den sog. **Zahlbetrag,** also den Tabellenunterhalt abzüglich des zu
berücksichtigenden Kindergeldes, zu bereinigen. Diese Auffassung wird vom BGH[78a] von
der Düsseldorfer Tabelle Stand: 1. 1. 2008 (B III), den nach Verkündung des UÄndG neu
gefassten Leitlinien der Mehrzahl der Oberlandesgerichte und der herrschenden Meinung
vertreten.[79]

---

[78] Dose FamRZ 2006, 1289, 1293
[78a] FamRZ 2008, 963 = R 692 g
[79] So BL, BrL, BsL, CL, DrL, HaL, RoL, SüdL (jeweils 15.2), BraL, KoL (jeweils 15.1), KL (10.5);
ebenso Dose FamRZ 2007, 1289, 1292 f.; Gerhardt FamRZ 2007, 945; Gerhardt/Gutdeutsch
FamRZ 2007, 748; Klinkhammer FamRZ 2008, 193, 199; Menne/Grundmann, Das neue Unterhaltsrecht, S. 106; Scholz FamRZ 2007, 2021, 2028; a. A. und damit für Abzug des Tabellenbetrages: HL (15.2.3), NaL (15.2), OL (15.1), das OLG Stuttgart (Fußnote zu SüdL 15.3) und der
7. Senat für Familiensachen des OLG Düsseldorf (Fußnote zu B III der Düsseldorfer Tabelle);
ebenso Schürmann FamRZ 2008, 313, 324; wohl auch Borth, Unterhaltsänderungsgesetz, Rn.
341

Der Vorwegabzug des Zahlbetrages entspricht nach dem Regierungsentwurf zum Unterhaltsänderungsgesetz,[80] der im parlamentarischen Verfahren insoweit nicht in Frage gestellt worden ist, der Absicht des Gesetzgebers. Der Entwurf weist darauf hin, dass nach § 1612b I BGB n. F. von der zur Verteilung anstehenden Masse ein geringerer Anteil für den Kindesunterhalt erforderlich ist und ein entsprechend höherer Anteil für die nachrangigen Unterhaltsberechtigten, etwa für den betreuenden Elternteil zur Verfügung steht.

Der Abzug des Zahlbetrages statt des Tabellenbetrages wird danach vom Wortlaut des Gesetzes und der Absicht des Gesetzes gefordert. Daran sind die Gerichte gebunden. Die gesetzliche Regelung ist **nicht verfassungswidrig.** Die Gerichte, die das anders sehen und dem eindeutigen Willen des Gesetzgebers nicht folgen wollen, sind m. E. nach Art. 100 GG zur Vorlage an das BVerfG verpflichtet. Das BVerfG[81] hat den früheren § 1612b V BGB, nach dem das Kindergeld zur Deckung des Existenzminimums des Kindes herangezogen wurde, nicht als verfassungswidrig beanstandet, sondern lediglich eine klare und verständliche Regelung des Kindergeldrechts im Unterhalts-, Steuer- und Sozialrecht verlangt. Die Vorschrift entzog dem barunterhaltspflichtigen Elternteil ganz oder teilweise die ihm zustehende Kindergeldhälfte und verwendete sie de facto als unterhaltsrechtliches Einkommen des Kindes. M. E. steht es dem Gesetzgeber bei einer Reform des unterhaltsrechtlichen Kindergeldausgleichs nach der Verfassung frei, das zu berücksichtigende Kindergeld generell als Einkommen des Kindes anzusehen, es demgemäß zur Deckung des Unterhaltsbedarfs des Kindes heranzuziehen und damit sein Existenzminimum wenigstens teilweise sicherzustellen. Dies führt logischerweise in weitem Umfang zu einer Berücksichtigung nur des Zahlbetrages anstatt des Tabellenbetrages. Die damit verbundene maßvolle Erhöhung des Ehegattenunterhalts ist nur eine Folge dieser Gesetzesänderung. Sie ist eine angemessene Kompensation dafür, dass der Ehegattenunterhalt künftig dem Unterhalt minderjähriger und privilegiert volljähriger Kinder im Rang nachgeht (§ 1609 BGB n. F.).[82]

Der Abzug des Zahlbetrages führt bei einem getrennt lebenden oder geschiedenen Ehegatten zu einem Unterhalt, der bei einem gemeinsamen minderjährigen betreuten Kind um (77 × $^3/_7$ =) 33,– €, bei einem volljährigen Kind um (154 × $^3/_7$ =) 66,– € höher ist.

Beispiel:
Die erwerbsunfähige Ehefrau und Mutter M und das gemeinsame fünfjährige Kind verlangen Unterhalt von V, der 3400,– € verdient. M bezieht das Kindergeld von 154,– €.
Bedarf K nach DT 2008 6/1: 358,– €
M hat das hälftige Kindergeld zur Deckung des Barbedarfs des Kindes zu verwenden.
Restbedarf K, zugleich Zahlbetrag: 358 − 77 = 281,– €
Ehegattenunterhalt: 3400 − 281 = 3119 × $^3/_7$ = 1337,– €.[83]

5. Sonderfragen

511   **a) Kindergeld für mehrere Kinder.** Während bis zum 30. 6. 1998 das Kindergeld für mehrere Kinder zusammen- und jedem Kind anteilig zugerechnet wurde, bestimmt seitdem § 1612b I BGB, dass nur das auf das jeweilige Kind entfallende Kindergeld bei der Bemessung des Kindesunterhalts zu berücksichtigen ist. Beim ersten bis dritten Kind mindert daher Kindergeld von je 154,– €, beim vierten und bei jedem weiteren Kind je 179,– € den Barbedarf des Kindes. Vgl. Rn. 493, 501. Die Reihenfolge richtet sich nach dem **Alter** des Kindes, nicht nach dem Belieben des den Kindesunterhalt einklagenden Elternteils. Ob das Kindergeld zur Hälfte oder in voller Höhe bedarfsdeckend zu berücksichtigen ist, ergibt sich aus § 1612b I 1 BGB n. F. vgl. dazu Rn. 502, 505.

512   **b) Zählkindvorteil.** Kindergeld darf zwischen den Eltern nur ausgeglichen werden, wenn und soweit es für gemeinsame Kinder gezahlt wird. Dies war bereits in § 1612b IV BGB a. F. festgelegt. Die Vorschrift ist zum 1. 1. 2008 redaktionell neu gefasst worden und

---

[80] BT-Drucks. 16/1830 S. 29
[81] FamRZ 2003, 1370 = R 593
[82] Ebenso Dose FamRZ 2007, 1289, 1293
[83] Nach den SüdL hätte V (3119 × $^9/_{10}$): 2 = 1404,– € zu zahlen

findet sich nunmehr in § 1612 b II BGB. Danach darf Kindergeld, das wegen der Berücksichtigung eines nicht gemeinschaftlichen Kindes erhöht ist, im Umfang der Erhöhung nicht bedarfsmindernd angerechnet werden. Soweit einem Elternteil wegen der Berücksichtigung eines weiteren nicht gemeinsamen Kindes ein „Zählkindvorteil" erwächst, ist dieser dem Kindergeld für die gemeinsamen Kinder weder ganz noch teilweise zuzurechnen und darf daher nicht bei einem gemeinsamen Kind bedarfsmindernd berücksichtigt werden. Der Zählkindvorteil ist kein Einkommen des Unterhaltspflichtigen, das den Tabellenbedarf anderer Kinder erhöhen könnte.[84] Auf den Unterhaltsanspruch der gemeinsamen Kinder ist daher jeweils nur das fiktive Kindergeld anzurechnen, das der betreffende Elternteil für das jeweilige Kind erhalten würde, wenn es keine Zählkinder gäbe. Ungereimtheiten, die sich aus den besonderen Umständen des Einzelfalles ergeben, müssen nach der Rechtsprechung des BGH hingenommen werden.[85]

> **Beispiel:**
> Der Vater V1 und die Mutter M sind geschieden. Sie haben drei gemeinsame Kinder K 1 (10 Jahre), K 2 (5 Jahre) und K 3 (4 Jahre). Nettoeinkommen von V1: 2150,– €.
> M betreut die drei Kinder und bezieht für sie Kindergeld von je 154,– €. Für ein weiteres einjähriges Kind K 4, das von ihrem jetzigen Ehemann V 2 abstammt, erhält sie 179,– € Kindergeld.
> Tabellenunterhalt nach DT 2008 3/2 und 3/1: für K 1 355,– €, für K 2 und K 3 je 307,– €. Bedarfsdeckend ist nur das hälftige Kindergeld für die drei gemeinschaftlichen Kinder, also jeweils 77,– €, anzurechnen, sodass sich Zahlbeträge von 278,– € für K 1 und je 230,– € für K 2 und K 3 ergeben. Der Zählkindvorteil für das vierte Kind steht allein K 4 zu. Wenn K 4 von V 2 Unterhalt verlangt, ist sein Unterhaltsanspruch ebenfalls nur um 77,– € zu kürzen.

Bis zum 31. 12. 2007 hatte das Zählkind selbst keinen Anspruch auf Auskehrung des Zählkindvorteils an sich, auch nicht bei Leistungsunfähigkeit des Verpflichteten.[86] Daran wird man nunmehr nicht mehr festhalten können, da seit dem 1. 1. 2008 das Kindergeld zur Hälfte oder in voller Höhe für den Barunterhalt zu verwenden ist. Zum Anspruch auf Auskehr des Kindergeldes vgl. Rn. 505; zur Behandlung des Zählkindvorteils im Mangelfall vgl. *Gutdeutsch* Rn. 5/63.

c) Kindergeldausgleich bei fehlendem Unterhaltsanspruch des Kindes. In seltenen **513** Fällen kann Kindergeld gewährt werden, obwohl das Kind keinen Unterhaltsanspruch hat.

Dies kommt in Betracht, wenn das Kind zwar bedürftig, beide Eltern aber nicht in der Lage sind, ihm Unterhalt zu gewähren.[87] Nach dem eindeutigen Wortlaut des § 1612 b I BGB ist auch in diesem Fall das Kindergeld als Einkommen des Kindes zu behandeln, für den Kindesunterhalt zu verwenden und, wenn dies nicht geschieht, an das Kind auszukehren. Dem entspricht die Behandlung des Kindergeldes im Sozialhilferecht und im Recht der Grundsicherung für Arbeitsuchende. Nach § 11 I 3 SGB II, § 82 I 2 SGB XII ist das Kindergeld dem zu einer Bedarfsgemeinschaft gehörenden Kind[88] als Einkommen zuzurechnen, soweit es bei ihm zur Sicherung seines Lebensunterhalts benötigt wird.

Dagegen dürfte kein Anspruch des volljährigen Kindes gegen seine Eltern auf Auskehr des Kindergeldes bestehen, wenn es über Einkommen verfügt, das seinen Unterhaltsbedarf deckt, gleichwohl an die Eltern aber Kindergeld gezahlt wird. Übersteigt die Ausbildungsvergütung des volljährigen Kindes einen Betrag von 7680,– € nicht, wird Kindergeld gewährt (§§ 63 I 2, 32 IV 2 EStG). In einem solchen Fall kann aber das unterhaltsrechtlich relevante Einkommen des Kindes seinen Unterhaltsbedarf nach der 4. Altersstufe der einschlägigen Einkommensgruppe der Düsseldorfer Tabelle übersteigen. Ein Unterhaltsanspruch ist dann mangels eines ungedeckten Bedarfs nicht gegeben. Eine Verwendung des Kindergeldes für den Barbedarf ist weder möglich noch erforderlich. Das Kindergeld verbleibt nach meiner Ansicht dann den Eltern. Es steht ihnen zur Hälfte zu. Bei Getrenntleben

---

[84] FamRZ 2000, 1494 = R 546 d mit Anm. Scholz (zum früheren Recht)
[85] BGH, FamRZ 1997, 806
[86] BGH, FamRZ 1985, 1243
[87] Vgl. dazu Borth FamRZ 2006, 813, 819; Unterhaltsänderungsgesetz Rn. 354
[88] Zur Bedarfsgemeinschaft gehören nach § 7 III Nr. 2, 4 SGB II seit dem 1. 7. 2006 auch volljährige Kinder bis zur Vollendung des 25. Lebensjahres, nach § 19 I 2 SGB XII dagegen nur minderjährige Kinder. Vgl. dazu Rn. 8/23 und 181; Scholz FamRZ 2006, 1417

kann der Elternteil, der das Kindergeld nicht erhält, gegen den anderen einen familienrechtlichen Ausgleichsanspruch geltend machen. Dies dürfte einer der ganz seltenen Fälle sein, in denen dieser Ausgleichsanspruch beim Kindergeld künftig noch in Betracht kommt. Vgl. dazu Rn. 539.

> **Beispiel:**
> K bezieht eine Ausbildungsvergütung von 630,– €. Der Vater V hat ein Einkommen von 2200,– €, die Mutter M von 1200,– €. M bezieht das Kindergeld. K verlangt Auskehr des Kindergeldes von den Eltern.
> K hat keinen Unterhaltsanspruch, da sein Bedarf von 523,– € nach DT 2008 6/4 durch sein unterhaltsrechtliches Einkommen von 630 – 90 (ausbildungsbedingter Mehrbedarf) = 540,– € gedeckt ist. Daher kein Anspruch auf Auskehr des Kindergeldes.

514   **d) Kindergeldanrechnung bei Auslandsbezug.** Kindergeld wird nach § 62 EStG grundsätzlich für alle Kinder gezahlt, deren Eltern im Inland ihren gewöhnlichen Aufenthalt haben, ohne dass es auf die Staatsangehörigkeit ankommt. Ein Ausländer muss jedoch im Besitz einer Niederlassungs- oder Aufenthaltserlaubnis sein (vgl. Rn. 486). Kindergeld wird nicht gewährt, wenn für das Kind im Ausland Leistungen erbracht werden oder bei Antragstellung erbracht würden, die mit dem Kindergeld vergleichbar sind (§ 65 I 1 Nr. 2 EStG).[89] Damit stellt sich die Frage, ob Kindergeld bedarfsdeckend anzurechnen ist, wenn die Eltern in verschiedenen Staaten leben.

Der unterhaltsrechtliche Kindergeldausgleich unterliegt dem deutschen Sachrecht, wenn das Kind seinen gewöhnlichen Aufenthalt in Deutschland hat (Art. 4 I des Haager Übereinkommens über das auf Unterhaltspflichten anwendbare Recht vom 2. 10. 1973 – BGBl. II 1986, 837).[90] Nach der bis zum 31. 12. 2007 geltenden Fassung des § 1612b I BGB ging das Gesetz von einer vorrangigen Kindergeldberechtigung des nicht barunterhaltspflichtigen Elternteils aus. Daraus ergab sich, dass eine Verrechnung des den Eltern zustehenden Kindergeldes mit dem Unterhalt eine beiderseitige Kindergeldberechtigung voraussetzte. Der BGH[91] hat zu Recht ausgeführt, dass sich dieser Vorrang nicht nur aus dem deutschen Recht sondern auch aus dem europäischen Gemeinschaftsrecht ergeben kann. Denn Kindergeld und die damit vergleichbaren Leistungen anderer Staaten nach § 65 I Nr. 2 EStG sind dem europäischen Sozialrecht unterliegende Familienleistungen im Sinne der Verordnungen Nr. 1408/71 und 574/72. Dies gilt für das deutsche Kindergeld auch dann, wenn es – wie es in der Regel geschieht – als vorgezogene Steuervergütung gewährt wird.[92]

Nach § 1612b I BGB n. F. ergibt sich die vorrangige Kindergeldberechtigung des nicht barunterhaltspflichtigen Elternteils nicht mehr aus der Norm selbst. Aus Art. 76 VO 1408/71, Art. 67 VO 883/2004 folgt jedoch, dass der Wohnstaat – bei Kindern, die sich gewöhnlich bei einem in Deutschland lebenden Elternteil aufhalten, also die Bundesrepublik – vorrangig für das Kindergeld einzustehen hat, während der Kindergeldanspruch gegen den Staat, dem der andere Elternteil angehört, in Höhe des deutschen Kindergeldes ruht.[93] In einem solchen Fall bestehen keine Bedenken, das in Deutschland gezahlte Kindergeld nach Maßgabe des § 1612b I BGB n. F. entweder zur Hälfte oder in voller Höhe auf den sich nach deutschem Recht richtenden Unterhaltsanspruch bedarfsmindernd anzurechnen. Wie zu verfahren ist, wenn der andere Elternteil einem Staat angehört, der nicht der Europäischen Union oder dem Europäischen Wirtschaftsraum angehört, ist bislang nicht geklärt.

IV. Prozessuales

515   Im **Urteil** oder einem sonstigen Vollstreckungstitel ist der anzurechnende Kindergeldanteil betragsmäßig auszuweisen. Aus dem Titel, bei einem Urteil mindestens aus den

---

[89] Vgl. dazu die Übersicht in FamRZ 2005, 1402
[90] BGH FamRZ 2004, 1639 mit Anm Heimann und Anm. Eichenhofer FamRZ 2004, 1965
[91] BGH FamRZ 2004, 1639 mit Anm. Heimann und Anm. Eichenhofer FamRZ 2004, 1965
[92] BGH FamRZ 2004, 1639 mit Anm. Heimann und Anm. Eichenhofer FamRZ 2004, 1965
[93] Eichenhofer FamRZ 2004, 1639

Entscheidungsgründen, muss sich ergeben, von welchem Unterhalt, in der Regel von welchem Tabellenbetrag, das Gericht ausgeht und in welcher Höhe – zur Hälfte oder voll – das Kindergeld bedarfsdeckend berücksichtigt wird. Macht das minderjährige Kind dynamischen Unterhalt im Sinne des § 1612 a I 1 BGB n. F. geltend, muss sich der begehrte Prozentsatz auf den Mindestunterhalt beziehen. Es ist unzulässig, das Kindergeld vom Mindestunterhalt abzuziehen und einen bestimmten Prozentsatz des so errechneten Zahlbetrages zu verlangen. Denn der gesetzliche Mindestunterhalt entspricht dem doppelten Kinderfreibetrag nach § 32 VI EStG. Es kann nicht ausgeschlossen werden, dass bei einer Gesetzesänderung der Kinderfreibetrag in einem anderen Verhältnis angehoben oder ermäßigt wird als das Kindergeld. Jedoch bestehen keine Bedenken, das anzurechnende Kindergeld nicht in einem bestimmten Betrag anzugeben, sofern Art und Umfang der bedarfsdeckenden Anrechnung des Kindergeldes eindeutig klargestellt sind.[94] Es ist jedoch dringend zu empfehlen, jedenfalls den jetzigen Tabellenunterhalt, die derzeitige Höhe des anzurechnenden Kindergeldes und den Zahlbetrag im Antrag und im Vollstreckungstitel anzugeben.[95]

Der Anspruch auf Kindergeld kann wegen gesetzlicher Unterhaltsansprüche eines Kindes, **516** das bei der Festsetzung des Kindergeldes berücksichtigt wird, **gepfändet** werden (§ 76 EStG). Wird das Kindergeld auf ein Konto des Berechtigten überwiesen, ist die Forderung, die durch die Gutschrift entsteht, für die Dauer von sieben Tagen unpfändbar (§ 76 a I EStG).

8. Abschnitt: Sonderprobleme des Kindesunterhalts

I. Auskunftspflichten

Nach § 1605 I BGB sind **Eltern gegenüber Kindern,** aber auch **Kinder gegenüber 517 ihren Eltern** verpflichtet, auf Verlangen über ihre Einkünfte und ihr Vermögen Auskunft zu erteilen, soweit dies zur Feststellung eines Unterhaltsanspruchs erforderlich ist. Unter Umständen schulden auch die **Eltern untereinander** Auskunft, wenn dies notwendig ist, um ihre Haftungsanteile nach § 1606 III 1 BGB festzustellen.[1] Wegen der Einzelheiten vgl. Rn. 1/665 f.

Eine **Auskunftsverpflichtung** besteht allerdings **nicht,** wenn die begehrte Auskunft den **518** Unterhaltsanspruch oder die Unterhaltsverpflichtung unter keinem Gesichtspunkt beeinflussen kann.[2] Dies ist nicht schon dann der Fall, wenn der Unterhalt wie z. B. beim Studenten mit eigenem Haushalt nach **festen Bedarfssätzen** bemessen wird (teilweise anders Dose Rn. 1/665). Auch der Unterhalt des Studenten oder des volljährigen Kindes mit eigenem Haushalt, der nach allgemeiner Ansicht in der Regel mit 640,– € angesetzt wird (vgl. Rn. 369), kann bei guten Einkommensverhältnissen der Eltern erhöht werden (vgl. Rn. 128 ff., 376). Dem Kind muss daher die Möglichkeit offen stehen, durch Geltendmachung des Auskunftsanspruchs zu prüfen, ob die Eltern in derartig günstigen Verhältnissen leben. Zudem ist die Auskunft bei beiderseits barunterhaltspflichtigen Eltern in aller Regel erforderlich, um die Haftungsanteile der Eltern zu klären (zu den Haftungsanteilen der Eltern beim Volljährigenunterhalt Rn. 433 ff.).

Über die Höhe der Einkünfte sind auf Verlangen Belege, insbesondere **Gehaltsabrech- 519 nungen** und/oder Bescheinigungen des Arbeitgebers, vorzulegen. Solche Belege müssen bei gerichtlicher Geltendmachung des Auskunftsanspruchs im Antrag genau bezeichnet werden. Die Vorlage der **Lohnsteuerkarte** reicht jedenfalls dann nicht aus, wenn der Auskunftspflichtige nicht lohnsteuerpflichtige Einkünfte, z. B. Zuschläge für Sonntags- und Nachtarbeit (§ 3 b EStG), bezogen haben kann. Vgl. auch Rn. 1/679.

---

[94] Meine in der Vorauflage Rn. 2/516 geäußerten Bedenken sind durch Aufhebung des § 1612 b V gegenstandslos geworden
[95] So mit Recht Johannsen/Henrich/Voßkuhle, § 647 ZPO Rn. 4
[1] BGH, FamRZ 1988, 268
[2] BGH, FamRZ 1994, 1169 = R 481

II. Rangfolge der Unterhaltsberechtigten und Unterhaltsverpflichteten

520   Zur Beeinträchtigung der Leistungsfähigkeit durch Unterhaltsansprüche anderer Berechtigter und zu Mangelfällen beim Kindesunterhalt kann auf Rn. 159 ff., 429 ff., zur Rangproblematik und zu Mangelfällen auf Rn. 5/1 ff. sowie zur Konkurrenz zwischen Kindes- und Familienunterhalt auf Rn. 3/65, 78 verwiesen werden.

III. Vereinbarungen zum Kindesunterhalt

1. Allgemeines

520 a   Vereinbarungen zum Kindesunterhalt sind – anders als Vereinbarungen über nachehelichen Ehegattenunterhalt, die vor der Scheidung getroffen werden (§ 1585 c S. 2 BGB n. F.) – auch nach Inkrafttreten des Unterhaltsänderungsgesetzes nicht formbedürftig. Eine vertragliche Regelung des Kindesunterhalts kann jedoch nach § 139 BGB unwirksam sein, wenn sie mit einer wegen Formmangels nichtigen Vereinbarung über Ehegattenunterhalt verbunden ist. Im Übrigen sind Vereinbarungen über Kindesunterhalt nur eingeschränkt zulässig, weil auf künftigen Unterhalt nicht verzichtet werden darf (§ 1614 I BGB). Vgl. dazu Rn. 521. Es ist aber möglich, durch Vereinbarung einen Anspruch auf Unterhalt zu begründen, auch wenn die gesetzlichen Voraussetzungen hierfür nicht vorliegen. So kann sich der Vater z. B. verpflichten, während einer Zweitausbildung nach dem Gesetz nicht geschuldeten Unterhalt zu zahlen. Eine solche Vereinbarung setzt aber eine eindeutige vertragliche Vereinbarung voraus; allein die Berufung auf Treu und Glauben ist nicht ausreichend. Nur ausnahmsweise kann sich aus § 1618 a BGB die Verpflichtung ergeben, Zahlungen, die ein Elternteil in der Vergangenheit ohne Rechtspflicht erbracht hat, für einen begrenzten Zeitraum fortzusetzen, wenn das Kind auf die Fortsetzung der Zahlungen vertrauen durfte und in diesem Vertrauen Dispositionen getroffen hat, die sich nicht sofort und ohne erhebliche Nachteile rückgängig machen lassen.[3]

520 b   Vereinbarungen über den Kindesunterhalt selbst müssen zwischen dem volljährigen Kind und den Eltern bzw. einem Elternteil, beim minderjährigen Kind zwischen dem vertretungsberechtigten Elternteil und dem anderen getroffen werden. Für das minderjährige Kind muss also der allein Sorgeberechtigte, bei gemeinsamer Sorge der Elternteil, in dessen Obhut sich das Kind befindet (§ 1629 II 2 BGB; vgl. Rn. 316 a), die Vereinbarung schließen. Bei noch verheirateten Eltern, die getrennt leben oder zwischen denen eine Ehesache anhängig ist, kann ein Elternteil den Unterhaltsanspruch des Kindes nur im eigenen Namen geltend machen (§ 1629 III 1 BGB) und sich dann auch für das Kind mit dem anderen Elternteil über den Kindesunterhalt einigen. Solche Vereinbarungen sind von Freistellungsvereinbarungen zwischen den Eltern zu unterscheiden. Vgl. dazu Rn. 525 ff.

520 c   Die Eltern sind nicht verpflichtet, Unterhalt durch Entrichtung einer Geldrente zu gewähren. Vielmehr können sie nach § 1612 II 1 BGB bestimmen, in welcher Art und für welche Zeit im Voraus der Unterhalt erbracht werden soll (vgl. Rn. 21 ff.). Dies gilt auch beim volljährigen Kind. Insbesondere können die Eltern festlegen, dass Naturalunterhalt (Rn. 9) im Haushalt eines Elternteils oder in einem Internat gewährt werden soll. Über die Modalitäten können sich die Eltern mit dem Kind, aber auch untereinander einigen.

2. Kein Verzicht auf zukünftigen Kindesunterhalt

521   Auf Kindesunterhalt **kann für die Zukunft nicht verzichtet** werden (§ 1614 I BGB). Dieses Verbot betrifft auch einen teilweisen Unterhaltsverzicht. Deshalb darf eine Vereinbarung über den Kindesunterhalt sich nicht so weit vom gesetzlichen Unterhaltsanspruch entfernen, dass sie auf einen vollständigen oder teilweisen Verzicht hinausläuft. Das gilt auch

---

[3] BGH, FamRZ 2001, 1601 = R 562 b

für eine Beschränkung der Möglichkeit, eine Erhöhung des Kindesunterhalts im Wege der Abänderungsklage (§ 323 ZPO) zu verlangen. Ohne Bedeutung ist, ob die Parteien einen Verzicht ausdrücklich vereinbart haben. Es genügt, wenn der Kindesunterhalt objektiv verkürzt würde.[4] Deshalb ist auch eine Vereinbarung unzulässig, durch die das volljährige Kind oder der gesetzliche Vertreter des minderjährigen Kindes zugesagt hat, keinen Anspruch auf Kindesunterhalt geltend zu machen.[5]

Für die Unterhaltsbemessung nach § 1610 BGB besteht ein gewisser **Spielraum,** der von 522 den Parteien ausgeschöpft werden kann. Eine Unterhaltsvereinbarung ist deshalb erst dann unwirksam, wenn und soweit sie diesen Angemessenheitsrahmen unterschreitet. In der Rechtsprechung wird eine Unterschreitung der gebräuchlichen Tabellensätze bis zu 20% als hinnehmbar erwogen, eine Unterschreitung um ¹/₃ dagegen als im Regelfall mit § 1614 I BGB unvereinbar angesehen.[6] Bei Unterschreitung um mehr als 20% ist im Einzelfall zu prüfen, ob ein gegen § 1614 I BGB verstoßender Verzicht vorliegt.

Zulässig ist ein **Verzicht** auf Kindesunterhalt **für die Vergangenheit.** Ein solcher Ver- 523 zicht erfordert einen Erlassvertrag (§ 397 BGB), der auch durch schlüssiges Verhalten zustande kommen kann und beim Gläubiger einen rechtsgeschäftlichen Aufgabewillen voraussetzt. Darin, dass ein Unterhaltsanspruch längere Zeit nicht geltend gemacht worden ist, liegt allein noch kein solcher Verzicht. Es ist vielmehr zu prüfen, ob der Berechtigte einen triftigen Grund für einen solchen Verzicht hatte oder ob nicht eine andere Erklärung für die Unterlassung der Rechtsausübung näher liegt.[7] Lässt der Unterhaltsberechtigte längere Zeit – genügend ist vielfach schon der Zeitraum von mehr als einem Jahr – untätig verstreichen, kann die Geltendmachung des rückständigen Unterhalts unter besonderen Umständen gegen Treu und Glauben verstoßen und dann unzulässig sein. Vgl. dazu Rn. 6/135 ff.

Die Wirkungen eines Unterhaltsverzichts können teilweise durch eine Freistellungsver- 524 einbarung zwischen den Eltern erreicht werden (vgl. Rn. 525 ff.). Ein solcher Vertrag hindert das Kind jedoch nicht an der Geltendmachung seines Unterhaltsanspruchs gegen den Elternteil, der nach der Abmachung zwischen seinen Eltern vom Kindesunterhalt freigestellt werden soll. Diesem Elternteil bleibt es vielmehr überlassen, bei dem anderen Rückgriff zu nehmen.

3. Freistellungsvereinbarungen der Eltern bezüglich des Kindesunterhalts

Eine Freistellungsvereinbarung der Eltern, durch die ein Elternteil gegenüber dem ande- 525 ren die Erfüllung der Unterhaltsverpflichtung für ein Kind übernimmt, ist **zulässig.** Durch eine solche Vereinbarung bleibt der Unterhaltsanspruch des Kindes unberührt.[8] Das Kind wird dadurch nicht gehindert, den Unterhalt gegen den freigestellten Elternteil geltend zu machen.[9] Dies gilt auch dann, wenn der Elternteil, der sich zur Freistellung des anderen verpflichtet hat, nach § 1629 II 2 BGB als gesetzlicher Vertreter im Namen des Kindes oder nach § 1629 III 1 BGB im eigenen Namen Kindesunterhalt verlangt.[10] In Ausnahmefällen kann die Freistellungsvereinbarung zwischen den Eltern auch als Vertrag zu Gunsten des (volljährigen) Kindes angesehen werden, wenn durch sie ein unmittelbarer Anspruch des Kindes gegen den freistellenden Elternteil begründet werden soll.

Die zwischen den Eltern verabredete Freistellung von Unterhaltsansprüchen des Kindes 526 beinhaltet rechtlich eine Erfüllungsübernahme. Daher kann der vom Kind in Anspruch genommene Elternteil vom anderen verlangen, dass dieser den Anspruch des Kindes befriedigt.[11]

---

[4] BGH, FamRZ 1984, 997, 999

[5] A. A. zum Trennungsunterhalt OLG Köln, FamRZ 2000, 609 mit Anm. Bergschneider

[6] BGH, FamRZ 1984, 997, 999

[7] BGH, FamRZ 1981, 763

[8] BVerfG, FamRZ 2002, 343, 348 mit Anm. Schwab

[9] BGH, FamRZ 1986, 444; vgl. auch OLG Hamm, FamRZ 1999, 163 zur Verbindung einer Freistellungsvereinbarung hinsichtlich des Kindesunterhalts mit einem unwirksamen Verzicht auf Trennungsunterhalt

[10] OLG Stuttgart FamRZ 2006, 866; a. A. OLG Naumburg FamRZ 2005, 298

[11] BGH, FamRZ 1986, 444

527   Eine Unterhaltsfreistellung ist **sittenwidrig** (§ 138 I BGB), wenn sie in einer Scheidungs-vereinbarung enthalten ist, die einen Vorschlag zur Regelung der elterlichen Sorge über gemeinschaftliche Kinder enthält, der sich über das Kindeswohl bewusst hinwegsetzt. Die Rechtsordnung kann nicht eine Vereinbarung anerkennen, die nicht dem Wohl des Kindes, sondern materiellen egoistischen Interessen eines Elternteils dient. Dabei kommt es nicht entscheidend darauf an, ob der Richter dem Vorschlag der Eltern gefolgt ist oder ob er erkannt hat, dass zum Wohl des Kindes eine vom Vorschlag abweichende Sorgerechtsent-scheidung erforderlich ist.[12] Allein die Verbindung des Elternvorschlags mit einer Unterhalts-freistellung und mit der Regelung weiterer Scheidungsfolgen in einer notariellen Urkunde oder einem gerichtlichen Vergleich reicht dagegen zur Bejahung der Sittenwidrigkeit nicht aus.[13] Ein Verstoß gegen § 138 I BGB ist jedoch zu bejahen, wenn das Sorgerecht über ein Kind als Tauschobjekt für die Freistellung von Unterhaltspflichten benutzt wurde.[14] Die Frage, ob die Sorgerechtsentscheidung dem Kindeswohl widerspricht und ob dies nach § 138 I BGB zur Unwirksamkeit der Freistellungsvereinbarung führt, ist im Unterhaltspro-zess zu prüfen. Jedoch wird sich in vielen Fällen eine Aussetzung des Rechtsstreits nach § 148 ZPO bis zur abschließenden Entscheidung über das Sorgerecht empfehlen.

528   Eine Freistellungsvereinbarung ist regelmäßig sittenwidrig (§ 138 I BGB), wenn sie unzu-lässigerweise mit einer Verpflichtung gekoppelt wurde, auf Dauer von der Ausübung des **Umgangsrechts** mit einem gemeinsamen Kind abzusehen. Hiervon ist in der Regel aus-zugehen, wenn die Unterhaltsfreistellung und der Verzicht auf den Umgang, zu dem jeder Elternteil nicht nur berechtigt, sondern auch verpflichtet ist (§ 1684 I BGB), in einem Gegen-seitigkeitsverhältnis stehen und in ihrer Wirksamkeit voneinander abhängig sein sollen.[15]

528 a   Eine Freistellungsvereinbarung zwischen den Eltern kann unwirksam sein, wenn sie Teil eines formbedürftigen Vertrages über Ehegattenunterhalt ist (§§ 125 S. 1, 139, 1585 c S. 2 BGB n. F.). Vgl. Rn. 520 a. Sie kann sittenwidrig sein oder jedenfalls gegen Treu und Glauben verstoßen, wenn der betreuende, sozial schwächere Ehegatte nicht nur den Kindes-unterhalt ganz oder zu einem wesentlichen Teil sicherzustellen hat, sondern zugleich auf nachehelichen Unterhalt verzichtet. Verfügt er weder über sonstiges Einkommen noch über ausreichendes Vermögen, zwingt ihn die Vereinbarung entweder dazu, die Betreuung des Kindes ganz oder teilweise in fremde Hände zu legen, um einer Erwerbstätigkeit nachgehen zu können, oder mit dem Kind in Verhältnissen zu leben, die dessen Entwicklung nachhaltig beeinträchtigen.[16] Zur Sittenwidrigkeit und zur Inhaltskontrolle von Vereinbarungen über Ehegattenunterhalt vgl. Rn. 6/600 ff.

IV. Familienrechtlicher Ausgleichsanspruch

1. Ausgleich zwischen den Eltern

529   Ein familienrechtlicher Ausgleichsanspruch ist in der Rechtsprechung des BGH für Fälle anerkannt, in denen **ein Elternteil allein für den Unterhalt eines gemeinsamen Kindes aufgekommen** ist, obwohl auch der andere dem Kind unterhaltspflichtig war. Der An-spruch beruht auf der Unterhaltspflicht beider Eltern gegenüber ihrem Kind und ergibt sich aus der Notwendigkeit, die Unterhaltslast im Verhältnis zwischen ihnen entsprechend ihrem Leistungsvermögen gerecht zu verteilen.[17] Bei den mit Hilfe des familienrechtlichen Aus-gleichsanspruchs geforderten Ersatzbeträgen handelt es sich wirtschaftlich gesehen um rück-ständige Unterhaltsleistungen, nämlich um Geldleistungen, die anstelle des Unterhalts dem

[12] BGH, FamRZ 1986, 444
[13] BGH, FamRZ 1986, 444
[14] BGH, FamRZ 1984, 778
[15] BGH, FamRZ 1984, 778
[16] BVerfG, FamRZ 2001, 343, 348 mit Anm. Schwab = R 553 b; BVerfG, FamRZ 2003, 985 = R 558; BGH FamRZ 2004, 601 = R 608 a, b
[17] BGH, FamRZ 1994, 1102 = R 480; FamRZ 1989, 850 = NJW 1989, 2816; FamRZ 1960, 194 = NJW 1960, 957

Dritten zu erbringen sind, der die Unterhaltslast zunächst auf sich genommen hat.[18] Gleichwohl ist der Anspruch seiner Rechtsnatur nach kein Unterhalts-, sondern ein Erstattungs-(Ausgleichs-)anspruch.[19] Er kann nicht nur bei Gewährung laufenden Unterhalts, sondern auch bei Vorfinanzierung von Sonderbedarf, z. B. der Kosten einer ärztlichen Behandlung, in Betracht kommen.[20] Vom familienrechtlichen Ausgleichsanspruch wird teilweise auch gesprochen, wenn ein Ehegatte dem anderen Teil Leistungen, insbesondere sog. ehebedingte Zuwendungen, erbracht hat[21] oder wenn er unfreiwillig von seinem Einkommen höhere Zahlungen für den Familienunterhalt geleistet hat, als seiner anteilmäßigen Haftung entspricht.[22] Vgl. auch Rn. 3/42, 92 ff. Weychardt[23] weist zu Recht darauf hin, dass ein familienrechtlicher Ausgleichsanspruch ferner in Betracht kommen kann, wenn sich ausnahmsweise nicht nur der barunterhaltspflichtige sondern auch der betreuende Elternteil an (umfangreichen) Umgangskosten beteiligen muss.

Der Anspruch eines Elternteils auf **Ausgleich des** dem anderen Elternteil gezahlten **530** **Kindergeldes** (Rn. 499 ff.) ist ein Unterfall des familienrechtlichen Ausgleichsanspruchs,[24] obwohl hier nicht gezahlter Unterhalt, sondern eine vorweg genommene Steuervergütung bzw. eine staatliche Sozialleistung im Rahmen des Familienleistungsausgleichs (Rn. 488) ausgeglichen werden sollte. **Nach dem 1. 1. 2008** kommt ein familienrechtlicher Ausgleichsanspruch bzgl. des Kindergeldes nur noch in seltenen Ausnahmefällen in Betracht, weil die bedarfsmindernde Anrechnung des Kindergeldes auf den Unterhalt nach § 1612 b I BGB einen besonderen Ausgleich regelmäßig entbehrlich macht. Vgl. dazu näher Rn. 539, 539 a.

Eine Erstreckung des familienrechtlichen Ausgleichsanspruchs auf sonstige Rückabwicklungsansprüche zwischen Eheleuten oder zwischen Eltern empfiehlt sich nicht.[25]

Der familienrechtliche Ausgleichsanspruch dient danach **531**
– dem Ausgleich von Unterhaltsleistungen, die ein Elternteil anstelle des anderen erbracht und durch die er dessen Unterhaltpflicht gegenüber dem Kind erfüllt hat,
– oder dem Ausgleich von Leistungen im Rahmen des Familienleistungsausgleichs, die für beide Eltern zur Erleichterung des Kindesunterhalts bestimmt, aber entgegen § 1612 b BGB nur einem Elternteil zugeflossen sind, obwohl sie auch dem anderen zugute kommen sollen. Vgl. Rn. 539, 539 a.

Das Rechtsinstitut des familienrechtlichen Ausgleichsanspruchs ist erforderlich, weil die **532** **Vorschriften des allgemeinen Schuldrechts** nicht stets ausreichen, um der Interessenlage gerecht zu werden.
• Eltern sind nicht Gesamtschuldner des Kindesunterhalts. Auch wenn beide barunterhaltspflichtig sind, haften sie dem Kind nur als Teilschuldner (vgl. Rn. 308, 437). Ein Gesamtschuldnerausgleich nach § 426 BGB scheidet daher aus.
• Ein Anspruch auf Aufwendungsersatz nach §§ 683, 670 BGB ist in vielen Fällen fraglich, weil der Elternteil, der den Kindesunterhalt zunächst sicherstellt, selbst unterhaltpflichtig ist und deshalb stets in der Absicht handelt, eine Verpflichtung des anderen Elternteils zu erfüllen.[26]
• Aus demselben Grund kann ein Bereicherungsanspruch nach § 812 BGB ausscheiden. Zudem ist die Anwendung des § 818 III BGB nicht angemessen, wenn ein Elternteil anstelle des anderen für den Unterhalt eines Kindes sorgt.

Der BGH hat bisher offen gelassen, ob der familienrechtliche Ausgleichsanspruch die **533** Anwendung der schuldrechtlichen Vorschriften, insbesondere der §§ 683, 812 ff. BGB, ausschließt.[27] Er hat jedoch die Einschränkungen, denen der familienrechtliche Ausgleichsanspruch unterliegt, vor allem die entsprechende Anwendung der §§ 195, 197 II (früher § 197)

---

[18] BGH, FamRZ 1984, 775 = NJW 1984, 2158
[19] BGH, FamRZ 1984, 775, 777 = NJW 1984, 2158
[20] OLG Köln, FamRZ 2003, 251 mit Anm. Wever
[21] BGH, FamRZ 1995, 537 = R 493 b; FamRZ 1994, 1167
[22] OLG Celle, FamRZ 1999, 162
[23] FUR 2006, 333
[24] BGH, FamRZ 2002, 536, 541 = R 572 f; FamRZ 1997, 806; FamRZ 1988, 834
[25] Vgl. Wever, Vermögensauseinandersetzung der Ehegatten Rn. 897
[26] BGH, FamRZ 1960, 194
[27] BGH, FamRZ 1994, 1102, 1104 = R 480; FamRZ 1984, 775, 777

BGB, § 1613 BGB (vgl. unten Rn. 541 f.), auch dann eingreifen lassen, wenn der Ausgleich aus Geschäftsführung ohne Auftrag oder ungerechtfertigter Bereicherung hergeleitet wird.[28]

534   Der Forderungsübergang nach § 1607 II BGB erlaubt einen Ausgleich der Unterhaltsleistungen, die ein Elternteil anstelle des anderen für das Kind erbracht hat, nur dann, wenn die Rechtsverfolgung im Inland ausgeschlossen oder erheblich erschwert ist. Auf diese Anspruchsvoraussetzung kann nicht verzichtet werden. Dies hindert den Elternteil aber nicht daran, einen familienrechtlichen Ausgleichsanspruch geltend zu machen.[29] Zu § 1607 BGB vgl. Rn. 546 ff.

534 a   Ein Elternteil kann **Erstattung** geschuldeter Unterhaltsleistungen **von dem Kind** selbstverständlich weder über § 812 BGB noch mit Hilfe des familienrechtlichen Ausgleichsanspruchs verlangen. Nur ausnahmsweise kommt in engen Grenzen ein Ersatzanspruch nach § 1648 BGB hinsichtlich solcher Aufwendungen in Betracht, die ein Elternteil über den Unterhalt hinaus erbracht hat. Entscheidend ist nicht, ob die Aufwendung notwendig war, sondern ob der Elternteil sie nach den Umständen, insbesondere den Vermögensverhältnissen des Kindes, entsprechend dem Haftungsmaßstab des § 1664 I BGB subjektiv für erforderlich halten durfte. Anders als im Rahmen des § 685 BGB besteht keine tatsächliche Vermutung dafür, dass dem Elternteil die Absicht fehlt, von dem Kind Ersatz zu verlangen.[30]

2. Erfüllung einer dem anderen Elternteil obliegenden Unterhaltspflicht

535   Der Elternteil, der den Unterhalt für das Kind geleistet hat, muss anstelle des anderen Elternteils gehandelt, also mit seiner Leistung eine im Innenverhältnis der Eheleute zueinander **dem anderen obliegende Verpflichtung** gegenüber dem Kind **erfüllt** haben.[31] Im Rahmen des Ausgleichsanspruchs muss daher geprüft werden, ob der andere Elternteil dem Kind unterhaltspflichtig, insbesondere ob er in dem Zeitraum, für den der Ausgleich verlangt wird, leistungsfähig war.[32] Waren beide Elternteile barunterhaltspflichtig, muss ihr Haftungsanteil nach § 1606 III 1 BGB ermittelt werden (vgl. Rn. 289 ff., 433 ff.). Der Ausgleichsanspruch ist dann nur insoweit begründet, als der andere Elternteil sich am Unterhalt zu beteiligen hatte.

536   Der Elternteil, der anstelle des anderen leistet, erbringt dem Kind in der Regel keinen Barunterhalt, sondern **Naturalunterhalt,** indem er den gesamten Lebensbedarf des Kindes in seinem Haushalt sicherstellt. Die Entscheidungen, in denen der BGH das Institut des familienrechtlichen Ausgleichsanspruchs entwickelt hat, betrafen gerade derartige Fallgestaltungen.[33] Nicht verständlich ist daher, dass der BGH – ohne Auseinandersetzung mit diesen Urteilen – die Auffassung vertritt, dass ein „Elternteil, der einem gemeinsamen ehelichen Kind Betreuungs- und Barleistungen erbracht hat, ... vom anderen Elternteil ... grundsätzlich nur Erstattung geleisteten Barunterhalts, nicht dagegen Ersatz für geleistete Betreuung verlangen" kann.[34] Der BGH übersieht, dass es bei derartigen Fallgestaltungen nicht um Ersatz des Betreuungsunterhalts geht, sondern um die Erstattung des Aufwandes, der dem Elternteil durch die Gewährung des Unterhalts in Natur entstanden ist (zum Bar-, Betreuungs- und Naturalunterhalt vgl. Rn. 8 ff.).[35] Wechselt ein Kind vom einen Elternteil zum anderen, ist die Erfüllung des Unterhaltsanspruchs des Kindes durch Gewährung von Naturalunterhalt im Wege der Vollstreckungsklage, nicht dagegen durch Abänderungsklage geltend zu machen. Vgl. dazu Rn. 543. Wäre die Auffassung des BGH[36] richtig, würde das Institut des familienrechtlichen Ausgleichsanspruchs weitgehend gegenstandslos werden. Vgl.

[28] BGH, FamRZ 1994, 1102, 1104 = R 480; FamRZ 1984, 775, 777
[29] BGH, FamRZ 1989, 850
[30] BGH, FamRZ 1998, 367, 368 = R 517a hinsichtlich des Kaufs eines Pkws für ein vermögendes Kind
[31] BGH, FamRZ 1981, 761 = NJW 1981, 2348
[32] BGH, FamRZ 1960, 194, 197
[33] BGH, FamRZ 1984, 775; FamRZ 1968, 450; FamRZ 1960, 194
[34] BGH, FamRZ 1994, 1102 = R 480 mit Anm. Scholz, FamRZ 1994, 1314
[35] Scholz, FamRZ 1994, 1314
[36] FamRZ 1994, 1102 = R 480 mit Anm. Scholz, FamRZ 1994, 1314

auch Rn. 543. Nach Auffassung des OLG Frankfurt[37] soll der Aufwand, dessen Erstattung der betreuende Elternteil verlangen kann, nach der Düsseldorfer Tabelle ermittelt werden, und zwar auf der Basis seines Einkommens, nicht dagegen auf der Grundlage des Einkommens des barunterhaltspflichtigen Elternteils.

Der Ehegatte, der für den Unterhalt eines gemeinsamen Kindes aufgekommen ist, kann **537** nur Ausgleich verlangen, wenn er zurzeit der Leistung die **Absicht** hatte, **Ersatz zu verlangen** (§ 1360 b BGB).[38] Dies gilt auch für getrennt lebende Eheleute (§ 1361 IV 4 BGB).[39] Der BGH neigt offenbar dazu, § 1360 b BGB nach der Scheidung nicht mehr anzuwenden, hat dies aber letztlich offengelassen.[40] Die Absicht, Ersatz zu verlangen, wird nicht vermutet. Jedoch sind an die Darlegung und den Beweis dieser Absicht für die Zeit nach der Trennung der Ehegatten keine hohen Anforderungen zu stellen, da in der Regel nicht anzunehmen ist, dass ein getrennt lebender Ehegatte den anderen begünstigen will. Zu § 1360 b BGB vgl. auch Rn. 3/92 ff. Bei nicht verheirateten Eltern gilt § 1360 b BGB nicht. Gleichwohl dürfte ein Erstattungsanspruch ausscheiden, wenn ein Elternteil für den Unterhalt eines gemeinsamen Kindes während des Zusammenlebens mehr aufgewendet hat, als ihm nach dem Gesetz obliegt. Denn nach der Rechtsprechung des BGH[41] werden persönliche und wirtschaftliche Leistungen der Partner einer nichtehelichen Lebensgemeinschaft nicht gegeneinander aufgerechnet und daher grundsätzlich nicht ausgeglichen.

Die Frage, ob das Kind einen Unterhaltsanspruch oder der bisher betreuende Elternteil **538** einen familienrechtlichen Ausgleichsanspruch gegen den anderen Elternteil geltend machen kann, gewinnt praktische Bedeutung insbesondere dann, wenn das Kind während eines Unterhaltsprozesses **volljährig wird oder zum anderen Elternteil wechselt**. In beiden Fällen erlischt die Vertretungsmacht des bisher betreuenden Elternteils, entweder durch Eintritt der Volljährigkeit oder durch Obhutswechsel (§ 1629 II 2 BGB). Damit endet auch die gesetzliche Prozessstandschaft nach § 1629 III 1 BGB. Ein Prozess ist von dem volljährigen Kind oder bei einem Minderjährigen von einem Ergänzungspfleger fortzuführen. Vgl. dazu am Ende der Rn.

Das **volljährige Kind** kann den künftigen und den rückständigen Unterhalt allein gegen den pflichtigen Elternteil geltend machen. Über die Verwendung des künftigen Unterhalts entscheidet es allein. Der rückständige Unterhalt gebührt dagegen im Innenverhältnis dem bisher betreuenden Elternteil, wenn und soweit er bisher für den Unterhalt des Kindes in Natur aufgekommen ist (vgl. zum Naturalunterhalt Rn. 9). Ihm steht ein familienrechtlicher Ausgleichsanspruch gegen den anderen Elternteil zu. Die **Konkurrenz** dieses Anspruchs **zu dem fortbestehenden Unterhaltsanspruch** des Kindes wird am besten über das Institut der Gesamtgläubigerschaft (§ 428 BGB) gelöst.[42] Der Schuldner kann nach Belieben an einen der Gesamtgläubiger leisten. Das volljährige Kind ist gemäß §§ 242, 1618 a BGB verpflichtet, vom Pflichtigen eingehende Beträge an den bisher betreuenden Elternteil abzuführen. Darüber hinaus ist es gehalten, den Unterhaltsanspruch für die Zeit der Minderjährigkeit an ihn abzutreten.[43] Ist dagegen der Unterhalt durch Leistungen der Grundsicherung für Arbeitsuchende oder durch Sozialhilfe sichergestellt worden, ist der Anspruch auf den Träger der Grundsicherung oder den Sozialhilfeträger übergegangen (§ 33 SGB II, § 94 SGB XII) und kann vom Kind nicht mehr abgetreten werden. Der von Gießler[44] aufgezeigte Weg, dass der betreuende Elternteil gemäß § 267 BGB nachträglich bestimmt, dass mittels des ihm geleisteten Unterhalts der Anspruch des Kindes gegen den Verpflichteten getilgt werden sollte, ist m. E. nicht gangbar. Einmal leistet der betreuende Elternteil entgegen Gießler nicht anstelle des anderen Barunterhalt, sondern Natural- und Betreuungsunterhalt (vgl. dazu Rn. 8 ff.,

[37] FamRZ 1999, 1450; dagegen Wever, Vermögensauseinandersetzung, Rn. 924
[38] BGH, FamRZ 1989, 850, 852
[39] BGH, FamRZ 1968, 450
[40] BGH, FamRZ 1989, 850, 852
[41] FamRZ 2005, 1151
[42] A. A. Gießler, FamRZ 1994, 800, 805
[43] Gießler, FamRZ 1994, 800, 805
[44] Gießler, FamRZ 1994, 800, 806; ebenso OLG Frankfurt, FamRZ 1999, 1450; OLG Karlsruhe, FamRZ 1998, 1190; OLG Koblenz, FamRZ 2002, 1281

536). Zum anderen bedarf es einer solchen Tilgungsbestimmung nicht, um den familienrechtlichen Ausgleichsanspruch zu begründen. Die Absicht des betreuenden Elternteils, für
seine Aufwendungen vom anderen Ersatz zu verlangen, ergibt sich aus der Tatsache, dass er
namens des Kindes Unterhalt gefordert hatte.[45] Vgl. dazu Rn. 537, 541.

Dieselben Grundsätze gelten für das **minderjährige Kind** nach einem Obhutswechsel.
Es wird in der Regel notwendig sein, für das Kind einen Ergänzungspfleger zu bestellen
(§ 1909 BGB). Der nunmehr betreuende Elternteil ist nicht befugt, im Namen des Kindes
dessen Unterhaltsanspruch gegen sich selbst an den anderen abzutreten (§ 1629 II 1 BGB).[46]
Zwar gilt § 1629 III 1 BGB auch für Passivprozesse, z. B. für einen Rechtsstreit, mit dem das
Kind auf Abänderung eines Titels über Kindesunterhalt in Anspruch genommen wird.[47]
Darum geht es hier aber nicht. Ob nach Obhutswechsel während eines Unterhaltsrechtsstreits der bisher vertretungsberechtigte Elternteil selbst als Partei in den Prozess
eintreten und nach Parteiwechsel einen familienrechtlichen Ausgleichsanspruch gegen den
anderen Elternteil geltend machen kann, ist noch nicht abschließend geklärt.[48]

3. Ausgleich von Kindergeld und anderen staatlichen kinderbezogenen Leistungen

539　　**a) Kindergeldausgleich.** Das den Eltern je zur Hälfte zustehende Kindergeld wurde **bis
zum 31. 12. 2007** nach § 1612 b I, II BGB a. F. über den Kindesunterhalt ausgeglichen.
Vgl. dazu Rn. 499. Ein weiterer Ausgleich zwischen den Eltern, auch für die Vergangenheit,
fand grundsätzlich nicht statt. Jedoch konnte einem Elternteil ausnahmsweise ein familienrechtlicher Ausgleichsanspruch zustehen, wenn das Kindergeld nicht entsprechend § 1612 b
BGB a. F. mit dem Kindesunterhalt verrechnet worden war, insbesondere wenn das Kindergeld entgegen §§ 62 ff. EStG an einen anderen Berechtigten als dort vorgesehen ausgezahlt
worden war, z. B. an den nicht betreuenden Elternteil.

Nach § 1612 b V BGB a. F. unterblieb die Anrechnung des Kindergeldes, wenn und
soweit der Barunterhaltspflichtige nicht in der Lage war, Unterhalt in Höhe des Existenzminimums von 135% des Regelbetrages (abzüglich des hälftigen Kindergeldes) zu zahlen.
Vgl. dazu Rn. 499). Durch diese Vorschrift wurde die Anrechnung des Kindergeldes und
demgemäß auch der entsprechende familienrechtliche Ausgleichsanspruch beschränkt. Dem
Unterhaltspflichtigen wurde zugemutet, seinen Kindergeldanteil für den Unterhalt des
Kindes einzusetzen, wenn andernfalls dessen Existenzminimum nicht gesichert gewesen
wäre. Ihm wurde daher eine Leistung des Staates indirekt wieder entzogen.[49]

539 a　　**Seit dem 1. 1. 2008** ist das Kindergeld, soweit es nach § 1612 b I BGB n. F. zur Deckung
des Barbedarfs des Kindes zu verwenden ist, unterhaltsrechtliches Einkommen des Kindes
und nicht der Eltern. Es mindert insoweit den Unterhaltsanspruch des Kindes. Wird das
Kindergeld entgegen der Zweckbindung nicht für den Barbedarf des Kindes verwendet, hat
dieses einen Anspruch auf Auskehr gegen denjenigen Elternteil, der das Kindergeld bezieht
(Rn. 501). Eines Ausgleichs zwischen den Eltern bedarf es dann nicht. Das Institut des
familienrechtlichen Ausgleichsanspruchs braucht in aller Regel nicht mehr herangezogen zu
werden. Ein solcher Ausgleichsanspruch des einen Elternteils gegen den anderen kommt
allerdings in Betracht, wenn und soweit das Kind keinen Anspruch auf Auskehr des Kindergeldes hat, insbesondere bei folgenden Fallgestaltungen:

- Wechselt das minderjährige Kind aus der Obhut des einen Elternteils, z. B. der Mutter, in
  den Haushalt des anderen, also des Vaters, kommt es häufig vor, dass die Mutter das
  Kindergeld noch geraume Zeit weiter bezieht, sei es, weil die Familienkasse nicht rechtzeitig informiert wird, sei es, weil die Bearbeitung bei der Kasse nicht alsbald erfolgt und
  demgemäß die Zahlung des Kindergeldes an den Vater erst nach mehreren Monaten
  aufgenommen wird. In einem solchen Fall kann das Kind – soweit die Voraussetzungen
  des § 1613 I BGB vorliegen, ab Obhutswechsel – von der Mutter den Unterhalt nach der

---

[45] BGH, FamRZ 1989, 850, 852; vgl. auch OLG Frankfurt FamRZ 2007, 909
[46] Gießler, FamRZ 1994, 800, 807
[47] KG, FamRZ 1988, 313
[48] Vgl. dazu OLG Rostock FamRZ 2003, 933 mit kritischer Anm. Gießler FamRZ 2003, 1846
[49] BGH, FamRZ 2002, 536, 541 = R 572 f.

Düsseldorfer Tabelle verlangen. Die Hälfte des Kindergeldes kann nicht nach § 1612 b I 1 Nr. 1 BGB abgezogen werden, weil die Mutter das Kindergeld nicht für den Barunterhalt verwendet. Vielmehr hat sie die andere Hälfte des Kindergeldes, die ab Wechsel der Obhut dem betreuenden Vater zusteht, an diesen abzuführen. Dieser hat insoweit einen familienrechtlichen Ausgleichsanspruch gegen die Mutter. Aus praktischen Gründen sollte dieser Anspruch des Vaters, wie es vor Inkrafttreten des § 1612 b BGB in der Fassung des Kindesunterhaltsgesetzes[50] allgemeiner Übung entsprach,[51] direkt mit dem Kindesunterhalt ausgeglichen werden. Eines besonderen Prozesses des Vaters gegen die Mutter bedarf es dann nicht. Im Ergebnis schuldet also die Mutter den Tabellenunterhalt zuzüglich der Hälfte des Kindergeldes.[52] Zu beachten ist, dass die Familienkasse bei Wechsel der Obhut die Erstattung des zu Unrecht bezogenen Kindergeldes von dem bisher betreuenden Elternteil, hier der Mutter, verlangen kann (§ 37 II AO). Ein solcher Anspruch besteht jedoch nicht, wenn dieser Elternteil seinen unterhaltsrechtlichen Verpflichtungen nachgekommen ist und das Kindergeld an den anderen, hier den Vater, weitergeleitet hat. Mit dieser Weiterleitung wird nach öffentlichem Recht einerseits der Erstattungsanspruch der Familienkasse, andererseits der Anspruch des nunmehr betreuenden Elternteils, also des Vaters, gegen die Kasse auf Auszahlung des Kindergeldes erfüllt.[53] Bezieht ein Elternteil das Kindergeld für ein volljähriges Kind, ohne es für den Barunterhalt zu verwenden, hat das Kind selbst einen Anspruch auf Auskehr des Kindergeldes.

- Wird Kindergeld für ein Kind, insbesondere ein volljähriges Kind, gewährt, obwohl dessen Unterhaltsbedarf gedeckt ist und daher kein Unterhaltsanspruch besteht, hat der Elternteil, der das Kindergeld nicht erhält, einen Ausgleichsanspruch gegen den anderen in Höhe der Hälfte des Kindergeldes. Insoweit kann auf Rn. 513 verwiesen werden.

b) Ausgleich anderer Vergünstigungen zwischen den Eltern. Andere Vergünstigungen, die Eltern für das Kind zustehen, sind nicht wie das Kindergeld auszugleichen. Sie erhöhen vielmehr das Einkommen des Empfängers und wirken sich dadurch auf die Höhe des Kindesunterhalts, ggf. auch auf die Höhe sonstiger Unterhaltsansprüche aus. Dies gilt zunächst für die in Rn. 498 aufgeführten Einkommensteile, insbesondere die kinderbezogenen Teile des **Familienzuschlags** zum Gehalt des Beamten, Richters und Soldaten. Auch die **Freibeträge** nach § 32 VI 1 EStG, die sich nicht beim Lohnsteuerabzug, wohl aber bei Solidaritätszuschlag und Kirchensteuer auswirken, jedoch im Rahmen der Einkommensteuerveranlagung berücksichtigt werden (Rn. 488), erhöhen allein das Einkommen desjenigen Elternteils, dem sie gewährt werden. Steuerrechtlich stehen sie jedem Elternteil zur Hälfte zu. Zur Übertragung der Freibeträge auf den anderen Elternteil Rn. 494. **540**

4. Einschränkungen des familienrechtlichen Ausgleichsanspruchs

Da es sich bei den mit Hilfe des familienrechtlichen Ausgleichsanspruchs geforderten **541** Beträgen wirtschaftlich um rückständige Unterhaltsleistungen handelt (vgl. Rn. 529), besteht der Anspruch für die Vergangenheit nur in den Grenzen des § 1613 I BGB,[54] wenn nicht ausnahmsweise die Voraussetzungen des § 1613 II BGB gegeben sind. Er darf also erst ab Aufforderung zur Auskunft über Einkommen und Vermögen, ab **Verzug** oder ab Rechtshängigkeit zugesprochen werden. Vgl. dazu Rn. 6/100 ff. Es reicht allerdings aus, wenn der verpflichtete Elternteil durch eine Unterhaltsklage des Kindes, gesetzlich vertreten durch den ausgleichsberechtigten Elternteil, von seiner Zahlungsverpflichtung unterrichtet worden ist.[55] Dies hat insbesondere Bedeutung in den Fällen, in denen das Kind von einem Elternteil zum anderen gewechselt und diesem daraufhin das Sorgerecht übertragen worden ist. Vgl. dazu Rn. 538.

---

[50] Vom 6. 4. 1998 –BGBl. I 666
[51] Wendl/Scholz, 4. Aufl., 2/500
[52] So im Ergebnis auch Vossenkämper FamRZ 2008, 201, 208
[53] Vgl. dazu DA-FamEStG 64.4 IV – VIII BStBl. I 2004, 742, geändert am 13. 6. 2006 BStBl. I 489; FG Köln, FamRZ 2001, 1566; Linderer in Heiß/Born, Unterhaltsrecht, 44 Rn. 49
[54] BGH, FamRZ 1984, 775 ff.
[55] BGH, FamRZ 1989, 850, 852

Beispiel:
Das Kind, gesetzlich vertreten durch die betreuende Mutter (M), hat durch Urteil Unterhalt seit 1. 1. 2005 erstritten. Der Vater (V) zahlt den Unterhalt trotz ausreichenden Einkommens nicht. Am 1. 8. 2007 wechselt das Kind zu V. Diesem wird im Oktober 2007 das alleinige Sorgerecht übertragen. M, die aus dem Urteil über Kindesunterhalt mangels Vertretungsbefugnis nicht vollstrecken darf, kann von V Ersatz des von ihr sichergestellten Unterhalts für die Zeit vom 1. 1. 2005 bis 31. 7. 2007 im Weg des familienrechtlichen Ausgleichsanspruchs verlangen.

542   Der Ausgleichsanspruch richtet sich auf wiederkehrende Leistungen; er unterliegt damit der **dreijährigen Verjährung** nach §§ 195, 197 II BGB (bis zum 31. 12. 2001 der vierjährigen Verjährung nach § 197 BGB a. F.).[56] Die Verjährung beginnt mit dem Schluss des Jahres, in dem der Anspruch entstanden ist und in dem der Gläubiger von den den Anspruch begründenden Umständen Kenntnis erlangt hat oder ohne grobe Fahrlässigkeit Kenntnis hätte erlangen können (§ 199 I Nr. 1, 2 BGB). Solange die Ehe zwischen den Eltern besteht, ist die Verjährung gehemmt (§ 207 I S. 1 BGB).[57] Zur Anwendung des seit dem 1. 1. 2002 geltenden Verjährungsrechts auf vor diesem Tag entstandene Ansprüche vgl. Art. 229 § 6 EGBGB.

543   Ein Elternteil darf durch Geltendmachung des familienrechtlichen Ausgleichsanspruchs nicht ein **Urteil** oder einen gerichtlichen Vergleich über den **Kindesunterhalt unterlaufen.** In dem Rechtsstreit über den Kindesunterhalt werden die Leistungsfähigkeit beider Eltern und der Umfang ihrer Haftung geprüft. Dieses Urteil kann daher bei fortbestehender Barunterhaltspflicht nur auf Grund einer Abänderungsklage veränderten Verhältnissen angepasst werden.[58] Anders ist es freilich, wenn der titulierte Anspruch auf Barunterhalt erloschen ist, weil das Kind zu dem früher barunterhaltspflichtigen Elternteil gezogen ist und nunmehr von ihm Naturalunterhalt erhält. Dieser kann das Erlöschen der Barunterhaltpflicht und die Gewährung des Unterhalts in Natur gegenüber dem Kind, das bei Minderjährigkeit durch einen Pfleger gesetzlich vertreten sein muss, jederzeit durch Vollstreckungsgegenklage (§ 767 ZPO) geltend machen, die nicht der Sperre des § 323 III ZPO unterliegt. Dann besteht aber kein Grund, dem Elternteil, der das Kind in seinen Haushalt aufgenommen und es in Natur unterhalten hat, den familienrechtlichen Ausgleichsanspruch gegen den anderen Elternteil zu versagen.[59] Vgl. dazu oben Rn. 536.

5. Verzinsung des Ausgleichsanspruchs

544   Der Ausgleichsanspruch ist ab Verzug oder Rechtshängigkeit zu verzinsen (§§ 288 I, 291 BGB). Die Geltendmachung des Unterhaltsanspruchs des Kindes, gesetzlich vertreten durch den ausgleichsberechtigten Ehegatten, reicht nicht aus (vgl. zur Problematik des § 1360 b BGB Rn. 537).[60] Eine Verzinsung nach § 256 S. 1 BGB hat der BGH abgelehnt, weil der ausgleichsberechtigte Ehegatte durch Sicherstellung des Kindesunterhalts keine Aufwendungen im Sinne dieser Vorschrift, also keine freiwilligen Vermögensopfer im Interesse eines anderen, erbracht habe.[61] Damit setzt sich der BGH allerdings in Widerspruch zu seiner grundlegenden Entscheidung vom 9. 12. 1959,[62] die unbefangen von Aufwendungen spricht. Gleichwohl ist die Ablehnung des Zinsanspruchs nach § 256 BGB zutreffend, weil die weitgehende Zinspflicht nach dieser Vorschrift nicht vereinbar ist mit der besonderen Natur des familienrechtlichen Ausgleichsanspruchs, der auf der Unterhaltpflicht beider Eltern gegenüber dem Kind und der Notwendigkeit beruht, die Unterhaltslast im Innenverhältnis zwischen den Eltern gerecht zu verteilen.[63]

---

[56] BGH, FamRZ 1960, 194 ff.
[57] BGH, FamRZ 1960, 194 ff.
[58] BGH, FamRZ 1994, 1102 = R 480 mit Anm. Scholz, FamRZ 1994, 1314; FamRZ 1981, 761
[59] Scholz, FamRZ 1994, 1314, 1316; a. A. BGH, FamRZ 1994, 1102, 1104 = R 480; Wever, Vermögensauseinandersetzung, Rn. 918
[60] BGH, FamRZ 1989, 850, 853
[61] BGH, FamRZ 1989, 850, 853
[62] BGH, FamRZ 1960, 194
[63] So mit Recht BGH, FamRZ 1989, 850, 853

V. Ersatzhaftung; gesetzlicher Forderungsübergang nach § 1607 BGB

1. Reihenfolge der Haftung beim Kindesunterhalt

Nach § 1606 II BGB haften unter den Verwandten der aufsteigenden Linie die näheren **545** vor den entfernteren. Zunächst haben also die Eltern für den Unterhalt des Kindes aufzukommen, bevor eine Inanspruchnahme anderer Verwandter, insbesondere der Groß- oder gar der Urgroßeltern, in Betracht kommt.[64] Wenn ein Elternteil nicht leistungsfähig ist oder sich der Unterhaltspflicht entzieht, erhöht sich der Haftungsanteil des anderen (§ 1606 III 1 BGB).[65] Dies gilt auch dann, wenn ein Elternteil ein minderjähriges Kind betreut. § 1606 III 2 BGB, der die Betreuung als Unterhaltsgewährung ausreichen lässt, gilt nur im Verhältnis der Eltern zueinander, nicht aber im Verhältnis zu den nachrangig haftenden Großeltern.[66] Die betreuende Mutter muss daher, wenn der Vater erkrankt und deshalb nicht leistungsfähig ist, trotz der Betreuung kleiner Kinder eine Erwerbstätigkeit annehmen und für den Unterhalt der Kinder sorgen, soweit ihr dies möglich ist. Für die Erwerbsobliegenheit des betreuenden Elternteils gelten die in Rn. 50 ff. dargestellten Maßstäbe. Eine Ersatzhaftung der Großeltern kommt erst dann in Betracht, wenn der betreuende Elternteil den Bedarf des Kindes nicht decken kann.[67] Eine Haftung nach Verwandtschaftsstämmen (vgl. § 1924 BGB) ist in § 1606 II BGB nicht vorgesehen. Vielmehr haften alle noch lebenden Großeltern für den von den Eltern nicht gedeckten Bedarf des Enkelkindes nach Maßgabe ihrer Erwerbs- und Vermögensverhältnisse. Vgl. dazu Rn. 550.

2. Primäre Haftung nachrangig Verpflichteter

Nach § 1607 I BGB hat ein nachrangig haftender Verwandter Kindesunterhalt zu zahlen, **546** wenn der zunächst Verpflichtete nach § 1603 BGB nicht leistungsfähig und daher nicht unterhaltspflichtig ist. Die Vorschrift ordnet eine originäre Unterhaltspflicht des nachrangig haftenden Verwandten an. Daher besteht **keine Rückgriffsmöglichkeit** gegen den zunächst verpflichteten, aber nicht leistungsfähigen Verwandten, selbst wenn dieser später wieder leistungsfähig wird.[68] Deshalb geht auch der Unterhaltsanspruch des Kindes, anders als bei § 1607 II BGB (Rn. 554), nicht auf den nachrangig haftenden Verwandten über, wenn dieser den Unterhalt des Berechtigten sicherstellt. Die Ersatzhaftung der Großeltern greift insbesondere ein, wenn die Eltern den Unterhalt für ein minderjähriges oder privilegiert volljähriges Kind nicht aufbringen können. Dies ist bei getrennt lebenden Eltern, die für ein minderjähriges oder privilegiert volljähriges Kind zu sorgen haben, der Fall, wenn ihr notwendiger Selbstbehalt nach der Düsseldorfer Tabelle Stand: 1. 1. 2008 von jeweils 900,– € bzw. von 770,– € nicht gewahrt ist (vgl. Rn. 264, 464). Bei zusammen lebenden Eltern, die minderjährigen oder privilegiert volljährigen Kindern unterhaltspflichtig sind, ist bei einem Elternteil auf den notwendigen Selbstbehalt von 900,– € bzw. 770,– € abzustellen. Bei dem anderen Elternteil sollte wegen der Ersparnis durch die gemeinsame Haushaltsführung ein niedrigerer notwendiger Eigenbedarf angesetzt werden. Hier empfiehlt es sich, die Beträge zugrunde zu legen, die in B VI der Düsseldorfer Tabelle Stand: 1. 7. 2007 enthalten waren und sich für den erwerbstätigen Elternteil auf 650,– € bzw. für den nicht erwerbstätigen auf 560,– € beliefen.[69]

---

64 BGH, FamRZ 2006, 26, 28 = R 637a mit Anm. Duderstadt; Johannsen/Henrich/Graba, § 1606 Rn. 3; § 1607 Rn. 3
65 BGH, NJW 1971, 2069; a. A. Gerhardt, Handbuch des Fachanwalts Familienrecht Kap. 6 Rn. 208 d
66 OLG Frankfurt FamRZ 2004, 1745; OLG Schleswig FamRZ 2004, 1058 mit Anm. Luthin; OLG Thüringen FamRZ 2006, 569
67 Schwab/Borth, Scheidungsrecht IV Rn. 1196
68 Schwab/Borth, IV Rn. 1196
69 Ebenso die Leitlinien einiger Oberlandesgerichte; vgl. BrL (22.1); ähnlich NaL (22.1): 600,– bzw. 520,– €; OL (22.1): mindestens 560,– €

Bei nicht privilegiert volljährigen Kindern kommt es bei einem Elternteil auf den angemessenen Selbstbehalt an, der nach der Düsseldorfer Tabelle und den Leitlinien der Oberlandesgerichte 1100,– € beträgt (Rn. 417). Der angemessene Bedarf des anderen Elternteils sollte wegen der Ersparnis durch das Zusammenleben m. E. mit 75% von 1100,– €, also mit 825,– €, angesetzt werden. Vgl. dazu eingehend Rn. 3/79. Die Düsseldorfer Tabelle Stand: 1. 1. 2008 (B VI) geht dagegen wie die Leitlinien etlicher Oberlandesgerichte (22.2) von einem angemessenen Eigenbedarf von 800,– € aus. Wenn die Eltern bei Zahlung des Kindesunterhalts zwar ihren notwendigen Selbstbehalt wahren könnten, nicht aber ihren angemessenen Eigenbedarf, so können die Großeltern als andere unterhaltspflichtige Verwandte (Rn. 273) an ihrer Stelle zum Unterhalt verpflichtet sein, wenn sie in der Lage sind, den Unterhalt der Enkel ohne Gefährdung ihres eigenen (erhöhten) angemessenen Selbstbehalts aufzubringen (§ 1603 II 3 BGB).[70] Vgl. dazu Rn. 548.

547   Der **Bedarf der Enkel** richtet sich nach den Lebensverhältnissen der Eltern (vgl. dazu Rn. 116, 273), nicht der Großeltern.[71] Lebt das Kind im Haushalt der Großeltern, wird man seine Lebensstellung jedoch an den besseren Einkommensverhältnissen der Großeltern ausrichten können.[72] Wenn die Eltern nicht leistungsfähig sind, wird der Bedarf ihrer Kinder kaum über den Mindestunterhalt nach § 1612a I BGB, § 36 Nr. 4 EGZPO, der den Richtsätzen der 1. Einkommensgruppe der Düsseldorfer Tabelle entspricht, hinausgehen. Daher werden die Großeltern, auch wenn sie selbst in guten wirtschaftlichen Verhältnissen leben, in aller Regel nur in dieser Höhe Unterhalt für ihre Enkel zu zahlen haben. Dies gilt auch dann, wenn gegen die Eltern oder einen Elternteil höherer Kindesunterhalt tituliert ist, weil der Unterhaltstitel im Verhältnis zu den Großeltern keine Wirkung entfaltet, er zudem auf einem zu hohen früheren Einkommen der Eltern beruhen dürfte und die Kinder ein Absinken des Einkommens ihrer Eltern mitzutragen haben (Rn. 116). Zum Unterhaltsanspruch gegen die Großeltern bei Ansatz eines fiktiven Einkommens vgl. Rn. 554.

548   Die Großeltern haften anteilig nach ihren Erwerbs- und Vermögensverhältnissen (§ 1606 III 1 BGB). Vgl. Rn. 550. Sie können sich gegenüber ihren Enkeln auf ihren **angemessenen Selbstbehalt** berufen (§ 1603 I BGB). Eine gesteigerte Unterhaltspflicht gegenüber minderjährigen und privilegiert volljährigen Kindern besteht nicht. Im Gegenteil ist der angemessene Selbstbehalt der Großeltern höher als derjenige anzusetzen, der den Eltern mit 1100,– € nach A Anm. 5 II der Düsseldorfer Tabelle Stand: 1.1.2008 und den Leitlinien der Oberlandesgerichte (21.3.1) verbleibt (vgl. Rn. 417). Jedem Großelternteil ist mindestens entsprechend D I der Düsseldorfer Tabelle ein Selbstbehalt von 1400,– € gegenüber seinen Enkeln zuzubilligen; bei zusammen lebenden Großeltern ist der Bedarf eines von ihnen wegen der Ersparnis durch gemeinsame Haushaltsführung auf 1050,– € zu ermäßigen.[73] Ob diese Beträge wie beim Elternunterhalt um die Hälfte des Mehreinkommens zu erhöhen sind, hat der BGH bisher offen gelassen. Vgl. dazu Rn. 273. Auch zum Einsatz des Vermögens, insbesondere zur Bildung von Rücklagen für eine angemessene Altersversorgung,[74] kann auf die Rechtsprechung des BGH zum Elternunterhalt zurückgegriffen werden.

549   **Einkünfte** des Kindes sind anzurechnen. **Sozialhilfe** ist subsidiär und daher kein anzurechnendes Einkommen. Dem steht nicht entgegen, dass der Unterhaltsanspruch des Enkels gegen die Großeltern nach § 94 I 3 SGB XII nicht auf den Sozialhilfeträger übergeht.[75] Vgl. dazu Rn. 8/68, 128. Daher kann das Enkelkind seine Großeltern für die Zukunft ohne Anrechnung der Sozialhilfe auf Unterhalt in Anspruch nehmen. Jedoch darf das Sozialamt es nicht auf den Unterhaltsanspruch gegen die Großeltern verweisen und deshalb Sozialhilfe verweigern. Vgl. Rn. 8/7. Für die Vergangenheit wird die Geltendmachung eines Unterhaltsanspruchs nach § 242 BGB einzuschränken sein. Vgl. dazu Rn. 8/128. Arbeitslosengeld II und Sozialgeld nach dem SGB II sind gleichfalls gegenüber dem Unterhaltsanspruch subsidiär. Vgl. dazu Rn. 8/235. **Unterhaltsvorschuss** ist im Verhältnis zu den Großeltern

---

[70] BGH, FamRZ 2006, 26, 28 = R 637a mit Anm. Duderstadt
[71] OLG Karlsruhe, FamRZ 2001, 782; Schwab/Borth IV Rn. 1196
[72] Palandt/Diederichsen, § 1607 Rn. 7
[73] BGH, FamRZ 2006, 26, 28 = R 637e mit Anm. Duderstadt; 2006, 1099
[74] BGH, FamRZ 2006, 1511= R 658 mit Anm. Klinkhammer
[75] BGH, FamRZ 1999, 843 = R 533a; FamRZ 2000, 1358 = R 543a

anzurechnendes Einkommen, da der Vorschuss nicht von den Einkünften der Großeltern abhängt und eine dem § 2 SGB XII entsprechende Vorschrift im UVG fehlt. Dies gilt sowohl für bereits gezahlten als auch für noch zu gewährenden Vorschuss. Er ist nur im Verhältnis zum barunterhaltspflichtigen Elternteil subsidiär (vgl. §§ 1 I Nr. 3, 2 III Nr. 1 UVG). Vgl. dazu Rn. 8/267, 270. Die Großeltern können das Enkelkind daher auf Unterhaltsvorschuss als erzielbares Einkommen verweisen, wenn es bei einem allein erziehenden Elternteil lebt. Sie haften dann nur für den darüber hinaus gehenden Bedarf. Zur Ausbildungsförderung nach dem BAföG als einzusetzendes Einkommen beim Enkelunterhalt vgl. Rn. 8/279.

Alle Großeltern haften für den Unterhalt der Enkel **anteilig** nach ihren Erwerbs- und **550** Vermögensverhältnissen (§ 1606 III 1 BGB); eine Haftung nach Stämmen ist nicht vorgesehen (Rn. 545).[76] Wenn das minderjährige Enkelkind von einem Großelternteil betreut wird, kann sich dieser in entsprechender Anwendung des § 1606 III 2 BGB im Verhältnis zu den anderen Großeltern darauf berufen, dass er seine Unterhaltspflicht durch Betreuung erfüllt. Die obigen Ausführungen (Rn. 545) stehen nicht entgegen, da es hier um das Verhältnis zwischen gleichrangig haftenden Schuldnern geht.

Die **Darlegungs- und Beweislast** für mangelnde Leistungsfähigkeit des zunächst Haf- **551** tenden trifft nicht den in Anspruch genommenen nachrangigen Verwandten, sondern den Berechtigten.[77]

§ 1607 I BGB hat im **Verhältnis der Eltern** zueinander keine Bedeutung. Ein Elternteil, **552** der nicht leistungsfähig ist, haftet schon nach § 1606 III 1 BGB nicht auf Barunterhalt, da seine Erwerbs- und Vermögensverhältnisse dies nicht erlauben.[78]

Hat ein volljähriges Kind seinen Unterhaltsanspruch gegen einen Verwandten durch **553** **Verwirkung** ganz oder teilweise verloren, kann es aus diesem Grund nicht einen anderen Verwandten auf Unterhalt in Anspruch nehmen (§ 1611 III BGB). Vgl. Rn. 485 a. Zur Aushilfshaftung eines Verwandten, wenn das Kind seinen Unterhaltsanspruch gegen den Ehegatten (Lebenspartner) nach § 1579 BGB verwirkt oder auf nachehelichen bzw. nachpartnerschaftlichen Unterhalt verzichtet hat, vgl. Rn. 606.

3. Subsidiäre Haftung nachrangig Verpflichteter

§ 1607 II BGB sieht eine Aushilfshaftung des gleich- oder nachrangigen Verwandten vor, **554** wenn der Primärschuldner zwar leistungsfähig ist oder sich als leistungsfähig behandeln lassen muss, die Rechtsverfolgung gegen ihn aber im Inland ausgeschlossen oder erheblich erschwert ist. Dies gilt zunächst im Verhältnis der **Eltern** zueinander. So muss die ein minderjähriges Kind betreuende Mutter bei unbekanntem Aufenthalt des leistungsfähigen Vaters auch den Barunterhalt des Kindes sicherstellen.[79] Eine Ersatzhaftung der Großeltern, und zwar sowohl der väterlichen wie der mütterlichen Linie kommt erst in Betracht, wenn die Mutter hierzu nicht in der Lage ist (Rn. 545) oder die Voraussetzungen des § 1603 II 3 BGB vorliegen (Rn. 273, 546). Ausgeschlossen ist die Rechtsverfolgung vor allem, wenn ein **nichteheliches Kind** vor Feststellung oder Anerkennung der Vaterschaft Unterhaltsansprüche gegen seinen Vater einklagen will. Die Rechtswirkungen der Vaterschaft können erst ab Anerkennung oder gerichtlicher Feststellung geltend gemacht werden, soweit sich aus dem Gesetz nicht ein anderes ergibt (§§ 1594 I, 1600 d IV BGB).[80] Dies gilt auch dann, wenn die Vaterschaft des Dritten unstreitig ist oder wenn dieser entgegen §§ 242, 826 BGB die offensichtliche Vaterschaft bestreitet.[81] Vgl. Rn. 1 a. Vor Anerkennung oder Feststellung der Vaterschaft kann sich das Kind nur nach § 1607 II BGB an die Mutter, ersatzweise an

---

[76] OLG Frankfurt FamRZ 2004, 1745; OLG Thüringen FamRZ 2006, 569
[77] BGH, FamRZ 1981, 347; vgl. auch BGH FamRZ 2006, 26, 30 = R 637 f mit Anm. Duderstadt
[78] Ebenso im Ergebnis Johannsen/Henrich/Graba, § 1607 Rn. 3
[79] BGH, NJW 1971, 2069
[80] So zum früheren Recht BGH, FamRZ 1993, 696
[81] OLG Celle, NJW-RR 2000, 451; OLG Hamm, FamRZ 1989, 619; a. A. BGH vom 16. 4. 2008 – XII ZR 144/06 (bei Drucklegung noch nicht veröffentlicht); OLG Düsseldorf, FamRZ 2000, 1032; LG Halle, FamRZ 1999, 1295

die mütterlichen, nicht aber an die väterlichen Großeltern wenden. Nach Anerkennung oder Feststellung der Vaterschaft haften die väterlichen Verwandten auch für den Unterhalt, der bisher nicht gegen sie geltend gemacht werden konnte (§ 1613 II Nr. 2 a BGB); dies gilt aber nur für Unterhaltsansprüche, die nach Inkrafttreten des § 1613 II Nr. 2 a BGB, also nach dem 1. 7. 1998, entstanden sind.[82] Erheblich erschwert ist die Rechtsverfolgung im Inland vor allem bei Auslands- oder bei unbekanntem Aufenthalt des Schuldners, aber auch dann, wenn ein Urteil voraussichtlich nicht wird vollstreckt werden können, weil der Pflichtige nur **auf Grund fiktiven Einkommens** verurteilt worden ist, er aber tatsächlich den Unterhalt nicht leisten kann, z. B. weil er weder über effektives Einkommen noch über Vermögen verfügt und daher Sozialhilfe oder Arbeitslosengeld II bezieht.[83] Dies ist vom unterhaltsberechtigten Kind darzulegen und ggf. zu beweisen.[84] Eine erhebliche Erschwerung der Rechtsverfolgung liegt ferner vor, wenn von dem Berechtigten nicht erwartet werden kann, die Zwangsvollstreckung in auch ihm dienende Vermögenswerte, z. B. ein von ihm bewohntes Hausgrundstück, zu betreiben.[85]

556 Da § 1607 II BGB nur eine subsidiäre Haftung des nachrangigen Verwandten anordnet, geht der Unterhaltsanspruch des Kindes auf ihn über, soweit er dem Kind Unterhalt geleistet hat (§ 1607 II 2 BGB). Dies gilt auch dann, wenn er Unterhalt in Natur (Rn. 9) erbracht hat, z. B. wenn der Großvater das Enkelkind in seinen Haushalt aufgenommen hat, weil die Eltern unbekannten Aufenthalts sind. Voraussetzung für den **Anspruchsübergang** ist aber stets, dass die Rechtsverfolgung im Inland ausgeschlossen oder erheblich erschwert ist.[86] Andernfalls muss das Kind, ggf. gesetzlich durch einen vom Vormundschafts- oder Familiengericht zu bestellenden Pfleger (vgl. § 1697 BGB), selbst Klage erheben. Zum Ausgleichsanspruch unter Eltern, wenn einer von ihnen dem Kind Naturalunterhalt gewährt, vgl. Rn. 536.

557 § 1607 II BGB ist auch auf die Teilunterhaltsschulden der **Eltern** gegenüber ihrem Kind nach § 1606 III 1 BGB anwendbar. Jedoch findet auch hier ein gesetzlicher Forderungsübergang nach § 1607 II 2 BGB nur bei Ausschluss oder erheblicher Erschwerung der Rechtsverfolgung im Inland statt. Dazu gehört die Erschwerung der Vollstreckung, wenn die Leistungsfähigkeit lediglich auf fiktivem Einkommen des Schuldners beruht.[87] Im Übrigen kommt nur ein familienrechtlicher Ausgleichsanspruch (dazu Rn. 529 ff.) in Betracht, wenn dessen Voraussetzungen vorliegen.[88]

557 a Der Anspruchsübergang darf **nicht zum Nachteil** des Unterhaltsberechtigten geltend gemacht werden (§ 1607 IV BGB). Ist der Schuldner außerstande, sowohl den übergegangenen Unterhaltsanspruch zu erfüllen als auch den laufenden Unterhalt aufzubringen, geht letzterer vor. Dieser Vorrang ist erst in der Zwangsvollstreckung zu berücksichtigen. Der übergegangene (rückständige) Unterhalt ist also zu titulieren. Jedoch empfiehlt es sich, in den Urteilstenor einen Hinweis aufzunehmen, dass das Urteil nur vollstreckt werden darf, wenn und soweit der Unterhaltsberechtigte bei Durchsetzung seiner Unterhaltsforderung nicht benachteiligt wird.[89]

4. Unterhaltsleistung durch einen Dritten

558 § 1607 III BGB entspricht § 1615 b BGB in der bis zum 30. 6. 1998 geltenden Fassung. Jedoch gilt die Vorschrift anders als § 1615 b BGB nicht nur für nichteheliche, sondern auch für eheliche Kinder. Durch den Übergang des Unterhaltsanspruchs auf den zahlenden Dritten soll dessen Bereitschaft gefördert werden, statt des eigentlich Verpflichteten, der nach §§ 1594 I, 1600 d IV BGB vorerst nicht in Anspruch genommen werden kann (Rn. 554),

---

[82] BGH FamRZ 2004, 800 = R 609 b
[83] BGH FamRZ 2006, 26, 30 = R 637 f mit Anm. Duderstadt
[84] BGH FamRZ 2006, 26, 30 = R 637 f mit Anm. Duderstadt
[85] BGH FamRZ 2006, 26, 30 = R 637 f mit Anm. Duderstadt
[86] Vgl. dazu BGH, FamRZ 1989, 850
[87] OLG Nürnberg, MDR 2000, 34
[88] BGH, FamRZ 1989, 850
[89] BGH FamRZ 2006, 1664 (zu § 7 UVG) = R 657 a–c mit Anm. Schürmann

vorläufig den Unterhalt von Mutter und Kind sicherzustellen.[90] Der Zahlende soll sicher sein, dass er Ersatz seiner Leistungen verlangen kann, sobald die Rechtsverfolgung gegen den wirklichen Vater möglich ist.[91] In erster Linie hat die Vorschrift freilich nach wie vor Bedeutung bei nichtehelichen Kindern. Sie gilt zunächst, wenn **ein anderer nicht unterhaltspflichtiger Verwandter des Kindes,** z. B. ein Onkel, eine Tante, ein älterer vermögender Bruder oder eine ältere Schwester, dessen Unterhalt sicherstellt.[92] Bei nachrangig unterhaltspflichtigen Verwandten der aufsteigenden Linie greift dagegen § 1607 I oder II BGB ein. § 1607 III 2 BGB ist auch anwendbar, wenn der **Ehemann der Mutter,** also der Stiefvater, den Unterhalt des Kindes erbringt. Gilt der Ehemann nach § 1592 Nr. 1 BGB **als Vater,** so ist § 1607 III 2 BGB heranzuziehen, der eine entsprechende Anwendung des § 1607 III 1 BGB anordnet. Dasselbe gilt, wenn zunächst die Vaterschaft von einem Mann anerkannt worden ist, später aber von ihm mit Erfolg eine Anfechtungsklage erhoben (§ 1600 BGB) und die Vaterschaft eines anderen Mannes festgestellt wird (§ 1600 d BGB). Es kommt nicht darauf an, ob der als Vater geltende Mann von der Vaterschaft eines anderen Mannes weiß. Auch wenn er in Kenntnis der wahren Verhältnisse für den Unterhalt des Kindes aufkommt, ist der Rückgriff gegen den wahren Vater nach Anerkennung oder Feststellung der Vaterschaft nicht ausgeschlossen.[93] Es ist freilich nicht notwendig, dass derjenige, der zunächst den Unterhalt für das Kind leistet, sog. **Scheinvater** ist. § 1607 III 2 BGB ist auch dann anzuwenden, wenn sich der Zahlende zu Unrecht für den Vater hält, so weil er mit der Mutter während der gesetzlichen Empfängniszeit Geschlechtsverkehr hatte. Auf das Bestehen einer nichtehelichen Lebensgemeinschaft mit der Mutter kommt es nicht an.[94] Zur Rechtsausübungssperre des § 1600 d IV BGB vgl. Rn. 1 a.

Auch nach § 1607 III BGB geht der Unterhaltsanspruch des Kindes nur dann auf den Leistenden über, wenn die Rechtsverfolgung im Inland ausgeschlossen oder erheblich erschwert ist. Diese Voraussetzung liegt allerdings bei einem nichtehelichen Kind stets vor, da es vor Feststellung oder Anerkennung der Vaterschaft seinen Vater nicht in Anspruch nehmen kann. Eine einschränkende Auslegung des § 1607 III 2 BGB ist nicht erforderlich.

Der Scheinvater, der an Stelle des wahren Vaters Unterhalt für das Kind geleistet hat, kann den auf ihn übergegangenen Unterhaltsanspruch des Kindes auch dann durchsetzen, wenn die Voraussetzungen des § 1613 I BGB, unter denen Unterhalt für die Vergangenheit verlangt werden kann, nicht vorliegen. Nach § 1613 II Nr. 2 a BGB kann der Scheinvater ohne diese Voraussetzungen Unterhalt verlangen, da das Kind vor rechtskräftiger Feststellung der Vaterschaft an seiner Geltendmachung rechtlich gehindert war. Vgl. dazu im Einzelnen Rn. 6/105 a.

Das Benachteiligungsverbot des § 1607 IV BGB gilt auch beim Anspruchsübergang nach § 1607 III BGB. Vgl. Rn. 557 a.

559

5. Rechtsfolgen des Anspruchsübergangs

Nach § 412 BGB gelten die Vorschriften der §§ 399–404, 406–410 BGB über die Abtretung einer Forderung entsprechend. Dem Schuldner bleiben insbesondere alle Einwendungen, die er gegen den Unterhaltsanspruch des Kindes oder des sonstigen Verwandten erheben kann, erhalten (§ 404 BGB). Der übergegangene Anspruch kann ohne die Beschränkungen des § 850 d ZPO gepfändet werden. Deshalb sind weder § 394 BGB noch § 400 BGB anwendbar. Es besteht daher weder ein Abtretungs- noch ein Aufrechnungsverbot.[95]

— In dieser Auflage nicht belegt — 560–599

---

[90] BT-Drucks. 13/7338, S. 21
[91] Henrich, FamRZ 2001, 785
[92] Palandt/Diederichsen, § 1607 Rn. 15
[93] Palandt/Diederichsen, § 1607 Rn. 16; A. A. AG Wipperfürth, FamRZ 2001, 783 mit abl. Anm. Henrich
[94] Vgl. Palandt/Diederichsen, § 1607 Rn. 16
[95] Palandt/Diederichsen, § 1607 Rn. 13; Johannssen/Henrich/Graba, § 1607 Rn. 5

B. Unterhaltsansprüche sonstiger Verwandter, insbesondere Eltern- und Enkelunterhalt

I. Grundlagen

1. Grundfragen zum geltenden Recht

600   Die §§ 1601 ff. BGB regeln nicht nur die Unterhaltspflicht der Eltern für ihre Kinder, sondern allgemein die Unterhaltspflicht zwischen **Verwandten in gerader Linie.** Die Verwandtschaft kann auch durch Adoption begründet werden (§ 1754 BGB). Für die Praxis spielen die Ansprüche bedürftiger Eltern gegenüber ihren Kindern und von Enkeln gegen ihre Großeltern die Hauptrolle. Dagegen bestehen **keine Unterhaltsansprüche zwischen Verwandten der Seitenlinie,** z. B. zwischen Geschwistern, **sowie zwischen Verschwägerten,** nämlich zwischen Schwiegereltern und Schwiegerkindern oder zwischen Stiefeltern und Stiefkindern.[1] Obwohl die geltende Regelung, die auf das römische und das gemeine Recht zurückgeht, seitdem unverändert gültig geblieben ist,[2] mehrten sich die Stimmen, welche das überkommene System des Verwandtenunterhalts in Frage stellten. Es wurde gefordert, den Verwandtenunterhalt auf die Unterhaltspflicht der Eltern gegenüber minderjährigen Kindern, ergänzt um Ausbildungsunterhalt für volljährige Kinder bis zu einer bestimmten Altersgrenze, **zu beschränken**[3] oder sonst einzuschränken.[4] Es seien die Probleme der sogenannten „Sandwichgeneration" zu bedenken, die wegen der verlängerten Ausbildungszeiten der Kinder einerseits mit Kindesunterhalt sowie wegen der gestiegenen Lebenserwartung bedürftiger Eltern gleichzeitig mit Elternunterhalt (zum Elternunterhalt vgl. Rn. 629 ff.) belastet werde und in eben dieser Zeit zugleich die Hauptlast der allgemeinen Rentenfinanzierung trage. Diese Argumente haben inzwischen in der Tendenz sowohl beim Gesetzgeber als auch – im Rahmen der Gesetzesauslegung – in der BGH-Rechtsprechung Gehör gefunden. Der Gesetzgeber hat – ungeachtet der Situation der öffentlichen Haushalte – bei dem am 1. 1. 2003 in Kraft getretenen Grundsicherungsgesetz – nunmehr §§ 41–43 SGB XII – (vgl. Rn. 603 a), das keinen Rückgriff vorsieht, die Gewährung der Grundsicherung von bestehenden, aber nicht erbrachten Unterhaltsansprüchen gegen Verwandte weitgehend unabhängig gemacht, nämlich soweit die Pflichtigen – ungeachtet ihres etwa vorhandenen Vermögens – kein Einkommen über 100 000 € erzielen. In drei Entscheidungen hat der BGH[5] die Unterhaltsverpflichtung von Kindern gegenüber ihren Eltern insbesondere über die Auslegung des Begriffs der Leistungsfähigkeit nach § 1603 I BGB bei aller unbestrittenen Notwendigkeit zur Begrenzung erheblich eingeschränkt und die Eltern damit, z. B. im Pflegefall, in vielen Fällen ohne Rückgriffsmöglichkeit auf die Leistungen der Allgemeinheit verwiesen. Die geschilderten Tendenzen kann man in gewissem Umfang durchaus als Abschied von der Solidarität als Grundlage des Verwandtenunterhalts bezeichnen[6] – vgl. auch Rn. 638 am Ende.

---

[1] Vgl. zu teilweise anderen Regelungen in europäischen Rechtsordnungen Schwenzer, FamRZ 1989, 685; Brudermüller, FamRZ 1996, 129; Büttner, FamRZ 1996, 1529

[2] Richter, FamRZ 1996, 1245

[3] Schwenzer, FamRZ 1989, 685, 691; Beschlüsse des 59. Deutschen Juristentages, FamRZ 1992, 1275; für die zeitliche Beschränkung des Unterhalts für volljährige Kinder auch Brudermüller, FamRZ 1996, 129, 134

[4] Empfehlungen des 11. Deutschen Familiengerichtstags, FamRZ 1996, 337, 339; Schwab, FamRZ 1997, 521, 526 f.; Schlüter/Kemper, FuR 1993, 245, 251

[5] BGH, FamRZ 2002, 1698 ff. = R 580; FamRZ 2003, 860 ff. = R 590 A; FamRZ 2003, 1179 ff. = R 592

[6] So v. Koppelfels-Spies zum Grundsicherungsgesetz, FPR 2003, 341

2. Gerichtliche Zuständigkeit

Für die Unterhaltsansprüche sonstiger Verwandter einschließlich der nichtehelichen Kin- **601** der (zwischen ehelichen und nichtehelichen Kindern wird nicht mehr unterschieden) ist seit 1. 7. 1998 – wie für die auf einer Ehe oder auf ehelicher Abstammung beruhenden Ansprüche – das **Familiengericht mit Rechtszug zum Oberlandesgericht** zuständig (§§ 23 a Nr. 2, 23 b I Nr. 5, 119 I Nr. 1a GVG, 621 I Nr. 4 ZPO). Die besonderen Gerichtsstände des § 35 ZPO und § 642 I ZPO für die Unterhaltsklage eines Kindes gegen beide Eltern oder einen Elternteil gelten für andere Fälle des Verwandtenunterhalts nicht. Maßgebend ist deswegen der Wohnsitz des Unterhaltspflichtigen (§§ 12, 13 ZPO).

3. Unterhaltsansprüche gegen Verwandte und Sozialgesetze

Der Rückgriff auf den nach bürgerlichem Recht Unterhaltspflichtigen ist den Sozialbe- **602** hörden, wenn der Hilfsbedürftige öffentliche Leistungen erhält, beim Verwandtenunterhalt nur eingeschränkt möglich. Wenn **Sozialhilfe gewährt** wird, schließt § 94 I 3 SGB XII die Inanspruchnahme durch Forderungsübergang **bei Verwandten zweiten oder entfernteren Grades** aus. In bestimmten Fällen gilt dies nach § 94 I 4 SBG XII auch bei Verwandten ersten Grades (vgl. Rn. 8/68). Der Träger der Sozialhilfe darf den Hilfsbedürftigen bei dieser Sachlage trotz des Nachrangs der Sozialhilfe (§ 2 I SGB XII) nicht auf Selbsthilfe verweisen, z. B. auf die Geltendmachung von Unterhaltsansprüchen gegen leistungsfähige Großeltern, weil sonst die gesetzliche Schutzvorschrift des § 94 I 3 SGB XII unterlaufen und umgangen würde[7] (vgl. auch Rn. 8/128). Aus den eingeschränkten Rückgriffsmöglichkeiten ist der Schluss gezogen worden, dass der Unterhaltsberechtigte in den genannten Fällen, soweit er Anspruch auf Sozialhilfe habe, vom Unterhaltspflichtigen auf diesen Anspruch verwiesen werden könne, da die Bedürftigkeit entfalle.[8] Dies trifft jedoch nicht zu. Die Einschränkung der Rückgriffsmöglichkeiten hat nicht zugleich den in § 2 I SGB XII (früher: § 2 I BSHG) geregelten Grundsatz der Subsidiarität der Sozialhilfe beseitigt,[9] sondern die bürgerlich-rechtlichen Unterhaltsansprüche unberührt gelassen.[10] Es mag unbefriedigend erscheinen, dass der Hilfsbedürftige dadurch **wählen kann, ob er Sozialhilfe** in Anspruch nehmen **oder Unterhalt** von einem Verwandten **verlangen will,** gegen den ein Rückgriff des Sozialhilfeträgers ausgeschlossen ist.[11] Da der frühere § 2 II 1 BSHG, wonach Unterhaltsansprüche durch das Bundessozialhilfegesetz nicht berührt werden, unverändert geblieben war und dessen Regelung dann in § 2 II 1 SGB XII übernommen wurde, kann dem Gesetzgeber nicht unterstellt werden, es sei ein auch nur mittelbarer Eingriff in Unterhaltsansprüche gewollt. Nach der seinerzeitigen Gesetzesbegründung sollte einer Neuordnung des bürgerlichen Unterhaltsrechts gerade nicht vorgegriffen werden.[12] Allerdings darf der Berechtigte für denselben Zeitraum nicht sowohl Sozialhilfe als auch Unterhalt in Empfang nehmen, so dass der Pflichtige ihm, soweit er schon Sozialhilfe erhalten hätte, den Einwand unzulässiger Rechtsausübung entgegenhalten könnte (vgl. Rn. 8/126 f.).

Anders ist die Sache zu beurteilen, wenn der Hilfsbedürftige **Vorausleistungen nach** **603** **§ 36 BAföG** erhalten könnte, die subsidiär sind (vgl. Rn. 1/456) und für welche § 37 BAföG einen Anspruchsübergang zu Lasten der Eltern vorsieht. Nur für diese entfällt deswegen die Bedürftigkeit des Kindes nicht. Dagegen dürfen **entferntere Verwandte**, also z. B. Großeltern, wenn Ausbildungsunterhalt gegen sie geltend gemacht wird, soweit An-

---

[7] Schellhorn, FuR 1990, 20, 22; W. Schellhorn/H. Schellhorn, BSHG, 16. Aufl., Rn. 101 zu § 91; Ullenbruch, FamRZ 1982, 664

[8] Kunz, FamRZ 1977, 291 ff.

[9] BGH, FamRZ 2000, 1358, 1359; FamRZ 1999, 843, 845; BGH, FamRZ 1992, 41, 43; OLG Köln, FamRZ 1997, 1101, 1102; Heiß/Born/Hußmann, Unterhaltsrecht 16 Rn. 21 f.; vgl. zum ähnlichen Fall der §§ 91 ff., 96 I Nr. 2 SGB VIII: BVerwG FamRZ 1997, 934, 937

[10] Ullenbruch, FamRZ 1982, 664, 665

[11] Schwenzer, FamRZ 1989, 685, 688; Künkel, FamRZ 1991, 14, 21; Bedenken gegen ein solches Wahlrecht: Giese, FamRZ 1982, 666 ff.

[12] Vgl. Ullenbruch, FamRZ 1982, 664, 665

spruch auf BAföG-Leistungen – gleich welcher Art – besteht, **auf die fehlende Bedürftigkeit verweisen,**[13] also auch, wenn nur die Inanspruchnahme von Vorausleistungen nach § 36 BAföG möglich ist. Dasselbe gilt, wenn ein Kind Anspruch auf Unterhaltsvorschuss nach dem **Unterhaltsvorschussgesetz (UnterhVG)** hat.[14] Die Unterhaltsleistung ist nach der gesetzlichen Regelung (§ 7 Abs. 1 UnterhVG) nur gegenüber der Unterhaltspflicht des anderen Elternteils, bei dem das Kind nicht lebt, subsidiär. Eine allgemeine Nachrangregelung darüber hinaus enthält das Gesetz nicht.[15] Wegen der generellen Anrechenbarkeit von **BAföG-Regelleistungen und BAföG-Darlehen** vgl. Rn. 1/456 u. 458.

603 a   Das am 1. 1. 2003 in Kraft getretene **Grundsicherungsgesetz** (GSiG = Art. 12 des Altersvermögensgesetzes vom 26. 6. 2001, BGBl. I 1310) wurde inzwischen in das Sozialgesetzbuch (§§ 19 II, 41 bis 43, 94 I 3 2. Hs. SGB XII) integriert. Es will versteckter und verschämter Altersarmut abhelfen, weil vor allem ältere Menschen keine Sozialhilfeansprüche geltend gemacht hätten, um ihre Kinder nicht der Gefahr eines Unterhaltsrückgriffs auszusetzen.[16]

Antragsberechtigte für die Grundsicherung sind Personen mit gewöhnlichem Aufenthalt in Deutschland, die das 65. Lebensjahr vollendet haben (§ 41 I Nr. 1 SGB XII) oder die das 18. Lebensjahr vollendet haben und im Sinne des § 43 II SGB VI unabhängig von der Arbeitsmarktlage dauerhaft voll erwerbsgemindert sind (§ 41 I Nr. 2 SGB XII). Der Leistungsanspruch auf **bedarfsorientierte Grundsicherung** bestimmt sich nach § 42 SGB XII entsprechend den Sozialhilfesätzen nach §§ 28 bis 34 SGB XII und soll diese im Regelfall überflüssig machen.[17]

Anspruch auf Grundsicherung hat der Antragsberechtigte, soweit er seinen Lebensunterhalt nicht aus seinem Einkommen und Vermögen beschaffen kann (§ 41 II SGB XII). Zu seinem Einkommen gehört auch tatsächlich geleisteter Unterhalt seiner Verwandten[18] oder von Ehegatten bzw. von Lebenspartnern. Wenn die Verwandten – ungeachtet ihrer Unterhaltspflicht – nicht leisten, fehlt entsprechendes anrechenbares Einkommen. Der Leistungsträger darf den Antragsteller dann auch nicht auf an sich realisierbare Ansprüche auf Verwandtenunterhalt verweisen, solange das Einkommen des Verwandten – unbeschadet etwaigen Vermögens[19] – im Sinne des § 16 SGB IV unter einem Betrag von 100 000 € liegt (§ 43 II 1 SGB XII). Zwar spricht das Gesetz insoweit nur von Unterhaltsansprüchen gegen Kinder und Eltern, gemeint sind aber die Ansprüche gegen sämtliche Aszendenten und Deszendenten, also z. B. auch gegen Enkel oder Großeltern. Insofern liegt lediglich ein gesetzestechnisches Versehen vor.[20] Ursprünglich sollte nämlich § 91 BSHG entsprechend geändert werden. § 91 I 3 BSHG – nunmehr in § 94 I 3 1. Hs. SGB XII entsprechend geregelt – schloss aber eine Inanspruchnahme von Verwandten des zweiten oder entfernteren Grades im Wege des Forderungsübergangs aus. Für die Einkommensgrenze dürfte es auf die Verhältnisse des einzelnen Verwandten ankommen, bei zusammenveranlagten Eltern auf das Gesamteinkommen des einzelnen Elternteils.[21]

Im **privilegierten Unterhaltsverhältnis** zu einem Verwandten mit Einkommen unter 100 000 € kann der Verwandte den Berechtigten auf die **vorrangige Inanspruchnahme der Grundsicherung** verweisen.[22] Es fehlt die Subsidiarität des Anspruchs wie bei der Sozialhilfe und es gibt keinen Anspruchsübergang.[23] Der Berechtigte muss daher einen Bewilligungsantrag stellen und bei hinreichender Erfolgsaussicht gegen eine Ablehnung

---

[13] Vgl. Kunz, FamRZ 1977, 291, 292; Heiß/Born/Hußmann, Unterhaltsrecht 13 Rn. 30
[14] OLG Dresden, FamRZ 2006, 569
[15] Vgl. Heiß/Born/Hußmann, Unterhaltsrecht 13 Rn. 29; Gutachten des Deutschen Instituts für Vormundschaftswesen DAVorm 1984/759 ff.
[16] Vgl. zur Gesetzesgeschichte, Klinkhammer, FamRZ 2002, 997
[17] Klinkhammer, FamRZ 2002, 997, 998
[18] BGH, FamRZ 2007, 1158, 1160 = R 667 b; Münder, NJW 2002, 3661, 3663; Klinkhammer, FamRZ 2002, 997, 999
[19] Klinkhammer, FamRZ 2002, 997, 1000
[20] Münder, NJW 2002, 3661, 3663; Klinkhammer, FamRZ 2002, 997, 999
[21] Münder, NJW 2002, 3661, 3663
[22] BGH, FamRZ 2007, 1158, 1159 = R 667 a; OLG Hamm, FamRZ 2004, 1807
[23] Vgl. Klinkhammer, FamRZ 2002, 997, 1000 f.

Widerspruch einlegen sowie ggf. Klage erheben, um zu vermeiden, dass ihm wegen Obliegenheitsverletzung fiktive Einkünfte zugerechnet werden.[24] Auf jeden Fall sind tatsächlich gewährte Leistungen auf Grundsicherung anzurechnen.[25] Umgekehrt ist die Situation im **nicht privilegierten Unterhaltsverhältnis** zum Ehegatten, Lebenspartner oder Vater des nichtehelichen Kindes. Hier stehen realisierbare Ansprüche des Berechtigten im Rahmen der Einkommensprüfung der Gewährung der Grundsicherung entgegen. Anders wäre dies z. B. bei Aussichtslosigkeit der Vollstreckung oder Bejahung der Leistungsfähigkeit des Pflichtigen nur auf Grund ihm angelasteten fiktiven Einkommens.[26] Die Auffassung von Münder,[27] in den genannten Beispielsfällen könne der Berechtigte im Hinblick auf die unterschiedliche Funktion von Grundsicherung und Sozialhilfe auf die Inanspruchnahme von Sozialhilfe verwiesen werden, um den gesetzlichen Forderungsübergang auf den Leistungsträger zu ermöglichen, ist mit dem Wortlaut von § 41 I SGB XII (früher § 1 GSiG) schwerlich vereinbar.

Da kein Vorrang der Grundsicherung im Verhältnis zum Unterhaltsanspruch besteht, ist der Berechtigte im nicht privilegierten Unterhaltsverhältnis nicht gehindert, gegenüber dem Pflichtigen seinen vollen Unterhalt geltend zu machen und einzuklagen. Soweit er Grundsicherung bezogen hat, wurde sein Bedarf allerdings gedeckt, zumal **kein Anspruchsübergang auf den Träger der Grundsicherung** im Umfang der Leistung vorgesehen ist (94 I 3 2. Hs. SGB XII). Im gewährten Umfang haben die Grundsicherungsleistungen dann seine Bedürftigkeit und damit seinen Unterhaltsanspruch entfallen lassen.[28] Nur ausnahmsweise, soweit wirksam eine Rückforderung der Grundsicherungsleistungen gegen ihn geltend gemacht wurde, mag es trotz bezogener Grundsicherung möglich sein, den Anspruch gegen den Pflichtigen durchzusetzen, soweit die übrigen unterhaltsrechtlichen Voraussetzungen vorliegen.

II. Rangfolge der Verpflichteten und Bedürftigen

1. Vorrangige Haftung des Ehegatten bzw. des Lebenspartners und des nichtehelichen Vaters

Der **Ehegatte** oder der Lebenspartner des Bedürftigen **haften vor** dessen **Verwandten** **604** (§ 1608 S. 1 u. 4 BGB). Dies gilt auch für den geschiedenen Ehegatten (§ 1584 S. 1 BGB) oder den Lebenspartner nach aufgehobener eingetragener Partnerschaft (§§ 16 S. 2 LPartG, 1584 S. 1 BGB). Bei Aufhebung der Ehe gilt § 1318 II BGB. Voraussetzung für den Vorrang des Ehegatten oder des Lebenspartners ist, dass überhaupt ein Unterhaltsanspruch gegen ihn besteht.[29] Dann schließt er die Verwandten, soweit er leistungsfähig ist, von der Haftung aus. § 1608 S. 2 BGB regelt nur eine Rangfrage. Die Bestimmung lässt den Anspruch auf Verwandtenunterhalt weder auf Grund einer Eheschließung[30] noch dann entfallen, wenn gegen den Ehegatten aus anderen Gründen als mangelnder Leistungsfähigkeit kein Unterhaltsanspruch gegeben ist.

Bei fehlender Leistungsfähigkeit des Ehegatten oder Lebenspartners tritt die **Ersatzhaftung der Verwandten** ein (§§ 1608 S. 2, 1584 S. 2 BGB, 16 S. 2 LPartG). Soweit die Unterhaltsverpflichtung deswegen entfällt, müssen die Verwandten **ohne Rückgriffsmöglichkeit** nach §§ 1608 S. 3, 1584 S. 3, 1607 II BGB, 16 S. 2 LPartG eintreten.[31]

Die **Leistungsfähigkeit des Ehegatten** ist in diesem Zusammenhang grundsätzlich wie **605** nach § 1603 I BGB zu beurteilen, dessen Wortlaut § 1608 S. 2 BGB wiederholt. Es muss

---

24 OLG Nürnberg, FamRZ 2004, 1988 (Vorentscheidung zu BGH, FamRZ 2007, 1158 ff.)
25 BGH, FamRZ 2007, 1158, 1159 = R 667 a
26 Klinkhammer, FamRZ 2002, 997, 1000
27 Münder, NJW 2002, 3661, 3664
28 Vgl. OLG Bremen, FamRZ 2005, 801
29 Palandt/Diederichsen, Rn. 2 zu § 1608
30 OLG Koblenz, FamRZ 2007, 653
31 Finger, FamRZ 1999, 1298

ihm daher der angemessene Selbstbehalt im Sinne des § 1603 I BGB verbleiben. Vom Gesetzeswortlaut her zu verneinen dürfte die Frage sein, ob hier die den Geschiedenenunterhalt betreffende Rechtsprechung des Bundesgerichtshofs zum Selbstbehalt nach § 1581 BGB beachtet werden muss,[32] welche wegen gleicher Interessenlage auf den Trennungsunterhalt zu übertragen ist (vgl. Rn. 4/35 und 4/566). Danach gilt für den in Anspruch genommenen Ehegatten ein Betrag, der nicht unter dem notwendigen Selbstbehalt im Sinne des § 1603 II 1 BGB zu bemessen ist, der aber auch nicht über dem angemessenen Selbstbehalt im Sinne des § 1603 I BGB liegt.[33] Dabei kann im Regelfall im Rahmen einer Pauschalbemessung von einem etwa in der Mitte zwischen beiden Beträgen liegenden Betrag ausgegangen werden.[34] Dass die vorrangige Verpflichtung des Ehegatten auch dann bestehen bliebe, wenn ihm weniger als sein angemessener Selbstbehalt verbliebe, lässt sich darüber hinaus auch nicht damit vereinbaren, dass der Selbstbehalt der Verwandten – je nach Unterhaltsverhältnis, z. B. beim Elternunterhalt (vgl. Rn. 638 a) oder beim Enkelunterhalt (vgl. Rn. 651) den Ausgangsbetrag des angemessenen Selbstbehalts nach § 1603 I BGB deutlich übersteigt. Für die Verwandten bedeutet dies, dass sie auf den Restbedarf haften, wenn der **angemessene Selbstbehalt des pflichtigen Ehegatten** im Sinne des § 1603 I BGB nicht gesichert ist[35] (vgl. den insoweit übereinstimmenden Wortlaut von § 1581 I 1 und § 1608 S. 1 BGB). Wenn keine Verwandten vorhanden oder wenn diese selbst nicht leistungsfähig sind, tritt die verschärfte Haftung des Ehegatten unter Beschränkung auf den der BGH-Rechtsprechung zu § 1581 BGB entsprechenden Selbstbehalt ein. Der Ausfall unterhaltspflichtiger Verwandter ändert nichts daran, dass sich der pflichtige Ehegatte nur **in Ausnahmefällen**, z. B. wenn der bedürftige Ehegatte hilflos und bedürftig wie ein minderjähriges Kind ist, **mit dem notwendigen Selbstbehalt begnügen** muss (vgl. Rn. 4/568). Dieser muss ihm als Existenzminimum aber jedenfalls bleiben.[36]

Der Umstand, dass der vorrangig unterhaltspflichtige Ehegatte bzw. Lebenspartner einkommenslos ist, schließt nicht aus, dass ihm wegen Verletzung seiner Erwerbsobliegenheit **fiktive Einkünfte** zuzurechnen sind mit dem Ergebnis, dass er in diesem Umfang als leistungsfähig zu behandeln ist (vgl. Rn. 1/487 f.). Entgegen der in der bis zur 5. Auflage unter Hinweis auf OLG Oldenburg[37] vertretenen Meinung ist eine Inanspruchnahme der Verwandten insoweit wegen des Vorrangs der Ehegattenhaftung nicht ausgeschlossen. Es liegt vielmehr regelmäßig ein Fall erschwerter Rechtsverfolgung im Sinne des § 1607 II BGB vor, der zur Haftung mit Rückgriffsmöglichkeit führt – vgl. hierzu Rn. 608.

606   Soweit der **Unterhaltsanspruch gegen** den **Ehegatten oder den Lebenspartner** gemäß §§ 1579 Nr. 2 bis 8 BGB, 12 S. 2 LPartG i. V. m. § 1361 III BGB, 16 S. 2 LPartG **ausgeschlossen** ist, besteht auch kein Unterhaltsanspruch gegen die Verwandten. Diese werden durch die entsprechend anzuwendende Vorschrift des § 1611 III BGB geschützt, weil der bedürftige Ehegatte bzw. Lebenspartner die Folgen seines unterhaltsschädlichen Verhaltens sonst auf seine Verwandten abwälzen könnte.[38] **Hat der** bedürftige **Ehegatte auf** seinen nachehelichen **Unterhaltsanspruch** zu Lasten der Verwandten **verzichtet,** könnte die Verzichtsvereinbarung je nach den Umständen des Einzelfalls gemäß § 138 I BGB sittenwidrig sein (vgl. Rn. 6/608). Das OLG Frankfurt[39] hat zum gegebenen Fall die Ansicht vertreten, der Unterhaltsverzicht binde nur die Vertragsparteien, nicht aber die am Verzicht nicht beteiligten Verwandten, so dass es – unabhängig von der Wirksamkeit des Verzichts – im Verhältnis zu ihnen beim Vorrang des Anspruchs gegen den Ehegatten

---

[32] So aber Soyka in Prütting/Wegen/Weinreich § 1608 Rn. 2

[33] BGH, FamRZ 2006, 683, 684 = R 649 d

[34] BGH, a. a. O.

[35] OLG Zweibrücken, FamRZ 1987, 590; OLG Köln, FamRZ 1990, 54

[36] BVerfG, FamRZ 2001, 1685, 1686

[37] OLG Oldenburg, FamRZ 1991, 1090

[38] Beckmann, FamRZ 1983, 863, 865; Palandt/Diederichsen, Rn. 8 zu § 1611; einschränkend – nur wenn gleichzeitig die Voraussetzungen des § 1611 I BGB für den Ausschluss vorgelegen hatten: Heiß/Born/Hußmann Unterhaltsrecht, 13 Rn. 21

[39] OLG Frankfurt, FamRZ 1984, 395, 396

verbleibe. Dies erscheint zweifelhaft. Der Verzichtsvertrag stellt, weil er keine unmittelbaren vertraglichen Verpflichtungen der Verwandten begründet, keinen (unwirksamen) Vertrag zu deren Lasten dar.[40] Nach der genannten Auffassung müssten auch einem unerwartet und unverschuldet in Not geratenen bedürftigen Ehegatten Ansprüche auf Verwandtenunterhalt versagt werden, wenn der andere Ehegatte wegen des Verzichts zwar rechtlich frei, aber tatsächlich leistungsfähig wäre. Richtiger dürfte es sein, den in § 162 BGB enthaltenen allgemeinen Rechtsgedanken heranzuziehen, wonach es einer Partei – hier innerhalb des Unterhaltsverhältnisses zu den Verwandten – verwehrt ist, Vorteil aus einer Lage zu ziehen, die sie selbst treuwidrig herbeigeführt hat.[41] Falls der Unterhaltsverzicht nicht ohnehin wegen Sittenwidrigkeit nichtig wäre, käme es damit darauf an, ob der Verzicht, der als Voraussetzung der Verwandtenhaftung zur Beseitigung des Ehegattenvorrangs führen würde, zurzeit des Vertragsschlusses im Verhältnis zu den unterhaltspflichtigen Verwandten als treuwidrig anzusehen wäre.[42]

Wegen der **gestuften Rangverhältnisse zwischen** dem pflichtigen **Ehegatten und** den **Verwandten** vgl. Rn. 5/164 f.

Auch der nichteheliche Vater haftet gemäß § 1615 l III 2 BGB vor den Verwandten der **606 a** Mutter für deren Unterhalt. Da § 1608 S. 2 BGB über § 1615 l III 1 BGB entsprechend gilt, müssen die Verwandten bei seiner Leistungsunfähigkeit ohne Rückgriffsmöglichkeit nach §§ 1608 S. 3, 1607 II BGB an seiner Stelle einspringen. Wegen des Problems der **gleichrangigen Haftung von nichtehelichem Vater und Ehegatten** wird auf Rn. 7/34 verwiesen. Ein gleichartiges Rangproblem kann im Verhältnis zur Lebenspartnerin der Kindsmutter auftreten.

2. Rangfolge der unterhaltspflichtigen Verwandten

Gemäß § 1606 I BGB haften die Abkömmlinge **(Deszendenten) vor** den Verwandten **607** der aufsteigenden Linie **(Aszendenten).** Innerhalb der Linie haften die näheren Verwandten vor den entfernteren (§ 1606 II BGB). Wie beim vorrangig haftenden Ehegatten treten die nachrangig haftenden Verwandten ohne Rückgriffsmöglichkeit an die Stelle des vorrangigen, soweit dieser nicht leistungsfähig im Sinne des § 1603 BGB ist (**Ersatzhaftung nach § 1607 I BGB** – siehe Rn. 607 a).

Gleich nahe (gleichrangige) **Verwandte haften anteilig,** also nicht als Gesamtschuldner,[43] nach ihren Erwerbs- und Vermögensverhältnissen (§ 1606 III 1 BGB). Wegen der problematischen Höhe des Haftungsanteils haben auch die betreffenden Verwandten untereinander nach Treu und Glauben einen **Auskunftsanspruch,** der sich auf die Einkünfte des Ehegatten des auskunftspflichtigen Verwandten erstrecken kann.[44] Die Höhe der Teilschuld bestimmt sich jedenfalls im Bereich kleinerer und mittlerer Einkommen nicht auf Grund einer schematischen Quotierung der unterschiedlich hohen Einkünfte. Dies hätte zur Folge, dass der die Eigenbedarfsgrenze überschreitende Einkommensanteil bei dem geringer Verdienenden verhältnismäßig stärker in Anspruch genommen würde als bei dem besser Verdienenden. Die ungleiche Belastung wird dadurch vermieden, dass die **Haftungsquoten erst nach Abzug der für den eigenen Unterhalt erforderlichen Beträge** nach dem Verhältnis der verbleibenden Mittel ermittelt wird.[45] In der Praxis geschieht dies durch den Vorabzug von Sockelbeträgen für den angemessenen Eigenbedarf. Wegen der anteiligen Haftung von Eltern gegenüber ihren Kindern vgl. Rn. 289 ff., 433 ff. Ist ein gleichrangiger Pflichtiger nicht leistungsfähig, haften der oder die anderen gleichrangigen Pflichtigen auf den vollen Bedarf, ohne dass sie eine Rückgriffsmöglichkeit hätten – vgl. Rn. 607 a.

---

[40] Vgl. zum Vertrag zu Lasten Dritter v. Staudinger/Jagmann, Rn. 42 vor § 328
[41] Vgl. BGH, NJW 1968, 2051; BGHZ 1988, 240, 248; BGH, NJW-RR 1991, 177
[42] Vgl. zum Ergebnis: Heiß/Born/Hußmann, Unterhaltsrecht 13 Rn. 17
[43] BGH, FamRZ 1971, 569, 570 ff.
[44] BGH, FamRZ 2003, 1836, 1837 f.
[45] BGH, FamRZ 1986, 153; BGH, FamRZ 2002, 815, 818 = R 570 d + c

3. Ersatzhaftung

607 a   **a) Bei Leistungsunfähigkeit des vorrangig oder gleichrangig Unterhaltspflichtigen (§ 1607 I BGB):** Ist ein Verwandter im Sinne des § 1603 I BGB nicht leistungsfähig, haftet der leistungsfähige **gleichrangig pflichtige Verwandte** schon im Hinblick auf die sich aus § 1606 III 1 BGB ergebende Haftungsbeschränkung in vollem Umfang an seiner Stelle, ohne dass im Wege des Anspruchsübergangs eine Rückgriffsmöglichkeit nach § 1607 II 2 BGB eröffnet wäre. § 1607 I BGB, der sich ausdrücklich nur auf nachrangig haftende Verwandte bezieht, braucht für dieses Ergebnis nicht entsprechend angewendet werden.[46]

Eine Unterhaltspflicht **nachrangig haftender Verwandter** im Wege der Ersatzhaftung – tatsächlich handelt es sich um eine Primärhaftung[47] – nach § 1607 I BGB, z. B. der Großeltern beim Kindesunterhalt, entsteht erst, wenn und soweit die vorrangigen Verwandten mangels Leistungsfähigkeit (§ 1603 I BGB) den Unterhalt nicht voll erbringen können.

Das Amtsgericht Neu-Ulm[48] hat die Auffassung vertreten, falls die nichteheliche Mutter ihre Unterhaltspflicht gegenüber dem Kind durch Betreuung vollständig erfülle und damit nur der barunterhaltspflichtige Vater ausfalle, müssten für den ausgefallenen Barunterhalt des Kindes nur die väterlichen Großeltern, nicht aber auch die mütterlichen Großeltern einspringen, weil nur die Ersteren an die Stelle des vorrangig haftenden Vaters zu treten hätten. Diese durchaus interessante Überlegung ist mit der gesetzlichen Regelung in §§ 1606, 1607 BGB nicht vereinbar. Das Gesetz sieht **keine Ersatzhaftung nur nach dem Stamm des ausfallenden Unterhaltspflichtigen** vor.[49] Ist kein barunterhaltspflichtiger Elternteil mehr da, haften väterliche und mütterliche Großeltern jeweils anteilig. Im erwähnten Fall ginge die Unterhaltspflicht der Großeltern wegen § 1603 II 3 BGB ggf. der an sich gesteigerten Unterhaltspflicht der Eltern (§ 1603 II 1 BGB) vor[50] – vgl. auch oben Rn. 273. Nach Meinung des OLG Hamm[51] soll hier – auch wegen ihres Nachrangs nach § 1606 II BGB – die **Ersatzhaftung der Großmutter** nicht eintreten, falls die vorrangig haftende Mutter den vollen Barunterhalt zwar ohne Beeinträchtigung ihres notwendigen Selbstbehalts, jedoch ohne Wahrung ihres angemessenen Selbstbehalts aufbringen könnte. Dies widerspricht **§ 1603 II 3 BGB,** der sich auf jedweden anderen unterhaltspflichtigen Verwandten bezieht und die Anwendung des § 1607 I BGB ungeachtet der gesteigerten Unterhaltspflicht der Eltern für minderjährige Kinder auch für dieses Unterhaltsverhältnis ermöglicht. Die Vorschrift hat sogar zur Folge, dass je nach den Umständen auch der betreuende Elternteil trotz normalerweise bereits erfüllter Unterhaltspflicht (§ 1606 III 2 BGB) beim Barunterhalt einspringen muss, soweit dem anderen Elternteil nicht sein angemessener Selbstbehalt verbliebe.[52] Bezüglich der Ersatzhaftung des betreuenden Elternteils auf Barunterhalt anstelle des anderen Elternteils wird kontrovers diskutiert,[53] ob die zusätzliche **Barunterhaltspflicht des betreuenden Elternteils** nach § 1603 II 3 BGB tatsächlich schon in Betracht kommt, obwohl dem betreuenden Elternteil bei zusätzlicher eigener Barunterhaltsleistung nur ebenfalls der angemessene Selbstbehalt im Sinne des § 1603 I BGB verbleibt. Anknüpfend an die Rechtsprechung des BGH,[54] die anderseits aber nur in unklarer Weise vom angemessenen Selbstbehalt oder angemessenen Unterhalt des betreuenden Elternteils spricht, wird verlangt, dass das Einkommen des Betreuenden wesentlich höher im Sinne eines wirtschaftlichen Ungleichgewichts zwischen den Elternteilen sein

---

[46] Vgl. v. Staudinger/Engler, Rn. 4 zu § 1607; Finger, FamRZ 1999, 1298 wendet § 1607 I BGB entsprechend an; ebenso offenbar MünchKommBGB/Luthin, Rn. 3 zu § 1607

[47] v. Staudinger/Engler, Rn. 6 zu § 1607

[48] AG Neu-Ulm, Urt. v. 28. 7. 2000 – 3 F 586/00

[49] OLG Frankfurt, FamRZ 2004, 1745

[50] v. Staudinger/Engler, Rn. 4 zu § 1607

[51] FamRZ 2005, 57; so auch schon LG Kleve, FamRZ 1988, 1085; zustimmend Büte, FuR 2005, 433, 434

[52] BGH, FamRZ 1991, 182, 183 = R 430 a; FamRZ 1998, 286, 286 = R 518 a

[53] Vgl. zum Stand der Diskussion und zu Lösungsvorschlägen Gutdeutsch, FamRZ 2006, 1724, 1726 und Scholz, FamRZ 2006, 1728

[54] BGH, FamRZ 1991, 182, 183 = R 430 a; FamRZ 1998, 286, 286 = R 518 a

müsse, bevor die zusätzliche Barunterhaltspflicht zur Entlastung des anderen Elternteils entstehe. Dies wird auch damit begründet, dass es eine Ausnahme von der Regel des § 1606 Abs. 3 S. 2 BGB darstelle, wenn die Betreuung des Kindes als nicht mehr der vollen Unterhaltsleistung entsprechend angesehen werde.[55] Richtig dürfte sein, dass der betreuende Elternteil, wenn er ein höheres Einkommen hat, für das Kind, das seine Lebensverhältnisse teilt, ohnehin über die beschränkte Barunterhaltsleistung des anderen Elternteils hinaus Barmittel aufwenden wird.[56] Man schlägt vor, das einsetzfähige bereinigte Einkommen des betreuenden Elternteils um den Betrag zu kürzen, der zusätzlich zum Barunterhalt nach dem Einkommen des Barunterhaltspflichtigen aufzuwenden wäre, wenn der Barbedarf des Kindes nach den addierten Einkommen beider Eltern bemessen würde. Zusätzlich sei beim betreuenden Elternteil **ein erheblich höherer Selbstbehalt** anzusetzen, als dem angemessenen Selbstbehalt nach § 1603 Abs. 1 BGB entspricht, nämlich der Selbstbehalt von unterhaltspflichtigen Kinder gegenüber Eltern zuzüglich 50% des darüber hinausgehenden Betrages,[57] oder in Höhe von 150% des Einkommens des barunterhaltspflichtigen Elternteils zuzüglich 50% des darüber hinausgehenden Betrages mit Berechnung der Beteiligungsquote des betreuenden Elternteils nach dem Verhältnis der nach Abzug des jeweiligen angemessenen Bedarfs verbleibenden Beträge.[58] Die Regelung des § 1603 Abs. 2 S. 3 BGB würde dadurch, soweit es um das Verhältnis von betreuendem und barunterhaltspflichtigen Elternteil geht, unter Hinweise auf § 1606 Abs. 3 S. 2 BGB weitgehend wirkungslos gemacht. Gleichzeitig würde der barunterhaltspflichtige Elternteil – auch wenn er an seiner wirtschaftlichen Situation schuldlos ist – in den meisten Fällen entweder auf den notwendigen Selbstbehalt oder doch auf einen Betrag unter dem angemessenen Selbstbehalt beschränkt, wobei er in diesem Rahmen auch noch etwa anfallende Umgangskosten zu tragen hätte. Etwas weniger rigoros erscheint, dem betreuenden Elternteil, der ohnehin den mit seiner Erwerbstätigkeit zusammenhängenden **Betreuungsaufwand** oder bei überobligatorischer Tätigkeit wegen geringen Kindesalters einen individuell zu bemessenden **Betreuungsbonus** vorweg absetzen kann, lediglich den erhöhten Selbstbehalt von Eltern gegenüber Kindern zuzugestehen und ihn in Höhe der Hälfte des übersteigenden Betrags für die Entlastung des anderen Elternteils als leistungsfähig anzusehen. Der vom Betreuenden sozusagen automatisch im Rahmen seiner besseren wirtschaftlichen Verhältnisse getragene Barmehraufwand wäre durch die Erhöhung des Selbstbehalts regelmäßig mit erfasst. Weshalb der Barbedarf des Kindes sich hier im Rahmen des § 1603 Abs. 2 S. 3 BGB plötzlich sogar nach den addierten Einkommen beider Eltern richten soll, ist ohnehin nicht ganz einsehbar, weil nichts dafür spricht, dass der betreuende Elternteil mit dem Kind über seine eigenen Verhältnisse lebt. Überlegenswert könnte allenfalls noch sein, die Differenz zwischen geschuldetem Barunterhalt und dem nach dem Einkommen des betreuenden Elternteils fiktiv zu bezahlenden höheren Barunterhalt zusätzlich abzuziehen. Bei der Abwägung, die hier bezüglich des Verhältnisses zwischen § 1603 Abs. 2 S. 3 und § 1606 Abs. 3 S. 2 BGB zu treffen ist, muss aber berücksichtigt werden, dass **beide Eltern alle verfügbaren Mittel** für den Unterhalt einsetzen müssen, nicht nur der barunterhaltspflichtige Elternteil. Dieser müsste umgekehrt bis zu seinem angemessenen Selbstbehalt grundsätzlich ohne anteilige Kürzung und ohne Rücksicht auf die Verhältnisse des betreuenden Elternteils leisten. Nur bei außergewöhnlich guten Einkommensverhältnissen des betreuenden Elternteils könnte es im Hinblick auf § 1606 Abs. 3 S. 1 u. S. 2 dazu kommen, dass ihm mehr als der angemessene Selbstbehalt zu verbleiben hätte. Lediglich dann wäre auch eine Verteilungsrechnung, wie sie nach § 1606 Abs. 3 S. 1 BGB vorgesehen ist, erforderlich.

Zur **Ersatzhaftung von Großeltern** unter Berücksichtigung von § 1603 II 3 BGB siehe Rn. 649.

Ist der **Vater des nichtehelichen Kindes,** dessen Unterhaltsverpflichtung nach § 1615l BGB der Verpflichtung der Verwandten der Mutter vorgeht (§ 1615l III 2 BGB) nicht leistungsfähig, gilt über § 1615l III 1 BGB der § 1607 I BGB unmittelbar, so dass die

---

[55] Scholz, FamRZ 2006, 1728, 1729
[56] Gutdeutsch, FamRZ 1724, 1726
[57] Gutdeutsch a. a. O.
[58] Scholz, FamRZ 2006, 1728, 1730

Verwandten der Mutter,[59] nicht aber die Verwandten des Vaters,[60] ohne Rückgriffsmöglichkeit haften müssen. Ist die Kindsmutter schon vor Geburt des Kindes verheiratet gewesen, haftet der mit dem Kindsvater gleichrangig haftende Ehemann, soweit ein ehelicher Unterhaltatbestand gegeben ist, gemäß § 1606 III 1 anstelle des leistungsunfähigen Kindsvaters (siehe hierzu näher Rn. 7/34). Bei fehlender Leistungsfähigkeit des **vorrangig haftenden Ehegatten** (vgl. Rn. 604, 605) oder **Lebenspartners** tritt die Ersatzhaftung der Verwandten nach §§ 1608 S. 2 u. 4, 1584 S. 2 BGB, 16 S. 2 LPartG ein. Soweit eine Unterhaltsverpflichtung deswegen entfällt, müssen die Verwandten ohne Rückgriffsmöglichkeit nach §§ 1608 S. 3, 1607 II BGB einspringen.[61]

Kein Fall mangelnder Leistungsfähigkeit liegt vor, soweit dem vorrangig haftenden Pflichtigen wegen Verletzung seiner Erwerbsobliegenheit ausreichende **fiktive Einkünfte** zuzurechnen sind. Eine Ersatzhaftung von Verwandten nach §§ 1607 I, 1608 S. 2 u. 4 BGB scheidet in diesem Umfang aus. Allerdings kann eine Ersatzhaftung nach § 1607 II BGB wegen erschwerter Rechtsverfolgung im Inland in Betracht kommen (vgl. Rn. 608).

607 b   Die Ersatzhaftung des nachrangigen oder gleichrangigen Verwandten wegen Leistungsunfähigkeit, sei es nach § 1607 I BGB unmittelbar, sei es auf Grund entsprechender Anwendung der Vorschrift bzw. auf Grund anderweitiger Gesetzeslage, greift immer nur für den **Zeitraum der Leistungsunfähigkeit** des vorrangigen (gleichrangigen) Unterhaltpflichtigen ein. Sie erfasst keine vorher entstandenen Rückstände und endet mit der Wiederherstellung der Leistungsfähigkeit.[62]

Der **Bedarf** des Unterhaltsberechtigten bestimmt sich auch bei der Ersatzhaftung gemäß § 1607 I BGB aus seiner Lebensstellung (§ 1610 BGB). Das hat bei Kindern zur Folge, dass sich ihr Bedarf aus der Lebensstellung ihrer nicht leistungsfähigen Eltern, nicht etwa aus der Lebensstellung wohlhabender Großeltern bemisst.[63] Zu beachten ist, dass der Gesetzgeber in § 1612 a I n. F. den Mindestunterhalt bzw. den Bedarf eines minderjährigen Kindes unter Bezugnahme auf sein in § 32 VI 1 EStG steuerlich anerkanntes (halbes) sächliches Existenzminimum (für eine Übergangszeit gilt zunächst § 36 Nr. 4 EGZPO) definiert hat. Kann der barunterhaltspflichtige Vater auf Grund eingeschränkter Leistungsfähigkeit nur einen darunter liegenden Unterhalt leisten, haften – soweit auch die betreuende Mutter keinen Barunterhalt mehr erbringen kann – die Großeltern auf den Restbedarf bis zum Mindestunterhalt. Es besteht daher entgegen der früheren Rechtslage ein Aufstockungsanspruch gegen die Großeltern bis zur Höhe des gesetzlich definierten Mindestunterhalts, auch wenn die einfache Lebensstellung der Eltern einem unter dem gesetzlichen Mindestbedarf liegenden Unterhalt entsprechen würde – siehe zum Enkelunterhalt näher Rn. 648 ff. Die in der Vorauflage – wegen des vom BGH[64] nach altem Recht abgelehnten Mindestbedarfs von Kindern – vertretene gegenteilige Auffassung[65] trifft nach neuem Recht nicht mehr zu.

Problematisch ist, wie sich der Bedarf bestimmt, wenn der betreuende Elternteil, z. B. durch Erkrankung, leistungsunfähig wird. Hier wird es ggf. auf die zur Sicherstellung der Betreuung zusätzlich aufzuwendenden Kosten ankommen.[66]

Will der Unterhaltsberechtigte einen nachrangig Haftenden in Anspruch nehmen, muss er die Leistungsunfähigkeit des vorrangig Pflichtigen zur Deckung seines vollen Bedarfs **darlegen und beweisen**.[67] Nimmt er einen von mehreren nachrangig und damit anteilig Haftenden in Anspruch erstreckt sich seine Darlegungs- und Beweislast auch auf die eine

---

[59] OLG München, FamRZ 1999, 1166
[60] OLG Nürnberg, FamRZ 2001, 1322; OLG Brandenburg, NJW-RR 2003, 1515
[61] Finger, FamRZ 1999, 1298
[62] v. Staudinger/Engler, Rn. 7 zu § 1607 m. w. N.
[63] Finger, FamRZ 1999, 1298; OLG Karlsruhe, FamRZ 2001, 782, 783; LG Regensburg, FamRZ 1986, 93 (Ls)
[64] BGH, FamRZ 2003, 363 = R 584 b + c
[65] Vgl. z. B. OLG Karlsruhe, FamRZ 2001, 782, 783
[66] Vgl. die ausführliche Darstellung der Problematik durch Kuhnigk, FamRZ 2002, 923 ff.
[67] MünchKommBGB/Luthin, Rn. 12 zu § 1607; v. Staudinger/Engler, Rn. 54 zu § 1607; OLG Thüringen, FamRZ 2006, 569; AG Leverkusen, FamRZ 2003, 627

anteilige Haftung ausschließende Vermögens- und Einkommenssituation der anderen gleich-rangigen Pflichtigen, z. B. der anderen Großelternteile.[68]

b) Bei erschwerter Durchsetzbarkeit des Anspruchs (§ 1607 II BGB): Es gibt Fälle, **608** in denen sich der Unterhaltsanspruch gegen den pflichtigen Verwandten, obwohl er leis-tungsfähig ist oder als leistungsfähig zu behandeln wäre, nicht realisieren lässt. In solchen Fällen erheblich erschwerter Durchsetzbarkeit des Anspruchs **im Inland** müssen die nach-rangig oder an sich gleichrangig haftenden Verwandten einspringen. Allerdings geht in diesem Fall der gegen den vorrangig Haftenden bestehende Unterhaltsanspruch im Umfang der Leistung auf den nachrangig Haftenden im Wege des **gesetzlichen Forderungsüber-gangs** über. Dies folgt aus § 1607 II 2 BGB, der bei Inanspruchnahme eines gleichrangig Haftenden an Stelle eines Pflichtigen entsprechend anzuwenden ist.[69] Auch bei der Ersatz-haftung nach § 1607 II BGB ist die Rangfolge der Verpflichteten zu beachten. Zunächst haften die Gleichrangigen und erst danach die vom Gesetz als nachrangig Eingestuften.[70]

§ 1607 II BGB gilt über §§ 1608 S. 2 bis 4, 1584 S. 2 u. 3 BGB, 16 S. 2 LPartG auch bei vorrangiger Haftung des **Ehegatten oder** des **Lebenspartners** sowie über §§ 1615 l III 1 BGB für den **Vater des nichtehelichen Kindes.**

Ausgeschlossen oder erheblich erschwert ist die Rechtsverfolgung im Inland gegen den Pflichtigen u. a.:[71]
– bei unbekanntem Aufenthaltsort,[72]
– bei Wohnsitz im Ausland, hier aber wegen des in den Mitgliedstaaten der Europäischen Union mit Ausnahme von Dänemark geltenden Art. 5 Nr. 2 EuGVVO – Maßgeblichkeit des Wohnsitzes des Unterhaltsberechtigten – ggf. nicht für die Titulierung,[73] aber mögli-cherweise für die Vollstreckung,
– bei fehlender inländischer Gerichtszuständigkeit oder bei zu beachtender Exterritorialität (Immunität) des Pflichtigen,[74]
– bei fehlender Vollstreckungsmöglichkeit im Inland, weil der Pflichtige im Inland kein Vermögen hat,[75]
– bei voraussichtlicher Erfolglosigkeit der Zwangsvollstreckung gegen den an sich leistungs-fähigen oder als leistungsfähig zu behandelnden Pflichtigen,[76]
– bei verantwortungsloser, zu mindest leichtfertiger und unterhaltsbezogener Herbeifüh-rung der Leistungsunfähigkeit, so dass sich der Pflichtige unterhaltsrechtlich nicht auf sie berufen darf, z. B. durch Straftaten mit entsprechenden unterhaltsrechtlichen Bezug und dadurch verursachte Haftstrafe,[77]
– wenn die (rechtliche) Leistungsfähigkeit des vorrangigen Pflichtigen ohne Vermögen und ohne tatsächliche Einkünfte nur auf Grund der Zurechnung fiktiver Einkünfte besteht, weil auf solche Einkünfte nicht im Wege der Vollstreckung zugegriffen werden kann,[78]
– Nicht hierher dürften rechtliche Hindernisse gehören, welche die Entstehung eines Unterhaltsanspruch gerade verhindern,[79] z. B. die fehlende Anerkennung oder Feststel-lung der Vaterschaft zu einem nichtehelichen Kind (vgl. § 1600 d IV BGB).[80]

---

[68] OLG Thüringen, FamRZ 2006, 569
[69] Finger, FamRZ 1999, 1298, 1299; BGH, FamRZ 1971, 571, 573 geht von der Anwendbarkeit des § 1607 II BGB bei anteiliger Haftung von Eltern und unbekannten Aufenthalts eines Elternteils als selbstverständlich aus; ebenso OLG Nürnberg, FamRZ 2000, 687, 688
[70] v. Staudinger/Engler, Rn. 11 zu § 1607
[71] Vgl. Finger, FamRZ 1999, 1298, 1299
[72] BGH, FamRZ 1971, 571, 573
[73] Vgl. BGH, FamRZ 2002, 21; Henrich, FamRZ 2003, 629 in Anm. zu AG Leverkusen, S. 627
[74] v. Staudinger/Engler, Rn. 16 zu § 1607
[75] BGH, FamRZ 2006, 26, 30 = R 637 f; v. Staudinger/Engler, Rn. 17 zu § 1607
[76] v. Staudinger/Engler, Rn. 21 zu § 1607
[77] Vgl. AG Bad Homburg, FamRZ 1999, 1450
[78] OLG Nürnberg, FamRZ 2000, 687, 688
[79] So aber Finger, FamRZ 1999, 1298, 1299
[80] Auch der Anspruch auf Unterhaltszahlung auf Grund einstweiliger Verfügung gemäß § 1615 o BGB dürfte vor der Anerkennung oder Feststellung der Vaterschaft keine Ersatzhaftung auslösen können, da der Anspruch auf die Person des vermuteten Vaters beschränkt ist.

So kann ein volljähriges Kind vom einen der beiden Elternteile den vollen Unterhalt verlangen, wenn es vom anderen Elternteil, welcher wegen der Zurechnung fiktiver Einkünfte ebenfalls als leistungsfähig zu beurteilen ist, selbst mittels eines Vollstreckungstitels keinen Unterhalt erlangen könnte.[81] Die Großeltern müssen den Enkeln Unterhalt gewähren, falls ein Vorgehen gegen den als Elternteil allein unterhaltpflichtigen Vater, weil dieser ständig den Wohnsitz wechselt und keine Arbeit aufnimmt, praktisch nutzlos erscheint.[82] Zahlt ein als Elternteil allein unterhaltpflichtiger Vater trotz Titulierung nur einen Teilunterhalt und scheitern Vollstreckungsmaßnahmen wegen des Restunterhalts tritt die Ersatzhaftung der Großeltern nach § 1607 II BGB ein.[83]

Die Ersatzhaftung der nachrangigen oder gleichrangigen Verwandten nach § 1607 II 1 BGB greift immer nur für den **Zeitraum der erschwerten Rechtsverfolgung** gegen den vorrangigen (gleichrangigen) Unterhaltpflichtigen ein. Sie erfasst keine vorher entstandenen Rückstände und endet mit der Wegfall der Erschwerungen.[84] Fraglich ist, ob die Ersatzhaftung für diejenigen Rückstände bestehen bleibt, die während des Zeitraums der Ersatzhaftung aufgelaufen sind und für welche mangels Erfüllung der Unterhaltsanspruch noch nicht nach § 1607 II 2 BGB übergegangen ist. Entgegen Engler[85] müsste dies jedenfalls für rechtskräftig oder durch Prozessvergleich titulierte rückständige Ansprüche gelten, weil dem Berechtigten insoweit weder ein Verzicht auf den Titel noch eine Neutitulierung gegen den vorrangigen Unterhaltsschuldner zumutbar ist. Anders liegt die Sache in den übrigen Fällen, weil auch die Haftung des Primärschuldners, wie § 1607 II 2 BGB zeigt, bestehen blieb.

Hinsichtlich des **Bedarfs** des Berechtigten wird auf die Ausführungen zu § 1607 I BGB in Rn. 607 b Bezug genommen.

Will der Unterhaltsberechtigte einen nachrangig Haftenden gemäß § 1607 II 1 BGB in Anspruch nehmen, muss er die Umstände **darlegen und beweisen,** aus denen sich der Ausschluss oder die Erschwernis der Rechtsverfolgung im Inland ergibt.[86] Liegt z. B. ein auf fiktivem Einkommen beruhender Vollstreckungstitel vor, muss dargetan werden, dass Vollstreckungsversuche gegen den Pflichtigen erfolglos waren bzw. dass der Pflichtige kein vollstreckungsfähiges Vermögen und keine vollstreckungsfähigen Einkünfte hat.[87]

Der gesetzliche Übergang des Anspruchs gegen den Erstschuldner nach § 1607 II 2 BGB fingiert das Weiterbestehen des an sich durch Erfüllung untergegangenen Anspruchs zugunsten des nachrangigen Schuldners. Gegenüber dem übergegangenen Anspruch sind Ansprüche des Berechtigten gegen den Erstschuldner auf laufenden Unterhalt vorrangig.[88] Die übergegangenen Ansprüche betreffen die gesetzliche Unterhaltspflicht (§§ 23 b I Nr. 4, 5, 13, 15 GVG, 661 I Nr. 4 ZPO) und sind **vor den Familiengerichten geltend zu machen.**

4. Rangfolge der Bedürftigen

609   Die Rangfolge der Bedürftigen ist in § 1609 n. F. BGB geregelt. Im Mangelfall werden die Ansprüche der vorrangigen Bedürftigen im Rahmen der Leistungsfähigkeit des Verpflichteten, falls möglich, voll befriedigt. Die nachrangigen Berechtigten erhalten gegebenenfalls nichts mehr (vgl. Rn. 5/104). Soweit **gleichrangige Berechtigte** zusammentreffen und der Pflichtige nicht vollständig leistungsfähig ist, würde eine **zweistufige Mangelfallberechnung** notwendig, wenn der Selbstbehalt des Verpflichteten gegenüber den gleichrangigen Berechtigten ungeachtet der Neuregelung der Rangfolge in § 1609 n. F. BGB

---

[81] OLG Koblenz, FamRZ 1989, 307; OLG Karlsruhe, FamRZ 1991, 971, 973
[82] AG Alsfeld, DAVorm 1974, 518; vgl. auch AG Bad Homburg, FamRZ 1999, 1450 zur Unterhaltsverweigerung verbunden mit Haftzeiten wegen ständiger Straffälligkeit
[83] OLG München, NJW-RR 2000, 1248
[84] v. Staudinger/Engler, Rn. 22 zu § 1607
[85] A. a. O.
[86] BGH, FamRZ 2006, 26, 30 = R 637 f Münch/Komm/BGB-Luthin, Rn. 12 zu § 1607; v. Staudinger/Engler, Rn. 54 zu § 1607; AG Leverkusen, FamRZ 2003, 627
[87] BGH, FamRZ 2006, 26, 30 = R 637 f.
[88] Vgl. Göppinger/Wax/Kodal, Unterhaltsrecht, Rn. 1607; v. Staudinger/Engler, Rn. 49 zu § 1607

nicht in jeweils gleicher Höhe anzusetzen wäre. So war der Selbstbehalt des Pflichtigen gegenüber dem nach früherem Recht mit den minderjährigen Kindern gleichrangigen Ehegatten in der Regel höher gewesen als derjenige gegenüber den betreffenden Kindern.[89] Inzwischen ist dieses Problem auf Grund der geänderten Rangfolge in § 1609 n. F. BGB weitgehend überholt – siehe aber Rn. 620 zur Frage eines möglicherweise unterschiedlichen Selbstbehalts für Großeltern bei minderjährigen bzw. volljährigen Enkeln. Nach der zweistufigen Berechnungsweise würde zunächst der den höheren Selbstbedarf übersteigende Betrag der Verteilungsmasse auf die bedürftigen Berechtigten nach dem Verhältnis ihrer eigenen Mindestbedarfssätze verteilt. Anschließend würde die Differenz zwischen den beiden Selbstbehaltssätzen denjenigen Bedürftigen in entsprechender Weise zusätzlich zugeteilt, denen gegenüber sich der Verpflichtete nur auf den niedrigeren Selbstbehalt berufen könnte.[90]

Wegen der Einzelheiten der in § 1609 n. F. BGB aufgestellten Rangfolge der Bedürftigen siehe Rn. 5/107.

5. Darlegungs- und Beweislast bei Rangfragen

Sollen **Verwandte statt des Ehegatten** oder des Lebenspartners auf Unterhalt in An-   **610** spruch genommen werden, muss der Berechtigte darlegen und beweisen, dass gegen den Ehegatten bzw. Lebenspartner kein Anspruch besteht bzw. dass dieser ohne Gefährdung seines eigenen angemessenen Unterhalts nicht leistungsfähig ist.[91] Kommen mehrere anteilig haftende Verwandte in Betracht, erstreckt sich die **Darlegungs- und Beweislast** auf den Umstand, dass die gleichrangigen Verwandten als Unterhaltsschuldner ausscheiden.[92] Soll der **geschiedene Ehegatte** in Anspruch genommen werden, haftet er nach § 1581 S. 1 BGB zunächst nur bis zu seinem angemessenen Selbstbehalt im Sinne des § 1603 I BGB (vgl. Rn. 605). Will der Berechtigte darüber hinaus Unterhalt von ihm, und zwar bis zum Selbstbehalt des Pflichtigen im Sinne des § 1581 S. 1 BGB nach Maßgabe der Rechtsprechung des BGH (vgl. Rn. 605), hat er darzulegen und zu beweisen, dass die Verwandten zur ergänzenden Unterhaltszahlung nicht leistungsfähig sind.[93]

III. Das Unterhaltsverhältnis im Einzelnen

In der Praxis geht es um die **Ansprüche von Enkeln gegen** ihre **Großeltern** bzw. **von**   **611** bedürftigen **Eltern gegen** ihre **Kinder.** Gerichtshängig werden vor allem Prozesse, welche die Sozialhilfeträger wegen übergegangener Unterhaltsansprüche bedürftiger Eltern, die oft nicht in der Lage sind, die erheblichen Heim- und Pflegekosten aufzubringen, gegen deren Kinder anstrengen. Aus den §§ 1601, 1602 I, 1603 I BGB ergibt sich, dass ein Unterhaltsanspruch im Verwandtenunterhalt nur besteht, falls während der gleichen Zeit **Unterhaltsbedürftigkeit** des Berechtigten und **Leistungsfähigkeit** des Pflichtigen vorliegen.[94] Es müssen also beide Voraussetzungen **zeitgleich** erfüllt sein.[95]

1. Das Maß des Unterhalts

Der **Unterhaltsbedarf** des Berechtigten umfasst seinen gesamten Lebensbedarf ein-   **612** schließlich Ausbildungs- und Erziehungskosten, wie er sich aus der Lebensstellung des

---

[89] BGH, FamRZ 1990, 260, 265; OLG Braunschweig, FamRZ 1995, 356, 358
[90] Vgl. BGH, FamRZ 1992, 539 mit Anm. Graba S. 541 = R 444 b (gekürzt); OLG Braunschweig, FamRZ 1995, 356, 358
[91] OLG Frankfurt, FamRZ 1984, 395; OLG Hamm, FamRZ 1996, 116
[92] OLG Thüringen, FamRZ 2006, 569; OLG Kiel, FamRZ 1996, 753; OLG Hamm, FamRZ 1996, 116
[93] OLG Zweibrücken, FamRZ 1987, 590; OLG Köln, FamRZ 1990, 54
[94] BGH, FamRZ 2006, 1511, 1512 = R 658 a
[95] BVerfG, FamRZ 2005, 1051, 1053 = R 635

Bedürftigen ergibt (§ 1610 I und II BGB). Diese Lebensstellung leitet sich bei minderjährigen Kindern vom barunterhaltspflichtigen Elternteil oder beiden Eltern ab (siehe Rn. 108 ff., 121). Dies gilt auch teilweise für volljährige Kinder, nämlich, solange sie noch keine eigene originäre Lebensstellung erlangt haben, z. B., weil sie sich noch in Ausbildung befinden (siehe Rn. 111, 343). Soweit es für den Bedarf von Kindern auf die Lebensstellung der Eltern ankommt, ändert sich nichts, wenn sie andere Verwandte, z. B. Großeltern in Anspruch nehmen. Sie können sich nicht auf eine etwa gehobenere Lebensstellung der Großeltern berufen.[96] Im Übrigen kommt es nach der Grundregel auf die eigene Lebensstellung des Berechtigten an, der über den Unterhaltsanspruch nicht an der möglichen höheren Lebensstellung der Verpflichteten beteiligt werden soll. Die Lebensstellung des Berechtigten bestimmt sich in erster Linie nach seinen Einkommens- und Vermögensverhältnissen. Sie ist nicht unveränderlich, sondern passt sich – eventuell nach einer Übergangszeit – auch nachteiligen Veränderungen der Einkommensverhältnisse an, z. B. nach Eintritt in den Ruhestand.[97] Auch bei ganz dürftiger Lebensstellung ist jedenfalls das **Existenzminimum** – z. B. entsprechend den Mindestbedarfssätzen der oberlandesgerichtlichen Leitlinien – als Bedarf geschuldet.[98] Der BGH hatte früher die Ansetzung des Existenzminimums als Mindestbedarf für minderjährige Kinder, die nur eine von den Eltern abgeleitete Lebensstellung haben, abgelehnt.[99] Dies ist auf Grund der gesetzlichen Neuregelung in § 1612 a I n. F. BGB überholt. Dort ist das Existenzminimum eines Kindes als Mindestunterhalt unter Bezugnahme auf sein in § 32 VI 1 EStG steuerlich anerkanntes (halbes) sächliches Existenzminimum (für eine Übergangszeit gilt zunächst § 36 Nr. 4 EGZPO) definiert. Bei Unterhaltsberechtigten mit nicht abgeleiteter, eigener Lebensstellung kann diese ohnehin unterhaltsrechtlich nicht unter dem Existenzminimum liegen – siehe auch Rn. 635.[100]

Zum nach § 1610 BGB geschuldeten Lebensbedarf gehören die im konkreten Fall angemessenen **Kosten der Kranken- und Pflegeversicherung**, die aus den laufenden Einkünften bestritten werden müssen und allgemeinen Lebensbedarf darstellen.[101] Dagegen kann **kein Alters-Vorsorgeunterhalt** verlangt werden, da §§ 1361 I 2, 1578 III BGB eine Sonderregelung für den Ehegattenunterhalt darstellen.

613   Nach der Rechtsprechung des Bundesgerichtshofs[102] ist der Anspruch auf **Leistung eines Prozesskostenvorschusses** wegen der vom Gesetzgeber insoweit getroffenen Sonderregelungen (§§ 1360 a IV, 1361 IV 4 BGB) nicht generell als Teil des geschuldeten Lebensbedarfs anzusehen. Die entsprechende Anwendung des § 1360 IV BGB auf andere Unterhaltsverhältnisse komme nur in Betracht, wo die unterhaltsrechtliche Beziehung wie beim Familien- und Getrenntlebensunterhalt zwischen Ehegatten Ausdruck einer besonderen Verantwortung des Pflichtigen für den Berechtigten sei, wie z. B. im Verhältnis von Eltern zu ihren minderjährigen unverheirateten Kindern. Nach der überwiegenden Rechtsprechung der Oberlandesgerichte[103] war diese besondere unterhaltsrechtliche Beziehung zu Eltern auch für volljährige Kinder bejaht worden, die noch keine selbstständige Lebensstellung erreicht haben (vgl. Rn. 6/24). Inzwischen hat der BGH diese Auffassung bestätigt.[104] Für den Verwandtenunterhalt folgt daraus, dass **kein Anspruch** von Eltern gegen Abkömmlinge auf Prozesskostenvorschuss besteht.[105] Dasselbe gilt im Verhältnis von Enkeln gegenüber Großeltern und entfernteren Verwandten der aufsteigenden Linie. Von Gesetzes wegen ist keine besondere unterhaltsrechtliche Verantwortung von Großeltern gegenüber ihren Enkeln vorhanden. Die Großeltern haften nur nachrangig. § 1603 II 1 BGB gilt für

---

[96] LG München I, FamRZ 1982, 1116
[97] BGH, FamRZ 2003, 860, 861 = R 590 A b
[98] BGH, FamRZ 2003, 860, 861 = R 590 A b für den Elternunterhalt
[99] BGH, FamRZ 2002, 536, 537 f. = R 572 c
[100] BGH, FamRZ 2003, 860, 861 = R 590 A b; OLG Koblenz, FamRZ 2001, 1212, 1213, jeweils für den Elternunterhalt
[101] BGH, FamRZ 2003, 860, 861 = R 590 A b; OLG Saarbrücken, FamRZ 1999, 382; Büttner, FamRZ 1995, 193, 197
[102] BGH, FamRZ 1984, 148; FamRZ 2005, 883, 885 = R 628 a
[103] Vgl. z. B. OLG München, FamRZ 1993, 821
[104] BGH, FamRZ 2005, 883, 885 = R 628 a
[105] OLG München, FamRZ 1993, 821

sie nicht. Gerichtlichen Entscheidungen,[106] wonach auch Urgroßeltern bzw. Großeltern Prozesskostenvorschuss für ihre Urenkel bzw. Enkel leisten mussten, ist daher nicht zuzustimmen.

2. Bedürftigkeit des Berechtigten

Nach § 1602 I BGB setzt der Unterhaltsanspruch die Bedürftigkeit des Berechtigten **614** voraus. Es darf also weder einsetzbares Vermögen vorhanden sein, noch dürfen Einkünfte aus Vermögen oder Erwerbstätigkeit zur Verfügung stehen bzw. wegen Verletzung der Obliegenheit zu sachgerechter Vermögensanlage oder zur Erwerbstätigkeit fiktiv zuzurechnen sein. Ebensowenig dürfen vorrangige Ansprüche auf Sozialleistungen wie die bedarfsorientierte **Grundsicherung** (vgl. Rn. 603 a) vorhanden sein. Auch der **Stamm des** vorhandenen **Vermögens ist** grundsätzlich **zu verwerten**[107] (wegen minderjähriger unverheirateter Kinder siehe § 1602 II BGB). Dies gilt ausnahmsweise nur dann nicht, wenn die Verwertung unmöglich ist oder ganz unwirtschaftlich wäre[108] – für volljährige Kinder vgl. Rn. 107. Eine Billigkeitsklausel wie unter Ehegatten (§ 1577 III BGB 2. Alternative) gilt im Verwandtenunterhalt nicht, so dass die Grenze der Zumutbarkeit etwas enger zu ziehen ist, und zwar angenähert an den Begriff der groben Unbilligkeit.[109] Für die erforderliche **umfassende Zumutbarkeitsabwägung,**[110] die alle bedeutsamen Umstände, insbesondere auch die Lage des Unterhaltsverpflichteten berücksichtigen muss, wird beim Berechtigten ein strengerer Maßstab anzulegen sein als beim Pflichtigen. So muss ein volljähriger Berechtigter mit beleihungsfähigem Grundbesitz bei vorübergehendem Unterhaltsbedarf, z. B. wegen noch andauernder Ausbildung, Kredit mit Zins- und Tilgungsaufschub aufnehmen, auch wenn eine Veräußerung unzumutbar wäre.[111] Auch die Nutzung eines Erbauseinanderausetzungsanspruchs kommt als Kreditunterlage in Betracht.[112] Dagegen müssen für den Berechtigten wertvolle Gebrauchsgegenstände mit marktbedingt geringem Veräußerungswert nicht verschleudert werden.[113] Bei unvernünftigem Vermögensverbrauch in Kenntnis der (künftigen) Unterhaltsbedürftigkeit kommt die **fiktive Anrechnung von Vermögenserträgen bzw. verbrauchbaren Vermögenswerten** in Betracht.[114]

Dem Berechtigten ist jedoch je nach Umständen eine gewisse Vermögensreserve als **Schonvermögen** zu lassen, z. B. wenn er schon im fortgeschrittenen Alter ist und einer Rücklage für ungewöhnliche Ausgaben bedarf.[115] Auf jeden Fall wird es angemessen sein, dem Berechtigten in Anlehnung an die Regelung zum sozialhilferechtlichen Schonbetrag nach § 90 II Nr. 9 SGB XII (früher § 88 II Nr. 8 BSHG) in Verbindung mit § 1 der dazu ergangenen DVO (derzeit nach dem Stand vom 1. 1. 2005 bis 2600,– € zuzüglich 614,– € für den Ehegatten oder Lebenspartner und zuzüglich 256,– € für jede weitere überwiegend unterhaltene Person) pauschal eine Reserve von mindestens 2600,– € zu belassen.[116] Davon kann nach den Umständen des konkreten Einzelfalls in Abweichung von der Regel auch einmal teilweise abgesehen werden, z. B. wenn wegen vorgerückten Alters mit Bettlägerigkeit und Heimpflege keine Notwendigkeit zur Vorhaltung des vollen Betrags erkennbar ist.[117]

Wenn man das Unterhaltsverhältnis zwischen Eltern und minderjährigen unterhalts- **615** berechtigten Kindern außer Betracht lässt, besteht die **Erwerbsobliegenheit des Berech-**

106 OLG Düsseldorf, DAVorm 1990, 80; OLG Koblenz, FamRZ 1997, 681; ebenso dafür: Bißmaier, FamRZ 2002, 863, 864
107 BGH, FamRZ 1998, 367, 369 = R 517 c
108 Vgl. BGH, FamRZ 1998, 367, 369 = R 517 c
109 BGH, FamRZ 1998, 367, 369 = R 517 c
110 BGH a. a. O.
111 Vgl. OLG Bamberg, FamRZ 1999, 876
112 BGH, FamRZ 2006, 935, 937 = R 644
113 Vgl. BGH, FamRZ 1998, 367, 369 = R 517 c; OLG Frankfurt, FamRZ 1987, 1179 f.
114 OLG Frankfurt, a. a. O.
115 BGH, FamRZ 1957, 120
116 BGH, FamRZ 2006, 935, 937 = R 644; FamRZ 1998, 367, 369 = R 517 c
117 OLG Köln, FamRZ 2001, 437

tigten anders als im Ehegattenunterhalt (vgl. Rn. 4/136) in schärferer Intensität als beim Pflichtigen.[118] Dies ist bei der erforderlichen Zumutbarkeitsprüfung (vgl. zur Zumutbarkeitsprüfung beim Unterhaltsschuldner Rn. 622) zu berücksichtigen. So gelten für die Obliegenheit des erwachsenen Unterhaltsgläubigers, wenn es sich nicht um ein volljähriges Kind in berechtigter Fortführung der Ausbildung handelt, ähnliche strenge Maßstäbe wie für den barunterhaltpflichtigen Elternteil gegenüber einem bedürftigen minderjährigen Kind.[119] Der Berechtigte muss selbst berufsfremde und unterhalb seiner beruflichen Qualifikation bzw. seiner gewohnten Lebensstellung liegende Tätigkeiten aufnehmen.[120] Ein Ortswechsel ist vielfach zumutbar.[121] Wegen der Erwerbsobliegenheit minderjähriger Kinder siehe oben Rn. 43 und 46. Beim volljährigen Studenten ist eine Erwerbstätigkeit neben dem Studium in der Regel unzumutbar, so dass für die Anrechnung von Einkünften aus einer derartigen Tätigkeit § 1577 II BGB entsprechend anzuwenden ist[122] (siehe Rn. 350).

Beim Berechtigten können – wie beim Pflichtigen – tatsächlich gemachte **Zusatzaufwendungen** über den Aufwand **für** die primäre **Altersvorsorge** hinaus abzugsfähig sein, wenn dies einer abschließenden Angemessenheitsprüfung standhält. Für Unterhaltsverhältnisse im Allgemeinen hat der BGH im Hinblick auf den Umstand, dass die primäre Altersvorsorge, z. B. durch die gesetzliche Rentenversicherung, keine ausreichende Altersversorgung mehr gewährleiste, in Anlehnung an den Höchstfördersatz der Riesterrente einen Zusatzaufwand von **4% des Bruttoeinkommens** als angemessenen zusätzlichen Aufwand für eine private Zusatzversorgung angesehen.[123] Immer müssen solche Aufwendungen schon tatsächlich geleistet werden; nur die Absicht zur Leistung, falls der Aufwand unterhaltsrechtlich anerkannt werde, genügt nicht.[124]

Zu beachten ist, dass **eigene Unterhaltspflichten des Berechtigten** nicht seinen Bedarf erhöhen und seine Bedürftigkeit begründen können, weil der Unterhaltsanspruch allein zur Behebung eigenen Unterhaltsbedarfs dient.[125]

3. Leistungsfähigkeit und Eigenbedarf des Pflichtigen

616 **a) Bemessung des Eigenbedarfs.** Nach § 1603 I BGB ist nicht unterhaltspflichtig, wer unter Berücksichtigung seiner sonstigen Verpflichtungen außerstande ist, ohne Gefährdung seines angemessenen Unterhalts den Unterhalt zu gewähren. Dem Pflichtigen sollen grundsätzlich die Mittel belassen werden, die er zur Deckung des seiner eigenen Lebensstellung entsprechenden allgemeinen Bedarfs benötigt.[126] In welcher Höhe dieser Bedarf zu bemessen ist, obliegt der tatrichterlichen Beurteilung des Einzelfalls.[127] Dabei gilt als Grundsatz, dass der Eigenbedarf nicht durchgängig mit einem bestimmten festen Betrag angesetzt werden darf, sondern anhand der konkreten Umstände des Einzelfalls und des konkreten Unterhaltsverhältnisses unter Berücksichtigung der besonderen Lebensverhältnisse des Pflichtigen zu ermitteln ist.[128] Für die Bemessung der Leistungsfähigkeit ist dabei auch entscheidend auf den Zweck des vorliegenden Unterhaltsanspruchs abzustellen, insbesondere wie stark oder wie schwach ihn das Gesetz zur Verfügung stellt.[129] § 1603 I BGB gewährleistet im Verwandtenunterhalt vorrangig die Sicherung des eigenen angemessenen Unterhalts, also derjenigen Mittel, die der Pflichtige zur angemessenen Deckung seines allgemei-

---

[118] Anderer Ansicht Kalthoener/Büttner, NJW 1991, 398, 404 = grundsätzlich gleiche Intensität
[119] BGH, FamRZ 1985, 273; OLG Oldenburg, FamRZ 1991, 1090
[120] BGH, FamRZ 1985, 273; OLG Oldenburg, FamRZ 1991, 1090
[121] BGH, FamRZ 1994, 372 = R 473c; FamRZ 1993, 1304, 1306 = R 464b; FamRZ 1981, 539, 540
[122] BGH, FamRZ 1995, 475, 477 = R 491b
[123] BGH, FamRZ 2005, 1817, 1822 = R 632j; FamRZ 2007, 793, 795 = R 674c
[124] BGH, FamRZ 2007, 193, 194 = R 664b; FamRZ 2007, 793, 795 = R 674c
[125] BGH, FamRZ 2004, 1370, 1372 = R 618b
[126] BGH, FamRZ 2006, 1511, 1512 = R 658b
[127] BGH, FamRZ 2002, 1698, 1700 = R 580c; FamRZ 2003, 1179, 1182 = R 592e; FamRZ 2006, 1511, 1512 = R 658b
[128] BGH, FamRZ 2002, 1698, 1701 = R 580c für den Elternunterhalt
[129] BGH, FamRZ 2005, 354, 356 = R 624

nen Bedarfs benötigt.[130] In welcher Höhe der Bedarf zu bemessen ist, hängt von seiner Lebensstellung ab, die sich aus Einkommen, Vermögen und sozialem Rang ergibt. Denn die Lebensstellung wird erfahrungsgemäß an die zur Verfügung stehenden Mittel angepasst. Insofern kann der angemessene Eigenbedarf nicht unabhängig von dem im Einzelfall vorhandenen Einkommen bestimmt werden.[131] Dabei ist der Eigenbedarf keine unveränderliche Größe, sondern entsprechend den Umständen des Einzelfalls veränderlich.[132] Zur Sicherung des Eigenbedarfs gehört auch die **Sicherstellung der** eigenen **Altersversorgung**. Ein Selbständiger oder ein nicht sozialversicherungspflichtig Tätiger können 20% ihres Bruttoeinkommens als primäre Altersversorgung aufwenden.[133] Darüber hinaus kommt eine Aufstockung der primären Versorgung beim Elternunterhalt von zusätzlich 5%, bei anderen Unterhaltsverhältnissen von zusätzlich 4% in Betracht. Voraussetzung der Anerkennungsfähigkeit ist, dass der Aufwand bereits betrieben und nicht nur beabsichtigt ist – siehe zur Abzugsfähigkeit des entsprechenden Zusatzaufwands Rn. 620 b am Ende.

In der Praxis wird der Eigenbedarf des Unterhaltsschuldners für die Unterhaltsansprüche **617** von Kindern gegen ihre Eltern und unter Ehegatten **nach** den von den Oberlandesgerichten entwickelten **pauschalierten Selbstbehaltssätzen für den Mindestbedarf**[134] bemessen, die allerdings nach der Rechtsprechung des Bundesgerichtshofs unter Ehegatten nur mit Einschränkung gelten (vgl. Rn. 605). Bei Eltern mit verschärfter Unterhaltsverpflichtung gegenüber minderjährigen unverheirateten Kindern wird der ihnen zugestandene Eigenbedarf auf den **notwendigen Selbstbehalt** gemäß § 1603 II 1 BGB begrenzt (siehe Rn. 141, 260 f., 5/181). Gegenüber volljährigen Kindern gilt der **angemessene** oder große **Selbstbehalt** gemäß § 1603 I BGB (vgl. Rn. 407, 417 ff.). Für die übrigen Unterhaltsverhältnisse des Verwandtenunterhalts wurden ebenfalls derartige Richtlinien entwickelt. Es dient nämlich der Vorausschaubarkeit der Rechtsprechung und der Vereinheitlichung, wenn das Gericht unbeschadet der Einkommensverhältnisse und der gesellschaftlichen Stellung des Verpflichteten von pauschalierten Selbstbehaltsbeträgen ausgeht,[135] solange dies gerechtfertigt ist, weil es sich noch um bis durchschnittliche oder jedenfalls nicht besonders gehobene Einkommensverhältnisse handelt (siehe Rn. 620). Obwohl der BGH gegen eine Pauschalierung grundsätzliche Bedenken erhoben hat (vgl. Rn. 616), lehnt er Pauschalsätze nicht gänzlich ab. Insbesondere würden die Oberlandesgerichte den erhobenen Bedenken inzwischen Rechnung tragen und die Selbstbehaltssätze nur noch als Mindestbeträge angeben, so dass es tatrichterlicher Beurteilung unterliege, ob die Mindestbeträge zu erhöhen sind. Beim **Elternunterhalt** (vgl. hierzu näher Rn. 629 ff.) sei es deswegen auch grundsätzlich zu billigen, wenn für das einzusetzende Einkommen auf einen etwa hälftigen Anteil desjenigen Betrages abgestellt werde, der den an sich vorgesehenen um ca. 25% erhöhten großen Selbstbehalt übersteige.[136] Eine derartige Pauschalierung beim Elternunterhalt hätte den Vorteil der Rechtssicherheit und Praktikabilität, außerdem würde eine ungerechtfertigte Nivellierung unterschiedlicher Verhältnisse vermieden.[137] Entsprechend hat der BGH auch beim **Enkelunterhalt** (vgl. hierzu näher Rn. 647 ff.) entschieden, dass einem Großelternteil jedenfalls der wie beim Elternunterhalt erhöhte große Selbstbehalt als Mindestselbstbehalt zustehe.[138]

Kommt eine Pauschalierung nicht mehr in Betracht, ist die **konkrete Lebensstellung 618 maßgebend** (vgl. Rn. 616), die zunächst entscheidend vom Einkommen und sozialen Rang des Pflichtigen und der mit ihm zusammenlebenden übrigen Familienmitglieder geprägt ist.[139] Danach richtet sich, welche Beträge für die allgemeine Lebensführung, die

---

[130] BGH, FamRZ 2003, 1179, 1182 = R 592 e
[131] BGH, a. a. O.
[132] BGH, FamRZ 2002, 1698, 1700 = R 580 c; FamRZ 2003, 1179, 1182 = R 592 e
[133] BGH, FamRZ 2003, 860, 863 = R 590 A d
[134] Kritisch zur Unterhaltsberechnung anhand von Pauschalsätzen der Gerichtspraxis wegen „Unvereinbarkeit mit dem Demokratie- und Rechtsstaatsprinzip": Schlüter/Kemer, FuR 1993, 245, 252
[135] Stoffregen, FamRZ 1996, 1496 (Anm. zu LG Osnabrück a. a. O. S. 1494 f.); Schwab-Borth, Handbuch des Scheidungsrechts, Rn. IV 1087
[136] BGH, FamRZ 2002, 1698, 1700 ff. = R 580 c; FamRZ 2003, 1179, 1182 = R 592 e
[137] BGH, a. a. O.
[138] BGH, FamRZ 2007, 375 = R 668 FamRZ 2006, 1099 = R 652 FamRZ 2006, 26, 28 = R 637 a
[139] OLG Oldenburg, FamRZ 1991, 1347

Vermögensbildung, die Alterssicherung, für Anschaffungen und die Freizeitgestaltung zur Verfügung stehen.[140] Dabei müssen Ausgaben zur langfristig angelegten Vermögensbildung, soweit es um lange bestehende vertragliche Bindungen geht, nur im rechtlich zulässigen Maß angemessenen eingeschränkt werden.[141] Entscheidend ist, ob sich die Ausgaben im Verhältnis zum vorhandenen Einkommen noch im Rahmen einer vernünftigen Lebensführung halten oder ob es sich um einen nach den Verhältnissen unangemessenen Luxusaufwand handelt.[142]

619   Wird das Einkommen – wie auch schon in durchaus gehobenen Verhältnissen vielfach üblich – vollständig verbraucht, ist zur Herstellung der Leistungsfähigkeit dann eine **Zurücknahme der Lebensführung** zumutbar, wenn der Pflichtige einen nach den Verhältnissen unangemessenen Aufwand betreibt oder ein Leben in Luxus führt.[143] Aufgrund der Rechtsprechung des BGH hat sich allerdings die Tendenz verstärkt, z. B. die eine Pflicht und damit eine Last darstellende Unterhaltpflicht von Kindern gegenüber bedürftig gewordenen Eltern über eine entsprechende Bewertung des angemessenen Eigenbedarfs weitgehend zu entschärfen. Wegen Einzelheiten hierzu siehe Rn. 638 ff.

620   Auch für die Unterhaltsansprüche sonstiger Verwandter besteht für die Praxis ein Bedürfnis, dass im Rahmen der Leistungsfähigkeit des Pflichtigen **von pauschalierten Mindestsätzen für den Selbstbehalt** ausgegangen werden kann (vgl. Rn. 617). Hierbei geht es, da Ansprüche minderjähriger Kinder gegenüber Eltern ausscheiden, immer um den angemessenen oder großen Selbstbehalt gemäß § 1603 I BGB. Außerdem handelt es sich nicht um Unterhaltsverhältnisse zwischen Eheleuten bzw. zwischen Eltern und bedürftigen volljährigen Kindern, die noch keine selbstständige Lebensstellung erlangt haben. Dort wird die unterhaltsrechtliche Verantwortung speziell begründet, bei Eheleuten durch die Eheschließung und bei Eltern insoweit durch das besondere Pflichtenverhältnis von Eltern gegenüber ihren noch nicht selbstständigen – wenn auch volljährigen – Kindern. Demgegenüber ist das unterhaltsrechtliche Band des Gesetzes **bei Ansprüchen von Enkeln gegen Großeltern oder** von bedürftig gewordenen **Eltern gegen** ihre **Kinder** als weniger streng ausgeprägt zu beurteilen. Der Bundesgerichtshof hatte zu dieser Frage erstmals in einem Fall entschieden, der zu ihm gelangt war, weil in erster Instanz versehentlich das damals nicht zuständige Familiengericht entschieden hatte (Revisionsentscheidung zu OLG Oldenburg, FamRZ 1991, S. 1347). Dabei führte er zum Unterhaltsanspruch von bedürftigen Eltern gegen ihre Kinder aus, dass es sich bei den von der familiengerichtlichen Praxis entwickelten Selbstbehaltssätzen um Mindestbeträge handele, die bei durchschnittlichen Einkommensverhältnissen, wenn es um das Unterhaltsbegehren anderer Verwandter, z. B. von Eltern, gehe, um einen maßvollen Zuschlag erhöht werden könnten.[144] Es entspreche der natürlichen Generationenfolge, dass Eltern regelmäßig damit rechnen müssten, dass sie ihren Kindern ohne abgeschlossene Ausbildung und wirtschaftliche Selbstständigkeit auch über das 18. Lebensjahr hinaus Unterhalt zu gewähren haben. Mit einer solchen Entwicklung sei nicht gleichzusetzen, dass Eltern nach ihrem Ausscheiden aus dem Erwerbsleben ihre Kinder, die inzwischen selbst Familien gegründet haben, auf Unterhalt in Anspruch nehmen müssten.[145] In aller Regel hätten Eltern eine ausreichende Altersversorgung, so dass Kinder allenfalls wegen einer unerwarteten Hilfsbedürftigkeit mit ihrer Beteiligung an den dafür entstehenden zusätzlichen Kosten rechnen müssten. Zur Sicherstellung des Ausbildungsunterhalts für gerade volljährig gewordene Kinder könnten größere Opfer angesonnen werden, als wenn es um die Heimkosten der Eltern gehe. Die anderen unterhaltsberechtigten Verwandten würden ihre Lebensstellung nicht mehr von der des Pflichtigen ableiten, sondern hätten – oft seit langem – eine eigene Lebensstellung erlangt. Bei der Bestimmung der Leistungsfähigkeit

---

[140] OLG Oldenburg, a. a. O.

[141] OLG Oldenburg, a. a. O.

[142] Vgl. BGH, FamRZ 2002, 1698, 1700 f. = R 580 c; FamRZ 2003, 1179, 1180 = R 592 b; OLG Oldenburg, a. a. O.

[143] Vgl. BGH, FamRZ 2002, 1698, 1700 f. = R 580 c

[144] BGH, FamRZ 1992, 795, 797; vgl. auch Stoffregen, FamRZ 1996, 1496; van Els, DAVorm 1995, 268, 270

[145] BGH, FamRZ 1992, 795, 797

gestatte das Gesetz ausdrücklich die Berücksichtigung sonstiger Verpflichtungen, zu denen auch solche gehörten, die sich nicht in einer konkreten Zahlungspflicht ausdrücken würden, sondern auf Vorsorge – etwa der angemessenen Bildung von Rücklagen – beruhten.[146] Diese Überlegungen, die der BGH zunächst für den Elternunterhalt (vgl. hierzu Rn. 629 ff.) in zwei weiteren Entscheidungen fortgeführt und zugunsten der unterhaltspflichtigen Kinder mit noch größerem Gewicht versehen hat[147] (vgl. 638 f.), gelten – jedenfalls, was einen Zuschlag von ca. 25% (vgl. unten in dieser Randziffer) auf den sogenannten großen Selbstbehalt angeht – nicht nur für das Unterhaltsverhältnis zwischen bedürftig gewordenen Eltern und ihren Kindern, sondern, wie der BGH inzwischen bestätigt hat, auch für dasjenige zwischen Enkeln und Großeltern.[148] Denn Großeltern könne wegen ihrer nachrangigen Haftung und ihrer geringeren unterhaltsrechtlichen Verantwortung nicht abverlangt werden, die eigenen, ihren wirtschaftlichen Verhältnissen angepassten Bedürfnisse in gleicher Weise einzuschränken, wie es Eltern für ihre Kinder tun müssten. Hiervon macht der BGH[149] **keine Ausnahme,** wenn **minderjährige Enkel,** die auf Grund dieser Minderjährigkeit noch hilflos und bedürftig sind,[150] ihre Großeltern in Anspruch nehmen müssen. Die in der Vorauflage vertretene Ansicht, in diesem Fall dürften sich Großeltern nur auf den normalen, nicht auf einen erhöhten angemessenen Selbstbehalt berufen, hat der BGH nicht gebilligt.

Der Zuschlag, den die Instanzgerichte vor der Begründung der familiengerichtlichen Zuständigkeit auf den normalen angemessenen Selbstbehalt, insbesondere beim **Elternunterhalt** (vgl. hierzu näher Rn. 629 ff.), vorgenommen hatten oder der sonst vorgeschlagen worden war, reichte von 20%[151] über 30%[152] bis 70%.[153] Hier war ab der 4. Auflage ein Zuschlag von 25% vorgeschlagen worden. Für den Elternunterhalt (vgl. Rn. 629 ff.) gingen die meisten oberlandesgerichtlichen Leitlinien von entsprechenden Zuschlägen aus. Allerdings hatte bereits der 11. Deutsche Familiengerichtstag[154] empfohlen, nur 50% des Einkommens über einem erhöht angesetzten Mindestbedarfs des Kindes für den Unterhalt in Anspruch zu nehmen. Entsprechende Empfehlungen kamen von dem Deutschen Verein für öffentliche und private Fürsorge[155] und vom 13. Deutschen Familiengerichtstag.[156]

Inzwischen hat der Bundesgerichtshof in zwei Entscheidungen[157] gebilligt, dass für den Elternunterhalt (vgl. Rn. 629 ff.) der nach den oberlandesgerichtlichen Leitlinien in der Regel um 25% erhöhte Mindestselbstbehalt in der Weise zugrunde gelegt wird, dass nur eine bestimmte Quote des übersteigenden Einkommens, also z. B. 50%, für den Unterhalt herangezogen werden. Zu beachten ist, dass die 50-%-Quote u. U. nicht gilt, wenn es um die Leistungsfähigkeit eines verheirateten Kindes zum Elternunterhalt geht, soweit hier der angemessene Eigenbedarf bereits im Rahmen des Familienunterhalts gewahrt wird – vgl. aber näher Rn. 645 a. Zur Bewertung dieser Rechtsprechung siehe Rn. 600 und 638. Ob auch beim **Enkelunterhalt** (vgl. hierzu näher Rn. 651) nur eine entsprechende Quote des den erhöhten Selbstbehalt übersteigenden Einkommens zum Unterhalt verwendet werden muss,[158] hat der BGH bislang offengelassen. Wegen der Gleichstellung mit dem Elternunterhalt dürfte die zusätzliche quotenmäßige Beschränkung bei volljährigen Enkeln prinzi-

---

[146] BGH, FamRZ 1992, 795, 797

[147] BGH, FamRZ 2002, 1698, 1700 ff. = R 580 c; FamRZ 2003, 1179 ff. = R 592

[148] Vgl. nunmehr BGH, FamRZ 2007, 375 = R 668; FamRZ 2006, 1099 = R 652; FamRZ 2006, 26, 28 = R 637 a

[149] BGH, FamRZ 2006, 26, 28 = R 637 a; FamRZ 2006, 1099 = R 652

[150] Vgl. hierzu BGH, FamRZ 1990, 260, 262

[151] LG Paderborn, FamRZ 1996, 1497; Fischer, FamRZ 1993, 732; Empfehlungen des 11. Deutschen Familiengerichtstags, FamRZ 1996, 337

[152] LG Münster, FamRZ 1994, 843; LG Kiel, FamRZ 1996, 753, 755; im Ergebnis auch etwa 30% AG Altena, FamRZ 1993, 835

[153] AG Hagen, FamRZ 1988, 755

[154] FamRZ 1996 337, 338 unter I. 4.2

[155] FamRZ 2000, 788, unter Nr. 121

[156] FamRZ 2000, 273, 274 unter I. 4 a)

[157] BGH, FamRZ 2002, 1698, 1701 = R 580 c; FamRZ 2003, 1179, 1182 = R 592 e

[158] So aber OLG Dresden, FamRZ 2006, 569, 571; OLG Koblenz, OLGR Frankfurt 2005, 22 jedenfalls gegenüber volljährigen Enkeln

piell angemessen sein.[159] Für minderjährige Enkel erscheint die Lösung des OLG Koblenz[160] vernünftig. Danach scheidet in einem solchen Fall eine unterschiedslose Bewilligung des zusätzlichen Quotenvorteils aus. Hier ist vielmehr je nach den konkreten Umständen zu entscheiden. Werden bestehende Belastungen großzügig berücksichtigt, kann umgekehrt der zusätzliche Quotenvorteil versagt werden.

620 a   **Oberlandesgerichtliche Leitlinien zum Mindest-Eigenbedarf** (angemessenen Selbstbehalt) des Pflichtigen beim Unterhalt für Eltern bzw. Enkel (sämtlich mit dem **Stand vom 1. 1. 2008**):

– Düsseldorfer Tabelle (abgedruckt in Anhang D) D. I.:
gegenüber Eltern: mindestens 1400 €, einschließlich 450 € für Warmmiete, zuzüglich der Hälfte des darüber hinaus gehenden Einkommens; der angemessene Unterhalt des mit dem Pflichtigen zusammenlebenden Ehegatten beträgt die Hälfte des eheangemessenen Bedarfs, mindestens 1050 € einschließlich 350 € für Warmmiete;

– Süddeutsche Leitlinien (Oberlandesgerichte Bamberg, Karlsruhe, München, Nürnberg, Stuttgart und Zweibrücken – FamRZ 2008, 231 ff.) Nr. 21.3.3:
gegenüber Eltern: mindestens 1400 €, wobei die Hälfte des diesen Mindestbetrag übersteigenden Einkommens zusätzlich anrechnungsfrei bleibt, darin enthalten 440 € für Unterkunft und Heizung;
Nr. 21.3.4.:
gegenüber Enkeln: mindestens 1400 €;

– Kammergericht Berlin Nr. 21.3.3:
Gegenüber Eltern und Enkeln mindestens 1400 €, wobei die Hälfte des diesen Mindestbetrag übersteigenden Einkommens zusätzlich anrechnungsfrei bleiben kann, wenn dies der Angemessenheit entspricht;

– OLG Brandenburg Nr. 21.3.2:
gegenüber Eltern: 1400 € zuzüglich der Hälfte des darüber hinausgehenden bereinigten Einkommens, darin enthalten ein Mietanteil (Warmmiete) von 450 €;

– OLG Braunschweig Nr. 21.3.3:
gegenüber Eltern nach den Umständen des Einzelfalls unter Berücksichtigung des Unterhalts vorrangig Berechtigter, mindestens 1400 €, wobei die Hälfte des diesen Mindestbetrag übersteigenden Einkommens zusätzlich anrechnungsfrei bleibt, enthalten sind für Unterkunft (Miete einschließlich umlagefähiger Nebenkosten und Heizung) 450 €;

– OLG Bremen Nr. 21.3.3:
gegenüber Eltern und Enkeln: mindestens 1400 €, wobei die Hälfte des übersteigenden Einkommens zusätzlich anrechnungsfrei bleibt, darin enthalten Kosten für Wohnbedarf von 450 €;

– OLG Celle Nr. 21.3.3:
gegenüber Eltern: nach den Umständen des Einzelfalls unter Berücksichtigung des angemessenen Unterhalts vorrangig Berechtigter, zumindest 1400 €, wobei die Hälfte des diesen Betrag übersteigenden Einkommens zusätzlich anrechnungsfrei bleibt
Nr. 21.3.4:
gegenüber Enkeln mindestens 1400 €;

– OLG Dresden Nr. 21.3.2:
gegenüber Eltern und Enkeln: mindestens 1400 €, wobei die Hälfte des übersteigenden Einkommens zusätzlich anrechnungsfrei bleibt, darin enthalten Kosten für Unterkunft einschließlich umlagefähiger Nebenkosten und Heizung von 450 €;

– OLG Düsseldorf Nr. 21.3.3:
gemäß Düsseldorfer Tabelle D. I. 1400 €;

– OLG Frankfurt Nr. 21.3.3:
gegenüber Eltern: mindestens 1400 €, wobei die Hälfte des übersteigenden Einkommens zusätzlich anrechnungsfrei bleibt, darin enthalten 440 € für Wohnbedarf (370 € kalt und 110 € Nebenkosten und Heizung);

---

[159] So auch Günther, FPR 2006, 347, 351
[160] OLGR 2005, 22; der BGH musste in seinem dazugehörigen Revisionsurteil (FamRZ 2007, 375) nicht über diese Frage entscheiden

Nr. 21.3.4:
entsprechende Geltung für Enkelunterhalt und sonstige Verwandte auf- oder absteigender Linie;

– OLG Hamburg Nr. 21.3.3:
gegenüber Eltern: mindestens 1400 €, wobei die Hälfte des diesen Mindestbetrag übersteigenden Einkommens zusätzlich anrechnungsfrei bleibt, darin enthalten 450 € für Unterkunft und Heizung (Warmmiete);
Nr. 21.3.4:
gegenüber Enkeln: mindestens 1400 €, wobei bei volljährigen Enkeln die Hälfte des diesen Mindestbetrag übersteigenden Einkommens zusätzlich anrechnungsfrei verbleibt, im Selbstbehalt enthalten 450 € für Unterkunft und Heizung (Warmmiete);

– OLG Hamm Nr. 21.3.2:
gegenüber Eltern: mindestens 1400 €, wobei die Hälfte des diesen Mindestbetrag übersteigenden Einkommens zusätzlich anrechnungsfrei bleiben kann, darin enthalten Kosten für Unterkunft einschließlich umlagefähiger Nebenkosten und Heizung (Warmmiete) in Höhe von 450 €;

– OLG Jena Nr. 21.5:
gegenüber Eltern: mindestens 1300 € beim nicht erwerbstätigen Unterhaltspflichtigen bzw. mindestens 1400 € beim erwerbstätigen Unterhaltspflichtigen, wobei die Hälfte des diesen Mindestbetrag übersteigenden Einkommens zusätzlich anrechnungsfrei bleibt; darin enthalten ist ein Wohnanteil von 370 € (Kaltmiete);

– OLG Koblenz Nr. 21.3.3.:
gegenüber Eltern: mindestens 1400 € (einschließlich 450 € Warmmiete) zuzüglich der Hälfte des darüber hinausgehenden Einkommens;
Nr. 21.3.4.:
gegenüber Enkeln: mindestens 1400 € (zuzüglich 1000 € beim Zusammenleben von Großeltern);

– OLG Köln Nr. 21.3.3:
gegenüber Eltern: mindestens 1400 €, wobei die Hälfte des diesen Mindestbetrag übersteigenden Einkommens zusätzlich anrechnungsfrei bleibt; darin enthalten sind Kosten für Unterkunft und Heizung in Höhe von 450 €;
Nr. 21.3.4:
gegenüber Enkeln: wie gegenüber Eltern;

– OLG Naumburg Nr. 21.3.2:
gegenüber Eltern und Enkeln: mindestens 1400 €, wobei die Hälfte des übersteigenden Einkommens zusätzlich anrechnungsfrei bleibt;

– OLG Oldenburg Nr. 21.3.3:
gegenüber Eltern und Enkeln: 1400 €, wobei die Hälfte des diesen Mindestbetrag übersteigenden Einkommens anrechnungsfrei bleibt;

– OLG Rostock Nr. 21.3.2:
gegenüber Eltern und Enkeln: 1400 €, wobei die Hälfte des diesen Mindestbetrags übersteigenden Einkommens zusätzlich anrechnungsfrei bleibt;

– OLG Saarbrücken Nr. 4.:
gegenüber Eltern mindestens 1400 €;

– OLG Schleswig Nr. 21.3.2:
gegenüber Eltern mindestens 1400 €, wobei die Hälfte des diesen Mindestbetrag übersteigenden Einkommens zusätzlich anrechnungsfrei bleibt;

b) Abzug besonderer Aufwendungen. Die unterhaltsrechtliche Leistungsfähigkeit **620 b** wird zunächst vom Nettoeinkommen nach Abzug von Steuer und Soziallasten sowie beim Nichtselbständigen auch von berufsbedingtem Aufwand geprägt. Weiter ist maßgebend der Abzug darüber hinausgehender unterhaltsrechtlich anerkennungsfähiger Verbindlichkeiten (vgl. Rn. 621) sowie die Berücksichtigung sonstigen **tatsächlichen Aufwands,** der als zusätzliche Last ebenfalls unterhaltsrechtlich anerkennungsfähig ist. So kann ein Selbstständiger, der nicht sozialversicherungspflichtig ist, in einer seinem Einkommen entsprechenden Weise tatsächlichen, nicht jedoch fiktiven Aufwand zur **Sicherung seiner Altersversorgung** treiben, und zwar nach den derzeitigen Verhältnissen in Höhe von etwa 20% seines

Bruttoeinkommens[161] – siehe auch Rn. 638. Dabei kommt ihm, was die konkrete Art der Vorsorge angeht, ein weiter Ermessensspielraum zu, so dass im Einzelfall auch die Bildung bloßen Sparvermögens anzuerkennen sein kann.[162] Wegen Fehlens des Kündigungsrisikos nicht berücksichtigungsfähig wären Aufwendungen des Selbstständigen zur Absicherung vor Arbeitslosigkeit.[163] Die allgemeine Entwicklung der gesetzlichen Rentenversicherung und der Beamtenversorgung lassen auch zweifelhaft erscheinen, ob nicht generell auch bei Nicht-selbstständigen tatsächliche Aufwendungen für eine **Aufstockung der Altersvorsorge** anerkannt werden müssen. Eindeutig ist dies, wenn das Einkommen eines rentenversiche-rungspflichtigen Arbeitnehmers über der Beitragsbemessungsgrenze liegt, weil seine gesetzli-che Versorgung dann nicht mehr in Übereinstimmung mit seinem Einkommen stehen kann. Dasselbe gilt, wenn es um die Aufwendungen für die zusätzliche Altersvorsorge nach Art. 6 des Altersvermögensgesetzes vom 26. 6. 2001 (BGBl I 1310, 1313 ff.), die so genann-te Riesterrente, geht. Aber auch beim Beamten kann wegen der Kürzungen der Beamten-versorgung in maßvollem Umfang die Anerkennung entsprechenden tatsächlichen Aufwands in Betracht kommen.[164] Inzwischen hat der BGH unter Hinweis auf den Umstand, dass die primäre Versorgung in Zukunft nicht mehr als ausreichende Altersversorgung angesehen werden könne, seine Ansicht über den Umfang anerkennungsfähiger Zusatzaufwendungen konkretisiert. Für Unterhaltsverhältnisse allgemein könnten über den primären Vorsorgeauf-wand sowohl beim Pflichtigen als auch beim Berechtigten in Anlehnung an den Höchst-fördersatz der Riesterrente **4% des Bruttoeinkommens** abzugsfähig sein, wenn dies einer abschließenden Angemessenheitsprüfung standhalte.[165] Beim Elternunterhalt wird dem Pflichtigen ein höherer Zusatzaufwand von **5%** des Bruttoeinkommens zugestanden (siehe Rn. 638). Immer müssen solche Aufwendungen schon tatsächlich geleistet werden; nur die Absicht zur Leistung, falls der Aufwand unterhaltsrechtlich anerkannt werde, genügt nicht.[166]

621 **c) Abzug von Verbindlichkeiten.** Abzuziehen sind **vorrangige Unterhaltsverpflich-tungen** (vgl. Rn. 160). Einschränkungen ergeben sich, soweit es um einen Anspruch auf Ehegattenunterhalt geht, der bereits durch Leistungen auf den betreffenden Anspruch auf Verwandtenunterhalt oder eine entsprechende latente Unterhaltslast geprägt war.[167] Hier kann von einem Abzug abgesehen werden, soweit dadurch kein Missverhältnis entsteht und dem vorrangigen Ehegatten im Einzelfall nicht einmal mehr sein Mindestbedarf verbleiben würde.[168] Wegen gleichrangiger Unterhaltsansprüche siehe Rn. 161.

Berücksichtigungswürdige sonstige Verpflichtungen können auch **Kreditverbindlich-keiten** sein. Die Abgrenzung zwischen berücksichtigungswürdigen und anderen Verbind-lichkeiten geschieht im Rahmen einer umfassenden Interessenabwägung nach billigem Ermessen[169]. Für die Abwägung maßgeblich sind z. B. Zweck, Zeitpunkt und Art der Entstehung, Eingehen der Verbindlichkeiten vor oder nach der Inanspruchnahme auf Unter-halt, die Dringlichkeit der Bedürfnisse von Pflichtigem bzw. Berechtigten, die Kenntnis des Pflichtigen von Grund und Höhe der Unterhaltsschuld, die diesem zumutbare Möglichkeit zur Wiederherstellung seiner Leistungsfähigkeit, schutzwürdige Belange des Drittgläubi-gers.[170] Im Rahmen der Abwägung ist auch zu entscheiden, ob lediglich der Zinsaufwand oder auch der der Vermögensbildung dienende Tilgungsaufwand zu berücksichtigen ist. Grundsätzlich gilt, dass den Ansprüchen der Unterhaltsberechtigten kein allgemeiner Vor-rang vor den anderen Verbindlichkeiten des Pflichtigen zukommt. Andererseits dürfen diese Verbindlichkeiten nicht ohne Rücksicht auf die Unterhaltsinteressen getilgt werden.[171]

---

[161] BGH, FamRZ 2003, 860, 863 = R 590 A d
[162] BGH, a. a. O.
[163] BGH, a. a. O.
[164] Vgl. dazu BGH, FamRZ 2003, 1179, 1182 = R 592 d
[165] BGH, FamRZ 2005, 1817, 1822 = R 632 j; FamRZ 2007, 793, 795 = R 674 c
[166] BGH, FamRZ 2007, 193, 194 = R 664 b; FamRZ 2007, 793, 795 = R 674 c
[167] BGH, FamRZ 2006, 26, 29 = R 637 d; FamRZ 2004, 186, 188; FamRZ 2003, 860, 865 f = R 590 A g + h.
[168] BGH, FamRZ 2003, 860, 865 = R 590 A g
[169] BGH, FamRZ 2003, 1179, 1181 = R 592 c
[170] BGH, FamRZ 1996, 160, 161 f. = R 496 c; BGH, FamRZ 2003, 1179, 1181 = R 592 c
[171] BGH, a. a. O. S. 1181 = R 592 c

Werden **Großeltern von Enkeln** oder **Kinder von** bedürftig gewordenen **Eltern** in Anspruch genommen, kann vielfach ein **großzügigerer Maßstab** angebracht sein als zwischen Eheleuten und unterhaltspflichtigen Eltern und Kindern. Hier wird es sich im Regelfall um keine von vornherein voraussehbare Inanspruchnahme handeln, so dass die Pflichtigen in ihrer Finanzplanung freier waren. So hat der BGH[172] für den Elternunterhalt bei der Bewertung eines dem Pflichtigen zuzuordnenden Wohnwerts nicht nur die Zinsleistungen, sondern auch die Tilgungsleistungen für abziehbar angesehen, wenn die Darlehensverbindlichkeiten eingegangen wurden, bevor mit einer Inanspruchnahme auf Elternunterhalt (vgl. hierzu Rn. 629 ff.) gerechnet werden musste und entsprechender Elternunterhalt und Tilgungsleistungen nicht gleichzeitig aufgebracht werden können – siehe hierzu auch Rn. 624 u. 639.

Zur Berücksichtigung von Schulden siehe auch oben Rn. 158 sowie 1/614 ff.

d) Zurechnung fiktiver Einkünfte wegen Verletzung der Erwerbsobliegenheit. 622
Nach Zumutbarkeitsgesichtspunkten entscheidet sich die Frage, ob dem Unterhaltspflichtigen zur Bestimmung seiner Leistungsfähigkeit **fiktive Einkünfte zuzurechnen sind,** weil er es unterlässt, eine ihm mögliche Erwerbstätigkeit aufzunehmen oder eine ausgeübte Erwerbstätigkeit auszuweiten.[173] Hierbei ist die **Zumutbarkeitsschwelle je nach Unterhaltsverhältnis** höher oder niedriger anzusetzen. Beachten die Gerichte im Einzelfall unter Überschreitung des richterlichen Ermessensspielraums die Zumutbarkeitsgrenze nicht, kann ein Verstoß gegen das sich aus Art. 2 I GG ergebende Grundrecht auf Schutz vor einer unverhältnismäßigen Beschränkung der Dispositionsfreiheit durch Unterhaltsbelastung vorliegen;[174] zugleich ist der sich aus § 1603 I BGB ergebende Verhältnismäßigkeitsgrundsatz verletzt, der jeden Unterhaltsanspruch von der Grundvoraussetzung der Leistungsfähigkeit abhängig macht.[175]

Besonders streng sind im Hinblick auf § 1603 II 1 BGB die Anforderungen an Eltern gegenüber ihren minderjährigen unverheirateten Kindern[176] (siehe Rn. 145 und 615). Im Unterhaltsverhältnis zwischen Eheleuten und zwischen Eltern und bedürftigen volljährigen Kindern, die noch keine selbstständige Lebensstellung erlangt haben, gründet sich die Unterhaltsverpflichtung auf der unterhaltsrechtlichen Verantwortung, welche bei Eheleuten durch die Eheschließung übernommen wurde und bei Eltern insoweit auf dem besonderen Pflichtenverhältnis von Eltern gegenüber ihren Kindern beruht (siehe auch oben Rn. 620). In den anderen Unterhaltsverhältnissen ohne derartige Besonderheit liegt die Zumutbarkeitsschwelle am höchsten. Grundsätzlich muss der Unterhaltspflichtige, soweit eine reale Beschäftigungschance besteht, seine Arbeitskraft entsprechend seiner Vorbildung, seinen Fähigkeiten und der Arbeitsmarktlage in zumutbarer Weise bestmöglich einsetzen.[177] Im Einzelfall ist ein Arbeitsplatz- oder Berufswechsel vorzunehmen,[178] in zumutbaren Grenzen auch ein Ortswechsel.[179] Dies bedeutet nicht, dass eine Großmutter fortgeschrittenen Alters, die seit langem nur eine Teilzeitarbeit ausübt, diese Tätigkeit ausweiten müsste, um unerwartete Unterhaltsansprüche von Enkeln befriedigen zu können. Hat der Pflichtige durch verantwortungsloses, zumindest leichtfertiges und unterhaltsbezogenes Verhalten seine **Leistungsunfähigkeit herbeigeführt,** z.B. wegen zurechenbaren Arbeitsplatzverlusts, kann ihm die Berufung hierauf ganz oder teilweise versagt sein.[180]

e) Verpflichtung zum Einsatz des Vermögens durch Verwertung. Der unterhalts- 623
pflichtige Verwandte muss in Ermangelung sonstiger Mittel grundsätzlich auch den Stamm seines Vermögens zur Bestreitung des Unterhalts einsetzen. Eine allgemeine Billigkeitsgrenze

---

[172] BGH, a. a. O. S. 1181 f. = R 592 c
[173] BGH, FamRZ 1996, 345, 346; vgl. BVerfG, FamRZ 2007, 273 zur Verfassungsmäßigkeit der Zurechnung fiktiver Einkünfte
[174] BVerfG, FamRZ 2007, 273
[175] BVerfG, a. a. O.
[176] BGH, FamRZ 1994, 372 = R 473 c
[177] Vgl. BGH, FamRZ 1985, 158 = NJW 1985, 732
[178] Vgl. BGH, FamRZ 1994, 372, 373 = R 473 c
[179] BGH, FamRZ 1994, 372 = R 473 c; OLG Köln, FamRZ 1997, 1104: soweit die Arbeitsplatzchancen anderswo besser und die Umzugskosten tragbar sind
[180] Vgl. hierzu Pauling, FPR 2000, 11, 13

wie für den Unterhalt zwischen geschiedenen Eheleuten (§ 1581 S. 2 BGB) sieht das Gesetz für den Verwandtenunterhalt nicht vor.[181] Einschränkungen der Obliegenheit zum **Einsatz des Vermögensstamms** ergeben sich allein daraus, dass nach dem Gesetz (§ 1603 I BGB) auch die sonstigen Verpflichtungen des Unterhaltsschuldners zu berücksichtigen sind und er den eigenen Unterhalt nicht zu gefährden braucht. Allgemein muss der Unterhaltsschuldner den Stamm seines Vermögens nicht verwerten, wenn dies für ihn mit einem wirtschaftlich nicht mehr vertretbaren Nachteil verbunden wäre,[182] z. B. wenn er nur unter Inkaufnahme eines erheblichen Wertverlusts veräußern könnte. Eine Verwertung des Vermögensstamms kann nicht verlangt werden, wenn sie den Unterhaltsschuldner von fortlaufenden Einkünften abschneiden würde, die er zur Erfüllung weiterer Unterhaltsansprüche oder anderer berücksichtigungswürdiger Verbindlichkeiten oder zur Bestreitung seines eigenen Unterhalts benötigt.[183] Ist das Vermögen zur Sicherung des eigenen Unterhalts zu schonen, muss die gesamte voraussichtliche Lebensdauer des Pflichtigen berücksichtigt werden.[184] Diese Opfergrenze gilt, soweit der notwendige Selbstbehalt berührt wird, auch bei gesteigerter Unterhaltspflicht von Eltern gegenüber minderjährigen Kindern gemäß § 1603 II 1 BGB.[185] Der Tatrichter hat eine umfassende **Zumutbarkeitsabwägung** vorzunehmen.[186] Vgl. wegen weiterer Einzelheiten auch Rn. 641 f. zum Elternunterhalt.

Dem Pflichtigen ist auf jeden Fall eine gewisse **Vermögensreserve** als Rücklage für unvorhergesehene Ausgaben zu belassen. Hierbei sollte ein großzügigerer Maßstab als beim Bedürftigen (siehe Rn. 614) angelegt werden. In den Fällen des Verwandtenunterhalts mit schwacher Ausgestaltung des Anspruchs (z. B. Ansprüche von Enkeln gegen Großeltern, von Eltern gegen ihre Kinder) erschien, wenn der konkrete Einzelfall keine höhere Reserve erforderte, eine Pauschale von jedenfalls 10 000 €, wie sie teilweise von den Instanzgerichten zugebilligt worden war,[187] angemessen. Wegen der zwischenzeitlichen Weiterentwicklung der wirtschaftlichen Verhältnisse erscheint eine Erhöhung dieser Pauschale auf 12 500 € vertretbar. Der Deutsche Verein für öffentliche und private Fürsorge empfiehlt, beim Unterhalt sonstiger Verwandter eine Reserve von 12 500 € und in abgeschwächten Unterhaltsverhältnissen wie beim Elternunterhalt von 25 000 € zu belassen, wobei beim Elternunterhalt, falls der Pflichtige über kein selbstgenutztes Wohneigentum verfüge, eine Erhöhung auf 75 000 € in Betracht komme.[188] Der BGH hat sich diesen Überlegungen grundsätzlich angeschlossen.[189] Das OLG München[190] hat die „dem jeweiligen Unterhaltszeitraum angemessene individuelle Schonvermögensgrenze" in einem Fall des Elternunterhalts auf 80 000 € angesetzt.

624   Die **Veräußerung eines** nach den übrigen Verhältnissen der Familie angemessenen **Familienheims** wird im Allgemeinen nicht verlangt werden können, weil es der Befriedigung des Unterhaltsbedarfs des Schuldners und gegebenenfalls weiterer Familienangehöriger dient und zugleich Mietaufwendungen erspart.[191] Anders ist es, wenn es sich um ein weder als Einkommensquelle noch zur Befriedigung des Wohnbedarfs der Familie nötiges Ferienhaus handelt.[192] Besteht danach keine Veräußerungspflicht, wurde die inzwischen vom Bundesverfassungsgericht[193] verneinte Frage aufgeworfen, ob der Sozialhilfeträger, der ein unterhaltspflichtiges Kind aus übergegangenem Recht (nunmehr § 94 SGB XII) wegen der von ihm getragenen Heimkosten in Anspruch nimmt, ein sonst nicht leistungsfähiges Kind u. U. dazu verpflichten kann, in entsprechender Anwendung von (nunmehr) § 91 SGB XII

---

[181] BGH, FamRZ 2004, 1184, 1185; FamRZ 1998, 367, 369 = R 517 c
[182] BGH, FamRZ 2004, 1184, 1185
[183] BGH, a. a. O.
[184] BGH, FamRZ 1989, 170, 171
[185] BGH, FamRZ 1989, 170; OLG Bamberg FamRZ 1999, 1019
[186] BGH, FamRZ 1998, 367, 369 = R 517 c zur Verwertungspflicht des Bedürftigen
[187] AG Höxter, FamRZ 1996, 752; AG Wetter, FamRZ 1991, 852; vgl. Meyer, FamRZ 1997, 225
[188] FamRZ 2005, 1387, 1394 unter 95 Nr. 4 u. 5
[189] BGH, FamRZ 2006, 1511, 1516, insoweit in R 658 nicht abgedruckt
[190] FamRZ 2005, 299
[191] BGH, FamRZ 2001, 21, 23; FamRZ 1986, 48, 50
[192] BGH, FamRZ 1986, 48, 50
[193] FamRZ 2005, 1051 = R 635

ein zinsloses Darlehen anzunehmen, das bei Tod des Kindes fällig und auf dem zu verwertenden Grundstück durch ein Grundpfandrecht gesichert wird[194] – siehe hierzu näher Rn. 642).

Hätte der Unterhaltsschuldner ein von ihm **verschenktes Hausgrundstück** für Unterhaltszwecke verwerten müssen, entsteht für ihn im Hinblick auf seine Unterhaltspflicht an sich der Rückforderungsanspruch des § 528 I BGB, der aber wohl nicht einmal eine nur fiktive Leistungsfähigkeit begründen kann. Der Schenker darf nämlich über die Frage der Rückforderung, sofern er nicht selbst als Bedürftiger Leistungen zu seinem Unterhalt entgegennimmt, frei entscheiden.[195] Außerdem kann der entsprechende Anspruch vor vertraglicher Anerkennung oder Rechtshängigkeit nicht gepfändet werden (§ 852 ZPO)[196] (vgl. hierzu bezüglich des Rückforderungsanspruchs des selbst bedürftig gewordenen Schenkers im Einzelnen Rn. 631 ff.). Ist der Schenker selbst unterhaltsbedürftig, kann der beschenkte Pflichtige, falls er unabhängig von der Schenkung unterhaltspflichtig wäre, aber einkommenslos ist, verpflichtet sein, die ihm geschenkte Immobilie, möglicherweise mit Aussetzung oder Streckung von Zinszahlung und Tilgung, zu beleihen, um – zur Meidung einer Rückforderung nach § 528 BGB – den Unterhalt aufzubringen.[197] Für die Frage, ob bestehende **Lebensversicherungen** – falls dies im Hinblick auf den erzielbaren Rückkaufswert in wirtschaftlicher Weise möglich ist – verwertet werden müssen, kommt es darauf an, ob sie noch einer nach den Verhältnissen des Pflichtigen gebotenen Altersvorsorge dienen oder wegen genügender anderweitiger Alterssicherung als Kapitalanlage anzusehen sind.[198] Kapitalvermögen aus einer **Schmerzensgeldzahlung** oder aus einer von der Unfallversicherung bezahlten **Invaliditätsentschädigung** muss in der Regel nur eingeschränkt eingesetzt werden. Selbst im Rahmen der gesteigerten Unterhaltspflicht (§ 1603 II 1 BGB) von Eltern gegenüber minderjährigen Kindern ist der besonderen Ausgleichsfunktion des Schmerzensgelds bei der Bestimmung der Opfergrenze in billiger Weise Rechnung zu tragen. Andauernde verletzungsbedingte Behinderungen schwerwiegender Natur führen in diesem Fall auch unter Berücksichtigung der Kindesbelange zu einer maßvollen Anhebung dessen, was dem unterhaltpflichtigen Elternteil zu Deckung seines notwendigen Eigenbedarfs zu belassen ist.[199] In anderen Unterhaltsverhältnissen ohne gesteigerte Unterhaltspflicht liegt die Opfergrenze höher. Sind z. B. Kinder Unterhaltsschuldner gegenüber Eltern, kann – wenn schwerwiegende Verletzungsfolgen geblieben sind – der Einsatz der Entschädigung vollständig der Billigkeit widersprechen, so dass die Leistungsfähigkeit insoweit nur durch den Vermögensertrag bestimmt wird.[200]

f) Unterhaltsansprüche von Eltern gegen verheiratete Kinder. Richtet sich der **625** Unterhaltsanspruch von Eltern gegen ein verheiratetes Kind, ergeben sich aus dem gleichzeitig bestehenden Unterhaltsverhältnis der Ehegatten untereinander Reibungspunkte, die sich auch auf den Eigenbedarf des pflichtigen Ehegatten auswirken – siehe hierzu unter Rn. 645.

4. Beschränkung oder Wegfall der Unterhaltsverpflichtung durch Verwirkung nach § 1611 I BGB

§ 1611 BGB enthält eine dem § 1579 Nr. 2 bis 7 BGB für den Ehegattenunterhalt **626** vergleichbare **negative Härteregelung** für den Verwandtenunterhalt, die als Ausnahmevorschrift eng auszulegen ist und deren Voraussetzungen der **Darlegungs- und Beweislast** des Unterhaltspflichtigen unterliegen. Die Klausel greift bei folgenden Tatbeständen ein:

---

[194] Vgl. dazu LG Duisburg, FamRZ 1996, 1498 – verworfen von BVerfG, FamRZ 2005, 1051 = R 635
[195] BGH, FamRZ 2001, 1127, 1138 f.
[196] BGH, a. a. O.
[197] OLG München FuR 2000, 350
[198] Meyer, FamRZ 1997, 225; vgl. AG Höxter FamRZ 1996, 752 mit Anm. Zieroth
[199] BGH, FamRZ 1989, 170, 172
[200] Vgl. LG Paderborn, FamRZ 1996, 1497

– der Berechtigte ist durch sein sittliches Verschulden bedürftig geworden,
– der Berechtigte hat seine eigene Unterhaltspflicht gegenüber dem Pflichtigen gröblich vernachlässigt,
– der Berechtigte hat sich vorsätzlich einer schweren Verfehlung gegen den Pflichtigen oder einen nahen Angehörigen desselben schuldig gemacht.

Die drei Tatbestände setzen **Verschulden des Bedürftigen** voraus. Die Verletzung der Unterhaltspflicht kann nicht nur den Barunterhalt, sondern auch den gesetzlich geschuldeten Betreuungsunterhalt betreffen.[202] Die Annahme einer vorsätzlichen schweren Verfehlung erfordert eine umfassende Abwägung aller maßgeblichen Umstände unter Einbeziehung des Verhaltens des Pflichtigen.[203] Eine schwere Verfehlung kann regelmäßig nur, bei einer tiefgreifenden Beeinträchtigung schutzwürdiger wirtschaftlicher Interessen oder auch persönlicher Belange des Pflichtigen angenommen werden,[204] Als **Begehungsform** kommt **Unterlassen** in Betracht, wenn der Berechtigte dadurch eine Rechtspflicht zum Handeln verletzt.[205] So kann sich die Verletzung elterlicher Pflichten durch Unterlassen als Verfehlung gegen das Kind darstellen. Das gilt z. B. für die dauernde grobe Vernachlässigung und Verletzung der Aufsichtspflicht und für die Verletzung der Pflicht zu Beistand und Rücksicht gemäß § 1618 a BGB.[206] Bei Kränkung des Unterhaltspflichtigen wird es darauf ankommen, ob dies vorsätzlich mit der Absicht einer tiefen Verletzung geschehen ist oder nur als Ausdruck eines unüberwundenen, nicht in erster Linie vom Kränkenden zu verantwortenden Familienkonflikts zu werten ist.[207] Für alle Tatbestände kann die Frage eine Rolle spielen, ob dem Bedürftigen seine **Verfehlung** vom Pflichtigen **verziehen** worden ist.

Ist der Tatbestand erfüllt, wird grundsätzlich nur noch der **Unterhaltsbeitrag, welcher der Billigkeit entspricht,** geschuldet. Lediglich ausnahmsweise, wenn die Inanspruchnahme des Verpflichteten insgesamt grob unbillig wäre, entfällt die Unterhaltspflicht vollständig (§ 1611 I 2 BGB). So müssen Eltern wegen Herbeiführung der Bedürftigkeit durch **sittliches Verschulden** keinen Unterhalt an den volljährigen Sohn bezahlen, der infolge jahrelanger Alkoholsucht arbeitsunfähig geworden ist, wenn er es zu Zeiten, als er noch nicht schuldunfähig war, vorwerfbar an der notwendigen Therapiebereitschaft fehlen ließ.[208] Hat sich ein Vater um seinen damals 12-jährigen Sohn seit der Scheidung von dessen Mutter sowohl in materieller als auch sonst in persönlicher Hinsicht nicht mehr gekümmert, obwohl ihm bekannt wurde, dass der finanzielle Unterhalt nicht mehr gesichert war, sind – falls der Vater nach Jahrzehnten bedürftig wird und Sozialleistungen empfangen muss – Unterhaltsansprüche gegen den Sohn wegen **grober Unbilligkeit** (§ 1611 I 2 BGB) seiner Heranziehung verwirkt.[209] Dasselbe gilt bei langjähriger Vernachlässigung, Kontaktabbruch und Nichtleistung von Unterhalt gegenüber der Tochter für die unterhaltsbedürftig gewordene Mutter[210] oder überhaupt bei unverständlicher jahrzehntelanger Kontaktlosigkeit.[211]

627   Liegen die Voraussetzungen für eine Beschränkung oder für den Wegfall des Unterhaltsanspruchs vor, kann der Berechtigte für seinen deswegen nicht gedeckten Bedarf nicht andere Verwandte in Anspruch nehmen (§ 1611 III BGB). Nach Sinn und Zweck der gesetzlichen Regelung gilt dies für gleichrangig oder nachrangig haftende Verwandte. Andererseits greift die Klausel und damit die **Sperrwirkung des § 1611 III BGB zugunsten anderer Verwandter** nicht ein, wenn unabhängig von § 1611 I BGB ohnehin kein Unterhaltsanspruch wegen mangelnder Leistungsfähigkeit des betreffenden Unterhaltspflichtigen bestand. In diesem Fall kommt es zu keiner Beschränkung, sondern unmittelbar zur

[201] *Fn. nicht belegt*
[202] BGH, FamRZ 2004, 1559, 1560 = R 614
[203] BGH, FamRZ 1995, 475 = R 491 a
[204] BGH, FamRZ 2004, 1559, 1560 = R 614
[205] BGH, a. a. O.
[206] BGH. a. a. O.
[207] Vgl. OLG Hamm, FamRZ 2001, 1395 (LS) = OLGR 2000, 361
[208] Vgl. AG Altena, DAVorm 1995, 265, 267
[209] LG Hannover, FamRZ 1991, 1094
[210] AG Leipzig, FamRZ 1997, 965
[211] BGH, FamRZ 2004, 1559, 1560 = R 614; AG Helmstedt, FamRZ 2001, 1395

Ersatzhaftung der anderen Verwandten nach § 1607 I BGB. Wäre der Anspruch eines Vaters gegen ein Kind verwirkt, das allerdings mangels Leistungsfähigkeit ohnehin nicht unterhaltspflichtig ist, könnten Geschwister (Halbgeschwister), denen gegenüber die Voraussetzungen des § 1611 I BGB nicht erfüllt sind, ungeachtet der Vorschrift des § 1611 III BGB in Anspruch genommen werden. Dieses Ergebnis erscheint auch zweckmäßig, weil vermieden wird, dass sich ein unterhaltspflichtiger Verwandter auf Verwirkung gegenüber einem anderen vor- oder gleichrangigen Verwandten berufen darf, der wegen Leistungsunfähigkeit aus der Reihe der Pflichtigen ausgeschieden ist, so dass sich ihm gegenüber die Frage der Verwirkung nicht mehr stellt.

Die Vorschrift ist auf die Unterhaltspflicht von **Eltern gegenüber** ihren **minderjäh-** **628** **rigen unverheirateten Kindern** nicht anzuwenden (§ 1611 II BGB). Ein etwaiges Fehlverhalten kann aus der Zeit seiner Minderjährigkeit kann dem volljährigen Kind nicht entgegen gehalten werden.[212] Ebenso wenig ist es möglich, gegenüber einem inzwischen volljährig gewordenen Kind ein Fehlverhalten seines gesetzlichen Vertreters aus der Zeit der Minderjährigkeit, z.B. wegen betrügerischen Erschleichens nicht zustehender Leistungen auf Kindesunterhalt, geltend zu machen, weil sonst das Gesetz umgangen würde. Wegen der Anwendung der Klausel auf den Unterhaltsanspruch volljähriger Kinder gegen ihre Eltern und wegen der sich hierzu ergebenden Einzelfälle im Übrigen siehe Rn. 472 ff.

5. Elternunterhalt im Besonderen

a) Grundsätzliches. Zu den Grundfragen der Unterhaltsverpflichtung von Kindern **629** gegenüber ihren Eltern vgl. Rn. 600 u. 638 am Ende, zu dem Umstand, dass Eltern am **Ende der Rangfolge** der Berechtigten stehen, vgl. § 1609 Nr. 6 BGB und Rn. 609; vorrangig sind auch die Unterhaltsansprüche der Mutter oder des Vaters aus Anlass der Geburt eines Kindes (§ 1615l III u. IV BGB). Unterhaltssprüche von Eltern gegenüber Kindern kommen nicht allzu häufig vor Gericht. Allerdings ist die Zahl veröffentlichter Entscheidungen in letzter Zeit gestiegen. Dennoch dürfte die Zahl betagter Menschen mit geringem Einkommen bzw. zu geringen Pflegeversicherungsansprüchen, so dass die Kosten der notwendigen Pflege nicht gedeckt werden können oder sonst wirtschaftliche Not besteht, nicht klein sein. Eltern machen im Interesse des Familienfriedens trotz wirtschaftlicher Notlage nur selten selbst Unterhaltsansprüche gegen Kinder geltend und scheuen – möglicherweise zur Vermeidung eines Rückgriffs gegen die Kinder – auch die Inanspruchnahme von Sozialhilfe[213] – vgl. hierzu Rn. 603 a zur Grundsicherung. Nur bei Heimunterbringung, wenn die Kosten vom Sozialhilfeträger übernommen werden müssen, kommt es in gewissem Ausmaß zur gerichtlichen Geltendmachung von Unterhaltsansprüchen aus übergegangenem Recht (nunmehr § 94 SGB XII) durch den Träger.

Wie allgemein beim Verwandtenunterhalt sind die Voraussetzungen eines Unterhaltsanspruchs nur gegeben, falls **Bedürftigkeit** des Berechtigten (§ 1602 I BGB) **und Leistungsfähigkeit** des Pflichtigen (§ 1603 I BGB) während der gleichen Zeit vorliegen,[214] also beide Voraussetzungen **zeitgleich** erfüllt sind.[215]

Kommen Geschwister als Haftende für Elternunterhalt in Betracht, haben sie gegeneinander einen **Auskunftsanspruch** über ihre Einkommens- und Vermögensverhältnisse, der sich aus § 242 BGB mit Rücksicht auf ihre besondere Rechtsbeziehung der anteiligen Haftung ergibt. Soweit das Einkommen ihrer jeweiligen Ehegatten von Interesse ist, besteht der Anspruch nicht gegenüber dem betreffenden Ehegatten, sondern nur gegenüber dem entsprechenden Geschwisterkind.[216]

Die Frage der teilweisen oder gänzlichen **Verwirkung des Unterhaltsanspruchs** nach § 1611 BGB (vgl. die in Rn. 626 genannten Fälle) stellt sich nicht ganz selten.

---

[212] BGH, FamRZ 1998, 367, 370, insoweit in R 518 nicht abgedruckt
[213] Vgl. Günther, FuR 1995, 1
[214] BGH, FamRZ 2006, 1511, 1512 = R 658 a
[215] BVerfG, FamRZ 2005, 1051, 1053 = R 635
[216] BGH, FamRZ 2003, 1836, 1838

630   **b) Bedürftigkeit des Berechtigten.** An Unterhaltsbedürftigkeit des Elternteils fehlt es, soweit Einkünfte oder verwertbares Vermögen vorhanden ist – vgl. Rn. 614. Als ansetzbare Einkünfte kommen auch Ansprüche auf die bedarfsorientierte **Grundsicherung** in Betracht (vgl. Rn. 603 a). **Verwertbares Vermögen** ist zunächst zu verbrauchen, bevor Unterhalt verlangt wird. Die allgemeine Billigkeitsklausel des § 1577 III BGB 2. Alternative gilt im Verwandtenunterhalt nicht, so dass die Grenze der Zumutbarkeit enger zu ziehen ist.[217] Insofern sind bei unterhaltsberechtigten Eltern – abgesehen von dem Notgroschen in Anlehnung an den sozialhilferechtlichen Schonbetrag gemäß § 90 II Nr. 9 SGB XII (vgl. Rn. 614) – geringere Einschränkungen zu machen. Zwar ist auch bei ihnen eine **umfassende Zumutbarkeitsabwägung,** die etwa der Überprüfung nach grober Unbilligkeit entspricht, unter Berücksichtigung der Lage des Verpflichteten erforderlich,[218] es ist aber ein strengerer Maßstab anzulegen als umgekehrt bei den pflichtigen Kindern. Grundsätzlich ist das Vermögen zu verwerten, es sei denn, die Verwertung wäre nicht möglich[219] oder ganz unwirtschaftlich.[220] Anders als bei volljährigen Kindern (vgl. Rn. 107 f.), die vielfach noch keine selbstständige Lebensstellung erlangt haben, kommen darüber hinausgehende Billigkeitsüberlegungen nur in geringerem Umfang in Betracht. Der BGH[221] – der Fall betraf allerdings einen Schadensersatzanspruch nach § 844 II BGB wegen Verlust des Unterhaltsanspruchs – ging auch bei unterhaltsberechtigten Eltern bei der Zumutbarkeitsprüfung verhältnismäßig weit und nahm Unzumutbarkeit an, wenn der Verbrauch des Vermögens bei Berücksichtigung der voraussichtlichen Lebensdauer des Berechtigten dessen angemessenen Lebensunterhalt beeinträchtigen würde. Hiergegen spricht beim Elternunterhalt, dass der Stamm des Vermögens nicht den Erben zu erhalten ist (BGH a. a. O.) und dass die auf Grund der konkreten gesundheitlichen Verhältnisse oder auch der statistischen Lebenserwartung zu treffende Prognose einer noch erheblichen Lebensdauer, welche wegen Sicherstellung eines Teilunterhalts der Verwertung entgegenstehen würde, zu Lasten des unterhaltspflichtigen Kindes und zugunsten der Erben ginge. Richtig dürfte die Ansicht sein, dass die Verwertung nur dann nicht mehr verlangt werden kann, wenn der berechtigte Elternteil einen auch bei Berücksichtigung der Interessen des Unterhaltspflichtigen **wirtschaftlich nicht vertretbaren Nachteil**[222] erleiden würde, z. B. wenn eine Verwertung durch Veräußerung auf Grund einer ungewöhnlichen Marktsituation nur zu einem Bruchteil des wirtschaftlichen Werts möglich wäre. Immer ist zu prüfen, ob nicht anstelle der Veräußerung eine **Verwertung als Kreditunterlage** in Betracht kommt.[223]

Bei einem vom Berechtigten **selbst bewohnten Hausgrundstück** wird die über eine Verwertung als Kreditunterlage hinausgehende, aber allein zur Aufhebung der Bedürftigkeit führende Veräußerung trotz der dadurch vorliegenden langfristigen Deckung und Sicherung des Wohnbedarfs nur dann nicht verlangt werden können, wenn der Unterhaltsbedarf durch den Verbrauch des Erlöses und seiner Erträge nur für eine nicht erhebliche Zeit befriedigt werden könnte. Ist dies für einen bedeutenden Anteil der bestehenden Lebenserwartung möglich, muss veräußert oder das Hausgrundstück stattdessen als Kreditunterlage – soweit dies wegen Stundung der Kreditraten oder wegen deren niedriger Höhe möglich ist – verwendet werden. Wie ausgeführt, ist die Verwertungspflicht des berechtigten Elternteils strenger zu beurteilen als die entsprechende Verpflichtung des Unterhaltspflichtigen; vgl. hierzu Rn. 623, 624 und Rn. 641. Der Berechtigte hat in erster Linie seinen gegenwärtigen Unterhaltsbedarf zu decken, so dass seine Bedürftigkeit – soweit sie von der Verwertungsfrage abhängt – nur mit Zurückhaltung auf Grund einer in die Zukunft gerichteten Prognose zu Lasten des Pflichtigen bejaht werden sollte, der seinerseits gegenwärtig lebt und gegenwärtig nicht in Anspruch genommen werden will. In seltenen Fällen mögen einer

---

[217] BGH, FamRZ 1998, 367, 368 = R 517 c
[218] BGH a. a. O.
[219] Wegen des Problems, ob eine Vermögensverwertung möglich ist, vgl. BGH, FamRZ 1997, 281, 284 zur Frage einer gegenständlich beschränkten Teilauseinandersetzung einer Erbengemeinschaft
[220] BGH, FamRZ 1998, 367, 369 = R 517 c
[221] BGH, FamRZ 1966, 28, 29
[222] Vgl. zu diesem Ergebnis v. Staudinger/Engler, Rn. 120 zu § 1602
[223] Vgl. BGH, FamRZ 2006, 935, 937 = R 644

Verwertung durch Veräußerung des Eigenheims auch dringende gesundheitliche Gründe entgegenstehen, z. B. wenn ein bei Veräußerung nicht vermeidbarer Auszug des Berechtigten zu einer nicht ohne weiteres behebbaren lebensbedrohlichen Gesundheitskrise führen würde.

Auch ein angemessener **Einsatz des** üblicherweise zu belassenden **Notgroschens** kann im Einzelfall erforderlich sein – vgl. Rn. 614.

Zum einzusetzenden Vermögen gehört – wenn ein Elternteil nach Vollziehung einer **631** Schenkung bedürftig geworden ist – auch der **Herausgabeanspruch bzw. Rückforderungsanspruch nach § 528 I BGB,**.[224] der gegenüber dem Unterhaltsanspruch des Schenkers vorrangig ist.[225] Die Bedürftigkeit selbst muss nicht Folge der Schenkung sein. Soweit das Gesetz die Rückforderung an die Vollziehung der Schenkung knüpft, bedeutet dies nur eine zeitliche Abgrenzung zur Einrede des Notbedarfs (§ 519 BGB).[226] Deswegen kann der Rückforderungsanspruch, der allerdings erst mit Vollziehung der Schenkung entsteht, bei vorliegendem Notbedarf auch schon für Unterhaltszeiträume ab Abschluss des Schenkungsvertrags, nicht erst ab Vollziehung der Schenkung geltend gemacht werden.[227] Bei dem Rückforderungsanspruch handelt es sich auch dann um keinen Unterhaltsanspruch, für den die Familiengerichte zuständig wären, wenn er auf wiederkehrende Leistungen (vgl. Rn. 632) gerichtet ist.[228] Der Anspruch richtet sich gegen die Erben des Beschenkten, falls dieser vorverstorben ist.[229]

Der **Anspruch des Schenkers,** der die (volle oder teilweise) Unentgeltlichkeit der **632** betreffenden Zuwendung[230] und seine Bedürftigkeit[231] beweisen muss, auf Herausgabe des Geschenks (§ 528 I S. 1 BGB) setzt voraus, dass er außerstande ist, seinen angemessenen Unterhalt (§ 1610 BGB) zu decken und sich die fehlenden Mittel auch nicht durch zumutbare Arbeit zu beschaffen vermag.[232] Der Bedarf des Schenkers bestimmt sich nicht nach seiner individuellen Lebensstellung vor der Ausführung der Schenkung, sondern er ist auf den Bedarf verwiesen, der objektiv seiner Lebensstellung nach der Schenkung angemessen ist.[233] Unentgeltliche Zuwendung im Sinne des § 528 BGB kann auch eine objektiv unentgeltliche Zuwendung sein, die güterrechtlich nicht als Schenkung, sondern als sogenannte **unbenannte Zuwendung** qualifiziert wird.[234] Die Schenkung ist auch dann wegen Verarmung des Schenkers rückforderbar, wenn das Geschenk, wenn es beim Schenker verblieben wäre, zu dessen **Schonvermögen** gehört hätte.[235]

Der Rückforderungsanspruch des Schenkers geht, wenn ein laufender Unterhaltsbedarf besteht, von vornherein **auf wiederkehrende Leistungen** in Höhe des Bedarfs, bis der Wert des Schenkungsgegenstands erschöpft ist.[236] Der Beschenkte darf nämlich nur insoweit nach den Vorschriften über die ungerechtfertigte Bereicherung in Anspruch genommen werden, als der Schenker seinen angemessenen Unterhalt nicht zu bestreiten vermag. Nur mit dieser **Begrenzung des Rückforderungsanspruchs** wird in Fällen eines wiederkehrenden Bedarfs gesichert, dass das Geschenk nur in dem Maße in Anspruch genommen wird, wie des dem Bedarf des Schenkers entspricht. Zugleich werden mögliche Rück-

---

[224] Wegen der rechtlichen Probleme der Vorschrift vgl. auch Franzen, FamRZ 1997, 528 ff.
[225] BGH, FamRZ 2001, 1137, 1139; NJW 1991, 1824
[226] BGH, FamRZ 2005, 177, 178
[227] BGH, FamRZ 2007, 277, 278
[228] Vgl. OLG Naumburg, FamRZ 1997, 293
[229] BGH, FamRZ 1991, 1288
[230] BGH, FamRZ 1995, 479, 480 – zur teilweisen Unentgeltlichkeit eines Übergabevertrags in Vorwegnahme der Erbfolge
[231] BGH, NJW-RR 2003, 53, 54
[232] BGH, FamRZ 1996, 483
[233] BGH, FamRZ 2003, 224, 228
[234] Vgl. BGH, FamRZ 2000, 84, 87 zum Begriff der Unentgeltlichkeit gem. § 822 BGB, wenn die Schenkung vom Beschenkten als unbenannte Zuwendung an seinen Ehegatten weitergegeben wurde
[235] BGH, FamRZ 2005, 177
[236] BGH, FamRZ 1996, 483; NJW-RR 2003, 53, 54; BVerwG, FamRZ 1993, 184, 185 = NJW 1992, 3312; insoweit missverständlich formuliert OLG Naumburg, FamRZ 1997, 293

forderungsansprüche des Beschenkten vermieden, die bei Wegfall des Unterhaltsbedarfs nach Herausgabe des Gesamtwerts entstehen könnten.[237] Für die Anwendung der Ersetzungsbefugnis des § 528 I S. 2 BGB bleibt damit bei wiederkehrendem Bedarf kein Raum.[238] Auf den Wegfall der Bereicherung (§ 818 III BGB) kann sich der Beschenkte nicht berufen, falls er im Sinne der §§ 818 IV, 819 I BGB bösgläubig war, weil er das Geschenk in Kenntnis von drohender Erwerbsunfähigkeit des Schenkers wegen Alkoholabhängigkeit entgegengenommen hat. Bei verschärfter Haftung muss der Beschenkte anstelle von § 279 a. F. BGB nunmehr gem. § 276 I 1 n. F. BGB für seine finanzielle Leistungsfähigkeit eintreten, so dass er sich auch nicht auf § 529 II BGB berufen kann.[239]

Ist der Beschenkte, der Eigentümer eines wertvollen geschenkten Grundstücks, aber sonst einkommenslos ist, auch der kraft Gesetzes Unterhaltspflichtige, bedarf es keiner Rückforderung, wenn er das Grundstück, möglicherweise mit ausgesetzter oder gestreckter Zinszahlung und Tilgung beleihen kann, um den laufenden Unterhaltsbedarf des Beschenkten zu bestreiten.[240]

Kann der Beschenkte das Geschenk oder dessen Surrogat nicht mehr herausgeben, weil er das Erlangte seinerseits **unentgeltlich an einen Dritten** weitergegeben hat, richtet sich der Anspruch nach § 822 BGB gegen den Dritten.[241]

Mehrere Beschenkte haften, beschränkt auf den Wert des von ihnen jeweils Empfangenen, wie Gesamtschuldner jeder für sich bis zur Obergrenze des angemessenen Unterhaltsbedarfs des Schenkers.[242] Wegen der Frage, inwieweit der Schenker den Beschenkten in **Verzug** setzen muss – siehe §§ 528 I, 3, 1613 BGB, wegen der Frage, inwieweit der Anspruch auf die **Erben des Schenkers übergeht** – siehe §§ 528 I 3, 1615 BGB.[243]

632 a   Zum **Ausschluss des Rückforderungsanspruchs** siehe §§ 529, 534 BGB. Zugunsten des Beschenkten besteht eine 10-Jahresfrist zwischen Leistung des geschenkten Gegenstands und Eintritt der Bedürftigkeit des Beschenkten (§ 529 I BGB). Innerhalb dieser Frist muss die Bedürftigkeit schon eingetreten sein, es genügt nicht, dass sie schon gedroht hatte.[244]

Nach § 529 II u. I BGB kann die Herausgabe des Werts eines geschenkten Grundstücksanteils ausgeschlossen sein, wenn sich auf dem Grundstück das Familienheim befindet und wenn im Verkaufsfalle trotz des dem Schuldner verbleibenden anteiligen Verkaufserlöses der angemessene Unterhalt des Schuldners und seiner Familie gefährdet wäre.[245] Zur Beurteilung der Frage, was dem Beschenkten zur **Sicherung seines standesgemäßen Unterhalts** gemäß § 529 II BGB verbleiben muss, sind die einschlägigen familienrechtlichen Bestimmungen und die hierzu von der Rechtsprechung entwickelten Grundsätze im Sinne des angemessenen Unterhalts heranzuziehen.[246] Zur Prüfung der entsprechenden Bedürftigkeit des Beschenkten gehört deswegen auch die Frage, ob die Bedürftigkeit nicht bei Erfüllung einer dem Unterhaltsrecht entsprechenden Erwerbsobliegenheit entfiele.[247]

Für die Berufung des Beschenkten auf seine eigene Bedürftigkeit nach § 529 II BGB ist es grundsätzlich unerheblich, weshalb die Bedürftigkeit entstanden ist. Anders liegt der Fall, wenn der Beschenkte oder sein Erbe in Kenntnis des Notbedarfs des Schenkers die eigene Bedürftigkeit mutwillig, nämlich in grober Missachtung dessen, was jedem einleuchtet, z. B. durch unsinnige Luxusausgaben, herbeigeführt haben.[248] War er bei Verbrauch des geschenkten Gegenstands bösgläubig im Sinne des §§ 818 IV, 819 I BGB, kann er sich von vornherein nicht auf seine mangelnde finanzielle Leistungsfähigkeit berufen, weil er hierfür anstelle von § 279 a. F. BGB nunmehr gem. § 276 I 1 n. F. BGB uneingeschränkt einstehen

---

[237] BGH a. a. O.
[238] BGH a. a. O.
[239] BGH, FamRZ 2003, 1265, 1267
[240] Vgl. OLG München, FuR 2000, 350
[241] BGH, FamRZ 2004, 691, 692
[242] BGH, FamRZ 1998, 155
[243] Vgl. Franzen, FamRZ 1997, 528 ff.
[244] BGH, NJW 2000, 728, 729; FamRZ 2001, 409, 410
[245] Vgl. OLG Hamm, FamRZ, 1993, 1436
[246] BGH, FamRZ 2001, 21, 22
[247] BGH, FamRZ 2005, 1989, 1990
[248] BGH, FamRZ 2001, 286, 288

muss.[249] Zu beachten ist, dass **§ 529 II BGB** nur eine **anspruchshemmende Einrede** gewährt, die nicht dem Rückforderungsanspruch an sich, sondern nur seiner gegenwärtigen Durchsetzung entgegensteht.[250]

Der Anspruch auf Rückforderung wegen Verarmung des Schenkers unterliegt der **Regelverjährung** von nunmehr 3 Jahren, auch wenn der Anspruch auf regelmäßig wiederkehrenden Bedarf und damit auf wiederkehrende Leistungen geht.[251] Die neue Verjährungsregelung auf Grund des Schuldrechtsmodernisierungsgesetzes muss aber andererseits zur Vermeidung eines unangemessenen Ergebnisses zur Konsequenz führen, dass der Anspruch in diesem Fall nicht von vornherein in voller Höhe entsteht, sondern jeweils als Teilanspruch, nämlich als immer wieder neu entstehender Anspruch auf Teilwertersatz in Geld.[252]

Der Herausgabeanspruch des Schenkers kann vom **Sozialhilfeträger** bis zur Höhe seiner **633** Aufwendungen für den Schenker **nach § 93 SGB XII übergeleitet werden.** Die Überleitungsanzeige ist ein privatrechtsgestaltender Verwaltungsakt gegenüber dem Schenker und dem Beschenkten.[253] Sie hat Tatbestandswirkung auch gegenüber den Zivilgerichten.[254] Nach Überleitung bestimmt sich die Einstandspflicht des verschenkten Vermögens nach der Einkommens- und Vermögenslage des Schenkers zum Zeitpunkt der Beantragung der bewilligten Sozialhilfe. Die Überleitung bewirkt den Übergang eines bestehenden Rückforderungsanspruchs, der nicht wieder untergeht, wenn der Beschenkte wegen einer nach Gewährung der Sozialhilfe eingetretenen Verbesserung seiner Einkommensverhältnisse sich wieder selbst unterhalten kann.[255] Bei laufenden Leistungen geht der Anspruch auf Grund der Überleitung auf den Sozialhilfeträger über, solange die Sozialhilfe ohne Unterbrechung (als Unterbrechung gilt ein Zeitraum von mehr als 2 Monaten) gewährt wird (§ 93 II SGB XII). Die Überleitung wirkt immer nur, soweit der Sozialhilfeträger bereits Leistungen erbracht hat. Der Übergang künftiger Ansprüche steht daher unter der aufschiebenden Bedingung der Sozialhilfegewährung.[256] Die Überleitungswirkung erlischt nicht mit dem **Tod des Schenkers**[257] und kann auch danach noch durch Überleitungsanzeige herbeigeführt werden.[258] Wird der Beschenkte Erbe des Schenkers tritt wegen der über den Tod hinaus bestehenden Erstattungspflicht kein Erlöschen des Anspruchs durch Konfusion ein, wenn der Schenker Sozialhilfe in Anspruch genommen hatte. Denn durch die Überleitungsanzeige wird die sich aus § 93 SGB XII resultierende Rechtslage nicht erst geschaffen, sondern die Erstattungspflicht wird dadurch nur konkretisiert und individualisiert.[259] Nach Überleitung kann sich der Beschenkte **nicht durch Rückgabe des Geschenks** an den Schenker von der übergeleiteten Zahlungsverpflichtung befreien.[260] Der Sozialhilfeträger (oder ein anderer Abtretungsempfänger) darf sich den **Anspruch aus § 528 I S. 1 BGB** auch **abtreten lassen,** soweit er den Unterhalt des Bedürftigen sichergestellt hat und weiterhin sicherstellt.[261]

Der Beschenkte ist grundsätzlich darin frei, ob er sich mit weniger als dem angemessenen Unterhalt begnügen und daher auf die Geltendmachung des Rückforderungsanspruchs verzichten will. Dies gilt aber mit der Folge der Vererblichkeit des Anspruchs nicht, falls er sich gerade nicht im Interesse des Beschenkten einschränkt hat oder – z. B. wegen seiner Pflegebedürftigkeit – nicht in dessen Interesse einschränken konnte, sondern Sachleistungen oder sonstige Zuwendungen eines Dritten, z. B. eines Pflegeheims, entgegennahm. Er hat

---

[249] BGH, FamRZ 2003, 1265, 1267
[250] BGH, FamRZ 2005, 1989
[251] BGH, FamRZ 2001, 409 noch zum alten Verjährungsrecht
[252] Vgl. BGH, a. a. O.
[253] BGH, FamRZ 1995, 1123; BVerwG, NJW 1992, 3312
[254] Oestreicher/Decker Rn. 110 zu § 93 SGB XII
[255] BGH, FamRZ 2003, 1265, 1267
[256] Oestreicher/Decker Rn. 106 zu § 93 SGB XII
[257] BGH, FamRZ 2004, 691, 692
[258] BGH, FamRZ 2004, 691, 692; FamRZ 2001, 1137, 1139; FamRZ 1995, 1123
[259] BGH, FamRZ 1995, 1123
[260] BGH, FamRZ 1994, 815
[261] BGH, FamRZ 1995, 160, 161; anderer Ansicht OLG München, NJW-RR 1993, 250: Abtretung nur an die in § 528 I S. 1 BGB genannten Unterhaltsgläubiger

dann durch sein Verhalten, zu dem er sich bei Ablehnung einer Inanspruchnahme des Beschenkten in Widerspruch setzten würde, gezeigt, dass er den Rückforderungsanspruch geltend machen will.[262]

634   **c) Bedarf des Berechtigten.** Durch die Einführung der Pflegeversicherung (SGB XI), ist bis zu bestimmten Höchstsätzen nur das Pflegefallrisiko (pflegebedingte Aufwendungen), nicht aber der sonstige Lebensbedarf, z. B. bei Heimunterbringung Unterkunft und Verpflegung, abgesichert. Kommt es zur Heimunterbringung, reichen u. U. auch die Höchstsätze der Pflegeversicherung (derzeit in Pflegestufe III 1432,– €, bei Härtefällen auch bis zu 1688,– € – § 43 II SGB XI) nicht zur Abdeckung des Pflegeaufwands aus, so dass bei Mittellosigkeit des Elternteils auch hier die Sozialhilfe einspringen muss (vgl. § 13 III Nr. 1 SGB XI).[263]

635   Der unterhaltsrechtliche **Bedarf von Eltern** bestimmt sich nach § 1610 BGB (vgl. Rn. 612). Nicht die etwa gehobene Lebensstellung eines unterhaltspflichtigen Kindes ist maßgebend, sondern die eigene Lebensstellung der Eltern. Diese bestimmt sich in erster Linie nach den Einkommens- und Vermögensverhältnissen des betreffenden Elternteils. Sie ist nicht unveränderlich, sondern passt sich – eventuell nach einer Übergangszeit – auch nachteiligen Veränderungen der Einkommensverhältnisse an, z. B. nach Eintritt in den Ruhestand.[264] Allerdings wird der Bedarf auch bei bescheidensten Verhältnissen nicht niedriger angesetzt werden können als gemäß den in unterhaltsrechtlichen Leitlinien angenommenen **Mindestbedarfssätzen** (z. B. nach B. Nr. V. und D. Nr. II. der Düsseldorfer Tabelle (Stand: 1. 1. 2008) monatlich 900,– € beim Erwerbstätigen und 770,– € beim Nichterwerbstätigen).[265] Auch die Lebensstellung eines unterhaltsberechtigten Elternteils kann nämlich nicht unter dem Existenzminimum liegen.

Zu beachten ist, dass **eigene Unterhaltspflichten des Elternteils**, z. B. für den Ehegatten, nicht seinen Bedarf erhöhen und seine Bedürftigkeit begründen können, weil der Unterhaltsanspruch allein zur Behebung eigenen Unterhaltsbedarfs dient, auch wenn die Unterhaltspflicht sozialrechtlich zu beachten ist.[266]

636   Entstehen für pflegebedürftige Eltern ungedeckte **Heim- und/oder Pflegekosten,** handelt es sich um einen von den unterhaltspflichtigen Verwandten, also regelmäßig den Kindern, zu tragenden Unterhaltsbedarf.[267] Die Meinung des AG Hagen,[268] die Aufwendungen für die ständige Unterbringung in einem Pflegeheim stellten einen *regelmäßig auftretenden Sonderbedarf* dar, welcher nicht vom Unterhaltspflichtigen zu tragen sei, ist dogmatisch nicht haltbar. Soweit solche Kosten notwendigerweise entstehen, betreffen sie als existenzielle Bedürfnisse des Berechtigten dessen Bedarf, für den der Pflichtige einstehen muss,[269] solange ihm die Leistung ohne Gefährdung seines angemessenen Unterhalts (§ 1603 I BGB) möglich ist. An seiner früheren Rechtsprechung, dass der Pflichtige entsprechenden Bedarf des Berechtigten selbst dann befriedigen müsse, wenn dieser Bedarf den ihm als Selbstbehalt zugestandenen eigenen Bedarf übersteige,[270] hat der BGH freilich jedenfalls für den Elternunterhalt nicht festgehalten – vgl. Rn. 638.

Der elterliche Bedarf kann sich in einem solchen Fall nicht nach den Kosten eines von den Eltern frei gewählten, aber nach ihren Verhältnissen unangemessen teuren Alten- und Pflegeheims bestimmen.[271] Weiter ist erforderlich, dass die Unterbringung in einem Heim

---

[262] BGH, FamRZ 2001, 1137, 1138

[263] Vgl. Menter, FamRZ 1997, 919

[264] BGH, FamRZ 2003, 860, 861 = R 590 A b

[265] BGH, FamRZ 2003, 860, 861 = R 590 A b; Günther, FuR 1995, 1, 2; OLG Koblenz, FamRZ 2001, 1212, 1213

[266] BGH, FamRZ 2004, 1370, 1372 = R 618 b

[267] BGH, FamRZ 2004, 1370, 1371 = R 618 a; AG Hamburg, FamRZ 1991, 1086; LG Hagen, FamRZ 1989, 1330; vgl. auch Empfehlungen des 17. Deutschen Famliengerichtstags unter B. 3. a), FamRZ 2007, 2040

[268] AG Hagen, FamRZ 1988, 755, 756

[269] Vgl. Schwenzer, FamRZ 1989, 685, 688; Günther, FuR 1995, 1, 2; nach OLG Schleswig NJW-RR 2004, 866 müssen die Unterbringungskosten im Verhältnis zur Lebensstellung angemessen sein

[270] BGH, FamRZ 1986, 48, 49

[271] OLG Schleswig, a. a. O.; Hauß, Elternunterhalt: Grundlagen und Strategien, 2. Aufl., Rn. 33; Herr, FamRZ 2005, 1021

wirklich notwendig ist, z. B., weil eine Versorgung in der eigenen Wohnung nicht mehr organisiert werden kann und deswegen keine für die Bedarfsbestimmung untaugliche nur präventive Unterbringung stattfindet.[272] In einzelnen Fällen mag das Problem auftauchen, ob das in Anspruch genommene Kind den bedürftigen Elternteil nach § 1612 I 2 BGB ausnahmsweise aus besonderen Gründen darauf verweisen kann, **Naturalunterhalt entgegenzunehmen**, z. B. durch Bezug vom Kind zur Verfügung gestellten Wohnraums und Entgegennahme vom Kind organisierter Betreuungs- und Pflegeleistungen.[273]

Zur Frage der **Prozesskostenvorschusspflicht** von Kindern gegenüber Eltern vgl. Rn. 637
613.

d) Leistungsfähigkeit des pflichtigen Kindes. Wegen der Frage, ob sich die Leistungs- 638
fähigkeit des Kindes auch auf fiktiven Einkünften beruhen kann, wird wegen des unterschiedlichen Grads der Zumutbarkeit je nach Unterhaltsverhältnis zunächst auf Rn. 622 verwiesen. Konsequenterweise muss die Zumutbarkeitsschwelle für die Berücksichtigung **fiktiver Einkünfte wegen Verletzung einer Erwerbsobliegenheit** oder wegen Herbeiführung der Leistungsunfähigkeit durch ein verantwortungsloses, zumindest leichtfertiges und unterhaltsbezogenes Verhalten, beim Elternunterhalt eher hoch angesetzt werden. Auch hier ist zu bedenken, dass das Unterhaltsverhältnis nach der BGH-Rechtsprechung nur vergleichsweise schwach ausgestaltet ist. Insoweit ist fiktives Einkommen beim Elternunterhalt nur in Ausnahmefällen anzusetzen.[274] Dies bedeutet freilich nicht, dass das pflichtige Kind durch Aufgabe einer bereits vor (drohender) Inanspruchnahme ausgeübten Erwerbstätigkeit ohne zwingenden Grund zur Flucht aus dem Elternunterhalt berechtigt wäre.[275] Die Ausweitung einer bereits ausgeübten Teilzeittätigkeit wird noch eher in Betracht kommen, als die erstmalige Aufnahme einer Erwerbstätigkeit nach Inanspruchnahme auf Elternunterhalt.

Ist das pflichtige Kind verheiratet und hat es im Verhältnis zu seinem Ehegatten die **ungünstige Steuerklasse** V gewählt, ist diese Verschiebung der Steuerbelastung bei Ermittlung seiner Leistungsfähigkeit durch einen tatrichterlich – unter Berücksichtigung der Einkommen beider Ehegatten – zu schätzenden Abschlag von der Belastung zu korrigieren.[276]

Der BGH hat beim Elternunterhalt inzwischen **zusätzlichen tatsächlichen Aufwand für die Altersvorsorge** als berücksichtigungsfähig bezeichnet. Da die Selbstbehaltssätze des Pflichtigen beim Elternunterhalt um 25% höher als bei anderen Unterhaltsverhältnissen angesetzt würden (vgl. Rn. 638 a), sei es in der Regel angemessen vom üblichen Satz der gesetzlichen Altersvorsorge von 20% ein zusätzliches weiteres Viertel mit 5% als zusätzliche Versorgung über die primäre Versorgung hinaus anzuerkennen.[277] Immer müssen solche Aufwendungen schon tatsächlich geleistet werden; nur die Absicht zur Leistung, falls der Aufwand unterhaltsrechtlich anerkannt werde, genügt nicht[278] – siehe ergänzend auch Rn. 620 b. Einem **nicht sozialversicherungspflichtig tätigen oder selbständigen Unterhaltspflichtigen** hat der BGH zugebilligt, dass er 20% seines Bruttoeinkommens für die primäre Altersvorsorge einsetzen kann, wobei ihm die Art seiner Vorsorge freisteht.[279] Konsequenterweise muss auch dem nicht sozialversicherungspflichtigen oder selbständigen Pflichtigen zugestanden werden, dass er einen von ihm nicht nur beabsichtigten, sondern schon erbrachten Vorsorgeaufwand von insgesamt 25% seines Bruttoeinkommens, also 5% über seine primäre Altersvorsorge hinaus, abziehen kann.

aa) Angemessener Eigenbedarf. Wegen des angemessenen Eigenbedarfs des pflichtigen Kindes ist zunächst auf die allgemeinen Ausführungen zum Verwandtenunterhalt – Rn. 616 ff. – zu verweisen. In welcher Höhe der Bedarf zu bemessen ist, obliegt der

---

272 Hauß, a. a. O. Rn. 30
273 Hauß, a. a. O. Rn. 36 ff.
274 Vgl. OLG Köln, FamRZ 2002, 572, 573; weitgehend ablehnend Hauß, Rn. 233 ff.
275 Hauß, a. a. O., Rn. 239
276 BGH, FamRZ 2004, 443, 444 = R 604 a
277 BGH, FamRZ 2004, 792, 793 = R 605 a; FamRZ 2006, 1511, 1514 = R 658 d + g
278 BGH, FamRZ 2007, 193, 194 = R 664 b; FamRZ 2007, 793, 795 = R 674 c
279 BGH, FamRZ 2003, 860, 863 = R 590A d

tatrichterlichen Beurteilung des Einzelfalls.[280] Es gilt als Grundsatz, dass der Eigenbedarf nicht durchgängig mit einem bestimmten festen Betrag angesetzt werden darf, sondern **anhand der konkreten Umstände des Einzelfalls** unter Berücksichtigung der besonderen Lebensverhältnisse des Pflichtigen zu ermitteln ist.[281] § 1603 I BGB gewährleistet im Verwandtenunterhalt vorrangig die Sicherung des eigenen angemessenen Unterhalts, also derjenigen Mittel, die der Pflichtige zur angemessenen Deckung seines allgemeinen Bedarfs benötigt.[282] In welcher Höhe der Bedarf zu bemessen ist, hängt von seiner Lebensstellung ab, die sich aus Einkommen, Vermögen und sozialem Rang ergeben. Denn die Lebensstellung wird erfahrungsgemäß an die zur Verfügung stehenden Mittel angepasst. Insofern kann der angemessene Eigenbedarf nicht unabhängig von dem im Einzelfall vorhandenen Einkommen bestimmt werden.[283] Dabei ist der Eigenbedarf keine unveränderliche Größe, sondern entsprechend den Umständen des Einzelfalls veränderlich.[284] Den Elternunterhalt bezeichnet der BGH unter anderem auf Grund seiner untergeordneten Rangstufe im Verhältnis zur Rangstufe anderer Unterhaltsverhältnisse als vergleichsweise schwach ausgestaltet. Der Pflichtige brauche daher bei Inanspruchnahme für Elternunterhalt keine spürbare und dauerhafte Senkung seines berufs- und einkommenstypischen Unterhaltsniveaus, an das er sich selbst schon längerfristig angepasst habe, hinzunehmen, soweit er nicht einen nach den Verhältnissen unangemessenen Aufwand betreibe oder ein Leben in Luxus führe.[285] Insoweit hält der BGH für den Elternunterhalt an der im Urteil vom 23. 10. 1985[286] vertretenen Auffassung nicht fest, der Pflichtige habe einen entsprechenden, z. B. krankheitsbedingten Bedarf des Berechtigten, selbst dann zu befriedigen, wenn dieser Bedarf höher ist als der ihm selbst zu belassende eigene angemessene Bedarf. Die Maßstäbe dieser Entscheidung, die ein volljähriges behindertes Kind als Unterhaltsberechtigten betroffen habe, würden beim Elternunterhalt regelmäßig die Grenze des dem Pflichtigen Zumutbaren überschreiten. Die Notwendigkeit, erhebliche Abstriche vom erlangten Lebenszuschnitt zu machen, liefe für den Elternunterhalt auf eine übermäßige Belastung der Unterhaltspflichtigen hinaus, die schon Leistungen für ihre eigenen Kinder und zugleich Sozialversicherungsabgaben zugunsten der Elterngeneration erbracht hätten.[287] Bei der notwendigen Betrachtung des Einzelfalls wird es ungeachtet der Rechtsprechung des BGH in konkreten Fällen möglich sein, besondere Umstände auf Seiten der Berechtigten angemessen zu berücksichtigen, z. B. wenn Eltern unter erheblichen eigenen Einschränkungen ein Studium oder eine andere längere Ausbildung finanziert haben und trotz des auf Grund dieser Ausbildung erlangten gehobenen Einkommens bei Pflegebedürftigkeit im Alter auf Sozialhilfe verwiesen werden sollen.

Fraglich ist, ob nicht ein Rechtsgedanken des BGH verallgemeinert werden sollte, den dieser im Zusammenhang mit der Haftung eines verheirateten Kindes und von dessen vorrangiger Unterhaltspflicht gegenüber dem Ehegatten erörtert hat. Der BGH führt aus, dass die betreffenden ehelichen Verhältnisse mit der Folge eines grundsätzlichen Vorabzugs des Elternunterhalts sogar durch die **latente Unterhaltslast** für den Elternteil eines Ehegatten geprägt sein könnten, nämlich, falls die Bedürftigkeit des Elternteils – anders allerdings als in der Regel dessen Pflegebedürftigkeit – nicht unvorhersehbar eintrete.[288] Ist das Vorliegen einer derartigen latenten Unterhaltslast zu bejahen, dürfte sich dies auf das Unterhaltsverhältnis generell dahin auswirken, dass dennoch getroffene Vermögensdispositionen oder Steigerungen des Lebensstandards unter Umständen ganz oder teilweise im Rahmen der Überprüfung des angemessenen Eigenbedarfs außer Betracht zu bleiben haben.

---

[280] BGH, FamRZ 2002, 1698, 1700 = R 580 c; FamRZ 2003, 1179, 1182 = R 592 e
[281] BGH, FamRZ 2002, 1698, 1701 = R 580 c für den Elternunterhalt
[282] BGH, FamRZ 2003, 1179, 1180 + 1182 = R 592 b + e
[283] BGH, a. a. O.
[284] BGH, FamRZ 2002, 1698, 1700 = R 580 c; FamRZ 2003, 1179, 1180 = R 592 b
[285] BGH, FamRZ 2002, 1698, 1700 ff. = R 580 c; FamRZ 2003, 1179, 1180 = R 592 b
[286] BGH, FamRZ 1986, 48, 49; vgl. aber BGH, FamRZ 2004, 366 f. = R 599 b, soweit auskömmlicher Familienunterhalt zur Verfügung steht.
[287] BGH, FamRZ 2002, 1698, 1701 = R 580 c
[288] BGH, FamRZ 2003, 860, 865 f. = R 590 A h; FamRZ 2004, 186, 188 = R 596 d; FamRZ 2006, 26, 29 = R 637 c + d

Die unterhaltspflichtige Kinder in erheblichem Maße privilegierende **restriktive Rechtsprechung** des BGH erscheint nicht ganz unproblematisch. So wird z. B. das Grundsicherungsgesetz (vgl. Rn. 603 a) als Beleg für eine auch vom Gesetzgeber gewollte Einschränkung von Unterhaltsansprüchen herangezogen,[289] obwohl das genannte Gesetz nach den Motiven des Gesetzgebers die Unterhaltspflichtigen gerade nicht entlasten sollte.[290] Zwar sind unbestritten Begrenzungen erforderlich, es erscheint aber gesellschaftspolitisch zweifelhaft, wenn private Verpflichtungen, die bei einer anderen Bewertung der Zumutbarkeit von Einschränkungen durchaus noch privat erfüllt werden könnten, auf die öffentliche Hand abgewälzt werden, die sich ohnehin in einer solchen Finanzlage befindet, dass sie derzeit weder alle wichtigen Infrastrukturaufgaben ordnungsgemäß wahrnehmen noch sichere Konzepte für die Finanzierung der Renten und Pensionen späterer Generationen vorlegen kann. Insofern ist auch die großzügige Pauschalierung mit Hilfe eines Bonus von 50% des den Mindestbedarf des Pflichtigen übersteigenden Einkommens (Rn. 638 a) nicht ganz bedenkenfrei.

In Rechtsprechung und Literatur hat sich die Auffassung durchgesetzt, dass die Unterhalts- **638 a** pflicht von Kindern gegenüber Eltern zunächst durch eine **Erhöhung des sogenannten großen Selbstbehalts um 25%** und durch eine **großzügigere Anerkennung von Abzugsposten** zu begrenzen sei. Dieser Auffassung lag eine Entscheidung des Bundesgerichtshofs[291] vom 26. 6. 1992 zugrunde (vgl. Rn. 620). Danach handele es sich bei der Unterhaltsverpflichtung von Kindern gegenüber Eltern um eine grundlegend andere Lebenssituation als bei der sich aus der natürlichen Generationenfolge ergebenden Verpflichtung von Eltern gegenüber volljährigen Kindern, die mangels Ausbildungsabschluss noch keine selbstständige Lebensstellung erlangt hätten. Insofern gestatte das Gesetz bei Kindern auch die Berücksichtigung sonstiger Verpflichtungen, darunter auch solcher die auf Vorsorge, z. B. auf Bildung angemessener Rücklagen, beruhen würden. Hierfür spreche auch die Entwicklung des Sozialrechts mit der Pflicht zur Abführung von Sozialabgaben durch die berufstätigen Kinder auf der einen Seite und die Einräumung von Schongrenzen durch die Sozialgesetze (vgl. den früheren § 92 II BSHG) auf der anderen Seite. In der Folgezeit empfahl der 11. Deutsche Familiengerichtstag,[292] nur 50% des Einkommens über einem erhöht angesetzten Mindestbedarfs des Kindes für den Unterhalt in Anspruch zu nehmen. Entsprechende Empfehlungen kamen von dem Deutschen Verein für öffentliche und private Fürsorge[293] und vom 13. Deutschen Familiengerichtstag.[294] In zwei neuen Entscheidungen hat sich der BGH diesen Empfehlungen hinsichtlich eines zusätzlichen **Bonus von etwa 50%** angeschlossen.[295] Durch eine solche Handhabung sei ein angemessener Ausgleich zwischen den Unterhaltsinteressen von Eltern und dem Interesse des Unterhaltspflichtigen an der Wahrung seines angemessenen Selbstbehalts zu bewirken. Zugleich könne eine ungerechtfertigte Nivellierung unterschiedlicher Verhältnisse vermieden werden. Andererseits habe eine derartige Verfahrensweise den Vorteil der Rechtssicherheit und Praktikabilität für sich. Zu beachten ist, dass die **50-%-Quote nicht gilt,** wenn es um die Leistungsfähigkeit eines verheirateten Kindes zum Elternunterhalt geht, soweit hier der angemessene Eigenbedarf bereits im Rahmen des Familienunterhalts gewahrt wird – vgl. Rn. 645. Die **oberlandesgerichtlichen Leitlinien** folgen dem BGH auch bezüglich des Bonus von 50% über dem Mindestselbstbehalt fast durchgängig – auf die Auflistung der Leitlinien zum Mindestselbstbehalt in Rn. 620 a wird verwiesen.

Wird das Einkommen – wie auch in schon gehobenen Verhältnissen vielfach üblich – **639** vollständig verbraucht, ist nach der Rechtsprechung des BGH beim Elternunterhalt zur Herstellung der Leistungsfähigkeit eine **Zurücknahme einer aufwändigen Lebensführung** auf einen den konkreten Verhältnissen noch entsprechenden Standard grundsätzlich nur sehr eingeschränkt zumutbar. Eine spürbare und dauerhafte Senkung seines berufs- und

---

[289] BGH, FamRZ 2002, 1698, 1701 = R 580 c
[290] Vgl. Klinkhammer, FamRZ 2002, 997, 1001
[291] BGH, FamRZ 1992, 795, 797
[292] FamRZ 1996 337, 338 unter I. 4.2
[293] FamRZ 2000, 788, unter Nr. 121
[294] FamRZ 2000, 273, 274 unter I. 4 a)
[295] BGH, FamRZ 2002, 1698, 1701 f. = R 580 c; FamRZ 2003, 1179, 1182 = R 592 e

einkommenstypischen Unterhaltsniveaus brauche der Unterhaltspflichtige wegen des von Gesetzes wegen schwach ausgestatteten Anspruchs der Eltern nämlich nur hinnehmen, wenn er einen nach den Verhältnissen unangemessenen Aufwand betreibe oder ein Leben in Luxus führe.[296] Es sei zu berücksichtigen, dass der Pflichtige, bevor er unerwartet auf Grund der Hilfs- und Pflegebedürftigkeit seiner Eltern in Anspruch genommen werden solle, sich selbst vielfach schon in höherem Lebensalter befinde und seine Lebensverhältnisse bereits länger-fristig an sein Einkommensniveau angepasst habe.[297] Insbesondere werde die Grenze des Zumutbaren in der Regel überschritten, falls von ihm verlangt werde, mehr von seinem Einkommen für den Unterhalt der Eltern einzusetzen, als ihm selbst verbleibe.[298] Insofern hält der BGH für den Elternunterhalt an seiner in der Entscheidung vom 23. 10. 1985[299] vertretenen Auffassung nicht fest, der Pflichtige habe einen entsprechenden, z. B. krankheits-bedingten Bedarf des Berechtigten, selbst dann zu befriedigen, wenn dieser Bedarf höher ist als der ihm selbst zu belassende eigene angemessene Bedarf.

Wird der Wohnbedarf des unterhaltspflichtigen Kindes durch Wohneigentum in einer im Verhältnis zu den Einkünften nicht unangemessenen Weise abgedeckt, so dass auch keine Veräußerungspflicht bestehen kann (vgl. Rn. 624), hält es der BGH anders als beim Nach-scheidungsunterhalt, wo die Verwertungspflicht strenger zu sehen sei, nicht für angemesse-nen, den objektiven Mietwert als **Wohnvorteil** anzusetzen. Beim vergleichsweise schwach ausgestalteten Elternunterhalt würde es auf eine Schmälerung des eigenen Bedarfs des Kindes hinauslaufen, wenn für die Bemessung seiner Leistungsfähigkeit auf Grund der Ansetzung des objektiven Mietwerts Mittel berücksichtigt würden, die tatsächlich nicht zur Verfügung stehen und die nur durch eine Verwertung der Immobilie zu realisieren wären.[300] Maß-gebend seien daher wie beim ehelichen Trennungsunterhalt die **ersparten Mietaufwen-dungen** für eine dem vorliegenden Lebensstandard entsprechende Mietwohnung. Der sich danach ergebende Wohnvorteil mindert sich um die Aufwendungen für die allgemeinen Grundstückskosten und -lasten, für die Finanzierungszinsen sowie für die sonstigen ver-brauchsunabhängigen Lasten.[301] Insbesondere, wenn das pflichtige Kind seine Verbindlich-keiten für die Schaffung des selbstgenutzten Wohneigentums vor Bekanntwerden der Unter-haltsverpflichtung eingegangen war, sind von den Darlehensraten nicht nur die Zinsleistun-gen, sondern auch die Tilgungsleistungen abzugsfähig.[302]

640   Die **Leitlinien der Oberlandesgerichte** zum Mindestbedarf des Pflichtigen beim Elternunterhalt gehen fast durchgängig von einem um 25% erhöhten großen Selbstbehalt aus, der sich um einen Bonus von 50% des den Mindestbedarf übersteigenden Einkommens erhöht. Die Leitlinien folgen damit der Rechtsprechung des BGH und den Empfehlungen des 11. und 13. Deutschen Familiengerichtstags bzw. des Deutschen Vereins für öffentliche und private Fürsorge (vgl. hierzu Rn. 638 a). Wegen der einzelnen Leitlinien zum Mindest-bedarf des Pflichtigen beim Elternunterhalt siehe Rn. 620 a.

641   **bb) Pflicht zur Vermögensverwertung.** Allgemein zur Frage der Vermögensverwer-tung durch den Pflichtigen beim Verwandtenunterhalt, insbesondere dazu, dass die Verwer-tungspflicht weniger streng zu beurteilen ist als beim Berechtigten, siehe zunächst Rn. 623 und 624.

Zwar müssen auch Kinder zur Befriedigung von Unterhaltsansprüchen der Eltern den Stamm ihres Vermögens einsetzen, zumal – wie allgemein im Verwandtenunterhalt – keine gesetzliche Billigkeitsgrenze für den Einsatz wie beim Geschiedenenunterhalt (§ 1581 S. 2 BGB) besteht.[303] Es gelten mindestens dieselben Einschränkungen wie beim sonstigen Verwandtenunterhalt.[304] Bei Anwendung der in Rn. 623 und 624 dargelegten Grundsätze

---

[296] BGH, FamRZ 2002, 1698, 1700 f. = R 580 c; FamRZ 2003, 1179, 1180 = R 592 b
[297] BHG, FamRZ 2002, 1698, 1701 = R 580 c
[298] BGH, a. a. O.
[299] BGH, FamRZ 1986, 48, 49
[300] BGH, FamRZ 2003, 1179, 1181 = R 592 b
[301] BGH, a. a. O.
[302] BGH, a. a. O. R 592 c
[303] BGH, FamRZ 2004, 1184, 1185
[304] BGH, a. a. O.

ist aber zusätzlich zu berücksichtigen, dass die Kinder wegen ihrer noch höheren Lebenserwartung noch für längere Zeitabschnitte mit Hilfe ihres Vermögens **Vorsorge für** ihr eigenes **Alter** und für die Sicherung ihres eigenen Lebensbedarfs bzw. des Lebensbedarfs ihrer Familie treffen müssen. Es ist ihnen daher nicht zuzumuten, verwertbares Vermögen in einer kurzen Zeitspanne zu verbrauchen. Die **Absicherung der eigenen Existenz** und der eigenen vorrangigen Verpflichtungen sowie eine Verwertung nur unter dem Gesichtspunkt wirtschaftlich vernünftigen Handelns gehen vor.[305] Die Erwägungen, welche der Bundesgerichtshof zur Frage Einschränkung des Unterhaltsanspruchs von Eltern wegen erhöhten Eigenbedarfs der Kinder angestellt hat (vgl. Rn. 638 ff.), lassen sich auf die Bestimmung des Umfangs der Verwertungspflicht übertragen. Deswegen ist bei der Prüfung, ob die Bildung von Rücklagen erforderlich erscheint, großzügig zu verfahren. So ist derjenige, der sich seine Versorgungsansprüche kapitalisiert auszahlen ließ und mit dem Kapital seine Altersversorgung anderweitig sicherstellt, nur in Höhe eines entsprechenden monatlichen Rentenbetrags als leistungsfähig anzusehen.[306] Hat der Pflichtige in dem anerkannten Umfang – siehe Rn. 638 – (zusätzlichen) Aufwand für seine Altersversorgung durch Vermögensbildung getrieben, sind auch die so zur Alterssicherung geschaffenen Vermögenswerte dem Zugriff des Unterhaltsgläubigers entzogen.[307]

In welchem Umfang vorhandenes Vermögen dem eigenen angemessenen Unterhalt einschließlich der eigenen Altersvorsorge dient, kann wegen der besonderen Ausgestaltung des Elternunterhalts nur individuell beantwortet werden. Die **Beurteilungsmaßstäbe für das individuelle Schonvermögen** entsprechen denjenigen, die zur Beurteilung der individuellen Leistungsfähigkeit (siehe Rn. 638) herangezogen werden. Hat der Pflichtige seine Lebensstellung auf bestimmte regelmäßige Einkünfte oder ein vorhandenes Vermögen eingestellt, ohne dabei unangemessenen Aufwand zu betreiben oder ein Leben in Luxus zu führen oder ist das Vermögen unter Berücksichtigung seiner gesamten voraussichtlichen Lebenserwartung erforderlich, um seine Lebensstellung im Alter auf Dauer aufrechtzuerhalten, scheidet ein Zugriff des Unterhaltsgläubigers auf entsprechende Vermögenspositionen aus.[308]

Zwar darf ein seinen Eltern unterhaltspflichtiges Kind in Kenntnis dieser Verpflichtung **keine unangemessene Vermögensbildung** beginnen oder aufrechterhalten, die Lösung eines ohne diese Kenntnis begonnenen Engagements kann aber unzumutbar sein, wenn sie nur mit Verlust möglich ist.[309]

Dem pflichtigen Kind kann **keine unwirtschaftliche Verwertung** von Vermögen, die **642** mit meinem wirtschaftlich nicht mehr vertretbaren Nachteil verbunden wäre, angesonnen werden, also keine deutlich unter dem wirtschaftlichen Wert des Gegenstands liegende Veräußerung. Das Kind muss sich durch einen Verkauf auch nicht von laufenden Einkünften abschneiden lassen, die es zur Erfüllung weiterer Unterhaltspflichten bzw. anderer berücksichtigungswürdiger Verbindlichkeiten oder für seinen eigenen Unterhalt – besonders im Alter – benötigt[310] (vgl. Rn. 623). Eine Pflicht zur Verwertung einer Immobilie scheidet aus, falls kein Überschuss erzielt werden könnte.[311] Dasselbe gilt, wenn das Kind den Vermögensstamm benötigt, um seinen eigenen angemessenen Lebensbedarf auch in Zukunft sicherstellen zu können.[312] Gehört der Vermögensgegenstand zu einem notwendigen oder gewillkürten Betriebsvermögendass müssen auch die steuerlichen Folgen einer Veräußerung bedacht werden. Bei einer erheblichen Belastung mit Ertragssteuern könnte dies den Ruin des Betriebs zur Folge haben.[313] Ebenso kann eine **Veräußerung** auch **aus rechtlichen Gründen unmöglich** oder unzumutbar sein. So ist eine gegenständlich beschränkte Teil-

---

[305] Schibel, NJW 1998, 3449, 3451; OLG Köln, FamRZ 2003, 470
[306] LG Lübeck, FamRZ 1996, 961
[307] BGH, FamRZ 2006, 1511, 1514 = R 658 d + e
[308] BGH a. a. O.
[309] OLG München, FamRZ 2000, 307
[310] OLG Hamm, FamRZ 2002, 1212
[311] OLG Köln, FamRZ 2003, 471
[312] OLG Köln, FamRZ 2003, 470
[313] Vgl. hierzu Schibel, NJW 1998, 3449, 3452

auseinandersetzung einer Erbengemeinschaft nur unter engen Voraussetzungen möglich.[314] Verweigert beispielsweise der Ehegatte des im gesetzlichen Güterstand lebenden, unterhaltspflichtigen Kindes die nach § 1365 I 1 BGB erforderliche Zustimmung zur Veräußerung des Miteigentumsanteils an der gemeinsamen Eigentumswohnung, steht der Veräußerung zu Unterhaltszwecken ein rechtliches Hindernis entgegen, da auch die Teilungsversteigerung nach § 180 ZVG zustimmungspflichtig wäre.[315] Dem hält Büttner[316] entgegen, dass die aus § 1365 BGB resultierende Verfügungsbeschränkung deswegen die Leistungsfähigkeit nicht beschränke, da Gläubiger, also auch die Eltern, hierdurch nicht an der Zwangsvollstreckung gehindert würden. Hier geht es aber nicht um die Frage der Vollstreckung, sondern darum, ob eine Verwertung möglich und zumutbar ist. Ob eine **Beleihung des Miteigentumsanteils** zumutbar wäre, hängt insbesondere davon ab, ob das unterhaltspflichtige Kind auf Grund seines Einkommens ohne Einschränkung seiner Lebensstellung (vgl. Rn. 638 u. 641) überhaupt in der Lage wäre, den Kredit zu bedienen.[317] Jedenfalls ist eine Pflicht zur Verwendung vorhandener Vermögenspositionen als Kreditunterlage, wie vom BGH für den bedürftigen Elternteil gefordert,[318] auch beim pflichtigen Kind nicht gänzlich ausgeschlossen. Eine entsprechende Verwertungspflicht kann jedenfalls dann in Frage kommen, wenn hierfür ein konkretes, dem Pflichtigen zumutbares günstiges Kreditangebot vorliegt, z.B. von einem gleichrangigen, ebenfalls unterhaltspflichtigen Kind.

Im Einzelfall mag auch in Frage kommen, dass der Pflichtige das Angebot des Sozialhilfeträgers akzeptieren muss, zu Unterhaltszwecken ein im Grundbuch abgesichertes **zinsloses Darlehen des Sozialhilfeträgers** mit Fälligkeit des Darlehens nach seinem Tod anzunehmen. Diese Auffassung hatte das Landgericht Duisburg[319] in einer Entscheidung vertreten. Hierfür spricht, dass zwar der eigene angemessene Unterhalt des Pflichtigen bis zu seinem Lebensende sichergestellt sein muss, dass er aber keinen Anspruch darauf hat, den Vermögensstamm seinen Erben zu erhalten.[320] Allerdings hat das Bundesverfassungsgericht die gegen das betreffende Urteil des LG Duisburg eingelegte **Verfassungsbeschwerde für begründet erachtet.**[321] Dabei ist jedoch zu beachten, dass im konkreten Fall das entsprechende Angebot erst nach dem Tod des unterhaltsbedürftigen Elternteils gemacht wurde, so dass die dadurch herbeigeführte Leistungsfähigkeit damit erst nach Wegfall der Bedürftigkeit eintreten sollte. Das Bundesverfassungsgericht hat unter dieser Voraussetzung[322] daher mit Recht darauf hingewiesen, dass Bedürftigkeit und Leistungsfähigkeit entgegen der gesetzlichen Unterhaltsregelung (§§ 1601 I, 1602 I, 1603 I BGB) nicht zeitgleich vorliegen konnten und es damit an der notwendigen **zeitlichen Kongruenz zwischen Bedürftigkeit und Leistungsfähigkeit** gefehlt habe.[323] Richtig ist auch, dass Voraussetzung einer entsprechenden Anwendung der für den Bedürftigen geltenden Darlehensregelung des § 91 SGB XII (früher § 89 BSHG) auf den Pflichtigen jedenfalls wäre, dass dieser unterhaltsrechtlich zur Vermögensverwertung verpflichtet und damit auch unterhaltspflichtig ist, weil eine nicht vorhandene unterhaltsrechtliche Verpflichtung nicht über das Sozialhilferecht erst geschaffen werden könnte. Solche Fälle einer durch **Darlehensgewährung** des Sozialhilfeträgers oder **auch sonstiger dazu bereiter Personen** zu mildernden Verwertungspflicht bei laufender Unterhaltsverpflichtung hat Graba[324] in seiner Besprechung der Ent-

---

[314] Vgl. BGH, FamRZ 1997, 281, 284
[315] LG Heidelberg, NJW 1998, 3502; OLG Frankfurt, NJW-RR 1999, 731
[316] Büttner, NJW 1999, 2315, 2318
[317] LG Heidelberg a. a. O.
[318] Vgl. BGH, FamRZ 2006, 935, 937 = R 644
[319] FamRZ 1996, 1498; ablehnend schon OLG Köln, FamRZ 2001, 1475, weil für die Leistungsfähigkeit immer nur auf den Zeitraum abzustellen sei, für den Unterhalt gefordert werde und die Leistungsfähigkeit nicht auf eine Zeit nach dem Tod des Pflichtigen verlagert werden könne, eine entsprechende Anwendung von § 89 BSHG scheide aus, weil die Vorschrift nur den Hilfsbedürftigen betreffe.
[320] LG Duisburg, FamRZ 1996, 1498, 1499
[321] BVerfG, FamRZ 2005, 1051 = R 635
[322] Vgl. zum Problem dieser Voraussetzung aber Graba, FamRZ 2005, 1149
[323] BVerfG, FamRZ 2005, 1051, 1052 = R 635
[324] FamRZ 2005, 1149

scheidung des Bundesverfassungsgerichts aufgezeigt, z. B. wenn der bedürftige Elternteil ein wertvolles Grundstück schenkweise auf das pflichtige Kind übertragen hat, aber wegen Ablaufs der 10-Jahresfrist des § 529 I BGB eine Rückforderung ausgeschlossen ist, oder wenn ein sehr vermögendes Kind ohne laufendes Einkommen und ein vermögensloses Kind mit für Unterhaltszahlungen ausreichendem laufenden Einkommen nebeneinander unterhaltspflichtig sind. Die Sozialhilfeträger werden allerdings in Zukunft wohl auch dann keine Darlehensangebote zur Vorfinanzierung einer laufenden Unterhaltsverpflichtung machen, die sich auf eine bestehende Pflicht zur Vermögensverwertung gründet, wenn dazu alle unterhaltsrechtlichen Voraussetzungen gegeben sind. Die Entscheidung des Bundesverfassungsgerichts, deren Tonfall teilweise allzu apodiktisch erscheint, kann so verstanden werden, als habe man einer solchen Vorfinanzierung aus sozialhilferechtlichen Gründen ohne Rücksicht auf die unterhaltsrechtliche Gerechtigkeit eine generelle Absage erteilen wollen.

Beim Elternunterhalt ist dem Kind auf jeden Fall eine angemessene **Vermögensreserve** zu belassen. Wegen der vergleichsweise schwachen Ausprägung des Unterhaltsverhältnisses kann in Anlehnung an eine entsprechende Empfehlung des Deutschen Vereins für öffentliche und private Fürsorge[325] eine Erhöhung der üblichen Reserve beim Unterhalt für sonstige Verwandte von 12 500 € auf das Doppelte, also auf 25 000 € angezeigt sein – siehe Rn. 623. Der Deutsche Verein schlägt beim Elternunterhalt darüber hinaus, falls der Pflichtige über kein selbstgenutztes Wohneigentum verfüge, eine Erhöhung auf 75 000 € vor.[326] Der BGH hat sich diesen Überlegungen grundsätzlich angeschlossen.[327] Das OLG München[328] hat die „dem jeweiligen Unterhaltszeitraum angemessene individuelle Schonvermögensgrenze" in einem Fall des Elternunterhalts auf 80 000 € angesetzt.

cc) Zusätzliche Schutz- und Schongrenzen zu Lasten des Sozialhilfeträgers. Ein 643 Übergang des Unterhaltsanspruchs auf den Sozialhilfeträger findet nur statt, wenn Sozialhilfeleistung und Unterhaltsanspruch zeitlich und persönlich übereinstimmen.[329] Macht der Sozialhilfeträger einen auf ihn übergegangenen Anspruch auf Elternunterhalt (§ 94 I 1 SGB XII) geltend, kommt dem herangezogenen Kind die Schutz- und Schongrenze der §§ 94 I 5, 105 II SGB XII bezüglich der Kosten der Unterkunft zugute, d. h. 56% der Kosten ohne Kosten für Heizung und Warmwasser können beim Anspruchsübergang nicht geltend gemacht werden. Auch insoweit obliegt die Entscheidung dem Familiengericht (§ 94 V 2 SGB XII). Hat der Sozialhilfeträger den übergegangenen Anspruch zur gerichtlichen Geltendmachung an den Hilfeempfänger (Elternteil) zurückübertragen (§ 94 V 1 SGB XII), kann dies die Qualität des Anspruchs nicht mehr zu Lasten des Pflichtigen verändern, so dass die Einschränkungen des § 94 I 5, III SGB XII anwendbar bleiben.[330] Zum Ausschluss des Anspruchsübergangs wegen unbilliger Härte (§ 94 III 1 Nr. 2 SGB XII) siehe Rn. 8/87 ff. Immer ausgeschlossen ist ein Anspruchsübergang, soweit Grundsicherung geleistet wird (§ 94 I 3 2. Hs. SGB XII) – siehe Rn. 603 a. Nach den Empfehlungen des 17. Deutschen Familiengerichtstags (B. 3. b)), FamRZ 2007, 2040, darf dem unterhaltspflichtigen verheirateten Kind beim Rückgriff nicht weniger verbleiben als dem vorrangig haftenden Ehegatten des bedürftigen Elternteils.

Die nach § 94 III 1 Nr. 1 SGB XII vorzunehmende **sozialhilferechtliche Vergleichs-** 644 **berechnung,** die verhindern soll, dass ein Unterhaltspflichtiger, insbesondere durch die Unterhaltsleistung, nunmehr selbst Leistungsberechtigter nach dem Dritten Kapitel (Hilfe zum Lebensunterhalt) werden würde, wird wegen der hohen unterhaltsrechtlichen Selbstbehaltssätze regelmäßig nicht durchgeführt werden müssen – vgl. Rn. 8/91 ff.[331, 332]

---

[325] FamRZ 2005, 1387, 1394 unter 95 Nr. 4 u. 5
[326] A. a. O. Nr. 95 Nr. 5
[327] BGH, FamRZ 2006, 1511, 1516, insoweit in R 658 nicht abgedruckt
[328] FamRZ 2005, 299
[329] Vgl. Empfehlungen des Deutschen Vereins für öffentliche und private Fürsorge FamRZ 2005, 1387
[330] Schibel, NJW 1998, 3449, 3450 noch zum BSHG
[331] *(nicht belegt)*
[332] *(nicht belegt)*

645   **e) Besonderheit beim Unterhaltsanspruch gegen ein verheiratetes Kind.** Richtet sich der Unterhaltsanspruch von Eltern gegen ein verheiratetes Kind, das mit einem Ehegatten zusammenlebt und diesem zum Familienunterhalt verpflichtet ist, ergeben sich aus dem gleichzeitig bestehenden Unterhaltsverhältnis der Ehegatten untereinander Reibungspunkte. Die Grundsätze der Hausmann-Rechtsprechung sind auf die Unterhaltspflicht von Eltern gegenüber minderjährigen unverheirateten Kindern beschränkt, so dass keine Pflicht zur Aufnahme einer Nebenerwerbstätigkeit besteht, soweit der pflichtige Ehegatten, seine Verpflichtung, zum Familienunterhalt beizutragen, durch Haushaltsführung erfüllt (§ 1360 S. 2 BGB).[333] Eine Inanspruchnahme im Hinblick darauf, dass der andere Ehegatte über ein sehr hohes Einkommen verfügt, scheidet aus, weil **aus Unterhalt** grundsätzlich **kein Unterhalt** zu leisten ist (vgl. Rn. 1/479 f.). In Frage kommt nur ein teilweiser Zugriff auf einen nicht nur geringfügigen **Taschengeldanspruch,** welcher der Befriedigung persönlicher Bedürfnisse dient und in gewissem Umfang über den angemessenen Lebensbedarf hinausgehen kann.[334] Der Taschengeldanspruch ist Bestandteil des Anspruchs auf Familienunterhalt und wird üblicherweise in einer Höhe von 5 bis 7% des verfügbaren Nettoeinkommens angenommen.[335] Das Taschengeld ist unterhaltspflichtiges Einkommen und auch für den Elternunterhalt einzusetzen, soweit der tatrichterlich nach dem konkreten Einzelfall zu bestimmende angemessene Selbstbehalt gewahrt ist.[336] Im entschiedenen Fall hat es der BGH bei sehr guten wirtschaftlichen Verhältnissen gebilligt, dass ein etwa hälftiger Einsatz des Taschengeldbetrags angenommen wurde. Davon abgesehen, beschränkt sich die Pflicht zur Unterhaltsleistung prinzipiell auf diejenigen Fälle, in denen der unterhaltspflichtige Ehegatte **eigene Einkünfte** hat.[337] Diese stehen dann für Unterhaltszwecke zur Verfügung, wenn sie nicht für den Barunterhalt der Familie benötigt werden, weil der Ehegatte seine eigene Unterhaltspflicht durch Übernahme der Haushaltsführung erfüllt und auf Grund des durch den gut verdienenden anderen Ehegatten zu leistenden Familienunterhalts bereits angemessen versorgt ist.[338] Es handelt sich um Fälle mit **geringfügigen Nebenbeschäftigung,** welche die volle Übernahme der Haushaltsführung nicht hindert und deren Ertrag dem Ehegatten nicht für Unterhaltszwecke, sondern für sonstige eigene Zwecke, z. B. für Luxusaufwendungen, Vermögensbildung usw. verbleibt.[339] Ähnlich wäre es, falls – auch bei anderer Regelung der Haushaltsführung – das Einkommen des anderen Ehegatten ungewöhnlich hoch ist, so dass die Einkünfte des Pflichtigen im Rahmen des Familienunterhalts für die Deckung seines eigenen eheangemessenen Bedarfs keine Rolle mehr spielen – siehe weiter unten. Problematisch wird es, soweit die Einkünfte des Unterhaltsschuldners auch für den Familienunterhalt verwendet werden müssen.

645 a   Im Normalfall der **Allein- oder Doppelverdienerehe** haben die beiden zusammenlebenden Ehegatten nach §§ 1360, 1360 a BGB – durch Beteiligung an der Haushaltsführung bzw. durch Geldleistungen – zum vorrangigen Familienunterhalt und damit zur Sicherung des angemessenen Bedarfs der Familie beizutragen.[340] Dabei sind sie in der konkreten Gestaltung ihrer Eheführung bezüglich Haushaltsführung bzw. Berufstätigkeit grundsätzlich frei.[341] Sie haben Anspruch auf gleiche Teilhabe am gemeinsam Erwirtschafteten, soweit dies den ehelichen Lebensstandard prägt.[342] Es kann daher nicht einfach darauf abgestellt werden, ob der andere Ehegatte seinerseits verpflichtet ist, soviel zur Verfügung zu stellen, wie dem angemessenen Selbstbehalt des pflichtigen Ehegatten nach den unterhaltsrechtlichen Leit-

---

[333] Vgl. BGH, FamRZ 1987, 472
[334] BGH, FamRZ 2004, 366, 369 = R 599 e; FamRZ 1987, 472; Fischer, FamRZ 1996, 732; ablehnend OLG Köln, FamRZ 2001, 437, 438, weil der Taschengeldanspruch gerade zum angemessenen Unterhalt gehöre
[335] BGH, FamRZ 2004, 366, 369 = R 599 d; FamRZ 2004, 795, 797 = R 606 b
[336] BGH, a. a. O.
[337] So auch Renn/Niemann, FamRZ 1994, 473, 477
[338] BGH, FamRZ 2004, 366, 368 = R 599 c; OLG Hamm, FamRZ 2002, 125, 126; BGH, FamRZ 1987, 472 f.; Fischer, FamRZ 1993, 732
[339] BGH, FamRZ 2004, 370, 373 = R 603 c; FamRZ 2004, 795, 797 = R 606 a
[340] Vgl. Heinrich, FamRZ 1992, 590 in Anm. zu LG Bielefeld, FamRZ 1992, 589
[341] BGH, FamRZ 2004, 366, 368 = R 599 c
[342] BGH, a. a. O.

linien entspricht mit der Folge, dass dessen eigener Verdienst für Unterhaltsleistungen zur Verfügung steht.[343] Die gegenseitige Unterhaltpflicht der Ehegatten bezieht sich nämlich nicht nur darauf, dass der den Leitlinien entsprechende angemessene Selbstbehalt jedes von ihnen gedeckt wird, sondern der aus den ehelichen Verhältnissen herrührende ggf. höhere Bedarf. In der Doppel- oder Alleinverdienerehe beschränkt sich der **Anspruch des anderen Ehegatten auf Familienunterhalt** demnach nicht auf einen Mindestbetrag, sondern ist nach den individuellen Verhältnissen der Ehe (§ 1578 I 1 BGB) unter Berücksichtigung der jeweiligen Lebensstellung, von Einkommen und Vermögen sowie sozialem Rang zu bemessen.[344] Er kann – obwohl er an sich grundsätzlich nicht auf Geldzahlung gerichtet ist – im Fall der Konkurrenz mit anderen Unterhaltsansprüchen in Höhe eines Geldbetrags veranschlagt werden.[345] Wie der Familienunterhalt danach zu bestimmen ist, obliegt der tatrichterlichen Beurteilung des Einzelfalls.[346] In einer Entscheidung hat der BGH für eine Doppelverdienerehe darauf hingewiesen, dass der gegen das pflichtige Kind gerichtete Anspruch auf Familienunterhalt sich grundsätzlich so berechnet werden könne, dass ihm und seinem Ehegatten mit dem Familienunterhalt jeweils die Hälfte des beiderseitig berücksichtigungsfähigen Einkommens zur Verfügung stehe,[347] Eine solche Berechnung des **Familienunterhalts als Quote von 1/2** der Einkommensdifferenz dürfte beim Elternunterhalt auch dann nicht ausscheiden, wenn die ehelichen Lebensverhältnisse bereits in zurechenbarer Weise von einer latenten Unterhaltslast für Elternunterhalt geprägt waren – siehe hierzu weiter unten. Zwar hat der BGH für den Enkelunterhalt (vgl. Rn. 652) bei bestehender latenter Unterhaltpflicht beider Großeltern für einen Enkel diese Art der Berechnung ausgeschlossen, sondern nach tatrichterlichem Ermessen den Ansatz eines Mindestbedarfssatzes für den Ehegatten nach Maßgabe des angemessenen Eigenbedarfs beim Elternunterhalt gemäß den Unterhaltstabellen unter Berücksichtigung der durch das Zusammenleben mit dem Pflichtigen eingetretenen Haushaltsersparnis als möglich angesehen.[348] Dabei lag aber die für den Enkelunterhalt typische Besonderheit vor, dass der Ehegatte als Großelternteil dem Enkel gegenüber ebenfalls dem Grunde nach unterhaltpflichtig war. Diese Besonderheit kann es beim Elternunterhalt nicht geben, so dass das Schwiegerkind keine Kürzung seines vorrangigen Familienunterhalts hinnehmen muss.

Tatrichterlichem Ermessen unterliegt auch die Frage, ob wegen des **Zusammenlebens** 645 b der Eheleute mit gemeinsamer Haushaltsführung eine dadurch bedingte **Ersparnis** einkommenserhöhend zu berücksichtigen ist.[349] Da im Hinblick auf die durchschnittliche Sparquote in Deutschland nicht ohne weiteres davon ausgegangen werden kann, dass das gesamte Familieneinkommen verbraucht wird, muss der für seine fehlende Leistungsfähigkeit darlegungspflichtige Unterhaltpflichtige, dessen Familieneinkommen die ihm und seinem Ehegatten zuzubilligenden Mindestselbstbehaltssätze übersteigt, vortragen, ob und ggf. welche **Beträge zur Vermögensbildung** verwendet werden.[350] Diese ist, abgesehen von der Finanzierung eines angemessenen Eigenheims (vgl. Rn. 639) und einer angemessenen zusätzlichen Altersversorgung (vgl. Rn. 638), unterhaltsrechtlich nicht anzuerkennen.[351] Ergibt sich ein Betrag, der für den Familienunterhalt nicht benötigt wird, steht er dem Unterhaltpflichtigen nach dem **Verhältnis der beiderseitigen unterhaltsrelevanten Einkommen** auch dann für Unterhaltszwecke zur Verfügung, wenn sein Einkommen unter dem sogenannten Mindestselbstbehalt liegt,[352] und zwar auch bei einer Doppelverdienerehe.[353] Entspricht es der Lebensgestaltung der Familie, dass sie die Eheleute ihre jeweiligen

---

[343] So aber LG Bielefeld, FamRZ 1992, 589

[344] BGH, FamRZ 2004, 443, 445 = R 604 b; FamRZ 2004, 370, 372 = R 603 b; FamRZ 2003, 860, 865 = R 590 A f

[345] BGH, FamRZ 2003, 860, 864 = R 590 A f

[346] BGH, FamRZ 2004, 370, 372 = R 603 b

[347] BGH, FamRZ 2003, 860, 866 = R 590 A j

[348] BGH, FamRZ 2006, 26, 29 f. = R 637 e

[349] Vgl. BGH, FamRZ 2003, 860, 866 = R 590 A k; FamRZ 2004, 792, 793 = R 605 b + c

[350] BGH, FamRZ 2004, 370, 372 = R 603 b; FamRZ 2004, 795, 798

[351] BGH, a. a. O.

[352] BGH, FamRZ 2004, 366, 368 = R 599 c; FamRZ 2004, 370, 372 = R 603 b

[353] BGH, FamRZ 2004, 443, 445 = R 604 c

Einkünfte voll für den Familienunterhalt einsetzen, kommt es nach dem BGH darauf an, ob dem unterhaltspflichtigen Ehegatten bei Zubilligung seines angemessenen, nach den konkreten Eheverhältnissen zu bestimmenden Bedarfs aus seinem Einkommen noch ein für den Unterhalt einsetzbarer Überschuss verbleibt.[354] Dabei ist der BGH, dessen Argumentation insoweit missverständlich erscheint, so zu verstehen, dass dieser Überschuss an eigenem Einkommen über den Eigenbedarf sich grundsätzlich nach Abzug eines vorrangig aufzubringenden anteiligen Familienunterhalts ergeben muss. Dies kann dann der Fall sein, wenn ein trotz der den Eheleuten zukommenden Gestaltungsfreiheit nicht mehr hinnehmbares erhebliches **Missverhältnis der** beiderseitigen **Beiträge zum Familienunterhalt** vorliegt;[355] hierfür kann es z. B. darauf ankommen, in welchem Umfang der Unterhaltspflichtige rechtlich gehalten ist, über die von ihm übernommene Haushaltsführung hinaus überobligatorisch zum Familienunterhalt beizutragen.[356] Weiter sind Fallgestaltungen denkbar, bei denen der vom Ehegatten des Pflichtigen zu leistende **Familienunterhalt so auskömmlich** ist dass der Pflichtige schon dadurch angemessen unterhalten ist, also sein eigenes Einkommen nicht mehr zur Aufrechterhaltung seines eheangemessenen Bedarfs benötigt.[357] Wie hoch die Einkünfte des Ehegatten sein müssen, um einen solchen Fall anzunehmen, ist zweifelhaft. Der BGH hat es unter Hinweis auf entsprechende Stimmen in der Literatur als möglich angesehen, bei Würdigung der tatsächlichen Verhältnisse ein bereinigtes Einkommen in Höhe des doppelten Selbstbehalts der Ehegatten oder ein Einkommen im Bereich der letzten Einkommensgruppe der Düsseldorfer Tabelle anzunehmen.[358]

Ergibt sich ein für Unterhaltszwecke einsetzbares **Resteinkommen** des pflichtigen Ehegatten, muss dies bei Berechnung seines Eigenbedarfs grundsätzlich in voller Höhe für den Elternunterhalt verwendet werden.[359] Eine **Beschränkung auf** etwa **50%** des den Mindestselbstbehalt übersteigenden Anteils ist nämlich insoweit nicht geboten, als der Eigenbedarf des Pflichtigen im Rahmen des angemessenen Familienunterhalts gewahrt wird.[360] Soweit der Familienunterhalt für den nicht pflichtigen Ehegatten nicht konkret, sondern nur pauschaliert (vgl. Rn. 645 d u. 646) angesetzt wird und dem pflichtigen Ehegatten ebenfalls nur der pauschalierte Mindestselbstbehalt zugestanden wird, dürfte es aber bei der Beschränkung auf 50% des einsetzbaren Resteinkommens verbleiben.

645 c   Die ehelichen Verhältnisse können **durch die Unterhaltleistungen** des pflichtigen Ehegatten für einen Elternteil, weil sie bereits zurzeit der Heirat erbracht wurden, **geprägt** sein, so dass der andere Ehegatte bei Bemessung seines Bedarfs den Vorwegabzug des Elternunterhalts trotz seines vorrangigen Anspruchs hinnehmen muss, es sei denn, es würde dadurch ein Missverhältnis entstehen oder ihm im Einzelfall nicht einmal mehr sein Mindestbedarf verbleiben.[361] Diese Prägung ist allerdings nicht auf den Zeitpunkt der Eheschließung beschränkt, sondern kann auch durch eine spätere Entwicklung der ehelichen Verhältnisse, z. B. durch tatsächliche Unterhaltsleistungen für den Elternteil eingetreten sein.[362] Darüber hinaus kann schon die entsprechende **latente Unterhaltslast** für einen Elternteil die ehelichen Lebensverhältnisse, die von den sich wandelnden wirtschaftlichen und persönlichen Verhältnissen der Eheleute abhängen, mitbestimmen.[363] Dies gilt, wenn der künftige Unterhaltsbedarf eines Elternteils mit geringem Einkommen – anders als bei der in der Regel nicht vorhersehbaren Pflegebedürftigkeit – sich bereits seit längerem abgezeichnet hat.[364] Die Lebensverhältnisse werden umso eher von einer Unterhaltsverpflichtung für

---

[354] BGH, FamRZ 2004, 443, 445 f. = R 604 d
[355] BGH, FamRZ 2004, 795, 797 = R 606 b
[356] BGH, FamRZ 2004, 370, 373 = R 603 c; FamRZ 2004, 795, 797 = R 606 b
[357] BGH, FamRZ 2004, 370, 373 = R 603 c; FamRZ 2004, 795, 797; FamRZ 1987, 472, 473
[358] BGH, FamRZ 2004, 370, 373 = R 603 c; FamRZ 2004, 795, 797
[359] BGH, FamRZ 2004, 443, 446 = R 604 d; FamRZ 2004, 795, 798
[360] BGH, FamRZ 2004, 443, 446 = R 604 d; a. A. OLG Hamm U. v. 16. 12. 2005 – 11 UF 118/05, BeckRS 2006 02068
[361] BGH, FamRZ 2003, 860, 865 = R 590 A j + h
[362] BGH, FamRZ 2004, 792, 794 = R 605 d
[363] BGH, a. a. O.
[364] BGH, FamRZ 2003, 860, 865 = R 590 A h

einen Elternteil mitbestimmt, je höher die Wahrscheinlichkeit einzuschätzen ist, für den Unterhalt von Eltern aufkommen zu müssen.[365]

In der Praxis wird es bei durchschnittlichen Einkommensverhältnissen weiterhin möglich **645 d** sein, für die Bewertung von **pauschalen Mindestsätzen** für den Eigenbedarf des pflichtigen und des mit ihm zusammenlebenden Ehegatten auszugehen, um auf diese Weise zu bestimmen, welche Beträge vor einer pauschalen Berechnung des Eigenbedarfs des Pflichtigen nach Abzug des Familienunterhalts noch zur Verfügung stehen. Der BGH hat dies zumindest für den Eigenbedarf des Pflichtigen gebilligt (vgl. im Einzelnen Rn. 620, 638 a), in einer Entscheidung zum Enkelunterhalt auch für den Bedarf des Ehegatten.[366] Für die Praxis ist in diesem Zusammenhang zu beachten, dass das unterhaltspflichtige Kind nach allgemeinen Grundsätzen gehalten ist, alle **für eine Einschränkung seiner Leistungs-fähigkeit erheblichen Tatsachen vorzutragen.**[367] Neben seinem eigenen Einkommen, muss es das Einkommen der anderen Familienmitglieder, den vollständigen Bedarf der Familie und seinen eigenen Beitrag dazu substantiiert darlegen, wenn es einen über die pauschalen Mindestsätze hinausgehenden Verbrauch geltend machen und eine Begrenzung seiner Leistungsfähigkeit nach Maßgabe pauschaler Mindestsätze für den Selbstbehalt vermeiden will.[368] Betrifft die Darlegungslast einen viele – z. B. sieben – Jahre zurückliegenden Unterhaltszeitraum, dürfen an die Darlegung, wenn der eheliche Lebenszuschnitt bislang nicht problematisiert worden war, allerdings keine zu hohen Anforderungen gestellt werden.[369]

Die oberlandesgerichtlichen Leitlinien (Rn. 646) schlagen weiterhin entsprechende Mindestbedarfssätze auch für den nicht pflichtigen Ehegatten vor. Für die pauschale Berechnung des für den Familienunterhalt zu veranschlagenden Teileinkommens wird es mit verschiedenen oberlandesgerichtlichen Leitlinien auch weiterhin zulässig sein, hierfür von einem Familienbedarf auszugehen, der sich aus dem um 25% erhöhten großen Selbstbehalt des Pflichtigen zuzüglich dem Mindestbedarf des mit ihm zusammenlebenden Ehegatten zusammensetzt. Dabei muss bei der Einzelfallprüfung im Hinblick auf die BGH-Rechtsprechung aber jeweils untersucht werden, ob diese Mindestbedarfssätze auf Grund der konkreten Umstände zu erhöhen sind. Werden der angemessene Familienunterhalt des nicht pflichtigen Ehegatten und der angemessene Selbstbehalt des pflichtigen Ehegatten pauschaliert angesetzt, dürfte es bei der Beschränkung auf 50% des einsetzbaren Resteinkommens verbleiben – siehe oben Rn. 645 b.

Oberlandesgerichtliche Leitlinien zum pauschalierten Mindestbedarf des nicht- **646** **pflichtigen Ehegatten** beim Elternunterhalt und – soweit zusätzlich angegeben – beim Enkelunterhalt nach dem Stand vom 1. 7. 2008:
– Düsseldorfer Tabelle (FamRZ 2008, 211 ff.) Anm. D I.:
  mindestens 1050 €, darin enthalten 350 € für Warmmiete;
– Süddeutsche Leitlinien (Oberlandesgerichte Bamberg, Karlsruhe, München, Nürnberg, Stuttgart und Zweibrücken – FamRZ 2008, 231 ff.) Nr. 22.3:
  1100 € (auch bei Unterhaltsansprüchen von Enkeln), im Familienbedarf von 2500 € (1400 € + 1100 €) enthalten sind 800 € für Unterkunft und Heizung;
– Kammgericht Berlin Nr. 22.3 (für Eltern- und Enkelunterhalt):
  eheangemessener Bedarf, mindestens 1050 €;
– OLG Brandenburg Nr. 22. (offenbar für Eltern- und Enkelunterhalt):
  Bedarf nach den ehelichen Lebensverhältnissen, wobei der Bedarf mit Rücksicht auf das Zusammenleben niedriger niedriger anzusetzen sein kann;
– OLG Braunschweig Nr. 22.3:
  gegenüber Eltern mindestens 1100 €

---

[365] BGH, FamRZ 2004, 792, 794 = R 605 d
[366] BGH, FamRZ 2006, 26, 29 f. = R 637 e
[367] BGH, FamRZ 2004, 370, 372 = R 603 b; FamRZ 2004, 443, 445 = R 604 b; FamRZ 2004, 795, 798
[368] Schürmann, FamRZ 2004, 446, 449 (Anm. zu BGH, FamRZ 2004, 443); OLG Karlsruhe NJW-RR 2006, 361, 363
[369] OLG Frankfurt, U. v. 12. 10. 2004 – 3 UF 122/99A, BeckRS 2005, 000676

– OLG Bremen Nr. 22.3:
  1050 € (auch bei Unterhaltsansprüchen von Enkeln), im Familienbedarf von 2450 €
  (1400 € + 1050 €) enthalten sind 800 € für Kosten des Wohnbedarfs;
– OLG Celle Nr. 22.3: 1050 € (auch beim Enkelunterhalt)
– OLG Dresden Nr. 22.3:
  1100 €, im Familienbedarf von 2500 € (1400 € + 1100 €) enthalten sind 800 € für
  Unterkunft einschließlich umlagefähiger Nebenkosten und Heizung;
  Nr. 22.2.:
  beim Enkelunterhalt: 800 €;
– OLG Frankfurt Nr. 22.3:
  1100 €, im Familienbedarf von 2500 € (1400 € + 1100 €) enthalten sind 800 € für
  Unterkunft und Heizung (640 € kalt + 160 € Nebenkosten und Heizung); dies gilt auch
  beim Enkelunterhalt;
– OLG Hamburg Nr. 22.3:
  1050 €, im gemeinsamen Bedarf des Ehepaars von 2450 € (1400 € + 1050 €) enthalten
  sind 800 € für Unterkunft und Heizung (Warmmiete);
– OLG Hamm Nr. 22.3:
  1050 €, im Familienbedarf von 2450 € (1400 € + 1050 €) enthalten sind 800 € für
  Unterkunft und Heizung (450 € + 350 €);
– OLG Köln Nr. 22.3:
  1050 € (auch beim Enkelunterhalt), im Familienbedarf von 2450 € (1400 € + 1050 €)
  enthalten sind 800 € für Unterkunft und Heizung;
– OLG Naumburg Nr. 22.3:
  1050 € (auch beim Enkelunterhalt);
– OLG Oldenburg Nr. 22.3:
  1050
  € (auch beim Enkelunterhalt) bei einem Familienbedarf von mindestens 2450 € (1400 €
  + 1050 €)
– OLG Schleswig Nr. 22.3:
  1050 € (auch beim Enkelunterhalt);

6. Enkelunterhalt im Besonderen

647   **a) Grundsätzliches.** Großeltern stehen gegenüber ihren Enkeln in der Rangliste der
Unterhaltspflichtigen wie unterhaltsberechtigte Eltern gegenüber ihren pflichtigen Kindern
weit hinten. Vor ihnen haften die Eltern des betreffenden Enkelkindes (§ 1606 II BGB),
noch vor den Eltern ggf. der Ehegatten oder der Lebenspartner des Enkelkindes (§§ 1608
S. 1 u. 4, 1584 S. 1 BGB, 16 S. 2 LPartG) und – soweit zugunsten des Enkelkindes wegen
eines eigenen Kindes ein Unterhaltsanspruch nach § 1615l BGB in Betracht kommt – der
andere Elternteil dieses Kindes (§ 1615l III 2 BGB). In der Rangfolge der Bedürftigen
kommen die **Enkel erst an einer hinteren Rangstelle** (vgl. § 1609 Nr. 5 BGB), nämlich
hinter den minderjährigen oder diesen gleichstehenden Kindern der Großeltern (§ 1609
Nr. 1), hinter dem gegenüber dem Großelternteil nach § 1615l BGB unterhaltsberechtigten
Elternteil (§ 1609 Nr. 2 BGB), hinter den Ehegatten oder Lebenspartnern der Großeltern
(§§ 1609 Nr. 2 u. 3 BGB, 12 S. 2, 16 S. 2 LPartG) und hinter den volljährigen Kindern der
Großeltern. Der insgesamt geringe Rang des Unterhaltsanspruchs – Enkel haben als Berech-
tigte nur Rang vor den Eltern und weiteren Verwandten aufsteigender Linie eines pflichtigen
Großelternteils – berechtigen dazu, die **unterhaltsbeschränkende Rechtsprechung zum
Elternunterhalt,** der vom Gesetz vergleichbar gering ausgestaltet ist, grundsätzlich auf den
Enkelunterhalt zu übertragen.[370]
    Wie allgemein beim Verwandtenunterhalt sind die Voraussetzungen eines Unterhalts-
anspruchs nur erfüllt, falls **Bedürftigkeit** des berechtigten Enkelkinds (§ 1602 I BGB) **und**

---

[370] Vgl dazu BGH, FamRZ 2006, 26 = R 637a; FamRZ 2006, 1099 = R 652; FamRZ 2007, 375 =
R 668

Leistungsfähigkeit des pflichtigen Großelternteils (§ 1603 I BGB) während der gleichen Zeit vorliegen,[371] also beide Voraussetzungen **zeitgleich** erfüllt sind.[372]

Wegen des geringen Rangs des Anspruchs auf Enkelunterhalt kommt es in der Praxis nur zu Fällen der **Ersatzhaftung nach § 1607 I oder II BGB** – siehe zur Ersatzhaftung im Einzeln Rn. 607 a bis 608. Dass keine vorrangigen Unterhaltspflichtigen vorhanden sind, an deren Stelle die Großeltern in Anspruch genommen werden sollen, wäre allerdings denkbar, z. B. bei Vorversterben beider Eltern des Enkelkindes.

Kommt eine Ersatzhaftung von Großeltern in Betracht, richtet sich die Verpflichtung mit der Folge **anteiliger Haftung** (§ 1606 III 1 BGB) grundsätzlich gegen alle vorhandenen Großelternteile gleichzeitig. Das Amtsgericht Neu-Ulm[373] hatte allerdings die Auffassung vertreten, falls die nichteheliche Mutter ihre Unterhaltspflicht gegenüber dem Kind durch Betreuung vollständig erfülle und damit nur der barunterhaltspflichtige Vater ausfalle, müssten für den ausgefallenen Barunterhalt des Kindes nur die väterlichen Großeltern, nicht aber auch die mütterlichen Großeltern einspringen, weil nur die Ersteren an die Stelle des vorrangig haftenden Vaters zu treten hätten. Diese durchaus interessante Überlegung ist mit der gesetzlichen Regelung in §§ 1606, 1607 BGB nicht vereinbar. Das Gesetz sieht **keine Ersatzhaftung nur nach dem Stamm des ausfallenden Unterhaltspflichtigen** vor.[374]

Da die verschiedenen Großelternteile anteilig nach ihren Erwerbs- und Vermögensverhältnissen haften (§ 1606 III 1 BGB), haben sie wegen der problematischen Höhe ihres jeweiligen Haftungsanteils nach Treu und Glauben untereinander einen **Auskunftsanspruch,** der sich auf die Einkünfte des Ehegatten des auskunftspflichtigen Großelternteils erstrecken kann.[375] Das Enkelkind selbst kann von allen Großeltern nach § 1605 BGB Auskunft über Einkommen und Vermögen verlangen. Da ein Unterhaltsanspruch über § 1607 BGB nur bestehen kann, wenn die Eltern leistungsunfähig sind oder die Rechtsverfolgung gegen sie erheblich erschwert ist (vgl. hierzu Rn. 607 a bis 608), wird die Ansicht vertreten, schon im Auskunftsprozess müsse diese feststehen.[376] Damit hätte das Enkelkind das Vorliegen dieser Voraussetzungen schon im Auskunftsverfahren darzulegen und zu beweisen. Sicher ist, dass es dem Enkelkind obliegt, jedenfalls seine unterhaltsrechtliche Bedürftigkeit darzulegen und zu beweisen. Daran scheitert es, wenn der nach der bescheidenen Lebensstellung der Eltern geschuldete Bedarf, der mindestens das Existenzminimum erfasst (Rn. 648), gedeckt ist.[377] Kann es darlegen, dass seine Eltern tatsächlich keine bedarfsdeckenden Leistungen, z. B. nicht das Existenzminimum erbringen, müsste dies für ein durchsetzbares Auskunftsverlangen gegen Großeltern genügen. Die Fragen der tatsächlichen Leistungsunfähigkeit ggf. beider Elternteile oder die Frage, ob ein Fall erheblicher Erschwerung der Rechtsverfolgung gegen Sie vorliegt, sind u. U. nicht einfach zu beurteilen und sollten nicht dazu dienen, ein Auskunftsverfahren zeitlich unangemessen zu verzögern, indem das Verfahren in einen vorgezogenen Hauptsacheprozess umfunktioniert wird.

Die von einem Enkelkind über § 1607 I oder II BGB verfolgten Unterhaltsansprüche gegen Großeltern werden, soweit es um **Unterhalt für die Vergangenheit** geht, durch die Sondervorschrift des § 1613 BGB zugunsten der Großeltern begrenzt.[378] **Verzug** muss bei den in Anspruch genommenen Großeltern in Person vorliegen. Dies gilt aus Gründen des Schuldnerschutzes auch dann, wenn Großeltern nach § 1617 II 1 BGB als Zweitschuldner mit Anspruchsübergang nach § 1607 II 2 BGB eintreten müssen.[379]

Auch für Unterhaltsansprüche, die von Enkeln gegenüber Großeltern geltend gemacht werden, sind die **Familiengerichte zuständig** – siehe im Einzelnen Rn. 601. Die besonderen Gerichtsstände des § 35 ZPO und des § 642 I ZPO für die Unterhaltsklage eines

---

371 BGH, FamRZ 2006, 1511, 1512 = R 658 a
372 BVerfG, FamRZ 2005, 1051, 1053 = R 635
373 AG Neu-Ulm, Urt. v. 28. 7. 2000 – 3 F 586/00
374 OLG Frankfurt, FamRZ 2004, 1745
375 Vgl. BGH, FamRZ 2003, 1836, 1838 zu anteilig haftenden Geschwistern beim Elternunterhalt
376 LG Osnabrück, FamRZ 1984, 1032; OLG Braunschweig, FamRZ 2005, 643, 644; AG Ludwigslust, FamRZ 2005, 1924; Günther, FPR 2006, 347, 353
377 Vgl. dazu OLG Karlsruhe, FamRZ 2001, 782, 783
378 OLG Thüringen, FamRZ 2006, 569; vgl. auch BGH, FamRZ 2004, 800 = R 609 a + b
379 OLG Thüringen, a. a. O.

Kindes gegen beide Eltern oder einen Elternteil gelten für die Klage gegen einen Großelternteil nicht, so dass dessen Wohnsitz maßgebend ist (§§ 12, 13 ZPO).[380] Haben die Großeltern, die als Streitgenossen verklagt werden sollen, keinen gemeinsamen **Gerichtsstand,** kann das zuständige Oberlandesgericht auf Antrag nach § 36 I Nr. 3, II ZPO den gemeinschaftlichen Gerichtsstand bestimmen. Werden mehrere Großelternteile gleichzeitig verklagt, sind sie, da die gegen sie gerichteten anteiligen Ansprüche auf demselben Lebenssachverhalt beruhen, Streitgenossen im Sinne der §§ 59 ff. ZPO.[381] Dabei geht es aber nur um einen Fall einfacher, nicht notwendiger Streitgenossenschaft, da keine der in § 62 ZPO geregelten Fallgruppen vorliegt.

648   **b) Bedarf und Bedürftigkeit und des Enkelkindes.** Der Bedarf eines Enkelkindes bestimmt sich nach § 1610 BGB nach seiner Lebensstellung. Diese leitet sich von der Lebensstellung seiner Eltern ab, nicht von der Lebensstellung seiner womöglich erheblich besser situierten Großeltern – vgl. auch Rn. 612.[382] Auch bei ganz dürftiger Lebensstellung der Eltern ist jedenfalls das **Existenzminimum** als Bedarf geschuldet.[383] Das gilt auch bei minderjährigen Enkelkindern. Allerdings hatte der BGH früher die Ansetzung des Existenzminimums als Mindestbedarf für minderjährige Kinder, die nur eine von den Eltern abgeleitete Lebensstellung haben, abgelehnt.[384] Dies ist auf Grund der gesetzlichen Neuregelung in § 1612a I n. F. BGB überholt. Dort ist das Existenzminimum eines minderjährigen Kindes als Mindestunterhalt unter Bezugnahme auf sein in § 32 VI 1 EStG steuerlich anerkanntes (halbes) sächliches Existenzminimum (für eine Übergangszeit gilt zunächst § 36 Nr. 4 EGZPO) definiert. Einem volljährigen Enkelkind wird jedenfalls der in den oberlandesgerichtlichen Leitlinien angesetzte Mindestbedarf zuzubilligen sein.

Sonder- und Mehrbedarf können den auf Grund der bescheidenen Lebensstellung der Eltern begrenzten Bedarf erhöhen.[385] Mehrbedarf wird insbesondere dann auftreten, wenn z. B. laufende Ausbildungskosten (vgl. dazu § 1610 II BGB) oder von keiner Krankenversicherung gedeckte laufende Behandlungskosten vorliegen.[386] Wegen des geringen Rangs des Unterhaltsanspruchs dürfte es erforderlich sein, bedarfserhöhenden Mehrbedarf zu Lasten der Großeltern nur insoweit anzusetzen, als er unabweisbar erscheint.[387]

Kein Teil des Bedarfs von Enkelkindern gegenüber Großeltern ist ein Anspruch auf **Prozesskostenvorschuss,** da es von Gesetzes wegen an einer besonderen unterhaltsrechtlichen Verantwortung von Großeltern gegenüber ihren Enkeln fehlt. Gerichtlichen Entscheidungen,[388] wonach auch Urgroßeltern bzw. Großeltern Prozesskostenvorschuss für ihre Urenkel bzw. Enkel leisten mussten, ist daher nicht zuzustimmen – vgl. im Einzelnen Rn. 613.

Die **Bedürftigkeit** auch eines minderjährigen Enkelkindes **entfällt,** wenn es für seinen Unterhalt den Stamm seines Vermögens einsetzen kann. Das Vermögensprivileg des § 1602 II BGB gilt nur im Unterhaltsverhältnis zu den Eltern. BAföG-Leistungen und Leistungen nach dem Unterhaltsvorschussgesetz mindern die Bedürftigkeit ebenso wie Leistungen der Grundsicherung – vgl. näher Rn. 603 u. 603 a).

649   **c) Voraussetzung der Ersatzhaftung von Großeltern.** Großeltern werden in der gerichtlichen Praxis nur in Form der Ersatzhaftung nach § 1607 BGB in Anspruch genommen. Es sind also vorrangige Unterhaltspflichtige (vgl. Rn. 647), in der Regel ein Elternteil oder beide Eltern, vorhanden. Fälle einer Ersatzhaftung anstelle des Ehegatten oder Lebenspartners des Enkelkindes nach §§ 1608 S. 2, 1584 S. 2 BGB, 16 S. 2 LPartG bzw. anstelle des nach § 1615 l BGB für das Enkelkind Unterhaltspflichtigen (§§ 1615 l III 2, 1607 BGB) sind eher theoretisch.

---

[380] OLG Köln, FamRZ 2005, 58

[381] Günther, FPR 2006, 347, 353

[382] Allgemeine Meinung: OLG Dresden, FamRZ 2006, 569, 570; Günther, FPR 2006, 347, 449; Büte, FuR 2005, 433, 435

[383] BGH, FamRZ 2003, 860, 861 = R 590 A b für den Elternunterhalt

[384] BGH, FamRZ 2002, 536, 537 f. = R 572 c

[385] Büte, FuR 2005, 433, 435

[386] Büte, FuR 2005, 433, 436

[387] Büte, a. a. O.

[388] OLG Düsseldorf, DAVorm 1990, 80; OLG Koblenz, FamRZ 1997, 681; ebenso dafür: Bißmaier, FamRZ 2002, 863, 864

Die **Ersatzhaftung nach § 1607 I BGB,** und zwar grundsätzlich aller vorhandenen Großelternteile – vgl. Rn. 647, setzt die **Leistungsunfähigkeit** der vorrangigen Unterhaltspflichtigen – siehe hierzu im Einzelnen auch Rn. 607 a – voraus, also im Normalfall beider Elternteile. Diese dürfen im Sinne des § 1603 I BGB nicht leistungsfähig sein. Zu beachten ist, dass ein betreuender Elternteil, der im Verhältnis zum anderen Elterneil dadurch grundsätzlich seine Unterhaltspflicht erfüllt (§ 1606 III 2 BGB), trotzdem für Barunterhalt leistungsfähig sein kann und damit einer Ersatzhaftung entgegensteht. Nach Meinung des OLG Hamm[389] soll die Ersatzhaftung der Großmutter – auch wegen ihres Nachrangs nach § 1606 II BGB – schon dann nicht eintreten, falls die vorrangig haftende betreuende Mutter den vollen Barunterhalt zwar ohne Beeinträchtigung ihres notwendigen Selbstbehalts im Sinne des § 1603 II 1 BGB, wenn auch ohne Wahrung ihres angemessenen Selbstbehalts im Sinne des § 1603 I BGB aufbringen könnte. Dies widerspricht **§ 1603 II 3 BGB,** der sich auf jedweden anderen unterhaltspflichtigen Verwandten bezieht und die Anwendung des § 1607 I BGB ungeachtet der gesteigerten Unterhaltspflicht der Eltern für minderjährige Kinder auch für dieses Unterhaltsverhältnis ermöglicht Die Vorschrift hat sogar zur Folge, dass unter Umständen auch der andere Elternteil, also der grundsätzlich nicht barunterhaltspflichtige betreuende Elternteil, trotz normalerweise bereits erfüllter Unterhaltspflicht (§ 1606 III 2 BGB) einspringen muss, soweit dem anderen Elternteil nicht sein angemessener Selbstbehalt verbliebe.[390] Die Ersatzhaftung von Großeltern wird damit möglich, wenn beide Eltern sonst jeweils weniger für sich hätten als ihrem angemessenen Selbstbehalt im Sinne des § 1603 I BGB entspricht. Kontrovers wird diskutiert,[391] ob im Verhältnis zum anderen Elternteil eine zusätzliche **Barunterhaltspflicht des betreuenden Elternteils** nach § 1603 II 3 BGB tatsächlich schon in Betracht kommt, wenn ihm bei zusätzlicher eigener Barunterhaltsleistung ebenfalls nur sein angemessener Selbstbehalt verbleibt. Anknüpfend an die Rechtsprechung des BGH[392] wird verlangt, dass das Einkommen des Betreuenden wesentlich höher im Sinne eines wirtschaftlichen Ungleichgewichts zwischen den Elternteilen sein müsse, bevor die zusätzliche Barunterhaltspflicht des betreuenden Elternteils entstehe. Die Meinung des BGH selbst bleibt letztlich unklar, weil dieser andererseits nur vom angemessenen Selbstbehalt oder angemessenen Unterhalt des betreuenden Elternteils spricht. Bedenkt man den geringen unterhaltsrechtlichen Rang der Großeltern lassen sich die Überlegungen über ein wirtschaftliches Ungleichgewicht zwischen den Eltern nicht auf den Einsatzpunkt der Ersatzhaftung der Großeltern übertragen.[393] Hier bleibt es dabei, dass der betreuende Elternteil schon dann als leistungsfähig gegenüber Großeltern angesehen werden muss, wenn für ihn bei zusätzlicher Barunterhaltsleistung der angemessener Selbstbehalt im Sinne des § 1603 I BGB noch gewahrt ist.

Geht es um die Frage der **Leistungsunfähigkeit eines betreuenden Elternteils** eines minderjährigen Enkelkindes ist das Einkommen dieses Elternteils um anfallende notwendige Kosten zur Sicherung der Betreuung während der sonst nicht möglichen Erwerbstätigkeit zu bereinigen. Soweit die Erwerbstätigkeit wegen des geringen Alters des Kindes überobligatorisch ist, kommt es für die Anrechenbarkeit des überobligatorisch erzielten Einkommens in entsprechender Anwendung von § 1577 II BGB, der auch beim Verwandtenunterhalt gilt,[394] auf die Umstände des Einzelfalls an. Es geht dabei darum, wie die Betreuung während der Berufstätigkeit konkret geregelt ist, welche Hilfen zur Verfügung stehen und ob dafür zusätzliche Betreuungskosten entstehen; ob die Erwerbstätigkeit aus freien Stücken oder wegen wirtschaftlicher Notlage aufgenommen wurde.[395] Bei der Beurteilung, ob es sich um **überobligatorische Einkünfte** handelt, die im Rahmen des angemessenen Selbstbehalts

---

[389] FamRZ 2005, 57; so auch schon LG Kleve, FamRZ 1988, 1085; zustimmend Büte, FuR 2005, 433, 434

[390] BGH, FamRZ 1991, 182, 183 = R 430 a; FamRZ 1998, 286, 286 = R 518 a

[391] Vgl. zum Stand der Diskussion und zu Lösungsvorschlägen Gutdeutsch, FamRZ 2006, 1724, 1726 und Scholz, FamRZ 2006, 1728

[392] BGH, FamRZ 1991, 182, 183 = R 430 a; FamRZ 1998, 286, 286 = R 518 a

[393] Scholz, FamRZ 2006, 1728, 1731

[394] BGH, FamRZ 1995, 475, 477 = R 491 b; FamRZ 2005, 442, 444 = R 625 c

[395] Vgl BGH, FamRZ 2005, 442, 445 = R 625 c zur überobligatorischen Tätigkeit der unterhaltsberechtigten nichtehelichen Mutter

gegenüber nachrangig pflichtigen Großeltern möglicherweise nicht zu berücksichtigen sind, wird man zusätzlich erwägen müssen, dass die Erwerbsobliegenheit des betreuenden Elternteils als dem vorrangigen Pflichtigen im Verhältnis zu Großeltern strenger beurteilt werden kann als im Verhältnis zum gleichrangig haftenden anderen Elternteil. Die Zumutbarkeitsschwelle, nach der sich die Frage der überobligatorischen Natur einer Berufstätigkeit entscheidet, ist je nach Intensität der maßgeblichen unterhaltsrechtlichen Beziehung unterschiedlich anzusetzen – vgl. hierzu zum ähnlichen Problem der Zurechenbarkeit fiktiver Einkünfte Rn. 622).

Kein Fall mangelnder Leistungsfähigkeit eines Elternteils liegt vor, soweit ihm wegen Verletzung seiner Erwerbsobliegenheit ausreichende **fiktive Einkünfte** zuzurechnen sind. Hierbei wird die Erwerbsobliegenheit eines betreuenden Elternteils in Richtung auf nachrangige Großeltern strenger zu beurteilen sein als im Verhältnis zwischen den beiden Eltern, für welches die Unterhaltspflicht nach § 1606 III 2 BGB grundsätzlich schon durch Betreuung erfüllt wird. Auch insoweit ist eine Erwerbstätigkeit aber nur in dem Umfang zumutbar, als die Betreuung sichergestellt und bei entsprechendem Bemühen auf dem Arbeitsmarkt eine Stelle zu finden wäre.[396] Im Umfang eines zumutbar erzielbaren fiktiven Einkommens scheidet eine Ersatzhaftung der Großeltern nach §§ 1607 I BGB aus. Allerdings kann eine Ersatzhaftung nach § 1607 II BGB wegen erschwerter Rechtsverfolgung im Inland in Betracht kommen (vgl. Rn. 608).

Will ein Enkelkind nachrangig haftenden Großeltern in Anspruch nehmen, muss es die Leistungsunfähigkeit der vorrangig Pflichtigen, also im Normalfall seiner Eltern, zur Deckung seines vollen Bedarfs **darlegen und beweisen.**[397] Verlangt es Unterhalt von einem von mehreren Großelternteilen, erstreckt sich seine Darlegungs- und Beweislast auch auf die eine anteilige Haftung ausschließende Vermögens- und Einkommenssituation der anderen Großelternteile.[398]

650   Die **Ersatzhaftung nach § 1607 II BGB** – wegen ausgeschlossener oder erheblich erschwerter Rechtsverfolgung im Inland – mit Rückgriffsmöglichkeit gegen vorrangig Pflichtige, also regelmäßig gegen einen oder beide Elternteile, greift ein, wenn die Unterhaltspflicht des oder der Vorrangigen an sich besteht, weil Leistungsfähigkeit gegeben ist, die Unterhaltsverpflichtung sich aber nicht realisieren lässt, z. B. bei unterhaltsrechtlicher Leistungsfähigkeit nur wegen des Ansatzes von fiktiven Einkünften oder bei vergeblicher Vollstreckung – siehe zur Ersatzhaftung nach § 1607 II BGB im Einzelnen Rn. 608. Ein solcher Fall liegt auch bei **Leistungsunfähigkeit einer nichtehelichen Mutter** vor, weil der Anspruch auf Kindesunterhalt gegen den Kindsvater, solange die Vaterschaft nicht anerkannt oder gerichtlich festgestellt ist, nicht durchgesetzt werden kann (§§ 1594 I, 1600 d IV BGB),[399] sieht man von der ggf. möglichen einstweiligen Verfügung für einen Dreimonatszeitraum nach § 1615 o I BGB einmal ab. Insofern kommt die Ersatzhaftung der mütterlichen Großeltern nach § 1607 II 1 BGB in Betracht. Nach Anerkennung oder Feststellung der Vaterschaft können ggf. auch die väterlichen Großeltern, und zwar wegen **§ 1613 II Nr. 2 a BGB rückwirkend auf den Zeitpunkt der Geburt** – nicht aber über das Inkrafttreten dieser Vorschrift am 1. 7. 1998 hinaus[400] – je nach den Umständen nach § 1607 I oder II 1 BGB in Anspruch genommen werden.

Kommt eine Ersatzhaftung nach § 1607 II 1 BGB in Betracht, weil ein Elternteil nur wegen **fiktiver,** also nicht vorhandener **Einkünfte** als leistungsfähig angesehen wird, wird man unterscheiden müssen, ob es sich um einen Elternteil handelt, der das Enkelkind vertritt, oder einen nicht vertretungsberechtigten Elternteil. Es dürfte dem Enkelkind als treuwidrig entgegengehalten werden können, wenn sein gesetzlicher Vertreter unter Verstoß gegen seine Erwerbsobliegenheit Einkünfte nicht zieht und dies als Begründung einer Ersatzhaftung nach § 1607 II 1 BGB für das Enkelkind vorbringt.

---

[396] OLG Schleswig, FamRZ 2004, 1058, 1059
[397] MünchKommBGB/Luthin, Rn. 12 zu § 1607; v. Staudinger/Engler Rn. 54 zu § 1607; OLG Thüringen, FamRZ 2006, 569; AG Leverkusen, FamRZ 2003, 627
[398] OLG Thüringen, FamRZ 2006, 569
[399] Vgl. BGH, FamRZ 2004, 800 = R 609 b
[400] BGH, a. a. O. S. 801 = R 609 b

Will das Enkelkind nachrangig haftende Großeltern gemäß § 1607 II 1 BGB in Anspruch nehmen, muss es die Umstände **darlegen und beweisen,** aus denen sich der Ausschluss oder die Erschwernis der Rechtsverfolgung, z. B. gegen den entsprechenden Elternteil, im Inland ergibt[401] – siehe dazu näher Rn. 608.

d) Leistungsfähigkeit und Eigenbedarf der Großeltern. In inzwischen drei Entscheidungen hat der BGH darauf hingewiesen, dass die von ihm zum Elternunterhalt angestellten Erwägungen[402] auf das Unterhaltsverhältnis zwischen Enkeln und Großeltern übertragen werden können. Das betrifft zunächst die **Erhöhung der** in den Unterhaltstabellen angesetzten **Selbstbehaltsbeträge** um einen Zuschlag,[403] z. B. **um 25%** – siehe dazu Rn. 620 u. 638 a. Hiervon macht der BGH[404] keine Ausnahme bei **minderjährigen Enkeln,** die an sich auf Grund dieser Minderjährigkeit noch hilflos und bedürftig sind.[405] Großeltern unterlägen nämlich keiner gesteigerten Unterhaltspflicht nach § 1603 II 1 BGB und müssten unter Berücksichtigung ihres Eigenbedarfs nur nachrangig haften. Ob auch beim Enkelunterhalt nur eine **Quote von 50%** des den erhöhten Selbstbehalt übersteigenden Einkommens zum Unterhalt verwendet werden muss,[406] hat der BGH bislang offengelassen. Wegen der Gleichstellung mit dem Elternunterhalt dürfte die zusätzliche quotenmäßige Beschränkung bei volljährigen Enkeln angemessen sein.[407] Für minderjährige Enkel erscheint die Lösung des OLG Koblenz[408] vernünftig. Danach scheidet in einem solchen Fall eine unterschiedslose Bewilligung des zusätzlichen Quotenvorteils aus. Hier ist vielmehr je nach den konkreten Umständen zu entscheiden. Werden bestehende Belastungen großzügig berücksichtigt, kann umgekehrt der zusätzliche Quotenvorteil versagt werden.

Wie beim Elternunterhalt müssen Großeltern im Verhältnis zu Enkeln **keine spürbare** und dauerhafte **Senkung ihres** berufs- und einkommenstypischen **Unterhaltsniveaus,** an das sie sich selbst schon längerfristig angepasst haben, hinzunehmen, soweit sie nicht einen nach den Verhältnissen unangemessenen Aufwand betreiben oder ein Leben in Luxus führen.[409] Auch die Zurechnung **fiktiver Einkünfte** wegen Verletzung einer Erwerbsobliegenheit (vgl. dazu wegen des unterschiedlichen Grads der Zumutbarkeit je nach Unterhaltsverhältnis Rn. 622) wird nur in Ausnahmefällen in Betracht kommen.[410] Die Sache ist wegen der schwachen Ausbildung des Unterhaltsverhältnisses ähnlich zu beurteilen wie beim Elternunterhalt – siehe Rn. 638. Schon aus Altersgründen wird die Aufnahme einer bisher nicht ausgeübten Tätigkeit aus Zumutbarkeitsgründen häufig nicht in Betracht kommen. Die Ausweitung einer bereits vorhandenen Teilzeittätigkeit könnte unter Umständen für einen noch in mittlerem Alter befindlichen Großelternteil zumutbar sein.[411] Auch wenn keine Obliegenheit zur Ausweitung einer ausgeübten Teilzeittätigkeit oder zur erstmaligen Aufnahme einer Tätigkeit anzunehmen wäre, kann eine bereits ausgeübte Tätigkeit nicht ohne zwingenden Grund aufgegeben werden, um die Zahlung von Enkelunterhalt zu vermeiden.

Ob laufende Lasten für **Verbindlichkeiten** zu berücksichtigen sind, beurteilt sich grundsätzlich auf Grund einer umfassend vorzunehmenden Interessenabwägung – vgl. Rn. 621. Für die Abwägung maßgeblich sind z. B. Zweck, Zeitpunkt und Art der Entstehung,

---

[401] BGH, FamRZ 2006, 26, 30 = R 637 f; Münch/Komm/BGB-Luthin, Rn. 12 zu § 1607; v. Staudinger/Engler, Rn. 54 zu § 1607; AG Leverkusen, FamRZ 2003, 627

[402] BGH, FamRZ 2002, 1698, 1700 ff. = R 580 c; FamRZ 2003, 1179, 1180 = R 592 b

[403] BGH, FamRZ 2006, 26, 28 = R 637a; FamRZ 2006, 1099 = R 652; FamRZ 2007, 375, 376 = R 668

[404] BGH, FamRZ 2006, 26, 28 = R 637 a; FamRZ 2006, 1099 = R 652

[405] Vgl. hierzu BGH, FamRZ 1990, 260, 262

[406] So aber OLG Dresden, FamRZ 2006, 569, 571; OLG Koblenz, OLGR 2005, 22 jedenfalls gegenüber volljährigen Enkeln

[407] So auch Günther, FPR 2006, 347, 351, die die zusätzliche quotenmäßige Beschränkung aber bei minderjährigen Enkeln ablehnt

[408] OLGR 2005, 22; der BGH musste in seinem dazugehörigen Revisionsurteil (FamRZ 2007, 375) nicht über diese Frage entscheiden

[409] BGH, FamRZ 2006, 26, 28 = R 637 a; FamRZ 2007, 375, 376 = R 668

[410] Weitgehend ablehnend Hauß, Elternunterhalt: Grundlagen und Strategien, 2. Aufl.; Rn. 360 ff.

[411] Vgl. Hauß, a. a. O., Rn. 364

Eingehen der Verbindlichkeiten vor oder nach der Inanspruchnahme auf Unterhalt, die Dringlichkeit der Bedürfnisse von Pflichtigem bzw. Berechtigten, die Kenntnis des Pflichtigen von Grund und Höhe der Unterhaltsschuld, die diesem zumutbare Möglichkeit zur Wiederherstellung seiner Leistungsfähigkeit, schutzwürdige Belange des Drittgläubigers.[412] Ein **Wohnvorteil** ist wie beim Elternunterhalt – Rn. 639 – zu bewerten. Maßgebend sind nur die ersparten Mietaufwendungen für eine dem vorliegenden Lebensstandard entsprechende Mietwohnung. Bei Darlehensfinanzierung können Großeltern jedenfalls dann sowohl Zins- als auch Tilgungsraten abzuziehen, wenn sich die Gesamtannuität in einer zum vorhandenen Einkommen angemessenen Höhe hält und die Verpflichtung schon begann, bevor mit einer Inanspruchnahme auf Enkelunterhalt zu rechnen war.[413] Ist der Mietzins für eine **Mietwohnung** höher als er in den Selbstbehaltssätzen berücksichtigt wird, kann der Mehraufwand abgezogen bzw. der Selbstbehalt entsprechend erhöht werden, falls altersbedingt kein Umzug mehr zumutbar ist.[414] Auch **Kreditraten für einen Pkw** können abzugsfähig sein, wenn sie der Höhe nach im Verhältnis zu den Einkünften angemessen sind und zu einem Zeitpunkt vereinbart wurden, wo noch nicht mit der Unterhaltsverpflichtung gerechnet wurde.[415]

652   Zu den Verbindlichkeiten des in Anspruch genommenen Großelternteils, die nach § 1603 I BGB zu berücksichtigen sind, gehört ggf. auch die vorrangige Unterhaltspflicht auf Leistung von **Familienunterhalt** nach §§ 1350, 1360a BGB **für den Ehegatten.** Dessen Maß bestimmt sich nach den konkreten ehelichen Lebensverhältnissen. Er kann im Fall der Konkurrenz mit anderen Unterhaltsansprüchen wie im Fall des Elternunterhalts – Rn. 645 – auf die einzelnen Familienmitglieder aufgeteilt und in Geld veranschlagt werden.[416] Für die Bemessung stellt sich ähnlich wie beim Elternunterhalt auch die Frage, ob die ehelichen Verhältnisse bereits durch Unterhaltsleistungen für ein Enkelkind oder jedenfalls durch das Bestehen einer **latenten Unterhaltslast** für ein Enkelkind geprägt worden sind.[417] Kommt der Ehegatte – wie in den meisten Fällen – selbst als unterhaltspflichtiger Großelternteil in Betracht, mussten sich bei absehbarem Ausfall der vorrangigen Unterhaltspflichtigen unter Umständen beide Ehegatten auf die Inanspruchnahme wegen Enkelunterhalts einstellen.[418] Für diesen für den Enkelunterhalt typischen Fall kann der Anspruch des nicht in Anspruch genommenen Großelternteils auf Familienunterhalt nicht als **Quote von ½ der Differenz** (vgl. dazu Rn. 645a zum Elternunterhalt) der beiderseitig berücksichtigungsfähigen Einkommen berechnet werden. Für den Ehegatten muss vielmehr ein Mindestbedarfssatz angesetzt werden, der sich im Rahmen tatrichterlicher Beurteilung des Einzelfalls nach dem angemessenen Eigenbedarf beim Elternunterhalt gemäß den Unterhaltstabellen unter Berücksichtigung der durch das Zusammenleben mit dem Pflichtigen eingetretenen Haushaltsersparnis richten kann.[419] Sind beide Großelternteile leistungsfähig muss zur Bestimmung des Umfangs der jeweiligen anteiligen Haftung bei beiden Ehegatten ein gleich hoher angemessener Selbstbehalt zugrunde gelegt werden.[420] Die sich aus dem Zusammenleben ergebende Haushaltsersparnis ist bei beiden je hälftig zu berücksichtigen, so dass sich entsprechend den Unterhaltstabellen ein gleich hoher Betrag für den Eigenbedarf ergibt.[421]

    Wegen des in den oberlandesgerichtlichen Unterhaltsleitlinien angesetzten **pauschalierten Mindestbedarfs** des mit dem unterhaltspflichtigen Großelternteil zusammenlebenden Ehegatten siehe Rn. 646.

---

[412] BGH, FamRZ 1996, 160, 161 f. = R 496 c; BGH, FamRZ 2003, 1179, 1181 = R 592 c
[413] BGH, FamRZ 2006, 26, 29 = R 637 b
[414] BGH, FamRZ 2007, 375, 376 = R 668
[415] BGH, a. a. O.
[416] BGH, FamRZ 2006, 26, 29 = R 637 c
[417] BGH, a. a. O. = R 637 d + e
[418] BGH, a. a. O.
[419] BGH, FamRZ 2006, 26, 29 f. = R 637 e
[420] Günther, FPR 2006, 347, 353
[421] Günther, a. a. O.

§ 3 Familienunterhalt

I. Grundsätzliches

Trennungsunterhalt und nachehelicher Unterhalt dienen dazu, dem bedürftigen Ehegat- **1** ten ein vom (früheren) Ehegatten unabhängiges Leben zu ermöglichen. Dies geschieht in der Regel dadurch, dass der Berechtigte als Unterhalt eine Quote des Einkommens des Verpflichteten oder der Differenz der Einkommen beider Ehegatten erhält (vgl. dazu Rn. 4/372 ff.). Der **Familienunterhalt** soll dagegen den Lebensunterhalt beider Ehegatten und der Kinder **bei bestehender Lebensgemeinschaft** sichern.[1] Zum Unterhalt beim Zusammenleben eingetragener Lebenspartner vgl. Rn. 7/48. § 1360 BGB, der den Familienunterhalt beim Zusammenleben von Ehegatten regelt, ist ein Ausfluss des § 1353 I 2 BGB, nach dem diese zur ehelichen Lebensgemeinschaft verpflichtet und für einander verantwortlich sind. Deshalb sind grundsätzlich beide Ehegatten gehalten, durch ihre Arbeit und durch ihr Vermögen die Familie angemessen zu unterhalten.[2] Die Eheleute vereinbaren in freier Entscheidung, ob sie Kinder haben wollen, wie sie die Arbeit in der Familie aufteilen, ob einer von ihnen oder ob beide zum Familieneinkommen durch Erwerbstätigkeit beitragen, ob einer allein die Hausarbeit und damit vorzugsweise die Betreuung etwaiger Kinder übernimmt, ob sie sich den Haushalt teilen oder ob sie sich der Hilfe Dritter bedienen.[3] Jeder Ehegatte hat seinen Beitrag zum Familienunterhalt entsprechend der von ihm übernommenen Funktion zu leisten.[4] Der Familienunterhalt ist, vom Taschen- und Wirtschaftsgeld (Rn. 46 ff., 56 ff.) abgesehen, **nicht auf eine Geldrente gerichtet,**[5] über die der Empfänger frei verfügen kann. Vielmehr dient er der Befriedigung der Bedürfnisse der Familie durch finanzielle Beiträge und durch Arbeitsleistung, Haushaltsführung, Pflege kranker oder behinderter Angehöriger usw. (vgl. dazu Rn. 31, 35 ff.). Daher ist der Familienunterhalt konkret nach den jeweiligen Bedürfnissen gerade der Familie zu bestimmen, um die es geht (§ 1360a II 1 BGB). Dies bedeutet, dass die Vorschriften über Trennungsunterhalt (§ 1361 BGB) und nachehelichen Unterhalt (§§ 1569 ff. BGB) grundsätzlich nicht anwendbar sind, da diese Bestimmungen von der Unterhaltspflicht eines Ehegatten gegenüber dem anderen ausgehen. Die Begriffe des allgemeinen Unterhaltsrechts wie Bedürftigkeit, Leistungsfähigkeit, Unterhaltsquote, Selbstbehalt sind beim Familienunterhalt nur mit Vorsicht heranzuziehen.[6] Eine Verwirkung des Familienunterhalts analog §§ 1361 III, 1579 BGB ist ausgeschlossen.[7] Auch die Unterhaltstabellen und Leitlinien können nicht herangezogen werden, wenn es um die Bestimmung der Zahlungen geht, mit denen die Ehegatten zum Familienunterhalt beizutragen haben; vgl. aber Rn. 2. In Ausnahmefällen ist Familienunterhalt in Form einer Geldrente zu leisten, z.B. wenn ein Ehegatte pflegebedürftig wird und deshalb in einem Heim versorgt werden muss, die Eheleute aber nicht im Rechtssinne getrennt leben.[8]

---

[1] Zu den Unterschieden zwischen Familien- und Trennungsunterhalt vgl. OLG Düsseldorf, FamRZ 1992, 943

[2] BGH, FamRZ 2004, 366, 368 = R 599 c mit Anm. Strohal FamRZ 2004, 441.

[3] BVerfG, FamRZ 2002, 527 = R 571 a mit Anm. Scholz, FamRZ 2003, 733; BGH, FamRZ 2001, 986 = R 563 a mit Anm. Scholz, FamRZ 2001, 1061; BGH FamRZ 2004, 366, 368 = R 599 c mit Anm. Strohal FamRZ 2004, 441.

[4] BGH, FamRZ 1995, 537 = R 493 a

[5] BGH, FamRZ 2003, 363, 366 = R 584 g mit Anm. Scholz, FamRZ 2003, 514; OLG Hamm, FamRZ 1989, 947

[6] OLG Düsseldorf, FamRZ 1992, 943

[7] OLG Düsseldorf, FamRZ 1992, 943

[8] OLG Düsseldorf, NJW 2002, 1353

2 Trotz der individuellen Bemessung des Familienunterhalts, insbesondere der von einem Ehegatten zu erbringenden Geldleistungen, muss der **Unterhaltsbedarf** eines oder mehrerer Mitglieder der Familie u. U. **in Geld veranschlagt** werden.[9] Dies ist z. B. der Fall, wenn ausnahmsweise einem (pflegebedürftigen) Ehegatten eine Geldrente gewährt werden muss (vgl. Rn. 1, 34), vor allem aber dann, wenn **Unterhaltsansprüche Dritter** gegen einen Ehegatten zu berechnen sind. So muss die Unterhaltpflicht gegenüber dem jetzigen Ehegatten und den Kindern aus der neuen Ehe vielfach in einem Geldbetrag ausgedrückt werden, wenn andere Berechtigte, z. B. minderjährige Kinder aus einer anderen Verbindung oder ein früherer Ehegatte, den Unterhaltspflichtigen in Anspruch nehmen. Dabei sind nicht nur vorrangige und gleichrangige Unterhaltsgläubiger, wie z. B. ein früherer langjähriger Ehegatte (§ 1609 Nr. 2 BGB), sondern auch nachrangige, z. B. nicht privilegiert volljährige Kinder[10] (Rn. 78 f.) oder bedürftige Eltern[11] (Rn. 80 ff.) zu berücksichtigen. Rangvorschriften setzen sich erst dann durch, wenn der Schuldner nicht in der Lage ist, den Unterhaltsbedarf aller Berechtigten zu decken.[12]

Muss der Familienunterhalt beim Zusammentreffen mit anderen Unterhaltsansprüchen in Geldbeträgen ausgedrückt werden, ist er auf die einzelnen Familienmitglieder, auch auf die Kinder, aufzuteilen; beim Ehegatten ist § 1578 BGB als Orientierungshilfe heranzuziehen.[13] Ein Erwerbstätigenbonus ist nicht zu gewähren. Vielmehr gilt auch bei Erwerbstätigkeit eines oder beider Ehegatten der uneingeschränkte **Halbteilungsgrundsatz**.[14] Dies gilt m. E. aber nur, wenn es um das Verhältnis zwischen Familienunterhalt und Verwandtenunterhalt geht. Konkurrieren dagegen Geschiedenen- und Familienunterhalt, ist nicht nur dem geschiedenen Ehegatten, sondern auch dem jetzigen, der mit dem Schuldner zusammenlebt, ein Erwerbstätigenbonus zu gewähren, wenn beide erwerbstätig sind. Vgl. dazu Rn. 74. Bei Konkurrenz mit den Unterhaltsansprüchen anderer Berechtigter muss dem Umstand Rechnung getragen werden, dass sich durch das Zusammenleben der Ehegatten in einem Haushalt Ersparnisse ergeben, die zu einer Korrektur der Halbteilung des Familieneinkommens führen können. Vgl. dazu Rn. 70 ff., 82 ff. Beim Kindesunterhalt sind die Tabellen und Leitlinien anzuwenden. Bei dieser Ermittlung der Höhe des Familienunterhalts müssen die allgemeinen Kriterien des Unterhaltsrechts wie Bedarf, Bedürftigkeit, Leistungsfähigkeit und Selbstbehalt herangezogen werden. Erst nach Durchführung dieser Berechnungen lässt sich vielfach feststellen, wie hoch der Bedarf der einzelnen Berechtigten ist, ob der Schuldner leistungsfähig ist oder ob einzelne nachrangige Unterhaltsgläubiger mit ihrem Anspruch ganz oder teilweise ausfallen. Dabei ist zu beachten, dass der Bedarf durch die Anzahl der Unterhaltsgläubiger eingeschränkt sein kann,[15] Zur Konkurrenz des Familienunterhalts mit Unterhaltsansprüchen anderer Berechtigter vgl. im Einzelnen Rn. 64 ff.

3 Beim **Tötung eines Ehegatten** kann der Partner vom Schädiger ggf. Schadensersatz in Form einer Geldrente verlangen (§ 844 II 1 BGB). In diesem Fall kommt es darauf an, in welchem Umfang der getötete Ehegatte dem anderen zur Leistung von Familienunterhalt verpflichtet war. Für den Verlust dieses Unterhalts ist der andere Ehegatte zu entschädigen.[16] Auch in einem solchen Fall müssen der bisher vom Getöteten geleistete Unterhalt und damit dessen in der Zukunft fiktiv zu erbringende Unterhaltsleistungen in einem Geldbetrag ausgedrückt werden.[17]

4 **Klagen auf Familienunterhalt** kommen in der Praxis selten vor. Sie dokumentieren in der Regel, dass die Ehe sich in einer nachhaltigen Krise befindet und die Trennung kurz

---

[9] BGH, FamRZ 2003, 860, 866 mit Anm. Klinkhammer = R 590 A f; OLG Hamburg, FamRZ 1993, 1453, 1455

[10] BGH, FamRZ 1991, 1163 = R 437 a; 1990, 979 f.

[11] Vgl. BGH, FamRZ 2004, 795, 797 mit Anm. Strohal

[12] BGH, FamRZ 1986, 553, 556 = R 276 c; 1985, 912, 916 = NJW 1985, 2713; vgl. auch BGH FamRZ 2008, 968 = R 689 h

[13] BGH, FamRZ 2004, 186 = R 595 b mit Anm. Schürmann; FamRZ 2003, 860, 866 mit Anm. Klinkhammer = R 590 A j

[14] BGH, FamRZ 2002, 742 = R 576 a

[15] Vgl. Scholz 2007, 2021, 2028 f.

[16] BGH, FamRZ 1993, 411; BGH, FamRZ 1985, 466

[17] BGH, FamRZ 2004, 88, 90

bevorsteht. Mit der Klage kann ohnehin nur der Geldanteil des Familienunterhalts, also das Wirtschaftsgeld (Rn. 46 ff.) oder das Taschengeld (Rn. 56 ff.) geltend gemacht werden. Dennoch hat die Vorschrift des § 1360 BGB in der Praxis eine erhebliche Bedeutung. Sie stellt klar – ebenso wie dies bei § 1353 I 2 BGB hinsichtlich der Pflicht zur ehelichen Lebensgemeinschaft der Fall ist –, dass die Unterhaltspflicht zwischen den Ehegatten bei bestehender Ehe nicht nur eine sittliche, sondern eine **Rechtspflicht** ist. Auf diese Pflicht können sich die Ehegatten Dritten gegenüber berufen (Rn. 2, 3). Soweit es zur Bezifferung dieser Ansprüche erforderlich ist, kann jeder Ehegatte vom anderen **Auskunft** über dessen Einkommens- und Vermögensverhältnisse verlangen (§§ 242, 1353 BGB).[18] Zur Rechenschaftspflicht eines Ehegatten, der die Wirtschaftsführung übernommen hat, vgl. Rn. 47.

II. Voraussetzungen des Familienunterhalts

1. Eheliche Lebensgemeinschaft, Bedürftigkeit und Leistungsfähigkeit

Familienunterhalt wird nur geschuldet, wenn zwischen den Ehegatten eine **Lebens-** 5 **gemeinschaft** besteht. Die Unterhaltspflicht beginnt frühestens mit der Eheschließung. **Räumliche Trennung** schließt die eheliche Lebensgemeinschaft nicht aus, z.B. bei auswärtiger Arbeit eines Ehegatten oder bei Strafhaft. Vgl. dazu Rn. 4/4 ff. So kann die Ehefrau, die einen zu lebenslanger Freiheitsstrafe verurteilten Strafgefangenen geheiratet hat, nach § 1360 BGB verpflichtet sein, ihren Ehemann in bestimmter Weise zu unterstützen, wenn er in der Anstalt bestimmte Dinge nicht erhält, auf die er angewiesen ist, z.B. Diätkost. Andererseits können die Ehegatten in derselben Wohnung getrennt leben (§ 1567 I 2 BGB). Entscheidend ist allein, ob sie an der Ehe festhalten und entsprechend der von ihnen selbst gesetzten Ordnung und der von ihnen vereinbarten Aufgabenverteilung leben. Ein Anspruch auf Familienunterhalt besteht dagegen nicht, wenn von vornherein keine Lebensgemeinschaft geplant war oder eine ursprünglich geplante Lebensgemeinschaft später nicht realisiert wird. Vielmehr wird Trennungsunterhalt geschuldet, wenn dessen Anspruchsvoraussetzungen vorliegen.

Keine Anspruchsvoraussetzung ist die **Bedürftigkeit** eines Ehegatten. So kann der 6 Ehegatte, der vereinbarungsgemäß den Haushalt führt, Anspruch auf Wirtschaftsgeld gegen den anderen haben, selbst wenn er über ein beachtliches Einkommen oder Vermögen verfügt.[19] Zum Umfang des Anspruchs auf Wirtschaftsgeld, insbesondere des nicht berufstätigen Ehegatten vgl. Rn. 46 ff. Der Anspruch auf Familienunterhalt dient der Deckung des Bedarfs der gesamten Familie, nicht nur eines Ehegatten. Die Bedürftigkeit einzelner Familienmitglieder, z.B. Pflegebedürftigkeit, kann sich allerdings auf den Umfang des angemessenen Familienunterhalts auswirken.[20] Vgl. Rn. 1, 34.

Der Anspruch hängt ferner nicht von der **Leistungsfähigkeit** des Verpflichteten im Sinn 7 der §§ 1581, 1603 I BGB ab, wohl aber davon, dass dieser überhaupt in der Lage ist, zum Unterhalt beizutragen. Der Anspruch entfällt daher nur, wenn ein Ehegatte weder durch Erwerbstätigkeit, noch durch Vermögenseinkünfte, noch durch Haushaltsführung zum Familienunterhalt beitragen kann. Auf den notwendigen oder den angemessenen Selbstbehalt nach den Tabellen und Leitlinien der Oberlandesgerichte kann grundsätzlich nicht abgestellt werden (vgl. dazu Rn. 1 f., 34). Anders ist es aber in der Regel, wenn der Familienunterhalt – insbesondere bei Konkurrenz mit anderen Unterhaltsansprüchen – in Geld veranschlagt werden muss (vgl. Rn. 2, 64 ff.).

Die **Abgrenzung zwischen Familien- und Trennungsunterhalt** ist schwierig, wenn 8 die Ehe in eine Krise gerät und die persönlichen Beziehungen so gestört sind, dass jeder Ehegatte weitgehend seine eigenen Wege geht. Familienunterhalt wird nur dann geschuldet, wenn die eheliche Lebensgemeinschaft zumindest noch teilweise, insbesondere in wirt-

---

[18] OLG Karlsruhe, FamRZ 1990, 161; Kleffmann in Scholz/Stein, Teil G Rn. 179
[19] BGH, NJW 1965, 1710
[20] Vgl. dazu BGH, FamRZ 1993, 411; OLG Düsseldorf, NJW 2002, 1353

schaftlicher Hinsicht, besteht und mindestens ein Ehegatte Unterhalt in einer durch die eheliche Lebensgemeinschaft gebotenen Weise erhält. So hat der BGH einer Ehefrau, der nach wie vor Kost und Logis im Handwerksbetrieb ihres Ehemannes gewährt wurde, Kleider- und Taschengeld als Teil des Familienunterhalts zugebilligt, obwohl der Ehemann sich einer anderen Frau zugewandt hatte, mit der er in einer anderen Wohnung zusammenlebte.[21] Vgl. auch Rn. 9, 90.

9   Der Anspruch auf Familienunterhalt **endet mit der Trennung** der Eheleute im Sinn von §§ 1361, 1567 BGB. Vgl. dazu Rn. 5. Auf die Einreichung oder die Zustellung des Scheidungsantrages kommt es nicht an, da die Eheleute ausnahmsweise auch während des Scheidungsverfahrens noch (teilweise) zusammenleben, insbesondere gemeinsam wirtschaften können, was allerdings, wenn nicht die Voraussetzungen des § 1565 II BGB vorliegen, zur Abweisung des Scheidungsbegehrens führen wird. Erst mit der Trennung im Rechtssinne wandelt sich der bisherige Anspruch auf einen Beitrag zum Familienunterhalt nach §§ 1360, 1360 a BGB in einen persönlichen Anspruch des getrennt lebenden bedürftigen Ehegatten auf Trennungsunterhalt nach § 1361 BGB und in einen Anspruch jedes Kindes auf Kindesunterhalt nach §§ 1602 ff. BGB. Familien- und Trennungsunterhalt sind nicht identisch (Rn. 90). Dies bedeutet, dass aus einem Titel über Familienunterhalt nach der Trennung der Eheleute im Rechtssinne nicht mehr vollstreckt werden darf, ebenso wie der Anspruch auf Trennungsunterhalt erlischt, wenn die Ehegatten die häusliche Gemeinschaft wiederherstellen. Dies kann mit der Vollstreckungsgegenklage gegen den Titel geltend gemacht werden.[22] Vgl. auch Rn. 91.

2. Unterhaltsverpflichtung der Ehegatten und Aufgabenverteilung in der Ehe

10   **a) Verpflichtung beider Ehegatten.** Nach § 1360 BGB ist jeder Ehegatte zugleich Unterhaltsberechtigter und Unterhaltsverpflichteter, da die Eheleute einen gegenseitigen Anspruch auf einen Beitrag zum Familienunterhalt haben.[23] Dieser Anspruch umfasst die Bedürfnisse der gesamten Familie einschließlich der Kinder (vgl. Rn. 22 ff.).[24] Der Unterhaltsanspruch der **Kinder** ergibt sich ausschließlich aus §§ 1601 ff. BGB. Jedoch bestimmen Ehegatten in der Regel nach § 1612 II 1 BGB, dass unverheirateten minderjährigen, aber auch volljährigen Kindern **Unterhalt in Natur** im gemeinsamen Haushalt gewährt wird (vgl. Rn. 2/9, 2/21 ff.). Der Anspruch auf Kindesunterhalt wird also dadurch erfüllt, dass die Eltern ihrer Verpflichtung zur Leistung des Familienunterhalts nachkommen und dadurch auch den Bedarf des Kindes decken.[25] Leistet dagegen der erwerbstätige oder vermögende Elternteil den geschuldeten Familienunterhalt nicht, so kann zunächst der andere Elternteil Leistung des Familienunterhalts, insbesondere Zahlung des Wirtschaftsgeldes, verlangen und damit auch den Bedarf des Kindes sicherstellen (vgl. Rn. 22, 46). Das Kind selbst hat keinen Anspruch auf Familienunterhalt nach § 1360 BGB. Jedoch muss auch ihm, insbesondere nach Volljährigkeit, entgegen der Auffassung der 3. Auflage[26] das Recht zustehen, selbst nach §§ 1601 ff. BGB Unterhalt geltend zu machen.[27] Andernfalls wäre es rechtlos, wenn sich beide Eltern oder ein Elternteil ihrer Unterhaltspflicht entziehen, z. B. das Familieneinkommen vertrinken und nicht ausreichend für das Kind sorgen. In der Praxis werden derartige Fälle kaum vorkommen, da die Vernachlässigung des Kindes in der Regel zum Einschreiten des Familiengerichts nach § 1666 BGB oder bei einem volljährigen Kind zum Auszug aus der elterlichen Wohnung führen wird und dann ohnehin ein Anspruch auf Kindesunterhalt nach § 1601 BGB entsteht.

Ein Titel über Kindesunterhalt wird demgemäß nicht dadurch gegenstandslos, dass die zeitweise getrennt lebenden Eltern die eheliche Lebensgemeinschaft wiederherstellen oder

---

[21] BGH, FamRZ 1961, 432
[22] OLG Düsseldorf, FamRZ 1992, 943
[23] BGH, FamRZ 2006, 1010, 1014 = R 650 b; 1995, 537 = R 493 a
[24] BGH, FamRZ 1997, 281 = R 509 b; FamRZ 1985, 343 = NJW 1985, 803
[25] BGH, FamRZ 2000, 640, 641
[26] Rn. 3/10
[27] BGH, FamRZ 1997, 281 = R 509 b

nach Scheidung ihrer ersten Ehe erneut heiraten.[28] Der barunterhaltspflichtige Elternteil kann mit der Vollstreckungsgegenklage nur geltend machen, dass er während des erneuten Zusammenlebens mit dem anderen Elternteil Familienunterhalt geleistet und dadurch den Bedarf des Kindes gedeckt hat. Zum Verhältnis von Familienunterhalt und Trennungsunterhalt vgl. oben Rn. 8 f.

b) Aufgabenverteilung in der Ehe. Dem Grundgedanken des § 1360 BGB entspricht **11** es, dass die Last des Familienunterhalts von beiden Ehegatten gemeinsam getragen wird.[29] Der Unterhalt ist von jedem Ehegatten unter Verwertung seiner Arbeitskraft und, wenn erforderlich, durch den Einsatz seines Vermögens zu leisten (Rn. 16 ff.). Auf welche Weise dabei jeder Ehegatte die ihm obliegende Unterhaltsverpflichtung zu erfüllen hat, bestimmt sich nach der konkreten **Aufgabenverteilung in der Ehe**, d. h. nach dem „gegenseitigen Einvernehmen" (§ 1356 I 1 BGB), das die Ehegatten hinsichtlich Haushaltsführung und Berufsausübung erzielt haben.[30] Sie können sowohl die Rollenverteilung in der Ehe als auch die Beschaffung und Verteilung des Unterhalts weitgehend frei gestalten.[31] Diese Gestaltungsfreiheit gilt aber nur im Verhältnis der Ehegatten zueinander. Sie darf grundsätzlich nicht zu Lasten vorrangiger Unterhaltsberechtigter, insbesondere minderjähriger Kinder oder privilegiert volljähriger Kinder (Rn. 2/454 ff.) aus einer früheren Ehe oder einer anderen Verbindung und nicht zu Lasten eines gleichrangig Berechtigten, z. B. eines ein Kleinkind betreuenden Elternteils (§ 1609 Nr. 1, 2 BGB) gehen.[32] Im Verhältnis zu diesen Unterhaltsgläubigern kann eine Erwerbsobliegenheit bestehen. Eine solche kommt auch in Betracht, wenn ein nachrangiger Unterhaltsgläubiger, z. B. ein volljähriges Kind Unterhalt von dem haushaltführenden Ehegatten verlangt (vgl. Rn. 2/189), ausnahmsweise aber auch dann, wenn ein bedürftiger Elternteil Unterhalt begehrt.[33] Insoweit kann auf die eingehenden Ausführungen zur sog. Hausmannrechtsprechung Rn. 2/172 ff. verwiesen werden; vgl. auch unten Rn. 17, 27.

Bisher hat man hinsichtlich der Aufgabenverteilung in der Ehe zwischen verschiedenen **11 a** Leitbildern unterschieden, nämlich der „Haushaltsführungsehe", der „Doppelverdienerehe", der „Zuverdienstehe" und schließlich der „Nichterwerbstätigenehe".[34] Spätestens seit den Entscheidungen des BGH vom 13. 6. 2001[35] und des BVerfG vom 5. 2. 2002[36] ist es aber an der Zeit, sich von bestimmten Ehebildern zu verabschieden. Es ist anders als früher nicht mehr die Regel, dass sich Eheleute auf Dauer zwischen Doppel- und Alleinverdienerehe entscheiden. Auch die Ehefrau will heute grundsätzlich einen Beruf ausüben. Die Erwerbstätigkeit wird nicht nur wegen der Kindererziehung von der Frau oder dem Mann unterbrochen, sondern auch aus anderen Gründen, die vor allem durch die langen Ausbildungszeiten und die Gegebenheiten auf dem Arbeitsmarkt bedingt sind.[37] Entscheidend ist, wie die Eheleute ihr Zusammenleben in freier Entscheidung gestalten (vgl. Rn. 11). Nach der Eheschließung folgt häufig eine Phase beiderseitiger Berufstätigkeit, die von Kindererziehungszeiten abgelöst wird, in denen ein Ehegatte ganz oder teilweise nicht erwerbstätig ist. Sobald die Betreuung der Kinder dies zulässt, wird wieder eine voll- oder teilschichtige Erwerbstätigkeit aufgenommen, die schließlich in den Ruhestand einmündet. Die konkreten Lebensverhältnisse, insbesondere Arbeitslosigkeit, Berufswechsel, Krankheit können aber auch eine andere Gestaltung der ehelichen Lebensverhältnisse bedingen. Allein nach der Verteilung der Aufgaben in dem zu beurteilenden Zeitraum bestimmt sich, von wem und in welcher Weise Familienunterhalt zu erbringen ist (§ 1360a II 1 BGB).

---

[28] BGH, FamRZ 1997, 281 = R 509 b

[29] BGH, FamRZ 1995, 537 = R 493 a

[30] BGH, FamRZ 1985, 576; vgl. auch BGH, FamRZ 1995, 537 = R 493 a

[31] BVerfG, FamRZ 2002, 527 = R 571 mit Anm. Scholz, FamRZ 2002, 733; BGH, FamRZ 2001, 986 = R 563 a mit Anm. Scholz, FamRZ 2001, 1061

[32] Vgl. BGH FamRZ 1996, 796

[33] Vgl. dazu Strohal FamRZ 2004, 441, 443

[34] So auch die 5. Aufl. Rn. 3/11

[35] FamRZ 2001, 986 = R 563 mit Anm. Scholz, FamRZ 2001, 1061

[36] FamRZ 2002, 527 = R 571 mit Anm. Scholz, FamRZ 2002, 733

[37] Dazu im Einzelnen Scholz, FamRZ 2003, 265, 267

12 • Bei **Haushaltsführung** und ggf. Kinderbetreuung allein durch einen Ehegatten geht in der Regel der andere einer Erwerbstätigkeit nach und verdient die für den Familienbedarf notwendigen Geldmittel. Vgl. auch Rn. 36. Übersteigt das Einkommen des allein erwerbstätigen Ehegatten den Bedarf der Familie, kann er den überschießenden Teil der Erwerbseinkünfte für sich verwenden.

Nach § 1360 S. 2 BGB sind die Haushaltsführung des einen **und** die **Erwerbstätigkeit** des anderen Ehegatten **gleichwertig.** Der haushaltführende Ehegatte leistet regelmäßig einen „gleichwertigen und nicht ergänzungsbedürftigen" Beitrag zum Familienunterhalt.[38] Das heißt freilich nicht, dass der erwerbstätige Ehegatte jede Hilfeleistung im Haushalt ablehnen darf. Im Gegenteil wird er vielfach nach § 1353 I 2 BGB zum Beistand verpflichtet sein. Um die Erziehung der Kinder muss sich ohnehin auch der berufstätige Ehegatte kümmern (§ 1626 I 1 BGB). Die Vereinbarung, dass allein ein Ehegatte den Haushalt führen soll, bedarf jedoch der Korrektur, wenn sie nicht mehr dem Willen beider entspricht oder wenn das Erwerbseinkommen des anderen Ehegatten und die etwaigen Erträge aus (beiderseitigem) Vermögen für den Unterhalt nicht mehr ausreichen (vgl. Rn. 17).[39] Dies kann z. B. der Fall sein, wenn eine Notlage eintritt oder neue Unterhaltspflichten, etwa durch Geburt eines nichtehelichen Kindes entstehen. Dann müssen beide Ehegatten ganz oder teilweise erwerbstätig sein; auch muss sich der bisher allein erwerbstätige Ehegatte stärker an der Haushaltsführung beteiligen.

13 • Bei **beiderseitiger Erwerbstätigkeit** ist die Haushaltstätigkeit auf beide Ehegatten entsprechend dem jeweiligen Zeitaufwand für den Beruf zu verteilen, d. h. bei beiderseits vollschichtiger Tätigkeit in der Regel gleichmäßig. Kinder sind von beiden Eltern gemeinsam zu betreuen. Jeder muss sich nach dem Verhältnis der beiderseitigen unterhaltsrelevanten Nettoeinkommen finanziell am Familienunterhalt beteiligen.[40] Vgl. Rn. 37. Einen Mehrverdienst, der nicht anteilig für den Familienunterhalt benötigt wird, kann jeder für persönliche Zwecke oder absprachegemäß verwenden. Bei einer ungleich größeren Gesamtbelastung eines Ehegatten durch Erwerbstätigkeit, Haushalt und Kinderbetreuung kann ein Ausgleich dadurch geschaffen werden, dass der weniger belastete Ehegatte einen größeren finanziellen Beitrag zum Familienunterhalt leistet.

14 • Vielfach ist nur ein Ehegatte voll erwerbstätig und stellt hierdurch das Familieneinkommen im Wesentlichen sicher. Der andere Ehegatte führt primär den Haushalt, betreut ggf. die Kinder und erzielt durch eine **teilschichtige Erwerbstätigkeit** zusätzliches Einkommen. Wird er im Hinblick auf diesen Nebenverdienst vom voll erwerbstätigen Ehegatten in angemessener Weise bei der Haushaltsführung entlastet oder reicht dessen Einkommen für eine angemessene Lebenshaltung nicht aus, muss er sich mit seinem Zuverdienst anteilig am Familienunterhalt beteiligen. Vgl. Rn. 13, 38, 43. Erfolgt keine entsprechende Entlastung, kann bei ausreichendem Einkommen des anderen Ehegatten ein geringer Zuverdienst in der Regel als Ausgleich für seine Mehrbelastung als Taschengeld (Rn. 56) angesehen und für eigene Zwecke verwendet. werden. Im Übrigen gelten die Ausführungen zu Rn. 12 f. entsprechend.

15 • Sind beide Ehegatten **nicht erwerbstätig,** müssen sie den Haushalt gemeinsam führen. Wie dies im Einzelnen geschehen soll, ist im gegenseitigen Einvernehmen festzulegen (§ 1356 I 1 BGB). Es geht nicht an, dass der eine Ehegatte nur seinen Hobbys nachgeht, während der andere allein die Last des Haushalts trägt. Zu den finanziellen Lasten des Haushalts müssen beide entsprechend ihren Einkünften beitragen.

3. Erwerbsobliegenheit der Ehegatten

16   Der allein **erwerbstätige Ehegatte** muss in der Regel einer Arbeit nachgehen, die seinen Fähigkeiten, insbesondere seiner beruflichen Vorbildung, entspricht und durch die er den finanziellen Bedarf der Familie decken oder zu ihm in angemessener Weise beitragen kann.

---

[38] Begründung zum 1. Ges. zur Reform des Ehe- und Familienrechts, BT-Drucks. 7/650 S. 99
[39] Scholz, FamRZ 2003, 265, 268
[40] BGH, FamRZ 2004, 366, 368 = R 599 c

Reichen die finanziellen Mittel nicht aus, kann von ihm ein Berufswechsel oder die Aufnahme einer anderen, besser bezahlten Arbeit verlangt werden, sofern ihm dies möglich und zumutbar ist. Vgl. Rn. 2/114.

Für den Ehegatten, der vereinbarungsgemäß den **Haushalt** führt, besteht nur ausnahms- **17** weise bei einer familiären Notlage eine Erwerbsobliegenheit, d. h. wenn und solange das Erwerbseinkommen des anderen Ehegatten und etwaige Erträge beiderseitigen Vermögens zur Deckung des angemessenen Familienunterhalts nicht ausreichen. Vgl. Rn. 12. Im Normalfall genießt die gleichwertige Funktion des den Haushalt führenden Ehegatten **Vertrauensschutz.** Dies gilt vor allem, wenn Kinder zu versorgen sind. Es kann vom haushaltführenden Partner nicht ohne weiteres verlangt werden, entgegen einer früheren Vereinbarung eine Erwerbstätigkeit zur Verbesserung des Lebensstandards aufzunehmen. Eine solche Verpflichtung besteht auch dann nicht, wenn der haushaltführende Ehegatte mehr verdienen könnte, als an seiner Stelle eingesetztes Personal kosten würde. Andererseits kann ihm nach Ende der Kindererziehung die Wiederaufnahme oder die Erweiterung einer Erwerbstätigkeit eher zugemutet werden, wenn er längere Zeit voll erwerbstätig war oder bereits teilweise hinzuverdient hatte. Wie lange Kinder von einem Ehegatten versorgt werden sollen und ab wann der betreuende Ehegatte wieder erwerbstätig sein soll, ist von beiden Partnern festzulegen. Die dreijährige Frist des § 1570 I 1 BGB n. F. ist nicht maßgebend. Zur Einschränkung dieser Gestaltungsfreiheit durch die sog. Hausmannrechtsprechung vgl. Rn. 2/172 ff.; zur Erwerbsobliegenheit des haushaltführenden Ehegatten im Verhältnis zu anderen Unterhaltsgläubigern auch Rn. 11, 27.

– *In dieser Auflage nicht belegt* – **18**

In **Notfällen** sind stets beide Ehegatten zu jeder nicht gesetz- oder sittenwidrigen Arbeit **19** verpflichtet, um die Familie unterhalten zu können. Es gelten ähnliche Maßstäbe wie bei der verschärften Unterhaltsverpflichtung von Eltern gegenüber minderjährigen Kindern (vgl. dazu Rn. 2/247 ff.).

Eine Erwerbsobliegenheit besteht nicht, wenn und solange der Familienunterhalt durch **20** Renten, Pensionen oder durch Einkünfte aus dem **Vermögen** gedeckt werden kann. Der **Vermögensstamm** muss nur bei größeren Anschaffungen oder in Notlagen für Unterhaltszwecke verwendet werden, wenn die anderen Einkünfte zur Deckung des Familienunterhalts nicht ausreichen (vgl. auch Rn. 30).

Wer bei bestehender Erwerbsobliegenheit eine zumutbare Erwerbstätigkeit unterlässt, **21** muss sich **fiktiv** so behandeln lassen, als würde er ein entsprechendes Einkommen erzielen. Zur Anrechnung fiktiver Einkünfte vgl. Rn. 1/487 ff., 2/114, 144 ff.

III. Bemessung des Familienunterhalts, Unterhaltsbeiträge der Ehegatten, Wirtschaftsgeld und Taschengeld

1. Lebensbedarf der Familie

Der Familienunterhalt dient der Deckung des **gesamten** Lebensbedarfs der Familie **22** einschließlich der Kinder, nicht nur der Ehegatten. Nach § 1360a I BGB umfasst der Familienunterhalt alles, was nach den ehelichen Lebensverhältnissen, insbesondere den Einkommens- und Vermögensverhältnissen der Ehegatten, angemessen und nach den zwischen ihnen getroffenen Absprachen erforderlich ist, um die Kosten des Haushalts zu bestreiten sowie die persönlichen Bedürfnisse der Ehegatten und den Lebensbedarf der dem Haushalt angehörenden gemeinschaftlichen unterhaltsberechtigten Kinder zu befriedigen.[41] Vgl. dazu Rn. 23, 27. In der intakten Familie wird dieser Bedarf in der Regel nicht nur durch Geldmittel, insbesondere durch den Ertrag einer Erwerbstätigkeit, sondern auch durch Arbeitsleistung, vor allem durch die Arbeit der Hausfrau oder des Hausmanns sichergestellt, aber auch durch Mithilfe und häusliche Arbeit des erwerbstätigen Ehegatten, wie z. B. durch

---

[41] BGH, FamRZ 2004, 443, 445 = R 604 b; mit Anm. Schürmann; FamRZ 2004, 370, 372 = R 603 b mit Anm. Strohal

Renovierung der Wohnung, Reparaturarbeiten im Haus, Gartenarbeit usw. Zu Ansprüchen der Kinder vgl. Rn. 10.

23 Der Familienunterhalt richtet sich danach an den ehelichen Lebensverhältnissen, insbesondere an den von einem oder von beiden Ehegatten erzielten Einkünften aus.[42] Für die rechtliche Betrachtung stehen angemessene **finanzielle Aufwendungen** zur Deckung des Familienbedarfs im Vordergrund.[43] Dazu zählen u. a.:

– Aufwendungen für das **Wohnen,** wie z. B. Miete und Mietnebenkosten, Zahlungen für das Familienheim (Zins und Tilgung, verbrauchsabhängige und verbrauchsunabhängige Hauslasten, Reparaturen) und Aufwendungen für Heizung, Wasser, Strom, Telefon, Mobiltelefon, Radio, Fernsehen, Wohnungseinrichtung u. a.;

– **Haushaltskosten,** wie z. B. Aufwendungen für Verpflegung, Kleidung, Reinigung, Körper- und Gesundheitspflege;

– Aufwendungen für **Erholung,** Urlaub, Freizeitgestaltung und gesellschaftliche Verpflichtungen;

– **Beiträge** zu Verbänden, Vereinen und sonstigen Organisationen mit religiösen, kulturellen, politischen oder sportlichen Zwecken einschließlich des Kirchgeldes (auch in einer Ehe, in der der nicht verdienende Ehegatte keiner Kirche angehört);[44]

– Aufwendungen für eine nach den Verhältnissen der Ehegatten angemessene **Krankheits-, Pflege- und Altersvorsorge,** auch wenn sie über den Schutz der gesetzlichen Sozialversicherung hinausgeht, z. B. eine Krankenhaustagegeldversicherung. Für die Altersvorsorge sind grundsätzlich Zusatzaufwendungen von 4%, beim Elternunterhalt von 5% des Bruttoeinkommens angemessen.[45] Vermögensbildung ist, soweit sie nicht einer danach angemessenen Altersvorsorge dient, kein Bestandteil des Familienunterhalts;[46]

– Aufwendungen für gesetzlich vorgeschriebene oder sonstige angemessene **Versicherungen,** z. B. Unfall-, Haftpflicht-, Hausrats- oder Rechtsschutzversicherungen;

– **Fahrtkosten,** insbesondere Aufwendungen für Anschaffung und Betrieb eines Kfz[47] (Finanzierung des Kaufpreises, Steuer, Versicherungen, Benzin, Reparaturen usw.), u. U. auch für einen Zweitwagen, oder für öffentliche Verkehrsmittel;

– Aufwendungen für nicht von der Krankenversicherung oder von sonstigen Kostenträgern gedeckte **Krankheitskosten,** z. B. für Wahlleistungen im Krankenhaus, Zahnersatz, Brillen usw., soweit sie notwendig sind oder jedenfalls im Rahmen des üblichen Lebenszuschnitts der Familie liegen.[48] Zum Familienunterhalt können auch Kosten ambulanter oder stationärer Behandlung gehören, wenn überhaupt kein Krankenversicherungsschutz besteht.[49] Bei den erwähnten Aufwendungen handelt es sich vielfach um **Sonderbedarf.**[50] Vgl. dazu Rn. 6/1 ff. Behandlungskosten, deren Höhe die Leistungsfähigkeit der Familie bei weitem übersteigen, sind nicht, jedenfalls nicht vollständig, durch den Familienunterhalt sicherzustellen. Hier kommt ggf. eine Übernahme der Behandlungskosten im Rahmen des SGB II oder SGB XII in Betracht;[51] vgl. dazu Rn. 8/55, 208;

– Aufwendungen für die **Pflege** eines kranken oder behinderten Familienmitglieds, wenn sie nicht von der Familie selbst geleistet werden kann, sondern durch Dritte, z. B. ambulante Pflegedienste, oder in einem Pflegeheim sichergestellt werden muss.[52] Bei Pflege durch den Ehegatten besteht grundsätzlich keine Vergütungspflicht.[53] Vielfach wird die Familie hier durch Leistungen der Pflegeversicherung entlastet;

---

[42] BGH, FamRZ 2004, 443, 445 = R 604 b mit Anm. Schürmann; FamRZ 2004, 370, 372 = R 603 b mit Anm. Strohal; FamRZ 2004, 441

[43] Vgl. dazu BGH FamRZ 2004, 366, 369 = R 599 c mit Anm. Strohal; FamRZ 2004, 441

[44] FG Hamburg, FamRZ 1997, 1155

[45] BGH, FamRZ 2004, 792 = R 605 a mit Anm. Borth; FamRZ 2005, 1817 = R 632 j

[46] BGH, FamRZ 2004, 370, 372 = R 603 b mit Anm. Strohal; FamRZ 2004, 441

[47] BGH, FamRZ 1983, 351

[48] BGH, FamRZ 1992, 291 = R 440; OLG Stuttgart, FamRZ 1994, 444

[49] BGH, FamRZ 2005, 1071

[50] BGH, FamRZ 1992, 291 = R 440

[51] BGH, FamRZ 1992, 291 = R 440

[52] BGH, FamRZ 1993, 411; OLG Düsseldorf, NJW 2002, 1353

[53] BGH, FamRZ 1995, 537 = R 493 b; OLG Hamm, FamRZ 1999, 167

– Kosten der rechtlichen **Betreuung** eines Familienangehörigen im Sinne des § 1896 BGB oder der Vormundschaft (Pflegschaft) über ein minderjähriges Kind (§§ 1835 ff., 1908 i, 1915 I BGB), soweit sie nicht von der Staatskasse zu tragen sind.[54] Vgl. auch Rn. 2/317, 405;

– Aufwendungen für **persönliche Bedürfnisse** der Ehegatten, z. B. Sport, Hobbys;[55] diese Aufwendungen sind in erster Linie aus dem Taschengeld zu decken (vgl. dazu Rn. 59);

– vergleichbare Aufwendungen für unterhaltsberechtigte gemeinschaftliche **Kinder** einschließlich der Kosten für Erziehung und Ausbildung und einschließlich eines angemessenen Taschengeldes.[56] Zum Unterhalt für sonstige im Haushalt lebende Kinder vgl. Rn. 27.

Die Bezahlung von Einkommenssteuer ist kein Teil des Familienunterhalts. Vielmehr mindert die Steuer das zur Verfügung stehende Einkommen.[57]

Entspricht die **Ausbildung** eines Ehepartners dem gemeinsamen Lebensplan oder, bei **24** objektiver Betrachtung, dem Gebot vernünftiger Lebensgestaltung, sind die Ausbildungskosten im Rahmen des Familienunterhalts aufzubringen.[58] Wenn schon für die Zeit nach der Trennung und Scheidung nach §§ 1361, 1575 BGB ein Anspruch auf Ausbildungsunterhalt besteht (vgl. dazu Rn. 4/9 f., 4/147 ff.), muss dies aus Gründen der ehelichen Solidarität umso mehr für den Familienunterhalt der Ehegatten in einer intakten Ehe gelten.[59]

Bei einer einvernehmlichen Regelung ist der studierende Ehegatte für die Dauer des **25** **Studiums** von der Pflicht befreit, durch Erwerbstätigkeit zum Familienunterhalt beizutragen (vgl. hierzu auch Rn. 6/603). Die Pflicht zur Mithilfe im Haushalt bleibt unberührt. Auch kann der studierende Ehegatte verpflichtet sein, Nebeneinkünfte oder den Stamm seines Vermögens für den Familienunterhalt zu verwenden. Stehen solche Mittel nicht zur Verfügung, hat der andere Ehegatte die Mittel für den gesamten Familienunterhalt allein aufzubringen. Hierzu zählen auch Aufwendungen des Studierenden für Bücher, Lernmittel, Fahrtkosten u. ä.[60]

Zum Familienunterhalt kann auch die Tilgung und Verzinsung von **Schulden** gehören, **26** insbesondere wenn sie zur Finanzierung eines Familienheims oder größerer für die Familie erforderlicher Anschaffungen, z. B. eines Pkws, eingegangen worden sind. Zu Schulden vgl. im übrigen Rn. 32.

Unterhaltsansprüche sonstiger Verwandter gehören nicht zum Lebensbedarf eines **27** Ehegatten im Sinn des § 1360 a I BGB (vgl. Rn. 46). Jedoch mindern vorrangige Unterhaltsansprüche, z. B. diejenigen minderjähriger oder privilegiert volljähriger Kinder aus einer anderen Verbindung (vgl. § 1609 Nr. 1 BGB), das für den Familienunterhalt zur Verfügung stehende Einkommen. Übersteigt das Einkommen eines Ehegatten seinen Beitrag zum Familienunterhalt, kann der verbleibende Rest auch zur Befriedigung nachrangiger Unterhaltsgläubiger, z. B. bedürftiger Eltern, eingesetzt werden.[61] Im Übrigen ist jeder Ehegatte verpflichtet, seinen Partner teilweise von den häuslichen Pflichten freizustellen, um ihm die Möglichkeit zu geben, durch eine Erwerbstätigkeit, die bei Betreuung kleiner Kinder aus der jetzt bestehenden Ehe den Umfang einer Aushilfstätigkeit nicht zu übersteigen braucht, zum Unterhalt eines beim anderen Elternteil lebenden Kindes aus einer früheren Verbindung oder eines bedürftigen früheren Ehegatten beizutragen (vgl. dazu Rn. 2/183).[62] Zur entsprechenden Problematik bei Geltendmachung von Unterhaltsansprüchen eines volljährigen Kindes vgl. Rn. 2/187 ff., von Unterhaltsansprüchen eines bedürftigen Elternteils des Ehegatten vgl. Rn. 2/625, 645. Zum Familienunterhalt gehört dagegen auch der Bedarf

---

[54] OLG Düsseldorf, FamRZ 2002, 1590
[55] BGH, FamRZ 1983, 351
[56] Zur Höhe des Taschengeldes für minderjährige Kinder: Heiß in Heiß/Born 3 Rn. 625
[57] BGH, FamRZ 2002, 1025
[58] BGH, FamRZ 1985, 353 = NJW 1985, 803; FamRZ 1981, 439
[59] OLG Stuttgart, FamRZ 1983, 1030
[60] BGH, FamRZ 1985, 353 = NJW 1985, 803; vgl. auch BGH, FamRZ 1983, 140 = NJW 1983, 814
[61] BGH, FamRZ 2004, 370 = R 603 b
[62] BGH, FamRZ 2001, 1065 mit Anm. Büttner = R 549 a

eines in den Haushalt aufgenommenen Kindes eines Ehegatten aus einer früheren ehelichen oder nichtehelichen Verbindung oder eines Pflegekindes.[63] Der Unterhalt für ein solches Kind ist vorzugsweise aus dem Unterhalt, den der andere Elternteil leistet, oder aus dem Pflegegeld zu bestreiten, das für das Kind gezahlt wird. Eine Unterhaltspflicht des anderen Ehegatten für das Stief- oder Pflegekind besteht nicht.[64] Ggf. muss der Ehegatte, der ein nicht gemeinschaftliches Kind in die Familie gebracht hat, einer Erwerbstätigkeit nachgehen, um für dessen Unterhalt zu sorgen. Hierbei hat ihn der andere Ehegatte, z. B. durch Übernahme häuslicher Pflichten, zu unterstützen.[65] Zugunsten eines in den Haushalt aufgenommenen **Stiefkindes** kann eine Unterhaltsverpflichtung auf Grund einer ausdrücklichen oder stillschweigenden Übereinkunft bestehen.[66] Dasselbe gilt, wenn Eltern ein Kind ohne förmliche Adoption zu sich nehmen und es durch mittelbare Falschbeurkundung im Geburtenbuch als ihr eigenes Kind eintragen lassen.[67] Vgl. dazu Rn. 2/1 c. Zum Kindergeld für Stiefkinder vgl. Rn. 2/491.

28   – In dieser Auflage nicht belegt –

2. Bemessung des Familienunterhalts und Leistungsfähigkeit

29   Nach § 1360 a II 2 BGB sind Ehegatten verpflichtet, die zur Deckung des **finanziellen Bedarfs** (vgl. Rn. 23) erforderlichen Mittel für einen angemessenen Zeitraum im Voraus zur Verfügung zu stellen. Dazu ist es nötig, den durchschnittlichen finanziellen Bedarf konkret nach den Bedürfnissen und Verhältnissen der jeweiligen Familie zu bemessen. Die Unterhaltstabellen und Leitlinien der Oberlandesgerichte sind grundsätzlich nicht heranzuziehen, da sie den Unterhalt getrennt lebender oder geschiedener Eheleute betreffen und nur als Hilfsmittel benutzt werden können, wenn der Familienunterhalt aus besonderen Gründen insgesamt in Geld veranschlagt werden muss (vgl. dazu Rn. 1 f.). Zum Auskunftsanspruch vgl. Rn. 4; zur Berechnung des Familienunterhalts, wenn ein früherer Ehegatte oder Kinder aus anderen Verbindungen Unterhaltsansprüche geltend machen, vgl. unten Rn. 64 ff.

30   Ausgangsbasis für die Bemessung des Familienunterhalts sind die **Einkommens- und Vermögensverhältnisse** der Eheleute,[68] also in erster Linie die laufenden Einkünfte, z. B. aus Erwerbseinkommen, Renten, Pensionen, Zinsen. Entscheidend sind die Einkommens- und Vermögensverhältnisse, die im Unterhaltszeitraum bestehen. Diese können sich jederzeit ändern, sowohl zum Positiven, als auch zum Negativen, z. B. durch die Entstehung weiterer Unterhaltspflichten oder durch die Aufnahme von Schulden.[69] Dabei kommt es nicht darauf an, ob diese Veränderungen von einem oder von beiden Ehegatten verursacht worden sind. Der **Stamm des Vermögens** braucht nur angetastet zu werden, wenn die laufenden Einkünfte auch bei sparsamer Lebensführung nicht mehr ausreichen oder wenn größere Anschaffungen nötig werden (Rn. 20). Die in Rn. 23 aufgeführten Aufwendungen können nur insoweit für die Bemessung des Familienunterhalts herangezogen werden, als sie durch das vorhandene Mittel gedeckt werden können.

31   **Sozialleistungen,** die **für Körper- oder Gesundheitsschäden** gewährt werden, gehören zum Familieneinkommen, soweit der Berechtigte daraus keinen Mehrbedarf befriedigen muss. Die Vermutung des § 1610 a BGB gilt nur beim Verwandten-, insbesondere beim Kindesunterhalt, und kraft Verweisung auch beim Trennungsunterhalt, beim nachehelichen Unterhalt sowie bei den entsprechenden Unterhaltsansprüchen eingetragener Lebenspartner (§§ 1361 I 1 Halbs. 2, 1578 a BGB, §§ 12, 16 LPartG), nicht dagegen beim Familienunterhalt.[70] Zu dieser Vermutung vgl. Rn. 1/443 ff. Auch **Erziehungsgeld,** das für bis zum

---

[63] BGH, FamRZ 1999, 367, 368
[64] BGH, FamRZ 1969, 599 = NJW 1969, 2007; Muscheler FamRZ 2004, 913
[65] BGH, FamRZ 2001, 1065 mit Anm. Büttner = R 549 a
[66] BGH, FamRZ 1969, 599 = NJW 1969, 2007; OLG Nürnberg, FamRZ 1965, 217
[67] BGH, FamRZ 1995, 995; OLG Bremen, FamRZ 1995, 1291
[68] BGH, FamRZ 1985, 576; vgl. auch BGH, FamRZ 1992, 291 = R 440
[69] BGH, FamRZ 2004, 186, 188 = R 595 d mit Anm. Schürmann; FamRZ 2004, 792, 794 = R 605 d mit Anm.; Borth; Klinkhammer FamRZ 2003, 1867; Scholz FamRZ 2004, 1829
[70] OLG Düsseldorf, NJW 2002, 1353

31. 12. 2006 geborene Kinder gezahlt wird,[71] ist trotz der Vorschrift des § 9 S. 1 BErzGG – anders als beim Trennungsunterhalt und beim nachehelichen Unterhalt (vgl. dazu Rn. 1/85) – zur Deckung des Bedarfs der gesamten Familie heranzuziehen, da es gerade dazu dient, den erziehenden Elternteil von einer sonst notwendigen Erwerbstätigkeit freizustellen. Dasselbe gilt ab 1. 1. 2007 für das **Elterngeld** (vgl. dazu Rn. 1/85 a) einschließlich des Sockelbetrages von 300,– €, der im Rahmen anderer Unterhaltsverhältnisse nach § 11 BEEG grundsätzlich kein anrechenbares Einkommen ist.[72] **Pflegegeld,** das für einen pflegebedürftigen Familienangehörigen gezahlt und für dessen Mehrbedarf nicht benötigt wird, kann für den Familienunterhalt verwendet werden. § 13 VI SGB XI[73] hat keine Bedeutung, solange die häusliche Gemeinschaft der Ehegatten noch besteht. Vgl. dazu auch Rn. 2/329.

32 Durch **Schulden** mindert sich das für den Familienunterhalt zur Verfügung stehende Einkommen, gleichgültig, ob sie vor oder während der Ehe entstanden sind (vgl. dazu auch Rn. 1/622 ff.). Das gilt grundsätzlich auch dann, wenn sie allein von einem Ehegatten ohne hinreichenden Grund aufgenommen worden sind. Bei bestehender Ehe müssen Ehegatte und Kinder auch wirtschaftlich unvernünftiges Verhalten des Partners bzw. Elternteils mittragen. Allerdings können sie verlangen, dass er besondere Anstrengungen unternimmt, um sein Einkommen, z. B. durch Überstunden, zu erhöhen, oder dass die Schuldtilgung gestreckt wird. Notfalls muss auch der bisher den Haushalt führende Ehegatte ganz oder teilweise einer Erwerbstätigkeit nachgehen (vgl. dazu oben Rn. 12, 17). Zu Unterhaltsschulden vgl. Rn. 27.

33 Das so berechnete Einkommen und etwa vorhandenes Vermögen begrenzen den finanziellen Gesamtbedarf (Rn. 22 ff.) nach oben; denn es darf in der Regel zur Bedarfsdeckung nicht mehr Geld ausgegeben werden, als für Unterhaltszwecke vorhanden ist. Der Lebenszuschnitt der Familie richtet sich nach den zur Verfügung stehenden Einkünften und nach den im Rahmen der gemeinsamen Lebensplanung getroffenen Absprachen (vgl. dazu Rn. 6/603). Notfalls müssen weniger wichtige Ausgaben unterbleiben. Andererseits ist **übertriebener Aufwand** nicht zu berücksichtigen. Dagegen bleibt es den Ehegatten unbenommen, gemeinsam eine **sparsame Lebensweise** zu vereinbaren, z. B. um ein Einfamilienhaus erwerben oder Rücklagen für die aufwändige Ausbildung eines Kindes bilden zu können. Derartige Absprachen sind bei Wahrung eines gewissen Mindeststandards grundsätzlich möglich. An einer zu dürftigen Lebensführung muss sich dagegen kein Ehegatte gegen seinen Willen auf Dauer festhalten lassen.

Übersteigt das Einkommen den zur Deckung des Familienbedarfs (Rn. 22 ff.) erforderlichen und angemessenen finanziellen Aufwand, so verbleibt der unverbrauchte Rest demjenigen, der die Einkünfte erzielt. Es kann deshalb für den Unterhalt Dritter eingesetzt werden, sofern der in Betracht kommende Selbstbehalt gewahrt ist.[74] Etwaiger Vermögenszuwachs unterliegt bei Scheitern der Ehe dem Zugewinnausgleich. Zu Ausgleichsansprüchen vgl. Rn. 42.

34 Die vorhandenen Mittel begrenzen naturgemäß die Leistungsfähigkeit der Eheleute. Jedoch kann ein Ehegatte sich gegenüber dem anderen **nicht** auf einen angemessenen oder notwendigen **Selbstbehalt** berufen. Sie müssen vielmehr alle verfügbaren Mittel miteinander teilen, da allein dies der ehelichen Lebensgemeinschaft entspricht.[75] Bei beengten wirtschaftlichen Verhältnissen und im Notfall müssen die Lebensgewohnheiten drastisch eingeschränkt werden. Zur Finanzierung unabweisbarer Ausgaben, z. B. nicht von einer Krankenkasse getragener Behandlungskosten, müssen ggf. auch Schulden aufgenommen werden.[76] Können die Eheleute, ohne dass eine Trennung im Rechtssinne vorliegt, nicht mehr zusammen leben, z. B. weil einer von ihnen in einem Pflegeheim versorgt werden muss (vgl. Rn. 1), hat dieser Anspruch auf eine Geldrente. Dann wird man dem anderen Ehegatten wenigstens den eheangemessenen Selbstbehalt nach B IV der Düsseldorfer Tabelle Stand:

---

[71] Vgl. dazu FamRZ 2006, 1010
[72] Vgl. dazu Scholz FamRZ 2007, 7, 9
[73] I. d. F. des 4. SGB XI-Änderungsgesetzes vom 21. 7. 1999 – BGBl. I 1656
[74] BGH, FamRZ 2004, 366, 368 = R 599 c mit Anm. Strohal; FamRZ 2004, 441
[75] MüKo/Wacke, § 1360 Rn. 5
[76] BGH, FamRZ 1992, 291 = R 440

1. 1. 2008 von 1000,– € belassen müssen. Die für den unterhaltspflichtigen Ehegatten bestehenden Härten werden allerdings vielfach dadurch gemildert, dass die Pflegekosten von der Pflegeversicherung und vom Sozialamt übernommen werden und § 94 III 1 SGB XII den Übergang des Unterhaltsanspruchs auf den Sozialhilfeträger einschränkt. Vgl. dazu Rn. 8/93 ff.

3. Anteilige Beiträge der Ehegatten zum Familienunterhalt

35 **a) Gleichwertigkeit der Haushaltstätigkeit.** Wie bereits ausgeführt (Rn. 10 ff.), müssen beide Ehegatten nach § 1360 S. 1 BGB im Prinzip gleichwertige Beiträge zum Familienunterhalt leisten, wobei der Arbeitseinsatz im Rahmen einer vollen Erwerbstätigkeit und die Haushaltsführung kraft Gesetzes als gleichwertig gelten (§ 1360 S. 2 BGB). Innerhalb einer intakten Ehe spielt die Bewertung der Beiträge zum Familienunterhalt in der Regel keine entscheidende Rolle. Immerhin hat aber die Gleichwertigkeit der Hausarbeit die Stellung der Hausfrau in der Familie entsprechend der Absicht des Gesetzgebers wesentlich aufgewertet, während dies bei der Stellung des Hausmanns im Bewusstsein der Allgemeinheit noch nicht in diesem Maße der Fall ist.

36 **b) Allein erwerbstätiger Ehegatte.** Verfügt nur ein Ehegatte über Einkommen, insbesondere über Erwerbseinkommen, hat er mit seinem Arbeitseinkommen und etwaigen Zusatzeinkünften, für den gesamten finanziellen Bedarf der Familie (Rn. 22 f.) allein aufzukommen, sofern der andere Ehegatte keine Vermögenseinkünfte hat. Der gleichwertige Beitrag des nicht erwerbstätigen Ehegatten besteht in der Führung des Haushalts einschließlich seiner für die Hausarbeit und die Betreuung der Kinder erforderlichen persönlichen Leistungen, ggf. auch in der Pflege eines kranken oder behinderten Familienmitglieds (vgl. Rn. 1, 31). Da der haushaltführende Ehegatte zur Erfüllung seiner Aufgabe Geld benötigt, hat er gegen den erwerbstätigen Ehegatten einen eigenen Anspruch auf das so genannte **Wirtschaftsgeld** (Rn. 46 ff.) und einen Anspruch auf **Taschengeld** (Rn. 56 ff.), mit dem er seine persönlichen Bedürfnisse befriedigen kann. Hat er selbst auch Einkünfte aus eigenem Vermögen, mindern sich das Wirtschaftsgeld und das Taschengeld anteilig im Verhältnis der dann beiderseitigen Einkünfte. Die Haushaltsführung befreit ihn nur davon, durch Arbeit zum Familienunterhalt beizutragen (§ 1360 S. 2 BGB), nicht aber davon, Erträge seines Vermögens, in Ausnahmefällen auch den Stamm des Vermögens, hierfür einzusetzen (vgl. dazu Rn. 20, 30). Zu den Vermögenserträgen gehört auch ein Wohnvorteil, der sich aus dem mietfreien Wohnen in einer eigenen Immobilie abzüglich der damit verbundenen Aufwendungen für Zins, Tilgung und Nebenkosten ergibt, die üblicherweise nicht auf einen Mieter umgelegt werden können (zum Wohnvorteil vgl. 1/311 f.); dabei ist nicht von der Marktmiete, sondern von dem ersparten Mietaufwand für eine angemessene (kleinere) Wohnung auszugehen.[77]

37 **c) Beiderseits erwerbstätige Ehegatten.** Sind beide Ehegatten erwerbstätig, haben sie mit ihrem Erwerbseinkommen einen angemessenen Teil des finanziellen Bedarfs zu bestreiten. Es ist allerdings nicht üblich, dass die Eheleute jede einzelne Ausgabe entsprechend ihren Anteilen an den Gesamteinkünften unter sich aufteilen. Vielmehr trägt der eine diese, der andere jene Kosten, ohne dass die Absicht besteht, Ausgleich zu verlangen.[78] Jedoch sollte grundsätzlich der Anteil eines Ehegatten an den Ausgaben für die Familie seinem Anteil an den Einkünften entsprechen. Zu etwaigen Ausgleichsansprüchen vgl. Rn. 42. Außerdem haben die Eheleute grundsätzlich auch die Hausarbeit und die Betreuung der Kinder gleichwertig untereinander aufzuteilen. Regelmäßig sollte der Anteil am Barunterhalt nach dem Verhältnis des Erwerbseinkommens der Eltern, der Betreuungsaufwand nach der faktischen Betreuung bemessen werden. Im Ergebnis sind beide Ehegatten am Gesamtunterhalt (Bar- und Naturalunterhalt) prinzipiell zu gleichen Teilen zu beteiligen, so dass für jeden von ihnen ein Mehr an Barunterhalt ein Weniger an Naturalunterhalt bedingt und umgekehrt.[79]

---

[77] BGH, FamRZ 2003, 1179 mit Anm. Klinkhammer = R 592 b
[78] BGH, FamRZ 2002, 739 mit Anm. Wever = R 575
[79] BGH, FamRZ 1985, 466

Wenn beide Ehegatten bei gleicher Arbeitszeit auch gleichwertige Leistungen für Haus- **38** halt und Kinder erbringen, ist der finanzielle Unterhaltsbedarf **im Verhältnis der beiderseitigen Einkünfte** (Erwerbseinkünfte einschließlich etwaiger Vermögenserträge) zu verteilen. Bei verschieden hohen Einkünften müssen beide Ehegatten im Verhältnis ihrer Einkünfte einen Unterhaltsbeitrag leisten.[80]

Der Anteil, mit dem jeder Ehegatte zum Familienunterhalt beizutragen hat, wird ähnlich **39** wie bei § 1606 III 1 BGB (siehe dazu Rn. 2/294 ff., 448 f.) in der Weise berechnet, dass der finanzielle Bedarf der Familie mit dem vergleichbaren Nettoeinkommen jedes Ehegatten multipliziert und durch die Summe der vergleichbaren Nettoeinkommen beider Ehegatten geteilt wird. Des Vorwegabzuges eines Sockelbetrages in Höhe des eheangemessenen Selbstbehalts, der nach B IV der Düsseldorfer Tabelle Stand: 1. 1. 2008 in der Regel mit 1000,– € angesetzt wird, bedarf es nicht, da beide Eheleute während des Zusammenlebens gemeinsam wirtschaften und es auf ihre Leistungsfähigkeit grundsätzlich nicht ankommt (vgl. Rn. 1, 7, 34). In der Vorauflage[81] habe ich die Auffassung vertreten, dass jeder Ehegatte zunächst sein Taschengeld (vgl. Rn. 56 ff.) aus dem ihm zur Verfügung stehenden Einkommen entnimmt[82] und dass demgemäß jeweils 5 bis 7% des Nettoeinkommens der Familie (vgl. hierzu Rn. 60) vor Berechnung des Anteils abgezogen werden.[83] Diese Ansicht gebe ich auf, da sie die Unterhaltsberechnung unnötig erschwert und nicht zu wesentlich anderen Ergebnissen führt als die Auffassung des BGH,[84] der – allerdings ohne auf die Problematik einzugehen – lediglich auf das Verhältnis der Einkünfte der Ehegatten abstellt.

Sind beide Ehegatten voll berufstätig, leistet aber einer von ihnen erheblich mehr im **40** Haushalt und für die Kinder als der andere, so kann die sich aus dem Verhältnis der beiderseitigen Einkünfte ergebende rechnerische Verteilung (Rn. 39) **wertend** zugunsten des Ehegatten **verändert** werden, der durch Hausarbeit und Kinderbetreuung insgesamt mehr zum Familienunterhalt beiträgt. Zur wertenden Veränderung der Anteile vgl. Rn. 2/305, 2/450. Die Beitragspflicht dieses Ehegatten verringert sich entsprechend dem Umfang seiner Mehrarbeit im Haushalt oder seiner sonstigen Mehrbelastung.[85] In ähnlicher Weise kann die Verteilung wertend verändert werden, wenn ein Ehegatte durch die Vollerwerbstätigkeit, z. B. wegen ständiger Überstunden, erheblich stärker beansprucht wird als der andere Ehegatte.

Zur Orientierung bei einer wertenden Veränderung des Anteils dient der Grundsatz, dass **41** die Leistungen für Erwerbstätigkeit, Haushaltstätigkeit und Betreuung der Kinder im Wesentlichen gleichwertig sind (vgl. Rn. 10 ff., 35). Für diese Wertung sind die tatsächlichen Verhältnisse maßgebend.

Leistet ein Ehegatte insgesamt einen größeren finanziellen Beitrag zum Familienunterhalt, **42** als er ihn gemäß den Ausführungen zu Rn. 37–41 erbringen müsste, kann er vom anderen Ehegatten verlangen, dass sich dieser in Zukunft in geschuldetem Umfang am Familienunterhalt beteiligt. Für die Vergangenheit scheitert ein solcher Anspruch in der Regel an § 1360 b BGB. Danach wird vermutet, dass ein Ehegatte nicht beabsichtigt, vom anderen Ersatz zu verlangen, wenn er zum Unterhalt der Familie einen höheren Betrag leistet, als ihm obliegt. Vgl. Rn. 92 f. Beteiligt sich ein Ehegatte nicht in gebotenem Maße am Familienunterhalt und bildet deshalb nur er Ersparnisse, kann nur unter besonderen Umständen ein **Ausgleichsanspruch** in Betracht kommen.[86] Im Übrigen findet bei Scheitern der Ehe der Zugewinnausgleich statt.

d) Zuverdienst. Auch ein verhältnismäßig geringfügiger Zuverdienst ist jedenfalls bei **43** einem Familieneinkommen im unteren oder mittleren Bereich zur Deckung des finanziellen Gesamtbedarfs im Verhältnis der beiderseitigen Einkünfte (vgl. Rn. 38 f.) anteilig zu ver-

---

[80] BGH, FamRZ 2004, 795, 797 = R 606 c mit Anm. Strohal; FamRZ 2004, 366, 368 = R 599 c mit Anm. Strohal; FamRZ 2004, 441
[81] Rn. 3/39
[82] BGH, FamRZ 1998, 608
[83] So OLG Celle, FamRZ 1999, 162
[84] BGH, FamRZ 2004, 795, 797 = R 599 c mit Anm. Strohal; FamRZ 2004, 366, 368 = R 606 c mit Anm. Strohal; FamRZ 2004, 441
[85] BGH, NJW 1957, 537
[86] Vgl. BGH, FamRZ 2002, 1696

wenden. Einen Teil des Zuverdienstes kann der haushaltführende Ehegatte jedoch als Taschengeld für sich behalten;[87] vgl. auch Rn. 58. Das OLG Celle hat z. B. bei einem Nettoeinkommen des Mannes von 2636,– DM von dessen Frau verlangt, dass sie aus ihrem Zuverdienst von netto 600,– DM einen Beitrag zum Wirtschaftsgeld leistet.[88] Das KG Berlin hat bei einem Nettoeinkommen des Mannes von ca. 2000,– DM einen Zuverdienst der Frau von netto 100,– DM auf deren Taschengeldanspruch verrechnet.[89] Ggf. ist eine **wertende Veränderung des Verteilungsschlüssels** (vgl. Rn. 40 f.) möglich, wenn ein Ehegatte z. B. infolge gleichzeitiger Erwerbs- und Haushaltstätigkeit erheblich stärker belastet ist als der andere.[90]

44 – *In dieser Auflage nicht belegt* –

45 **e) Nicht erwerbstätige Ehegatten.** In der Regel wird sich jeder an der Haushaltsführung beteiligen müssen. Beide haben auch entsprechend ihren Einkünften (Renten, Ruhegehalt, Zinsen usw.) zum Familienunterhalt beizutragen. Versorgt nur ein Ehegatte den Haushalt ganz oder überwiegend, z. B. wegen Krankheit des anderen Teils, so kann die Verteilung wertend verändert werden. Es gelten sinngemäß dieselben Grundsätze wie bei beiderseits erwerbstätigen Ehegatten (vgl. Rn. 37 ff.).

4. Wirtschaftsgeld

46 Aus § 1360 a II 2 BGB ergibt sich der Anspruch jedes Ehegatten, dass ihm die Mittel im Voraus zur Verfügung gestellt werden, die für den gemeinsamen Unterhalt der Familie nötig sind. Von Bedeutung ist dies vor allem, wenn einem Ehegatten die Haushaltsführung allein obliegt. Er hat dann Anspruch auf Überlassung des Wirtschaftsgeldes, das er für die ihm nach § 1356 I 2 BGB obliegende **eigenverantwortliche Haushaltsführung** benötigt. Vielfach wird dieser Anspruch in einer intakten Ehe dadurch erfüllt, dass der haushaltführende Ehegatte die erforderlichen Beträge von einem gemeinsamen Girokonto oder auf Grund einer Vollmacht von einem Konto des anderen Ehegatten abhebt. Vgl. Rn. 49. Er muss das Wirtschaftsgeld für den Familienunterhalt verwenden, d. h. die notwendigen Haushaltskosten bestreiten sowie die regelmäßigen Bedürfnisse beider Ehegatten und ihrer Kinder befriedigen. Er ist nicht berechtigt, es eigenmächtig für andere Zwecke auszugeben, wie z. B. zur Unterstützung von Verwandten, denen gegenüber keine Unterhaltsverpflichtung besteht (vgl. Rn. 27).[91] Ersparnisse aus dem Wirtschaftsgeld darf er nur dann für sich verwenden, wenn der andere Ehegatte damit einverstanden ist und der Unterhalt dadurch nicht beeinträchtigt wird.[92] Erhält er dagegen, wie es häufig der Fall ist, neben dem Wirtschaftsgeld kein Taschengeld, kann er Beträge, die als Taschengeld angemessen wären, für sich behalten.[93]

47 Das Wirtschaftsgeld wird nur **treuhänderisch** zur Verwendung für Bedürfnisse der Familie überlassen.[94] Der Anspruch auf Wirtschaftsgeld ist daher nicht pfändbar (vgl. dazu Rn. 95). Die Übernahme der Wirtschaftsführung durch einen Ehegatten begründet kein Auftragsverhältnis und damit keine Pflicht, Rechenschaft zu legen (§ 666 BGB).[95] Trotz der Eigenverantwortlichkeit des Haushaltführenden (Rn. 46) für die Wirtschaftsführung besteht aber eine familienrechtliche Obliegenheit, dem Partner Einblick in die Ausgabengestaltung zu geben und mit ihm wichtige Angelegenheiten zu besprechen. Eine übertriebene Kontrolle der Haushaltsführung kann ehewidrig sein.[96] Bei einem Streit über die Höhe des

---

[87] BGH, FamRZ 1998, 608
[88] OLG Celle, FamRZ 1978, 380
[89] KG, FamRZ 1979, 427
[90] BGH, FamRZ 1974, 366; FamRZ 1967, 380
[91] OLG Hamburg, FamRZ 1984, 583
[92] OLG Hamm, FamRZ 1988, 947; OLG Frankfurt/Main, NJW 1970, 1882
[93] OLG Hamm, FamRZ 1988, 947
[94] BGH, FamRZ 1986, 668
[95] BGH, FamRZ 2001, 23
[96] OLG Nürnberg, FamRZ 1960, 64

Wirtschaftsgeldes ist eine detaillierte Unterrichtung des Partners und eine Abrechnung über die Verwendung des Wirtschaftsgeldes erforderlich.[97]

Die **Höhe des Wirtschaftsgeldes** bestimmt sich im Allgemeinen nach den zur Deckung **48** des Lebensbedarfs der Familie (vgl. Rn. 23, 29) ohne Taschengeld erforderlichen Geldmitteln unter Berücksichtigung des Einkommens und Vermögens beider Ehegatten (Rn. 30 ff.). Maßgebend sind ferner die Absprachen, die von den Ehegatten getroffen worden sind (vgl. auch Rn. 11). Demgemäß erweitert sich der Familienunterhalt, wenn und soweit der haushaltführende Ehegatte nach der tatsächlichen Handhabung in der Ehe Ausgaben zu tragen pflegt, die normalerweise nicht aus dem Wirtschaftsgeld bestritten werden.[98]

Soweit der nicht haushaltführende Ehegatte bestimmte laufende **Haushaltskosten** im **49** Einverständnis mit dem anderen Ehegatten von einem Konto direkt begleicht, wie z.B. Aufwendungen für ein Familienheim oder sonstige Wohnkosten, Versicherungsprämien, Telefongebühren usw., ist dies mit dem Wirtschaftsgeld zu **verrechnen**. Der Anspruch auf Wirtschaftsgeld bezieht sich dann nur auf den Differenzbetrag.[99] Wenn der haushaltführende Ehegatte im Prozess Wirtschaftsgeld verlangt, muss deshalb geklärt werden, welche Ausgaben hiervon zu bestreiten sind und welche Kosten des Haushalts vom erwerbstätigen Ehegatten unmittelbar getragen, z.B. vom Girokonto abgebucht werden.

Einmalige größere Anschaffungen (z.B. Einrichtungsgegenstände oder Pkw) sowie **50** **Sonderbedarf** (§§ 1360a III, 1613 II 1 Nr. 1 BGB; vgl. dazu Rn. 6/1 ff.) sind im Wirtschaftsgeld, das nur den laufenden Bedarf decken soll, nicht enthalten. Für sie muss der erwerbstätige Ehegatte im Rahmen seiner Leistungsfähigkeit (Rn. 34) zusätzlich aufkommen. Verfügen beide Ehegatten über eigene Einkünfte oder Vermögen, kommt eine anteilige Deckung der Kosten in Betracht. Die Ehegatten können für solche Zwecke Rücklagen bilden.

Bei beiderseitiger Erwerbstätigkeit sind beide Ehegatten zur Haushaltsführung und zu **51** finanziellen Beiträgen verpflichtet und berechtigt. Deshalb gibt es für sie nur einen anteiligen Anspruch auf Wirtschaftsgeld. Zum Ausgleich von Mehrleistungen vgl. Rn. 42.

Nach der **Trennung** der Eheleute erlischt in der Regel ein Anspruch auf Wirtschaftsgeld. **52** Es kann weder für die Zeit nach der Trennung noch für den davor liegenden Zeitraum verlangt werden, da es nicht mehr für den Bedarf der Familie treuhänderisch verwendet werden kann.[100] Ausnahmsweise kann für die Zeit vor der Trennung ein Anspruch bestehen, wenn der haushaltführende Ehegatte zur Deckung des Familienunterhalts einen Kredit aufgenommen oder eigene Ersparnisse verwendet hat.[101] Dann kann ein familienrechtlicher Ausgleichsanspruch (Rn. 2/529) in Betracht kommen, der aber vielfach an den fehlenden Voraussetzungen des § 1360b BGB scheitern wird (vgl. dazu Rn. 42, 92 f.).

Familienunterhalt ist in der Weise geschuldet, die durch die eheliche Lebensgemeinschaft **53** geboten ist (§ 1360a II 1 BGB). Daher ist eine Geldrente zu zahlen, wenn der nicht im Rechtssinne getrennt lebende Ehegatte in einem Pflegeheim versorgt werden muss.[102] Auch kann die Übernahme von Sonderbedarf eines Ehegatten erforderlich sein, z.B. die Zahlung von Krankenhauskosten, die nicht durch eine Krankenversicherung gedeckt sind.[103]

– *In dieser Auflage nicht belegt* – **54, 55**

5. Taschengeld

Jeder Ehegatte hat Anspruch auf einen angemessenen Teil des Gesamteinkommens beider **56** Partner als Taschengeld, d.h. auf einen Geldbetrag, über den er zur Befriedigung seiner persönlichen Bedürfnisse **frei verfügen** kann.[104] Über diese Verwendung ist er niemandem

[97] OLG Hamm, FamRZ 1988, 947; OLG Hamburg, FamRZ 1984, 583
[98] OLG Celle, FamRZ 1978, 589
[99] OLG München, FamRZ 1982, 801
[100] OLG Hamm, FamRZ 1988, 947; OLG Köln, FamRZ 1984, 1089; OLG Hamburg, FamRZ 1984, 583
[101] OLG Hamm, FamRZ 1988, 947
[102] OLG Düsseldorf, NJW 2002, 1353
[103] BGH, FamRZ 1992, 291 = R 440
[104] BGH, FamRZ 2004, 1784; 2004, 366, 369 = R 599 d mit Anm. Strohal; FamRZ 2004, 441

Rechenschaft schuldig.[105] Deshalb ist Taschengeld im Gegensatz zum Wirtschaftsgeld bedingt **pfändbar** (vgl. Rn. 95).

57   Wird nur ein einheitlicher Betrag als Familienunterhalt bezahlt, dann ist in diesem Betrag auch das Taschengeld enthalten. Der Berechtigte kann dann einen entsprechenden Teil des Geldes für seine persönlichen Bedürfnisse (Rn. 59) verwenden.[106] Dies gilt allerdings nur, soweit die wirtschaftlichen Verhältnisse die Zahlung von Taschengeld überhaupt erlauben (vgl. Rn. 62).

58   Auch der **verdienende Ehegatte** hat einen Anspruch auf Taschengeld. Dieser Anspruch wird in der Regel dadurch befriedigt, dass er den entsprechenden Betrag von seinem Verdienst zur Verwendung für persönliche Zwecke einbehält.[107] Erzielt der haushaltführende Ehegatte nur einen geringen Zuverdienst, kann er ihn ggf. als Taschengeld behalten (vgl. Rn. 43);[108] u. U. kann er vom anderen Ehegatten eine Aufstockung des Taschengeldes verlangen.

59   Das Taschengeld dient zur Befriedigung der **persönlichen Bedürfnisse,** z. B. Hobbys, Sport, Theater, Kino, Gaststättenbesuche usw.

60   Beim Taschengeldanspruch handelt es sich um einen auf Geld gerichteten **Zahlungsanspruch** gegen den mehr verdienenden Ehegatten. Soweit der Taschengeldbedarf durch Eigenverdienst gedeckt wird, besteht kein Anspruch auf Taschengeld.[109] Die **Höhe des Taschengeldes** richtet sich – wie beim Wirtschaftsgeld (Rn. 48) – nach den Einkommens- und Vermögensverhältnissen der Ehegatten und nach ihrem sich daraus ergebenden Lebensstil und ihrer Zukunftsplanung. In der Regel werden in der Praxis etwa 5% bis 7% des Nettoeinkommens der Familie als angemessen angesehen.[110] Eine Errechnung des Taschengeldes auf der Basis des Barbetrages, der Sozialhilfeempfängern bei Aufenthalt in einer stationären Einrichtung verbleibt (vgl. § 35 II SGB XII; Rn. 8/57), kommt nicht in Betracht.[111] Wie auch sonst kann nur das bereinigte Nettoeinkommen als Bemessungsgrundlage dienen. Vom Nettoeinkommen sind also berufsbedingte Auslagen, Kindesunterhalt und berücksichtigungsfähige Schulden abzuziehen, bevor der Taschengeldanspruch ermittelt wird.

61   Taschengeld ist nach den Grundsätzen der **Hausmannrechtsprechung** unterhaltspflichtiges Einkommen, und zwar nicht nur im Verhältnis zu (vorrangigen) Ansprüchen minderjähriger und privilegiert volljähriger Kinder, sondern auch im Verhältnis zu gleich- oder nachrangigen Unterhaltsansprüchen, z. B. volljähriger Kinder oder bedürftiger Eltern. Voraussetzung ist, dass der eigene angemessene oder notwendige Selbstbehalt des Pflichtigen gedeckt ist, z. B. durch den vom anderen (besser verdienenden) Ehegatten aufzubringenden Familienunterhalt.[112] Vgl. dazu im Einzelnen Rn. 2/172.

62   Ein Anspruch auf Taschengeld besteht für beide Eheleute nicht, wenn das Einkommen nur zur Deckung der **notwendigen Bedürfnisse** ausreicht.[113]

63   Sofern die Voraussetzungen der §§ 1360 a III, 1613 I BGB vorliegen, kann auch nach der **Trennung** der Eheleute Taschengeld für einen früheren Zeitraum zugesprochen werden, weil es zur freien Verwendung bestimmt ist. Der Taschengeldanspruch muss allerdings dann genau beziffert und substantiiert begründet werden.[114]

---

[105] OLG Hamm, FamRZ 1988, 947; OLG Bamberg, FamRZ 1988, 948
[106] OLG Hamm, FamRZ 1988, 947
[107] BGH, FamRZ 1998, 608
[108] BGH, FamRZ 1998, 608
[109] BGH, FamRZ 1998, 608
[110] BGH, FamRZ 2004, 1784; 2004, 366, 369 = R 599 d mit Anm. Strohal; FamRZ 2004, 441
[111] FamRZ 2004, 366, 369 = R 599 e mit Anm. Strohal; FamRZ 2004, 441
[112] BGH, FamRZ 2004, 366, 369 = R 599 b mit Anm. Strohal; FamRZ 2004, 441; FamRZ 2001, 1065, 1068 mit Anm. Büttner = R 549 c; BVerfG, FamRZ 1985, 140, 145
[113] BGH, FamRZ 2004, 1784
[114] OLG Hamm, FamRZ 1988, 947

IV. Konkurrenz mit anderen Unterhaltsansprüchen

1. Vergleichbarkeit des Familienunterhalts und anderer Unterhaltsansprüche

Der Anspruch auf Familienunterhalt richtet sich – vom Taschengeld (Rn. 56 ff.) abge- **64** sehen – nicht auf Zahlung eines Geldbetrages, der dem Berechtigten zur freien Verfügung steht. Der (haushaltführende) Ehegatte erhält vielmehr **Naturalleistungen,** z. B. zusammen mit den anderen Familienmitgliedern freies Wohnen in einem Einfamilienhaus, einer Eigentums- oder einer Mietwohnung, sowie **Wirtschaftsgeld,** das treuhänderisch für die gesamte Familie, also beide Ehegatten und die Kinder, zu verwenden ist (Rn. 46 ff.). Auch dem unverheirateten volljährigen Kind wird, solange es im Haushalt der Eltern lebt, Unterhalt in Natur gewährt (§ 1612 II 1 BGB). Vgl. dazu auch Rn. 10. Dagegen wird der Unterhalt anderer Berechtigter, vor allem des geschiedenen Ehegatten, der nicht beim Unterhaltspflichtigen lebenden ehelichen oder nichtehelichen Kinder, der nichtehelichen Mutter, der bedürftigen Eltern in Form einer Geldrente geleistet (§§ 1585 I 1, 1612 I 1, 1615 l III 1 BGB). Konkurrieren derartige Ansprüche mit dem Familienunterhalt, muss dieser auf die einzelnen Mitglieder der Familie aufgeteilt und in Geld veranschlagt werden.[115] Vgl. dazu auch Rn. 2.

2. Konkurrenz zwischen dem Unterhalt minderjähriger oder privilegiert volljähriger Kinder und dem Familienunterhalt

Lebt der Unterhaltspflichtige mit seinen unterhaltsberechtigten Kindern und seinem **65** Ehegatten in einem gemeinsamen Haushalt, bedarf es einer Berechnung der einzelnen Unterhaltsansprüche nicht. Die Familie muss mit den vorhandenen Geldmitteln auskommen und, wenn dies nicht möglich ist, weitere Mittel erschließen, z. B. dadurch, dass der bisher den Haushalt führende Ehegatte eine Erwerbstätigkeit aufnimmt oder dass die Familie Sozialleistungen, insbesondere Arbeitslosengeld II beantragt. Eine Berechnung der Unterhaltsansprüche ist jedoch vielfach erforderlich, wenn ein außerhalb der Familie lebender Unterhaltsberechtigter, z. B. ein Kind aus einer anderen Verbindung, ein früherer Ehegatte, ein betreuender Elternteil (§ 1615 l II 2, IV BGB) oder ein bedürftiger Elternteil (von seinem wirtschaftlich selbständigen Kind) Unterhalt begehrt. Denn dann muss geprüft werden, ob der Schuldner angesichts seiner Einkommens- und Vermögensverhältnisse in der Lage ist, den minderjährigen und privilegiert volljährigen Kindern Unterhalt zu zahlen und ob daneben noch Raum ist für den Unterhalt anderer nachrangiger Unterhaltsgläubiger, insbesondere des früheren und des jetzigen Ehegatten. Bei dieser Berechnung mit dem Kindesunterhalt mit dem Zahlbetrag, also dem Tabellenbetrag abzüglich des nach § 1612 b I 1 BGB n. F. zu berücksichtigenden Kindergeldes, anzusetzen (Rn. 2/510). Erst wenn das Einkommen des Schuldners zur Befriedigung aller Unterhaltsansprüche nicht ausreicht, er also nicht oder nur zum Teil leistungsfähig ist, wirkt sich der Vorrang aus.[116]

Bei der Bemessung der Höhe des **Bedarfs des Ehegatten** ist zu berücksichtigen, dass der **66** Ehegattenunterhalt und damit auch der Familienunterhalt durch die Unterhaltspflicht gegenüber Kindern, insbesondere gegenüber minderjährigen und privilegiert volljährigen Kindern, geprägt und dass demgemäß der Kindesunterhalt grundsätzlich vor Berechnung des Ehegattenunterhalts vom Einkommen des Unterhaltsschuldners abgezogen wird. Dies war schon nach altem Recht, nach dem der Ehegatte und das minderjährige sowie das privilegiert volljährige Kind den gleichen Rang hatten, allgemeine Übung. Nach § 1609 BGB in der ab 1. 1. 2008 geltenden Fassung, der diesen Kindern den ersten Rang einräumt, ist der Vorwegabzug des Kindesunterhalts umso mehr gerechtfertigt. Auf der anderen Seite wird

---

[115] BGH, FamRZ 2003, 860, 864 mit Anm. Klinkhammer = R 590 A f
[116] BGH, FamRZ 2008, 968 = R 689 h; 1986, 553, 556 = R 276 c; 1985, 912, 916 = NJW 1985, 2713 (zum Verhältnis von Ehegatten- und Volljährigenunterhalt)

auch die Höhe des Kindesunterhalts weiterhin durch das Vorhandensein eines unterhaltsberechtigten Ehegatten beeinflusst.[117] Denn wenn das Kind noch mit seinem unterhaltspflichtigen Vater und seiner Mutter zusammenleben würde, müsste es in Kauf nehmen, dass
es trotz seines Vorrangs die vorhandenen Mittel mit den Eltern teilen müsste. Zu Recht hat
deshalb der BGH entschieden, dass der Anspruch eines Ehegatten durch Unterhaltsansprüche nachrangig Berechtigter, z. B. der Eltern,[118] aber auch volljähriger Kinder[119] des Unterhaltsschuldners, eingeschränkt sein kann. Übertragen auf das hier zu beurteilende Verhältnis
des jetzt vorrangigen Unterhalts minderjähriger und privilegiert volljähriger Kinder zum
nachrangigen Anspruch des Ehegatten auf Familienunterhalt bedeutet dies, dass der Unterhalt eines Kindes nicht ohne weiteres aus einer hohen Gruppe der Düsseldorfer Tabelle
abgelesen werden darf. Dies könnte dazu führen, dass der Ehegatte den ihm zustehenden
Unterhalt ganz oder teilweise nicht erhalten kann, weil dann der eheangemessene Selbstbehalt des Schuldners von mindestens 1000,– € nach B IV der Düsseldorfer Tabelle Stand:
1. 1. 2008 nicht mehr gewahrt wäre. Dies wäre ein unbilliges und unangemessenes Ergebnis,
das nach der Rechtsprechung des BGH[120] zu vermeiden ist. In einem solchen Fall ist daher
der Kindesunterhalt einer niedrigeren Einkommensgruppe zu entnehmen, deren Bedarfskontrollbetrag unter Berücksichtigung von Kindesunterhalt und Ehegattenunterhalt noch
gewahrt ist. Ggf. ist bis in die 1. Einkommensgruppe herabzugruppieren. Vgl. auch
Rn 2/242.[120a] Diejenigen Oberlandesgerichte, deren Leitlinien Bedarfskontrollbeträge nicht
kennen, sind nach der Rechtsprechung des BGH[121] gehalten, das rechnerische Gesamtergebnis daraufhin zu überprüfen, ob im konkreten Einzelfall die Aufteilung des verfügbaren
Einkommens auf die minderjährigen Kinder und den oder die unterhaltsberechtigten Ehegatten insgesamt billig und angemessen ist. Hierauf weist die Gesetzesbegründung der
Bundesregierung[122] mit Nachdruck hin. In dieser gegenseitigen Beeinflussung von Kindesunterhalt und Ehegattenunterhalt liegt entgegen Borth[123] und Schwab[124] keine „Verwässe-
rung" des durch § 1609 BGB n. F. angeordneten Vorrangs des Kindesunterhalts.

Beispiel:
Die frühere Ehefrau F1 betreut das schwer behinderte 10-jährige Kind K 1. Die jetzige Ehefrau F2
versorgt das 2-jährige Kind K 2. Beide Frauen sind nicht erwerbstätig. M verfügt über ein Erwerbseinkommen von 2278,– € (Steuerklasse II).
Der Kindesunterhalt ist nicht der 3., sondern der 2. Einkommensgruppe der Düsseldorfer Tabelle zu
entnehmen, da angesichts der Unterhaltspflichten gegenüber zwei gleichrangigen Ehegatten dem
Schuldner nur der eheangemessene Selbstbehalt von 1000,– € verbleibt, der dem Bedarfskontrollbetrag der 2. Einkommensgruppe der Tabelle entspricht.

Unterhalt K 1 nach DT 2/2: 339 – 77 (¹/₂ Kindergeld)   = 262,– €
Unterhalt K 2 nach DT 2/1: 293 – 77 (¹/₂ Kindergeld)   = 216,– €
                                                                        ─────────
                                                                        478,– €

Für den Unterhalt der beiden gleichrangigen Ehefrauen F1 und F2 stehen insgesamt nur 2278 – 478
= 1800,– € zur Verfügung, die offensichtlich nicht ausreichen. Es liegt also ein Mangelfall im
zweiten Rang vor. Zur Berechnung der Ansprüche der Ehegatten vgl. Rn. 75.

3. Konkurrenz zwischen mehreren gleichrangigen Ehegatten

67   **a) Änderungen der Rangverhältnisse zum 1. 1. 2008.** Waren der frühere und der
jetzige Ehegatte unterhaltsberechtigt, hatte bis zum 31. 12. 2007 der erste Ehegatte in der

---

[117] BGH, FamRZ 1986, 553, 556 = R 276 c; 1985, 912, 916 = NJW 1985, 2713 (zum Verhältnis von
      Ehegatten- und Volljährigenunterhalt)
[118] BGH, FamRZ 2003, 860, 865 mit Anm. Klinkhammer = R 590 A g
[119] BGH, FamRZ 1990, 979, 980 = 437 a; 1991, 1163, 1164 f.
[120] FamRZ 1997, 806, 811
[120a] Zur Berücksichtigung der Bedarfskontrollbeträge bei Vorrang des Kindesunterhalts nach § 1609
      Nr. 1 BGB n. F. vgl. BGH FamRZ 2008, 968 = R 689 h
[121] FamRZ 1997, 806, 811; 2005, 347, 351
[122] BT-Drucks. 16/1830 S. 24; vgl. auch Menne/Grundmann, Das neue Unterhaltsrecht, S. 91
[123] FamRZ 2006, 813, 817
[124] FamRZ 2005, 1417, 1423

Regel den Vorrang (§ 1582 BGB a. F.). Reichte das anrechenbare Einkommen des Pflichtigen nicht für den Unterhalt beider Ehegatten aus, blieb der zweite bei der Unterhaltsberechnung ganz oder teilweise unberücksichtigt. Er konnte wegen des Nachrangs nur ausnahmsweise Unterhalt erhalten, z. B. wenn der erste Ehegatte wegen eigener Einkünfte lediglich Aufstockungsunterhalt bezog oder wenn der Schuldner über nicht prägendes Einkommen, z. B. nach einem Karrieresprung verfügte, und er deshalb den Unterhalt des nachrangig Berechtigten bestreiten konnte. Auch nach neuem Recht kann ein Ehegatte, insbesondere wenn er Anspruch auf Betreuungsunterhalt hat oder im Fall der Scheidung hätte, den Vorrang vor dem anderen haben (§ 1609 Nr. 2, 3 BGB). Vgl. dazu Rn. 77.

Seit dem 1. 1. 2008 wird es dagegen häufig vorkommen, dass mehrere **Ehegatten den** 68 **gleichen Rang** haben, z. B. der geschiedene Ehegatte nach langer Ehe und der jetzige Ehegatte, der ein Kind betreut und deshalb im Fall der Scheidung nach § 1570 BGB unterhaltsberechtigt wäre (§ 1609 Nr. 2 BGB n. F.). Bisher wurden in einem solchen Fall vielfach die Hammer Leitlinien angewendet, die auch in der ab 1. 1. 2008 geltenden Fassung unverändert geblieben sind (HL 24.2). Zur Berechnung des Unterhalts gleichrangiger Ehegatten nach neuem Recht haben Gerhardt und Gutdeutsch Vorschläge gemacht.[125] Sie weisen zu Recht darauf hin, dass bereits nach der Entscheidung des BGH vom 15. 3. 2006[126] die ehelichen Lebensverhältnisse, nach denen sich der Bedarf eines unterhaltsberechtigten Ehegatten bemisst, auch durch das Hinzutreten weiterer vorrangiger und gleichrangiger Unterhaltsberechtigter bestimmt werden. Dies gilt nach der Neufassung des § 1609 BGB durch das UÄndG seit dem 1. 1. 2008 insbesondere für den Unterhalt gleichrangiger Ehegatten. Vgl. dazu auch *Gutdeutsch* Rn 4/390 ff.

b) Der erwerbstätige Schuldner ist zwei nicht erwerbstätigen Ehegatten unter- 69 **haltspflichtig.** Ausgangspunkt der Erörterung muss zunächst sein, dass der Schuldner mit keinem der Ehegatten zusammenlebt und er also dem einen nachehelichen, dem anderen Trennungsunterhalt schuldet. Nach den Hammer Leitlinien (HL 24.2.1) ist dann sein Einkommen auf ihn und die Ehegatten im Verhältnis von 4 : 3 : 3 zu verteilen. Dieser Verteilungsschlüssel ergibt sich daraus, dass bei einem Erwerbstätigenbonus von $1/7$, den die meisten Leitlinien, auch die Hammer Leitlinien (HL 15.2.1), zugrunde legen, dem Schuldner $4/7$ seines anrechenbaren Einkommens verbleiben und der Ehegatte $3/7$ als Unterhalt erhält. Tritt ein weiterer gleichrangiger Ehegatte, der nicht mit dem Schuldner zusammenlebt, als Unterhaltsberechtigter hinzu, gebührt diesem grundsätzlich ebenfalls ein Anteil von $3/7$ des Einkommens des Pflichtigen. Da der Schuldner jedoch $10/7$ (= 142,86%) seines Einkommens nicht aufbringen kann, müssen die Anteile im Verhältnis von 100% zu 142,86%, also auf 70% des Betrages ermäßigt werden, den der Schuldner aufzubringen hätte, wenn er nur einem Ehegatten unterhaltspflichtig wäre, also auf einen Anteil von $4/10$[127] für den Schuldner und auf Anteile von je $3/10$[128] für die Ehegatten. Damit erhält der erwerbstätige Schuldner rechnerisch nur einen Erwerbstätigenbonus von $1/10$, da auch dieser wegen des nicht für alle Beteiligten ausreichenden Einkommens des Schuldners nicht in Höhe von $1/7$ gewährt werden kann, vielmehr entsprechend, also auf 70% des sonstigen Bonus gekürzt, werden muss.[129]

Gerhardt und Gutdeutsch[130] gelangen zu demselben Ergebnis. Sie kürzen das Erwerbseinkommen des Pflichtigen um den vor allem in Süddeutschland üblichen Bonus von $1/10$ und erweitern den Halbteilungsgrundsatz, indem sie dem Schuldner und mehreren unterhaltsberechtigten Ehegatten den gleichen Anteil vom Resteinkommen zugestehen. Das führt dazu, dass der Pflichtige $4/10$ behält und den beiden unterhaltsberechtigten Ehegatten einen Unterhalt von je $3/10$ seines anrechenbaren Einkommens schuldet. Von einer Kürzung des

---

[125] Gutdeutsch FamRZ 2006, 1072; Gerhardt/Gutdeutsch FamRZ 2007, 778; anders Grandel NJW 2008, 796
[126] FamRZ 2006, 683, 686
[127] $4/7 \times 70/100 = 4/10$
[128] $3/7 \times 70/100 = 3/10$
[129] $1/7 \times 70/100 = 1/10$
[130] FamRZ 2007, 778

nach SüdL 15.2 im Normalfall gewährten Erwerbstätigenbonus von $^1/_{10}$ sehen Gerhardt und Gutdeutsch ab.[131]

Die Berechnungsweise des OLG Hamm (HL 24.2) und von Gerhardt/Gutdeutsch[132] beruht auf der Prämisse, dass beide Ehegatten in gleicher Weise an dem durch Erwerbstätigkeit geprägten Lebensstandard teilhaben. Dies ist wohl auch die Auffassung des BGH in der, soweit ersichtlich, bisher einzigen Entscheidung zum Unterhalt gleichrangiger Ehegatten.[133] Danach werden die ehelichen Lebensverhältnisse der zweiten Ehe nicht durch die Unterhaltspflicht gegenüber dem ersten Ehegatten in der Weise geprägt, dass dessen Unterhaltsanspruch – als bei Eingehung der zweiten Ehe bekannt – das zur Verfügung stehende Einkommen des Schuldners mindert. Dies würde auch auf einen Vorrang des ersten Ehegatten hinauslaufen. Vielmehr ist grundsätzlich vom gleichen Bedarf der unterhaltsberechtigten Ehegatten auszugehen. Reicht das Einkommen des Schuldners zur Deckung des Bedarfs der Berechtigten nicht aus, sind deren Ansprüche verhältnismäßig zu kürzen.[134]

70   **Lebt** der allein erwerbstätige Schuldner mit **seinem jetzigen Ehegatten zusammen,** schuldet er ihm Familienunterhalt, dem früheren Ehegatten dagegen nachehelichen Unterhalt. Bei dieser Sachlage ist zu berücksichtigen, dass durch das Zusammenleben eine Ersparnis eintritt. Die Hammer Leitlinien (HL 24.2) tragen dem dadurch Rechnung, dass der Verteilungsschlüssel auf 4 : 3,3 : 2,7 verändert wird. Dies bedeutet, dass die Unterhaltsquote des geschiedenen Ehegatten um 10% von $^{30}/_{100}$ auf $^{33}/_{100}$ und die Quote des mit dem Schuldner zusammenlebenden Ehegatten um 10% auf $^{27}/_{100}$ des anrechenbaren Einkommens gekürzt wird. Ob damit der Ersparnis durch das Zusammenleben ausreichend getragen wird, ist zweifelhaft. Mit einer Quote von $^{27}/_{100}$ erhielte der jetzige Ehegatte 81,8% von $^{33}/_{100}$. In anderen Fällen wird die Ersparnis durch das Zusammenleben dagegen von den Tabellen und Leitlinien höher bewertet. So beträgt der notwendige Eigenbedarf des Ehegatten, der in einem gemeinsamen Haushalt mit dem Schuldner lebt, gegenüber nicht privilegiert volljährigen Kindern und gegenüber nachrangigen (geschiedenen) Ehegatten nach B VI der Düsseldorfer Tabelle Stand: 1. 1. 2008 und vielen Leitlinien (z. B. HL und SüdL 22.1) 800,– € und damit 72,73% des Eigenbedarfs des mit ihm verheirateten Schuldners von 1100,– € (A 5 I der Düsseldorfer Tabelle und Nr. 21.3.1 der Leitlinien); die Ersparnis durch das Zusammenleben wird also mit 27% des den Bedarf prägenden Einkommens angesetzt. Zu einem etwas geringeren Prozentsatz gelangen die Düsseldorfer Tabelle und die meisten Leitlinien beim Elternunterhalt. Dort beläuft sich der Mindesteigenbedarf des volljährigen Kindes, das einem Elternteil Unterhalt schuldet, nach D I der Düsseldorfer Tabelle Stand: 1. 1. 2008 auf 1400,– €, der Mindestbedarf des mit ihm zusammenlebenden Ehegatten dagegen auf 1050,– €, also auf 75% dieses Betrages.[135] Damit beträgt die Ersparnis durch das Zusammenleben 25% von 1400,– €. Ich halte es daher für angezeigt, das Verhältnis des Bedarfs des mit dem Schuldner zusammenlebenden Ehegatten zu dem demjenigen des geschiedenen Ehegatten mit 75% anzusetzen. Zu einem solchen Verhältnis gelangt man auch, wenn man die Bedarfsbeträge der Ehegatten von jeweils $^3/_{10}$ = 30% des anrechenbaren Einkommens des Schuldners beim zusammenlebenden Partner um $^1/_7$ = 14,29% kürzt und denjenigen des geschiedenen Ehegatten um $^1/_7$ erhöht.[136] Die Kürzung um 5% einerseits und die Erhöhung um 10% andererseits, wie sie Gerhardt und Gutdeutsch[137] vorschlagen, ist m. E. nicht konsequent.

Im Anschluss an *Gerhardt* und *Gutdeutsch*[137a] gehe ich davon aus, dass das Einkommen des Schuldners im Verhältnis zu beiden Ehegatten und den Kindern einheitlich unter Berück-

---

[131] Bei der m. E. gebotenen Kürzung der Bedarfsbeträge von 55: 45: 45 im Verhältnis von 100: 145 ergäben sich Anteile für S von 38% und für F 1 und F2 von je 31%
[132] FamRZ 2007, 778
[133] FamRZ 1983, 678 = R 168 b
[134] So auch BGH FamRZ 1983, 678 = R 168 b
[135] Ebenso BL, BrL, CL, HaL, HL, KL, NaL, KL, SchL jeweils zu 21. 3, 22. 3; anders dagegen BsL, DrL, FL, SüdL, die von einem Mindestbedarf des zusammenlebenden Ehegatten von 1100,– € ausgehen
[136] $(x - ^1/_7) : (x + ^1/_7) = ^6/_7 x : ^8/_7 \times = 6 : 8 = 75\%$. vgl. dazu auch Scholz FamRZ 2004, 1829, 1832
[137] FamRZ 2007, 778, 781
[137a] FamRZ 2007, 778, 781

sichtigung des Splittingvorteils, also nach der Steuerklasse III, zu bemessen ist. Insoweit dürfte die bisherige Rechtsprechung des BVerfG[137b] und des BGH[137c] ab 1. 1. 2008 zu revidieren sein. Zu dieser Frage hat der BGH in seine Entscheidung vom 6. 2. 2008[137d] nicht Stellung genommen.

Beispiel:
M ist nach langer Ehe von der erwerbsunfähigen F1 geschieden. Er lebt mit F2 zusammen, die ein zweijähriges Kind aus der zweiten Ehe betreut. M verfügt nach Abzug des Kindesunterhalts über ein Einkommen von 3000,– €.
Der Bedarf von F1 und F2 beträgt grundsätzlich je $3/10$ von 3000,–, also 900,– €. Wegen des Zusammenlebens mit F2 ist deren Bedarf um 14,29% zu kürzen, derjenige von F1 um 14,29% zu erhöhen. Es erhalten
F1: 900 + 14,29% =1029,– €
F2: 900 – 14,29% = 771,– €
M behält 3000 × $4/10$ = 1200,– €

c) Schuldner und beide Ehegatten sind nicht erwerbstätig. In diesem Fall ist das **71** Einkommen des Schuldners, z. B. aus Renteneinkünften, im Verhältnis von 1 : 1 : 1 zu verteilen, wenn er mit keinem der Ehegatten zusammenlebt (HL 24.2.1). Bei Mischeinkünften ist auf das Erwerbseinkommen der Schlüssel 4 : 3 : 3 und auf das sonstige Einkommen, z. B. Zinsen, der Schlüssel 1 : 1 : 1 anzuwenden. Zu demselben Ergebnis dürften Gerhardt und Gutdeutsch[138] kommen (Rn. 69).

Lebt der Schuldner dagegen mit seinem jetzigen Ehegatten zusammen, ist grundsätzlich von einem gleichen Anteil eines jeden, also von jeweils 33,33% oder einem Verteilungsschlüssel von 1 : 1 : 1 auszugehen. Der Bedarf des früheren Ehegatten ist um $1/7$ oder 14,29% des anrechenbaren Einkommens des Schuldners aus Renten, Kapitaleinkünften. Mieten usw. zu erhöhen, derjenige des mit ihm zusammenlebenden jetzigen Ehegatten um $1/7$ zu kürzen. Vgl. Rn. 70. Der Pflichtige behält damit 33,33%, der geschiedene Ehegatte hat Anspruch auf 38,09% und der zusammenlebende jetzige Ehegatte auf 28,57%. Die Hammer Leitlinien (HL 24.2) schlagen dagegen für diesen Fall eine Verteilung im Verhältnis von 3,6 : 3,6 : 2,8 vor, offenbar, weil das OLG Hamm der Auffassung zu sein scheint, dass der Pflichtige nicht weniger behalten darf als ein Berechtigter an Unterhalt erhält. Dies ist zwar grundsätzlich richtig, wenn nur ein unterhaltsberechtigter Ehegatte vorhanden ist. Hier verbleibt dem Schuldner jedoch im Verhältnis zu beiden berechtigten Ehegatten sein Bedarf von 33,33%. Der Unterhalt, den er beiden insgesamt schuldet, bleibt unverändert; es findet lediglich eine Verschiebung zwischen den Berechtigten statt.[139]

d) Schuldner und beide Ehegatten sind erwerbstätig. Für diesen Fall sehen die HL **72** 24.2.3 von einem Berechnungsvorschlag ab. Es empfiehlt sich m. E. eine Berechnung des Unterhalts nach der Additionsmethode, wie sie auch Gerhardt und Gutdeutsch[140] vorschlagen. Das Erwerbseinkommen des Pflichtigen und eines jeden Ehegatten ist um den Erwerbstätigenbonus zu kürzen, der auch nach den Leitlinien, die sonst einen Bonus von $1/7$ zugrunde legen, mit $1/10$ anzusetzen ist (vgl. dazu Rn. 69). $9/10$ des jeweiligen Einkommens sind zu addieren und durch die Anzahl der Beteiligten zu teilen. Der auf jeden Berechtigten entfallende Anteil, bei zwei berechtigten Ehegatten je ein Drittel **(Dreiteilungsgrundsatz)**, ist um $9/10$ des jeweiligen eigenen Erwerbseinkommens zu kürzen. Bei sonstigen Einkünften unterbleibt der Abzug des Erwerbstätigenbonus.

Beispiel 1:
M ist nach langer Ehe von F1 geschieden. Er lebt von seiner zweiten Ehefrau F2, die ein zweijähriges Kind betreut, getrennt. M verfügt nach Abzug des Kindesunterhalts über ein anrechenbares Einkommen von 1800,– € (Steuerklasse I), beide Ehegatten haben jeweils ein unterhaltsrechtlich relevantes Einkommen von 1000,– € (bei F2 unter Berücksichtigung von Betreuungskosten).

[137b] FamRZ 2003, 1821 = R 598
[137c] FamRZ 2005, 1817 = R 632 b
[137d] FamRZ 2008, 968 = R 689
[138] Vgl. FamRZ 2007, 778
[139] So wohl auch BGH FamRZ 1983, 678 = R 168 b
[140] NJW 2007, 778

Bedarf F1 und F2: $1/3$ [(1800 × $9/10$) + (1000 × $9/10$) + (1000 × $9/10$)] = 1140,– €
Höhe F1 und F2: 1140 – (1000 × $9/10$) = 240,– €
F1 und F2 erhalten jeweils 240,– €, M behält 1800 – 240 – 240 = 1320,– €.

Beispiel 2:
Wie Beispiel 1. Jedoch verfügt F1 über zusätzliches prägendes Zinseinkommen von 120,– €.
Bedarf F1 und F2: $1/3$ [(1800 × $9/10$) + (1000 × $9/10$ + 120) + (1000 × $9/10$)] = 1180,– €
Höhe:
F1: 1180 – (1000 × $9/10$) – 120 = 160,– €
F2: 1180 – (1000 × $9/10$) = 280,– €
M behält 1800 – 160 – 280 = 1360,– €.

73   **Lebt** der Schuldner **mit seinem zweiten Ehegatten** zusammen, muss der Ersparnis durch gemeinsame Haushaltsführung Rechnung getragen werden. Dies geschieht dadurch, dass der nach dem Dreiteilungsgrundsatz ermittelte Bedarf des geschiedenen Ehegatten um $1/7$ = 14,29% erhöht und derjenige des zusammenlebenden Ehegatten entsprechend gekürzt wird (Rn. 70). Dies führt dazu, dass der Unterhaltsanspruch des jetzigen Ehegatten 75% des Anspruchs des geschiedenen Ehegatten beträgt. Dadurch wird der Ersparnis durch das Zusammenleben mit dem Schuldner hinreichend Rechnung getragen. Vgl. auch Rn. 76.

74   Bei erwerbstätigen unterhaltsberechtigten Ehegatten verbleibt es beim Vorwegabzug des **Erwerbstätigenbonus** von $1/10$ (Rn. 69, 72) vom Erwerbseinkommen. Dies gilt auch für den mit dem Schuldner zusammenlebenden Ehegatten, obwohl beim Familienunterhalt grundsätzlich der strikte Halbteilungsgrundsatz (vgl. Rn. 2) gilt, der einen Erwerbstätigenbonus grundsätzlich ausschließt. In der Tat hat der BGH weder dem Schuldner noch dem mit ihm zusammenlebenden Partner einen Erwerbstätigenbonus gewährt, wenn gegen einen von ihnen Verwandtenunterhalt geltend gemacht wurde.[141] Der BGH hat jedoch, soweit ersichtlich, noch nicht entschieden, ob dem mit dem Schuldner zusammenlebenden Ehegatten ein Erwerbstätigenbonus zu gewähren ist, wenn es um die Konkurrenz zwischen dem Anspruch auf Familienunterhalt und dem Unterhaltsanspruch eines früheren Ehegatten geht. M. E. steht dem Ehegatten, der mit dem Schuldner einen gemeinsamen Haushalt unterhält, ein solcher Bonus zu. Ohne Frage sind die Einkünfte des Schuldners und des geschiedenen (ersten) Ehegatten bei Erwerbstätigkeit um den Erwerbstätigenbonus zu kürzen, wenn der nacheheliche Unterhalt zu berechnen ist. Der Anspruch des mit dem Pflichtigen zusammenlebenden (zweiten) Ehegatten auf Familienunterhalt wäre nicht mit dem gleichrangigen nachehelichen Unterhalt vergleichbar, wenn ihm bei Veranschlagung des Familienunterhalts in Geld (vgl. Rn. 2) kein Erwerbstätigenbonus gewährt würde. Der jetzige Ehegatte hätte kaum Verständnis dafür, dass die Mühe und Plage der Berufstätigkeit beim geschiedenen Ehegatten mit einem Erwerbstätigenbonus als Anreiz zur Arbeit belohnt würde, bei ihm dagegen nicht.[142]

Beispiel:
Wie Beispiel 1 (Rn. 72); jedoch lebt F2 mit dem Schuldner zusammen; ihr Einkommen beträgt 600,– €. Das Einkommen des M nach Steuerklasse III (vgl. dazu Rn. 70) beträgt nach Abzug des Kindesunterhalts 1800,– €.
Bedarfsberechnung: $1/3$ [(1800 × $9/10$) + (1000 × $9/10$) + (600 × $9/10$)] = 1020,– €.
Der Bedarf von jeweils 1020,– € ist bei F1 um $1/7$ (14,29%) zu erhöhen und bei F2 entsprechend zu ermäßigen.
F1: 1020 + 14,29% = 1166,– €
F2: 1020 – 14,29% = 874,– €
Der Unterhaltsbedarf von F2 beträgt 874,– € und damit 75% des Bedarfs von F1 von 1166,– €.
Höhe:
F1: 1166 – (1000 × $9/10$) = 266,– €
F2: 874 – (600 × $9/10$) = 334,– €
M behält 1800 – 266 – 334 = 1200,– €.

---

[141] BGH, FamRZ 2002, 742 = R 576a (zum Kindesunterhalt); FamRZ 2004, 366, 368 mit Anm. Strohal; FamRZ 2004, 441 (zum Elternunterhalt).
[142] So auch im Ergebnis Gerhardt/Gutdeutsch FamRZ 2007, 778, 782

4. Mangelfall bei gleichrangigen Ehegatten

Bis zum 31. 12. 2007 war eine Mangelfallberechnung in aller Regel nur erforderlich, **75** wenn der Schuldner nicht in der Lage war, die Ansprüche der erstrangigen Unterhaltsberechtigten zu befriedigen, zu denen neben den minderjährigen und den privilegiert volljährigen Kindern auch die Ehegatten gehörten. Nach neuem Recht wird der Schuldner vielfach in der Lage sein, die Ansprüche dieser Kinder zu erfüllen, nicht aber auch die Ansprüche mehrerer gleichrangiger Ehegatten. Es kommt dann zu einem **Mangelfall im zweiten Rang,** u. U. auch im dritten Rang (§ 1609 Nr. 2, 3 BGB n. F.). In einem solchen Fall ist der Kindesunterhalt vielfach der ersten oder zweiten Gruppe der Düsseldorfer Tabelle zu entnehmen (Rn. 66). Nach Abzug des Kindesunterhalts ist der Bedarf der Ehegatten nach den dargestellten Grundsätzen zu berechnen (Rn. 68 ff.). Kann der Pflichtige diesen Bedarf nicht decken, ohne dass sein eheangemessener Selbstbehalt von 1000,– € unterschritten wird, ist die Differenz zwischen dem nach Abzug des Kindesunterhalts verbleibenden anrechenbaren Einkommen und dem Selbstbehalt auf die berechtigten Ehegatten im Verhältnis ihrer Bedarfsbeträge zum Gesamtbedarf beider Unterhaltsberechtigten zu verteilen. Minderjährige und privilegiert volljährige Kinder sind an dieser Mangelverteilung nicht beteiligt, da ihr Unterhalt bereits berücksichtigt ist.

Beispiel:
Sachverhalt wie Beispiel Rn. 66. Beide Ehefrauen sind gleichrangig und leben nicht mit M zusammen.
Restliches Einkommen des M nach Abzug des Kindesunterhalts: 1800,– €.
Bedarf F1 und F2: $^1/_3$ von (1800 × $^9/_{10}$) = je 540,– €
M behält nur 1800 – 540 – 540 = 720,– € und damit weniger als seinen eheangemessenen Selbstbehalt von 1000,– €.
Zu verteilen sind 1800 – 1000 = 800,– €
F1 und F2 erhalten jeweils (540 × 800) : 1080 = 400,– €

Lebt der jetzige Ehegatte des Pflichtigen mit diesem zusammen, ist sein Bedarf um $^1/_7$ = **76** 14,29% zu ermäßigen, derjenige des ersten Ehegatten entsprechend zu erhöhen. Damit wird die Ersparnis durch die gemeinsame Haushaltsführung in ausreichender Weise berücksichtigt. Vgl. dazu Rn. 70, 73. Eine Ermäßigung des Selbstbehalts des Schuldners um 12,5% auf 875,– €, wie sie Gerhardt und Gutdeutsch[143] für den Mangelfall im zweiten Rang vorschlagen, halte ich nicht für geboten.

Beispiel:
Sachverhalt wie Beispiel Rn. 66. Beide Ehefrauen sind gleichrangig. F2 lebt mit M zusammen.
Restliches Einkommen M nach Abzug des Kindesunterhalts: 1800,– € (Steuerklasse III; vgl. dazu Rn 70).
Vorläufiger Bedarf F1 und F2: $^1/_3$ von (1800 × $^9/_{10}$) = je 540,– €
Der Bedarf von F1 ist um $^1/_7$ = 14,29% auf 617,– € zu erhöhen, der Bedarf von F2 um $^1/_7$ = 14,29% auf 463,– € zu ermäßigen.
M bleiben 1800 – 617 – 463 = 720,– €
Zu verteilen sind 1800 – 1000 = 800,– €
Unterhalt F1: (617 × 800): 1080 = 457,– €
Unterhalt F2: (457 × 800): 1080 = 343,– €

5. Nachrangiger Ehegatte und Familienunterhalt

Der Familienunterhalt kann nach § 1609 Nr. 2, 3 BGB n. F. den Vorrang vor dem **77** Unterhalt des geschiedenen Ehegatten haben, wenn der jetzige Ehegatte ein Kind betreut und im Falle der Scheidung Anspruch auf Unterhalt nach § 1570 BGB hätte und wenn die erste Ehe nicht von langer Dauer war (vgl. Rn. 67). In einem solchen Fall schließt der vorrangige Familienunterhalt den Anspruch des geschiedenen Ehegatten nicht von vorneherein aus. Vielmehr sind die Lebensverhältnisse der jetzigen Ehe durch das Vorhandensein des

---

[143] FamRZ 2007, 778, 781

unterhaltsberechtigten ersten Ehegatten geprägt.[144] Dem Schuldner müssen daher sein eheangemessener Selbstbehalt von 1000,– nach B IV der Düsseldorfer Tabelle Stand: 1. 1. 2008 und der angemessene Unterhalt für seinen Ehegatten verbleiben. Dieser angemessene Bedarf des Ehegatten sollte wegen der Ersparnis durch gemeinsame Haushaltsführung m. E. 75% von 1000,– €, also 750,– € betragen. Zur Höhe der Ersparnis vgl. Rn. 70. Die Düsseldorfer Tabelle (B VI) und die Leitlinien (22,2) setzen den angemessenen Selbstbehalt des zusammenlebenden Ehegatten dagegen mit 800,– € (80% von 1000,– €) an.[145] Zur weitgehend gleich liegenden Problematik beim Unterhalt des nicht privilegiert volljährigen Kindes vgl. Rn. 78.

6. Konkurrenz zwischen Volljährigen- und Familienunterhalt

78   Bei einem nicht privilegiert volljährigen Kind aus der jetzigen Ehe des Verpflichteten ist vom Barunterhalt auszugehen, der aus der Düsseldorfer Tabelle oder den Leitlinien des jeweiligen Oberlandesgerichts zu entnehmen ist (vgl. Rn. 2/368 ff., 2/383 ff.). Minderjährige sowie privilegiert volljährige Kinder, der frühere Ehegatte, der jetzige Ehepartner und der Elternteil, der Anspruch auf Betreuungsunterhalt nach § 1615l II 2 BGB hat, gehen einem volljährigen Kind im Rang vor (§ 1609 Nr. 1 – 4 BGB n. F.). Gleichwohl ist der Ehegattenunterhalt, wenn kein Missverhältnis entsteht, grundsätzlich unter Vorwegabzug des Unterhalts des volljährigen Kindes zu berechnen. Dazu Rn. 79. Reicht das Einkommen des Verpflichteten nicht für den Unterhalt aller Berechtigten aus, entfällt der Anspruch des volljährigen Kindes ganz oder teilweise. Vgl. dazu Rn. 2/152, 165, 429 ff., 4/194.

79   Begehrt ein (nicht privilegiert) **volljähriges Kind aus der früheren Ehe** des Verpflichteten Unterhalt, muss dem Schuldner der angemessene Eigenbedarf verbleiben (§ 1603 I BGB), der nach der Düsseldorfer Tabelle Stand: 1. 1. 2008 (Anm. A 5 II) mindestens 1100,– € beträgt (vgl. dazu Rn. 2/417 ff.). Der anteilige Familienunterhalt des jetzigen Ehegatten des Schuldners ist grundsätzlich unter Vorwegabzug des Unterhalts des volljährigen Kindes zu berechnen, da die Unterhaltspflicht gegenüber diesem Kind die ehelichen Lebensverhältnisse prägt.[146] Jedoch muss der Vorrang des jetzigen Ehegatten gewahrt bleiben. Zwischen dem Unterhalt des Ehegatten und dem Unterhalt des volljährigen Kindes darf kein Missverhältnis entstehen. Dem Ehegatten muss daher ein Mindestbedarf bleiben.[147] Dieser Mindestbedarf darf nicht mit einem Bruchteil des dem Schuldner gebührenden notwendigen Selbstbehalts von 900,– € bzw. 770,– € nach der Düsseldorfer Tabelle Stand: 1. 1. 2008 (Anm. A 5 I) bzw. den Leitlinien der Oberlandesgerichte (22.2) angesetzt werden; denn der Ehegatte hat einen Anspruch auf angemessenen, nicht nur auf notwendigen Unterhalt (§ 1360 S. 1 BGB). Auch der eheangemessene Eigenbedarf des Schuldners von 1000,– € nach B IV der Düsseldorfer Tabelle Stand. 1. 1. 2008 und den Leitlinien der Oberlandesgerichte (21.4) ist m. E. kein Maßstab. Es empfiehlt sich vielmehr, den **angemessenen Bedarf des Ehegatten** von dem sich aus der Düsseldorfer Tabelle (Anm. A 5 II) ergebenden angemessenen Eigenbedarf des Schuldners gegenüber dem nicht privilegiert volljährigen Kind von 1100,– € abzuleiten und wegen der Ersparnisse infolge gemeinsamer Haushaltsführung angemessen zu kürzen. Es bietet sich an, diesen Bedarf auf 825,– € (= 75% von 1100,– €; zu diesem Prozentsatz vgl. Rn. 70) festzusetzen. Die Düsseldorfer Tabelle Stand: 1. 1. 2008 und die Leitlinien der Oberlandesgerichte (22.2) gehen dagegen von einem Betrag von 800,– € aus. Dies bedeutet, dass das volljährige Kind keinen Unterhalt erhält, wenn der Verpflichtete für sich und seine jetzige Ehefrau nicht mehr als (1900 + 825=) 1925,– € oder – wenn man den Leitlinien folgt – nicht mehr als (1100 + 800 =) 1900,– € zur Verfügung hat.

---

[144] So mit Recht Gutdeutsch FamRZ 2008, 661
[145] Zu weiteren Einzelheiten der Berechnung des Unterhalts des nachrangigen Ehegatten vgl. Gutdeutsch FamRZ 2008, 661
[146] BGH, FamRZ 2003, 860, 865 mit Anm. Klinkhammer = R 590 A g
[147] BGH, FamRZ 2003, 860, 865 mit Anm. Klinkhammer = R 590 A g

Beispiel:
Einkommen des Mannes (M): 2500,– €. Er bezieht das Kindergeld von 154,– €. Die Mutter hat nur ein Einkommen von 1000,– € und ist daher nicht leistungsfähig. Der studierende Sohn S aus erster Ehe verlangt Unterhalt von 640,– € nach der Düsseldorfer Tabelle (Anm. A 7 II). M hat das Kindergeld an S auszukehren (§ 1612b I 1 Nr. 2 BGB n. F.; vgl. Rn. 2/501, 505 ff.). In Höhe des Restbetrages von (640 – 154 =) 486,– € ist er leistungsfähig, da ihm für sich und seine Ehefrau F 2014,– € verbleiben und damit mehr als der angemessene Familienbedarf, der im Verhältnis zum nicht privilegiert volljährigen Kind mit (1100 + 825=) 1925,– € oder mit (1100 + 800 =) 1900,– € anzusetzen ist.

7. Konkurrierende Ansprüche von Eltern

a) Bedürftigkeit eines Elternteils. Der **Unterhaltsbedarf** eines Elternteils entspricht **80** seiner bisherigen Lebensstellung (§ 1610 I BGB). Er deckt sich bei Pflege in einem Heim mit den dadurch entstehenden Kosten, soweit diese nicht durch Eigeneinkommen oder Versicherungsleistungen gedeckt sind. Lebt der Elternteil noch in einer eigenen Wohnung, ist sein Bedarf im Allgemeinen nicht höher als das **Existenzminimum** von 770,– € (vgl. dazu Anm. A 5 I, B V 2 der Düsseldorfer Tabelle Stand: 1. 1. 2008), allerdings zuzüglich des Beitrags zur Kranken- und Pflegeversicherung und etwaigen Mehrbedarfs infolge Krankheit oder Behinderung.[148] Dieser Bedarf ist allerdings vielfach durch eigenes (Renten-) Einkommen und/oder durch Leistungen der Grundsicherung im Alter und bei Erwerbsminderung ganz oder teilweise gedeckt (§§ 41 ff. SGB XII; Rn. 8/135 ff.). Gleichwohl kann ein Kind Elternunterhalt schulden, wenn ein nicht gedeckter Restbedarf verbleibt. Zum Elternunterhalt vgl. im Einzelnen Rn. 2/629 ff.

b) Sicherstellung des Familienunterhalts durch das unterhaltspflichtige Kind. 81 Konkurriert der Unterhaltsanspruch eines Elternteils mit dem Familienunterhalt, den das unterhaltspflichtige Kind seinem Ehegatten und ggf. seinen eigenen Kindern zu gewähren hat, muss dieser Unterhalt, wie bereits erörtert, in Geld veranschlagt werden (Rn. 2, 65). Die Ansprüche der Mitglieder der jetzigen Familie, also der minderjährigen und volljährigen Kinder und des Ehegatten, gehen im Range dem Elternunterhalt vor (§ 1609 Nr. 1–4 BGB n. F.). Der **angemessene Selbstbehalt**, der dem Pflichtigen gegenüber seinen Eltern zu verbleiben hat, muss über dem angemessenen Selbstbehalt liegen, den er gegenüber seinen volljährigen Kinder verteidigen kann;[149] er beträgt nach Abschnitt D I der Düsseldorfer Tabelle und den Leitlinien nach dem Stand: 1. 1. 2008 (21.3.2) 1400,– €. Dieser Mindestselbstbehalt des unterhaltspflichtigen Kindes erhöht sich in der Regel um 50% des den Selbstbehalt übersteigenden Einkommens.[150]

Der Bedarf des mit dem Schuldner **zusammen lebenden Ehegatten** wird in D I der **82** Düsseldorfer Tabelle und den Leitlinien nach dem Stand: 1. 1. 2008 (22.3) im Allgemeinen nur mit einem Mindestbetrag von 1050,– €, teilweise aber auch mit 1100,– € angegeben. Vgl. dazu Rn. 70. Vielfach werden der angemessene Selbstbehalt des Schuldners und der Mindestbedarf des Ehegatten zu einem Familienbedarf von 2450,– € bzw. 2500,– € zusammengefasst. Vgl. dazu Rn. 2/646. Bei höherem Familieneinkommen muss nicht nur der Selbstbehalt des Schuldners um 50% des Mehreinkommens angehoben, sondern auch der Mindestbedarf des Ehegatten entsprechend den ehelichen Lebensverhältnissen mit einem höheren Betrag angesetzt werden.[151]

Nach der Rechtsprechung des **BGH**[152] ist der Bedarf des Ehegatten des Schuldners nach den individuell ermittelten Lebens-, Einkommens- und Vermögensverhältnissen, die den ehelichen Lebensstandard bestimmen, zu bemessen. Da der Ehegatte der Schwiegermutter bzw. dem Schwiegervater nicht unterhaltspflichtig ist, braucht er, so der BGH, im Hinblick auf deren nachrangige Unterhaltsansprüche keine Schmälerung seines angemessenen Be-

---

148 BGH, FamRZ 2003, 860, 861 mit Anm. Klinkhammer = R 590 A b
149 BGH, FamRZ 2002, 1698 mit Anm. Klinkhammer = R 580 c
150 BGH, FamRZ 2002, 1698 mit Anm. Klinkhammer = R 580 c
151 BGH, FamRZ 2003, 860, 865 = R 590 A f mit Anm. Klinkhammer
152 BGH, FamRZ 2002, 1698 = R 580 c mit Anm. Klinkhammer

darfs hinzunehmen. Dies gilt auch dann, wenn dem Unterhaltsverpflichteten möglicherweise weniger verbleibt, als seinem Ehegatten zur Verfügung steht, da er ihm den eheangemessenen Unterhalt schuldet, er gegenüber seinen Eltern aber nur die Mittel verteidigen kann, die er zur Deckung seines eigenen angemessenen Unterhalts im Sinne des § 1603 I BGB benötigt. Familienunterhalt steht dem Ehegatten daher grundsätzlich in Höhe der Hälfte der beiderseitigen Einkünfte zu, soweit diese die ehelichen Lebensverhältnisse geprägt haben. Diese können auch durch die latente Unterhaltslast gegenüber den bedürftigen Eltern eines Ehegatten geprägt sein, wenn sich diese bei Heirat bereits abzeichnet.[153] Auf die bereits bei Eheschließung des Kindes bestehenden Lebensverhältnisse, insbesondere auf eine latente Unterhaltslast gegenüber den Eltern oder einem Elternteil, kann es aber nicht ankommen. Dies hat der BGH in seiner Entscheidung vom 26. 6. 2003[154] im Hinblick auf die Kritik von Klinkhammer[155] letztlich auch eingeräumt. Vielmehr kommt es nach diesem Urteil auf die sich wandelnden Einkommens- und Vermögensverhältnisse, die die ehelichen Lebensverhältnisse beeinflussen, und die Wahrscheinlichkeit an, auf Elternunterhalt in Anspruch genommen zu werden. Damit beeinflusst der Elternunterhalt die Höhe des Familienunterhalts. Dies bedeutet allerdings **nicht,** dass der Elternunterhalt in seiner jeweiligen Höhe vom Einkommen des unterhaltspflichtigen Kindes **vorweg abgezogen** werden darf und dass sich der Unterhalt der Familie des Kindes nur nach dem so geminderten Einkommen richtet. Dies würde dazu führen, dass dem Kind angesichts der Höhe des Elternunterhalts in vielen Fällen nur der Mindestselbstbehalt von 1400,– € und dem Ehegatten nur der Mindestbedarf von 1050,– € bzw. 1100,– € belassen werden kann, was aber dem Nachrang des Elternunterhalts widersprechen würde. Der Vorwegabzug des Elternunterhalts kann auch nicht damit begründet werden, dass der Unterhaltsbedarf des gleichfalls nachrangigen nicht privilegiert volljährigen Kindes vom Einkommen des unterhaltspflichtigen Elternteils abgezogen wird, bevor der Familienunterhalt des Ehegatten errechnet wird (Rn. 79). Dieser Vorwegabzug, der auch beim volljährigen Kind nur stattfindet, wenn es zu keinem Missverhältnis zwischen Familienunterhalt und Kindesunterhalt kommt (Rn. 79), ist im Gegensatz zum Elternunterhalt dadurch gerechtfertigt, dass die Eltern für ihre bedürftigen Kinder auch nach Volljährigkeit jedenfalls bis zum Ende der Berufsausbildung in ungleich stärkerem Maße Verantwortung tragen als umgekehrt die wirtschaftlich selbständigen Kinder für ihre Eltern: Dies kommt in der schwachen Ausgestaltung des Elternunterhalts, insbesondere in seinem schlechten Rang (§ 1609 Nr. 6 BGB n. F.) zum Ausdruck.

83   Grundsätzlich hat jeder Ehegatte nach dem Halbteilungsgrundsatz rechnerisch Anspruch auf Familienunterhalt in Höhe der Hälfte des Familieneinkommens. Jedoch ist das Einkommen vor hälftiger Teilung um die mit wachsendem Lebensstandard regelmäßig ansteigende **Ersparnis** zu bereinigen, die **durch gemeinsame Haushaltsführung** entsteht.[156] Für den Ehegatten des Unterhaltspflichtigen wird wegen dieser Ersparnis ein geringerer Bedarf als für den Schuldner selbst festgesetzt. Die Ersparnis beträgt nach D I der Düsseldorfer Tabelle Stand: 1. 1. 2008 wenigstens 350,– €, da der Mindestbedarf des unterhaltspflichtigen Kindes sich auf 1400,– €, derjenige des Ehegatten sich dagegen auf 1050,– €[157] beläuft. Da es sich bei dem Betrag von 350,– € um einen pauschalen Tabellenwert handelt, kommt es nicht darauf an, ob eine Ersparnis in dieser Höhe tatsächlich erzielt wird; entscheidend ist, dass sie in der Regel erzielt werden könnte. Dem Unterhaltspflichtigen bleibt es freilich unbenommen, im Einzelnen darzulegen, dass eine solche Ersparnis im konkreten Fall nicht erreichbar ist. Übersteigt das Familieneinkommen den Mindestbedarf von 2450,– €, sind nicht nur die Bedarfssätze zu erhöhen; vielmehr steigt auch die Ersparnis durch das Zusammenleben.[158] M. E. bietet es sich an, als Anpassungsmaßstab das Verhältnis zu wählen, in dem die Mindestersparnis von 350,– € zu dem Mindestbedarf der Familie von 2450,– €

---

[153] BGH, FamRZ 2003, 860, 865 = R 590 A f mit Anm. Klinkhammer
[154] FamRZ 2004, 186, 188 = R 595 d mit Anm. Schürmann
[155] FamRZ 2003, 867; FUR 2004, 555
[156] BGH, FamRZ 2004, 792 mit Anm. Borth = R 605 b, c
[157] Nach einigen Leitlinien auch auf 1100,– €: vgl. Rn. 82
[158] BGH, FamRZ 2004, 792, 793 mit Anm. Borth

steht. Das sind 14,29%, also 1/7. Bei einem Familieneinkommen von insgesamt 3000,– €
beträgt die Ersparnis also 429,– €.[159] Vgl. dazu auch Rn. 70.

Der **Anspruch des seinerseits unterhaltsberechtigten Ehegatten** des Schuldners auf **84**
Beteiligung am Familienunterhalt ist danach unter Berücksichtigung einer pauschalen Ersparnis
von 14,29% der Einkünfte beider Ehegatten zu berechnen.[160] Das Familieneinkommen ist um
diese Ersparnis zu kürzen; der Restbetrag ist hälftig auf die Ehegatten unter Berücksichtigung
ihres jeweiligen Einkommens aufzuteilen.[160a] Der sich danach ergebende Anspruch des Ehegatten auf Familienunterhalt ist vom Einkommen des unterhaltspflichtigen Kindes abzuziehen.
Der Rest der Einkünfte steht für den Elternunterhalt zur Verfügung. Das unterhaltspflichtige
Kind muss allerdings nach der Rechtsprechung des BGH[161] seinen angemessenen Selbstbehalt
von 1400,– € zuzüglich 50% der Differenz zum so errechneten Einkommen behalten.[162]

Beispiel:
Der pflegebedürftige Vater V verlangt von seinem Sohn S Elternunterhalt in Höhe des ungedeckten
Bedarfs von 600,– €.
Einkommen des allein verdienenden S 3000,– €. Ersparnis durch das Zusammenleben (14,29% von
3000 =) 429,– €. Familienunterhalt der einkommenslosen Ehefrau F: 3000 – 429 = 2571: 2 =
1286,– €. Für den Elternunterhalt stehen zur Verfügung: 3000 – 1286 = 1714,– €. Erhöhter
angemessener Selbstbehalt von S: 1400 + [(1714 – 1400): 2] = 1557 €. Elternunterhalt: 1714 – 1557
= 157,– €.

Auch wenn **beide Ehegatten über Einkünfte** verfügen und nach deren Verhältnis zum **85**
Familienunterhalt beitragen müssen, ist zunächst die Ersparnis von regelmäßig 1/7 = 14,29%
vom Gesamteinkommen abzuziehen. Erst dann ist der Anteil der Ehegatten am Familienbedarf zu berechnen und schließlich festzustellen, ob ein Ehegatte einen höheren Beitrag
zum Familienunterhalt zu erbringen hat und deshalb dem anderen (rechnerisch) einen
Ausgleich schuldet.

Beispiel:
Der pflegebedürftige Vater V verlangt von seinem Sohn S Elternunterhalt in Höhe seines ungedeckten Bedarfs von 600,– €.
Einkommen des S 2000,– €; Einkommen seiner Ehefrau F 1000,– €. Familienbedarf nach Abzug
der Ersparnis durch Zusammenleben von 14,29% 2571,– €. Auf jeden Ehegatten entfällt ein
anteiliger Bedarf von 1286,– €. Vom Gesamtbedarf von 2571,– € trägt S 2/3, also 1714,– €; F hat
1/3, also 857,– €, aufzubringen. Die Ersparnis kommt S in Höhe von (2/3 von 429 =) 286,– €, F in
Höhe von 143,– € zugute. S muss rechnerisch (1286 – 857 =) 429,– € an F transferieren, damit
beide über den jedem zustehenden Familienbedarf von 1286,– € verfügen. Für den Elternunterhalt
hat S einschließlich der auf ihn entfallenden Ersparnis (2000 – 429 =) 1571,– € zur Verfügung. Da
er gegenüber V Anspruch auf einen Selbstbehalt von 1400,– € zuzüglich 50% des Mehreinkommens, also von 1485,50 € hat, kann er nur 85,50 €, gerundet 86,– € an V zahlen.

Die hier vorgeschlagene Berechnungsmethode kann allerdings nur bei **mittleren und** **86**
gehobenen Einkommen angewandt werden. Bei solchen Einkommensverhältnissen kann
man davon ausgehen, dass rund 1/7 = 14,29% der gemeinsamen Nettoeinkünfte durch das
Zusammenleben eingespart und demgemäß für den Familienunterhalt nicht verwendet
werden oder jedenfalls nicht verwendet werden müssen. Dagegen muss bei einem Gesamteinkommen der Ehegatten oberhalb von 5000,– €, der etwa dem Bereich entspricht (4700,–
bis 5100,– €), bis zu dem die Düsseldorfer Tabelle Stand: 1. 1. 2008 den Kindesunterhalt
pauschaliert, der benötigte Familienunterhalt nach den konkreten Umständen des Einzelfalls
bemessen werden.[163]

---

159 Die komplizierte Berechnungsweise von Günther (Fn. 24) § 12 Rn. 77, 80 Fn. 302, führt von der
   Rundung abgesehen zum selben Ergebnis
160 Damit möchte ich meinen abweichenden Vorschlag in der Vorauflage Rn 3/76, 76a modifizieren
160a OLG Düsseldorf FamRZ 2008, 438
161 BGH, FamRZ 2003, 1179, 1182 mit Anm. Klinkhammer; 2004, 792, 794 mit Anm. Borth
162 OLG Düsseldorf FamRZ 2008, 438; 2007, 1684. Vgl. im Einzelnen zu der hier vorgeschlagenen
   Berechnung Scholz FamRZ 2004, 1829; Klinkhammer in Eschenbruch/Klinkhammer Rn. 2083
163 Ähnlich Günther, Münchener Anwaltshandbuch Familienrecht, § 12 Rn. 99; Klinkhammer in
   Eschenbruch/Klinkhammer, Rn. 2084; vgl. auch BGH FamRZ 2004, 370, 373 = R 603 b mit.
   Anm. Strohal; FamRZ 2004, 441

87   **c) Sicherstellung des Familienbedarfs durch den Ehegatten des unterhaltspflichtigen Kindes.** Besondere Schwierigkeiten bereitet die Bemessung des Elternunterhalts,
wenn das unterhaltspflichtige Kind **Einkünfte** erzielt, die **unter dem angemessenen
Selbstbehalt** nach D I der Düsseldorfer Tabelle Stand: 1. 1. 2008 liegen, es aber gleichwohl
in auskömmlichen wirtschaftlichen Verhältnissen lebt, weil sein Bedarf durch den Familienunterhalt sichergestellt ist, den sein gut verdienender Ehegatte aufbringt. Nach der Rechtsprechung des BGH[164] kann der Unterhaltspflichtige in einem solchen Fall gehalten sein,
jedenfalls einen Teil seines eigenen Einkommens für den Unterhalt eines bedürftigen Elternteils zu verwenden. Voraussetzung ist, dass der Bedarf des unterhaltspflichtigen Kindes, der
konkret nach den ehelichen Lebensverhältnissen zu bemessen ist, durch das Einkommen des
Ehegatten gedeckt ist und das Kind über freies Einkommen verfügt, das nicht für den
Familienunterhalt benötigt wird. M. E. bietet es sich jedoch im Regelfall an, die Leistungsfähigkeit des Kindes pauschal nach der Methode zu bestimmen, die für den (umgekehrten)
Fall, dass das unterhaltspflichtige Kind zunächst den Bedarf seines gleichfalls bedürftigen
Ehegatten zu decken hat, in Rn. 83 vorgeschlagen worden ist.

88   Danach ist zunächst der Familienbedarf auf der Basis des Einkommens des unterhaltspflichtigen Kindes und desjenigen seines besser verdienenden Ehegatten zu ermitteln. Dieser
beträgt unter Berücksichtigung einer Ersparnis[165] durch das Zusammenleben in einem
Haushalt, die mit $1/7 = 14{,}29\%$ des Gesamteinkommens anzusetzen ist, $6/7$ oder $85{,}71\%$ des
Einkommens beider Ehegatten. Jeder von ihnen trägt also mit $6/7$ seines Einkommens zum
Familienunterhalt bei. Hierdurch wird der Bedarf jedes Ehegatten, der nach dem Halb-
teilungsgrundsatz 50% des Familienbedarfs beträgt, sichergestellt. Daneben behält jeder
Ehegatte rechnerisch eine Ersparnis von $1/7$ seines Eigeneinkommens zur freien Verfügung.
Im Verhältnis zu dem unterhaltsbedürftigen Elternteil verfügt das Kind also über anrechen-
bare Einkünfte von 50% des Familienbedarfs und $1/7$ seines Eigeneinkommens. Soweit diese
Einkünfte den erhöhten Selbstbehalt von 1400,– € zuzüglich 50% des Mehreinkommens
übersteigen, ist das Kind leistungsfähig.

> **Beispiel:**
> Der pflegebedürftige Vater V verlangt von seiner Tochter F Elternunterhalt in Höhe seines unge-
> deckten Bedarfs von 600,– €. F hat ein Einkommen von 1050,– €, ihr Ehemann M von 3150,– €.
> Der Familienbedarf beträgt (3150 + 1050) × $6/7$ = 3600,– €. M muss daran mit 3150 × $6/7$ =
> 2700,– €, F mit 1050 × $1/7$ = 900,– € beteiligen. Die Leistungsfähigkeit der F wird durch ihren
> Anteil am Familienbedarf von 1800,– € und die auf ihr Einkommen entfallende Ersparnis durch das
> Zusammenleben von 1050 × $6/7$ = 150,– €, also durch ein Einkommen von 1950,– € bestimmt.
> Ihr erhöhter Selbstbehalt beträgt 1400 + [(1950 – 1400) : 2] = 1675,– €. Sie schuldet V daher (1950
> – 1675 =) 275,– €. M wird durch diesen Unterhalt nicht belastet, weil er seinen eigenen Anteil am
> Familienbedarf von 1800,– € und die auf ihn entfallende Haushaltsersparnis von 3150 × $6/7$ =
> 450,– €, insgesamt also 2250,– € behält.

Bei dieser pauschalen Berechnung ist zu beachten:
– Die Methode eignet sich für Einkünfte im mittleren und im gehobenen Bereich. Bei
  Einkünften der Familie ab etwa 5000,– € empfiehlt sich eine konkrete Berechnung (vgl.
  Rn. 86).
– Bei einem Einkommen der Ehegatten unter 2450,– €[166] scheidet eine Unterhaltspflicht
  gegenüber den Eltern schon wegen der recht hohen Selbstbehalte von 1400,– € und
  1050,– € nach D I der Düsseldorfer Tabelle Stand: 1. 1. 2008 aus.
– Der errechnete Elternunterhalt darf das vom Unterhaltspflichtigen selbst erzielte Einkommen (im obigen Beispiel von 1050,– €) nicht übersteigen, da der Ehegatte
  seinem Schwiegervater oder seiner Schwiegermutter nicht zum Unterhalt verpflichtet
  ist.

---

[164] BGH, FamRZ 2004, 366 = R 599 b; 2004, 370 = R 603 b, beide mit Anm. Strohal; FamRZ
2004, 441
[165] Vgl. auch BGH FamRZ 2004, 792 = R 605 b, c mit Anm. Borth
[166] Bei den Leitlinien, die einen Mindestbedarf des zusammenlebenden Ehegatten von 1100,– €
annehmen (Rn. 70), ist von 2500,– € auszugehen.

8. Konkurrierende Ansprüche bei Geburt eines nichtehelichen Kindes

Macht die Mutter eines nichtehelichen Kindes Unterhalt geltend, so haftet der Kindes- **89** vater dem Kind bis zum notwendigen Selbstbehalt (§ 1603 II 1 BGB; vgl. Rn. 2/264), der nach Anm. A 5 I der Düsseldorfer Tabelle Stand: 1. 1. 2008 900,– € bzw. 770,– € beträgt. Gegenüber der Mutter muss dem Vater dagegen der angemessene Selbstbehalt von 1000,– € verbleiben (§§ 1615 l III 1, 1603 I BGB; Abschnitt D II der Düsseldorfer Tabelle. Der Anspruch des nichtehelichen Kindes hat denselben Rang wie die Ansprüche der minderjährigen sowie der privilegiert volljährigen ehelichen Kinder des Vaters. Die Unterhaltsansprüche dieser Kinder gehen aber dem Anspruch der nichtehelichen Mutter im Rang vor (§ 1609 Nr. 1, 2 BGB n. F.). Diese steht als Berechtigte im 2. Rang der jetzigen Ehefrau gleich, wenn diese ihrerseits im Falle der Scheidung Anspruch auf Betreuungsunterhalt hätte oder wenn die Ehe von langer Dauer ist. Sind diese Voraussetzungen nicht gegeben, geht die nichteheliche Mutter der jetzigen Ehefrau im Rang vor (§ 1609 Nr. 2, 3 BGB n. F.). Die Unterhaltslast für das nichteheliche Kind prägt die ehelichen Verhältnisse und ist daher bei der Berechnung des Anteils der Ehefrau am Familienunterhalt vorweg abzuziehen. Vgl. dazu Rn. 4/189. Zum Unterhaltsanspruch nach § 1615 l BGB im Einzelnen vgl. Rn. 7/1 ff.

V. Besonderheiten des Familienunterhalts

1. Keine Identität zwischen Familienunterhalt und Trennungsunterhalt

Der Anspruch auf Familienunterhalt ist mit dem Anspruch auf Trennungsunterhalt oder **90** nachehelichen Unterhalt **nicht identisch.**[167] Vgl. auch Rn. 4, 4/14. Beim Familienunterhalt sind beide Ehegatten einander zum Unterhalt verpflichtet (§ 1360 S. 1 BGB). Er dient der gesamten Familie einschließlich der beiden Ehegatten und gemeinschaftlicher Kinder (vgl. dazu Rn. 10). Diese Familieneinheit zerfällt mit der Trennung. Danach bestehen nur noch ein Anspruch des bedürftigen Ehegatten gegen den anderen auf Trennungsunterhalt (§ 1361 I 1 BGB) und gesonderte Ansprüche der Kinder (§§ 1601 ff. BGB), die allerdings von dem Elternteil, in dessen Obhut sich die Kinder befinden, im eigenen Namen gegen den anderen geltend zu machen sind (§ 1629 II 2, III BGB). Verzug mit Familienunterhalt begründet daher keinen Verzug mit Trennungs- und Kindesunterhalt.

Ein **Urteil** oder ein Vergleich über den Familienunterhalt kann für die Zeit nach der **91** Trennung nicht mehr nach § 323 ZPO abgeändert werden. Vielmehr muss der Pflichtige nach § 767 ZPO Vollstreckungsgegenklage erheben.[168] Ebenso ist die Zwangsvollstreckung aus einem Titel über Trennungsunterhalt unzulässig, wenn die Partner sich versöhnt haben und die eheliche Lebensgemeinschaft wieder aufnehmen. Dies gilt auch bei erneuter Trennung.[169] Zu titulierten Ansprüchen der Kinder nach Versöhnung und erneuter Trennung der Eltern vgl. Rn. 10.

2. Ausgleichsanspruch nach § 1360 b BGB

Nach § 1360 b BGB kann ein Ehegatte, der für den Unterhalt freiwillig mehr geleistet **92** hat, als es seiner Verpflichtung entsprach, die zu viel geleisteten Beträge im Zweifel nicht zurückverlangen, weil Eheleute nach der Lebenserfahrung gemeinsam wirtschaften und daher von einem **Verzicht auf Ersatzansprüche** auszugehen ist (vgl. Rn. 42). Die gesetzliche Vermutung des § 1360 b BGB gilt sowohl für einmalige und laufende Unterhaltsleistungen als auch für Leistungen aus dem Vermögensstamm, etwa zur Anschaffung eines

---

[167] OLG Düsseldorf, FamRZ 1992, 943; OLG München, FamRZ 1981, 450 und FamRZ 1982, 801; OLG Hamm, FamRZ 1988, 947 und FamRZ 1980, 249
[168] OLG München, FamRZ 1981, 451
[169] OLG Düsseldorf, FamRZ 1992, 943

Pkw.[170] Sie erfasst auch die Leistungen eines Ehegatten im Rahmen der Haushaltsführung oder Kindesbetreuung sowie die vielfältigen Dienste, die Ehegatten über den eigentlichen Unterhalt hinaus einander leisten.[171] Deshalb wird selbst für überobligationsmäßige Pflegeleistungen, die ein Ehegatte dem anderen erbringt, keine laufende Vergütung geschuldet, wenn eine entsprechende Vereinbarung fehlt.[172]

93 § 1360 b BGB beinhaltet eine **widerlegbare Vermutung.** Der zurückfordernde Ehegatte muss darlegen und nachweisen, dass er einen höheren Beitrag geleistet hat, als ihm oblag, und dass er bereits bei der Zuvielleistung eine Rückforderungsabsicht hatte. Der Vorbehalt der Rückforderung muss entweder ausdrücklich erklärt worden sein oder sich für den anderen aus den Umständen ergeben. § 1360 b BGB schließt nicht nur einen familienrechtlichen Ausgleichsanspruch (vgl. Rn. 2/537), sondern auch Ansprüche aus Geschäftsführung ohne Auftrag oder ungerechtfertigter Bereicherung aus, wenn der Beweis der Absicht, Erstattung zu verlangen, nicht geführt ist.[173]

94 Überschüssige Unterhaltsleistungen, die nach § 1360 b BGB ausnahmsweise zurückgefordert werden können, sind nicht nach § 1380 I 1 BGB auf die Zugewinnausgleichsforderung des anderen Ehegatten anzurechnen. Dagegen sind derartige Leistungen, wenn sie nach § 1360 b BGB nicht zu erstatten sind, freiwillig und ohne Äquivalent gegeben und deshalb als Zuwendungen im Sinne des § 1380 BGB anzusehen.[174]

3. Unpfändbarkeit des Familienunterhalts

95 Als echter Unterhaltsanspruch ist der Familienunterhalt nicht abtretbar (§ 394 BGB) und grundsätzlich nicht pfändbar (§ 850 b I Nr. 2 BGB). Dies gilt jedenfalls für das **Wirtschaftsgeld,** da es nur treuhänderisch für den Unterhalt der gesamten Familie verwendet werden darf.[175] Hat ein Ehegatte einen Anspruch auf Deckung von Sonderbedarf, der durch eine ärztliche Behandlung entstanden ist, kann dieser Anspruch von dem behandelnden Arzt gepfändet werden.[176] Der Anspruch auf **Taschengeld** ist nicht gemäß § 851 ZPO unpfändbar; er kann vielmehr nach § 850 b I Nr. 2, II ZPO in Verbindung mit §§ 850 c ff. ZPO wie Arbeitseinkommen bedingt gepfändet werden, wenn die Vollstreckung in das sonstige Vermögen ganz oder teilweise fruchtlos geblieben ist oder voraussichtlich sein wird und wenn die Pfändung nach den Umständen des Falles, insbesondere nach der Art des beizutreibenden Anspruchs und der Höhe der Bezüge, der Billigkeit entspricht.[177] Der Drittschuldner kann sich im Rahmen der Drittschuldnerklage nicht auf Pfändungsverbote oder -beschränkungen berufen.[178]

4. Sonderfragen

96 Nach § 1360 a III BGB sind auf den Familienunterhalt die §§ 1613 bis 1615 BGB entsprechend anzuwenden.

97 Nach § 1613 I BGB kann Familienunterhalt für die **Vergangenheit** nur ab Auskunftsaufforderung, Verzug oder Rechtshängigkeit verlangt werden. Sonderbedarf kann dagegen innerhalb eines Jahres nach seinem Entstehen auch ohne diese Voraussetzungen geltend gemacht werden (§ 1613 II Nr. 1 BGB). Zum Unterhalt für die Vergangenheit vgl. Rn. 6/100 ff.

98 Nach § 1614 I BGB kann auf Familienunterhalt **für die Zukunft nicht verzichtet** werden. Vgl. dazu Rn. 6/603.

---

[170] BGH, FamRZ 1983, 351
[171] BGH, FamRZ 1992, 300
[172] BGH, FamRZ 1995, 537 = R 493 b
[173] BGH, NJW 1968, 1780
[174] BGH, FamRZ 1983, 351
[175] Büttner, FamRZ 1994, 1433, 1439
[176] LG Frankenthal, FamRZ 2001, 842
[177] BGH, FamRZ 2004, 1784
[178] BGH, FamRZ 1998, 608

Nach § 1615 I BGB erlischt der Anspruch auf Familienunterhalt mit dem **Tod** eines 99
Ehegatten. Der Verpflichtete muss für die Beerdigungskosten aufkommen, wenn sie nicht
vom Erben getragen werden (§ 1615 II BGB).

Bei **Vorauszahlungen** handelt der Schuldner auf eigene Gefahr, wenn er für eine längere 100
Zeit als drei Monate im Voraus Unterhalt zahlt (§§ 1614 II, 760 II BGB). Leistet er Vorauszahlungen für einen längeren Zeitraum und benötigt der berechtigte Ehegatte nach Ablauf
von drei Monaten wieder Mittel für den Unterhalt der Familie, z. B. weil er die Vorauszahlungen nicht richtig eingeteilt hat oder ihm das Geld abhanden gekommen ist, muss der
Verpflichtete erneut leisten.[179]

---

[179] BGH, FamRZ 1993, 1186 = R 463

§ 4 Ehegattenunterhalt

A. Allgemeines zur Struktur des Anspruchs

Der Anspruch auf Ehegattenunterhalt (Trennungs- bzw. Nachscheidungsunterhalt), der sich auf die durch die Eheschließung von den Ehegatten füreinander übernommene und fortwirkende Verantwortung gründet (Rn. 42), ist – ungeachtet fehlender rechtlicher Identität zwischen beiden Unterhaltsarten – jeweils wie folgt strukturiert:

1. Vorliegen eines Unterhaltstatbestands

Erforderlich ist, dass die Tatbestandsmerkmale einer gesetzlich definierten Bedürfnislage **1** erfüllt sind:
- **Bei Getrenntleben** der Eheleute:
  - § 1361 BGB – Bedürfnislage wegen der konkreten Gestaltung der ehelichen Lebensverhältnisse
- **Nach Scheidung** der Eheleute:
  - § 1570 BGB – Bedürfnislage wegen Kindesbetreuung
  - § 1571 BGB – Bedürfnislage wegen Alters
  - § 1572 BGB – Bedürfnislage wegen Krankheit oder Gebrechens
  - § 1573 BGB – Bedürfnislage wegen fehlender angemessener Erwerbstätigkeit
  - § 1575 BGB – Bedürfnislage wegen Inanspruchnahme eines Ausbildungsrechts zur Erlangung oder Verbesserung der Erwerbsfähigkeit
  - § 1576 BGB – Bedürfnislage – im Sinne eines Auffangtatbestands – wegen Fehlens einer Erwerbsobliegenheit aus schwerwiegenden Gründen und weil die Versagung von Unterhalt bei Abwägung der Belange beider Ehegatten grob unbillig wäre.

2. Allgemeine Voraussetzungen beim Berechtigten

- **Bedürftigkeit**   **1 a**
  - Der Berechtigte ist **nicht in der Lage,** aus seinen Einkünften bzw. aus seinem Vermögen **seinen Bedarf** zu decken, der sich nach den ehelichen Lebensverhältnissen bestimmt.
  - Bei **Verletzung der** vorliegenden **Erwerbsobliegenheit** oder der Obliegenheit zur sachgerechten Vermögensanlage kann die Bedürftigkeit wegen der **Anrechnung fiktiver Einkünfte** gemindert anzusetzen sein oder entfallen. Bei mutwilliger **Herbeiführung der Bedürftigkeit** (§§ 1361 III, 1579 Nr. 4 BGB), z. B. wegen unverständlichen Vermögensverbrauchs oder wegen zurechenbaren Arbeitsplatzverlusts, kann sich der Berechtigte ggf. ganz oder teilweise nicht auf sie berufen.
- **Bedarf**
  - Der Bedarf bestimmt sich in erster Linie nach dem aktuellen **verfügbaren Einkommen** (bereinigtes, nach Abzug von Verbindlichkeiten und von berufsbedingtem Aufwand – dieser wird bei Einkünften aus nicht selbstständiger Arbeit vielfach mit 5% vom verbleibenden Nettoverdienst pauschaliert[1] – **verteilungsfähiges Einkommen**) der beiden Eheleute, **soweit** dieses Einkommen **für die ehelichen Verhältnisse prägend** war. Hierbei ist die Rechtsprechung des BGH zur Haushaltsführungsehe zu beachten, nämlich, dass das nach Trennung oder Scheidung anfallende Erwerbseinkommen des

---

[1] Vgl. aber BGH, FamRZ 2006, 108, 110 = R 642 a; FamRZ 2003, 860, 861 f., falls der Anfall berufsbedingten Aufwands bestritten ist oder höherer Aufwand geltend gemacht wird

vorher haushaltsführenden Ehegatten als Surrogat seiner früheren Familienarbeit anzusehen ist, die den ehelichen Lebensstandard mitgeprägt hat.[2] Zur Prägung der ehelichen Verhältnisse gehören auch **fiktive Einkünfte,** z. B. soweit sie beim Pflichtigen bei Verstoß gegen eine Erwerbsobliegenheit anstelle von weggefallenen prägenden Einkünften zugerechnet werden. So wird auch ein fiktiv einzusetzendes Einkommen des früher haushaltsführenden Ehegatten als Surrogat seiner bisherigen Tätigkeit angesehen und als prägend behandelt.[3] Haben die Eheleute Einkünfte, die nicht prägend waren, scheiden diese bei der Bedarfsbemessung aus. Besonders behandelt werden überobligationsgemäß erzielte Einkünfte des Berechtigten. Sie werden in die Bedarfsermittlung und die Unterhaltsberechnung eingesetzt, soweit sie nach Maßgabe von § 1577 II BGB als anrechenbares Einkommen zu bewerten und damit unterhaltsrelevant sind.[4] Bei Berechtigten vermindern **nicht prägende Einkünfte** als bedarfsdeckendes anrechenbares Einkommen die Bedürftigkeit (sogenannte Berechnung nach der Anrechnungs- oder Substraktionsmethode). Sind **Unterhaltsleistungen für ein Kind** prägender Aufwand, vermindern sie in Höhe des Zahlbetrags (Tabellenunterhalt der Düsseldorfer Tabelle, Stand: 1. 8. 2008 = FamRZ 2008, 211 abzüglich bedarfsmindernd anzurechnenden Kindergeldes) das betreffende verfügbare Einkommen.

– Nach der BGH-Rechtsprechung gibt es **beim Ehegattenunterhalt keinen pauschalierten Mindestbedarf** des bedürftigen Ehegatten, weil die konkreten ehelichen Lebensverhältnisse bedarfsbestimmend sind. Davon wird für eine Mangelfallberechnung abgewichen, wenn gleichrangige Ansprüche mit Hilfe von Einsatzbeträgen für den jeweiligen Mindestbedarf gekürzt werden müssen.[5]

– Bei bescheidenen bis zu schon gehobenen Einkommensverhältnissen wird der Bedarf in der Praxis nach einer Quote des Berechtigten am verfügbaren prägenden Einkommen bestimmt. Maßgebend ist grundsätzlich der **Halbteilungsgrundsatz.** Allerdings erhalten erwerbstätige Ehegatten bezüglich des verfügbaren (verteilungsfähigen) Einkommens aus prägender oder nicht prägender Erwerbstätigkeit einen **Quotenvorteil** wegen der berufsbedingten Aufwendungen und als Arbeitsanreiz. Der entsprechende Bonus beträgt nach der Düsseldorfer Tabelle B. I.1. (Stand: 1. 1. 2008 = FamRZ 2008, 211) $1/7$, nach den Süddeutschen Leitlinien Nr. 15.2 (Stand: 1. 1. 2008 = FamRZ 2008, 231) $1/10$. Haben beide Ehegatten lediglich prägende Erwerbseinkünfte, beträgt der unterhaltsrechtliche Bedarf mit Rücksicht auf den beiden Eheleuten zukommenden Quotenvorteil $3/7$ oder $4,5/10$ der Differenz zwischen den beiden verfügbaren Einkommen. Für die auftretenden Fälle gibt es die entsprechenden **Berechnungsmethoden** wie Differenz- oder Additionsmethode. Bei Unterhaltsermittlung nach diesen nach diesen Methode ist **trennungsbedingter Mehrbedarf** regelmäßig nicht mehr zusätzlich anzusetzen[6] – siehe Rn. 8.

– Sind die Verhältnisse so gestaltet, dass ein erheblicher Teil des Einkommens nicht zur Aufrechterhaltung der bisherigen Lebensstandards ausgegeben werden muss, sondern anderweitig verwendet werden kann, ist eine **Ermittlung des konkreten Bedarfs** auf Grund gegebener ehelicher Verhältnisse erforderlich.[7]

• Wird **Unterhalt für die Vergangenheit** gefordert, muss für den Unterhaltszeitraum alternativ vorliegen: Zahlungsverzug, Verzug mit der Pflicht zur Auskunft über Einkommen und Vermögen zum Zwecke der Unterhaltsberechnung, infolge der Neufassung des § 1585 b II BGB besteht insoweit kein Unterschied mehr zum Geschiedenenunterhalt. Eine Sonderregelung gilt beim Trennungsunterhalt für Zeiträume, in denen der Berechtigte aus rechtlichen oder tatsächlichen Gründen an der Geltendmachung gehindert war (§ 1613 II Nr. 2 BGB). Beim Geschiedenenunterhalt ist die Einschränkung des § 1585 b III BGB für Unterhaltszeiträume von mehr als einem Jahr vor Rechtshängigkeit zu beachten. Wegen Sonderbedarfs siehe unten.

---

[2] BGH, FamRZ 2001, 986, 991 = R 563 c
[3] BGH, FamRZ 2003, 434, 435 = R 589
[4] BGH, FamRZ 2006, 846, 848 = R 648 e; FamRZ 2005, 1154, 1156 f. = R 630 e
[5] BGH, FamRZ 2003, 363 ff. = R 581 a + b zum alten Recht
[6] BGH, FamRZ 2004, 1357, 1359 = R 617 a
[7] Vgl. z. B. OLG Köln, FamRZ 2002, 326

- Wird nicht laufender Bedarf, sondern **Sonderbedarf** (ein unregelmäßiger, nämlich nicht mit Wahrscheinlichkeit voraussehbarer, außergewöhnlich hoher Bedarf) verlangt, ist die Geltendmachung von Unterhalt für die Vergangenheit (siehe oben) erleichtert. Allerdings gibt es Einschränkungen für die Zeit nach Ablauf eines Jahres ab Entstehung des Anspruchs (§ 1613 II Nr. 1 BGB), beim Geschiedenenunterhalt ist die zusätzliche Einschränkung des § 1585 b III BGB zu beachten, wenn der Anspruch auf Sonderbedarf mehr als ein Jahr vor seiner Rechtshängigkeit entstanden ist.

3. Allgemeine Voraussetzung beim Pflichtigen

- **Leistungsfähigkeit**   **1 b**
  - Dem Pflichtigen müssen die Mittel zur Bestreitung seines eigenen angemessenen Lebensbedarfs verbleiben. Dabei gilt § 1581 BGB auch beim Trennungsunterhalt.[8] Das Existenzminimum muss gesichert sein.[9]
  - Liegt die bei der Bedürftigkeit des Berechtigen dargelegte Verletzung der Erwerbsobliegenheit oder der Obliegenheit zur sachgerechten Vermögensanlage beim Pflichtigen vor, kann dessen Leistungsfähigkeit auf Grund der **Zurechnung fiktiver Einkünfte** ganz oder teilweise als vorhanden anzusetzen sein. Hat der Pflichtige durch verantwortungsloses, zumindest leichtfertiges und unterhaltsbezogenes Verhalten seine **Leistungsunfähigkeit herbeigeführt**, z.B. durch unverständlichen Vermögensverbrauch oder wegen zurechenbaren Arbeitsplatzverlusts, kann ihm die Berufung hierauf ganz oder teilweise versagt sein.
  - Die Leistungsfähigkeit wird auch durch **nicht prägende Einkünfte** bestimmt.
  - In der Praxis wird die Leistungsfähigkeit durch **pauschalierte Selbstbehaltssätze** begrenzt (nach der Düsseldorfer Tabelle – Stand: 1. 8. 2008 – FamRZ 2008, 211 – : mindestens 1000,– €; nach den Süddeutschen Leitlinien (Stand: 1. 1. 2008), FamRZ 2008, 231 – Nr. 21.4: 1000 €, darin enthalten 400 € Kosen für Unterkunft und Heizung). Ein solcher pauschalierter Selbstbehalt muss dem Pflichtigen als Existenzminimum auf Grund seiner durch Art. 2 I GG geschützten Handlungsfreiheit belassen werden.[10] Der BGH hat einen Betrag zwischen dem notwendigen Selbstbehalt von Eltern gegenüber minderjährigen oder ihnen nach § 1603 II 2 BGB gleichgestellten Kindern und dem angemessenen Selbstbehalt von Eltern gegenüber volljährigen Kindern (§ 1603 I BGB) als angemessen bezeichnet.[11]

Grundsätzlich darf dem Pflichtigen für seinen Bedarf **nicht weniger verbleiben** als dem Berechtigten.

4. Prüfung von Einwendungen und Einreden

- **Keine** vollständige oder teilweise **Verwirkung des Unterhaltsanspruchs** auf Grund der **1 c** negativen Härteklausel des § 1579 BGB als grob unbillig (§§ 1361 III, 1579 BGB).
- **Keine** zeitliche **Unterhaltsbegrenzung oder Unterhaltsherabsetzung** beim Geschiedenenunterhalt aus Billigkeitsgründen (§§ 1578 b BGB).
- **Kein Unterhaltsverzicht**, der auf Rückstände immer, beim Nachscheidungsunterhalt auch für die Zukunft möglich ist.
- **Keine Verwirkung nach Treu und Glauben** von Unterhaltsfälligkeiten für die Vergangenheit wegen illoyal verspäteter Geltendmachung.
- Bei Erhebung der Einrede **keine Verjährung** von Unterhaltsfälligkeiten für die Vergangenheit (dreijährige Verjährungsfrist gemäß §§ 195, 197 II, 199 I BGB; siehe aber wegen Verjährungshemmung für den Trennungsunterhalt § 207 I 1 BGB).

---

[8] BVerfG, FamRZ 2002, 1397, 1398
[9] BVerfG, FamRZ 2001, 1685
[10] BVerfG, a. a. O.
[11] BGH, FamRZ 2006, 683, 684 = R 649 d

B. Einzelne Ansprüche und Unterhaltsverhältnis

1. Abschnitt: Der Trennungsunterhalt

I. Voraussetzungen, Arten und Dauer des Trennungsunterhalts

1. Anspruchsvoraussetzungen

2   Nach § 1361 I 1 BGB kann bei Trennung ein Ehegatte von dem anderen den nach den Lebensverhältnissen und den Erwerbs- und Vermögensverhältnissen der Ehegatten angemessenen Unterhalt verlangen. Bei diesem Trennungsunterhalt, der durch **Zahlung einer Geldrente** zu gewähren ist (§ 1361 IV 1 BGB), handelt es sich nicht mehr um Familienunterhalt, weil mit der Trennung die häusliche Gemeinschaft und die Familieneinheit aufgelöst wurden. Er ist sowohl **vom Familienunterhalt** als auch **vom nachehelichen Unterhalt rechtlich verschieden** (siehe unten Rn. 14).
   a) Voraussetzungen des Trennungsunterhalts:
• Bestand einer Ehe (ab Heirat bis Rechtskraft der Scheidung).
• Völliges Getrenntleben der Eheleute im Sinn von § 1567 BGB (dazu Rn. 4/5).
Bedürftigkeit des Ehegatten, der Trennungsunterhalt verlangt. Dies ist im Gesetz zwar nicht ausdrücklich erwähnt, ist aber nach der Rechtsprechung – wie beim nachehelichen Unterhalt gemäß § 1577 BGB oder beim Kindesunterhalt gemäß § 1602 BGB – eine selbstverständliche Unterhaltsvoraussetzung. Trennungsunterhalt steht nur demjenigen zu, der sich aus einzusetzenden Eigenmitteln bzw. aus zumutbarer Erwerbstätigkeit nicht nach dem Maßstab des § 1361 I 1 BGB angemessen zu unterhalten vermag, also seinen sich aus den ehelichen Lebensverhältnissen ergebenden Bedarf nicht decken kann. Fehlt es an der Bedürftigkeit, kommt es auf die vorhandene Leistungsfähigkeit des anderen Ehegatten nicht mehr an.[1]
   Die Bedürftigkeit entfällt nicht ohne weiteres beim Zusammenleben des Ehegatten mit einem neuen Partner in nichtehelicher Lebensgemeinschaft, weil durch eine eheähnliche Gemeinschaft Unterhaltsansprüche zwischen den neuen Partnern nicht begründet werden. Der Berechtigte muss sich aber u. U. den objektiven Wert von **Versorgungsleistungen** und Arbeitsleistungen sowie einer eventuellen Wohnungsgewährung, die er **für den neuen Partner** erbringt, soweit er Vergütungen von diesem erhält oder wegen dessen Leistungsfähigkeit erhalten könnte,[2] entgegenhalten lassen.[3] In die Unterhaltsrechnung nach der Differenz- oder Additionsmethode sind solche geldwerten Versorgungsleistungen als Surrogat der früheren Haushaltstätigkeit wie prägendes Einkommen einzusetzen.[4] Davon zu unterscheiden ist die Frage, ob in diesem Fall die Inanspruchnahme des Verpflichteten ganz oder teilweise grob unbillig wäre (§§ 1361 III, 1579 Nr. 2, 7 u. 8 BGB).
   Genaueres zur Bedürftigkeit und zur bedürftigkeitsmindernden Anrechnung eigener Einkünfte des Berechtigten unten Rn. 526 ff. und 531 ff.

3   **Leistungsfähigkeit** des Unterhaltsverpflichteten. Auch dies ist, obwohl in § 1361 BGB ebenfalls nicht erwähnt, eine selbstverständliche Voraussetzung des Trennungsunterhalts. Der Verpflichtete muss Mittel zur Verfügung haben, die seinen eigenen angemessenen Lebensbedarf übersteigen, also leistungsfähig sein.[5] Unterste Opfergrenze des Verpflichteten ist sein Selbstbehalt. Genaueres zur Leistungsfähigkeit des Verpflichteten siehe Rn. 564 ff.

---

[1] BGH, FamRZ 1981, 1159
[2] BGH, FamRZ 1987, 1011, 1014
[3] Vgl. zuletzt BGH, FamRZ 2001, 1693, 1694 = R 567 b
[4] BGH, FamRZ 2004, 1170, 1171 = R 612
[5] BGH, FamRZ 1981, 1159; BGH, FamRZ 2001, 619, 621 = R 548

b) Zur Anspruchsvoraussetzung völligen Getrenntlebens. Gemäß der Legaldefiniti- **4** on des § 1567 BGB liegt Getrenntleben vor, wenn zwischen den Ehegatten keine häusliche Gemeinschaft (mehr) besteht und ein Ehegatte sie erkennbar nicht herstellen will, weil er die eheliche Lebensgemeinschaft ablehnt.

- **Objektiv** darf keine häusliche Gemeinschaft bestehen. Erforderlich ist dazu eine vollkommene tatsächliche Trennung, d. h., die Eheleute müssen ihre Gemeinsamkeiten in allen Lebensbereichen aufgehoben haben.
  - Am eindeutigsten ist eine solche Trennung verwirklicht, wenn die Eheleute verschiedene Wohnungen bezogen haben.
  - Beim Wohnen in einer Wohnung kann nach § 1567 I 2 BGB die häusliche Gemeinsamkeit dennoch aufgehoben sein, wenn die Eheleute innerhalb der Wohnung getrennt leben. Sie müssen dazu entsprechend den tatsächlichen Möglichkeiten des Einzelfalls ein **Höchstmaß an Trennung in allen Lebensbereichen** im Sinne einer tatsächlichen und konsequenten Absonderung aller Lebensbereiche[6] praktizieren. Insbesondere müssen sie ihre Wohn- und Schlafbereiche[7] aufgeteilt haben und sich darüber hinaus soweit meiden, dass verbleibende Gemeinsamkeiten als gelegentliches Zusammentreffen auf Grund bloßen räumlichen Nebeneinanderseins zu beurteilen sind. Auch bei Hilfsbedürftigkeit eines Ehegatten dürfen über die notwendigen Hilfsmaßnahmen hinaus keine wesentlichen Berührungen mehr aufrechterhalten werden.[8] Eine bloß eingeschränkte gemeinsame Haushaltsführung reicht dazu nicht aus. Andererseits sprechen gemeinsame Tätigkeiten, die im Interesse des Wohls der Kinder vorgenommen werden (z. B. gemeinsame Betreuung und Erziehung von Kindern), nicht gegen die Annahme einer Trennung, wenn in allen anderen Bereichen eindeutige Trennungskonturen bestehen.[9] Geringe Gemeinsamkeiten, wie das dem trennungswilligen Teil aufgedrängte Putzen der Wohnung und Waschen der Wäsche, brauchen der Annahme des Getrenntlebens nicht entgegenzustehen, wenn sie sich in einer Gesamtwürdigung als unwesentlich darstellen.[10]
  - Eine objektive häusliche Trennung, auf die das Gesetz abstellt, liegt auch dann vor, wenn die Eheleute von Anfang an getrennt gelebt haben oder sich später aus beruflichen oder sonstigen Gründen wohnungsmäßig getrennt haben.
- **Subjektiv** muss der Ehegatte, der mit dem anderen nicht mehr zusammenleben will, **5** erkennbar keine häusliche Gemeinschaft herstellen wollen, d. h. einen Trennungswillen haben und diesen äußern. Dieser **Trennungswille** muss erkennbar nach außen in Erscheinung treten, was vor allem dann wichtig ist, wenn bereits eine objektive häusliche Trennung besteht und ein Ehegatte erst nachträglich auch eine juristische Trennung beabsichtigt.[11] Gleiches gilt, wenn von Anfang an keine häusliche Gemeinschaft bestanden hat[12] oder bei unfreiwilliger Trennung infolge Strafhaft.[13]

In solchen Fällen muss der trennungswillige Partner zweifelsfrei zum Ausdruck bringen, dass er die eheliche Gemeinschaft nicht mehr fortsetzen will. Dies kann z. B. brieflich geschehen oder durch Erteilung einer Prozessvollmacht zur Einleitung des Scheidungsverfahrens.[14]

c) Umstände, die keine Anspruchsvoraussetzung darstellen.– **6**
Keine Voraussetzung des Trennungsunterhalts ist es, dass die Eheleute vor der Trennung in häuslicher Gemeinschaft zusammengelebt haben. Ein Anspruch auf Trennungsunterhalt besteht auch, wenn die **Trennung** der Eheleute **von Anfang an** vorgelegen hat[15] oder wenn es zu einem ursprünglich geplanten Umzug in eine gemeinschaftliche Woh-

---

[6] OLG München, FamRZ 2001, 1457 f.
[7] OLG Hamm, FamRZ 1999, 723: bei gemeinsamer Benutzung des Schlafzimmers keine Trennung
[8] BGH, FamRZ 1979, 469
[9] OLG Köln, FamRZ 1986, 388; FamRZ 1982, 807
[10] OLG München, FamRZ 1998, 826
[11] BGHZ 4, 279
[12] BGHZ 38, 266
[13] OLG Bamberg, FamRZ 1981, 52
[14] KG, NJW 1982, 112
[15] BGH, FamRZ 1994, 558 = R 476

nung oder zu einem längeren Zusammenleben nicht mehr gekommen ist.[16] Ob hier im Einzelfall die Inanspruchnahme des Verpflichteten als grob unbillig angesehen werden kann (§§ 1361 III, 1579 Nr. 8 BGB), ist eine andere Frage (siehe hierzu Rn. 38).

- Für den Trennungsunterhalt ist es ohne Bedeutung, inwieweit es zu einer Verwirklichung der Lebensgemeinschaft und zur Verflechtung und Abhängigkeit der Lebenspositionen beider Ehegatten gekommen ist oder dass die Unterhaltsbedürftigkeit ihre Ursache in dem vorherigen Bestehen einer Lebensgemeinschaft hat.[17]

- Der Anspruch auf Trennungsunterhalt ist grundsätzlich nicht davon abhängig, in welcher Weise sich die **Verwendung der beiderseitigen Einkünfte** für den Unterhalt des anderen und für die gemeinsame Lebensführung entwickelt hatte.[18] Dies gilt auch, wenn die Eheleute zu keinem Zeitpunkt ihres Zusammenlebens eine wirtschaftliche Einheit bildeten, sondern stets mit getrennten Kassen lebten, oder wenn ein Ehegatte während des Zusammenlebens seinen Unterhalt im Wesentlichen aus seinem eigenen Einkommen bestritten hat und keinen Beitrag zu den Kosten einer gemeinsamen Lebensführung leistete.[19]

- Auch **Trennungsverschulden und sonstige Trennungsgründe** sind keine Anspruchsvoraussetzungen mehr.[20] Trennungsgründe und Trennungsverschulden können allerdings im Rahmen der über § 1361 III BGB entsprechend anwendbaren Härteklausel des § 1579 Nr. 7 BGB Bedeutung erlangen[21] (siehe Rn. 37). Die mit der Trennung verbundenen wirtschaftlichen Nachteile sind von beiden Ehegatten grundsätzlich hinzunehmen.

6 a   **d) Darlegungs- und Beweislast.** Der Unterhalt begehrende Ehegatte hat die Darlegungs- und Beweislast für alle anspruchsbegründenden Tatsachen, auf die er seinen Anspruch stützt. Dies gilt auch für „doppelt relevante Tatsachen", z. B. für die bedarfsbestimmende Gestaltung der ehelichen Lebensverhältnisse, welche zugleich zum Nachweis der Leistungsfähigkeit des pflichtigen Ehegatten dienen können, obwohl der Berechtigte hierfür weder darlegungs- noch beweispflichtig ist.[22] Der Pflichtige muss, wie sich aus der Formulierung des § 1361 II BGB „kann nur" ergibt, **beweisen, dass den Berechtigten eine Erwerbsobliegenheit trifft.**[23] Steht diese fest, hat der Berechtigte die Beweislast für seine ausreichenden, erfolglosen Bemühungen und für das Fehlen einer realen Beschäftigungschance.[24]

Der Verpflichtete hat u. a. die Tatsachen für eine von ihm behauptete Leistungsunfähigkeit vorzutragen und nachzuweisen. Im Übrigen wird wegen der Darlegungs- und Beweislast auf das Sonderkapitel zur Darlegungs- und Beweislast (Rn. 6/700 ff.) verwiesen.

2. Arten des Trennungsunterhalts

7   **a) Elementarunterhalt, Vorsorgeunterhalt und sonstige unselbstständige Unterhaltsteile.** Der Trennungsunterhalt, der monatlich im Voraus in Form einer Geldrente zu bezahlen ist (§ 1361 IV 1 u. 2 BGB) umfasst − wie der nacheheliche Unterhalt − grundsätzlich den gesamten regelmäßigen Lebensbedarf des bedürftigen Ehegatten. Zu diesem Lebensbedarf zählen im Wesentlichen alle regelmäßigen Aufwendungen für Wohnen, Verpflegung, Kleidung, Freizeitgestaltung, Erholung, Gesundheitsfürsorge sowie für sonstige persönliche und gesellschaftliche Bedürfnisse. Die zur Deckung solcher regelmäßigen Aufwendungen erforderlichen Mittel beinhalten den Elementarunterhalt (siehe Rn. 167/168). Dieser wird im Regelfall pauschaliert als Quotenunterhalt geschuldet (siehe Rn. 372 ff.).

---

[16] BGH, FamRZ 1980, 876
[17] BGH, FamRZ 1994, 558 = R 476; FamRZ 1989, 838; FamRZ 1985, 376, 378
[18] BGH, FamRZ 1989, 838; FamRZ 1985, 376, 378
[19] BGH, FamRZ 1989, 838
[20] BGH, FamRZ 1979, 569
[21] BGH, FamRZ 1979, 569
[22] OLG Karlsruhe, FamRZ 1997, 1011
[23] Palandt/Brudermüller, Rn. 72 zu § 1361
[24] Palandt/Brudermüller, a. a. O.

Ab Rechtshängigkeit des Scheidungsverfahrens – genau ab Ende der in § 1587 II BGB definierten Ehezeit mit Beginn des Monats[25] des Eintritts der Rechtshängigkeit – kann beim Trennungsunterhalt zusätzlich ein **Vorsorgeunterhalt** für den Fall des Alters und der verminderten Erwerbsfähigkeit verlangt werden (§ 1361 I 2 BGB). Dies gilt auch, wenn die Unterhaltsbedürftigkeit durch die berechtigte Aufnahme oder Weiterführung einer Ausbildung bedingt ist.[26] Die **Höhe des Altersvorsorgeunterhalts** beschränkt sich bei sehr guten Einkommensverhältnissen nicht auf den sich aus der Beitragsbemessungsgrenze der gesetzlichen Rentenversicherung ergebenden Betrag.[27] Bei Geltendmachung von **rückständigem Altersvorsorgeunterhalt** wird nicht vorausgesetzt, dass dieser gesondert angemahnt wurde. Es genügt, wenn nach Maßgabe des § 1613 I 1 BGB (§§ 1361 IV 4, 1360a III BGB) allgemein Auskunft mit dem Ziel der Geltendmachung eines Unterhaltsanspruchs verlangt worden ist. Der Vorsorgeunterhalt ist nicht Gegenstand eines eigenständigen Anspruch, sondern Teil des einheitlichen, den gesamten Lebensbedarf erfassenden Unterhaltsanspruchs.[28] Die **Berechnung des Vorsorgeunterhalts** geschieht wie beim nachehelichen Unterhalt (siehe Rn. 465 ff.). Vor Berechnung des Quotenunterhalts ist der Vorsorgeunterhalt – außer in besonders günstigen wirtschaftlichen Verhältnissen oder soweit auf den Quotenunterhalt des Berechtigten nicht prägende (auch fiktive) Einkünfte anzurechnen sind – in der Regel vom Einkommen des Verpflichteten abzuziehen (siehe Rn. 477 ff./483 ff.).

Ab Trennung können folgende weitere unselbstständige Unterhaltsteile neben dem Elementarunterhalt verlangt werden, auch wenn sie in § 1361 BGB (anders als in § 1578 II BGB) nicht eigens erwähnt sind: **8**
– Kosten für eine **Krankenversicherung** (vgl. Rn. 498), wenn eine Mitversicherung mit dem Verpflichteten nicht oder nicht mehr besteht. Die Berechnung der Krankheitsvorsorgeaufwendungen geschieht wie beim nachehelichen Unterhalt (siehe Rn. 504 ff.). Vor der Berechnung des Quotenunterhalts ist der Krankheitsvorsorgeunterhalt in der Regel vom Nettoeinkommen des Verpflichteten abzuziehen (siehe Rn. 7 für den Altersvorsorgeunterhalt und Rn. 509 ff.). Dasselbe gilt für die Aufwendungen für die **Pflegeversicherung** (Buch XI des Sozialgesetzbuchs – SGB XI). Die Kosten der Pflegevorsorge sind ebenso wie die Kosten der Krankenvorsorge Bestandteil des Lebensbedarfs des Unterhaltsberechtigten.[29]
– Regelmäßiger **Mehrbedarf** des Ehegatten auf Grund besonderer Umstände.
  Ein solcher regelmäßiger Mehrbedarf kann z. B. bestehen als krankheitsbedingter Mehrbedarf infolge einer chronischen Erkrankung oder als ausbildungsbedingter Mehrbedarf für den kostenverursachenden Besuch einer Ausbildungsstätte. Solche Mehrkosten müssen vorhersehbar und regelmäßig anfallen, sachlich berechtigt und dem Verpflichteten unterhaltsrechtlich zumutbar sein. Sie sind konkret geltend zu machen und bei Bestreiten nachzuweisen. Ihre Höhe kann nach § 287 ZPO geschätzt werden (siehe Rn. 169, 432 ff.).
  Als unselbstständiger Unterhaltsteil ist der Mehrbedarf – wie der Vorsorgeunterhalt –, jedenfalls soweit er eheprägend war, vor Berechnung des Quotenunterhalts vom Nettoeinkommen des Verpflichteten abzuziehen (siehe Rn. 438 ff., vgl. aber Rn. 443 ff. bei nichtprägendem Einkommen des Berechtigten).
  Davon abweichend ist **trennungsbedingter Mehrbedarf** regelmäßig nicht anzuerkennen, weil die Ermittlung des Unterhaltsbedarfs mittels der Differenzmethode üblicherweise das gesamte verfügbare Einkommen beider Eheleute erfasst und ein konkret bemessener zusätzlicher trennungsbedingter Mehrbedarf, regelmäßig nicht in den ehelichen Verhältnissen angelegt ist, so dass seine Zuerkennung gegen den Halbteilungsgrundsatz verstoßen würden.[30] (siehe Rn. 427 f.).
  b) Ausbildungsunterhalt bei Trennung. Haben die Ehegatten ihre Lebensgemein-**9** schaft vor der Trennung dahin gestaltet, dass einer der Ehegatten einem Studium nachgeht,

---

[25] BGH, FamRZ 1981, 442
[26] BGH, FamRZ 1988, 1145, 1148
[27] BGH, FamRZ 2007, 117, 119 = R 662 d+e
[28] BGH, FamRZ 2007, 193, 196 = R 664 e
[29] OLG Saarbrücken, FamRZ 1999, 382; Büttner, FamRZ 1995, 193, 197
[30] BGH, FamRZ 2004, 1357, 1359 = R 617 a

so ist diesem während der Trennung – bei im Übrigen unveränderten Lebensverhältnissen – Ausbildungsunterhalt zu gewähren, wenn die **Ausbildung** dem im Lauf der Ehe einvernehmlich entwickelten, **gemeinsamen Lebensplan** der Eheleute entspricht. Dabei ist es unerheblich, ob es sich um eine Erst- oder Zweitausbildung handelt.[31]

Diese Grundsätze sind nicht anwendbar, wenn die nach Trennung begonnene Ausbildung nach dem gemeinsamen Lebensplan im Zeitraum der Trennungsphase noch gar nicht aufgenommen worden wäre.[32]

10 Ohne einen solchen gemeinsamen Lebensplan kann ein Anspruch auf Ausbildungsunterhalt nach § 1361 BGB unter **Heranziehung der Grundsätze zum Scheidungsunterhalt** bestehen, weil getrennt lebende Ehegatten im Zweifel unterhaltsrechtlich nicht schlechter gestellt werden dürfen, als sie im Fall der Scheidung stehen würden. Grundsätzlich kommt jedoch während der Trennung ein Anspruch auf Ausbildungsunterhalt nur insoweit in Betracht, als er sich nach den Kriterien des § 1573 I i. V. § 1574 III BGB begründen lässt. Der Bedürftige muss nach § 1574 III BGB verpflichtet sein, sich einer zur Erlangung einer angemessenen Erwerbstätigkeit erforderlichen Ausbildung zu unterziehen, damit bei Scheidung eine baldige (Wieder-)Eingliederung in das Erwerbsleben möglich wird. Dies liegt in aller Regel auch im Interesse des Verpflichteten.[33]

Auf eine entsprechende Anwendung von § 1575 BGB kann während der Trennungszeit ein Ausbildungsunterhalt grundsätzlich nicht gestützt werden, weil ein Anspruch nach § 1575 BGB nicht der Erhaltung des ehelichen Lebensstandards dient, sondern auch ehebedingte Nachteile ausgleichen soll und gegenüber den ehelichen Lebensverhältnissen Niveausteigerungen ermöglicht. Es kann dem Verpflichteten im Hinblick auf den provisorischen Charakter des Getrenntlebens, d. h. solange die Wiederherstellung der ehelichen Lebensgemeinschaft noch möglich erscheint, in der Regel nicht zugemutet werden, für den Unterhalt des Berechtigten in größerem Maße aufzukommen, als es durch die Aufrechterhaltung des ehelichen Lebensstandards geboten ist. Ein **Anspruch entsprechend § 1575 BGB** kann **während der Trennungszeit** aber im Vorgriff auf dessen Voraussetzungen bejaht werden – sofern dessen sonstige Voraussetzungen vorliegen[34] –, wenn die Trennung nach den Umständen dergestalt auf eine Scheidung abzielt, dass sich der Berechtigte auf das endgültige Scheitern der Ehe, z. B. wegen der Endgültigkeit der von seinem Partner vollzogenen Trennung und auf dessen konkret zum Ausdruck gebrachte Scheidungsabsicht einstellen muss. Dann hat der ausbildungswillige Partner ein berechtigtes Interesse daran, seinen Ausbildungsanspruch nach § 1575 BGB sobald als möglich zu verwirklichen. Dieses Interesse zählt dann zu seinen „persönlichen Verhältnissen" im Sinn von § 1361 II BGB und ist geeignet, die Unzumutbarkeit einer Erwerbstätigkeit zu begründen. Dem anderen Ehepartner ist es billigerweise verwehrt, die Zurückstellung des Ausbildungswunsches bis zur Scheidung zu verlangen. In derartigen Fällen ist die Ausbildung während des Getrenntlebens nur eine Vorwegnahme des nachehelichen Ausbildungsbeginns.[35] Genaueres zum Ausbildungsunterhalt nach § 1575 BGB siehe Rn. 147 ff.

11 c) **Prozesskostenvorschuss und Sonderbedarf.** Wegen des möglichen Anspruchs auf Sonderbedarf (§§ 1361 IV 4, 1360a III, 1613 II Nr. 1 BGB) siehe Rn. 6/1 ff., wegen des Anspruchs auf Prozesskostenvorschuss (§§ 1361 IV 4, 1360a IV BGB) siehe Rn. 6/20 ff.

12 d) **Gütergemeinschaft.** Der Anspruch auf Getrenntlebensunterhalt nach § 1361 BGB besteht grundsätzlich auch, wenn die Eheleute in Gütergemeinschaft leben (vgl. für diesen Fall im Einzelnen Rn. 6/402 ff.). Allerdings ist die in § 1420 BGB aufgestellte Rangfolge zu beachten, wonach für den Unterhalt in erster Linie die Einkünfte, die in das Gesamtgut fallen, heranzuziehen sind. Bei gemeinschaftlicher Verwaltung des Gesamtguts besteht daher **in der Regel kein Zahlungsanspruch,** sondern ein Anspruch gegen den anderen Ehegatten auf

---

[31] BGH, FamRZ 1985, 782; FamRZ 1981, 439

[32] BGH, FamRZ 1985, 782

[33] BGH, FamRZ 2001, 350, 351 = R 551 b; FamRZ 1988, 1145; FamRZ 1985, 782

[34] OLG München, FamRZ 1998, 553 bejaht einen Anspruch auf Trennungsunterhalt entsprechend § 1575 I BGB, wenn der berechtigte Ehegatte wegen der Geburt eines Kindes eine Ausbildung abgebrochen hatte

[35] BGH, FamRZ 1985, 782; FamRZ 2001, 350, 351 = R 551 b

Mitwirkung (§ 1451 BGB) dahin, dass der berechtigte Ehegatte den in bestimmter Höhe monatlich zu leistenden Unterhalt aus dem Gesamtgut erhält.[36] Ein entsprechendes Urteil wäre nach § 888 ZPO zu vollstrecken. Ist der verpflichtete Ehegatte Alleinverwalter des Gesamtguts, muss er die Zahlungen aus dem Gesamtgut im Rahmen seiner Pflicht zur ordnungsgemäßen Verwaltung (§ 1435 1 BGB) bewirken. Auch hier würde das Urteil nicht unmittelbar auf Zahlung, sondern auf Bewirkung der Zahlung aus dem Gesamtgut lauten. Ein Zahlungstitel als solcher kommt bei Gütergemeinschaft nur in Betracht, wenn nach Maßgabe der Rangfolge des § 1420 BGB das gesamte Vermögen des in Anspruch genommenen Ehegatten für den Unterhalt zu verwenden wäre, also – soweit vorhanden – auch sein Vorbehalts- und Sondergut.[37]

Unabhängig von der materiell-rechtlichen Lage muss zum Schutz des mangels Zugriffs faktisch mittellosen Ehegatten aber der **Erlass einer auf Zahlung lautenden,** zeitlich begrenzten **einstweiligen Verfügung**[38] (§ 940 ZPO) bzw. nach Anhängigkeit der Scheidungssache oder der Unterhaltssache einer entsprechenden **einstweiligen Anordnung** (§§ 620 Nr. 6, 644 ZPO) möglich sein (zur Gegenmeinung siehe Rn. 6/423). Die gegenteilige Ansicht des OLG München[39] gibt dem jetzt bedürftigen Berechtigten Steine statt Brot. Die einstweilige Verfügung wird ohnehin auf die Zeit von 6 Monaten befristet (vgl. Rn. 8/257). Die einstweilige Anordnung, die das Gericht im Übrigen ebenfalls befristen könnte, kann auf Antrag des Pflichtigen jederzeit geändert werden und tritt bei Wirksamwerden einer anderweitigen Regelung, die hier wohl auch in einem negativen Feststellungsurteil über die Mitwirkungspflicht bestehen könnte, außer Kraft. Dass der Weg über eine Vollstreckung nach § 888 ZPO zu langwierig sein kann, zeigt die Entscheidung des Bayerischen Obersten Landesgerichts,[40] wonach dem Bedürftigen auch der Weg zum Vormundschaftsgericht eröffnet ist, damit die fehlende Mitwirkung (Zustimmung) des Pflichtigen zur Auszahlung von Teilen seines Arbeitslohns an die Berechtigte durch das Vormundschaftsgericht ggf. gemäß § 1452 I BGB ersetzt wird.

3. Beginn und Ende des Trennungsunterhalts

Der Anspruch auf Trennungsunterhalt **beginnt** mit der vollständigen Trennung der **13** Eheleute (siehe oben Rn. 4). Bis zur Trennung besteht der wesensverschiedene Anspruch auf Familienunterhalt (Rn. 3/1 ff.). Der Anspruch auf Trennungsvorsorgeunterhalt beginnt erst ab Rechtshängigkeit des Scheidungsverfahrens (§ 1361 I 2 BGB). Siehe zum genauen Beginn Rn. 7.

Der Trennungsunterhalt **endet** mit dem Tag vor Eintritt der Rechtskraft der Scheidung. Ab dem Tag der Rechtskraft der Scheidung wird der wesensverschiedene nacheheliche Unterhalt geschuldet.[41] Die Auffassung, dass der Trennungsunterhalt nicht nur bis zum Tag der Scheidung, sondern bis zum Ende des Monats geschuldet werde, in welchen die Scheidung fällt, der Nachscheidungsunterhalt also erst mit dem Ersten des der Rechtskraft des Scheidungsurteils folgenden Monats beginne,[42] hat der Bundesgerichtshof wegen Unvereinbarkeit mit der Gesetzeslage ausdrücklich abgelehnt.[43]

Der Anspruch auf Trennungsunterhalt **erlischt** auch bei nicht ganz kurzfristiger Beendigung der häuslichen Trennung infolge Versöhnung wegen der unterschiedlichen Qualität von Trennungs- und Familienunterhalt.[44] Auch soweit der Anspruch vor der

---

[36] BGH, FamRZ 1990, 851 f. = R 420; kritisch hierzu Kleinle, FamRZ 1997, 1194
[37] BGH, FamRZ 1990, 851, 853 = R 420; vgl. zu einem solchen Fall OLG Düsseldorf FamRZ 1999, 1348
[38] Vgl. zur Zulässigkeit einer einstweiligen Verfügung, seit gemäß § 644 ZPO einstweilige Anordnungen zum Unterhalt auch außerhalb eines Scheidungsverfahrens möglich sind: OLG Nürnberg NJW 1998, 3787
[39] OLG München, FamRZ 1996, 557
[40] BayObLG, FamRZ 1997, 422
[41] BGH, FamRZ 1981, 242; FamRZ 1984, 256, 257
[42] Luthin, FamRZ 1985, 262
[43] BGH, FamRZ 1988, 370, 372
[44] OLG Hamm, FamRZ 1999, 30

Versöhnung tituliert worden war, lebt er bei erneutem Getrenntleben nicht wieder auf,
so dass sein Erlöschen mit der Vollstreckungsgegenklage geltend gemacht werden
kann.[45]

4. Nichtidentität von Familienunterhalt, Trennungsunterhalt und nachehelichem Unterhalt

14   Der Anspruch auf Trennungsunterhalt ist **nicht identisch mit** dem Anspruch auf Familienunterhalt[46] (siehe Rn. 3/1 ff.). Er ist wegen der unterschiedlichen Anspruchsvoraussetzungen auch nicht identisch mit dem nachehelichen Unterhalt.[47]

Ein **Urteil** über den Trennungsunterhalt umfasst nicht den nachehelichen Unterhalt.
Dieser muss bei Erlöschen des Trennungsunterhalts mit einer gesonderten Klage geltend
gemacht werden. Der Verpflichtete kann gegen einen erloschenen Titel über den Trennungsunterhalt nach § 767 ZPO vorgehen. Dies kann im Einzelfall nach Treu und Glauben
ausgeschlossen sein, wenn die Parteien beiderseits von Identität des Trennungsunterhalts mit
dem Geschiedenenunterhalt ausgegangen waren, so dass deswegen eine wegen des Nachscheidungsunterhalts vom Berechtigten eingereichte Klage auf die entsprechende Einwendung des Pflichtigen nicht weiterverfolgt wurde.[48]

Vor Rechtskraft der Scheidung kann der nacheheliche Unterhalt, nicht jedoch der
Trennungsunterhalt, als Folgesache im Verbund anhängig gemacht werden.[49] Ein **Titel über**
den **Trennungsunterhalt** kann nicht nach § 323 ZPO für die Zeit nach Rechtskraft der
Scheidung abgeändert werden.[50] Entsprechendes gilt auch für das Verhältnis Familienunter-
halt/Trennungsunterhalt (siehe Rn. 3/90). Ein **Verfahren über** den **Trennungsunterhalt,**
das über den Zeitpunkt der Rechtskraft der Scheidung hinaus geführt wird, erstreckt sich
nicht automatisch – ohne dessen förmliche Geltendmachung – auf den Geschiedenenunterhalt.[51]

Auch eine **während der Trennungszeit geschlossene Vereinbarung** gilt in der
Regel wegen des Grundsatzes der Nichtidentität nicht für die Zeit nach der Scheidung.
Die Eheleute können aber eine solche Weitergeltung ausdrücklich vereinbaren. Wer eine
solche Ausnahme von der Regel behauptet, trägt dafür die Behauptungs- und Beweislast.[52]

15   **Im Scheidungsverbund** kann per **einstweiliger Anordnung** auch der **Trennungsunterhalt** geregelt werden (§ 620 Nr. 6 ZPO). Eine solche einstweilige Anordnung über
den Ehegattenunterhalt **gilt auch für den nachehelichen Unterhalt** so lange weiter, bis
eine anderweitige Regelung wirksam wird (§ 620 f ZPO).[53] Sie regelt insofern in Abweichung vom Grundsatz der Nichtidentität den nachehelichen Unterhalt mit.[54] Anders ist es,
wenn die einstweilige Anordnung nach ihrer Formulierung – insoweit atypisch – ausdrücklich nur für die Dauer des Scheidungsverfahrens oder die Zeit des Getrenntlebens erlassen
wurde. In diesem Fall fehlt ihr von vornherein die Wirksamkeit für die Zeit nach Rechtskraft
der Scheidung.

---

[45] OLG Hamm, a. a. O.; OLG Düsseldorf, FamRZ 1992, 943
[46] OLG München, FamRZ 1981, 450 und FamRZ 1982, 801 sowie OLG Hamm, FamRZ 1988,
947 und FamRZ 1980, 249
[47] Ständige Rechtsprechung des BGH seit BGH, FamRZ 1981, 242; FamRZ 1999, 1497; FamRZ
1984, 148; die gegenteilige Ansicht wird im Schrifttum teilweise weiter vertreten, vgl. z. B.
Göppinger/Wax-Bäumel, Unterhaltsrecht, Rn. 1134 ff.
[48] OLG Karlsruhe, FamRZ 1997, 895
[49] BGH, FamRZ 1982, 465; FamRZ 1981, 242; FamRZ 1981, 441
[50] BGH, FamRZ 1982, 465
[51] OLG Hamm, FamRZ 1998, 1512
[52] BGH, FamRZ 1985, 908
[53] Ist die anderweitige Regelung ein Urteil, setzt es die einstweilige Anordnung erst mit Eintritt
seiner Rechtskraft außer Kraft: BGH, FamRZ 2000, 751, 752 = R 539 d
[54] BGH, FamRZ 1983, 355

II. Erwerbsobliegenheit des bedürftigen Ehegatten nach der Trennung

1. Die Schutzvorschrift des § 1361 II BGB zugunsten des nicht erwerbstätigen Ehegatten

Nach § 1361 II BGB kann der bei Trennung nicht erwerbstätige Ehegatte nur dann **16** darauf verwiesen werden, seinen Unterhalt durch eine Erwerbstätigkeit ganz oder teilweise selbst zu verdienen, wenn dies von ihm nach seinen persönlichen Verhältnissen, insbesondere wegen einer früheren Erwerbstätigkeit unter Berücksichtigung der Dauer der Ehe und nach den wirtschaftlichen Verhältnissen beider Ehegatten erwartet werden kann. Erforderlich ist dazu eine **Zumutbarkeitsabwägung aller maßgeblichen persönlichen und wirtschaftlichen Umstände** des Einzelfalls. Inwieweit von einem Ehegatten nach seinen persönlichen Verhältnissen eine Erwerbstätigkeit erwartet werden kann und die Abwägung der verschiedenen Gesichtspunkte ist weitgehend Sache tatrichterlicher Beurteilung.[55] Dabei müssen alle wesentlichen Umstände eingehend gewürdigt werden[56] (siehe Rn. 19 a ff.). Beruft sich der bedürftige Ehegatte auf das Fehlen einer Erwerbsobliegenheit muss er zwar die dafür erforderlichen Umstände vortragen. Dem Pflichtigen obliegt es dann aber im Gegenzug **darzulegen und zu beweisen,** dass sie tatsächlich nicht gegeben sind – vgl. Rn. 6 a u. 24.

Für die Auslegung und Konkretisierung der persönlichen Verhältnisse nach § 1361 II **17** BGB sind die §§ 1569 ff. BGB ergänzend heranzuziehen, denn im Zweifel dürfen Ehegatten nach der Trennung nicht schlechter gestellt werden, als sie nach einer Scheidung stehen würden. Deshalb können die **Tatbestände des nachehelichen Unterhalts** Maßstäbe für die Anwendung des § 1361 II BGB liefern, insbesondere zur Konkretisierung des Begriffs „persönliche Verhältnisse" dienen.[57] Andererseits hat die gesteigerte Verantwortung der Ehegatten während des Bestehens der Ehe zur Folge, dass der nicht erwerbstätige Ehegatte gemäß § 1361 II BGB nur unter wesentlich engeren Voraussetzungen darauf verwiesen werden kann, seinen Unterhalt durch eigene Erwerbstätigkeit (ganz oder teilweise) selbst zu verdienen, als dies gemäß § 1574 BGB nach der Scheidung der Fall ist.[58]

§ 1361 II BGB ist eine **Schutzvorschrift zugunsten des** bei Trennung **nicht erwerbs- 18 tätigen** (haushaltführenden) **Ehegatten** vor einer vorzeitigen Aufnahme einer Erwerbstätigkeit. Sein bisheriger Status in der vereinbarten Haushaltführungsehe soll auf Grund der Aufhebung der häuslichen Gemeinschaft infolge der Trennung zumindest für eine Klärungszeit nicht nachhaltig verändert werden. Die getrennt lebenden Ehegatten befinden sich zwar in einer schweren Ehekrise. Es ist aber noch offen, ob die Schwierigkeiten überwunden werden können oder ob sie zum endgültigen Scheitern der Ehe führen.[59] In einem solchen Fall sind einem Ehegatten solche Änderungen seiner Lebensstellung nicht zuzumuten, die sich im Fall einer möglichen Wiederherstellung der ehelichen Lebensgemeinschaft als nachteilig herausstellen würden. Es muss zumindest für eine geraume Zeit der bisherige Status des unterhaltsberechtigten Ehegatten beibehalten werden, schon um nicht das endgültige Scheitern der Ehe zu fördern, indem die Scheidungsfolgen vorweggenommen werden und damit die Trennung vertieft wird.[60]

Deshalb wird man **im Regelfall vor Ablauf des Trennungsjahres** vom haushaltführenden Ehegatten noch **keine Aufnahme einer Erwerbstätigkeit** erwarten können.[61] Der zeitliche Beginn einer Erwerbsobliegenheit ist nach den Umständen des Einzelfalls festzulegen. Der BGH hat in einer Entscheidung eine Erwerbsobliegenheit nach Ablauf von

---

[55] BGH, FamRZ 1981, 752, 754
[56] BGH, FamRZ 1990, 283, 286
[57] BGH, FamRZ 1985, 782
[58] BGH, FamRZ 1991, 416, 418; FamRZ 1990, 283, 285; FamRZ 1989, 1160; FamRZ 1981, 242
[59] BGH, FamRZ 1979, 569
[60] BGH, FamRZ 1981, 439
[61] BGH, FamRZ 1990, 283, 286

2 Jahren seit Trennung für berechtigt gehalten.[62] In einer anderen Entscheidung lag die Trennung 15 Monate zurück.[63] Je nach Umständen, z. B. bei kurzer Ehedauer und relativ jungem Alter des Ehegatten kann die Erwerbsobliegenheit schon vor Ablauf des Trennungsjahres einsetzen,[64] insbesondere, wenn die Trennung nach den Umständen als endgültig anzusehen ist. Wäre der Ehegatte bei Fortbestand der ehelichen Lebensgemeinschaft auf Grund der konkreten Verhältnisse der Ehe (z. B. Übernahme der Betreuung des neugeborenen Kindes durch die bisher allein berufstätige und nunmehr beurlaubte Mutter) zur alsbaldigen Arbeitsaufnahme verpflichtet, gilt dies auch für den Fall der Trennung.[65]

19   Bejaht der Richter auf Grund einer Abwägung der persönlichen und wirtschaftlichen Verhältnisse die Zumutbarkeit einer Erwerbstätigkeit, dann wird insoweit auch dem bisher nicht erwerbstätigen Ehegatten nach der Trennung eine **gesteigerte Eigenverantwortung** dafür auferlegt, seinen Unterhaltsbedarf durch Aufnahme einer Erwerbstätigkeit ganz oder teilweise selbst zu verdienen.[66] Darüber hinaus hat die durch die **Unterhaltsrechtsänderung 2008** herausgestellte stärkere Eigenverantwortung der geschiedenen Ehegatten (§§ 1569 S. 1, 1574 I u. II BGB) Ausstrahlungswirkung für den Trennungsunterhalt, der vielfach im Rahmen einer Übergangszeit bis zur geplanten Scheidung zu leisten ist.

    Diese Verpflichtung findet nach Maßgabe des § 1361 II BGB ihre Rechtfertigung vor allem darin, dass mit der Trennung die bisherige Funktionsteilung im Rahmen des gemeinschaftlichen Haushalts gegenstandslos geworden ist. Der haushaltführende Ehegatte erbringt für den anderen Ehegatten keine haushaltführenden Leistungen mehr. Deshalb kann einem Ehegatten, insbesondere nach Wegfall der Mitarbeit im Haushalt, eine Erwerbstätigkeit angesonnen werden.[67]

2. Bei der Zumutbarkeitsabwägung zu berücksichtigende persönliche und wirtschaftliche Verhältnisse

19 a   **a) Betreuung gemeinschaftlicher Kinder.** Insoweit gelten in vollem Umfang die Ausführungen zu § 1570 BGB, vor allem auch zum Alter der Kinder und zu den im Rahmen des § 1570 BGB zu berücksichtigenden persönlichen Verhältnissen (vgl. Rn. 65 ff.). Die **nach der Unterhaltsreform verstärkte Erwerbsobliegenheit** des betreuenden Elternteils, die sich aus der Neufassung des § 1570 BGB ergibt, gilt auch für den Betreuungsunterhalt während der Trennungszeit, weil es sonst an der verfassungsrechtlich gebotenen Gleichbehandlung von ehelichen und nichtehelichen Kindern fehlen würde. Soweit die Betreuungssituation für die Kinder nach Trennung der Eheleute nicht entgegensteht (vgl. Rn. 24 a und 28), wird die Fortführung der schon während des Zusammenlebens ausgeübten, eingeschränkten Berufstätigkeit der Ehefrau, die 2 Kinder betreut, zumutbar sein.[68]

    b) Betreuung eigener, nicht gemeinschaftlicher Kinder oder Pflegekinder. Zu den persönlichen Verhältnissen im Sinn des § 1361 II zählt jeder allein in der Person des Ehegatten begründete Umstand, der eine Erwerbstätigkeit unzumutbar macht, also auch die Inanspruchnahme durch eigene, nicht gemeinschaftliche Kinder oder die Betreuung von Pflegekindern.[69]

20   **c) Alter, Gesundheitszustand, Krankheit und Gebrechen.** Insoweit gelten die Ausführungen zu §§ 1571 und 1572 BGB (Rn. 88 ff. und 96 ff.). Der bedürftige Ehegatte darf nicht durch Krankheit (oder Alter) an der Aufnahme einer – auch nur zeitweise auszuübenden – Erwerbstätigkeit gehindert sein.[70] Eine Erwerbsobliegenheit entfällt jedenfalls

---

[62] BGH, NJW 1986, 722, 724
[63] BGH, FamRZ 1990, 283, 286
[64] BGH, FamRZ 2001, 350, 351 = R 551 a; OLG Köln, FamRZ 1996, 1215; OLG Hamm, FamRZ 1997, 1536
[65] AG Weilburg, FamRZ 1998, 1168
[66] BGH, FamRZ 1984, 149; ferner FamRZ 1990, 283, 286
[67] BGH, FamRZ 1981, 439
[68] OLG Köln, NJW-RR 1998, 1300
[69] BGH, FamRZ 1982, 463, 1461; FamRZ 1981, 752, 754
[70] BGH, FamRZ 1981, 17

ab Erreichen der Regelaltersgrenze für Rentenbezug und Beamtenversorgung von 65 Jahren.[71]

d) Dauer der Ehe. Diese ist ein in § 1361 II BGB ausdrücklich erwähntes Merkmal. **21** Das Abstellen auf die Ehedauer hat nicht nur die Bedeutung, dass die erleichterte Wiedereingliederung in das Berufsleben nach einer durch die Ehe nur kurz unterbrochenen Berufstätigkeit berücksichtigt werden soll. Es bedeutet darüber hinaus allgemein, dass sich der bedürftige Ehegatte zur Begründung der Unzumutbarkeit einer Erwerbstätigkeit nicht auf einen erst durch die Eheschließung erlangten Status berufen darf, wenn die Ehe nur von kurzer Dauer war. Die Zumutbarkeit ist in einem solchen Fall nur nach den persönlichen Verhältnissen zu beurteilen, die ohne die durch die Eheschließung erlangte Verbesserung dieser Verhältnisse bestanden hätte.[72] Nicht übersehen werden darf, dass die **Dauer der Ehe nur eines der** in § 1361 II BGB **aufgeführten Merkmale** darstellt, das neben den anderen Merkmalen nur als gleichrangiger Gesichtspunkt zu berücksichtigen ist. Wie bei der Unterhaltsbegrenzung nach § 1578 b BGB gibt es keine lange Ehedauer, ab der nur noch ein Ergebnis möglich wäre. Die Unzumutbarkeit einer Erwerbstätigkeit steht damit nicht schon fest, weil eine bestimmte Ehedauer überschritten wurde. Mit zunehmender Dauer der Ehe steigen jedoch die persönlichen und wirtschaftlichen Verflechtungen der Eheleute, was sich auf das grundsätzliche Bestehen sowie auf Art und Umfang einer Erwerbsobliegenheit auswirken kann.

Ein Unterhaltsausschluss nach §§ 1361 III, 1579 Nr. 1 BGB ist allerdings bei nur „kurzer Ehedauer" nicht möglich.[73]

e) Dauer der Trennung. Während im 1. Trennungsjahr in der Regel für den im **22** Zeitpunkt der Trennung längere Zeit nicht erwerbstätigen Ehegatten gemäß § 1361 II BGB keine Erwerbsobliegenheit besteht (vgl. Rn. 18), sind mit zunehmender Verfestigung der Trennung die Voraussetzungen einer Erwerbsobliegenheit immer mehr den Maßstäben anzurechnen, die nach den §§ 1569 ff. BGB für den nachehelichen Unterhalt gelten.[74]

Die Aufrechterhaltung der bei Trennung bestehenden Verhältnisse und des bisherigen Status des nicht erwerbstätigen Ehegatten erscheint sinnvoll, wenn die Eheleute noch nicht lange getrennt leben und noch eine Hoffnung auf Wiederherstellung der ehelichen Lebensgemeinschaft besteht. Je länger die Trennung dauert, umso eher kann dem nicht erwerbstätigen Ehegatten die Aufnahme einer Erwerbstätigkeit zugemutet werden. Gleiches gilt, wenn beide Ehegatten die Scheidung wollen oder wenn vernünftigerweise eine Wiederherstellung der ehelichen Lebensgemeinschaft nicht mehr erwartet werden kann[75] (siehe auch Rn. 18).

f) Frühere Erwerbstätigkeit und Berufsausbildung. Auch eine frühere Erwerbstätig- **23** keit ist ein in § 1361 II BGB ausdrücklich erwähntes Merkmal. Der BGH hat einer jungen Frau trotz 15-jähriger Arbeitsunterbrechung die Aufnahme einer Erwerbstätigkeit zugemutet mit der Begründung, bei einer ihrer früheren Tätigkeit als Spülerin vergleichbaren Beschäftigung oder einer Betätigung im Bereich der Raumpflege würden erfahrungsgemäß die typischen Probleme einer Wiedereingliederung in das Berufsleben nach längerer Arbeitspause nicht eintreten.[76] Zu einer solchen früheren Erwerbstätigkeit kann auch die Arbeit in der Praxis des Mannes zählen.[77] Bei einer früheren Erwerbstätigkeit ist auch zu berücksichtigen, wie lange sie zurückliegt, ob sie der inzwischen erreichten sozialen Stellung der Ehe noch entspricht und wie lange die Ehe gedauert hat. Mit der Neufassung des § 1574 II BGB soll erreicht werden, dass eine „frühere Erwerbstätigkeit" des geschiedenen Ehegatten grundsätzlich immer als angemessen beurteilt wird – vgl. Rn. 138 a. Damit wird eine voreheliche Berufstätigkeit in die Gesamtwürdigung einbezogen. Dies muss auch für die Erwerbsobliegenheit des getrennt lebenden Ehegatten gelten. Auch hier hat die nach der

---

[71] BGH, FamRZ 1999, 708, 709 f. = R 532 c
[72] BGH, FamRZ 1979, 571
[73] BGH, FamRZ 1994, 558 = R 476; FamRZ 1982, 573
[74] BGH, FamRZ 1990, 283, 286
[75] OLG Düsseldorf, FamRZ 1980, 2453 f.
[76] BGH, FamRZ 1981, 17
[77] BGH, FamRZ 1982, 892

Unterhaltsreform verstärkt herausgestellte Eigenverantwortung des geschiedenen Ehegatten (§§ 1569 S. 1, 1574 I u. II BGB) Ausstrahlungswirkung für den Trennungsunterhalt – vgl. Rn. 19.

Eine Berufsausbildung ist zu berücksichtigen, auch wenn dies in § 1361 II BGB nicht erwähnt ist. Fehlt eine Ausbildung, so kann ein Anspruch auf Ausbildungsunterhalt bestehen (siehe Rn. 9 und 10).

24   **g) Angemessene Erwerbstätigkeit.** Wie beim nachehelichen Unterhalt (§ 1574 BGB) darf der bedürftige Ehegatte nur auf eine Erwerbstätigkeit verwiesen werden, die den in § 1361 II BGB durch einzelne Merkmale definierten, ehelichen Verhältnissen entspricht. Hieraus hatte man den Schluss gezogen, dass es sich um eine eheangemessene Erwerbstätigkeit im Sinn von § 1574 II BGB a. F. handeln müsse.[78] Inzwischen wurde § 1574 I u. II BGB durch die Unterhaltsreform mit dem Ziel, die Eigenverantwortung der geschiedenen Ehegatten zu stärken, neu gefasst – vgl. hierzu näher Rn. 133. § 1574 I BGB enthält die Obliegenheit zur Ausübung einer angemessenen Erwerbstätigkeit, die in § 1574 II S. 1 Hs. 1 BGB nach Merkmalen beschrieben wird. Eine danach angemessene Tätigkeit wird erst in einer nachfolgenden Prüfungsstufe (§ 1574 II 1 Hs. 2 BGB) daraufhin untersucht, ob ihre Ausübung im Hinblick auf die ehelichen Lebensverhältnisse (§ 1574 II 2 BGB) als unbillig zu beurteilen ist.

§ 1361 II BGB selbst enthält den Begriff der „eheangemessenen Verhältnisse" nicht, sondern beschreibt nur unter welchen Umständen eine Verweisung auf Erwerbsobliegenheit in Betracht kommt. Damit besteht keine Hindernis, die Vorschrift weiter nach den in § 1574 II BGB aufgestellten Maßstäben auszulegen und auch dem den getrennt lebenden Ehegatten die Aufnahme einer **angemessenen Erwerbstätigkeit** zuzumuten, die – nachdem die Angemessenheit bejaht ist – zusätzlich anhand der ehelichen Verhältnisse darauf zu prüfen ist, ob ihre Ausübung im Hinblick auf die ehelichen Verhältnisse aus Billigkeitsgründen ausscheidet – vgl. Rn. 141. Allerdings werden die Umstände, die für eine Unbilligkeit der an sich erreichbaren angemessenen Berufstätigkeit auf Grund der ehelichen Verhältnisse sprechen, anders als bei § 1574 II 1 Hs. 1 BGB ebenfalls **vom unterhaltspflichtigen Ehegatten darzulegen und zu beweisen sein.** § 1361 II BGB ist nämlich als Ausnahme zum Anspruch nach § 1361 I BGB konstruiert.

Die Ausführungen zu § 1574 BGB (siehe Rn. 131 ff.) gelten auch nach neuem Recht weiter. Wird dem Berechtigten die Ausübung einer unqualifizierten, berufsfremden Tätigkeit angesonnen, muss außerdem besonders geprüft werden, ob dies nach dem sozialen Status der Ehegatten angemessen ist.[79] Hier ist die Intention der Neufassung des § 1574 II BGB zu beachten, der dem Zweck dient, den nicht erwerbstätig gewesenen Ehegatten nach der Scheidung zwar nicht vor jedem, aber vor einem unangemessenen sozialen Abstieg zu bewahren.[80] Auch der getrennt lebende Ehegatte braucht – jedenfalls nach einer gewissen Übergangszeit – nur Schutz vor einem unangemessenen sozialen Abstieg. Ob und inwieweit ein durch die Eheschließung erlangter Status sich bereits verfestigt hat, hängt wesentlich ab von der Dauer der Ehe (siehe vorher Rn. 21). Grundsätzlich steht es dem Ehegatten frei, die Art der ihm zuzumutenden angemessenen Erwerbstätigkeit selbst zu bestimmen. War der Lebensstandard der Eheleute in 20-jähriger Ehe durch die Mitarbeit in einem großen Betrieb des Mannes geprägt, ist die Frau berechtigt, nach der Trennung eine selbstständige Erwerbstätigkeit anzustreben und sich entsprechend ausbilden zu lassen.[81]

24 a   **h) Gemeinsamer Lebensplan der Ehegatten.** Nach der Trennung oder Scheidung kann bei der erforderlichen Betreuung von Kindern (vgl. Rn. 19 a) eine ursprünglich gemeinsame Lebensplanung regelmäßig nicht mehr in der früher vorgesehenen Weise verwirklicht werden, weil die **Mehrbelastung des die Kinder betreuenden Elternteils** nicht wie in intakter Ehe durch den anderen Ehepartner aufgefangen werden kann. Es besteht u. U. keine Erwerbsobliegenheit, weil unter den gegebenen Verhältnissen eine Erwerbstätigkeit trotz des früheren gemeinsamen Lebensplanes nicht zumutbar ist.[82]

---

[78] BGH, FamRZ 1982, 892
[79] BGH, FamRZ 1990, 283, 286
[80] BT-Drucks. 16/1830 S. 17
[81] BGH, FamRZ 1988, 1145
[82] BGH, FamRZ 1988, 145, 148

Haben die Eheleute ihre Lebensgemeinschaft einverständlich dahin gestaltet, dass einer von ihnen einem **Studium** nachgeht, so kann diesem nach der Trennung jedenfalls dann ein Studienabbruch nicht zugemutet werden, wenn das Studium zielstrebig betrieben wird und der Abschluss in absehbarer Zeit zu erwarten ist. Während dieser berechtigten Studienzeit besteht keine Erwerbsobliegenheit[83] (zum Ausbildungsunterhalt siehe Rn. 9 und 10).

i) Wirtschaftliche Verhältnisse beider Ehegatten. Wenn die Ehegatten nach der 25 Trennung in bedrängten wirtschaftlichen Verhältnissen leben, besteht eine verschärfte Erwerbsobliegenheit. So hat der BGH nach altem Recht einer Frau mit zwei schulpflichtigen Kindern eine stundenweise Erwerbstätigkeit zugemutet, weil sie trotz der Kinder bereits während des Zusammenlebens als Kellnerin tätig war und weil die wirtschaftlichen Verhältnisse vor allem wegen erheblicher ehebedingter Schulden beengt waren. Bei einer derartigen Verschuldung hätte auch bei Fortdauer der ehelichen Lebensgemeinschaft eine stundenweise Erwerbstätigkeit der Frau nahegelegen.[84] Aufgrund der verstärkten Erwerbsobliegenheit eines betreuenden Ehegatten nach § 1570 BGB n. F. würde nach neuem Recht auch bei Getrenntleben regelmäßig mindestens eine Halbtagstätigkeit zumutbar sein.

Zu berücksichtigen sind auch relativ **günstige Verhältnisse des Verpflichteten.** Dem Berechtigten kann bei solchen Verhältnissen nicht entgegengehalten werden, dass er während einer Zeit beengter wirtschaftlicher Verhältnisse durch Erwerbstätigkeit einen entlastenden Beitrag zum Familieneinkommen geleistet hatte.[85]

Bei günstigen wirtschaftlichen Verhältnissen muss sich eine Frau ungeachtet ihrer qualifizierten Ausbildung nicht alsbald nach Ablauf des 1. Trennungsjahres auf eine sozialversicherungsfreie Beschäftigung verweisen lassen. Es ist vielmehr zu prüfen, ob sie sich nicht etwas länger um qualifizierte Tätigkeiten bemühen darf bzw. bei Erfolglosigkeit dieser Bemühungen das Recht auf Fortbildung oder Umschulung hat, um eine mit ihrer bisherigen Ausbildung vergleichbare berufliche Qualifikation zu erreichen.[86] Allerdings schließen auch sehr gute wirtschaftliche Verhältnisse des Pflichtigen oder ein zu erwartender erheblicher Vermögenserwerb des Berechtigten durch den Zugewinnausgleich die Erwerbsobliegenheit nicht aus. Es ist vielmehr eine Gesamtwürdigung vorzunehmen.[87]

Jahrelange freiwillige Zahlung von Trennungsunterhalt kann beim Berechtigten im Hinblick auf die Beurteilung seiner Erwerbsobliegenheit einen Vertrauenstatbestand schaffen, so dass ihm eine nicht zu kurz bemessene Übergangsfrist für die Suche einer angemessenen Arbeit zuzugestehen ist.[88]

3. Zumutbarkeitsabwägung bei Fortsetzung, Ausweitung oder Einschränkung einer bei Trennung bereits ausgeübten Erwerbstätigkeit

Der Schutz des § 1361 II BGB gilt nach dessen Wortlaut nur für den bei Trennung nicht 26 erwerbstätigen Ehegatten, in der Regel den haushaltführenden Ehegatten in der Haushaltsführungsehe oder in der Zuverdienstehe. Der Schutz gilt nicht für die bei Trennung erwerbstätigen Ehegatten einer **Doppelverdienerehe.** Letztere haben grundsätzlich nach der Trennung ihre bisherige Erwerbstätigkeit fortzusetzen.[89]

Trotz des einschränkenden Wortlautes gilt die Regelung des § 1361 II BGB auch für 27 solche Fälle, in denen der (haushaltführende) Ehegatte vor der Trennung im Einverständnis des anderen Ehepartners bereits einer eingeschränkten Erwerbstätigkeit nachgegangen war **(Zuverdienstehe)** und bei Fortsetzung des Zusammenlebens in intakter Ehe diese Erwerbstätigkeit nicht ausgeweitet hätte.[90] Die Frage, ob nach Trennung eine Ausweitung dieser Erwerbstätigkeit zugemutet werden kann, ist unter Berücksichtigung und Abwägung der

---

[83] BGH, FamRZ 1981, 439
[84] BGH, FamRZ 1982, 23, 24 f
[85] BGH, FamRZ 1990, 283, 286
[86] BGH, FamRZ 1990, 283, 286
[87] KG, U. v. 24. 3. 1992 – 13 U F 6898/90 – nicht veröffentlicht
[88] OLG, Köln FamRZ 1999, 853
[89] BGH, FamRZ 1985, 782; FamRZ 1981, 1159, 1161; OLG München, FamRZ 1982, 270
[90] BGH, FamRZ 1984, 149

oben (Rn. 19 a bis 25) erörterten Umstände zu beantworten. Wird die Frage bejaht, besteht eine entsprechende erweiterte Erwerbsobliegenheit, und zwar regelmäßig auf Aufnahme einer Vollerwerbstätigkeit.[91]

28   Unter Berücksichtigung der persönlichen und wirtschaftlichen Verhältnisse der Eheleute kann die **Fortsetzung einer bei Trennung ausgeübten Erwerbstätigkeit** trotz der grundsätzlich dazu bestehenden Verpflichtung im Einzelfall dennoch unzumutbar sein. Dies kann der Fall sein, wenn bei Vorhandensein gemeinschaftlicher, betreuungsbedürftiger Kinder während intakter Ehe beide Ehegatten Betreuungs- und Haushaltsführungsaufgaben übernommen hatten und diese notwendige Mithilfe eines Ehegatten infolge der Trennung weggefallen ist. In solchen Fällen ist auch die Obliegenheit zur Fortsetzung einer bei Trennung ausgeübten Erwerbstätigkeit (bei der Doppelverdienerehe und Zuverdienstehe) auf Grund einer entsprechenden Zumutbarkeitsabwägung zu beurteilen[92] mit der Folge, dass die bisherige Erwerbstätigkeit eingeschränkt oder eine Erwerbsobliegenheit ganz verneint werden kann (vgl. – auch wegen der erhöhten Erwerbsobliegenheit des betreuenden Ehegatten nach Maßgabe des neugefassten § 1570 BGB – Rn. 19 a und 24 a). Anders ist es, falls die Mehrbelastung durch die Trennung durch den Betreuenden aufgefangen werden kann.[93] Führt der Pflichtige **trotz Bezugs von Erwerbsunfähigkeitsrente** eine vorher ausgeübte **selbstständige Tätigkeit** weiter, können ihm die Einkünfte aus dieser Tätigkeit bei der Bedarfsermittlung nicht mehr zugerechnet werden, da er sie an sich nicht neben der Erwerbsunfähigkeitsrente beziehen darf und die genannte Tätigkeit aus unterhaltsrechtlicher Sicht jederzeit aufgeben kann.[94]

4. Fiktive Zurechnung erzielbarer Einkünfte

29   Wird gemäß den Ausführungen zu Rn. 16 bis 28 eine zumutbare Erwerbsobliegenheit bejaht, können dem Berechtigten erzielbare Nettoeinkünfte aus einer entsprechenden Erwerbstätigkeit fiktiv zugerechnet werden, wenn er sich nicht ernsthaft um eine entsprechende Arbeitsstelle bemüht und bei ernsthaften Bemühungen eine reale Beschäftigungschance bestanden hätte (Genaueres Rn. 1/527 ff.).

Zur Bemessung und Dauer fiktiver Einkünfte siehe Rn. 1/536 ff.

Fiktive Einkünfte des Berechtigten sind regelmäßig prägend (siehe Rn. 30) und deswegen nach der **Differenz- oder Additionsmethode** bei der Bedarfsbemessung und der Unterhaltsberechnung zu berücksichtigen.[95]

Während des Getrenntlebens ist es einem Ehegatten zunächst nicht zumutbar, die von ihm allein weiter bewohnte, den Eheleuten oder einem von ihnen gehörende frühere Ehewohnung zur Steigerung seiner Einkünfte anderweitig, etwa durch Vermietung (oder Teilvermietung) zu verwerten. Dies gilt vor allem deswegen, weil während der Trennung eine Wiederherstellung der ehelichen Lebensgemeinschaft noch nicht ausgeschlossen ist, die nicht erschwert werden darf;[96] deshalb kommt zunächst nur eine eingeschränkte Zurechnung von Einkünften wegen des **Wohnwerts der allein genutzten Wohnung** in Betracht. Es ist nur der Wert anzusetzen, welcher dem örtlichen Mietzins für eine dem ehelichen Standard entsprechende kleinere Wohnung entspricht.[97] Anders ist es bei lange dauernder oder endgültiger Verfestigung der Trennung. Wegen der einerseits bedarfsbestimmenden, andererseits bedürftigkeitsmindernden Anrechnung eines angemessenen – bei Weiternutzung einer nunmehr zu großen Wohnung nur eingeschränkten[98] – Wohnwerts siehe Rn. 1/318 ff.

---

[91] OLG Frankfurt, FamRZ 2000, 25
[92] OLG München, FamRZ 1982, 270
[93] OLG Naumburg, FamRZ 1998, 552
[94] OLG Hamm, FamRZ 1998, 1169
[95] BGH, FamRZ 2005, 1979, 1981 = R 640 d;
[96] BGH, FamRZ 1989, 1160
[97] BGH, FamRZ 2007, 879, 880 f. = R 677 a + b
[98] BGH, FamRZ 1998, 899, 901 = R 525 e + f

III. Bedarfsbemessung und Unterhaltsberechnung beim Trennungsunterhalt

1. „Eheliche Lebensverhältnisse" und Bedarfsbemessung beim Trennungsunterhalt wie beim nachehelichen Unterhalt

Nach § 1361 I 1 BGB bestimmt sich das Maß des eheangemessenen Unterhalts nach den **30** „ehelichen Lebensverhältnissen", die sich inhaltlich mit den „ehelichen Lebensverhältnissen" nach § 1578 I 1 BGB beim nachehelichen Unterhalt decken[99] (siehe Rn. 172 ff. und 225 ff.). Maßgebend sind nur die individuellen, ggf. sehr begrenzten ehelichen Lebensverhältnisse, nicht etwa ein höherer pauschalierter Mindestbedarf.[100]

Die Lebensverhältnisse werden – wie beim nachehelichen Unterhalt – im Wesentlichen bestimmt durch das in der Ehe zur Deckung des Lebensbedarfs **verfügbare Einkommen** der Eheleute.[101] Verfügbar in diesem Sinn ist nur der Teil des Einkommens, der nach Abzug von Steuern und sonstiger gesetzlicher Abzüge, berufsbedingtem Aufwand, Vorsorgeaufwendungen, berücksichtigungswürdigen Verbindlichkeiten, Aufwendungen für Vermögensbildung und Barunterhaltsleistungen für den Kindesunterhalt zur Bestreitung des Lebensbedarfs der Eheleute verwendet werden kann[102] (siehe Rn. 185 ff.).

Im Rahmen der Bedarfsbemessung dürfen nur **nachhaltig prägende Einkünfte** der Eheleute berücksichtigt werden[103] (siehe Rn. 179 ff.). Hierzu gehören beim Unterhaltsberechtigten Einkünfte aus einer – trotz Kindesbetreuung wegen beengter finanzieller Verhältnisse aufgenommenen – **überobligationsmäßigen Erwerbstätigkeit**, welche jederzeit ohne unterhaltsrechtliche Nachteile eingestellt werden könnte, nur soweit sie entsprechend § 1577 II nach tatrichterlicher Beurteilung anrechenbar und damit unterhaltsrelevant sind.[104] Dasselbe gilt für eine neben der normalen Erwerbstätigkeit überobligatorisch durchgeführte Zweit(Neben)tätigkeit.[105] Prägend sind **fiktive Einkünfte** des Pflichtigen, soweit sie anstelle von tatsächlichen Einkünften stehen, welche die Ehe bereits geprägt hatten, z.B. wegen Verletzung der Erwerbsobliegenheit zugerechnet werden. Auch wenn dem vorher haushaltsführenden Ehegatte wegen seiner Erwerbsobliegenheit fiktive Einkünfte anzurechnen sind, sind diese als prägendes Surrogat seiner Familienarbeit anzusehen und in die Unterhaltsberechnung nach der Additions- bzw. Differenzmethode einzubeziehen.[106]

Eine nicht überobligationsmäßige prägende Arbeitsaufnahme durch den die Kinder betreuenden Ehegatten nach der Trennung liegt vor, wenn die **Arbeit auch ohne Trennung aufgenommen** worden wäre[107] – vgl. Rn. 31.

Da das Eheband während der Trennung weiterbesteht, fließen grundsätzlich alle in dieser **30 a** Zeit eintretenden **wirtschaftlichen und persönlichen Entwicklungen** der Ehegatten als prägend in die ehelichen Lebensverhältnisse ein[108] – vgl. Rn. 36. So ist die **Erbschaft** des pflichtigen Ehegatten, die nach der Trennung, aber vor Scheidung anfällt, dann prägend, wenn der Erbfall absehbar und erwartet war.[109] Nach der Rechtsprechung prägt auch die **Unterhaltslast für das** in der Trennungszeit geborene **nichteheliche Kind** eines Ehegatten[110] mit der Folge, dass der betreffende Kindesunterhalt bei der Bedarfsbemessung vorweg abzuziehen ist.

[99] BGH, FamRZ 1984, 356
[100] BGH, FamRZ 1998, 1501, 1503 = R 521 c; OLG Hamm FamRZ 1998, 1428
[101] BGH, FamRZ 1984, 356; FamRZ 1980, 876
[102] BGH, FamRZ 1983, 676
[103] BGH, FamRZ 1984, 356; FamRZ 1992, 1045. 1047 = R 448 b
[104] BGH, FamRZ 2006, 846, 848 = R 648 e + f; FamRZ 2005, 1154, 1156 f. = R 630 e
[105] OLG München, FamRZ 1998, 623
[106] BGH, FamRZ 2003, 434, 435 = R 589
[107] OLG Köln, NJW-RR 1998, 723
[108] BGH, FamRZ 1999, 367, 368 f. = R 530 a + c; FamRZ 2000, 1492 = R 546 a
[109] OLG Hamm, FamRZ 1999, 620
[110] BGH, FamRZ 2000, 1492, 1493 = R 546 b; FamRZ 1999, 367, 369 = R 530 c; FamRZ 1994, 87, 89 = R 468 c; OLG Koblenz, FamRZ 1998, 1584

Der BGH hat seine Rechtsprechung zur Wandelbarkeit der unterhaltsbestimmenden ehelichen Verhältnisse beim nachehelichen Unterhalt inzwischen ausgeweitet. Spätere Änderungen des verfügbaren Einkommens – abgesehen von einem Einkommenszuwachs durch Karrieresprung – sind auch nach der Scheidung grundsätzlich zu berücksichtigen. Nur bei unterhaltsrechtlich leichtfertigem Verhalten sei von fiktivem Einkommen auszugehen, was nicht der Fall sei, wenn der Unterhaltsschuldner Kinder aus einer neuen Beziehung bekomme. Die sich aus der **Wandelbarkeit der maßgebenden Verhältnisse**[111] (vgl. hierzu Rn. 134) ergebenden Folgen wirken sich auch in der Trennungszeit aus. Bei Weiterführung der Ehe hätte der andere Ehegatte wirtschaftliche Änderungen ebenfalls mittragen müssen. Der Unterhalt bestimmt sich damit nach den für den Unterhaltszeitraum maßgebenden Verhältnissen.

31 Der Trennungsunterhalt darf nicht nach dem vor der Trennung bezahlten Haushaltsgeld oder den vor der Trennung bestehenden wirtschaftlichen Verhältnissen bemessen werden. Maßgeblich sind die **aktuellen Einkommensverhältnisse,** an deren Entwicklung die Eheleute bis zur Scheidung gemeinschaftlich teilhaben,[112] so wenn sich z. B. die Steuerbelastung des Pflichtigen geändert hat[113] – siehe Rn. 30 a.

Bei einer nach Trennung aufgenommenen (oder ausgeweiteten) zumutbaren Erwerbstätigkeit des Berechtigten im Sinn von § 1361 II BGB hängt die Berücksichtigung der Einkünfte aus dieser Tätigkeit bei der Bedarfsbemessung davon ab, ob die Aufnahme (oder Ausweitung) der Erwerbstätigkeit bereits in der Ehe angelegt war und damit auch ohne die Trennung erfolgt wäre. Ist dies zu bejahen, sind diese Einkünfte als prägend zu berücksichtigen, ohne dass insoweit der Dauer des Getrenntlebens eine Bedeutung beigemessen werden kann[114] Nach der Rechtsprechung des BGH zur **Haushaltsführungsehe** ist das Einkommen des vorher haushaltsführenden Ehegatten als Surrogat seiner Familienarbeit prägend[115] (siehe auch Rn. 30). Sind derartige Einkünfte des Berechtigten, weil die Erwerbstätigkeit ganz oder teilweise unzumutbar ist, überobligatorisch, so wird nur derjenige Teil der Einkünfte, der nach Maßgabe des entsprechend anzuwendenden § 1577 II BGB anrechenbar ist, bei Bedarfsermittlung und Unterhaltsberechnung berücksichtigt.[116]

32 Bezüglich des „verfügbaren" Einkommensteils (Rn. 30 und 31) gilt – wie beim nachehelichen Unterhalt – der **Halbteilungsgrundsatz** (siehe Rn. 359 ff.). Dem Halbteilungsgrundsatz entspricht der Quotenunterhalt mit einem Quotenvorteil für Einkünfte aus Erwerbstätigkeit (Rn. 372 ff.).

In der „Alleinverdienerehe" entspricht der Unterhaltsbedarf der Ehegattenquote aus dem „verfügbaren" Einkommen.

In der „Doppelverdienerehe" kann der Unterhaltsbedarf nach der Differenzmethode, d. h. nach der Ehegattenquote (z. B. gemäß Düsseldorfer Tabelle – Stand: 1. 8. 2008 – mit 3/7, gemäß Süddeutschen Leitlinien – Stand: 1. 7. 2008 – mit 4,5/10) aus der Differenz der beiden „verfügbaren" Einkünfte bemessen werden (hierzu und zur Anwendung der Additionsmethode in diesem Fall vgl. Rn. 1/21 ff., 386 ff.).

Bei überdurchschnittlichen wirtschaftlichen Verhältnissen, in denen erhebliche Teile des Einkommens nicht zur Deckung des allgemeinen Lebensbedarfs verwendet werden, scheidet ein Quotenunterhalt aus; es ist die **Ermittlung des konkreten Bedarfs** geboten[117] – Rn. 366 ff.

33 Werden neben dem Elementarunterhalt noch weitere berechtigte **unselbstständige Unterhaltsteile** (z. B. Mehrbedarf, Vorsorgebedarf) geltend gemacht, so sind – wie beim

---

[111] BGH, FamRZ 2008, 968, 971 f. = R 689 g; FamRZ 2006, 683, 685 f. = R 649 f–h
[112] BGH, FamRZ 1990, 283, 285; FamRZ 2000, 1492 = R 546 a
[113] BGH, FamRZ 1990, 499, 502 = R 407 c; FamRZ 1990, 503 = R 413
[114] BGH, FamRZ 1985, 376, 378
[115] BGH, FamRZ 2001, 986, 991 = R 563 c
[116] BGH, FamRZ 2005, 1154, 1156 f. = R 630 e
[117] OLG Köln, FamRZ 2002, 326; OLG Frankfurt, FamRZ 1997, 353; das AG München, FamRZ 1998, 1583 hat bei Glaubhaftmachung ganz überdurchschnittlicher Verhältnisse durch einstweilige Anordnung als konkreten Bedarf 15 000,– DM monatlich zugesprochen – vgl. hierzu wegen des Problems ausreichender Glaubhaftmachung die Anm. von Bergschneider zu dieser Entscheidung a. a. O.

nachehelichen Unterhalt – auch die hierfür erforderlichen Beträge vor Berechnung des Quotenunterhalts von dem „verfügbaren" Einkommen abzuziehen (siehe Rn. 8, 438 ff., 477 ff. und 509 ff.).

Da nach der Rechtsprechung des BGH der Unterhaltsbedarf beim **Trennungsunterhalt** 34 **und nachehelichen Unterhalt** im Prinzip nach den gleichen Grundsätzen bemessen wird,[118] gelten die genaueren Ausführungen zur Bedarfsbemessung beim Nachscheidungsunterhalt (Rn. 172 ff.) in vollem Umfang auch für den Trennungsunterhalt.

2. Anrechnung nichtprägender Einkünfte des Berechtigten, Leistungsfähigkeit des Verpflichteten und Unterhaltsberechnung

Auch insoweit gelten die gleichen Grundsätze wie beim nachehelichen Unterhalt, wes- 35 halb auf die entsprechenden Ausführungen (Rn. 532 ff. und 540) verwiesen wird.

Wie beim nachehelichen Unterhalt sind nichtprägende Einkünfte bedürftigkeitsmindernd mit der **Anrechnungsmethode** auf den Unterhaltsbedarf zu verrechnen. Wegen eines Verstoßes gegen die Erwerbsobliegenheit zugerechnete **fiktive Einkünfte** sind prägend – siehe Rn. 30. Die **Differenz- oder Additionsmethode** gilt auch, wenn der bisher haushaltsführende Ehegatte erstmals Verdienst erzielt[119] – vgl. Rn. 31.

Die Grundsätze des § 1577 BGB, der sich auf den nachehelichen Unterhalt bezieht, sind auch im Rahmen der Bemessung des Trennungsunterhalts nach § 1361 BGB zu berücksichtigen. Es muss gewährleistet sein, dass bei an sich gleicher Sachlage der Anspruch auf Trennungsunterhalt nicht niedriger ausfällt als der nacheheliche Unterhalt[120] (Genaueres Rn. 542 ff.).

Beim Trennungsunterhalt sind im Rahmen des § 1361 BGB in gleicher Weise die **Grundsätze des § 1581 BGB** zur Beurteilung der Leistungsfähigkeit des Verpflichteten mit heranzuziehen[121] unter Berücksichtigung der Besonderheiten, die das Verhältnis der Ehegatten zueinander während des Getrenntlebens zu demjenigen nach der Scheidung kennzeichnen[122] (Genaueres Rn. 564 ff.).

Auch die Beispiele zur Unterhaltsberechnung gelten in gleicher Weise für Trennungsunterhalt und Scheidungsunterhalt (siehe z. B. Rn. 386 ff., 390 ff., 537 ff., 554 ff.).

3. Maßgeblicher Bemessungszeitpunkt bei Trennungsunterhalt und nachehelichem Unterhalt

Nach der neueren Rechtsprechung des BGH sind für den Anspruch auf nachehelichen 36 Unterhalt nicht mehr die auf den Zeitpunkt der Scheidung festgeschriebenen ehelichen Lebensverhältnisse maßgebend, sondern die auf Grund ihrer **Wandelbarkeit** für die Zeit nach Scheidung, fortgeschriebenen ehelichen Verhältnisse (siehe Rn. 134). Insofern besteht jetzt ein Gleichlauf mit dem Trennungsunterhalt, der schon immer grundsätzlich nach dem jeweiligen Stand **der wirtschaftlichen Verhältnisse,** bemessen wurde, an deren Entwicklung bis zur Scheidung die Ehegatten gemeinschaftlich teilhaben[123] (ferner Rn. 30 a und 31 sowie 221 ff.).

Maßgeblich für die Bedarfsbemessung und die Berechnung des Trennungsunterhalts sind deshalb die **„gegenwärtigen" wirtschaftlichen Verhältnisse** der Ehegatten in dem Zeitraum, für den Trennungsunterhalt verlangt wird. In der Regel sind es die wirtschaftlichen Verhältnisse ab Trennung bis zur Rechtskraft der Scheidung. Soweit über den Tren-

---

[118] BGH, FamRZ 1984, 356
[119] BGH, FamRZ 2001, 986, 991 = R 563 c
[120] BGH, FamRZ 1983, 146, 148
[121] Vgl. hierzu BVerfG, FamRZ 2002, 1397, 1398
[122] BGH, FamRZ 1986, 556
[123] BGH, FamRZ 1994, 87, 88 = R 468 c; FamRZ 1988, 256; vgl. auch BGH, FamRZ 2000, 1492 = R 546 a zum nachehelichen Unterhalt

nungsunterhalt vor Rechtskraft der Scheidung entschieden wird, sind es die wirtschaftlichen Verhältnisse bis zum Zeitpunkt der Entscheidung über den Trennungsunterhalt.

Wie beim nachehelichen Unterhalt beeinflussen **prägende Veränderungen** die Einkommensverhältnisse **in der Zeit von Trennung bis Scheidung** die für die Unterhaltsbemessung maßgeblichen ehelichen Lebensverhältnisse. Nicht prägende Veränderungen, d. h. solche, die auf einer unerwarteten und vom Normalverlauf abweichenden Entwicklung[124] oder auf trennungsbedingten Einkommenssteigerungen nach der Trennung beruhen,[125] sind bei der Bedarfsbemessung des Trennungsunterhalts nicht zu berücksichtigen, wohl aber im Rahmen der Bedürftigkeit des Berechtigten (siehe Rn. 526 ff.) und der Leistungsfähigkeit des Verpflichteten (siehe Rn. 564 ff.). **Prozesskosten für Scheidungs- und Scheidungsfolgeverfahren** sind trennungsbedingter Mehrbedarf,[126] der nach der neueren BGH-Rechtsprechung keinen Einfluss auf den Unterhaltsbedarf hat (vgl. Rn. 1 a, 8 u. 427 f.).

IV. Anwendung der negativen Härteklausel des § 1579 BGB und sonstiger Normen auf den Trennungsunterhalt

1. Anwendung der Härteklausel des § 1579 BGB beim Trennungsunterhalt

37   Nach § 1361 III BGB ist § 1579 Nr. 2 bis Nr. 8 BGB entsprechend anzuwenden, d. h., ein Anspruch auf Trennungsunterhalt kann versagt, herabgesetzt oder zeitlich begrenzt werden, soweit die Inanspruchnahme des Verpflichteten auch unter Wahrung der Belange eines dem Berechtigten zur Pflege oder Erziehung anvertrauten gemeinschaftlichen Kindes grob unbillig wäre, weil einer der in § 1579 Nr. 2 mit 8 BGB aufgeführten Gründe tatbestandsmäßig zu bejahen ist.

Erforderlich ist danach – wie beim nachehelichen Unterhalt – **das Vorliegen eines speziellen Härtegrundes** im Sinn der Nr. 2 bis 8 des § 1579 BGB. Insoweit gelten die Ausführungen zum nachehelichen Unterhalt (Rn. 596 ff.). Besonders bedeutsam ist beim Trennungsunterhalt vor allem § 1579 Nr. 7 BGB (schwerwiegendes, eindeutig beim Berechtigten liegendes Fehlverhalten). Die Entscheidungen des BGH (vgl. wegen der Fundstellen Rn. 720 ff.) zum einseitigen **Ausbruch aus einer** sogenannten **intakten Ehe**[127] und dem daran anschließenden Zusammenleben mit einem neuen Partner sind überwiegend zum Trennungsunterhalt ergangen. Durch eine derartige einseitige Abkehr von der ehelichen Lebensgemeinschaft werden Ansprüche auf Trennungsunterhalt verwirkt.[128] An einem solchen schwerwiegenden und einseitigen Fehlverhalten fehlt es, wenn der Berechtigte eine vorübergehende Beziehung zu einem anderen Partner aus einer nicht mehr intakten Ehe herausnimmt.[129] Hat der Pflichtige im gleichen Zeitraum seinerseits eine entsprechende außereheliche Beziehung aufgenommen, wird das Verhalten des Berechtigten relativiert, so dass es an den Voraussetzungen für die Anwendung von § 1579 Nr. 7 BGB fehlen kann.[130] Weitere Fälle des § 1579 Nr. 7 BGB können das Unterschieben eines Kindes[131] oder fortwährende Verweigerung des Umgangsrechts mit der unrichtigen Behauptung sexuellen Missbrauchs sein.[132] Auch die Aufnahme einer gleichgeschlechtlichen Beziehung gegen den Willen des anderen Ehegatten kann darunter fallen.[132a]

---

[124] BGH, FamRZ 1994, 87, 88 = R 468 c; FamRZ 1982, 892
[125] BGH, FamRZ 1988, 256
[126] OLG München, FamRZ 1994, 898; OLG Karlsruhe, NJW-RR 1998, 578
[127] Zur Problematik des Begriffs „intakte Ehe" vgl. Peschel-Gutzeit, FamRZ 1996, 1446, 1450
[128] KG, FamRZ 2006, 1542
[129] KG, FamRZ 1998, 1112
[130] AG München, FamRZ 1998, 1112
[131] OLG Brandenburg, FamRZ 2000, 1372
[132] OLG Karlsruhe, FamRZ 1999. 92
[132a] BGH v. 16. 4. 2008 – XII ZR 7/05 (bei Drucklegung noch nicht veröffentlicht)

Der Ausschlusstatbestand des § 1579 Nr. 8 BGB kam vor der Unterhaltsreform auch beim Trennungsunterhalt bei länger dauerndem (im Allgemeinen nicht unter zwei bis drei Jahren) Zusammenleben des Berechtigten mit einem anderen Partner in Betracht.[133] Insoweit hat der Gesetzgeber mit § 1579 Nr. 2 BGB n. F. eine eigene Regelung geschaffen, die aber gegenüber der bisherigen Rechtsprechung zu keiner Änderung führen soll.[134] Die Partner müssen nicht unbedingt in einer Wohnung zusammenleben, wenn nur ein Verhältnis besteht, das persönlich, wirtschaftlich und von seiner Intensität her einem eheähnlichen Verhältnis gleichkommt. Auch das Vorliegen einer intimen Beziehung ist nicht Voraussetzung.[135]

Ist ein getrennt lebender Ehegatte voll erwerbsfähig und hat er eine angemessene Stelle, kann er wegen objektiver Unzumutbarkeit von Unterhaltsleistungen (§ 1579 Nr. 8 BGB) nach Jahren, in denen er sich allein unterhalten hat, nicht wegen des niedrigen Einkommensniveaus in seinem Heimatland – auch wenn ihm die Rückkehr nach Deutschland verwehrt ist – Trennungs-Aufstockungsunterhalt verlangen, falls der Pflichtige für seine Rückkehr ins Ausland nicht verantwortlich ist.[136] Überhaupt können Unterhaltsleistungen bei langer Trennung wegen grober Unbilligkeit unzumutbar sein (§ 1579 Nr. 8), z. B. wenn Ehegatten während neunzehnjährigen Getrenntlebens jeweils ihr Auskommen hatten und ein Ehegatte nunmehr trotz unveränderter Einkommensverhältnisse und verselbständigter Lebensverhältnisse im Hinblick darauf plötzlich Trennungsunterhalt verlangt, dass der andere Ehegatte den Scheidungsantrag eingereicht hat.[137]

Außerdem ist bei jedem dieser Härtegründe besonders zu prüfen, ob und inwieweit deswegen die **Zumutbarkeitsgrenze** eines schuldunabhängigen Unterhaltsanspruchs überschritten ist, d. h. die Inanspruchnahme des Verpflichteten auch unter Wahrung der Belange eines dem Berechtigten anvertrauten gemeinschaftlichen Kindes grob unbillig ist. Hierbei muss die veränderte Rechtslage bezüglich der Erwerbsobliegenheit des betreuenden Ehegatten beachtet werden, die sich aus der Änderung des § 1570 BGB ergibt. Anvertraut ist das Kind bei einer Sorgerechtsübertragung oder wenn sich die Parteien über die Betreuung einig sind. Die wichtigsten Beurteilungsmaßstäbe sind im Rahmen dieser Zumutbarkeitsabwägung die Erfordernisse des Kindeswohls, der Grundsatz der Verhältnismäßigkeit mit Vorrang des Kindeswohls sowie die sonstigen persönlichen und wirtschaftlichen Verhältnisse der Eheleute. Nach Beendigung der Kindesbetreuung kommt der jeweilige Härtegrund uneingeschränkt zum Tragen. Zur Zumutbarkeitsabwägung gelten ebenfalls die Ausführungen zum nachehelichen Unterhalt (Rn. 614 ff.).

Die negative Härteklausel des § 1579 BGB ist als Einwendung von Amts wegen zu beachten, wenn von den Parteien entsprechende Tatsachen vorgetragen werden. Die **Beweislast** hat der Unterhaltsverpflichtete (Rn. 609 ff.).

2. Härteklausel und kurze Ehedauer bzw. nur kurzes oder fehlendes Zusammenleben

Nach § 1361 III BGB ist eine kurze Ehedauer kein Ausschlussgrund für den Trennungsunterhalt, weil § 1579 Nr. 1 BGB in § 1361 III BGB ausdrücklich für nicht anwendbar erklärt wird;[138] auch die Tatsache, dass die Parteien nie zusammengelebt haben, reicht für einen Ausschluss nicht aus.[139] Gleiches gilt bei langjähriger Trennung.[140]

Eine **kurze Ehedauer** bzw. ein kurzes oder fehlendes Zusammenleben kann jedoch zusammen mit weiteren Umständen eine Rolle spielen für die Beurteilung der Frage, ob im Sinne von § 1361 II BGB eine Erwerbsobliegenheit des haushaltführenden Ehegatten besteht (Rn. 21 und 22). Außerdem kann sie bei der **Billigkeitsabwägung** im Rahmen eines Härte-

38

---

[133] BGH, FamRZ 2002, 810, 811 = R 574 a
[134] BT-Drucks. 16/1830 S. 21
[135] BGH, FamRZ 2002, 810, 811 f = R 574 a u. b
[136] OLG Köln, FamRZ 1999, 93
[137] OLG Frankfurt, FamRZ 2004, 1574 f.
[138] BGH, FamRZ 1979, 569
[139] BGH, FamRZ 1994, 558 = R 476
[140] BGH, FamRZ 1981, 241

grundes nach § 1579 Nr. 2 bis 8 BGB mitberücksichtigt werden. So hat der BGH eine Versagung von Unterhalt für gerechtfertigt gehalten, wenn es nicht zur Aufnahme irgendeiner Gemeinschaft gekommen ist, weil die Ehegatten ihre standesamtliche Heirat wegen einer kirchlich nicht geschiedenen Vorehe des einen von ihnen nach ihrer gemeinsamen Glaubensüberzeugung als irrelevant angesehen haben.[141] Ebenso hat das AG Essen einen Unterhaltsanspruch bei einer Dauer des Zusammenlebens der Ehegatten von nur 14 Tagen im Hinblick auf die Erwerbsobliegenheit der Ehefrau versagt, die überdies zum Zeitpunkt der Trennung anderweitige geschlechtliche Beziehungen aufgenommen hatte (§ 1579 Nr. 7 BGB).[142]

3. Unterhalt für Vergangenheit, Unterhaltsverzicht und Erlöschen des Unterhaltsanspruchs

39   Gemäß §§ 1361 IV, 1360 a III sind beim Trennungsunterhalt die §§ 1613, 1614 und 1615 BGB entsprechend anzuwenden.

Nach § 1613 I BGB kann rückständiger **Trennungsunterhalt für die Vergangenheit** nur ab Verzug mit der Unterhaltszahlung, ab Verzug mit der Pflicht zur Auskunft über Einkommen und Vermögen zum Zwecke der Unterhaltsberechnung oder ab Rechtshängigkeit verlangt werden. Wegen **Sonderbedarfs** (§ 1613 II Nr. 1 BGB) siehe Rn. 6/1 ff.

§ 1614 BGB verbietet, auf Trennungsunterhalt für die Zukunft ganz oder teilweise zu verzichten. Deshalb darf auch eine Unterhaltsvereinbarung nicht auf einen **Verzicht** oder teilweisen Verzicht hinauslaufen. Es genügt allein eine objektive Unterhaltsverkürzung.[143]

Da auch für die Bemessung des Trennungsunterhalts ein gewisser Angemessenheitsrahmen besteht, der von den Eheleuten ausgeschöpft werden kann, ist eine solche Unterhaltsvereinbarung erst dann unwirksam, wenn sie diesen **Angemessenheitsrahmen** unterschreitet. Eine solche Unterschreitung wird im Regelfall zu bejahen sein, wenn weniger als $^4/_5$ des berechtigten Trennungsunterhalts vereinbart werden.[144] Verkürzungen um mehr als $^1/_3$ sind jedenfalls nicht mehr hinnehmbar[145] (siehe hierzu näher die Ausführungen zu Unterhaltsvereinbarungen Rn. 6/604).

Unwirksam ist auch eine Vereinbarung, den Trennungsunterhalt nicht gerichtlich geltend zu machen.[146]

Ein Verzicht auf Trennungsunterhalt **für die Vergangenheit** ist dagegen zulässig. In der Nichtgeltendmachung von Trennungsunterhalt für längere Zeit liegt allerdings noch kein solcher Verzicht. Es ist vielmehr zu prüfen, ob der Berechtigte einen triftigen Grund für einen solchen Verzicht hatte oder ob nicht eine andere Erklärung für die Unterlassung der Rechtsausübung naheliegt.[147] Allerdings kann – soweit Zeit- und Umstandsmoment vorliegen – nach Treu und Glauben wegen illoyal verspäteter Geltendmachung **Verwirkung** anzunehmen sein.[148]

Nach §§ 1361 IV 4, 1360 a III, 1615 I BGB erlischt der Anspruch auf Trennungsunterhalt mit dem **Tod eines Ehegatten.** Der Verpflichtete muss jedoch die Beerdigungskosten zahlen, wenn eine Bezahlung von den Erben nicht zu erlangen ist (§ 1615 II BGB). Generell erlischt der Anspruch, wenn die Ehegatten ihre häusliche Trennung nicht nur ganz kurzfristig wieder herstellen – vgl. Rn. 13.

Ist das Erbrecht des unterhaltsberechtigten Ehegatten im Hinblick auf das bei Tod des Pflichtigen rechtshängige Scheidungs- oder Aufhebungsverfahren nach § 1933 S. 1 u. 2 BGB ausgeschlossen, tritt an die Stelle des Anspruchs auf Trennungsunterhalt ein **quasi-nachehelicher Unterhaltsanspruch** nach §§ 1569 bis 1586 b BGB, der die Erben als Nachlassverbindlichkeit trifft (§ 1933 S. 3 BGB). Siehe dazu Rn. 60 u. 60 a.

---

[141] BGH, FamRZ 1994, 558 = R 476
[142] AG Essen, FamRZ 2000, 23
[143] BGH, FamRZ 1984, 997, 999
[144] BGH, FamRZ 1984, 997, 999; OLG Köln, FamRZ 1983, 750
[145] OLG Hamm, FamRZ 2007, 732, 733
[146] OLG Karlsruhe, FamRZ 1980, 1117
[147] BGH, FamRZ 1981, 763
[148] Vgl. zuletzt BGH, FamRZ 2002, 1698, 1699 = R 577

4. Rückforderung von Zuvielleistungen und Auskunftsanspruch

Der Verpflichtete, der freiwillig zu viel an Trennungsunterhalt bezahlt hat, kann solche **40** Zuvielleistungen im Zweifel nicht wegen ungerechtfertigter Bereicherung des Berechtigten zurückverlangen (§§ 1361 IV, 1360 b BGB). Gemäß der **Auslegungsregel des § 1360 b BGB** ist nach der Lebenserfahrung bei freiwilligen Mehrleistungen von einem Verzicht auf Ersatzansprüche auszugehen. Das gilt sowohl für laufende als auch für einmalige Unterhaltsleistungen oder für Leistungen aus dem Vermögensstamm.[149]

Die Vermutung des § 1360 b BGB kann jedoch widerlegt werden. Der zurückfordernde Ehegatte muss dann darlegen und nachweisen, dass er zu viel an Trennungsunterhalt bezahlt hat und dass er bereits bei Zahlung eine Rückforderungsabsicht hatte oder dass er nur unter Vorbehalt der Rückforderung bezahlt hat. Ein solcher Vorbehalt kann sich auch aus den Umständen ergeben. Siehe auch Rn. 3/92 ff.; zur Rückforderung überzahlten Unterhalts im Einzelnen, insbesondere auch zum Wegfall der Bereicherung (§ 818 III BGB), vgl. Rn. 6/200 ff.

Nach §§ 1361 IV, 1605 BGB besteht für getrennt lebende Ehegatten ein **Auskunftsanspruch** (Genaueres zum Auskunftsanspruch siehe Rn. 1/661 ff.).

5. Zur Geltendmachung des Trennungsunterhalts

Der Trennungsunterhalt ist grundsätzlich in einem **isolierten Unterhaltsverfahren** **41** geltend zu machen. Im Verbundverfahren (§ 623 ZPO) darf keine Sachentscheidung über den Trennungsunterhalt ergehen. Ein verfahrenswidrig im Verbund anhängig gemachtes Verfahren müsste abgetrennt und gesondert weitergeführt werden.[150]

Ist bereits ein Scheidungsverfahren anhängig, kann nach § 620 Nr. 6 ZPO auch der Trennungsunterhalt auf Antrag für die Dauer des Scheidungsverfahrens durch **einstweilige Anordnung** geregelt werden. Eine solche Regelung schließt das Rechtsschutzbedürfnis für eine Klage auf Leistung von Trennungsunterhalt nicht aus, weil die einstweilige Anordnung nur auf Grund summarischer Prüfung ergeht.[151] Die unbefristete einstweilige Anordnung wirkt aber – anders als ein Urteil über den Trennungsunterhalt – nach § 620 f ZPO über die Rechtskraft der Scheidung hinaus bis zum Wirksamwerden einer neuen Regelung (vgl. Rn. 15).

Der Unterhaltsverpflichtete kann mit einer **negativen Feststellungsklage** feststellen lassen, dass die in der Anordnung geregelte Unterhaltsverpflichtung nicht oder nur in geringerem Umfang besteht.[152]

Außerhalb des Scheidungsverfahrens kann – wenn die Voraussetzungen einer einstweiligen Anordnung gemäß § 644 ZPO nicht vorliegen – in dringenden Fällen durch **einstweilige Verfügung** der Notunterhalt für die Dauer von höchstens 6 Monaten verlangt werden.[153] Wegen der in § 644 ZPO eingeführten Möglichkeit, einstweilige Anordnungen auch außerhalb eines Scheidungsverfahrens zu erwirken, ist die Zahl der Fälle, in denen noch eine einstweilige Verfügung in Betracht kommt, beschränkt.[154]

Zur **Insolvenz des Unterhaltsschuldners** siehe unten Rn. 61 a.

Den Unterhaltsschuldner trifft im Rahmen seiner Verpflichtung zu Leistung von Trennungsunterhalt grundsätzlich **keine Obliegenheit zur Einleitung der Verbraucherinsolvenz**. Der BGH hatte eine solche Obliegenheit im Hinblick auf die nach § 1603 II BGB gesteigerte Unterhaltpflicht zur Sicherstellung des laufenden Unterhalts von minderjährigen Kindern grundsätzlich bejaht.[155] Dies gilt wegen fehlender gesteigerter Unterhaltpflicht und im Hinblick auf die verfassungsrechtlich geschützte Handlungsfreiheit des Unterhalts-

---

[149] BGH, FamRZ 1983, 351
[150] BGH, FamRZ 1982, 892, 894; FamRZ 1985, 578
[151] BGH, FamRZ 1984, 356
[152] BGH, FamRZ 1983, 355
[153] OLG Köln, FamRZ 1983, 410; OLG Zweibrücken, FamRZ 1985, 928
[154] OLG Nürnberg, NJW 1998, 3787
[155] BGH, FamRZ 2005, 608

schuldners regelmäßig nicht im Fall des Ehegattenunterhalts (Trennungsunterhalt oder Geschiedenenunterhalt).[156]

6. Konkurrenzen

41 a   Die getrennt lebende Ehefrau hat wegen eines nichtehelichen Kindes – nach rechtswirksamer Feststellung oder Anerkennung der Vaterschaft (vgl. Rn. 7/3) – auch dann einen Unterhaltsanspruch gegen den Kindsvater nach § 1615 l I bzw. II 2 BGB, wenn sie schon wegen der Betreuung ehelicher Kinder an einer Erwerbstätigkeit gehindert ist. Ihr hieraus resultierender Anspruch auf Trennungsunterhalt nach **§ 1361 BGB konkurriert mit** ihrem Anspruch nach **§ 1615 l BGB,** der entgegen der vielfach früher in der Rechtsprechung vertretenen Meinung[157] nicht gegenüber einem Anspruch auf Ehegattenunterhalt vorrangig ist (vgl. Rn. 7/34). Der BGH[158] wendet zur Bestimmung der anteiligen Haftung der beiden Verpflichteten über § 1615 l II 1 BGB die Vorschrift des § 1606 III S. 1 BGB entsprechend an, wobei sich die Haftungsquote nicht allein nach den jeweiligen Erwerbs- und Vermögensverhältnissen bestimmt, sondern z. B. auch danach, inwiefern die Mutter auf Grund der unterschiedlichen Betreuungsbedürftigkeit der einzelnen Kinder von einer Erwerbstätigkeit abgehalten wird (vgl. zu den Rangproblemen näher Rn. 7/34). Diese Grundsätze gelten auch, wenn eine Ehefrau wegen eines betreuten ehelichen Kindes und eines betreuten nichtehelichen Kindes von dessen Vater und vom Ehemann Betreuungsunterhalt verlangen kann. Allerdings beschränkt sich der Bedarf auch gegenüber dem nichtehelichen Vater auf den ehelichen Bedarf, selbst wenn dieser unter dem Existenzminimum liegt.[159]

2. Abschnitt: Besonderheiten und Anspruchstatbestände des nachehelichen Unterhalts

I. Allgemeine Grundsätze und Besonderheiten des nachehelichen Unterhalts

1. Allgemeine Grundsätze

42   Der eigentliche Grund, sowohl für die eheliche wie für die nacheheliche Unterhaltspflicht, ist letztlich die **mit der Eheschließung von den Ehegatten füreinander übernommene Verantwortung.** Während des Bestehens der Ehe (bis zur Scheidung) besteht insoweit eine gesteigerte Verantwortung der Eheleute füreinander. Diese beiderseitige Verantwortung ist nach der Scheidung abgeschwächt,[1] wirkt aber weiter in Form einer sich aus Art. 6 I GG ergebenden fortwirkenden nachehelichen Solidarität und Verantwortung.[2] Insofern musste sich der wirtschaftlich stärkere Ehegatte bei Erfüllung der Tatbestände des nachehelichen Unterhalts bis zur Grenze der Unzumutbarkeit mit seiner Unterhaltsbelastung abfinden.[3] Die geänderte Rechtsprechung des BGH zur Haushaltsführungsehe,[4] die wegen der Benachteiligung des haushaltsführenden Ehegatten freilich auch verfassungsrechtlich begründet war,[5] hat die gesteigerte und verlängerte Belastung des pflichtigen Ehegatten wegen Anwendung der Differenz- anstatt der Anrechnungsmethode für die Unterhaltsberech-

---

[156] BGH, FamRZ 2008, 497, 499 f. = R 687
[157] KG, FamRZ 1998, 556; OLG Hamm, FamRZ 1997, 1538
[158] BGH, FamRZ 1998, 541, 544 = R 520 c
[159] BGH, FamRZ 2007, 1303, 1304 = R 669 b
[1] BGH, FamRZ 1981, 242
[2] BGH, FamRZ 1999, 710, 711 = R 531 a
[3] BGH, a. a. O.
[4] BGH, FamRZ 2001, 986, 991 = R 563 c
[5] BVerfG, FamRZ 2002, 527, 530 = R 571 b

nung unter Hinweis auf die Entlastungsmöglichkeit durch Unterhaltsbeschränkungen nach den damals geltenden §§ 1573 V und 1578 I 2 BGB a. F. bewusst in Kauf genommen.

Für die Zeit nach der Scheidung ging das Gesetz schon in § 1569 BGB a. F. grundsätzlich von der **Eigenverantwortung** jedes Ehegatten für seinen Lebensunterhalt aus. Trotz dieser gesetzlichen Vorgabe führten die Unterhaltstatbestände (§§ 1570 bis 1576 BGB), vor allem der Aufstockungsunterhalt nach § 1573 II BGB, dazu, dass die Praxis häufig auf eine Umkehr des Regel-/Ausnahmeverhältnisses hinauslief. Diese Tendenz wurde durch die Rechtsprechung des BGH zur Haushaltsführungsehe verstärkt. Die am 1. 1. 2008 in Kraft getretene **Unterhaltsrechtsreform**[6] will hier eine Trendwende erzielen. Der „Grundsatz der Eigenverantwortung" wurde als Überschrift des § 1569 BGB n. F. gewählt. Satz 1 der Vorschrift auferlegt jedem Ehegatten die Obliegenheit, nach Scheidung selbst für seinen Unterhalt, also sein wirtschaftliches Fortkommen zu sorgen.[7] Hierdurch soll das Prinzip der nachehelichen Solidarität in einer nach heutigen Wertvorstellungen akzeptablen und interessegerechten Weise ausgestaltet werden.[8] § 1569 S. 2 BGB n. F. ist weiterhin Ausdruck der nachwirkenden Mitverantwortung des wirtschaftlich stärkeren Ehegatten, insbesondere zur Leistung des notwendigen Ausgleichs für ehebedingte Nachteile. Da Unterhaltsansprüche aber nur in Betracht kommen, wenn der betreffende Ehegatte außerstande ist, seine Obliegenheit zu erfüllen, für seinen Unterhalt selbst zu sorgen, wird in Satz 2 das Unterhaltserfordernis der Bedürftigkeit, die tatsächlich oder wegen Obliegenheitsverstoßes rechtlich fehlen kann, zusätzlich betont. Der Grundsatz der Eigenverantwortung soll hierdurch eine neue Rechtsqualität erhalten und in weit stärkerem Maß als bisher als Auslegungsgrundsatz für die einzelnen Unterhaltstatbestände herangezogen werden.[9] Insoweit sei das von der Rechtsprechung nach altem Recht zur Auslegung des § 1570 BGB entwickelte Altersphasenmodell zur Erwerbsobliegenheit des betreuenden Elternteils zu überdenken und zu korrigieren, auch die übrigen Unterhaltstatbestände seien im Licht der Neufassung des § 1569 ggf. enger auszulegen.[10] Nach diesen Maßstäben gewährt das Gesetz einen Anspruch auf nachehelichen Unterhalt nur unter besonderen, enumerativ (§§ 1570 bis 1576 BGB) aufgezählten Voraussetzungen.[11]

Die nach der Trennung und Scheidung fortwirkende personale Verantwortung beider Ehegatten reduziert sich im Unterhaltsbereich auf eine einseitige Unterhaltsverpflichtung des wirtschaftlich stärkeren Ehegatten gegenüber dem bedürftigen Partner. Der Grundsatz der wirtschaftlichen Eigenverantwortung der Ehegatten wird eingeschränkt durch den Grundsatz einer **nachwirkenden Mitverantwortung**[12] der Ehegatten füreinander.

Diese nachwirkende Mitverantwortung soll nach der gesetzlichen Regelung nicht allgemein durch jede schicksalsbedingte Bedürftigkeit stets und auf Lebensdauer ausgelöst werden; vielmehr soll der Grundsatz nur eingreifen, wenn eine Bedürfnislage in Verbindung mit der Ehe steht. Dabei muss es sich aber um **keinen kausalen Zusammenhang zwischen Ehe und Bedürftigkeit** handeln.[13]

Eingeschränkter sieht die Gesetzgeber die Verantwortung der Ehegatten bei **Eheaufhebung.** Die §§ 1569 bis 1586b BGB werden in diesem Fall nach § 1318 II BGB nur unter den dort festgelegten Voraussetzungen angewendet.

Die Leistungen der Ehegatten, die sie auf Grund ihrer vereinbarten Arbeitsteilung in der Ehe durch Berufstätigkeit, Haushaltsarbeit oder Kindererziehung erbringen, sind gleichwertig, so dass die Ehegatten grundsätzlich Anspruch auf gleiche Teilhabe am gemeinsam Erwirtschafteten haben.[14] Der durch die Unterhaltsreform neu eingeführte § 1578b BGB stellt aber klar, dass es **keine** von vornherein gewährte **Lebensstandardgarantie** (mehr) in Form einer Teilhabe gibt, die der Höhe nach nicht abänderbar oder zeitlich unbegrenzt

43

---

[6] Gesetz zur Änderung des Unterhaltsrechts vom 21. 12. 2007 – BGBl I S. 3189
[7] BT-Drucks. 16/1830 S. 16
[8] A. a. O.
[9] A. a. O.
[10] BT-Drucks. 16/1830 S. 16/17
[11] BGH, FamRZ 1984, 353; FamRZ 1981, 242
[12] BVerfG, FamRZ 1981, 745, 748; BGH, FamRZ 1981, 1163
[13] BGH, FamRZ 1983, 800; FamRZ 1982, 28; FamRZ 1981, 1163
[14] BT-Drucks. 16/1830 S. 18

wäre.[15] Die Grundlagen der nachehelichen Unterhaltspflicht, die in den Prinzipien der nachehelichen Solidarität und der in Verbindung mit der Ehe stehenden Bedürftigkeit zu sehen sind, verfestigen sich mit zunehmender Dauer der Ehe. Je länger eine Ehe dauert, umso stärker ist die wirtschaftliche Sicherung der Ehegatten mit dem Bestand der Ehe verbunden. Dem liegt die Erfahrung zugrunde, dass die Lebenssituation der Partner in der Ehe durch die gemeinsame Lebensplanung entscheidend geprägt wird. Mit **zunehmender Ehedauer** kommt es zu einer **wachsenden Verflechtung und Abhängigkeit** der beiderseitigen Lebensdispositionen sowie allgemein zu einer sich steigernden wirtschaftlichen Abhängigkeit des unterhaltsbedürftigen Ehegatten, gegenüber der sich dieser Ehegatte durch die unterhaltsrechtliche Solidarität des anderen Ehepartners abgesichert zu fühlen pflegt.[16] Nach der Vorstellung des Gesetzgebers der Unterhaltsreform ist eine fortwirkende Verantwortung für den bedürftigen Ehegatten vor allem zum **Ausgleich von ehebedingten Nachteilen** erforderlich, die auf Grund der Aufgabenverteilung in der Ehe entstanden sind und zur Folge haben, dass der Berechtigte nicht selbst für seinen Unterhalt sorgen kann.[17] Je geringer solche Nachteile sind, desto eher kommt eine Beschränkung des Unterhaltsanspruchs nach § 1578 b BGB in Betracht.[18] Die nacheheliche Solidarität führt auch nach der neueren Rechtsprechung des BGH dazu, dass bei der **Bemessung des nachehelichen Unterhalts** nach § 1578 I 1 BGB spätere Änderungen des verfügbaren Einkommens beim Pflichtigen oder beim Berechtigten grundsätzlich zu berücksichtigen sind, und zwar unabhängig davon, wann sie eingetreten sind und ob es sich um Verbesserungen (aber z. B. nicht bei einem Karrieresprung) oder Minderungen handelt.[19] Dabei muss allerdings immer beachtet werden, dass ein geschiedener Ehegatte nicht besser gestellt werden darf, als er ohne Scheidung stehen würde. Auch hieraus folgt, dass es keine Lebensstandardgarantie mehr gibt, welche die früheren ehelichen Lebensverhältnisse zurzeit der Rechtskraft der Scheidung fortschreiben würde. Fiktives Einkommen kann im Rahmen der **wandelbaren ehelichen Verhältnisse** nur bei unterhaltsrechtlich leichtfertigem Verhalten angesetzt werden, wenn die Einkommensminderung nicht auf Verletzung einer Erwerbsobliegenheit oder auf freiwilligen Dispositionen ohne zumutbare Absicherung beruht.[20]

2. Allgemeine Anspruchsvoraussetzungen des nachehelichen Unterhalts

44 Eine Unterhaltsverpflichtung auf Grund nachehelicher Solidarität besteht nach § 1569 S. 2 BGB nur, wenn die Voraussetzungen eines der **sechs Unterhaltstatbestände** der §§ 1570 mit 1576 BGB vorliegen. Die §§ 1570 ff. BGB konkretisieren und begrenzen die Unterhaltsberechtigung durch die enumerative Nennung bestimmter Bedürfnislagen, die zu bestimmten Einsatzzeitpunkten vorliegen müssen.[21] Es handelt sich insoweit um enumerativ aufgezählte Ausnahmetatbestände zum Grundsatz der Eigenverantwortung. Ist keiner dieser Tatbestände gegeben, muss der Geschiedene für seinen Unterhalt selbst aufkommen.[22] Danach besteht ein Anspruch auf nachehelichen Unterhalt nur,

– wenn von dem Bedürftigen, wie vom Gesetz stillschweigend vorausgesetzt bzw. ausdrücklich bestimmt, **keine Erwerbstätigkeit zu erwarten** ist, und zwar wegen Betreuung gemeinschaftlicher Kinder (§ 1570 BGB), wegen Alters (§ 1571 BGB), wegen Krankheit oder Gebrechen (§ 1572 BGB) oder aus sonstigen Billigkeitsgründen (§ 1576 BGB) oder
– wenn der Bedürftige **keine** seinen Unterhalt deckende **angemessene Erwerbstätigkeit zu finden** vermag (§ 1573 BGB) oder
– wenn der Bedürftige zur Erlangung einer angemessenen Erwerbstätigkeit einen **Ausbildungsbedarf** hat (§ 1575 BGB).

---

[15] Vgl. a. a. O.
[16] BGH, FamRZ 1999, 710, 711 = R 531 a; FamRZ 1981, 140, 142
[17] BT-Drucks. 16/1830 S. 18
[18] A. a. O.
[19] BGH, FamRZ 2008, 968, 971 f. = R 689 g; BGH, FamRZ 2006, 683, 686 = R 649 f–h
[20] BGH, FamRZ 2008, 968, 971 f. = R 689 g.
[21] BGH, FamRZ 1984, 353
[22] BGH, FamRZ 1984, 353; FamRZ 1981, 242

Der Anspruch auf nachehelichen Unterhalt setzt – wie der Trennungsunterhalt und der **45**
Kindesunterhalt – außerdem eine konkrete **Bedürftigkeit** (siehe Rn. 526 ff.) des berechtig-
ten Ehegatten (§ 1577 BGB) und **Leistungsfähigkeit** (siehe Rn. 564 ff.) des verpflichteten
Ehegatten (§ 1581 BGB) voraus.

Der Unterhalt begehrende Ehegatte hat die **Darlegungs- und Beweislast** für alle **45 a**
anspruchsbegründenden Tatsachen der Normen, auf die er seinen Anspruch stützt. Dies gilt
auch für „doppelt relevante Tatsachen", z. B. für die bedarfsbestimmende Gestaltung der
ehelichen Lebensverhältnisse, welche zugleich zum Nachweis der Leistungsfähigkeit des
pflichtigen Ehegatten dienen können, obwohl der Berechtigte hierfür weder darlegungs-
noch beweispflichtig ist[23] (Genaueres zur Darlegungs- und Beweislast des Berechtigten siehe
Rn. 6/703 ff.). Der Vortrag, der Verpflichtete habe Unterhalt für eine Übergangszeit zugestanden, reicht zur Erfüllung der Darlegungslast nicht aus. Das Gericht muss die entsprechenden Tatsachen feststellen, sofern kein vorbehaltloses wirksames prozessuales Anerkenntnis vorliegt.[24]

Der Verpflichtete hat u. a. die Tatsachen für eine von ihm behauptete Leistungsunfähigkeit
vorzutragen und nachzuweisen (Genaueres Rn. 6/710 ff.).

3. Einheitlicher Anspruch auf nachehelichen Unterhalt

Der Anspruch auf nachehelichen Unterhalt ist stets ein einheitlicher Anspruch. Von den **46**
Einzeltatbeständen der §§ 1570 bis 1576 BGB können zwei oder **mehrere gleichzeitig**
oder auch im zeitlichen Anschluss aneinander verwirklicht sein, ohne dass deshalb von
ebenso viel Unterhaltsansprüchen die Rede sein könnte. Der Umfang des nachehelichen
Unterhalts richtet sich stets inhaltlich nach den ehelichen Lebensverhältnissen (§ 1578 I
BGB) und wird ausschließlich nach diesen einheitlich bemessen.[25]

Daraus folgt, dass der nacheheliche **Unterhaltsanspruch durch** ein **Urteil** in dem
ausgeurteilten Umfang **insgesamt erfasst** wird, d. h. ohne Rücksicht darauf, welcher der
Tatbestände der §§ 1570 ff. BGB in Betracht kommt und vom Gericht geprüft worden ist.[26]
Auch ein klageabweisendes Urteil betrifft alle Einzeltatbestände der §§ 1570 ff. BGB.[27] Ein
unerörtert gebliebener Unterhaltstatbestand kann nur unter der Voraussetzung des § 323
ZPO neu geltend gemacht werden. Nur wenn das Unterhaltsverlangen wegen fehlender
Bedürftigkeit bzw. Leistungsfähigkeit abgewiesen worden ist, muss wegen fehlender Rechts-
kraftwirkung des Urteils für die Zukunft nach Eintritt der vormals **fehlenden Bedürftigkeit bzw. Leistungsfähigkeit** eine neue Leistungsklage (nicht Abänderungsklage nach
§ 323 ZPO) erhoben werden.[28] Wenn dagegen der Anspruch auf künftig fällig werdende
Unterhaltsleistungen für eine bestimmte Zeit zugesprochen und erst ab einem in der
Zukunft liegenden Zeitpunkt aberkannt wurde, so kann mit der Klage nach § 323 ZPO
geltend gemacht werden, dass die dem Urteil zugrunde gelegten zukünftigen Verhältnisse
tatsächlich anders eingetreten sind, als in der früheren Prognose angenommen worden war.

§ 1576 BGB ist ein subsidiärer Billigkeitstatbestand gegenüber den §§ 1570 mit 1575 **47**
BGB. Auch **§ 1573 BGB** ist **subsidiär** gegenüber den §§ 1570 bis 1572 BGB, da er zur
Voraussetzung hat, dass keiner dieser Tatbestände vorliegt.[29] Nach altem Recht musste genau
beachtet werden, dass die §§ 1570 bis 1572 BGB **bei einer Teilerwerbstätigkeit** des
Berechtigten nur Anspruch auf den Unterhalt bis zur Höhe des Mehreinkommens gewährten, das bei einer Vollerwerbstätigkeit erzielt werden könnte, so dass für einen dann noch
ungedeckten Bedarf § 1573 II BGB als Anspruchsgrundlage heranzuziehen war. Die Differenzierung war nötig, da § 1573 V BGB a. F. anders als die anderen Unterhaltstatbestände

---

[23] OLG Karlsruhe, FamRZ 1997, 1011
[24] BGH, FamRZ 1985, 912, 915
[25] BGH, FamRZ 1984, 353
[26] BGH, a. a. O.; kritisch hierzu Schröder, FamRZ 2005, 320 ff.
[27] OLG Karlsruhe, FamRZ 1980, 1125
[28] BGH, FamRZ 2005, 101, 102 = R 620 – der erwähnten fehlenden Bedürftigkeit steht die
fehlende Leistungsfähigkeit gleich
[29] BGH, FamRZ 1988, 265; FamRZ 1987, 1011; FamRZ 1987, 572

die zeitliche Begrenzung der Ansprüche nach § 1573 I bis IV BGB a. F. ermöglichte.[30] Grundsätzlich waren die entsprechenden Anspruchsgrundlagen daher genau zu bestimmen, damit in künftigen Abänderungsverfahren die unterschiedlichen Begrenzungsmöglichkeiten berücksichtigt werden konnten. Da die Unterhaltsreform mit der Einführung der für alle Unterhaltstatbestände geltenden Begrenzungsnorm des § 1578 b BGB gerade das Ziel der Vereinfachung des Unterhaltsrechts verfolgt,[31] ist die nach altem Recht gebotene **Differenzierung nicht mehr erforderlich.** Nach neuem Recht sollte man aus Vereinfachungsgründen bei Anwendung der §§ 1570 bis 1572 BGB davon auszugehen, dass der Berechtigte seinen vollen Restunterhalt auch bei einer Teilerwerbstätigkeit schon auf Grund der Erfüllung des betreffenden Tatbestands geltend machen kann, ohne dass noch zusätzlich auf § 1573 II BGB zurückgegriffen werden müsste.

4. Einsatzzeitpunkte und Anschlussunterhalt sowie Teilanschlussunterhalt

48   **a) Einsatzzeitpunkt.** In den Fällen der §§ 1571, 1572, 1573 und 1575 BGB besteht ein Unterhaltsanspruch nur, wenn die übrigen Tatbestandsvoraussetzungen zu bestimmten Einsatzzeitpunkten, die ihrerseits Tatbestandsmerkmale sind, vorliegen. Die **Darlegungs- und Beweislast** des Berechtigten erstreckt auf das Bestehen des Anspruchs zum maßgebenden **Einsatzzeitpunkt.**[32] Nur Ansprüche nach den §§ 1570 und 1576 BGB sind nicht durch Einsatzzeitpunkte beschränkt. Strittig ist, ob zu den Tatbestandsvoraussetzungen, die zum Einsatzzeitpunkt gegeben sein müssen, auch die **Bedürftigkeit des Berechtigten** gehört. Dies dürfte nicht der Fall sein, soweit sie nicht wegen zurechenbaren Verstoßes gegen die Erwerbsobliegenheit schon im Rahmen der Tatbestandsprüfung zu verneinen ist., Wie sich aus einer Entscheidung des OLG München[33] ergibt, genügt es in anderen Fällen, dass der Berechtigte, dem kein Verstoß gegen die Erwerbsobliegenheit anzulasten ist, erst später bedürftig wird. Die Einsatzzeitpunkte der §§ 1571 bis 1573 BGB knüpfen nach ihrem Wortlaut allein an die Erwerbsobliegenheit des Unterhaltsgläubigers an, nicht aber an seine ggf. davon nicht berührte Bedürftigkeit, welche nach § 1577 I BGB unabhängig von der Frage des Einsatzzeitpunkts entfällt, „solange" sich der Berechtigte selbst unterhalten kann. Hieraus und aus dem Umstand, dass nur bei Eintritt der Bedürftigkeit wegen Wegfalls einer ursprünglichen nachhaltigen Unterhaltssicherung aus Vermögen, nicht aber aus anderweitigen Einkünften (§ 1577 IV 1 BGB), grundsätzlich kein Unterhaltsanspruch mehr entsteht, ist der Schluss zu ziehen, dass der spätere Eintritt der Bedürftigkeit – abgesehen von Sonderregelungen (z. B. § 1573 IV BGB) – nicht schadet. Ähnliches dürfte für die Frage der in der dessen Sphäre liegenden **Leistungsfähigkeit des Pflichtigen** gelten, wenn dieser zum Einsatzzeitpunkt leistungsunfähig ist, bei fortwirkendem Vorliegen der Unterhaltsvoraussetzungen beim Berechtigten aber später leistungsfähig wird.[34]

49   **b) Anschlussunterhalt.** Sind die Tatbestandsvoraussetzungen einer Anspruchsnorm bereits im Zeitpunkt der Scheidung erfüllt, so handelt es sich um einen originären Unterhaltsanspruch, der auf den vollen eheangemessenen Unterhalt (§ 1578 I BGB) geht.

Sind die Voraussetzungen der jeweiligen Anspruchsnorm erst zu einem späteren Zeitpunkt, einem maßgeblichen Einsatzzeitpunkt, erfüllt, so besteht ein Anspruch auf **Anschlussunterhalt.** Voraussetzung eines Anschlussunterhalts ist, dass die Einzelnen vorangegangenen Unterhaltsansprüche **ohne zeitliche Lücke** nahtlos aneinander anschließen.[35] Werden die Voraussetzungen für einen Anschlussunterhalt erst später erfüllt, entsteht kein Unterhaltsanspruch mehr.

---

[30] BGH, FamRZ 1999, 708, 709 = R 532 b; FamRZ 1994, 228 = R 471 a; FamRZ 1993, 789, 791 = R 460 a; FamRZ 1990, 492
[31] BT-Drucks. 16/1830 S. 14
[32] BGH, FamRZ, 2001, 1291, 1292 = R 564 a
[33] OLG München, FamRZ 1993, 564
[34] Stark einschränkend hierzu: Büttner, FamRZ 2005, 1899 f. in Anm. zu BGH FamRZ 2005, 1817
[35] BGH, FamRZ 2001, 1291, 1294 = R 564 d; OLG Düsseldorf, FamRZ 1998, 1519; OLG Celle, FamRZ 1997, 1074, 1075; OLG Bamberg, FamRZ 1997, 819, 820; OLG Stuttgart, FamRZ 1982, 1015

c) Teilanschlussunterhalt. Bestand bei Beginn eines Anschlussunterhalts auf Grund des **50** weggefallenen früheren Anspruchsgrundes nur ein Teilunterhaltsanspruch, dann bemisst sich auch der Anschlussunterhalt als **Teil-Anschlussunterhalt** umfangmäßig nur nach dem weggefallenen Teilanspruch. Eine andere Auslegung des Wortlauts der Einsatzzeitpunkte, vor allem des Wortes „soweit" stünde im Widerspruch zum Zweck der Einsatzzeitpunkte, die zu den wenigen Schutzvorschriften zugunsten des Verpflichteten gehören. Der Verpflichtete soll möglichst bald nach der Scheidung absehen können, mit welcher Unterhaltslast er zu rechnen hat. Deshalb ist der Anschlussunterhalt nach dem Sinn und Zweck des Gesetzes nur im Umfang des vorausgegangenen Teilanspruchs zu gewähren.[36] Die Verknüpfung mit den Vortatbeständen wahrt den Zusammenhang zwischen Unterhaltsbedürftigkeit und Ehe. Soweit es an dieser Verknüpfung fehlt, weil der Vortatbestand nur einen Teilunterhalt gewährte, hat der Berechtigte das Unterhaltsrisiko zu tragen.

d) Beispiel zum Teil-Anschlussunterhalt. Die halbtags erwerbstätige Berechtigte hatte **51** bisher nur einen Anspruch nach § 1570 BGB wegen Betreuung eines gemeinschaftlichen Kindes.

Dieser Anspruch soll nach Maßgabe der Rechtsprechung des BGH zur Haushaltsführungsehe[37] als nach der Differenz- oder Additionsmethode berechneter Quotenunterhalt 600 € monatlich betragen haben.

Der Unterhaltsanspruch nach § 1570 BGB erlischt, wenn die Berechtigte durch die Betreuung des Kindes nicht mehr an einer vollen Erwerbstätigkeit gehindert wird.[38] Wenn sie zu diesem Zeitpunkt entweder infolge Alters (§ 1571 BGB) oder Krankheit (§ 1572 BGB) oder aus Gründen der Arbeitsmarktlage (§ 1573 I BGB) ihre bisherige Tätigkeit nicht ausweiten kann, entsteht ein Anspruch auf Teil-Anschlussunterhalt, der auf die Höhe beschränkt bleibt, in der der Anspruch aus § 1570 BGB zuletzt bestanden hatte, also grundsätzlich auf 600 €. Für die Bedarfsbestimmung ist dabei nur das bisherige Erwerbseinkommen des berechtigten Ehegatten maßgebend – vgl. für den Fall der Erweiterung der Erwerbstätigkeit oder des gänzlichen Wegfalls der Erwerbsfähigkeit Rn. 76.

Anders ist es ausnahmsweise dann, wenn der Berechtigte im **Zeitpunkt der Scheidung** **52** wegen einer Erkrankung bereits teilweise erwerbsunfähig war **und** infolge **Verschlimmerung desselben Leidens** erst nach geraumer Zeit (z. B. nach zwei Jahren) ganz erwerbsunfähig wurde. Dann handelt es sich um keinen Anspruch auf Anschlussunterhalt, sondern um den originären Anspruch auf Krankheitsunterhalt für den Zeitpunkt der Scheidung, der auf den vollen eheangemessenen Unterhalt geht.[39]

5. Beginn, Ende und Wiederaufleben des nachehelichen Unterhalts

Der nacheheliche **Unterhalt beginnt** mit dem Tag der Rechtskraft des Scheidungs- **53** urteils.[40] Die Auffassung, dass der Trennungsunterhalt nicht nur bis zum Tag der Scheidung, sondern bis zum Ende des Monats geschuldet werde, in welchen die Scheidung fällt, der Nachscheidungsunterhalt also erst mit dem Ersten des der Rechtskraft des Scheidungsurteils folgenden Monats beginne,[41] hat der Bundesgerichtshof wegen Unvereinbarkeit mit der Gesetzeslage ausdrücklich abgelehnt.[42]

Der Anspruch auf nachehelichen **Unterhalt erlischt** ganz oder teilweise endgültig:
– Wenn die Voraussetzungen eines Anspruchstatbestands entfallen und für einen Anschlussunterhalt die Voraussetzungen eines anderen Unterhaltstatbestands zu dessen maßgeblichem Zeitpunkt nicht gegeben sind.

---

[36] BGH, FamRZ 2001, 1291, 1294 = R 564 d; OLG Stuttgart, FamRZ 1983, 501
[37] BGH, FamRZ 2001, 986, 991 = R 563 c
[38] BGH, FamRZ 1990, 260, 262
[39] BGH, FamRZ 2001, 1291, 1293 = R 564 a; FamRZ 1987, 684; OLG Stuttgart, FamRZ 1983, 501
[40] BGH, FamRZ 1981, 242; FamRZ 1981, 441
[41] Luthin, FamRZ 1985, 262
[42] BGH, FamRZ 1988, 370, 372

- Wenn der **Berechtigte wieder heiratet oder stirbt** (§ 1586 I BGB). Nach § 1586 II BGB bleiben allerdings Ansprüche auf Erfüllung oder Schadensersatz für die Vergangenheit bestehen und können vom Berechtigten oder dessen Erben weiterverfolgt werden. Gleiches gilt für die bei Tod oder Wiederverheiratung fällige Monatsrate.
- Wenn auf den nachehelichen Unterhalt **vertraglich verzichtet** wird. Dies ist nach § 1585 c BGB grundsätzlich – wenn auch mit Einschränkungen – möglich (siehe hierzu Rn. 6/607 ff.).
- Wenn der Unterhalt durch eine **Kapitalabfindung** abgegolten wird (§ 1585 II BGB). Der Berechtigte kann eine Kapitalabfindung verlangen, wenn ein wichtiger Grund vorliegt und der Verpflichtete dadurch nicht unbillig belastet wird. Möglich ist auch die Vereinbarung einer Kapitalabfindung (vgl. dazu Rn. 6/614 ff.).
- Soweit es um Unterhalt für die Vergangenheit geht, ohne dass die Voraussetzungen des § 1585 b BGB ggf. i. V. m. den Voraussetzungen des § 1613 I oder II Nr. 1 BGB vorliegen (vgl. Rn. 6/100 ff.).
- Bezüglich aufgelaufener Rückstände, wenn wegen illoyal verspäteter Geltendmachung von Unterhaltsfälligkeiten und dadurch bedingten Erfüllens des erforderlichen Zeit- und Umstandsmoments **Verwirkung nach Treu und Glauben** anzunehmen ist.
54 – Wenn der Unterhaltsanspruch nach § 1578 b II BGB **zeitlich begrenzt** wurde mit Ablauf der festgesetzten Zeitgrenze.
- Bei einer Unterhaltsherabsetzung durch Bedarfsbegrenzung nach § 1578 b I BGB erlischt mit Ablauf der festen Zeitgrenze ein den „angemessenen Lebensbedarf" übersteigender Anspruch auf den „eheangemessenen" Unterhalt nach § 1578 S. 1 BGB.
- Auch die Unterhaltsversagung auf Grund eines der **Verwirkungstatbestände des § 1579** BGB führt in der Regel zum endgültigen Verlust des Unterhaltsanspruchs in dem vom Familiengericht angeordneten Umfang, vor allem dann, wenn nur Belange eines Kindes zur Aufrechterhaltung der an sich gänzlich ausgeschlossenen Unterhaltsberechtigung Anlass gegeben haben. Nach Wegfall der Kindesbetreuung entsteht kein Anspruch auf Anschlussunterhalt mit neuer Billigkeitsprüfung.
Anders war es, wenn ein Unterhaltsanspruch nach § 1579 Nr. 7 BGB a. F. auf Grund des Zusammenlebens in neuer nichtehelicher Lebensgemeinschaft versagt worden war. Nach Beendigung der nichtehelichen Lebensgemeinschaft war unter Berücksichtigung zwischenzeitlicher Dispositionen des Verpflichteten eine neue Billigkeitsentscheidung gemäß § 1579 BGB zu treffen.[43] Dies dürfte bei Unterhaltsversagung nach § 1579 Nr. 2 BGB n. F., weil „der Berechtigte in einer verfestigten Lebensgemeinschaft lebt," nicht mehr der Fall sein. Die amtliche Begründung der Gesetzesänderung stellt als entscheidend darauf ab, dass sich der betreffende Ehegatte damit endgültig aus der nachehelichen Solidarität herausgelöst und zu erkennen gegeben habe, dass er diese nicht mehr benötige.[44]

55 Wird ein Unterhaltsanspruch versagt, weil der Verpflichtete nicht leistungsfähig ist, dann kann der zeitweise erloschene Unterhaltsanspruch wieder aktualisiert werden, wenn der **Verpflichtete** ganz oder teilweise **wieder leistungsfähig** wird.
In ähnlicher Weise kann ein Unterhaltsanspruch zeitweise entfallen, wenn der **Berechtigte** seinen eheangemessenen Unterhalt durch eigene Einkünfte decken kann. Wird er **erneut bedürftig**, lebt der Unterhaltsanspruch wieder auf, wenn die Voraussetzungen dieses Unterhaltstatbestandes zu diesem Zeitpunkt noch vorliegen und der Unterhalt durch die eigenen Einkünfte noch nicht nachhaltig gesichert war (siehe Rn. 118).

56 Ein nach § 1586 I BGB infolge **Wiederverheiratung** oder Begründung einer Lebenspartnerschaft **erloschener Unterhaltsanspruch lebt** nach § 1586 a BGB als Anspruch gemäß § 1570 BGB **wieder auf,** wenn die neue Ehe oder die Lebenspartnerschaft aufgelöst wird und der Berechtigte zu diesem Zeitpunkt oder danach ein Kind aus der alten Ehe zu pflegen und zu erziehen hat. Auflösungsgründe sind Scheidung oder Aufhebung der Ehe und Tod des neuen Ehegatten.[45] Anspruchsvoraussetzung ist, dass der Berechtigte infolge der Kindesbetreuung im Sinn von § 1570 BGB an einer angemessenen Erwerbs-

---

[43] BGH, FamRZ 1987, 689; FamRZ 1987, 1238
[44] BT-Drucks. 16/1830 S. 21
[45] OLG Saarbrücken, FamRZ 1987, 1046

tätigkeit gehindert ist. Da der Unterhaltsanspruch keinen Einsatzzeitpunkt voraussetzt, muss der Tatbestand der Kindesbetreuung nicht zum Zeitpunkt der Eheauflösung vorliegen. Nach Inkrafttreten der Unterhaltsreform am 1. 1. 2008 kann sich an den Anspruch **kein Anschlussunterhalt** nach §§ 1571 bis 1573 oder 1575 BGB mehr anschließen, da in der Neufassung des § 1586 a Abs. 1 Satz 2 ersatzlos gestrichen worden ist. Nach § 1586 a II BGB haftet bei mehreren Ehen der Ehegatte der später aufgelösten Ehe vor dem Ehegatten der früher aufgelösten Ehe.

56 a Anders als beim Familien- und Trennungsunterhalt erlischt der Anspruch beim nachehelichen Unterhalt mit dem **Tod des Verpflichteten** nicht nach § 1615 I BGB (Rn. 39), sondern die Unterhaltspflicht geht auf die Erben des Pflichtigen als Nachlassverbindlichkeit über (§ 1586 b I BGB). Siehe Rn. 60.

6. Sonstige materiell-rechtliche Besonderheiten des nachehelichen Unterhalts

57 **a) Auskunftsanspruch.** Nach den §§ 1580, 1605 BGB besteht für den geschiedenen Ehegatten ein Auskunftsanspruch ab Rechtshängigkeit des Scheidungsantrags. Wird der Auskunftsanspruch im Verhandlungsverbund mit einer Stufenklage geltend gemacht, dann kann über das Auskunftsbegehren vor der Entscheidung über den Scheidungsantrag verhandelt und erkannt werden;[46] (Genaueres zum Auskunftsanspruch siehe Rn. 1/661 ff.).

57 a **b) Haftung.** Nach § 1584 BGB haftet der leistungsfähige verpflichtete geschiedene **Ehegatte vor Verwandten** des Berechtigten. Ist er nicht leistungsfähig, haften die Verwandten vorrangig. Eine Ersatzhaftung von Verwandten besteht auch bei erschwerter Durchsetzbarkeit des Unterhaltsanspruchs (§§ 1584 S. 3, 1607 II BGB). Genaueres zur vorrangigen Haftung und zur Ersatzhaftung siehe Rn. 2/604 ff. u. 608.

c) Sicherheitsleistung. Nach § 1585 a BGB hat der Verpflichtete auf Verlangen bis zum Jahresbetrag der Unterhaltsrente Sicherheit zu leisten. Die Verpflichtung zur Sicherheitsleistung entfällt, wenn die Unterhaltsleistung nicht gefährdet ist oder wenn der Verpflichtete durch die Sicherheitsleistung unbillig belastet würde.

58 **d) Sonderbedarf und Unterhalt für die Vergangenheit.** Nach § 1585 b I BGB kann Sonderbedarf (§ 1613 II Nr. 1 BGB) für die Vergangenheit verlangt werden. Zum Sonderbedarf siehe Rn. 6/1 ff.

Im Übrigen kann nach § 1585 b II BGB i. V. m. § 1613 I BGB **Unterhalt für die Vergangenheit** oder Schadenersatz erst ab Stellung eines Auskunftsersuchens über Einkünfte und Vermögen sowie ab Verzug oder Rechtshängigkeit gefordert werden.

Bei vertraglich geregeltem nachehelichen Unterhalt kann ein Rückstand allerdings grundsätzlich auch ohne Verzug oder Rechtshängigkeit verlangt werden, und zwar in analoger Anwendung des § 1585 b II BGB,[47] da sich der Schuldner auf Grund des Vertragsschlusses über seine Unterhaltspflicht im Klaren ist.

Auch bei Stellung eines Auskunftsersuchens, bei Verzug, Rechtshängigkeit oder vereinbartem Unterhalt – auch soweit dieser Sonderbedarf betrifft – kann nach § 1585 b III BGB für eine **mehr als ein Jahr vor Rechtshängigkeit** liegende Zeit Erfüllung oder Schadensersatz nur verlangt werden, wenn sich der Verpflichtete seiner Leistung absichtlich entzogen hat. Die Zustellung eines Prozesskostenhilfegesuchs genügt dem Erfordernis der Rechtshängigkeit nicht.[48] Für das absichtliche Entziehen ist kein aktives Hintertreiben der Unterhaltsverpflichtung erforderlich. Es genügt jedes zweckgerichtete Verhalten (auch Unterlassen) des Schuldners, das eine zeitnahe Realisierung des Anspruchs verhindert oder zumindest erschwert. Der Berechtigte muss dazu im Prozess nur solche Umstände darlegen und beweisen, die nach der Lebenserfahrung den Schluss auf ein Sichentziehen rechtfertigen. Sache des Verpflichteten ist es dann, die gegen ihn sprechende Vermutung dadurch zu entkräften, dass er Tatsachen darlegt und beweist, die jene Schlussfolgerung zu erschüttern

---

[46] BGH, FamRZ 1982, 151; FamRZ 1996, 1070, 1071

[47] BGH, FamRZ 1989, 150

[48] OLG Naumburg, FamRZ 2006, 490

vermögen. Bei dem Tatbestandsmerkmal „absichtlich" handelt es sich um eine innere Tatsache, die sich regelmäßig nur indirekt aus dem zutage getretenen Verhalten der Parteien erschließen lässt.[49] Die bloße unangekündigte Einstellung der Zahlung reicht dazu nicht aus, weil es Sache des Berechtigten ist, sich zeitnah um die Durchsetzung seines Anspruchs zu bemühen.[50] Keine Anwendung findet § 1585 b III BGB auf das Verlangen, Steuernachteile auszugleichen, die der unterhaltsberechtigte Ehegatte infolge seiner Zustimmung zum begrenzten Realsplitting erlitten hat, weil sich der andere Ehegatte von vornherein auf den betreffenden Ausgleich einstellen muss.[51]

59   **e) Unterhaltsvereinbarungen.** Nach § 1585 c BGB können Ehegatten den nachehelichen Unterhalt vertraglich regeln, wobei Vereinbarungen, die vor Rechtskraft der Scheidung getroffen werden nach § 1585 c S. 2 u. 3 BGB formbedürftig sind – siehe Rn. 6/604 a. Es besteht grundsätzlich Vertragsfreiheit, die aber – insbesondere bei Verzichtsvereinbarungen – Einschränkungen unterliegt – siehe Rn. 6/600 b u. 607 ff. Solche vertragliche Regelungen sind in der Regel konkretisierende und modifizierende Unterhaltsvereinbarungen. Diese lassen den Charakter des Anspruchs als gesetzlichen Unterhaltsanspruch unberührt, was bei einem Abänderungsbegehren wichtig werden kann.

Der Unterhaltsanspruch kann aber auch unter Verzicht auf einen gesetzlichen Anspruch durch eine eigenständige vertragliche Unterhaltsvereinbarung geregelt werden. Auf solche rein vertraglich begründete Unterhaltsansprüche können die Normen des Unterhaltsrechts dann nur ergänzend zur Auslegung herangezogen werden. Streitigkeiten über solche echten Vertragsansprüche sind keine Familiensachen.

Auf nachehelichen Unterhalt können die Ehegatten nach § 1585 c BGB auch verzichten. Solche **Verzichtsvereinbarungen** können allerdings nach § 138 BGB sittenwidrig sein. Außerdem ist in diesen Fällen eine richterliche Wirksamkeitskontrolle (§ 138 BGB) und eine richterliche Ausübungskontrolle (§ 242 BGB) erforderlich (Siehe zu Unterhaltsvereinbarungen Rn. 6/605 ff., zur Problematik des Unterhaltsverzichts Rn. 6/607 ff., zur richterlichen Wirksamkeits- und Ausübungskontrolle Rn. 6/609 ff.).

60   **f) Erbenhaftung.** Nach § 1586 b I 1 BGB geht ein gesetzlicher Anspruch auf nachehelichen Unterhalt **mit dem Tod des Verpflichteten** als **Nachlassverbindlichkeit** auf dessen Erben, also ggf. auch auf den Erbeserben[52] über. Die für die Zeit vor dem Tod entstandenen und noch nicht erfüllten Unterhaltsansprüche sind normale Nachlassverbindlichkeiten im Sinne des § 1967 I BGB.[53] Ein bestehender Unterhaltstitel gegen den Erblasser kann auf den oder die haftenden Erben nach § 727 ZPO umgeschrieben werden.[54] Soweit der Erbe Einwendungen gegen den Fortbestand des Titels erhebt, wird dadurch aber das Rechtsschutzbedürfnis für eine Leistungsklage gegen ihn nicht ausgeschlossen.[55] Für Rechtsstreitigkeiten zwischen dem Erben und dem berechtigten Ehegatten über die übergegangene Unterhaltsverpflichtung sind die Familiengerichte zuständig (§ 621 I Nr. 5 ZPO).

Ist der Unterhalt durch eine Vereinbarung geregelt, kommt es darauf an, ob es sich – wie regelmäßig und im Zweifel – nur um eine Konkretisierung des gesetzlichen Unterhalts handelt (vgl. Rn. 59 und 6/600) oder ob es um die Ausgestaltung eines rein vertraglichen, von der gesetzlichen Unterhaltspflicht gelösten Anspruchs geht (vgl. Rn. 59 und 6/600). Während es bei der nur konkretisierenden Vereinbarung bei der Anwendung des § 1586 b BGB verbleibt,[56] kommt es beim rein vertraglichen Anspruch darauf an, ob der Vertrag nach seinem Inhalt dahin auszulegen ist, dass das Leistungsversprechen nicht auch für die Erben des Versprechenden gelten sollte. Lässt sich die Frage durch Auslegung nicht klären, haftet der Erbe des Versprechenden im Zweifel aber, da es um kein

---

[49] BGH, FamRZ 1989, 150, 153
[50] OLG Köln, FamRZ 1997, 426
[51] BGH, FamRZ 2005, 1162, 1163 = R 631 b + c
[52] BGH, FamRZ 1985, 164 für § 70 EheG
[53] Bergschneider, FamRZ 2003, 1049, 1050
[54] BGH, FamRZ 2004, 1546, 1547
[55] KG, FamRZ 2005, 1759
[56] BGH, FamRZ 2004, 1546, 1547

gesetzliches Unterhaltsverhältnis geht, nach den allgemeinen Vorschriften (§§ 1922, 1967 BGB).[57]

Handelt es sich um eine den gesetzlichen Unterhaltsanspruch lediglich konkretisierende Vereinbarung zwischen dem geschiedenen Ehegatten und dem Erblasser, bindet die Vereinbarung auch den Erben.[58] Ein Abänderungsprozess ist zwischen dem unterhaltsberechtigten Ehegatten auf der einen Seite und dem oder – bei einer Mehrheit von Erben – den Erben auf der anderen Seite zu führen – siehe Rn. 6/600.

Die Unterhaltpflicht geht auf den Erben grundsätzlich unverändert, also auch belastet mit einem Einwand nach § 1579 BGB über. Sie besteht nur, wenn die Voraussetzungen eine nacheheliche Unterhaltstatbestands (§§ 1570–1573, 1575, 1576 BGB) weiter vorliegen. Hat der Erblasser ungeachtet der vorliegenden Voraussetzungen der Verwirkung nach § 1579 BGB den Unterhalt weiter bezahlt, kann ein Vertrauensschutz des Berechtigten, z. B. unter dem Gesichtspunkt der Verzeihung, entfallen, falls die Zahlung nur geschah, um eine über den Unterhaltsbetrag hinausgehende Rentenkürzung zu vermeiden und damit auch nicht von einem Verzicht auf die Verwirkungsfolgen auszugehen ist.[59] Auch die Voraussetzungen einer Unterhaltsbeschränkung nach § 1578 b BGB können vom Erben geltend gemacht werden, falls ihre tatbestandlichen Voraussetzungen erst nach einem zwischen dem Erblasser und dem unterhaltsberechtigten Ehegatten ergangenen Urteil oder nach einer entsprechenden Unterhaltsvereinbarung eingetreten sind[60] – vgl. hierzu näher Rn. 594.

Unterhaltsbeschränkungen wegen fehlender Leistungsfähigkeit nach § 1581 BGB entfallen nach § 1586 b I 2 BGB. Da der Anspruch nach § 1586 b BGB seine unterhaltsrechtliche Natur nicht verliert,[61] hängt er weiterhin von der **Bedürftigkeit des Berechtigten** ab und bestimmt sich wegen der Höhe von dessen **Bedarf** weiter nach § 1578 BGB.[62] Zum Unterhalt gehören ggf. nach § 1578 II u. III BGB auch Alters-, Kranken- und Pflegevorsorgeunterhalt.[63] Allerdings kann der Erbe trotz der unterhaltsrechtlichen Natur des Anspruchs wegen der ihm obliegenden Unterhaltsleistungen – mit der Folge der Nichtsteuerbarkeit des Unterhalts beim Empfänger – **nicht das Realsplitting** nach § 10 I Nr. 1 EStG durchführen, weil der Abzugstatbestand an persönliche Eigenschaften des Steuerpflichtigen anknüpft (Wegfall des Ehegattensplittings, Folgen der Eheauflösung), welche beim Erben nicht vorliegen.[64]

§ 1586 b I 3 BGB **begrenzt die Erbenhaftung** auf einen fiktiven Pflichtteil, der dem Berechtigten ohne Ehescheidung zugestanden hätte. Daneben gelten die allgemeinen Beschränkungen der Erbenhaftung nach §§ 1975 ff. BGB. Zur **Berechnung des fiktiven Pflichtteils** ist vom Gesamtnachlass im Zeitpunkt des Todes des Erblassers, nicht der Scheidung auszugehen.[65] Güterrechtliche Besonderheiten sind nicht zu berücksichtigen (§ 1586 b II BGB). Der gesetzliche Erbteil bestimmt sich daher nur nach § 1931 I und II BGB, die für überlebende Ehegatten günstigeren Regelungen nach §§ 1371 I, 1931 IV BGB scheiden aus.[66] (Fiktive) Pflichtteilsergänzungsansprüche des Unterhaltsberechtigten werden eingerechnet.[67] Dies gilt auch dann, wenn der oder die Erben selbst pflichtteilsberechtigt sind und sich auf § 2328 BGB berufen, weil sich der fiktiv pflichtteilsberechtigte

[57] OLG Köln, FamRZ 1983, 1036, 1038; nach Meinung von Hambitzer, FamRZ 2001, 201, 202, ist aus dem Ausnahmecharakter des § 1586 b BGB zu entnehmen, dass ein nichtgesetzlicher, selbstständiger Unterhaltsanspruch nicht passiv vererblich sei; vgl. auch Hambitzer, FPR 2003, 157 ff.

[58] OLG Koblenz, NJW 2003, 439, 440

[59] BGH, FamRZ 2003, 521 = R 581 a–c; FamRZ 2004, 614, 615 = R 607 a–c

[60] Bergschneider, FamRZ 2003, 1049, 1051

[61] Diekmann, FamRZ 1992, 633

[62] BGH, FamRZ 2003, 848, 854 = R 588 k

[63] Bergschneider, FamRZ 2003, 1049, 1052

[64] BFH, NJW 1998, 1584

[65] BT-Drucks 7/650, S. 153

[66] Palandt/Brudermüller, § 1586 b Rn. 6

[67] BGH, FamRZ 2001, 282, 283 = R 550 b; FamRZ 2003, 848, 854 = R 588 k; vgl. hierzu auch Dressler, NJW 2003, 2430

Unterhaltsgläubiger anders als echte Pflichtteilsberechtigte nicht nach § 2329 BGB an dem Beschenkten schadlos halten kann.[68]

Hatte der geschiedene Ehegatte auf sein **Erbrecht** (§ 2346 I BGB) **oder** auf sein **Pflichtteilsrecht** § 2346 II BGB) **verzichtet,** setzt sich der Anspruch mit dem Tod des Verpflichteten nicht als Nachlassverbindlichkeit fort.[69] Beim Erbverzicht stünde der geschiedene Ehegatte besser da als der nicht geschiedene, dem weder ein Erbteil noch – vgl. § 1615 I BGB – ein Unterhaltsanspruch verbliebe. Aber auch der Pflichtteilsverzicht stellt keine einseitige Erklärung des Verzichtenden, sondern einen – vielfach auch mit einer Gegenleistung verbundenen – Vertrag mit dem Erblasser dar, in dessen Interesse der Verzicht in der Regel liegen wird. Es ist daher davon auszugehen, dass er die gewonnene volle Testierfreiheit in der Mehrzahl der Fälle zu Lasten des Ehegatten nutzen wird, so dass der Verzicht auf das Pflichtteilsrecht nicht anders zu behandeln ist als der Erbverzicht. Auch hier wäre der nicht geschiedene Ehegatte, weil er seine gesicherte Erberwartung aufgegeben hat, überwiegend schlechter gestellt als der geschiedene. Im Übrigen behandelt § 1586 b BGB den geschiedenen Ehegatten so, als habe er sein Pflichtteilsrecht behalten. Hatte er auf dieses vor der Scheidung verzichtet, erscheint wenig verständlich, dass es über § 1586 b I BGB wieder „aufleben" soll.

60 a   **g) Unterhaltsberechtigung nach §§ 1933 S. 3, 1569 ff.** Einen Sonderfall **quasi-nachehelichen Unterhalts** stellt der Unterhaltsanspruch nach §§ 1933 S. 3, 1569 bis 1586 b BGB dar. Der nicht geschiedene überlebende Ehegatte erlangt bei Verlust seines Erbrechts nach § 1933 S. 1 oder 2 BGB, weil der Erblasser im Fall eines rechtshängigen[70] und nach materiellem Scheidungsrecht an sich begründeten Scheidungsantrag[71] diesen entweder eingereicht oder ihm zugestimmt hatte, bzw. seinerseits eine an sich begründete Aufhebungsklage erhoben hatte, einen Unterhaltsanspruch nach Maßgabe des nachehelichen Unterhaltsrechts,[72] der sich gegen die Erben des verstorbenen Ehegatten richtet (§ 1586 b BGB), als wäre er von dem verstorbenen Ehegatten geschieden gewesen (siehe Rn. 60). Daran ändert auch nichts, wenn der Prozessbevollmächtigte des Erblassers nach dessen Tod den Scheidungsantrag zurückgenommen hat, weil die Rücknahme nicht mehr auf dem eigenen Willen des Erblassers beruht.[73] Da der Anspruch auf Geschiedenenunterhalt mit dem Tod des Erblassers erstmals entsteht, tritt – soweit ein Unterhaltsanspruch davon abhängt – dieser Zeitpunkt an die Stelle des Einsatzzeitpunkts der Scheidung.

61   **h) Pfändbarkeit.** Der Anspruch auf nachehelichen Unterhalt ist wie der Trennungsunterhalt und Familienunterhalt[74] als echter Unterhaltsanspruch grundsätzlich **nicht pfändbar** (§ 850 b I Nr. 2 ZPO) und daher auch grundsätzlich **nicht abtretbar** (§ 400 BGB). Allerdings wird § 400 BGB auch bei Unterhaltsansprüchen nicht angewendet, wenn der Zedent vom Zessionar eine wirtschaftlich gleichwertige Leistung erhalten hat bzw. erhält.[75] **Aufrechnung** ist ebenfalls grundsätzlich **ausgeschlossen** (§ 394 BGB). Das Vollstreckungsgericht kann eine Pfändung nach § 850 b II ZPO bei Vorliegen besonderer Umstände ausnahmsweise zulassen.

61 a   **i) Insolvenz des Unterhaltsschuldners.** Familienrechtliche Unterhaltsansprüche, welche bis zur Eröffnung des Insolvenzverfahrens fällig geworden waren **(Rückstände),**[76] sind als normale Insolvenzforderungen (vgl. § 40 InsO) beim Insolvenzverwalter zur Eintragung

---

[68] BGH, FamRZ 2007, 1800, 1801
[69] Diekmann, FamRZ 1992, 633 u. FamRZ 1999, 1029; Palandt/Brudermüller, § 1586 b Rn. 8; Palandt/Edenhofer, Rn. 9 zu § 1933; anderer Ansicht: Pentz, FamRZ 1998, 1344; Grziwotz, FamRZ 1991, 1258; Schmitz, FamRZ 1999, 1569; Bergschneider, FamRZ 2003, 1049, 1057
[70] BGH, FamRZ 1990, 1109
[71] Vgl. dazu OLG Frankfurt, FamRZ 1990, 210; BGH, FamRZ 1995, 229 ff.; OLG Zweibrücken, FamRZ 2001, 452
[72] BT-Drucks. 7/650, S. 274 ff.; zur konkludenten Zustimmung des Erblassers zum Scheidungsantrag vgl. OLG Köln, FamRZ 2003, 1223
[73] OLG Stuttgart, FamRZ 2007, 502, 504
[74] Vgl. beim Familienunterhalt zur bedingten Pfändbarkeit eines Taschengeldanspruchs: BGH, FamRZ 2004, 1784 f.
[75] BGH, FamRZ 1995, 160, 161
[76] OLG Naumburg, FamRZ 2005, 1975

in die Tabelle (§§ 174, 175 InsO) anzumelden. Nur insoweit – also nur bezüglich dieser Rückstände – wird ein anhängiger Unterhaltsprozess nach § 240 ZPO unterbrochen.[77] Die **laufenden Unterhaltsforderungen,** welche erst nach Eröffnung des Verfahrens fällig geworden sind, können im Insolvenzverfahren grundsätzlich nicht geltend gemacht werden (§ 40 InsO). Sie lassen sich nur außerhalb des Insolvenzverfahrens geltend machen bzw. einklagen.[78] Ein bereits anhängiger Prozess ist wegen dieser Unterhaltsforderungen mangels Unterbrechung fortzusetzen.[79] Für die laufenden Forderungen kann in das nicht zur Insolvenzmasse gehörende Vermögen vollstreckt werden, wobei allerdings in der Regel nur ein eingeschränkter Zugriff auf das Arbeitseinkommen bleibt, auf welches der Unterhaltsgläubiger wegen § 850 d ZPO in weiterem Umfang zugreifen kann als die Insolvenzgläubiger. Der Grund für die Schlechterstellung des Unterhaltsgläubigers ist die familienrechtliche Grundlage des Anspruchs, welche den Berechtigten das wirtschaftliche Schicksal des Pflichtigen teilen lässt.[80] Beruht die Unterhaltsverpflichtung des **Schuldners** auf seiner Stellung **als Erbe des Verpflichteten** (vgl. § 1586 b BGB), sind auch die laufenden Unterhaltsforderungen als normale Insolvenzforderungen zu behandeln (§ 40 InsO), die für das Verfahren auch wegen der künftigen Fälligkeiten als fällig gelten (§ 41 I InsO). Einen Sonderfall stellt der **Unterhalt** dar, welcher dem Schuldner und seiner Familie von der Gläubigerversammlung **aus der Insolvenzmasse** bewilligt werden kann (§ 100 InsO). Dabei kommt die Gewährung notwendigen Unterhalts auch an den getrennt lebenden oder geschiedenen Ehegatten in Betracht (§ 100 II InsO).[81]

Im Hinblick auf die Möglichkeiten des **Verbraucherinsolvenzverfahrens** nach §§ 304 ff. InsO war zunehmend erwogen worden, ob ein überschuldeter Unterhaltsschuldner nicht verpflichtet sein kann, Insolvenzantrag zu stellen, um seine unterhaltsrechtliche Leistungsfähigkeit durch die dann mögliche und auf Grund der Restschuldbefreiung zumutbare Inanspruchnahme der Pfändungsfreigrenzen des § 850 c ZPO zu erhöhen.[82] Der BGH hat eine solche Obliegenheit im Hinblick auf die nach § 1603 II BGB gesteigerte Unterhaltspflicht zur Sicherstellung des laufenden Unterhalts von minderjährigen Kindern bejaht, soweit dies dem Schuldner nicht ausnahmsweise im Einzelfall unzumutbar ist.[83] Dies gilt wegen fehlender gesteigerter Unterhaltspflicht und im Hinblick auf die verfassungsrechtlich geschützte Handlungsfreiheit des Unterhaltsschuldners **regelmäßig nicht im Fall des Ehegattenunterhalts** (Trennungsunterhalt oder Geschiedenenunterhalt).[84]

j) Prozesskostenvorschuss. Im Gegensatz zum Familienunterhalt und Trennungsunterhalt (§§ 1360 a IV und 1361 IV BGB) besteht nach Rechtskraft der Scheidung **kein Anspruch** mehr auf einen Prozesskostenvorschuss.[85] Dagegen kann für das Scheidungsverfahren selbst und für die Folgesachen im Verbund noch Prozesskostenvorschuss nach §§ 1361 IV, 1360 a IV BGB verlangt werden. Genaueres dazu siehe Rn. 6/20 ff. **62**

7. Sonstige verfahrensrechtliche Besonderheiten des nachehelichen Unterhalts

Nichtidentität von Trennungsunterhalt und nachehelichem Unterhalt (dazu Rn. 14). **63**

Vor Rechtskraft der Scheidung kann der nacheheliche Unterhalt als **Folgesache im Verbund** anhängig gemacht werden (dazu Rn. 14 und 41).

Ergeht im Scheidungsverfahren eine **einstweilige Anordnung** über den Ehegattenunterhalt (§ 620 Nr. 6 ZPO), so wirkt diese über den Zeitpunkt der Scheidung hinaus auch für

---

[77] OLG Koblenz, FamRZ 2003, 109 m. w. N.; OLG Hamm, FamRZ 2005, 279, 280
[78] OLG Koblenz, FamRZ 2002, 31, 32
[79] OLG Koblenz, FamRZ 2003, 109
[80] Jaeger, KO, 9. Aufl., Rn. 109 zu § 3
[81] Vgl. hierzu BGH, FamRZ 2008, 137, 138 = R 684 b
[82] Vgl. Melchers, FamRZ 2001, 1509 ff.; Hoppenz, FF 2003, 158 ff.; Hauß, FamRZ 2006, 306 u. 1496; OLG Hamm, FamRZ 2001, 441 mit Anm. Born; OLG Dresden, FamRZ 2003, 1028; OLG Karlsruhe, FamRZ 2006, 953; ablehnend OLG Naumburg, FamRZ 2003, 1215
[83] BGH, FamRZ 2005, 608 = R 627 a
[84] BGH, FamRZ 2008, 497, 499 f. = R 687
[85] BGH, FamRZ 1984, 148

den nachehelichen Unterhalt, bis eine anderweitige Regelung nach § 620 f ZPO wirksam wird (dazu Rn. 15 und 41). Wegen der in § 644 ZPO eingeführten Möglichkeit, einstweilige Anordnungen auch außerhalb eines Scheidungsverfahrens im Rahmen eines – auch nur wegen Prozesskostenhilfe anhängigen – Unterhaltsverfahrens zu erwirken, ist die Zahl der Fälle, in denen noch eine **einstweilige Verfügung** (vgl. Rn. 41) in Betracht kommt, beschränkt.[86]

II. Unterhalt wegen Betreuung eines gemeinschaftlichen Kindes nach § 1570 BGB

63 a   Der Gesetzgeber der am 1. 1. 2008 in Kraft getretenen Unterhaltsreform[87] hat sich entschlossen, den Anspruch auf **Betreuungsunterhalt neu zu strukturieren.** Hierdurch wurde dem Urteil des Bundesverfassungsgerichts vom 28. 2. 2007[88] Rechnung getragen, das die Verfassungswidrigkeit der unterschiedlichen gesetzlichen Regelungen des Betreuungsunterhalts bei nichtehelichen Kindern bzw. bei ehelichen Kindern festgestellt hatte, weil § 1570 a. F. eine längere Unterhaltszeit als § 1615 l II BGB a. F. ermöglichte. Dies führt im Vergleich zur bisherigen Regelung zu einer Einschränkung des nachehelichen Betreuungsunterhalt nach § 1570 I BGB n. F., der nunmehr sachlich übereinstimmend mit dem Betreuungsunterhalt aus Anlass der Geburt nach § 1615 l II 2 bis 5 BGB n. F. geregelt ist. Die **Übergangsregelung für die** ab 1. 1. 2008 geltende **Neufassung des § 1570 BGB** findet sich in § 36 EGZPO. Danach bleiben Unterhaltsleistungen, die vor dem 1. 1. 2008 fällig geworden sind, mangels Rückwirkung des neuen Rechts[89] unberührt (§ 36 Nr. 7 EGZPO). Für die Zeit danach kommt eine Abänderung von rechtskräftigen Entscheidungen, Vollstreckungstitel oder Unterhaltsvereinbarungen aus der Zeit vor Inkrafttreten des Gesetzes wegen Umständen, die schon davor entstanden waren, nur in Betracht, soweit eine wesentliche Änderung der Unterhaltsverpflichtung eintritt und die Änderung dem anderen Teil unter Berücksichtigung seines Vertrauens in die getroffene Regelung zumutbar ist (§ 36 Nr. 1 EGZPO). Entsprechende auf Grund der Gesetzesneufassung erheblich gewordene Umstände dürfen bei einer erstmaligen Änderung nach dem 1. 1. 2008 aber ohne die zeitlichen Beschränkungen der §§ 323 II und § 767 II ZPO geltend gemacht werden (§ 36 Nr. 2 EGZPO). Darüber hinaus ist es möglich, sie auch noch in der Revisionsinstanz eines anhängigen Verfahrens vorzubringen (§ 36 Nr. 5 EGZPO).

1. Anspruchsvoraussetzungen nach § 1570 BGB

64   Nach § 1570 BGB a. F. konnte ein Ehegatte Betreuungsunterhalt verlangen, solange und soweit von ihm wegen der Pflege und Erziehung eines gemeinschaftlichen Kindes eine Erwerbstätigkeit nicht erwartet werden konnte. Die Rechtsprechung hatte im Rahmen der Auslegung der alten Fassung des § 1570 BGB eine Erwerbstätigkeit des betreuenden Ehegatten nach Maßgabe eines Altersphasenmodells bis etwa zum 8. Lebensjahr des Kindes regelmäßig überhaupt nicht für zumutbar gehalten, danach bis etwa zur Vollendung des 15. Lebensjahres des Kindes regelmäßig nur eine Teilzeitbeschäftigung und erst danach regelmäßig eine Vollzeitbeschäftigung. Dieses Modell, das vielfach zu verhältnismäßig langen Zeiten einer entsprechenden Unterhaltsverpflichtung führte, an die sich häufig die Unterhaltspflicht aus Anschlusstatbeständen anschloss, war nicht selten Mitursache eines erbitterten Streites um das Sorgerecht für die Kinder. Hierdurch trat teilweise in den Hintergrund, dass der Betreuungsunterhalt ein Anspruch im Interesse des Kindeswohls ist. Ein Kind soll unter der Scheidung seiner Eltern nicht mehr als unvermeidbar leiden, und deshalb soll wenigstens

---

[86] OLG Nürnberg, NJW 1998, 3787
[87] Gesetz zur Änderung des Unterhaltsrechts vom 21. 12. 2007 – BGBl. I 3189
[88] FamRZ 2007, 965 ff. = R 671 a + b
[89] BT-Drucks. 16/1830 S. 35

die persönliche Betreuung durch einen Elternteil gewährleistet bleiben, dem dafür eine Unterhaltssicherung gewährt wird.

Die Unterhaltsreform mit der Stärkung der Eigenverantwortung der Ehegatten (siehe Rn. 42) und die Neukonzeptionierung des § 1570 BGB sollen nach den Vorstellungen des Gesetzgebers Anlass geben, das von der Rechtsprechung nach altem Recht zur Auslegung des § 1570 BGB entwickelte **Altersphasenmodell zur Erwerbsobliegenheit** des betreuenden Elternteils **zu überdenken und korrigieren.**[90] Die Neufassung des § 1570 stellt in Abs. 1 S. 1 klar, dass es dem betreuenden Elternteil für die ersten drei Lebensjahre des Kindes vollständig freigestellt ist, sich ohne Erwerbstätigkeit auf Kindesbetreuung zu beschränken. Wie der nichtehelichen Mutter nach § 1615l II 3 BGB n. F. wird dem betreuenden Elternteil während dieser Zeit eines **zeitlichen Basisunterhalts**[91] ausnahmslos keine Erwerbstätigkeit zugemutet,[92] und zwar auch dann, wenn er vor der Trennung der Eheleute berufstätig war – siehe Rn. 65. Eine vom betreuenden Elternteil während dieser Zeit neben der Kindesbetreuung ausgeübte **Erwerbstätigkeit** muss trotzdem **nicht stets** als **überobligatorisch** angesehen werden, so dass entsprechendes Einkommen nur nach Maßgabe des § 1577 II BGB in die Unterhaltsrechnung einzustellen wäre. Hier sind die schon zum alten Recht entwickelten Kriterien weiter maßgebend. Die Ausübung einer Erwerbstätigkeit aus freien Stücken kann im Einzelfall ein Indiz für ihre Zumutbarkeit trotz Kindesbetreuung sein.[93]

Nach Auffassung des Gesetzgebers ist die Drei-Jahres-Frist für den Basisunterhalt wegen der Anknüpfung an sozialstaatliche Leistungen und Regelungen, insbesondere wegen des Anspruchs auf einen Kindergartenplatz (§ 24 Abs. 1 SBG VIII), in der Regel mit dem Kindeswohl vereinbar.[94] Da eine Verlängerung der Unterhaltzeit über den Basisunterhalt hinaus nach § 1570 I 2 u. 3 BGB sowie § 1570 II BGB nur unter zusätzlich zu wertenden Billigkeitsgesichtspunkten in Betracht kommt, muss sich das Urteil des Gerichts, wenn noch keine sichere Billigkeitsprognose zum Umfang eines Anspruchs für die Zeit nach der Vollendung des 3. Lebensjahres des Kindes möglich ist, auf das **Zusprechen von Basisunterhalt beschränken.** Es dürfte nämlich nicht zulässig sein, ohne entsprechende Billigkeitsprognose nur die Voraussetzungen des Basisunterhalts zu prüfen und dennoch zeitlich unbeschränkten Betreuungsunterhalt zuzusprechen, um die Billigkeitsprüfung einem Abänderungsverfahren zu überlassen.[95] Auf diese Weise würde Unterhalt über den Basisunterhalt hinaus ohne Prüfung der zusätzlichen Tatbestandsvoraussetzungen des § 1570 I 2 u. 3 BGB bzw. des § 1570 II BGB zugesprochen.

a) Anspruchsvoraussetzungen beim Berechtigten nach § 1570 I 1 BGB: **64a**
– Unterhaltzeit innerhalb des Zeitraums von drei Jahren nach Geburt des Kindes, für welchen kraft Gesetzes keine Erwerbstätigkeit zugemutet wird. Ist das Kind am 14. 3. 2008 geboren worden, läuft der Basisunterhalt mit Ablauf des 14. 3. 2011 ab. Aus der Gesetzesformulierung „nach der Geburt" folgt, dass § 187 II 2 BGB nicht einschlägig ist.
– Gemeinschaftliches betreuungsbedürftiges Kind (Rn. 65).
– Berechtigte Betreuung des Kindes (Rn. 66).
– Bedürftigkeit.

Gemeinschaftlich im Sinn von § 1570 BGB sind leibliche Kinder beider Ehegatten und von   **65** den Ehegatten adoptierte Kinder, weil auch diese durch die Adoption jeweils die rechtliche Stellung eines **gemeinschaftlichen ehelichen Kindes** erlangt haben.[96]

Auch ein scheineheliches Kind gilt als gemeinschaftliches Kind, solange die Vaterschaft nicht wirksam angefochten ist.[97]

---

[90] BT-Drucks. 16/1830 S. 16
[91] Beschlussempfehlung d. Rechtsausschusses v. 7. 11. 2007 – BT-Drucks. 16/6980 S. 8
[92] A. a. O. S. 8 u. 10
[93] BGH, FamRZ 1998, 1501, 1502 = R 521 a
[94] BT-Drucks. 16/6980 S. 8
[95] So aber Unterhaltsleitlinien des OLG Hamm Nr. 17.1 – FamRZ 2008, 347, 352; OLG Köln Nr. 17.1 – FamRZ 2008, 571, 574
[96] BGH, FamRZ 1984, 361
[97] BGH, 1985, 51

Nicht gemeinschaftlich ist ein Pflegekind, auch wenn es von beiden Ehegatten gemeinschaftlich in die Familie aufgenommen worden ist.[98]

Nicht gemeinschaftlich sind außerdem Stiefkinder sowie vor- und außereheliche Kinder eines Ehegatten. Insoweit kann evtl. ein Unterhaltsanspruch nach § 1576 BGB bestehen.[99] Da § 1570 BGB die Pflege und Erziehung gemeinschaftlicher Kinder aus der geschiedenen Ehe sicherstellen will, gilt er nicht, wenn die geschiedenen Ehegatten später ein **gemeinschaftliches nichteheliches** Kind bekommen. Der Anspruch der betreuenden Mutter (ggf. des betreuenden Vaters) richtet sich in diesem Fall nach § 1615 l II 2, IV 1 BGB.[100] Zur Frage, ob – ggf. nach Beendigung des befristeten Anspruchs nach § 1615 l II BGB – ein Anspruch auf Billigkeitsunterhalt nach § 1576 BGB in Betracht kommt, hat der BGH den Standpunkt vertreten, dass § 1576 BGB nur nicht ausdrücklich geregelte Fälle nachehelichen Unterhalts auffangen wolle, der Anspruch der Mutter, die ein nichteheliches Kind betreue, werde in § 1615 l BGB darüber hinaus abschließend behandelt.[101]

Während der Zeit des Basisunterhalts steht von Gesetzes wegen fest, dass das betreute gemeinschaftliche Kind **betreuungsbedürftig** ist.[102] Trotzdem kann ein Anspruch nach § 1570 I 1 BGB bei **Heim- oder Internatsunterbringung** des Kindes entfallen, wenn der Sorgeberechtigte durch die noch zu erbringenden Betreuungsleistungen anlässlich von Urlaubszeiten oder während Wochenendaufenthalten des Kindes nicht mehr an einer Vollerwerbstätigkeit gehindert ist. Von der Übernahme von Pflege- oder Erziehungsleistungen im Sinne des Gesetzes kann in diesem Fall nicht mehr die Rede sein. War der betreuende Ehegatte **vor Trennung und** anschließender **Scheidung** der Eheleute **berufstätig,** kann er diese Tätigkeit aufgeben und sich für die ersten drei Lebensjahre des Kindes ausschließlich dessen Betreuung widmen. Aus dem Gesetz ergibt sich hierzu keine Einschränkung. Die Lebenssituation des betreuenden Elternteils und des Kindes haben sich durch die Trennung, durch die auch das Kind treffende Trennungsproblematik sowie ggf. auch durch den Wegfall der bisherigen Verteilung des Betreuungsaufwands zwischen den Eltern maßgeblich geändert. Auch der berufstätig gewesene Elternteil ist deswegen in seiner Entscheidung für alleinige Betreuung ohne Erwerbstätigkeit frei.

66   Die **Betreuung** des Kindes muss **rechtmäßig** geschehen, d. h. entweder mit Einverständnis des anderen Elternteils oder auf Grund einer Sorgerechtsentscheidung ausgeübt werden.[103] Von rechtmäßiger Betreuung ist auszugehen, auch wenn der andere Elternteil nicht zugestimmt hat oder sogar widerspricht, solange die gemeinsame elterliche Sorge besteht. Dies ist aus der Vertretungsbefugnis des betreuenden Elternteils für den Kindesunterhalt (§ 1629 II 2 BGB) zu schließen.[104]

– Die Berechtigung zur Betreuung eines Kindes kann durch eine spätere Sorgerechtsänderung entfallen mit der Folge, dass auch ein Anspruch nach § 1570 BGB in Wegfall kommt.

– Bei gemeinschaftlichem Sorgerecht der Ehegatten ist die Betreuung stets berechtigt. Unterhaltsrechtlich kann ein Anspruch nach § 1570 BGB dann bestehen, wenn – wie in der Regel – ein Ehegatte auf Grund der getroffenen Vereinbarungen das Kind überwiegend betreut und aus diesem Grund an einer Erwerbstätigkeit gehindert ist.

– Bei einer Geschwistertrennung und jeweils berechtigter Betreuung ist bei jedem Ehegatten unter Anlegung gleicher Maßstäbe zu prüfen, ob und in welchem Umfang trotz Kindesbetreuung eine zumutbare bzw. unzumutbare Erwerbstätigkeit ausgeübt wird und inwieweit im Hinblick auf diese Erwerbstätigkeit oder wegen anderweitigen Einkommens oder Vermögens von Bedürftigkeit bzw. Leistungsfähigkeit auszugehen ist.

---

[98] BGH, FamRZ 1984, 361
[99] BGH, FamRZ 1984, 361, 363; FamRZ 1984, 769
[100] BGH, FamRZ 1998, 426 = R 519a zum alten Recht
[101] BGH, a. a. O.
[102] BGH, FamRZ 1980, 665, 667 zum Erfordernis der Betreuungsbedürftigkeit nach altem Recht
[103] BGH, FamRZ 1983, 142; FamRZ 1980, 665; a. A. Göppinger/Wax/Bäumel, Unterhaltsrecht, Rn. 954 – es komme nur auf die tatsächliche Übernahme der Betreuung an
[104] Göppinger/Wax/Bäumel, Unterhaltsrecht, Rn. 954

– War der betreuende Ehegatte vor Trennung und anschließender Scheidung der Eheleute berufstätig, kann er diese Tätigkeit aufgeben und sich für die ersten drei Lebensjahre des Kindes ausschließlich dessen Betreuung widmen. Aus dem Gesetz ergibt sich hierzu keine Einschränkung. Die Lebenssituation des betreuenden Elternteils und des Kindes haben sich durch die Trennung, durch die auch das Kind treffende Trennungsproblematik, ggf. auch durch den Wegfall der bisherigen Verteilung des Betreuungsaufwands zwischen den Eltern maßgeblich geändert.

b) Anspruchsvoraussetzungen für den verlängerten Unterhalt nach § 1570 I 2 u. 67 3 BGB:

– Gemeinschaftliches betreuungsbedürftiges Kind (Rn. 65).
– Berechtigte Betreuung des Kindes (Rn. 66).
– Bedürftigkeit
– Es entspricht der Billigkeit, den Unterhalt über die Zeit des Basisunterhalts hinaus zu verlängern.

Die Verlängerung des Unterhalts über den Basisunterhalt hinaus stellt eine **Ausnahmeregelung** im Sinne einer positiven Härteklausel dar. Dies ergibt sich daraus, dass die Neufassung des § 1570 BGB den nachehelichen Betreuungsunterhalt entsprechend dem Betreuungsunterhalt aus Anlass der Geburt (§ 1615 l II 2 bis 5 BGB) strukturiert, dessen schon nach altem Recht vorliegende Grundstruktur nach neuem Recht beibehalten wurde. Das Bundesverfassungsgericht hatte mit Beschluss vom 28. 2. 2007[105] auch nicht die zeitliche Befristung als solche für verfassungswidrig erklärt, sondern nur die grundsätzlich unterschiedliche Dauer des Betreuungsunterhalts für nichteheliche Kindern bzw. für eheliche Kindern beanstandet. Für das Vorliegen der Voraussetzungen der Ausnahmeregelung ist der oder die Berechtigte **darlegungs- und beweispflichtig.**[106] Der Pflichtige muss demgegenüber solche streitigen Umstände darlegen und beweisen, die gegen die Anwendung der Ausnahmeregelung sprechen.[107] Ausgangspunkt sind der sich aus § 1569 I BGB ergebende Grundsatz der Eigenverantwortung und die sich aus § 1574 I BGB ergebende Obliegenheit zu einer angemessenen Erwerbstätigkeit.

Maßstab für eine Verlängerung aus Billigkeit nach § 1570 I 2 u. 3 BGB sind in erster Linie **kindbezogene Gründe,**[108] wie der Hinweis in Satz 3 auf die Belange des Kindes und die bestehenden Betreuungsmöglichkeiten zeigt. Die bisherige Rechtsprechung zu kindbezogenen Belangen für eine Verlängerung des Betreuungsunterhalts nach § 1615 l II 2 BGB kann zur Orientierung herangezogen werden[109] – vgl. dazu Rn. 7/23 u. 24. Auch elternbezogene Gründe (vgl. für § 1615 l II 2 BGB hierzu Rn. 7/25) können ausnahmsweise im Rahmen der Unterhaltsverlängerung nach § 1570 I 2 u. 3 eine Rolle spielen, im Regelfall werden sie aber bei der Prüfung zu berücksichtigen sein, ob eine Verlängerung des Unterhaltsanspruchs nach § 1570 II BGB aus Gründen der dort anhand der konkreten ehelichen Verhältnisse und der Ehedauer zu messenden nachehelichen Solidarität, also aus ehebezogenen Gründen, der Billigkeit entspricht.

Da auch der verlängerte Unterhalt nur „wegen der Pflege oder Erziehung" eines Kindes gewährt wird, muss die übernommene **Kindesbetreuung** grundsätzlich **dafür ursächlich** sein, **dass** der betreuende Ehegatte einer **Erwerbstätigkeit nicht oder nur teilweise** nachgehen kann. Wird die Billigkeit einer Verlängerung bejaht, steht damit zugleich fest, dass vom betreuenden Elternteil insoweit keine Erwerbstätigkeit verlangt werden kann. Dass dieser Prüfungsmaßstab in der neuen Fassung des § 1570 BGB nicht mehr enthalten ist, stellt keine materielle Änderung dar.[110]

Schon nach dem ursprünglichen Regierungsentwurf der Unterhaltsreform sollte in § 1570 BGB durch Anfügung des Satzes „Dabei sind auch die bestehenden Möglichkeiten der Kindesbetreuung zu berücksichtigen" darauf hingewirkt werden, dass anstelle des schema-

---

[105] FamRZ 2007, 965 ff. = R 671 c
[106] BGH FamRZ 2008, 968, 970 = R 689 a
[107] Vgl. hierzu BT-Drucks. 16/1830 S. 20 zur Darlegungs- und Beweissituation bei § 1578 b BGB
[108] BT-Drucks. 16/6980 S. 9
[109] A. a. O. S. 9
[110] A. a. O. S. 9

tisierenden Altersphasenmodells zur Frage, ob neben der Kindesbetreuung eine Erwerbstätigkeit möglich ist, stärker auf den Einzelfall und tatsächlich bestehende verlässliche Möglichkeiten der Kindesbetreuung abgestellt wird.[111] Ob und in welchem Umfang einem
Ehegatten trotz der Kindesbetreuung eine Erwerbstätigkeit zugemutet oder aus Billigkeitsgründen nicht zugemutet werden kann, hängt damit von den Umständen des Einzelfalls
(Rn. 68) sowie vor allem von Alter und Zahl der zu betreuenden Kinder (Rn. 70) und von
der Inanspruchnahme des Sorgeberechtigten durch die Betreuung bzw. den Möglichkeiten
für eine anderweitige Betreuung ab.

　　Der Anspruch auf **Betreuungsunterhalt** kann auch als „verlängerter Unterhalt" **erstmals nach Vollendung des 3. Lebensjahres des Kindes** entstehen. Es kommt es nicht
darauf an, dass schon ein vorangehender Anspruch auf Basisunterhalt bestanden hatte. Es gibt
keinen Anhaltspunkt dafür, dass der Gesetzgeber über die Neustrukturierung des Tatbestands
einen Einsatzpunkt im Sinne des verlängerten Betreuungsunterhalts als Anschlussunterhalt
schaffen wollte. Wie nach altem Recht muss die Notwendigkeit der Kindesbetreuung **nicht
im Zeitpunkt der Scheidung oder zu einem sonstigen Einsatzzeitpunkt** bestehen.
Sie kann später eintreten, wieder wegfallen und neu entstehen. Ein Betreuungsunterhalt
kann selbst nach abgeschlossener Erziehung als Billigkeitsunterhalt nach § 1570 BGB neu
entstehen, wenn ein Kind infolge Unfalls oder Krankheit pflege- und betreuungsbedürftig
wird und eine adäquate Pflege in einer Einrichtung nicht möglich ist.

2. Billigkeitsgesichtspunkte bei Unterhaltsverlängerung nach § 1570 I 2 u. 3 BGB

68　　Wie schon vor der Unterhaltsreform für die Verlängerung des Betreuungsunterhalts nach
§ 1615l II 2 BGB angenommen, ist eine **umfassende Abwägung der Verhältnisse des
Einzelfalls** zur Frage der Billigkeit einer Verlängerung vorzunehmen. Bei der Abwägung
sind der Grundsatz der Eigenverantwortung (§ 1569 S. 1 BGB) und die **generelle Erwerbsobliegenheit** (§ 1574 I BGB) zu berücksichtigen, die für beide Ehegatten gelten.
Eine Abweichung hiervon aus Billigkeitsgründen im Rahmen des § 1570 I 2 u. 3 BGB
kommt in erster Linie aus kindbezogenen Gründe (vgl. Rn. 67) in Betracht. Das Prinzip der
Eigenverantwortung hat zurückzustehen, soweit es das Kindeswohl erfordert.[112] Die „Belange des Kindes" sind immer dann berührt, wenn das Kind in besonderem Maße betreuungsbedürftig ist.[113] Eine Orientierung an der bisherigen Rechtsprechung zu den kindbezogenen
Belangen bei § 1615l II 2 BGB ist möglich.[114] Insoweit hatte der BGH noch zum alten
Recht entschieden (siehe hierzu auch Rn. 7/24), dass aus verfassungsrechtlichen Gründen
eine Verlängerung des Unterhaltsanspruchs bei **kindbezogenen Gründen** dann in Betracht
komme, wenn der Aufschub einer Erwerbstätigkeit der Mutter aus objektiver Sicht wegen
der besonderen Bedürfnisse des Kindes als vernünftig und dem Kindeswohl förderlich
erscheine oder wenn das Kindes in besonderem Maße betreuungsbedürftig sei.[115] Nach
neuem Recht ist generell auch die fehlende Möglichkeit einer anderweitigen Betreuung
ausreichend, etwa weil kein Kindergartenplatz zur Verfügung steht. Im Übrigen muss sich
der betreuende Elternteil nur dann auf eine mögliche Fremdbetreuung verweisen lassen,
wenn dies mit den Kindesbelangen vereinbar ist.[116] Daran kann es fehlen, weil das Kind
unter der Trennung besonders leidet und daher der persönlichen Betreuung bedarf.[117] Mit
den Worten „solange und soweit" wird im Gesetz deutlich gemacht, dass es auf die Verhältnisse des Einzelfalls ankommt, ob vom betreuenden Elternteil eine Erwerbstätigkeit erwartet
werden kann. In dem Maße, in welchem eine kindgerechte Betreuungsmöglichkeit besteht,
kann auf eine Erwerbstätigkeit verwiesen werden. Ist zunächst nur eine Teilzeittätigkeit
möglich, muss daneben – soweit Bedürftigkeit besteht – weiterhin Betreuungsunterhalt

---

[111] A. a. O. S. 9
[112] BT-Drucks. 16/6980 S. 9
[113] A. a. O.
[114] A. a. O.
[115] BGH, FamRZ 2006, 1362, 1367 = R 656 a
[116] Beschlussempfehlung d. Rechtsausschusses v. 7. 11. 2007 – BT-Drucks. 16/6980 S. 9
[117] A. a. O.

gezahlt werden. Ein abrupter, übergangsloser Wechsel von der Betreuung zur Vollzeiterwerbstätigkeit wird nicht verlangt. Nach den Umständen des Einzelfalls ist daher ein gestufter Übergang möglich.[118]

Ob und in welchem Umfang eine **Erwerbsobliegenheit trotz Kindesbetreuung** besteht, so dass eine Unterhaltsverlängerung aus Billigkeitsgründen ausscheidet, ist nach objektiven Kriterien zu beurteilen. Berücksichtigt werden muss, dass Teilzeittätigkeit neben Kindererziehung heute vielfach Realität ist.[119] Für die Abwägung der gegen Erwerbstätigkeit sprechenden kindbezogenen Belange kommt es vor allem auf das konkrete Ausmaß der Betreuungsbedürftigkeit des Kindes und die tatsächlich vorhandenen zumutbaren Möglichkeiten für eine anderweitige Betreuung an, wobei für die Frage der zumutbaren Betreuungsmöglichkeiten auch die wirtschaftlichen Verhältnisse beider Ehegatten von Bedeutung sein können.

a) Kindbezogene Kriterien für das Vorliegen bzw. Fehlen der Billigkeit für eine Verlängerung: 69

- das Kind ist **besonders betreuungsbedürftig,** z.B. weil es unter der Trennung der Eltern besonders leidet und daher der persönlichen Betreuung durch einen Elternteil bedarf[120] oder weil diese Notwendigkeit bei einem Problemkind aus psychischer Labilität,[121] aus Krankheitsgründen oder wegen Entwicklungsstörungen besteht. Im Einzelfall ist zu prüfen, ob es einem Ehegatten, der Kinder im Kindergarten- bzw. Grundschulalter betreut, zumutbar ist mehr als eine Teilzeittätigkeit auszuüben, weil Kinder in diesem Alter bis zurzeit der beiden ersten Grundschuljahre noch soviel Betreuung und Beaufsichtigung bedürfen, dass die zusätzliche Belastung mit Vollerwerbstätigkeit wegen Überforderung unzumutbar sein kann.[122]
- der besondere Betreuungsbedarf kann auch erst nach Vollendung des 3. Lebensjahres des Kindes eintreten.[123]
- die **tatsächlich vorhandene Möglichkeit der Fremdbetreuung**[124] – daran fehlt es, wenn trotz zumutbarer Bemühungen keine entsprechende Betreuungsmöglichkeit zu finden ist.[125]
- die mögliche **Fremdbetreuung muss verlässlich sein**[126] – daran fehlt es, wenn die Betreuung nur von Fall zu Fall und nicht zu festen Zeiten oder nur mit dauernd wechselnden Bezugspersonen sichergestellt werden könnte. Die möglichen Betreuungszeiten müssen mit den von dem betreuenden Elternteil nur eingeschränkt beeinflussbaren Arbeitszeiten in ausreichendem Maße korrespondieren.
- die mögliche **Fremdbetreuung muss zumutbar sein**[127] – daran kann es fehlen, wenn vom unterhaltspflichtigen Ehegatten mit deren Einverständnis die Betreuung durch seine Eltern angeboten wird, obwohl das Verhältnis zum betreuenden Ehegatten nach Trennung bzw. Scheidung gestört ist. Entspricht es den ehelichen Abreden, dass die Kinder eine teurere Spezialeinrichtung besuchen, z.B. einen Montessori-Kindergarten oder einen Waldorfkindergarten, kann nicht auf die Inanspruchnahme einer – etwa auch früher zur Verfügung stehenden – billigeren Einrichtung verwiesen werden. Generell wird eine private Betreuung durch Angehörige oder Bekannte nicht in Anspruch genommen werden müssen.[128]

---

[118] Vgl. im Einzelnen BT-Drucks. 16/6980 S. 9
[119] Begründung des Gesetzentwurfs BT-Drucks. 16/1830 S. 17
[120] Beschlussempfehlung d. Rechtsausschusses v. 7. 11. 2007 – BT-Drucks. 16/6980 S. 9
[121] BGH, FamRZ 1984, 769
[122] Vgl. Meier, FamRZ 2008, 101, 103 f.
[123] Empfehlungen des 13. Familiengerichtstags, FamRZ 2000, 273 zu § 1615l II BGB a. F.
[124] Vgl. BT-Drucks. 16/1830 S. 17 zur Fassung des § 1570 BGB nach dem ursprünglichen Regierungsentwurf
[125] Empfehlungen des 13. Familiengerichtstags, FamRZ 2000, 273 zu § 1615l II BGB a. F.
[126] BT-Drucks. 16/1830 S. 17 zur Fassung des § 1570 BGB nach dem ursprünglichen Regierungsentwurf
[127] A. a. O.
[128] Vgl. Unterhaltsrechtliche Leitlinien des OLG Frankfurt (Stand: 1. 1. 2008) Nr. 17.1 – FamRZ 2008, 224, 228

– die mögliche **Fremdbetreuung** muss **mit dem Kindeswohl in Einklang** stehen[129] – daran kann es fehlen, wenn das Kind auf die Betreuungspersonen oder Mitglieder der betreuten Kindergruppe mit nicht steuerbarer Ablehnung reagiert und den Besuch der Betreuungsstelle jeweils als Zeit der Qual empfindet oder wenn ihm auf Grund seines physischen oder psychischen Gesundheitszustands die Fremdbetreuungsfähigkeit fehlen würde.[130] Ebenso ist denkbar, dass wegen der Arbeitsgestaltung des betreuenden Elternteils unerträglich lange Wartezeiten bis zum Abholen entstehen, in denen das Kind weitgehend sich selbst überlassen ist.

– der betreuende Elternteil darf auf den **Kosten der Fremdbetreuung,** soweit sie nicht durch den Kindesunterhalt abgedeckt sind, nicht ohne angemessen unterhaltsrechtliche Anrechnung sitzen bleiben.[131] Der BGH hat hierzu inzwischen entschieden, dass jedenfalls Kindergartenkosten nicht zum berufsbedingten Aufwand des betreuenden Elternteils, sondern zum Bedarf des Kindes gehören und – soweit sie die üblichen Kosten für den Besuch eines halbtägigen Kindergartens nicht übersteigen – im laufenden, das Existenzminimum des Kindes nicht unterschreitenden Kindesunterhalt enthalten sind. Nur darüber hinausgehende Kindergartenkosten stellten Mehrbedarf des Kindes dar und seien von beiden Eltern anteilig nach ihren Einkommensverhältnissen zu tragen.[132] Damit ist noch nicht entschieden, ob andere Kosten, z. B. die Kosten einer nachschulischen Tagesbetreuung, durch deren Besuch die Erwerbstätigkeit erst ermöglicht wird, nicht berufsbedingte Kosten des betreuenden Elternteils darstellen oder im Rahmen einer teilweisen Bewertung der Erwerbseinkünfte als überobligatorisch zu berücksichtigen sind.[133]

– wird die **Fremdbetreuung kostenlos,** z. B. ·durch nahe Verwandte des betreuenden Elternteils, erbracht, kann dieser, soweit er dadurch von persönlicher Betreuung angemessen entlastet ist, seiner Erwerbsobliegenheit nachkommen. Auch hier stellt sich aber die Frage der unterhaltsrechtlichen Anrechnung des Aufwands der Fremdbetreuung. Die kostenlos leistenden Personen wollen den unterhaltspflichtigen anderen Elternteil regelmäßig nicht entlasten. Deswegen muss der freigebige Aufwand dieser Personen für die Betreuung des Kindes ggf. im angemessenen Umfang in die Unterhaltsrechnung einfließen. Dies kann über die Berücksichtigung eines nach den Umständen des Einzelfalls zu bemessenden (fiktiven) berufsbedingten Aufwands des betreuenden Ehegatten geschehen, oder – falls die auf kostenloser Betreuung beruhende Erwerbstätigkeit als überobligatorisch angesehen würde – über eine auf den Einzelfall zugeschnittene, beschränkte Anrechnung des überobligatorischen Einkommens gemäß § 1577 II BGB.[134]

70 **b) Elternbezogene Gründe bei § 1570 I 2 u. 3 BGB:** In Ausnahmefällen kann es für die Verlängerung des Anspruchs nach § 1570 I 2 u. 3 BGB auch auf elternbezogene, aber **das Kindeswohl berührende** Gründe ankommen, obwohl elternbezogene Belange sonst nur im Rahmen der möglichen Verlängerung nach § 1570 II BGB zu prüfen sind. Hierzu können zählen:

– die Erkrankung des betreuenden Ehegatten wegen chronischer Überlastung bei kombinierter depressiver Persönlichkeitsstörung bei Fortführung von Betreuung und Vollzeiterwerbstätigkeit;[135]

– wenn der betreuende Ehegatte nach Ende des dreijährigen Basisunterhalts trotz der erforderlichen Bemühungen keinen Arbeitsplatz für eine an sich zumutbare Teilzeittätigkeit finden kann und der andere Ehegatte ohne weiteres leistungsfähig ist;[136]

– wenn der betreuende Ehegatte wegen besonderer Betreuungsbedürftigkeit des Kindes ungeachtet einer deswegen überobligatorischen Erwerbstätigkeit besondere Pflege- und

---

[129] BT-Drucks. 16/1830 S. 17
[130] Vgl. zu Letzterem Unterhaltsleitlinien des OLG Hamm Nr. 17.1.1 – FamRZ 2008, 347, 351
[131] BT-Drucks. 16/1830 S. 17
[132] BGH, FamRZ 2008, 1152 = R. 691 b–f; vgl. auch BGH, FamRZ 2007, 882, 886 = R. 675 h
[133] Vgl. dazu BGH, FamRZ 2005, 442, 444 = R. 625 c
[134] Vgl. OLG Hamm, FamRZ 2007, 1464 f.
[135] BGH, FamRZ 2006, 1362, 1367 zu § 1615 l II BGB a. F.
[136] Schwab, Familienrecht, Rn. 773 zu § 1615 l II BGB a. F.

Erziehungsleistungen erbringen muss, so dass sein Einkommen nach § 1577 II BGB nur eingeschränkt anrechenbar ist;
- besonders günstige wirtschaftliche Verhältnisse des anderen Elternteils, die es unangemessen erscheinen lassen, das Kind auf die Betreuung durch einen mit Erwerbsarbeit zusätzlich belasteten Elternteil zu verweisen.[137]
- wenn der betreuende Ehegatte mehrere Kinder des anderen Ehegatten betreut und die dadurch bedingte Belastung eine Beschränkung seiner Erwerbsobliegenheit billig erscheinen lässt.[138]
- Unterdurchschnittliche wirtschaftliche Verhältnisse der Eltern sprechen eher für eine frühzeitige Verpflichtung zur Teilzeittätigkeit trotz Kindesbetreuung.[139]

3. Weitere Unterhaltsverlängerung nach § 1570 II BGB

Mit der Einführung des § 1570 II BGB hat der Gesetzgeber einen Hinweis des Bundes- **71** verfassungsgerichts in seinem Beschluss vom 28. 2. 2007[140] aufgegriffen, wonach es dem Gesetzgeber wegen des Schutzes der ehelichen Verbindung durch Art. 6 I GG freistehe, einen geschiedenen Elternteil unterhaltsrechtlich besser zu stellen als einen unverheirateten Elternteil.

Der Unterhaltsanspruch des § 1570 I BGB verlängert sich, falls eine Verlängerung oder eine weitere Verlängerung nach Abs. 1 Satz 2 und 3 ausscheidet, nach Abs. 2 „darüber hinaus", wenn dies unter Berücksichtigung der Gestaltung von Kinderbetreuung und Erwerbstätigkeit in der Ehe sowie der Dauer der Ehe, also **aus ehebezogenen Gründen der Billigkeit entspricht.** Hierbei geht es nicht um eine Verlängerung des Betreuungsunterhalts im Interesse des Kindeswohls, sondern um eine Verlängerung, die ihre Rechtfertigung allein in der Ehe und der nachehelichen Solidarität findet.[141] Ginge es auch hier um Gründe des Kindeswohls wäre die grundsätzlich erforderliche, verfassungsrechtliche Gleichbehandlung von ehelichen und nichtehelichen Kindern beim Betreuungsunterhalt nicht mehr gewährleistet. Ist die Billigkeit der Verlängerung festgestellt, verlängert sich der Anspruch aus § 1570 I BGB ohne weiteres. Insofern ist § 1570 II BGB kein selbständiger Unterhaltsanspruch, sondern ein „Annexanspruch" zu § 1570 I BGB.[142]

Auch bei § 1570 II BGB handelt es sich um eine **Ausnahmeregelung,** für deren Voraussetzungen der Berechtigte **darlegungs- und beweispflichtig** ist, während der Pflichtige ggf. strittige Umstände, die gegen eine Verlängerung sprechen, darlegen und beweisen muss.[143] Über die Billigkeit einer Unterhaltsverlängerung ist in **umfassender Abwägung** der Umstände des Einzelfalls zu entscheiden. Es geht um das in der Ehe gewachsene Vertrauen in die vereinbarte und praktizierte Rollenverteilung und die gemeinsame Ausgestaltung der Kindesbetreuung.[144] Einem Ehegatten, der im Interesse der Kindererziehung seine Erwerbstätigkeit dauerhaft aufgegeben oder zurückgestellt hat, kann ein längerer Betreuungsunterhalt eingeräumt werden als einem Ehegatten, der von vornherein alsbald wieder in den Beruf zurückkehren wollte.[145]

Bei den **ehebezogenen Umständen,** deren Vorliegen eine Verlängerung des Betreu- **72** ungsunterhalts nach § 1570 II BGB rechtfertigen kann, handelt es sich um **elternbezogene Gründe.** Entsprechende Fälle können zum Teil der früheren Rechtsprechung zu solchen elternbezogenen Belangen entnommen werden, die eine Verlängerung des Betreuungsunterhalts nach § 1615 l II BGB billig erscheinen ließen.

---

[137] Büttner, FamRZ 2000, 781, 783 zu § 1615 l II BGB a. F.
[138] Empfehlungen des 13. Familiengerichtstags, FamRZ 2000, 273 zu § 1615 l II BGB a. F.
[139] Vgl. OLG Hamm, FamRZ 1997, 1073 (nur LS) = OLGR 1997, 70
[140] BVerfG, FamRZ 2007, 965, 970 = R 671 b
[141] BT-Drucks. 16/6980 S. 9
[142] A. a. O.
[143] Vgl. hierzu BT-Drucks. 16/1830 S. 20 zur Darlegungs- und Beweissituation bei § 1578 b BGB
[144] BT-Drucks. 16/6980 S. 9
[145] A. a. O.

Ehebezogene bzw. elternbezogene Billigkeitsgründe bei § 1570 II BGB:
- wenn sich der andere Ehegatte bei Verweigerung weiteren Unterhalts gegen Treu und Glauben mit seinem früheren Verhalten in Widerspruch setzen würde, weil er für den betreuenden Elternteil einen Vertrauenstatbestand geschaffen hat, z. B. weil die Ehegatten ursprünglich eine Lebensgemeinschaft mit dem oder den Kindern mit Betreuung durch den betreffenden Elternteil und gleichzeitiger Fortsetzung von dessen Studium geplant hatten;[146]
- besondere Verpflichtung gegenüber dem betreuenden Elternteil, weil dieser die Ausbildung des anderen Elternteils finanziert hat;[147]
- wenn die Erziehung und Pflege des Kindes oder der Kinder bis zu einer bestimmten Altersstufe durch den nicht erwerbstätigen Elternteil auch im Hinblick auf die vorhandenen guten wirtschaftlichen Verhältnisse der gemeinsamen Lebensplanung der Ehegatten entsprach;

73

4. Die Erwerbsobliegenheit des betreuenden Elternteils

Aus der Neufassung des Gesetzes ergibt sich, dass für den betreuenden Elternteil **vor Vollendung des dritten Lebensjahrs** des (jüngsten) Kindes **keine Erwerbsobliegenheit** besteht, weil von ihm keine Erwerbstätigkeit erwartet werden kann. Es steht ihm während dieser Zeit vollkommen frei, ob er sich ausschließlich der Kindesbetreuung widmen will oder daneben berufstätig sein will. Er kann eine vor Trennung der Eheleute ausgeübte Erwerbstätigkeit nach Trennung und Scheidung auch aufgeben – vgl. Rn. 64 u. 65. Arbeitet er trotz fehlender Erwerbsobliegenheit, kommt es auf die Umstände des Einzelfalls an, ob es sich um eine unzumutbare Erwerbstätigkeit handelt, deren Einkünfte nur nach Maßgabe des § 1577 II BGB in die Unterhaltsrechnung einzusetzen sind.[148] Ein Indiz für die nicht unzumutbare Fortsetzung einer trotz Betreuung eines Kindes bereits ausgeübten Erwerbstätigkeit kann sein, dass diese Tätigkeit schon vor der Trennung aus freiem Willen, also nicht aus Not wegen unzureichender Versorgung durch den Verpflichteten, aufgenommen worden war und lediglich in gleichem Umfang fortgesetzt wird.[149]

Wenn das (jüngste Kind) das **3. Lebensjahr vollendet** hat, entsteht für den betreuenden Elternteil **grundsätzlich** eine **Erwerbsobliegenheit,** wie sich aus § 1569 S. 1 BGB i. V. m. § 1574 I BGB ergibt. Dies wird im Regelfall zunächst nur die Obliegenheit zu einer Teilzeittätigkeit sein, die sich erst mit wachsendem Alter des Kindes erweitert und zur Obliegenheit auf Ausübung einer Vollerwerbstätigkeit erstarkt. Ein abrupter, übergangsloser Wechsel von der Betreuung zur Vollzeiterwerbstätigkeit wird nämlich nicht verlangt, vielmehr ist nach den Umständen des Einzelfalls ein gestufter Übergang möglich.[150] Wird auf Grund der erforderlichen Einzelfallprüfung die Billigkeit einer Verlängerung des Unterhalts über das dritte Lebensjahr des (jüngsten) Kindes hinaus festgestellt, steht damit gleichzeitig fest, dass eine Erwerbstätigkeit nicht erwartet werden kann.[151] Die Frage einer Erwerbsobliegenheit des betreuenden Ehegatten ist deswegen mit der Billigkeit einer Unterhaltsverlängerung verknüpft – vgl. hierzu Rn. 68 bis 71. Unterdurchschnittliche wirtschaftliche Verhältnisse der Eltern sprechen eher für eine frühzeitige Verpflichtung zur Arbeitsaufnahme in Form einer Teilzeittätigkeit trotz Kindesbetreuung,[152] die Betreuung mehrerer Kinder eher für ein zeitlich späteres Entstehen einer ggf. eingeschränkten Erwerbsobliegenheit.[153]

Zur Frage der **Angemessenheit der Tätigkeit (§ 1574 II BGB)**, die auf Grund bestehender Erwerbsobliegenheit ausgeübt werden muss – siehe Rn. 90 u. 131 ff.

---

[146] OLG Frankfurt, FamRZ 2000, 1522 zu § 1615 l II BGB a. F.
[147] Schwab, Familienrecht, Rn. 773 zu § 1615 l II BGB a. F.
[148] Vgl. hierzu BGH, FamRZ 2005, 442, 444 = R 625 c zu § 1615 l II BGB a. F.
[149] Vgl. BGH, FamRZ 1983, 146; FamRZ 2005, 442, 444 = R 625 c zu § 1615 l II a. F.
[150] Vgl. Beschlussempfehlung d. Rechtsausschusses v. 7. 11. 2007 – BT-Drucks. 16/6980 S. 9
[151] A. a. O.
[152] Vgl. OLG Hamm, FamRZ 1997, 1073 (nur LS) = OLGR 1997, 70
[153] Vgl. Empfehlungen des 13. Familiengerichtstags, FamRZ 2000, 273 zu § 1615 l II BGB a. F.

Die oberlandesgerichtlichen Leitlinien zur Erwerbsobliegenheit wurden der gesetzlichen **74**
Neuregelung des nachehelichen Betreuungsunterhalts angepasst, insbesondere wurde die
Aufgabe des von der Rechtsprechung nach altem Recht entwickelten Altersphasenmodells
berücksichtigt.

Oberlandesgerichtliche Leitlinien zur Erwerbsobliegenheit (sämtlich mit dem
Stand vom 1. 1. 2008)

– Süddeutsche Leitlinien (FamRZ 2008, 231 ff.) Nr. 17.1:
  bis zur Vollendung des 3. Lebensjahrs kann eine Erwerbstätigkeit nicht erwartet werden;
  danach besteht Erwerbsobliegenheit nach den Umständen des Einzelfalls, ohne dass, wie
  sich aus der amtlichen Begründung der Gesetzesänderung ergebe (FamRZ 2007,
  1947),[154] ein abrupter, übergangsloser Wechsel zur Vollerwerbstätigkeit anstelle eines
  gestuften Übergangs verlangt wäre;

– OLG Brandenburg Nr. 17.1:
  die Zumutbarkeit von Erwerbstätigkeit neben Kinderbetreuung richtet sich nach den
  Umständen des Einzelfalls;

– OLG Braunschweig Nr. 17.1
  bis zur Vollendung des 3. Lebensjahres des Kindes kann keine Erwerbstätigkeit erwartet
  werden; danach richtet sich die Erwerbsobliegenheit nach den Umständen des Einzelfalls
  (Zahl und Alter der Kinder, Betreuungsbedürftigkeit, zumutbare Betreuungsmöglichkeit,
  Gestaltung der Ehe);

– OLG Bremen Nr. 17.1:
  keine Erwerbsobliegenheit, solange das – ggf. jüngste – Kind das 3. Lebensjahr noch
  nicht vollendet hat (zeitlich begrenzter Basisunterhalt);
  ab Vollendung des 3. Lebensjahrs des – ggf. jüngsten – betreuten Kindes besteht grundsätzlich eine Erwerbsobliegenheit; darüber ob und in welchem Umfang Erwerbstätigkeit
  erwartet werden kann, beurteilt sich nach allen Umständen des Einzelfalls, insbesondere
  nach der bisher ausgeübten Tätigkeit und den Möglichkeiten der Kindesbetreuung; für
  die zu entwickelnden Kriterien ist die Beschlussempfehlung des Rechtsausschusses
  (FamRZ 2007, 1947 f. = BT-Drucks. 16/6980 S. 8 f.) zu beachten;

– OLG Celle Nr. 17.1:
  keine Erwerbsobliegenheit, solange das betreute Kind das 3. Lebensjahr noch nicht vollendet hat; bei älteren Kinder Erwerbsobliegenheit nach den Umständen des Einzelfalls,
  insbesondere nach der Zahl der Kinder, deren Alter sowie nach den anderen Betreuungsmöglichkeiten; ein abrupter, übergangsloser Wechsel von Betreuung zur Vollerwerbstätigkeit liegt in der Regel nicht im Kindeswohl;

– OLG Dresden Nr. 17.1:
  bis zur Vollendung des 3. Lebensjahrs kann bei Kindesbetreuung keine Erwerbstätigkeit
  erwartet werden;
  danach Erwerbsobliegenheit nach Maßgabe der Betreuungsbedürftigkeit und der zumutbaren Betreuungsmöglichkeit: Obliegenheit zur Vollerwerbstätigkeit in der Regel mit
  Vollendung des 14. Lebensjahrs; bei mehreren Kindern ist auf die Umstände des Einzelfalls abzustellen;

– OLG Düsseldorf Nr. 17.1:
  Erwerbsobliegenheit nach Vollendung des 3. Lebensjahrs bei bestehender Betreuungsmöglichkeit nach den Verhältnissen des Einzelfalls; bei besonderer Betreuungsbedürftigkeit oder unzureichender Fremdbetreuung (kindbezogene Gründe, § 1570 I 2 BGB)
  kommt Unterhaltsanspruch auch nach Vollendung des 3. Lebensjahrs in Betracht; nicht
  in jedem Fall kann ein abrupter, übergangsloser Wechsel von Betreuung zu Vollerwerbstätigkeit verlangt werden, im Interesse des Kindeswohls ist nach den Kriterien des § 1570
  I BGB vielmehr auch künftig ein gestufter Übergang möglich (BT-Drucks. 16/6980 S. 9
  – FamRZ 2007, 1947);
  die Erwerbstätigkeit kann auch aus Gründen der nachehelichen Solidarität ganz oder
  teilweise unbillig erscheinen (ehebezogene Gründe, § 1570 II BGB);

---

[154] BT-Drucks. 16/6980 S. 8 ff.

– OLG Frankfurt Nr. 17.1:
grundsätzlich einsetzende Erwerbsobliegenheit nach Vollendung des 3. Lebensjahrs, ausgerichtet hinsichtlich Art und Umgang an den Belangen des Kindes; stehen solche Belange
einer Fremdbetreuung generell entgegen oder besteht keine kindgerechte Betreuungsmöglichkeit, hat das Prinzip der Eigenverantwortung zurückzustehen; nach diesem Maßstab bestimmt sich auch die Verpflichtung zur Aufnahme einer Teilzeit- oder Vollzeittätigkeit; bis zur Beendigung der Grundschulzeit kann in der Regel keine Vollzeittätigkeit
erwartet werden; abrupter, übergangsloser Wechsel von Betreuung zu Vollzeiterwerbstätigkeit ist nicht zu verlangen, sondern ein gestufter an den Kriterien von § 1570 I BGB
orientierter Übergang möglich – FamRZ 2007, 1947;[155] private Betreuung, z. B. durch
Bekannte und Angehörige, muss grundsätzlich nicht in Anspruch genommen werden; die
Darlegungs- und Beweislast für das Fehlen einer zumutbaren Betreuungsmöglichkeit, hat
grundsätzlich der Unterhaltsbegehrende, es genügt aber zunächst der Vortrag, dass Nachfragen, z. B. bei der Gemeinde, nur Absagen gebracht hätten; erst auf substantiiertes
Bestreiten der Gegenpartei entsteht eine ergänzende Vortragspflicht;
maßgeblich für eine Verlängerung nach § 1570 II BGB ist das Vertrauen in die vereinbarte und praktizierte Rollenverteilung sowie die gemeinsame Ausgestaltung der Kindesbetreuung; das Alter des betreuenden Ehegatten und die Zahl der Kinder sind zu berücksichtigen;

– OLG Hamburg Nr. 17.1:
das bisherige Altersstufenmodell der Rechtsprechung ist in dieser Form nicht mehr
anzuwenden (vgl. BT-Drucks. 16/6980 – FamRZ 2007, 1947);
der Anspruch auf Betreuungsunterhalt richtet sich beim ehelichen und beim nichtehelichen Kind nach denselben Grundsätzen;

– OLG Hamm Nr. 17.1.1:
keine Erwerbsverpflichtung bei Betreuung eines Kindes, das noch nicht 3 Jahre alt ist; der
Umfang der danach regelmäßig ensetzenden Erwerbsobliegenheit – eine sogleich vollschichtige Obliegenheit wird vielfach nicht in Betracht kommen – richtet sich nach
Billigkeitsgesichtspunkten im Einzelfall, besonders nach den bestehenden Möglichkeiten
der Kinderbetreuung, den Belangen des Kindes (etwa Fremdbetreuungsfähigkeit, physischer und psychischer Gesundheitszustand), nach der erfolgten bzw. geplanten Rollenverteilung in der Ehe sowie nach der Dauer der Ehe;
bei verlässlicher Fremdbetreuung (Kindergarten, Kita, Schule) und, und soweit Kindesbelange oder Vertrauenstatbestände nicht entgegenstehen, nimmt die Mehrheit der Senate
bei einem Alter von mehr als 3 Jahren an, dass vielfach schon eine geringfügige Erwerbstätigkeit erwartet werden kann, die mit dem Ende des ersten Grundschuljahrs und sodann
mit dem Ende des ersten Jahres auf einer weiterführenden Schule über eine halbschichtige
bis zur vollschichtigen Tätigkeit auszudehnen ist; bei Betreuung mehrerer minderjähriger
Kinder – Erwerbsobliegenheit nach den Umständen des Einzelfalls;
derjenige Elternteil, der das Bestehen einer Erwerbsobliegenheit in Abrede stellt, hat die
Umstände hierzu darzulegen und zu beweise, und zwar auch, wenn ein – grundsätzlich
nicht zu befristender Titel über den Bertreuungsunterhalt abgeändert werden soll;

– Kammergericht Nr. 17.1:
keine Erwerbsobliegenheit bis zur Vollendung des 3. Lebensjahres des Kindes;
danach Erwerbsobliegenheit nach den Umständen des Einzelfalls; Erwerbstätigkeit kann
in dem Maß erwartet werden, in dem eine den Kindesbelangen gerecht werdende
Betreuungsmöglichkeit besteht; ein abrupter, übergangsloser Wechsel von Betreuung zur
Vollerwerbstätigkeit ist nicht gefordert, im Interesse des Kindeswohls ist auch ein abge-
stufter, an den Gesetzeskriterien orientierter Übergang möglich;
darüber hinaus Beurteilung der Obliegenheit auch unter Berücksichtigung der Gestaltung
von Kindesbetreuung und Erwerbstätigkeit in der Ehe sowie der Dauer der Ehe;

– OLG Koblenz Nr. 17.1:
Erwerbsobliegenheit nach den Umständen des Einzelfalls;

---

[155] BT-Drucks. 16/6980 S. 9

in der Regel keine Erwerbsobliegenheit bis zum Ende des 3. Lebensjahres des Kindes; ab dann ist regelmäßig die Aufnahme einer Erwerbstätigkeit zumutbar, es sei denn aus in der Person des Kindes liegenden Gründen wäre die ständige Anwesenheit des betreuenden Elternteils erforderlich (§ 1570 I 2 u. 3 BGB); insbesondere zu berücksichtigen sind die bestehenden Möglichkeiten der Kindesbetreuung;
darüber hinaus Einschränkung der Erwerbsobliegenheit aus elternbezogenen Gründen, wenn dies unter Berücksichtigung der Gestaltung von Kinderbetreuung und Erwerbstätigkeit in der Ehe der Billigkeit entspricht (§ 1570 II BGB);
angemessene Modifizierung der Regeln bei Betreuung mehrerer Kinder;
– OLG Köln Nr. 17.1:
für die Verweisung auf Erwerbstätigkeit nach Vollendung des 3. Lebensjahres des Kinds bei bestehender Betreuungsmöglichkeit kommt es auf die Verhältnisse des Einzelfalls an; Unterhaltsanspruch komm in Betracht bei besonderer Betreuungsbedürftigkeit des Kindes, bei nicht oder nur unzureichend vorhandenen Möglichkeiten der Fremdbetreuung (kindbezogene Gründe, § 1570 I 2 BGB;
die Unbilligkeit der Erwerbstätigkeit kann sich auch aus Gründen der nachehelichen Solidarität ergeben; hier sind zu berücksichtigen: das in der Ehe gewachsene Vertrauen in die vereinbarte und praktizierte Rollenverteilung, die gemeinsame Ausgestaltung der Kinderbetreuung sowie die Dauer der Ehe (ehebezogene Gründe, § 1570 II BGB);
ein abrupter, übergangsloser Wechsel von Betreuung zu Vollerwerbstätigkeit kann nicht in jedem Fall verlangt werden, im Interesse des Kindeswohls ist auch künftig ein gestufter, an den Kriterien von § 1570 I BGB orientierter Übergang möglich (BT-Drucks. 16/6980 S. 9 – FamRZ 2007, 1947);
Darlegungs- und Beweislast für Umstände, die einer Erwerbstätigkeit entgegenstehen, trifft den betreuenden Elternteil, auch im Abänderungsverfahren;
ein Titel über den Basisunterhalt nicht grundsätzlich nicht zu befristen; Befristung des Betreuungsunterhalts auch im Übrigen nur in seltenen Ausnahmefällen (BT-Drucks. 16/1830 S. 19);
– OLG Naumburg Nr. 17.1:
keine Erwerbsobliegenheit, solange das – ggf. jüngste – Kind das 3. Lebensjahr noch nicht vollendet hat; danach besteht grundsätzlich eine Erwerbsobliegenheit, ob und in welchem Umfang ist unter Berücksichtigung aller Umstände des Einzelfalls, insbesondere der bisher ausgeübten Tätigkeit und der Möglichkeiten der Kinderbetreuung, zu beurteilen; für die Kriterien zur Anwendung dieser Grundsätze werden die Beschlussempfehlungen des Rechtsausschusses zu beachten sein (FamRZ 2007, 1947 f.);[156]
– OLG Oldenburg Nr. 17.1:
keine Erwerbsobliegenheit vor Vollendung des 3. Lebensjahres des Kindes; ob und in welchem Umfang danach die Aufnahme oder Ausweitung einer Erwerbstätigkeit zumutbar ist, ist unter Berücksichtigung der Umstände des Einzelfalls, insbesondere der bisher ausgeübten Tätigkeit und den Möglichkeiten der Kinderbetreuung zu beurteilen;
– OLG Rostock Nr. 17.1:
bis zur Vollendung des 3. Lebensjahres eines betreuten Kindes kann keine Erwerbstätigkeit erwartet werden: danach Erwerbsobliegenheit nach Maßgabe der Betreuungsbedürftigkeit und der zumutbaren Betreuungsmöglichkeit;
bei Betreuung mehrerer Kinder ist auf die Umstände des Einzelfalls abzustellen;
bei unzumutbarer Erwerbstätigkeit des unterhaltsberechtigten Ehegatten richtet sich die Anrechenbarkeit seines dadurch erzielten Einkommens nach § 1577 II BGB;
– OLG Schleswig Nr. 17.1:
bis zur Vollendung des 3. Lebensjahres des betreuten Kindes kann keine Erwerbstätigkeit erwartet werden; danach Erwerbsobliegenheit nach den Umständen des Einzelfalls; das von der Rechtsprechung entwickelte Altersstufenmodell ist in dieser Form nicht mehr anzuwenden;

---

[156] BT-Drucks. 16/6980 S. 8 f.

5. Privilegierter Anspruch nach § 1570 BGB, Konkurrenzen zu § 1573 BGB und Sonstiges

75   **a) Privilegierung.** Der Anspruch nach § 1570 BGB ist in mehrfacher Hinsicht gegenüber anderen Unterhaltsansprüchen privilegiert:

- Es gibt **keinen Einsatzzeitpunkt,** d. h., der Anspruch entsteht originär, wenn wegen einer notwendigen Kindesbetreuung eine Erwerbstätigkeit nicht oder nur teilweise ausgeübt werden kann.
- Dem Unterhaltspflichtigen wird teilweise eine **gesteigerte Erwerbsverpflichtung** wie gegenüber den minderjährigen Kindern auch bezüglich des Betreuungsunterhalts auferlegt, weil geringere Anforderungen letztlich zu Lasten der Kinder gingen.[157]
- Die **Verwirkungstatbestände** des § 1579 Nr. 1 bis 8 BGB greifen beim Betreuungsunterhalt nur eingeschränkt. Der Unterhaltsanspruch des sorgeberechtigten Ehegatten ist nämlich nur zu versagen, herabzusetzen oder zeitlich zu begrenzen, soweit die Inanspruchnahme des Verpflichteten auch unter Wahrung der Belange der dem Berechtigten zur Pflege und Erziehung anvertrauten gemeinschaftlichen Kinder grob unbillig wäre. Der Betreuungsunterhalt nach § 1570 BGB ist danach selbst bei Vorliegen der Härtegründe des § 1579 BGB in dem Sinn privilegiert, dass er im Interesse des Wohles der betreuten Kinder trotz Fehlverhaltens des sorgeberechtigten Ehegatten diesem gleichwohl die Wahrnehmung seiner Elternverantwortung sichern und gewährleisten soll. Dem wird in der Regel dadurch Genüge getan, dass der Unterhaltsanspruch auf das zur Kindesbetreuung notwendige Mindestmaß herabgesetzt wird.[158]
- Bei einem **Unterhaltsverzicht** ist bezüglich des Betreuungsunterhalts bei der richterlichen Wirksamkeitskontrolle (§ 138 BGB) bzw. der richterlichen Ausübungskontrolle, die zu einer Anpassung der Vereinbarung (§ 242 BGB) führen kann, besondere Intensität angebracht, weil ein Verzicht auf den Betreuungsunterhalt, der auch am Kindesinteresse ausgerichtet ist, wegen unmittelbaren Eingriffs in den Kernbereich des Scheidungsfolgenrechts den verzichtenden Ehegatten besonders belastet – vgl. Rn. 6/609.
- Ehegatten, die einen Anspruch nach § 1570 BGB haben, stehen nach § 1609 Nr. 2 BGB in der Rangfolge der Berechtigten in der 2. Ranggruppe direkt hinter minderjährigen unverheirateten Kindern und Kindern im Sinne des § 1603 II 2 BGB.
- Bei späterem **Vermögensverfall des Berechtigten** entsteht über § 1577 IV 2 BGB ggf. ein Anspruch auf Betreuungsunterhalt.
- Der Anspruch nach § 1570 BGB lebt gemäß § 1586a BGB nach **Auflösung einer neuen Ehe** oder Lebenspartnerschaft des betreuenden Elternteils wieder auf – vgl. Rn. 56.
- Im Fall des Todes des Verpflichteten tritt nur beim Anspruch nach § 1570 BGB gegebenenfalls die sog. **Erziehungsrente** an dessen Stelle (§ 47 SGB VI).

76   **b) Betreuungs- und Aufstockungsunterhalt sowie Anschlussunterhalt:** Wenn die Berechtigte durch Kindesbetreuung vollständig an einer Erwerbstätigkeit gehindert ist, besteht nur ein Anspruch nach § 1570 BGB, der auf den vollen Unterhalt (§ 1578 I 1 BGB) geht. Daneben besteht kein Anspruch nach § 1573 II BGB.[159] Auch ein Anschlussunterhalt (z. B. nach § 1572 BGB wegen Krankheit) geht auf den vollen Unterhalt[160] (siehe Rn. 49 und 50).

Nach der Rechtsprechung zum alten Unterhaltsrecht erfasste der Anspruch nach § 1570 BGB bei einer **Teilerwerbstätigkeit** nur den Unterhalt bis zur Höhe des Mehreinkommens, das der Berechtigte durch eine Vollerwerbstätigkeit hätte erzielen können. Daneben kam ein Anspruch auf Aufstockungsunterhalt (§ 1573 II BGB) in Betracht, wenn das durch die volle Erwerbstätigkeit erzielbare Einkommen nicht zur Deckung des vollen Unterhalts ausreichte.[161] Durch die Rechtsprechung des BGH zur Haushaltsführungsehe[162] änderte sich

---

[157] OLG Karlsruhe, FamRZ 1998, 560
[158] BGH, FamRZ 1997, 873, 875 = R 513 c; FamRZ 1997, 671, 672 = R 511A b
[159] BGH, FamRZ 1990, 492
[160] BGH, FamRZ 1988, 265; FamRZ 1987, 1011; FamRZ 1987, 572
[161] BGH, FamRZ 1990, 492
[162] BGH, FamRZ 2001, 986, 991 = R 563 c

in diesem Zusammenhang grundsätzlich nichts. Der eheangemessene Bedarf nach § 1578 BGB wurde auch durch das Einkommen des bisher haushaltsführenden Ehegatten aus seiner erstmals aufgenommenen Teilerwerbstätigkeit geprägt. Der auf der Anwendung der Differenz- oder Additionsmethode beruhende Unterhaltsanspruch war Aufstockungsunterhalt, soweit der errechnete Anspruch das zusätzliche Einkommen überstieg, das der berechtigte Ehegatte bei einer Vollerwerbstätigkeit hätte erzielen können.

Beispiel nach altem Recht:
Der unterhaltspflichtige Ehemann hatte ein verteilungsfähiges Monatseinkommen von 3500 €, die teilerwerbstätige unterhaltsberechtigte Ehefrau ein entsprechendes Monatseinkommen von 1000 €. Bei einer Vollerwerbstätigkeit hätte sie ein verteilungsfähiges Einkommen von 2000 € erzielen können. Nach den daraus resultierenden Einkommensverhältnissen betrug ihr Unterhaltsanspruch 1250 € Davon waren 1000 € Betreuungsunterhalt und 250 € Aufstockungsunterhalt.

Die betreffende Rechtsprechung des BGH beruhte auf den Privilegierungen des Anspruchs aus § 1570 BGB, insbesondere darauf, dass für den Anspruch die Kürzungsvorschrift des § 1573 V BGB a. F. nicht galt.[163] Die sich hieraus ergebende, unterschiedliche Behandlung von betreuenden Ehegatten, die keine Erwerbstätigkeit ausübten bzw. solchen die teilerwerbstätig waren, nahm der BGH als auf der Konstruktion des Gesetzes beruhend hin. Da durch die Unterhaltsreform nunmehr mit § 1578 b eine einheitliche Beschränkungsnorm, die für alle Unterhaltstatbestände gilt, geschaffen wurde, erscheint es – auch im Hinblick auf das mit der Unterhaltsreform verfolgte Ziel der Vereinfachung des Unterhaltsrechts[164] – nicht mehr geboten, bei Teilerwerbstätigkeit an der Aufsplitterung des Anspruchs festzuhalten. Es ist auch nicht ersichtlich, weshalb die verbliebenen Privilegierungen des Betreuungsunterhalts (siehe Rn. 75) noch zwingend die Aufrechterhaltung der entsprechenden Unterscheidung erfordern würden.

Fällt der Anspruch aus § 1570 BGB wegen gestiegenen Alters des betreuten Kindes weg, entsteht – falls eine Ausweitung der bisherigen teilweisen Erwerbstätigkeit ohne Obliegenheitsverstoß misslingt – ein Anspruch auf **Anschlussunterhalt** nach § 1573 I, II u. III BGB, in der Höhe, in welcher der Anspruch nach § 1570 BGB zuletzt bestanden hatte (siehe Rn. 50 und 51).

Fallen zu diesem Zeitpunkt auch die Einnahmen aus der Teilerwerbstätigkeit weg, z. B. weil aus gesundheitlichen Gründen die Arbeitsfähigkeit entfallen ist, bleibt es für die Berechnung des Teil-Anschlussunterhalts nach § 1572 BGB bei der bisherigen Differenzrechnung unter Ansatz des bisherigen Einkommens der Berechtigten, wenn die Erwerbseinkünfte nachhaltig gesichert waren.[165] Waren die Einkünfte nicht nachhaltig gesichert, kann auch insoweit ein neuer Anspruch nach § 1573 I in Verbindung mit § 1573 IV 1 BGB entstehen – vgl. dazu Rn. 116.

Gelingt die Ausweitung der Erwerbstätigkeit steigt in Konsequenz der Rechtsprechung des BGH zur **Haushaltsführungsehe** der in die Differenzberechnung einzustellende eheangemessene Bedarf wegen des nunmehr höheren Einkommens des Unterhaltsberechtigten.[166] Anschlussunterhalt ist in diesem Fall ein zusätzlicher Aufstockungsunterhalt nach § 1573 II u. III BGB. Allerdings vermindert sich der zu zahlende Gesamtunterhalt wegen der Berücksichtigung des höheren Einkommens des unterhaltsberechtigten Ehegatten. Er beträgt nach dem obigen Beispiel nicht mehr 1250 €, sondern nur noch 750 €. Dasselbe würde gelten, wenn der unterhaltsberechtigten Ehefrau wegen Verstoßes gegen ihre Erwerbsobliegenheit ein entsprechendes fiktives Mehreinkommen angelastet werden müsste.[167]

c) Betreuungsunterhalt und Mutterunterhalt nach § 1615 l BGB: Die Ehefrau hat **77** wegen eines nichtehelichen Kindes – nach rechtswirksamer Feststellung oder Anerkennung der Vaterschaft (vgl. Rn. 7/3) – auch dann einen Unterhaltsanspruch gegen den Kindsvater nach § 1615 l I bzw. II 2 BGB, wenn sie schon wegen der Betreuung ehelicher Kinder an

---

[163] Vgl. BGH, FamRZ 1990, 492, 494
[164] BT-Drucks. 16/1830 S. 14
[165] BGH, FamRZ 2001, 1291, 1294 = R 564 c
[166] Vgl. Borth, FamRZ 2001, 1653, 1654
[167] Vgl. BGH, FamRZ 2003, 434, 435 = R 589; FamRZ 2001, 1291, 1294 = R 564 c

einer Erwerbstätigkeit gehindert ist. Ihr hieraus resultierender Anspruch auf Unterhalt nach § 1570 BGB **konkurriert mit** ihrem **Anspruch nach § 1615l BGB,** der entgegen der vielfach früher in der Rechtsprechung vertretenen Meinung[168] nicht gegenüber einem Anspruch auf Ehegattenunterhalt vorrangig ist (vgl. Rn. 7/34). Der BGH[169] wendet zur Bestimmung der anteiligen Haftung der beiden Verpflichteten über § 1615l II 1 BGB die Vorschrift des § 1606 III 1 BGB entsprechend an, wobei sich die Haftungsquote nicht allein nach den jeweiligen Erwerbs- und Vermögensverhältnissen bestimmt, sondern z. B. auch danach, inwiefern die Mutter auf Grund der unterschiedlichen Betreuungsbedürftigkeit der einzelnen Kinder von einer Erwerbstätigkeit abgehalten wird (vgl. zu den Rangproblemen näher Rn. 7/34 f.).

78   **d) Sonstiges.** Ansprüche nach § 1570 BGB können überlagert sein durch gleichzeitig bestehende Ansprüche nach §§ 1571, 1572 und 1575 BGB.

Besteht auch ein Anspruch nach § 1576 BGB wegen Betreuung weiterer nicht gemeinschaftlicher Kinder, ist wegen der Subsidiarität des § 1576 BGB erst der Anspruch nach § 1570 BGB zu beziffern und zuzusprechen. Nur der darüber hinaus geltend gemachte Anspruchsteil, der gesondert zu beziffern ist, kann auch nach § 1576 BGB geprüft werden.[170]

Der Anspruch nach § 1570 BGB kann nach neuem Recht wie jeder andere Anspruch des nachehelichen Unterhalts gemäß § 1578 b BGB wegen Unbilligkeit **zeitlich begrenzt und herabgesetzt** werden (siehe Rn. 578 ff.).

Zwar nicht mehr unterschiedlichen Begrenzungsmöglichkeiten wie nach altem Recht, aber **spätere Abänderungsverfahren** erfordern weiter, die jeweilige Anspruchsgrundlage möglichst genau zu bestimmen.[171]

79–87   *– In dieser Aufl. nicht belegt –*

III. Unterhalt wegen Alters nach § 1571 BGB

1. Anspruchsvoraussetzungen nach § 1571 BGB

88   Nach § 1571 BGB ist anspruchsberechtigt, wer aus Altersgründen zu bestimmten Einsatzzeitpunkten durch eine angemessene eigene Erwerbstätigkeit seinen Lebensbedarf nicht mehr decken kann. Es bestehen drei Anspruchsvoraussetzungen:
– Wegen des Alters ist **keine** angemessene **Erwerbstätigkeit mehr zu erwarten.**
– Es muss das im konkreten Einzelfall **maßgebliche Alter erreicht** sein.
– Das **Vorliegen eines Einsatzzeitpunkts** neben dem Vorliegen der übrigen Anspruchsvoraussetzungen. Die Darlegungs- und Beweislast des Berechtigten erstreckt auf das Bestehen des Anspruchs zum maßgebenden Einsatzzeitpunkt.[172]

89   Für den Anspruch nach § 1571 BGB ist **keine Ehebedingtheit der Unterhaltsbedürftigkeit** erforderlich. Der Anspruch besteht auch dann, wenn der Berechtigte im Zeitpunkt der Eheschließung wegen seines Alters keiner Erwerbstätigkeit mehr nachgehen konnte oder bereits Rentenempfänger war.[173] Wird ein bereits im Rentenalter befindlicher Ehegatte erst **auf Grund des durchgeführten Versorgungsausgleichs** bedürftig, weil der andere Ehegatte deswegen ein höheres Einkommen bezieht, scheitert ein Unterhaltsanspruch daran, dass die grobe Unbilligkeit des Versorgungsausgleichs (§ 1587 c Nr. 1 BGB), die im Verfahren über den Versorgungsausgleich nicht geltend gemacht wurde, nunmehr nicht zur Begründung eines Unterhaltsanspruchs herangezogen werden kann.[174]

---

[168] KG, FamRZ 1998, 556; OLG Hamm, FamRZ 1997, 1538
[169] BGH, FamRZ 1998, 541, 544 = R 520 c für den Trennungsunterhalt
[170] BGH, FamRZ 1984, 361; FamRZ 1984, 769
[171] Vgl. BGH, FamRZ 1999, 708, 709 = R 532 b; FamRZ 1994, 228 = R 471 a; FamRZ 1988, 265
[172] BGH, FamRZ, 2001, 1291, 1292 = R 564 a
[173] BGH, FamRZ 1983, 150, 151; FamRZ 1982, 28
[174] OLG Celle, FamRZ 2006, 1544

Der Altersunterhalt knüpft nur an die Voraussetzung an, dass wegen des Alters eine Erwerbstätigkeit nicht mehr erwartet werden kann. Insoweit wirkt der Grundsatz der Mitverantwortung der Ehegatten füreinander über den Zeitpunkt der Scheidung hinaus fort.[175]

Bei **kurzer Ehedauer** (bis ca. 2 Jahren) kann der Anspruch auf Altersunterhalt nach § 1579 Nr. 1 BGB selbst dann herabgesetzt oder ausgeschlossen werden, wenn beide Ehegatten bei Eingehung der Ehe im Rentenalter waren und die ihnen bis dahin zufließenden Altersruhegelder und Pensionen weiterbezogen haben.[176]

Der Berechtigte hat die **Darlegungs- und Beweislast** für das Vorliegen der einzelfallbezogenen Umstände, aus denen sich ergibt, dass ihm wegen seines im konkreten Fall maßgeblichen Alters keine Erwerbstätigkeit mehr zugemutet werden kann[177] und dass seine Lage zu dem in Frage kommenden gesetzlichen Einsatzpunkt eingetreten ist.[178] Die gestellten Anforderungen an die Darlegungs- und Beweislast dürfen aber nicht überspannt werden, sondern müssen den Umständen des Falles entsprechen,[179] z. B. zur Frage, ob ungeachtet des erreichten Alters noch eine Beschäftigungschance bestand.[180]

2. Ursächlichkeit des Alters dafür, dass eine angemessene Erwerbstätigkeit nicht mehr erwartet werden kann

Ob wegen des Alters noch eine Erwerbstätigkeit erwartet werden kann, ist nicht nur im **90** Blick auf das Lebensalter des Unterhalt begehrenden Ehegatten von Bedeutung, sondern hängt vor allem davon ab, welche Art von entgeltlicher Beschäftigung als angemessene Erwerbstätigkeit im Sinn von § 1574 II BGB in Frage kommt, weil der geschiedene Ehegatte nach § 1574 II BGB nur eine ihm angemessene Erwerbstätigkeit ausüben muss.[181]

Angemessen ist nach der Legaldefinition des § 1574 II BGB eine Erwerbstätigkeit nur, wenn sie der Ausbildung, den Fähigkeiten, einer früheren Erwerbstätigkeit, dem Lebensalter und dem Gesundheitszustand des geschiedenen Ehegatten entspricht und nicht nach den ehelichen Verhältnisse unbillig wäre; bei den ehelichen Lebensverhältnissen sind insbesondere die Dauer der Ehe sowie die Dauer der Pflege oder Erziehung eines gemeinschaftlichen Kindes zu berücksichtigen. Die auf Grund der Unterhaltsreform durch die Neufassung von § 1574 I u. II BGB und des § 1569 BGB geschehene stärkere Betonung der Eigenverantwortung ist zu beachten, insbesondere ist die Erwerbstätigkeit in einem früher ausgeübten Beruf immer angemessen,[182] insbesondere wenn während der Ehe über einen längeren Zeitraum entsprechend gearbeitet wurde.[183] Die inhaltliche Beschränkung der Erwerbsobliegenheit auf eine **angemessene berufliche Beschäftigung** und die gesetzliche Umschreibung der Angemessenheit tragen damit zur Konkretisierung des Anspruchs auf Altersunterhalt bei. Diese Angemessenheit einer nachehelichen Erwerbstätigkeit lässt sich allgemein nur dann zutreffend beurteilen, wenn dazu die gesamte Entwicklung der ehelichen Lebensverhältnisse bis hin zur Scheidung im Rahmen einer dem Tatrichter obliegenden **Gesamtwürdigung aller Umstände** des Einzelfalls berücksichtigt wird. Zu berücksichtigen ist in der Regel der bei Scheidung, d. h. im Zeitpunkt der Letzten mündlichen Verhandlung, erreichte berufliche und soziale Status des Verpflichteten, wobei sich aus den ehelichen Verhältnissen nach § 1574 II 1 BGB bezüglich der Zumutbarkeit einer Tätigkeit nur noch ein Korrektiv in Form einer Billigkeitsabwägung ergibt. Es ist Sache des Berechtigten ggf. darzulegen und nachzuweisen, dass für ihn die Ausübung einer an sich erreichbaren Erwerbs-

---

[175] BGH, FamRZ 1982, 28
[176] BGH, FamRZ 1981, 140, 142
[177] Vgl. BGH, FamRZ 2005, 1897. 1998 für § 1572 BGB
[178] BGH, FamRZ, 2001, 1291, 1292 = R 564 a
[179] BGH, FamRZ 2005, 1897, 1998 = R 638 a
[180] Vgl. BGH, FamRZ 1987, 144, 145
[181] BGH, FamRZ 1985, 371, 373; FamRZ 1983, 144
[182] BT-Drucks. 16/1830 S. 17
[183] BGH, FamRZ 2005, 23, 24 = R 619

tätigkeit im konkreten Fall auf Grund der ehelichen Lebensverhältnisse unzumutbar ist.[184] Nur außergewöhnliche, nicht vorhersehbare Veränderungen können außer Betracht bleiben. Wenn auf Grund der Umstände des Einzelfalls allein die Aufnahme solcher beruflicher Tätigkeiten in Betracht kommt, die nach § 1574 II BGB nicht als angemessen anzusehen sind, kann im Sinn von § 1571 BGB wegen Alters eine Erwerbstätigkeit nicht erwartet werden.[185] Zur angemessenen Erwerbstätigkeit nach Maßgabe der gesetzlichen Neufassung von § 1574 I u. II BGB siehe Rn. 131 ff.

> Der BGH hat es offengelassen, ob einer 50-jährigen Frau ein Altersunterhalt zugesprochen werden kann, weil von ihr eine dem sozialen und beruflichen Status des Mannes als Professor an der Hochschule für Bildende Künste entsprechende eheangemessene Erwerbstätigkeit nicht mehr erwartet werden könne.[186] Nach neuem Recht dürfte z. B. eine während der Ehe ausgeübte Tätigkeit als Sekretärin oder in einer Modeboutique zumutbar sein.
>
> In einer anderen Entscheidung hat der BGH den vom OLG bejahten Altersunterhalt bestätigt mit der Begründung, der 53-jährigen, in der Ehe nicht berufstätigen Frau könne im Hinblick auf die 20-jährige Ehedauer und die berufliche Stellung ihres Mannes, der während der Ehe zum hochbezahlten Betriebsleiter aufgestiegen war, wegen Alters eine Erwerbstätigkeit nicht mehr zugemutet werden.[187] Da die Frau im entschiedenen Fall vor Eheschließung im selben Unternehmen als Bürokraft beschäftigt war, in dem der Mann Betriebsleiter geworden war, dürfte eine Wiederaufnahme einer Bürotätigkeit in diesem Unternehmen auch nach neuem Recht unzumutbar sein. Dies heißt aber noch nicht, dass damit auch nach neuem Recht – etwa nach dem Besuch von Auffrischungslehrgängen – die Obliegenheit zur Aufnahme einer Bürotätigkeit in einem anderen Unternehmen ausgeschlossen wäre.

Ist wegen vorgerückten Alters im erlernten Beruf keine Erwerbstätigkeit mehr zu finden oder entspricht der erlernte Beruf nicht mehr den ehelichen Lebensverhältnissen, so besteht nach § 1574 III BGB eine Verpflichtung des geschiedenen Ehegatten, **sich ausbilden, fortbilden** oder **umschulen** zu lassen, wenn ein erfolgreicher Abschluss der Ausbildung zu erwarten ist. Statt eines Anspruchs auf Ausbildungsunterhalt nach § 1574 III BGB kann aber ein Anspruch auf Altersunterhalt nach § 1571 BGB bestehen, wenn eine solche Ausbildung wegen des Alters (57 Jahre) nicht mehr sinnvoll ist.[188]

91   Aus den bereits zitierten BGH-Entscheidungen ergibt sich, dass das **Alter kausal** dafür sein muss, dass eine angemessene Erwerbstätigkeit nicht mehr zu erwarten ist. Probleme entstehen dann, wenn ein Ehegatte, der während der Ehe nicht berufstätig war, wegen seiner auch altersbedingten Wiedereingliederungsschwierigkeiten in die Arbeitswelt trotz ausreichender Bemühungen keine angemessene Arbeitsstelle findet. Liegt der Schwerpunkt seiner Schwierigkeiten mehr in seinem Alter, besteht ein Anspruch auf Altersunterhalt, liegt er mehr darin, dass wegen der schlechten Arbeitsmarktlage keine reale Beschäftigungschance besteht, kann ein Erwerbslosigkeitsunterhalt nach § 1573 I BGB in Frage kommen. Maßgebend ist, ob **typischerweise** in diesem Alter und der in Betracht kommenden Berufssparte **keine angemessene Arbeit mehr gefunden werden kann** – dann § 1571 BGB – oder ob die Arbeitsaufnahme nur auf Grund der konkreten Einzelfallumstände auf Grund des Alters scheitert – dann § 1573 I BGB.[189]

3. Das maßgebliche Alter des Berechtigten

92   Vom Gesetzgeber wurde bewusst **keine feste Altersgrenze** festgelegt. Ob wegen Alters keine Erwerbstätigkeit mehr erwartet werden kann, ist daher ausschließlich auf Grund der konkreten Umstände des Einzelfalls zu entscheiden. Zu diesen Umständen zählen vor allem Berufsvorbildung, frühere Erwerbstätigkeit, Dauer einer Arbeitsunterbrechung, Wiedereingliederungsprobleme in die Arbeitswelt, eheliche Verhältnisse, Ehedauer, Gesundheits-

---

[184] BT-Drucks. 16/1830 S. 17
[185] BGH, FamRZ 1983, 144
[186] BGH, FamRZ 1983, 144
[187] BGH, FamRZ 1985, 371, 373
[188] BGH, FamRZ 1987, 691
[189] BGH, FamRZ 1999, 708, 709 = R 532 a

zustand und sonstige persönliche und wirtschaftliche Verhältnisse. Bei der Abwägung dieser Umstände spielt gemäß den Ausführungen zu Rn. 90 eine besonders wichtige Rolle, welche Art von Erwerbstätigkeit als angemessene Erwerbstätigkeit in Frage kommt, ob eine solche Erwerbstätigkeit auf Grund des konkreten Alters und der sonstigen Umstände noch erwartet werden kann, ob dazu eine Ausbildung erforderlich wäre und ob diese im Hinblick auf das Alter noch sinnvoll ist. So muss bei einem 60-jährigen Unterhaltsgläubiger geprüft werden, ob sich für eine konkret in Betracht zu ziehende Erwerbstätigkeit gerade aus dem Alter ein Hindernis ergibt.[190]

Obwohl gemäß den Ausführungen zu Rn. 90 das maßgebliche Alter nur relativ bezogen auf die Umstände des Einzelfalls bestimmt werden kann, wird mit dem **Erreichen des Rentenalters** eine obere Altersgrenze überschritten, ab der in der Regel bedenkenfrei ein Altersunterhalt bejaht werden kann. Wird schon Vollrente wegen Alters von der gesetzlichen Rentenversicherung bezogen oder ist die Regelaltersgrenze der gesetzlichen Rentenversicherung erreicht, kommt regelmäßig keine Verpflichtung zur Bezahlung von **Altersvorsorgeunterhalt** (§ 1578 III BGB) mehr in Betracht. Freiwillige Beiträge in die Rentenversicherung können danach nicht mehr entrichtet werden (vgl. § 7 SGB VI). Für die Zeit davor ist Altersvorsorgeunterhalt auch dann zu bezahlen, wenn sich der Pflichtige selbst schon im Ruhestand befindet, der Berechtigte aber noch entsprechende Versorgungsanwartschaften aufbauen kann, ohne dass die dadurch erreichbare Versorgung die Altersversorgung des Pflichtigen erreicht.[191]

Maßgeblich für das Erreichen des Rentenalters ist die in der gesetzlichen Altersversorgung bestehende **Regelaltersgrenze** von 65 Jahren.[192] An dieser Grenze hat sich vorerst nichts geändert. Die Anhebung der Regelaltersgrenze durch das Gesetz vom 20. 4. 2007 (BGBl I S. 554) wirkt sich erst für Rentenversicherte aus, die nach dem 31. 12. 1946 geboren worden sind, so dass es bis 31. 12. 2011 bei der bisherigen Altersgrenze bleibt. Erst für die folgenden Geburtsjahrgänge gibt es jahrgangsweise eine schrittweise Anhebung der Grenze um jeweils einen zusätzlichen Monat, ab Geburtsjahrgang 1959 um zwei Monate (§ 235 II SGB VI). Vor Vollendung des 65. Lebensjahrs – also auch wenn auf Grund der flexiblen Altersgrenzen schon mit Vollendung des 63. Lebensjahrs bzw. beim vorgezogenen Altersruhegeld für Frauen schon mit Vollendung des 60. Lebensjahrs Rente bezogen wird – ist die Frage der Erwerbsobliegenheit allein nach unterhaltsrechtlichen Gesichtspunkten zu beurteilen.[193] Die Altersgrenzen für das vorgezogene Altersruhegeld oder für einen vorgezogenen Ruhestand sind nicht maßgebend, weil solche Vergünstigungen unterhaltsrechtlich nicht freiwillig in Anspruch genommen werden dürfen, solange eine Unterhaltsverpflichtung oder eine Unterhaltsberechtigung besteht. Ähnliches gilt bezüglich der Altersgrenzen, die bei besonderen Berufen (z. B. nach § 45 SoldG oder § 5 BPolBG) ausschließlich im öffentlichen Interesse festgelegt sind.

Für **freiberuflich Tätige** gelten an sich keine Altersgrenzen. Trotzdem wird man auch **93** ihnen, soweit sie nicht freiwillig weiterhin einer Erwerbstätigkeit nachgehen, nicht generell über das allgemeine Rentenalter hinaus eine Erwerbstätigkeit zumuten können. Auch bei Freiwilligkeit der Tätigkeit können die daraus erzielten Einkünfte überobligatorisch und nicht für die Unterhaltsberechnung anzusetzen sein.[194]

Umgekehrt können Einkünfte aus einer trotz Rentenalters freiwillig fortgesetzten Erwerbstätigkeit je nach den Umständen des Einzelfalls als Einkünfte aus zumutbarer Erwerbstätigkeit bewertet werden, vor allem wenn nach den ehelichen Lebensverhältnissen eine Erwerbstätigkeit über die üblichen Altersgrenzen hinaus geplant war,[195] bzw. wenn die Erwerbstätigkeit auch bei bestehender Ehe, z. B. wegen der geringen sonstigen Altersvorsorge, fortgeführt worden wäre.[196]

---

[190] OLG Hamm, FamRZ 1995, 1416
[191] OLG Koblenz, FamRZ 1989, 59
[192] BGH, FamRZ 1999, 708, 710 = R 532 c
[193] BGH, a. a. O.
[194] OLG Düsseldorf, FamRZ 2007, 1817
[195] OLG Frankfurt, FamRZ 1985, 481; OLG Hamburg, FamRZ 1985, 394
[196] OLG Düsseldorf, FamRZ 2007, 1817

4. Maßgebliche Einsatzzeitpunkte

94 Ein Anspruch nach § 1571 BGB besteht nur, wenn eine Erwerbstätigkeit wegen Alters zu bestimmten Einsatzzeitpunkten nicht mehr erwartet werden kann. Solche **Einsatzzeitpunkte** sind:
– Scheidung.
– Beendigung der Pflege oder Erziehung eines gemeinschaftlichen Kindes.
– Wegfall der Voraussetzungen eines Anspruchs nach § 1572 BGB.
– Wegfall der Voraussetzungen eines Anspruchs nach § 1573 BGB.

Zeitpunkt der Scheidung ist der Eintritt der Rechtskraft der Scheidung. Beim Verbundurteil sind es die im Zeitpunkt der Letzten mündlichen Verhandlung bestehenden Verhältnisse, wenn die bis zum Eintritt der Rechtskraft zu erwartende Entwicklung nicht vorhersehbar ist.[197]

Ist im Zeitpunkt der Scheidung wegen Alters keine Erwerbstätigkeit mehr zu erwarten, handelt es sich um einen originären Anspruch auf Altersunterhalt.

Bezüglich des Zeitpunkts „**Beendigung der Pflege oder Erziehung** eines gemeinschaftlichen Kindes" ist entgegen dem insoweit missverständlichen Wortlaut dieser Vorschrift nach deren Sinn und Zweck auf den Zeitpunkt abzustellen, in dem die Voraussetzungen für einen auf § 1570 BGB gestützten Anspruch entfallen.[198] Insoweit handelt es sich um einen Anschlussunterhalt.

Der Einsatzzeitpunkt des **Wegfalls eines Anspruchs nach § 1572 BGB** ist zu bejahen, wenn ein Unterhaltsanspruch wegen krankheitsbedingter Erwerbsunfähigkeit entfällt, weil der Berechtigte gesund geworden ist. Auch insoweit handelt es sich um einen Anschlussunterhalt.

Der Einsatzzeitpunkt des **Wegfalls eines Anspruchs nach § 1573 I BGB** liegt vor, wenn der Berechtigte einen Anspruch auf Erwerbslosigkeitsunterhalt hatte, weil er auf Grund der aktuellen Arbeitsmarktlage keine Beschäftigung finden konnte. Findet er später infolge seines Alters keine Beschäftigung, entsteht anstelle des Anspruchs nach § 1573 I BGB ein Anschlussunterhalt wegen Alters.

Gleiches gilt, wenn ein nach § 1573 I BGB ruhender Unterhalt nach § 1573 IV BGB wieder aufgelebt war, weil es trotz Bemühungen nicht gelungen war, den Unterhalt durch eine Erwerbstätigkeit nach der Scheidung nachhaltig zu sichern, und wenn sich an diesen Anspruch nach § 1573 BGB ein Altersunterhalt anschließt. Voraussetzung des Anspruchs nach § 1571 BGB bleibt aber, dass der Berechtigte im Zeitpunkt des Anschlusses einen Anspruch nach § 1573 I, II oder IV hatte. Dies ist nicht der Fall, wenn der Berechtigte eine im Sinn von § 1573 IV BGB seinen Anspruch nachhaltig sichernde Erwerbstätigkeit gefunden hatte, aber diese aus Gründen des allgemeinen Arbeitsplatzrisikos, z. B. durch Arbeitgeberkündigung, verloren hatte und nunmehr infolge seines Alters keine angemessene Erwerbstätigkeit mehr findet.

An einen Aufstockungsunterhalt nach **§ 1573 II BGB** schließt sich ein Altersunterhalt an, wenn der Berechtigte seine bisherigen Erwerbseinkünfte verliert und infolge Alters keine Arbeitsstelle mehr findet, bzw. infolge Erreichens des Rentenalters keine Arbeitsverpflichtung mehr hat.

Beim **Anschlussunterhalt** ist zu beachten, dass dieser nur in dem Umfang weiterbesteht, wie er im Zeitpunkt der weggefallenen früheren Tatbestandsvoraussetzungen bestanden hatte (siehe dazu Rn. 50 und 51).

5. Konkurrenzen und Sonstiges

95 Wenn der Berechtigte altersbedingt vollständig an einer Erwerbstätigkeit gehindert ist, besteht nur ein Anspruch nach § 1571 BGB, der auf den vollen Unterhalt (§ 1578 I 1 BGB) geht. Daneben besteht kein Anspruch nach § 1573 BGB.[199]

---

[197] BGH, FamRZ 1983, 144; FamRZ 1982, 892
[198] BGH, FamRZ 1990, 260, 262 für die entsprechende Regelung des § 1572 BGB
[199] BGH, FamRZ 1990, 492

Bei einer altersbedingten **Teilerwerbstätigkeit** erfasste der Anspruch nach § 1571 BGB nach Maßgabe der zum alten Recht ergangenen Rechtsprechung des BGH nur den Unterhalt bis zur Höhe des Mehreinkommens, das der Berechtigte durch eine Vollerwerbstätigkeit erzielen könnte. Daneben konnte ein Anspruch nach § 1573 II BGB bestehen, wenn der Anspruch nach § 1571 BGB zusammen mit den Teilerwerbseinkünften zur Deckung des vollen Unterhalts (§ 1578 I 1 BGB) nicht ausreichte.[200] Diese zunächst nur für §§ 1570 und 1572 BGB entschiedene Auffassung hatte der BGH auch für den Anspruch nach § 1571 BGB vertreten.[201] Die mit der Unterhaltsreform bezweckte Unterhaltsvereinfachung sollte dazu führen, diese nach altem Recht erforderliche Differenzierung aufzugeben. Hauptgrund hierfür war, dass die zeitliche Begrenzung des Unterhalts nach § 1573 V BGB a. F. nur für Unterhaltsansprüche nach § 1573 BGB in Betracht kam. Die neue Herabsetzungs- und Begrenzungsvorschrift des § 1578 b BGB gilt dagegen unterschiedslos für alle Tatbestände des nachehelichen Unterhalts, so dass die Differenzierung nicht mehr erforderlich erscheint – vgl. hierzu näher Rn. 76.

Bezieht ein Berechtigter vorgezogenes Altersruhegeld und ist er wegen Alters sowie wegen der Arbeitsmarktsituation gehindert, vollschichtig zu arbeiten, kommt entweder ein **Anspruch** auf Altersunterhalt **nach § 1571 oder nach § 1573 I BGB** wegen Erwerbslosigkeit in Betracht.[202] § 1571 BGB wäre erfüllt, falls typischerweise in diesem Alter und in der in Frage kommenden Berufssparte keine angemessene Arbeit mehr gefunden werden kann, § 1573 I BGB, wenn und soweit wegen der konkreten Umstände des Einzelfalls auf Grund des Alters die Aufnahme einer angemessenen Arbeit scheitert – siehe Rn. 91.[203]

Ansprüche nach § 1571 BGB können überlagert sein durch gleichzeitig bestehende Ansprüche nach §§ 1570 und 1572 BGB.

Der Anspruch nach § 1571 BGB kann nach neuem Recht wie jeder andere Anspruch des nachehelichen Unterhalts gemäß § 1578 b BGB **zeitlich begrenzt und herabgesetzt** werden – siehe Rn. 578 ff. Zwar nicht mehr wegen unterschiedlicher Begrenzungsmöglichkeiten wie nach altem Recht, aber wegen späterer Abänderungen ist die herangezogene **Anspruchsgrundlage** möglichst genau festzulegen.[204]

Die negative Härteklausel des **§ 1579 BGB findet Anwendung.** Vor allem kann § 1579 Nr. 1 BGB in Frage kommen, wenn eine in hohem Alter geschlossene Ehe nicht lange gedauert hat und die Ehegatten sich deshalb noch nicht nachhaltig in ihren beiderseitigen persönlichen und wirtschaftlichen Lebensverhältnissen auf eine gemeinsame Lebensführung eingestellt haben.[205]

IV. Unterhalt wegen Krankheit nach § 1572 BGB

1. Anspruchsvoraussetzungen nach § 1572 BGB

Nach § 1572 BGB besteht ein Unterhaltsanspruch wegen Krankheit, wenn und soweit **96** wegen Krankheit oder anderen Gebrechen oder Schwäche der körperlichen oder geistigen Kräfte zu einem maßgeblichen Einsatzzeitpunkt eine Erwerbstätigkeit nicht erwartet werden kann.

Danach ist anspruchsberechtigt, wer zum maßgeblichen Einsatzzeitpunkt nicht oder nur teilweise infolge Krankheit seinen Lebensbedarf durch eine angemessene eigene Erwerbstätigkeit decken kann. Es bestehen drei Anspruchsvoraussetzungen:
– **Vorliegen einer Krankheit,** eines anderen Gebrechens oder Schwäche der körperlichen oder geistigen Kräfte.

---

[200] BGH, FamRZ 1993, 789, 791 = R 460 a; FamRZ 1990, 492
[201] BGH, FamRZ 1999, 708, 709 = R 532 b
[202] BGH, a. a. O.
[203] BGH, a. a. O.
[204] BGH, FamRZ 1999, 708, 709 = R 532b; FamRZ 1994, 228 = R 471 a
[205] BGH, FamRZ 1982, 28

– Aus krankheitsbedingten Gründen ist eine **angemessene Erwerbstätigkeit nicht** oder nur teilweise **zu erwarten.**

– Das **Vorliegen eines Einsatzzeitpunkts** neben dem Vorliegen der übrigen Anspruchsvoraussetzungen. Die Darlegungs- und Beweislast des Berechtigten erstreckt auf das Bestehen des Anspruchs zum maßgebenden Einsatzzeitpunkt.[206]

Für den Anspruch nach § 1572 BGB ist **keine Ehebedingtheit der Unterhaltsbedürftigkeit** bzw. Ehebedingtheit der Erkrankung erforderlich.[207] Die von § 1572 BGB erfasste Bedürfnislage kann auch auf einer bereits vor der Ehe ausgebrochenen und im Zeitpunkt der Scheidung noch bestehenden Erkrankung beruhen. Der Anspruch besteht auch, wenn der Verpflichtete im Zeitpunkt der Eheschließung die bereits bestehende Erkrankung nicht kannte, insbesondere kann er sich deswegen im Regelfall nicht auf die Härteregelung des § 1579 Nr. 8 BGB berufen[208] – vgl. dazu näher Rn. 103.

Der Berechtigte hat die **Darlegungs- und Beweislast** für seine krankheitsbedingte Erwerbsunfähigkeit.[209] Er muss im Einzelnen die Krankheiten, an denen er leidet, angeben und vortragen und inwiefern sich diese auf seine Erwerbsfähigkeit auswirken und hierzu Art und Umfang seiner gesundheitlichen Beeinträchtigungen oder Leiden darlegen.[210] Zu seiner Darlegungs- und Vortragslast gehört auch, dass die entsprechende Lage zu dem in Frage kommenden gesetzlichen Einsatzpunkt eingetreten ist.[211] Die gestellten Anforderungen an die Darlegungs- und Beweislast dürfen aber nicht überspannt werden, sondern müssen den Umständen des Falles entsprechen,[212] z. B. zur Frage, ob ungeachtet der vorliegenden krankheitsbedingten Einschränkungen noch eine Beschäftigungschance bestand.[213] Behauptet der Unterhaltpflichtige die Genesung des Berechtigten von einer schon langjährig bestehenden, schweren Erkrankung, muss er substantiiert vortragen, um den Fortbestand der Erkrankung in Zweifel zu ziehen.[214]

2. Krankheit, Gebrechen oder geistige Schwäche

97   Krankheit ist nach ständiger Rechtsprechung des BSG ein objektiv fassbarer **regelwidriger Körper- oder Geisteszustand,** der ärztlicher Behandlung bedarf und/oder Arbeitsunfähigkeit zur Folge hat.[215] Der Krankheit stehen andere Gebrechen oder Schwächen der körperlichen oder geistigen Kräfte gleich.

Gebrechen sind alle von der Regel abweichenden körperlichen oder geistigen Zustände, mit deren Dauer für nicht absehbare Zeit zu rechnen ist,[216] wie z. B. Blindheit, Taubheit, Lähmungen, Körperbehinderungen u. ä.

Zur körperlichen oder geistigen Schwäche zählen u. a. vorzeitiger Kräfteverbrauch, Altersabbau, Abnutzungserscheinungen, geistige Verkümmerung und Schwachsinn.

Als Gebrechen oder Schwäche in diesem Sinn kommt auch eine massive, nicht kompensierbare Persönlichkeitsstörung in Betracht, die durch geringe Vitalität, geringe Ausdauer und Belastbarkeit sowie rasche Erschöpfbarkeit, Konzentrationsschwäche und dergleichen gekennzeichnet ist.[217]

Krankheit in diesem Sinn ist auch eine bis zur Krankheit gesteigerte **Alkohol- oder Tablettenabhängigkeit,** die zur Folge hat, dass jemand nicht in der Lage ist, eine

---

[206] BGH, FamRZ, 2001, 1291, 1292 = R 564 a
[207] BGH, FamRZ 2004, 779, 780; FamRZ 1996, 1272, 1273 = R 507 a; FamRZ 1994, 566 = R 475
[208] BGH, NJW-RR 1995, 449, 451; FamRZ 1994, 566 = R 475; FamRZ 1988, 930; FamRZ 1981, 1163
[209] BGH, FamRZ 2005, 1897, 1898 = R 638 a
[210] BGH, FamRZ 2001, 1291, 1292 = R 564 a
[211] BGH, a. a. O.
[212] BGH, FamRZ 2005, 1897, 1898 = R 638 a
[213] Vgl. BGH, FamRZ 1987, 144, 145
[214] BGH, FamRZ 2005, 1897, 1898 = R 638 a
[215] Z. B. BSG NJW 1973, 582 u. a.
[216] BSG NJW 1961, 987
[217] OLG Bamberg, FamRZ 2000, 231, 232

Arbeitsstelle einfachster Art über einen nennenswerten Zeitraum hinaus beizubehalten, weil er infolge krankhafter Willensschwäche keine geregelte Erwerbstätigkeit durchhalten kann.[218]

Gleiches gilt für Drogenabhängige sowie für Personen, die infolge einer seelischen Störung (z. B. Neurose) erwerbsunfähig sind. Darunter fallen auch Rentenneurosen oder vergleichbare **Unterhaltsneurosen.** Eine solche Neurose ist als Krankheit anzusehen, wenn die seelische Störung aus eigener Kraft nicht überwindbar ist. Wenn vorhergesagt werden kann, dass eine Rentenablehnung die neurotischen Erscheinungen des Betroffenen verschwinden lässt, muss die Rente versagt werden, weil es mit dem Sinn und Zweck der Rente nicht zu vereinbaren ist, dass gerade die Rente den Zustand aufrechterhält, dessen nachteilige Folgen sie ausgleichen soll. Gleiches gilt für die Unterhaltsneurose. Hier ist ein Krankheitswert im Sinn des § 1572 BGB nur anzuerkennen, wenn die seelische Störung so übermächtig ist, dass auch bei einer Unterhaltsversagung keine Erwerbstätigkeit aufgenommen oder ausgeweitet werden wird und auch keine Therapie eine Veränderung dieses Zustands verspricht. Die Flucht in die neurotische Erkrankung darf nicht rechtlich „honoriert" werden. Wegen der Simulationsnähe von Neurosen ist stets Wachsamkeit des Sachverständigen und des Tatrichters geboten.[219]

In Grenzfällen hat der Unterhalt Begehrende die Beweislast dafür, dass bei ihm keine Rentenneurose vorliegt oder dass seine psychische Abartigkeit so übermächtig ist, dass sie auch bei Anspruchsversagung nicht überwunden werden kann.[220]

Auch eine nur vorübergehende heilbare Erkrankung fällt unter den Krankheitsbegriff. Der krankheitsbedingt Erwerbsunfähige hat die Pflicht, sich einer notwendigen ärztlichen **Heilbehandlung zu unterziehen** und aktiv an seiner Genesung mitzuarbeiten. Unterlässt er die notwendigen und zumutbaren therapeutischen Maßnahmen zur Herstellung seiner Erwerbsfähigkeit, so kann darin ein Verhalten liegen, das die **Härteregelung des § 1579 Nr. 4 BGB** erfüllt. Die Bedürftigkeit wird mutwillig herbeigeführt, wenn sich der Kranke in Kenntnis der Unterhaltsfolgen leichtfertig einer sachgemäßen Behandlung entzieht[221] (siehe dazu auch Rn. 688 ff.).

Eine krankheitsbedingte Erwerbsunfähigkeit liegt nicht schon vor bei gewissen verbreiteten körperlichen **Abnutzungserscheinungen und Unpässlichkeiten.** Insbesondere haben zahlreiche Kriegsverletzte gezeigt, dass auch erheblich Versehrte noch zu einer Erwerbstätigkeit in der Lage sind.[222]

Bei Erkrankung eines Erwerbstätigen besteht soweit und so lange kein Anspruch nach § 1572 BGB, als auf Grund der Krankheit noch **Lohnersatzleistungen** wie Krankengeld u. ä. bezahlt werden. Auch Unfallrenten haben neben dem Entschädigungscharakter auch Lohnersatzfunktion, so dass sich ihre Zahlung bedarfsmindernd auswirkt.

Der Richter muss zur Krankheit und krankheitsbedingten Erwerbsunfähigkeit **Feststel-** **98** **lungen** treffen.[223] Der Unterhaltsberechtigte hat hierzu die **Darlegungs- und Beweislast,** ihn trifft das Beurteilungsrisiko. Art und Umfang der gesundheitlichen Beeinträchtigungen oder Leiden sind von ihm darzulegen.[224] Verlässt er sich auf ein privatärztliches Attest und unterlässt er deshalb eine Erwerbstätigkeit, so tut er dies auf eigenes Risiko. Ist ein in erster Instanz erholtes ärztliches Gutachten nicht für den gesamten in Frage stehenden Zeitraum aussagekräftig und liegen auch die im Wege des Urkundenbeweises verwertbaren Bescheinigungen des behandelnden Arztes bereits längere Zeit zurück, so dass eine abschließende sichere Prognose nicht getroffen werden kann, dann muss auf Antrag ein Sachverständigengutachten darüber eingeholt werden, dass sich die Folgen einer Erkrankung nicht kurzfristig beheben oder nachhaltig bessern ließen.[225]

---

[218] BGH, FamRZ 1988, 375, 377
[219] BGH, FamRZ 1984, 660
[220] OLG Hamburg, FamRZ 1982, 762
[221] BGH, FamRZ 1988, 375, 377; FamRZ 1981, 1042, 1043 f.
[222] BGH, FamRZ 1984, 353, 356
[223] BGH, FamRZ 1988, 265
[224] BGH, FamRZ 2001, 1291, 1292 = R 564 a
[225] BGH, FamRZ 1985, 50; FamRZ 1982, 779, 781

3. Krankheitsbedingte Erwerbsunfähigkeit

99   Nicht jede Krankheit löst einen Unterhaltsanspruch aus. Die Krankheit muss vielmehr ursächlich dafür sein, dass keine Erwerbstätigkeit ausgeübt werden kann, d. h., es muss eine krankheitsbedingte Erwerbsunfähigkeit oder Erwerbsbeschränkung vorliegen. Wegen des Zusatzes „soweit" reicht es aus, dass eine Teilzeitbeschäftigung wegen der Krankheit nicht zu einer Vollerwerbstätigkeit ausgeweitet werden kann.[226]

    Der ursächliche Zusammenhang zwischen Krankheit und Nichterwerbstätigkeit ist sorgfältig zu überprüfen, denn es ist zu verhindern, dass eine medizinisch in Wahrheit nicht gerechtfertigte Untätigkeit auf Kosten des ehemaligen Partners über einen Unterhalts-anspruch finanziert wird.[227] **Psychische Belastungen** gehen mit Trennung und Eheschei-dung vielfach einher und können ggf. durch Behandlung überwunden werden. Sie sind daher nicht generell zur Begründung eines Unterhaltsanspruchs wegen Krankheit geeignet.[228]

    Die nicht mögliche Erwerbstätigkeit muss – wie bei den §§ 1570 und 1571 BGB – angemessen im Sinn von § 1574 II BGB n. F. sein. Die inhaltliche Beschränkung der Erwerbsobliegenheit auf eine **angemessene berufliche Beschäftigung** und die gesetzliche Umschreibung der Angemessenheit in § 1574 II BGB tragen zur Konkretisierung der Voraussetzungen des Anspruchs wegen Krankheit nach § 1572 BGB bei[229] (siehe auch zur Neufassung des § 1574 II BGB Rn. 90 u. 131 ff.).

    Ein Anspruch nach § 1572 BGB entfällt, wenn infolge der bestehenden Leiden zwar der alte Beruf nicht mehr ausgeübt werden kann, aber andere berufliche Tätigkeiten vollschich-tig möglich sind, sofern es sich um angemessene Tätigkeiten im Sinn des § 1574 II BGB handelt.

4. Maßgebliche Einsatzzeitpunkte

100   Ein Anspruch nach § 1572 BGB besteht nur, wenn und soweit eine Erwerbstätigkeit wegen Krankheit zu bestimmten Einsatzzeitpunkten nicht erwartet werden kann. Genügen wird, dass die **Krankheit** zum Einsatzpunkt **latent vorhanden ist** und in nahem zeitlichen Zusammenhang damit ausbricht.[230]

    Einsatzzeitpunkte sind:
- Scheidung.
- Beendigung der Pflege oder Erziehung eines gemeinschaftlichen Kindes.
- Beendigung der Ausbildung, Fortbildung oder Umschulung.
- Wegfall der Voraussetzungen eines Anspruchs nach § 1573 BGB.

    Im **Zeitpunkt der Scheidung** bedeutet eine Erkrankung bei Eintritt der Rechtskraft der Scheidung. Beim Verbundurteil sind es die im Zeitpunkt der letzten mündlichen Verhand-lung bestehenden Verhältnisse, wenn die bis zum Eintritt der Rechtskraft zu erwartende Entwicklung nicht voraussehbar ist.[231] **Gesundheitliche Störungen**, welche erst **nach der Scheidung** zur Erwerbsunfähigkeit führen, können nur dann einen Anspruch nach § 1572 BGB begründen, wenn die Beschwerden schon im Zeitpunkt der Scheidung bestanden und sich nachher entsprechend verschlimmert haben und soweit der Unterhalt noch nicht durch Erwerbstätigkeit nachhaltig gesichert war.[232] Allerdings dürfte es dabei – um den Einsatzzeit-punkt nicht zu entwerten – notwendig sein, dass zum Zeitpunkt der Scheidung oder doch in nahem zeitlichen Zusammenhang mit der Scheidung auf Grund des fraglichen Leidens schon eine teilweise Erwerbsunfähigkeit vorgelegen hatte,[233] auch wenn der Berechtigte

---

[226] BGH, FamRZ 1988, 265; FamRZ 1987, 684, 685; FamRZ 1985, 50
[227] BGH, FamRZ 1984, 353, 356
[228] OLG Hamm, FamRZ 1995, 996
[229] BGH, FamRZ 1983, 144
[230] Offengelassen von BGH, FamRZ 2001, 1291, 1293 = R 564 a; bejahend: OLG Schleswig, FuR 2006, 283
[231] BGH, FamRZ 1983, 144; FamRZ 1982, 892
[232] OLG Hamm, FamRZ 1999, 230
[233] Vgl. hierzu BGH, FamRZ 1987, 684

davon unabhängig noch weitergehend erwerbstätig gewesen war. Deshalb kann keine Erhöhung des titulierten Unterhalts verlangt werden, falls 3 Jahre nach Rechtskraft der Scheidung eine neue Erkrankung (Verlust der Funktionsfähigkeit der rechten Hand wegen eines eingeklemmten Nervs) eingetreten ist, obwohl es sich um die Spätfolge einer Nervenschädigung handelt, derentwegen die Berechtigte bereits vor der Scheidung in ärztlicher Behandlung war.[234] Das OLG Hamm[235] meint dagegen, dass die Erwerbsunfähigkeit auch zu einem späteren Zeitpunkt eintreten könne, wenn nur die gesundheitlichen Störungen schon rechtzeitig vorgelegen hätten. Der BGH verlangt jedenfalls einen nahen zeitlichen Zusammenhang zwischen Scheidung und Eintritt der Erwerbsunfähigkeit.[236] Deswegen genügt auch eine im Zeitpunkt der Scheidung bereits **latent vorhandene Erkrankung** nicht für die Begründung eines Anspruchs nach § 1572 Nr. 1 BGB, wenn sie nicht in nahem zeitlichen Zusammenhang der Scheidung ausgebrochen ist und zur Erwerbsunfähigkeit geführt hat.[237] Der Auffassung, dass es bei einer bei Scheidung bereits vorhandenen Erkrankung nicht darauf ankomme, ob die dadurch bedingte Erwerbsunfähigkeit noch wenigstens in nahem zeitlichen Zusammenhang mit der Scheidung eingetreten ist, läuft Wortlaut und Zweck des Gesetzes zuwider, das gerade darauf abstellt, dass zum Einsatzzeitpunkt keine Erwerbstätigkeit erwartet werden könne. Der nahe zeitliche Zusammenhang fehlt, falls die Erkrankung erst 21 Monate nach der Scheidung ausgebrochen ist[238] oder die Erwerbsfähigkeit erstmals 23 Monate nach Scheidung gemindert hat.[239]

Ist im **Zeitpunkt der Scheidung** wegen Krankheit eine Erwerbstätigkeit nicht zu erwarten, besteht ein originärer Krankheitsunterhalt.

War im Zeitpunkt der Scheidung wegen Krankheit nur eine halbtägige Erwerbstätigkeit möglich und verschlimmert sich in der Folgezeit die Krankheit so sehr, dass nach zwei weiteren Jahren völlige Erwerbsunfähigkeit eintritt, dann ist der spätere völlige Wegfall der Erwerbsfähigkeit noch dem Einsatzzeitpunkt der Scheidung zuzurechnen. Es besteht nach Eintritt der völligen Erwerbsunfähigkeit ein originärer Anspruch auf den vollen ehegemessenen Unterhalt nach § 1572 BGB.[240]

Bezüglich des Zeitpunkts „**Beendigung der Pflege oder Erziehung** eines gemeinschaftlichen Kindes" ist entgegen dem insoweit missverständlichen Wortlaut dieser Vorschrift nach deren Sinn und Zweck auf den Zeitpunkt abzustellen, in dem die Voraussetzungen für einen auf § 1570 BGB gestützten Anspruch entfallen.[241] Es handelt sich um einen Anschlussunterhalt.

Erkrankung im Zeitpunkt der **Beendigung einer Ausbildung,** Fortbildung oder Umschulung nach § 1575 BGB.

Die Voraussetzungen eines Anspruchs nach § 1575 BGB müssen bestanden haben, und die krankheitsbedingte Erwerbsunfähigkeit muss bei Ende der Ausbildung eingetreten sein. Es handelt sich um einen Anschlussunterhalt.

Der Einsatzzeitpunkt des **Wegfalls** der Voraussetzungen **eines Anspruchs nach § 1573 I BGB** wegen Erwerbslosigkeit liegt vor, wenn der Berechtigte bei Ausbruch der Krankheit einen Anspruch auf Erwerbslosigkeitsunterhalt hatte.[242] U. U. kann sich der Verpflichtete allerdings nach § 242 BGB nicht darauf berufen, dass der Berechtigte, während einer Zeit, in der der Pflichtige tatsächlich Unterhalt leistete, die zum Nachweis eines Anspruchs nach § 1573 I BGB erforderlichen Erwerbsbemühungen unterlassen hatte.[243]

Bestand im Zeitpunkt der Erkrankung ein Anspruch auf **Aufstockungsunterhalt** (§ 1573 II BGB) und verliert der Berechtigte infolge der krankheitsbedingten Erwerbsunfähigkeit seine Stelle, entfällt der Anspruch auf Aufstockungsunterhalt, der die Ausübung einer

---

[234] OLG Karlsruhe, FamRZ 1999, 917 (L)
[235] OLG Hamm, FamRZ 2002, 1564
[236] BGH, FamRZ 2001, 1291, 1293 = R 564 a
[237] BGH, a. a. O.
[238] OLG Koblenz, NJW-RR 2006, 151
[239] BGH, a. a. O. = insoweit bestätigendes Revisionsurteil zu OLG Karlsruhe, FamRZ 2000, 233
[240] BGH, FamRZ 1987, 684; OLG Stuttgart, FamRZ 1983, 501
[241] BGH, FamRZ 1990, 260, 262
[242] BGH, FamRZ 1988, 927
[243] BGH, FamRZ 1990, 496, 498 = R 414 b

angemessenen Erwerbstätigkeit voraussetzt.[244] Anschlussunterhalt wäre nach § 1572 Nr. 4 BGB zu bezahlen. Dies gilt auch dann, wenn der seit Rechtskraft der Scheidung bestehende Anspruch auf Aufstockungsunterhalt nicht geltend gemach wurde und sich der Anspruch auf Krankenunterhalt unmittelbar an den Wegfall der Voraussetzungen für den Aufstockungsunterhalt anschließt, allerdings nur für einen Teilanschlussunterhalt im Umfang des weggefallen Aufstockungsanspruchs.[245]

101 Beim **Anschlussunterhalt** ist zu beachten, dass dieser nur in dem Umfang weiterbesteht, wie er im Zeitpunkt der weggefallenen Tatbestandsvoraussetzungen bestanden hatte (siehe Rn. 50 und 51). Scheitert ein Krankheitsunterhalt nur am Einsatzzeitpunkt, ist auch **§ 1576 BGB** zu prüfen.[246]

5. Konkurrenzen und Sonstiges

102 Wenn der Berechtigte krankheitsbedingt vollständig an einer Erwerbstätigkeit gehindert ist, besteht nur ein Anspruch nach § 1572 BGB, der auf den vollen eheangemessenen Unterhalt (§ 1578 I 1 BGB) geht,[247] und zwar auch dann, falls der Berechtigte bereits eine Erwerbsunfähigkeitsrente bezieht und ihm daneben ein Wohnwert zuzurechnen ist.[248]

Bei einer krankheitsbedingen **Teilerwerbstätigkeit** erfasste der Anspruch nach § 1572 BGB nach Maßgabe der zum alten Recht ergangenen Rechtsprechung des BGH den Unterhalt nur bis zur Höhe des Mehreinkommens, das der Berechtigte durch eine Vollerwerbstätigkeit hätte erzielen können. Daneben konnte ein Anspruch nach § 1573 II BGB bestehen, wenn der Anspruch nach § 1572 BGB zusammen mit den Teilerwerbseinkünften nicht zur Deckung des vollen Unterhalts (§ 1578 I 1 BGB) ausreichte.[249] Die mit der Unterhaltsreform bezweckte Unterhaltsvereinfachung sollte dazu führen, diese nach altem Recht erforderliche Differenzierung aufzugeben. Hauptgrund hierfür war, dass die zeitliche Begrenzung des Unterhalts nach § 1573 V BGB a. F. nur für Unterhaltsansprüche nach § 1573 BGB in Betracht kam. Die neue generelle Herabsetzungs- und Begrenzungsvorschrift des § 1578 b BGB gilt dagegen unterschiedslos für alle Tatbestände des nachehelichen Unterhalts, so dass die Differenzierung nicht mehr erforderlich erscheint – vgl. hierzu näher Rn. 76.

Hindert die krankheitsbedingte Einschränkung nicht die Arbeitsfähigkeit als solche, sondern werden nur die Verwendungsmöglichkeiten an einem Arbeitsplatz eingeschränkt, so dass dennoch eine angemessene Tätigkeit im Sinne des § 1574 II BGB möglich wäre, kommt bei Verletzung der Erwerbsobliegenheit wegen der dann erforderlichen Zurechnung fiktiver Einkünfte nur ein Anspruch auf Aufstockungsunterhalt nach § 1573 II BGB, nicht ein Anspruch nach § 1572 BGB in Betracht.[250] Dasselbe gilt, wenn die vorliegende gesundheitliche Beeinträchtigung zwar eine angemessene Erwerbstätigkeit nicht hindert, aber bestimmte sonst mögliche Tätigkeiten mit höheren Einkommen ausschließt.[251]

Ansprüche nach § 1572 BGB können überlagert sein durch gleichzeitig bestehende Ansprüche nach den §§ 1570, 1571 und 1575 BGB.

103 Der Anspruch nach § 1572 BGB kann neuem Recht wie jeder andere Anspruch des nachehelichen Unterhalts gemäß § 1578 b BGB **zeitlich begrenzt und herabgesetzt werden** – siehe dazu Rn. 578 ff. Zwar nicht mehr wegen unterschiedlicher Begrenzungsmöglichkeiten wie nach altem Recht, aber wegen späterer Abänderungen ist die herangezogene **Anspruchsgrundlage** möglichst genau zu bestimmen.[252]

---

[244] BGH, FamRZ 1988, 701
[245] OLG Koblenz, NJW-RR 2006, 151, 152
[246] BGH, FamRZ 1990, 496, 499 = R 414 c
[247] BGH, FamRZ 1993, 789, 791 = R 460 a; FamRZ 1990, 492
[248] OLG München, FamRZ 1997, 295
[249] BGH, FamRZ 1993, 789, 791 = R 460 a
[250] OLG Dresden, FamRZ 1999, 232
[251] BGH, FamRZ 1991, 170
[252] BGH, FamRZ 1999, 708, 709 = R 532 b; FamRZ 1994, 228 = R 471 a

Nach **§ 1579 Nr. 8 BGB** kann eventuell eine Unterhaltsbegrenzung in Frage kommen, wenn der Berechtigte bereits vor Eingehung der Ehe über gesicherte Erkenntnisse hinsichtlich seiner Erkrankung verfügte und diese Umstände verschwiegen hat. Der BGH hat die Entscheidung dieser Frage ausdrücklich offengelassen.[253] Keinen objektiven Härtegrund im Sinne des § 1579 Nr. 8 BGB stellt der Umstand dar, dass eine latent bereits vor Eheschließung **vorhandene Erkrankung** sich für die Parteien nicht voraussehbar nach der Trennung chronifiziert hat und zu einer lebenslangen Unterhaltslast führen kann. Wenn auch eine schon vorehelich vorhandene Erkrankung den Unterhaltsanspruch des § 1572 Nr. 1 BGB auslöst, kann sie grundsätzlich nicht gleichzeitig einen „anderen Härtegrund" gemäß § 1579 Nr. 8 BGB darstellen.[254] In einem Fall, in welchem dem Pflichtigen, der nur über bescheidene Einkünfte verfügte, bei Eheschließung Art und Schwere der bereits vorhandenen Erkrankung nicht bekannt war, hat das OLG Karlsruhe dennoch eine zeitliche Begrenzung für gerechtfertigt gehalten, obwohl die Berechtigte offenbar nichts verschwiegen hatte.[255]

Der Unterhaltsberechtigte ist auf Verlangen zur **Auskunftserteilung über die Art seiner Beschwerden** verpflichtet sowie darüber, ob die krankheitsbedingte Erwerbsunfähigkeit noch fortdauert.[256]

V. Unterhalt wegen Erwerbslosigkeit nach § 1573 I BGB

1. Anspruchsvoraussetzungen nach § 1573 I BGB

Nach § 1573 I BGB kann Unterhalt wegen Erwerbslosigkeit verlangt werden, soweit kein **104** Unterhaltsanspruch nach den §§ 1570, 1571 und 1572 BGB besteht und soweit der Berechtigte zu einem maßgeblichen Einsatzzeitpunkt keine angemessene Erwerbstätigkeit zu finden vermag. Ein solcher Anspruch besteht nach § 1573 IV BGB auch bei späterem Verlust eines Arbeitsplatzes, wenn trotz ausreichender Bemühungen eine nachhaltige Unterhaltssicherung durch eine angemessene Erwerbstätigkeit noch nicht erreicht worden ist.

Es bestehen danach fünf Anspruchsvoraussetzungen:
- kein Anspruch nach den **§§ 1570, 1571 oder 1572 BGB,**
- der Unterhaltsberechtigte findet **keine angemessene Erwerbstätigkeit,**
- **trotz notwendiger Bemühungen** um eine angemessene Erwerbstätigkeit,
- **zu einem** maßgeblichen **Einsatzzeitpunkt,** dabei erstreckt sich die Darlegungs- und Beweislast des Berechtigten auf das Bestehen des Anspruchs zum maßgebenden Einsatzzeitpunkt.[257]
- noch **keine nachhaltige Unterhaltssicherung** durch eine bereits ausgeübte angemessene Erwerbstätigkeit.

Der Berechtigte trägt die **Darlegungs- und Beweislast** dafür, dass er zum maßgeblichen Einsatzpunkt trotz Aufwendung der nach den konkreten Umständen des Falles von ihm zu fordernden Bemühungen keine angemessene Erwerbstätigkeit erlangen konnte und weiter nicht erlangen kann. Scheitert er daran, fehlt es an den Voraussetzungen für einen Anspruch nach § 1573 I BGB, weil ihm fiktives Einkommen in dem Umfang zugerechnet wird, wie er es bei angemessener Erwerbstätigkeit erzielen könnte.

Der Anspruch nach § 1573 I BGB **muss nicht ehebedingt** sein. Es ist nicht erforderlich, **105** dass der Anspruchsteller vor oder während der Ehe erwerbstätig war oder gerade wegen der Ehe keiner Erwerbstätigkeit nachging. Zur Begründung der unterhaltsrechtlichen Mitverantwortung des anderen Ehegatten genügt es, wenn die Bedürfnislage irgendwie mit der Ehe in Verbindung steht.[258]

---

253 BGH, FamRZ 1994, 566 = R 475; FamRZ 1981, 1163
254 BGH, FamRZ 1995, 1405, 1407 = R 490A c; FamRZ 1994, 566 = R 475; OLG Hamm, FamRZ 2006, 707
255 OLG Karlsruhe, FamRZ 1998, 751
256 OLG Schleswig, FamRZ 1982, 1018
257 BGH, FamRZ, 2001, 1291, 1292 = R 564 a
258 BGH, FamRZ 1980, 126

Der Anspruch nach § 1573 I BGB besteht, solange und soweit keine angemessene Erwerbstätigkeit gefunden wird. Der Anspruch findet mit der Aufnahme einer (ersten) angemessenen, zur Deckung des Unterhalts ausreichenden Erwerbstätigkeit nach der Scheidung sein Ende.[259]

Der **Anspruch** nach § 1573 I BGB **lebt wieder auf, wenn** die Einkünfte aus der angemessenen Erwerbstätigkeit wegfallen, weil es dem Betroffenen trotz seiner Bemühungen **nicht gelungen** war, **den Unterhalt** durch die aufgenommene Erwerbstätigkeit nach der Scheidung im Sinn von § 1573 IV BGB **nachhaltig zu sichern**[260] (siehe Rn. 118).

Der Anspruch nach § 1573 I BGB wandelt sich in einen Anspruch auf **Aufstockungsunterhalt** (§ 1573 II BGB), wenn durch die Aufnahme einer angemessenen Erwerbstätigkeit der volle eheangemessene Unterhalt (§ 1578 I 1 BGB) nicht gedeckt wird.[261]

2. Fehlen eines Anspruchs nach §§ 1570, 1571 oder 1572 BGB

106 Ein Anspruch nach § 1573 I BGB setzt voraus, dass der Berechtigte keinen **Anspruch wegen Kindesbetreuung** (§ 1570 BGB), **wegen Alters** (§ 1571 BGB) oder wegen Krankheit (§ 1572 BGB) hat, d. h., das Bestehen eines solchen Anspruchs **schließt** einen Anspruch nach **§ 1573 I BGB aus.**[262]

Diese Subsidiarität des § 1573 I BGB hat zur Folge, dass bei Vorliegen der Voraussetzungen einer vorrangigen Norm auch keine Teilansprüche nach § 1573 I BGB bestehen können.

Da § 1573 I BGB stets eine Erwerbsobliegenheit voraussetzt, die bei Ansprüchen nach §§ 1575 und 1576 BGB fehlt, sind auch Ansprüche nach §§ 1575 und 1576 BGB vorrangig gegenüber den Ansprüchen nach § 1573 BGB.

Scheitert ein vorrangiger Anspruch nur daran, dass die Anspruchsvoraussetzungen nicht zum maßgeblichen Einsatzzeitpunkt vorliegen, dann fehlt grundsätzlich auch ein Einsatzzeitpunkt für einen Anspruch nach § 1573 I BGB.

3. Der Unterhaltsberechtigte findet keine angemessene Erwerbstätigkeit

107 Ein Anspruch nach § 1573 I BGB setzt voraus, dass der Unterhalt Begehrende aus Gründen der Arbeitsmarktlage nach der Scheidung keine angemessene Erwerbstätigkeit findet.[263]

Ein Anspruch nach § 1573 I BGB besteht nicht, solange der Berechtigte eine angemessene Erwerbstätigkeit ausübt. Dies gilt auch, wenn zwar der künftige Verlust des bisherigen Arbeitsplatzes bereits feststeht, aber der genaue Zeitpunkt des Verlustes noch nicht bekannt ist. Außerdem steht nicht fest, dass der Berechtigte keine angemessene neue Erwerbstätigkeit finden wird. In Fällen, in denen sich die künftige Entwicklung der maßgeblichen Verhältnisse nicht mit hinreichender Sicherheit voraussehen lässt, ist es angemessen, nur die im Zeitpunkt der letzten mündlichen Verhandlung bestehenden Verhältnisse zugrunde zu legen und es den Parteien zu überlassen, bei anderweitiger Entwicklung der Verhältnisse eine Abänderungsklage nach § 323 ZPO zu erheben.[264]

108 Bei der nach § 1573 I BGB zu suchenden Erwerbstätigkeit muss es sich um eine **angemessene** Erwerbstätigkeit im Sinn der Legaldefinition des § 1574 II BGB handeln. Diese inhaltliche Beschränkung der Erwerbsobliegenheit auf eine angemessene berufliche Beschäftigung und die gesetzliche Umschreibung tragen damit – wie beim Altersunterhalt – zur Konkretisierung der Voraussetzungen des Erwerbslosigkeitsunterhalts bei.[265]

---

[259] BGH, FamRZ 1985, 791
[260] BGH, FamRZ 1985, 791
[261] BGH, FamRZ 1988, 265; FamRZ 1985, 908
[262] BGH, FamRZ 1988, 927
[263] BGH, FamRZ 1988, 927; FamRZ 1988, 265
[264] BGH, FamRZ 1984, 988
[265] BGH, FamRZ 1983, 144

Die Beurteilung, welche Art von Erwerbstätigkeit in diesem Sinn angemessen ist, obliegt dem Tatrichter, der dazu alle in Frage kommenden Umstände des konkreten Einzelfalls festzustellen und umfassend abzuwägen hat.[266]

Nach dem Maßstab des § 1574 II BGB ist auch zu beurteilen, ob umfangmäßig – wie in der Regel – eine **volle Erwerbstätigkeit** angemessen ist **oder** auf Grund einer Abwägung aller Umstände nur eine **Teilerwerbstätigkeit** in Frage kommt.[267]

Die ehelichen Lebensverhältnisse, die nach § 1574 II BGB die Angemessenheit einer zumutbaren Erwerbstätigkeit mitbestimmen, sind regelmäßig unter Einbeziehung der gesamten Entwicklung bis zur Rechtskraft der Scheidung zu beurteilen.[268] Dabei ist nach § 1574 II 1 BGB n. F. zu beachten, dass sich aus den ehelichen Verhältnissen bezüglich der Zumutbarkeit einer Tätigkeit nur noch ein Korrektiv in Form einer Billigkeitsabwägung ergibt. Es ist Sache des Berechtigten ggf. darzulegen und nachzuweisen, dass für ihn die Ausübung einer an sich erreichbaren Erwerbstätigkeit im konkreten Fall auf Grund der ehelichen Lebensverhältnisse unzumutbar ist.[269]

Weitere Einzelheiten zur angemessenen Erwerbstätigkeit nach Maßgabe der Neufassung des § 1574 II BGB siehe Rn. 90 u. 131 ff.

Geht der Berechtigte zwar einer der Art nach angemessenen **Teilzeitbeschäftigung** **109** nach, nicht aber einer ihm zumutbaren Vollzeitbeschäftigung, weil er aus Gründen der Arbeitsmarktlage noch keine vollschichtige Arbeit gefunden hat, so hat er nach § 1573 I BGB einen **Unterhaltsanspruch in Höhe seines** durch die Teilzeitbeschäftigung noch nicht gedeckten **vollen Unterhaltsbedarfs.**[270] Außerdem muss er sich weiterhin laufend um eine angemessene Vollzeitbeschäftigung bemühen.

Ein Anspruch nach § 1573 I BGB besteht auch, wenn der Berechtigte zwar einer Erwerbstätigkeit nachgeht, diese aber der Art nach nicht angemessen ist. Die Höhe dieses Anspruchs ist ebenfalls nach der Differenz zwischen dem vollen Bedarf (§ 1578 I 1 BGB) und den anrechenbaren Einkünften aus der nicht angemessenen Erwerbstätigkeit zu bemessen. Gleichzeitig muss der Berechtigte seine Bemühungen um eine angemessene Erwerbstätigkeit fortsetzen.

Statt eines Anspruchs nach § 1573 I BGB besteht ein Anspruch auf **Aufstockungsunterhalt** nach § 1573 II BGB, wenn der Berechtigte nach Art und Umfang einer angemessenen Erwerbstätigkeit nachgeht, was im Einzelfall auch eine Teilzeitbeschäftigung sein kann.[271] Der Berechtigte erfüllt dann im vollen Umfang die ihm zumutbare angemessene Erwerbsobliegenheit.

Ein Anspruch auf Aufstockungsunterhalt (§ 1573 II BGB) besteht auch dann, wenn sich der Berechtigte nicht in ausreichendem Maß um eine angemessene Erwerbstätigkeit bemüht hat und ihm deshalb erzielbare Einkünfte fiktiv zugerechnet werden, die aber seinen vollen Unterhalt nicht decken.[272]

Kommen nach den Umständen des Falles auf Grund der Vorbildung oder aus sonstigen **110** Gründen gegenwärtig nur Erwerbstätigkeiten in Betracht, die nicht angemessen sind, dann tritt nach § 1574 III BGB an die Stelle der Erwerbsobliegenheit eine **Obliegenheit** des geschiedenen Ehegatten, **sich ausbilden,** fortbilden oder umschulen **zu lassen,** soweit es zur Aufnahme einer angemessenen Erwerbstätigkeit erforderlich ist und ein erfolgreicher Abschluss der Ausbildung zu erwarten ist.[273]

Für die Regelzeit der Ausbildungsdauer besteht dann keine Erwerbsobliegenheit. Genaueres zur Ausbildungsobliegenheit und zum Ausbildungsunterhalt nach § 1574 III BGB siehe Rn. 144 ff.

Ein Ausbildungsanspruch nach §§ 1574 III, 1573 I BGB kann auch bestehen, wenn der Mann während der Ehe nach der internen Aufgabenverteilung in der Ehe einem Studium

---

[266] BGH, FamRZ 1987, 795, 797; FamRZ 1984, 561
[267] BGH, FamRZ 1985, 908
[268] BGH, FamRZ 1984, 561
[269] BT-Drucks. 16/1830 S. 17
[270] BGH, FamRZ 1988, 265
[271] BGH, FamRZ 1985, 908
[272] BGH, FamRZ 1988, 927, 929; FamRZ 1985, 908; ferner FamRZ 1986, 553, 555
[273] BGH, FamRZ 1987, 795, 797; FamRZ 1986, 1085; FamRZ 1984, 561

nachgegangen war, während die Frau (auch weiterhin) das Geld verdiente. Der Anspruch dauert bis zum Abschluss des Studiums (nach Scheidung) innerhalb zumutbarer Zeit.[274]

4. Notwendige Bemühungen um eine angemessene Erwerbstätigkeit

111   Aufgrund der bestehenden Erwerbsobliegenheit muss der Berechtigte genügend intensive, ernsthafte und nachhaltige Bemühungen zur Erlangung einer angemessenen Erwerbstätigkeit aufwenden. Er hat die **Darlegungs- und Beweislast für seine Bedürftigkeit** und muss daher grundsätzlich in nachprüfbarer Weise vortragen, welche Schritte er im Einzelnen unternommen hat, um einen Arbeitsplatz zu finden und sich bietende Erwerbsmöglichkeiten zu nutzen, wozu die bloße Meldung beim Arbeitsamt nicht genügt.[275] Die Erwerbsbemühungen müssen sich ggf. auf eine entsprechend bezahlte Arbeitsstelle im erlernten Beruf erstrecken. Übt der Berechtigte eine schlecht bezahlte, für ihn berufsfremde Teilzeittätigkeit aus, lässt sich das für ihn bei Vollerwerbstätigkeit erzielbare Einkommen nicht ohne weiteres durch Hochrechnung dieses Verdienstes ermitteln.[276] **Zweifel** an der Ernsthaftigkeit seiner Arbeitsbemühungen gehen **zu Lasten des Berechtigten.** Hat er keine ausreichenden Bewerbungsbemühungen dargelegt, kann im Regelfall nicht ausgeschlossen werden, dass er eine angemessene Stelle gefunden hätte. Auch wenn die Arbeitsplatzsuche im speziellen Fall erschwert ist, kann nur ausnahmsweise – obwohl es an hinreichenden Bemühungen des Berechtigten mangelt – vom Fehlen jeglicher Beschäftigungschance ausgegangen werden.[277]

Objektiv muss nach den jeweiligen Arbeitsmarktverhältnissen eine reale Beschäftigungschance bestanden haben. Die **objektive Feststellung einer realen Beschäftigungschance** hängt ab von den jeweiligen Verhältnissen auf dem Arbeitsmarkt sowie von den persönlichen Eigenschaften und Verhältnissen des Arbeitsuchenden, wie z. B. Alter, Ausbildung, Berufserfahrung, Gesundheitszustand u. ä. Eine absolute Sicherheit gibt es dazu nicht. Dieses Unsicherheitsmoment ist tatrichterlich zu bewältigen. Jeder ernsthafte **Zweifel** daran, ob bei ernsthaften Bemühungen eine Beschäftigungschance bestanden hätte, geht **zu Lasten des Arbeitsuchenden.**[278] Ein Arbeitsloser, dessen Vermittlung in eine Vollzeitbeschäftigung ohne sein Verschulden erfolglos bleibt, kann verpflichtet sein, eine mögliche Neben- oder Teilzeitbeschäftigung aufzunehmen.[279]

Genauere Einzelheiten zu den notwendigen Bemühungen und zur realen Beschäftigungschance siehe Rn. 1/527 ff.

112   Ein Anspruch nach § 1573 BGB kann nicht unbedingt deshalb versagt werden, weil der Berechtigte sich **nicht sofort nach** der **Trennung** intensiv um eine Erwerbstätigkeit im Rahmen seiner beruflichen Vorbildung **bemüht** hat, sondern erst 1/2 Jahr später eine Ausbildung als Altenpfleger begonnen hat. Für eine Erwerbsobliegenheit während der Ehe bestehen nach § 1361 II BGB andere Voraussetzungen als für eine Erwerbsobliegenheit nach der Scheidung. Außerdem steht es dem Berechtigten grundsätzlich frei, die Art seiner ihm zuzumutenden Erwerbstätigkeit selbst zu bestimmen. Er kann aber nach neuem Recht nach § 1574 II BGB n. F. unterhaltsrechtlich regelmäßig auf die Wiederaufnahme einer früheren Tätigkeit verwiesen werden (vgl. Rn. 90 u. 131 ff.). Ergibt die richterliche Prognose, dass der Berechtigte wegen der in die tatrichterliche Würdigung einzubeziehenden Lage auf dem Arbeitsmarkt auf Dauer sicherer eine Anstellung als Altenpfleger finden wird als in seinem früheren Beruf, dann wird die zeitlich begrenzte Fortdauer einer während der Trennung begonnenen Ausbildung nach der Scheidung anstelle einer Erwerbsobliegenheit hinzunehmen sein.[280]

---

[274] BGH, FamRZ 1980, 126
[275] BGH, FamRZ 1990, 499 = R 407 a; FamRZ 1986, 1085; FamRZ 1986, 244, 246; FamRZ 1982, 255
[276] OLG Köln, FamRZ 2005, 1097, 1098
[277] Vgl. OLG Köln, Beck RS 2005, 30349120
[278] BGH, FamRZ 1988, 604; FamRZ 1987, 912, 962; FamRZ 1987, 691; FamRZ 1987, 144; FamRZ 1986, 885
[279] Vgl. OLG Köln, FamRZ 2005, 458 (LS) für den Pflichtigen
[280] BGH, FamRZ 1986, 1085; FamRZ 1986, 553

Andererseits können während der Trennungszeit unterlassene Bemühungen um eine zumutbare Erwerbstätigkeit zur Anwendung des § 1579 Nr. 4 BGB führen, wenn sich nämlich der Berechtigte dadurch selbst mutwillig bedürftig gemacht hat und der Verpflichtete die Folgen der leichtfertigen Herbeiführung der Bedürftigkeit unterhaltsrechtlich mittragen müsste.[281]

Fehlt ein ausreichender Tatsachenvortrag zu den Bemühungen um eine Erwerbstätigkeit **113** oder bestehen bzw. bleiben **Zweifel an ernsthaften Bemühungen** und ist nicht auszuschließen, dass bei ausreichenden Bemühungen eine reale Beschäftigungschance bestanden hätte, dann ist ein Unterhaltsanspruch wegen Erwerbslosigkeit zu versagen, wenn erzielbare Einkünfte aus dieser Tätigkeit den Unterhaltsbedarf gedeckt hätten. Können nur erzielbare Einkünfte fiktiv zugerechnet werden, die den Bedarf nicht decken, kann ein Anspruch auf Aufstockungsunterhalt nach § 1573 II BGB in Frage kommen.[282]

Es gibt keine Beweiserleichterung nach **§ 287 II ZPO,** soweit es nach § 1573 I BGB um die Anspruchsvoraussetzung „keine angemessene Erwerbstätigkeit zu finden vermag" geht. Hierbei handelt es sich nicht um die Ausfüllung eines Unterhaltsanspruchs, sondern darum, ob überhaupt ein Unterhaltstatbestand, nämlich der des § 1573 I BGB, erfüllt ist.[283]

5. Maßgebliche Einsatzzeitpunkte

Ein Anspruch nach § 1573 I BGB besteht nur, wenn der Betroffene zu bestimmten **114** Einsatzzeitpunkten keine eheangemessene Arbeit hat. Solche **Einsatzzeitpunkte** sind:
- nach der Scheidung.
- Wegfall eines Anspruchs nach § 1570 BGB.
- Wegfall eines Anspruchs nach § 1571 BGB.
- Wegfall eines Anspruchs nach § 1572 BGB.

Nach dem Gesetzeswortlaut „**nach der Scheidung**" ist der Einsatzzeitpunkt des originären Erwerbslosigkeitsunterhalts nicht so eng an den Zeitpunkt der Scheidung gebunden wie bei den Unterhaltstatbeständen der §§ 1571 Nr. 1 und 1572 Nr. 1 BGB, deren Voraussetzungen „im Zeitpunkt der Scheidung" bzw. „vom Zeitpunkt der Scheidung an" gegeben sein müssen. Andererseits ist „nach der Scheidung" nicht als zeitlich unbegrenzt zu verstehen. Vielmehr muss zumindest noch ein zeitlicher Zusammenhang mit der Scheidung bestehen. Nach etwa eineinhalb Jahren nach der Scheidung besteht keinesfalls ein solcher zeitlicher Zusammenhang mit der Scheidung mehr.[284]

Das OLG Oldenburg hält den **erforderlichen zeitlichen Zusammenhang** bereits ein Jahr nach der Scheidung für unterbrochen. Danach entfällt ein originärer Anspruch nach § 1573 I BGB, wenn sich der Betroffene im ersten Jahr nach der Scheidung nicht ausreichend um eine angemessene Erwerbstätigkeit bemüht hat und der Unterhaltsbedarf durch erzielbare Einkünfte aus einer zumutbaren Erwerbstätigkeit hätte gedeckt werden können. Der weggefallene Anspruch lebt auch nicht wieder auf, wenn sich der Berechtigte später in unterhaltsrechtlich gebotenem Maß um eine Arbeitsstelle bemüht. Solche verspäteten Anstrengungen sind nicht zum Einsatzzeitpunkt „nach der Scheidung" erfolgt und dienen deshalb nicht mehr der Behebung einer ehebedingten Bedürfnislage, sondern der Beseitigung einer durch langfristige Untätigkeit selbst verursachten Bedürfnissituation.[285]

Ein Sonderproblem stellt sich, wenn der **Unterhalt zum Zeitpunkt der Scheidung** durch eine angemessene Erwerbstätigkeit **nachhaltig gesichert** war, aber der Arbeitsplatz wenige Tage nach der Scheidung verloren geht. Zum Zeitpunkt der Scheidung bestand dann kein Anspruch nach § 1573 I BGB. Nach Meinung des OLG Bamberg entsteht ein solcher Anspruch auch trotz des wenige Tage nach Scheidung eingetretenen Arbeitsplatzverlustes nicht, weil Anspruchsvoraussetzung vorbehaltlich der besonderen Regelung in § 1573 IV

---

[281] BGH, FamRZ 1986, 1085
[282] BGH, FamRZ 1988, 927, 929
[283] BGH, FamRZ 1986, 885
[284] BGH, FamRZ 1987, 684, 687
[285] OLG Oldenburg, FamRZ 1986, 64

BGB (fehlende nachhaltige Sicherung) sei, dass der geschiedene Ehegatte zum Zeitpunkt der Scheidung keine angemessene Erwerbstätigkeit ausgeübt habe.[286] Dies erscheint zweifelhaft, da der erforderliche zeitliche Zusammenhang für den Anspruch § 1573 I BGB jedenfalls wenige Tage nach Scheidung noch vorliegen dürfte. So hat der BGH[287] in einem Fall, bei dem die klagende Ehefrau zum Zeitpunkt der Scheidung bereits berufstätig war, den Anspruch nach § 1573 I BGB allein mit der Begründung verneint, dass die Erwerbslosigkeit erst über 2 Jahre nach der Scheidung eingetreten sei und damit der zeitliche Zusammenhang mit der Scheidung fehle, die Sache aber aufgehoben und zur Prüfung zurückverwiesen, ob wegen des eventuellen Anspruchs nach § 1573 IV BGB die kurze Zeit vor Scheidung aufgenommene Tätigkeit im Zeitpunkt ihrer Aufnahme bereits eine nachhaltige Unterhaltssicherung dargestellt habe. Allerdings trifft zu, dass der zeitliche Zusammenhang der anschließenden Erwerbslosigkeit mit der Scheidung im Fall nachhaltiger Sicherung des Unterhalts zum Scheidungszeitpunkt nur bei verhältnismäßig kurzen Zeiträumen bestehen kann, weil sonst der Zweck des § 1573 IV BGB verfehlt würde, dem Pflichtigen nicht das Erwerbsrisiko des Berechtigten aufzubürden.

115   Der Einsatzzeitpunkt „Wegfall des Anspruchs nach § 1570 BGB" ist zu bejahen, wenn der Berechtigte wegen des Alters des Kindes durch dessen Betreuung nicht mehr an der Aufnahme einer Vollerwerbstätigkeit gehindert wird, aber wegen der Arbeitsmarktlage keine Erwerbstätigkeit findet. Hierbei handelt es sich um einen Anschlussunterhalt.

Der Einsatzzeitpunkt „Wegfall eines Anspruchs nach § 1571 BGB" spielt praktisch keine Rolle, denn es kann nicht angenommen werden, dass ein berechtigter Anspruch auf Altersunterhalt später nochmals wegfallen wird, wenn der Betreffende noch älter geworden ist. Ein Unterhalt wegen vorzeitigen Alterns, der bei einer späteren Genesung wieder entfallen könnte, ist kein Altersunterhalt, sondern ein Krankheitsunterhalt.

Der Einsatzzeitpunkt „Wegfall eines Anspruchs nach § 1572 BGB" liegt vor, wenn der Berechtigte wieder gesund wird und deshalb erneut arbeiten kann, aber keine angemessene Arbeit findet. Es ist ein Anschlussunterhalt.

Der Einsatzzeitpunkt des „Wegfalls eines Ausbildungsunterhalts" liegt vor, wenn der Betreffende nach Beendigung einer berechtigten Ausbildung keine angemessene Erwerbstätigkeit findet. Es ist ein Anschlussunterhalt.

Beim **Anschlussunterhalt** ist zu beachten, dass dieser nur in dem Umfang weiterbesteht, wie er im Zeitpunkt des wegfallenden Vortatbestandes bestanden hatte (Rn. 50 und 51).

6. Nachhaltige Unterhaltssicherung durch Erwerbstätigkeit

116   **a) Nachhaltige Sicherung.** Nach § 1573 IV 1 BGB besteht ein Anspruch nach § 1573 BGB auch dann, wenn die Einkünfte aus einer angemessenen Erwerbstätigkeit wegfallen, weil es dem Betroffenen trotz seiner Bemühungen nicht gelungen war, seinen Unterhalt durch die Erwerbstätigkeit nach der Scheidung nachhaltig zu sichern. War der Unterhalt teilweise nachhaltig gesichert, kann nach § 1573 IV 2 BGB der Unterschiedsbetrag zwischen dem nachhaltig gesicherten Teil und dem vollen Unterhalt verlangt werden.

Diese Bestimmung stellt auf die Unterhaltssicherung durch die Erwerbstätigkeit ab.[288] Danach kann ein bereits weggefallener Anspruch nach § 1573 I BGB wieder aufleben, wenn und soweit der Unterhalt durch die Erwerbstätigkeit noch nicht nachhaltig gesichert war. Damit eröffnet § 1573 IV BGB praktisch eine **neue Einsatzzeit,** an die sich auch ein Anschlussunterhalt anschließen kann. Diese Einsatzzeit beginnt mit dem Wegfall der ausgeübten Erwerbstätigkeit.

War der Berechtigte im Zeitpunkt der Scheidung erwerbstätig, kann bei einem späteren Verlust der Arbeitsstelle nur über § 1573 IV BGB ein Unterhaltsanspruch entstehen, weil § 1573 I BGB an sich voraussetzt, dass bei Scheidung oder zu einem anderen Einsatzzeit-

---

[286] OLG Bamberg, FamRZ 1997, 819; der Ansicht angeschlossen hat sich OLG Köln, FamRZ 1998, 1434
[287] BGH, FamRZ 1988, 701
[288] BGH, FamRZ 1987, 689

punkt keine angemessene Erwerbstätigkeit ausgeübt wird (vgl. aber Rn. 114 zum Verlust des Arbeitsplatzes wenige Tage nach Scheidung).

War dagegen der Berechtigte in nachhaltig gesicherter Weise bereits in das Erwerbsleben eingegliedert, so trägt er auch die Gefahr unvorhergesehener Ereignisse und Entwicklungen selbst, ohne sich unterhaltsmäßig noch an seinen früheren Ehepartner halten zu können.[289]

b) Voraussetzungen des Wiederauflebens des Unterhaltsanspruchs nach § 1573 IV 1 **117** BGB:
– Ausübung einer angemessenen Erwerbstätigkeit nach der Scheidung.
– Unverschuldeter späterer Wegfall der Einkünfte aus dieser Erwerbstätigkeit.
– Keine nachhaltige Unterhaltssicherung durch die Erwerbstätigkeit.

Der Berechtigte muss **nach der Scheidung** eine **angemessene Erwerbstätigkeit** ausgeübt haben. War die ausgeübte Erwerbstätigkeit nicht angemessen im Sinn von § 1574 II BGB, dann war der Anspruch nach § 1573 I BGB noch nicht weggefallen. Unerheblich ist, ob die angemessene Erwerbstätigkeit bereits vor der Scheidung begonnen hatte oder erst danach.[290] Die **Einkünfte** aus der Erwerbstätigkeit müssen **unverschuldet weggefallen** sein. Diese Voraussetzung ergibt sich aus der Formulierung „trotz seiner Bemühungen".

Ein unverschuldeter Verlust liegt z. B. vor bei Verlust der Arbeitsstelle infolge eines Unfalls, einer Krankheit, infolge Alters, unverschuldeter Arbeitgeberkündigung, Insolvenz des Arbeitgebers, Aufnahme einer zeitlich befristeten Arbeitsbeschaffungsmaßnahme.

Verschuldet ist der Verlust bei Arbeitnehmerkündigung, ohne eine gleichwertige Arbeit zu haben, bei schuldhaft herbeigeführter Arbeitgeberkündigung und wenn nur Gelegenheitsarbeiten übernommen werden, obwohl bei entsprechenden Bemühungen auch eine nachhaltige Tätigkeit hätte gefunden werden können. Entfällt eine Erwerbstätigkeit durch eigenes Verschulden, so lebt der Unterhaltsanspruch nicht wieder auf.

Durch die weggefallene Tätigkeit darf der Unterhalt noch nicht nachhaltig gesichert **118** gewesen sein.
• Nach § 1573 IV BGB ist auf die **nachhaltige Sicherung des Unterhalts** abzustellen, nicht auf die nachhaltige Sicherung eines bestimmten Arbeitsplatzes.[291] Diese Sicherung kann u. U. auch angenommen werden, wenn nur **fiktive Einkünfte** zuzurechnen wären, weil auch solche Einkünfte – fiktiv – zu einer nachhaltigen Sicherung führen können.[292] Eine andere Auffassung würde zur Besserstellung eines Unterhaltsberechtigten führen, der seine Erwerbsobliegenheit verletzt. In beiden Fällen hat der Unterhalt begehrende Ehegatte **darzulegen und zu beweisen,** dass es zu keiner nachhaltigen Sicherung des Unterhalts kam.[293]
• Für die Beurteilung, ob der Unterhalt nachhaltig gesichert erscheint, ist maßgebend, ob die Erwerbstätigkeit im Zeitpunkt ihrer Aufnahme nach objektiven Maßstäben und allgemeiner Lebenserfahrung mit einer gewissen Sicherheit im Sinne **objektiviert vorausschauender Betrachtung**[294] als dauerhaft angesehen werden kann oder ob befürchtet werden muss, dass der Bedürftige sie durch außerhalb seiner Entschließungsfreiheit liegende Umstände in absehbarer Zeit wieder verliert. Dabei sind vom Standpunkt eines optimalen Beobachters auch solche Umstände in die Beurteilung einzubeziehen, die zwar schon zu diesem Zeitpunkt bestehen, aber erst später zutage treten.[295] Die ex-ante-Betrachtung zum Zeitpunkt des Beginns der Erwerbstätigkeit hat nicht auf Grund einer subjektiven Vorausschau nach dem Erkenntnisstand der Unterhaltsparteien zu geschehen, sondern es sind bei der gebotenen objektiven Betrachtung **(objektiv vorausschauende Prognose)** Umstände zu berücksichtigen, die schon vorlagen, aber erst später zutage getreten sind. Bei einer Lehrerin betrifft die Prognose neben der fachlicher Qualifikation auch die gesundheitliche Eignung. Wird sie zwei Tage nach Dienstantritt wegen einer

---

[289] BGH, FamRZ 1988, 701; FamRZ 1985, 1234
[290] BGH, FamRZ 1985, 53, 55
[291] BGH, FamRZ 1985, 53, 55
[292] BGH, FamRZ 2003, 1734, 1736 = R 597 b
[293] BGH, a. a. O.
[294] BGH, FamRZ 1988, 701; FamRZ 1985, 1234
[295] BGH, FamRZ 1988, 701; FamRZ 1985, 1234; FamRZ 1985, 791

Nervenerkrankung dienstunfähig und tritt im Lauf von zwei Jahren keine Besserung ein, dann fehlt schon bei Aufnahme des Dienstes die gesundheitliche Eignung, auch wenn die Symptome der schon bestehenden Krankheit nicht sofort bei Dienstbeginn aufgetreten sind.[296] Jedenfalls nach einer **Dauer der Erwerbstätigkeit** von 2 Jahren dürfte von einer nachhaltigen Unterhaltssicherung auszugehen sein.[297] Dasselbe gilt bei Verlust des Arbeitsplatzes 4 Jahre nach Scheidung.[298]

- War eine **Erwerbstätigkeit** bereits **vor der Scheidung** aufgenommen worden, kann die Frage, ob eine nachhaltige Unterhaltssicherung vorliegt, frühestens zum Zeitpunkt der Scheidung beurteilt werden[299] – vgl. dazu Rn. 114. War der Berechtigte bereits während der Ehe einer Erwerbstätigkeit nachgegangen, die seinen Unterhalt nachhaltig zu sichern schien, und verlor er dann diese noch vor der Scheidung, besteht ein Anspruch nach § 1573 I BGB. Gleiches gilt über § 1573 IV BGB, wenn der Verlust der Erwerbstätigkeit zwar erst nach der Scheidung eintritt, aber zum Scheidungszeitpunkt bereits wahrscheinlich oder voraussehbar war.[300]

- War im Zeitpunkt der Scheidung die Aufnahme einer Erwerbstätigkeit noch nicht sicher abzusehen, verschiebt sich der Beurteilungszeitpunkt notwendigerweise auf den Zeitpunkt der Aufnahme der Tätigkeit.[301]

  - Auch bei einer **kurzen tatsächlichen Beschäftigungszeit** kann der Unterhalt nachhaltig gesichert sein. Dies ist z. B. der Fall, wenn der Bedürftige nach Abschluss eines langfristigen Arbeitsvertrages seine Stelle verliert, weil der Arbeitgeber unerwartet in Konkurs gefallen ist. Andererseits kann im Fall der Vereinbarung einer Probezeit die nachhaltige Sicherung des Arbeitsplatzes bei Antritt der Stellung noch zu verneinen sein, aber zu einem späteren Zeitpunkt, der vor der tatsächlichen Beendigung des Beschäftigungsverhältnisses liegt, zu bejahen sein.[302]

- **Einkünfte**, die dem Berechtigten **wegen Versorgung eines neuen Partners** in nichtehelicher Lebensgemeinschaft zugerechnet werden, sind keine nachhaltig gesicherten Einkünfte aus einer angemessenen Erwerbstätigkeit. Auf solche Einkünfte besteht kein Rechtsanspruch, weshalb sie jederzeit wieder wegfallen können.[303] In der Regel bleibt aber die Verpflichtung bestehen, sich auch während des Zusammenlebens in nichtehelicher Lebensgemeinschaft um eine angemessene Erwerbstätigkeit zu bemühen. Bei unterlassenen Bemühungen kann ein Unterhaltsanspruch entfallen.

Sind unterhaltsrechtliche Beziehungen der Parteien – vorbehaltlich des Eingreifens der Härteklausel des § 1579 BGB – auf Grund der vorübergehenden Deckung des Lebensbedarfs durch solche zuzurechnende Einkünfte nicht erloschen, kann nach erneutem Eintritt der Bedürftigkeit infolge des Scheiterns der nichtehelichen Lebensgemeinschaft wieder ein Anspruch nach § 1573 I entstehen, wenn der Berechtigte auch bei ausreichenden Bemühungen um eine Erwerbstätigkeit während der Zeit des Zusammenlebens in nichtehelicher Lebensgemeinschaft keine Arbeit gefunden hätte, die seinen Unterhalt nachhaltig gesichert hätte.[304]

- Noch nicht nachhaltig gesichert ist ein Unterhalt, wenn eine Erwerbstätigkeit von vornherein zeitlich begrenzt ist oder wenn sich der Berechtigte in Überschätzung seiner Leistungsfähigkeit trotz Alters oder Krankheit übernimmt und deshalb seine Tätigkeit nach einiger Zeit wieder aufgeben muss.[305]

- Wer den anderen auf Unterhalt in Anspruch nimmt, hat die **Darlegungs- und Beweislast** dafür, dass eine nachhaltige Sicherung seines Unterhalts nicht zu erreichen war.[306]

---

[296] BGH, FamRZ 1985, 791
[297] OLG Karlsruhe, FamRZ 2000, 233; OLG Köln, Beck Rs 2005, 30349120
[298] OLG Dresden, FamRZ 2001, 833 (L)
[299] Vgl. OLG Bamberg, FamRZ 1997, 819; der Ansicht angeschlossen hat sich OLG Köln FamRZ 1998, 1434
[300] BGH, FamRZ 1985, 53, 55
[301] BGH, FamRZ 1988, 701
[302] BGH, FamRZ 1985, 1234
[303] BGH, FamRZ 1987, 689
[304] BGH, FamRZ 1987, 689
[305] OLG Hamm, FamRZ 1997, 26
[306] BGH, FamRZ 2003, 1734, 1736 = R 597 b; FamRZ 1985, 1234

War der **Unterhalt** vor Verlust des Arbeitsplatzes wenigstens **teilweise gesichert,** so   119
beschränkt sich der Unterhaltsanspruch nach § 1573 IV 2 BGB auf den Unterschiedsbetrag
zwischen dem nachhaltig gesicherten Unterhalt und dem vollen Unterhalt. Bei dem Unterschiedsbetrag kann es sich dabei sachlich auch um einen Aufstockungsunterhalt handeln.[307]
Betrug der volle Unterhalt 1500 € und waren davon 1000 € durch die bisherige Erwerbstätigkeit nachhaltig gesichert, dann besteht bei Verlust des Arbeitsplatzes nur ein Unterhaltsanspruch in Höhe von 500 € weiter. Auch bei einem Anschlussunterhalt bleibt der Anspruch auf 500 € begrenzt – vgl. Rn. 76.

War der **Unterhalt vollständig** durch die Erwerbstätigkeit nachhaltig **gesichert,** dann ist
kein Unterhaltsanspruch nach § 1573 I BGB und kein Anschlussunterhalt nach §§ 1571,
1572, 1575 BGB mehr möglich. Ein bestehender **Unterhaltsanspruch erlischt** – abgesehen von einem eventuellen Anspruch auf Aufstockungsunterhalt (§ 1573 II BGB), soweit
die Einkünfte nicht zum vollen Unterhalt ausreichen – mit der Aufnahme einer den
Unterhalt nachhaltig sichernden Tätigkeit.[308]

7. Zeitliche Begrenzung des Unterhalts nach § 1578 b BGB

Wie jeder nacheheliche Unterhaltsanspruch kann der auf § 1573 BGB beruhende An-   120
spruch nach § 1578 b BGB **zeitlich begrenzt bzw. herabgesetzt** werden. Einzelheiten
zur Begrenzung – Rn. 578 ff.

8. Sonstiges

Der Anspruch nach **§ 1573 I BGB geht** in der Regel **auf den vollen** eheangemessenen   121
Unterhalt (§ 1578 I 1 BGB). Bei Einkünften aus nicht angemessener Erwerbstätigkeit oder
sonstigen nicht auf Erwerbstätigkeit beruhenden Einkünften geht er auf den nicht gedeckten
Teil des vollen Unterhalts.

Ein Anspruch nach § 1573 I BGB entfällt stets, wenn ein Unterhaltsanspruch nach
§§ 1570, 1571, 1572, 1575 oder nach § 1576 BGB bejaht werden kann (dazu Rn. 106).

Statt eines Anspruchs nach § 1573 I BGB besteht ein Anspruch nach § 1573 II BGB,
wenn Einkünfte aus einer eheangemessenen Erwerbstätigkeit den vollen Unterhaltsbedarf
nicht decken (Rn. 109 und 122 ff.).

VI. Aufstockungsunterhalt nach § 1573 II BGB

1. Anspruchsvoraussetzungen nach § 1573 II BGB

Nach § 1573 II BGB kann der Bedürftige den Unterschiedsbetrag zwischen seinen   122
tatsächlichen oder fiktiven[309] Einkünften aus einer tatsächlich ausgeübten oder ihm möglichen angemessenen Erwerbstätigkeit und seinem vollen Unterhalt verlangen.

Nach altem Recht wurde aus diesem Anspruch eine Art Lebensstandardgarantie für die
Zeit nach der Scheidung auf Grund nachwirkender ehelicher Mitverantwortung hergeleitet.[310] Allerdings wies der BGH hierzu neuerdings bereits darauf hin, dass § 1573 II BGB
keine von ehebedingten Nachteilen unabhängige Lebensstandardgarantie biete.[311] Der Gesetzgeber der Unterhaltsreform hat durch die Neufassung des § 1574 I u. II BGB (vgl. dazu
Rn. 131 ff.) zusätzlich die Entscheidung darüber relativiert, welche Art von Erwerbstätigkeit auf Grund der ehelichen Verhältnisse für einen geschiedenen Ehegatten angemessen ist.
Es wird insoweit nur noch darauf abgestellt, ob eine nach erster Prüfung ansonsten

---

[307] OLG Köln, FamRZ 2004, 1725
[308] BGH, FamRZ 1985, 791
[309] BGH, FamRZ 1990, 979
[310] BGH, FamRZ 1982, 892
[311] BGH, FamRZ 2007, 2052, 2053 = R 683 b

angemessene, z. B. früher ausgeübte Tätigkeit, bei einer als Korrektiv nachfolgenden Billig-keitsprüfung auf Grund der ehelichen Verhältnissen als unbillig zu beurteilen ist (§ 1574 II 1 BGB). Dabei muss der Berechtigte ggf. darlegen und beweisen, dass eine für ihn erreichbare Erwerbstätigkeit auf Grund der ehelichen Verhältnisse unzumutbar ist.[312] Im Streitfall hat der Richter über diese Frage eine dem Einzelfall gerecht werdende Entschei-dung zu treffen, die dazu führen kann, dass der geschiedene Ehegatte einen geminderten Lebensstandard ohne Aufstockungsanspruch hinnehmen muss.[313] Auch der neu eingeführte § 1578 b BGB stellt klar, dass es **keine** vorn vornherein gewährte **Lebensstandardgaran-tie** (mehr) in Form einer Teilhabe gibt, die der Höhe nach nicht abänderbar oder zeitlich unbegrenzt wäre.[314] Die neuere Rechtsprechung des BGH zu den wandelbaren ehelichen Lebensverhältnissen im Sinne des § 1578 I 1 BGB schreibt diese darüber hinaus nicht mehr auf den Stichtag der rechtskräftigen Scheidung fest, sondern lässt die Ehegatten grund-sätzlich an nachehelichen Einkommensminderungen oder Einkommenssteigerungen, hier z. B. abgesehen von einem Karrieresprung, gemeinsam teilhaben, so dass auch insoweit keine an die früheren ehelichen Verhältnisse geknüpfte Lebensstandardgarantie mehr be-gründet wird.[315] Denn der Ehegatte soll auf Grund der Scheidung nicht besser stehen, als er ohne Scheidung stünde.

Der Anspruch gleicht nicht ehebedingte Nachteile aus, sondern sichert ehebedingte Vorteile. Der Aufstockungsunterhalt hat vier Anspruchsvoraussetzungen:
- Es darf **kein anderweitiger Anspruch** auf den vollen Unterhalt nach den §§ 1570, 1571, 1572 oder 1573 I BGB bestehen (siehe Rn. 124).
- Der Bedürftige muss bereits eine **angemessene Erwerbstätigkeit** ausüben oder zuge-rechnet erhalten (siehe Rn. 125).
- Die tatsächlichen oder fiktiven **Einkünfte** aus der angemessenen Erwerbstätigkeit **decken nicht den vollen Unterhalt** (Rn. 127).
- Die Voraussetzungen müssen zu den **maßgeblichen Einsatzzeitpunkten** vorliegen (Rn. 126).

Der ergänzende Anspruch auf den Unterschiedsbetrag zwischen den Erwerbseinkünften und dem vollen Unterhalt braucht **nicht ehebedingt** zu sein. Der Aufstockungsunterhalt sichert ehebedingte Vorteile. Es genügt, wenn – wie bei Erwerbslosigkeitsunterhalt – die Bedürfnislage irgendwie mit der Ehe in Verbindung steht.[316]

Der Anspruch besteht auch, wenn die Eheleute während der Ehe keine Wirtschafts-gemeinschaft gebildet haben und auch sonst ihre beiderseitigen, auch wirtschaftlichen Lebenspositionen nicht aufeinander abgestimmt haben.[317]

123   Der **Aufstockungsunterhalt erlischt,** wenn die Einkünfte aus der angemessenen Erwerbstätigkeit den vollen Unterhalt decken. Wenn sich später wieder Unterschiede zwischen dem vollen Unterhalt und den Erwerbseinkünften ergeben, sind diese nicht mehr auszugleichen, wenn der volle Unterhalt inzwischen durch die Erwerbstätigkeit nachhaltig gesichert war (siehe Rn. 116 bis 119 und anschließend). Ein Anspruch auf Aufstockungs-unterhalt kann allerdings neu entstehen als Anschlussunterhalt nach § 1573 III BGB (siehe Rn. 126).

Ein erloschener **Anspruch kann** als Aufstockungsunterhalt oder Erwerbslosigkeitsunter-halt **wieder aufleben,** wenn die Einkünfte aus der angemessenen Erwerbstätigkeit zu einer Zeit wieder entfallen, zu der es dem Berechtigten trotz seiner Bemühungen nicht gelungen war, seinen Unterhalt durch die Erwerbstätigkeit ganz oder teilweise nachhaltig zu sichern. Damit eröffnet § 1573 IV BGB praktisch eine weitere Einsatzzeit, an die sich ein Anschluss-unterhalt anschließen kann. Genauere Einzelheiten zur nachhaltigen Unterhaltssicherung durch eine Erwerbstätigkeit: Rn. 116 bis 119.

---

[312] BT-Drucks. 16/1830 S. 17
[313] A. a. O.
[314] A. a. O. S. 18
[315] BGH, FamRZ 2008, 968, 971 f. = R 689 g; BGH, FamRZ 2006, 683, 685 = R 649 g
[316] BGH, FamRZ 1980, 126
[317] OLG Düsseldorf, FamRZ 1983, 1139

2. Verhältnis des Aufstockungsunterhalts zu Ansprüchen nach den §§ 1570, 1571, 1572 oder 1573 I BGB

Wenn der Berechtigte aus einem der Anspruchsgründe der §§ 1570, 1571 oder 1572 **124** **vollständig an einer Erwerbstätigkeit gehindert** ist, besteht nur nach dem jeweiligen Unterhaltstatbestand ein Anspruch auf den vollen Unterhalt. Daneben besteht kein Anspruch nach § 1573 II BGB.[318] Dies gilt auch, soweit der aus gesundheitlichen Gründen völlig erwerbsunfähige Berechtigte Erwerbsunfähigkeitsrente bezieht.[319]

Ist der Berechtigte wegen Kindesbetreuung, Alter oder Krankheit nur **teilweise** an einer Erwerbstätigkeit gehindert, erfassten die Ansprüche nach den §§ 1570, 1571 oder 1572 BGB nach der Rechtsprechung des BGH den Unterhalt jeweils nur bis zur Höhe des Mehreinkommens, das der Berechtigte bei einer Vollerwerbstätigkeit erzielen hätte erzielen können. Reichte dieser Unterhaltsanspruch zusammen mit dem Teilerwerbseinkommen nicht zur Deckung des vollen Bedarfs (§ 1578 I 1 BGB) aus, bestand **zusätzlich** ein **Anspruch auf Aufstockungsunterhalt** nach § 1573 II BGB.[320] Der BGH hatte diese Auffassung zunächst für §§ 1570 und 1572 BGB vertreten und später auch für § 1571 BGB bestätigt.[321] Hauptgrund hierfür war, dass die zeitliche Begrenzung des Unterhalts nach § 1573 V BGB a. F. ausschließlich für Unterhaltsansprüche nach § 1573 BGB in Betracht kam. Die neue generelle Herabsetzungs- und Begrenzungsvorschrift des § 1578 b BGB gilt dagegen unterschiedslos für alle Tatbestände des nachehelichen Unterhalts, so dass es – auch im Hinblick auf das mit der Unterhaltsreform verfolgte Ziel der Vereinfachung des Unterhaltsrechts[322] – nicht mehr geboten erscheint, bei Teilerwerbstätigkeit an der Aufsplitterung des Anspruchs festzuhalten. Wegen weiterer Einzelheiten wird auf Rn. 76 verwiesen.

Ein Anspruch nach § 1573 II BGB setzt außerdem voraus, dass kein Anspruch nach § 1573 I oder IV BGB besteht. Deshalb muss in allen Fällen, in denen ein zur Erwerbstätigkeit verpflichteter Berechtigter nicht oder nicht voll erwerbstätig ist, vorweg geklärt werden, ob nicht ein Anspruch nach § 1573 I oder IV BGB bejaht werden kann.[323]

3. Ausübung einer angemessenen Erwerbstätigkeit

Der Berechtigte muss eine angemessene Erwerbstätigkeit ausüben, oder es müssen ihm **125** wegen der Nichtausübung einer zumutbaren Erwerbstätigkeit **fiktiv erzielbare Einkünfte**[324] zugerechnet werden. Die ausgeübte oder zugemutete Erwerbstätigkeit muss nach Art und Umfang angemessen sein im Sinn von § 1574 II BGB. Genauere Einzelheiten zur angemessenen Erwerbstätigkeit: Rn. 108 und 131 ff.

In der Regel muss es sich dem Umfang nach um eine **Vollbeschäftigung** handeln.[325]

Geht der Berechtigte, der umfangmäßig zu einer Vollerwerbstätigkeit verpflichtet ist, nur einer Teilzeitbeschäftigung nach, weil er auf Grund der Arbeitsmarktlage trotz ausreichender Bemühungen keine angemessene Vollerwerbstätigkeit findet, dann besteht kein Anspruch auf Aufstockungsunterhalt, sondern ein Anspruch nach § 1573 I BGB, weil er umfangmäßig keine angemessene Erwerbstätigkeit ausübt[326] (siehe Rn. 109).

Ausnahmsweise kann im Einzelfall auf Grund einer Abwägung aller Umstände als nach § 1574 II BGB **angemessen nur eine Teilzeitbeschäftigung** zumutbar sein. Übt der Berechtigte eine solche angemessene Teilzeitbeschäftigung aus, so besteht ein Anspruch auf Aufstockungsunterhalt, weil er seiner eheangemessenen Erwerbsobliegenheit voll nachkommt.[327]

---

[318] BGH, FamRZ 1990, 492; FamRZ 1988, 265; FamRZ 1987, 1011, 1012
[319] OLG München, FamRZ 1997, 295
[320] BGH, FamRZ 1993, 789, 791 = R 460 a; FamRZ 1990, 492
[321] BGH, FamRZ 1999, 708, 709 = R 532 b
[322] BT-Drucks. 16/1830 S. 14
[323] BGH, FamRZ 1988, 701
[324] BGH, FamRZ 1990, 979
[325] BGH, FamRZ 1988, 265
[326] BGH, FamRZ 1988, 265
[327] BGH, FamRZ 1985, 908

Ein Anspruch nach § 1573 II BGB besteht auch, wenn dem Berechtigten wegen Verletzung seiner Erwerbsobliegenheit fiktiv erzielbare Einkünfte aus einer angemessenen Vollerwerbstätigkeit zugerechnet werden, weil nicht auszuschließen ist, dass er bei ausreichenden Bemühungen eine solche Tätigkeit gefunden hätte.[328]

4. Maßgebliche Einsatzzeitpunkte

126   § 1573 II BGB enthält – anders als § 1573 I BGB – nach seinem Wortlaut keine ausdrücklich benannte Einsatzzeit. Trotzdem müssen die **Voraussetzungen des originären Aufstockungsunterhalts** bereits **zurzeit der Scheidung** vorliegen. Der BGH verweist darauf, dass die Sonderfälle des § 1573 III und IV BGB nicht verständlich wären, wenn für den Anspruch nach § 1573 II BGB nicht die Zeit der Scheidung als Einsatzzeitpunkt gelten würde.[329] Richtig dürfte sein, dass jedenfalls ein enger zeitlicher Zusammenhang mit der Scheidung bestehen muss.[330] Liegen die Anspruchsvoraussetzungen zum Zeitpunkt der Scheidung vor, schadet es nicht, wenn der Anspruch erst zu einem späteren Zeitpunkt geltend gemacht wird.[331] Wenn lange Zeit nach der Scheidung erstmals Aufstockungsunterhalt verlangt wird, muss ggf. rückblickend festgestellt werden, dass die Voraussetzungen zum Zeitpunkt der Scheidung vorlagen.[332]

Der sehr weitgehende Aufstockungsunterhalt kann nicht ohne eine solche Eingrenzung bleiben. Demgegenüber hat das OLG Zweibrücken entschieden, dass in Einzelfällen auch lange Zeit nach Scheidung erstmals Aufstockungsunterhalt verlangt werden könne, z. B. wenn der eheangemessene Bedarf nachträglich nicht mehr durch die eigene Erwerbstätigkeit vollständig gedeckt sei, weil die Berechtigte, die Betreuungsunterhalt für ein Kind geleistet habe, nunmehr erstmals auf Barunterhalt in Anspruch genommen werde.[333]

Nach § 1573 III BGB sind **weitere Einsatzzeitpunkte** für den Aufstockungsunterhalt als Anschlussunterhalt der Wegfall der Voraussetzungen eines Unterhaltsanspruchs nach den §§ 1570, 1571, 1572 und 1575, d. h. zu einem dieser Zeitpunkte schließt sich ein Aufstockungsunterhalt an den wegfallenden und vorrangigen Unterhaltsanspruch an, wenn zu dieser Zeit die Einkünfte aus einer angemessenen Erwerbstätigkeit den vollen Unterhalt nicht decken.

Der Aufstockungsunterhalt kann sich – obwohl nicht eigens erwähnt – auch an einen Erwerbslosigkeitsunterhalt nach § 1573 I BGB anschließen, wenn der Berechtigte eine angemessene Erwerbstätigkeit aufnimmt, die seinen vollen Unterhalt nicht deckt.

Beim Anschlussunterhalt ist zu beachten, dass dieser nur in dem Umfang weiterbesteht, wie er im Zeitpunkt des wegfallenden Vortatbestandes bestanden hatte (dazu Rn. 50 und 51).

5. Zur Berechnung des Aufstockungsunterhalts

127   Nach § 1573 II BGB kann der **Unterschiedsbetrag** zwischen vollem Unterhalt und den Einkünften aus angemessener Erwerbstätigkeit als Aufstockungsunterhalt verlangt werden. Dazu ist zunächst der nach den wandelbaren, ehelichen Lebensverhältnissen (vgl. Rn. 122) angemessene volle Unterhalt (§ 1578 I 1 BGB) zu bestimmen.[334] Für diese Bedarfsbemessung dürfen nur prägende Einkünfte beider Ehegatten verwendet werden (Rn. 179 ff.).

Ist das Einkommen beider Ehegatten prägend (**Doppelverdienerehe** – oder nach der geänderten Rechtsprechung des BGH[335] – **Haushaltsführungsehe**), wird die Ehegatten-

[328] BGH, FamRZ 1990, 979; FamRZ 1988, 927, 929; FamRZ 1986, 553, 555; FamRZ 1985, 908
[329] BGH, FamRZ 2005, 1817, 1819 = R 632 a; FamRZ 1983, 886
[330] Vgl. OLG Hamm, FamRZ 1994, 1392
[331] BGH, FamRZ 2005, 1817, 1819 = R 632 a
[332] Vgl. OLG Thüringen, FamRZ 2004, 1207
[333] OLG Zweibrücken, FamRZ 2002, 1565
[334] BGH, FamRZ 1983, 886; FamRZ 1982, 575; FamRZ 1982, 892
[335] BGH, FamRZ 2001, 986, 991 = R 563 c

quote aus der Differenz der Einkünfte beider Ehegatten berechnet (zur Differenzmethode: Rn. 1/21 ff. und 406 ff., zur Additionsmethode Rn. 386 ff.).

Diese so berechnete Ehegattenquote beinhaltet sowohl den vollen angemessenen Unterhaltsbedarf nach § 1578 I 1 BGB als auch den Aufstockungsunterhalt nach § 1573 II BGB, weil in diesem Fall bereits auf der Bedarfsstufe die Differenz der unterschiedlichen Einkünfte berücksichtigt wurde. Der BGH hält in einem solchen Fall die Differenzmethode (oder die Additionsmethode) als billigenswerte Methode zur Bemessung des Aufstockungsunterhalts.[336] Der so errechnete Aufstockungsunterhalt kann sich im Einzelfall dadurch verringern, dass weitere nichtprägende Einkünfte des Berechtigten bedürftigkeitsmindernd auf den so bemessenen vollen Unterhaltsbedarf angerechnet werden (Rn. 531 ff.).

Soweit das Erwerbseinkommen des Berechtigten **nicht prägend** ist (Einkommensteile, die auf einer ungewöhnlichen, vom Normalverlauf erheblich abweichenden Karriereentwicklung beruhen oder gemäß § 1577 II BGB wegen überobligationsmäßiger Tätigkeit ganz oder teilweise unberücksichtigt bleiben),[337] wird die Ehegattenquote mit Hilfe der Differenz- oder Additionsmethode nur aus den prägenden Einkünften beider Ehegatten berechnet. Auf den so ermittelten vollen eheangemessenen Unterhalt (§ 1578 I 1 BGB) werden alle nichtprägenden Einkünfte des Berechtigten, soweit sie nicht als überobligationsmäßig nach § 1577 II BGB bei der Unterhaltsrechnung vollständig unberücksichtigt bleiben,[338] auf der Bedürftigkeitsstufe bedarfsmindernd angerechnet (siehe Rn. 535). Die Differenz zwischen dem vollen Unterhalt und den anzurechnenden nichtprägenden Einkünften, d. h. der verbleibende Rest, beinhaltet dann den Aufstockungsunterhalt.

Da der Aufstockungsunterhalt ehebedingte Vorteile (Erhaltung eines ehelichen Lebens-   **128** standards ohne unangemessenen sozialen Abstieg – vgl. Rn. 133) sichern soll, sind nur **nicht ganz geringfügige Einkommensunterschiede auszugleichen.** Nach der Rechtsprechung des BGH darf jedenfalls ein Anspruch in Höhe von mehr als 82 € (160,– DM) nicht vernachlässigt werden.[339] OLG-Entscheidungen[340] halten einen Mindestbetrag des Aufstockungsunterhalts von ca. 50 € (100,– DM) für erforderlich. Das OLG München[341] hat inzwischen die Meinung vertreten, ein Aufstockungsbetrag von unter 10% des bereinigten Nettoeinkommens des Bedürftigen sei noch als unwesentliche Abweichung vom Halbteilungsgrundsatz zu bewerten. Insoweit könnte bei knappen Verhältnissen, wo auch mit geringen Beträgen gerechnet werden muss, eine andere Beurteilung notwendig sein. Generell wird es auf die konkreten Einkommensverhältnisse ankommen. Berücksichtigt werden muss auch, dass es prinzipiell keine Lebensstandardgarantie mehr gibt – vgl. Rn. 122.

Genauere Einzelheiten zur Berechnung des vollen eheangemessenen Bedarfs aus prägenden Einkünften und zur bedarfsmindernden Anrechnung nichtprägender Einkünfte siehe Rn. 179 ff. und 540.

6. Zeitliche Begrenzung des Aufstockungsunterhalts nach § 1578 b BGB

Auch der Anspruch nach § 1573 II BGB kann unter den Voraussetzungen des § 1578 b   **129** BGB zeitlich begrenzt bzw. herabgesetzt werden.[342] Genauere Einzelheiten hierzu Rn. 578 ff.

7. Konkurrenzen und Sonstiges

Zum Verhältnis des Anspruchs nach § 1573 II BGB zu den Ansprüchen nach den   **130** §§ 1570, 1571, 1572 oder 1573 I BGB **(eingeschränkte Subsidiarität)** siehe Rn. 124.

---

[336] BGH, FamRZ 1982, 892
[337] Vgl. BGH, FamRZ 2005, 1154, 1156 = R 630 e
[338] BGH, a. a. O.
[339] BGH, FamRZ 1984, 988, 990; a. A. wohl KG FamRZ 1981, 156 und OLG Braunschweig FamRZ 1979, 1020
[340] OLG Düsseldorf, FamRZ 1996, 947; OLG München, FamRZ 1997, 425
[341] FamRZ 2004, 1208, 1209; so auch OLG Koblenz, NJW-RR 2006, 151, 152
[342] BGH, FamRZ 1988, 265

Auch Ansprüche nach den §§ 1575 und 1576 BGB sind gegenüber Ansprüchen nach § 1573 II BGB vorrangig, weil § 1573 II BGB von einer angemessenen Erwerbstätigkeit auf Grund einer bestehenden Erwerbsobliegenheit ausgeht, während die Ansprüche nach den §§ 1575 und 1576 BGB voraussetzen, dass auf Grund der besonderen Umstände eine solche Erwerbsobliegenheit gerade (noch) nicht besteht.

Scheitert ein vorrangiger Anspruch nur daran, dass die Anspruchsvoraussetzungen nicht zum maßgeblichen Einsatzzeitpunkt vorliegen, dann entfällt auch ein Anschlussunterhalt nach § 1573 III und II BGB.

Der Berechtigte hat die **Darlegungs- und Beweislast** für die Anspruchsvoraussetzungen einschließlich der Höhe seines vollen Unterhalts und der Höhe seiner eigenen anrechenbaren Einkünfte.

VII. Angemessene Erwerbstätigkeit nach § 1574 BGB und Ausbildungsunterhalt nach § 1574 III i. V. mit § 1573 I BGB

1. Bedeutung des § 1574 BGB

131   Das Prinzip der Eigenverantwortlichkeit erfordert vom Berechtigten, grundsätzlich nach der Scheidung für seinen Unterhalt durch eine eigene Erwerbstätigkeit selbst aufzukommen[343] (Rn. 42).

Ein Anspruch auf nachehelichen Unterhalt besteht nur, wenn der Bedürftige aus Gründen, die in den enumerativen Anspruchstatbeständen der §§ 1570, 1571, 1572, 1573, 1574 III, 1575 und 1576 BGB normiert sind, nach der Scheidung – entgegen der ihn treffenden gesetzlichen Obliegenheit (§ 1569 S. 1 BGB) – nicht oder nicht ausreichend durch eigene Erwerbstätigkeit selbst für seinen Unterhaltsbedarf sorgen kann[344] (siehe Rn. 44).

Die sich aus § 1569 S. 1 BGB ergebende **generelle Erwerbsverpflichtung des Bedürftigen,** welche auch von der Neufassung des § 1574 I BGB betont wird, ist inhaltlich auf eine ihm angemessene Erwerbstätigkeit beschränkt. An dieser Angemessenheit einer Erwerbstätigkeit ist die Zumutbarkeit der Aufnahme oder Ausweitung einer Erwerbstätigkeit bei allen Unterhaltstatbeständen zu beurteilen.[345]

Für die Frage, welche Erwerbstätigkeit angemessen ist, zählt § 1574 II BGB die wichtigsten Kriterien im Sinne einer Legaldefinition[346] der zu berücksichtigenden Umstände auf.

§ 1574 I und II BGB stellen demgemäß keine eigene Anspruchsgrundlage dar, sondern sind Hilfsnormen zur Auslegung des Begriffs „Erwerbstätigkeit", der bei allen Anspruchstatbeständen der §§ 1570, 1571, 1572, 1573, 1575 und 1576 BGB eine wesentliche Rolle spielt. Deshalb sind § 1574 I und II BGB bei jeder dieser Anspruchsnormen ergänzend heranzuziehen. Außerdem trägt die inhaltliche Beschränkung der Erwerbsobliegenheit auf eine angemessene berufliche Beschäftigung (§ 1574 I BGB) und die gesetzliche Umschreibung der Angemessenheit (§ 1574 II BGB) zur Konkretisierung der Voraussetzungen der Unterhaltsansprüche nach den §§ 1571, 1572 und 1573 BGB bei.[347]

132   Nach § 1574 III BGB obliegt es dem Bedürftigen, sich ausbilden, fortbilden oder umschulen zu lassen, soweit dies erforderlich ist, um eine angemessene Erwerbstätigkeit aufnehmen zu können, und wenn ein erfolgreicher Abschluss der Ausbildung zu erwarten ist. Sind diese Voraussetzungen erfüllt, besteht anstelle einer Erwerbsobliegenheit eine **Ausbildungsobliegenheit.**[348] Unterzieht sich der Bedürftige einer solchen Ausbildung, hat er nach § 1574 III i. V. mit § 1573 I BGB für die Regeldauer einer solchen Ausbildung einen zeitlich begrenzten Anspruch auf Ausbildungsunterhalt.[349] Insofern beinhaltet § 1574 III

---

[343] BGH, FamRZ 1984, 561
[344] BGH, FamRZ 1984, 353; FamRZ 1981, 242
[345] BGH, FamRZ 1983, 144
[346] BGH, FamRZ 1985, 371, 373
[347] BGH, FamRZ 1983, 144
[348] BGH, FamRZ 1986, 1085
[349] BGH, FamRZ 1987, 795, 797; FamRZ 1986, 553; FamRZ 1984, 561, 563

BGB i. V. mit § 1573 I BGB neben § 1575 BGB eine weitere Anspruchsgrundlage für einen Ausbildungsunterhalt (Rn. 144 ff.).

Beim **Trennungsunterhalt** (Rn. 16 ff.) kann der nicht erwerbstätige Ehegatte nur unter wesentlich engeren Voraussetzungen darauf verwiesen werden, seinen Unterhalt durch eigene Erwerbstätigkeit zu verdienen, als dies gemäß § 1574 II BGB nach der Scheidung der Fall ist.[350]

2. Zur angemessenen Erwerbstätigkeit nach § 1574 II BGB

Nach § 1574 II BGB ist eine Erwerbstätigkeit angemessen, die der Ausbildung, den **133** Fähigkeiten, einer früheren Erwerbstätigkeit, dem Lebensalter und dem Gesundheitszustand des Bedürftigen entspricht. In die Neufassung des Absatzes 2 S. Hs. 1 der Bestimmung wurde ausdrücklich das Merkmal der „früheren Erwerbstätigkeit" aufgenommen. Eine Erwerbstätigkeit in einem früher ausgeübten Beruf soll grundsätzlich immer angemessen sein.[351] So ist es dem Ehegatten versagt, Unterhalt auf Grund einer höheren Berufsqualifikation zu verlangen, wenn er im Verlauf der Ehe über einen längeren, z. B. mehrjährigen Zeitraum hinweg, eine geringer qualifizierte Tätigkeit ausgeübt hat.[352] Bei den nach Absatz 2 S. 1 Hs. 1 zu prüfenden Merkmalen fehlt in der Neufassung das Merkmal der „ehelichen Verhältnisse." Die erforderliche **Würdigung** der aufgezählten Merkmale **in ihrer Gesamtheit**[353] kann damit dazu führen, dass eine erreichbare Erwerbstätigkeit, die nicht den ehelichen Lebensverhältnissen entspricht, grundsätzlich als zumutbar angesehen wird.[354] Erst in einer **zweiten Prüfungsstufe** ist nach Absatz 2 S. 1 Hs. 2 im Rahmen einer als Korrektiv ausgebildeten Billigkeitsabwägung zusätzlich zu prüfen, ob die ehelichen Lebensverhältnisse die betreffende Erwerbstätigkeit ausschließen. Dabei obliegt dem Berechtigten die Darlegungs- und Beweislast dafür, dass eine an sich erreichbare Erwerbstätigkeit für ihn auf Grund der ehelichen Lebensverhältnisse unzumutbar ist.[355] Im Streitfall hat der Richter über diese Frage eine dem Einzelfall gerecht werdende Entscheidung zu treffen, die zum Ergebnis kommen kann, dass der geschiedene Ehegatte einen geminderten Lebensstandard ohne Aufstockungsanspruch hinnehmen muss.[356]

Bei der erst auf zweiter Stufe geschehenden Prüfung der ehelichen Lebensverhältnissen sind die Dauer der Ehe und die Dauer der Pflege und Erziehung eines gemeinschaftlichen Kindes zu berücksichtigen. Die **Aufzählung der Kriterien in § 1574 II BGB** ist **nicht erschöpfend.** Es können auch andere Gesichtspunkte berücksichtigt werden. Im Einzelnen werden die Angemessenheitskriterien nachfolgend unter Rn. 137 ff. erörtert. § 1574 II BGB dient dem Zweck, den nicht erwerbstätig gewesenen Ehegatten nach der Scheidung zwar nicht vor jedem, aber vor einem **unangemessenen sozialen Abstieg** zu bewahren.[357]

Unter Abwägung dieser Kriterien sind vom Tatrichter folgende Fragen zu klären:
- Ist vom Bedürftigen überhaupt noch eine angemessene Erwerbstätigkeit zu erwarten?[358]
- Kann dem Berechtigten umfangmäßig als angemessen eine **Vollerwerbstätigkeit oder** nur eine **Teilerwerbstätigkeit** zugemutet werden?[359]
- Welche Arten von Erwerbstätigkeiten können dem Bedürftigen als angemessen zugemutet werden?[360]

---

[350] BGH, FamRZ 1991, 416, 418; FamRZ 1989, 1160; FamRZ 1981, 242
[351] BT-Drucks. 16/1830 S. 17
[352] A. a. O. unter Hinweis auf BGH, FamRZ 2005, 23, 25 = R 619
[353] BT-Drucks. 16/1830 S. 17
[354] A. a. O.
[355] A. a. O.
[356] A. a. O.
[357] Zur gesetzlichen Neufassung: BT-Drucks. 16/1830 S. 17
[358] BGH, FamRZ 1987, 691; FamRZ 1985, 371, 373; FamRZ 1983, 144
[359] BGH, FamRZ 1985, 908
[360] BGH, FamRZ 1987, 795, 797; FamRZ 1986, 1085; FamRZ 1986, 553

– Besteht für den Bedürftigen eine **Ausbildungsobliegenheit,** weil für ihn nach den Umständen des Falles keine oder nur eine nicht angemessene Erwerbstätigkeit in Frage käme oder weil er dann eher eine Arbeitsstelle findet als in seinem früheren Beruf?[361]

134 Die Beantwortung dieser Fragen obliegt dem **Tatrichter.** Dieser hat dazu alle Angemessenheitskriterien und sonstigen besonderen Umstände des Einzelfalls festzustellen und umfassend abzuwägen. Rechtsfehlerhaft ist es, wenn die Beurteilung der Angemessenheit z. B. nur auf eines von mehreren zu beachtenden Kriterien gestützt wird[362] oder wenn das Gericht erkennbar keine umfassende und abschließende Angemessenheitsprüfung vornehmen wollte.[363]

Die Kriterien (wie z. B. Lebensalter, Gesundheitszustand und eheliche Lebensverhältnisse) mussten nach altem Recht im Hinblick auf die nachehelichen beruflichen Möglichkeiten notwendig aus der Sicht des Scheidungszeitpunktes gewürdigt werden unter Beachtung der Entwicklung bis zur Auflösung der Ehe. Nur die weitere Entwicklung der Verhältnisse seit der Trennung bis zur Scheidung spielte eine Rolle.[364] Die Unterhaltsreform und die geänderte Rechtsprechung des BGH zur Wandelbarkeit der nach § 1578 I 1 BGB unterhaltsbestimmenden ehelichen Lebensverhältnisse führen dazu, dass es **keine Festschreibung auf den Scheidungszeitpunkt** mehr gibt. So stellt der neu eingeführte § 1578 b BGB klar, dass keine automatische Lebensstandardgarantie (mehr) in Form einer Teilhabe gewährt wird, die der Höhe nach nicht abänderbar oder zeitlich unbegrenzt wäre.[365] Der BGH schreibt die ehelichen Lebensverhältnisse im Sinne des § 1578 I 1 BGB nicht mehr auf den Stichtag der rechtskräftigen Scheidung fest, sondern lässt die Ehegatten grundsätzlich an nachehelichen Einkommensminderungen oder Einkommenssteigerungen (hier z. B. aber nicht bei einem Karrieresprung) gemeinsam teilhaben, weil ein geschiedener Ehegatte wirtschaftlich nicht besser gestellt werden könne, als er ohne Scheidung stünde. Einkommensverringerungen, die nicht durch Verletzung einer Erwerbsobliegenheit oder durch zumutbar absicherbare freiwillige Dispositionen bedingt sind, bleiben nur außer Betracht, wenn sie auf unterhaltsrechtlicher Leichtfertigkeit beruhen.[366] Damit kommt es auf diejenigen **fortgeschriebenen ehelichen Verhältnisse** an, die für den maßgeblichen Unterhaltszeitraum bestimmend sind.

135 Der Bedürftige kann die Art der ihm zuzumutenden angemessenen Erwerbstätigkeit grundsätzlich **selbst bestimmen.** Hat er während 20-jähriger Ehe im selbstständigen Betrieb seines Partners mitgearbeitet, ist rechtlich nichts dagegen einzuwenden, wenn er nach der Trennung eine selbstständige Erwerbstätigkeit anstrebt und sich zu diesem Zweck in entsprechender Weise ausbilden lässt.[367]

Ob eine bestimmte Erwerbstätigkeit als angemessen anzusehen ist und dem Bedürftigen eine ausreichende berufliche Entwicklung ermöglicht, ist unter **Zumutbarkeitskriterien** zu beantworten. Eine optimale berufliche Erfüllung durch die Erwerbstätigkeit kann nicht verlangt werden.[368] Die für einen Ehegatten erreichbare Erwerbstätigkeit ist nicht erst dann angemessen, wenn das damit erzielte Einkommen den vollen Unterhalt erreicht.[369] Angemessen kann eine Tätigkeit auch deshalb sein, weil sie längere Zeit, z. B. mehrere Jahre, während der Ehe[370] oder auch vor der Ehe[371] ausgeübt worden ist.

136 Die **Angemessenheitskriterien** des § 1574 II BGB gelten in entsprechender Weise auch für eine Erwerbstätigkeit des Verpflichteten. § 1574 BGB steht zwar im Zusammenhang von Bestimmungen, die dem Bedürftigen Ansprüche gewähren. Aber der Grundsatz

---

[361] BGH, FamRZ 1987, 795, 797; FamRZ 1986, 1085
[362] BGH, FamRZ 1984, 561
[363] BGH, FamRZ 1987, 795, 797
[364] BGH, FamRZ 1984, 561; FamRZ 1983, 144
[365] BT-Drucks. 16/1830 S. 18
[366] BGH, FamRZ 2008, 968, 971 f. = R 689 g; BGH, FamRZ 2006, 683, 686 = R 649 f–h
[367] BGH, FamRZ 1988, 1145; FamRZ 1986, 1085; FamRZ 1984, 561
[368] BGH, FamRZ 1985, 782; FamRZ 1984, 988
[369] BGH, FamRZ 1985, 782
[370] Vgl. BT-Drucks. 16/1830 S. 17; BGH, FamRZ 2005, 23, 25 = R 619
[371] Schwab, FamRZ 2005, 1417, 1418

der Gleichberechtigung und Gleichbehandlung gebietet es, bedürftige und verpflichtete Ehegatten zur Frage der Angemessenheit einer Erwerbstätigkeit gleich zu behandeln.

In Mangelfällen besteht für Bedürftige und Verpflichtete eine **verstärkte Erwerbsobliegenheit** mit der Folge, dass sie bis zur Behebung der Mangelsituation auch eine nach § 1574 II BGB nicht angemessene Erwerbstätigkeit aufzunehmen oder auszuweiten haben. Dabei ist, wie auch sonst, auf eine gleichmäßige Belastung beider Ehegatten zu achten. Die in Mangelfällen mit den Unterhaltsleistungen verbundenen Belastungen und Einschränkungen des Verpflichteten scheinen nur zumutbar, wenn auch dem Bedürftigen entsprechende Einschränkungen und Opfer zugemutet werden.[372]

3. Die Angemessenheitskriterien nach § 1574 II BGB im Einzelnen

a) Berufliche Ausbildung. Es handelt sich hierbei um eine berufliche Ausbildung, die **137** der Bedürftige vor oder während der Ehe abgeschlossen hat. Vergleichbar ist eine berufliche Tätigkeit, die er vor oder während der Ehe bereits ausgeübt hat, denn die bisherige berufliche Entfaltung ist die selbstgewählte und deshalb im Zweifel auch angemessene Erwerbstätigkeit.

- Ist eine **Ausbildung nicht abgeschlossen,** ist sie als Kriterium unbeachtlich. Gegebenenfalls ist ihr Abschluss nachzuholen. Es besteht dann für die Dauer der Ausbildung ein Anspruch auf Ausbildungsunterhalt nach § 1574 III i. V. mit § 1573 I BGB oder nach § 1575 BGB.
- Auf eine **der beruflichen Vorbildung entsprechende Erwerbstätigkeit** darf sich der Bedürftige aber nur berufen, wenn eine solche unter Abwägung aller Kriterien aus objektiven und subjektiven Gründen sinnvoll ist, d. h., wenn der Bedürftige auch in der Lage ist, eine entsprechende Erwerbstätigkeit auszuüben. Eine approbierte Ärztin, welche nie in ihrem Beruf tätig war, kann sich bei ihren Bemühungen um eine Erwerbstätigkeit nicht auf ärztliche Beschäftigungen beschränken, sondern muss sich auch um anderweitige Tätigkeiten bemühen, z. B. in der Aus- und Weiterbildung.[373] Eine angemessene Berufsfähigkeit beschränkt sich nämlich nicht auf der durch Ausbildung erworbene Berufsbild, sondern umfasst auch solche Tätigkeiten, die dem Status der erworbenen Ausbildung entsprechen.[374]
- Eine **ausgeübte Beschäftigung** ist in der Regel angemessen, wenn sie der beruflichen Vorbildung oder dem Ausbildungsniveau der Vorbildung oder der selbstgewählten bisherigen beruflichen Entwicklung entspricht. Eine unterqualifizierte Tätigkeit kann angemessen sein, wenn sie ungeachtet des Ausbildungsniveaus längere Zeit ausgeübt wurde – vgl. Rn. 135.
- Eine **Vorbildung** ist **unbeachtlich,** wenn sie wegen der Lage auf dem Arbeitsmarkt oder aus anderen Gründen praktisch keine konkrete Erwerbstätigkeit ermöglicht oder wenn die möglichen Berufe nicht geeignet sind, sichere und ausreichende Einkünfte zu erzielen. Sie ist ferner unbeachtlich, wenn die zur Berufsausübung notwendigen Fähigkeiten nicht mehr vorhanden sind oder wenn der Bedürftige entsprechende Berufe aus gesundheitlichen oder altersmäßigen Gründen nicht mehr ausüben kann.

b) Fähigkeiten. Fähigkeiten sind **persönliche Eigenschaften,** die zur Ausübung eines **138** Berufs benötigt werden. Dazu zählen auch Geschicklichkeiten, Fertigkeiten und sonstiges beruflich verwertbares Können. In erster Linie sind solche Fähigkeiten gemeint, die beim Fehlen einer Ausbildung die berufliche Qualifikation ausmachen.

- Solche **Fähigkeiten** müssen **im Zeitpunkt der Scheidung** bereits vorhanden und beruflich verwertbar sein. Nicht gemeint sind anlagemäßig angelegte, aber noch nicht entwickelte oder noch nicht in eine berufliche Tätigkeit umsetzbare Fähigkeiten.
- Entsprechende Fähigkeiten werden erworben auf Grund einer Ausbildung oder auf Grund einer bereits ausgeübten Erwerbstätigkeit oder durch Mitarbeit im Betrieb oder

---

[372] BGH, FamRZ 1985, 782
[373] OLG Hamm, FamRZ 1998, 243
[374] OLG Hamm, FamRZ 1992, 1184

Geschäft des Partners. Auch in der Haushaltsführungsehe kann der nicht erwerbstätige Ehegatte beruflich nutzbare Fähigkeiten durch Haushaltstätigkeit und Kindererziehung entwickelt haben, die z. B. in sozialpflegerischen Berufen, eventuell nach einer weiteren Ausbildung, gebraucht werden können.

– Der Bedürftige ist grundsätzlich verpflichtet, seine Fähigkeiten bestmöglich zur Sicherung seines Unterhaltsbedarfs einzusetzen und dazu eine entsprechende Erwerbstätigkeit aufzunehmen. Angemessen ist in der Regel jede anständige Arbeit, die den Fähigkeiten entspricht, sofern nicht die Angemessenheit einer solchen Erwerbstätigkeit nach anderen Kriterien zu verneinen ist.

– Ist zweifelhaft, ob der Bedürftige nach längerer Arbeitspause die Fähigkeiten für einen bestimmten Beruf noch besitzt, obliegt ihm der Versuch mit Vereinbarung einer Probezeit oder er muss sich einer **beruflichen Fortbildung oder Umschulung unterziehen.** Im Alter von 41 Jahren ist es einer Frau möglich, sich die fehlende Berufserfahrung durch eine Fortbildungs- oder Umschulungsmaßnahme zu verschaffen.[375]

138 a   **c) Frühere Erwerbstätigkeit.** Schon nach altem Recht hatte der BGH eine während der Ehe längere Zeit – im entschiedenen Fall drei Jahre lang – ausgeübte Tätigkeit unter Ausbildungsniveau als angemessen beurteilt.[376] Die Neufassung des Gesetzes will mit der Aufnahme des entsprechenden Merkmals in den Katalog der in erster Linie zu prüfenden Angemessenheitskriterien erreichen, dass die Erwerbstätigkeit in einem früher ausgeübten Beruf **grundsätzlich immer angemessen** ist.[377] Damit wird auch eine vor der Ehe ausgeübte Berufstätigkeit in die vorzunehmende Gesamtwürdigung einbezogen. Dabei kann sich herausstellen, dass eine früher ausgeübte Berufstätigkeit nicht mehr dem Gesundheitszustand entspricht[378] oder dass die in zweiter Stufe vorzunehmende Billigkeitsprüfung anhand der ehelichen Lebensverhältnisse (vgl. Rn. 141) die Aufnahme der früheren Berufstätigkeit unzumutbar macht. Andererseits unterstreicht die Herausstellung der „früheren Erwerbstätigkeit" als eigenes Angemessenheitskriterium die nach neuem Recht verstärkte Eigenverantwortung des geschiedenen Ehegatten (§§ 1569 S. 1, 1574 II).

139   **d) Lebensalter.** Das Lebensalter ist im Wesentlichen in zweierlei Hinsicht bedeutsam:

– Es kann ein Unterhaltsanspruch nach § 1571 BGB entstehen, wenn wegen des Alters keine angemessene Erwerbstätigkeit mehr erwartet werden kann (siehe Rn. 90 und 92).

– Eine Erwerbstätigkeit ist nur dann **angemessen, wenn sie dem Lebensalter entspricht.** Im Allgemeinen kann dies bis zur Regelaltersgrenze (siehe hierzu Rn. 92) für den Rentenbezug angenommen werden, sofern nicht für bestimmte Erwerbstätigkeiten schon früher die dafür bestehenden Voraussetzungen aus Altersgründen entfallen. Bei manchen Berufen scheitert die Wiederaufnahme einer früher ausgeübten Erwerbstätigkeit an der inzwischen nicht mehr vorhandenen Leistungsfähigkeit (z. B. bei Berufssportlern, Krankenpflegern oder Masseuren) oder an den bei einem Beruf bestehenden oder praktizierten Altersbegrenzungen (wie z. B. beim Flugpiloten, Mannequin oder Fotomodell). Allgemein kann das Lebensalter auch bei solchen Erwerbstätigkeiten wichtig sein, die so erhebliche körperliche und psychische Kräfte erfordern, dass sie der Berechtigte altersmäßig gar nicht mehr oder nicht mehr voll aufbringen kann.

– Findet eine 57-jährige Nur-Hausfrau ohne Ausbildung keine angemessene Erwerbstätigkeit, kann ein Anspruch auf Altersunterhalt (§ 1571 BGB) bestehen, wenn die Ausbildung wegen des Alters nicht mehr sinnvoll ist.[379] Für eine 53-jährige Ehefrau ohne Berufsausbildung kann nach 20-jähriger Ehe dasselbe gelten. Allerdings ist der Altersunterhalt nach § 1579 Nr. 4 BGB zu kürzen, wenn sie sich in der Vergangenheit einer als notwendig erkannten, Erfolg versprechenden Ausbildungsmaßnahme i. S. des § 1574 III BGB mutwillig verschlossen hat.[380] Dies ändert nichts am Grundsatz, dass auch im Alter von 53 Jahren regelmäßig die Aufnahme einer Erwerbstätigkeit zumutbar ist, selbst wenn

---

[375] OLG Schleswig, FamRZ 1994, 1404
[376] BGH, FamRZ 2005, 23, 25 = R 619
[377] BT-Drucks. 16/1830 S. 17
[378] Schwab, FamRZ 2005, 1417, 1418
[379] BGH, FamRZ 1987, 691
[380] OLG Hamburg, FamRZ 1991, 445

die unterhaltsbegehrende Ehefrau seit ihrem 22. Lebensjahr nicht mehr erwerbstätig war.[381]

e) Gesundheitszustand. Auch der Gesundheitszustand ist – wie das Lebensalter – im **140** Wesentlichen in zweierlei Hinsicht bedeutsam:

– Es kann ein Unterhaltsanspruch nach § 1572 BGB bestehen, wenn und soweit aus Krankheitsgründen eine angemessene Erwerbstätigkeit nicht oder nur teilweise erwartet werden kann.

– Eine Erwerbstätigkeit ist nicht zumutbar und damit nicht angemessen, wenn sie wegen des schlechten Gesundheitszustandes nicht ausgeübt werden kann. Ist aus gesundheitlichen Gründen nur eine **Teilzeitbeschäftigung** möglich, dann ist nur eine solche angemessen. Auch die Behauptung, aus **psychischen Gründen** einen bestimmten Beruf nicht mehr ausüben zu können, darf nicht übergangen werden.[382]
Ist im Hinblick auf den Gesundheitszustand eine Erwerbsobliegenheit zwar grundsätzlich zu bejahen, so kann trotzdem eine **konkrete Erwerbstätigkeit** aus gesundheitlichen Gründen als **unangemessen** ausscheiden, z. B. bei einem Bandscheibenschaden eine Beschäftigung, zu der das Heben und Tragen schwerer Gegenstände gehört.

– In der Regel werden bestrittene krankheitsbedingte Beschränkungen der Erwerbsfähigkeit im Rahmen des § 1572 BGB **durch medizinische Gutachten** zu klären sein. Dabei spielt vor allem eine Rolle, welche Krankheiten vorliegen, welche Erwerbstätigkeiten in welchem Umfang trotz einer Erkrankung noch möglich sind, ob und in welchem Umfang therapeutische Heilungschancen bestehen und wie sich die krankheitsbedingte Erwerbsbeschränkung voraussichtlich weiterentwickeln wird (Genaueres Rn. 97 bis 99).

f) Eheliche Lebensverhältnisse. Die ehelichen Lebensverhältnisse gehören auf Grund **141** der Neufassung des Gesetzes (§ 1574 II 1 BGB) **nicht** mehr zu den bei der erforderlichen Gesamtwürdigung **auf der ersten Prüfungsstufe** festzustellenden und zu bewertenden Angemessenheitskriterien (vgl. Rn. 133). Zunächst muss nach den im Gesetz aufgeführten Hauptkriterien (§ 1574 II S Hs. 1) untersucht werden, ob eine erreichbare Erwerbstätigkeit nach den aufgeführten gesetzlichen Merkmalen ohne Berücksichtigung der ehelichen Lebensverhältnisse zumutbar ist. Erst wenn sich aus dieser Prüfung die Angemessenheit der konkreten Tätigkeit ergibt, ist **in einer zweiten Stufe** im Rahmen einer **als Korrektiv gedachten Billigkeitsabwägung** zu prüfen, ob die ehelichen Lebensverhältnisse die Übernahme einer solchen Tätigkeit für den geschiedenen Ehegatten unbillig erscheinen lassen. Dabei ist es Sache des Unterhaltsberechtigten, die ehelichen Umstände aufzuzeigen und ggf. zu beweisen, die eine erreichbare Erwerbstätigkeit aus Billigkeitsgründen unzumutbar machen.[383]

Bedeutsam sind nach neuem Recht nicht nur mehr diejenigen Umstände, die im Zeitpunkt der Scheidung die ehelichen Lebensverhältnisse nachhaltig geprägt haben. Einzubeziehen sind – abgesehen von einer nicht in der Ehe angelegten Einkommenssteigerung – nicht lediglich die Entwicklung der Verhältnisse seit der Trennung bis zur Scheidung, sondern auch die **Fortentwicklung der ehelichen Verhältnisse nach Scheidung** – siehe hierzu näher Rn. 134. Dem System des nachehelichen Unterhalts kann zumal nach neuem Recht keine unbeschränkte Lebensstandardgarantie entnommen werden,[384] sondern es sind z. B. spätere Einkommensminderungen oder -verbesserungen grundsätzlich zu berücksichtigen, insbesondere soll sich der bedürftige Ehegatte nach der Scheidung nicht wirtschaftlich besser stellen, als er sich auf Grund einer absehbaren Entwicklung ohne Scheidung stünde.[385]

Zu den wichtigsten Umständen, die im Rahmen nachrangigen Billigkeitsprüfung nach § 1574 II 1 Hs. 2 BGB zu berücksichtigen sind, zählen die **prägenden Einkommens- und Vermögensverhältnisse** und – mit diesen zusammenhängend – die erreichte beruf-

[381] OLG Koblenz, 1992, 950
[382] BGH, FamRZ 1986, 1085
[383] Vgl. zum Ganzen BT-Drucks. 16/1830 S. 17
[384] Vgl. BGH, FamRZ 2008, 134, 135 zum alten Recht
[385] BGH, FamRZ 2008, 968, 971 f. = R 689 g

liche und soziale Stellung des Unterhaltsverpflichteten sowie der **soziale Zuschnitt der ehelichen Lebensgemeinschaft** durch die praktizierte Aufgabenverteilung in der Ehe. Die Stellung des Bedürftigen wird auch durch sein eigenes Verhalten bei bestehender Ehe gekennzeichnet. Trotz gehobener wirtschaftlicher ehelicher Lebensverhältnisse ist ihm die Arbeit in einem Pflegeberuf jedenfalls dann zumutbar, wenn er bereits bei bestehender Ehe in diesem Beruf gearbeitet hatte.[386] Außerdem steht die Berücksichtigung der ehelichen Lebensverhältnisse auch unter dem vorrangig zu beachtenden Gebot **der wirtschaftlichen Eigenverantwortung** (§ 1569 S. 1 BGB). Da der geschiedene Ehegatte gemäß § 1574 I BGB nur eine ihm angemessene Erwerbstätigkeit auszuüben braucht, kann sich bei langer Ehedauer in gehobenen wirtschaftlichen Verhältnissen zwar der Kreis der als angemessen in Betracht kommenden Erwerbstätigkeiten verengen. Das bedeutet aber schon nach altem Recht nicht, dass für eine Ehefrau von 50 Jahren, deren frühere Ausbildung der heute gesetzlich vorgesehenen Qualifikation für ihren erlernten Beruf nicht mehr entspricht, nach 23-jähriger Ehe in guten finanziellen Verhältnissen praktisch keine ihrem sozialen Status entsprechende Erwerbsmöglichkeit auf dem Arbeitsmarkt bestünde. Bei derartigen Verhältnissen kommt z. B. durchaus die Tätigkeit als Verkäuferin in einem entsprechend gehobenen Einrichtungshaus in Betracht.[387]

– Die ehelichen Lebensverhältnisse werden in erster Linie durch das in der Ehe oder das Scheidung zur Deckung des laufenden Lebensbedarfs **verfügbare Einkommen** eines oder beider Ehegatten geprägt. Die Entwicklung der Einkommensverhältnisse nach Scheidung bleibt nur außer Betracht, wenn sie unüblich und nicht absehbar verlaufen ist. Einkommensminderungen, die nicht durch Verletzung einer Erwerbsobliegenheit oder durch zumutbar absicherbare freiwillige Dispositionen bedingt sind, sind nur dann unbeachtlich, wenn sie auf unterhaltsrechtlich leichtfertigem Verhalten beruhen, so dass fiktive Einkünfte an ihre Stelle zu setzen sind. Ansonsten würde ihre Außerachtlassung den unterhaltsberechtigten Ehegatten auf Grund der Scheidung besser stellen als ohne Scheidung.[388] Für den die Ehe prägenden Lebenszuschnitt ist ein **objektiver Maßstab anzulegen,** d. h., eine nach den gegebenen Verhältnissen zu dürftige Lebensführung bleibt ebenso außer Betracht wie ein übertriebener Aufwand.[389]

Einkünfte, die auf einer unerwarteten, **vom Normalverlauf erheblich abweichenden Entwicklung** beruhen, prägen die ehelichen Lebensverhältnisse in der Regel nicht. Zur Beurteilung der Angemessenheit einer Erwerbstätigkeit gewinnen die Einkommensverhältnisse auch dann keine ausschlaggebende Bedeutung, wenn sie durch eine unerwartete Entwicklung während der Trennungszeit verbessert worden sind.[390]

– Die **soziale Stellung** des Bedürftigen hängt vor allem vom beruflichen und sozialen Status des Unterhaltsverpflichteten im Zeitpunkt der Scheidung ab, sofern ein zwischenzeitlicher Aufstieg nicht unerwartet und außergewöhnlich war.[391] Nach Scheidung der Ehe muss auch der berechtigte Ehegatte unter Umständen eine Änderung seiner sozialen Stellung hinnehmen, z. B. wenn der pflichtige Ehegatte seinen Status als wohl situierter Unternehmer wegen Insolvenz oder dauerhaft eine hochdotierte Anstellung verloren hat, ohne dass ihm unterhaltsrechtlich leichtfertiges Verhalten vorgeworfen werden könnte – vgl. oben u. Rn. 134.

– Der **soziale Zuschnitt** der ehelichen Lebensgemeinschaft richtet sich nach der einverständlichen Aufgabenverteilung in der Ehe. War diese von Anfang an einverständlich so gestaltet, dass einer seinem Studium nachgeht und der andere einer Erwerbstätigkeit, dann kann eine Erwerbsobliegenheit als nicht angemessen entfallen bis zum Abschluss des erfolgreich begonnenen Studiums innerhalb zumutbarer Zeit.[392]

---

[386] OLG Hamm, FamRZ 1997, 1075
[387] BGH, FamRZ 1991, 416, 419 = R 435 a
[388] BGH, FamRZ 2008, 968, 971 f. = R 689 g
[389] BGH, FamRZ 1985, 371, 373; FamRZ 1982, 151
[390] BGH, FamRZ 1984, 561
[391] BGH, FamRZ 1986, 885; FamRZ 1983, 144
[392] BGH, FamRZ 1980, 126

g) Ehedauer, Kindererziehung. Nach § 1574 II 2 BGB sind bei den nachrangig zu **142** prüfenden ehelichen Lebensverhältnissen (vgl. Rn. 133) insbesondere die Dauer der Ehe sowie die Dauer der Pflege oder Erziehung eines gemeinschaftlichen Kindes zu berücksichtigen.

Eine **lange Ehedauer und nacheheliche Kindesbetreuung,** deren Zeit in § 1574 II 2 BGB der Ehedauer gleichgesetzt wird, erhöhen das Gewicht der ehelichen Lebensverhältnisse im Rahmen der nachrangigen Billigkeitsprüfung gegenüber den vorrangig geprüften Angemessenheitskriterien. Mit zunehmender Ehedauer kommt es zu einer wachsenden Verflechtung und Abhängigkeit der beiderseitigen Lebenspositionen sowie allgemein zu einer sich steigernden wirtschaftlichen Abhängigkeit.[393]

Ob von einer 53-jährigen haushaltführenden Frau nach 30-jähriger Ehedauer bei einem Aufstieg des Mannes zum kaufmännischen und technischen Leiter eines Unternehmens noch die Rückkehr in den früheren Beruf als Bürokraft verlangt werden kann,[394] entscheidet sich nach neuem Recht erst nach einer entsprechenden Billigkeitsabwägung.

Die Ausübung untergeordneter Tätigkeiten als Haushaltshilfe oder als Pflegerin dürfte für eine 57-jährige Hausfrau nach 32-jähriger Ehedauer angesichts der Jahreseinkünfte des Mannes, die Anfang der achtziger Jahre 350 000 DM (vor Steuern) betrugen, bei Hochrechnung dieses Einkommens auf ein vergleichbares Einkommen in heutiger Zeit wegen Unbilligkeit nicht zumutbar sein.[395]

Für die 47-jährige Frau eines Oberstudiendirektors sind nach 20-jähriger Ehe Erwerbstätigkeiten bei der Presse oder Rundfunk, bei einer Fluggesellschaft, im Touristikgewerbe als Reiseleiterin oder auch als Fremdsprachenkorrespondentin oder Dolmetscherin angemessen, sofern sie eine entsprechende Vor- oder Ausbildung besitzt.[396]

Für die 48-jährige Frau eines Dipl.-Ing. mit einem monatlichen Nettoeinkommen von ca. 6000 DM ist nach 22-jähriger Ehe eine eigenständige Tätigkeit in einem Unternehmen als Sachbearbeiterin, Buchhalterin, Vorzimmerdame u. ä. selbst dann angemessen, wenn sie damit nur ein Drittel des Manneseinkommens verdient. Die Bürotätigkeit darf sich jedoch nicht in bloßen Hilfstätigkeiten erschöpfen.[397]

In **gehobenen wirtschaftlichen Verhältnissen** kann sich bei einer 50-jährigen Ehefrau mit einer inzwischen nicht mehr den Anforderungen entsprechenden Ausbildung der Kreis der in Betracht kommenden Erwerbstätigkeiten zwar verengen, dies bedeutet aber nicht, dass keine angemessene Erwerbsmöglichkeit mehr bestünde, nämlich zwar nicht als einfache Verkaufshilfe, aber z.B. als Verkäuferin in einem gehobenen Einrichtungshaus.[398]

h) Getrenntleben. Längeres Getrenntleben kann das Gewicht der nachrangig zu prüfen- **143** den ehelichen Lebensverhältnisse nach den Umständen des Falles mindern. Entwicklungen während der Trennungszeit und nach der Scheidung sind aber mit zu berücksichtigen – siehe Rn. 134.

i) Kein abschließender Kriterienkatalog. Die Aufzählung der Angemessenheitskriterien ist in § 1574 II BGB nicht abschließend. Deshalb können auch andere Gründe berücksichtigt werden. Den gesetzlich genannten Merkmalen kommt jedoch bei der Gesamtabwägung eine besondere Bedeutung zu. Zu den sonstigen Gesichtspunkten gehören vor allem objektive Merkmale eines Arbeitsplatzes, wie z.B. die Entfernung einer möglichen Arbeitsstelle, die Verkehrsverbindung oder die ungünstige Arbeitsmarktlage für bestimmte Erwerbstätigkeiten.[399]

---

[393] BGH, FamRZ 1981, 140, 142
[394] BGH, FamRZ 1985, 371, 373 verneinend zum alten Recht
[395] BGH, FamRZ 1987, 691 zum alten Recht
[396] BGH, FamRZ 1986, 553 zum alten Recht
[397] OLG Hamburg, FamRZ 1985, 1260 zum alten Recht
[398] BGH, NJW-RR 1992, 1282 = R 454; FamRZ 1991, 416, 419 f. = R 435 a zum alten Recht
[399] BGH, FamRZ 1986, 553; FamRZ 1985, 908

4. Ausbildungsunterhalt nach § 1574 III i. V. mit § 1573 I BGB

144   Nach § 1574 III BGB obliegt es dem Bedürftigen, sich ausbilden, fortbilden oder umschulen zu lassen, wenn dies zur Aufnahme einer angemessenen Erwerbstätigkeit erforderlich ist und wenn ein erfolgreicher Ausbildungsabschluss zu erwarten ist.

An die Stelle der Erwerbsobliegenheit tritt eine **Ausbildungsobliegenheit.**[400]

Diese Ausbildungsobliegenheit beginnt spätestens mit der Scheidung oder einem nach § 1573 III BGB gleichstehenden Einsatzzeitpunkt. Über § 1361 BGB kann sie bereits während der Trennungszeit entstanden sein.[401]

Mit der Ausbildungsobliegenheit korrespondiert eine Ausbildungsberechtigung und ein Anspruch auf Ausbildungsunterhalt. **Voraussetzungen** der Ausbildungsobliegenheit sind:

- Die Ausbildung muss zur Aufnahme einer angemessenen Erwerbstätigkeit erforderlich sein. Daran fehlt es, wenn nach den ehelichen Verhältnissen die Aufnahme einer unqualifizierten Tätigkeit angemessen und zumutbar ist[402] und durch die Ausbildung keine ehebedingten Nachteile des beruflichen Fortkommens auszugleichen sind.[403]
- Ein erfolgreicher Ausbildungsabschluss muss zu erwarten sein.
- Es muss eine realistische Chance bestehen, dass nach Ausbildungsabschluss eine angemessene Erwerbstätigkeit erlangt wird.

Unter dieser Voraussetzung besteht eine Ausbildungsobliegenheit, wenn der Bedürftige derzeit eine nicht angemessene Erwerbstätigkeit ausübt oder wenn nach den Umständen des Falles gegenwärtig nur unangemessene Tätigkeiten in Frage kämen.[404]

Eine Ausbildungsobliegenheit besteht dagegen nicht, wenn der Bedürftige bereits eine angemessene Erwerbstätigkeit ausübt, aber diese seinen vollen Unterhalt nicht deckt. Er hat dann einen Anspruch auf Aufstockungsunterhalt,[405] aber **keine Berechtigung zur Ausbildung.**

Eine Ausbildungsobliegenheit besteht auch nicht, wenn eine Ausbildung wegen des Alters des Bedürftigen nicht mehr sinnvoll ist[406] oder wenn keine einigermaßen sichere Aussicht besteht, dass der Bedürftige nach Ausbildungsabschluss unter Berücksichtigung der Lage auf dem Arbeitsmarkt eine angemessene Erwerbstätigkeit finden wird.[407]

Die gesetzliche Einschränkung, dass die Ausbildung zu einer angemessenen Erwerbstätigkeit führen muss, stellt sicher, dass der Verpflichtete kein zum bloßen Vergnügen betriebenes Studium zu finanzieren braucht.[408]

145   Der Bedürftige kann die erforderliche Ausbildung selbst wählen. Er kann dabei auf seine Neigungen Rücksicht nehmen.

Kommen mehrere Ausbildungsgänge in Betracht, so darf er sich jedoch einer **besonders zeit- und kostenaufwändigen Ausbildung** höchstens dann unterziehen, wenn außergewöhnliche Gründe vorliegen, die geeignet sind, die hohe Belastung des während der Ausbildungszeit unterhaltspflichtigen Ehegatten zu rechtfertigen. Fehlen solche außergewöhnlichen Gründe, muss eine möglichst kurze und kostengünstige Ausbildung gewählt werden.[409]

Bei der gewählten Ausbildung muss es sich um ein nach einem bestimmten Ausbildungsplan ausgerichtetes Ausbildungsverhältnis zu einem anerkannten Ausbilder, der die Ausbildung leitet, handeln[410] (siehe auch Rn. 159).

---

[400] BGH, FamRZ 1986, 1085; FamRZ 1984, 561
[401] BGH, FamRZ 1985, 782
[402] BGH, FamRZ 2001, 350, 352 = R 551 b
[403] BGH, FamRZ 1985, 782; FamRZ 1987, 795
[404] BGH, FamRZ 1984, 561
[405] BGH, FamRZ 1982, 360
[406] BGH, FamRZ 1987, 691
[407] BGH, FamRZ 1986, 553
[408] BGH, FamRZ 1987, 795
[409] BGH, FamRZ 1984, 561, 563
[410] BGH, FamRZ 1987, 795

Bei der Wahl der Ausbildung ist außerdem zu berücksichtigen, ob und inwieweit unter Einschätzung der Lage auf dem Arbeitsmarkt für den Bedürftigen eine konkrete Aussicht auf eine angemessene Erwerbstätigkeit besteht.[411]

Es muss eine einigermaßen sichere Aussicht bestehen, dass die notwendige Ausbildung **erfolgreich abgeschlossen** werden wird.[412]

Dies wird vor allem von der Befähigung, dem Gesundheitszustand, dem Alter, der Einsatzbereitschaft des Bedürftigen und von sonstigen konkreten äußeren Umständen abhängen. Der Bedürftige ist verpflichtet, seine Ausbildung zielstrebig, intensiv und mit Fleiß zu betreiben.

Erfüllt der Bedürftige seine Ausbildungsobliegenheit, so besteht für die Dauer einer durchschnittlichen Ausbildung ein **zeitlich begrenzter Anspruch auf Ausbildungsunterhalt.**[413]

– Dieser Anspruch beruht auf §§ 1573 I i. V. mit 1574 III BGB, nicht auf § 1575 BGB.[414]
– Der Anspruch umfasst sowohl die **laufenden Lebenshaltungskosten** (§ 1578 I 1 BGB) als auch nach § 1578 II BGB zusätzliche besondere **Ausbildungskosten.**[415]
– Auf den Unterhaltsanspruch sind staatliche Förderungsleistungen, z. B. nach dem BAföG, bedürftigkeitsmindernd anzurechnen.

Kommt der Bedürftige seiner Ausbildungsobliegenheit schuldhaft nicht rechtzeitig nach, **146** so darf er sich nach § 1579 Nr. 4 BGB nicht mehr auf seine Ausbildungsberechtigung berufen, wenn sein bisheriges Verhalten als mutwillige Herbeiführung der Bedürftigkeit im Sinn dieser Vorschrift gewertet werden kann. Dies gilt auch, wenn bereits während der Trennungszeit eine Erwerbs- und Ausbildungsobliegenheit nach § 1361 I BGB bestanden hatte und eine rechtzeitig aufgenommene Ausbildung inzwischen ganz oder teilweise abgeschlossen wäre.[416]

In einem solchen Fall erlischt sowohl der Ausbildungsanspruch als auch ein Unterhaltsanspruch wegen Erwerbslosigkeit nach den § 1573 I, III BGB. An deren Stelle kann aber ein Anspruch nach § 1573 II BGB treten. Wer **mutwillig,** d. h. in Kenntnis der Auswirkungen auf den Unterhaltsanspruch, eine ihm obliegende **Ausbildung unterlässt,** kann rechtlich so behandelt werden wie jemand, der sich nicht in ausreichender Weise um eine zumutbare angemessene Erwerbstätigkeit bemüht. Es sind ihm **fiktive Einkünfte zuzurechnen,** die er bei ordnungsgemäßer Ausbildung aus einer angemessenen Erwerbstätigkeit hätte erzielen können. Im Fall der **Verletzung einer Fortbildungsobliegenheit** wird sogar die Ansicht vertreten, dass der unterhaltsbegehrende Ehegatte bei der Beurteilung der Beschäftigungschancen für die Aufnahme einer Erwerbstätigkeit auch auf die Aufnahme einer nicht angemessenen Erwerbstätigkeit verwiesen werden darf, aus der gegebenenfalls fiktive Einkünfte zuzurechnen sind.[417] Decken diese zuzurechnenden fiktiven Einkünfte nicht den Unterhaltsbedarf nach § 1578 I 1 BGB, so besteht in Höhe der verbleibenden Differenz ein Anspruch auf Aufstockungsunterhalt nach § 1573 II BGB.[418] Dasselbe gilt, wenn die Ausbildung nicht mit dem erforderlichen Einsatz intensiv und zielstrebig betrieben wird oder nicht innerhalb einer normalen Ausbildungszeit abgeschlossen wird. Für den Anspruch eines Kindes auf Ausbildungsunterhalt (§ 1610 II BGB) hat der BGH[419] ausgesprochen, dass dem Ausbildungsanspruch ein **Gegenseitigkeitsprinzip** immanent ist, dessen Verletzung, weil die Ausbildung nicht mit Fleiß sowie der gebotenen Schnelligkeit und Zielstrebigkeit betrieben wird, den Anspruch entfallen lässt. Diese Grundsätze lassen sich auch auf den nachehelichen Ausbildungsunterhalt übertragen.

---

[411] BGH, FamRZ 1986, 553
[412] BGH, FamRZ 1986, 553
[413] BGH, FamRZ 1986, 553
[414] BGH, FamRZ 1985, 782; FamRZ 1984, 561, 563
[415] BGH, FamRZ 1985, 782
[416] BGH, FamRZ 1986, 553, 555
[417] OLG Hamburg, FamRZ 1991, 1298
[418] BGH, FamRZ 1988, 927, 929; FamRZ 1986, 553, 555
[419] BGH, FamRZ 1998, 671 = R 523

Der Anspruch nach § 1573 I BGB lebt bei einer **verspätet aufgenommenen Ausbildung** nicht wieder auf. Dies ergibt sich aus dem zeitlichen Zusammenhang der Ausbildungsobliegenheit nach § 1574 III BGB und der Erwerbsobliegenheit nach § 1573 I BGB sowie daraus, dass der Anspruch nach § 1573 I BGB wirksam und endgültig in einen Anspruch aus § 1573 II BGB übergegangen ist.

Findet der Bedürftige trotz ordnungsgemäßen Ausbildungsabschlusses keine angemessene Erwerbstätigkeit i. S. von § 1574 II BGB, dann besteht der Anspruch nach § 1573 I BGB unverändert weiter.

Zu den Begriffen Ausbildung, Fortbildung oder Umschulung siehe Rn. 159.

VIII. Ausbildungsunterhalt nach § 1575 BGB

1. Zweck des Ausbildungsanspruchs nach § 1575 BGB und Verhältnis zum Ausbildungsanspruch nach den §§ 1573 I, 1574 III BGB

147   Der selten geltend gemachte Anspruch nach § 1575 I und II BGB **soll ehebedingte Ausbildungsnachteile ausgleichen** und dem Bedürftigen einen besseren Ausbildungsstand und damit anspruchsvollere Erwerbstätigkeiten ermöglichen, als es angemessene Erwerbstätigkeiten i. S. von § 1574 II BGB wären. Keine Voraussetzung für § 1575 BGB ist, dass der Bedürftige ohne die Ausbildung keine angemessene Erwerbstätigkeit i. S. von § 1574 II BGB finden würde.[420] Die Bestimmung hat nämlich auch den Ausgleich von Nachteilen zum Ziel, die ein Ehegatte in seinem beruflichen Fortkommen mit Rücksicht auf die Ehe auf sich genommen hat.[421] Der ausbildungswillige Ehegatte kann also eine Verbesserung seines Status im Erwerbsleben anstreben, den er ohne die Ehe schon früher erreicht hätte.[422]

Demgegenüber besteht ein Anspruch auf **Ausbildungsfinanzierung** nach den §§ 1574 III, 1573 I BGB nur, wenn die Ausbildung notwendig ist, damit eine angemessene Erwerbstätigkeit i. S. von § 1574 II BGB ausgeübt werden kann (Genaueres Rn. 144 ff.).

Die Ansprüche nach § 1575 BGB und den §§ 1574 III, 1573 I BGB bestehen nach Voraussetzung und Dauer völlig unabhängig voneinander.

Sie können gleichzeitig vorliegen, wenn z. B. die Ausbildung sowohl erforderlich ist, um ehebedingte Ausbildungsnachteile auszugleichen, als auch, um nach Ausbildungsabschluss eine angemessene Erwerbstätigkeit finden zu können.

Findet der Bedürftige nach Abschluss einer niveausteigernden Ausbildung gemäß § 1575 BGB keine seinem neuen Ausbildungsniveau entsprechende Arbeitsstelle, dann entsteht nach § 1573 I und III BGB ein **Anspruch auf Erwerbslosigkeitsunterhalt als Anschlussunterhalt.** Insoweit kann sich nach §§ 1573 I, 1574 III BGB ein weiterer Anspruch auf Ausbildungsunterhalt ergeben, wenn er ohne zusätzliche Ausbildung keine angemessene Erwerbstätigkeit zu finden vermag. Für den Anschlussunterhalt (§ 1573 I BGB) bleibt bei Bestimmung der angemessenen Erwerbstätigkeit i. S. von § 1574 II BGB der erreichte **höhere Ausbildungsstand** gemäß Ausbildung im Rahmen des § 1575 BGB außer Betracht (§ 1575 III BGB).

Im **Mangelfall** kann es zweifelhaft sein, ob ein Anspruch nach § 1575 BGB besteht, falls der angemessene Lebensbedarf des Pflichtigen infolge des Ausbildungsunterhalts i. S. des § 1581 BGB gefährdet wäre. Der Billigkeitsunterhalt, der bei Anwendung des § 1581 BGB zu leisten ist, setzt stets voraus, dass die mit der Unterhaltsleistung verbundenen Belastungen und Beschränkungen dem Verpflichteten nur zugemutet werden dürfen, wenn auch dem Berechtigten entsprechende Einschränkungen und Opfer zugemutet werden.[423]

---

[420] BGH, FamRZ 1987, 795
[421] BGH, FamRZ 1985, 782
[422] BGH, FamRZ 1987, 795
[423] BGH, FamRZ 1985, 782

2. Die Voraussetzungen des Ausbildungsunterhalts nach § 1575 I BGB

Nach § 1575 I BGB besteht als von vornherein nach § 1575 Abs. 1 S. 2 BGB **zeitlich** 148
befristeter Anspruch für die normale Dauer einer Ausbildung ein Anspruch auf Ausbildungsunterhalt, wenn der Bedürftige, der in Erwartung der Ehe oder während der Ehe eine Schul-
oder Berufsausbildung nicht aufgenommen oder abgebrochen hat, diese oder eine entsprechende Ausbildung sobald wie möglich aufnimmt, um eine angemessene Erwerbstätigkeit, die
den Unterhalt nachhaltig sichert, zu erlangen, und wenn der erfolgreiche Abschluss der Ausbildung zu erwarten ist. Dabei sind ehebedingte Ausbildungsverzögerungen zu berücksichtigen.
Ein solcher Anspruch kann auch bestehen, wenn der Bedürftige eine nach § 1574 II
BGB angemessene Erwerbstätigkeit an sich finden könnte. Der Anspruch hat neben der
Erlangung oder Festigung der wirtschaftlichen Selbstständigkeit vor allem den Ausgleich von
Nachteilen zum Ziel, die ein Ehegatte in seinem beruflichen Fortkommen mit Rücksicht
auf die Ehe auf sich genommen hat. Der Anspruch ermöglicht deshalb Niveausteigerungen
gegenüber den ehelichen Lebensverhältnissen.[424]
Die gesetzliche Einschränkung, dass die Ausbildung zu einer angemessenen Erwerbstätigkeit führen muss, stellt lediglich sicher, dass der Verpflichtete kein Studium finanzieren muss,
das lediglich zum bloßen Vergnügen betrieben wird. Dagegen schließt sie den Bedürftigen,
der bereits eine angemessene Erwerbstätigkeit aufnehmen könnte, jedoch durch die Ausbildung eine ohne die Ehe schon früher erreichte Verbesserung seines Status im Erwerbsleben anstrebt, nicht von einem Anspruch nach § 1575 BGB aus.[425]
a) Anspruchsvoraussetzungen. Nach § 1575 I BGB bestehen folgende Anspruchsvoraussetzungen:
– Der Bedürftige muss **in Erwartung der Ehe oder während der Ehe** eine Schul- oder
  Berufsausbildung **nicht aufgenommen oder abgebrochen** haben (Rn. 149).
– Der Bedürftige muss diese oder eine entsprechende Ausbildung **sobald wie möglich**
  nach der Scheidung aufgenommen haben (Rn. 150).
– Die Ausbildung muss notwendig sein, um eine angemessene Erwerbstätigkeit zu erlangen,
  die den Unterhalt nachhaltig sichert (Rn. 151).
– Der Ausbildungsabschluss muss **innerhalb normaler Ausbildungszeit** zu erwarten sein,
  wobei ehebedingte Ausbildungsverzögerungen zu berücksichtigen sind (Rn. 152).
  Ehebedingte Nichtaufnahme einer Ausbildung oder Abbruch einer Ausbildung. 149
Da der Anspruch nach § 1575 I BGB ehebedingte Ausbildungsnachteile ausgleichen soll,
muss ein Ehegatte, der weder vor noch während der Ehe eine Ausbildung begonnen hat,
darlegen und nachweisen, dass er wegen der Ehe eine Ausbildung unterlassen hat. Es müssen
bereits feste Berufspläne bestanden haben und zumindest konkrete Maßnahmen getroffen
worden sein, wie z. B. die Anmeldung bei einer Ausbildungsstätte u. ä., um diese Pläne zu
verwirklichen.[426] Die bloße Äußerung von Berufswünschen reicht hierzu nicht aus.[427] Es
kann kein Hochschulstudium begonnen werden, wenn es nicht den ehelichen Lebensverhältnissen und dem Niveau der Ausbildung entspricht, die infolge der Eheschließung und
der Kindererziehung nicht zu Ende geführt wurde.[428]
Ist eine **Ausbildung** vor der Ehe **abgebrochen** worden, muss der Bedürftige die Ehebedingtheit des Abbruchs darlegen und nachweisen.
Wird die Ausbildung dagegen erst während der Ehe abgebrochen, muss der Abbruch
nicht wegen der Ehe erfolgt sein. Das Gesetz nimmt in Kauf, dass ein Anspruch auf
Fortsetzung der abgebrochenen Ausbildung auch bei Nichtursächlichkeit besteht.[429]
Dem Abbruch einer Ausbildung kann eine längere **krankheitsbedingte Unterbre-**
chung der Fortbildung gleichgesetzt werden.[430]

---

[424] BGH, FamRZ 1985, 782
[425] BGH, FamRZ 1985, 782
[426] OLG Bamberg, FamRZ 1981, 150
[427] OLG Frankfurt, FamRZ 1985, 712
[428] OLG Frankfurt, FamRZ 1995, 879
[429] BGH, FamRZ 1980, 126
[430] BGH, FamRZ 1980, 126

150 Der Bedürftige muss die unterlassene oder abgebrochene Ausbildung oder eine entsprechende Ausbildung sobald wie möglich aufnehmen.

Aufzunehmen ist die konkret unterlassene oder abgebrochene Ausbildung oder eine entsprechende Ausbildung. Entsprechend ist eine im Niveau etwa gleichwertige Ausbildung. Die **Aufnahme einer nicht gleichwertigen Ausbildung** rechtfertigt keinen Anspruch nach § 1575 BGB.[431] Dies gilt z. B., falls eine deutlich höherwertige Ausbildung begonnen wird.[432] Auch die Vorbereitung einer Promotion nach Abschluss eines Hochschulstudiums, die lediglich die Arbeitsmarktchancen verbessern soll, rechtfertigt keinen Ausbildungsunterhalt.[433]

War die abgebrochene **Ausbildung bereits weit fortgeschritten,** muss sie fortgesetzt werden. Es darf dann keine gleichwertige Ausbildung neu aufgenommen werden.

Kommen bei der Wahl einer gleichwertigen Ausbildung mehrere Ausbildungsgänge in Betracht, darf der Bedürftige eine **besonders zeit- und kostenaufwändige Ausbildung** nur dann wählen, wenn außergewöhnliche Gründe vorliegen, die geeignet sind, die hohe Unterhaltsbelastung des Verpflichteten während der Ausbildungszeit zu rechtfertigen. Fehlen solche außergewöhnlichen Gründe, muss eine möglichst kurze und kostengünstige Ausbildung gewählt werden.[434]

Bei der gewählten Ausbildung muss es sich um ein nach einem bestimmten Ausbildungsplan ausgerichtetes **anerkanntes Ausbildungsverhältnis** zu einem die Ausbildung leitenden Ausbilder handeln. Eine selbstständige Tätigkeit in einem Buchhandel als Mitunternehmerin ist keine solche Ausbildung.[435]

Die **Ausbildung** muss **sobald wie möglich** nach der Scheidung aufgenommen werden. Ein fester Einsatzzeitpunkt wurde nicht gesetzlich fixiert. Eine gewisse Überlegungszeit ist zuzubilligen. Bei zurechenbaren Verzögerungen entfällt ein Anspruch, nicht dagegen bei Hindernissen, die der Bedürftige nicht zu vertreten hat. Auch eine Zeitspanne von 14 Monaten nach Scheidung kann im Einzelfall noch rechtzeitig sein, wenn der Berechtigte zunächst vergeblich versucht hat, mit Hilfe seiner früheren beruflichen Erfahrungen aus einer abgebrochenen Ausbildung nachhaltig ins Berufsleben einzutreten.[436] Der Unterhaltsanspruch umfasst auch die Zeit bis zur Aufnahme einer Ausbildung.[437]

Ein **Ausbildungsanspruch** kann auch bereits **vor der Scheidung** nach § 1361 BGB entstehen. Der Anspruch nach § 1575 BGB erfasst dann die Fortsetzung der Ausbildung nach der Scheidung.[438] Zur Ausbildung bei Trennung siehe Rn. 9 und 10.

151 Die Ausbildung muss notwendig und geeignet sein, um eine angemessene Erwerbstätigkeit zu erlangen, die den Unterhalt nachhaltig sichert. Daran fehlt es, wenn nach den ehelichen Verhältnissen die Aufnahme einer unqualifizierten Tätigkeit angemessen und zumutbar ist[439] und durch eine Ausbildung keine ehebedingten Nachteile des beruflichen Fortkommens auszugleichen sind.[440]

Die gesetzliche Einschränkung stellt sicher, dass vom Verpflichteten **keine Ausbildung** finanziert werden muss, die **zum bloßen Vergnügen** betrieben wird.[441]

Ziel der Ausbildung bleibt, dass der Bedürftige nach der Ausbildung eine angemessene Erwerbstätigkeit ausüben kann und dadurch wirtschaftlich selbstständig wird.

Zur Wahl der Ausbildung ist prognostisch zu berücksichtigen, ob und inwieweit unter Einschätzung der konkreten Lage auf dem Arbeitsmarkt für den Bedürftigen eine berechtigte Aussicht besteht, dass er eine der Ausbildung entsprechende angemessene Erwerbstätigkeit

---

[431] OLG Düsseldorf, FamRZ 1980, 585
[432] OLG Frankfurt, FamRZ 1995, 879
[433] OLG Düsseldorf, FamRZ 1987, 708
[434] BGH, FamRZ 1984, 561, 563
[435] BGH, FamRZ 1987, 795
[436] OLG Köln, FamRZ 1996, 867
[437] OLG Hamm, FamRZ 1983, 181
[438] BGH, FamRZ 1985, 782
[439] Vgl. BGH, FamRZ 2001, 350, 352 = R 551 b zum Ausbildungsanspruch entsprechend § 1573 I i. V. m. § 1574 III BGB
[440] BGH, FamRZ 1985, 782; FamRZ 1987, 795
[441] BGH, FamRZ 1987, 795; FamRZ 1985, 782

finden wird.[442] Bei negativer Prognose entfällt ein Ausbildungsanspruch. Ein Ausbildungsanspruch kann auch entfallen, wenn die Ausbildung wegen des Alters des Bedürftigen **nicht mehr sinnvoll** ist.[443]

Die anzustrebende angemessene Erwerbstätigkeit i. S. von § 1575 BGB kann ein **höheres Niveau beinhalten** als die angemessene Erwerbstätigkeit nach § 1574 II BGB (siehe Rn. 147). Ferner handelt es sich im Rahmen des § 1575 BGB um Anlagen, die durch die Ausbildung erst entwickelt werden können, während § 1574 II BGB von Anlagen ausgeht, die bei Scheidung bereits entwickelt sein müssen (Rn. 138).

Zur nachhaltigen Unterhaltssicherung durch eine Erwerbstätigkeit siehe Rn. 118.

Der erfolgreiche **Abschluss** einer Ausbildung muss **innerhalb normaler Ausbildungszeit** zu erwarten sein. Abzustellen ist dabei auf eine durchschnittlich aufzuwendende Ausbildungszeit, nicht auf eine Mindeststudienzeit.   **152**

Für diese Beurteilung kommt es vor allem auf die Befähigung, den Gesundheitszustand, das Alter und die Einsatzbereitschaft des Bedürftigen an, aber auch auf sonstige konkrete äußere Umstände. Der Bedürftige ist verpflichtet, die Ausbildung zielstrebig und fleißig zu betreiben und innerhalb angemessener und üblicher Dauer abzuschließen.

Die Erfolgsaussicht muss sowohl bei Ausbildungsaufnahme als auch während des weiteren Verlaufs der Ausbildung bestehen.

Der Tatrichter hat insoweit eine realistische Prognose zu treffen. Fällt sie negativ aus, besteht kein Anspruch nach § 1575 I BGB. Erbringt der Bedürftige schuldhaft nicht die erforderlichen Ausbildungsleistungen, wie z. B. Zwischenprüfungen, Vordiplom u. ä., verliert er seinen Ausbildungsanspruch. Der Ausbildungsanspruch erlischt ferner mit Ablauf der üblichen Ausbildungszeit.

Ehebedingte Verzögerungen der Ausbildung sind allerdings **zu berücksichtigen** (§ 1575 I 2 BGB), d. h., sie können eine Verlängerung der Ausbildungszeit rechtfertigen. Dazu zählen z. B. Betreuung eines gemeinschaftlichen Kindes oder Umstellungsschwierigkeiten nach der Scheidung. Krankheitsbedingte Verzögerungen der Ausbildung sind, auch wenn die Krankheit selbst mit der Ehe nichts zu tun hat, jedenfalls dann wie ehebedingte Verzögerungen zu behandeln, wenn sie von dem einvernehmlich aufrechterhaltenen Eheplan gedeckt sind und von den Eheleuten einverständlich in Kauf genommen worden sind.[444] Keine ehebedingten Verzögerungen sind solche, die aus rein persönlichen Gründen des Bedürftigen entstehen.[445]

Ein **Ausbildungswechsel** muss nicht finanziert werden.

b) BGH-Rechtsprechung. Nach der Rechtsprechung des BGH besteht nach § 1575 I   **153** oder II BGB kein Anspruch auf die Finanzierung einer niveausteigernden **Zweit- oder Drittausbildung,** wenn der Bedürftige bereits über eine abgeschlossene Berufsausbildung verfügt, die ihm die Ausübung einer einträglichen angemessenen Erwerbstätigkeit ermöglicht. Dies ginge über den Bereich der nachehelichen Solidarität hinaus. Unmaßgeblich ist, ob die Erstausbildung vor oder während der Ehe oder erst nach der Scheidung stattgefunden hat. Auch, dass der Ehepartner die mit der Ausbildung verbundenen Nachteile nicht getragen hat, ändert nichts. Vor allem ein Studium scheidet als zulässige weitere Ausbildung aus, weil die in § 1575 II BGB angesprochene Fortbildung oder Umschulung im Sinne des früheren Arbeitsförderungsgesetzes zu verstehen ist, das die Hoch- oder Fachhochschulausbildung aus seinem Förderungsbereich ausgeschlossen hatte[446] – siehe Rn. 158.

Nach der Rechtsprechung des BGH muss der Bedürftige außerdem wegen der Ausbil-   **154** dung an der Ausübung einer Erwerbstätigkeit gehindert sein. Der Anspruch nach § 1575 I oder II BGB kann danach daran scheitern, dass **der Bedürftige bereits einer angemessenen Erwerbstätigkeit nachgeht.**[447]

---

[442] BGH, FamRZ 1986, 553
[443] BGH, FamRZ 1987, 691
[444] BGH, FamRZ 1980, 126
[445] BGH, FamRZ 1980, 126
[446] BGH, FamRZ 1985, 782
[447] BGH, FamRZ 1987, 795, 797

Dies gilt aber nur für einen Anspruch nach § 1575 BGB, der in seiner Zielrichtung deckungsgleich ist mit einem Anspruch nach den §§ 1574 III, 1573 I BGB.[448] Es gilt nicht für einen über § 1574 III BGB hinausgehenden niveausteigernden Anspruch nach § 1575 BGB. Wenn z. B. der Berechtigte bereits einer angemessenen Erwerbstätigkeit im Sinn des § 1574 II BGB nachgeht, aber zum Zweck der Niveausteigerung berechtigterweise durch den Besuch eines Abendgymnasiums eine aus ehebedingten Gründen abgebrochene Ausbildung nachholt, besteht trotz der Ausübung einer angemessenen Erwerbstätigkeit ein Anspruch nach § 1575 I BGB, der eine niveauerhöhende Erwerbstätigkeit ermöglichen soll.

Der Anspruch geht auf den vollen Unterhalt nach § 1578 I 1 BGB einschließlich zusätzlicher Ausbildungskosten (§ 1578 II BGB). Mit ihm sind die Einkünfte aus der angemessenen Erwerbstätigkeit zu verrechnen, und zwar mittels der Differenzmethode.

155　　**c) Sonstiges.** Die Leistung von Ausbildungsunterhalt muss **dem Verpflichteten** im Hinblick auf seine wirtschaftlichen Verhältnisse **zumutbar sein.** Diese Voraussetzung ergibt sich zwar nicht aus dem Gesetz, wohl aber aus dem Gegenseitigkeitsprinzip, das auch dem ehelichen Unterhaltsrecht zugrunde liegt[449] – vgl. auch Rn. 146. Insoweit ist auch eine Zumutbarkeitsabwägung erforderlich zwischen der Schwere der durch die Ausbildung auszugleichenden ehebedingten Nachteile und der konkreten wirtschaftlichen Belastung des Verpflichteten durch die Zahlung des Ausbildungsunterhalts.

Der für die Dauer der Ausbildung zeitlich begrenzte Ausbildungsunterhalt bemisst sich nach § 1578 I und III BGB (siehe dazu Rn. 145).

156　　**Scheitert die** niveauerhöhende **Ausbildung** nach § 1575 I BGB unverschuldet oder findet der Bedürftige nach Ausbildungsabschluss keine der Ausbildung entsprechende Erwerbstätigkeit, dann erlischt der Ausbildungsunterhalt und es entsteht ein Anschlussunterhalt nach § 1573 I, III BGB[450] (siehe dazu Rn. 147).

Nach § 1575 III BGB bleibt in diesem Fall der durch die Ausbildung gemäß § 1575 I BGB erreichte **höhere Ausbildungsstand** bei der Bestimmung der angemessenen Erwerbstätigkeit nach § 1574 II BGB **außer Betracht.** § 1575 III BGB ist praktisch ohne Bedeutung, wenn die Ausbildung zur Aufnahme einer angemessenen Erwerbstätigkeit i. S. von § 1574 II BGB und nicht zu einer niveausteigernden Erwerbstätigkeit notwendig war.

Kommt der Bedürftige seiner **Ausbildungsobliegenheit** mutwillig, d. h. in Kenntnis der unterhaltsrechtlichen Auswirkungen nicht nach, dann erlöschen die Ansprüche nach den §§ 1575, 1573 I BGB – vgl. Rn. 146. Der Anspruch nach § 1573 I BGB kann in einen Anspruch auf Ergänzungsunterhalt nach § 1573 II BGB übergehen, wenn fiktiv zuzurechnende Einkünfte, die bei ordnungsgemäßer Ausbildung hätten erzielt werden können, nicht den Bedarf nach § 1578 I 1 BGB decken (Genaueres dazu Rn. 146).

Zum Begriff der Ausbildung siehe Rn. 159.

3. Der Anspruch auf Fortbildung oder Umschulung nach § 1575 II BGB

157　　Nach § 1575 II BGB gilt § 1575 I BGB entsprechend, wenn sich der Bedürftige fortbilden oder umschulen lässt, um Nachteile auszugleichen, die durch die Ehe eingetreten sind.

Dieser Anspruch bezweckt den Ausgleich beruflicher Nachteile, die der Bedürftige kausal durch die Ehe erlitten hat. Er soll es ihm ermöglichen, durch Fortbildung oder Umschulung wieder eine vollwertige Kraft im Berufsleben zu werden. Es muss aber stets ein **Ursachenzusammenhang zwischen den ehebedingten Nachteilen und** der notwendigen Fortbildung oder Umschulung bestehen.

Der Anspruch nach § 1575 II BGB hat folgende **Voraussetzungen,** die sich weitgehend mit denen des § 1575 I BGB decken, weshalb insoweit auf die entsprechenden Ausführungen (Rn. 148 ff.) verwiesen wird:

---

[448] Vgl. dazu BGH, FamRZ 1987, 795, 796
[449] BGH, FamRZ 1985, 782; zum Gegenseitigkeitsprinzip siehe BGH, FamRZ 1980, 665; FamRZ 1998, 671 = R 523
[450] OLG Hamm, FamRZ 1983, 181

- Die Fortbildung oder Umschulung muss notwendig sein zum Ausgleich von kausalen ehebedingten Nachteilen (Rn. 158).
- Die Fortbildung oder Umschulung muss erforderlich sein, um eine angemessene Erwerbstätigkeit zu erlangen, die den Unterhalt nachhaltig sichert (siehe Rn. 151).
- Die Fortbildung oder Umschulung muss sobald wie möglich aufgenommen werden (siehe Rn. 150).
- Der erfolgreiche Abschluss muss innerhalb normaler Fortbildungszeit zu erwarten sein (siehe Rn. 152).
- Die Fortbildungs- oder Umschulungsmaßnahme darf kein Hochschulstudium sein (Rn. 158).

158 Die ehebedingten Nachteile i. S. von § 1575 II BGB können vielfältiger Art sein. Soweit es dabei um berufliche Nachteile geht, ergeben sich solche aus einem Vergleich der beruflichen Stellung, die der Ehegatte voraussichtlich ohne die Eheschließung haben würde, mit der derzeitigen Situation auf Grund der Ehe. Ein solcher Nachteil liegt nicht nur dann vor, wenn die jetzt mögliche berufliche Stellung einen geringeren Lebensstandard ermöglicht als die ohne Eheschließung erreichte berufliche Stellung, sondern auch dann, wenn die jetzt mögliche berufliche Stellung dem Bedürftigen keine angemessene Entfaltung seiner Fähigkeiten und Kenntnisse erlaubt, wobei allerdings eine optimale berufliche Erfüllung nicht verlangt werden kann. Der Bedürftige ist hierzu darlegungs- und beweispflichtig.[451]

Fortbildung oder Umschulung i. S. von § 1575 II BGB setzt grundsätzlich eine bereits **abgeschlossene Berufsausbildung oder Berufserfahrung** voraus. Dies ergibt sich daraus, dass für die Begriffe Fortbildung und Umschulung das Verständnis dieser Begriffe nach dem früheren Arbeitsförderungsgesetz maßgebend war, welches für eine Fortbildung oder Umschulung eine abgeschlossene Berufsausbildung oder angemessene Berufserfahrung verlangte[452] (siehe auch nachfolgend Rn. 159). Nach der jetzt geltenden Regelung in § 77 II SGB III ist entweder ein Berufsabschluss oder grundsätzlich eine dreijährige Berufserfahrung erforderlich, es sei denn, dass eine berufliche Erstausbildung oder eine berufsvorbereitende Bildungsmaßnahme aus persönlichen Gründen nicht möglich oder zumutbar ist.

Nach dem früheren § 34 IV AFG war ein Hochschul- oder Fachhochschulstudium aus dem Förderbereich ausgeschlossen. Durch die gesetzliche Neuregelung (§§ 77 ff. SGB III) sollte der Kreis der Fördermaßnahmen weder verengt noch erweitert werden, so dass die Rechtslage sich materiell nicht geändert hat, wie sich bezüglich des Hochschulstudiums aus § 85 IV Nr. 1 SGB III i. V. m. §§ 1 bis 3 Berufsbildungsgesetz entnehmen lässt. Deshalb kann nach § 1575 II BGB **keine Finanzierung eines** solchen **Studiums** verlangt werden.[453]

Der Fortbildungs- oder Umschulungsunterhalt ist **zeitlich begrenzt** auf die durchschnittliche Dauer der Fortbildung oder Umschulung. Er bemisst sich umfangmäßig nach § 1578 I und III BGB (siehe auch Rn. 145).

Zu den Folgen bei einem Scheitern der Fortbildung oder Umschulung oder bei Arbeitslosigkeit nach Abschluss der Fortbildung oder Umschulung gilt Entsprechendes wie zu Rn. 146 und 156.

4. Ausbildung, Fortbildung, Umschulung

159 Ausbildung ist im weitesten Sinn zu verstehen. Es muss sich um ein anerkanntes festes Berufsausbildungsverhältnis zu einem Ausbilder handeln, der die Ausbildung nach einem bestimmten Ausbildungsplan leitet. Eine bereits ausgeübte selbstständige berufliche Tätigkeit ist selbst dann keine Ausbildung, wenn sie die Zulassung zu einer berufsqualifizierenden Prüfung ermöglicht.[454] In Hinblick auf die gesetzliche Neuregelung (§ 77 I SGB III) muss es sich um eine vom Arbeitsamt anerkannte Maßnahme der Weiterbildungsförderung handeln.

---

[451] BGH, FamRZ 1984, 988
[452] BGH, FamRZ 1987, 795, 797
[453] BGH, FamRZ 1985, 782, 783
[454] BGH, FamRZ 1987, 795

Die neue gesetzliche Regelung in § 77 SGB III benutzt nur noch den Oberbegriff **„Berufliche Weiterbildung"**, unter welche sowohl berufliche Fortbildung als auch berufliche Umschulung fallen, ohne dass sich deren Definition geändert hätte, wie sich aus § 85 III SGB III ergibt. Bei ungelernten Arbeitnehmern ist im Gegensatz zum früher geltenden AFG nicht mehr erforderlich, dass sie eine berufliche Qualifikation im Sinne eines anerkannten Berufsabschlusses erwerben konnten. Nach § 77 I Nr. 1 SGB III genügt, dass sie ihre bisherige berufliche Qualifikation zum Zwecke der Wiedereingliederung in den Arbeitsmarkt erweitern.

Unter beruflicher **Fortbildung** war nach der Legaldefinition des früheren § 41 I AFG die Teilnahme an Maßnahmen zu verstehen, die das Ziel haben, berufliche Kenntnisse und Fertigkeiten festzustellen, zu erhalten und zu erweitern oder einen beruflichen Aufstieg zu ermöglichen. Die berufliche Fortbildung setzt grundsätzlich eine abgeschlossene Berufsausbildung oder angemessene Berufserfahrung voraus[455] – siehe dazu Rn. 158. Wegen der jetzt geltenden gesetzlichen Definition wird auf den Begriff der Weiterbildungsförderung im Sinne des § 85 II SGB III verwiesen. Unter den Begriff der „Weiterbildung" fällt nach § 85 III Nr. 2 SGB III auch die Weiterbildung zur Ermöglichung eines bislang fehlenden beruflichen Abschlusses.

Unter beruflicher **Umschulung** war nach dem früheren § 47 I AFG die Teilnahme an Maßnahmen zu verstehen, die das Ziel haben, einem Arbeitsuchenden den Übergang in eine andere geeignete berufliche Tätigkeit zu ermöglichen, insbesondere um die berufliche Beweglichkeit zu sichern und zu verbessern. Auch die berufliche Umschulung setzt grundsätzlich eine abgeschlossene Berufsausbildung oder eine angemessene Berufserfahrung voraus[456] – siehe dazu § 77 II SGB III und oben Rn. 158. Wegen der nunmehr geltenden gesetzlichen Definition wird auf die Weiterbildungsförderung in Sinne des § 85 III Nr. 3 SGB III verwiesen.

IX. Billigkeitsunterhalt nach § 1576 BGB

1. Anspruchsvoraussetzungen und Normzweck des § 1576 BGB

160   Nach § 1576 BGB besteht ein **subsidiärer** (vgl. Rn. 165) Anspruch auf Billigkeitsunterhalt, soweit und solange vom Bedürftigen aus sonstigen schwerwiegenden Gründen eine Erwerbstätigkeit nicht erwartet werden kann und eine Versagung von Unterhalt unter Berücksichtigung der Belange beider Ehegatten grob unbillig wäre. Schwerwiegende Gründe dürfen nicht allein deswegen berücksichtigt werden, weil sie zum Scheitern der Ehe geführt haben.

Der Billigkeitsunterhalt hat danach folgende **Voraussetzungen,** die an **keinen Einsatzzeitpunkt**[457] geknüpft sind:
- Es muss ein sonstiger schwerwiegender Grund vorliegen (Rn. 161).
- Wegen des schwerwiegenden Grundes ist eine Erwerbstätigkeit nicht oder nur teilweise zu erwarten.
- Die Versagung des Unterhalts wäre unter Berücksichtigung der Belange beider Ehegatten grob unbillig (Rn. 162).

Bei § 1576 BGB handelt es sich um eine **allgemeine Härteklausel für Ausnahmefälle.** Diese Härteklausel oder Billigkeitsklausel ist kein Ersatz für die vom Gesetzgeber abgelehnte unterhaltsrechtliche Generalklausel. Sie soll nach Art eines Auffangtatbestandes Regelungslücken schließen und die **Erfassung jeder ehebedingten Unterhaltsbedürftigkeit** sicherstellen. Ferner soll sie Härten vermeiden, die sich aus dem enumerativen Tatbestandskatalog der §§ 1570 bis 1575 BGB ergeben.[458] Wegen ihrer Ausgestaltung als allgemeine Härteklau-

455 BGH, FamRZ 1987, 795, 797
456 BGH, FamRZ 1987, 795, 797
457 BGH, FamRZ 2003, 1734, 1737 = R 597 c
458 BGH, FamRZ 1984, 361; FamRZ 1983, 800; FamRZ 2003, 1734, 1735 = R 597 a

sel ist die Vorschrift weder im Verhältnis zum Regelungsbereich der §§ 1570 ff. BGB auf gegenständlich andere als die dort genannten Gründe begrenzt noch sonst Beschränkungen auf bestimmte Unterhaltstatbestände unterworfen.[459]

Die §§ 1570 ff. BGB dienen zur Orientierung bei der Auslegung des § 1576 BGB. § 1576 BGB soll Lücken bei den §§ 1570 bis 1575 BGB füllen und eingreifen, wenn und soweit nach diesen genau umrissenen Tatbeständen Unterhaltsansprüche nicht bestehen.[460]

§ 1576 BGB soll einerseits sicherstellen, dass jede ehebedingte Unterhaltsbedürftigkeit erfasst wird. Er ist aber andererseits – wie die Tatbestände der §§ 1570 ff. BGB – **nicht auf ehebedingte Bedürfnislagen beschränkt.** Deshalb müssen weder die „schwerwiegenden Gründe" noch die „Unterhaltsbedürftigkeit" ehebedingt sein.[461]

2. Vorliegen eines sonstigen schwerwiegenden Grundes

Zur Orientierung für die Auslegung des Begriffs „sonstiger schwerwiegender Grund" **161** dienen vor allem die Gründe, die den Tatbeständen der §§ 1570 bis 1572 BGB zugrunde liegen. Diese sonstigen Gründe müssen in ihrer Bedeutung und ihrem Gewicht den Tatbeständen der §§ 1570 bis 1572 BGB vergleichbar sein.[462]

Ehebedingtheit ist **keine Voraussetzung,** wohl aber ein wichtiger Anhaltspunkt dafür, ob ein sonstiger schwerwiegender Grund nach seinem Gewicht bejaht werden kann (siehe Rn. 160). Wird eine geschiedene Ehefrau unterhaltsbedürftig, weil sie mehr als 1 Jahr nach der Scheidung ihre Arbeitsstelle in Polen aufgibt, um sich zu ihren erwachsenen Kindern nach Deutschland zu begeben, fehlt es an einer ehebedingten Bedürftigkeit und damit an einem schwerwiegenden Grund, weswegen keine Erwerbstätigkeit erwartet werden kann.[463]

Nach § 1576 S. 2 BGB dürfen schwerwiegende Gründe nicht allein deshalb berücksichtigt werden, weil sie zum Scheitern der Ehe geführt haben. Sie können aber neben anderen Gesichtspunkten einen Unterhaltsanspruch rechtfertigen und vor allem bei der Billigkeitsabwägung (Rn. 162) bedeutsam werden.[464] Nach der Rechtsprechung des BGH ist § 1576 BGB auch zu prüfen, wenn ein **Krankheitsunterhalt nur am Einsatzzeitpunkt scheitert.**[465] Entsprechendes dürfte gelten, wenn ein anderer Unterhaltstatbestand nach §§ 1571 bis 1573 BGB nur am Einsatzpunkt scheitert.[466] Der Billigkeitsunterhalt scheidet in einem solchen Fall nicht etwa deswegen aus, weil die nach § 1572 BGB oder den anderen Unterhaltstatbeständen vorausgesetzten Einsatzpunkte auch im Rahmen des § 1576 BGB zu beachten seien, um – auch im Hinblick auf die Subsidiarität des Anspruchs – eine uferlose Ausweitung des Tatbestands zu vermeiden. Das Gesetz setzt Einsatzpunkte nicht voraus. Eine uferlose Ausweitung wird durch eine sachgerechte Billigkeitsprüfung vermieden.[467] Mit zunehmender Entfernung von den Einsatzpunkten sind strengere Anforderungen an die Ausweitung der nachehelichen Solidarität, die dem Anspruch nach § 1576 zugrunde liegt, zu stellen[468] – vgl. auch Rn. 164.

Soweit der berechtigte Ehegatte wegen Betreuung nicht gemeinschaftlicher Kinder (Stiefkinder oder Pflegekinder) an einer Erwerbstätigkeit gehindert ist, dürften dieselben Grundsätze zur Erwerbsobliegenheit heranzuziehen sein, wie bei Prüfung der Voraussetzungen der §§ 1570 I, 16151 II 2 BGB. Hierfür spricht der Umstand, dass nicht nur eheliche und

---

459 BGH, FamRZ 2003, 1734, 1737 = R 597 c
460 BGH, FamRZ 1984, 361; FamRZ 1983, 800
461 BGH, FamRZ 2003, 1734, 1737 = R 597 c; 1983, 800
462 BGH, FamRZ 1983, 800, 802
463 OLG Karlsruhe, FamRZ 1991, 1449
464 BGH, FamRZ 1984, 361, 363
465 BGH, FamRZ 2003, 1734, 1737 = R 597 c; FamRZ 1990, 496, 499 = R 414 c; OLG Zweibrücken, FamRZ 2002, 821, 822
466 OLG Hamm, FamRZ 1999, 230, 232
467 BGH, FamRZ 2003, 1734, 1737 = R 597 c
468 BGH, a. a. O.; OLG Zweibrücken, FamRZ 2002, 821, 822

nichteheliche Kinder aus verfassungsrechtlichen Gründen grundsätzlich gleich behandelt werden müssen, sondern auch gemeinschaftliche Kinder und andere Kinder.[469] Darüber hinaus, kommt im Rahmen der Billigkeitsabwägung dem Kindeswohl besonderes Gewicht zu.[470]

Der BGH hat bisher einen solchen schwerwiegenden Grund bejaht bei der **Betreuung nicht gemeinschaftlicher Kinder,** wie Pflegekinder und Stiefkinder[471] (Genaueres dazu Rn. 163). Haben die Eheleute ein Pflegekind erst kurz vor dem endgültigen Scheitern der Ehe aufgenommen, weil sie sich davon vergeblich eine Stabilisierung der Ehe versprachen, muss sich der pflichtige Ehegatte allerdings nicht an der Aufnahmeentscheidung festhalten lassen.[472] Dies scheint dann zutreffend, wenn sich das Pflegeverhältnis noch nicht so verfestigt hatte, dass die Beendigung der Pflege auch mit Rücksicht auf das betroffene Kind noch ohne weiteres möglich ist.

Nach dem OLG Düsseldorf kann § 1576 BGB auch bejaht werden bei **Betreuung eines** pflegebedürftigen **nahen Angehörigen.**[473] Ähnlich liegt der Fall bei Pflege und Erziehung eines Enkelkindes der Ehegatten, dessen Eltern für die Betreuung ausscheiden.[474]

Keine Anwendung findet § 1576 BGB bei Betreuung eines behinderten erwachsenen Stiefkindes, wenn sich dieses während der Ehe vereinbarungsgemäß in einem Heim aufgehalten hatte.[475] Betreut der geschiedene Ehegatte ein nach Rechtskraft der Scheidung geborenes **gemeinsames nichteheliches Kind** der Ehegatten, scheidet ein Unterhaltsanspruch nach § 1570 oder § 1576 BGB aus (Rn. 65). Die betreuende Mutter hat in diesem Fall den Anspruch auf Betreuungsunterhalt nach § 1615l II 2 BGB.[476] Anders liegt der Fall, wenn es sich, belegt durch ein Abstammungsgutachten, zwar um ein biologisch, nicht aber rechtlich gemeinsames Kind handelt. Hier kommt ein Anspruch nach § 1576 BGB in Betracht.[477]

3. Bei der Billigkeitsabwägung zu berücksichtigende Umstände

162   Nach § 1576 BGB muss eine Unterhaltsversagung unter Berücksichtigung der Belange beider Ehegatten grob unbillig sein, d. h. dem Gerechtigkeitsempfinden in unerträglicher Weise widersprechen.[478] Dazu ist eine **Billigkeitsprüfung unter Abwägung aller Umstände** des konkreten Falles durchzuführen.[479] Allein die Tatsache einer schicksalhaften Erkrankung genügt nicht, um grobe Unbilligkeit anzunehmen, sondern es müssen weitere besondere Umstände hinzukommen, die nicht unbedingt in der Ehe angelegt zu sein brauchen, die aber einen schutzwürdigen Vertrauenstatbestand schaffen.[480]

Nach der Rechtsprechung des BGH sind u. a. folgende **Gesichtspunkte** im Rahmen der Billigkeitsprüfung zu berücksichtigen:[481]
– Ein Zusammenhang der Bedürfnislage mit den ehelichen Lebensverhältnissen, z. B. weil der bedürftige Ehegatte nach der gemeinsamen Lebensplanung Betreuung und Erziehung des gemeinsamen Kindes und jahrzehntelang ohne eigene berufliche Entwicklung die Haushaltsführung übernommen habe.[482]
– Ein Verhalten des Verpflichteten, auf Grund dessen der Bedürftige auf die Mitverantwortung für eine nacheheliche Bedürfnislage vertrauen durfte.

---

[469] Pauling, FPR 2004, 99, 100
[470] BGH, FamRZ 1984, 361, 364
[471] BGH, FamRZ 1984, 361, 363; FamRZ 1984, 769; FamRZ 1983, 800, 802
[472] Vgl. OLG Hamm, FamRZ 1996, 1417
[473] OLG Düsseldorf, FamRZ 1980, 56
[474] AG Herne-Wanne, FamRZ 1996, 1016
[475] OLG Köln, FamRZ 1980, 1006
[476] BGH, FamRZ 1998, 426 = R 519 a
[477] OLG Düsseldorf, FamRZ 1999, 1274
[478] BGH, FamRZ 1983, 800, 802
[479] BGH, FamRZ 1984, 361, 363
[480] OLG Karlsruhe, FamRZ 1994, 104
[481] BGH, FamRZ 2003, 1734, 1736 f.; FamRZ 1984, 361, 363; FamRZ 1983, 800, 802
[482] BGH, FamRZ 2003, 1734, 1746 f.

- Besondere Opfer des Bedürftigen für die Lebensgemeinschaft oder den Ehegatten beim Aufbau oder der Sicherung der Existenz oder in Krankheitszeiten und in sonstigen Notlagen.
- Eine lange Ehedauer, weil diese die nachwirkende Mitverantwortung erhöht.
- Alter, Krankheit und sonstige Umstände, die unter die §§ 1571, 1572 BGB fallen.
- Wirtschaftliche Verhältnisse beider Ehegatten, vor allem, wenn der Verpflichtete unschwer Unterhalt bezahlen kann.
- Eheliches Fehlverhalten des Bedürftigen, allerdings unter Berücksichtigung des besonders zu gewichtenden Kindeswohls.[483]
- Betreuung nicht gemeinschaftlicher Kinder und Betreuung weiterer gemeinschaftlicher Kinder. Dabei kommt dem Kindeswohl gegenüber einem ehelichen Fehlverhalten oder den sonstigen Umständen ein besonderes Gewicht zu.

Da § 1576 BGB nur Unterhalt auf Grund einer Billigkeitsabwägung gewährt, bei der auch eheliches Fehlverhalten mit zu berücksichtigen ist, wird die negative Härteklausel **§ 1579 BGB** auf einen Anspruch nach § 1576 BGB nicht zusätzlich angewendet. Aufgrund der Billigkeitsabwägung nach § 1576 BGB sind allerdings auch andere Ergebnisse möglich als nach § 1579 BGB.[484]

4. Bisher vom BGH entschiedene Fälle zu § 1576 BGB bei Betreuung eines nicht gemeinschaftlichen Kindes

a) Pflegekind. Der bedürftige geschiedene Ehegatte betreut ein Pflegekind, das die **163** Eheleute **gemeinsam** während der Ehe auf Dauer **aufgenommen** hatten. Hier spricht für die Zubilligung eines Unterhaltsanspruchs in erster Linie der Gesichtspunkt der gemeinschaftlich übernommenen Verantwortung für das Pflegekind. Auch die gesetzgeberische Grundentscheidung in den §§ 1570, 1579 BGB für das Kindeswohl und gegen das Interesse des nicht betreuenden Ehegatten von einer wegen eines Fehlverhaltens des anderen Ehegatten an sich unzumutbaren Unterhaltslast befreit zu werden, muss bei der Abwägung mitberücksichtigt werden. Bei der Abwägung kommt dem Wohl des Kindes gegenüber einem etwaigen Fehlverhalten des Ehegatten ein besonderes Gewicht zu. Ferner ist zu berücksichtigen, in welchem Alter das Kind aufgenommen wurde und wie lange es in den neuen Lebenskreis eingegliedert ist. Unabhängig davon, sind alle für und gegen die Zuerkennung des Anspruchs sprechenden Gründe zu prüfen.[485]

b) Leibliches Kind. Betreuung des leiblichen Kindes eines Elternteils, das während der Ehe mit Einwilligung des anderen Ehegatten in den häuslichen Haushalt aufgenommen worden war. Hier genügt die Einwilligung bei Aufnahme noch nicht, um einen Unterhaltsanspruch zu begründen. Es müssen gewichtige besondere Umstände hinzutreten, um einen Anspruch nach § 1576 zu rechtfertigen.[486]

Ähnlich ist der Fall zu beurteilen, wenn das Kind **nicht** von den Eheleuten **gemeinschaftlich,** sondern nur vom bedürftigen Ehegatten **in Pflege genommen** worden war und der andere Ehegatte der Aufnahme lediglich zugestimmt hatte. In diesem Fall hat der auf Unterhalt in Anspruch genommene Ehegatte die Verantwortung für das Kind nicht in gleicher Weise übernommen (wie im Fall a). Deshalb müssen auch hier noch gewichtige weitere Gründe hinzukommen.[487]

c) Zum gemeinschaftlichen nichtehelichen Kind, das nach der Scheidung geboren wurde – siehe Rn. 161.

---

[483] BGH, FamRZ 1984, 361, 364
[484] BGH, FamRZ 1984, 361, 363
[485] BGH, FamRZ 1984, 361, 363
[486] BGH, FamRZ 1983, 800, 802; so auch OLG Koblenz, FamRZ 2005, 1997
[487] BGH, FamRZ 1984, 769

5. Einsatzzeitpunkt, Dauer und Höhe des Unterhaltsanspruchs

164   Da das Gesetz **keinen Einsatzzeitpunkt** (vgl. hierzu näher Rn. 161) vorsieht, kann der Anspruch grundsätzlich unbeschränkt nach der Scheidung originär entstehen, also nicht als Anschlussunterhalt. Im Rahmen der Billigkeitsprüfung wird mit **zunehmendem zeitlichen Abstand von der Scheidung** ein Unterhaltsanspruch nach § 1576 BGB eher zu versagen sein. Zu dieser Ansicht neigt auch der BGH.[488] Mit zunehmendem Zeitablauf wächst das Interesse des Verpflichteten daran und sein Vertrauen darauf, nicht mehr auf Unterhalt in Anspruch genommen zu werden. Insofern wird gefordert, dass der maßgebliche Grund i. S. des § 1576 BGB zumindest in einem zeitlichen oder sachlichen Zusammenhang mit den ehelichen Lebensverhältnissen steht.[489]

Der Unterhaltsanspruch ist ggf. tatbestandsmäßig zeitlich und der Höhe nach begrenzt, weil er nur besteht, solange und soweit aus schwerwiegenden Gründen keine Erwerbstätigkeit erwartet werden kann. Bei der Prüfung der groben Unbilligkeit der Unterhaltsversagung können Billigkeitsgesichtspunkte darüber hinaus auch bei der Entscheidung über die Höhe und Dauer des Anspruchs berücksichtigt werden.[490] Für eine Anwendung des § 1578 b BGB ist deswegen kein Raum.[491] Der volle Unterhalt nach § 1578 I 1 BGB wird nur ausnahmsweise zuzusprechen sein. Oft wird auch eine **zeitliche Befristung** für eine Übergangszeit in Betracht kommen.[492]

6. Konkurrenzen und deren Folgen

165   Der Anspruch nach § 1576 BGB ist **gegenüber** einem Anspruch nach **§ 1570 BGB subsidiär**. Besteht ein Anspruch nach § 1570 BGB wegen Betreuung eines gemeinschaftlichen Kindes und gleichzeitig ein Anspruch nach § 1576 BGB wegen Betreuung eines nicht gemeinschaftlichen Kindes, so ist wegen der Subsidiarität der nach § 1570 BGB bestehende Anspruch zu beziffern. Nur der darüber hinaus geltend gemachte Anspruchsteil wegen der Betreuung des nicht gemeinschaftlichen Kindes kann auch nach § 1576 BGB unter Billigkeitsgesichtspunkten geprüft werden.[493] § 1576 BGB darf daher erst dann geprüft werden, wenn der vorrangige Anspruch ganz oder teilweise verneint wird.

Subsidiarität dürfte auch gegenüber den anderen Ansprüchen des nachehelichen Unterhalts nach den §§ 1571 bis 1573 und 1575 BGB bestehen, weil § 1576 BGB als Auffangtatbestand nur Regelungslücken und Härten vermeiden soll, die sich aus den enumerativen Tatbestandskatalog der §§ 1570 bis 1573 und 1575 BGB ergeben können.[494] Der BGH hat demgemäß die Subsidiarität gegenüber § 1572 BGB bejaht.[495] Wegen bestehender Subsidiarität gelten die obigen Ausführungen für die weiteren Tatbestände des nachehelichen Unterhalts entsprechend.

Ausbildungsunterhalt kann nach § 1576 BGB nicht zugesprochen werden, weil die §§ 1575 und 1574 III, 1573 I BGB im Verhältnis zu § 1576 BGB eine abschließende Regelung beinhalten.[496]

An den Unterhalt und § 1576 BGB kann sich, wie sich aus dem Wortlaut der §§ 1571 ff. BGB ergibt **kein Anschlussunterhalt** anschließen. Anders als ein Unterhaltsanspruch nach § 1570 BGB kann der Billigkeitsanspruch wegen Betreuung eines nicht gemeinschaftlichen Kindes nach Auflösung einer neuen Ehe des bedürftigen Ehegatten **nicht** in entsprechender Anwendung von **§ 1586 a I BGB wiederaufleben,** da die Vorschrift nur eine eingeschränkte Ausnahme von der Regel des § 1586 I BGB darstellt.

---

[488] FamRZ 2003, 1734, 1737 = R 597 c
[489] OLG Karlsruhe, FamRZ 1996, 948
[490] Diekmann, FamRZ 1981, 98
[491] Büttner, FamRZ 2007, 773, 774
[492] BGH, FamRZ 1984, 769
[493] BGH, FamRZ 1984, 361; FamRZ 1984, 769
[494] Vgl. BGH, FamRZ 2003, 1734, 1735 = R 597 a
[495] BGH, a. a. O.
[496] OLG Düsseldorf, FamRZ 1980, 585

3. Abschnitt: Unterhaltsbedarf und Bedarfsbemessung beim Ehegattenunterhalt

I. Unterhaltsbedarf nach den ehelichen Lebensverhältnissen

1. Der Unterhaltsbedarf als gesamter Lebensbedarf

Der nacheheliche Unterhalt umfasst den gesamten Lebensbedarf (§ 1578 I 2 BGB). Zu **166** diesem Lebensbedarf gehören auch die Kosten einer angemessenen Versicherung für den Fall der Krankheit sowie die Kosten einer Schul- oder Berufsausbildung, einer Fortbildung oder Umschulung nach den §§ 1574, 1575 BGB (§ 1578 II BGB). Bei einem Unterhaltsanspruch nach den §§ 1570 bis 1573 oder 1576 BGB gehören zum Lebensbedarf ferner die Kosten einer angemessenen Versicherung für den Fall des Alters sowie der Erwerbsunfähigkeit (§ 1578 III BGB).

Dieser Lebensbedarf oder **Gesamtbedarf umfasst** somit den laufenden **Elementarbe-** **167** **darf** (s. Rn. 168) und bei Vorliegen besonderer Umstände einen **regelmäßigen Mehrbedarf** (s. Rn. 169). Hinzu kommen kann als eigener Anspruch ein **unregelmäßiger Sonderbedarf** (vgl. ausführlich Rn. 6/1 ff.).

Der regelmäßige Elementar- und Mehrbedarf wird unter Berücksichtigung von Bedürftigkeit und Leistungsfähigkeit als laufender Unterhalt nach § 1585 I BGB in Form einer monatlich im Voraus zu zahlenden Geldrente geschuldet. Da die Parteien beim nachehelichen Unterhalt gemäß § 1585 c BGB eine andere Art der Unterhaltsgewährung vereinbaren können, kann ein Teil auch durch Naturalleistung, z. B. Zurverfügungstellung des Miteigentumsanteils der gemeinsamen Wohnung, geleistet werden[1] (s. auch Rn. 1/364). Bewohnt ein Ehegatte nach der Trennung weiterhin das gemeinsame Eigenheim und wird bei der Unterhaltsberechnung das mietfreie Wohnen berücksichtigt (vgl. Rn. 1/311 ff.), liegt im Ergebnis bezüglich der Nutzung des Miteigentumsanteils des Ausziehenden immer eine Naturalleistung vor, die als Unterhaltsleistung bei getrennter steuerlicher Veranlagung im Rahmen des Realsplittings neben dem geleisteten Barunterhalt nach § 10 I Nr. 1 EStG angesetzt werden kann.[2] Ein Sonderbedarf kann nach § 1585 b I BGB zusätzlich zum regelmäßigen Bedarf verlangt werden, und zwar auch für die Vergangenheit.

Die Bedarfsbemessung ist nicht gleichbedeutend mit dem endgültigen Unterhalt, denn die Höhe des konkreten Unterhalts wird wesentlich mitbestimmt durch die Bedürftigkeit des Berechtigten, d. h. sein nach § 1577 I BGB auf den Bedarf anzurechnendes Einkommen (vgl. Rn. 526 ff.), sowie die Leistungsfähigkeit des Verpflichteten (vgl. näher Rn. 564 ff.).

- **Elementarbedarf:** **168**
  Zum Elementarbedarf zählen alle regelmäßigen Aufwendungen für Wohnung, Ernährung, Kleidung, Bildung, Erholung, Freizeitgestaltung, Gesundheitsfürsorge, geistige und kulturelle Interessen und sonstige persönliche und gesellschaftliche Bedürfnisse.
- **Mehrbedarf:** **169**
  Bei Vorliegen besonderer Umstände kann zusätzlich ein regelmäßiger Mehrbedarf bestehen, der durch den Elementarbedarf nicht abgedeckt ist. Zur Abgrenzung vom Sonderbedarf muss es sich hierbei um regelmäßig anfallende Mehraufwendungen über einen längeren Zeitraum auf Grund besonderer im Gesetz genau normierter Umstände handeln.[3]
- **Mehrbedarfsfälle:**
  - Mehrbedarf für einen angemessenen **Krankenversicherungsschutz** (§ 1578 II BGB) einschließlich Pflegeversicherung.

---

[1] BGH, FamRZ 1997, 484, 486 = R 508
[2] BFH, FamRZ 2000, 1360
[3] BGH, FamRZ 2007, 882 = R 675 h

– Mehrbedarf für eine eheangemessene **Alters** – und **Invaliditätsversicherungsvorsorge** (§ 1578 III BGB).

– **Ausbildungsbedingter** Mehrbedarf, wenn für die Ausbildung als solche zusätzliche Kosten anfallen (§ 1578 II BGB).

Zur Bedarfsbemessung bei regelmäßigem Mehrbedarf s. Rn. 432 ff., zum Krankheitsvorsorgeunterhalt s. Rn. 498 ff. und zum Vorsorgeunterhalt für Alter und Invalidität s. Rn. 448 ff.

169 a Nach der früheren Rechtsprechung gehörte zum Gesamtbedarf auch ein **trennungsbedingter Mehrbedarf** (vgl. auch Rn. 427 ff.). Der volle Unterhalt umfasste die Quote aus den beiderseitigen Einkünften zuzüglich eines trennungsbedingten Mehrbedarfs;[4] soweit nur prägende Einkünfte vorhanden waren, wurde mit der Quote aber alles verteilt, so dass kein zusätzlicher trennungsbedingter Mehrbedarf zugesprochen werden konnte.[5] Im Gesetz selbst ist ein genereller trennungsbedingter Mehrbedarf nicht normiert, sondern nur die bereits angeführten Mehrbedarfsfälle. Wie Graba überzeugend ausgeführt hat, war der trennungsbedingte Mehrbedarf kein Teil des Begriffs der ehelichen Lebensverhältnisse nach dem alten Recht (§ 58 EheG), obwohl die Bestimmung in § 1361 I BGB wörtlich und in § 1578 I BGB inhaltsgleich übernommen worden wurde.[6] Der trennungsbedingte Mehrbedarf wurde im Ergebnis von der Rechtsprechung nur entwickelt, um die Härten der früheren Anrechnungsmethode für die Hausfrauen zu mildern.[7] Durch die geänderte Rechtsprechung des BGH zu dieser Frage mit der Surrogatslösung bestehen diese Härten aber nicht mehr. Deshalb können trennungsbedingt entstehende Mehrkosten nach BGH nicht mehr bedarfserhöhend geltend gemacht werden.[8] Es bestanden auch schon immer grundsätzliche Bedenken, unter den Begriff „eheliche Lebensverhältnisse" auch trennungsbedingte Mehrkosten zu subsumieren. Soweit der Gesetzgeber mit der Trennung anfallende Mehrkosten dem Bedarf zuordnen wollte, nämlich im Bereich der Kranken- und Altersvorsorge sowie durch eine notwendige Aus- oder Fortbildung enstehende Kosten, hat er dies ausdrücklich normiert (vgl. §§ 1361 I 2, 1578 II, III BGB). Sonstige trennungsbedingte Mehrkosten im Bereich der allgemeinen Lebensführung hat er dagegen in §§ 1361, 1578 BGB nicht erwähnt. Der Begriff der ehelichen Lebensverhältnisse kann damit nur den in der Ehe erreichten Status umfassen, nicht aber generelle Mehrkosten durch getrennte Haushalte. Diese haben nichts mit der Ehe zu tun, sondern sind allein Folgen der Trennung. Abgesehen von dem Umstand, dass sie beide Eheleute gleichermaßen treffen und damit vom Grundsatz her wertneutral sind (vgl. Rn. 1/377 ff.), würde eine andere Auslegung entgegen Art. 6 I GG scheidungsfördernd und nicht eheerhaltend wirken. Denn nach der Abkehr vom Verschuldensprinzip kommt es bei der Scheidung nicht mehr darauf an, wer sie verursacht hat. Es kann auch nicht unterstellt werden, der Bedürftige sei immer das Trennungsopfer. In Unterhaltsstreitigkeiten sind zwar nach wie vor überwiegend Frauen die Bedürftigen, nach den statistischen Zahlen beantragen aber mehr Frauen als Männer die Scheidung. Es entspricht deshalb auch keinem Gerechtigkeitsgebot, trennungsbedingten Mehrbedarf in die ehelichen Lebensverhältnisse einzubeziehen. Die Erhöhung der Lebenshaltungskosten durch getrennte Haushalte ist damit nicht als Teil der ehelichen Lebensverhältnisse und damit trennungsbedingter Mehrbedarf nicht als Bestandteil der Unterhaltszumessung anzuerkennen (vgl. auch Rn. 428).[9] Dies würde auch dem Grundsatz der Eigenverantwortung widersprechen. Trotzdem hält ein Teil der Oberlandesgerichte in seinen Leitlinien am trennungsbedingten Mehrbedarf fest, soweit nichtprägende Einkünfte vorhanden sind.

169 b Von der Frage, ob ein trennungsbedingter Mehrbedarf Teil des gesamten Unterhaltsbedarf nach § 1578 I 2 BGB ist, ist zu trennen, ob ein Mehrbedarf eine **Ausgabenposition** darstellen kann und damit bei der Bereinigung des Nettoeinkommens zu berücksichtigen ist. Insoweit ist anerkannt, dass alters- und krankheitsbedingte Mehrkosten (vgl. Rn. 1/607)

---

[4] Vgl. z. B. BGH, FamRZ 1987, 913; FamRZ 1984, 358; FamRZ 1984, 149, 292; FamRZ 1982, 255

[5] BGH, FamRZ 1994, 343; FamRZ 1984, 358

[6] Graba, FamRZ 2002, 857 ff.

[7] Graba, a. a. O.; Luthin, FamRZ 1996, 328

[8] BGH, FamRZ 2007, 1303 = R 669 b; FamRZ 2004, 1357 = R 617 a

[9] Büttner, NJW 2001, 3244; Graba, FamRZ 2002, 857; Gerhardt, FamRZ 2003, 272

ebenso wie nicht leichtfertig eingegangene trennungsbedingte Verbindlichkeiten berücksichtigungswürdig sind (näher Rn. 1/616, 623 a).

Zum trennungsbedingten Mehrbedarf vgl. auch Rn. 427 ff. und Rn. 1/310 e, 377 ff., 609.

- **Sonderbedarf:**   170

Nach den §§ 1585 b I, 1613 II Nr. 1 BGB kann auch ein Sonderbedarf als Unterhalt verlangt werden. Nach der Legaldefinition des § 1613 II Nr. 1 BGB ist Sonderbedarf ein nicht vorhersehbarer, unregelmäßiger außerordentlich hoher Bedarf. Er muss überraschend und der Höhe nach nicht abschätzbar sein. Er ist unregelmäßig, wenn er nicht mit Wahrscheinlichkeit vorausgesehen und deshalb bei der laufenden Unterhaltsrente nicht berücksichtigt werden kann. Er ist deshalb als selbstständiger Anspruch geltend zu machen. Genaueres zum Sonderbedarf Rn. 6/1 ff.

Diese Ausführungen gelten in gleicher Weise für den **Trennungsunterhalt** nach § 1361   171
BGB (s. Rn. 7 ff.) und für den Unterhalt **nach altem Recht.**

2. Bedarfsbemessung nach den ehelichen Lebensverhältnissen und Lebensstandardgarantie

Nach § 1578 I 1 BGB bestimmt sich das Maß des Unterhalts nach den ehelichen Lebens-   172
verhältnissen. Nach § 1361 I 1 BGB kann ein Ehegatte von dem anderen den nach den Erwerbs- und Vermögensverhältnissen der Eheleute angemessenen Unterhalt verlangen.

Der BGH sieht in diesen Bestimmungen eine inhaltsgleiche Regelung der „ehelichen   173
Lebensverhältnisse", die für die Unterhaltsbemessung nach den §§ 1361, 1578 BGB maßgebend sind.[10]

Die ehelichen Lebensverhältnisse bilden damit den Maßstab für die Höhe jedes Anspruchs auf Ehegattenunterhalt. Deshalb kann die Höhe des Unterhaltsbedarfs sowohl beim nachehelichen Unterhalt als auch beim Trennungsunterhalt nach den gleichen Grundsätzen bemessen werden.

Nach der grundlegend **geänderten Rechtsprechung des BGH** seit seiner Surrogats-   174
lösung mit Urteil vom 13. 6. 2001 (hierzu näher Rn. 184 a ff.) begründen die ehelichen Lebensverhältnisse **keine unverändert fortschreibende Lebensstandardgarantie;** sie sind vielmehr stets **wandelbar** und passen sich dauerhaft veränderten wirtschaftlichen Verhältnissen an, soweit es sich bei **Einkommenserhöhungen** um keine unerwartete, mit der Ehe nicht zusammenhängende Entwicklung handelt (näher Rn. 225, 253 ff.), bei **Einkommensminderungen** um kein unterhaltsbezogen leichtfertiges Verhalten (näher Rn. 224, 236, 237).[11] Dabei kommt es nicht darauf an, ob diese Veränderungen in der Trennungszeit, bei der Scheidung oder erst (lange) nach der Scheidung eintraten.[12] Wie der BGH in seiner Entscheidung vom 6. 2. 2008 zu Recht ausführte, sollen mit dem nachehelichen Unterhalt nur die Risiken der mit der Scheidung fehlgeschlagenen Lebensplanung der Ehegatten und der von ihnen in der Ehe praktizierten Arbeitsteilung angemessen ausgeglichen werden.[13]

Die geänderte Rechtsprechung des BGH entspricht in vollem Umfang der **neuen**   175
Rechtslage zum 1. 1. 2008 durch die Unterhaltsreform. Mit der Verstärkung der Eigenverantwortung in § 1569 BGB und der Begrenzung des nachehelichen Unterhalts aus Billigkeitsgründen gemäß § 1578 b BGB brachte der Gesetzgeber zum Ausdruck, dass zwar weiterhin grundsätzlich ein Anspruch auf gleiche Teilhabe am gemeinsam Erwirtschafteten besteht, dies aber **keine Lebensstandardgarantie** für einen zeitlich und in der Höhe nach nicht abänderbaren Bedarf bedeutet. Der nacheheliche Unterhalt beinhaltet vielmehr nur einen **Nachteilsausgleich,** solange und soweit der Bedürftige durch die Rollenverteilung in der Ehe **nicht ausreichend** für den eigenen Unterhalt **sorgen** kann.[14]

---

[10] BGH, FamRZ 1990, 250; FamRZ 1984, 356

[11] BGH, FamRZ 2008, 968 = R 689 g; FamRZ 2007, 793 = R 674 a, b, f; FamRZ 2006, 683 = R 649 e, f, g

[12] BGH, FamRZ 2008, 968 = R 689 g

[13] BGH, FamRZ 2008, 968 = R 689 g

[14] BT-Ds 16/1830 vom 15. 6. 2006 S. 18

Die geänderte Rechtsprechung des BGH zu den ehelichen Lebensverhältnissen und die geänderte Rechtslage sind sehr zu begrüßen. Die ehelichen Lebensverhältnisse werden dadurch zeitgemäßer und realitätsnäher behandelt.[15] Die frühere Rechtsprechung des BGH insbesondere aus der Zeit vor 2001 kann aus diesen Gründen nicht mehr unbesehen übernommen und fortgeführt werden, was teilweise in der Praxis zu wenig beachtet wird.

176   Der zentrale Begriff **„eheliche Lebensverhältnisse"** ist im Gesetz nicht näher definiert.[16] Nach Auffassung des BGH sind mit diesem Begriff diejenigen Verhältnisse gemeint, die für den Lebenszuschnitt in der Ehe und damit für den ehelichen Lebensstandard bestimmend, d. h. **prägend** waren,[17] auch wenn sie sich gewandelt haben.[18] Durch die geänderte Rechtsprechung des BGH hat der Begriff „Prägung" heute gegenüber der früheren Rechtsprechung allerdings teilweise eine völlig andere Bedeutung. Dies gilt vor allem für den Ausgabenbereich, bei dem es nur auf die **Berücksichtigungswürdigkeit** ankommt (s. näher Rn. 1/588 a),[19] aber auch im Einnahmenbereich für alle Surrogate (Familienarbeit, Verkauf des Familienheimes, Zugewinn usw.). Zu den ehelichen Lebensverhältnissen gehören damit zum einen die den Lebensstandard bestimmenden wirtschaftlichen Verhältnisse, also Einkommen und Vermögen einschließlich Surrogate, soweit es in die Bedarfsdeckung eingeflossen ist, sowie berücksichtigungswürdige Belastungen.[20] Zum anderen fallen nach der geänderten Rechtsprechung des BGH hierunter aber auch alle sonstigen beruflichen, gesundheitlichen, familiären und ähnlichen Faktoren, die für den Lebenszuschnitt von Bedeutung waren, insbesondere die Haushaltsführung und Kinderbetreuung des in der Ehe nicht berufstätigen Ehegatten.[21] **Nichtprägende** Einkünfte haben hingegen keinen Einfluss auf die ehelichen Lebensverhältnisse, soweit die Einkommenserhöhungen auf einer unerwarteten Entwicklung beruhen, da das Unterhaltsrecht den geschiedenen Ehegatten nicht besser stellen will als er während der Ehezeit stand oder auf Grund einer schon absehbaren Entwicklung künftig gestanden hätte.[22] Die ehelichen Lebensverhältnisse können dabei nur aus einem in der Ehe vorhandenen Einkommen, nicht aus lediglich gedachten fiktiven Verhältnissen hergeleitet werden.[23]

177   Der nach den ehelichen Lebensverhältnissen zu bemessende eheangemessene Unterhalt ist identisch mit dem in den §§ 1573 II, 1577 II BGB genannten **vollen Unterhalt.**

178   **Darlegungs- und beweispflichtig** für die Gestaltung der ehelichen Lebensverhältnisse ist der Bedürftige.[24] Es genügt aber insoweit, dass er die gegenwärtigen beiderseitigen Einkommens- und Vermögensverhältnisse darlegt und nachweist. Behauptet der Pflichtige, dass für ein Einkommen seit der Trennung eine außergewöhnliche, vom Normalverlauf ablaufende Entwicklung vorliegt, ist er hierfür beweispflichtig,[25] ebenso bei Einkommensminderungen.

3. Nachhaltige Prägung der ehelichen Lebensverhältnisse durch Einkommen und andere Umstände

179   Die ehelichen Lebensverhältnisse wurden nach der früheren Rechtsprechung des BGH in erster Linie **geprägt** durch die wirtschaftlichen Grundlagen des Lebensstandards der Eheleute. Darunter fallen die **Einkünfte beider Ehegatten,** mit denen sie sich ihren Lebens-

---

[15] Vgl. auch Empfehlungen des Arbeitskreises 3 des 17. Deutschen Familiengerichtstages 2007
[16] BGH, FamRZ 1999, 367
[17] BGH, FamRZ 1984, 149; FamRZ 1982, 576
[18] BGH, FamRZ 2008, 968 = R 689 g
[19] Gerhardt, FamRZ 2007, 945
[20] BGH, FamRZ 2008, 963 = R 692 a, h; FamRZ 2008, 968 = R 689 g; FamRZ 2007, 793 = R 674 b; FamRZ 2006, 683 = 649 f, g
[21] BGH, FamRZ 2001, 986, 989 = R 563 a
[22] BGH, FamRZ 2008, 968 = R 689 g
[23] BGH, FamRZ 1997, 281 = R 509 f.; FamRZ 1992, 1045, 1047 = R 448 a
[24] BGH, FamRZ 1990, 1085; FamRZ 1984, 149
[25] BGH, FamRZ 1986, 244

zuschnitt geschaffen haben und weiterhin aufrechterhalten können. Deshalb gehörten nach ständiger Rechtsprechung des BGH zu den die ehelichen Lebensverhältnisse prägenden Umständen vor allem die Einkommensverhältnisse der Eheleute, die während der Ehe ihren Lebensstandard geprägt haben.[26] Mit seiner Grundsatzentscheidung vom 13. 6. 2001 hat der BGH diese Rechtsprechung **geändert** und auch die **gleichwertige Haushaltstätigkeit** in den ehelichen Lebenszuschnitt einbezogen.[27] Er hat in der Folgezeit seine Rechtsprechung geändert, dass keine Lebensstandardgarantie besteht und deshalb die ehelichen Lebensverhältnisse entsprechend den tatsächlichen Gegebenheiten **wandelbar** sind.[28]

Ist auf das Einkommen abzustellen, sind die jeweils aktuellen **Einkommensverhältnisse** heranzuziehen, an deren Weiterentwicklung die Eheleute nicht nur bis zur Scheidung, sondern auch darüber hinaus teilhaben.[29] Dies gilt sowohl für Einkommensverbesserungen als auch für nicht vorwerfbare Einkommensminderungen.[30] Die Eheleute sollen im Ergebnis unterhaltsrechtlich nicht besser oder schlechter als ohne Scheidung gestellt werden.[31]

- In der **Doppelverdienerehe,** in der beide Ehegatten einer Erwerbstätigkeit nachgehen, sind es regelmäßig die **zusammengerechneten Einkünfte** beider Ehegatten.[32]
  Gleiches gilt, wenn beide Ehegatten **sonstige prägende Einkünfte** haben oder an Stelle dieser Einkünfte ein **Surrogat** getreten ist.[33]
  Verschieden hohe Einkünfte aus beiderseitiger Erwerbstätigkeit der Ehegatten führen nicht zu einer unterschiedlichen Beurteilung der ehelichen Lebensverhältnisse. Beide Eheleute nehmen **in gleicher Weise** an dem durch ihre beiderseitigen Einkünfte geprägten Lebensstandard teil.[34]
  Auch aus der Tatsache, dass in der Doppelverdienerehe der besser verdienende Ehegatte dem anderen bisher keinen Ergänzungsunterhalt bezahlt hat, so dass sich dadurch die konkrete Lebensstellung der beiden Eheleute während der Trennung unterschiedlich entwickelte, kann keine Beschränkung des Unterhaltsbedarfs des Ehegatten mit dem geringeren Einkommen hergeleitet werden.
- In der **Alleinverdienerehe** oder **Haushaltsführungsehe,** in der nur ein Ehegatte prägende Einkünfte hat, werden die ehelichen Lebensverhältnisse nach der **geänderten Rechtsprechung** des BGH gemäß seiner Grundsatzentscheidung vom 13. 6. 2001 nicht nur durch die Einkünfte des erwerbstätigen Ehegatten geprägt, sondern auch durch die **häusliche Mitarbeit** des anderen Ehegatten und den dadurch erreichten sozialen Status (vgl. eingehend Rn. 184 a ff.).[35] Nur dies entspricht der nach Art. 6 I i. V. mit Art. 3 II GG gebotenen Gleichwertigkeit von geleisteter Familienarbeit und erzielten ehelichen Einkünften.[36] Das gewandelte Eheverständnis in den letzten 20 Jahren hat im Übrigen dazu geführt, dass heute bei Kinderbetreuung nur noch selten von einer reinen Haushaltsführungsehe ausgegangen werden kann, sondern von einer **Doppelverdienerehe mit zeitweiliger Aussetzung der Berufstätigkeit**[37] bzw. von einer **Aneinanderreihung von Ehetypen.**[38] Das vom bisher den Haushalt führenden Ehegatten nach Trennung/Scheidung erzielte Einkommen ist **Surrogat** der früheren Familienarbeit und fließt voll

---

[26] BGH, FamRZ 1984, 356; FamRZ 1982, 360; FamRZ 1982, 576 = R 114 b
[27] BGH, FamRZ 2001, 986, 989 = R 563 a, c
[28] BGH, FamRZ 2008, 968 = R 689 g; FamRZ 2007, 793 = R 674 b; FamRZ 2006, 683 = R 649 f, g
[29] BGH, FamRZ 2008, 968 = R 689 g
[30] BGH, FamRZ 2008, 968 = R 689 g; FamRZ 2007, 793 = R 674 b; FamRZ 2006, 683 = R 649 f, g; FamRZ 2003, 590, 591 = R 586 a
[31] BGH, FamRZ 2008, 968 = R 689 g; FamRZ 2007, 793 = R 674 b; FamRZ 2006, 683 = R 649 f; FamRZ 2003, 590, 591 = R 586 c; FamRZ 2003, 848, 850 = R 588 a
[32] BGH, FamRZ 1989, 838; FamRZ 1983, 886 ; FamRZ 1982, 892
[33] BGH, FamRZ 2008, 968 = R 689 g; FamRZ 2007, 1532 = R 681 a, k; FamRZ 2006, 387 = R 643 f; FamRZ 2005, 1159 = R 623 b, c; FamRZ 2002, 88 = R 569 b
[34] BGH, FamRZ 2006, 683 = R 649 g; vgl. auch BVerfG, FamRZ 2002, 527 = R 571 a
[35] BGH, FamRZ 2001, 986, 989 = R 563 a, c
[36] BVerfG, FamRZ 2002, 527, 530 = R 571 a
[37] Gerhardt, FamRZ 2000, 134
[38] Büttner, FamRZ 1999, 893

in die Bedarfsermittlung ein.[39] Übt der den Haushalt führende Ehegatte dagegen nach Trennung/Scheidung zunächst ohne Verstoß gegen seine Erwerbsobliegenheit noch keine Berufstätigkeit aus, weil er z. B. noch ein Kind unter drei Jahren betreut, kann die Unterhaltsberechnung nur aus den vorhandenen Barmitteln erfolgen.[40]

180   Als **Einkommen** sind alle Einkünfte der Eheleute zu berücksichtigen, gleich welcher Art sie sind und aus welchem Anlass sie zufließen. Ausschlaggebend ist allein, ob diese Einkünfte zur Deckung des Lebensbedarfs zur Verfügung stehen.[41]

Deshalb ist zur Bedarfsbemessung das Einkommen insgesamt zu ermitteln.[42]

In Frage kommen nicht nur **Erwerbseinkünfte,** sondern auch **Vermögenserträge** und sonstige **wirtschaftliche Vermögensnutzungen,** wie z. B. der Wohnvorteil beim Wohnen im eigenen Haus[43] oder die Zinsen aus dem Verkaufserlös des Familienheimes als Surrogat des früheren Wohnwertes (näher Rn. 1/383 ff.)[44] sowie sonstige geldwerte Vorteile (Privatnutzung des Firmenfahrzeugs, kostenloses Essen usw.).

Praktisch sind es alle unterhaltsrechtlich relevanten Einkünfte beider Ehegatten im Sinn der Ausführungen zu Rn. 1/9 ff.

Zu berücksichtigen sind nach der geänderten Rechtsprechung des BGH bei der Bedarfsbemessung auch **fiktive Einkünfte,** die der in der Ehe den Haushalt führende **Berechtigte** erzielen könnte, aber tatsächlich nicht erzielt, weil auch diese ein Surrogat seiner früheren Familienarbeit darstellen.[45] Das Gleiche gilt für wegen unterhaltsbezogen leichtfertiger Aufgabe eines Arbeitsplatzes oder Verstoß gegen die Erwerbsobliegenheit beim Pflichtigen angesetzten fiktiven Einkünften.[46] **Nicht angesetzt** werden beim **Pflichtigen** für die Bedarfsermittlung dagegen fiktive Einkünfte, die er während des Zusammenlebens objektiv nie oder jedenfalls nicht nachhaltig hatte[47] (vgl. eingehend Rn. 276 ff.).

181   Die ehelichen **Lebensverhältnisse** beinhalten stets auch ein **Mehr als die aktuellen Einkommensverhältnisse.** Sie umfassen alle Umstände, die für die Unterhaltsbemessung im konkreten Fall bedeutsam sind oder bei späteren Veränderungen bedeutsam werden können bzw. geworden sind. Sie beinhalten die Gesamtheit aller wirtschaftlich relevanten beruflichen, gesundheitlichen, familiären und sonstigen Faktoren.[48]

Danach können neben dem Einkommen im Wesentlichen noch folgende Umstände prägend sein:

- Haushaltsführung und Kinderbetreuung in der Ehe (näher Rn. 184 a ff.)
- Umstände zur **Erwerbsobliegenheit,** die bereits im Rahmen des § 1574 II BGB erörtert worden sind (s. näher Rn. 133 ff.). So können z. B. die ehelichen Lebensverhältnisse dadurch nachhaltig geprägt worden sein, dass der Verpflichtete seinen bisherigen Beruf als Fernfahrer aus gesundheitlichen Gründen aufgeben musste und dadurch die Möglichkeiten einer künftigen Erwerbstätigkeit sowie deren Ertrag unsicher geworden sind,[49] dass der Pflichtige oder der Bedürftige unverschuldet arbeitslos wird[50] oder nach unverschuldeter Arbeitslosigkeit aus Arbeitsmarktgründen nur einen schlechter bezahlten Arbeitsplatz finden kann[51] oder dass der Berechtigte seinem früher ausgeübten Beruf aus gesundheitlichen Gründen nicht mehr nachgehen kann.[52]

---

[39] BGH, FamRZ 2001, 986, 991 = R 563 c
[40] BGH, FamRZ 2001, 986, 991 = R 563 c
[41] BGH, FamRZ 1994, 21, 22 = R 466 a; FamRZ 1986, 780
[42] BGH, FamRZ 1988, 259, 262
[43] BGH, FamRZ 2008, 963 = R 692 a; FamRZ 2007, 879 = R 677 a
[44] BGH, FamRZ 2008, 963 = R 692 a; FamRZ 2006, 387 = R 643 f; FamRZ 2005, 1159 = R 623 b, c
[45] BGH, FamRZ 2005, 1979 = R 640 b, d; FamRZ 2004, 254; FamRZ 2003, 434 = R 589; FamRZ 2001, 1291 = R 564 c; FamRZ 2001, 1693 = R 567 a
[46] BGH, FamRZ 1993, 1304 = R 464 a; FamRZ 1992, 1045 = R 448 a
[47] BGH, FamRZ 1997, 281 = R 509 f.; FamRZ 1992, 1045, 1047 = R 448 a
[48] BGH, FamRZ 2001, 986, 989 = R 563 a
[49] BGH, FamRZ 1984, 356
[50] BGH, FamRZ 2006, 683 = R 649 f.; FamRZ 2003, 590 = R 586 c
[51] BGH, FamRZ 2003, 590, 594 = R 586 c
[52] BGH, FamRZ 1986, 1085

- **Vermögenslage** und sonstige wirtschaftliche Verhältnisse der Ehegatten.[53]
- Umstände, die den **Ausgabenbereich** von Einkünften betreffen und berücksichtigungswürdig sind.[54] Darunter fallen vor allem solche Umstände, auf Grund deren Teile des Einkommens nicht zur Deckung des laufenden Lebensbedarfs zur Verfügung stehen und die deshalb bei der Bildung des bereinigten Nettoeinkommens vorweg abgezogen werden (s. näher Rn. 1/588 ff.).

  Es sind dies:
  - Steuern;
  - Vorsorgeaufwendungen für Krankheit, Alter, Invalidität und Arbeitslosigkeit;
  - Berufs- und ausbildungsbedingte Aufwendungen, Betriebsausgaben und sonstige Werbungskosten;
  - ehebedingte Verbindlichkeiten;
  - Unterhaltsleistungen für Kinder;
  - Aufwendungen zur gemeinsamen Vermögensbildung.

  Genaueres dazu nachfolgend Rn. 185 ff.
- Umstände, die **regelmäßige Mehraufwendungen** betreffen und zu entsprechenden Ausgaben führen, wie z. B. eine schwere Erkrankung und die auf dieser beruhende Hilfs- und Pflegebedürftigkeit eines Ehegatten.[55]

  Entsprechendes gilt auch bei altersbedingten und sonstigen regelmäßigen Mehrkosten.
- **Prägend** sind auch erst nach der Scheidung eintretende Änderungen, wie z. B. die **begründete Aussicht,** dass sich die Einkommensverhältnisse oder sonstige Lebensumstände in kalkulierbarer Weise günstiger gestalten werden[56] oder durch den Altersruhestand voraussehbar absinken[57] und nicht leichtfertig eingegangene neue Ausgaben.[58]
- Prägend sind ferner überobligatorische Einkünfte des Bedürftigen (näher Rn. 1/546)[59] und des Pflichtigen (näher Rn. 1/557)[60] nach Abzug eines anrechnungsfreien Teils, auch wenn die Tätigkeit jederzeit eingestellt werden kann.

Die Bedarfsbemessung kann nur an solchen Einkünften und sonstigen, die ehelichen **182** Lebensverhältnisse bestimmenden Umständen ausgerichtet werden, die einen **dauernden Bestand** gewonnen haben oder wenigstens die **Gewähr einer gewissen Stetigkeit** in sich tragen.

Soweit es hierbei auf die Einkommensverhältnisse der Eheleute ankommt, darf nur auf **regelmäßig** und **nachhaltig** erzielte dauerhafte Einkünfte abgestellt werden, die den ehelichen Lebensstandard tatsächlich geprägt haben. **Kurzfristige Einkommensänderungen** sind daher bei der Bedarfsbemessung nicht zu berücksichtigen.[61]

Nichtprägende Einkünfte, d. h. Einkünfte, die den ehelichen Lebensstandard nicht **183** nachhaltig und dauerhaft geprägt haben und in der Ehe nicht angelegt waren, sind als Unterhaltsbemessungsmaßstab ungeeignet und dürfen daher im Rahmen der **Bedarfsbemessung nicht berücksichtigt** werden.[62] Durch die geänderte Rechtsprechung zu den ehelichen Lebensverhältnissen ist bei den Erwerbseinkünften aber im Ergebnis nur noch eine auf einer unerwarteten, vom Normalverlauf abweichenden Gehaltssteigerung beruhende Einkommenserhöhung (sog. Karrieresprung) als nichtprägend zu betrachten (näher Rn. 225, 253 ff.), bei Vermögenseinkünften auf nicht in der Ehe vorhandene neue Erträge (näher Rn. 226, 270 ff.).

---

[53] BGH, FamRZ 2000, 950, 952 = R 540 a
[54] BGH, FamRZ 2008, 968 = R 689 g; FamRZ 2007, 793 = R 674 b; FamRZ 2006, 683 = R 649 g
[55] BGH, NJW-RR 1989, 196, 793
[56] BGH, FamRZ 2008, 968 = R 689 g, FamRZ 2007, 793; = R 674 b; FamRZ 2006, 683 = R 649 g FamRZ 2003, 848, 850 = R 588 a; FamRZ 2003, 590, 592 = R 586 a
[57] BGH, FamRZ 2003, 848, 850 = R 588 a
[58] BGH, FamRZ 2008, 968 = R 689 g; FamRZ 2007, 793 = R 674 b; FamRZ 2006, 683 = R 649 g
[59] BGH, FamRZ 2006, 683 = R 649 b; FamR 2005, 1154 = R 630 e; FamRZ 2005, 967 = R 629 c
[60] BGH, FamRZ 2003, 848 = R 588
[61] BGH, FamRZ 1992, 1045, 1047 = R 448 b
[62] BGH, FamRZ 2008, 968 = R 689 g; FamRZ 2001, 986, 991 = R 563 c

Solche **nichtprägende Einkünfte des Berechtigten** sind aber auf der Bedürftigkeitsstufe nach § 1577 BGB mit der Anrechnungsmethode, bzw. bei der Ermittlung der Unterhaltshöhe durch Anrechnung des gesamten Eigeneinkommens auf den Bedarf nach der
Additionsmethode bedürftigkeitsmindernd auf den vollen Unterhaltsbedarf **anzurechnen**
(Genaueres s. Rn. 526 ff.).

Nichtprägende Einkünfte des Verpflichteten erhöhen dessen **Leistungsfähigkeit**
(Genaueres Rn. 570).

184   Weil im Rahmen der **Bedarfsbemessung** nur **prägende Einkünfte** verwendet werden
dürfen, ist es auch nach der geänderten Rechtsprechung des BGH von Bedeutung, alle
Einkünfte danach zu differenzieren, ob sie **prägend** oder **nichtprägend** sind. Dies gilt auch
bei vorrangigen und gleichrangigen Ehegatten.

Die nach **objektiven Kriterien** vorzunehmende Beurteilung, ob Einkünfte und sonstige
Umstände als prägend oder nichtprägend anzusehen sind, gilt in gleicher Weise für den
Berechtigten wie für den Verpflichteten, weil die ehelichen Lebensverhältnisse nur einheitlich beurteilt werden können. Die Differenzierung ist sowohl bei den Erwerbs- als auch bei
den Vermögenseinkünften zu beachten, ebenso bei den das Einkommen kürzenden Ausgaben.

Nähere Einzelheiten und Rechtsprechungshinweise zu den prägenden und nichtprägenden Einkünften bei Einkommensänderungen nach Trennung und Scheidung s. ausführlich
Rn. 234 ff., 240 ff., 268 ff., zu prägenden und nichtprägenden zu berücksichtigenden Ausgaben Rn. 185 ff., 186 ff., 189 ff.; 202 ff.

4. Haushaltsführung und Kinderbetreuung in der Ehe

184 a   Nach der früheren Rechtsprechung des BGH wurden die ehelichen Lebensverhältnisse
nur durch die vorhandenen Barmittel, nicht aber durch den wirtschaftlichen Wert der von
beiden Ehegatten erbrachten Leistungen bestimmt, Haushaltsführung und Kinderbetreuung
in der Ehe daher bei der Ermittlung der ehelichen Lebensverhältnisse nicht berücksichtigt.[63]
Diese Auffassung des BGH benachteiligte massiv den haushaltsführenden und/oder kinderbetreuenden Ehegatten, der bis zur Scheidung noch keine Erwerbstätigkeit aufgenommen
hatte bzw. aufnehmen konnte. Sie wurde deshalb bereits in den 80er Jahren mit berechtigter
Kritik überzogen;[64] Ende der 90er Jahre wurde diese Kritik erneuert und vehement eine
Änderung dieser Rechtsprechung gefordert.[65]

Mit seiner Grundsatzentscheidung vom 13. 6. 2001 hat der BGH seine frühere Rechtsprechung zu den ehelichen Lebensverhältnissen bei Haushaltsführung in der Ehe grundlegend geändert und sich dieser Kritik angeschlossen.[66] Dies ist uneingeschränkt zu begrüßen. Nach heutigem Eheverständnis regeln die Ehegatten im gegenseitigen Einvernehmen
und unter Rücksichtnahme auf die jeweiligen Belange des anderen und der Familie, wer
erwerbstätig sein und wer vollständig oder zum Teil die Haushaltsführung übernehmen soll
(§ 1356 BGB). Auch der Gesetzgeber ging davon aus, dass die ehelichen Lebensverhältnisse
nicht nur durch die Bareinkünfte des erwerbstätigen Ehegatten, sondern auch durch die
Leistungen des anderen Ehegatten im Haushalt mitbestimmt werden. Dessen Tätigkeit
ersetzen Dienst- und Fürsorgeleistungen, die sonst durch teure Fremdleistungen erkauft
werden müssten. Die ehelichen Lebensverhältnisse werden nicht nur von dem in der Ehe
verfügbaren Einkommen geprägt, sondern von allen wirtschaftlich relevanten beruflichen,
gesundheitlichen, familiären und ähnlichen Faktoren mitbestimmt.[67] Das der früheren
Rechtsprechung zugrunde liegende Ehebild (Haushaltsführung- oder Doppelverdienerehe)

---

[63] BGH, FamRZ 1986, 783, 785; FamRZ 1985, 161
[64] Vgl. z. B. eingehend Büttner FamRZ 1984, 534; Laier FamRZ 1993, 393
[65] Büttner, FamRZ 1999, 893; Born FamRZ 1999, 541; Graba, FamRZ 1999, 1115; Gerhardt,
    FamRZ 2000, 134; Borth, FamRZ 2001, 193; Gerhardt/Gutdeutsch, FuR 1999, 241; Palandt/
    Brudermüller, BGB, 60. Aufl., § 1578 Rn. 31; Göppinger/Bäumel, Unterhaltsrecht, 7. Aufl.,
    Rn. 1073
[66] BGH, FamRZ 2001, 986 = R 563 a, b, c
[67] BGH, FamRZ 2001, 986, 989 = R 563 a

ist im Übrigen inzwischen weitgehend überholt. Bei Kinderbetreuung kann man heute in der Regel von einer Doppelverdienerehe mit zeitweiliger Aussetzung der Berufstätigkeit wegen Kinderbetreuung[68] bzw. einer Aneinanderreihung von Ehetypen[69] ausgehen. Zu berücksichtigen sind deshalb nicht nur die aus der Berufstätigkeit erzielten Einkünfte, sondern auch die der Erwerbstätigkeit gleichwertigen Familienarbeit (Haushaltsführung und Kinderbetreuung).[70]

Bei den Lösungsmöglichkeiten – Surrogats- oder Bewertungslösung[71] – hat sich der BGH vernünftigerweise für die Surrogatslösung entschieden,[72] die den praktikableren Weg darstellt. Soweit er sich in der Entscheidung die Möglichkeit offen hielt, in Einzelfällen auch die Bewertungslösung heranzuziehen,[73] ist dies seit der Entscheidung des BVerfG, in der die Surrogatslösung gebilligt wurde,[74] überholt. Nimmt der haushaltsführende Ehegatte nach Trennung/Scheidung die Erwerbstätigkeit auf oder erweitert er eine Teilzeittätigkeit, stellt das Einkommen hieraus das **Surrogat der bisherigen Familienarbeit** dar und erhöht entsprechend die ehelichen Lebensverhältnisse. Der Wert seiner Haushaltsleistung spiegelt sich dann in dem daraus erzielten oder erzielbaren Einkommen wider. Dies gewährleistet, dass wie früher die Familienarbeit nunmehr das beiderseits erzielte Einkommen beiden Eheleuten zugute kommt.[75]

Der BGH hat mit dieser Entscheidung seine frühere Rechtsprechung zur Prägung und Nichtprägung von Erwerbseinkünften vollständig geändert. Maßgebend ist für die Prägung nicht mehr, ob die Tätigkeit noch vor der Trennung aufgenommen wurde oder bei Aufnahme nach der Trennung hierfür ein Lebensplan bestand, sondern allein, dass es sich bei der Aufnahme bzw. Ausweitung der Tätigkeit nach Trennung/Scheidung um ein Surrogat der früheren Haushaltsführung handelt (vgl. auch Rn. 218 ff., 261 ff.). Besteht für den Bedürftigen nach der Trennung eine Erwerbsobliegenheit und hat er eine Arbeitsplatzchance für eine eheangemessene Tätigkeit, wird das Surrogat dabei spätestens bis zur Scheidung verwirklicht werden. Wurden in der Ehe kleine Kinder betreut, so dass noch keine Erwerbsobliegenheit gegeben ist (näher Rn. 73 ff.), kann das Surrogat auch erst nach der Scheidung verwirklicht werden und dann regelmäßig zunächst nur zum Teil und erst zu einem noch späteren Zeitpunkt in vollem Umfang, wenn eine Erwerbsobliegenheit zu einer Vollzeittätigkeit besteht.

Mit Beschluss vom 5. 2. 2002 hat das BVerfG die von der früheren Rechtsprechung bei Aufnahme der Berufstätigkeit einer Hausfrau nach und wegen der Trennung angewandte **Anrechnungsmethode** wegen Verstoß gegen Art. 6 I i. V. mit Art. 3 II GG für **verfassungswidrig** erklärt.[76] Da die Leistung des haushaltsführenden Ehegatten mit der Leistung des einer Erwerbstätigkeit nachgehenden anderen Ehegatten gleichwertig ist, würde die Nichtberücksichtigung des nach der Trennung vom Ersteren erzielten Einkommens die erbrachte Familienarbeit zu dessen Nachteil missachten. Wer in der Ehe die Familienarbeit verrichtet, verzichtet zugleich zugunsten des anderen Ehegatten auf ein eigenes Einkommen; er darf hierdurch nicht benachteiligt werden. Im Übrigen entspricht das der Anrechnungsmethode zugrunde liegende Ehebild einer endgültig erfolgten Arbeitsaufteilung nicht mehr der heutigen Ehewirklichkeit.[77] Das Bundesverfassungsgericht hat in seinem Beschluss zugleich die Surrogatslösung des BGH als verfassungsgemäß bezeichnet. Hierbei hat es ausgeführt, die Surrogatslösung trage der Gleichwertigkeit von Haushaltsführung eines Ehegatten in der Ehe und Erwerbstätigkeit des anderen Ehegatten Rechnung. Sie zeige eine möglichen verfassungsrechtlich nicht zu beanstandenden Weg auf, um den Wert, der in der Ehe aus der Familienarbeit erwächst, unterhaltsrechtlich zum Tragen zu bringen.[78]

184 b

---

[68] Gerhardt, FamRZ 2000, 134
[69] Büttner, FamRZ 1999, 893
[70] BGH, FamRZ 2001, 986, 989 = R 563 a
[71] Vgl. Gerhardt, FamRZ 2000, 134
[72] BGH, FamRZ 2001, 986, 990 = R 563 c
[73] BGH, FamRZ 2001, 986, 991 = R 563 b, c
[74] BVerG, FamRZ 2002, 527, 530 = R 571 b
[75] BGH, FamRZ 2001, 986, 991 = R 563 c
[76] BVerfG, FamRZ 2002, 527 = R 571 a
[77] BVerfG, FamRZ 2002, 527 = R 571 a
[78] BVerfG, FamRZ 2002, 527 = R 571 b

184 c   Die Änderung der Rechtsprechung ist **uneingeschränkt zu begrüßen.** Mit seiner Grundsatzentscheidung und vielen Folgeentscheidungen hat der BGH die Weichen für eine völlige
Neubewertung der ehelichen Lebensverhältnisse im Bereich der Erwerbseinkünfte gestellt,
die sich stärker an den tatsächlichen Gegebenheiten orientiert und dadurch realitätsnäher ist.

Die Erwerbseinkünfte bilden regelmäßig das Schwergewicht der ehelichen Lebensverhältnisse. Sie sind seit der geänderten Rechtsprechung mit Ausnahme des Karrieresprungs
eheprägend,[79] so dass erfreulicherweise zugleich die viel zu kompliziert gewordene Unterhaltsrechtsprechung in diesem Bereich vereinfacht wurde. Positiv wirkt sich aus, dass der
Arbeitsanreiz für den haushaltsführenden Ehegatten wesentlich gesteigert wurde, da seine
Erwerbseinkünfte zu einer verbesserten Lebensstellung führen und nicht nur wie bisher nach
der Anrechnungsmethode zur Folge haben, dass der Pflichtige in seiner Unterhaltszahlung
entlastet wird. Da die Surrogatslösung zu keiner einseitigen Belastung des Pflichtigen führen
sollte, hat der BGH in der Folgezeit auch seine Rechtsprechung zu der Begrenzung des
nachehelichen Unterhalts aus Billigkeitsgründen nach §§ 1573 V, 1578 I 2 BGB a. F. geändert
und diese Vorschriften verstärkt angewandt (näher Rn. 578 ff.).[80] Diese geänderte Rechtsprechung des BGH entspricht der **Neufassung des § 1578 b BGB** zum 1. 1. 2008 und der
Intention des Gesetzgebers, mit dem nachehelichen Unterhalt nur einen Nachteilsausgleich
zu gewähren, solange und soweit der Bedürftige durch die Übernahme der Familienarbeit in
der Ehe nicht ausreichend für den eigenen Unterhalt sorgen kann.[81] Die Surrogatslösung hat
aufgezeigt, dass der **Bedarf nach den ehelichen Lebensverhältnissen keine Konstante**
ist, sondern sich laufend nach oben oder unten verändern kann. Werden keine Kinder betreut,
ist bei Erwerbsobliegenheit einer Hausfrau bereits in der Trennungszeit der Bedarf durch ihr
Einkommen zu erhöhen; betreut sie Kinder, kann das Surrogat u. U. erst nach der Scheidung
in vollem Umfang erfüllt werden. Veränderungen gab es auch bereits bisher, z. B. durch
übliche Einkommensänderungen, Verrentung, unverschuldete Arbeitslosigkeit, Änderung
der Steuerklasse oder der Vorsorgeaufwendungen, Entstehen neuer nicht leichtfertig eingegangener Verbindlichkeiten oder Wegfall der Verbindlichkeiten oder des Kindesunterhalts.
Der BGH spricht deshalb nur noch von den wandelbaren Verhältnissen.[82] Nach der geänderten Rechtslage zum 1. 1. 2008 können außerdem Veränderungen durch das Hinzutreten
gleichrangiger Unterhaltslasten (neuer Ehegatte, Ansprüche nach § 1615l BGB) entstehen
(vgl. § 1609 Nr. 2 BGB), da es nicht mehr auf die Priorität des Entstehens des Unterhaltsanspruchs ankommt, sondern nur noch auf die individuelle Schutzbedürftigkeit.[83]

184 d   **Beispiele zur Surrogatslösung:**
           Fall 1
           M und F heiraten im Dezember 1999. M hat ein Nettoeinkommen von 2300 €, fährt mit öffentlichen Verkehrsmitteln zum Arbeitsplatz und zahlt eine Eheschuld von 185 € ab. F führte den
           Haushalt. 2006 trennen sich die Eheleute, im Oktober 2007 wird das Scheidungsverfahren rechtshängig, im September 2008 wird die Ehe geschieden.
           F verlangt nach der Scheidung nachehelichen Unterhalt; wobei
           a) aus der Ehe keine Kinder hervorgingen und F wegen der Scheidung ganztags ohne berufliche
              Nachteile mit einem Nettokommen von 1053 € arbeitet und ebenfalls mit öffentlichen Verkehrsmitteln zum Arbeitsplatz fährt
           b) F keiner Tätigkeit nachgeht, obwohl sie bei ausreichenden Bemühungen eine Ganztagstätigkeit
              mit einem bereinigten Nettoeinkommen von 1053 € finden könnte.
           c) M nach einen mit einem Ortswechsel verbundenen Stellenwechsel mit erweitertem Tätigkeitsbereich im Januar 2008 zwischenzeitlich 3500 € netto verdient. An seinem bisherigen Arbeitsplatz würde er weiterhin 2300 € verdienen.
           Lösung
           zu a:
           Tatbestand: § 1573 II BGB
           Das durch die Aufnahme einer Berufstätigkeit wegen der durch Trennung und Scheidung entstandenen Erwerbsobliegenheit bezogene Einkommen der F ist als Surrogat der früheren Haus

---

[79] BGH, FamRZ 2008, 968 = R 689 g; FamRZ 2001, 986, 991 = R 563 c
[80] BGH, FamRZ 2007, 793 = R 674 j; FamRZ 2006, 1006.
[81] BT-Ds 16/1830 vom 15. 6. 2006 S. 18
[82] BGH, FamRZ 2008, 968 = R 689 g
[83] BT-Ds 16/1830 vom 15. 6. 2006 S. 14

haltsführung eheprägend. Der Bedarf errechnet sich damit aus dem beiderseitigen Erwerbseinkommen.

Bereinigtes Nettoeinkommen M: 2300 − 5% berufsbedingte Aufwendungen (= 115) − 185 (eheprägende Schuld) = 2000
Bereinigtes Nettoeinkommen F: 1053 − 5% berufsbedingte Aufwendungen (= 53) = 1000
Nach SüdL mit $^1/_{10}$:
Bedarf: $^1/_2$ ($^9/_{10}$ 2000 + $^9/_{10}$ 1000) = 1350
Höhe: 1350 ./. $^9/_{10}$ 1000 = 450
(BGH früher: $^1/_2$ aus $^9/_{10}$ 2000 = 900; 900 − $^9/_{10}$ 1000 = 0)
Nach DT mit $^1/_7$:
Bedarf: $^1/_2$ ($^6/_7$ 2000 + $^6/_7$ 1000) = 1286
Höhe: 1286 ./. $^6/_7$ 1000 = 429
Der Aufstockungsunterhalt ist bei einer kinderlosen Ehe mit einer Ehedauer von 8 Jahren (Eheschließung bis Rechtshängigkeit des Scheidungsverfahrens) und Berufstätigkeit der F ohne berufliche Nachteile nach § 1578 b II BGB zeitlich zu begrenzen, z. B. auf 3 Jahre (Einzelfallprüfung, vgl. Rn. 587 ff.)
zu b:
F hat eine Erwerbsobliegenheit zu einer Ganztagstätigkeit, so dass ein fiktives Einkommen von 1053 EUR anzusetzen ist; auch dieses fiktive Einkommen ist als Surrogat der eheprägenden Haushaltsführung anzusehen; Lösung damit wie a.
zu c:
Bei M liegt ein Karrieresprung, d. h. eine unerwartete, vom Normalverlauf abweichende Entwicklung vor; der Mehrverdienst ist damit nichtprägend, prägend bleibt das frühere Gehalt von 2300 € (Lösung damit wie a)).
Fall 2
M und F heiraten im Mai 2002. M hat nach Steuerklasse I nach Abzug des Kindesunterhalts ein bereinigtes Nettoeinkommen von 2000 €, F führt den Haushalt. Im Jahr 2006 trennen sich die Eheleute, im Juli 2007 wird das Scheidungsverfahren rechtshängig.
F arbeitet bei der Scheidung im Februar 2008 wegen der Betreuung des im Juni 2005 geborenen gemeinsamen Kindes nicht.
F nimmt im Oktober 2008, nachdem das Kind K. in den Kindergarten kommt, eine Teilzeittätigkeit mit einem bereinigten Nettoeinkommen von 500 € auf.
Welchen Unterhaltsanspruch hat F jeweils bei der Scheidung?
Lösung
a) § 1570 BGB
Da keine zusätzlichen Mittel zu verteilen sind, verbleibt es beim Quotenunterhalt.
Nach SüdL mit $^1/_{10}$:
$^1/_2$ aus $^9/_{10}$ 2000 = 900
Nach DT mit $^1/_7$:
$^3/_7$ 2000 = 857
b) § 1570 BGB
Das Einkommen der F ist prägend, da die Arbeitsaufnahme als Surrogat der früheren Haushaltstätigkeit und Kinderbetreuung anzusehen ist.
Nach SüdL mit $^1/_{10}$:
Bedarf: $^1/_2$ ($^9/_{10}$ 2000 + 9/10 500) = 1115
Höhe: 1115 ./. 9/10 500 = 675
Nach DT mit $^1/_7$:
$^3/_7$ (2000 ./. 500) = 643
Eine sichere Prognose, ob F durch die Ausübung der Familienarbeit berufliche Nachteile erlitten hat, die sie nicht mehr ausgleichen kann, kann derzeit nicht getroffen werden. Über die Frage der Begrenzung des Anspruchs aus Billigkeitsgründen nach § 1578 b BGB kann nach der geänderten Rechtsprechung des BGH erst nach Aufnahme einer gesicherten Ganztagstätigkeit durch F im Abänderungsverfahren entschieden werden (vgl. Rn. 594).

5. Bedarfsbemessung nach dem zur Deckung des Lebensbedarfs verfügbaren Einkommen

Die ehelichen Lebensverhältnisse werden nur durch solche Einkünfte geprägt, die zur **185** Deckung des laufenden Lebensbedarfs **zur Verfügung stehen** und dafür eingesetzt werden können.[84] Der BGH spricht insoweit auch von dem in der Ehe verfügbaren Einkommen,[85] oder vom verteilungsfähigen Einkommen.[86]

Einkommensteile, die für andere Zwecke als den laufenden Lebensbedarf verwendet werden müssen, stehen nach ständiger Rechtsprechung des BGH zur Deckung des laufenden Lebensbedarfs nicht zur Verfügung und haben deshalb bei der Bemessung des angemessenen Bedarfs außer Ansatz zu bleiben.[87] Für die Unterhaltsberechnung ist deshalb das sog. **bereinigte Nettoeinkommen** heranzuziehen (näher Rn. 1/588 ff.).

Bei den danach im Rahmen der Bedarfsbemessung **nicht zu berücksichtigenden Einkommensteilen** handelt es sich um folgende typische Abzugsposten vom Bruttoeinkommen:

– Zahlungen für **Lohn-, Einkommen- und Kirchensteuer**[88] einschließlich des Solidaritätszuschlages (näher Rn. 186 und 1/591 ff.).
– **Vorsorgeaufwendungen** für Krankheit, Invalidität, Alter und Arbeitslosigkeit[89] (näher Rn. 1/596 ff.).
Aufwendungen, die **zur Erzielung des Einkommens** erforderlich sind. Dazu gehören berufs- oder ausbildungsbedingte Aufwendungen bei abhängiger Arbeit (s. Rn. 1/87 ff.; 604), unterhaltsrechtlich relevante Betriebsausgaben bei Freiberuflern und Unternehmern (s. Rn. 1/601) sowie Werbungskosten bei Miet-, Kapital- und sonstigen Einkünften (s. Rn. 1/298; 408; 441, 604 d).
– **Kinderbetreuungskosten** (s. näher Rn. 187 und 1/605)
– **Mehrbedarf für Krankheit und Alter** (s. näher Rn. 1/607)
– **Zins- und Tilgungsleistungen** für berücksichtigungswürdige Schulden (s. Rn. 188, 1/614 ff.)[90] und Ehewohnung[91] (s. Rn. 1/343 ff.).
– **Unterhaltsleistungen** (s. Rn. 189 ff. und 1/655 ff.).
– **Aufwendungen zu gemeinsamen Vermögensbildung** (s. Rn. 202 ff. und 1/659).

Die Abzüge Steuer und Vorsorgeaufwendungen vom Bruttoeinkommen ergeben bei Nichtselbstständigen das **Nettoeinkommen.** Die weiteren Abzüge ergeben das sogenannte **bereinigte Nettoeinkommen** (s. näher Rn. 1/588 ff.).

185 a Auch diese einkommensbereinigenden Abzüge haben zur Voraussetzung, dass die jeweiligen **Abzugsposten** die ehelichen Lebensverhältnisse geprägt haben, d. h. dass die entsprechenden Einkommensteile nachhaltig nicht zur Deckung des laufenden Lebensbedarfs verwendet werden konnten bzw. können. Der BGH hat die Frage der Prägung früher sehr unterschiedlich gehandhabt, so dass es sich im Ergebnis um eine Fallrechtsprechung handelte. Während er bei der Steuer, den Vorsorgeaufwendungen, den berufsbedingten Aufwendungen und den Kinderbetreuungskosten auf die tatsächlichen Ausgaben abstellte (vgl. näher Rn. 1/591, 597, 604 b, 606 d), kam es bei den Schulden darauf an, ob sie bis zur Trennung entstanden waren (näher Rn. 1/615), beim Abzug von Unterhaltslasten, ob sie vor Rechtskraft der Scheidung vorhanden waren (näher Rn. 1/655 a), beim Abzug von vermögensbildenden Aufwendungen des Pflichtigen, ob sie in der Ehe anfielen und nach einem objektiven Maßstab angemessen waren (näher Rn. 1/630, 659 a).

185 b Diese Rechtsprechung hat der BGH mit Entscheidung vom 15. 3. 2006 **grundlegend geändert**[92] und zwischenzeitlich mehrfach bestätigt.[93] Die ehelichen Lebensverhältnisse sind wandelbar, es gibt keine Lebensstandardgarantie. Maßgebend sind daher stets die tatsäch-

---

[84] BGH, FamRZ 2008, 968 = R 689 g; FamRZ 2007, 793 = R 674 b; FamRZ 2006, 683 = R 649 f, g, h; FamRZ 1997, 806 = R 512 b; FamRZ 1995, 869 = R 494
[85] BGH, FamRZ 1999, 367, 368; FamRZ 1990, 499, 502; FamRZ 1983, 678
[86] BGH, FamRZ 2006, 683 = R 649 h; FamRZ 1997, 806 = R 512 b; FamRZ 1988, 259, 262
[87] BGH, FamRZ 1983, 678; FamRZ 1984, 149, 151
[88] BGH, FamRZ 1991, 304 = R 425; FamRZ 1990, 499, 502; FamRZ 1990, 981; FamRZ 1988, 817
[89] BGH, FamRZ 1991, 304 = R 425; FamRZ 1985, 471
[90] BGH, NJW 1998, 2821 = R 525 b; FamRZ 1982, 678
[91] BGH, FamRZ 2000, 950 = R 540 d; FamRZ 1995, 291, 295 = R 487; FamRZ 1994, 1100, 1102 = R 482 b; FamRZ 1990, 283, 287
[92] BGH, FamRZ 2006, 683 = R 649 g, h
[93] BGH, FamRZ 2008, 968 = R 689 g; FamRZ 2007, 793 = R 674 b

lichen Verhältnisse.[94] Der Bedürftige hat deshalb auch die Risiken einer Einkommensreduzierung nach Trennung und Scheidung durch erhöhte Ausgaben des Pflichtigen bereits bei der **Bedarfsbemessung** und nicht erst über **Korrekturen bei der Leistungsfähigkeit** mitzutragen.[95] Maßgebend ist lediglich, dass es sich um kein **unterhaltsbezogen leichtfertiges Verhalten** des Pflichtigen handelt.[96] Aus Gleichheitsgründen gilt dies auch für den Berechtigten.[97] Damit stellt der BGH bei den Schulden und Unterhaltslasten wie schon immer bei Steuern, Vorsorgeaufwendungen, berufsbedingten Aufwendungen und Kinderbetreuungskosten nur noch auf die **tatsächlichen Verhältnisse** ab, unabhängig davon, ob Veränderungen vor oder nach der Scheidung eintraten. Dies führt im Gegensatz zur früheren Rechtsprechung wieder zu einer einheitlichen Beurteilung der Abzugsposten bei der Bereinigung des Nettoeinkommens im Rahmen der ehelichen Lebensverhältnisse und dadurch zu einer Vereinfachung entsprechend dem vom Gesetzgeber postulierten Vereinfachungsgebot. Die geänderte Rechtsprechung des BGH ist daher sehr zu begrüßen, zumal sie auch realitätsnäher ist. Der frühere Begriff der Prägung ist allerdings bei Ausgaben mißverständlich und sollte daher durch den Begriff **„Berücksichtigungswürdigkeit"** ersetzt werden (näher Rn. 1/588a).[98] Berücksichtigungswürdig sind auch alle nach der Scheidung entstandenen vor- und gleichrangigen Unterhaltslasten,[99] ebenso alle nach der Trennung entstandenen unumgänglichen bzw. nicht leichtfertig eingegangenen Schulden (näher Rn. 1/616).[100]

Das Abstellen auf die tatsächlichen Verhältnisse unabhängig vom Zeitpunkt des Eintritts **185 c** der Einkommensveränderung hatte zur Folge, dass der BGH auch seine Rechtsprechung zum Abzug von der **einseitigen Vermögensbildung** dienenden Ausgaben änderte (näher Rn. 205 sowie 1/616, 630). Maßgebend ist nicht mehr, ob diese Ausgaben in der Ehe anfielen und nach einem objektiven Maßstab angemessen waren, sondern allein, dass die einseitige Vermögensbildung der Unterhaltsverpflichtung nicht vorgeht und damit nicht mehr berücksichtigt werden kann, wenn der Ehepartner nicht mehr daran partizipiert; dies liegt beim gesetzlichen Güterstand ab Rechtshängigkeit des Scheidungsverfahrens, bei der Gütertrennung ab der Trennung bzw. bei einer erst in der Trennungszeit vereinbarten Gütertrennung ab diesem Zeitpunkt vor (näher Rn. 205).[101] Eine **Ausnahme** besteht nur, wenn es sich um eine zulässige **Altersvorsorge** handelt (näher Rn. 1/597b, 598a).[102]

6. Vorabzug von Steuern, Vorsorgeaufwendungen, berufsbedingten Aufwendungen, Werbungskosten, Kinderbetreuungskosten und Schulden

a) Steuern, Vorsorgeaufwendungen, berufsbedingte Aufwendungen und Werbungskosten/Betriebsausgaben. Nach der Rechtsprechung des BGH **prägen** solche **186** Veränderungen im Ausgabenbereich bei den einkommensabhängigen Steuern, den Vorsorgeaufwendungen, den berufsbedingten Aufwendungen Nichtselbstständiger sowie den Betriebsausgaben bei Selbstständigen und Gewerbetreibenden und den Werbungskosten bei Miet- und Kapitaleinkünften die ehelichen Lebensverhältnisse, auch wenn sie nach der Trennung oder Scheidung eintraten, weil insoweit immer auf das **Nettoeinkommen,** d.h. auf das **tatsächlich verfügbare Einkommen** abzustellen ist.

– **Steuern:** Wie der BGH in seiner Entscheidung vom 5. 2. 2008 nochmals ausgeführt hat, ist bei dem Abzug von Steuern immer von der realen Steuerlast auszugehen (eingehend

---

[94] BGH, FamRZ 2008, 968 = R 689 g
[95] BGH, FamRZ 2008, 968 = R 689 g; FamRZ 2007, 793 = R 674 b; FamRZ 2006, 683 = R 649 g, h
[96] BGH, FamRZ 2008, 968 = R 689 g
[97] BGH, FamRZ 2008, 968 = R 689 g
[98] Gerhardt, FamRZ 2007, 945
[99] BGH, FamRZ 2008, 968 = R 689 g; FamRZ 2007, 793 = R 674 b; FamRZ 2006, 683 = R 649 g
[100] BGH, FamRZ 2008, 968 = R 689 g; FamRZ 2006, 683 = R 649 h; eingehend Gerhardt, FamRZ 2007, 945
[101] BGH, FamRZ 2008, 963 = R 692 d, e
[102] BGH, FamRZ 2008, 963 = R 692 f; FamRZ 2007, 879 = R 677 d

Rn. 1/591 ff.).[103] Deshalb ist auch eine erst nach der Scheidung neu entstehende Steuerlast, z. B. durch Wiedereintritt in die Kirche, zu berücksichtigen.[104] **Ausnahmen** bestehen nur, wenn eine fiktive Steuerberechnung durchzuführen ist, weil steuerliche Vergünstigungen dem Steuerpflichtigen zu verbleiben haben (näher Rn. 1/593) oder erreichbare Steuervorteile entgegen einer insoweit bestehenden Obliegenheit nicht wahrgenommen wurden (näher Rn. 1/591 d, 593 c sowie zum Realsplitting Rn. 1/594 a)[105] oder bei der Prognoseentscheidung für die Zukunft zu berücksichtigen ist, dass sich die Steuerklasse geändert hat bzw. statt einer gemeinsamen eine getrennte Veranlagung durchzuführen ist (näher Rn. 1/591 b, 593 c). Der Steuervorteil bei Wiederverheiratung des Pflichtigen hat bei Vorrang des ersten Ehegatten der neuen Ehe zu verbleiben (näher Rn. 1/592);[106] dies gilt nicht bei gleichrangigen Ehegatten, da es dort nur um die Frage geht, mit welchen Einsatzbeträgen der Unterhalt zu berechnen ist (näher Rn. 1/592 b). Zu den näheren Einzelheiten vgl. insgesamt Rn. 1/591 ff.

– **Vorsorgeaufwendungen:** Bei einer Änderung der **Vorsorgeaufwendungen,** z. B. der Krankenversicherungskosten, der Rentenversicherungsbeiträge, der Kosten der Pflegeversicherung gelten die gleichen Grundsätze.[107] Soweit es sich um gesetzliche Abzüge handelt, ist unabhängig von Trennung und Scheidung der tatsächlich entfallende Betrag vom Bruttoeinkommen abzuziehen. Das Gleiche gilt für nach Trennung/Scheidung neu hinzugekommene Vorsorgeleistungen, die auf der sog. **zweiten Säule** von zusätzlichen 4% des Bruttoeinkommens beruhen (näher Rn. 1/597 b) bzw. bei Selbständigen auf einer **Gesamtversorgung** von 24% des Gewinns (näher Rn. 1/598 a), selbst wenn die Altersvorsorge erst nach Trennung/Scheidung aufgenommen wurde.[108] Maßgebend ist lediglich, dass sie tatsächlich erbracht wird. Denn eine angemessene Altersvorsorge ist immer berücksichtigungswürdig, da sie der Sicherung des eigenen Unterhalts dient. Zu den näheren Einzelheiten vgl. Rn. 1/596 ff.

– **Berufsbedingten Aufwendungen:** Bei berufsbedingten Aufwendungen Nichtselbständiger gelten die selben Maßstäbe, da sie steuerrechtlich den Werbungskosten entsprechen. Entscheidend ist jeweils der tatsächliche Anfall der Kosten. Davon zu unterscheiden ist die Frage, ob sie in voller Höhe berücksichtigungswürdig sind, weil gegen die unterhaltsrechtliche Obliegenheit verstoßen wurde, ein möglichst hohes reales Einkommen zu erzielen. Dies ist vor allem zu beachten, wenn bei Fahrten mit dem PKW zum Arbeitsplatz ein unverhältnismäßig hoher Aufwand entsteht, der etwa $1/3$ des Nettoeinkommens aufzehrt.[109] Zu den näheren Einzelheiten vgl. Rn. 1/87 ff.; 604 ff.

– **Werbungskosten/Betriebsausgaben:** Bei den Werbungskosten der sog. Überschusseinkünfte, bei denen sich das Nettoeinkommen aus dem Überschuss des Bruttoeinkommens über die Werbungskosten ergibt, gelten die gleichen Grundsätze (vgl. insoweit zu den Einkünften aus Vermietung und Verpachtung Rn. 1/298 ff., zur Ausnahme bei der AfA Rn. 1/300; zu den Kapitaleinkünften Rn. 1/408). Nichts Anderes gilt für die Betriebsausgaben der Gewinneinkünfte (Selbständige, Gewerbetreibende, Landwirtschaft/Forsten), soweit sie unterhaltsrechtlich zu berücksichtigen sind (vgl. näher Rn. 1/209 ff.).

187   **b) Kinderbetreuungskosten und Betreuungsbonus.** Geht der **Bedürftige** oder **Pflichtige** trotz Betreuung eines kleinen Kindes einer Erwerbstätigkeit nach und fallen hierfür konkrete Kinderbetreuungskosten an, sind diese in angemessenem Rahmen als Abzugsposten bei der Bereinigung des Nettoeinkommens zu berücksichtigen (näher Rn. 1/605 ff.).[110] Hierauf hat der Gesetzgeber bei der Neufassung des § 1570 BGB zum

---

[103] BGH, FamRZ 2008, 968 = R 689 d
[104] BGH, FamRZ 2007, 793 = R 674 b
[105] BGH, FamRZ 2008, 968 = R 689 d
[106] BGH, FamRZ 2008, 968 = R 689 f; FamRZ 2007, 983 = R 676 b; FamRZ 2005, 1817 = R 632 b; BVerfG, FamRZ 2003, 1821 = R 598
[107] BGH, FamRZ 2007, 793 = R 674 c; FamRZ 2006, 683 = R 649 g; FamRZ 1991, 304 = R 425
[108] BGH, FamRZ 2008, 963 = R 692 f; FamRZ 2007, 1232 = R 678 f; FamRZ 2007, 793 = R 674 c.
[109] BGH, FamRZ 1998, 1501, 1502 = R 521 b
[110] BGH, FamRZ 2001, 350 = R 551 c; FamRZ 1991, 182

1. 1. 2008 ausdrücklich hingewiesen.[111] Wie Steuer, Vorsorgeaufwendungen und berufsbedingte Aufwendungen sind sie in der tatsächlich anfallenden Höhe **eheprägend,** auch wenn diese Kosten erst durch Trennung/Scheidung konkret angefallen sind. Denn soweit die entsprechenden Aufwendungen in der Ehe noch nicht erbracht werden mussten, weil z. B. ein Ehegatte diese Betreuungsleistung übernommen hatte oder erst nach der Trennung die Erwerbsobliegenheit begann, sind sie nach Trennung/Scheidung Teil des Surrogats der Familienarbeit in der Ehe.

Neben den konkreten Betreuungskosten ist wegen der **Doppelbelastung** durch Ausübung einer (teilweisen) Berufstätigkeit neben der Kinderbetreuung im Einzelfall auch ein Betreuungsbonus zuzubilligen (näher Rn. 1/606 ff.).

Handelt es sich wegen der Kinderbetreuung um eine überobligatorische Erwerbstätigkeit, weil das Kind das dritte Lebensjahr noch nicht vollendet hat (näher Rn. 1/544), erfolgt die Berücksichtigung der Kinderbetreuungskosten und des Betreuungsbonus im Rahmen des nach § 1577 II BGB anrechnungsfreien Betrages (vgl. näher Rn. 1/545 c).

c) Schulden. Nach der geänderten Rechtsprechung des BGH prägen nicht nur ehe- **188** bedingte Schulden, also Schulden, die bis zur Trennung angefallen waren, sondern auch nach der Trennung/Scheidung entstandene neue einseitige Verbindlichkeiten (eingehend Rn. 1/615 ff.).[112] Maßgebend sind nach BGH stets die tatsächlichen Verhältnisse, auch bei Veränderungen nach der Trennung und Scheidung. Die Berücksichtigungswürdigkeit von allen bis zur Trennung entstandenen Schulden ergibt sich bereits aus dem Umstand, dass sie von den Ehegatten gemeinsam aufgenommen wurden bzw. ein Ehegatte von der Schuldenaufnahme durch den anderen Kenntnis hatte bzw. haben konnte. Bei nach der Trennung einseitig neu aufgenommenen Schulden ist eine Berücksichtigungswürdigkeit nur gegeben, wenn sie nicht unterhaltsbezogen leichtfertig aufgenommen wurden,[113] da für den Pflichtigen die Obliegenheit besteht, sich möglichst leistungsfähig zu halten, für den Bedürftigen, seinen Bedarf soweit möglich selbst zu decken. Zu den näheren Einzelheiten vgl. Rn. 1/615 ff., 623 ff.

Zur Tilgung bei Verbindlichkeiten zur einseitigen Vermögensbildung vgl. Rn. 202 ff. und 1/630.

7. Vorabzug von Unterhaltslasten

a) Kindesunterhalt Minderjähriger und privilegierter Volljähriger. Unterhaltszah- **189** lungen für minderjährige Kinder und privilegierte Volljährige **prägen** die ehelichen Lebensverhältnisse, wenn, wie in der Regel, das Einkommen in Höhe solcher Zahlungen zur Verwendung für den allgemeinen Lebensbedarf der Ehegatten nicht zur Verfügung steht, da sich minderjährige Kinder nicht selbst unterhalten können.[114] Dies gilt nach der **geänderten Rechtsprechung des BGH** nicht nur für gemeinsame, in die Ehe mitgebrachte oder vor Rechtskraft der Scheidung geborene Kinder,[115] sondern auch für erst **nach der Scheidung geborene Kinder** aus einer neuen Verbindung (vgl. auch Rn. 1/655 a).[116] Daran hat sich im Ergebnis durch die seit 1. 1. 2008 geltende neue Rangordnung mit einem Vorrang aller Minderjährigen und privilegierten Volljährigen nichts geändert, da die **Rangfrage** nur die **Leistungsfähigkeit** betrifft, **nicht** die **Bedarfsermittlung.**[117] Maßgebend ist vielmehr, dass auf die tatsächlichen Verhältnisse abzustellen ist, auch wenn dadurch eine Einkommensreduzierung eintritt, und das Entstehen neuer Unterhaltslasten für Kinder, die keine eigene Lebensstellung haben, kein unterhaltsbezogen leichtfertiges Verhalten darstellt.[118] Aus Grün-

---

[111] BT-Ds 16/1830 vom 15. 6. 2006 S. 17
[112] BGH, FamRZ 2008, 968 = R 689 g; FamRZ 2006, 683 = R 649 h; eingehend Gerhardt, FamRZ 2007, 945
[113] BGH, FamRZ 2008, 968 = R 689 g
[114] BGH, FamRZ 2008, 968 = R 689 g; FamRZ 2006, 683 = R 649 g
[115] BGH, FamRZ 2003, 363, 365 = R 584 f; FamRZ 1999, 367, 368; FamRZ 1997, 806; FamRZ 1986, 553, 555 = R 276 c
[116] BGH, FamRZ 2008, 968 = R 689 g; FamRZ 2006, 683 = R 649 f, g
[117] BGH, FamRZ 2008, 968 = R 689 h
[118] BGH, FamRZ 2008, 968 = R 689 h

den der Gleichbehandlung gilt der Vorabzug nicht nur beim Pflichtigen, sondern auch, wenn der Berechtigte Barunterhaltsleistungen erbringt.[119]

So auch die oberlandesgerichtlichen Leitlinien in Nr. 15. 2: SüdL, BL, BraL (15.1), BrL, BrauL, CL, DL (15.1), DrL, FL, HaL, HL (15. 2. 3) KL (Nr. 10.5), KoL (Nr. 15.1), NaL, OL (15.1), RL, SchL (15.1) und die DT B III.

190 Abzuziehen ist vom Grundsatz her der nach der DT, die seit der Unterhaltsreform vom 1. 1. 2008 für das gesamte Bundesgebiet gilt (vgl. Rn. 2/122, 127 b, 207), geschuldete Unterhalt. Eine **Ausnahme** gilt nach BGH, wenn für die Ermittlung des Kindesunterhalts ein **höheres Einkommen** angesetzt wurde als beim Ehegattenunterhalt, z. B. bei einem Karrieresprung des Pflichtigen oder weil beim Vorrang des ersten Ehegatten und Wiederverheiratung des Pflichtigen der Splittingvorteil der neuen Ehe zu verbleiben hat und deshalb für den ersten Ehegatten eine fiktive Steuerberechnung nach der Grundtabelle vorzunehmen ist. Um den Ehegatten in diesen Fällen nicht zu benachteiligen, ist der Kindesunterhalt als **Abzugsposten** für die Bereinigung des Nettoeinkommens des Ehegattenunterhalts entsprechend dem für den Ehegattenunterhalt heranzuziehenden Einkommen anzusetzen.[120] Wegen des Vereinfachungsgrundsatzes sollte eine derartige Korrektur allerdings nur vorgenommen werden, wenn sich beim Ehegattenunterhalt dadurch eine wesentliche Veränderung ergibt, d. h. sich der Kindesunterhalt nach der DT um mindestens zwei Gruppen verändert.

191 Konkurriert der Unterhaltsanspruch des minderjährigen Kindes oder privilegierten Volljährigen mit seit dem 1. 1. 2008 **nachrangigen Unterhaltslasten getrennt lebender oder geschiedener Ehegatten** oder **Ansprüchen nach § 1615l BGB,** ist nach dem Willen des Gesetzgebers trotz Vorrangs der Kinder nach § 1609 Nr. 1 BGB auf ein **ausgewogenes Verhältnis** in Bezug zum betreuenden Ehegatten zu achten.[121] Dies entspricht der bisherigen Rechtsprechung des BGH beim Zusammentreffen vorrangiger und nachrangiger Unterhaltsansprüche. Deshalb hat der BGH in seiner Entscheidung vom 5. 2. 2008 darauf hingewiesen, dass dieses ausgewogene Verhältnis durch Anwendung der **Bedarfskontrollbeträge** erreicht werden kann (vgl. näher Rn. 2/239 ff.).[122] Das ausgewogene Verhältnis ist aber nur in Frage gestellt, wenn im **zweiten Rang ein Mangelfall** eintritt. Bei Anwendung der Bedarfskontrollbeträge führt dies rechnerisch immer dazu, dass für das minderjährige Kind nur der Mindestunterhalt nach Gruppe 1 der DT anzusetzen ist (näher Rn. 2/241)[123] bzw. beim privilegierten Volljährigen der Unterhalt nach Gruppe 1, Stufe 4 der DT. Da die Anwendung der Bedarfskontrollbeträge zusätzliche Rechenschritte erfordert und damit die Berechnung erschwert, ist im Hinblick auf den vom Gesetzgeber bei der Unterhaltsreform zum 1. 1. 2008 postulierten Vereinfachungsgrundsatz der Lösung der Vorzug zu geben, die in den bis 31. 12. 2007 geltenden SüdL Nr. 23.1 verankert war und in Anm. A 1 der DT aufgeführt ist. Bei beengten Verhältnissen, d. h. bei einem Mangelfall im zweiten Rang, ist der Kindesunterhalt generell aus Gruppe 1 der DT zu entnehmen (vgl. auch Rn. 2/241).[124] Dies beinhaltet das gleiche Eregebnis ohne eine komplizierte Mehrfachberechnung. Bei **sonstigen nachrangigen Unterhaltslasten,** z. B. bei nachrangigen Ehegatten gemäß § 1609 Nr. 3 BGB oder sonstigen Volljährigen gemäß § 1609 Nr. 4 BGB, ist es dagegen im Rahmen des ausgewogenen Verhältnisses ausreichend, dass sie bei der Eingruppierung des Kindesunterhalts berücksichtigt werden.[125]

192 Beim Zusammentreffen von nach § 1609 Nr. 1 BGB gleichrangigen Unterhaltslasten Minderjähriger und nach § 1603 II 2 BGB privilegierter Volljähriger vgl. näher Rn. 1/655 c, 2/470 ff.

193 Abzuziehen ist seit der geänderten Rechtslage zum 1. 1. 2008 mit einer neuen Konzeption der Behandlung des Kindergeldes als bedarfsdeckend nach § 1612 b I BGB nicht mehr

---

[119] BGH, FamRZ 1999, 367, 370; FamRZ 1991, 1163 = R 437 a
[120] BGH, FamRZ 2008, 968; FamRZ 2007, 1232 = R 678 e
[121] BT-Ds 16/1830 vom 15. 6. 2006 S. 24
[122] BGH, FamRZ 2008, 968 = R 689 h
[123] Vgl. auch Beispiel bei Klinkhammer, FamRZ 2008, 193
[124] Gerhardt/Gutdeutsch, FamRZ 2007, 776
[125] Vgl. DT Anm. A 1

wie nach der für minderjährige Kinder bis 31. 12. 2007 geltenden Rechtslage der Tabellenunterhalt, sondern der **Zahlbetrag** (näher Rn. 1/461, 655 b; 2/239 a).[126] Die Frage war zwischen den Oberlandesgerichten teilweise umstritten,[127] ist aber zwischenzeitlich vom BGH mit Urteil vom 5. 3. 2008 bestätigt worden.[128]

b) Kindesunterhalt nicht privilegierter Volljähriger. Der nicht privilegierte Volljäh-   **194** rige ist nach § 1609 Nr. 4 BGB auch nach der zum 1. 1. 2008 geänderten Rangordnung wie nach § 1609 I BGB a. F. gegenüber dem Ehegatten weiterhin nachrangig. Die Rangfrage spielt aber nur bei der **Leistungsfähigkeit** eine Rolle.[129] Maßgebend ist für die Bedarfsermittlung damit nur, inwieweit ausreichende Mittel vorhanden sind, da der Unterhalt des Volljährigen die ehelichen Lebensverhältnisse als Abzugsposten geprägt hat.[130] Denn die Aufwendungen für ein in Ausbildung befindliches oder studierendes Kind für die Dauer der Ausbildung oder des Studiums stehen zur Deckung des allgemeinen Lebensbedarfs nicht zur Verfügung und hätten auch bei Fortbestehen einer intakten Ehe nicht zur Verfügung gestanden. Regelmäßig beruht ein Studium auf dem gemeinsamen Entschluss der Eheleute und damit einer entsprechenden übereinstimmenden Disposition über die Einkommensverhältnisse für die voraussichtliche Studiendauer.[131] Ein **Vorabzug des Unterhalts entfällt** wegen des Nachrangs nur, wenn die vorhandenen Mittel des Pflichtigen nicht ausreichen und damit ein Missverhältnis zum verbleibenden Bedarf des Ehegatten entsteht.[132] Ein Missverhältnis zum Bedarf des vorrangigen Ehegatten ist wegen des Nachrangs des Volljährigen zu bejahen, wenn beim **vorrangigen bedürftigen Ehegatten** ein **Mangelfall** gegeben wäre (vgl. auch Rn. 1/656, 2/429, 5/102 ff.). Gegenüber volljährigen Kinder liegt er vor, wenn dem Ehegatten durch Unterhalt und Eigeneinkommen der sog. **angemessene Bedarf** nicht verbleibt.[133] Dieser angemessene Bedarf entspricht aus Gleichbehandlungsgründen dem angemessenen Selbstbehalt des Pflichtigen gegenüber Volljährigen und beträgt damit derzeit nach Nr. 21.3 der Leitlinien 1100 €.[134]

Abzuziehen ist nach der geänderten Rechtsprechung des BGH beim Volljährigen vom   **195** Bedarf zunächst das **volle Kindergeld,** da es bedarfsdeckend anzusetzen ist (vgl. näher Rn. 1/656; 2/505 ff.).[135] Dies entspricht auch der seit 1. 1. 2008 geltenden Neuregelung gemäß § 1612 b I Nr. 2 BGB. Hat der Volljährige eigenes Einkommen, kürzt auch dieses zunächst in voller Höhe seinen Bedarf.[136] Erst dieser Restbedarf ist für Haftungsverteilung nach § 1606 III 1 BGB heranzuziehen (eingehend Rn. 1/462 a, 656; 2/349 ff.) und bildet den zu berücksichtigenden Abzugsposten, wenn beim bedürftigen Ehegatten kein Mangelfall vorliegt.

c) Prägender sonstiger Verwandtenunterhalt. Auch weitere **nachrangige Unter-**   **196** **haltslasten,** für die in der Ehe aufgekommen wurde und die daher eheprägend sind, sind für die Ermittlung des bereinigten Nettoeinkommens beim Ehegattenunterhalt Abzugsposten, soweit durch den Vorwegabzug kein Missverhältnis zum verbleibenden Unterhalt des Ehegatten entsteht,[137] d. h. kein Mangelfall (vgl. oben Rn. 194). Denn die Rangfrage spielt, ebenso wie beim Volljährigen, erst im Mangelfall eine Rolle. Dies gilt insbesondere bei Zahlung von **Elternunterhalt.**[138] Maßgebend ist, dass dieser Unterhalt nicht nur vorüber-

---

[126] Vgl. SüdL, BL, BraL, BrauL, BrL, CL, DL, DrL, HaL, KL, NaL, OL, RL, SchL jeweils Nr. 15.2 sowie DT Anm. B III
[127] Vgl. FL, HL Nr. 15.2 sowie Fußnoten bei SüdL Nr. 15.2 und DT Anm. B III
[128] BGH, FamRZ 2008, 963 = R 692 g
[129] BGH, FamRZ 2008, 968 = R 689 h
[130] BGH, FamRZ 2003, 860 = R 590 A g
[131] BGH, FamRZ 1991, 1163 = R 437 a; FamRZ 1989, 842, 843; FamRZ 1986, 553, 555
[132] BGH, FamRZ 2003, 860 = R 590 A g; FamRZ 1991, 1163 = R 437 a
[133] BGH, FamRZ 1991, 1163 = R 437 a; FamRZ 1986, 553, 555
[134] DT Anm. A 5; sowie alle Leitlinien Nr. 21.3.1 (Ausnahme SchL: 1000 €).
[135] BGH, FamRZ 2008, 963 = R 692 g; FamRZ 2007, 542; FamRZ 2006, 1100 = R 654 h; FamRZ 2006, 774; FamRZ 2006, 99 = R 641 e
[136] BGH, FamRZ 2006, 99 = R 641 e
[137] BGH, FamRZ 2004, 792 = R 605 d; FamRZ 2004, 186 = R 596 c; FamRZ 2003, 860, 865 = R 590 A g
[138] BGH, a. a. O.

gehend, sondern regelmäßig in der Ehe erbracht wurde.[139] Außerdem ist Voraussetzung, dass ein Unterhaltsanspruch rechtlich gegeben war und es sich nicht nur um eine freiwillige Leistung handelte. Nach BGH kann beim Elternunterhalt auch eine **latente Unterhaltslast** die ehelichen Lebensverhältnisse prägen, wenn z. B. auf Grund einer sehr geringen eigenen Altersversorgung sich die Unterhaltsverpflichtung für einen Elternteil bereits in der Ehe wegen Gewährung von Sozialhilfe abzeichnete.[140] Man wird deshalb eine erst nach der Trennung konkret geltend gemachte, aber sich bereits in der Ehe abzeichnende Unterhaltsverpflichtung gegenüber einem Elternteil als eheprägend zu berücksichtigen haben, wenn für diesen Elternteil bereits in der Ehe Sozialhilfe geleistet oder berechtigt Unterhalt gezahlt wurde.

197   **d) Gleichrangige Ehegatten und Ansprüche nach § 1615 l BGB.** Seit der Unterhaltsreform zum 1. 1. 2008 gibt es mit der neuen Rangordnung gemäß § 1609 BGB vermehrt gleichrangige Ehegattenunterhaltsansprüche bzw. Ansprüche eines Ehegatten und Ansprüche nach § 1615 l BGB (vgl. § 1609 Nr. 2 BGB). Entsprechend der geänderten Rechtsprechung des BGH sind die ehelichen Lebensverhältnisse wandelbar. Für die Unterhaltsbemessung kommt es auf die realen Verhältnisse an, ohne dass darauf abzustellen ist, ob Veränderungen bereits in der Ehe angelegt waren.[141] Der BGH hat deshalb bereits entschieden, dass nach der Scheidung neu entstehende **vorangige und gleichrangige** Unterhaltslasten die ehelichen Lebensverhältnisse prägen,[142] d. h. berücksichtigungswürdig sind. Dies entspricht auch den sich aus den Materialien ergebenden Vorstellungen des Gesetzgebers zur Unterhaltsreform zum 1. 1. 2008, wonach es bei mehreren Ehegatten **nicht mehr auf die Priorität** der Eheschließung ankommt, sondern nur noch auf die individuelle Schutzbedürftigkeit.[143] Damit beeinflussen sich diese Unterhaltsansprüche wechselseitig und nicht mehr nur entsprechend der früheren Rechtslage und Rechtsprechung der Unterhaltsanspruch des ersten Ehegatten den Anspruch des zweiten. Gleichrangige Ehegattenunterhaltsansprüche sind daher unter Berücksichtigung des Halbteilungsgrundsatzes im Wege der **Gleichteilung** zu ermitteln (eingehend Rn. 389 a, 391 ff.).[144] Dies führt z. B. bei zwei gleichrangigen Ehegatten zu einer Dreiteilung des aus dem prägenden Gesamteinkommen des Pflichtigen und der beiden Bedürftigen ermittelten Bedarf (vgl. Rn. 389 a, 391 mit Beispielen). Rechnerisch bedeutet dies nichts Anderes als eine Rechnung, bei der der Unterhalt des jeweiligen Ehegatten unter Vorabzug des anderen Ehegatten getrennt ermittelt und im Wege der Annäherung bei jedem Rechenschritt entsprechend korrigiert wird. Das Gleiche gilt bei Konkurrenz eines Ehegattenanspruchs mit einem gleichrangigen Anspruch nach § 1615 l BGB. Zu näheren Einzelheiten vgl. Rn. 390 ff., 401.

198   **e) Vorrangige Ehegatten.** Nach der geänderten Rangordnung gemäß § 1609 BGB zum 1. 1. 2008 kann der Unterhaltsanspruch des zweiten Ehegatten entsprechend der bis 31. 12. 2007 geltenden Rangordnung nach § 1582 BGB a. F. auch nachrangig sein (vgl. § 1609 Nr. 2, 3 BGB). Der Unterhaltsanspruch des ersten Ehegatten beeinflusst dann den Unterhaltsanspruch des zweiten. Umgekehrt kann der Unterhalt des zweiten Ehegatten nach der neuen Rangordnung gegenüber dem Anspruch des ersten Ehegatten vorrangig sein. Da der Rang nur bei der Leistungsfähigkeit eine Rolle spielt, ist der Unterhalt des ersten Ehegatten in diesem Fall bei der Ermittlung des Bedarfs des zweiten Ehegatten als Abzugsposten zu berücksichtigen, solange kein Mangelfall eintritt (s. oben Rn. 194). Zu den näheren Einzelheiten vgl. Rn. 5 / 122 ff.

199   **f) Zusatzfragen.** Bei einer **Geschwistertrennung** kann für den Unterhalt nahezu gleichaltriger Kinder aus Gründen der Gleichbehandlung bei beiden Eltern ein gleich hoher Betrag für Unterhaltsleistungen vom jeweiligen Einkommen abgezogen werden.[145] Beim

---

[139] BGH, FamRZ 2003, = R 590 A g
[140] BGH, FamRZ 2004, 792 = R 605 d; FamRZ 2004, 186 = R 596 c; FamRZ 2003, 860, 865 = R 590 A h
[141] BGH, FamRZ 2008, 968 = R 689 g
[142] BGH, FamRZ 2006, 683 = R 649 g
[143] BT-Ds 16/1830 vom 15. 6. 2006 S. 18
[144] Gerhardt/Gutdeutsch, FamRZ 2007, 778; Gerhardt, FuR 2008, 194; Reinken, FPR 2008, 9
[145] BGH, FamRZ 1984, 151, 153

Wechselmodell mit anteiliger Haftung jeden Elternteils für den Barunterhalt ist der Haftungsanteil abzüglich halbes Kindergeld Abzugsposten (vgl. näher Rn. 2/309, 316 ff.).[146]

Ob und in welcher Höhe der Kindesunterhalt **tituliert** ist, ist im Regelfall ohne Bedeu- **200** tung. Eine Titulierung ist zwar ein Indiz, dass der Kindesunterhalt in dieser Höhe geschuldet und bezahlt wird. Soweit die Titulierung aber mit dem geschuldeten Unterhalt nicht mehr übereinstimmt, kann davon ausgegangen werden, dass bei Abweichungen von der materiellen Rechtslage eine Abänderung des Titels möglich ist.[147] Etwas anderes gilt, wenn es um einen Unterhaltsrückstand geht und eine Änderung eines überhöht titulierten und bereits bezahlen Kindesunterhalts nicht mehr rückwirkend erfolgen kann. Für die Vergangenheit ist dann der titulierte Kindesunterhalt Abzugsposten (vgl. auch Rn. 1/655 b).

Die Geltendmachung von **Vorsorgeunterhalt** beeinflusst den Kindesunterhalt und damit **201** auch den Vorabzug von Kindesunterhalt nicht, weil der Ehegattenunterhalt (Elementarunterhalt und Vorsorgeunterhalt) erst nach dem Vorabzug bemessen wird.[148]

8. Aufwendungen zur Vermögensbildung

a) Bedarf. Eine **gemeinsame** Vermögensbildung der Eheleute und die hierauf zu leis- **202** tenden Zahlungen sind grundsätzlich als eheprägende Abzugsposten bei dem Ehegatten, der sie erbringt, zu berücksichtigen (näher Rn. 1/659).

Der Verpflichtete ist dagegen nicht berechtigt, auf Kosten des Unterhaltsbedürftigen **einseitig** Vermögen zu bilden.[149] Das Gleiche gilt für den Bedürftigen.[150] Vermögensbildende Aufwendungen, die nur einem Ehegatten zugute kommen, sind daher bei der **Bedarfsermittlung** ab Rechtshängigkeit des Scheidungsverfahrens als Stichtag für den Zugewinn, bei Gütertrennung ab der Trennung bzw. bei einer erst in der Trennungszeit vereinbarten Gütertrennung ab diesem Zeitpunkt **keine berücksichtigungswürdigen Verbindlichkeiten,** da die Ehepartner dann nicht mehr an dieser Vermögensbildung partizipiert (näher Rn. 1/630, 659 a).[151]

Soweit bereits **in der Ehe** vermögensbildende Aufwendungen getätigt wurden, war nach **203** der früheren Rechtsprechung zu beachten, dass dieser Teil des Einkommens für die Lebensführung nicht zur Verfügung stand.[152] Ob ein Abzug einseitig vermögensbildender Aufwendungen berechtigt war, richtete sich nach dem objektiven Maßstab eines vernünftigen Betrachters.[153] Maßgebend war insbesondere, ob es sich im Verhältnis zum Einkommen um einen angemessenen Betrag handelte.

Diese **Rechtsprechung** hat der BGH völlig **geändert.** Da bei den wandelbaren ehe- **205** lichen Lebensverhältnissen auf die realen Gegebenheiten abzustellen ist, unabhängig davon, wann Änderungen eintreten,[154] kann bei einer **einseitigen Vermögensbildung** nur noch darauf abgestellt werden, wie lange der Partner nach der Trennung daran partizipiert (näher Rn. 1/359, 394, 659 a).[155] Denn grundsätzlich geht die Unterhaltsverpflichtung der Vermögensbildung vor, auch wenn diese bereits in der Ehe betrieben wurde. Ab diesem Zeitpunkt ist die einseitig vermögensbildende Aufwendung für die Bedarfsermittlung nicht mehr berücksichtigungswürdig. Zu den näheren Einzelheiten vgl. Rn. 1/630, 659 a).

Erfolgt die einseitige Vermögensbildung durch Verbindlichkeiten, z. B. durch Abzahlung **206** von Immobilienschulden, betrifft dies nur die **Tilgung,** nicht die **Zinsen** als Geldbeschaffungskosten (näher Rn. 1/343 ff., 630). Etwas anderes gilt nur bei sog. **Negativeinkünften**

---

[146] BGH, FamRZ 2007, 707 = R 672 b; FamRZ 2006, 1015 = R 646 b
[147] BGH, FamRZ 2003, 363, 367 = R 584 h; FamRZ 1992, 797, 798 = R 447 b; FamRZ 1990, 1091, 1094
[148] BGH, FamRZ 1982, 887
[149] BGH, FamRZ 1987, 36; FamRZ 1987, 572, 575
[150] BGH, FamRZ 1991, 1163, 1165 = R 437 b
[151] BGH, FamRZ 1991, 1163, 1165 = R 437 b; FamRZ 1987, 36; FamRZ 1987, 572, 575
[152] BGH, FamRZ 1987, 36, 39; FamRZ 1984, 149
[153] FamRZ 1993, 789, 792 = R 460 b; FamRZ 1989, 1160; FamRZ 1987, 36, 39
[154] BGH, FamRZ 2008, 968 = R 689 g
[155] BGH, FamRZ 2008, 963 = R 692 d, e

zur einseitigen Vermögensbildung, die generell nicht berücksichtigungswürdig sind, weil sie allein auf Steuervorteilen beruhen; der Steuervorteil hat aber dem Pflichtigen zu verbleiben (näher Rn. 1/302, 593).[156]

207   Eine **Ausnahme** bsteht, wenn es sich bei der einseitigen vermögensbildenden Ausgabe um eine **zulässige Altersvorsorge** im Rahmen einer Gesamtversorgung von 24% des Bruttoeinkommens bzw. Gewinns handelt (näher Rn. 1/347, 597 b, 598 a, 630).[157]

208   Eine weitere Ausnahme besteht bei **gehobenem Einkommen des Pflichtigen.** Es wird dann den ehelichen Lebensverhältnissen entsprechen, dass dieses Einkommen nicht gänzlich für den allgemeinen Lebensbedarf verbraucht, sondern teilweise auch der Vermögensbildung zugeführt wurde. Da solche der Vermögensbildung vorbehaltene Einkommensteile der Befriedigung laufender Lebensbedürfnisse entzogen sind, werden sie zur Unterhaltsbemessung nicht herangezogen.[158] Es hat dann eine konkrete Bedarfsermittlung zu erfolgen (vgl. eingehend Rn. 366 ff.).

209   **Nach der Trennung** neu entstehende Aufwendungen zur einseitigen Vermögensbildung haben auf die Bedarfsermittlung generell keinen Einfluss, es sei denn, es handelt sich um eine zulässige Altersvorsorge (s. oben Rn. 207).[159] Denn es handelt sich insoweit um eine unterhaltsbezogen leichtfertig herbeigeführte Einkommensminderung, nachdem der Unterhalt der Vermögensbildung vorgeht und deshalb auch eine bereits in der Ehe erfolgte einseitige Vermögensbildung ab Rechtshängigkeit des Scheidungsverfahrens bzw. bei der Gütertrennung ab Trennung nicht berücksichtigungsfähig ist (näher Rn. 1/351; 393).

210   **b) Vermögensbildende Aufwendungen** sind vor allem Aufwendungen für Lebensversicherungen, Kapitalanlagen, Immobilien, Bau eines Eigenheimes und für sonstige Vermögenswerte.

    Nicht der Vermögensbildung dienen sog. Konsumkredite, mit denen abnutzbare Bedarfsgüter und Gebrauchsgegenstände wie z. B. Hausrat, Pkw, Wohnwagen, Motorrad, Foto- oder Filmausrüstung u. ä. angeschafft wurden, auch wenn solche Gegenstände einen hohen Wert haben. Solche Bedarfsgüter dienen der allgemeinen Lebensführung. Ihr Wert nimmt mit zunehmendem Gebrauch laufend ab. Die entsprechenden Aufwendungen sind daher den laufenden **Lebenshaltungskosten** zuzurechnen.[160] Auch Sparleistungen dienen häufig der Ansparung solcher größerer Ausgaben und sind dann ebenfalls nicht der Vermögensbildung, sondern der Lebenshaltung zuzurechnen.[161]

211   **c) Bedürftigkeit und Leistungsfähigkeit.** Berücksichtigungsfähig sind wie beim Bedarf nur Aufwendungen zur gemeinsamen Vermögensbildung oder zur einseitig vermögensbildende Aufwendungen im Rahmen einer zulässigen Altersvorsorge (s. oben Rn. 202, 207). Bei einer einseitigen Vermögensbildung gelten ansonsten die bereits beim Bedarf gemachten Ausführungen entsprechend (s. oben Rn. 205). Dies galt im Gegensatz zur geänderten Rechtsprechung des BGH zum Bedarf bei der Bedürftigkeit/Leistungsfähigkeit auch bereits nach der früheren Rechtsprechung, weil beim Bedürftigen zusätzlich zu beachten ist, dass der Unterhalt nur der Finanzierung der Lebenshaltungskosten dient, nicht der Vermögensbildung,[162] beim Pflichtigen, dass der Unterhalt der Vermögensbildung vorgeht.[163]

212   **d) Ausnahmen aus Billigkeitsgründen.** Eine Ausnahme aus Billigkeitsgründen kann für eine Übergangszeit bei einer sog. **aufgedrängten Vermögensbildung** bestehen.[164] Von letzterer ist auszugehen, wenn der **Bedürftige** während der Ehe bei überdurchschnittlichen Einkünften der Eheleute mit Wissen und Wollen des Partners ein Abschreibungs-

---

[156] BGH, FamRZ 2005, 1159 = R 623 a; FamRZ 2003, 741 = R 590 c; FamRZ 1987, 36; FamRZ 1987, 913
[157] BGH, FamRZ 2008, 963 = R 692 f; FamRZ 2007, 879 = R 677 d
[158] BGH, FamRZ 1987, 36, 39; FamRZ 1984, 149, 151
[159] BGH, FamRZ 2008, 963 = R 692 f; FamRZ 2005, 1159 = R 623 c; FamRZ 2001, 1140 = R 560 c; FamRZ 2000, 950 = R 540 c
[160] BGH, FamRZ 1984, 149, 151
[161] BGH, FamRZ 1983, 678
[162] BGH, FamRZ 1998, 87 = R 516 b; FamRZ 1992, 423 = R 442 b
[163] BGH, FamRZ 1987, 36; FamRZ 1984, 353
[164] BGH, FamRZ 1991, 1163, 1165 = R 437 b

modell als Vermögensanlageform wählte, in dem nach der Lebenserfahrung die gemeinsame Verminderung der Steuerlast im Vordergrund stand und damit die ehelichen Lebensverhältnisse prägte. Bis zur Rechtshängigkeit des Scheidungsverfahrens kann er die Tilgung für vermögensbildende Ausgaben absetzen, weil dies dem Pflichtigen über den Zugewinn zugute kommt, ab Rechtshängigkeit bis zur Scheidung im Einzelfall ebenfalls,[165] wenn keine kurzfristige Verwertungsmöglichkeit besteht. Entsprechendes gilt beim **Pflichtigen,** wenn es sich um Steuersparmodelle mit einseitiger Vermögensbildung handelt, von denen beide Eheleute während des Zusammenlebens durch niedrigere Steuern profitierten, eine Veräußerung dieser Objekte wegen Überschuldung nicht möglich ist und die Barmittel des Pflichtigen trotz verbleibenden Steuervorteils zur Deckung der Lebenshaltungskosten nicht ausreichen.

9. Konsumverhalten und objektiver Maßstab für die Bedarfsbemessung

Sowohl bei der Bemessung des Trennungsunterhalts als auch des nachehelichen Unterhalts **213** ist nach ständiger Rechtsprechung des BGH ein **objektiver Maßstab** anzulegen.[166] Entscheidend ist derjenige Lebensstandard, der nach den von dem Einkommen geprägten ehelichen Lebensverhältnissen vom Standpunkt eines vernünftigen Betrachters aus als angemessen erscheint.Gemessen am verfügbaren Einkommen hat sowohl eine zu dürftige Lebensführung als auch ein übermäßiger Aufwand außer Betracht zu bleiben.[167] In diesem Rahmen ist auch das tatsächliche Konsumverhalten der Ehegatten während des Zusammenlebens zu berücksichtigen.[168] Sind die Einkünfte so gut, dass zusätzliche **Vermögenseinkünfte** nach einem objektiven Maßstab für die Lebensführung **nicht** oder nur zum Teil **benötigt** werden, **prägen** sie die ehelichen Lebensverhältnisse **nicht** (näher Rn. 238, 275).[169]

Der Bedürftige braucht sich nach der Trennung an einer während des Zusammenlebens **214** in der Ehe zugunsten einer Vermögensbildung **übertriebenen Einschränkung des Konsumverhaltens** nicht mehr festhalten lassen. Er kann den nach den Einkommensverhältnissen bei objektiver Beurteilung angemessenen Unterhalt verlangen. Wird Barvermögen z. B. in **thesaurierenden Fonds** angelegt, so dass es keine laufenden Gewinne abwirft und sich der Vermögensstamm entsprechend erhöht, kann darin eine zu dürftige Lebensführung liegen, falls die sonstigen Einkünfte niedrig sind. Es können dann entsprechende **fiktive Zinsen** angesetzt werden (s. auch Rn. 281).[170]

Umgekehrt kann sich der Bedürftige nicht auf einen **überhöhten Aufwand** berufen, **215** wenn die Eheleute während ihres Zusammenlebens erheblich über ihren wirtschaftlichen Verhältnissen oder gar zu Lasten einer Überschuldung **verschwenderisch** gelebt haben (s. auch Rn. 1/636). Auch in diesem Fall besteht kein Anspruch auf Fortsetzung des nicht realistischen bisherigen Lebensstandards. Unterhalt ist nur berechtigt in einem Umfang, der nach den Einkommensverhältnissen unter Berücksichtigung des Umfangs der bestehenden Verschuldung vom Standpunkt eines vernünftigen Betrachters aus als angemessen erscheint.

• Wurde während des Zusammenlebens ein nach objektiven Maßstäben **unvertretbar geringer Teil** des Einkommens zur **Rückführung von Verbindlichkeiten** aufgewendet, ist zu fragen, wie sich ein vernünftiger Betrachter bei Fortdauer der ehelichen Gemeinschaft verhalten hätte, und es ist dementsprechend auf einen **vernünftigen Tilgungsplan** abzustellen. Einkommensmindernd sind dann als Schuldenabzug Beträge in einer Höhe zu berücksichtigen, die im Fall der Fortdauer der ehelichen Gemeinschaft

---

[165] BGH, a. a. O.
[166] BGH, FamRZ 2007, 1532 = R 681 d
[167] BGH, FamRZ 2007, 1532 = R 681 d; FamRZ 1989, 838; FamRZ 1987, 36, 39; FamRZ 1984, 358, 360; FamRZ 1983, 678
[168] BGH, FamRZ 2007, 1532 = R 681 d; FamRZ 1995, 869 = R 494; FamRZ 1989, 1160; FamRZ 1988, 259, 262
[169] BGH, FamRZ 2007, 1532 = R 681 d
[170] BGH, FamRZ 2007, 1532 = R 681 e

bei verantwortlicher Abwägung der Unterhaltsbelange und der Fremdgläubigerinteressen
für die Schuldentilgung verwendet worden wären (näher Rn. 1/636).[171]

- Haben sich die Eheleute während des Zusammenlebens **im Übermaß verschuldet,**
muss das bisherige Konsumverhalten zugunsten einer Rückführung der bestehenden
Verschuldung bei beiden Ehegatten eingeschränkt werden. Der Verpflichtete hat sich
unter Ausnutzung aller zumutbaren Möglichkeiten um eine Rückgängigmachung der
getroffenen Dispositionen und um die weitestmögliche Wiederherstellung seiner Leistungsfähigkeit – auch durch Verwertung von nicht dringend benötigten Vermögens-
objekten – zu bemühen. Soweit dies nicht gelingt, muss sich der Bedürftige mit einer den
notwendigen Unterhalt unterschreitenden Alimentierung zufriedengeben und sich fehlende Mittel unter äußerster Anstrengung seiner Kräfte durch einen über das allgemein
Gebotene hinausgehenden Einsatz selbst verschaffen (näher Rn. 1/637).[172]

216 Die Orientierung der Unterhaltsbemessung an einem objektiven Maßstab, d. h. am
Durchschnittsverhalten vernünftiger Betrachter, ist Sache des **Tatrichters,** der zu diesem
Zweck die konkreten Umstände des Einzelfalls zu beurteilen und abzuwägen hat.

10. Maßgeblicher Zeitpunkt für die Beurteilung des prägenden Charakters ehe-
licher Lebensverhältnisse

217 Nach der früheren Rechtsprechung des BGH waren für die Bemessung des nachehelichen
Unterhalts die im **Zeitpunkt der Scheidung** prägenden ehelichen Lebensverhältnisse
maßgeblich,[173] für die Bemessung des Trennungsunterhalt die Trennung bzw. der Zeitpunkt
der Entscheidung.

Die Rechtskraft der Scheidung setzt den Schlusspunkt hinter die gemeinsame wirtschaftliche Entwicklung der Ehe.[174]

Der unterhaltsberechtigte Ehegatte nahm aber an einer **normalen Weiterentwicklung**
der ehelichen Lebensverhältnisse von der **Trennung bis zur Scheidung** teil.[175] Änderungen nach der Scheidung waren nur zu berücksichtigen, wenn ein naher zeitlicher Zusammenhang oder ein entsprechender Lebensplan bestand. Bei der Prüfung der Frage, ob und in
welcher Höhe ein Einkommen als prägend in die Bedarfsermittlung einfloss, war sowohl auf
die Trennung als auch auf die Scheidung abzustellen.[176]

218 Mit seiner **Surrogatslösung** hat der BGH diese **Rechtsprechung geändert.** Auch die
Aufnahme oder Ausweitung einer Berufstätigkeit nach Trennung/Scheidung als **Surrogat**
der früheren Haushaltsführung entspricht einer Normalentwicklung.[177] Auf einen nahen
zeitlichen Zusammenhang oder entsprechenden Lebensplan kommt es nicht mehr an.[177a]
Bei einer **nicht vorwerfbaren Herabsetzung** des Einkommens, z. B. durch Verrentung,
Arbeitslosigkeit oder Gehaltsreduzierung, finden die gleichen Grundsätze Anwendung. Es
handelt sich zwar insoweit nicht um die Teilhabe an dem durch gemeinsame Leistung in der
Ehe erworbenen, sondern um die sachgerechte Verteilung eines durch Einkommensrückgang geschmälerten Bedarfs.[178] Auch bei Fortdauer der Ehe hätte der Bedürftige diese
negative Einkommensentwicklung mitzutragen, durch die Scheidung kann er insoweit nicht
besser gestellt werden.[179]

---

[171] BGH, FamRZ 1982, 678
[172] BGH, FamRZ 1984, 657
[173] Vgl. z. B. BGH, FamRZ 1999, 367, 368; FamRZ 1994, 228; FamRZ 1993, 1304 = R 464 a;
FamRZ 1991, 307; FamRZ 1990, 499, 502
[174] BGH, FamRZ 2003, 590, 592 = R 586 b
[175] BGH, FamRZ 1999, 367, 368; FamRZ 1994, 87 = R 468 c; FamRZ 1994, 228
[176] Vgl. eingehend Vorauflage Rn. 217 ff
[177] BGH, FamRZ 2001, 986, 989 = R 563 c
[177a] BGH, FamRZ 2005, 1979 = R 640 c
[178] BGH, FamRZ 2008, 968 = R 689 g; FamRZ 2007, 793 = R 674 b; FamRZ 2003, 590, 592 =
R 586 a, c; FamRZ 2003, 848, 850 = R 588 a
[179] BGH a. a. O.

Die Teilnahme an der Fortentwicklung des Einkommens gilt im Übrigen auch **über die Scheidung hinaus,** wenn es sich um eine sog. Normalentwicklung handelt, die durch die gemeinsame Lebensleistung erreicht wurde.[180] Dies entsprach auch der in der Literatur schon lange vertretenen Auffassung, dass die ehelichen Lebensverhältnisse keine Konstante, sondern eine Variable ist.[181]

Mit **Entscheidung vom 6. 2. 2008** hat der BGH seine seit der Surrogatslösung geänder- **219** ten Rechtsprechung zur überholten früheren Rechtsprechung abgegrenzt und neu formuliert.[182] Da die ehelichen Lebensverhältnisse wandelbar sind und es keine Lebensstandardgarantie mehr gibt, will das Unterhaltsrecht den bedürftigen Ehegatten nach der Scheidung nicht besser stellen, als er ohne Scheidung stünde.[183] Er nimmt deshalb nicht nur an Einkommenssteigerungen teil, die in der Ehe angelegt waren, sondern auch an Einkommensminderungen, soweit sie nicht auf einer Verletzung der Erwerbsobliegenheit beruhen oder durch freiwillige berufliche oder wirtschaftliche Dispositionen des Unterhaltspflichtigen veranlasst sind und von diesem nicht durch zumutbare Vorsorge aufgefangen werden konnten.[184] Entsprechendes gilt für neue Ausgaben, die nicht unterhaltsbezogen leichtfertig entstanden.[185] Derartige Korrekturen müssen entgegen der früheren Rechtsprechung **nicht erst bei der Leistungsfähigkeit, sondern bereits bei der Bedarfsermittlung** ansetzen.[186] Da dies oft nur von Zufälligkeiten abhängt, kommt es für Veränderungen deshalb nicht mehr darauf an, ob sie vor oder nach der Scheidung eintraten.[187] Maßgebend ist bei Einkommensverbesserungen allein, ob sie in der Ehe angelegt sind, bei Einkommensminderungen, ob sie auf einem unterhaltsbezogen leichtfertigen Verhalten beruhen.[188]

Diese **Klarstellung** des BGH ist sehr zu begrüßen, da nur sie der gewandelten Recht- **220** sprechung zu den ehelichen Lebensverhältnissen mit einem **stärkeren Abstellen** auf die realen Gegebenheiten entspricht und nur dadurch deren **Wandelbarkeit** mit dem Fehlen einer Lebensstandardgarantie verständlich ist. Diese neue Rechtsprechung entspricht auch den **Vorstellungen des Gesetzgebers bei der Unterhaltsreform zum 1. 1. 2008,**[189] wie sie in der verstärkten Eigenverantwortung nach § 1569 BGB und insbesondere der Neufassung des § 1578 b BGB zu Tage tritt. In seinen Materialien wies er darauf hin, dass es keine Lebensstandardgarantie gibt, sondern der nacheheliche Unterhalt nur dem Nachteilsausgleich für in der Ehe durch Übernahme der Familienarbeit erlittene berufliche Nachteile dient.[190]

Nach der **geänderten Rechtsprechung des BGH zu den ehelichen Lebensverhältnissen** seit der Surrogatslösung gelten damit folgende Grundsätze:
- Vor der Trennung eingetretene Einkommensentwicklungen sind stets prägend.[191] Voraus- **221** setzung ist nur, dass es sich um **nachhaltig erzielte dauerhafte Einkünfte** handelte. Nur vorübergehende **kurzfristige Veränderungen** (Verbesserungen oder Verschlechterungen) sind unbeachtlich.[192] Nach der geänderten Rechtsprechung des BGH gilt dies auch bei einem Einkommen des Pflichtigen oder Bedürftigen aus einer überobligatorischen Tätigkeit nach Abzug eines anrechnungsfreien Betrages gemäß § 1577 II BGB bzw. § 242 BGB (näher Rn. 264 ff. sowie 1/546, 557 b).

---

[180] BGH, FamRZ 2003, 590, 592 = R 586 a; FamRZ 2003, 848, 850 = R 588 a
[181] Vgl. Vorauflage Rn. 222
[182] BGH, FamRZ 2008, 968 = R 689 g
[183] BGH, FamRZ 2008, 968 = R 689 g; FamRZ 2007, 793 = R 674 b; FamRZ 2006, 683 = R 649 f, g, h; FamRZ 2003, 590 = R 586 a
[184] BGH, FamRZ 2007, 793 = R 674 b; FamRZ 2003, 590 = R 586 a
[185] BGH, FamRZ 2008, 968 = R 689 g; FamRZ 2007, 793 = R 674 b; FamRZ 2006, 683 = R 649 f, g
[186] BGH, FamRZ 2008, 968 = R 689 g; FamRZ 2006, 683 = R 649 h; FamRZ 2003, 590 = R 586 a
[187] BGH, FamRZ 2008, 968 = R 689 g
[188] BGH, FamRZ 2008, 968 = R 689 g
[189] BGH, FamRZ 2008, 968 = R 689 g
[190] BT-Ds 16/1830 vom 15. 6. 2006 S. 18
[191] BGH, FamRZ 1988, 259, 262
[192] BGH, FamRZ 1992, 1045, 1047 = R 448 b

222 • **Einkommenserhöhungen** nach der Trennung und nach der Scheidung sind **prägend,** wenn sie ihre Grundlagen in der Ehe hatten. Wann bei diesen Einkünften in der Folgezeit Veränderungen eintraten, ist dagegen nicht entscheidend. Angelegt in der Ehe ist auch die Aufnahme bzw. Ausweitung der Erwerbstätigkeit als **Surrogat der Familienarbeit** des Bedürftigen. Die Voraussetzungen einer normalen Weiterentwicklung des Erwerbseinkommens müssen in den für die eheliche Lebensgestaltung vor der Trennung maßgeblichen Umständen begründet gewesen sein.[193]

223 • Eheprägend sind auch Einkommensveränderungen bei **Vermögenseinkünften** nach der Trennung, wenn die Einkunftsquelle bereits in der Ehe bestand (näher Rn. 268), z. B. bei Zinseinkünften aus Kapitalvermögen und Einkünften aus Vermietung/Verpachtung oder es sich um das **Surrogat früherer Vermögenseinkünfte** handelt, z. B. Zinseinkünfte aus Veräußerung des Familienheimes (näher Rn. 1/383 ff.)[194] oder aus dem Zugewinnausgleich (näher Rn. 269 und 1/395).[195]

224 • Eheprägend sind ferner unterhaltsbezogen nicht leichtfertig entstandene **Einkommensreduzierungen.**[196] Sie können auf einem **Einkommensrückgang** beruhen, der nicht vorwerfbar eintrat oder auf **neuen Ausgaben,** die nicht vorwerfbar entstanden.[197] Diese Rechtsprechung galt schon immer bei der Leistungsfähigkeit, seit seiner geänderten Rechtsprechung berücksichtigt der BGH diese Grundsätze wegen der Wandelbarkeit der ehelichen Lebensverhältnisse zu Recht bereits bei der **Bedarfsermittlung.**[198] Zu den näheren Einzelheiten vgl. Rn. 243 zur Einkommensreduzierungen und Rn. 186 ff., 189 ff., 202 ff. zu den Ausgaben.

225 • Kommt es **nach der Trennung** zu einer **unerwarteten, außerhalb des Normalverlaufs** liegenden Einkommensentwicklung, die nicht in der Ehe angelegt war, kann nicht mehr davon ausgegangen werden, dass die nach der Trennung oder nach der Scheidung erzielten Einkünfte Ausdruck der ehelichen Lebensverhältnisse sind, wie sie während des Zusammenlebens in intakter Ehe bis zur Trennung bestanden haben.[199] Dies hat der BGH bereits im sogenannten Pelzhändlerfall entschieden.[200] Auch nach seiner geänderten Rechtsprechung zu den ehelichen Lebensverhältnissen hat der BGH an diesen Grundsätzen festgehalten.[201] Eine unerwartete, vom Normalverlauf abweichende Einkommensentwicklung liegt bei einer sog. **Leistungsbeförderung** bzw. einem **nicht vorsehbaren Karrieresprung**[202] oder einer besonderen unternehmerischen Leistung[203] nach der Trennung vor (näher Rn. 253 ff.).

Bei einer solchen, vom Normalverlauf abweichenden Entwicklung ist ein im Zeitpunkt der Trennung oder Scheidung erzieltes Einkommen **nur in dieser Höhe** prägend. Es ist lediglich ab dem nichtprägenden Anstieg entsprechend der allgemeinen Lohnentwicklung fortzuschreiben, notfalls nach den Indexdaten der statistischen Jahrbücher (näher Rn. 303).[204]

---

[193] BGH, FamRZ 2008, 968 = R 689 g; FamRZ 2003, 590, 592 = R 586 b

[194] BGH, FamRZ 2008, 963 = R 692 a; FamRZ 2006, 387 = 643 f; FamRZ 2005, 1159 = R 623 c; FamRZ 2002, 88 = R 569 b; FamRZ 2001, 1140 = R 560 b; FamRZ 2001, 986, 991 = R 563 e

[195] BGH, FamRZ 2008, 963 = R 692 h; FamRZ 2007, 1532 = R 682 k

[196] BGH, FamRZ 2008, 968 = R 689 g; FamRZ 2007, 793 = R 674 b; FamRZ 2003, 590 = R 586 a

[197] BGH, FamRZ 2008, 968 = R 689 g; FamRZ 2007, 793 = R 674 b; FamRZ 2006, 683 = R 649 e, f, g

[198] BGH, FamRZ 2008, 968 = R 689 g; FamRZ 2007, 793 = R 674 b; FamRZ 2003, 590 = R 586 a

[199] BGH, FamRZ 2008, 968 = R 689 g

[200] BGH, FamRZ 1982, 576, 578 = R 114 b

[201] BGH, FamRZ 2008, 968 = R 689 g; FamRZ 2007, 1232 = R 678 a; FamRZ 2007, 793 = R 674 a; FamRZ 2003, 848, 850 = R 588 c; FamRZ 2003, 590, 592 = R 586 b

[202] BGH, FamRZ 2001, 986, 991 = R 563 c; FamRZ 1990, 1085; FamRZ 1987, 913, 915 = R 339 c

[203] BGH, FamRZ 1982, 576, 578 = R 114 b

[204] BGH, FamRZ 1982, 576, 578 = R 114 b

- Bei **Vermögenseinkünften** liegt eine **unerwartete Einkommensentwicklung** vor, **226** wenn sie erstmals nach der Trennung entsteht, ohne Surrogat früherer Vermögenseinkünfte zu sein und damit der Ehepartner an diesen Einkünften während des Zusammenlebens niemals partizipiert hat, d. h. der Lebensstandard durch sie nie geprägt wurde. Dies gilt z. B. für Zinseinkünfte, die erst **nach der Trennung erstmals entstanden** sind, z. B. aus einer erst nach der Trennung angefallenen **Erbschaft** (näher Rn. 270)[205] oder erst nach der Trennung/Scheidung aufgenommenen Ersparnissen. Eine **Prägung entfällt** aber auch, wenn bei sehr guten Einkommensverhältnissen nach einem objektiven Maßstab **Vermögenseinkünfte nicht** oder nicht in voller Höhe **für die Lebensführung benötigt** werden (näher Rn. 213 ff., 275), was stets für eine konkrete Bedarfsermittlung spricht (vgl. Rn. 366 ff.).

Zusammenfassend ist daher festzustellen, dass auch nach der geänderten Rechtsprechung der BGH trotz der Wandelbarkeit der ehelichen Lebensverhältnisse, wenn auch in eingeschränktem Umfang, an der Differenzierung prägender und nichtprägender Einkünfte und Ausgaben festhält. Er hat dabei klargestellt, dass es für die **Abgrenzung** nicht mehr auf die Trennung und Scheidung ankommt. Die **geänderte Rechtsprechung** des BGH zu den ehelichen Lebensverhältnissen führte dabei zu der dringend erforderlichen **Vereinfachung der Unterhaltsrechtsprechung**. Bei **Einkommenssenkungen** wirft die Frage der Prägung und Nichtprägung keine Probleme auf, da nur entsprechend der früheren Rechtsprechung zur Leistungsfähigkeit darauf abzustellen ist, ob es sich um ein unterhaltsbezogen leichtfertiges Verhalten handelt, bei neuen Ausgaben, ob sie berücksichtigungswürdig sind. Bei **Einkommenserhöhungen**, z. B. durch einen sog. Karrieresprung, bereitet die Abgrenzung dagegen weiterhin Schwierigkeiten. Denn es ist im Einzelfall oft schwer zu beurteilen, ob und inwieweit eine Einkommensentwicklung in der Ehe angelegt ist oder nicht, da sie bei Erwerbseinkünften regelmäßig auf die zumeist voreheliche Berufsausbildung aufbaut. Auch bei neuen Vermögenseinkünften wie einer Erbschaft besteht die Erwartung hierauf vielfach schon in der Ehe.[206] Deshalb hat der Arbeitskreis 3 des 17. Deutschen Familiengerichtstages 2007 empfohlen, bei **Erwerbseinkünften** künftig nur noch auf das tatsächlich vorhandene Einkommen abzustellen und Korrekturen über die Begrenzung des nachehelichen Unterhalts aus Billigkeitsgründen nach § 1578 b BGB vorzunehmen. Bei Vermögenseinkünften wird man dagegen auch unter Berücksichtigung des Surrogatsgedankens weiterhin darauf abstellen müssen, ob neue Einkünfte einen Bezug zur Ehe hatten oder nicht. **227**

11. Verbot der Doppelverwertung

a) Grundsatz. Im Unterhaltsrecht galt schon immer, dass die gleiche Position für die **228** Berechnung nicht zweimal angesetzt werden kann. Kinderbetreuungskosten und Betreuungsbonus können nicht als Abzugsposten gemäß Ziff. 10.3 der Leitlinien bei der Bereinigung des Nettoeinkommens und zugleich als anrechnungsfreier Betrag nach § 1577 II BGB berücksichtigt (vgl. Rn. 1/545 c), bei Zusammenleben des Bedürftigen mit einem neuen Partner nicht einerseits ein Einkommen aus einem Vergütungsanspruch eigener Art und andererseits zusätzlich aus ersparten Aufwendungen angesetzt (vgl. Rn. 267 a) oder bei einer beiden Eheleuten gehörenden Wohnung, die nur ein Ehepartner nutzt, neben dem Wohnwert eine Nutzungsentschädigung verlangt werden (vgl. Rn. 1/364 a).[207] Regelmäßig unberücksichtigt blieben früher aber **Doppelverwertungen im Unterhalt und Zugewinn,** obwohl es dadurch zu erheblichen Benachteiligungen eines Ehegatten kommen konnte. Die Benachteiligung traf bei einem doppelten Ansatz von Aktiva den Pflichtigen, bei einem doppelten Ansatz von Passiva den Bedürftigen.

---

[205] BGH, FamRZ 2006, 387 = R 643 d; FamRZ 1988, 1145; OLG Frankfurt, FamRZ 1986, 165; OLG Hamm, FamRZ 1992, 1184
[206] Vgl. z. B. BGH, FamRZ 2006, 387 = R 643 e
[207] BGH, FamRZ 2003, 432 = R 583

Mit seiner Entscheidung vom 11. 12. 2002 hat der BGH in Änderung seiner früheren Rechtsprechung darauf hingewiesen, dass bei Ehegatten nach der Trennung **keine zweifache Teilhabe** an der gleichen Rechtsposition erfolgen darf.[208] Im konkreten Fall ging es um eine **Unternehmensbeteiligung,** die bereits als unterhaltsrechtliches Einkommen angesetzt worden war und deshalb nicht zusätzlich als Vermögenswert beim Zugewinn berücksichtigt werden konnte. Als weiteres Beispiel des Verbots der Doppelverwertung wies der BGH auf vor dem Stichtag für den Zugewinn ausgezahlte **Abfindungen** hin, die für die Unterhaltsberechnung herangezogen wurden (vgl. näher Rn. 1/71 ff.) und deshalb nicht zusätzlich für den Zugewinn zur Verfügung stehen konnten.[209] Das Gleiche gilt, wenn eine Vermögensmasse über den Zugewinn ausgeglichen wurde, aus dem gleichen Vermögen können dann beim Ausgleichspflichtigen im Unterhalt keine fiktiven Zinsen angesetzt werden.[210] Die neue Rechtsprechung des BGH löste in der Literatur eine umfangreiche Diskussion aus.[211] Dem vom BGH herausgestellten Grundsatz „keine zweifache Teilhabe" wurde zwar zugestimmt, über die Ausgestaltung bei der Berechnung des Unterhalts und Zugewinns bestehen aber nach wie vor unterschiedliche Auffassungen. In der Praxis sind allerdings die Fälle, in denen eine Abfindung vor dem Stichtag für den Zugewinn ausbezahlt und bei Rechtshängigkeit des Scheidungsverfahrens noch vorhanden ist, nicht so häufig. Eine größere Bedeutung hatte das Verbot der Doppelverwertung bei Passiva, solange nach der früheren Rechtsprechung des BGH auch Tilgungen zur einseitigen Vermögensbildung ab Rechtshängigkeit des Scheidungsverfahrens beim Unterhalt für die Bedarfsermittlung berücksichtigt wurden, andererseits beim Zugewinnausgleich kraft Gesetzes das Endvermögen minderten (vgl. § 1375 BGB). Diese Rechtsprechung hat der BGH zwischenzeitlich geändert (näher Rn. 205 sowie 1/630, 659 a).[212]

Kein Verstoss gegen das Verbot der Doppelverwertung liegt vor, wenn es im Unterhalt um die Nutzung des Vermögens als Einkommen und im Zugewinnausgleich um den Vermögensstamm als anzusetzendes Endvermögen geht, z. B. beim Eigenheim der Wohnwert (Unterhalt) und der Wert der Immobilie als Vermögen (Zugewinn).[213]

229   **b) Aktive Vermögenspositionen.** Das Verbot der Doppelverwertung betrifft beim Aktivvermögen vor allem die Behandlung einer **Abfindung.** Wird sie erst **nach Rechtshängigkeit** geleistet, ist sie nach ständiger Rechtsprechung des BGH unterhaltsrechtliches Einkommen, um bei einem Arbeitsplatzverlust einen Einkommensrückgang aufzufangen (vgl. näher Rn. 1/71).[214] Wird sie **vor der Rechtshängigkeit** des Scheidungsverfahrens als Stichtag für den Zugewinnausgleich ausbezahlt, gelten für die Berechnung des Unterhalts die gleichen Grundsätze. Beim Zugewinn stellt sich dann aber das Problem, ob und wenn ja in welcher Höhe die Abfindung weiterhin als unterhaltsrechtliches Einkommen anzusehen ist oder Endvermögen im Sinne des § 1375 I BGB beim Zugewinnausgleich bildet. Der BGH hatte früher vertreten, eine am Stichtag für den Zugewinnausgleich vorhandene Abfindung bilde eine Vermögensposition beim Endvermögen.[215] War wie üblich vorher bereits der Trennungsunterhalt berechnet und die Abfindung dort zur Aufstockung des Einkommens herangezogen worden, kam es deshalb zu Benachteiligungen des Unterhaltspflichtigen wegen einer Doppelverwertung. Denn wenn er z. B. auch Zugewinnausgleichspflichtiger war, wurde der Zugewinn zwar zum Stichtag berechnet, aber frühestens mit der Scheidung endgültig errechnet und zugesprochen. Erst mit der Scheidung stand damit fest, inwieweit sich der Ansatz der Abfindung als Vermögen güterrechtlich auswirkte. Der Pflichtige musste aber den bereits errechneten Trennungsunterhalt auch nach der Rechts-

---

[208] BGH, FamRZ 2003, 432 = R 583
[209] BGH, FamRZ 2003, 432 = R 583 mit Anm. Kogel, FamRZ 2003, 1645; FamRZ 2003, 1544; FamRZ 2004, 1352 mit Anm. Bergschneider
[210] BGH, FamRZ 2007, 1532 = R 681 h
[211] Vgl. z. B. Gerhardt/Schulz FamRZ 2005, 145; 2005, 317; 2005, 1523; Schulz FamRZ 2006, 1237; Kogel FamRZ 2003, 1645; 2004, 1614; Maurer FamRZ 2005, 757; 2005, 1526; Hoppenz FamRZ 2006, 1242
[212] BGH, FamRZ 2008, 963 = R 692 d
[213] BGH FamRZ 2008, 761; FamRZ 2007, 1532 = R 681 h
[214] BGH FamRZ 2007, 983 = R 676 d
[215] BGH, FamRZ 1998, 362; FamRZ 1982, 148

hängigkeit des Scheidungsverfahrens weiter leisten. Der BGH hat deshalb diese Rechtsprechung geändert und darauf hingewiesen, dass es zu keiner zweifachen Teilhabe am gleichen Einkommen/Vermögen kommen darf.[216] Während im Gesetz in § 1587 III BGB die Abgrenzung von Zugewinn und Versorgungsausgleich geregelt ist, fehlt eine entsprechende Bestimmung im Verhältnis Unterhalt und Zugewinn. § 1587 III BGB enthält aber über seinen unmittelbaren Geltungsbereich hinaus den **allgemeinen Rechtsgedanken,** dass der Gesetzgeber beim Scheidungsfolgenrecht nicht beabsichtigte, durch Ansatz der gleichen Vermögensposition im Unterhalt und Zugewinnausgleich einen Ehegatten doppelt zu bevorzugen bzw. zu benachteiligen.[217]

- **Abfindungen** werden beim Arbeitnehmer bei Abbau von Arbeitsplätzen bezahlt, ins- **230** besondere bei Vorruhestandsregelungen, ebenso bei unberechtigten Kündigungen. Bei dem Abbau von Arbeitsplätzen steht der Versorgungscharakter im Vordergrund, bei unberechtigten Kündigungen die Entschädigung für den Verlust des Arbeitsplatzes.[218] Die unterschiedlichen Gründe für die Leistung von Abfindungen bedeuten aber nicht, dass sie familienrechtlich unterschiedlich zu charakterisieren ist. **Die Abfindung ist in erster Linie unterhaltsrechtliches Einkommen,** auch wenn sie in einem Betrag ausbezahlt wird (näher Rn. 1/71).[219] Als Einkommen stellt sie aber kein Vermögen im Sinne des § 1375 I BGB dar. Dies bedeutet, die Abfindung kann – wenn überhaupt – im Gegensatz zur früheren Rechtsprechung des BGH nur als Vermögen eingesetzt werden, wenn sie für die Unterhaltsberechnung nicht benötigt wird. Dies ergibt sich auch aus der Rechtsprechung des BGH zur Inhaltskontrolle von Eheverträgen, bei der er zu Recht ausgeführt hat, dass der Unterhalt zur Sicherung des vorhandenen Lebensstandards dem Kernbereich des Scheidungsfolgenrechts zuzuordnen ist, nicht dagegen der Zugewinn als Teilhabe an dem in der Ehe erwirtschafteten Vermögen.[220] Außerdem ist nach Trennung der Eheleute zunächst immer der Trennungsunterhalt zu errechnen, bei dem die Abfindung als Einkommen eingesetzt wird, der Zugewinnausgleich wird im Ergebnis erst bei der Scheidung ermittelt. Ob es sich bei der Abfindung überhaupt um eine Vermögensposition handeln kann, die im Güterrecht zu berücksichtigen ist, wurde vom BGH in seinen Entscheidungen zum Verbot der Doppelverwertung bisher nicht in Frage gestellt[221] und von ihm in seiner früheren Rechtsprechung uneingeschränkt bejaht.[222] In der Literatur werden hiergegen zwischenzeitlich gewichtige Einwände erbracht, nachdem der Verlust des Arbeitsplatzes kein güterrechtliches Vermögen beinhaltet.[223] Da die Abfindung zunächst immer **unterhaltsrechtliches Einkommen** ist, besteht für den Bedürftigen entgegen in der Literatur zum Teil vertretenen Auffassungen **kein Wahlrecht,** ob die Abfindung unterhaltsrechtlich oder güterrechtlich angesetzt wird.[224] Vermögen kann sie, um eine Doppelverwertung zu vermeiden, nur bezüglich des für den Trennungs- und nachehelichen Unterhalt nicht benötigten Restes darstellen.

- Die Vorbehalte gegen diese Lösung beruhen zum einen darauf, dass die Ermittlung des künftigen Unterhalts eine Prognoseentscheidung darstellt, die sich nach dem Stichtag für die Errechnung des Zugewinnausgleichs ändern kann, zum anderen, dass Befürchtungen bestehen, der Pflichtige werde die Abfindung bei einer Umlage auf einen längeren Zeitraum vorzeitig verbrauchen.[225] Diese Gründe können jedoch nicht dazu führen, eine beim Stichtag noch vorhandene Abfindung ohne Berücksichtigung der Unterhaltsver-

---

[216] BGH, FamRZ 2007, 1532 = R 681 h; FamRZ 2004, 1352; FamRZ 2003, 432 = R 583
[217] Gerhardt/Schulz FamRZ 2005, 145; Schulz FamRZ 2006, 1237
[218] Maurer, FamRZ 2005, 757
[219] BGH, FamRZ 2007, 983 = R 676 d; FamRZ 2004, 1352; FamRZ 1990, 269; FamRZ 1987, 359
[220] BGH, FamR 2004, 601 = R 608 a
[221] BGH, FamRZ 2003, 432 = R 583; FamRZ 2004, 1352
[222] BGH, FamRZ 1982, 148; 1998, 362; 2001, 278
[223] Maurer, FamRZ 2005, 758; Schulz FamRZ 2006, 1237
[224] So aber Kogel, FamRZ 2004, 1614; Bergschneider in Anm. zu BGH FamRZ 2004, 1352; FamRZ 2004, 1532; Haußleiter, NJW-Spezial, 2004, 247; Soyka, FuR, 2005, 757
[225] Zur Sicherungsmöglichkeiten des Bedürftigen vgl. Gerhardt/Schulz, FamRZ 2005, 145

pflichtung generell als Vermögen anzusetzen, obwohl die Abfindung ansonsten immer unterhaltsrechtlichen Charakter hat. Ferner ist zu berücksichtigen, dass jeder Unterhalt für die Zukunft eine Prognose beinhaltet. Die sich aus dem Zusammentreffen einer Prognoseentscheidung (Unterhalt) und starren Stichtagsregelung (Zugewinn) ergebende Problematik, wie in diesen Fällen die Abfindung aufzuteilen ist, beruht allein auf dem Umstand, die Abfindung nicht generell wie z. B. eine Tantieme nur als unterhaltsrechtliches Einkommen anzusetzen.

- Die Abfindung dient nicht nur der Aufrechterhaltung des Unterhalts des Bedürftigen trotz gesunkenen Einkommens, sondern auch der **Finanzierung des eigenen Unterhalts des Pflichtigen.**[226] Die Sicherung des eigenen Unterhalts, auch für die Zukunft, geht der Leistung von Unterhalt an den Bedürftigen sogar vor. Dieser Umstand ist vor allem bei Vorruhestandsabfindungen zu beachten, weil in diesen Fällen vielfach der Bezug des Arbeitslosengeldes des Pflichtigen ausläuft, bevor er eine Altersrente beantragen kann und die Abfindung – nach Abzug eines Freibetrages (vgl § 12 SGB II) – einzusetzen ist, bevor subsidiäre Leistungen nach dem SGB II in Anspruch genommen werden können. Im Unterhaltsurteil oder Unterhaltsvergleich ist daher festzulegen, in welchem Umfang die Abfindung unterhaltsrechtlich benötigt wird.

231 • **Sonstige Vermögenspositionen.** Obige Ausführungen gelten entsprechend bei Steuererstattungen,[227] bei Unternehmensbeteiligungen[228] und beim Zugewinnausgleich für Zinsen aus einem inzwischen aufgeteilten Vermögen.[229] Beim sog. „good will" als Praxiswert ist zur Vermeidung einer Doppelverwertung nach BGH künftig als Unternehmerlohn das unterhaltsrechtlich ermittelte Einkommen und nicht wie bisher ein fiktiver kalkulatorischer Betrag anzusetzen.[230]

232 **c) Verbot der Doppelverwertung bei Schulden.** Bei Verbindlichkeiten betrifft das Verbot der Doppelverwertung nur die **Tilgung,** nicht die Zinsen, weil als Passiva beim Endvermögen im Zugewinn nach § 1375 I BGB nur die Tilgung angesetzt wird. Auswirkungen zeigt die zweifache Benachteiligung in der Praxis regelmäßig nur, wenn es sich um **Tilgungsleistungen zur einseitigen Vermögensbildung** handelt, die keine zulässige Altersvorsorge darstellen.[231] Nach der geänderten Rechtsprechung des BGH sind diese Tilgungsleistungen ab Rechtshängigkeit des Scheidungsverfahrens als Stichtag für den Zugewinnausgleich beim Unterhalt nicht mehr zu berücksichtigen.[232] Das Problem der Doppelverwertung stellt sich in diesen Fällen beim Schulden nicht mehr. Handelt es sich bei der einseitigen Vermögensbildung um eine zulässige Altersvorsorge, kommt es zu keiner zweifachen Benachteiligung, auch wenn die selbe Tilgung beim Zugewinn als Alleinschuld angesetzt wurde, weil sie unterhaltsrechtlich keine Verbindlichkeit bildet, sondern eine Vorsorgeaufwendung.

233 Bei Konsumkrediten gibt es in der Praxis nur selten in der Ehe einseitig aufgenommene berücksichtigungswürdige Verbindlichkeiten.[233] Bei **Gesamtschulden** ist zu differenzieren. Kamen sie beiden Ehegatten zu Gute, z. B. beim Kauf eines gemeinsamen Eigenheims oder einer Immobilie zur **gemeinsamen Vermögensbildung,** sind sie beim Zugewinn als Passiva bei jedem Ehegatten zur Hälfte anzusetzen, beim Unterhalt als Abzugsposten beim Wohnwert (vgl. Rn. 1/345). Zu einer Doppelverwertung kann es in diesen Fällen daher nur kommen, wenn beim Zugewinn fehlerhaft die Gesamtschuld bei einem Ehegatten in voller Höhe angesetzt wird, weil er sie tilgt, da der hälftige Ausgleich bereits durch den Vorabzug der Schuld beim Unterhalt berücksichtigt wurde.[234] Handelt es sich im **Innenverhältnis**

---

[226] BGH, FamRZ 2004, 1352; OLG München, FamRZ 2005, 713
[227] Schulz FamRZ 2006, 1308
[228] BGH FamRZ 2003, 432 = R 583
[229] BGH, FamRZ 2007, 1532 = R 681 h
[230] BGH, FamRZ 2008, 761
[231] Gerhardt, FuR 2007, 393
[232] BGH, FamRZ 2008, 963 = R 692 d
[233] Gerhardt/Schulz FamRZ 2005, 1523; nicht berücksichtigungswürdig sind z. B. einseitige Luxusausgaben (vgl Rn. 1/625).
[234] BGH, FamRZ 2008, 761

um keine Gesamtschuld, weil sie ausschließlich im Interesse eines Ehegatten eingegangen wurde, z. B. für dessen Firma oder für eine im Alleineigentum eines Ehegatten stehende Immobilie, hat dieser im Innenverhältnis den Kredit alleine abzutragen.[235] Die Verbindlichkeit ist dann zur Vermeidung einer Doppelverwertung wie eine einseitige Schuld zu behandeln.

II. Überblick zu den prägenden und nichtprägenden Einkünften sowie Änderungen der Einkommensverhältnisse nach Trennung und Scheidung

1. Überblick zu den prägenden und nichtprägenden Einkünften

a) **Einkünfte** fließen in unterschiedlicher und sich ändernder Höhe aus verschiedenen **234** konkreten Einkunftsquellen.

Die wichtigsten Einkunftsquellen sind:
- **Erwerbseinkünfte** (z. B. aus abhängiger oder selbstständiger Erwerbstätigkeit).
- **Vermögenseinkünfte** (z. B. Mietzinsen, Kapitalzinsen, Unternehmensbeteiligungen, Nutzungsentschädigungen, Wohnvorteil u. ä.).
- **Sonstige** gesetzliche oder soziale Leistungen des Staates mit Einkommenscharakter, (z. B. Arbeitslosengeld, Krankengeld, Elterngeld, Pflegegeld, Renten (hierzu näher Rn. 1/451 ff.).
- Vermögenswerte Vorteile (z. B. private Nutzung eines Firmenwagens, Ersparnis durch das Zusammenleben, Haushaltsführung für einen neuen Partner).

b) Wie bereits ausgeführt, beurteilt sich der **prägende Charakter** von Einkünften danach, **235** ob die aus einer konkreten Einkunftsquelle geflossenen Einkünfte als in der Ehe angelegt und damit als prägend angesehen werden können.Dies ist zu bejahen, wenn die **konkrete Einkunftsquelle in der Ehe vorhanden** war und die Einkünfte aus dieser Einkunftsquelle auf Grund der Aufgabenverteilung in der Ehe und der sonstigen gemeinsamen Eheplanung zu erzielen waren (s. Rn. 179 ff.) oder ein **Surrogat der gleichwertigen Familienarbeit** (s. Rn. 184 a ff., 261 ff.) bzw. **vorhandener Vermögenseinkünfte** sind (s. Rn. 223, 268 ff. und 1/383 ff.). Aus diesem Grunde sind ab der Trennung und Scheidung prägend:
- Einkünfte, die **bis zur Trennung** aus einer Einkunftsquelle geflossen sind, weil sich aus ihrem Bestehen ergibt, dass die Erzielung dieser Einkünfte aus den in der Ehe angelegten Einkunftsquellen stammen (s. näher Rn. 236). Dies gilt auch für ihre normale Fortentwicklung (vgl. Rn. 240).
- Einkünfte, die zwar erstmals nach der Trennung aus einer Einkunftsquelle fließen, aber Surrogat der gleichwertigen Familienarbeit sind oder Surrogat einer Vermögensumschichtung bilden (z. B. Zinsen statt Wohnwert bei Veräußerung des Familienheimes).

c) Prägende Einkünfte: **236**
- Einkünfte, die im Zeitpunkt der Trennung als prägend beurteilt werden können, behalten ihren prägenden Charakter, wenn sie aus der gleichen Einkunftsquelle normal weiterfließen.
- Einkommensänderungen sind prägend, wenn die Einkommensentwicklung nach der Trennung und nach der Scheidung einem **Normalverlauf** entspricht (s. näher Rn. 222, 240 ff.). Dies gilt sowohl für übliche Gehaltssteigerungen oder Regelbeförderungen (s. Rn. 242, 247 ff.) als auch für unterhaltsbezogen nicht leichtfertige Einkommensreduzierungen z. B. durch vermeidbare Gehaltssenkungen, unverschuldete Arbeitslosigkeit oder Pensionierung (s. Rn. 243 ff.).
- Bei einer unerwarteten, vom Normalverlauf erheblich abweichenden Einkommensentwicklung (z. B. einem Karrieresprung) bleiben die Einkünfte nur in der Höhe prägend, die sie vor Beginn der vom Normalverlauf abweichenden Entwicklung hatten (s. näher Rn. 225, 254).

---

[235] BGH FamRZ 1988, 596; 1997, 960; Gerhardt/Schulz FamRZ 2005, 317, 2005, 1523, eingehend Haußleiter/Schulz Kap 6 Rn. 80 ff.

- Nach der Trennung erstmalig erzielte Erwerbseinkünfte, die als Surrogat der Haushaltsführung in der Ehe anzusehen sind (näher Rn. 184 a ff.).
- **Fiktive Einkünfte des Bedürftigen** wegen Verstoß gegen die Erwerbsobliegenheit als Surrogat der Haushaltsführung in der Ehe (näher Rn. 276 ff.). Das Gleiche gilt bei fiktiven Einkünften **des Pflichtigen** in Höhe der bei Trennung bereits prägenden Einkünfte, wenn er sich nach Treu und Glauben nicht auf eine nach Trennung eingetretene Leistungsunfähigkeit oder Leistungsminderung berufen darf oder bei unverschuldetem Arbeitsplatzverlust ein Verstoß gegen die Erwerbsobliegenheit zu bejahen ist (vgl. Rn. 278). Es darf sich dabei aber immer nur um in der Ehe bereits vorhandene Einkünfte handeln, nicht um lediglich gedachte wirtschaftliche Verhältnisse, die keine Grundlage in der tatsächlichen Einkommenssituation des Unterhaltspflichtigen haben (näher Rn. 279).
- Nach der geänderten Rechtsprechung des BGH Einkommen des Bedürftigen oder Pflichtigen aus **überobligatorischer Tätigkeit** nach Abzug eines anrechnungsfreien Betrages (näher Rn. 264 ff. sowie 1/546, 557 b).[236] Der Abzug des anrechnungsfreien Betrages erfolgt beim Bedürftigen nach § 1577 II BGB,[237] beim Pflichtigen nach Treu und Glauben gemäß § 242 BGB jeweils nach den konkreten Umständen des Einzelfalls.[238]
- Nach BGH **Einkommen des Bedürftigen aus Haushaltsführung für einen neuen Lebenspartner,**[239] soweit der Bedürftige keiner Ganztagstätigkeit nachgeht (näher Rn. 267).[240] Hiergegen bestehen nach wie vor Bedenken, wobei maßgebend ist, weshalb hierfür ein Einkommen angesetzt wird, als Vergütungsleistung oder wegen ersparter Aufwendungen (näher Rn. 267 a ff. und 1/471 ff.).
- **Renteneinkommen,** soweit es auf prägenden Einkünften in der Ehe sowie nach der Trennung/Scheidung, auf vorehelichem Einkommen und dem Versorgungsausgleich beruht (vgl. eingehend Rn. 308 ff.).[241]
- **Vermögenseinkünfte,** die bereits in der Ehe vorhanden waren und weiter bestehen oder nach einer Vermögensumschichtung als **Surrogat** von in der Ehe vorhandenem Einkommen anzusehen sind, z. B. Zinsen aus dem Verkaufserlös des Familienheimes anstelle des früheren Wohnwertes, auch wenn sie sich durch die Umschichtung erhöhten (näher Rn. 268 ff., 1/383 ff.).

237   **d) Prägende Ausgaben:** Fortbestehende berücksichtigungswürdige Ausgaben und Ausgabenänderungen nach der Trennung und Scheidung, die unterhaltsbezogen nicht leichtfertig erfolgten und damit berücksichtigungswürdig sind (näher Rn. 181, 185 ff., 186 ff., 189 ff., 202 ff., 1/588 ff.).[242]

238   **e) Nichtprägende Einkünfte:**
- Erwerbseinkünfte aus einer bei Trennung bereits bestehenden Erwerbsquelle, wenn und soweit diese Mehreinkünfte auf einer **unerwarteten, vom Normalverlauf erheblich abweichenden Entwicklung** beruhen (vgl. Rn. 225, 253 ff.).
- **Vermögenseinkünfte,** die erst nach der Trennung neu entstehen und kein Surrogat von in der Ehe vorhandenen Vermögenseinkünften darstellen, z. B. Zinsen aus einer erst nach der Trennung erfolgten Erbschaft oder Lottogewinn (näher Rn. 226, 268 ff.).
- **Vermögenseinkünfte bei guten Einkommensverhältnissen,** die nach einem objektiven Maßstab nicht oder nicht in dieser Höhe für die Lebensführung benötigt werden (näher Rn. 213 ff., 268 ff.).
- Ersparte Aufwendungen durch Zusammenleben in einer neuen Ehe oder neuen Partnerschaft (näher Rn. 266).

---

[236] BGH, FamRZ 2006, 683 = R 649 b; FamRZ 2005, 1154 = R 630 e; FamRZ 2005, 967 = R 629 c

[237] BGH, a. a. O.

[238] BGH, FamRZ 2003, 848, 851 = R 588 d; FamRZ 2001, 350 = R 551 c

[239] BGH, FamRZ 2004, 1170 = R 612; FamRZ 2004, 1173 = R 611

[240] BGH, FamRZ 2005, 967 = R 629 d

[241] BGH, FamRZ 2007, 1532 = R 681 a; FamRZ 2005, 1897; FamRZ 2005, 1479 = R 636 a; 2003, 848 = R 588 a, e, g

[242] BGH, FamRZ 2008, 968 = R 689 g; FamRZ 2007, 793 = R 674 b; FamRZ 2006, 683 = R 649 e, f, g

f) Besondere Probleme entstehen, wenn aus einer Erwerbsquelle nach der Trennung **239** keine Einkünfte mehr erzielt werden, z. B. bei **Arbeitsplatzverlust** (s. dazu Rn. 287 ff.), oder wenn die **Erwerbsquelle ausgewechselt** wird, z. B. bei Arbeitsplatzwechsel, Berufswechsel oder beruflicher Verselbstständigung (s. dazu Rn. 283 ff.).
- Das bisherige Einkommen bleibt (fiktiv) **prägend,** d. h. Änderungen sind unterhaltsrechtlich unbeachtlich, wenn die Änderungen durch ein **unterhaltsrechtlich vorwerfbares,** zumindest **leichtfertiges Verhalten** des betroffenen Ehegatten verursacht wurden und wenn sich die Änderungen nachteilig auf den anderen Ehegatten auswirken (vgl. Rn. 285).
- Das Einkommen aus der neuen Tätigkeit tritt **prägend** an die Stelle der ausgewechselten alten Tätigkeit (vgl. Rn. 285), wenn der betroffene Ehegatte die Änderung **nicht leichtfertig verschuldet** hat oder wenn sich die Änderung ohnehin nicht zum Nachteil des anderen Ehegatten auswirkt (vgl. Rn. 283).
- Ein dabei entstehendes **Mehreinkommen** ist nur **nichtprägend,** wenn es sich bei der Änderung um eine **unerwartete,** vom Normalverlauf abweichende **Entwicklung** handelt (s. nachfolgend Rn. 253 ff.).

g) Besondere Probleme entstehen außerdem, wenn sich ein Ehegatte trotz einer beste- **239 a** henden Erwerbsobliegenheit **nicht ernsthaft** und in ausreichendem Maß um eine zumutbare Erwerbstätigkeit **bemüht,** so dass ihm erzielbare Einkünfte **fiktiv** zugerechnet werden (s. Rn. 1/487 ff., 519 ff.).
Durch ein nicht vorhandenes Einkommen kann der Lebensstandard weder aufgebaut noch aufrechterhalten werden. Die Zurechnung fiktiver Einkünfte ist nur zu verstehen als **unterhaltsrechtliche Sanktion** gegen ein unterhaltsrechtlich vorwerfbares pflichtwidriges Verhalten. Dagegen können **lediglich gedachte wirtschaftliche Verhältnisse,** die keine Grundlage in der tatsächlichen Einkommenssituation in der Ehe haben, die ehelichen Verhältnisse nicht prägen; geht der Pflichtige trotz eines höheren Ausbildungslevels in der Ehe nur einer untergeordneten Tätigkeit nach oder arbeitet er, um mehr Freizeit zu haben, in der Ehe nicht ganztags, sondern nur teilweise, kann für den Ehegattenunterhalt kein über dem in der Ehe erzielten Einkommen liegendes fiktives Einkommen angesetzt werden. Ansonsten ist nach der **geänderten Rechtsprechung des BGH** zu den ehelichen Lebensverhältnissen das wegen Verstoß gegen die Erwerbsobliegenheit fiktiv angesetzte Einkommen nicht nur wie bisher beim Pflichtigen, sondern auch beim Bedürftigen eheprägend (näher Rn. 276 ff.).
- Beim **Berechtigten,** der in der Ehe keiner oder nur einer Teilzeiterwerbstätigkeit nachgegangen ist, sind die wegen Verstoß gegen die Erwerbsobliegenheit angesetzten fiktiven Einkünfte **Surrogat** der früheren Familienarbeit und damit **prägende Einkünfte.**[243] Die Sanktion liegt in dem Ansatz eines fiktiven Einkommens, über das der Bedürftige tatsächlich nicht verfügt (näher Rn. 276).
- Dem **Verpflichteten** sind fiktive Einkünfte wie **prägende Einkünfte** zuzurechnen, d. h. sie sind ebenfalls bei der Bedarfsbemessung zu berücksichtigen, weil sonst sein pflichtwidriges Verhalten ohne unterhaltsrechtliche Sanktionen bliebe. Er wird unterhaltsrechtlich so gestellt, als ob er pflichtgemäß die fiktiven Einkünfte als prägende Einkünfte erzielen würde und einen entsprechenden Unterhalt an den anderen Ehegatten zahlen könnte. Deshalb sind auch beim Verpflichteten fiktiv zuzurechnende Einkünfte bereits bei der Bedarfsbemessung zu berücksichtigen und außerdem im Rahmen der Beurteilung seiner Leistungsfähigkeit. Diese Einkünfte müssen sich aber an den **Verhältnissen in der Ehe** orientieren, nicht an einem zwar möglicherweise erreichbaren, aber nie erzielten Einkommen (s. näher Rn. 279).

2. Normale Einkommensänderungen und vom Normalverlauf erheblich abweichende Einkommensänderungen

a) Prägendes Erwerbseinkommen. Einkünfte aus der **gleichen Einkunftsquelle,** die **240** bereits bei der Trennung prägend waren, bleiben in der erzielten Höhe **prägend,** wenn die

---

[243] BGH, FamRZ 2006, 683 = R 649a; FamRZ 2005, 1979 = R 640b, d; FamRZ 2004, 254; FamRZ 2003, 434 = R 589; FamRZ 2001, 1291 = R 564c; FamRZ 2001, 1693 = R 567a

Veränderungen nach der Trennung und Scheidung einer normalen Weiterentwicklung entsprechen. Für die Beurteilung des prägenden Charakters von Einkünften ist der Lebenszuschnitt maßgeblich, den die Eheleute durch ihre Leistungen begründet haben, wobei eine normale Fortentwicklung der wirtschaftlichen Verhältnisse miteinbezogen wird.[244] Für die normale Fortentwicklung kommt es nach der geänderten Rechtsprechung des BGH nicht mehr darauf an, ob sie noch vor der Scheidung eingetreten ist, maßgebend ist vielmehr nur, dass die Einkommensänderung auch ohne Trennung und Scheidung eingetreten wäre.[245] Der Bedürftige soll mit dem Unterhalt weiterhin am Lebensstandard, der durch die gemeinsamen Leistungen in der Ehe erreicht wurde, teilhaben.[246]

Von einer normalen Weiterentwicklung ist auszugehen, wenn das Einkommen in der fraglichen Zeit nicht in einer von der allgemeinen Einkommensentwicklung und den gestiegenen Lebenshaltungskosten auffällig abweichenden Weise angewachsen ist.[247]

Die Beurteilung, dass eine vom Normalverlauf nicht abweichende Einkommensentwicklung das zuletzt bezogene Einkommen prägt, gilt in gleicher Weise **für Einkünfte des Verpflichteten** und **Einkünfte des Berechtigten**.[248]

241   • Eine normale Weiterentwicklung ist zu bejahen, wenn der für eine Einkommenssteigerung entscheidende **berufliche Aufstieg** (z. B. zum geschäftsführenden Sparkassendirektor) noch **vor der Trennung** lag. Die nach dem Aufstieg eingetretenen Einkommensverbesserungen sind dann nicht unerwartet und außergewöhnlich.[249]

242   • Prägend ist, wenn sich das Einkommen im Zuge **allgemeiner Einkommenssteigerung** nach der Trennung erhöht.[250]

243   • Entsprechendes gilt bei **Einkommensminderungen,** die auf **keinem unterhaltsbezogen leichtfertigen Verhalten** beruhen, d. h. auf keiner Verletzung der Erwerbsobliegenheit durch den Pflichtigen oder Bedürftigen und keiner freiwilligen beruflichen oder wirtschaftlichen Disposition des Pflichtigen, die durch zumutbare Vorsorge abgefangen werden konnte.[251] Es handelt sich insoweit nicht um die Teilhabe am durch gemeinsame Leistungen in der Ehe erreichten Lebensstandard, sondern um die **sachgerechte Verteilung** einer durch Einkommensrückgang erzwungenen Schmälerung des Bedarfs. Da der Bedürftige durch die Trennung nicht besser gestellt werden soll, als er ohne Trennung stünde, hat er auch eine Reduzierung des Bedarfs hinzunehmen, soweit der Einkommensrückgang auf nicht vorwerfbaren Gründen beruht.[252] Wird z. B. der Verpflichtete nach der Trennung/Scheidung pensioniert oder geht er in Rente, sind ab dem Zeitpunkt der Pensionierung/Verrentung die Altersbezüge als Ersatz für die Einkünfte aus der früheren Erwerbstätigkeit prägend[253] (vgl. näher Rn. 308 ff.); ebenso, wenn statt dem Gehalt Krankengeld[254] oder wegen unverschuldeter Arbeitslosigkeit Arbeitslosengeld[255] bezogen wird (vgl. auch Rn. 289).

244   • Veräußert der Verpflichtete nach der Trennung unter Aufgabe seiner bisherigen Tätigkeit in einer Gesellschaft mit einem Jahreseinkommen zwischen 150 000 € und 200 000 € seine Gesellschaftsanteile auf **Leibrentenbasis,** um sich entsprechend seiner Lebenspla-

---

[244] BGH, FamRZ 2008, 968 = R 689 g; FamRZ 2007, 793 = R 674 a, b; FamRZ 2006, 683 = R 649 f, g, h; FamRZ 2003, 590 = R 590 a

[245] BGH, FamRZ 2008, 968 = R 689 g

[246] BGH, FamRZ 2003, 590, 592 = R 586 a, c

[247] BGH, FamRZ 1987, 257, 259

[248] BGH, FamRZ 1982, 892

[249] BGH, FamRZ 1988, 259, 262

[250] BGH, FamRZ 1987, 459; FamRZ 1982, 576

[251] BGH, FamRZ 2008, 968; = R 689 g; FamRZ 2007, 793 = R 674 a; FamRZ 2006, 683 = R 649 f; FamRZ 2003, 590 = R 586 a

[252] BGH, FamRZ 2008, 968 = R 689 g; FamRZ 2007, 793 = R 674 a; FamRZ 2006, 683 = R 649 f, g, h; FamRZ 2003, 848, 849 = R 588 a; FamRZ 2006, 387 = R 643 a; FamRZ 2003, 590, 592 = R 586 a, c

[253] BGH, FamRZ 2005, 1479 = R 636 a; FamRZ 2004, 254; FamRZ 2003, 848, 850 = R 588 a, e, g

[254] BGH, FamRZ 1987, 913

[255] BGH, FamRZ 2007, 983 = R 677 c

nung gegen Ende seines Erwerbslebens aus dem aktiven Geschäftsleben zurückzuziehen, entspricht die dadurch eintretende **Absenkung des Lebensstandards** einer natürlichen Entwicklung am Ende eines Erwerbslebens und ist als Normalentwicklung hinzunehmen.[256] Das Gleiche gilt, wenn wegen sehr guter Einkommensentwicklung eine **konkrete Bedarfsermittlung** stattfand (näher Rn. 366 ff.) und der Pflichtige im Ruhestand **deutlich geringere Versorgungsbezüge** hat;[257] diese Versorgungsbezüge sind auch **nicht anzuheben mit Kapitaleinkünften,** die der Pflichtige erst nach der Scheidung erworben hat, da es sich insoweit nicht mehr um die Teilhabe an der gemeinsamen Lebensleistung handelt.[258]

- Prägend ist auch ein nichtvorwerfbarer **Einkommensrückgang nach einem Arbeits- 245 platzwechsel,** z. B. nach einer unverschuldeten Kündigung und Aufnahme eines neuen Arbeitsplatzes.[259] Das Gleiche gilt, wenn es bei gleich bleibendem Arbeitsplatz aus **betriebs- oder konjunkturell bedingten Gründen** zu einer Absenkung des Einkommens kommt. Ist dem Pflichtigen oder Bedürftigen ein unterhaltsbezogen leichtfertiges Verhalten beim Arbeitsplatzwechsel vorzuwerfen, bleibt hingegen das bisherige Einkommen (fiktiv) prägend (näher Rn. 285). Wurde bei einer Kündigung vom Arbeitgeber eine **Abfindung** bezahlt, ist während der **Dauer des Bezugs von Arbeitslosengeld** die Abfindung zur Aufstockung auf das bisherige Einkommen heranzuziehen, wobei kein Erwerbsbonus anzusetzen ist (näher Rn. 228, 230, 1/71 ff.).[260] Findet der Pflichtige dagegen ohne Verletzung seiner Erwerbsobliegenheit nur einen schlechter dotierten Arbeitsplatz, ist die Abfindung ab diesem Zeitpunkt nicht zur Aufstockung des Einkommens auf das frühere Niveau heranzuziehen; denn der Bedürftige hat wie in der Ehe auch nach der Trennung das Risiko der dem Pflichtigen nicht vorwerfbaren negativen Einkommensentwicklung mitzutragen.[261]
- Geht der Pflichtige nach der Trennung in **Altersteilzeit** und senkt sich dadurch sein 246 Einkommen, ist eine umfassende Einzelfallprüfung vorzunehmen, ob ein unterhaltsbezogen leichtfertiges Verhalten vorliegt (gefährdeter Arbeitsplatz, gesundheitliche Beeinträchtigung, Lebensplanung in der Ehe, finanzielle Verhältnisse des Bedürftigen)[262] Die Vereinbarung der Altersteilzeit für sich allein kann nicht bereits als leichtfertiges Verhalten angesehen werden, nach dem der Gesetzgeber diese Möglichkeit aus arbeitsmarktpolitischen Gründen geschaffen hat. Sie kann insbesondere nicht beanstandet werden, so dass die Einkommensreduzierung **eheprägend** ist, wenn sie auf gesundheitlichen Gründen beruht,[263] der Arbeitsplatz gefährdet war[264] oder sie im Verhältnis zum Bedürftigen als berechtigt anzusehen ist, weil auch dieser nur eingeschränkt arbeitet (vgl. auch Rn. 1/498).
- Bei **Einkommenserhöhungen** nach der Trennung oder Scheidung durch einen **beruf- 247 lichen Aufstieg** liegt eine prägende Normalentwicklung vor, wenn es sich um eine mit hoher Wahrscheinlichkeit zu erwartende Beförderung handelt. Bejaht wurde dies bei sog. **Regelbeförderungen** im öffentlichen Dienst, zu denen es nach den heutigen Laufbahnerwartungen üblicherweise kommt, z. B. bei der Beförderung vom Hauptmann zum Major und später zum Oberstleutnant in der Besoldungsgruppe A 14,[265] vom Werkstattleiter bei der Bundeswehr (Oberfeldwebel) zum Gewerbelehrer,[266] vom Angestellten mit

---

[256] BGH, FamRZ 1994, 228 = R 471 b
[257] BGH, FamRZ 2003, 848, 850 = R 588 a
[258] BGH a. a. O.
[259] BGH, FamRZ 2003, 590, 592 = R 586 a, c
[260] BGH, FamRZ 2007, 983 = R 677 d
[261] BGH, FamRZ 2003, 590, 592 = R 586 d
[262] OLG Koblenz, FamRZ 2004, 1573; OLG Köln, FamRZ 2003, 602; OLG Hamm, NJW-RR 2001, 434; FamRZ 1999, 1079
[263] OLG Koblenz, FamRZ 2004, 1573; OLG Köln, FamRZ 2003, 602
[264] OLG Hamm, NJW-RR 2001, 433
[265] BGH, FamRZ 1982, 684, 686
[266] OLG Hamm, FamRZ 1990, 1361

Vergütungsgruppe BAT 11 in Gruppe 12 mit Zulage wegen Einsatzes in den neuen Bundesländern[267] oder vom Referatsleiter zum Ministerialrat[268] (vgl. aber Rn. 255). Das Gleiche gilt in der **freien Wirtschaft,** wenn es sich um eine **regelmäßige berufliche Entwicklung** handelt, z. B. vom Maschinensteiger zum Reviersteiger[269] oder vom Betriebsarzt zum Arbeitsmediziner.[270] Im Einzelfall kann die Abgrenzung zu einem Karrieresprung sehr schwierig sein (vgl. hierzu Rn. 253 ff.).

248 • Eine Normalentwicklung liegt ferner vor, wenn vor der Trennung der **Grundstein für den späteren beruflichen Werdegang** gelegt wurde. Prägend ist deshalb das Einkommen als **Arzt,** wenn der Verpflichtete vor der Trennung und Scheidung einen wesentlichen Teil der Ausbildung abgeschlossen hat und kurz **nach der Scheidung als Assistenzarzt** zu arbeiten begann.[271] Prägend ist ferner das Einkommen eines **Gewerkschaftssekretärs,** der zur Zeit der Trennung einen einjährigen Lehrgang auf der Akademie für Arbeit absolvierte und deshalb seine Funktion als freigestellter **Betriebsratsvorsitzender** aufgegeben hatte, weil dieser Lehrgang nicht der Fortbildung als Betriebsrat nach §§ 37 VI, VII BetrVG, sondern der gewerkschaftlichen Funktionärsschulung und damit einer neuen beruflichen Entwicklung diente.[272]

248 a • Prägend ist das Einkommen aus einer nach einer **Strafhaft** aufgenommenen Erwerbstätigkeit, wenn der Pflichtige in der Ehe vor der Inhaftierung berufstätig war.[273]

249 • Prägend ist nach BGH ferner das Einkommen des Verpflichteten aus einer bei Scheidung ausgeübten Tätigkeit als **Oberarzt** in einem Krankenhaus, obwohl er bei Trennung nur **Assistenzarzt** war und nach der gemeinsamen Eheplanung eine Tätigkeit als Frauenarzt in eigener Praxis beabsichtigt war, weil sich die Tätigkeit als Assistenzarzt und als Oberarzt in verschiedenen Krankenhäusern „im Rahmen einer normalen beruflichen Entwicklung" bewegt.[274] Sofern mit dem Aufstieg zum Oberarzt eine erhebliche Einkommenssteigerung verbunden war, erscheint dies problematisch (s. unten Rn. 255).

250 • Prägend ist das Einkommen eines im Zeitpunkt der Scheidung freiberuflich als **Röntgenologe** tätigen Arztes, der im Zeitpunkt der Trennung in der **Radiologieabteilung** eines Krankenhauses tätig war, wenn die zur beruflichen Veränderung führende Entwicklung und der Entschluss zur Niederlassung noch in die Zeit des Zusammenlebens fallen. Es handelt sich dabei auch um keine außergewöhnliche, während des Zusammenlebens nicht vorhersehbare berufliche Entwicklung.[275]

251 • Prägend ist bei einem **Berufswechsel** nach der Trennung das Einkommen aus dem Beruf bei Scheidung (Zechenarbeiter, vor der Trennung Bankangestellter), wenn sich die früheren und jetzigen Einkünfte in einer vergleichbaren Größenordnung bewegen und das frühere Einkommen jedenfalls nicht höher war.[276] Entscheidend ist, dass der Verpflichtete nach der ehelichen Lebensplanung durch seine Erwerbstätigkeit für den Unterhalt aufkommen sollte und dass der Berufswechsel als eine dem Normalverlauf entsprechende Entwicklung angesehen werden kann.

252 • Eine Normalentwicklung liegt auch vor, wenn die unterhaltsberechtigte Frau bis zur Trennung neben der Haushaltsführung und Kinderbetreuung in der tierärztlichen **Praxis des Mannes mitgearbeitet** und nach der Trennung ihren erlernten Beruf als medizinisch-technische Assistentin wiederaufgenommen hat.[277] Insoweit würde das jetzt erzielte Einkommen im Übrigen auch als Surrogat der Familienarbeit eheprägend sein.

---

[267] OLG Hamm, FamRZ 1998, 291
[268] OLG Köln, FamRZ 1993, 711
[269] BGH, FamRZ 1990, 1090
[270] BGH, FamRZ 1988, 156
[271] BGH, FamRZ 1986, 148
[272] BGH, FamRZ 1991, 307, 309
[273] OLG Hamm, FamRZ 1999, 515
[274] BGH, FamRZ 1988, 145
[275] BGH, FamRZ 1988, 927, 929 = R 358 e
[276] BGH, FamRZ 1985, 911
[277] BGH, FamRZ 1982, 892

b) Nichtprägendes Erwerbseinkommen. Kommt es **nach der Trennung** auf   253
Grund außergewöhnlicher Umstände zu einer **unerwarteten, vom Normalverlauf
erheblich abweichenden Entwicklung,** dann sind die neuen Einkommensverhältnisse
nicht mehr prägend. Es kann nicht mehr davon ausgegangen werden, dass die neuen
Verhältnisse Ausdruck der früheren ehelichen Lebensverhältnisse sind und dass sie diese
maßgeblich bestimmt haben.[278] Diesen Grundsatz hat der BGH schon sehr früh im sog.
Pelzhändlerfall entschieden,[279] diese Rechtsprechung später beibehalten[280] und nunmehr
auch nach seiner geänderten Rechtsprechung zu den ehelichen Lebensverhältnissen bestätigt.[281] Dabei kommt es nicht darauf an, ob der Karrieresprung **vor oder nach der
Scheidung** eintrat.[282] Ein sog. Karrieresprung kann dabei, seit die Aufnahme oder die
Ausweitung einer Erwerbstätigkeit durch den haushaltsführenden Ehegatten als eheprägend anzusehen ist, nicht mehr nur beim **Pflichtigen,** sondern auch beim **Bedürftigen**
eintreten.

Nicht prägend ist **der Mehrverdienst,** der wegen der vom Normalverlauf abweichenden   254
Entwicklung erzielt wird. Das Einkommen bleibt in der bei Trennung bzw. bei Beginn der
abweichenden Entwicklung erzielten Höhe prägend. Bei langjähriger Trennung kann in
diesem Fall das bei Trennung erzielte Einkommen nach den Indexdaten der statistischen
Jahrbücher auf ein fiktives Einkommen im Zeitpunkt der Scheidung (Entscheidung) hochgerechnet werden (vgl. näher Rn. 303).[283] Bei einem Arbeitsplatzwechsel kann man vielfach
nur so vorgehen. Ist der Pflichtige noch beim gleichen Arbeitgeber tätig, kann er sich eine
Bescheinigung über die für die frühere Tätigkeit angefallene Bruttolohnsteigerung vorlegen
lassen.

Ein auf einer nicht vorhersehbaren außergewöhnlichen Einkommenssteigerung beruhen-
des Einkommen darf daher nicht in vollem Umfang als prägend berücksichtigt werden,[284]
sondern nur in Höhe des fiktiv hochgerechneten früheren Einkommens ohne Karrieresprung. Wann eine vom Normalverlauf abweichende Entwicklung vorliegt, ist eine Einzelfallentscheidung des Tatrichters. Indiz für eine außergewöhnliche, vom Normalverlauf
abweichende Einkommensentwicklung ist dabei eine erheblich über den normalen Gehalts-
erhöhungen liegende Einkommenssteigerung, vor allem bei Tätigkeiten in der freien Wirtschaft.[285]

- Eine unerwartete, vom Normalverlauf abweichende Entwicklung liegt bei einer sog.   255
  Leistungsbeförderung bzw. einem **Karrieresprung** nach der Trennung vor. Letzteres
  ist z. B. gegeben bei einem Aufstieg vom Oberarzt zum Chefarzt,[286] vom Vertriebs-
  ingenieur zum Geschäftsführer einer GmbH,[287] vom wissenschaftlichen Angestellten bei
  der Universität nach BAT II a zum Systemprogrammierer in der freien Wirtschaft[288]
  (s. näher Rn. 334), vom kaufmännischen Sachbearbeiter zum Abteilungsbereichsleiter,[289]
  vom Angestellten zum freien Handelsvertreter mit höherem Einkommen,[290] vom Angestellten in gehobener Position in die Geschäftsführung,[291] vom Geschäftsführer eines
  mittelständischen Unternehmens zum „Senior Manager" eines international operieren-
  den Konzerns,[292] vom Verkaufsleiter einer Firma zum Geschäftsführer mit einer Steige-

---

[278] BGH, FamRZ 2003, 590, 592 = R 586 a, b; FamRZ 1991, 307, 309; FamRZ 1987, 913, 915 =
     R 339 c; FamRZ 1982, 576, 578 = R 114 b
[279] BGH, FamRZ 1982, 576, 578 = R 114 b
[280] Vgl. z. B. BGH, FamRZ 1991, 307, 309; FamRZ 1987, 913, 915 = R 339 c
[281] BGH, FamRZ 2003, 590, 592 = R 586 b
[282] BGH, FamRZ 2008, 968 = R 689 g
[283] BGH, FamRZ 1982, 576, 578 = R 114 b
[284] BGH, FamRZ 1987, 913, 915 = R 339 c
[285] OLG München, FuR 2003, 328
[286] BGH, FamRZ 2007, 1232 = R 678 a
[287] BGH, FamRZ 1990, 1085
[288] BGH, FamRZ 1985, 791
[289] OLG Hamm, FamRZ 1990, 65
[290] OLG Stuttgart, FamRZ 1991, 952
[291] OLG Düsseldorf, FamRZ 1992, 1439
[292] OLG Hamm, FamRZ 1994, 515

rung des Einkommens von ca. 6000 € brutto monatlich auf ca. 8000 € brutto,[293] bei einer Gehaltssteigerung nach Wechsel des Arbeitgebers in der freien Wirtschaft mit erweitertem Tätigkeitsbereich von über 10 000 € brutto jährlich[294] sowie einer **Leistungsbeförderung** vom gehobenen in den höheren Dienst,[295] vom Oberstudienrat (A 14) zum Studiendirektor (A 15)[296] und einer Beförderung eines Richters von R 2 in R 3.[297] Ob man dagegen aus heutiger Sicht noch den Wechsel eines als Buchdrucker und Schichtarbeiter tätigen Verpflichteten nach der Trennung zum freigestellter Betriebsrat bei einer Steigerung des Jahresbruttoeinkommens von 75 500 DM im Jahr 1983 auf 84 000 DM im Jahr 1985 als Karrieresprung ansehen kann,[298] erscheint fraglich (vgl auch Rn. 248).

256 • Der BGH hat eine vom Normalverlauf erheblich abweichende Entwicklung bejaht bei einem Pelzhändler, der bis zur Trennung ein **kleines Pelzwarengeschäft** betrieben hat und dieses nach der Trennung mit Hilfe seiner neuen Lebensgefährtin zu einem gut gehenden, **gewinnbringenden Unternehmen** mit einem Jahresumsatz von ca. 500 000 € und monatlichen Nettoeinkünften von ca. 3600 € ausgeweitet hat. Der geschäftliche Aufschwung beruhte erkennbar nicht mehr auf den früheren gemeinsamen Arbeits- und Lebensverhältnissen der Parteien, sondern auf besonderen, während der 18-jährigen Trennungszeit erbrachten unternehmerischen Leistungen des Verpflichteten.[299]

257 Wenn ein Ehegatte, dessen Einkommens- und Vermögensverhältnisse sich während der Trennungszeit in unerwarteter außergewöhnlicher Weise verbessert haben, den anderen Ehegatten an dieser Einkommensverbesserung durch erhöhte Unterhaltszahlungen oder andere laufende Zuwendungen dauerhaft beteiligt hat, dann wird dessen **Lebensstandard durch diese Leistungen angehoben,** was bei der Bemessung des nachehelichen Unterhalts mitzubeachten ist.[300]

258 c) **Einkommensänderungen durch die Wiedervereinigung.** Auch wenn es für die Prägung des Einkommens auf die bei Trennung und Scheidung zu erwartende Normalentwicklung ankommt, sind die durch die Wiedervereinigung eingetretenen Einkommensverbesserungen, die auf dem Wechsel der unterschiedlichen gesellschaftlichen und wirtschaftlichen Verhältnisse in der BRD und DDR beruhen, als **prägend** anzusehen.[301] Die Fortschreibung der früheren Einkünfte wäre nämlich nicht geeignet, dem Bedürftigen nach der Wiedervereinigung den Lebensstandard zu garantieren, der bei Anlegung eines objektiven Maßstabes dem in der DDR erreichten sozialen Status entspricht.[302] Abzustellen ist insoweit auf die Lebensverhältnisse, die sich ergeben, wenn man die persönlichen Verhältnisse der Parteien im Zeitpunkt der Trennung/Scheidung auf die entsprechenden Verhältnisse in der Bundesrepublik projiziert. Prägend sind ebenso die allgemeinen Einkommensverbesserungen in den neuen Bundesländern, die sich auf Grund der Wiedervereinigung ergeben und ihre Ursache in der Veränderung des gesamten Lohn-Preis-Gefüges haben.[303] **Nichtprägend** sind dagegen Einkommensverbesserungen, die auf einer Flucht eines Ehepartners aus der früheren DDR, die zur Scheidung führte, beruhen, da es sich insoweit um eine rein trennungsbedingte, nicht in der Ehe angelegte Einkommensentwicklung handelt.[304]

---

[293] OLG München, FamRZ 1997, 613
[294] OLG München, FuR 2003, 328
[295] OLG Koblenz, FamRZ 1997, 1079
[296] BGH, FamRZ 2007, 793 = R 674 a
[297] OLG Celle, FamRZ 1999, 858
[298] BGH, FamRZ 1987, 913, 915 = R 339 c
[299] BGH, FamRZ 1982, 576, 578 = R 114 b
[300] BGH, FamRZ 1984, 561
[301] BGH, FamRZ 1995, 472, 474 = R 492 A; OLG Karlsruhe, FamRZ 1997, 370
[302] BGH, a. a. O.
[303] BGH, a. a. O.
[304] OLG Karlsruhe, FamRZ 1997, 370

d) Darlegungs- und Beweislast. Der **Bedürftige** ist für den Unterhaltsmaßstab darle- 259
gungs- und beweispflichtig.[305] Insoweit genügt es aber, die gegenwärtigen beiderseitigen
Einkommens- und Vermögensverhältnisse darzulegen.[306]

Für den **Ausnahmefall einer** unerwarteten, vom Normalverlauf erheblich **abweichenden Entwicklung** des Einkommens seit der Trennung ist derjenige darlegungs- und
beweispflichtig, der sich hierauf beruft, d. h. regelmäßig der **Pflichtige**.[307]

Dazu gehört u. a. der Vortrag, welche Position er bei Trennung erreicht hatte, was er zu
diesem Zeitpunkt verdiente, worin die behauptete unerwartete Einkommensentwicklung
besteht und warum die derzeitige berufliche Stellung nicht schon während des ehelichen
Zusammenlebens angelegt gewesen ist.[308]

3. Gehaltsbestandteile und Familienzuschläge bei Wiederverheiratung

Bei Gehaltsbestandteilen, die alleine auf einer Wiederverheiratung beruhen, hat der 260
BGH im Hinblick auf die Entscheidung des BVerfG zum steuerlichen Splittingvorteil bei
Wiederverheiratung (vgl.Rn. 1/592) seine frühere Rechtsprechung geändert (vgl. auch
Rn. 1/55 a). Handelt es sich um den Verheiratetenzuschlag, ist er bei **Vorrang** des ersten
Ehegatten je zur Hälfte für die erste und zweite Ehe anzusetzen, weil er **nach § 40
BBesG** sowohl wegen der Unterhaltspflicht gegenüber dem Ehegatten als auch wegen
der Wiederverheiratung bezahlt wird[309] und damit beide Ehen prägt, d. h. jede Ehe zur
Hälfte. Etwas anderes gilt, wenn sich das **Arbeitslosengeld** des Pflichtigen wegen einer
Wiederverheiratung erhöht, da dies die erste Ehe nicht prägte und damit dieser Zuschlag
nur der zweiten Ehe bei Nachrangigkeit zufällt.[310] Da die Entscheidungen des BGH
jeweils auf der früheren Rechtslage mit dem grundsätzlichen Vorrang des ersten Ehegatten nach § 1582 BGB a. F. beruhen, **gilt diese Rechtsprechung nicht mehr** seit der
Unterhaltsreform zum 1. 1. 2008, wenn die **beiden Ehegatten** nach der Neufassung
des § 1609 Nr. 2 BGB **gleichrangig** sind. Denn es geht nicht mehr um das Problem,
dass dem wegen Nachrangs leer ausgehenden zweiten Ehegatten wenigstens die Gehalts-
und Steuervorteile verbleiben sollen, die auf der Wiederverheiratung beruhen. Maßgebend ist bei Gleichrang von Ehegatten lediglich, aus welchem Einkommen der sich
wechselseitig prägende Bedarf der beiden Ehegatten zu berechnen ist (vgl. Rn. 405,
1/592 b), wobei durch die gleichmäßige Aufteilung des Einkommens des Pflichtigen sowie
des Bedürftigen ersten und zweiten Ehegatten alle Beteiligte an dem Gehaltsbestandteil
teilhaben.[311] Die Gehaltsbestandteile wie der Verheiratetenzuschlag prägen dann beide
Ehen.

Handelt es sich um einen **Familienzuschlag für leibliche Kinder** des Pflichtigen,
unabhängig davon, ob sie aus der ersten oder zweiten Ehe stammen, prägen sie bei Vorrang
die ehelichen Lebensverhältnisse der ersten Ehe und sind daher auch bei Wiederverheiratung
des Pflichtigen bei der Unterhaltsberechnung des ersten Ehegatten anzusetzen.[312] Dies ist
bereits dadurch gerechtfertigt, dass nach der geänderten Rechtsprechung des BGH der für
ein Kind aus zweiter Ehe zu leistende Kindesunterhalt die erste Ehe ebenfalls prägt.[313] Das
Gleiche gilt, wenn sich das Arbeitslosengeld nach § 129 III SGB III wegen Kinderzulage
von 60% auf 67% erhöht.[314] Etwas anderes gilt bei Nachrang des zweiten Ehegatten nur für

---

[305] BGH, FamRZ 1990, 1085; FamRZ 1984, 149; FamRZ 1983, 352 = R 154 a
[306] BGH, FamRZ 1986, 244
[307] BGH, FamRZ 1986, 244; FamRZ 1983, 352 = R 154 a
[308] BGH, FamRZ 1983, 352 = R 154 a
[309] BGH, FamRZ 2007, 793 = R 674 h
[310] BGH 2007, 983 = R 676 c
[311] Gerhardt/Gutdeutsch, FamRZ 2007, 776; Gutdeutsch, FamRZ 2007, 2035; Gerhardt, FuR 2008, 194
[312] BGH FamRZ 2007, 882 = R 675 e
[313] BGH, FamRZ 2008, 968 = R 689 g; FamRZ 2006, 683 = R 649 f
[314] BGH, FamRZ 2007, 983 = R 676 c

die Zuschläge für **Stiefkinder,** die lediglich der zweiten Ehe zu Gute kommen.[315] Bei Gleichrang prägen Kinderzuschläge dagegen ebenfalls beide Ehen.

4. Aufnahme oder Ausweitung einer zumutbaren Erwerbstätigkeit durch den Berechtigten nach der Trennung

261   Bei **erstmaliger Aufnahme einer Erwerbstätigkeit** durch den Bedürftigen nach der Trennung handelt es sich seit der Grundsatzentscheidung des BGH vom 13. 6. 2001 um ein **Surrogat** der früheren Haushaltstätigkeit, die **eheprägend** ist (eingehend Rn. 184 a ff.).[316] Das Gleiche gilt, wenn eine Teilzeittätigkeit auf eine Ganztagstätigkeit ausgeweitet wird. Ein Surrogat liegt auch vor, wenn die Eheleute nur sehr kurz zusammenlebten (eine Woche), aus der Ehe aber ein gemeinsames Kind hervorging, das die Bedürftige betreut.[317] Dabei kommt es nach der Surrogatslösung nicht darauf an, wie und in welchem Umfang in der Ehe der Haushalt geführt wurde.[318] Wann eine Erwerbstätigkeit aufgenommen wird – vor oder nach der Scheidung – hängt von der jeweiligen Erwerbsobliegenheit ab. Bei Kinderbetreuung kann dies auch nach der Scheidung sein. Verstößt der Bedürftige gegen seine Erwerbsobliegenheit, ist das dann anzusetzende **fiktive Einkommen Surrogat** der früheren Familienarbeit.[319]

262   Hat der Bedürftige nach der Trennung eine Erwerbstätigkeit als Surrogat seiner früheren Familienarbeit aufgenommen und kommt es später bei ihm zu einem sog. **Karrieresprung,** d. h. einer vom Normalverlauf erheblich abweichenden Einkommensentwicklung, bleibt nur sein fortgeschriebener ursprünglicher Verdienst eheprägend, der Mehrverdienst ist dagegen nichtprägend (näher Rn. 254.).

263   **Verdient der in der Ehe haushaltsführende Ehegatte nach Aufnahme einer Berufstätigkeit mehr** wie der in der Ehe das Haushaltsgeld verdienende Ehepartner, z. B. bei Aufnahme einer Erwerbstätigkeit durch eine Akademikerin nach kurzer Ehedauer, ist auch dieses Einkommen in voller Höhe Surrogat der Haushaltsführung in der Ehe. Dies ist die Konsequenz jeder Surrogatslösung, wie der BHG z. B. bereits bei der Veräußerung des Familienheimes und Zinsen als Surrogat des früheren Wohnwertes entschieden hat, wenn letztere den Wohnwert übersteigen.[320] Damit liegt ein eheprägendes Einkommen in dieser Höhe und nicht etwa nur in Höhe des niederigen Verdienstes des Ehegatten vor, so dass der in der Ehe den Haushalt führende Ehegatte zum Unterhaltspflichtigen werden kann. In der Praxis wird dies allerdings ein seltener Ausnahmefall sein.

5. Einkünfte aus unzumutbarer Erwerbstätigkeit

264   **a) Bedürftiger:** Einkünfte aus einer vom Bedürftigen in der Ehe ausgeübten und nach der Trennung fortgesetzten oder erst nach der Trennung/Scheidung aufgenommenen unzumutbaren (= überobligatorischen) Erwerbstätigkeit sind nach der geänderten Rechtsprechung des BGH nach Abzug eines anrechnungsfreien Betrages gemäß § 1577 II BGB **eheprägend.**[321] Die Beurteilung einer Tätigkeit als unzumutbar bedeutet nach BGH, dass derjenige, der sie ausübt, unterhaltsrechtlich nicht gehindert ist, sie jederzeit zu beenden, gleichgültig ob er Unterhaltsschuldner oder Unterhaltsgläubiger ist[322] (s.

---

315 BGH FamRZ 2007, 793 = R 674 i
316 BHG, FamRZ 2001, 986, 991 = R 563 c; vgl. auch BGH, FamRZ 2008, 968 = R 689 g; FamRZ 2005, 1979 = R 640 b, d; FamRZ 2005, 1154 = R 630 e; FamRZ 2004, 1170 = R 612
317 BGH, FamRZ 2005, 1979 = R 640 b
318 Gerhardt, FamRZ 2003, 272
319 BGH, FamRZ 2005, 1979 = R 640 d; FamRZ 2003, 434 = R 589; FamRZ 2001, 1291 = R 564 c; FamRZ 2001, 1693 = R 567 a
320 BGH, FamRZ 2002, 88 = R 569 b
321 BGH, FamRZ 2006, 846 = R 648 e; FamRZ 2006, 683 = R 649 b; FamRZ 2005, 1154 = R 630 e; FamRZ 2005, 967 = R 629 c
322 BGH, FamRZ 2006, 846 = R 648 d; FamRZ 1998, 1501 = R 521 a; FamRZ 1985, 360; FamRZ 1984, 364; FamRZ 1983, 146, 148

näher Rn. 1/540 ff.). Beispiel für eine überobligatorische Tätigkeit des Bedürftigen sind seit der Unterhaltsreform zum 1. 1. 2008 mit der Neufassung des § 1570 BGB, wenn trotz Betreuung eines Kindes, das das 3. Lebensjahr noch nicht vollendet hat, gearbeitet wird (näher Rn. 1/544). Weitere Fälle sind eine Berufstätigkeit trotz Betreuung eines behinderten Kindes (näher Rn. 1/547) oder die Fortsetzung der Berufstätigkeit über den Regelaltersruhestand von derzeit 65 Jahren hinaus (näher Rn. 1/548). Zur Höhe des anrechnungsfreien Betrages näher Rn. 1/545 d, zur Abgrenzung zu einem zumutbaren Einkommen bei Kinderbetreuung mit Abzug der konkreten Betreuungskosten und/oder eines Betreuungsbonus wegen der bestehenden Doppelbelastung bei der Bereinigung des Nettoeinkommens näher Rn. 1/543 ff., zu einem Rechenbeispiel Rn. 1/545 g.

b) Pflichtiger. Auch insoweit hat der BGH seine frühere Rechtsprechung geändert. Wie **265** beim Bedürftigen ist auch beim Pflichtigen ein Einkommen aus überobligatorischen Tätigkeit **eheprägend,** soweit es nach § 242 BGB aus Billigkeitsgründen angesetzt wird, z. B. bei Nebentätigkeiten zu 1/3 oder 1/2. Überobligatorisch bedeutet, dass die Tätigkeit ohne Verstoß gegen die Erwerbsobliegenheit jederzeit wieder aufgegeben werden kann. Übt der Pflichtige bereits während des Zusammenlebens eine unzumutbare Tätigkeit aus oder ist seine Tätigkeit nach der Trennung überobligatorisch, weil er z. B. das gemeinschaftliche noch nicht drei Jahre alte Kind trotz voller Erwerbstätigkeit betreut, gelten die oben beim Bedürftigen gemachten Ausführungen entsprechend (s. o. Rn. 264 sowie näher Rn. 1/556). Zu weiteren Beispielen für eine überobligatorische Tätigkeit des Pflichtigen vgl. Rn. 1/554 ff.

6. Ersparnis durch das Zusammenleben und Haushaltsführung für einen neuen Partner

a) Ersparnis durch das Zusammenleben. Nach ständiger Rechtsprechung des BGH **266** haben **Eheleute** durch das Zusammenleben **Ersparnisse,**[323] da ein Doppelhaushalt kostengünstiger als ein Einzelhaushalt ist. Hiervon geht auch der Gesetzgeber in seinen Materialien zur Unterhaltsreform aus. Er spricht insoweit zu Recht davon, dass dies allgemein bekannt ist.[324] Eine Ersparnis tritt auch bei **Zusammenleben des Pflichtigen mit einem neuen Lebensgefährten** auf.[325] Es handelt sich insoweit um keine freiwillige Leistung Dritter, die unterhaltsrechtlich nicht zu bewerten ist, sondern durch die eintretenden Synergieeffekte mit einer Kostenersparnis um eine Folge des Zusammenlebens.[326] Die Ersparnis beruht in erster Linie auf günstigeren Wohnkosten, da größere Wohnungen preiswerter sind als kleinere und die Allgemeinräume (Küche, Bad/WC) nur einmal benötigt werden. In geringem Umfang entstehen auch niedrigere Haushaltskosten. Die Ersparnis spielt ab der seit 1. 1. 2008 geltenden neuen Rechtslage vor allem eine Rolle bei gleichrangigen Ehegatten, wenn die zweite Ehe noch besteht (näher Rn. 394 mit Beispielen).[327]

Die Ersparnis durch das Zusammenleben wird nur bei der Leistungsfähigkeit bzw Bedürftigkeit angesetzt. Üblicherweise hat der BGH sie bisher dadurch berücksichtigt, dass er den Selbstbehalt um diese Ersparnis kürzte.[328] Bei zwei bedürftigen gleichrangigen Ehegatten kann dieser einfache Weg nicht eingeschlagen werden, weil nur der Pflichtige und der zweite Ehegatte diesen vermögenswerten Vorteil haben, nicht dagegen der alleinlebende erste Ehegatte. Die Berücksichtigung kann dann nur in der Weise erfolgen, dass einerseits der Eigenbedarf des Pflichtigen (= eheangemessener Selbstbehalt) und der Bedarf des mit ihm zusammenlebenden zweiten Ehegatten gekürzt und der Bedarf des ersten Ehegatten um

---

[323] BGH, FamRZ 2008, 594 = R 688 b; FamRZ 2006, 1010; FamRZ 2004, 792 = R 605 c; FamRZ 2004, 24 = R 600 a

[324] BT-Drs. 16/1830 vom 15. 6. 2006 S. 23

[325] BGH, FamRZ 2008, 594 = R 688 b

[326] BGH, FamRZ 2008, 594 = R 688 c

[327] Gerhardt/Gutdeutsch, FamRZ 2007, 778; Gerhardt, FuR 2008, 194

[328] BGH, FamRZ 2008, 594 = R 688 b; FamRZ 2006, 1010; FamRZ 2004, 792 = R 605 b, c; FamRZ 2004, 24 = R 600 a

diesen Prozentsatz angehoben wird. Dies betrifft aber nur die die Verteilung innerhalb des Gesamtbedarfs (vgl. eingehend Rn. 394).[329]

Die Kürzung des Selbstbehalts durch das Zusammenleben in der Ehe oder einer neuen Partnerschaft wirkt im Ergebnis bedarfsmindernd. Der Vorteil ist zwar vorhanden. Wie bei Vermögenseinkünften bei guten Einkommensverhältnissen, die nach einem objektiven Maßstab nicht angesetzt werden, weil sie für die Lebensführung nicht benötigt werden (vgl. Rn. 213). sind sie aber als Ersparnis **nichtprägend.**

267   **b) Haushaltsführung für einen neuen Partner.** Nach der Rechtsprechung des BGH ist bei Zusammenleben des Bedürftigen mit einem neuen Partner für erbrachte Versorgungsleistungen ein Einkommen anzusetzen und der Wert der Versorgungsleistung **Surrogat der früheren Familienarbeit** und damit **eheprägend** (näher Rn. 1/471 ff.).[330] Es handelt sich um eine geldwerte Leistung, die nicht anders zu beurteilen ist, als wenn der Bedürftige eine bezahlte Tätigkeit bei einem Dritten annähme.[331] Auf die Frage, ob es sich dabei um Einkünfte aus einer Erwerbstätigkeit handelt, kommt es wegen des Surrogatsgedankens nicht an.[332] Der Einwand, die Haushaltsführung für einen neuen Partner können generell nicht prägen, trifft nicht zu, da es nach dem Surrogatsgedanken nur darauf ankommt, dass die Familienarbeit die frühere Ehe prägte und die neue Haushaltsführung nur der Bemessung der ehelichen Lebensverhältnisse dient. Der Ansatz einer Vergütung **entfällt** allerdings, wenn der Bedürftige ganztags arbeitet und sich mit seinem neuen Partner die Haushaltstätigkeit teilt.[333]

267 a   Gegen die Rechtsprechung des BGH bestehen weiterhin **Bedenken.**[334] Für eine Haushaltstätigkeit wird weder in der Ehe noch in einer neuen Partnerschaft etwas bezahlt. Deshalb entspricht der Ansatz, der Bedürftige könnte statt dessen einer bezahlten Haushaltstätigkeit nachgehen, nicht der Realität. Der Ansatz eines Einkommens aus Vergütung beseitigt außerdem keine bestehende Erwerbsobliegenheit. Surrogat der Haushaltsführung in der Ehe kann nur ein Erwerbseinkommen bzw. bei Verstoß gegen die Erwerbsobliegenheit ein statt dessen angesetztes fiktives Einkommen sein, nicht ein Bedarfsdeckung durch einen neuen Partner. Ein Fall kann nicht anders beurteilt werden, wenn ein in der Ehe den Haushalt führender Bedürftiger ein Jahr nach der Trennung eine Vollzeittätigkeit aufnimmt und entweder 6 Monate vorher oder nachher mit einem neuen Partner zusammenzieht.[335] Soweit letzterem entgegengehalten wird, dass bei einer Ganztagstätigkeit dann in Abänderung der bisherigen Rechtsprechung kein Einkommen mehr aus Haushaltsführung anzusetzen sei, zeigt dies gerade den problematischen Ansatz der Vergütungslösung auf, weil weiterhin ersparte Aufwendungen bestehen. Die **Bewertung** durch das Zusammenleben mit einem neuen Partner kann nicht nach Vergütungsgesichtspunkten erfolgen, sondern wie bei einer Eheschließung oder dem Zusammenleben des Pflichtigen mit einem neuen Partner nur durch die **ersparten Aufwendungen.**[336] Wie oben bereits ausgeführt wurde (s. Rn. 266), ist es allgemein bekannt, dass der Doppelhaushalt billiger ist als der Einzelhaushalt. Diese ersparten Aufwendungen werden vom BGH sowohl bei Zusammenleben in der Ehe als auch bei Zusammenleben des Pflichtigen mit einem neuen Partner angesetzt. Sie bestehen aber genauso, wenn der Bedürftige mit einem neuen Partner zusammenlebt, und zwar nicht erst, wenn er ganztags arbeitet, sondern vom ersten Tag des Zusammenlebens an. Wegen des **Verbots der Doppelverwertung** dürfen aber für den gleichen Lebenssachverhalt nicht zweimal Einkünfte angesetzt werden, einmal ein Wert der Versorgungsleistung und einmal ersparte Aufwendungen. Der Bedürftige kann bei dieser Ersparnis nicht anders behandelt werden wie der Pflichtige. Dies gebietet auch der Surrogatsgedanke nicht, da die

---

[329] Gerhardt/Gutdeutsch, FamRZ 2007, 778; Gerhardt, FuR 2008, 194; vgl. auch HL Nr. 24.2
[330] BGH, FamRZ 1995, 343 = R 489 a; FamRZ 1987, 1011
[331] BGH, FamRZ 2004, 1170 = R 612; FamRZ 2004, 1173 = R 611
[332] BGH, a. a. O.
[333] BGH, FamRZ 2005, 967 = R 629 d
[334] Vgl. auch OLG München, FamRZ 2006, 1535; FamRZ 2005, 713; Gerhardt, FamRZ 2004, 1544 in Anm. zu BGH, FamRZ 2004, 1170 und 1173
[335] Gerhardt, FamRZ 2003, 272
[336] Vgl Empfehlungen Arbeitskreis 3 des 17. Deutschen Familiengerichtstages 2007

Ersparnis durch das Zusammenleben in einer Ehe oder einer neuen Partnerschaft nicht unterschiedlich ist. Ersparte Aufwendungen sind aber, wie oben ausgeführt (s. Rn. 266), **nichtprägend.**[337]

Das Problem kann in der Praxis allerdings vielfach offen bleiben. Denn in der Recht- **267 b** sprechung wurde bisher übersehen bzw. nicht näher behandelt, dass die Bewertung einer Vergütungsleistung unter anderen Kriterien zu erfolgen hat als die Bewertung ersparter Aufwendungen. Die Vergütungsleistung ist zweifellos höherwertiger, während sich die ersparten Aufwendungen im Wesentlichen an der Mietersparnis orientieren. Setzt man eine nach BGH prägende Vergütung doppelt so hoch an wie nichtprägende ersparte Aufwendungen, hebt sich dies bei der Unterhaltsberechnung durch die Halbteilung rechnerisch auf.

Fall
M verdient netto 2200 €, zahlt ein Ehedarlehen mit mtl. 90 € für den Kauf von Möbeln ab und fährt mit öffentlichen Verkehrsmitteln zum Arbeitsplatz. F arbeitet ganztags mit einem Nettoeinkommen von 1100 € und hat konkrete Fahrtkosten von 100 €: Zur Trennung kam es, weil M ein Verhältnis mit einer Arbeitskollegin begann. F lebt zwischenzeitlich seit drei Monaten bei ihrem neuen Lebensgefährten L und führt z. T. den Haushalt. L verfügt wegen Unterhaltslasten aus seiner gescheiterten Ehe nur über durchschnittliche Einkünfte. F beantragt Trennungsunterhalt nach den SüdL.
Lösung
§ 1361 BGB.
Bereinigtes Nettoeinkommen M: 2200 ./. 110 (= 5% pauschale berufsbedingte Aufwendungen) ./. 90 (= eheprägende Schuld) = 2000
Bereinigtes Nettoeinkommen F: 1100 ./. 100 (= konkrete Fahrtkosten) = 1000
Wegen Haushaltsführung für einen neuen Lebensgefährten ist bei F ein weiteres Einkommen anzusetzen, z. B. 200 €, das nach BGH als prägend anzusetzen ist, nach a. A. dagegen als ersparte Aufwendung als nichtprägend.
Nach SüdL mit $^1/_{10}$:
Nach BGH
Bedarf: $^1/_2$ ($^9/_{10}$ 2000 + $^9/_{10}$ 1000 + 200) = 1450
Höhe: 1450 ./. ($^9/_{10}$ 1000 + 200) = 350
A.A. als ersparte Aufwendung
Bedarf: $^1/_2$ ($^9/_{10}$ 2.000 + $^9/_{10}$ .1000) = 1.350
Höhe: 1350 ./. ($^9/_{10}$ 1000 + 200) = 250
Da der Ansatz einer Vergütung oder ersparter Aufwendungen nicht gleichwertig sein kann, wäre es richtiger, als Vergütung einen höheren Betrag anzusetzen. Bei Ansatz von 400 € gegenüber 200 € ersparte Aufwendungen wäre das rechnerische Ergebnis identisch.
Nach BGH mit 400 € als Vergütung
Bedarf: $^1/_2$ ($^9/_{10}$ 2000 + $^9/_{10}$ 1000 + 400) = 1550
Höhe: 1550 ./. ($^9/_{10}$ 1000 + 400) = 250
A.A. mit 200 € als ersparte Aufwendung
Bedarf: $^1/_2$ ($^9/_{10}$ 2000 + $^9/_{10}$ .1000) = 1350
Höhe 1350 ./. ($^9/_{10}$ 1000 + 200) = 250
Jeweils keine Verwirkung nach §§ 1361 III, 1579 Nr. 2, 7 BGB[338]

Der problematische Ansatz des BGH zeigt sich auch, wenn der **Pflichtige wiederhei-** **267 c** **ratet** ist, der geschiedene **erste Ehegatte mit einem neuen Partner** zusammenlebt und zwischen beiden Ehegatten nach § 1609 Nr. 2 BGB Gleichrang besteht. Der Vorteil des Zusammenlebens durch ersparte Aufwendungen gleicht sich dann aus und ist generell nicht anzusetzen. Es kann nicht beim geschiedenen Ehegatten ein prägendes Einkommen wegen einer Vergütungsleistung durch die Haushaltsführung für den neuen Partner bedarfserhöhend als prägend und zugleich beim Pflichtigen und bedürftigen gleichrangigen zweiten Ehegatten eine Ersparnis wegen gemeinsamer Haushaltsführung bedarfsmindernd als nichtprägend angesetzt werden, obwohl die gleichen Lebenssachverhalte zu Grunde liegen. Es handelt sich dann auch nicht um eine Ausgleichsfrage wie in den Fällen, in denen der gleichrangige geschiedene erste Ehegatte alleine lebt (s. oben Rn. 266 und eingehend Rn. 394).

---

[337] OLG München, FamRZ 2006, 1535; FamRZ 2005, 713
[338] Die Voraussetzngen der Verwirkung nach § 1579 Nr. 2 BGB sind (noch) nicht gegeben.

7. Prägende und nichtprägende Einkünfte aus Vermögen

268   **a) Allgemeine Grundlagen.** In der heutigen Zeit, in der viele Eheleute während des Zusammenlebens Vermögen bilden, gehören Einkünfte aus dem Vermögen nach den Erwerbseinkünften zu den wichtigsten Einnahmequellen, die unterhaltsrechtlich aber oft nicht ausreichend beachtet werden. Zu den Vermögenseinkünften zählen insbesondere **Miet- und Kapitalzinsen** (näher Rn. 1/293 ff., 403 ff.), Unternehmensbeteiligungen sowie ein **Wohnwert.** Während eine Vermögensverwertung unterhaltsrechtlich nur verlangt werden kann, wenn sie im Einzelfall nicht unwirtschaftlich oder unter Berücksichtigung der beiderseitigen finanziellen Verhältnisse nicht unbillig ist (vgl. eingehend Rn. 1/410 ff.), sind die aus dem Vermögen gezogenen Nutzungen stets als Einkommen heranzuziehen. **Prägend** sind dabei für die Bedarfsermittlung die **vor der Trennung** bereits gezogenen tatsächlichen Nutzungen, die nach der Trennung und Scheidung weiterhin vorhanden sind, z. B. der Wohnwert im Eigenheim (vgl. Rn. 1/365) oder Miet- oder Zinseinkünfte. Prägend ist ferner das **Surrogat** aus bereits in der Ehe vorhandenen Vermögenseinkünften, z. B. Zinsen aus dem Verkauf des Familienheimes oder eine Nutzungsentschädigung anstelle des früheren Wohnwertes (siehe unten Rn. 269, 1/362, 383). Prägend sind nach der geänderten Rechtsprechung des BGH als Surrogat auch die Zinsen aus dem **Zugewinn** (s. unten Rn. 269 und Rn. 1/395).[339]

268 a   Alle erst **nach der Trennung** neu hinzugekommenen Vermögenseinkünfte sind nach der Rechtsprechung des BGH **nicht prägend,** z. B. Zinsen aus einer Erbschaft oder einem Lottogewinn, da sie entweder während des Zusammenlebens noch nicht flossen und nicht in der Ehe angelegt waren. Nach der geänderten Rechtsprechung des BGH kommt es dabei nicht mehr darauf an, ob Einkommensveränderungen vor oder nach der Scheidung entstehen.[340] Als nichtprägendes Einkommen reduzieren sie gem. § 1577 I BGB die Bedürftigkeit des Berechtigten, bzw. erhöhen nach § 1581 BGB die Leistungsfähigkeit des Pflichtigen, haben aber **keinen Einfluss auf den Bedarf** nach den ehelichen Lebensverhältnissen.

    Nichtprägend sind nach BGH ferner bei guten Einkommensverhältnissen Vermögenseinkünfte, die nach einem objektiven Maßstab für die Lebensführung nicht benötigt werden, auch wenn sie in der Ehe bereits vorhanden waren (vgl. Rn. 213).[341] Dies führt regelmäßig zu einer konkreten Bedarfsbemessung (vgl. Rn. 366 ff.).

268 b   **Kapitalzinsen oder Mieteinkünfte,** die die Eheleute während des Zusammenlebens bis zur Trennung hatten, **prägen** ihren Bedarf unabhängig davon, ob es sich um Nutzungen aus dem gemeinsamen oder einem Ehegatten allein gehörenden Vermögen handelt (vgl. z. B. zum Wohnwert Rn. 1/365). Änderungen der Zins- oder Miethöhe entsprechen einer Normalentwicklung. Prägend sind dabei nur die tatsächlichen Mieteinkünfte, wenn vorhandene Wohnungen nicht vorwerfbar leer standen.[342] Soweit aus einem **Vermögen keine Nutzungen** gezogen werden, obwohl eine entsprechende Unterhaltsobliegenheit besteht, z. B. eine leer stehende Garage nicht vermietet oder eine Eigentumswohnung unentgeltlich einem volljährigen Kind mit eigenem Einkommen überlassen wird, hat dies **keinen Einfluss auf den Bedarf** nach den ehelichen Lebensverhältnissen. Denn insoweit sind keine (fiktiven) prägenden Einkünfte vorhanden, die den Lebensstandard erhöht hatten. Für die Bedarfsermittlung dürfen **keine fiktiven Vermögenseinkünfte** als prägend herangezogen werden, die **in der Ehe nicht oder nicht in dieser Höhe** vorhanden waren.[343] Insoweit handelt es sich auch um kein Surrogat. Im Rahmen des auf den Bedarf anzurechnenden Eigeneinkommens des **Berechtigten,** bzw. der Leistungsfähigkeit des **Pflichtigen,** sind dagegen entsprechende fiktive nichtprägende Einkünfte aus unterlassener Vermögensnutzung anzusetzen (vgl. eingehend mit weiteren Nachweisen Rn. 1/425 ff.).

268 c   Etwas anderes gilt, wenn Zinsen aus dem vorhandenen Vermögen nach einem **objektiven Maßstab für die Lebensführung benötigt** wurden, aber durch Anlage des Geldes in

---

[339] BGH, FamRZ 2008, 963 = R 692 h; FamRZ 2007, 1532 = R 681 k
[340] BGH, FamRZ 2008, 968 = R 689 g
[341] BGH, FamRZ 2007, 1532 = R 681 d
[342] BGH, FamRZ 2007, 1532 = R 681 b
[343] BGH, FamRZ 1997, 281, 283 = R 509 f, i; FamRZ 1992, 1045, 1047 = R 448 a

thesaurierenden Fonds auf Kosten einer zu dürftigen Lebensführung entzogen wurden. Da die Vermögensmehrung durch die Thesaurierung in diesem Fall ein **Surrogat der Vermögensnutzung** bildet, sind entsprechende fiktive Zinsen als **prägend** bedarfserhöhend anzusetzen.[344] Es ist aber das Verbot zur Doppelverwertung zu beachten, wenn dieses Vermögen bereits über den Zugewinn ausgeglichen wurde (vgl. Rn. 228 ff.).

Ein bei der Trennung vorhandener **Wohnwert** eines Eigenheims, in dem die Eheleute **268 d** gemeinsam lebten, gehört nach Abzug der Instandhaltungskosten sowie der auf der Immobilie lastenden berücksichtigungswürdigen Verbindlichkeiten zu den die ehelichen Lebensverhältnisse prägenden Einkünften (vgl. eingehend Rn. 1/366 ff.). Soweit ein Ehegatte nach der Trennung aus der Ehewohnung auszieht und diese damit nicht mehr nutzt, hat dies keinen Einfluss auf die Beurteilung der prägenden ehelichen Lebensverhältnisse, weil der bedürftige Ehegatte nach der Intention des Gesetzes vor einem sozialen Abstieg durch Trennung und Scheidung bewahrt werden soll.[345] Wird das Familienheim verkauft, prägen anstelle des früheren Wohnwertes die Zinsen aus dem Erlös oder ein mit dem Erlös geschaffener neuer Wohnwert als **Surrogat** des früheren mietfreien Wohnens die ehelichen Lebensverhältnisse (näher Rn. 1/383 ff.).[346] Dies gilt auch, wenn die Zinsen den früheren Wohnwert übersteigen.[347]

b) Prägende Vermögenseinkünfte sind damit
- in der Ehe bereits vorhandene und nach der Trennung fortlaufende Einkünfte, z. B. **269** Wohnwert,[348] Mietzinsen, Kapitalzinsen usw.,
- Surrogate aus Nutzungen eines in der Ehe bereits vorhandenen Vermögens, z. B. der Zinsen aus dem Erlös des Familienheimes oder ein mit der Erlös angeschaffter neuer Wohnwert,[349] Zinsen aus der Veräußerung von sonstigen Vermögenswerten,
- die Zinsen aus dem Zugewinnausgleich;[350] der BGH hat seine Surrogatslösung darauf gestützt, dass aus dem Vermögen in der Ehe bereits Nutzungen flossen. Dies gilt für den gesamten Zugewinn als Surrogat, auch wenn er z. B. auf unterschiedlichem Anfangsvermögen beruht, da der Ausgleich aus dem beim Eheende vorhanden Vermögen erfolgt.
- fiktive Zinsen, wenn Vermögen in der Ehe in thesaurierender Weise angelegt wurde, obwohl der Vermögen nach objektivem Maßstab zur Lebensführung benötigt wurden.[351]

c) Nichtprägende Vermögenseinkünfte sind
- Zinseinkünfte aus einem **Kapitalvermögen**, das ein Ehegatte erst **nach der Trennung 270** auf Grund einer **Erbschaft**[352] oder eines Lotteriegewinns erworben hat. Bei einer Erbschaft hat der BGH ausdrücklich darauf abgestellt, ob die Erbschaft den Familienunterhalt, der nur bis zur Trennung besteht, beeinflusste, nur dann sei die Erbschaft prägend.
- Das Gleiche gilt, wenn eine Ehegatte mit nichtprägenden Mitteln, z. B. aus einer Erb- **270** schaft oder einem erst nach der Trennung angesparten Vermögen, einen neuen Wohnwert erlangt.
- **Mieteinkünfte**, die nach der Trennung erstmals erzielt werden bzw. erzielt werden **272** müssen, weil z. B. eine Wohnung in der Ehe kostenlos einem Kind überlassen wurde, das die Ausbildung bereits abgeschlossen hat und ausreichend verdient.[353] Kein fiktives Einkommen aus erzielbaren Mieteinkünften ist anzusetzen, wenn sich das Kind noch in Ausbildung befindet und deshalb weiterhin kostenlos in der Wohnung lebt.[354]

---

[344] BGH, FamRZ 2007, 1532 = R 681 d
[345] BGH, FamRZ 1986, 437
[346] BGH, FamRZ 2008, 963 = R 692 a; FamRZ 2001, 986, 991 = R 563 e; FamRZ 2001, 1140, 1143 = R 560 b
[347] BGH, FamRZ 2002, 88, 91 = R 569 b
[348] BGH, FamRZ 2008, 963 = R 692 a; FamRZ 2007, 879 = R 677 a.
[349] BGH, FamRZ 2008, 963 = R 692 a; FamRZ 2006, 387 = R 643 f; FamRZ 2005, 1159 = R 623 b, c
[350] BGH, FamRZ 2008, 963 = R 692 h; FamRZ 2007, 1532 = R 681 k
[351] BGH, FamRZ 2007, 1532 = R 681 e
[352] BGH, FamRZ 2006, 387 = R 643 d; FamRZ 1988, 1145, 1146; OLG Frankfurt FamRZ 1986, 165; OLG Hamm, FamRZ 1992, 1184; a. A. OLG Hamm, FamRZ 1998, 620
[353] BGH, FamRZ 1990, 269
[354] BGH, FamRZ 2000, 351 = R 538 c

273 • Zinseinkünfte aus einem Kapitalvermögen, das sich ein Ehegatte erst **nach der Trennung** ohne unterhaltsrechtliche Benachteiligung des anderen Ehegatten durch **Ansparungen** und sonstige unternehmerische Initiativen gebildet hat.

274 • Realisierbare Forderungen gegen Dritte, die man in zumutbarer Weise einziehen kann, z. B. ein Vermächtnis.[355]

274 a • Der Wohnvorteil eines Familienheims, das von den Eheleuten zwar als Ehewohnung geplant war, aber **nicht gemeinsam bewohnt** worden ist, weil es bei der Trennung erst im **Rohbau** fertiggestellt war.[356]

275 • Zinseinkünfte, die bei **guten Einkommensverhältnissen** nach einem objektiven Maßstab für den allgemeinen Lebensbedarf **nicht benötigt** werden; dabei hat, gemessen am verfügbaren Einkommen, sowohl eine zu dürftige Lebensweise als auch ein übermäßiger Aufwand außer Betracht zu bleiben. Sie dienen nur der Vermögensbildung und sind deshalb der Unterhaltsbemessung entzogen.[357] Der heranzuziehende objektive Maßstab kann auch dazu führen, dass nur ein Teil der Zinseinkünfte als prägend zu behandeln ist.[358]

8. Fiktive Einkünfte beim Berechtigten und Verpflichteten nach der Trennung

276   **a) Erwerbseinkünfte.** Der Ansatz von fiktiven Einkünften ist stets eine Sanktion wegen Verstoß gegen die Erwerbsobliegenheit bzw. die Obliegenheit, sich leistungsfähig zu halten (näher Rn. 239 a). Wird als Sanktion gegen den Verstoß gegen die Erwerbsobliegenheit ein fiktives Erwerbseinkommen angesetzt, sind die Folgen für den Bedürftigen und Pflichtigen unterschiedlich. Beim Bedürftigen reduziert das fiktive Einkommen den Unterhalt, beim Pflichtigen wird das Problem in die Vollstreckung verlagert.

277   Erzielbare **Erwerbseinkünfte,** die dem in der Ehe den Haushalt führenden **Berechtigten** nach der Trennung wegen Verstoßes gegen seine Erwerbsobliegenheit fiktiv zugerechnet werden (näher Rn. 1/519 ff.), sind nach der geänderten Rechtsprechung des BGH **Surrogat** und damit **eheprägend.**[359] Das Gleiche gilt, wenn der Bedürftige seinen Arbeitsplatz verliert und sich nicht ausreichend um eine neue Stelle bemüht.

278   Auch die beim **Pflichtigen** angesetzten fiktiven Erwerbseinkünfte sind **eheprägend.**[360] Wenn dem Verpflichteten wegen einem unterhaltsbezogen verantwortungslosen oder leichtfertigen Verhalten oder wegen nicht ausreichender oder nicht ernsthafter Bemühungen um eine zumutbare Erwerbstätigkeit oder wegen eines anderen unterhaltsrechtlich vorwerfbaren Verhaltens erzielbare Einkünfte fiktiv zugerechnet werden (vgl. insoweit näher Rn. 1/487 ff.), genügt es nicht, ihm solche Einkünfte nur auf der Leistungsstufe leistungssteigernd zuzurechnen, weil der Unterhaltsanspruch nicht nach der Leistungsfähigkeit des Verpflichteten, sondern auf der Bedarfsstufe nach den prägenden Einkünften bemessen wird. Bleiben fiktive Einkünfte als nichtprägende Einkünfte auf der Bedarfsstufe unberücksichtigt, dann bestünde ohne die Zurechnung fiktiver Einkünfte kein oder nur ein verminderter Unterhaltsanspruch und eine durch die fiktive Zurechnung erhöhte Leistungsfähigkeit hätte zugunsten des benachteiligten Unterhaltsgläubigers keine Auswirkung. Das vorwerfbare Verhalten des Verpflichteten bliebe für diesen ohne wirtschaftlich nachteilige Konsequenzen. Die Nachteile würden ausschließlich und sanktionslos nur dem Berechtigten aufgebürdet. Deshalb ist der Verpflichtete auch hinsichtlich der Bedarfsbemessung so zu behandeln, als wenn er seine unterhaltsrechtliche Erwerbspflicht nicht verletzt hätte.[361] Sein fiktives Einkommen ist daher **bedarfserhöhend.**

---

[355] BGH, FamRZ 1998, 367 = R 517 b
[356] BGH, FamRZ 1988, 145
[357] BGH, FamRZ 2007, 1532 = R 681 d
[358] BGH, FamRZ 2007, 1532 = R 681 f
[359] BGH, FamRZ 2006, 683 = R 649 a; FamRZ 2005, 1979 = R 640 b, d; FamRZ 2004, 254; FamRZ 2003, 434 = R 589; FamRZ 2001, 1291 = R 564 c; FamRZ 2001, 1693 = R 567 a
[360] BGH, FamRZ 1993, 1304, 1306 = R 464 a; FamRZ 1992, 1045, 1047 = R 448 a, b
[361] BGH, FamRZ 1993, 1304, 1306 = R 464 a; FamRZ 1992, 1045, 1047 = R 448 a, b

Die Anrechnung fiktiver Einkünfte darf beim Pflichtigen aber nur an die ehelichen **279** Lebensverhältnisse bis zur Trennung der Eheleute **anknüpfen**. Möglicherweise erzielbare, in der Ehe aber nie erzielte Einkünfte des Pflichtigen, die er bei größerem Einsatz hätte erreichen können, prägen dagegen die ehelichen Lebensverhältnisse nicht, da sich die Eheleute von vornherein mit einem niedrigeren Lebensstandard begnügt hatten.[362] Die **Bemessung des Bedarfs** kann sich nur an in der Ehe **tatsächlich vorhandenen,** nicht an nur gedachten wirtschaftlichen Verhältnissen, die die ehelichen Lebensverhältnisse nicht prägen, orientieren.[363]

Nach der Rechtsprechung des BGH ist Voraussetzung einer fiktiven Zurechnung von **280** Einkünften auf den Bedarf, die Bedürftigkeit und die Leistungsfähigkeit, dass auf Grund einer umfassenden Zumutbarkeitsabwägung ein **unterhaltsrechtlich vorwerfbares Verhalten** in der Form eines zumindest leichtfertigen Verhaltens bejaht wird (s. eingehend Rn. 1/494 ff.).

Typische Fälle der Zurechnung fiktiver Einkünfte:
- Wenn im Rahmen einer bestehenden Erwerbsobliegenheit bei ausreichenden und ernsthaften Bemühungen um eine zumutbare Erwerbstätigkeit eine **reale Beschäftigungschance** bestanden hätte (s. Rn. 1/529).
- Wenn ein **freiwilliger Arbeitsplatz** – oder **Berufswechsel** oder eine freiwillige berufliche Verselbstständigung eine leichtfertig verschuldete Einkommensminderung zur Folge hat (s. Rn. 1/492).
- Wenn ein **Arbeitsplatzverlust** unterhaltsbezogen leichtfertig verschuldet ist (s. Rn. 1/494 ff.).
- Wenn der Umfang einer selbstständigen **Erwerbstätigkeit** ohne rechtfertigenden Grund **eingeschränkt** wird[364] (s. Rn. 1/494 ff.).
- Wenn bei einem einschneidenden **Einkommensrückgang eines Selbstständigen** der Unterhaltpflichtige seine Arbeitskraft oder sonstige zu Gebote stehende Einkommensquellen nicht so gut wie möglich einsetzt.[365]

b) Vermögenseinkünfte. Prägende fiktive Zinsen sind anzusetzen, wenn aus einem **281** Vermögen zu Gunsten einer Vermögensbildung durch **Thesaurierung** keine Zinsen gezogen werden, obwohl sie nach einem objektiven Maßstab für die Lebensführung benötigt wurden (s. auch Rn. 214).[366] Die Vermögensmehrung ist insoweit ein Surrogat der an sich erforderlichen Vermögensnutzung. Soweit aus diesem Vermögen Zugewinn geleistet wurde, dürfen wegen des Verbots der Doppelverwertung allerdings keine fiktiven Zinsen mehr angesetzt werden.[367]

Soweit der **Bedürftige** oder **Verpflichtete** ihm gehörendes **Vermögen nicht nutzt,** **281 a** z. B. Garagen nicht vermietet, von seinem volljährigen, bereits im Berufsleben stehenden Kind für eine überlassene Wohnung keine Miete verlangt oder realisierbare Forderungen nicht einzieht (vgl. Rn. 272, 274) und deshalb fiktive Einkünfte anzusetzen sind (vgl. näher Rn. 1/425 ff.), hat dagegen keinen Einfluss auf die ehelichen Lebensverhältnisse, da die entsprechenden Mittel während des Zusammenlebens nicht vorhanden waren. Es handelt sich damit um **nichtprägende** Einkünfte die lediglich bedarfsmindernd bzw. leistungserhöhend wirken. Das Gleiche gilt für fiktive Nutzungen aus einem erst nach der Trennung erworbenen Vermögen, das kein Surrogat von Nutzungen eines entsprechenden Vermögens in der Ehe ist.

Wird vorhandenes Vermögen verbraucht, ohne Nutzungen zu ziehen, kommt eine **282** **fiktive Anrechnung** nur in Betracht, wenn eine mutwillige Herbeiführung der Bedürftigkeit bzw. Leistungsunfähigkeit vorliegt[368] (vgl. eingehend Rn. 1/392).

---

[362] BGH, a. a. O.
[363] BGH, FamRZ 1997, 281, 283 = R 509 f, i
[364] BGH, FamRZ 1992, 1045, 1047 = R 448 a
[365] BGH, FamRZ 1993, 1304, 1306 = R 464 a
[366] BGH, FamRZ 2007, 1532 = R 681 e
[367] BGH, FamRZ 2007, 1532 = R 681 e
[368] BGH, FamRZ 1990, 989, 991 = R 418 d

9. Einkommensänderungen nach der Trennung durch freiwillige Disposition (z. B. Arbeitsplatzwechsel, Berufswechsel oder berufliche Verselbstständigung)

283   Wie bereits ausgeführt, sind Einkünfte grundsätzlich **prägend,** wenn sie bereits bei der Trennung aus der gleichen Erwerbsquelle geflossen sind und im Rahmen einer normalen Weiterentwicklung nach der Trennung weiter fließen. Der tiefer liegende Grund besteht darin, dass dadurch eine bereits während des Zusammenlebens in der Ehe bestehende Erwerbsobliegenheit weiterhin durch die gleiche Erwerbsquelle realisiert wird.

Prägend sind ferner Erwerbseinkünfte als Surrogat der Familienarbeit in der Ehe.

Bei einem freiwilligen Arbeitsplatzwechsel, Berufswechsel oder bei freiwilliger beruflicher Verselbstständigung wird eine bestehende Erwerbsquelle durch eine **andere konkrete Erwerbsquelle ersetzt.** Dadurch wird ebenfalls die schon vor der Trennung entstandene Erwerbsobliegenheit weiterhin realisiert, wenn auch mittels einer neuen Erwerbsquelle. Bei einer solchen Auswechslung der Erwerbsquellen tritt grundsätzlich die neue an die Stelle der alten Erwerbsquelle und dementsprechend die neuen an die Stelle der alten Einkünfte, wenn aus unterhaltsrechtlichen Gründen keine durchgreifenden Bedenken gegen eine solche Auswechslung bestehen und es sich um eine normale Weiterentwicklung handelt.

284   Unterhaltsrechtlich bestehen in der Regel keine Bedenken, wenn sich die Auswechslung nicht zum Nachteil des anderen Ehepartners auswirkt, d. h. wenn sich die früheren und neuen Einkünfte in einer vergleichbaren Größenordnung bewegen und **das frühere Einkommen** jedenfalls **nicht höher** war.[369]

Dabei kann eine voraussichtliche normale Weiterentwicklung als vergleichbar prognostiziert werden. Um eine unterhaltsrechtlich unbedenkliche Auswechslung und normale Weiterentwicklung handelt es sich z. B., wenn eine Frau während intakter Ehe in der **tierärztlichen Praxis** ihres Mannes in ähnlicher Weise wie in ihrem erlernten Beruf mitgearbeitet hatte und nach der Trennung in ihrem erlernten Beruf als **medizinisch-technische Assistentin** weitergearbeitet hat. Die Einkünfte aus der neuen Tätigkeit sind weiterhin als **prägend** zu berücksichtigen.[370]

Ist die Auswechslung unterhaltsrechtlich bedenkenfrei, gelten die sich normal weiterentwickelnden Einkünfte aus der neuen Tätigkeit auch im Zeitpunkt der Scheidung als **prägend.**[371]

285   Werden aus der neuen Tätigkeit vorhersehbar und nachhaltig **geringere Einkünfte** als aus der alten Tätigkeit erzielt, ist genau zu prüfen, ob unterhaltsrechtliche Bedenken gegen eine Auswechslung bestehen. Die Einkommenssenkung darf nicht auf einem Verstoß gegen die Erwerbsobliegenheit beruhen, es darf ferner kein unterhaltsbezogen leichtfertiges Verhalten vorliegen.[372] Der Ehepartner ist, soweit er keine anzuerkennenden Gründe hat, zu einem beruflichen Wechsel mit Einkommenssenkung nur berechtigt, wenn er vor dem Wechsel durch Rücklagenbildung, Kreditaufnahme oder ähnliche Maßnahmen eine ausreichende Vorsorge dafür getroffen hat, dass dem anderen Ehepartner dadurch keine Nachteile entstehen, d. h. dass er den Unterhalt in bisheriger Höhe weiterzahlen kann (s. Rn. 1/494 ff.); sonst darf ein Ehegatte seine bisherige Tätigkeit nicht freiwillig aufgeben.[373]

- Wenn der **Unterhaltsverpflichtete leichtfertig** gegen diese Obliegenheit verstößt und seine frühere Erwerbstätigkeit trotz des zu erwartenden Einkommensrückgangs in vorwerfbarer Weise aufgibt, dann bleiben für die Bemessung des Unterhaltsbedarfs des Berechtigten die Einkommensverhältnisse vor der leichtfertigen beruflichen Veränderung maßgeblich.[374] Er wird deshalb unterhaltsrechtlich so behandelt, als ob er die Einkünfte aus der früheren Tätigkeit weiterhin erzielen würde.

---

[369] BGH, FamRZ 1985, 911
[370] BGH, FamRZ 1982, 892
[371] BGH, FamRZ 1985, 911
[372] BGH, FamRZ 2003, 590, 592 = R 586 c
[373] BGH, FamRZ 1988, 145 FamRZ 1988, 256; FamRZ 1988, 705; FamRZ 1987, 930, 932
[374] BGH, FamRZ 1988, 145; FamRZ 1988, 256; FamRZ 1987, 930, 932

- Kommt es bei Beibehaltung des Arbeitsplatzes zu einem **Einkommensrückgang,** ist ebenfalls zu prüfen, ob ein unterhaltsbezogen leichtfertiges Verhalten vorliegt. Dabei ist eine umfassende Interessenabwägung vorzunehmen, insbesondere ob betriebliche, gesundheitliche oder altersbedingte Umstände zur Reduzierung der Tätigkeit und damit des Einkommens vorlagen, ob beim Bedürftigen dadurch der angemessene Bedarf (= angemessener Selbstbehalt) nicht mehr gesichert ist und ob die Einkommenssenkung auch bei Fortdauer der Ehe erfolgt wäre. I. d. R. wird die Reduzierung einer in der Ehe über das normale Maß hinausgehenden Tätigkeit auf eine übliche Tätigkeit zu akzeptieren sein, z. B. der Abbau regelmäßig geleisteter Überstunden, der Wechsel von einer Nachtschicht in eine Normalschicht, der Übergang in die Altersteilzeit.
- Wird auf Grund einer umfassenden Zumutbarkeitsabwägung **kein zumindest unterhaltsbezogen leichtfertiges** Verhalten festgestellt, dann ist die Einkommensreduzierung unterhaltsrechtlich nicht vorwerfbar. Es handelt sich jeweils um eine durch Einkommensrückgang erzwungene Schmälerung des Bedarfs. Da die früheren ehelichen Lebensverhältnisse keine unverändert fortschreitende Lebensstandardgarantie beinhalten, muss der Bedürftige auch die **negative Einkommensentwicklung** des Partners wirtschaftlich mittragen, d. h. die **Einkommenssenkung** ist **eheprägend.**[375] Das Unterhaltsrecht will den bedürftigen Ehegatten nach Trennung/Scheidung wirtschaftlich nicht besser stellen, als er sich ohne Trennung/Scheidung stünde.[376] Der Unterhaltsanspruch ist dann nach den verminderten tatsächlichen Einkünften aus der neuen Tätigkeit zu bemessen.[377] Die **nicht vorwerfbare Einkommensreduzierung** bei einem Arbeitsplatzwechsel ist auch **nicht** durch eine bei Verlust des ersten Arbeitsplatzes ausbezahlte **Abfindung** auszugleichen.[378]

Erzielt der Ehegatte aus der neuen Erwerbstätigkeit **erheblich höhere Einkünfte** als aus 286 der früheren Tätigkeit, so werden in vielen Fällen die neuen Einkünfte auf einer im Zeitpunkt der Trennung **unerwarteten, vom Normalverlauf erheblich abweichenden Entwicklung** beruhen. Es bleibt dann das aus der früheren Erwerbstätigkeit erzielte Einkommen bis zur Scheidung prägend, d. h. der Unterhaltsbedarf ist nach dem früheren Einkommen zu bemessen, während der **Mehrverdienst,** der auf der vom Normalverlauf abweichenden Entwicklung beruht, **nichtprägend** ist (vgl. näher Rn. 246 ff.).

10. Einkommensänderungen bei Arbeitsplatzverlust und Arbeitslosigkeit

Bei Arbeitsplatzverlust ist stets im Rahmen einer umfassenden Zumutbarkeitsabwägung 287 festzustellen, ob der Verlust durch ein unterhaltsrechtlich vorwerfbares Verhalten in der Form eines zumindest unterhaltsbezogen leichtfertigen Verhaltens verursacht worden ist[379] (s. näher Rn. 282 und ausführlich Rn. 1/494 ff.). Maßgebend ist insoweit **nicht ein schuldhaftes,** sondern allein ein **unterhaltsbezogen leichtfertiges Verhalten.**

Typische Fälle eines leichtfertigen Verlustes sind:
- Leichtfertige **Kündigung** des Arbeitsplatzes **durch** den **Verpflichteten.**[380]
- Vom Verpflichteten unterhaltsbezogen leichtfertig **verschuldete Kündigung des Arbeitgebers.**[381] Nicht ausreichend ist jedoch ein zwar selbst verschuldeter, aber ungewollter Arbeitsplatzverlust, z. B. bei einem Diebstahl oder Trunkenheit am Arbeitsplatz[382] oder bei Inhaftierung nach einer nicht gegen den Bedürftigen oder einen nahen Angehörigen gerichteten Straftat.[383]

---

[375] BGH, FamRZ 2003, 590, 592, = R 586 a
[376] BGH, FamRZ 2003, 848, 850 = R 588 a
[377] BGH, FamRZ 2003, 590, 592 = R 586 c; FamRZ 1988, 256; FamRZ 1983, 140
[378] BGH, FamRZ 2003, 590, 592 = R 586 d
[379] BGH, FamRZ 2002, 813 = R 573; FamRZ 2000, 815 = R 541; FamRZ 1994, 240; FamRZ 1993, 1055 = R 462 A b
[380] BGH, FamRZ 1993, 1055 = R 462 A b; FamRZ 1985, 158
[381] BGH, FamRZ 1993, 1055 = R 462 A b; FamRZ 1988, 597, 599
[382] BGH, FamRZ 2000, 815 = R 541; FamRZ 1994, 240; FamRZ 1993, 1055 = R 462 A b
[383] BGH, FamRZ 2002, 813 = R 573

– **Reduzierung** der bisherigen Tätigkeit, ohne hierzu unterhaltsrechtlich berechtigt zu sein[384] (s. auch Rn. 291).
– Leichtfertige sonstige **Arbeitsplatzaufgabe.**[385]

Entsprechendes gilt auch bei Erwerbseinkünften des Berechtigten.

288   Bei **Bejahung** eines zumindest **unterhaltsbezogen leichtfertigen Verhaltens** wird dem **Verpflichteten** als Sanktion für sein unterhaltsrechtlich vorwerfbares Verhalten sein bisher erzieltes Einkommen **fiktiv** weiterhin als **prägend** zugerechnet und danach der Unterhaltsbedarf bemessen (s. oben Rn. 276). In der Praxis wird dies selten zu bejahen, da selbst bei Arbeitsplatzverlust durch Straftaten i. d. R. der unterhaltsrechtliche Bezug fehlt. Soweit es dabei um einen Verstoß gegen die Erwerbsobliegenheit geht, ist aber bei der Höhe des fiktiven Einkommens genau zu prüfen, ob der Pflichtige nach den Verhältnissen auf dem Arbeitsmarkt und seinen persönlichen Eigenschaften (Alter, Ausbildung, Berufserfahrung, Gesundheitszustand) dieses Einkommen auch tatsächlich noch erreichen kann.[386]

Trifft den **Berechtigten** ein entsprechendes Verschulden am Verlust einer bereits bei Trennung ausgeübten oder als Surrogat der Haushaltsführung nach Trennung aufgenommenen Erwerbstätigkeit, bleibt das bisherige Einkommen **fiktiv eheprägend.**

289   Bei **Verneinung** eines zumindest leichtfertigen Verhaltens ist der Bedarf auf der Grundlage der tatsächlich bestehenden Verhältnisse **neu zu bemessen.** Der Einkommensrückgang ist beim Trennungsunterhalt von beiden Ehegatten wirtschaftlich mitzutragen. Beim nachehelichen Unterhalt ist bei einem unverschuldeten Einkommensrückgang des Bedürftigen durch einen Arbeitsplatzverlust vorab zusätzlich zu prüfen, inwieweit ein Anschlusstatbestand gegeben ist (näher Rn. 48 ff.).

Bei Bezug von Arbeitslosengeld für eine bei Trennung ausgeübte Tätigkeit ist dieses als **Einkommensersatzleistung prägend** zu berücksichtigen, wenn die Arbeitslosigkeit länger andauert. Nach Meinung des BGH müsste es auf Unverständnis stoßen, wenn eine zwischen Trennung und Scheidung unerwartet eintretende Arbeitslosigkeit des Verpflichteten nicht schon die ehelichen Lebensverhältnisse, sondern erst dessen Leistungsfähigkeit beeinflusst.[387] Auch insoweit muss die negative Einkommensentwicklung von beiden Eheleuten mitgetragen werden.[388] Nichts anderes gilt bei unverschuldeter Arbeitslosigkeit des Bedürftigen.

290   Während der **Zeit der Arbeitslosigkeit** besteht die unterhaltsrechtliche Erwerbsobliegenheit weiter. Deshalb ist der Erwerbslose auch unterhaltsrechtlich verpflichtet, sich ernsthaft und intensiv um eine neue zumutbare Erwerbstätigkeit zu bemühen.[389]

Unterlässt er solche zumutbaren Bemühungen und hätte bei ernsthaften ausreichenden Bemühungen eine reale Beschäftigungschance bestanden, dann ist dem **Berechtigten** oder dem **Verpflichteten** ein erzielbares Einkommen fiktiv als **prägend** zugerechnet werden.

291   Findet der Erwerbslose später einen **neuen Arbeitsplatz** und bewegen sich die früheren und neuen Einkünfte in einer vergleichbaren Größenordnung, dann treten die Einkünfte aus der neuen Erwerbsquelle **prägend** an die Stelle der Einkünfte und Einkommensersatzleistungen aus der früheren prägenden Erwerbsquelle. Es handelt sich um eine zeitlich verschobene, unterhaltsrechtlich nicht zu beanstandende Auswechslung von Erwerbsquellen, die einem Normalverlauf entspricht (vgl. Rn. 239).

292   Erzielt der Ehegatte aus der neuen Erwerbstätigkeit **erheblich höhere Einkünfte,** kann dies auf einer vom Normalverlauf erheblich abweichenden Entwicklung beruhen. Es gelten dann die Ausführungen zu Rn. 253 f. und 286.

293   Kann der Unterhaltspflichtige aus arbeitsmarktpolitischen Gründen nach einem unverschuldeten Arbeitsplatzverlust keine neue Stelle finden und macht sich deshalb selbstständig, ohne über ausreichende Rücklagen zu verfügen, ist die darauf zurückzuführende Einkommensreduzierung vor allem in der Anfangsphase zu billigen. Auch insoweit handelt es sich

---

[384] BGH, FamRZ 1992, 1045, 1047 = R 448 a
[385] BGH, FamRZ 1993, 1055 = R 462 A b
[386] BGH, FamRZ 1996, 345
[387] BGH, FamRZ 1988, 256
[388] BGH, FamRZ 2003, 590, 592 = R 586 c
[389] BGH, FamRZ 1994, 372, 374 = R 473 c

um eine von beiden Ehegatten wirtschaftlich mitzutragende negative Einkommensentwicklung (vgl. Rn. 289).

Beruht eine Minderung des Einkommens auf einer **Verletzung der Erwerbsobliegen-** 294
heit, etwa weil der Verpflichtete seine selbstständige Erwerbstätigkeit eingeschränkt hat, um das **Sorgerecht** zu erlangen oder weniger Unterhalt zahlen zu müssen, so kann das nicht die ehelichen Lebensverhältnisse zum Nachteil des Unterhaltsberechtigten verändern, soweit über das Sorgerecht bereits entschieden wurde und sich der Unterhaltspflichtige nicht bemüht, das frühere Einkommen wiederzuerreichen.[390] Der Verpflichtete wird vielmehr fiktiv an seinem früheren Einkommen festgehalten (s. oben Rn. 276). Beruht die Einschränkung einer Erwerbstätigkeit dagegen allein auf den Bemühungen, das **Sorgerecht** für das Kind **zu erlangen,** muss der Bedeutung und Tragweite des Elternrechts Rechnung getragen werden.[391] Insoweit ist im Einzelfall genau zu prüfen, ob der Pflichtige mit dem Arbeitgeber eine nur vorläufige Reduzierung seiner Tätigkeit, die er nach der Sorgerechtsentscheidung rückgängig machen kann, vereinbaren konnte.[392] Zur Betreuung eines Kindes aus einer neuen Ehe und dadurch entstehender Erwerbslosigkeit **bei Wiederverheiratung** vgl. Rn. 2/172 f.

11. Prägende und nichtprägende Änderungen im Ausgabenbereich

Die ehelichen Lebensverhältnisse werden auch **durch Ausgaben mitgeprägt,** weil 295
Einkünfte in Höhe solcher abziehbarer typischer Ausgaben zur Verwendung für den laufenden Lebensbedarf nicht zur Verfügung stehen (dazu und zu den typischen Ausgabenposten s. Rn. 185 ff.).

Änderungen im Ausgabenbereich nach Trennung und Scheidung (und nach der Schei- 296
dung) **prägen** deshalb die maßgeblichen Einkommensverhältnisse, sofern sie sich auf **prägende** Einkünfte beziehen.

Sie erhöhen oder mindern das prägende Einkommen. Auch bei laufenden Änderungen gelten sie als nachhaltig prägend (s. näher Rn. 237).

• Stets zu beachten sind einkommensabhängige Änderungen von **Steuern und Vorsor-** 297
geaufwendungen mit Ausnahme des Steuervorteils des Pflichtigen durch Wiederverheiratung (näher Rn. 185 ff.) sowie von Betriebsausgaben bei Selbstständigen/Gewerbetreibenden und Werbungskosten bei Kapital- und Miet-/Pachteinkünften (vgl. Rn. 186). Das Gleiche gilt für **berufsbedingte Aufwendungen** Nichtselbstständiger, die steuerrechtlich nichts anderes als Werbungskosten sind (vgl. Rn. 186, 1/604). Ihre Höhe richtet sich stets nach den tatsächlich angefallenen Kosten, selbst wenn eine Erhöhung trennungsbedingt ist (vgl. Rn. 186). Solche sich ändernde Ausgaben werden – wie das Bezugseinkommen – in der Regel nach einem Ein- bzw. Dreijahresschnitt berechnet, bei üblichen Erhöhungen z. B. der Krankenkasse nach den aktuellen Kosten. Ihr Abzug vom Bruttoeinkommen ergibt das prägende Nettoeinkommen.

• Nach der früheren Rechtsprechung des BGH waren nur ehebedingte (bis zur Trennung 298
begründete **Verbindlichkeiten** prägend. Andere anerkennungsfähige Verbindlichkeiten hatten lediglich Einfluss auf die Leistungsfähigkeit. Mit seiner Entscheidung vom 15. 3. 2006[393] hat der BGH jedoch den variablen Selbstbehalt aufgegeben und stattdessen die „variablen ehelichen Lebensverhältnisse" anerkannt. Dementsprechend haben auch später einseitig begründete anerkennungsfähige Schulden (vgl. Rn. 188, 1/615 ff, 1/622 ff) Einfluss auf die ehelichen Lebensverhältnisse. Da Einkommensminderungen, soweit anerkennungsfähig, immer die ehelichen Lebensverhältnisse prägen, führt die Verschuldung des Pflichtigen, soweit sie zu berücksichtigen ist (vgl. Rn. 1/623 a), zu einer **Verminderung des eheprägenden Einkommens.** Die **vorhersehbare Tilgung** ehebeding-

---

[390] BGH, FamRZ 1992, 1045, 1047 = R 448 a
[391] BVerfG, FamRZ 1996, 343 = R 498
[392] BVerfG, a. a. O.
[393] BGH FamRZ 2006, 683 = R 649 d, f, g; FamRZ 2008, 968 = R 689 g

ter Schulden hat schon bisher zu einer Erhöhung des Bedarfs geführt.[394] Allerdings hatte der BGH hier noch einen zeitlichen Zusammenhang mit der Trennung vorausgesetzt. Der zeitliche Zusammenhang hat für den BGH inzwischen seine maßgebende Bedeutung verloren.[395] Daher muss darauf angestellt werden ob die Tilgung der Schulden dem normalen Lauf der Dinge entsprach, was man normaler Weise annehmen kann. Auch die Tilgung später aufgenommener Schulden führt dann zu einem Wieder Ansteigen des Bedarfs beim Berechtigten.[396] Wenn die Tilgung vorzeitig erfolgt, dann liegt darin keine so erhebliche Abweichung vom normalen Verlauf, dass für die Zwischenzeit die Schulden fiktiv zu berücksichtigen wären. Dies gilt z. B. dann, wenn wegen der Trennung ein Schrebergarten veräußert und mit dem Erlös eine Eheschuld getilgt wurde.[397]

299 • **Aufwendungen zur einseitigen Vermögensbildung** durften, soweit sie bei gutem Einkommen des Pflichtigen nach der früheren Rechtsprechung nach einem objektiven Maßstab einkommensmindernd berücksichtigt werden (vgl. Rn. 203). Die neue Rechtsprechung des BGH kennt diese Möglichkeit nicht mehr.[398] Vielmehr ist zu Lasten des Berechtigten Vermögensbildung nur im Rahmen der zusätzlichen Altersvorsorge (eingehend Rn. 205 ff., Rn. 1/631, 659 a) zulässig. Eine darüber hinausgehende Vermögensbildung kann nicht zu Lasten des Ehepartners gehen und setzt deshalb so gute wirtschaftliche Verhältnisse voraus, dass der Bedarf konkret zu bemessen ist (vgl. Rn. 208, 366 ff.).

300 • Änderungen in den Aufwendungen für prägenden **Kindesunterhalt** (neue Unterhaltslasten, Erhöhungen und Wegfall) sind ebenfalls prägend und daher bis zur Scheidung (und darüber hinaus) stets in vollem Umfang zu beachten[399] (s. näher Rn. 189 ff.).

301   Änderungen im Ausgabenbereich prägen nicht, wenn und soweit sich die Ausgaben **nur auf nichtprägende Einkünfte beziehen,** z. B. bei einem Karrieresprung oder bei nichtprägenden Vermögenseinkünften. Solche Ausgaben dürfen nur von den jeweiligen nichtprägenden Einkünften abgezogen werden, nicht aber von prägenden Einkünften. Sie verändern deshalb die prägenden Einkünfte nicht.

12. Berücksichtigung des Preisindexes der Lebenshaltungskosten

302   In seiner Entscheidung vom 21. 2. 1987[400] hat es der BGH ausdrücklich **abgelehnt,** bei Einkommensverbesserungen nach der Scheidung den für den Zeitpunkt der Scheidung errechneten Unterhalt lediglich entsprechend dem **Lebenshaltungskostenindex** an die Entwicklung der allgemeinen Lebenshaltungskosten anzupassen, da er mit der individuellen Einkommensentwicklung nicht übereinstimmt. Er hat demgegenüber daran festgehalten, dass stets die effektiven Einkommensverbesserungen als prägend zu berücksichtigen sind, wenn die unter Rn. 234 ff. erörterten Voraussetzungen für eine prägende Zurechnung bejaht werden. Der BGH hat damit für solche Fälle praktisch eine unbefristete Beteiligung des geschiedenen Ehegatten an solchen Einkommenssteigerungen des Verpflichteten bejaht (vgl. aber Rn. 253 ff.).

303   Mit der bei Rn. 302 erörterten Auffassung hat der BGH jedoch nicht generell eine Anpassung des nachehelichen Unterhalts an gesteigerte Lebenshaltungskosten abgelehnt, sondern nur eingeschränkt, **wenn Einkommensänderungen prägend zu berücksichtigen** sind.

    Kommt es nach der Scheidung zu erheblichen **nichtprägenden Einkommenssteigerungen,** dann kann zugunsten des Berechtigten zum Ausgleich einer zwischenzeitlich eingetretenen Verteuerung der Lebenshaltungskosten der auf die Zeit der Scheidung fixierte

---

[394] BGH, NJW 1998, 2821, 2822 = R 525 a; FamRZ 1988, 701, 703
[395] BGH, FamRZ 2008, 968 = R 689 g
[396] BGH, NJW 1998, 2821, 2822 = R 525 b
[397] BGH, NJW 1998, 2821 = R 525 a
[398] BGH, FamRZ 2008, 963 = R 692 d, e, f
[399] BGH, FamRZ 1990, 1085
[400] BGH, FamRZ 1987, 459

prägende Unterhaltsbedarf unter Verwendung des Preisindexes des Statistischen Bundesamtes an die gestiegenen Lebenshaltungskosten angepasst werden. Eine solche **Hochrechnung** unter Verwendung der **statistischen Indexwerte** dient nur als Hilfsmittel, um für den bei Scheidung bemessenen Unterhalt Annäherungswerte für die gegenwärtigen Verhältnisse zu gewinnen.[401]

Auch bei einem **fest vereinbarten Unterhaltsbetrag** kann nach § 242 BGB eine Betragsanpassung auf die verringerte Kaufkraft der Währung gestützt werden, wenn dies nicht durch ausdrückliche Parteierklärung ausgeschlossen sein soll, was im Zweifel nicht angenommen werden kann.[402]

Eine solche **Indexanpassung** darf jedoch nicht dazu führen, dass der Berechtigte auf diese Weise einen höheren Unterhaltsanspruch erhält, als dem Verpflichteten nach Abzug dieses Unterhalts für den eigenen Bedarf verbleibt.

13. Unterschiedliche Behandlung von Erhöhung und Minderung des Einkommens

Die Beschränkung der Anpassung des Bedarfs an veränderte Einkommensverhältnisse gilt **304** also nur für Einkommenserhöhungen (und Wegfall von Belastungen). Bei diesen stellt sich Frage, wieweit der bedürftige Gatte am Lebensstandard des unterhaltspflichtigen teilhaben soll. Das ist nur insoweit gerechtfertigt, als dieser Lebensstandard durch die **gemeinsame Leistung der Ehegatten** erreicht worden ist.[403]

Wenn demgegenüber das **Einkommen nachhaltig sinkt** (oder Belastungen hinzukommen, die der Bedürftige gegen sich gelten lassen muss) und der Unterhaltpflichtige dieses Absinken seines Lebensstandards nicht abwenden kann, geht es dagegen um die sachgerechte Verteilung einer durch Einkommensrückgang erzwungenen Schmälerung des Bedarfs. Das bedeutet, dass nach der **Ehebedingtheit** einer Einkommensänderung nur dann gefragt wird, wenn es sich um eine **Erhöhung** handelt, während von dem **unvermeidlichen Sinken** des Einkommens des Verpflichteten der Berechtigte **immer betroffen** wird.

Eine Einkommenserhöhung des Pflichtigen ist **nicht bereits deshalb prägend,** weil sie eine frühere **Absenkung ausgleicht.** Wenn daher durch den Rentenfall und die Ersetzung des Erwerbseinkommens durch ein Renteneinkommen das Einkommen sinkt, sind die Zinsen aus dem zwischenzeitlich gebildeten Vermögen dann nicht prägend, wenn im Scheidungszeitpunkt völlig ungewiss war, ob der Pflichtige erneut heiraten und ob und in welchem Umfange er sparen und Vermögen bilden würde und wie lange er überhaupt berufstätig sein werde.[404]

Fraglich ist allerdings, ob umgekehrt eine auf eine nicht prägende Einkommenserhöhung folgende Absenkung des Einkommens als prägend berücksichtigt werden kann, denn die Absenkung prägt die ehelichen Lebensverhältnisse nur deshalb, weil die nacheheliche Solidarität, auf die sich der nacheheliche Unterhalt stützt, die Beteiligung an der geminderten Lebensstellung fordert. Wenn der Berechtigte an der vorangegangenen Erhöhung des Bedarfs aber nicht partizipiert hat, kann ihm nicht zugemutet werden, sich an der folgenden Senkung zu beteiligen. Es dürfte deshalb darauf ankommen, in welcher Reihe Einkommenssteigerungen und -minderungen aufeinander folgen.[405] Das gilt vor allem, wenn die Einkommensminderung auf einer freiwilligen Disposition beruht, so dass nicht auszuschließen ist, dass diese Disposition gerade wegen der Einkommenserhöhung getroffen wurde.

Richtig dürfte es sein, bei einem Zusammentreffen von Erhöhung und Minderung danach zu fragen, ob ein Zusammenhang besteht, welcher es rechtfertigt, eine einer (prägenden) Absenkung folgende Erhöhung mit der Absenkung zu kompensieren (z.B. wenn ein Arbeitslos-Werden eine neue Berufstätigkeit folgt) und eine einer nicht prägenden Erhö-

---

[401] BGH, NJW-RR 1987, 71
[402] BGH, FamRZ 1986, 458
[403] BGH, FamRZ 2006, 683 = R 649 e, f; FamRZ 2003, 848, 849 = R 588 a, c
[404] BGH, FamRZ 2003, 848, 850 = R 588 a, c
[405] Allerdings hat der BGH FamRZ 2007, 793, 795 eine Einkommensminderung durch Kirchenbeitritt nach einer nicht prägenden Einkommenserhöhung durch eine unerwartete Beförderung als prägend berücksichtigt

hung folgende Absenkung mit der der Erhöhung zu kompensieren (wenn z. B. es nach einem Karrieresprung zu einer neuen Eheschließung kommt).

14. Absenkung des Bedarfs durch Unterhaltspflicht gegenüber weiteren Ehegatten

305 **a) Einbeziehung des nicht prägenden Einkommens.** Die Wende des BGH zu den variablen ehelichen Lebensverhältnissen[406] führt auch dazu, dass auch **später entstandene Unterhaltspflichten** die ehelichen Lebensverhältnisse des früheren Ehegatten dann prägen und zur **Absenkung seines Bedarfs** führen, wenn sie zu einem **Absinken** des für den Unterhalt **verfügbaren Einkommens** führt[407] (vgl. Rn. 390 ff.). Genauere Informationen darüber, in welcher Weise die zusätzlichen Unterhaltsverpflichtungen zum Absinken des Bedarfs des ersten Ehegatten führen, enthält die Entscheidung nicht. Es kann aber ausgeschlossen werden, dass die Herabsetzung des Bedarfs erst dann einträte, wenn nach Abzug der weiteren Unterhaltszahlungen dem Unterhaltsschuldner weniger als sein Selbstbehalt blieb. Richtigerweise tritt die Einschränkung des Bedarfs dann ein, wenn das (bonusbereinigte) Resteinkommen des Pflichtigen geringer wird, als der Bedarf des früheren Ehegatten. Dann ist nämlich die Halbteilung im Verhältnis zum früheren Ehegatten gestört und dessen Bedarf muss an das veränderte Resteinkommen angepasst werden (vergleichbar der Anpassung des Kindesunterhalts an die Bedarfskontrollbeträge der DT). Der Rechenweg soll an einem Beispiel entwickelt werden:

Beispiel
(Berechnet nach Additionsmethode Rn. 386 ff.):
M verdient 3000 €. Er ist der früheren Ehefrau F1 gegenüber unterhaltspflichtig und der zweiten Frau F2, von welcher er getrennt lebt.[408] F1 erwirbt nach der Trennung eine Schadensrente von monatlich 300 €, welche als nicht eheprägend auf ihren Bedarf anzurechnen ist. M erbt nach der Scheidung ein Vermögen, welches ihm 300 € monatlich einbringt und die erste Ehe nicht geprägt hat. F2 verdient 400 €.
Lösung: Vor der neuen Eheschließung hatte F1 einen Anspruch von:
F1: 3000 * 90%= 2700/2 = 1350 − 300 = 1050 € (Bedarf also 1350 €).
Nach Wiederverheiratung erwirbt F2 von M einen Anspruch auf Familienunterhalt, nach Trennung von Trennungsunterhalt. Dieser berechnet sich aus dem bereinigten Einkommen des Pflichtigen, wobei allerdings eine Verkürzung des Bonus von M vermieden werden muss:
F2: 3000 *90% + 300 − 1050 + 400 * 90% = 2310/2 = 1155 − 400 * 90% = 795 € (Bedarf also 1155 €).
Das nicht prägende Einkommens von F1 und M hat also nicht gereicht, um den zusätzlichen Unterhalt zu zahlen. Deshalb ist nach der Unterhaltsberechnung für F2 der Bedarf von M mit 1155 € geringer als der für den Unterhalt von F1 zugrunde gelegte Betrag von 1350 €.
Nun kann bei einer Korrektur des Unterhalts von F1 der Bedarf von F2 zugrunde gelegt werden.
F1: 1155 − 300 = 855 €. Das führt wieder zu Unterhaltskorrektur bei F2:
F2: 3000 * 90% + 300 − 855 + 400 * 90% = 2505/2 = 1253 − 400 * 90% = 893 €.
Der höhere Bedarf von 1253 € gegenüber 1155 € stünde dann aber auch F1 zu was zur Wiederholung der Berechnungen führen muss.
Es kann gezeigt werden, dass nach genügend vielen Berechnungen sich ein Gleichgewicht einstellt, wenn unter Einbeziehung auch der nicht prägenden Einkünfte von M und F1 der Bedarf durch **Dreiteilung** ermittelt wird:
Bedarf: 3000 * 90% + 300 + 300 + 400 * 90% = 3660/3 = 1220 €.
Wird dieser Bedarf dem Unterhalt von F1 zugrunde gelegt ergibt sich:
F1: 1220 − 300 = 920 €.
F2: 3000 * 90% + 300 − 920 + 400 * 90% = 2440/2 = 1220 − 400 * 90% = 860 €.
Bei Vorabzug des aus dem Dreiteilungsbedarf berechneten Unterhalts von F1 ergibt sich also derselbe Bedarf auch für F2 und M (1220 €). Eine Wiederholung der Berechnung ist nicht mehr erforderlich.

Das Beispiel zeigt, dass der Bedarf des früheren Ehegatten auf **den** Bedarfsbetrag herabzusetzen ist, welcher sich bei **Dreiteilung** der bonusbereinigten Einkommen aller Betei-

---

[406] BGH FamRZ 2006, 683
[407] BGH FamRZ 2006, 683
[408] Damit soll das Zusatzproblem der Ersparnis durch Zusammenleben umgangen werden.

ligten **einschließlich der die erste Ehe nicht prägenden Einkommensteile** ergibt. Auch der Splittingvorteil aus zweiter Ehe, welchen das BVerfG,[409] weil er sich wirtschaftlich als Einkommen des neuen Ehegatten darstellt, im Falle der Nachrangs diesem reserviert hat, muss als nicht prägend für die erste Ehe in die Berechnung mit Dreiteilung einbezogen werden. Andernfalls wird der (bisher benachteiligte) zweite Ehegatte gegenüber dem ersten zu Unrecht bevorzugt (vgl. Rn. 405 Beispiel 18).

b) Bedeutung des Ranges des weiteren Ehegatten. In seiner Leitentscheidung vom **306** 15. 3. 2006[410] hat der BGH nur **vor und gleichrangigen späteren Unterhaltspflichten** des Unterhaltsschuldners Einfluss auf die ehelichen Lebensverhältnisse des früheren Ehegatten zugebilligt. Die Entscheidung wurde noch zum alten Recht erlassen. Die zeitliche Rangordnung des § 1582 1 BGB aF i. V. m. dem Ziel der Lebensstandgarantie, welches dem 1. Eherechtsreformgesetz zugrunde lag, rechtfertigte eine Betrachtung, welche den Bedarf des **nachrangigen späteren Ehegatten** aus der Bedarfsberechnung für den ersten Ehegatten völlig ausschloss. Seit dem jedoch in §§ 1578 b, 1609 Nr. 2, 3 BGB nF der Grundsatz der Priorität zugleich mit den verbliebenen Resten der Lebensstandardgarantie abgeschafft wurde, kann der Rang für die Frage, ob die neue Unterhaltspflicht Einfluss auf den Bedarf des früheren Ehegatten hat, nicht mehr entscheidend sein (vgl. Rn. 390 f.). Rangfragen sind erst bei der Leistungsfähigkeit zu prüfen, weil sie erst im Mangelfall auftreten (vgl. Rn. 5/102. 5/122 ff.).

c) Nachfolgende Unterhaltsansprüche nichtehel. Elternteile nach § 1615 l BGB. **307** Auch die Unterhaltspflicht gegenüber einem nichtehelichen Partner nach § 1615 l BGB kann auf den Bedarf des früheren Ehegatten Einfluss haben. Ein solcher **Einfluss fehlt** allerdings dann, wenn dieser Unterhalt mit den nicht prägenden Einkommen beider geschiedenen Partner **abgedeckt werden kann.**

Beispiel 1:
M verdient (nach Abzug von Kindesunterhalt) 2000 € und erreicht nach der Scheidung durch Karrieresprung ein einkommen von 2600 €. Die geschiedene F1 hat ein nicht prägendes Renteneinkommen von 400 €. die nichteheliche Mutter F2 hat einen Bedarf 770 €.
Unterhalt von F1: 2000 * 90% = 1800/2 = 900 – 400 = 500 €.
F2 erhält 770 €.
M bleibt bonusbereinigt: 2600 * 90% – 770 – 500 = 1070 €, also mehr als der rechnerische Bedarf von 900 €.
Folglich kommt es zu keiner Bedarfskürzung bei F1.

Wenn der **Bedarf** nach § 1615 l BGB **geringer** ist, **als** derjenige, der sich bei **Dreiteilung** aller verfügbaren Einkommen ergibt, dann ist der Unterhalt nach § 1615 l BGB vom bonusbereinigten Einkommen des Pflichtigen abzuziehen und der daraus unter Einbeziehung aller Einkommen der Bedarf des Berechtigten zu errechnen. Ist er geringer als der bisherige Bedarf des Berechtigten, kommt es zu einer entsprechenden Absenkung des Bedarfs.

Beispiel 2
(Berechnet nach Additionsmethode Rn 386 ff.):
M verdient (nach Abzug von Kindesunterhalt) 2600 €. Die geschiedene F1 verdient 500 €, die nichteheliche Mutter F2 hat einen Bedarf von 770 €.
Unterhalt von F1 wieder: 2600 * 90% + 500 * 90% = 2790/2 = 1395 – 500 * 90% = 945 €
F2 erhält 770 €.
M bleibt 2600 * 90%–770 – 945 = 625 €, also weniger als der Bedarf von 1395 €.
Folglich kommt es zu einer Bedarfskürzung bei F1.
Der Bedarf bei Dreiteilung beträgt: 2600 * 90% + 500 * 90% = 2790/3 = 930 € und damit mehr als der Bedarf von F2 (770).
Deshalb erfolgt die Bedarfskürzung bei F1 unter Vorabzug des Unterhalts von F2:
F1: 2600 * 90% + 500 * 90% – 779 = 2011/2 = 1006 – 500 * 90% = 556 €
M bleibt 2600 – 770 – 556 = 1274 €.

---

[409] BVerfG FamRZ 2003, 1821
[410] BGH FamRZ 2006, 683

Ist der **Bedarf jedoch größer,** dann wird nach dem Grundsatz der Gleichteilung auch der Bedarf des nichtehel. Partners auf den eines Ehegatten reduziert und die Kürzung des Bedarfs beim früheren Ehegatten folgt der Dreiteilung.

Beispiel 3
(Berechnet nach Additionsmethode Rn 386 ff.):
M verdient (nach Abzug von Kindesunterhalt) 2600 €. Die geschiedene F1 verdient 500 €, die nichteheliche Mutter F2 hat einen Bedarf (früheres Einkommens) von 1000 €.
Unterhalt von F1 wieder: 2600 * 90% + 500 * 90% = 2790/2 = 1395 − 500 * 90% = 945 €
F2 erhält 1000 €.
M bleibt bonusbereinigt 2600 * 90% − 1000 − 945 = 395 €, also weniger als der Bedarf von 1395 €.
Folglich kommt es zu einer Bedarfskürzung bei F1.
Der Bedarf bei Dreiteilung beträgt: 2600 * 90% + 500 * 90% = 2790/3 = 930 € und damit weniger als der Bedarf von F2 (1000).
Deshalb erfolgt die Bedarfskürzung bei F1 und F2 nach Maßgabe der Dreiteilung:
F1: 930 − 500 * 90% = 480 €
F2: 930 €.
M bleibt 2600 − 930 − 480 = 1190 €

15. Einkommensänderungen infolge erstmaligem Rentenbezug nach Trennung und Scheidung

308   Früher hatte der BGH in ständiger Rechtsprechung Renten der gesetzlichen Rentenversicherung, die auf dem Versorgungsausgleich beruhten, als nicht eheprägend angesehen und im Wege der Anrechnungsmethode berücksichtigt,[411] allerdings die dabei entstehenden unbilligen Ergebnisse durch eine Billigkeitskorrektur vermieden.[412] Seit der Änderung der Rechtsprechung des BGH zur Anrechnungsmethode[413] sind die **Renteneinkommen beider Parteien** grundsätzlich als **prägendes Einkommen** zu behandeln, wobei es nicht mehr darauf ankommt, ob die Renten auf einer Berufstätigkeit vor, in oder nach der Ehe oder auf dem Versorgungsausgleich beruhen, nicht darauf, ob es sich um eine Alters- oder Erwerbsminderungsrente handelt und auch nicht darauf, ob der Rentenfall zurzeit der Scheidung bereits eingetreten war, oder nicht.[414] Soweit die Renten auf einer Berufstätigkeit vor, in oder nach der Ehe beruhen, sind sie Surrogat der Berufstätigkeit, welche in der Regel prägend ist. Soweit sie auf dem Versorgungsausgleich beruht, tritt sie an die Stelle der entsprechenden die ehelichen Lebensverhältnisse prägenden Einkommens des Ausgleichspflichtigen.

309   Nachehelich erworbene Renten können allerdings auch das **Surrogat für ein nicht prägendes Erwerbseinkommen** sein, wenn nämlich nach der Ehe auf Grund eines Karrieresprungs oder einer anderen nachehelichen Erhöhung des Einkommens, welche die ehelichen Lebensverhältnisse nicht mehr prägt, eine erhöhte Rente oder sonstige Altersversorgung bezieht. Ein solches Renteneinkommen bleibt bei der Bedarfsbemessung außer Betracht, gleich ob es vom Unterhaltsschuldner oder vom Unterhaltsgläubiger erworben wurde.

Eine weitere Ausnahme könnte gemacht werden für den Fall, dass das Renteneinkommen des Unterhaltsgläubigers zwar **auf dem Versorgungsausgleich** beruht, der Unterhaltspflichtige aber noch erwerbstätig ist und keine Rente bezieht, die gekürzt werden könnte.[415] Auch in diesem Fall ist zwar die Versorgungsausgleichsrente Surrogat der bisherigen Haushaltsführung. Es fehlt aber der unmittelbare Zusammenhang von Ausgleichsrente und Kürzung, so dass der Rentenfall eine Erhöhung des gemeinsamen Einkommens und damit des Bedarfs bringen kann, die ohne die Scheidung nicht eingetreten wäre. Unter der Geltung

---

[411] BGH, FamRZ 1988, 1156; FamRZ 1989, 159
[412] BGH, FamRZ 1989, 159
[413] BGH, FamRZ 2001, 986 = R 563
[414] BGH, FamRZ 2002, 88 = R 569
[415] Scholz FamRZ 2003, 265, 269

der Anrechnungsmethode für Versorgungsausgleichsrenten hatte der BGH aber entschieden, dass die von ihm empfohlene Billigkeitskorrektur der Anrechnungsmethode nicht dazu führen dürfe, dass im Rentenfall sich der Bedarf erhöhe. Es erscheint aber auch nicht als ausgesprochen ungerecht, dass diese Einkommenserhöhung zwischen den Ehegatten geteilt wird. Daher dürfte diese eher seltene und meist nur kurzfristig bedeutsame Konstellation letztlich keine Abweichung von dem nunmehr **geltenden Grundsatz, dass alle Renten prägendes Einkommen** sind, rechtfertigen.

Die Altersversorgung von Selbstständigen beruht vielfach auf der Verrentung von **Le-** 310 **bensversicherungen.** Diese treten an die Stelle des Erwerbseinkommens, wenn sich der Selbstständige zur Ruhe setzt. Soweit das Versicherungsvermögen bereits in der Ehe gebildet wurde, war die daraus fließende Altersversorgung bereits während bestehender Ehe zu erwarten und hat damit die ehelichen Lebensverhältnisse **geprägt.** Dasselbe gilt, wenn das Ansparen der Lebensversicherung in vergleichbarem Umfang **nach der Scheidung fortgesetzt** worden ist.

Die Lebensversicherung kann allerdings bereits dem **Ausgleich als Zugewinn** unterle- 311 gen haben. Das allein hindert jedoch nicht ihre Berücksichtigung als prägend, da auch die im Versorgungsausgleich berücksichtigten Renten weiterhin prägendes Einkommen darstellen. Wurde aber der Ausgleichsbetrag nicht aus anderen baren Mitteln aufgebracht, sondern finanziert oder abgezahlt, so wurde durch spätere Sparleistungen die Auflösung der Versicherung vermieden. Es handelt sich dann letztlich um eine nach der Ehe erworbene Versorgung, welche auf Leistungen beruht, **welche über die normalen Vorsorgeleistungen hinausgehen.** Es erscheint dann nicht gerecht, den Ehegatten an dieser Altersversorgung zu beteiligen.[416] Solche Renteneinkommen wird man deshalb nicht als prägend anerkennen dürfen. Auch sonst wird man Versorgungen aus Sparleistungen, welche **bei der Unterhaltsbemessung unberücksichtigt** geblieben sind, als **nicht prägend** aus der Bedarfsrechnung auszuscheiden haben[417] (zur Berücksichtigung von Vorsorgeaufwendungen vgl. Rn. 1/596 ff.).

Die prägenden Renteneinkommen des Verpflichteten sind regelmäßig geringer als die 312 von ihnen ersetzten Erwerbseinkommen. Von großer Bedeutung ist dann die Frage, ob etwaiges **Renteneinkommen des Berechtigten** als eheprägend anzuerkennen, im Ergebnis also nur zur Hälfte anzurechnen ist. Die durch ein **eheprägendes Erwerbseinkommen** begründete Versorgung ist selbst ebenfalls eheprägend. Durch **nichtprägende Erwerbstätigkeit** begründete Versorgung ist nicht prägend.

Dem durch **zweckentsprechende Verwendung des Altersvorsorgeunterhalts** be- 313 gründeten Renteneinkommen liegt ein vom Verpflichteten bereits geleisteter Unterhalt zugrunde, was gegen eine Berücksichtigung bei der Bedarfsbemessung spräche. Andererseits vertritt der Altersvorsorgeunterhalt den Versorgungsausgleich, was dafür spricht, die aus beiden erfließenden Renten gleich und zwar als **eheprägend zu** behandeln. Das ist jedenfalls im Normalfall der **zweistufigen Berechnung** gerechtfertigt, weil hier der Vorsorgeunterhalt von beiden Eheleuten gemeinsam getragen wurde. Anders liegt der Fall dann, wenn bei Vorhandensein unverteilten Einkommens der Vorsorgeunterhalt **einstufig berechnet** und deshalb auch allein vom Pflichtigen getragen wurde. Für einen solchen Fall hat der BGH zu Recht entschieden, dass das resultierende Renteneinkommen nicht eheprägend sei und der **Anrechnungsmethode** unterliege, weil der Pflichtige sonst doppelt zahlen müsse.[418]

314

16. Nutzung des Vorsorgevermögens aus Vorsorgeaufwendungen im Rentenfall

Die neuere Rechtsprechung des BGH kennt auch Vermögen, welches der Altersvorsorge gewidmet ist **(Vorsorgevermögen).** Soweit z. B. mit dem Vermögen eine **Leibrente**

---

[416] Solche Schulden werden bei der Unterhaltsbemessung in der Regel nicht berücksichtigt, weil dem Berechtigten die Finanzierung seines Zugewinnausgleichs aus dem Unterhalt meist nicht zugemutet wird (vgl. Heiß/Heiß Kap. 3 Rn. 764)
[417] Vgl. OLG Düsseldorf, FamRZ 1998, 621; OLG Hamm, FamRZ 1998, 1520
[418] BGH, FamRZ 2003, 848 mit kritischer Anmerkung Hoppenz

erworben wurde, sind diese Rentenleistungen Einkommen, auch wenn damit ein Vermögensverzehr verbunden ist, eine Billigkeitsabwägung wegen Zugriff auf den Vermögensstamm nach § 1581 BGB findet dann nicht statt.[419] Solches Vorsorgevermögen entsteht auch dann, wenn in einem Unterhaltsverfahren Vorsorgeleistungen für eine **zusätzliche Altersvorsorge** in Höhe von 4% des Bruttoeinkommens geltend gemacht hat (vgl. Rn. 186, 1/596 ff.). Da das so gebildete Vermögen zu Lasten des Unterhalts des Berechtigten gebildet wurde und eine Vermögensbildung zu Lastendes Unterhaltsberechtigten an sich unzulässig ist,[420] muss dieses Vermögen im Rentenfall wieder dem beiderseitigen Unterhalt zugeführt werden. Auch Vermögen, welches in einem Unterhaltsfall als **Schonvermögen** für die Altersvorsorge berücksichtigt wurde (in Höhe der fiktiven Ersparnis von 4% des Bruttoeinkommens in der zurückliegenden Erwerbszeit),[421] gehört zum Vorsorgevermögen. **Lebensversicherungen,** die auf ein Alter ab 55 abgeschlossen sind, sind immer Vorsorgevermögen (wenn es sich nicht um ein Finanzierungsmodell handelt, bei welchem das Kapital der Kredittilgung dient). Wenn der Unterhaltsschuldner bei Fälligkeit einer solchen Versicherung ohne triftigen Grund nicht die Verrentung, sondern die Kapitalauszahlung wählt, um dann vom Vermögensstamm zu leben, muss er sich so behandeln lassen, als hätte er die Verrentung gewählt, weil er durch seine Dispositionen nicht seine Unterhaltspflicht vermindern kann (vgl. Rn 1/410 ff.).

Wenn er aber von vornherein **nur Vermögen angespart** und keinen Versicherungsvertrag abgeschlossen hat, dient das Vermögen selbst der Aufrechterhaltung des Lebensstandards im Versorgungsfall. Der Verpflichtete kann dann auf den Verbrauch des Vermögensstamms verwiesen werden, welcher aber seinen lebenslangen Bedarf (unter Berücksichtigung seiner Lebenserwartung, vgl. Rn. 1/410 ff., 5/111) sichern muss. Ob er den Verbrauch des Vermögens auch unter Hinweis auf den möglichen Pflegefall verweigern kann, erscheint zweifelhaft, weil wegen des insoweit unkalkulierbaren Risikos eine Vermögensverwertung kaum jemals zugemutet werden könnte. Zur Absicherung des Pflegefalls kann eine Versicherung abgeschlossen, nicht aber Kapital zurückgehalten werden.

Zur Berechnung des verbrauchbaren Teils des Vermögensstamms kann nicht auf die Werte der Tabellen Rn. 6/617 f. zurückgegriffen werden, weil eine lebenslange Absicherung bei unsicherer Lebensdauer sich nicht an einem Durchschnitt orientieren kann.[422] Es kann nur von der maximalen vernünftigerweise anzunehmenden Lebensdauer ausgegangen werden. Das sind derzeit ca. 95 bis 100 Jahre, weil nur wenige älter werden. Dabei sind die Verhältnisse des Einzelfalls, insbesondere die Lebensdauer der Eltern und Verwandten zu würdigen.

Beispiel:
Das Alter von M betrage 66 Jahre. Es wird ein Höchstalter von 100 Jahren angenommen. Das Kapital betrage 500000. Ein Zinssatz von 3% sei nach Abzug von Steuern nachhaltig erzielbar. Ein Kapital von 500000 € kann in 34 Jahren bei einem Zinssatz von 3% mit Raten von 1956 € getilgt werden. Umgekehrt kann aus einem Kapital von 500000 € bei einer Nettoverzinsung von 3% für die Dauer von 34 Jahren monatlich 1945 € entnommen werden.[423]
Die Folge ist allerdings, dass in den meisten Fällen ein Vermögensrest an die Erben fallen wird. Diese haften nach § 1586b Abs. 1 BGB für den Unterhalt nur in Höhe des fiktiven Pflichtteils, also je nach Verwandtschaftsgrad der Erben oder anderer Pflichtteilsberechtigter zwischen 1/8 und 1/2 des Nachlasswerts.

Der so ermittelte zulässige Vermögensverbrauch muss sich grundsätzlich auch daran messen lassen, welches lebenslange Einkommen sich durch eine Verrentung dieses Vermögens zu üblichen Bedingungen (vgl. Berechnung der Sofortrente in www.allianz.de) erzielen ließe. Weil die Standardbedingungen in der Regel eine Beitragsrückgewähr im Todesfall vorsehen, ist die garantierte Rente eher bescheiden. Diese Rente dürfte die Unter-

---

[419] BGH FamRZ 1994, 228 = R 471 c
[420] BGH v. 5. 3. 2008 – XII ZR 22/06 = R 692
[421] BGH FamRZ 2006, 1516
[422] Vgl. dazu Bienko, FamRZ 1999, 517
[423] Die reine Verzinsung betrüge anfangs 1250 € monatlich, der reine Kapitalverbrauch ohne Zinsen 695 €, vgl. das Computerprogramm Gutdeutsch, Familienrechtliche Berechnungen: Leistungsfähigkeit, Einkommen/Schuldentilgung

grenze dessen darstellen, was als Einkommen durch Vermögensverbrauch für Unterhaltszwecke herangezogen werden kann.

– in dieser Auflage nicht belegt –   **315–358**

III. Halbteilungsgrundsatz und konkrete Bedarfsbemessung

1. Halbteilungsgrundsatz

Es entspricht gefestigter ständiger Rechtsprechung des BGH, dass bei der Bedarfsbemes- **359**
sung jedem Ehegatten die Hälfte des verteilungsfähigen Einkommens zuzubilligen ist, weil
die Ehegatten grundsätzlich in gleicher Weise am ehelichen Lebensstandard teilnehmen.[424]
Der Halbteilungsgrundsatz ist zwar für Unterhaltsrecht nicht im Gesetz verankert (vgl.
§§ 1361, 1578 BGB) und lässt sich nur aus einer Analogie zu §§ 1378 I, 1587 a I BGB
ableiten. Nur eine Einkommensaufteilung, die dem **Halbteilungsgrundsatz** entspricht, ist
unterhaltsrechtlich aber angemessen und entspricht der grundsätzlichen Gleichwertigkeit der
von beiden Ehegatten in der Ehe erbrachten Leistungen.[425]
Wird beim Bedürftigen ein nach Trennung/Scheidung erzieltes Einkommen als **Surrogat** **359 a**
seiner Haushaltstätigkeit in der Ehe angesetzt, entspricht dies dem Grundsatz der Halbteilung. Denn diese der Erwerbstätigkeit des anderen Ehegatten gleichwertige Familienarbeit
hat die Ehe in gleicher Weise geprägt und wirtschaftlich verbessert.[426] Dies entspricht der
Gleichwertigkeit der Leistung, die der nichterwerbstätige Ehegatte für die Familienarbeit in
der Ehe erbracht hat.[427]
Der Halbteilungsgrundsatz ist sowohl bei einer **konkreten Bedarfsbemessung** zu be- **360**
achten (s. Rn. 366 ff.) als auch bei einer **Bedarfsbemessung nach Ehegattenquoten** (s.
Rn. 372 ff.). Er gilt in gleicher Weise für den **Berechtigten** wie für den **Verpflichteten**,[428]
dessen sog. eheangemessener Selbstbehalt der anderen Hälfte des Bedarfs entspricht (vgl.
Rn. 568).[429] Soweit der BGH mit seiner Grundsatzentscheidung vom 15. 3. 2006 zu einem
Festbetrag beim Selbstbehalt in Form eines Ehegattenmindestselbstbehalt kam (derzeit 1000
€),[430] widerspricht dies der grundsätzlichen Halbteilung für die Leistungsfähigkeit nicht.
Denn der Ehegattenmindestselbstbehalt beruht nur darauf, dass wegen der wandelbaren
ehelichen Lebensverhältnisse alle **berücksichtigungswürdigen Verbindlichkeiten nach
der Trennung und Scheidung** bereits bei der **Bedarfsermittlung** angesetzt werden und
nicht entsprechend seiner früheren Rechtsprechung erst bei der Leistungsfähigkeit (vgl.
näher Rn. 185 b; 1/588 a). Dem Pflichtigen verbleibt weiterhin die Hälfte des gemeinsamen
Einkommens (= eheangemessener Selbstbehalt),[431] er ist bei beengten Verhältnissen nur
durch den Mindestehegattenselbstbehalt geschützt.
Der Grundsatz der Halbteilung wurde durch die **Unterhaltsrechtsänderung zum 1. 1.** **360 a**
2008 mit der durch die neue Rangordnung eröffneten Möglichkeit des Gleichrangs zweier
Ehegatten nach § 1609 Nr. 2 BGB nicht in Frage gestellt. Nach den Materialien des Gesetzgebers zählt seit 1. 1. 2008 nicht mehr die Priorität der Eheschließung, sondern nur noch die
individuelle Schutzbedürftigkeit.[432] Dies hat bei gleichrangigen Ehegatten zur Folge, dass
ihre Unterhaltsbelastung wechselseitig beim Bedarf zu berücksichtigen ist und es dadurch bei
der jeweiligen Halbteilung gegenüber dem Pflichtigen zu verbleiben hat (näher Rn. 390 ff.).[433]

---

[424] BGH, FamRZ 2006, 683 = R 649 h; FamRZ 2001, 986, 991 = R 563 a; FamRZ 1999, 372, 374
    = R 529 b; FamRZ 1992, 539, 541 = R 444 c; BGH, FamRZ 1988, 265, 267
[425] BVerfG, FamRZ 2002, 527 = R 571 a
[426] BGH, FamRZ 2001, 986, 991 = R 563 c
[427] BVerfG FamRZ 2002, 527 = R 571 a
[428] BGH, FamRZ 1981, 442, 444
[429] BGH, FamRZ 1989, 159
[430] BGH, FamRZ 2006, 683 = R 649 d
[431] BGH, FamRZ 2006, 683 = R 649 d, h
[432] BT-Drs 16/1830 vom 15. 6. 2006 S. 14
[433] Gerhardt/Gutdeutsch, FamRZ 2007, 778; Gerhardt, FuR 2008, 194

361 Aus dem Halbteilungsgrundsatz ergibt sich, dass dem Berechtigten kein höherer Unterhalt als **die Hälfte des verteilungsfähigen Einkommens** zugesprochen werden darf.[434] Bei Geltendmachung von Vorsorgeunterhalt vgl. Rn. 379. Der Bedarf kann hierbei nicht aus lediglich **gedachten fiktiven Einkünften** des Pflichtigen, die keine Grundlage in der tatsächlichen Einkommenssituation der Ehegatten während der Ehe hatten, abgeleitet werden.[435] Derartige Einkünfte prägen die ehelichen Lebensverhältnisse nicht.[436] Möglicherweise durch größeren Einsatz erzielbare, in der Ehe aber nie erzielte Einkünfte sind daher nicht bedarfsbestimmend (näher Rn. 279).

361 a Auch bei niedrigen Einkünften kann der eheangemessene Bedarf **nicht nach generellen Mindestsätzen** bemessen werden. Der eheliche Lebensstandard ist grundsätzlich individuell angelegt. Er kann wirtschaftlich über oder unter dem Niveau von Tabellenwerten liegen. Inhalt der Unterhaltspflicht ist nicht die Sicherung eines Existenzminimums des Berechtigten[437] (vgl. auch Rn. 429 ff.). Dies galt nach der früheren Rechtsprechung des BGH auch, soweit im Mindestbedarf ein pauschaler trennungsbedingter Mehrbedarf enthalten sein sollte;[438] seit der Surrogatslösung gibt es keinen trennungsbedingten Mehrbedarf als unselbständigen Teil des Bedarfs mehr (vgl. Rn. 169 a, 427 ff., 1/377 ff.). Eine Ausnahme bestand nach der bis 31. 12. 2007 geltenden Rechtslage im verschärften Mangelfall. Der BGH hatte insoweit mit Urteil vom 22. 1. 2003 nach anhaltender Kritik seine frühere Rechtsprechung geändert und als Einsatzbetrag für die Mangelfallrechnung einen Mindestbedarf in Höhe des sog. Existenzminimums, d. h. des notwendigen Selbstbehalts gegenüber Minderjährigen von derzeit 770 € beim Nichterwerbstätigen zur Vergleichbarkeit mit dem Mindestbedarf des nach § 1609 I, II BGB a. F. gleichrangigen Kindes von 135% des Regelbetrags angesetzt.[439]. Seit der geänderten Rechtslage zum 1. 1. 2008 mit dem Vorrang der minderjährigen Kinder und privilegierten Volljährigen nach § 1609 Nr. 1 BGB gegenüber dem kinderbetreuenden Elternteil nach § 1609 Nr. 2 BGB gibt es keinen verschärften Mangelfall minderjähriges Kind und Ehegatte mehr, weshalb auch beim Mangelfall kein Mindestbedarf für den Ehegatten als Einsatzbetrag in Betracht kommt (näher Rn. 5/122 ff.).

362 Hälftig aufzuteilen ist aber nur das **„verteilungsfähige Einkommen"**, d. h. der Teil der prägenden Einkünfte, der zur Deckung des Lebensbedarfs zur Verfügung steht (s. dazu Rn. 185 ff.). Das prägende Einkommen der Eheleute ist zur Ermittlung des Bedarfs daher vorher zu **bereinigen,**[440] d. h. um Steuern, Vorsorgeaufwendungen, berufsbedingte Aufwendungen, Kinderbetreuungskosten, Schulden und Kindesunterhalt, im Einzelfall ferner um alters- oder krankheitsbedingten Mehrbedarf und Ausgaben zur gemeinsamen Vermögensbildung zu kürzen (s. näher Rn. 1/588 ff.). Bei Erwerbseinkünften ist ferner **vorab** vom bereinigten Nettoeinkommen bei der Quotierung des Unterhalts der **Erwerbstätigenbonus** abzuziehen[441] (s. näher Rn. 372 ff.).

2. Keine Sättigungsgrenze bei der Bedarfsbemessung

363 Der BGH geht in ständiger Rechtsprechung davon aus, dass es an sich für die Bedarfsbemessung des Ehegattenunterhalts (Trennungsunterhalt und nachehelicher Unterhalt) keine Obergrenze oder Sättigungsgrenze gibt.[442]

364 Eine solche Sättigungsgrenze kommt aber mittelbar bei **gehobenen Einkünften** in Betracht, weil der Unterhalts auf Mittel, die nach einem objektiven Maßstab eine Einzel-

---

[434] BGH, FamRZ 2006, 683 = R 649 h; FamRZ 1995, 346
[435] BGH, FamRZ 1997, 281, 283 = R 509 f.
[436] BGH, a. a. O.
[437] BGH, FamRZ 2007, 1303 = R 669 b; FamRZ 2006, 683 = R 649 c; FamRZ 2003, 363, 364 = R 584 a; FamRZ 1998, 1501, 1503 = R 521 c; FamRZ 1995, 346
[438] BGH, FamRZ 1995, 346
[439] BGH, FamRZ 2003, 363, 364 = R 584 b
[440] BGH, FamRZ 1999, 367, 370 = R 530 c, d; FamRZ 1994, 87, 90 = R 468 b; FamRZ 1993, 1304, 1306 = R 464 c; FamRZ 1991, 304 = R 425; FamRZ 1990, 499, 502 = R 407 c
[441] BGH, FamRZ 1999, 367, 370 = R 530 d; 1997, 806 = R 512 b, c
[442] BGH, FamRZ 1990, 280; FamRZ 1983, 150; FamRZ 1982, 151

person auch bei Berücksichtigung hoher Ansprüche für einen billigenswerten Lebensbedarf sinnvoll ausgeben kann, zu beschränken ist. Denn der Unterhalt dient nur zur Befriedigung des laufenden Lebensbedarfs, nicht der zusätzlichen Finanzierung einer Vermögensbildung.[443] Bei hohen Einkünften ist aber nach dem objektiven Maßstab eines vernünftigen Betrachters auch unter Berücksichtigung des tatsächlichen Konsumverhaltens der Ehegatten während des Zusammenlebens regelmäßig davon auszugehen, dass nicht alle Mittel für die Kosten der Lebensführung benötigt werden.[444] Ein solcher Ausnahmefall ist nicht anzunehmen, wenn und solange sich die Einkünfte im Normalbereich halten,[445] ebenso wenig bei eingeschränkten Einkommensverhältnissen.[446] Ab wann gehobene Einkommensverhältnisse beginnen, ist in der obergerichtlichen Rechtsprechung umstritten (vgl. Rn. 368 a). In der Regel wird man von gehobenen Einkünften auszugehen haben, wenn sie zu einem **Bedarf** über den Einkommensgruppen der Düsseldorfer Tabelle führen (z. Z. über 5100 €). Es ist jedoch insoweit stets auf den Einzelfall abzustellen.

Bei **gehobenen** wirtschaftlichen Verhältnissen der Eheleute bestehen normale Korrektur-   **365** möglichkeiten dadurch, dass entweder der Unterhaltsbedarf losgelöst vom Einkommen konkret bemessen wird (s. unten Rn. 366 ff.) oder dass nach einem objektiven Maßstab ein Teil der Einkünfte als nichtprägend angesehen wird (vgl. Rn. 213 ff., 275).[447] Im Ergebnis führt diese jeweils zu einer Begrenzung des Unterhalts nach oben.

3. Konkrete Bedarfsbemessung

Der Tatrichter kann den eheangemessenen Unterhaltsbedarf konkret durch die Feststel-   **366** lung der Kosten ermitteln, die für die **Aufrechterhaltung des erreichten Lebensstandards** erforderlich sind.[448]

Eine solche konkrete Unterhaltsbemessung ist vor allem dann gerechtfertigt, wenn die Einkünfte des Verpflichteten **überdurchschnittlich hoch** sind, weil in solchen Fällen das Einkommen während des Zusammenlebens nicht ausschließlich für die Lebenshaltungskosten verwendet worden ist, sondern teilweise auch der Vermögensbildung oder anderen Zwecken gedient hat.[449] Daneben kommt sie ausnahmsweise bei schwer durchschaubaren Einkommensverhältnissen mit hohem Lebensstandard, z. B. durch ineinander verschachtelte unternehmerische Tätigkeiten oder hohen Negativeinkünften zur einseitigen Vermögensbildung, in Betracht.[450]

Die konkrete Bedarfsermittlung darf aber **nicht dazu führen,** einen Bedarf anzusetzen, der in den tatsächlichen Lebens-, Einkommens- und Vermögensverhältnissen **keinen Niederschlag** gefunden hat, z. B. weil die Einkommensverhältnisse nur eine dürftige Lebensführung gestatteten.[451]

Bei einer konkreten Unterhaltsbemessung sind alle zur Aufrechterhaltung des bisherigen   **367** Lebensstandards benötigten **Lebenshaltungskosten konkret zu ermitteln.** Dazu zählen u. a. die Aufwendungen für das Haushaltsgeld, Wohnen mit Nebenkosten, Kleidung, Geschenke, Putzhilfe, Reisen, Urlaub, sportliche Aktivitäten, kulturelle Bedürfnisse, Pkw-Nutzung, Vorsorgeaufwendungen, Versicherungen und sonstige notwendige Lebenshaltungskosten.[452] Es genügt, dass der Bedürftige die in den einzelnen Lebensbereichen anfallenden

---

[443] BGH, FamRZ 2007, 1532 = R 681 d
[444] BGH, FamRZ 2007, 1532 = R 681 d
[445] BGH, FamRZ 1983, 150
[446] BGH, FamRZ 2005, 97 = R 616 a
[447] BGH, FamRZ 2007, 1532 = R 681 d
[448] BGH, FamRZ 1990, 280; FamRZ 1987, 691, 693; FamRZ 1985, 582
[449] BGH, FamRZ 2003, 848, 850 = R 588 b; FamRZ 1982, 1187; OLG Hamm, FamRZ 2006, 1603; FamRZ 2005, 719; FamRZ 2001, 21; OLG Brandenburg, FamRZ 2007, 427; OLG München, FamRZ 2005, 36; OLG Köln, FamRZ 2002, 326; OLG Karlsruhe, FamRZ 2000, 1366; OLG Düsseldorf, FamRZ 1996, 1418; OLG Frankfurt, FamRZ 1997, 353
[450] OLG Hamm, FamRZ 1995, 1578
[451] BGH, FamRZ 2005, 97 = R 616 a
[452] BGH, FamRZ 1990, 280; FamRZ 1987, 691, 693

Kosten überschlägig darstellt, so dass sie nach § 287 ZPO geschätzt werden können, sie müssen nicht in allen Punkten konkret nachgewiesen werden.[453]

368   Auch im Rahmen einer konkreten Bedarfsbemessung ist ein **objektiver Maßstab** anzulegen. Entscheidend ist der Lebensstandard, der nach dem vorhandenen Einkommen vom Standpunkt eines vernünftigen Betrachters als angemessen erscheint. Dabei hat unter Berücksichtigung des tatsächlichen Konsumverhaltens in der Ehe sowohl ein zu dürftiger als auch ein übermäßiger Aufwand außer Betracht zu bleiben.[454]

Eine **Sättigungsgrenze** für die konkrete Bedarfsermittlung, d. h. eine obere Grenze für Unterhaltsansprüche, hat der BGH bisher bei seinen Entscheidungen **nicht angenommen.** Eine solche Sättigungsgrenze wird nach Meinung des BGH in seltenen Ausnahmefällen bei besonders hohen Einkünften als Beschränkung des Unterhalts auf die Mittel, die eine Einzelperson auch bei Berücksichtigung hoher Ansprüche für billigenswerten Lebensbedarf sinnvoll ausgeben kann, in Betracht gezogen werden können. In welcher Höhe derartige Einkünfte liegen müssen, hängt immer vom konkreten Einzelfall und dem individuellen Konsumverhalten in der Ehe ab.[455]

368 a   In den Leitlinien der meisten Oberlandesgerichte findet sich in Nr. 15.3 nur der pauschale Hinweis, dass bei sehr guten Einkommensverhältnissen des Pflichtigen eine konkrete Bedarfsbemessung in Betracht kommt.[456] Nach OLG Hamm und OLG Oldenburg kommt eine konkrete Bedarfsbemessung bei einem gemeinsamen bereinigten Nettoeinkommen der Eheleute über der höchsten Einkommensgruppe der DT in Betracht (derzeit 5100 €).[457] Nach OLG Frankfurt und OLG Thüringen ist bei einem Elementarunterhalt von über 2200 € eine konkrete Bedarfermittlung durchzuführen,[458] nach OLG Koblenz, wenn das gemeinsame Einkommen der Eheleute das Dreifache des Höchstbetrages der DT (derzeit 15 300 €) übersteigt.[459] Vielfach wird eine konkrete Bedarfsbemessung ab einem Bedarf von 5000 € vorgenommen werden können. Dies bedeutet aber nicht, dass der Anspruch generell auf diesen Betrag begrenzt ist, sondern die 5000 € bilden regelmäßig die Obergrenze für eine Quotierung. Der konkrete Bedarf hängt dann von den individuellen Verhältnissen und dem tatsächlichen Konsumverhalten unter Zugrundelegung eines objektiven Maßstabes ab.[460]

369   Eine konkrete Bedarfsbemessung verstößt nicht gegen den **Halbteilungsgrundsatz,** wenn dem Verpflichteten zur Deckung seines Unterhaltsbedarfs ein mindestens gleich hoher Betrag verbleibt.[461] Er muss allenfalls Aufwendungen für die Vermögensbildung oder für sonstige Zwecke einschränken (s. dazu Rn. 213, 268 a).

Gegen den **Halbteilungsgrundsatz** wird allerdings verstoßen, wenn dem Verpflichteten unter Einbeziehung vermögensbildender Aufwendungen zur Deckung seines eigenen Bedarfs von seinem prägenden Einkommen **weniger** verbleiben würde, **als es dem** für den Berechtigten **konkret bemessenen Unterhaltsbedarf entspricht.** Hat der Bedürftige den konkreten Bedarf nach den ehelichen Lebensverhältnissen nachgewiesen, trifft den **Pflichtigen die Darlegungs- und Beweislast,** dass ihm nicht die Hälfte des Einkommens verbleibt und er daher nicht leistungsfähig ist. Dies ist in der Praxis vor allem bedeutsam, wenn zwar einerseits in der Ehe ein großzügiger Lebensstandard gepflegt wurde, die Einkommensverhältnisse aber andererseits z. B. durch Ausnützen aller steuerlichen Möglichkeiten sehr undurchsichtig sind.

---

[453] OLG Hamm, FamRZ 1999, 723
[454] BGH, FamRZ 2007, 1532 = R 681 d
[455] Vgl. z. B. OLG München, FamRZ 2005, 36: 4945 € Elementar- und 1752 € Vorsorgebedarf; OLG Hamm, FamRZ 2006, 1603: 4456 €; OLG Hamm, FamRZ 1999, 723: 15 000 DM bei Einkommen des Mannes von mindestens 70 000 DM; OLG Frankfurt, FamRZ 1997, 353: 11 500 DM
[456] SüdL, BL, BraL, BrL, BrauL, CL, DL, DrL, HaL, KL, NaL, RL, jeweils Nr. 15.3
[457] HL, OL jeweils Nr. 15.3
[458] FL, TL Nr. 15.3
[459] KoL Nr. 15.3
[460] BGH, FamRZ 2007, 1532 = R 681 d
[461] OLG München, FamRZ 2005, 367

Bei einer konkreten Bedarfsbemessung **entfällt,** soweit Krankenvorsorge- und Altersvor- 370
sorgeunterhalt geltend gemacht wird, **eine zweistufige Berechnung** des Elementarunterhalts, weil diese nur sicherstellen soll, dass nicht zu Lasten des Verpflichteten vom Grundsatz
der gleichmäßigen Teilhabe der Ehegatten am ehelichen Lebensstandard abgewichen
wird.[462] Auch bei einem hohen Bedarf besteht ein Anspruch auf eine entsprechend hohe
Altersvorsorge, da der Vorsorgeunterhalt nicht begrenzt ist auf die sog. Beitragsbemessungsgrenze (vgl. Rn. 451).[463]

Eigeneinkünfte des Bedürftigen sind anzurechnen und kürzen den angesetzten kon- 370a
kreten Bedarf. Hierauf ist besonders zu achten, wenn es zu wertneutralen Lösungen kommt,
z. B. bei mietfreiem Wohnen. Der Wohnwert erhöht zunächst den konkreten Bedarf, kürzt
ihn aber bei der Anrechnung des Eigeneinkommens des Bedürftigen in gleicher Höhe
wieder.

Bei einer konkreten Bedarfsbemessung bleibt der Unterhalt auch für spätere Zeiten **auf** 371
den festgesetzten Bedarf fixiert. Eine **Abänderungsklage** kann daher nicht darauf
gestützt werden, dass sich das Einkommen des Pflichtigen **erhöht** hätte.[464] Eine Abänderung
ist aber möglich zum Zweck der Anpassung des Unterhalts an allgemein gestiegene Lebenshaltungskosten (s. auch Rn. 303). Eine Abänderung nach unten kommt in Betracht, wenn
der Unterhalt mit Rücksicht auf einen besonderen Bedarf des Berechtigten höher bemessen
worden ist, als es sonst den ehelichen Lebensverhältnissen entsprochen hätte, und dieser
besondere Bedarf später wegfällt. Dann wäre der Unterhaltsanspruch entsprechend zu
ermäßigen.[465]

Verringern sich die sehr guten Einkommensverhältnisse des Pflichtigen, z. B. durch 371a
Eintritt in den Altersruhestand, kann von der konkreten Bedarfsermittlung in einem Abänderungsverfahren in die übliche **Quotenberechnung** entsprechend den jetzt vorhandenen
Einkünften **übergegangen** werden, da auch die nicht vorwerfbare Reduzierung des Einkommens eheprägend ist.[466]

4. Bedarfsbemessung nach Ehegattenquoten

a) Quotenbedarf. In der richterlichen Praxis wird – von den wenigen Ausnahmen der 372
konkreten Bedarfsermittlung abgesehen – der Bedarf nicht nach den Mitteln bemessen, die
zur Aufrechterhaltung des ehelichen Lebensstandards benötigt werden, sondern pauschal
nach einer Quote, der Ehegattenquote, des für Unterhaltszwecke verteilbaren prägenden
Einkommens.

Diese Bedarfsbemessung nach dem verteilbaren Einkommen (und nicht nach dem tatsächlichen Bedarf) ist eine praktische Konsequenz aus der Tatsache, dass in der weitaus überwiegenden Zahl aller Fälle bei Eheleuten mit niedrigem oder durchschnittlichem Einkommen der bis zur Trennung erreichte Lebensstandard nach Trennung und Scheidung mit dem
verteilbaren Einkommen nicht aufrechterhalten werden kann. Deshalb wird wenigstens das
verteilbare Einkommen angemessen gequotelt, weil mehr ohnehin nicht verteilt werden
kann. Jeder muss auf seine Weise versuchen, mit diesem Anteil seinen Lebensbedarf zu
decken, und dazu sein bisheriges Konsumverhalten ggf. entsprechend einschränken. Dem
entspricht auch die geänderte Rechtsprechung des BGH, bei den ehelichen Lebensverhältnissen auf die tatsächlichen **wandelbaren Verhältnisse** abzustellen. Dies gilt sowohl bei
üblichen Einkommenssteigerungen nach Trennung und Scheidung als auch bei nicht leichtfertig erfolgten Einkommenssenkungen, sei es durch Einkommensreduzierungen (Verrentung, Arbeitslosigkeit usw.), sei es durch berücksichtigungswürdige neue Verbindlichkeiten
(näher Rn. 185 ff., 234 ff.).[467] Darauf ist seit der geänderten Rechtslage vor allem zu achten,

[462] BGH, FamRZ 1999, 372, 374 = R 529 b
[463] BGH, FamRZ 2007, 117 = R 662 d
[464] BGH, FamRZ 1990, 280
[465] BGH, FamRZ 1985, 582
[466] BGH, FamRZ 2003, 848, 850 = R 588 b
[467] BGH, FamRZ 2008, 968 = R 689 g; FamRZ 2007, 793 = R 674 a, b; FamRZ 2006, 683 =
R 649 f, g

wenn durch zwei gleichrangige bedürftige Ehegatten die vorhandenen Mittel nicht auf zwei, sondern drei Personen aufzuteilen sind (näher Rn. 390 ff.).

Die Unterhaltsbemessung nach Quoten dient dem Zweck, die für den allgemeinen Lebensbedarf der Ehegatten **verfügbaren Einkünfte** entsprechend dem Grundsatz der gleichmäßigen Teilhabe an den ehelichen Lebensverhältnissen **angemessen zu verteilen.**[468]

373   **b) Erwerbstätigenbonus.** Der BGH hält in gefestigter ständiger Rechtsprechung daran fest, dass es dem **Halbteilungsgrundsatz** nicht widerspricht, zugunsten eines Erwerbstätigen von einer strikt hälftigen Aufteilung in maßvoller Weise abzuweichen, um den mit einer Berufsausübung verbundenen höheren Aufwand zu berücksichtigen und zugleich einen Anreiz zur Erwerbstätigkeit zu schaffen und aufrechtzuerhalten. Dies gilt trotz grundsätzlicher Änderung seiner Rechtsprechung zu den ehelichen Lebensverhältnissen mit der Surrogatslösung auch weiterhin.[469] Demgemäß hat der BGH die in der Rechtsprechung der Oberlandesgerichte entwickelten Leitlinien gebilligt, bei deren Anwendung dem erwerbstätigen Ehegatten ein sog. **Erwerbstätigenbonus** aus dem verteilungsfähigen Einkommen **vorab** verbleibt,[470] der **Bedarf** sich also nur aus den **bereinigten** und bei **Erwerbstätigkeit vorab um den Bonus gekürzten Erwerbseinkünften** berechnet.[471] Der Vorabzug eines Erwerbstätigenbonus widerspricht nicht der Gleichwertigkeit mit der in der Ehe geleisteten Familienarbeit eines Ehegatten mit der Erwerbstätigkeit des anderen, da nach der Surrogatslösung auch beim Bedürftigen nach Aufnahme einer Berufstätigkeit ein Erwerbstätigenbonus vorab abzuziehen ist.[472] Erwerbseinkünfte sind dabei das Einkommen Nichtselbstständiger, Selbstständiger, Gewerbetreibender und Land- oder Forstwirte.

Bei **sonstigen Einkünften,** die auf keiner Erwerbstätigkeit beruhen, gibt es keinen solchen „Bonus", d. h., die Ehegattenquoten müssen **gleich hoch** sein. Kein Erwerbstätigenbonus ist deshalb bei Renten,[473] Pensionen, Arbeitslosengeld,[474] monatlich als Lohnersatz umgelegten Abfindungen,[475] Krankengeld, Zinsen,[476] Mieten,[477] Wohnwert anzusetzen.[478]

Liegen besondere Umstände des Einzelfalls vor, kann auch bei diesen Einkünften ausnahmsweise eine vom Grundsatz der hälftigen Aufteilung abweichende Bedarfsbemessung gerechtfertigt sein.[479] Der BGH verlangt dafür eine besondere Begründung.[480] Er hat z. B. die Zubilligung eines Bonus von $^1/_5$ für ein Renteneinkommen des Berechtigten (ebenso hoch wie der Bonus des erwerbstätigen Verpflichteten) gebilligt, weil das OLG dies mit krankheitsbedingten Nachteilen gerechtfertigt hat.[481] Dagegen hat er bei Einkünften aus Vermietung/Verpachtung es als nicht ausreichend angesehen, einen Bonus mit der pauschalen Begründung, der Umfang der Vermietung komme einer beruflichen Tätigkeit nahe, zuzubilligen.[482]

374   Die Bemessung des angemessenen Unterhalts und damit die Feststellung der Quote ist Aufgabe des **Tatrichters.**[483]

---

[468] BGH, FamRZ 1982, 890

[469] BGH, FamRZ 2004, 1867

[470] BGH, FamRZ 2004, 1867; FamRZ 1999, 367, 370; FamRZ 1992, 539, 541 = R 444 c; FamRZ 1991, 304 = R 425; FamRZ 1990, 1085, 1087; FamRZ 1988, 265, 267; FamRZ 1987, 913, 915; FamRZ 1986, 437, 439; FamRZ 1985, 908; FamRZ 1981, 1165

[471] BGH, FamRZ 1997, 806 = R 512 c

[472] BGH, FamRZ 2004, 1867

[473] BGH, FamRZ 2006, 387 = R 643 g; FamRZ 1999, 981 = R 416 a

[474] BGH, FamRZ 2007, 983 = R 677 e

[475] BGH, FamRZ 2007, 983 = R 677 e

[476] BGH, FamRZ 2006, 387 = R 643 g

[477] BGH, FamRZ 2004, 1867; FamRZ 2006, 387 = R 643 g

[478] BGH, FamRZ 2006, 387 = R 643 g; FamRZ 1991, 1163, 1166 = R 437 c

[479] BGH, FamRZ 2007, 983 = R; FamRZ 2006, 387 = R 643 g; FamRZ 1988, 265, 267

[480] BGH, FamRZ 2004, 1867; FamRZ 2006, 387 = R 643 g

[481] BGH, FamRZ 1990, 981 = R 416 a

[482] BGH, FamRZ 2006, 387 = R 643 g

[483] BGH, FamRZ 2004, 1867 = R 643 g; FamRZ 2002, 1687, 1691 = R 566 c; NJW 1998, 2821 = R 525 c; FamRZ 1990, 1085, 1087; FamRZ 1987, 913, 915

Der Tatrichter kann sich dabei an Richtsätzen und Leitlinien orientieren. Die durch die Anwendung solcher Hilfsmittel erzielten Ergebnisse müssen im Einzelfall jedoch daran gemessen werden, ob sie den anzuwendenden Rechtsgrundsätzen Rechnung tragen und angemessen sind. Falls erforderlich, müssen sie nach den besonderen Umständen des Einzelfalls berichtigt werden.[484]

Während früher die Leitlinien der Oberlandesgerichte sehr unterschiedliche Höhen beim Erwerbstätigenbonus von $^1/_5$, $^1/_7$, $^1/_{10}$ oder variabel nach Einkommen bis zu $^1/_{20}$ enthielten, gibt es seit der gemeinsamen Leitlinienstruktur und der dadurch eingetretenen größeren Vereinheitlichung der obergerichtlichen Rechtsprechung ab 1. 7. 2003 für die Unterhaltsberechnung nur noch einen Erwerbstätigenbonus von $^1/_{10}$ oder $^1/_7$ (s. näher Rn. 380).

Den **Erwerbstätigenbonus** gibt es bei allen **prägenden** Erwerbseinkünften des **Ver-** **375** **pflichteten** und des **Berechtigten**[485] als Ausgleich für den mit einer Erwerbstätigkeit verbundenen besonderen Aufwand und als Arbeitsanreiz. Der „Bonus" entspricht dem Halbteilungsgrundsatz.[486]

Aus Gründen der Gleichbehandlung ist er auch bei **nichtprägenden** Erwerbseinkünften des Berechtigten, z. B. bei einem Karrieresprung zu berücksichtigen, die auf den Unterhaltsbedarf angerechnet werden;[487] ebenso, wenn Erwerbseinkünfte wegen Verstoß gegen die Erwerbsobliegenheit nur **fiktiv** angesetzt wurden, weil der Berechtigte so gestellt werden muss, wie wenn er diese Einkünfte erzielen würde.[488]

Der Bonus muss für Verpflichtete und Berechtigte **gleich hoch** sein.

Der „Bonus" muss bereits im Rahmen der Bedarfsbemessung berücksichtigt werden,[489] **376** nicht erst bei der Billigkeitsabwägung nach § 1581 BGB.[490] Es entspricht der ständigen Rechtsprechung des BGH, dass für die Ermittlung der ehelichen Lebensverhältnisse nach § 1578 I BGB dem erwerbstätigen Verpflichteten ein die Hälfte des verteilungsfähigen Einkommens maßvoll übersteigender Betrag verbleiben muss. Aus Gleichheitsgründen gilt dies auch bei prägenden Erwerbseinkünften des Bedürftigen.[491] Dem entspricht z. B. bei beiderseits prägenden Erwerbseinkünften die $^3/_7$-Quote der Differenzmethode nach der DT bzw. der Vorabzug des Erwerbstätigenbonus von $^1/_{10}$ oder $^1/_7$ nach der Additionsmethode (näher Rn. 386 ff.). Die z. T. vertretene Auffassung,[492] bei Erwerbseinkünften des Bedürftigen sei dessen Erwerbstätigenbonus bei der Bedarfsermittlung nicht zu berücksichtigen, d. h. nicht vorab abzuziehen, entspricht nicht dieser Gleichbehandlung.

Der **Erwerbstätigenbonus** wird vom **bereinigten Nettoeinkommen** abgezogen, nicht **377** bereits vom Nettoeinkommen, d. h., zunächst ist das Erwerbseinkommen um unterhaltsrechtlich relevante Abzüge zu kürzen (s. Rn. 1/588 ff.) und erst anschließend um den Erwerbstätigenbonus zu reduzieren.[493] Denn dem Erwerbstätigen soll der Erwerbstätigkeit ein die Hälfte des verteilungsfähigen Einkommens maßvoll übersteigender Betrag verbleiben; verteilungsfähig ist aber nur das bereinigte Einkommen.[494] Diesen Grundsatz hat der BGH in seiner Entscheidung vom 16. 4. 1997 nochmals ausdrücklich bestätigt.[495] In den ab 1. 7. 2003 geltenden Leitlinien der einzelnen Oberlandesgerichte wurde dies in Nr. 15.2

---

[484] BGH, FamRZ 1983, 678

[485] BGH, FamRZ 1999, 367, 370 = R 530 e

[486] BGH, FamRZ 2004, 1867; FamRZ 1990, 1090; FamRZ 1989, 842

[487] BGH, FamRZ 1988, 256, 259; FamRZ 1985, 908, 910

[488] BGH, FamRZ 1995, 346; FamRZ 1991, 307, 310; FamRZ 1990, 979, 981

[489] BGH, FamRZ 2006, 387 = R 343 g; FamRZ 2004, 1867; FamRZ 1999, 367, 370; FamRZ 1997, 806 = R 512 c; FamRZ 1991, 304 = R 425; FamRZ 1991, 1414; FamRZ 1990, 499, 502; FamRZ 1990, 979; FamRZ 1990, 1085, 1087

[490] BGH, FamRZ 2004, 1867; FamRZ 1989, 842; FamRZ 1988, 265, 267

[491] BGH, FamRZ 1999, 367, 370

[492] Sog. Quotenbedarfsmethode, vgl. DL Nr. 15.2; zur Quotenbedarfsmethode vgl. Rn. 414

[493] BGH, FamRZ 1999, 367, 369; FamRZ 1997, 806 = R 512 b; OLG Düsseldorf, FamRZ 1994, 1049; OLG München, FamRZ 1993, 328; OLG Karlsruhe, FamRZ 1992, 1438

[494] Vgl. z. B. BGH, FamRZ 1991, 304 = R 425; FamRZ 1990, 1085

[495] BGH, FamRZ 1997, 806 = R 512 b

entsprechend aufgenommen.[496] Der Erwerbstätigenbonus ist kein Teil der Bereinigung des Nettoeinkommens, sondern der **Quotierung** des Unterhaltsanspruchs.

Bei **Mischeinkünften** darf der Erwerbstätigenbonus nur von Erwerbseinkünften, nicht von den sonstigen Einkünften abgezogen werden.[497] Dies erreicht man am einfachsten durch Anwendung der Additionsmethode (s. näher unten Rn. 386 ff.). Zur Bereinigung des Nettoeinkommens bei Mischeinkünften vgl. Rn. 418 ff.

378   Wie bereits ausgeführt, beinhaltet der Erwerbstätigenbonus nach dem BGH sowohl einen **Anreiz zur Steigerung der Berufstätigkeit** als auch eine **pauschale Abgeltung** des mit der Erwerbstätigkeit verbundenen erhöhten Aufwandes.[498] Letzteres erfasst nicht die konkret anfallenden berufsbedingten Aufwendungen Nichtselbstständiger. Denn insoweit hat der BGH zwischenzeitlich mehrfach anerkannt, dass sie mit pauschalen 5% berufsbedingten Aufwendungen abgegolten werden können (näher Rn. 1/604). Zwischen **berufsbedingten Aufwendungen Nichtselbstständiger** einerseits und dem **Erwerbstätigenbonus** andererseits ist deshalb strikt zu **trennen,** da ansonsten Nichtselbstständige und Selbstständige/Gewerbetreibende unterschiedlich behandelt würden. Während bei Selbstständigen/Gewerbetreibenden alle betrieblichen Ausgaben bereits bei der Gewinnermittlung berücksichtigt werden und das Einkommen entsprechend kürzen (vgl. Rn. 1/232 ff.), sind berufsbedingte Aufwendungen Nichtselbstständiger (= Werbungskosten) erst bei der Bildung des bereinigten Nettoeinkommens abzuziehen, soweit sie im Einzelfall anfallen (vgl. Rn. 1/87 ff., 604). Der vom BGH zur Begründung des Bonus angeführte, mit der Erwerbstätigkeit verbundene erhöhte Aufwand kann sich damit nur auf den mit einer Berufstätigkeit generell verbundenen, im Einzelfall aber kostenmäßig nicht messbaren erhöhten Aufwand beziehen, ferner auf sehr geringfügige Einzelkosten, wenn keine pauschalen berufsbedingten Aufwendungen geltend gemacht werden (näher Rn. 1/604).[499]

379   Da die Bedarfsbemessung nach Quoten auch bei einem „Bonus" bei Erwerbseinkünften stets dem Halbteilungsgrundsatz entspricht, wirkt sich jede über den Quotenanteil hinausgehende Zahlungsverpflichtung zum Nachteil des Verpflichteten aus und stört das unterhaltsrechtliche Gleichgewicht. Deshalb darf der **Kranken- und Altersvorsorgeunterhalt** nicht zusätzlich zum Quotenunterhalt zugesprochen werden, sondern ist zweistufig zu berechnen. Eine Ausnahme besteht nur, wenn zusätzliche Mittel durch nichtprägende Einkünfte des Bedürftigen, vorhanden sind, die sichern, dass dem Pflichtigen auch ohne Vorabzug der Vorsorgeaufwendungen des Bedürftigen die Hälfte des Bedarfs nach den ehelichen Lebensverhältnissen verbleibt.[500] Im Regelfall muss dagegen der errechnete Vorsorgeunterhalt vorab vom verteilungsfähigen Einkommen abgezogen werden, ehe der endgültige Elementarunterhalt nach einer Quote bemessen wird. Dies erfordert eine zweistufige Berechnung des Elementarunterhalts, wenn auch Vorsorgeunterhalt verlangt wird.[501] Das Gleiche gilt bei einem ausbildungsbedingten oder krankheitsbedingten Mehrbedarf. Zur zweistufigen Berechnung vgl. Rn. 439 ff., 477 ff., zur Ausnahme vgl. Rn. 483 ff.

5. Überblick zu den Quoten bei Einkünften aus Erwerbstätigkeit und sonstigen Einkünften und zur Höhe des Erwerbstätigenbonus

380   **a) Quoten bei Erwerbseinkünften.** Gemäß der von den Oberlandesgerichten vereinbarten einheitlichen Leitlinienstruktur ab 1. 7. 2003 ist die Bonushöhe in Nr. 15.2 abgehandelt. Dabei wird seit 2003 nur mehr mit einem Bonus von $1/7$ oder $1/10$ gerechnet werden. Die Unterhaltsreform zum 1. 1. 2008 und das hierbei vom Gesetzgeber als wesent-

---

[496] Vgl. SüdL, BL, BrL, BrauL, CL, DrL, FL, HaL, HL, KL, KoL, NaL, OL, RL, SchL, ThL jeweils Nr. 15.2; ebenso BraL 15.2 mit Ausnahme des 3. Senats, der entgegen BGH den Bonus vom Nettoeinkommen vor Bereinigung um den Kindesunterhalt und Schuldendienst abzieht

[497] BGH, FamRZ 1991, 1163, 1166 = R 437 c

[498] BGH, FamRZ 1992, 539, 541 = R 444 c; FamRZ 1991, 670; FamRZ 1990, 1085, 1087; FamRZ 1988, 265, 267

[499] BGH, FamRZ 2007, 193 = R 664 a

[500] BGH, FamRZ 2003, 590, 593 = R 586 d; FamRZ 1999, 372, 374 = R 529 b

[501] BGH, FamRZ 1981, 442

liches Ziel deklarierte Vereinfachungsgebot hätte an sich für die Oberlandesgerichte Anlass sein müssen, sich im Rahmen der Unterhaltskommission auf eine einheitliche Bonushöhe zu einigen. Es geht hierbei um eine tatrichterliche Ermessensfrage, nicht um richtig oder falsch. Der **Vereinfachungsgrundsatz** würde zweifellos für einen Erwerbstätigenbonus von $^1/_{10}$ sprechen,[502] ebenso der Ansatz einer Pauschale von 5% berufsbedingten Aufwendungen neben dem Erwerbstätigenbonus.

- Die meisten Oberlandesgerichte bemessen nach Leitlinien oder in Anlehnung an die DT den **Erwerbstätigenbonus mit** $^1/_7$, d. h., dem Verpflichteten bleiben von seinem Erwerbseinkommen $^4/_7$, der Berechtigte erhält $^3/_7$ (vgl. DT Anm B I).
  So KG Berlin, OLG Braunschweig, OLG Brandenburg (außer 3. Senat), OLG Bremen, OLG Celle, OLG Dresden, OLG Düsseldorf, OLG Frankfurt, OLG Hamburg, OLG Hamm, OLG Jena; OLG Koblenz, OLG Köln, OLG Oldenburg, OLG Rostock, OLG Saarbrücken, OLG Schleswig.
- Die Süddeutschen Leitlinien (Oberlandesgerichte Bamberg, Karlsruhe, München, Nürnberg, Stuttgart und Zweibrücken) sowie das OLG Naumburg und der 3. Senat des OLG Brandenburg setzen den Erwerbstätigenbonus mit $^1/_{10}$ an.

Der **BGH** hat in bisher ständiger Rechtsprechung sowohl die $^1/_7$ – als auch die $^1/_{10}$-Quo- **381** tierung gebilligt, ebenso die früher geltende $^1/_5$-Quote. Dagegen hat er eine Quote von $^1/_4 : ^3/_4$ als nicht angemessen erachtet.[503] Er hat auch einen über $^1/_7$ hinausgehenden weiteren Bonus von 5% als Verdienerabzug (statt pauschaler berufsbedingter Aufwendungen) als nicht gerechtfertigt angesehen.[504]

Der BGH hat in den neunziger Jahren in einer Folge von Hinweisen die Meinung **382** vertreten, wenn das Erwerbseinkommen bereits um pauschale 5% berufsbedingte Aufwendungen bereinigt sei, bedürfe die Zubilligung eines ungekürzten Erwerbstätigenbonus von $^1/_7$ einer besonderen Begründung.[505] Die vom BGH in diesen Entscheidungen geäußerte Ansicht war allerdings in keinem Fall Entscheidungsgrundlage, weil die Frage vom Tatrichter im Rahmen seiner Beurteilung der Angemessenheit des Unterhaltsanspruchs zu lösen ist.[506] Sie war im Übrigen nicht ohne weiteres verständlich, solange er einen Erwerbstätigenbonus von $^1/_5$ zugelassen hat. Denn 5% und $^1/_7$ ergeben erst 19,3% gegenüber 20% bei $^1/_5$. Andererseits ist es zutreffend, dass ein Abzug von $^1/_7$ neben pauschalen 5% berufsbedingten Aufwendungen im Einzelfall nicht mehr als maßvoller Zuschlag, der dem Berufstätigen als Erwerbstätigenbonus anrechnungsfrei verbleiben soll, angesehen werden kann. Die SüdL haben deshalb den Erwerbstätigenbonus auf $^1/_{10}$ gesenkt, was auch praktikabler ist.

In einem **Mangelfall** hat der BGH die Zubilligung eines Erwerbstätigenbonus neben pauschalen 5% berufsbedingten Aufwendungen wegen der besonders beengten wirtschaftlichen Verhältnisse abgelehnt,[507] in einem anderen Fall die Herabsetzung des Bonus von $^1/_7$ auf $^1/_9$ neben konkreten berufsbedingten Aufwendungen gebilligt.[508] Naheliegender ist es, im Mangelfall statt pauschaler 5% berufsbedingter Aufwendungen nur den Abzug der konkreten Kosten zuzulassen (vgl. z. B. SüdL Nr. 10.2.1) und es ansonsten beim üblichen Bonus zu belassen. Denn seit der neuen Rangordnung zum 1. 1. 2008 geht es in diesen Fällen nur noch darum, welcher Restbedarf dem nach § 1609 Nr. 2 BGB gegenüber dem minderjährigen Kind nachrangigen Ehegatten verbleibt bzw. wie die Verteilungsmasse auf mehrere gleichrangige Ehegatten aufzuteilen ist.

Die Bemessung der Quote obliegt dem Tatrichter. Diese kann nur insoweit revisions- **383** rechtlich nachgeprüft werden, als der Grundgedanke der gleichmäßigen Teilhabe am ehelichen Lebensstandard unter maßvoller Berücksichtigung erhöhter Aufwendungen und

---

502 Gerhardt/Gutdeutsch, FamRZ 2007, 778
503 BGH, FamRZ 1979, 692
504 BGH, FamRZ 1995, 346
505 BGH, NJW 1998, 2821, 2822 = R 525 c; FamRZ 1993, 1304, 1306 = R 464 c; FamRZ 1991, 416, 420; FamRZ 1990, 979, 981; FamRZ 1990, 989, 991; FamRZ 1990, 1085, 1087; FamRZ 1990, 1090
506 BGH, NJW 1998, 2821, 2822 = R 525 c
507 BGH, FamRZ 1992, 539, 541 = R 444 c
508 BGH, FamRZ 1997, 806 = R 512 b

Arbeitsanreiz gewahrt bleiben muss.[509] Der Tatrichter geht im Regelfall nach den in seinem Bezirk geltenden Tabellen bzw. Leitlinien vor. Dem Recht suchenden Bürger dürfte es aber kaum vermittelbar sein, dass die Bonushöhe in den einzelnen OLG-Bezirken z. T. nach wie vor noch etwas differiert.

383 a   In **Unterhaltsabänderungsverfahren** besteht an Leitlinien und den dort aufgeführten Erwerbstätigenbonus **keine Bindungswirkung** (näher Rn. 10/162 b, c).[510] Damit kann für die Neuberechnung eine andere Bonushöhe herangezogen werden.[511]

384   **b) Quote bei Nichterwerbseinkünften.** Bei allen sonstigen Einkünften (z. B. aus Rente, Vermögen, Wohnwert u. ä.), die nicht auf einer Erwerbstätigkeit beruhen, gibt es für eine unterschiedliche Quotierung weder aus dem Gedanken der Erhaltung der Arbeitsfreude (Arbeitsanreiz) noch wegen einem erhöhten berufsbedingten Aufwand einen hinreichenden Grund. Deshalb ist grundsätzlich jedem Ehegatten als **Quote die Hälfte** des verteilungsfähigen Einkommens zuzubilligen.[512]

385   Dem Grundsatz nach halten sich alle Oberlandesgerichte an diese Rechtsprechung. Im Einzelfall wird bei Mischeinkünften zuweilen übersehen, Nichterwerbseinkünfte (z. B. Kapitalzinsen) neben Erwerbseinkünften gesondert zu quotieren, wenn nicht nach der Additionsmethode gerechnet wird.

IV. Berechnungsmethoden

1. Unterhaltsberechnung nach der Additionsmethode

386   Sowohl beim Trennungs- als auch beim nachehelichen Unterhalt bestimmt sich das Maß des Unterhalts gemäß §§ 1361 I, 1578 I BGB nach den prägenden ehelichen Lebensverhältnissen, an denen beide Eheleute **gleichmäßig,** d. h. je zur Hälfte, teilnehmen. Auf diesen Bedarf muss sich der Berechtigte nach § 1577 I BGB sein gesamtes **prägendes und nichtprägendes Einkommen anrechnen** lassen. Für die Unterhaltsberechnung bietet sich daher die Additionsmethode an,[513] die inzwischen von fast allen Leitlinien in Nr. 15, 16 übernommen wurde.[514] Der BGH hat die Additionsmethode als die verständlichere Methode gegenüber der verkürzenden Differenzmethode bezeichnet.[515] Die Additionsmethode gewinnt seit der Unterhaltsreform zum 1. 1. 2008 ein noch größeres Gewicht, weil sie jederzeit bei **Gleichrang mehrerer Ehegatten** nach § 1609 Nr. 2 BGB auf beliebig viele Bedürftige **ausgeweitet** werden kann (vgl. näher Rn. 389 a, 392).[516] Dies ist mit der nur den sog. Restbedarf quotierenden Differenzmethode nicht möglich.

387   Bei der Additionsmethode mit **einem Berechtigten** wird der Unterhalt in zwei Stufen errechnet. In einem ersten Schritt ermittelt man den **Bedarf nach den prägenden ehelichen Lebensverhältnissen,** im zweiten Schritt die **Unterhaltshöhe** (= Bedürftigkeit) unter Anrechnung der gesamten prägenden und nichtprägenden Einkünfte des Berechtigten. Dabei wird entsprechend den vielfachen Hinweisen des BGH konsequent zwischen Erwerbs- und sonstigen Einkünften getrennt und der Erwerbstätigenbonus nur von den Erwerbseinkünften abgezogen. Der **Vorteil** der Additionsmethode gegenüber der Differenz- und Anrechnungsmethode liegt in ihrer Verständlichkeit, in der Vermeidung von Fehlern bei Mischeinkünften und in der Festlegung des Bedarfs, wodurch der Blick für damit

---

[509] BGH, FamRZ 1981, 442; FamRZ 1981, 1165
[510] BGH, FamRZ 1990, 1085
[511] BGH, FamRZ 2001, 1687, 1691 = R 566 c
[512] BGH, FamRZ 2007, 983 = R 676 e; FamRZ 2006, 387 = R 643 g; FamRZ 1991, 1163, 1166 = R 437 c
[513] Vgl. hierzu näher Mayer, FamRZ 1992, 138; Gerhardt, FamRZ 1993, 261
[514] SüdL, BL, BraL, BrL, BrauL, CL, DrL, FL, HaL; KL, KoL, NaL, RL; die DL und HL führen alle Berechnungsmethoden auf, die HL mit dem Hinweis, dass bei Mischeinkünften nach der Additionsmethode gerechnet werden soll, die OL, TL und SchL lediglich die von der DT Anm. B I angewandte Differenz – und Anrechnungsmethode
[515] BGH, FamRZ 2001, 986, 991 = R 563 c
[516] Gerhardt/Gutdeutsch, FamRz 2007, 778

zusammenhängende Fragen, z. B. der Begrenzung des Anspruchs aus Billigkeitsgründen nach § 1578 b BGB geschärft wird. Die Additionsmethode führt auch bei schwierigsten Fallgestaltungen, in denen ohne Ermittlung des Bedarfs die Feststellung der Unterhaltshöhe nicht möglich ist, zu klaren und verständlichen Ergebnissen, z. B. bei Berechnungen mit einem Wohnwert, auf dem noch gemeinsame Verbindlichkeiten lasten, die der Pflichtige weiterhin abzahlt (vgl. Beispiele Rn. 1/353).

Für die Unterhaltsberechnung nach der Additionsmethode mit einem Bedürftigen emp- **388** fiehlt sich folgende Formel:[517]

1. Stufe (= Ermittlung des Unterhaltsbedarfs nach §§ 1361, 1578 BGB):
Bedarf = die Hälfte des prägenden Einkommens des Pflichtigen (= prägende Erwerbs-einkünfte zu $^9/_{10}$, bzw. $^6/_7$ + sonstiges prägendes Einkommen) zuzüglich des prägenden Einkommens des Berechtigten (= prägende Erwerbseinkünfte zu $^9/_{10}$, bzw. $^6/_7$ + sonstiges prägendes Einkommen).

2. Stufe (= Berechnung der Unterhaltshöhe nach Anrechnung aller Einkünfte des Bedürf-tigen gemäß § 1577 I BGB)
Höhe = Unterhaltsbedarf (aus Stufe 1) abzüglich Eigeneinkommen des Berechtigten (= prägende und nichtprägende Erwerbseinkünfte zu $^9/_{10}$, bzw. $^6/_7$ + sonstiges prägendes und nichtprägendes Einkommen).

Rechenbeispiele: **389**
Fall:
M hat bereinigtes Nettoerwerbseinkommen von 3000 EUR, F hat bereinigtes Nettoeinkommen von 1000 EUR.
a) prägend aus Erwerbstätigkeit,
b) prägend aus Zinsen/Wohnwert,
c) nichtprägend aus Erwerbstätigkeit,[518]
d) nichtprägend aus Zinsen/Wohnwert.
Lösung
Zu a:
Nach SüdL mit $^1/_{10}$:
1. Stufe (Bedarf): $^1/_2$ ($^9/_{10}$ 3000 + $^9/_{10}$ 1000) = 1800
2. Stufe (Höhe): 1800 − $^9/_{10}$ 1000 = 900
Nach DT mit $^1/_7$:
1. Stufe (Bedarf): $^1/_2$ ($^6/_7$ 3000 + $^6/_7$ 1000) = 1715
2. Stufe (Höhe): 1715 − $^6/_7$ 1000 = 857
Zu b):
Nach SüdL mit $^1/_{10}$:
1. Stufe (Bedarf): $^1/_2$ ($^9/_{10}$ 3000 + 1000) = 1850
2. Stufe (Höhe): 1850 − 1000 = 850
Nach DT mit $^1/_7$:
1. Stufe (Bedarf): $^1/_2$ ($^6/_7$ 3000 + 1000) = 1786
2. Stufe (Höhe): 1786 − 1000 = 786
Zu c):
Nach SüdL mit $^1/_{10}$:
1. Stufe (Bedarf): $^1/_2$ ($^9/_{10}$ 3000 + 0) = 1350
2. Stufe (Höhe): 1350 − $^9/_{10}$ 1000 = 450
Nach DT mit $^1/_7$:
1. Stufe (Bedarf): $^1/_2$ ($^6/_7$ 3000 + 0) = 1286
2. Stufe (Höhe): 1286 − $^6/_7$ 1000 = 428
Zu d):
Nach SüdL mit $^1/_{10}$:
1. Stufe (Bedarf): $^1/_2$ × $^9/_{10}$ 3000 = 1350
2. Stufe (Höhe): 1350 − 1000 = 350
Nach DT mit $^1/_7$:
1. Stufe (Bedarf): $^1/_2$ × $^6/_7$ 3000 = 1286
2. Stufe (Höhe): 1286 − 1000 = 286

---

[517] Gerhardt, a. a. O.
[518] Nach der geänderten Rechtsprechung des BGH gibt es nichtprägende Erwerbseinkünfte an sich nur noch für einen Teil des Einkommens bei einem Karrieresprung, vgl. Rn. 254

Fall:

M hat ein prägendes bereinigtes Erwerbseinkommen von 2000 EUR und prägende Zinseinkünfte von 300 EUR, F hatte in der Ehe 1000 EUR Erwerbseinkünfte, nach der Trennung zusätzlich durch Erbschaft 150 EUR Zinseinkünfte.

Lösung

Nach SüdL mit $^1/_{10}$**:**

Bedarf: $^1/_2$ ($^9/_{10}$ 2000 + 300 + $^9/_{10}$ 1000) = 1500

Höhe: 1500 − ($^9/_{10}$ 1000 + 150) = 450

Nach DT mit $^1/_7$**:**

Bedarf: $^1/_2$ ($^6/_{17}$ 2000 + 300 + $^6/_7$ 1000) = 1436

Höhe: 1436 − ($^6/_7$ 1000 + 150) = 428

389 a   Bei **mehreren gleichrangigen Ehegatten** fließt in den Bedarf das Gesamteinkommen ein, er ist dann aber nicht mehr durch zwei, sondern durch die Anzahl der Beteiligten zu dividieren (s. Beispiel unten und näher Rn. 390 ff.). Bei der Höhe (= Bedürftigkeit) ist von diesem ermittelten Bedarf gemäß § 1577 BGB das jeweilige Eigeneinkommen abzuziehen.

Die Rechenformel lautet, wenn z. B. ein Pflichtiger und zwei gleichrangige Berechtigte beteiligt sind:[519]

Bedarf: $^1/_3$ ($^9/_{10}$ Erwerbseinkommen Pflichtiger + sonstiges Einkommen Pflichtiger + $^9/_{10}$ Erwerbseinkommen 1. Berechtigter + sonstiges Einkommen 1. Berechtigter + $^9/_{10}$ Erwerbseinkommen 2. Berechtigter + sonstiges Einkommen 2. Berechtigter)

Höhe 1. Berechtigter: Bedarf abzüglich ($^9/_{10}$ Erwerbseinkommen 1. Berechtigter + sonstiges Einkommen 1. Berechtigter)

Höhe 2. Berechtigter: Bedarf abzüglich ($^9/_{10}$ Erwerbseinkommen 2. Berechtigter + sonstiges Einkommen 2. Berechtigter)

Fall

a) M hat ein bereinigtes Nettoerwerbseinkommen von 2000 €, F1 von 1000 €, die von M getrennt lebende F2 von 400 €. Beide betreuen gemeinschaftliche Kinder des M (KU bei bereinigten Nettoeinkommen des M bereits abgezogen). Unterhaltsanspruch F1 und F2?

b) Wie wäre es, wenn M, F1 und F2 Rentner wären?

Lösung

Zu a:

Nach SüdL mit $^1/_{10}$**:**

Bedarf F1 und F2: $^1/_3$ ($^9/_{10}$ 2000 + $^9/_{10}$ 1000 + $^9/_{10}$ 400) = 1020

Höhe (= Bedürftigkeit) F1: 1020 − $^9/_{10}$ 1000 = 120

Höhe F2 1020 − $^9/_{10}$ 400 = 660

Leistungsfähigkeit M gegeben: 2000 − 120 − 660 = 1220

M verbleiben damit 1220 €, F1 1120 € (1000 + 120), F2 1040 € (400 + 660)

Nach DT mit $^1/_7$**:**

Bedarf F1 und F2: $^1/_3$ ($^6/_7$ 2000 + $^6/_7$ 1000 + $^6/_7$ 400) = 972

Höhe (=Bedürftigkeit) F1: 972 − $^6/_7$ 1000 = 114

Höhe F2 972 − $^6/_7$ 400 = 628

Leistungsfähigkeit M gegeben: 2000 − 114 − 628 = 1258

M verbleiben damit 1258 €, F1 1114 € (1000 + 114), F2 1028 € (400 + 628)

Zu b:

Bedarf F1 und F2: $^1/_3$ (2000 + 1000 + 600) = 1200

Höhe F1: 1200 − 1000 = 200

Höhe F2: 1200 − 600 = 600

Leistungsfähigkeit M gegeben: 2000 − 200 − 600 = 1200.

M verbleiben damit 1200 €, F1 1200 € (1000 + 200), F2 1200 € (600 + 600).

Weitere Rechenbeispiele sowie die notwendigen Korrekturfälle vgl. Rn. 390 ff.

2. Bedarfsbemessung bei konkurrierendem Gattenunterhalt

390   **a) Das Ende von Priorität und Lebensstandardgarantie.** Hat der Verpflichtete für den Unterhalt eines weiteren Gatten aufzukommen, so war nach dem vom 1. 7. 1977 bis

---

[519] Gerhardt/Gutdeutsch, FamRZ 2007, 778

31. 12. 2007 geltenden Recht dessen Unterhaltsanspruch in der Regel nach § 1582 BGB **nachrangig**. Sein Bedarf und die an ihn zu erbringenden Unterhaltsleistungen hatten keinen Einfluss auf den Bedarf des vorrangigen Gatten.[520] Der Vorrang des früheren Ehegatten setzte sich somit „uneingeschränkt", also auch auf der Bedarfsebene durch. Das ergab sich noch nicht aus dem Begriff des Vorrangs, denn die Vorrangwirkung setzt nach dem Gesetz die **vorherige** Bestimmung des Bedarfs voraus. Maßgebend war deshalb die Deutung des § 1578 I BGB als Lebensstandardgarantie, welche die durch die Zeitfolge geprägte Rangfolge ergänzte und dazu führte, dass die Unterhaltspflicht des Pflichtigen gegenüber dem neuen Ehegatten auch auf der Bedarfebene völlig „hinweggedacht" wurde und dass damit auch der Grundsatz der Halbteilung zwischen ersten Ehegatten und dem Verpflichteten insoweit außer Kraft gesetzt wurde. Für den neuen Ehegatten hatte der BGH nur im Mangelfall nach den Regeln des § 1579 Nr. 7 BGB den Splittingvorteil für den neuen Ehegatten gerettet.[521] Dieser einseitigen Sicht ist das BVerfG[522] entgegengetreten, indem es auch auf der Bedarfsebene den Splittingvorteil der neuen Ehe zuwies. Der Gedanke der Lebensstandardgarantie hatte vorher schon an Überzeugungskraft verloren. Dementsprechend formte der BGH immer stärker den Grundsatz aus, dass späteres Absinken der finanziellen Verhältnisse des Unterhaltspflichtigen immer auch den Bedarf des Berechtigten absenkt (vgl. Rn. 304). Das bedeutet, dass der **Grundsatz der Halbteilung** den Unterhaltspflichtigen nach dem Modell der „wandelbaren ehelichen Lebensverhältnisse" auch bei sinkendem Einkommen schützt, solange dieses Absinken nicht auf einer Verletzung der Erwerbsobliegenheit beruht. Diese Rechtsprechung hat der BGH in seiner Entscheidung vom 15. 3. 2006[523] auch auf später entstandene Unterhaltspflichten (die der Sache nach kaum in der Ehe angelegt sein können) erweitert und damit das Modell der Lebensstandardgarantie endgültig verlassen. Die ehelichen Lebensverhältnisse stellen seither nur mehr eine Obergrenze für die Partizipation des Berechtigten an sich dynamisch entwickelnden Lebensverhältnissen des Pflichtigen dar. Nur die späteren nachrangigen Unterhaltspflichten sind in der BGH-Entscheidung vom 15. 3. 3006 nicht erwähnt. Insoweit hat aber die Unterhaltsreform eine Veränderung gebracht: sie hat zwar die Möglichkeit nicht beseitigt, dass ein späterer Gatte nachrangig unterhaltsberechtigt ist. Ein solcher Nachrang hat aber nichts mehr mit der Zeitfolge zu tun. Das Argument „der neue Gatte wusste ja, wen er heiratete" kann deshalb nicht mehr maßgebend sein. Damit hat der Gesetzgeber die letzten Reste der Priorität und der Lebensstandardgarantie beseitigt. Das bedeutet allerdings nicht, dass nicht ein Teil der Praxis noch vorerst weiter daran festhalten wird.

b) Grundsatz der Gleichteilung. Nach der neueren Rechtsprechung des BGH[524] **391** beeinflussen auch spätere vor- oder gleichrangige Unterhaltsverpflichtungen den Bedarf des früheren Ehegatten. Das bedeutet, dass nun nicht mehr nur zwischen dem Pflichtigen und dem späteren Ehegatten, sondern (auch im Verhältnis zum früheren Ehegatten) der Halbteilungsgrundsatz auch unter Berücksichtigung der Unterhaltspflicht gegenüber dem späteren Ehegatten gilt. Hampel[525] und das OLG Hamm[526] haben schon früh erkannt, dass der Grundsatz der Halbteilung gegenüber zwei verschiedenen Ehegatten zur Gleichteilung führt. Hält man nämlich am Grundssatz der Halbteilung gegenüber beiden Partnern fest, kommt man notwendig zur Gleichteilung (insbesondere bei zwei Ehegatten zur Dreiteilung). Berechnet man nämlich nacheinander den Unterhalt eines jeden Ehegatten nach den geltenden Regeln der Halbteilung und zieht bei der Berechnung des Unterhalts des einen Ehegatten den Unterhalt des anderen (ohne Verminderung des Erwerbsbonus) jeweils vom Einkommen des Pflichtigen vorweg ab, die

---

[520] BGH, FamRZ 2005, 1154 = R 630 a; FamRZ 1987, 916, FamRZ 1988, 705, FamRZ 1986, 790 = R 297 c
[521] BGH FamRZ 1985, 91, FamRZ 1986, 798, FamRZ 1990, 981
[522] BVerfG FamRZ 2003, 1821 = R 598
[523] BGH FamRZ 2006, 683
[524] BGH FamRZ 2006, 683
[525] Hampel FamRZ 1995, 1177
[526] HL Nr. 24.2

nähern sich die Ergebnisse bei wiederholter Neuberechnung immer mehr der Gleichteilung.[527]

392   **c) Gleichteilung nach Additionsmethode mit Beispielen.** Wird die Halbteilung im Verhältnis zu jedem der Ehegatten bei der Bedarfsberechnung mithin anerkannt, tritt bei mehr als einem unterhaltsberechtigten Partner an die Stelle der Halbteilung notwendig die Gleichteilung (Dreiteilung, Vierteilung, Fünfteilung usw.). Wenn man nicht viele Einzelregeln aufstellen will,[528] kann man nur mit der Additionsmethode rechnen[529] (vgl. 386 ff.). Vgl. auch Rn. 3/67 ff. (Scholz) mit z. T. abweichenden Ergebnissen.

> **Beispiel 1:**
> M bezieht ein Erwerbseinkommen von 4000 €, F1 und F2 sind einkommenslos.
> Lösung: Nach Abzug des Bonus von 10%[530] bleibt ein Gesamtbedarf von 4000 – 400 = 3600 €, was die
> Einzelbedarfsbeträge zur Folge hat von:
> M 3600: 3 = 1200 €
> F1 3600: 3 = 1200 €
> F2 3600: 3 = 1200 €,
> was bei F1 und F2 zugleich dem Unterhalt entspricht, weil eigenes Einkommen fehlt.
> M bleibt 4000 – 1200 – 1200 = 1600 €
> Dasselbe Ergebnis liefern die HL 24.2.

> **Beispiel 2:**
> M bezieht eine Erwerbseinkommen von 2000 €, seine erste Ehefrau von 1000 € und seine zweite (mit der er – zur Vereinfachung – auch nicht mehr zusammenlebe) 500 €.
> Lösung: Nach Abzug des jeweiligen Erwerbsbonus von 10%[531] bleibt beim M 2000 – 200 = 1800, bei F1 1000 – 100 = 900 und bei F2 500 – 50 = 450. Daher beträgt der Gesamtbedarf:
> 1800 + 900 + 450 = 3150 €.
> Da nach dem Grundsatz der Dreiteilung auf jeden $1/3$ davon entfällt, belaufen sich die Bedarfsbeträge auf:
> M 3150: 3 = 1050 €
> F1 3150: 3 = 1050 €
> F2 3150: 3 = 1050 €
> Nach Abzug des Eigeneinkommens ergeben sich die Unterhaltsbeträge zu:
> F1 1050 – 900 = 150 €, insgesamt 1000 + 150 = 1150 €
> F2 1050 – 450 = 600 €, insgesamt 500 + 600 = 1100 €
> M bleibt 2000 – 150 – 600 = 1250 €.

393   **d) Wegfall der Bedürftigkeit bei Gleichteilung.** Die Gleichteilung führt zu einem geringeren Bedarf als es der unmittelbaren Halbteilung entspräche. Wenn das anrechnungs-

---

[527] Beispiel: M: 2000, F1: 600: F2: 0, Bonus 10%
Ergebnisse der Stufenrechnung:
F1 = (2000 * 90% + 600 * 90%)/2–600 * 90% = **630**
F2 = (2000 * 90% – **630**)/2 = **585**
F1 = (2000 * 90% – **585** + 600 * 90%)/2–600 * 90% = **338**
F2 = (2000 * 90% – **338**)/2 = **731**
F1 = (2000 * 90% – **731** + 600 * 90%)/2–600 * 90% = **265**
F2 = (2000 * 90% –**265**)/2=**768**
F1 = (2000 * 90% – **768** + 600 * 90%)/2–600 * 90% = **246**
F2 = (2000 * 90% – **246**)/2 = **777**
Ergebnis der Gleichteilung:
F1 = (2000 * 90% + 600 * 90%)/3–600 * 90% = **240**
F2 = (2000 * 90% + 600 * 90%)/3 = **780**
Kontrolle mit Stufenrechnung:
F1=(2000 * 90%–**780** + 600 * 90%)/2–600 * 90% = **240**
F2=(2000 * 90%–**240**)/2 = **780**
[528] Z. B. HL 24.2
[529] Vgl. Gutdeutsch FamRZ 2006, 1072, Gerhardt/Gutdeutsch FamRZ 2007, 778
[530] Das OLG Hamm verwendet für den Pflichtigen einen Bonus von 10%, für die Ehegatten einen solchen von $1/7$. Der gespaltene Bous führt zu unbefriedigenden Ergebnissen (vgl. Gutdeutsch FamRZ 2006, 1072 Fn. 14)
[531] Vgl. Fn. 530

pflichtige Einkommen eines Unterhaltsberechtigten höher ist als sein Bedarf nach Gleichteilung, dann ist er nicht bedürftig. Weil er nicht unterhaltspflichtig ist, ist auch der im Wege der Gleichteilung errechnete Bedarf zu hoch und muss deshalb neu berechnet werden.

Beispiel 3:
M bezieht eine Erwerbseinkommen von 2000 €, seine erste Ehefrau von 1400 € und seine zweite (mit der er – zur Vereinfachung – auch nicht mehr zusammenlebe) 400 €.
Lösung: Nach Abzug des jeweiligen Erwerbsbonus von 10%[532] bleibt beim M 2000 − 200 = 1800, bei F1 1400 − 140 = 1260 und bei F2 400 − 40 = 360. Daher errechnet sich ein Gesamtbedarf von:
1800 + 1260 + 360 = 3420 €,
Dreiteilung ergäbe einen Bedarf von 3420/3 = 1140 €,
Unterhalt von F1: 1140 − 1260 = −120. D. h. der Bedarf ist gedeckt. Da F1 nicht unterhaltspflichtig ist, scheidet sie aus der Berechnung aus.
Neuberechnung des Bedarfs: (1800 + 360)/2 = 1080 €
F2: 1080 − 360 = 720 €

e) Vorteile des Zusammenlebens. Lebt einer der Partner mit dem Pflichtigen zusam- **394** men, so treten Ersparnisse durch die gemeinsame Haushaltsführung ein (dazu eingehend Rn. 266). Diese Vorteile können in Anlehnung an die HL 24.2 und Hampel[533] dadurch berücksichtigt werden, dass das Bedarfsdrittel des allein lebenden Ehegatten um 10%[534] zulasten der Bedarfsanteile des Pflichtigen und des bei ihm lebenden Ehegatten erhöht wird. Dabei lassen Hampel und das OLG Hamm den Bedarf des Pflichtigen unverändert und vermindern nur den Anteil des mit dem Pflichtigen zusammen lebenden Ehegatten. Tatsächlich tritt die Ersparnis aber je zur Hälfte beim Pflichtigen und beim bei ihm lebenden Ehegatten ein. Wohl deshalb wird in den Motiven des Unterhaltsänderungsgesetzes angeregt, dass Selbstbehaltssätze des Pflichtigen herabzusetzen.[535] Dementsprechend wird vorgeschlagen, die Ersparnis beim Bedarf des Pflichtigen und bei dem des bei ihm lebenden Ehegatten zu gleichen Teilen zu berücksichtigen[536] (zu dem entspr. Mangelfall vgl. Rn. 5/17, 5/147):

Beispiel 4:
Erwerbseinkommen von M 4000, F1 und F2 ohne Einkommen, M und F2 leben zusammen.
Lösung: Einkommen des M bonusbereinigt: 4000 − 400 = 3600 €.
Einzelbedarfsbeträge:
M 3600: 3 = 1200 €
F1 3600: 3 = 1200 €
F2 3600: 3 = 1200 €
Der Bedarf von F1 erhöht sich um 10% auf:
F1 1200 + 120 = 1320, was dem Unterhalt entspricht, weil F1 einkommenslos ist.
Entsprechend vermindert sich der Bedarf von M und F2:
M 1200 − 120/2 = 1140 €
F2 1200 − 120/2 = 1140 €.
Die HL unterscheiden sich von dem Ergebnis nur darin, dass der Bedarf von M unverändert gelassen wird und die volle Ersparnis bei F2 berücksichtigt wird (vgl. auch Beispiel 13 – nach Reinken FPR 2008, 15).

---

[532] Das OLG Hamm verwendet für den Pflichtigen einen Bonus von 10%, für die Ehegatten einen solchen von 1/7. Der gespaltene Bonus führt zu unbefriedigenden Ergebnissen (vgl. Gutdeutsch FamRZ 2006, 1072 Fn. 14). konsequent dagegen Reinken FPR 2008, 9, 15, der auch dem Pflichtigen den Bonus von 1/7 zubilligt.

[533] Hampel FamRZ 1995, 1177

[534] Auch diese Rechnung lässt sich bei mehr als 2 Ehegatten fortsetzen. Bei einem früheren Ehegatten wird eine Ersparnis von 5% vom Bedarf des Ehepaars abgezogen und der Gesamtbetrag dem Bedarf des früheren Ehegatten zugeschlagen. Wenn zwei, drei oder vier frühere Ehegatten zu versorgen sind, ist vom Bedarf des Ehepaars 6%, 7% bzw. 8% abzuziehen und dieser Betrag auf die früheren Ehegatten nach Kopfteilen zu verteilen. Das entspricht rechnerischen Ersparnissen des Zusammenlebens zwischen 11 und 12%, welche unter Berücksichtigung der Seltenheit dieser Fälle gut mit der rechnerischen Ersparnis von 12,5% nach der DT harmonieren.

[535] BT-Drucksache 16/1830 S. 24

[536] Vgl. Gerhardt/Gutdeutsch FamRZ 2007, 778, 781 Fälle 4 und 5

Beispiel 5:

M bezieht ein Erwerbseinkommen von 2000 €, seine erste Ehefrau von 1000 € und seine zweite mit der er zusammenlebt, 500 €. Bedarfberechnung nach der Additionsmethode wie Beispiel 3 mit Bonus 10%:

Lösung: Nach Abzug des jeweiligen Erwerbsbonus von 10% bleibt beim M 2000 – 200 = 1800, bei F1 1000 – 100 = 900 und bei F2 500 – 50 = 450. Daher beträgt der Gesamtbedarf: 1800 + 900 + 450 = 3150 €.

Da nach dem Grundsatz der Dreiteilung auf jeden $1/3$ davon entfällt, betragen die Bedarfsbeträge:

M 3150: 3 = 1050 €

F1 3150: 3 = 1050 €

F2 3150: 3 = 1050 €

Die Ersparnis durch Zusammenleben führt dazu, den Bedarf von F1 um 10% zu erhöhen:

F1 1050 + 105 = 1155 €,

derjenige von M und F2 vermindert sich entsprechend auf

M 1050 – 105/2 = 997,5 €

F2 1050 – 105/2 = 997,5 €.

Der Unterhalt von F1 erhöht sich auf 1155 – 900 = 255 €, insgesamt also 1000 + 255 = 1255 €. M und F2 zusammen bleiben 2000 + 500 – 255 = 2245 €.

395   **f) Prägendes und nicht prägendes Einkommen.** Der Dreiteilung ist **das ganze Einkommen** einschließlich der die frühere Ehe **nicht prägenden Anteile** einzubeziehen (vgl. Rn. 234 ff.). Der Unterhalt des ersten Ehegatten ist jedoch **begrenzt** auf den Bedarf nach den ehelichen Lebensverhältnissen, welche sich **ohne Berücksichtigung des zweiten Ehegatten** allein aus dem die erste Ehe **prägenden Einkommen** ergibt, denn der Unterhalt des zweiten Ehegatten hat nur dann Einfluss auf den Bedarf des ersten, wenn er zu einer Minderung des dem Pflichtigen verfügbaren Einkommens führt.[537]

Beispiel 6:

Sachverhalt wie Beispiel 5, jedoch haben von dem Einkommen des Pflichtigen in Höhe von 2000 € nur 1400 € die ehelichen Lebensverhältnisse geprägt, während 600 € auf einem unerwarteten beruflichen Aufstieg beruhen.

Lösung: Die Dreiteilung erfasst alle für die zweite Ehe bedarfsbestimmenden Einkommen. Da die Ehe besteht, ist das das gesamte Einkommen (abzüglich einer etwaigen Sparquote) zu berücksichtigen. Damit bleibt die Bedarfsberechnung nach Dreiteilung unverändert wie Beispiel 5.

Jedoch ist im Hinblick auf das die erste Ehe nicht prägende Mehreinkommen von 600 € eine Kontrollrechnung erforderlich, weil dieses Einkommen den Unterhalt von F2 decken könnte.

Ohne Berücksichtigung von F2 errechnet sich ein Unterhalt für F1 von:

(1400 * 90% + 1000 * 90%)/2 – 1000 * 90% = 180 € und damit weniger als 255 € nach der Drittelrechnung. Da F1 nicht mehr als die Deckung ihres eigenen Bedarfs fordern kann, ist dieser geringere Betrag maßgebend.

Beispiel 7:

M verdient 3000 und ist der früheren Ehefrau F1 und der späteren F2 (von der er zur Vereinfachung ebenfalls geschieden sei) zu Unterhalt verpflichtet. F1 hat nach der Scheidung ein Mietobjekt geerbt, aus dem sie ein monatliches Einkommen von 600 bezieht. Im Übrigen sind beide Frauen nicht erwerbsfähig.

Unterhaltsanspruch von F1 vor der neuen Eheschließung: 3000 * 90% = 2700/2 = 1350 – 600 = 750 €

Bedarf nach der neuen Eheschließung: 3000 * 90% + 600 = 3300/3 = 1100 €

F1: 1100 – 600 = 500 €

F2: 1100 €

M bleibt: 3000 – 500 – 1100 = 1400 €

Der Bedarf von F1 wird also von 1350 € auf 1100 € herabgesetzt. Das Einkommen von F1 bei der Bedarfbemessung berücksichtigt, denn es hat Einfluss auf den verminderten Bedarf von M und den Bedarf von F2.

396   Ist auch die **zweite Ehe geschieden,** dann berechnet sich auch der Unterhalt des zweiten Ehegatten nach dem für dessen Ehe prägenden Einkommen. In diesem Fall ist auch der Dreiteilung nur das für die zweite Ehe prägende Einkommen zugrunde zu legen, denn unerwartete Einkommenserhöhungen nach der zweiten Ehe können auch für die erste Ehe nicht prägend sein.

---

[537] BGH FamRZ 2006, 683 = R 649 e

Beispiel 8:
Wie Beispiel 2, jedoch hat sich nach Scheidung der zweiten Ehe unerwartet (daher die ehel. Lebensverhältnisse nicht prägend) das Einkommen von M von 2000 € auf 3000 € erhöht.
Lösung: Ebenso wie Beispiel 2, weil die Einkommenserhöhung die Lebensverhältnisse beider Ehegatten nicht geprägt hat.

Der Unterhalt des **zweiten Ehegatten** wird jedoch ebenfalls dadurch geprägt, dass evtl. **397** der Unterhalt des ersten durch die **ehel. LV begrenzt** wird, also geringer ist, als sich aus der Drittelrechnung ergäbe. In diesem Fall erhöht sich der Unterhalt des zweiten Ehegatten über das Drittel hinaus. Der eingesparte Teil entfällt zu gleichen Teilen auf den Pflichtigen und den zweiten Ehegatten, weil bei der Drittelrechnung nach der Additionsmethode der Bonus bereits vorweg abgezogen ist.[538]

Beispiel 9:
M bezieht eine Erwerbseinkommen von 2000 €, wovon nur 1100 € die erste Ehe geprägt haben, während 900 € auf einer unerwarteten Einkommenserhöhung beruhen, seine erste Ehefrau verdient 500 € und seine zweite, von der er ebenfalls geschieden ist, 1000 €.
Lösung:
Weil Gleichrang besteht, erfolgt die Bedarfsberechnung zuerst durch Dreiteilung des die zweite Ehe prägenden Einkommens:
Nach Abzug des jeweiligen Erwerbsbonus von 10%[539] bleibt beim M 2000 − 200 = 1800, bei F1 500 − 50 = 450 und bei F1 1000 − 100 = 900. Daher beträgt der Gesamtbedarf:
1800 + 900 + 450 = 3150 €.
Da nach dem Grundsatz der Dreiteilung auf jeden $^1/_3$ davon entfällt, belaufen sich die Bedarfsbeträge auf:
M 3150 : 3 = 1050 €
F1 3150 : 3 = 1050 €
F2 3150 : 3 = 1050 €
Nach Abzug des Eigeneinkommens ergeben sich die Unterhaltsbeträge zu:
F1 1050 − 450 = 600 €, insgesamt 500 + 600 = 1100 €
F2 1050 − 900 = 150 €, insgesamt 1000 + 150 = 1150 €
M bleibt 2000 − 600 = 1250 €.
Die Kontrolle nach dem für die erste Ehe prägenden Einkommen liefert für F1 jedoch den geringeren Unterhalt von
(1100 * 90% + 500 * 90%)/2 − 500 *90% = 270 €
und damit weniger als den Unterhalt nach der Drittelrechnung in Höhe von 600 €. Dadurch erspart M 600 − 270 = 330 €. Dieser Betrag steht ihm aber nicht allein zu, denn die zweite Ehe ist durch diese Einkommenserhöhung geprägt worden und auch davon, dass F1 an dieser Erhöhung nicht partizipierte. Der Unterhalt von F2 erhöht sich deshalb um 330/2 = 165 € auf 150 + 165 = 315 €.[540]
Dasselbe Ergebnis liefert auch der Vorabzug des (geringeren) Unterhalts von F1 bei der Berechnung des Unterhalts von F2;
(1800 − 270 + 900)/2 − 900 = 315 €

---

[538] Entsprechendes gilt, wenn mehr als zwei Ehegatten zu versorgen sind. Dann muss zuerst die das Einkommen nach der Gesamtzahl der Beteiligten durch Vierteilung, Fünfteilung oder Sechsteilung (gegebenenfalls unter Berücksichtigung der Ersparnis wegen Zusammenlebens) aufgeteilt werden. Danach ist zu prüfen, ob der erste Ehegatte einen geringeren Bedarf als den auf ihn entfallenden Anteil hat. Trifft das zu, dann ist die Ersparnis auf die anderen Beteiligten einschließlich des Pflichtigen nach Köpfen zu verteilen. Danach ist dieselbe Prüfung für den zweiten Ehegatten und dann den dritten usw. durchzuführen.

[539] Das OLG Hamm verwendet für den Pflichtigen einen Bonus von 10%, für die Ehegatten einen solchen von $^1/_7$. Der gespaltene Bonus führt zu unbefriedigenden Ergebnissen (vgl. Gutdeutsch FamRZ 2006, 1072 Fn. 14)

[540] Dagegen wäre es **fehlerhaft**, nicht die Ersparnis zugrunde zu legen, sondern, den Unterhalt von F2 nach **Vorabzug des Unterhalts von F1** selbständig zu bestimmen. Diese Berechnung würde liefern: 2000 − 270 = 1730 €; (1730 * 90% + 1000 * 90%)/2−1000 * 90%= 329 € statt 315 €. Die Ursache besteht darin, dass M für die Berechnung des Unterhalts von F1 kein Bonus zugebilligt wird. Zwar wird er in die Berechnung eingesetzt. Durch Vorabzug des Unterhalts von F1 bei der Berechnung des Unterhalts von F2 wird jedoch im Endergebnis der Bonus nicht für M reserviert, sondern mit F2 geteilt. Letztlich bleibt M dann nur der − hier nur geringe − Bonus im Verhältnis zu F2.

398 Schließlich kann auch der Fall eintreten, dass nach der neuen Eheschließung der Bedarf des ersten Gatten auf den Drittelbedarf herabgesetzt wird, danach aber, ohne dass dabei ein Zusammenhang mit der Herabsetzung des Bedarfs bestünde, sich das Einkommen des Pflichtigen auf unerwartete Weise erhöht. In diesem (seltenen) Ausnahmefall bleibt **der Erhöhungsbetrag bei der Drittelrechnung unberücksichtigt** und wird nur zwischen dem Pflichtigen und seinem neuen Partner geteilt.

> **Beispiel 10:**
> M bezieht bei der zweiten Eheschließung eine Erwerbseinkommen von 2000 €, welche auch die erste Ehe geprägt hat. Seine erste Ehefrau verdient 500 € und seine zweite, von der er ebenfalls geschieden ist, 1000 €. Später erfolgt eine unerwartete Beförderung und M verdient 2700 €.
> **Lösung:**
> Weil Gleichrang besteht, erfolgt die Bedarfsberechnung zuerst durch Dreiteilung des beide Ehen prägenden Einkommens:
> Nach Abzug des jeweiligen Erwerbsbonus von 10%[541] bleibt beim M 2000 – 200 = 1800, bei F1 500 – 50 = 450 und bei F1 1000 – 100 = 900. Daher beträgt der Gesamtbedarf:
> 1800 + 900 + 450 = 3150 €.
> Da nach dem Grundsatz der Dreiteilung auf jeden $1/3$ davon entfällt, belaufen sich die Bedarfsbeträge auf:
> M 3150 : 3 = 1050 €
> F1 3150 : 3 = 1050 €
> F2 3150 : 3 = 1050 €
> Nach Abzug des Eigeneinkommens ergeben sich die Unterhaltsbeträge zu:
> F1 1050 – 450 = 600 €, insgesamt 500 + 600 = 1100 €
> F2 1050 – 900 = 150 €, insgesamt 1000 + 150 = 1150 €
> M bleibt 2000 – 600 – 150 = 1250 €.
> Das nur für die zweite Ehe prägende Zusatzeinkommen von 700 € wird nur zwischen M und F2 geteilt. F2 erhält deshalb zusätzlich 700 * 45% =315 €, insgesamt also 150 + 315 = 465 €. Sie hat damit 1000 + 465 = 1465 €, M 2700 – 465 – 600 = 1635 € und F1 unverändert 1100 €.

399 **g) Unterschiedliche Erwerbsobliegenheiten der Partner.** Treffen die Unterhaltsansprüche eines Ehegatten in bestehender Ehe (sein Anspruch auf Familienunterhalt, vgl. Rn. 3/1 ff.) zusammen mit einem Anspruch aus geschiedener Ehe, dann kann nicht unbeachtet bleiben, dass in intakter Ehe keine Erwerbsobliegenheit des Ehegatten besteht, vielmehr die Eheleute ihre Beiträge zum Familienunterhalt autonom gestalten. Den geschiedenen Ehegatten trifft aber eine Erwerbsobliegenheit. Ist der erwerbsfähige Ehegatte nicht erwerbstätig, erscheint es unbillig, seinen vollen Bedarf dem Geschiedenen entgegenzuhalten. Eine Gleichbehandlung lässt sich dadurch erzielen, dass für den mit dem Pflichtigen zusammenlebenden Ehegatten ein fiktives Einkommen angesetzt wird, welches sich daran orientiert, was ihm im Falle des Getrenntlebens fiktiv zu zugerechnet werden müsste.[542]

> **Beispiel 11:**
> M verdient (nach Abzug von Kindesunterhalt) 3000, F1 kann wegen Kindesbetreuung nur 1000 verdienen, F2 lebt bei M, betreut ebenfalls ein Kind und verdient nichts, obgleich sie, lebte sie getrennt, eine Erwerbsobliegenheit in Höhe von 400 hätte.
> Lösung: Bei der Drittelrechnung ist für F2 ein fiktives Erwerbseinkommen von 400 zuzurechnen:
> Drittelbedarf: 3000 * 90% + 1000 * 90% + 400 * 90% = 3960/3 = 1320 €
> Unterhalt von F1 einschließlich des Ausgleichs des Vorteils aus Zusammenleben: 1320 + 10% = 1452 – 1000 * 90% = 552 €

400 **h) Auswirkung der Rangverhältnisse.** Rangverhältnisse hat der Gesetzgeber nur für Mangelfälle geregelt. Wenn sie bei der Bedarfsbemessung berücksichtigt werden, bedarf das deshalb einer besonderen Begründung. Zum Vorrang des Ehegatten gegenüber nicht privilegierten volljährigen Kindern hat des BGH deshalb entschieden, dass ihr Unterhaltsanspruch bei der Bemessung des Bedarfs des Ehegatten in soweit zu berücksichtigen ist, als sich dadurch nicht ein zu geringer Bedarf des Ehegatten ergebe. Dieser Grundsatz muss seit

---

[541] Das OLG Hamm verwendet für den Pflichtigen einen Bonus von 10%, für die Ehegatten einen solchen von $1/7$. Der gespaltene Bonus führt zu unbefriedigenden Ergebnissen (vgl. Gutdeutsch FamRZ 2006, 1072 Fn. 14)
[542] Vgl. FA-FamR/Gerhardt Rn. 6/253 b

der Abschaffung der Priorität und der Lebensstandardgarantie auch für die Konkurrenz von Ansprüchen auf Partnerunterhalt gelten. Demgemäß bestimmt sich der Bedarf bei zwei Berechtigten unabhängig von ihrem Rang nach der Drittelrechnung, soweit dadurch nicht der vorrangige Partner unter den für den Partnerunterhalt maßgebenden Ehegattenselbstbehalt von 1000 € fällt.

Beispiel 12:
F1 betreut Kinder und verdient daneben 500, F2 führt den Haushalt von M, welcher nach Abzug von Kindesunterhalt 3000 verdient. Im Falle der Trennung müsste F 2 1000 verdienen.
Lösung:
Drittelbedarf: (3000 * 90% + 500 * 90% + 1000 * 90%)/3 = 1350.
Unterhalt von F1: 1350 + 10% − 500 * 90% = 1035
Der Bedarf von F1 ist nicht beeinträchtigt, also bleibt es bei der Dreiteilung.

Beispiel 13:
F1 betreut Kinder und verdient daneben 500, F2 ist erwerbsunfähig und führt den Haushalt von M, welcher nach Abzug von Kindesunterhalt 2000 verdient.
Lösung:
Drittelbedarf: 2000 * 90% + 500 * 90% = 2250/3 = 750, also weniger als der Ehegattenselbstbehalt.
Der Bedarf von F1 kann durch den Bedarf von F2 nicht unter 1000 gedrückt werden. Im Übrigen liegt ein Mangelfall vor (vgl. Rn. 5/123, 5/128, 5/138).
Allerdings kann der Bedarf nicht höher sein, als die Gattenquote ohne Berücksichtigung des weiteren Gatten.

Beispiel 14:
F1 betreut Kinder und verdient daneben nicht, F2 ist erwerbsunfähig und führt den Haushalt von M, welcher nach Abzug von Kindesunterhalt 2000 verdient.
Lösung:
Drittelbedarf: 2000 * 90% = 1900/3 = 633, also weniger als der Ehegattenselbstbehalt.
Der Bedarf von F1 kann durch den Bedarf von F2 an sich nicht unter 1000 gedrückt werden. Jedoch betrüge ihr Bedarf ohne Berücksichtigung des nachrangigen Ehegatten nur 2000 * 90%/2 = 950. Die weitere Unterhaltspflicht von M kann nicht zu einem auf 1000 erhöhten Bedarf führen, rechnerischer Bedarf von F1 also 950. Zum Mangelfall vgl. Rn. 5/123, 5/128, 5/138.

i) Ansprüche nichtehel. Elternteile nach § 1615 l BGB. Auch Unterhaltsansprüche **401** nichtehel. Elternteile nach § 1615 l BGB (vgl. Rn. 7/1 ff., 7/15) sind durch den Grundsatz der Gleichteilung begrenzt.[543] Zwar bemisst sich der Anspruch nicht nach den ehelichen Lebensverhältnissen, sondern nach den eigenen, also i. d. R. nach dem Einkommen, dass der Elternteil hatte, bevor er sich der Betreuung des Kindes widmete. Wenn (bei mehr als einem unterhaltsberechtigten Partner des Pflichtigen) der Gleichteilungsbedarf geringer ist, als der individuell bestimmte Bedarf, führt der Halbteilungsgrundsatz auch gegenüber dem nichtehel. Partner zur Gleichteilung. Soweit allerdings der Bedarf geringer ist als der Gleichteilungsbedarf, ist der Unterhalt des nichtehel. Partners (ähnlich wie beim Ehegatten in den Fällen der Rn. 395) auf diesen Bedarf beschränkt und der Unterhalt des anderen Partners erhöht sich entsprechend. Es sind dabei mehrere Rechenwege denkbar, deren Nutzen davon abhängt, welches Rechenergebnis man erwartet:
1. Vermutet man, dass der Bedarf des nichtehel. Partners geringer ist als der Drittelbedarf, dann geht man bei der Berechnung von diesem Bedarf aus und zieht den resultierenden Unterhalt bei der Berechnung des Unterhalts des/der anderen Partner(s) vorweg ab. Ergibt sich dann wider Erwarten, dass der Gleichteilungsbedarf geringer ist als der autonom berechnete Bedarf, dann ist eine weitere Berechnung nach Gleichteilung nötig.
2. Vermutet man, dass der Gleichteilungsbedarf geringer ist, als der autonom berechnete, so wird dieser berechnet. Nur wenn sich dabei ergibt, dass der Gleichteilungsbedarf doch höher ist, als der autonom ermittelte, beschränkt ich der Unterhalt auf diesen und der Unterhalt des/der anderen Partner(s) ist unter Vorabzug des (geringeren) Unterhalts neu zu berechnen.

---

[543] BGH FamRZ 2005, 442 = R 625 b

Beispiel 15:
M verdient 3000 und ist seiner nach langer Ehe geschiedenen Frau F und M, der Mutter seines 2-jährigen Kindes K zum Unterhalt verpflichtet, welche vorher nicht nichterwerbstätig waren.
Lösung:
Bedarf von K nach DT 5/1: $335 - 77 = 258$ €
Da N nicht erwerbstätig war, wird ihr DT D. II. ein Bedarf von 770 zugeordnet. Das liegt vermutlich unter dem Drittelbedarf. Deshalb wird der Gattenunterhalt unter Vorabzug des (geringeren) Unterhalts nach § 1615l BGB errechnet:
F: $((3000 - 258)*90\% - 770)/2 = 849$ und damit erwartungsgemäß höher als der Unterhalt von N von 770 €.
Wäre er geringer, so müsste Dreiteilung erfolgen.
M bleibt $3000 - 258 - 770 - 849 = 1123$ €

Beispiel 16:
M verdient 3000 und ist seiner nach langer Ehe geschiedenen Frau F und M, der Mutter seines 2-jährigen Kindes K zum Unterhalt verpflichtet, welche vorher 1000 € verdient hatte.
Lösung:
Da N einen autonom berechneten Bedarf von 1000 hat, ist anzunehmen dass es zur Kürzung nach Maßgabe der Halbteilung/Dreiteilung kommt. Daher sollte mit der Drittelrechnung begonnen werden:
Bedarf nach Dreiteilung: $((3000 - 258)*90\%)/3 = 823$ und damit erwartungsgemäß weniger als der autonom ermittelte Bedarf von N von 1000 €.
Wäre er geringer, so müsste mit Vorabzug des Unterhalts nach § 1615l BGB gerechnet werden.
F und N erhalten beide 823.
M bleibt $3000 - 258 - 823 - 823 = 1096$ €

402   Der Grundsatz der Halbteilung ist bisher nur im Verhältnis zwischen zwei Ehegatten anerkannt. Falls mehrere Ehegatten Unterhalt verlangen können, ist die Fortsetzung dieses Prinzips im Sinne einer Gleichteilung zwar nahe liegend und aus unserer Sicht auch notwendig, aber nicht von Anfang an zwingend.
       Eine Einschränkung könnte sich bereits aus dem Umstand ergeben, dass der frühere Ehegatte durch den Bedarf nach den ehelichen Lebensverhältnissen in seiner Ehe beschränkt sein kann (vgl. Rn. 416).

403   **j) Einschränkungen der Halbteilung bei mehreren Partnern?** An eine weitere Einschränkung lässt sich denken, weil dem Unterhaltpflichtigen bei nur einem Ehegatten immerhin die Hälfte seines Einkommens bleibt. Soweit durch eine weitere Unterhaltspflicht der Pflichtige mehr als die Hälfte abgeben muss, könnte man ihm einen **Vorzugbonus aus der Differenz** zubilligen. Will man ihm etwa nur die Absenkung seines Bedarfs unter die Halbteilung zur Hälfte zumuten, dann ergäbe sich für das Beispiel 1 folgende Berechnung

Lösung 1 a:
Einzelbedarfsbeträge $4000 * 90\%/3 = 1200$ €
Das unterschreitet den Hälftbedarf von M um $4000 * 90\%/2 = 1800 - 1200 = 600$ €
Die Absenkung wird um $600 * 50\% = 300$ vermindert.
M müssen deshalb $1200 + 300 = 1500$ bleiben.
An F1 und F2 können nur $1200 + 1200 - 300 = 2100$ verteilt werden.
Es erfolgt eine Kürzung des Bedarfs auf $2100/(1200 + 1200) = 87,5\%$
F1 = $1200 * 87,5\% = 1050$ €
F2 = $1200 * 87,5\% = 1050$ €
Wird die Absenkung nur um 10% gemindert, ergäbe sich:
Lösung 1 b:
Einzelbedarfsbeträge $4000 * 90\%/3 = 1200$ €
Das unterschreitet den Hälftbedarf von M um $4000 * 90\%/2 = 1800 - 1200 = 600$ €
Die Absenkung wird um $600 * 10\% = 60$ vermindert.
M müssen deshalb $12 + 60 = 1260$ bleiben.
An F1 und F2 können nur $1200 + 1200 - 60 = 2340$ verteilt werden.
Es erfolgt eine Kürzung des Bedarfs auf $2340/(1200 + 1200) = 97,5\%$
F1 = $1200 * 97,5\% = 1170$ €
F2 = $1200 * 97,5\% = 1170$ €

Die Gleichteilung wird vielfach deshalb kritisiert, weil sie zu einer **übermäßigen Nivel-** **404** **lierung** unterschiedlicher Lebensverhältnisse führe.[544] Das Prinzip der wandelbaren ehelichen Lebensverhältnisse[545] und der Fortfall der Priorität und der Lebensstandardgarantie machen diese Nivellierung allerdings unvermeidlich.

Immerhin wurde vorgeschlagen, durch rechnerische Einschränkung der Korrektur nach dem Halbteilungsgrundsatz die unterschiedlichen Verhältnisse zu konservieren. Folgende Lösung hat zeitweise Anklang bei den Richtern des OLG München gefunden:

Beispiel 17:
M: 2000, F1: 1000, F2 600:
F1: $2000 * 90\% + 1000 * 90\% = 2700/2 = 1350 - 1000 * 90\% = 450$ €
F2: $2000 * 90\% + 600 * 90\% = 2340/2 = 1170 - 600 * 90\% = 630$ €
M müssen aber bleiben: $2000 * 90\% + 1000 * 90\% + 600 * 90\% = 3240/3 = 1080 + 2000 * 10\% = 1280$ €
Daher Kürzung auf $(2000 - 1280)/(450 + 630) = 66{,}7\%$
F1 erhält $450 * 66{,}7\% = 300$, insgesamt $300 + 1000 = 1300$ €
F2 erhält $630 * 66{,}7\% = 420$, insgesamt $420 + 600 = 1020$ €
M bleibt $2000 - 300 - 420 = 1300$ und damit weniger als F1 (Verstoß gegen die Halbteilung)
Würden die Ergebnisse durch wiederholte Berechnung (wie Fußnote 200) nach dem Prinzip der Halbteilung korrigiert, käme man zur Dreiteilung (vgl. Rn. 391, insbes. Fn. 8).[546]

Eine weitere Möglichkeit, der Nivellierung entgegenzuwirken, besteht darin, den **per-** **405** **sonenbezogenen Einkommensbegriff** des Unterhalts i. S. eines „**Mosaikeinkommens**"[547] welches verschiedenen **Bedarfgemeinschaften** zuzuordnen ist, aufzulösen. Einen Ansatz dazu bieten die familienbezogenen Einkommensbestandteile, etwa der Splittingvorteil, Realsplittingvorteil oder Kinderzuschläge. So wird die Verfassungsgerichtsentscheidung zum Splittingvorteil,[548] welche eigentlich nur die Bestimmung des Bedarfs nach den ehelichen Lebensverhältnissen an Hand der Verfassung kritisiert hatte,[549] vielfach so verstanden, als dürften familienbezogene Einkommensteile nur im Zusammenhang mit den Unterhaltsansprüchen des jeweiligen Familienmitglieds berücksichtigt werden.[550] Es wäre sicherlich besser, den einheitlichen Einkommensbegriff beizubehalten, zumal auch der Gesetzgeber von demselben ausgeht[551] und in Übereinstimmung mit dem BVerfG lediglich insoweit zu differenzieren, als das Einkommen (als eheprägend) der Bedarfsbemessung zugrunde gelegt wird (vgl. dazu Rn. 416 ff.).[552] Weist man es aber nach dem Prinzip des „Mosaikeinkommens" den Splittingvorteil ausschließlich der neuen Ehe zu, so scheidet dieser Betrag aus der Drittelrechnung aus und verbleibt zusätzlich dem Pflichtigen:

Beispiel 18
(nach Reinken FPR 2008, 9, 14, 15):
M ist der geschiedenen F1 unterhaltspflichtig, welche 1200 verdient. Er ist verheiratet mit F2, welche 1000 verdient und verdient selbst 4000, wovon 500 auf den Splittingvorteil entfallen.

---

[544] Vgl. So schon in der Voraufl. Rn. 5/130
[545] BGH, FamRZ 2006, 683 = R 649 g
[546] Grandel (NJW 2008, 796, 799) geht noch weiter. Er würde (vereinfacht) in diesem Fall rechnen:
F1 vorläufig $2000 - 1000 = 1000 * 45\% = 450$
F2 vorläufig $2000 - 450 - 600 = 950 * 45\% = 428$
Ausgleich wegen Gleichrang, mit Korrektur wegen der Einkommensdifferenz von $1000 * 90\% - 600 * 90\% = 360$:
F1: $450 + 428 = 878/2 - 360/4 = 349$, insgesamt also $1000 + 349 = 1349$
F2: $450 + 428 = 878/2 + 360/4 = 529$, insgesamt also $600 + 529 = 1129$
M bleibt nur $2000 - 349 - 529 = 1122$
Es ist schwer vorstellbar, dass eine solche Berechnung die Billigung des BGH finden könnte.
[547] Vgl. Gutdeutsch FamRZ 2007, 2035
[548] BVerfG, FamRZ 2003, 1821 = R 598
[549] Vgl. Gutdeutsch FamRZ 2007, 2035, 2036
[550] In diese Richtung tendiert auch BGH FamRZ 2008, 968 = R 689 b, c
[551] Vgl. Gutdeutsch FamRZ 2007, 2035
[552] Vgl. Gutdeutsch FamRZ 2007, 2035, 2036

Lösung:

Erwerbseinkommen *V*:	4000	
abzügl. Splittingvorteil:	− 500	
verbleibendes Erwerbseinkommen:	3500	
abzügl. Erwerbstätigenbonus von $^1/_7$:	− 500	
einzustellendes Erwerbseinkommen:		3000
Erwerbseinkommen *F1*:	1200	
abzügl. Erwerbstätigenbonus von $^1/_7$:		1028
Erwerbseinkommen *F2*:	1000	
abzügl. Erwerbstätigenbonus von $^1/_7$:		− 857
Gesamteinkünfte:		4885
Aufteilung zu je $^1/_3$		
M		1628
F2		1628
abzügl. Ersparnis durch gemeinsames Wirtschaften:		− 163
abzügl. eigenes Erwerbseinkommen:		− 857
Unterhaltsanspruch:		608
F1:		1628
zzgl. Ersparnis von *F2* durch gemeinsames Wirtschaften:		163
abzügl. eigenes Erwerbseinkommen		− 1028
Unterhaltsanspruch:		763
Insgesamt		1963
V und F2 haben zur Verfügung:		
Erwerbseinkommen von V incl. Splittingvorteil		4000
Abzügl. Unterhalt F1		− 763
zzgl. Erwerbseinkommen von *F2*:		1000
Gesamt:		4237

Hier wird deutlich, dass die Reservierung des Splittingvorteils für die neue Familie eine einseitige und nicht zu begründende Bevorzugung von F2 gegenüber F1 bedeutet. Das Einkommen von F2 muss bei der Gleichteilung ja in die Verteilung einbezogen werden, und der Splittingvorteil ist wirtschaftlich ein Teil dieses Einkommens. Die Entscheidung des BVerfG sollte die Benachteiligung der nachrangigen späteren Ehefrau, deren Bedarf die Rechtsprechung völlig hinweggedacht hatte, abmildern. Es ist eigentlich nicht vertretbar, mit dieser Entscheidung eine generelle Privilegierung der bestehenden Familie gegenüber der geschiedenen Ehe zu rechtfertigen.

3. Unterhaltsberechnung nach Differenz- und Anrechnungsmethode

406   **a) Quotenunterhalt.** Wie bereits ausgeführt, dürfen im Rahmen der Bedarfsbemessung nur **prägende Einkünfte** berücksichtigt werden, genauer: der Teil der prägenden Einkünfte, der zur Verwendung für den Lebensbedarf zur Verfügung steht (siehe dazu Rn. 179 f., 185 f., 213 f., 217 f.).

Die Bedarfsbemessung erfolgt nach der Formel:

Bedarf = prägendes verteilbares Einkommen × Quote

Beispiele:
- Erwerbseinkommen = 2800 × $^3/_7$ = 1200 €
bzw. bei Bonus 10%: 2800 × 45% = 1260 €
- Renteneinkommen = 2800 : 2 = 1400 €
- Bei Mischeinkünften ist das Erwerbseinkommen vorweg um den „Ehegattenbonus" zu bereinigen. Dieser bereinigte Betrag wird mit den sonstigen Einkünften addiert. Die Unterhaltsquote beträgt die Hälfte dieser Summe.
Berechnung: 2800 (Erwerbseinkommen) × $^6/_7$ = 2400 €
200 (Zinseinkünfte)
Summe = 2400 + 200 = 2800 €
Unterhalt = 2800 : 2 = 1400 €
oder bei Bonus 10%:
2800 × 90% + 200 = 2720 : 2 = 1360 €

b) Haushaltsführungsehe, Doppelverdienerehe, Zuverdienerehe und besondere 407
Umstände. Ob Einkünfte der Eheleute die ehelichen Lebensverhältnisse geprägt haben, hing früher davon ab, ob es sich um eine sog. Haushaltsführungsehe, Doppelverdienerehe oder Zuverdienerehe handelte. Die Änderung der Rechtsprechung des BGH zur Anrechnungsmethode in seinem Urteil vom 13. 6. 2001[553] hat diese Unterschiede beseitigt, weil in all diesen Fällen die Erwerbstätigkeit des Ehegatten eheprägend ist, entweder weil bereits in der Ehe die Erwerbstätigkeit aufgenommen wurde oder weil die Erwerbstätigkeit als Surrogat an die Stelle der eheprägenden Haushaltstätigkeit getreten ist.

Nur in **Sonderfällen** kann jetzt das Erwerbseinkommen des Unterhaltsgläubigers als nicht eheprägend behandelt und bei der Bedarfsbemessung außer Betracht gelassen werden.

Nicht prägend sind die Erwerbseinkünfte vor allem dann, wenn sie an die Stelle der 408 Bemühungen um eine Ausbildung treten. Auch in anderen Ausnahmefällen, etwa bei Strafhaft oder Drogenkonsum kann es an einer die ehelichen Lebensverhältnisse prägenden Entlastung des anderen Ehegatten durch Übernahme der Haushaltsführung fehlen.[554] Daneben können aber auch nur **Teile** des Einkommens die ehelichen Lebensverhältnisse prägen, z. B. bei Einkommenserhöhungen durch einen Karrieresprung (vgl. Rn. 262) oder soweit eine **Erhöhung** des Einkommens nicht eine Haushaltstätigkeit, sondern entsprechende Ausbildungsbemühungen ersetzt.

Bei Vermögenseinkünften oder Vorteilen aus kostenloser Wohnungsnutzung hängt die Entscheidung, ob sie als prägend zu berücksichtigen sind, davon ab, ob sie bereits vor der Scheidung geflossen sind oder Surrogat von Einkünften sind, die schon vor der Scheidung flossen (vgl. Rn. 268 f.).

Je nachdem, ob für die Unterhaltsberechnung nur prägende, oder aber prägende und nichtprägende bzw. nur teilweise prägende Einkünfte heranzuziehen sind, bestimmt sich nach der Rechtsprechung des BGH, der DT und ihnen folgend den meisten Unterhaltstabellen und Leitlinien die anzuwendende Berechnungsmethode.

Haben beide Ehegatten ein prägendes Erwerbseinkommen, erfolgte die Unterhaltsberech- 409 nung früher überwiegend nach der **Differenzmethode,** welche vielfach Gegenstand der BGH-Rechtsprechung geworden ist. An ihr wurden die wesentlichen Strukturen des geltenden Unterhaltsrechts entwickelt.

Nach Auffassung des BGH berücksichtigte sie, dass in einer Doppelverdienerehe die ehelichen Lebensverhältnisse regelmäßig von dem beiderseitigen Einkommen geprägt werden, und trägt dem Umstand beiderseitiger Erwerbstätigkeit grundsätzlich in angemessener Weise Rechnung, weil sie jedem Ehegatten mehr als die Hälfte seines Einkommens belässt und damit sowohl einen pauschalen Ausgleich für den mit der Berufstätigkeit verbundenen erhöhten Aufwand schafft, als auch einen gewissen Anreiz zur Erwerbstätigkeit bietet.[555] Die Gleichstellung der Haushaltsführung mit der Erwerbstätigkeit nach der Surrogatstheorie des BGH[556] führt jetzt dazu, dass auch das Erwerbseinkommen des bisher den Haushalt führenden Ehegatten in diese Differenzberechnung aufgenommen wird.

Die Differenzmethode ist auch beim Trennungsunterhalt anzuwenden.[557]

Nichtprägende Einkünfte dürfen bei der Differenzmethode nicht berücksichtigt werden.

Sie geht davon aus, dass nur die verschiedene Höhe der beiderseits prägenden Einkommen einen Ausgleich erforderlich macht,[558] so dass sich ohne Ermittlung des Bedarfs durch die Berücksichtigung des prägenden Einkommens des Bedürftigen sofort die Unterhaltshöhe errechnet.

Berechnungsziel ist also der Ausgleichsbedarf (Differenzbedarf). Dieser errechnet sich aus der Differenz der jeweils prägenden Einkommen beider Gatten unter Anwendung der

---

[553] BGH, FamRZ 2001, 986 = R 563
[554] Vgl. Scholz FamRZ 2003, 265, 269
[555] BGH, FamRZ 1981, 752, 754; FamRZ 1979, 692; ferner BGH, FamRZ 1983, 146, BGH, FamRZ 1982, 896
[556] BGH, FamRZ 2001, 986 = R 563; FamRZ 2001, 1592 = R 567; FamRZ 2002, 88 = R 569
[557] BGH, FamRZ 1983, 146
[558] Differenzrechnung wie beim Zugewinn

jeweils maßgebenden Quote ($3/7$ oder 45%[559] für Erwerbs-, $1/2$ für Nichterwerbseinkommen).

Der volle Bedarf des Gatten nach § 1578 I BGB, der nicht explizit berechnet wird, ergibt sich aus der Summe von Differenzbedarf und prägendem Einkommen des Berechtigten.[560]

410   **c) Anrechnungsmethode.** Soweit die ehelichen Lebensverhältnisse nur durch das Einkommen des Pflichtigen geprägt wurden, bestimmen seine Einkünfte allein den Bedarf nach §§ 1361 I, 1578 I BGB, wobei dem Pflichtigen gegebenenfalls ein Quotenvorteil (Erwerbstätigenbonus) zusteht. Nichtprägendes Einkommen des Berechtigten hat auf die Höhe des Bedarfs keinen Einfluss und ist auf diesen nach § 1577 I BGB anzurechnen. Diese „Anrechnungsmethode" hat durch die Surrogatstheorie des BGH[561] den größten Teil ihrer praktische Bedeutung verloren, weil viele bisher als nicht prägend behandelte Einkommen sich als Surrogat eines anderen prägenden Einkommens darstellen, vor allem als Surrogat der Haushaltsführung. Daher wird der Quotenbedarf regelmäßig nach dem gesamten verfügbaren Einkommen bestimmt.[562]

411   Handelt es sich bei dem Bedürftigen aber (ausnahmsweise) um ein nichtprägendes **Erwerbseinkommen,** muss auch ihm in gleicher Weise wie dem Verpflichteten der „**Erwerbstätigenbonus**" in Höhe von 10%, $1/7$ oder $1/5$ zugute kommen. Denn auch ihm ist der mit der Ausübung der Erwerbstätigkeit verbundene höhere Aufwand abzugelten und ein Anreiz für die weitere Erwerbstätigkeit zuzubilligen.[563]

Dies geschieht am einfachsten dadurch, dass das bereinigte Nettoeinkommen des Bedürftigen nur in Höhe von $6/7$ (bei einem Bonus von 10%: 90%) auf seinen Bedarf angerechnet wird.[564]

Der Bonus ist dabei auch **bei fiktiven nichtprägenden Einkünften des Berechtigten** zu berücksichtigen.[565]

412   **d) Gemischte Differenz- und Anrechnungsmethode.** Haben beide Eheleute prägende Einkommen, der Berechtigte darüber hinaus aber auch noch nichtprägende Einkünfte, kann für den Bedarf wiederum nur das prägende Einkommen der Eheleute herangezogen und daraus nach der Differenzmethode die Quote gebildet werden. Das nichtprägende Einkommen des Berechtigten ist nach § 1577 I BGB darauf anzurechnen.

4. Methodenwahl

413   Nach der Rechtsprechung des BGH obliegt die Wahl der Berechnungsmethode dem Tatrichter, der sie auf ihre Angemessenheit zu überprüfen hat.[566] Das bedeutet in erster Linie, dass der BGH unterschiedliche Quoten ($2/5$, $3/7$ und 45%) gebilligt hat, betrifft aber auch sonstige Bedarfsberechnungen, die sich im Rahmen der BGH-Rechtsprechung halten. Die vorher dargestellte **Additionsmethode** (s. o. Rn. 386) kommt zu denselben Ergebnissen wie die Bedarfsberechnung nach den älteren Rechenwegen, die unter den Namen **Differenzmethode, Anrechnungsmethode** und **Mischmethode** (s. o. Rn. 409, 410, 412) bekannt sind.

414   Zu den gleichen Ergebnissen führt auch die **Quotenbedarfsmethode,** welche Scholz[567] zuerst dargestellt hat und die in den Leitlinien des OLG Düsseldorf verwendet wurde.[568] Hiernach berechnete sich der Bedarf des Berechtigten aus $4/7$ des eigenen Erwerbseinkommens, $3/7$ des Erwerbseinkommens des Gatten und $1/2$ der sonstigen beiderseitigen Einkünf-

---

[559] (100%–10%)/2 = 45%
[560] BGH, FamRZ 1985, 161, 164
[561] BGH, FamRZ 2001, 986 = R 563; FamRZ 2001, 1592 = R 567; FamRZ 2002, 88 = R 569
[562] BGH FamRZ 2004, 1357 = R 617 a
[563] BGH, FamRZ 1988, 265, 267; FamRZ 1988, 701, 704; FamRZ 1988, 256, 259; FamRZ 1986, 783, 786
[564] BGH, FamRZ 1988, 256, 259
[565] BGH, FamRZ 1995, 346; FamRZ 1991, 307, 310; FamRZ 1990, 979, 981 = R 412 c
[566] BGH, FamRZ 1984, 151
[567] Scholz, FamRZ 1990, 1088
[568] DL alte Fassung 15.2

te. Auf diesen Bedarf sind nichtprägende Erwerbseinkünfte nur zu $^6/_7$ oder 90% anzurechnen, andere Einkünfte (sonstige Einkünfte und prägende Erwerbseinkünfte) dagegen in voller Höhe.

Die Übereinstimmung dieser Berechnungsmethoden im Ergebnis und der jeweilige **415** Rechenweg sei an den folgenden Beispielen gezeigt:

Fall 1
prägendes Erwerbseinkommen des M: 2800 €
prägendes Erwerbseinkommen der F: 700 €
Berechnung mit Bonus 10%:
Lösung: Differenzmethode:
$(2800 - 700) \times 45\% = 945$ €
Lösung: Additionsmethode
$(90\% \times 2800 + 90\% \times 700) \times ^1/_2 - 90\% \times 700 = 945$ €
Lösung: Quotenbedarfsmethode:
$2800 \times 45\% = 1260$ €
$700 \times 55\% = 385$ €
Bedarf 1645 €
$1645 - 700 = 945$ €

Fall 2
Wie 1. mit zusätzlichem prägendem Wohnwert 500 € beim Berechtigten
Lösung: Differenzmethode, wobei jedoch zwischen Erwerbseinkommen und anderem Einkommen zu trennen ist.
Berechnung mit Bonus $^1/_7$:
$(2800 - 700) \times ^3/_7 = 900$ €
$(0 - 500) \times ^1/_2 = -250$ €
Unterhaltsanspruch 650 €[569]
Lösung: Additionsmethode
$(^6/_7 \times 2800 + ^6/_7 \times 700 + 500) \times ^1/_2 - ^6/_7 \times 700 - 500 = 650$ €
Lösung: Quotenbedarfsmethode
$2800 \times ^3/_7 = 1200$ €
$700 \times ^4/_7 = 400$ €
$500 \times ^1/_2 = 250$ €
Bedarf 1850 €
$1850 - 700 - 500 = 650$ €

Fall 3
prägendes Erwerbseinkommen des M: 3000 €
nichtprägendes Erwerbseinkommen der F: 1000 €
Berechnung mit Bonus 10%
(Ausnahmefall – keine Haushaltsführung oder Kinderbetreuung)
Lösung: Anrechnungsmethode:
$3000 \times 45\% = 1350$ €
$1350 - 90\% \times 1000 = 450$ €
Lösung: Additionsmethode
$90\% \times 3000 \times ^1/_2 - 90\% \times 1000 = 450$ €
Lösung: Quotenbedarfsmethode
$3000 \times 45\% = 1350$ €
$1350 - 90\% \times 1000 = 450$ €

Fall 4
prägendes Erwerbseinkommen des M: 2800 €
nichtprägendes Zinseinkommen der F: 1000 €
Berechnung mit Bonus $^1/_7$
Lösung: Anrechnungsmethode
$2800 \times ^3/_7 = 1200$ €
$1200 - 1000 = 200$ €

---

[569] Vielfach wird die Differenzmethode in solchen Fällen nicht streng durchgeführt, sondern mit der Additions- (= Halbteilungs-)Methode gemischt

Lösung: Additionsmethode
$^6/_7 \times 2800 \times {}^1/_2 = 1200$ €
$1200 - 1000 = 200$ €
Lösung: Quotenbedarfsmethode
$2800 \times {}^3/_7 = 1200$ €
$1200 - 1000 = 200$ €

Fall 5
prägendes Erwerbseinkommen des M: 3000 €
prägendes Erwerbseinkommen der F: 1000 €
nichtprägendes Erwerbseinkommen der F: 500 €
Berechnung mit Bonus 10%
Lösung: gemischte Differenz- und Anrechnungsmethode
$(3000 - 1000) \times 45\% = 900$ €
$900 - 90\% \times 500 = 450$ €
Lösung: Additionsmethode
$(90\% \times 3000 + 90\% \times 1000) \times {}^1/_2 - 90\% \times 500 = 450$ €
Lösung: Quotenbedarfsmethode
$3000 \times 45\% = 1350$ €
$1000 \times 55\% = 550$ €
Bedarf 1900 €
$1900 - 1000 - 90\% \times 500 = 450$ €

Fall 6
prägendes Erwerbseinkommen des M: 2800 €
prägender Wohnwert von M: 500 €
prägendes Erwerbseinkommen der F: 700 €
nichtprägendes Zinseinkommen der F: 500 €
Berechnung mit Bonus $^1/_7$
Lösung: gemischte Differenz- und Anrechnungsmethode, wobei zwischen Erwerbs- und Nichterwerbseinkünften zu unterscheiden ist.
$(2800 - 700) \times {}^3/_7 = 900$ €
$(500 - 0) \times {}^1/_2 = 250$ €
Differenzbedarf 1150 €
$1150 - 500 = 650$ €
Lösung: Additionsmethode
$(^6/_7 \times 2800 + {}^6/_7 \times 700 + 500) \times {}^1/_2 - {}^6/_7 \times 700 - 500 = 650$ €
Lösung: Quotenbedarfsmethode
$2800 \times {}^3/_7 = 900$ €
$700 \times {}^4/_7 = 400$ €
$500 \times {}^1/_2 = 250$ €
Bedarf 1550 €
$1550 - 400 - 500 = 650$ €

416   Die Wahl zwischen diesen Rechenwegen ist eine Frage der Zweckmäßigkeit.
Die **Differenzmethode** hat den Vorzug der in vielen Fällen einfacheren Berechnung.
Der Vorzug der **Additionsmethode** liegt in der Tatsache, dass der Bedarf im Hinblick auf eine spätere Abänderung des Titels explizit festgestellt wird und dass der rechtliche Zusammenhang besonders in komplizierten Fällen durchsichtiger, letztlich also auch besser verständlich ist als die verkürzende Differenzmethode.[570] Dasselbe gilt für die **Quotenbedarfsmethode.** Beide unterscheiden sich in dem von ihnen als voller Bedarf nach § 1578 I BGB angesetzten Betrag. Bei Quotenbedarfsmethode wird der vom prägenden Einkommen gewährte Erwerbsbonus zum Bedarf gerechnet, bei der Additionsmethode wird er nur durch Vorabzug berücksichtigt. Einfluss auf das Ergebnis kann der Unterschied nur dann haben, wenn in einem Mangelfall nach § 1581 BGB die Bedarfsbeträge des Pflichtigen und Berechtigten verhältnismäßig gekürzt wurden. Seit dem Wegfall des variablen eheangemessenen Selbstbehalts[570a] gibt es diese Berechnungsmöglichkeit nicht mehr. Der entscheidende

---

[570] So der BGH in FamRZ 2001, 986 = R 563 d
[570a] BGH FamRZ 2006, 683 = R 649 d

Vorteil der Additionsmethode besteht aber darin, dass sie auch für Ansprüche mehrerer Ehegatten oder Partner geeignet ist (vgl. Rn. 392, 3/72).

Die Praxis wendet die Methoden oft nebeneinander an. Die Differenzmethode eignet sich **417** für einfache Fälle und dann, wenn es nur auf das Ergebnis ankommt, während Additionsmethode oder die Quotenbedarfsmethode dann zu verwenden sind, wenn die rechtliche Begründung des Ergebnisses im Einzelnen erörtert wird oder wenn in komplizierteren Fällen der Rechenweg dadurch übersichtlicher wird. Die Additionsmethode wird von der Praxis häufiger verwendet und wurde vom BGB ausdrücklich gebilligt.[571]

5. Auswirkungen des Vorabzugs von Schulden und Kindesunterhalt auf den Erwerbstätigenbonus bei Mischeinkünften

Wie bereits ausgeführt (vgl. Rn. 185, 362 und eingehend Rn. 1/588 ff.), errechnet sich **418** der Bedarf nach den ehelichen Lebensverhältnissen aus dem bereinigten Nettoeinkommen, d. h. aus dem durch unterhaltsrechtlich relevante Abzüge gekürzten Einkommen. Berücksichtigungswürdige Schulden und Kindesunterhalt sind somit vor der Bildung der Ehegattenquote vom Einkommen des Pflichtigen abzuziehen, weil sie für den Lebensbedarf nicht zur Verfügung stehen (s. o. Rn. 185). Damit ist der Bonus aus dem bereinigten Nettoeinkommen (verfügbares Einkommen) zu berechnen (vgl. Rn. 373, 377).[572]

Wenn der Verpflichtete in solchen Fällen prägendes Einkommen aus Erwerbstätigkeit und daneben noch anderes Einkommen bezieht, etwa aus Zinsen oder dem Wohnwert eines Hauses, so gilt für den einen Einkommensteil das Prinzip der Halbteilung, während für den anderen dem Verpflichteten ein Bonus zusteht. Je nachdem, ob nun die Schulden oder der Kindesunterhalt auf das Erwerbseinkommen, auf das Nichterwerbseinkommen oder auf beide verrechnet werden, fällt der Erwerbsbonus höher oder niedriger aus.[573]

Handelt es sich bei den Abzugsposten um eindeutig einem Einkommen zurechenbare **419** Ausgaben, dürfen sie nur dort abgezogen werden, z. B. Lohnsteuer, gesetzliche Sozialabgaben und berufsbedingte Aufwendungen nur vom Erwerbseinkommen des Nichtselbstständigen (vgl. Rn. 1/604), Depotkosten von Kapitaleinkünften (vgl. Rn. 1/407 f.), verbrauchunabhängige Nebenkosten vom Wohnwert (vgl. Rn. 1/335 ff.).

Berücksichtigungswürdige Schulden für Konsumkredite oder Kindesunterhalt sind hin- **420** gegen nicht ohne weiteres einer bestimmten Einkommensart zuzuordnen. Hier sind bisher vier Lösungswege eingeschlagen worden, welche in der Reihenfolge des durchschnittlich geringeren Bonus geordnet dargestellt werden:

– Berechnung des Erwerbsbonus aus dem Nettoerwerbseinkommen (ohne Kürzung um Schulden u. a.).[574]
– Vorrangiger Abzug vom Nichterwerbseinkommen (Prinzip der Bonusbegrenzung).[575]
– Anteiliger Abzug von Erwerbs- und Nichterwerbseinkommen.[576]
– Vorrangiger Abzug vom Haupteinkommen (in der Regel dem Erwerbseinkommen).[577]

Der BGH hat die Lösung 1 abgelehnt,[578] sonst aber zu diesem Problem bisher noch nicht abschließend Stellung genommen. Welche Lösung sich durchsetzen wird, ist bisher offen.

---

[571] BGH, FamRZ 2001, 986 = R 563 d; FamRZ 2001, 1687 = R 566 b; FamRZ 2001, 1693 = R 567 a
[572] BGH, FamRZ 1989, 842; FamRZ 1984, 662, 664
[573] Vgl. Gutdeutsch, FamRZ 1994, 346 ff.; FamRZ 1994, 1161; Gerhardt, FamRZ 1994, 1158
[574] OLG Hamburg, FamRZ 1991, 953; zust. Kalthoener/Büttner, NJW 1992, 2992, 3000; ebenso im Ergebnis OLG Hamm, FamRZ 1993, 1237; abl. OLG Karlsruhe, FamRZ 1992, 1438. Der BGH hat in der Leitentscheidung FamRZ 1989, 1160, 1162 den Bonus aus dem Nettoerwerbseinkommen von 2770 und nicht aus dem verfügbaren Einkommen von 2770 + 105 − 195 = 2680 DM berechnet, dabei aber die Abweichung von seiner bisherigen Rechtsprechung nicht erörtert
[575] Graba, NJW 1993, 3033, 3037; Gutdeutsch, FamRZ 1994, 346; FamRZ 1994, 1161
[576] Scholz, FamRZ 1993, 127, 143
[577] OLG Hamburg, FamRZ 1991, 445, 448; Gerhardt, FamRZ 1994, 1158; für geringes Nebeneinkommen auch Scholz, FamRZ 1993, 127, 143
[578] BGH, FamRZ 1997, 806 = R 512 b

421 • Die Vertreter der **Lösung 1** (maximaler Bonus) sehen deren Vorteil darin, dass bei der Berechnung des Bonus der Erwerbstätige, welcher Kindesunterhalt zu zahlen hat, mit demjenigen gleichbehandelt wird, für den das nicht zutrifft.[579]

422 • Die Vertreter der **Lösung 2** sehen den Vorteil dieser Lösung darin, dass sie sich am engsten an die Unterhaltsbemessungspraxis vor dem Urteil des BGH vom 12. 7. 1989,[580] welche die OLGs zu einer unterschiedlichen Behandlung von Erwerbs- und Nichterwerbseinkommen veranlasste, anschließt. Sie sei rechnerisch leicht zu handhaben, weil sie sich letztlich auf die Prüfung beschränkt, ob das verfügbare oder das Erwerbseinkommen geringer sei.[581]

Aus den Gründen, auf welchen die Zubilligung des Bonus beruhte (als Anreiz und als Ausgleich für einen allgemein erhöhten Aufwand), folgt, dass er vom verfügbaren Einkommen, höchstens aber (nach der BGH-Rechtsprechung) dem Erwerbseinkommen abzuziehen ist.[582] Gegen eine über die Vorgaben des BGH hinausgehende Verminderung des Bonus spricht, dass sich der BGH[583] in der Leitentscheidung nicht gegen eine Erhöhung des Bonus, sondern **gegen eine Verkürzung** des dem Verpflichteten zustehenden **Bonus** von 396 DM auf 281 DM gewandt hatte.[584]

423 • Die Vertreter der **Lösung 3** vermitteln zwischen gegensätzlichen Standpunkten durch eine anteilige Verrechnung. welche in der Regel als gerechter Interessenausgleich angesehen wird, allerdings erhöhten Rechenaufwand verursacht. Da die Quotierung aber bei geringfügigem Nebeneinkommen kaum andere Ergebnisse als die Lösung 4 liefert, wird in solchen Fällen darauf verzichtet und die Lösung 4 angewandt.

424 • Die Vertreter der **Lösung 4** (durchschnittlich geringster Bonus) rechtfertigen ihre Lösung damit, dass berücksichtigungswürdige Schulden und Kindesunterhalt in der Regel aus dem Haupteinkommen bezahlt würden, das dann in einem Rechengang durch Abzug von Steuern, Vorsorgeaufwendungen, berufsbedingten Aufwendungen, berücksichtigungsfähigen Schulden und Kindesunterhalt bereinigt werden kann. Sie sehen ihre Methode als die praktikabelste an, weil in der Regel das Erwerbseinkommen das Haupteinkommen sei und die Berücksichtigung des Nichterwerbseinkommens mit einer ein-

---

[579] Der Vorabzug vom ungekürzten Erwerbseinkommen hat große praktische Vorteile und ist deshalb verbreiteter, als die Veröffentlichungen erkennen lassen (etwa BGH, FamRZ 1989, 1160, 1162), zumal die mit dieser Bonusrechnung verknüpfte Halbteilung der gemeinschaftlichen Schulden auch i. d. Regel als gerecht empfunden wird (OLG Hamburg, FamRZ 1991, 953)

[580] BGH, FamRZ 1989, 1160, 1162

[581] Die Lösung hat allerdings den Nachteil, dass auch bei Vorabzug von Kindesunterhalt der Bonus relativ höher ausfällt, also die kinderbetreuende Frau benachteiligt wird. Das widerspricht der in diesem Fall von den Eheleuten zu erwartenden stärkeren Solidarität, welche wegen der gemeinsamen Verantwortung für die Kinder gerade einen geringeren Bonus nahelegen würde

Dieses Problem lässt sich jedoch dadurch lösen, dass im Falle eines Vorabzugs von Kindesunterhalt der Bonus von $1/7$ auf 10% herabgesetzt, in den anderen Fällen geringfügig auf 15% erhöht wird

Da der 15%-Bonus sich mit 5% berufsbedingten Aufwendungen zu 20% Erwerbspauschale vereinigen lässt, ergeben sich bei dieser Lösung weitere Vereinfachungen in der Berechnung. Bei Berücksichtigung von Kindesunterhalt muss dagegen i. d. R. ohnehin zweistufig verfahren werden, indem zuerst die berufsbedingten Aufwendungen abgezogen werden, um das Bemessungseinkommen für den Kindesunterhalt zu erhalten. Danach wäre erst der Bonus von 10% des Ursprungsbetrags abzusetzen

Für die Lösung spricht auch, dass die gemeinsame Verantwortung für die Kinder durch die Halbteilung der Unterhaltslast unterstrichen wird

Vielleicht stand einer Einigung der OLGs über die Höhe des Bonus (bisher zwischen 10% und 20%) bisher im Wege, dass die einen die kinderbetreuende Frau, die anderen die kinderlose Frau zum Maßstab genommen haben. Träfe das zu, so könnte der Ausweg in einer Differenzierung des Bonus bestehen

[582] Gegen die Lösung wird eingewandt, dass das Nichterwerbseinkommen in der Praxis vielfach im Wohnwert bestehe und dass aus diesem kein Kindesunterhalt gezahlt werden könne. Das geschieht aber auch nicht. Vielmehr soll nur auf den Wohnwert der Kindesunterhalt verrechnet werden, ebenso wie bei der Bemessung des Gattenunterhalts der Wohnwert beim Pflichtigen herangezogen wird, obgleich er nicht als Unterhalt ausgezahlt werden kann

[583] BGH, FamRZ 1989, 1163

[584] 2770: 7 = 396; (2770 + 105 − 195 − (600 + 150 − 40)): 7 = 281

fachen Zusatzberechnung erfolgen könne. In den selteneren Fällen, in denen das Nichterwerbseinkommen Haupteinkommen ist, könnten Schulden oder Kindesunterhalt von diesem abgezogen und für Erwerbseinkommen dann der ohnehin niedrige volle Bonus bleiben. In den äußerst seltenen Ausnahmefällen, in denen bei gleicher Höhe der Einkommensarten ein Haupteinkommen nicht feststellbar sei, könne die Lösung 3 angewandt werden. Die Lösung stehe auch in Übereinstimmung mit einer Tendenz des BGH, die Kumulation von 5% berufsbedingten Aufwendungen und $^1/_7$ Erwerbsbonus für unzulässig anzusehen, den Bonus also im Ergebnis herabzusetzen (vgl. Rn. 381 m. w. N.).

Die stärkeren rechtlichen Gründe sprechen für die Lösung 2, weil der Bonus als Erwerbs- **425** anreiz diesen soll, und seine Kürzung sich nur dann gerechtfertigt ist, wenn das verfügbare Einkommen geringer ist, als das Erwerbseinkommen. (s. a. Rn. 408)

Im Gegensatz zu den verschiedenen Methoden der Bedarfsbemessung führen die unter- **426** schiedlichen **Methoden der Bonusberechnung** zu **verschiedenen Ergebnissen:**

Beispiel 1:
Der Mann verdient 1800 € netto abzüglich 100 € berufsbedingte Aufwendungen und hat aus Hausnutzung und Kapital ein weiteres Einkommen von 1000 €. Er ist der einkommenslosen Frau und zwei Kindern im Alter von 3 und 7 Jahren unterhaltspflichtig.
Vor Berechnung des Bedarfs des Gatten sind vom Einkommen des Mannes sowohl der Kindesunterhalt als auch der Erwerbsbonus abzuziehen.
Nach der DT 4/1 und DT 4/2 beträgt der Kindesunterhalt $321 - 77 + 371 - 77 = 538$ €.
Lösung 1: Bonus aus dem vollen Erwerbseinkommen:
$(1800 - 100) \times {}^6/_7 + 1000 - 538 = 1919 \times {}^1/_2 = 960$ €
Lösung 2: Bonus aus dem vollen Erwerbseinkommen, weil der Kindesunterhalt (661) aus dem Nichterwerbseinkommen (1000) gedeckt werden kann:
$(1800 - 100) + 1000 - 661 - 1700 \times {}^1/_7 = 1919 \times {}^1/_2 = 960$ €
Lösung 3: Bonus aus dem anteiligen Erwerbseinkommen (Berechnung nach Scholz a. a. O.):
$(1800 - 100) : (1800 - 100 + 1000) = 63\%$ Erwerbseinkommen
$(2700 - 538) \times 63\% \times {}^3/_7 = 584$ €
$(2700 - 538) \times 37\% \times {}^1/_2 = 400$ €
insgesamt 984
Lösung 4: Abzug vom Erwerbseinkommen als Haupteinkommen:
$(1800 - 100 - 538) \times {}^3/_7 + 1000 \times {}^1/_2 = 998$ €
Zwischen den Gatten kann verteilt werden:
$1800 + 1000 - 100 - 538 = 2162$ €
Der Bonus, um welchen das Resteinkommen des Pflichtigen den Gattenunterhalt übersteigt, beträgt nach den
Lösungen 1 und 2: $2162 - 2 \times 960 = 243$ €,
nach der Lösung 3: $2162 - 2 \times 984 = 194$ € und
nach der Lösung 4: $2162 - 2 \times 998 = 166$ €

Beispiel 2:
Der Mann verdient 2500 € netto abzüglich 100 € berufsbedingte Aufwendungen und bezieht daneben eine Rente von 250 €, insgesamt also 2650 €.
Nach der Düsseldorfer Tabelle beträgt der Kindesunterhalt wieder $321 - 77 + 371 - 77 = 538$ €
Lösung 1: Bonus aus dem vollen Erwerbseinkommen:
$(2500 - 100) \times {}^6/_7 + 250 - 538 = 1769 \times {}^1/_2 = 885$ €
Lösung 2: Bonus aus dem verfügbaren Einkommen, weil der Kindesunterhalt (661) aus dem Nichterwerbseinkommen (250) nicht gedeckt werden kann:
$(2500 - 100 + 250 - 538) \times {}^3/_7 = 905$ €
Lösung 3: Bonus aus dem anteiligen Erwerbseinkommen (Berechnung nach Scholz a. a. O.):
$(2500 - 100) : (2500 - 100 + 250) = 91\%$ Erwerbseinkommen
$(2650 - 538) \times 91\% \times {}^3/_7 = 824$ €,
$(2650 - 538) \times 9\% \times {}^1/_2 = 95$ €
insgesamt 919 €
Lösung 4: Abzug vom Erwerbseinkommen als Haupteinkommen:
$(2500 - 100 - 538) \times {}^3/_7 + 250 : 2 = 923$ €
Zur Verteilung zwischen den Gatten steht zur Verfügung:
$2500 + 250 - 100 - 538 = 2112$ €

Der Bonus, um welchen das Resteinkommen des Pflichtigen den Gattenunterhalt übersteigt, beträgt
nach der Lösung 1 : 2112 − 2 × 885 = 342 €,
nach der Lösung 2 : 2112 − 2 × 905 = 302 €,
nach der Lösung 3 : 2112 − 2 × 919 = 274 € und
nach der Lösung 4 : 2112 − 2 × 923 = 266 €[585]

6. Quotenunterhalt und die (überholte) Rechtsprechung zum vollen Unterhalt und trennungsbedingten Mehrbedarf

427   Durch die Bedarfsbemessung nach Quoten wird nur das für Unterhaltszwecke verwendbare Einkommen nach dem Halbteilungsgrundsatz angemessen verteilt. Der Quotenunterhalt bietet keine Gewähr dafür, dass mit ihm der während des Zusammenlebens in der Ehe erreichte Lebensstandard nach Trennung und Scheidung aufrechterhalten werden kann. Das führte zur Konzeption des **trennungsbedingten Mehrbedarfs** als der Differenz von vollem Unterhalt im Sinn von § 1578 I 1 BGB und Unterhaltsquote. Ein Zurückbleiben der Quote hinter dem Betrag dieses vollen Unterhalts im ist insbesondere im Hinblick auf Mehrkosten möglich, die den Ehegatten infolge der Trennung erwarten und die dazu führen können, dass die Eheleute mit den Mitteln der Quote ihren ehelichen Lebensstandard nicht mehr aufrechterhalten können.[586]

428   Bereits durch die **Änderung der Rechtsprechung des BGH zur Anrechnungsmethode**[587] war der Anwendungsbereich wesentlich geringer geworden, weil nicht prägendes Erwerbseinkommen des Berechtigten seither kaum noch vorkommt. Er konnte aber noch
– bei nichtprägenden Erwerbseinkünften oder
– bei Anerkennung einer Sparquote beim Verpflichteten oder
– bei nichtprägendem Wohnwert oder
– bei entsprechenden Kapitaleinkünften beider Parteien erhebliche Bedeutung haben. Doch sprachen triftige **Gründe für die gänzliche Abschaffung** dieses Rechtsinstituts: Es wurde deshalb entwickelt, weil auf andere Weise die durch die Anwendung der Anrechnungsmethode in Fällen der Hausfrauenehe geschaffene Gerechtigkeitslücke nicht geschlossen werden konnte,[588] war aber immer dogmatisch umstritten.[589] Durch die Anerkennung des Surrogatsprinzips[590] besteht die Lücke aber nicht mehr. Rechtlich ist die Anerkennung des trennungsbedingten Mehrbedarfs als eheprägend problematisch, denn dieser Bedarf entsteht typischerweise gerade durch die Trennung und kann als solcher daher kaum die Ehe geprägt haben. Er wird mit den ehelichen Lebensverhältnissen nur durch den Begriff des ehelichen Lebensstandards verknüpft. Eine „Lebensstandardgarantie" war aber zwar Motiv des Gesetzgebers (vgl. Rn. 172 f.),[591] ist aber als solche nicht Gesetz geworden. Vielmehr sind es nur die ehelichen Lebensverhältnisse, die der BGH normalerweise immer an konkrete Verhältnisse, vor allem aber an die Einkommensquellen, geknüpft hat. Neben diesen hat der Lebensstandard immer nur eine abgeleitete Bedeutung. Deshalb hat der Gesetzgeber auch besondere trennungsbedingte Mehrkosten, welche typischerweise einseitig nur den Unterhaltsberechtigten belasten, durch die Sonderregelungen der §§ 1361 I 2. 1578 II BGB zum Lebensbedarf hinzugerechnet. Die Kosten der Alters- und Krankheitsvorsorge entstehen nämlich trennungs- und scheidungsbedingt einseitig beim Unterhaltsgläubiger, weil durch die Scheidung Hinterbliebenenversorgung und die Familienversicherung wegfallen. Wenn Trennungs- und Scheidungsfolgen nach der Vorstellung des Gesetzgebers nicht zu den ehelichen Lebensverhältnissen gehören, mussten dafür Spezial-

---

[585] Vgl. Gutdeutsch FamRZ 2006, 1072, FamRZ 1995, 327; Hampel FamRZ 1995, 1177
[586] BGH, FamRZ 1983, 146, 148; FamRZ 1982, 255, 257
[587] BGH, FamRZ 2001, 986 = R 563; FamRZ 2001, 1592 = R 567; FamRZ 2002, 88 = R 569
[588] Hampel FamRZ 1981, 851; 1984, 621; Luthin FamRZ 1996, 328
[589] Dieckmann FamRZ 1984, 946, 951, ders. in Erman, 10. Aufl, (2000) § 1578 Rn. 32, Spangenberg FamRZ 1991, 269, Mayer FamRZ 1992, 138, 140, Graba FamRZ 2002, 857, Gerhardt FamRZ 2003, 272, 275, ders. in FA-FamR 4. Aufl. 6. Kapitel Rn. 247
[590] BGH, FamRZ 2001, 986 = R 563
[591] Vgl. BGH, FamRZ 1983, 678; BVerfG FamRZ 1981, 745, 748

regelungen geschaffen werden. Im Umkehrschluss kann daraus deshalb auch gefolgert werden, dass andere Auswirkungen von Trennung und Scheidung auf den Lebensstandard unberücksichtigt bleiben, weil sie eben nicht zu den ehelichen Lebensverhältnissen gehören und im Regelfall beide Parteien in grundsätzlich gleicher Weise treffen.

Erkennt man den allgemeinen trennungsbedingten Mehrbedarf, insbesondere höhere Wohnkosten, nicht mehr als eheprägend an, muss jede Partei diese Mehrkosten, die die ja weitgehend selbst verantwortet, auch selbst tragen. Das erscheint durchaus nicht als ungerecht und harmoniert gut mit dem weitgehend anerkannten Grundsatz, dass trennungsbedingter Mehrbedarf unberücksichtigt bleibt, wenn kein nichtprägendes Zusatzeinkommen vorhanden ist. Viele sonstige Probleme, zu deren Lösung der trennungsbedingte Mehrbedarf herangezogen wird, lassen sich auch auf andere Weise lösen. Das Rechtsinstitut hat sich in der Praxis auch nicht bewährt, weil der trennungsbedingte Mehrbedarf nur sehr selten geltend gemacht wurde, obgleich er meist vorhanden war. Seine Abschaffung hat daher der Rechtsgleichheit gedient, ohne das Maß an Gerechtigkeit erkennbar zu vermindern. Endlich hat die Abschaffung das Unterhaltsrecht wesentlich vereinfacht und damit dem rechtssuchenden Publikum genützt. Alle diese Gründe sprechen dafür, dem trennungsbedingten Mehrbedarf – der als solcher zweifelsfrei vorhanden ist – in Zukunft **keinen Einfluss auf den Bedarf zuzuerkennen.**[592]

Daher ist zu begrüßen, dass der BGH das Institut des trennungsbedingten Mehrbedarfs als im Hinblick auf die Änderung seiner Rechtsprechung nicht mehr verwendbar betrachtet.[593]

Damit ist auch die Rechtsprechung obsolet geworden, wonach die Gattenquote wegen trennungsbedingten Mehrbedarfs in der Regel einen Mangelunterhalt darstelle, welcher bei Besserung der wirtschaftlichen Lage zu einer Unterhaltserhöhung führe.[594]

7. Quotenunterhalt und Mindestbedarf

Der eheangemessene Unterhalt ist nach der Rechtsprechung des BGH stets nach den **429** **prägenden Einkünften** der Eheleute unter Anwendung des Halbteilungsgrundsatzes zu bemessen. Dem entspricht der **Quotenunterhalt.**

Aus diesem Grund ist der eheangemessene Unterhalt der Höhe nach stets vom jeweils **prägenden Einkommen** abhängig und darf **nicht nach festen Bedarfssätzen bemessen werden,** auch nicht nach Mindestbedarfssätzen. Nach der Rechtsprechung des BGH besteht für die Annahme eines von den ehelichen Lebensverhältnissen unabhängigen generellen Mindestbedarfs des Berechtigten keine gesetzliche Grundlage.[595] Der Bedarf ist stets individuell angelegt und kann daher wirtschaftlich über oder unter dem Niveau von Tabellenwerten liegen, die in der Regel auf querschnittlich ermittelten Kosten der allg. Lebensführung beruhen und daher Besonderheiten nicht berücksichtigen. Ein **Existenzminimum** zu sichern, ist notfalls Sache des **Sozialhilfeträgers.**[596]

Aus den gleichen Gründen darf der **Unterhaltsbedarf** auch **nicht** nach einem generell **430** zu ermittelnden Lebensbedarf einer volljährigen Person und damit nach Richtsätzen bemessen werden, die die in der Praxis verwendeten Unterhaltstabellen für den **Selbstbehalt** eines Verpflichteten aufgestellt haben. Auch dies lässt außer Acht, dass § 1578 I 1 BGB auf die Lebensverhältnisse in der jeweiligen Ehe abstellt.[597]

Die Selbstbehaltssätze beinhalten darüber hinaus lediglich eine untere Opfergrenze für den Verpflichteten im Rahmen von dessen Leistungsfähigkeit und spielen keine Rolle im Rahmen der Bedarfsbemessung (siehe Rn. 5/1 ff., 5/102 ff.).

Dem widersprachen früher teilweise die unterhaltsrechtlichen Tabellen und Leitlinien, soweit sie feste Sätze für einen Mindestbedarf des Berechtigten festlegten (vgl. aber auch

---

[592] Ebenso Graba FamRZ 2002, 857, Gerhardt FamRZ 2003, 272, 275, ders. in FA-FamR 4. Aufl. 6. Kapitel Rn. 247
[593] BGH FamRZ 2004, 1357 = R 617a
[594] BGH, FamRZ 1986, 783, 786
[595] BGH, FamRZ 2003, 363, 364; FamRZ 1996, 345, 346; FamRZ 1987, 689, 691; FamRZ 1987, 266, 267; FamRZ 1987, 152, 154; FamRZ 1984, 356
[596] BGH, FamRZ 1995, 346
[597] BGH, FamRZ 1981, 241

Rn. 2/163). Lediglich für die Aufteilung des für die Berechtigten verfügbaren Betrags im Mangelfall hatte der BGH Mindestbedarfssätze als Einsatzbeträge zugelassen. Seit 1. 1. 2008 ist indessen der Gleichrang der Ehegatten mit minderjährigen Kindern und damit auch dieser Einsatzbetrag weggefallen.

431   Eine Anhebung des Quotenunterhalts auf einen Mindestbetrag durch einen **pauschalen** trennungsbedingten Mehrbedarf ohne nähere konkrete Darlegung ist rechtlich nicht zulässig,[598] zumal auch das Rechtsinstitut des trennungsbedingten Mehrbedarfs inzwischen weggefallen ist (vgl. Rn. 426 f.). Es ist schwer zu verstehen, warum DT B. V. sie trotzdem immer noch empfiehlt.

IV. Unterhaltsrechtliche Berücksichtigung eines regelmäßigen Mehrbedarfs

1. Mehrbedarfsfälle und konkrete Bemessung des Mehrbedarfs

432   Ein **Mehrbedarf** besteht, wenn bei einem Ehegatten auf Grund besonderer Umstände des Einzelfalls zusätzliche Mittel für besondere Aufwendungen benötigt werden, die durch den Elementarbedarf nicht abgedeckt werden und deshalb zusätzlich zum Elementarbedarf als unselbstständige Unterhaltsbestandteile des einheitlichen Lebensbedarfs geleistet werden müssen und die folglich bei Ermittlung des verteilungsfähigen Einkommens **vorweg abzuziehen** sind.

Zur Abgrenzung vom Elementarbedarf (IV) und Sonderbedarf (VI) muss es sich um regelmäßige zusätzliche Aufwendungen auf Grund besonderer Umstände handeln.

433   Ein Mehrbedarf in diesem Sinn und im Sinn der Ausführungen zu nachfolgend 2) sind:
- **Krankheits** – und **altersbedingter Mehrbedarf** (siehe dazu Rn. 1/607 ff.).
- **Ausbildungsbedingter Mehrbedarf** des Berechtigten nach den §§ 1578 II, 1361 BGB, wenn die Ausbildung, Fortbildung oder Umschulung besondere Kosten verursacht.
- **Krankheitsvorsorgeunterhalt** des Berechtigten nach den §§ 1578 II, 1361 BGB (s. Rn. 498 ff.).
- **Altersvorsorgeunterhalt** des Berechtigten nach den §§ 1578 III, 1361 I BGB (s. Rn. 448 ff.).
- **Trennungsbedingter Mehrbedarf** ist ein Mehrbedarf besonderer Art, der nach der Rechtsprechung des BGH nicht vom prägenden Einkommen abgezogen werden durfte. Er wird vom BGH nicht mehr anerkannt, vgl. Rn. 421 f.

434   **Kein** zusätzlich zu berücksichtigender **Mehrbedarf** in diesem Sinn sind alle Aufwendungen, die bereits bei der Ermittlung des prägenden bereinigten Nettoeinkommens als Abzugsposten berücksichtigt werden (siehe Rn. 185 ff.). Dazu zählen vor allem:
- Zahlungen für **Einkommen** – und **Kirchensteuer.**
- **Vorsorgeaufwendungen** für Krankheit, Alter, Invalidität und Arbeitslosigkeit.
- **Berufs** – und **ausbildungsbedingte Aufwendungen,** Betriebsausgaben und sonstige Werbungskosten.
- Aufwendungen für ehebedingte **Schulden.**
- **Unterhaltszahlungen.**
- Aufwendungen für **Vermögensbildung,** soweit diese nach der Trennung in angemessenem Rahmen fortgesetzt werden darf.

435   **Ausbildungsbedingter** Mehrbedarf des Berechtigten sowie **Vorsorgebedarf** für Alter und Krankheit sind zwar oft zugleich trennungsbedingter Mehrbedarf. Doch sind sie als Teil des Lebensbedarfs des Berechtigten ausdrücklich gesetzlich normiert (§ 1578 II, III BGB) und damit unselbstständige Teile des einheitlichen Unterhaltsanspruchs.[599] Der BGH hält in diesen Fällen einen Abzug vom prägenden Einkommen, also ihre Befriedigung zu Lasten des Elementarbedarfs, für zulässig, zumal die entsprechenden Aufwendungen des Verpflich-

---

[598] BGH, FamRZ 1995, 346
[599] BGH, FamRZ 1982, 255

teten bei Berechnung des bereinigten Nettoeinkommens vorweg abgezogen werden (s. Rn. 362, 1/588 ff.).

Vorsorgeunterhalt und Ausbildungsunterhalt sind nur zuzusprechen, wenn sie zusätzlich geltend gemacht werden.

Wird der **Elementarunterhalt** nach **Quoten** bemessen, besteht eine Abhängigkeit **436** zwischen dem gekürzten Elementarunterhalt und dem Mehrbedarf, die eine Trennung des hierauf bezogenen Streitstoffs ausschließt. Wegen der Möglichkeit des Vorabzugs vom prägenden Einkommen hat die Zubilligung Einfluss auf die Höhe des Elementarunterhalts.[600]

Ein solcher Mehrbedarf ist grundsätzlich durch **Vortrag konkreter Tatsachen** geltend **437** zu machen und tatrichterlich zu ermitteln. Behauptete Aufwendungen sind unter Berücksichtigung der beiderseitigen wirtschaftlichen und persönlichen Verhältnisse auf ihre Notwendigkeit und unterhaltsrechtliche Angemessenheit zu überprüfen. Die angemessene Höhe kann nach § 287 II ZPO geschätzt werden.[601]

Hierbei wird – je nach den Umständen des Einzelfalles – eine großzügigere Beurteilung geboten sein, wenn und soweit es einem Ehegatten nicht zumutbar ist, seine besonderen Aufwendungen in allen Einzelheiten spezifiziert darzulegen.[602] Beim **Altersvorsorgeunterhalt genügt** die **Geltendmachung** des Betrags, weil dieser ohne zusätzlichen Tatsachenvortrag berechnet werden kann (s. Rn. 467 f., 477 f.).

2. Unterhaltsberechnung bei Mehrbedarf

a) Krankheitsbedingter oder altersbedingter Mehrbedarf. Nach der Rechtspre- **438** chung des BGH ist ein konkreter Mehrbedarf des Verpflichteten dadurch auszugleichen, dass ein **Vorabzug des Mehrbedarfs** vom prägenden Einkommen erfolgt und erst anschließend der Quotenunterhalt bemessen wird. Ein Mehrbedarf des Berechtigten ist zusätzlich zum Quotenunterhalt zu bezahlen.[603]

Beispiel:
Renteneinkommen = 3000 €
Mehrbedarf = 300 €
Elementarunterhalt = 3000 − 300 = 2700 : 2 = 1350 €.
Hat der Verpflichtete den Mehrbedarf, erhält er 1650, der andere 1350.
Hat der Berechtigte den Mehrbedarf, erhält er die € 300 zusätzlich zum Quotenunterhalt (1350 + 300 = 1650).

Diese Berechnung gilt auch bei sonstigem krankheits- und altersbedingten Mehrbedarf.

Zulagen oder **Zuschüsse,** die ein Schwerbeschädigter wegen seines schädigungsbedingten Mehrbedarfs erhält, sind als Einkommen anzurechnen und auf den Mehrbedarf zu **verrechnen.**[604] Allerdings besteht nach § 1610 a BGB die widerlegliche Vermutung, dass die Zulage durch den Mehrbedarf aufgezehrt wird (s. näher Rn. 1/443).

Ein Vorabzug des Mehrbedarfs vom Einkommen des Pflichtigen **unterbleibt,** wenn die Zulagen und Zuschüsse höher sind als der Mehraufwand. Es ist dann die Differenz als Einkommen zuzurechnen.

b) Ausbildungsmehrbedarf. Besondere Kosten einer Ausbildung, Fortbildung oder **439** Umschulung werden nach den § 1578 II, 1361 I BGB ebenfalls neben dem Elementarbedarf als unselbstständiger Unterhaltsbestandteil geschuldet.[605]

Hierzu gehören – zusätzlich zum Elementarunterhalt – die Kosten für Lernmittel, Gebühren, Fahrtkosten und eventuell auch Unterkunftskosten am Ausbildungsort.

---

[600] BGH, FamRZ 1982, 255
[601] BGH, FamRZ 1981, 338
[602] BGH, FamRZ 1981, 338
[603] BGH, FamRZ 1982, 579, 580; FamRZ 1981, 338
[604] BGH, FamRZ 1982, 252 = R 100 zur Unfallrente; FamRZ 1981, 1165, FamRZ 1986, 885 sowie FamRZ 1982, 579 zur Grundrente nach BVersG
[605] BGH, FamRZ 1982, 255

Ausbildungsmehrbedarf ist deshalb nach den gleichen Grundsätzen (wie Rn. 438) ebenfalls vom Nettoeinkommen abzuziehen, ehe der Quotenunterhalt berechnet wird, und zusätzlich zum Quotenunterhalt zu bezahlen.

440 **c) Krankheitsvorsorgeunterhalt.** Die Kosten für eine Krankenversicherung des Berechtigten gemäß § 1578 II BGB (Krankheitsvorsorgeunterhalt) gehören zwar auch zum Lebensbedarf des Berechtigten, sind aber im Allgemeinen nicht in der Ehegattenquote enthalten und deshalb gesondert geltend zu machen und auszugleichen. Wenn die Krankenversicherungskosten des Verpflichteten vor Anwendung des Verteilungsschlüssels vom Einkommen abgesetzt worden sind, müssen zur Vermeidung eines Ungleichgewichts auch die Krankenversicherungskosten des Berechtigten durch Vorabzug vom Einkommen des Verpflichteten berücksichtigt werden und zusätzlich zum Quotenunterhalt bezahlt werden,[606] vgl. Rn. 498 bis 525.

Hat der Berechtigte ein eigenes **prägendes Einkommen,** sind die Kosten der Krankenversicherung soweit möglich von diesem abzuziehen. Aus dem Resteinkommen ist dann der Unterhalt zu berechnen.[607]

Der Vorsorgeunterhalt ist dann nicht zusätzlich zum Quotenunterhalt zu bezahlen.

Hat der Berechtigte ein **nichtprägendes Einkommen,** kann der Vorsorgeunterhalt u. U. auch mit diesem verrechnet werden (siehe dazu nachfolgend Rn. 448).

Wegen des **Krankheitsvorsorgeunterhalts** siehe auch Rn. 498 ff.

441 **d) Altersvorsorgeunterhalt** nach §§ 1361 I 2 und 1578 III BGB.

Auch ein Altersvorsorgeunterhalt ist zusätzlich zum Elementarunterhalt zu bezahlen und grundsätzlich vorab vom prägenden Einkommen abzuziehen. Erst danach erfolgt aus dem verbleibenden Rest die Bemessung des Elementarunterhalts nach der Ehegattenquote. Dafür spricht, dass entsprechende Vorsorgeaufwendungen des Verpflichteten ebenfalls vor Berechnung des Quotenunterhalts von dem Einkommen abgezogen werden.[608]

Wegen der Berechung des Altersvorsorgeunterhalts auf der Basis eines vorläufigen Elementarunterhalts und der dadurch notwendig werdenden zweistufigen Berechnung des Elementarunterhalts siehe Rn. 467 f., 477 f.

442 **e) Vorabzug des Mehrbedarfs.** Durch den Vorabzug des Mehrbedarfs vom prägenden Einkommen (a mit d) gibt es einen geringeren Elementarunterhalt.

Diese Minderung ist gerechtfertigt, soweit sie bereits den Bedarf nach den ehelichen Lebensverhältnissen vor der Trennung geprägt hatte. Hat sich jedoch nach der Trennung eine Erhöhung des Mehrbedarfs ergeben oder ist dieser – wie immer beim Altersvorsorgeunterhalt und meist beim Krankheitsvorsorgeunterhalt – erst nach der Trennung entstanden, so kann es der Billigkeit entsprechen, für diesen Zusatzbedarf etwa vorhandene nicht eheprägende Einkommensteile heranzuziehen.[609]

Dies kann bei Vorliegen besonderer Umstände in dreierlei Hinsicht erreicht werden:

443 **f) Heranziehung nichtprägender Einkünfte des Berechtigten.** Wenn der **Berechtigte nichtprägende Einkünfte** hat, erscheint es gerechtfertigt, seinen Mehrbedarf mit diesen zu verrechnen.[610] Es unterbleibt dann ein Vorabzug des Mehrbedarfs vom prägenden Einkommen des Verpflichteten. Auf den Quotenunterhalt wird bedarfsmindernd die Differenz zwischen nichtprägenden Einkünften (z. B. aus späterer Erbschaft) und Mehrbedarf angerechnet. Ein Mehrbedarf ist dann nicht zusätzlich zum Quotenunterhalt zu zahlen.

> **Beispiel:**
> Prägendes Erwerbseinkommen des V = 4200 €
> Quote = 4200 × $^3/_7$ = 1800 €
> nichtprägendes Kapitaleinkommen des B = 600 €
> Mehrbedarf des B = 400 €
> Dieser Mehrbedarf wird dadurch berücksichtigt, dass auf die Quote von 1800 € nur die Differenz von 600 € (Einkommen) und 400 € (Mehrbedarf) = 200 € angerechnet werden, so dass B insgesamt 1600 € als Unterhalt erhält (1800 – 200).

---

[606] BGH, FamRZ 1983, 888; FamRZ 1982, 887
[607] BGH, FamRZ 1983, 676
[608] BGH, FamRZ 2007, 117 = R 662 a, FamRZ 1981, 864; FamRZ 1982, 890
[609] OLG München, FamRZ 1992, 1310; 1994, 1459
[610] BGH, FamRZ 1982, 255, 257

g) Heranziehung der vermögensbildenden Aufwendungen. Wenn bei wirtschaft- **444** lich guten Verhältnissen **vermögensbildende Aufwendungen** vom Einkommen abgezogen werden können (siehe Rn. 200), ist beiderseitiger Mehrbedarf (soweit er durch die Trennung verursacht wurde) aus dieser Vermögensbildungsrate zu bezahlen, weil der Verpflichtete eine Vermögensbildung nicht fortsetzen darf, wenn und soweit ein Mehrbedarf besteht, der anderweitig gedeckt werden kann.[611]

Allerdings muss bei Vermögen bildenden Maßnahmen immer geprüft werden, ob es sich um eine angemessene sekundäre Altersvorsorge handelt, die wegen der Mängel der primären Altersvorsorge bis zur Höhe von 4% des Bruttoeinkommens zugelassen wird und auch als Sparleistung oder Schuldentilgung realisiert werden kann, soweit nicht vorhandenes oder zu erwartendes Vermögen eine Altersvorsorge überflüssig macht.[612]

Liegt eine angemessene zusätzliche Altersvorsorge nicht vor, dann muss der Verpflichtete zusätzlich zum Quotenunterhalt den Mehrbedarf aus der einzuschränkenden Vermögensbildungsrate bezahlen.

Ist der Mehrbedarf größer als die Vermögensbildungsrate, dann bleibt ein ungedeckter Rest, auf den gegebenenfalls nichtprägendes Einkommen verrechnet werden kann. Neuestens wird die Vermögensbildung zu Lasten des Unterhalts vom BGH nicht mehr anerkannt.[612a]

Gibt es kein nichtprägendes Einkommen, wird der Rest vom prägenden Einkommen abgezogen und dann der Quotenunterhalt berechnet. Der Mehrbedarf ist zusätzlich zu zahlen.

Beispiel: **445**
Prägendes bereinigtes Nettoeinkommen des V (nach Vorabzug einer Vermögensbildungsrate von 400 €) = 4900 €
Nichtprägende Zinseinkünfte des B = 200 €
Krankheitsbedingter Mehrbedarf des B = 300 €
200,– € werden mit den nichtprägenden Zinseinkünften des B verrechnet. Es entfällt daher ein bedürftigkeitsmindernder Abzug bei B.
Weitere 100,– € muss V aus seiner Vermögensbildungsrate von 400 zusätzlich zum Quotenunterhalt an B bezahlen. Die Vermögensbildungsrate reduziert sich dadurch auf 300,– €.
Quotenunterhalt = 4900 × $^3/_7$ = 2100 €
B erhält 2100 + 100 und darf seine 200 behalten = 2100 + 300 €.
oder mit Bonus 10%:
Quotenunterhalt = 4900 × 90% = 2205 €
B erhält 2205 + 100 und darf seine 200 behalten = 2205 + 300 €.

Hätte auch V einen berechtigten Mehrbedarf von 300, dann würde die Vermögensbildung entfallen müssen, damit der Mehrbedarf befriedigt werden kann. Reicht der Betrag nicht aus, gelten die Regeln des Mangelfalls nach § 1581 BGB (vgl. Rn. 564).

h) Heranziehung nichtprägenden Mehreinkommens des Verpflichteten. Die Fra- **446** ge, inwieweit dem Verpflichteten der Vorabzug eines Mehrbedarfs des Berechtigten vom prägenden Einkommen versagt werden kann, weil ihm **nach der Trennung ein Einkommen zugewachsen** ist, welches die ehelichen Lebensverhältnisse nicht geprägt hat, wurde vom BGH soweit ersichtlich bisher nicht entschieden. Indessen wird die Frage nicht anders als im Fall Rn. 443 gelöst werden können. In beiden Fällen ist davon auszugehen, dass der Berechtigte wegen unzureichender Leistungsfähigkeit des Verpflichteten nicht den vollen Unterhalt erhalten hatte. Wenn die Leistungsunfähigkeit des Verpflichteten dadurch entfällt, dass er nichtprägendes Einkommen hinzuwirbt, wird der Unterhalt erhöht werden müssen, wenn die Leistungsfähigkeit des Verpflichteten nicht auf andere Weise, etwa durch nichtprägende Schulden, eingeschränkt ist.

i) Mehrbedarf des Verpflichteten, Vorabzug oder Bonus. Mehrbedarf des Ver- 447 pflichteten kommt nur in Gestalt des **krankheits-** und **altersbedingten** Mehrbedarfs in Betracht. Soweit dieser Mehrbedarf bereits bei der Ermittlung des Bedarfs zu berücksichtigen und deshalb vom prägenden Einkommen vorweg abzuziehen ist, kommt die Heranziehung nichtprägender Einkommensteile nicht in Betracht.

---

[611] BGH, FamRZ 1987, 913, 916
[612] BGH FamRZ 2005, 1817 = R 632 i; FamRZ 2006, 387 = R 643 b, c; FamRZ 2007; 793, FamRZ 2008, 963 = R 692 f
[612a] BGH FamRZ 2008, 963 = R 692 d

Beispiel mit nichtprägendem Mehrbedarf:
Prägendes Erwerbseinkommen des V = 4200 €
Nichtprägendes Zinseinkommen des V = 300 €
Prägendes Erwerbseinkommen des B = 700 €
Krankheitsbedingter Mehrbedarf des V = 300 €
ehelicher Bedarf: $(6/7 \times 4200 + 6/7 \times 700)\ 1/2 = 2100$ €
Unterhaltsbedarf: $2100 - 6/7 \times 700 = 1500$ €
Eigenbedarf von V: $2100 + 4200 \times 1/7 + 300 = 3000$ €
V bleibt: $4200 + 300 - 1500 = 3000$ €
oder **bei Bonus 10%**
ehelicher Bedarf: $(90\% \times 4200 + 90\% \times 700)\ 1/2 = 2205$ €
Unterhaltsbedarf: $2205 - 90\% \times 700 = 1575$ €
Eigenbedarf von V: $2205 + 4200 \times 10\% + 300 = 2925$ €
V bleibt: $4200 + 300 - 1575 = 2925$ €
V ist leistungsfähig, weil er seinen Mehrbedarf mit den nichtprägenden Zinseinkünften abdecken kann.

Der BGH hat aber auch gebilligt, dass der Mehrbedarf **pauschal durch eine Erhöhung der Gattenquote** berücksichtigt wird.[613]

Mehrbedarf **des Verpflichteten** kommt nur in Gestalt des **krankheits-** und **altersbedingten** Mehrbedarfs in Betracht. Soweit dieser Mehrbedarf bereits bei der Ermittlung des Bedarfs zu berücksichtigen und deshalb vom prägenden Einkommen vorweg abzuziehen ist, kommt die Heranziehung nichtprägender Einkommensteile nicht in Betracht.

4. Abschnitt: Vorsorgeunterhalt

I. Vorsorgeunterhalt wegen Alters, Berufs- und Erwerbsunfähigkeit

448   Die Besonderheit des Vorsorgeunterhalts liegt nur im Bedarfsbereich (es ist kein eigener Anspruch): während sonst der Berechtigte im Rahmen der Unterhaltsquote in seinen Dispositionen frei ist, muss der Vorsorgebedarf gesondert geltend gemacht werden, weil er nur dann berücksichtigt werden kann, wenn tatsächlich Vorsorge betrieben wird. Die Rechtssprechung ist hier aber großzügig und lässt in der Regel genügen, dass der Anspruch ohne weitere Konkretisierung geltend gemacht wird (vgl. Rn. 458), während ein entsprechender Eigenbedarf des Pflichtigen konkret realisiert werden muss, zumal bei ihm sind die Mittel dazu bereits vorhanden sind.[1]

1. Grundsätzliches, Voraussetzungen, Beginn und Dauer des Vorsorgeunterhalts beim Trennungs- und nachehelichen Unterhalt sowie Verfassungsmäßigkeit

449   Beim **Trennungsunterhalt** (§ 1361 I 2 BGB) hat der Anspruch auf Vorsorgeunterhalt wegen Alters, Berufs- und Erwerbsunfähigkeit – allgemein und nachfolgend nur Vorsorgeunterhalt genannt – zur Voraussetzung, dass ein Anspruch auf Trennungsunterhalt besteht.

Der Anspruch **beginnt** mit Eintritt der **Rechtshängigkeit des Scheidungsverfahrens** (§ 1361 I 2 BGB). Der Eintritt der Rechtshängigkeit ist im Sinne der unmittelbaren Anknüpfung der vom Versorgungsausgleich erfassten Ehezeit auszulegen, d.h., der Anspruch kann ab Beginn des Monats zugebilligt werden, in dem das Scheidungsverfahren rechtshängig geworden ist.[2] Der Anspruch **endet** mit **Rechtskraft der Scheidung**.[3]

Nach dem Unterhalt bei Trennung darf wegen der **Nichtidentität** von Trennungs- und nachehelichem Unterhalt nicht der Vorsorgeunterhalt nach Scheidung bemessen werden.

---

[613] BGH, FamRZ 1990, 981 = R 416 a
[1] Vgl. BGH, FamRZ 2007, 193 = R 664 a, e
[2] BGH, FamRZ 1982, 781; FamRZ 1981, 442, 45
[3] BGH, FamRZ 1982, 465

Vielmehr sind Elementarunterhalt und Vorsorgeunterhalt für den nachehelichen Unterhalt **ohne Bindung** an die Festsetzungen für die Zeit vor der Scheidung neu zu bemessen.[4]

Wie der Trennungsunterhalt kann auch der Vorsorgeunterhalt **für die Trennungszeit nicht im Verbund** geltend gemacht werden.[5]

Beim **nachehelichen Unterhalt** muss als Voraussetzung des Vorsorgeunterhalts nach **450** § 1578 III BGB ein Unterhaltsanspruch nach den §§ 1570 mit 1573 und § 1576 BGB bestehen. Beim **Ausbildungsunterhalt** nach § 1575 BGB gibt es **keinen Vorsorgeunterhalt,** wohl aber, wenn der Ausbildungsunterhalt auch auf § 1574 III BGB gestützt werden kann.

Der Anspruch **beginnt mit Rechtskraft** des Scheidungsurteils und endet, wenn der Anspruch auf nachehelichen Unterhalt erlischt oder ein Vorsorgebedürfnis nicht mehr besteht. Das Vorsorgebedürfnis erlischt erst, wenn die Versorgung des Berechtigten diejenige der Verpflichteten erreicht.[6] Änderungen sind möglich, wenn sich der Elementarunterhalt ändert.

Der Anspruch auf Vorsorgeunterhalt für die Zeit nach der Scheidung kann **im Verbundverfahren** geltend gemacht werden. Der Vorsorgeunterhalt darf, wie der nacheheliche Unterhalt, **nicht nach dem Trennungsunterhalt** und dem Vorsorgeunterhalt nach Trennung bemessen werden.[7] Bei der Berechnung des Vorsorgeunterhalts ist beim nachehelichen Unterhalt auf die Verhältnisse zum **Zeitpunkt der Scheidung** abzustellen.[8]

Der Vorsorgeunterhalt beinhaltet die Kosten einer angemessenen Versicherung für den **451** Fall des Alters sowie der Berufs- und Erwerbsunfähigkeit. Nach dem Zweck der Regelung sollen mit dem Vorsorgeunterhalt mit unterhaltsrechtlichen Mitteln Nachteile ausgeglichen werden, die dem Berechtigten aus einer ehebedingten Behinderung seiner Erwerbstätigkeit erwachsen.[9]

Diese Beurteilung rechtfertigt es, den Vorsorgeunterhalt stets auf der **Grundlage des Elementarunterhalts** zu berechnen, wie wenn der Berechtigte aus einer versicherungspflichtigen Erwerbstätigkeit ein Einkommen in Höhe des Elementarunterhalts hätte.[10]

Es wird ein Einkommen in Höhe des Elementarunterhalts aus einer versicherungspflichtigen Erwerbstätigkeit fingiert.

Vorsorgeunterhalt wird zusätzlich zum Elementarunterhalt geschuldet. Er ist ein **un-** **452** **selbstständiger Bestandteil** des einheitlichen Lebensbedarfs.[11] Ein Anspruch auf Vorsorgeunterhalt besteht, wenn und solange der Berechtigte keine **Altersversorgung** erwarten kann, die diejenige **des Verpflichteten erreicht.**[12]

Deshalb ist in der Regel zur Bemessung des Vorsorgeunterhalts keine Abwägung der Versorgungslage unter Berücksichtigung der aus dem Versorgungsausgleich zu erwartenden Leistungen erforderlich.[13]

Der BGH hat abgelehnt, den Vorsorgeunterhalt nach der Höhe einer später zu erwartenden, den Lebensbedarf des Berechtigten sodann in angemessener Weise deckenden Versorgungsleistung auszurichten und zu bemessen, zumal es in der Regel mit erheblichen Schwierigkeiten verbunden sein dürfte, den angemessenen Lebensbedarf für den Zeitpunkt des Versicherungsfalls zu beurteilen.[14]

Ein Anspruch auf Vorsorgeunterhalt besteht **nicht bei krankheitsbedingter Arbeits-** **453** **losigkeit,** soweit diese eine Unterbrechung einer versicherungspflichtigen Beschäftigung beinhaltet und sie einer versicherungspflichtigen Tätigkeit unmittelbar nachgefolgt ist. Sie

---

[4] BGH, FamRZ 1982, 465, 466
[5] BGH, FamRZ 1981, 442, 445
[6] BGH, FamRZ 2007, 117 = R 662 e; FamRZ 1981, 442, 445; FamRZ 2000, 351 = R 538 e
[7] BGH, FamRZ 1982, 465
[8] BGH, FamRZ 1981, 864
[9] BGH, FamRZ 2007, 117 = R 662 c, FamRZ 1988, 145, 150; FamRZ 1981, 864
[10] BGH, FamRZ 2007, 117 = R 662 c, FamRZ 1981, 442, 444
[11] BGH, FamRZ 2007, 117 = R 662 a, FamRZ 1982, 1187
[12] BGH FamRZ 2007, 117 = R 662 e; FamRZ 1982, 1187; FamRZ 1981, 442, 444; FamRZ 2000, 351 = R 538 e
[13] BGH, FamRZ 2007, 117, FamRZ 1982, 1187
[14] BGH, FamRZ 2007, 117 = R 662 c, FamRZ 1988, 145, 150

gilt dann bis zur Wiederaufnahme einer Erwerbstätigkeit als rentenrechtliche Ausfallzeit nach AVG bzw. jetzt als Anrechnungszeit nach § 58 SGB VI.[15] Das Gleiche muss für sonstige Anrechnungszeiten gelten.

Soweit der Elementarbedarf durch **Kapitaleinkünfte** gedeckt ist, kann zusätzlich Vorsorgeunterhalt nicht verlangt werden, weil die Kapitaleinkünfte auch im Alter und bei Erwerbsunfähigkeit unverändert fließen.[16] Dasselbe gilt für den Vorteil des Wohnens in der eigenen Wohnung, welches ebenfalls auch im Alter möglich sein wird.[17]

Der Anspruch auf Vorsorgeunterhalt ist nicht **verfassungswidrig**.[18]

454   Der Altersvorsorgeunterhalt ist (anders als der Krankheitsvorsorgeunterhalt) **gegenüber dem Elementarunterhalt nachrangig** (näheres unter Rn. 478).

2. Geltendmachung und Tenorierung des Vorsorgeunterhalts

455   Der Vorsorgeunterhalt muss im Hinblick auf seine Zweckbestimmung (vgl. Rn. 461 f.) **besonders** und **betragsmäßig geltend** gemacht werden. Er wird nicht von Amts wegen zugesprochen. Es steht im freien Ermessen des Berechtigten, ob er ihn geltend machen will.[19]

456   Der Vorsorgeunterhalt kann erst **ab Geltendmachung** zugesprochen werden. Verlangt der Berechtigte nur Quotenunterhalt, beinhaltet dies keinen Vorbehalt der Nachforderung eines Vorsorgeunterhalts (vgl. aber Rn. 457). Dies gilt auch dann, wenn der Berechtigte nicht wusste, dass er einen Vorsorgeunterhalt geltend machen kann.[20] Der Vorsorgeunterhalt kann auch mit einer Teilklage geltend gemacht werden.[21] Die gegenständliche Aufteilung in Elementarunterhalt und Vorsorgeunterhalt ist wegen der wechselseitigen Abhängigkeit problematisch und für den Richter nicht bindend (Rn. 460).[22] Jedoch kann der Berechtigte seinen Elementarunterhalt dadurch erhöhen, dass er einen geringeren Vorsorgeunterhalt verlangt. Dieser Zusammenhang führt oft dazu, dass der Berechtigte keinen Vorsorgeunterhalt verlangt, obgleich er immer zu einer Erhöhung des Gesamtunterhalts führt.

457   Hat der Berechtigte nach § 1613 I 1 BGB den Pflichtigen zum Zwecke der Geltendmachung eines Unterhaltsanspruchs zur **Auskunfterteilung** aufgefordert, so kann er auch dann von diesem Zeitpunkt an Vorsorgeunterhalt verlangen, wenn er nicht darauf hingewiesen hat, dass er auch Vorsorgeunterhalt verlangen wolle.[23]

Ist in einem vorausgegangenen Verfahren kein Vorsorgeunterhalt verlangt worden, kann auch in einem **Änderungsverfahren** (§ 323 ZPO) erstmals Vorsorgeunterhalt verlangt werden (vgl. Rn. 490).[24]

458   Wenn der Berechtigte erstmals Vorsorgeunterhalt geltend macht, muss er **keine** konkreten **Angaben** über Art und Weise der von ihm **beabsichtigten Vorsorge** machen.[25] Zur Substantiierung seines Anspruchs muss er nur darlegen, dass und in welcher Höhe er Vorsorgeunterhalt verlangt. Er ist nicht verpflichtet, eine bestimmte Form der Vorsorgeversicherung und der konkret anfallenden Vorsorgeaufwendungen anzugeben. Er kann sich darauf beschränken, den Vorsorgeunterhalt betragsmäßig geltend zu machen, um ihn sodann dem gesetzlichen Zweck entsprechend zur Begründung einer angemessenen Versicherung zu verwenden.[26]

---

[15] BGH, FamRZ 1987, 36
[16] BGH, FamRZ 1992, 423, 425 = R 442 d
[17] BGH, FamRZ 2000, 351= R 538 e
[18] BGH, FamRZ 1982, 887, 889; FamRZ 1981, 864
[19] BGH, FamRZ 2007, 117 = R 662 a; FamRZ 1985, 690
[20] BGH, FamRZ 1985, 690
[21] BGH, FamRZ 1982, 1187
[22] BGH, FamRZ 1982, 890; FamRZ 1982, 255
[23] BGH FamRZ 2007, 193 = R 664 e
[24] BGH, FamRZ 1985, 690
[25] BGH, FamRZ 2007, 117 = R 662 e; FamRZ 1987, 684, 688, anders noch BGH, FamRZ 1982, 579
[26] BGH, FamRZ 2007, 117 = R 662 e; FamRZ 1982, 887, 889

Der Verpflichtete kann in der Regel **nicht** verlangen, dass der Vorsorgeunterhalt von ihm **459** unmittelbar **an den Versicherungsträger** bezahlt wird.[27] Dies gilt jedenfalls so lange, als kein begründeter Anlass für die Annahme einer zweckwidrigen Verwendung des Vorsorgeunterhalts besteht[28] (vgl. Rn. 463 f., 491).

Hinsichtlich der Verteilung des Gesamtunterhalts auf den Elementarunterhalt und den **460** Vorsorgeunterhalt ist die **Dispositionsbefugnis** des Berechtigten **eingeschränkt** (s. Rn. 480). Der Richter ist nicht gehalten, von den Beträgen auszugehen, die verlangt werden. Selbst ein Anerkenntnis des Verpflichteten ist für ihn nicht bindend.[29] Eine Bindung besteht nur insoweit, als insgesamt nicht mehr zugesprochen werden darf, als verlangt worden ist.[30]

Wegen der Zweckbindung des Vorsorgeunterhalts (s. u. Rn. 463) ist der darauf entfallende Betrag **im Tenor gesondert auszuweisen.**[31]

3. Zweckbestimmung und nicht zweckbestimmte Verwendung des Vorsorgeunterhalts

Nach dem Zweck des Vorsorgeunterhalts soll einem Ehegatten, der unterhaltsberechtigt **461** ist, die Möglichkeit verschafft werden, seine Altersversorgung im Wege der freiwilligen Weiterversicherung in der GRV oder durch eine andere Vorsorgeform erhöhen zu können.[32]

Deshalb unterliegt der Vorsorgeunterhalt der besonderen **Zweckbindung,** die Alterssicherung des Berechtigten zu gewährleisten und zugleich den Verpflichteten nach Eintritt des Versicherungsfalls (des Berechtigten) unterhaltsrechtlich zu entlasten.

Wegen dieser Zweckbindung muss der Vorsorgeunterhalt für die Alterssicherung verwendet werden. Der Berechtigte darf ihn nicht für seinen laufenden Unterhalt verbrauchen.[33]

Wenn der Berechtigte den durch Urteil (oder Vergleich) zugesprochenen und bezahlten **462** Vorsorgeunterhalt **nicht bestimmungsgemäß für seine Alterssicherung,** sondern für den laufenden Unterhalt verwendet, kann dies als Einwand unter dem Gesichtspunkt der fehlgeschlagenen Prognose des Gerichts mit einer **Abänderungsklage** geltend gemacht werden, die allerdings die Rechtskraftwirkung des abzuändernden Urteils bis zur Rechtshängigkeit der neuen Klage unberührt lässt (vgl. Rn. 491). Deshalb kann der bezahlte Vorsorgeunterhalt **nicht** nach § 812 BGB zurückverlangt werden.[34]

Eine nicht bestimmungsgemäße Verwendung des Vorsorgeunterhalts in der Vergangenheit **463** kann bedeutsam für die Beurteilung sein, ob der Berechtigte **treuwidrig** handelt, wenn er im Rahmen einer Abänderungsklage weiterhin **Zahlung** des Vorsorgeunterhalts **an sich** verlangt. Wird eine solche Treuwidrigkeit, wie in der Regel, bejaht, kann der Berechtigte nur noch Zahlung des Vorsorgeunterhalts an den Versicherungsträger verlangen.

Eine solche Verurteilung setzt aber voraus, dass der Berechtigte in Ausübung seines Wahlrechts (vgl. Rn. 460) einen geeigneten Versicherungsträger benennt und darlegt, dass Zahlungen an diesen zu einem geeigneten Versicherungsschutz führen. Fehlt es an solchen Darlegungen, ist der Anspruch auf Vorsorgeunterhalt nicht schlüssig und deshalb abzuweisen.[35]

Auch **§ 1579 Nr. 3 BGB** ist anwendbar, wenn der Vorsorgeunterhalt nicht bestimmungs- **464** gemäß verwendet worden ist. Dies setzt allerdings voraus, dass dem Berechtigten ein mutwilliges Verhalten vorgeworfen werden kann, was bei Bestehen einer Notlage oder bei Einkünften unterhalb des notwendigen Selbstbehalts fraglich sein kann.[36]

---

[27] BGH, FamRZ 1983, 152; FamRZ 1982, 1187
[28] BGH, FamRZ 1987, 684, 688
[29] BGH, FamRZ 1985, 912, 915
[30] BGH, FamRZ 1989, 483
[31] BGH, FamRZ 1982, 1187
[32] BGH, FamRZ 1981, 442, 444
[33] BGH, FamRZ 1987, 684, 686; FamRZ 1982, 887, 889
[34] BGH, FamRZ 1987, 684, 686
[35] BGH, FamRZ 1987, 684, 686; FamRZ 1982, 1187
[36] BGH, FamRZ 1987, 684, 686; FamRZ 1982, 1187

Bei Bejahung der Voraussetzungen des § 1579 Nr. 3 BGB wird der Berechtigte wegen der zweckwidrigen Verwendung des Vorsorgeunterhalts so gestellt, als hätte er eine entsprechende Versorgung erlangt. Wirksam wird dieser Schutz allerdings erst im Rentenfall.[37]

4. Berechnung des Vorsorgeunterhalts aus dem Elementarunterhalt nach der Bremer Tabelle

465   **a) Berechnung aus dem Elementarunterhalt.** In welcher Weise der Vorsorgeunterhalt zu berechnen ist, ist im Gesetz nicht geregelt. Der BGH knüpft in gefestigter ständiger Rechtsprechung entsprechend dem Zweck des Vorsorgeunterhalts für die Berechnung an den Elementarunterhalt an, wie er ohne Vorsorgeunterhalt zu leisten wäre (Ausnahme vgl. Rn. 475).[38]

Deshalb ist zunächst – als erster Rechenschritt – der Elementarunterhalt festzustellen, der ohne Vorsorgeunterhalt geschuldet wäre. Dann ist – in einem zweiten Rechenschritt – dieser vorläufige Elementarunterhalt entsprechend dem Verfahren nach § 14 II SGB IV (Umrechnung sogenannter Nettovereinbarungen) wie ein Nettoarbeitsentgelt **zum sozialversicherungsrechtlichen Bruttolohn hochzurechnen.** Dies geschieht in der Praxis **nach der Bremer Tabelle** (vgl. Rn. 493), die vom BGH in ständiger Rechtsprechung anerkannt ist.

In einem dritten Rechenschritt wird aus dieser Bruttobemessungsgrundlage mit dem jeweils geltenden Beitragssatz gemäß §§ 157 f. SGB VI der Vorsorgeunterhalt berechnet.[39]

Der Beitragssatz beträgt seit 1. 1. 2007 19,9%. Vorher betrug er seit 2003 19,5%.

466   **Rechenbeispiel nach der Bremer Tabelle** – Nettoeinkommen des V = 3500 €
bei einem Bonus von $^1/_7$:
Vorläufiger Elementarunterhalt = 3500 × $^3/_7$ = 1500 €
– Hochrechnung auf ein fiktives Bruttoeinkommen nach der Bremer Tabelle 2008
Zuschlag zum Nettoeinkommen = 1500 × 3% = 495 €
Fiktives Bruttoeinkommen = 1500 + 495 = 1995 €
– Vorsorgeunterhalt = 1995 × 19,9% = 397 €
bei einem Bonus von 10%:
Vorläufiger Elementarunterhalt = 3500 × 45% = 1575 €
– Hochrechnung auf ein fiktives Bruttoeinkommen nach der Bremer Tabelle 2008
Zuschlag zum Nettoeinkommen = 1575 × 35% = 551 €
Fiktives Bruttoeinkommen = 1575 + 551 = 2126 €
– Vorsorgeunterhalt = 2126 × 19,9% = 423 €

467   **b) Hochrechnen mit Lohnsteuer, Renten- und Arbeitslosenversicherung.** Für die an der Regel des § 14 II SGB IV orientierte Hochrechnung auf ein fiktives Bruttoarbeitsentgelt reicht es nicht aus, nur die Sozialversicherungsbeiträge zu berücksichtigen. Die vom BGH gebilligte Berechnung nach der Bremer Tabelle geht davon aus, dass außer den Beiträgen zur **gesetzlichen Rentenversicherung** und zur Arbeitslosenversicherung auch die aus dem Bruttoeinkommen abzuführende **Lohnsteuer** in die Hochrechnung einbezogen wird.[40]

Bei dieser Hochrechnung des vorläufigen Elementarunterhalts nach der Bremer Tabelle auf ein sozialversicherungsrechtliches Bruttoentgelt geht es weder um eine exakte Bemessung der Arbeitnehmerbeiträge zur Sozialversicherung noch um eine genaue Berechnung der Lohnsteuer. Durch diesen Berechnungsschritt soll vielmehr auf möglichst einfachem Weg ein **Hilfsmittel zur Bestimmung der Vorsorgekosten** gewonnen werden. Die Bremer Tabelle wird diesen Grundsätzen und den praktischen Erfordernissen in ausreichendem Maße gerecht.[41]

---

[37] BGH, FamRZ 1983, 676; FamRZ 1982, 1187
[38] BGH, FamRZ 2007, 117 = R 662 c, FamRZ 1988, 145, 150; ferner R 427 b
[39] BGH, FamRZ 1981, 442, R 427 b
[40] BGH, FamRZ 1985, 471; FamRZ 1981, 442, 444
[41] BGH, FamRZ 1985, 471; FamRZ 1983, 888

c) Kranken- und Pflegeversicherung unberücksichtigt. Die Bremer Tabelle berück- **468** sichtigt **keinen Beitrag zur gesetzlichen Krankenversicherung,** was an sich bei strikter Anwendung des § 14 II SGB IV ebenfalls erforderlich wäre. Trotzdem ist aus den bereits erwähnten Gründen keine Korrektur der Bremer Tabelle erforderlich, und zwar auch nicht für die Fälle, in denen auch Krankenversicherungskosten neben dem nach einer Quote bemessenen Elementarunterhalt zugebilligt werden. Dies würde zu der unerwünschten Folge führen, dass unterschiedliche Berechnungswege für den Vorsorgeunterhalt eingeschlagen werden müssten, je nachdem, ob bei dem Berechtigten ein Bedarf für Krankenversicherungskosten zu berücksichtigen ist oder nicht.

In den meisten Fällen besteht weder beim Trennungsunterhalt noch beim nachehelichen **469** Unterhalt ein solcher zusätzlicher Bedarf. Die **Außerachtlassung der Krankenversicherungsbeiträge** führt gegenüber den Ergebnissen, die bei strikter Anwendung des § 14 II SGB IV entstehen, zu verhältnismäßig geringen Differenzen, die im Hinblick auf die Vorzüge eines einheitlichen Berechnungsweges hingenommen werden können. Es erscheint daher gerechtfertigt, bei der Hochrechnung die Beitragspflicht zur gesetzlichen Krankenversicherung in allen Fällen außer acht zu lassen. Das führt zu angemessenen Ergebnissen und vermeidet unnötige Differenzierungen. Die praktischen Vorteile dieser Berechnungsart überwiegen seine Nachteile.[42]

In gleicher Weise bleiben auch die Beiträge zu der seit 1. 1. 1995 gesetzlich vorgeschriebenen **Pflegeversicherung** unberücksichtigt.[43]

d) Trennungsbedingter Mehrbedarf. Diese Berechnung des Vorsorgeunterhalts auf **470** der Grundlage des „vorläufigen Elementarunterhalts" ist auch dann rechtlich unbedenklich, wenn der **Elementarunterhalt** wegen trennungsbedingtem Mehrbedarf **nicht den vollen Unterhalt** beinhaltet, oder wenn er teilweise durch eigene prägende Einkünfte des Berechtigten (Doppelverdienerehe und Aufstockungsunterhalt) oder durch nichtprägende Einkünfte des Berechtigten gedeckt ist.

Bleibt der Elementarunterhalt wegen **trennungsbedingtem Mehrbedarf** (vgl. aber die **471** Kritik Rn. 427 f.) hinter dem vollen Unterhalt nach § 1578 I 1 BGB zurück (§ 1581 BGB), dann ist trotzdem nur an den Elementarunterhalt anzuknüpfen. Gerade das im Unterhaltsrecht bestehende Bedürfnis nach einer einfachen Abwicklung der alltäglichen Ausgleichsfälle lässt es gerechtfertigt erscheinen, die Vorsorgeleistungen, deren Einbeziehung unterhaltsrechtlich ohnehin erhebliche Schwierigkeiten bereitet, auch dann nach dem laufenden Unterhalt zu bemessen, wenn dieser zur Deckung des vollen Unterhalts nicht ausreicht. Deshalb ist der Unterhalt, den der Berechtigte **bei voller Bedürftigkeit erhielte,** stets die **Obergrenze** des Betrages, der auf ein Bruttoentgelt hochzurechnen ist (vgl. Rn. 475).[44]

e) Nichteheliche Lebensgemeinschaft. Ein auf dieser Grundlage errechneter Vorsor- **472** geunterhalt ist auch dann als angemessen anzusehen, wenn der Berechtigte seinen Unterhaltsbedarf teilweise anderweitig deckt, ohne dabei zugleich eine entsprechende Altersvorsorge begründen zu können, wie es z. B. der Fall ist bei einem **Zusammenleben mit einem Partner** in nichtehelicher Lebensgemeinschaft. Dass der Verpflichtete hierdurch hinsichtlich des laufenden Unterhalts entlastet wird, gebietet es nicht, ihn hinsichtlich des Vorsorgeunterhalts in größerem Umfang heranzuziehen. Der Berechtigte ist hinsichtlich der Altersvorsorge so zu behandeln, wie wenn er aus einer versicherungspflichtigen Erwerbstätigkeit Einkommen in Höhe des ihm an sich zustehenden Elementarunterhalts hätte.[45]

f) Aufstockungsunterhalt. Die gleichen Grundsätze gelten bei einem Aufstockungs- **473** unterhalt nach § 1573 II BGB, und zwar sowohl bei prägenden wie bei nicht prägenden Einkünften des Berechtigten aus einer den vollen Unterhalt nicht deckenden Erwerbstätigkeit oder bei unzumutbaren Erwerbseinkünften, die nach § 1577 II BGB anzurechnen sind.[46]

---

[42] BGH, FamRZ 1983, 888; dazu auch Gutdeutsch, FamRZ 1989, 451
[43] Vgl. Gutdeutsch, FamRZ 1994, 878; kritisch: Büttner, FamRZ 1995, 193, 197
[44] BGH, FamRZ 1982, 679
[45] BGH, FamRZ 1982, 679
[46] BGH, FamRZ 1988, 145, 150

Werden bei einer Teilzeitbeschäftigung Pflichtbeiträge zur gesetzlichen Rentenversicherung entrichtet, können seit 1. 1. 1992 keine weiteren Beiträge zur gesetzlichen Rentenversicherung mehr entrichtet werden. Auch vorher waren solche Beitragsleistungen wenig sinnvoll, weil aus diesen Beiträgen zur Höherversicherung keine dynamischen Versicherungsleistungen erwuchsen. Es kommen dann privatrechtliche Vorsorgemöglichkeiten in Betracht.[47]

474 Der Verpflichtete hat dem Berechtigten die für den Abschluss einer angemessenen Lebensversicherung benötigten Mittel als Vorsorgeunterhalt zur Verfügung zu stellen.[48]

475 **g) Versorgungswert des Einkommens u. a.** Wenn der Berechtigte eigenes **anzurechnendes Einkommen** bezieht, ist zu prüfen, ob dieses Einkommen auch im Rentenfall noch fließen wird (z. B. Kapitaleinkünfte[49] oder Wohnen im eigenen Haus[50]) oder ob das anzurechnende Einkommen mit dem Erwerb einer Versorgung verknüpft ist (z. B. Arbeitslosengeld).[51] In beiden Fällen ist das Einkommen vom Unterhaltsbedarf abzuziehen. Nur für einen etwa verbleibenden Unterhaltsanspruch kann Vorsorgebedarf geltend gemacht werden.

Bei anzurechnenden (realen oder fiktiven) Einkünften, welche **keinen Versorgungswert** haben (z. B. Betreuung eines Partners[52] oder geringfügige Erwerbstätigkeit ohne Versicherungspflicht),[53] ist der Unterhalt zugrunde zu legen, welcher ohne das anzurechnende Einkommen zu zahlen wäre.

476 Bei **zeitlichem Schwanken** der Vorsorgeunterhaltsbeträge kann der Berechtigte die Versicherungsprämien aus eigenen Mitteln aufstocken. Der Vorsorgeunterhalt darf nicht wegen Undurchführbarkeit der Vorsorge versagt werden.[54]

Bezieht der Berechtigte bereits sein **Altersruhegeld,** so widerspricht es Sinn und Zweck des Vorsorgeunterhalts, eine solche Leistung weiterhin erbringen zu müssen.[55] Wird nur eine Invalidenrente bezogen, kann Vorsorgeunterhalt verlangt werden – jedenfalls solange die Versorgung des Berechtigten nicht die des Pflichtigen übersteigt.[56]

5. Zweistufige und einstufige Berechnung des Elementarunterhalts und Vorrang des Elementarunterhalts gegenüber dem Vorsorgeunterhalt

477 **a) Neuberechnung des Elementarunterhalts.** Wurde der Vorsorgeunterhalt gemäß den Ausführungen zu 4) auf der Grundlage des Elementarunterhalts (Quotenunterhalt) berechnet, muss (wenn Zusatzeinkommen nicht vorhanden ist, s. u. Rn. 483 f.) der **Elementarunterhalt** nach Vorabzug des Vorsorgeunterhalts vom Einkommen **erneut endgültig berechnet** werden.

Der Elementarunterhalt als Quotenunterhalt entspricht der hälftigen Aufteilung des für Unterhaltszwecke verfügbaren Einkommens. Es verstieße gegen den Halbteilungsgrundsatz, wenn der Verpflichtete den Vorsorgeunterhalt zusätzlich aus der ihm zustehenden Quote bezahlen müsste.[57]

Für ein solches Verfahren spricht auch, dass bei der Feststellung des verfügbaren Einkommens Vorsorgeaufwendungen des Verpflichteten ebenfalls vorweg vom Einkommen abgezogen werden. Außerdem wird es dem Umstand gerecht, dass sich ein aus einer Erwerbstätigkeit ergebender Mehraufwand nur auf den normalen durch den Elementarunterhalt abzudeckenden Lebensbedarf erstreckt, so dass es auch nur hinsichtlich desjenigen Teils des

---

[47] BGH, FamRZ 1982, 579, 581; FamRZ 1982, 255, 257
[48] BGH, FamRZ 1988, 145, 150
[49] BGH, FamRZ 2000, 351 = R 538 e, FamRZ 1992, 423, 425 = R 442 c
[50] BGH, FamRZ 2000, 351 = R 538 e
[51] BGH, FamRZ 1987, 36
[52] BGH, FamRZ 1987, 36
[53] BGH, FamRZ 1999, 372, 373 = R 529 a; FamRZ 1991, 307, 309 = R 427 b
[54] BGH, FamRZ 1988, 145, 150
[55] OLG Hamm, FamRZ 1987, 829
[56] BGH, FamRZ 2007, 117 = R 662 e, FamRZ 2000, 351 = R 538 e
[57] BGH, FamRZ 2007, 117 = R 662 a, FamRZ 1981, 864

verfügbaren Einkommens einer modifizierten Aufteilung bedarf, der der Befriedigung des Elementarbedarfs dient.[58]

b) Vorrang des Elementarunterhalts. Wenn in einem Mangelfall der nach Ermittlung **478** des Vorsorgeunterhalts verbleibende endgültige Elementarunterhalt für den laufenden Unterhaltsbedarf nicht ausreicht, hat der **Elementarunterhalt Vorrang vor dem Vorsorgeunterhalt,** d. h. es bleibt bei dem ursprünglichen Elementarunterhalt. Ein Anspruch auf Vorsorgeunterhalt entfällt.[59] Ein Mangelfall kann angenommen werden, wenn der Elementarunterhalt den notwendigen Selbstbehalt (als spiegelbildlichen Eigenbedarf des Berechtigten) unterschreitet. Er ist zweifellos unterschritten, wenn der Elementarunterhalt 74% (= 1/135%) dieses Eigenbedarfs nicht erreicht.[60]

Gegebenenfalls ist in tatrichterlicher Verantwortung eine den Interessen der Parteien gerecht werdende anderweitige Unterhaltsbemessung vorzunehmen.[61]

Die **Leistungsfähigkeit** des Verpflichteten ist für den Elementarunterhalt und den Vor- **479** sorgeunterhalt einheitlich nach den gleichen Maßstäben zu beurteilen. Deshalb muss in einem Mangelfall für beide Unterhaltsbestandteile ein einheitlicher Selbstbehaltssatz verwendet werden.[62]

c) Beschränkte Parteiherrschaft. Wenn Vorsorgeunterhalt geltend gemacht und aner- **480** kannt wird, findet die **Wirksamkeit** eines prozessualen **Anerkenntnisses** dort ihre Grenze, wo **keine Parteiherrschaft** über den Streitgegenstand besteht. Dies ist der Fall, wenn wegen der wechselseitigen Abhängigkeit von Vorsorgeunterhalt und Elementarunterhalt eine zweistufige Berechnung des Elementarunterhalts notwendig ist. Insoweit ist im Unterhaltsprozess hinsichtlich der Verteilung des Gesamtunterhalts auf den Elementar- und Vorsorgeunterhalt die Dispositionsbefugnis des Berechtigten eingeschränkt. Das Gericht ist nicht gehalten, bei der Bemessung des Elementarunterhalts und des Vorsorgeunterhalts von den Beträgen auszugehen, die der Berechtigte hierfür verlangt. Es hat bei der Bemessung des Elementarunterhalts im Verhältnis zum Vorsorgeunterhalt ohne Bindung an Anerkenntnisse die allgemeinen Regeln zu beachten.[63]

Eine Bindung des Gerichts besteht nur insoweit, als insgesamt kein höherer Gesamtunterhalt zugesprochen werden darf, als beantragt worden ist. Bezüglich der Verteilung des Gesamtunterhalts auf Elementarunterhalt und Vorsorgeunterhalt besteht keine Bindung.[64]

Rechenbeispiele zur zweistufigen Berechnung **481**
Normaler Fall:
Nettoeinkommen des M = 2100 €
prägendes Nettoeinkommen (mit Vorsorgewert) der F = 700 €
Bei Bonus 10%, Bremer Tabelle 2008:
Vorläufiger Elementarunterhalt = (2100 − 700) × 45% = 630 €
Vorsorgeunterhalt:
630 × 13% = 101; 630 + 82 = 712 × 19,9% = 142 €
Neuer Elementarunterhalt:
2100 − 142 − 700 = 1258 × 45% = 566 €
Bei Bonus 1/7:
Vorläufiger Elementarunterhalt = (2100 − 700) × 3/7 = 600 €
Vorsorgeunterhalt:
600 × 13% = 78; 600 + 78 = 678 × 19,9% = 135 €;
Neuer Elementarunterhalt:
2100 − 135 − 700 = 1265 × 3/7 = 542 €
Kein Mangelfall, weil F 700 + 542 zuzüglich 135 hat und dem M 1423 (2100 − 542 − 135) verbleiben.

---

[58] BGH, FamRZ 1981, 442, 444 = NJW 1981, 1556, 1558
[59] BGH, FamRZ 1989, 483; FamRZ 1987, 684, 686; FamRZ 1981, 442, 445; FamRZ 1982, 887, 890
[60] Vgl. BGH, FamRZ 2003, 363, 366 = R 584 f
[61] BGH, FamRZ 1982, 887, 889
[62] BGH, FamRZ 1982, 890
[63] BGH, FamRZ 1985, 912, 915
[64] BGH, FamRZ 1989, 483

482   **Mangelfall (Bonus ¹/₇):**
Nettoeinkommen des M = 1400 × ³/₇ = 600 €
Vorsorgeunterhalt wie oben 135 €
Endgültiger Quotenunterhalt = 1400 – 135 = 1265 × ³/₇ = 542 €
Nach dieser Berechnung erhält F 542 € als Elementarunterhalt und 135 € als Vorsorgeunterhalt.
Dem M verbleiben 723 € (1400 – 542 – 135).
Es handelt sich um einen Mangelfall, bei dem dem M der Selbstbehalt von 1000 € verbleiben muss,
bei F wird der Nachrang des Vorsorgeunterhalts wirksam mit der Folge, dass dieser entfällt. Auch der
Elementarunterhalt wird gekürzt auf
F: 1400 – 1000 = 400 €

482 a   Auf die Höhe des **Kindesunterhalts** hat der Vorsorgeunterhalt keinen Einfluss.[65] Die
Neuberechnung des Elementarunterhalts führt deshalb nicht zur Neuberechnung des Kindesunterhalts unter Berücksichtigung des Bedarfskontrollbetrags (vgl. Rn. 2/239 f.).

483   **d) Einstufige Berechnung des Vorsorgeunterhalts.** Eine **zweistufige Berechnung**
des Elementarunterhalts **unterbleibt:**

Wenn bei besonders **guten wirtschaftlichen Verhältnissen** des Verpflichteten der
Elementarbedarf nicht nach einer Quote, sondern konkret (vgl. Rn. 366) bemessen wurde.[66]

Dann kann in der Regel der Vorsorgeunterhalt zusätzlich zum Elementarbedarf ohne
Verstoß gegen den Halbteilungsgrundsatz bezahlt werden. Die zweistufige Berechnung soll
nur sicherstellen, dass nicht zu Lasten des Verpflichteten vom Halbteilungsgrundsatz abgewichen wird.[67]

484   Entsprechendes gilt nach der **Rechtsprechung des BGH,**[68] wenn der **Berechtigte
nichtprägende Einkünfte** hat, die auf seinen Quotenbedarf anzurechnen sind. Dadurch
kommt es nämlich zu einer Entlastung des Verpflichteten, die es ihm ermöglicht, im
Umfange des Anrechnungsbetrags Vorsorgeunterhalt zu leisten, ohne dass der Halbteilungsgrundsatz zu seinen Lasten verletzt wird.

Rechenbeispiel (mit Bonus 10%):
Nettoeinkommen des V = 3500 €
Nichtprägende Vermögenseinkünfte des B (mit Vorsorgewert) = 1260 €
Elementarrestunterhalt = 3500 × 45% = 1575 – 1260 = 315 €
Vorsorgeunterhalt aus 315 = 315 + 13% = 356 × 19,9% = 71 €
Der Halbteilungsgrundsatz ist bereits dann gewahrt, wenn der Verpflichtete nicht mehr als 3500 ×
45% = 1575 zu zahlen hat. Wenn er nur 300 Elementarunterhalt bezahlt, so kann er daneben noch
71 Vorsorgeunterhalt zahlen, ohne dass der Halbteilungsgrundsatz zu Lasten des Verpflichteten
verletzt würde.[69]

485   Ebenso liegt es, wenn der **Verpflichtete** z. B. nach der Scheidung **nichtprägende
Einkünfte** in mindestens gleicher Höhe hat. Auch in diesen Fällen wird durch die Zahlung
des ungekürzten Elementarunterhalts der Halbteilungsgrundsatz nicht zu Lasten des Unterhaltspflichtigen verletzt. Er hat dann den Vorsorgeunterhalt zusätzlich zum Elementarunterhalt zu bezahlen.

Weitere Rechenbeispiele beim Krankheitsvorsorgeunterhalt, Rn. 516 f.

486   Auch in anderen Fällen kann der Verpflichtete den Altersvorsorgeunterhalt **neben dem
ungekürzten Elementarunterhalt** leisten, ohne dass der Halbteilungsgrundsatz zu seinen
Lasten verletzt wäre, nämlich in allen Fällen, in denen auf Grund nichtprägender Einkünfte beider Seiten (Vermögensbildungsquote des Verpflichteten, unerwartete Einkommenserhöhung desselben, Einkommen des Berechtigten aus nichtprägenden Vermögenserträgen oder nichtprägendem Wohnwert) hinreichende zusätzliche Mittel zur Verfügung
stehen.

---

[65] BGH, FamRZ 1982, 887
[66] BGH, FamRZ 1988, 1145, 1148; FamRZ 2007, 117 = R 662 b
[67] BGH, FamRZ 1982, 1187, 1188; FamRZ 2007, 117 = R 662 b
[68] BGH, FamRZ 1999, 372, 374 = R 529 b
[69] Ebenso OLG München, FamRZ 1994, 1459; FamRZ 1992, 1310, 1311; vgl. auch Gutdeutsch,
FamRZ 1989, 451, 452

Der Altersvorsorgeunterhalt ist als gesetzlich geregelte Form des trennungsbedingten Mehrbedarfs[70] zu qualifizieren, welcher grundsätzlich neben dem Elementarbedarf besteht und wegen seiner gesetzlichen Normierung auch dann anzuerkennen ist, wenn man mit Rn. 427 den trennungsbedingten Mehrbedarf sonst ablehnt. Daraus folgt:

Wenn vor Berechnung des Quotenunterhalts vom Einkommen des Verpflichteten ein den **487** Vorsorgeunterhalt übersteigender Betrag für **vermögensbildende Aufwendungen** (welche die zusätzlichen Vorsorgeaufwendungen übersteigen, vgl. Rn. 444) abgezogen wurde, dann darf diese Vermögensbildung im Umfang des Vorsorgeunterhalts nicht mehr fortgesetzt werden. Die Vermögensbildung ist entsprechend einzuschränken, und der Vorsorgeunterhalt ist aus den dadurch für Unterhaltszwecke freiwerdenden Mitteln zusätzlich zu dem auf der Basis eines Vorabzugs vermögensbildender Aufwendungen berechneten Elementarunterhalt zu bezahlen (siehe Rn. 443). Allerdings lehnt der BGH neuerlich die Vermögensbildung zu Lasten des Unterhalts, soweit sie über die zusätzliche Altersvorsorge hinaus geht, überhaupt ab.[71]

Rechenbeispiel (mit Bonus $^1/_7$):
Nettoeinkommen des V = 3000 €, bereinigt um 550 € angemessene vermögensbildende Aufwendungen = 2450 €
Vorsorgeunterhalt = 2450 × $^3/_7$ = 1050 + 20% = 1260 €
1260 × 19,9% = 251 €

e) Vorsorgeunterhalt jenseits der Beitragsbemessungsgrenze. Auch nach Abzug **488** der zusätzlichen Altersvorsorge von 3000 * 4%= 120 übersteigen die Vorsorgeaufwendung von 550 − 120 = 430 € den Vorsorgeunterhalt. In Höhe von 251 € sind die restlichen vermögensbildenden Aufwendungen von 430 € einzuschränken und aus den dadurch freiwerdenden Mitteln der Vorsorgeunterhalt (251) zusätzlich zum Elementarunterhalt (1050) zu bezahlen.

Zur GRV können Beiträge nur bis zu Beitragsbemessungsgrenze entrichtet werden. Diese beträgt seit 1. 1. 2008 5300 € monatlich, sodass bei einem Betragssatz von 19,9% ab 1. 1. 2008 höchstens Beiträge in Höhe von 5300 * 19,9% = 1054,70 € in die GRV entrichtet werden können. Ein abhängig Beschäftigter kann deshalb keine höheren Anrechte in der GRV erwerben. Jedoch gilt heute in solchen Fällen eine zusätzliche Altersversorgung für erforderlich. Der BGH hat deshalb entschieden, dass die Berechnung des Vorsorgeunterhalts nach der Bremer Tabelle nicht durch die Beitragsbemessungsgrenze begrenzt wird.[72] Die Bremer Tabelle, die bisher mit Erreichen der Beitragsbemessungsgrenze geendet hatte, wurde deshalb seit 1. 1. 2007 bis zu einem Zuschlag von 75% fortgeschrieben.

6. Vorsorgeunterhalt bei späteren Abänderungen

Wird im Wege einer **Abänderungsklage** der laufende Trennungsunterhalt an das gestie- **489** gene Einkommen des Verpflichteten durch eine Neubemessung des Elementarunterhalts angepasst, dann ist ein Vorsorgeunterhalt nach dem neuen (vorläufigen Elementarunterhalt) entsprechend den Grundsätzen Rn. 467 ff. zu berechnen und erst nach Vorabzug des Vorsorgeunterhalts gemäß den Ausführungen Rn. 477 die neue endgültige Anpassung des Elementarunterhalts vorzunehmen.[73]

Gleiches gilt bei einem Anspruch auf nachehelichen Unterhalt.

Der **nacheheliche Unterhaltsanspruch** (Elementar- und Vorsorgeunterhalt) kann nicht im Wege der Abänderung eines Titels über den Trennungsunterhalt bemessen werden. Elementar- und Vorsorgeunterhalt sind nach den erörterten Grundsätzen für die Zeit nach der Scheidung neu zu bemessen.[74]

---

[70] Ebenso OLG München, FamRZ 1992, 1310, 1311; FamRZ 1994, 1459, 1460; vgl. auch Gutdeutsch, FamRZ 1989, 451, 452
[71] BGH FamRZ 2008, 963 = R 692 d
[72] BGH FamRZ 2007, 117 = R 662 d
[73] BGH, FamRZ 1982, 465 = NJW 1982, 1875
[74] BGH, FamRZ 1982, 465, 466

490 Bei einer Abänderungsklage kann auch **erstmals Vorsorgeunterhalt** für die Zukunft verlangt werden, sofern die sonstigen Voraussetzungen einer Abänderungsklage vorliegen. Der Abänderungsklage steht nicht entgegen, dass der Vorsorgeunterhalt noch nicht Gegenstand des Vorprozesses war und demgemäß keine Rechtskraftwirkung des ergangenen Urteils zu beseitigen ist. Die Abänderungsklage kann allerdings nicht allein darauf gestützt werden, dass nunmehr auch Vorsorgeunterhalt verlangt wird. Es entspricht dem Sinn des § 323 ZPO, dass der Berechtigte bei ansonsten gleich gebliebenen Verhältnissen an seiner im Vorprozess getroffenen Wahl, noch keine Altersvorsorge zu betreiben, so lange festgehalten wird, bis sich auch die sonstigen seinerzeit maßgebend gewesenen Verhältnisse wesentlich geändert haben.

Kommt es bei einer derartigen Nachforderung von Vorsorgeunterhalt in einem zulässigen Abänderungsverfahren zu einer zweistufigen Berechnung des Elementarunterhalts (Rn. 477 f.), kann das Abänderungsverfahren zwar zu einem höheren Gesamtunterhalt führen, aber zu einem gegenüber dem Urteil des Vorprozesses verringerten Elementarunterhalt.[75]

491 Eine nachträgliche Änderung der maßgeblichen Verhältnisse im Sinn des § 323 ZPO ist zu bejahen, wenn der Berechtigte den ihm zuerkannten Vorsorgeunterhalt **nicht bestimmungsgemäß**, sondern für den laufenden Bedarf **verwendet** hat.[76]

Der Verpflichtete kann in einem solchen Fall mit der Abänderungsklage erreichen, dass der Vorsorgeunterhalt direkt an eine Versicherung gezahlt wird oder dass die Klage als nicht schlüssig abgewiesen wird, wenn der Berechtigte keine Versicherung benennt und weitere Zahlung an sich verlangt.[77]

7. Rechenbeispiel des BGH zum Vorsorgeunterhalt (nach BGH, FamRZ 1983, 888, 889)

492 Beträge in DM und monatlich
a) Unterhaltspflichtiges Einkommen des Ehemannes 6468
abzüglich Unterhalt für Kinder 1050
abzüglich Krankenversicherungsunterhalt Ehefrau 205
b) bereinigtes Nettoeinkommen 5213
c) Vorläufige Quote von $3/7$ (fiktives Nettoarbeitsentgelt) 2234
d) fiktives Bruttoarbeitsentgelt (vgl. Bremer Tabelle, Stand 1981, ohne Beitrag zur gesetzlichen Krankenversicherung): 3306
e) Vorsorgeunterhalt (= damals 18,5% aus d) 612
f) Verbleibendes bereinigtes Nettoeinkommen 4601
g) Elementarunterhalt ($3/7$ aus f) 1972
h) Krankenversicherungsvorsorge (10,42% aus g) 205
Aus den Positionen e, g und h ergibt sich ein Unterhaltsanspruch in Höhe von insgesamt DM 2789.
Bedenken bei dieser Rechnung bestehen insofern, als der BGH unter a) einen Krankenversicherungsunterhalt von 205 DM eingesetzt hat, den er unter h) erst aus g) errechnet. Das ist rechnerisch nur durch vielfache Versuche in einem Abtastverfahren möglich.
In solchen Fällen, in denen auch der Krankheitsvorsorgeunterhalt nach einem Prozentsatz des Elementarunterhalts (damals 10,42%) bemessen wird, kann die Berechnung dadurch vereinfacht werden, dass erst aus dem vorläufigen Unterhalt der Krankheitsvorsorgeunterhalt berechnet, sodann nach Vorabzug des Krankheitsvorsorgeunterhalts der Altersvorsorgeunterhalt und schließlich nach Vorabzug des Altersvorsorgeunterhalts und Krankheitsvorsorgeunterhalts vom einstufigen Elementarunterhalt der endgültige Elementarunterhalt errechnet wird. Eine solche dreistufige Berechnung des Elementarunterhalts ließe sich mit dem Vorrang des Krankheitsvorsorgeunterhalts vor dem Altersvorsorgeunterhalt rechtfertigen. Rechenbeispiel dazu Rn. 518.

---

[75] BGH, FamRZ 1985, 690
[76] BGH FamRZ 1987, 684
[77] BGH, FamRZ 1989, 483; FamRZ 1987, 684, 688; FamRZ 1982, 1187

8. Bremer Tabelle zur Berechnung des Altersvorsorgeunterhalts

Die Bremer Tabelle, fortgeführt von *Gutdeutsch*, ist in ihrer neuesten Fassung regelmäßig **493**
in der NJW, in der FamRZ und in anderen familienrechtlichen Zeitschriften abgedruckt.

Bremer Tabelle zur Berechnung des Altersvorsorgeunterhalts (Stand: 1. 1. 2008)[78]

Nettobemessungsgrundlage in Euro	Zuschlag in Prozent zur Berechnung der Bruttobemessungsgrundlage	Nettobemessungsgrundlage in Euro	Zuschlag in Prozent zur Berechnung der Bruttobemessungsgrundlage
1– 810	13%	2061–2115	45%
811– 855	14%	2116–2170	46%
856– 900	15%	2171–2225	47%
901– 935	16%	2226–2280	48%
936– 970	17%	2281–2335	49%
971–1005	18%	2336–2390	50%
1006–1040	19%	2391–2445	51%
1041–1075	20%	2446–2500	52%
1076–1105	21%	2501–2555	53%
1106–1125	22%	2556–2605	54%
1126–1145	23%	2606–2660	55%
1146–1165	24%	2661–2710	56%
1166–1190	25%	2711–2765	57%
1191–1215	26%	2766–2815	58%[2)]
1216–1250	27%	2816–2865	59%
1251–1285	28%	2866–2915	60%
1286–1325	29%	2916–2965	61%
1326–1370	30%	2966–3015	62%
1371–1410	31%	3016–3070	63%
1411–1455	32%	3071–3125	64%
1456–1500	33%	3126–3185	65%
1501–1545	34%	3186–3385	66%[3)]
1546–1595	35%	3386–3665	67%
1596–1640	36%	3666–3995	68%
1641–1690	37%	3996–4395	69%
1691–1745	38%	4396–4880	70%
1746–1795	39%	4881–5485	71%
1796–1845	40%	5486–6260	72%
1846–1900	41%	6261–7290	73%
1901–1955	42%	7291–8730	74%
1956–2005	43%	Ab 8731	75%
2006–2060	44%		

Ein Hilfsmittel zur vereinfachten Berechnung des Altersvorsorgeunterhalts für die meis- **494**
ten Fälle stellt die ebenfalls regelmäßig veröffentlichte „Tabellarische Übersicht auf der
Grundlage der Bremer Tabelle" dar. Wenn man die Zwischenwerte in dem nach Einkom-
mensdifferenzen zu 100 € gestuften Tabellenwerk interpoliert, ergibt sich ein hinreichend

---

[78] Fortgeführt von *Werner Gutdeutsch,* München. Berechnet unter Berücksichtigung von Beitrags-
sätzen von 19,9% für die Rentenversicherung und 3,3% für die Arbeitslosenversicherung, und
Lohnsteuer der Klasse 1 ohne Kinderfreibeträge mit Solidaritätszuschlag; zur Anwendung vgl.
BGH FamRZ 1981, 442, 444, 445, FamRZ 1983, 888, 889, 890, s. a. BGH FamRZ 1985, 471,
472, 473.

genauer Wert für Elementar- und Vorsorgeunterhalt, sonst eine überschlägige Orientierung.

495–497   – *in dieser Aufl. nicht belegt* –

II. Vorsorgeunterhalt wegen Krankheit

1. Voraussetzungen des Krankheitsvorsorgeunterhalts und Krankenversicherungsschutz bei Trennung oder Scheidung

498   **a) Krankheitsvorsorge in der Trennungszeit.** Solange Ehegatten noch **nicht geschieden** sind, entstehen in der Regel für den Berechtigten mit der Trennung noch keine zusätzlichen Krankenversicherungskosten, weil die Krankheitsvorsorge durch die Mitversicherung bei dem erwerbstätigen Ehegatten sichergestellt ist. Der Berechtigte hat insoweit noch keinen zusätzlichen Bedarf. Eine solche **Mitversicherung** besteht in der gesetzlichen Krankenversicherung nach § 10 SGB V, bei Ersatzkassen und Privatkassen nach Maßgabe der jeweiligen Satzung.[79]

Während der Trennungszeit kann dieser Versicherungsschutz entfallen, wenn nach § 1361 BGB kein Unterhaltsanspruch besteht. Dann besteht allerdings auch kein Anspruch auf einen Krankheitsvorsorgeunterhalt.

Besteht eine private Krankenversicherung, muss der Verpflichtete diese in bisheriger Höhe aus seinem Einkommen weiter bezahlen. Tut er dies nicht oder besteht aus sonstigen Gründen ausnahmsweise kein angemessener Krankenversicherungsschutz des Berechtigten, dann kann dieser nach § 1361 BGB einen Krankheitsvorsorgeunterhalt verlangen, auch wenn dies in § 1361 BGB (anders als in § 1378 II BGB) nicht extra erwähnt ist. Solche Leistungen gehören mit zum angemessenen Unterhalt im Sinn des § 1361 BGB, wenn ein Trennungsunterhalt geschuldet ist (siehe Rn. 8).

499   **b) Weiterversicherung nach der Scheidung.** Nach § 1578 II BGB gehören bei **nachehelichem Unterhalt** zum Lebensbedarf auch die Kosten einer angemessenen Versicherung für den Fall Krankheit.

Solche Kosten entstehen in der Regel durch die Scheidung, weil mit der Rechtskraft des Scheidungsurteils die Familienmitversicherung erlischt (§ 10 I SGB V). Diese setzt eine bestehende Ehe voraus. Der Berechtigte muss sich selbst versichern, wenn er keiner versicherungspflichtigen Erwerbstätigkeit nachgeht.[80]

500   Bestand im Zeitpunkt der Scheidung eine gesetzliche Mitversicherung, ist der vom Erlöschen betroffene Ehegatte nach § 9 I Nr. 2 SGB V berechtigt, der **gesetzlichen Krankenversicherung** beizutreten. Zwingende Voraussetzung ist, dass der Verpflichtete bei Rechtskraft der Scheidung der Krankenversicherung entweder auf Grund eines Pflichtversicherungsverhältnisses oder auf Grund freiwilliger Versicherung angehörte. Der Beitritt ist innerhalb einer Ausschlussfrist von drei Monaten ab Eintritt der Rechtskraft der Scheidung zu beantragen (§ 9 II 2 SGB V). Nach Fristablauf steht es im Ermessen der Krankenkasse, ob sie dem Aufnahmeantrag noch stattgeben will.

Der Berechtigte muss im Verhältnis zum Verpflichteten von dieser Möglichkeit Gebrauch machen, weil es sich hierbei um die kostengünstigste Art einer angemessenen Krankenversicherung handelt.[81]

501   **Ehegatten eines Beamten** haben keine Möglichkeit, in die gesetzliche Krankenversicherung aufgenommen zu werden, wenn und solange sie nicht selbst pflichtversichert sind. Da die Beihilfeberechtigung mit der Scheidung wegfällt, können sie für sich nach der Scheidung eine private Krankenversicherung abschließen, um auf diese Weise einen gleichwertigen Schutz aufrechtzuerhalten.[82]

---

[79] BGH, FamRZ 1983, 888; FamRZ 1982, 887
[80] BGH, FamRZ 1983, 888, 889; FamRZ 1982, 887
[81] BGH, FamRZ 1983, 888
[82] BGH, FamRZ 1989, 483; FamRZ 1983, 676

c) Verhältnis zum Elementarunterhalt. Der Krankheitsvorsorgeunterhalt ist – wie **502** der Vorsorgeunterhalt – als **unselbstständiger Unterhaltsbestandteil** des einheitlichen Lebensbedarfs in der Regel **zusätzlich** zum Elementarunterhalt zu bezahlen, wenn dieser nach einer Ehegattenquote bemessen wird.[83] Er ist in der Ehegattenquote nicht mitenthalten.[84]

Ist der Krankheitsvorsorgeunterhalt im Verhältnis zum Elementarunterhalt überproportional hoch, kann der Tatrichter gehalten sein, den Gesamtunterhalt in einer den Interessen beider Parteien gerecht werdenden Weise abweichend auf die unselbstständigen Unterhaltsbestandteile zu verteilen. Dabei ist allerdings zu beachten, dass – anders als bei Altersvorsorgeunterhalt – beim Krankheitsvorsorgeunterhalt kein grundsätzlicher Vorrang des Elementarunterhalts besteht, weil auch die Versicherung gegen Krankheit einen wichtigen Teil des gegenwärtigen Unterhaltsbedarfs beinhaltet, vor allem, wenn ein schlechter Gesundheitszustand besteht.[85]

Der Anspruch des Berechtigten auf Krankheitsvorsorgeunterhalt besteht nicht, wenn er **503** durch eine **eigene versicherungspflichtige Erwerbstätigkeit** bereits ausreichend gesichert ist.

2. Berechnung des Krankheitsvorsorgeunterhalts

Der **angemessene Krankenversicherungsschutz** bestimmt sich nach den ehelichen **504** Lebensverhältnissen. Deshalb steht dem Berechtigten auch nach der Scheidung grundsätzlich ein gleichwertiger Versicherungsschutz zu wie während der Ehe.[86] Der Berechtigte ist allerdings verpflichtet, die kostengünstigste Versicherung zu wählen.[87]

Ist der nach § 9 SGB V beitrittsberechtigte Ehegatte der gesetzlichen Krankenkasse **505** beigetreten oder hat er **schuldhaft einen solchen Beitritt unterlassen,** bemisst sich der Krankenvorsorgeunterhalt nach dem Elementarunterhalt in Verbindung mit dem Beitragssatz der jeweiligen Krankenkassen (derzeit etwa 14%).

Anders als beim Altersvorsorgeunterhalt (Rn. 467) erfolgt dazu keine Hochrechnung des Einkommens in Höhe des Elementarunterhalts auf einen versicherungsrechtlichen Bruttolohn.

Beispiel:
Nettoeinkommen des V = 3500 €
mit Bonus $^1/_7$, Beitragssatz 14%:
Elementarunterhalt = 3500 × $^3/_7$ = 1500 €
Krankheitsvorsorgeunterhalt = 1500 × 14% = 210 €
mit Bonus 10%, Beitragssatz 14%:
Elementarunterhalt = 3500 × 45% = 1575 €
Krankheitsvorsorgeunterhalt = 1575 × 14% = 221 €

Allerdings ist in jedem Fall maßgebend, in welcher Weise die Krankenkasse den Krankenkassenbeitrag tatsächlich berechnet. Gegebenenfalls ist in die Berechnung auch weiteres Einkommen des Berechtigten einzubeziehen, vielleicht sogar der Vorsorgeunterhalt, wodurch sich die Berechnung sehr kompliziert gestalten kann.

Bestand während der Ehe eine **private Krankenversicherung,** kann diese übernommen **506** und weitergeführt werden. Die Krankenversicherungsbeiträge entsprechen den ehelichen Lebensverhältnissen und sind vom Verpflichteten als Krankheitsvorsorgeunterhalt in entsprechender konkreter Höhe zu bezahlen.

Bestand während der Ehe neben einer Beihilfeberechtigung nur eine **ergänzende Pri-** **507** **vatversicherung,** kann diese übernommen und ausgeweitet werden, bis ein gleichwertiger Schutz gewährleistet ist.

---

[83] BGH, FamRZ 1982, 255
[84] BGH, FamRZ 1983, 888
[85] BGH, FamRZ 1989, 483
[86] BGH, FamRZ 1983, 676
[87] BGH, FamRZ 1983, 888

508   In den Fällen Rn. 506, 507 ist der Vorsorgeunterhalt unabhängig vom Elementarunterhalt **konkret** zu **bemessen.**

3. Vorabzug der Krankenversicherungsbeiträge und des Krankheitsvorsorgeunterhalts vom Einkommen sowie mehrstufige Berechnung des Elementarunterhalts

509   Nach gefestigter Rechtsprechung des BGH sind Krankenversicherungskosten des Verpflichteten und des Berechtigten **vom Einkommen abzuziehen,** weil das Einkommen in Höhe derartiger Aufwendungen für den allgemeinen Lebensbedarf nicht zur Verfügung steht[88] (siehe Rn. 185).

510   Haben **beide Ehegatten** ein **prägendes Einkommen** (Doppelverdienerehe), sind beim Berechtigten und beim Verpflichteten vorab die Kosten einer angemessenen Krankenversicherung vom jeweiligen Einkommen abzuziehen und dann der Unterhalt nach der Differenzmethode zu berechnen.[89]

511   Hat der **Berechtigte** ein **nichtprägendes Einkommen,** gehört ein solcher Vorabzug in gleicher Weise zur Berechnung seines Nettoeinkommens, weil er insoweit mit dem Verpflichteten gleich behandelt werden muss und weil auch er die von ihm zu zahlenden Versicherungskosten nicht für seinen laufenden Lebensbedarf verwenden kann.

512   Hat **nur** der **Verpflichtete** ein **Einkommen,** sind zur Vermeidung eines Ungleichgewichts von diesem Einkommen sowohl die Krankenversicherungskosten des Verpflichteten als auch der Vorsorgeunterhalt des Berechtigten abzuziehen, ehe der Elementarunterhalt endgültig berechnet wird.[90]

513   Wird der Krankenvorsorgeunterhalt wegen Beitritts zur gesetzlichen Krankenversicherung aus dem Elementarunterhalt **mit dem Krankenversicherungsbeitragssatz errechnet,** dann ist – wie beim Vorsorgeunterhalt (Rn. 5/477 f.) – eine zweistufige Berechnung des Elementarunterhalts erforderlich.

Der Elementarunterhalt muss nach Vorabzug des Krankheitsvorsorgeunterhalts vom Einkommen erneut endgültig berechnet werden, weil sonst gegen den Halbteilungsgrundsatz verstoßen würde, wenn der Verpflichtete den Krankheitsvorsorgeunterhalt zusätzlich aus der ihm zustehenden Einkommensquote bezahlen müsste, während der Berechtigte ihn zusätzlich zu seiner ungekürzten Quote erhalten würde.

Beispiel:
Nettoeinkommen des Verpflichteten = 4200 €
mit Bonus $^1/_7$, Beitragssatz 14%:
Quote = 4200 × $^3/_7$ = 1800 €
Krankheitsvorsorgeunterhalt = 1800 × 14% = 252 €
Endgültiger Elementarunterhalt:
4200 – 252 = 39 484 × $^3/_7$ = 1692 €
Der Berechtigte erhält 252 € Krankheitsvorsorgeunterhalt und 1692 € Elementarunterhalt.
mit Bonus 10%, Beitragssatz 14%:
Quote = 4200 × 45% = 1890 €
Krankheitsvorsorgeunterhalt = 1890 × 14% = 265 €
Endgültiger Elementarunterhalt:
4200 – 265 = 3935 × 45% = 1771 €
Der Berechtigte erhält 265 € Krankheitsvorsorgeunterhalt und 1771 € Elementarunterhalt.

514   Verlangt der Ehegatte eines Beamten Vorsorgeunterhalt in Höhe **fester Versicherungsprämien** für einen gleichwertigen Versicherungsschutz und gleichzeitig Altersvorsorgeunterhalt, bereitet die Berechnung des Altersvorsorgeunterhalts und des Elementarunterhalts keine besonderen Probleme.

Aus dem nach Vorabzug des Krankheitsvorsorgeunterhalts berechneten Elementarunterhalt wird der Altersvorsorgeunterhalt ermittelt und anschließend der endgültige Elementar-

---

[88] BGH, FamRZ 1985, 357; FamRZ 1983, 888, 889
[89] BGH, FamRZ 1983, 676
[90] BGH, FamRZ 1983, 888

unterhalt gemäß den Ausführungen Rn. 467, 477 berechnet. In der Entscheidung vom 7. 12. 1988[91] befindet sich dazu ein vom BGH akzeptiertes Rechenbeispiel.

Problematisch ist die Berechnung, wenn der Berechtigte **Altersvorsorgeunterhalt und** 515 **Krankheitsvorsorgeunterhalt** verlangt und auch der Krankheitsvorsorgeunterhalt nach dem Elementarunterhalt in Verbindung mit dem **Beitragssatz der** jeweiligen **Krankenkasse** zu berechnen ist (Rn. 505).

Dann empfiehlt sich wegen des Vorrangs des Krankheitsvorsorgeunterhalts vor dem Altersvorsorgeunterhalt eine **dreistufige Elementarunterhaltsberechnung.**[92]
– Im ersten Rechenschritt wird ein vorläufiger Elementarunterhalt berechnet und nach diesem der Krankheitsvorsorgeunterhalt bemessen.
– Im zweiten Rechenschritt wird nach Vorabzug des Krankheitsvorsorgeunterhalts aus dem neuen Elementarunterhalt der Altersvorsorgeunterhalt berechnet.
– Im dritten Rechenschritt wird aus dem vorläufigen Elementarunterhalt des ersten Rechenschrittes nach Vorabzug des Krankheitsvorsorgeunterhalts und des Altersvorsorgeunterhalts der endgültige Elementarunterhalt berechnet.

Beispiel zu Rn. 515   516
mit Bonus $1/7$:
Nettoeinkommen des V = 3500 €
Vorläufiger erster Elementarunterhalt = 3500 × $3/7$ = 1500 €
Krankheitsvorsorgeunterhalt = 1500 × 14% (Beitragssatz) = 210 €
Neuer, zweiter Elementarunterhalt = 3500 − 210 = 3290 × $3/7$ = 1410 €
Altersvorsorgeunterhalt = 1410 + 32% = 1861 × 19,9% = 370 €
Endgültiger dritter Elementarunterhalt = 3500 − 210 − 370 = 2920 × $3/7$ = 1251 €
B erhält 1251 Elementarunterhalt, 210 Krankheitsvorsorgeunterhalt und 370 Altersvorsorgeunterhalt, insgesamt 1831 €.
Dem V verbleiben (nach Vorabzug seiner Vorsorgeaufwendungen) 3500 − 1831 = 1669. Dies entspricht nach dem Halbteilungsgrundsatz dem Elementarunterhalt von 1251 €.
(Zu beachten ist allerdings, dass die Krankenkassen auch den Altersvorsorgeunterhalt als zur Bemessung des Krankenvorsorgeunterhalts heranziehen können. Daher ist eine Kontrollrechnung zweckmäßig: (1251 + 370)★ 14% = 227, also ist der Krankheitsvorsorgeunterhalt geringer als der tatsächliche Beitrag. Wird allerdings dieser Beitrag als Krankheitsvorsorgeunterhalt verlangt, verringert sich wieder der Elementarunterhalt und mit diesem im Zirkel der Krankheitsvorsorgeunterhalt. Nach wenigen Wiederholungen der Berechnung kommt man aber zum Ergebnis.)

Wie beim Vorsorgeunterhalt (Rn. 483 f.) **unterbleibt eine zweistufige Berechnung** 517 des Elementarunterhalts, wenn:
(1) der Unterhalt **konkret bemessen** wird (siehe Rn. 366, 383),
(2) der Krankheitsvorsorgeunterhalt **einkommensunabhängig** berechnet wird, wie z. B. bei einer Privatversicherung (hier entfällt die erste Berechnungsstufe),
(3) der Krankheitsvorsorgeunterhalt mit **nichtprägenden** Einkünften des **Berechtigten** verrechnet werden kann (siehe Rn. 484),
(4) der Krankheitsvorsorgeunterhalt durch **Einschränkung** einer **Vermögensbildung** zusätzlich zum Elementarunterhalt bezahlt werden kann (siehe Rn. 487),
(5) der Krankheitsvorsorgeunterhalt mit **nichtprägenden** Einkünften des **Verpflichteten** zusätzlich zum Elementarunterhalt bezahlt werden kann (siehe Rn. 485).

Rechenbeispiele zu Rn. 517:   518

zu (3)
Erwerbseinkommen des M = 3500; Krankheitsvorsorgeunterhalt der F = 200; nichtprägende Zinseinkünfte der F = 400 €
mit Bonus $1/7$:
Quotenbedarf der F = 3500 × $3/7$ = 1500 €
voller Bedarf der F = 1500 + 200 = 1700 €
mit Bonus 10%:
Quotenbedarf der F = 3500 × 45% = 1575 €
voller Bedarf der F = 1575 + 200 = 1775 €

---

[91] BGH, FamRZ 1989, 483
[92] OLG Hamm, FamRZ 1997, 1278

Das anzurechnende Zinseinkommen von F in Höhe von 400 € entlastet M so weit, dass er die Krankheitsvorsorge für F in Höhe von 200 € zusätzlich zum Elementarunterhalt zahlen kann.

zu (4)

Erwerbseinkommen des M = 3800; angemessene Vermögensbildung = 300 Krankheitsvorsorge Unterhalt der F = 200 €

bei Bonus $^1/_7$:

Quotenbedarf der F = 3800 − 300 = 3500 × $^3/_7$ = 1500 €

voller Bedarf der F = 1500 + 200 = 1700 €

bei Bonus 10%:

Quotenbedarf der F = 3800 − 300 = 3500 × 45% = 1575 €

voller Bedarf der F = 1575 + 200 = 1775 €

Auf der Leistungsstufe ist dem M zuzumuten, die 200 zusätzlich zum Quotenunterhalt (1500 bzw. 1575) durch Einschränkungen seiner Vermögensbildung (300 − 200 = 100) zu bezahlen.

zu (5)

Erwerbseinkommen des M = 3500; nichtprägende Zinseinkünfte des M = 200 €

Krankheitsvorsorgeunterhalt der F = 200 €

bei Bonus $^1/_7$:

Quotenbedarf der F = 3500 × $^3/_7$ = 1500 €

voller Bedarf der F = 1500 + 200 = 1700 €

bei Bonus 10%:

Quotenbedarf der F = 3500 × 45% = 1575 €

voller Bedarf der F = 1575 + 200 = 1775 €

519   − *nicht belegt* −

520   Weitere Beispiele beim Altersvorsorgeunterhalt Rn. 485 f.

Das jeweilige Endergebnis ist **auf** seine **Angemessenheit** zu **überprüfen.** Erscheinen die Vorsorgeunterhaltsbeträge im Verhältnis zum Elementarunterhalt zu hoch, kann der Tatrichter den Gesamtunterhalt in einer den Interessen beider Parteien gerecht werdenden Weise **abweichend** auf die verschiedenen Unterhaltsbestandteile **verteilen.** Dabei ist allerdings zu beachten, dass nur der Altersvorsorgeunterhalt **Nachrang** gegenüber Elementarunterhalt und Krankheitsvorsorgeunterhalt hat.[93]

521   **Nichtprägendes Einkommen des Berechtigten** ist in Mangelfällen wegen der Rangverhältnisse primär anteilig auf den Elementarunterhalt und Krankheitsvorsorgeunterhalt, die beide am dringendsten benötigt werden, zu verrechnen.[94]

4. Geltendmachung des Krankheitsvorsorgeunterhalts

522   Wie der Vorsorgeunterhalt (Rn. 458 f.) muss auch der Krankheitsvorsorgeunterhalt als unselbstständiger Unterhaltsbestandteil **betragsmäßig zusätzlich geltend gemacht** werden. Es steht im freien Ermessen des Berechtigten, ob er ihn geltend machen will. Er darf nicht von Amts wegen zugesprochen werden. Wird er geltend gemacht, ist er wegen der Zweckbindung im Tenor gesondert auszuweisen.

523   Wegen der **Zweckbindung** ist der Berechtigte verpflichtet, den Krankheitsvorsorgeunterhalt tatsächlich für eine Krankenversicherung zu verwenden.[95]

524   Der Verpflichtete kann grundsätzlich **nicht** verlangen, die Zahlungen **unmittelbar an den Versorgungsträger** zu leisten. Ausnahmen kommen nur in Betracht, wenn besondere Umstände vorliegen, die das Verlangen des Berechtigten auf Zahlung an sich selbst als einen Verstoß gegen Treu und Glauben (§ 242 BGB) erscheinen lassen. Dies kann bejaht werden, wenn bereits ein entsprechender Titel vorliegt und der Berechtigte die Weiterzahlung verlangt, obwohl er den Krankheitsvorsorgeunterhalt nicht bestimmungsgemäß verwendet.

Der Verpflichtete kann in einem solchen Fall mit einer Abänderungsklage erreichen, dass der Krankheitsvorsorgeunterhalt **direkt an** den **Versicherungsträger** gezahlt wird. Be-

---

[93] BGH, FamRZ 1989, 483
[94] BGH, FamRZ 1989, 483
[95] BGH, FamRZ 1989, 483

nennt der Berechtigte in diesem Verfahren keinen Versicherungsträger, ist der Anspruch auf Weiterzahlung an sich selbst als nicht mehr schlüssig abzuweisen.[96]

Bei **nicht bestimmungsgemäßer Verwendung** des Krankheitsvorsorgeunterhalts ist 525 der Verpflichtete dadurch geschützt, dass der Berechtigte im Krankheitsfall so zu behandeln ist, als hätten die Beträge zu einer entsprechenden Versicherung geführt.[97] § 1579 Nr. 3 BGB ist anwendbar.[98] Im Übrigen gelten die Ausführungen zum Altersvorsorgeunterhalt Rn. 458 f., 463 f., 489 f. entsprechend.

III. Pflegevorsorgeunterhalt

Seit 1. 1. 1995 ist das Pflegeversicherungsgesetz vom 26. 5. 1994[99] in Kraft. Wenn 525 a der Unterhaltsberechtigte in der gesetzlichen Krankenversicherung freiwillig versichert ist, ist er nach § 20 III SGB XI zugleich in der ges. Pflegeversicherung pflichtversichert. Ist er privat krankenversichert, so muss er nach § 23 SGB XI auch eine Pflegeversicherung abschließen. Daraus ergibt sich, dass die Beiträge zur Pflegeversicherung ebenso wie die Krankheitsvorsorge zum allgemeinen Lebensbedarf gehören und vom Unterhaltspflichtigen im Bedürftigkeitsfall durch Leistung von Pflegevorsorgeunterhalt abzudecken sind.[100]

Der **Pflegevorsorgeunterhalt** folgt in jeder Hinsicht den Regeln des **Krankenvorsorgeunterhalts** und kann auch als Teil desselben abgerechnet werden. Es kann daher auf die Ausführungen zum Krankheitsvorsorgeunterhalt (Rn. 498 bis 521) Bezug genommen werden.

5. Abschnitt: Zur Bedürftigkeit des Berechtigten

I. Unterhaltsbedürftigkeit

1. Bedürftigkeit als Unterhaltsvoraussetzung

Der Berechtigte kann den vollen, nach den ehelichen Lebensverhältnissen bemessenen 526 Bedarf (§§ 1361 I, 1578 I 1 BGB) nur verlangen, wenn und soweit er bedürftig ist. Er ist bedürftig, wenn er diesen seinen Bedarf nicht oder nicht ausreichend auf **andere Weise deckt** oder in zumutbarer Weise decken könnte.[1]

Das Vorliegen einer solchen Bedürftigkeit ist eine weitere Unterhaltsvoraussetzung, die im Anschluss an die Bedarfsbemessung (Abschnitt 3, Rn. 359 ff., 437 ff.) auf der sogenannten Bedürftigkeitsstufe zu prüfen ist, wenn dem Grunde nach ein Unterhaltsanspruch nach den §§ 1361, 1570 bis 1576 BGB besteht.

Für den **nachehelichen Unterhalt** ist die Bedürftigkeit in § 1577 BGB wie folgt 527 geregelt:
- Nach **§ 1577 I BGB** hat der Berechtigte keinen Unterhaltsanspruch, solange und soweit er sich aus seinen Einkünften und Vermögen **selbst unterhalten kann** (Genaueres nachfolgend Rn. 531 bis Rn. 540).
- **§ 1577 II BGB** regelt die Anrechnung von Einkünften aus **unzumutbarer Erwerbstätigkeit** und sonstiger Einkünfte, die in unzumutbarer Weise erzielt werden (Genaueres Rn. 542 f.).

---

[96] BGH, FamRZ 1989, 483; FamRZ 1987, 684, 686; FamRZ 1983, 676
[97] BGH, FamRZ 1983, 676
[98] BGH, FamRZ 1989, 483
[99] BGBl. I 1014
[100] Büttner, FamRZ 1995, 193, 196; Gutdeutsch, FamRZ 1994, 878
[1] BGH, FamRZ 1989, 487

- **§ 1577 III und IV BGB** regelt die Vermögensverwertung und die Unterhaltssicherung aus Vermögen (Genaueres Rn. 557 ff.).

528   Obwohl beim **Trennungsunterhalt** eine entsprechende Bestimmung fehlt, dürfen die Grundsätze des § 1577 BGB bei der Beurteilung des Trennungsunterhalts nicht außer Acht gelassen werden. Es muss gewährleistet sein, dass bei an sich gleicher Sachlage der Anspruch auf Trennungsunterhalt nicht niedriger ausfällt als der nacheheliche Unterhalt. Deshalb sind die Grundsätze des § 1577 BGB in entsprechender Weise auch auf den Trennungsunterhalt anzuwenden.[2]

529   Die Anwendung des § 1577 BGB setzt einen **bestehenden Unterhaltsanspruch** voraus. Hatte der Berechtigte wegen ausreichender Einkünfte aus einer Erwerbstätigkeit zunächst keinen Unterhaltsanspruch und wird er zu einem späteren Zeitpunkt bedürftig, dann müssen im Zeitpunkt des Eintritts der Bedürftigkeit die Voraussetzungen eines Unterhaltstatbestandes (§§ 1361, 1570 bis 1576 BGB) entweder originär oder als Anschlussunterhalt vorliegen. Ist dies nicht der Fall, entsteht durch den späteren Eintritt der Bedürftigkeit kein Unterhaltsanspruch mehr.

530   Im Gegensatz dazu bestand **nach altem Recht** bei einer Verschuldensscheidung ein Unterhaltsanspruch dem Grunde nach unverändert bis zum Tod fort. Er wurde aktualisiert, sobald der Berechtigte bedürftig wurde, wobei kein zeitlicher Zusammenhang zwischen dem Eintritt der Bedürftigkeit und der geschiedenen Ehe bestehen musste. Der Berechtigte hatte auch dann einen Unterhaltsanspruch, wenn sein Unterhalt nach der Scheidung durch Einkünfte aus einer Erwerbstätigkeit nachhaltig gesichert war und er erst viel später bedürftig geworden war.[3] Seit 1. 1. 2008 gilt indessen auch für altrechtliche Ansprüche das geltende Recht. Als Einsatzzeitpunkt für den Anspruch wird man den 1. 1. 2008 ansehen müssen.

Der Berechtigte hat die **Darlegungs- und Beweislast** für seine uneingeschränkte Bedürftigkeit[4] (vgl. auch Rn. 6/707 f.).

2. Bedürftigkeitsmindernde Anrechnung der Einkünfte des Berechtigten

531   Das Ausmaß der Bedürftigkeit richtet sich stets nach dem **vollen eheangemessenen Bedarf** (§ 1361 I 1), den der Berechtigte durch **eigene Einkünfte nicht decken** kann (§ 1577 BGB). Damit sind für die Beurteilung des Ausmaßes der Bedürftigkeit bzw. für die Ermittlung einer verbleibenden Restbedürftigkeit zwei unterschiedliche Kriterien maßgeblich, die jeweils mit unterschiedlichen Einkommensteilen ausgefüllt werden müssen.

- Der volle eheangemessene **Bedarf** des Berechtigten nach den §§ 1361 I, 1578 I 1 BGB als **Sollbetrag.**
- Und als **Istbetrag** die Summe der **Einkünfte** des Berechtigten.

Der Sollbetrag bildet die Obergrenze der Bedürftigkeit.

Gemäß den Ausführungen in Abschnitt 3) dürfen zur Bemessung dieses Bedarfs nur prägende Einkünfte beider Eheleute berücksichtigt werden. Wenn der Berechtigte prägendes Einkommen hat, hängt der Sollbedarf ab von der gewählten Methode der Bedarfsberechnung: der Differenz-, Additions- oder Quotenbedarfsmethode (siehe dazu auch die Ausführungen zu Rn. 386 bis Rn. 406 i. V. m. Rn. 179 f., 234 f.).

532   Entsprechend unterscheiden sich die nach § 1577 BGB **anzurechnenden Einkünfte** des Berechtigten.

- Bei der **Differenzmethode** sind dies nur alle nichtprägenden Einkünfte des Berechtigten, die dieser tatsächlich erzielt oder die ihm fiktiv zuzurechnen sind.

Ausgenommen sind von der Anrechnung alle prägenden Einkünfte des Berechtigten, denn diese sind bereits im Rahmen der Bedarfsbemessung unter Anwendung der Diffe-

---

[2] BGH, FamRZ 1983, 146, 148
[3] BGH, FamRZ 1987, 152
[4] BGH, FamRZ 1989, 487

renzmethode (Rn. 409) berücksichtigt worden. Dadurch kam es zu einem geminderten Unterhaltsbedarf.

- Bei der **Additionsmethode** (Rn. 386) und der **Quotenbedarfsmethode** (Rn. 414) sind im Grundsatz alle Einkünfte anzurechnen. Hier hat bei der Bedarfsberechnung noch keine Einkommensanrechnung stattgefunden.
- Nichtprägende Erwerbseinkünfte sind vor der Anrechnung um den **Erwerbsbonus** zu bereinigen, in der Regel also mit 90% oder $^6/_7$ anzusetzen. Bei der Anrechnung prägenden Erwerbseinkommens ist zu unterscheiden: Der Bedarf nach der Additionsmethode umfasst **nicht** den Erwerbsbonus. Daher ist das prägende Erwerbseinkommen nur 90% bzw. $^6/_7$ anzurechnen. Dagegen ist bei der Quotenbedarfsmethode im Bedarf auch der Bonus enthalten. Hier ist daher prägendes Erwerbseinkommen ungekürzt anzurechnen.

Die Anrechnung der Einkünfte des Berechtigten erfolgt stets durch Abzug der Einkünfte **533** vom festgestellten Unterhaltsbedarf.

In Höhe der **Differenz** zwischen dem Bedarf und den anzurechnenden Beträgen ist der Berechtigte bedürftig, d. h., das Ausmaß seiner **Bedürftigkeit** richtet sich nur nach diesem ungedeckten Bedarf. Gleichzeitig beinhaltet dieser ungedeckte Bedarf die Höhe des zu leistenden Unterhalts, wenn der Verpflichtete in dieser Höhe leistungsfähig ist (siehe Rn. 564).

Beispiele zu Einkommensanrechnung finden sich bei den Berechnungsmethoden Rn. 386 **534** bis Rn. 415, 426.

3. Anrechnung auf den vollen Unterhalt unter Berücksichtigung von Mehrbedarf

Nichtprägende Einkünfte sind grundsätzlich auf den **vollen Unterhaltsbedarf** (§§ 1361 **535** I, 1578 I 1 BGB) anzurechnen.[5]

Der nach den ehelichen Lebensverhältnissen angemessene volle Unterhaltsbedarf (§§ 1361 I, 1578 I 1 BGB) ist nicht identisch mit dem **Quotenunterhalt, wenn ein ungedeckter Mehrbedarf** besteht (vgl. Rn. 432). Einen auf die Trennung gründenden Mehrbedarf (trennungsbedingten Mehrbedarf) erkennt der BGH nicht mehr an (vgl. Rn. 427 f.)

Besteht ein anerkennungsfähiger Mehrbedarf, dann besteht der volle Unterhalt aus Quotenunterhalt und ungedecktem Mehrbedarf.

Vereinfacht kann in solchen Fällen die Anrechnung nichtprägender Einkünfte in der **536** Weise erfolgen, dass der Mehrbedarf von den **nichtprägenden Einkünften abgezogen wird** und nur der Differenzbetrag unterhaltsmindernd auf den Quotenunterhalt angerechnet wird. Allerdings darf kein Mangelfall nach § 1581 BGB vorliegen (siehe Rn. 564 ff., Rn. 5/1 ff.).

Beispiel: **537**
Quotenunterhalt = 1500 €
krankheitsbedingter Mehrbedarf = 500 €
Nichtprägendes Renteneinkommen des B = 600 €
bedürftigkeitsmindernder Differenzbetrag = 600 − 500 = 100 €
Ungedeckter Unterhaltsbedarf = 1500 − 100 = 1400 (= Unterhaltsanspruch)

Mehrbedarf ist in der Regel nur zu berücksichtigen, **wenn er geltend gemacht wird 538** (Rn. 432, 438).

Unterbleibt eine solche Geltendmachung, dann ist das nichtprägende Einkommen auf den Quotenunterhalt zu verrechnen.

Im Beispiel Rn. 537 beträgt dann der Unterhaltsanspruch nur 900 € statt 1400 € (1500 − 600 = 900).

nicht belegt. **539**

---

[5] BGH, FamRZ 1989, 487; FamRZ 1988, 486; FamRZ 1987, 46

4. Nach § 1577 I BGB in vollem Umfang anzurechnende Einkünfte des Berechtigten

540   Wie bereits Rn. 532 ausgeführt, sind alle Einkünfte, die in zumutbarer Weise erzielt werden oder erzielt werden könnten (bei der Differenzmethode: nur die nichtprägenden Einkünfte), nach § 1577 I BGB in vollem Umfang bedürftigkeitsmindernd auf den Bedarf anzurechnen (Erwerbseinkünfte zu $6/7$). Als solche Einkünfte kommen praktisch alle nichtprägenden Einkünfte im Sinn der Ausführungen zu Teil I in Frage, die der Berechtigte erhielt oder zumutbarerweise erzielen könnte, ohne Rücksicht auf Herkunft und Verwendungszweck. Maßgeblich sind die bereinigten Nettoeinkünfte, wobei es bei dem Berechtigten keinen Abzug für vermögensbildende Aufwendungen gibt, wohl aber für Unterhaltsverpflichtungen und von ihm abzutragende ehebedingte Verbindlichkeiten.

Die wichtigsten dieser Einkünfte sind:

- **Erwerbseinkünfte** aus abhängiger Arbeit (Rn. 1/46 ff.), aus selbstständiger Erwerbstätigkeit, Gewerbe oder aus Land- und Forstwirtschaft (Rn. 1/110 ff.) und aus Erwerbsersatzleistungen wie Krankengeld, Arbeitslosengeld (Rn. 1/80 ff.), Renten und Pensionen (Rn. 1/438 ff.).
- **Vermögenseinkünfte** aus Vermietung und Verpachtung (Rn. 1/293 ff.), aus Kapital- und sonstigem Vermögen (Rn. 1/403 ff.) sowie aus Wohnvorteilen und sonstigen Gebrauchsvorteilen des Vermögens (Rn. 1/311 ff.).
- Einkünfte aus **sozialstaatlichen Zuwendungen** und sonstigen Leistungen des Staates, wie Wohngeld (Rn. 1/451 ff.), BAföG-Leistungen (Rn. 1/456 ff.), Pflegegeld (Rn. 1/463 ff.) und Steuererstattungen (Rn. 1/583 f.) sowie Kindergeld (Rn. 1/460). Leistungen aus der **Grundsicherung** nach § 43 II 1 SGB XII) sind ebenfalls auf den Bedarf anzurechnen, obgleich tatsächlich erbrachte Unterhaltsleistungen diesen Anspruch mindern.[6] Einkünfte aus **nichtehelicher Lebensgemeinschaft** mit einem neuen Partner[7] (vgl. Rn. 1/471 f.).
- **Fiktiv zuzurechnende erzielbare Einkünfte** aus unterlassener zumutbarer Erwerbstätigkeit (Rn. 1/487 ff.), aus unterlassener zumutbarer Vermögensnutzung und Vermögensverwertung (Rn. 1/425 ff.), aus **unterlassener Inanspruchnahme sozialstaatlicher Leistungen** wie z. B. Wohngeld oder BAföG (Rn. 1/459).
- **Nicht anzurechnen** sind freiwillige unentgeltliche Zuwendungen Dritter (Rn. 1/468 ff.), Sozialhilfe (Rn. 1/483, vgl. aber im Einzelnen Rn. 8/10 f), wiederaufgelebte Witwenrente (Rn. 1/484), Arbeitnehmersparzulage (Rn. 1/485) und Hausgeld des Strafgefangenen (Rn. 1/485 a).

5. Abänderungsklage bei späteren Änderungen der Bedürftigkeit

541   Eine erst nach der Unterhaltstitulierung eintretende Änderung bei den Einkünften des Berechtigten oder sonstigen Änderungen zur Bedürftigkeit beinhalten in der Regel eine Änderung der wirtschaftlichen Verhältnisse, die dem Anwendungsbereich des § 323 ZPO zuzuordnen ist.

So mindert ein späterer Rentenbezug, der auf dem Versorgungsausgleich beruht, die Bedürftigkeit des Berechtigten. Der Verpflichtete kann dies mit der Abänderungsklage geltend machen, wenn auch die sonstigen Voraussetzungen des § 323 ZPO gegeben sind.[8]

Der Berechtigte kann die Klage nach § 323 ZPO erheben, wenn sich seine Bedürftigkeit erhöht, z. B. weil ohne sein Verschulden nichtprägende Erwerbseinkünfte entfallen sind und sein Unterhaltsbedarf durch die Erwerbstätigkeit noch nicht nachhaltig gesichert war.

---

[6] BGH FamRZ 2007, 1158 = R 667 a

[7] BGH, FamRZ 1995, 343 = R 489 a; FamRZ 1989, 487 = NJW 1989, 1083

[8] BGH, NJW-RR 1983, 322

II. Anrechnung von Einkünften aus unzumutbarer Erwerbstätigkeit des Berechtigten nach § 1577 II BGB

1. Zur Auslegung und zum Anwendungsbereich des § 1577 II BGB

§ 1577 II BGB ist eine rechtspolitisch mißglückte, unklar gefasste und schwer verständli- **542** che Bestimmung, die verschiedene Auslegungsmöglichkeiten zulässt.

Der BGH hatte in seiner Grundsatzentscheidung vom 24. 11. 1982[9] eine **eingehende Interpretation** vorgenommen, welche die Auslegung bisher bestimmt hatte. Mit Urteil v. 13. 4. 2005 – XII ZR 273/02[10] hat er diese Linie jedoch verlassen und eine einfachere Berechnungsweise gewählt, die nachfolgend erörtert wird (Zusammenfassung vgl. Rn. 553).

Die Grundsätze zu § 1577 II BGB, der an sich nur für den nachehelichen Unterhalt gilt, sind **auch auf den Trennungsunterhalt** entsprechend anzuwenden.[11]

§ 1577 II BGB betrifft nur Einkünfte aus **unzumutbarer Erwerbstätigkeit des Be-** **543** **rechtigten,** d. h. Einkünfte, die der Berechtigte erzielt, obwohl für ihn nach den §§ 1361 II, 1570, 1573 I und 1574 II BGB keine Erwerbsobliegenheit besteht (zur **Erwerbsobliegenheit** im Einzelnen vgl.: Rn. 16 ff., 64 ff., sowie Rn. 1/540 f.).

Nicht erforderlich ist, dass die Aufnahme der unzumutbaren Erwerbstätigkeit durch Nichterfüllung oder durch unvollständige Erfüllung der Unterhaltpflicht veranlasst worden ist.[12] Das hat nur auf die Billigkeitsabwägung Einfluss (vgl. Rn. 550).

Ob § 1577 II BGB auch bei **sonstigen Einkünften** anzuwenden ist, deren Erzielung **544** dem Berechtigten nicht zugemutet werden kann (z. B. erhöhte Zinseinkünfte aus einer sehr riskanten Vermögensanlage), wurde bisher **noch nicht entschieden,** könnte aber in Einzelfällen zu bejahen sein (so Lohmann, 6. A., Seite 103 und Krenzler, FamRZ 1983, 653).

Einkünfte aus unzumutbarer Erwerbstätigkeit sind – entgegen der bisherigen Rechtspre- **545** chung – **prägende Einkünfte**[13] (vgl. auch Rn. 264 f.).

Deshalb sind sie auch bei der Bedarfsbemessung zu berücksichtigen. Allerdings sind sie nach § 1577 II BGB auf den Unterhaltsbedarf nur gekürzt anzurechnen (s. u.).

2. Ermittlung des anrechnungsfreien Betrags nach § 1577 II 1 BGB (anrechnungsfreies Defizit)

Nach § 1577 II 1 BGB sind Einkünfte aus unzumutbarer Erwerbstätigkeit **nicht anzu-** **546** **rechnen,** wenn und soweit der Verpflichtete wegen beschränkter Leistungsfähigkeit nicht den vollen Unterhalt (§§ 1361 I, 1578 I 1 BGB), sondern nur einen Billigkeitsunterhalt (§ 1581 BGB) leistet.

Als **Unterhaltsleistung des Verpflichteten** ist das zu verstehen, was dieser als Quoten- **547** unterhalt ohne die unzumutbaren Einkünfte des Berechtigten zu leisten hätte.

Dieser rechnerische Quotenunterhalt ist dann niedriger als der volle Unterhalt (§ 1578 I 1 BGB), wenn ein ungedeckter, sonstiger Mehrbedarf (Rn. 432) besteht oder wenn es sich aus sonstigen Gründen bei dem Quotenunterhalt um einen Billigkeitsunterhalt nach § 1581 BGB handelt (siehe Rn. 569, 573 f., 5/47 ff.). Für den Umfang der Nichtanrechnung von Einkünften aus unzumutbarer Erwerbstätigkeit ist daher allein maßgeblich, inwieweit eine Unterhaltsleistung des Verpflichteten zusammen mit sonstigen Einkünften des Berechtigten hinter dem vollen Unterhalt zurückbleibt. In Höhe des verbleibenden Defizits sind die Einkünfte aus unzumutbarer Erwerbstätigkeit nach § 1577 II 1 BGB **anrechnungsfrei**[14]

---

[9] FamRZ 1983, 146 bis 150
[10] FamRZ 2005, 1154 = R 630 e
[11] BGH, FamRZ 1983, 146, 148
[12] BGH, FamRZ 1983, 146, 148
[13] BGH, FamRZ 2005, 1154 = R 630 e

(sonst nach Billigkeit teilweise anrechnungspflichtig, Rn. 550). Durch den Wegfall des trennungsbedingten Mehrbedarfs (vgl. Rn. 432) scheint das **anrechnungsfreie Defizit in der Rechtspraxis** allerdings **kaum noch Bedeutung** zu haben.

548   Für das Vorliegen eines solchen **anrechnungsfreien Defizits** ist der Berechtigte **darlegungs- und beweispflichtig.** Trägt er dazu nichts vor oder kann ein entsprechender Nachweis nicht geführt werden, richtet sich die Anrechnung ausschließlich nach § 1577 II 2 BGB (Rn. 6/709).

549   Vorweg vom Einkommen aus unzumutbarer Erwerbstätigkeit **abzuziehen** sind auch die tatsächlichen **Aufwendungen für die Kindesbetreuung,** welche die die Erwerbstätigkeiterst ermöglichen (vgl. Rn. 1/545 b).

3. Billigkeitsanrechnung nach § 1577 II 2 BGB

550   Nach § 1577 II 2 BGB sind Einkünfte, die den vollen Unterhalt übersteigen, insoweit anzurechnen, als dies unter Berücksichtigung der **beiderseitigen wirtschaftlichen Verhältnisse** der Billigkeit entspricht. Es sind dies die Beträge gemäß den Ausführungen zu Rn. 549.

Zur Billigkeitsabwägung nach § 1577 II 2 BGB:

Kriterien für eine individuelle Bemessung des Umfangs der Anrechnung im Rahmen der erforderlichen Billigkeitsabwägung können sein:

Einkommens- und Vermögensverhältnisse sowie sonstige wirtschaftliche Verhältnisse beider Ehegatten; persönliche Verhältnisse wie Alter, Gesundheitszustand, Erwerbsfähigkeit, Art und Ausmaß der Anstrengungen zur Erzielung unzumutbarer Einkünfte; unterschiedlicher Lebensstandard; weitere Unterhaltsverpflichtungen; Betreuungsmehrbedarf für ein pflegebedürftiges Kind; sonstige besondere Belastungen u. ä. Es kann aber auch das **Verhalten des Verpflichteten** Bedeutung haben, insbesondere, wenn dieser den geschuldeten Unterhalt nicht geleistet hat und der Berechtigte deshalb die unzumutbare Erwerbstätigkeit aufgenommen hat.[15]

Bei dieser Billigkeitsabwägung ist in der Regel auch zu berücksichtigen, dass der Verpflichtete nach **§ 1581 BGB** bei beschränkter Leistungsfähigkeit nur insoweit Unterhalt zu leisten hat, als es mit Rücksicht auf die Bedürfnisse und die Erwerbs- und Vermögensverhältnisse der Ehegatten der Billigkeit entspricht.[16]

Nach den Leitlinien der Oberlandesgerichte erfolgte teilweise eine **Anrechnung je zur Hälfte**, wenn keine besonderen Umstände vorliegen, die eine Abweichung von dieser Regel rechtfertigten (so HL02 31).

Aufgrund einer konkreten Billigkeitsabwägung kann im Rahmen des § 1577 II 2 BGB eine **Anrechnung auch ganz unterbleiben.**[17]

551   Wenn nach mehreren Vorschriften eine **Billigkeitsabwägung** zu erfolgen hat, so ist diese **einheitlich durchzuführen.** Insbesondere kann die Billigkeitsabwägung nach § 1579 BGB dazu führen, dass Einkommen aus unzumutbarer Tätigkeit gem. § 1577 II 2 BGB voll anzurechnen ist.[18]

552   Wenn das Erwerbseinkommen des Berechtigten – wie regelmäßig – eheprägend ist, wird der nach § 1577 II 2 BGB anzurechnende Einkommensteil im Weg der Differenzmethode bzw. Additionsmethode berücksichtigt.

4. Zusammenfassung

553   Wenn man das anrechnungsfreie Defizit als praktisch bedeutungslos außer Acht lässt, ergibt sich folgender einfacher Rechenweg:

---

[14] BGH, FamRZ 1983, 146, 148
[15] BGH, FamRZ 1995, 475 = R 491 c
[16] BGH, FamRZ 1983, 146, 148
[17] BGH, FamRZ 1988, 145, 148
[18] BGH, FamRZ 1992, 1045, 1049 = R 448 c; FamRZ 1990, 1091, 1095 = R 422 c

a) Zuerst ist festzustellen, welcher Teil des Erwerbseinkommens auf unzumutbaren Erwerbsbemühungen beruht.
b) Dann ist im Wege einer Billigkeitsabwägung festzulegen, wie viel von diesem Einkommen bei der Unterhaltsberechnung berücksichtigt werden soll.
c) Der sich ergebende Betrag ist als normales eheprägendes Erwerbseinkommen in die Unterhaltsberechnung einzubeziehen.

5. Rechenbeispiele zu § 1577 II BGB

Einfacher Fall: **554**
Mit Erwerbsbonus $1/7$
Nettoeinkommen des M = 3500 €
unzumutbares Erwerbseinkommen der F = 1400 €
Die Billigkeitsabwägung führt dazu, dass die Einkommen zur Hälfte angerechnet wird:
1400 $\star$ 50% = 700 €.
Unterhalt nach Additionsmethode: (3500 $\star$ $6/7$ + 700 $\star$ $6/7$)/2 − 700 $\star$ $6/7$ = 1200 €

Differenzierter Fall: **555**
Mit Erwerbsbonus 10%
Nettoeinkommen des M = 3600 €
Unterhalt für zwei Schulkinder nach DT 7/2 = je 438 − 77 = 361 × 2 = 722 €
Prägende Erwerbseinkünfte der F = 700 €
Nichtprägende Einkünfte der F aus ausgeweiteter unzumutbarer Erwerbstätigkeit nach der Trennung = 700 €
Anzurechnen nach Billigkeit gem. § 1577 II BGB zur Hälfte: 700/2 = 350 €
Nichtprägende Zinseinkünfte aus Zugewinn = 300 (vgl. Rn. 270)
Bereinigtes Einkommen von M = (3600 − 722) $\star$ 90% = 2590 €
Bereinigtes Einkommen von F = 700 (prägendes Erwerbseinkommen) $\star$ 90% + 350 $\star$ 90% = 945 €
Unterhalt nach Additionsmethode: (2590 + 945)/2 − 945 − 300 (nichtpr. Kapitaleinkünfte) = 522 €

6. Anrechnung unzumutbarer Erwerbseinkünfte nach altem Recht

Die §§ 58 ff. EheG enthielten keine dem § 1577 II BGB entsprechende Regelung. **556**
§ 1577 II BGB konnte auch nicht rückwirkend oder entsprechend auf Altfälle angewendet werden.
Nach der Rechtsprechung des BGH erfolgte bei solchen Altfällen eine Anrechnung nach den Grundsätzen von **Treu und Glauben** unter Berücksichtigung der Umstände des Einzelfalles.[19]
Nach diesen Grundsätzen konnte es auf Grund einer Billigkeitsabwägung angemessen sein, dass nur der **halbe Arbeitsverdienst** als Einkommen angerechnet wird.[20]
Seit 1. 1. 2008 gelten auch für diese Ansprüche die allgemeinen Regeln.

III. Vermögensverwertung nach § 1577 III BGB und nachhaltige Unterhaltssicherung durch Vermögen nach § 1577 IV BGB

1. Vermögensverwertung nach § 1577 III BGB

Wenn Vermögen vorhanden ist, dann kann der Berechtigte im Prinzip durch dessen **557** Verwertung solange seinen Bedarf decken, bis das Vermögen verbraucht ist. Solange wäre er also nicht bedürftig. Die Bedürftigkeit entstünde erst später.

---

[19] BGH, FamRZ 1983, 146, 148
[20] BGH, wie vorher

Jedoch braucht nach § 1577 III BGB der Berechtigte den Stamm seines Vermögens nicht zu verwerten, soweit die Verwertung unwirtschaftlich oder unter Berücksichtigung der beiderseitigen wirtschaftlichen Verhältnisse unbillig wäre.

Unter Vermögen in diesem Sinn ist das **gesamte Aktivvermögen** des Berechtigten zu verstehen, und zwar Vermögen jeder Art. Zu berücksichtigen sind auch Vermögenswerte, die erst nach der Trennung oder Scheidung zugeflossen oder entstanden sind, wie z. B. durch eine Erbschaft oder Schenkung, durch den Veräußerungserlös eines früheren gemeinsamen Hauses oder durch eine Vermögensbildung nach der Scheidung.

Das Vermögen dient dazu, den Unterhalt des Berechtigten ergänzend zu dessen sonstigen Einkünften **auf Lebenszeit zu sichern.**[21]

558   Der Berechtigte muss Vermögen grundsätzlich verwerten und für Unterhaltszwecke verwenden, wenn die Verwertung **weder unwirtschaftlich noch unbillig** ist. Ist eine dieser beiden Alternativen erfüllt, entfällt eine Verwertungsobliegenheit.

559   **Wirtschaftlich** ist die **Verwertung des Miteigentums an einem Haus** durch Aufhebung der Miteigentumsgemeinschaft statt einer Beleihung des Miteigentumsanteils.[22]

Das Vermögen soll nicht zu Lasten des Verpflichteten für Erben erhalten werden. Doch ist dem Berechtigten zuzumuten, eine **Leibrente** einzukaufen, wobei die in Rn. 314 entwickelten Grundsätze entsprechend gelten.

Eine Vermögensverwertung kann **unwirtschaftlich** sein, wenn der Berechtigte aus dem Vermögen Erträge erzielt, die seinen Unterhaltsanspruch mindern, es sei denn, die Erträge stehen in keinem angemessenen Verhältnis zum Wert des dafür eingesetzten Vermögens. In entsprechender Weise ist der Verkauf eines Eigenheims unwirtschaftlich, wenn eine entsprechende Mietwohnung auf Dauer teurer wäre als der Wert des Wohnvorteils.

Unwirtschaftlich kann die Veräußerung eines landwirtschaftlichen Grundstücks sein, wenn eine erhebliche **Wertsteigerung alsbald zu erwarten** ist, weil das Grundstück in die Baulandplanung einbezogen wird.

Die Verwertung eines **Barvermögens** ist in der Regel nicht unwirtschaftlich, kann aber unbillig sein.[23]

560   Zur **Unbilligkeit** der Verwertung:

Diese erfordert eine umfassende tatrichterliche Billigkeitsabwägung aller Umstände des Einzelfalls, vor allem der beiderseitigen wirtschaftlichen Verhältnisse. Siehe dazu die Ausführungen zu Rn. 5/78 ff. Jedoch dürfen dabei nicht aus Gründen der Gleichbehandlung ohne weiteres die gleichen Maßstäbe angelegt werden, welche für die Zumutbarkeit der Vermögensverwertung durch einen Unterhaltspflichtigen gelten.[24]

Auch das Geltendmachen des **Pflichtteils** kann zumutbar sein.[25]

561   Der Berechtigte hat die **Darlegungs- und Beweislast** für alle Umstände, aus denen sich die Unbilligkeit oder Unwirtschaftlichkeit einer Vermögensverwertung ergibt. Der Verpflichtete muss seinerseits im Rahmen seines qualifizierten Bestreitens solche Umstände vortragen, die für eine Vermögensverwertung sprechen, vgl. auch Rn. 6/709, Rn. 6/712.

2. Nachhaltige Unterhaltssicherung durch Vermögen nach § 1577 IV BGB

562   War zum Zeitpunkt der Ehescheidung zu erwarten, dass der Unterhalt des Berechtigten aus seinem Vermögen nachhaltig gesichert sein wird, dann besteht **kein Unterhaltsanspruch** (§ 1577 IV 1 BGB).

Der Anspruch bleibt auch dann **erloschen, wenn das Vermögen** später, sei es verschuldet oder unverschuldet, **wegfällt.** Dies ist wie bei § 1573 IV 1 BGB eine Folge der nachhaltigen Unterhaltssicherung.

---

[21] BGH, FamRZ 1985, 354
[22] BGH, FamRZ 1984, 662
[23] BGH, FamRZ 1985, 360
[24] BGH, FamRZ 1993, 1065 = R 461 a
[25] BGH, FamRZ 1993, 1065 = R 461 a, b

Ausnahmsweise entsteht nach § 1577 IV 2 BGB trotzdem ein neuer Unterhaltsanspruch 563
nach § 1570 BGB, wenn im Zeitpunkt des Vermögenswegfalls vom Berechtigten wegen der
Pflege oder Erziehung eines gemeinschaftlichen Kindes keine Erwerbstätigkeit erwartet
werden kann.

6. Abschnitt: Zur Leistungsfähigkeit des Verpflichteten

I. Leistungsunfähigkeit als Einwendung

Für den Geschiedenenunterhalt beinhaltet § 1581, ähnlich wie § 1603 BGB und früher 564
§ 59 EheG, eine Regelung der Leistungsfähigkeit sowie der Folgen einer ganz oder teilweise
fehlenden Leistungsfähigkeit. Das Gesetz verwendet zwar nicht ausdrücklich den Begriff der
Leistungsfähigkeit, meint sie aber nach Sinn und Zweck der Regelung.

Obwohl die Leistungsfähigkeit an sich – wie die Bedürftigkeit – eine weitere Voraus- 565
setzung jedes Unterhaltsanspruchs ist und damit zur Klagebegründung gehören würde, ist sie
in den §§ 1581, 1603 BGB aus Zweckmäßigkeitsgründen **als Einwendung ausgestaltet**
mit der Folge, dass der Verpflichtete die Darlegungs- und Beweislast hat für eine von ihm
behauptete beschränkte oder fehlende Leistungsfähigkeit (vgl. Rn. 6/711, 712). Diese
Umkehr der Darlegungs- und Beweislast ist verfassungsrechtlich bedenkenfrei.[1]

Erhebt der Verpflichtete hinsichtlich seiner Leistungsfähigkeit keine Einwendungen, wird
die Leistungsfähigkeit vermutet. Der Richter ist nicht verpflichtet, sich von Amts wegen
nach Umständen zu erkundigen, die die Leistungsfähigkeit beeinträchtigen könnten, wie
z. B., ob er gegenüber seiner Frau aus neuer Ehe unterhaltsverpflichtet ist.[2]

Beim **Trennungsunterhalt** fehlt eine dem § 1581 BGB entsprechende Regelung. Trotz- 566
dem sind die Grundsätze des § 1581 BGB auch beim Trennungsunterhalt in entsprechender
Weise mit heranzuziehen.[3]

II. Eigener eheangemessener Bedarf

Der Verpflichtete ist nach § 1581 BGB leistungsfähig, wenn er wirtschaftlich in der Lage 567
ist, den vollen eheangemessenen Unterhalt (§§ 1361, 1578 I 1 BGB) des Berechtigten ohne
Beeinträchtigung seines **eigenen eheangemessenen Bedarfs** zu bezahlen. Er ist dann auch
zu entsprechenden Unterhaltszahlungen verpflichtet. Er hat dazu alle eheprägenden und
-nichtprägenden Einkünfte heranzuziehen (Rn. 570).

In seiner **grundsätzlichen Entscheidung** vom 18. 10. 1989 (IV b ZR 89/88[4]) hatte 568
der BGH die in diesem Buch vertretene Auffassung bestätigt, dass der eigene angemessene
Unterhalt im Sinn von § 1581 BGB grundsätzlich mit dem **vollen eheangemessenen
Unterhalt nach § 1578 I 1 BGB gleichzusetzen** sei und somit von der Höhe des
Einkommens abhänge. Mit seiner Entscheidung vom 15. 3. 2006[5] hat der BGH diesen
Weg eines variablen Selbstbehalts wieder verlassen und ist zu einem festen Selbstbehalt zurückgekehrt. Es bedürfe nämlich dieses variablen Selbstbehalts nicht mehr, weil
die erforderliche Anpassung an das Einkommen des Pflichtigen bereits durch die an das
Einkommen des Pflichtigen geknüpfte Bestimmung des Bedarfs des Berechtigten (variable
eheliche Lebensverhältnisse) erfolge. Der billige Selbstbehalt müsse zwischen dem (minderjährigen Kindern gegengegenüber zu wahrenden) notwendigen und dem (nicht privilegierten volljährigen Kindern gegenüber zu wahrenden) angemessenen Selbstbehalt lie-

---

[1] BVerfG FamRZ 1985, 143, 146; BGH, FamRZ 1988, 930
[2] BGH, FamRZ 1988, 930
[3] BGH, FamRZ 1986, 556
[4] BGH, FamRZ 1990, 260
[5] BGH FamRZ 2006, 683 = R 649 d

gen.[6] Er ist damit noch nicht betragsmäßig festgelegt und kann deshalb auch von Fall zu Fall individuell bestimmt werden. Dabei ist aber zu beachten, dass er nicht über dem angemessenen und nicht unter dem notwendigen Selbstbehalt liegen darf.

569   Die Düsseldorfer Tabelle[7] und die meisten seither veröffentlichten **Leitlinien der OLGs** der haben demgemäß den **billigen Selbstbehalt** für den Regelfall auf 1000 € festgelegt.[8] Nur das OLG Jena hat für Erwerbstätige diesen Selbstbehalt auf 915 €, für nicht Erwerbstätige auf 805 € festgesetzt.[9] Das OLG Rostock geht ebenfalls von 915 € aus, aber erlaubt die Herabsetzung des Selbstbehalts bis zum notwendigen Selbstbehalt (820/770).[10] Das OLG Frankfurt hat am 19. 5. 2008 seine Unterhaltsgrundsätze dahingehend geändert, dass der Selbstbehalt nun ebenfalls auf 1000 € festgelegt wurde.[11]

570   • Erhebt der Verpflichtete **keine Einwendungen zu seiner Leistungsfähigkeit** (Rn. 565), dann ist der volle Bedarf als Unterhalt zuzusprechen.

• **Behauptet der Verpflichtete,** ganz oder teilweise nicht leistungsfähig zu sein, muss er dies konkret darlegen und nachweisen, dass und warum er den vollen Unterhalt nicht ohne Beeinträchtigung seines eigenen vollen Bedarfs bezahlen kann (siehe Rn. 6/710 f.).

Im Rahmen der Überprüfung seiner Leistungsfähigkeit sind auf der Leistungsstufe **sämtliche Einkünfte des Verpflichteten zu berücksichtigen,**[12] also sowohl prägende wie nichtprägende Einkünfte (siehe Rn. 1/20 f.). Außerdem können dem Verpflichteten im Rahmen der Leistungsfähigkeit verstärkt in zumutbarer Weise erzielbare Einkünfte fiktiv zugerechnet werden (siehe Rn. 1/487 ff.).

571   • Andererseits sind im Rahmen der Leistungsfähigkeit nach § 1581 BGB **auch sonstige berücksichtigungswürdige Verbindlichkeiten** zu berücksichtigen, die bei der Bedarfsbemessung nicht berücksichtigt werden durften. Dazu ist ein entsprechender Vortrag des Verpflichteten erforderlich. Dieser hat auch die Darlegungs- und Beweislast für Umstände, aus denen sich die Berücksichtigungswürdigkeit einer solchen Verbindlichkeit ergibt.[13] (Ferner Rn. 5/82 ff. und Rn. 1/614 ff.)

Bei beschränkter Leistungsfähigkeit besteht ein **Mangelfall** im Sinn von § 1581 BGB. Geschuldet wird dann nicht mehr der volle Unterhalt nach § 1578 I 1 BGB, sondern auf Grund einer Billigkeitsabwägung nach § 1581 BGB ein Billigkeitsunterhalt. Diese Feststellung ist wichtig, weil bei einer **späteren Abänderung** der volle Unterhalt verlangt werden kann, wenn nun mehr Mittel zur vollen Bedarfsdeckung vorhanden sind. Es besteht kein Grund, die Parteien in einem solchen Fall an der früheren Beschränkung auf einen Billigkeitsunterhalt festzuhalten[14] (Rn. 5/42 f.).

III. Bedarfsquote und Billigkeitsquote, konkreter Bedarf

573   Bisher wurde bei einem Mangelfall nach § 1581 BGB der Unterhalt nach der **Ehegattenquote** bemessen (Rn. 372). Diese Ehegattenquoten beinhalteten ihrerseits bereits deshalb einen Mangelfall, weil ein trennungsbedingter Mehrbedarf oder sonstiger Mehrbedarf nicht durch zusätzliche nichtprägende Einkünfte des Berechtigten oder des Verpflichteten oder durch Einschränkung einer Vermögensbildung gedeckt werden konnten.

Es war daher zu unterscheiden zwischen der auf § 1581 BGB gründenden **Billigkeitsquote** des Gattenunterhalts bei beschränkter Leistungsfähigkeit, die der ursprünglichen

---

[6] BGH, FamRZ 1990, 260
[7] DT B IV
[8] in Ziffer 21.4
[9] Jena 21.4
[10] Rostock 21.4
[11] Frankfurt 21.4 in der Fassung vom 19. 5. 2008
[12] BGH, FamRZ 1989, 159
[13] BGH, FamRZ 1990, 283, 287
[14] BGH, FamRZ 1989, 842; FamRZ 1989, 817; FamRZ 1987, 257

Düsseldorfer Tabelle zugrunde lag,[15] und der **Bedarfsquote,** welche der BGH mit der Anrechnungsmethode[16] begründet und der Zuordnung des Bonus zum Bedarf weiterentwickelt hat.[17]

Bei der Billigkeitsquote waren alle zumutbar erzielten oder erzielbaren prägenden und   574
nichtprägenden Einkünfte zugrunde zu legen, bei der Bedarfsquote nur die prägenden.

Dieses Nebeneinander von Bedarfsquote und Billigkeitsquote hat die Abkehr des BGH von dem eheangemessenen Selbstbehalt als Spiegelbild des Quotenbedarfs[18] beendet. Die **Ehegattenquote stellt jetzt immer eine Bedarfsquote** dar. Der Billigkeitsunterhalt nach § 1581 BGB orientiert sich in Zukunft an dem billigen Selbstbehalt.

Bei einer **konkreten Bedarfsbemessung** (siehe Rn. 366) allerdings gibt es wegen der   575
besonders guten wirtschaftlichen Verhältnisse keinen Mangelfall. Ein Mangel kann aber dann eintreten, wenn der Verpflichtete, z. B. infolge eines Konkurses, einkommens- und vermögenslos wird. Es sind dann die allgemeinen Grundsätze einer Mangelfallrechnung anzuwenden.

IV. Schuldhaft herbeigeführte Leistungsunfähigkeit, Folgen des Mangelfalls

Eine (teilweise oder völlige) Leistungsunfähigkeit ist grundsätzlich zu beachten, und   576
zwar auch dann, wenn der Verpflichtete sie selbst, sogar **schuldhaft herbeigeführt** hat.[19] Ausnahmsweise kann dem Verpflichteten nach **Treu und Glauben** (§ 242 BGB) die Berufung auf eine beschränkte oder fehlende Leistungsfähigkeit verwehrt sein, wenn ihm ein verantwortungsloses, zumindest leichtfertiges Verhalten von erheblichem Gewicht vorgeworfen werden kann, was eine wertende Betrachtung und Abwägung aller Umstände des Einzelfalles erfordert[20] (genauer Rn. 287 ff., Rn. 1/494 ff. und nachfolgend Rn. 5/39 f.).

Die Folgen des Mangelfalls sind im § 5 Mangelfälle unter Rn. 5/47, 5/99 f., 5/102 f.,   577
5/155 f. dargestellt.

7. Abschnitt: Zeitliche Unterhaltsbegrenzung und Unterhaltsherabsetzung nach § 1578 b BGB

I. Allgemeines

1. Neues und bisheriges Recht

Vor Inkrafttreten der der Unterhaltsreform am 1. 1. 2008 erlaubte § 1573 V BGB a. F.   578
Unterhaltsansprüche nach § 1573 I bis IV BGB, die nach dem 31. 3. 1986 fällig geworden waren, zeitlich dem Grunde nach zu begrenzen. Darüber hinaus konnte nach § 1578 I 2 BGB a. F. grundsätzlich bei allen Tatbeständen des nachehelichen Unterhalts die Unterhaltsbemessung nach den ehelichen Lebensverhältnissen (§ 1578 I 1 BGB) für nach dem 31. 3. 1986 fällig gewordene Ansprüche zeitlich der Höhe nach begrenzt und danach auf den angemessenen Lebensbedarf herabgesetzt werden.

---

[15] Deutlich in DT98 B I 1 und HL98 27, 29, welche den Billigkeitunterhalt als Regelfall voranstellten und dann auf den Bedarf beschränkten, vgl. Hampel, Bemessung des Unterhalts, Rn. 530
[16] BGH, FamRZ 1983, 146, 148; FamRZ 1982, 576
[17] BGH, FamRZ 1989, 842
[18] BGH FamRZ 2006, 683 = R 649 d
[19] BGH, FamRZ 1987, 372, 374; FamRZ 1985, 158
[20] BGH, FamRZ 1989, 159, 161

Mit **§ 1578 b BGB gilt ab 1. 1. 2008** eine grundsätzlich für alle Unterhaltstatbestände des nachehelichen Unterhalts einheitliche Billigkeitsregelung, die eine Herabsetzung oder zeitliche Begrenzung von Unterhaltsansprüchen ermöglicht. Wegen der fehlenden Rückwirkung des neuen Rechts und der gesetzlichen **Übergangsregelung** des § 36 EGZPO wird auf Rn. 594 verwiesen.

2. Struktur des § 1578 b BGB

579   Absatz 1 des § 1578 b BGB ermöglicht in Anlehnung an die frühere Regelung in § 1578 I 2 u. 3 BGB a. F. die **Herabsetzung** eines Unterhaltsanspruchs der Höhe nach vom dem nach den ehelichen Lebensverhältnissen bestimmten Maß des § 1578 I S. 1 BGB auf einen nur angemessenen Lebensbedarf. Absatz 2 erlaubt – ebenfalls bei allen Unterhaltstatbeständen – über eine bloße Herabsetzung hinausgehend die **zeitliche Begrenzung,** also eine in der Zukunft liegende endgültige Beendigung eines Anspruchs.

§ 1578 b BGB ist als Billigkeitsvorschrift konzipiert, die eine **Billigkeitsabwägung auf Grund objektiver,** vom Gesetzgeber vorgegebener **Kriterien** erfordert, bei denen es – anders als vielfach bei § 1579 BGB – nicht um ein Unwerturteil oder um subjektive Vorwerfbarkeit, also nicht um eheliches Fehlverhalten geht.[1]

Da es sich um eine unterhaltsbegrenzende Norm mit Ausnahmecharakter handelt, trägt der Unterhaltspflichtige die **Darlegungs- und Beweislast** für diejenigen Tatsachen, die für eine Anwendung des § 1578 b BGB sprechen. Soweit der Pflichtige solche Tatsachen vorgetragen und ggf. bewiesen hat, ist es Sache des Unterhaltsberechtigten seinerseits Umstände darzulegen und zu beweisen, die gegen eine Unterhaltsbegrenzung oder für eine längere Unterhaltszeit sprechen.[2]

Die gesetzliche Neuregelung erlaubt bei allen Unterhaltstatbeständen die **Kombination der Herabsetzung** nach § 1578 b I BGB **mit der zeitlichen Begrenzung** nach § 1578 b II BGB in einer Entscheidung (§ 1578 b III BGB). Je nach Entwicklung des Unterhaltsverhältnisses kann es auch dazu kommen, dass zunächst eine Herabsetzung angeordnet wird und eine weitere Entscheidung über eine zeitliche Begrenzung und damit eine endgültige Beendigung des Unterhaltsverhältnisses (siehe hierzu Rn. 586) erst später fällt.

II. Herabsetzung des eheangemessenen Unterhalts auf den angemessenen Lebensbedarf nach § 1578 b I BGB

1. Voraussetzungen und Anwendungsbereich des § 1578 b I BGB

580   Der nacheheliche Unterhalt ist gemäß § 1578 I 1 BGB nach den allerdings auch nach der Scheidung wandelbaren ehelichen Lebensverhältnissen zu bemessen (vgl. Rn. 134). Zwar lässt sich aus dem Regelungszusammenhang des Unterhaltsrechts nach der Unterhaltsreform aus § 1573 I und II BGB für den bedürftigen Ehegatten keine zeitlich unbeschränkte Lebensstandardgarantie mehr herleiten (vgl. 122), die einschneidenden wirtschaftlichen Folgen von Trennung und Scheidung erlauben aber weiterhin nicht – völlig losgelöst von Billigkeitsgesichtspunkten und der Einzelfallgerechtigkeit – die Aufrechterhaltung ungekürzter, ggf. lebenslanger Unterhaltspflichten.[3] Dabei geht es auch darum, die Eigenverantwortung zu fördern.[4]

Nach § 1578 b I BGB kann die Unterhaltsbemessung nach den ehelichen Lebensverhältnissen (§ 1578 I 1 BGB) zeitlich der Höhe nach begrenzt und danach auf **den angemessenen Lebensbedarf herabgesetzt werden,** wenn eine an den ehelichen Verhältnissen

---

[1] BT-Drucks. 16/1830 S. 19 f.
[2] A. a. O. S. 20; zum alten Recht: BGH, FamRZ 2008, 134, 136 = R 685; FamRZ 1990, 857, 859
[3] Vgl. BT-Drucks. 16/1830 S. 18
[4] A. a. O.

orientierte Bemessung auch unter Wahrung der Belange eines dem Berechtigten zur Pflege oder Erziehung anvertrauten gemeinschaftlichen Kindes unbillig wäre.

In Absatz 1 Satz 2 und 3 konkretisiert das Gesetz mit dem Verweis auf **ehebedingte Nachteile** den für die Praxis bedeutsamsten Maßstab für die Feststellung der Unbilligkeit.[5] Danach ist insbesondere zu berücksichtigen, inwieweit durch die Ehe Nachteile im Hinblick auf die Möglichkeit eingetreten sind, für den eigenen Unterhalt zu sorgen (Satz 2). Solche Nachteile können sich vor allem aus der Dauer der Pflege und Erziehung eines gemeinschaftlichen Kindes, aus der Gestaltung von Haushaltsführung und Erwerbstätigkeit während der Ehe sowie aus der Dauer der Ehe ergeben.

Diese Voraussetzungen für eine zeitlich begrenzte Herabsetzung sind inhaltsgleich mit den Voraussetzungen des § 1578 b II BGB für eine zeitliche Begrenzung des Unterhaltsanspruchs.

Voraussetzungen für eine Herabsetzung ab bestimmten Zeitpunkt: **581**
- § 1578 b I BGB gilt grundsätzlich für **alle Tatbestände des nachehelichen Unterhalts** (§§ 1570 ff. BGB), soweit es nicht wegen immanenter Schranken des betreffenden Tatbestands, z. B. wegen der zeitlichen Befristung des Ausbildungsunterhalts nach § 1575 I 2 BGB oder bei dem auf eigener Billigkeitsprüfung beruhenden Billigkeitsunterhalt nach § 1576 BGB kaum zur Anwendung des § 1578 b BGB kommen kann.[6]
- Eine zeitlich unbegrenzte Unterhaltsbemessung nach den ehelichen Lebensverhältnissen muss auch unter Wahrung der Belange eines dem Berechtigten zur Pflege oder Erziehung anvertrauten gemeinschaftlichen Kindes unbillig sein. Anvertraut ist das Kind bei einer Sorgerechtsübertragung oder, wenn sich die Parteien über die Betreuung einig sind.

Erforderlich ist eine **umfassende Billigkeitsabwägung** aller Umstände des Einzelfalls,[7] insbesondere unter Berücksichtigung der in Absatz 1 Satz 2 und 3 aufgeführten ehebedingten Nachteile (Genaueres dazu Rn. 587 ff.).

Liegen die Voraussetzungen des § 1578 b I BGB vor, **muss der Richter,** wie sich aus der gesetzlichen Formulierung „ist ... herabzusetzen" ergibt, den Unterhaltsanspruch **herabsetzen.** Wenn gleichzeitig die Voraussetzungen des § 1578 b II BGB erfüllt sind, muss er außerdem den Unterhaltsanspruch nach dieser Vorschrift zeitlich begrenzen.

Nicht anwendbar ist § 1578 b I BGB auf altrechtliche Unterhaltsansprüche nach § 58 EheG.[8]

2. Rechtsfolgen nach § 1578 b I BGB

Nach dem Wortlaut des § 1578 b I BGB scheidet ein vollständiger Wegfall des Unter- **582** haltsanspruchs aus.[9] Es wird im Regelfall auch **keine sofortige Herabsetzung** mit Beginn des Unterhalts ab Rechtskraft der Scheidung geben, weil die Gewährung einer Übergangsfrist nur selten unbillig sein dürfte. Die gegenüber § 1578 I 2 BGB a. F. geänderte Gesetzesformulierung dürfte aber eine sofortige Herabsetzung nicht mehr ausschließen.

Anders als bei § 1578 b II BGB endet der Unterhaltsanspruch nicht mit Ablauf einer zeitlichen Begrenzung für die Unterhaltsbemessung, sondern geht in einen **verminderten Unterhalt** über. Dieser ist dann in der festgesetzten Höhe solange zu bezahlen, wie dem Grunde nach ein Unterhaltstatbestand erfüllt ist. Die Höhe dieses Anspruchs bestimmt sich nicht mehr nach den wirtschaftlichen Verhältnissen des Verpflichteten, sondern ist nur noch von seiner fortbestehenden Leistungsfähigkeit und der Bedürftigkeit des Berechtigten abhängig.

Bei der **erstmaligen Unterhaltsfestsetzung** nach § 1578 b I BGB hat eine Doppelberechnung zu erfolgen. Es ist erst der eheangemessene Unterhalt nach § 1578 I 1 BGB zu ermitteln und sodann der angemessene Lebensbedarf nach § 1578 I 2 BGB.

---

[5] A. a. O. S. 19
[6] Vgl. Büttner, FamRZ 2007, 773, 774
[7] BGH, FamRZ 2007, 200, 204 = R 661; FamRZ 1986, 886, 888
[8] OLG Zweibrücken, FamRZ 1999, 1140
[9] BGH, FamRZ 1999, 710, 712 = R 531 b zu § 1578 I 2 BGB a. F.

Die **Festlegung der Zeitgrenze** geschieht durch eine richterliche Ermessensentscheidung.

Für die Bemessung der Zeitspanne, in der der Berechtigte seinen eheangemessenen vollen Unterhalt erhält, spielen alle Gesichtspunkte des konkreten Einzelfalls eine Rolle, die bei der Billigkeitserwägung (vgl. Rn. 587 ff.) zu den Voraussetzungen einer Herabsetzung zu berücksichtigen waren.

Außerdem kommt es darauf an, welche Zeit der Berechtigte braucht, um sich auf die neuen Verhältnisse eines geminderten Unterhalts einzustellen. Obwohl das Gesetz neben den Belangen eines betreuten Kindes und ehebedingten Nachteilen auch die Dauer der Ehe in die Billigkeitsmaßstäbe aufnimmt, kommt regelmäßig keine schematische Anbindung im Sinne einer zeitlichen Entsprechung zwischen Dauer der Ehe und Dauer der Gewährung des vollen Unterhalts in Betracht,[10] zumal die Ehedauer nach § 1578 b BGB ein geringeres Gewicht hat als in der entsprechenden Regelung nach altem Recht.

583   Für die Zeit nach Ablauf der Übergangsfrist ist der Unterhalt nach einem anderen Maßstab als nach § 1578 I 1 BGB zu bemessen. Als Ersatzmaßstab prägt das Gesetz den Begriff des **„angemessenen Lebensbedarfs"**.

Dieser „angemessene Lebensbedarf" im Sinne des § 1578 b I BGB ist **nicht gleichbedeutend mit dem Billigkeitsunterhalt nach § 1581 BGB**. Hiermit ist vielmehr eine dem Einzelfall gerecht werdende Bemessungsgrundlage gemeint, für die als Anknüpfungspunkt im Gesetzgebungsverfahren des Unterhaltsänderungsgesetzes (UÄndG) vom 20. 2. 1986 die Lebensstellung des Berechtigten vor der Ehe oder die Lebensstellung, die er ohne die Ehe gehabt hätte, genannt worden waren. Durch die Formulierung „angemessen" bringt das Gesetz zum Ausdruck, dass der **Bedarf oberhalb des Existenzminimums** und des notwendigen Unterhalts liegen soll. Entsprechend der Zielrichtung des seinerzeitigen Unterhaltsänderungsgesetzes und des geltenden § 1578 b BGB, den Ausgleich ehebedingter Nachteile zu gewährleisten, wird regelmäßig ein Lebensbedarf nicht als angemessen angesehen werden können, der den vorehelichen Bedarf unterschreitet.[11] Damit ist meist das voreheliche Einkommen des Berechtigten maßgeblich.[12] Der Unterhaltsreform lag zum Begriff des „angemessenen Lebensbedarfs" keine geänderte Definition oder Zielrichtung zugrunde.

Der „angemessene Lebensbedarf" kann **nicht höher** sein **als der den ehelichen Verhältnissen entsprechende Bedarf**. Dies gilt auch bei engen Verhältnissen, die als ehelichen Bedarf nicht einmal das Existenzminimum bestimmen, z. B. in Form des Existenzminimums für einen unterhaltsberechtigten Ehegatten nach der Düsseldorfer Tabelle (Stand: 1. 1. 2008 = 770 – 900 €). Der individuell angelegte eheliche Lebensstandard ist nach oben wie nach unten von Tabellenwerten und von dem, was als Existenzminimum oder angemessener Bedarf angesehen wird, unabhängig.[13] Überschreitet schon der eheliche Bedarf nicht das Existenzminimum bzw. den notwendigen Eigenbedarf, wird eine Herabsetzung regelmäßig ausscheiden. Bei auskömmlicheren wirtschaftlichen Verhältnissen stellt der **notwendige Eigenbedarf** bzw. das Existenzminimum die **unterste Grenze** dar. Bei beiderseits besseren wirtschaftlichen Verhältnissen wird ein Betrag nicht unter dem angemessenen Selbstbehalt der Verpflichteten (derzeit z. B. nach der Düsseldorfer Tabelle, Stand: 1. 1. 2008, 1000 €) in Frage kommen.

Auf den „angemessenen Lebensbedarf" und damit auch auf diese untere Grenze ist eigenes Einkommen des Berechtigten **bedarfsmindernd anzurechnen** und nur eine verbleibende Differenz zwischen dem „angemessenen Bedarf" und dem Eigeneinkommen als Unterhalt zuzusprechen, soweit nicht der nach § 1577 II BGB nicht unterhaltsrelevante Teil eines überobligationsmäßigen Einkommens bei der Unterhaltsermittlung unberücksichtigt bleibt.[14]

Wenn die vorehelichen Verhältnisse des Berechtigten wirtschaftlich besser als die ehelichen Verhältnisse waren, kommt eine Herabsetzung, wenn ehebedingte Nachteile vorhanden sind, in der Regel nicht in Betracht.

---

[10] BGH, FamRZ 1986, 886, 889 zu § 1578 I 2 BGB a. F.
[11] BGH, FamRZ 1986, 886, 888
[12] BGH, a. a. O.; OLG Hamm, FamRZ 1998, 292, 293
[13] BGH, FamRZ 1995, 346
[14] BGH, FamRZ 2005, 1154, 1157 = R 630 e

Wird neben Elementarunterhalt auch **Krankheitsvorsorgeunterhalt und Altersvor-** 584
sorgeunterhalt verlangt, ist bei Vorliegen der Voraussetzungen des § 1578 b I BGB außerdem zu prüfen, ob sich der Berechtigte nach Ablauf der Übergangszeit mit einer weniger aufwändigen Krankenversicherung zufrieden geben muss und ob ein Altersvorsorgeunterhalt evtl. ganz entfällt. Dabei ist zu berücksichtigen, wie viel der Berechtigte vor der Eheschließung für die Krankenversicherung bezahlt hat und ob er aus finanziellen Gründen offensichtlich keine Altersvorsorge betreiben konnte.[15]

III. Zeitliche Begrenzung des Unterhalts nach § 1578 b II BGB

1. Voraussetzungen und Anwendungsbereich des § 1578 b II BGB

Nach § 1578 b II 1 u. 2 BGB können Unterhaltsansprüche nach Maßgabe derselben 585 Billigkeitskriterien, wie sie Absatz 1 für die Herabsetzung eines Anspruchs aufstellt (vgl. Rn. 580), zeitlich begrenzt, also endgültig beendet werden, wenn ein zeitlich unbegrenzter Unterhaltsanspruch auch unter Wahrung der Belange eines dem Berechtigten zur Pflege oder Erziehung anvertrauten gemeinschaftlichen Kindes unbillig wäre. Wegen der gesetzgeberischen Überlegungen für die Schaffung der Regelung wird auf Rn. 580 verwiesen.
Voraussetzungen für eine zeitliche Begrenzung:
– Entgegen § 1573 V BGB a. F. erlaubt § 1578 b II BGB nun die zeitliche Begrenzung jedes nachehelichen Unterhaltsanspruchs (§§ 1570 ff. BGB), soweit es nicht wegen immanenter Schranken des betreffenden Tatbestands, z. B. wegen der zeitlichen Befristung des Ausbildungsunterhalts nach § 1575 I 2 BGB oder bei dem auf eigener Billigkeitsprüfung beruhenden Billigkeitsunterhalt nach § 1576 BGB kaum zur Anwendung des § 1578 b BGB kommen kann.[16]
– Ein zeitlich unbegrenzter Anspruch muss auch unter Wahrung der Belange eines dem Berechtigten zur Pflege und Erziehung anvertrauten gemeinschaftlichen Kindes unbillig sein. Anvertraut ist das Kind bei einer Sorgerechtsübertragung oder wenn sich die Parteien über die Betreuung einig sind.
Erforderlich ist eine **umfassende Billigkeitsabwägung** aller Umstände des Einzelfalls,[17] insbesondere, wie sich aus der Verweisung in Absatz 2 S. 2 ergibt, unter Berücksichtigung der in Absatz 1 Satz 2 und 3 aufgeführten ehebedingte Nachteile (Zur Billigkeitsabwägung im Einzelnen siehe Rn. 587 ff.).

2. Rechtsfolgen nach § 1578 b II BGB

Wenn die Voraussetzungen des § 1578 b II BGB vorliegen, kann ein nachehelicher 586 Unterhaltsanspruch zeitlich dem Grunde begrenzt werden. Dies bedeutet einerseits, dass der Berechtigte zunächst eine Übergangsfrist erhält, die es ihm ermöglichen soll, sich wirtschaftlich und persönlich auf die vom Gericht festzusetzende zeitliche Grenze einzustellen. Andererseits **erlischt der Unterhaltsanspruch vollständig** nach Ablauf dieser Übergangsfrist. Da der Wegfall eines Anspruchs nach § 1573 BGB zugleich Einsatzpunkt für einen Anspruch auf Anschlussunterhalt wegen Alters (§ 1571 Nr. 3 BGB) oder wegen Krankheit (§ 1572 Nr. 4 BGB) darstellt, hatte der BGH zum Recht vor der Unterhaltsreform den Standpunkt vertreten, dass bei einer solchen Fallgestaltung diese Vorschriften zu prüfen seien, weil sie anders als der Anspruch nach § 1573 BGB keiner zeitlichen Begrenzung nach § 1573 V BGB a. F. unterlägen.[18] Eine derartige Differenzierung erscheint nach neuem Recht nicht mehr erforderlich. Die Fragen von Alter oder Gesundheit können vielmehr im Rahmen der für eine zeitliche Begrenzung des Unterhaltsanspruchs erforderlichen umfas-

---

[15] BGH, FamRZ 1989, 483, 486
[16] Vgl. Büttner, FamRZ 2007, 773, 774
[17] BGH, FamRZ 2007, 200, 400 = R 661; FamRZ 1986, 886, 888 zu § 1578 I 2 BGB a. F.
[18] BGH, FamRZ 1995, 665, 667 = R 493 B c

senden Billigkeitsabwägung berücksichtigt werden. Bei Begrenzung fällt der Unterhaltsanspruch nicht weg, weil seine tatbestandlichen Voraussetzungen entfallen sind, sondern weil die Unterhaltsleistung ungeachtet des weiter vorliegenden Tatbestands als unbillig beurteilt wird. Ein Wegfall der Voraussetzungen eines Unterhaltsanspruchs im Sinne des Einsatzpunktes für eine andere Unterhaltsnorm liegt damit nicht vor. Bei anderer Auffassung würde die geforderte umfassende Billigkeitsabwägung ggf. ins Leere laufen, weil sie das Unterhaltsverhältnis der Ehegatten trotz bejahter Unbilligkeit weiterer Unterhaltsleistungen nicht beenden, sondern nur auf andere Unterhaltstatbestände verlagern würde.

Die Bestimmung der **Zeitgrenze ist eine richterliche Ermessensentscheidung.**

Für die Bemessung der Zeitspanne, in der der Berechtigte Unterhalt erhält, spielt in der Regel eine große Rolle, welche Zeit er braucht, um sich auf die neue Lebenssituation einzustellen.[19] Auch wenn neben den Belangen eines betreuten Kindes und ehebedingten Nachteilen auch die Dauer der Ehe zu den Billigkeitsmaßstäben gehört, wird regelmäßig keine schematische Anbindung im Sinne einer zeitlichen Entsprechung zwischen Dauer der Ehe und Dauer der Gewährung des vollen Unterhalts in Betracht kommen,[20] zumal die Ehedauer nach § 1578 b BGB ein geringeres Gewicht hat als in der entsprechenden Regelung nach altem Recht. Es gibt also keine schematische Bindung zwischen Ehedauer und Dauer der Gewährung des vollen Unterhalts im Sinne einer zeitlichen Entsprechung[21] – siehe auch Rn. 592.

Im Übrigen können alle **Gesichtspunkte,** die bereits bei **der Billigkeitsabwägung** berücksichtigt worden sind, **auch für die Bemessung der Übergangzeit** eine Rolle spielen. Entscheidend wird dabei in den meisten Fällen sein, wie lange und wie intensiv die Eheleute ihre Lebensposition aufeinander abgestellt haben.

Zu den Kriterien de Billigkeitsabwägung im Einzelnen siehe Rn. 587 ff.

IV. Kriterien zu der nach § 1578 b I oder II BGB erforderlichen Billigkeitsabwägung

1. Billigkeitsabwägung zur zeitlichen Begrenzung und Herabsetzung des Unterhalts

587   Die geänderte Rechtsprechung des BGH zur Haushaltsführungsehe,[22] die freilich wegen der Benachteiligung des haushaltsführenden Ehegatten auch verfassungsrechtlich begründet war,[23] nahm die gesteigerte und verlängerte Belastung des pflichtigen Ehegatten wegen Anwendung der Differenz- anstatt der Anrechnungsmethode für die Unterhaltsberechnung unter Hinweis auf die Entlastungsmöglichkeit durch Unterhaltsbeschränkungen nach §§ 1573 V und 1578 I 2 BGB a. F. bewusst in Kauf. Insbesondere in solchen Fällen, in denen wegen Anwendung der Substraktions- oder Anrechnungsmethode ein Wegfall des Anspruchs absehbar gewesen war, erschien es erforderlich, mit mehr Akribie als vorher anhand des Gesetzes zu prüfen, ob die Voraussetzungen einer Begrenzung vorlagen. An diese **Tendenz zu einer vermehrten Beschränkung** von Unterhaltsansprüchen, der sich auch die Rechtsprechung des BGH angeschlossen hatte,[24] will die gesetzliche Neuregelung durch § 1578 b BGB anknüpfen.[25] Es geht darum, die Eigenverantwortung zu fördern und der Einzelfallgerechtigkeit mehr Raum zu geben. Die Beschränkung von Unterhaltsansprüchen soll **anhand objektiver Billigkeits-**

---

[19] BGH, FamRZ 1986, 886, 888 zu § 1573 V BGB a. F.
[20] BGH, FamRZ 1986, 886, 889 zu § 1578 I 2 BGB a. F.
[21] OLG Hamm, FamRZ 1998, 292, 294 zu § 1578 I 2 BGB a. F.
[22] BGH, FamRZ 2001, 986, 991 = R 563 c
[23] BVerfG, FamRZ 2002, 527, 530 = R 571 b
[24] Vgl. Dose, FamRZ 2007, 1289, 1294 f.
[25] BT-Drucks. 16/1830 S. 18

maßstäbe, insbesondere anhand des Maßstabs der ehebedingten Nachteile erleichtert werden.[26]

Wenn man den vom Gesetz postulierten Grundsatz der Eigenverantwortung (§§ 1569 S. 1, 1574 I BGB) zusätzlich in die Abwägung einbezieht, wird man bei Anwendung des Gesetzes die **Maßstäbe** der Billigkeitsprüfung zu Lasten des Unterhaltspflichtigen **nicht überspannen** dürfen. Es entspricht der Intention des Gesetzgebers, dass der Begrenzungsfrage im Rahmen des nachehelichen Unterhalts künftig eine größere Rolle, als bisher in der Praxis üblich, zugewiesen wird. Insbesondere bietet sich trotz der gleich lautenden gesetzlichen Regelung auch eine **Differenzierung zwischen zeitlicher Begrenzung** nach § 1578 b II BGB **und Herabsetzung** nach § 1578 b I BGB an, da bei der Abwägung auch die unterschiedlichen Rechtsfolgen, nämlich entweder gänzlicher Wegfall des Anspruchs oder bloße Beschränkung des Anspruchs der Höhe nach, berücksichtigt werden müssen.

Die Anwendung des § 1578 b I u. II BGB verlangt eine **umfassende Billigkeitsabwägung** der dort genannten Billigkeitskriterien und Einbeziehung aller Umstände des konkreten Einzelfalls, also aller in Betracht kommenden Gesichtspunkte.[27] Hierzu gehört auch das Verhältnis des Unterhaltsbetrages zu den verbleibenden Mitteln des Unterhaltspflichtigen.[28] Grobe Unbilligkeit ist nicht erforderlich. Ein entscheidendes Gewicht bei der Abwägung haben **fortbestehende ehebedingte Nachteile** des Berechtigten, welche zur Einschränkung seiner Selbsterhaltungsfähigkeit führen (Absatz 1 S. 2 u. 3). Revisionsrechtlich ist die Abwägung des Tatrichters nur darauf überprüfbar, ob die im Rahmen der Billigkeitsprüfung maßgebenden Rechtsbegriffe nicht verkannt und alle für die Einordnung unter diese Begriffe wesentlichen Umstände berücksichtigt wurden.[29]

Zwar haben die Ehegatten grundsätzlich Anspruch „auf gleiche Teilhabe am gemeinsam Erwirtschafteten." Daraus lässt sich aber **keine Lebensstandardgarantie** im Sinne einer zeitlich unbegrenzten und in der Höhe nicht abänderbaren Teilhabe nach Scheidung herleiten. Die nachehelichen Unterhaltsansprüche erfordern aus der aus Art. 6 GG zu entnehmenden fortwirkender Solidarität und fortwirkenden Verantwortung für den bedürftigen ehemaligen Ehepartner vor allen den Ausgleich der Nachteile, die dadurch entstanden sind oder entstehen, dass er infolge der Aufgabenverteilung in der Ehe, insbesondere wegen der Kinderbetreuung, aber auch wegen der mit Dauer der Ehe zunehmenden persönlichen und sozialen Verflechtung nicht ausreichend für seinen eigenen Unterhalt sorgen kann.[30]

Je weniger die Bedürftigkeit des Berechtigten auf ehebedingte Nachteile zurückzuführen ist oder **je geringer solche ehebedingten Nachteile waren** und sind, desto eher kommt nach dem Grundsatz der Eigenverantwortung eine zeitliche Begrenzung oder Herabsetzung in Betracht.[31]

Bei den ehebedingten Nachteilen und den sie konkretisierenden Umständen (Dauer der Kinderbetreuung, Haushaltsführung und Erwerbstätigkeit während der Ehe, Dauer der Ehe) handelt es sich um die wertende **Würdigung objektiver Umstände,** nicht um die Würdigung von Fehlverhalten oder Verschulden des Unterhaltsberechtigten.[32]

Darüber hinaus sind auch sonstige Umstände (Rn. 592) des Berechtigten und des Verpflichteten zu berücksichtigen, wie sich aus der Formulierung „insbesondere" ergibt.

Bei der Billigkeitsabwägung bleibt ein **Fehlverhalten** des Unterhaltsberechtigten **unberücksichtigt,** denn die Rechtsfolgen eines Fehlverhaltens sind abschließend in § 1579 BGB geregelt.[33]

---

[26] A. a. O.

[27] BGH, FamRZ 2007, 200, 203 = R 661; FamRZ 2007, 793, 800 = R 675 k

[28] BGH, FamRZ 2007, 200, 204 = R 661

[29] BGH, FamRZ 2007, 200, 203 = R 661; FamRZ 2007, 793, 800 = R 675 k

[30] BT-Drucks. 16/1830 S. 18

[31] A. a. O.; Brudermüller, FamRZ 1998, 649, 659

[32] A. a. O.

[33] BGH, FamRZ 1987, 572, 575; FamRZ 1986, 886, 888 zum alten Recht

2. Die Kinderschutzklausel

588   Beide Arten der Unterhaltsbeschränkung setzen die Prüfung voraus, ob die unveränderte Unterhaltsleistung auch unter Wahrung der Belange eines dem Unterhaltsberechtigten zu Pflege oder Erziehung anvertrauten Kindes unbillig wäre. Diese Kinderschutzklausel als Ausprägung eines ehebedingten Nachteils hat zur Folge, dass eine über die gesetzesimmanente **Begrenzung des Betreuungsunterhalts** nach § 1570 BGB n. F. hinausgehende Beschränkung **nur in seltenen Fällen** in Betracht kommt[34] – siehe auch Rn. 589. Auf jeden Fall soll die Klausel den kinderbetreuenden Gatten davor schützen, dass der Betreuungsunterhalt nach § 1578 b I BGB soweit abgesenkt wird, dass zwischen seinem Lebensstandard und demjenigen der Kinder, denen ungeschmälerter Kindesunterhalt zusteht, ein erheblicher Niveauunterschied entsteht.[35]

3. Dauer der Pflege oder Erziehung eines gemeinschaftlichen Kindes

589   Die Dauer der Kinderbetreuung durch einen Ehegatten stellt den typischen Fall eines ehebedingten Nachteils dar, der dazu führt, dass der betreffende Ehegatte nicht oder nicht ausreichend für seinen Unterhalt sorgen kann. Mit Dauer der Betreuung ist hier die voraussichtliche Gesamtdauer der Betreuung – mit deswegen fehlender oder eingeschränkter Erwerbsobliegenheit – gemeint, so dass eine Herabsetzung oder zeitliche Begrenzung des ohnehin tatbestandsmäßig begrenzten Betreuungsunterhalts nach § 1570 BGB nur ausnahmsweise in Frage kommen kann (vgl. Rn. 588):[36]
– Wenn der Berechtigte ein gemeinschaftliches Kind unberechtigt entgegen einer Sorgerechtsregelung oder ohne Einverständnis des anderen Elternteils betreut.[37] Allerdings dürfte die Betreuung bei gemeinsamen Sorgerecht stets berechtigt sein – siehe Rn. 66.
– Wenn der Berechtigte seine Betreuungspflichten nachhaltig verletzt, z. B. das Kind verwahrlosen lässt.
– Wenn der Berechtigte trotz Kindesbetreuung berufstätig war und keinerlei berufliche Nachteile erlitten oder nur kurzfristige Einkommenseinbußen erlitten hat.[38]
Davon abgesehen, wird sich auch ein inzwischen abgeschlossener längerer Zeitraum der Kindesbetreuung wegen der beruflichen Pause in den für die Karriere wichtigen Jahren im Nachhinein auswirken.[39]

4. Gestaltung der Haushaltsführung und Erwerbstätigkeit während der Ehe

590   Dieses Merkmal, das mit dem entsprechenden Merkmal der Begrenzungsregelungen des alten Rechts übereinstimmt, bezieht sich auf den häufigsten Fall einer ehebedingten Unterhaltsbedürftigkeit, die Hausfrauenehe. Soweit z. B. ein Ehegatte eigene Berufs- und Erwerbsaussichten zurückgestellt hat, um durch die Übernahme der Haushaltsführung dem anderen Ehegatten die volle berufliche Entfaltung zu ermöglichen, soll dies zu seinen Gunsten als ehebedingter Nachteil berücksichtigt werden. Daraus ist allgemein zu folgern, dass eine zeitliche Begrenzung des vollen Unterhalts umso weniger in Betracht kommt, je mehr die Bedürftigkeit des Berechtigten auf **ehebedingte,** insbesondere **berufliche Nachteile** zurückzuführen ist.[40] Hierdurch soll aber nicht mehr, wie nach altem Recht vertreten, ggf. mit Hilfe eines Anspruchs auf Aufstockungsunterhalt, grundsätzlich ein sozialer Abstieg unter das eheliche Lebensniveau vermieden werden, wenn das erreichte Niveau als Ergebnis der

---

[34] BT-Drucks. 16/1830 S. 19
[35] A. a. O.
[36] A. a. O.
[37] Vgl. Hahne, FamRZ 1986, 305, 307
[38] BGH, FamRZ 1990, 492, 494
[39] Büttner, FamRZ 2007, 773, 775
[40] BGH, FamRZ 1986, 886, 888

Leistung beider Ehegatten anzusehen ist.[41] Eine Lebensstandardgarantie im Sinne einer zeitlich unbegrenzten und in der Höhe nicht abänderbaren Teilhabe nach der Scheidung kennt das Unterhaltsrecht nach der Unterhaltsreform nicht mehr (vgl. Rn. 122).[42] Nach der Rechtsprechung des BGH gibt es auch keine Festschreibung der ehelichen Verhältnisse auf den Scheidungszeitpunkt mehr (vgl. Rn. 134).[43] Die Neufassung des § 1574 II BGB will den nicht erwerbstätig gewesenen Ehegatten nach der Scheidung ebenfalls nicht vor jedem sozialen Abstieg, sondern nur noch vor einem unangemessenen sozialen Abstieg bewahren.[44]

Solche aus der Gestaltung von Haushaltsführung und Erwerbstätigkeit herrührenden, **ehebedingten Nachteile müssen** noch **fortbestehen.** Sie entfallen z.B., wenn der Berechtigte nach vorübergehender Beurlaubung wieder voll in sein früheres Beschäftigungsverhältnis ohne Einkommenseinbußen zurückkehren kann. Ebenso wenn ein Studium während der Ehe aus freien Stücken aufgegeben wird, ohne dass in der Ehe übernommene Aufgaben die Fortführung gehindert hätten.[45] Ehebedingte Nachteile entfallen demnach, wenn der früher haushaltsführende Ehegatte durch seine eigene Erwerbstätigkeit den Status erreicht hat, den er ohne die Ehe bei Fortsetzung seiner Berufstätigkeit eingenommen hätte. Insofern kommt eine **Begrenzung** oder Herabsetzung **bei der Haushaltsführungsehe** in Betracht, auch wenn wegen der Anwendung der Differenz- oder Additionsmethode das erzielte Einkommen nicht den ehelichen Bedarf abdecken kann.

Die Bedürftigkeit beruht in der Regel nicht auf ehebedingten Nachteilen, wenn die Berechtigte während kinderloser Ehe voll erwerbstätig war und eine spätere Erwerbslosigkeit auf Alkoholmissbrauch beruht,[46] oder wenn die Berechtigte 6 Monate vor der Trennung in ihrem erlernten Beruf wieder vollschichtig tätig war und in diesem eine übliche Vergütung verdient.[47]

Nicht ehebedingt ist in der Regel auch der Verlust eines Arbeitsplatzes aus konjunkturbedingten Gründen.

Ein typischer ehebedingter Nachteil ist es, wenn die Berechtigte bei Heirat einvernehmlich ihren Beruf aufgegeben und ganz die Haushaltsführung übernommen hat. Ihre Bedürftigkeit ist dagegen nicht ehebedingt, wenn die Berufsaufgabe ohne sachliche Notwendigkeit und gegen den Willen des anderen Ehegatten erfolgte. Bei einem Einkommensgefälle, das nur auf der unterschiedlichen beruflichen Entwicklung der Eheleute vor Eheschließung beruht, fehlt die Ehebedingtheit.[48]

5. Dauer der Ehe

Für die Berechnung der Ehedauer wird wie in § 1579 Nr. 1 BGB an die Zeit zwischen **591** Eheschließung und Rechtshängigkeit des Scheidungsantrags angeknüpft.[49] Unerheblich ist die Dauer des tatsächlichen Zusammenlebens der Eheleute. Deshalb verkürzt eine lange Trennungszeit die Ehedauer grundsätzlich nicht. Haben die geschiedenen Eheleute später wieder einander geheiratet, zählt die Dauer der ersten Ehe nicht mit.[50]

In § 1578 b I 3 BGB wird die „Dauer der Ehe" als Merkmal, das im Rahmen der Billigkeitsabwägung zur Frage einer Unterhaltsbegrenzung zu prüfen ist, entgegen den früheren Regelungen in §§ 1573 V und 1578 I 2 BGB a.F. nicht mehr als besonderer Gesichtspunkt herausgestellt, sondern ist in erster Linie zusammen mit den anderen vom

---

[41] OLG Düsseldorf, FamRZ 1987, 162
[42] BT-Drucks. 16/1830 S. 18
[43] BGH, FamRZ 2008, 968, 971 f. = R 689 g
[44] BT-Drucks. 16/1830 S. 17
[45] OLG Köln, NJW-RR 1995, 1157, 1159
[46] OLG Hamburg, FamRZ 1987, 1250
[47] OLG Düsseldorf, FamRZ 1987, 945
[48] KG, FamRZ 1992, 948
[49] BGH, FamRZ 1986, 886, 888
[50] OLG Düsseldorf, FamRZ 1996, 1416; OLG Karlsruhe, FamRZ 1989, 511

Gesetz aufgeführten Merkmalen für die Entscheidung darüber heranzuziehen, ob ehebedingte Nachteile des Unterhaltsberechtigten vorliegen. Denn die Dauer der Ehe führt für sich gesehen nicht zwangsläufig zu einem Nachteil, obgleich sich der berufliche Nachteil für den Ehegatten, der sich Kindererziehung oder Hausarbeit gewidmet hatte, mit zunehmender Dauer der Ehe erhöht.[51] Auch wenn keine ehebedingten Nachteile als solche eingetreten sind, und eine Erwerbstätigkeit des geschiedenen Ehegatten allein an der Arbeitsmarktlage scheitert, wird es wesentlich von der Dauer der Ehe abhängen inwieweit ein Anspruch auf Unterhalt wegen Erwerbslosigkeit (§ 1573 BGB) nach Höhe bzw. Dauer beschränkt werden kann.[52] Wegen der erforderlichen Gesamtwürdigung kann es weiterhin **keine schematische Bindung zwischen Ehedauer und Übergangszeit** bis zum Beginn einer Herabsetzung oder zeitlichen Begrenzung geben.

Schon nach altem Recht (§§ 1573 V, 1578 I 2 BGB a. F.) wurde angenommen, dass es **keine „lange Ehedauer" im Sinne einer festen Zeitgrenze** gibt, ab deren Vorliegen eine Unterhaltsbegrenzung ausscheidet. Seine frühere Rechtsprechung hierzu hatte der BGH aufgeben. Danach sollte sich eine Ehedauer von 10 Jahren wegen wachsender Verflechtung und Abhängigkeit dem Grenzbereich nähern, in dem der Dauer der Ehe – vorbehaltlich stets zu berücksichtigender besonderer Umstände des Einzelfalls – als Billigkeitskriterium durchschlagendes Gewicht für eine dauerhafte Unterhaltsgarantie zukomme.[53] Nach der neueren Rechtsprechung des BGH zum alten Recht war der Billigkeitsgesichtspunkt „Dauer der Ehe" nur als gleichrangiger Gesichtspunkt neben dem Merkmal „Gestaltung von Haushaltsführung und Erwerbstätigkeit" und weiteren Gesichtspunkten zu berücksichtigen, so dass sein Vorliegen nicht zwingend gegen oder für eine Begrenzung ins Feld geführt werden konnte.[54] Auch bei sehr langer **Ehedauer (mehr als 20 Jahre)** konnte es dem Unterhaltsberechtigten, z. B. bei **fehlenden ehebedingten Nachteilen** wegen kinderloser Ehe und Vollzeittätigkeit im vorehelich ausgeübten Beruf, möglich sein, seine persönlichen und finanziellen Verhältnisse auf seine eigenen Einkünfte ohne zusätzliche Unterhaltsleistung einzurichten.[55] Es war ihm also nach einer Übergangszeit ggf. zumutbar, auf seinen Lebensstandard nach den ehelichen Verhältnissen (§ 1578 I 1 BGB) zu verzichten und sich mit dem Lebensstandard zu begnügen, den er auch ohne Ehe erreicht hätte, während dies bei wesentlich kürzeren Ehen aus anderen Gründen ausgeschlossen sein konnte.[56]

Einzelfälle, bis zu welcher Ehedauer bisher eine Begrenzung als zulässig bzw. unzulässig angesehen wurde:
Ja:
– 25 Jahre, weil die Einkommensdifferenz bei den Eheleuten nicht auf ehebedingten Nachteilen, sondern auf unterschiedlicher Vorbildung beider Parteien (Volljurist und Rechtspflegerin) beruhte, obwohl die unterhaltsberechtigte Ehefrau wegen Kindererziehung fast 12 Jahre beurlaubt war und darüber hinaus während der Ehe überwiegend nur halbtags erwerbstätig war;[57]
– 21 Jahre bis zur Trennung und 28 Jahre bis zur Scheidung, wegen der zwischenzeitliche eingetretenen Entflechtung der beiderseitigen Lebensverhältnisse und qualifikationsentsprechender Vollzeittätigkeit der unterhaltsberechtigten Ehefrau;[58]
– unter 15 Jahren, wenn sich die Einkommensdifferenz zwischen den Ehegatten nicht als ehebedingter Nachteil darstellt und wenn es für den Ehegatten mit dem geringeren Einkommen – auch unter Berücksichtigung seines Alters im Scheidungszeitpunkt – **nicht unzumutbar erscheint, sich** nach lang dauernder Ehe, die durch erheblich höheres Einkommen des anderen Ehegatten geprägt worden ist, im Hinblick auf seine eigenen

---

[51] BT-Drucks. 16/1830 S. 19
[52] A. a. O.
[53] BGH, FamRZ 1990, 857, 859 = R 417
[54] BGH, FamRZ 2007, 2049, 2050 = R 682 a; BGH, FamRZ 2052, 2053
[55] A. a. O.
[56] BGH, FamRZ 2007, 2049, 2050 f. = R 682 a; BGH, FamRZ 2007, 2052, 2053 = R 683 a
[57] OLG Koblenz, FamRZ 2007, 833
[58] OLG Düsseldorf, FamRZ 2006, 1040 f.

beruflichen Möglichkeiten dauerhaft **auf einen niedrigeren Lebensstandard einzurichten.**[59]

Nein:

- 15½ Jahre, trotz kinderloser Ehe und Fehlens ehebedingter Nachteile ohne Berücksichtigung der neueren BGH-Rechtsprechung;[60]
- 13 Jahre, wenn die berechtigte Ehefrau zwar keine ehebedingten beruflichen Nachteile hinnehmen musste, aber bei einer zeitliche Begrenzung wegen ihres fortgeschrittenen Alters und ihrer ungenügenden Altersversorgungsanwartschaften nicht ihr Unterhaltsminimum sicherstellen könnte.[61]

6. Sonstige Umstände

Bei der Billigkeitsabwägung sind auch sonstige Umstände des konkreten Einzelfalls als **592** Billigkeitsgesichtspunkte zu berücksichtigen. Eine kausale Verknüpfung mit ehebedingten Nachteilen ist insoweit nicht erforderlich. § 1578 b erfasst auch Fälle, in denen es nicht um die Kompensation solcher Nachteile geht, sondern allein um das Ausmaß der darüber hinausgehenden nachehelichen Solidarität.[62] Billigkeitsmaß ist hier allein die fortwirkende Solidarität und Verantwortung im Licht des Grundsatzes der Eigenverantwortung. Eine Rolle wird insbesondere die Dauer der Ehe spielen. Gerade auch bei der Frage, ob ein Unterhaltsanspruch wegen Erwerbslosigkeit gemäß § 1573 BGB nach Höhe oder Dauer beschränkt werden kann, wenn die Erwerbslosigkeit allein auf der bestehenden Arbeitsmarktlage beruht, nicht aber auf einem ehebedingten Nachteil.[63]

Zu den zu berücksichtigenden sonstigen Umständen zählen **auf Seiten des Berechtigten** vor allem dessen Alter, Gesundheitszustand, überobligationsmäßiger Einsatz zugunsten des Verpflichteten. Ferner ein Nachteil infolge einer Vermögensverwertung während der Ehe, wie z. B. die Kündigung eines Kommanditanteils, aus dem der Berechtigte Einkünfte bezogen hatte.[64] Zu berücksichtigen ist auch, wenn sich der Berechtigte bei seiner Mithilfe zum Bau des Familienheimes ein schweres Rückenleiden zugezogen hat.[65]

Berücksichtigt werden kann außerdem, wenn der Berechtigte einen gemeinsamen Sohn aus erster Ehe betreut und dadurch wirtschaftliche Nachteile erlitten hat.[66]

Ähnliches gilt, wenn die Eheleute vor der Eheschließung in nichtehelicher Lebensgemeinschaft zusammengelebt haben und die Berechtigte während dieser Zeit bereits ein gemeinsames Kind aus dieser Verbindung betreut hat.

Auf Seiten des Verpflichteten sind alle Umstände zu berücksichtigen, die auch bei einer Zumutbarkeitsabwägung im Rahmen des § 1581 BGB zu beachten sind, vor allem seine persönlichen und wirtschaftlichen Verhältnisse, das Verhältnis des Unterhaltsbetrags zu den ihm verbleibenden Mitteln,[67] sein Alter, sein Gesundheitszustand, ein besonderer Einsatz für den Berechtigten oder ein berechtigter Wunsch nach einem Orts- oder Berufswechsel.

Nicht zu berücksichtigen ist der **Verlust eines Unterhaltsanspruchs aus einer vorausgegangenen Ehe** infolge der Eheschließung.[68] Dies gilt jedenfalls dann, wenn der frühere Unterhaltsanspruch wegen fehlender Leistungsfähigkeit des ersten Mannes jetzt praktisch wertlos wäre.[69] Anders kann die Sache liegen, wenn eine **Witwenrente,** die auf einer früheren Ehe beruhte, wegen der Eheschließung endgültig erloschen war.[70]

---

[59] BGH, FamRZ 2006, 1006, 1008
[60] OLG Hamm, FamRZ 2005, 35
[61] OLG Düsseldorf, FamRZ 2008, 418
[62] BT-Drucks. 16/1890 S. 19
[63] A. a. O.
[64] BGH, FamRZ 1986, 886, 888
[65] BGH, FamRZ 1986, 886, 888
[66] OLG Karlsruhe, FamRZ 1989, 511
[67] BGH, FamRZ 2007, 200, 204 = R 661
[68] OLG Düsseldorf, FamRZ 1987, 1254 und OLG Hamm, FamRZ 1986, 908
[69] BGH, FamRZ 1989, 483, 486
[70] OLG Düsseldorf, FamRZ 2007. 835

V. Verfahrensrechtliche Fragen bei Anwendung des
§ 1578 b I u. II BGB

1. Geltendmachung im Erstverfahren

593   Die gesetzlichen Prüfungsmerkmale „Gestaltung von Haushaltsführung und Erwerbstätigkeit während der Ehe" und „Dauer der Ehe" beziehen sich grundsätzlich auf bereits
abgeschlossene Sachverhalte.[71] Auch die Dauer der künftigen Kinderbetreuungszeit (bis
zum Eintritt der Vollerwerbsfähigkeit – vgl. Rn. 589) lässt sich absehen. **Soweit die** im
Rahmen der Billigkeitsabwägung zu bewertenden **Umstände bekannt sind, ist** über die
Unterhaltsbegrenzung **im Erstverfahren zu entscheiden.**[72] Sämtliche für eine Begrenzung relevanten Umstände müssen aber bereits eingetreten oder zuverlässig vorhersehbar
sein.[73] Das ist bei künftig eintretenden Umständen nur der Fall, wenn sie vom bloßen
Zeitablauf abhängen.[74] Ob zuverlässige Vorhersehbarkeit besteht, kann im Übrigen nur
unter Berücksichtigung aller Umstände des Einzelfalls beantwortet werden.[75] Lässt sich
lediglich die Höhe des angemessenen Lebensbedarfs nach § 1578 b I BGB für die als billig
angesehene spätere Begrenzung noch nicht überblicken, kann der Zeitpunkt, von dem an
die Beschränkung eintritt, auf einen hilfsweise gestellten Feststellungsantrag hin festgelegt
werden.[76]

Der Berechtigte muss seinen Anspruch, um Kostennachteile zu vermeiden, gegebenenfalls
zeitlich und höhenmäßig gestaffelt geltend machen, weil die Klage sonst teilweise
abzuweisen wäre. Zweckmäßig kann es sein, zur beanspruchten Unterhaltsdauer einen
Mindestzeitraum und eine geschätzte angemessene Zeitdauer anzugeben, so dass sich hieraus
ggf. die Beschwer für ein Rechtsmittel ergibt.[77] Lehnt das Familiengericht eine erstrebte
Unterhaltsbegrenzung ab, muss der Berufungsantrag die geltend gemachte Begrenzung zwar
nicht exakt bezeichnen, das Bestimmtheitserfordernis zwingt jedoch zur Angabe, welche
zeitliche Begrenzung bzw. welche Herabsetzung als angemessen angesehen wird, damit
festgestellt werden kann, ob und in welchem Umfang der Rechtsmittelkläger obsiegt bzw.
unterliegt.[78]

2. Geltendmachung in einem späteren Abänderungsverfahren

594   Eine nachträgliche zeitliche Begrenzung oder Herabsetzung des Unterhalts kann **nicht
mittels Vollstreckungsgegenklage,** sondern nur in einem Abänderungsverfahren geltend
gemacht werden, weil sich der Gesetzgeber bei erstmaliger Einführung der Unterhaltsbeschränkung ausdrücklich für die Abänderungsklage entschieden hat.[79] Soweit die Übergangsregelung für § 1578 b BGB (siehe unten) auch § 767 II ZPO erwähnt, dürfte damit
keine Änderung bezweckt sein.

Ein späteres **Abänderungsverfahren** kann wegen der sonst eintretenden Präklusionswirkung des § 323 II ZPO[80] **gegen ein Urteil** nur Erfolg haben, falls zum Zeitpunkt der

---

[71] Vgl. Christl, FamRZ 1986, 627
[72] BGH, FamRZ 2000, 1499 = R 542 b; FamRZ 2001, 905, 906 = R 545 b; OLG Düsseldorf,
FamRZ 1992, 95
[73] BGH, FamRZ 2007, 793, 799 = R 674 j
[74] BGH, a. a. O.
[75] BGH, FamRZ 2007, 2049, 2051 = R 682 b; FamRZ 2007, 2052, 2053
[76] OLG Düsseldorf, FamRZ 1992, 951
[77] Vgl. im einzelnen Christl, FamRZ 1986, 627 ff.
[78] OLG Karlsruhe, FamRZ 1989, 511
[79] BGH, FamRZ 2000, 1499, 1502 = R 542 c; FamRZ 2001, 905, 906 f. = R 545 b zur Übergangsvorschrift des Art. 6 Nr. 1 S. 2 UÄndG
[80] Zur Präklusionswirkung bei mehreren aufeinander folgenden Abänderungsprozessen vgl. BGH,
FamRZ 1998, 99

Erstentscheidung (Schluss der mündlichen Verhandlung) wegen mangelnder Überschaubarkeit der Billigkeitskriterien **keine sichere Prognose möglich gewesen** war[81] oder nachträglich **neue Umstände** für eine entsprechende Billigkeitsentscheidung **eingetreten** sind, z. B. weil ein ehebedingter beruflicher Nachteil oder die Betreuungsbedürftigkeit eines Kindes – etwa infolge Übernahme der Betreuung durch den Unterhaltspflichtigen – weggefallen sind.[82] Die Unterhaltsbegrenzung – insbesondere die zeitliche Begrenzung dem Grunde nach – kann in der Abänderungsentscheidung nicht ohne Prüfung der Präklusionsfrage vorgenommen werden. Eine Präklusion ist ausgeschlossen, wenn im Zeitpunkt der Ausgangsentscheidung noch nicht abschließend beurteilt werden konnte, ob das Einkommen aus einer neu aufgenommenen Vollzeittätigkeit die ehebedingten Nachteile vollständig und nachhaltig ausgleicht.[83]

Bei der **Abänderung von Unterhaltsvergleichen,** bei denen die Anpassung an veränderte Verhältnisse allein nach den Regeln des materiellen Rechts geschieht (vgl. Rn. 6/601), kommt es darauf an, ob im Hinblick auf den der Einigung der Parteien zugrunde gelegten Parteiwillen eine Störung der Geschäftsgrundlage eingetreten ist. So muss der die Beweislast für einen Abänderungsgrund tragende Abänderungskläger dartun, dass die **Geschäftsgrundlage für einen unbefristeten oder ungekürzten Anspruch** fortgefallen ist, bevor die gesetzlichen Voraussetzungen der Herabsetzung oder zeitlichen Begrenzung geprüft werden können.[84] Die gesetzliche Einführung von Unterhaltsbegrenzungen bzw. erweiterten Unterhaltsbegrenzungen für sich allein ist noch kein Abänderungsgrund.[85]

Die **Übergangsregelung für** den ab 1. 1. 2008 neu eingeführten **§ 1578 b BGB** findet sich in § 36 EGZPO. Danach bleiben Unterhaltsleistungen, die vor dem 1. 1. 2008 fällig geworden sind, mangels Rückwirkung des neuen Rechts[86] unberührt (§ 36 Nr. 7 EGZPO). Für die Zeit danach kommt eine Abänderung von rechtskräftigen Entscheidungen, Vollstreckungstiteln oder Unterhaltsvereinbarungen aus der Zeit vor Inkrafttreten des Gesetzes wegen Umständen, die schon davor entstanden waren, nur in Betracht, soweit eine wesentliche Änderung der Unterhaltsverpflichtung eintritt und die Änderung dem anderen Teil unter Berücksichtigung seines Vertrauens in die getroffene Regelung zumutbar ist (§ 36 Nr. 1 EGZPO). Entsprechende auf Grund der Gesetzesneufassung erheblich gewordene Umstände dürfen bei einer erstmaligen Änderung nach dem 1. 1. 2008 aber ohne die zeitlichen Beschränkungen der §§ 323 II und § 767 II ZPO geltend gemacht werden (§ 36 Nr. 2 EGZPO). Darüber hinaus ist es möglich, sie auch noch in der Revisionsinstanz eines anhängigen Verfahrens vorzubringen (§ 36 Nr. 5 EGZPO).

VI. Berechnungsbeispiele

Fall 1:   **595**
M und F heiraten am 18. 10. 1996. Ihre Ehe wird auf den am 5. 11. 2006 zugestellten Scheidungsantrag am 30. 6. 2007 rechtskräftig geschieden. F arbeitet halbtags und erzielt ein prägendes bereinigtes Nettoeinkommen von 1050 € monatlich. Bei einer Vollerwerbstätigkeit könnte sie 2100 € verdienen. Das prägende bereinigte Nettoeinkommen von M beträgt 4200 €.
a) F betreut den bei Zustellung des Scheidungsantrags gerade 6-jährigen Sohn S. Der für ihn zu erbringende Barunterhalt ist beim prägenden Einkommen von M bereits berücksichtigt.

---

[81] BGH, FamRZ 2000, 1499, 1501 = R 542 b; OLG Düsseldorf, FamRZ 1996, 1416 für den Fall, dass in der Erstentscheidung festgestellt wurde, dass zum gegenwärtigen Zeitpunkt eine Begrenzung ausscheide; Mörsch, FamRZ 1986, 627, 629

[82] BGH, FamRZ 2000, 1499, 1501 = R 542 b; FamRZ 2001, 905, 906 = R 545 a; Hahne, FamRZ 1986, 305, 310

[83] BGH, FamRZ 2007, 293, 799 = R 674 j

[84] BGH, FamRZ 1995, 665, 666 f. = R 493 B b

[85] BGH, FamRZ 1995, 665 = R 493 B a zu § 1573 V BGB a. F.

[86] BT-Drucks. 16/1830 S. 35

Bedarf von F nach den ehelichen Lebensverhältnissen nach der Additionsmethode:
$^1/_2$ ($^6/_7$ aus 4200 + $^6/_7$ aus 1050) = 2250 €
Unterhaltshöhe (2250 − $^6/_7$ aus 1050) = 1350 €
Folgt man der Ansicht, dass eine Differenzierung zwischen Betreuungsunterhalt und Aufstockungsunterhalt nach neuem Recht nicht mehr erforderlich ist (vgl. Rn. 76), beträgt der Anspruch aus § 1570 I 2 BGB 1350 €. Ansonsten fallen 900 € ($^6/_7$ aus dem bei Volltätigkeit möglichen Zuverdienst von 1050) auf § 1570 I 2 BGB, der Rest von 450 € auf § 1573 II BGB. Eine zeitliche Begrenzung des Unterhaltsanspruchs gemäß § 1578 b II BGB dürfte nach den gegenwärtigen Verhältnissen ausscheiden, weil nicht abzusehen ist, wie lang die ehebedingten Nachteile durch die Kinderbetreuung bis zur möglichen Aufnahme einer Vollerwerbstätigkeit noch andauern werden, und weil der Anspruch nach § 1570 I 2 BGB ohnehin nur gegeben ist, weil seine über 3 Jahre hinaus gehende Dauer der Billigkeit entspricht Eine höhenmäßige Begrenzung des Betreuungsunterhalts (und ggf. des Aufstockungsunterhalts) nach § 1578 b I BGB scheidet wegen der Kindesbelange und der fortwirkenden ehebedingten Nachteile aus.
b) F ist wegen einer schon vor Eheschließung vorhandenen Hüfterkrankung nur für eine Halbtagstätigkeit erwerbsfähig. Die Ehe ist kinderlos.
Bedarf und Unterhaltshöhe wie unter a).
Unterhaltstatbestände: entweder § 1572 Nr. 1 BGB allein (vgl. Rn. 124) oder §§ 1572 Nr. 1, 1573 II BGB (auf den Aufstockungsunterhalt entfielen wieder 450 €)
Hier kommt eine zeitliche Begrenzung des Unterhalts nach § 1578 b II BGB, z. B. mit einer Übergangszeit von einigen Jahren, in Betracht, da die Ehedauer (von Heirat bis Rechtshängigkeit des Scheidungsantrags) „nur" 10 Jahre betrug und die berufliche Einschränkung von F nicht ehebedingt ist. Tatfrage ist, ob daneben nach einer kürzeren Übergangszeit auch eine vorhergehende Herabsetzung des Unterhalts gemäß § 1578 b I BGB der Billigkeit entspricht. Voraussetzung einer solchen Begrenzung wäre, dass – wie es hier allerdings der Fall ist – durch die Halbtagtätigkeit das Existenzminimum (z. B. nach der Düsseldorfer Tabelle Stand: 1. 1. 2008, bei Erwerbstätigkeit 900 €) gesichert ist. Auch eine zeitliche Befristung des Anspruchs mit der Folge des vollständigen Wegfalls jeglichen Unterhaltsanspruchs würde bei einer Ehedauer von 10 Jahren regelmäßig ausscheiden, wenn dadurch der Ehefrau deswegen auch ihr Existenzminimum nicht mehr zur Verfügung stünde.
Fall 2:
M und F heiraten am 1. 7. 2001. Die Ehe bleibt kinderlos. Der Scheidungsantrag wird am 15. 7. 2006 zugestellt. M hat ein prägendes Nettoeinkommen aus Erwerbstätigkeit von 3500 € monatlich, F wie bereits vor in der Ehe eine Erwerbsunfähigkeitsrente von 500 € monatlich, die sich auf Grund des Versorgungsausgleichs ab Scheidung auf 650 € erhöht.
Bedarf von F nach den ehelichen Lebensverhältnissen nach der Additionsmethode:
$^1/_2$ ($^6/_7$ aus 3500 + 650) = 1825 €[87]
Unterhaltshöhe (1825 − 650) = 1175 €
Der Unterhalt beruht auf § 1572 Nr. 1 BGB, da F erwerbsunfähig ist. Wegen der verhältnismäßig kurzen Ehedauer von 5 Jahren kommt sowohl eine Begrenzung auf den angemessenen Bedarf nach § 1578 b I BGB als auch eine zeitliche Begrenzung nach § 1578 b II BGB in Betracht. Der angemessene Bedarf orientiert sich am Einkommen vor der Eheschließung, darf aber grundsätzlich nicht das Existenzminimum (z. B. nach der Düsseldorfer Tabelle Stand: 1. 1. 2008, ohne Erwerbstätigkeit 770 €) unterschreiten. Der Unterhalt könnte daher z. B. nach einer Übergangszeit von einem oder wenigen Jahren der Höhe nach begrenzt werden, wobei ein Bedarf von 770 € monatlich die unterste Grenze darstellen würde. Wegen der guten Einkommensverhältnisse des Mannes käme hier allerdings eher ein höherer Unterhalt in Betracht. Man könnte den angemessenen Bedarf für die Folgezeit z. B. auf einen Betrag von 1150 € festsetzen, so dass noch 500 € zu bezahlen wären. Es wäre auch denkbar, die Herabsetzung mit jeweils erweiterter Kürzung zu verschieden Zeitpunkten gestaffelt vorzunehmen. Eine zeitliche Begrenzung des Unterhalts mit vollständigem Wegfall des Anspruchs gemäß § 1578 b II BGB wird trotz der verhältnismäßig geringen Ehedauer ausscheiden, weil es auf Grund der erheblich besseren Einkommensverhältnisse des anderen Ehegatten kaum unbillig sein dürfte, wenn durch eine entsprechende Zuzahlung wenigstens das Existenzminimum gesichert wird.

---

[87] Vgl. BGH, FamRZ 2002, 88, 91 = R 569 a zur Bewertung von Renteneinkünften als prägend, und zwar unabhängig davon, ob sie auf vorehelichen Anwartschaften oder auf der Durchführung des Versorgungsausgleichs beruhen; bestätigt durch BGH, FamRZ 2003, 848, 852 = R 588 g + h, abgesehen von dem Rententeil, der aus den mit dem Vorsorgeunterhalt bezahlten Beiträgen herrührt – vgl. hierzu aber die ablehnende Anm. von Hoppenz, a. a. O., S. 855

8. Abschnitt: Die Härteklausel des § 1579 BGB

I. Normzweck, gesetzliche Regelung und Anwendungsbereich des § 1579 BGB

1. Normzweck und entstehungsgeschichtliche Entwicklung

Durch das 1. EheRG ist am 1. 7. 1977 mit der Abkehr vom Verschuldensprinzip im **596** Scheidungsrecht auch ein verschuldensunabhängiges Unterhaltsrecht eingeführt worden. Diese verschuldensunabhängige Unterhaltsverpflichtung beruht auf der nach der Scheidung trotz des Grundsatzes der Eigenverantwortung bestehenden fortwirkenden Mitverantwortung des wirtschaftlich stärkeren Ehegatten (s. Rn. 42). Sie beinhaltet einen Eingriff in die durch Art. 2 GG geschützte Handlungsfreiheit des Verpflichteten und darf deshalb nicht gegen den Grundsatz der Verhältnismäßigkeit verstoßen.

§ 1579 BGB bestimmt als unterhaltsrechtliche Härteklausel die vom Grundsatz der Verhältnismäßigkeit gezogenen Grenzen der Unterhaltspflicht.[1]

Nach § 1579 I BGB a. F. entfiel ein Unterhaltsanspruch, wenn die Inanspruchnahme des **597** Verpflichteten bei Vorliegen eines der aufgezählten vier Härtegründe unbillig war. Nach § 1579 II BGB a. F. galt Abs. I nicht, solange und soweit von dem Berechtigten wegen der Pflege und Erziehung eines gemeinschaftlichen Kindes eine Erwerbstätigkeit nicht erwartet werden konnte.

Das BVerfG hat in seiner Entscheidung vom 14. 7. 1981[2] diese negative Härteregelung des Abs. I a. F. für unbedingt erforderlich gehalten, um die Verfassungsmäßigkeit des schuldunabhängigen Unterhaltsrechts zu gewährleisten. Es hat andererseits Abs. II a. F. für verfassungswidrig erklärt, soweit die Härteklausel des Abs. I auch in besonders gelagerten Härtefällen ausgeschlossen worden ist, weil die stringente Formulierung des Abs. II nicht in ausreichendem Maß dem Verfassungsgrundsatz der Verhältnismäßigkeit Rechnung getragen hat. Dadurch wurde eine Neufassung des § 1579 BGB notwendig, die mit dem UÄndG vom 20. 2. 1986 am 1. 4. 1986 in Kraft trat.

Diese Neufassung des § 1579 BGB trug zunächst den Bedenken des BVerfG in der Weise **598** Rechnung, dass sie keinen Abs. II mehr enthält und die vorrangige Berücksichtigung der Belange eines gemeinschaftlichen Kindes, das dem Berechtigten zur Pflege und Erziehung anvertraut ist, ausdrücklich im Einleitungssatz regelt. Die unverändert gebliebenen Härtegründe der Nummern 1) mit 3) wurden durch drei weitere neu formulierte Härtegründe ergänzt, und aus der bisherigen Nummer 4 wurde die neue Nummer 7. Sachlich entsprach die Neufassung des § 1579 BGB der damaligen Rechtsprechung des BVerfG und des BGH, weshalb diese Rechtsprechung auch für die Auslegung des neuen § 1579 BGB bedeutsam blieb. Das weggefallene frühere Kinderbetreuungsprivileg wurde als Kindesinteressenwahrungsvorbehalt ausdrücklich in den Billigkeitstatbestand der Härteklausel aufgenommen. Auch die Ausweitung der Härtegründe (von vier auf sieben) erfolgte unter Berücksichtigung der damaligen Rechtsprechung des BGH.

Mit der Unterhaltsreform zum 1. 1. 2008 wurde § 1579 BGB nochmals geändert und **599** erweitert. Durch die neue Überschrift „Beschränkung oder Versagung des Unterhalts wegen grober Unbilligkeit" wird die Zielrichtung der Bestimmung besser verdeutlicht.[3] Sie dient auch der klareren Abgrenzung zum neu gefassten § 1578 b BGB, der Begrenzung des nachehelichen Unterhalts wegen Unbilligkeit.[4] Neben einer Änderung des Wortlauts des Tatbestandes der Nr. 1 gemäß einem Gebot des BVerfG[5] wurde als neuer Härtegrund in Nr. 2

---

[1] BVerfG, FamRZ 1981, 745, 748
[2] BVerfG, a. a. O.
[3] BT-Drs. 16/1830 vom 15. 6. 2006 S. 20
[4] BT-Drs. 16/1830 vom 15. 6. 2006 S. 20
[5] BVerfG, FamRZ 1989, 941

das Zusammenleben des Bedürftigen in verfestigter Lebensgemeinschaft eingefügt. Dieser Tatbestand war bisher in der Generalklausel des § 1579 Nr. 7 BGB a. F. enthalten, ist aber zwischenzeitlich der in der Praxis am häufigsten vorkommende Verwirkungsgrund. Er wurde deshalb zu Recht als eigener Tatbestand normiert, wobei inhaltlich die bisherige Rechtsprechung des BGH zu dieser Problematik fortgilt.[6] Um den systematischen Aufbau der Norm gerecht zu werden, wurden die Härtegründe, die auf einer objektiven Unzumutbarkeit beruhen (Nr. 1, 2), zusammengefasst, ebenso die Härtegründe, die sich aus einem vorwerfbaren Fehlverhalten des Bedürftigen ergeben (Nr. 3–7).[7] Dies hat eine Verschiebung der bisherigen in § 1579 Nr. 2–6 BGB a. F. aufgeführten Tatbestände um eine Nummer zur Folge. Die Generalklausel folgt nunmehr als Nr. 8 (bisher Nr. 7).

2. Voraussetzungen für die Anwendung der Härteklausel

600   Nach der Neufassung des § 1579 BGB zum 1. 1. 2008 ist ein Unterhaltsanspruch nach Höhe und/oder zeitlicher Dauer der Leistung zu beschränken oder zu versagen, soweit die Inanspruchnahme des Verpflichteten auch unter Wahrung der Belange eines dem Berechtigten zur Pflege oder Erziehung anvertrauten gemeinschaftlichen Kindes grob unbillig wäre (vgl. Rn. 614 ff.), weil
- Nr. 1, die Ehe von kurzer Dauer war; dabei ist die Zeit zu berücksichtigen, in welcher der Berechtigte wegen der Pflege oder Erziehung eines gemeinschaftlichen Kindes nach § 1570 BGB Unterhalt verlangen kann (vgl. Rn. 637 ff.),
- Nr. 2, der Berechtigte in einer verfestigten Lebensgemeinschaft lebt (vgl. Rn. 657 ff.),
- Nr. 3, der Berechtigte sich eines Verbrechens oder eines schweren vorsätzlichen Vergehens gegen den Verpflichteten oder einen nahen Angehörigen schuldig gemacht hat (vgl. Rn. 667 ff.),
- Nr. 4, der Berechtigte seine Bedürftigkeit mutwillig herbeigeführt hat (vgl. Rn. 676 ff.),
- Nr. 5, der Berechtigte sich über schwerwiegende Vermögensinteressen des Verpflichteten mutwillig hinweggesetzt hat (vgl. Rn. 703 ff.),
- Nr. 6, der Berechtigte vor der Trennung längere Zeit hindurch seine Pflicht, zum Familienunterhalt beizutragen, gröblich verletzt hat (vgl. Rn. 712 ff.),
- Nr. 7, dem Berechtigten ein offensichtlich schwerwiegendes, eindeutig bei ihm liegendes Fehlverhalten gegen den Verpflichteten zur Last fällt (vgl. Rn. 720 ff.),
- Nr. 8, ein anderer Grund vorliegt, der ebenso schwer wiegt wie die in den Nrn. 1) mit 7) aufgeführten Gründe (vgl. Rn. 752 ff.).

601   Als **Voraussetzungen** für die Anwendung der Härteklausel sind damit immer **zwei Fragen zu prüfen:**
- Es muss einer der acht alternativen Härtegründe (Nr. 1 mit 8) vorliegen (vgl. Rn. 637 ff.).
- Der Unterhaltsanspruch muss bei Bejahung eines Härtegrundes auf Grund einer **umfassenden Billigkeitsabwägung** aller Umstände des Einzelfalls grob unbillig sein (vgl. Rn. 614 ff.). Bei dieser Billigkeitsabwägung sind vorrangig Belange eines gemeinschaftlichen Kindes zu berücksichtigen (vgl. Rn. 625 ff.).

3. Rechtsfolgen der Härteklausel

602   Als Rechtsfolge kann nach § 1579 BGB ein Unterhaltsanspruch **versagt, herabgesetzt** oder **zeitlich begrenzt** werden. Möglich ist auch eine **Kombination** dieser Reaktionsmöglichkeiten. So kann z. B. der Unterhaltsanspruch zunächst herabgesetzt und nach einer weiteren Übergangszeit gänzlich versagt werden. Dies ist aus dem Wort „soweit" zu entnehmen. Diese abgestuften Beschränkungsmöglichkeiten erlauben es, ganz individuell und differenziert im Einzelfall auf das Ausmaß einer Unbilligkeit zu reagieren.

---

[6] BT-Drs. 16/1830 vom 15. 6. 2006 S. 21
[7] BT-Drs. 16/1830 vom 15. 6. 2006 S. 20, 39

Die **Wahl der Rechtsfolgen** ist eine tatrichterliche Ermessensentscheidung.[8] Bedeutsam **603** für diese Wahl sind alle bei der Billigkeitsabwägung zu berücksichtigenden Gesichtspunkte (vgl. Rn. 614 ff.), vor allem das Ausmaß der Unbilligkeit, die Härte der Unterhaltslast für den Verpflichteten und die Auswirkungen auf ein vorrangig zu berücksichtigendes Kind. Ferner sind zu berücksichtigen die Schwere des jeweiligen Härtegrundes im konkreten Einzelfall und die unterschiedliche Gewichtung der Härtegründe in ihrem Verhältnis zueinander. So wiegt z. B. eine objektive Unbilligkeit im Sinn der Nr. 2 weniger schwer als ein schwerwiegendes, eindeutig beim Berechtigten liegendes Fehlverhalten im Sinn der Nr. 7. Deshalb sind auch zum Ausmaß der Herabsetzung oder zur Versagung eines Unterhaltsanspruchs die Umstände des Einzelfalles zur Schwere des Härtegrundes und zur Unbilligkeit in die Erwägungen einzubeziehen.[9]

Eine Herabsetzung statt einer gänzlichen Versagung kommt in Frage, wenn der völlige **604** Ausschluss nicht geboten erscheint, um einen groben Widerspruch zum Gerechtigkeitsempfinden zu vermeiden.[10] Der Betreuungsunterhalt nach § 1570 BGB ist selbst bei Vorliegen von Härtegründen in dem Sinne privilegiert, dass er im Interesse des Wohles der betreuten Kinder trotz Fehlverhaltens des sorgeberechtigten Elternteils regelmäßig bis zur Vollendung des 3. Lebensjahrs eines Kindes nur zu einer Herabsetzung des Unterhalts auf das zur Kinderbetreuung notwendige Mindestmaß führt[11] (näher Rn. 625 ff.).

4. Anwendungsbereich des § 1579 BGB

§ 1579 BGB ist anzuwenden beim **nachehelichen Unterhalt** sowie beim **Trennungs- 605 unterhalt** über § 1361 III BGB mit Ausnahme bei kurzer Ehedauer[12] (§ 1579 Nr. 1 BGB, s. näher Rn. 637).

Beim nachehelichen Unterhalt gelten die Bestimmungen **neben den Begrenzungsbestimmungen** nach § 1578 b BGB, so dass Überschneidungen denkbar sind. Bei einer kurzen Ehedauer ist regelmäßig zunächst der Verwirkungsgrund nach § 1579 Nr. 1 BGB zu prüfen, da sich bei Bejahung einer groben Unbilligkeit der Entscheidungsspielraum des Gerichtes einengt.[13]

Die Verwirkungseinwendung nach § 1579 BGB gilt auch für nach dem Tode des Ver- **606** pflichteten gemäß § 1586 b BGB **auf den Erben** als Nachlassverbindlichkeit **übergegangene Unterhaltsansprüche**. Die Unterhaltspflicht geht auf den Erben unverändert, d. h. mit der Belastung eines Einwandes aus § 1579 BGB, über. Ausgenommen ist lediglich die Leistungsfähigkeit, da es sich jetzt um eine Nachlassverbindlichkeit handelt und die Haftung gemäß § 1586 b BGB auf den kleinen Pflichtteil begrenzt ist (näher Rn. 60 ff.).[14] Für die Billigkeitsabwägung können dann auch Gesichtspunkte eine Rolle spielen, die das Verhältnis zwischen Bedürftigen und Erben betreffen (vgl. Rn. 619 a).[15] Zur Verzeihung vgl. Rn. 622.

Bei einer Eheaufhebung gelten die Bestimmungen entsprechend, wenn nach § 1318 II **607** BGB ein Unterhaltsanspruch besteht.

Die in § 1579 BGB normierten Härtegründe sind eine Folge des schuldunabhängigen **608** Unterhaltsrechts und können deshalb **nicht** auf Unterhaltsansprüche nach den §§ 58 ff. EheG auf vor dem 1. 7. 1977 geschiedene **Altehen** übertragen werden.[16] § 1579 BGB ist ferner **nicht** anwendbar bei einem Anspruch **nach § 1576 BGB** (s. Rn. 162).

---

[8] BGH, FamRZ 2002, 810 = R 574 d
[9] BGH, FamRZ 2002, 810 = R 574 d; FamRZ 1987, 1238
[10] BGH, FamRZ 1984, 364, 366
[11] BT-Drs. 16/1830 vom 15. 6. 2006 S. 21; vgl. auch BGH, FamRZ 1997, 873, 875 = R 513 c
[12] BGH, FamRZ 1979, 569
[13] BT-Drs. 16/1830 vom 15. 6. 2006 S. 20
[14] BGH, FamRZ 2004, 614 = R 607 a; FamRZ 2003, 521 = R 581 a
[15] BGH, a. a. O.
[16] BGH, FamRZ 1991, 1040; NJW-RR 1986, 1386; NJW-RR 1986, 719

5. Darlegungs- und Beweislast

609 Gesetzestechnisch ist § 1579 BGB als **rechtsvernichtende Einwendung** konstruiert, d. h., Härtefälle sind **von Amts wegen** zu berücksichtigen, wenn entsprechende Tatsachen vorgetragen werden, auch wenn sich der Verpflichtete nicht auf die grobe Unbilligkeit seiner Inanspruchnahme beruft.[17] Soweit nach entsprechendem Sachvortrag in einem Urteil weder im Tatbestand noch in den Entscheidungsgründen auf die Verwirkung eingegangen wird und die Frage weder aus formellen noch materiellen Gründen übergangen werden durfte, liegt eine Verletzung des rechtlichen Gehörs vor, die zur Aufhebung des Urteils führt.[18]

610 Wegen des Charakters als Einwendung hat der **Verpflichtete** die Darlegungs- und Beweislast für die **tatsächlichen Voraussetzungen** des jeweiligen Härtegrundes sowie für alle Umstände, die die Inanspruchnahme des Verpflichteten als grob unbillig erscheinen lassen.[19] Zeugenaussagen im Strafprozess können dabei im Wege des Urkundsbeweises verwertet werden, soweit kein Antrag auf persönliche Vernehmung des Zeugen gestellt wird.[20]

611 Wer das Nichtvorhandensein von Tatsachen (sogenannte **Negativtatsachen**) behauptet, ist nicht von der ihn hierzu treffenden Darlegungspflicht befreit. Er darf sich nicht mit einfachem Bestreiten begnügen, sondern muss im Einzelnen darlegen, dass die bestrittenen Behauptungen unrichtig sind, sofern er dazu in der Lage ist.[21] Maßgebend ist allerdings, dass ein substantiierter Sachvortrag des Gegners und keine vagen Vermutungen vorangehen. Für Tatsachen aus dem eigenen Wahrnehmungsbereich besteht eine Auskunftspflicht (s. näher Rn. 6/721 ff.).

612 Behauptet der Verpflichtete das Vorliegen eines eheähnlichen Verhältnisses beim Berechtigten und trägt er dazu Umstände vor, die nach der allgemeinen Lebenserfahrung für ein solches Verhältnis sprechen, dann kann entsprechend den Grundsätzen des **Anscheinsbeweises** von einem solchen Verhältnis ausgegangen werden. Gleiches gilt bei einer nachgewiesenen nichtehelichen Abstammung eines Kindes für den Schluss auf einen der Frau bekannten empfängnisgeeigneten außerehelichen Geschlechtsverkehr. Nach den Grundsätzen des Anscheinsbeweises kann der einem feststehenden Sachverhalt nach der Lebenserfahrung zugrundeliegende Geschehensablauf als bewiesen angesehen werden, sofern er nicht dadurch entkräftet wird, dass der Prozessgegner Tatsachen behauptet und beweist, aus denen sich die ernsthafte Möglichkeit eines anderen Ablaufs ergibt.[22] Es obliegt dann dem Berechtigten, entsprechende Umstände vorzutragen und gegebenenfalls zu beweisen und dadurch den Anscheinsbeweis zu erschüttern.

613 Der **Berechtigte** hat die Darlegungs- und Beweislast für alle Umstände, die im Rahmen der Billigkeitsabwägung zu seinen Gunsten zu werten sind. Dies gilt auch für eine behauptete Verzeihung (vgl. Rn. 622).

II. Grobe Unbilligkeit und Zumutbarkeitsabwägung nach § 1579 BGB

1. Grobe Unbilligkeit als eigene Anspruchsvoraussetzung bei jedem Härtegrund

614 Nach § 1579 BGB muss bei jedem Härtegrund (Nr. 1 mit Nr. 8) als eigene, zusätzliche Anspruchsvoraussetzung die Inanspruchnahme des Verpflichteten grob unbillig sein. Voraussetzung ist daher stets die Bejahung eines Härtegrundes (Nr. 1 mit Nr. 8) **und** eine grobe Unbilligkeit.[23] Bei jedem Ausschlusstatbestand muss geprüft werden, ob die Grenze des Zumutbaren eines schuldunabhängigen Unterhaltsanspruchs erreicht wird.[24]

---

[17] BGH, FamRZ 1991, 670; FamRZ 1984, 364, 366
[18] BVerfG, FamRZ 1992, 782
[19] BGH, FamRZ 1991, 670, 672; FamRZ 1989, 1054, FamRZ 1984, 364, 366; FamRZ 1982, 463
[20] BGH, FamRZ 2004, 612
[21] BGH, FamRZ 1987, 259; FamRZ 1984, 364; FamRZ 1982, 463
[22] BGH, FamRZ 1985, 267
[23] BGH, FamRZ 1989, 483, 485
[24] BGH, FamRZ 1999, 710, 711 = R 531 a; FamRZ 1990, 492, 495

Das Tatbestandsmerkmal der groben Unbilligkeit betont den **Ausnahmecharakter** des   615
§ 1579 BGB.[25] Grobe Unbilligkeit bedeutet mehr als einfache Unbilligkeit, d. h., es sind
hierzu strengere Maßstäbe anzulegen als bei der Prüfung eines Verstoßes gegen Treu und
Glauben.Eine grobe Unbilligkeit ist zu bejahen, wenn nach den Verhältnissen des konkreten
Einzelfalls die Zuerkennung eines Unterhaltsanspruchs dem Gerechtigkeitsempfinden in
unerträglicher Weise widersprechen würde.[26]

Dies erfordert eine **umfassende Interessenabwägung,** bei der vor allem der verfassungsrechtliche Grundsatz der Verhältnismäßigkeit unter Vorrang des Kindeswohls zu beachten
ist.[27] Das Erfordernis einer umfassenden Interessenabwägung gilt nicht nur bei besonders
schweren,[28] sondern bei jedem Härtefall.[29] Eine solche Interessenabwägung ist außerdem
erforderlich für die Ermessensentscheidung des Tatrichters, ob er im Hinblick auf die Schwere
des Härtefalles unter Berücksichtigung des vorrangigen Kindeswohls und der Interessen
beider Ehegatten den Unterhaltsanspruch versagen, herabsetzen oder zeitlich begrenzen will.

Die gebotene Interessenabwägung ist Sache des **Tatrichters,** der dazu einen ihm vor-   616
behaltenen, nicht revisiblen Beurteilungsspielraum hat.[30]

Der Tatrichter hat zu diesem Zweck alle für die umfassende Interessenabwägung erforderlichen Tatsachen festzustellen und zu gewichten.[31]

Festzustellen und zu gewichten sind insbesondere
- die für die Interessenabwägung bedeutsamen Umstände (= Rn. 617 ff.),
- bei Kindesbetreuung zusätzlich die für die vorrangige Berücksichtigung des Kindeswohls
  maßgeblichen Umstände (= Rn. 625 ff.).

2. Umstände, die bei der Interessenabwägung zur Beurteilung einer groben Unbil-
ligkeit zu berücksichtigen sind

a) Grundsatz. Abzuwägen sind jeweils im Verhältnis zum verwirklichten Härtegrund   617
- die Interessen des Verpflichteten an einer unterhaltsrechtlichen Entlastung
- die Interessen des Berechtigten an Unterhaltsleistungen
- die vorrangigen Belange eines gemeinschaftlichen Kindes
- die sonstigen Umstände des konkreten Einzelfalles.

Eine grobe Unbilligkeit ist in der Regel indiziert, wenn ein Härtegrund (Nr. 1 mit Nr. 8)   618
im konkreten Fall übererfüllt ist. Dies ist z. B. der Fall, wenn eine Ehe nur sechs Wochen
gedauert hat,[32] wenn der Berechtigte in besonders krasser Weise einen Härtegrund verwirklicht hat[33] oder wenn mehrere Härtegründe vorliegen.

Je schwerer ein Härtegrund wiegt, umso mehr ist dem Berechtigten zuzumuten, die
unterhaltsrechtlichen Folgen eines solchen Härtegrundes weitgehend selbst zu tragen und
entsprechende Einschränkungen auf sich zu nehmen, sofern nicht das Kindeswohl eine
andere Beurteilung erfordert (vgl. Rn. 625 ff.).

In weniger krassen Härtefällen ist eine umfassende Abwägung der beiderseitigen Interessen erforderlich. Je länger z. B. eine Ehe gedauert hat, umso mehr hängt die Anwendung
der Härteklausel von der zusätzlichen Feststellung konkreter Umstände ab, die die Inanspruchnahme des Verpflichteten als unerträglichen Widerspruch zum Gerechtigkeitsempfinden erscheinen lassen.[34] Da bereits bei fehlenden beruflichen Nachteile die Begrenzungsmöglichkeiten des § 1578 b BGB eingreifen, die lediglich eine Unbilligkeit eines lebenslangen, am ehelichen Bedarf orientierten Unterhaltsanspruchs voraussetzen, dürfen an die

[25] BGH, FamRZ 1980, 981
[26] BGH, FamRZ 2004, 612 = R 601 b; FamRZ 1982, 582
[27] BGH, FamRZ 1990, 492, 494
[28] BGH, FamRZ 1984, 986, 988; FamRZ 1983, 676
[29] BGH, FamRZ 1990, 492, 495; FamRZ 1987, 689 = R 337 c; FamRZ 1984, 154
[30] BGH, FamRZ 1988, 930
[31] BGH, FamRZ 2002, 810 = R 574 d
[32] BGH, FamRZ 1981, 944
[33] BGH, FamRZ 2004, 612 = R 601 b; FamRZ 1997, 873, 875 = R 513 c; FamRZ 1984, 154;
     FamRZ 1983, 676
[34] BGH, FamRZ 1999, 710, 711 = R 531 a; FamRZ 1982, 582

Annahme einer groben Unbilligkeit bei einem verschuldeten Fehlverhalten des Bedürftigen keine zu hohen Ansprüche gestellt werden.

Bei einer Ehedauer bis zu zwei Jahren werden an die Darlegung von Unbilligkeitsgründen im Regelfall geringere Anforderungen gestellt. Denn schon wegen einer derart kurzen Ehedauer fehlt die innere Rechtfertigung für eine unbeschränkte Unterhaltsverpflichtung, nachdem keine Lebensstandardgarantie mehr besteht (vgl. Rn. 174).[35]

619   **b) Beim Verpflichteten zu berücksichtigende Interessen:**
- **Bedeutsam** ist in erster Linie, wie sehr den Verpflichteten nach seinen konkreten wirtschaftlichen und persönlichen Verhältnissen eine ggf. lebenslange Unterhaltsverpflichtung nach dem Maßstab der Zumutbarkeit belastet.[36] Ihm ist **mehr zuzumuten,** wenn der Berechtigte ein gemeinsames Kind betreut, wenn es sich bei dem Härtefall um einen Grenzfall handelt oder wenn er sich in wirtschaftlich guten Verhältnissen befindet.
- Die Beurteilung der Frage, ob ein Härtefall oder ein besonders schwerer Härtefall vorliegt, ist in der Regel ohne Kenntnis der wirtschaftlichen Verhältnisse des Verpflichteten nicht möglich.[37] Es kommt bevorzugt darauf an, in welcher Weise die Unterhaltslast im konkreten Fall den Verpflichteten trifft. Dabei sind insbesondere dessen wirtschaftliche Verhältnisse mit deren konkretem Gewicht in die Würdigung einzubeziehen.[38] Den Einkommensverhältnissen des Verpflichteten kommt somit stets eine Bedeutung zu.[39]
- Im Rahmen des § 1579 BGB ist mit zu berücksichtigen, ob sich die Inanspruchnahme des Verpflichteten – wie regelmäßig bei beengten wirtschaftlichen Verhältnissen – drückend oder angesichts eines größeren finanziellen Bewegungsspielraums weniger drückend auswirkt.[40] Dabei ist auch zu beachten, ob der Berechtigte eigene Einkünfte hat oder ihm Einkünfte fiktiv zugerechnet werden, weil der Verpflichtete dadurch wirtschaftlich entlastet wird.[41]
- **Persönliche Verhältnisse** des Verpflichteten, wie Alter, Gesundheitszustand, Erwerbsbeschränkungen u. ä.;
- Bei Wiederverheiratung die Unterhaltsansprüche gegenüber einer neuen nachrangigen oder gleichrangigen Frau; vorrangige Unterhaltslasten sind dagegen bereits bei der Bereinigung des Nettoeinkommens abzuziehen (näher Rn. 1/ 655).
- Besondere wirtschaftliche Belastungen während der Ehe durch Unterhaltsleistungen für ein unterschobenes außereheliches Kind der Berechtigten[42] oder wenn der Verpflichtete von der Berechtigten von einer Ehelichkeitsanfechtung abgehalten worden ist[43] oder solange der Verpflichtete wegen eines nicht leiblichen Kindes auf Unterhalt in Anspruch genommen wird, weil dieses Kind noch als ehelich gilt.[44]
- **Fehlverhalten des Pflichtigen,** das das schuldhafte Verhalten des Bedürftigen abmildert, z. B. wenn auch der Pflichtige unwahre Angaben zu seinem Einkommen gemacht hat.[45] Im Einzelfall kann dies bereits zum Wegfall des Verwirkungstatbestandes führen, z. B. bei Vorliegen eines Falls der Wahrnehmung berechtigter Interessen (näher Rn. 710).

619 a   Nach dem **Tode des Pflichtigen** sind im Rahmen des § 1586 b BGB bei der Billigkeitsabwägung nicht nur Belange des verstorbenen Pflichtigen zu prüfen, sondern auch Umstände, die ausschließlich das Verhältnis Bedürftiger zu Erben betreffen.[46]

---

[35] BGH, FamRZ 1989, 483, 485; FamRZ 1982, 582
[36] BGH, FamRZ 1988, 930; FamRZ 1988, 259
[37] BGH, FamRZ 1983, 996, 998
[38] BGH, FamRZ 1989, 483, 485
[39] BGH, FamRZ 1984, 154
[40] BGH, FamRZ 1983, 670 = R 149 a
[41] BGH, FamRZ 1988, 259; FamRZ 1984, 154; FamRZ 1984, 662, 664
[42] BGH, FamRZ 1985, 267
[43] BGH, FamRZ 1985, 51
[44] BGH, FamRZ 1984, 154
[45] BGH, FamRZ 2007, 1532 = R 6811
[46] BGH, FamRZ 2003, 521 = R 581 a

c) Beim Berechtigten zu berücksichtigende Umstände: 620

- Bedeutsam ist vor allem, wie sehr der Berechtigte auf Unterhalt angewiesen ist und diesen nicht durch eigene zumutbare Anstrengung ganz oder teilweise selbst decken kann.
- **Verschärfte Anforderungen** an zumutbare eigene Bemühungen des Berechtigten bestehen, wenn der Verpflichtete beschränkt leistungsfähig ist (Mangelfall) oder wenn der Berechtigte einen Härtegrund in besonders krasser Weise verwirklicht hat. Dem Berechtigten kann dann, auch wenn ihn nach § 1361 II BGB an sich noch keine Erwerbsobliegenheit trifft, die Aufnahme oder Ausweitung einer Erwerbsobliegenheit zugemutet werden.[47] Es können von ihm auch überobligatorische Erwerbstätigkeiten (§ 1577 II BGB) verlangt werden. Er muss sich bei Vorliegen eines Verwirkungstatbestandes verstärkt um die Aufnahme einer Erwerbstätigkeit bemühen. Unterlässt er solche Bemühungen, können ihm fiktive Einkünfte zugerechnet werden. Einkünfte aus unzumutbarer Erwerbstätigkeit können ihm in erhöhtem Umfang als Einkommen angerechnet werden (§ 1577 II BGB). Auch freiwillige unentgeltliche Zuwendungen Dritter können bedarfsmindernd angesetzt werden. Es ist ihm zuzumuten, sich Mittel für seinen Unterhalt durch Verwertung seines Vermögens zu verschaffen, z. B. durch Verwertung des Miteigentumsanteils an einem gemeinsamen Haus.[48]
- Die wirtschaftlichen Verhältnisse des Berechtigten und die Auswirkungen einer Unterhaltsherabsetzung auf seine Lebensverhältnisse.[49]
- Schwere des Verwirkungsgrundes.[50]
- Persönliche Verhältnisse des Berechtigten wie Alter,[51] Gesundheitszustand, schicksalsbedingte Lebenssituation,[52] persönliche Leistungen für den Verpflichteten bzw. für die eheliche Lebensgemeinschaft, Verdienste um die Familie, insbesondere bei der Pflege und Erziehung von Kindern.[53]
- Im Rahmen der Billigkeitsabwägung ist auch zu berücksichtigen, wenn der Berechtigte schon vor der Eheschließung behindert und auf Dauer erwerbsunfähig war. Er ist dann durch die Eheschließung nicht an der Aufnahme einer geregelten Erwerbstätigkeit und damit an der Sicherstellung des Unterhalts gehindert worden.[54]

d) Zu berücksichtigende sonstige Umstände: 621

- Ein stets wichtiger Umstand ist die **Ehedauer**.[55] Je länger eine Ehe dauert, umso mehr kann die wirtschaftliche Abhängigkeit des bedürftigen Ehegatten wachsen, wenn er die Familienarbeit übernommen hat. Dieser fühlt sich mit zunehmender Ehedauer durch die unterhaltsrechtliche Solidarität des Ehepartners abgesichert. Deshalb wiegt der Verlust oder die Beschränkung eines Unterhaltsanspruchs in diesen Fällen umso schwerer, je länger eine Ehe gedauert hat.[56]
- Zu berücksichtigen ist auch das Zustandekommen und der Verlauf der Ehe[57] sowie die Zahl der aus der Ehe hervorgegangenen Kinder[58] und die Dauer des Zusammenlebens.
- Zu berücksichtigen ist außerdem die Dauer eines nichtehelichen Zusammenlebens des Berechtigten mit einem neuen Partner[59] und die finanzielle Absicherung in einer neuen Partnerschaft.[60]

---

[47] BGH, FamRZ 1997, 873, 875 = R 513 c; FamRZ 1983, 670 = R 149 a; vgl. auch BT-Drs. 16/1830 vom 15. 6. 2006 S. 21
[48] BGH, FamRZ 1984, 154
[49] BGH, FamRZ 2002, 810 = R 574 d
[50] BGH, FamRZ 1986, 889
[51] BGH, FamRZ 1986, 670 = R 149 a
[52] BGH, FamRZ 1988, 930
[53] BGH, FamRZ 2002, 810 = R 574 d; FamRZ 1986, 889; FamRZ 1986, 670, 671 = R 149 a
[54] BGH, FamRZ 1988, 930
[55] BGH, FamRZ 2002, 810 = R 574 d; FamRZ 1986, 443; FamRZ 1986, 889, 890; FamRZ 1983, 670 = R 149 a
[56] BGH, FamRZ 1986, 443
[57] BGH, FamRZ 1988, 930
[58] BGH, FamRZ 2004, 614 = R 607 b; FamRZ 1983, 670 = R 149 a
[59] BGH, FamRZ 1987, 689 = R 337 c
[60] BGH, FamRZ 2003, 521 = R 581 b; FamRZ 1986, 443

- Beim Zusammenleben mit einem neuen Partner (§ 1579 Nr. 2 BGB) können auch dessen wirtschaftliche Verhältnisse zu berücksichtigen sein.[61] Auch wenn beim Tatbestand einer sog. eheähnlichen verfestigten Lebensgemeinschaft die finanziellen Verhältnisse des Partners keine Rolle spielen (s. näher Rn. 662), sind sie bei der Prüfung der groben Unbilligkeit zu beachten.

622   **e) Verzeihung:** Wird ein Unterhaltsanspruch trotz Kenntnis des Verwirkungsgrundes außergerichtlich **anerkannt,** entfällt in der Regel eine grobe Unbilligkeit.[62] Das Gleiche gilt, wenn jahrelang Unterhalt bezahlt wird, ohne sich auf die Unbilligkeit zu berufen.[63] Die sog. **Verzeihung** kann ausdrücklich oder konkludent erfolgen.[64] Sie lässt nicht den einzelnen Verwirkungstatbestand entfallen, sondern ist im Rahmen der Billigkeitsabwägung zu prüfen und gilt deshalb für alle Tatbestände des § 1579 BGB. Die Darlegungs- und Beweislast für eine Verzeihung trifft den Bedürftigen. Maßgebend für die Annahme einer Verzeihung ist, ob der Pflichtige mit seiner Unterhaltszahlung zu erkennen gab, dass trotz Vorliegens eines Verwirkungstatbestandes die Unterhaltsleistung für ihn keine grobe Unbilligkeit darstellt und damit ein **Vertrauensschutz** beim Bedürftigen entstehen konnte. Letzteres ist **nicht gegeben,** wenn der Pflichtige aus anderen Gründen den Unterhalt ungekürzt bezahlt, z.B. wegen der Betreuung gemeinschaftlicher Kinder,[65] wegen eines Versöhnungsversuches oder weil durch die Unterhaltsleistung die Rente des Pflichtigen nach § 5 VAHRG nicht gekürzt wurde.[66] Lebt der Bedürftige mit einem neuen Partner zusammen und zahlt der Pflichtige in Kenntnis dieses Umstandes weiter Unterhalt, damit ihm gemäß § 5 VAHRG seine Rente ungeschmälert zufließt, kann er bei Wegfall dieses Privilegs durch Eintritt des Rentenfalls beim Bedürftigen den Verwirkungsgrund des § 1579 Nr. 2 BGB geltend machen, ohne dass der Berechtigte aus der bisherigen Zahlung einen Vertrauensschutz herleiten kann.[67]

623   **f) Zusatzfragen.** Ist der Pflichtige verstorben, kann sich der Erbe im Rahmen des § 1586b BGB auf Verwirkung des Anspruchs berufen (vgl. auch Rn. 606).[68] Er kann insbesondere einwenden, dass Gründe, die den Pflichtigen davon abhielten, die Verwirkung geltend zu machen, nicht mehr vorliegen, z.B. das Rentnerprivileg nach § 5 VAHRG. Der Verwirkungseinwand ist in diesen Fällen auch nicht präkludiert, da der Eintritt des Rentenfalls oder der Wegfall der Kinderbetreuung eine neue Tatsache i.S. des § 323 I ZPO darstellt.

Obige Ausführungen gelten entsprechend, wenn der Unterhaltsanspruch wegen Leistung von Arbeitslosengeld II oder Sozialhilfe auf den Träger der Sozialleistung übergegangen ist. Durch einen gesetzlichen Forderungsübergang ändert sich an Natur, Inhalt und Umfang des Unterhaltsanspruchs nichts.[69]

623 a   Ein **Trennungsverschulden** kann seit der Abkehr vom Verschuldensprinzip nur bedeutsam sein, wenn es eindeutig und klar bei einem Ehegatten liegt (vgl § 1579 Nr. 7 BGB), was vom Tatrichter festgestellt werden muss.[70]

624   Bei Altersehen ist es kein besonderer Umstand, dass die Parteien bei Eheschließung bereits das Ergebnis ihrer Lebensarbeit erreicht haben.[71] Unerheblich ist auch die Behauptung, die Berechtigte habe nur geheiratet, um versorgt zu sein.[72] Auch eine wiederaufgelebte Witwenrente hat wegen Subsidiarität keine Unterhaltsersatzfunktion und ist deshalb im Regelfall im Rahmen des § 1579 BGB nicht zu berücksichtigen.[73]

---

[61] BGH, FamRZ 1989, 487
[62] OLG Nürnberg, FamRZ 1992, 673
[63] OLG Düsseldorf, FamRZ 1997, 1159; OLG Hamm, FamRZ 1997, 1485; FamRZ 1994, 702, 705
[64] BGH, FamRZ 2004, 614 = R 607 b; FamRZ 2003, 521 = R 581 b
[65] BGH, FamRZ 2004, 614 = R 607 b; FamRZ 2003, 521 = R 581 c
[66] BGH, FamRZ 2004, 614 = R 607 c; FamRZ 2003, 521 = R 581 c
[67] BGH, FamRZ 2004, 614 = R 607 c, d; FamRZ 2003, 521 = R 581 c
[68] BGH, FamRZ 2004, 614 = R 607 a; FamRZ 2003, 521 = R 581 a, c
[69] BGH, FamRZ 2002, 1698 = R 580 a
[70] BGH, FamRZ 1989, 483, 485
[71] BGH, a. a. O.
[72] BGH, a. a. O.
[73] BGH, FamRZ 1986, 889

3. Vorrangige Berücksichtigung des Kindeswohls bei Betreuung eines gemeinschaftlichen Kindes durch den Berechtigten

a) Grundsatz. Wenn der Berechtigte ein gemeinsames Kind betreut, ist im Rahmen der **625** Billigkeitsprüfung nach § 1579 BGB stets **vorrangig** zu klären, ob und inwieweit die Inanspruchnahme des Verpflichteten auch unter Wahrung der Belange des dem Berechtigten zur Pflege und Erziehung anvertrauten gemeinschaftlichen Kindes grob unbillig ist. In der Regel wird es sich in solchen Fällen beim nachehelichen Unterhalt um einen Anspruch nach § 1570 BGB handeln (Rn. 64 ff.). Der Betreuungsunterhalt ist selbst bei Vorliegen von Härtegründen nach § 1579 BGB privilegiert, weil im Interesse des Kindeswohls trotz Fehlverhalten des Sorgeberechtigten die Wahrnehmung der Elternverantwortung gesichert bleiben soll.[74] Nach der Gesetzesreform zum 1. 1. 2008 steht deshalb bei § 1570 BGB nicht die Eigenverantwortung, sondern die Wahrung der Belange des gemeinschaftlichen Kindes im Vordergrund.[75] Das Kindeswohl ist in solchen Fällen nach dem Wortlaut des Gesetzes stets vorrangig gegenüber den Interessen des Verpflichteten.

Durch die vorrangige Berücksichtigung des Kindeswohls soll nach Möglichkeit verhindert **626** werden, dass der betreuende Elternteil zu einer Tätigkeit gezwungen wird, die zum Nachteil des Kindes dessen **geordnete Betreuung und Erziehung erschwert.**[76] Der Lebensstandard des Kindes soll möglichst nicht wegen eines Fehlverhaltens des betreuenden Elternteils, das von ihm nicht zu verantworten ist, absinken. Aus diesem Grunde wurde im Gesetzgebungsverfahren zum UÄndG von 1986 die nach dem Regierungsentwurf zu § 1579 BGB vorgesehenen Worte „Berücksichtigung der Belange" durch die schärfere Formulierung „Wahrung der Belange" ersetzt.[77] Nach der bisherigen Rechtsprechung wurde dem aber bei einem schwerwiegenden Fehlverhalten in der Regel Genüge getan, wenn der Unterhalt auf das zur Kinderbetreuung notwendige Mindestmaß herabgesetzt wurde.[78] Es war nach BGH nicht zu erwarten, dass sich für das Kind besondere Nachteile ergeben, wenn sich der betreuende Elternteil einschränken musste.[79] Das Mindestmaß entspricht üblicherweise dem sog. Notunterhalt, was bedenklich erscheint, da finanziell zu eingeschränkte Lebensverhältnisse des kinderbetreuenden Elternteils entgegen der Auffassung des BGH immer auch Auswirkungen auf die Entwicklungsmöglichkeiten des Kindes haben. Hierauf hat auch das BVerfG in seinem Beschluss vom 28. 2. 2007 zum Gleichbehandlungsgrundsatz bei der Betreuung ehelicher und nicht ehelicher Kinder zu Recht hingewiesen.[80] In besonders krassen Fällen einer groben Unbilligkeit konnte zur Vermeidung unbilliger Ergebnisse auch bei Kinderbetreuung eine Herabsetzung des Unterhalts über den Notbedarf hinaus bis zum völligen Wegfall in Betracht kommen.[81]

Seit der **Neufassung des § 1570 BGB** zum 1. 1. 2008 mit einem früheren Einsetzen der **627** Erwerbsobliegenheit bei der Betreuung eines gemeinschaftlichen Kindes stehen die Wahrung der Kindesbelange nur noch in **eingeschränktem Umfang** der Bejahung einer groben Unbilligkeit entgegen. Eine Erwerbsobliegenheit vor Vollendung des 3. Lebensjahres des Kindes wird wegen des eindeutigen Gesetzeswortlauts des § 1570 BGB auch im Verwirkungsfall nicht verlangt werden können. Nach den Materialien zur Unterhaltsreform ist aber ansonsten in jedem Einzelfall zu prüfen, inwieweit der Unterhalt auf das **für die Kinderbetreuung notwendige Maß reduziert** und inwieweit dem betreuenden Elternteil bereits nach Vollendung des 3. Lebensjahres des gemeinschaftlichen Kindes die Ausweitung einer ansonsten regelmäßig nur erforderlichen Teilzeiterwerbstätigkeit zugemutet werden kann.[82]

---

[74] BGH, FamRZ 1997, 873, 875 = R 513 c; FamRZ 1997, 671; FamRZ 1987, 1238
[75] BT-Drs. 16/6980 vom 7. 11. 2007 S. 18
[76] BGH, FamRZ 1984, 986, 988
[77] BGH, FamRZ 1987, 1238
[78] BGH, FamRZ 1997, 873, 875 = R 513 c; FamRZ 1987, 1238
[79] BGH, FamRZ 1987, 1238
[80] BVerfG, FamRZ 2007, 965 = R 671 b
[81] BGH, FamRZ 1998, 541
[82] BT-Drs. 16/1830 vom 15. 6. 2006 S. 21

628   Der Vorrang besteht nur bei Betreuung **gemeinschaftlicher Kinder,**[83] **nicht** bei Pflegekindern oder Stiefkindern. Gemeinschaftliche Kinder sind leibliche Kinder, Adoptiv- kinder und scheineheliche Kinder, solange die Vaterschaft nicht wirksam angefochten ist (Rn. 65).

629   Die **Betreuung** des Kindes muss **rechtmäßig** sein, d. h., der Berechtigte muss ein minderjähriges Kind entweder mit Einverständnis des Verpflichteten oder auf Grund einer Sorgerechtsentscheidung des Gerichts betreuen.[84] Nach der seit 1. 7. 1998 geltenden Rechtslage genügt es dabei, dass sich die Eltern einig sind, bei wem sich das Kind aufhält.

Wenn der Berechtigte, der einen Härtegrund verwirklicht, bei der Trennung **eigen- mächtig** ein Kind gegen den Widerspruch des anderen Elternteils mit sich nimmt, erhält er in der Regel einen Unterhaltsanspruch erst ab dem Zeitpunkt, in dem der Aufenthalt des Kindes durch eine wirksame gerichtliche Entscheidung zum Sorge- oder zumindest zum Aufenthaltsbestimmungsrecht (Beschluss oder einstweilige Anordnung) geregelt ist, er das Kind betreuen will und dazu ohne Gefährdung des Kindeswohls in der Lage ist. Sinn des Erfordernisses einer rechtmäßigen Betreuung ist es zu verhindern, dass ein Ehegatte aus einem rechtswidrigen Verhältnis wirtschaftliche Vorteile ziehen kann.[85]

630   Der **Vorrang des Kindeswohls** beruht darauf, dass dem Kind eigene Menschenwürde und ein eigenes Recht auf volle Entfaltung seiner Persönlichkeit zukommt und dass deshalb der Gesetzgeber auch im Unterhaltsverfahren Regelungen zu vermeiden hatte, die sich für die Entwicklung des Kindes nachteilig auswirken könnten. Art. 6 II 1 GG begründet für die Eltern gleichermaßen das Recht und Pflicht zur Pflege und Erziehung ihrer Kinder. Die den Eltern zugewiesene Verantwortung dient dem Schutz des Kindes, ist also ein Grundrecht in dessen Interesse.[86] Mit der Trennung der Eltern ist für Kinder ohnehin in der Regel eine Verschlechterung ihrer Lebensverhältnisse verbunden. Einmal ist es die auf dem Verlust eines Elternteils beruhende seelische Belastung, die Kinder bewältigen müssen, zum anderen werden Kinder zwangsläufig auch von den meist ungünstigen wirtschaftlichen Folgen der Trennung und Scheidung betroffen. Kinder getrennt lebender oder geschiedener Eltern müssen darauf verzichten, mit ihren Eltern in Familiengemeinschaft zusammenleben zu können.[87] Diese abträglichen Folgen des gestörten familiären Zustandes werden erheblich verstärkt, wenn Kinder durch ein Fehlverhalten des betreuenden Elternteils über Gebühr in Mitleidenschaft gezogen werden.

631   **b) Prüfungsmaßstab.** Grundrechtswidrige Ergebnisse lassen sich weitgehend dadurch vermeiden, dass der eheangemessene Unterhalt auf das zur **Kindesbetreuung erforderli- che Maß reduziert** wird.[88] Dabei ist in einem Härtefall zu prüfen, ob und in welchem Umfang die Auferlegung von Unterhaltsleistungen im Interesse des Kindes erforderlich ist.[89] Bleiben die Kindesbelange unter Berücksichtigung der Betreuungsmöglichkeiten gewahrt, kann aber im Einzelfall zumindest bei Betreuung nur eines Kindes seit der Neufassung des § 1570 BGB zum 1. 1. 2008 bereits statt einem phasenweisen Übergang ins Erwerbsleben eine Ganztagstätigkeit verlangt werden. Bei Betreuung mehrerer Kinder und dem dadurch gegebenen erhöhten Betreuungsaufwand wird die Aufnahme einer Ganztagstätigkeit dage- gen auch im Verwirkungsfall in der Regel nicht vor Beginn der Schulzeit in Betracht kommen,[90] es sei denn, die Pflege und Erziehung der Kinder kann in anderer Weise als durch Betreuung durch die Eltern sichergestellt werden.

632   Im Rahmen der Frage, inwieweit Unterhaltsleistungen an den Berechtigten durch die Kindesinteressen erforderlich sind, dürfen in der Person des Berechtigten liegende besondere

---

[83] BGH, FamRZ 2006, 1010
[84] BVerfG, FamRZ 1981, 745, 749; BGH, FamRZ 1983, 142
[85] BGH, a. a. O.
[86] BVerfG, FamRZ 2001, 343 = R 553 b
[87] BVerfG, FamRZ 1981, 745, 749
[88] BVerfG, FamRZ 1981, 745, 749
[89] BGH, FamRZ 1987, 671; FamRZ 1984, 662, 664
[90] A. A. OLG Bremen, NJW 2007, 1890 mit Anm. Borgschneider: Bei zwei Kindern bereits ab Vollendung des 3. Lebensjahres des jüngeren Kindes.

Umstände, wie z. B., dass die Berechtigte ihre frühere Erwerbstätigkeit schon kurz nach der Ehe aufgegeben und auf Grund der hohen Einkünfte des Mannes in günstigen wirtschaftlichen Verhältnissen gelebt hat, dagegen nicht berücksichtigt werden.[91]

Da die **Belange des Kindes** nach dem Wortlaut des § 1579 BGB zu „wahren" sind, **633** kommt eine Herabsetzung oder Versagung des Unterhalts lediglich in Betracht, wenn die Pflege und Erziehung des Kindes trotzdem gesichert bleibt.

- Dies ist entgegen der früheren Rechtsprechung des BGH vielfach nicht der Fall, wenn der Unterhalt auf das Existenzminimum herabgesetzt wird. Zur Wahrung der Belange des Kindes wird zumindest der angemessene Bedarf verbleiben müssen. Eine Herabsetzung auf den Mindestbedarf wird nur in besonders schwerwiegenden Härtefällen in Betracht kommen.
- Etwas anderes gilt, wenn und soweit der Berechtigte die zur Deckung des erforderlichen Bedarfs notwendigen Mittel von anderer Seite erhalten kann und deshalb auf den Unterhalt nicht angewiesen ist.[92] Dies trifft z. B. zu, wenn die Berechtigte in Unterhaltsgemeinschaft mit einem neuen Partner lebt und in der Lage ist, geringe Eigenmittel selbst zu verdienen. Durch die Zurechnung eines fiktiven Einkommens für Versorgungsleistungen an den neuen Partner kann eine mit dem Verfassungsgrundsatz der Verhältnismäßigkeit unvereinbare Belastung des Verpflichteten vermieden werden.[93]
- Die Belange des Kindes können außerdem gewahrt sein, wenn seine Pflege und Erziehung in anderer Weise als durch elterliche Betreuung sichergestellt werden kann.[94] Dies ergibt sich seit der Reform des Unterhaltsrechts zum 1. 1. 2008 bereits aus der Neufassung des § 1570 BGB.

Die Belange des Kindes im Sinn der obigen Ausführungen sind **nicht gewahrt,** wenn der **634** Berechtigte bei einer Unterhaltsversagung **Arbeitslosengeld II** beanspruchen muss. Eine Verweisung auf Arbeitslosengeld II bzw. Sozialhilfe ist mit dem Grundsatz der Subsidiarität dieser Sozialleistungen nicht zu vereinbaren.[95]

Über die Wahrung der Belange der gemeinschaftlichen Kinder hinaus ist zusätzlich zu **635** prüfen, inwieweit die Inanspruchnahme des Verpflichteten grob unbillig ist.[96]

Nach Beendigung der erforderlichen Kindesbetreuung erlischt der Vorrang des Kindes- **636** wohls und es greift der jeweilige Härtegrund uneingeschränkt durch.

III. Ehe von kurzer Dauer (§ 1579 Nr. 1 BGB)

1. Härtegrund der kurzen Ehedauer (Nr. 1)

Mit der Unterhaltsreform zum 1. 1. 2008 wurde der zweite Halbsatz des Tatbestandes zur **637** Wahrung der Belange eines gemeinschaftlichen minderjährigen Kindes gemäß der Rechtsprechung des BVerfG neu gefasst (vgl. Rn. 639).

Die Härteklausel der Nr. 1 ist anzuwenden, wenn die Ehe von kurzer Dauer war. Die Dauer der Ehe im Sinne des ersten Halbsatzes der Nr. 1 bemisst sich nicht nach der Zeit des tatsächlichen Zusammenlebens der Eheleute, sondern nach der Dauer des rechtlichen Ehebandes.[97] Auch ein dem anhängigen Verfahren vorangegangener abgewiesener oder zurückgenommener Scheidungsantrag verkürzt die Ehezeit nicht.[98] Zu berücksichtigen sind aber nach dem zweiten Halbsatz der Nr. 1 die Kindesbelange und die Kinderbetreuung.[99]

---

[91] BGH, FamRZ 1984, 662, 664
[92] BGH, FamRZ 1997, 671 = R 511 A b; FamRZ 1989, 1279
[93] BGH, FamRZ 1984, 154; FamRZ 1984, 356
[94] BGH, FamRZ 1997, 671; FamRZ 1989, 1279
[95] BGH, FamRZ 1989, 1279
[96] BVerfG, FamRZ 1992, 1283
[97] BGH, FamRZ 1995, 1405 = R 490 A b; FamRZ 1986, 886
[98] BGH, FamRZ 1986, 886
[99] BT-Drs. 16/1830 vom 15. 6. 2006 S. 20

638   Als **Ehedauer** nach dem ersten Halbsatz der Nr. 1 ist die Zeit von **Eheschließung bis zur Rechtshängigkeit** des Scheidungsantrags (nicht der Rechtskraft des Scheidungsverfahrens) zu verstehen.[100] In aller Regel vollzieht der Antragsteller den entscheidenden Schritt zur Beendigung einer Ehe mit der Rechtshängigmachung seines Antrags. Aus seiner Sicht dient das weitere Verfahren, vor allem, wenn es im Verbund mit den Folgesachen abläuft, im Allgemeinen nur noch der Abwicklung der ehelichen Beziehungen und der Regelung der Folgesachen. Auch für den Antragsgegner wird mit der Rechtshängigkeit des Antrags das Scheitern des gemeinsamen Lebensplanes und das Ende der gemeinschaftlichen Lebensgestaltung deutlich. Damit erscheint es auch im Hinblick auf die eheliche Situation, wie sie sich den Ehepartnern darstellt, als sachgerecht, die Zeit des Scheidungsrechtsstreits nicht in die Bemessung der Ehedauer miteinzubeziehen.[101] Der Zugang eines Antrags auf PKH reicht deshalb nicht aus. Auch bei einem **verfrühten Scheidungsantrag** ist die Ehedauer bis zur Rechtshängigkeit des Antrags zu berechnen,[102] die Frage, ob und warum der Antrag verfrüht gestellt wurde, ist im Rahmen der Billigkeitsprüfung zu berücksichtigen.

639   Nach der Neufassung des zweiten Halbsatzes des Tatbestandes ist bei der Ehedauer auch die Zeit zu berücksichtigen, in welcher der Berechtigte wegen **der Pflege und Erziehung eines gemeinschaftlichen Kindes** nach § 1570 BGB Unterhalt beanspruchen kann. Die Neuformulierung war auf Grund einer Entscheidung des BVerfG vom 7. 8. 1989 zur Vermeidung verfassungswidriger Ergebnisse notwendig.[103] Wegen des bis 31. 12. 2007 geltenden Gesetzeswortlauts hatte der BGH früher in Fällen berechtigter Kindesbetreuung eine kurze Ehedauer generell verneint.[104] Nach Auffassung des BVerfG,[105] die der BGH übernommen hat, ist **auch bei Kindesbetreuung zunächst nur auf die tatsächliche Dauer** der Ehe von Eheschließung bis Rechtshängigkeit des Scheidungsverfahrens abzustellen. Nach dem Grundsatz der Verhältnismäßigkeit müsse auch bei der Kinderbetreuung in besonderen Härtefällen ein Ausschluss oder eine Herabsetzung des Unterhaltsanspruchs möglich sein, da andernfalls die Beschränkung der Dispositionsfreiheit des Verpflichteten im finanziellen Bereich als Folge der Unterhaltsansprüche des Bedürftigen nicht mehr Bestandteil der verfassungsmäßigen Ordnung sei und vor dem Grundrecht des Art. 2 II GG nicht bestehen könne. Erst wenn diese tatsächliche Ehedauer als kurz zu beurteilen ist, ist im Rahmen der Billigkeitsabwägung zu prüfen, inwieweit die Inanspruchnahme des Verpflichteten auf ungekürzten und unbefristeten Unterhalt auch unter Wahrung der Belange des zu betreuenden Kindes grob unbillig ist und dem Grundsatz der Verhältnismäßigkeit widerspricht.[106] Die Betreuungszeit ist daher nicht schematisch der Ehedauer zuzurechnen, sondern wird erst im Rahmen der Abwägung relevant.[107]

640   **Zum Verständnis des § 1579 Nr. 1 BGB** ist es notwendig, auf die Grundlagen der nachehelichen Unterhaltspflicht zurückzugreifen. Diese Grundlagen sind in den Prinzipien der nachehelichen Solidarität und der in Verbindung mit der Ehe stehenden Bedürftigkeit zu erblicken. Auch wenn mit der Unterhaltsreform zum 1. 1. 2008 der Eigenverantwortung nach § 1569 BGB ein stärkeres Gewicht zukommt, hat die Ehedauer für die fortwirkende wirtschaftliche Mitverantwortung des Einkommensstärkeren ein wesentliches Gewicht. Dabei geht das Gesetz weiterhin davon aus, dass sich diese Grundlagen mit zunehmender Dauer der Ehe verfestigen. Je länger eine Ehe dauert, umso stärker ist die Frage der wirtschaftlichen Sicherung des Ehegatten mit dem Bestand dieser Ehe verbunden. Dem liegt die Erfahrung zugrunde, dass mit Zunahme der Ehedauer auch eine zunehmende Verflechtung der beiderseitigen Lebensdispositionen sowie häufig eine wachsende wirtschaftliche Abhängigkeit des

---

[100] BGH, FamRZ 1995, 1405 = R 490 A b; FamRZ 1990, 492; FamRZ 1986, 886
[101] BGH, FamRZ 1990, 492, 495; FamRZ 1982, 254
[102] OLG Schleswig, FamRZ 2003, 763; OLG Frankfurt, FamRZ 1991, 823
[103] BT-Drs. 16/1830 vom 15. 6. 2006 S. 20
[104] Vgl. z. B. BGH, FamRZ 1987, 572
[105] BVerfG FamRZ 1989, 941
[106] BGH, FamRZ 1990, 492, 495
[107] BT-Drs. 16/1830 S. 20

Gerhardt

unterhaltbedürftigen Ehegatten einhergeht, gegenüber der sich dieser Ehegatte durch die unterhaltsrechtliche Solidarität des Ehepartners abgesichert fühlt.[108] Bei einer kurzen Ehedauer besteht diese wechselseitige Abhängigkeit nicht und erfordert deshalb auch keine fortdauernde wirtschaftliche Mitverantwortung.

Ob und inwieweit die Inanspruchnahme des Verpflichteten wegen einer kurzen Ehedauer **641** grob unbillig ist, hat in erster Linie der Tatrichter zu beurteilen.[109] Auch bei der Neufassung des § 1579 Nr. 1 BGB zum 1. 1. 2008 hat der Gesetzgeber vermieden, eine genaue zeitliche Vorgabe zur kurzen Ehedauer zu treffen, da dieser Zeitraum nicht abstrakt für alle Ehe gleich festgelegt werden kann, sondern an der konkreten Lebenssituation der Ehegatten zu messen ist.[110] Er verwies vielmehr zu dieser Frage auf die bereits bestehende gefestigte Rechtsprechung. **Bei extrem kurzer Ehedauer** wird eine grobe Unbilligkeit in der Regel bejaht.[111] Es ist im Ergebnis aber immer eine Einzelfallentscheidung, bei der vor allem zu prüfen ist, inwieweit bereits eine wechselseitige Verflechtung und Abhängigkeit eintrat. Bei dieser Auslegung ist auch der seit 1. 1. 2008 gestärkte Grundsatz der Eigenverantwortung zu beachten.

Auf den **Trennungsunterhalt** findet die Nr. 1 nach § 1361 III BGB keine Anwendung **642** (vgl. Rn. 38). Dementsprechend kann eine kurze Ehedauer beim Trennungsunterhalt in der Regel auch nicht als selbstständiger Ausschlussgrund nach Nr. 8 berücksichtigt werden,[112] es sei denn, die Eheleute haben tatsächlich nur wenige Monate zusammengelebt[113] oder wollten von vornherein nie zusammenleben[114] (vgl. Rn. 759).

2. Kurze Ehedauer bis zu zwei Jahren

Für die Bemessung der Ehedauer als kurz können keine festen abstrakten Maßstäbe **643** zugrunde gelegt werden. Es kommt vielmehr auf die Lebenssituation der Ehegatten im Einzelfall an. Das schließt es allerdings nicht aus, im Interesse der praktischen Handhabung der Vorschrift die zeitlichen Bereiche zu **konkretisieren,** innerhalb deren eine Ehe in aller Regel von kurzer oder nicht kurzer Dauer ist.

Hat die Ehe nicht länger als zwei Jahre bestanden, wird sie in aller Regel als kurz zu beurteilen sein.[115] Seit der geänderten Rechtslage zum 1. 1. 2008 ist dabei auch das stärkere Gewicht der Eigenverantwortung zu beachten. Nichts anderes kann gelten, wenn sich die Ehegatten bei der Eheschließung bereits in vorgerücktem Alter befunden haben.[116] Es besteht kein Grund, für solche Ehe andere Grenzen zu ziehen als bei Ehen, die in jüngeren Jahren geschlossen wurden.[117] Das Alter der Eheleute kann daher für sich allein weder einen Grund darstellen, die Ehe generell als kurz, noch als lang anzusetzen (s. auch unten Rn. 647).

Ist aus der Ehe ein Kind hervorgegangen, ist auch bei einer sehr kurzen tatsächlichen **643 a** Ehedauer von ca. 3½ Monaten und einem sehr kurzen Zusammenleben von einer Woche zur **Wahrung der Kindesbelange** eine kurze Ehedauer zu verneinen, wenn die Betreuung des gemeinschaftlichen Kindes wegen beengter finanzieller Verhältnisse ein Andauern der ehelichen Solidarität erfordert.[118] Trotz der Neufassung des § 1579 Nr. 1 BGB wird bei tatsächlich kurzer Ehedauer mit Betreuung eines gemeinschaftlichen Kindes die Bejahung des Tatbestandes die Ausnahme sein.

---

[108] BGH, FamRZ 1999, 710, 711 = R 531 a
[109] BGH, FamRZ 1982, 254
[110] BT-Drs. 16/1830 vom 15. 6. 2006 S. 20
[111] BGH, FamRZ 1982, 582; FamRZ 1981, 944
[112] BGH, FamRZ 1987, 572, 575
[113] BGH, FamRZ 1988, 930
[114] BGH, FamRZ 1994, 558 = R 476
[115] BGH, FamRZ 1999, 710, 712 = R 531 a; FamRZ 1995, 1405 = R 490 A b; FamRZ 1990, 492, 495
[116] BGH, FamRZ 1982, 894; FamRZ 1981, 140
[117] BGH, FamRZ 1982, 894
[118] BGH, FamRZ 2005, 1979 = R 640 a

Eine kurze Ehedauer kann allerdings trotz Kinderbetreuung vorliegen, wenn die tatsächliche Ehezeit zwar 18 Monate betrug, sich aber aus dem Verhalten des Bedürftigen ergibt, dass es sich noch um keine feste Bindung handelte, weil er sich von sich aus einem neuen Partner zuwandte.[119] Dies gilt trotz Kinderbetreuung auch bei einer Ehedauer von 26 Monaten, wenn beide Eheleute eine neue Partnerschaft aufnahmen,[120] ebenso von knapp 3 Jahren und Aufnahme einer neuen Beziehung in dieser Zeit[121] (s. näher Rn. 656 a).

644   **Fälle kurzer Ehedauer nach BGH:** 6 Wochen,[122] 18 Monate,[123] 19 Monate[124] und knapp 2 Jahre.[125]

3. Nicht mehr kurze Ehedauer ab ca. 3 Jahren

645   Im Regelfall hält der BGH eine Ehedauer von mehr als drei Jahren nicht mehr für kurz, weil Eheleute innerhalb dieser Zeit ihre Lebenspositionen in der Ehe bereits so weit aufeinander abgestimmt und in wechselseitiger Abhängigkeit auf ein gemeinsames Lebensziel ausgerichtet haben, dass die unterhaltsrechtliche Verpflichtung für die Zeit nach der Scheidung nicht mehr dem Billigkeits- und Gerechtigkeitsempfinden in grober Weise widerspricht.[126] Bei Vorliegen besonderer Umstände kann im Einzelfall aber auch noch eine Ehedauer von knapp 5 Jahren als kurz angesehen werden, wenn sich die Ehegatten in ihrer Lebensführung nicht aufeinander eingestellt und in wechselseitiger Abhängigkeit auf ein gemeinsames Ziel ausgerichtet haben.[127] In diesen Fällen ist aber dann stets zu prüfen, inwieweit der Unterhalt nach der Neufassung des § 1578 b BGB wegen Unbilligkeit zu begrenzen ist.

646   **Fälle nicht mehr kurzer Ehedauer nach BGH:** 41 Monate,[128] 41 1/2 Monate,[129] 43 Monate,[130] 60 Monate,[131] 5 1/4 Jahre.[132]

4. Ehedauer zwischen zwei und drei Jahren und sonstige Sonderfälle

647   In Fällen, die durch besondere, vom Regelfall abweichende Umstände in den Lebensverhältnissen der Ehegatten gekennzeichnet sind, sowie in den Fällen im Zwischenbereich von zwei und drei Jahren ist die Beurteilung in besonderer Weise davon abhängig zu machen, ob die Eheleute sich bereits in wechselseitiger Abhängigkeit auf ein gemeinschaftliches Lebensziel ausgerichtet haben.[133]

Der BGH hat solche Besonderheiten bei einer noch nicht länger als zwei Jahre bestandenen **Rentnerehe** verneint. Beide Ehegatten waren bei Eingehung der Ehe rentenberechtigt und bezogen die ihnen bis dahin zufließenden Altersruhegelder und Pensionen weiter. Besondere Umstände, die eine wechselseitige Abhängigkeit der Lebenspositionen begründet haben könnten, konnten nicht festgestellt werden.[134] Aus den gleichen Gründen hat er eine Ehedauer von **30 Monaten** bei Rentnern als kurz beurteilt, weil noch keine Abhängigkeit der Lebensposition erreicht war.[135]

---

[119] BGH, FamRZ 1990, 492, 495
[120] OLG Celle, FamRZ 2006, 553
[121] OLG München, FamRZ 1996, 1078
[122] BGH, FamRZ 1981, 944
[123] BGH, FamRZ 1990, 492, 495; FamRZ 1987, 572
[124] BGH, FamRZ 1981, 140
[125] BGH, FamRZ 1989, 483, 485
[126] BGH, FamRZ 1999, 710, 712 = R 531 a; FamRZ 1995, 1405 = R 490 A b; FamRZ 1986, 886
[127] BGH, FamRZ 1999, 710, 712 = R 531 a
[128] BGH, FamRZ 1982, 254
[129] BGH, FamRZ 1982, 894
[130] BGH, FamRZ 1981, 140, 142
[131] BGH, FamRZ 1995, 1405 = R 490 A b; FamRZ 1983, 150
[132] BGH, FamRZ 1999, 710, 712 = R 531 a
[133] BGH, FamRZ 1981, 140, 142
[134] BGH, FamRZ 1981, 140
[135] BGH, FamRZ 1982, 582

Je länger eine Ehe über zwei Jahre hinaus gedauert hat, umso mehr hängt die Anwendung **648** der Härteklausel von der Feststellung konkreter Umstände ab, die die Inanspruchnahme des Verpflichteten als unerträglichen Widerspruch zum Gerechtigkeitsempfinden erscheinen lassen. Dabei kommt es bevorzugt darauf an, in welcher Weise die Unterhaltpflicht den Schuldner trifft.[136] Bei einer Ehedauer von **36 Monaten,** in der sich die Bedürftige voll auf die neue Ehe eingestellt hat und deshalb nicht nur in eine andere Stadt zog, sondern auch den Arbeitsplatz aufgab, hat der BGH eine kurze Ehe verneint.[137]

Eine tatsächliche Besonderheit, die die Anwendung der für Regelfälle entwickelten **649** Grundsätze ausschließt, liegt darin, dass die Parteien die – bereits zweite – Ehe erst in vorgerücktem Lebensalter geschlossen haben. Es besteht kein durchgreifender Grund, für Altehen andere Grenzen zu ziehen als bei Ehen, die in jüngerem Alter geschlossen werden. Entscheidungserheblich ist auch nicht, dass die Parteien nur 10 Monate lang zusammengelebt, danach aber bis zur Rechtshängigkeit des Scheidungsantrags bereits mehrere Jahre getrennt gelebt haben. Ein **langjähriges Getrenntleben** führt selbst in Fällen, in denen die Ehegatten nur kurz zusammengelebt haben, nicht zu einer Beschränkung des Unterhaltsanspruchs nach Nr. 1[138] (u. U. aber nach Nr. 8, vgl. Rn. 759).

Auch eine Ehe von **3 Jahren und 4 Monaten** kann noch als „kurz" beurteilt werden, **650** wenn der durch die Krankheit unterhaltsbedürftig gewordene Ehegatte sich bei Ausbruch seiner Krankheit noch nicht darauf eingestellt hatte, in dauernder wirtschaftlicher Abhängigkeit von der damals noch jugendlichen Ehefrau zu leben;[139] ebenso, wenn der Pflichtige bereits nach 20 Monaten Ehedauer Scheidungsantrag stellen wollte, davon aber Abstand nahm, weil die Bedürftige befürchtete, vor Abschluss des Studiums als Ausländerin abgeschoben zu werden.[140]

Der BGH hat bei einer Ehedauer von **ca. 39 Monaten** eine Unterhaltsminderung **651** um die Hälfte gebilligt mit der Begründung, dies sei nach tatrichterlicher Würdigung der gesamten Umstände einschließlich des Alters und der Vermögenslage der Parteien bei Eingehen der Ehe gerechtfertigt. Die Entscheidung trage sowohl der ehelichen Lebensgestaltung der Parteien während der Dauer ihres Zusammenlebens als auch der altersbedingten Unterhaltsbedürftigkeit beider Eheleute in angemessener Weise Rechnung.[141]

5. OLG-Entscheidungen mit Billigkeitsabwägungen

Das **OLG Düsseldorf** hat unter entsprechender Billigkeitsabwägung bei einer Ehedauer **652** von 4 Jahren eine Unterhaltskürzung um die Hälfte bejaht und dabei insbesondere die wirtschaftliche Selbstständigkeit sowie die früh eingetretene Ehezerrüttung berücksichtigt.[142] Bei einer Ehedauer von 2 Jahren 6 Monaten hat es dagegen eine kurze Ehe verneint, weil durch die Heirat die Witwenrente entfiel.[143]

Das **OLG Hamm** hat eine Ehe von kurzer Dauer bei einem Ehezeitraum von knapp **653** 3 Jahren auch dann angenommen, wenn die Heirat zu einem Wegfall der Witwenrente der Ehefrau nach ihrem früheren Mann geführt hat.[144] Bei einer Ehedauer von über 3 Jahren hat es eine kurze Ehedauer bejaht, weil die Eheleute ihren Lebensplan noch nicht aufeinander abgestellt und in wechselseitiger Abhängigkeit auf ein gemeinsames Leben ausgerichtet hatten,[145] ebenso bei einer Ehedauer von 4 Jahren 2 Monaten bei Eheschließung im

---

[136] BGH, FamRZ 1982, 582
[137] BGH, FamRZ 1986, 886
[138] BGH, FamRZ 1982, 894; FamRZ 1982, 582
[139] Unveröffentlichte Entscheidung des BGH vom 15. 6. 1983 – AZ IV b ZR 381/81
[140] BGH, FamRZ 1987, 463
[141] BGH, FamRZ 1982, 28, 29
[142] OLG Düsseldorf, FamRZ 1983, 1139
[143] OLG Düsseldorf, FamRZ 1992, 1188, 1190
[144] OLG Hamm, FamRZ 1984, 903
[145] OLG Hamm, FamRZ 1988, 1285

Rentenalter[146] und bei einer Ehedauer von 2 Jahren und einem verfrüht gestellten Scheidungsantrag.[147]

654   Das **OLG Frankfurt** hat bei 4 Jahren und 5 Monaten noch eine „kurze Ehedauer" bejaht, weil die Ehegatten in dieser Zeit wegen einer Suchterkrankung der Frau und wiederholten, immer wieder abgebrochenen Krankenhausaufenthalten nur 9 Monate tatsächlich zusammengelebt und deshalb ihre Lebensdispositionen noch nicht entscheidend aufeinander eingestellt hatten.[148] Bei einer Ehedauer von $16^1/_2$ Monaten hat es generell eine kurze Ehe angenommen.[149] Bei einer Ehedauer von 3 Jahren und 2 Monaten und Betreuung eines gemeinschaftlichen Kindes hat es eine kurze Ehedauer bejaht, weil die Eheleute bei Eheschließung erst jeweils 22 Jahre alt waren und die bedürftige Ehefrau das Kind nur bis zum 6. Lebensjahr betreute, und deshalb den Unterhaltsanspruch herabgesetzt.[150]

655   Das **OLG Karlsruhe** hat eine Ehedauer von 2 Jahren 11 Monaten als nicht kurz angesehen, weil die Ehefrau die Arbeitsstelle in Bulgarien aufgab, um in die BRD zu übersiedeln.[151]

656   Des **OLG Köln** hat bei einer Ehedauer von knapp 4 Jahren noch eine kurze Ehe bejaht, weil die Parteien nur $2^1/_2$ Jahre zusammenlebten, die Ehefrau bereits bei Eingehung der Ehe wegen Asthma bronchiale 4 Jahre erwerbslos war und noch keine wechselseitigen Verflechtungen und Abhängigkeiten in Ausrichtung auf ein gemeinsames Lebensziel vorlagen.[152]

656 a   Das **OLG München** hat bei einer Ehedauer von fast 3 Jahren und Betreuung eines gemeinschaftlichen Kindes eine kurze Ehedauer bejaht, weil die Bedürftige bereits ein Jahr nach Ehebeginn eine Beziehung zu einem neuen Partner aufnahm und aus diesem Ehebruch ein nichteheliches Kind stammte, ihr Verhalten also aufzeigte, dass sie die Ehe nicht als feste Bindung ansah und deshalb die Zukunftsplanung nicht auf ein längeres Zusammenleben mit dem Ehepartner einrichtete. Um die Belange des gemeinschaftlichen Kindes zu wahren, wurde der Anspruch bis zu dessen 9. Lebensjahr zeitlich begrenzt.[153]

656 b   Das **OLG Celle** hat bei einer 26-monatigen Ehe, aus der ein gemeinsames Kind hervorging, eine kurze Ehedauer bejaht, weil sich beide Ehepartner von der Ehe lossagten und einem neuen Lebensgefährten zuwandten.[154]

IV. Härtegrund der verfestigten Lebensgemeinschaft (§ 1579 Nr. 2 BGB)

657 1. Neufassung des Tatbestandes

Der Tatbestand des Zusammenlebens in einer verfestigten Lebensgemeinschaft wurde vom Gesetzgeber mit der Unterhaltsreform zum 1. 1. 2008 neu eingefügt (vgl. Rn. 599). Dieser Verwirkungsgrund wurde bisher von der Generalklausel des § 1579 Nr. 7 BGB a. F. umfasst. Er wurde zu Recht gesondert normiert, weil es sich zwischenzeitlich in der Praxis um den häufigsten Verwirkungsgrund handelt. Die Einfügung als Nr. 2 erfolgte aus systematischen Gründen, da mit diesem Härtegrund kein vorwerfbares Verhalten des Bedürftigen wie in Nr. 3–7 sanktioniert wird, sondern eine rein objektive Gegebenheit bzw. Veränderung in den Lebensverhältnissen. Durch die Aufnahme einer neuen Partnerschaft **löst** sich der Bedürftige **aus der ehelichen Solidarität** und gibt zu erkennen, dass er sie nicht mehr

[146] OLG Hamm, FamRZ 1992, 326
[147] OLG Hamm, NJW-Report 2006, 200
[148] OLG Frankfurt, FamRZ 1989, 630
[149] OLG Frankfurt, FamRZ 1993, 823
[150] OLG Frankfurt FamRZ 1999, 237
[151] OLG Karlsruhe, FamRZ 1990, 67
[152] OLG Köln, FamRZ 1992, 65
[153] OLG München, FamRZ 1996, 1078
[154] OLG Celle, FamRZ 2006, 553

benötigt.[155] Die Materialien des Gesetzes nehmen dabei auf die bisherige Rechtsprechung Bezug, ohne die verfestigte Lebensgemeinschaft zu definieren. Der Gesetzgeber weist nur darauf hin, dass objektive, nach außen tretende Umstände wie das Führen eines gemeinsamen Haushalts über eine längere Dauer, das Erscheinungsbild in der Öffentlichkeit, größere gemeinsame Investitionen wie der Erwerb eines Familienheimes oder die Dauer der Verbindung eine Rolle spielen. Dagegen kommt es nicht auf die Leistungsfähigkeit des neuen Partners, die Aufnahme intimer Beziehungen oder die Möglichkeit der Eheschließung an.[156] Durch die Normierung als eigener Tatbestand wird klargestellt, dass bereits das Vorliegen einer verfestigten Partnerschaft zum Wegfall des Unterhaltsanspruchs führen kann, was sich aus der Generalklausel mit dieser Deutlichkeit nicht entnehmen ließ.

Von dem Problem der Verwirkung zu trennen ist die Frage, ob dem Bedürftigen wegen **657 a** **Haushaltsführung für einen neuen Partner** ein Einkommen anzurechnen ist (näher Rn. 267 und 1/471 ff.).

Zum **Wiederaufleben des Unterhaltsanspruchs** bei Scheitern der neuen Partnerschaft vgl. Rn. 765 ff.

Wann eine verfestigte Lebensgemeinschaft vorliegt, wird vom Gesetzgeber nicht definiert. **658** Er verweist insoweit wegen der Vielfalt der denkbaren Lebenssachverhalte auf die bisherige Rechtsprechung.[157] Kriterien sind objektive, nach außen zu Tage tretende Umstände wie ein über einen längeren Zeitraum geführter gemeinsamer Haushalt, das Erscheinungsbild in der Öffentlichkeit, größere gemeinsame Investitionen oder die Dauer der Verbindung.[158] Keine Rolle spielen dagegen Umstände wie die Aufnahme intimer Beziehungen, die Leistungsfähigkeit des Partners oder die fehlende Möglichkeit einer Eheschließung, da der neu geschaffene Härtegrund nicht zu einer Kontrolle der Lebensführung des Bedürftigen führen darf. Maßgebend ist allein, ob der Bedürftige eine so verfestigte neue Lebensgemeinschaft eingegangen ist, dass er sich endgültig aus der ehelichen Solidarität herausgelöst hat und zu erkennen gibt, dass er sie nicht mehr benötigt.[159]

2. Verfestigte Lebensgemeinschaft

Die Rechtsprechung des BGH unterscheidet entsprechend den oben angeführten Krite- **659** rien zwei Fallvarianten, die sich aber in der Praxis vielfach überschneiden, weil mehrere Gründe vorliegen, die für eine verfestigte Lebensgemeinschaft sprechen:[160]
(1) Zusammenleben in einer sog. Unterhaltsgemeinschaft
(2) Eheähnliche Gemeinschaft
Weitere Fallvarianten, die die Rechtsprechung bisher noch zusätzlich als Kriterien für **660** das Vorliegen des Verwirkungsgrundes anführte, spielen dagegen **keine Rolle** mehr.[161] Dies gilt insbesondere für den zu § 66 EheG entwickelten Härtegrund, dass von einer Eheschließung nur abgesehen wird, um den Unterhaltsanspruch nicht zu verlieren,[162] weil nur noch auf das Vorliegen einer verfestigten Lebensgemeinschaft abzustellen ist, nicht aber auf die Motivation, warum von einer Eheschließung abgesehen wird.[163] Das Gleiche gilt, wenn das Zusammenleben mit einem neuen Partner in kränkender oder sonst anstößiger Weise erfolgt und deshalb geeignet ist, den Pflichtigen in der Öffentlichkeit bloßzustellen oder herabzusetzen.[164]

---

[155] BT-Drs. 16/1830 vom 15. 6. 2006 S. 21
[156] a. a. O.
[157] a. a. O.
[158] a. a. O.
[159] a. a. O.
[160] BGH, FamRZ 1995, 540 = R 479 A; FamRZ 1989, 487
[161] Vgl. insoweit Vorauflage § 4 Rn. 752 a, 753
[162] Vgl. insoweit noch BGH, FamRZ 1995, 540 = R 479 A; FamRZ 1989, 487; FamRZ 1987, 10011
[163] BT-Drs. 16/1830 S. 21
[164] So noch BGH, FamRZ 1995, 344; 1989, 487

661   **a) Unterhaltsgemeinschaft.** Eine Unterhaltsgemeinschaft ist zu bejahen, wenn der Bedürftige dauerhaft in fester sozialer Verbindung mit einem neuen Partner zusammenlebt, sie gemeinsam wirtschaften und der haushaltsführende Ehegatte wie in einer Ehe von dem anderen unterhalten wird.[165] Eine Unterhaltsgemeinschaft erfordert, dass der Bedürftige in der neuen Gemeinschaft sein **wirtschaftlich volles Auskommen** findet, d. h. der neue Partner leistungsfähig ist. Hat der neue Partner hierfür nicht die dazu erforderlichen Mittel, entfällt eine Unterhaltsgemeinschaft. Es ist zwar Aufgabe des Tatrichters, Feststellungen zu treffen, aus denen er eine Unterhaltsgemeinschaft bejaht.[166] Der Pflichtige ist aber für das Vorliegen des Verwirkungsgrundes darlegungs- und beweispflichtig, so dass er sich mangels Kenntnis der finanziellen Verhältnisse des neuen Partners des Bedürftigen regelmäßig nur auf Indizien stützen kann, die für eine wirtschaftliche Verflechtung sprechen. **Anhaltspunkte** sind insbesondere der Kauf oder Bau eines gemeinsamen Eigenheimes,[167] ein aus der neuen Verbindung hervorgegangenes Kind, Zusammenleben mit den beiderseitigen Kindern bei ausreichendem Einkommen des neuen Partners für einen gemeinsamen Haushalt, Finanzierung des Haushalts oder eines Teils sowie der Wohnung durch den Lebensgefährten. Maßgebend sind aber immer die Umstände des Einzelfalls, wann von einer verfestigten Partnerschaft ausgegangen werden kann. Letztere ist **nicht gegeben,** selbst wenn die neue Partnerschaft bereits ca. 3 Jahre dauerte, aus dieser Verbindung ein Kind hervorging und die Partner in dieser Zeit zusammen lebten, falls es in dieser Zeit zu erheblichen Differenzen und den Besuch einer Eheberatung kam und sich die Partner wieder trennten.[168]

662   **b) Eheähnliche Gemeinschaft.** Eine eheähnliche Gemeinschaft ist gegeben, wenn der Berechtigte zu einem neuen Partner ein **auf Dauer angelegtes Verhältnis** aufnimmt und das nichteheliche Zusammenleben gleichsam an die Stelle einer Ehe getreten ist. Maßgebend ist das **Erscheinungsbild** dieser Verbindung **in der Öffentlichkeit.**[169] Die wirtschaftliche Lage des neuen Partners spielt hierbei – im Gegensatz zur Unterhaltsgemeinschaft – für das Vorliegen des Tatbestandes keine Rolle (vgl. aber Rn. 621).[170] Da im Gegensatz zur Unterhaltsgemeinschaft auf das Erscheinungsbild in der Öffentlichkeit abzustellen ist, verlangt die eheähnliche Gemeinschaft als Indiz eine längere Dauer des Zusammenlebens. Nach welchem Zeitablauf und unter welchen Umständen sie angenommen werden kann, lässt sich nicht allgemein verbindlich festlegen. Als **Mindestdauer** wurden von der Rechtsprechung zwei bis drei Jahre angesetzt.[171] Denn vor Ablauf einer solchen Mindestzeit wird sich im Allgemeinen nicht verlässlich beurteilen lassen, ob die Partner nur „probeweise" oder auf Dauer in einer verfestigten Gemeinschaft leben und nach dem Erscheinungsbild der Beziehung in der Öffentlichkeit diese Lebensform bewusst auch für ihre weitere Zukunft gewählt haben. Eine auf Dauer verfestigte Gemeinschaft entfällt nicht dadurch, dass sich die neue Beziehung, bei der der neue Lebensgefährte des Bedürftigen noch seine bisherige Wohnung beibehalten hat, nach Angaben von Zeugen in letzter Zeit nach außen hin etwas flüchtiger gestaltete.[172] Etwas anderes gilt nur, wenn es trotz dreijährigen Zusammenlebens wieder zur Trennung kommt, weil die neue Beziehung von Anfang an kriselte.[173] Ebenso entfällt eine dauerhafte verfestigte Partnerschaft bei Zusammenleben mit wechselnden Partnern über kürzere Zeiträume.[174]

Eine feste soziale Verbindung setzt regelmäßig einen **gemeinsamen Haushalt** voraus. Dies ist allerdings nicht zwingend, aber ein wesentliches Indiz.[175] Im Einzelfall kann auch

---

[165] BGH, FamRZ 1995, 540 = R 479 A; FamRZ 1989, 487; 1987, 1011
[166] BGH, FamRZ 1995, 540 = R 479 A
[167] BT-Drs. 16/1830 S. 21; BGH, FamRZ 2002, 810 = R 574 a; OLG Karlsruhe, FamRZ 2006, 706; OLG Schleswig, FamRZ 2006, 954; FamRZ 2005, 277
[168] BGH, FamRZ 2007, 1303 = R 669 d
[169] BGH, FamRZ 2004, 614 = R 607 d; FamRZ 2002, 810 = R 574 a; FamRZ 2002, 23 = R 568 c; FamRZ 1997, 671 = R 511 Aa; FamRZ 1995, 540 = R 479 A; FamRZ 1989, 487
[170] BGH, FamRZ 1995, 540 = R 479 A; FamRZ 1989, 487; vgl. auch BT-Drs. 16/1830 S. 21
[171] BGH, FamRZ 2004, 614 = R 607 d; FamRZ 2002, 810 = R 574 a; FamRZ 1997, 671 = R 511 Aa; FamRZ 1989, 487
[172] BGH, FamRZ 1997, 671 = R 511 Aa
[173] BGH, FamRZ 2007, 1303 = R 669 d
[174] OLG Köln, FamRZ 2005, 279
[175] BGH, FamRZ 2004, 614 = R 607 d; FamRZ 2002, 23 = R 568 c

bei einer andersartig gestalteten **dauerhaften Verbindung** je nach Erscheinungsbild in der Öffentlichkeit auf ein eheähnliches Zusammenleben geschlossen werden,[176] z. B. bei einer sog. Wochenendehe[177] oder wenn der neue Partner noch seine eigene Wohnung behält.[178] Für das Erscheinungsbild in der Öffentlichkeit kommt es nur auf die Erkennbarkeit einer verfestigten Lebensgemeinschaft auf Grund nach außen dringender Gegebenheiten an. Auch hier obliegt die Würdigung, ob nach den getroffenen Feststellungen von einem eheähnlichen Zusammenleben auszugehen ist, allein dem Tatrichter.[179] Indizien sind vor allem, dass die Partner die überwiegende Zeit außerhalb der Berufstätigkeit miteinander verbringen, sich gegenseitig Hilfe und Unterstützung gewähren und gemeinsam wirtschaften, so dass nicht mehr nur von einer **bloßen Freundschaft** ausgegangen werden kann (s. hierzu unten Rn. 665). Auch aus einer späteren Eheschließung können Rückschlüsse gezogen werden.

Nicht erforderlich ist nach dem Willen des Gesetzgebers entsprechend der bisherigen Rechtsprechung des BGH, dass auch eine **sexuelle Beziehung** besteht, da es zu keiner Kontrolle der Lebensführung des Bedürftigen kommen darf und die Unzumutbarkeit einer fortdauernden uneingeschränkten Unterhaltsbelastung für den Pflichtigen allein auf der verfestigten Beziehung mit einem neuen Partner beruht, die ähnlich einer Ehe ausgestaltet ist.[180] Deshalb hat der BGH auch eine Beziehung einer Frau zu einem Homosexuellen wie ein eheähnliches Verhältnis bewertet, weil eine ständige gegenseitige Hilfe und Unterstützung im Alltag, verbunden mit einer gemeinsamen Freizeitgestaltung und einer gemeinsamen Zukunftsplanung durch finanzielle Hilfe beim Kauf eines Grundstücks gegen Wohnungsüberlassung vorlag.[181] Der BGH hat insoweit zu Recht darauf hingewiesen, dass die Frage eines sexuellen Kontaktes nicht überprüfbar ist.[182] Das Gleiche gilt bei langjährigem Zusammenleben mit einem **gleichgeschlechtlichen Partner.**

c) Mischfälle. Unterhaltsgemeinschaft und eheähnliche Gemeinschaft schließen sich **663** nicht wechselseitig aus, sondern gehen teilweise ineinander über. Der Sachverhalt lässt sich oft unter beiden Kriterien subsumieren. Der Pflichtige wird vielfach zunächst nur nach dem äußeren Erscheinungsbild auf eine eheähnliche Gemeinschaft schließen können, die aber mindestens ein zwei- bis dreijähriges Zusammenleben erfordert. Ergibt sich dann innerhalb dieses Zeitraums durch Indizien, z. B. dem Kauf einer gemeinsamen Immobilie, eine enge wirtschaftliche Verflechtung, liegt nunmehr eine Unterhaltsgemeinschaft vor.[183] Der Ablauf der Frist von zwei bis drei Jahren muss dann nicht mehr abgewartet, sondern der Verwirkungsgrund nach Nr. 2 kann sofort geltend gemacht werden. Dies entspricht auch der Realität, da eine neue Partnerschaft regelmäßig nicht sofort zu einer vollen wirtschaftlichen und/oder persönlichen Verflechtung führt, sondern erst nach einer Übergangszeit. Fehlen die Indizien für eine Unterhaltsgemeinschaft, wird man dagegen immer nur nach Ablauf von zwei bis drei Jahren von einer eheähnlichen Partnerschaft ausgehen können.

d) Trennungsunterhalt. Ein Verwirkungsgrund nach Nr. 2 durch Zusammenleben mit **664** einem neuen Partner im Rahmen einer Unterhaltsgemeinschaft oder eheähnlichen Gemeinschaft kann nicht nur beim nachehelichen Unterhalt, sondern auch beim Trennungsunterhalt vorliegen. Denn nach dem Willen des Gesetzgebers kommt es nicht darauf an, ob die neuen Partner eine Ehe eingehen können, weil sie ledig bzw. geschieden sind, sondern nur, dass eine verfestigte Partnerschaft vorliegt und deshalb dem Pflichtigen nicht mehr zugemutet werden kann, weiterhin Unterhalt zu leisten.[184] Dies entspricht auch der bisherigen Rechtsprechung des BGH.[185]

---

[176] BGH, FamRZ 2002, 810 = R 574 b; FamRZ 2002, 23 = R 568 c; FamRZ 1995, 540 = R 479 A
[177] OLG Koblenz, FamRZ 1991, 1314
[178] BGH, FamRZ 1997, 671 = R 511 Aa
[179] BGH, FamRZ 2004, 614 = R 607 d; FamRZ 2002, 810 = R 574 a; FamRZ 2002, 23 = R 568 c
[180] BGH, FamRZ 2002, 810 = R 574 b; BT-Drs. 16/1830 S. 21
[181] BGH, FamRZ 2002, 810 = 574 b
[182] BGH, FamRZ 2002, 810 = 574 b
[183] Vgl. z. B. OLG Karlsruhe, FamRZ 2006, 706; OLG Schleswig, FamRZ 2006, 654; 2005, 277
[184] BT-Drs. 16/1830 S. 21
[185] BGH, FamRZ 2002, 810 = R 574 d

3. Auf Distanz angelegtes Verhältnis

665   Da der Verwirkungsgrund nach Nr. 2 auf eine verfestigte Lebensgemeinschaft abstellt, besteht vielfach das Problem der **Abgrenzung zur Freundschaft.** Dem Bedürftigen ist es nicht verwehrt, nach der Trennung neue Kontakte aufzunehmen und Freundschaften einzugehen. Nach dem Willen des Gesetzgebers scheidet eine Kontrolle der Lebensführung des Bedürftigen aus, so dass die Aufnahme sexueller Kontakte als eines der üblichen Abgrenzungsmerkmale einer Partnerschaft zur Freundschaft entfällt. Der BGH hat deshalb darauf abgestellt, ob eine bewusst auf Distanz gehaltenen Beziehung vorliegt.[186] Die Entscheidung für ihre Lebensgestaltung treffen die Beteiligten in eigener Verantwortung. Wenn sie bewusst ihren eigenen Lebensbereich mit getrennten Wohnsitzen aufrecht erhalten, um sich z. B. auf Grund der in früheren Lebensgemeinschaften gemachten Erfahrungen einen eigenen Freiraum zu bewahren und ihre Unabhängigkeit zu behalten, ist dies zu respektieren. Maßgebend ist allerdings, dass das auf Distanz angelegte Verhalten auch nach **außen** in der tatsächlichen Lebensgestaltung **zum Ausdruck kommt** und nicht nur subjektiv vorhanden ist.[187] Entscheidend ist insoweit, ob die vom Tatrichter getroffenen Feststellungen ergeben, dass die Partnerschaft von ihrer Intensität keinem eheähnlichen Zusammenleben entspricht, weil z. B. trotz gemeinsamer Freizeitgestaltung, Urlaub und Besuch von Familienfeiern jeder seinen eigenen Haushalt beibehält und dort seine überwiegende Zeit verbringt.

Zu verneinen ist eine verfestigte Lebensgemeinschaft ferner, wenn weder ein Zusammenleben noch ein gemeinsames Wirtschaften oder sonstige finanzielle Unterstützung, sondern nur ein **intimes Verhältnis** vorliegt.[188]

4. Grobe Unbilligkeit

666   Bei der Prüfung der groben Unbilligkeit ist bei Kinderbetreuung zu beachten, dass bei Bejahung des Tatbestandes auch ein früherer Beginn der Erwerbsobliegenheit verlangt werden kann, z. B. eine Halbtagstätigkeit ab Vollendung des 3. Lebensjahres eines Kindes, falls die Betreuung gesichert ist.[189] Zu weitgehend erscheint allerdings die Auffassung, dass auch bei Betreuung von zwei Kindern bereits ab Vollendung des 3. Lebensjahres des jüngeren Kindes eine Ganztagstätigkeit aufgenommen werden muss.[190] Zu beachten ist ferner, dass die finanzielle Leistungsfähigkeit des Partners bei der Feststellung des Tatbestandes einer eheähnlichen Gemeinschaft keine Rolle spielt,[191] aber bei der Prüfung der groben Unbilligkeit Berücksichtigung findet bei der Frage, inwieweit der Berechtigte auf den Unterhalt angewiesen ist.[192] Zu berücksichtigen ist ferner die Ehedauer[193] und die vom Bedürftigen in der Ehe wahrgenommene Aufgabe der Kinderbetreuung.[194] Im Einzelfall wird deshalb nicht ein Wegfall, sondern nur eine Herabsetzung des Unterhaltsanspruchs oder eine zeitliche Begrenzung angemessen sein.

---

[186] BGH, FamRZ 2002, 23 = R 568 c
[187] BGH, a. a. O.
[188] BGH, FamRZ 1995, 540 = R 479 A; OLG Karlsruhe, FamRZ 1994, 174; OLG München, FamRZ 1990, 1243
[189] BT-Drs. 16/1830 S. 21
[190] So aber OLG Bremen, FamRB 2007, 164
[191] BT-Drs. 16/1830 S. 21
[192] BGH, FamRZ 1995, 540 = R 479 A
[193] BGH, FamRZ 2002, 810 = R 574 d; FamRZ 1987, 689
[194] BGH, FamRZ 2002, 810 = R 574 d

V. Härtegrund eines Verbrechens oder schweren vorsätzlichen Vergehens gegen den Verpflichteten oder einen nahen Angehörigen (§ 1579 Nr. 3 BGB)

1. Härtegrund der Nr. 3

Die Härteklausel der Nr. 3 (bis 31. 12. 2007 Nr. 2) ist anzuwenden, wenn sich der **667** Berechtigte eines Verbrechens oder eines schweren vorsätzlichen Vergehens gegen den Verpflichteten oder einen nahen Angehörigen des Verpflichteten schuldig gemacht hat. Aus dem Tatbestandsmerkmal „schweres Vergehen" ergibt sich, dass es sich um eine Straftat von erheblichem Gewicht handeln muss, die über die bei Trennung vielfach übliche Auseinandersetzung hinausgeht.

Beispiele für solche Straftaten sind **668**
– Mord, Totschlag, Eigentumsdelikte,[195] Unterhaltspflichtverletzungen, schwere Verletzungen der Fürsorge- und Erziehungspflichten gegenüber Kindern sowie körperliche Misshandlung von Kindern,[196] sexuelle Vergehen gegenüber Stieftochter;[197]
– fortgesetzte schwere Beleidigungen, Verleumdungen und schwerwiegende falsche Anschuldigungen über einen längeren Zeitraum, besonders wenn sie sich auf die persönliche und berufliche Entfaltung des Verpflichteten sowie seine Stellung in der Öffentlichkeit nachteilig auswirken;[198]
– Überfall mit schwerer Körperverletzung;[199] nicht provozierte Körperverletzungen;[200] anlässlich des Umgangsrechts im Voraus geplante Körperverletzung des anderen Ehegatten;[201] Herbeiführung eines Verkehrsunfalls mit bedingtem Vorsatz;[202]
– Schusswaffengebrauch des Unterhaltsberechtigten gegenüber dem Verpflichteten;[203]
– Vermögensdelikte, vor allem **Betrugshandlungen** zum Nachteil des Verpflichteten einschließlich **Prozessbetrug**, z. B. durch **Verstoß gegen die prozessuale Wahrheitspflicht** wie falsche Angaben zum Einkommen,[204] Verschweigen des Abbruchs der Ausbildung[205] oder eigener Einkünfte[206] (s. näher Rn. 675), Verschweigen eigener Einkünfte trotz Offenbarungspflicht,[207] vehementes Bestreiten des Zusammenlebens mit einem neuen Partner,[208] falsche Angaben im Rahmen einer Parteivernehmung zum Umfang der Beziehungen zu einem neuen Partner,[209] im Einzelfall auch wahrheitswidrige Angaben im Verbundverfahren Zugewinnausgleich.[210]
– Falschaussagen des Berechtigten im Ehelichkeitsanfechtungsverfahren.[211]
Da die Verwirklichung strafrechtlicher Tatbestände stets **schuldhaftes Verhalten** und **669** damit Schuldfähigkeit voraussetzt, entfällt der Härtegrund bei **Schuldunfähigkeit**. Die

---

[195] OLG Hamm, FamRZ 1994, 168
[196] OLG Hamm, FamRZ 2002, 240
[197] OLG Hamm, FamRZ 1990, 887
[198] BGH, NJW 1982, 100, 101
[199] BGH, FamRZ 2004, 612 = R 601 b
[200] OLG Koblenz, FamRZ 1991, 1312; OLG Düsseldorf, FamRZ 1983, 585
[201] OLG Zweibrücken, FamRZ 2002, 242
[202] OLG Hamm, FamRZ 2006, 1537
[203] OLG Düsseldorf, FamRZ 1994, 896
[204] BGH, FamRZ 2007, 1532 = R 681 l; FamRZ 2000, 153 = R 534 b, d; FamRZ 1997, 483 = R 510 b
[205] BGH, FamRZ 1990, 1095, 1096 = R 421 b
[206] BGH, FamRZ 2000, 153 = R 534 b, d; FamRZ 1997, 483 = R 510 b; OLG Celle, FamRZ 1991, 1313; OLG Frankfurt, FamRZ 1990, 1363; OLG Düsseldorf, FamRZ 1981, 883
[207] BGH, FamRZ 1997, 483 = R 510 b
[208] OLG Hamm, FamRZ 1996, 1079; 1993, 566, 567
[209] OLG Hamm, FamRZ 1999, 1337
[210] OLG Köln, FamRZ 2003, 678
[211] OLG Bremen, FamRZ 1981, 953

Tötung eines gemeinsamen Kindes durch die Kindsmutter im Zustand der Schuldunfähigkeit auf Grund einer affektiven Psychose führt daher nicht zur Verwirkung des Unterhaltsanspruchs nach § 1579 Nr. 3 BGB.[212] Eine **verminderte Schuldfähigkeit** lässt den Tatbestand dagegen nicht entfallen, kann aber eine grobe Unbilligkeit beseitigen oder mindern. Maßgebend ist die Schwere der jeweiligen Verfehlung. Deshalb muss die Schuldfähigkeit oder verminderte Schuldfähigkeit für den jeweils in Betracht kommenden Zeitraum festgestellt werden.[213] Bei gravierenden Straftaten, z. B. Sexualdelikten gegenüber einem nahen Familienangehörigen über einen längeren Zeitraum oder gefährliche Körperverletzung eines Säuglings, wird auch eine verminderte Schuldfähigkeit regelmäßig zur Verwirkung führen.[214] Bei einer im Zustand der verminderten Schuldfähigkeit begangenen Verleumdung, z. B. des Vorwurfs des sexuellen Missbrauchs der gemeinschaftlichen Kinder, wird der Tatbestand dagegen regelmäßig zu verneinen sein.[215] Ein schweres Vergehen liegt ferner nicht vor, wenn der Pflichtige eine Straftat selbst zunächst nicht als gravierend ansah.[216]

670   Ob ein strafbares vorsätzliches Verhalten gegen den Unterhaltsverpflichteten schwer im Sinn dieser Vorschrift ist, hat im Wesentlichen der Tatrichter zu entscheiden. Das Revisionsgericht prüft nur, ob er dabei von richtigen Rechtsvorstellungen ausgegangen ist. Im Urteil bedarf es nicht des ausdrücklichen Eingehens auf alle Gesichtspunkte, die für und wider ein bestimmtes Ereignis sprechen. Es muss lediglich aus dem Gesamtinhalt der Gründe hinreichend deutlich sein, dass insgesamt eine sachentsprechende Beurteilung stattgefunden hat.[217]

671   Die Verwirkung greift bei Bejahung des Härtegrundes in der Regel **nur für die Zukunft,** nicht für vor der Straftat liegende Rückstände ein, da ein in Verzug geratener Unterhaltsschuldner nicht allein deshalb zu begünstigen ist, weil ihn ein später eintretendes Ereignis von der Unterhaltspflicht befreit.[218] Eine **Ausnahme** besteht nur, wenn es sich um besonders gravierende Straftaten handelt, die jegliche weitere Unterhaltsverpflichtung unerträglich machen würde, z. B. eine brutale Gewalttat gegenüber dem Unterhaltspflichtigen in Gegenwart der Kinder.[219]

672   **Dauert und wirkt** das strafbare Verhalten **fort,** z. B. bei einem Prozessbetrug, kann es auch noch in einer Abänderungsklage geltend gemacht werden, **ohne** nach § 323 II ZPO **präkludiert** zu sein.[220]

673   Zu den **nahen Angehörigen** des Verpflichteten zählen auch dessen neuer Ehegatte sowie Verwandte des Verpflichteten ersten Grades. Nach dem Zweck der Regelung bestimmt sich der Kreis der Angehörigen vor allem danach, wie stark sich der Verpflichtete familiär mit dem Angehörigen verbunden fühlt.

2. Beleidigungen, Verleumdungen und falsche Anschuldigungen

674   Fortgesetzte schwere Beleidigungen, Verleumdungen und schwerwiegende falsche Anschuldigungen können zum völligen oder teilweisen Ausschluss des Unterhaltsanspruchs führen. Zwar sind Ehrverletzungen und Tätlichkeiten, die den Rahmen typischer Eheverfehlungen nicht übersteigen, in der Regel nicht als schwere vorsätzliche Ehevergehen im Sinn der Nr. 3 zu behandeln. Dies schließt jedoch eine andere Beurteilung in Fällen **wiederholter schwerwiegender Beleidigungen und Verleumdungen** insbesondere dann nicht aus, wenn derartige Verletzungen mit **nachteiligen Auswirkungen** auf die persönliche berufliche Entfaltung sowie die Stellung des Unterhaltsverpflichteten in der Öffentlichkeit verbunden sind.[221] Unter solchen Umständen können auch Beleidigungen

---

[212] OLG Hamm, FamRZ 1997, 1485
[213] BGH, NJW 1982, 100, 101
[214] OLG Hamm, FamRZ 2002, 240; FamRZ 1990, 887
[215] OLG Hamm, FamRZ 1995, 808
[216] OLG Düsseldorf, FamRZ 1994, 896
[217] BGH, FamRZ 1997, 483 = R 510 b; FamRZ 1984, 34
[218] BGH, FamRZ 2004, 612 = R 601 a; FamRZ 1984, 34
[219] BGH, FamRZ 2004, 612 = R 601 b
[220] BGH, FamRZ 1990, 1095
[221] BGH, NJW 1982, 100

und Verleumdungen – je nach Dauer und Intensität ihrer Begehung – die Voraussetzungen der Nr. 3 BGB erfüllen. Dasselbe gilt für die **vorsätzlich falsche Anzeige** wegen eines angeblich begangenen Mordversuchs, die zu einem strafrechtlichen Ermittlungsverfahren gegen den Verpflichteten oder einen seiner nahen Angehörigen führt. Dabei ist auch zu prüfen, ob die Verfehlungen ganz oder teilweise **verziehen** worden sind und welche Auswirkungen eine Verzeihung auf den Unterhaltsanspruch haben könnte (s. auch Rn. 622).[222]

3. Betrug und versuchter Prozessbetrug

Macht eine Partei einen Unterhaltsanspruch in einem Prozess geltend, hat sie alle der **675** Begründung des Anspruchs dienenden tatsächlichen Umstände **wahrheitsgemäß** anzugeben und darf **nichts verschweigen,** was ihre Unterhaltsbedürftigkeit in Frage stellen könnte (vgl. auch § 138 I ZPO).[223] Es obliegt nicht dem Ermessen des Bedürftigen, ob einzelne Tatsachen z. B. die Schenkung eines größeren Geldbetrages durch die Eltern und Verbrauch dieser Mittel unterhaltsrechtlich relevant sind oder nicht; diese Prüfung obliegt allein dem Tatrichter.[224] Macht der Berechtigte daher in einer Unterhaltsklage, auch einer Abänderungsklage, unvollständige, fehlerhafte oder bewusst falsche Angaben zu seinem Einkommen und/oder aus einem Vermögen erzielbaren Einkünften oder offenbart er während des laufenden Unterhaltsverfahrens Einkommensänderungen nicht, begeht er einen Prozessbetrug bzw. versuchten Prozessbetrug.[225] Der Versuch eines Prozessbetrugs beginnt bereits mit der Einreichung eines Schriftsatzes bei Gericht, der bewusst falsche Aussagen enthält oder für die Unterhaltsberechnung notwendige Angaben, z. B. eine Einkommenserhöhung, verschweigt.[226] Ein derartiges Verhalten reicht grundsätzlich aus, um die Rechtsfolgen der Nr. 3 auszulösen. Die besondere Schwere und Verwerflichkeit dieses Verhaltens besteht darin, dass der Berechtigte vom Verpflichteten nacheheliche Solidarität fordert, es selbst aber an einer solchen fehlen lässt und es darauf abstellt, durch Täuschung vom Verpflichteten eine ihm nicht zustehende Leistung zu erlangen.[227]

Das Gleiche gilt, wenn der Berechtigte Ausbildungsunterhalt begehrt, aber verschweigt, dass er die Ausbildung während des Verfahrens abgebrochen hat;[228] unerheblich sind dabei die Gründe, die zum Ausbildungsabbruch führten.[229] Wird ein Prozesskostenvorschuss beantragt und dabei für die Kosten ausreichend vorhandenes Vermögen verschwiegen, ist ein Betrugsversuch zu bejahen.[230] Ebenso wenn in einem Unterhaltsprozess bewusst falsche Angaben zum Zusammenleben mit einem neuen Partner gemacht werden[231] oder ein Zusammenleben mit einem neuen Partner vehement bestritten wird.[232] Einen versuchten Prozessbetrug hat das OLG Hamm bereits angenommen bei Verschweigen eines Urlaubs mit einem neuen Partner im Rahmen einer Parteivernehmung.[233] Dem kann nur gefolgt werden, wenn sich aus dem gemeinsamen Urlaub eine dauerhafte feste Verbindung, die an die Stelle einer Ehe trat und deshalb den Tatbestand des § 1579 Nr. 2 BGB erfüllt (vgl. Rn. 662), herleiten lässt.

Ein Betrug kann ferner vorliegen, wenn sich **nach Titulierung** eines Unterhalts- **675 a** anspruchs wesentliche Veränderungen ergeben und eine **Verpflichtung zur ungefragten**

---

[222] BGH, NJW 1982, 100
[223] BGH, FamRZ 2000, 153 = R 534 b
[224] BGH, FamRZ 2000, 153 = R 534 d
[225] BGH, FamRZ 2007, 1532 = R 681 l; FamRZ 2005, 97 = R 616 b; FamRZ 2000, 153 = R 534 d
[226] OLG Köln, FamRZ 2003, 678
[227] OLG Hamm, FamRZ 2002, 1038; OLG Karlsruhe, FamRZ 2002, 1037; OLG Celle, FamRZ 1991, 1313; OLG Frankfurt, FamRZ 1990, 1363; OLG Düsseldorf, FamRZ 1989, 61
[228] BGH, FamRZ 1990, 1095
[229] BGH, a. a. O.
[230] OLG Hamm, FamRZ 2002, 242 (nur § 1579 Nr. 4 BGB)
[231] OLG Koblenz, FamRZ 2000, 605
[232] OLG Hamm, FamRZ 1996, 1079; FamRZ 1993, 566, 567
[233] OLG Hamm, FamRZ 1999, 1337

Information besteht (näher Rn. 6/233). Dies gilt insbesondere bei **Vergleichen** im Hinblick auf die sich aus einer Vereinbarung ergebende Treuepflicht, die die Rücksichtnahme auf die Belange des Pflichtigen erhöht; der Berechtigte ist deshalb gehalten, jederzeit und unaufgefordert dem Pflichtigen Umstände zu offenbaren, die ersichtlich dessen Leistungen aus dem Vergleich berühren.[234]

Vereinbaren die Eheleute in einem Unterhaltsvergleich, dass ein bestimmter monatlicher Nettoverdienst des Berechtigten **anrechnungsfrei** bleiben soll, liegt ein betrügerisches Verhalten des Bedürftigen vor, das zur Anwendung der Nr. 3 führen kann, wenn er verschweigt, dass sein Einkommen diese Grenze inzwischen deutlich übersteigt. Der Berechtigte hat in diesem Fall aus dem Vergleich eine vertragliche Pflicht zur ungefragten Information seines über den anrechnungsfreien Betrag hinausgehenden Einkommens.[235] Das Gleiche gilt, wenn sich das Einkommen des Bedürftigen deutlich erhöht oder er trotz Kinderbetreuung eine Erwerbstätigkeit aufnimmt bzw. ausweitet. Soweit der Unterhalt in einem **Urteil** tituliert wurde, besteht dagegen nur in Ausnahmefällen eine Verpflichtung zur ungefragten Information über Einkommensverbesserungen (s. näher Rn. 1/696 ff., 6/233).

675 b Bei Annahme eines Betruges oder eines Betrugsversuches ist im Rahmen der **Prüfung der groben Unbilligkeit** genau abzuwägen, ob der Anspruch insgesamt zu versagen, nur herabzusetzen oder zeitlich zu begrenzen ist. Dies gilt insbesondere, wenn das Einkommen des Bedürftigen unter dem Existenzminimum liegt und sein Auskommen nicht von dritter Seite gesichert ist. Es wird dann in der Regel nur eine Herabsetzung des Anspruchs in Betracht kommen. Das Gleiche gilt, wenn der Betrug im Versuchsstadium stecken blieb und deshalb beim Pflichtigen kein Schaden eintrat. Im Einzelfall kann die grobe Unbilligkeit trotz Vorliegens des Tatbestandes auch **verneint** werden und deshalb eine Verwirkung entfallen, z. B. wenn es sich um eine sehr lange Ehe handelt und auch der Pflichtige falsche Einkommensangaben machte,[236] sich eine verspätete Mitteilung der Ausweitung der Erwerbstätigkeit auf die Unterhaltsberechnung nicht auswirkte[237] oder eine Arbeitsplatzaufnahme zwar kurz vor Schluss der mündlichen Verhandlung in der ersten Instanz nicht offenbart, aber in der Berufungsbegründung mitgeteilt wurde.[238]

VI. Mutwillige Herbeiführung der Bedürftigkeit (§ 1579 Nr. 4 BGB)

1. Der Härtegrund der Nr. 4

676 Die Härteklausel der Nr. 4 (bis 31. 12. 2007 Nr. 3) ist anzuwenden, wenn der Berechtigte seine Bedürftigkeit mutwillig herbeigeführt hat.

Die Nr. 4 sieht eine Sanktion für den Fall vor, dass die **gegenwärtige Bedürftigkeit** des Berechtigten ganz oder teilweise durch ein eigenes Verhalten in der Vergangenheit herbeigeführt worden ist. Sie hat aber auch **Schutzwirkung** insoweit, als das frühere Verhalten des Berechtigten keine Auswirkung auf den Unterhaltsanspruch haben soll, wenn ihm **keine Mutwilligkeit** vorgeworfen werden kann.[239]

677 Voraussetzungen der Nr. 4:
(1) Der Berechtigte muss bedürftig sein (s. unten Rn. 678).
(2) Der Berechtigte muss die Bedürftigkeit mutwillig herbeigeführt haben (s. unten Rn. 679).

678 Der Berechtigte ist **bedürftig,** wenn ihm die für seinen angemessenen Lebensbedarf erforderlichen Mittel nicht zur Verfügung stehen und wenn er sich diese auch nicht in zumutbarer Weise beschaffen kann. Wer keiner zumutbaren Erwerbstätigkeit nachgeht, obwohl er dies könnte, ist in Höhe des erzielbaren Einkommens nicht bedürftig. Solche

[234] BGH, FamRZ 2000, 153 = R 534 a; 1997, 483 = R 510 b
[235] BGH, FamRZ 1997, 483 = R 510 b
[236] BGH, FamRZ 2007, 1532 = R 581 l
[237] BGH, FamRZ 2005, 97 = R 616 b; OLG Schleswig, FamRZ 2005, 291
[238] BGH, FamRZ 2008, 968 = R 689 k
[239] BGH, FamRZ 2003, 848, 853 = R 588 c; FamRZ 1987, 684, 686

erzielbaren Einkünfte werden ihm fiktiv zugerechnet (s. Rn. 1/519 ff.), wodurch sich bereits sein Unterhaltsanspruch nach § 1577 I BGB entsprechend kürzt.

Die Nr. 4 betrifft stets ein **zurückliegendes Verhalten,** dessen Auswirkung den Bedürftigen in einem Unterhaltsstreit, also aktuell, hindern, seinen Lebensbedarf durch eigenen Einsatz selbst zu bestreiten. Da der Tatbestand des § 1572 BGB nicht auf eine unverschuldete Erwerbsunfähigkeit oder -minderung abstellt, kann bei schuldhaft herbeigeführter Erwerbsunfähigkeit/-minderung das Ergebnis nur über die Verwirkung nach § 1579 Nr. 4 BGB korrigiert werden (s. auch Rn. 97). Ein solcher Fall liegt z. B. vor, wenn der Betroffene sich in früherer Zeit durch Alkoholismus oder Drogenabhängigkeit außerstande gesetzt hat, einer Erwerbstätigkeit nachgehen zu können, wodurch er seine derzeitige Bedürftigkeit zumindest mindern könnte. Ist der durch sein Verhalten geschaffene Zustand reparabel, dann besteht eine Bedürftigkeit nur, soweit er die zur Deckung seines Lebensbedarfs benötigten Mittel nicht durch eine zumutbare Änderung des bestehenden Zustands beschaffen kann.

Hat der Berechtigte in diesem Sinn seine Bedürftigkeit selbst herbeigeführt, kommt es **679** darauf an, ob dies **mutwillig** geschehen ist. Mit dem Merkmal der Mutwilligkeit ist der Gesetzgeber bewusst vom Begriff des „sittlichen Verschuldens" (§ 1611 I 1 BGB und § 65 I EheG) abgegangen. Die hierzu entwickelten Grundsätze sind deshalb für die Nr. 4 bedeutungslos.

Dem Wortlaut und dem Regelungszusammenhang der Nr. 4 entspricht es, dass der Begriff „mutwillig" nicht nur im einschränkenden Sinn eines **vorsätzlichen zweckgerichteten Verhaltens** zu interpretieren ist, sondern auch ein **leichtfertiges Verhalten** des Berechtigten umfasst.[240]

Erforderlich ist eine **unterhaltsbezogene** Mutwilligkeit. Deshalb müssen sich die Vorstellungen und Antriebe, die dem zu beurteilenden Verhalten zugrunde liegen, auch auf die Bedürftigkeit als Folge dieses Verhaltens erstrecken.[241] Mutwilligkeit ist zu bejahen, wenn sich der Bedürftige in Verantwortungs- und Rücksichtslosigkeit gegenüber dem Pflichtigen über die erkannte Möglichkeit nachteiliger finanzieller Folgen seines Handelns auf seinen Unterhaltsbedarf hinweggesetzt und dabei zumindest leichtfertig gehandelt hat.[242]

Ein **einfaches Verschulden** reicht zur Bejahung der Mutwilligkeit **nicht** aus.[243]

Der Verpflichtete muss **darlegen und beweisen,** dass der Unterhaltsgläubiger seine **680** Bedürftigkeit mutwillig herbeigeführt hat. Dazu gehört grundsätzlich, dass er ein Vorbringen der Gegenseite, welches im Fall seiner Richtigkeit gegen die Annahme einer mutwilligen Herbeiführung der Bedürftigkeit sprechen würde, zu widerlegen hat.[244]

Um darzutun, dass der Berechtigte seine Bedürftigkeit mutwillig herbeigeführt hatte, obliegt es daher dem Verpflichteten, nachzuweisen, dass die geltend gemachten Aufwendungen nicht notwendig waren, soweit er diese und deren Angemessenheit bestreitet. Gelingt ihm der Nachweis nicht, dass der Berechtigte Ausgaben vorgenommen hat, die den Rahmen des nach der individuellen Bedürfnislage unter Berücksichtigung auch der wirtschaftlichen Verhältnisse erforderlichen und angemessenen Aufwands deutlich überstiegen haben, so muss das zu seinen Lasten gehen. Er dringt dann mit der Einwendung aus Nr. 4 nicht durch.[245]

Die Nr. 4 schließt in ihrem Geltungsbereich den Rückgriff auf allgemeine Grundsätze **681** aus. Wenn dem Bedürftigen daher **keine Mutwilligkeit** nach Nr. 4 vorgeworfen werden kann, hat sein Verhalten **keine Auswirkungen** auf den Unterhaltsanspruch.[246]

Der Härtegrund des Nr. 4 kann sowohl vor als auch erst nach der Scheidung verwirklicht **682** werden.

---

[240] BGH, FamRZ 1989, 1054; FamRZ 1988, 375, 377; FamRZ 1982, 463
[241] BGH, FamRZ 2001, 541 = R 555; FamRZ 1988, 1031; FamRZ 1988, 375, 377; FamRZ 1984, 364, 366
[242] BGH, FamRZ 2003, 848, 853 = R 588 c
[243] BGH, FamRZ 1988, 375, 377
[244] BGH, FamRZ 1989, 1054; FamRZ 1984, 364, 366
[245] BGH, FamRZ 1984, 364, 366
[246] BGH, FamRZ 1987, 684, 686; FamRZ 1986, 560, 562

Gerhardt 917

2. Mutwillige Bedürftigkeit infolge Alkohol- oder Drogenabhängigkeit

683   Bei einer Erwerbsunfähigkeit durch Alkohol- oder Drogenabhängigkeit kommt es für die Anwendung der Nr. 4 vor allem darauf an, ob es der Bedürftige in mutwilliger Weise unterlassen hat, sich **rechtzeitig,** insbesondere, als sich die Trennung anbahnte, einer Erfolg versprechenden Behandlung zur Wiederherstellung seiner Arbeitsfähigkeit zu unterziehen. Dass der Berechtigte während des ehelichen Zusammenlebens nicht erwerbstätig war und kein eigenes Einkommen hatte, steht der Anwendung der Härteklausel nicht entgegen. Es kommt entscheidend darauf an, dass er nach der Trennung darauf verwiesen werden konnte, seinen Unterhalt selbst zu verdienen, und er sich durch eine Alkoholabhängigkeit außerstande gesetzt hat, eine solche Erwerbstätigkeit aufzunehmen.[247]

684   Die Unterhaltsbedürftigkeit eines Alkoholikers ist zu verneinen, wenn Ärzte ihn auf seinen Alkoholismus und auf die **dringende Notwendigkeit einer Entziehungskur hingewiesen** hatten und er sich deshalb seines Krankheitszustands und der dadurch bedingten Erwerbsunfähigkeit sowie der Notwendigkeit einer Entziehungskur bewusst war. Er hat dann eine derartige Entziehungsbehandlung als einen Erfolg versprechenden und notwendigen Schritt zur Wiedererlangung der Erwerbsfähigkeit gekannt und damit als mögliche Folge der Verweigerung einer solchen Behandlung seine Unfähigkeit voraussehen können, nach der Trennung den Unterhalt selbst zu verdienen. Die Leichtfertigkeit steht außer Zweifel, wenn der Alkoholiker die ihm gebotenen Möglichkeiten einer Entziehungsbehandlung deshalb ungenutzt gelassen hat, weil er der Meinung war, er könne seinen Zustand auch ohne eine Entziehungskur bessern und seine Erwerbsfähigkeit wiedererlangen.[248]

Es kommt entscheidend darauf an, ob der Berechtigte zu einer Zeit, als die Aussicht und die Fähigkeit, danach zu handeln, es noch zuließen, eine ihm angeratene Entziehungskur unterlassen hatte und er sich der Möglichkeit bewusst war, er werde infolgedessen im Fall einer Trennung der Eheleute außerstande sein, eine Berufstätigkeit aufzunehmen und den Unterhalt selbst zu verdienen.[249]

Stellt das Gericht fest, der Berechtigte habe zwar im nicht intoxierten Zustand die Notwendigkeit einer Entziehungskur und Entwöhnungsbehandlung einsehen können, aber infolge der Persönlichkeitsstörung und der daraus resultierenden Einschränkung der Steuerungsfähigkeit sowie wegen Willensschwäche nicht nach dieser Einsicht zu handeln vermocht, dann wird dadurch eine mutwillige Herbeiführung der Bedürftigkeit rechtlich unangreifbar verneint.[250]

685   Die Bedürftigkeit kann auch dadurch mutwillig herbeigeführt werden, dass es der Berechtigte in **vorwerfbarer Weise unterlassen hat,** durch geeignete und zumutbare Maßnahmen seine Erwerbsfähigkeit wiederherzustellen, und keine Maßnahmen gegen die erkannte Alkoholabhängigkeit ergriffen hat. Die Frage, von welchem Zeitpunkt an dem Berechtigten die Erkenntnis über die Art seiner Erkrankung **zugerechnet** werden kann und die Beurteilung des Zeitraums, innerhalb dessen er gehalten war, wirksame Maßnahmen zur Wiederherstellung seiner Gesundheit zu ergreifen, sind Gegenstand **tatrichterlicher** Beurteilung.[251]

686   Die gleichen Grundsätze gelten bei **Drogenabhängigkeit und Medikamentenmissbrauch** sowie bei sonstigen Suchterkrankungen.

687   Ob der Abhängige bereits so erkrankt ist, dass seine Einsichts- und Steuerungsfähigkeit nicht mehr besteht, wird **regelmäßig** nur durch einen **Sachverständigen** zuverlässig festgestellt werden können. Hierzu bedarf es einer sorgfältigen Prüfung, inwieweit die bei Suchtkranken meist festzustellende psychische Labilität Krankheitswert besitzt. Die Einholung eines Sachverständigengutachtens nach § 144 ZPO steht im pflichtgemäßen Ermessen des Gerichts. Sofern diesem die notwendige Sachkunde für die Beantwortung einer

---

[247] BGH, FamRZ 2001, 541 = R 555; FamRZ 1981, 1042
[248] BGH, a. a. O.
[249] BGH, FamRZ 1988, 375, 377
[250] BGH, a. a. O.; KG, FamRZ 2001, 1617; OLG Bamberg, FamRZ 1998, 370; OLG Köln, FamRZ 1999, 920
[251] BGH, FamRZ 1987, 359, 361

entscheidungserheblichen Frage fehlt, handelt es ermessensfehlerhaft, wenn es nicht von Amts wegen ein Sachverständigengutachten erholt.[252] Werden in solchen Fällen Erfolg versprechende therapeutische Maßnahmen zur Herstellung der Arbeitsfähigkeit wahrgenommen, besteht in der Regel ein Unterhaltsanspruch nach den §§ 1361, 1572 BGB.

3. Mutwillige Bedürftigkeit wegen Aufgabe einer Erwerbstätigkeit oder wegen unterlassener Maßnahmen zur Herstellung der Erwerbsfähigkeit

Kann der Berechtigte nach der Trennung oder Scheidung darauf verwiesen werden, **688** seinen Unterhalt durch eine Erwerbstätigkeit selbst zu verdienen (vgl. Rn. 131 ff.), so ist er, falls er die nötige Aufnahme einer zumutbaren Erwerbstätigkeit unterlässt, nicht als bedürftig anzusehen, weil er in der Lage wäre, sich selbst zu unterhalten. Es wird ihm dann ein erzielbares Einkommen **fiktiv** zugerechnet.

Ein mutwilliges Verhalten liegt vor, wenn der Bedürftige durch eine vorsätzliche Straftat **688 a** seinen Arbeitsplatz verloren hat oder notwendige berufliche Aus- oder Weiterbildungsmaßnahmen unterlässt.[253]

Setzt sich der Ehegatte **mutwillig außerstande,** eine Erwerbstätigkeit aufzunehmen, so **689** kann auch darin ein Verhalten liegen, das die Härteregelung der Nr. 4 erfüllt. Davon ist auszugehen, wenn der Ehegatte zwar zur Aufnahme der Erwerbstätigkeit außerstande ist, aber die notwendigen und zumutbaren Maßnahmen zur Herstellung seiner Erwerbsfähigkeit unterlässt und dadurch seine Bedürftigkeit herbeiführt.[254] Dies gilt insbesondere bei einer sog. **Unterhaltsneurose,** wenn ärztliche Hilfe vermieden und keine Therapie durchgeführt wird.[255] Bei allen Erscheinungsformen einer Krankheit trifft den Bedürftigen die **Obliegenheit zur Krankheitsbehandlung** und **aktiven Mitarbeit an seiner Genesung** (näher Rn. 97). Zumutbar sind dabei alle Behandlungen, die relativ gefahrlos, schmerzarm und aussichtsreich sind. Kein mutwilliges Verhalten liegt vor, wenn der Berechtigte bei einer depressiven Neurose ein mit starken Nebenwirkungen verbundenes Medikament nicht einnimmt und das abgelehnte Medikament nicht nachweisbar wirksamer als das bereits vom Berechtigten verwendete ist.[256] Fehlt die Krankheitseinsicht oder ist die fehlende Einsicht Folge der Erkrankung, z.B. bei einer Schizophrenie, liegen die Voraussetzungen des Tatbestandes nicht vor.[257]

Die Nr. 4 kann erfüllt sein, wenn die Berechtigte freiwillig ihren **sicheren Arbeitsplatz 690 aufgibt**[257 a] und an einen Ort zieht, wo sie nicht vermittelt werden kann.[258] Ebenso, wenn dem Berechtigten **selbstverschuldet gekündigt** wurde, ohne Arbeitslosengeld zu erhalten, oder wenn grundlos weder Arbeitslosengeld noch Krankengeld in Anspruch genommen wird, das den angemessenen Lebensbedarf gedeckt hätte. Voraussetzung ist aber jeweils die Bejahung eines unterhaltsbezogen zumindest leichtfertigen Verhaltens.[259]

Mutwilligkeit kann auch bejaht werden, wenn die Berechtigte sich nach der Trennung **691** einer von ihr als notwendig erkannten, Erfolg versprechenden Ausbildungsmaßnahme leichtfertig verschlossen hat, um den Unterhaltsanspruch nicht zu gefährden.[260]

Mutwilligkeit kann ferner bejaht werden, wenn die Berechtigte während der Trennungs- **692** zeit unterlassen hat, sich um einen Arbeitsplatz in einem früheren Beruf zu bemühen, statt dessen eine Ausbildung in einem neuen Beruf begonnen hat und dadurch bedürftig wurde. Eine Mutwilligkeit kann in einem solchen Fall jedoch verneint werden, wenn die Umschulung jedenfalls längerfristig gerade der Behebung einer Erwerbslosigkeit diente und die

---

[252] BGH, FamRZ 1989, 1054
[253] BGH, FamRZ 2001, 541 = R 555
[254] BGH, FamRZ 1981, 1042
[255] OLG Hamm, FamRZ 1999, 237
[256] OLG Hamm, FamRZ 1996, 836
[257] BGH, FamRZ 2005, 1897 = R 638 b
[257 a] BGH, FamRZ 2007, 1532 = R 581 i
[258] BGH, a. a. O.; OLG Bremen, FamRZ 1978, 410; OLG Köln, FamRZ 1985, 930
[259] BGH, FamRZ 1981, 1042
[260] BGH, FamRZ 1986, 553, 555

Berechtigte allenfalls noch für eine übersehbare kurze Zeit nach der Scheidung ihre Bedürftigkeit als Folge hinnahm.[261]

693   Aus einem **früheren Verhalten des Berechtigten** können negative Auswirkungen auf seinen Unterhaltsanspruch nur dann hergeleitet werden, wenn ihm Mutwilligkeit bei der Herbeiführung seiner gegenwärtigen Bedürftigkeit vorgeworfen werden kann.[262]

4. Mutwillige Bedürftigkeit wegen Verschwendung oder unwirtschaftlicher Vermögensanlage

694   Eine mutwillige Herbeiführung der Bedürftigkeit ist nicht schon dann anzunehmen, wenn ein Mann, der allein lebt, in erster Linie von der Substanz eines Vermögens zehrt und mehr ausgibt, als seinem angemessenen Eigenbedarf entspricht. Von grober Missachtung dessen, was jedem einleuchtet, oder von Verantwortungs- oder Rücksichtslosigkeit kann erst gesprochen werden, wenn wesentlich mehr ausgegeben wird, als es den im Einzelfall vorliegenden Verhältnissen unter Beachtung eines individuellen, insbesondere trennungs-, alters- und krankheitsbedingten Mehrbedarfs auch angesichts der wirtschaftlichen Verhältnisse des potentiell Unterhaltpflichtigen angemessen erscheinen lassen.[263]

695   Wer sein **Vermögen verbraucht,** obwohl er notwendig voraussieht, dass er nach Erschöpfung dieses Vermögens unterhaltsbedürftig sein wird, kann die Nr. 4 erfüllen, wenn der Verbrauch der Mittel **unterhaltsbezogen leichtfertig** war. Dazu ist zu prüfen, ob und gegebenenfalls bis zu welchem Betrag das Vermögen angegriffen werden musste. Dabei können das Alter, der angegriffene Gesundheitszustand des Bedürftigen sowie die Vermögensverhältnisse des anderen Teils eine Rolle spielen. Stand bei dem anderen Teil kein Vermögen zur Verfügung, mit dem er etwa auf seiner Seite entstehenden Sonderbedarf decken konnte, so wird es unter Billigkeitsgesichtspunkten nicht gerechtfertigt sein, einen Teil des Vermögens auf Kosten des Unterhaltpflichtigen als „Notgroschen" unangegriffen zu lassen. Braucht er dagegen einen bestimmten Teil seines Vermögens nicht anzugreifen, so wird der Verbrauch dieses Teils nicht als mutwillige Herbeiführung der Bedürftigkeit gewertet werden können, weil dann die unterhaltsrechtlich relevante Bedürftigkeit schon vor dem Verbrauch dieser finanziellen Reserve erreicht war.[264]

Ebenso kann ein mutwilliges Verhalten nicht bejaht werden, wenn ein Nachlass zur **Tilgung von Hausschulden** verwendet wird; ein derartiges Vorgehen wird von einem erheblichen Teil der Bevölkerung ausgeübt und für sinnvoll angesehen.[265]

696   Soweit der Bedürftige **Gelder,** die ihm im Rahmen der **Vermögensauseinandersetzung oder des Zugewinnausgleichs** zugeflossen sind, **verbraucht,** ohne einen unterhaltsrechtlich relevanten Gegenwert zu erzielen, z. B. durch Zinsen oder Wohnwert, liegt eine mutwillige Herbeiführung der Bedürftigkeit i. S. eines zumindest leichtfertigen Verhaltens nur vor, wenn er sich unter grober Mißachtung dessen, was jedem einleuchten muss, oder in Verantwortungs- und Rücksichtslosigkeit gegen den Unterhaltpflichtigen über die erkannte Möglichkeit nachteiliger Folgen seiner Bedürftigkeit hinweggesetzt hat.[266] Die Voraussetzungen der Nr. 4 sind insoweit **zu verneinen,** wenn der Bedürftige mit dem Geld die Verfahrenkosten, den Umzug, notwendiges neues Mobiliar[267] oder einen zur Berufsausübung oder Kinderbetreuung benötigten Pkw bezahlt, es zur Altersvorsorge in einer Lebensversicherung verwendet,[268] vorhandene Schulden tilgt[269] oder in der Ehe verbrauch-

---

[261] BGH, FamRZ 1986, 1085
[262] BGH, FamRZ 1988, 701
[263] BGH, FamRZ 1984, 364, 366
[264] BGH, a. a. O.
[265] BGH, FamRZ 1986, 560, 562
[266] BGH, FamRZ 1990, 989, 991 = R 418 d
[267] BGH, a. a. O.
[268] BGH, a. a. O.
[269] BGH, FamRZ 1986, 560, 562

tes Kindesvermögen zurückzahlt.[270] Wird bei Verbrauch von Vermögen eine **mutwillige Herbeiführung der Bedürftigkeit** verneint, können **keine fiktiven Zinseinkünfte** angesetzt werden, da das Verhalten des Bedürftigen in diesen Fällen nur sanktioniert werden kann, wenn die Voraussetzung des § 1579 Nr. 4 BGB vorliegen.[271]

Nr. 4 ist hingegen zu **bejahen,** wenn ein Ehegatte seine Bedürftigkeit mutwillig herbei- **697** führt, indem er den ihm vorzeitig ausbezahlten Zugewinnausgleichsbetrag bis zur Rechtskraft der Scheidung für **Luxusausgaben,** z. B. teure Hobbys, Reisen, Kleidung, verwendet und sich dadurch mittellos macht. Nicht erforderlich ist, dass der Handelnde die Bedürftigkeit herbeiführen wollte. Es genügt, dass er mit der Möglichkeit gerechnet hat.[272] Ein Ansatz fiktiver Zinsen wegen Verbrauchs des Vermögensstammes, z. B. des Zugewinnausgleichs, entfällt, wenn bei **Betreuung gemeinschaftlicher Kinder** der Mindestbedarf des Unterhaltsberechtigten nicht gesichert ist.[273]

Ein typischer Fall mutwillig herbeigeführter Bedürftigkeit liegt vor, wenn der Berechtigte **698** sein Vermögen auf Grund einer **Spielleidenschaft** verliert[274] oder für Luxusausgaben verschleudert.[275]

5. Mutwillige Bedürftigkeit wegen bestimmungswidriger Verwendung des Vorsorgeunterhalts

Hat der Berechtigte einen Vorsorgeunterhalt in der Vergangenheit nicht bestimmungs- **699** gemäß verwendet, so berührt das seinen Unterhaltsanspruch **ab Eintritt des Rentenfalls** nur unter den Voraussetzungen der Nr. 4. Er kann allerdings dann nur so behandelt werden, als hätte er eine mit dem Vorsorgeunterhalt erreichbare Altersversorgung erlangt, wenn ihm ein mutwilliges Verhalten vorgeworfen werden kann, indem er sich leichtfertig über erkannte nachteilige Folgen für seine spätere Bedürftigkeit hinweggesetzt hat.[276] Dies wird regelmäßig zu bejahen sein, wenn der Elementarunterhalt zur Finanzierung der Lebenshaltungskosten ausreiche und dem Bedürftigen bewusst ist, dass die abredewidrige Verwendung des Vorsorgeunterhalts zur Schmälerung seiner Altersversorgung führt.[277]

Ein mutwilliges Verhalten kann ausnahmsweise fehlen, wenn sich der Berechtigte in einer Notlage befunden hat, weil er trotz hinreichender Bemühungen keinen geeigneten Arbeitsplatz finden konnte. Außerdem besteht bei Einkünften unterhalb des sogenannten notwendigen Selbstbehalts keine Obliegenheit zu Vorsorgemaßnahmen nach § 1578 III BGB.[278] Der Berechtigte ist in diesen Fällen allerdings regelmäßig gehalten, den Pflichtigen zu informieren. Da der Vorsorgeunterhalt subsidiär zum Elementarunterhalt ist, darf er nicht zugesprochen werden, wenn ein Mangelfall vorliegt bzw. der Bedarf des Berechtigten unter dem Notbedarf liegt.[279]

Ein Verwirkungsgrund entfällt ferner, wenn die Parteien in einem Vergleich die abredewidrige Verwendung des Vorsorgeunterhalts bereits geregelt haben.[280]

6. Sonstige Fälle, in denen der BGH eine Mutwilligkeit verneint hat

Nr. 4 wurde verneint, wenn der Berechtigte nach einem Unfall einen **Rechtsstreit** **700** **wegen eines Verdienstausfallschadens** sowohl wegen des Kostenrisikos als auch angesichts der mit einem solchen Rechtsstreit notwendig verbundenen psychischen Belastung

---

[270] BGH, FamRZ 1990, 989, 991 = R 418 d
[271] BGH, FamRZ 1990, 989, 991 = R 418 d
[272] OLG Karlsruhe, FamRZ 1983, 506
[273] BGH, FamRZ 1997, 873, 875 = R 513 c
[274] BGH, FamRZ 1981, 1042
[275] BGH, FamRZ 2001, 541, 544 = R 555
[276] BGH, FamRZ 2003, 848, 853 = R 588 c; FamRZ 1988, 817, 820
[277] BGH, FamRZ 2003, 848, 853 = R 588 c
[278] BGH, FamRZ 1987, 684, 686
[279] BGH, a. a. O.
[280] BGH, FamRZ 2003, 848, 853 = R 588 c

unterlassen hat, weil er wegen eines dabei erlittenen Schädel-Hirntraumas stark behindert war.[281]

701   Die Nr. 4 ist nicht erfüllt durch den **Auszug aus der Ehewohnung** und den dadurch verursachten trennungsbedingten Mehrbedarf, weil nach der gesetzgeberischen Wertung die Trennung als solche keine unterhaltsrechtlichen Sanktionen zur Folge haben soll.[282]

702   Keine mutwillige Herbeiführung der Bedürftigkeit besteht bei Arbeitsunfähigkeit infolge eines **fehlgeschlagenen Selbsttötungsversuchs.**[283]

702 a   Keine mutwillige Herbeiführung der Bedürftigkeit liegt ferner vor, wenn sich eine Ehefrau einer **homologen In-vitro-Fertilisation** unterzieht, obwohl der Ehemann sein Einverständnis zurückgezogen hat.[284] Die Ehegatten entscheiden in gemeinsamer freier Verantwortung, ob, zu welchem Zeitpunkt und ggf. auf welche Weise sie Nachkommen haben wollen. Aus dem Konsens ergibt sich aber keine Bindung auf Dauer, jeder Ehegatte kann sich nachträglich von dieser Vereinbarung wieder lossagen. Die trotzdem erfolgte Verwirklichung des Kinderwunsches durch die Ehefrau ist aber kein sinnloses leichtfertiges Verhalten, das den Tatbestand des § 1579 Nr. 4 BGB verwirklicht.[285]

VII. Mutwillige Verletzung von Vermögensinteressen des Verpflichteten (§ 1579 Nr. 5 BGB)

1. Zum Härtegrund der Nr. 5

703   Die Härteklausel der Nr. 5 (bis 31. 12. 2007 Nr. 4) ist anzuwenden, wenn der Berechtigte sich über **schwerwiegende Vermögensinteressen** des Verpflichteten mutwillig hinweggesetzt hat.

Sinn dieser Regelung ist es, dass der Berechtigte trotz Trennung oder Scheidung alles zu unterlassen hat, was dem Verpflichteten die Erfüllung seiner Unterhaltspflicht erschwert oder unmöglich macht.

704   **Objektiv** muss das Verhalten des Berechtigten eine besondere Intensität erreicht haben, was sich aus den Worten „schwerwiegend" und „hinwegsetzen" ergibt. Allerdings stellt der Tatbestand nicht auf die Intensität der Pflichtverletzung, sondern auf den Umfang der Vermögensgefährdung ab.

Nicht erforderlich ist, dass bei dem Verpflichteten ein Vermögensschaden tatsächlich eingetreten ist. Es genügt, dass die Vermögensinteressen, zu denen auch die Einkommensverhältnisse aus einer beruflichen Tätigkeit zählen, schwerwiegend gefährdet werden.

705   **Subjektiv** muss der Berechtigte mutwillig handeln. Wie bei Nr. 4 kann ein leichtfertiges Verhalten des Berechtigten das Tatbestandsmerkmal der Mutwilligkeit erfüllen. Es gelten insoweit die Ausführungen zu Rn. 679.

706   Da die Nr. 5 keine zeitliche Begrenzung enthält, kann ein entsprechendes Fehlverhalten sowohl vor als auch nach der Scheidung entstehen und berücksichtigt werden.[286]

707   Wie bei Nr. 3 (Rn. 671) treten die Rechtsfolgen des Fehlverhaltens **für die Zeit ab dem Fehlverhalten** ein, während der Unterhaltsanspruch für die Zeit bis zum Fehlverhalten unverändert bleibt.

2. Fälle zu Nr. 5

708   Ein **betrügerisches Verhalten** im Unterhaltsprozess erfüllt nicht nur den Tatbestand der Nr. 3, sondern auch von Nr. 5.[287]

---

[281] BGH, FamRZ 1988, 1031
[282] BGH, FamRZ 1989, 1160; FamRZ 1986, 434
[283] BGH, FamRZ 1989, 1054
[284] BGH, FamRZ 2001, 541 = R 555
[285] BGH, a. a. O.
[286] OLG Hamburg, FamRZ 1987, 1044
[287] BGH, FamRZ 2007, 1532 = R 681 l; FamRZ 1990, 1095 = R 421 b

Eine Betrugshandlung gegen Dritte, z. B. ein **Versicherungsbetrug,** in die der Ehepartner gegen dessen Willen einbezogen wird, wird nur mit weiteren Vermögensdelikten, wie einem versuchten Prozessbetrug durch Verschweigen eigenen höheren Vermögens bei Antrag auf Prozesskostenvorschuss als mutwilliges Hinwegsetzen über schwerwiegende Vermögensinteressen des Pflichtigen angesehen werden können.[288]

Nr. 5 liegt vor bei Verschwendung des dem Unterhaltspflichtigen zustehenden Zugewinnausgleichs von 50 000 € zwischen Rechtshängigkeit des Scheidungsverfahrens und Scheidung, so dass die Zugewinnklage nach § 1378 II BGB abgewiesen werden muss.[289]

Der Tatbestand ist ferner gegeben bei **geschäftlicher Schädigung** durch Mitwirkung an **709** der Kündigung von Geschäftsbeziehungen eines Dritten mit dem Verpflichteten[290] oder **Anschwärzen** des Verpflichteten bei dessen Arbeitgeber mit dem Ziel des Arbeitsplatzverlustes. Ausreichend ist die Gefährdung des Arbeitsplatzes durch Anschwärzen aus Rachsucht.[291] Der Bedürftige hat insoweit alles zu unterlassen, was zur Durchsetzung des eigenen Anspruches nicht erforderlich ist, so dass eine Mitteilung gegenüber dem Arbeitgeber des Pflichtigen über angeblich in der Firma verübte Diebstähle den Tatbestand erfüllt.[292]

Belastende Aussage in einem Disziplinarverfahren gegen den Ehepartner, anstatt vom Aussageverweigerungsrecht Gebrauch zu machen.[293]

Strafanzeigen, die zu einem Ermittlungsverfahren führen, können geeignet sein, Vermögensinteressen des Berechtigten maßgeblich zu tangieren, sei es wegen einer Minderung des Ansehens in der Öffentlichkeit mit nicht auszuschließenden Auswirkungen auf die Kreditwürdigkeit, sei es wegen einer möglichen Bestrafung.[294]

Kein schwerwiegendes Hinwegsetzen über Vermögensinteressen liegt dagegen vor, **709 a** wenn der Bedürftige ohne vorherige Rücksprache mit dem Pflichtigen für einen Zeitraum, in dem die Eheleute noch zusammenlebten, die getrennte Veranlagung wählt.[295]

3. Wahrnehmung berechtigter Interessen

Kein mutwilliges Verhalten liegt aber vor, wenn eine Strafanzeige zur Wahrnehmung **710** berechtigter Interessen erfolgt ist.[296] Nr. 5 ist deshalb nicht gegeben bei Erstattung einer Strafanzeige wegen Unterhaltspflichtverletzung, es sei denn, es liegt ein Fall von falscher Anschuldigung vor.[297] Das Gleiche gilt bei Strafanzeigen wegen falscher Versicherung an Eides Statt, wenn die erhobenen Vorwürfe nach den zur Leistungsfähigkeit des Pflichtigen getroffenen Feststellungen zumindest teilweise sachlich berechtigt waren.[298] Nr. 5 ist ebenfalls nicht gegeben, wenn die Strafanzeige im öffentlichen Interesse liegt, z. B. bei einer Trunkenheitsfahrt.[299] Nr. 5 entfällt ferner, wenn trotz Strafanzeige der Trennungsunterhalt zunächst anerkannt wurde.[300]

Entsprechendes gilt bei Mitteilungen gegenüber Behörden. Wenn die Bedürftige auf **710 a** Nachfrage des Finanzamtes zum Realsplitting erklärt, sie habe keinen Unterhalt in Höhe des vom Pflichtigen in der Anlage U angegebenen Betrages erhalten und könne deshalb die

---

[288] OLG Hamm, FamRZ 2002, 242
[289] OLG Hamm, FamRZ 2007, 232
[290] AG Darmstadt, FamRZ 1979, 507
[291] OLG Zweibrücken, FamRZ 1989, 63; FamRZ 1980, 1010; OLG München, FamRZ 1982, 270; OLG Hamm, FamRZ 1987, 946; OLG Koblenz, FamRZ 1991, 1312
[292] OLG Karlsruhe, FamRZ 1998, 747
[293] OLG Köln, FamRZ 1995, 1580
[294] OLG Zweibrücken, FamRZ 1989, 603; OLG München, FamRZ 1982, 270; FamRZ 1981, 154; OLG Celle, FamRZ 1987, 69; OLG Bamberg, FamRZ 1987, 1264; OLG Koblenz, FamRZ 1991, 1312
[295] OLG Hamm, FamRZ 2004, 1786
[296] BGH, FamRZ 2002, 23, 25 = R 568 d
[297] OLG Stuttgart, FamRZ 1979, 40
[298] BGH, FamRZ 2002, 23, 25 = R 568 d
[299] OLG Bamberg, FamRZ 1987, 1264
[300] OLG Nürnberg, FamRZ 1992, 673

Anlage U nicht unterzeichnen, handelt sie in Wahrnehmung berechtigter Interessen, da sie ihrerseits auf den vom Pflichtigen angegebenen Betrag Steuern entrichten muss.[301]

711   Eine leichtfertig erhobene Strafanzeige wegen **Steuerhinterziehung** kann im Einzelfall zu einer Verwirkung führen, wenn sie eine schwerwiegende Gefährdung der Einkommens- und Vermögenssituation des Pflichtigen zur Folge hat.[302] Sind die belastenden Angaben nicht geeignet, einen Tatverdacht zu begründen, so ist eine mutwillige Verletzung der Vermögensinteressen des Pflichtigen nicht gegeben.[303] Der Tatbestand entfällt, wenn die Angaben des Pflichtigen zur behaupteten Anzeige beim Finanzamt zu unsubstantiiert sind.[304] Ein mutwilliges Verhalten ist ferner nicht gegeben, wenn die Anzeige wegen Steuerhinterziehung zur Wahrnehmung berechtigter Interessen erfolgt.[305] Letzteres liegt insbesondere vor, wenn sich zunächst der Pflichtige über die eheliche Solidarität hinweggesetzt hat, indem er im Unterhalts- und/oder Zugewinnverfahren Einkünfte oder Vermögen verschwiegen hat (sog. Schwarzgeld).

VIII. Gröbliche Verletzung der Pflicht, zum Familienunterhalt beizutragen (§ 1579 Nr. 6 BGB)

1. Zum Härtegrund der Nr. 6

712   Die Härteklausel der Nr. 6 (bis 31. 12. 2007 Nr. 5) ist anzuwenden, wenn der Berechtigte vor der Trennung längere Zeit hindurch seine Pflicht, zum Familienunterhalt beizutragen, gröblich verletzt hat.

Es handelt sich um eine Konkretisierung der allgemeinen Härteklausel, die den §§ 1587 c Nr. 3 und 1587 h Nr. 3 BGB nachgebildet ist.

713   Nach dem eindeutigen Wortlaut dürfen **nur Gründe** berücksichtigt werden, die **vor der Trennung entstanden** sind (Verletzung des Familienunterhalts). Nach der Trennung entstandene Unterhaltspflichtverletzungen können unter die Nr. 4, subsumiert werden.

714   Die Verletzung der Familienunterhaltspflicht (§ 1360 BGB) kann auch gegenüber gemeinsamen Kindern begangen werden. Entscheidend ist, ob der Berechtigte seinen Pflichten nachgekommen ist, die er auf Grund der Aufgabenverteilung in der Ehe übernommen hat, z. B. die Pflicht zur Haushaltsführung und Kindesbetreuung seitens des haushaltführenden Ehegatten.

War der Berechtigte erwerbstätig, kann eine Pflichtverletzung darin bestehen, dass er kein Wirtschaftsgeld für den Familienunterhalt geleistet hat. Hat er gegen den Willen des Verpflichteten nicht gearbeitet, kann eine Pflichtverletzung darin liegen, dass er sich nicht ernsthaft und ausreichend um eine Arbeit bemüht hat.

715   Solche Pflichten müssen **gröblich verletzt** worden sein. Dies setzt subjektiv mindestens ein grob fahrlässiges (leichtfertiges) Verhalten voraus. Außerdem müssen weitere objektive Merkmale vorliegen, die dem pflichtwidrigen Verhalten ein besonderes Gewicht verleihen. Regelmäßig wird erforderlich sein, dass die Familie durch die Nichtgewährung des Familienunterhalts in ernstliche Schwierigkeiten geraten ist. Die Pflichtverletzung entfällt nicht dadurch, dass der andere Ehegatte durch seinen Einsatz die Familie vor einer Notlage bewahrt hat.

716   Die Pflichtverletzung muss vor der Trennung längere Zeit gedauert haben. In der Regel ist dies erfüllt, wenn die Verletzungen etwa ein Jahr vor der Trennung andauernd und nicht nur gelegentlich erfolgt sind.

---

[301] BGH, FamRZ 2007, 193 = R 664 d
[302] OLG Köln, NJW-FER 1999, 107
[303] OLG Köln, a. a. O.
[304] BGH, FamRZ 2002, 23, 25 = R 568 d
[305] BGH, a. a. O.

Wie bei Nr. 3 und Nr. 4 muss die Pflichtverletzung schuldhaft sein, was Schuldfähigkeit **717** im Zeitraum der Unterhaltspflichtverletzung voraussetzt. Eine verminderte Schuldfähigkeit kann eine grobe Unbilligkeit beseitigen (näher Rn. 669).

Bisher gibt es noch keine BGH-Entscheidung zur Nr. 6.   **718**

2. Fälle einer Pflichtverletzung zu Nr. 6

Der erwerbstätige Berechtigte hat **kein Wirtschaftsgeld** zum Familienunterhalt zur **719** Verfügung gestellt.

Der Berechtigte hat gegen den Willen des Verpflichteten **nicht gearbeitet** und sich auch nicht ausreichend um Arbeit bemüht.

Der Berechtigte hat wegen **übermäßigen Alkoholgenusses** den Haushalt vernachlässigt und dann seinen Unterhaltsanspruch auf suchtbedingte Arbeitsunfähigkeit gestützt.[306]

Der Berechtigte ist wegen Trunksucht (Drogensucht) arbeitslos geworden und geblieben und hat nichts zum Familienunterhalt beigetragen.

Der Berechtigte hat als haushaltführender Ehegatte den Haushalt und die Kinder über einen längeren Zeitraum vernachlässigt.

IX. Offensichtlich schwerwiegendes, eindeutig beim Berechtigten liegendes Fehlverhalten (§ 1579 Nr. 7 BGB)

1. Zum Härtegrund der Nr. 7 BGB

Die Härteklausel der Nr. 7 (bis 31. 12. 2007 Nr. 6) ist anzuwenden, wenn dem Berech- **720** tigten ein **offensichtlich schwerwiegendes, eindeutig bei ihm liegendes Fehlverhalten** gegen den Verpflichteten zur Last fällt.

Mit diesem 1986 neu normierten Tatbestand wurde im Wesentlichen die frühere Recht- **721** sprechung des BGH zum ehelichen Fehlverhalten im Rahmen der bis 1986 geltenden Nr. 4 a. F. übernommen und neu formuliert. Nach dieser Rechtsprechung war ein schwerwiegendes, klar bei einem Ehegatten liegendes einseitiges Fehlverhalten geeignet, die Voraussetzungen einer Verwirkung des Unterhaltsanspruchs zu erfüllen.[307]

Soweit die Fassung der Nr. 7 auf ein offensichtlich schwerwiegendes Fehlverhalten abstellt, beinhaltet dies keinen wesentlichen Unterschied zu der früher vom BGH geprägten Formulierung „schwerwiegendes, klar bei dem Berechtigten liegendes Fehlverhalten".[308]

Aus dem Fehlen einer zeitlichen Begrenzung in Nr. 7 ergibt sich, dass ein Fehlverhalten **722** sowohl **bis zur Scheidung** als auch **nach der Scheidung** begangen werden kann.

- Bei einem Fehlverhalten **bis zur Scheidung** muss es sich um einen Verstoß gegen **723** **schwerwiegende eheliche Pflichten** handeln. Wichtige Pflichten sind in diesem Zusammenhang die ehelichen **Treuepflichten, eheliche Solidarität** und der **Grundsatz der Gegenseitigkeit.** Während der Ehe besteht eine gesteigerte Verantwortung der Eheleute füreinander.

- Mit der Scheidung findet ein Teil dieser Pflichten ein Ende, vor allem die Verpflichtung **724** zur ehelichen Treue.[309] Unterhaltsrechtlich geht das Gesetz **nach der Scheidung,** wie mit der Unterhaltsreform zum 1. 1. 2008 klargestellt wurde, grundsätzlich von der Eigenverantwortung jedes Ehegatten für seinen Unterhalt aus (§ 1569 BGB). Deshalb muss es sich bei einem Fehlverhalten nach der Scheidung um Verstöße gegen Pflichten handeln, die aus Gründen der nachehelichen Solidarität noch nachwirken, wie z. B. allgemeine

---

[306] OLG Düsseldorf, FamRZ 1981, 1177
[307] BGH, FamRZ 1983, 142; FamRZ 1982, 466
[308] So im Ergebnis auch BGH, FamRZ 1989, 1279
[309] BGH, FamRZ 1995, 344 = R 488 a; FamRZ 1989, 487, 489

Gebote eines fairen mitmenschlichen Umgangs und der Rücksichtnahme auf beiderseitige persönliche und wirtschaftliche Interessen.

725 • **Voreheliche Täuschungshandlungen** können nur dann bedeutsam sein, wenn sie sich auf die ehelichen Lebensverhältnisse ausgewirkt haben.

726 Das Fehlverhalten muss offensichtlich **schwerwiegend** sein, d. h., es muss nach allgemeinem, nicht nur einseitigem Eheverständnis missbilligt werden. Es muss sich um einen Fall grober Verantwortungslosigkeit und Pflichtwidrigkeit handeln.Deshalb reicht ein einfaches Fehlverhalten oder die Feststellung durchschnittlicher Scheidungsschuld für die Bejahung der Nr. 7 nicht aus. Das dem Scheidungsrecht zugrundeliegende Zerrüttungsprinzip verbietet es, Eheverfehlungen von bloß durchschnittlicher Schwere gegeneinander aufzurechnen.[310]

727 Das Fehlverhalten muss sich **gegen den Verpflichteten** richten. Ein Fehlverhalten gegen einen Angehörigen reicht nicht aus. Es kann im Rahmen der Nr. 7 allenfalls nur dann bedeutsam werden, wenn und soweit sich das Fehlverhalten auch gegen den Verpflichteten richtet.

Das Fehlverhalten muss **schuldhaft** sein und setzt deshalb Schuldfähigkeit voraus. Eine verminderte Schuldfähigkeit kann Einfluss darauf haben, ob das Fehlverhalten als schwerwiegend oder als grob unbillig zu beurteilen ist.

728 Im Ergebnis ist der Tatbestand zu bejahen, wenn bei einer Gesamtabwägung des Verhaltens beider Parteien eine Unterhaltsverpflichtung wegen vom Unterhaltsberechtigten begangener **gravierender Ehewidrigkeiten unerträglich** erscheinen muss.

2. Verstöße gegen die eheliche Treuepflicht als offensichtlich schwerwiegendes Fehlverhalten

729 Als offensichtlich schwerwiegendes Fehlverhalten zählen in erster Linie Verstöße gegen die eheliche Treuepflicht. Praktisch spielt dies allerdings nur **für den Trennungsunterhalt** eine Rolle, weil die eheliche Treuepflicht spätestens mit der Scheidung endet.[311] Da die ehelichen Bindungen während des Getrenntlebens fortbestehen, kann auch ein erst **nach der Trennung erfolgter Treuebruch** zur groben Unbilligkeit führen,[312] außer die neue Beziehung wird erst aufgenommen, nachdem der Partner bereits Scheidungsabsichten geäußert hatte[313] oder sich von den ehelichen Bindungen lossagte. Nach der Scheidung besteht keine Treuepflicht mehr.[314] Der Treuebruch verstößt gegen den Grundsatz der Gegenseitigkeit und lässt die Inanspruchnahme des anderen Ehegatten als grob unbillig erscheinen.[315] Man kann sich nicht einerseits **von der ehelichen Beziehung distanzieren** und andererseits **eheliche Mitverantwortung für das wirtschaftliche Auskommen in Anspruch nehmen.**[316] Die Zuwendung zu einem neuen Partner während Bestehen der Ehe begründet dagegen für sich allein noch kein offensichtlich schwerwiegendes, eindeutig beim Bedürftigen liegendes Fehlverhalten, sondern es müssen weitere Umstände wie ein Treuebruch hinzukommen.[317] Nicht ausreichend ist regelmäßig, wenn es sich beim Treuebruch um einen einmaligen Vorfall handelte.

730 • Der BGH hat ein schwerwiegendes Verhalten bejaht, wenn sich der Unterhaltsberechtigte gegen den Willen seines Partners von diesem abgewendet hat und mit einem Dritten in **nichtehelicher Lebensgemeinschaft** zusammenlebt (vgl. auch Rn. 657 ff.). Dadurch distanziert er sich von seinen eigenen ehelichen Bindungen und wendet die dem anderen geschuldete Hilfe einem Dritten zu. Die Inanspruchnahme des Ehepartners aus dessen

---

[310] BGH, FamRZ 1981, 752
[311] BGH, FamRZ 1995, 344 = R 488 a; FamRZ 1989, 487, 489; FamRZ 1983, 569, 571
[312] BGH, FamRZ 1989, 1279
[313] BGH, FamRZ 1983, 150
[314] BGH, FamRZ 1995, 344
[315] BGH, FamRZ 1989, 1279
[316] BGH, FamRZ 1989, 1279; FamRZ 1984, 356; FamRZ 1983, 569
[317] BGH, FamRZ 2001, 1693 = R 567 c

ehelicher Mitverantwortung für sein wirtschaftliches Auskommen widerspricht dem Grundsatz der Gegenseitigkeit, der dem ehelichen Unterhaltsrecht zugrunde liegt.[318] Durch den Treuebruch müssen die Voraussetzungen, ob eine verfestigte Lebensgemeinschaft im Sinne der Nr. 2 besteht, nicht geprüft werden, da als Verwirkungsgrund Nr. 7 eingreift.

- Ein schwerwiegendes Fehlverhalten ist auch zu bejahen, wenn der Berechtigte während **731** der Ehe ein **nachhaltiges, auf längere Dauer angelegtes intimes Verhältnis** zu einem Dritten aufnimmt und gegen den Willen des Verpflichteten fortführt, auch wenn es zu keiner eheähnlichen Gemeinschaft kommt.[319] Dies gilt auch, wenn die Beziehung erst **nach der Trennung** der Eheleute aufgenommen wurde, soweit sich der Partner vorher nicht seinerseits von der Ehe losgesagt hat.[320] Ein dem Trennungswunsch des Pflichtigen zeitlich vorausgehendes langjähriges intimes Verhältnis des Bedürftigen, das dem Pflichtigen bei Trennung nicht bekannt war, stellt ebenfalls ein schwerwiegendes Fehlverhalten dar.[321]

- Ein schwerwiegendes eheliches Fehlverhalten ist ferner gegeben, wenn der Ehegatte **732** während der Ehe **intime Beziehungen zu wechselnden Partnern** aufnimmt. Es besteht kein Grund, einen solchen Ehegatten unterhaltsrechtlich milder zu behandeln als denjenigen, der sich einem einzelnen anderen Partner zuwendet. Im entschiedenen Fall hatte die Klägerin nach 30-jährigem Bestand der Ehe in den letzten Jahren vor der Trennung der Parteien zu vier Männern ehebrecherische Beziehungen aufgenommen. Nach den Feststellungen des OLG hat der Beklagte erst kurz vor der Trennung von den Ehebrüchen erfahren. Danach kam es nach einer tätlichen Auseinandersetzung zur Trennung, nachdem der Beklagte in der Zwischenzeit von der Klägerin Abbitte für ihr Fehlverhalten verlangt und das Haushaltsgeld mit der Begründung gekürzt hatte, dass sie Geld mit anderen Männern durchgebracht habe. Das OLG hat diesem Hergang entnommen, dass die Ehebrüche der Klägerin der auslösende Grund für die Trennung der Parteien gewesen sei, und daraus geschlossen, dass danach nicht davon ausgegangen werden könnte, der Beklagte habe sich unabhängig von dem Verhalten der Klägerin seinerseits von der Ehe abgekehrt. Die innere Rechtfertigung für die Berücksichtigung ehelichen Fehlverhaltens liegt in dem Gedanken der Lösung aus der ehelichen Solidarität und der Abkehr von den ehelichen Bindungen. Äußert sich diese, wie im vorliegenden Fall, in der Bereitschaft zur Aufnahme intimer Kontakte zu wechselnden Partnern, so macht es für die Unterhaltsbemessung keinen greifbaren Unterschied, ob solche Kontakte zu vier oder wie der Pflichtige behauptet zu sieben anderen Partnern aufgenommen worden sind.[322]

- Ein schwerwiegendes eheliches Fehlverhalten liegt ferner vor, wenn der Unterhalts- **732 a** berechtigte knapp zwei Jahre ein intimes Verhältnis zu einem gemeinsamen Freund unterhält;[323] ebenso, wenn die Bedürftige zum Erzeuger ihres Kindes zieht, obwohl der Pflichtige nach langjähriger Ehe den Ehebruch zur Rettung der Ehe verziehen hatte.[324]

Bei allen Verstößen gegen die Treuepflicht ist im Einzelfall aber genau zu prüfen, ob es **733** sich um ein **einseitiges und schwerwiegendes Fehlverhalten** handelt (vgl. näher Rn. 745 ff.). Ist dies zu bejahen, liegt eine so gravierende Abkehr von den ehelichen Bindungen vor, dass die Inanspruchnahme des anderen Ehegatten auf Unterhalt grob unbillig erscheint. Ein Ehegatte, der sich auf diese Weise von seinen ehelichen Bindungen distanziert und seine Ehe faktisch als nicht mehr bestehend betrachtet, kann nicht seinerseits den Ehepartner aus dessen ehelicher Mitverantwortlichkeit für sein wirtschaftliches Aus-

---

[318] FamRZ 1989, 487, 489; FamRZ 1989, 1279; NJW 1986, 722; FamRZ 1984, 356; FamRZ 1984, 154; FamRZ 1983, 142; FamRZ 1983, 150, 152; FamRZ 1983, 670 = R 149 a; FamRZ 1982, 466
[319] BGH, FamRZ 1989, 1279; FamRZ 1983, 142; FamRZ 1982, 466
[320] BGH, FamRZ 1989, 1279
[321] BGH, NJW 1986, 722
[322] BGH, FamRZ 1983, 670 = R 149 a
[323] OLG Koblenz, FamRZ 2000, 290
[324] OLG Nürnberg, MDR 2000, 1194

kommen in Anspruch nehmen und indirekt eine Mitfinanzierung seines Zusammenlebens mit einem Dritten verlangen.[325]

Im Rahmen der **Billigkeitsabwägung** ist dann im Einzelfall genau zu prüfen, insbesondere bei langen Ehen mit Kinderbetreuung sowie während der Dauer der Kinderbetreuung, inwieweit nur eine **Herabsetzung** oder **zeitliche Begrenzung** des Anspruchs in Betracht kommt.[326] Bei Kinderbetreuung kann die Bejahung des Tatbestandes auch zu einer früheren Erwerbsobliegenheit führen,[327] allerdings nicht, bevor das Kind das dritte Lebensjahr vollendet hat. Die völlige Versagung des Unterhaltsanspruchs ist in diesen Fällen die härteste Sanktion, für deren Angemessenheit der Pflichtige vortragungspflichtig ist.[328]

3. Sonstige Fälle eines schwerwiegenden Fehlverhaltens

734   Ein schwerwiegendes Fehlverhalten kann nicht nur durch Verletzung der ehelichen Treue verwirklicht werden, sondern auch in dem **Verstoß gegen andere eheliche Pflichten** liegen. So hat der BGH ein schwerwiegendes Fehlverhalten bei **Unterschieben eines Kindes** bejaht, z. B. wenn eine Frau ihrem Mann nach der Empfängnis eines Kindes wahrheitswidrig beteuert, das Kind stamme von ihm und ihn jahrelang in diesem Glauben belässt, obwohl sie mindestens damit rechnete, dass ein anderer Mann der Vater ist. Entscheidend ist, dass in einem solchen Fall die Auferlegung von Unterhaltszahlungen für den Verpflichteten die Grenzen des Zumutbaren übersteigt. Ein solches Fehlverhalten erfährt durch die Scheidung keine Veränderung.[329] Bei Feststellung der nichtehelichen Abstammung des Kindes besteht dabei der Anscheinsbeweis für eine außereheliche Beziehung.[330]

735   Als schwerwiegende Eheverfehlung kann auch angesehen werden, wenn die geschiedene Ehefrau den Mann von der rechtzeitigen **Anfechtung der Ehelichkeit eines Kindes** abgehalten hat. Sie ist dadurch mitverantwortlich, dass dieser nun auf Dauer Kindesunterhalt zahlen muss, was er durch rechtzeitige Ehelichkeitsanfechtung hätte vermeiden können. Eine solche Situation ist insofern noch belastender als das Unterschieben eines fremden Kindes, weil das wahre Abstammungsverhältnis nicht mehr korrigiert werden kann.[331]

736   Ein leichtfertiger und ohne hinreichende Anhaltspunkte geäußerter Verdacht des **sexuellen Missbrauchs des gemeinsamen Kindes** kann den Tatbestand von Nr. 7 erfüllen,[332] ebenso bei gemeinsamer Sorge eine Kindsentführung ins Ausland.

Der Tatbestand kann ferner vorliegen bei **Vernichtung persönlicher Gegenstände** des Pflichtigen von erheblichem Wert[333] oder bei **gewerbsmäßiger Ausübung von Telefonsex** ohne Wissen des Ehemanns und unter Vorspiegelung falscher Tatsachen.[334]

737   Eine **fortgesetzte, massive Vereitelung des Umgangsrechts** mit den gemeinschaftlichen Kindern kann in gravierenden Fällen als schwerwiegendes Fehlverhalten angesehen werden.[335] Es muss sich dabei aber um eine nicht nur vorübergehende, sondern nachhaltige, lang dauernde Störung handeln. Ein pauschaler Vorwurf eines vom Bedürftigen verursachten Loyalitätskonflikts des Kindes reicht nicht aus.[336] Bei Wiederaufnahme des Umgangsrechts lebt der Unterhaltsanspruch wieder auf (vgl. Rn. 769).[337]

---

[325] BGH, FamRZ 1989, 1279; FamRZ 1984, 154; FamRZ 1983, 569, 571
[326] BGH, FamRZ 2001, 1693 = R 567 c; FamRZ 1989, 1279; NJW 1986, 722; FamRZ 1983, 670 = R 149 a
[327] BT-Drs. 16/18230 vom 15. 6. 2006 S. 21
[328] BGH, FamRZ 2001, 1693 = R 567 c
[329] BGH, FamRZ 1985, 267
[330] BGH, a. a. O.
[331] BGH, FamRZ 1985, 51
[332] OLG München, FamRZ 2006, 1605; OLG Frankfurt, FamRB 2006, 38
[333] OLG Oldenburg, FamRZ 2002, 243
[334] OLG Karlsruhe, FamRZ 1995, 1488
[335] BGH, FamRZ 2007, 882 = R 675 i; FamRZ 1987, 356; OLG München, FamRZ 2006, 1605; FamRZ 1998, 750; OLG Schleswig, FamRZ 2004, 808; FamRZ 2003, 688; OLG Nürnberg, FamRZ 1994, 1393
[336] BGH, FamRZ 2007, 882 = R 675 i
[337] OLG München, FamRZ 1998, 750; OLG Nürnberg, FamRZ 1997, 614

Voreheliche Täuschungshandlungen der in § 1314 II Nr. 3 BGB bezeichneten Art 738 führen jedenfalls dann nicht zu einer Unterhaltsbeschränkung nach Nr. 7, wenn sie bereits erfolglos in einem Eheaufhebungsverfahren geltend gemacht worden sind. Eine andere Beurteilung würde dem Zweck des § 1317 BGB zuwiderlaufen, wonach die Verwirklichung von Rechten des vor der Eheschließung unlauter handelnden Ehegatten von einer binnen bestimmter Frist abzugebenden Erklärung des anderen Teils abhängt.[338]

Die **Weigerung** eines Ehegatten, einen **gemeinsamen Wohnsitz** an dem vom anderen 739 Ehegatten gewünschten Ort **zu begründen,** kann nur dann ein Härtegrund im Sinn der Nr. 7 sein, wenn sich der Berechtigte einem objektiv vernünftigen und zumutbaren Vorschlag ohne sachliche Gründe von einigem Gewicht willkürlich verschlossen hat. Auch wenn ein Umzug möglicherweise zu einer ökonomisch günstigeren Lösung geführt hätte, können gewichtige sachliche Gründe für die Beibehaltung des bisherigen Arbeitsplatzes gesprochen haben.[339] Ein einseitiges schwerwiegendes Fehlverhalten ist zu verneinen, wenn sich der Berechtigte aus beachtlichen Gründen weigert, umzuziehen.[340]

4. Fälle, in denen der BGH ein schwerwiegendes Fehlverhalten verneint hat

Wandert der sorgeberechtigte Elternteil mit dem ihm anvertrauten Kind **aus** und 740 erschwert er dadurch dem anderen Elternteil die Ausübung des Umgangsrechts, so liegt darin in der Regel kein schwerwiegendes Fehlverhalten im Sinn der Nr. 7. Das gilt jedenfalls dann, wenn die Auswanderung nicht in der Absicht erfolgt ist, das Umgangsrecht des anderen Elternteils zunichte zu machen, sondern auf anderen, verständlichen Motiven beruht. Das nur im Rahmen der bisherigen Wohnsitzverhältnisse praktisch ausübbare Umgangsrecht muss in einem solchen Fall dem stärkeren Sorgerecht weichen.[341]

Die Behauptung, die Berechtigte habe den Verpflichteten vor und während der Ehe über 741 erhebliche **Umstände aus ihrem früheren Leben belogen,** ist kein schwerwiegendes Fehlverhalten im Sinn der Nr. 7.[342]

Die Nr. 7 ist auch nicht erfüllt, wenn die Berechtigte dem anderen Ehegatten einen mit 742 Reis gefüllten Teller nachwirft, um **weitere Tätlichkeiten** abzuwehren, nachdem sie vorher von diesem geohrfeigt worden war.[343]

Unmutsäußerungen während ehelicher Auseinandersetzungen sind kein Ausschluss- 743 grund nach Nr. 7.[344] Das Gleiche gilt für auf verständlicher Verärgerung beruhenden vorwurfsvollen Äußerungen gegenüber dem Ehepartner.[345]

Auch die **Trennung als solche** ist trotz der darin liegenden Verletzung der Pflicht zur 744 ehelichen Lebensgemeinschaft kein Fehlverhalten im Sinn der Nr. 7, solange nicht andere schwerwiegende Umstände hinzukommen, wie z. B. das Verlassen des anderen in hilfloser Lage.

5. Eindeutig beim Berechtigten liegendes Fehlverhalten

a) Fehlverhalten des Berechtigten. Das schwerwiegende Fehlverhalten muss eindeutig 745 beim Berechtigten liegen, d. h. es muss sich um ein einseitiges Fehlverhalten handeln.[346]

Bei der Beurteilung, ob ein Fehlverhalten als einseitiges Fehlverhalten in diesem Sinn 746 gewertet werden kann, muss stets auch das Verhalten des Verpflichteten mitberücksichtigt werden.[347]

---

[338] BGH, FamRZ 1983, 456 zur entsprechenden Rechtslage nach §§ 33, 37 II EheG
[339] BGH, FamRZ 1990, 492, 495; FamRZ 1987, 572, 574
[340] BGH, a. a. O.
[341] BGH, FamRZ 1987, 356
[342] BGH, FamRZ 1986, 886, 888
[343] BGH, FamRZ 1986, 434, 436
[344] BGH, FamRZ 1987, 572, 575
[345] BGH, FamRZ 1982, 573, 575
[346] BGH, FamRZ 1989, 1279
[347] BGH, FamRZ 1981, 1042

- An einer **einseitigen Abkehr** von den ehelichen Bindungen fehlt es, wenn sich die Parteien **einvernehmlich getrennt** haben und die Berechtigte erst vier Monate **nach dieser Trennung** eine neue Beziehung aufgenommen hat.[348] Ebenso, wenn beide Eheleute die Ehe für gescheitert ansahen und deshalb einen Notar mit dem Entwurf einer Scheidungsfolgenvereinbarung beauftragten und die neue Beziehung erst danach aufgenommen wird.[349]
- Gleiches gilt, wenn der **Verpflichtete** sich seinerseits **von seinen ehelichen Bindungen losgesagt** hatte, als erster **Scheidungsabsichten äußerte** und selbst die Trennung sowie den Auszug der Frau aus dem gemeinsam bewohnten Haus wünschte,[350] oder der Verpflichtete die Trennung gewünscht und von sich aus realisiert hat, eine Wiederaufnahme der ehelichen Lebensgemeinschaft beharrlich ablehnte und seinerseits die Scheidung betrieb.[351] Die spätere Eingehung einer neuen Bindung durch die Frau beinhaltet dann keine einseitige Abkehr von ihrem Mann.
- Nicht ausreichend ist jedoch, wenn die Eheleute nur allgemein über eine Scheidung gesprochen haben, ohne dass erkennbar war, dass ernsthafte Scheidungsabsichten bestehen.[352] Im Einzelfall ist es allerdings oft schwer zu beurteilen, ab wann von einer Abkehr des Pflichtigen von den ehelichen Bindungen gesprochen werden kann, z. B. wenn die Eheleute nicht mehr miteinander sprechen und keinerlei Gemeinsamkeiten mehr vorliegen.[353]
- An einem einseitigen „Ausbrechen aus intakter Ehe" fehlt es auch, wenn sich der **Verpflichtete** bereits vorher von der Ehe losgesagt hatte, indem er **ehewidrige Beziehungen zu einer anderen Frau aufgenommen** hat und zu dieser gezogen ist.[354]
- Ein Abkehren von den ehelichen Bindungen durch den Verpflichteten liegt auch vor, wenn er jahrelang keine sexuellen Kontakte mehr zuließ.[355]
- Eine vorangehende Ehewidrigkeit des Pflichtigen lässt ebenfalls ein einseitiges Fehlverhalten des Bedürftigen entfallen, z. B. wenn der **Verpflichtete häufig betrunken** war und es in diesem Zusammenhang zu **wüsten Auseinandersetzungen** kam[356] oder wenn er die Ehefrau **geschlagen** hat.[357]

747   **b) Einseitiges Fehlverhalten.** Ein einseitiges Fehlverhalten ist **zu bejahen,** wenn sich der Berechtigte einem Dritten zuwendet, ehe sich der Verpflichtete seinerseits von der Ehe abwendet, Scheidungsabsichten äußert oder sich ebenfalls einem Dritten zuwendet.

Ehewidrige Beziehungen des Verpflichteten oder sonstiges ehewidriges Verhalten (Trunksucht, Misshandlungen) nehmen nur dann dem Fehlverhalten des anderen Ehegatten den Charakter der Einseitigkeit, wenn sie diesem Fehlverhalten den Boden bereitet haben. Werden sie dagegen erst aufgenommen, nachdem die intimen Beziehungen des Berechtigten bereits seit längerem bestanden haben, können sie auf dessen Abkehr von der Ehe nicht von Einfluss gewesen sein. Etwas anderes kann dann gelten, wenn auch auf Seiten des **Verpflichteten die ehelichen Gefühle** bereits im Zeitpunkt der Abkehr des Berechtigten **erkaltet** waren und er von dessen Fehlverhalten nicht mehr wesentlich betroffen wurde.[358]

Ist die Ehe an dem Fehlverhalten der Berechtigten zerbrochen und stellen sich die dem Verpflichteten vorgeworfenen späteren Ausfälligkeiten als Reaktionen auf das ihm zu dieser Zeit bekannt gewordene Fehlverhalten dar, dann kann ein späteres eigenes Fehlverhalten des Verpflichteten die Einseitigkeit des Fehlverhaltens des Bedürftigen nicht mehr beseitigen. Anders wäre es nur, wenn der Verpflichtete durch ein vorausgegangenes ehewidriges Verhalten Anlass zum Fehlverhalten des Berechtigten gegeben hätte.[359]

---

[348] BGH, a. a. O.
[349] OLG Hamm, FamRZ 1996, 1080
[350] BGH, FamRZ 1981, 752
[351] BGH, FamRZ 1983, 150, 152
[352] OLG Hamm, FamRZ 1997, 1484
[353] Vgl. Wellenhofer/Klein, FamRZ 1995, 905
[354] BGH, FamRZ 1989, 487, 489; NJW 1987, 893, 895
[355] KG, FamRZ 1992, 571
[356] BGH, FamRZ 1982, 463
[357] BGH, FamRZ 1989, 487, 489
[358] BGH, NJW 1986, 722
[359] BGH, FamRZ 1983, 670 = R 149 a

Nicht jedes Fehlverhalten des Verpflichteten kann dem Fehlverhalten des Berechtigten **748** den Charakter der Einseitigkeit nehmen. Aus der grundsätzlichen Abkehr des Gesetzgebers vom Schuldprinzip ist zu folgern, dass im Rahmen der Prüfung der Einseitigkeit des Fehlverhaltens nicht allen Vorwürfen des Berechtigten nachzugehen ist, sondern dass nur konkret vorgebrachte Verfehlungen von einigem Gewicht Bedeutung erlangen können, die dem Berechtigten das Festhalten an der Ehe erheblich erschwert haben und sein eigenes Verhalten in einem milderen Licht erscheinen lassen.[360]

Außerdem muss das Fehlverhalten des Verpflichteten einen Bezug zum Fehlverhalten des Berechtigten haben. Für eine hinreichende Substantiierung von Gegenvorwürfen reicht die allgemeine Behauptung nicht aus, der Verpflichtete habe seinerseits auch in erheblichem Maß gegen die Treuepflichten verstoßen und die Berechtigte ständig beschimpft und geprügelt. Erforderlich ist eine konkrete Schilderung einzelner Vorkommnisse.[361]

Streitigkeiten und Auseinandersetzungen der Ehegatten im üblichen Rahmen, in deren **749** Verlauf der Verpflichtete beleidigende und herabsetzende Äußerungen gemacht hat, sind keine Umstände, die die Einseitigkeit eines schwerwiegenden Fehlverhaltens entfallen lassen.[362]

Keine Verfehlungen im Sinn der Nr. 7 sind ferner **krankheitsbedingte Verhaltensauffälligkeiten,** weil eine Verfehlung ein schuldhaftes Verhalten voraussetzt und erheblich sein muss.[363]

6. Darlegungs- und Beweislast

Die Beurteilung des beiderseitigen Verhaltens einschließlich seiner Abwägung ist wesent- **750** lich Sache tatrichterlicher Würdigung.[364]

Der **Verpflichtete** hat die Darlegungs- und Beweislast dafür, dass ein offensichtlich schwerwiegendes, eindeutig beim Berechtigten liegendes Fehlverhalten vorliegt. Er hat daher etwaige Gegenvorwürfe auszuräumen, die von ihrem Gewicht her gesehen geeignet sind, dem Fehlverhalten des Berechtigten den Charakter eines einseitigen Fehlverhaltens zu nehmen.[365]

Soweit der Verpflichtete nur allgemein behauptete Gegenvorwürfe des Berechtigten lediglich bestreitet, sind an die Substantiierung seiner Darlegungen nach § 242 BGB keine allzu hohen Anforderungen zu stellen, da es sich im Wesentlichen um die Behauptung sogenannter negativer Tatsachen handelt. Er ist zwar nicht von der ihn treffenden Darlegungspflicht befreit. Der Berechtigte darf sich aber in einem solchen Fall nicht mit einem einfachen Bestreiten begnügen, sondern muss im Einzelnen darlegen, dass die von ihm bestrittene Behauptung unrichtig und sein eigener Vortrag richtig ist.[366]

Darüber hinaus muss der Verpflichtete nicht auf alle Vorwürfe des Berechtigten reagieren, **751** sondern nur **Vorwürfe von einigem Gewicht widerlegen.** Kein ausreichender Gegenvorwurf der Berechtigten ist nach BGH die Behauptung, der Verpflichtete habe mit ihr kaum noch gesprochen, sondern über Zettel mit ihr verkehrt, wobei berücksichtigt wurde, dass die Berechtigte zu dieser Zeit schon ehebrecherische Verhältnisse zu Männern hatte.[367] Nicht ausreichend ist ferner die Behauptung, die Eheleute hätten sich weitgehend auseinandergelebt.[368]

Der Pflichtige hat ferner die Darlegungslast, ob bei Bejahung des Tatbestandes im Rahmen der Prüfung der groben Unbilligkeit eine **völlige Unterhaltsversagung** als härtestes Sanktion und nicht nur eine Herabsetzung des Anspruchs angemessen ist.[369]

---

[360] BGH, FamRZ 1983, 670 = R 149 a; FamRZ 1982, 463
[361] BGH, FamRZ 1983, 670 = R 149 a
[362] BGH, NJW 1986, 722
[363] BGH, FamRZ 1989, 1279
[364] BGH, FamRZ 1982, 463
[365] BGH, FamRZ 1983, 670 = R 149 a; FamRZ 1982, 779
[366] BGH, FamRZ 1982, 463
[367] BGH, FamRZ 1983, 670 = R 149 a
[368] BGH, FamRZ 1981, 439
[369] BGH, FamRZ 2001, 1693 = R 567 c

X. Anderer schwerwiegender Grund nach § 1579 Nr. 8 BGB

1. Zum Härtegrund der Nr. 8

752   Die Härteklausel der Nr. 8 (bis 31. 12. 2007 Nr. 7) ist anzuwenden, wenn ein anderer Grund vorliegt, der ebenso schwer wiegt wie die in den Nrn. 1 bis 7 aufgeführten Gründe. Durch die Normierung des bisher in Nr. 8 abgehandelten Verwirkungsgrundes des Zusammenlebens in verfestigter Lebensgemeinschaft als Nr. 2 wird die Generalklausel erheblich entlastet und kann ihrer ursprünglichen Funktion gerechter werden, Auffangtatbestand für alle sonstigen, nicht benannten Fälle zu sein, in denen eine unbeschränkte Unterhaltsverpflichtung grob unbillig ist.[370] Durch die seit 1. 1. 2008 geltende Rechtslage und die im Einzelfall schwierige Abgrenzung zwischen einer groben Unbilligkeit und einer Unbilligkeit wird man in der Praxis vielfach Lösungen nach § 1578 b BGB den Vorzug geben, wenn auch dessen Voraussetzungen erfüllt sind.

753   Mit der Nr. 8 hat der Gesetzgeber seine frühere Konzeption beibehalten, Regelbeispiele mit einem Auffangtatbestand zu verbinden. Durch die Verknüpfung der Nr. 8 mit den Regelbeispielen (Nr. 1 mit Nr. 7) wird die Nr. 8 auf Sachlagen eingegrenzt, die mit den Fällen der Nrn. 1 mit 7 in ihrer Schwere, nicht in ihrer Art vergleichbar sind. Ein zentrales Merkmal der Nr. 8 ist der gleich schwerwiegende Grund, der in untrennbarem Zusammenhang mit der groben Unbilligkeit steht.

754   Die Auffangregelung der Nr. 8 will allgemein eine unverhältnismäßige Belastung des Verpflichteten vermeiden. Deshalb ist sie auch dann anzuwenden, wenn allein objektive Gründe vorliegen, die eine Inanspruchnahme des Verpflichteten als unzumutbar erscheinen lassen.[371] Sie kann aber auch Fälle des vorwerfbaren Fehlverhaltens erfassen, soweit sie in Nr. 3 bis 7 nicht aufgeführt wurden.

755   In den Fällen, in denen nach den Nrn. 1 mit 7 ein Härtegrund nur unter besonderen Voraussetzungen anerkannt wird, kann, wenn es an einem der dort genannten gesetzlichen Tatbestandsmerkmale fehlt, in der Regel der gleiche Sachverhalt nicht nochmals als ein „anderer Grund" nach Nr. 8 berücksichtigt werden[372] (**Verbot der Doppelverwertung**). So hat z. B. die Weigerung der Frau, dem vom Ehemann gewünschten Wohnsitz zuzustimmen, objektiv zum Scheitern der Ehe beigetragen. Trotzdem wird dadurch nicht der Härtegrund der Nr. 8 verwirklicht, wenn der Frau ihre Weigerung nicht als offensichtlich schwerwiegendes Fehlverhalten nach Nr. 7 vorzuwerfen ist. In gleicher Weise kann der Umstand, dass die Ehe der Parteien ohne Berücksichtigung der Kindererziehungszeiten nur etwas über 18 Monate gedauert hat und dass die Parteien nur während einer zweiwöchigen Reise und an einigen Wochenenden tatsächlich zusammengelebt haben, nicht nach Nr. 8 als Härtegrund gewertet werden.[373] War die Dauer der Ehe mit knapp 5 Jahren bei dreijährigem Zusammenleben keine kurze Ehe im Sinne von § 1579 Nr. 1 BGB, weil es an dem dort genannten gesetzlichen Tatbestandsmerkmal fehlt, kann die Dauer der Ehe auch nicht als ein anderer Grund nach Nr. 8 berücksichtigt werden.[374] Liegt bei einer Erkrankung des Bedürftigen kein Ausschlussgrund nach Nr. 3 vor, kann auch keine Verwirkung nach Nr. 8 bejaht werden (näher Rn. 763).[375]

Eine **Ausnahme** von diesem Grundsatz besteht, wenn **andere Tatsachen** hinzukommen, die in ihrer Gesamtheit zu einer unzumutbaren Belastung des Pflichtigen führen und deshalb als grob unbillig anzusehen sind. So hat der BGH bei § 1579 Nr. 1 BGB Ausnahmen gemacht, soweit die Eheleute nie oder nur sehr kurz zusammenlebten **und** noch

---

[370] BT-Drs. 16/1830 S. 21
[371] BGH, FamRZ 1995, 1405 = R 490 A a; FamRZ 1994, 558 = R 476; FamRZ 1988, 930; FamRZ 1987, 572, 575
[372] BGH, FamRZ 1987, 572, 575
[373] BGH, FamRZ 1987, 572, 575; FamRZ 1980, 981
[374] BGH, FamRZ 1995, 1405, 1407 = R 490 A b, c
[375] BGH, FamRZ 1995, 1405, 1407 = R 490 A c

weitere Umstände hinzukamen. Bei einer Ehe von 4 Jahren und 8 Monaten hat er einerseits den Härtegrund der Nr. 1 abgelehnt, andererseits trotzdem den Härtegrund der Nr. 8 bejaht mit der Begründung, dass die Eheleute tatsächlich nur wenige Monate zusammengelebt hätten und die Bedürftige bereits vor der Eheschließung behindert und auf Dauer erwerbsunfähig war.[376] Aufgrund der seit 1. 1. 2008 geltenden Rechtslage erscheint es allerdings nahe liegender zu sein, in diesen Fällen den Unterhaltsanspruch künftig im Rahmen des § 1578 b BGB zu begrenzen. Bei einem Anspruch auf Trennungsunterhalt, bei dem § 1579 Nr. 1 BGB nach § 1361 III BGB nicht anwendbar ist, hat er eine grobe Unbilligkeit nach Nr. 8 bejaht, weil die Parteien nie zusammenlebten und die Aufnahme einer Ehegemeinschaft auch nie beabsichtigten.[377] Bei einem im Zustand der Schuldunfähigkeit begangenen versuchten Totschlag hat das OLG Schleswig den Unterhaltsanspruch nach § 1579 Nr. 8 BGB wegen der fortdauernden psychischen Folgen der Tat für den Pflichtigen herabgesetzt.[378]

Nach der vom BGH übernommenen Auffassung des BVerfG muss bei allen Ausschlusstatbeständen des § 1579 BGB geprüft werden, ob die Grenze des Zumutbaren eines schuldunabhängigen Unterhaltsanspruchs überschritten ist, weil sonst die Beschränkung der wirtschaftlichen Dispositionsfreiheit des Verpflichteten als Folge der Unterhaltsansprüche gegen Art. 2 II GG verstoße.[379] Für solche Fälle bleibt letztlich immer die Nr. 8 als **genereller Auffangtatbestand.** **756**

In jedem Fall ist eine **Abwägung erforderlich,** ob und inwieweit die Inanspruchnahme des Verpflichteten auf Unterhalt nach der gegebenen Situation für den Verpflichteten eine unzumutbare Belastung wäre. Dabei sind auch die Folgen, die sich für beide Ehegatten bei Gewährung, Versagung, Minderung oder zeitlicher Begrenzung ergeben würden, gegeneinander abzuwägen. Eine **grobe Unbilligkeit** kann umso eher bejaht werden, je besser die Chancen des Berechtigten sind, für seinen eigenen Unterhalt selbst aufkommen zu können, und je eher dies dem Berechtigten zugemutet werden kann. **757**

Bei einer solchen **Abwägung** sind u. a. zu berücksichtigen die schicksalsbedingte allgemeine Lebenssituation des Berechtigten, Dauer und Verlauf der Ehe, die durch eine neue Ehe des Verpflichteten entstandene Interessenlage, die Zumutbarkeit einer lebenslangen Unterhaltsverpflichtung für den Verpflichteten[380] und die wirtschaftlichen Verhältnisse des neuen Partners des Bedürftigen.

Bei Anwendung der Nr. 8 und Würdigung der beiderseitigen Rechts- und Interessenlagen im Rahmen der hierzu gebotenen Zumutbarkeitsprüfung hat der Tatrichter einen ihm vorbehaltenen Beurteilungsspielraum, der nur einer rechtlichen Kontrolle durch das Revisionsgericht, nicht aber einer Angemessenheitskontrolle unterliegt. Dies gilt auch für die Bemessung der Höhe des Unterhaltsanspruchs nach Nr. 8.[381]

2. Härtegrund der Nr. 8, wenn nach der Scheidung ein ehewidriges Verhältnis gemäß Nr. 7 fortgeführt wird

Voraussetzung ist in diesem Fall, dass der Berechtigte sich schon **während bestehender Ehe** einem neuen Partner in einer Weise zugewandt hat, die ein offensichtlich schwerwiegendes, eindeutig bei ihm liegendes Fehlverhalten im Sinn der Nr. 7 beinhaltet, und dass der Berechtigte dieses Verhältnis nach der Scheidung fortsetzt. Obwohl nach der Scheidung keine eheliche Treuepflicht mehr besteht und deshalb nicht mehr von einem Fehlverhalten gesprochen werden kann, kann dadurch die Nr. 8 verwirklicht werden.[382] **758**

---

[376] BGH, FamRZ 1988, 930
[377] BGH, FamRZ 1994, 558 = R 476
[378] OLG Schleswig, FamRZ 2000, 1375
[379] BGH, FamRZ 1990, 492, 495
[380] BGH, FamRZ 1988, 930
[381] BGH, FamRZ 1994, 558 = R 476; FamRZ 1988, 930
[382] BGH, FamRZ 1991, 670, 673; FamRZ 1989, 487, 489; FamRZ 1985, 267; FamRZ 1983, 569, 571

Dauert eine eheähnliche Gemeinschaft, durch die während der Trennungszeit die Nr. 7 verwirklicht wurde, nach der Scheidung an, so erfüllt dies **regelmäßig** auch für den nachehelichen Unterhalt die Voraussetzungen der Nr. 8,[383] auch wenn der Tatbestand der Nr. 2 nicht erfüllt ist.

Die rechtliche Selbstständigkeit des Trennungsunterhalts gegenüber dem nachehelichen Unterhalt (Nichtidentität) ist kein Kriterium, das bei fortgesetztem Fehlverhalten einer Fortwirkung der nach § 1361 III BGB i. V. § 1579 Nr. 7 BGB für den Trennungsunterhalt bestehenden Unbilligkeit nach der Scheidung entgegensteht. Wurde während der Trennungszeit die Nr. 7 verwirklicht, bezieht sich die Unzumutbarkeit der Inanspruchnahme auf Unterhalt nicht nur auf Fürsorge bis zur Scheidung, sondern auch auf den nachehelichen Unterhalt.[384] Das gilt umso mehr, als das Gesetz während der Ehe auch für die Zeit des Getrenntlebens eine gesteigerte Verantwortung der Eheleute füreinander vorsieht, während es nach der Scheidung grundsätzlich von der Eigenverantwortung jedes Ehegatten für seinen Unterhalt ausgeht (§ 1569 BGB).

3. Der Härtegrund der Nr. 8 in sonstigen Fällen

759   Der Auffangtatbestand kann in Betracht kommen, wenn aus der Ehe keine Kinder hervorgegangen sind und die Nr. 1 nicht vorliegt bzw beim Trennungsunterhalt nicht anwendbar ist, aber besondere Umstände in der Ehegestaltung vorliegen, die eine volle oder eingeschränkte Inanspruchnahme des Pflichtigen auf Unterhalt nicht zumutbar erscheinen lassen. Seit der Unterhaltsreform zum 1. 1. 2008 werden diese Fälle künftig meist über § 1578 b BGB zu lösen sein. Nach den Materialien des Gesetzgebers geht die grobe Unbilligkeit nach § 1579 BGB als weiterreichende Regelung der Unbilligkeit nach § 1578 b BGB zwar vor.[385] Im Rahmen des Auffangtatbestandes ist dies allerdings problematisch, da dann erst die Spezialnorm heranzuziehen ist. Im Einzelfall ist es auch schwierig, in Fällen einer objektiver Unzumutbarkeit zwischen Unbilligkeit und grober Unbilligkeit abzugrenzen.

- Beim **Trennungsunterhalt** hat der BGH eine grobe Unbilligkeit nach Nr. 8 bejaht, wenn die Eheleute wegen einer kirchlich noch nicht geschiedenen Vorehe des Bedürftigen **nie beabsichtigen, zusammenzuleben.**[386]
- Eine Verwirkung nach Nr. 8 wurde vom BGH beim nachehelichen Unterhalt bejaht, wenn zwar keine kurze Ehe nach Nr. 1 vorlag, die Parteien aber bis zur Trennung nur **wenige Monate zusammenlebten.**[387] Seit der Unterhaltsreform zum 1. 1. 2008 wird wegen fehlender ehebedingter Nachteile zunächst § 1578 b BGB zu prüfen sein.
- Der BGH hat nach der bis 31. 12. 2007 geltenden Rechtslage bei einer Ehe von 4 Jahren und 8 Monaten den Härtegrund der kurzen Ehedauer (Nr. 1) abgelehnt, aber die Anwendung der Nr. 8 auf einen Anspruch nach § 1572 BGB bejaht mit der Begründung, eine unbefristete Inanspruchnahme auf nachehelichen Unterhalt sei objektiv unzumutbar, weil sie den Verpflichteten in grob unbilliger Weise belasten würde. Zur Begründung wird ausgeführt, die Parteien hätten in der nur **kurzen Zeit** ihres tatsächlichen ehelichen **Zusammenlebens** (ca. 9 Monate) ihre Lebensdispositionen nicht aufeinander einstellen können. Die erst 31-jährige Berechtigte sei bereits **bei Heirat auf Dauer erwerbsunfähig** gewesen und habe deshalb **keine ehebedingten Nachteile** erlitten (s. aber auch Rn. 763). Deshalb sei eine unbegrenzte Unterhaltsbelastung auch unter Berücksichtigung der nachehelichen Solidarität nicht gerechtfertigt, zumal der Verpflichtete wieder verheiratet sei und bei neuen Kindern zusätzlich erheblich unterhaltsbelastet sein werde.[388] Nach der seit 1. 1. 2008 geltenden Rechtslage wird dies kein Verwirkungfall mehr nach

---

[383] BGH, FamRZ 1984, 154; FamRZ 1984, 356; FamRZ 1984, 662, 664; FamRZ 1983, 676; FamRZ 1983, 569, 571; FamRZ 1983, 996
[384] BGH, FamRZ 1991, 670, 673
[385] BT-Drs. 16/1830 S. 20
[386] BGH, FamRZ 1994, 558 = R 476
[387] BGH, FamRZ 1988, 930
[388] BGH, FamRZ 1988, 930

Nr. 8 sein, sondern ein Begrenzungsfall nach § 1578 b BGB, weil beim Bedürftigen kein ehebedingter Nachteil eintrat.

- Weicht eine Ehe stark vom klassischen Ehebild ab, weil die Eheleute während einer Ehedauer von 24 Jahren ständig räumlich getrennt lebten und sich die persönlichen Kontakte auf drei bis vier Treffen im Jahr beschränkten, kann die unbegrenzte Inanspruchnahme auf nachehelichen Unterhalt für den Pflichtigen nach Nr. 8 unzumutbar sein und der Unterhalt herabgesetzt werden.[389]
- Der BGH hat eine OLG-Entscheidung bestätigt, in der der Berechtigte durch **Medika-** **760** **mentenmissbrauch** seine Erwerbsunfähigkeit herbeigeführt hat, aber eine mutwillige Herbeiführung der Bedürftigkeit im Sinn der Nr. 4 wegen der psychisch labilen Persönlichkeit des Berechtigten nicht nachgewiesen werden konnte. Es hat aber einen Härtegrund nach Nr. 8 bejaht, weil die Arbeitsunfähigkeit durch die Medikamentenabhängigkeit verursacht sei und das Verhalten der Berechtigten bei unterhaltsrechtlicher Wertung einen schwerwiegenden anderen Grund im Sinn der Nr. 8 beinhalte. Eine Unterhaltspflicht in voller Höhe sei bei der selbst herbeigeführten Bedürftigkeit selbst bei einem nicht feststellbaren Verschulden der Berechtigten für den Verpflichteten grob unbillig.[390]
- Die Nr. 8 kann auch in Frage kommen bei einem **grob rücksichtslosen Verhalten** **761** gegenüber dem Verpflichteten, bei Verbrechen oder Vergehen gegenüber dessen neuem Lebensgefährten und bei einer sonstigen schwer verletzenden Distanzierung von ehelichen Bindungen und nachwirkenden ehelichen Pflichten.

4. Kein Härtegrund nach Nr. 8

Die Nr. 8 ist **nicht erfüllt** bei Unterhaltsbedürftigkeit des Berechtigten infolge eines **762** fehlgeschlagenen **Selbsttötungsversuchs.** Der Verpflichtete muss das schwere Schicksal des in Not geratenen Partners nach der Scheidung auch dann mittragen, wenn ihn keine Mitschuld an der Notlage trifft.[391]

Eine Verwirkung nach Nr. 8 kann ferner nicht darauf gestützt werden, dass der Bedürftige **763** an einer **unerkannten vorehelichen Erkrankung** leidet, da dies der Zielsetzung des § 1572 BGB zuwiderläuft.[392] Die zur Zeit der Scheidung fortdauernde Erkrankung kann nicht einerseits den Unterhaltsanspruch nach § 1572 Nr. 1 BGB auslösen, andererseits durch eine Verwirkung nach § 1579 Nr. 8 BGB den Anspruch wieder ausschließen. Dies gilt auch, wenn die schon vor der Ehe zumindest latent vorhandene Erkrankung erst **nach der Trennung** voll ausbricht.[393] § 1579 Nr. 8 BGB greift ferner nicht ein, wenn die Eheleute glaubten, dass die Bedürftige nach Abschluss ihrer Ausbildung trotz ihrer Erkrankung erwerbstätig sein könne, der gewählte Beruf aber dann doch nicht ausgeübt werden konnte.[394] Es ist in diesen Fällen aber seit der geänderten Rechtslage seit 1. 1. 2008 stets zu prüfen, ob die Voraussetzungen des § 1578 b BGB vorliegen.

Eine Herabsetzung des Unterhaltsanspruchs kommt nach § 1579 Nr. 8 BGB nicht in **763 a** Betracht, weil die **neue Familie** des Unterhaltsverpflichteten bei Erfüllung des Unterhaltsanspruchs des geschiedenen Ehegatten **unterhalb der Sozialhilfeschwelle** leben muss.[395] Soweit der geschiedene Ehegatte mit dem neuen Ehegatten gleichrangig ist, kommt bei fehlender Leistungsfähigkeit nur eine anteilige Kürzung aller Ansprüche nach Mangelfallgrundsätzen in Betracht, wobei den vorrangigen minderjährigen Kindern der Mindestunterhalt verbleibt, ansonsten würde die gesetzliche Rangregelung missachtet.[396]

Keine Verwirkung kommt ferner beim Trennungsunterhalt in Betracht, wenn bei einer **763 b** sehr langen Trennungsdauer die Eheleute nur kurz zusammengelebt hatten und nach der

[389] OLG München, FamRZ 2003, 875
[390] BGH, FamRZ 1988, 927
[391] BGH, FamRZ 1989, 1054
[392] BGH, FamRZ 1995, 1405, 1407 = R 490 A c; FamRZ 1994, 566 = R 475
[393] BGH, FamRZ 1995, 1405, 1407 = R 490 A c
[394] BGH, FamRZ 1995, 1405 = R 490 A c
[395] BGH, FamRZ 1996, 1272 = R 507 a, b
[396] BGH, a. a. O.

Trennung immer getrennt wirtschafteten. Denn beim Trennungsunterhalt gibt es keinen Verwirkungsgrund der kurzen Ehedauer (§ 1361 III BGB),[397] ebenso wenig wegen §§ 1361 IV 4, 1360 a III, 1614 BGB einen Verzicht auf künftigen Unterhalt. Das Problem kann daher erst ab der Scheidung über § 1578 b BGB gelöst werden.

763 c Die frühere Rechtsprechung des BGH zum Splittingvorteil aus der neuen Ehe bei Vorrang des ersten Ehegatten und beengten Verhältnissen in der neuen Ehe, in denen er über § 1579 Nr. 7 BGB der neuen Ehe den Splittingvorteil beließ,[398] ist durch durch die geänderte Rechtsprechung auf Grund Gebots des BVerfG überholt (vgl Rn. 1/592)

XI. Wiederaufleben eines nach § 1579 BGB ausgeschlossenen Anspruchs und endgültiger Ausschluss nach § 1579 BGB

764 **1. Grundsatz**

Die Beschränkung oder Versagung des Unterhaltsanspruchs wegen grober Unbilligkeit beinhaltet nach ständiger Rechtsprechung des BGH kein endgültiges Erlöschen des Anspruchs, sondern kann im Einzelfall zu einem Wiederaufleben führen, wenn sich die Umstände völlig geändert haben.[399] In Betracht kommen kann dies aber in erster Linie nur, wenn die Verwirkung auf einer **objektiven Unzumutbarkeit** beruht, d. h. bei Scheitern einer verfestigten Lebensgemeinschaft nach Nr. 2. Beruht die Verwirkung dagegen auf einem vorwerfbaren Fehlverhalten (Nr. 3 bis Nr. 7), kann dies nachträglich nicht mehr beseitigt werden. Ein Wiederaufleben des Anspruchs kann deshalb nur in Betracht kommen, wenn die grobe Unbilligkeit wegen der **Belange der gemeinsamen Kinder** nicht mehr gegeben ist. Bei der jeweils neu zu treffenden Abwägung ist vor allem zu prüfen, inwieweit es dem Pflichtigen zumutbar ist, sich in seiner Lebensführung nochmals umzustellen, nachdem diese zwischenzeitlich darauf ausgerichtet war, keinen Ehegattenunterhalt mehr leisten zu müssen. Dies hängt zum einen vom **Zeitfaktor** ab, wie lange die Ehe dauerte und seit wann der Pflichtige keinen Unterhalt mehr zahlte,[400] zum anderen, inwieweit die **Belange der Kinder** ein Wiederaufleben des Anspruchs erfordern.[401]

765 Wenn besondere Umstände fehlen, lebt dagegen ein nach § 1579 Nr. 1 mit 8 BGB ausgeschlossener Unterhaltsanspruch in der Regel nicht wieder auf. Dies gilt vor allem bei einem Ausschluss wegen kurzer Ehedauer (Nr. 1) sowie wegen der Zwecksetzung der jeweiligen Härtegründe bei besonders schweren Verstößen gegen Nr. 3,[402] Nr. 5 und Nr. 7.

2. Wiederaufleben eines nach Nr. 2 ausgeschlossenen Anspruchs

766 Ein aus objektiven Gründen nach Nr. 2 erfolgter Unterhaltsausschluss wegen einer verfestigten Lebensgemeinschaft des Berechtigten mit einem neuen Partner ist auf Antrag erneut zu überprüfen, wenn die verfestigte Partnerschaft gescheitert und damit die objektive Unzumutbarkeit entfallen ist.[403] Erforderlich ist eine neue umfassende tatrichterliche Prüfung der Frage, ob die aus einer wiederauflebenden Unterhaltspflicht erwachsende Belastung für den Verpflichteten weiterhin die Zumutbarkeitsgrenze überschreitet.[404] Nach der seit 1. 1. 2008 geltenden Rechtslage ist dabei die **Neufassung des § 1586 a I BGB als Auslegungsregel** heranzuziehen, da es sich um vergleichbare Sachverhalte handelt.[405] Mit der Neufas-

---

[397] A. A. OLG Frankfurt, FamRZ 2004, 1574
[398] Vgl. BGH, FamRZ 1988, 927
[399] BGH, FamRZ 1987, 1238; FamRZ 1987, 689 = R 337 c
[400] BGH, FamRZ 1987, 689 = R 337 c; FamRZ 1986, 443
[401] BGH, FamRZ 1987, 1238
[402] OLG Hamm, FamRZ 1997, 373
[403] BGH, FamRZ 1987, 689 = R 337 c; FamRZ 1987, 1238
[404] BGH, a. a. O.; FamRZ 1986, 443
[405] Gerhardt, FuR 2008, 9

sung des § 1586 a I BGB hat der Gesetzgeber zum Ausdruck gebracht, dass bei Scheitern der Zweitehe ein Wiederaufleben des Unterhaltsanspruchs nur in Betracht kommt, wenn noch gemeinschaftliche Kinder zu betreuen sind; entgegen der bis 31. 12. 2007 geltenden Rechtlage entfällt dagegen ein Wiederaufleben bei sog. Anschlusstatbeständen nach der Kinderbetreuung. Dies hat auch bei einer gescheiterten verfestigten Lebensgemeinschaft zu gelten, da nach der verstärkten Eigenveranwortung gemäß § 1569 BGB nur noch die Betreuung gemeinschaftlicher Kinder zur Folge haben kann, den Pflichtigen wieder in die Verantwortung zu nehmen. Dabei ist der wiederaufgelebte Anspruch auf die Dauer der Kinderbetreuung gemäß § 1570 BGB zu begrenzen.

3. Wiederaufleben eines Anspruchs aus Gründen des vorrangigen Kindeswohls

Auch ein aus sonstigen Gründen (Nr. 3 mit Nr. 7) ausgeschlossener Unterhaltsanspruch **767** kann wiederaufleben, wenn dies aus Gründen des vorrangig zu berücksichtigenden Kindeswohls erforderlich ist. Dies kann z.B. der Fall sein, wenn der Berechtigte infolge einer Änderung der Sorgerechtsentscheidung nach § 1570 BGB auf Unterhalt angewiesen ist.

Soweit nach dem Eingangssatz des § 1579 die Belange eines gemeinschaftlichen Kindes **768** zu wahren sind, kann dies nicht davon abhängig sein, ob der Unterhaltsberechtigte für einen vergangenen Zeitraum wegen eines Fehlverhaltens den Unterhaltsanspruch eingebüßt hatte. Nach der Rechtsprechung des BVerfG und des BGH kommt dem Kindeswohl gegenüber Belangen des Verpflichteten grundsätzlich der Vorrang zu. Dieser kann unter den Voraussetzungen der Härteregelung nur insoweit von Unterhaltszahlungen freigestellt werden, wie die Interessen des Kindes nicht entgegenstehen. Der Lebensstandard des Kindes soll nicht wegen eines Fehlverhaltens des Berechtigten absinken, das von ihm nicht zu vertreten ist. Eine Auslegung des § 1579 BGB, die die Belange des Kindes wegen eines Fehlverhaltens des Berechtigten vernachlässigen würde, wäre mit verfassungsrechtlichen Grundsätzen nicht vereinbar. Deshalb ist § 1579 BGB stets erneut umfassend zu überprüfen, wenn die Voraussetzungen des erörterten Eingangssatzes neu eintreten. Die hierin liegende Privilegierung des berechtigten Elternteils gilt, ähnlich wie nach § 1570 BGB, solange der Berechtigte das Kind tatsächlich betreut, und zwar entweder mit Einverständnis des anderen Elternteils oder auf Grund einer gerichtlichen Entscheidung.[406]

Gründe des Kindeswohls liegen auch vor, wenn ein nachehelicher Unterhaltsanspruch **769** wegen nachhaltiger und massiver **Behinderung des Umgangsrechts** teilweise verwirkt ist, der Unterhaltsberechtigte aber zwischenzeitlich auf die Kinder so eingewirkt hat, dass ein dauerhafter und angemessener Umgang ausgeübt werden kann.[407]

---

[406] BGH, FamRZ 1987, 1238
[407] OLG München, FamRZ 1998, 750; OLG Nürnberg, FamRZ 1997, 614

§ 5 Rangverhältnisse und Mangelfälle

I. Selbstbehalt und Mangelfall

1. Relativität von Eigenbedarf, Selbstbehalt und Mangelfall

Jeder Unterhalt ist in Höhe des bestehenden Bedarfs nur dann geschuldet, wenn die **1** entsprechende **Leistungsfähigkeit** des Verpflichteten gegeben ist. Ist das nicht der Fall, so besteht ein **Mangelfall,** welcher zu einer **Verminderung des Unterhalts** unter den **Unterhaltsbedarf** führt. Das bedeutet zugleich, dass dem Verpflichteten ein bestimmter Betrag bleiben muss, sein **Eigenbedarf** oder **Selbstbehalt.** Der Selbstbehalt ist der Betrag, der dem Verpflichteten gegenüber einem Berechtigten auf jeden Fall als unterste Opfergrenze verbleiben muss. Seine Unterhaltsverpflichtung setzt regelmäßig erst oberhalb solcher Selbstbehaltsgrenzen ein. Bis zur Höhe des Selbstbehalts benötigt der Verpflichtete Einkünfte zur Deckung seines eigenen Lebensbedarfs.[1]

Solche Selbstbehaltsgrenzen für den Verpflichteten hat die Rechtsprechung im Rahmen des § 1603 BGB entwickelt. Die Konzeption eines gleitenden (eheangemessenen) Selbstbehalts hat der BGH nun aufgegeben[2] und damit das Unterhaltsrechtsrecht deutlich vereinfacht. Im Mangelfall wird seither nur noch der Unterhalt, nicht auch der Selbstbehalt vermindert.[3] Der Selbstbehalt des Verpflichteten ist für jedes Unterhaltsrechtsverhältnis selbstständig zu bestimmen, insofern ist er immer **relativ**. Besteht Unterhaltspflicht gegenüber mehreren Unterhaltsgläubigern, so können diesen gegenüber verschiedene Eigenbedarfsbeträge maßgebend sein. **Absolut** ist ein **Selbstbehalt,** welcher als **unterste Grenze der Inanspruchnahme** durch jeden Unterhaltsgläubiger anerkannt ist. Wird ein Mangelfall an ihm gemessen, so wird er auch als **absoluter Mangelfall** bezeichnet. **Bedingt** ist ein Selbstbehalt, wenn er nur gilt, solange andere leistungsfähige Verwandte vorhanden sind, welche an Stelle des vorrangig Pflichtigen den Unterhalt zahlen können.

2. Verschiedene Selbstbehalte nach den Leitlinien

Zur **Höhe** des jeweiligen Selbstbehalts haben die unterhaltsrechtlichen Leitlinien der **2** OLGs Bestimmungen getroffen (jeweils unter Nr. 21). Seit dem Wegfall des gleitenden eheangemessenen Selbstbehalts[4] besteht auch ein klarer Zusammenhang zwischen der Höhe des Selbstbehalts und der Rangordnung der Berechtigen gem. § 1609 BGB: Der Selbstbehalt gegenüber einem nachrangigen Unterhaltsberechtigten kann nur höher oder gleich demjenigen gegenüber dem vorrangigen Unterhaltsberechtigten sein.[5] Der Selbstbehalt spiegelt deshalb das Rangverhältnis wieder. Das schließt nicht aus, dass für verschiedenrangige Unterhaltsansprüche der gleichen Selbstbehalte gelten (z.B. für Elternunterhalt und Enkelunterhalt, für vor- und nachrangigen Ehegattenunterhalt, nach OLG Schleswig 21.1 auch gegenüber nachrangigen volljährigen Kindern). Bis zur Unterhaltsreform konnten auch bei gleichem Rang verschiedene Selbstbehalte gelten (bei Gleichrang zwischen Gatten und

---

[1] BGH, FamRZ 1987, 472

[2] BGH, FamRZ 2006, 683 = R 649 d

[3] Die in den Vorauflagen vertretene Unterscheidung zwischen einem eingeschränkten und einem verschärften Selbstbehalt wird deshalb aufgegeben. Jedoch gilt für jeden Mangelfall, dass die Maßstäbe, nach denen das maßgebenden Einkommen bestimmt sind, sich im Mangelfall ändern (vgl. Rn. 47 ff.).

[4] BGH, FamRZ 2006, 683 = R 649 d

[5] Der eheangemessene Eigenbedarf hing vom eheprägenden Einkommen ab und war gegenüber einem nachrangigen Ehegatten meist geringer als gegenüber dem vorrangigen.

minderjährigen oder privilegiert volljährigen Kindern). Der generelle Nachrang des Ehegatten gegenüber minderjährigen und ihnen nach § 1603 II 2 BGB gleichgestellten Kindern hat diese Möglichkeit aber jetzt beseitigt. Im Einzelnen sind die folgenden Selbstbehalte anerkannt:

3 **a) Notwendiger Selbstbehalt**
– als unterste Grenze der Inanspruchnahme und damit **absoluter Selbstbehalt** der sog. **notwendige Selbstbehalt.** Der BGH billigt in ständiger Rechtsprechung diese fast gewohnheitsrechtliche Handhabung des § 1603 II 1 BGB durch die Praxis.[6] Diese unterste Opfergrenze wird weniger durch die individuellen Lebensumstände des Verpflichteten bestimmt als vielmehr durch das Erfordernis, die Grenzen seiner Inanspruchnahme generalisierend festzulegen (siehe auch Rn. 2/141, 2/260 f.).[7]
Sie beträgt 900 € für erwerbstätige und 770 € für nicht erwerbstätige Unterhaltspflichtige und ist maßgebend für die Ansprüche von minderjährigen und die ihnen nach § 1603 II 2 BGB gleichgestellten volljährigen Kinder gegenüber ihren Eltern (es sei denn es gälte nach § 1603 II 3 BGB der angemessene Selbstbehalt, weil ein anderer leistungsfähige Unterhaltspflichtiger vorhanden ist: Rn. 4).[8] Abweichende Beträge für den notwendigen Selbstbehalt verwenden die OLGs Frankfurt und Schleswig (nur 900 € ohne geringere Beträge für nicht Erwerbstätige) .

4 **b) angemessener Selbstbehalt**
– Volljährigen Kindern, welche sich in der Ausbildung befinden gegenüber gilt als unterste Opfergrenze der **angemessene Selbstbehalt** (siehe Rn. 2/141, 2/407 f., 2/417 ff.).[9] Er beträgt von i. d. R. 1100 €.[10] Als **bedingter Selbstbehalt** gilt er auch gegenüber minderjährigen und ihnen nach § 1603 II 3 BGB gleichgestellten Kindern, wenn ein nachrangig Haftender leistungsfähiger Unterhaltspflichtiger vorhanden ist (vgl. Rn. 2/271). Abweichende Werte verwenden die OLGs Jena (1010 €, für nicht erwerbstätige Pflichtige 900 €) und Schleswig (1000 €).
Der „angemessene Selbstbehalt" muss nach § 1603 I BGB allerdings höher sein als der „notwendige Selbstbehalt". Dagegen verstieß die Nürnberger Tabelle, wenn sie in den unteren Einkommensgruppen den notwendigen und den angemessenen Selbstbehalt einheitlich mit 890 DM bemaß.[11]

5 **c) Billiger, eheangemessener Selbstbehalt, Ehegattenselbstbehalt**
– In seiner Grundsatzentscheidung vom 18. 10. 1989[12] hatte der BGH als Selbstbehalt gegenüber Ehegatten die auf den Pflichtigen entfallenden Unterhaltsquote betrachtet, welche als einkommensabhängiger **„eheangemessener Selbstbehalt"** bezeichnet wurde. Daneben wurde aber teilweise auch eine nicht einkommensabhängige Grenze anerkannt, welche in Anlehnung nach dem Wortlaut des § 1581 BGB als **„billiger Selbstbehalt"** bezeichnet wurde. Dieser sollte in der Regel den notwendigen Selbstbehalt (Rn. 3) übersteigen und wurde von den Gerichten, die ihn bestimmten, auf einen Wert zwischen dem angemessenen und dem notwendigen Selbstbehalt festgesetzt. In seiner Grundsatzentscheidung vom 15. 3. 2006[13] hat der BGH nunmehr den als eheangemessenen Selbstbehalt bezeichneten variablen Selbstbehalt aufgegeben, weil diese Begrenzung durch die neu entwickelte Rechtsprechung zum variablen eheangemessenen Bedarf nicht mehr nötig sei.
Gegenüber den Ansprüchen von Ehegatten gilt seither der **billige Selbstbehalt** (nach der Billigkeitsregel des § 1581 BGB), welcher zwischen dem notwendigen und dem angemessenen Selbstbehalt liegt und meist mit 1000 € (OLG Jena: 915 €, wenn Pflichtiger nicht erwerbstätig 805 €) bemessen wird (vgl. Rn. 4/567 ff.).[14] In derselben Höhe

---

[6] BGH, NJW 1984, 1614
[7] BGH, FamRZ 1982, 365
[8] Z. B. SüdL 21.2
[9] BGH, FamRZ 1987, 472
[10] Z. B. SüdL 21.3.1
[11] BGH, FamRZ 1989, 272
[12] BGH, FamRZ 1990, 260, 262
[13] BGH, FamRZ 2006, 683 = R 645 d
[14] Z. B. SüdL 21.3.2 und BGH, FamRZ 2006, 683 = R 649 d

wird auch der Selbstbehalt gegenüber dem Unterhaltsanspruch der nichtehelichen Mutter (Vater) nach § 16151 BGB anerkannt (vgl. Rn. 7/15). Viele Leitlinien verwenden dafür die alte Bezeichnung „eheangemessener Selbstbehalt" in neuer Bedeutung, der BGH spricht von „Ehegattenselbstbehalt".

d) erhöhter angemessener Selbstbehalt 6

– Gegenüber dem Unterhaltsanspruch der Eltern gegen ihre Kinder ist nunmehr ein Selbstbehalt von 1400 € (Jena: nur 1300 €, wenn Pflichtiger nicht erwerbstätig) anerkannt, in welchem eine Warmmiete von 450 € enthalten ist (DT D.1.). Dieser Betrag erhöht sich noch um einen Anteil an dem darüber hinausgehenden Einkommen, in der Regel 50%.[15] Dieser Selbstbehalt gilt auch für Ansprüche von Enkeln gegen ihre Großeltern.[16] Allerdings wird hier nur von einem Teil der OLGs die Erhöhung des Selbstbehalts um das halbe darüber hinaus gehende Einkommen anerkannt (Kammergericht, OLGs Bremen, Frankfurt, Köln, Naumburg und Oldenburg, OLG Hamburg nur dann, wenn der das Enkelkind volljährig ist).

e) Bedarf des beim Pflichtigen lebenden vorrangigen Ehegatten 7

– Im Zusammenhang mit den Selbstbehalten haben die meisten OLGs auch den Bedarf geregelt, mit welchem der bei dem Pflichtigen lebende Ehegatte nachrangigen Berechtigten vorgeht (Nr. 22 der Leitlinienstruktur). Dabei wird stillschweigend vorausgesetzt, dass (zur Vereinfachung) die durch das Zusammenleben bewirkte Ersparnis nur beim Ehepartner berücksichtigt wird und die Ersparnis beider Teile erfasst. Genau genommen handelt es sich deshalb gar nicht um den Bedarf des Ehegatten, sondern um die Erhöhung des Selbstbehalts des Pflichtigen dadurch, dass er auch den Bedarf des vorrangigen Ehegatten abzudecken hat, wodurch auch auf diesen Bedarf dann die bei beiden Ehegatten durch das Zusammenleben eingetretene Ersparnis anrechnet wird. Diese Bedarfssätze können deshalb nicht unbesehen verwendet werden, wenn entsprechend der Empfehlung in den Motiven[17] der Selbstbehalt des Pflichtigen wegen des Zusammenlebens herabgesetzt wird (vgl. Rn. 17).

Außer Brandenburg, Jena und Koblenz erkennen alle OLGs einen vorrangigen (oder 8 gleichrangigen) Bedarf des beim Pflichtigen lebenden Ehegatten (oder auch ein gemeinsames Kind betreuenden Lebensgefährten) in Höhe von 800 € gegenüber nachrangigen Kindern an. Derselbe Bedarfsbetrag gilt bei den meisten OLGs auch bei Ansprüchen nachrangiger Ehegatten (SüdL, KG, Braunschweig, Bremen, Frankfurt, Hamburg, Köln, Rostock). Andere OLGs (Braunschweig, Dresden, Hamburg, Köln) empfehlen, diesen Bedarf auch gegenüber nichtehel. Elternteilen (bedenklich, weil diese nicht nachrangig berechtigt sein können), und die OLGs Hamm und Dresden wenden ihn auch bei Ansprüchen von Enkeln an.

Gegenüber Eltern und Enkeln erkennen SüdL, Braunschweig, Dresden und Frankfurt einen vorrangigen Bedarf von 1100 € und die übrigen (außer Brandenburg, Jena, Koblenz und Rostock, die sich nicht dazu äußern) in Höhe von 1050 € an.

Die OLGs Bremen, Naumburg und Oldenburg regeln auch den Bedarf des Ehegatten gegenüber vorrangigen Kindern (bedenklich, weil der Vorrang diesen Bedarf rechnerisch bedeutungslos macht und die Regelung deshalb zu fehlerhafter Rechtsanwendung führen kann).

f) Sozialgrenze 9

– Eine absolute Grenze der Inanspruchnahme allen Unterhaltsansprüchen gegenüber stellt (neben dem notwendigen Selbstbehalt) auch die **Sozialgrenze** dar, die sich daraus ergibt, dass nach der Rechtsprechung des BGH niemand durch Unterhaltszahlungen Sozialfall werden soll.

Jede Unterhaltspflicht findet nämlich dort ihre Grenze, wo dem Betroffenen nicht die Mittel für den eigenen notwendigen Lebensbedarf bleiben. Diese Opfergrenze, der sog. **notwendige Selbstbehalt**, wird im Allgemeinen etwas über dem **Sozialhilfebedarf** des in Anspruch genommenen angesetzt. Wenn der Sozialhilfebedarf aber im Einzelfall höher

---

[15] BGH, FamRZ 2002, 1698 = R 580 c
[16] BGH, FamRZ 2007, 375 = R 668, FamRZ 2006, 26, FamRZ 2006, 1099 = R 692
[17] BT-Drucksache 16/1830 S. 24

liegt als diese generellen Sätze, erhöht sich der Selbstbehalt entsprechend. Daher liegt der Selbstbehalt eines Rentners, der wegen Pflegebedürftigkeit auf Dauer in ein Heim untergebracht ist, nicht unter den dafür erforderlichen Kosten.[18] Auch in anderen Fällen wird aber zu prüfen sein, ob der Selbstbehalt den Sozialhilfebedarf (für die Hilfe zum Lebensunterhalt) nicht unterschreitet.[19] Gegebenenfalls ist der Selbstbehalt entsprechend zu erhöhen.

10   In solchen Fällen wird auch auf Seiten des Unterhaltsberechtigten meist Sozialhilfeberechtigung bestehen. Ist der **Berechtigte** Harz IV-Empfänger, geht in Höhe der Leistung nach § 33 I SGB II die Unterhaltsforderung auf das Sozialamt über. Jedoch ist dieser Forderungsübergang nach § 33 II SGB II begrenzt auf den Betrag, welchen der Unterhaltspflichtige verfügbar hat, ohne selbst sozialhilfeberechtigt zu werden. Dadurch wird der Unterhaltspflichtige aber nicht definitiv entlastet, denn den im Hinblick auf die Sozialgrenze nach § 33 II SGB II nicht übergegangenen Teil des zivilrechtlichen Unterhaltsanspruchs kann der Unterhaltsberechtigte selbst in Anspruch nehmen, weil die Sozialhilfe grundsätzlich nachrangig ist.[20] Nur aus Billigkeitsgründen kann der Umstand, dass die Sozialhilfe den Unterhaltsbedarf bereits abgedeckt hat, zur Herabsetzung der bis zur Rechtshängigkeit aufgelaufenen Rückstandsforderung führen, wenn nämlich der Unterhaltspflichtige sonst nicht imstande wäre, seinen laufenden Unterhaltspflichten nachzukommen.[21]

11   In Mangelfällen wird in der Regel auch **Prozesskostenhilfe** beantragt. Seit 1. 1. 1995 wird die Bedürftigkeit nach § 115 ZPO nach dem gleichen Schema geprüft wie bei der Sozialhilfe. Es liegt daher nahe, die Untergrenze des notwendigen Selbstbehalts an dem Freibetrag nach § 115 ZPO zu orientieren.

12   Dabei dürfen jedoch die **Besonderheiten des Unterhaltsrechts** nicht außer Acht gelassen werden.
- So können insbesondere **Wohnkosten** im Prozesskostenhilferecht anzuerkennen sein, obgleich sie den verschärften Maßstäben der Inanspruchnahme für den Unterhalt eines minderjährigen Kindes gem. § 1603 I S. 1 BGB nicht standhalten. Auch das Sozialhilferecht anerkennt Wohnkosten vorläufig, wenn sie bei Eintritt der Bedürftigkeit geschuldet werden, während das Unterhaltsrecht im Hinblick auf die meist vorhersehbare Unterhaltspflicht überhöhte Wohnkosten nur bei Verbleiben in der Ehewohnung bei der Trennung zeitweise akzeptiert, in der Regel jedoch nicht anerkennt. Hinzu kommt die unterschiedliche prozessuale Lage: Im Zivilprozess hat der Unterhaltsverpflichtete seine Leistungsunfähigkeit und damit seine Unfähigkeit, eine billigere Wohnung zu finden, zu beweisen, während im Sozialgerichtsprozess die Amtsmaxime gilt, was letztlich zur Beweislast der Behörde führt.

13   • Für das Prozesskostenhilferecht entfällt nach § 115 I 2 ZPO die Leistungsfähigkeit, soweit **die bei dem Pflichtigen lebenden Kinder und sein Gatte** bedürftig werden würden. Würde das Unterhaltsrecht dem folgen, wären der zweite Gatte und die bei dem Pflichtigen lebenden Kinder mit ihrem Mindestbedarf vorrangig gegenüber dem ersten Gatten und den Kindern, die nicht bei dem Pflichtigen leben. Das widerspräche den **Rangregeln des Unterhaltsrechts** (vgl. Rn. 106 ff.).

14   • Das Unterhaltsrecht billigt den Unterhaltspflichtigen im Mangelfall nur einen **Erwerbstätigenbonus** von 130 € (Unterschied zwischen dem notwendigen Selbstbehalt eines Erwerbstätigen von 900 € und eines Nichterwerbstätigen von 770 €).[22] Demgegenüber akzeptieren die Sozialämter i. d. R. einen Erwerbsbonus nach § 30 SGB II abhängig vom Einkommens von bis zu 280 €. Die unterschiedliche Höhe des Bonus rechtfertigt sich im Prinzip aus der unterschiedlichen Interessenlage, insbesondere der geringere Bonus des Unterhaltsrechts aus der strengen Erwerbsobliegenheit gegenüber dem minderjäh-

---

[18] BGH, FamRZ 1990, 849
[19] BGH, FamRZ 1984, 1000
[20] BGH, FamRZ 2000, 1358 = R 543 a; FamRZ 1999, 843 = R 533 a, b
[21] BGH, FamRZ 1999, 843 = R 533 c
[22] Der BGH hat in einem Mangelfall die Herabsetzung des Erwerbsbonus auf 5% für angemessen gehalten: FamRZ 1992, 539, 541 = R 444 b

rigen Kind. Es besteht auch kein Grund denselben Bonus wie § 30 SGB II zugrunde zu legen (vgl. Scholz Rn. 8/14).

Zu beachten ist aber vor allem, dass das Sozialrecht keine fiktiven Einkünfte berück- **15** sichtigt, was regelmäßig zu Abweichungen führen kann. In diesen Fällen kann nur für Rückstände aus der Zeit vor Rechtshängigkeit nach § 242 BGB ein Ausgleich gefunden werden.[23]

g) Bedarfskontrollbetrag. Der Bedarfskontrollbetrag der DT (vgl. näher Rn. 2/239 f.) **16** könnte als eingeschränkter Selbstbehalt erscheinen, weil Unterschreitung desselben zur Herabgruppierung in der DT und damit zur Senkung sowohl des Kindesunterhalts als auch wiederum des Bedarfskontrollbetrags führt. Da jedoch der Bedarf eines Kindes im Rahmen der Zumutbarkeit an jeder Minderung des Lebensstands des Verpflichteten teilnimmt, wird der Bedarfskontrollbetrag zutreffend nicht als Kennzeichnung eines (eingeschränkten) Mangelfalls, sondern als Rechenhilfe zur Bestimmung des angemessenen Bedarfs eines Kindes betrachtet (vgl. auch Rn. 127).[24]

h) Erhöhung und Herabsetzung des Selbstbehalts. aa) Ersparnis durch gemein- **17** **same Haushaltsführung.** Der Selbstbehalt eines Unterhaltsschuldners kann unter die Richtwerte herabgesetzt werden, wenn der Bedarf mit der Ersparnis durch gemeinsame Haushaltsführung mit einem ebenfalls berufstätigen Ehegatten teilweise abgedeckt ist.[25] Bisher hatten die Leitlinien der OLGs diese Ersparnis nur durch einen entsprechend geringeren Ansatz für den zusätzlichen Bedarf des beim Pflichtigen lebenden Ehegatten berücksichtigt. Die DT setzte für den Bedarf des Ehegatten beim Pflichtigen im Verhältnis zu den minderjährigen Kindern und privilegierten Volljährigen mit 650 € bei Erwerbstätigkeit, 560 € ohne Erwerbstätigkeit an, im Verhältnis zu nicht privilegierten Volljährigen mit 800 €[26] (vgl. Rn. 7, 8). Die einseitige Berücksichtigung beider Ersparnisse nur beim Ehegatten erhöht bei der Mangelfallberechnung den nicht der Mangelkürzung unterliegenden Selbstbehalt und vermindert den kürzungsfähigen Anteil des Ehegatten. Die Motive des neuen Unterhaltsrechts[27] empfehlen demgegenüber, diese Mangelfallberechnung zu ändern und im Fall des Zusammenlebens auch den Selbstbehalt des Pflichtigen herabzusetzen.[28] Die HL 24.2.2 legen es nahe, diese Ersparnis mit 12,5% zu bemessen.[29] Das bedeutet eine Herabsetzung des Ehegattenselbstbehalts von 1000 € auf 875 €. Das setzt allerdings eine echte Ersparnis voraus, also auch ein Einkommen des Partners.[29a] Vgl. auch Rn. 3/70 ff. (Scholz) mit teilweise abweichenden Ergebnissen.

bb) Anteil am Familienunterhalt. Zusätzlich ist ein Anteil am Familienunterhalt zu **18** berücksichtigen, der analog dem Trennungsunterhalt als Ehegattenquote, allerdings ohne Erwerbstätigenbonus, berechnet wird.[30]

Verlangt ein minderjähriges Kind Unterhalt von seinem allein barunterhaltspflichtigen Elternteil und hat dieser in der neuen Ehe die Haushaltsführung übernommen, so ist sein Eigenbedarf durch die Haushaltsführung gedeckt und seine Leistungsfähigkeit richtet sich nur nach seinem möglichen Nebenerwerb.[31] Von dem hierdurch erzielbaren Einkommen ist **kein Selbstbehalt** abzuziehen. Früher vertrat der BGH auch die Auffassung, die Leistungs-

---

[23] BGH, FamRZ 1999, 843 = R 533 c

[24] Vgl. Hampel, Bemessung des Unterhalts, Rn. 35

[25] BGH, FamRZ 2002, 742 = R 576 b; FamRZ 2004, 24 = R 600

[26] DT Anm. B VI, VII. Das sind nur 650/900 = 72% bzw. 560/770 = 73% bzw. 800/1100 = 73% des Bedarfs eines Alleinstehenden. Da dabei bisher der Selbstbehalt des Pflichtigen nicht herabgesetzt wurde, erfasst die Herabsetzung um ca. 27% die Vorteile beider Partner.

[27] BT-Drucksache 16/1830

[28] BT-Drucksache 16/1830 S. 24

[29] Vgl. Gerhardt/Gutdeutsch FamRZ 2007, 778, 780. Die etwas höheren Ansätze der Düsseldorfer Tabelle (ca. 27:2 = 13,5%) sind weniger repräsentativ, weil sie (anders als die Quoten der HL) gerade für den Mangelfall gelten, bei welchem die einseitige Berücksichtigung der Ersparnis beim Ehegatten den Pflichtigen begünstigt. Die Verwendung der etwas geringeren Ersparnisquote gleicht also den Fortfall dieser Begünstigung etwas aus.

[29a] BGH, FamRZ 2008, 968 = R 689 i.

[30] BGH, FamRZ 2002, 742 = R 576 a; FamRZ 2004, 24 = R 600

[31] BGH, FamRZ 2001, 1065 = R 549

fähigkeit könne nicht größer sein, als sie wäre, wenn der Pflichtige erwerbstätig geblieben wäre.[32] Davon ist der BGH jedoch inzwischen abgerückt.[32a]

19   **cc) Geringere oder höhere Wohnkosten.** Die Wohnkosten in **Ballungsgebieten** unterscheiden sich stark von denjenigen in ländlichen Gegenden. Weil die meisten OLG-Bezirke sehr unterschiedlich strukturierte Gebiete umfassen, war es schon lange Anlass zur Kritik, dass sich zwar die Selbstbehalte der verschiedener OLGs oft unterschieden, innerhalb desselben OLG-Bezirks jedoch einheitliche Selbstbehaltssätze gelten. Die Sozialhilfe ihrerseits verwendet nur für den allgemeinen Lebensbedarf pauschale Regelsätze und deckt die Wohnkosten im Grundsatz nach ihrer tatsächlichen Höhe, wobei bei mehreren Bewohnern die Kosten nach Köpfen verteilt werden. Der daraus resultierenden Abweichung tragen die OLGs (ausgenommen KG, Celle, Oldenburg und Rostock) nun dadurch Rechnung, dass sie **in ihren Selbstbehaltssätzen** einen **Wohnkostenanteil ausweisen.** Das OLG Köln 21.5.2 hat auch Vorschläge für die Aufteilung der Wohnkosten unter mehrere Mitbewohner derselben Wohnung. Hiernach sind unter Erwachsenen die Kosten nach Köpfen zu teilen. Kindern sind 20% ihres Barunterhalts zuzurechnen.

20   So führen unvermeidbare Mietkosten, wenn sie den im Selbstbehalt vorausgesetzten Betrag **übersteigen,** zu einer entsprechenden **Erhöhung** des Selbstbehalts.

Andererseits kann auch eine **Herabsetzung** des Selbstbehalts veranlasst sein, wenn ein Teil des allgemeinen Lebensbedarfs des Verpflichteten anderweitig gedeckt ist, z. B. durch ein wohnkostenfreies Wohnen oder durch die Leistungen des neuen Ehemannes zum Familienunterhalt in einer neuen Ehe.[33]

Da in den Selbstbehaltssätzen grundsätzlich auch ein **Anteil für Mietkosten des Verpflichteten** enthalten ist, verringert sich sein angemessener Bedarf im Verhältnis zum Berechtigten um den entsprechenden Anteil der Mietkosten, wenn der Verpflichtete mietfrei wohnt.[34] Allerdings muss beachtet werden, dass die niedrige Miete vielfach auf einer **bewussten Entscheidung des Pflichtigen** beruht, welcher auf den ihm zustehenden Wohnkomfort verzichtet, um das dadurch Ersparte in anderer Weise verwenden zu können. Diese Entscheidung darf **nicht durch Herabsetzung des Selbstbehalts unterlaufen werden.**[35] Deshalb kommt die **Herabsetzung des Selbstbehalts nur dann in Betracht,** wenn der Pflichtige in einer **Region mit niedrigen Mieten** lebt, ohne dass diese Wahl durch die Erwägung der Mietersparnis mitbestimmt worden wäre.

21   Die Düsseldorfer Tabelle gibt zu jedem Selbstbehaltssatz die darin enthaltene Warmmiete an: im notwendigen Selbstbehalt von 900 € bzw. 770 € sind 360 €, im angemessenen Selbstbehalt von 1100 € sind es 450 €, beim erhöhten angemessenen Selbstbehalt gegenüber sonstigen Verwandten von 1400 € (bzw. 1050 € für den Ehegatten) sind es 450 (bzw. 350) €. Entsprechende Angaben enthalten auch die Leitlinien der meisten OLGs (außer KG, Celle, Oldenburg und Rostock, welche keine Angaben machen und Schleswig, das unterschiedslos 400 € ansetzt).

22   Die ausgewiesenen Wohnkosten betreffen grundsätzlich die Warmmiete, welche umlagefähige Nebenkosten und Heizkosten umfasst (DT A.5., 7.). Nur das OLG Jena regelt nur die im Selbstbehalt enthaltene Kaltmiete (290 € beim notwendigen Selbstbehalt, 330 € beim Ehegattenselbstbehalt und 370 € beim angemessenen Selbstbehalt), ebenso das OLG Frankfurt, das zusätzlich auch – abweichende – Warmmieten angibt: 380 € beim notwendigen Selbstbehalt, 430 € beim Ehegattenselbstbehalt, 480 € beim angemessenen Selbstbehalt und beim erhöhten angemessenen Selbstbehalt. Man wird davon ausgehen dürfen, dass mit „Warmmiete" dasselbe gemeint ist wie mit „(Kalt)Miete zuzüglich Mietnebenkosten" oder „Unterkunft und Heizung". Soweit auf diese Weise Kalt- und Warmmiete ausgewiesen sind, kann durch konkreten (durch Vorlage des Mietvertrags belegten) Vortrag des einen oder des anderen Betrags eine Herabsetzung des Selbstbehalts erreicht werden. Ist nur die Kaltmiete

[32] BGH, FamRZ 1987, 472, 474
[32a] BGH, FamRZ 2006, 1827 = R 660a
[33] BGH, FamRZ 1998, 286 = R 518a a. E., FamRZ 1987, 472
[34] BGH, FamRZ 1984, 683
[35] BGH, FamRZ 2006, 1664 = R 657d, FamRZ 2004, 370 = R 604d, FamRZ 2004, 186 = R 596e

ausgewiesen, so muss bei einer weitere Kosten umfassenden Pauschalmiete der Anteil der Kaltmiete durch eine Schätzung ermittelt werden, für welche die Leitlinien, welche zugleich Warm- und Kaltmiete ausweisen, gewisse Anhaltspunkte bieten (Frankfurt 21).

Ist umgekehrt nur die Warmmiete ausgewiesen, kann der Verpflichtete normalerweise Miete und Nebenkostenvorauszahlungen geltend machen. Heizt er selbst, so muss er seine Heizkosten berechnen und ggf. belegen. Sonst kann nur die etwa belegte Kaltmiete, erhöht um einen mäßigen Nebenkostenzuschlag (30%), geltend gemacht werden.

Bewohner eines eigenen Hauses können die Finanzierungszinsen (als Korrelat der Miete) und die sonstigen verbrauchsunabhängigen und verbrauchsabhängigen Kosten einschließlich der Heizkosten ansetzen, auch soweit sie nicht umlagefähig sind.

Stromkosten werden in der Regel vom Mieter direkt bezahlt und sind von den Nebenkosten nicht erfasst. Soweit Kosten der Warmwasserbereitung gemeinsam mit den Heizkosten abgerechnet werden, sind sie (anders als im Sozialhilferecht) aus Gründen der Praktibilität als Nebenkosten zu behandeln.

Einer übermäßigen Mietbelastung soll das **staatliche Wohngeld** (vgl. näher Rn. 1/452 f.) **23** entgegenwirken. Unterhaltsrechtlich maßgebend ist bei der Leistungsfähigkeit nicht das tatsächlich bezogene Wohngeld, sondern der insoweit bestehende Anspruch, weil der Unterhaltspflichtige die Obliegenheit hat, sich zumutbares Einkommen zu verschaffen. Das gilt in erhöhtem Maße im Mangelfall. Deshalb schrieben BayL 20 f. die Anrechnung des Wohngelds auf die Mietbelastung vor.

Beispiel zur Korrektur des Selbstbehalts wegen Wohnkosten: **24**

M ist der einkommenslosen nach langer Ehe (18 Jahren) geschiedenen Frau F 1 unterhaltspflichtig sowie den Kindern der neuen Ehe A und B im Alter von 3 und 7 Jahren.
M verdient 1700, hat eine Warmmiete von 850 zu zahlen und erhält 308 Kindergeld.
Barunterhaltsanspruch der beiden Kinder, wegen Unterhaltspflicht gegenüber 2 Frauen und 2 Kindern,
herabgesetzt um eine Einkommensgruppe: DT 08 $^1/_1$, $^1/_2$ = 279, 322
Mietanteil 20% des Kindesunterhalts = (279 + 322) × 0,20 = 120
anteilige Wohnkosten von M (neben F 2) = (850 – 120) : 2 = 365,
sie übersteigen den ausgewiesenen Betrag von 360 (SüdL 21.2) um 5
notwendiger Selbstbehalt vom M = 900 + 5 = 905 €

dd) Auslandsfälle. Wohnt der Verpflichtete im Ausland, sind für die Ermittlung des **25** „angemessenen Selbstbehalts", den der Verpflichtete benötigt, um seinen Unterhaltsbedarf sicherzustellen, die Geldbeträge maßgeblich, die er an seinem Aufenthaltsort aufwenden muss, um nach den dortigen Verhältnissen den vergleichbaren „angemessenen Lebensstandard" aufrechterhalten zu können. Dabei ist der außenwirtschaftliche Kurs der fremden Währung nicht notwendig ein Spiegelbild ihres Binnenwertes und braucht sich mit der Kaufkraft der ausländischen Währung im Inland nicht zu decken[36] (vgl. Rn. 9/22, 9/27).

ee) Umgangskosten. Bei nicht unerheblichen Umgangskosten, die der Unterhalts- **25 a** schuldner aus den Mitteln, die ihm über den notwendigen Selbstbehalt hinaus verbleiben, nicht bestreiten kann, kommt eine maßvolle Erhöhung des Selbstbehalts in Betracht, üblicherweise in Höhe des Kindergeldanteils von 77 €.[37]

ff) Erwerbstätigenbonus. Bei dem notwendigen Selbstbehalt unterscheidet die DT und **25 b** ihr folgend die Leitlinien zwischen erwerbstätigen Unterhaltsschuldnern (900 €) und anderen (770 €). Damit soll dem Unterhaltsschuldner ein Anreiz gegebn werden, ihre Erwerbstätigkeit nicht aufzugeben. Die anderen Selbstbehalte unterscheiden nicht nach Erwerbstätigkeit und Nichterwerbstätigkeit. Der Erwerbstätigenbonus, welcher dem Unterhaltspflichtigen bei der **Bedarfsbemessung** zugebilligt wird, hat im Mangelfall keine Bedeutung. Der Betrag ist **Teil** des die **Leistungsfähigkeit bestimmenden Einkommens.**

---

[36] BGH, FamRZ 1988, 705, 708 = R 364 a; zu den Kaufkraftparitäten vgl. auch die Aufstellung FamRZ 1993, 1158 sowie Gutdeutsch/Zieroth, FamRZ 1993, 1152 m. w. N.
[37] BGH, FamRZ 2005, 706, 708, BGH, FamRZ 2008, 594 = R 688

3. Voraussetzungen eines Mangelfalls nach §§ 1581, 1603 BGB

26   Nach §§ 1581, 1603 BGB besteht ein Mangelfall, wenn der Verpflichtete nach seinen Erwerbs- und Vermögensverhältnissen unter Berücksichtigung seiner sonstigen Verpflichtungen außerstande ist, ohne Gefährdung seines eigenen Unterhalts dem Berechtigten Unterhalt zu gewähren.

In der üblichen Unterhaltsberechnung ergibt sich ein Mangelfall dadurch,
1. das Einkommen des Pflichtigen errechnet wird,
2. davon alle Unterhaltspflichten abgezogen werden,
3. festgestellt wird, welcher Selbstbehalt für das Unterhaltsverhältnis maßgebend ist und
4. der verbleibende Betrag mit dem hiernach maßgebenden Selbstbehalt verglichen wird: ist er größer, dann liegt kein Mangelfall vor und die Unterhaltsanprüche können in vollem Umfang erfüllt werden. Ist er kleiner, dann liegt ein Mangelfall vor. Das Defizit (Unterschied zwischen Restbetrag und Selbstbehalt) muss entsprechend dem Rangverhältnissen auf die Unterhaltsansprüche verteilt werden.

Jedoch umfasst die Leistungsfähigkeit auch etwaiges Vermögen. Dessen Verwertung kann solange die volle Leistungsfähigkeit sichern, bis das Vermögen verbraucht ist. Der Einsatz des Vermögens ist jedoch nach § 1581 BGB nur insoweit geschuldet, als sie nicht unwirtschaftlich oder nach Maßgabe der beiderseitigen wirtschaftlichen Verhältnisse unbillig wäre (i. E. vgl. Rn. 78 f.). Ist hiernach ein Einsatz des Vermögens in festen Raten zumutbar, dann ist dieser Betrag als Teil des Einkommens in die Unterhaltsberechnung einzusetzen.

In entsprechender Weise sind Schulden zu berücksichtigen: werden sie in gleichen Raten zurückgezahlt und sind die Raten angemessen (stellen keine Verletzung der Erwerbsobliegenheit dar, vgl. Rn. 82 ff.), dann sind diese Raten als Belastungen vom Einkommen abzuziehen.

27   Damit sind für die Feststellung eines Mangelfalls folgende Umstände zu klären:
- Der eigene **Unterhalt des Verpflichteten (Selbstbehalt).** Soweit es um die Feststellung eines Mangelfalls gegenüber einem Gatten geht, ist der Ehegattenselbstbehalt einzusetzen, geht es um den Mangelfall gegenüber einem Kind oder anderen Verwandten, der jeweilige Selbstbehalt des Verpflichteten diesem gegenüber (vgl. Rn. 2 bis 6).
- Der errechnete **volle Unterhalt des Berechtigten** nach dem Maßstab seiner Bedürftigkeit.
- Die **Erwerbs- und Vermögensverhältnisse (das unterhaltsrechtliche Einkommen) des Verpflichteten.**
- Die **sonstigen Verpflichtungen** des Verpflichteten, zu denen auch andere Unterhaltsverpflichtungen gehören.

28   Für die Beurteilung, ob ein Mangelfall vorliegt, sind somit zwei verschiedene Bereiche miteinander zu vergleichen:
- Der **Sollbereich oder Bedarfsbereich.** Dieser Bereich umfasst alle Bedarfspositionen und bestimmt die **erforderliche** Leistungsfähigkeit auf der Leistungsstufe (Genaueres dazu Rn. 30 f.).
- Der **Haben-Bereich oder die Deckungsmasse.** Dieser Bereich beinhaltet alle zur Bedarfsdeckung verwendbaren Mittel des Verpflichteten und bestimmt seine **tatsächliche** Leistungsfähigkeit (Genaueres dazu nachfolgend Rn. 33 f.).
- Die **bedarfsbestimmenden** (z. B. die ehelichen Lebensverhältnisse **prägenden**) Unterhaltsverpflichtungen und anderen **Verpflichtungen** gehören zu den Erwerbs- und Vermögensverhältnissen. Bei der Gegenüberstellung können sie vom Einkommen vorweg abgezogen werden (Nettomethode) oder dem Soll- oder Bedarfsbereich zugerechnet werden (Bruttomethode).

29   Ist bei einem Vergleich der beiden Bereiche der Soll-Bereich größer als der Haben-Bereich, besteht eine beschränkte Leistungsfähigkeit und damit ein **Mangelfall.** Die Differenz beinhaltet den **Fehlbedarf** und damit das Ausmaß der beschränkten Leistungsfähigkeit (Vergleichsmethode, Bruttomethode).

In der Praxis wird oft nur dieser Fehlbedarf berechnet, indem erst die Posten des Habenbereichs addiert und dann davon alle Posten des Sollbereichs bis auf den Eigenbedarf des Verpflichteten abgezogen werden. Ist der Rest geringer als der Eigenbedarf, so besteht ein Mangelfall (Abzugsmethode, Nettomethode).

Sind beide Bereiche gleich groß oder ist der Soll-Bereich kleiner als der Haben-Bereich, dann ist der Verpflichtete **voll leistungsfähig.** Die Abzugsmethode ergibt dann einen Restbetrag in Höhe mindestens des Eigenbedarfs.

Das Gericht hat abzuwägen, ob der Verpflichtete nach diesem Maßstab zu Unterhaltsgewährung in der Lage ist.[38]

a) Die Bedarfspositionen. Wie bereits ausgeführt (Rn. 26 f), zählen zum Soll-Bereich **30** oder Bedarfsbereich der Bedarf des Verpflichteten und des Berechtigten, sowie sonstige Verpflichtungen.

Je nachdem, wem gegenüber der Mangelfall zu prüfen ist, muss der Bedarf des Verpflichteten unterschiedlich festgelegt werden. Er ist grundsätzlich identisch mit dem jeweiligen Eigenbedarf oder Selbstbehalt (s. o. Rn. 1 ff.).

Im Verhältnis **zwischen Ehegatten** wurde früher der beiderseitige Bedarf als **ehegemessener Bedarf** in Gestalt des **Quotenunterhalts** berechnet. Seit dem Wegfall des ehegemessenen Selbstbehalts[39] gilt das nur noch für den Bedarf des Berechtigten. Für den Verpflichteten ist für die Mangelrechnung der billige Selbstbehalt von 1000 € anzusetzen.

Beim **Verwandtenunterhalt** nach §§ 1601, 1603 BGB tritt neben den festen **Selbst-** **31** **behalt** des Pflichtigen der **volle Bedarf des Verwandten,** welcher bei minderjährigen Kindern meist nach der DT und Mindestbedarf (Rn. 2/204 ff.), bei volljährigen Kindern vielfach nach festen Beträgen (Rn. 2/391 f.) bestimmt wird und ebenfalls durch in diesen Unterhaltssätzen nicht berücksichtigten Mehrbedarf (Rn. 2/317 f., 2/401) erhöht sein kann.

§ 1581 BGB schreibt ausdrücklich vor, dass im Rahmen der Leistungsfähigkeit auch **alle** **32** **sonstigen Verpflichtungen** zu berücksichtigen sind. Deshalb erhöhen auch solche Verpflichtungen zunächst den Bedarfsbereich. Es muss sich aber auch auf der Leistungsstufe um berücksichtigungswürdige Verbindlichkeiten handeln (siehe Rn. 82 f.).

Zu den „sonstigen Verpflichtungen", die den Bedarfsbereich erhöhen, zählen nur **die** **Verpflichtungen,** die nicht bereits vorher bei der Einkommens- und Bedarfsberechnung berücksichtigt sind. Dazu zählten früher alle sonstigen **Unterhaltsverpflichtungen,** wie z. B. für Kinder oder für den neuen Ehegatten. Nach der neuen Rechtsprechung zu den wandelbaren ehelichen Lebensverhältnissen bestimmen diese Verpflichtungen aber bereits den Bedarf.[39a]

Es bleiben alle sonstigen tatsächlich bestehenden **regelmäßigen Zahlungsverpflichtungen,** auch solche, die erst nach Trennung oder Scheidung begründet werden.

b) Die Deckungsmasse. Im Rahmen der Leistungsfähigkeit sind alle tatsächlichen **33** Einkünfte des Verpflichteten zu berücksichtigen.[40] Das sind alle prägenden Einkünfte und alle nichtprägenden Einkünfte, gleich welcher Art sie sind und auf welcher Grundlage sie bezogen werden. Es sind praktisch alle in § 1 erörterten Einkünfte, die der Verpflichtete tatsächlich erzielt hat oder in zumutbarer Weise erzielen könnte, ohne Rücksicht auf Herkunft und Verwendungszweck. Maßgeblich sind die Nettoeinkünfte, wobei ein Abzug prägender Unterhaltsverpflichtungen und sonstiger prägender Verpflichtungen unterbleibt, soweit diese im Bedarfsbereich berücksichtigt werden (Rn. 28).

Die wichtigsten der zur Bedarfsdeckung verwendbaren Mittel sind:

Erwerbseinkünfte aus abhängiger Arbeit (Rn. 1/46 ff.), aus selbstständiger Erwerbstätig- **34** keit, Gewerbetätigkeit oder aus Land- und Forstwirtschaft (Rn. 1/110 ff.) sowie aus Erwerbsersatzeinkünften wie Krankengeld, Arbeitslosengeld (Rn. 1/80 ff.), Renten und Pensionen (Rn. 1/438 ff.).

Vermögenseinkünfte aus Vermietung und Verpachtung (Rn. 1/293 ff.), aus Kapital- und sonstigem Vermögen (Rn. 1/403 ff.) sowie aus Wohnvorteilen und sonstigen Gebrauchsvorteilen des Vermögens (Rn. 1/311 ff.).

Einkünfte aus **unzumutbarer Erwerbstätigkeit** des Verpflichteten (Rn. 1/540 ff.). Die- **35** se sind auf Grund einer Billigkeitsabwägung nach Treu und Glauben (§ 242 BGB) und nicht nach § 1577 BGB anzurechnen.

---

[38] BGH, FamRZ 1990, 260; FamRZ 1985, 691
[39] BGH, FamRZ 2006, 683 = R 649 d
[39a] BGH, FamRZ 2006, 683 = R 649 g, FamRZ 2008, 968 = R 689 g
[40] BGH, FamRZ 1989, 159, 161

36 Einkünfte aus **sozialstaatlichen Zuwendungen** und sonstige Leistungen des Staates, wie z. B. aus Wohngeld (Rn. 1/452 f.), aus BAföG-Leistungen (Rn. 1/456), aus Pflegegeld (Rn. 1/463 f.), aus Steuererstattungen (Rn. 1/558). Zum Kindergeld vgl. Rn. 1/460 f.

37 **Fiktive Zurechnung** erzielbarer Einkünfte.

Auch im Rahmen seiner Leistungsfähigkeit muss der Verpflichtete seine **Arbeitskraft** und **Erwerbsfähigkeit** so gut wie möglich einsetzen und eine zumutbare Erwerbstätigkeit ausüben. Unterlässt er dies, wird er so behandelt, als würde er aus einer zumutbaren Erwerbstätigkeit tatsächlich ein Einkommen erzielen (vgl. Rn. 1/487 ff.).[41] Zu beachten ist, dass es sich hier zwar um ein fingiertes Einkommen, nicht aber um eine fingierte Leistungsfähigkeit handelt. Vorausgesetzt wird hier, dass die Erwerbstätigkeit möglich ist. Das Gegenteil müsste notfalls der Verpflichtete beweisen, weil es hier um die **Leistungsfähigkeit** geht (im Gegensatz zu Rn. 39 f, welche von Fällen der erwiesenen oder unstreitigen **Leistungsunfähigkeit** handelt).

Ähnliches gilt für **sonstige Einkünfte**, die zumutbarerweise erzielt werden könnten, wie z. B. angemessene Zinsen aus einem unrentabel angelegten Kapital. Allerdings steht dem Pflichtigen hier ein weiter Beurteilungsspielraum zu, weil er ja das Anlagerisiko tragen muss.

38 Fiktive Beträge aus einer **unterlassenen Vermögensverwertung,** sofern auch ohne Mangelfall eine Obliegenheit zur Vermögensverwertung besteht (Rn. 78 f., Rn. 1/410 f.).

39 **c) Beachtlichkeit selbstverschuldeter Leistungsunfähigkeit.** Nach der Rechtsprechung des BGH ist eine tatsächlich bestehende Leistungsunfähigkeit grundsätzlich selbst dann zu beachten, wenn der Verpflichtete sie selbst – sogar **schuldhaft** – herbeigeführt hat.[42]

40 Dem Verpflichteten kann jedoch ausnahmsweise die **Berufung** auf seine (volle oder teilweise) **Leistungsunfähigkeit nach Treu und Glauben** (§ 242 BGB) **verwehrt sein,** wenn er diese durch ein **verantwortungsloses,** zumindest leichtfertiges **Verhalten** von erheblichem Gewicht herbeigeführt hat.[43]

Ein solcher Vorwurf setzt voraus, dass dem Verpflichteten die Verantwortungslosigkeit seines Verhaltens einsichtig war, was sich aus dem Bezug zur Unterhaltsverpflichtung ergeben kann.[44]

Die Bejahung eines solchen Verhaltens erfordert eine wertende Betrachtung und Abwägung aller Umstände des Einzelfalls.[45]

Als Folge wird der Verpflichtete im Rahmen der Leistungsfähigkeit so behandelt, als hätte er sein Einkommen noch und würde den Unterhalt in bisheriger Höhe weiterzahlen können.[46]

41 Der BGH hat diese Grundsätze entwickelt bei Einkommensminderungen infolge **Arbeitsplatzaufgabe** oder Arbeitsplatzwechsel, Berufswechsel, beruflicher Verselbstständigung und sonstiger beruflicher Veränderung (Genaueres dazu Rn. 1/487 f.).

Diese Grundsätze gelten darüber hinaus auch, wenn die Begründung von Verbindlichkeiten auf einem verantwortungslosen, zumindest leichtfertigen Verhalten beruht.

4. Abänderungsklage bei späteren Änderungen der Leistungsfähigkeit

42 Eine erst **nach Unterhaltstitulierung** eintretende Änderung der Leistungsfähigkeit beruht in der Regel auf Änderungen der wirtschaftlichen Verhältnisse (ebenso wie die Änderungen der Bedürftigkeit). Deshalb sind Änderungen in der Leistungsfähigkeit dem Anwendungsbereich des § 323 ZPO zuzuordnen.[47]

---

[41] BGH, FamRZ 1990, 283, 288; FamRZ 1985, 158 = NJW 1985, 732

[42] BGH, FamRZ 2000, 815 = R 541; FamRZ 1989, 159, 161 = R 377 d; FamRZ 1985, 158; FamRZ 1987, 930

[43] BGH, FamRZ 2000, 815 = R 541; FamRZ 1994, 240; FamRZ 1987, 930; FamRZ 1993, 1055 = R 462 A b

[44] BGH, FamRZ 1985, 158

[45] BGH, FamRZ 1993, 1055 = R 462 A b; FamRZ 1988, 597, 599; FamRZ 1987, 930, 932; FamRZ 1987, 372, 374; FamRZ 1985, 158

[46] BGH, FamRZ 1981, 539

[47] BGH, FamRZ 1989, 159, 161

Eine Klage nach § 323 ZPO kann erhoben werden, wenn auch die sonstigen Voraussetzungen des § 323 ZPO zu bejahen sind (vgl. Rn. 8/138 ff.).

Der **Verpflichtete** kann die Klage nach § 323 ZPO erheben, wenn er wegen geänderter Leistungsfähigkeit den Unterhalt in bisheriger Höhe nicht mehr weiterbezahlen kann.

Auch der **berechtigte Gatte** kann nach § 323 ZPO den vollen eheangemessenen Unterhalt verlangen, wenn ihm im Vorverfahren nur ein Billigkeitsunterhalt nach § 1581 BGB zugesprochen worden war und der Verpflichtete zwischenzeitlich voll leistungsfähig geworden ist.[48]

Dies gilt unabhängig davon, ob die Steigerung der Leistungsfähigkeit auf einer Erhöhung des laufenden Einkommens beruht oder auf einem einmaligen Vermögenszuwachs oder auf beidem.[49]

Bei solchen nachträglichen Änderungen der Leistungsfähigkeit entsteht für die zurückliegende Zeit keine Unterhaltspflicht und damit auch keine Nachzahlungsverpflichtung, auch nicht für einen sogenannten objektivierten Nachholbedarf.[50]

Die Abänderung eines **Billigkeitsunterhalts** (§ 1581 BGB) erfolgt in der Weise, dass der **43** Billigkeitsunterhalt unter **Wahrung der Grundlagen** des abzuändernden Titels an die veränderten Verhältnisse angepasst wird. Unveränderte Verhältnisse, die bereits dem Ersturteil zugrunde lagen und in diesem bewertet worden sind, können im Rahmen der Klage nach § 323 ZPO nicht abweichend beurteilt werden.[51]

Sind in dem früheren Verfahren die für die Bedarfsbemessung maßgeblichen ehelichen **44** **Lebensverhältnisse nicht festgestellt** worden und ist dem Berechtigten erkennbar nur ein Billigkeitsunterhalt zugesprochen worden, besteht **keine Bindung** an die damals beschränkte Leistungsfähigkeit des Verpflichteten. Der Bedarf ist im Abänderungsverfahren nach den prägenden ehelichen Lebensverhältnissen neu zu bemessen, d. h. wie in einer Erstentscheidung nach der materiellen Rechtslage zu ermitteln.[52]

Gleiches gilt, wenn der **Berechtigte** später durch Aufnahme oder Ausweitung einer **45** Erwerbstätigkeit oder aus sonstigen Gründen (z. B. Zinsen aus Zugewinn oder Veräußerungserlös) **nichtprägende Einkünfte** erzielt, die auf den vollen eheangemessenen Unterhalt verrechnet werden können, so dass kein Mangelfall mehr besteht.

Durch den **Wegfall des eheangemessenen Selbstbehalts**[53] und des **trennungs-** **46** **bedingten Mehrbedarfs**[54] müssen jedoch vielfach Unterhaltsbeträge, welche früher als Mangelunterhalt galten, als voller Unterhalt gewertet werden. Hier dürfte keine Rechtskraftbindung einer abweichenden Wertung entgegenstehen, Wenn in der Erstentscheidung der Unterhalt nach der Ehegattenquote bemessen wurde, weil für einen etwaigen trennungsbedingten Mehrbedarf kein nicht prägendes Einkommen verfügbar war, dann war der Unterhalt letztlich zutreffend aus dem prägenden Einkommen ermittelt worden. Nach der neuen rechtlichen Beurteilung handelt es sich dann aber nicht um einen Mangelunterhalt, sondern um den eheangemessenen Bedarf, so dass hinzutretende nicht prägende Einkommen des Pflichtigen nicht zu einer Erhöhung des Unterhalts führen könnte. Nur wenn in der Erstentscheidung ein billiger Selbstbehalt oder der notwendige Selbstbehalt zugrunde gelegt worden war, käme eine Abänderung wegen einer nicht prägenden Einkommensänderung des Pflichtigen in Betracht. Jedoch hat der BGH diesen Nachteil dadurch ausgeglichen, dass er nach dem Modell der **variablen ehelichen Lebensverhältnisse** die Bindung an die ehelichen Verhältnisse stark gelockert hat. Jede Einkommenserhöhung formt deshalb die Lebensverhältnisse der früheren Ehe bezogen, wenn sie sich nicht als „Karrieresprung" darstellt.[55]

---

[48] BGH, FamRZ 1989, 817
[49] BGH, FamRZ 1985, 155
[50] BGH, FamRZ 1985, 155
[51] BGH, FamRZ 1989, 842; FamRZ 1988, 817; FamRZ 1987, 257
[52] BGH, FamRZ 1989, 842; FamRZ 1988, 817; FamRZ 1987, 257
[53] BGH, FamRZ 2006, 683 = R 649 d
[54] BGH, FamRZ 2004, 1357 = R 617 a
[55] BGH, FamRZ 2008, 968 = R 689 g

II. Einkommens- und Bedarfskorrekturen im Mangelfall

47 Wird ein Mangelfall festgestellt, dann ist nach **§ 1581 BGB** der Unterhalt nach Billigkeit herabzusetzen. § 1603 BGB lässt bei nicht ausreichender Leistungsfähigkeit den Unterhaltsanspruch insoweit entfallen. Für den Gattenunterhalt ergibt sich daraus, dass auch die Bemessungsgründe für Bedürftigkeit und Leistungsfähigkeit, nämlich die Einkommens- und Bedarfsposten im Mangelfall einer **Neubewertung** unterliegen. Die Rechtspraxis führt in vielen Fällen eine Neubewertung aber **auch** in den Mangelfällen des **§ 1603 BGB** durch.[56] Deshalb sind die Ausführungen zum Mangelfall gem. § 1581 BGB analog auch für die Mangelfälle nach § 1603 BGB zu berücksichtigen. Die folgenden Ausführungen folgen weitgehend den ursprünglichen Gedanken von Wendl, welche vor allem deshalb bedenkenswert sind, weil sie eine Unterhaltsbestimmung auf Grund **individueller richterlicher Wertung** an die Stelle der **üblichen schematischen Unterhaltsberechnungen** setzen.

1. Überblick über die Rechtsfolgen eines Mangelfalls nach § 1581 BGB

48 **a) Voraussetzungen.** Nach § 1581 BGB muss der Verpflichtete in einem Mangelfall nur insoweit Unterhalt leisten, als dies mit Rücksicht auf die Bedürfnisse und die Erwerbs- und Vermögensverhältnisse der Ehegatten der Billigkeit entspricht (= **Billigkeitsunterhalt**). Den Stamm des Vermögens muss der Verpflichtete nicht verwerten, soweit die Verwertung unwirtschaftlich oder unter Berücksichtigung der beiderseitigen Verhältnisse unbillig wäre (vgl. Rn. 1/410 ff.).

49 Ein solcher Billigkeitsunterhalt hat **drei Voraussetzungen:**
- Gemäß den Ausführungen zu I (Rn. 29) muss ein **Fehlbedarf** und damit ein Mangelfall festgestellt werden.
- **Auch nach Ausscheiden nachrangig Berechtigter** (Rn. 131 ff.) darf die Deckungsmasse zur Befriedigung der vollen Unterhaltsansprüche aller vorrangig Berechtigten und des Verpflichteten nicht ausreichen.
- Es darf **keine** leistungsfähigen und -pflichtigen **Verwandten** des Berechtigten geben, die gemäß den Ausführungen zu Rn. 155 ff. bis zur Höhe des Fehlbedarfs in Anspruch genommen werden könnten.

50 **b) Zwei Bereiche, gleichwertige Opfer.** Nach § 1581 BGB ist der angemessene Unterhalt als Folge des Mangelfalls auf einen Billigkeitsunterhalt zu kürzen, wobei die Bedürfnisse beider Ehegatten **(Bedarfsbereich)** und die Erwerbs- und Vermögensverhältnisse beider Ehegatten **(Deckungsmasse)** zu berücksichtigen sind.[57]

Diese, nach Billigkeitsgesichtspunkten erfolgende Kürzung setzt voraus, dass beiden Ehegatten **gleichwertige Opfer** und Einschränkungen zugemutet werden, die sowohl die Unterhaltskürzung für den Berechtigten als auch die mit der Unterhaltszahlung verbundene Belastung des Verpflichteten zumutbar erscheinen lassen.[58]

Für die Obliegenheit beider Ehegatten zum Einsatz ihrer wirtschaftlichen Mittel sind grundsätzlich die gleichen Maßstäbe anzulegen.[59] Deshalb sind im Rahmen der erforderlichen Billigkeitsabwägung alle Umstände, die bei beiden Ehegatten für die Zumutbarkeit der Unterhaltskürzung eine Rolle spielen können, erneut einer bewertenden Überprüfung zu unterziehen und gegebenenfalls wertend angemessen zu verändern. Die Zumutung von gleichwertigen Opfern ist umso größer, je größer das leistungsmäßige Defizit (Fehlbedarf) ist, das durch eine Unterhaltskürzung ausgeglichen werden muss.

---

[56] SüdL, KG, Brandenburg, Dresden, Naumburg, jeweils 10.2.1, erlauben den Ansatz pauschaler berufsbedingter Aufwendungen nur dann, wenn kein Mangelfall vorliegt
[57] BGH, FamRZ 1990, 260, 262
[58] BGH, FamRZ 1985, 782
[59] BGH, FamRZ 1992, 1045, 1049 = R 448 c; FamRZ 1990, 1091, 1095

Ist zugleich nach anderen Vorschriften eine Billigkeitsabwägung angezeigt, so kann die Abwägung nur **einheitlich** erfolgen.[60] Zu diesen Billigkeitserwägungen gehört allerdings nicht die Frage, wen eine Schuld an der Scheidung trifft.

c) Neubewertung und Kürzung. Im Rahmen einer solchen Billigkeitsabwägung **51** und der mit dieser verbundenen Neubewertung unterhaltsrechtlich relevanter Umstände kann es sowohl im Bereich der Deckungsmasse (Rn. 52) Änderungen geben als auch im Bedarfsbereich (Rn. 53). Ein trotz solcher Änderungen verbleibender Fehlbedarf kann als weitere Folge der Billigkeitsabwägung durch **pauschale Billigkeitsverteilung** des verfügbaren Einkommens ausgeglichen werden, wobei allerdings die in den Leitlinien vorgesehenen Selbstbehalte für den Regelfall zu beachten sind. Eine **proportionale Kürzung** des veränderten Gesamtbedarfs (Rn. 54 f.) einschließlich des Bedarfs des Verpflichteten kommt seit der Abkehr des BGH vom eheangemessenen Selbstbehalt[61] nicht mehr in Betracht, nur weitere individuelle oder proportionale Kürzungen bei den gleichrangig Berechtigten.

Das Ergebnis beinhaltet stets, also soweit nur eine Neubewertung innerhalb der Deckungsmasse oder des Bedarfsbereichs stattfand, einen Billigkeitsunterhalt nach § 1581 BGB, nicht einen vollen Unterhalt nach §§ 1578 I 1, 1361 I BGB.

d) Deckungsmasse. Wertende Änderungen im Bereich der Deckungsmasse: **52**
- Erhielt der **Verpflichtete Kindergeld,** erhöhte nach früherer Rechtsprechung des BGH dieses im Mangelfall dessen verteilungsfähiges Einkommen (siehe Rn. 58 f.), soweit es nicht an den anderen Gatten anteilig weitergeleitet wurde (ML 96 1. 19, 4. 2). Seit der Unterhaltsrechtsänderung am 1. 1. 2008 dient das Kindergeld aber nur noch zur Sicherung des Kindesunterhalts (Rn. 58 f.).
- Im Mangelfall besteht eine **gesteigerte Erwerbsobliegenheit** beider Ehegatten. Deshalb können dem Verpflichteten fiktive Einkünfte zugerechnet werden, die die Verteilungsmasse erhöhen, wenn er eine zumutbare Erwerbstätigkeit unterlässt (siehe Rn. 64 f.).
- Einkünfte des Verpflichteten aus **unzumutbarer Erwerbstätigkeit** können diesem im Mangelfall in erhöhtem Umfang oder ganz zugerechnet werden (siehe Rn. 67 f.).
- Unentgeltliche **freiwillige Zuwendungen Dritter** an den Verpflichteten können diesem im Mangelfall als Einkünfte zugerechnet werden (siehe Rn. 70 f.).
- Im Mangelfall sind **Aufwendungen konkret nachzuweisen,** wobei die Anforderungen an die Notwendigkeit der Aufwendungen erschwert sind. Gleiches gilt für alle Betriebsausgaben und Ausgabenposten in Überschussrechnungen oder Gewinn- und Verlustrechnungen (siehe Rn. 73 f.).
- Die Verteilungsmasse kann auch durch eine erst im Mangelfall zumutbare **Vermögensverwertung** erhöht werden (§ 1581, 2 BGB; siehe Rn. 78 f.).

e) Bedarfsbereich. Änderungen im Bedarfsbereich: **53**
- Erhält im Mangelfall der Berechtigte **Kindergeld,** konnte dieses nach früherer[62] Rechtsprechung des BGH als Einkommen seinen Bedarf mindern (siehe Rn. 58 f.), soweit es nicht durch Anrechnung auf den Kindesunterhalt dem anderen Gatten zufloss (früher ML 4.2).
- Auch dem Berechtigten kann im Mangelfall wegen **gesteigerter Erwerbsobliegenheit** bei unterlassener zumutbarer Erwerbstätigkeit ein fiktives Einkommen zugerechnet werden. Eine solche Zurechnung mindert seinen Bedarf (siehe Rn. 64 f.).
- Einkünfte des Berechtigten aus **unzumutbarer Erwerbstätigkeit** können im Mangelfall nach § 1577 II 2 BGB über das bisherige Maß hinaus oder voll bedarfsmindernd angerechnet werden (siehe Rn. 67 f.).
- Unentgeltliche **freiwillige Zuwendungen Dritter** an den Berechtigten können diesem im Mangelfall bedarfsmindernd als Einkünfte zugerechnet werden (siehe Rn. 70 f.).
- Im Mangelfall hat auch der Berechtigte bei Erwerbseinkünften berufsbedingte **Aufwendungen konkret nachzuweisen,** wobei die Anforderungen an die Notwendigkeit der Aufwendungen erschwert sind (siehe Rn. 73 f.)

---

[60] BGH, FamRZ 1992, 1045, 1049 = R 448 c; FamRZ 1990, 1091, 1095
[61] BGH, FamRZ 2006, 683 = R 649 d
[62] Zur ausnahmsweisen Berücksichtigung als Einkommen nach jetziger Rechtslage vgl. Rn. 91

- Berücksichtigungswürdige **Verbindlichkeiten des Verpflichteten** sind im Mangelfall daraufhin zu überprüfen, ob und in welcher Höhe sie auch noch unter den verschärften Anforderungen des Mangelfalls berücksichtigt werden können. Insbesondere ist zu prüfen, ob es dem Verpflichteten oder auch dem Berechtigten zuzumuten ist, sich auf Pfändungsfreibeträge zu berufen oder ein Insolvenzverfahren mit dem Ziel der Restschuldbefreiung anzustreben. Entfällt im Rahmen einer solchen Billigkeitsabwägung ganz oder teilweise die Berücksichtigung nichtprägender Verbindlichkeiten, so mindert sich dadurch der Bedarf des Verpflichteten (siehe Rn. 82 f.).

54   **f) Bemessung des Billigkeitsunterhalts.** Kommt es auf Grund der Billigkeitsabwägung zu entsprechenden Änderungen im Bereich der Deckungsmasse (Rn. 52) und (oder) im Bedarfsbereich (Rn. 53), dann ist der für eine abschließende Bemessung des Billigkeitsunterhalts maßgebliche **Fehlbedarf neu zu berechnen** (siehe Rn. 99 f.).

55   Die **abschließende Bemessung** des Billigkeitsunterhalts auf der Basis des neu berechneten Fehlbedarfs kann auf verschiedene Weise erfolgen:

- Unterhaltsbedarf aller gleichrangig Berechtigten ist im Verhältnis zur Deckungsmasse **proportional** zu **kürzen** und das Ergebnis dann auf seine Angemessenheit zu überprüfen (siehe Rn. 100).
- Bei Vorliegen besonderer Umstände kann statt einer proportionalen Kürzung auch eine **individuelle Kürzung** erfolgen (siehe Rn. 101).
- Verlangt der Berechtigte auch Vorsorge für Alter und Invalidität, dann kann **der Nachrang gegenüber dem Elementarunterhalt** zu Kürzung oder Wegfall des Vorsorgeunterhalts führen. Doch gilt das nicht absolut. Insbesondere bewirkt nicht jeder Mangelfall nach § 1581 BGB den Wegfall des Altersvorsorgeunterhalts. Vielmehr tritt bei geringem Einkommen der Elementarbedarf in den Vordergrund, während bei höherem Einkommen entsprechend der zweistufigen Berechnungsmethode des BGH der Elementarunterhalt zugunsten des Altersvorsorgeunterhalts gekürzt wird (siehe Rn. 4/478).
  Dies gilt nicht für den Krankheitsvorsorgeunterhalt (siehe Rn. 4/502).

Dagegen kommt seit der Abkehr des BGH vom eheangemessenen Selbstbehalt[63] eine proportionale Verteilung unter anteiliger **Kürzung** auch des **Selbstbehalts des Pflichtigen nicht mehr in Betracht.**

56   **Beispiel: Mangelfall bei einem Ehegatten**

NettoE des M = 1400, Erwerbstätigenbonus 10% oder ¹/₇.
Der billige Selbstbehalt gegenüber dem Ehegatten beträgt 1000
Damit ergibt sich der gekürzte Unterhalt zu:
1400 − 1000 = 400

57   *− nicht belegt −*

2. Kindergeld und Zählkindvorteil im Mangelfall

58   Solange der Verpflichtete voll leistungsfähig ist, war **schon bisher** das kraft Gesetzes den Eltern zustehende **Kindergeld** (und kindergeldgleiche Zuschüsse) dem Elternteil, der es erhält, unterhaltsrechtlich **nicht als Einkommen zuzurechnen,** weil es aus praktischen Gründen bereits bei der Berechnung des Kindesunterhalts als familienrechtlicher Ausgleichsanspruch der Eltern untereinander mit dem Kindesunterhalt verrechnet wurde. Dadurch wurde das Kindergeld faktisch in Höhe des familienrechtlichen Ausgleichsanspruchs der Eltern wie ein Einkommen des Kindes behandelt (siehe Rn. 1/460 f., 2/499).

59   **Vor 1997** waren nach der Rechtsprechung des BGH in einem Mangelfall das Kindergeld und kindergeldgleiche Zuschüsse auf der Leistungsstufe dennoch als Einkommen zu berücksichtigen, wodurch der Fehlbedarf geringer wurde.[64]

In seinem Urteil vom 16. 4. 1997 war der BGH dann von seinem Ansatz, das Kindergeld sei Einkommen, nach genauerer Prüfung abgerückt, weil die damit verknüpfte Be-

---

[63] BGH, FamRZ 2006, 683 = R 649 b
[64] BGH, FamRZ 1992, 539, 541

darfserhöhung mit der Zweckbestimmung des Kindergelds nicht vereinbar sei und weil damit auch gegen den gesetzlichen Aufteilungsmaßstab des § 1606 III BGB verstoßen werde.[65]

Erst bei der abschließenden Angemessenheitsprüfung in der 4. Stufe der Mangelfallrechnung sei die Frage des Kindergeldausgleichs zu erörtern. Wenn der betreuende Elternteil mit den Kindern in beengten wirtschaftlichen Verhältnissen lebe, in denen auch der angemessene Unterhalt der Kinder nicht gedeckt sei, könne es ihm nicht zugemutet werden, die eigentlich dem Pflichtigen zustehende Kindergeldhälfte an diesen abzuführen.[66]

Das KindUG hat in § 1612b V BGB eine Regelung für die Anrechnung des Kindergelds **60** im Mangelfall getroffen, welche von **1. 7. 1998 bis 30. 6. 2007 für die Unterhaltsberechnung maßgebend** war. Hiernach unterblieb im Mangelfall die Kindergeldanrechnung insoweit, als der Regelbetrag unterschritten wurde. Dieser Grenzwert wurde mit Wirkung zum 1. 1. 2001 auf 135% des Regelbetrags – entsprechend der Gruppe 6 der Düsseldorfer Tabelle – erhöht (im Einzelnen vgl. Rn. 2/509).

Ab 1. 1. 08 ist die Abrechnung vereinfacht. Die Zuordnung der Kindergelds zum **61** Kind ist noch enger geworden, weil § 1612b I BGB nun die Verwendung für des Kindergelds für den Barbedarf des Kindes und die Anrechnung auf denselben anordnet. Auf den Barbedarf eines **minderjährigen** Kindes ist nach Nr. 1 das Kindergeld **zur Hälfte** anzurechnen, auf den Barbedarf eines **volljährigen** Kindes nach Nr. 2 in **voller Höhe**.

Beispiel: **62**
Einkommen des Pflichtigen (ohne Kindergeld) 1250 €, 2 Kinder im Alter von 7 und 5 Jahren. Die nicht leistungsfähige wiederverheiratete Mutter bezieht das Kindergeld von 154 + 154 = 308 €.
Unterhaltsberechnung:

aus Einkommen des Pflichtigen	1250 €
Kindesunterhalt nach Mindestunterhalt gem. § 1612a I BGB, Art. 35 Nr. 4 EGZPO	
1. Kind 322 – 77	245 €
2. Kind 279 – 77	202 €
Insgesamt	447 €
Bleibt	803 €
Der Selbstbehalt von 900 € gegenüber minderjährigen Kindern ist nicht gewahrt.	
Verteilungsmasse 1250 – 900 =	350 €
gleichrangiger Unterhaltsbedarf:	447 €
Kürzung des Unterhalts auf:	
350: 447 =	78,30%
1. Kind gekürzt: 245 * 78,30% =	192 €
2. Kind gekürzt: 202 * 78,30% =	158 €
Bleibt	900 €

Einkommen des Empfängers ist jedoch der **Zählkindvorteil**, also der Kindergeld- **63** anteil, welcher nach § 1612b II BGB nicht anrechnungspflichtig ist, in dem seltenen Fall, dass dem Zählkind kein Unterhalt geleistet wird.[67] Diese Rechtsprechung muss auch nach Inkrafttreten des KindUG am 1. 7. 1998 noch gelten, denn wer keinen Unterhalt leistet, braucht nicht steuerlich entlastet zu werden. Deshalb lässt sich daraus auch der weitere Satz ableiten, dass **Kindergeldzahlungen** an einen Elternteil, welcher **keinen Unterhalt leistet,** als sein **Einkommen** zu berücksichtigen sind.[68] Da weder für diesen Zählkindvorteil noch für die Kindergeldhälfte des betreuenden Elternteils der Gesetzgeber die Verwendung für das Kind angeordnet hat, können dieser Beträge im **Mangelfall nach § 1581 BGB** nach Billigkeit dem Empfänger als **Einkommen zugerechnet** werden, was den Fehlbetrag vermindert.

---

[65] BGH, FamRZ 1997, 806
[66] BGH, FamRZ 1997, 806
[67] BGH, FamRZ 1997, 806; BT-Drucksache 16/1830 S. 30
[68] Falls das Einkommen aber trotz Zurechnung dieses Kindergelds für Unterhaltszahlungen nicht ausreicht, entfällt ein Unterhaltsanspruch. Die Auskehrung des Kindergelds kann nicht verlangt werden

3. Zurechnung fiktiver Einkünfte wegen gesteigerter Erwerbsobliegenheit und erhöhte Zurechnung von Einkünften aus unzumutbarer Erwerbstätigkeit

64   Hat der Verpflichtete nach § 1581 BGB nur nach Billigkeitsgrundsätzen Unterhalt zu leisten, kann dies zu einer **Verschärfung der Anforderungen** führen, die an die **Erwerbsobliegenheit** des Berechtigten im Rahmen der § 1361 II, 1570 und 1574 II BGB zu stellen sind.[69] Diese verschärften Anforderungen sind umso größer, je größer der leistungsmäßige Fehlbedarf ist.

Bei Überschuldung des Verpflichteten muss sich der Berechtigte fehlende Mittel unter äußerster Anspannung seiner Kräfte durch einen über das allgemein Gebotene hinausgehenden Einsatz selbst verschaffen.[70] Allerdings hat die neu eingeführte Möglichkeit des Insolvenzverfahrens mit Restschuldbefreiung zu veränderten Rahmenbedingungen geführt (vgl. Rn. 92).[71]

65   Diese verschärften Anforderungen an die **Erwerbsobliegenheit** des Berechtigten gelten in **gleicher Weise** auch **für** den **Verpflichteten,** weil auch dieser gleichwertige Opfer erbringen muss. Deshalb kann bei sehr beschränkter Leistungsfähigkeit von beiden Ehegatten auch die Aufnahme oder Ausweitung einer Erwerbstätigkeit verlangt werden, die bei bestehender Leistungsfähigkeit im Hinblick auf Ausbildung, Gesundheitszustand, Alter und ähnliche Kriterien als unzumutbare Erwerbstätigkeit beurteilt werden könnte. Aus dem gleichen Grund sind auch verstärkte Bemühungen um eine entsprechende Erwerbstätigkeit zuzumuten. Ähnliche Grundsätze gelten für die Zumutung von **Nebentätigkeiten** zur Erhöhung des Einkommens.

66   Kommt einer der Ehegatten solchen verschärften Anforderungen nicht oder nicht ausreichend nach, können ihm Einkünfte, die er in zumutbarer Weise erzielen könnte, **fiktiv zugerechnet** werden (Rn. 37, Rn. 1/487 ff.).[72] Werden einem Ehegatten im Rahmen der Bedarfsbemessung oder der Bedürftigkeit bereits fiktive Einkünfte zugerechnet, kann bei beschränkter Leistungsfähigkeit auf der Leistungsstufe auch eine erhöhte Zurechnung erfolgen. Fiktiv können auch erhöhte Zinsen zugerechnet werden, wenn eine rentablere Kapitalanlage zugemutet werden kann. Beim Verpflichteten erhöht eine fiktive Zurechnung die Deckungsmasse, beim Berechtigten mindert sie dessen Bedarf.

67   **Unzumutbare Erwerbseinkünfte des Berechtigten,** die diesem bisher nach § 1577 II 2 BGB nur teilweise oder nicht angerechnet worden sind, können, je nach Ausmaß der beschränkten Leistungsfähigkeit, in erhöhtem bis vollem Umfang angerechnet werden. Jedenfalls ist nach der Rechtsprechung des BGH in die nach § 1581 BGB zu treffende Entscheidung auch die Frage einzubeziehen, ob es die Billigkeit erfordert, die Einkünfte aus unzumutbarer Erwerbstätigkeit über das in § 1577 II 1 BGB vorgesehene Maß hinaus anzurechnen.[73] Bei erhöhter Anrechnung mindert sich der Bedarf des Berechtigten.

68   Die gleichen Grundsätze (Rn. 67) gelten auch bei dem **Verpflichteten,** wenn dieser Einkünfte aus unzumutbarer Erwerbstätigkeit hat (z. B. überdurchschnittlich hohe, nicht berufstypische Überstunden), die nach § 242 BGB nicht oder nur teilweise angerechnet werden. Eine solche erhöhte Anrechnung erhöht die Deckungsmasse.

69   **Rechenbeispiel** zur fiktiven Zurechnung erzielbarer Einkünfte und zur Anrechnung unzumutbarer Erwerbseinkünfte.

Fall:
Nettoeinkommen des M 1400 (1100 + 300 aus Überstunden)
Überstunden von 600 wurden nach § 242 BGB als überdurchschnittlich und berufsuntypisch zur Hälfte (300) angerechnet. Unterhalt für Kinder im Alter von 7 (1. Grundschulklasse) und 10 Jahren, M erhält das Kindergeld von 154 + 154 = 308.

---

[69] BGH, FamRZ 1987, 46; FamRZ 1983, 569
[70] BGH, FamRZ 1984, 657
[71] Vgl. Melchers/Hauß, Unterhalt und Verbraucherinsolvenz, Köln 2003 und Melchers FuR 2003, 145 m. w. N, BGH, FamRZ 2005, 608, 609 = R 627, FamRZ 2008, 137 = R 684, FamRZ 2008, 497 = R 687
[72] BGH, FamRZ 1988, 604, 607
[73] BGH, FamRZ 1983, 146, 148

Die teilerwerbstätige F verdient 400 €. Sie könnte die Teilzeitbeschäftigung ausweiten dabei 600 € verdienen. Der Erwerbsbonus betrage $^1/_{10}$.
– Bedarfsfeststellung
Kinder Mindestunterhalt nach §§ 1612 a I, 1612 b I 1 BGB: je 322 – 77 = 245
F: 1400 – 245 – 245 = 910 €, also weniger als der billige Selbstbehalt gegenüber dem Ehegatten von 1000 €, sodass ein Gattenunterhalt (gegenüber den Kindern nachrangig) entfiele.
Korrektur im Rahmen der Billigkeit.
Bei M ist es im Mangelfall zumutbar, die Überstunden voll anzurechnen (+ 300).
Neue Deckungsmasse = 1400 + 300 = 1700.
Der F ist im absoluten Mangelfall zumutbar, die Teilerwerbstätigkeit auszuweiten. Die erzielbaren Einkünfte von 600 € können ihr in Höhe von 90% = 540 € zugerechnet werden.
– Neue Rechnung im Rahmen der Billigkeitskorrektur
Die einheitliche Billigkeitsabwägung nach § 1577 II 2, § 1581 BGB liefert dann:
M = 1700 – 245 – 245 = 1210 ⋆ 90% = 1089
F = 1089 + 540 = 1629/2 = 815 – 540 = 275 €.
M bleibt 1700 – 245 – 245 – 275 = 935
Dieser Betrag ist allerdings immer noch geringer als der Selbstbehalt von 1000 € gegenüber dem Ehegatten, so dass eine weitere Kürzung erfolgen muss um 1000 – 935 = 65 €.
Es ist ein Gattenunterhalt von 275 – 65 = 210 € geschuldet.
Der Ehegattenunterhalt von 210 € beinhaltet jedoch einen Billigkeitsunterhalt, was Bedeutung gewinnen kann, wenn sich die wirtschaftliche Lage von F oder M bessert.

4. Zurechnung unentgeltlicher freiwilliger Zuwendungen Dritter

Freiwillige unentgeltliche Zuwendungen Dritter dürfen im Rahmen der Bedarfsbemes- **70** sung und bei Leistungsfähigkeit des Verpflichteten **grundsätzlich bei keinem Ehegatten** als Einkommen zugerechnet werden, solange der Verpflichtete leistungsfähig ist, weil nach der Lebenserfahrung der Dritte damit den Berechtigten zusätzlich unterstützen will und nicht den Verpflichteten entlasten will (vgl. Rn. 1/368 ff.).[74]

Gleiches gilt für freiwillige Zuwendungen eines Dritten an den Verpflichteten, weil nach der Lebenserfahrung die Zuwendung nicht dazu bestimmt ist, dass sich durch diese der Unterhaltsanspruch des Berechtigten erhöhen soll.

Anders ist es in einem **Mangelfall.** Je nach Ausmaß der beschränkten Leistungsfähigkeit **71** können freiwillige unentgeltliche Zuwendungen eines Dritten unter Billigkeitsgesichtspunkten dem, der die Zuwendung erhält, ganz oder teilweise als Einkommen zugerechnet werden.[75] Das gilt aber nur für eine **Billigkeitsabwägung auf der Leistungsstufe.** An dem auf der Bedarfsstufe bemessenen Bedarf ändert sich dadurch nichts.

Rechenbeispiel zur Berücksichtigung freiwilliger Zuwendungen im Rahmen der Leis- **72** tungsfähigkeit.

Fall:
Nettoeinkommen des M = 1500
2 Kinder im Alter von drei und vier Jahren, die bei der erwerbslosen F leben.
F wohnt ohne Gegenleistung unentgeltlich bei ihren Eltern; Wohnwert 250.
M wohnt ohne Gegenleistung unentgeltlich bei seiner Freundin; Wohnwert auch 250.
Der Erwerbsbonus betrage 10%.
– Bedarfsfeststellung
Kinder nach DT 1/1 (bis 1500) = je 279 – 77 = 202
F = 1500 – 202 – 202 = 1069 ⋆ 90% = 962/2 = 481
M bleibt 1500 – 202 – 202 – 481 = 615. Damit ist der billige Selbstbehalt von 1000 unterschritten.
Der nach § 169 Nr. 1, 2 BGB nachrangige Unterhalt vom F beträgt daher
F: 1500 – 202 – 202 – 1000 = 96 €.
– Änderungen im Rahmen der Leistungsfähigkeit
Wegen des verschärften Mangelfalls werden die unentgeltlichen Zuwendungen Dritter bei beiden Ehegatten als bedarfsdeckendes Einkommen zugerechnet. Möglich wäre auch eine Teilanrechnung.

---

[74] BGH, FamRZ 2000, 153 = R 534 c; FamRZ 1995, 537, 539 = R 493 b; FamRZ 1985, 584; FamRZ 1980, 40, 42
[75] RG, JW 1917, 288

Rechnerisch bietet es sich an, den Selbstbehalt vom M um 250 € auf 1000 −250 = 750 herab-zusetzen. Der Wohnwert bei F kann hier mit einem Drittel des − sehr geringen − rechnerischen Bedarfs, also 48¹/₃ = 160 € angesetzt werden. Es bleibt der Bedarf von 481 − 160 = 321 €.
− Neue Rechnung im Rahmen der Leistungsfähigkeit
Den Unterhalt von 321 kann M ohne Beeinträchtigung seines billigen Selbstbehalts von 750 € bezahlen, denn: 1500 − 202 − 202 − 321 = 775 und damit mehr als 750.
Der Ehegattenunterhalt von 321 € ist ein Billigkeitsunterhalt.

5. Verschärfte Anforderungen an Abzugsposten vom Bruttoeinkommen bei Berechnung des Nettoeinkommens

73 Das unterhaltsrechtlich relevante Nettoeinkommen wird berechnet durch Abzug von berufsbedingten Aufwendungen, Betriebsausgaben und sonstigen Werbungskosten sowie von Vorsorgeaufwendungen und Steuern vom Bruttoeinkommen.
Bei beschränkter Leistungsfähigkeit bestehen auch bezüglich dieser Abzugsposten **verschärfte Anforderungen an die Notwendigkeit** solcher Abzüge. Deshalb können auch diese als unterhaltsrechtlich maßgebliche Umstände unter Billigkeitsgesichtspunkten wertend auf ihre Angemessenheit neu unter Anlegung verschärfter Anforderungen und Maßstäbe überprüft werden.

74 Nachfolgend werden einige solcher typischen Abzugsposten beispielhaft angesprochen. Darüber hinaus können in jedem konkreten Einzelfall auch alle sonstigen konkreten Abzugsposten in entsprechender Weise überprüft und wertend abgeändert werden.
Bei **abhängiger Arbeit** bestehen erhöhte Anforderungen an die Notwendigkeit **berufsbedingter Aufwendungen.** Wenn es zweifelhaft ist, ob konkret überhaupt solche Aufwendungen bestehen, entfällt der Abzug einer **5%-Pauschale.** Nach BraL 10.2.1 3, DrL 10.2.1 2 und NaL 10.2.1 2 kann im Mangelfall eine Pauschale nicht angesetzt werden, ähnlich SüdL 10.2.1, KG 10.2.1. Tatsächliche Aufwendungen sind konkret nachzuweisen. Anstelle eines Pkw kann die Benutzung **öffentlicher Verkehrsmittel** zugemutet werden, auch wenn dies umständlich ist. Bei sehr hohen Fahrtkosten kann auch ein **möglicher Umzug** zugemutet werden.[76]

75 Bei **Unternehmern** und **Freiberuflern** bestehen im Mangelfall verschärfte Anforderungen an die Notwendigkeit von **Betriebsausgaben,** betrieblichen Investitionen sowie an die Reaktivierung stiller Reserven. Ähnliches gilt für die Ausgabenposten in Überschussrechnungen und Gewinn- und Verlustrechnungen.
Unternehmer und Freiberufler können durch **private Versicherungsleistungen** in angemessenem Umfang **Vorsorge für ihr Alter** treffen. Wenn in einem Mangelfall der Berechtigte wegen des Nachrangs des Vorsorgeunterhalts keinen Vorsorgeunterhalt zugesprochen erhält (siehe Rn. 4/478), dann kann auch dem Freiberufler oder Unternehmer zum Ausgleich für diesen Verzicht eine **Reduzierung seiner Vorsorgeaufwendungen** (vgl. Rn. 1/598) zugemutet werden. Entsprechendes gilt für die zusätzlichen Vorsorgeaufwendungen eines abhängig Berufstätigen (vgl. Rn. 1/597 b).

76 **Steuern** werden in jeweiliger Höhe vom Einkommen abgezogen. Im Mangelfall kann dem Verpflichteten verschärft zugemutet werden, seine laufende Steuerlast durch die **Eintragung von Freibeträgen auf der Lohnsteuerkarte** zu mindern. Unterlässt er dies, kann sein Einkommen um eine fiktive Steuerersparnis erhöht werden (siehe auch Rn. 1/593 f.).

77 Kommt es auf Grund einer wertenden Überprüfung zu solchen veränderten Abzügen, dann wird dadurch die **Deckungsmasse** entsprechend **erhöht.**
Beispiel für einen veränderten Abzug bei berufsbedingten Aufwendungen.

Fall:
Nettoeinkommen des M 1500 € nach Abzug von 300 € berufsbedingten Aufwendungen für Pkw-Fahrten zur Arbeitsstätte.
Die Arbeitsstätte ist mit öffentlichen Verkehrsmitteln nur bei einer zeitlichen Mehrbelastung von 2 Stunden erreichbar. Kosten für öffentliche Verkehrsmittel 100 €.
Unterhalt nur gegenüber erwerbsloser F, Erwerbsbonus 10%.

---

[76] OLG Brandenburg, FamRZ 1999, 1010

– Bedarfsfeststellung
Unterhalt von F = 1500 × 45% = 675.
M bleibt 1500 – 675 = 825, also weniger als der Selbstbehalt von 1000 €.
– Änderungen im Rahmen der Leistungsfähigkeit
Bei verschärftem Mangelfall ist trotz der zeitlichen Mehrbelastung von 2 Stunden die Benutzung öffentlicher Verkehrsmittel zumutbar.
– Neue Rechnung im Rahmen der Leistungsfähigkeit
M = 1500 + 300 (Pkw-Fahrtkosten) – 100 (Kosten der öffentlichen Verkehrsmittel) = 1700.
M kann den Unterhalt von 675 ungekürzt zahlen, denn ihm bleibt: 1700 – 675 = 1025 €.

6. Erhöhung der Deckungsmasse durch eine zumutbare Vermögensverwertung

Nach § 1581 S. 2 BGB muss der Verpflichtete bei beschränkter Leistungsfähigkeit den **78** Vermögensstamm verwerten, soweit die Verwertung nicht unwirtschaftlich oder unter Berücksichtigung der beiderseitigen wirtschaftlichen Verhältnisse nicht unbillig ist. Grundsätzlich besteht daher für den Verpflichteten im Mangelfall eine Verwertungsobliegenheit wie für den Berechtigten nach § 1577 III BGB (siehe dazu Rn. 4/557 f.). Diese in den §§ 1581 S. 2, 1577 II BGB festgelegten **Maßstäbe der Unbilligkeit und Unwirtschaftlichkeit** setzen äußerste Grenzen, bis zu denen eine Vermögensverwertung im Mangelfall verlangt werden kann.[77] Zur Unwirtschaftlichkeit und Unbilligkeit siehe die Ausführungen Rn. 1/410 ff. und 4/557 f.

Beim **Trennungsunterhalt** fehlt eine den §§ 1581 S. 2, 1577 III BGB entsprechende **79** Bestimmung. Der BGH stützt eine Verwertungspflicht auf § 1361 BGB, wobei die Grundsätze zu den §§ 1581 S. 2, 1577 III BGB ergänzend heranzuziehen sind mit der Maßgabe, dass während der Trennungszeit nach Möglichkeit die wirtschaftlichen Grundlagen der ehelichen Gemeinschaft nicht beeinträchtigt werden sollen und offen gehalten werden soll, dass die Ehegatten zur ehelichen Gemeinschaft wieder zurückfinden. Je länger eine Trennung dauert, desto eher kann auch beim Trennungsunterhalt eine Vermögensverwertungspflicht bejaht werden (Näheres Rn. 1/410 ff.).[78]

Zu verwerten ist grundsätzlich Vermögen jeder Art (Rn. 1/423 f.). Eine Verwertung ist **80** in der Regel zumutbar, wenn aus dem Erlös der Unterhaltsbedarf beider Ehegatten neben sonstigen Einkünften **auf Lebenszeit** erfüllt werden kann. Vermögen dient in erster Linie dazu, den Unterhaltsbedarf ergänzend zu sonstigen Einkünften auf Lebenszeit zu sichern. Es ist nicht für Erben zu erhalten (Rn. 1/422, 4/314).[79]

Wer es unterlässt, Vermögen in zumutbarer Ertrag bringender Weise zu verwerten, kann im **Mangelfall fiktiv** so behandelt werden, wie wenn er das Vermögen in zumutbarer Weise verwertet hätte. Voraussetzung ist eine entsprechende Zumutbarkeitsprüfung, bei der die Belange beider Ehegatten unter Berücksichtigung der Umstände des Einzelfalls gegeneinander abgewogen werden müssen (Rn. 1/410 f.).[80]

Beispiel zur Zurechnung des Erlöses aus einer Vermögensverwertung. **81**

Fall:
Der 66-jährige M hat aus einem Renteneinkommen von 2500 € monatlich 1100 € an die gleichaltrige F als eheangemessenen Unterhalt bezahlt unter Berücksichtigung einer prägenden Versorgungsausgleichsrente der F von 300.
Er heiratet erneut und wird unterhaltspflichtig für ein neugeborenes Kind und die Frau F2, welche mit der geschiedenen Frau gleichrangig ist, weil deren Ehe von langer Dauer war (vgl. Rn. 112 f.).
Diese Belastungen haben auf den Bedarf von F nur dann Einfluss, wenn sich das verfügbare Einkommen dadurch vermindert.
M verlangt aber nach § 323 ZPO Abänderung der Unterhaltszahlungen wegen beschränkter Leistungsfähigkeit. Er hat ertraglose Immobilien (unbebaute Grundstücke) im Veräußerungswert von 400 000 €.

---

[77] BGH, FamRZ 1986, 556, FamRZ 2004, 1184 (zum Aszendentenunterhalt)
[78] BGH, FamRZ 1986, 556; FamRZ 1985, 360
[79] BGH, a. a. O.
[80] BGH, a. a. O.

– Bedarfsfeststellung

Der eheangemessene bisherige Unterhalt von F beträgt 2500 – 300 = 2200 : 2 = 1100 €. Durch die neuen Unterhaltspflichten vermindert sich der Bedarf von F nur dann, wenn ohne eine Verletzung der Erwerbsobliegenheit vom M dadurch sein Einkommen sinkt.

M schuldet zusätzlich Mindestkindesunterhalt von 279 – 77 = 202 €

sowie für F Familienunterhalt. Wenn M keine weiteren Einkommensquellen erschließen muss, würde sich nach Rn. 4/417 der Unterhalt von F wie folgt errechnen:

2500 – 202 + 300 = 2598/3 = 866 + 10% = 953 €.

Anteile von M und F2 je 866 – 5% = 823 €, was zu einem Mangelfall führt, denn der Selbstbehalt von M in Höhe von 1000 – 12,5% = 875 € wäre nicht gewahrt, verfügbar für beide Ehegatten wäre nur 2500 – 202 – 875 = 1423. Der Unterhalt von F müsste weiter auf 953 * 1423/(953 + 823) = 764 € M mit F2 bliebe 2500 – 202 – 764 = 1534.

M kann jedoch das Absinken des gemeinsamen Bedarfs durch Teilverwertung des Grundvermögens vermeiden.

Wenn er dadurch sein Einkommen um 400 € erhöht, braucht der Unterhalt vom F nicht herabgesetzt zu werden, denn dann errechnet sich ihr Unterhalt zu:

2500 – 202 + 300 + 400 = 2998/3 = 999 + 10% = ca. 1100 €.

Auf M entfielen 999 – 5% = 949 € und damit mehr als sein Selbstbehalt von 875 €.

Dieses Zusatzeinkommen ließe sich bereits durch Teilverkauf des Grundvermögens in Höhe von 120 000 € und 4%ige Anlage dieses Betrags erwirtschaften. Wird dieser Betrag mit 3% verrentet ergäbe sich sogar eine Monatsrente von ca. 840 €,[81] und wenn nach den Standardbedingungen der Versicherer im Todesfall der nicht verbrauchte Beitrag zurückgezahlt wird, immerhin ca. 610 €[82] monatlich.

Die Klage nach § 323 ZPO ist abzuweisen, weil M durch eine entsprechende Vermögensverwertung als leistungsfähig zur Fortzahlung des eheangemessenen Unterhalts von 1100 € angesehen werden kann.

7. Berücksichtigung von Verbindlichkeiten des Verpflichteten

82   **a) Prägende und nichtprägende Schulden.** Bei der Bedarfsbemessung werden prägende ehebedingte Verbindlichkeiten durch Vorabzug vom prägenden Einkommen berücksichtigt.

Im Rahmen der Feststellung einer beschränkten Leistungsfähigkeit sind auch alle **sonstigen nichtprägenden regelmäßigen Zahlungsverpflichtungen** zu berücksichtigen, sofern sie berücksichtigungswürdig sind (Rn. 1/614). Der Unterhaltsanspruch des Berechtigten genießt auf der Leistungsstufe keinen Vorrang vor anderen regelmäßigen Verbindlichkeiten des Verpflichteten.[83] Nach neuester Rechtsprechung des BGH[84] führt eine auf derartige Verpflichtungen zurückzuführende Verminderung des Einkommens, soweit sie nicht auf einer Verletzung der Erwerbsobliegenheit beruht, auch zu einer Verminderung des Bedarfs des Ehegatten. Das setzt jedoch voraus, dass die entsprechende Verminderung des Einkommens nicht vermieden werden kann.

83   Wird ein Mangelfall bejaht, sind jedoch alle Verbindlichkeiten daraufhin **wertend zu überprüfen,** ob sie auch unter Berücksichtigung von Billigkeitsgesichtspunkten noch berücksichtigungswürdig sind (siehe Rn. 1/614).

84   **b) Neue Interessenabwägung.** Im Rahmen der Leistungsfähigkeit ist zwischen berücksichtigungswürdigen und anderen Verbindlichkeiten zu differenzieren. Die Frage, ob vom Verpflichteten eingegangene sonstige Verbindlichkeiten auf der Leistungsstufe berücksichtigungswürdig sind, erfordert eine **umfassende Interessenabwägung.**[85] Da jede Rechtsposition unter dem Vorbehalt von Treu und Glauben steht, darf sich der Verpflichtete nicht auf Verbindlichkeiten berufen, die er leichtfertig für luxuriöse Zwecke oder ohne verständi-

---

[81] Versicherungsmathematischer Barwert, berechnet mit dem Gutdeutsch-Programm (Familienrechtliche Berechnungen, Verlag C. H. Beck): Bei einem versicherungsmathematischen Alter des Mannes von 66 Jahren ergibt sich z. B. nach der abgekürzten Sterbetafel 1997/99 bei einem Rechnungszins von 3% und einer Monatsrente von 840 € ein Barwert von 120 022 €.

[82] Zu errechnen mit den im Internet verfügbaren Rechenprogrammen (z. B. über www.Allianz.de).

[83] BGH, FamRZ 1984, 657 = R 216

[84] BGH, FamRZ 2006, 683 = R 649 e

[85] BGH, FamRZ 1992, 1045 = R 448 c; FamRZ 1990, 283, 287

gen Grund eingegangen ist.[86] Der Verpflichtete darf sich nicht durch ein unverantwortliches oder eigensüchtiges Schuldenmachen seiner Unterhaltsverpflichtung entziehen.[87] Auch die Kenntnis von einer Unterhaltsverpflichtung verwehrt es dem Pflichtigen in der Regel, sich auf eine infolge von Schulden eingetretene Verminderung der Leistungsfähigkeit zu berufen, es sei denn, deren Eingehung ist notwendig und unausweichlich gewesen.[88]

Andererseits ist nach der Rechtsprechung des BGH eine tatsächlich bestehende Leistungsunfähigkeit grundsätzlich auch dann zu beachten, wenn der Verpflichtete sie selbst – sogar schuldhaft – herbeigeführt hat. Die Berufung auf seine Leistungsunfähigkeit ist ihm nur dann verwehrt, wenn er diese durch ein verantwortungsloses, zumindest **leichtfertiges Verhalten von erheblichem Gewicht** herbeigeführt hat (siehe auch Rn. 39).[89] Bei Verbindlichkeiten spielt diese Rechtsprechung eine Rolle, wenn die Begründung der Verbindlichkeiten auf einem verantwortungslosen, zumindest leichtfertigen Verhalten des Verpflichteten beruht.

Ob nach diesen Grundsätzen im Einzelfall eine **Verbindlichkeit ganz oder teilweise 85 zu berücksichtigen** ist, kann nur im Rahmen einer tatrichterlichen Interessenabwägung aller konkreten Umstände nach billigem Ermessen beurteilt werden[90]

Nach dieser Rechtsprechung sind vor allem **folgende Umstände** in diese Abwägung einzubeziehen:
– Zweck der Verbindlichkeiten.
– Zeitpunkt und Art ihrer Begründung.
– Dringlichkeit der Bedürfnisse beider Ehegatten.
– Kenntnis des Verpflichteten von Grund und Höhe des Unterhaltsanspruchs bei Begründung der Verbindlichkeiten.
– Begründung der Verbindlichkeiten mit (oder ohne) Einvernehmen des Berechtigten.
– Interesse des Verpflichteten an der Tilgung der Verbindlichkeiten, deren weiteres Anwachsen diesem nicht zugemutet werden kann.
– Möglichkeiten des Verpflichteten, die Verbindlichkeiten zeitlich zu strecken und im Rahmen eines vernünftigen Tilgungsplanes abzutragen.
– Möglichkeiten des Verpflichteten, seine Leistungsfähigkeit in zumutbarer Weise teilweise oder ganz wiederherzustellen.
– Möglichkeiten des Berechtigten, sich fehlende Mittel durch eigenen Einsatz selbst zu verschaffen.
– Schutzwürdige Belange von Drittgläubigern.

Diese Grundsätze gelten auch beim **Trennungsunterhalt** (§ 1361 BGB), d. h., auch bei 86 diesem sind im Rahmen der Leistungsfähigkeit grundsätzlich auch sonstige berücksichtigungswürdige Schulden zu berücksichtigen, weil den Unterhaltsansprüchen kein Vorrang vor anderen Verbindlichkeiten des Verpflichteten zukommt.

Ob und in welchem Umfang solche Verbindlichkeiten auch bei einer beschränkten Leistungsfähigkeit zu berücksichtigen sind, ist ebenfalls nur auf Grund einer umfassenden Interessenabwägung (wie Rn. 85) nach billigem Ermessen zu beurteilen.[91]

Nach diesen Entscheidungen bedarf es im Mangelfall eines **Ausgleichs der Belange des Unterhaltsgläubigers, Unterhaltsschuldners und Drittgläubigers,** der nur auf Grund einer Interessenabwägung gefunden werden kann, weil die vollstreckungsrechtlichen Regeln keine Gewähr für einen sachgerechten Ausgleich bieten.

Diese nach Billigkeitsgrundsätzen vorzunehmende Interessenabwägung kann bei Überschuldung des Verpflichteten ergeben, dass der Berechtigte als Unterhalt nicht die zur Deckung seines Mindestbedarfs erforderlichen Mittel erhält, vor allem dann, wenn die Verschuldung so groß ist, dass der Verpflichtete zur Begleichung der laufenden Zinsen nicht mehr in der Lage ist und Unterhaltsleistungen daher nur auf Kosten einer entsprechenden

---

[86] BGH, FamRZ 1984, 358; FamRZ 1982, 898
[87] BGH, FamRZ 1982, 157
[88] BGH, FamRZ 1990, 283, 287
[89] BGH, FamRZ 1988, 597, 599; FamRZ 1987, 930, 932 = R 328 b; FamRZ 1987, 372, 374; FamRZ 1985, 158
[90] BGH, FamRZ 2003, 813 = R 573; FamRZ 1984, 657; FamRZ 1984, 358
[91] BGH, FamRZ 1984, 657; FamRZ 1982, 678

Erhöhung des Schuldenstandes möglich sind, dessen Amortisation den Verpflichteten ohnehin auf Jahrzehnte im vollstreckungsrechtlich höchstzulässigen Maß belasten wird.[92]

Diese Ausführungen des BGH betrafen einvernehmlich begründete prägende ehebedingte Verbindlichkeiten aus einer bereits bei Trennung bestehenden Überschuldung. Beruht die Überschuldung auf einseitig begründeten nichtprägenden Verbindlichkeiten des Verpflichteten, ist es diesem bei der Abwägung eher zuzumuten, die Hauptlast solcher Verbindlichkeiten selbst zu tragen, d. h., solche Verpflichtungen sind nur in eingeschränktem Maß als berücksichtigungswürdig zu beurteilen. Außerdem ist seit Inkrafttreten der **Insolvenzordnung** zu bedenken, ob es dem Pflichtigen zuzumuten ist, sich auf Pfändungsfreigrenzen zu berufen oder Insolvenzantrag zu stellen (Rn. 92). Die damit zusammenhängenden Einschränkungen der allgemeinen Handlungsfreiheit lassen sich jedoch mit der dem Ehegattenunterhalt zugrunde liegenden ehelichen oder nachehelichen Solidarität nicht rechtfertigen.[93] Sie kommt nur zur Sicherung des Unterhalts minderjähriger oder ihnen gleichgestellter volljähriger Kinder in Betracht.

87   Der Verpflichtete hat die **Darlegungs- und Beweislast** für Umstände, mit denen er die Berücksichtigungswürdigkeit und unterhaltsrechtliche Erheblichkeit von ihm eingegangener Verbindlichkeiten begründet (vgl. auch Rn. 6/712).[94]

88   c) **Tilgungsplan.** Bei einer Überschuldung hat eine Tilgung der berücksichtigungswürdigen Schulden im Rahmen eines vernünftigen Tilgungsplanes zu erfolgen.[95]

Der Verpflichtete muss sich bei seinen Gläubigern um günstigere Zahlungsbedingungen bemühen. Er muss dazu im Einzelnen darlegen und beweisen, was er in dieser Hinsicht unternommen hat. Unterlässt er zumutbare Bemühungen, kann tatrichterlich fiktiv eine zumutbare Anpassung der Zins- und Tilgungsleistungen vorgenommen werden.

In der Praxis wird eine Umschuldung oder ein Zahlungsaufschub angesichts der bedrängten wirtschaftlichen Lage oft schwer zu realisieren sein. Im Einzelfall kann es bei erfolglosen Bemühungen zumutbar sein, es auf eine Vollstreckung durch die Gläubiger ankommen zu lassen.

Stammen die Schulden aus der Zeit vor der Trennung, sollte gefragt werden, wie sich der Verpflichtete ohne die Trennung vernünftigerweise verhalten hätte. Er kann sich auf seine Schulden nur im Rahmen eines vernünftigen Tilgungsplanes berufen. Dementsprechend sind nur Beträge zu berücksichtigen, wie sie im Fall der Fortdauer der ehelichen Lebensgemeinschaft bei verantwortlicher Abwägung der Unterhaltsbelange und der Fremdgläubigerinteressen für die Schuldentilgung verwendet worden wären. Ihre Höhe ist anhand des verfügbaren oder erzielbaren Einkommens zu schätzen.[96]

In der Regel sind dabei dem Verpflichteten wenigstens so viele Mittel zu belassen, dass er zumindest die Zinsen zahlen und ein weiteres Anwachsen der Schulden verhindern kann.[97]

89   d) **Schuldenmachen.** In der Regel sind Verbindlichkeiten nicht oder nur eingeschränkt zu berücksichtigen, die der Verpflichtete **in Kenntnis der Unterhaltslast** einseitig leichtfertig eingegangen ist oder die er leichtfertig für luxuriöse Zwecke oder ohne verständigen Grund eingegangen ist,[98] weil er sich durch ein unverantwortliches, zumindest **leichtfertiges** oder eigensüchtiges Schuldenmachen seiner Unterhaltspflicht nicht entziehen darf.[99] Danach können Verbindlichkeiten unberücksichtigt bleiben, die der Verpflichtete im Zusammenhang mit dem Erwerb einer Eigentumswohnung durch seine neue Partnerin übernommen hat.[100]

In der Regel sind auch solche Schulden nicht zu berücksichtigen, die der Verpflichtete deshalb macht, weil er mit dem für seinen Lebensbedarf zur Verfügung stehenden Geld nicht

---

[92] BGH, FamRZ 1984, 657; FamRZ 1982, 678
[93] BGH, FamRZ 2008, 497 = R 687
[94] BGH, FamRZ 1990, 283, 287
[95] BGH, FamRZ 1982, 250, 252; FamRZ 1984, 657
[96] BGH, FamRZ 1982, 23
[97] BGH, FamRZ 1982, 678
[98] BGH, FamRZ 1984, 358
[99] BGH, FamRZ 1982, 157
[100] BGH, FamRZ 1982, 898

auskommt und deshalb z. B. **laufend sein Girokonto überzieht.** Tilgungen und neuerliche Überziehungen gleichen sich zudem meist aus. Nur die Zinsen können berücksichtigungsfähig sein.

Auch Aufwendungen für die Vermögensbildung dürfen – auch soweit sie grundsätzlich als zusätzliche Altersvorsorge zulässig wäre (vgl. Rn. 186 ff., Rn. 202) – bei beschränkter Leistungsfähigkeit nicht fortgesetzt werden,[101] zumal der Verpflichtete auf Kosten des Berechtigten keine Vermögensbildung betreiben darf.[102] So darf z. B. auch eine Lebensversicherung im Mangelfall nicht fortgesetzt werden mit der Folge, dass die **Versicherungsprämien** im Rahmen der Leistungsfähigkeit nicht zu berücksichtigen sind.[103] Dem Verpflichteten ist es zuzumuten, solche Verbindlichkeiten rückgängig zu machen.

Verbindlichkeiten für ein **Haus** können nicht berücksichtigt werden, soweit sie **mit** **90** **einem Wohnwert verrechnet** werden. Nur ein den Wohnwert übersteigender Betrag ist berücksichtigungswürdig (Näheres Rn. 1/354 f.).[104]

Wenn gemeinsam eingegangene Verbindlichkeiten nach der Trennung im Verhältnis **91** zwischen den Eheleuten vom Verpflichteten **gegen den Willen des Berechtigten aufrechterhalten** werden (z. B. Bereitstellungszinsen für einen geplanten Hausbau, der vom anderen Ehegatten nicht mehr gewollt wird), sind diese unterhaltsrechtlich nicht zu berücksichtigen.[105]

Wegen der Berücksichtigung von Verbindlichkeiten siehe auch Rn. 1/614 ff.

8. Obliegenheit, sich auf die Pfändungsfreigrenzen zu berufen und evtl. Insolvenzantrag zu stellen

Dem **in Abhängigkeit Erwerbstätigen** stand schon immer die Möglichkeit zur Seite, **92** sich gegenüber Drittgläubigern auf die **Pfändungsfreibeträge nach § 850 c ZPO** zu berufen. Die Rechtsprechung der Untergerichte hatte auch eine entsprechende Obliegenheit im Interesse der Unterhaltsberechtigten angenommen. Der BGH hatte es indessen als für den Unterhaltsschuldner unzumutbar angesehen, durch die Unterhaltszahlungen immer tiefer in Schulden zu geraten.[106] Damit wurden die Unterhaltsgläubiger auf die Sozialhilfe verwiesen und die Drittgläubiger erlangten die Rückzahlung ihrer Forderungen letztlich zu Lasten der öffentlichen Hand, welche auf diese Weise das Risiko des Kreditgebers verminderte. Durch die Einführung der Verbraucherinsolvenz mit Restschuldbefreiung nach §§ 304 ff. InsO hat der Gesetzgeber die Rahmenbedingungen verändert und der bisherigen Rechtsprechung des BGH ihre Grundlage genommen und ihn zu veranlasst, diese **zu ändern.**[107] Dieses Verfahren kann es dem Unterhaltsschuldner nämlich ermöglichen, **Unterhalt zu leisten** und außerdem nach angemessener Zeit **Befreiung von seinen Schulden** zu erlangen.[108] Die Verbraucherinsolvenz hat nämlich zur Folge, dass dem Schuldner von seinem Einkommen der pfändungsfreie Betrag einschließlich der auf Unterhaltspflichten entfallenden Anteile verbleibt. Aus der generellen Pflicht des Unterhaltsschuldners, seine Leistungsfähigkeit nach Möglichkeit zu verbessern, folgt daher auch seine Obliegenheit, sich anderen Gläubigern gegenüber auf die Pfändungsfreigrenzen zu berufen, wenn er durch einen Antrag auf Eröffnung des Verbraucherinsolvenzverfahrens mit Restschuldbefreiung die Beseitigung seiner Schulden erreichen kann. Andererseits zieht die Verbraucherinsolvenz jedoch eine schwerwiegende Einschränkung der Handlungsfreiheit nach Art, 2 GG des Unterhaltsschuldners mit sich, welche nur mit der verschärften Unterhaltspflicht gegenüber

---

[101] BGH, FamRZ 2003, 741

[102] BGH, FamRZ 2008, 963 = R 692 d

[103] BGH, FamRZ 1984, 149, 151

[104] BGH, FamRZ 1986, 437, 439

[105] BGH, FamRZ 1983, 670, 673

[106] BGH, FamRZ 1984, 477 = R 216

[107] BGH, FamRZ 2005, 608 = NJW 2005, 1279 = R 627 a–e

[108] Ausführlich zu dem Thema: Melchers/Hauß, Unterhalt und Verbraucherinsolvenz, Köln 2003, Melchers FuR 2003, 145; Melchers FamRB 2002, 180; Melchers FamRZ 2001, 1509; kritisch Uhlenbruck FamRZ 1998, 1473

minderjährigen und ihnen gleichgestellten Kindern nach Art. 6 GG zu rechtfertigen ist. Demgegenüber besteht bei anderen Unterhaltsverhältnissen nicht die Obliegenheit, die Verbraucherinsolvenz zu beantragen.[109]

Bei einer Unterhaltspflcht gegenüber Minderjährigen oder gleichgestellten Volljährigen ist auch derjenige, der auf andere Weise durch **persönliche Arbeit seinen Unterhalt verdient,** gehalten, den entsprechenden **Pfändungsschutz gem. § 850 i ZPO** in Anspruch zu nehmen, weil auch er im Prinzip die Möglichkeit hat, das Anwachsen der Schulden durch eine Verbraucherinsolvenz mit Restschuldbefreiung zu vermeiden.

Die Pfändungsfreibeträge nach § 850 c ZPO sind aber nur die **Untergrenze der Pfändungsfreiheit.** Soweit der **Sozialhilfebedarf** darüber liegt, kann der Pfändungsschuldner nach **§ 850 f ZPO** einen darüber liegenden Freibetrag in Anspruch nehmen und hat unterhaltsrechtlich auch die entsprechende Obliegenheit. Im Prinzip darf die Sozialhilfe also nur mehr dann eingreifen, wenn der Unterhaltsschuldner auch bei Absehen von seinen privaten Schulden nicht in der Lage ist, den sozialhilferechtlichen Bedarf für sich und die, für die er unterhaltspflichtig ist, abzudecken.

93   Die **Verbraucherinsolvenz** vollzieht sich in 4 Schritten:
- Im außergerichtlichen Schuldenbereinigungsverfahren muss sich der Schuldner um eine Einigung mit seinen Gläubigern bemühen. Das förmlich belegte Scheitern dieses Versuches ist Voraussetzung für
- den Antrag auf gerichtliche Schuldenbereinigungsplanverfahren, bei welchem der Schuldner das Scheitern es außergerichtlichen Einigungsversuchs belegen und Verzeichnisse der Gläubiger und ihrer Forderungen sowie des Vermögens einschließlich aller Einkünfte vorlegen und die Gründe der Scheiterns der Einigungsbemühungen darlegen muss (§ 305 InsO). Darauf folgt der gerichtliche Versuch, eine einvernehmliche Lösung zu erreichen, bei der die Zustimmung einzelner Gläubiger vom Gericht ersetzt werden kann (§ 309 InsO).
- Im Falle des Scheiterns wird das Insolvenzverfahren eröffnet, dass zur Bestellung eines Insolvenzverwalters und, wenn keine Versagungsgründe entgegenstehen, zur Ankündigung der Restschuldbefreiung im Falle des Wohlverhaltens nach § 291 InsO führt.
- Nach der Wohlverhaltensperiode von regelmäßig sechs Jahren ab Verfahrenseröffnung (Verkürzung auf fünf Jahre ist möglich), in welcher das den pfändbaren Betrag übersteigende Einkommen (soweit vorhanden) an die Gläubiger abgeführt wird, folgt die Restschuldbefreiung nach § 300 InsO, wenn keine Versagungsgründe nach § 290 InsO erfolgreich geltend gemacht worden sind.

94   Voraussetzung für die **Eröffnung des Insolvenzverfahrens** ist nach § 17 InsO allerdings die **Zahlungsunfähigkeit,** also die Unfähigkeit, den fälligen Zahlungspflichten zu erfüllen. Aus der bisherigen Rechtsprechung, wonach dem Schuldner nicht zuzumuten war, dass Anwachsen seiner Schulden hinzunehmen und ihm dadurch gestattet wurde, zu Lasten seiner Unterhaltsgläubiger seine anderen Gläubiger zu befriedigen, wird teilweise gefolgert, Zahlungsunfähigkeit liege nur vor, wenn ohne jede Unterhaltszahlung die Erfüllung der Verbindlichkeiten nicht möglich sei. Solange noch Unterhalt geleistet werde, liege keine Insolvenz vor, weil mangels Leistungsfähigkeit zuerst die Unterhaltspflichten entfallen müssten.[110] Das dürfte aber dem Zweck des Verbraucherinsolvenzverfahrens widersprechen, welches ersichtlich darauf angelegt ist, die Unterhaltsgläubiger anderen Gläubigern gegenüber zu bevorzugen und dadurch die Sozialkassen zu entlasten. Vielmehr wird die Leistungsfähigkeit des Unterhaltsschuldners gerade durch die Möglichkeit eines Antrags auf Eröffnung des Verbraucherinsolvenzverfahrens erhöht. Zum selben Ergebnis kommt man letztlich bei der Frage, inwieweit die Obliegenheit, einen Insolvenzantrag zu stellen, Einfluss auf die einkommensabhängige Bedarfsbemessung haben kann. Hier muss man darauf abstellen, wie sich der Unterhaltsschuldner ohne die Trennung verhalten hätte. In der Regel wird man davon ausgehen können, dass er sich zum Schutz des Familienunterhalts auf die Pfändungsfreigrenzen berufen und Insolvenzantrag gestellt hätte. Demnach durfte sich auch

---

[109] BGH, FamRZ 2008, 497 = R 687
[110] Dieser Argumentation liegt letztlich der Beschluss des OLG Stuttgart vom 17. 9. 2001, FamRZ 2002, 982 zu Grunde

das prägende Einkommen durch die Obliegenheit, einen Insolvenzantrag zu stellen, erhöhen.

Der Insolvenzantrag könnte **unzumutbar** sein, wenn er nicht zur Restschuldbefreiung **95** führen kann, wenn also Versagungsgründe gem. § 290 InsO vorliegen. Das wäre z. B. dann der Fall, soweit die Forderungen aus einer vorsätzlichen unerlaubten Handlung resultieren, der Schuldner sich im letzten Jahr vor dem Antrag vorsätzlich oder grob fahrlässig leistungsunfähig gemacht hat oder innerhalb der Letzten 10 Jahre eine Restschuldbefreiung gewährt oder versagt wurde. Hier sind die Interessen von Unterhaltsschuldner und -gläubiger unter Berücksichtigung von Billigkeitsgründen gegeneinander abzuwägen, was durchaus dazu führen kann, dass sich der Unterhaltsschuldner auch dann auf die Pfändungsfreigrenzen berufen muss, wenn eine Restschuldbefreiung nicht möglich ist. Dies muss umso mehr gelten, als im Interesse der öffentlichen Kassen der Gesetzgeber den **Unterhaltsansprüchen einen Vorrang gegenüber anderen Ansprüchen** eingeräumt hat. Dieser muss sich auch dann durchsetzen, wenn aus Gründen, die in der Person des Unterhaltsschuldners liegen, eine Restschuldbefreiung ausscheidet. Schließlich betrifft aber die unterhaltsrechtliche Zumutbarkeitsprüfung meist nicht den Antrag auf Verbraucherinsolvenz, die **Berufung auf die Pfändungsfreigrenzen nach §§ 850 c, 850 f und 850 i ZPO.**

Die Verbraucherinsolvenz führt im Falle der Restschuldbefreiung auch zum **Erlöschen 96** der bis dahin nicht erfüllten **Unterhaltsrückstände** aus der Zeit vor der Verfahrenseröffnung (vgl. Rn. 4/61 a). Wenn die Nachteile auch des Unterhaltsgläubigers überwiegen, weil er ohne die Restschuldbefreiung Hoffnung hätte, auf Grund einer dem Unterhaltsschuldner zufallenden Erbschaft zur Erfüllung seiner Unterhaltsansprüche zu kommen, so können im Einzelfall die Gründe, die gegen eine Berufung auf die Pfändungsfreibeträge und einen Antrag auf Eröffnung des Verbraucherinsolvenzverfahrens sprechen, überwiegen.

Beispiel für Berufung auf die Pfändungsfreibeträge: **97**
Einkommen von M (ohne Kindergeld) 2900,00 €, Schulden monatlich 1500,00 €
verbleibendes Einkommen 1400,00 €
Kind A Alter 14 Jahre, Kind B Alter 7 Jahre, Gatte F ohne Einkommen
Erwerbsbonus 10%
Unterhaltsberechnung:
aus Einkommen des Pflichtigen 1400,00 €
Kindesunterhalt nach DT 1/1 und DT 1/2, zugleich Mindestbedarf gem. § 1612 a I, § 1612 b I BGB:
Kind A 365 – 77 = 288,00 €, Kind B 322 – 77 = 245,00 €, insgesamt 533,00 €
F erhält: (1400 – 533) × 90%/2 = 390,00 €,
M behält nur 1500 – 533 – 390 = 477,00 €, daher **Mangelfall.** Selbst nach Wegfall des gegenüber dem Kindesunterhalt nachrangigen Gattenunterhalts bleibt nur 477 + 390 = 867 € und damit zu wenig.
M ist aber ein Antrag auf Restschuldbefreiung möglich und zumutbar. Dadurch erhöht sich seine Leistungsfähigkeit:
Sein Einkommen vor Abzug der Schulden beträgt 2900,00 €, hiervon sind pfändungsfrei 2364,99 €, anerkennungsfähige Schulden deshalb 535,01 €, nicht anerkennungsfähige Schulden 964,99 € sind hinzuzurechnen. Damit bleiben M nicht 477 €, sondern 1831,99 €. Davon abzuziehen sind Kosten der Restschuldbefreiung von monatlich geschätzt 50 €, sodass M 1831,99 – 50 = 1781,99 € bleiben und kein Mangelfall mehr besteht. Die Berufung auf den Pfändungsfreibetrag erhöht jedoch auch das prägende Einkommen. Dieses beträgt nun 3000 – 535 – 50 = 2315 €, daraus berechnet sich nun auch der Kindesunterhalt nach DT 4/3 und DT 4/2 von 420 – 77 + 371 – 77 = 637 Unterhalt von F: 2315 – 637 = 1678,00 × 90%/2 = 755,00 €.
M bleibt 2315 – 637 – 755 = 923 €, also weniger als der Selbstbehalt gegenüber einem Ehegatten von 1000 €.
Das Defizit von 1000 – 923 = 77 € ist durch Kürzung des gegenüber dem Kindesunterhalt nachrangigen Gattenunterhalts zu decken. Vorher jedoch kommt es nach DT Anm. 1 II (vgl. Rn. 127) zur Abgruppierung beim Kindesunterhalt 288 + 245 = 533 €. Daraus ergibt sich die Ehegattenquote zu (2315 – 533) ★ 90%/2 = 802 €. M bleibt 2315 – 533 – 802 = 980 €. Das Restdefizit von 1000 – 980 = 20 € ist durch Kürzung des Gattenunterhalt auf 802 – 20 = 782 € zu decken, so dass M 2315 – 533 – 782 = 1000 € bleibt.

– nicht belegt – **98**

9. Individuelle oder schematische Kürzung eines verbleibenden Fehlbedarfs nach § 1581 BGB

99   Kommt es auf Grund der Billigkeitsabwägung gemäß den Ausführungen zu Rn. 63 mit 97 zu entsprechenden **Änderungen** im Bereich der **Deckungsmasse** oder im **Bedarfsbereich,** dann ist abschließend auch neu festzustellen, ob trotz solcher Änderungen noch ein ungedeckter Fehlbedarf verbleibt. Dies geschieht durch Abzug der berücksichtigungsfähigen Deckungsmasse vom verbleibenden berücksichtigungsfähigen Gesamtbedarf.

Ergibt sich hierbei kein ungedeckter Restbedarf, verbleibt es bei dem auf diese Weise ermittelten Unterhalt. Dieser Unterhalt ist ein nach § 1581 BGB gekürzter Billigkeitsunterhalt, der auf den vollen Unterhalt zu erhöhen ist, sobald der Verpflichtete dazu leistungsfähig ist.

100   Ergibt sich als Differenz (Rn. 99) ein **ungedeckter Restbedarf,** so muss nach § 1581 BGB eine **weitere Unterhaltskürzung** erfolgen.

Solange die Rechtsprechung des BGH und der OLGs vom eheangemessen Selbstbehalt ausgingen geschah diese Kürzung
– Individuell auf Grund einer **neuen Gesamtabwägung** aller Billigkeitsgesichtspunkte oder
– durch eine **proportionale Kürzung.**

Durch den Wegfall dieses gleitenden Selbstbehalts und Ersetzung durch den billigen Selbstbehalt[110a] kann dieser nur selbständig auf Grund einer individuellen Billigkeitsabwägung geändert werden, nicht aber mehr durch quotale Kürzung oder mit Hilfe der Ehegattenquote. Wegen der schematischen oder individuellen Verteilung der Kürzung auf mehrere gleichrangige Berechtigte vgl. Rn. 142, 146.

101   Bei einer **individuellen Kürzung** sind alle Umstände des konkreten Einzelfalles individuell zu gewichten und gegeneinander abzuwägen.

Wichtige Kriterien hierzu können z. B. sein:
– Die Einkommens- und Vermögensverhältnisse sowie sonstige wirtschaftliche Verhältnisse beider Ehegatten;
– persönliche Verhältnisse jedes Ehegatten, wie Alter, Gesundheitszustand sowie individuelle Bedürfnisse;
– eheliche Lebensverhältnisse vor und nach der Trennung;
– Erwerbsfähigkeit, zumutbare Tätigkeiten, besonderer Leistungseinsatz, ernsthafte Erwerbsbemühungen und besondere Anstrengungen zur Erzielung zumutbarer, evtl. auch unzumutbarer, überobligationsmäßiger Einkünfte;
– besondere Belastungen durch Kinder und sonstige besondere Belastungen;
– der Umfang, in welchem bei der Bedarfsbemessung bereits Vorabzüge und andere Posten der Mangelfallberechnung berücksichtigt wurden.

Nicht zu berücksichtigen ist ein Verschulden an der Trennung oder Scheidung.

Die zur Kürzung nach § 1581 BGB führende Billigkeitsabwägung kann aber für beide Gatten nur einheitlich erfolgen.[111]

III. Mangelfall bei Mehrheit von Berechtigten: Rangfragen

1. Aktualisierung von Rangverhältnissen im Mangelfall

102   Sind **Mehrere demselben Unterhaltspflichtigen** gegenüber unterhaltsberechtigt, dann besteht zwischen Ihnen ein Rangverhältnis.

Solche Rangverhältnisse gelten nach dem **Gesetzeswortlaut** nur im **Mangelfall.** Sie haben so lange keine Auswirkung, als der in Anspruch Genommen voll leistungsfähig und

---

[110a] BGH, FamRZ 2006, 683 = R 649 d, FamRZ 2008, 968 = R 689 g
[111] BGH, FamRZ 1992, 1045, 1049 = R 448 c; FamRZ 1990, 1091, 1095

leistungswillig ist. Dann können alle Unterhaltsansprüche in der angemessenen Höhe befriedigt werden.

Das bedeutet nicht, dass das Vorhandensein weiterer Unterhaltsberechtigter in diesen **103** Fällen keinen Einfluss auf die Unterhaltshöhe hätte. Vielmehr hängt bei Kindern, die noch keine eigene Lebensstellung besitzen, bereits der Bedarf von der Lebensstellung des Unterhaltspflichtigen und damit auch von dessen weiteren Unterhaltspflichten ab. Selbst geschiedene Ehegatten müssen bei später entstandenen Unterhaltspflichten des Verpflichteten eine Einschränkung des Bedarfs jedenfalls dann hinnehmen, wenn die hinzukommende Unterhaltspflicht vor- oder gleichrangig ist (vgl. Rn. 4/313 a, 4/412 ff.).[112] Weil aber der **Vorrang geschiedener Ehegatten** sich gegenüber **nachrangigen späteren Unterhaltspflichten voll durchsetzt**, hat die Rechtsprechung in diesem Fall dem Rangverhältnis auch **Einfluss auf den Bedarf** beigemessen: die spätere Unterhaltspflicht war (nach der Rechtsprechung des BGH zum alten Recht) auch auf der Bedarfsebene vorrangig.[113] Diese Unterhaltsbemessung ohne Rücksicht auf ein Absinken des Lebensstandards des Pflichtigen durch nachrangige Unterhaltspflichten ist als Rest der „Lebensstandardgarantie" des § 1578 I BGB zu verstehen und sollte unter der Geltung des neuen Rechts **aufgegeben werden** (Rn. 118, 122, Rn. 4/390).

Wenn der Verpflichtete in einem Unterhaltsverfahren einwendet, er sei nicht oder nur **104** beschränkt leistungsfähig, und wenn dann im Sinn der Ausführungen zu I ein Mangelfall festgestellt wird, kommt es zu einer **Aktualisierung der Rangverhältnisse** mit der Folge, dass mit den verfügbaren Mitteln (Deckungsmasse) erst die angemessenen Ansprüche der vorrangig Berechtigten voll befriedigt werden. An die nachrangig Berechtigten darf nur ein etwa noch verbleibender Rest verteilt werden.[114]

Aus diesem Grund beinhalten Rangverhältnisse praktisch einen Sonderfall im Rahmen **105** der Leistungsfähigkeit des Verpflichteten, nachdem ein Mangelfall festgestellt wurde. Der Nachrang eines Berechtigten wirkt sich nur dann aus, wenn die verbleibenden Einkünfte des Verpflichteten nicht ausreichen, um den angemessenen Unterhalt aller Berechtigten und den Eigenbedarf des Verpflichteten ihnen gegenüber zu gewährleisten.[115] Erst dann kommt es zu Kürzung oder Wegfall des nachrangigen Unterhalts.

2. Die gesetzliche Rangfolge bei mehreren Berechtigten

Das Gesetz zur Änderung des Unterhaltsrechts vom 9. 11. 2007 hat die Rangfolge unter **106** Berechtigten wesentlich geändert.

Nach altem Recht teilten sich nach § 1582 BGB und § 1609 I BGB Ehegatten, minderjährige Kinder und ihnen nach § 1603 II 2 BGB gleichgestellte Kinder den ersten Rang. Andererseits waren nach § 1582 BGB jedoch spätere Ehegatten früheren gegenüber nachrangig, wenn er im Fall der Scheidung nicht[116] unterhaltsberechtigt wäre oder wenn der frühere Ehegatte Kinder betreute oder seine Ehe lang gewesen war. In der Praxis waren spätere Ehegatten meist nachrangig, Gleichrang war selten. Im Fall des Nachrangs verlor der Ehegatte auch seinen Gleichrang mit den minderjährigen (und privilegierten volljährigen) Kindern und wurde ihnen gegenüber nachrangig. In der Rangordnung folgten die nicht privilegierten volljährigen Kinder, nach ihnen die Enkel und (im Rang danach) die Urenkel usw. und schließlich im folgenden Rang die Verwandten der aufsteigenden Linie, also Eltern, Großeltern und Urgroßeltern, wobei Eltern den Großeltern vorgehen und Großeltern den Urgroßeltern.

---

[112] BGH, FamRZ 2006, 683 = R 649 g, FamRZ 2008, 968 = R 689 g
[113] BGH, FamRZ 1992, 539; FamRZ 1988, 705, 707; FamRZ 1986, 790, 792; BVerfG, FamRZ 1984, 346 (die Entscheidung betrifft zwar nur den Mangelfall, setzt aber den Vorrang bei der Unterhaltsbemessung voraus)
[114] BGH, FamRZ 1988, 705, 707; FamRZ 1986, 790, 792; FamRZ 1986, 48; FamRZ 1980, 555
[115] BGH, FamRZ 1985, 912, 916
[116] Oder nur nach § 1575 BGB, also wegen Berufsausbildung

107   **Nach neuem Recht** sieht das Gesetz bei mehreren Berechtigten folgende **Rangstufen**
vor. Innerhalb dieser Rangstufen besteht **Gleichrang.**

Stufe 1:
– Minderjährige unverheiratete Kinder (§ 1609 Nr. 1 BGB; siehe Rn. 108)
– Volljährige unter 21 Jahren, die noch bei einem Elternteil leben und eine allgemeine
Schule besuchen (§ 1609 Nr. 1, § 1603 II S. 2 BGB)

Stufe 2:
Ehegatten, geschiedene Ehegatten oder nichtehel. Elternteile, welche wegen Betreuung von
Kindern unterhaltsberechtigt sind oder Ehegatten oder geschiedene Ehegatten deren Ehe
von langer Dauer ist oder war (§§ 1609 Nr. 2, 1582 BGB; siehe Rn. 112).

Stufe 3:
Ehegatten, die nicht in der Stufe 2 erwähnt sind (§§ 1609 Nr. 4, 1582 BGB), die also keine
Kinder betreuen müssen und deren Ehe auch nicht von langer Dauer war.

Stufe 4:
Volljährige Kinder, soweit sie nicht nach § 1603 II 2 BGB privilegiert sind (§ 1609 Nr. 4
BGB; siehe Rn. 108) und minderjährige verheiratete Kinder.

Stufe 5:
Enkelkinder, Urenkel usw, die – anders als im alten Recht – untereinander gleichrangig sind
(§ 1609 Nr. 5 BGB).

Stufe 6:
Eltern (§ 1609 Nr. 6 BGB).

Stufe 7:
Andere Verwandte in aufsteigender Linie, d. h. Großeltern und Voreltern (§ 1609 Nr. 7
BGB), wobei – wie im alten Recht – die näheren Verwandten den entfernteren vor-
gehen.

3. Zum Rangverhältnis unter mehreren berechtigten Kindern

108   **Vorrang** haben minderjährige unverheiratete Kinder und die ihnen durch § 1603 II S. 2
BGB gleichgestellten Volljährigen vor ihren anderen volljährigen Geschwistern und vor
minderjährigen Geschwistern, die bereits verheiratet sind (§ 1609 I BGB).
     Gleichrang haben auf der ersten Stufe alle minderjährigen und nach § 1603 II S. 2 BGB
ihnen gleichgestellten Geschwister untereinander und auf der zweiten Stufe alle nachrangigen volljährigen Geschwister untereinander.[117]

109   Unterhaltsansprüche von **Adoptivkindern** sind gleichrangig mit den Unterhaltsansprüchen leiblicher Kinder des Annehmenden. Adoptivkinder sind leiblichen Kindern in vollem
Umfang gleichgestellt. Es spielt keine Rolle, aus welchen Gründen das Kind adoptiert
wurde. Der Gleichrang gilt sowohl nach vollzogener Adoption (§§ 1754 I, 1601 f. BGB) als
auch bei Ansprüchen während der vorbereitenden Adoptionspflege nach § 1557 IV BGB,
jedenfalls dann, wenn es zur Adoption kommt.[118]

110   Ein **behindertes volljähriges Kind,** das infolge einer körperlichen oder geistigen
Behinderung nicht erwerbsfähig ist, darf unterhaltsrechtlich nicht wie ein minderjähriges
Kind behandelt werden. Es steht rangmäßig einem volljährigen Kind gleich. Der Rang
bestimmt sich ausschließlich nach dem tatsächlichen Alter des Kindes.[119]

111   Eltern **können sich darauf einigen,** dass minderjährige und volljährige Kinder rangmäßig gleich behandelt werden sollen.[120] Dann spielt der Nachrang keine Rolle.

---

[117] BGH, FamRZ 1987, 472, 474; FamRZ 1986, 48; FamRZ 1985, 357, 360; FamRZ 1984, 683,
     685; FamRZ 1981, 541, 543; FamRZ 1980, 555
[118] BGH, FamRZ 1984, 378
[119] BGH, FamRZ 1987, 472, 474; FamRZ 1986, 48; FamRZ 1985, 357, 360; FamRZ 1984, 683,
     685
[120] BGH, FamRZ 1981, 341, 343

4. Rangverhältnisse nach § 1582, § 1609 Nr. 2, 3 BGB zwischen mehreren unterhaltsberechtigten Ehegatten

a) Allgemeines. Der Vorrang des geschiedenen Ehegatten vor dem neuen Ehegatten des **112** Verpflichteten ist durch das Unterhaltsreformgesetz vom 9. 11. 2008[121] beseitigt worden. Nunmehr besteht zwischen dem geschiedenen und dem neuen Ehegatten und unter mehreren geschiedenen Ehegatten grundsätzlich **Gleichrang.** Eine Billigkeitsabwägung im Mangelfall darf nicht dazu führen, dass aus dem Gleichrang ein Nachrang wird.[122]

Unter mehreren berechtigten Ehegatten ihnen besteht nur dann Vor- und Nachrang, **113** wenn der Unterhaltsanspruch des einen durch Kinderbetreuung oder lange Ehe privilegiert ist (§ 1609 Nr. 2 BGB), derjenige des anderen aber nicht (§ 1609 Nr. 4 BGB). Die Priorität des Anspruchs hat keine Bedeutung mehr.

b) Ehedauer. Als Ehedauer im Sinn der §§ 1609 Nr. 2, 1582 BGB gilt, wie bei § 1579 **114** Nr. 1 BGB, die Zeit von der Eheschließung bis zur Rechtshängigkeit des Scheidungsantrags. Kindererziehungszeiten sind – anders als nach dem alten Recht – nicht hinzuzurechnen, obgleich sie nach der Gesetzesbegründung bei der Wertung zu berücksichtigen sind.

Das Gesetz erläutert nun auch, wann von einer **langen Ehedauer** im Sinn des § 1609 Nr. 2 BGB gesprochen werden kann. Es verweist insoweit auf die in § 1578 b I 2, 3 BGB n. F. genannten ehebedingten Nachteile, welche auf die Kindererziehung, die Haushaltsführung und Erwerbstätigkeit während der Ehe und auf die Dauer der Ehe hinweist. Das bedeutet, dass für die Bewertung einer Ehe als lang nicht nur die Zeitdauer, sondern auch die entstandenen Nachteile für die Selbsterhaltungsfähigkeit wichtig sind, so dass objektiv kurze Ehen als lang, objektiv lange als kurz gewertet werden können. Die tatsächliche Dauer kann aber bei besonders langen oder besonders kurzen Ehen dennoch bedeutsam sein. Allerdings hängt auch die Bedeutung objektiver Dauer vom Alter des bedürftigen Ehegatten ab. Eine Ehedauer von zwanzig Jahren etwa hat bei einer Trennung im Alter von 40 Jahren eine geringere Bedeutung für die zukünftige Erwerbsfähigkeit, wenn der Berechtigte noch in der ersten Hälfte seines Berufslebens steht.[123] Dagegen scheidet schon wegen des wertneutralen Begriffs der langen Dauer die Berücksichtigung der Belange des Unterhaltspflichtigen aus, ganz im Gegensatz zu § 1578 b BGB, welcher mit der „Unbilligkeit" unausgesprochen auch die Interessen des Unterhaltspflichtigen erfasst. Dieser Unterschied folgt aber bereits aus dem unterschiedlichen Ziel der Vorschriften: Die Rangfolge dient – im Gegensatz zur zeitlichen Begrenzung – nicht den Interessen des Unterhaltspflichtigen, sondern denen der konkurrierenden Unterhaltsberechtigten. Eine inhaltliche Unterscheidung ist damit noch nicht zwingend verbunden.

Rangverhältnisse werden im Allgemeinen klar definiert und sind leicht feststellbar. Die **115** „lange Ehezeit" ist dagegen ein unbestimmter Rechtsbegriff und nicht einfach zu subsumieren, hat aber für die Betroffenen erhebliche wirtschaftliche Bedeutung. Diesem Problem kann auf dreierlei Weise begegnet werden:

aa) Lange Ehe nach individueller Billigkeit? Es könnte eine fallbezogene individuelle **115 a** Billigkeitsentscheidung erfolgen, welche notwendig auch die für im Mangelfall zu prüfende Billigkeit nach § 1581 BGB einschließen würde. Es besteht die Gefahr, dass die Praxis wenigstens in Grenzfällen die Bestimmung des Rangs für die Erzielung eines angemessenen Gesamtergebnisses heranzieht. Das aber widerspräche der gesetzlichen Regelung, weil die Feststellung, ob die Ehezeit lang ist, nach dem Gesetz keine Billigkeitsprüfung zulässt.

bb) Lange Ehe abhängig von der zeitlichen Begrenzung? Zuverlässigere Ergebnisse **115 b** ließen sich erzielen, indem der Umstand nutzbar gemacht wird, dass der Richter bereits bei der Frage der **zeitlichen Begrenzung des Anspruchs** von Amts wegen die in § 1578 b BGB aufgeführten ehebedingten Nachteile prüfen muss, die wegen der einschlägigen Verweisung auch zum Tatbestand des § 1609 Nr. 2 BGB gehören. Es liegt nahe, dass eine lange Ehe vorliegt, wenn auf einen lebenslangen Unterhalt erkannt wird. Der umgekehrte Fall ist weniger klar: Zwar zeigt die Kombination von Herabsetzung auf den angemessenen Bedarf

---

[121] Datum des Bundestagsbeschlusses
[122] BGH, FamRZ 1983, 678
[123] BGH, FamRZ 2007, 2049, 2051 = R 682 a

und spätere zeitliche Begrenzung, dass lediglich ein Übergangsunterhalt in Frage kommt und trotz Bedürftigkeit, die Unterhaltpflicht enden soll, dass mithin keine lange Ehe vorliegt. Ebenso liegt auch der Fall, wenn die Unterhaltspflicht zeitlich begrenzt wird, obgleich das eigene Einkommen offenkundig zur Deckung des Existenzminimums nicht ausreicht. Zweifelhaft muss jedoch immer der Fall bleiben, wenn der Unterhalt nur deshalb zeitlich begrenzt wird, weil die Herabsetzung auf den angemessenen Bedarf wegen des vorhandenen Eigeneinkommens zum Wegfall der Unterhaltspflicht führt. Schließlich aber kann nicht übersehen werden, dass die Maßstäbe des § 1578 b BGB und des § 1609 Nr. 2 BGB nicht wirklich übereinstimmen: **erstens** ist für § 1609 Nr. 2 BGB die Ehedauer der eigentliche Prüfungsmaßstab, während sie für § 1578 b BGB nur ein Maßstab unter mehreren ist, und **zweitens** verlangt § 1578 b BGB eine Billigkeitsprüfung, welche notwendig die Interessen des Pflichtigen einbeziehen, während § 1609 Nr. 2 BGB nur die Subsumption unter den Begriff der langen Ehe verlangt.

115 c   **cc) Autonome Bestimmung der langen Ehe.** Es bestehen mithin Bedenken, die Billigkeitsentscheidung nach § 1578 b BGB oder gar § 1581 BGB mit der Frage des Rangs zu vermischen, zumal die richterliche Gestaltungsfreiheit durch eine zu enge Koppelung der Tatbestände möglicherweise zu sehr eingeschränkt wäre. Nach der gesetzlichen Regelung ist der Rang jedenfalls unabhängig von den Interessen des Pflichtigen oder denen anderer Berechtigter zu bestimmen. Dann stellt sich aber die Frage, ob auf andere Weise die für die Rangfrage nötige **klare Unterscheidung zwischen langen und nicht langen Ehen** möglich ist. Eine einfache Lösung i. S. eines Rahmens von 10 bis 15 Jahren, wie es der bisherigen Rechtsprechung entsprach, verbietet sich angesichts der stark differenzierenden gesetzlichen Regelung und auch der Ablehnung dieses Rahmens durch die neuere Rechtsprechung des BGH,[124] welche allerdings noch die **zeitliche Begrenzung** nach altem Recht betraf und deshalb nicht ohne weiteres auch für die **Rangregelung** des neuen Rechts herangezogen werden kann. Wenn darüber Einigkeit besteht, dass die Rangbestimmung von individuellen Billigkeitserwägungen freigehalten werden sollte, sollten für die Feststellung einer langen Ehe möglichst **einheitliche und klare Maßstäbe** vorliegen.

Dabei müssen die gesetzlichen Vorgaben erfüllt werden:
– Die ehebedingten Nachteile nach § 1578 b BGB sind nicht der ausschließliche Maßstab, sie sind nur „auch" zu berücksichtigen. Folglich muss es eine Ehedauer geben, die auch ohne Vorliegen solcher Nachteile als lang zu betrachten ist, also eine **Höchstdauer,** deren Erreichen **immer eine lange Ehe impliziert.**
– Als **Ehedauer** müssen aber wegen der Bezugnahme auf § 1578 b BGB **die Zeiten der Kindererziehung** und **Haushaltsführung** Berücksichtigung finden, falls – wie im Regelfall – aus der Dauer der Unterbrechung der Erwerbstätigkeit Nachteile für die Erwerbsfähigkeit entstanden sind.
– Auch andere Nachteile, nicht in § 1578 b BGB aufgeführte Nachteile, insbesondere das **Alter zurzeit der Trennung,** die **Entwurzelung** eines ausländischen Ehepartners sollten berücksichtigt werden können, weil sie jedenfalls mit dem Zeitaspekt der Ehe eng verknüpft sind: Die in höherem Alter dem Anderen gewidmete Lebenszeit gewinnt wegen der schrumpfenden Restzeit an Gewicht. Die Entwurzelung wird durch ihre Dauer verstärkt.
– Demgegenüber ist eine schicksalsbedingt, etwa durch einen Unfall, eintretenden **Erwerbsunfähigkeit keine Zeitwirkung** und begründet auch keinen ehebedingten Nachteil. Daher kann er nur bei der Billigkeitsabwägung nach § 1578 b BGB, nicht aber bei der Qualifikation einer Ehe als lang berücksichtigt werden.

Der **Rechtssicherheit** wäre gedient, wenn man sich hier auf einheitliche Maßstäbe einigen könnte.

116   **dd) Vorschlag: Bausteinlösung.** Weil sich zufällig aus sehr einfachen Prämissen ein Bausteinschema für die lange Ehe entwickeln lässt, soll ein solches hier **vorgeschlagen** werden:
– Eine Ehe, welche **eine Generation,** also 30 Jahre gedauert hat, wird man selbst dann, wenn wegen fortdauernder Erwerbstätigkeit keine ehebedingten Nachteile zu erkennen sind, als lang ansehen müssen, vorausgesetzt, dass sie nicht nur auf dem Papier stand,

---

[124] BGH, FamRZ 2007, 2049, 2051 = R 682 a

sondern einen Wirtschaftsverbund bildete, welcher wegen der lang dauernden (Familien-)Unterhaltsleistungen einen Vertrauensschutz genießt. Auch die **längste Verjährungsfrist** nach § 197 BGB beträgt 30 Jahre.

- Nur wenn die **tatsächliche Ehezeit** 30 Jahre erreicht, begründet sie allein die lange Ehe. Sonst bildet sie den **1. Baustein.** Die tatsächliche Ehezeit **endet** mit der Zustellung des **Scheidungsantrags.**
- Da gesetzlicher Maßstab die Dauer der Ehe ist, liegt es nahe, die in § 1587 b BGB aufgeführten ehebedingten Nachteile in Jahre umzurechnen und von der Höchstzeit abzuziehen, zumal tatsächlich auch diese Nachteile regelmäßig durch ihre Dauer den Nachteil bewirken. Die einfachste Lösung besteht darin, Jahre der Erwerbslosigkeit wegen Haushaltsführung der realen Dauer der Ehe als weiteren Baustein hinzuzurechnen **(2. Baustein).** Diese Hinzurechnung **endet** spätestens mit der **Trennung.** Das führt dazu, dass die Ehe einer Nurhausfrau nach 15 Jahren lang wäre, denn 15 [1. Baustein) + 15 [2. Baustein] = 30 [lange Ehe].
- Wenn die Zeit einer Erwerbslosigkeit darüber hinaus der Betreuung gemeinsamer Kinder gedient hat, könnten auch diese Jahre hinzugerechnet werden **(3. Baustein),** so dass die Ehe einer Kinder erziehenden Nurhausfrau schon nach 10 Jahren als lang anzusehen wäre, denn 10 [1. Baustein] + 10 [2. Baustein] + 10 [3. Baustein] = 30 [lange Ehe]. Diese Hinzurechnung **endet** erst, wenn auch die **Unterhaltsberechtigung wegen Kinderziehung** endet und damit der damit verbundene 2. Rang verloren geht, also vielfach später als die tatsächliche Ehe.
- Haushaltsführung während **unfreiwilliger Arbeitslosigkeit** müsste dabei **außer Betracht** bleiben, weil insoweit kein ehebedingter Nachteil vorliegt und § 1609 Nr. 2 BGB keine Billigkeitsprüfung vorsieht **(kein Baustein).**
- Der Umstand, dass **aus besonderen Gründen** die Haushaltsführung oder Kinderbetreuung **keine ehebedingten Nachteile** verursacht hat, weil z. B. die ursprüngliche Erwerbstätigkeit wieder aufgenommen werden konnte und Aufstiegschancen nicht bestanden, könnte dazu führen, dass die entsprechenden Zeiten nicht anzurechnen sind **(Verkleinerung oder Wegfall des Bausteins).**
- Wenn eine **Teilerwerbstätigkeit** die ehebedingten Nachteile mindert, sind diese Zeiten nur teilweise hinzuzurechnen **(kleinerer Baustein).** Die Gefahr einer Manipulation der Ehedauer durch Ablehnung der Erwerbstätigkeit dürfte nicht schwer wiegen, weil nach der hier vertretenen Meinung die nach § 1578 b BGB mögliche Billigkeitsprüfung auch bei langer Ehe zur zeitlichen Begrenzung des Unterhalts führen kann.
- Wenn die **Trennung im Alter** von mehr als 50 Jahren erfolgt, sollte – obgleich in § 1578 b BGB nicht aufgeführt – zusätzlich berücksichtigt werden, dass die Möglichkeiten eines Neuanfangs deutlich eingeschränkt sind (Die Lebenserwartung von Frauen dieses Alters beträgt 33 Jahre, von Männern 29). Deshalb erscheint bei einer Trennung in höherem Alter der Rahmen von 30 Jahren nicht mehr angemessen. Dem kann durch eine eingeschränkte Berücksichtigung auch des Alters bei Trennung Rechnung getragen werden, etwa in der Weise, dass ein Altersbonus (unabhängig von der sonstigen Ehedauer) gewährt wird von einem Jahre für je zwei Jahre über 50 zurzeit der Trennung **(4. Baustein).** Bei einem Alter von 62 Jahren wäre das ein Bonus von 12 : 2 = 6 Jahren. Die Ehe einer Nurhausfrau diesen Alters wäre daher schon nach einer Dauer von 12 Jahren als lang anzusehen, denn 12 [1. Baustein] + 12 [2. Baustein] + 6 [4. Baustein] = 30 [lange Ehe]. Bei einem Alter von 80 Jahren zurzeit der Trennung wäre schon eine Haushaltsführungsehe von 8 Jahren bereits lang: 8 [1. Baustein] + 8 [2. Baustein] + 15 [4. Baustein] = 31 [lange Ehe]. Wenn man, wie hier vorgeschlagen, den Bonus bereit bei einem Alter von mehr als 50 Jahren zubilligt, werden auch die besonderen Schwierigkeiten, in diesem Alter noch eine Erwerbstätigkeit aufzubauen, erfasst.
- Die **Entwurzelung,** insbesondere von ausländischen Ehepartnern, könnte durch Zubilligung von Zusatzzeiten berücksichtigt werden **(5. Baustein).** Das Maß wird vom Einzelfall abhängen, weil einerseits Erfahrungen mit dem Schema fehlen, andererseits das Ausmaß der Entwurzelung und Wiederverwurzelung sehr unterschiedlich sein kann.

Überhaupt kann das Schema die Subsumption eines Falles unter den unbestimmten Rechtsbegriff der langen Ehe nur erleichtern und nicht ersetzen.

117   **c) Bisherige Rechtsprechung zur langen Ehe.** Nach der früheren Rechtsprechung des BGH zum alten Recht konnte nach Ablauf von 15 Jahren eine den Unterhaltsvorrang sichernde lange Ehedauer bejaht werden.[125]

Gleiches war möglich, wenn Ehen diese Zeit zwar nicht ganz erreichen, aber dafür besondere Umstände des Einzelfalls vorliegen. Der Unterhaltsvorrang beruht auf dem Gedanken, dass das Vertrauen des Ehegatten auf Erhalt fortwährenden Unterhalts zu schützen ist, wenn er sich in der Ehe langjährig unter Verzicht auf eine eigene berufliche Entwicklung vorwiegend dem Haushalt und der Pflege und Erziehung der Kinder gewidmet hat. Eine Verfestigung der eigenen Lebensposition im Sinn einer über lange Zeit beiderseits ausgeübten Erwerbstätigkeit hingegen wird im Allgemeinen gegen die Annahme einer schon vor dem Ablauf von 15 Jahren erreichten, den Unterhaltsvorrang sichernden „Ehe von langer Dauer" sprechen.[126]

Dagegen war es nicht zu beanstanden, wenn unter Würdigung der tatsächlichen Verhältnisse eine kinderlos gebliebene und durch beiderseits volle Erwerbstätigkeit geprägte Ehe der Parteien bei einer Dauer von ca. acht Jahren zwischen Eheschließung und Zustellung des Scheidungsantrags nicht als Ehe von langer Dauer angesehen wurde.[127]

Die neuere Rechtsprechung des BGH hat stellt jedoch ebenso wie das neue Recht die ehebedingten Nachteile in den Vordergrund, so dass sich der Rechtsprechung feste Grenzen nicht anerkannt werden. So wurde mangels ehelicher Nachteile auch eine Ehe von mehr als 23 Jahren als nicht lang angesehen.[128]

Das OLG Oldenburg hat eine an sich lange Ehe in verfassungskonformer Auslegung des § 1582 BGB a. F. als nicht lang betrachtet, weil nur es so den verfassungswidrigen Nachrang der zweiten Ehe vermeiden konnte.[129]

118   **d) Bisherige Rechtsprechung zum Vorrang.** Nach der bisherigen Rechtsprechung des BGH setzte die **Vorrangstellung** des nach § 1582 BGB a. F. privilegierten Ehegatten sich in Mangelfällen **uneingeschränkt** durch, selbst wenn der andere Ehegatte hierdurch im äußersten Fall darauf verwiesen wird, für seinen Unterhalt Sozialhilfe in Anspruch nehmen zu müssen, und wenn der Verpflichtete auf diese Weise gehalten ist, den ihm an sich für seinen eigenen Bedarf zustehenden Selbstbehalt mit seinem neuen Ehegatten zu teilen.[130] Das gilt auch weiterhin, wenn „uneingeschränkt" nicht auf die Bedarfsbemessung bezogen wird. Bei der Bedarfsbemessung spielt der Vorrang nämlich keine maßgebende Rolle mehr. Soweit insbesondere nach neuem Recht der frühere Ehegatte (wenn er keine Kinder betreut) nachrangig ist, liegt der Fall bereits anders als beim Nachrang im alten Recht. Dann werden nämlich unzweifelhaft die Lebensverhältnisse der späteren Ehe durch seine Unterhaltsberechtigung geprägt. Nach der Rechtsprechung des BVerG ist aber auch die **Bemessung des Bedarfs** ein Mittel, mit dem der Gesetzgeber dem Verfassungsgebot des Art. 6 GG, auch eine unterhaltsrechtlich nachrangige Ehe zu schützen, nachkommt.[131] Nach der Abschaffung der Lebensstandardgarantie kann aber auch ein späterer nachrangiger Gattenunterhalt bei der **Bemessung des Bedarfs** des früheren Ehegatten nicht unberücksichtigt bleiben (Rn. 106, 122, Rn. 4/390).

119   Gegen § 1582, § 1609 Nr. 2, 3 BGB wird allerdings **verstoßen,** wenn bei Gleichrang im Rahmen einer Billigkeitsentscheidung nach § 1581 BGB der Anspruch einer vorrangigen Ehefrau auf Ergänzungsunterhalt zugunsten der neuen Ehefrau **vollständig ausgeschlossen wird.** Wenn nach dem Gesetz kein Vorrang eines Ehegatten besteht, kann ihm auch im Wege einer Billigkeitsentscheidung (§ 1581 BGB) ein solche allenfalls in einem seltenen Ausnahmefall zugebilligt werden.[132] Billigkeitsgesichtspunkte, welche die nachrangige Ehe betreffen, können den Rang eines Ehegatten nicht beeinflussen.[133]

---

[125] BGH, FamRZ 1986, 790, 792; FamRZ 1985, 362; FamRZ 1983, 886

[126] BGH, FamRZ 1986, 790, 792; FamRZ 1985, 362; FamRZ 1983, 886

[127] BGH, FamRZ 1983, 678

[128] BGH, FamRZ 2007, 2049, 2051 = R 682 a, Dose FamRZ 2007, 1289, 1295

[129] OLG Oldenburg FamRZ 2006, 1842

[130] BGH, FamRZ 1992, 539; FamRZ 1988, 705, 707; FamRZ 1986, 790, 792; BVerfG, FamRZ 1984, 346

[131] BVerfG FamRZ 2003, 1821, 1823 a. E. = R 598

[132] BGH, FamRZ 1983, 678

[133] BGH, FamRZ 1985, 911

Das **alte Eherecht** (§§ 58 ff. EheG) das für vor dem 1. 7. 1977 geschiedene Ehen fort gegolten hatte, ist ab 1. 7. 2007 obsolet. Die Altehen werden in das neue Recht überführt. Die Anpassung bestehender Titel ist übergangrechtlich durch § 35 Nr. 1, 2 EGZPO geregelt, welche auch einen Vertrauensschutz vorsieht. Im Einzelnen vgl. Rn. 10/176 a–f.

5. Rangverhältnis zwischen Ehegatten und Kindern

Nach § 1609 Nr. 2 BGB steht ein **Ehegatte** den nach § 1603 II 1, 2 BGB bevor- **120** rechtigten Kindern nicht mehr gleich. Er ist ihnen gegenüber immer nachrangig und nicht privilegierten volljährigen Kindern gegenüber immer vorrangig.

Jeder Ehegatte geht aber mit seinen Ansprüchen einem **volljährigen Kind** nach § 1609 **121** Nr. 5 BGB im Rang vor. Dasselbe gilt auch für verheiratete minderjährige Kinder. Sie beeinflussen aber den Bedarf des Ehegatten, vgl. Rn. 122).

6. Bedarfskorrektur im Mangelfall

a) Absoluter Vorrang? Es wird nun die Auffassung vertreten, der unterhaltsrechtliche **122** Vorrang bedeute, auch bei der Bedarfsbemessung habe der nachrangige Unterhaltsanspruch außer Betracht zu bleiben. Der Vorrang sei nämlich „absolut".[134] Das widerspricht jedoch dem Gesetz. Nach dessen Wortlaut setzt ein Vorrang voraus, dass der Verpflichtete den Bedarf aller Berechtigten nicht erfüllen kann, Voraussetzung der Vorrangwirkung ist deshalb die Feststellung des Mangelfalls und damit des Bedarfs. Zwar konnte früher es der Begriff der ehelichen Lebensverhältnisse nach § 1578 I BGB rechtfertigen, bei der Unterhaltsbemessung für den geschiedenen Ehegatten den dem späteren Ehegatten geschuldeten Unterhalt außer Betracht zu lassen. Jedoch ist der BGH von diesem natürlichen Verständnis der ehelichen Lebensverhältnisse abgerückt. Spätere Verminderungen des dem Pflichtigen verfügbaren Einkommens haben nun auch dann Einfluss auf die ehelichen Lebensverhältnisse, wenn sie zu einer Verminderung des dem Pflichtigen zur Verfügung stehenden Einkommens führt, ohne dass ihm die Verletzung seiner Erwerbspflicht vorgeworfen werden könnte. In diesem Fall greift letztlich durch, dass der Berechtigte nicht mehr erhalten kann als dem Pflichtigen bleibt. Diesen Grundsatz hat es allerdings nur für vor- und gleichrangige spätere Unterhaltsansprüche aufgestellt, nicht aber für spätere nachrangige.[135] Doch ist das wenig überzeugend: so muss sogar die nach § 1609 Nr. 2, 6 BGB nachrangige Verpflichtung zur Zahlung von Elternunterhalt bei der Bemessung des Unterhalts des Geschiedenen berücksichtigt werden, wenn dieser sonst mehr erhielte, als dem Pflichtigen bleibt. Man kann das zwar im Einzelfall auch damit rechtfertigen, dass die nachrangige Unterhaltspflicht latent vorhanden gewesen sei und deshalb die ehelichen Lebensverhältnisse geprägt habe. Der wirkliche Grund ist aber letztlich die aus der Unterhaltszahlung folgende Minderung des Lebensstandards des Pflichtigen, welche auf den Bedarf des Berechtigten beeinflusst, weil dem Berechtigten nicht zusteht, als dem Pflichtigen bleibt. Die Berücksichtigung dieser Verpflichtungen resultiert daher aus dem **Gleichbehandlungsgrundsatz**[136]

Deshalb ist die **Rechtsprechung** des BGH, wonach der Nachrang des späteren Ehegatten auch bedeutet, dass sein Unterhalt bei der Bedarfsbemessung für den früheren Gatten unberücksichtigt bleibt,[137] nach Wegfall der Priorität und endgültiger Beseitigung der Lebensstandardgarantie durch das ab 1. 1. 2008 geltende neue Recht **überholt.**

b) Grundsätze der Bedarfskorrektur im Mangelfall. Da jeder Mangelfall dazu führt, **123** dass der dem Pflichtigen verbleibende Resteinkommen auf seinen jeweiligen Selbstbehalt herabgesetzt wird, muss diesem Umstand bei der Bedarfsbemessung Rechnung getragen werden, Ergibt sich deshalb bei der Unterhaltsberechnung ein Mangelfall, dann muss die

---

[134] Schürmann FamRZ 2008, 313, 321: „Vorrang ist Vorrang"; ebenso Vossenkämper FamRZ 2008, 201
[135] BGH, FamRZ 2006, 683 = R 649 g
[136] BGH, FamRZ 1991, 1163 = R 437 a
[137] BGH, FamRZ 1992, 539; FamRZ 1988, 705, 707; FamRZ 1986, 790, 792

Bemessung des Bedarfs der Unterhaltsberechtigten durch eine **Bedarfskorrektur im Mangelfall** an diese Mangellage angepasst werden, damit eine ausgewogene Bedarfsverteilung[138] erreicht wird. Entsprechend den unterschiedlichen Selbstbehalten bei verschiedenen Mangellagen muss die Bedarfkorrektur der jeweiligen Mangellage entsprechen. Dabei sind entsprechend den verschiedenen Selbstbehalten fünf Stufen des Mangels zu unterscheiden:

1. Haftung des Pflichtigen bis zum notwendigen Selbstbehalt mit Kürzung des Kindesunterhalts,
2. Haftung des Pflichtigen bis zum eheangemessenen Selbstbehalt mit Kürzung des Gatten- oder Partnerunterhalts
3. Haftung des Pflichtigen bis zum angemessen Selbstbehalt mit Kürzung des Unterhalts nachrangiger Volljähriger (oder auch bei OLGs Dresden und Hamm: Enkel),
4. Haftung des Pflichtigen bis zum erhöhten angemessen Selbstbehalt mit Kürzung des Enkelunterhalts und
5. Haftung des Pflichtigen bis zum variablen erhöhten angemessenen Selbstbehalt mit Kürzung des Elternunterhalts (oder des Enkelunterhalts: KG, OLGs Bremen. Frankfurt, Hamburg, Köln, Naumburg, Oldenburg, Rostock)

124   Der Bedarf der Ehegatten/Partner, für die (zumindest zu Gunsten des Pflichtigen) der Halbteilungsgrundsatz gilt, ist auf den je gültigen Selbstbehalt zu begrenzen. Beim Kindesunterhalt dagegen sollen die Bedarfskontrollbeträge ein angemessenes Verhältnis zwischen Kindesunterhalt und Resteinkommen des Verpflichteten sicherstellen.

125   Daraus ergeben sich klare Maßstäbe für die Bedarfskorrektur. Allerdings muss beachtet werden, dass das bei der **Mangelrechnung jeweils errechnete Resteinkommen** nicht immer auch für die Bemessung des zu **korrigierenden Bedarfs** maßgebend ist. Wenn etwa vermögensbildende Schulden dem Ehegatten zwar nicht entgegengehalten werden können,[139] bei der Mangelrechnung gegenüber dem nachrangigen Volljährigen aber zu berücksichtigen sind, dann sind bei der Korrektur des Bedarfs des vorrangigen Ehegatte diese Schulden nicht zu berücksichtigen, wohl aber bei der Berechnung der Leistungsfähigkeit gegenüberdem nachrangigen Kind (vgl. Rn. 139 Fall 3 c).

126   Dementsprechend führt jeder Mangelfall mit vorrangig Berechtigten zuerst zu einer Anpassung von deren Bedarf an die Mangellage im Wege der Bedarfskorrektur. Ergibt sich dann keine Mangellage mehr, so folgt keine Mangelkürzung bei den nachrangig Berechtigten. Andernfalls wird nach der Bedarfskorrektur der nachrangige Unterhalt gekürzt.

127   **c) Maß des vorrangigen Kindesunterhalts.** Stufe 1: Kann der Pflichtige sich nur mit dem notwendigen Selbstbehalt von 900 € verteidigen, reicht also sein Einkommen (auch bei Fortfall aller nachrangigen Unterhaltsverpflichtungen) nicht einmal aus, um den Unterhalt der minderjährigen und der ihnen nach § 1603 II 2 BGB gleichgestellten volljährigen Kinder zu leisten, dann ist der Bedarf der Kinder bis zur Gruppe 1 herabzusetzen, wie das DT A 1 vorschreibt. Ohne diese Abgruppierung würde das (ggf. hälftige) Kindergeld entgegen § 1612 b BGB nicht deckend für das jeweilige Kind verwendet, sondern teilweise auf die älteren Kinder, welche einen höheren Bedarf haben, umverteilt.

Stufe 2: Wenn Ehegatten oder nichtehel. Elternteile (nach § 1615 l BGB) wegen Mangels allenfalls einen Teilunterhalt erhalten können, bleibt dem Pflichtigen nicht mehr als der Ehegattenselbstbehalt von 1000 €. Weil sich der Bedarfskontrollbetrag der Gruppe 2 der DT ebenfalls auf 1000 € beläuft, ist der Kindesunterhalt auf diese Gruppe abzugruppieren.[140] Demgegenüber empfiehlt die DT A 1 die „Herabstufung bis in unterste Tabellengruppe". Das lässt sich als Vereinfachung vertreten, zumal in vielen Fällen wegen der Vorteile des Zusammenlebens mit einem Partner ein geringerer Selbstbehalt als 1000 € in Betracht käme. Überdies würde ein etwas geringerer Ansatz des Kindesunterhalts einen gewissen Ausgleich für den Rangverlust bieten. Die Auffassung von Vossenkämper[141] und Schürmann,[142] es sei überhaupt nicht abzugruppieren, ist zwar noch einfacher, widerspricht aber

---

[138] BGH, FamRZ 2008, 968 = R 689 h
[139] Vgl BGH, FamRZ 2008, 963 = R 692 d
[140] BGH, FamRZ 2008, 968 = R 689 h
[141] Vossenkämper FamRZ 2008, 201
[142] Schürmann FamRZ 2008, 313

dem Gesetz, welches eine von Rang unabhängige Bedarfbestimmung vorschreibt, und wird auch vom BGH nicht geteilt.[143] Dieser scheint eher der hier vertretenen Meinung zuzuneigen.

Stufe 3: Schuldet der Pflichtige einem nachrangigen volljährigen Kind Unterhalt und kann er diesen nicht vollständig leisten, so bleibt ihm nur der angemessene Selbstbehalt von 1100 €. Das muss zur Abgruppierung des vorrangigen Kindesunterhalts bis zur Gruppe 3 führen, denn der Bedarfskontrollbetrag dieser Gruppe beträgt ebenfalls 1100 €.

Stufe 4: Wenn der Unterhaltspflichtige Enkelunterhalt nicht oder nicht vollständig erfüllen kann, bleibt ihm nicht mehr als 1400 €. Das führt ggf. zur Abgruppierung auf Gruppe 6, weil deren Bedarfskontrollbetrag 1400 € beträgt.

Stufe 5: Wenn Elternunterhalt wegen des variablen erhöhten Selbstbehalts nicht vollständig geleistet werden kann, wird wegen des extremen Rangunterschieds und zur Vermeidung komplizierter Berechnungen auf eine Bedarfskorrektur verzichtet werden können.

d) Maß des vorrangigen Gattenunterhalts (Partnerunterhalts) bei Getrenntleben 128 **und Scheidung.** Stufe 1: Bei Konkurrenz gleichrangiger Ehegatten/Partner bedarf es, anders als bei Kindern, keiner Bedarfskorrektur, weil bereits der Bedarf durch Gleichteilung ermittelt wurde (oder den Gleichteilungsbedarf unterschritten hat).

Stufe 2: Kann der Unterhaltspflichtige aber Unterhaltspflichten gegenüber einem **nachrangigen Ehegatten** nicht oder nicht vollständig erfüllen, kann im Mangelfall die Bedarfsermittlung durch Gleichteilung (vgl. Rn. 4/390 ff.) einen zu geringen Bedarf des vorrangigen Ehegatten/Partners ergeben haben. Wenn dem Pflichtigen bei der Gleichteilung nicht mehr als der Ehegattenselbstbehalt von 1000 € bleibt, kann auch der Bedarf des vorrangigen Ehegatten/Partners im Hinblick auf die Gleichteilung nicht höher als 1000 € sein, zugleich aber auch nicht geringer, es sei denn, auch bei Wegfall des weiteren Gatten ergäbe sich ein geringerer Bedarf als 1000 €, denn die zusätzliche Unterhaltspflicht kann den Bedarf des Gatten nicht erhöhen. Wenn der Pflichtige z. B. (bei Bonus 10%) 2000 € verdient, ergäbe sich ohne den weiteren Gatten ein Unterhalt von 2000 * 90 = 1800/2 = 900 €. (Dem nachrangigen Gatte bleibt trotzdem 2000 − 900 − 1000 = 100 €!) Der vorrangige Bedarf beträgt deshalb nur dann 1000 €, wenn der Pflichtige mindestens 2222 € verdient, denn dann errechnet sich der vorrangige Gattenbedarf zu 2222 * 90% = 2000/2 = 1000 €. Bei einem Bonus von 1/7 beträgt dieser Grenzwert 2333 €.

Stufe 3: Auch der Unterhalt der nachrangigen volljährigen Kinder ist bei der Berechnung des Gattenunterhalts durch Vorabzug zu berücksichtigen siehe Rn. 123). Wegen des Nachrangs muss jedoch bei mangelhafter Leistungsfähigkeit des Verpflichteten der Vorabzug unterbleiben, wenn danach dem Verpflichteten nicht mehr genug bleibt, um dem Gatten den angemessenen Unterhalt zu zahlen.[144] Wenn die Möglichkeit, den angemessenen Gattenunterhalt zu zahlen, nur eingeschränkt wäre, muss der Vorabzug teilweise unterbleiben. Zweifelhaft könnte sein, wie hoch der angemessene Gattenunterhalt zu bemessen ist, der den Bedarf einschränkenden Vorabzug hindert. Der zwischen Gatten geltende Halbteilungsgrundsatz rechtfertigt es, den Bedarf des Gatten, welcher den Vorabzug einschränkt, in gleicher Höhe zu wählen wie den angemessenen Selbstbehalt. Doch darf der vorrangige Bedarf die Gattenquote nicht übersteigen. Damit endet der Vorabzug, wenn er zu einem geringeren Gattenbedarf als dem angemessenen Selbstbehalt führt, das ist bei Bonus 10% ein Betrag von 2444 €, bei Bonus 1/7 ein Betrag von 2566 €.[145] Solange das Einkommen diesen Betrag nicht unterschreitet, hat der vorrangige Gattenunterhalt die Höhe des angemessenen Selbstbehalts. Unterschreitet es denselben, dann errechnet sich daraus ein geringerer dem Volljährigenunterhalt vorrangiger Gattenunterhalt (Die abweichende Meinung in der Vorauflage wird aufgegeben).

e) Maß des vorrangigen Gattenunterhalts (Partnerunterhalts) bei Zusammenle- 129 **ben. Lebt** der Verpflichtete mit dem Ehegatten **zusammen,** so besteht kein vorrangiger

[143] BGH, FamRZ 2008, 968 = R 689 h
[144] BGH, FamRZ 1991, 1163 = R 437 a; FamRZ 1986, 553, 555; FamRZ 1985, 912; FamRZ 1985, 912, 916
[145] Den auf diesen Prämissen beruhende Berechnungsweg hat Scholz vorgeschlagen, vgl. auch FA-FamR/Gerhard Rn. 6/90

Barunterhaltsanspruch (vgl. Rn. 3/2). Der vorrangige Anspruch des Gatten auf Familienunterhalt wirkt sich als Erhöhung des Selbstbehalts um einen Ehegattenanteil von 75% des Selbstbehalts (vgl. Rn. 3/71). Hier setzen die in Übereinstimmung mit DT B. VI. die meisten Leitlinien einen einheitlichen (Zusatz-)Bedarf von 800 € an (im Einzelnen vgl. Rn. 8). Gegenüber Ansprüchen auf Eltern- oder Enkelunterhalt beträgt dieser Bedarf 1050 € oder 1100 € (vgl. Rn. 8). Die hier festgesetzten Beträge dienen der Vereinfachung der Rechtsfindung und sind sachlich vertretbar. Es ist allerdings bedauerlich, dass die OLGs so viele verschiedene Wege eingeschlagen haben. Es ist zu wünschen, dass es hier noch zu Vereinheitlichungen kommen wird.

Einige OLGs haben diese festen Beträge offenkundig ablehnen wollen. Auch fehlen meist Angaben für den Fall, dass der vorrangige Unterhalt sich auf § 1615l BGB stützt und der Bedarf 1000 € übersteigt. In diesen Fällen müssen die in Rn. 123 dargestellten Grundsätze gelten. Dabei muss der Bedarf des Gatten vom Selbstbehalt des Unterhaltpflichtigen abgeleitet werden. Wegen der Ersparnis durch Zusammenleben ist ein Abschlag von ca. 12,5% angebracht. Wenn der Zusatzbedarf des beim Pflichtigen lebenden Gatten auch die Ersparnis beim Pflichtigen berücksichtigen soll (der **Selbstbehalt wird dann nicht wegen Zusammenlebens herabgesetzt**) muss der Abschlag ca. 25% betragen.

Das bedeutet:

Stufe 1: Gegenüber nachrangigen Ehegatten beträgt der vorrangige Bedarf 1000 − 12,5% = 875 € oder, wenn der Selbstbehalt nicht herabgesetzt werden soll: 1000 − 25% = 750 €.

Stufe 2: Gegenüber nachrangigen Volljährigen beträgt der vorrangige Bedarf 1100 − 12,5% = 963 € oder, wenn der Selbstbehalt nicht herabgesetzt werden soll: 1100 − 25% = 825 €.

Stufe 3: Gegenüber Enkeln beträgt der vorrangige Bedarf 1400 − 12,5% = 1225 € oder, wenn der Selbstbehalt nicht herabgesetzt werden soll: 1400 − 25% = 1050 €. In derselben Höhe kann zur Vereinfachung auch der vorrangige Bedarf gegenüber Ansprüchen auf Elternunterhalt angesetzt werden.

130 **f) Bedarfskorrektur ohne Mangelfall.** Wenn der Bedarf des Ehegatten durch Vorabzug des vollen nachrangigen Kindesunterhalts oder durch Dreiteilung unter Berücksichtigung eines nachrangigen Ehegatten errechnet wurde, dann ist eine Bedarfskorrektur immer dann erforderlich, wenn sich dabei ein Bedarf ergab, welcher geringer ist, als der für den Vorrang maßgebende Selbstbehalt. Diese Bedarfskorrektur ist auch dann erforderlich, wenn ohne die Korrektur dem Pflichtigen mehr als der Selbstbehalt blieb. Die nötige Bedarfskorrektur kann dann aber zum Mangelfall führen, wenn das Resteinkommen des Pflichtigen für den erhöhten Bedarf nicht mehr reicht (vgl. Rn. 139 Fall 3 a, 3 b).

7. Kürzung und Wegfall des Unterhalts nachrangig Berechtigter in Mangelfällen

131 In einem Mangelfall ist der Anspruch der **vorrangig Berechtigten** auf den angemessenen Unterhalt zuerst in **vollem Umfang** zu **erfüllen,** und zwar unabhängig davon, ob und wie viel dann für einen nachrangig Berechtigten von der Verteilungsmasse noch übrig bleibt. Ein nachrangig Berechtigter kommt erst dann zum Zug, wenn nach Befriedigung aller vorrangigen Unterhaltsansprüche und nach Deckung des Eigenbedarfs des Verpflichteten noch ein freier Betrag verbleibt.[146] (Das bedeutet jedoch nicht, dass der nachrangige Unterhalt auf eben diesen Bedarf keinen Einfluss haben könnte vgl. dazu Rn. 122 ff.).

132 Dies gilt auch, wenn ein nachrangig Berechtigter bereits einen **vollstreckbaren Unterhaltstitel** besitzt. Es ist in Rechtsprechung und Literatur anerkannt, dass es nicht zu Lasten des bevorrechtigten Unterhaltsgläubigers gehen darf, wenn ein nachrangig Berechtigter bereits einen vollstreckbaren Titel hat. Trotz eines solchen Titels sind die Ansprüche vorrangig Berechtigter so zu beurteilen, wie es im Fall gleichzeitiger Entscheidung über alle Ansprüche zu geschehen hätte. Der Verpflichtete ist gegenüber dem nachrangig Berechtigten darauf verwiesen, im Weg der Klage nach § 323 ZPO Abhilfe zu suchen.[147]

---

[146] BGH, FamRZ 1985, 357, 360; FamRZ 1984, 683, 685; FamRZ 1980, 555
[147] BGH, FamRZ 1980, 555

Deshalb mindert sich die Leistungsfähigkeit des Verpflichteten nicht um die Beträge, die er an volljährige Kinder zahlt, wenn dies zum Nachteil des angemessenen Unterhalts des vorrangig berechtigten Ehegatten geht.[148]

Da **Rangverhältnisse** erst in einem **Mangelfall aktualisiert** werden (Rn. 102), ist stets **133** vorweg festzustellen, ob die Deckungsmasse (Rn. 28, 30 f.) ausreicht, um den vollen angemessenen Bedarf aller Berechtigten und des Verpflichteten (Rn. 28, 33 f.) zu befriedigen. Wird bei dem **Vergleich des Gesamtbedarfs und der Deckungsmasse** ein Fehlbedarf festgestellt, dann müssen die durch den Mangelfall aktualisierten Rangverhältnisse geklärt werden und nachrangig Berechtigte von der Verteilung der Deckungsmasse ausgeschieden werden. Dafür spielt es keine Rolle, durch welche Art von Mangelfall (Rn. 123 f.) der Fehlbedarf verursacht worden ist.

Besteht ein **Nachrangverhältnis,** wird als weiterer Schritt die Deckungsmasse auf die **134** vollen angemessenen Unterhaltsansprüche der **vorrangig Berechtigten** und den zugehörigen Eigenbedarf des Verpflichteten verteilt.

Können diese **vorrangigen Ansprüche** auf diese Weise **voll befriedigt** werden, besteht für die vorrangig Berechtigten kein Mangelfall, der für sie eine weitere Kürzung nach Billigkeitsgrundsätzen gemäß § 1581 BGB rechtfertigen könnte. Sie erhalten im Rahmen der Leistungsfähigkeit ihren vollen angemessenen Unterhalt.

Verbleibt nach dieser Verteilung von der Deckungsmasse noch ein **Restbetrag,** dann ist dieser auf die nachrangig Berechtigten zu verteilen, in der Regel in proportionalem Verhältnis zu deren angemessenem Bedarf.

Große praktische Bedeutung hat die Frage, inwieweit ein Unterhaltspflichtiger, welcher **135** seinem **Ehepartner Familienunterhalt** schuldet, für den gegenüber dem Ehegatten nachrangigen Unterhaltsanspruch seiner **bedürftigen Eltern** leistungsfähig ist (dazu im Einzelnen Rn. 2/645, auch zur Frage, inwieweit der vom anderen Ehegatten geleistete Familienunterhalt die Leistungsfähigkeit erhöht).

Auch der Nachrang des nicht privilegierten **volljährigen Kindes** gegenüber dem **Ehe-** **136** **gatten** führt zu Problemen, weil der Unterhalt des volljährigen Kindes umgekehrt auch eheliche Lebensverhältnisse prägt und damit den Bedarf des vorrangig berechtigten Ehegatten vermindert. Die Lösung besteht darin, dass der Vorabzug des Volljährigenunterhalts den Bedarf nicht unter den angemessenen Selbstbehalt des Pflichtigen absenken darf. Dieser stell also einen Mindestbedarf im Verhältnis zum Volljährigen dar. Ergibt aber bereits die Rechnung ohne Vorabzug des Volljährigenunterhalts einen geringeren Bedarf, ist dieser maßgebend, denn die Unterhaltspflicht gegenüber dem Volljährigen kann den Bedarf des Ehegatten nicht erhöhen[149] (vgl. Rn. 128, Beispiel Rn. 139 sowie Rn. 4/58 Fall 1).

8. Rechenbeispiele zum Ausscheiden bzw. zur Berechnung des Unterhalts nachrangig Berechtigter

Fall 1 (Fortfall nachrangigen Unterhalts) **137**
Nettoeinkommen des M = 1200 €.
16-jähriger Schüler A, der bei der erwerbsunfähigen F lebt, die auch das Kindergeld von 154 € erhält.
Bedarf von A nach DT 1/3 = 365 − 77 = 288 €
M bleibt 1200 − 288 = 912 € und damit weniger als der billige Selbstbehalt von 1000 €.
Der Unterhalt der gegenüber A nachrangigen F entfällt.
Das Resteinkommen von 912 € übersteigt den notwenigen Selbstbehalt des M von 900 €. Der Kindesunterhalt ist deshalb ungekürzt zu zahlen.
Abwandlung: Fall 1 a (nur Kürzung):
M verdient 1700 €, Erwerbsbonus 10%. Bedarf von A nach DT 3/3 (nur zwei Unterhaltsverpflichtungen): 402 − 77 = 325 €. Rechnerischer Bedarf von F wäre dann = 1700 − 325 = 1375 ★ 45% = 619 €

---

[148] BGH, FamRZ 1985, 471
[149] Diese Lösung hat Scholz vorgeschlagen.

M bleibt nur $1700 - 325 - 619 = 756$ € und damit weniger als der billige Selbstbehalt gegenüber einem Ehegatten von 1000 €.

Bedarfskorrektur im Mangelfall (Rn. 127):

Dem Selbstbehalt von 1000 € entspricht nach den Bedarfskontrollbeträgen eine Abgruppierung auf 2, DT A 1 schlägt Gruppe 1 vor.

– mit Gruppe 2:

A nach DT 2/3: $384 - 77 = 307$ €

F: $1700 - 307 = 1393 \star 90\% = 1254/2 = 627$ €

M bleibt $1700 - 307 - 627 = 766$ €, also weniger als 1000 €.

F erhält den verfügbaren Rest von $1700 - 307 - 1000 = 393$ €

– mit Gruppe 1:

A nach DT 1/3: $365 - 77 = 288$ €

F: $1700 - 288 = 1412 \star 90\% = 127^1/_2 = 636$ €

M bleibt $1700 - 288 - 636 = 776$ €, also weniger als 1000 €.

F erhält den verfügbaren Rest von $1700 - 288 - 1000 = 412$ €

138   **Fall 2: mit zwei Ehegatten**

vorrangiger und nachrangiger Gatte, Erwerbsbonus 10%

Nettoeinkommen des M = 2000 €

Erwerbsloser geschiedener Ehegatte F 1

Erwerbsloser nachrangiger neuer Ehegatte F 2 (Nachrang wegen Kindesbetreuung des ersten Gatten)

Ein Kind K aus alter Ehe (5 Jahre).

K nach DT 3/1: $307 - 77 = 230$ €

Weil kein nicht prägendes Einkommen im Spiel ist und der Rang erst im Mangelfall bedeutsam wird, errechnet sich der Bedarf nach der Gleichteilungsmethode:

F1: $2000 - 230 = 1770 \star 90\% = 1593/3 = 531$ €

F2: $2000 - 230 = 1770 \star 90\% = 1593/3 = 531$ €

M bleibt: $2000 - 230 - 531 - 531 = 708$ €, also weniger als Ehegattenselbstbehalt von 1000 €, Mangelfall.

Dem Selbstbehalt von 1000 € entspricht nach den Bedarfskontrollbeträgen eine Abgruppierung auf 2, DT A 1 schlägt Gruppe 1 vor.

– mit Gruppe 2:

A nach DT 2/1: $293 - 77 = 216$ €

Auch der Bedarf von F1 ist anzuheben, weil sie vorrangig ist (Rn. 128). M muss 1000 € bleiben, also beträgt auch der Bedarf von F1 1000 €, wenn ihre Ehegattenquote (ohne F2) nicht geringer ist.

Ehegattenquote von F1: $2000 - 216 = 1784 \star 90\% = 160^6/_2 = 803$ €, also weniger als 1000 €.

Vorrangiger Bedarf von F1: 803 €

M bleibt: $2000 - 216 - 803 = 981$ €, also immer noch weniger als 1000 €.

F1 ist vorrangig und erhält den verfügbaren Rest: $2000 - 216 - 1000 = 784$ €.

F2 erhält nichts. Zum Splittingvorteil s. u.

– mit Gruppe 1:

A nach DT 1/1: $279 - 77 = 202$ €

Auch der Bedarf von F1 ist anzuheben, weil sie vorrangig ist (s. o.).

Ehegattenquote von F1: $2000 - 202 = 1798 \star 90\% = 1618/2 = 809$ €, also weniger als 1000 €.

Vorrangiger Bedarf von F1: 809 €

M bleibt: $2000 - 202 - 809 = 989$ €, also immer noch weniger als 1000 €.

F1 ist vorrangig und erhält den verfügbaren Rest: $2000 - 202 - 1000 = 798$ €.

F2 erhält nichts. Zum Splittingvorteil s. u.

Variante Fall 2 a: Einkommen beträgt 2200 €.

K nach DT 3/1: $307 - 77 = 230$ €

F1: $2200 - 230 = 1970 \star 90\% = 177^3/_3 = 591$ €

F2: $2200 - 230 = 1970 \star 90\% = 177^3/_3 = 591$ €

M bleibt: $2200 - 230 - 591 - 591 = 788$ €, also weniger als Ehegattenselbstbehalt von 1000 €, Mangelfall.

Dem Selbstbehalt von 1000 € entspricht nach den Bedarfskontrollbeträgen eine Abgruppierung auf 2, DT A 1 schlägt Gruppe 1 vor.

– mit Gruppe 2:

A nach DT 2/1: $293 - 77 = 216$ €

Der Bedarf von F1 ist anzuheben, weil sie vorrangig ist (Rn. 128). M muss 1000 € bleiben, also beträgt auch der Bedarf von F1 1000 €, wenn ihre Ehegattenquote (ohne F2) nicht geringer ist.

Ehegattenquote von F1: $2200 - 216 = 1986 \star 90\% = 178^7/_2 = 894$ €, also weniger als 1000 €.

Vorrangiger Bedarf von F1: 894 €

M bleibt: $2200 - 216 - 894 = 1090$ €,

F1: 894 €

F2 erhält den verfügbaren Rest: $2200 - 216 - 894 - 1000 = 90$ €. Zum Splittingvorteil s. u.

– mit Gruppe 1:

A nach DT $1/1$: $279 - 77 = 202$ €

Der Bedarf von F1 ist anzuheben, weil sie vorrangig ist (s. o.).

Ehegattenquote von F1: $2200 - 202 = 1998 \star 90\% = 1798/2 = 899$ €, also weniger als 1000 €.

Vorrangiger Bedarf von F1: 899 €

M bleibt: $2200 - 202 - 899 = 1099$ €.

F1 = 899 €

F2 erhält den verfügbaren Rest: $2200 - 216 - 894 - 1000 = 99$ €. Zum Splittingvorteil s. u.

Variante Fall 2 b: Einkommen beträgt 2700 €.

K nach DT $4/1$: $321 - 77 = 244$ €

F1: $2700 - 244 = 2456 \star 90\% = 2210/3 = 737$ €

F2: $2700 - 244 = 2456 \star 90\% = 2210/3 = 737$ €

M bleibt: $2700 - 244 - 737 - 737 = 982$ €, also weniger als der Ehegattenselbstbehalt von 1000 €, Mangelfall.

Dem Selbstbehalt von 1000 € entspricht nach den Bedarfskontrollbeträgen eine Abgruppierung auf 2, DT A 1 schlägt Gruppe 1 vor.

– mit Gruppe 2:

A nach DT $2/1$: $293 - 77 = 216$ €

Der Bedarf von F1 ist anzuheben, weil sie vorrangig ist (Rn. 128). M muss 1000 € bleiben, also beträgt auch der Bedarf von F1 1000 €, wenn ihre Ehegattenquote (ohne F2) nicht geringer ist.

Ehegattenquote von F1: $2700 - 216 = 2484 \star 90\% = 223^6/2 = 1118$ €, also mehr als 1000 €.

Vorrangiger Bedarf von F1: 1000 €

M bleibt: $2700 - 216 - 1000 = 1484$ €,

F1: 1000 €

F2 erhält den verfügbaren Rest: $2700 - 216 - 1000 - 1000 = 484$ €.

– mit Gruppe 1:

A nach DT $1/1$: $279 - 77 = 202$ €

Der Bedarf von F1 ist anzuheben, weil sie vorrangig ist (s. o.).

Ehegattenquote von F1: $2700 - 202 = 2498 \star 90\% = 224^8/2 = 1124$ €, also mehr als 1000 €.

Vorrangiger Bedarf von F1: 1000 €

M bleibt: $2700 - 202 - 1000 = 1498$ €.

F1 = 1000 €

F2 erhält den verfügbaren Rest: $2700 - 202 - 1000 - 1000 = 498$ €

Bemerkung zu den Beispielen: Grundsätzlich müsste der Bedarf von F1 wegen der Ersparnisse des Zusammenlebens von M und F2 noch um 10% erhöht werden. Wegen der Mangellage wirkt sich das auf das Ergebnis aber nicht aus. Ein anderes Ergebnis ergäbe sich nur dann, wenn wegen Zusammenlebens der Selbstbehalt von M herabgesetzt würde. Das ist aber bei Nachrang der zweiten Ehegatten unangebracht.

Ebenso verbleibt der nachrangigen F2 nach ständiger Rechtsprechung des BGH über § 1579 Nr. 7 BGB der **Splittingvorteil,** vgl. Rn. 4/760. Es wird unterstellt, dass dieser M zusätzlich zu dem Einkommen zur Verfügung steht, vgl. Rn. 4/390, 4/405. In Mangelfällen kann zur Vereinfachung der Splittingvorteil außer Betracht bleiben, weil der vorrangige Bedarf des ersten Ehegatten von ihm nicht beeinflusst wird:

Variante Fall 2 c: Einkommen beträgt 2700 €, dazu Splittingvorteil 386 €, insgesamt 3086 €.

K nach DT $5/1$: $335 - 77 = 258$ €

F1: $3086 - 258 = 2828 \star 90\% = 254^5/3 = 848 + 10\%$ (Vorteil des Zusammenlebens) $= 933$ €

Der Bedarf nur nach prägenden Einkünften wäre: $2700 - 244 = 2456 \star 90\% = 2210/2 = 1105$, also mehr.

Der Dreiteilungsbedarf ist im Hinblick auf die Halbteilung gegenüber M maßgebend. Doch unterschreitet der Bedarf von 933 € den Ehegattenselbstbehalt von 1000 € und ist deshalb zu Lasten des nachrangigen Ehegatten aufzufüllen. Da die Ehegattenquote von 1105 € den Selbstbehalt übersteigt, ist der Selbstbehalt von 1000 € maßgebend.

Damit ergibt sich die gleiche Höhe des Unterhalts für den ersten Ehegatten, wie dann, wenn der Splittingvorteil unberücksichtigt wäre. Das **Weglassen des Splittingvorteils** bei der Unterhaltsberechnung im **Mangelfall** ist daher eine **Vereinfachung.**

Fall 3: Ehegatte und Student   **139**

M verdient 2200 € und ist der geschiedenen Frau F und dem auswärts studierenden Kind S unterhaltspflichtig (Bonus $^1/_7$). Bedarf von S: 640 (vgl. Rn. 2/368 ff.) $- 154 = 486$ €

F: $2200 - 486 = 1714 \star {}^3/_7 = 735$ €

M bleibt 2200 − 486 − 735 = 979 €, also weniger als der angemessene Selbstbehalt von 1100 €, Mangelfall.

Der Bedarf der vorrangigen F ist gem. Rn. 128 zu korrigieren nach der Gattenquote, höchstens Selbstbehalt von M:

F: 2200 * $^3/_7$ = 942 €. Das ist weniger als 1100 € und daher maßgebend.

S erhält den verfügbaren Rest: 2200 − 942 − 1100 = 158 €

M bleibt 2200 − 942 − 158 = 1100 €.

Variante Fall 3 a: M verdient 2600 €

F: 2600 − 486 = 2114 * $^3/_7$ = 906 €

M bleibt 2600 − 486 − 906 = 1208 €, also mehr als der angemessene Selbstbehalt von 1100 €, Jedoch erhält F weniger als den Selbstbehalt von 1100 €, obgleich S den vollen Unterhalt erhält. Deshalb ist ihr Bedarf zu korrigieren (Rn. 128, 130) nach der Gattenquote, höchstens dem Selbstbehalt von M:

F: 2600 * $^3/_7$ = 1114 €. Das ist mehr als 1100 €.

Unterhalt von F: 1100 €.

S erhält den verfügbaren Rest von 2600 − 1100 − 1100 = 400 €.

Variante Fall 3 b: M verdient 2700 €

F: 2700 − 486 = 2214 * $^3/_7$ = 949 €

M bleibt 2700 − 486 − 949 = 1265 €, also mehr als der angemessene Selbstbehalt von 1100 €, Jedoch erhält F weniger als den Selbstbehalt von 1100 €, obgleich S den vollen Unterhalt erhält. Deshalb ist ihr Bedarf zu korrigieren (Rn. 128, 130) nach der Gattenquote, höchstens dem Selbstbehalt von M:

F: 2700 * $^3/_7$ = 1157 €. Das ist mehr als 1100 €.

Unterhalt von F: 1100 €.

M bleibt 2700 − 1100 − 486 = 1114 € und damit weiterhin mehr als sein Selbstbehalt. Kein Mangelfall und keine Kürzung des Kindesunterhalts (trotzdem Erhöhung des Gattenbedarfs zu Lasten des Pflichtigen).

Variante Fall 3 c: M verdient 2600 €, jedoch sind wegen vermögensbildender Schulden 400 € im Verhältnis zu S abzuziehen, im Verhältnis zu F aber nicht[150]

F: 2600 − 486 = 2114 * $^3/_7$ = 906 €

M bleibt 2600 − 486 − 906 = 1208 €, also mehr als der angemessene Selbstbehalt von 1100 €, Jedoch erhält F weniger als den Selbstbehalt von 1100 €, obgleich S den vollen Unterhalt erhält. Deshalb ist ihr Bedarf zu korrigieren (Rn. 128, 130) nach der Gattenquote, höchstens dem Selbstbehalt von M:

F: 2600 * $^3/_7$ = 1114 €. Das ist mehr als 1100 €.

Unterhalt von F: 1100 €.

Bei der Berechnung der Leistungsfähigkeit gegenüber S sind jedoch auch die vermögensbildenden Schulden von 400 € zu berücksichtigen.

S erhält den verfügbaren Rest von 2600 − 400 − 1100 − 1100 = 0 €, also nichts.

140 **Fall 4: Kind und Student**

M verdient 1700 € und ist dem Kind K (7 Jahre) und dem auswärts studierenden Kind S (22 Jahre) unterhaltspflichtig.

Bedarf von K nach DT 3/1 (nur zwei Unterhaltsberechtigte): 307 − 77 = 230 €.

Bedarf von S: 640 (vgl. Rn. 2/368 ff.) − 154 = 486 €

M bleibt 1700 − 486 − 230 = 984 €, also weniger als der angemessene Selbstbehalt von 1100 €, Mangelfall.

Bedarfskorrektur für K (vgl. Rn. 127) ist unnötig, weil bereits in Gruppe 3.

Der Bedarf der vorrangigen F ist gem. Rn. 128 zu korrigieren nach der Gattenquote, höchstens Selbstbehalt von M:

F: 2200 * $^3/_7$ = 942 €. Das ist weniger als 1100 € und daher maßgebend.

S erhält den verfügbaren Rest: 2200 − 942 − 1100 = 158 €

M bleibt 2200 − 942 − 158 = 1100 €.

141 **Fall 5: Ehegatte, Kind und Student**

M verdient 2500 € und ist dem geschiedenen einkommenslosen Gatten F, dem Kind K (2 Jahre) und dem auswärts studierenden Kind S (22 Jahre) unterhaltspflichtig.

Bedarf von K nach DT 4/1: 321 − 77 = 244 €

Bedarf von S: 640 (vgl. Rn. 2/368 ff.) − 154 = 486 €

F: 2500 − 244 − 486 = 1770 * $^3/_7$ = 759 €

M bleibt 2500 − 244 − 486 − 759 = 1011 €, also weniger als der angemessene Selbstbehalt von 1100 €, Mangelfall.

---

[150] Vgl BGH, FamRZ 2008, 963 = R 692 d

Der Bedarf der vorrangigen F ist gem. Rn. 128 zu korrigieren nach der Gattenquote, höchstens Selbstbehalt von M:

F: $(2500 - 244)^{\star}\ 3/7 = 967\ €$. Das ist weniger als 1100 € und daher maßgebend:

F: 967 €

S bleibt der verfügbare Rest von $2500 - 244 - 967 - 1100 = 189\ €$.

M bleibt $2500 - 244 - 967 - 189 = 1100\ €$.

Nach Rn. 127 wäre allerdings auch der Bedarf von K auf Gruppe 3 zu korrigieren, weil deren Bedarfskontrollbetrag dem Selbstbehalt von 1100 € entspricht. Das ergibt folgende Berechnung:

Korrigierter Bedarf von K nach DT 3/1: $307 - 77 = 230\ €$

Korrigierter Bedarf von F: $(2500 - 230)\ \star\ 3/7 = 973\ €$. Das ist weniger als 1100 € und daher maßgebend:

F: 973 €

S bleibt der verfügbare Rest von $2500 - 230 - 973 - 1100 = 197\ €$.

M bleibt $2500 - 230 - 973 - 197 = 1100\ €$.

Die geringe Abweichung zeigt, dass man in vielen Fällen auf die Korrektur des Kindesunterhalts wird verzichten können.

9. Verteilung bei Gleichrang (mit Beipielen)

Besteht zwischen den Unterhaltsberechtigten Gleichrang, wie bei mehreren minderjäh- **142** rigen Geschwistern oder mehreren Kinder betreuenden Ehegatten, dann ist das den Selbstbehalt übersteigende Einkommen unter den Unterhaltsberechtigten zu verteilen.

a) Proportionale Verteilung mit Beispiel. In der Regel wird in Übereinstimmung mit der Rechtsprechung des BGH und vielen Leitlinien das den jeweiligen Selbstbehalt übersteigende Einkommen nach dem Verhältnis der Bedarfsbeträge auf die gleichrangigen Unterhaltsberechtigten verteilt. Dabei werden teilweise beim Gatten/Partnerunterhalt nicht die individuell errechneten Bedarfsbeträge, sondern feste Mindestwerte zugrunde gelegt.[151]

Fall 1

M verdient 1800 € und ist gegenüber seinen Kindern A und B, welche beide auswärts studieren, allein unterhaltspflichtig.

Bedarf von A und B jeweils $640 - 154 = 486\ €$.

M bleibt $1800 - 486 - 486 = 828\ €$, also weniger als der angemessene Selbstbehalt gegenüber volljährigen Kindern von 1100 €. Verfügbar für beide: $1800 - 1100 = 700\ €$.

Dieser Betrag ist auf beide gleichmäßig zu verteilen: Das bedeutet, dass beide Ansprüche im gleichen Verhältnis zu kürzen sind.

Der Bedarf beträgt $486 + 486 = 972\ €$,

verfügbar sind nur 700 €,

daher Kürzung auf die Mangelquote von $700/972 = 72,02\%$,

nämlich $486 \star 72,02\% = 350\ €$.

M bleibt $1800 - 350 - 350 = 1100\ €$, also sein angemessener Selbstbehalt.

Fall 2   **143**

M verdient 1300 € und ist gegenüber seinen Kindern A (3 Jahre alt) und B (9 Jahre alt), die von der wieder verheirateten F betreut werden, unterhaltspflichtig.

Bedarf von A nach DT08 1/1: $279 - 77 = 202\ €$:

Bedarf von B nach DT08 1/2: $322 - 77 = 245\ €$:

M bleibt $1300 - 202 - 245 = 853\ €$, also weniger als der notwendige Selbstbehalt von 900 €.

Verfügbar sind nur $1300 - 900 = 400\ €$.

Der Bedarf beläuft sich aber auf $202 + 245 = 447\ €$.

Die Mangelquote beträgt: $400/447 = 89,49\%$.

A erhält $202 \star 89,49\% = 181\ €$,

B erhält $245 \star 89,49\% = 219\ €$,

M bleibt $1300 - 181 - 219 = 900\ €$ und damit sein notwendiger Selbstbehalt.

Fall 3 Gattenunterhalt mit individuellen Bedarfsbeträgen   **144**

M verdient 2000 € und ist gegenüber den erwerbsunfähigen geschiedenen Ehefrauen F1 und F2 unterhaltspflichtig, F2 bezieht eine Rente von 300 €.

Es besteht Gleichrang.

---

[151] Vgl. Reinken FPR 2008 9, 14

Bedarf von F1 und F2: 2000 * 90% + 300= 2100/3 = 700 €.
F1: 700 €
F2: 700 – 300 = 400 €
M bleibt 2000 – 700 – 400 = 900 €, also weniger der Ehegattenselbstbehalt von 1000 €.
Unterhaltsbedarf: 400 + 700 = 1100 €.
Verfügbar nur: 2000–1000 = 1000 €.
Mangelquote: 1000/1100 = 90,9%
F1: 700 * 90,9% = 636 €
F2: 400 * 90,9% = 364 €
M bleibt 2000–636–364 = 1000 €

145 **Fall 3 Berechnung mit Mindestbedarfsbeträgen**[152]
M verdient 2000 € und ist gegenüber den erwerbsunfähigen geschiedenen Ehefrauen F1 und F2, F2
bezieht eine Rente von 300 €,
Es besteht Gleichrang.
Bedarf von F1 und F2: 2000 * 90% + 300 = 2100/3 = 700 €.
F1: 700 €
F2: 700 – 300 = 400 €
M bleibt 2000 – 700 – 400 = 900 €, also weniger der Ehegattenselbstbehalt von 1000 €.
Bedarf F1: 770 €
Bedarf F2: 770–300 = 470 €
Bedarfssumme: 770 + 470 = 1240 €.
Verfügbar nur: 2000–1000 = 1000 €.
Mangelquote: 1000/1240 = 80,6%
F1: 770 * 80,6% = 621 €
F2: 470 * 80,6% = 379 €
M bleibt 2000 – 621 – 379 = 1000 €

146   **b) Individuelle Verteilung.** Nur bei Vorliegen besonderer Gründe kann eine davon
abweichende individuelle Verteilung erfolgen. So könnte bei Kindern eine abweichende
Verteilung damit begründet werden, dass eines der Kinder in der Lage ist, durch das Geben
von Nachhilfestunden hinzu zu verdienen. Derartige Abweichungen haben allerdings wenig
Bedeutung für die Rechtspraxis, weil die Kinder meist zusammenleben und die Verteilung
des Unterhalts zwischen Ihnen auf die Deckung des gemeinsamen Bedarfs keine Auswirkungen hat. Das berührt sich mit der wertenden Korrektur der Einkommens- und Bedarfsposten
im Mangelfall (Rn. 63 ff.).

10. Beispiele für Mangelfallrechnungen mit mehreren Unterhaltsberechtigten teil-
weise verschiedenen Ranges

147   **Fall 1: Konkurrenz gleichrangiger Ehegatten mit Familienunterhalt**
Nettoeinkommen des M = 2000 €
Krankheitsunterhalt nach § 1572 I BGB für gering verdienende F 1 (Einkommen 400 €) aus erster
Ehe, lange Ehedauer.
Familienunterhalt für F 2 aus neuer Ehe, welche das gemeinsame Kind A (1 Jahr) betreut;
Bedarf von A nach DT 3/1: 307 – 77 = 230 €
im ersten Rang nach § 35 Nr. 4 a EGZPO, §§ 1609 Nr. 1, 1612 b BGB
Für M und die nachrangigen Berechtigten bleibt 2000 – 230 = 1770 €.
Der Unterhalt für F1 ist prägend für den Bedarf von F2 und der vorrangige Unterhalt von F2 ist
prägend für den von F1, daher Dreiteilung (Bonus 10%).
Verfügbares Gesamteinkommen: 1770 * 90% + 400 * 90% = 1953 €
Rechnerischer Bedarf: 1953 : 3 = 651 €
Wegen der Vorteile des Zusammenlebens erhöht sich der Bedarf von F1 und ermäßigt sich von M
und F2:
Bedarf von F1: 651 + 10% = 716 €,
Unterhalt von F1: 716 – 400 * 90% = 356 €
Bedarf von M und F2: 651 – 5% = 618 €.
Für M bleibt: 2000 – 230 – 356 – 618 = 796 €, daher Mangelfall.
Lösung mit und Abgruppierung nach Gruppe 2 (vgl. Rn. 17, 127)

---

[152] Vgl. Reinken FPR 2008, 9, 14

Bedarfkorrektur im Mangelfall:
Bedarf von A nach DT 2/1: 293 − 77 = 216 €
Korrigierter rechnerischer Bedarf: 2000 − 216 = 1784 * 90% + 400 * 90% = 1966/3= 655 €
Erhöht wegen Zusammenleben von M und F2: 655 + 10% = 721 − 400*90% =361 €
F2 vermindert wegen Zusammenleben: 655 − 5% = 622 €
Gleichrangiger Unterhalt insgesamt: 361 + 622 = 983 €
M bleibt 2000 − 216 − 983 = 801 € und damit weniger als der verminderte Selbstbehalt von 1000 €. Eine Herabsetzung auf 875 € erfolgt nicht, weil F2 einkommenslos ist (Rn. 17).
Verfügbar: 2000 − 216 − 1000 = 784 €
Mangelquote: 784/983 = 79,8%
F1: 361 * 79,8% = 288 €
F2: 622 * 79,8% = 496 €
M bleibt 2000 − 216 − 288 − 496 = 1000 €.
Lösung mit festen Einsatzbeträgen
Gem. DT A.1. Abgruppierung nach Gruppe 1
Bedarf von A: 279 − 77 = 202 €.
Bleibt: 2000 − 202 = 1798 €
F1: 900 − 400 = 500 €
F2 wegen Zusammenlebens statt 770: 560 €
Gesamtbedarf: 500 + 560 = 1060 €
Verfügbar: 2000 − 202 − 1000 = 798 €
Mangelquote: 798/1060 = 75,3%
F1: 500 * 75,3% = 376 €
F2: 560 * 75,3% = 422 €
M bleibt 2000 − 202 − 376 − 422 = 1000 €

Abwandlung des Falles: F2 hat sich von M getrennt.   148
Lösung mit Abgruppierung nach Gruppe 2 (vgl. Rn. 17, 127) und individuellem Bedarf
Bedarfkorrektur im Mangelfall:
Bedarf von A nach DT 2/1: 293 − 77 = 216 €
Korrigierter rechnerischer Bedarf: 2000 − 216 = 1784 * 90% + 400 * 90% = 1966/3 = 655 €
F1: 655 − 400 * 90% = 295 €
F2: 655 €
Gleichrangiger Unterhalt insgesamt: 295 + 655 = 950 €
M bleibt 2000 − 216 − 950 = 834 € und damit weniger als der verminderte Selbstbehalt von 1000 €.
Verfügbar: 2000 − 216 − 1000 = 784 €
Mangelquote: 784/950 = 82,5%
F1: 295 * 82,5% = 243 €.
F2: 655 * 82,5% = 540 €
M bleibt 2000 − 216 − 243 − 540 = 1001 €.
Lösung mit festen Einsatzbeträgen
Gem. DT A.1. Abgruppierung nach Gruppe 1
Bedarf von A: 279 − 77 = 202 €.
Bleibt: 2000 − 202 = 1798 €
F1: 900 − 400 = 500 €
F2: 770 €
Gesamtbedarf: 500 + 770 = 1270 €
Verfügbar: 2000 − 202 − 1000 = 798 €
Mangelquote: 798/1270 = 62,8%
F1: 500 * 62,8% = 314 €
F2: 770 * 62,8% = 484 €
M bleibt 2000 − 202 − 314 − 484 = 1000 €
Fall 2 Konkurrenz der Ehegatten: erster Ehegatte nachrangig
Nettoeinkommen des M = 2400 €   149
Krankheitsunterhalt nach § 1572 I BGB für gering verdienende F 1 (Einkommen 400) aus erster Ehe (keine lange Ehedauer).
Familienunterhalt für F 2 aus neuer Ehe, welche das gemeinsame Kind A (1 Jahr) betreut;
Wegen Mangellage im 2. Rang Abgruppierung nach Gruppe 2 (vgl. Rn. 127)
Unterhalt vom A nach DT 2/1: 293 − 77 = 216 €
Für M und die nachrangigen Berechtigten bleibt 2400 − 216 = 2184 €.
Verfügbares Gesamteinkommen: 2198 * 90% + 400 * 90% = 2338 €
Rechnerischer Bedarf: 2338 : 3 = 779 €

Wegen der Vorteile des Zusammenlebens erhöht sich der Bedarf von F1 und ermäßigt sich von M und F2:

Bedarf von F1: 779 + 10% = 857 €,

Unterhalt von F1: 857 − 400 ★ 90% = 497 €

Bedarf von M und F2: 779 − 5% = 740 €.

Für M und F2 bleibt: 2400 − 202 − 497 = 1701 €, also weniger als der um den Gattenanteil erhöhte Selbstbehalt von M von 1000 ★ 2 − 12,5% = 1750 €.

Die nachrangige F1 erhält nur: 2400 − 202 − 1750 = 448 €

Alternative Berechnung mit festen Einsatzbeträgen:

F1: 900 − 400 = 500 €

F2 nach DT A.1.: 800 €

F1 erhält den nach Abzug von Kindes- und vorrangigem Gattenunterhalt und Selbstbehalt verbleibenden Betrag.

F2: 2400 − 202 − 800 − 1000 = 398 €

M bleibt 2400 − 202 − 800 − 398 = 1000 €

150   **Abwandlung des Falles:** F2 hat sich von M **getrennt.**

Bedarf von M, F1 und F2 nach Dreiteilung wie oben: 779 €

Rechnerischer Unterhaltsbedarf von F1: 779 − 400 ★ 90% = 419 €

M bleibt 2400 − 202 − 779 − 419 = 1000 €. Damit ist der Selbstbehalt von M nicht unterschritten. Doch F2 erhält trotz ihres Vorrangs nur 779 €, also weniger als den billigen Selbstbehalt. Die Gattenquote von F2 überschreitet jedoch diesen Betrag.

Vorrangiger Unterhalt von F2 daher: (2400 − 202) ★ 90%/2 = 989 €.

Deshalb ist der Unterhalt von F2 auf diesen Betrag aufzufüllen.

Für F1 bleibt: 2400 − 202 − 989 − 1000 = 209 €.

Alternative Berechnung mit festen Einsatzbeträgen:

Dann erhält F2 nicht 800, sondern 1000 €.

F2 erhält den Rest: 2400 − 202 − 1000 − 1000 = 198 €

11. Altfälle

151   Durch das Unterhaltsabänderungsgesetz wurde die Rangfolge wesentlich geändert. Minderjährige und privilegiert volljährige Kinder waren früher mit den Ehegatten gleichrangig. Bei verschiedenem Rang der beiden Ehegatten bestand der Gleichrang mit dem vorrangigen Ehegatten. Unter den Ehegatten bestand absoluter Vorrang des früheren Ehegatten, sofern er Kinder betreute oder seine Ehe lang war. Sonst bestand Gleichrang, wenn dem späteren Ehegatten im Falle der Scheidung ein Unterhaltsanspruch zustände. Vorrangig konnte der neue Ehegatte aber nie sein.

Anders als bei der vorhergehenden Reform nach Art. 12 Nr. 3 1. EheRG vom 14. 6. 1976 (BGBl I, S. 1421) **gelten die neuen Rangregeln auch für Altehen,** also auch für die vor dem 1. 7. 1977 geschlossenen Ehen. Damit ist das alte Recht in keinem Fall mehr anzuwenden. Dem Vertrauensschutz der Altehen dienen nur Verfahrensvorschriften: Nach § 36 Nr. 1 EGZPO führt das neue Rangverhältnis zwar grundsätzlich zu einer Änderung des Anspruchs. Jedoch wird für bestehende Titel und Vereinbarungen (zu denen nach dem Regierungsentwurf S. 56 auch tatsächliche Unterhaltszahlungen, die der Berechtigte akzeptiert − stillschweigende Vereinbarungen − gehören) die Abänderung doppelt eingeschränkt: Die Änderung muss

− wesentlich sein (also um mehr als 10% des Unterhalts betragen) und sie muss

− unter besonderer Berücksichtigung des Vertrauens in die getroffene Regelung zumutbar sein. Ein solcher Vertrauensschutz wird aber nur befrist gelten können, um eine Umstellung auf die neue Lage zu erleichtern. Im Einzelnen vgl. Rn. 10/176 a−f.

152   **Bereits entstandene Unterhaltsansprüche** bleiben jedoch bestehen. Daher bleibt für Unterhaltsrückstände das alte Unterhaltrecht noch wenige Jahre bedeutsam. Für den Mangelfall mit einem Ehegatten und minderjährigen Kindern musste der BGH wegen des Gleichrangs bei verschiedener Bemessung des Bedarfs und des Selbstbehalts eine komplizierte Mangelfallberechnung durchführen, welche hier am Standardfall (Rn. 153) und zwei Lösungen nach altem Recht (unter Verwendung der früheren Berechnungsmethoden und der zuletzt verwendeten Selbstbehalte) dargestellt wird:

Der Selbstbehalt beim Trennungsunterhalt mit minderjährigen Kindern betrug nach den meisten Oberlandesgerichten für Kinder und Ehegatten 900 € während das Kammergericht und das OLG Schleswig zweistufig rechneten. Nach der BGH-Entscheidung vom 15. 3. 2006[153] tendierten allerdings immer mehr OLGs dazu, ebenfalls ebenfalls zweistufig zu rechnen und dabei für den Ehegatten den höheren Selbstbehalt von 1000 € anzusetzen.

Lösung 1: Mangelfallrechnung mit Gattenquote $^1/_7$ ohne Anwendung des Bedarfskontroll- 153
betrags (wie früher OLG Celle CL 21.2 nach DT 07)
Bedarf von A nach DT 5/1: 259
Bedarf von B nach DT 5/2: 314
Bedarf der F = 2000 − 259 − 314 = 1427 × $^3/_7$ = 612.
Gesamtbedarf = 259 + 314 + 612 = 1158
Verteilungsmasse nur = 2000 − 900 = 1100
Daher liegt ein Mangelfall vor. Nach BGH, FamRZ 2003, 363 und CL 23.2 für die Kinder 135% des Regelbetrags, also die Bedarfssätze der Gruppe 6 der Düsseldorfer Tabelle, für den getrennt lebenden Gatten der notwendige Selbstbehalt:
Einsatzbeträge:

K 1	273 €
K 2	331 €
F	770 €

Die Summe der Einsatzbeträge beträgt: 1374 €, daher sind dieselben im Verhältnis 1100 : 1374 auf die Verteilungsmasse zu kürzen:

A	273 × 1100 : 1374 = 219 €
B	331 × 1100 : 1374 = 265 €
F	770 × 1100 : 1374 = 616 €

Der Mangelunterhalt von A liegt um 273 − 219 = 54 € unter dem Existenzminimum, Der Kindergeldabzug ist daher gem. § 1612 b V BGB um 54 € auf 154 : 2 − 54 = 23 € zu kürzen.
Der Mangelunterhalt von B liegt um 331 − 265 = 66 € unter dem Existenzminimum, Der Kindergeldabzug ist daher gem. § 1612 b V BGB um 66 € auf 154 : 2 − 66 = 11 € zu kürzen.
Kindesunterhalt nach Verrechnung:

K 1	219 − 23 = 196 €
K 2	265 − 11 = 254 €

M bleiben 2000 − 196 − 254 − 616 = 934 €, weil hier ein Teil des Kindesgeld beim Pflichtigen verbleibt.

Lösung 2: Zweistufige Berechnung nach dem Kammergericht mit Erwerbsbonus $^1/_7$, ohne 154
Bedarfskontrollbetrag (nach DT 07)
Bedarf von A nach DT 5/1: 259
Bedarf von B nach DT 5/2: 314
Bedarf der F = 2000 − 259 − 314 = 1427 × $^3/_7$ = 612.
Gesamtbedarf = 259 + 314 + 612 = 1158
Verteilungsmasse nach dem billigen Selbstbehalt = 2000 − 1000 = 1000
Daher liegt ein Mangelfall vor:
1. Stufe
Einsatzbeträge:

A	273 €
B	331 €
F	770 €

Die Summe der Einsatzbeträge beträgt: 1374 €, daher sind dieselben im Verhältnis 1000 : 1374 auf die Verteilungsmasse zu kürzen:

F	770 × 1000 : 1374 = 560 €

2. Stufe
M bleibt 2000 − 560 = 1440 €,
Verteilungsmasse für Kinder: 1440 − 900 = 540 €
Einsatzbeträge der Kinder insgesamt: 604 €

---

[153] BGH, FamRZ 2006, 683

Gekürzter Unterhalt der Kinder:

> A $273 \times 540 : 604 = 244$ €
> K 2 $331 \times 540 : 604 = 296$ €

Der Mangelunterhalt von A liegt um $273 - 244 = 29$ € unter dem Existenzminimum, Der Kindergeldabzug ist daher gem. § 1612 b V BGB um 29 € auf $154 : 2 - 29 = 48$ € zu kürzen.
Der Mangelunterhalt von B liegt um $331 - 296 = 35$ € unter dem Existenzminimum, Der Kindergeldabzug ist daher gem. § 1612 b V BGB um 35 € auf $154 : 2 - 35 = 42$ € zu kürzen.
Kindesunterhalt nach Verrechnung:

> K 1 $244 - 48 = 196$ €
> K 2 $296 - 42 = 254$ €

M bleiben $2000 - 196 - 254 - 560 = 990$ €, weil auch hier ein Teil des Kindesgeld beim Pflichtigen verbleibt.

IV. Rangverhältnis zwischen mehreren Verpflichteten

155   Für einen unterhaltsrechtlich Bedürftigen können auch mehrere Personen unterhaltspflichtig sein. In diesem Fall besteht zwischen den Unterhaltpflichtigen ein Rangverhältnis, welches regelt, wer von ihnen den Unterhalt zahlt, wenn kein Mangelfall vorliegt und in welcher Reihenfolge sie bei nicht ausreichenden Mitteln zum Unterhalt heranzuziehen sind.

1. Rangordnung unter unterhaltspflichtigen Verwandten (Rn. 2/604 f)

156   Nach § 1606 I BGB haften die Verwandten nur in **gerader Linie.** Die Verwandten der absteigenden Linie haften vor denen der aufsteigenden Linie. Unter den Verwandten der aufsteigenden und der absteigenden Linie haften nach § 1606 II BGB jeweils die Näheren vor den Entfernteren.

157   **a) Minderjährige Kinder.** Bedürftig sind in erster Linie die noch nicht erwerbsfähigen minderjährigen Kinder. Diese haben keine leistungsfähigen Verwandten der absteigenden Linie. Deshalb haften für sie die Eltern als nächste Verwandte der aufsteigenden Linie. Deren Haftung hat der Gesetzgeber nach § 1603 II BGB gegenüber derjenigen anderer Verwandter erheblich verschärft. Danach erst kommen die Großeltern und danach etwaige Urgroßeltern in Betracht.

158   **b) Andere Verwandte.** Andere Bedürftige können leistungsfähige Verwandte der absteigenden und der aufsteigenden Linie haben. Doch sind **volljährige Kinder während der Ausbildung** in der Regel weiter auf den Unterhalt ihrer Eltern angewiesen. Heiraten sie allerdings, so haftet nach § 1608 1 BGB vorrangig der Ehepartner (vgl. Rn. 164).
Durch den Rückgriff der Sozialämter in Fällen der Pflegebedürftigkeit in Alter hat der Elternunterhalt (Unterhaltsanspruch gegen die Kinder) erhebliche aktuelle Bedeutung erlangt. Dazu näheres vgl. Rn. 2/604.

2. Ersatzhaftung im Mangelfall

159   Ein nachrangiger Verwandter haftet ersatzweise bei eingeschränkter Leistungsfähigkeit (§ 1603 BGB) des vor ihm haftenden (§ 1607 I BGB). In diesem Fall besteht keine Unterhaltpflicht des eigentlich vorrangig haftenden. Anders wenn nur aus tatsächlichen Gründen der Berechtigte den Unterhalt von dem vorrangig Haftenden nicht erlangen kann (weil er sich etwa der Zahlung entzieht). In diesem Fall besteht der Anspruch gegen den erstrangig Unterhaltspflichtigen fort.

3. Mehrere unterhaltspflichtige Ehegatten

Zwar erlischt bei Wiederheirat der Anspruch auf Ehegattenunterhalt (§ 1586 BGB), Doch **160**
lebt er wieder auf, wenn die folgende Ehe geschieden wird und der Ehegatte ein Kind aus
der früheren Ehe betreut (§ 1586 a I BGB). Dadurch kann es vorkommen, dass zwei
geschiedene Ehegatten nebeneinander unterhaltspflichtig sind. Hier besteht **Nachrang des
jeweils früheren Ehegatten** und entsprechend eine vorrangige Haftung des späteren Ehegatten (§ 1586 a II BGB).

4. Ehegatte neben nichtehelichem Elternteil

Wenn ein nach § 1615 l BGB unterhaltsberechtigter Elternteil einen Dritten heiratet, **161**
erlischt analog § 1586 BGB sein Anspruch nach § 1615 l BGB.[154] Dementsprechend muss er
aber analog § 1586 a I BGB auch wiederaufleben, wenn die Ehe geschieden wird. Doch
besteht dann analog § 1586 II BGB **Nachrang des Anspruchs nach § 1615 l BGB
gegenüber einem etwa vorhandenen Anspruch auf Geschiedenenunterhalt.** Besteht
allerdings kein solcher Anspruch, dann wirkt sich dieser Nachrang auch nicht zu Lasten des
Berechtigten aus.

Wenn **nach der Eheschließung** ein nichtehel. Kind geboren wird und dadurch ein **162**
Anspruch nach § 1615 l BGB entsteht, so besteht dieser **gleichrangig** neben einem etwaigen Anspruch auf Betreuungsunterhalt wegen eines ehel. Kindes nach § 1570 BGB.[155]

5. Nichteheliche Elternteile untereinander

Nicht entschieden ist das Verhältnis mehrerer Ansprüche nach § 1615 l BGB gegen **163**
verschiedene Väter. Hier dürfte wie im entsprechenden Fall Rn. 162 Gleichrang bestehen.

6. Ehegatten oder nichtehel. Elternteile neben Verwandten

a) Rangordnung. Die Rechtsfolgen des § 1581 BGB treten trotz festgestellter be- **164**
schränkter Leistungsfähigkeit des Verpflichteten auch dann nicht ein, wenn es **leistungsfähige Verwandte des Berechtigten** gibt, die für dessen Unterhalt aufkommen können.
Grundsätzlich haftet der verpflichtete **Ehegatte vor Verwandten** des berechtigten Ehegatten für den Unterhalt. Dies gilt nach § 1584 S. 1 BGB für den nachehelichen Unterhalt,
nach § 1608 S. 1 BGB für den Familien- und Trennungsunterhalt.[156] Mit der Eheschließung
übernehmen die Eheleute eine primäre gegenseitige Unterhaltsverpflichtung füreinander,
deren Ausgestaltung ihrem gemeinsamen Lebensplan entspricht. Darin liegt keine verfassungswidrige Erschwerung der Eheschließung.[157] Deshalb besteht bei Leistungsfähigkeit des
Verpflichteten grundsätzlich kein Unterhaltsanspruch gegen nachrangig verpflichtete Verwandte.

b) Umkehrung des Rangverhältnisses im Mangelfall. Dieses Rangverhältnis (Rn. **165**
164) **kehrt sich um in einem Mangelfall**, d. h. wenn der verpflichtete Ehegatte ohne
Gefährdung seines eigenen angemessenen Unterhaltsbedarfs zur Unterhaltsleistung nicht in
der Lage ist. Nach den §§ 1584 S. 2, 1608 S. 2 BGB haften im Mangelfall die leistungsfähigen Verwandten des Berechtigten vor dem verpflichteten Ehegatten. Die Verwandten
sind dann vorrangig zum Unterhalt verpflichtet. Vom Ehegatten kann nur nachrangig ein
Billigkeitsunterhalt nach § 1581 BGB verlangt werden, wenn es keine leistungsfähigen
Verwandten des Berechtigten gibt.

---

[154] BGH, FamRZ 2005, 347 = R 622 b
[155] BGH, FamRZ 2005, 347 = R 622 a
[156] Bis zum 31. 12. 2007 war für Ehen, die vor dem 1. 7. 1977 geschieden wurden, § 63 I 1 EheG
    maßgebend
[157] BGH, FamRZ 1985, 353

Wegen der Klausel „soweit" in den §§ 1584 S. 2, 1608 S. 2 BGB gilt diese Rangumkehrung allerdings nur in Bezug auf den Teil des eigenen angemessenen Unterhaltsbedarfs des Verpflichteten, der gefährdet wäre, wenn der Verpflichtete den vollen Unterhalt des Berechtigten zahlen würde. Dies hat zur Folge, dass die Verwandten des Berechtigten nur in Höhe des leistungsmäßigen Fehlbedarfs vorrangig haften können.

Die **Abkehr des BGH vom variablen Ehegattenselbstbehalt**[158] beschränkt allerdings die Rangumkehrung auf Fälle, in denen es wegen des Mangelfalls nach Rn. 47–97 zu wertenden Änderungen im Einnahmen- oder Ausgabenbereich kommt. Kommt es nicht zu dieser Neubewertung, so berechnet sich die Ersatzhaftung wie in jedem anderen Fall nach dem Ausfall beim vorrangig Verpflichteten.

166   **c) Angemessener Unterhalt und eheliche Lebensverhältnisse.** Eine weitere Unterscheidung ergibt sich daraus, dass der Verwandtenunterhalt sich nach dem angemessenen Unterhalt bemisst und sich vom Unterhalt nach den ehelichen Lebensverhältnissen der Höhe nach unterscheiden kann.[159] Da der Verwandtenunterhalt sich nach § 1610 BGB bemisst und nicht wie der Gattenunterhalt gem. § 1578 I BGB von an den gemeinsamen Lebensstandard anknüpft, wird er allenfalls in einem Rahmen zwischen dem Unterhalt eines Studenten und dem angemessenen Selbstbehalt, also im Rahmen zwischen 640 und 1100 € liegen können. Am besten dürfte es sein, hier den notwendigen Selbstbehalt von 770 € heranzuziehen, der in vielen Leitlinien auch als Mindestbedarf eines nichtehelichen Elternteils nach § 1615 l BGB angesetzt wird. Liegt dieser Bedarf höher als der nach den ehelichen Lebensverhältnissen, dann ergibt sich bereits daraus eine Ersatzhaftung.

167   Bei **mehreren** leistungsfähigen Verwandten des Berechtigten haften die Abkömmlinge vor Verwandten der aufsteigenden Linie und dabei jeweils die näheren Verwandten vor den entfernteren Verwandten (§ 1606 I 2 BGB).

168   **d) Folgen der Ersatzhaftung.** Wenn und soweit ein Berechtigter im Sinn der bisherigen Ausführungen einen **vorrangigen Anspruch** gegenüber einem **leistungsfähigen Verwandten** hat, ist er in diesem Umfang gegenüber dem Verpflichteten nicht bedürftig. Er hat dann diesem gegenüber insoweit auch keinen Unterhaltsanspruch. Haftet demgegenüber der nachrangig Verpflichtete nur deshalb, weil die Rechtsverfolgung im Inland ausgeschlossen oder erheblich erschwert ist, bleibt nach § 1607 II BGB die Unterhaltsverpflichtung bestehen, und es geht der Anspruch auf den Zahlenden über (siehe Rn. 170).

169   Sonst sind leistungsfähige Verwandte in diesem Sinn **Unterhaltsschuldner auf Grund eigener Haftung.** Ein Rückgriff auf den erstverpflichteten Ehegatten scheidet aus. Ein Ersatzanspruch nach allgemeinen schuldrechtlichen Grundsätzen (§§ 677 f., 812 f. BGB) kann nur dann in Betracht kommen, wenn Dritte oder nicht zum Unterhalt verpflichtete Verwandte dem Berechtigten Unterhalt leisten.

Kommt ein Elternteil allein für den Unterhalt eines ehelichen Kindes auf, kann er in den Grenzen des § 1613 I BGB einen **familienrechtlichen Ausgleichsanspruch** gegen den anderen Elternteil haben (vgl. Rn. 2/529 ff.).

170   Beruft sich der **verpflichtete Ehegatte** auf den Verwandtenvorrang der §§ 1584, 1608 BGB wegen eigener beschränkter Leistungsfähigkeit, so muss er **darlegen und nachweisen,** dass und in welchem Umfang er ohne Gefährdung seines eigenen angemessenen Unterhaltsbedarfs nicht leistungsfähig ist.

171   **e) Beweislast.** Der **Berechtigte** hat dann seinerseits die Darlegungs- und Beweislast für alle Tatsachen, aus denen sich ergibt, dass er keinen Anspruch gegen Verwandte hat, d. h., er muss nachweisen, dass alle in Frage kommenden Verwandten ihrerseits in Höhe des Fehlbedarfs nicht leistungsfähig sind (zur Leistungsfähigkeit beim Verwandtenunterhalt vgl. Rn. 6, 2/273).

Nimmt der Berechtigte einen nachrangig haftenden Verwandten in Anspruch, muss er darlegen und nachweisen, dass der erstverpflichtete Ehegatte in Höhe des Fehlbedarfs nicht leistungsfähig ist oder dass die Rechtsverfolgung im Inland unmöglich oder erheblich erschwert ist (§§ 1584 S. 3, 1608 S. 3, 1607 II 2 BGB). Im letzteren Fall gibt es einen

---

[158] BGH, FamRZ 2006, 683 = R 649 d
[159] Nach § 1578 Abs. 1 S. 2 BGB kann der eheangemessene Unterhalt auf den angemessenen Unterhalt herabgesetzt werden

gesetzlichen Forderungsübergang, wenn der Verwandte Unterhalt leistet. Dies kann nicht zum Nachteil des Berechtigten geltend gemacht werden (§ 1607 II 3 BGB).

Wenn es einen leistungsfähigen Verwandten gibt, der den ungedeckten Fehlbedarf leisten **172** kann und muss (Rn. 62), gibt es im Verhältnis der beiden Ehegatten keine weitere Billigkeitskürzung nach § 1581 BGB.

Kann der Unterhalt durch den Mangelfall unter den angemessenen Unterhalt sinken, ist deshalb vor Anwendung des § 1581 BGB auch zu klären, ob leistungsfähige Verwandte des Berechtigten vorhanden sind.

Wenn die ehelichen Einkommensverhältnisse die Deckung des angemessenen Bedarfs **173** nicht gestatten, liegt der eheangemessene Bedarf niedriger als der angemessene. In diesen Fällen kann ein ergänzender Anspruch auf Verwandtenunterhalt auch dann bestehen, wenn der eheangemessene Unterhalt geleistet wird und deshalb ein Fall des § 1581 nicht vorliegt.

f) Rechenbeispiel bei vorrangiger Unterhaltsverpflichtung von Verwandten des berechtigten Ehegatten im Mangelfall

174

Fall 1

Nettolohn des M = 1400, Erwerbsbonus ¹/₇, Kapitaleinkünfte 200 €
F hat leistungsfähige Eltern mit einem Einkommen von 4000 €.
– Bedarfsfeststellung
F = 1400 × ³/₇ + 200/2 = 700 €
M bleibt 1600 – 700 = 900 und damit weniger als der Ehegattenselbstbehalt von 1000. An sich müsste er den Stamm des Kapitals angreifen. Da jedoch leistungsfähige Verwandte vorhanden sind, zahlt M nur den ohne Substanzverzehr möglichen Unterhalt von 1600 – 1000 = 600 €.
Die Verwandten müssen die Differenz zahlen. Hinzu kommt in diesem Fall, dass der Bedarf nach den ehelichen Lebensverhältnissen geringer als der Mindestunterhalt von 770 ist. Deshalb müssen die Eltern 770 – 600 = 170 zahlen.
Ihnen bleibt 4000 – 170 = 3830 und damit mehr als der erhöhte angemessene Selbstbehalt von 1400 – 1100 = 2500 €.

7. Haftungskonkurrenz bei Unterhalt minderjähriger Kinder

Bei der **Unterhaltsverpflichtung gegenüber Kindern** nach den §§ 1607 I, 1603 III 2 **175** BGB (Verwandtenunterhalt) gilt
- Nach § 1603 I BGB ist ein **Elternteil** nicht unterhaltsverpflichtet, wenn er bei Berücksichtigung seiner sonstigen Verpflichtungen außerstande ist, ohne Gefährdung seines angemessenen Unterhaltsbedarfs (= angemessenen Selbstbehalts) den Unterhalt zu gewähren.
- Nach § 1603 II 2 BGB hat dann ein **anderer Verwandter** für den Unterhalt aufzukommen, sofern er leistungsfähig ist. Ein anderer Verwandter in diesem Sinn ist auch der andere Elternteil.
- Sind **beide Eltern nicht leistungsfähig,** haben nach § 1607 I BGB nachrangig haftende leistungsfähige Verwandte den Unterhalt zu gewähren in der Reihenfolge des § 1606 I 2 BGB (siehe Rn. 64 Anfang).
- Nur wenn solche leistungsfähigen **sonstigen Verwandten fehlen,** kommt es zur gesteigerten Unterhaltsverpflichtung der beschränkt leistungsfähigen Eltern nach § 1603 II 1 BGB **(dazu ausführlich mit Beispielen: Rn. 2/271 ff.).**

8. Mangelfall bei Barunterhaltspflicht beider Elternteile

a) Beiderseitige Barunterhaltspflicht für ein volljähriges Kind. Auch bei der Be- **176** rechnung der anteiligen Haftung für den Unterhalt eines volljährigen Kindes nach dem Resteinkommen, das den angemessenen Selbstbehalt und sonstige Unterhaltsbelastungen übersteigt (Rn. 2/289 f., 2/433 f.), kann ein Mangelfall auftreten, wenn die Summe der beiderseits verfügbaren Restbeträge zur Deckung des Bedarfs desjenigen Kindes, für dessen Barunterhalt beide haften, nicht ausreicht. In diesen Fällen erhält das Kind von beiden Elternteilen entsprechend weniger. Sind mehrere volljährige (und damit gleichrangige Kinder in dieser Lage, so ist die Verteilungsmasse auf sie im Verhältnis ihrer Bedarfsbeträge zu verteilen.

Das Gleiche muss auch dann gelten, wenn der eine Elternteil noch für ein weiteres volljähriges Kind aufzukommen hat, für **welches der andere nicht mithaftet**. Im Mangelfall ist der Vorabzug seines Unterhalts vor Berechnung des Haftungsanteils der Eltern nicht gerechtfertigt. Vielmehr muss unter Einbeziehung dieses Kindes die **Mangelkürzung für alle gegenüber dem jeweiligen Gatten gleichrangig berechtigten Kinder**[160] erfolgen. Bei der Berechnung der Haftungsquote ist vom Einkommen des für ihn allein unterhaltspflichtigen Elternteils **nur dieser gekürzte Betrag vorweg abzuziehen**.

177   **Beispiel 1: (zwei – nichtprivilegierte – volljährige** Kinder, **nur für eines haften beide)**
M verdient 1700, F 1300. Beide haften für das Kind A mit einem Bedarf 640 – 154 (Kindergeld) = 486 €. M haftet allein für den Unterhalt von B mit einem Bedarf von ebenfalls 486 €. Zur Berechnung der anteiligen Haftung von M für A muss von seinem Einkommen vorher der Unterhalt von B als sonstige Belastung abgezogen werden. Dann bleibt aber nur 1700 – 486 = 1214, also nur 1214 – 1100 = 114 € mehr als der angemessene Selbstbehalt. Das ist weniger als der Bedarf von A. Um eine indirekte Unterhaltspflicht von F für B zu vermeiden, muss die Leistungsfähigkeit von M zwischen A und B aufgeteilt werden:
Verteilungsmasse: 1700 – 1100 = 600 €
Gesamtbedarf: 486 + 486 = 974 €
Mangelquote: 600 : 974 = 61,6%
Damit entfällt auf A 486 × 61,6% = 299 €. Dieser Betrag ist bei der Verteilungsrechnung als Anteil von M anzusetzen, derjenige von F beträgt 1400 – 1100 = 300, so dass an A 299 + 300 = 599 verteilt werden können.
Demnach an A zu zahlen

         M   299 × 486/599 = 243 €
         F   300 × 486/599 = 243 €

M bleibt aber nur 1700 – 243 – 486 = 971 €, also weniger als der angemessene Selbstbehalt von 1100 €. Dementsprechend ist der von ihm zu zahlende Unterhalt von 243 + 486 = 729 € auf den bei ihm verfügbaren Betrag von 1700 – 1100 = 600 € zu kürzen.
Mangelquote: 600/729 = 82,3%
A erhält von M 243 * 82,3% = 200 €
B erhält von M 486 * 82,3% = 400 €
M bleibt 1700 – 200 – 400 = 1100 €.F bleibt 1400 – 243 = 1157 €
Für die Bedarfslücke bei A von 486 – 243 – 200 = 43 € haftet F (trotz ihrer Leistungsfähigkeit) nicht ersatzweise, weil die Mithaftung von F bereits durch die Unterhaltsverteilung berücksichtigt wurde und die Regeln der Ersatzhaftung deshalb nicht anwendbar sind.[161]

178   **b) Beiderseitige Barunterhaltspflicht für ein minderjähriges oder diesem gleichgestelltes Kind** (vgl. auch Rn. 2/298 ff.). Hier ist streitig, ob bei beiderseitiger Barunterhaltspflicht die Verteilungsrechnung auf den **notwendigen** oder den **angemessenen** Unterhalt abstellen muss. Ein Teil der OLGs hat sich auf den notwendigen Selbstbehalt festgelegt (BL 13.3, BraL 13.3, DL 13.3, HL 13.3, OL 13.3), die anderen setzen nur im Mangelfall den Vorabzug bis zum notwendigen Selbstbehalt herab (SüdL 13.3, BraunL 13.3, CL 13.3, FL 13.3, HaL 13.3, KL 13.3, Na 13.3, RL 13.3) oder lassen diesen Fall ungeregelt (Th 13.3, SL 13.3). Der BGH hatte diese Frage angesprochen, jedoch anfangs keine Stellung bezogen.[162] Wird der notwendige Selbstbehalt vorweg abgezogen, dann kann es geschehen, dass der eine barunterhaltspflichtige Elternteil weniger und der andere mehr als den angemessenen Selbstbehalt behält. Dann wäre der Letztere ein anderer unterhaltspflichtiger Verwandter, welcher ohne Beeinträchtigung des angemessenen Selbstbehalts den Unterhalt zahlen könnte, und müsste an seiner Stelle zahlen. Dieses Gegenargument hat der BGH mit seiner Entscheidung von 31. 10. 2007[163] jedoch beseitigt: die Ersatzhaftung nach § 1603 II 3 BGB bezieht sich nur bei Minderjährigen auch auf den anderen Elternteil. Bei Volljährigen genügt der Maßstab des § 1606 III 1 BGB. Demgemäß wird die in der Vorauflage vertretene

---

[160] BGH, FamRZ 2002, 815, 818 = R 570 c
[161] BGH, FamRZ 2008, 137 = R 684 h
[162] BGH, FamRZ 2001, 815 = R 570 e
[163] BGH, FamRZ 2008, 137 = R 684 h

gegenteilige Meinung aufgegeben. Der Vorabzug erfolgt immer in Höhe des jeweils maßgebenden Selbstbehalts, in diesem Falle also des notwendigen Selbstbehalts. Diese Lösung vereinfacht außerdem das Unterhaltsrecht, ohne unerträgliche Wertungswidersprüche zu schaffen.

Beispiel 2:
K ist 20 Jahre alt, Schüler und lebt bei F, M verdient 1500, F 1100 und erhält 154 € Kindergeld.
Bedarf von K nach dem zusammengerechneten Einkommen von 2600 nach Gruppe 4/4: 470 − 154 = 316 €.
Verteilung nach dem notwendigen Selbstbehalt führt zu:
Verteilbarer Betrag bei M: 1500 − 900 = 600
Verteilbarer Betrag bei F: 1100 − 900 = 200
insgesamt 800
M zahlt 316 × 600/800 = 237, behält also 1500 − 237 = 1263
F zahlt 316 × 200/800 = 79 und behält nur 1021.
Da F nur 1100 hat, braucht sie zwar gem. § 1603 II 3 BGB nur dann zu zahlen, wenn kein leistungsfähiger unterhaltspflichtiger Verwandter vorhanden ist. Das wäre zwar hier der Fall, weil M noch in Höhe von 1263 − 1100 = 163 € leistungsfähig ist. Doch findet die Vorschrift in den Fällen der beiderseitigen Unterhaltspflicht nach der neuen Rechtsprechung des BGH keine Anwendung.[164]

Entsprechend ist zu rechnen, wenn zusätzlich ein Kind, für welches **nur ein Elternteil** **179** unterhaltspflichtig ist, berücksichtigt werden muss. Hier muss vermieden werden, dass der andere Elternteil auch mit dem Unterhalt des anderen Kindes belastet wird. Deshalb kann keine einheitliche Mangelfallrechnung durchgeführt werden, sondern diese muss in Stufen erfolgen: zuerst muss errechnet werden, welcher Teil der Leistungsfähigkeit des einen Elternteils auf das gemeinsame Kind entfällt. Dieser Betrag ist dann ohne weiteren Vorabzug in die Quotenrechnung einzusetzen.[165]

Beispiel 3:
(**zwei** bevorrechtigte Kinder, nur für **eines** haften **beide Gatten**)
A ist 20 Jahre alt, B 16, beide sind Schüler und leben bei F, M verdient 1200, F 1100.
wie Beispiel 4, jedoch haften nur für das Kind A F und M, für das Kind B aber nur M.
Bedarf von B nach DT 1/3: 365 − 77 (Kindergeld) = 288 €
Bedarf von A wie oben nach DT 3/4: 449 − 154 (Kindergeld) = 295 €,
Die Berechnung erfolgt hier in zwei Stufen:
1. Berechnung der auf B entfallenden Leistungsfähigkeit des M:
Bedarf der gleichrangigen Unterhaltberechtigten 288 + 295 = 583 €
verfügbar bis zum notwendigen Selbstbehalt: 1200 − 900 = 300 €
Auf A entfallender Anteil: 295 × 300/583 = 152 €
2. Berechnung des auf beide Eltern entfallenden Unterhalts:
Verfügbar bei F 1100 − 900 = 200 €
Verfügbar bei M: 152 (wie oben)
insgesamt 152 + 200 = 352 €
A müsste von M erhalten: 295 * 152/352 = 127 €
A müsste von F erhalten: 295 * 200/352 = 168 € F bleibt 1100 − 168 = 932 € und damit mehr als der notwendige Selbstbehalt.
M bleibt 1200 − 127 − 288 = 785 € und damit weniger als der notwendige Selbstbehalt von 900 €.
Daher ist der der Unterhalt zu kürzen:
Gleichrangiger Bedarf 127 + 288 = 415 €
Leistungsfähigkeit von M: 1200 − 900 = 300 €
Mangelquote: 300/415 = 72,3%
A erhält 127 * 72,3% = 92 €
B erhält 288 * 72,3% = 208 €.

Problematisch kann hiernach sein, welcher Teil des Einkommens des einen Elternteils auf **180** das Kind entfällt, wenn dieser ohne Beeinträchtigung seines notwendigen Selbstbehalts den Unterhalt leisten könnte.[166]

---

[164] BGH, FamRZ 2008, 137
[165] BGH, FamRZ 2002, 815, 1818 = R 570 c
[166] BGH a. a. O.

Beispiel 4:
wie Beispiel 3, aber mit einem Einkommen des M von 1700
Bedarf von A nach DT 5/4: 490 − 154 = 336 €
Bedarf von B nach DT 2/3 384 − 77 = 307 €
1. Berechnung der auf A entfallenden Leistungsfähigkeit des M:
Bedarf der gleichrangigen Unterhaltberechtigten 336 + 307 = 643 €
verfügbar bis zum notwendigen Selbstbehalt: 1700 − 900 = 800, also noch kein Mangelfall
Hier wird wieder auf den Selbstbehalt abgestellt werden müssen.
Nach Abzug des Bedarfs von B und des notwendigen Selbstbehalts bleibt M 1700 − 307 − 900 = 493 €.
2. Berechnung des auf beide Eltern entfallenden Unterhalts:
F bleibt nach Abzug des notwendigen Selbstbehalts 1100 − 900 = 200 €
Anteilige Haftung für A:
Verfügbar: 493 + 200 = 693 €
M: 336 * 493/693 = 239 €
F: 336 * 200/693 = 97 €
M bleibt 1700 − 307 − 239 = 1154 €
F bleibt 1100 − 97 = 1003 €

§ 6 Sonderfragen

1. Abschnitt: Selbstständige Bestandteile des Unterhaltsanspruchs

I. Sonderbedarf

1. Anspruchsvoraussetzungen

a) Definition. Das Gesetz regelt nicht, unter welchen Voraussetzungen Sonderbedarf **1** neben dem laufenden Unterhalt verlangt werden kann. Es enthält lediglich in § 1613 II Nr. 1 BGB, der den Kindesunterhalt, aber auch den sonstigen Verwandtenunterhalt für die Vergangenheit betrifft, eine gesetzliche Definition. Danach ist Sonderbedarf ein unregelmäßiger außergewöhnlich hoher Bedarf. Auf § 1613 II BGB wird beim Familienunterhalt (§ 1360 a III BGB), beim Trennungsunterhalt (§ 1361 IV 4 BGB), beim nachehelichen Unterhalt (§ 1585 b I BGB, bei vor dem 1. 7. 1977 geschiedenen Ehen: §§ 58, 59 EheG[1a]), beim Unterhalt der nichtehelichen Mutter bzw. des nichtehelichen Vaters (§ 1615 l III 1, 3, IV BGB), beim Unterhalt zwischen getrennt lebenden Lebenspartnern (§ 12 S. 2 LPartG, § 1361 IV 4, 1360 a III BGB) und beim nachpartnerschaftlichen Unterhalt (§ 16 S. 2 I LPartG, § 1585 b I BGB) verwiesen. Sonderbedarf wird also neben dem laufenden Unterhalt bei allen Unterhaltsarten geschuldet.

b) Bedarf: Sonderbedarf ist Teil des Lebensbedarfs im Sinne des § 1610 II BGB. Er dient **2** nicht der Finanzierung unnötiger Aufwendungen. So rechtfertigt er nicht den Ersatz von Fernsprechgebühren, die ein minderjähriges oder volljähriges Kind durch die Anwahl sog. Servicenummern, die Telefonsex anbieten, verursacht hat.[1] Im Übrigen können Kosten für Telefon, Internet und Handy in unserer hoch technisierten Zeit zum Bedarf gehören; sie sind aber als regelmäßige Ausgaben aus dem laufenden Unterhalt zu bestreiten. Sonderbedarf ist dagegen ein unregelmäßiger außerordentlich hoher Bedarf, der nicht auf Dauer besteht und daher zu einem einmaligen, jedenfalls aber zeitlich begrenzten Ausgleich neben dem regelmäßig geschuldeten Barunterhalt führen kann (vgl. Rn. 2/138). Er ist zu unterscheiden einerseits vom Regelbedarf (Rn. 2/122), andererseits vom Mehrbedarf (Rn. 2/133, 317 ff., 401 ff., 4/437 ff.).

c) Unregelmäßiger Bedarf. Unregelmäßig ist der Bedarf, der **nicht** mit Wahrschein- **3** lichkeit **vorauszusehen** ist und deshalb bei der Bemessung des Regelbedarfs (einschließlich des regelmäßigen Mehrbedarfs) und damit des laufenden Unterhalts nicht berücksichtigt werden kann.[2] Selbst eine im Verhältnis zum laufenden Unterhalt ungewöhnlich hohe Einzelausgabe stellt keinen Sonderbedarf dar, wenn sie nach dem gewöhnlichen Lauf der Dinge voraussehbar war (vgl. aber Rn. 4). Ausgaben, auf die sich der Berechtigte hätte einstellen können, sind durch den laufenden Unterhalt auszugleichen. Dieser ist so zu bemessen, dass sämtliche voraussehbaren Ausgaben abgedeckt werden und genügend Spielraum für eine vernünftige Planung verbleibt.[3] Ggf. ist der sich aus den Tabellen und Leitlinien ergebende Regelbedarf um **Mehrbedarf** angemessen zu erhöhen.[4] Mehrbedarf ist im Gegensatz zum Sonderbedarf der Teil des Lebensbedarfs, der regelmäßig während eines längeren Zeitraums anfällt und das Übliche derart übersteigt, dass er mit Regelsätzen nicht erfasst werden kann, andererseits aber pauschalierbar ist und deshalb bei der Bemessung der

---

[1a] BGH, FamRZ 1983, 29
[1] Scholz, FamRZ 2003, 1900; a. A. AG Nordenham, FamRZ 2003, 629 mit zust. Anm. Melchers
[2] BGH, FamRZ 2006, 612 = R 647 a mit Anm. Luthin; vgl. auch BGH, FamRZ 2001, 1603, 1605
[3] BGH, FamRZ 1982, 145
[4] OLG Hamm, FamRZ 1994, 1281

laufenden Unterhaltsrente berücksichtigt werden kann (vgl. Rn. 2/133).[5] Dies bedeutet allerdings, dass der zusätzliche Unterhalt – anders als Sonderbedarf (vgl. dazu Rn. 9) – nur unter den Voraussetzungen des § 1613 I BGB (vgl. dazu Rn. 100 ff.), also in der Regel bei Verzug, geschuldet wird.[6] Liegt über den laufenden Unterhalt bereits ein Titel vor, muss wegen des Mehrbedarfs Abänderungsklage erhoben werden.[7] Sonderbedarf ist dagegen durch Zusatzklage geltend zu machen.

4   Viele außerplanmäßige Ausgaben zeichnen sich jedenfalls eine gewisse Zeit vorher ab. Dies gilt – von akuten Krankheitsfällen abgesehen – selbst für Operationen und Kuren (vgl. Rn. 14). In solchen Fällen darf das Erfordernis der **Nichtvorhersehbarkeit** des Zusatzbedarfs nicht dazu führen, unabweisbare Ausgaben von der Unterhaltspflicht auszunehmen. Entscheidend ist, ob der Berechtigte sich noch auf die **Zusatzausgaben** einstellen und sie bei seinen Planungen berücksichtigen kann.[8] Derartige Kosten können danach als Sonderbedarf vom Unterhaltspflichtigen zu tragen sein,
– wenn sich die Notwendigkeit der zusätzlichen Kosten so kurzfristig abzeichnet, dass aus dem laufenden Unterhalt keine ausreichenden Rücklagen mehr gebildet werden können,
– wenn die laufende Unterhaltsrente so niedrig ist, dass sie die Bildung ausreichender Rücklagen von vornherein nicht erlaubt.[9] Nach Auffassung des BGH[10] kommt es dagegen nicht darauf an, ob der Berechtigte in der zur Verfügung stehenden Zeit ausreichende Rücklagen bilden kann. Entscheidend soll nur die langfristige Vorhersehbarkeit des Bedarfs sein. Ich halte diese Ansicht für bedenklich. Sie zwingt den Berechtigten dazu, den außergewöhnlich hohen Bedarf (dazu Rn. 5) rechtzeitig vor seinem Entstehen geltend zu machen (vgl. § 1613 I BGB) und ihn im Zweifel auf mehrere Monate zu verteilen. Dies kann zu praktischen Schwierigkeiten führen, da die Höhe des Zusatzbedarfs vor seinem Entstehen auch nach Ansicht des BGH[11] jedenfalls in der Regel der Höhe nach nicht abschätzbar ist. Zudem muss bei Vorliegen eines Titels Abänderungsklage unter Beachtung des § 323 III ZPO erhoben werden, während bei Annahme von Sonderbedarf eine Leistungsklage genügt (Rn. 3).

5   **d) Außergewöhnliche Höhe des Bedarfs.** Wann ein unregelmäßiger Bedarf außergewöhnlich hoch ist, lässt sich nur nach den Umständen des Einzelfalls beurteilen. Entscheidend sind die Höhe des laufenden Unterhalts, die sonstigen Einkünfte des Berechtigten, der Lebenszuschnitt der Beteiligten sowie Anlass und Umfang der besonderen Aufwendungen. Letztlich hängt die Antwort auf die Frage, ob ein Bedarf außergewöhnlich hoch ist, davon ab, inwieweit dem Berechtigten zugemutet werden kann, den Bedarf selbst zu bestreiten.[12] Unter beengten wirtschaftlichen Verhältnissen wird eine unvorhergesehene Ausgabe eher außergewöhnlich hoch erscheinen als bei gehobenem Lebenszuschnitt. Ausschlaggebend ist das Verhältnis der in Frage stehenden Aufwendung zu den Mitteln, die dem Berechtigten für seinen laufenden Unterhalt zur Verfügung stehen.[13]

6   In der Wortwahl des Gesetzes, das nur einen „außergewöhnlich" hohen Bedarf als Sonderbedarf gelten lässt, kommt zum Ausdruck, dass es im Zweifel bei der laufenden Unterhaltsrente, die den gesamten regelmäßigen Bedarf einschließlich etwaigen Mehrbedarfs abzudecken hat, sein Bewenden haben muss und nur **in Ausnahmefällen** die gesonderte Ausgleichung unvorhergesehener Ausgaben erfolgen soll. Die Pauschalierung des laufenden Unterhalts soll im Interesse einer Befriedung und Beruhigung des Verhältnisses von Unterhaltsgläubiger und Unterhaltsschuldner die Berücksichtigung bedarferhöhender Umstände nach Möglichkeit vermeiden.[14] Vgl. dazu Rn. 2/125, 2/212 ff.

---

[5] BGH, FamRZ 2007. 882 = R 675 h mit Anm. Born
[6] OLG Hamm, FamRZ 1996, 1218
[7] OLG Hamm, FamRZ 1994, 1281
[8] OLG Karlsruhe NJW-RR 1998, 1226
[9] Ähnlich OLG Karlsruhe, FamRZ 1991, 1349; NJW-RR 1998, 1226
[10] FamRZ 2006, 612, 614 = R 647 b mit kritischer Anmerkung Luthin
[11] FamRZ 2006, 612 = R 647 b mit kritischer Anmerkung Luthin
[12] BGH, FamRZ 2006, 612 = R 647 a
[13] BGH, FamRZ 1982, 145; OLG Karlsruhe NJW-RR 1998, 1226; vgl. auch BVerfG, FamRZ 1999, 1342
[14] BGH, FamRZ 1982, 145; BGH, FamRZ 1984, 470, 472

e) Leistungsfähigkeit. Sonderbedarf wird nur geschuldet, wenn und soweit der Pflichti- 7
ge leistungsfähig ist. Ihm muss beim Kindesunterhalt mindestens der notwendige Selbstbehalt nach den Tabellen und Leitlinien verbleiben (vgl. Rn. 2/264 ff.). Beim nachehelichen
Unterhalt ist § 1581 BGB zu beachten; hier muss dem Schuldner der eheangemessene
Selbstbehalt belassen werden, der nach B IV der Düsseldorfer Tabelle Stand: 1. 1. 2008 und
den Leitlinien der Oberlandesgerichte (Nr. 21.4) mit 1000,– €, anzusetzen ist.[15] Vgl. dazu
Rn. 4/567 ff. Entsprechendes gilt für den Trennungsunterhalt.[16] Die Leistungsfähigkeit muss
im Zeitpunkt der Fälligkeit des Sonderbedarfs (Rn. 8) bestehen.[17] Wird der Schuldner
erst zu einem späteren Zeitpunkt leistungsfähig, entsteht eine Nachzahlungspflicht nicht.[18]
Dies gilt auch dann, wenn er innerhalb der Jahresfrist des § 1613 II Nr. 1 BGB zu höherem
Einkommen gelangt, das ihm nunmehr die Befriedigung des Sonderbedarfs erlauben würde.[19] Andererseits wird man nicht verlangen können, dass er in der Lage sein muss, den
Sonderbedarf gerade aus dem Einkommen des laufenden Monats aufzubringen. Der Berechtigte hat die Obliegenheit, den Schuldner rechtzeitig auf die Entstehung von Sonderbedarf
hinzuweisen, damit dieser die erforderlichen Rücklagen bilden und den Anspruch bei
Fälligkeit (Rn. 8) erfüllen kann.[20] Zudem ist ggf. der Berechtigte, beim Kindesunterhalt
auch der andere Elternteil, an der Finanzierung des Sonderbedarfs zu beteiligen; vgl. dazu
Rn. 10 ff.

f) Fälligkeit. Der Anspruch auf Erstattung des Sonderbedarfs wird fällig, sobald der 8
besondere Bedarf entsteht, in der Regel also, wenn die Kosten dem Berechtigten in Rechnung gestellt werden. Dies kann zu Schwierigkeiten führen, da der Berechtigte dann den
Bedarf vorfinanzieren muss. Jedoch steht ihm die Klage auf künftige Leistung nach § 259
ZPO offen; hierfür ist nur notwendig, dass der Schuldner seine Leistungspflicht ernstlich,
wenn auch gutgläubig bestreitet.[21] Einer Feststellungsklage bedarf es nicht. Im Übrigen darf
das Problem nicht überbewertet werden. Werden für längere Zeit Aufwendungen erforderlich, die über den Regelbedarf hinausgehen, liegt im Zweifel kein Sonderbedarf, sondern
Mehrbedarf vor, der durch Erhöhung des laufenden Unterhalts auszugleichen ist (vgl.
Rn. 2/317 ff., 4/437 ff.).

Sonderbedarf kann für die **Vergangenheit** auch dann verlangt werden, wenn die Voraus- 9
setzungen des § 1613 I BGB nicht vorliegen, insbesondere der Schuldner nicht in Verzug
gesetzt worden ist. Der Anspruch erlischt jedoch spätestens ein Jahr nach seiner Entstehung,
wenn nicht vor Fristablauf Verzug oder Rechtshängigkeit eingetreten sind (§ 1613 II Nr. 1
BGB). Zur Obliegenheit, den Schuldner rechtzeitig auf bevorstehenden Sonderbedarf hinzuweisen, vgl. Rn. 7; zum Unterhalt für die Vergangenheit vgl. Rn. 6/100 ff.

2. Beteiligung des Unterhaltsgläubigers an der Finanzierung des Sonderbedarfs

a) Ehegattenunterhalt. Sonderbedarf wird nur in seltenen Fällen auszugleichen sein, 10
wenn der **Unterhaltsbedarf** bei besonders guten wirtschaftlichen Verhältnissen nicht nach
einer Quote, sondern **konkret bemessen** wird (vgl. Rn. 4/366 ff.). In derartigen Fällen ist
der laufende Unterhalt meist so hoch, dass der Berechtigte auch höhere außergewöhnliche
Ausgaben selbst tragen kann. Kommt gleichwohl der Ausgleich von Sonderbedarf, z. B.
außergewöhnlich hoher Umzugskosten, in Betracht, muss der Verpflichtete vielfach den
Sonderbedarf zusätzlich zum laufenden Unterhalt zahlen. Voraussetzung ist allerdings, dass
sein Einkommen nicht nur für den laufenden Unterhalt, sondern auch für den Sonderbedarf
ausreicht, ohne dass sein eigener angemessener Bedarf gefährdet wäre (§ 1581 BGB; vgl.
Rn. 7), oder dass er über Vermögen verfügt (vgl. Rn. 11).

---

[15] BGH, FamRZ 2006, 683, 685 = R 649 d
[16] BGH a. a. O.; die gegenteilige Ansicht der Vorauflage gebe ich auf
[17] OLG Karlsruhe NJW-RR 1998, 1226
[18] KG, FamRZ 1993, 501 = NJW-RR 1993, 1223; OLG Köln, FamRZ 1986, 593
[19] Anders Schwab/Borth, Scheidungsrecht, IV 135
[20] OLG Hamburg, FamRZ 1991, 109 mit Anm. Henrich; vgl. auch OLG Hamm, FamRZ 1994, 1281
[21] BGH, NJW 1999, 954; NJW 1978, 1262

11   Durch **Bemessung des laufenden Unterhalts nach Quoten** wird bereits eine angemessene Aufteilung der verfügbaren Mittel nach dem Halbteilungsgrundsatz durchgeführt. Dann ist es, jedenfalls wenn der Pflichtige nicht über zusätzliche (nichtprägende) Einkünfte verfügt (vgl. dazu Rn. 4/238), nicht gerecht, dass Sonderbedarf allein von ihm aufgebracht wird, weil der Schuldner ihn in der Regel aus der ihm verbleibenden Quote zahlen müsste, während der Berechtigte den Sonderbedarf zusätzlich zur ungeschmälerten Quote erhalten würde. Infolgedessen muss der Berechtigte in solchen Fällen den Sonderbedarf in der Regel selbst tragen.[22] Verfügt der Berechtigte über Vermögen, das die üblichen Rücklagen für Not- und Krankheitsfälle übersteigt, wird er im Allgemeinen den Stamm des Vermögens zur Finanzierung des Sonderbedarfs verwerten müssen, auch wenn er ihn zur Bestreitung des laufenden Unterhalts nicht einzusetzen hat (vgl. dazu Rn. 1/410 ff.).

12   Eine für den Berechtigten günstigere Aufteilung des Sonderbedarfs kann in Betracht kommen, wenn der Verpflichtete über nennenswertes Vermögen verfügt oder seine Belastung durch den Ehegattenunterhalt gering ist,
– weil er über **nichtprägende Einkünfte** verfügt, die das in der Ehe angelegte Einkommen deutlich übersteigen, er z. B. nach der Scheidung unerwartet befördert worden ist oder eine Erbschaft gemacht hat (vgl. Rn. 4/253 ff.);
– weil der Berechtigte nichtprägende Einkünfte hat, die auf seinen nur nach dem Einkommen des Pflichtigen berechneten Bedarf angerechnet werden, der Unterhalt also nach der **Anrechnungsmethode** bemessen wird (vgl. Rn. 4/410 f.), die allerdings nach der Entscheidung des BGH vom 13. 6. 2001[23] nur noch ausnahmsweise anzuwenden ist.

13   **b) Kindesunterhalt.** Auch beim Kindesunterhalt schuldet der Pflichtige nicht stets den vollen Ausgleich des Sonderbedarfs. Insbesondere wenn er über ein geringes Einkommen verfügt, kann von ihm vielfach nur eine **Beteiligung am Sonderbedarf** verlangt werden.[24] Den Rest muss der Berechtigte aus der laufenden Unterhaltsrente entnehmen. Auch der **betreuende Elternteil** kann verpflichtet sein, zum Sonderbedarf beizutragen, wenn er eine Erwerbstätigkeit ausübt oder über sonstige Einkünfte verfügt.[25] Maßstab für die Höhe des Beitrags sind die beiderseitigen Erwerbs- und Vermögensverhältnisse (§ 1606 III 1 BGB). Die Pflege und Betreuung eines minderjährigen Kindes schließen eine Beteiligung am Sonderbedarf ebenso wenig aus wie einen Beitrag zum Mehrbedarf (vgl. Rn. 2/289 ff., 325). Der Kindesbetreuung kann durch eine wertende Veränderung des Verteilungsschlüssels Rechnung getragen werden (vgl. Rn. 2/305). Bezieht der betreuende Elternteil selbst Ehegattenunterhalt, so ist der Kindesunterhalt einschließlich des ggf. auf mehrere Monate verteilten Sonderbedarfs vorweg vom Einkommen des Unterhaltspflichtigen abzuziehen. Dies verkürzt die Unterhaltsquote des betreuenden Elternteils. Damit beteiligt sich dieser in der Regel ausreichend am Sonderbedarf. Besteht kein unterhaltsrechtlicher Anspruch, kann seit dem 1. 1. 2005 zusätzlicher Bedarf anders als früher (§§ 21 I a, 27 BSHG) nur noch ausnahmsweise durch Leistungen der Grundsicherung (Sozialhilfe, Arbeitslosengeld II) gedeckt werden. Vgl. dazu Rn. 8/54, 207, 218. Leistungen für einmalige Bedarfe werden nur noch gewährt für Erstausstattung der Wohnung, bei Erstausstattung mit Bekleidung und bei Klassenfahrten (§ 23 III SGB II, § 31 I SGB XII).

3. Einzelfälle

14   Als Sonderbedarf kommen zunächst Kosten in Betracht, die durch eine **Krankheit** oder eine Behinderung entstehen, insbesondere Aufwendungen für ambulante oder stationäre Behandlung, eine Kur, für Hilfsmittel, z. B. ein Behindertenfahrzeug, Prothesen, Brillen usw., auch für die Anschaffung geeigneter Matratzen und Bettwäsche bei einer Hausstauballergie.[26] Voraussetzung ist, dass die Kosten nicht von einer Krankenkasse getragen werden.

---

[22] Schürmann NJW 2006, 2301
[23] FamRZ 2001, 986 = R 563 mit Anm. Scholz FamRZ 2001, 1061
[24] Vom BGH, FamRZ 2006, 612, 614 = R 647 mit Anm. Luthin offen gelassen
[25] BGH, FamRZ 1998, 286 = R 518 a; FamRZ 1983, 689
[26] OLG Karlsruhe, FamRZ 1992, 850

Sie müssen im Übrigen angemessen sein. So ist ein aufwändiges Brillengestell für ein Kind, das nur einen geringen Tabellenunterhalt bezieht, in der Regel nicht angemessen. Andererseits muss sich der Pflichtige, sofern er leistungsfähig ist, auch an außergewöhnlich hohen, aber unvermeidbaren Behandlungskosten eines krebskranken Ehegatten unter dem Gesichtspunkt des Sonderbedarfs beteiligen.[27] Eine Behandlung durch den Chefarzt ist nur ausnahmsweise erforderlich.[28] Erfordert die Krankheit eine längere Behandlung, deren Dauer sich nicht absehen lässt, insbesondere einen Heimaufenthalt, eine kieferorthopädische Zahnregulierung[29] oder zahlreiche psychotherapeutische Behandlungen,[30] liegt kein Sonderbedarf, sondern Mehrbedarf (Rn. 3, 2/133, 4/432 ff.) vor. Dasselbe gilt von den Kosten der Pflege eines kranken alten und/oder behinderten Unterhaltsberechtigten. Die sog. Praxisgebühr von 10,– € pro Quartal, die von Mitgliedern der gesetzlichen Krankenkassen beim ersten Arztbesuch im Quartal entrichtet werden muss, ist, da nicht außergewöhnlich hoch, kein Sonderbedarf; bei minderjährigen Kindern fällt sie ohnehin nicht an (§ 28 IV 1 SGB V). Vgl. auch Rn. 2/8. Die Vergütung, die für die rechtliche Betreuung eines Behinderten an den Betreuer oder an die Staatskasse zu zahlen ist (§§ 1835 ff., 1836 d, 1836 e, 1908 i BGB in Verbindung mit dem Vormünder- und Betreuervergütungsgesetz), kann Sonderbedarf, bei längerer Betreuung auch Mehrbedarf sein.[31] Dasselbe gilt für die Vergütung eines Vormunds oder Pflegers für ein minderjähriges Kind. Vgl. Rn. 2/317, 405, 3/23.

Die **Erstausstattung eines Säuglings** ist in angemessenem Rahmen Sonderbedarf.[32] **15** Zwar sind die Geburt und die damit verbundene Notwendigkeit von Anschaffungen für die Mutter voraussehbar. Darauf kommt es jedoch nicht an. Das Kind hat erst mit der Geburt Anspruch auf Unterhalt. Erst seit diesem Zeitpunkt kann sein gesetzlicher Vertreter mit der Entstehung der Aufwendungen rechnen. Rücklagen für die erforderlich werdenden Anschaffungen kann er ohnehin nicht machen (vgl. Rn. 4). Dies schließt freilich eine Beteiligung der Mutter an den Kosten der Erstausstattung nicht aus, wenn sie über Einkünfte oder Vermögen verfügt (vgl. Rn. 13). Auf eheliche oder uneheliche Geburt des Kindes kommt es nicht an.[33]

Kosten aus Anlass der **Kommunion oder Konfirmation** wie auch der Jugendweihe[34] **16** können Sonderbedarf sein. Die aufwändige Bewirtung einer Vielzahl von Gästen in einer Gastwirtschaft gehört, jedenfalls wenn die Wohnung des Elternteils, bei dem das Kind lebt, ausreichend Platz für eine angemessene Zahl von Verwandten und Freunden bietet, nicht zum Bedarf des Kindes, sondern ist der Lebenshaltung des Elternteils zuzurechnen.[35] Die Kosten müssen sich in einem angemessenen Rahmen halten und sich an den Einkommens- und Vermögensverhältnissen der Eltern, insbesondere des barunterhaltspflichtigen Elternteils orientieren (vgl. Rn. 13). An der Voraussehbarkeit des Festes und damit der Aufwendungen sollte dagegen eine angemessene Beteiligung des barunterhaltspflichtigen Elternteils nicht scheitern (vgl. dazu Rn. 3 f.). Im Einzelnen ist vieles streitig. Die Sonderbedarf befürwortenden und ablehnenden Entscheidungen halten sich etwa die Waage.[36] Der BGH[37] hat sich der hier vertretenen Ansicht nicht angeschlossen. Nach ihm sind die Kosten der Konfirmation – dasselbe muss von den Kosten der Erstkommunion und der Jugendweihe[38] gelten – kein Sonderbedarf, weil die Entstehung der Aufwendungen seit längerem vorhersehbar ist.

---

[27] BGH, FamRZ 1992, 291 = R 440
[28] AG Michelstadt FamRZ 2005, 1118
[29] Das OLG Karlsruhe FamRZ 1992, 1317 nimmt zu Unrecht Sonderbedarf an
[30] OLG Hamm, FamRZ 1996, 1218; OLG Saarbrücken, FamRZ 1989, 1224
[31] OLG Nürnberg, MDR 1999, 616
[32] BVerfG, FamRZ 1999, 1342; OLG Oldenburg, FamRZ 1999, 1685
[33] BVerfG, FamRZ 1999, 1342
[34] Vgl. OLG Brandenburg FamRZ 2006, 644
[35] OLG Karlsruhe, FamRZ 1991, 1349, 1350; FamRZ 1995, 1009
[36] Vgl. z. B. KG, FamRZ 2003, 1584; OLG Düsseldorf, FamRZ 1990, 1144 einerseits, KG, FamRZ 1987, 306; OLG Hamm, FamRZ 1991, 1332; OLG Karlsruhe, FamRZ 1995, 1009 andererseits
[37] FamRZ 2006, 612 = R 647 b mit kritischer Anmerkung Luthin
[38] Vgl. OLG Brandenburg FamRZ 2006, 644

17   **Urlaub** begründet keinen Sonderbedarf, ebenso wenig die Teilnahme an einer Jugendfreizeit.[39] Die dadurch entstehenden Kosten sind aus dem laufenden Unterhalt zu bestreiten. Anders kann es dagegen bei einer **Klassenfahrt** liegen.[40] Vorübergehender **Nachhilfeunterricht,** der nicht aus dem laufenden Unterhalt finanziert werden kann, ist in der Regel Sonderbedarf. Ist das Kind dagegen ständig auf Nachhilfe angewiesen, besucht es eine **Privatschule,** die Schulgeld erhebt, oder ein **Internat,** handelt es sich um regelmäßigen Mehrbedarf[41] (vgl. dazu Rn. 2/133 ff., 317). **Kindergartenkosten** sind schon deshalb kein Sonderbedarf, weil sie regelmäßig anfallen. Der Beitrag für einen halbtägigen Besuch einer Kindertagesstätte wird zudem durch die Richtsätze der Düsseldorfer Tabelle abgegolten, weil heute nahezu jedes Kind am Vormittag in den Kindergarten geht.[42] Der ganztägige Besuch einer Tagesstätte kann dagegen Mehrbedarf begründen, wenn er aus pädagogischen Gründen veranlasst ist. Dies ist jedoch in der Regel nicht der Fall. Vielmehr soll die Betreuung des Kindes über den ganzen Tag den Eltern meistens eine vollschichtige Erwerbstätigkeit ermöglichen.[43] Die dadurch entstehenden Kosten sind ggf. über den Ehegattenunterhalt oder den Unterhalt nach § 1615l BGB auszugleichen. Vgl. Rn. 275. Die Kosten eines längeren **Auslandsstudiums** sind Mehrbedarf, nicht Sonderbedarf;[44] anders kann es bei einem Schüleraustausch sein.[45] Vgl. dazu im Einzelnen Rn. 2/67. Angemessene Kosten eines Computers, auch eines gebrauchten Geräts, können bei einem Kind, das eine weiterführende Schule besucht, Sonderbedarf sein.[46] Der betreuende Elternteil wird sich vielfach an den Anschaffungskosten beteiligen müssen (Rn. 13);[47] die Betriebskosten (Strom, Papier, Druckpatronen) sind aus dem laufenden Unterhalt zu bestreiten. Die Kosten der Anschaffung eines teuren **Musikinstrumentes** können für ein begabtes Kind oder einen Musikstudenten u. U. als Sonderbedarf anerkannt werden; jedoch ist das Kind ggf. darauf zu verweisen, ein besonders kostspieliges Instrument, wie ein Klavier oder einen Flügel, zu mieten oder außerhalb der elterlichen Wohnung in einer Musik(hoch)schule zu üben.[48] Der Berechtigte hat den Pflichtigen rechtzeitig auf eine zu erwartende besonders hohe Ausgabe hinzuweisen, damit dieser Rücklagen bilden kann.[49] Vgl. dazu Rn. 7.

18   **Umzugskosten** und die Kosten der Einrichtung einer neuen Wohnung können Sonderbedarf und u. U. neben laufendem Ehegattenunterhalt zu erstatten sein.[50] Vgl. zum Umfang des Anspruchs Rn. 10 f.

19   **Prozesskosten** sind zwar letztlich Sonderbedarf.[51] Für sie besteht aber die Spezialregelung der §§ 1360 a IV, 1361 IV 4 BGB. Danach kann nur unter bestimmten Voraussetzungen ein **Prozesskostenvorschuss** (vgl. Rn. 20 ff.) verlangt werden. Der Umstand, dass der Unterhaltsberechtigte infolge eines verlorenen Rechtsstreits oder infolge anwaltlicher Beratung

---

[39] OLG Frankfurt FamRZ 1990, 436

[40] OLG Köln, NJW 1999, 295; OLG Hamm, FamRZ 1992, 346; OLG Braunschweig, FamRZ 1995, 1010; vgl. aber zur Vorhersehbarkeit der Aufwendungen BGH, FamRZ 2006, 612 = R 647 b m. w. N. u. mit Anm. Luthin

[41] OLG Düsseldorf NJW-RR 2005, 1529; OLG Hamm FamRZ 2007, 77; OLG Köln, NJW 1999, 295; vgl. auch OLG Zweibrücken, FamRZ 1994, 770, 771

[42] BGH, FamRZ 2007, 882, 886 = R 675 h mit Anm. Born

[43] OLG Frankfurt FamRZ 2007, 1353; anders BGH v. 3. 2. 2008 – XII ZR 150/05 = R 691 (bei Drucklegung noch nicht veröff.): Die Mehrkosten eines Ganztagskindergartens sind danach Mehrbedarf des Kindes und von den Eltern anteilig nach ihren Einkommens- und Vermögensverhältnissen aufzubringen.

[44] OLG Hamm, FamRZ 1994, 1281; vgl. auch BGH, FamRZ 1992, 1064 = R 446

[45] OLG Naumburg, FamRZ 2000, 444, das Sonderbedarf bei einem Austausch mit einem kanadischen Schüler verneint; ähnlich OLG Schleswig NJW 2006, 1601

[46] OLG Hamm FamRZ 2004, 830, das dies wohl nur bei Lernschwierigkeiten und dem dadurch bedingten Einsatz eines Lernprogramms bejaht.

[47] OLG Hamm FamRZ 2004, 830, das eine Obliegenheit des Kindes bejaht, die Kosten für den PC selbst aus dem laufenden Unterhalt anzusparen.

[48] BGH, FamRZ 2001, 1603

[49] Vgl. OLG Frankfurt/Main, FamRZ 1995, 631, dem ich nur teilweise folgen kann; OLG Karlsruhe, FamRZ 1997, 967

[50] BGH, FamRZ 1983, 29; OLG München, FamRZ 1996, 1411

[51] BGH, FamRZ 2004, 1633, 1635 mit Anm. Viefhues

Kosten zu tragen hat, begründet keinen unterhaltsrechtlichen Sonderbedarf. Denn die Unterhaltpflicht umfasst grundsätzlich nicht die Verpflichtung, Schulden des Berechtigten zu tilgen.[52] Dagegen hat der BGH[53] die Kosten des nichtehelichen Kindes für den Ehelichkeitsanfechtungsprozess als Sonderbedarf anerkannt, für den der als Vater festgestellte Erzeuger aufzukommen hat. Zur Prozesskostenvorschusspflicht des Scheinvaters vgl. Rn. 30.

II. Prozesskostenvorschuss

1. Anspruchsberechtigte

Der Prozesskostenvorschuss ist eine Art des Sonderbedarfs,[54] für die der Gesetzgeber eine **20** besondere gesetzliche Regelung geschaffen hat (vgl. Rn. 19). Eine Prozesskostenvorschusspflicht besteht zunächst zwischen nicht getrennt lebenden Ehegatten (§ 1360 a IV BGB) bzw. Lebenspartnern (§ 12 S. 2 LPartG). Die Vorschriften regeln die Verpflichtung unter Ehegatten bzw. Lebenspartnern abschließend.[55] Der Anspruch ist unterhaltsrechtlicher Natur und Teil des **Familienunterhalts.**[56]

Auch **getrennt lebende Ehegatten** haben Anspruch auf Prozesskostenvorschuss, da **21** § 1361 IV 4 BGB auf die Vorschrift des § 1360 a IV BGB verweist. Dasselbe gilt für getrennt lebende Lebenspartner (§ 12 S. 2 LPartG, § 1361 IV 4, 1360 a IV BGB).

Geschiedene Ehegatten sind − ebenso wie Lebenspartner nach Aufhebung ihrer Partnerschaft − nicht verpflichtet, einander Prozesskosten vorzuschießen. Eine entsprechende **22** Anwendung des § 1360 a IV BGB kommt nicht in Betracht. Prozesskosten sind auch nicht Teil des gesamten Lebensbedarfs im Sinne des § 1578 I 2 BGB; die Vorschriften über den Sonderbedarf können nicht herangezogen werden (vgl. Rn. 19).[57] Die Prozesskostenvorschusspflicht endet daher mit der Scheidung. Wird ein Verbundurteil durch Berufung oder Beschwerde nur hinsichtlich einer oder mehrerer Folgesachen angegriffen und wird daher der Scheidungsausspruch während des Rechtsmittelverfahrens im rechtskräftig (§ 629 a III ZPO), kann ein Prozesskostenvorschuss nicht mehr durch einstweilige Anordnung nach § 620 Nr. 10 ZPO zugesprochen werden, da der Anspruch erloschen ist.[58] Das Gegenteil ergibt sich auch nicht aus §§ 127 a, 620 Nr. 10 ZPO. Denn diese Verfahrensvorschriften setzen den Bestand eines materiell-rechtlichen Anspruchs auf einen Prozesskostenvorschuss voraus.[59] Jedoch wird man dem bedürftigen Ehegatten einen Schadensersatzanspruch nach §§ 280 II, 286 BGB zubilligen müssen, wenn er den Verpflichteten vor Rechtskraft der Scheidung in Verzug gesetzt hat.[60] Dieser Anspruch kann aber nicht Gegenstand einer einstweiligen Anordnung sein. Ist vor Rechtskraft der Scheidung der Prozesskostenvorschuss durch Urteil oder einstweilige Anordnung zugesprochen worden, kann aus dem Titel auch in der nachfolgenden Zeit vollstreckt werden.[61] Zur Geltendmachung des Prozesskostenvorschusses durch einstweilige Anordnung vgl. Rn. 33.

Der Elternteil, der ein **nichteheliches Kind betreut,** hat keinen Anspruch auf Prozesskostenvorschuss gegen den anderen Elternteil,[62] da § 1615 l III 1 BGB auf die Vorschriften

---

[52] BGH, NJW 1985, 2265; anders OLG München, FamRZ 1990, 312, das offenbar unter engen Voraussetzungen einen Anspruch auf Sonderbedarf bejahen will

[53] FamRZ 1988, 387; OLG Dresden, FamRZ 1999, 303; OLG München, FamRZ 1997, 1286

[54] BGH, FamRZ 2004, 1633, 1635 mit Anm. Viefhues

[55] BGH, FamRZ 1964, 197

[56] BGH, FamRZ 1985, 802

[57] BGH, FamRZ 2005, 883, 885 = R 628 a mit Anm. Borth; BGH, FamRZ 1984, 148

[58] OLG München, FamRZ 1997, 1542; anders OLG Nürnberg, FamRZ 1990, 421

[59] BGH, FamRZ 1984, 184

[60] Vgl. zu der vergleichbaren Problematik, wenn der säumige Schuldner den Anspruch nicht vor Beendigung des Verfahrens, für das der Kostenvorschuss benötigt wird, erfüllt: OLG Köln, FamRZ 1992, 842 mit abl. Anm. Knops, a. a. O.

[61] Vgl. OLG Frankfurt/Main, FamRZ 1993, 1465, 1467

[62] Kalthoener/Büttner/Niepmann, Rechtsprechung zur Höhe des Unterhalts Rn. 438; a. A. OLG München FamRZ 2002, 1219 und die wohl h. M. (vgl. dazu AnwK/Schilling, BGB, § 1615 l Rn. 37)

über den Verwandtenunterhalt verweist, nicht dagegen auf § 1360a IV BGB. Zudem besteht zwischen nicht verheirateten Eltern über die Unterhaltspflicht nach § 1615l BGB hinaus kein rechtliches Band, das die Verpflichtung zu einem Prozesskostenvorschuss rechtfertigen könnte; sie stehen insoweit geschiedenen Ehegatten gleich, die auch bei Betreuung eines gemeinsamen Kindes (vgl. § 1570 BGB) keinen Anspruch auf Prozesskostenvorschuss gegeneinander haben.[63] Vgl. auch Rn. 7/28.

23   **Minderjährige, unverheiratete Kinder** haben nach allgemeiner Auffassung in entsprechender Anwendung des § 1360 IV BGB Anspruch auf Prozesskostenvorschuss gegen ihre Eltern, weil sie wegen ihres Alters und ihres Ausbildungsbedarfs noch keine selbständige Lebensstellung erreicht haben und sich deswegen noch nicht selbst unterhalten können.[64]

24   Eltern sind unter den noch zu erörternden Voraussetzungen (vgl. Rn. 26–30) verpflichtet, ihren **volljährigen Kindern** die Kosten eines Prozesses vorzuschießen, aber nur dann, wenn die Kinder noch keine selbständige Lebensstellung erreicht haben, also noch unterhaltsberechtigt sind.[65] Dies gilt nicht nur für privilegiert volljährige Kinder (Rn. 2/454ff.), sondern für alle volljährigen Kinder bis zum Abschluss der Ausbildung.[66] Die Vorschusspflicht besteht bis zum Regelabschluss des Studiums, beim Bachelor-/Masterstudiengang (vgl. Rn. 68) bis zur Masterprüfung.[67] Bei nachhaltiger Verzögerung der Ausbildung entfällt ein Unterhaltsanspruch und damit ein Anspruch auf Prozesskostenvorschuss.[68] Nach Erreichen einer selbständigen Lebensstellung lebt der Anspruch auf Prozesskostenvorschuss auch dann nicht wieder auf, wenn das Kind, z.B. durch eine langwierige Krankheit, erneut bedürftig wird.[69] Der Vater einer verheirateten Tochter braucht keinen Vorschuss für die Kosten eines Scheidungsprozesses zu leisten.[70] Dasselbe gilt für die Eltern eines Sohnes, der von einem nichtehelichen Kind auf Feststellung der Vaterschaft in Anspruch genommen wird.[71]

24a   **Eltern** haben gegen ihre volljährigen, erst recht gegen ihre minderjährigen Kinder keinen Anspruch auf Prozesskostenvorschuss.[72] Auch im Verhältnis zwischen Großeltern und Enkeln besteht keine Prozesskostenvorschusspflicht.[73] Vgl. dazu Rn. 2/613.

2. Anspruchsvoraussetzungen

25   **a) Prozesskostenvorschuss und Unterhalt.** Der Anspruch auf Prozesskostenvorschuss ist sowohl beim Ehegatten (Lebenspartner) als auch beim minderjährigen oder volljährigen Kind aus der **Unterhaltspflicht** des Ehegatten (Lebenspartners) bzw. der Eltern herzuleiten.[74] Da der **betreuende Elternteil** durch die Pflege und Erziehung des minderjährigen Kindes nach § 1606 III 2 BGB nur im Regelfall seine Unterhaltspflicht erfüllt (vgl. dazu Rn. 2/11ff.), kann auch er auf Leistung eines Prozesskostenvorschusses für das Kind in Anspruch genommen werden.[75] § 1606 III 2 BGB gilt bei Zusatzbedarf, zu dem auch der

---

[63] BGH, FamRZ 2005, 883, 885 = R 628a mit Anm. Borth; FamRZ 1984, 148

[64] BGH, FamRZ 2005, 883, 885 = R 628a mit Anm. Borth; FamRZ 2004, 1633 mit Anm. Viefhues

[65] BGH, FamRZ 2005, 883, 885 = R 628a mit Anm. Borth; vgl. auch OLG München FamRZ 2007, 911

[66] BGH, FamRZ 2005, 883, 885 = R 628a mit Anm. Borth

[67] OVG Hamburg FamRZ 2006, 1615

[68] A. A. anscheinend OLG München NJW-RR 2007, 657

[69] BFH FamRZ 2004, 1893, der allerdings im konkreten Fall auf Unterhaltsverwirkung nach § 1611 I BGB abstellt

[70] OLG Hamburg, FamRZ 1990, 1141

[71] OLG Düsseldorf, FamRZ 1990, 420

[72] OLG München, FamRZ 1993, 821

[73] Kalthoener/Büttner/Niepmann, Rn. 443; unklar OLG Koblenz, FamRZ 1999, 241 einerseits, FamRZ 1997, 681 andererseits

[74] BGH, FamRZ 2005, 1164, 1166f.

[75] OLG Karlsruhe, FamRZ 1996, 1100; OLG Jena FamRZ 1998, 1302; a.A. OLG München, FamRZ 1991, 347; OLG Schleswig, FamRZ 1991, 855. Vgl. auch BGH, FamRZ 1998, 286 = R 518a; FamRZ 1983, 689

Prozesskostenvorschuss zählt, nicht.[76] Vgl. Rn. 2/289, 325; zur vergleichbaren Problematik beim Sonderbedarf vgl. Rn. 13. Allerdings wird die Leistungsfähigkeit des betreuenden Elternteils (Rn. 27) näher geprüft werden müssen; neben den Einkommens- und Vermögensverhältnissen beider Eltern ist im Rahmen der Billigkeit (Rn. 30) die Doppelbelastung durch Kindesbetreuung und Erwerbstätigkeit, zu berücksichtigen.

b) Bedürftigkeit. Der Berechtigte muss bedürftig, also außerstande sein, die Prozess- **26** kosten selbst zu tragen. Da der Prozesskostenvorschuss der Billigkeit entsprechen muss (Rn. 30), ist die Bedürftigkeit des einen unter Berücksichtung der Leistungsfähigkeit des anderen zu beurteilen. Je leistungsfähiger der verpflichtete Ehegatte ist, umso geringere Anforderungen sind an die Bedürftigkeit zu stellen.[77] Ggf. hat der Berechtigte auch den **Stamm seines Vermögens** für die Finanzierung des Rechtsstreits einzusetzen, zumal auch bei intakter Ehe die Kosten eines Prozesses vielfach nicht aus dem laufenden Einkommen bestritten, sondern den Ersparnissen entnommen werden.[78] Vermögenswerte, die lediglich eine Rücklage für Not- und Krankheitsfälle darstellen, brauchen nicht verwertet zu werden.[79] Ein Prozesskostenvorschuss wird daher in der Regel nicht geschuldet, wenn der Ehegatte, der den Prozess führen will, aus der Veräußerung des Familienheims ausreichende Mittel erhalten hat.[80] Allein der Umstand, dass der andere Ehegatte über höheres Vermögen verfügt, rechtfertigt die Auferlegung eines Prozesskostenvorschusses nicht. Nur in Ausnahmefällen, z. B. wenn die Vermögenslage des anderen Ehegatten wesentlich günstiger ist oder der Berechtigte den Stamm des Vermögens derzeit nur schwer verwerten kann, weil er Geld langfristig angelegt hat, kann ein Prozesskostenvorschuss der Billigkeit entsprechen. Zur Rückzahlungspflicht in solchen Fällen vgl. Rn. 34. Bei Kindern, insbesondere minderjährigen Kindern (vgl. § 1602 II BGB), wird man bei der Verweisung auf den Stamm des Vermögens zurückhaltend sein müssen. Macht ein Elternteil gemäß § 1629 III BGB Unterhalt im Wege der Prozessstandschaft geltend (vgl. Rn. 2/316 a, 10/135 b), kommt es auf seine Bedürftigkeit, nicht auf diejenige des Kindes an; er hat daher nur dann einen Anspruch auf Prozesskostenvorschuss, wenn er aus seinem Einkommen und seinem Vermögen die Kosten des Rechtsstreits nicht aufbringen kann.[81]

c) Leistungsfähigkeit. Der Schuldner muss leistungsfähig sein. Daran fehlt es in aller **27** Regel, wenn er den Prozesskostenvorschuss nur mit Hilfe eines Kredits aufbringen kann. Anders mag es sein, wenn der Pflichtige über Vermögen verfügt, derzeit aber nicht liquide ist. Wer selbstratenfreie **Prozesskostenhilfe** erhalten könnte, braucht keinen Prozesskostenvorschuss zu leisten. Nach der Rechtsprechung des BGH[82] ist es jedoch möglich, dem Unterhaltspflichtigen aufzuerlegen, den **Prozesskostenvorschuss in Raten** zu entrichten; zugleich kann dem Unterhaltsberechtigten Prozesskostenhilfe gegen Raten in Höhe der Zahlungen auf den Prozesskostenvorschuss bewilligt werden. Richtet sich der Rechtsstreit, den der Berechtigte zu führen beabsichtigt, gegen den Verpflichteten, kommt ein Prozesskostenvorschuss ohnehin nur in Betracht, wenn der Schuldner seine eigenen Kosten aufbringen und zusätzlich diejenigen des Gegners tragen kann. Eine weitergehende Belastung, als sie § 115 ZPO vorsieht, ist ausgeschlossen, da es nicht der Billigkeit entspricht, den Pflichtigen in größerem Umfang zu den Kosten heranzuziehen, als dies bei eigener Prozessführung der Fall wäre.[83]

Der Maßstab an die Leistungsfähigkeit kann nicht so streng sein wie beim Sonderbedarf (vgl. Rn. 7).[84] Geschuldeter Unterhalt, mag er auf Elementar-, Mehr- oder Sonderbedarf gerichtet sein, mindert das für den Prozesskostenvorschuss zur Verfügung stehende Einkommen. Ist allerdings durch einstweilige Anordnung ein Prozesskostenvorschuss zuerkannt und

---

[76] BGH, FamRZ 1998, 286 = R 518 a
[77] OLG Hamm, NJW-RR 2002, 1585
[78] Vgl. BGH, FamRZ 1985, 360
[79] Palandt/Brudermüller § 1360 a BGB Rn. 11
[80] Schwab/Borth IV 73
[81] BGH, FamRZ 2005, 1166 f.
[82] FamRZ 2004, 1633, 1635 f. m. w. N. und mit Anm. Viefhues; anders die Vorauflage
[83] BGH, FamRZ 2004, 1633, 1635 mit Anm. Viefhues
[84] A. A. BGH a. a. O.

ist er auch gezahlt worden, bleibt nichts Anderes übrig, als das anrechenbare Einkommen um den Vorschuss zu kürzen und auf dieser Basis den Unterhalt zu berechnen.[85] **Schulden** sind mindestens in dem Rahmen zu berücksichtigen, in dem sie bei Bewilligung von Prozesskostenhilfe anzuerkennen wären (§ 115 I 3 Nr. 4 ZPO). Ein Vorrang des Prozesskostenvorschusses vor der Tilgung von Schulden besteht nicht.[86] Dem Pflichtigen wird auch gegenüber einem minderjährigen Kind mindestens sein **angemessener Bedarf** im Sinne des § 1603 I BGB, der nach A Anm. 5 II der Düsseldorfer Tabelle Stand: 1. 1. 2008 1100,– € beträgt, verbleiben müssen.[87] Der abweichenden Meinung des BGH,[88] der dem Pflichtigen, wenn sein minderjähriges Kind Prozesskostenvorschuss verlangt, nur den notwendigen Selbstbehalt nach § 1603 II 1 BGB, also 900,– bzw. 770,– € nach der Düsseldorfer Tabelle Anm. A 5 I belassen will, vermag ich nicht zu folgen. Der Gesetzgeber verpflichtet den Schuldner nur dann zu einem Prozesskostenvorschuss, wenn und soweit dies der Billigkeit entspricht (§ 1360 a IV 1 BGB). Dieser Maßstab ist auch bei analoger Anwendung der Vorschrift auf den Minderjährigenunterhalt zu beachten. Die verschärfte Haftung der Eltern gegenüber ihrem minderjährigen oder ihrem privilegiert volljährigen Kind entspricht jedoch nicht der Billigkeit, weil zunächst der Mindestunterhalt des Kindes nach § 1612 a BGB n. F. sichergestellt werden muss. Beim Ehegattenunterhalt muss dem Verpflichteten mindestens sein eheangemessener Selbstbehalt verbleiben,[89] der nach der Rechtsprechung des BGH,[90] B IV der Düsseldorfer Tabelle und den Leitlinien der Oberlandesgerichte (Nr. 21.4) 1000,– € beträgt. Jedoch wird ein Prozesskostenvorschuss vielfach ausscheiden, wenn der Unterhalt nach Quoten bemessen wird und zusätzliches nicht prägendes Einkommen nicht vorhanden ist (vgl. zur gleich gelagerten Problematik beim Sonderbedarf Rn. 11 f.). Dann muss der Ehegatte den Prozess aus dem Quotenunterhalt finanzieren und ggf. Prozesskostenhilfe in Anspruch nehmen.[91] Anders ist es dagegen, wenn der Verpflichtete den Prozesskostenvorschuss ohne Gefährdung seines eigenen angemessenen Unterhalts aus zusätzlichen nicht prägenden Einkünften oder aus dem Stamm seines Vermögens aufbringen kann; dabei braucht allerdings nur ein verhältnismäßig geringer Teil des Vermögens eingesetzt zu werden.[92]

27 a   **d) Rechtsstreit.** Geschuldet wird ein Vorschuss für die Kosten eines Rechtsstreits. Soweit die Prozesskostenvorschusspflicht reicht, kann Prozesskostenhilfe nicht bewilligt werden (vgl. Rn. 33 a): Unter einem Rechtsstreit ist jedes Verfahren vor einem deutschen, unter Umständen auch vor einem ausländischen Gericht zu verstehen, das eine persönliche Angelegenheit (Rn. 28) zum Gegenstand hat. Hierzu zählen vor allem Verfahren vor den Familiengerichten (§ 23 b GVG), aber auch vor den ordentlichen Gerichten einschließlich der Strafgerichte (vgl. § 1360 a IV 2 BGB), den Arbeitsgerichten,[93] den Verwaltungsgerichten,[94] Finanzgerichten und den Sozialgerichten[95] einschließlich der Verfassungsbeschwerden, über die das BVerfG und z. T. auch die Landesverfassungsgerichte zu befinden haben. Prozesskostenvorschuss kann auch für besondere Verfahren beansprucht werden, z. B. für einstweilige Verfügungen und Arreste, einstweilige Anordnungen und vereinfachte Verfahren nach §§ 645 ff. ZPO,[96] aber auch für eine Neben- oder Privatklage im Strafprozess.[97] Auf die Parteirolle kommt es nicht an. Die Kosten einer außergerichtlichen Rechtsberatung oder Rechtsver-

---

[85] Vgl. Schwab/Borth IV 76; Viefhues, FamRZ 2004, 1636
[86] So mit Recht Schwab/Borth IV 76; anderer Ansicht OLG Hamm, FamRZ 1986, 1013; OLG Karlsruhe, FamRZ 1987, 1062
[87] OLG Karlsruhe, FamRZ 1997, 757; Schwab/Borth IV 76
[88] FamRZ 2004, 1633 mit Anm. Viefhues
[89] BGH a. a. O.
[90] FamRZ 2006, 683 = R 649 d
[91] OLG München FamRZ 2006, 791
[92] OLG München FamRZ 2006, 791; OLG Hamm, NJW-RR 2002, 1585; OLG Düsseldorf, FamRZ 1999, 1673
[93] BAG, FamRZ 2006, 1117
[94] OVG Hamburg FamRZ 1991, 960
[95] BSG NJW 1960, 502
[96] Palandt/Brudermüller, § 1360 a Rn. 13
[97] BGH NStZ 1993, 351

folgung sind in entsprechender Anwendung des § 1360a IV BGB zu erstatten, wenn die übrigen Voraussetzungen dieser Vorschrift vorliegen.[98]

e) Persönliche Angelegenheit. Der beabsichtigte Rechtsstreit muss eine persönliche **28** Angelegenheit betreffen, also eine genügend enge Verbindung zur Person des betreffenden Ehegatten oder des vorschussberechtigten Kindes haben.[99] Es genügt nicht, dass der Prozess lebenswichtig ist oder die Existenzgrundlage berührt. Eine allgemeingültige Definition des Begriffs der persönlichen Angelegenheit wird sich nur schwer finden lassen.[100] Dazu gehören vor allem Angelegenheiten, die die Familie, aber auch immaterielle Rechtsgüter, wie körperliche Integrität, Gesundheit, Freiheit, Ehre, Abstammung, Name usw. betreffen.[101] Auch vermögensrechtliche Ansprüche eines Ehegatten können hierunter fallen, selbst wenn sie sich gegen einen Dritten richten; sie müssen aber ihre Wurzel in der ehelichen Lebensgemeinschaft oder in den aus der Ehe erwachsenen persönlichen oder wirtschaftlichen Beziehungen haben.[102] Dies ist bei gesellschaftsrechtlichen oder erbrechtlichen Ansprüchen gegen einen Verwandten nicht der Fall.[103] Für den Stundungsantrag im Insolvenzverfahren entsteht eine Prozesskostenvorschusspflicht nicht, wenn die Insolvenz im Wesentlichen auf vorehelichen Schulden oder auf solchen Verbindlichkeiten beruht, die weder zum Aufbau oder zur Erhaltung einer wirtschaftlichen Existenz eingegangen wurden noch aus sonstigen Gründen mit der gemeinsamen Lebensführung in Zusammenhang stehen.[104] Daraus ist m. E. zu folgern, dass Prozesse mit einem **früheren Ehegatten** um vermögensrechtliche Ansprüche, z. B. rückständigen Unterhalt oder Zugewinnausgleich, vom jetzigen Ehegatten nicht zu finanzieren sind, weil ihnen die Beziehung zur gemeinsamen Lebensführung in der jetzigen Ehe fehlt.[105] Zudem dürfte eine Vorschusspflicht des jetzigen Ehegatten nicht der Billigkeit entsprechen. Vgl. Rn. 30. Dagegen sind gerichtliche Auseinandersetzungen mit einem vor- oder erstehelichen Kind über Unterhalt[106] und Verfahren der freiwilligen Gerichtsbarkeit, die das Kind betreffen, vor allem Verfahren um Sorge- und Umgangsrecht, persönliche Angelegenheiten des wiederverheirateten Elternteils, da das Vorhandensein des Kindes die Lebensverhältnisse auch der jetzigen Ehe prägt. Unterhalt für ein Kind des Ehegatten aus dessen früherer Ehe ist allein eine persönliche Angelegenheit des Kindes und nicht des Elternteils; eine Prozesskostenvorschusspflicht des Ehegatten scheidet daher aus.[107]

Persönliche Angelegenheiten der in Rn. 20 ff. genannten Berechtigten sind danach **28 a** insbesondere:

– Ehesachen, insbesondere das auf Scheidung der jetzigen Ehe gerichtete Verbundverfahren einschließlich der Folgesachen
– sonstige Familiensachen i. S. d. § 621 ZPO, insbesondere Unterhaltssachen,[108]
– alle Statusverfahren,[109] insbesondere auch Verfahren auf Feststellung der Vaterschaft und Anfechtung der Ehelichkeit (vgl. dazu aber Rn. 30),[110]
– Ansprüche auf Auseinandersetzung des Vermögens zwischen Eheleuten, einschließlich des sie vorbereitenden Auskunftsprozesses;[111] dazu gehört auch ein Anspruch auf Nutzungsentgelt für eine von einem Ehegatten bewohnte Immobilie, die dem anderen gehört,[112]

---

[98] So mit Recht Schwab/Borth IV 82; nach OLG München FamRZ 1990, 312; Kalthoener/Büttner/Niepmann Rn. 444 soll eine Erstattung als Sonderbedarf in Betracht kommen
[99] BGH, FamRZ 1964, 197, 199
[100] BGH, FamRZ 1964, 197, 199
[101] MünchKommBGB/Wacke, § 1360a Rn. 28
[102] BGH, FamRZ 2003, 1651; FamRZ 1960, 130; FamRZ 1964, 197, 199
[103] BGH, FamRZ 1964, 197, 199; OLG Köln, FamRZ 1979, 178
[104] BGH, FamRZ 2003, 1651
[105] Vgl. dazu MünchKommBGB/Wacke, § 1360a Rn. 28; Schwab/Borth, IV 72
[106] OLG Karlsruhe FamRZ 2005, 1744
[107] OLG Schleswig, FamRZ 1991, 855
[108] Schwab/Borth IV 71; vgl. auch BGH, FamRZ 1960, 130
[109] Palandt/Brudermüller, § 1360a Rn. 14
[110] OLG Hamburg, FamRZ 1996, 224; OLG Karlsruhe, FamRZ 1996, 872
[111] BGH, FamRZ 1960, 130
[112] A. A. OLG Frankfurt, FamRZ 2001, 1148 mit abl. Anm. von Carnap

– Ansprüche auf Schadensersatz wegen eines Körperschadens einschließlich Schmerzensgeld,[113] auch wegen fehlerhafter ärztlicher Behandlung,[114]
– Insolvenzverfahren mit dem Ziel der Restschuldbefreiung, wenn die Insolvenz nicht vorwiegend auf vorehelichen Schulden beruht,[115]
– Vormundschafts-, Pflegschafts-, Betreuungs- und Unterbringungssachen,[116]
– die Verteidigung in einem Strafverfahren (§ 1360 a IV BGB), Erhebung der Privat- oder Nebenklage;[117] vgl. auch Rn. 27 a
– Streitigkeiten um den Bestand eines Arbeitsverhältnisses, insbesondere Kündigungsschutzprozesse,[118]
– Ansprüche auf Ausbildungsförderung nach dem BAföG, nicht dagegen Ansprüche auf Rückforderung zu Unrecht bezogener Förderungsmittel,[119]
– Prozesse vor den Verwaltungsgerichten wegen Nichtbestehens einer ersten Staatsprüfung, z. B. für das Lehramt,[120]
– Streitigkeiten um die Erteilung oder den Entzug einer Aufenthaltsgenehmigung[121] und um Anfechtung von Ausweisungs- und Abschiebungsverfügungen der Ausländerbehörden,[122]
– Prozesse um Renten, insbesondere aus der Sozialversicherung,[123]
– Prozesse um Ansprüche auf Sozialhilfe nach dem SGB XII[124] einschließlich der Ansprüche für Grundsicherung im Alter und bei Erwerbsminderung (§§ 41 ff. SGB XII) sowie der Ansprüche auf Grundsicherung für Arbeitsuchende nach dem SGB II, nicht dagegen Anfechtungsklagen gegen Bescheide der Behörde auf Rückforderung derartiger Leistungen.[125]

29   **f) Erfolgsaussicht.** Die beabsichtigte Rechtsverfolgung muss hinreichende Aussicht auf Erfolg bieten; sie darf nicht mutwillig sein. Es müssen hier dieselben Anforderungen gestellt werden, wie sie für die Bewilligung von Prozesskostenhilfe gelten (§ 114 ZPO). Es besteht kein Anlass, die Prozesskostenvorschusspflicht an geringere Voraussetzungen als die Prozesskostenhilfe zu knüpfen und sie schon dann eingreifen zu lassen, wenn die Rechtsverfolgung nicht offensichtlich aussichtslos erscheint.[126] Dies würde nicht der Billigkeit entsprechen. Daher muss die Rechtsverfolgung wenigstens bei vorausschauender Betrachtung Erfolg versprechend im Sinne des § 114 ZPO gewesen sein. Zur Rückforderung des Prozesskostenvorschusses vgl. Rn. 34.

30   **g) Billigkeit.** Die Zubilligung des Prozesskostenvorschusses muss unter Berücksichtigung der bisher aufgeführten Kriterien (Rn. 26–29) und der sonstigen Umstände der Billigkeit entsprechen. Auf die zu erwartende Kostenentscheidung kommt es nicht an. Deshalb kann für einen Scheidungsprozess oder ein Statusverfahren Prozesskostenvorschuss gewährt werden, auch wenn die Kosten im Urteil wahrscheinlich gegeneinander aufgehoben werden (§§ 93 a, 93 c ZPO).[127] Es kann dagegen unbillig sein, den zweiten Ehegatten mit den Kosten eines Rechtsstreits zu belasten, in dem es um vermögensrechtliche Ansprüche seines Partners aus dessen früherer Ehe geht.[128] Vgl. dazu auch Rn. 28. Anders kann es dagegen sein, wenn um Sorge- und Umgangsrecht für die Kinder aus der ersten Ehe gestritten wird.

---

[113] OLG Köln, FamRZ 1994, 1109
[114] OLG München FamRZ 2007, 911
[115] BGH, FamRZ 2003, 1651
[116] Palandt/Brudermüller, BGB, § 1360 a Rn. 14
[117] BGH NStZ 1993, 351
[118] BAG, FamRZ 2006, 1117
[119] OVG Hamburg, FamRZ 1991, 960
[120] OVG Münster, FamRZ 2000, 21
[121] OVG Lüneburg NJW 2002, 2489
[122] Hess. VGH, EzFamR § 1360 a BGB Nr. 9
[123] BSG, NJW 1960, 502
[124] OVG Münster, JurBüro 1992, 185 zum BSHG
[125] VG Sigmaringen, FamRZ 2004, 1653
[126] BGH, FamRZ 2001, 1363 = R 554 mit zahlreichen Nachweisen, auch zur früheren h. M.
[127] KG (18. ZS), FamRZ 2003, 773 gegen KG (16. ZS), FamRZ 1955, 680
[128] OLG Nürnberg, FamRZ 1986, 697; a. A.: OLG Koblenz, FamRZ 1986, 466; OLG Hamm, FamRZ 1989, 277

Hier wird in jedem Einzelfall geprüft werden müssen, ob die Prozesskostenvorschusspflicht für den zweiten Ehegatten zumutbar ist oder nicht.[129] Macht ein Ehegatte gegen den anderen einen Unterhaltsanspruch geltend, der auf den Sozialhilfeträger, den Träger der Grundsicherung für Arbeitsuchende oder die Unterhaltsvorschusskasse übergegangen und wieder rückabgetreten worden ist (§ 94 V 1 SGB XII, § 33 IV 1 SGB II, § 7 IV 2 UVG), kommt ein Prozesskostenvorschuss des Schuldners nicht in Betracht.[130] Zur Prozesskostenvorschusspflicht des Sozialhilfeträgers vgl. Rn. 8/117. Dagegen kann ein Prozesskostenvorschuss für eine Ehesache nicht von vorneherein verneint werden, wenn der Anspruch auf Elementarunterhalt während der Trennungszeit nach §§ 1361 III, 1579 Nr. 2–8 BGB verwirkt ist.[131]

Bei Ehelichkeitsanfechtungsverfahren entspricht die Heranziehung des Ehemannes der Kindesmutter, der (noch) als Scheinvater gilt (§ 1592 Nr. 1 BGB), in der Regel nicht der Billigkeit, wenn bei vorausschauender Betrachtung davon auszugehen ist, dass die Anfechtung begründet ist. Zwar haftet der Scheinvater bis zur rechtskräftigen Feststellung der Nichtehelichkeit auf Unterhalt. Dies reicht allerdings allein für die Anwendung des § 1360 a IV BGB nicht aus.[132] Erstattungsansprüche gegen den als Vater rechtskräftig festgestellten Mann, auf die vielfach verwiesen wird (vgl. Rn. 19), sind häufig nicht realisierbar.[133] Zur Frage, ob die Kosten des Statusverfahrens als Sonderbedarf angesehen werden können, vgl. Rn. 19.

Zur Haftung des Elternteils, der ein minderjähriges Kind betreut, vgl. Rn. 25.

3. Inhalt des Anspruchs

Verlangt werden kann nur ein **Vorschuss** für die zu erwartenden Prozesskosten. Dies bedeutet, dass nach Beendigung des Rechtsstreits oder der Instanz ein Anspruch auf die bereits entstandenen Kosten nicht mehr geltend gemacht werden kann.[134] Jedoch kann ein Schadensersatzanspruch entstehen, wenn der Schuldner vor Beendigung des Prozesses oder der jeweiligen Instanz in Verzug gesetzt worden ist.[135] Zum Erlass einer einstweiligen Anordnung in solchen Fällen vgl. Rn. 33. Der Anspruch richtet sich auf einen bestimmten Geldbetrag, nicht dagegen auf die Mitwirkung an der Verwertung gemeinsamer Wertgegenstände, die in einem Banksafe verwahrt werden, zu dem der andere Ehegatte den Zugang verweigert.[136] **31**

Die Höhe des Anspruchs richtet sich nach den Gebühren, die das Gericht und der Prozessbevollmächtigte bereits vor Aufnahme ihrer Tätigkeit verlangen können. In bürgerlichen Rechtsstreitigkeiten sind nach §§ 3 II, 6 I Nr. 1, 12 I 1 I GKG, Nr. 1210 KV drei Gerichtsgebühren vor Klagezustellung zu zahlen, in Ehesachen und bestimmten Lebenspartnerschaftssachen dagegen nur zwei Gerichtsgebühren (Nr. 1310 KV). In Folgesachen eines Verfahrens auf Scheidung oder Aufhebung der Lebenspartnerschaft wird ein Vorschuss nicht erhoben (§ 12 II Nr. 2, 3 GKG). Rechtsanwälte haben Anspruch auf die voraussichtlich entstehenden Gebühren und Auslagen, und zwar in der Regel auf die Verfahrensgebühr in Höhe des 1,3fachen und die Terminsgebühr in Höhe des 1,2fachen der Sätze des Vergütungsverzeichnisses (§ 2 II 1, § 9 RVG, Nr. 3100, 3104 VV). Hinzu kommen die Auslagenpauschale und die Mehrwertsteuer (Nr. 7002, 7008 VV).[137] **32**

---

[129] Vgl. dazu Schwab/Borth IV 72
[130] AG Mosbach, FamRZ 1997, 1090
[131] OLG Zweibrücken, FamRZ 2001, 149
[132] So mit Recht OLG Koblenz, FamRZ 1999, 241; OLG Hamburg, FamRZ 1996, 224; a. A. OLG Karlsruhe, FamRZ 1996, 872 mit kritischer Anm. Gottwald, FamRZ 1996, 873
[133] OLG Hamburg, FamRZ 1996, 224; vgl. zu dieser Problematik auch BGH, FamRZ 1988, 387; OLG München, FamRZ 1996, 1426; OLG Nürnberg, FamRZ 1995, 1593
[134] BGH, FamRZ 1985, 902; OLG Köln, FamRZ 1991, 842
[135] OLG Köln, FamRZ 1991, 842
[136] OLG Zweibrücken, FuR 2002, 272 (der Ehegatte ist auf Ansprüche aus Gemeinschaftsrecht zu verweisen)
[137] Zur Berechnung des Prozesskostenvorschusses im Einzelnen: Kühner in Scholz/Stein, Praxishandbuch Familienrecht, Teil K Rn. 314

4. Prozessuales, Rückforderung des Prozesskostenvorschusses

33   Der Prozesskostenvorschuss ist vor den Familiengerichten geltend zu machen. Der Anspruch kann im ordentlichen Rechtsstreit eingeklagt werden. Dies geschieht wegen der Eilbedürftigkeit aber nur selten. Der Berechtigte kann jedoch durch **einstweilige Anordnung** die Zubilligung eines Prozesskostenvorschusses erwirken

- im Verbundverfahren für die Ehesache und für Folgesachen (§ 620 Nr. 10 ZPO) sowie für entsprechende Verfahren zwischen Lebenspartnern (§ 661 ZPO)
- in Unterhaltssachen (§ 127 a ZPO),
- in Kindschaftssachen (§ 641 d ZPO),[138]
- in sonstigen selbständigen Familiensachen der freiwilligen Gerichtsbarkeit, die durch §§ 127, 620 Nr. 10 ZPO nicht erfasst werden (vgl. § 621 f I ZPO).

Ob nach Abschluss der Instanz auf einen rechtzeitig vorher gestellten Antrag noch ein Prozesskostenvorschuss zuerkannt werden kann, ist streitig.[139] Zur Titulierung eines Prozesskostenvorschusses für eine Folgesache nach Eintritt der Rechtskraft des Scheidungsausspruches durch einstweilige Anordnung vgl. Rn. 22.

Wird ein Kostenvorschuss für einen Prozess vor einem Zivil- oder einem allgemeinen oder besonderen Verwaltungsgericht begehrt, steht dem Berechtigten der Weg der einstweiligen Verfügung offen, die beim Familiengericht zu beantragen ist.

33 a   Soweit dem Unterhaltsberechtigten ein Anspruch auf Prozesskostenvorschuss zusteht, ist er nicht bedürftig im Sinne des § 115 ZPO. Der Anspruch gehört zu seinem Vermögen, das er nach § 115 III ZPO zur Finanzierung des Prozesses einzusetzen hat.[140] Die Partei ist verpflichtet, den Anspruch durch einstweilige Anordnung titulieren zu lassen und ihn beizutreiben. Gelingt dies nicht oder nicht rechtzeitig, ist Prozesskostenhilfe zu gewähren, andernfalls zu verweigern.

34   Der Prozesskostenvorschuss kann – wie sonstiger Unterhalt – **grundsätzlich nicht zurückgefordert** werden. Allein die Tatsache, dass der Rechtsstreit gegen den anderen Ehegatten zuungunsten des Berechtigten ausgegangen ist und diesem demgemäß die Kosten auferlegt worden sind, führt nicht zu einer Rückzahlungsverpflichtung. Daher kann auch nach einer solchen Kostenentscheidung noch aus dem Titel vollstreckt werden, durch den der Kostenvorschuss zugesprochen worden ist.[141] Ein Prozesskostenvorschuss kann im Kostenfestsetzungsverfahren grundsätzlich nicht berücksichtigt werden; dies gilt jedenfalls dann, wenn streitige Rechtsfragen zu klären sind, die dem Erkenntnisverfahren vorbehalten bleiben müssen.[142] Die Kostenfestsetzung zugunsten des obsiegenden Vorschussempfängers ist jedoch ausnahmsweise abzulehnen, wenn und soweit die gesamten ihm entstandenen Kosten, auch wenn sie nach der Kostenquote nicht zu erstatten sind, bereits durch den gezahlten Vorschuss gedeckt sind und die Festsetzung zu einer Bereicherung des Berechtigten führen würde.[143] Ein Rückforderungsanspruch ist begründet, wenn sich die wirtschaftlichen Verhältnisse des Ehegatten, der einen Prozesskostenvorschuss erhalten hat, wesentlich gebessert haben oder die Rückzahlung aus sonstigen Gründen der Billigkeit entspricht.[144] Dies kann insbesondere der Fall sein, wenn dieser Ehegatte aus dem Zugewinnausgleich oder durch Verkauf eines den Ehegatten gemeinsam gehörenden Grundstücks beachtliche Geldmittel erhalten hat. Die Nachzahlung des geschuldeten Unterhalts reicht dagegen in aller Regel nicht aus. Die Rückzahlung des Prozesskostenvorschusses kann der Billigkeit entsprechen, wenn sich nachträglich herausstellt, dass die Voraussetzungen für die Gewährung des Vorschusses nicht gegeben waren, insbesondere wenn das Einkommen des Verpflichteten die Zahlung eines Vorschusses nicht zuließ.[145] Wenn der Vorschuss teilweise durch die Gebühren

---

[138] Zöller/Philippi, ZPO, § 641 d Rn. 12 a
[139] OLG Karlsruhe FamRZ 2000, 431 m. w. N.
[140] BGH, FamRZ 2004, 1633, 1635 mit Anm. Viefhues
[141] BGH, NJW 1985, 2263
[142] Vgl. OLG Düsseldorf, FamRZ 1996, 1409 m. w. N.
[143] Palandt/Brudermüller, § 1360 a Rn. 31 m. w. N.
[144] BGH, NJW 1971, 1262; NJW 1985, 2263
[145] BGH, FamRZ 1990, 491

für den Abschluss eines Prozessvergleichs verbraucht ist, scheidet insoweit eine Rückzahlung aus, da sie zu einem unbilligen Ergebnis führen würde.[146] Der Rückforderungsanspruch ist ein Anspruch eigener Art; er ist nicht aus §§ 812 ff. BGB herzuleiten; deshalb gelten §§ 814, 818 III BGB nicht.[147]

– in dieser Auflage nicht belegt –   **35–99**

2. Abschnitt: Unterhalt für die Vergangenheit

I. Anspruchsvoraussetzungen

1. Gesetzliche Grundlagen

Unterhalt für die Vergangenheit kann beim Verwandtenunterhalt nach § 1613 BGB, bei **100** Ansprüchen nicht verheirateter Eltern aus Anlass der Geburt eines Kindes nach §§ 1615 l III 1, 1613 BGB, beim Familienunterhalt nach §§ 1360 a III, 1613 BGB, beim Trennungsunterhalt nach §§ 1361 IV 4, 1360 a III, 1613 BGB und beim nachehelichen Unterhalt nach § 1585 b II BGB verlangt werden. Mit Inkrafttreten des KindUG am 1. 7. 1998 waren die Voraussetzungen aber außer beim Sonderbedarf – unverständlicherweise – zunächst unterschiedlich geregelt, da lediglich § 1613 BGB, nicht aber auch § 1585 b BGB geändert wurde. Mit der Unterhaltsreform zum 1. 1. 2008 wurde dies durch die Änderung des § 1585 b II BGB mit einer Verweisung auf § 1613 I BGB nachgeholt, da kein Grund für eine unterschiedliche Ausgestaltung des Unterhalts für die Vergangenheit bestand.[1] Seit 1. 1. 2008 kann damit nicht nur wie bisher beim Verwandtenunterhalt, Unterhalt nach § 1615 l I, II BGB, Familien- und Trennungsunterhalt, sondern auch beim **nachehelichen Unterhalt** ein Rückstand ab **Rechtshängigkeit**, ab **Verzug** und ab **Auskunftsbegehren** zum Zweck der Geltendmachung eines Unterhaltsanspruches begehrt werden. Das Erfordernis, eine sog. Stufenmahnung erheben zu müssen, wenn zur Bezifferung des Unterhalts zunächst eine Auskunft erholt werden muss (näher Rn. 119), gehört damit der Vergangenheit an. Wegen der gesetzlichen Sonderregelung in §§ 1613, 1585 b BGB tritt Verzug dabei nicht generell nach § 286 II Nr. 1 BGB mit Kalenderfälligkeit ein, weil der Unterhalt gemäß §§ 1361 IV 2, 1585 I 2, 1612 III 1 BGB monatlich im Voraus zu zahlen ist (s. unten Rn. 115). Eine Unterhaltsnachforderung ist vielmehr ausgeschlossen, wenn sich der Bedürftige untätig verhält. Der Unterhalt dient seinem Wesen nach zur Bestreitung der laufenden Lebensbedürfnisse, soweit der Bedürftige nichts verlangt, ist davon auszugehen, dass er sie selbst decken kann. Der Verpflichtete muss außerdem rechtzeitig in die Lage versetzt werden, sich auf die laufenden Unterhaltsleistungen einzustellen.[2]

Seit der Verweisung in § 1585 b II BGB durch die Unterhaltsreform zum 1. 1. 2008 auf **100 a** § 1613 I 2 BGB kann auch der nacheheliche Unterhalt wie der Verwandtenunterhalt, Unterhalt nach § 1615 l I, II BGB, Familien- und Trennungsunterhalt **ab dem 1. des Monats** verlangt werden, indem Rechtshängigkeit oder Verzug eintrat, bzw. Auskunft begehrt wurde, wenn der Anspruch dem Grunde nach bestand (§ 1613 I 2 BGB). Die Regelung in § 1613 I 2 BGB führt zu einer erheblichen Verfahrensvereinfachung, da der Unterhalt nicht mehr tageweise auszurechnen ist. Entstand der Anspruch erst im Monat des Zugangs des Verzugs- oder Auskunftsbegehrens oder der Rechtshängigkeit der Klage, kann der Unterhalt dagegen erst ab diesem Tag, nicht rückwirkend für den gesamten Monat, verlangt werden.[3]

Beim **Sonderbedarf** als selbstständigen Bestandteil des Unterhaltsanspruchs gelten die **101** oben angeführten Einschränkungen nicht, §§ 1585 b I, 1613 II Nr. 1 BGB (vgl. Rn. 105).

---

[146] A. A. OLG Köln, FamRZ 2002, 1134
[147] BGH, FamRZ 1990, 491
[1] BT-Drs. 16/1830 vom 15. 6. 2006 S. 21
[2] BGH, FamRZ 2005, 1162 = R 631 c; FamRZ 1992, 920 = R 449 a; FamRZ 1989, 150, 152
[3] BGH, FamRZ 1990, 283

101 a   Beim Verwandtenunterhalt, Ansprüchen nach § 1615l I, II BGB, Familien- und Trennungsunterhalt kann rückständiger Unterhalt auch **ohne Rechtshängigkeit, Verzug oder
Auskunftsbegehren** verlangt werden, wenn er entweder aus rechtlichen Gründen (§ 1613
II Nr. 2 a BGB) oder aus tatsächlichen Gründen, die in den Verantwortungsbereich des
Pflichtigen fallen (§ 1613 II Nr. 2 b BGB), nicht vorher verlangt werden konnte (näher
Rn. 105 a). § 1613 II Nr. 2 BGB gilt beim nachehelichen Unterhalt wegen der Sonderregelung des § 1585 b III BGB nicht (vgl. Rn. 103, 110).

102   Bei **übergeleiteten und übergegangenen Ansprüchen** kann der Unterhalt auch ab
der sog. Rechtswahrungsanzeige verlangt werden, vgl. § 33 III 1 SGB II, § 94 IV 1 SGB
XII, § 37 IV BAföG, § 7 II UVG, § 96 III SGB VIII (vgl. Rn. 106).

103   Beim **nachehelichen Unterhalt** gilt ferner die **Einschränkung,** dass für eine mehr als
ein Jahr vor der Rechtshängigkeit liegende Zeit rückständiger Unterhalt nur noch bei einem
absichtlichen Leistungsentzug zugesprochen werden kann (vgl. Rn. 110).

2. Rechtshängigkeit

104   Rechtshängigkeit des Unterhaltsanspruchs tritt mit förmlicher Zustellung der Klage ein
(§§ 253 I, 261 I ZPO). Wird ein Anspruch erst im Laufe des Prozesses geltend gemacht,
z. B. bei einer Unterhaltserhöhung, ab Zustellung des entsprechenden Schriftsatzes oder
Antragstellung in der Hauptverhandlung, § 261 II ZPO. Dies gilt auch, wenn die Klage
zunächst unschlüssig war.[4]

Bei **Stufenklage** tritt auch für den mit dem Auskunftsbegehren verbundenen unbezifferten Unterhaltsantrag bereits mit Zustellung der Klage Rechtshängigkeit des gesamten
Verfahrens ein.[5]

Die formlose Übersendung eines **Prozesskostenhilfegesuchs** bewirkt hingegen **keine
Rechtshängigkeit,**[6] auch wenn dem Antrag zur Begründung ein Klageentwurf beigefügt
wurde. Die Zusendung des Antrags steht jedoch einer Mahnung gleich,[7] so dass Unterhaltsrückstand ab diesem Zeitpunkt wegen Verzugs verlangt werden kann (vgl. Rn. 120).

3. Auskunft

104 a   §§ 1585 b II, 1613 I 1 BGB erfordern für die Auskunft als Rückstandsvoraussetzung nur,
dass sie zum Einkommen und/oder Vermögen zum Zweck der Geltendmachung von
Unterhalt verlangt wurde. Beim Ehegattenunterhalt kann ab diesem Zeitpunkt auch nachträglich **Vorsorgeunterhalt** begehrt werden, wenn zunächst nur Elementarunterhalt geltend gemacht wurde.[8] Die Notwendigkeit, zunächst eine sog. Stufenmahnung erheben zu
müssen (näher Rn. 119), um den Unterhalt bei Unkenntnis der Einkommensverhältnisse
des Pflichtigen beziffern zu können, besteht damit nicht mehr. Die Neufassung des § 1613 I
BGB ist zu begrüßen, da sie der Vereinfachung und Verfahrensbeschleunigung dient. In den
meisten Fällen kommt es für die Prüfung, ob Unterhalt für die Vergangenheit verlangt
werden kann, nicht mehr wie beim Verwandten- und Trennungsunterhalt für die Zeit vor
dem 1. 7. 1998 bzw. beim nachehelichen Unterhalt vor dem 1. 1. 2008 auf einen Verzug
oder die Rechtshängigkeit der Klage an, sondern nur noch auf die Übersendung der
Aufforderung, Auskunft zum Einkommen zu erteilen.

Zu beachten ist, dass nach der zum 1. 7. 1998 erfolgte Neuregelung des § 93 d ZPO bei
nicht oder nicht vollständig erteilter Auskunft den Pflichtigen auch im anschließenden
Prozess die Kostentragungspflicht trifft, wenn der Bedürftige deshalb den Unterhalt fehlerhaft beziffert. Ist der Pflichtige mit der Auskunft in Verzug, kann dies zu einer Schadensersatzpflicht führen und der Unterhaltsrückstand als Verzugsschaden geltend gemacht wer-

---

[4] BGH, FamRZ 1996, 1271
[5] BGH, FamRZ 1990, 283, 285
[6] BGH, a. a. O.
[7] BGH, a. a. O.
[8] BGH, FamRZ 2007, 193 = R 664 e

den,[9] worunter auch entstandene Kosten fallen, wenn von der Kostenregelung des § 93 d ZPO nicht Gebrauch gemacht wurde.[10]

4. Sonderbedarf

Verlangt der Bedürftige einen Sonderbedarf (vgl. hierzu näher Rn. 1 ff.), kann er diesen **105** auch ohne Verzug oder Rechtshängigkeit **innerhalb eines Jahres rückwirkend** beanspruchen, §§ 1585 b I, 1613 II Nr. 1 HS 2 BGB. Nachdem es sich beim Sonderbedarf um einen unregelmäßigen außergewöhnlich hohen Bedarf handelt, liegt es gerade in der Natur dieses Anspruchs, dass der Verpflichtete vorher meist nicht mehr rechtzeitig in Verzug gesetzt oder verklagt werden kann. Für mehr als ein Jahr zurückliegende Ansprüche bleibt es dagegen nach § 1613 II 1 BGB bei der generellen Regelung in §§ 1613 I, 1585 b III BGB.

5. Rückwirkender Unterhalt nach § 1613 II Nr. 2 BGB

Durch die Neufassung des § 1613 II Nr. 2 BGB zum 1. 7. 1998 wurde für den gesamten **105 a** Verwandtenunterhalt, Ansprüche nach § 1615 l I, II BGB sowie den Familien- und Trennungsunterhalt die früher nur beim Unterhalt nichtehelicher Kinder geltende Regelung des § 1615 d BGB a. F. übernommen. Unterhalt für die Vergangenheit kann demnach auch ohne Rechtshängigkeit, Verzug oder Auskunftsverlangen begehrt werden, wenn er aus rechtlichen (§ 1613 II Nr. 2 a BGB) oder tatsächlichen, vom Pflichtigen zu vertretenden Gründen (§ 1613 II Nr. 2 b BGB) nicht früher geltend gemacht werden konnte. Dies gilt auch für Ersatzansprüche nach § 1607 BGB.[10a] **Rechtliche Gründe** sind insbesondere eine zunächst notwendige Vaterschaftsfeststellung, **tatsächliche, vom Pflichtigen zu verantwortende Gründe** ein Auslandsaufenthalt oder unbekannter Aufenthalt.

In den Fällen des § 1613 II Nr. 2 BGB kann der Unterhaltsrückstand nach § 1613 III BGB, der § 1615 i BGB a. F. entspricht, aus Billigkeitsgründen gestundet, zum Teil oder vollständig erlassen oder Ratenzahlung angeordnet werden. Eine grobe Unbilligkeit kann z. B. bei hohen Unterhaltsrückständen bejaht werden, die die Leistungsfähigkeit des Pflichtigen unter Berücksichtigung seiner Einkommens- und Vermögensverhältnisse überfordern, weil seine Vaterschaft aus von ihm zu vertretenden Gründen erst nach vielen Jahren festgestellt wurde oder der Unterhaltsschuldner nicht mit Ansprüchen aus der Vergangenheit rechnen musste, weil die Kindsmutter von der Vaterschaft eines anderen Mannes ausgegangen war.[11] Die Darlegungs- und Beweislast für die Voraussetzungen des § 1613 III BGB trägt der Pflichtige. § 1613 III BGB gilt auch bei Ersatzansprüchen gegen die Großeltern nach § 1607 I, II BGB oder bei Ersatzansprüchen von Dritten, z. B. nach § 1607 III BGB, **nicht** dagegen bei sonstigen Unterhaltsrückständen außerhalb § 1613 II Nr. 2 BGB.

6. Übergeleitete und übergegangene Unterhaltsansprüche

Soweit Unterhaltsansprüche auf öffentliche Träger, die für den Bedürftigen Hilfe leisten, **106** kraft Gesetzes **übergehen,** z. B. bei Leistungen von Arbeitslosengeld II (§ 33 I SGB II) oder Sozialhilfe (§ 94 I 1 SGB XII), Unterhaltsvorschuss für minderjährige Kinder (§ 7 I 1 UVG), Ausbildungsförderung (§ 37 I BAföG), oder **übergeleitet werden,** z. B. Leistungen der Jugendhilfe (§ 96 I SGB VIII), kann Unterhalt für die Vergangenheit nicht nur ab Verzug, Auskunft oder Rechtshängigkeit, sondern auch ab der sog. **Rechtswahrungsanzeige** verlangt werden (vgl. § 33 III 1 SGB II, § 94 IV 1 SGB XII, § 7 II UVG, § 37 IV BAföG, § 96 III SGB VIII). Die Rechtswahrungsanzeige eröffnet somit dem Träger der staatlichen Sozialleistung eine **weitere selbstständige Möglichkeit** zur rückwirkenden

---

[9] BGH, FamRZ 1985, 155; FamRZ 1984, 163
[10] BGH, FamRZ 1995, 348
[10a] BGH, FamRZ 2004, 800 = R 609 a
[11] OLG Oldenburg, FamRZ 2006, 1561

Inanspruchnahme des Verpflichteten, ohne dass es einer vorhergehenden Mahnung oder eines Auskunftsbegehrens bedarf.[12]

107   Die **Rechtswahrungsanzeige** stellt keinen Verwaltungsakt dar[13] (näher Rn. 8/81 ff.). Sie erfolgt nach den jeweiligen gesetzlichen Bestimmungen durch eine schriftliche Anzeige. Auch wenn sie dieselben Rechtsfolgen wie eine verzugsbegründende Mahnung auslöst und für den Verpflichteten vergleichbare Warnfunktion erfüllt, unterliegt sie nicht den gleichen Bestimmtheitsanforderungen.[14] Der Gesetzgeber verlangt bei Zahlung von Arbeitslosengeld II und bei Leistung von Sozialhilfe nur eine **schriftliche Mitteilung** der Hilfegewährung (§ 33 III 1 SBG II, § 94 IV 1 SGB XII), bei Leistungen der Jugendhilfe eine **unverzügliche schriftliche Mitteilung** (§ 96 III SGB VIII), bei Zahlung von Unterhaltsvorschuss und Vorauszahlungen zur Ausbildungsförderung **Kenntnis und Belehrung** über die Inanspruchnahme (§ 7 Nr. 2 UVG, § 37 IV Nr. 2 BAföG). Die Rechtswahrungsanzeige muss daher weder die Höhe der staatlichen Sozialleistung noch die Höhe der Inanspruchnahme des Pflichtigen enthalten, um wirksam zu sein; denn allein die Mitteilung staatlicher Unterstützung des Bedürftigen zerstört bereits das Vertrauen des Schuldners, dass die Dispositionen über seine Lebensführung nicht durch Unterhaltpflichten berührt werden.[15]

Eine **unverzügliche** schriftliche Mitteilung gemäß **§ 96 III SGB VIII** bedeutet, dass die Rechtswahrungsanzeige ohne schuldhaftes Verzögern mit der gebotenen Beschleunigung dem Pflichtigen übersandt wird.[16] Der Behörde ist aber eine angemessene Überlegungfrist einzuräumen, ob sie ihre Rechte durch eine Anzeige wahren muss, z. B. bei einer Heimunterbringung, ob der Jugendliche auch das Heim besucht.[17]

108   Nach § 33 III 1 SGB II, § 94 IV 1 SGB XII genügt bei Zahlung von Arbeitslosengeld II und Sozialhilfe und Übergang des Unterhaltsanspruchs nach § 33 I SGB II, § 94 I SGB XII als Rechtswahrungsanzeige die schriftliche Mitteilung der Erbringung der Leistung. Die Mitteilung muss nicht mehr, wie es die alte Fassung des § 91 III 1 BSHG vor 1996 noch forderte, unverzüglich erfolgen. Die Rechtswahrungsanzeige wirkt nach dem eindeutigen Gesetzeswortlaut nicht mehr auf den Beginn der Hilfe zurück, auch nicht auf den Zeitpunkt des Erlasses des Hilfebescheides, sondern entfaltet erst mit ihrem Zugang Wirksamkeit (näher Rn. 8/82).[18] Die Zeit zwischen Antragstellung und Zugang der Rechtswahrungsanzeige ist bei Leistung von Arbeitslosengeld II und Sozialhilfe damit von der Erstattung ausgenommen, soweit der Unterhaltsgläubiger den Schuldner nicht vorher in Verzug setzte oder Auskunft verlangte, §§ 1613 I 1, 1585 b II BGB (näher Rn. 8/82).[19] Eine Rechtswahrungsanzeige für den Trennungsunterhalt begründet auch die Rückstandsvoraussetzungen für den nachehelichen Unterhalt.[20]

7. Sonstige Ansprüche

109   Die Regelungen des § 1613 BGB gelten auch bei familienrechtlichen **Ausgleichsansprüchen**,[21] wenn ein Elternteil allein für den Kindesunterhalt aufkommt (näher Rn. 2/529 ff.). Bei **Schadensersatzansprüchen** wegen nicht erteilter oder falscher Auskunft[22] sind die Bestimmungen der §§ 1613, 1585 b BGB dagegen nicht anwendbar (vgl. auch Rn. 230 ff.). Bei **Unterhaltsvereinbarungen** gilt § 286 II Nr. 1 BGB (näher Rn. 129).

---

[12] BGH, FamRZ 2004, 366 = R 599 a; FamRZ 2003, 860, 861 = R 590 A a; FamRZ 1989, 1054
[13] BGH, FamRZ 1985, 586
[14] BGH, a. a. O.
[15] BGH, a. a. O.
[16] BGH, FamRZ 1990, 510; FamRZ 1989, 1054
[17] BGH, FamRZ 1990, 510
[18] Künkel, FamRZ 1996, 1509, 1513; die anderslautenden Ausführungen in BGH, FamRZ 2003, 860, 861 = R 590 A a betrafen die Rechtslage vor dem 1. 8. 1996
[19] Künkel a. a. O.
[20] BGH, FamRZ 1988, 375
[21] BGH, FamRZ 1984, 775
[22] BGH, FamRZ 1984, 163

8. Absichtlicher Leistungsentzug beim nachehelichen Unterhalt

Beim nachehelichen Unterhalt kann nach § 1585 b III BGB auch bei Verzug rückständi- **110** ger Unterhalt für eine mehr als ein Jahr vor Rechtshängigkeit liegende Zeit nur verlangt werden, wenn sich der Verpflichtete absichtlich seiner Leistung entzogen hat. Bei dieser Einschränkung handelt es sich dem Wesen nach um eine Ausformung des Rechtsinstituts der Verwirkung, die an eine illoyal verspätete Geltendmachung des Rechts nachteilige Folgen für den Rechtsinhaber knüpft.[23] Der Gläubiger soll dadurch veranlasst werden, seinen Unterhaltsanspruch zeitnah zu verwirklichen, um beim Schuldner das Anwachsen einer übergroßen Schuldenlast zu verhindern. Für die Jahresfrist gilt die Vorwirkung des § 167 ZPO (= 270 III ZPO a. F.), wenn die Klage rechtzeitig anhängig wurde.[24] Nicht ausreichend ist hingegen die Übersendung eines Prozesskostenhilfeantrags.[25] Der Rechtsgedanke der Verwirkung gemäß § 1585 b III BGB gilt auch für Nebenforderungen wie der nachträglichen Geltendmachung von Zinsen (vgl. Rn. 132).

Für einen **absichtlichen Leistungsentzug** genügt jedes **zweckgerichtete Verhalten** **111** des Pflichtigen, die zeitnahe Realisierung der Unterhaltsschuld zu verhindern oder zumindest wesentlich zu erschweren.[26] Ein absichtlicher Leistungsentzug ist daher nicht nur bei einem aktiven Hintertreiben der rechtzeitigen Geltendmachung von Unterhaltsansprüchen, z. B. durch nicht gemeldeten Wohnsitzwechsel, zu bejahen. Es ist auch ausreichend, dass der Schuldner entgegen der in einer Vereinbarung übernommenen Verpflichtung Einkommensänderungen nicht unaufgefordert mitteilt.[27] Eine Zahlungseinstellung reicht hingegen nicht aus.[28]

§ 1585 b III BGB ist abdingbar.[29] Hierfür müssen aber eindeutige Anhaltspunkte vorliegen, wenn ein entsprechender Verzichtswille des Unterhaltsgläubigers durch Auslegung ermittelt werden soll.[30] Davon kann z. B. ausgegangen werden, wenn die Parteien monatliche am bisherigen Einkommen orientierte Abschlagszahlungen vereinbaren mit einer nachträglichen Schlussabrechnung nach Vorlage des Einkommensteuerbescheides oder sonstiger Einkommensunterlagen durch den Schuldner oder bei Indexierungsanpassungen.

§ 1585 b III BGB gilt auch für auf den Träger der Sozialleistungen übergegangene Unter- **112** haltsansprüche. § 33 III SGB II, § 94 IV SGB XII erweitern zwar die Zugriffsmöglichkeit des Trägers der Sozialhilfe, die Regelung lässt aber § 1585 b III BGB unberührt, da durch den Forderungsübergang Natur, Inhalt und Umfang des Anspruchs nicht verändert wird.[31]

Die Zeitschranke des § 1585 b III BGB für rückständigen nachehelichen Unterhalt ist auch eingehalten, wenn der Gläubiger innerhalb der Jahresfrist mit seinen Unterhaltsansprüchen gegen Ausgleichsansprüche des Schuldners **aufrechnet.**[32] Die Aufrechnung mit Unterhaltsansprüchen ist – im Gegensatz zum Aufrechnungsverbot gegen Unterhaltsansprüche, vgl. §§ 850 b I ZPO, 394 BGB (s. näher Rn. 302 ff.) – zulässig und kann auch in einer Nichtfamiliensache vor einem allgemeinen Zivilgericht erklärt werden.[33]

§ 1585 b III BGB gilt nicht bei **Ausgleichsansprüchen** des Unterhaltsberechtigten **113** infolge der Teilnahme am begrenzten **Realsplitting.**[34] Insoweit geht es nicht um den Schutz des Unterhaltspflichtigen vor hohen Unterhaltsrückständen.

Die **Darlegungs- und Beweislast** für das Vorliegen eines absichtlichen Leistungsentzugs **114** hat zwar der **Bedürftige,** er muss jedoch nur solche Umstände vortragen, die nach der Lebenserfahrung den Schluss auf ein Sichentziehen rechtfertigen. Der **Verpflichtete** muss

---

[23] BGH, FamRZ 2005, 1162 = R 631 b, c; FamRZ 1989, 150, 152
[24] OLG Düsseldorf, FamRZ 2002, 327
[25] OLG Karlsruhe, FamRZ 2002, 1039
[26] BGH, FamRZ 1989, 150, 152
[27] BGH, a. a. O.
[28] OLG Köln, FamRZ 1997, 426
[29] BGH, FamRZ 1989, 150
[30] BGH, FamRZ 1989, 150
[31] BGH, FamRZ 1987, 1014
[32] BGH, FamRZ 1996, 1067 = R 505 b
[33] BGH, FamRZ 1996, 1067 = R 505 a
[34] BGH, FamRZ 2005, 1162 = R 631 c

dann die gegen ihn sprechende Vermutung entkräften, indem er Tatsachen vorträgt und beweist, die geeignet sind, die Schlussfolgerungen eines absichtlichen Verhaltens zu erschüttern.[35]

II. Verzug

1. Verzug nach § 286 I BGB

115   Verzug ist zu prüfen, wenn dem Unterhaltsbegehren kein Auskunftsverlangen vorausging (vgl. Rn. 104 a). Nach § 286 I BGB (= § 284 I BGH a. F.) erfordert er eine **Mahnung nach Fälligkeit.** Zu beachten ist dabei, dass sich die Verpflichtung zur Unterhaltsleistung und dessen Fälligkeit unmittelbar aus dem Gesetz ergeben.[36]

Das führt jedoch nicht zu einem generellen Verzug des Unterhaltsschuldners wegen Kalenderfälligkeit nach § 286 II Nr. 1 BGB, weil der Unterhalt nach §§ 1361 IV 2, 1585 I 2, 1612 III 1 BGB monatlich im Voraus, d. h. nach § 192 BGB zum Ersten des Monats zu leisten ist. Denn dann wären die Vorschriften der §§ 1585 b II, 1613 I BGB überflüssig. Sie schränken vielmehr die Verzugsbestimmungen dahingehend ein, dass **Verzug** erst in Betracht kommt, wenn der gesetzliche Unterhaltsanspruch **nach Höhe und Beginn** im Einzelfall **konkretisiert** wurde.

§§ 1585 b II, 1613 I BGB beruhen auf dem Gedanken, dass Unterhalt seinem Wesen nach zur Bestreitung des laufenden Lebensbedarfs dient und die Befriedigung der Bedürfnisse einer zurückliegenden Zeit an sich nicht möglich ist, so dass grundsätzlich keine Notwendigkeit besteht, darauf beruhende Ansprüche fortgelten zu lassen. Zugleich soll der Unterhaltspflichtige in die Lage versetzt werden, sich auf die auf ihn zukommenden Belastungen einzustellen.[37]

Bei familienrechtlichen Unterhaltsschulden tritt **Verzug** somit nur ein, wenn dem Pflichtigen seine **Schuld** nicht nur nach ihrer Existenz, sondern auch nach ihrem Umfang, also **nach der Höhe des geschuldeten Betrags** bekannt ist.[38] Außerdem muss der **Zeitpunkt,** ab wann Unterhalt verlangt wird, angegeben werden.[39]

116   Der Verzug des Schuldners setzt somit regelmäßig eine Mahnung nach Eintritt der Fälligkeit voraus (§ 286 I 1 BGB).

Die **generelle Fälligkeit** des Unterhalts als gesetzlichem Anspruch ergibt sich aus der Verpflichtung, den geschuldeten Unterhalt monatlich im Voraus leisten zu müssen, §§ 1361 IV 2, 1585 b I 2, 1612 III 1 BGB.

116 a   Durch das Gesetz zur Beschleunigung fälliger Zahlungen vom 30. 3. 2000 war ab 1. 5. 2000 mit der Einfügung von § 284 III BGB a. F. eine unklare Rechtslage für Unterhaltsrückstände entstanden, da nach dem gesetzlichen Wortlaut auch Unterhaltsforderungen Geldforderungen i. S. dieser Bestimmung waren, der Gesetzgeber aber offensichtlich die Sonderregelungen im Unterhaltsrecht nach §§ 1613, 1585 b BGB nicht bedacht hatte.[40] Mit der Schuldrechtsreform und der Neufassung des § 286 III BGB zum 1. 1. 2002 wurde klargestellt, dass diese Bestimmung auf Unterhaltsforderungen nicht anwendbar ist.[41] § 284 III BGB a. F. ist daher dahingehend auszulegen, dass diese Regelung auch für die Zeit vom 1. 5. 2000 bis 31. 12. 2001 für Unterhaltsforderungen nicht galt.

117   Die **Mahnung** erfordert für ihre Wirksamkeit eine der **Höhe nach bestimmte und eindeutige Leistungsaufforderung.**[42] Die Aufforderung an den Schuldner, ab einem bestimmten Zeitpunkt einen konkreten Unterhalt zu zahlen, z. B. ab 1. Juni monatlich

---

[35] BGH, FamRZ 1989, 150, 153
[36] OLG Bamberg, FamRZ 1990, 1235
[37] BGH, FamRZ 2005, 1162 = R 631 c; FamRZ 1992, 920 = R 449 a; FamRZ 1989, 150, 152
[38] BGH, FamRZ 1982, 887, 890
[39] OLG Karlsruhe, FamRZ 1998, 742
[40] Näher Büttner, FamRZ 2000, 921; Löhnig, NJW 2000, 3548
[41] Büttner, FamRZ 2002, 361
[42] BGH, FamRZ 1985, 155, 157; FamRZ 1984, 163; FamRZ 1982, 887, 890

1000 €, ist damit im Ergebnis sowohl die Konkretisierung des gesetzlichen Anspruchs nach Beginn und Höhe als auch die Mahnung nach Fälligkeit.[43]

Eine bestimmte und eindeutige **Leistungsaufforderung** erfordert im Regelfall eine **ziffernmäßige Angabe** der Unterhaltshöhe.

- Ausnahmsweise kann auch ohne konkrete Angabe eines Betrags eine wirksame Mahnung **118** vorliegen, wenn nach den gesamten Umständen des Falles für den Schuldner klar ist, welchen Unterhalt der Gläubiger von ihm fordert.[44] **Nicht ausreichend** ist aber, dass ein Pflichtiger, dem Kindesalter und eigenes Nettoeinkommen bekannt sind, den Kindesunterhalt unter Inanspruchnahme fachkundiger Hilfe oder Beratung ziffernmäßig selbst ermitteln[45] oder über das Einkommensteuergesetz oder die Düsseldorfer Tabelle den Mindestunterhalt feststellen kann.[46] Zu unbestimmt und damit als Mahnung unwirksam ist auch eine **Zahlungsaufforderung** an **mehrere Personen** mit einem **einheitlichen Betrag**, z. B. für Mutter und Kind, ohne dass die Unterhaltshöhe für den einzelnen Unterhaltsgläubiger feststellbar ist.[47] Nicht ausreichend ist ferner, dass eine Unterhaltsforderung nur angekündigt wird, ohne dass sich aus dem Anschreiben entnehmen lässt, ab wann Unterhalt verlangt wird.[48]
- Eine sog. **Stufenmahnung,** d. h. ein Auskunftsbegehren verbunden mit einem unbe- **119** zifferten Unterhaltsbegehren (entsprechend einer Stufenklage) ist nach BGH zur Leistungsbestimmung ausreichend. Nach Treu und Glauben kann der Unterhaltsschuldner keine Vorteile daraus ziehen, dass der Bedürftige ohne Auskunft den Unterhaltsanspruch nicht beziffern kann.[49] Die sog. Stufenmahnung war seit dem 1. 7. 1998 aber nur noch beim **nachehelichen Unterhalt** erforderlich, weil bei allen sonstigen Unterhaltsansprüchen seit der Neufassung des § 1613 I BGB Unterhalt für die Vergangenheit auch ab Auskunftsbegehren verlangt werden konnte. Seit der Reform zum 1. 1. 2008 gilt § 1613 I BGB auch beim nachehelichen Unterhalt (§ 1585 b II BGB), so dass ab diesem Zeitpunkt die Stufenmahnung generell entbehrlich ist (vgl. Rn. 100, 104 a).
- Die Übersendung eines **Prozesskostenhilfegesuchs** steht einer Mahnung gleich.[50] Das **120** Gleiche gilt bei Übersendung eines Antrags auf Erlass einer einstweiligen Anordnung.[51]
- Beim **Kindesunterhalt Minderjähriger** erfordert eine wirksame Mahnung, dass der **121** Elternteil das Kind in Unterhaltsstreitigkeiten nach der Trennung gesetzlich vertritt, d. h. das Kind in Obhut hat (§ 1629 II BGB), bzw. nach Regelung der elterlichen Sorge Sorgerechtsinhaber ist, soweit er für das Kind Unterhaltsansprüche geltend macht.[52] Bei einem Sorgerechtswechsel ist eine vorher erklärte Mahnung unwirksam, auch wenn sich das Kind zu diesem Zeitpunkt bereits in Obhut dieses Elternteils befand, da es sich bei der Mahnung um eine Handlung mit rechtsgeschäftsähnlichem Charakter handelt, für die § 180 BGB gilt.[53] Die Ausnahmeregelung des § 180 S. 2 BGB kann im Ergebnis nur greifen, wenn der (Noch-)Sorgerechtsinhaber mit der Geltendmachung von Kindesunterhaltsansprüchen gegen sich einverstanden ist.[54] Ausreichend ist aber, wenn nach einem Obhutswechsel dem nunmehr betreuenden Elternteil mit einstweiliger Anordnung das Aufenthaltsbestimmungsrecht übertragen wird.[55] Soweit der Unterhalt noch nicht

---

[43] A. A. OLG Bamberg, FamRZ 1990, 1235, 1236, das insoweit Verzug nach § 286 II Nr. 1 BGB annimmt

[44] BGH, FamRZ 1984, 163

[45] BGH, a. a. O.

[46] BGH, a. a. O.

[47] OLG Hamm, FamRZ 1995, 106

[48] OLG Karlsruhe, FamRZ 1998, 742

[49] BGH, FamRZ 1990, 283, 285

[50] BGH, FamRZ 2004, 1177 = R 615 a; FamRZ 1992, 920; FamRZ 1990, 283, 285

[51] BGH, FamRZ 1995, 725 = R 493 A; FamRZ 1983, 352, 354

[52] OLG Düsseldorf FamRZ 2000, 442

[53] OLG Bremen, FamRZ 1995, 1515

[54] OLG Bremen a. a. O.

[55] OLG Köln, FamRZ 1998, 1194

tituliert wurde, kann die Zahlungsaufforderung des Nichtsorgeberechtigten allerdings als Geltendmachung eines Ausgleichsanspruches ausgelegt werden (s. insoweit näher Rn. 2/ 529 ff.).

122 • Eine **Zuvielforderung** im Mahnschreiben **schadet nicht.** Verzug tritt dann nur in der geschuldeten Höhe ein.[56] Auch wenn im Schuldrecht im Einzelfall eine unverhältnismäßig hohe Mehrforderung nach Treu und Glauben dazu führen kann, dass eine Mahnung als nicht rechtswirksam angesehen wird,[57] führt wegen der Schwierigkeit der Berechnung im Unterhaltsrecht auch eine beträchtlich zu hohe Mehrforderung zum Verzug. Sie ist als Aufforderung zur Bewirkung der tatsächlich geschuldeten Leistung zu werten, zumal kein Zweifel daran bestehen kann, dass ein Unterhaltsgläubiger auch zur Annahme von Minderleistungen bereit ist.[58] Dies gilt auch, wenn der Leistungsaufforderung keine Unterhaltsberechnung beilag, da Verzug nur die Leistungsbestimmung verlangt.

123 • Verlangt der Gläubiger dagegen mit der Mahnung **zu wenig,** begründet dies **keinen Verzug** auf einen **höheren** als den begehrten **Betrag.**[59]

124 • Die Mahnung ist **nicht formgebunden,** kann also auch mündlich, z. B. bei einem Telefonat, wirksam erklärt werden.[60]

125 • Beim Unterhalt handelt es sich um eine wiederkehrende Leistung, so dass die Mahnung wegen laufenden Unterhalts **nicht monatlich wiederholt** werden muss.[61]

126 Durch die Neufassung des § 1585 b II BGB tritt beim nachehelichen Unterhalt seit 1. 1. 2008 wie beim Verwandtenunterhalt, Ansprüchen nach § 1615 l I, II BGB, Familien- und Trennungsunterhalt Verzug ab dem **Monatsersten,** in dem das Aufforderungsschreiben zuging, ein, wenn der Anspruch bereits dem Grunde nach bestand. Entstand der Anspruch erst in diesem Monat, tritt Verzug erst mit Zugang des Mahnschreibens ein,[62] da nach § 286 I 1 BGB erst die Mahnung den Verzug auslöst.

127 **Verzug** für den **Trennungsunterhalt** begründet **keinen Verzug für den nachehelichen Unterhalt.** Trennungs- und nachehelicher Unterhalt sind verschiedene Streitgegenstände. Sind für den Bedürftigen die Voraussetzungen für einen Anspruch auf nachehelichen Unterhalt gegeben, entsteht für ihn ein neues Recht auf wiederkehrende Leistungen, so dass er den Pflichtigen neu anmahnen muss.[63]

128 Eine Mahnung wegen **nachehelichen Unterhalts, die vor dem Eintritt der Rechtskraft des Scheidungsausspruchs zugeht,** begründet **keinen Verzug.**[64] Nach dem klaren Wortlaut des § 286 I 1 BGB kommt der Schuldner nur durch eine Mahnung in Verzug, die nach Eintritt der Fälligkeit erfolgt. Vor Rechtskraft der Scheidung besteht aber noch kein fälliger Anspruch auf nachehelichen Unterhalt.[65] Eine vor Entstehung des Anspruchs ausgesprochene Mahnung ist wirkungslos und bleibt es auch nach dem Eintritt dieser Voraussetzung.[66] Soweit der Bedürftige dringend auf Unterhalt angewiesen ist, hat er die Möglichkeit, den nachehelichen Unterhalt im Scheidungsverbund geltend zu machen oder während der Trennungszeit im Scheidungsverfahren eine einstweilige Anordnung nach § 620 Nr. 4, 6 ZPO zu erwirken, die gemäß § 620 f ZPO für die Zeit nach der Scheidung bis zu einer anderweitigen Regelung fortwirkt, um zu verhindern, dass durch die im Einzelfall für die Partei oft sehr schwierige Feststellung des Eintritts der Rechtskraft der Scheidung eine unwirksame, bzw. verspätete Mahnung übersandt und dadurch der benötigte Unterhalt nicht sofort ab Scheidung geschuldet wird.[67] Eine in einem Trennungsunterhaltsverfahren erlas-

---

[56] BGH, FamRZ 1982, 887, 890
[57] BGH, NJW 1991, 1286, 1288
[58] BGH, FamRZ 1983, 352, 355
[59] BGH, FamRZ 2004, 1177 = R 615 a; FamRZ 1990, 283, 285
[60] BGH, FamRZ 1993, 1055 = R 462 A a
[61] BGH, FamRZ 1988, 370; FamRZ 1983, 352, 354
[62] BGH, FamRZ 1990, 283
[63] BGH, FamRZ 1988, 370
[64] BGH, FamRZ 1992, 920 = R 449 a
[65] BGH, a. a. O.
[66] BGH, FamRZ 1988, 370
[67] BGH, FamRZ 1992, 920 = R 449 a

sene einstweilige Anordnung nach § 644 ZPO würde dagegen nicht ausreichen, da ihre Wirkung nicht weitergehen kann wie das Hauptsacheverfahren.

2. Verzug nach § 286 II Nr. 1 BGB

Ein Verzug ohne Mahnung nach § 286 II Nr. 1 BGB **(Kalenderfälligkeit)** setzt bei **129** familienrechtlichen Unterhaltspflichten voraus, dass dem **Verpflichteten seine Schuld** sowohl **ihrer Existenz** als auch **ihrem Umfang nach bekannt ist.** Dies ist insbesondere bei **vertraglich vereinbarten Unterhaltsleistungen** der Fall. Durch eine Vereinbarung ist zwischen den Beteiligten klargestellt, dass Unterhalt geschuldet wird, der Berechtigte die Erfüllung seines Anspruchs verlangt und in welcher Höhe der Unterhalt zu leisten ist.[68]

Das Gleiche gilt, wenn der Schuldner **freiwillig leistet** (sog. Selbstmahnung) und seine Zahlung nach mehreren Leistungen einstellt.[69] Die Annahme der Leistung durch den Gläubiger bewirkt wie bei einer vertraglichen Regelung die Konkretisierung der Unterhaltshöhe, die Kalenderfälligkeit ergibt sich jeweils aus der gesetzlichen Regelung, den Unterhalt monatlich im Voraus zu zahlen (§§ 1361 IV 2, 1585 I 2, 1612 III 1 BGB). Nach BGH liegt bei Einstellung bisher regelmäßig erbrachter Zahlungen eine eindeutige und endgültige Leistungsverweigerung vor, was zum gleichen Ergebnis führt[70] (s. unten Rn. 130).

Eine Kalenderfälligkeit besteht ferner für titulierte Ansprüche (... fällig jeweils monatlich im Voraus).

3. Verzug nach § 286 II Nr. 3 BGB

Die Neufassung des § 286 II Nr. 3 BGB übernahm die bisher von der Rechtsprechung **130** entwickelten Grundsätze. Eine Mahnung ist demnach entbehrlich, wenn der Verpflichtete die Unterhaltsleistung **eindeutig und endgültig verweigert.**[71] An die Annahme einer endgültigen Erfüllungsverweigerung sind strenge Anforderungen zu stellen. Das Verhalten des Schuldners muss zweifelsfrei ergeben, dass er sich über das Erfüllungsverlangen des Gläubigers hinwegsetzt.[72] Im Schweigen auf ein Unterhaltsbegehren oder in der bloßen Nichtleistung von Unterhalt kann daher keine die Mahnung entbehrlich machende Unterhaltsverweigerung gesehen werden.[73] Ebensowenig ist es ausreichend, dass der bisher die Kinder betreuende Elternteil aus der Ehewohnung unter Zurücklassung der Kinder auszieht und dadurch keine Betreuungsleistungen mehr erbringt.[74] Lehnt der Pflichtige dagegen bereits die Erteilung einer Einkommensauskunft mit dem Hinweis ab, keinen Unterhalt zu schulden, liegt eine eindeutige und endgültige Leistungsverweigerung vor. Das Gleiche gilt, wenn der Pflichtige bei einem Telefonat erklärt, er zahle den verlangten höheren Unterhalt nicht.[75] Dies führt aber erst von dem Zeitpunkt an, in dem die Weigerung erklärt wurde, zum Verzug, nicht rückwirkend zu einem früheren Zeitpunkt.[76]

4. Verzug nach § 286 II Nr. 4 BGB

Die sog. Selbstmahnung (vgl. Rn. 129) kann auch unter die Neufassung des § 286 II **130 a** Nr. 4 BGB subsummiert werden. Besondere Gründe, die unter Abwägung der beiderseiti-

---

[68] BGH, FamRZ 1989, 150, 152; FamRZ 1983, 352, 354
[69] OLG Köln, FamRZ 2000, 433
[70] BGH, FamRZ 1983, 352, 354
[71] BGH, FamRZ 1992, 920; FamRZ 1985, 155, 157; FamRZ 1983, 352, 354
[72] BGH, NJW 1996, 1814
[73] BGH, FamRZ 1992, 920
[74] OLG München, FamRZ 1997, 313
[75] BGH, FamRZ 1993, 1055 = R 462 A a
[76] BGH, FamRZ 1985, 155, 157

gen Interessen den sofortigen Eintritt des Verzugs erfordern, können ferner angenommen werden, wenn sich der Unterhaltspflichtige der Mahnung entzieht.[77]

5. Verschulden des Pflichtigen

131   Nach § 286 IV BGB kommt der Schuldner nur in Verzug, soweit die Verzögerung der Leistung auf einem Umstand beruht, den er zu vertreten hat. Dabei hat er für eigenes Verschulden und das seiner Erfüllungsgehilfen und gesetzlichen Vertreter einzustehen, §§ 276, 278 BGB.

Ein Irrtum über die Rechtslage beseitigt ein Verschulden in der Regel nicht. An den Ausschluss des Schuldnerverzugs wegen unverschuldeten Rechtsirrtums werden vom BGH sehr strenge Voraussetzungen geknüpft.[78] Nimmt der Pflichtige fehlerhaft an, er müsse keinen Unterhalt leisten, weil der Bedürftige mit einem neuen Lebensgefährten zusammenwohnt, kann er das Risiko eines Irrtums über die Rechtslage nicht dem Gläubiger zuschieben. Er darf nicht einmal einer Rechtsauffassung vertrauen, die in gerichtlichen Urteilen zum Ausdruck gekommen ist, wenn mit einer abweichenden Beurteilung anderer Gerichte oder des BGH gerechnet werden muss.[79] Ebensowenig darf er bei Ablehnung eines Antrags auf Erlass einer einstweiligen Anordnung nach §§ 620 Nr. 4, 6, 644 ZPO davon ausgehen, dass die Frage der Unterhaltspflicht damit endgültig und zutreffend beurteilt wurde.[80]

6. Verzugszinsen

132   Der Barunterhalt wird als Geldrente geschuldet, §§ 1361 IV 1, 1585 I 1, 1612 I 1 BGB. Bei Verzug und/oder Rechtshängigkeit ist der Unterhalt nach §§ 288, 291 BGB zu verzinsen.[81] Maßgebend ist insoweit lediglich, dass Verzug oder Rechtshängigkeit vorliegt, die Zinsen können dann auch noch nachträglich im Laufe eines Verfahrens rückwirkend verlangt werden. Beim nachehelichen Unterhalt ist allerdings bei rückwirkender Geltendmachung die zeitliche Begrenzung nach § 1585 b III BGB zu beachten (vgl. Rn. 110). Nicht ausreichend ist für eine Zinsforderung ein Auskunftsbegehren (vgl. Rn. 119), es sei denn, es handelt sich um eine sog. Stufenmahnung.

132 a   Seit der Neuregelung des § 288 I BGB zum 1. 5. 2000 durch das Gesetz zur Beschleunigung fälliger Zahlungen betragen die Verzugszinsen für Geldforderungen 5% über dem Basiszinssatz.[82] Unstreitig sind auch Unterhaltsforderungen Geldforderungen nach § 288 I BGB, so dass es auf einen Schadensnachweis nicht ankommt. Durch die Schuldrechtsreform wurde § 288 I BGB nicht verändert. Der Basiszinssatz, der sich zum 1. 1. und 1. 7. eines jeden Jahres verändern kann, wurde aber in der Neufassung von § 247 BGB näher definiert.[83] Für Prozesszinsen verweist § 291 BGB auf § 288 I BGB. Bis 30. 4. 2000 betrugen die Verzugs- und Prozesszinsen 4%. Ab 1. 5. 2000 erhöhten sie sich durch die Gesetzesänderung auf 8,42%. Ab 1. 9. 2000 betrugen sie 9,26%, ab 1. 9. 2001 8,62%, ab 1. 1. 2002 7,57%, ab 1. 7. 2002 7,47%, ab 1. 1. 2003 6,97%, ab 1. 7. 2003 6,22%, ab 1. 1. 2004 6,14%, ab 1. 7. 2004 6,13%, ab 1. 1. 2008 6,21%, ab 1. 7. 2005 6,17%, ab 1. 1. 2006 6,37%, ab 1. 7. 2006 6,95%, ab 1. 1. 2007 7,7%, ab 1. 7. 2007 8,19%, ab 1. 1. 2008 8,32%.

Die Zinsen sind seit der Änderung des § 288 I BGB variabel zu **tenorieren** (... nebst Zinsen von 5 Prozentpunkten über dem Basiszinssatz seit ...). Auch die Zinsen unterliegen dem Aufrechnungsverbot nach §§ 394 BGB, 850 b ZPO.[84]

---

[77] OLG Köln, NJW-RR 1999, 4
[78] BGH, FamRZ 1983, 352, 355
[79] BGH, FamRZ 1985, 155, 158
[80] BGH, FamRZ 1983, 352, 355
[81] BGH, FamRZ 1987, 352
[82] Näher Büttner, FamRZ 2000, 921
[83] Büttner, FamRZ 2002, 361
[84] OLG Hamm, FamRZ 1988, 952

7. Beseitigung der Verzugsfolgen und Verwirkung

a) Erlassvertrag. Verzugsfolgen können durch Parteivereinbarung beseitigt werden, z. B. **133** einen Erlassvertrag (§ 397 BGB).[85] Soweit Unterhaltsvereinbarungen geschlossen werden und dabei Rückstände in Betracht kommen, empfiehlt sich in der Praxis die Aufnahme einer entsprechenden Abgeltungsklausel.

Ein Verzicht (Erlass), der rückwirkend durch Vertrag die Verzugsfolgen beseitigt, kann auch durch schlüssiges Verhalten der Parteien zustande kommen.[86]

b) Keine einseitige Rücknahme einer Mahnung. Eine verzugsbegründende Mah- **134** nung kann dagegen vom Berechtigten für die Vergangenheit **nicht** einseitig zurückgenommen werden. Die Mahnung ist keine rechtsgeschäftliche Willenserklärung, sondern hat nur rechtsgeschäftsähnlichen Charakter. Auch wenn die allgemeinen Vorschriften über Willenserklärungen entsprechend anwendbar sind, ist dies nicht ausreichend, um die durch die Mahnung ausgelöste gesetzliche Rechtsfolge, den Verzug, durch einseitige Rücknahme entfallen zu lassen.[87]

Die Abweisung eines Antrags auf Erlass einer einstweiligen Anordnung beseitigt daher die Verzugsfolgen nicht, auch wenn der Gläubiger im Anschluss daran nicht binnen 6 Monaten Leistungsklage erhebt.[88] Bleibt der Berechtigte zu lange untätig, kann er sich aber unter Umständen nach Treu und Glauben nicht mehr auf die Verzugsfolgen wegen Verwirkung berufen. Vor Ablauf der sich aus dem Rechtsgedanken der §§ 204 II, 210 I 1, 211 BGB hergeleiteten Sechsmonatsfrist kommt dabei eine Verwirkung regelmäßig nicht in Betracht[89] (s. unten Rn. 136).

Lag die Mahnung gemäß § 286 I 2 BGB in der Erhebung der Klage, bewirkt die **Zurücknahme der Unterhaltsklage** aber ab diesem Zeitpunkt die Zurücknahme der Mahnung, wodurch die Voraussetzungen des Verzugs für die Zukunft entfallen. Von einer zurückgenommenen Mahnung können keinerlei Rechtswirkungen für künftigen Unterhalt mehr ausgehen.[90]

c) Verwirkung. Bei Vorliegen besonderer Umstände kann sich der Unterhaltsgläubiger **135** nach Treu und Glauben unter dem Gesichtspunkt der Verwirkung des Unterhaltsrückstandes wegen illoyal verspäteter Geltendmachung nicht mehr auf die Verzugsfolgen berufen.[91] Eine Verwirkung erfordert nach ständiger Rechtsprechung ein **Zeit- und ein Umstandsmoment.** Sie beseitigt nicht die Verzugsfolgen, sondern nur den vor dem Zeitmoment liegenden Anspruch.[92] Die Verwirkung des Unterhaltsrückstandes ist eine **rechtsvernichtende Einwendung.**[93]

- Je kürzer die Verjährungsfrist ist, desto seltener ist an sich Raum für eine Verwirkung. **136** Ansprüche auf Unterhalt verjähren seit der Neufassung der Verjährungsvorschriften durch die Schuldrechtsreform nach § 197 II BGB in 3 Jahren (s. unten Rn. 140), die Verjährung ist aber beim Trennungsunterhalt bis zur Scheidung, beim Kindesunterhalt bis zur Volljährigkeit gehemmt (§ 207 BGB), wodurch die kurze Verjährungsfrist nicht effektiv werden kann.[94] Beim Unterhalt können nach BGH an das **Zeitmoment** keine großen Anforderungen gestellt werden. Von einem Unterhaltsgläubiger, der lebensnotwendig auf Unterhaltsleistungen angewiesen ist, ist eher als von einem Gläubiger anderer Forderungen zu erwarten, dass er sich zeitnah um die Durchsetzung seines Anspruchs bemüht. Unternimmt er nichts, erweckt sein Verhalten in der Regel den Eindruck, er sei nicht

---

[85] BGH, FamRZ 1995, 725 = R 493 A; FamRZ 1988, 478; FamRZ 1987, 40
[86] BGH, FamRZ 1987, 40, 42
[87] BGH, a. a. O.
[88] BGH, FamRZ 1995, 725 = R 493 A
[89] BGH, a. a. O.
[90] BGH, FamRZ 1983, 352, 354
[91] BGH, FamRZ 2007, 453 = R 665 a; FamRZ 2004, 531 = R 602 a; FamRZ 2002, 1698 = R 580 a; FamRZ 1988, 370, 372; FamRZ 1988, 478, 479
[92] BGH, FamRZ 2007, 453 = R 665 b
[93] BGH, NJW 1966, 345
[94] BGH, FamRZ 1988, 370, 372

bedürftig. Ferner ist zu beachten, dass Unterhaltsrückstände zu einer erdrückenden Schuldenlast anwachsen können, die auch die Leistungsfähigkeit für den laufenden Unterhalt gefährden.[95] Das Zeitmoment kann daher in der Regel bereits für Zeitabschnitte, die **mehr als ein Jahr vor Rechtshängigkeit** der Klage oder einem erneuten Tätigwerden zurückliegen, zu bejahen.[96] Das Gesetz schenkt bei Unterhaltsrückständen für eine mehr als ein Jahr zurückliegende Zeit dem Schuldnerschutz besondere Beachtung, wie die Jahresgrenze in § 1585 b III BGB beim nachehelichen Unterhalt und in § 1613 II Nr. 1 BGB beim Sonderbedarf zeigt. Diesem Rechtsgedanken ist auch bei der Bemessung des Zeitmoments für die Verwirkung Rechnung zu tragen.[97] Zu beachten ist in der Praxis, dass das Zeitmoment nicht alle Rückstände vor dem erneuten Tätigwerden erfasst, sondern nur die mehr als ein Jahr ab diesem Zeitpunkt zurückliegenden Unterhaltsforderungen.[98]

137 • Das **Umstandsmoment** erfordert besondere Umstände, auf Grund derer sich der Unterhaltsverpflichtete nach Treu und Glauben darauf einrichten kann, dass der Berechtigte sein Recht nicht mehr geltend macht.[99] Insoweit kann ausreichend sein, dass der Unterhaltsanspruch von Anfang an streitig war, der Bedürftige über ein eigenes Einkommen verfügte und den Trennungsunterhalt erst nach der Scheidung einklagt,[100] oder sich 2 Jahre nach der letzten Mahnung untätig verhält[101] oder nach Erteilung der geforderten Auskunft durch den Pflichtigen 15 Monate nichts unternimmt.[102] Das Umstandsmoment fehlt dagegen, wenn der Unterhalt in regelmäßigen Abständen moniert wird und der Gläubiger durch sein Verhalten deutlich zu erkennen gibt, dass er den Rückstand weiterhin geltend macht.[103] Es ist auch nicht gegeben, wenn es nur um Nachzahlungen nicht angepasster Indexierungsleistung geht, soweit der Unterhaltsschuldner in so guten Verhältnissen lebt, dass er seine Lebensführung nicht auf eventuelle Nachzahlungen ausrichten muss.[104]

138 Ist der Unterhaltsanspruch auf eine **Behörde übergegangen,** z. B. nach § 33 I SGB II, 94 I SGB XII, gelten für die Verwirkung die gleichen Voraussetzungen, denn durch den gesetzlichen Übergang von Unterhaltsansprüchen wird deren Natur, Inhalt und Umfang nicht verändert.[105] Auch wenn Behörden nicht lebensnotwendig auf den Unterhaltsanspruch angewiesen sind, müssen sie sich bei der Rechtsnatur des Anspruchs um eine zeitnahe Durchsetzung bemühen.

139 Rückständige **titulierte Unterhaltsansprüche** können der Verwirkung unterliegen, wenn sich ihre Geltendmachung unter dem Gesichtspunkt illoyal verspäteter Rechtsausübung als unzulässig darstellt. Dies gilt auch beim Unterhalt minderjähriger Kinder.[106] Bei titulierten Ansprüchen ist generell bei der Prüfung, ob eine Verwirkung vorliegt, ein strengerer Maßstab anzulegen.[107] An das Zeitmoment sind die oben genannten Anforderungen zu stellen. Beim Umstandsmoment ist auf die Untätigkeit von Vollstreckungsmaßnahmen abzustellen; ist die Vollstreckung ohne weiteres möglich, weil der Pflichtige in einem geregelten Arbeitsverhältnis steht, ist das Umstandsmoment zu bejahen, wenn nichts unternommen wird.[108] Ist eine Vollstreckung dagegen nicht erfolgversprechend, weil der Pflich-

---

[95] BGH, FamRZ 2007, 453 = R 665 a; FamRZ 2002, 1698 = R 580 a; FamRZ 1988, 370, 372
[96] BGH, FamRZ 2007, 453 = R 665 a; FamRZ 2004, 531 = R 602 a; FamRZ 2002, 1698 = R 580 a
[97] BGH, a. a. O.
[98] BGH, FamRZ 2007, 453 = R 665 c
[99] BGH, a. a. O.
[100] BGH, FamRZ 1988, 370, 372
[101] BGH, FamRZ 2007, 453 = R 665 a
[102] BGH, FamRZ 2002, 1698 = R 580 a
[103] BGH, FamRZ 1988, 478, 480
[104] BGH, FamRZ 2004, 531 = R 602 b
[105] BGH, FamRZ 2002, 1698 = R 580 a
[106] BGH, FamRZ 2004, 531 = R 602 b; FamRZ 1999, 1422 = R 535
[107] OLG Stuttgart, FamRZ 1999, 859
[108] OLG München, FamRZ 2002, 68

tige unbekannten Aufenthalts ist, laufend den Arbeitsplatz wechselt oder kein pfändbares Einkommen hat, wird das Umstandsmoment regelmäßig zu verneinen sein. Das Umstandsmoment ist ferner nicht gegeben, wenn der Pflichtige sich auf Grund guter finanzieller Verhältnisse wegen der titulierten Beträge nicht in seiner Lebensführung einschränken muss.[109]

III. Verjährung

Unterhaltsansprüche verjähren nach der Neufassung der Verjährungsvorschriften durch **140** das Schuldrechtsmodernisierungsgesetz seit 1. 1. 2002 gemäß §§ 197 II, 195 BGB **in drei Jahren.** Die Verjährungsfrist **beginnt** dabei nach § 199 I BGB am Schluss des Jahres, in dem der Anspruch entstanden ist und der Gläubiger von den den Anspruch begründenden Umständen und der Person des Schuldners Kenntnis erlangt oder ohne grobe Fahrlässigkeit erlangen müsste. Bis 31. 12. 2001 betrug die Verjährung nach § 197 BGB a. F. vier Jahre.

Die **Übergangsregelung** ergibt sich aus dem schwer verständlichen Artikel 229 § 6 EGBGB. Bei den am 1. 1. 2002 bereits verjährten Ansprüchen bleibt es bei der früheren Regelung. Für die am 1. 1. 2002 bestehenden noch nicht verjährten Unterhaltsansprüche gilt das neue Recht, wobei die 3-Jahresfrist erst ab 1. 1. 2002 zu laufen beginnt; eine Ausnahme besteht, wenn die frühere Regelung (4-Jahresfrist) für den Schuldner günstiger ist, weil bis 1. 1. 2002 bereits ein Teil der Frist verstrichen ist. Für die Hemmung gilt das Stichtagsprinzip, d. h. für die Zeit bis 31. 12. 2001 gilt altes Recht, ab 1. 1. 2002 neues Recht.[110]

Die Neuregelung gilt nach Aufhebung des § 1615l IV BGB a. F. auch für Ansprüche **141** nicht verheirateter Eltern, für den Sonderbedarf[111] und familienrechtliche Ausgleichsansprüche beim Kindesunterhalt (vgl. Rn. 2/529 ff.).[112] Zinsansprüche verjähren mit der Hauptsache (§ 217 BGB).

Die **Vollstreckungsverjährung** beträgt nach § 197 I 3 BGB für bis zur Rechtskraft des **142** Urteils aufgelaufenen Leistungen bzw. nach § 197 I 4 BGB bis zum Vergleichsabschluss oder der Errichtung einer vollstreckbaren Urkunde entstandenen Ansprüche 30 Jahre, für titulierten künftigen Unterhalt nach §§ 197 II, 195 BGB 3 Jahre statt wie bisher 4 Jahre (vgl. § 218 BGB a. F.). Bei der regelmäßigen Verjährung gilt für den Verjährungsbeginn § 199 I BGB (s. oben Rn. 140).

Nach § 207 BGB ist die Verjährung beim Ehegattenunterhalt bis zur Scheidung, beim **143** Kindesunterhalt bis zur Volljährigkeit **gehemmt,** ebenso bei Bestehen einer Lebenspartnerschaft. Durch die Schuldrechtsreform wurden die Gründe für eine Hemmung der Verjährung, während der die Verjährungsfrist nicht läuft (§ 209 BGB), durch §§ 203, 204 BGB erheblich ausgeweitet. Im Unterhaltsrecht sind insbesondere § 203 BGB (schwebende Verhandlungen), § 204 I Nr. 1 BGB (Klageerhebung, auch bei einer Stufenklage, Antrag auf Erteilung der Vollstreckungsklausel), § 204 I Nr. 2 BGB (Zustellung des Antrags im vereinfachten Verfahren über den Unterhalt Minderjähriger), § 204 I Nr. 3 BGB (Zustellung des Mahnbescheides), § 204 I Nr. 9 BGB (Zustellung eines Antrags auf Arrest, einstweilige Verfügung oder einstweilige Anordnung), § 204 I Nr. 14 BGB (Prozesskostenhilfeantrag) und § 205 BGB (Stundung) zu beachten. Die Hemmung endet in den Fällen des § 204 BGB 6 Monate nach rechtskräftiger Entscheidung oder anderweitiger Beendigung des Verfahrens.

Bei einer Abschlagszahlung auf Unterhaltsrückstände beginnt die Verjährung neu zu laufen, ebenso bei Vollstreckungshandlungen (§ 212 I BGB).

Geht der Unterhaltsanspruch bei Gewährung eines **Unterhaltsvorschusses** nach § 7 **144** UVG auf das Land über, gilt die **Hemmung** der Verjährung nach § 207 I 2 Nr. 2 BGB **nicht,** weil sie nur der Wahrung des Familienfriedens dient.[113] Entsprechendes gilt bei einem Forderungsübergang bei Leistung von Arbeitslosengeld II oder Sozialhilfe. Bei einer

---

[109] BGH, FamRZ 2004, 531 = R 602 b
[110] Büttner, FamRZ 2002, 362
[111] Näher hierzu Büttner, FamRZ 2002, 362
[112] A. A. nach altem Recht BGH, FamRZ 1988, 387
[113] BGH, FamRZ 2006, 1664 = R 657 d

Rückabtretung lebt die Hemmung nicht wieder auf, da es dann um den Rückgriff des Trägers der Leistung geht, nachdem der Bedarf des Berechtigten in Höhe der Sozialleistung (Unterhaltsvorschuss, Arbeitslosengeld II, Sozialhilfe) gedeckt wurde (s. näher Rn. 8/274).

145–199 *– In dieser Aufl. nicht belegt –*

3. Abschnitt: Rückforderung von zu Unrecht gezahltem Unterhalt

I. Grundsätze

1. Ausgangslage

200 Bei der Rückforderung von überzahltem Unterhalt geht es regelmäßig um **unfreiwillige Leistungen,** weil der Anspruch überhöht tituliert war. **Freiwillige Mehrleistungen** können beim Familien- und Trennungsunterhalt nach §§ 1361 IV 4 BGB, 1360 b BGB, beim nachehelichen Unterhalt und Verwandtenunterhalt nach § 814 BGB nicht zurückverlangt werden (näher Rn. 224 ff.).

Ist ein Unterhaltsanspruch tituliert, entspricht der Titel aber materiell-rechtlich nicht oder nicht mehr der Rechtslage, stellt sich das Problem, ob das zu viel Gezahlte zurückverlangt werden kann. Die Umstände, die einer Unterhaltsberechnung zugrunde lagen, können sich schnell ändern. Ein sog. Hauptsachetitel, d. h. ein Urteil, ein Prozessvergleich oder eine vollstreckbare Urkunde kann dadurch rückwirkend geändert, ein Titel aus dem summarischen Verfahren der einstweiligen Anordnung ohne Rechtsgrund erlassen, ein Vollstreckungstitel durch falsche Angaben erschlichen oder durch treuwidriges Verschweigen von Einkommensänderungen zu Unrecht aufrechterhalten werden. Als monatlich jeweils im Voraus zu zahlende Dauerleistung, auf die einerseits der Unterhaltsgläubiger zur Bestreitung seiner Lebenshaltungskosten regelmäßig angewiesen ist, die dem Unterhaltspflichtigen andererseits aber oft hohe Einschränkungen der eigenen Bedürfnisse abverlangt, hat die Möglichkeit der Rückforderung von Überzahlungen für Gläubiger wie Schuldner in der Praxis in den angeführten Fällen erhebliche Bedeutung.

201 Trotz der speziellen Konstellation im Unterhaltsrecht hat der Gesetzgeber diese Fragen außer in § 1360 b BGB nicht gesondert geregelt, es gelten vielmehr nur die allgemeinen, der Unterhaltsproblematik nicht immer voll gerecht werdenden Rückforderungs- und Schadensersatzansprüche, die von der Rechtsprechung nur in wenigen Fällen weiterentwickelt bzw. angepasst wurden.

202 Werden in einem **laufenden Prozess** zum Teil Überzahlungen geleistet, zum Teil zu wenig gezahlt, handelt es sich um ein **Verrechnungsproblem.** Es ist im Zweifel immer davon auszugehen, dass die Parteien damit einverstanden sind.[1] Zur **Aufrechnung von Rückforderungsansprüchen** mit künftigem Unterhalt vgl. Rn. 311.

2. Anspruchsgrundlagen

203 Grundlagen für die Rückforderung von zu Unrecht gezahltem Unterhalt bilden in erster Linie Ansprüche aus ungerechtfertigter Bereicherung nach § 812 BGB, z. B. bei rückwirkender Abänderung eines Unterhaltstitels nach § 323 ZPO oder Feststellung, dass entgegen einer einstweiligen Anordnung kein oder nur ein geringerer Unterhalt geschuldet wird (vgl. Rn. 204 ff.).

Wegen der Verwendung des Unterhalts zur Begleichung der laufenden Lebenshaltungskosten und der dadurch entstehenden Entreicherung führt diese Anspruchsgrundlage im Regelfall nur bei Vorliegen einer verschärften Haftung zum Erfolg (s. näher Rn. 207 ff.).

Daneben kommen Schadensersatzansprüche aus dem Vollstreckungsrecht nach §§ 641 g, 717, 945 ZPO (vgl. Rn. 226 ff.) und aus unerlaubter Handlung wegen Prozessbetrugs bzw.

---

[1] BGH, FamRZ 1985, 908

vorsätzlicher sittenwidriger Ausnützung eines unrichtig gewordenen Vollstreckungstitels in Betracht (vgl. Rn. 230 ff.), bei denen die Entreicherungsproblematik keine Rolle spielt.

Sonderfälle mit Lösungen nach § 242 BGB können beim Eintritt des Rentenfalles (vgl. Rn. 235 ff.) und beim Prozesskostenvorschuss bestehen (vgl. Rn. 238 ff.).

II. Rückforderungsansprüche aus ungerechtfertigter Bereicherung

1. Anspruchsgrundlage

Die auf Grund einer summarischen Prüfung erlassene **einstweilige Anordnung** nach **204** §§ 620 Nr. 4, 6, 644 ZPO trifft nur eine vorläufige Regelung, die keine rechtskräftige Entscheidung über den Unterhaltsanspruch darstellt. Die einstweilige Anordnung ist rein prozessualer Natur und schafft lediglich eine einstweilige Vollstreckungsmöglichkeit eines vorläufig als bestehend angenommenen Anspruchs, die nach § 620 f ZPO bis zur anderweitigen Regelung, also bei einstweiligen Anordnungen im Scheidungsverfahren nach § 620 Nr. 4, 6 ZPO auch über die Scheidung hinaus gilt. Geht die einstweilige Anordnung über Bestand und Höhe des materiell-rechtlichen Unterhaltsanspruchs hinaus, leistet der Schuldner insoweit ohne Rechtsgrund nach § 812 I 1 BGB.[2] Eine anderweitige Regelung nach § 620 f ZPO bildet in diesen Fällen bei **einstweiligen Anordnungen nach § 620 Nr. 4, 6 ZPO** ein im ordentlichen Rechtsstreit ergehendes Urteil. In der Regel handelt es sich insoweit um eine vom Verpflichteten erhobene **negative Feststellungsklage,** dass kein bzw. kein so hoher Unterhaltsanspruch besteht. Aber auch eine sofort erhobene **Bereicherungsklage** ist zugleich eine anderweitige Regelung i. S. des § 620 f ZPO.[3] Die Wirkung des § 620 f ZPO tritt dabei erst mit der Rechtskraft des Urteils ein.[4]

Bei **einstweiligen Anordnungen nach § 644 ZPO** im Unterhaltsprozess steht durch das Leistungsurteil fest, ob und in welcher Höhe der Unterhaltsanspruch besteht. Ging die einstweilige Anordnung darüber hinaus, wurde insoweit ohne Rechtsgrund nach § 812 I 1 BGB geleistet. Das Leistungsurteil führt zugleich ab Rechtskraft die Wirkung nach § 620 f ZPO herbei.[5] Eine negative Feststellungsklage kann bei einer überhöhten einstweiligen Anordnung nicht erhoben werden, um vorzeitig die Wirkung des § 620 f ZPO herbeizuführen, da wegen der positiven Leistungsklage das Feststellungsinteresse fehlt.[6] Es kann lediglich sofort eine Bereicherungswiderklage anhängig gemacht werden, um die verschärfte Haftung nach § 818 IV BGB herbeizuführen (vgl. auch Rn. 213, 223).

Wird ein sog. **Hauptsachetitel** über Unterhalt (Urteil, Vergleich, vollstreckbare Urkun- **205** de) rückwirkend nach § 323 ZPO abgeändert, entfällt nachträglich die Rechtsgrundlage aus dem alten Titel für den bisher geleisteten Unterhalt (§ 812 I 2 BGB).[7] Eine rückwirkende Herabsetzung kommt bei Urteilen nach § 323 III ZPO erst ab Rechtshängigkeit des Verfahrens in Betracht, die Rückforderung kann also nur den zwischen Rechtshängigkeit und Urteil gezahlten Unterhalt erfassen, während er vor Rechtshängigkeit mit Rechtsgrund geleistet wurde. Bei Vergleichen und vollstreckbaren Urkunden gilt nach ständiger Rechtsprechung das Rückwirkungsverbot des § 323 III ZPO nicht.[8]

Kein Anspruch nach § 812 BGB ist dagegen gegeben, wenn der durch rechtskräftiges **206** Urteil zugesprochene Unterhalt mit der Begründung zurückgefordert wird, der Rechtsstreit sei nicht richtig entschieden worden.[9]

---

[2] BGH, FamRZ 1992, 1152 = R 452; FamRZ 1984, 767
[3] BGH, FamRZ 1984, 767
[4] BGH, FamRZ 1991, 180
[5] BGH, FamRZ 2000, 751, 753 = R 539 d
[6] BGH, NJW 1999, 2516 (generell); OLG Koblenz FamRZ 2004, 1732; OLG Naumburg, FamRZ 2001, 1082; OLG Köln, FamRZ 2001, 106; OLG Brandenburg, FamRZ 1999, 662
[7] BGH, FamRZ 1992, 1152 = R 452 a
[8] Vgl. z. B. BGH, FamRZ 1991, 542 = R 433; FamRZ 1983, 22, 24
[9] BGH, FamRZ 1984, 767

2. Entreicherung

207   Nach § 818 I BGB kann der Schuldner bei ungerechtfertigter Bereicherung Herausgabe des Erlangten bzw. nach § 818 II BGB Wertersatz verlangen. Der Gläubiger kann jedoch einwenden, dass er **nicht** mehr **bereichert** ist (§ 818 III BGB). Die Vorschrift dient dem Schutz des „gutgläubig" Bereicherten, der das rechtsgrundlos Empfangene im Vertrauen auf das (Fort-)Bestehen des Rechtsgrundes verbraucht hat und daher nicht über den Betrag einer bestehengebliebenen Bereicherung hinaus zur Herausgabe oder zum Wertersatz verpflichtet werden soll.[10]

208   Für die **Entreicherung** ist maßgebend, ob der Unterhaltsgläubiger die Beträge restlos für seine laufenden Lebensbedürfnisse verbraucht hat oder ob sich in seinem Vermögen noch vorhandene Werte – auch in Form anderweitiger Ersparnisse, Anschaffungen oder Tilgung von Schulden – befinden.[11] Da der Unterhalt der Lebensführung dient, wird regelmäßig eine Entreicherung vorliegen, da nach der Lebenserfahrung das Erhaltene zur Verbesserung des Lebensstandards ausgegeben wurde (s. unten Rn. 211).[12]

209   **Keine Entreicherung** liegt vor, wenn der Bedürftige Rücklagen bildete oder sich mit dem Geld noch in seinem Vermögen vorhandene Werte oder Vorteile verschafft hat, z.B. einen Pkw oder Haushaltsgegenstände gekauft bzw. Schulden getilgt hat.[13]

210   Vermögensvorteile, die einem Wegfall der Bereicherung entgegenstehen, liegen aber nur vor, wenn die rechtsgrundlose Zahlung **kausal** für den verbleibenden Vermögensvorteil ist.[14] Der Bereicherte kann sich damit erfolgreich auf eine Entreicherung berufen, wenn er die Anschaffung oder Schuldentilgung mit von dritter Seite geschenktem Geld zahlte, den Unterhalt dagegen ersatzlos verbrauchte.[15]

Nach BGH besteht ferner keine Bereicherung, wenn der Bedürftige mit dem Geld zwar Anschaffungen tätigte oder Schulden tilgte, aber davon auszugehen ist, dass er sich dies auch ohne Überzahlung **unter Einschränkung seiner sonstigen Bedürfnisse** geleistet hätte. Die Zuvielzahlung bewirkte dann nur, dass sich der Bedürftige in seiner Lebensführung weniger einschränkte als bei einem niedrigeren Unterhalt bzw. Einkommen. Entscheidend ist insoweit der Nachweis, dass der Bereicherte den Vermögensvorteil in jedem Fall auch ohne Überzahlung des Unterhalts, notfalls unter Reduzierung seines Lebensstandards, erworben hätte, so dass die Überzahlung für den Vermögensvorteil nicht ursächlich war.[16] Dabei kommt es nicht darauf an, ob der Bedürftige den bestehengebliebenen Vermögensvorteil aus dem rechtsgrundlos gezahlten Unterhalt oder aus seinem Eigeneinkommen erworben hat. Dies lässt sich zumeist auch gar nicht mehr feststellen.[17]

211   Die Entreicherung stellt eine **rechtsvernichtende Einwendung** dar, für die der Bereicherte **vortragungs- und beweispflichtig** ist.[18] Nachdem der Unterhalt der Bezahlung der laufenden Lebenshaltungskosten dient und üblicherweise verbraucht ist, nach der Lebenserfahrung ferner Überzahlungen regelmäßig zur Verbesserung des Lebensstandards ausgegeben werden, besteht aber zugunsten des Empfängers die Vermutung, dass die Überzahlung verbraucht ist.[19] Dies gilt insbesondere bei niedrigen und mittleren Einkommensverhältnissen, so dass keine besonderen Verwendungsnachweise zu erbringen sind.[20]

---

[10] BGH, FamRZ 2008, 968 = R 689 l; FamRZ 2000, 751 = R 539 a; FamRZ 1992, 1152 = R 452 b

[11] BGH, FamRZ 2008, 968 = R 689 l; FamRZ 2000, 751 = R 539 a; FamRZ 1998, 951 = R 526 a

[12] BGH, FamRZ 2000, 751 = R 539 a

[13] BGH, FamRZ 2000, 751 = R 539 a; FamRZ 1992, 1152 = R 452 b

[14] BGH, FamRZ 1992, 1152 = R 452 b

[15] BGH, a. a. O.

[16] BGH, a. a. O.

[17] BGH, a. a. O.

[18] BGH, FamRZ 2000, 751 = R 539 a; FamRZ 1992, 1152 = R 452 b

[19] BGH, a. a. O.

[20] BGH, a. a. O.

3. Verschärfte Haftung

Der Bedürftige kann sich auf eine Entreicherung nach § 818 III BGB nicht berufen, **212** wenn eine verschärfte Haftung nach §§ 818 IV, 819 I, 820 I BGB eingreift.

Gemäß **§ 818 IV BGB** kann sich der Empfänger einer rechtsgrundlosen Leistung vom **213** Eintritt der Rechtshängigkeit an nicht mehr auf den Wegfall der Bereicherung stützen.[21] Die verschärfte Haftung knüpft nach BGH jedoch nicht an die Rechtshängigkeit eines Abänderungsverfahrens (Abänderungsklage, negative Feststellungsklage) an, in dem über Grund und Höhe des Unterhaltsanspruchs gestritten wird. Als eng zu sehende Ausnahme vom Grundsatz, dass der Bereicherte nur bis zur Grenze einer noch vorhandenen Bereicherung haftet, betrifft die verschärfte Haftung nach § 818 IV BGB vielmehr nur die **Rechtshängigkeit der Rückforderungsklage**.[22] Der Unterhaltsschuldner ist durch die Möglichkeit der Einstellung der Zwangsvollstreckung oder einer mit einem Unterhaltsabänderungsverfahren erhobenen Rückforderungsklage nicht schutzlos gestellt[23] (s. näher Rn. 219 ff.).

Eine verschärfte Haftung nach **§ 819 I BGB** ab dem Zeitpunkt, ab dem der Bereiche- **214** rungsempfänger den Mangel des rechtlichen Grundes kennt, erfordert eine **positive Kenntnis** von der Rechtsgrundlosigkeit des überzahlten Unterhalts. Ein fahrlässiges Verhalten (= Kennenmüssen) oder bloße Zweifel am Fortbestand des Rechtsgrundes reichen nicht aus. Die positive Kenntnis muss sich dabei nicht nur auf die Tatsachen, auf denen das Fehlen des Rechtsgrundes beruht, beziehen, sondern auch auf die sich daraus ergebenden Rechtsfolgen.[24] Für die Bösgläubigkeit reicht daher regelmäßig nicht bereits die Erhebung einer Unterhaltsabänderungsklage aus,[25] sondern erst die Entscheidung des Gerichts im Abänderungsverfahren.

Eine verschärfte Haftung nach **§ 820 I BGB** ist auf Fälle zugeschnitten, in denen nach **215** dem Inhalt eines Rechtsgeschäfts der Eintritt des bezweckten Erfolges als ungewiss oder der Wegfall des Rechtsgrundes als möglich angesehen wird. Diese Konstellationen liegen bei Unterhaltszahlungen regelmäßig nicht vor, auch nicht bei Vereinbarungen.[26]

• Soweit der Unterhalt auf Grund einer einstweiligen Anordnung geleistet wurde, entfällt **216** eine unmittelbare Anwendung des § 820 I 1 BGB, weil die einstweilige Anordnung nur eine vorläufige Vollstreckungsmöglichkeit eines vorläufig als bestehend angenommenen Unterhaltsanspruchs darstellt (s. oben Rn. 204) und damit die Überzahlung von Unterhalt auf einem staatlichen Hoheitsakt und nicht auf einem Rechtsgeschäft beruht. Eine analoge Anwendung von § 820 I 1 BGB mit der Erwägung, die Unterhaltsregelung im Wege einer einstweiligen Anordnung sei nur vorläufig, so dass der Berechtigte damit rechnen müsse, die Zahlungen würden möglicherweise ohne rechtlichen Grund erfolgen, kommt nicht in Betracht. Die Vorschrift des § 820 I BGB ist auf Fälle zugeschnitten, in denen nach dem Inhalt des Rechtsgeschäfts beiderseits der Erfolg als ungewiss angesehen wird. Der Bedürftige als Empfänger der Leistung, der zur Bestreitung seiner Lebenshaltungskosten den Unterhalt benötigt, muss jedoch davon ausgehen können, dass die einstweilige Anordnung der Rechtslage entspricht.[27]

• Wird ein Hauptsachetitel rückwirkend abgeändert (s. oben Rn. 205), kommt als ver- **217** schärfte Haftung die Anwendung von § 820 I 2 BGB in Frage. Sie greift aber bei Unterhaltszahlungen aus den bereits genannten Gründen ebenfalls nicht ein, auch nicht analog.[28] § 820 I 2 BGB verlangt, dass beide Parteien von vornherein davon ausgehen, dass die Möglichkeit des Wegfalls des Rechtsgrundes besteht und deshalb mit einer

---

[21] BGH, FamRZ 2008, 968 = R 689 m
[22] BGH, FamRZ 2000, 751 = R 539 b; FamRZ 1998, 951 = R 526 b; FamRZ 1992, 1152, 1154 = R 452 c; FamRZ 1986, 793
[23] BGH, FamRZ 1998, 951, 952 = R 526 b; FamRZ 1992, 1152, 1154 = R 452 d
[24] BGH, FamRZ 1998, 951, 952 = R 526 c; FamRZ 1992, 1152, 1154 = R 452 e
[25] BGH, a. a. O.
[26] BGH, FamRZ 2000, 751 = R 539 b; FamRZ 1998, 951 = R 526 d; FamRZ 1984, 767
[27] BGH, a. a. O.
[28] BGH, FamRZ 2000, 751 = R 539 b

Rückgabeverpflichtung zu rechnen ist.[29] Davon kann bei Unterhaltsanpassungen nicht ausgegangen werden, auch nicht bei Vergleichen, da letztere den Unterhaltsanspruch nur modifizieren.[30]

218 • Auch die **Unterhaltsleistung unter Vorbehalt** führt nicht zu einer analogen Anwendung des § 820 I 1 BGB. Sie hat, soweit der Unterhalt auf Grund eines Titels geleistet wird, regelmäßig nur die Bedeutung, dass die Zahlung kein Anerkenntnis darstellt und die Wirkung des § 814 BGB ausgeschlossen wird.[31]

4. Möglichkeiten des Pflichtigen gegen den Entreicherungseinwand

219   Aus den oben geschilderten Ausführungen ergibt sich, dass ein Rückforderungsanspruch für zu Unrecht geleisteten Unterhalt nach § 812 BGB häufig an einer Entreicherung des Bedürftigen und einer nicht bestehenden verschärften Haftung zu scheitern droht. Der Verpflichtete ist aber insoweit nicht rechtlos gestellt, da er verschiedene Möglichkeiten hat, zumindest ab Rechtshängigkeit des Abänderungsverfahrens dieser Gefahr zu begegnen.[32]

220   Nach ständiger Rechtsprechung können sowohl bei Abänderungs- als auch bei negativen Feststellungsklagen **Vollstreckungsschutzanträge** in analoger Anwendung des § 769 ZPO gestellt werden. Der Erlass einer einstweiligen Anordnung nach § 769 ZPO setzt voraus, dass die tatsächlichen Behauptungen, die den Antrag begründen, glaubhaft gemacht werden können (§ 769 I 2 ZPO). Das Gericht hat dann genau zu prüfen, ob die vorgetragenen und glaubhaft gemachten Gründe eine Einstellung rechtfertigen.[33] Soweit das Familiengericht dem Antrag nicht stattgibt, ist nach BGH eine sofortige Beschwerde nicht statthaft,[34] was die praktische Handhabung von § 769 ZPO einschränkt.

221   Der Pflichtige kann die Abänderungs- oder negative Feststellungsklage im Wege der **Klagehäufung** mit einer **Klage** nach § 258 ZPO **auf Rückforderung** des während der Dauer des Abänderungsverfahrens überzahlten Unterhalts verbinden.[35] Zur Vermeidung des Kostenrisikos kann der Antrag hilfsweise für den Fall des Obsiegens im Abänderungsverfahren gestellt werden.[36] Mit Rechtshängigkeit der Klage tritt dann die verschärfte Haftung nach § 818 IV BGB ein. Der Antrag ist wegen § 253 II Nr. 2 ZPO genau zu beziffern (z. B. ... den ab 1. 4. ... mtl. über 300 € hinausgehenden Unterhalt von 500 € zurückzuzahlen).

222   Der Verpflichtete kann außerdem die strittige Überzahlung während des Abänderungsverfahrens als **zins- und tilgungsfreies Darlehen** anbieten, verbunden mit der Verpflichtung, im Falle der Abweisung des Abänderungsbegehrens auf Rückzahlung zu verzichten. Dem Unterhaltsberechtigten obliegt es dann, nach Treu und Glauben einen in solcher Weise angebotenen Kredit anzunehmen[37] (vgl. auch Rn. 235 ff.). Kommt er dem nicht nach, macht er sich schadensersatzpflichtig.

223   Handelt es sich bei dem Vollstreckungstitel um eine **einstweilige Anordnung** nach § 620 Nr. 4, 6 ZPO, kann der Pflichtige statt einer negativen Feststellungsklage auch **sofort eine Rückforderungsklage** erheben, um die Wirkung der einstweiligen Anordnung nach § 620 f ZPO zu beseitigen[38] (vgl. Rn. 204). Handelt es sich um eine einstweilige Anordnung nach § 644 ZPO, ist die Rückforderungswiderklage die einzige Möglichkeit, über-

---

[29] BGH, FamRZ 1998, 951, 953 = R 526 d
[30] BGH, a. a. O.
[31] BGH, FamRZ 1984, 470 = NJW 1984, 2826
[32] BGH, FamRZ 2000, 751 = R 539 e; FamRZ 1998, 951, 952 = R 526 b; FamRZ 1992, 1152, 1154 = R 452 d
[33] BGH, FamRZ 2000, 751 = R 539 e; FamRZ 1998, 951, 952 = R 526 b; FamRZ 1992, 1152, 1154 = R 452 d
[34] BGH; FamRZ 2004, 1191
[35] BGH, FamRZ 2008, 968 = R 689 l; 2000, 751 = R 539 e; FamRZ 1998, 951 = R 526 b; FamRZ 1992, 1154
[36] BGH, a. a. O.
[37] BGH, FamRZ 1992, 1152, 1155 = R 452 d; FamRZ 1989, 718
[38] BGH, FamRZ 1998, 951 = R 526 d; FamRZ 1984, 767, 768

zahlte Beträge zurückzubekommen (vgl. Rn. 204). Mit der Rechtshängigkeit der Rückforderungsklage tritt nämlich zugleich die verschärfte Haftung nach § 818 IV BGB ein. Bei sog. Hauptsachetiteln (Urteil, Vergleich, vollstreckbare Urkunde) besteht diese Möglichkeit nicht, da insoweit erst über eine Abänderungsklage der Rechtsgrund beseitigt werden muss (vgl. Rn. 205).

5. Mehrleistung mit Erstattungsabsicht

Soweit beim Familien- und Trennungsunterhalt überhöhte Unterhaltsleistungen erbracht **224** werden, ist nach §§ 1361 IV 4, 1360 b BGB im Zweifel anzunehmen, dass eine Rückforderung nicht beabsichtigt ist (vgl. näher Rn. 3/92 ff.). Es handelt sich um eine widerlegbare Vermutung, weshalb der Pflichtige darlegen und beweisen muss, dass er die Überzahlung nicht freiwillig, sondern mit Erstattungsabsicht erbrachte. Beim nachehelichen Unterhalt und Verwandtenunterhalt gilt § 1360 b BGB nicht. Soweit ein Rückforderungswillen fehlt, entfällt ein Anspruch aus ungerechtfertigter Bereicherung.

Kann der Pflichtige nachweisen, dass die Mehrleistung mit Erstattungsabsicht erfolgte, **225** besteht dagegen ein Anspruch nach § 812 I 2 BGB, nicht aus eigenem Recht.[39] Es gelten dann die bereits zur ungerechtfertigten Bereicherung gemachten Ausführungen. Der Umstand der Trennung spricht bei überhöhten Unterhaltsleistungen, die nicht freiwillig, sondern auf Grund einer Titulierung erbracht wurden, regelmäßig für eine Erstattungsabsicht.

III. Ansprüche aus dem Vollstreckungsrecht

1. Ansprüche bei vorläufig vollstreckbaren Urteilen

Soweit ein vorläufig vollstreckbares Unterhaltsurteil des Familiengerichts im Berufungs- **226** verfahren zugunsten des Pflichtigen abgeändert wird, hat der Verpflichtete für die bereits vollstreckten Leistungen nach § 717 II ZPO einen Schadensersatzanspruch. Das Gleiche gilt bei Versäumnisurteilen des OLG (§ 717 III 1 ZPO). Maßgebend ist aber, dass der Pflichtige nachweist, dass der Bedürftige aus dem Urteil und nicht aus einer im Verfahren ergangenen einstweiligen Anordnung vollstreckt hat.[40] Letzteres wird in der Praxis aber der Regelfall sein, wenn eine einstweilige Anordnung nach §§ 644, 620 Nr. 4, 6 ZPO erlassen wurde, da die Wirkung der einstweiligen Anordnung erst mit Rechtskraft des Urteils beendet ist (vgl. Rn. 204) und bei einem Urteil der Pflichtige nach § 711 ZPO die Vollstreckung abwenden kann.

Handelt es sich um ein vorläufig vollstreckbares Urteil des OLG, das in der Revision **227** abgeändert wird, besteht gemäß § 717 III 1 ZPO kein Schadensersatzanspruch, sondern ein Anspruch aus ungerechtfertigter Bereicherung (§ 717 III 3 ZPO). Auf eine Entreicherung kann sich der Bedürftige in diesem Fall nicht berufen, da nach § 717 III 4 ZPO ab Leistung aus dem vorläufig vollstreckbaren Urteil eine verschärfte Haftung besteht.

2. Ansprüche bei Notunterhalt

Erweist sich die Anordnung einer einstweiligen Verfügung auf Notunterhalt als von **228** Anfang an unrichtig oder wird die einstweilige Verfügung nach §§ 936, 926 II ZPO aufgehoben, weil trotz Aufforderung keine Hauptsacheklage eingereicht wurde, besteht ein Schadensersatzanspruch nach § 945 ZPO. Durch die seit 1. 7. 1998 gemäß § 644 ZPO gegebene Möglichkeit, in allen Unterhaltsprozessen einstweilige Anordnungen zu beantragen, kommt eine einstweilige Verfügung auf Notunterhalt nach § 940 ZPO allerdings nur noch in seltenen Ausnahmefällen in Betracht (vgl. Rn. 10/250).

---

[39] BGH, FamRZ 1984, 767
[40] BGH, FamRZ 2000, 751 = R 539 c

3. Ansprüche bei Vaterschaftsfeststellung

228 a   Wird in einem Vaterschaftsfeststellungsverfahren die Klage zurückgenommen oder abgewiesen, besteht nach § 641 g ZPO ein Schadensersatzanspruch für im Rahmen einer einstweiligen Anordnung nach § 641 d ZPO an das Kind und die Kindsmutter erbrachte Unterhaltsleistungen.

4. Keine Ansprüche bei einstweiligen Anordnungen

229   Die §§ 620 ff. ZPO beinhalten eine geschlossene Sonderregelung des einstweiligen Rechtsschutzes in Ehesachen. Eine den §§ 641 g, 717 II, 945 ZPO entsprechende Regelung fehlt, so dass Schadensersatzansprüche aus dem Vollstreckungsrecht nicht in Betracht kommen. Nachdem die §§ 620 ff. ZPO erst durch das 1. EheRG v. 14. 8. 1976 in das BGB eingefügt wurden und keine Schadensersatzansprüche enthalten und § 644 ZPO auf §§ 620 ff. ZPO verweist, kommt mangels Gesetzeslücke auch keine analoge Anwendung der §§ 641 g, 717 II, 945 ZPO in Betracht. Der Gesetzgeber wollte bei der einstweiligen Anordnung das Risiko des Unterhaltsbedürftigen, der eine einstweilige Anordnung erwirkt und daraus vollstreckt, bewusst kleinhalten, um den einstweiligen Rechtsschutz in Ehesachen zu erleichtern.[41] Der Unterhaltsempfänger sollte nicht gezwungen werden, unter dem Druck etwaiger Rückforderungsansprüche den Unterhalt für eine Rückzahlung bereitzuhalten anstatt ihn für seine Lebensführung zu verbrauchen. Es besteht auch keine ungleiche Risikoverteilung zu Lasten des im Nachhinein gesehen überhöht in Anspruch genommenen Unterhaltsschuldners. Dessen Schutz ist ausreichend gewährleistet, weil er mit Erhebung der negativen Feststellungsklage einen Antrag auf einstweilige Einstellung der Zwangsvollstreckung nach § 769 ZPO stellen bzw. die negative Feststellungsklage mit einer Rückforderungsklage verbinden kann (näher Rn. 219 ff.).[42] Der BGH hat daher mit Urteil vom 27. 10. 1999 der in der Literatur vertretenen gegenteiligen Auffassung[43] erneut eine Absage erteilt.[44]

IV. Ansprüche aus unerlaubter Handlung

1. Anspruch bei Betrug

230   Begeht der Bedürftige im Unterhaltsverfahren einen **Prozessbetrug,** hat der Pflichtige in Höhe des zu Unrecht gezahlten Unterhalts einen Schadensersatzanspruch nach § 823 II BGB i. V. mit § 263 StGB.[45] Dies gilt vor allem, wenn im Unterhaltsverfahren Einkünfte oder Einkommensveränderungen verschwiegen wurden oder ein entsprechender Sachvortrag des Gegners bestritten wird. Wer einen Unterhaltsanspruch geltend macht, hat die der Begründung dienenden tatsächlichen Umstände **wahrheitsgemäß** anzugeben und darf nichts verschweigen, was die Unterhaltsbedürftigkeit in Frage stellen könnte.[46] Dies gilt im Hinblick auf die prozessuale Wahrheitspflicht nach § 138 I ZPO erst recht während eines laufenden Rechtsstreits. Ändern sich im Prozess die maßgeblichen Verhältnisse, ist dies ungefragt anzuzeigen.[47] Es obliegt auch nicht der Partei, sondern allein dem Gericht, den Lebenssachverhalt rechtlich zu werten, z. B. ob bei einer höheren Zuwendung der Eltern eine freiwillige Leistung vorliegt, die den Pflichtigen nicht entlasten sollte, oder ob das erhaltene Geld in unterhaltsrechtlich vorwerfbarer Weise verbraucht wurde. Bei Verschwei-

---

[41] BGH, FamRZ 2000, 751 = R 539 e; FamRZ 1985, 368; FamRZ 1984, 767, 769
[42] BGH, FamRZ 2000, 751 = R 539 e
[43] Vgl. z. B. Olzen, FamRZ 1986, 1169; Dietzen, FamRZ 1988, 349
[44] BGH, FamRZ 2000, 751 = R 539 e
[45] BGH, FamRZ 1984, 767, 769
[46] BGH, FamRZ 2000, 153 = R 534 b
[47] BGH a. a. O.

gen liegt damit regelmäßig durch Entstellen des zur Beurteilung der Unterhaltsbedürftigkeit maßgebenden Gesamtsachverhalts eine Täuschung durch positives Tun vor (vgl. näher Rn. 4/675).[48]

Ein **Betrug** ist ferner gegeben, wenn ein titulierter **Unterhalt** entgegengenommen wird, obwohl eine Verpflichtung zur ungefragten **Information** über eine Einkommensänderung bestand, die zur Reduzierung des Unterhalts geführt hätte.

Bei **Vergleichen** erhöht sich die Rücksichtnahme der einen Partei auf die Belange der anderen. Im Hinblick auf die vertragliche Treuepflicht ist der Unterhaltsberechtigte gehalten, jederzeit und unaufgefordert dem anderen Teil Umstände zu offenbaren, die ersichtlich dessen Verpflichtung aus dem Vertrag berühren.[49] Dies gilt insbesondere, wenn in einem Vergleich vereinbart wurde, dass der Bedürftige ein bestimmtes Einkommen anrechnungsfrei verdienen kann und er Mehreinkünfte nicht mitteilt[50] (s. unten Rn. 233). Aber auch die Aufnahme oder Ausweitung der Erwerbstätigkeit ist bei Vergleichen anzuzeigen, wenn sie dem Pflichtigen nicht bekannt ist, ansonsten liegt Betrug vor. **230 a**

2. Vorsätzliche sittenwidrige Ausnützung eines unrichtig gewordenen Vollstreckungstitels

Erkennt ein Unterhaltsgläubiger, dass durch veränderte Einkommensverhältnisse ein rechtskräftiger Titel unrichtig wurde, besteht ein Schadensersatzanspruch nach § 826 BGB, wenn eine vorsätzliche sittenwidrige Ausnützung des unrichtig gewordenen Urteils zu bejahen ist.[51] Nachdem es sich bei diesem Anspruch um eine Rechtskraftdurchbrechung handelt, ist er auf **Ausnahmefälle beschränkt,** in denen die Annahme überhöhter Unterhaltszahlungen durch den Berechtigten im besonderen Maß unredlich und geradezu unerträglich ist.[52] **231**

Der **Anspruch setzt voraus,** dass **232**
(1) der Unterhaltsberechtigte weiß, dass ein Titel wegen veränderter Umstände inhaltlich unrichtig wurde,
(2) das Verhalten des Unterhaltsberechtigten als sittenwidrige, d. h. im besonderen Maße unredliche und unerträgliche Ausnützung des unrichtig gewordenen Vollstreckungstitels anzusehen ist.

Ein sittenwidriges Verhalten des Unterhaltsgläubigers kann nicht allein aus einem fehlenden Hinweis an den Schuldner auf veränderte Umstände, die Grund und Höhe des Unterhaltsanspruchs beeinflussen können, hergeleitet werden.[53] Nach der gesetzlichen Regelung in §§ 1605, 1580 BGB besteht eine Auskunftspflicht über Einkommensveränderungen nur auf Verlangen.[54] Eine generelle unaufgeforderte Auskunftsverpflichtung gibt es bei Urteilen im Unterhaltsrecht nicht. Eine **Pflicht zur ungefragten Information** neben der Auskunft auf Verlangen kommt nach Treu und Glauben daher nur in Ausnahmefällen in Betracht, in denen der Unterhaltspflichtige auf Grund vorangegangenen Tuns des Unterhaltsgläubigers sowie nach der Lebenserfahrung keine Veranlassung hatte, sich durch ein Auskunftsbegehren über veränderte Einkommensverhältnisse des Unterhaltsgläubigers zu vergewissern[55] (s. näher Rn. 1/696 ff.). Bei **Vereinbarungen** erhöht sich dagegen die Pflicht zur Rücksichtnahme auf die Belange des anderen Teils, es sind unaufgefordert alle Umstände zu offenbaren, die erkennbar zu einer Änderung der Vereinbarung führen (s. oben Rn. 230 a).[56] **233**
• Der BGH hat bei einem **Urteil** eine derartige Pflicht zur ungefragten Information bejaht bei einer 54-jährigen, seit 10 Jahren nicht mehr berufstätigen Frau, die wegen schlechten

[48] BGH a. a. O.
[49] BGH a. a. O.
[50] BGH, FamRZ 1997, 483 = R 510 a
[51] BGH, FamRZ 1988, 270; FamRZ 1986, 794; FamRZ 1986, 450 = R 291 a
[52] BGH, FamRZ 1986, 794; FamRZ 1986, 450, 452 = R 291 a
[53] BGH, FamRZ 1988, 270; FamRZ 1986, 794; FamRZ 1986, 450 = R 291 b
[54] BGH, a. a. O.
[55] BGH, a. a. O.
[56] BGH, FamRZ 2000, 153 = R 534 a; FamRZ 1997, 483 = R 510 a

Gesundheitszustandes mit Zustimmung des Mannes keiner Berufstätigkeit nachgehen
musste und 2 Jahre nach dem Urteil zunächst eine Halbtags- und dann eine Ganztagstätigkeit aufnahm,[57] sowie bei einem Rentner, der neben der Rente voll und nicht nur
geringfügig tätig war, obwohl er ein vorangehendes Unterhaltsabänderungsverfahren
erfolgreich auf seine geringen Renteneinkünfte stützte.[58]

- Eine Verpflichtung zur ungefragten Information hat der BGH dagegen verneint bei einer
  Frau, der im Unterhaltsurteil ein fiktives Einkommen aus einer Halbtagstätigkeit von
  260 € zugerechnet wurde, weil sie auf Grund des Alters der Kinder teilzeitarbeiten könne,
  und die daraufhin eine Halbtagstätigkeit mit einem Einkommen von ca. 535 € annahm.[59]
- Bei einem **Unterhaltsvergleich** hat der BGH eine Verpflichtung zur ungefragten Information bejaht, wenn in dem Vergleich eine Klausel aufgenommen wird, dass ein bestimmter monatlicher **Nettoverdienst** des Berechtigten **anrechnungsfrei bleiben** soll
  und der Berechtigte diese Einkommensgrenze deutlich übersteigt;[60] ebenso wenn eine
  Schenkung der Eltern an die Bedürftige von 125 000 € erfolgte und diese sich dahingehend einließ, die Zuwendung sollte nach dem Willen der Eltern den Pflichtigen nicht
  entlasten, im Übrigen sei das Geld bereits überwiegend verbraucht worden.[61] Das Verschweigen des höheren Einkommens hat der BGH zugleich als Betrug angesehen (s. oben
  Rn. 230).

234   In **subjektiver Hinsicht** erfordert der Tatbestand des § 826 BGB nicht, dass dem
Bedürftigen bewusst ist, sich sittenwidrig zu verhalten. Es genügt, dass er die Tatumstände
kennt, die sein Verhalten objektiv als Verstoß gegen die guten Sitten erscheinen lassen.[62]
Nach dem Wortlaut des § 826 BGB ist dagegen bezüglich der Schadenszufügung Vorsatz
erforderlich.[63]

Bei Schadensersatzansprüchen nach §§ 823 II, 826 BGB ist eine mögliche Entreicherung
nach § 818 III BGB nicht zu prüfen.[64]

V. Sonderfälle

1. Rückforderung bei Rentennachzahlung

235   Geht der Pflichtige oder Bedürftige in Rente, dauert es in der Praxis oft lange, bis nach
Antragstellung der Rentenbescheid ergeht. Die Rente wird dann nachbezahlt, was zur
erheblichen Einkommensveränderung führen kann (vgl. hierzu Rn. 1/448 ff.). Dies gilt
insbesondere in Fällen, in denen der Versorgungsausgleich nicht mit der Scheidung, sondern
erst im Rentenfall des Unterhaltsgläubigers durchgeführt wird (vgl. z. B. § 5 VAHRG),
wodurch sich rückwirkend die Leistungsfähigkeit des Pflichtigen reduzieren und zugleich
das Einkommen des Bedürftigen erhöhen kann, sowie bei Zahlung einer Erwerbsunfähigkeitsrente an einen einkommenslosen Bedürftigen. Unterhaltsrechtlich beeinflussen diese
Einkommensveränderungen weder beim Pflichtigen noch beim Berechtigten den Umfang
der Unterhaltspflicht für die zurückliegende Zeit, da sie erst ab Zugang der Nachzahlung zu
berücksichtigen sind[65] (s. näher Rn. 1/449 ff.).

236   Dem Pflichtigen stehen in diesen Fällen somit zwar keine Unterhaltsrückforderungs-
ansprüche zu, falls sich bei sofortiger Zahlung der Rente ein niedrigerer Unterhalt errechnet
hätte.[66] Nach BGH hat er aber aus dem Grundsatz von Treu und Glauben einen Erstattungs-

---

[57] BGH, FamRZ 1986, 450, 452 = R 291 b
[58] BGH, FamRZ 1988, 270
[59] BGH, FamRZ 1986, 794
[60] BGH, FamRZ 1997, 483 = R 510 a
[61] BGH, FamRZ 2000, 153 = R 534 b, d
[62] BGH, FamRZ 1988, 270, 272 = R 350; FamRZ 1986, 450, 454 = R 291 b
[63] BGH, a. a. O.
[64] BGH, FamRZ 1986, 450 = R 291 a
[65] BGH, FamRZ 1990, 269, 272; FamRZ 1985, 155
[66] BGH, FamRZ 1989, 718

anspruch eigener Art nach § 242 BGB auf einen Teil der Rentennachzahlungen.[67] Die Höhe bemisst sich nach der Unterhaltsermäßigung, wenn die Rente ab Antragstellung bezahlt worden wäre[68] (vgl. insoweit ausführlich Rn. 1/450).

Zu Möglichkeiten des Pflichtigen, bei Kenntnis des Rentenfalles das Ergebnis von vorn- **237** herein durch eine Darlehenszahlung abzuwenden, vgl. Rn. 222 und ausführlich Rn. 1/449.

2. Rückforderungen von Prozesskostenvorschuss

Leistet der Pflichtige an den Bedürftigen einen Prozesskostenvorschuss, besteht ein Rück- **238** forderungsanspruch, wenn sich die **wirtschaftlichen Verhältnisse** des Unterhaltsgläubigers nachträglich erheblich **verbessert haben** oder die Rückzahlung der Billigkeit entspricht[69] (s. auch Rn. 34). Der Rückforderungsanspruch ergibt sich nach BGH aus dem Vorschuss- charakter der Leistung gemäß § 1360 a IV BGB als Anspruch eigener Art, nicht aus dem Bereicherungsrecht.[70]

Eine Veränderung der wirtschaftlichen Verhältnisse kann sich insbesondere durch einen **239** Zugewinnausgleich bei der Scheidung oder eine im Zusammenhang mit der Trennung erfolgte Vermögensauseinandersetzung ergeben. Mit dem Rückforderungsanspruch kann gegen einen Zugewinnausgleichsanspruch aufgerechnet werden.[71]

Eine Rückzahlung aus Billigkeit kommt in Betracht, wenn sich nachträglich herausstellt, **240** dass das Gericht bei Erlass einer einstweiligen Anordnung zum Prozesskostenvorschuss von falschen Einkommensverhältnissen ausging und bei Zugrundelegung des tatsächlichen Ein- kommens kein Anspruch auf Prozesskostenvorschuss bestanden hätte.[72]

– In dieser Aufl. nicht belegt – **241–299**

4. Abschnitt: Aufrechnung mit Gegenforderungen

I. Aufrechnungsverbot für unpfändbare Forderungen

Dem Unterhaltspflichtigen stehen häufig **Gegenansprüche** zu, mit denen er gegen die **300** Unterhaltspflicht aufrechnen möchte. Bei Miteigentum an der früheren Familienwohnung kann es sich um die Nutzungsentschädigung oder den Ausgleich für geleistete Schuldzah- lungen aus gesamtschuldnerischer Haftung handeln.[1] Es können aber auch Ansprüche auf Aufteilung von nach der Ehetrennung fällig gewordenen Steuererstattungs- oder Steuer- nachzahlungsansprüchen,[2] Kostenersatz aus einem Vorprozess, wegen eines Treuhandver- hältnisses, Schadensersatz, Darlehen, Rückzahlung zu viel geleisteten Unterhalts (dazu s. Rn. 6/200 ff.) und dergleichen mehr vorliegen.[3] In all diesen Fällen stellt sich die Frage, ob der Unterhaltspflichtige nach § 387 BGB gegen die Unterhaltsforderung aufrechnen darf.[4] Dies wird häufig unter Hinweis auf ein generelles „Aufrechnungsverbot" nach § 394 BGB verneint. Damit wird die bestehende Rechtslage jedoch nicht vollständig ausgeschöpft. Eine Aufrechnung gegen den Anspruch des Unterhaltsberechtigten ist unabhängig von § 394 BGB schon dann möglich, wenn die Parteien dies vereinbart haben und es sich um schon

---

[67] BGH, FamRZ 2005, 1974 = R 636 b; 1990, 269, 272 = R 405 f; 1989, 718, 719

[68] BGH, FamRZ 1990, 269, 272 = R 405 f

[69] BGH, FamRZ 2005, 1974; 1990, 491

[70] BGH, a. a. O.

[71] BGH, FamRZ 2005, 1974

[72] BGH, a. a. O.

[1] BGH, FamRZ 2005, 1236; FuR 2003, 374; FamRZ 1997, 487; 1997, 484; 1996, 1067

[2] BGH, FamRZ 2006, 1178

[3] Zu den vermögensrechtlichen Ansprüchen von Ehegatten außerhalb des Güterrechts s. Haußleiter/ Schulz, Vermögensauseinandersetzung bei Trennung und Scheidung, 4. Auflage Rn. 6/3 ff., 6/92 ff., 6/157 ff., 6/224 ff., 6/278 ff., 6/316 ff.

[4] Vgl. Wohlfahrt FamRZ 2001, 1185 ff.

fällige Unterhaltsansprüche handelt, die nicht auch dem künftigen Lebensunterhalt des Berechtigten dienen sollen.[5] Auch sonst darf nach § 394 BGB nur gegen eine **unpfändbare Forderung** nicht aufgerechnet werden. Welche Forderungen unpfändbar sind, ergibt sich aus den §§ 850 ff. ZPO, die zwischen absolut unpfändbaren (§ 850 a ZPO) und bedingt pfändbaren (§ 850 b) Forderungen unterscheiden. Gesetzliche[6] Unterhaltsansprüche gehören nach § 850 b I Nr. 2 ZPO zu den bedingt pfändbaren Forderungen und sind damit im Grundsatz den unpfändbaren Forderungen gleichgestellt.[7] Nur ausnahmsweise können auch Unterhaltsansprüche nach § 850 b II ZPO eingeschränkt gepfändet werden, wenn die Vollstreckung in das sonstige Vermögen des Unterhaltsberechtigten nicht zu einer vollständigen Befriedigung des Gläubigers geführt hat und voraussichtlich auch nicht führen wird und die Pfändung im Einzelfall der **Billigkeit** entspricht.[8] Aber auch dann kommt nur eine Pfändung im Rahmen der Pfändungsfreigrenzen des § 850 c ZPO in Betracht, weil § 850 b II ZPO ausdrücklich auf die für Arbeitseinkommen geltenden Grundsätze verweist.[9] Dem stehen §§ 850 d, 850 f ZPO nicht entgegen, weil diese Vorschriften die Pfändbarkeit des Arbeitseinkommens des Unterhaltsschuldners durch einen Unterhaltsgläubiger betreffen,[10] während es im Rahmen der Aufrechnung regelmäßig auf die Pfändbarkeit des Unterhaltsanspruchs des Unterhaltsberechtigten ankommt. Dem Unterhaltsberechtigten ist also stets ein **Existenzminimum** zu belassen. Dieses Existenzminimum entspricht bei der Aufrechnung regelmäßig den pfändungsfreien Beträgen des Arbeitseinkommens (Rn. 6/302 f.) und darf auch bei Berücksichtigung des Arglisteinwands (Rn. 6/307) den notwendigen Lebensunterhalt im Sinne des Sozialhilferechts (§§ 27 ff. SGB XII) nicht unterschreiten[11] (s. Rn. 6/308). Aufrechnungen wirken sich daher regelmäßig nur aus, wenn der Unterhaltsanspruch des Berechtigten das ihm belassene Existenzminimum übersteigt.

301   Bei der Entscheidung über die erklärte Aufrechnung kann sich das Familiengericht nicht auf eine fehlende funktionelle oder sachliche **Zuständigkeit** berufen.[12] Denn grundsätzlich ist eine Aufrechnung auch mit Ansprüchen zulässig, die nicht in die Zuständigkeit des Familiengerichts fallen. Richtet sich die Aufrechnung gegen einen bestehenden Titel, ist die **Vollstreckungsgegenklage** nach § 767 ZPO zulässig, nicht hingegen die Abänderungsklage nach § 323 ZPO.[13] **Mit** fälligen Unterhaltsansprüchen kann der Unterhaltsgläubiger jederzeit aufrechnen. Dies kann auch gegen nicht familienrechtliche Forderungen geschehen, die vor einem allgemeinen Zivilgericht anhängig sind.[14] Auch eine anderweitige Rechtshängigkeit schließt die Aufrechnung nicht aus.[15] Ist die Aufrechnung nicht schon aus grundsätzlichen Erwägungen ausgeschlossen (siehe Rn. 6/302 ff.), kommt wegen der Rechtshängigkeit in dem anderen Verfahren und zur Vermeidung widerstreitender Entscheidungen nur eine Aussetzung des Rechtsstreits in Betracht.[16]

II. Aufrechnungen gegen Unterhaltsforderungen

302   Nach § 394 BGB kann gegen unpfändbare Forderungen nicht aufgerechnet werden. Unter diese Bestimmung fallen nach § 850 b I Nr. 2 ZPO auch alle **gesetzlichen Unterhaltsansprüche** (s. Rn. 6/300). Nach dem Zweck und der geschichtlichen Entwicklung[17]

---

[5] OLG Düsseldorf FamRZ 2006, 636; OLG Hamm FamRZ 2005, 995
[6] Vgl. insoweit BGH, FamRZ 2002, 1179
[7] BGH, FamRZ 1970, 23; KG OLGZ 70, 19; OLG Düsseldorf FamRZ 1081, 970, 971
[8] BGH, FamRZ 2004, 1784 (zum Taschengeld); OLG Hamm FamRZ 2004, 1668
[9] OLG Hamm FamRZ 2005, 995, 996
[10] Vgl. insoweit BGH, FamRZ 2008, 137 = R 684 c, d; 2004, 620; 2003, 1466
[11] BGH, FamRZ 2003, 1466
[12] OLG Köln, FamRZ 1992, 450
[13] BGH, FamRZ 2005, 1479 = R 636 a (allgemein zur Abgrenzung); 1959, 288
[14] BGH, FamRZ 1996, 1067 = R 505 a
[15] BGH, FamRZ 2000, 355, 357
[16] BGH, FamRZ 2002, 1179, 1180 f. = R 577
[17] OLG Düsseldorf FamRZ 1992, 498, 499

erstreckt sich die Unpfändbarkeit über den Wortlaut der Norm hinaus (Unterhalts-„Renten") generell auf Unterhaltsforderungen, die im Rahmen und auf Grund einer gesetzlichen Unterhaltsverpflichtung geschuldet werden, und damit auch auf einen Taschengeldanspruch[18] und auf einmalig zu zahlende Unterhaltsbeträge.[19] Erfasst sind außerdem Rückstände,[20] Zinsen,[21] Sonderbedarf,[22] Abfindungsbeträge[23] und Prozesskostenvorschüsse.[24] Der Anspruch auf Erstattung der steuerlichen Nachteile, die beim Realsplitting für den Unterhaltsberechtigten entstehen können (Rn. 1/473 f.), gehört ebenfalls dazu.[25] Voraussetzung der Unpfändbarkeit ist allerdings, dass die Unterhaltsansprüche auf einer **gesetzlichen Vorschrift** beruhen. Ansprüche, die sich ausschließt auf eine Parteiabrede gründen, sind davon nicht erfasst. Ein Unterhaltsanspruch verliert seinen Charakter als gesetzlicher Anspruch jedoch nicht schon deshalb, weil die Parteien ihn zum Gegenstand einer vertraglichen Regelung gemacht haben. Das gilt jedenfalls dann, wenn sie den Bestand des gesetzlichen Anspruchs unberührt lassen und ihn lediglich inhaltlich nach Höhe, Dauer und Modalitäten näher ausgestalten und präzisieren.[26] Nur wenn die Parteien die von ihnen geregelte Unterhaltspflicht völlig auf eine vertragliche Grundlage gestellt und den Zahlungsanspruch damit seines Wesens als gesetzlicher Anspruch entkleidet haben, bleibt für die Unpfändbarkeit und ein Aufrechnungsverbot nach § 394 BGB kein Raum.[27] Eine Umgehung des Aufrechnungsverbots durch Überweisung des geschuldeten Unterhalts auf ein zuvor selbst gepfändetes Konto wird nicht geduldet.[28] Gegen gesetzliche Unterhaltsansprüche kann also nur sehr eingeschränkt aufgerechnet werden (s. Rn. 6/300), was nach ständiger Rechtsprechung außerdem regelmäßig eine vorherige Zulassung der Pfändung durch das Vollstreckungsgericht voraussetzt[29] (dazu s. Rn. 6/303 f.). Ist der Unterhaltsanspruch infolge der Zahlung von Sozialhilfe auf den Sozialhilfeträger übergegangen (§ 94 SGB XII), kommt eine Aufrechnung mit Ansprüchen gegen den Unterhaltsberechtigten schon mangels Gegenseitigkeit nicht mehr in Betracht.[30]

Die konstitutive Entscheidung, ob die Voraussetzungen für eine Pfändbarkeit vorliegen, **303** hat nach überwiegender Auffassung nicht der Familienrichter im Unterhaltsverfahren, sondern das Vollstreckungsgericht zu treffen. Die Rechtsprechung leitet dies aus der Verfahrensvorschrift des § 850 b III ZPO ab.[31] Diese **Zuständigkeitsregelung** macht einen **großen Umweg** erforderlich: Der Unterhaltsschuldner muss sich für seine Gegenforderung zunächst einen Titel beschaffen und damit den Unterhaltsanspruch des Berechtigten gegen sich selbst als „Drittschuldner" pfänden und sich überweisen lassen. Drittschuldner und Gläubiger können identisch sein. Der Gläubiger muss den Pfändungsbeschluss unter diesen Umständen an sich selbst zustellen lassen.[32] Erst wenn dies geschehen ist, kann wirksam aufgerechnet werden. Eine schon früher erklärte Aufrechnung wäre un-

---

[18] BGH, FamRZ 2004, 1784

[19] BGH, FamRZ 2002, 1179, 1181 = R 577; 1997, 544, 545

[20] BGH, FamRZ 1960, 110; OLG Hamm FamRZ 2005, 995; OLG Koblenz FamRZ 2000, 1219; OLG Düsseldorf, FamRZ 1981, 970, 971

[21] OLG Hamm, FamRZ 1988, 952, 953

[22] BGH, FamRZ 2006, 612 = R 647 a, b (allgemein zum Sonderbedarf); OLG Düsseldorf, FamRZ 1982, 498

[23] BGH, FamRZ 2002, 1179; OLG Bamberg, FamRZ 1996, 1487

[24] BGH, FamRZ 2005, 1164 (PKV bei Prozessstandschaft); 2005, 883 = R 628 a (PKV für volljährige Kinder); 2004, 1633 (PKV in Raten); OLG Karlsruhe, FamRZ 1984, 1090

[25] BGH, FamRZ 2007, 793 = R 674 g; 2006, 1178 = R 655; 1997, 544, 545; OLG Nürnberg FamRZ 2000, 880; OLGR Schleswig 1997, 113

[26] BGH, FamRZ 2002, 1179, 1181 = R 577; 1997, 544, 545

[27] BGH, FamRZ 2002, 1179, 1181 = R 577; 1984, 874, 875

[28] LG Bonn, FamRZ 1996, 1486

[29] Wohlfahrt FamRZ 2001, 1185, 1186

[30] OLG Düsseldorf, FamRZ 2006, 1532, 1533

[31] BGH, FamRZ 1970, 23; OLG Hamm FamRZ 2005, 995, 996; KG FamRZ 1999, 405, 406; OLG Bamberg FamRZ 1988, 948, 949; OLG Celle 1986, 196; OLG Düsseldorf, FamRZ 1981, 970, 971; OLG München FamRZ 1981, 449, 450; OLG Zweibrücken FamRZ 1980, 455, 456; OLG Hamm FamRZ 1978, 602, 603

[32] Stein/Jonas/Brehm, ZPO, 22. Aufl. § 829 Rn. 124

wirksam.[33] Es ist nicht möglich, ohne Titel und Pfändungsantrag beim Vollstreckungsgericht die Feststellung der Pfändbarkeit zu beantragen.[34] Die gerichtliche Praxis sieht in
dieser Rechtsauffassung offensichtlich den Vorteil, dass der Unterhaltsprozess im Interesse
des Unterhaltsgläubigers nicht mit dem Streit über Aufrechnungsforderungen belastet
wird.

304   Die Praxis hält sich (vorbehaltlich der unter Rn. 6/307 f. beschriebenen Arglist-Fälle) seit
Jahrzehnten streng an diese Regeln, geht dabei m. E. aber von einem **falschen Ansatz** aus.
Es leuchtet schon nicht ein, warum der Familienrichter aus Gründen des Sachzusammenhangs im Rahmen des Unterhaltsverfahrens nicht auch über die hier nur theoretische Frage
der „Pfändbarkeit" als Voraussetzung einer Aufrechnung entscheiden darf. Entscheidend ist
aber, dass der aufrechnende Unterhaltspflichtige die Unterhaltsansprüche nicht „zum Zwecke der Aufrechnung nach den Regeln des Zugriffs auf Arbeitseinkommen pfänden" muss.[35]
§ 394 BGB zieht als materiell-rechtliche Norm lediglich eine Parallele zum Vollstreckungsrecht und schließt die Aufrechung gegen eine Forderung im gleichen Umfang aus, als die
Forderung der Pfändung nicht unterworfen ist. Daraus folgt aber nicht, dass die Voraussetzungen der Aufrechnung – wie sonst im Rahmen der Pfändung – durch das Vollstreckungsgericht ausgesprochen werden müssen. Zwar setzt eine Entscheidung des Vollstre-
ckungsgerichts zur Unpfändbarkeit stets einen rechtskräftigen Titel voraus. Ungekehrt kann
über die Wirksamkeit der Aufrechnung, die ja nicht zur Vollstreckung, sondern zum
Erlöschen der wechselseitigen Ansprüche führt, aber schon abschließende im Erkenntnisverfahren entschieden werden. Das Zivilgericht muss dann nicht nur den Bestand der Haupt-
und Gegenforderung feststellen, sondern auch entscheiden, ob der Aufrechnung das Auf-
rechungsverbot des § 394 ZPO entgegensteht. Dagegen spricht auch nicht der Wortlaut des
§ 850 b III ZPO. Es ist schon fraglich, ob die in dieser Bestimmung festgelegte Anhörungs-
pflicht überhaupt als Zuständigkeitsbestimmung anzusehen ist. Aber auch unabhängig davon wird mit dem Hinweis auf das Vollstreckungsgericht nur sichergestellt, dass sich der Gläubiger, der eine Unterhaltsforderung pfänden will, im Rahmen der Vollstreckung nicht noch
einmal an das Prozessgericht wenden muss. Er kann vielmehr zusammen mit dem Pfän-
dungsgesuch den Antrag nach § 850 b II ZPO stellen. Diese zugunsten des Gläubigers
getroffene Zuständigkeitsregelung stellt auf das normale Vollstreckungsverfahren ab und kann
nicht auf das Aufrechnungsverfahren übertragen werden.[36]

305   Besonders unangenehm ist das von der Rechtsprechung verlangte umständliche Verfahren, wenn der Unterhaltsverpflichtete nach der erklärten Aufrechnung eine Vollstreckungsgegenklage betreiben muss, weil der Unterhaltsberechtigte aus dem früheren Titel vollstreckt. Solange der Unterhaltsanspruch nicht gepfändet ist, soll diese Klage nicht erfolgreich
sein, weil der Unterhaltsanspruch jedenfalls bis zu diesem Zeitpunkt einer Aufrechnung
entzogen ist.[37]

306   Trotz dieser Schwierigkeiten sollte sich der Unterhaltsschuldner nicht abschrecken lassen,
in geeigneten Fällen Aufrechnungsforderungen auf dem in Rn. 6/303 beschriebenem Weg
durchzusetzen, wenn sie anders nicht vollstreckt werden können. Bei Zahlungsunwilligen
ist ohnehin zunächst ein Titel erforderlich, so dass insofern keine zusätzlichen Kosten
entstehen. Voraussetzung für einen erfolgreichen Pfändungsantrag ist aber stets, dass ein
Unterhaltsanspruch gegeben ist, der erheblich über dem Betrag liegt, der als Arbeitseinkommen pfändungsfrei ist (vgl. Rn. 6/300). Sonst steht der Aufrechung schon materiellrechtlich das Aufrechnungsverbot des § 394 BGB entgegen. Eine Aufrechnung kann mit
der Vollstreckungsgegenklage auch nicht mehr geltend gemacht werden kann, wenn die
Aufrechnungsmöglichkeit schon im Vorprozess oder – soweit ein Unterhaltsvergleich vorliegt – bei Vergleichsabschluss hätte geltend gemacht werden können, was nicht genutzt
wurde.[38]

---

[33] Stein/Jonas/Brehm, a. a. O. § 850 b Rn. 34
[34] Stein/Jonas/Brehm, a. a. O.
[35] So aber OLG Hamm FamRZ 2005, 995, 996
[36] So auch Wohlfahrt FamRZ 2001, 1185, 1186
[37] MünchKommBGB/Schlüter, § 394 BGB Rn. 4 m. w. N.
[38] BGH, FamRZ 1993, 1186 = R 463; NJW 1980, 2527, 2528

III. Der Arglisteinwand

Der Unterhaltsverpflichtete muss aber auch nach der in der Rechtsprechung vertretenen **307** Auffassung (Rn. 6/303) nicht stets den Umweg über § 850 b II ZPO nehmen. Wenn dem Unterhaltspflichtigen eine Gegenforderung aus einer vorsätzlichen unerlaubten Handlung des Unterhaltsberechtigten nach §§ 823 II, 826 BGB zusteht, die dieser im Rahmen des Unterhaltsverhältnisses begangen hat, steht dem Aufrechnungsverbot schon der sog. **Arglisteinwand** entgegen. Denn nach Auffassung des BGH[39] darf „dem in § 394 BGB zum öffentlichen Wohl und im Staatsinteresse verfolgten Zweck der Sicherung des Lebensunterhalts und eines darüber hinaus gehenden Einkommensteils keine Durchführung und Erfüllung zugestanden werden, die auf dem Wege eines formalistischen Haftens am Gesetzeswortlaut der Arglist zum Sieg verhelfen würde". Deswegen kann auch der Einwand der Arglist eine sonst unzulässige Aufrechnung ermöglichen.[40] Nach dieser Rechtsprechung des BGH[41] ist eine Aufrechnung unter dem Gesichtspunkt der Arglist aber nicht schon dann zulässig, wenn die unerlaubte vorsätzliche Handlung außerhalb des Unterhaltsrechts erfolgte oder sich die Gegenforderung aus einer vorsätzlichen Vertragsverletzung ergibt. Danach kommt eine Aufrechnung in erster Linie bei **betrügerischem Verhalten** im Zusammenhang mit der Durchsetzung von Unterhaltsansprüchen oder der Aufrechterhaltung von früheren Titeln in Betracht (vgl. insoweit Rn. 6/230 ff.).

Liegt ein solcher Ausnahmefall vor, kann der Familienrichter ohne weiteres schon im **308** Unterhaltsverfahren über die Aufrechnungsforderung entscheiden. Denn jedenfalls die Frage, ob der Unterhaltsberechtigte im Zusammenhang mit der Durchsetzung seiner Unterhaltsforderung arglistig gehandelt hat, lässt sich im Erkenntnisverfahren besser beurteilen als im Vollstreckungsverfahren. Dann ist der Umweg über das Vollstreckungsgericht unnötig. Allerdings muss der Familienrichter dann bei seiner Entscheidung zur Aufrechnung beachten, dass dem Unterhaltsberechtigten zum Schutz der öffentlichen Kassen ein ihm zustehendes **Existenzminimum** belassen bleibt (Rn. 6/300), das der BGH[42] im Regelfall mit dem notwendigen Lebensunterhalt im Rahmen der Sozialhilfe (§§ 27 ff. SGB XII) bemisst. Nach dieser neueren Rechtsprechung des BGH kann der Freibetrag hingegen nicht nach dem geringfügig oberhalb der Sozialhilfesätze liegenden notwendigen Selbstbehalt des Unterhaltspflichtigen bemessen werden.[43]

IV. Die Aufrechnungserklärung

Nach § 387 BGB kann erst aufgerechnet werden, wenn der Aufrechnungswillige „die **309** ihm gebührende Leistung fordern und die ihm obliegende Leistung bewirken kann". Danach kann gegenüber rückständigem Unterhalt jederzeit aufgerechnet werden. Bei erst **künftig fällig werdenden Unterhaltsraten** kommt es darauf an, in welchem Umfang der aufrechnungswillige Unterhaltsschuldner berechtigt ist, den Unterhaltsanspruch vorab zu befriedigen. Zum Schutz des Unterhaltsberechtigten vor unbedachten Geldausgaben ist dieses nicht grenzenlos möglich. **Beim Kindes-, Trennungs- und Familienunterhalt** wird der Unterhaltsschuldner nach §§ 1614 II, 760 II, 1360 a III, 1361 IV 4 BGB durch Vorauszahlungen nur für höchstens drei Monate befreit. Beim **nachehelichen Unterhalt** fehlen zwar entsprechende Vorschriften. Daraus folgt nach der Rechtsprechung des BGH aber noch nicht, dass ein Anspruch auf nachehelichen Unterhalt für eine beliebige Zeit im

---

[39] BGH, FamRZ 1993, 1186 = R 463; 1959, 288
[40] OLG Karlsruhe FamRZ 2003, 33
[41] BGH, FamRZ 1993, 1186 = R 463
[42] BGH, FamRZ 2003, 1466
[43] So noch BGH, FamRZ 1993, 1186, 1188 = R 463; vgl. zum Ehegattenselbstbehalt des Unterhaltspflichtigen BGH, FamRZ 2006, 683 = R 649 c; und zum Einsatzbetrag des Ehegatten bei der Mangelfallberechnung BGH, FamRZ 2003, 363 = R 584 a, b

Voraus erfüllbar wäre. Denn insoweit sind der allgemeinen Regel des § 271 II BGB Grenzen der Erfüllungswirkung zu entnehmen. Danach ist zwar im Zweifel anzunehmen, dass der Schuldner eine Leistung, für die – wie beim nachehelichen Unterhalt (§ 1585 I BGB) – eine Zeit bestimmt ist, schon vorher bewirken kann. Dies gilt nach allgemeiner Ansicht aber nicht, wenn sich aus dem Gesetz, aus einer Vereinbarung der Parteien oder aus den Umständen ergibt, dass der Schuldner nicht berechtigt sein soll, die Leistung schon vor der Zeit zu erbringen. Aus den Umständen ergibt sich ein Ausschluss von Vorausleistungen, wenn die Leistungszeit nicht nur im Interesse des Schuldners hinausgeschoben ist, sondern wenn auch der Gläubiger ein rechtlich geschütztes Interesse daran hat, die Leistung nicht vorzeitig entgegennehmen zu müssen. Für den Anspruch auf nachehelichen Unterhalt sieht das Gesetz in § 1585 I BGB auch im Interesse des Unterhaltsberechtigten eine monatlich im Voraus zahlbare Geldrente vor, ohne dass der Unterhaltpflichtige – von vertraglichen Gestaltungen abgesehen – die Möglichkeit hat, eine abweichende Form der Unterhaltsgewährung einseitig durchzusetzen. Zweck dieser Regelung ist die Sicherung des laufenden Lebensbedarfs des Unterhaltsberechtigten. Dieser Zweck könnte gefährdet werden, wenn der Unterhaltsberechtigte verpflichtet wäre, auch größere Vorauszahlungen für einen beliebigen Zeitraum entgegenzunehmen.[44] Weil das Gesetz selbst für den Kindesunterhalt ausdrücklich vorsieht, dass eine Vorausleistung für drei Monate nicht zurückgewiesen werden darf (§ 1614 II BGB), hält der BGH eine geringere Zeitspanne für den weitaus disponibleren nachehelichen Unterhalt (vgl. § 1585 c BGB gegenüber § 1614 I BGB) nicht für vertretbar. Unter Abwägung dieser Gesichtspunkte hat der BGH eine Aufrechnung gegenüber dem nachehelichen Unterhalt für die künftigen sechs Monaten für zulässig erachtet.[45] Die Aufrechnungserklärung kann sich also immer nur auf diese kurzen Zeiträume des künftigen Unterhalts beziehen und **muss daher regelmäßig wiederholt werden**, wenn sie auch den für spätere Zeitabschnitte bestimmten Unterhalt umfassen soll. Dabei reicht es jedoch aus, „wenn nach erfolgter Aufrechnung in angemessenen Abständen der Wille zum Ausdruck gebracht wird, an der Aufrechnung festzuhalten".[46] Weiter gehende Vereinbarungen sind nur unter den Voraussetzungen des § 1585 c BGB zulässig (Rn. 6/310).

V. Die Aufrechnungsvereinbarung

310   Die Beteiligten können eine Aufrechnung gegenüber Unterhaltsforderungen auch vertraglich vereinbaren. Wenn die materiellen Aufrechnungsvoraussetzungen vorliegen, ist dies dem Unterhaltsberechtigten sogar zu empfehlen, weil er sich damit die Kosten der Titulierung und Pfändung der Gegenforderung ersparen kann. Auch in solchen Fällen ist die Aufrechnungserklärung alle drei bzw. sechs Monate zu wiederholen (vgl. Rn. 6/309). Fehlen hingegen die materiellen Aufrechnungsvoraussetzungen, kann die Aufrechnungsvereinbarung nur die Rückstände erfassen, weil lediglich diese zur freien Verfügung des Berechtigten stehen. Für die erst künftig fällig werdenden Unterhaltsraten wäre eine Aufrechnungsvereinbarung dann gemäß § 134 BGB nichtig.[47]

VI. Die Aufrechnung mit Rückforderungsansprüchen aus Unterhaltsüberzahlungen

311   Bei Unterhaltsstreitigkeiten ergibt sich häufig, dass der Verpflichtete für unterschiedliche Zeiträume verschieden hohe Zahlungen zu leisten hat. Hat er teilweise zu wenig, zum Teil aber auch zu viel geleistet, stellt sich die Frage, ob von dem zusammengerechneten Gesamt-

---

[44] OLG Düsseldorf FamRZ 2006, 636; OLG Bamberg FamRZ 1996, 1487 (jeweils für eine Abfindung)
[45] BGH, FamRZ 1993, 1186, 1188 = R 463
[46] BGH, FamRZ 1993, 1186, 1188 = R 463
[47] MünchKommBGB/Schlüter, § 394 BGB Rn. 12 m. w. N.

rückstand alle in dieser Zeit geleisteten Zahlungen abgesetzt werden können. In der gerichtlichen Praxis werden Ansprüche auf Rückzahlung häufig mit Restforderungen auf Unterhalt verrechnet. Eine solche **Saldierung** ist dann unbedenklich, wenn die betroffenen Ansprüche in einem laufenden Prozess geltend gemacht sind und den gleichen Streitgegenstand betreffen. War ein Unterhaltsanspruch aber schon tituliert und entspricht der Titel nicht mehr der materiellen Rechtslage, stellt sich die Frage, ob der seit Zustellung der Abänderungsklage (§ 323 III ZPO) überzahlte Betrag zurück verlangt werden kann oder ob mit einem solchen Anspruch auf Rückzahlung gegen künftig eingeklagte Unterhaltsansprüche aufgerechnet werden kann. Häufig scheidet eine solche Aufrechnung wegen überzahlten Unterhalts schon deswegen aus, weil dieser nur unter sehr erschwerten Bedingungen zurückverlangt werden kann[48] (s. Rn. 6/200 ff.). Aber auch sonst ist der Anspruch auf Rückforderung einer überzahlten Leistung eine Gegenforderung, die – mit Ausnahme von Fällen der Arglist – unter das **Aufrechnungsverbot** fällt.[49] Eine vollständige Aufrechnung der gegenseitigen (Nach- und Rückzahlungs-)Forderungen ist in solchen Fällen deswegen regelmäßig nur mit Einverständnis der Parteien zulässig. Liegt diese vor, kann allerdings so verfahren werden.[50]

In der Rechtsprechung einiger Oberlandesgerichte[51] wird diese strenge Linie unter Hinweis auf § 242 BGB durchbrochen, wenn der Unterhaltsberechtigte aus einem später aufgehobenen vorläufig vollstreckbaren Titel **vollstreckt** hat und nach §§ 717 II, 945 ZPO ohne Rücksicht auf fehlendes Verschulden oder den Wegfall der Bereicherung die beigetriebenen Beträge zurückzahlen muss. Dem kann nicht gefolgt werden. Es trifft zwar zu, dass das Aufrechnungsverbot im Einzelfall zurücktreten muss, soweit Treu und Glauben dies erfordern.[52] Darauf beruht auch der in der Rechtsprechung anerkannte Arglisteinwand (s. Rn. 6/307). Der Unterhaltsberechtigte, der von einem vorläufig vollstreckbaren Titel Gebrauch macht, handelt aber in der Regel weder arglistig, noch betrügerisch. Der Anspruch auf Schadensersatz setzt nicht einmal Fahrlässigkeit voraus und beruht auf einer verschuldensunabhängigen Gefährdungshaftung.[53] Auch der Schaden kann neben der Beitreibung des Unterhalts außerhalb des Unterhaltsrechts darin liegen, dass der Schuldner dem Gerichtsvollzieher eine Sicherheitsleistung zur Abwendung der Vollstreckung übergeben hat. Eine Übertragung des Arglisteinwandes auf diese Fälle wird deswegen zu Recht überwiegend abgelehnt.[54] Auch in diesen Fällen sind daher die Voraussetzungen und Grenzen des Aufrechnungsverbots zu beachten.

311a

VII. Zusammenfassung

Zwar kann grundsätzlich mit Gegenforderungen jeder Art auch gegen Unterhaltsforderungen aufgerechnet werden. Die Wirksamkeit der Aufrechnung ist jedoch an weitere – enge – Voraussetzungen geknüpft: **312**
- Dem Gegner ist in jedem Fall der notwendige Lebensunterhalt (Rn. 6/300, 308) oder – im Rahmen des § 850 b II ZPO – das pfändungsfreie Einkommen zu belassen.
- Außer in Fällen der Arglist (Rn. 6/307 f.) müssen auch die übrigen Voraussetzungen des § 850 b II ZPO vorliegen. Das sonstige bewegliche Vermögen darf keine Befriedigung versprechen und auch dann ist die Pfändung nur im Rahmen der Billigkeit zulässig. Bei der Billigkeitsprüfung ist das Interesse des Aufrechnenden an der Schuldtilgung gegen das Interesse des anderen an der Aufrechterhaltung seines Lebensstandards abzuwägen. Dabei

---

48 OLG Koblenz FamRZ 1997, 368
49 OLG Karlsruhe FamRZ 2003, 33; OLG Stuttgart FamRZ 1988, 204
50 BGH, FamRZ 1985, 908, 910
51 OLG Hamm, FamRZ 1999, 436; OLGR Schleswig 1997, 113 (jeweils gegenüber Forderungen aus Steuernachzahlungen); OLG Naumburg, FamRZ 1999, 437; OLG Schleswig, FamRZ 1986, 707 (Aufrechnung gegen rückständigen Unterhalt)
52 BGH, FamRZ 1993, 1186, 1188 = R 463
53 BGH NJW 1982, 2813, 2815 (zu § 717 II ZPO); BGH NJW-RR 1992, 998 (zu § 945 ZPO)
54 OLG Karlsruhe FamRZ 2003, 33 und 2002, 893; Wohlfahrt FamRZ 2001, 1185, 1190 m. w. N.

wird der Aufrechnungsgegner in der Regel Einbußen am Lebensstandard hinnehmen müssen.

- Für die Aufrechnungsforderung ist ein Titel zu schaffen, mit dem der Aufrechnende die gegen ihn selbst bestehende Unterhaltsforderung pfänden muss (Rn. 6/303 ff.). Erst wenn dies geschehen ist, kann wirksam aufgerechnet werden.
- Aufrechnungserklärungen gegenüber künftigem Unterhalt müssen jeweils in drei bzw. sechs Monaten wiederholt werden (Rn. 6/309).

313   Prozessual privilegiert sind nur Aufrechnungsforderungen aus vorsätzlicher unerlaubter Handlung, die ihren Grund in betrügerischem Verhalten bei der Auseinandersetzung um den Unterhalt haben (Rn. 6/307 f.). Nur in diesen Fällen kann schon im Unterhaltsprozess ohne weiteres über die Wirksamkeit der Aufrechnung entschieden werden. Auch hier ist jedoch dem Aufrechnungsgegner der notwendige Lebensunterhalt zu belassen.[55]

314–399   *– In dieser Aufl. nicht belegt –*

5. Abschnitt: Unterhalt bei Gütergemeinschaft

I. Überblick

400   Das Unterhaltsrecht geht von der Vorstellung aus, dass es einen bedürftigen Unterhaltsberechtigten und einen leistungsfähigen Unterhaltspflichtigen gibt, der wegen seiner besseren Einkommens- und Vermögensverhältnisse zum Ausgleich verpflichtet ist. Bei der Gütergemeinschaft kann es eine solche Konstellation im Verhältnis der Ehegatten untereinander jedoch grundsätzlich nicht geben, weil mit Ausnahme des selten vereinbarten Vorbehaltsguts (§ 1418 BGB) und des ohnehin für Rechnung des Gesamtguts zu verwaltenden Sonderguts (§ 1417 BGB) **keine Vermögenstrennung** besteht. Das Vermögen des Mannes und das Vermögen der Frau verschmelzen zu einer Einheit, dem Gesamtgut (§ 1416 BGB). Dazu gehören **auch die beiderseitigen Erwerbseinkünfte.**[1]

401   Es gibt nur einen „Topf", der rechtlich beiden Eheleuten in ihrer gesamthändischen Verbundenheit zusteht (§ 1419 BGB). Beide sind daher stets in gleicher Weise bedürftig oder leistungsfähig. Gleichwohl kann es vorkommen, dass ein Ehegatte dem anderen das zum Unterhalt benötigte Mittel vorenthält. Derartige Störungen können aber immer nur auf der **Verwaltungsebene** auftreten und sind daher grundsätzlich auch dort zu beheben. Die Lösung kann nicht wie beim gesetzlichen Güterstand oder bei Gütertrennung in einer „Umverteilung" durch Gewährung von Zahlungsansprüchen bestehen, sondern nur in der **Korrektur einer fehlerhaften Verwaltung des Gesamtguts.** Denn zu einer ordnungsgemäßen Verwaltung gehört auch die Leistung des nach § 1420 BGB in erster Linie aus dem Gesamtgut zu erbringenden Unterhalts.[2]

II. Ehegattenunterhalt

1. Trennungsunterhalt

402   Leben die Ehegatten getrennt, kann auch bei gemeinsamer Verwaltung des Gesamtguts im Innenverhältnis ein Unterhaltsbedarf eines Ehegatten bestehen. Die rechtliche Einordnung dieses Anspruchs ist in der Rechtsprechung des BGH[3] grundlegend geklärt. Danach hat ein getrennt lebender Ehegatte unter den Voraussetzungen des § 1361 BGB und in dem dort

---

[55] BGH, FamRZ 2003, 1466
[1] OLG München, FamRZ 1996, 557
[2] OLG Zweibrücken, FamRZ 1998, 239
[3] BGH, FamRZ 1990, 851 = R 420

bestimmten Umfang auch dann Anspruch auf Trennungsunterhalt, wenn er mit dem anderen in Gütergemeinschaft lebt. Auch hier ist deswegen zunächst der **Unterhaltsbedarf** nach den Einkommens- und Vermögensverhältnissen festzustellen. In einem ersten Schritt sind somit alle Einkünfte des Gesamtguts zu ermitteln.[4] Nur bei überdurchschnittlich hohem Einkommen muss auch hier der Bedarf konkret anhand der bisherigen Lebensgewohnheiten ermittelt werden (Rn. 4/366 ff.). Der Umstand, dass zwischen den Eheleuten Gütergemeinschaft besteht, bleibt also zunächst unberücksichtigt.

Steht die Höhe des Unterhaltsanspruches fest, ist die Haftungsgrundlage zu klären. Wie **403** das Einkommen und das Vermögen der Eheleute im Rahmen der Gütergemeinschaft für den Unterhalt heranzuziehen sind, wird in § 1420 BGB geregelt. Danach besteht folgende Reihenfolge:

– In erster Linie sind die Einkünfte heranzuziehen, die in das **Gesamtgut** fallen. Dazu ge- **404** hören alle Einnahmen, soweit sie nicht ausnahmsweise dem Vorbehalts- oder Sondergut zuzurechnen sind (§§ 1417 II, 1418 II BGB). In das Gesamtgut fallen vor allem die **beiderseitigen Erwerbseinkünfte**,[5] aber auch die Erträge des Gesamtguts, also etwa **Mieteinnahmen** oder der **Veräußerungserlös** beim Verkauf der Erzeugnisse eines landwirtschaftlichen Betriebs. Die Erträge des Sonderguts fallen ebenfalls ins Gesamtgut (§ 1417 III 2 BGB). Einkünfte der Eheleute fallen auch dann ins Gesamtgut, wenn sie auf ein Einzelkonto eingezahlt wurden, das ein Ehegatte mit alleiniger Verfügungsbefugnis im Außenverhältnis eröffnet hat, um sie der gesamthänderischen Bindung zu entziehen.[6] In einem solchen Fall kann es sinnvoll sein, die Bank auf die gesamthänderische Bindung hinzuweisen.

– Reichen die Einkünfte des Gesamtgutes nicht aus, sind auch die Einkünfte des beiderseitigen **Vorbehaltsguts** heranzuziehen, wenn ein solches ausnahmsweise vereinbart wurde.

– Kann der Fehlbedarf auch durch die Einkünfte aus dem Vorbehaltsgut nicht gedeckt werden, ist der **Stamm des Gesamtguts** heranzuziehen. Dabei kommt vor allem der Verkauf von Immobilien, Wertpapieren oder sonstigen Vermögensgegenständen in Betracht (s. Rn. 1/410 ff.).

– Als letztes ist auf den Stamm, also auf die Verwertung von Vorbehalts- und Sondergut zurückzugreifen.

In der Regel wird während der Ehe ausschließlich das **Gesamtgut** für den Unterhalt **405** haften. Nur wenn diese Einkünfte ausnahmsweise zur Befriedigung des beiderseitigen Unterhaltsbedarfs nicht ausreichen, ist noch zu klären, inwieweit die Einkünfte eines etwa vorhandenen Vorbehaltsguts oder der Stamm des Gesamtguts (z. B. Verkauf eines Grundstücks) herangezogen werden kann. Gleiches gilt auch für den Anspruch des getrennt lebenden Ehegatten auf Prozesskostenvorschuss (§ 1361 IV 4 i. V. mit § 1360 a IV BGB).[7]

Reichen die Einkünfte des Gesamtguts aus, um neben dem eigenen Bedarf des Unter- **406** haltsschuldners auch den angemessenen Unterhaltsbedarf des Unterhaltsgläubigers zu decken, ist der Unterhaltsanspruch grundsätzlich nur auf eine „**Mitwirkung zur ordnungsmäßigen Verwaltung**" gerichtet. Ein direkter Zahlungsanspruch nach § 1361 IV 1 BGB ist neben diesem Anspruch auf Mitwirkung ausgeschlossen. Ein Zahlungsanspruch würde wegen seiner grundsätzlichen Unpfändbarkeit (vgl. Rn. 6/302) nach § 1417 II BGB i. V. m. §§ 400 BGB, 850 b I Nr. 2 ZPO ohnehin in das Sondergut fallen und damit gemäß § 1468 BGB in der Regel erst bei der Auflösung und endgültigen Abrechnung der Gütergemeinschaft fällig werden.

Der Unterhaltsberechtigte hat einen Anspruch auf Mitwirkung des unterhaltsverpflichte- **407** ten Ehegatten zur Zahlung des Unterhalts aus dem von beiden Ehegatten verwalteten Gesamtgut nur insoweit, als der Bedarf nicht aus Einkünften gedeckt werden kann, über die er auch allein verfügen kann und darf. Kann er nicht selbst über das Gesamtgut verfügen,[8]

---

[4] BGH, FamRZ 2007, 793, 795 = R 674 a; 2006, 683, 685 = R 649 h und 2003, 590, 591 = R 586 (zum Unterhaltsbedarf nach den wandelbaren ehelichen Lebensverhältnissen)
[5] OLG München FamRZ 1996, 166
[6] BGH, FamRZ 1990, 851 = R 420 II 4. Absatz
[7] OLG Zweibrücken FamRZ 1996, 227; vgl. auch BGH, FamRZ 2005, 883, 884 = R 628 a, b
[8] OLG Zweibrücken FamRZ 1998, 239

hat er bei **Einzelverwaltung** des anderen Ehegatten nach § 1435 BGB und bei **gemeinsamer Verwaltung** nach § 1451 BGB einen durchsetzbaren Anspruch darauf, dass der Ehepartner an der ordnungsgemäßen Verwaltung des Gesamtguts einschließlich seiner Verwendung für den Unterhalt mitwirkt.[9] Welche Maßnahmen im Einzelnen dazu erforderlich sind, richtet sich stets nach den besonderen Umständen des Einzelfalls. Dies kann die Herausgabe von Geld oder Naturalien, Wohnungsgewährung, Bezahlung von zur Deckung des Lebensbedarfs eingegangenen Schulden u. a. sein. Der Sache nach richtet sich der Anspruch auf die Vornahme unvertretbarer Handlungen. Ein hierauf gerichteter Titel ist daher nach **§ 888 ZPO zu vollstrecken.**[10]

408   Grundsätzlich kann daher mit einer **Klage vor dem Familiengericht** die Vornahme derjenigen Handlungen verlangt werden, die erforderlich sind, damit der Unterhaltsbedarf des Berechtigten gedeckt wird.[11] In der Praxis liegen die Fälle meist so, dass ein Ehepartner die Verwaltung des Gesamtguts vollständig an sich gerissen hat und über die eingehenden Gelder im Außenverhältnis zur Bank nur allein verfügen kann. Auch in dem vom BGH entschiedenen Fall hatte der Verpflichtete ausreichende Geldmittel auf einem nur für ihn eingerichteten Konto, für das der Unterhaltsberechtigte nicht bevollmächtigt war.

409   In solchen Fällen kann ausnahmsweise eine **Klage unmittelbar auf Zahlung** des geschuldeten Unterhaltsbetrages aus dem Gesamtgut erhoben werden. Auch ein solches, auf Zahlung des geschuldeten Betrags lautendes Urteil ist allerdings nach § 888 ZPO und nicht nach § 803 ZPO zu vollstrecken.[12] Denn der Beklagte schuldet an sich nicht die „Zahlung", sondern immer nur die Mitwirkung an einer ordnungsgemäßen Verwaltung des Gesamtguts. Die Mitwirkungspflicht ist auch deswegen nach § 888 ZPO zu **vollstrecken,** weil der Berechtigte nach den §§ 803 ff. ZPO nur in das Sondergut und das Vorbehaltsgut des Unterhaltpflichtigen vollstrecken könnte, aber gerade nicht in das nach § 1420 BGB vorrangig für den Unterhalt haftende Gesamtgut.[13] Da diese geschuldete Mitwirkung wie bei einer allgemeinen Zahlungsklage der Überlassung von Geldbeträgen dient, ist das Begehren in einem unbeschränkten Zahlungsantrag enthalten; einer entsprechenden Verurteilung und Vollstreckung steht deswegen das Verbot des § 308 I ZPO nicht entgegen.[14]

410   Ist hingegen zunächst ein **Rechtsgeschäft** erforderlich, etwa der Verkauf eines Grundstücks oder von Wertpapieren, ist bei Einzelverwaltung nach § 1430 BGB und bei gemeinsamer Verwaltung nach § 1452 BGB bedauerlicherweise das **Vormundschaftsgericht** zuständig.

    Zwar steht es dem Unterhaltsberechtigten im Falle einer Unterhaltsverletzung durch den Unterhaltpflichtigen nach § 1447 Nr. 2 BGB (bei Einzelverwaltung) und nach § 1469 Nr. 3 BGB (bei gemeinsamer Verwaltung) frei, unabhängig von einem Scheidungsverfahren die **Auflösung** der Gütergemeinschaft zu verlangen. Wegen des in § 1476 I BGB geregelten Halbteilungsgrundsatzes kann dies für denjenigen, der sehr viel eingebracht hat, aber von erheblichem Nachteil sein. Es ist daher wichtig, vor einem solchen Schritt alle vermögensrechtlichen Folgen genau zu klären.[15]

411   **Beispiel:**[16]
M und F leben in Gütergemeinschaft mit gemeinsamer Verwaltung. Entsprechend den ehelichen Lebensverhältnissen steht F ein Unterhalt von monatlich 1400 EUR zu. Die Einkünfte des Gesamtguts erfolgen auf ein Konto, zu dem F keinen Zugang hat. In dieser Situation ist M zunächst vom Familiengericht zu verurteilen „die Zahlung des geschuldeten Unterhalts zu bewirken". Wenn M nicht zahlt, kann entweder nach § 888 ZPO mit Zwangsgeld oder Zwangshaft vollstreckt werden. F kann sich aber auch an die Schuldner des Gesamtguts wenden und von ihnen die Zahlung unmittel-

---

[9] BGH, FamRZ 1990, 851 = R 420 II 6. Absatz, III 2. und 3. Absatz; kritisch dazu Kleinle, FamRZ 1997, 1194
[10] BGH, FamRZ 1990, 851 = R 420 II 5. Absatz, III 4. Absatz; BayObLG FamRZ 1997, 422
[11] OLG München FamRZ 1996, 557 und FamRZ 1996, 166
[12] OLG Düsseldorf FamRZ 1999, 1348
[13] BGH, FamRZ 1990, 851 = R 420 II 7. Absatz; vgl. auch OLG Zweibrücken, FamRZ 1997, 239
[14] BGH, FamRZ 1990, 851 = R 420 III 1, 3. Absatz
[15] BGH, FamRZ 2007, 625 (zum Recht auf Rücknahme eingebrachter Sachen gegen Wertersatz)
[16] Vgl. OLG München, FamRZ 1996, 166 und die dazu ergangene Entscheidung BayObLG, FamRZ 1997, 422

bar verlangen. Falls M nicht zustimmt, kann seine Zustimmung gemäß § 1452 I BGB ersetzt werden.

Diese Regeln gelten auch dann, wenn der Trennungsunterhalt erst nach rechtskräftiger Scheidung (§§ 1361 IV 4, 1360a III, 1613 I BGB), aber noch vor der vollständigen Auseinandersetzung der Gütergemeinschaft verlangt wird.[17]

2. Familienunterhalt

Für den Familienunterhalt nach § 1360 BGB gelten die gleichen Grundsätze wie beim **412** Trennungsunterhalt[18] (s. dazu Rn. 6/402 f.).

3. Nachehelicher Unterhalt

Die gesetzlichen Vorschriften über den nachehelichen Unterhalt gelten unabhängig von **413** dem früheren Güterstand.[19] Maßgeblich sind somit uneingeschränkt alle Vorschriften der §§ 1569 ff. BGB. Auf den Umstand, dass die Geschiedenen zuvor im Güterstand der Gütergemeinschaft gelebt hatten, kann es an sich nicht weiter ankommen. Denn das **nach der Scheidung anfallende Erwerbseinkommen** fällt nicht mehr in das Gesamtgut[20] und unterliegt daher keinen gesamthändischen Bindungen. Es kann daher nunmehr entsprechend den allgemeinen Grundsätzen zugerechnet und verteilt werden. Nach der Scheidung erwirbt jeder wieder für sich allein.

Schwierigkeiten entstehen allerdings für eine mehr oder weniger lange Übergangszeit **414** wegen der **Nachwirkungen der Gütergemeinschaft**.[21] Denn das Gesamtgut bleibt über die Rechtskraft der Scheidung hinaus bis zum Ende der Auseinandersetzung eine **gemeinschaftliche** Vermögensmasse, über die nur gemeinschaftlich verfügt werden kann (§§ 1471 II, 1419 BGB). Auch wenn die Ehegatten zuvor Einzelverwaltung vereinbart hatten, ist das Gesamtgut nach Beendigung der Gütergemeinschaft durch die Scheidung bis zur endgültigen Auseinandersetzung von beiden Geschiedenen gemeinsam zu verwalten (§ 1472 I BGB). Wegen des angestrebten Ziels der Auseinandersetzung, die erst mit der Überschussteilung nach § 1476 I BGB beendet ist, wird von einer **Liquidationsgemeinschaft** gesprochen. Wegen der zunächst erforderlichen Schuldentilgung (§ 1475 BGB), der Ausübung von Übernahmerechten (§ 1477 II BGB),[22] Leistungen von Wertersatz (§ 1478 BGB) und der meist unvermeidlichen Grundstücksversteigerungen dauert die Liquidation häufig sehr lange.

In dieser Übergangszeit gibt es drei Vermögensmassen: **415**
– Das neu erworbene Vermögen des Mannes zusammen mit seinem bisherigen Vorbehalts- und Sondergut,
– das neu erworbene Vermögen der Frau zusammen mit ihrem bisherigen Vorbehalts- und Sondergut und
– das frühere Gesamtgut.

Zur Unterhaltsbestimmung sind somit die **Einkünfte des Mannes**, die **Einkünfte der Frau** sowie die **Einkünfte des Gesamtguts** zu ermitteln. Alle Nutzungen, Früchte, Zinsen usw. des Gesamtguts fallen nämlich nach § 1473 BGB wieder in das Gesamtgut.[23]

Stehen die gesamten Einkünfte fest, ist der Unterhalt nach den **allgemeinen Regeln** zu **416** bestimmen. Gehört zum Gesamtgut z. B. ein landwirtschaftlicher Betrieb, sind auch hier für die Unterhaltsberechnung nur die Einkünfte abzüglich eines Erwerbstätigenbonus heranzuziehen. Den Erwerbstätigenbonus darf der geschiedene Ehegatte auch dann zusätzlich für

---

[17] OLG Zweibrücken, FamRZ 1998, 239
[18] BGH, FamRZ 1990, 851 = R 420 II 3. Absatz
[19] OLG München, FamRZ 1988, 1276
[20] Soergel/Gaul, BGB, 12. Aufl. § 1471 Rn. 6
[21] Zur Auflösung der Gütergemeinschaft im Einzelnen vgl. Haußleiter/Schulz, Vermögensauseinandersetzung bei Trennung und Scheidung, 4. Aufl. Rn. 2/45 ff.
[22] BGH, FamRZ 2007, 625
[23] Vgl. dazu OLG Karlsruhe, FamRZ 1996, 1414

sich verbrauchen, wenn die Einkünfte mit seiner Arbeitskraft aus dem Gesamtgut gezogen werden. Wirtschaften die Geschiedenen noch gemeinsam, bleibt es bei der Halbteilung. Bemisst sich der Unterhaltsbedarf ausnahmsweise nur nach neu und unabhängig vom Gesamtgut erzielten Erwerbseinkünften, wird – wie auch sonst – eine Geldrente gemäß § 1585 I S. 1 BGB geschuldet, die gegenüber dem Unterhaltspflichtigen geltend zu machen ist.

417   Schwieriger wird es jedoch, wenn für den Unterhalt das zum **Gesamtgut** gehörende Vermögen und die daraus resultierenden Einkünfte und Nutzungsmöglichkeiten heranzuziehen sind. Denn auch während der Liquidationszeit gehört es zur ordnungsgemäßen Verwaltung des Gesamtguts, dass dem Unterhaltsberechtigten der ihm zustehende Unterhalt zur Verfügung gestellt wird.[24] Allerdings muss sich daraus nicht stets eine monatlich bar zu zahlende Unterhaltsrente ergeben. Vielmehr können auch Naturalien oder die Gewährung von Wohnraum geschuldet sein. Eine Unterscheidung zwischen tatsächlichen Handlungen und Rechtsgeschäften findet bei der Liquidationsgemeinschaft nicht mehr statt. Der Unterhaltsanspruch wird dann wie beim Trennungsunterhalt (vgl. Rn. 6/406 f.) grundsätzlich durch **Klage auf Vornahme einer unvertretbaren Handlung** und Vollstreckung nach § 888 ZPO durchgesetzt. Eine Klage auf Mitwirkung nach § 1472 BGB kann allerdings auch darauf gerichtet werden, dass der frühere Ehepartner am Verkauf oder der sonstigen Verwertung von Gegenständen mitwirkt, soweit dies zur Bereitstellung der Mittel für den Unterhalt erforderlich ist. Vielfach wird es aber auch hier sachgerecht sein, unmittelbar eine **Zahlungsklage** gegen den unterhaltpflichtigen geschiedenen Ehegatten (vgl. Rn. 6/409) zu erheben.[25]

418   Weil es sich auch insoweit noch um güterrechtliche Ansprüche handelt, ist das **Familiengericht** zuständig (§ 23 b I Nr. 9 GVG). Die hier behandelten Ansprüche können auch im Scheidungsverbund geltend gemacht werden[26] (§ 623 I 1 ZPO).

III. Kindesunterhalt

419   Beim Kindesunterhalt richten sich die tatbestandsmäßigen Voraussetzungen und die Höhe des geschuldeten Unterhalts ebenfalls nach den allgemeinen gesetzlichen Vorschriften. Bei minderjährigen Kindern hat die Gütergemeinschaft keine Auswirkungen auf das Vertretungsrecht nach § 1629 II 2, III 1 BGB. Problematisch ist jedoch die Durchsetzung der Unterhaltsansprüche. Denn auch für den Kindesunterhalt sind nach § 1420 BGB in erster Linie die Einkünfte aus dem Gesamtgut heranzuziehen. Wegen der gesamtschuldnerischen Haftung der Eheleute für alle beiderseitigen Verbindlichkeiten nach § 1437 BGB bei Einzelverwaltung und nach § 1459 bei gemeinsamer Verwaltung haftet das Gesamtgut auch für die Kinder des anderen Ehegatten, die nicht gemeinschaftlich sind (vgl. § 1604 BGB).

1. Kindesunterhalt in der Trennungszeit

420   Bei **minderjährigen Kindern** kann der Elternteil, der die Kinder betreut (§ 1629 II 2 BGB) und ihre Unterhaltsansprüche durchsetzen will, nach §§ 1435, 1451 BGB vorgehen (dazu s. Rn. 6/407). Weil minderjährige Kinder ihre Lebensstellung und damit die Höhe ihres Unterhaltsbedarfs vom Einkommen des barunterhaltpflichtigen Elternteils ableiten,[27] richtet sich ihr Unterhaltsbedarf nach den auf ihn entfallenden anteiligen Einkünften des Gesamtguts und ev. weiteren Einkünften aus seinem Sonder- und Vorbehaltsgut. **Volljährige Kinder** haben hingegen keine Rechte auf Mitwirkung bei der Verwaltung des Gesamtguts. Sie benötigen einen auf Zahlung einer Unterhaltsrente gerichteten Titel, wenn sie in das Gesamtgut vollstrecken wollen. Bei gemeinsamer Verwaltung müssen wegen § 740 II

[24] Palandt/Brudermüller, § 1472 Rn. 2
[25] OLG Nürnberg EzFamR aktuell 1993, 305
[26] OLG Frankfurt/Main, FamRZ 1988, 1276
[27] BGH, FamRZ 2001, 1603 = R 559

ZPO beide Eltern verklagt werden. Bei Einzelverwaltung genügt nach § 740 I ZPO ein Titel gegen den Verwalter. Wegen der anteiligen Haftung beider Eltern für den Unterhalt richtet sich der Lebensbedarf eines noch im Haushalt eines Elternteils lebenden volljährigen Kindes auf der Grundlage der zusammengerechneten Einkünften beider Eltern, also der gesamten Einkünfte des Gesamtguts und ev. weiterer Einkünfte aus den Sonder- und Vorbehaltsgütern beider Eltern nach der vierten Altersstufe der Düsseldorfer Tabelle.[28] Nur wenn das volljährige Kind, z. B. als auswärts wohnender Student, eine eigene Lebensstellung hat, geht die Rechtsprechung von festen Bedarfssätzen aus, für die dann aber ebenfalls – vorbehaltlich des auch hier zu wahrenden Selbstbehalts[29] – das volle Einkommen aus dem Gesamtgut haftet.[30]

2. Kindesunterhalt ab Rechtskraft der Scheidung

421 Auf die Nachwirkungen der Gütergemeinschaft von dessen Beendigung bis zur endgültigen Auseinandersetzung ist schon im Zusammenhang mit dem Ehegattenunterhalt hingewiesen (s. Rn. 6/414 f.). Bis zur abschließenden Auseinandersetzung ist daher auch beim Kindesunterhalt das Gesamtgut als eigenständige Vermögensmasse zu beachten.
– Stehen den Eltern nur **Erwerbseinkünfte** zu oder sind nur diese für den Unterhalt maßgeblich, kann das minderjährige Kind eine Zahlungsklage gegen den barunterhaltspflichtigen Elternteil und das volljährige Kind Leistungsklage gegen beide nach ihren Einkommens- und Vermögensverhältnissen anteilig haftende Eltern erheben. Der Titel wird dann nach § 803 f. ZPO in das Erwerbseinkommen oder ein neben dem Gesamtgut vorhandenes sonstiges Vermögen vollstreckt.
– Ist der Unterhalt ganz oder teilweise aus einem noch bestehenden **Gesamtgut** zu leisten, muss ein **volljähriges Kind** – wie beim Kindesunterhalt in der Trennungszeit – hinsichtlich des Anteils aus dem Gesamtgut beide Eltern verklagen, weil sonst keine Vollstreckung möglich ist (§ 743 ZPO). Bei **minderjährigen Kindern** genügt eine Mitwirkungsklage des betreuenden Elternteils nach § 1472 BGB, die nach § 888 ZPO zu vollstrecken ist (vgl. Rn. 6/407, 409).

IV. Keine fiktiven Einkünfte

422 Werden aus dem Gesamtgut bei gemeinsamer Verwaltung, also insbesondere in der Zeit zwischen Scheidung der Ehe und endgültiger Auseinandersetzung (§ 1471, 1472 I BGB), leichtfertig keine Einkünfte oder Nutzungen gezogen, können diese dem Unterhaltspflichtigen nicht als fiktive Einkünfte zugerechnet werden (s. Rn. 1/487 ff.). Das gilt aber auch im Falle eines Alleinverwaltungsrechts des unterhaltspflichtigen Ehegatten. Denn der unterhaltsberechtigte Ehegatte kann seine Vorstellungen über die Nutzung des Gesamtguts, z. B. die Vermietung eines Grundstücks, unabhängig davon nach den §§ 1435, 1451 BGB durchsetzen. Auf eine unterhaltsbezogene Leichtfertigkeit kann sich ein unterhaltsberechtigter Ehegatte aber auch deswegen nicht berufen, weil zusätzliche Einkünfte stets in das Gesamtgut fallen würden, an dem bei der anschließenden Auseinandersetzung nach § 1474 ff. BGB ohnehin beide Eheleute partizipieren. Derartige Einkünfte können daher bei der Unterhaltsbemessung nicht nochmals einseitig dem unterhaltspflichtigen Ehegatten zugerechnet werden.[31] Die Vorstellungen eines Ehegatten über eine möglichst wirtschaftliche Verwaltung des Gesamtguts sind vielmehr ausschließlich über die Möglichkeiten nach §§ 1435, 1451, 1472 BGB zu realisieren. Notfalls schuldet der schlechte Verwalter Scha-

---

[28] BGH, FamRZ 2006, 99, 100 = R 641
[29] BGH, FamRZ 2006, 683, 684 = R 649
[30] BGH, FamRZ 2006, 1100, 1103 = R 654; vgl. auch die Leitlinien der Oberlandesgerichte unter Ziff. 13.1
[31] BGH, FamRZ 1984, 559, 561 (für den nachehelichen Unterhalt, diese Grundsätze gelten aber erst recht für den Trennungsunterhalt); s. auch OLG Karlsruhe, FamRZ 1996, 1414

densersatz nach § 1435 BGB, der aber gemäß § 1468 BGB erst nach der Beendigung der Gütergemeinschaft fällig wird.

V. Eilmaßnahmen

423   Auch bei Gütergemeinschaft kann es erforderlich werden, den Unterhalt durch Eilmaßnahmen sicherzustellen.[32] **Einstweilige Anordnungen** im Scheidungsverbund (§ 620 Nr. 4 und 6 ZPO), innerhalb eines isolierten Unterhaltsrechtsstreits (§ 644 ZPO) oder zur Durchsetzung eines Prozesskostenvorschusses (§ 127 a ZPO) kommt allerdings nur in Betracht, wenn ausnahmsweise in der Hauptsache eine Zahlungsklage möglich ist (Rn. 6/409, 417, 420 f.). Im Rahmen der übrigen Zuständigkeiten des Familiengerichts (Rn. 6/408 f.) kann ein Notbedarf subsidiär auch im Wege einer **einstweiligen Verfügung** nach §§ 935, 940 ZPO geltend gemacht werden.[33] Inhalt der einstweiligen Verfügung kann entweder ein Zahlungsgebot oder eine andere sachgemäße Mitwirkungshandlung sein (s. Rn. 6/407, 409). Ist das Vormundschaftsgericht zur Mitwirkung berufen (Rn. 6/410), kommt der Erlass einer vorläufigen Anordnung in Betracht.[34] Ein getrennt lebender Ehegatte kann einen Prozesskostenvorschuss nicht verlangen, solange nach § 1420 BGB vorrangig einzusetzende Einkünfte aus dem Gesamtgut vorhanden sind.[35]

424–498   – *In dieser Aufl. nicht belegt* –

499–599   *Siehe jetzt § 8*

6. Abschnitt: Vereinbarungen zum Ehegattenunterhalt

I. Allgemeines

600   **Unterhaltsverträge** zwischen den Ehegatten über den Familienunterhalt (§ 1360 bis 1360 a BGB) und über den Getrenntlebensunterhalt (§ 1361 BGB) sind nach geltendem Recht formlos möglich. Insofern gibt es allerdings als Einschränkung das Verbot des Verzichts auf künftige Unterhaltsansprüche (§ 1614 BGB). Beim Geschiedenenunterhalt (§ 1569 bis 1586 b BGB) ist ein entsprechender Verzicht – ungeachtet der existentiellen Bedeutung, welche die Unterhaltsfrage für die Betroffenen vielfach hat – weiterhin möglich. Mit Wirkung ab 1. 1. 2008 stellt § 1585 c BGB n. F.[1] Vereinbarungen zum nachehelichen Unterhalt, die vor Rechtskraft der Scheidung getroffen werden, unter **Formzwang.** Satz 2 der Vorschrift verlangt notarielle Beurkundung, an deren Stelle die gerichtliche Protokollierung einer Vereinbarung durch das Prozessgericht der Ehesache treten kann (Satz 3) – siehe näher Rn. 604 a. Nach Rechtskraft der Scheidung getroffene Vereinbarungen zum Geschiedenenunterhalt sind sowohl als erstmalige Vereinbarung oder als Abänderung einer vorherigen unter Formzwang getroffenen Vereinbarung weiterhin **formlos möglich.**[2] Ein Unterhaltsvertrag mit Abänderungsmöglichkeit (vgl. Rn. 601 f.) kann im Einzelfall auch dann vorliegen, wenn anstelle der an sich geschuldeten gesetzlichen Unterhaltsleistungen an Erfüllungs statt **andere Leistungen** vereinbart worden sind, beispielsweise die Übernahme von Zins- und Tilgungsverpflichtungen.[3]

---

[32] Vgl. Dose, Einstweiliger Rechtsschutz in Familiensachen 2. Aufl. Rn. 1 ff.
[33] Dose a. a. O. Rn. 148 ff.
[34] Dose a. a. O. Rn. 192 g ff.
[35] OLG Zweibrücken, FamRZ 1996, 227
[1] Gesetz zur Änderung des Unterhaltsrechts v. 21. 12. 2007 – BGBl I S. 3189 ff.
[2] Bergschneider, FamRZ 2008, 17 f.
[3] OLG Köln FamRZ 1998, 1236

Während für den Familien- und Getrenntlebensunterhalt nach §§ 1360a III, 1361 Abs. IV 4, 1614 I BGB ein **Verzicht** für die Zukunft, also auf künftige Unterhaltsfälligkeiten, ausgeschlossen war und ist (vgl. hierzu näher Rn. 603 und 604), galten für Vereinbarungen über den Nachscheidungsunterhalt (§ 1585 c BGB) nach früherer Rechtsprechung nur die allgemeinen gesetzlichen Schranken der §§ 134, 138 BGB. Im Übrigen bestand volle Vertragsfreiheit, ohne dass eine Inhaltskontrolle, ob die Regelung angemessen sei, stattfand.[4] Hier ist es – ausgelöst durch zwei Entscheidungen des Bundesverfassungsgerichts[5] – zu einem Paradigmenwechsel in der Rechtsprechung des Bundesgerichtshofs gekommen. Entsprechende Vereinbarungen müssen nunmehr einer **richterlichen Wirksamkeits- und Ausübungskontrolle** unterzogen werden[6] – siehe hierzu näher Rn. 600 b u. 609.

Im Zweifel stellen Verträge über die Leistung von Unterhalt an den anderen Ehegatten nur eine **Konkretisierung der gesetzlichen Unterhaltspflicht** dar[7] mit der Folge, dass die vertragliche Festlegung und Ausgestaltung des gesetzlichen Anspruchs dessen Rechtsnatur nicht ändert.[8] Rechtsgrund für die Zahlung von Unterhalt auf Grund einer derartigen konkretisierenden Vereinbarung bleibt die gesetzliche Unterhaltspflicht. Dieser Rechtsgrund wird durch die Vereinbarung nicht ausgewechselt, sondern es tritt die Vereinbarung, welche den gesetzlichen Unterhaltsanspruch modifiziert, nur als weitere schuldrechtliche Grundlage hinzu.[9] Aus diesem Grund ist bei rückwirkender Abänderung einer derartigen Vereinbarung auch **§ 820 I S. 2 BGB** (verschärfte Haftung für die Rückzahlung ungerechtfertigt erhaltener Zahlungen bei einem nach dem Inhalt des Rechtsgeschäfts vorauszusehenden Wegfall des Rechtsgrunds) weder unmittelbar noch entsprechend anzuwenden.[10] Handelt es sich um eine den gesetzlichen Unterhaltsanspruch lediglich konkretisierende Vereinbarung zwischen dem geschiedenen berechtigten Ehegatten und dem verstorbenen pflichtigen Ehegatten, bindet die Vereinbarung im Fall der Übergang der Verpflichtung nach § 1586 b I 1 BGB auch den Erben.[11] Geht es dabei um einen Prozessvergleich müssen Parteien des **Abänderungsverfahrens bei einer Mehrheit von Erben** – ungeachtet ihrer gesamtschuldnerischen Haftung – alle Miterben sein, weil die vorliegende Nachlassverbindlichkeit nur so mit Wirkung für und gegen alle Miterben abgeändert werden kann.

Unterhaltsvereinbarungen unterliegen den allgemeinen Auslegungsregeln. Hierzu gehört auch der Grundsatz einer **nach beiden Seiten interessegerechten Auslegung.**[12] Soweit vergleichsweise eine Unterhaltszahlung „ohne Anerkennung einer Rechtspflicht" geschehen soll, bedeutet dies nur, dass der Vergleich selbst den Rechtsgrund darstellt. Soweit als Motiv der Vergleichsannahme die Ansicht geäußert wird, dass man eine Grundlage für die Fortsetzung der Ehe sehe, muss dieses Motiv von der begünstigten Unterhaltspartei nicht als auflösende Bedingung verstanden werden, weil eine Unterhaltsvereinbarung, die vom bloßen Willen oder der Enttäuschung einer Hoffnung des Pflichtigen abhängig wäre, ihren Zweck, eine Befriedung der Unterhaltsauseinandersetzung herbeizuführen, nicht erfüllen könnte.[13]

600a Die auch nach der neueren Rechtsprechung grundsätzlich weiter bestehende Vertragsfreiheit erlaubt den Eheleuten, dass sie – jedenfalls hinsichtlich des Nachscheidungsunterhalts, für den das auf die Zukunft gerichtete Verzichtsverbot des § 1614 I BGB nicht gilt – sich mit ihrer Vereinbarung völlig vom gesetzlichen Unterhaltsanspruch lösen und die Deckung eines von ihnen angesetzten Lebensbedarfs des berechtigten Ehegatten ausschließlich auf eine eigenständige vertragliche Grundlage stellen, also einen **rein vertraglichen Unterhaltsanspruch** begründen,[14] soweit die Vereinbarung einer richterliche Wirksamkeits- und Ausübungskontrolle standhält. In einem solchen Fall, der nur bei besonderen

---

[4] Vgl. BGH, FamRZ 1997, 156, 157 zur früheren Rechtsauffassung
[5] BVerfG, FamRZ 2001, 343 ff. = R 553 a u. b; FamRZ 2001, 985 = R 558
[6] Grundlegend BGH, FamRZ 2004, 601 = R 608 a, b
[7] BGH, FamRZ 1984, 874; FamRZ 1991, 673, 674
[8] BGH, FamRZ 1987, 1021; FamRZ 1979, 910, 911
[9] BGH, FamRZ 1998, 951, 953 = R 526 d
[10] BGH, a. a. O.
[11] OLG Koblenz, NJW 2003, 439, 440
[12] BGH, FamRZ 2003, 741, 742 = R 590 a
[13] BGH, a. a. O.
[14] BGH, FamRZ 1978, 873, 874; FamRZ 1995, 665, 667

Anhaltspunkten anzunehmen ist,[15] können die besonderen Vorschriften über die Zuständigkeit des Familiengerichts für gesetzliche Unterhaltsansprüche nicht mehr angewendet werden.[16] Soweit Inhalt des rein vertraglichen Anspruchs ein **Leibrentenversprechen** (§§ 759, 760 BGB) wäre, müsste für das Versprechen die Schriftform des § 761 BGB gewahrt werden.[17] Würde ausnahmsweise ein Schenkungsversprechen (§ 518 I 1 BGB) vorliegen, wäre für das Versprechen die notarielle Form einzuhalten. Allerdings sind solche Fälle selten denkbar. Auch wenn offensichtlich kein entsprechender Unterhaltsanspruch entstehen kann, wird man jedenfalls in einer vor der Scheidung geschlossenen (rein vertraglichen) Unterhaltsvereinbarung über den nachehelichen Unterhalt grundsätzlich keine unentgeltliche Zuwendung sehen können, weil Zuwendungsgrund in der Regel die angenommene Nachwirkung der ehelichen Mitverantwortung ist und es insoweit noch um die innere Gestaltung der Ehe geht.[18] Es dürfte bei einer derartigen von der gesetzlichen Unterhaltspflicht gelösten, vertraglich eigenständigen Vereinbarung auch möglich sein, einen Unterhaltanspruch an das fehlende (überwiegende) Verschulden des Berechtigten an der Eheauflösung zu knüpfen.[19] Wegen ihres uneingeschränkten Wortlauts und wegen ihres auch hier vorliegenden Zwecks werden die Formvorschriften des § 1585 c 2 u. 3 BGB auch dann anzuwenden sein, wenn vor Rechtskraft der Scheidung eine Vereinbarung über einen rein vertraglichen Unterhaltsanspruch getroffen werden soll, zumal die Abgrenzung zu einer Vereinbarung über den gesetzlichen Unterhaltsanspruch vielfach entweder unmöglich oder schwierig sein wird.

Für die Bestimmung der **Rechtsfolgen,** welche sich an die rein vertragliche Begründung eines vom Gesetz gelösten Unterhaltsanspruchs knüpfen, können die gesetzlichen Vorschriften für den gesetzlichen Unterhalt nur mit Vorsicht entsprechend angewendet werden. In erster Linie wird es auf die (ggf. auch ergänzende) Auslegung des geschlossenen Vertrags ankommen. Dies gilt für die Frage, ob der Anspruch mit der Wiederheirat des Berechtigten **entsprechend § 1586 I BGB**[20] erlischt und ggf. entsprechend **§ 1586 a I BGB** wieder auflebt (zu § 1586 a I BGB vgl. auch Rn. 606). Dagegen dürfte entsprechend § 1586 I BGB im Zweifel vom Erlöschen des Anspruchs mit dem Tod des Berechtigten auszugehen sein, weil Unterhalt seinem Begriff nach nur dem „Lebensbedarf" des Berechtigten dient. Ob der vereinbarte Anspruch als Verpflichtung auf die Erben des Unterhaltsschuldners entsprechend **§ 1586 b I BGB** übergeht, wird zunächst davon abhängigen, ob eine Auslegung der Vereinbarung ergibt, dass ein solcher Übergang ausgeschlossen sein soll. Im Zweifel haften die Erben bei einem solchen Anspruch aber nach den allgemeinen Vorschriften der §§ 1922, 1967 BGB[21] – vgl. dazu näher Rn. 4/60.

600 b   Unterhaltsvereinbarungen unterliegen den allgemeinen Vorschriften der §§ 134, 138, 242 BGB.

Für die Frage der möglichen **Sittenwidrigkeit** (§ 138 BGB) der Vereinbarung muss zunächst danach unterschieden werden, wen der geschlossene Vertrag auf Grund einer einseitigen Lastenverteilung benachteiligt, den Unterhaltsschuldner oder den Unterhaltsberechtigten. Fraglich ist, inwieweit die Grundsätze der Rechtsprechung zur Wirksamkeitskontrolle (§ 138 BGB) und zur Ausübungskontrolle (§ 242 BGB) – siehe unten in dieser Rn. – uneingeschränkt auf nachteilige Verpflichtungen des Unterhaltsschuldners anzuwenden sind. Zwei Oberlandesgerichte haben dies bejaht und Vereinbarungen, die zur Zahlung eines von Leistungsfähigkeit und eheangemessenem Bedarf unabhängigen Mindestunterhalts[22] bzw. zur Zahlung einer von unterhaltsrechtlicher Leistungsfähigkeit unabhängigen, nicht abänderbaren Leibrente[23] auf Grund einer Wirksamkeitskontrolle nach § 138 BGB nichtig angesehen. Es

---

[15] BGH, FamRZ 2004, 1546, 1547
[16] BGH, FamRZ 1978, 674; FamRZ 1978, 873, 874
[17] Vgl. zu einem solchen Fall OLG Schleswig FamRZ 1991, 1203
[18] Vgl. BFH BStBl II 1968, 239, 242
[19] Vgl. Walter, NJW 1981, 1409
[20] Vgl. hierzu OLG Bamberg, FamRZ 1999, 1278; ist nach gegenseitigem Unterhaltsverzicht eine lebenslange Leibrente vereinbart worden, scheidet eine Anwendung des § 1586 I BGB im Zweifel aus – OLG Koblenz, FamRZ 2002, 1040 f.
[21] OLG Köln, FamRZ 1983, 1036, 1038
[22] OLG Celle, FamRZ 2004, 1969
[23] OLG Karlsruhe, FamRZ 2007, 477

wird auf die Umstände des Einzelfalls ankommen, ob wegen bereits bei Vertragsschluss offen-
kundiger einseitig negativer Vertragswirkungen Nichtigkeit angenommen werden muss, oder
ob erst durch eine Ausübungskontrolle, welche die Entwicklung nach Abschluss des Vertrags
berücksichtigen kann (vgl. Rn. 609), die notwendigen Korrekturen vorzunehmen sind.

Wenn die eingegangene Verpflichtung das **Leistungsvermögen eines Schuldners** 600 c
überfordert, ist die Vereinbarung nicht automatisch wegen Sittenwidrigkeit nichtig. Privatautonomie und Vertragsfreiheit, welche nicht nur Selbstbestimmung, sondern auch Selbstverantwortung bedeuten, überlassen es dem Schuldner auch die Grenzen seiner Leistungsfähigkeit selbst zu bestimmen.[24] Im Übrigen sind die allgemeinen Maßstäbe für die Annahme von Sittenwidrigkeit maßgebend. So kann ein Missverhältnis von Leistung und
Gegenleistung vorliegen, wenn der Verpflichtete bei Eingehung der Verbindlichkeit außerstande war, zu deren Erfüllung aus eigenem Einkommen und Vermögen in nennenswerten
Umfang beizutragen, ohne dass damit zu rechnen war, dass sich dies in absehbarer Zeit
ändert.[25] War der Schuldner gegen seinen Willen unter Ausnutzung einer Zwangslage über-
vorteilt worden, können die Voraussetzungen des § 138 I BGB gegeben sein.[26] Verpflichtet
sich der Unterhaltsschuldner ausdrücklich zur Weiterzahlung des Unterhalts auch für den
Fall einer etwa eintretenden Arbeitslosigkeit oder Einkommensminderung kann er auf
Grund seiner Verpflichtungsfreiheit und Selbstverantwortung gehandelt haben, so dass dann
in der Regel weder für § 138 I BGB noch für ein Abänderungsverfahren Raum ist.[27] Anders
dürfte dies sein, soweit er in Ausnutzung einer Zwangslage zum Vertragsschluss gebracht
wurde oder wenn sein eigener Mindestbedarf nach den Vorstellungen der Vertragsparteien
nicht gesichert ist.[28] Ebenso wenig tritt automatisch Nichtigkeit wegen Verstoßes gegen die
Pfändungsschutzvorschriften des § 850 c ZPO ein, denn diese schützen nur vor Vollstre-
ckungszugriffen, schränken aber nicht die Verpflichtungsmöglichkeiten des Schuldners ein.[28]
In allen Fällen fehlender Nichtigkeit kann die Ausübungskontrolle (§ 242 BGB) zu einer
Vertragsanpassung führen. Dies gilt insbesondere, wenn die Erfüllung der übernommenen
Zahlungspflicht dem Schuldner nachträglich auch seinen Mindestbedarf nimmt oder gar
seine eigene Existenz und Lebensmöglichkeit gefährdet – siehe hierzu auch Rn. 601).

Verschweigt der Berechtigte vor Vertragsschluss einen Vermögenserwerb, der seine Bedürftigkeit beeinflussen kann, kommt eine **Anfechtung** der Vereinbarung gemäß § 123 I
BGB wegen arglistiger Täuschung in Betracht.[29] Eine Anfechtung wegen Täuschung ist aber
dann ausgeschlossen, wenn der Aufklärungspflichtige annehmen durfte, dass der andere
Vertragsteil bereits informiert sei.[30]

Soweit es um die Benachteiligung des Unterhaltsberechtigten durch eine einseitige Lastenverteilung geht, haben zwei Entscheidungen des Bundesverfassungsgerichts[31] zu einer
Änderung der Rechtsprechung des BGH[32] geführt. Die Grundsätze, die unmittelbar den
Nachscheidungsunterhalt betreffen, können entsprechend auf den ehelichen Trennungsunterhalt übertragen werden,[33] wenn sie wegen des Verzichtsverbots für zukünftigen Unterhalt (§ 1614 BGB) dort auch selten praktisch werden dürften. In Einzelfällen wäre die
Anwendung auf einen Verzicht auf Unterhaltsrückstände denkbar, der ungeachtet bestehender Vertragsfreiheit als einseitige Lastenverteilung nicht mehr hinnehmbar erschiene. Wegen
der vom BGH bei Vereinbarungen zum Nachscheidungsunterhalt, die den Berechtigten
benachteiligen, geforderten doppelten richterlichen Kontrolle in Form der Prüfung der
Sittenwidrigkeit durch eine **Wirksamkeitskontrolle** (§ 138 BGB) und – bei Bejahung der
Wirksamkeit – einer anschließenden **Ausübungskontrolle** (§ 242 BGB) wird auf Rn. 609
verwiesen.

---

[24] OLG Stuttgart, FamRZ 1998, 1296, 1297; OLG Brandenburg, NJW-RR 2002, 578, 579
[25] OLG Stuttgart, a. a. O.
[26] OLG Stuttgart, a. a. O.
[27] OLG Karlsruhe, FamRZ 1998, 1436, 1437
[28] OLG Karlsruhe, a. a. O.
[29] BGH, FamRZ 2000, 153, 154
[30] OLG Brandenburg, FamRZ 2003, 764, 766
[31] BVerfG, FamRZ 2001, 343 ff. = R 553 a u. b; FamRZ 2001, 985 = R 558
[32] Grundlegend BGH, FamRZ 2004, 601 = R 608 a, b
[33] Vgl. hierzu OLG Hamm, FamRZ 2007, 732, 733

601   Bei Unterhaltsvereinbarungen – ausgenommen davon sind der Unterhaltsverzicht (vgl.
Rn. 607) und die Unterhaltsabfindung (vgl. Rn. 614) – geschieht die **Anpassung an
veränderte Umstände** allein **nach den Regeln des materiellen Rechts** (siehe § 313
BGB), so dass es auch bei Vereinbarungen, die einen Vollstreckungstitel darstellen, nicht auf
eine sich aus § 323 I ZPO ergebende Wesentlichkeitsschwelle ankommt; vielmehr kann bei
beengten wirtschaftlichen Verhältnissen eine Abänderung auch unterhalb einer Schwelle von
10% in Betracht kommen.[34] Ebenso wenig gelten die Tatsachenpräklusion des § 323 II
ZPO[35] oder das Verbot rückwirkender Abänderung nach § 323 III ZPO.[36] Vor der am 1. 1.
2002 in Kraft getretenen Schuldrechtsreform waren die aus § 242 BGB hergeleiteten
Grundsätze über die Veränderung oder den Fortfall der Geschäftsgrundlage maßgebend, die
eine Anpassung rechtfertigten, wenn es einem Beteiligten aus Treu und Glauben nicht
zugemutet werden konnte, an der bisherigen Regelung festgehalten zu werden.[37] Aufgrund
der nunmehr in § 313 BGB getroffenen, ausdrücklichen gesetzlichen Regelung zur Störung
der Geschäftsgrundlage hat sich die materielle Rechtslage nicht wesentlich geändert.[38] Der
Tatrichter kann die Frage, ob bei einem Festhalten an der Vereinbarung die Opfergrenze
überschritten würde, nur auf Grund einer an den Verhältnissen des Falles ausgerichteten,
umfassenden Würdigung aller Umstände zutreffend beantworten.[39] Geltungsgrund für
die Vereinbarung, auch wenn es sich um einen gerichtlichen Vergleich handelt, ist ausschließlich der durch Auslegung zu ermittelnde Parteiwille.[40] Hierbei ist eine nach beiden
Seiten interessengerechte Auslegung maßgebend.[41] Die Anpassung an geänderte Verhältnisse
muss dabei nach Möglichkeit unter **Wahrung der dem Parteiwillen entsprechenden
Grundlagen** geschehen.[42] Es gibt keine freie von der bisherigen Höhe unabhängige Neufestsetzung des Unterhalts, die Grundlagen der Vereinbarung sind vielmehr möglichst zu
wahren.[43] Eine Korrektur dieser Grundlagen kommt nicht schon ohne weiteres deswegen in
Betracht, weil ein Ehegatte im Zusammenhang mit der Vereinbarung ein inzwischen
erzieltes höheres Einkommen verschwiegen hat. Dies kann nur angenommen werden, wenn
ausnahmsweise eine Pflicht zur Selbstoffenbarung bestand[44] – vgl. hierzu auch Rn. 1/696 ff.
Soweit sich die Verhältnisse so tiefgreifend geändert haben, dass dem Parteiwillen für die
vorzunehmende Änderung kein hinreichender Anhaltspunkt mehr zu entnehmen ist,
kommt eine Unterhaltsregelung wie eine Erstfestsetzung nach den gesetzlichen Vorschriften
in Betracht, wobei allerdings zu prüfen bleibt, ob nicht wenigstens einzelne Elemente der
ursprünglichen Vereinbarung nach dem erkennbaren Parteiwillen weiterwirken sollen.[45]
Wenn eine Unterhaltsvereinbarung eine abschließende Regelung enthalten soll, scheidet die
Annahme einer Regelungslücke im Allgemeinen aus, und die Vereinbarung ist keiner
ergänzenden Vertragsauslegung zugänglich.[46] Lässt sich allerdings einem Vertrag bei
seiner Auslegung keine bestimmte Regelung für einen regelungsbedürftigen Sachverhalt
entnehmen, kommt eine ergänzende Auslegung in Betracht.[47] Aus dem Parteiwillen kann
sich auch ergeben, dass eine **Anpassung** an veränderte Umstände gänzlich **ausgeschlossen**
sein soll. Auch dieser Parteiwille ist zu respektieren,[48] wenn er – wie es beim Familien- oder

---

[34] BGH, FamRZ 1992, 539 R 444 a; BGH, FamRZ 1986, 790, 791
[35] BGH, FamRZ 1984, 997, 999
[36] BGH, FamRZ 1983, 22
[37] BGH, FamRZ 1992, 539 R 444 a; FamRZ 1986, 790; FamRZ 1983, 22, 44
[38] BT-Drucks. 14/6040 S. 175 f.
[39] BGH, FamRZ 1986, 790, 791
[40] BGH, FamRZ 1986, 790; FamRZ 1983, 22, 24
[41] BGH, FamRZ 2003, 741, 742 = R 590 a
[42] BGH, FamRZ 1994, 696 = R 477 a
[43] Vgl. BGH, FamRZ 2003, 848, 850 = R 588 b und zwar auch dann, wenn bei vereinbartem
     befristeten Unterhalt nach Fristablauf Leistungs- und nicht Abänderungsklage erhoben werden
     muss – BGH, FamRZ 2007, 983, 985
[44] OLG Schleswig, MDR 2000, 399
[45] BGH, FamRZ 1994, 696, 698 = R 477 a
[46] BGH, FamRZ 1985, 787
[47] BGH, FamRZ 1995, 726, 727
[48] Für gerichtliche Vergleiche: BGH, FamRZ 1983, 22, 24; OLG Stuttgart, FamRZ 1998, 1296, 1298

Getrenntlebensunterhalt möglich ist – keinen unzulässigen teilweisen Unterhaltsverzicht bedeutet (vgl. Rn. 603 und 604) und ggf. einer richterlichen Wirksamkeits- bzw. Ausübungskontrolle standhalten kann (vgl. Rn. 609). Der Wille, dass die Unterhaltsleistung unter allen Umständen konstant bleiben soll, ist nicht zu vermuten, sondern kann in der Regel nur einer ausdrücklichen Vereinbarung entnommen werden.[49] Vor der neuen Rechtsprechung, nach der Unterhaltsvereinbarungen einer richterlichen Wirksamkeits- und Ausübungskontrolle unterworfen sind, konnte der Leistungsverpflichtung aus einer entsprechenden Vereinbarung – bei allerdings strengen Anforderungen – der **Einwand unzulässiger Rechtsausübung** entgegenstehen, weil niemand sein Recht gegen Treu und Glauben (§ 242 BGB) geltend machen darf, so wenn die unveränderte Weitererfüllung der eingegangenen Verpflichtung die eigene wirtschaftliche Existenz und Lebensmöglichkeit des Schuldners gefährden würde.[50] Ein Rückgriff auf diese Ausnahmeregelung dürfte wegen der nunmehr durchzuführenden Wirksamkeits- und Ausübungskontrolle nicht mehr erforderlich sein.

Für die Frage, welche tatsächlichen Umstände Geschäftsgrundlage der Unterhaltsverein- **601 a** barung waren und welche Veränderungen deshalb zu einer Anpassung des Vertrages (§ 313 I BGB) führen, kommt es auf die **Vorstellungen** an, die für die Parteien bei der vertraglichen Bemessung des Unterhalts bestimmend waren.[51] Die Anpassung ist demnach möglich, wenn die zukünftigen Umstände, welche nicht Inhalt des Vertrags geworden waren und eine Abänderung rechtfertigen, bei Vertragsschluss noch nicht ohne weiteres **erkennbar oder voraussehbar** waren,[52] so dass die Parteien, wenn sie die **schwerwiegenden Änderungen** vorausgesehen hätten, den Vertrag nicht oder mit anderem Inhalt geschlossen hätten (§ 313 I BGB).[53] Das Gesetz sieht es als Unterfall einer Störung der Geschäftsgrundlage an, wenn sich wesentliche übereinstimmende Vorstellungen der Vertragsparteien (gemeinschaftlicher Motivirrtum)[54] oder einseitige wesentliche Vorstellungen einer Partei, welche die andere ohne eigene Vorstellungen hingenommen hat,[55] als falsch herausstellen (§ 313 II BGB). Immer ist erforderlich, dass einem Vertragsteil unter Berücksichtigung aller Umstände des Einzelfalls das Festhalten am unveränderten Vertrag nicht zugemutet werden kann (§ 313 I BGB).

Fraglich ist, ob allein eine wesentliche Veränderung des **Lebenshaltungskostenindex** zu Lasten des Berechtigten Anlass für eine Abänderung sein kann. Das OLG Bamberg[56] hat hierzu die Meinung vertreten, dass der Anstieg der Lebenshaltungskosten kein geeigneter Maßstab zur Abänderung eines gerichtlichen Unterhaltsvergleichs sei, weil die Inflationsrate bei der Bemessung des Ehegattenunterhalts keine Rolle spiele, insbesondere keinen selbstständigen Bemessungsfaktor darstelle. Der nacheheliche Unterhalt bestimme sich vielmehr nach den ehelichen Verhältnissen, damit letztlich nach dem verfügbaren Einkommen. Dies trifft jedenfalls für einen nach dem konkreten Lebensbedarf bemessenen Unterhalt nicht zu, der nicht unmittelbar an das an sich einen höheren Unterhalt erlaubende Einkommen des Pflichtigen anknüpft. Hier würde die Bemessung nach den ehelichen Verhältnissen bei sonst unveränderten Umständen auch bei einem wesentlichen Anstieg der Lebenshaltungskosten, der sich aus einem Vergleich der Indexwerte des Lebenshaltungskosten-Index ergäbe, eine Anpassung rechtfertigen, falls der Anstieg etwa in Höhe von wenigstens 10% stattgefunden hat.[57] Nach der Rechtsprechung des BGH[58] können im Wege der Abänderungsklage nicht nur individuelle Änderungen der Verhältnisse, sondern auch Änderungen allgemeiner Art, wie etwa die generelle Entwicklung der Einkommen und Lebenshaltungskosten, geltend gemacht werden. Eine Berücksichtigung von Indexänderungen wird daher

---

[49] BGH, NJW 1962, 2147; VersR 1966, 37
[50] RGZ 166, 40, 49; OLG Karlsruhe, FamRZ 1998, 1436, 1437
[51] BGH, FamRZ 1979, 210; OLG Karlsruhe, FamRZ 1997, 366
[52] OLG Karlsruhe, FamRZ 1997, 366
[53] Vgl. BT-Drucks. 14/6040 S. 175
[54] A. a. O. S. 176
[55] A. a. O.
[56] OLG Bamberg, FamRZ 1999, 31
[57] Vgl. hierzu OLG Frankfurt, FamRZ 1999, 97, 98 für die Abänderung eines Urteils
[58] BGH, FamRZ 1995, 221, 222 = R 485 a

immer dann in Betracht kommen, wenn der Unterhalt nicht nach dem zur Verfügung stehenden Einkommen bemessen ist, z. B. weil er sich nach einem konkret dargelegten Bedarf
bestimmte[59] oder nach § 1578 b I BGB auf einen nur noch angemessenen Bedarf herabgesetzt wurde.

Die Anpassung einer Unterhaltsvereinbarung im Wege der Abänderung kann auch deswegen notwendig sein, weil inzwischen die tatsächlichen Voraussetzungen einer **Unterhaltsverwirkung oder Unterhaltsbegrenzung** eingetreten sind, auf welche sich die
Vereinbarung, weil deren Eintritt noch nicht ausreichend beurteilt werden konnte, nicht
erstreckte. Dies kann bei einer inzwischen eingetretenen mehrjährigen Verfestigung einer
bei Vertragsschluss bereits aufgenommenen nichtehelichen Lebensgemeinschaft bezüglich
der Anwendung des § 1579 Nr. 2 BGB der Fall sein.[60] War nicht genügend vorhersehbar, dass – wegen der unerwarteten Übernahme der Kindesbetreuung durch den Pflichtigen – auf Seiten des Berechtigten die Folgen die Folgen kurzer Ehedauer zu beachten
wären, kann eine Anpassung unter Anwendung des § 1579 Nr. 1 BGB in Betracht kommen.[61]

602   Wenn sich die der Vereinbarung zugrunde gelegten Verhältnisse beim Unterhaltsschuldner
oder beim Unterhaltsgläubiger gravierend ändern, kann sich aus der vertraglichen Treuepflicht eine **Pflicht zur unaufgeforderten Mitteilung** ergeben. Geht es um die Durchführung einer Unterhaltsvereinbarung, nach der dem Berechtigten z. B. ein bestimmter
Verdienst anrechnungsfrei verbleibt, hat der Berechtigte auf Grund seiner **vertraglichen
Treuepflicht** dem anderen Teil jederzeit und unaufgefordert die Umstände zu offenbaren,
welche ersichtlich dessen Vertragspflichten berühren, also im konkreten Fall den Umstand
einer deutlichen Überschreitung der Verdienstgrenze.[62] Es ist überhaupt bei Unterhaltsvereinbarungen eine grundsätzliche Verpflichtung einer Vertragspartei auf ungefragte Offenbarung von Umständen anzunehmen, die ersichtlich die Verpflichtungen des anderen Teils
aus dem Vertrag berühren,[63] da letzterer regelmäßig keine Kenntnis von den verändernden
Umständen haben kann.[64] Im Abänderungsverfahren kann das Verschweigen durch den
Berechtigten zur Unterhaltsversagung nach § 1579 Nr. 3 BGB[65] oder nach § 1579 Nr. 8
BGB führen.[66] Die Ansicht des AG Dieburg,[67] es bestehe in einem solchen Fall ein Anspruch auf rückwirkende Abänderung eines Prozessvergleichs und Rückzahlung der überzahlten Unterhaltsraten als Schadensersatzanspruch gemäß § 286 II BGB a. F. (§§ 280 II,
286 BGB n. F.) wegen Verzugs mit der Erfüllung der Informationspflicht erscheint zweifelhaft. Die Folgen des pflichtwidrigen Verschweigens für die vorliegenden Unterhaltstatbestände dürften in den in Frage kommenden Fällen des § 1579 BGB, vgl. insbesondere
Nr. 3, 5 u. 8, abschließend geregelt sein. Allerdings könnte – soweit die unter Anwendung
des § 1579 BGB geschehene Abänderung auf der Erfüllung des strafrechtlichen Betrugs-
tatbestands beruht – Rückforderung des dann überzahlten Unterhalts im Wege eines Scha-
densersatzanspruchs nach §§ 823 II BGB, 263 StGB in Betracht kommen (siehe dazu Rn.
230 und die dort zitierte BGH-Rechtsprechung). In diesem Zusammenhang kann aber wohl
nicht, weil ein Verstoß gegen eine Vertragspflicht vorliege, auf einen Schadensersatzanspruch
wegen positiver Vertragsverletzung ausgewichen werden, da die den gesetzlichen Unterhaltsanspruch konkretisierende Unterhaltsvereinbarung das gesetzliche Unterhaltsverhältnis als
Schuldgrund nicht berührt (vgl. Rn. 600), so dass die Sonderregelungen des Unterhaltsrechts auch hier vorgehen dürften. Wird die Vereinbarung in solchen Fällen rückwirkend
abgeändert, kommt Rückforderung aus ungerechtfertigter Bereicherung in Betracht (vgl.
Rn. 204 ff.).

---

[59] Vgl. BGH, FamRZ 2003, 848, 850 f. = R 588 c
[60] Vgl BGH, FamRZ 2002, 23, 24 f. = R 568 c; noch zu § 1579 Nr. 7 BGB a. F.
[61] Vgl. OLG Frankfurt, FamRZ 1999, 237 zum Abänderungsbegehren der Berechtigten
[62] BGH, FamRZ 1997, 483 = R 510 a; OLG Frankfurt, FamRZ 2003, 1750
[63] Vgl. BGH, FamRZ 2000, 153, 154 = R 534
[64] OLG Bamberg, MDR 2001, 697
[65] BGH, FamRZ 1997, 483 = R 510 b zu § 1579 Nr. 2 BGB a. F.
[66] OLG Bamberg, MDR 2001, 697 zu § 1579 Nr. 7 BGB a. F.
[67] AG Dieburg, FamRZ 1999, 854

II. Vereinbarungen zum Familienunterhalt

Aus dem Regelungszusammenhang der §§ 1356, 1360, 1360a BGB ergibt sich, dass die **603** Ehegatten sowohl die Rollenverteilung in der Ehe als auch die Art und Weise der Beschaffung und Verteilung sowie das Maß des eheangemessenen Unterhalts weitgehend **frei gestalten** können. Dabei wird das Verbot, auf künftige Unterhaltsansprüche auch nicht teilweise zu **verzichten** (§§ 1360a III, 1614 I BGB), dadurch relativiert, dass im Rahmen der genannten Gestaltungsfreiheit z. B. eine sparsamere Lebensführung mit verstärkter Vermögensbildung vereinbart oder Einigkeit darüber erzielt werden kann, dem einen Ehegatten, der seine Berufstätigkeit zunächst aufgibt, eine weitere Ausbildung wie etwa ein Studium zu ermöglichen. In funktionierender Ehe kommen derartige Einigungen regelmäßig auf Grund mündlicher, vielfach stillschweigender Abrede zustande. Die **Bindungswirkung und Durchsetzbarkeit** solcher Vereinbarungen ist schon aus tatsächlichen Gründen häufig gering. Einmal bestehen in der Sache liegende Beweisprobleme, zum anderen unterliegen Absprachen dieser Art in verstärktem Maße einer Anpassung an veränderte Verhältnisse. Auch ihre Rechtsqualität, insbesondere, ob ihnen im Einzelfall im rechtlichen Sinn überhaupt Vertragsqualität zukommt, kann zweifelhaft sein.[68] Sie spielen daher in der Praxis der Familiengerichte nur eine untergeordnete Rolle. Der Bundesgerichtshof musste sich in zwei Entscheidungen mit der Frage befassen, welche Auswirkungen das Einvernehmen der Eheleute darüber hatte, dass der Ehemann ein Studium fortführte, während die Ehefrau durch Teilzeittätigkeit im Wesentlichen den Familienunterhalt einschließlich Kindesunterhalt beschaffen sollte. Einmal ging es darum, dass der Sozialhilfeträger, der übergegangene Unterhaltsforderungen der Ehefrau und der Kinder geltend machte, die im konkreten Fall billigenswerte Einigung der Eheleute hinnehmen musste, weil deswegen keine Ansprüche gegen den Ehemann übergegangen waren.[69] Zum anderen wurde entschieden, dass der durch das wiederum billigenswerte Einvernehmen der Eheleute geschaffene konkrete Unterhaltsanspruch des Ehemanns auf Familienunterhalt seinen Ausbildungsbedarf mit umfasste, so dass ein nach § 37 BAföG überzuleitender Unterhaltsanspruch des Ehemanns, der Ausbildungsförderung erhalten hatte, gegen seinen Vater entfiel.[70]

Selbstverständlich sind konkrete vertragliche und auch **einklagbare Unterhaltsvereinbarungen** möglich, z. B. über das vom verdienenden Ehegatten in angemessenen Zeiträumen (regelmäßig monatlich) im Voraus zu leistende (§ 1360a II 2 BGB) Wirtschafts- und/oder Taschengeld.

III. Vereinbarungen zum Getrenntlebensunterhalt

Der Getrenntlebensunterhalt ist auf die Zahlung einer **Geldrente** gerichtet (§ 1361 IV 1 **604** BGB). Grundsätzlich kann keiner der Ehegatten eine andere Art der Unterhaltsgewährung verlangen.[71] Insofern bietet es sich an, durch Unterhaltsverträge zu regeln, wenn **Sachleistungen** – z. B. Wohnungsgewährung oder Vorhaltung eines Pkw – ganz oder teilweise anstelle einer Geldrente treten sollen.

Wegen des Verbots, auf künftigen, nicht rückständigen Unterhalt zu verzichten (§§ 1361 IV 4, 1360a III, 1614 I BGB), darf die Unterhaltsvereinbarung über den Getrenntlebensunterhalt – auch wenn es sich um einen Prozessvergleich handelt – keinen auch nur teilweisen **Verzicht** auf Unterhalt für die Zukunft beinhalten – etwa durch eine Erschwerung der Möglichkeit, bei veränderten Verhältnissen eine Erhöhung zu verlangen.[72] Ob den Vertragsschließenden der Verzichtscharakter bewusst war, spielt keine Rolle, maßgebend ist

---

[68] Vgl. im Einzelnen Langenfeld in Heiß/Born Kap. 15 Rn. 64 ff.
[69] BGH, FamRZ 1983, 140, 141
[70] BGH, FamRZ 1985, 353, 354
[71] BGH, FamRZ 1990, 851, 852 = R 420
[72] BGH, FamRZ 1984, 997, 999

allein, ob der gesetzlich zustehende Unterhalt objektiv verkürzt wird.[73] Für die Bemessung des Unterhalts in einer Vereinbarung besteht andererseits ein Angemessenheitsrahmen, den die Parteien nach unten ausschöpfen können.[74] Die Toleranzgrenze, bei der für die Zukunft kein nach § 1361 I BGB angemessener Unterhalt mehr zugesagt ist, dürfte überschritten werden, sobald der vereinbarungsgemäß geleistete Unterhalt um mehr als 20% hinter der üblichen Ehegattenquote zurückbleibt.[75] Verkürzungen um mehr als 1/3 sind jedenfalls nicht mehr hinnehmbar.[76] Ob dazwischen liegende Verkürzungen tolerierbar sind, kann von einer Abwägung der Umstände des Einzelfalls abhängen.[77] Nach den Empfehlungen des 12. Deutschen Familiengerichtstags[78] soll sich die Grenze für zulässige Vereinbarungen überhaupt nicht nach festen prozentualen Abschlägen vom gesetzlichen Unterhalt bestimmen, sondern nur nach den Umständen des Einzelfalls.

IV. Vereinbarungen zum Nachscheidungsunterhalt

604 a Für Vereinbarungen zum nachehelichen Unterhalt, die nach Inkrafttreten der Neufassung des § 1585 c BGB am 1. 1. 2008 geschlossen werden, ist der nach Maßgabe von Satz 2 bzw. Satz 3 der Vorschrift neu eingeführte **Formzwang** zu beachten. Vereinbarungen, die davor formfrei zustande gekommen sind, bleiben wirksam.[79]

Zu beachten ist, dass der Formzwang nur **Vereinbarungen** betrifft, die **vor Rechtskraft der Scheidung** getroffen werden (S. 2). Eine nach Rechtskraft der Scheidung vorgenommene Abänderung der davor formgerecht abgeschlossenen Vereinbarung ist daher formlos möglich. Nach Sinn und Zweck der Regelung werden auch Vereinbarungen von Verlobten vor der Eheschließung erfasst, obwohl diese zu diesem Zeitpunkt noch nicht Ehegatten sind. Dies liegt daran, dass Vereinbarungen zum nachehelichen Unterhalt als vorsorgende Vereinbarung im Zusammenhang mit der Eheschließung, also auch davor getroffen werden können.[80]

§ 1585 c S. 2 BGB verlangt die notarielle Beurkundung, die nach § 128 BGB sukzessiv an verschiedenen Orten und bei verschiedenen Notaren stattfinden kann. Die an sich in § 127 a BGB vorgesehene Ersetzung der notariellen Beurkundung durch Protokollierung eines gerichtlichen Vergleichs wird durch § 1585 c S. 3 BGB dadurch eingeschränkt, dass nur eine im Verfahren der Ehesache vor dem Prozessgericht protokollierte Vereinbarung zur Ersetzung der Form genügt.[81] In diesem Fall besteht für die Eheleute wegen des Anwaltszwangs in der Ehesache auch Anwaltszwang für den Abschluss der Vereinbarung.[82] Wird die gesetzliche vorgeschriebene Form nicht eingehalten oder sind im Fall des § 1585 c S. 3 BGB nicht beide Parteien anwaltlich vertreten, mangelt es an der gesetzlich vorgeschriebenen Form der Vereinbarung, so dass diese nichtig ist (§ 125 S. 1 BGB).

1. Vorsorgende Vereinbarungen

605 § 1585 c BGB erlaubt Verlobten vor der Eheschließung oder Ehegatten bei Beginn der Ehe oder zu jedem späteren Zeitpunkt der Ehe vom Ausgangspunkt her in voller **Vertragsfreiheit**[83] für den Fall der Scheidung ihrer Ehe den nachehelichen Unterhalt durch eine soge-

---

[73] BGH, FamRZ 1984, 997, 999
[74] BGH, FamRZ 1984, 997, 999
[75] OLG Düsseldorf, MDR 2000, 1352; vgl. BGH, FamRZ 1984, 997, 999 zum Kindesunterhalt: Überlegungen zur Überschreitung des Tabellensatzes für den Kindesunterhalt um 20% bzw. 1/3
[76] OLG Hamm, FamRZ 2007, 732, 733
[77] OLG Hamm a. a. O.
[78] FamRZ 1998, 473, 474
[79] BT-Drucks. 16/6980 S. 20
[80] BGH, FamRZ 1985, 788
[81] Bergschneider, FamRZ 2008, 17, 18
[82] Bergschneider a. a. O.; BGH, FamRZ 1991, 679, 680 für Vereinbarungen nach § 1587 o BGB
[83] BGH, FamRZ 1991, 306, 307

nannte vorsorgende Vereinbarung[84] zu regeln. Auch ein Unterhaltsverzicht (siehe Rn. 607 ff.) ist wirksam, soweit er nicht nach Maßgabe der gebotenen richterlichen Wirksamkeitskontrolle gegen die guten Sitten verstößt bzw. ggf. der zusätzlich durchzuführenden richterlichen Ausübungskontrolle nicht standzuhalten vermag (vgl. zur richterlichen Kontrolle Rn. 609). Abgesehen vom vollständigen Verzicht, der einen in der Praxis häufigen Fall der vorsorgenden Vereinbarung darstellt, sind im Rahmen der Vertragsfreiheit die unterschiedlichsten Gestaltungen möglich,[85] z. B. könnte bestimmt werden, dass keine Kapitalabfindung (§ 1585 II BGB) verlangt werden kann, kein Aufstockungsunterhalt (§ 1573 II BGB) in Betracht kommt oder sich der Unterhalt nicht nach § 1578 S. 1 BGB bemessen soll, sondern nach der vorehelichen oder auch der beruflichen Stellung des Berechtigten. Zur Frage, inwieweit aus dem Katalog der Unterhaltsansprüche (§§ 1570–1573 I und IV, 1575, 1576 BGB) – abgesehen vom Anspruch auf Aufstockungsunterhalt (§ 1573 II BGB) – bestimmte Ansprüche ausgeschlossen werden können, wird auf Rn. 609 verwiesen. Anstelle der in § 1585 I 1 BGB grundsätzlich vorgesehenen Unterhaltsgewährung in Geld können die Parteien jederzeit eine **andere Art der Unterhaltsgewährung** vereinbaren, z. B., indem sie sich im Hinblick auf die vom Berechtigten genutzte Wohnung, die dem Pflichtigen (anteilig) gehört, auf Naturalunterhalt einigen.[86] Sie können auch die Widerruflichkeit der Unterhaltsverpflichtung vereinbaren[87] oder die Wiederverheiratungsklausel des § 1586 I BGB abbedingen.[88]

2. Vereinbarungen anlässlich oder nach der Scheidung

Anders als bei der vorsorgenden Vereinbarung (Rn. 605) ist die eheliche Entwicklung **606** abgeschlossen und deswegen ein höheres Maß an Vorhersehbarkeit der künftigen Entwicklung gegeben. Dies erleichtert den Abschluss einer Vereinbarung, die vielfach wegen bestehender Meinungsverschiedenheiten über Grund und Umfang der Unterhaltspflicht zugleich als **Vergleich im Sinne des** § 779 BGB[89] zu qualifizieren sein wird. Scheidungsvereinbarungen über den nachehelichen Unterhalt werden ohnehin überwiegend als gerichtliche Vergleiche abgeschlossen. Anders als nach altem Recht[90] kann ein gerichtlicher Unterhaltsvergleich im Scheidungsverfahren, der formell als Prozessvergleich unwirksam ist, nicht als außergerichtlicher materiell-rechtlicher Vergleich Bestand haben, weil er auch insoweit nach § 1585 c S. 2 u. 3 BGB **formnichtig** ist – siehe Rn. 604 a. Eine vergleichsweise Unterhaltsregelung über den Nachscheidungsunterhalt erfasst mangels Identität nicht den nach Auflösung einer weiteren Ehe gemäß § 1586 a I BGB möglicherweise neu entstehenden Unterhaltsanspruch.[91] Zu beachten ist, dass Vereinbarungen zum nachehelichen Unterhalt, die nach Rechtskraft der Scheidung geschlossen werden, **formfrei** möglich sind – siehe Rn. 604 a.

V. Vereinbarung eines Unterhaltsverzichts

1. Die besondere Problematik des Verzichts auf nachehelichen Unterhalt **607**

In der Praxis spielt die Frage der Wirksamkeit und der Tragweite von Unterhaltsverzichtsvereinbarungen eine verhältnismäßig große Rolle. Dabei geht es fast ausschließlich um den **Verzicht auf nachehelichen Unterhalt,** da bei den anderen ehelichen Unterhaltsansprüchen auf künftigen Unterhalt nicht verzichtet werden kann – siehe Rn. 603 u. 604. Der den nachehelichen Unterhalt betreffende **Verzichtsvertrag,** der vor Rechtskraft der Scheidung

---

[84] BGH, FamRZ 1985, 788
[85] Vgl. dazu näher Langenfeld, NJW 1981, 2377
[86] BGH, FamRZ 1997, 484 = R 508
[87] KG, FamRZ 1999, 1277
[88] OLG Bamberg, FamRZ 1999, 1278; OLG Koblenz, FamRZ 2002, 1040 zum Unterhaltsverzicht und gleichzeitiger Vereinbarung einer Leibrentenzahlung bis zum Tode der Berechtigten.
[89] Vgl. BGH, FamRZ 1985, 787; FamRZ 1986, 1082, 1084
[90] BGH, FamRZ 1985, 166 ff.
[91] BGH, FamRZ 1988, 46, 47

formbedürftig ist (siehe Rn. 604 a), kann nach der Scheidung auch durch schlüssiges Handeln zustande kommen. Es muss aber zur Feststellung des rechtsgeschäftlichen Aufgabewillens des Gläubigers ein unzweideutiges Verhalten vorliegen, das vom Erklärungsgegner als Aufgabe des Rechts verstanden werden kann. Allein darin, dass der Anspruch auf die Unterhaltsleistungen längere Zeit nicht geltend gemacht wurde, können derartige Umstände, die den Verzichtswillen des Gläubigers ausdrücken, noch nicht gesehen werden.[92] Absichtserklärungen des Berechtigten gegenüber Dritten stellen kein Vertragsangebot gegenüber dem Pflichtigen dar, das dieser annehmen könnte.[93] Ein Verzichtswille ist im Zweifel nicht zu vermuten.

Der Verzicht auf Unterhaltsansprüche kann zeitlich befristet, aufschiebend oder auflösend bedingt sowie der Höhe nach oder insgesamt auf Teile der Unterhaltsberechtigung beschränkt werden.[94]

Der wirksame uneingeschränkte Verzicht auf nachehelichen Unterhalt – siehe aber Rn. 609 zur erforderlichen richterlichen Wirksamkeits- und Ausübungskontrolle – lässt nicht nur die einzelnen Unterhaltsansprüche, sondern das Unterhaltsstammrecht erlöschen;[95] die oft gebrauchte Formel, dass der Verzicht auch **für den Fall der Not** gelte, ist daher nur deklaratorisch.

Da der Verzicht damit im Zweifel auch ohne ausdrückliche Bestimmung den Fall der Not ergreift, gehört der Verzicht auch für diesen Fall zum Vertragsinhalt. Eine Anpassung nach Treu und Glauben wegen Veränderung oder Wegfalls der gemeinsamen Geschäftsgrundlage (siehe für gewährende Vereinbarungen Rn. 601 f.) im Hinblick auf eine unerwartete Notlage des verzichtenden Ehegatten scheidet daher grundsätzlich aus.[96] Ein Unterhaltsverzicht enthält in der Regel keine „clausula rebus sic stantibus". Es oblige danach dem Verzichtenden darzulegen und zu beweisen, dass ein im Wortlaut des Verzichts selbst nicht enthaltener Vorbehalt unter Einbeziehung der Gesamtumstände aus der maßgeblichen Sicht des Erklärungsempfängers bei objektiver Würdigung nicht als uneingeschränkter und zeitlich unbefristeter Verzicht verstanden werden durfte.[97]

Wird der **Notbedarf** vertraglich vom Verzicht ausgenommen, kann für Zeiträume, in denen eine Notlage besteht, das zur Abwendung erforderliche verlangt werden, allerdings nicht etwa der angemessene oder nur der notdürftige, sondern der notwendige Unterhalt.[98]

2. Die allgemeine Sittenwidrigkeit des Verzichts auf nachehelichen Unterhalt

608   Obwohl er der richterlichen Wirksamkeitskontrolle standhält (siehe Rn. 609),[99] kann ein Unterhaltsverzicht nach § 138 I BGB wegen **Sittenwidrigkeit** nichtig sein, nicht dagegen gemäß § 138 II BGB, weil sich diese Vorschrift lediglich auf Austauschgeschäfte, nicht auf familienrechtliche Verträge bezieht.[100] Soweit die Voraussetzungen des § 138 I BGB teilweise erfüllt sind, ergibt sich die Sittenwidrigkeit möglicherweise aus § 138 I BGB.[101] Für die Beurteilung der Sittenwidrigkeit einer Verzichtsabrede kommt es auf den aus der Zusammenfassung von Inhalt, Beweggrund und Zweck zu entnehmenden Gesamtcharakter der Vereinbarung an.[102] Maßgeblicher Zeitpunkt für die Beurteilung ist der Zeitpunkt des Vertragsschlusses.[103]

Eine Scheidungsvereinbarung, in der ein erwerbsunfähiger und nicht vermögender Ehegatte auf nachehelichen Unterhalt verzichtet mit der Folge, dass er zwangsläufig der **Sozial-**

---

[92] BGH, FamRZ 1981, 763
[93] OLG Stuttgart, FamRZ 1999, 1136, 1138
[94] BGH, FamRZ 1997, 873, 874 = R 513 a
[95] OLG München, FamRZ 1985, 1264, 1265
[96] Vgl. Herb, NJW 1987, 1525, 1527; Göppinger/Wax/Hoffmann, Unterhaltsrecht, Rn. 1365
[97] OLG Hamm, FamRZ 1993, 973
[98] BGH, FamRZ 1980, 1104, 1105
[99] BGH, FamRZ 2007, 197, 199 = R 663
[100] BGH, FamRZ 1992, 1403, 1404; FamRZ 1985, 788, 789
[101] BGH, FamRZ 1992, 1403, 1404
[102] BGH, FamRZ 1983, 137, 139 = NJW 1983, 1851, 1852; FamRZ 1991, 306, 307
[103] BGH, FamRZ 1991, 306, 307

hilfe anheim fällt, kann sittenwidrig und nichtig sein, selbst wenn der Vertrag nicht auf einer Schädigungsabsicht der Ehegatten zu Lasten des Sozialhilfeträgers beruht.[104] Die Parteien müssen sich aber zurzeit des Abschlusses der Vereinbarung der möglichen späteren Sozialhilfebedürftigkeit der verzichtenden Partei bewusst gewesen sein[105] oder sich einer solchen Erkenntnis jedenfalls grob fahrlässig verschlossen haben.[106] Dabei ist zu beachten, dass es **keine Pflicht** von Eheschließenden **zur Begünstigung des Sozialhilfeträgers** gibt. Lebensrisiken, wie eine bereits vor Eheschließung zu Tage getretene Krankheit oder eine Ausbildung des betreffenden Ehegatten, die offenkundig keine Erwerbsgrundlage verspricht, können deshalb wie auch andere nicht ehebedingte Risiken aus der gemeinsamen Verantwortung der Ehegatten herausgenommen werden.[107] Anders ist dies, wenn auf der Ehe beruhende Familienlasten objektiv zum Nachteil der Sozialhilfe geregelt werden. Dies kann sich z. B. aus ehebedingten Nachteilen ergeben, die aus der vereinbarten Gestaltung der ehelichen Lebensverhältnisse durch Verteilung von Erwerbs- und Familienarbeit resultieren und an sich durch die Regelungen über den nachehelichen Unterhalt ausgeglichen werden.[108] Zusätzliche Voraussetzung der Nichtigkeit ist, dass der andere Ehegatte ohne den Verzicht unterhaltpflichtig wäre, also der vereinbarte Ausschluss seiner Pflicht zur Belastung des Sozialhilfeträgers führt. War er bereits bei Vertragsschluss nicht leistungsfähig und konnte er auch nicht damit rechnen im Fall einer späteren Scheidung leistungsfähig zu sein, scheidet eine sittenwidrige Belastung des Sozialhilfeträgers aus.[109] Wird die Belastung des Sozialhilfeträgers durch einen mittellosen ausländischen Staatsangehörigen infolge der Eheschließung mit einer an sich leistungsfähigen deutschen Staatsangehörigen ermöglicht, dürfte Sittenwidrigkeit in Betracht kommen.[110]

Ein Teilverzicht auf nachehelichen Unterhalt, der nur dann eintritt, wenn die unterhaltsberechtigte Ehefrau die bisher beim Vater befindlichen gemeinsamen minderjährigen Kinder zu sich nehmen würde, macht in sittenwidriger Weise das **Wohl der Kinder** zum Gegenstand eines Handels.[111]

Wegen des Verzichts einer **schwangeren Verlobten** und der insoweit erforderlichen richterlichen Inhaltskontrolle des Vertrags siehe Rn. 609. Problematisch ist in diesem Fall bei kürzerer Ehedauer, dass die schwangere Verlobte mit ihrer durch den Verzicht ermöglichten Heirat zugleich indirekt zu Lasten der Sozialhilfe auf ihre wegen der Geburt entstehenden und an sich unverzichtbaren Unterhaltsansprüche nach § 1615 l BGB verzichtet hat.

Ob ein Unterhaltsverzicht, der in Kenntnis des Umstands vereinbart wird, dass der bedürftige Ehegatte nachrangig haftende **Verwandte** ersten Grades (vgl. Rn. 2/602) **in Anspruch nehmen muss,** als sittenwidrig zu beurteilen ist, wird davon abhängen, von welchen Vorstellungen sich die Eheleute leiten ließen, insbesondere, ob ihre Verzichtsabrede im Ergebnis einem unzulässigen Vertrag zu Lasten Dritter nahe käme.[112] Dies wäre nicht der Fall, soweit die in Frage kommenden Verwandten ihr Einverständnis zum Ausdruck gebracht hätten oder der verzichtende Ehegatte mit einigem Grund davon ausgegangen wäre, es werde zu keiner Inanspruchnahme von Verwandten kommen, weil er auf Grund eigenen Einkommens wenigstens seinen notwendigen Bedarf, auf den er sich beschränken wollte, werde abdecken können.

3. Richterliche Wirksamkeits- und Ausübungskontrolle

Soweit es bei einer Vereinbarung zum Nachscheidungsunterhalt um die Benachteiligung **609** des Unterhaltsberechtigten durch eine einseitige Lastenverteilung geht, haben zwei Entschei-

---

[104] BGH, FamRZ 2007, 197, 199 = R 663; FamRZ 1983, 137, 139; OLG Köln, MDR 2003, 511
[105] OLG Karlsruhe, MDR 2001, 335, 336
[106] BGH, FamRZ 1985, 788, 790
[107] BGH, FamRZ 2007, 197, 199 = R 663
[108] BGH, a. a. O.
[109] BGH, a. a. O.
[110] Vgl. BGH, a. a. O., dort offen gelassen;
[111] OLG Karlsruhe, MDR 2000, 1016
[112] Vgl. BGH, FamRZ 1983, 137, 139

dungen des Bundesverfassungsgerichts[113] zu einer Änderung der Rechtssprechung des BGH[114] geführt. Das Bundesverfassungsgericht hat die Kritik[115] an der schrankenlosen Vertragsfreiheit, mit der Verzichtsvereinbarungen – abgesehen vom Fall der Sittenwidrigkeit – möglich waren, aufgegriffen. Es hat verlangt, dass im Rahmen einer richterlichen Inhaltskontrolle auch verfassungsrechtliche Schranken beachtet werden, welche der Privatautonomie bei einseitiger Dominanz eines Ehepartners aus Gründen gestörter Vertragsparität im Hinblick auf die Schutzbedürftigkeit des verzichtenden Ehegatten gesetzt sein können.[116] Insoweit setze die nach Art. 2 I GG gewährte Privatautonomie voraus, dass die Bedingungen zur Selbstbestimmung des Einzelnen auch tatsächlich gegeben seien. Enthalte ein Ehevertrag eine erkennbar einseitige Lastenverteilung und sei er z.B. im Zusammenhang mit einer Schwangerschaft geschlossen worden, gebiete es die Schutzwirkung des Art. 6 IV GG den an sich möglichen Unterhaltsverzicht richterlich zu überprüfen. Bei der verlangten Überprüfung gehe es um die **Drittwirkung von Grundrechtspositionen** der Vertragsparteien, die über die Anwendung der zivilrechtlichen Generalklauseln durch richterliche Inhaltskontrolle zu verwirklichen seien.

Mit seiner Grundsatzentscheidung vom 11. 2. 2004[117] hat der BGH vor dem Hintergrund der erwähnten Rechtsprechung des Bundesverfassungsgerichts die **Abkehr von der** vorher von ihm bejahten grundsätzlich **vollen Vertragsfreiheit**[118] für Vereinbarungen zum nachehelichen Unterhalt und zu sonstigen versorgungs- und güterrechtlichen Scheidungsfolgen vollzogen. Zunächst hält der BGH als Ausgangspunkt richtigerweise daran fest, dass die gesetzlichen Regelungen über den nachehelichen Unterhalt, Zugewinn und Versorgungsausgleich im Rahmen ihrer Privatautonomie grundsätzlich der vertraglichen Disposition der Ehegatten unterliegen.

Im Ergebnis hat er diese Ausgangsüberlegung allerdings dadurch in Frage gestellt, dass er konstatiert, der Schutzzweck der gesetzlichen Regelungen dürfe durch vertragliche Vereinbarungen nicht beliebig unterlaufen werden, indem eine durch die individuelle Gestaltung der Lebensverhältnisse nicht gerechtfertigte und dem benachteiligten Ehegatten unzumutbare Lastenverteilung herbeigeführt werde.[119] Es wird damit nicht in erster Linie darauf abgestellt, wie es nach den Entscheidungen des Bundesverfassungsgerichts nahe gelegen hätte, ob der nachteilige Vertragsschluss auf mangelnder Vertragsparität zwischen den Vertragsschließenden beruht, sondern auf den vorhandenen vertraglichen Nachteil. Im Gesetzgebungsverfahren für das Gesetz zur Änderung des Unterhaltsrechts vom 21. 12. 2007 wurde die Auffassung des BGH über die inhaltlichen Grenzen von Unterhaltsvereinbarungen aber – sozusagen vom Gesetzgeber – ausdrücklich gebilligt.[120]

Der BGH weist darauf hin, dass sich nicht allgemein und für alle denkbaren Fälle beantworten lasse, unter welchen Voraussetzungen eine Unterhaltsvereinbarung für den Scheidungsfall unwirksam sei (§ 138 BGB) oder – weil eine Berufung auf einzelne Regelungen nicht hingenommen werden könne – anzupassen sei (§ 242 BGB). Ausgehend von der Dispositionsfreiheit der Eheleute habe eine **Gesamtschau der getroffenen Vereinbarungen,** der Gründe und Umstände ihres Zustandekommens sowie der beabsichtigten und verwirklichten Gestaltung des ehelichen Lebens stattzufinden.[121] Hierzu stellt der BGH eine **Rangordnung der Scheidungsfolgen** auf, nach der die Dispositionsfreiheit der Ehegatten einer Überprüfung in unterschiedlicher Intensität unterliegt. Die nachteilige Belastung des anderen Ehegatten wiege umso schwerer, je unmittelbarer die vertragliche Abbedingung von gesetzlichen (Unterhalts)Regelungen in den **Kernbereich des Scheidungsfolgenrechts**

---

113 BVerfG, FamRZ 2001, 343 ff. = R 553 a u. b; FamRZ 2001, 985 = R 558
114 Grundlegend BGH, FamRZ 2004, 601 ff. = R 608
115 Vgl. z. B. Büttner, FamRZ 1998, 1 ff.: gegen die Zulässigkeit eines Verzichts bei „struktureller Unterlegenheit" des Verzichtenden bei Ausnutzung von dessen Zwangslage und für ihn einseitig belastendem Vertragsinhalt
116 BVerfG, FamRZ 2001, 343 ff. = R 553 a u. b; FamRZ 2001, 985 = R 558
117 FamRZ 2004, 601 ff. = R 608
118 Vgl. BGH, FamRZ 1997, 156, 157 zur früheren Rechtsauffassung
119 BGH, FamRZ 2004, 601, 605 = R 608; FamRZ 2005, 1444, 1446
120 BT-Drucks. 16/1830 S. 22
121 BGH, FamRZ 2004, 601, 604 f. = R 608

eingreife.[122] Allerdings gibt es keinen unverzichtbaren Mindeststandard an Scheidungsfolgen.[122a]

- Zum Kernbereich gehöre in erster Linie der Betreuungsunterhalt (§ 1570 BGB), der schon wegen seiner Ausrichtung am Kindesinteresse nicht der freien Disposition der Ehegatten unterliege.
- Danach kommen der Krankheitsunterhalt (§ 1572 BGB) und der Unterhalt wegen Alters (§ 1571 BGB).
- Die Unterhaltspflicht wegen Erwerbslosigkeit (§ 1573 BGB) erscheint dagegen nachrangig, zumal das Gesetz das Arbeitsplatzrisiko bei nachhaltig gesichertem Arbeitsplatz ohnehin auf den Berechtigten verlagert.
- Ihr folgen grundsätzlich die Ansprüche auf Krankenvorsorge- und Altersvorsorgeunterhalt (§ 1578 II 1, III BGB), es sei denn sie würden den Vorrang des zugrunde liegenden Unterhaltsanspruchs, z. B. aus § 1570 BGB, teilen, weil sie zum Ausgleich von ehebedingten Nachteilen dienen.[123]
- Am ehesten verzichtbar erscheinen die Ansprüche auf Aufstockungs- und Ausbildungsunterhalt (§§ 1573 II, 1575 BGB)[124] sowie auf Billigkeitsunterhalt (§ 1576 BGB).[125]

Der BGH verpflichtet den Tatrichter zu prüfen, ob auf Grund einer vom gesetzlichen Scheidungsfolgenrecht abweichenden Vereinbarung eine evident einseitige Lastenverteilung entsteht, die hinzunehmen für den belasteten Ehegatten unzumutbar erscheint. Dies hat zunächst im Rahmen einer **Wirksamkeitskontrolle** zu geschehen, welche die **mögliche Sittenwidrigkeit** der Vereinbarung (**§ 138 BGB**) prüft. Erforderlich ist eine Gesamtwürdigung, die – losgelöst von der zukünftigen Entwicklung der Ehegatten und ihrer Lebensverhältnisse – auf die **individuellen Verhältnisse bei Vertragsschluss** abstellt, insbesondere auf die Einkommens- und Vermögensverhältnisse, auf den geplanten oder bereits verwirklichten Zuschnitt der Ehe sowie auf die (absehbaren) Auswirkungen auf die Ehegatten und die Kinder. Neben den **objektiven Folgen** der Vereinbarung, sind die von den Vertragschließenden verfolgten **subjektiven Zwecke und Beweggründe** zu berücksichtigen. Zur Prüfung gehört auch die Frage, ob die benachteiligte Vertragspartei wegen subjektiver Unterlegenheit eine **schwächere Verhandlungsposition**,[126] z. B. auf Grund einer Zwangslage hatte.[127] Zum Verdikt der Sittenwidrigkeit wird es regelmäßig nur dann kommen, wenn Regelungen aus dem Kernbereich des Scheidungsfolgenrechts ganz oder zu erheblichen Teilen abbedungen sind, ohne dass diese Nachteile für den betreffenden Ehegatten durch andere Vorteile gemildert oder durch die besonderen Verhältnisse der Ehegatten, den von ihnen angestrebten oder gelebten Ehetyp oder auch durch sonstige wichtige Belange des begünstigten Ehegatten gerechtfertigt werden.[128] Ergibt die Wirksamkeitskontrolle, eine **Teilnichtigkeit der Vertragsklauseln**, ist nach § 139 BGB in der Regel der gesamte Vertrag nichtig, es sei denn, es wäre anzunehmen, dass er auch ohne die nichtigen Klauseln geschlossen worden wäre.[129] Ist eine Ehevertrag, der auch Unterhaltsregelungen enthält, ohne berechtigte Belange der anderen Vertragspartei ausnahmslos nachteilig, erfasst die Nichtigkeitsfolge trotz Vorliegens einer salvatorischen Klausel notwendig den gesamten Vertrag.[130]

Hält ein Vertrag der Wirksamkeitskontrolle stand, hat eine richterliche **Ausübungskontrolle nach § 242 BGB** zu folgen. Dabei ist zu prüfen, inwieweit der begünstigte Ehegatte **im Zeitpunkt des Scheiterns der Lebensgemeinschaft** seine ihm durch den Vertrag eingeräumte Rechtsmacht missbraucht, wenn er sich auf die Abbedingung (von unterhaltsrechtlichen) Scheidungsfolgen beruft, obwohl sich nunmehr in diesem Zeitpunkt eine

---

[122] BGH, FamRZ 2004, 601, 605 = R 608
[122a] BGH, FamRZ 2005, 1444, 1447 = R 633 b
[123] BGH, FamRZ 2005, 1444, 1446; FamRZ 2005, 1449, 1451 = R 634 b
[124] BGH, FamRZ 2005, 1449, 1450 = R 634 a
[125] BGH, a. a. O.
[126] BGH, FamRZ 2006, 1097, 1098 = R 653 a
[127] BGH, FamRZ 2005, 1449, 1450 = R 634 a; FamRZ 2005, 1444, 1447 = R 633 c; zur indizierten ungleichen Verhandlungsposition und Disparität bei Schwangerschaft der Frau.
[128] BGH, FamRZ 2004, 601, 605 = R 608 b; FamRZ 2006, 1359, 1361
[129] BGH, FamRZ 2005, 1444, 1447 = R 633 a
[130] BGH, FamRZ 2006, 1097 = R 653 b

evident einseitige Lastenverteilung ergibt, die hinzunehmen für den belasteten Ehegatten bei angemessener Würdigung der Ehe nicht zumutbar ist, auch wenn die Belange des begünstigten Ehegatten und dessen Vertrauen in die Gültigkeit der getroffenen Abrede angemessen berücksichtigt werden.[131] Der Richter hat im Rahmen der Ausübungskontrolle regelmäßig nicht – mit der Folge des Eintritts der gesetzlichen Scheidungsfolgen – die Unwirksamkeit der Vereinbarung festzustellen, sondern diejenigen Rechtsfolgen anzuordnen, die den berechtigten Belangen beider Vertragsparteien in der nunmehr eingetretenen Situation in ausgewogener Weise Rechnung trägt. Dabei wird er sich umso stärker an der vom Gesetz vorgesehen Rechtsfolge orientieren, je mehr die abbedungene (unterhaltsrechtliche) Rechtsfolge dem Kernbereich des Scheidungsfolgenrechts zuzuordnen ist.[132] Die richterliche Anpassung dient dem **Ausgleich ehebedingter Nachteile.** Der betroffene Ehegatte kann durch die Anpassung daher nicht besser gestellt werden, als er – bei kontinuierlicher Fortsetzung seines vorehelichen Berufswegs – ohne Übernahme ehelicher Risiken stünde, die sich wegen Abweichung der bei Vertragsschluss vorgestellten Lebenssituation von der später tatsächlich eingetretenen Lebenslage als Nachteile konkretisiert haben.[133]

609 a   **a) Einzelfälle zur Wirksamkeitskontrolle**
wirksam:
– Der Ausschluss des Anspruchs auf Unterhalt wegen Krankheit und Alters ist wirksam, wenn bei Vertragsschluss nicht absehbar war, ob, wann und unter welchen Gegebenheiten der betroffene Ehegatte unterhaltsbedürftig werden könnte, zumal falls die Ehegatten wegen ihres Alters im Zeitpunkt des Vertragsschlusses einen nicht unwesentlichen Teil ihrer Versorgungsanwartschaften schon erworben hatten. Auch der Ausschluss weiterer nachrangiger Unterhaltsansprüche ist wirksam, wenn ehebedingte Nachteile fehlen.[134]
– Die Schwangerschaft der Frau bei Abschluss des Ehevertrags begründet für sich allein noch keine Sittenwidrigkeit, indiziert aber ihre subjektive Unterlegenheit durch eine ungleiche Verhandlungsposition und damit eine Disparität bei Vertragsschluss.[135] Der stufenweise Ausschluss des auch der Höhe nach stufenweise (Alter des jüngsten Kindes 6 bzw. 14 Jahre) beschränkten Betreuungsunterhalts kann der Wirksamkeitskontrolle standhalten, wenn die Unterhaltshöhe wenigstens annähernd geeignet war, die ehebedingten Nachteile der Ehefrau auszugleichen. Dies gilt ums so mehr für die weiteren Unterhaltsansprüche.[136]
– Weder der Ausschluss des Betreuungsunterhalts noch der Ausschluss des Unterhalts wegen Alters oder Krankheit und wegen der weiteren nachrangigen Unterhaltsansprüche scheitern an der Wirksamkeitskontrolle, wenn beide Ehegatten zum Zeitpunkt des Vertragsschlusses keine Kinder gewollt haben, sondern jeweils erwerbstätig bleiben wollten.[137]
– Lebte der benachteiligte Ehegatte schon vor Eheschließung von Sozialhilfe und war auch der andere Ehegatte einkommenslos, stellt der wechselseitige Unterhaltsverzicht keine einseitige Lastenverteilung dar.[138]
– Die Vereinbarung eines nachehelichen Unterhalts, der nach den Einkommensverhältnissen bei Vertragsschluss bemessen ist, ist nicht wegen Nichtigkeit unwirksam, wenn eine Anpassung an künftige Einkommenssteigerungen des Unterhaltspflichtigen ausgeschlossen wurde.[139]
– Der Ausschluss des Betreuungsunterhalts, wenn das jüngste Kind das 6. Lebensjahr vollendet hat, verbunden mit einer davon unabhängigen Unterhaltsabfindung für den

---

[131] BGH, FamRZ 2004, 601, 606 = R 608 b
[132] BGH, a. a. O.
[133] BGH, FamRZ 2007, 974, 977 = R 673 b; vgl. insoweit zur Bemessung von Altersvorsorgeunterhalt: BGH, FamRZ 2005, 1449, 1451 = R 634 c
[134] BGH, FamRZ 2005, 691, 692
[135] BGH, FamRZ 2005, 1444, 1447 = R 633 c; FamRZ 2006, 1359, 1361
[136] BGH, FamRZ 2005, 1444, 1447 f. = R 633 d
[137] BGH, FamRZ 2005, 1449, 1450 = R 634 a
[138] BGH, FamRZ 2007, 197, 198
[139] BGH, FamRZ 2007, 974, 976 = R 673 a

Fall der Scheidung, ist nicht sittenwidrig, ebenso wenig der Ausschluss des Unterhalts wegen Krankheit, wenn dadurch voreheliche Unfallfolgen ausgeschlossen werden, und ebenfalls nicht der Ausschluss der Unterhalts wegen Alters, wenn zum Zeitpunkt des Vertragsschlusses nach der ehelichen Planung die Fortführung einer eingeschränkten Erwerbstätigkeit vorgesehen war.[140]

- **unwirksam:**
  - Der vereinbarte vollständige Wegfall eines Anspruchs auf nachehelichen Unterhalt einschließlich Betreuungsunterhalts bei Aufnahme einer eheähnlichen Beziehung, verbunden mit dem Fehlen eines Ausgleichs für die durch die Kindesbetreuung bedingten ehelichen Nachteile, hält der Wirksamkeitskontrolle nicht stand.[141]
  - Heiratet eine der deutschen Sprache nicht mächtige junge Ausländerin einen deutlich älteren wirtschaftlich abgesicherten Deutschen und war schon bei Vertragsschluss als möglich vorhersehbar, dass sie wegen der Geburt von Kindern – wie dann tatsächlich geschehen – nicht erwerbstätig sein würde, stellt der Ausschluss des nachehelichen Unterhalts schon auf Grund der Disparität, die sich aus der sehr viel schwächeren Verhandlungsposition der Ehefrau ergibt, eine evident einseitige Lastenverteilung mit Nichtigkeitsfolge dar.[142]
  - Hatte die bei Abschluss des Vertrags schwangere Ehefrau mit indiziert schwächerer Verhandlungsposition wegen der Eheschließung und der bevorstehenden Niederkunft ihre gut dotierte Erwerbstätigkeit aufgegeben, stellt die Vereinbarung eines im Verhältnis zum früheren Einkommen beschränkten, nur unerheblich über dem unterhaltsrechtlichen Mindestbetrag liegenden Unterhalts bis zur Vollendung des 16. Lebensjahres des jüngsten Kindes keine angemessene Kompensation dar, so dass die Unterhaltsregelung nichtig ist.[143]
  - Wer einen ausländischen Staatsangehörigen mit schwächerer Verhandlungsposition dazu bringt, zum Zwecke der Heirat seine Heimat zu verlassen, und sich vertraglich von nachehelichen Unterhaltsansprüchen freizeichnet, obwohl es nahe liegt, dass sich der andere Ehegatte in Deutschland bei Scheitern der Ehe u. a. aus Gesundheitsgründen nicht werde unterhalten können, verletzt, wenn der Unterhaltsverzicht auch nicht durch Gegenleistungen kompensiert wird, in sittenwidriger Weise das Gebot nachehelicher Solidarität.[144]

b) Einzelfälle zur Ausübungskontrolle **609 b**

- Wollten Eheleute nach ihren Vorstellungen bei Vertragsschluss keine Kinder haben, sondern beide berufstätig sein und Karriere machen, und ändert sich der geplante Lebenszuschnitt mit der Geburt von Kindern, liegt im Zeitpunkt des Scheiterns der Ehe eine evident einseitige Lastenverteilung vor, die im Rahmen der Ausübungskontrolle trotz wirksamen Unterhaltsverzichts nicht nur zu Betreuungsunterhalt mit Krankenvorsorgeunterhalt, sondern als Teil des Betreuungsunterhalts auch zu **Altersvorsorgeunterhalt** führt, falls nicht ausnahmsweise besondere Gründe den Verzicht hierauf ungeachtet der durch die Geburt der Kinder veränderten Lebenssituation der Parteien rechtfertigen. Der als angemessener Ausgleich ehebedingter Nachteile zuzuerkennende Altersvorsorgeunterhalt bestimmt sich allerdings nicht nach den ehelichen Lebensverhältnissen, sondern danach, was der benachteiligte Ehegatte bei Weiterführung seiner beruflichen Tätigkeit für den Aus- und Aufbau seiner Altersversorgung aufgewendet hätte.[145]
- **Modifizierter Betreuungsunterhalt** müsste für die Zeit der Kindesbetreuung in Anwendung der Ausübungskontrolle zugestanden werden, wenn ein vereinbarter Unterhaltsausschluss für den Fall der Aufnahme einer eheähnlichen Beziehung wirksam wäre.[146]

---

[140] BGH, FamRZ 2007, 1310, 1312
[141] OLG München, FamRZ 2006, 1449, 1450
[142] BGH, FamRZ 2006, 1097, 1098 = R 653 a
[143] BGH, FamRZ 2006, 1359, 1361 f.
[144] BGH, FamRZ 2007, 450, 451 f.
[145] BGH, FamRZ 2005, 1449, 1451 f. = R 634 b, c
[146] OLG München, FamRZ 2006, 1449, 1451

– Haben Ehegatten, den nachehelichen Unterhalt – abgekoppelt von späteren außergewöhnlichen Einkommenssteigerungen beim Pflichtigen – nach den Einkommensverhältnissen bei Vertragsschluss bemessen und sind sie davon ausgegangen, dass der unterhaltsberechtigte Teil in der Ehe Haushaltsführung und Kindesbetreuung mit einer teilweisen Erwerbstätigkeit verbinden würde, kommt eine richterliche Vertragsanpassung im Wege der Ausübungskontrolle nur in Betracht, wenn die tatsächlich nicht verwirklichte Teilerwerbstätigkeit erheblich sein sollte und wegen des Abweichens der tatsächlichen ehelichen Lebensgestaltung von der vorgestellten ein Festhalten an der Vereinbarung nicht zumutbar ist. Allerdings kann der berechtigte Ehegatte durch die Vertragsanpassung – hier Bemessung des **Unterhalts wegen Erwerbslosigkeit** – nicht besser gestellt werden, als er ohne Übernahme ehebedingter Nachteile, also bei kontinuierlicher Fortsetzung seines vorehelichen Berufswegs stünde.[147]

VI. Vereinbarung einer Wertsicherungsklausel

610   Da nicht die Steigerung, sondern das Absinken des Geldwerts der allgemeinen Erfahrung und der Realität entspricht, liegt die Vereinbarung einer Wertsicherungsklausel im Interesse des Berechtigten. Für den Pflichtigen mag von Vorteil sein, dass er u. U. lästigen Abänderungsverfahren mit ungewissem Ausgang enthoben ist. Problematisch war bis zu dem am 14. 9. 2007 in Kraft getretenen **Preisklauselgesetz vom 7. 9. 2007** die Frage, inwieweit Wertsicherungsklauseln genehmigungsbedürftig und damit ggf. schwebend unwirksam[148] nach § 2 I 1 Preisangaben- und Preisklauselgesetz waren. Teilweise wurde die Ansicht vertreten, bei Unterhaltsforderungen es sich nicht um **Geldsummenschulden**, sondern um **Geldwertschulden**, deren Absicherung – was allerdings ebenfalls streitig war[149] – von vornherein nicht genehmigungsbedürftig sei.[150] Dies dürfte bei der regelmäßig vereinbarten Unterhaltsleistung in Form einer auf einen bestimmten Geldbetrag lautenden Unterhaltsrente nicht zugetroffen haben. Bei einer Geldwertschuld ist die Forderung noch nicht nach ihrem Betrag beziffert, sondern wird der Höhe nach durch den Wert einer anderen Sache bestimmt,[151] z. B., falls anstelle der für den Unterhalt zu liefernden Naturalien deren Erzeugerpreise verlangt werden können.[152]

611   Die ursprüngliche Regelung in § 3 des Währungsgesetzes wurde auf Grund von Art. 9 Euro-Einführungsgesetz vom 9. 6. 1998 (BGBl I 1242, 1253) – zur Wahrung der Preisstabilität[153] – durch eine Neuregelung in § 2 des Preisangaben- und Preisklauselgesetzes (PaPkG) in Verbindung mit der Preisklauselverordnung (PrKV) vom 23. 9. 1998 (BGBl I 3043) ersetzt. Die Neuregelung sollte dem Stand der Rechtsprechung zu § 3 S. 2 Währungsgesetz entsprechen.[154] Inzwischen hat der Gesetzgeber die Materie mit Wirkung vom 14. 9. 2007 erneut novelliert. Das Preisklauselgesetz (PrkG) vom 7. 9. 2007[155] hält zwar aus stabilitäts-, preis- und verbraucherpolitischen Gründen daran fest, dass auch künftig Grenzen für eine Indexierung von Geldschulden bestehen,[156] überlässt die Prüfung der Rechtmäßigkeit der vereinbarten Klausel aber den Betroffenen mit der Folge des **Wegfalls der Genehmigungspflicht** für Wertsicherungsklauseln. Die Betroffenen

---

[147] BGH, FamRZ 2007, 974, 976 f. = R 673 b
[148] BGHZ 53, 315, 318 noch zu § 3 S. 2 Währungsgesetz
[149] Dürkes, Wertsicherungsklauseln, 10. Aufl., Rn. D 198 f.
[150] So früher unter Geltung von § 3 Währungsgesetz Palandt/Heinrichs, 56. Aufl., Rn. 10 u. 18 zu § 245 BGB
[151] Dürkes, Wertsicherungsklauseln, 10. Aufl., Rn. D 198
[152] Vgl. OLG Frankfurt/Main, DNotZ 1969, 98
[153] Vgl. Vogler, NJW 1999, 1236
[154] Vogler, a. a. O. S. 1237
[155] BGBl I S. 2246 f.
[156] Regierungsentwurf v. 26. 1. 2007 eines zweiten Gesetzes zum Abbau bürokratischer Hemmnisse insbesondere in der mittelständischen Wirtschaft – BR-Drucks. 68/07 S. 68

können auch **kein** behördliches **Negativattest** (Bestätigung der Gesetzeskonformität der Klausel) mehr erholen.[157] Die Unwirksamkeit einer Klausel, welche die in §§ 1 bis 7 PrkG bestimmten Grenzen nicht einhält, tritt nicht von Gesetzes wegen ein, sondern mit Wirkung für die Zukunft erst von dem Zeitpunkt an, zu dem der Verstoß gegen das Gesetz durch ein Gericht rechtskräftig fest worden ist (§ 8 S. 1 PrkG).[158] Allerdings gehen Vereinbarungen der Parteien vor, die eine frühere Unwirksamkeit der Klausel vorsehen. Zahlungen, Forderungen oder anderer Rechtswirkungen der Klausel, die bis zum Zeitpunkt der Feststellung der Unwirksamkeit geleistet wurden bzw. bestanden haben, bleiben unangetastet (§ 8 S. 2 PrkG).[159] Wie § 8 der Preisklauselverordnung für Genehmigungen nach § 3 Währungsgesetz bestimmt auch § 9 I PrKG, dass nach altem Recht (§ 2 des bis 13. 9. 2007 geltenden Preisangaben- und Preisklauselgesetzes) erteilte Genehmigungen weitergelten. Für Klauseln, deren Genehmigung bis 13. 9. 2007 beim Bundesamt für Wirtschaft und Ausfuhrkontrolle beantragt worden ist, gilt weiter das alte Recht. Im Übrigen findet das neue Recht auch auf vor dem 14. 9. 2007 vereinbarte Klauseln Anwendung (§ 8 II PrKG).

§ 1 I PrKG hat das **Indexierungsverbot** des § 2 I S. 1 Preisangaben- und Preisklauselgesetzes übernommen: „Der Betrag von Geldschulden darf nicht unmittelbar und selbsttätig durch den Preis oder Wert von anderen Gütern oder Leistungen bestimmt werden, die mit den vereinbarten Gütern oder Leistungen nicht vergleichbar sind." § 1 II PrKG regelt Ausnahmen vom Verbot entsprechend dem bisherigen § 1 Nr. 1 bis 3 Preisklauselverordnung und führt unter Nr. 4 mit Hinweis auf die bisherige Rechtsauffassung eine weitere Ausnahme ein.[160] Danach gilt das Verbot nach Absatz 1 (u. a.) nicht für Klauseln,

1. die hinsichtlich des Ausmaßes der Änderung des geschuldeten Betrages einen Ermessensspielraum lassen, der es ermöglicht, die neue Höhe der Geldschuld nach Billigkeitsgrundsätzen zu bestimmen (**Leistungsvorbehaltsklauseln**),
2. bei denen die in ein Verhältnis zueinander gesetzten Güter oder Leistungen im Wesentlichen gleichartig oder zumindest vergleichbar sind (**Spannungsklauseln**),
3. . . .
4. die lediglich zu einer Ermäßigung der Geldschuld führen können.

Damit wurde die seit jeher angenommene Verbotsfreiheit von Leistungsvorbehalten und Spannungsklauseln (siehe Rn. 612) bestätigt.

Die Rechtsprechung unterschied bislang zwischen **genehmigungsbedürftigen** Gleit- **612** klauseln, die bis zur endgültigen Versagung der Genehmigung schwebend unwirksam waren,[161] sowie **genehmigungsfreien** Leistungsvorbehalten und Spannungsklauseln (vgl. Rn. 611). Diese Unterscheidung gilt als Abgrenzung zwischen erlaubten und unerlaubten Klauseln fort.

Die **Gleitklausel** wird dadurch gekennzeichnet, dass die Anpassung bei Änderung der vereinbarten Vergleichsgröße automatisch geschieht, ohne dass der Gläubiger z. B. ein Erhöhungsverlangen mit folgender neuer Parteivereinbarung geltend machen müsste.[162] Demgegenüber tritt die Erhöhung beim genehmigungsfreien **Leistungsvorbehalt**[163] erst ein, wenn auf Grund der geänderten Bezugsgröße eine vertragliche Neufestsetzung durchgeführt wird. Allerdings muss für die Neufestsetzung noch ein gewisser Ermessensspielraum verbleiben.[164] Kann der Gläubiger den Schuldner durch einseitige Erklärung zur Bezahlung des sich aus der Änderung der Vergleichsgröße rechnerisch ergebenden Betrags verpflichten, hätte der Gläubiger nicht nur das Recht zur billigen Bestimmung der Gegenleistung (§ 315 I BGB), sondern es läge die für das Verbot entscheidende automatische Kopplung

---

[157] Hierzu kritisch Reul, MittBayNot 2007, 445, 450 f.
[158] Regierungsentwurf a. a. O. S. 74 f.
[159] Regierungsentwurf a. a. O.
[160] A. a. O.
[161] BGHZ 53, 315, 318
[162] Vgl. Dürkes, Wertsicherungsklauseln, 10. Aufl., Rn. B 27 ff.; BGHZ 53, 132, 134
[163] Vgl. BGH NJW 1979, 1545
[164] BGH a. a. O.

vor.[165] Einen genehmigungsfreien Unterfall der Gleitklausel stellt die von der Recht-sprechung entwickelte und schon nach altem Recht von der Deutschen Bundesbank aner-kannte[166] **Spannungsklausel** dar. Um eine solche genehmigungsfreie Klausel handelt es sich, wenn die in ein Verhältnis zueinander gesetzten Leistungen im Wesentlichen gleich-artig oder zumindest vergleichbar sind.[167] Da Unterhalt nach dem jeweiligen Bedürfnis des Berechtigten zu leisten ist und damit vom künftigen Preis und Wert der zur Bestreitung des Bedarfs erforderlichen Güter und Leistungen abhängt, bedeutet die Anknüpfung der Unterhaltshöhe an den Lebenshaltungskosten-Index (Verbraucherpreisindex) eine Bezug-nahme auf vergleichbare Leistungen, also grundsätzlich die Vereinbarung einer genehmi-gungsfreien Spannungsklausel.[168] Dies dürfte auch bei der Verknüpfung des geschuldeten Unterhaltsbetrags mit einer bestimmten Entwicklung von Erwerbsvergütungen oder Ruhe-gehältern, z. B. einer konkreten Beamten- oder Angestelltenkategorie, gelten, soweit es sich um ein Gehaltskategorie handelt, die lediglich der Abdeckung des angemessenen Lebens-bedarfs des Empfängers dient. § 3 II PrkG erlaubt im Übrigen entsprechende Klauseln – Abhängigkeit des geschuldeten Betrags von der künftigen Einzel- oder Durchschnittsent-wicklung von Löhnen, Gehältern, Ruhegehältern oder Renten – für wiederkehrende Zah-lungen, die auf Lebenszeit, bis zum Erreichen der Erwerbsfähigkeit oder eines bestimmten Ausbildungsziels oder bis zum Beginn der Altersversorgung des Empfängers zu erbringen sind.

Zu beachten ist, dass ein Verbot nur für Erhöhungsklauseln bestehen kann, welche unter den **Regelungsbereich des § 1 I PrKG** (vgl. Rn. 611) fallen. Erlaubt ist damit z. B. die Vereinbarung einer prozentualen Erhöhung in bestimmten Abständen.

613 Wurde Wertsicherung mit Hilfe eines bestimmten Lebenshaltungskosten-Indexes ver-einbart, können wegen der regelmäßigen **Umbasierung der Indexwerte** Auslegungs-probleme auftreten.[169] Die Preisindizes für die Lebenshaltung werden in der Regel alle fünf Jahre umgestellt.[170] Weitere Schwierigkeiten ergaben sich daraus, dass unterschiedli-che Indizes für Gesamtdeutschland, die alten Bundesländer und die neuen Bundesländer verwendet wurden. **Für neue Verträge** ist es zweckmäßig, auf den Verbraucherpreis-index für Deutschland des Statistischen Bundesamts abzustellen:[171] z. B. maßgebend soll der Indexstand vom Januarhr 2007 sein; wird der Indexstand um mehr als 5% über- oder unterschritten, ändert sich der geschuldete Unterhaltsbetrag im gleichen Verhältnis; die geänderte Rente ist dann ab dem nach dem Eintreten der Voraussetzungen folgen-den Monatsersten zu bezahlen. Bei Altverträgen ist es zweckmäßig zu vereinbaren, dass von dem Monat an, ab dem letztmals angepasst wurde, für künftig zu leistende Unter-haltsbeträge auf den **Verbraucherindex für Deutschland** übergegangen wird. Das Statistische Bundesamt hat schon im Jahr 2003 mitgeteilt,[172] dass für Wertsicherungs-klauseln nur noch dieser Index verwendet werden solle. Es hat auch darauf hingewiesen, in welcher Weise alte Indexklauseln auf den neuen Index umgerechnet werden kön-nen.[173]

Wurde in einen vollstreckbaren Prozessvergleich oder in einer vollstreckbaren notariellen Urkunde vereinbart, dass sich die Unterhaltsrente in bestimmter Weise nach Maßgabe eines vom Statistischen Bundesamt erstellten Preisindexes für Lebenshaltungskosten, z. B. des Verbraucherpreisindexes für Deutschland, ändert, ist der **Vollstreckungstitel** regelmäßig als **hinreichend bestimmt** anzusehen, weil sich der geschuldete Geldbetrag aus für das Voll-streckungsorgan allgemein zugänglichen Quellen bestimmen lässt.[174]

---

[165] Dürkes, Wertsicherungsklauseln, 10. Aufl., Rn. B 32; vgl. hierzu auch Reul, MittBayNot 2007, 445, 446 f.
[166] Dürkes, Wertsicherungsklauseln, 10. Aufl., Rn. D 5
[167] BGH NJW-RR 1986, 877, 879
[168] Vgl. OLG Frankfurt/Main, DNotZ 1969, 98, 99
[169] Vgl. zur Umrechnung von Indices Gutdeutsch FamRZ 2003, 1061 ff. u. 1902 ff.
[170] Rasch, NJW 1996, 34
[171] Vgl. die Hinweise des Statistischen Bundesamts, FamRZ 2003, 506 ff.
[172] A. a. O.
[173] A. a. O.
[174] BGH, FamRZ 2004, 531; FamRZ 2005, 437

VII. Vereinbarung einer Kapitalabfindung

Im Rahmen der in § 1585 c BGB den Eheleuten eingeräumten Vertragsfreiheit ist auch **614** die Vereinbarung einer Kapitalabfindung für den nachehelichen Unterhalt möglich. Diese unterscheidet sich von der bloßen Unterhaltsvorauszahlung,[175] die lediglich den gesetzlichen Unterhaltsanspruch in Form einer Kapitalisierung konkretisiert.[176] Soll durch die Abfindungsvereinbarung – wie regelmäßig – die unterhaltsrechtliche Beziehung der Eheleute endgültig und vorbehaltlos beendet werden, **erlischt der Unterhaltsanspruch.**[177] Eine Anpassung an veränderte Umstände, z. B. wegen einer nicht bedachten Notsituation des Berechtigten, wegen seiner Wiederverheiratung oder wegen nachträglichen Wegfalls seiner Bedürftigkeit, scheidet dann aus.[178] Die Endgültigkeit der Abfindung ist – falls die Auslegung nicht anderes ergibt – im Zweifel[179] Vertragsinhalt, nicht nur Geschäftsgrundlage der Regelung. Wer statt laufender Zahlungen die Kapitalabfindung wählt, nimmt das Risiko in Kauf, dass die für ihre Berechnung maßgebenden Faktoren auf Schätzungen und unsicheren Prognosen beruhen. Darin liegt zugleich der Verzicht darauf, dass künftige Entwicklungen der persönlichen und wirtschaftlichen Verhältnisse berücksichtigt werden.[180] Der Unterhaltspflichtige darf sich umgekehrt darauf verlassen, dass im Fall der wirksamen Vereinbarung einer Kapitalabfindung der Unterhaltsanspruch mit der Erfüllung der Vereinbarung ein für allemal erledigt ist.[181]

Eine Besonderheit stellt der Fall dar, dass die **Abfindung** nicht in einer Summe zu bezahlen ist, sondern **in** einer festgelegten Anzahl von **Raten.** Verheiratet sich der Berechtigte wieder oder entfällt seine Bedürftigkeit nachträglich, erhebt sich die Frage, ob sich der Verpflichtete für die zu diesem Zeitpunkt noch nicht fälligen Raten auf den Wegfall der gemeinsamen Geschäftsgrundlage berufen kann. Dies dürfte nicht möglich sein, wenn eine endgültige Regelung gewollt war. Das Einverständnis mit Ratenzahlung bedeutete dann lediglich ein Entgegenkommen des Berechtigten im Interesse des Unterhaltsschuldners, z. B. zur Ermöglichung eines mehrjährigen Realsplittings nach § 10 I Nr. 1 EStG,[182] nicht aber, dass der Berechtigte deswegen ein Veränderungsrisiko übernehmen wollte. Davon unabhängig, kann eine Anfechtung wegen arglistiger Täuschung in Betracht kommen, falls der Berechtigte, über seine Absicht, alsbald wieder zu heiraten, getäuscht hätte. Handelt es sich um eine endgültig gewollte Regelung dürfte der offene Restanspruch entgegen der Ansicht des OLG Hamburg[183] nicht nach § 1615 I BGB (bei Trennungsunterhalt) bzw. nach § 1586 I BGB (bei Nachscheidungsunterhalt) untergehen, sondern auf die **Erben des Berechtigten** übergehen. Die Unterhaltsparteien hatten in diesem Fall nämlich die Unterhaltsfrage abschließend klären wollen, und zwar ungeachtet des bestehenden und bei der Bemessung der Abfindung grundsätzlich mit eingerechneten Risiken (vgl. Rn. 616), was die künftige Entwicklung des Unterhaltsanspruchs angeht.

Die **Pfändung** des Abfindungsanspruchs und die **Aufrechnung** gegen ihn ist nach §§ 850 b I Nr. 2 ZPO, 394 BGB ausgeschlossen, wenn die Abfindung einen gesetzlichen Unterhaltsanspruch betrifft, nicht aber wenn es sich bei der abgefundenen Unterhaltspflicht um eine eigenständige rein vertragliche Verpflichtung (vgl. Rn. 600 a) handelte.[184]

---

[175] Vgl. BGHZ 2, 379, 386
[176] BGH, FamRZ 2005, 1662, 1663 = R 639
[177] BGH, a. a. O.; BVerwG, NJW 1991, 2718, 2719; Göppinger/Wax/Hoffmann, Unterhaltsrecht, Rn. 1377
[178] BGH, a. a. O.; Göppinger/Wax/Hoffmann, Rn. 1378
[179] Vgl. Göppinger/Wax/Hoffmann, Rn. 1385
[180] BGH, a. a. O.; BGHZ 79, 187, 193
[181] BGH, a. a. O.
[182] BGH, a. a. O.
[183] OLG Hamburg, FamRZ 2002, 234, 235
[184] BGH, FamRZ 2002, 1179, 1181 = R 576

615   Bei Vereinbarung einer Kapitalabfindung muss ein **unterhaltspflichtiger Beamter** bedenken, dass wegen Untergangs seiner Unterhaltsverpflichtung auch sein Anspruch auf den Familienzuschlag der Stufe 1 entfällt.[185]

Geht der unterhaltspflichtige Ehegatte, dessen Rentenanwartschaften durch den Versorgungsausgleich gekürzt wurden, früher in Rente als der berechtigte, gilt **§ 5 I VAHRG** grundsätzlich auch bei Abfindung des Unterhaltsanspruchs durch eine Kapitalzahlung. Der pflichtige Ehegatte erhält bis zur Verrentung des berechtigten die ungekürzte Rente, wenn die Unterhaltsabfindung auch den entsprechenden Rentenbezugszeitraum erfassen sollte und der Berechtigte für diesen Zeitraum ohne Vereinbarung einer Abfindung einen gesetzlichen Unterhaltsanspruch gemäß §§ 1569 ff. BGB gehabt hätte.[186]

Aufgrund der Kapitalabfindung können auch **steuerliche Nachteile** eintreten. So entfällt – soweit eine Einmalzahlung vereinbart wurde – das begrenzte Realsplitting (§ 10 I Nr. 1 EStG), das für das Jahr der Zahlung möglich ist, für die Zukunft. Der Abfindungsbetrag ist in der Regel steuerlich nicht als außergewöhnliche Belastung zu berücksichtigen, weil es an der für die Anwendung des § 33 I EStG erforderlichen Zwangsläufigkeit der Abfindungszahlung fehlt, da die rechtliche Verpflichtung aus der Vereinbarung vom Steuerpflichtigen selbst gesetzt wurde.[187] Die Anwendung des § 33 a I EStG (Abzugsfähigkeit begrenzter Unterhaltsleistungen) scheidet schon aus, wenn der Unterhaltsberechtigte ein nicht nur geringes Vermögen besitzt, und ist darüber hinaus auf einen eher geringen Höchstbetrag begrenzt, auf den auch noch eigene Einkünfte des Unterhaltsberechtigten angerechnet werden.

616   Die sachgemäße **Bemessung der Kapitalabfindung** bereitet Schwierigkeiten, weil alle Gesichtspunkte zu beachten wären, die für spätere Änderungen oder den Wegfall des Unterhaltsanspruchs von Bedeutung sein können,[188] z. B. die voraussichtliche Zeitdauer der Unterhaltsrente, die Lebenserwartung der Parteien, die Aussicht auf eine Wiederverheiratung des Berechtigten, dessen Berufsaussichten und die Entwicklung seiner Bedürftigkeit, die künftige Leistungsfähigkeit des Pflichtigen.[189] Die **Lebenserwartung des Berechtigten,** welche mit Hilfe der Kapitalisierungstabellen zur Kapitalabfindung für Renten berücksichtigt werden kann, stellt nicht den einzigen oder den allein wesentlichen Maßstab dar.[190] Vielfach wird der Berechnung der Kapitalabfindung ein **eingeschränkter Unterhaltszeitraum** zugrunde liegen; z. B. die Zeit bis zum Eintritt der Vollerwerbsobliegenheit des berechtigten Ehegatten mit dem als sicher angesehenen Wegfall des Anspruchs auf Betreuungsunterhalt (§ 1570 BGB) oder die Zeit bis zur Verrentung des Berechtigten, weil die Ehegatten davon ausgehen, dass die dann bezahlte Versorgung im Hinblick auf ihre Erhöhung durch den Versorgungsausgleich bedarfsdeckend ist.

Es empfiehlt sich, zunächst den in Frage kommenden **Unterhaltszeitraum zu bestimmen,** z. B. auf Lebenszeit des Berechtigten oder des Verpflichteten, bis zum voraussichtlichen Wegfall des Anspruchs auf Betreuungsunterhalt, bis zum Eintritt des Rentenfalls. Danach sollte man sich auf die **Höhe des derzeit geschuldeten monatlichen Unterhalts** einigen. Aus dessen Laufzeit ergibt sich ein abgezinster Kapitalbetrag. Von dem so mit Hilfe entsprechender **Kapitalisierungstabellen** errechneten Kapital sind wegen der weiteren Risiken je nach Umständen des Falles **Abschläge** zu machen. Zu denken ist u. a. an das Wiederverheiratungsrisiko, das Vorversterbensrisiko oder das Bedürftigkeitsrisiko (z. B. die Chance auf den Anfall einer Erbschaft oder für eine erfolgreiche spätere Berufstätigkeit) beim Berechtigten sowie an das Leistungsfähigkeitsrisiko oder das Vorversterbensrisiko beim Pflichtigen (nach Maßgabe des § 1586 b BGB besteht u. U. kein oder nur ein eingeschränkt realisierbarer Anspruch gegen die Erben).

617   Soll eine **lebenslange Unterhaltsrente** abgefunden werden, ergibt sich die prognostizierte Laufzeit aus der aktuellen Sterbetafel des Statistischen Bundesamts,[191] die hier zur

---

[185] BVerwG, NJW 2003, 1886; NJW 1991, 2718
[186] BVerwG, NJW 2003, 1886; BSG NJW-RR 1996, 897
[187] BFH, NJWE-FER 1998, 211
[188] MünchKomm/Maurer, Rn. 11 zu § 1585
[189] Vgl. Soergel-Häberle, BGB 12. Aufl., Rn. 10 zu § 1585
[190] Soergel-Häberle, BGB 12. Aufl., Rn. 10 zu § 1585
[191] Abrufbar im Internet unter www.destatis.de

Vornahme einer Abschätzung ohne Abzinsung in abgekürzter Form und auszugsweise wiedergegeben wird:

Sterbetafel Deutschland (2004/2006)

Männer Alter in vollendeten Jahren	Lebenserwartung in Jahren	Frauen Alter in vollendeten Jahren	Lebenserwartung in Jahren
15,00	62,11	15,00	67,49
20,00	57,24	20,00	62,56
25,00	52,42	25,00	57,63
30,00	47,58	30,00	52,70
35,00	42,76	35,00	47,79
40,00	37,98	40,00	42,92
45,00	33,34	45,00	38,13
50,00	28,88	50,00	33,47
55,00	24,63	55,00	28,91
60,00	20,58	60,00	24,49
65,00	16,77	65,00	20,18
70,00	13,25	70,00	16,03
75,00	10,15	75,00	12,22
80,00	07,51	80,00	08,87
85,00	05,40	85,00	06,16
90,00	03,76	90,00	04,11

Sind die Laufzeit ab Berechnungsstichtag (z. B. soweit es nur um laufenden Unterhalt geht, Tag oder Monat des Abschlusses der Abfindungsvereinbarung) und der Monatsbetrag der abzufindenden Unterhaltsrente bekannt, kann der abgezinste, kapitalisierte Rentenbetrag mit Hilfe von Kapitalisierungstabellen errechnet werden, bei welchen folgendes zu beachten ist:[192]

- Es dürfen **nicht die Tabellenwerte für eine Zeitrente** verwendet werden, da bei einer solchen Rente nach dem Tode des Berechtigten an dessen Erben weiterzuzahlen ist, also ohne Berücksichtigung der Sterbenswahrscheinlichkeit kapitalisiert wird.
- Handelt es sich nicht um die Abfindung einer lebenslangen, sondern nur einer zeitlich begrenzten Unterhaltsberechtigung, ist vielmehr der Barwert der vorliegenden „**temporären Leibrente**" zu berechnen. Dies bedeutet, dass vom Barwert einer lebenslangen Rente ab Berechnungsstichtag der entsprechende Barwert einer lebenslangen Rente, deren Beginn bis zum Ende des abzufindenden Unterhaltszeitraums aufgeschoben ist, abgezogen werden muss.
- Maßgebend sind ggf. die Jahreswert-Tabellen für monatlich vorschüssige Zahlung. Für den **Umfang der Abzinsung** kommt es auf den einzusetzenden Zinsfuß an, also auf die tatsächlich zu erwirtschaftende Verzinsung der Kapitalanlage.
- Hier bietet sich für eine überschlägige Berechnung zur Vorbereitung der Vereinbarung ein Zinssatz von 5 bis 6% an. Ein Zinssatz von 5 bis 5,5% soll im Übrigen bereits einen gewissen Dynamisierungsanteil enthalten.
- Geht man von einer deutlichen **Dynamisierung** aus, muss ein niedrigerer Zinssatz zugrunde gelegt werden. Eine jährliche Rentenerhöhung um 2% würde im Verhältnis zu einer statischen Rente beispielsweise eine Verminderung des Zinssatzes um 2% bedeuten.

Einen Rechnungszins von 5,5% wendet auch das Bewertungsgesetz in den Anlagen 9 zu § 14 und 9 a zu § 13 an. Für die Neufassung vom 26. 5. 2003 der Barwert-Verordnung mit Wirkung zum 1. 1. 2003 (BGBl. I S. 728 ff.) war der Verordnungsgeber auch noch von von einem Rechnungszins von 5,5% ausgegangen. Diesen Rechnungszins hat er für die Fassung vom 3. 5. 2006 der Barwert-Verordnung (BGBl I S. 1144), deren Geltungsdauer bis 30. 6. 2008 beschränkt ist, allerdings auf 4,5% gesenkt.[193] Zur Vornahme einer **Abschätzung für**

---

[192] Vgl. Schneider/Schlund/Haas, Kapitalisierungs- und Verrentungstabellen, 2. Aufl. 1992 (S. 13 ff., 24, 51, 64, 65, 89 f., 98)
[193] Bundesrats-Drucks. 123/06 S. 12

die Kapitalisierung einer lebenslangen Unterhaltsrente wird die Anlage 9 (zu § 14) des Bewertungsgesetzes (Fassung ab 1. 1. 2002) auszugsweise wiedergegeben, die sich noch auf die Sterbetafel 1986/88, allerdings für den Gebietstand ab 3. 10. 1990, bezieht. Dort sind die Kapitalwerte als Mittelwert zwischen jährlich vorschüssiger und jährlich nachschüssiger Zahlung aufgelistet.

Männer Alter in vollendeten Jahren	Kapitalwert der Jahresrente von 1 €	**Frauen** Alter in vollendeten Jahren	Kapitalwert der Jahresrente von 1 €
15,00	17,453 €	15,00	17,842 €
20,00	17,151 €	20,00	17,616 €
25,00	16,785 €	25,00	17,328 €
30,00	16,306 €	30,00	16,956 €
35,00	15,700 €	35,00	16,486 €
40,00	14,945 €	40,00	15,902 €
45,00	14,030 €	45,00	15,186 €
50,00	12,961 €	50,00	14,316 €
55,00	11,759 €	55,00	13,271 €
60,00	10,448 €	60,00	12,034 €
65,00	09,019 €	65,00	10,601 €
70,00	07,511 €	70,00	08,990 €
75,00	06,020 €	75,00	07,271 €
80,00	04,693 €	80,00	05,622 €
85,00	03,603 €	85,00	04,210 €
90,00	02,753 €	90,00	03,109 €

618   Zum Zwecke der **Abschätzung einer zeitlich begrenzten Rente** wird die Anlage 9 a (zu § 13) des Bewertungsgesetzes auszugsweise abgedruckt. Dabei ist zu beachten, dass der kapitalisierte Rentenbetrag ohne Berücksichtigung des Vorversterbensrisikos des Berechtigten berechnet ist:

Kapitalwert einer zeitlich beschränkten Rente in Höhe eines Jahresbetrags von 1,00 €
Rechnungszins einschließlich Zwischen- und Zinseszinsen = 5,5%
Mittelwert zwischen jährlich vorschüssiger und jährlich nachschüssiger Zahlung

Laufzeit **in Jahren**	Kapitalwert der Jahresrente von 1 €	**Laufzeit** **in Jahren**	Kapitalwert der Jahresrente von 1 €
01	00,974 €	16	10,750 €
02	01,897 €	17	11,163 €
03	02,772 €	18	11,555 €
04	03,602 €	19	11,927 €
05	04,388 €	20	12,279 €
06	05,133 €	21	12,613 €
07	05,839 €	22	12,929 €
08	06,509 €	23	13,229 €
09	07,143 €	24	13,513 €
10	07,745 €	25	13,783 €
11	08,315 €	26	14,038 €
12	08,856 €	27	14,280 €
13	09,368 €	28	14,510 €
14	09,853 €	29	14,727 €
15	10,314 €	30	14,933 €

Wegen einer **genaueren Ermittlung des abgezinsten Kapitalwerts** der Unterhalts- **619** rente wird verwiesen auf Schneider/Schlund/Haas, Kapitalisierungs- und Verrentungstabellen, 2. Aufl. 1992, auf Schneider/Stahl, Kapitalisierung und Verrentung, 3. Aufl. 2008, auf Vogels, Verrentung von Kaufpreisen – Kapitalisierung von Renten, 2. Aufl. 1992, sowie auf das familienrechtliche Berechnungsprogramm von Gutdeutsch (Familienrechtliche Berechnungen). Kapitalisierungstabellen befinden sich auch bei Küppersbusch, Ersatzansprüche bei Personenschaden, 9. Aufl. 2008, im Anhang.

– In dieser Aufl. nicht belegt – **620–699**

7. Abschnitt: Darlegungs- und Beweislast sowie tatrichterliche Ermittlung und Schätzung nach § 287 ZPO

I. Zur Darlegungs- und Beweislast

1. Allgemeiner Überblick

Grundsätzlich hat jede Partei die Voraussetzungen der für sie günstigen Normen darzule- **700** gen und zu beweisen, sofern nichts anderes bestimmt ist oder keine von der Regel abweichende Ausnahmesituation besteht. Nach dieser Grundregel richtet sich auch die Darlegungs- und Beweislast im Unterhaltsrecht.
* Der Unterhaltsberechtigte ist beweispflichtig für seine **Bedürftigkeit,** für die maßgeb- **701** lichen Lebensverhältnisse, nach denen sich der Unterhaltsbedarf bemisst und für die Tatbestandsvoraussetzungen der Normen, auf die er seinen Unterhaltsanspruch stützt (s. Rn. 6/703 ff.).
* Der Unterhaltsverpflichtete trägt die Beweislast für die Beschränkung seiner **Leistungsfähigkeit** und für Einwendungen gegen den Unterhaltsanspruch, z. B. nach § 1579 BGB (s. Rn. 6/710 ff.).
* Wenn und soweit **Regelvorschriften** oder **Erfahrungsregeln** bestehen, hat derjenige die Behauptungs- und Beweislast, der eine von der Regel abweichende Ausnahmesituation behauptet. Zu solchen Regeln zählen neben dem **Mindestbedarf** minderjährige Kinder nach § 1612a BGB auch die Werte der **Tabellen und Leitlinien der Oberlandesgerichte** (s. Rn. 6/713 ff.).
* Eine **Umkehr der Beweislast** tritt ein, wenn die Beweisführung durch den ursprünglich **702** nicht beweisbelasteten Gegner schuldhaft vereitelt oder erschwert wird (s. Rn. 6/727 f.).
* Soweit die Unterhaltsermittlung unter Abwägung sachlicher Gesichtspunkte nach **billigem Ermessen** vorzunehmen ist (§ 1581 BGB), hat jeder diejenigen für die Abwägung erheblichen Tatsachen nachzuweisen, aus denen er Vorteile herleiten kann.
* Ein Erwerbsloser trägt die Darlegungs- und Beweislast dafür, dass ihm trotz der dadurch bedingten Bedürftigkeit oder mangelnden Leistungsfähigkeit keine **fiktiven** Einkünften zugerechnet werden können (s. Rn. 1/531).

2. Zur Darlegungs- und Beweislast des Unterhaltsberechtigten

Der Unterhaltsberechtigten trägt die Darlegungs- und Beweislast für die Höhe seines **703** Unterhaltsbedarfs und für seine Bedürftigkeit (s. Rn. 6/707 ff.).
   a) Bei der **Bedarfsbemessung** haben unterhaltsberechtigte Ehegatten oder Lebenspartner, Kinder und sonstige Verwandte in gerader Linie die Darlegungs- und Beweislast für alle Tatsachen, nach denen der Unterhaltsanspruch der Höhe nach bemessen wird, also vor allem auch für die **Einkommens- und Vermögensverhältnisse des Verpflichteten.**
* Als Ausnahme von dem allgemeinen Grundsatz der Darlegungs- und Beweislast des **704** Unterhaltsberechtigten für die Höhe seines Unterhaltsbedarfs muss ein **minderjähriges**

Kind seinen Unterhalsbedarf in Höhe des **Mindestbedarfs** nicht näher darlegen.[1] Das ergibt sich aus der gesetzlichen Neuregelung in § 1612 a BGB unter Berücksichtigung der früheren Gesetzeslage und der dazu ergangenen Rechtsprechung des BGH. Schon § 1615 f I BGB in der bis zum 30. Juni 1998 geltenden Fassung sah für nicht ehelich geborene Kinder einen Regelunterhalt vor, der nach § 1610 III 1 BGB a. F. zugleich als Mindestbedarf eines minderjährigen ehelich geborenen Kindes galt. Nachdem das Kindesunterhaltsgesetz diese Vorschrift ersatzlos aufgehoben hatte, entschied der BGH zwar, dass sich forthin ein Mindestbedarf unterhaltsberechtigter minderjähriger Kinder weder in Anlehnung an die Regelbeträge der früheren Regelbetrag-Verordnung, noch in Höhe des von der Bundesregierung auf der Grundlage des Sozialhilfebedarfs ermittelten steuerfrei zu stellenden Existenzminimums, noch entsprechend dem verfassungsrechtlichen Existenzminimum nach der Rechtsprechung des BVerfG zur steuerlichen Freistellung des Existenzminimums und zum Familienlastenausgleich herleiten lasse.[2] Für die Darlegungs- und Beweislast[3] hatte sich dadurch aber nichts geändert. Denn schon die Begründung zu dem damaligen Regierungsentwurf hatte ausdrücklich darauf hingewiesen, dass ein minderjähriges Kind i. H. des Regelunterhalts von der Darlegungs- und Beweislast für seinen Bedarf befreit sein solle.[4] Daran hatte sich auch durch die späteren Änderungen im Gesetzgebungsverfahren nichts geändert.[5] Auch die zum 1. Januar 2001 in Kraft getretene Vorschrift des § 1612 b V BGB wirkte sich darauf nicht aus.[6] Zwar hatte der BGH in dessen Folge entschieden, dass im absoluten Mangelfall für die seinerzeit mit unterhaltsberechtigten Ehegatten gleichrangigen Kinder (vgl. jetzt aber § 1609 BGB) ein Betrag in Höhe von 135% des Regelbetrags nach der Regelbetrag-Verordnung als Einsatzbetrag zugrunde zu legen war.[7] Darin hat er aber ausdrücklich keinen Mindestbedarf gesehen, weil der Einsatzbetrag noch anteilig gekürzt und das Ergebnis abschließend auf seine Angemessenheit überprüft werden musste. Nur hinsichtlich des Einsatzbetrages im Mangelfall war das Kind also zusätzlich von seiner Darlegungs- und Beweislast für einen Bedarf in dieser Höhe enthoben,[8] während es außerhalb eines Mangelfalls bei einer Erleichterung der Darlegungs- und Beweislast in Höhe des (einfachen) Regelbetrags blieb. Inzwischen ist die Rechtslage durch die Wiedereinführung eines „Mindestunterhalts minderjähriger Kinder" in **§ 1612 a BGB** bedeutend vereinfacht worden. Der Mindestbedarf, in dessen Höhe ein minderjähriges Kind von seiner Darlegungs- und Beweislast enthoben ist, richtet sich nach dem doppelten Freibetrag des sächlichen Existenzminimums eines Kindes (Kinderfreibetrag) gemäß § 32 Abs. 6 Satz 1 EStG und beträgt für die erste Altersstufe 87%, für die zweite Altersstufe 100% und für die dritte Altersstufe 117% davon. Nach der Übergangsvorschrift des § 35 Nr. 4 EGZPO beträgt der Mindestunterhalt aber mindestens 279 € für die erste Altersstufe, 322 € für die zweite Altersstufe und 365 € für die dritte Altersstufe der Düsseldorfer Tabelle. Das gilt so lange, bis der sich aus § 1612 a BGB ergebende dynamische Mindestunterhalt diese Beträge übersteigt. Damit erreicht der neue Mindestunterhalt und der entsprechend bemessene Unterhalt nach der erste Einkommensgruppe der ab dem 1. Januar 2008 gültigen Düsseldorfer Tabelle zur Höhe in etwa den von § 1612 b Abs. 5 BGB a. F. gesicherten Anteil von 135% des früheren Regelbetrages, wie sich aus folgender Tabelle ergibt:

---

[1] Borth FamRZ 2006, 813, 881 f., zum früheren Recht vgl. BGH, FamRZ 2003, 1471, 1472; 2002, 536 = R 572 c, f; zur Ersatzhaftung der Großeltern vgl. BGH, FamRZ 2006, 26 = R 637 f
[2] BGH, FamRZ 2002, 536, 538 = R 572 c, f
[3] BGH, FamRZ 1998, 357, 359 = R 515 a
[4] BT-Drucks. 13/7338, S. 19
[5] BGH, FamRZ 2002, 536, 540 = R 572 d
[6] BGH, FamRZ 2002, 536, 540 f. = R 572 f.
[7] BGH, FamRZ 2003, 363, 365 = R 584 c
[8] A. A. OLG Naumburg FamRZ 2002, 343, das ein unterhaltsberechtigtes Kind bis zur Höhe von 135% des Regelbetrages grundsätzlich von seiner Darlegungslast zum Bedarf freistellte

Kindesunterhalt	1. Altersstufe	2. Altersstufe	3. Altersstufe
100% a. F.	202 €	245 €	288 €
Mindestunterhalt	279 €	322 €	365 €
135% a. F.	273 €	331 €	389 €

Verlangt ein minderjähriger Kind allerdings Unterhalt, der **über diesen Mindestunterhalt** (= 1. Einkommensgruppe der neuen Düsseldorfer Tabelle) hinausgeht, bleibt es bei der sich aus den allgemeinen Grundsätzen ergebenden Darlegungs- und Beweislast für diesen höheren Unterhaltsbedarf.[9]

Auch wenn ein besonders hoher Bedarf geltend gemacht wird, weil das Einkommen des barunterhaltspflichtigen Elternteils die Höchstgrenze der DT von 5100 € übersteigt, muss der Unterhaltsberechtigte seinen Bedarf substantiiert darlegen und beweisen.[10] An diese Darlegungslast dürfen allerdings keine übertrieben hohen Anforderungen gestellt werden; denn auch bei höherem Elterneinkommen muss sichergestellt bleiben, dass Kinder in einer ihrem Lebensalter entsprechenden Weise an der Lebensführung teilhaben, die der besonders günstigen wirtschaftlichen Situation der Eltern Rechnung trägt.[11] Dabei hat das Kind zwar einen Anspruch auf gute Lebensbedingungen, aber keinen Anspruch auf Teilhabe am Luxus.[12]

Auch ein Mehrbedarf, z. B. zur Förderung des künstlerischen Talents (s. Rn. 2/133 ff.), ist vom unterhaltsberechtigten Kind darzulegen und zu beweisen. Dazu muss es die tatsächlichen Ausgaben für einen repräsentativen Zeitraum detailliert und nachprüfbar aufschlüsseln.[13] Ebenfalls darlegungs- und beweispflichtig ist das minderjährige Kind für einen ausnahmsweise vorliegenden Sonderbedarf in Form eines unregelmäßigen außergewöhnlich hohen Bedarfs.[14] Im **vereinfachten Verfahren nach § 645 I ZPO** kann ohne nähere Begründung allerdings Unterhalt verlangt werden, der nach Abzug des hälftigen Kindergeldes (§ 1612b I Nr. 1 BGB) und anderer kinderbezogener Leistungen (§ 1612c BGB) das 1,2-fache des Mindestunterhalts nicht übersteigt. Das ist allerdings auf einen Unterhaltsanspruch im streitigen Verfahren nicht übertragbar.[15]

- Ein **volljähriges Kind** ist zunächst ebenfalls für die Höhe seines Unterhaltsbedarfs **704a** darlegungs- und beweispflichtig. Dieser Unterhaltsbedarf ergibt sich entweder auf der Grundlage des zusammengerechneten Einkommens beider dem Grunde nach barunterhaltspflichtigen Eltern nach der vierten Altersstufe der Düsseldorfer Tabelle (s. Rn. 2/383 ff.) oder, bei Kindern mit eigenem Hausstand (z. B. Studenten), nach festen Bedarfssätzen (s. Rn. 2/368 ff.). Wegen der Barunterhaltspflicht beider Eltern ist das volljährige Kind aber auch für die Haftungsverteilung unter ihnen darlegungs- und beweispflichtig (s. Rn. 2/33 ff., 451). Daneben ist ein volljähriges Kind auch für die Voraussetzungen des Unterhaltsanspruchs darlegungs- und beweispflichtig, also dafür, dass es nach wie vor wegen der Ausbildung für einen Beruf oder aus sonstigen Gründen nicht in der Lage ist, seinen Unterhaltsbedarf selbst zu verdienen. Das kann insbesondere im Rahmen einer mehrstufigen Ausbildung zweifelhaft sein.[16]

- Ein berechtigter **Ehegatte** hat die Darlegungs- und Beweislast für die Gestaltung der **705** ehelichen Lebensverhältnisse, nach denen sich sein Unterhaltsanspruch bemisst (§§ 1361 I 1, 1578 BGB).[17] Das gilt zunächst für die Höhe der Einkünfte des Ehegatten und auch für die eigenen prägenden Einkünfte, einschließlich des nachehelich als Surrogat

---

[9] OLG Karlsruhe FamRZ 2000, 1432; OLG München, FamRZ 1999, 884 (jeweils zum früheren Recht)
[10] BGH, FamRZ 2001, 1603, 1604 = R 559; 2000, 358, 359 = R 537c
[11] BGH, FamRZ 2001, 1603, 1604 = R 559; 2000, 358, 359 = R 537c; 1983, 473
[12] BGH, FamRZ 2001, 1603 = R 559; OLGR Schleswig 2001, 374
[13] BGH, FamRZ 2001, 1603, 1605 = R 559
[14] BGH, FamRZ 2006, 612 = R 647a, b
[15] OLG Karlsruhe FamRZ 2000, 1432; KG FamRZ 2000, 1174; OLG Köln FamRZ 2000, 310; OLG Dresden FamRZ 2000, 296; OLG München FamRZ 1999, 884 (jeweils zum alten Recht)
[16] BGH, FamRZ 2006, 1100, 1101 = R 654a–d; OLG Hamm FamRZ 2005, 60; OLG Koblenz FamRZ 2001, 852
[17] BGH, FamRZ 1984, 149; FamRZ 1983, 352

an die Stelle einer früheren Haushaltstätigkeit und Kindererziehung getretene Einkommens.[18] Bei besonders günstigen Einkommensverhältnissen trägt der unterhaltsberechtigte Ehegatte auch die Darlegungs- und Beweislast dafür, in welchem Umfang das Einkommen den Ehegatten zur Finanzierung des allgemeinen Lebensbedarfs zur Verfügung stand und nicht der Vermögensbildung diente. Seinen Bedarf nach den ehelichen Lebensverhältnissen muss er dann ggf. konkret darlegen und beweisen.[19] Steht der unterhaltsberechtigten Ehefrau auch ein Unterhaltsanspruch nach § 1615l BGB gegen den Vater ihres außerhalb der Ehe gezeugten Kindes zu, haftet der unterhaltspflichtige Ehegatte für ihren Unterhaltsbedarf nur anteilig neben dem nach § 1615l BGB unterhaltspflichtigen Elternteil.[20] Dann erstreckt sich die Darlegungs- und Beweislast der Unterhaltsberechtigten auch auf die Voraussetzungen dieses weiteren Anspruchs und die Leistungsfähigkeit des nichtehelichen Vaters.[21]

705 a   Für die Bemessung der **ehelichen Lebensverhältnisse** besteht eine Darlegungs- und Beweislast des Unterhaltsberechtigten u. a. zu folgenden Punkten:

– Beim **Trennungsunterhalt** ist die Höhe der gegenwärtigen prägenden Einkommensverhältnisse des Unterhaltspflichtigen und das eigene prägende Einkommen und Vermögen (Bruttoeinnahmen und Abzüge) darzulegen und ggf. zu beweisen.[22] Im Fall einer leichtfertig herbei geführten Einkommensminderung (s. Rn. 1/494 ff.) ist auch ein davor erzieltes Einkommen darzulegen und zu beweisen.

– Beim **nachehelichen Unterhalt** ist die Höhe der die ehelichen Lebensverhältnisse prägenden Einkommensverhältnisse (Bruttoeinnahmen und Abzüge) beider Ehegatten nachzuweisen.[23] Dabei ist allerdings die neueste Rechtsprechung des BGH zu den **wandelbaren ehelichen Lebensverhältnissen** zu beachten[24] (s. dazu Rn. 4/172 ff.). Deswegen darf sich der Unterhaltsberechtigte nicht auf die Einkommensverhältnisse im Zeitpunkt der Scheidung beschränken, sondern er muss auch zu den unterhaltsrelevanten Entwicklungen seit dieser Zeit vortragen.

– Hat der Unterhaltsberechtigte nach der Trennung oder Scheidung eine Erwerbstätigkeit aufgenommen, muss er auch die daraus erzielten Einkünfte darzulegen. Denn auch sie prägen nach der neueren Rechtsprechung des BGH als **Surrogat der früheren Haushaltsführung oder Kindererziehung** die ehelichen Lebensverhältnisse und sind deswegen im Wege der Differenz- oder Additionsmethode in die Unterhaltsberechung mit einzubeziehen.[25] Darauf, ob der unterhaltsbedürftige Ehegatte die Erwerbstätigkeit auch ohne die Trennung aufgenommen oder ausgeweitet hätte, kommt es nach dieser neueren Rechtsprechung nicht mehr an.[26]

– Weil nach der neueren Rechtsprechung des BGH das Einkommen aus einer vom Unterhaltsberechtigten neu aufgenommenen Erwerbstätigkeit regelmäßig im Wege der Differenzmethode berücksichtigt und nicht mehr auf einen zuvor ermittelten, geringeren Unterhaltsbedarf angerechnet wird, bleibt für den früher zum Ausgleich ungerechter Ergebnisse herangezogenen trennungsbedingten Mehrbedarf (vgl. Rn. 4/169 a) kein Anwendungsbereich mehr. Denn wenn alle Einkünfte im Wege der Differenzmethode berücksichtigt werden, steht schon der Halbteilungsgrundsatz einem – nicht in der Ehe angelegten – höheren Unterhaltsbedarf eines Ehegatten entgegen.

---

[18] BGH, FamRZ 2004, 1170 = R 612 und 1173 = R 611; 2001, 986; OLG Köln, FamRZ 1998, 1427
[19] BGH, FamRZ 1994, 1169 = R 481; OLGR Hamm 2006, 574; OLGR Köln 2005, 679; OLGR Hamm 2004, 337; OLG Koblenz FuR 2003, 1128
[20] BGH, FamRZ 2007, 1303, 1305 = R 669 c; 1998, 541 = R 520 c (zur anteiligen Haftung); vgl. aber BGH, FamRZ 2005, 347 = R 622 (zum Erlöschen eines Anspruchs nach § 1615l BGB bei Heirat mit einem anderen Mann)
[21] OLG Zweibrücken FamRZ 2001, 29
[22] BGH, FamRZ 1983, 352
[23] BGH, FamRZ 1995, 291 = R 487 c; OLG München FamRZ 1984, 393
[24] BGH, FamRZ 2007, 793, 795 = R 674 a; 2006, 683, 685 = R 649 f–h; 2003, 590, 591 = R 586
[25] BGH, FamRZ 2006, 317; 2005, 1979 = R 640 d; 2005, 1154 = R 630 e; 2004, 1173 = R 611; 2004, 1170 = R 612; 2003, 434 = R 589; 2001, 986 = R 563
[26] BGH, FamRZ 2005, 1154 = R 630 e; 2004, 1170 = R 612

- Auch für alle sonstigen Umstände, die für die Bedarfsbemessung im Rahmen des § 1578 BGB bedeutsam werden können, trägt der Unterhaltsberechtigte die Darlegungs- und Beweislast.
- Der Meinung, dass sich die Darlegungs- und Beweislast auf den Unterhaltspflichtigen verlagert, wenn von einem Ehegatten nur ein Mindestunterhalt verlangt wird,[27] kann schon deshalb nicht gefolgt werden, weil es beim Ehegattenunterhalt – im Gegensatz zum Mindestbedarf minderjähriger Kinder nach § 1612 a BGB – keinen allgemeinen Mindestbedarf gibt (s. Rn. 4/429 f.).[28]

Damit der Unterhaltsberechtigte dieser anspruchsvollen und umfangreichen Darlegungs– **706** und Beweislast genügen kann, steht ihm der **Auskunftsanspruch** (s. Rn. 1/661 ff.) und der Anspruch auf Vorlage von Belegen (s. Rn. 1/677 ff.) zur Seite. Ohne die Auskunftspflicht des Unterhaltspflichtigen könnte der Unterhaltsberechtigte seiner Darlegungslast, die sich im Rahmen des § 1578 I BGB auch auf die konkreten Einkommensverhältnisse bezieht, nicht nachkommen. Unabhängig davon kann ein Vortrag des Unterhaltsberechtigten ausnahmsweise auch als unstreitig zu Grund gelegt werden, soweit der Unterhaltspflichtige Tatsachen, die seinen eigenen Wahrnehmungsbereich betreffen und die der Unterhaltsberechtigte deswegen nicht genauer kennt, wozu auch Einzelheiten zu seinen Einkünften gehören können, nicht substantiiert bestreitet und dazu konkrete Tatsachen vorträgt (s. dazu Rn. 6/721 ff.).

b) Der Unterhaltsberechtigte muss außerdem vortragen und beweisen, dass, warum und **707** in welchem Umfang er **bedürftig** ist. Nach der Rechtsprechung des BGH hat der Berechtigte trotz des Wortlauts des § 1577 BGB, der zu Zweifeln Anlass geben könnte, wegen des Grundsatzes der wirtschaftlichen Eigenverantwortung die Darlegungs- und Beweislast für seine Bedürftigkeit.[29] Im Rahmen der Bedürftigkeitsprüfung hat der Unterhaltsberechtigte u. a. die Darlegungs- und Beweislast zu folgenden Umständen:

- Der Unterhaltsberechtigte muss darlegen und beweisen, dass er die vom Unterhaltspflich- **708** tigen **behaupteten bedarfsdeckenden Einkünfte nicht hat** und auch nicht erzielen kann.[30]
- Hat der Unterhaltsberechtigte eigene Einkünfte, muss er deren Höhe sowie die Berechtigung und den Umfang der von ihm geltend gemachten **Abzugsposten** darlegen und beweisen.
- Der Berechtigte muss den Einwand widerlegen, er erbringe einem anderen Partner **Versorgungsleistungen** und müsse sich dafür eine Vergütung anrechnen lassen.[31] Bei Aufnahme eines neuen Partners in seine Wohnung hat er die Höhe des auf seinen Unterhaltsbedarf anrechenbaren Entgelts für die Wohnungsgewährung und für sonstige Aufwendungen zu beweisen.[32] Gleiches gilt für Art und Umfang sowie den Wert der eigenen Versorgungsleistungen.
- Wer behauptet, er könne **wegen seines Alters** keine zumutbare Tätigkeit finden, muss – solange er das allgemeine Rentenalter noch nicht erreicht hat – dartun und beweisen, was er im Einzelnen unternommen hat, um eine Arbeitsstelle zu finden (s. Rn. 1/519 ff.). Unterlässt er dies, ist – vorbehaltlich einer realen Beschäftigungschance (s. Rn. 1/529 ff.) – von einer Erwerbsmöglichkeit auszugehen.[33]
- Beansprucht der Berechtigte für Zeiten der **Arbeitslosigkeit** oder sonstiger Erwerbs- **709** losigkeit Unterhalt, muss er in nachprüfbarer Weise vortragen, welche Schritte er im Einzelnen unternommen hat, um einen zumutbaren Arbeitsplatz zu finden und sich bietende Erwerbsmöglichkeiten zu nutzen[34] (s. Rn. 1/519 ff.). Er muss darlegen und

---

[27] Vgl. z. B. OLG Karlsruhe, FamRZ 1997, 1011
[28] BGH, FamRZ 2003, 363 = R 584 a
[29] BGH, FamRZ 1995, 291 = R 487 c; 1986, 244, 246; 1984, 988; 1983, 150, 152; OLG Düsseldorf FamRZ 2006, 335 (zur Lebenspartnerschaft)
[30] BGH, FamRZ 1995, 291 = R 487 c; FamRZ 1980, 126, 128
[31] BGH, FamRZ 2004, 1170 = R 612 (Berücksichtigung im Wege der Differenzmethode); 1995, 291 = R 487 c; OLG Hamm FamRZ 2002, 1627
[32] BGH, FamRZ 1983, 150
[33] BGH, FamRZ 1982, 255
[34] BGH, FamRZ 1996, 345; 1986, 244

nachweisen, dass er keinen angemessenen Arbeitsplatz zu finden vermag.[35] Diese Anforderungen an die Darlegungslast dürfen allerdings auch nicht überspannt werden.[36] Grundsätzlich muss der Unterhaltsberechtigte beweisen, dass ihn hinsichtlich einer fehlenden Erwerbstätigkeit keine Obliegenheitsverletzung trifft (s. Rn. 1/523 ff.) bzw. dass und warum im konkreten Fall keine Erwerbsobliegenheit besteht[37] (Rn. 1/529 ff.). Eine Unterhaltsklage ist abzuweisen, wenn bei sachgerechten Bemühungen eine nicht ganz von der Hand zu weisende Beschäftigungschance bestanden hätte und hinreichende Bemühungen nicht nachgewiesen sind.[38]

- Wenn der Unterhaltsberechtigte seine Bedürftigkeit mit **Krankheit und Erwerbsunfähigkeit** rechtfertigt, muss er deren Grund und Umfang im Einzelnen vortragen und nachweisen.[39] Allerdings dürfen auch insoweit die Anforderungen nicht überspannt werden, sondern müssen den Umständen des Einzelfalles entsprechen.[40]
- Wer behauptet, wegen **Krankheit** nicht arbeiten zu können, muss beweisen, dass er wegen der Krankheit erwerbsunfähig oder nur gemindert erwerbsfähig ist und dass er seinerseits alles Notwendige getan hat bzw. tut, um wieder arbeitsfähig zu werden, wie z. B. die Aufnahme und Durchführung einer Therapie bei Krankheit, Alkoholismus oder Rentenneurose.[41] Diese Anforderungen treffen den Unterhaltspflichtigen in gleichem Umfang wie den Unterhaltsberechtigten, der behauptet, aus einem solchen Grund unterhaltsbedürftig zu sein (s. dazu Rn. 1/532 ff.).
- Hat der Unterhaltsberechtigte **Vermögen,** muss er nachweisen, dass der Einsatz des Vermögensstamms für ihn unzumutbar ist (s. Rn. 1/410 ff.). Besitzt oder erhält er ein anlagefähiges Kapital (z. B. aus Zugewinnausgleich), muss er auch darlegen, auf welche Weise und für welche Zeit er das Kapital verzinslich angelegt hat oder anlegen wird und dass bzw. warum ihm eine günstigere Anlage nicht zuzumuten ist[42] (s. dazu auch Rn. 1/425 ff.).
- Wenn der Unterhaltsberechtigte seine eigenen Einkünfte nach **§ 1577 II BGB** unberücksichtigt lassen will, muss er darlegen und nachweisen, dass und warum diese ausnahmsweise nicht oder nur teilweise anzurechnen sind.[43]
- Macht der Unterhaltsberechtigte einen Mehrbedarf, erhöhten Bedarf oder Sonderbedarf geltend (s. Rn. 6/704 f.), muss er diesen nachweisen, weil ein solcher seine Bedürftigkeit erhöht.[44] Dies gilt vor allem für **krankheitsbedingten Mehrbedarf.** Dieser muss nach Art, Menge und Preis konkret vorgetragen werden; geschieht dies nicht, kann er allerdings auf der Grundlage des Vortrags des Unterhaltsberechtigten nach § 287 ZPO geschätzt werden[45] (dazu s. Rn. 6/728).
- Der Unterhaltsberechtigte hat außerdem die Darlegungs- und Beweislast für alle sonstigen Tatbestandsvoraussetzungen der Norm, auf die er seinen Unterhaltsanspruch stützt (§§ 1361, 1570 ff., 1601 ff., 1615 l BGB), so z. B. auch für die durchgehende Bedürftigkeit seit Rechtskraft der Ehescheidung[46] und für den Eintritt eines ehebedingten Nachteils im Sinne von § 1575 II BGB.[47]
- Beruft sich der Unterhaltspflichtige mit einem unter Beweis gestellten substantiierten Tatsachenvortrag auf berufsbedingte Aufwendungen, kann dies der Entscheidung zugrun-

---

[35] BGH, FamRZ 1986, 885
[36] BGH, FamRZ 1987, 144
[37] OLGR Köln 2001, 239; OLG Hamburg, FamRZ 1985, 290
[38] BGH, FamRZ 1986, 885
[39] BGH, FamRZ 2005, 1897, 1898 = R 638 a; 1993, 789, 791 = R 460 b; 1990, 496, 497 = R 414 a; 1986, 244
[40] BGH, FamRZ 2005, 1897, 1898 = R 638 a; 1987, 144, 145
[41] OLG Düsseldorf, FamRZ 1985, 310
[42] BGH, FamRZ 1986, 441, 443
[43] BGH, FamRZ 2005, 1154 = R 630 c, d; 2005, 442 = R 625 c
[44] BGH, FamRZ 2001, 1603, 1604 f. = R 559; 1983, 352
[45] OLG Hamm FamRZ 2006, 124; OLG Karlsruhe, FamRZ 1998, 1435; OLGR Schleswig 1998, 105
[46] OLG Hamm FamRZ 2004, 220
[47] BGH, FamRZ 1984, 988

de gelegt werden, wenn sich der Unterhaltsberechtigte **mit einfachem Bestreiten be-gnügt.**[48]

3. Zur Darlegungs- und Beweislast des Unterhaltspflichtigen

Der Unterhaltspflichtige hat die Darlegungs- und Beweislast für seine **Leistungsunfähig-** 710 **keit.** Macht er geltend, er könne den Unterhaltsbedarf des Unterhaltsberechtigten ohne Gefährdung des eigenen angemessenen Lebensbedarfs nicht bestreiten, so hat er die Voraussetzungen einer unterhaltsrechtlich relevanten Einschränkung seiner Leistungsfähigkeit darzulegen und zu beweisen.[49] Beruft er sich dabei auf sein steuerpflichtiges **Einkommen,** so braucht er zwar nicht sämtliche Belege vorzulegen, durch die gegenüber der Steuerbehörde die behaupteten steuerrelevanten Aufwendungen glaubhaft zu machen sind. Er muss jedoch seine Einnahmen und die behaupteten Aufwendungen im Einzelnen so darstellen, dass die allein steuerlich beachtlichen Aufwendungen von solchen, die unterhaltsrechtlich von Bedeutung sind, abgegrenzt werden können. Die allein ziffernmäßige Aneinanderreihung einzelner Kostenarten genügt diesen Anforderungen nicht.[50]

Obwohl die **Leistungsfähigkeit** an sich zur Begründung der Klage gehören müsste, ist 711 die Darlegungs- und Beweislast insoweit vom Gesetz aus Zweckmäßigkeitsgründen umgekehrt worden, wie sich aus den §§ 1603 I und 1581 BGB ergibt. Das gilt auch dann, wenn der Unterhalt nicht vom Unterhaltsberechtigten, sondern aus übergegangenem Recht von öffentlichen Einrichtungen oder Verwandten geltend gemacht wird (z. B. §§ 7 I UVG, 94 SGB XII).[51] Auch verfassungsrechtlich ist es bedenkenfrei, dass den Verpflichteten die Darlegungs- und Beweislast für seine Leistungsunfähigkeit trifft, weil sie nach dem Gesetz als Einwendung ausgestaltet ist.[52] Danach muss der Verpflichtete die folgenden Tatsachen darlegen und beweisen:

– Beruft sich der Unterhaltspflichtige auf eine eingeschränkte oder fehlende Leistungsfähig- 712 keit, muss er zunächst die die seine **eigene Lebensstellung** bestimmenden Tatsachen wie Alter, Familienstand, Höhe seines Vermögens und Einkommens nebst Verbindlichkeiten, Werbungskosten, Aufwendungen, Betriebsausgaben und sonstige einkommensmindernde Abzugsposten vortragen und ggf. beweisen.[53] Beruft er sich unter Vorlage von Einkommensteuerbescheiden auf seine Leistungsunfähigkeit, muss er seine Einnahmen und behaupteten Aufwendungen im Einzelnen so darstellen, dass die allein steuerlich beachtlichen Aufwendungen von solchen, die unterhaltsrechtlich von Bedeutung sind, abgegrenzt werden können.[54] Für die unterhaltsrechtliche Berücksichtigung betrieblicher Abschreibungen hat er darzulegen, dass und weshalb der Zeitraum der Abschreibung und der tatsächlichen Lebensdauer der betroffenen Güter deckungsgleich sind.[55]

– Im Falle einer **Erwerbsminderung** oder Erwerbsunfähigkeit ist er für deren Art und Berechtigung und seine Bemühungen zu deren Behebung darlegungs- und beweispflichtig.

– Im Fall einer **Arbeitslosigkeit** ist der Unterhaltspflichtige auch für hinreichende Bemühungen um eine Arbeitsstelle und für Tatsachen zur berechtigten Beendigung eines Arbeitsverhältnisses darlegungs- und beweispflichtig[56] (s. Rn. 1/487 ff.). Bei Arbeitslosigkeit muss der Unterhaltsverpflichtete die Erfolglosigkeit der Suche nach Arbeit darstellen und dazu nachprüfbar vortragen, was er im Einzelnen unternommen hat, um einen neuen Arbeitsplatz zu finden. Dazu gehören Angaben, wann und bei welchem Arbeit-

[48] BGH, FamRZ 1990, 266
[49] OLG Schleswig FamRZ 2005, 1109 (gegenüber dem Mindestunterhalt)
[50] BGH, FamRZ 1998, 357 = R 515 a; 1980, 770, 771; OLG Celle FamRZ 2003, 177
[51] BGH, FamRZ 2003, 444 = R 582 (zu § 7 UVG)
[52] BGH, FamRZ 1992, 797 = R 447 a; 1985, 143, 146
[53] BGH, FamRZ 1988, 930
[54] BGH, FamRZ 1998, 357 = R 515 a; OLGR Koblenz 2002, 46
[55] OLG Köln FamRZ 2002, 819
[56] BGH, FamRZ 1986, 244, 246

geber er sich beworben hat.[57] Da der Arbeitslose für die Suche nach Arbeit in der Regel die Zeit aufwenden kann, die ein Erwerbstätiger für seinen Beruf aufwendet, werden in der Rechtsprechung monatlich etwa 20 Bewerbungen erwartet.[58] Wichtiger als die Anzahl der Bewerbungen ist allerdings deren Qualität und Aussagekraft. Hat der Unterhaltspflichtige keine hinreichenden Bemühungen um Aufnahme einer neuen Arbeit dargelegt, kann der Anspruch gleichwohl entfallen, wenn nach seinem weiteren Vortrag feststeht, dass ohnehin keine reale Beschäftigungschance besteht[59] (s. Rn. 1/529 ff.).

- Auch Tatsachen, die nach § 1581 BGB eine **Billigkeitsabwägung** zu seinen Gunsten ermöglichen, muss der Unterhaltsschuldner darlegen und beweisen.
- Darlegungs- und Beweispflichtig ist der Unterhaltsschuldner auch für die Voraussetzungen einer zeitliche **Begrenzung oder Herabsetzung** des Unterhalts nach §§ 1578 b, 1611 BGB.[60] Weil die Befristung oder die Beschränkung des nachehelichen Unterhalts auch nach der Neuregelung des § 1587 b BGB eine Ausnahme von dem Unterhalt nach den ehelichen Lebensverhältnissen (§ 1578 I 1 BGB) darstellt, liegt die Darlegungs- und Beweislast für die dafür relevanten Tatsachen grundsätzlich beim Unterhaltsschuldner. Hat dieser allerdings Tatsachen vorgetragen, die – wie die Aufnahme einer vollzeitigen Erwerbstätigkeit durch den Unterhaltsberechtigten in dem von ihm erlernten oder vor der Ehe ausgeübten Beruf – einen Wegfall ehebedingter Nachteile und damit eine Begrenzung des nachehelichen Unterhalts nahe legen, obliegt es dem Unterhaltsberechtigten, Umstände darzulegen und zu beweisen, die gegen eine Unterhaltsbegrenzung oder für eine längere Schonfrist sprechen.[61]
- Auch die Notwendigkeit und Höhe der **berufsbedingten Aufwendungen** ist vom Unterhaltsschuldner substantiiert darzulegen.[62] Wer den Aufwand für einen Pkw geltend macht, muss darlegen, dass die Benutzung von billigeren öffentlichen Verkehrsmitteln nicht möglich ist.[63] Zwar sehen die Leitlinien der Oberlandesgerichte inzwischen durchweg die Möglichkeit einer Pauschalierung berufsbedingter Aufwendungen vor (s. Rn. 1/89 ff.). Die Pauschalierung soll aber lediglich die Bemessung der Aufwendungen erleichtern und setzt deswegen weiterhin einen substantiierten Vortrag zur Notwendigkeit solcher Aufwendungen voraus.
- War nach der Behauptung des Unterhaltspflichtigen ein Teil der Einkünfte den ehelichen Lebensverhältnissen entzogen, weil er zur **Vermögensbildung** genutzt wurde, ist die Höhe der durchschnittlichen Aufwendungen zur Vermögensbildung in den letzten drei Jahren vor der Trennung darzulegen. Dabei ist aber zu beachten, dass die ehelichen Lebensverhältnisse nach einem objektiven Maßstab zu bemessen sind und der Unterhaltsberechtigte nicht an einer übertriebenen Einschränkung des Konsumverhaltens festgehalten werden kann[64] (s. Rn. 4/213 ff.).
- Der Unterhaltspflichtige hat auch die Gründe dafür vorzutragen, warum ein erzielbares Einkommen nicht erzielt worden ist.
- Auch für die Tatsachen und Gründe einer **rückläufigen Entwicklung** seiner Einkünfte ist der Unterhaltspflichtige darlegungs- und beweispflichtig.[65] Zwar prägt nach der neuesten Rechtsprechung des BGH zu den wandelbaren ehelichen Lebensverhältnissen[66] auch ein nachehelicher Einkommensrückgang die ehelichen Lebensverhältnisse. Das gilt aber dann nicht, wenn dem Unterhaltspflichtigen der Rückgang seiner Einkünfte vorwerfbar ist, was auf der Grundlage seines Vortrags nachprüfbar sein muss.

---

[57] BGH, FamRZ 1998, 357 = R 515 b; FamRZ 1996, 345; KG FamRZ 2001, 114
[58] OLG Hamm NJW-RR 2004, 149; OLGR Hamm 2003, 173; OLG Naumburg, FamRZ 1997, 311
[59] OLG Brandenburg JAmt 2004, 502; KG FamRZ 2003, 1208
[60] BGH, FamRZ 2007, 793, 798 = R 674 j; 1990, 857 = R 417 (jeweils zu den früheren Vorschriften der §§ 1573 V, 1578 I 2 BGB)
[61] BGH, FamRZ 2008, 134, 136 = R 685
[62] BGH, FamRZ 1983, 352
[63] OLG Dresden FamRZ 2001, 47; OLG Hamm, FamRZ 1996, 958
[64] BGH, FamRZ 2007, 1532, 1534 = R 681 d–f
[65] BGH, FamRZ 1988, 145
[66] BGH, FamRZ 2007, 793, 795 = R 674 a; 2006, 683, 685 = R 649 f–h; 2003, 590, 591 = R 586

– Auch die Tatsachen zu einkommensmindernden **Verbindlichkeiten** muss der Unterhaltspflichtige vortragen,[67] soweit die von ihm eingegangenen Verbindlichkeiten auch aus unterhaltsrechtlicher Sicht berücksichtigt werden können.[68]

– Darlegungs- und beweispflichtig ist der Unterhaltspflichtige auch für Tatsachen, die eine **gleichrangige** Unterhaltsverpflichtung, z. B. gegenüber einer zweiten Ehefrau nach § 1609 BGB, begründen können.[69]

– Auch Tatsachen, die nach §§ 1361 III, 1579 BGB[70] oder § 1611 BGB[71] als rechtsvernichtende Einwendung zur einer Beschränkung oder einem Wegfall der Unterhaltspflicht nach Billigkeit führen können, muss der Unterhaltspflichtige darlegen und ggf. beweisen.

– Die Darlegungs- und Beweislast eines Abgeordneten zu Art und Höhe konkreter mandatsbedingter Aufwendungen entspricht der allgemeinen Darlegungslast für die Höhe seiner gesamten Einkünfte zur Begründung einer eingeschränkten Leistungsfähigkeit.[72]

– Beruft der Unterhaltspflichtige sich auf den Wegfall der verschärften Unterhaltspflicht nach § 1603 II BGB[73] oder auf die vorrangige Haftung eines anderen leistungsfähigen Verwandten nach § 1603 II S. 3 BGB,[74] muss er die dafür maßgeblichen Tatsachen darlegen und beweisen.

– Beruft sich der Unterhaltspflichtige auf eine vorzeitige Erwerbsobliegenheit der nichtehelichen Mutter im Rahmen eines Unterhaltsanspruches nach § 1615 l II 3 BGB,[75] muss er die dafür sprechenden Tatsachen ebenfalls darlegen und beweisen.

– Darlegungs- und beweispflichtig ist ein unterhaltspflichtiger Elternteil insbesondere für die Gründe, wonach er einem minderjährigen Kind nicht einmal den Mindestunterhalt nach § 1612 a BGB leisten kann.[76]

Die Darlegungs- und Beweislast des Unterhaltspflichtigen zu Tatsachen, die den Wahrnehmungsbereich des Unterhaltsberechtigten betreffen und zu Negativtatsachen kann zu dessen Lasten erleichtert sein (s. Rn. 6/721 f.).

4. Zur Regel-Ausnahme-Situation

Wenn und soweit Regelvorschriften oder **Erfahrungssätze** bestehen, hat derjenige die **713** Behauptungs- und Beweislast, der eine von der Regel abweichende Ausnahmesituation behauptet. Weist etwa der Unterhaltspflichtige seine Leistungsunfähigkeit durch Verlust seines Arbeitsplatzes nach, ist es Sache des Berechtigten, nachzuweisen, dass die Kündigung auf eine „**unterhaltsbezogene Leichtfertigkeit**" zurückzuführen ist, was zur Annahme von fiktiven Einkünften (dazu s. Rn. 1/494 f.) berechtigt.[77] Zur Darlegungs- und Beweislast bei einer Abweichung von Tabellen und Leitlinien der Oberlandesgerichte hat die Rechtsprechung, u. a. der BGH, folgendes entschieden:

Die Darlegungs- und Beweislast für die **Erwerbsobliegenheit einer Mutter,** die ein **714** noch nicht achtjähriges Kind betreute, trug bislang der Vater, weil er eine Ausnahme von einer erfahrungsgemäßen Regel in Anspruch nehme. Er musste Umstände vortragen, die trotz Betreuungsbedürftigkeit des Kindes für eine Erwerbsobliegenheit der Mutter sprachen.[78] Die pauschale Behauptung, das Kind sei bereits in einem Alter, in dem es in den Kindergarten gehen könne, wurde von der Rechtsprechung bislang nicht für ausreichend

---

[67] BGH, FamRZ ; 1992, 797 = R 447 a; 1988, 930
[68] BGH, FamRZ 1990, 283, 287 = R 400 e
[69] BGH, FamRZ 1988, 930
[70] BGH, FamRZ 1991, 670 = R 431 b; 1989, 1054; 1984, 364; 1982, 463; OLGR Koblenz 2005, 835
[71] OLGR Koblenz 2000, 254
[72] BGH, FamRZ 1986, 780, 781
[73] OLG Hamm, FamRZ 1998, 983
[74] BGH, FamRZ 2008, 137 = R 684 g; OLGR Karlsruhe 2002, 105
[75] BGH, FamRZ 2006, 1362 = R 656 b; OLG Hamm, FamRZ 1998, 1254
[76] BGH, FamRZ 1998, 357 = R 515 a
[77] OLG Düsseldorf, FamRZ 1994, 926; a. A. OLG Hamm, FamRZ 1994, 755
[78] BGH, FamRZ 1983, 456, 458; bestätigt durch BGH, FamRZ 1998, 1501 = R 521 a

erachtet. Denn eine Regel in diesem Sinn sei die Erfahrung, dass ein schulpflichtiges Kind zunächst noch einer verstärkten Beaufsichtigung und Fürsorge bedürfe, die nicht auf bestimmte Zeitabschnitte des Tages beschränkt werden könne. Die kindgerechte Entwicklung in dieser Altersstufe erfordere es in der Regel, dass ein Elternteil sich ihm noch jederzeit widmen könne, was einem Erwerbstätigen etwa bei ausfallenden Schulstunden oder im Falle einer Krankheit nicht möglich wäre. Gleiches gelte in verstärktem Maß für ein Kindergartenkind (s. Rn. 4/72 ff. der Vorauflage).

Diese Auffassung lässt sich im Hinblick auf die neueste Rechtsprechung des BGH zum Unterhaltsanspruch der nichtehelichen Mutter nach § 1615l BGB[79] und insbesondere wegen der Änderung des § 1570 BGB nicht mehr aufrechterhalten. Nach der Rechtsprechung des BGH erfordern die kindbezogenen Gründe im Regelfall lediglich eine dreijährige Unterhaltspflicht gegenüber dem betreuenden Elternteil, weil danach begleitende staatliche Hilfen zur Verfügung stehen auf die ein Unterhaltsberechtigter zurückgreifen kann und – vorbehaltlich berücksichtigungswürdiger elternbezogener Gründe – auch muss. Gleiches ist nunmehr für den nachehelichen Betreuungsunterhalt geregelt, indem dabei *auch die bestehenden Möglichkeiten der Kinderbetreuung zu berücksichtigen* sind. Eine Regel für die Notwendigkeit einer persönlichen Betreuung durch einen Elternteil lässt sich dem Gesetz deswegen nicht mehr in der früher vertretenen Konsequenz entnehmen. Jetzt muss der Unterhaltsberechtigte darlegen und nachweisen, dass mangels bestehender Möglichkeit der Kinderbetreuung, z. B. in einem verlässlichen Kindergarten, auch nach Vollendung der dritten Lebensjahres lediglich eine Teilzeittätigkeit erwartet werden kann.

715   Zur Beurteilung, ob von dem betreuenden Elternteil eine Berufstätigkeit erwartet werden kann, gehört allerdings stets die Darlegung, in welchem Umfang sie neben der Kinderbetreuung in zumutbarer Weise ihren Unterhalt selbst verdienen kann. Auch dann bleibt es bei der Darlegungslast zu den wirtschaftlichen Verhältnissen des Unterhaltsverpflichteten, weil sich selbst im Falle einer Erwerbsobliegenheit des Unterhaltsberechtigten ein auf den vollen ehelichen Lebensbedarf gerichteter Aufstockungsunterhalt nach § 1573 II BGB ergeben kann.[80]

716   Bei Prüfung der Voraussetzungen des zum 1. Januar 2008 geänderten § 1570 BGB ist nach dem eindeutigen Wortlaut der Vorschrift und der Gesetzesbegründung davon auszugehen, dass grundsätzlich mit Vollendung des dritten Lebensjahres des Kindes die Aufnahme einer vollen Erwerbstätigkeit durch den betreuenden Elternteil geboten ist. Begehrt der Elternteil Betreuungsunterhalt über diesen Zeitpunkt hinaus, trifft ihn die Darlegungs- und Beweislast für die dafür notwendigen kind- oder elternbezogenen Gründe. Denn wer eine Ausnahme von dieser durch das Gesetz vorgegebenen Regel für sich in Anspruch nimmt, hat die hierfür erforderlichen Voraussetzungen darzulegen und notfalls zu beweisen[81] (s. Rn. 4/67 ff.).

717   Beim **Trennungsunterhalt** richtet sich die Höhe des Unterhaltsanspruchs im Regelfall nach den gegenwärtigen Einkommensverhältnissen. Deshalb hat der Berechtigte für diese die Darlegungs- und Beweislast. Für den Ausnahmefall einer **unerwarteten, vom Normalverlauf erheblich abweichenden Entwicklung** seit der Trennung ist der Unterhaltspflichtige darlegungs- und beweispflichtig, wenn er hieraus Rechte herleiten will.[82] Auch nach der neuesten Rechtsprechung des BGH zu den wandelbaren ehelichen Lebensverhältnissen[83] muss er darlegen, dass und warum seine derzeitige berufliche Stellung auf einer im Zeitpunkt der Trennung nicht zu erwartenden Entwicklung besteht und nicht schon während des Zusammenlebens der Parteien angelegt gewesen ist und auf welchen Umständen sein beruflicher Aufstieg beruht.[84] Ist das Einkommen hingegen abgesunken, muss der Unterhaltsberechtigte diesen Rückgang grundsätzlich mittragen und ggf. darlegen und be-

---

[79] BGH, FamRZ 2006, 1362 = R 656 a
[80] BGH, FamRZ 2007, 793, 798 = R 674 j; 1983, 996
[81] BGH, FamRZ 1985, 50
[82] OLG Hamm FamRZ 2000, 1017
[83] BGH, FamRZ 2007, 793, 795 = R 674 a, b; 2006, 683, 685 = R 649 f–h; 2003, 590, 591 = R 586
[84] BGH, FamRZ 2007, 793, 795 = R 674 a, b; 1983, 352

weisen, dass dieser auf einer Verletzung der Erwerbsobliegenheit des Unterhaltspflichtigen beruht oder durch freiwillige berufliche oder wirtschaftliche Dispositionen des Unterhaltspflichtigen veranlasst ist und von diesem durch zumutbare Vorsorge hätte aufgefangen werden können.[85] Beruft sich eine Partei darauf, dass sie eine konkrete **Steuerrückzahlung** künftig nicht oder nicht in dieser Höhe erhalten werde, trägt sie dafür die volle Darlegungs- und Beweislast. Sie hat substantiiert darzulegen, wie sich eine Veränderung der Einkommenssituation konkret auf die Steuerschuld auswirkt.[86]

Beruft sich der auf Barunterhalt in Anspruch genommene Elternteil darauf, dass der **718** andere, das Kind **betreuende Elternteil** im Hinblick auf seine günstigen wirtschaftlichen Verhältnisse **zum Barunterhalt beizutragen** habe, so trägt er die Beweislast dafür, dass die Einkommens- und Vermögensverhältnisse des anderen Elternteils dessen Heranziehung zum Barunterhalt rechtfertigen.[87] Im Hinblick auf § 1606 III 2 BGB, wonach der das Kind betreuende Elternteil durch seine persönliche Fürsorge seine Unterhaltspflicht vollständig erfüllt, entspricht die Inanspruchnahme des anderen Elternteils auf Barunterhalt regelmäßig dem Grundsatz anteiliger Haftung beider Elternteile.[88] Somit macht das Kind weder eine Abweichung vom Grundsatz des § 1601 BGB geltend (= Inanspruchnahme des primär Verpflichteten) noch von dem Grundsatz der Gleichwertigkeit von Barunterhalt und Betreuungsleistung nach § 1606 III 2 BGB. Vielmehr begehrt der barunterhaltspflichtige Elternteil mit seiner Behauptung eine Abweichung von der Regel des § 1606 III 2 BGB, weil er meint, der betreuende Elternteil sei trotz dieser Bestimmung zum Barunterhalt verpflichtet. Deshalb muss er die für eine Abweichung von dieser gesetzlichen Regel sprechenden Tatsachen substantiiert behaupten und beweisen. Dass es dem unterhaltsberechtigten Kind häufig leichter möglich sein mag als dem Barunterhalt leistenden Elternteil, die wirtschaftlichen Verhältnisse des anderen Elternteils darzulegen, rechtfertigt keine abweichende Beurteilung. Dies entspricht auch der Beweislast zur vorrangigen Haftung nach § 1603 II S. 3 BGB.[89] Nimmt ein Kind wegen Ausfalls beider Elternteile nach § 1607 I, II BGB die Großeltern in Anspruch, haften grundsätzlich alle vier Großelternteile anteilig nach § 1606 Abs. 3 BGB. Verlangt das Kind dann nur von einem Großvater Unterhalt, ist das Kind sowohl bezüglich der Leistungsunfähigkeit der erstrangig verpflichteten Eltern bzw. der erheblichen Erschwerung der Rechtsverfolgung gegen sie, als auch zum Haftungsanteil des allein in Anspruch genommenen Großelternteils darlegungs- und beweispflichtig. Das Kind kann dann aber von allen Großeltern nach § 1605 BGB Auskunft verlangen, um den jeweiligen Haftungsanteil zu bestimmen.[90]

Soweit sich der Unterhaltsbedarf an die nach Erfahrungswerten aufgestellten Unter- **719** haltstabellen und Richtlinien anlehnt, werden an die Darlegungslast im Unterhaltsprozess keine besonderen Anforderungen gestellt. Wenn der Unterhaltsberechtigte aber im Blick auf eine darüber hinaus gehende Leistungsfähigkeit des Unterhaltspflichtigen einen **erhöhten Bedarf** geltend macht, muss er im Einzelnen darlegen und beweisen, worin dieser Bedarf besteht und welche Mittel zu seiner Deckung im Einzelnen erforderlich sind.[91]

Der Unterhaltsberechtigte hat die Beweislast für die **mangelnde Leistungsfähigkeit 720 des vorrangig Verpflichteten,** wenn er einen nachrangig Unterhaltspflichtigen in Anspruch nimmt. Dies liegt darin begründet, dass sich der Berechtigte mit dem Wegfall der Unterhaltspflicht des primär Verpflichteten auf eine Abweichung von dem in § 1601 BGB aufgestellten Grundsatz beruft, für deren Voraussetzungen er die Beweislast trägt.[92]

---

[85] BGH, FamRZ 2006, 683, 685 = R 649 f–h
[86] OLG Köln FamRZ 2002, 1729
[87] BGH, FamRZ 2008, 137 = R 684 g; 1984, 1000; 1981, 347; OLG Hamm FamRZ 2006, 1479; OLGR Karlsruhe 2002, 105; OLG Nürnberg, FamRZ 1988, 981, 982
[88] BGH, FamRZ 2006, 1597, 1598 = R 659 a
[89] BGH, FamRZ 2008, 137 = R 684 g; 1991, 182, 183; OLGR Karlsruhe 2002, 105
[90] OLG Hamm FamRZ 2005, 1926
[91] BGH, FamRZ 1993, 473
[92] BGH, FamRZ 1984, 1000; FamRZ 1981, 347

5. Negativtatsachen und substantiiertes Bestreiten von Tatsachen aus dem eigenen Wahrnehmungsbereich

721   Auch im Unterhaltsrecht führen die allgemeinen Regeln oftmals zu einer Darlegungs- und Beweislast für so genannte Negativtatsachen oder für Tatschen, die nur der Prozessgegner genauer kennen und aufklären kann. So muss z. B. der Unterhaltspflichtige im Rahmen des § 1579 Nr. 7 BGB darlegen, dass und warum dem anderen Ehegatten ein offensichtlich schwerwiegendes, einseitig bei diesem liegendes Fehlverhalten zur Last fällt oder im Rahmen des § 1579 Nr. 2 BGB dazu vortragen, dass der Unterhaltsberechtigte in einer verfestigten Lebensgemeinschaft lebt. Der unterhaltsberechtigte Ehegatte muss hingegen darlegen, welche Einkünfte und Vermögensverhältnisse des Unterhaltspflichtigen die ehelichen Lebensverhältnisse über die Trennungszeit hinaus prägen, obwohl die genauen Verhältnisse nur dem Unterhaltspflichtigen bekannt sind.

722   Bei einer Darlegungslast zu Tatsachen, die zum **Wahrnehmungsbereich des anderen** gehören, genügt es nach der Rechtsprechung des BGH, wenn solche Tatsachen **behauptet werden** und darauf hingewiesen wird, dass nur der Prozessgegner eine genauere Kenntnis zu diesen Tatsachen hat und ihm deswegen entsprechende Angaben zuzumuten sind. Dem Prozessgegner ist es dann im Hinblick auf die ihm nach § 242 BGB obliegende unterhaltsrechtliche Auskunftspflicht[93] zuzumuten, sich zu diesen Behauptungen näher zu äußern.[94] Er muss den Vortrag dann substantiiert bestreiten, d. h. einen eigenen klärenden Tatsachenvortrag aus dem eigenen Wahrnehmungsbereich bringen. Ein einfaches Bestreiten genügt dann nicht. Unterlässt er eine solche ihm nach den Umständen zumutbare Substantiierung, gelten die Tatsachenbehauptungen seines Gegners nach § 138 III ZPO als zugestanden.[95] Wurde etwa in der Klage gegen einen **Selbstständigen** nachvollziehbar dargelegt, dass er über monatliche Einkünfte von 3000,– € verfügt, kann diese Behauptung als unstreitig behandelt werden, wenn der Beklagte nur bestreitet und nicht anhand seiner Gewinn- und Verlustrechnungen darlegt, dass ihm das behauptete Einkommen nicht zur Verfügung steht.

723   Ein ausreichendes substantiiertes Bestreiten liegt daher nur vor, wenn z. B. ein bilanzierender Unternehmer für die maßgeblichen Jahre **seine Bilanzen sowie Gewinn- und Verlustrechnungen vorlegt**[96] (s. Rn. 1/682). Dann ist es wieder Sache des Darlegungspflichtigen, konkrete Positionen (z. B. bestimmte Ausgaben) zu bestreiten und eine weitere Klärung zu verlangen. Diesem Begehren nach weiterer Aufklärung muss dann entsprochen werden, weil auch hierzu die näheren Umstände im Wahrnehmungsbereich des anderen liegen.

724   Für die Darlegungslast zu so genannten **Negativtatsachen** gilt ähnliches. Der BGH hat einen entsprechenden Fall zu § 1579 Nr. 7 BGB (§ 1579 Nr. 4 BGB a. F.) entschieden.[97] Danach hat der Verpflichtete die tatsächlichen Voraussetzungen der rechtsvernichtenden Einwendung darzulegen und zu beweisen und dabei das Vorbringen der Gegenseite, das im Fall der Richtigkeit gegen die Annahme einer groben Unbilligkeit sprechen würde, **zu widerlegen.** Soweit der Verpflichtete ein derartiges Vorbringen nur in Abrede stellen kann, sind an die Substantiierung seiner Darlegungen nach dem auch das Prozessrecht beherrschenden Grundsatz von Treu und Glauben keine hohen Anforderungen zu stellen, da es sich im Wesentlichen um die Behauptung so genannter negativer Tatsachen handelt.[98] Wenn nach der Art der Vorwürfe des anderen eine weitere Substantiierung nicht möglich oder nicht zumutbar ist, genügt das Bestreiten, und es ist Sache des Gegners, entsprechende Beweise für seine Behauptungen anzubieten.

725   Ähnliches gilt, wenn der Unterhaltspflichtige behauptet, der Unterhaltsberechtigte habe **bedürftigkeitsmindernde Einkünfte** aus einer Erwerbstätigkeit. Wenn dies nicht stimmt,

---

[93] BGH, FamRZ 1988, 268, 269
[94] BGH, FamRZ 1987, 259; OLGR Hamm 2005, 442 = Beck RS 2005, 02443; OLGR Koblenz 2000, 254
[95] BGH, FamRZ 1987, 259
[96] BGH, FamRZ 1987, 259
[97] BGH, FamRZ 1984, 364: 1982, 463
[98] BGH, FamRZ 1984, 364; 1982, 463

kann der Berechtigte diese Behauptung trotz seiner Darlegungslast zur Bedürftigkeit nur allgemein bestreiten. Nunmehr muss der Unterhaltspflichtige im Einzelnen darlegen und nachweisen, warum seine Behauptung richtig ist und welche konkreten Einkünfte der Unterhaltsberechtigte nach seiner Auffassung erzielt. Der Berechtigte muss dann den neuen Vortrag widerlegen.

6. Darlegungs- und Beweislast bei Abänderungsklagen

Im Abänderungsverfahren nach § 323 ZPO (s. Rn. 10/138 ff., 166) hat der Abände- **726** rungskläger die Darlegungs- und Beweislast für eine wesentliche Veränderung der Umstände, die für die Unterhaltsfestsetzung im vorausgegangenen Verfahren maßgeblich waren.[99] Er muss also sowohl die Grundlagen des früheren Unterhaltstitels als auch die inzwischen eingetretenen Veränderungen darlegen und beweisen.[100] Dies gilt auch für Tatsachen, die im früheren Prozess der Gegner zu beweisen hatte,[101] sofern es sich in dem Abänderungsverfahren noch um denselben anspruchsbegründenden Sachverhalt handelt. Im Abänderungsprozess gegen das volljährige Kind muss der die Abänderung begehrende Unterhaltsschuldner also auch den Haftungsanteil des andern Elternteils darlegen und beweisen, wenn schon der abzuändernde Titel den Unterhalt des volljährigen Kindes und damit auch die – jetzt abzuändernde – Haftungsquote regelte.[102] Trotz der Identität der Unterhaltsansprüche des minderjährigen und des volljährigen Kindes[103] gilt dies aber nicht, wenn der frühere Titel den Unterhalt des minderjährigen Kindes regelte und deswegen im Abänderungsverfahren erstmals die Haftungsquote der Eltern darzulegen und nachzuweisen ist[104] (s. auch Rn. 2/451). Auch für die Voraussetzungen des Unterhaltsanspruchs nach Erreichen der Volljährigkeit[105] ist das Kind darlegungs- und beweispflichtig, soweit trotz des gleich bleibenden gesetzlichen Anspruchs mit Beendigung der Schulausbildung nunmehr der Nachweis einer Ausbildung zu einem Beruf als Tatbestandsvoraussetzung notwendig ist.[106] Hat der Abänderungsbeklagte ein bestimmtes Einkommen in erster Instanz im Rahmen eines gerichtlichen Geständnisses eingeräumt, behält dies auch in der Berufungsinstanz seine Wirksamkeit (§§ 288, 535 ZPO). Dann ist von dem eingeräumten Einkommen im Zeitpunkt des Geständnisses auszugehen und der Beklagte für eine neuerliche Einkommensreduzierung beweispflichtig.[107] Soweit bestimmte Tatsachen in der Sphäre des Abänderungsbeklagten liegen und der Abänderungskläger hierzu keinen Zugang hat, genügt es, wenn er das ihm in zumutbarer Weise Erkennbare vorträgt. Der Beklagte hat dann diesen Vortrag konkret zu widerlegen[108] (näher dazu s. Rn. 6/721 ff.). Stützt der Unterhaltsberechtigte seinen Anspruch in dem Abänderungsverfahren hingegen auf eine andere Anspruchsgrundlage (z. B. auf § 1573 I BGB statt auf § 1570 BGB), so obliegt ihm auch in dem Abänderungsverfahren nach den allgemeinen Grundsätzen die uneingeschränkte Darlegungs- und Beweislast für den neuen anspruchsbegründenden Lebenssachverhalt.[109]

---

[99] BGH, FamRZ 2007, 793, 796 = R 674 e; 2004, 1179, 1180 = R 613; 1987, 259; eingehend dazu Graba, Die Abänderung von Unterhaltstiteln, 3. Aufl., Rn. 271, 295, 298

[100] BGH, FamRZ 2004, 1179 = R 613 (Abänderung eines Urteils); BGH, FamRZ 2007, 715; OLG München FamRZ 2002, 1271; OLG Brandenburg FamRZ 2002, 1049 (jeweils zur Jugendamtsurkunde); OLG Stuttgart, FamRZ 2005, 1996; OLG Zweibrücken FamRZ 2004, 1884; OLG Hamburg FamRZ 2002, 465 (jeweils zum Unterhaltsvergleich)

[101] OLG Zweibrücken, FamRZ 1981, 1102

[102] OLG Zweibrücken FamRZ 2001, 249

[103] BGH, FamRZ 1984, 682

[104] OLG Brandenburg MDR 2002, 844; OLG Hamm FamRZ 2000, 904; OLG Köln FamRZ 2000, 1043; KG FamRZ 1994, 765; a. A. OLG Zweibrücken FamRZ 2001, 249

[105] BGH, FamRZ 2006, 1100, 1101 = R 654 a–d

[106] OLG Brandenburg FamRZ 2005, 815, ZfJ 2005, 125 und FamRZ 2004, 552; vgl. auch BGH, FamRZ 1990, 496

[107] BGH, FamRZ 2004, 1179; 1180 = R 613; NJW-RR 1999, 1113

[108] OLG Koblenz, FamRZ 1998, 565

[109] OLG Zweibrücken, FamRZ 1986, 811

7. Darlegungs- und Beweislast bei negativen Feststellungsklagen

726 a Der Unterhaltsschuldner kann eine negative Feststellungsklage erheben, wenn sich der Unterhaltsberechtigte eines Unterhaltsanspruchs gegen ihn berühmt oder wenn er bereits im Scheidungsverbund nach § 620 Nr. 6 ZPO eine einstweilige Anordnung gegen ihn erwirkt hat, zumal diese zwar der formellen nicht aber der materiellen Rechtskraft fähig ist[110] (s. auch Rn. 10/190 ff.). Nach § 322 I ZPO ist ein Urteil insoweit der materiellen Rechtskraft fähig, als darin über den durch Klage- und Widerklage erhobenen Anspruch entschieden ist. Nach der gefestigten Rechtsprechung des BGH bedeutet dies zum einen, dass eine erneute Klage mit identischem Streitgegenstand unzulässig ist. Ist die in einem Vorprozess als Hauptsache entschiedene Rechtsfolge nur Vorfrage für die Entscheidung des nachfolgenden Rechtsstreits, so besteht die Rechtskraftwirkung in einer Bindungswirkung. Dabei ist eine Identität der Streitgegenstände nicht nur dann anzunehmen, wenn der nämliche Streitgegenstand zwischen denselben Parteien rechtshängig gemacht wird. Vielmehr sind die Streitgegenstände auch identisch, wenn im Zweitprozess der Ausspruch des „kontradiktorischen Gegenteils" begehrt wird. Infolgedessen hat ein Urteil, das eine negative Feststellungsklage aus sachlichen Gründen abweist, dieselbe Rechtskraftwirkung wie ein Urteil, das das Gegenteil dessen, was mit der negativen Feststellungsklage begehrt wird, positiv feststellt.[111] Daran ändert sich auch nichts, wenn das Gericht des Vorprozesses in seinem Urteil ersichtlich von einer falschen Darlegungs- und Beweislast für ein Klagevorbringen ausgegangen ist.[112]

Bei der negativen Feststellungsklage richtet sich die Darlegungs- und Beweislast deswegen nicht nach der Parteistellung, sondern nach den **allgemeinen materiell-rechtlichen Beweislastgrundsätzen.** Die zufällige Umkehrung der Parteirolle bei der negativen Feststellungsklage bleibt somit regelmäßig ohne Einfluss auf die Darlegungs- und Beweislast.[113]

8. Zur Umkehr der Beweislast

727 Die nach allgemeinen Grundsätzen gegebene Beweislast kehrt sich um, wenn eine Partei die Beweisführung, insbesondere die Benutzung eines Beweismittels, durch den Gegner schuldhaft vereitelt oder erschwert.[114] Wenn z. B. ein Selbstständiger seine Einnahmen in Kenntnis der Unterhaltsschuld nur anhand von Tagesprotokollen erfasst, die alleinige Grundlage für die Eintragung der Monatseinnahmen im Kassenbuch sind und danach vernichtet werden, kehrt sich die Beweislast des Unterhaltsberechtigten dergestalt um, dass nunmehr der Unterhaltspflichtige darzulegen und zu beweisen hat, dass er die von dem Berechtigten substantiiert behaupteten Einnahmen nicht hatte.[115] Von einer solchen Behinderung der gegnerischen Beweisführung kann aber nicht schon dann ausgegangen werden, wenn einer Partei angelastet wird, sie habe sich eines Verstoßes gegen die prozessuale Wahrheitspflicht schuldig gemacht, indem sie sich in ihren Schriftsätzen teilweise unwahrhaftig oder unvollständig erklärt oder widersprüchlich vorgetragen habe. Ein derartiges Verhalten kann stattdessen im Rahmen der freien Beweiswürdigung und Überzeugungsbildung des Gerichts nach § 286 I 1 ZPO gebührend berücksichtigt werden.[116]

---

[110] Dose, Einstweiliger Rechtsschutz im Familienrecht, 2. Aufl. Rn. 75 f.; OLG Köln FamRZ 1998, 1427

[111] BGH, NJW 1995, 1757

[112] BGH, NJW 1986, 2508

[113] BGH, NJW 1983, 2032, 2033; 1977, 1637, 1638; OLG Oldenburg FamRZ 1991, 1071; OLG Hamm FamRZ 1988, 1056; OLG Hamburg FamRZ 1982, 702; OLG Stuttgart NJW 1981, 2581; OLG Düsseldorf FamRZ 1981, 480

[114] BGH, FamRZ 1981, 347, 349

[115] OLGR Koblenz 1999, 270

[116] BGH, FamRZ 1981, 347, 349

II. Zur tatrichterlichen Ermittlung und Schätzung nach § 287 ZPO

1. Zur Anwendung des § 287 ZPO im Unterhaltsverfahren

§ 287 II ZPO ist grundsätzlich auch im Unterhaltsprozess anzuwenden. Denn auch das **728** Unterhaltsverfahren ist eine vermögensrechtliche Streitigkeit im Sinn dieser Bestimmung, bei der die vollständige Aufklärung aller für die Höhe der Unterhaltsforderung maßgeblichen Umstände mit unverhältnismäßigen Schwierigkeiten verbunden sein kann. Das kann Veranlassung zu einer richterlichen Schätzung geben.[117]

Dies gilt sowohl hinsichtlich des **gesamten Einkommens,** soweit die Angaben unvoll- **729** ständig oder zweifelhaft sind, als auch zu einzelnen Posten des anrechnungsfähigen Einkommens,[118] zu Abzugsposten,[119] Bedarfsposten, vor allem zum konkreten Mehrbedarf sowie zu behaupteten Mehraufwendungen. Auch mandatsbedingte Aufwendungen eines Abgeordneten können nach § 287 II ZPO geschätzt und von der Kostenpauschale abgezogen werden. Außerdem kann auch dem Geheimhaltungsinteresse des Abgeordneten mit den Mitteln des § 287 II ZPO Rechnung getragen werden.[120]

Auch **Bedarfspositionen** auf Seiten des Unterhaltsberechtigten, einschließlich eines ev. **730** Mehrbedarfs, sind einer Schätzung zugänglich.[121] Ferner kann die Höhe **fiktiver Einkünfte,** wie sie bei der Bemessung des Unterhalts sowohl auf Seiten des Berechtigten als auch des Verpflichteten einzustellen sein können, im Allgemeinen nur im Weg einer Schätzung ermittelt werden[122] (s. Rn. 1/536 f.).

Im Rahmen der Bedarfsbemessung kann der Tatrichter den nach §§ 1361, 1578 BGB bei **731** der Beurteilung der ehelichen Lebensverhältnisse festzulegenden Unterhaltsmaßstab oft nur im Weg der Schätzung gemäß § 287 II ZPO ermitteln.[123] Das gilt besonders, wenn der Unterhaltsberechtigte im Ausland lebt und dessen Bedarf den dortigen Verhältnissen anzupassen ist[124] (s. Rn. 7/23 f.).

Ferner ist § 287 II ZPO im Abänderungsverfahren anwendbar, wenn die wesentlichen **732** Grundlagen des abzuändernden Titels und die behaupteten veränderten neuen Verhältnisse sowie deren Auswirkungen auf den Unterhaltsanspruch festgestellt werden müssen.[125]

2. Zur Schätzung nach § 287 ZPO

Die Schätzung nach § 287 II BGB erfolgt unter Berücksichtigung aller maßgeblichen **733** Umstände nach freier tatrichterlicher Würdigung, wobei auch allgemeine Erfahrungssätze herangezogen werden dürfen, wozu den Parteien aber Gelegenheit zur Stellungnahme gegeben werden muss.[126] Dabei ist je nach den Umständen des Falles eine großzügige Beurteilung geboten, wenn und soweit es der Prozesspartei nicht zumutbar ist, seine besonderen Mehraufwendungen spezifiziert darzulegen. Diese Voraussetzungen liegen vor allem

---

[117] BGH, FamRZ 1986, 885; 1984, 149, 151; 1984, 151, 153; 1981, 1165; 1981, 338; u. a.

[118] BGH, FamRZ 2006, 1362, 1368; 2001, 1603 = R 559 (zum Ausbildungsmehrbedarf); OLG München FamRZ 1999, 1350 (zum Gebrauchsvorteil privater PKW-Nutzung); OLGR Hamm 1999, 90 (zu Auslandszulagen); OLGR Hamm 1998, 344 (zu Abschreibungen); OLG Hamm FamRZ 1999, 233 (zum Wohnvorteil); OLGR Hamm 1998, 138 (zu geldwerten Versorgungsleistungen)

[119] BGH, FamRZ 2006, 108 = R 642 a; OLG Hamm NJW-RR 2005, 515 (zu einem PKW-Kredit)

[120] BGH, FamRZ 1986, 780

[121] BGH, FamRZ 2001, 1603 = R 559 (zum Ausbildungsmehrbedarf); OLG Hamm FamRZ 2006, 124; OLGR Schleswig 1998, 81 und OLG Karlsruhe FamRZ 1998, 1435 (zu krankheitsbedingtem Mehrbedarf); OLG Hamm NJW 2005, 369 (zum Sonderbedarf einer Heimbewohnerin)

[122] BGH, FamRZ 1986, 885; 1984, 662

[123] BGH, FamRZ 1988, 256

[124] OLG München FamRZ 1998, 857

[125] BGH, FamRZ 1983, 260; 1979, 694, 696

[126] BGH, FamRZ 2006, 1362, 1368 (zur Sachkunde und zur Stellungnahmemöglichkeit); 1984, 662; 1984, 149, 151; 1984, 151, 153; 1983, 456, 458; 1983, 886; 1982, 255, 257; 1981, 338

dann vor, wenn die Art einer Behinderung eine genaue Trennung des allgemeinen Lebensbedarfs und des schädigungsbedingten Mehrbedarfs erschwert.[127]

734 Im Rahmen der Schätzung eines behinderungsbedingten Mehraufwands bei Berücksichtigung einer Grundrente hat der Tatrichter auch zu erwägen, ob und inwieweit neben der Anerkennung eines Mehraufwands auch der ideelle Zweck einer gezahlten Rente besonders zu berücksichtigen ist[128] (s. Rn. 1/441 ff.).

735 Mit der Möglichkeit der Schätzung nach § 287 II ZPO kann der Tatrichter insbesondere unübersichtlichen und zugleich wirtschaftlich wenig ergiebigen Unterhaltsstreitigkeiten begegnen und im Einzelfall die Darlegungs- und Beweisregeln in einer auch dem wirtschaftlichen Gewicht des jeweiligen Rechtsstreits angemessenen Weise handhabt.[129] Dabei sind jedoch die engen Grenzen des Beweisrechts zu beachten. Hat etwa eine Bedienung unter Beweis gestellt, dass sie nur 30–40 € im Monat als Trinkgeld erhält, darf das Gericht nicht ohne Erhebung des Gegenbeweises pro Arbeitstag 5 €, also 110 € im Monat nach § 287 II ZPO schätzen.[130] Voraussetzung für eine Einkommensschätzung nach § 287 II ZPO ist also stets, dass die weitere Aufklärung konkret aufgetretener Zweifel unverhältnismäßig schwierig ist, zu dem Umfang der Unterhaltsforderung in keinem Verhältnis steht und kein Gegenbeweis übergangen wird.[131]

3. Zu den Schätzungsvoraussetzungen

736 Voraussetzung für eine Schätzung nach § 287 II ZPO ist, dass bei Streit über die Unterhaltshöhe die vollständige Aufklärung im Vergleich zur Bedeutung der gesamten Forderung oder eines Teils der Unterhaltsforderung unverhältnismäßig schwierig ist. Verfahrensfehlerhaft ist eine Schätzung dann, wenn sie auf falschen oder offenbar unsachlichen Erwägungen beruht oder wenn sie wesentliches tatsächliches Vorbringen außer Acht lässt.[132] Der Richter entscheidet nach Anhörung der Parteien nach freier Überzeugung, darf dabei in zentralen Fragen allerdings nicht auf sachverständige Kenntnisse verzichten, soweit diese nach Sachlage unerlässlich sind. Darüber hinaus sind angebotene Beweise für die geschätzten Tatsachen nicht zu erheben, wohl aber ein substantiierter Gegenbeweis, der zu einem grundlegend anderen als dem geschätzten Ergebnis kommen würde.[133] Der Richter muss aber stets das Parteivorbringen würdigen und die Ablehnung von angebotenen aber im Wesentlichen unergiebigen Beweisen begründen. In der Entscheidung müssen die tatsächlichen Grundlagen der Schätzung und deren Auswertung in objektiv nachprüfbarer Weise angegeben werden. Fehlt dem Gericht eine eigene Sachkunde, muss ein angebotenes Sachverständigengutachten eingeholt werden.[134]

737–749 – *In dieser Aufl. nicht belegt* –

---

[127] BGH, FamRZ 1981, 1165
[128] BGH, FamRZ 1981, 338
[129] BGH, FamRZ 1984, 144
[130] BGH, FamRZ 1991, 182, 184 = R 430 c
[131] BGH, FamRZ 1993, 789, 792 = R 460 b
[132] BGH, FamRZ 2001, 1603 = R 559
[133] BGH, FamRZ 1991, 182, 184 = R 430 c
[134] BGH, FamRZ 2006, 1362, 1368; 1990, 283, 287

§ 7 Unterhalt zwischen nicht verheirateten Eltern und zwischen Lebenspartnern

1. Abschnitt: Ansprüche der Mutter oder des Vaters eines nichtehelichen Kindes gegen den anderen Elternteil und damit zusammenhängende Ansprüche

I. Allgemeines

Die **Ansprüche der Mutter eines nichtehelichen Kindes** gegen dessen Vater stellen **1** einerseits einen Ausgleich dar für die besonderen physischen und psychischen Belastungen der Mutter durch die nichteheliche Schwangerschaft, insbesondere in der kritischen Phase vor und nach der Entbindung,[1] andererseits sollen sie indirekt helfen, die gedeihliche Entwicklung des Kindes zu fördern.[2] Bereits die ursprüngliche Fassung des BGB sah einen derartigen, allerdings sehr eingeschränkten Anspruch der Mutter vor. Die Ansprüche wurden inzwischen immer mehr ausgeweitet. So wurde die in § 1615 l II 3 a. F. BGB bestimmte Unterhaltsbefristung auf die Zeit von 1 Jahr ab Entbindung durch das Schwangeren- und Familienhilfeänderungsgesetz vom 21. 8. 1995 (BGBl I S. 1050) mit Wirkung vom 1. 10. 1995 auf 3 Jahre ab Entbindung verlängert. Danach hatte das Kindschaftsreformgesetz vom 16. 12. 1997 (BGBl I S. 2942) die Vorschrift mit Wirkung vom 1. 7. 1998 dahin abgeändert, dass sich die Unterhaltpflicht über die 3-Jahresfrist hinaus verlängerte, „sofern es ... grob unbillig wäre, einen Unterhaltsanspruch nach Ablauf dieser Frist zu versagen".[3] Darüber hinaus führte das Kindschaftsreformgesetz mit der Regelung in § 1615 l IV BGB auch einen **Anspruch des nichtehelichen Vaters** auf Betreuungsunterhalt gegen die Mutter (§ 1615 l II 2 BGB) ein, falls er das Kind betreut. Inzwischen erleichtert die Fassung des § 1615 l II 4 u. 5 BGB nach Maßgabe des Gesetzes zur Änderung des Unterhaltsrechts vom 21. 12. 2007 (BGBl. I 3189) die Ausdehnung der Unterhaltpflicht über die Mindestfrist von 3 Jahren ab Geburt (§ 1615 l III 3 n. F.) hinaus, weil es nur noch darauf ankommt, ob dies – wie auch beim nachehelichen Betreuungsunterhalt (§ 1570 I 2 u. 3 BGB n. F.) – insbesondere nach den Belangen des Kindes und den Möglichkeiten der Kindesbetreuung der Billigkeit entspricht.

In der Praxis spielen die Ansprüche auf „Mutterschaftsunterhalt" nach § 1615 l I 1 BGB und auf Erstattung von Schwangerschafts- und Entbindungskosten nach § 1615 l I 2 BGB sowie der Anspruch nach § 1615 m BGB auf Übernahme der Beerdigungskosten nur eine geringe Rolle, weil die Bedürftigkeit der Mutter vielfach wegen Lohnfortzahlung, Mutterschaftsgeld und Krankenversicherungsleistungen nach §§ 179, 195 ff. RVO entfällt oder weil – bezüglich der Beerdigungskosten – Subsidiarität besteht bzw. nach § 74 SGB XII die Sozialhilfe einspringen muss.[4]

Hierher gehören auch die Ansprüche der geschiedenen Ehefrau, die ein **nichteheliches Kind vom geschiedenen Ehemann** hat und betreut.[5]

Das Kindschaftsreformgesetz vom 16. 12. 1997 (BGBl I 2942) hat mit Wirkung vom 1. 7. **2** 1998 durch Änderung des GVG (§ 23 b I 2 Nr. 13) und der ZPO (§ 621 I Nr. 11) für die gerichtliche Geltendmachung der Ansprüche nach §§ 1615 l und 1615 m BGB die **Zustän-**

---

[1] BGH, FamRZ 1998, 541, 542 = R 520 a
[2] Vgl. Brüggemann, FamRZ 1971, 140 f.
[3] Zur Gesetzesgeschichte vgl. Büdenbender, FamRZ 1998, 129; kritisch zur immer weiteren Ausdehnung der Ansprüche: Dieckmann, FamRZ 1999, 1029, 1034
[4] Vgl. Göppinger/Wax/Maurer, Unterhaltsrecht, Rn. 1208
[5] BGH, FamRZ 1998, 426 = R 519 a

digkeit des Familiengerichts mit Rechtsmittelzug zum Oberlandesgericht (§ 119 I Nr. 1 GVG) eingeführt. Aufgrund des Kindesunterhaltsgesetzes vom 6. 4. 1998 (BGBl I 666) wird der Anspruch der Mutter auf **Erstattung von Schwangerschafts- und Entbindungskosten** (früher § 1615 k BGB) nicht mehr durch eine eigene Vorschrift geregelt, sondern bei gleichzeitigem Wegfall seiner Subsidiarität im Wege einer Ergänzung des § 1615 l I durch einen Satz 2 als Unterfall des Unterhaltsanspruchs der Mutter behandelt, so dass er nach dem Willen des Gesetzgebers (BT-Drucks. 13/7338, S. 32) nunmehr auch den Voraussetzungen der Bedürftigkeit und Leistungsfähigkeit unterliegt (siehe Rn. 11). Wegen der **prozessualen Übergangsfragen** siehe Art. 15 § 1 des Kindschaftsreformgesetzes (BGBl I 1997, 2942, 2966).

3   Die Ansprüche der Mutter richten sich gegen den Vater des nichtehelichen Kindes (oder dessen Erben – § 1615 n S. 1 BGB). Ausnahmsweise kann sich der Anspruch als Betreuungsunterhaltsanspruchs des Vaters gegen die Mutter (§ 1615 l II 2, IV BGB) richten. Die Ansprüche setzen – außer beim Antrag auf Erlass einer einstweiligen Verfügung gemäß § 1615 o II BGB und abgesehen vom Fall einer Fehl- bzw. Totgeburt (vgl. § 1615 n S. 2 BGB) – die **rechtswirksame Feststellung der Vaterschaft** für und gegen alle durch gerichtliche Entscheidung oder Anerkennung voraus (§§ 1594 I, 1600 d IV mit § 1592 Nr. 2 u. 3 BGB).[6] Die gegenteilige Auffassung,[7] die Inzidentfeststellung im Unterhaltsverfahren genügen lassen will, lässt sich schwerlich mit §§ 1594 I, 1600 d IV BGB vereinbaren, wonach – von gesetzlichen Ausnahmen abgesehen – die Rechtswirkungen der Vaterschaft erst vom Zeitpunkt der Feststellung an geltend gemacht werden können. Bei Fehl- oder Totgeburt wird – falls vorhanden – die schon vor der Geburt (§ 1594 IV BGB) mit der notwendigen Zustimmung der Mutter (§ 1595 I i. V. m. § 1594 IV BGB) erklärte Anerkennung insoweit als wirksam behandelt werden können, als es um die Geltendmachung der ungeachtet der fehlenden Lebendgeburt verbliebenen Ansprüche (vgl. § 1615 n BGB) geht. Im Übrigen müsste die Vaterschaft für den Leistungsprozess inzident mit Hilfe der Vaterschaftsvermutung des § 1600 d II u. III BGB festgestellt werden, wobei allerdings bei einer Fehlgeburt[8] und wohl auch bei einer Totgeburt[9] keine gesetzliche Empfängniszeit feststünde.

4   **Echte Unterhaltsansprüche,** auf welche die Vorschriften des Verwandtenunterhalts entsprechend anzuwenden sind und welche gemäß § 94 SGB XII auf den Träger der Sozialhilfe übergehen können, sind die auf Unterhaltsleistung gerichteten Ansprüche aus § 1615 l I und II BGB, während der Anspruch nach § 1615 m BGB auf Übernahme von Beerdigungskosten vom Gesetz, das insoweit anders als in § 1615 l III 1 BGB nicht auf die Vorschriften des Verwandtenunterhalts verweist, nach der herrschenden Meinung als normale Forderung zu behandeln ist, die im Gegensatz zu Unterhaltsforderungen als zusätzliche Tatbestandsvoraussetzungen weder die Bedürftigkeit der Berechtigten (§ 1602 I BGB) noch die Leistungsfähigkeit der Verpflichteten (§ 1603 I BGB) verlangt.[10] Dementsprechend wird in § 850 d I 1 ZPO (Pfändbarkeit bei der Durchsetzung von Unterhaltsansprüchen) auch nur § 1615 l BGB genannt. Allein die dort geregelten Ansprüche erlöschen mit Tod des/der Berechtigten (§ 1615 I BGB). Auf Unterhalt für die Zukunft kann bei diesen Ansprüchen **nicht verzichtet werden** (§ 1614 BGB). Die Bedenken gegen die Verfassungsmäßigkeit des Verzichtsverbots[11] dürften nicht berechtigt sein, weil unter Eheleuten für den Fall der Scheidung in der Regel zusätzliche vermögensrechtliche Ansprüche bestehen, die im Zugewinnausgleich, im Versorgungsausgleich und bei der Hausratsteilung verwirklicht werden können.

---

6   OLG Celle, FamRZ 2005, 747
7   OLG Zweibrücken, FamRZ 1998, 554; Huber, FPR 2005, 189, 190
8   Brüggemann, FamRZ 1971, 140, 142
9   MünchKommBGB/Born, Rn. 5 zu § 1615 n
10   MünchKommBGB/Born, Rn. 2 zu § 1615 m; AG Limburg, FamRZ 1987, 1192; AG Göttingen FamRZ 1988, 1204; LG Bremen, FamRZ 1993, 107; siehe aber auch Zöller-Philippi, ZPO, Rn. 2 u. 3 zu § 643 zur inkonsequenten Regelung des § 643 I ZPO
11   Freiherr v. Hoyenberg, FPR 2007, 273 ff. hält das Verzichtsverbot wegen der Verzichtsmöglichkeit beim nachehelichen Betreuungsunterhalt für verfassungswidrig

Anders als im Verwandtenunterhalt (§ 1615 I BGB) erlöschen die Ansprüche, auch 5
soweit sie Unterhaltsansprüche sind, **bei Tod** des pflichtigen Vaters oder der pflichtigen
Mutter nicht (§ 1615l III 4 BGB), sondern richten sich **gegen die Erben**. § 1615n
S. 1 BGB stellt darüber hinaus für sämtliche Ansprüche klar, dass dies auch gilt, falls der
Vater vor der Geburt des Kindes verstorben ist. Wegen der entsprechenden Anwendung
des § 1615l III 4 BGB auf den Anspruch des Vaters auf Betreuungsunterhalt (§ 1615l
IV 2 BGB) gilt dies auch für den Fall, dass die Mutter bei oder nach der Geburt stirbt
und der schon vor Geburt durch Anerkennung (vgl. Rn. 3) mit nachfolgender Zustim-
mung des Kindes (§ 1595 II BGB) oder nach Geburt gemäß § 1600e BGB durch
Entscheidung des Familiengerichts festgestellte Vater die Betreuung übernimmt. Zwar
bezieht sich § 1615n I S. 1 BGB an sich nur auf den Anspruch der Mutter, es handelt
sich hier aber lediglich um einen gesetzestechnischen Mangel, weil die Intention des
Gesetzgebers, wie die übrigen Regelung zeigt, eindeutig auf eine Gleichstellung der
Ansprüche des jeweiligen Elternteils hinausläuft.[12] Problematisch erscheint, dass der
Unterhaltsanspruch nach § 1615l II BGB rein formal der Höhe nach unbegrenzt sowie
in Ausnahmefällen auch langfristig gegen die Erben geltend gemacht werden kann.
Während der Anspruch des geschiedenen Ehegatten nach § 1586b I 3 BGB der Höhe
nach auf den Wert des fiktiven Pflichtteils beschränkt ist, fehlt hier eine solche **Beschränkung des Gesetzes zugunsten des Erben** in Richtung auf den mit dem
verstorbenen Pflichtigen nicht verheiratet gewesenen Elternteil.[13] Dies hängt mit der
Entstehungsgeschichte des Anspruchs der Mutter gegen den Erzeuger zusammen. Der
sehr beschränkte Anspruch nach § 1715 BGB a. F. wurde bei Einführung des BGB nicht
als Unterhaltsanspruch, sondern als Entschädigungsanspruch eigener Art aufgefasst, Für
den – gewissermaßen selbstverständlich – die allgemeinen Vorschriften für die aktive und
passive Vererblichkeit galten. Auch bei der nach jetziger Gesetzeslage leichter möglichen
Überschreitung der 3-Jahres-Frist lassen sich bei der Prüfung der Frage, ob die Verlängerung des Unterhaltsanspruchs der Billigkeit entspricht oder nicht, zunächst Vergleichs-
erwägungen zu der Situation beim nachehelichen Unterhalt anstellen.[14] Als weitere
Einschränkung bietet sich an, einen auf den Erben als Schuldner übergegangenen Unterhaltsanspruch von der Leistungsfähigkeit des Erben abhängig zu machen. Eine dies
ausschließende Vorschrift wie beim Geschiedenenunterhalt (vgl. § 1586b I 2 BGB) gibt
es hier nicht. Möglich erscheint auch § 1586b I 3 BGB entsprechend anzuwenden. Dass
es nie eine das Erbrecht begründende Ehe gab, steht dem nur formal entgegen. Der
BGH hat § 1586 I BGB (Wegfall des Anspruchs bei Wiederheirat des Berechtigten) auf
alle Unterhaltsansprüche nach § 1615l I 1, II BGB für entsprechend anwendbar erklärt.[15]
Dies sei schon von Verfassungs wegen geboten. Der auch auf nacheheliche Solidarität
beruhende Anspruch nach § 1570 BGB sei gegenüber dem Anspruch der nichtehelichen
Mutter teilweise privilegiert, er könne damit für den Wegfall seiner Voraussetzungen
nicht stärker ausgestattet sein als die Letztere. Diese Erwägungen lassen sich auf die
Reichweite des Anspruchs gegen die Erben des pflichtigen nichtehelichen Elternteils
übertragen.

Unterhaltszahlungen nach § 1615l II BGB kann der Pflichtige nur im Rahmen des 6
§ 33a EStG als außergewöhnliche Belastung geltend machen. Die **steuerliche Gestal-
tungsmöglichkeit** der vereinbarten Durchführung des Realsplittings nach §§ 10 I Nr. 1,
22 Nr. 1a EStG haben nichteheliche Elternteile nicht.[16] Soweit sich das Einkommen des
Kindsvaters durch ein Ehegattensplitting erhöht, kommt dies der unterhaltsberechtigten
Kindsmutter nicht zugute. Das Einkommen ist in diesem Fall fiktiv nach Steuerklasse I zu
berechnen.[17]

---

[12] Büdenbender, FamRZ 1998, 129, 132
[13] Vgl. hierzu Dieckmann, FamRZ 1999, 1029, 1035; Puls, FamRZ 1998, 865, 876
[14] Dieckmann, a. a. O. zur vorherigen Gesetzeslage
[15] BGH, FamRZ 2005, 347, 349 = R 622
[16] OLG Naumburg, OLGR 2006, 437
[17] OLG Koblenz, FamRZ 2004, 973

II. Die einzelnen Ansprüche

1. Der Anspruch auf Erstattung von Schwangerschafts- und Entbindungskosten

7   Der **Anspruch nach § 1615 l I 2 BGB,** der an die Stelle des früheren § 1615 k BGB getreten ist, und als Unterhaltsanspruch entgegen der früheren Rechtslage Bedürftigkeit der berechtigten Mutter und Leistungsfähigkeit des Vaters voraussetzt (Rn. 2), erfasst − abgesehen von der sich aus dem Gesetz selbst ergebenden Ausschlusszeit (siehe Rn. 10) − grundsätzlich ohne zeitliche Beschränkung die eigentlichen **durch die Entbindung verursachten Kosten,** nämlich den Aufwand für Ärzte, Hebammen, Klinikaufenthalt, Arzneimittel usw., sowie **weitere Kosten,** welche **wegen der Schwangerschaft oder als Folge der Entbindung** entstanden sind, z. B. Kosten für ärztliche Vor- oder Nachbehandlungen, Umstandsbekleidung,[18] Kosten einer Haushaltshilfe[19] bei Problemschwangerschaft. Zu ersetzen sind die tatsächlich angefallenen, notwendigen bzw. angemessenen Kosten.[20] So bestimmt sich nach der Lebensstellung der Mutter (§§ 1615 l III 1, 1610 I BGB), welche Pflegeklasse im Krankenhaus sie beanspruchen kann. Die früher teilweise unter Bezugnahme auf § 1615 c BGB a. F. vertretene Ansicht, es sei die Lebensstellung beider Eltern maßgebend,[21] übersah, dass diese Vorschrift nur den Kindesunterhalt betraf und dass die Schwangerschaft die Lebensstellung der Mutter nicht ändert.

8   Früher bestand weitgehend Einigkeit darüber, dass die Kosten, welche einer **freiberuflich tätigen Mutter** infolge der Schwangerschaft und Entbindung entstehen, weil sie eine Hilfskraft oder einen Berufsvertreter einstellen muss, nicht dem Anspruch nach dem früheren § 1615 k BGB (nunmehr § 1615 l I 2 BGB) unterfielen, sondern im Rahmen eines möglichen Unterhaltsanspruchs gemäß § 1615 l I u. II BGB geltend zu machen waren. Diese Einschränkung war geboten, weil der Anspruch als bloßer Entschädigungsanspruch nach altem Recht keine Bedürftigkeit der Berechtigten voraussetzte.[22] Außerdem wäre auch die zeitliche Beschränkung der Bedarfssicherung im Rahmen der durch § 1615 I u. II BGB gewährten Unterhaltsansprüche umgangen worden.[23] Nach neuem Recht scheint diese Einschränkung auf den ersten Blick gänzlich überflüssig, da die Ansprüche nunmehr vom Vorliegen einer unterhaltsrechtlichen Bedürftigkeit abhängen. Trotzdem müssen die nach bisherigem Recht angestellten Überlegungen weitergelten, soweit die Anwendung des § 1615 l II BGB in Frage kommt. Die fraglichen Aufwendungen stehen im Zusammenhang mit der Deckung des Lebensbedarfs durch eigene Erwerbstätigkeit, die nicht mehr voll ausgeübt werden kann. Die zeitlichen Schranken des Unterhaltsanspruch wegen fehlender oder eingeschränkter Erwerbsfähigkeit (§ 1615 l II BGB) könnten bei einer anderen Gesetzesanwendung umgangen werden.
   Nicht hierher gehören **die dem Kind selbst zustehenden Ansprüche,** z. B. auf Tragung der ihm entstandenen Krankenhauskosten,[24] auf Bezahlung der Babyausstattung[25] usw.

9   § 1615 k I 2 BGB a. F. ordnete die Subsidiarität des früheren Entschädigungsanspruchs an. Kosten, welche z. B. durch den Arbeitgeber, die Krankenversicherung oder den Dienstherrn bei einer beihilfeberechtigten Beamtin übernommen wurden, waren nicht zu erstatten. Grundsätzlich kam es auf die von anderer Stelle gedeckten, also tatsächlich übernommenen Kosten an. Es musste mindestens ein jederzeit und ohne Schwierigkeiten realisierbarer Anspruch bestehen.[26] Daran hat sich durch die Neuregelung in § 1615 l I 1 BGB nichts

---

[18] LG Hamburg, FamRZ 1983, 301, 302; AG Krefeld, FamRZ 1985, 1181
[19] MünchKommBGB/Born, Rn. 13 zu § 1615 l
[20] Christian, Zentralblatt für Jugendrecht und Jugendwohlfahrt 1975, 449, 453
[21] So z. B. MünchKommBGB/Köhler, in der 3. Aufl., Rn. 1 zu § 1615 k
[22] LG Hamburg, FamRZ 1983, 301 ff. mit Anm. Büdenbender
[23] LG Hamburg, FamRZ 1983, 301, 303
[24] LG Aachen, FamRZ 1986, 1040
[25] LG Amberg, FamRZ 1997, 964; LG Düsseldorf, FamRZ 1975, 279
[26] Brüggemann, FamRZ 1971, 140, 144

geändert, weil **Leistungen anderer Stellen bedürfnismindernd** sind. Bezüglich des Anspruchs nach altem Recht (§ 1615 k I BGB) wurde die Ansicht vertreten, dass einer Mutter der Einwand unzulässiger Rechtsausübung entgegengehalten werden kann, wenn sie sich durch ihr eigenes Verhalten um ihren Krankenversicherungsschutz gebracht hat, weil sie sich nach Scheidung von ihrem Ehemann, obwohl ihr als Sozialhilfeempfängerin kein finanzieller Aufwand entstanden wäre, nicht um den Fortbestand ihres Versicherungsschutzes gekümmert hat.[27] Diese Frage muss jetzt wegen der Verweisung in § 1615 l III 1 BGB auf den Verwandtenunterhalt unter Heranziehung von § 1611 BGB (siehe hierzu Rn. 2/626 ff.) beantwortet werden, dessen Voraussetzungen bei einer derartigen Fallgestaltung regelmäßig nicht vorliegen dürften.

Leistungen der Sozialhilfe (§§ 50, 52 SGB XII) sind subsidiär (§ 2 II 1 SGB XII) und hindern die Geltendmachung des Anspruchs nicht. Allerdings dürfte – soweit wegen der einschränkenden Übergangsregelung des § 94 SGB XII kein Anspruchsübergang auf den Sozialhilfeträger stattfindet – einer doppelten Geltendmachung desselben Bedarfs der Einwand unzulässiger Rechtsausübung entgegenstehen (vgl. Rn. 8/126 f.).

Die gesetzliche Neufassung nimmt von dem Anspruch ausdrücklich den in § 1615 l I 1 **10** BGB geregelten **Unterhaltszeitraum (6 Wochen vor bis 8 Wochen nach der Geburt des Kindes)** aus. Entsprechende durch Entbindung oder Schwangerschaft in diesem Zeitraum entstandene Kosten, die wegen insoweit bestehender Bedürftigkeit zum Unterhaltsbedarf gehören, werden daher im Rahmen des nach § 1615 l I 1 BGB zu gewährenden Unterhalts abgedeckt.

Der Anspruch erlischt mit dem Tod der Berechtigten (§§ 1615 l III 1, 1615 I BGB), nicht aber mit dem Tod des Verpflichteten (§ 1615 l III 5 BGB). Wegen des Problems einer Anspruchsbegrenzung zugunsten der Erben – siehe Rn. 5.

2. Die Ansprüche auf Unterhaltsleistung

§ 1615 l I 1 und II BGB geben der Kindsmutter echte Unterhaltsansprüche, die sich nach **11** ihrem **Bedarf** bemessen (Rn. 27) und von ihrer **Bedürftigkeit** sowie der **Leistungsfähigkeit** des Kindsvaters abhängen (Rn. 4), da die Vorschriften über den Verwandtenunterhalt entsprechend anzuwenden sind (§ 1615 l III 1 BGB).

In mehreren Entscheidungen hatte der BGH betont, dass die entsprechenden Ansprüche der Kindsmutter vom Gesetzgeber mehr und mehr den Unterhaltsansprüchen getrennt lebender oder geschiedener Ehegatten angeglichen worden sind. Insbesondere den Unterhaltsanspruch nach § 1615 l II 2 BGB habe man immer weiter dem Anspruch auf Betreuungsunterhalt nach § 1570 BGB angenähert. Hieraus zog der BHG wichtige Schlüsse zu verschiedenen Streitfragen. In entsprechender Anwendung von § 1586 BGB erlösche der Unterhaltsanspruch mit der Heirat der Mutter[28] (s. nächster Absatz), der Selbstbehalt des Unterhaltsschuldners liege nur zwischen dem angemessenen und dem notwendigen Selbstbehalt[29] (vgl. Rn. 16), der Anspruch der Mutter werde schon auf der Bedarfsebene durch den Halbteilungsgrundsatz begrenzt[30] (siehe Rn. 15), die Anrechnung überobligationsmäßigen Einkommens der Mutter ergebe sich aus einer analogen Anwendung von § 1577 II BGB[31] (vgl. Rn. 14).

Auf die Ansprüche aus § 1615 l I 1, II BGB ist **§ 1586 I BGB entsprechend anzuwenden.** Nach Auffassung des BGH[32] sei dies schon von Verfassungs wegen geboten. Der auch auf nachehelicher Solidarität beruhende Anspruch nach § 1570 BGB sei gegenüber dem Anspruch der nichtehelichen Mutter teilweise privilegiert, er könne damit für den Wegfall seiner Voraussetzungen nicht stärker ausgestattet sein als der letztere. Schließlich erwerbe die unterhaltsberechtigte Mutter mit der Heirat einen Anspruch auf Familienunterhalt.

---

[27] So aber LG Landshut, MDR 1991, 1175
[28] BGH, FamRZ 2005, 347, 349 = R 622
[29] BGH, FamRZ 2005, 354, 356 = R 624
[30] BGH, FamRZ 2005, 442, 443 = R 625 b
[31] BGH, FamRZ 2005, 442, 444 = R 625 c
[32] BGH, FamRZ 2005, 347, 349 = R 622

12   Durch Verweisung (§ 1615 l III 1 BGB) werden auch die Vorschriften über **Auskunftsansprüche** (§ 1605 BGB) in Bezug genommen.[33] Da der Bedarf der Kindsmutter und damit das Maß des ihr zu gewährenden Unterhalts sich nach ihrer Lebensstellung, nicht aber nach der Lebensstellung oder den wirtschaftlichen Verhältnisses des Kindsvaters richtet (vgl. Rn. 27) ist die Höhe des Anspruch von dessen Einkommensverhältnissen grundsätzlich unabhängig. Die Mutter muss daher im Rahmen einer Auskunftsklage darlegen, inwieweit die Auskunft zur Feststellung ihres Anspruchs erforderlich ist (vgl. § 1605 I 1 BGB). Dazu wird sie regelmäßig ihren konkreten Bedarf vortragen müssen, damit der Kindsvater verpflichtet wird, zur Klärung seiner Leistungsfähigkeit Auskunft zu erteilen.[34]

13   Die **Bedürftigkeit** der Mutter kann z. B. entfallen, soweit Mutterschaftsgeld nach § 13 MuSchG gewährt wird,[35] der Lohn fortbezahlt oder Krankengeld bezogen wird.

Die Mutter ist zur Bestreitung ihres Lebensbedarfs auch zum Einsatz ihres etwa vorhandenen Vermögens verpflichtet (vgl. Rn. 2/614). Ob der **Vermögenseinsatz** sich nicht nur auf die Einkünfte, sondern auch auf den Vermögensstamm erstrecken muss, ist mittels einer umfassenden Zumutbarkeitsabwägung zu überprüfen.[36] Dabei kann sich ergeben, dass das aus dem Verkauf eines Reihenhauses vorhandene Vermögen nicht verbraucht werden muss, weil es für die Alterssicherung benötigt wird.[37]

Erbringt die Mutter für einen leistungsfähigen Lebensgefährten, mit dem sie in eheähnlichem Verhältnis zusammenlebt, Versorgungsleistungen muss sie sich eine angemessene fiktive Vergütung anrechnen lassen.[38] Strittig war, ob das **Erziehungsgeld** (gewährt nur noch für Geburten bis 31. 12. 2006) ihre Bedürftigkeit mindert,[39] obwohl § 9 S. 1 BErzGG für den Regelfall das Gegenteil bestimmt (vgl. Rn. 1/85). Es trifft zwar zu, dass das Erziehungsgeld weitgehend denselben Zweck verfolgt wie § 1615 l BGB, nämlich der Mutter zu ermöglichen, sich der Pflege und Erziehung des Kindes zu widmen, der Gesetzeswille ist aber eindeutig.[40] Auch die Höhe des Erziehungsgeldes von 300 € (bei Zahlung bis zur Vollendung der 24. Lebensmonats des Kindes) monatlich weist darauf hin, dass es nicht um die eigentliche Bedarfsdeckung, sondern um einen Zuschuss geht, der den Entschluss, sich ganz der Kindesbetreuung zu widmen, und dessen Aufrechterhaltung erleichtern soll. Inzwischen hat das Bundesverfassungsgericht[41] die Auffassung der herrschenden Meinung über die Nichtanrechenbarkeit bestätigt.[42] Beim **Elterngeld** (für Geburten ab 1. 1. 2007) bleiben nur die Sockelbeträge von 300 € bzw. 150 € je Kind anrechnungsfrei (§§ 2 V 1, 6 2, 11 1 bis 3 BEEG). Darüber hinaus bezahltes Elterngeld mindert die Bedürftigkeit ohne Kürzung um einen fiktiven Erwerbstätigenbonus[43] in voller Höhe. Wie das Erziehungsgeld (s. § 9 2 BErzGG)[44] ist das Elterngeld (s. § 11 4 BEEG) allerdings in voller Höhe anrechenbar, soweit der Unterhaltsanspruch **nach § 1611 I BGB** ganz oder teilweise **verwirkt** wäre.

14   **Überobligatorische Einkünfte** der Mutter, die trotz fehlender Erwerbsobliegenheit arbeitet, können nicht nach Abzug eines pauschalen Betreuungsbonus angerechnet werden. Die Frage ist vielmehr unter Abwägung der Umstände des Einzelfalls in entsprechender Anwendung von § 1577 II BGB zu lösen. Der BGH hat hierzu für die Ansprüche nach § 1615 l II BGB ausgesprochen, dass eine Ungleichbehandlung geschiedener oder nicht

---

[33] OLG Nürnberg, MDR 2003, 1055
[34] Vgl. OLG Frankfurt, OLGR 2005, 496
[35] BGH, FamRZ 2005, 442, 445 = R 625 c
[36] Vgl. BGH, FamRZ 1998, 367, 369 = R 517 c
[37] BGH, FamRZ 2006, 1362, 1368 = R 656 b
[38] OLG Koblenz, NJW-RR 2005, 1457; OLG Thüringen, OLGR 2005, 498
[39] Dagegen: OLG Düsseldorf, FamRZ 1989, 1226; OLG München, FamRZ 1999, 1166
[40] Vgl. zum Ergebnis AG Mannheim, FamRZ 1998, 117; auch der BGH hat in FamRZ 1998, 541, 542 die Anrechnung von Erziehungsgeld im Hinblick auf § 9 S. 2 BErzGG nur im Rahmen des Getrenntlebensunterhalts gemäß §§ 1361 III, 1579 BGB erörtert, nicht aber bezüglich der ebenfalls vorliegenden Ansprüche nach § 1615 l I u. II BGB
[41] BVerfG, FamRZ 2000, 1149
[42] Vgl. auch BGH, FamRZ 2006, 1182, 1183 zur Nichtanrechenbarkeit im Rahmen des Familienunterhalts
[43] Scholz, FamRZ 2007, 7, 9
[44] BGH, FamRZ 2006, 1182, 1183

verheirateter Mütter nach den Schutzvorschriften des Art. 6 I, IV u. V GG für Ehe, Familie und Mütter ausscheide. Hinzu komme die weitgehende Angleichung des Unterhaltsanspruchs der nichtehelichen Mutter an den nachehelichen Betreuungsunterhalt.[45] Soweit sich eine entsprechende Anrechnungsfrage beim Unterhaltsanspruch nach § 1615l I 1 BGB stellen sollte, kann nichts anderes gelten. Damit hängt es von den besonderen Umständen des Einzelfalls ab, inwieweit eigenes Einkommen des unterhaltsbedürftigen Elternteils das dieser ungeachtet der Kindeserziehung oder mangels Erwerbsobliegenheit erzielt, entsprechend § 1577 II 2 BGB anzurechnen ist. Dabei wäre beispielsweise zu überprüfen, wie die Kindesbetreuung in Verbindung mit den konkreten Arbeitszeiten einschließlich der erforderlichen Fahrzeiten und die etwa anderweitige Beaufsichtigung und Betreuung organisiert wird, ob die Arbeitsaufnahme aus wirtschaftlicher Not oder aus freien Stücken geschah.[46] Über die Frage der Anrechnung ist in Abwägung der Umstände des Einzelfalls nach Treu und Glauben zu entscheiden. Insbesondere die wegen der Berufstätigkeit für die anderweitige Betreuung aufgewendeten Kosten können abgesetzt werden, freilich ohne dass das Fehlen entsprechender Kosten – etwa weil ein Angehöriger das Kind kostenfrei betreut – eine teilweise Nichtanrechnung des Einkommens ohne weiteres ausschließen würde.[47]

Bei beschränkter Leistungsfähigkeit des Kindsvaters, der nur bis zur Höhe seines Selbstbehalts und deswegen weniger als den vollen Unterhalt der Mutter leisten muss, kann nur derjenige Teil des überobligatorischen Einkommens der Mutter nach § 1577 II 1 BGB von vornherein anrechnungsfrei bleiben, welcher der Differenz zwischen der Unterhaltszahlung und dem durch den Halbteilungsgrundsatz auf den Selbstbehalt des Vaters beschränkten Bedarf der Mutter entspricht. Wegen des darüber hinausgehenden Einkommens ist über die Anrechenbarkeit nach § 1577 II 2 BGB unter Berücksichtigung der Umstände des Einzelfalls und in Abwägung nach Treu und Glauben zu befinden.[48]

Die **Leistungsfähigkeit** des Kindsvaters oder der Kindsmutter (beim Anspruch des Vaters **15** auf Betreuungsunterhalt nach § 1615l II 2 BGB) bestimmen sich nach §§ 1615l III 1, 1603 I BGB – abgesehen von ihrem Netto-Erwerbseinkommen (vgl. Rn. 2/620b ff.) – ebenfalls durch ihr einsetzbares Vermögen[49] (vgl. Rn. 2/623). Erfüllen sie die ihnen unterhaltsrechtlich obliegende Erwerbsobliegenheit nicht, sind sie in Höhe der fiktiv erzielbaren Einkünfte als leistungsfähig zu behandeln[50] (vgl. Rn. 2/622). An einem solchen Verstoß gegen die Erwerbsobliegenheit fehlt es bei einem Studenten ohne abgeschlossene Berufsausbildung, der sich im Regelstudium befindet.[51]

Da das Maß des Unterhalts nach §§ 1615l III 1, 1610 I BGB von der Lebensstellung der Mutter abhängt (vgl. Rn. 23) kann sich ergeben, dass der Bedarf der Mutter auf Grund ihrer höheren Lebensstellung so hoch ist, dass dem Vater unter Berücksichtigung des ihm an sich nur zukommenden pauschalierten Selbstbehalts deutlich weniger für seinen eigenen Bedarf verbliebe, als er an die Mutter bedarfsgerecht an Unterhalt bezahlen müsste. Für diesen Fall hatte die herrschende Meinung wie beim Ehegattenunterhalt eine **Bedarfsbegrenzung auf Grund des Halbteilungsgrundsatzes** vorgenommen.[52] Diese Auffassung wurde vom BGH inzwischen bestätigt.[53] Wegen der Angleichung der Unterhaltsansprüche aus § 1615l I II 2 BGB an den nachehelichen Anspruch auf Betreuungsunterhalt gemäß § 1570 BGB kürze sich schon der Unterhaltsbedarf der Mutter entsprechend. Die Begrenzung tritt daher nicht erst auf der Ebene der Leistungsfähigkeit des Pflichtigen ein (die in der Vorauflage[54] hierzu vertretene Auffassung wird nicht aufrechterhalten).

---

[45] BGH, FamRZ 2005, 442, 444 = R 625c
[46] BGH, a. a. O.
[47] Vgl. BGH, FamRZ 2001, 350, 352 = R 551c
[48] Schilling, FamRZ 2006, 1, 2; anderer Ansicht – für Durchbrechung des Halbteilungsgrundsatzes in diesem Fall: OLG Hamburg, FamRZ 2005, 927, 929
[49] AG Lahnstein, FamRZ 1986, 100 ff. = NJW-RR 1986, 73
[50] OLG Düsseldorf, FamRZ 1989, 1226, 1228
[51] Vgl. OLG Frankfurt, FamRZ 1982, 734
[52] Vgl. dazu Wever/Schilling, FamRZ 2002, 581, 585; a. A. Büttner, FamRZ 2000, 781, 784
[53] BGH, FamRZ 2005, 442, 443 = R 625b
[54] Vgl. OLG München, OLGR 2003, 340

16   Gegenüber dem Unterhaltsanspruch steht dem Pflichtigen der so genannte **Selbstbehalt** zu. Literatur und Rechtsprechung gingen wegen der Verweisung auf den Verwandtenunterhalt (§ 1615 l III 1 BGB) ganz überwiegend davon aus, dass hier entsprechend § 1603 I BGB der angemessene oder große Selbstbehalt wie gegenüber volljährigen Kindern, nicht aber der notwendige Selbstbehalt maßgebend sei, der für verschärfte Unterhaltsverhältnisse wie zwischen minderjährigen Kindern und Eltern gelte. Nachdem bereits das Bundesverfassungsgericht[55] auf verfassungsrechtliche Bedenken wegen der unterschiedlichen Bemessung der Selbstbehalte bei den Ansprüchen aus § 1570 und § 1615 l BGB hingewiesen hatte, ist der BGH der überwiegenden Meinung nicht gefolgt. Wegen der vom Gesetzgeber vorgenommenen Annäherung an den Betreuungsunterhalt nach § 1570 BGB und wegen der Vorrangigkeit des Anspruchs gegenüber den Ansprüchen volljähriger Kinder könne der Selbstbehalt nicht grundsätzlich abweichend vom Selbstbehalt gegenüber einem Unterhaltsanspruch nach § 1570 BGB bemessen werden. Einmal scheide deswegen die Annahme eines starren Betrags für den Selbstbehalt aus, andererseits müsse der Selbstbehalt regelmäßig hinter dem angemessenen Selbstbehalt zurückbleiben. Es bedürfe einer individuellen Billigkeitsabwägung anhand der besonderen Umstände des Falles. Der Tatrichter könne aber im Regelfall von einem hälftig zwischen dem angemessenen Selbstbehalt nach § 1603 I BGB und dem notwendigen Selbstbehalt nach § 1603 II BGB liegenden Betrag ausgehen.[56] Die weitere Annäherung der Regelungen in § 1570 und § 1615 l BGB aufgrund der Unterhaltsreform hat die Auffassung des BGH bestätigt.

17   **Oberlandesgerichtliche Leitlinien zum monatlichen Selbstbehalt des Pflichtigen** (sämtlich mit dem Stand vom 1. 1. 2008):
- Düsseldorfer Tabelle (FamRZ 2008, 211 ff. – abgedruckt im Anhang D) D. II.:
  1000,– €, unabhängig davon, ob erwerbstätig oder nicht;
- Süddeutsche Leitlinien (Oberlandesgerichte Bamberg, Karlsruhe, München, Nürnberg, Stuttgart und Zweibrücken – FamRZ 2008, 231 ff.) Nr. 21.3.2:
  ein Betrag, der in der Regel zwischen dem angemessenen Selbstbehalt nach § 1603 I BGB und dem notwendigen Selbstbehalt nach § 1603 II liegt, in der Regel 1000 €, hierin enthalten Kosten für Unterkunft und Heizung zwischen 360 € (Nr. 21.2) und 450 € (Nr. 21.3.1);
- Kammergericht Berlin Nr. 21.3.2:
  ein Betrag, der in der Regel zwischen dem angemessenen Selbstbehalt nach § 1603 I BGB und dem notwendigen Selbstbehalt nach § 1603 II BGB liegt, in der Regel 1000 €;
- OLG Brandenburg Nr. 21.4:
  Entsprechend dem Selbstbehalt gegenüber dem getrenntlebenden oder geschiedenen Ehegatten in der Regel 1000 €;
- OLG Braunschweig Nr. 21.3.2:
  In der Regel ein Betrag zwischen dem angemessenen Selbstbehalt nach § 1603 I BGB und dem notwendigen Selbstbehalt nach § 1603 II BGB entsprechend dem eheangemessenen Selbstbehalt (Nr. 21.4), in der Regel 1000 €, darin enthalten (Nr. 21.4) Kosten für Unterkunft (Miete einschließlich umlagefähiger Nebenkosten und Heizung) von 450 €;
- OLG Bremen Nr. 21.3.2 i. V. m. 21.4:
  ein Betrag zwischen dem notwendigen Selbstbehalt nach § 1603 II BGB (770/900 €) und dem angemessenen Selbstbehalt nach § 1603 I BGB (1100 €), in der Regel 1000,– €, darin enthalten zwischen 360 € (Nr. 21.2) und 450 € (Nr. 21.3.1) für Wohnbedarf (Warmmiete einschließlich umlagefähiger Nebenkosten);
- OLG Celle Nr. 21.3.2:
  in der Regel ein Betrag zwischen dem angemessenen Selbstbehalt nach § 1603 I BGB und dem notwendigen Selbstbehalt nach § 1603 II BGB, in der Regel 1000 €;
- OLG Dresden Nr. 21.3.1:
  in der Regel 1100,– € einschließlich Kosten für Unterkunft inklusive umlagefähiger Nebenkosten und Heizung in Höhe von 450,– €;

---

[55] FamRZ 2004, 1013
[56] BGH, FamRZ 2005, 354 = R 624; FamRZ 2005, 357

- OLG Düsseldorf Nr. 21.3.2:
  1000 €, unabhängig davon, ob erwerbstätig oder nicht;
- OLG Frankfurt Nr. 21.3.2:
  ein Betrag entsprechend dem eheangemessenen Selbstbehalt nach Nr. 21.4, in der Regel
  1000 €, davon 430 € Wohnbedarf (330 € Kaltmiete und 100 € Nebenkosten und
  Heizung);
- OLG Hamburg Nr. 21.3.2:
  1000,– € für den Erwerbstätigen und den Nichterwerbstätigen;
- OLG Hamm Nr. 21.3.3:
  im Regelfall 1000,– €, darin enthalten Kosten für Unterkunft einschließlich umlagefähiger Nebenkosten und Heizung (Warmmiete) in Höhe von 450,– €;
- OLG Jena Nr. 21.4:
  900,– € beim Nichterwerbstätigen und 1000 € beim Erwerbstätigen, darin enthalten ein
  Wohnanteil von 330,– € Kaltmiete;
- OLG Koblenz Nr. 21.3.2:
  1000 €;
- OLG Köln Nr. 21.3.2:
  1000,– €, darin enthalten Kosten für Unterkunft und Heizung in Höhe von 440 €;
- OLG Naumburg Nr. 21.3.1:
  in der Regel 1100 €, Herabsetzung nach den Umständen des Einzelfalls möglich, insbesondere beim nichterwerbstätigen Unterhaltsschuldner;
- OLG Oldenburg Nr. 21.3.2:
  1000 €;
- OLG Rostock Nr. 21.5:
  1000 €;
- OLG Saarbrücken Nr. 5:
  1000 €, unabhängig davon, erwerbstätig oder nicht;
- OLG Schleswig Nr. 21.3.1:
  es gilt der große Selbstbehalt von 1000 €, darin sind bis zu 400 € für Unterkunft
  einschließlich umlagefähiger Nebenkosten und Heizung (Warmmiete) enthalten;

a) Der Anspruch auf Mutterschaftsunterhalt nach § 1615 l I 1 BGB. Der allgemeine   **17 a**
Anspruch auf Unterhalt nach § 1615 l I 1 BGB (Mutterschaftsunterhalt) für die Dauer von
6 Wochen vor und 8 Wochen nach der Geburt besteht **unabhängig davon, ob** die Bedürftigkeit der Mutter **durch die Schwangerschaft bzw.** die **Entbindung bedingt** ist oder
nicht. Es spielt keine Rolle, ob die Mutter auch schon vorher nicht erwerbstätig sein konnte.[57]
Der Anspruch besteht bereits dann, wenn die Mutter aus anderen Gründen, etwa wegen
Krankheit, wegen Betreuung eines anderen Kindes oder mangels Beschäftigungsmöglichkeit
auf dem Arbeitsmarkt, ihren Bedarf nicht durch Erwerbstätigkeit decken kann, wenn also der
Bedürftigkeit nicht erst durch die Schwangerschaft, die Entbindung oder die Versorgung des
Neugeborenen eingetreten ist.[58] Der Anspruch sieht schon nach seinem Wortlaut anders als
§ 1615 l II 1 BGB keine Kausalität vor und soll die Mutter in der kritischen Phase vor und nach
der Entbindung auch im Interesse des Kindes von jeder Erwerbstätigkeit freistellen und wirtschaftlich absichern.[59] Allerdings wird der Bedarf der Mutter während dieser Zeit meist durch
Mutterschaftsgeld[60] oder Lohnfortzahlung ganz oder teilweise gedeckt sein.

Nach § 1610 I BGB wird als **Bedarf** der nach der Lebensstellung der Mutter angemessene Unterhalt geschuldet. Wenn ihre Lebensstellung höher ist, als es ihrem wegen der
Schwangerschaft ausgefallenen Erwerbseinkommen entspricht, z. B. weil ihre Stellung als
geschiedener Ehefrau sich nach den ehelichen Verhältnissen (§ 1578 BGB) bemisst oder weil
sie vor kurzem einen unverschuldeten beruflichen Abstieg erlitten hat, geht der Anspruch
auf den vollen Bedarf – siehe Rn. 27 auch zu unterhaltsrechtlichen Nebenansprüchen und
zu weiteren Einzelheiten der Bedarfsbestimmung.

---

[57] OLG Hamm, FamRZ 1991, 979
[58] BGH, FamRZ 1998, 541, 542 = R 520 a
[59] BGH, a. a. O.
[60] Vgl. BGH, FamRZ 2005, 442, 445 = R 625 c

18   **b) Die Unterhaltsansprüche nach § 1615l II BGB.** Der besondere Anspruch nach § 1615l II 1 od. 2 BGB auf erweiterten Unterhalt für Unterhaltszeiträume – nach dem klaren Gesetzeswortlaut – **außerhalb der in § 1615l I 1 BGB geregelten Zeit**[61] beginnt frühestens 4 Monate vor der Entbindung und endet grundsätzlich nach einer Mindestzeit von 3 Jahren nach Geburt (§ 1615l II 3 BGB). Er dauert nach der Unterhaltsreform als **zeitlicher Basisunterhalt**[62] – wie auch der nacheheliche Betreuungsunterhalt (§ 1570 I 1 BGB n. F.) – damit jedenfalls etwa bis zum Erreichen des Kindergartenalters durch das Kind (vgl. § 24 I SGB VIII). Die Unterhaltsbefristung nach altem Recht war wegen der Ungleichbehandlung von ehelichen und nichtehelichen Kindern beim Betreuungsunterhalt insbesondere im Hinblick auf Art. 6 V GG von einem Teil des Schrifttums und der Rechtsprechung stets für verfassungsrechtlich bedenklich gehalten worden. Inzwischen hatte das **Bundesverfassungsgericht** mit Urteil vom 28. 2. 2007[63] zwar nicht die zeitliche Befristung als solche für verfassungswidrig erklärt, aber die Verfassungswidrigkeit der unterschiedlichen gesetzlichen Regelungen des Betreuungsunterhalts bei nichtehelichen Kindern bzw. bei ehelichen Kindern festgestellt, weil § 1570 a. F. eine längere Unterhaltszeit ermöglichte. Nunmehr hat der Gesetzgeber gehandelt und die Entscheidung des Bundesverfassungsgerichts bei der am 1. 1. 2008 in Kraft getretenen Unterhaltsreform (Gesetz zur Änderung des Unterhaltsrechts vom 21. 12. 2007 – BGBl. I 3189) beachtet. Er hat sich dafür entschieden, den nachehelichen Betreuungsunterhalt nach § 1570 I BGB n. F. einzuschränken und übereinstimmend mit dem Betreuungsunterhalt aus Anlass der Geburt nach § 1615l II 2 bis 5 BGB n. F. zu regeln.

Alternativ müssen folgende **Anspruchsvoraussetzungen** vorliegen:
- (Mit)verursacht durch die Schwangerschaft selbst oder durch eine durch die Schwangerschaft oder Entbindung bedingte Krankheit kann die Mutter ganz oder teilweise keiner Erwerbstätigkeit nachgehen (Abs. 2 S. 1),
- wegen der Übernahme von Pflege und Erziehung des Kindes kann von der Mutter oder dem Vater ganz oder teilweise keine Erwerbstätigkeit erwartet werden (Abs. 2 S. 2).

19   Für die erste Alternative (Abs. 2 S. 1) müssen **Schwangerschaft** bzw. schwangerschafts- oder entbindungsbedingte **Krankheitsfolgen** für die Einschränkung oder Aufgabe der Erwerbstätigkeit kausal, und zwar wenigstens **mit ursächlich sein.**[64] War die Mutter schon vor Beginn der Schwangerschaft keiner Erwerbstätigkeit nachgegangen, weil sie durch eine andere Krankheit daran gehindert wurde, fehlt es der Kausalität, wenn diese Krankheit unverändert fortwirkt, so dass kein Anspruch nach § 1615l II 1 BGB besteht. Dasselbe gilt, falls die Mutter wegen der Betreuung kleiner ehelicher Kinder nicht erwerbstätig sein konnte[65] und nunmehr Unterhalt nach § 1615l II 1 BGB, nicht (!) nach § 1615l II 2 BGB verlangt (siehe Rn. 20).

20   Für die zweite Alternative (Abs. 2 S. 2) ist aufgrund der am 1. 1. 2008 in Kraft getretenen Neufassung des § 1615l BGB nunmehr von Gesetzes wegen eindeutig klargestellt, dass es der Mutter für die ersten drei Lebensjahre vollständig freigestellt ist, sich ohne Erwerbstätigkeit auf Kindesbetreuung zu beschränken. Wie der ehelichen Mutter nach § 1570 I 1 BGB n. F. wird auch der nichtehelichen Mutter nach § 1615l II 3 BGB n. F. während dieser Zeit ausnahmslos keine Erwerbstätigkeit zugemutet.[66]

21   **c) Die Verlängerung des Unterhaltsanspruchs über die Dreijahresfrist hinaus.** Schon das Kindschaftsreformgesetz vom 16. 12. 1997 hatte mit Wirkung vom 1. 7. 1998 durch Änderung des § 1615l II 3 BGB die starre **zeitliche Begrenzung** des Unterhaltsanspruchs **von 3 Jahren** ab Geburt (Entbindung) des Kindes aufgelöst. Für die Frage, ob die neue Regelung auf laufende Unterhaltsverhältnisse anzuwenden war, kam es auf den streiti-

---

[61] Vgl. Büdenbender, FamRZ 1998, 129, 133
[62] Beschlussempfehlung d. Rechtsausschusses v. 7. 11. 2007 – BT-Drucks. 16/6980 S. 8 zum nachehel. Betreuungsunterh.
[63] FamRZ 2007, 965 ff. = R 671 b + c
[64] BGH, FamRZ 1998, 541, 543 = R 520 b
[65] BGH, FamRZ 1998, 541, 543 = R 520 b; OLG Düsseldorf, FamRZ 1995, 690; OLG Hamm, FamRZ 1989, 619
[66] BT-Drucks. 16/6980 S. 22

gen Unterhaltszeitraum an. Auf Unterhalt vor Inkrafttreten einer Neuregelung blieb das bisherige Recht anwendbar, falls – wie hier – keine Übergangsregelung getroffen worden war.[67] Für die ab 1. 1. 2008 geltende Neufassung des § 1615l BGB findet sich die **Übergangsregelung** in § 36 EGZPO. Auch danach bleiben Unterhaltsleistungen, die vor dem 1. 1. 2008 fällig geworden sind, mangels Rückwirkung des neuen Rechts[68] unberührt (§ 36 Nr. 7 EGZPO). Für die Zeit danach kommt eine Abänderung von rechtskräftigen Entscheidungen, Vollstreckungstiteln oder Unterhaltsvereinbarungen aus der Zeit vor Inkrafttreten des Gesetzes wegen Umständen, die schon davor entstanden waren, nur in Betracht, soweit eine wesentliche Änderung der Unterhaltsverpflichtung eintritt und die Änderung dem anderen Teil unter Berücksichtigung seines Vertrauens in die getroffene Regelung zumutbar ist (§ 36 Nr. 1 EGZPO). Entsprechende aufgrund der Gesetzesneufassung erheblich gewordene Umstände dürfen bei einer erstmaligen Änderung nach dem 1. 1. 2008 aber ohne die zeitlichen Beschränkungen der §§ 323 II und § 767 II ZPO geltend gemacht werden (§ 36 Nr. 2 EGZPO). Darüber hinaus ist es möglich, sie auch noch in der Revisionsinstanz eines anhängigen Verfahrens vorzubringen (§ 36 Nr. 5 EGZPO).

aa) Grundzüge der Neuregelung. Mit der Neufassung von § 1570 I und des § 1615l **22** II 3 u. 4 BGB hat der Gesetzgeber die Auflage aus dem Urteil des Bundesverfassungsgerichts[69] vom 28. 2. 2007 vollzogen. Es ging darum, die Dauer und die Voraussetzungen des **Betreuungsunterhalts für eheliche und nichteheliche Kinder** grundsätzlich gleich zu regeln. Dies betrifft nicht nur die Mindestunterhaltszeit für die ersten 3 Jahre nach Geburt des Kindes, sondern auch die darüber hinaus mögliche Verlängerung der Unterhaltszeit nach Billigkeit. Die Verlängerungsvoraussetzungen sind in § 1570 I 2 u. 3 bzw. § 1615l II 4 u. 5 BGB demgemäß übereinstimmend formuliert. Allerdings beziehen sie sich beim Unterhaltsanspruch aus Anlass der Geburt über den eigentlichen Betreuungsunterhalt hinaus auch auf den Unterhaltsanspruch nach § 1615l II 1 BGB (Rn. 19). Keinen qualitativen Unterschied bedeutet, dass in § 1570 I BGB anders als in § 1615l II 2 BGB, der unverändert stehenblieb, der nacheheliche Betreuungsunterhalt nicht mehr an die Voraussetzung geknüpft wird, dass wegen Pflege und Erziehung des Kindes eine Erwerbstätigkeit nicht erwartet werden könne. Der Rechtsausschuss hat in seiner Beschlussempfehlung vom 7. 11. 2007 hierzu ausgeführt, aus dem in § 1569 BGB n. F. verankerten Prinzip der Eigenverantwortung ergebe sich, dass aufgrund der Feststellung, die Verlängerung des nachehelichen Betreuungsunterhalts entspreche der Billigkeit, zugleich feststehe, dass eine Erwerbstätigkeit nicht erwartet werden könne. Einer besonderen Erwähnung dieses Prüfungsmaßstabs in § 1570 BGB bedürfe es nicht mehr, ohne dass damit eine materielle Änderung verbunden sei.[70] Für die Frage, ob aus Billigkeitsgründen eine Verlängerung des Betreuungsunterhalts für eheliche Kinder (§ 1570 I 2 u. 3 BGB) bzw. eine Verlängerung des Betreuungsunterhalt für nichteheliche Kinder (§ 1615l II 4. u. 5 BGB) eintritt, sind daher prinzipiell dieselben Kriterien zugrunde zu legen. Auf die Kommentierung zu § 1570 I BGB (Rn. 4/67–4/70) kann verwiesen werden. Besonderheiten können sich bei der Billigkeitsprüfung nur aus den unterschiedlichen Umständen der Lebensführung und Lebensplanung zwischen verheirateten bzw. unverheirateten Eltern ergeben. Dass beim nachehelichen Unterhalt nach § 1570 II BGB aus zusätzlichen Gründen, die ihre Rechtfertigung allein in der Ehe finden,[71] u. U. eine darüber hinausgehende Verlängerung aus Billigkeit stattfinden kann, ist eine davon unabhängige Frage.

bb) Verlängerungsvoraussetzungen im Einzelnen. Bei der zeitlichen Erweiterung des Unterhaltsanspruchs handelt es sich ungeachtet der Neuregelung weiter um eine **Ausnahmeregelung** im Sinne einer positiven Härteklausel, für deren Voraussetzungen die oder der Berechtigte **darlegungs- und beweispflichtig** ist.[72] Bei der vorzunehmenden **umfassenden Abwägung** zur Frage der Billigkeit einer Verlängerung kann eine Rolle spielen, in

---

[67] BGH, FamRZ 1998, 426, 427 = R 519b
[68] BT-Drucks. 16/1830 S. 35
[69] BVerfG FamRZ 2007, 965 ff. = R 671c
[70] BT-Drucks. 16/6980 S. 9
[71] BT-Drucks. 16/6980 S. 9
[72] Büttner, FamRZ 2000, 781, 783 zur Gesetzesfassung nach dem Kindschaftsreformgesetz 1997

welchen Einkommensverhältnissen der Vater lebt, oder ob die Mutter dem Vater vorgespiegelt hat, sie habe wirksame Maßnahmen der Empfängnisverhütung getroffen.[73] Darüber hinaus ist an schwere psychische Fehlentwicklungen oder dauernde Erkrankungen des Kindes zu denken, welche eine gleich bleibende Versorgung erfordern.[74]

Da der Unterhaltanspruch weiterhin grundsätzlich endet, wenn das Kind mit einem Alter von 3 Jahren das Kindergartenalter erreicht hat – siehe Rn. 18, sind in zumutbarer Weise überwindbare Schwierigkeiten der Mutter, eine mit der Kindesbetreuung vereinbare Arbeitsstelle zu finden, nicht ausreichend.[75] Auch die Betreuung von Zwillingen muss nicht stets zu einer unbeschränkten Verlängerung des Anspruchs führen, wenn während einer Teilzeitbeschäftigung die Hortbetreuung der Kinder sichergestellt ist und der Mutter durch den Mehraufwand für Betreuung und Versorgung in der übrigen Zeit nicht so beansprucht ist, dass ihr eine Erwerbstätigkeit nicht zugemutet werden kann.[76] Allerdings ist bei der Konkretisierung des Begriffs der Unbilligkeit zu berücksichtigen, dass der verlängerte Anspruch der Mutter insbesondere um des Kindeswohles willen besteht, so dass, soweit es um die Wahrung dieses Wohles geht, gerade unter Berücksichtigung der gesetzlichen Neuregelung die Hürde nicht allzu hoch angelegt werden kann.[77] Auf jeden Fall genügt, dass die Mutter aus gesundheitlichen Gründen oder wegen sonstiger besonderer Erschwernisse neben der Betreuung keine Erwerbstätigkeit ausüben kann. Auch bei bestehenden Betreuungsmöglichkeiten dürfte wegen der Doppelbelastung einer alleinerziehenden Mutter mit Erwerbstätigkeit und zusätzlicher Rund-um-die-Uhr-Betreuung, die über das Kleinkindalter hinaus bis in die beiden ersten Grundschuljahre gehen kann,[78] nicht ohne weiteres eine Vollzeiterwerbstätigkeit verlangt werden können.

23   Schrifttum und Rechtsprechung hatten bei der Prüfung, ob grobe Unbilligkeit nach § 1615 l II 3 a. F. vorlag, zwischen stärker zu gewichtenden **kindbezogenen Gründen** und schwächer zu gewichtenden **elternbezogenen Gründen** unterschieden.[79] Bei den Beratungen zu §§ 1570 I 2 u. 3 bzw. 1615 l II 4 u. 5 BGB n. F. hat sich der Gesetzgeber für den Verlängerungsmaßstab diese Unterscheidung zu eigen gemacht und bei § 1570 I 2 u. 3 BGB in erster Linie[80] bzw. bei § 1615 l II 4 u. 5 BGB n. F. insbesondere[81] auf kindbezogene Gründe abgestellt. Dies wurde im Gesetz jeweils durch die Formulierung zum Ausdruck gebracht, dass bei der Billigkeitsprüfung die Belange des Kindes und die bestehenden Möglichkeiten der Kindesbetreuung zu berücksichtigen seien. Beim nichtehelichen Kind geht es hierbei im Wesentlichen darum, ihm Lebensverhältnisse zu sichern, die seine Entwicklung fördern und dem Gleichstellungsauftrag aus Art. 6 V GG Rechnung tragen.[82] Wie beim ehelichen Kind sind die Belange des nichtehelichen Kindes immer berührt, wenn das Kind in besonderem Maße betreuungsbedürftig ist.[83] Darüber hinaus wird durch das Wort „insbesondere" in § 1615 l II 5 BGB klargestellt, dass im Einzelfall auch andere namentlich elternbezogene Gründe berücksichtigt werden können.[84] Die Differenzierung der Rechtspraxis nach kind- und elternbezogenen Umständen kann deswegen fortgeführt und unter Beachtung der Entscheidung des Bundesverfassungsgerichts vom 28. 2. 2007[85] weiter entwickelt werden.[86]

---

[73] Puls, FamRZ 1998, 865, 873
[74] Büdenbender, FamRZ 1998, 129, 136
[75] OLG Nürnberg, FamRZ 2003, 1320 zum alten Recht
[76] OLG Düsseldorf, FamRZ 2005, 234, 236 zum alten Recht
[77] Vgl. Schwab, Familienrecht, Rn. 773; vgl. auch in diesem Sinn OLG Celle, FamRZ 2002, 636 – beide noch zur „groben" Unbilligkeit
[78] Vgl. Meier, FamRZ 2008, 101, 104
[79] Wever/Schilling, FamRZ 2002, 581, 582; BGH, FamRZ 2006, 1362, 1367 = R 656 a; vgl. auch BVerfG FamRZ 2007, 965, 966 = R 671 a
[80] BT-Drucks. 16/6980 S. 9
[81] A. a. O. 10
[82] A. a. O. S. 10
[83] A. a. O. S. 9
[84] A. a. O. S. 10
[85] FamRZ 2007, 965 ff. = R 671 b + c
[86] BT-Drucks. 16/6980 S. 10

Noch zum alten Recht hatte der BGH entschieden, dass aus verfassungsrechtlichen **24** Gründen (siehe Rn. 18 zur Bedeutung von Art. 6 V GG in diesem Zusammenhang) eine Verlängerung des Unterhaltsanspruchs bei **kindbezogenen Gründen** dann in Betracht komme, wenn der Aufschub einer Erwerbstätigkeit der Mutter aus objektiver Sicht wegen der besonderen Bedürfnisse des Kindes als vernünftig und dem Kindeswohl förderlich erscheine oder wenn das Kindes in besonderem Maße betreuungsbedürftig sei.[87] Nach neuem Recht wird generell – nicht nur ausnahmsweise, wie der BGH zum alten Recht meinte – auch die fehlende Möglichkeit einer anderweitigen Betreuung ausreichend sein, etwa weil kein Kindergartenplatz zur Verfügung steht. Im Übrigen muss sich der betreuende Elternteil nur dann auf eine mögliche Fremdbetreuung verweisen lassen, wenn dies mit den Kindesbelangen vereinbar ist.[88] Daran kann es fehlen, weil das Kind unter der Trennung besonders leidet und daher der persönlichen Betreuung bedarf.[89] Zu den Problemen der erforderlichen verlässlichen Fremdbetreuung, zu deren Kosten einschließlich Kindergartenkosten und zur kostenlosen Betreuung durch Angehörige siehe Rn. 4/69.

Mit den Worten „solange und soweit" wird im Gesetz deutlich gemacht, dass es auf die Verhältnisse des Einzelfalls ankommt, ob vom betreuenden Elternteil eine Erwerbstätigkeit erwartet werden kann. In dem Maße, in welchem eine kindgerechte Betreuungsmöglichkeit besteht, kann auf eine Erwerbstätigkeit verwiesen werden. Ist zunächst nur eine Teilzeittätigkeit möglich, muss daneben – soweit Bedürftigkeit besteht – weiterhin Betreuungsunterhalt gezahlt werden. Ein abrupter, übergangsloser Wechsel von der Betreuung zur Vollzeiterwerbstätigkeit wird damit nicht verlangt. Nach den Umständen des Einzelfalls ist daher ein gestufter Übergang möglich.[90] Der besondere Betreuungsbedarf kann auch erst nach Vollendung des 3. Lebensjahres des Kindes eintreten.[90a]

Elternbezogene Gründe, die schon nach altem Recht die Versagung eines längeren **25** Unterhaltsanspruchs grob billig erscheinen ließen, ermöglichen weiterhin die Verlängerung des Unterhalts aus Billigkeit. So, wenn der Unterhaltspflichtige einen besonderen Vertrauenstatbestand geschaffen hatte, weil die Eltern das Kind in Erwartung eines dauernden Zusammenlebens gezeugt haben und darüber einig waren, dass ein Elternteil die Betreuung übernimmt, während der andere für den Unterhalt sorgt.[91] Von Bedeutung kann sein, dass ein Elternteil zum Zwecke der Kindesbetreuung einvernehmlich seine Erwerbstätigkeit aufgegeben hat oder mehrere gemeinsame Kinder betreut.[92] Auch die Dauer der Lebensgemeinschaft kann Gradmesser für gegenseitiges Vertrauen und Füreinander-Einstehen-Wollen sein.[93]

Unter Heranziehung von Schrifttum und Rechtsprechung zum alten Recht sind denkbare Fälle elternbezogener Gründe für eine Billigkeit einer Verlängerung:
– dass das Kind aus einer Vergewaltigung der Mutter durch den Vater stammt,[94]
– dass sich der Vater bei Verweigerung weiteren Unterhalts nach Treu und Glauben mit seinem früheren Verhalten in Widerspruch setze, weil er für die Mutter einen Vertrauenstatbestand geschaffen hat, z. B. weil die Eltern ursprünglich eine Lebensgemeinschaft mit dem oder den Kindern mit Betreuung durch die Mutter und gleichzeitiger Fortsetzung des Studiums der Mutter geplant hatten;[95]
– Erkrankung der Mutter wegen chronischer Überlastung bei kombinierter depressiver Persönlichkeitsstörung bei Vollzeiterwerbstätigkeit;[96]
– besondere Verpflichtung gegenüber der Mutter, weil diese die Ausbildung des Vaters finanziert hat;[97]

---

[87] BGH, FamRZ 2006, 1362, 1367 = R 656a
[88] BT-Drucks. 16/6980 S. 9
[89] A. a. O. S. 9
[90] Vgl. im Einzelnen a. a. O. S. 9
[90a] Empfehlungen des 13. Familiengerichtstags, FamRZ 2000, 273
[91] BGH, FamRZ 2006, 1362, 1367 = R 656a
[92] BT-Drucks. 16/6980 S. 10
[93] A. a. O.
[94] Puls, FamRZ 1998, 865, 872f.
[95] OLG Frankfurt, FamRZ 2000, 1522
[96] BGH, FamRZ 2006, 1367
[97] Schwab, Familienrecht, Rn. 773

- wenn die Mutter nach Ende der 3 Jahre trotz der erforderlichen Bemühungen keinen Arbeitsplatz finden kann und der Vater ist ohne weiteres leistungsfähig ist;[98]
- besonders günstige wirtschaftliche Verhältnisse des Vaters, die es unangemessen erscheinen lassen, das Kind auf die Betreuung durch eine mit Erwerbsarbeit zusätzlich belastete Mutter zu verweisen.[99]
- wenn durch eine längere Beziehung der Eltern ein besonderer Vertrauenstatbestand geschaffen wurde, z. B. bei langjährigem Zusammenleben mit Zeugung zweier gemeinsamer Kinder und dem Versprechen des Vaters für die Familie zu sorgen;[100]
- wenn trotz zumutbarer Bemühungen keine Fremdbetreuungsmöglichkeiten bestehen;[101]
- wenn die Mutter mehrere Kinder desselben Vaters betreut und dadurch insgesamt die Versagung des Unterhalts unbillig wäre.[102]

Im Übrigen wird zu den kindbezogenen und elternbezogenen Gründen für eine Verlängerung auf Rn. 4/67 bis 4/70 zu § 1570 I BGB verwiesen.

26   **d) Der Unterhaltsanspruch des Kindsvaters.** Zu dem neu eingeführten **Anspruch des nichtehelichen Vaters** gegen die Mutter (§ 1615 l II 2, V BGB) auf Betreuungsunterhalt, wenn er die Betreuung übernommen hat, siehe ausführlich Büdenbender, FamRZ 1998, 129 ff. Für diesen Anspruch gelten die Ausführungen zum Anspruch der Mutter entsprechend.

Da der Mutter nach § 1626 a II BGB – falls keine gemeinsame Sorgeerklärung abgegeben worden ist (§ 1626 a I Nr. 1 BGB) – grundsätzlich die elterliche Sorge für das nichteheliche Kind allein zusteht, muss – soweit der Vater die Betreuung übernommen hat – genauso wie bei § 1570 BGB (vgl. Rn. 4/66) geprüft werden, ob die **Betreuung rechtmäßig** geschieht, also ob entweder die gemeinsame elterliche Sorge besteht oder die sorgeberechtigte Mutter mit der Betreuung einverstanden ist. Dagegen wird vorgebracht, dass der Aspekt des Kindesschutzes im Vordergrund stehen müsse, so dass der Anspruch dem Vater schon dann zustehe, wenn er die Betreuung anstelle der sorgeberechtigten Kindsmutter übernehme, weil diese sich nicht um das Kind kümmere.[103] Dem ist entgegenzuhalten, dass mit der Frage, ob die Übernahme der Betreuung geboten war, weil die sorgeberechtigte Mutter pflichtwidrig ihre Betreuungsverantwortung nicht wahrgenommen habe, so vielfältige Abgrenzungs- und Definitionsprobleme verbunden sind, dass es bei einer eindeutigen rechtlichen Befugnis zur Übernahme der Betreuung bleiben sollte.

27   **e) Unterhaltsmaß bzw. Unterhaltsbedarf.** Das **Maß des** nach 1615 l II BGB geschuldeten erweiterten **Unterhalts** bestimmt sich nach §§ 1615 l III 1, 1610 BGB nach der Lebensstellung der Mutter (des Vaters).[104] Diese richtet sich grundsätzlich nach dem Einkommen, das die Mutter ohne die Geburt des Kindes zur Verfügung hätte.[105] Der sich hieraus ergebende **Bedarf** ist regelmäßig konkret darzulegen, weil es nicht um zwischen Mutter und Vater bestehende gemeinsame Verhältnisse geht.[106] Vielfach wird der Verdienstausfall entweder dem vollen Bedarf oder – bei teilweiser Erwerbstätigkeit – dem Unterschiedsbetrag zum vollen Bedarf entsprechen. Im Einzelfall kann der volle Bedarf jedoch darüber hinausgehen, z. B. wenn bei einer geschiedenen Mutter die ehelichen Lebensverhältnisse bedarfsbestimmend sind (§ 1578 BGB)[107] oder die Mutter vor kurzem einen unverschuldeten beruflichen Abstieg erlitten hat. Hatte die Mutter, die vor Geburt ein geringeres Einkommen hatte, danach zunächst mit höherem Einkommen weiter gearbeitet, ist das zuletzt bezogene Einkommen maßgebend.[108] Die Verhältnisse der Berechtigten

---

[98] Schwab, a. a. O.
[99] Büttner, FamRZ 2000, 781, 783
[100] Empfehlungen des 13. Familiengerichtstags, FamRZ 2000, 273; OLG Düsseldorf, FamRZ 2005, 1772
[101] Empfehlungen des 13. Familiengerichtstags, FamRZ 2000, 273
[102] A. a. O.
[103] Büdenbender, FamRZ 1998, 129, 134
[104] BGH, FamRZ 2005, 442 = R 625 a
[105] BGH, a. a. O.
[106] OLG Zweibrücken, FamRZ 2001, 444 (LS)
[107] BGH, FamRZ 1998, 541, 544 = R 520 c
[108] OLG Celle, FamRZ 2002, 1220 (LS)

können auch durch das Zusammenleben in nichtehelicher Gemeinschaft mit dem Vater und das gemeinsame Wirtschaften mit dessen Einkommen geprägt sein, weil dies – wenn vom Vorliegen einer bereits nachhaltigen Unterhaltsgewährung auszugehen ist – die maßgebliche Lebensstellung bedeutet.[109] Bei einer noch von den Eltern abhängigen Schülerin kann es sich um eine von den Eltern abgeleitete Lebensstellung handeln. Bei einer nicht erwerbstätig gewesen Mutter können die fortgeschriebenen Verhältnisse ihrer früheren Ehe maßgeblich sein.[110] Unmaßgeblich ist die etwa höhere oder niedrigere Lebensstellung des Vaters. Eine Teilhabe an dessen Lebensstellung besteht nicht.[111] Es ist aber nicht weniger geschuldet, als es dem Sozialhilfesatz einschließlich angemessenem Mietaufwand oder dem so genannten **Existenzminimum,** also etwa den Mindestbedarfssätzen der oberlandesgerichtlichen Leitlinien entspricht.[112] Die vom BGH (siehe unten) teilweise gebilligte Überlegung des OLG Köln,[113] das keinen Mindestbedarfssatz zugrunde legen will, wenn die Lebensstellung der Mutter darunter liegt, weil sie sonst besser als eine Ehefrau gestellt würde, überzeugt nicht. Beim Ehegattenunterhalt fließen die Verhältnisse beider Eheleute in die Bewertung ein, hier geht es um die Lebensstellung einer Person, die nach § 1610 II BGB ihr Existenzminimum verlangen kann.[114] Auch nach den Empfehlungen des 13. Deutschen Familiengerichtstags[115] sollte sich der Mindestbedarf des betreuenden Elternteils an den Mindestselbstbehaltssätzen der Düsseldorfer Tabelle orientieren. Der BGH hat sich allerdings, wenn es sich um Ansprüche einer verheirateten oder geschiedenen Mutter handelt, für derer Lebensstellung die **unter dem Existenzminimum liegenden ehelichen Verhältnisse** maßgebend sind, der Auffassung des OLG Köln angeschlossen und eine über die konkreten ehelichen Verhältnisse hinausgehende Bedarfserhöhung im Hinblick auf einen Mindestbedarf verneint.[116]

Wegen des Problems der **Bedarfsbegrenzung durch den** entsprechend anzuwenden **Halbteilungsgrundsatz** des Unterhaltsrechts zwischen Ehegatten siehe Rn. 15.

Zum nach § 1610 BGB geschuldeten Lebensbedarf gehören die im konkreten Fall **28** angemessenen **Kosten der Kranken- und Pflegeversicherung,** die aus den laufenden Einkünften bestritten werden müssen und allgemeinen Lebensbedarf darstellen.[117] Dagegen kann – wie allgemein im Verwandtenunterhalt – **kein Altersvorsorgeunterhalt** verlangt werden, da §§ 1361 I 2, 1578 III BGB eine Sonderregelung für den Ehegattenunterhalt darstellen, welche der Gesetzgeber offensichtlich nicht auf § 1615 l BGB ausdehnen wollte.[118] Hiergegen wendet sich inzwischen Büttner[119] mit der Erwägung, dass der Verdienstausfall der Mutter auch den Ausfall von „Altersvorsorgeerträgen" umfassen könne. Dagegen spricht, dass der Gesetzgeber den Anspruch beim Ehegattenunterhalt auf die Zeit ab Rechtshängigkeit des Scheidungsverfahrens beschränkt hat. Auch einer verheirateten Mutter entsteht aber, wenn sie wegen Kindesbetreuung nicht mehr erwerbstätig ist, schon davor entsprechenden Verdienstausfall, und zwar gleichgültig, ob ihr Ehemann Altersvorsorgeanwartschaften, an denen sie beteiligt werden kann, aufbaut oder nicht. Das OLG München hat mit Recht auch darauf hingewiesen, dass die betreuende Mutter für die ersten 3 Jahre der Kindererziehung schon deswegen keinen Anspruch auf Altersvorsorgeunterhalt haben könne, weil sie während dieser Zeit regelmäßig in der gesetzlichen Rentenversicherung in Höhe des Durchschnittseinkommens Anwartschaften aufbaue[120] (vgl. §§ 56, 70 II SGB VI).

[109] Wever/Schilling, FamRZ 2002, 581, 584; Büttner, FamRZ 2000, 781, 783
[110] BGH, FamRZ 1998, 541, 544 = R 520 c; OLG Hamm, NJW 2005, 297
[111] OLG Koblenz, FamRZ 2000, 637
[112] OLG München, FamRZ 2005, 1859 (LS)
[113] OLG Köln, FamRZ 2001, 1322
[114] Vgl. Anm. von Fischer, FamRZ 2002, 634 zu OLG Köln, FamRZ 2001, 1322
[115] FamRZ 2000, 273, 274
[116] BGH, FamRZ 2007, 1303, 1305 = R 669 b
[117] Vgl. Büttner, FamRZ 1995, 193, 197; Puls, FamRZ 1998, 865, 873; OLG München, NJW-RR 2006, 586; OLG Saarbrücken, FamRZ 1999, 382; anderer Ansicht OLG Hamm, NJW 2005, 297
[118] Vgl. Puls, a. a. O.; OLG Hamm, NJW 2005, 297
[119] FamRZ 2004, 1918, 1923
[120] OLG München, NJW-RR 2006, 586

Entgegen der Ansicht des OLG München[121] hat die Mutter auch keinen Anspruch auf **Prozesskostenvorschuss** gegen den Vater, um ihren Unterhaltsanspruch gegen ihn realisieren zu können (vgl. hierzu Rn. 2/613). Die angestellten Billigkeitsargumente greifen nicht, weil der Anspruch auf Prozesskostenvorschuss nicht generell Teil des geschuldeten Lebensbedarfs ist und die hierzu bestehenden gesetzlichen Vorschriften (§§ 1360a IV, 1361 IV 4 BGB) nur auf Unterhaltsverhältnisse mit einer besonderer Verantwortung des Pflichtigen für den Berechtigten wie im Verhältnis zwischen minderjährigen Kindern und ihren Eltern entsprechend anzuwenden sind.[122]

29 **Oberlandesgerichtliche Leitlinien zum Mindestbedarf** (sämtlich mit dem Stand vom 1. 1. 2008) der Mutter (des Vaters):
- Düsseldorfer Tabelle (FamRZ 2008, 211 ff. = Anhang D) D. II.:
  Bedarf nach der Lebensstellung des betreuenden Elternteils, in der Regel mindestens 770 €;
- Süddeutsche Leitlinien (Oberlandesgerichte Bamberg, Karlsruhe, München, Nürnberg, Stuttgart und Zweibrücken – FamRZ 2008, 231 ff.) Nr. 18.:
  Bedarf nach der Lebensstellung des betreuenden Elternteils, in der Regel mindestens 770 €; ist die Mutter verheiratet oder geschieden – Bedarf nach den ehelichen Lebensverhältnissen;
- Kammergericht Berlin Nr. 18.:
  Bedarf nach der Lebensstellung des betreuenden Elternteils, mindestens 770 €, bei voller Erwerbstätigkeit 900 €; ist die Mutter verheiratet oder geschieden – Bedarf nach den ehelichen Lebensverhältnissen;
- OLG Brandenburg Nr. 18:
  Bedarf nach der Lebensstellung des betreuenden Elternteils;
- OLG Braunschweig Nr. 18:
  Bedarf nach der Lebensstellung des betreuenden Elternteils, mindestens 770 €, bei Erwerbstätigkeit 900 €, aber nicht höher als der fiktive Bedarf eines Ehegatten in gleicher Situation;
- OLG Bremen Nr. 18.:
  Bedarf nach der Lebensstellung des betreuenden Elternteils, in der Regel mindestens 770 €, bei Erwerbstätigkeit 900 €; kein Mindestbedarf, wenn sich der Unterhaltsbedarf, weil der betreuende Elternteil verheiratet oder geschieden ist, nach den ehelichen Lebensverhältnissen richtet;
- OLG Dresden Nr. 18.:
  Bedarf nach der Lebensstellung des betreuenden Elternteils, mindestens 770 €;
- OLG Düsseldorf Nr. 18.:
  nach der Lebensstellung des betreuenden Elternteils
- OLG Frankfurt Nr. 18.:
  Bedarf nach der Lebensstellung des betreuenden Elternteils, bzw. nach dessen konkretem Verdienstausfall, in der Regel mindestens ein Betrag entsprechend dem notwendigen Selbstbehalt von 900 €;
- OLG Hamburg Nr. 18.:
  Bedarf nach der Lebensstellung des betreuenden Elternteils, mindestens 770 €, bei Erwerbstätigkeit mindestens 900 €;
- OLG Hamm Nr. 18.:
  Bedarf nach der Lebensstellung des betreuenden Elternteils, in der Regel mindestens 770 €, bei voller Erwerbstätigkeit 900 €
- OLG Jena Nr. 18.:
  Bedarf nach der Lebensstellung des betreuenden Elternteils, mindestens 770 €;
- OLG Koblenz Nr. 18.:
  Bedarf nach der bisherigen Lebensstellung des betreuenden Elternteils, die sich auch aus den ehelichen Verhältnissen einer bestehenden oder geschiedenen Ehe ergeben können;

---

[121] OLG München, FamRZ 2003, 1219 f.; so auch Schilling, FamRZ 2006, 1, 10
[122] BGH, FamRZ 2005, 883, 885 = R 628a; BGH, FamRZ 1984, 148

- OLG Köln Nr. 18.:
  Bedarf nach der Lebensstellung des betreuenden Elternteils; ist dieser verheiratet oder
  geschieden Bedarf nach den ehelichen Lebensverhältnissen, auch wenn diese unter den
  Mindestbedarfssätzen liegen;
- OLG Naumburg Nr. 18:
  Bedarf nach der Lebensstellung des betreuenden Elternteils, in der Regel 770 €;
- OLG Oldenburg Nr. 18:
  Bedarf nach der Lebensstellung des betreuenden Elternteils;
- OLG Rostock Nr. 18:
  Bedarf nach der Lebensstellung des betreuenden Elternteils;
- OLG Schleswig Nr. 18:
  Bedarf nach der Lebensstellung des betreuenden Elternteils, die auch aus den ehelichen
  Verhältnissen einer bestehenden oder geschiedenen Ehe oder aus einem längeren nicht-
  ehelichen Zusammenleben hergeleitet werden können;

3. Der Anspruch auf Übernahme von Beerdigungskosten

Der Anspruch auf Übernahme von Beerdigungskosten gemäß § 1615 m BGB stellt, **30**
obwohl er dem § 1615 II BGB aus dem Verwandtenunterhalt nachgebildet ist, **keinen
Unterhaltstatbestand** dar (siehe Rn. 4), hängt also nicht von der Leistungsfähigkeit des
Vaters ab (siehe hierzu aber Zöller/Philippi, ZPO, 26. Aufl., Rn. 2 u. 3 zu § 643 zur
insoweit inkonsequenten Regelung des § 643 I ZPO zur Auskunftserteilung). Er setzt
voraus, dass die Mutter infolge der Schwangerschaft oder der Entbindung verstorben ist.
Gegenüber der Haftung der Erben (§ 1968 BGB) ist er **subsidiär**. Soweit dem Vater als
Verpflichteten die Übernahme der Kosten nicht zugemutet werden kann, muss sie die
Sozialhilfe übernehmen (§ 74 SGB XII).
Anspruchsinhaber sind entweder die Totensorgeberechtigten, in der Regel die nächsten
Angehörigen, oder der nach öffentlichem Recht Bestattungspflichtige.[123] Für die Höhe der
angemessenen Kosten ist nach allgemeiner Ansicht in entsprechender Anwendung von
§ 1610 BGB die Lebensstellung der Mutter maßgebend.[124] Der Anspruch unterliegt der
regelmäßigen Verjährungsfrist von 3 Jahren gemäß § 195 BGB.[125] Die Verjährungsfrist
beginnt nach § 199 I Nr. 1 u. 2 BGB mit dem Schluss des Jahres der Entstehung des
Anspruchs auf Übernahme oder Erstattung bzw. der Kenntniserlangung durch den Gläubiger.

4. Ansprüche bei Totgeburt des Kindes oder Fehlgeburt

Sämtliche Ansprüche – bis auf den tatbestandlich ausgeschlossenen Anspruch auf Unter- **31**
halt wegen Kindesbetreuung gemäß § 1615 l II 2 BGB – gelten unmittelbar auch bei
Totgeburt des Kindes (§ 1615 n S. 1 BGB) und sinngemäß bei einer Fehlgeburt (§ 1615 n
S. 2 BGB). Wegen der erforderlichen **Vaterschaftsfeststellung** siehe Rn. 3.
Je nach Zeitpunkt ihres Anfalls sind die mit der Fehl- oder Totgeburt zusammenhängenden **Behandlungs- und Klinikkosten** gemäß § 1615 l I S. 1 oder S. 2 BGB zu erstatten,
nach allgemeiner Meinung bei einer Totgeburt auch die **Beerdigungskosten**. Für die
Fristen der Ansprüche nach § 1615 l I und II 1 BGB ist der Zeitpunkt der Fehl- oder
Totgeburt maßgebend.[126] Teilweise wird bezweifelt, dass der Mutter auch bei einer Fehlgeburt der ordentliche Unterhaltsanspruch des § 1615 l I 1 BGB zustehen würde, insbesondere, wenn die Fehlgeburt in einem frühen Schwangerschaftsstadium eintrete, so dass sich

---

[123] Vgl. v. Staudinger/Engler, BGB, Neubearbeitung 2000, Rn. 10, 11 zu § 1615
[124] MünchKommBGB/Born, 4. Aufl., Rn. 9 zu § 1515 n; Göppinger/Wax/Maurer, Unterhaltsrecht,
Rn. 1277
[125] Palandt/Diederichsen, BGB, Rn. 1 zu § 1615 m
[126] Soergel/Häberle, BGB 12. Aufl., Rn. 5 zu § 1615 n; MünchKommBGB/Born, Rn. 4 zu
§ 1615 n

der Zwecke des Gesetzes Pflege und Betreuung des Kindes nach Entbindung sicherzustellen, nicht verwirklichen könne.[127] Dem ist entgegenzuhalten, dass die gesetzliche Regelung eindeutig erscheint und nicht allein auf diesen Zweck abzielt (vgl. Rn. 1).

32   Ein besonderes Problem stellt die rechtliche Behandlung des **Schwangerschaftsabbruchs** dar. Dabei geht es um die Kosten des Abbruchs selbst, um die Rechtsfolgen einer späteren Fehlgeburt, welche durch einen vorangegangenen Abbruchsversuch ausgelöst wurde, und um die Frage, ob der Mutter in diesen Fällen die Unterhaltsansprüche des § 1615 l I und II 1 BGB zustehen, die sich auf die Abbruchskosten als Sonderbedarf erstrecken können.

Auszugehen ist von der Überlegung, dass das Gesetz eine Beendigung der Schwangerschaft durch einen unterbrechenden Eingriff kaum als Unterfall einer Fehlgeburt ansieht.[128] Jedenfalls sind die Kosten des Abbruchs begrifflich keine Entbindungskosten.[129] Eine **differenzierende Betrachtung** erscheint angebracht. Nimmt die Mutter eine gerechtfertigte Schwangerschaftsunterbrechung (sozial-medizinische Indikation nach § 218 a II StGB oder kriminologische Indikation nach § 218 a III StGB) vor, sollte der Vater gemäß § 1615 l I 1 BGB auch die Unterbrechungskosten als Folgekosten der Schwangerschaft übernehmen.[130] Handelt es sich um einen zwar nicht gerechtfertigten, aber strafrechtlich nicht tatbestandsmäßigen (§ 218 a I StGB) oder straffreien (§ 218 a IV StGB) Abbruch bzw. um einen strafbaren Abbruch wird man darauf abzustellen haben, ob der Erzeuger die Mutter zu dem Abbruch bestimmt hat oder mit dem Abbruch einverstanden war.[131] Für diesen Fall erscheint wegen der Abbruchskosten eine entsprechende Anwendung von § 1615 l I 1 BGB (Folgekosten der Schwangerschaft) geboten, weil auch die Gewissensfreiheit des Erzeugers (Art. 4 I GG)[132] einer Kostentragung nicht entgegenstehen kann. Beruht die Fehlgeburt auf einem Abbruchsversuch, dessen Kosten der Erzeuger demgemäß nicht übernehmen muss, gilt dies auch für die Kosten der Fehlgeburt. Fraglich erscheint, ob der Mutter auch dann, wenn sie einen nicht gesetzlich gerechtfertigten Schwangerschaftsabbruch auf Grund ihrer autonomen Entscheidung ohne Veranlassung oder Zustimmung des Erzeugers vornehmen ließ – in entsprechender Anwendung von § 1615 n BGB die Unterhaltsansprüche des § 1615 l I und II 1 BGB zustehen, soweit sie auch ohne den Abbruch bestanden hätten. Dies ist jedenfalls für die bis zum Abbruch bereits entstandenen Ansprüche zu bejahen. Für die Zeit danach kommt es darauf an, ob die Schwängerung als ursprünglicher Haftungsgrund weiter gilt oder ob die Kausalkette durch den allein von der Mutter verantworteten Abbruch unterbrochen worden ist.[133] Von einer solchen Unterbrechung ist generell auszugehen, nicht nur für den Fall, dass die Krankheit, welche die maßgebliche Anspruchsvoraussetzung nach § 1615 l II 1 BGB wäre, auf dem Abbruch oder Abbruchsversuch beruht. Durch einen derartigen Abbruch wird nämlich der gesetzgeberische Zweck der in Frage kommenden Unterhaltsvorschriften verfehlt.

III. Rangfragen und Ersatzhaftung

33   Die Rangfrage wegen Anspruchskonkurrenz kann sich vor wirksamer Anerkennung oder gerichtlicher Feststellung der Vaterschaft grundsätzlich nicht stellen.[134]

---

[127] Vgl. v. Staudinger/Engler, BGB, Neubearbeitung 2000, Rn. 14 zu § 1615 n

[128] So Brüggemann, FamRZ 1971, 140, 142; AG Brake, FamRZ 1976, 288; dagegen: Soergel/Häberle, BGB 12. Aufl., Rn. 6 zu § 1615 n

[129] MünchKommBGB/Köhler, 3. Aufl., Rn. 9 n § 1615 n BGB; Soergel/Häberle, BGB 12. Aufl., Rn. 6 zu § 1615 n

[130] Ähnlich wie hier: Göppinger/Wax/Maurer, Unterhaltsrecht, 1217

[131] Vgl. dazu AG Bühl, FamRZ 1985, 107; zustimmend: Göppinger/Wax/Maurer, Rn. 1217

[132] Vgl. AG Bühl, FamRZ 1985, 107

[133] In diesem Sinn: Göppinger/Wax/Maurer, Rn. 1217; Schwab/Borth, Handbuch des Scheidungsrechts, 4. Aufl., Rn. IV 1380

[134] OLG Hamm, FamRZ 1997, 1401 im Verhältnis zu § 1361 BGB (LS)

Das **Rangverhältnis zwischen** dem **Vater** des nichtehelichen Kindes **und** den unterhaltpflichtigen **Verwandten** der Mutter regelt § 1615l III 2 BGB. Danach haftet der Vater vor den Verwandten. Die Mutter hat keinen Anspruch gegen ihre Eltern, soweit sie Unterhalt von dem leistungsfähigen oder wegen zurechenbarer fiktiver Einkünfte als leistungsfähig zu behandelnden Erzeuger ihres Kindes, der noch pfändbare Habe hat, erlangen könnte.[135]

Strittig war die Frage, welches **Rangverhältnis zum unterhaltspflichtigen** (geschiedenen) **Ehemann der Mutter** besteht. Diese Frage kann sich nicht stellen, falls ein wirksamer Verzicht auf nachehelichen Unterhalt vorliegt.[136] Sie stellt sich auch dann nicht, wenn sich die Mutter erst nach Entstehung ihres Unterhaltsanspruchs verheiratet hat, weil § 1586 BGB auf die Ansprüche der Mutter entsprechend anzuwenden ist, so dass die Ansprüche mit der Heirat erlöschen (vgl. Rn. 11 und unten). *Brüggemann*[137] hat aus dem Umstand, dass auf die Unterhaltsansprüche der Mutter nach § 1615l III 1 BGB die Vorschriften des Verwandtenunterhalts entsprechend anzuwenden sind, den Schluss gezogen, dass der Anspruch gegen den Vater (Schwängerer) einem Anspruch gegen einen Verwandten gleichzuachten sei, so dass sich aus § 1608 S. 1 BGB (§ 1584 S. 1 BGB) der Vorrang für die Haftung des Ehegatten ergäbe. Es sei auch eher befremdlich, wenn der Ehemann die Ehefrau bei bestehender Ehe und Zusammenleben der Eheleute auf Ansprüche gegen den Schwängerer verweisen könne. Die herrschende Meinung ist früher vom Vorrang der Haftung des Vaters ausgegangen, weil dieser für die schwangerschaftsbedingte Bedürftigkeit der Mutter verantwortlich sei und ihr Ehemann deswegen nach Sinn und Zweck der Rangregelung in § 1615l III 2 BGB nicht anders zu behandeln sei als die Verwandten.[138] Zunächst hatte das OLG München[139] in zwei Entscheidungen die Ansicht vertreten, dass mangels anderweitiger gesetzlicher Regelung Gleichrang zwischen den Ansprüchen gegen den Ehemann und den Erzeuger des nichtehelichen Kindes bestehe. Darüber hinaus war die herrschende Meinung auch in der Literatur angegriffen worden.[140] Inzwischen hat der BGH für den Fall der Konkurrenz zwischen dem Anspruch auf Trennungsunterhalt nach § 1361 BGB und den Ansprüchen nach § 1615l I und II 2 BGB entschieden, dass **Gleichrang** (vor den Verwandten) **mit anteiliger Haftung** vorliege und der Haftungsgrad sich entsprechend § 1606 III 1 BGB bestimme.[141] § 1608 BGB scheide schon deswegen aus, weil die Sonderbestimmung des § 1615l III 2 BGB die Anwendung ausschließe. Umgekehrt könne der Ehemann der Mutter nicht mit den in § 1615l III 2 BGB genannten Verwandten der Mutter gleichgesetzt werden, weil sonst die auch vorliegende unterhaltsrechtliche Verantwortung des Ehemanns außer Acht gelassen und dieser gegenüber dem nichtehelichen Vater in ungerechtfertigter Weise privilegiert würde. Da sich die Annahme von Gleichrang unschwer mit der Gesetzeslage vereinbaren lässt und über die vom BGH dargelegte elastische, fallbezogene Handhabung der Anwendung des § 1606 III 1 BGB,[142] die nur „entsprechend" zu geschehen hat, sachgerechte Ergebnisse erzielt werden können, ist der Auffassung des BGH zu folgen. Für die Konkurrenz der Ansprüche nach § 1615l I u. II BGB mit anderen Tatbeständen des ehelichen Unterhalts gilt dasselbe.[143] Grundsätzlich keine Rolle für den Eintritt der anteiligen Haftung spielt, ob der Aufwand für das Kind, weil es noch während bestehender Ehe geboren wurde, den ehelichen Verhältnissen zuzurechnen ist.[144] Entsprechendes gilt, wenn die konkurrierenden Ansprüche der Mutter gegen Ehemann und nichtehelichen Vater

34

---

[135] OLG Düsseldorf, FamRZ 1989, 1226, 1228

[136] OLG Koblenz, FamRZ 2001, 227

[137] FamRZ 1971, 140, 147

[138] Vgl. OLG Koblenz, FamRZ 1981, 92; OLG Hamm, FamRZ 91, 979; OLG Hamm, FamRZ 1997, 632

[139] OLG München, FamRZ 1997, 623; FamRZ 1994, 1108

[140] Wagner, NJW 1998, 3097; Puls, FamRZ 1998, 865, 875

[141] BGH, FamRZ 1998, 541, 543 = R 520 c

[142] BGH, FamRZ 1998, 541, 544 = R 520 c

[143] OLG Bremen, FamRZ 2006, 1207, 1208

[144] KG, FamRZ 2001, 29, 30; OLG Thüringen, FamRZ 2006, 1205

darauf beruhen, dass sie ein **eheliches Kind und ein nichtehelichen Kind** gleichzeitig betreut.[145]

Die fallbezogene, nur entsprechende Handhabung des § 1606 III 1 BGB kann auch nach Meinung des BGH dazu führen, dass es zur **Alleinhaftung des Kindsvaters** kommt. Ein solcher Fall läge wohl vor, wenn erst das nichteheliche Kind den Anspruch auf Trennungsunterhalt (§ 1361 BGB) gegen den Ehemann entstehen ließe, weil die Mutter ihren Bedarf ohne das Kind weiter mit ihrer Erwerbstätigkeit hätte decken können. Deswegen würde hier der Kindsvaters in erster Linie allein haften und eine anteilige Haftung des Ehemanns nur entstehen, soweit bei Weiterführung der Erwerbstätigkeit ein ungedeckter Bedarf bestanden hätte.[146] Soweit der Unterhalt vom Kindsvater mangels Leistungsfähigkeit nicht erlangt werden könnte, muss der gleichrangig haftende Ehemann allerdings doch nach § 1606 III 1 BGB eintreten, zumal beim Trennungsunterhalt auch das außereheliche Kind der Ehefrau die ehelichen Verhältnisse prägt.[147] Die Ansicht des OLG Hamm,[148] es scheide in diesem Fall auch eine **subsidiäre Haftung des gleichrangig haftenden Ehemanns** aus, trifft nicht zu. Es gibt, auch wenn die Ehe selbst kinderlos blieb, keinen Vorrang des Betreuungsunterhalts nach § 1615l II 2 BGB gegenüber gleichzeitig vorliegenden Tatbeständen des ehelichen Unterhalts.[149] Auch eine Ersatzhaftung des Ehemanns in analoger Anwendung von § 1607 II BGB kommt in Betracht, wenn die Rechtsverfolgung im Inland gegen den Kindsvater ausgeschlossen oder erheblich erschwert ist.[150]

Keine anteilige Haftung zwischen Ehemann und Kindsvater entsteht, wenn die **Mutter** erst **heiratet,** nachdem die Unterhaltspflicht des Kindsvaters bereits entstanden war.[151] Der Anspruch gegen den Kindsvater geht in diesem Fall durch die Heirat der Mutter in entsprechender Anwendung von § 1586 I BGB unter (vgl. Rn. 11).

Richten sich die Ansprüche einer Mutter von zwei Kindern gegen unterschiedliche Väter, werden die §§ 1615l III 1, 1606 III 1 BGB ebenfalls analog angewendet, so dass **anteilige Haftung der beiden nichtehelichen Väter** eintritt.[152]

35   In den Fällen anteiliger Haftung ist es grundsätzlich Sache der Ehefrau, die Voraussetzungen ihres Unterhaltsanspruchs nach § 1615l BGB gegen den Kindsvater und dessen **Haftungsanteil darzulegen** und ggf. **zu beweisen,**[153] also z. B. die fehlende Leistungsfähigkeit des Ehemanns bzw. im umgekehrten Prozess die fehlende Leistungsfähigkeit des Kindsvaters.[154] Anders als der in Anspruch genommene Elternteil oder Ehegatte hat die Mutter jeweils Auskunftsansprüche gegen den anderen anteilig haftenden Unterhaltspflichtigen.[155] Dasselbe gilt, wenn die Mutter Ansprüche gegen zwei verschiedene nichteheliche Kindsväter hat und einen von ihnen in Anspruch nimmt.[156] Der **Haftungsgrad** (bis zur Alleinhaftung des Kindsvaters – siehe Rn. 34) ist in entsprechender Anwendung von § 1606 III 1 BGB nicht schematisch ausschließlich nach den Erwerbs- und Vermögensverhältnissen der beiden Pflichtigen (Ehemann bzw. nichtehelicher Vater) zu bestimmen, sondern es kann eine fallbezogene, differenzierte Verteilung vorgenommen werden, um dem Einzelfall in flexibler Weise gerecht zu werden.[157] Geht es in beiden Fällen um Betreuungsunterhalt für eheliche Kinder bzw. das nichteheliche Kind, kann Zahl und unterschiedliche Betreuungsbedürftigkeit der Kinder bei der Haftungsverteilung Berücksichtigung finden. Zu beachten ist, dass bei erschwerter Rechtsverfolgung gegen den Vater, z. B. auch wenn dessen Vater-

---

[145] BGH, FamRZ 2007, 1303, 1304 = R 670 c
[146] Wever/Schilling, FamRZ 2002, 581, 589; OLG Bremen, FamRZ 2005, 213
[147] OLG Thüringen, FamRZ 2006, 1205
[148] OLG Hamm, FamRZ 2000, 637 (LS)
[149] Wever/Schilling, FamRZ 2002, 581, 589; OLG Thüringen, FamRZ 2006, 1205, 1206
[150] BGH, FamRZ 1998, 541, 544
[151] OLG Schleswig, FamRZ 2000, 637, 638
[152] BGH, FamRZ 2005, 357, 358; OLG Koblenz, NJW-RR 2005, 1457
[153] BGH, FamRZ 1998, 541, 544; OLG Zweibrücken, FamRZ 2001, 29 (LS)
[154] KG, FamRZ 2001, 29, 30
[155] BGH, FamRZ 1998, 541, 554
[156] OLG Koblenz, NJW-RR 2005, 1457
[157] BGH, FamRZ 1998, 541, 544 = R 520 c

schaft noch nicht förmlich feststeht,[158] wegen des entsprechend anzuwendenden § 1607 II BGB auch eine **Ersatzhaftung** (vgl. Rn. 2/608) **des Ehemanns**[159] oder über §§ 1615 l III 2, 1607 II BGB **der Eltern der Mutter,** nicht aber der Eltern des Kindsvaters[160] in Betracht kommt, weil nur die Verwandten eines Kindes ersatzweise haften.[161] Die Ersatzhaftung der Eltern der Mutter wegen mangelnder Leistungsfähigkeit des Kindsvater ergibt sich unmittelbar aus §§ 1615 l III 1, 1607 I BGB. Die Haftung des mit dem Kindsvater gleichrangig haftenden Ehemanns ergibt bei Leistungsunfähigkeit des Vaters unmittelbar aus § 1606 III 1 BGB (siehe Rn. 34).

Hat der Vater außer gegenüber der Mutter noch weitere Unterhaltspflichten zu **36** erfüllen, bestimmt sich die **Rangfolge der Bedürftigen** nach § 1609 BGB. Die Mutter ist gegenüber den minderjährigen unverheirateten Kindern und den nach § 1603 II diesen gleichstehenden Kindern des Vaters nachrangig (§ 1609 Nr. 1 BGB), dagegen vorrangig gegenüber volljährigen Kindern und sonstigen Verwandten des Vaters (§ 1609 Nr. 4 bis 7 BGB). Sie ist gegenüber dem (geschiedenen) Ehegatten des Vaters oder einem (ehemaligen) Lebenspartner des Vaters (vgl. §§ 5 S. 2, 12 S. 2, bzw. 16 S. 2 LPartG) vorrangig, wenn für diese § 1609 Nr. 3 BGB einschlägig ist, bzw. mit dem Ehegatten oder dem Lebenspartner gleichrangig, soweit für diese wie für die Mutter§ 1609 Nr. 2 BGB gilt.

IV. Geltendmachung rückständiger Beträge und Verjährung

1. Unterhalt für die Vergangenheit

Vor Feststellung der Vaterschaft fällig gewordener Unterhalt kann nach § 1615 l III 3, **37** 1613 II Nr. 2 a BGB ohne Rücksicht auf § 1613 I BGB verlangt werden.

Die Frage unter welchen Voraussetzungen Unterhalt für die Vergangenheit im Übrigen durchgesetzt werden kann, wird kontrovers diskutiert. Teilweise wird § 1613 I BGB ohne Modifikation angewendet, teilweise wird aus der Fassung des § 1615 l III 1 u. 3 BGB geschlossen, dass Unterhalt rückwirkend für die Zeit von einem Jahr seit erstmaliger Entstehung des Anspruchs bzw. jeweils ein Jahr rückwirkend ohne Inverzugsetzung bzw. ohne Rechthängigkeit des Anspruchs verlangt werden kann.[162] Tatsächlich erklärt sich die nochmalige Verweisung in § 1615 l III 3 BGB – ungeachtet der allgemeinen Verweisung in § 1615 l III 1 BGB – auf § 1613 II BGB damit, dass die in § 1613 II Nr. 1 BGB bestimmte Frist von einem Jahr seit (hier: erstmaliger) Entstehung des Anspruchs zur Geltendmachung rückständigen Sonderbedarfs ohne vorherige Inverzugsetzung oder Rechtshängigkeit des Anspruchs auch **für den Regelbedarf** der Mutter gelten soll.[163] Der Entwurf des Kinderunterhaltsgesetzes (BT-Drucks. 13/7338), das die Verweisung auf den neugefassten § 1613 II BGB vorgenommen hat, hat keine zusätzliche Klarstellung gebracht. Die im Entwurf der Bundesregierung vom 7. 12. 1967 (BT-Drucks. V/2370, S. 57) zur früheren Fassung des Gesetzes angestellten Erwägungen bleiben jedoch gültig. Nach Ablauf der Jahresfrist seit erstmaliger Entstehung des Anspruchs gilt § 1613 I BGB, so dass es der Inverzugsetzung oder der Rechtshängigkeit des Anspruchs bedarf. Nach den zitierten Gesetzesmaterialien bestehen die Schwierigkeiten der Mutter, die hier eine Abweichung von der Regel rechtfertigen, nur solange bis der Anspruch – regelmäßig durch rechtswirksame Vaterschaftsfestlegung – erstmalig entstanden ist. Fälligkeiten nach Ablauf der Jahresfrist seit erstmaliger

---

[158] OLG Brandenburg, FamRZ 2004, 560, 561
[159] BGH, FamRZ 1998, 541, 544
[160] OLG Nürnberg, FamRZ 2001, 1322
[161] OLG Brandenburg, NJW-RR 2003, 1515
[162] Vgl. zum Diskussionsstand Schilling, FamRZ 2006, 1, 9
[163] Gesetzentwurf der Bundesregierung vom 7. 12. 1967, BT-Drucks. V/2370, S. 57; Brüggemann, FamRZ 1971, 140, 147; AG Krefeld, FamRZ 1985, 1181 mit Anm. Köhler; OLG Schleswig, FamRZ 2004, 563

Entstehung können daher nur unter den Voraussetzungen des § 1613 I BGB rückwirkend verlangt werden.[164]

38 Die **Stundung** der vor Anerkennung oder Feststellung der Vaterschaft fällig gewordenen Unterhaltsbeträge ist über die Stundungsregelung des § 1613 III 1 BGB möglich, die auch dann gilt, soweit ein Dritter, der anstelle des Vaters geleistet hat, vom Vater Erstattung verlangen kann (Abs. III 2), und die nunmehr – unter erheblich erschwerten Voraussetzungen[165] – auch einen vollständigen **Erlass** gestattet.

2. Verjährung

39 Die Ansprüche der Mutter bzw. des Vaters verjähren **in 3 Jahren** (§§ 195, 197 II, 199 BGB). Wegen der Verjährung des Anspruchs auf Übernahme der Kosten für die Beerdigung der Mutter siehe Rn. 30. Die Verjährung beginnt mit dem Schluss des Jahres der jeweiligen Entstehung des fälligen Anspruchs, also nicht vor Schluss des Jahres, in dem die Vaterschaft anerkannt oder gerichtlich festgestellt worden ist.

3. Verwirkung

40 Auch Ansprüche nach § 1615 l BGB können aufgrund der Verweisungsnorm in § 1615 l III 1 BGB entsprechend § 1611 BGB, nicht aber nach § 1579 BGB, ganz oder teilweise verwirkt werden (vgl. dazu Rn. 2/626 ff.). Bei der erforderlichen umfassenden Würdigung eines schuldhaften Fehlverhaltens der Berechtigten darf nicht übersehen werden, dass nicht verheiratete Elternteile geringere Loyalitätspflichten gegeneinander haben als nahe Verwandte und dass hier wegen der Angleichung des Anspruchs an § 1570 BGB im Rahmen einer verfassungsgemäßen Anwendung von § 1611 BGB stets das Betreuungsinteresse des Kindes mit abzuwägen ist. Eine vollständige Versagung von Unterhalt dürfte daher nur in Ausnahmefällen in Betracht kommen.[166]

V. Geltendmachung mittels einstweiliger Verfügung

41 In Abweichung von dem Grundsatz, dass Ansprüche gegen den Vater erst nach Anerkennung oder Feststellung der Vaterschaft geltend gemacht werden können, erlaubt § 1615 o II BGB **der Mutter**, und zwar nur dieser und **nicht dem Vater,**[167] wegen ihrer besonderen Schutzbedürftigkeit vor und nach der Geburt[168] schon davor den Erlass einer einstweiligen Verfügung **(Leistungsverfügung)** in Höhe der nach § 1615 l I 1 BGB – nicht § 1615 l II BGB – voraussichtlich zu leistenden Beträge zu erwirken. Durch das Kindesunterhaltsgesetz vom 6. 4. 1998 (BGBl I 666) wurde § 1615 o Abs. 2 dahin abgeändert, dass sich die einstweilige Verfügung nicht mehr auf den Unterhaltsanspruch nach § 1615 l II BGB erstreckt. Die mögliche Durchsetzung des **Unterhaltsanspruchs nach § 1615 l Abs. 1 S. 1** betrifft nur noch den dort geregelten Unterhaltszeitraum von 14 Wochen. Darüber gewährt das Gesetz nur scheinbar einen durch einstweilige Verfügung durchsetz- oder sicherbaren Anspruch nach **§ 1615 l Abs. 1 S. 2** BGB für davor und danach liegende Zeiträume. Die vorherige Gesetzesfassung hatte die Möglichkeit, Ansprüche nach § 1515 k a. F. (heute § 1615 l Abs. 1 S. 2) mit einstweiliger Verfügung geltend zu machen, auf die Zeit der ersten 3 Monate nach der Geburt beschränkt. Der Bericht des Rechtsausschusses zum Kindesunterhaltsgesetz[169] betont ausdrücklich, dass der durch einstweilige Verfügung durchzusetzende Unterhalt sich auf die Zeit von sechs Wochen vor und 8 Wochen nach der

---

[164] A. A. und für die uneingeschränkte Geltung der Jahresfrist: OLG Schleswig, FamRZ 2004, 563
[165] Palandt/Diederichsen, Rn. 25 zu § 1613
[166] Vgl. zum Ganzen Peschel-Gutzeit, FPR 2005, 344
[167] Büdenbender, FamRZ 1998, 129, 138
[168] BT-Drucks. V/2370, S. 58
[169] BT-Drucks. 13/9596, 34

Geburt beschränken soll, was in etwa der Zeit von 3 Monaten für den Kindesunterhalt nach Abs. 1 entspreche. Man hatte offensichtlich übersehen, dass § 1615 l Abs. 1 BGB durch das Kindesunterhaltsgesetz gleichzeitig um einen Satz 2 erweitert werden sollte, der die Regelung des bisherigen § 1615 k a. F. übernahm. Der Gesetzgeber wollte aber eindeutig keinen zeitlich unbeschränkt durch einstweilige Verfügung realisierbaren Anspruch nach Abs. 1 S. 2 gewähren, sondern die Geltendmachung durch einstweilige Verfügung nur für den Anspruch nach § 1615 l Abs. 1 S. 1 gestatten. Zur Gegenansicht siehe v. Staudinger/Engler, Rn. 24 zu § 1615 o.

Möglich ist auch die bloße Sicherung des Anspruchs durch Anordnung der Hinterlegung eines angemessenen Betrags möglich. Kein Rechtsschutzbedürfnis für eine einstweilige Verfügung besteht, soweit nach Feststellung der Vaterschaft ein Hauptsacheverfahren über den Unterhalt anhängig ist, weil dann **über § 644 ZPO** – in diesem Fall natürlich ggf. auch durch den Vater – **eine einstweilige Anordnung** erwirkt werden kann. Dasselbe gilt, wenn das gerichtliche Verfahren auf Feststellung der Vaterschaft anhängig ist, so dass der Antrag auf Erlass einer einstweiligen Anordnung **nach § 641 d ZPO,** hier allerdings wiederum nur durch die Mutter, möglich ist.

Der **Verfügungsanspruch** für die einstweilige Verfügung nach § 1615 o II BGB ist **42** glaubhaft zu machen.[170] Dazu gehört neben der Bedürftigkeit der Umstand, dass der Antragsgegner nach § 1600 d II u. III BGB als Erzeuger des erwarteten oder geborenen Kindes vermutet wird. Soweit Ansprüche vor der Geburt geltend gemacht werden sollen, muss auch der voraussichtliche Geburtstermin und das Bestehen der Schwangerschaft glaubhaft gemacht werden.

Der **Verfügungsgrund** braucht nicht glaubhaft gemacht zu werden (§ 1615 o III BGB). **43** Die Bestimmung wird als **unwiderlegbare Vermutung** für die Gefährdung des Anspruchs angesehen.[171] Für **rückständigen Unterhalt,** der erst nach Ablauf der maßgeblichen Unterhaltszeitraums im Wege der einstweiligen Verfügung verlangt wurde, hat das AG Berlin-Charlottenburg[172] (nach der damaligen Gesetzesfassung reichte der sicherbare Unterhaltszeitraum bis ein Jahr nach Geburt des Kindes) die Ansicht vertreten, dies sei nicht mit dem Normzweck des § 1615 o III BGB vereinbar und läge auch nicht mehr im Schutzbereich des § 1615 o BGB. Dem ist für die Geltendmachung von Rückständen zuzustimmen. Im Gesetzentwurf der Bundesregierung vom 7. 12. 1967[173] ist ausgeführt, die wirtschaftliche Lage von Mutter und Kind könne im Einzelfall eine sofortige Unterhaltsbeitreibung erforderlich machen. Das Schutzbedürfnis von Kind und Mutter sei in der Zeit vor und nach der Geburt so stark, dass ein lückenloser Schutz angestrebt werden müsse und etwaige Bedenken zurücktreten müssten. Dies zeigt, dass der Gesetzgeber an die Befriedigung eines aktuellen Bedarfs gedacht hat. Die Gefährdungsvermutung erstreckt sich bei der gebotenen einschränkenden Auslegung daher nur auf den im Monat der Antragstellung fällig gewordenen Betrag und etwa noch künftig fällig werdenden Beträge,[174] die nach dem zeitlich beschränkten Anspruchs aus § 1615 l I I 1 BGB darüber hinaus verlangt werden können. Soweit zur Befriedigung eines aktuellen Bedarfs ausnahmsweise rückständige Beträge aus davor liegenden Fälligkeiten benötigt würden, wäre der Verfügungsgrund zusätzlich glaubhaft zu machen.

Nicht hierher gehört, dass § 1615 o I BGB es ermöglicht – ebenfalls vor Vaterschaftsfest- **44** stellung – auf Antrag des Kindes dessen voraussichtlichen Unterhaltsanspruch durch Leistungsverfügung für die Ersten 3 Monate nach Geburt zu regeln.

---

[170] Vgl. im Einzelnen v. Staudinger/Eichenhofer, BGB 13. Aufl., Rn. 12 f. zu § 1615 o
[171] MünchKommBGB/Born, Rn. 16 zu § 1615 o; v. Staudinger/Eichenhofer, BGB 13. Aufl., Rn. 11 zu § 1615 o; anderer Ansicht Brüggemann, FamRZ 1971, 140, 150: zwar brauche nicht glaubhaft gemacht werden, deswegen könne aber im Einzelfall das Gegebensein der Gefährdung entkräftet sein
[172] AG Berlin-Charlottenburg, FamRZ 1983, 305
[173] BT-Drucks. V/2370, S. 58
[174] MünchKommBGB/Born, Rn. 13 zu § 1615 o; anderer Ansicht: v. Staudinger/Engler, BGB, Neubearbeitung 2000, Rn. 14 zu § 1615 o; Soergel/Häberle, BGB 12. Aufl., Rn. 5 zu § 1615 o: die Gefährdungsvermutung gelte bis zum Ablauf der Unterhaltszeit des § 1615 I BGB auch für entsprechende Rückstände

2. Abschnitt: Unterhaltsansprüche zwischen eingetragenen Lebenspartnern

I. Allgemeines

1. Die eingetragene Lebenspartnerschaft als Unterhaltsvoraussetzung

45   Das vom Bundesverfassungsgericht[1] gebilligte Lebenspartnerschaftsgesetz (LPartG),[2] das am 1. 8. 2001 in Kraft getreten ist, hat für gleichgeschlechtliche Partnerschaften die eingetragene Lebenspartnerschaft als eheähnliches Rechtsinstitut geschaffen. Die gegeneinander bestehenden Unterhaltsverpflichtungen der Lebenspartner einer eingetragenen Lebenspartnerschaft wurden in Anlehnung an die ehelichen Unterhaltstatbestände in §§ 5, 12 und 16 LPartG geregelt. Die danach noch vorhandenen Unterschiede zum ehelichen Unterhalt beseitigte schon fast vollständig die Neufassung dieser Vorschriften durch das **Gesetz zur Überarbeitung des Lebenspartnerschaftsrechts,**[3] das am 1. 1. 2005 in Kraft getreten ist. Dieses Gesetz hatte zum Ziel, das Lebenspartnerschaftsrecht weitgehend an die Ehe anzugleichen.[4] Die **Übergangsfragen** zwischen altem und neuen Recht wurden in dem ins Lebenspartnerschaftsgesetz neu eingefügten § 21 geregelt. Danach konnte ein Lebenspartner bis 31. 12. 2005 (§ 21 II u. III LPartG) gegenüber dem Amtsgericht des Wohnsitzes in notarieller Form erklären, dass für das Unterhaltsverhältnis die alte Fassung der §§ 5, 12 und 16 LPartG weiter gelten solle. Für gerichtliche Verfahren, die vor dem 31. 12. 2004 anhängig geworden waren, blieb es bei der Maßgeblichkeit des alten Rechts (§ 21 V LPartG).[5] Inzwischen hat das **Gesetz zur Änderung des Unterhaltsrechts** vom 21. 12. 2007 die Gleichstellung zum Unterhaltsrecht zwischen Ehegatten gänzlich vollzogen, insbesondere hinsichtlich der nunmehr auch in § 1609 BGB geregelten Rangfolge im Verhältnis zu den Ansprüchen anderer Unterhaltsbedürftiger. Insofern wird in den drei Unterhaltstatbeständen des Lebenspartnerschaftsgesetzes nunmehr jeweils auf § 1609 BGB verwiesen (§§ 5 S. 2, 12 S. 2 und 16 S. 2 LPartG). Wie für den Nachscheidungsunterhalt § 1569 1 BGB n. F. stellt jetzt auch § 16 S. 1 LPartG den Grundsatz der Eigenverantwortung in den Vordergrund.[6] Die Übergangsfragen zum neuen Recht sind in § 36 EGBGB geregelt – siehe zur Übergangsregelung Rn. 21.

Voraussetzung jeden Unterhaltsanspruchs ist, dass zwischen den Lebenspartnern eine **wirksame eingetragene Lebenspartnerschaft** zustande gekommen war bzw. dass eine derartige Lebenspartnerschaft nach § 15 LPartG aufgehoben worden ist. Diese Vorfrage muss in Zweifelsfällen vor der Entscheidung über einen Unterhaltsanspruch geprüft werden. Begründungsmängel der Lebenspartnerschaft (vgl. wegen der Begründungsvoraussetzungen § 1 I u. II LPartG) führen anders als bei der Eheschließung nicht zur bloßen Aufhebbarkeit für die Zukunft, sondern zur fehlenden Wirksamkeit der Begründung[7] mit der Folge, dass die Lebenspartnerschaft als ex tunc unwirksam anzusehen ist.[8] Das Gesetz zur Überarbeitung des Lebenspartnerschaftsrechts[9] hat das Problem nur teilweise beseitigt. Zwar entfiel die nach der alten Fassung des Gesetzes (§§ 1 I 4, 6 I a. F.) für die Wirksamkeit erforderliche Erklärung zum Vermögensstand und auch Willensmängeln sind nach § 15 II

---

[1] BVerfG, FamRZ 2002, 1169 ff.
[2] Art. 1 des Gesetzes zur Beendigung der Diskriminierung gleichgeschlechtlicher Gemeinschaften: Lebenspartnerschaften vom 16. 2. 2001 (BGBl I 266)
[3] Vom 15. 12. 2004 (BGBl I 3396)
[4] BT-Drucks. 15/3445 S. 14 ff.
[5] Vgl. z. B. OLG Düsseldorf, FamRZ 2005, 335
[6] BT-Drucks. 16/1830 S. 32
[7] Begründung des Koalitionsentwurfs zum Erlass des Gesetzes – BT-Drucks. 14/3751 S. 36; Kaiser, FamRZ 2002, 866, 867
[8] Empfehlung des 14. Deutschen Familiengerichtstags, FamRZ 2002, 296, 297
[9] Vom 15. 12. 2004 (BGBl I 3396)

n. F. LPartG nunmehr entsprechend § 1314 II Nr. 1 bis 4 in einem Aufhebungsverfahren geltend zu machen. Regelungen wegen der anderen gesetzlichen Unwirksamkeitsgründe fehlen aber weiterhin.[10]

Geschlossen hat das Gesetz zur Überarbeitung des Lebenspartnerschaftsrechts die Lücke, die darin bestand, dass die eingetragene Partnerschaft kein Ehehindernis darstellte. § 1306 BGB wurde entsprechend ergänzt. Damit kann die Partnerschaft nicht mehr durch **nachträgliche Eheschließung** eines Partners unwirksam werden.

2. Die Unterhaltspflicht nach dem LPartG

Grundsätzlich hängen die Unterhaltsansprüche von der **Bedürftigkeit** des einen Partners **46** und der **Leistungsfähigkeit** des anderen Partners ab. Dies gilt jedenfalls für den Trennungsunterhalt nach § 12 LPartG und den nachpartnerschaftlichen Unterhalt nach § 16 LPartG. Beim Lebenspartnerschaftsunterhalt (§ 5 LPartG), der dem ehelichen Familienunterhalt nachgebildet ist, wird dies nur eingeschränkt gelten. Auch ein reicher Lebenspartner, der die Haushaltsführung in der Partnerschaft übernommen hat (vgl. Rn. 48), hätte wohl einen Anspruch auf ggf. geringe finanzielle Beteiligung des immerhin zahlungsfähigen „armen" Partners – vgl. hierzu für den ehelichen Familienunterhalt Rn. 3/6 u. 7.

Das **Maß des** geschuldeten **Unterhalts** bzw. der Bedarf des Berechtigten wird jeweils mit dem Begriff des nach den Lebensverhältnissen der Lebenspartnerschaft angemessenen Unterhalts umschrieben. Für den Lebenspartnerschaftsunterhalt folgt dies aus § 5 in Verbindung mit der Verweisung auf § 1360 a II 1 BGB. Für den Trennungsunterhalt befindet sich die Definition in § 12 S. 1 LPartG, für den nachpartnerschaftlichen Unterhalt ergibt sich dies aus der Verweisung auf § 1578 I 1 BGB in § 16 S. 2 LPartG. Dass § 12 S. 1 LPartG – ungeachtet der in § 12 S. 2 LPartG n.F vorhandenen Verweisung auf § 1361 BGB –, dessen Wortlaut folgend, weiterhin zusätzlich an die Erwerbs- und Vermögensverhältnisse während der Lebenspartnerschaft anknüpft, ändert das Maß für den Trennungsunterhalt grundsätzlich nicht. Es wird auf diese Weise nur darauf hingewiesen, dass in der Trennungszeit, weil die Bindungen noch nicht endgültig gelöst sind, der Wahrung des bisherigen Status der Partner noch ein bedeutendes Gewicht zukommt. Dies ist bei der Verpflichtung zum Einsatz von Vermögen und bei der Erwerbsobliegenheit zu berücksichtigen.[11] Auch in der Rechtsprechung zum Ehegattenunterhalt ist anerkannt, dass der Bedarf für den Trennungsunterhalt und den nachehelichen Unterhalt im Prinzip nach den gleichen Grundsätzen zu bemessen ist.[12] Der BGH-Rechtsprechung zum Ehegattenunterhalt wird auch insoweit zu folgen sein, als es, zumal keine stärkeren Ansprüche als unter Eheleuten geschaffen werden sollten, **keinen** von den Lebensverhältnissen der Partner unabhängigen **Mindestbedarf** des Berechtigten gibt.

Der Bedarf des unterhaltsberechtigten Lebenspartners bestimmt sich dahin, dass der nach den Lebensverhältnissen der Lebenspartnerschaft angemessene Unterhalt geschuldet ist. Nicht nur solange die eingetragene Partnerschaft besteht, sondern auch für den nachpartnerschaftlichen Unterhalt sind die maßgebenden Verhältnisse im Hinblick auf die auch hier anwendbare Rechtsprechung des BGH zur Wandelbarkeit der ehelichen Verhältnisse (BGH, FamRZ 2008, 968 ff. = R 689 g) nicht festgeschrieben. Es kommt – abgesehen von Ausnahmen wegen unvorhergesehener Entwicklungen wie einem Karrieresprung oder Fällen unterhaltrechtlich leichtfertigen Verhaltens – auf den jeweiligen Stand der wirtschaftlichen Verhältnisse an, an deren Entwicklung die Lebenspartner grundsätzlich auch nach Aufhebung der Partnerschaft im Positiven wie im Negativen teilhaben. Entscheidend sind daher die prägenden, fortgeschriebenen Einkommens- und Vermögensverhältnisse, welche den maßgebenden Unterhaltszeitraum bestimmen – vgl. Rn. 4/43 u. 4/134. Wegen des Problems der Übertragung der Rechtsprechung des BGH zur Haushaltsführungsehe auf entsprechend gelagerte Fälle unter Lebenspartnern siehe Rn. 52.

---

[10] Stüber, FamRZ 2005, 574, 575
[11] Vgl. Begründung des Koalitionsentwurfs des Gesetzes – BT-Drucks. 14/3751 S. 41
[12] BGH, FamRZ 1984, 356 zum Ehegattenunterhalt

Wegen der unterschiedlichen gesetzlichen Voraussetzungen (vgl. die Verweisungen auf die entsprechenden unterschiedlichen Normen des Ehegattenunterhaltsrechts) besteht **keine Identität** zwischen dem Lebenspartnerschaftsunterhalt (§ 5 LPartG), dem Trennungsunterhalt (§ 12 LPartG) und dem nachpartnerschaftlichen Unterhalt (§ 16 LPartG) – vgl. wegen der Rechtsfolgen die Ausführungen zu den entsprechenden Problemen beim Ehegattenunterhalt Rn. 2/14.

3. Gerichtliche Geltendmachung

47   Nach §§ 23 b I Nr. 15 GVG, 661 I Nr. 4 u. II, 621 I Nr. 5 ZPO sind für Streitigkeiten über Unterhaltsansprüche, die auf der Lebenspartnerschaft beruhen, die Familiengerichte zuständig, die nach den für die entsprechenden Verfahren unter Eheleuten geltenden Vorschriften zu entscheiden haben (§ 661 II ZPO). Im Aufhebungsverfahren nach § 15 I LPartG kann ein Entscheidungsverbund entsprechend §§ 623 I, 629 ZPO mit dem nachpartnerschaftlichen Unterhalt hergestellt werden. Während der Anhängigkeit des Aufhebungsverfahrens können einstweilige Anordnungen über den Unterhalt entsprechend § 620 Nr. 6 ZPO ergehen, in einem isolierten Unterhaltsprozess entsprechend § 644 ZPO.

II. Die einzelnen Unterhaltsansprüche

1. Lebenspartnerschaftsunterhalt nach § 5 LPartG

48   Der Lebenspartnerschaftsunterhalt nach § 5 LPartG, den sich die Lebenspartner **bei Zusammenleben** gegenseitig schulden, entspricht dem ehelichen Familienunterhalt. Er ist eine Ausprägung der in § 2 LPartG statuierten Verpflichtung „zu Fürsorge und Unterstützung".[13] § 5 S. 2 LPartG verweist auf die Vorschriften der §§ 1360a und 1360b zum Familienunterhalt. Wie beim Familienunterhalt muss eine räumliche Trennung, z. B. wegen arbeitsbedingten Auslandsaufenthalts eines Partners, wegen längeren Krankenhausaufenthalts oder weil sich ein Partner in Haft befindet, keine Aufhebung des Zusammenlebens bedeuten, solange der Wille zur gemeinsamen Partnerschaft noch vorhanden ist[14] – siehe zur Rechtslage bei der Ehe Rn. 4/4 u. 5. Umgekehrt kann das Zusammenleben durch Getrenntleben in der gemeinsamen Wohnung beendet werden (vgl. § 14 LPartG). Für die Abgrenzung können die Maßstäbe der Rechtsprechung zur Trennung von Eheleuten in der Ehewohnung entsprechend herangezogen werden. Hierbei muss allerdings beachtet werden, dass die Lebenspartner nach § 2 S. 1 LPartG nur zur gemeinsamen Lebensgestaltung und nicht wie Eheleute zur ehelichen Lebensgemeinschaft verpflichtet sind.[15] Eine gemeinsame Lebensgestaltung der Partner kann daher bei getrennten Wohnungen eher vorliegen als unter Eheleuten mit getrennten Wohnungen eine eheliche Lebensgemeinschaft.

Die Neufassung des § 5 S. 2 LPartG enthält auch eine Verweisung auf § 1360 S. 2 BGB, die Erfüllung der Unterhaltspflicht durch die übernommene **Haushaltsführung** ist möglich. Die Lebenspartner können ihre gemeinsame Lebensgestaltung wie eine Haushaltsführungsehe organisieren.[16] Dies zeigt auch die Formulierung in dem entsprechend anwendbaren § 1360a II 1 BGB, wonach der Unterhalt in der Weise zu leisten ist, die durch die (konkrete) partnerschaftliche Gemeinschaft geboten ist. Schon nach dem seinerzeitigen Koalitionsentwurf des Gesetzes[17] sollte den Lebenspartnern durch die Verweisung auf §§ 1360a, 1360b BGB die größtmögliche Wahlfreiheit eingeräumt werden. Im Übrigen

---

[13] Begründung des Koalitionsentwurfs des Gesetzes – BT-Drucks. 14/3751 S. 37

[14] Meyer/Mittelstädt, Das Lebenspartnergesetz 2001, Anm. vor § 12

[15] Büttner, FamRZ 2001, 1105, 1106

[16] Göppinger/Wax/Hoffmann, Unterhaltsrecht, Rn. 1154; Büttner a. a. O. – jeweils noch zum alten Recht;

[17] Meyer/Mittelstädt, Das Lebenspartnergesetz 2001, zu § 5 LPartG

bezieht sich die Bestimmung über die Schlüsselgewalt (§§ 8 II LPartG, 1357 BGB) in erster Linie auf derartig gestaltete Lebenspartnerschaften.

Die durch Haushaltsführung übernommene Arbeit kann der Erwerbstätigkeit des anderen Partners gleichstehen.[18] Hat ein Partner einen **übermäßigen Beitrag zur Haushaltsführung** geleistet, handelt es sich daher um eine Leistung zum Unterhalt der Partnerschaft im Sinne des entsprechend anwendbaren § 1360b BGB, so dass im Zweifel wegen dieser Mehrleistung entgegen Kemper[19] kein Ersatz verlangt werden kann.

Ein durchsetzbarer **Geldanspruch** kann sich wie beim Familienunterhalt nur in 3 Fällen **49** ergeben. Hat der nicht erwerbstätige Partner die Haushaltsführung übernommen, hat er nach §§ 5 S. 2 LPartG, 1360a II 2 BGB einen Anspruch auf **Wirtschaftsgeld** – vgl. wegen der verschiedenen Fallgestaltungen Rn. 3/46 für den Familienunterhalt. Unabhängig von der Gestaltung der Lebenspartnerschaft bezüglich der Haushaltsversorgung kann der einkommenslose oder gering verdienende Partner gegen den gut verdienenden Partner einen Anspruch auf **Taschengeld**[20] haben, der sich nach den im Einzelfall gegebenen Einkommens- und Vermögensverhältnissen, dem Lebensstil und der Zukunftsplanung der Lebenspartner richtet, und der sich der Höhe nach auf eine Quote von 5% bis 7% des zur Verfügung stehenden Nettoeinkommens belaufen kann.[21] Schließlich folgt aus dem entsprechend anwendbaren § 1360a Abs. 4 BGB, dass in persönlichen Angelegenheit auch ein Anspruch des bedürftigen gegen den leistungsfähigen Partner auf Erbringung eines **Prozesskostenvorschusses** in Betracht kommt.

Durch die Verweisung in § 5 S. 2 LPartG auf § 1360a BGB und die Weiterverweisung **50** auf §§ 1613 bis 1615 BGB ergibt sich:

– Der Anspruch auf Lebenspartnerschaftsunterhalt ist für künftige Ansprüche **nicht verzichtbar** (§§ 5 S. 2 LPartG, 1360a III, 1614 BGB). Soweit in der Begründung des Koalitionsentwurfs des Gesetzes[22] davon gesprochen wird, der Anspruch sei lediglich im Interesse Dritter nicht verzichtbar, lässt sich daraus nicht der Schluss ziehen, man habe in Abkehr von der bisherigen und in Bezug genommenen Gesetzeslage nach § 1614 I BGB einen Verzicht „inter partes" ermöglichen wollen.

– Der Anspruch erlischt grundsätzlich mit dem **Tod** des Berechtigten oder des Verpflichteten (§ 1615 I BGB). Beim Tod des Berechtigten kann die Verpflichtung zur Tragung der Beerdigungskosten entstehen (§ 1615 II BGB).

– Zu Fragen des **unterhaltsrechtlichen Rangs** unter mehreren Bedürftigen bzw. mehreren Pflichtigen (§§ 5 S. 2 LPartG i. V. m. § 1609 und § 1608 S. 4 BGB) – siehe Rn. 54.

– **Unterhalt für die Vergangenheit und Sonderbedarf** kann nur nach Maßgabe des § 1613 BGB verlangt werden.

2. Trennungsunterhalt nach § 12 LPartG

a) Anspruchsvoraussetzungen. Der Unterhaltsanspruch gemäß § 12 LPartG ist die **51** Entsprechung zum Trennungsunterhalt unter Eheleuten (§ 1361 BGB). § 12 S. 1 LPartG greift die Formulierung von § 1361 I 1 BGB auf. Bei Trennung kann ein Partner vom anderen den nach den Lebensverhältnissen und den Erwerbsverhältnissen während der Lebenspartnerschaft angemessenen Unterhalt verlangen. Darüber hinaus wird § 1361 BGB von § 12 S. 2 LPartG zusätzlich durch Verweisung in Bezug genommen.

Voraussetzungen sind:

• Bestand einer eingetragenen Lebenspartnerschaft – siehe Rn. 45.

• **Getrenntleben der Lebenspartner.** Trennung heißt auch hier im Regelfall räumliche Trennung wie beim Ehegattenunterhalt. Die Rechtsprechung zur Trennung von Eheleuten bzw. zur Auslegung des Trennungsbegriffs kann daher herangezogen wer-

---

[18] Göppinger, a. a. O.

[19] Kemper, FPR 2001, 449, 455 – zur früheren Gesetzesfassung

[20] Büttner, FamRZ 2001, 1105, 1106

[21] BGH, FamRZ 2004, 366, 369 = R 599d; FamRZ 1998, 608, 609 = R 522b für den Familienunterhalt

[22] BT-Drucks. 14/3741 S. 37

den[23] – siehe zur Rechtslage bei der Ehe Rn. 4/4 u. 5. Eine räumliche Trennung, z. B. wegen arbeitsbedingten Auslandsaufenthalts eines Partners, wegen längeren Krankenhausaufenthalts oder weil sich ein Partner in Haft befindet, muss keine Aufhebung des Zusammenlebens bzw. der gemeinsamen Lebensgestaltung bedeuten, solange der Wille zur gemeinsamen Partnerschaft noch vorhanden ist.[24] Umgekehrt kann das Zusammenleben durch Getrenntleben in der gemeinsamen Wohnung beendet werden (vgl. § 14 LPartG). Hatten die Partner von vornherein eine gemeinsame Lebensgestaltung mit getrennten Wohnungen, kommt es darauf an, dass einer der Partner den Willen zur Aufhebung der gemeinsamen Lebensgestaltung nach außen erkennbar manifestiert – vgl. Rn. 4/5.

- **Bedürftigkeit** des Berechtigten,
  weil er seinen den Lebensverhältnissen und den Erwerbs- und Vermögensverhältnissen der Partnerschaft entsprechenden angemessenen Unterhalt nicht aus einzusetzenden Eigenmitteln bzw. aus zumutbarer Erwerbstätigkeit sichern kann. Aufgrund der Gleichstellung mit dem ehelichen Trennungsunterhalt aufgrund der Neufassung des § 12 LPartG durch das Gesetz zur Überarbeitung des Lebenspartnergesetzes vom 14. 12. 2004[25] bzw. das Gesetz zur Änderung des Unterhaltsrechts vom 21. 12. 2007[26] gelten insoweit die gleichen Kriterien wie beim Trennungsunterhalt nach § 1361 BGB (siehe Rn. 4/2).
  Bezüglich der Angemessenheit der Tätigkeit ist entgegen der ursprünglichen Gesetzeslage vom 16. 2. 2001[27] nicht mehr nur auf die Verhältnisse des Berechtigten, sondern entsprechend dem ehelichen Trennungsunterhalt auch auf die partnerschaftlichen Verhältnisse abzustellen. Dies ergibt sich aus der Verweisung auf § 1361 II BGB. Auch hier gelten die Kriterien wie beim ehelichen Trennungsunterhalt (siehe Rn. 4/16 ff.). Aufgrund der Neufassung des § 1574 I u. II BGB durch das Gesetz zur Änderung des Unterhaltsrechts gibt es keine Begrenzung auf eine partnerschaftsangemessene Tätigkeit mehr, sondern es wird wegen der entsprechenden Bezugnahme in § 1361 II BGB – falls die sonstigen Voraussetzungen vorliegen – immer die Wiederaufnahme einer Erwerbstätigkeit in einem früheren Beruf angemessen sein.[28]
  Im Einzelfall kann wie beim ehelichen Trennungsunterhalt zu berücksichtigen sein:
  - dass der Berechtigte im Einvernehmen mit dem Partner seit Jahren ein eigenes oder gemeinsames Kind (vgl. § 9 VII LPartG zur Adoption eines Kindes des Lebenspartners) betreut hat, so dass ihm insoweit ein Vertrauenstatbestand zugute kommt.[29]
  - weil er zwar bereits erwerbstätig ist, aber dadurch nicht so viel verdient, wie es für ihn zur Wahrung des bestehenden Status der Lebenspartnerschaft erforderlich wäre.[30] Insoweit kommt für die Trennungszeit ein **Aufstockungsunterhalt** in Betracht.
  - Die fehlende Erwerbsfähigkeit kann auch auf Alter oder Krankheit beruhen.
  - Zum Einsatz seines **Vermögensstamms** ist der Berechtigte insoweit nicht verpflichtet, als ihm dies nach Aufhebung der Lebenspartnerschaft nicht zumutbar wäre.[31] Dies folgt im Übrigen auch aus § 1577 Abs. 3 BGB, auf den das Gesetz beim nachpartnerschaftlichen Unterhalt verweist. Es kann beim Trennungsunterhalt keine darüber hinausgehende Verwertungspflicht geben. Diese scheidet daher aus, soweit sie unwirtschaftlich oder unter Berücksichtigung der beiderseitigen wirtschaftlichen Verhältnisse unbillig wäre.

- **Leistungsfähigkeit** des Pflichtigen.
  Entsprechend der Rechtsprechung zum ehelichen Trennungsunterhalt ist der für den nachpartnerschaftlichen Unterhalt über 16 S. 2 LPartG ausdrücklich in Bezug genom-

---

[23] Büttner, FamRZ 2001, 1105, 1106
[24] Meyer/Mittelstädt, Das Lebenspartnergesetz 2001, Anm. vor § 12
[25] BGBl I S. 3396
[26] BGBl I S. 3189
[27] BGBl I S. 266
[28] Vgl. dazu für § 1574 n. F. BGB – BT-Drucks. 16/1830 S. 17
[29] Kemper, FPR 2001, 449, 456; Büttner, FamRZ 2001, 1105, 1109, jeweils für den nachpartnerschaftlichen Unterhalt nach altem Recht
[30] Vgl. BT-Drucks. 14/3751 S. 41
[31] So schon die Begründung des Koalitionsentwurfs zu § 12 – BT-Drucks. 14/3751 S. 41

mene § 1581 BGB auch beim Trennungsunterhalt unter Lebenspartnern entsprechend anzuwenden.

Keine Voraussetzung sind (vgl. dazu Rn. 4/6 für den ehelichen Trennungsunterhalt):

- Ein Zusammenleben der Lebenspartner in häuslicher Gemeinschaft vor Trennung oder eine Aufnahme der Lebenspartnerschaft in anderer Weise; der Anspruch besteht ggf. auch, wenn es nie zu der in § 2 LPartG vorgesehenen gemeinsamen Lebensgestaltung gekommen ist.
- Dass die Bedürftigkeit ihren Grund im Bestehen der Lebenspartnerschaft hätte.
- Gemeinsames Wirtschaften der Partner; der Anspruch kann auch bestehen, wenn man getrennte Kassen beibehalten hatte.
- ein fehlendes Trennungsverschulden des Berechtigten oder das Fehlen sonstiger in seiner Sphäre liegender Trennungsgründe.

Bei der **Auslegung des Gesetzes** ist zu berücksichtigen, dass es nicht zu einer Besserstellung gegenüber dem Ehegattenunterhalt kommen darf.[32] Auch die gesetzliche Neufassung bezweckt nur eine Gleichstellung mit dem Ehegattenunterhalt.

Nach geltender Gesetzeslage trägt der Pflichtige wie beim ehelichen Trennungsunterhalt (vgl. Rn. 4/6 a) die **Darlegungs-Beweislast** dafür, dass den Berechtigten eine Erwerbsobliegenheit trifft. Erst wenn diese feststeht, muss der Berechtigte muss darlegen und ggf. beweisen, dass er ungeachtet genügender Anstrengungen zum Finden einer Beschäftigung keine reale Beschäftigungschance hat.

b) Besonderheiten der Bedarfsbemessung. Zur Bedarfsbemessung im Allgemeinen 52 siehe Rn. 46. Die Rechtsprechung des BGH zur Unterhaltsbemessung bei der **Haushaltsführungsehe**[33] ist anwendbar, nachdem die jetzige Fassung des Gesetzes (vgl. Rn. 51) die Gleichstellung mit dem ehelichen Unterhalt gebracht hat. Eine Unterscheidung deswegen, weil § 2 LPartG nur zur gemeinsamen Lebensgestaltung und nicht wie § 1353 I 2 BGB zur Lebensgemeinschaft verpflichtet, erscheint nicht geboten. Schon das Gesetz zur Überarbeitung des Lebenspartnerschaftsrechts vom 15. 12. 2004 wollte das Lebenspartnerschaftsrecht weitgehend an die Ehe angleichen,[34] durch das Gesetz zur Änderung des Unterhaltsrechts vom 21. 12. 2007 wurde die Gleichstellung auch bezüglich der unterhaltsrechtlichen Rangfolge vorgenommen.[35]

Wie beim Trennungsunterhalt unter Eheleuten kann nicht nur Vorsorgeunterhalt für Kranken- und Pflegeversicherung (vgl. Rn. 4/8) verlangt werden, sondern wegen Verweisung auf § 1361 I 2 BGB zusätzlich auch **Vorsorgeunterhalt** für den Fall des Alters und der verminderten Erwerbsfähigkeit – und zwar nach Rechtshängigkeit des Aufhebungsantrags bzw. genauer ab Ende der in § 1587 II BGB definierten Ehezeit (Partnerschaftszeit) mit Beginn des Monats,[36] in dem die Rechtshängigkeit eingetreten ist.

Für die Zeit des Getrenntlebens besteht ein Anspruch auf **Prozesskostenvorschuss** (§§ 12 S. 2 LPartG, 1361 IV 3, 1360 a IV BGB).

c) Die Härteklausel des § 1579 BGB. In der ursprünglichen Fassung des Gesetzes hatte 53 der Gesetzgeber mit § 12 II 1 LPartG a. F. eine über die Regelung beim ehelichen Trennungsunterhalt hinausgehende generelle Billigkeitsklausel für Versagung, Herabsetzung oder zeitliche Begrenzung des Unterhalts geschaffen, für deren Anwendung einfache Unbilligkeit genügte. Diesen Unterschied zum ehelichen Trennungsunterhalt hat das Gesetz zur Überarbeitung des Lebenspartnergesetzes vom 15. 12. 2004[37] beseitigt, indem es die uneingeschränkte Verweisung auf § 1361 BGB (§ 12 S. 2 LPartG) einführte. Damit wurde erreicht, dass beim Trennungsunterhalt nach § 12 LPartG die Unterhaltsversagung nur unter den gleichen Voraussetzungen (§§ 1361 III, 1579 Nr. 2 bis 8 BGB) stattfindet wie beim ehelichen Trennungsunterhalt – vgl. Rn. 4/37 f. Es gilt dadurch jetzt auch derselbe Maßstab der groben Unbilligkeit wie beim nachpartnerschaftlichen Unterhalt (§ 1579 BGB i. V. m. § 16 S. 2 LPartG).

---

[32] Empfehlung des 14. Deutschen Familiengerichtstags, FamRZ 2002, 296, 297, zum alten Recht
[33] BGH, FamRZ 2001, 986, 991 = R 563 c
[34] BT-Drucks. 15/3434 S. 14
[35] Vgl. BT-Drucks. 16/1830 S. 32
[36] BGH, FamRZ 1981, 442
[37] BGBl I S. 3396

54   **d) Weitere Besonderheiten des Trennungsunterhalts.** Der Anspruch **beginnt** mit vollständiger Trennung der Lebenspartner **und endet** mit Ablauf des Tages vor Eintritt der Rechtskraft des Aufhebungsurteils. Ab dem Tag der Rechtskraft wird ggf. der nicht identische nachpartnerschaftliche Unterhalt geschuldet. Der Anspruch geht auf **Zahlung einer** monatlich im Voraus zu erbringenden **Geldrente** (§§ 12 S. 2 LPartG, 1361 IV 1 u. 2 BGB).

Bei mehreren Bedürftigen bestimmt sich der Rang des berechtigten Lebenspartners nach der in § 1609 BGB n. F. geregelten **Rangfolge der Bedürftigen** (§ 12 S. 2 LPartG). Der betreffende Lebenspartner steht einem entsprechenden Ehegatten gleich. Wie bei diesem kommt auch beim Lebenspartner der Rang nach § 1609 Nr. 2 BGB in Betracht. Denn auch ein Lebenspartner kann wegen Betreuung eines gemeinsamen Kindes unterhaltsberechtigt sein (vgl. § 9 VII LPartG)[38] oder es kann sich um eine Partnerschaft von langer Dauer handeln.[39]

In der **Rangfolge der Pflichtigen** haftet der Lebenspartner des Berechtigten vor dessen Verwandten wie ein Ehegatte (§ 1608 S. 4 BGB).

Durch die Verweisung in § 12 S. 2 LPartG auf § 1361 IV BGB und die Weiterverweisung auf §§ 1360 a III, 1613 bis 1615 BGB ergibt sich:

– Der Anspruch auf Lebenspartnerschaftsunterhalt ist für künftige Ansprüche **nicht verzichtbar** (§§ 12 S. 2 LPartG, 1360 a III, 1614 BGB) – vgl. hierzu auch Rn. 50.
– Der Anspruch erlischt grundsätzlich mit dem **Tod** des Berechtigten oder des Verpflichteten (§ 1615 I BGB). Beim Tod des Berechtigten kann die Verpflichtung zur Tragung der Beerdigungskosten entstehen (§ 1615 II BGB).
– **Unterhalt für die Vergangenheit und Sonderbedarf** kann nur nach Maßgabe des § 1613 BGB verlangt werden.

Über § 1361 IV BGB besteht auch der **Auskunftsanspruch** aus § 1605 BGB.

3. Der nachpartnerschaftliche Unterhalt nach § 16 LPartG

55   **a) Anspruchsvoraussetzungen.** Wie § 1569 1 BGB n. F. für Ehegatten nach Scheidung stellt auch § 16 S. 1 LPartG n. F. für Lebenspartner nach Aufhebung der Lebenspartnerschaft den **Grundsatz der Eigenverantwortung** in den Vordergrund, aus dem sich zugleich die Verpflichtung ergibt, selbst für sein wirtschaftliche Fortkommen zu sorgen.[40] Nur wenn einer der enumerativ aufgezählten Ausnahmetatbestände zum Grundsatz der Eigenverantwortung vorliegt, also die Voraussetzungen eines der entsprechend anzuwendenden Tatbestände des nachehelichen Unterhalts (§§ 16 S. 2 LPartG i. V. m. §§ 1570 bis 1573, 1575 u. 1576 BGB) erfüllt sind, kommt bei Vorliegen der sonstigen Voraussetzungen ein Unterhaltsanspruch in Betracht. Insoweit wird auf die Ausführungen zum nachehelichen Unterhalt (Rn. 4/44 ff.) verwiesen.

Allgemeine Voraussetzungen sind:
• Rechtskräftige Aufhebung der Lebenspartnerschaft;
• **Bedürftigkeit** und Bedarf des Berechtigten;
• **Leistungsfähigkeit** des Pflichtigen; § 1581 BGB ist entsprechend anzuwenden (§ 16 S. 2 LPartG).

56   Bei der **Auslegung des Gesetzes** ist zu berücksichtigen, dass es nicht zu einer Besserstellung gegenüber dem Ehegattenunterhalt kommen darf.[41] Auch die gesetzliche Neufassung bezweckt nur eine Gleichstellung mit dem Ehegattenunterhalt.

Der Berechtigte trägt die **Darlegungs-Beweislast** für alle anspruchsbegründenden Tatsachen der entsprechend anzuwendenden Normen des nachehelichen Unterhalts, auf die er seinen Anspruch stützt. Dies gilt auch für „doppelt relevante Tatsachen", z. B. für die bedarfsbestimmende Gestaltung der partnerschaftlichen Lebensverhältnisse, welche zugleich zum Nachweis der Leistungsfähigkeit des pflichtigen Ehegatten dienen können, obwohl der

---

[38] Vgl. BT-Drucks. 16/1830 S. 24
[39] A. a. O. S. 32
[40] BT-Drucks. 16/1830 S. 16 u. 32
[41] Empfehlung des 14. Deutschen Familiengerichtstags, FamRZ 2002, 296, 297; Büttner, FamRZ 2001, 1105, 1108 f. – jeweils zur Gesetzesfassung vom 16. 2. 2001

Berechtigte hierfür weder darlegungs- noch beweispflichtig ist.[42] (Genaueres zur Darlegungs- und Beweislast des Berechtigten siehe Rn. 6/703 ff.).

b) Besonderheiten der Bedarfsbemessung. Wegen der Bedarfsbemessung im All- **57** gemeinen – siehe Rn. 46. Die Grundsätze der Rechtsprechung des BGH zur Unterhaltsbemessung bei der **Haushaltsführungsehe** (Rn. 4/1 a) sind heranzuziehen – siehe Rn. 52.

Der Unterhalt umfasst den gesamten Lebensbedarf (§§ 16 S. 2 LPartG, 1578 I 2 BGB). Geschuldet wird auch **Vorsorgeunterhalt** für Kranken- und Pflegeversicherung entsprechend § 1578 II BGB sowie Altersvorsorgeunterhalt entsprechend § 1578 IV BGB.

c) Die Härteklauseln des nachpartnerschaftlichen Unterhalts. Das Gesetz verweist **58** in § 16 S. 2 LPartG auch auf §§ 1578 b und 1579 BGB. Für die Herabsetzung und zeitliche Begrenzung des Unterhalts wegen Unbilligkeit bzw. die Beschränkung oder Versagung des Unterhalts wegen grober Unbilligkeit gelten damit dieselben Regelungen wie beim nachehelichen Unterhalt. Auf die Ausführungen zum nachehelichen Unterhalt in Rn. 4/578 ff. bzw. 4/596 ff. wird Bezug genommen.

d) Weitere Besonderheiten des nachpartnerschaftlichen Unterhalts. Der Anspruch **59** **beginnt** mit dem Tag der Rechtskraft des Aufhebungsurteils. Er ist nicht identisch mit dem Trennungsunterhalt – Rn. 46. Er geht auf Zahlung einer monatlich im Voraus zu entrichtenden **Geldrente** (§§ 16 S. 2 LPartG, 1585 I 1 u. 2 BGB).

Das Gesetz räumt den Unterhaltsanspruch auch dann uneingeschränkt ein, wenn die **Aufhebung der Lebenspartnerschaft wegen Willensmängeln** im Sinn von § 1314 II Nr. 1 bis 4 BGB geschieht, die bei einem Lebenspartner bei Begründung der Partnerschaft vorlagen (§ 15 II 2 LPartG). Eine Unterhaltsbeschränkung wie § 1318 II BGB für den nachehelichen Unterhalt sieht das Gesetz nicht vor. Da der Gesetzgeber keinen nachpartnerschaftlichen Unterhalt einräumen wollte, der über den nachehelichen Unterhalt hinausgeht, dürfte § 1318 II BGB aber entsprechend anzuwenden sein.[43]

Zu Fragen des **unterhaltsrechtlichen Rangs** unter mehreren Bedürftigen bzw. mehreren Pflichtigen (§§ 16 S. 2 LPartG i. V. m. § 1609 und § 1608 S. 4 BGB) – siehe Rn. 54. § 1609 gilt auch für das Rangverhältnis zwischen einem bedürftigen früheren bzw. späteren Lebenspartner (§§ 16 S. 2 LPartG, 1582, 1609 BGB). In der Rangfolge der Pflichtigen haftet der Lebenspartner des Berechtigten vor dessen Verwandten (§ 1608 S. 4 BGB).

Durch die Verweisungen in § 16 S. 2 LPartG auf §§ 1580 bis 1586 b BGB ergibt sich u. a.:

- Die ehemaligen Lebenspartner sind einander zur **Auskunft** über Einkünfte und Vermögen verpflichtet (§§ 1580, 1605 BGB).
- Der Anspruch auf nachpartnerschaftlichen Unterhalt unterliegt wie der nacheheliche Unterhalt auch für künftige Ansprüche grundsätzlich der **freien Vereinbarung** der Unterhaltsparteien und auch insoweit **verzichtbar** (§ 1585 c BGB). Aufgrund der Neufassung des § 1585 c BGB bedarf eine Vereinbarung, die vor Rechtskraft der Aufhebung getroffen wird, nunmehr der **notariellen Beurkundung.** Diese Form wird durch eine gerichtlich protokollierte Vereinbarung vor dem Gericht in Lebenspartnerschaftssachen nach § 661 Nr. 1 bis 3 ZPO ersetzt, welche den in § 1585 c 3 BGB genannten Ehesachen entsprechen. Ein vereinbarter Verzicht kann im Einzelfall sittenwidrig sein (vgl. für den Verzicht unter Eheleuten Rn. 6/608). Eine richterliche Inhaltskontrolle (vgl. für den Verzicht unter Eheleuten Rn. 6/609) unter dem Gesichtspunkt mangelnder Vertragsparität wegen Fremdbestimmung durch einseitige Dominanz des anderen Partners und damit wegen Verstoßes gegen die verfassungsrechtlich geschützte Privatautonomie (Art. 2 I GG) oder wegen evident einseitiger Lastenverteilung wird ebenfalls in Einzelfällen in Betracht kommen, z. B. wenn ein Partner die Ausbildung des anderen finanziert hätte und trotz inzwischen eingetretener Bedürftigkeit auf Betreiben des anderen verzichtet, um diesen von der sonst angekündigten Trennung abzuhalten. Allerdings dürfte sich die Zahl einschlägiger Fälle wegen der vor Aufhebung der Lebenspartnerschaft nun gegebenen Formbedürftigkeit einer Vereinbarung weiter verringern,

---

[42] OLG Karlsruhe, FamRZ 1997, 1011
[43] Vgl. dazu Wellenhofer, NJW 2005, 705, 708, die das Problem in erster Linie über die Anwendung von § 1579 BGB lösen will

da aufgrund des Formzwangs vielfach eine fachkundige Beratung der Unterhaltsparteien sichergestellt ist.[44]

- Der Anspruch erlischt mit dem **Tod,** mit **Heirat** oder mit **Begründung einer Lebenspartnerschaft** des Berechtigten (§ 1586 I BGB).

60 • Ein **Wiederaufleben des Anspruchs** kommt nach Auflösung einer anschließenden Ehe oder neuen Partnerschaft in Betracht (§ 1586 a BGB). Auch ein ehemaliger Lebenspartner kann ein Kind der früheren Partnerschaft betreuen, weil einer der Lebenspartner das Kinds des anderen adoptiert hat (§ 9 VII LPartG). § 1586 II 2 BGB verweist im Übrigen ausdrücklich darauf, dass unter mehreren ehemaligen Lebenspartnern wie unter mehreren geschiedenen Eheleuten jeweils derjenige aus der später aufgelösten Partnerschaft (Ehe) vor demjenigen aus der früher aufgelösten Partnerschaft (Ehe) haftet.

- Bei Tod des Pflichtigen geht der Anspruch auf dessen **Erben als Nachlassverbindlichkeit** über (§ 1586 b I BGB).

- **Unterhalt für die Vergangenheit** kann nach Maßgabe des § 1585 b II u. III BGB verlangt werden. Der geänderte § 1585 b II BGB beschränkt sich auf die Verweisung auf § 1613 I BGB. Insoweit bestehen keine Unterschiede mehr zu den sonstigen Unterhaltsansprüchen. Für **Sonderbedarf** gilt § 1613 II BGB (§ 1585 I BGB).

---

[44] Vgl. BT-Drucks. 16/1830 S. 22

§ 8 Unterhalt und Sozialleistungen

1. Abschnitt: Das Verhältnis von Sozial- und Unterhaltsrecht

I. Die verschiedenen Sozialleistungen

Nach § 1 I 2 SGB I soll das Sozialrecht u. a. dazu beitragen, die Familie zu schützen und **1** zu fördern, den Erwerb des Lebensunterhalts durch eine frei gewählte Tätigkeit zu ermöglichen und besondere Belastungen des Lebens abzuwenden oder auszugleichen. Damit decken sich seine Ziele in vieler Hinsicht mit denjenigen des Unterhaltsrechts. Beide wollen den allgemeinen Lebensbedarf des Bedürftigen und seinen Bedarf in besonderen Lebenslagen sicherstellen, das Sozialrecht mit den Mitteln des öffentlichen Rechts, das Unterhaltsrecht mit den Mitteln des Privatrechts. Daher bestehen zwischen beiden Teilrechtsordnungen viele Berührungspunkte.

Das Sozialrecht verpflichtet den Bürger in weitem Umfang zur **Vorsorge.** Es erreicht dies **2** durch ein System der Zwangsmitgliedschaft in der gesetzlichen Sozialversicherung, der grundsätzlich alle Arbeitnehmer, aber auch zahlreiche weitere Berufsgruppen angehören müssen (vgl. z. B. §§ 1 bis 3 SGB VI). Es handelt sich um die gesetzliche Rentenversicherung (SGB VI), die gesetzliche Krankenversicherung (SGB V), die soziale Pflegeversicherung (SGB XI), die Arbeitslosenversicherung (SGB III) und die gesetzliche Unfallversicherung (SGB VII). Aus diesen Versicherungen werden Leistungen erbracht, die unter bestimmten Voraussetzungen ganz oder teilweise den allgemeinen Lebensbedarf sichern, z. B. die Alters- und die Unfallrente, das Krankengeld und das Arbeitslosengeld. Andere Versicherungsleistungen decken Zusatzbedarf in besonderen Lebenslagen ab, so die Gewährung von Krankenbehandlung oder Pflegegeld. Im Umfang dieser Leistungen ist der Versicherte nicht bedürftig. Insoweit scheidet ein Unterhaltsanspruch aus.

In **sozialen Notlagen** werden Sozialleistungen als Sozialhilfe (Rn. 18 ff.) einschließlich der Grundsicherung im Alter und bei Erwerbsminderung (Rn. 135 ff.) nach dem SGB XII, als Grundsicherung für Arbeitsuchende nach dem SGB II (Rn. 171 ff.), als Rehabilitation behinderter Menschen nach dem SGB IX, teilweise auch als Unterhaltsvorschuss nach dem UVG (Rn. 262 ff.), als Kinder- und Jugendhilfe nach dem SGB VIII erbracht. Der **sozialen Förderung** Einzelner oder bestimmter Gruppen dienen die Ausbildungsförderung nach dem BAföG (Rn. 279 ff.), das Erziehungsgeld nach dem Bundeserziehungsgeldgesetz (für bis zum 31. 12. 2006 geborene Kinder; vgl. Rn. 1/85), das Elterngeld nach dem Bundeselterngeld- und Bundeselternzeitgesetz (BEEG; für seit dem 1. 1. 2007 geborene Kinder; vgl. Rn. 1/85 a),[1] das Bundeskindergeldgesetz (vgl. dazu Rn. 3), das Wohngeld nach dem Wohngeldgesetz, teilweise auch der Unterhaltsvorschuss und die Kinder- und Jugendhilfe nach dem SGB VIII. Zu erwähnen sind ferner **Entschädigungsleistungen** für besondere Opfer, insbesondere für Gesundheitsschäden, für deren Folgen die staatliche Gemeinschaft einzustehen hat (§ 5 SGB I), nach dem Bundesversorgungsgesetz und nach den Gesetzen, die auf dieses verweisen, insbesondere nach dem Opferentschädigungsgesetz, dem Bundesseuchengesetz und den Rehabilitierungsgesetzen für SED-Opfer. Eine scharfe Grenze zwischen sozialer Vorsorge, Hilfe in Notlagen, sozialer Förderung und Entschädigung lässt sich nicht ziehen. Die erwähnten Gesetze dienen deshalb häufig mehreren dieser Ziele. Sie sind teilweise Bücher des Sozialgesetzbuchs, teilweise gelten sie als dessen Teile (§ 68 SGB I). Dies bedeutet, dass auf sie die Vorschriften der allgemeinen Teile des SGB, insbesondere der Bücher I und X anwendbar sind. Für die Versicherungszweige der Sozialversicherung gelten ferner gemeinsame Vorschriften, die im SGB IV enthalten sind.

---

[1] Vgl. Scholz, FamRZ 2007, 7

3   **Kindergeld** nach dem Bundeskindergeldgesetz (vgl. Rn. 2/487) wird nur ausnahmsweise gewährt. Es erhalten nur Personen, die nicht unbeschränkt einkommensteuerpflichtig sind und auch nicht so behandelt werden, aber z. B. als Entwicklungshelfer besondere Beziehungen zu Deutschland haben, ferner in Deutschland lebende Vollwaisen, die nicht bei einem anderen als Kind berücksichtigt werden, und bestimmte Gruppen von Ausländern (§ 1 BKGG). Das Kindergeld nach dem BKGG ist eine Sozialleistung. Im Übrigen sieht das BKGG in § 6a einen Kinderzuschlag für Eltern vor, die ohne diesen Zuschlag selbst hilfebedürftig im Sinne des § 9 SGB II würden. Vgl. zum Kinderzuschlag Rn. 1/462b. In allen übrigen Fällen ergibt sich die Anspruchsberechtigung für das **Kindergeld aus §§ 62 ff. EStG.** Es wird monatlich als vorweggenommene Steuervergütung gezahlt (§ 31 S. 3 EStG). Erst in der Steuerveranlagung wird geprüft, ob die Gewährung der Freibeträge nach § 32 VI EStG für die Eltern günstiger ist als das Kindergeld. Nur wenn und soweit dies nicht der Fall ist, verbleibt das Kindergeld den Eltern als Sozialleistung zur Förderung der Familie (§ 31 S. 2 EStG). Vgl. dazu Rn. 2/488. Das Kindergeld wird, gleichgültig ob es auf Grund der §§ 62 ff. EStG oder auf Grund des BKGG gezahlt wird, nach § 1612b BGB n. F. bedarfsdeckend auf den Unterhalt des Kindes angerechnet. Zu den Einzelheiten Rn. 2/501 ff.

II. Die Reform des Sozialrechts zum 1. 1. 2005

4   Im Zuge der Reform des Sozialrechts hat der Gesetzgeber mit Wirkung ab 1. 1. 2005 die Arbeitslosenhilfe (§§ 190 ff. SGB III a. F.) mit Teilen der bisherigen Hilfe zum Lebensunterhalt nach §§ 11 ff. BSHG zu einer einheitlichen Grundsicherung für Arbeitsuchende zusammengeführt[2] und die Vorschriften über die Arbeitslosenhilfe aufgehoben. Die Grundsicherung für Arbeitsuchende ist nunmehr im SGB II geregelt. Sie wird nur erwerbsfähigen Hilfebedürftigen (Rn. 178, 188 f.) und den denjenigen Personen gewährt, die mit diesen in einer Bedarfsgemeinschaft (Rn. 179 ff.) zusammenleben. Die **Sozialhilfe** ist seit dem 1. 1. 2005 als **XII. Buch** Teil des Sozialgesetzbuchs. Das BSHG wurde gleichzeitig aufgehoben. Hilfe zum Lebensunterhalt erhalten nur noch Personen, die nicht nach dem SGB II anspruchsberechtigt sind (§ 21 SGB XII; vgl. Rn. 46). Die Gewährung sonstiger Hilfen, früher Hilfen in besonderen Lebenslagen genannt, wie z. B. die Eingliederungshilfe (§§ 53 ff. SGB XII) oder die Hilfe zur Pflege (§§ 61 ff. SGB XII), ist neben Leistungen nach dem SGB II möglich. Die Grundsicherung im Alter und bei Erwerbsminderung ist in das Sozialhilferecht eingegliedert worden. §§ 41 ff. SGB XII ersetzen das bisherige GSiG.[3] Vgl. dazu Rn. 135 ff.

Mit dieser Reform ist die Bedeutung der Sozialhilfe wesentlich zurückgegangen. Die Sicherung des Existenzminimums erfüllen jetzt in erster Linie die Grundsicherung für Arbeitsuchende und die Grundsicherung im Alter und bei Erwerbsminderung. Die Sozialhilfe konzentriert sich im Wesentlichen auf besondere Hilfearten; die Gewährung von Hilfe zum Lebensunterhalt wird die Ausnahme sein.

III. Sozialleistungen als anrechenbares Einkommen im Unterhaltsrecht

1. Einkommensersetzende Sozialleistungen

5   Sozialleistungen sind grundsätzlich anrechenbares Einkommen im Sinne des Unterhaltsrechts (vgl. Rn. 1/80 ff.). Sie mindern die Bedürftigkeit des Unterhaltsberechtigten und erhöhen die Leistungsfähigkeit des Pflichtigen. Dies gilt insbesondere für Einkünfte aus der

---

[2] Vgl. Viertes Gesetz für moderne Dienstleistungen am Arbeitsmarkt vom 24. 12. 2003 – BGBl. I 2954 und Gesetz zur Einordnung des Sozialhilferechts in das Sozialgesetzbuch vom 27. 12. 2003 – BGBl. I 3022, jeweils mit zahlreichen Änderungen
[3] Gesetz über eine bedarfsorientierte Grundsicherung im Alter und bei Erwerbsminderung vom 26. 6. 2001 – BGBl I 1355

gesetzlichen Sozialversicherung, soweit sie an die Stelle früheren Einkommens treten, insbesondere für Renten, Krankengeld, Arbeitslosengeld und Insolvenzgeld. Auf den Zweck, den der Gesetzgeber mit der Sozialleistung verfolgt, kommt es grundsätzlich nicht an. Bei Sozialleistungen, die infolge eines Körper- oder Gesundheitsschadens in Anspruch genommen werden, wird jedoch nach § 1610a BGB bei der Feststellung des Unterhaltsanspruchs vermutet, dass die Kosten der Aufwendungen nicht geringer sind als die Sozialleistungen. Dazu gehören insbesondere die Grundrente nach § 31 I BVG, das Pflegegeld nach § 37 SGB XI und das Blindengeld. Derartige Sozialleistungen bleiben bei der Berechnung des Unterhaltsanspruchs unberücksichtigt, es sei denn, dass der Gegner des Empfängers dieser Leistungen substantiiert darlegt und ggf. beweist, dass sie ganz oder teilweise zur Bedarfsdeckung nicht benötigt werden (vgl. Rn. 1/443). § 1610a BGB gilt unmittelbar nur für den Verwandtenunterhalt, ist aber bei Ehegatten, Lebenspartnern und betreuenden Elternteilen entsprechend anwendbar (§§ 1361 I 1, 1578a, 1615l III 1 BGB, §§ 12 S. 2, 16 S. 2 LPartG), nicht dagegen beim Familienunterhalt nach § 1360 BGB. Für bestimmte Fälle sieht das Gesetz vor, dass Sozialleistungen bei der Berechnung des Unterhaltsanspruchs nicht zu berücksichtigen sind. So wird Pflegegeld nach § 37 SGB XI, das an eine Pflegeperson weitergeleitet wird, bei der Berechnung ihrer Unterhaltsansprüche oder Unterhaltsverpflichtungen grundsätzlich nicht angerechnet (§ 13 VI SGB XI). Vgl. dazu Rn. 1/463, 2/329. Auch werden Unterhaltsansprüche durch die Zahlung von Erziehungsgeld, das für bis zum 31. 12. 2006 geborene Kinder gewährt wird, nicht berührt, es sei denn, dass der Unterhalt nach §§ 1361, 1579, 1611 BGB verwirkt ist oder der Unterhaltsschuldner seinem minderjährigen oder privilegiert volljährigen Kind nach § 1603 II BGB verschärft haftet. Vgl. dazu Rn. 1/85. Dasselbe gilt, allerdings nur in Höhe des Sockelbetrages von 300,– €, für das Elterngeld, das für ab 1. 1. 2007 geborene Kinder gezahlt wird (§ 11 BEEG).[4] Vgl. auch Rn. 1/85a.

Anders ist es dagegen im Sozialrecht. Ist dort die Bewilligung bestimmter Leistungen von 6 der Bedürftigkeit des Antragstellers abhängig, sind (andere) Sozialleistungen, die zu einem bestimmten Zweck gewährt werden, nicht als Einkommen zu berücksichtigen (§ 11 III Nr. 1a SGB II, § 83 I SGB XII). Vgl. dazu Rn. 39, 192.

2. Subsidiäre Sozialleistungen

Wer nicht in der Lage ist, aus eigenen Kräften seinen Lebensunterhalt zu bestreiten oder 7 in besonderen Lebenslagen sich selbst zu helfen, und wer auch von anderer Seite keine ausreichende Hilfe erhält, hat ein Recht auf persönliche und wirtschaftliche Hilfe, die seinem besonderen Bedarf entspricht, ihn zur Selbsthilfe befähigt, die Teilnahme am Leben in der Gemeinschaft ermöglicht und die Führung eines menschenwürdigen Lebens sichert (§ 9 SGB I). Sozialhilfe erhält also nicht, wer sich selbst helfen kann oder wer die erforderliche Hilfe von anderen, besonders von Angehörigen oder von Trägern anderer Sozialleistungen, erhält (§ 2 I SGB XII).[5] Unter ähnlichen Voraussetzungen verneint § 9 I SGB II die Hilfebedürftigkeit. Sozialhilfe und Leistungen zur Sicherung des Lebensunterhalts nach dem SGB II sind daher **subsidiär** oder nachrangig. Der Nachrang dieser Leistungen besagt, dass eigenes Einkommen oder eigenes Vermögen bei der Gewährung der Sozialleistung zu berücksichtigen ist. Eigenes Einkommen sind auch Unterhaltsleistungen, die ein Dritter tatsächlich erbringt.[6] Dies gilt auch dann, wenn der Dritte nach bürgerlichem Recht nicht zum Unterhalt verpflichtet ist.[7] Forderungen, die dem Hilfeempfänger zustehen, gehören ebenfalls zum Einkommen. Sie rechtfertigen die Versagung subsidiärer Sozialleistungen allerdings nur, wenn sie in absehbarer Zeit durchsetzbar sind, da es für die Gewährung von Sozialhilfe und von Leistungen zur Sicherung des Lebensunterhalts auf die **„bereiten Mittel"** ankommt, die zur Behebung der Notlage erforderlich sind.[8] Auch **Unterhalts-**

---

[4] Vgl. dazu im Einzelnen Scholz FamRZ 2007, 7, 9
[5] Vgl. dazu BVerfG FamRZ 2005, 1051, 1054 mit Anm. Klinkhammer
[6] Vgl. BSG FamRZ 2008, 51, 54
[7] BFH NJW 2003, 1415
[8] BVerwG NJW 1983, 2954; BGH NJW 1996, 2933; FamRZ 1999, 843, 845 = R 533a

ansprüche können bereite Mittel in diesem Sinne sein. Deshalb kann der Sozialleistungsträger den Unterhaltsberechtigten zur Selbsthilfe anhalten und darauf verweisen, einen Unterhaltsanspruch gegen den Verpflichteten geltend zu machen, und nur vorläufig bis zur Realisierung des Anspruchs die Leistung gewähren.[9] Ein Unterhaltsanspruch, der nicht unmittelbar erfüllt wird, dessen Realisierung wegen Eilbedürftigkeit nicht sogleich möglich oder dessen Geltendmachung dem Hilfesuchenden nicht zuzumuten ist, beseitigt dagegen die Bedürftigkeit im Sinne des Sozialrechts nicht.[10] Die Subsidiarität der Sozialleistung wird in solchen Fällen dadurch hergestellt, dass der Unterhaltsanspruch auf den Sozialleistungsträger kraft Gesetzes übergeht (§ 94 SGB XII, § 33 SGB II) oder dass dieser eine sonstige Forderung auf sich überleitet (§ 93 SGB XII); bei der Grundsicherung für Arbeitsuchende erfasst der gesetzliche Anspruchsübergang auch sonstige Forderungen. Vgl. dazu Rn. 60, 228 f. Wenn sich der Hilfesuchende weigert, einen leistungsfähigen und leistungsbereiten Schuldner auf Unterhalt in Anspruch zu nehmen, verliert er den Anspruch auf die Sozialhilfe oder die Leistungen zur Sicherung des Lebensunterhalts.[11] Voraussetzung ist allerdings, dass der Sozialleistungsträger auf den Unterhaltsanspruch zurückgreifen darf, was nach § 94 I 3, 4 SGB XII in bestimmten Fällen, z. B. bei Verwandten zweiten oder eines entfernteren Grades, bei Schwangeren und bei Elternteilen, die ein Kind unter sechs Jahren betreuen, hinsichtlich des Anspruchs gegen ihre eigenen Eltern ausgeschlossen ist (vgl. Rn. 68)[12] oder im Hinblick auf die öffentlich-rechtliche Vergleichsberechnung (Rn. 92 ff.) ganz oder teilweise unzulässig sein kann. Ähnliches gilt nach § 33 II 1 SGB II im Recht der Grundsicherung für Arbeitsuchende (Rn. 232 ff.). Bei anderen Sozialleistungen, z. B. beim Unterhaltsvorschuss (Rn. 262 ff.) und bei der Ausbildungsförderung nach dem BAföG (Rn. 279 ff.), ist die Subsidiarität anders ausgestaltet. Leistungen nach dem SGB VIII sind gegenüber dem Unterhalt nicht nachrangig. Sie sind vielmehr bedarfsdeckend. Die Eltern können nur zu öffentlich-rechtlichen Kostenbeiträgen herangezogen werden (§§ 10 II, 92 II SGB VIII).[13]

8   Nach § 2 II 1 SGB XII werden Verpflichtungen anderer, besonders Unterhaltspflichtiger, durch dieses Gesetz nicht berührt. Das Gleiche folgt aus § 9 I SGB II. Danach ist zwar der Sozialleistungsträger häufig zur Vorleistung verpflichtet, wenn ein Unterhaltsschuldner seiner Leistungspflicht nicht nachkommt. Hierdurch wird jedoch die an sich vorrangige Verpflichtung des Dritten zur Leistung von Unterhalt nicht beeinflusst. Sie besteht weiter und ist zu erfüllen. Dieser Nachrang der Sozialhilfe und der Leistungen zur Sicherung des Lebensunterhalts wird durch den Anspruchsübergang nach § 94 I SGB XII, § 33 I SGB II verwirklicht. Diese Sozialleistungen bleiben auch dann nachrangig, wenn der Übergang des Unterhaltsanspruchs ausnahmsweise nach § 94 III 1 SGB XII, § 33 II 3 SGB II ausgeschlossen ist, z. B. weil der Schuldner nicht über effektive Einkünfte verfügt, ihm vielmehr nach Unterhaltsrecht ein fiktives Einkommen zugerechnet wird.[14]

9   Sozialhilfe ist ausgeschlossen, wenn ein Bedürftiger mit seinem Ehegatten oder mit seinen Eltern (oder einem Elternteil) in einer **Bedarfsgemeinschaft**[15] (vgl. dazu Rn. 23 ff.) zusammenlebt und das Einkommen aller Mitglieder ausreicht, den sozialhilferechtlichen Bedarf zu decken (§ 19 I 2 SGB XII). Dasselbe gilt für die Leistungen zur Sicherung des Lebensunterhalts nach § 9 I 2 SGB II (Rn. 179 ff.). Jedoch kann Sozialhilfe auch dann, z. B. bis zur endgültigen Klärung der Verhältnisse, als sog. erweiterte Hilfe (§ 19 V SGB XII) gewährt werden, wenn den Mitgliedern der Bedarfsgemeinschaft die Aufbringung der Mittel aus ihrem Einkommen oder Vermögen letztlich doch möglich oder zuzumuten war. In

---

[9] Armborst/Brühl in LPK-SGB XII § 2 Rn. 8, 30; Nr. 168 ff. Empfehlungen des Deutschen Vereins für die Heranziehung Unterhaltspflichtiger in der Sozialhilfe (Empfehlungen DV SGB XII), FamRZ 2005, 1387; vgl. auch BSG FamRZ 2008, 51, 53

[10] BGH, FamRZ 1999, 843, 845 = R 533 a

[11] BVerwG, NJW 1983, 2954

[12] Vgl. Schellhorn SGB XII § 94 Rn. 109; deshalb müsste die zitierte Entscheidung des BVerwG NJW 1983, 2954 heute im Ergebnis wohl anders ausfallen

[13] BGH, FamRZ 2007, 377

[14] BGH, FamRZ 1999, 843, 845 = R 533 a; FamRZ 2001, 619 = R 548

[15] Zum Teil wird auch von „Bedarfs-/Einsatzgemeinschaft" gesprochen, so Nr. 172, 173, 175 Empfehlungen DV SGB XII, FamRZ 2005, 1387; Schellhorn, FuR 1995, 10

einem solchen Fall kann der Sozialhilfeträger durch **Verwaltungsakt** Aufwendungsersatz verlangen.[16] Zum Einkommenseinsatz in derartigen Fällen vgl. §§ 87, 92 a SGB XII. Vgl. dazu auch Rn. 25. Das SGB II sieht eine erweiterte Hilfe nicht vor;[17] allenfalls kann nach §§ 9 IV, 23 V SGB II in bestimmten Fällen die Hilfe als Darlehen gewährt werden.

3. Bedürftigkeit beim Bezug subsidiärer Sozialleistungen

Wer Sozialleistungen erhält, ist deshalb **nicht ohne weiteres unterhaltsbedürftig.** Die 10 Unterhaltsbedürftigkeit bestimmt sich allein nach den Vorschriften des BGB. Ein Kind ist unterhaltsberechtigt, wenn es sich nicht selbst unterhalten kann (§ 1602 I BGB), insbesondere wenn und solange es sich berechtigterweise einer Berufsausbildung unterzieht (§ 1610 II BGB). Vgl. dazu Rn. 2/42 ff., 2/56 ff. Beim Ehegatten, der nicht über andere bedarfsdeckende Einkünfte, z. B. aus Vermögen, verfügt, kommt es darauf an, ob von ihm eine Erwerbstätigkeit erwartet werden kann (§§ 1361, 1570 ff. BGB vgl. Rn. 4/16 ff., 4/44 ff.). Ähnliches gilt für den Lebenspartner (§§ 12, 16 LPartG). Zur Bedürftigkeit beim Elternunterhalt Rn. 2/614, beim Unterhalt des betreuenden Elternteils nach § 1615l BGB Rn. 7/11 ff. Verletzt der Unterhaltsberechtigte seine Erwerbsobliegenheit, bemüht er sich insbesondere nicht um zumutbare Arbeitsstellen, kann ihm ein fiktives Einkommen zugerechnet werden, das seine Bedürftigkeit ganz oder teilweise beseitigt. Vgl. Rn. 1/519 ff.

Sozialleistungen erhält dagegen, wer seinen Unterhalt und denjenigen der mit ihm in einer Bedarfsgemeinschaft (vgl. Rn. 23 ff., 179 ff.) lebenden Personen nicht oder nicht ausreichend aus eigenen Mittel und Kräften sicherstellen kann (§ 9 I SGB II; ähnlich § 2 I SGB XII). § 10 I SGB II hat die auch im Sozialrecht bestehende **Erwerbsobliegenheit** verschärft. Grundsätzlich ist nach dieser Vorschrift dem Hilfebedürftigen jede Arbeit zumutbar (Rn. 219). Die Anforderungen, die an den Hilfebedürftigen gestellt werden, sind teilweise strenger als im Unterhaltsrecht. So ist die geordnete Erziehung eines dreijährigen Kindes in der Regel schon dann nicht gefährdet, wenn dessen Betreuung in einem Kindergarten oder in sonstiger Weise sichergestellt ist (§ 10 I 3 SGB II). Seit dem 1. 1. 2008 hat sich das Unterhaltsrecht zwar dem Sozialrecht angenähert. Nach § 1570 I 1 BGB n. F. ist der betreuende Elternteil innerhalb der ersten drei Jahre nach der Geburt des Kindes zu einer Erwerbstätigkeit nicht verpflichtet; die Verlängerung des Betreuungsunterhalts über diesen Zeitraum hinaus ist jedoch möglich, wenn dies der Billigkeit entspricht (§ 1570 I 2 BGB n. F.). Die Verletzung der sozialrechtlichen Erwerbsobliegenheit kann nach § 31 SGB II mit fühlbaren Sanktionen belegt werden. Vgl. dazu Rn. 209. Die Zurechnung eines **fiktiven Einkommens** ist dagegen allenfalls unter engen Voraussetzungen möglich (vgl. Rn. 13). Im Sozialhilferecht kommt seit dem 1. 1. 2005 eine Verletzung der Erwerbsobliegenheit nur ausnahmsweise in Betracht, da nach §§ 5 II 1, 8 SGB II, § 21 SGB XII nur nicht erwerbsfähige Personen, die höchstens für drei Stunden täglich erwerbsfähig sind, Hilfe zum Lebensunterhalt erhalten können (Rn. 21, 46). Demgemäß stellt § 11 III 4, IV SGB XII im Vergleich zu § 10 SGB II nur moderate Anforderungen an die Erwerbsobliegenheit des Leistungsberechtigten.

Auf die Unterschiede zwischen Sozial- und Unterhaltsrecht kommt es in dem hier 11 interessierenden Zusammenhang in der Regel nicht an. Der Unterhaltsanspruch geht im Umfang der gewährten Sozialleistung, ggf. eingeschränkt durch den Schuldnerschutz nach § 94 III 1 SGB XII, § 33 II 3 SGB II, auf den Sozialleistungsträger über. Voraussetzung ist allerdings, dass die Leistung rechtmäßig gewährt worden ist. Vgl. dazu im Einzelnen Rn. 77, 244. Der Unterhaltspflichtige kann gegenüber dem Sozialleistungsträger Einwendungen aus dem Unterhaltsrecht erheben und insbesondere die Bedürftigkeit des Berechtigten nach Unterhaltsrecht bestreiten. Daneben kann er geltend machen, dass der Anspruch im Hinblick auf die Vorschriften des § 94 I 3 SGB XII und des § 33 II 3 SGB II nicht auf den klagenden Träger übergegangen sei; in Ausnahmefällen kann er sich darauf berufen, dass die

---

16 Grube in Grube/Wahrendorf, SGB XII § 19 Rn. 34
17 Brühl in LPK/SGB II § 9 Rn. 57

gewährte Hilfe nach § 242 BGB der weiteren Verfolgung des Unterhaltsanspruchs ganz oder teilweise entgegensteht (vgl. dazu Rn. 133 f., 261).

12   Unterschiede zwischen dem Unterhaltsrecht einerseits und dem Sozialhilferecht bzw. dem Recht der Grundsicherung für Arbeitsuchende andererseits bestehen jedoch hinsichtlich der Verpflichtung, **Einkommen und Vermögen** für den eigenen Lebensunterhalt **einzusetzen.**[18] Insbesondere müssen Einkommen und Vermögen im Sozialhilferecht und im Recht der Grundsicherung für Arbeitsuchende nicht stets in vollem Umfang zur Deckung des Bedarfs verwendet werden (vgl. z. B. §§ 82 ff. SGB XII, §§ 11, 12 SGB II). Genaueres dazu Rn. 29 ff., 191 ff. Leistungen, die auf Grund öffentlich-rechtlicher Vorschriften zu einem ausdrücklich genannten Zweck gewährt werden, sind auch bei der Bewilligung der subsidiären Hilfen nach dem SGB XII und dem SGB II nur insoweit als Einkommen zu berücksichtigen, als die Sozialleistung im Einzelfall demselben Zweck dient (§ 83 I SGB XII, § 11 III Nr. 1 SGB II). Schmerzensgeld bleibt unberücksichtigt (§ 83 II SGB XII, § 11 III Nr. 2 SGB II). Im Unterhaltsrecht werden dagegen grundsätzlich alle Einkünfte ohne Rücksicht auf ihre Zweckbestimmung zur Bedarfsdeckung herangezogen (vgl. Rn. 50, Rn. 1/9); dies gilt auch für Kapitalerträge, die aus Schmerzensgeld erzielt werden (vgl. Rn. 1/482, 2/259).

4. Leistungsfähigkeit beim Bezug subsidiärer Sozialleistungen

13   Wer Sozialhilfe oder Leistungen zur Sicherung des Lebensunterhalts nach dem SGB II bezieht, ist nicht schon deshalb außerstande, Unterhalt zu leisten. Auch diese Diskrepanz beruht auf dem unterschiedlichen Einkommensbegriff des Sozial- und des Unterhaltsrechts (vgl. dazu Rn. 12). Die Leistungsfähigkeit eines Unterhaltsschuldners beurteilt sich wie die Bedürftigkeit des Gläubigers (vgl. Rn. 10) nach bürgerlichem Recht. Dem Verpflichteten, der sich nicht ausreichend um eine Arbeitsstelle bemüht, kann u. U. ein **fiktives Einkommen** zugerechnet werden. Dann gilt er in dessen Höhe als leistungsfähig. Genaueres dazu Rn. 1/487 ff., 2/144 ff. Dagegen ist der Ansatz fiktiver Einkünfte im Sozialrecht allenfalls unter ganz engen Voraussetzungen möglich.[19] Allerdings können gegen den Hilfebedürftigen nach § 31 SGB II fühlbare Sanktionen verhängt und das Arbeitslosengeld II deutlich, bei Jugendlichen unter 25 Jahren auf bis zu 100% (§ 31 V SGB II) gemindert werden. Dazu genügt, dass er in der Eingliederungsvereinbarung festgelegte eigene Bemühungen nicht in ausreichendem Umfang nachweisen kann (§§ 15 I 2 Nr. 2, 31 I 1 Nr. 1 b SGB II). Die Sanktionen im Sozialhilferecht sind dagegen deutlich milder (§ 39 SGB XII). Es besteht nur eine eingeschränkte Obliegenheit, einer Erwerbstätigkeit nachzugehen (§ 11 III 4, IV SGB XII), da als Empfänger von Hilfe zum Lebensunterhalt nur Personen in Betracht kommen, die nicht erwerbsfähig sind und deshalb höchstens drei Stunden täglich erwerbstätig sein können (§ 8 I SGB II, § 21 S. 1 SGB XII). Sozialhilfe wird daher wegen Verletzung einer Erwerbsobliegenheit nur unter besonderen Umständen versagt werden können.[20] § 11 I bis III SGB XII verlangt vom Sozialhilfeträger die Beratung und, soweit erforderlich, die Unterstützung des Leistungsberechtigten. Der Sozialhilfeträger ist daher zu der Prüfung verpflichtet, ob der einzelne Hilfesuchende mit der selbstständigen Arbeitssuche überfordert ist und ob durch eine entsprechende Aufforderung dem Hilfezweck entgegengewirkt wird; Sozialhilfe ist bereits dann zu gewähren, wenn der Hilfesuchende es weder grundsätzlich abgelehnt hat, sich bei der Arbeitsagentur zu melden, noch eigene Bemühungen gänzlich unterlassen hat.[21] Es bedarf keiner näheren Darlegung, dass unter derartigen Voraussetzungen im Unterhaltsrecht ohne weiteres ein fiktives Einkommen angesetzt würde, wenn nur eine reale Arbeitsmöglichkeit besteht. Hinzu kommt, dass im Unterhaltsrecht stets derjenige, der sich darauf beruft, dass durch Arbeit kein Einkommen erzielt könne, die Beweislast dafür

---

[18] Vgl. dazu BGH, FamRZ 1999, 843, 846 = R 533 a, b
[19] BGH, FamRZ 1998, 818 = R 524; FamRZ 1999, 843, 844 = R 533 b; vgl. auch Künkel, FamRZ 1996, 1509, 1512
[20] BGH, FamRZ 1998, 818 = R 524
[21] BVerwG FamRZ 1996, 106 ff. (zu § 25 BSHG)

trägt. Im Sozialhilferecht ist dagegen die Verletzung der Erwerbsobliegenheit im Sinne des § 11 III 4 SGB XII von der Behörde festzustellen.[22]

Der **Pflichtige** darf durch die Leistung von Unterhalt **nicht selbst sozialhilfebedürftig** 14 werden vgl. Rn. 93.[23] Bei der Unterhaltsberechnung muss daher sichergestellt werden, dass dem Pflichtigen sein Existenzminimum verbleibt.[24] Dieses ergibt sich aus den Berichten über die Höhe des Existenzminimums von Erwachsenen und Kindern, die die Bundesregierung im Abstand von zwei Jahren dem Bundestag zu erstatten hat.[25] Die Berichte entnehmen das Existenzminimum entsprechend den Vorgaben des BVerfG[26] dem Sozialhilferecht als Referenzsystem, jetzt also dem SGB XII, nicht dagegen dem SGB II, obwohl auch das SGB II das Existenzminimum sicherstellt, insbesondere durch die Regelleistung und den Ersatz der Kosten der Unterkunft. Es gewährt jedoch darüber hinaus Leistungen aus vorwiegend arbeitspolitischen Gründen, insbesondere Freibeträge bei Erwerbstätigkeit nach § 30 SGB II, den befristeten Zuschlag nach § 24 SGB II und das Einstiegsgeld nach § 29 SGB II.[27]

Der **notwendige Selbstbehalt** der Tabellen und Leitlinien, der dem Pflichtigen auch bei gesteigerter Unterhaltspflicht gegenüber einem minderjährigen oder privilegiert volljährigen Kind nach § 1603 II 1, 2 BGB zu verbleiben hat, muss daher mit einem Betrag angesetzt werden, der die Sozialhilfe, die der Unterhaltsschuldner erhalten könnte, maßvoll übersteigt.[28] Dem trägt die Düsseldorfer Tabelle Stand: 1. 1. 2008 dadurch Rechnung, dass sie den notwendigen Selbstbehalt, der dem nichterwerbstätigen Schuldner zusteht, wie bisher mit 770,– € ansetzt. Zwar übersteigt dieser Betrag das Existenzminimum eines alleinstehenden Erwachsenen, das der 6. Existenzminimumsbericht[29] mit 7140,– € pro Jahr oder 595,– € monatlich annimmt. Jedoch ist zu berücksichtigen, dass der Bericht von sehr geringen Wohnkosten ausgeht und den Betroffenen ausdrücklich auf die Inanspruchnahme von Wohngeld verweist.[30] Die Düsseldorfer Tabelle geht jedoch davon aus, dass mit dem notwendigen Selbstbehalt grundsätzlich alle Lebenshaltungskosten abgedeckt werden können. Reicht der in der Tabelle (Anm. A 5 I) als Teil des notwendigen Selbstbehalts ausgewiesene Betrag von 360,– € für die Kosten der Unterkunft einschließlich Heizung nicht aus, kann der Selbstbehalt im Einzelfall angemessen erhöht werden. Vgl. dazu Rn. 2/261, 269. Entgegen der Auffassung von Schürmann[31] können die Leistungen, die das SGB II als Arbeitsanreiz über das Existenzminimum hinaus gewährt, kein Maßstab für die Festlegung des notwendigen Selbstbehalts im Unterhaltsrecht sein. Dies gilt auch dann, wenn der Unterhaltsschuldner erwerbstätig ist und ihm ein notwendiger Selbstbehalt von 900,– € zusteht. Das Unterhaltsrecht kann den höheren Selbstbehalt autonom festsetzen und dabei berücksichtigen, dass beim Erwerbstätigen ein Mehrbedarf entsteht, der sich – im Gegensatz zu den Werbungskosten – nicht eindeutig von den Kosten der privaten Lebenshaltung abgrenzen lässt.[32]

Ein nicht Erwerbstätiger hat regelmäßig mehr Zeit, um seine Ausgaben durch sparsame Lebensführung einzuschränken; zudem kann dem Erwerbstätigen durch einen höheren Selbstbehalt ein Arbeitsanreiz geboten werden.[33]

---

[22] Vgl. BVerwG FamRZ 1996, 106, 108 (zu § 25 BSHG)

[23] BVerwG FamRZ 1999, 780; BGH FamRZ 2006, 1010, 1012 = R 650 a; FamRZ 2006, 683 = R 649 c; 2005, 706, 708 = R 626; BGH FamRZ 2008, 594, 596 = R 688 a.

[24] BGH, FamRZ 2006, 1010, 1012 = R 650; FamRZ 2006, 683 = R 649 c; 2005, 706, 708 = R 650

[25] 5. Existenzminimumsbericht für das Jahr 2005 BT-Drucks. 15/2462; 6. Existenzminimumsbericht für das Jahr 2008 BT-Drucks. 16/3265

[26] FamRZ 1993, 285; 1999, 285; 1999, 291

[27] Dazu eingehend Klinkhammer FamRZ 2007, 85

[28] BGH, FamRZ 2006, 1010, 1012 = R 650 a; FamRZ 2003, 1466; FamRZ 1993, 1186 = R 463

[29] BTDrs 16/3265 S. 5

[30] Vgl. dazu Klinkhammer FamRZ 2007, 85, 86

[31] FPR 2005, 448; ähnlich Riegner FamRZ 2006, 324

[32] Vgl. BVerfG FamRZ 1993, 285, 286; Klinkhammer FamRZ 2007, 85, 88; auch Düsseldorfer Tabelle Stand: 1. 1. 2008 Anm. zu B I–III

[33] BGH FamRZ 2008, 594, 597 = R 688

Der Grundsatz, dass Unterhaltspflichtige durch die Zahlung von Unterhalt nicht sozialhilfebedürftig werden darf, gilt nur für ihn selbst, nicht auch für weitere Unterhaltsberechtigte, die mit ihm in einer Bedarfsgemeinschaft leben.[34] Zur abweichenden Auffassung des
Sozialhilferechts und des Rechts der Grundsicherung für Arbeitsuchende und den sich
daraus ergebenden Konsequenzen vgl. Rn. 98, 250.

Der Schutz des Unterhaltsschuldners vor Gefährdung seines Existenzminimums schließt
nicht aus, dass ihm wegen Verletzung seiner Erwerbsobliegenheit **fiktive Einkünfte** zuge-
rechnet werden und er insoweit als leistungsfähig behandelt wird (Rn. 13). Dagegen ist nach
Sozialhilferecht der fiktiv zugerechnete Verdienst kein Einkommen im Sinne des § 82 I 1
SGB XII (Rn. 13). Daraus folgt, dass der Unterhaltsanspruch des Berechtigten, dem Sozial-
hilfe gewährt wird, nicht auf den Sozialhilfeträger übergehen kann (§ 94 III 1 Nr. 1 SGB
XII; vgl. Rn. 95). Die gleiche Rechtsfolge ergibt sich aus § 33 II 3 SGB II (Rn. 248).
Zudem sieht § 11 II 1 Nr. 7 SGB II vor, dass titulierte Unterhaltspflichten im Rahmen des
SGB II vom Einkommen abzusetzen sind (Rn. 197).

5. Verwirklichung des Nachrangs und Rechtsschutz

15   Der Nachrang der Sozialleistungen wird in der Regel dadurch verwirklicht, dass dem
Sozialleistungsträger die Möglichkeit eröffnet wird, den Unterhaltsanspruch selbst geltend zu
machen. § 90 BSHG sah in seiner ursprünglichen Fassung die Überleitung von Unterhaltsansprüchen durch Verwaltungsakt auf den Sozialhilfeträger vor. Diese sog. Überleitungsanzeige konnte allein vor den damals zuständigen Verwaltungsgerichten angefochten werden.
Die Schutzvorschriften des § 91 BSHG a. F. unterlagen daher ausschließlich der verwal-
tungsgerichtlichen Kontrolle. Mit Wirkung vom **27. 6. 1993** hat der Gesetzgeber in Anlehnung an § 7 UVG die frühere Regelung durch einen **gesetzlichen Forderungsübergang**
ersetzt.[35] § 90 BSHG (jetzt § 93 SGB XII) galt nicht mehr für (gesetzliche) Unterhaltsansprüche, sondern nur noch für sonstige Ansprüche, z. B. für die Rückforderung eines
Geschenks wegen Verarmung des Schenkers (§ 528 BGB) und für Ansprüche aus landwirtschaftlichen Übergabeverträgen. Vgl. Rn. 61. Gesetzliche Unterhaltsansprüche wurden nur
noch von der Spezialvorschrift des § 91 BSHG (jetzt § 94 SGB XII) erfasst.[36] Eines Verwaltungsakts bedarf es seitdem nicht mehr. Vielmehr geht der Unterhaltsanspruch kraft
Gesetzes auf den Sozialhilfeträger über, allerdings nur in bestimmten Grenzen, die in § 94 I
bis III SGB XII festgelegt sind.[37] Vgl. dazu im Einzelnen Rn. 62 ff.

16   Bei Einführung der Grundsicherung für Arbeitsuchende wurde in § 33 SGB II zunächst
die Überleitung des Unterhaltsanspruchs durch Verwaltungsakt vorgesehen. Die damalige
Fassung des § 33 SGB II entsprach weitgehend der Vorschrift des zum 1. 1. 2005 aufgehobenen § 203 SGB III, der das Verhältnis von Arbeitslosenhilfe und Unterhalt betraf. Diese
Regelung führte zu beachtlichen Schwierigkeiten, da die Träger der Grundsicherung von
der Möglichkeit der Überleitung des Unterhaltsanspruchs kaum Gebrauch machten. Die
Familiengerichte waren wegen der Tatbestandswirkung des Verwaltungsakts an die Überleitungsanzeige und damit an die Entscheidung des Trägers gebunden, ob und in welchem
Umfang er nach seinem Ermessen von den Schutzvorschriften zugunsten des Unterhaltsschuldners Gebrauch machen wollte. Sie hatten nur über den Bestand des Unterhaltsanspruchs zu befinden. Wenn der Unterhaltsanspruch nicht bis zum Urteil übergeleitet war,
behandelten manche Gerichte das Arbeitslosengeld II, wenn auch in verklausulierter Form,
als bedarfsdeckendes Einkommen.[38] Dies wollte der Gesetzgeber verhindern.[39] Deshalb, aber
auch um der verbreiteten Kritik an der misslungenen Fassung des § 33 SGB II Rechnung

---

[34] BGH, FamRZ 1996, 1272 = R 507 b

[35] Art. 7 Nr. 22 des Gesetzes zur Umsetzung des Föderalen Konsolidierungsprogramms vom 23. 6.
1993 – BGBl. I 944, 952; vgl. dazu Scholz, FamRZ 1994, 1

[36] BGH, FamRZ 1995, 871; 1996, 1203, 1204

[37] BGH, FamRZ 1995, 871; 1996, 1203, 1205

[38] Vgl., BL Stand: 1. 7. 2005, FamRZ 2005, 1346; KoL Stand: 1. 7. 2005 FamRZ 2005, 1352,
jeweils 2. 2; a. A. OLG Celle FamRZ 2006, 1203; OLG München FamRZ 2006, 1125

[39] Vgl. die Begründung des Gesetzes zur Fortentwicklung der Grundsicherung BT-Dr 16/1410 S. 26

zu tragen, wurde die Überleitung des Unterhaltsanspruchs durch einen gesetzlichen Forderungsübergang ersetzt. § 33 SGB II wurde im Wesentlichen dem § 94 SGB XII angeglichen. Gleichwohl verbleiben einige wichtige Unterschiede. Vgl. dazu Rn. 228 ff.

Seit dem 1. 1. 2005 sind für öffentlich-rechtliche Streitigkeiten auf dem Gebiet des **17** Sozialhilferechts und der Grundsicherung für Arbeitsuchende die **Sozialgerichte** zuständig (§ 51 I Nr. 4 a, 6 a SGG). Dies gilt insbesondere für die Anfechtung von Verwaltungsakten, die Träger der Grundsicherung und die Sozialhilfeträger erlassen. Die frühere Zuständigkeit der Verwaltungsgerichte für die Sozialhilfe ist entfallen. Bis zum 31. 7. 2006 konnten die Überleitungsanzeigen nach § 33 SGB II vom Schuldner nur vor den Sozialgerichten angefochten werden. Seit dem 1. 8. 2006 entscheiden nach § 33 IV 3 SGB II ebenso wie nach § 94 V 3 SGB XII die **Familiengerichte** nicht nur über den Bestand des Unterhaltsanspruchs sondern auch über öffentlich-rechtliche Vorfragen, insbesondere darüber, ob der Unterhaltsanspruch kraft Gesetzes auf den Sozialhilfeträger bzw. den Träger der Grundsicherung für Arbeitsuchende übergegangen ist. Der Schuldner kann also im Unterhaltsprozess, den grundsätzlich der Träger selbst zu führen hat, einwenden, dass der Übergang des Anspruchs nach § 94 SGB XII, § 33 SGB II ausgeschlossen ist. Vgl. dazu im Einzelnen Rn. 232 ff.

2. Abschnitt: Sozialhilfe und Unterhalt

I. Abgrenzung von Sozialhilfe und Leistungen zur Sicherung des Lebensunterhalts nach dem SGB II

Bis zum 31. 12. 2004 war die Sozialhilfe das Auffangbecken für alle, die sich nicht selbst **18** helfen und ihr Existenzminimum nicht aus eigenen Kräften sicherstellen konnten. Arbeitslosenhilfe konnte nur erhalten, wer als arbeitsloser Arbeitnehmer innerhalb einer bestimmten Vorfrist Arbeitslosengeld bezogen hatte und nach dessen Auslaufen bedürftig war (§ 190 III SGB III). Sie war von der Höhe des früheren Arbeitseinkommens abhängig und deckte daher bei geringen Einkünften das Existenzminimum nicht, sodass vielfach zusätzlich Hilfe zum Lebensunterhalt nach dem BSHG gewährt werden musste. Andererseits konnte die Arbeitslosenhilfe bei zuvor hohem Erwerbseinkommen das Existenzminimum durchaus übersteigen.

Seit dem 1. 1. 2005 stellen die Leistungen zur Sicherung des Lebensunterhalts nach **19** §§ 19 ff. SGB II – von noch zu erörternden Ausnahmen abgesehen – den sozialrechtlichen Mindestbedarf für alle Hilfebedürftigen sicher, die erwerbsfähig sind, das 15. Lebensjahr vollendet, die Altersgrenze nach § 7 a SGB II (Rn. 178, 186) aber noch nicht erreicht und ihren gewöhnlichen Aufenthalt in der Bundesrepublik haben (§ 7 I SGB II). Anspruchsberechtigt nach dem **SGB II** sind auch die Personen, die mit dem erwerbstätigen Hilfebedürftigen in einer Bedarfsgemeinschaft leben, insbesondere Partner und Kinder (§ 7 II, III SGB II). Wer als Erwerbsfähiger oder als Angehöriger nach dem SGB II dem Grunde nach leistungsberechtigt ist, erhält keine Hilfe zum Lebensunterhalt nach dem 3. Kapitel des SGB XII (§ 5 II 1 SGB II, § 21 S. 1 SGB XII). Dies gilt auch dann, wenn Sanktionen nach § 31 SGB II verhängt und Leistungen zur Sicherung des Lebensunterhalts gekürzt werden oder wegfallen. Dagegen können neben Leistungen zur Sicherung des Lebensunterhalts nach dem SGB II andere Hilfen, wie Eingliederungshilfe, Hilfe zur Pflege und Blindengeld gewährt werden. Die Grundsicherung im Alter und bei Erwerbsminderung ist seit dem 1. 1. 2005 eine besondere Form der Sozialhilfe (vgl. §§ 41 ff. SGB XII); sie geht der Hilfe zum Lebensunterhalt vor (§ 19 II 3 SGB XII) und ist gegenüber dem Sozialgeld vorrangig (§ 5 II 2 SGB II).

Ob Sozialhilfe oder Grundsicherung für Arbeitsuchende zu gewähren ist, ist danach im **20** Wesentlichen vom **Alter** und der **Erwerbsfähigkeit** des Hilfebedürftigen abhängig. Nach § 8 I SGB II ist erwerbsfähig, wer nicht wegen Krankheit oder Behinderung auf absehbare Zeit außerstande ist, unter den üblichen Bedingungen des allgemeinen Arbeitsmarkts mindestens drei Stunden täglich erwerbstätig zu sein (ähnlich § 43 II 2 SGB VI). Im Zweifelsfall stellt die Agentur für Arbeit fest, ob der Arbeitsuchende erwerbsfähig und hilfebedürftig ist. Widerspricht der Sozialhilfeträger der Feststellung, entscheidet die gemeinsame Einigungsstelle (§§ 44 a, 45 SGB II). Vgl. dazu auch Rn. 138, 188. Bis zur Entscheidung der Einigungsstelle erbringen die Träger der Grundsicherung für Arbeitsuchende Leistungen nach dem SGB II (§ 44 a I 3 SGB II).

21   Die Bedeutung der Sozialhilfe ist seit dem 1. 1. 2005 deutlich zurückgegangen. In der Praxis steht die Grundsicherung für Arbeitsuchende im Vordergrund. Sozialhilfeberechtigt kann nur sein, wer nicht – dem Grunde nach – leistungsberechtigt nach dem SGB II ist (§ 21 SGB XII, § 5 SGB II). Der Personenkreis, der Sozialhilfe bezieht, lässt sich daher nur im Umkehrschluss aus dem SGB II, insbesondere aus § 7 SGB II, erschließen. **Sozialhilfe** wird danach im Wesentlichen **nur noch gewährt:**

- **als Hilfe zum Lebensunterhalt** an alle Personen, die **nicht erwerbsfähig** sind und nicht mit einem Erwerbsfähigen in einer Bedarfsgemeinschaft leben. Das sind vor allem:
  – alleinstehende Personen, die nicht erwerbsfähig sind, aber nicht die Voraussetzungen des § 41 SGB XII erfüllen,
  – mehrere zusammenlebende erwerbsunfähige Personen,
  – minderjährige Kinder, die mit einem nicht erwerbsfähigen Elternteil oder mit ihren nicht erwerbsfähigen Eltern zusammenleben, falls sie das 15. Lebensjahr noch nicht vollendet haben oder wenn sie zwar älter, aber ebenfalls erwerbsunfähig sind;
  – minderjährige Kinder, die bei Dritten (z. B. ihren Großeltern) leben und keine Leistungen nach dem SGB VIII, insbesondere nach §§ 32 f. SGB VIII, erhalten, falls sie das 15. Lebensjahr noch nicht vollendet haben oder wenn sie zwar älter, aber ebenfalls erwerbsunfähig sind;
  – volljährige nicht erwerbsfähige Kinder, die mit erwerbsunfähigen Eltern zusammenleben;
  – Personen, die die Altersgrenze des § 7 a SGB II (Rn. 186) noch nicht erreicht haben, jedoch eine befristete Rente wegen voller Erwerbsminderung oder bereits vorgezogene Altersrente nach §§ 36 ff. SGB VI, aber (noch) keine Grundsicherung im Alter und bei Erwerbsminderung beziehen (vgl. § 7 IV SGB II);
  – Personen, die in einer stationären Einrichtung untergebracht sind oder die sich auf Grund richterlich angeordneter Freiheitsentziehung in einer Einrichtung aufhalten (vgl. § 7 IV SGB II);
- **als Grundsicherung im Alter** und bei Erwerbsminderung an Personen, die die Altersgrenze des § 7 a SGB II (Rn. 186) erreicht haben, und an voll Erwerbsgeminderte über 18 Jahren (§ 41 SGB XII);
- **als sonstige Hilfen** an alle Hilfebedürftigen, insbesondere als Eingliederungshilfe (Rn. 53 ff.), Hilfe zur Pflege (Rn. 61 ff.) und zur Gesundheit (Rn. 47 ff.), auch wenn Leistungen zur Sicherung des Lebensunterhalts (Sozialgeld) nach dem SGB II bezogen werden.

Erwerbsunfähige, die mit einem erwerbsfähigen Partner zusammenleben, gehören zu der durch ihn begründeten Bedarfsgemeinschaft und erhalten demgemäß Grundsicherung für Arbeitsuchende (§ 7 III Nr. 3 SGB II). Dasselbe gilt, wenn ein unverheiratetes Kind, das das 25. Lebensjahr noch nicht vollendet hat, mit seinen Eltern oder einem Elternteil in einem Haushalt lebt und mindestens einer der Beteiligten erwerbsfähig ist (§ 7 III Nr. 1, 4 SGB II).

22   **Ausländern,** die im Besitz einer Niederlassungserlaubnis oder eines befristeten Aufenthaltstitels sind und sich voraussichtlich auf Dauer im Bundesgebiet aufhalten, wird Sozialhilfe unter denselben Voraussetzungen wie Inländern gewährt (§ 23 I 4 SGB XII). Im Übrigen ist die Sozialhilfe bei Ausländern, die sich im Inland tatsächlich aufhalten, auf die Hilfe zum Lebensunterhalt, die Hilfe bei Krankheit, Schwangerschaft und Mutterschaft und die Hilfe zur Pflege beschränkt (§ 23 I 1 SGB XII). Wegen weiterer Einschränkungen vgl. § 23 III, V SGB XII. Asylbewerber sind auf Leistungen nach dem Asylbewerberleistungsgesetz angewiesen (§ 23 II SGB XII). Zu Leistungen der Grundsicherung im Alter und bei Erwerbsminderung an Ausländer vgl. Rn. 139.

II. Hilfebedürftigkeit

1. Bedarfsgemeinschaft

a) Hilfe zum Lebensunterhalt. Diese Hilfe wird demjenigen gewährt, der seinen 23
notwendigen Lebensunterhalt nicht oder nicht ausreichend aus eigenen Kräften oder Mitteln, vor allem seinem Einkommen oder Vermögen, beschaffen kann (§ 19 I 1 SGB XII).
Zur Bemessung der Hilfe zum Lebensunterhalt vgl. Rn. 47 ff. Zu berücksichtigen ist nicht
nur das eigene Einkommen oder Vermögen (dazu Rn. 29 ff.), sondern auch dasjenige der
Bedarfsgemeinschaft (§ 19 I 2 SGB XII). Das SGB XII rechnet die gesamten Mittel der
Bedarfsgemeinschaft dem Hilfebedürftigen zu.[1] Sozialhilfe wird nur gewährt, wenn und
soweit diese Mittel nicht den sozialhilferechtlichen Bedarf aller Mitglieder der Bedarfsgemeinschaft decken. Zur Bedarfsgemeinschaft zählen zunächst Eheleute (Lebenspartner),
die nicht von ihrem Partner getrennt leben. Können minderjährige Kinder ihren notwendigen Lebensunterhalt nicht durch eigenes Einkommen – dazu gehört auch das Kindergeld
(§ 82 I 2 SGB XII; vgl. Rn. 38) – und eigenes Vermögen decken, ist auch das Einkommen
und das Vermögen der Eltern oder des Elternteils, bei denen bzw. bei dem das Kind lebt, zu
berücksichtigen (§ 19 I 2 SGB XII). Ausreichendes Einkommen oder Vermögen der Eltern
steht daher der Gewährung von Sozialhilfe an das Kind entgegen. Auf die Mittel des
Ehegatten oder des Partners des Elternteils, bei dem das Kind lebt, kommt es nicht an. Hier
ist jedoch zu beachten, dass bei Erwerbsfähigkeit des Elternteils oder des Partners das SGB II
anzuwenden ist, das auch Einkommen und Vermögen des Stiefelternteils für den Unterhalt
des Kindes heranzieht (§ 7 III Nr. 2 SGB II; vgl. dazu Rn. 181). Volljährige Kinder sind
nach Sozialhilferecht nicht Angehörige der Bedarfsgemeinschaft ihrer Eltern (anders § 7 III
Nr. 2, 4 SGB II für Kinder bis zum 25. Lebensjahr; vgl. Rn. 181). Auch Stiefkinder
gehören nicht der Bedarfsgemeinschaft des Stiefelternteils an; sie können aber unter § 36
SGB XII (Rn. 27) fallen.[2] Eine Person, die im Haushalt ihrer Eltern lebt, schwanger ist oder
ihr leibliches Kind betreut, das das sechste Lebensjahr noch nicht vollendet hat, ist nicht Teil
der Bedarfsgemeinschaft, sondern wird als alleinstehend behandelt (vgl. § 19 IV SGB XII).

Die Berücksichtigung des Einkommens und Vermögens der Bedarfsgemeinschaft ändert 24
nichts daran, dass allein der Hilfebedürftige, nicht die Bedarfsgemeinschaft als solche **Inhaber des Anspruchs** auf Sozialhilfe ist.[3] Dies ist insbesondere beim Anspruchsübergang nach
§ 94 SGB XII von Bedeutung, weil nur der Unterhaltsanspruch des Sozialhilfeempfängers
auf den Sozialhilfeträger übergeht (vgl. Rn. 100). § 19 I 2 SGB XII regelt nur, welches
Einkommen und welches Vermögen dem Bedarf des Hilfesuchenden gegenüberzustellen
sind.[4]

Das SGB XII berücksichtigt bei der Hilfe zum Lebensunterhalt Unterhaltspflichten zwi- 25
schen Mitgliedern der Bedarfsgemeinschaft bereits bei der Feststellung des einzusetzenden
Einkommens oder Vermögens.[5] Sozialhilfe wird also grundsätzlich nicht gewährt, wenn das
Einkommen der Mitglieder der Bedarfs-/Einsatzgemeinschaft ausreicht, ihren Bedarf zu
decken. Nur in begründeten Fällen kann Hilfe zum Lebensunterhalt als sog. erweiterte Hilfe
(§ 19 V SGB XII) in Betracht kommen, z.B. wenn ein Angehöriger der Bedarfsgemeinschaft trotz entsprechender Mittel nicht oder nur unzureichend zum Lebensunterhalt
beiträgt oder wenn er derzeit nicht liquide ist. Jedoch besteht dann ggf. ein **öffentlichrechtlicher Anspruch auf Aufwendungsersatz** (§ 19 V SGB XII). Vgl. dazu Rn. 9. Im

---

[1] Nr. 172 Empfehlungen DV SGB XII FamRZ 2005, 1387; Grube in Grube/Wahrendorf, SGB
XII, § 19 Rn. 14
[2] Grube in Grube/Wahrendorf, SGB XII § 19 Rn. 19
[3] BVerwG NJW 1993, 2885; Schellhorn SGB XII § 19 Rn. 5, 12; Grube in Grube/Wahrendorf
SGB XII § 19 Rn. 15; vgl. auch BSG FamRZ 2007, 724 (zum SGB II)
[4] BVerwG FamRZ 1999, 781; NJW 1992, 1522; Schellhorn, SGB XII, § 19 Rn. 12; Münder,
NJW 2001, 2201, 2202
[5] Nr. 172 Empfehlungen DV SGB XII, FamRZ 2005, 1387

Hinblick auf diese öffentlich-rechtliche Lösung schließt § 94 I 3 SGB XII den Übergang eines zivilrechtlichen Unterhaltsanspruchs auf den Sozialhilfeträger aus. Daher geht der Anspruch auf Familienunterhalt (Rn. 3/1 ff.) nicht nach § 94 I SGB XII über. Der Sozialhilfeträger ist vielmehr darauf angewiesen, durch **Verwaltungsakt** Aufwendungsersatz geltend zu machen; dieser Bescheid kann nur vor den Sozialgerichten (vgl. Rn. 17) angefochten werden. Zur Zumutbarkeit des Aufwendungsersatzes durch den Leistungsberechtigten oder seinen nicht getrennt lebenden Ehegatten bei Aufenthalt in einer stationären oder teilstationären Einrichtung vgl. § 92 a SGB XII.

26   **b) Sonstige Hilfen.** Hier ist die Rechtslage ähnlich. Die Hilfe zur Gesundheit (§ 47 SGB XII), die Eingliederungshilfe für behinderte Menschen (§ 53 SGB XII), die Hilfe zur Pflege (§ 61 SGB XII) und weitere Hilfen werden gewährt, soweit dem Leistungsberechtigten, seinem nicht getrennt lebenden Ehegatten (Lebenspartner) und bei einem minderjährigen, unverheirateten Kind grundsätzlich auch den Eltern, die nicht mit dem Kind zusammenleben müssen,[6] die Aufbringung der Mittel aus ihrem Einkommen oder Vermögen nach Maßgabe der §§ 82 ff. SGB XII nicht zuzumuten ist (§ 19 III SGB XII). Wird gleichwohl Hilfe bewilligt, z. B. weil die Heimkosten das zumutbare Maß übersteigen, kann der Sozialhilfeträger **durch Verwaltungsakt einen öffentlich-rechtlichen Kostenbeitrag** verlangen (§ 19 V SGB XII).[7] Auch hier schließt § 94 I 3 SGB XII einen Übergang des Anspruchs auf Familienunterhalt aus. Vgl. dazu auch Rn. 25.

27   **c) Haushaltsgemeinschaft; eheähnliche Gemeinschaft.** § 19 SGB XII wird durch § 36 SGB XII ergänzt. Lebt eine Person, die Sozialhilfe beansprucht, mit anderen in einer Wohnung oder Unterkunft, so wird vermutet, dass sie in einer Haushaltsgemeinschaft gemeinsam wirtschaften und dass sie von ihnen Leistungen zum Lebensunterhalt erhält, soweit dies nach ihrem Einkommen und Vermögen erwartet werden kann. Entgegen dem missverständlichen Wortlaut genügt das Zusammenleben mit einer anderen Person.[8] Anders als § 16 BSHG und § 9 V SGB II setzt § 36 SGB XII nicht voraus, dass die Haushaltsgemeinschaft mit Verwandten oder Verschwägerten besteht.

§ 36 SGB XII begründet keinen über das BGB hinausgehenden Unterhaltsanspruch. Er enthält lediglich die widerlegbare Vermutung, dass der Bedarf durch Zuwendungen des Anderen gedeckt ist. Ihm müssen allerdings Mittel verbleiben, die deutlich über der Hilfe zum Lebensunterhalt liegen, die er selbst erhalten könnte. Bei einander unterhaltspflichtigen Personen wird in der Regel das Doppelte des Regelsatzes angesetzt werden müssen, bei nicht Unterhaltspflichtigen wohl noch mehr.[9] Von praktischer Bedeutung ist § 36 SGB XII vor allem, wenn ein minderjähriges oder volljähriges Kind bei seinen Großeltern lebt. Bei hinreichender Leistungsfähigkeit der Großeltern erhält es keine Sozialhilfe. Ihm verbleibt aber ggf. ein Anspruch auf Unterhalt gegen seine Eltern. Die Leistungen der nachrangig haftenden Großeltern sind in der Regel freiwillige Leistungen Dritter, die nur bei entsprechendem Willen des Leistenden die Eltern entlasten (vgl. Rn. 2/100 ff.).

28   Personen, die in **eheähnlicher oder lebenspartnerschaftsähnlicher Gemeinschaft** leben, bilden nach Sozialhilferecht im Gegensatz zur Vorschrift des § 7 III Nr. 3 c SGB II keine Bedarfsgemeinschaft. Jedoch dürfen sie nach § 20 S. 1 SGB XII BSHG hinsichtlich der Voraussetzungen sowie des Umfangs der Sozialhilfe nicht besser gestellt werden als Ehegatten; § 36 SGB XII gilt entsprechend. Dies gilt nicht nur für die Hilfe zum Lebensunterhalt, sondern auch für Hilfen nach dem 5. bis 9. Kapitel des SGB XII, z. B. die Hilfe zur Pflege.[10] Seit dem 1. 8. 2006 kann eine solche Gemeinschaft nicht nur zwischen Mann und Frau, sondern auch zwischen gleichgeschlechtlichen Partnern bestehen.[11] Die verfas-

---

[6] Nr. 179 Empfehlungen DV SGB XII, FamRZ 2005, 1387; Wentzel in Fichtner/Wentzel, Grundsicherung, § 19 SGB XII Rn. 41; a. A. Grube in Grube/Wahrendorf SGB XII § 19 Rn. 29

[7] Nr. 178 Empfehlungen DV SGB XII FamRZ 2005, 1387

[8] Schellhorn, SGB XII, § 36 Rn. 6

[9] BVerwG NJW 1996, 2880 (zu § 16 BSHG); zum Zusammenleben des Kindes mit seinem Stiefvater vgl. BVerwG, FamRZ 1999, 780

[10] BVerwG NJW 1985, 2284 (zum BSHG)

[11] Art. 8 Nr. 1 des Gesetzes zur Fortentwicklung der Grundsicherung für Arbeitsuchende vom 25. 7. 2006 – BGBl. I 1706

sungsrechtlichen Bedenken gegen die unterschiedliche Behandlung von Ehegatten und Lebenspartnern nach der ursprünglichen Fassung des § 20 SGB XII[12] sind damit ausgeräumt. Das Zusammenleben muss auf Dauer angelegt sein, über eine reine Haushalts- und Wirtschaftsgemeinschaft hinausgehen und sich durch innere Bindungen auszeichnen, die ein gegenseitiges Einstehen der Partner füreinander begründen.[13] Liegen die Voraussetzungen einer eheähnlichen oder lebenspartnerschaftsähnlichen Gemeinschaft vor, sind die Partner einer solchen Gemeinschaft wie ein nicht getrennt lebender Ehegatte in die Bedarfsgemeinschaft einzubeziehen.[14] In der Sache ergibt sich weitgehend dieselbe Rechtslage, die – ebenfalls ab 1. 8. 2006 – nach § 7 III Nr. 3 c SGB II bei der Grundsicherung für Arbeitsuchende besteht; allerdings fehlt im Sozialhilferecht eine Vermutung für das Bestehen einer ehe- oder lebenspartnerschaftsähnlichen Gemeinschaft, wie sie sich aus § 7 IIIa SGB II ergibt.

2. Einsatz des Einkommens und des Vermögens

a) Abgrenzung des Einkommens vom Vermögen. Die nachfragende Person, früher **29** der Hilfesuchende genannt, hat zur Deckung seines sozialhilferechtlichen Bedarfs (Rn. 47 ff.) ihr Einkommen einzusetzen, das ihr in der Zeit des Bedarfs zur Verfügung steht. Dasselbe gilt für ihr Vermögen. Einkommen ist alles, was jemandem in der **Bedarfszeit** wertmäßig zufließt, und Vermögen das, was er in der Bedarfszeit bereits besitzt. Mittel, die der Hilfesuchende früher als Einkommen erhalten und nicht verbraucht hat, werden, soweit sie in der aktuellen Bedarfszeit noch vorhanden sind, Vermögen. Dabei ist Bedarfszeit die Zeit, in der der Bedarf besteht und zu decken ist. Entscheidend ist der Zeitpunkt, zu dem die Mittel dem Hilfesuchenden tatsächlich zufließen, falls nicht das Gesetz ein anderes bestimmt (vgl. § 87 II, III SGB XII).[15]

b) Einkommen. Der Einkommensbegriff des Sozialhilferechts weicht aus sozialpoliti- **30** schen Gründen in einzelnen Punkten von demjenigen des Unterhaltsrechts ab.[16] Er gilt sowohl für die Hilfe zum Lebensunterhalt (Rn. 46 ff.) als auch für die sonstigen Hilfen nach dem 5. bis 9. Kapitel des SGB XII. (Rn. 57).

Die **Einkommensermittlung** richtet sich nach §§ 82 bis 89 SGB XII. Die wichtigste Vorschrift ist § 82 SGB XII. Danach gehören zum Einkommen im Sinne des SGB XII grundsätzlich alle Einkünfte in Geld oder Geldeswert, also alle Leistungen, die dem Berechtigten zufließen,[17] und zwar ohne Rücksicht auf ihre Art und die Tatsache, ob sie laufend oder einmalig anfallen. Es kommt nicht darauf an, ob sie einkommensteuerpflichtig sind oder nicht. Einkommen sind auch Unterhaltsansprüche, sogar Unterhaltsleistungen, die tatsächlich erbracht werden, ohne dass darauf ein Anspruch besteht (vgl. Rn. 7). Der Grundsatz, dass alle geldwerten Einkünfte sozialhilferechtliches Einkommen sind, ist jedoch durch zahlreiche Ausnahmen durchlöchert. Insbesondere sozialstaatliche Zuwendungen bleiben in weitem Umfang unberücksichtigt (Rn. 39). Bei der Hilfe nach dem 5. bis 9. Kapitel des SGB XII sind besondere Einkommensgrenzen zu beachten. Vgl. dazu Rn. 42.

Einkommen aus Erwerbstätigkeit wird, wenn die Gewährung von Sozialhilfe in Betracht **31** kommt, im Allgemeinen gering sein, da nur Personen, die weniger als drei Stunden täglich erwerbstätig sein können, Hilfe zum Lebensunterhalt erhalten (vgl. §§ 5 II 1, 8 I SGB II, § 21 SGB XII). Hinweise für die Ermittlung des Einkommens, insbesondere des Einkommens aus unselbstständiger Tätigkeit, enthält die **Verordnung zur Durchführung des § 82 SGB XII** (DVO).[18] Auszugehen ist von den monatlichen Bruttoeinnahmen (§ 3 III 1 DVO). Einmalige Zahlungen (**Sonderzuwendungen,** Gratifikationen, Steuererstattungen usw.) sind wie im Unterhaltsrecht auf einen angemessenen Zeitraum zu verteilen und

---

[12] SozG Düsseldorf NJW 2005, 845; a. A. LSG Düsseldorf NJW 2005, 2253
[13] BVerfG FamRZ 1993, 194, 198; BVerwG FamRZ 1995, 1352
[14] OLG Düsseldorf FamRZ 1999, 885
[15] BVerwG FamRZ 1999, 1654 = NJW 1999, 3649
[16] BGH, FamRZ 1999, 843, 846 = R 533 b, c
[17] BSG FamRZ 2008, 51; BGH, FamRZ 2007, 1156 = R 667 b
[18] Vom 28. 11. 1962 – BGBl. I 692 (früher genannt: VO zur Durchführung des § 76 BSHG), zuletzt geändert durch Gesetz vom 21. 3. 2005 – BGBl. I 818

monatlich mit einem entsprechenden Teilbetrag anzusetzen (§ 3 III 2, 3 DVO).[19] Nach
§ 82 II SGB XII sind vom Bruttoeinkommen abzusetzen:
- auf das Einkommen entrichtete Steuern,
- Pflichtbeiträge zur Sozialversicherung einschließlich der Beiträge zur Arbeitsförderung,
- Versicherungsbeiträge, soweit sie gesetzlich vorgeschrieben oder nach Grund und Höhe
  angemessen sind,
- (Mindest-)Beiträge zur Altersversorgung nach §§ 82, 86 EStG (Riesterrente),
- die mit der Erzielung des Einkommens verbundenen notwendigen Ausgaben.

32   Als **Versicherungsbeiträge** erkennen die Sozialhilfeträger Beiträge zu einer privaten
Familienhaftpflichtversicherung und zu einer Hausratsversicherung an,[20] allerdings nur in
angemessener Höhe.[21]

Die mit der Erzielung des Einkommens verbundenen notwendigen Ausgaben, also die
Werbungskosten, werden grundsätzlich nicht pauschaliert. Berücksichtigt werden vor
allem Kosten für Fahrten zwischen Wohnung und Arbeitsstelle mit öffentlichen Verkehrsmitteln sowie Gewerkschaftsbeiträge (§ 3 IV Nr. 2 und 3 DVO). Nur in Ausnahmefällen
wird die Benutzung eines Kfz als notwendig und angemessen anerkannt; ggf. sind monatlich
5,20 € für jeden vollen Kilometer abzuziehen, den die Wohnung von der Arbeitsstätte
entfernt liegt, jedoch nicht mehr als für 40 km (§ 3 VI Nr. 2 DVO). Ob neben der Pauschale
von 5,20 € die Kosten einer Haftpflichtversicherung für das Kfz abgezogen werden können,[22] halte ich fraglich. Für Arbeitsmittel kann ein Pauschbetrag von 5,20 € pro Monat
angesetzt werden (§ 3 V DVO).

33   Die Einkommensermittlung entspricht danach weitgehend dem Unterhaltsrecht. Jedoch
werden dort berufsbedingte Aufwendungen häufig, wie z. B. in der Düsseldorfer Tabelle
Stand: 1. 1. 2008 (Anm. A 3), mit einer Pauschale von 5% der Erwerbseinkünfte abgegolten
(vgl. dazu Rn. 1/89). Beiträge zu Versicherungen außerhalb der üblichen Alters-, Kranken-,
Pflege- und Arbeitslosenvorsorge müssen im Unterhaltsrecht in der Regel aus dem Einkommen, notfalls aus dem Selbstbehalt aufgebracht werden. Vgl. Rn. 1/596 ff.

34   Bei Personen, die Hilfe zum Lebensunterhalt oder Grundsicherung im Alter und bei
Erwerbsminderung beziehen, ist ferner ein **Freibetrag** in Höhe **von 30% des Einkommens aus** selbständiger oder unselbständiger **Erwerbstätigkeit** abzusetzen (§ 82 III 1 SGB
XII). Da dies zu beachtlichen, offensichtlich unangemessenen Freibeträgen führen konnte,
änderte der Gesetzgeber § 82 III 1 SGB XII mit Wirkung ab 3. 12. 2006 dahin, dass höchstens 50% des Eckregelsatzes, derzeit 173,50 € (vgl. Rn. 49 f.), abgesetzt werden dürfen.[23]
Für Einkünfte, die durch Arbeit in einer Behindertenwerkstatt erzielt werden, gilt eine
besondere Regelung (vgl. § 82 III 2 SGB XII).

35   **Schulden** sind bei der sozialhilferechtlichen Einkommensermittlung grundsätzlich nicht
abzuziehen. Anders als § 11 II 1 Nr. 7 SGB II (Rn. 197) sieht § 82 SGB XII den Abzug
titulierter Unterhaltsverpflichtungen vom Einkommen nicht vor. Jedoch ist seit langem
anerkannt, dass vom Gläubiger gepfändete Einkünfte zur Bestreitung des notwendigen
Lebensunterhalts nicht zur Verfügung stehen.[24] Dasselbe gilt, wenn gegen den Anspruch auf
Arbeitslohn mit einer Gegenforderung aufgerechnet worden und die Aufrechnung trotz
§ 390 BGB zulässig ist.[25] Der Sozialhilfeträger kann Schulden als Beihilfe oder Darlehen
übernehmen, wenn dies zur Sicherung der Unterkunft oder der Behebung einer vergleichbaren Notlage gerechtfertigt ist (§ 34 I SGB XII). Vgl. Rn. 56.

36   **Fiktives Einkommen** kann im Sozialhilferecht grundsätzlich nicht berücksichtigt werden.[26] Dies beruht darauf, dass aus der Verletzung der Erwerbsobliegenheit im Sozialhilfe-

[19] BVerwG FamRZ 1999, 1653 = NJW 1999, 3649
[20] BVerwG NJW 2004, 87
[21] Schellhorn, SGB XII, § 82 Rn. 41
[22] Vgl. dazu BVerwGE 62, 261, 264; Schellhorn, SGB XII § 82 Rn. 40
[23] § 82 III 1 SGB XII in der Fassung des Gesetzes vom 2. 12. 2006 – BGBl I 2670
[24] BVerwGE 55, 148, 152
[25] Vgl. BVerwG NJW 1983, 2276
[26] BGH, FamRZ 1998, 818 = R 524; FamRZ 1999, 843, 846 = R 533 b; FamRZ 2000, 1358 =
R 543 a; FamRZ 2001, 619 = R 548; OLG Düsseldorf FamRZ 1999, 127 = NJW 1998, 1502;
a. A. OLG Karlsruhe FamRZ 1995, 615

recht andere Konsequenzen als im Unterhaltsrecht zu ziehen sind (vgl. Rn. 10; 1/487 ff., 2/144 ff.). Dem Unterhaltsschuldner wird bei Verletzung seiner Erwerbsobliegenheit ein fiktives Einkommen zugerechnet; im Sozialhilferecht ist dagegen von den niedrigeren tatsächlichen Einkünften, z. B. von Arbeitslosengeld II auszugehen.[27] Zu den Schwierigkeiten für die sozialhilferechtliche Vergleichsberechnung vgl. Rn. 131 ff., 261.

Der **Wohnwert** eines Hausgrundstücks oder einer Eigentumswohnung ist grundsätzlich **37** kein sozialhilferechtliches Einkommen.[28] Dies ergibt sich unmittelbar aus § 4 I Halbsatz 2 DVO zu § 82 SGB XII (Rn. 31). Entscheidend ist allein, welche Wohnkosten dem Leistungsberechtigten tatsächlich entstehen. Diese sind bei der Bemessung der Sozialhilfe grundsätzlich zu berücksichtigen (§ 29 I 1 SGB XII; zu den Einzelheiten vgl. Rn. 52). Zahlt der Leistungsberechtigte keine Miete und trägt er auch keine Belastungen für eine Eigentumswohnung oder ein Eigenheim, z. B. weil der getrennt lebende Ehegatte diese Kosten aufbringt, wird insoweit keine Sozialhilfe geleistet. Wohngeld wird seit dem 1. 1. 2005 neben der Sozialhilfe nicht mehr gewährt (§ 1 II 1 Nr. 3 WohngeldG). Vielmehr hat der Sozialhilfeträger den angemessenen Wohnbedarf durch eigene Zahlungen sicherzustellen.

Kindergeld (vgl. Rn. 3, 2/486 ff.) ist Einkommen im Sinne des Sozialhilferechts, und **38** zwar desjenigen, an den es ausgezahlt wird.[29] Jedoch ist es dem minderjährigen Kind, anders als nach § 11 I 3 in Verbindung mit § 7 III Nr. 2, 4 SGB II dagegen nicht dem volljährigen Kind als Einkommen zuzurechnen, soweit es bei diesem zur Deckung des notwendigen Lebensbedarfs benötigt wird (§ 82 I 2 SGB XII). Im Übrigen ist es Einkommen des Elternteils dem es nach §§ 62, 64 EStG zusteht.[30] Dessen Einkommen ist es auch dann, wenn das volljährige Kind noch in seinem Haushalt wohnt oder behindert ist. Eine entsprechende Anwendung des § 82 I 2 SGB XII kommt nicht in Betracht.[31] Wird das Kindergeld an das volljährige Kind selbst ausgezahlt, ist es als dessen Einkommen zu behandeln.[31a] Ebenso ist zu verfahren, wenn ein Elternteil das Kindergeld bezieht, es aber als Geldbetrag an das Kind tatsächlich weiterleitet; die Gewährung von Naturalunterhalt reicht dagegen nicht aus.[32] Liegen die Voraussetzungen für eine Abzweigung des Kindergeldes nach § 74 SGB XII vor (Rn. 2/497), kann das Kind verpflichtet sein, bei der Familienkasse einen Abzweigungsantrag zu stellen. In einem solchen Fall ist dem Kind das Kindergeld als eigenes Einkommen zuzurechnen.[33] Bei der Eingliederungshilfe und der Hilfe zur Pflege für volljährige Kinder geht deren Unterhaltsanspruch nur in Höhe von höchstens 46,– € nach § 94 II 1 SGB XII auf den Sozialhilfeträger über. Diese Vorschrift geht § 82 I 2 SGB XII vor.[34] In Höhe des Restbetrages von 108,– € kann das Kindergeld daher für sonstige Bedürfnisse verwendet werden.

Im Gegensatz zum Unterhaltsrecht, nach dem – von wenigen Ausnahmen abgesehen (vgl. **39** Rn. 5) – alle Einkünfte ohne Rücksicht auf ihre Zweckbestimmung angerechnet werden (vgl. Rn. 1/9, 40 ff., 451 ff.), sind im Sozialhilferecht bestimmte Einkünfte und Einkommensteile nicht zu berücksichtigen. Sie sind bei Prüfung der Bedürftigkeit nach § 19 I bis III SGB XII als nicht existent zu behandeln. Dies gilt auch dann, wenn diese Einkünfte von Personen bezogen werden, die mit dem Leistungsberechtigten in einer Bedarfsgemeinschaft, einer Haushaltsgemeinschaft oder einer eheähnlichen (lebenspartnerschaftsähnlichen) Gemeinschaft zusammenleben (vgl. dazu Rn. 23 ff.). Kein Einkommen nach Sozialhilferecht sind insbesondere:
– Leistungen nach dem SGB XII (§ 82 I 1 SGB XII) einschließlich der Leistungen der Grundsicherung im Alter und bei Erwerbsminderung nach §§ 41 ff. SGB XII (vgl. dazu Rn. 135 ff.); das im Rahmen der Hilfe zur Pflege gewährte Pflegegeld nach § 64 SGB

---

[27] OLG Düsseldorf FamRZ 1999, 127 = NJW 1998, 1501 (zur Arbeitslosenhilfe)
[28] LG Duisburg FamRZ 1992, 1086
[29] BSG FamRZ 2008, 51
[30] BSG, FamRZ 2008, 886 (zum SGB II); Schellhorn, SGB XII § 82 Rn. 19; vgl. auch BVerwG NJW 2004, 2341
[31] BSG FamRZ 2008, 51
[31a] BSG FamRZ 2008, 1068 (zu §§ 41 ff. SGB XII); 2008, 886 (zum SGB II)
[32] BSG FamRZ 2008, 51
[33] BSG FamRZ 2008, 51
[34] Schellhorn, SGB XII § 82 Rn. 19

XII, das der Leistungsberechtigte an eine Pflegeperson weiterleitet, die selbst der Sozialhilfe bedarf, ist nicht als deren Einkommen anzusehen;[35] ferner die **Grundrente** nach dem Bundesversorgungsgesetz (BVG), Renten nach den Gesetzen, die eine entsprechende Anwendung des BVG vorsehen, sowie bestimmte Renten und Beihilfen nach dem Bundesentschädigungsgesetz bis zur Höhe der vergleichbaren Grundrente nach dem BVG (§ 82 I 1 SGB XII);

– **Leistungen,** die auf Grund öffentlich-rechtlicher Vorschriften **zu einem ausdrücklich genannten Zweck** gewährt werden, es sei denn, dass die Sozialhilfe im Einzelfall demselben Zweck dient (§ 83 I SGB XII);

– Leistungen aus der gesetzlichen oder privaten Pflegeversicherung nach dem SGB XI (§ 13 V 1, 2 SGB XI), und zwar auch dann, wenn das Pflegegeld nicht voll für den Pflegebedürftigen benötigt, sondern an die Pflegeperson weitergeleitet wird, die selbst der Sozialhilfe bedarf.[36] Zur unterhaltsrechtlichen Behandlung des weitergeleiteten Pflegegeldes vgl. § 13 VI SGB XI sowie Rn. 1/463 ff., 2/329;

– das **Schmerzensgeld** (§ 83 II SGB XII), das allerdings zu Vermögen wird, wenn es nicht ausgegeben wird (vgl. Rn. 29); der Einsatz des Schmerzensgeldes stellt aber in der Regel eine Härte im Sinne des § 90 III SGB XII dar und kann daher grundsätzlich nicht verlangt werden (Rn. 44);[37]

– das **Erziehungsgeld** für bis zum 31. 12. 2006 geborene Kinder (§ 8 I 1 BErzGG) und das **Elterngeld** für Kinder, die ab 1. 1. 2007 geboren sind, letzteres allerdings nur in Höhe des Sockelbetrages von 300,– € bzw. 150,– € (§ 10 I, III BEEG).

40   Zuwendungen der freien Wohlfahrtspflege sind grundsätzlich kein Einkommen (§ 84 I SGB XII). Freiwillige Leistungen, die ein Dritter ohne rechtliche oder sittliche Verpflichtung gewährt, sollen – abweichend vom Unterhaltsrecht (Rn. 2/100 ff.) – nur bei besonderer Härte für den Empfänger anrechnungsfrei bleiben (§ 84 II SGB XII).

41   Die Frage, ob Leistungen der **Grundsicherung für Arbeitsuchende** als Einkommen im Sinne des SGB XII zu behandeln sind, stellt sich regelmäßig nicht, da § 5 II 1 SGB II, § 21 S. 1, 2 SGB XII die Grundsicherung und die Sozialhilfe voneinander abgrenzen und der Anspruch auf Leistungen zur Sicherung des Lebensunterhalts nach §§ 19 SGB II Hilfe zum Lebensunterhalt nach §§ 27 ff. SGB XII ausschließt. Der befristete Zuschlag nach § 24 SGB II (Rn. 214) ist kein Einkommen im Sinne des Sozialhilferechts (§ 82 I 1 SGB XII).

42   Bei **Leistungen nach dem 5. bis 9. Kapitel** (§§ 47 bis 74 SGB XII) ist nach § 85 I, II SGB XII der nachfragenden Person, dem Ehegatten (Lebenspartner) bzw. den Eltern eines minderjährigen unverheirateten Kindes die Aufbringung der Mittel nicht zuzumuten, wenn ihr monatliches Einkommen während der Dauer des Bedarfs zusammen eine **Einkommensgrenze** nicht übersteigt, die sich ergibt aus

– einem Grundfreibetrag in Höhe des zweifachen Eckregelsatzes

– den angemessenen Kosten der Unterkunft ohne Heizung[38]

– einem Familienzuschlag in Höhe von 70% des Eckregelsatzes für den Ehegatten (Lebenspartner) und für jede von ihnen oder dem Leistungsberechtigten unterhaltene Person; bei minderjährigen unverheirateten Kindern wird für einen Elternteil der Grundfreibetrag, für den anderen, für das Kind und für jede von ihnen unterhaltene Person der Familienzuschlag gewährt (wegen der Einzelheiten vgl. § 85 I Nr. 3, II Nr. 3 SGB XII).

Die Einkommensgrenzen liegen teilweise über, bei erheblich Pflege- und bei Schwerstpflegebedürftigen teilweise deutlich unter den Einkommensgrenzen, die sich aus §§ 79, 81 BSHG ergaben. Vgl. dazu die Vorauflage Rn. 6/538.

Erst bei Überschreitung der Einkommensgrenze ist der Einsatz des Einkommens in angemessenem Umfang zumutbar (§ 87 I 1 SGB XII). Zur Angemessenheit vgl. § 87 II 2 SGB XII. In Ausnahmefällen ist auch Einkommen unterhalb der Einkommensgrenze ein-

---

[35] BVerwGE 90, 217 = NwVZ 1993, 66 (zu § 69a BSHG)

[36] BVerwGE 90, 217 = NwVZ 1993, 66 (zu § 69a BSHG)

[37] BVerwG FamRZ 1995, 1348 (zu § 77 BSHG); anders für das Unterhaltsrecht BGH FamRZ 1989, 170 = R 379b; dazu Rn. 1/482, 2/259

[38] Schellhorn, SGB XII § 85 Rn. 20; Grube in Grube/Wahrendorf, SGB XII § 85 Rn. 14; a.A. Conradis in LPK/SGB XII § 85 Rn. 5

zusetzen (§ 88 I SGB XII). Nach § 92 a I SGB XII kann bei stationärem oder teilstationären Aufenthalt in einer Einrichtung vom Leistungsberechtigten und seinem nicht getrenntlebenden Ehegatten (Lebenspartner) die Aufbringung der Mittel für Hilfe zum Lebensunterhalt und für Grundsicherung im Alter und bei Erwerbsminderung aus dem gemeinsamen Einkommen verlangt werden, soweit Aufwendungen für den häuslichen Lebensunterhalt erspart werden, bei voraussichtlich längerem stationärem Aufenthalt in der Regel auch darüber hinaus (§ 92 a II SGB XII). Nach Unterhaltsrecht ist der Bewohner einer Einrichtung dagegen berechtigt, seine gesamten Einkünfte zunächst für seinen eigenen Bedarf, insbesondere die Kosten eines Pflegeheims, zu verwenden und den Unterhaltsberechtigten auf die Inanspruchnahme von Sozialhilfe zu verweisen. Dies gilt auch dann, wenn der Sozialhilfeträger die Einkünfte nach §§ 82 ff. SGB XII nur teilweise zur Deckung der Pflegekosten heranziehen darf.[39]

c) Vermögen. Neben dem Einkommen (Rn. 30 ff.) ist nach § 90 I SGB XII – dem **43** Familienrechtler durch die Verweisung in § 115 III ZPO bekannt – das gesamte verwertbare Vermögen einzusetzen. Zur Abgrenzung von Einkommen und Vermögen vgl. Rn. 29. Der Sozialhilfeträger darf den Einsatz oder die Verwertung bestimmter Vermögensbestandteile nicht verlangen (§ 90 II SGB XII). Dies gilt nach § 90 II Nr. 8 SGB XII insbesondere für ein angemessenes **Hausgrundstück**, das von der nachfragenden Person oder einem Mitglied der Bedarfsgemeinschaft im Sinne des § 19 I bis III SGB XII (vgl. Rn. 23) allein oder zusammen mit Angehörigen ganz oder teilweise bewohnt wird. Die Angemessenheit bestimmt sich nach der Zahl der Bewohner, dem Wohnbedarf, der Größe, dem Zuschnitt, der Ausstattung und dem Wert des Hausgrundstücks oder der Eigentumswohnung.[40] Nach § 90 II Nr. 9 SGB XII bleiben kleinere Barbeträge und sonstige Geldwerte grundsätzlich anrechnungsfrei. Nach § 1 I 1 Nr. 1 der VO zur Durchführung des § 90 II Nr. 9 SGB XII beträgt dieses **Schonvermögen** bei der Hilfe zum Lebensunterhalt 1600,– €, bei über 60-Jährigen, bei voll Erwerbsgeminderten und Invalidenrentnern und bei Leistungen nach dem 5. bis 9. Kapitel des SGB XII 2600,– €. Für den Ehegatten (Lebenspartner) und die Eltern eines minderjährigen unverheirateten Kindes kommen weitere Beträge hinzu (§ 1 I 1 Nr. 2, 3 DVO), ebenso für Blinde und Schwerstpflegebedürftige (§ 1 I 3 DVO).[41] Ist der sofortige Verbrauch oder die sofortige Verwertung von Vermögensgegenständen nicht möglich oder nicht zumutbar, soll die Sozialhilfe als Darlehen gewährt werden (§ 91 S. 1 SGB XII).

Nachzahlungen von Renten gehören in der Regel zum Vermögen, nicht zum Einkommen.[42]

Sozialhilfe darf nicht vom Einsatz oder der Verwertung eines Vermögens abhängig **44** gemacht werden, soweit dies für den Hilfeempfänger und seine unterhaltsberechtigten Angehörigen eine **Härte** bedeuten würde (§ 90 III SGB XII). Dies kann der Fall sein, wenn ein PKW, der – anders als nach § 12 III 1 Nr. 2 SGB II (Rn. 199) – grundsätzlich zum einzusetzenden Vermögen gehört, für die Betreuung von Kleinkindern benötigt wird und ein etwaiger Verkaufserlös außer Verhältnis zu den bei Veräußerung zu besorgenden Nachteilen steht.[43] Der Einsatz von Schmerzensgeld stellt eine Härte im Sinne des § 90 III SGB XII dar.[44] Eine Härte liegt bei Leistungen nach dem 5. bis 9. Kapitel vor, soweit eine angemessene Lebensführung oder die Aufrechterhaltung einer angemessenen Alterssicherung wesentlich erschwert würden (§ 90 III 2 SGB XII).[45] Über § 90 III SGB XII hinaus wird der Unterhaltsschuldner durch § 94 III 1 Nr. 2 SGB XII geschützt. Danach ist der Übergang des Unterhaltsanspruchs auf den Sozialhilfeträger ausgeschlossen, wenn er eine unbillige Härte bedeuten würde. Vgl. dazu Rn. 87 ff.

---

[39] BGH, FamRZ 2004, 1370 = R 618 b; FamRZ 1990, 849
[40] Dazu im einzelnen Schellhorn, SGB XII § 90 Rn. 56 ff.; vgl. auch BVerwG NJW 1993, 1024
[41] Wegen der Einzelheiten vgl. die Übersicht bei Wahrendorf in Grube/Wahrendorf SGB XII § 90 Rn. 40
[42] BVerwGE 45, 135
[43] OVG Bautzen, FamRZ 1998, 1069
[44] BVerwG FamRZ 1995, 1348
[45] Vgl. dazu Schellhorn, SGB XII § 90 Rn. 83 ff.; auch BSG FamRZ 1999, 1655 mit Anm. Büttner (zu §§ 133, 137 AFG)

45   Die Sozialämter sehen bei der Berechnung des Unterhalts, insbesondere beim Verwandtenunterhalt, teilweise beachtliche Werte als **unterhaltsrechtliches Schonvermögen** an. So bleibt nach Nr. 95 Nr. 5 der Empfehlungen des Deutschen Vereins zum SGB XII[46] beim Elternunterhalt ein Betrag von 75 000,– € anrechnungsfrei, falls der Schuldner nicht über eine selbst bewohnte Eigentumswohnung oder ein selbst bewohntes Hausgrundstück verfügt. An eine derartige Verwaltungspraxis bleibt die Verwaltungsbehörde gebunden. Beim Elternunterhalt entspricht die Freistellung beachtlicher Vermögensbestandteile für die Altersvorsprechung auch der Rechtsprechung des BGH.[47]

Besitzt der Unterhaltsberechtigte nach § 90 II, III SGB XII geschütztes Vermögen, dessen Stamm er nach bürgerlichem Recht für seinen Unterhalt einzusetzen hat, kann der Pflichtige vom Sozialhilfeträger nicht auf Unterhalt in Anspruch genommen werden, obwohl der Berechtigte im sozialhilferechtlichen Sinne bedürftig ist.[48] Ein Unterhaltsanspruch kann daher nicht auf den Sozialhilfeträger übergehen. Dieser kann jedoch in vielen Fällen nach dem Tode des Leistungsberechtigten auf das Schonvermögen zurückgreifen, indem er den Erben nach § 102 SGB XII auf Ersatz der Kosten der Sozialhilfe in Anspruch nimmt.[49]

III. Hilfe zum Lebensunterhalt

1. Anspruchsberechtigung

46   Seit dem 1. 1. 2005 spielt die Hilfe zum Lebensunterhalt nach dem SGB XII nur noch eine untergeordnete Rolle, da jeder Erwerbsfähige und die Angehörigen, die mit ihm in einer Bedarfsgemeinschaft leben, auf Leistungen zur Sicherung des Lebensunterhalts nach §§ 19 ff. SGB II verwiesen sind (§ 5 II 1 SGB II, § 21 S. 1 SGB XII). Hilfe zum Lebensunterhalt erhalten daher nur noch die in Rn. 21 aufgeführten Personen. Abweichend hiervon kann der Sozialhilfeträger Schulden von Personen übernehmen, die unter das SGB II fallen, nur über geringes Einkommen verfügen, aber noch nicht hilfebedürftig im Sinne des § 9 SGB II sind (§§ 21 S. 2, 34 I 1, 2 SGB XII).[50] Vgl. dazu Rn. 35, 56. Hilfe zum Lebensunterhalt darf nicht gewährt werden, wenn die Leistungen zur Sicherung des Lebensunterhalts wegen Verletzung der Erwerbsobliegenheit oder sonstiger Pflichten nach § 31 SGB II oder Leistungen für Unterkunft und Heizung nach § 22 SGB II nicht oder nicht vollständig vom Träger der Grundsicherung übernommen werden. Hilfe zum Lebensunterhalt kommt ferner nicht in Betracht, wenn ein Anspruch auf Leistungen der Grundsicherung im Alter und bei Erwerbsminderung besteht (§ 19 II 3 SGB XII). Leistungen nach dem SGB VIII, insbesondere die Hilfen zur Erziehung nach §§ 33, 34 SGB VIII (Vollzeitpflege, Heimerziehung), gehen Leistungen nach dem SGB XII und damit der Hilfe zum Lebensunterhalt vor (§ 10 IV SGB VIII).

2. Notwendiger Unterhalt

47   **a) Bedarf nach Sozialhilferecht.** Nach § 27 I 1 SGB XII umfasst der notwendige Lebensunterhalt insbesondere Ernährung, Unterkunft, Kleidung, Körperpflege, Hausrat, Heizung und persönliche Bedürfnisse des täglichen Lebens. Dazu gehören in vertretbarem Umfang auch die Beziehungen zur Umwelt und die Teilnahme am kulturellen Leben

---

[46] FamRZ 2005, 1387
[47] FamRZ 2006, 1511 m. Anm. Klinkhammer = R 658 c–e, g
[48] Vgl. BGH FamRZ 2004, 1370 = R 618 b; wie der Text jetzt auch Nr. 85 S. 6 Empfehlungen DV SGB XII FamRZ 2005, 1387 im Gegensatz zu Nr. 79 der Empfehlungen DV FamRZ 2002, 931. Vgl. dazu die Vorauflage Rn. 6/536 a
[49] So mit Recht Münder NJW 2001, 2201, 2206
[50] Zur wiederholten Änderung des § 21 SGB XII durch die Gesetze vom 24. 3. 2006 (BGBl. I 558) und vom 20. 7. 2006 (BGBl. I 1706) vgl. Scholz FamRZ 2006, 1417, 1420

(§ 27 I 2 SGB XII). Bei Kindern und Jugendlichen kommt der durch ihre Entwicklung und das Heranwachsen bedingte Bedarf hinzu (§ 27 II SGB XII).

b) Regelsätze. Der gesamte Bedarf außerhalb von Einrichtungen (dazu Rn. 57) – mit **48** Ausnahme der Kosten für Unterkunft und Heizung und für gewisse einmalige Bedarfe sowie Mehrbedarf – wird nach Regelsätzen gewährt (§ 28 I 1 SGB XII). Die Regelsatzbemessung berücksichtigt – auf der Basis von Verbrauchsausgaben in Haushalten unterer Einkommensgruppen – Stand und Entwicklung von Nettoeinkommen, Verbraucherverhalten und Lebenshaltungskosten (§ 28 III SGB XII). Grundlage ist eine Einkommens- und Verbrauchsstichprobe, die im Rhythmus von fünf Jahren vom Statistischen Bundesamt durchgeführt wird.[51] Wird keine Neubemessung der Regelsätze auf Grund einer solchen Stichprobe, die zuletzt im Jahr 2003 stattfand, vorgenommen, verändert sich der Eckregelsatz **zum 1. 7. eines jeden Jahres** um den Prozentsatz, um den sich der allgemeine Rentenwert in der gesetzlichen Rentenversicherung verändert (§ 4 RegelsatzVO).[52] Bei Neubemessung der Regelsätze nach § 28 III 5 SGB XII werden die Regelsätze von den Landesregierungen zum 1. 7. eines jeden Jahres durch Rechtsverordnung neu festgesetzt (§ 28 II SGB XII). Bei der Bemessung der Regelsätze ist das Lohnabstandsgebot zu beachten (§ 28 IV SGB XII).

Der Eckregelsatz betrug bis zum 31. 12. 2004 in den meisten alten Bundesländern und in **49** Gesamtberlin zuletzt 296,– €, im Beitrittsgebiet zwischen 282,– und 285,– € pro Monat.[53] Auch seit dem 1. 1. 2005 werden die Regelsätze wie früher auf der Basis der RegelsatzVO von den Landesregierungen festgesetzt. Sie betrugen in der alten Bundesrepublik und in Gesamtberlin bis zum 31. 12. 2006 345,– €, in Bayern 341,– € und in den neuen Bundesländern 331,– €.[54] Diese kräftige Erhöhung gegenüber den früher geltenden Regelsätzen ist darauf zurückzuführen, dass sog. Leistungen für einmalige Bedarfe nach § 31 SGB XII nur noch in eingeschränktem Umfang vorgesehen sind. Vgl. dazu Rn. 54. Seit dem 1. 1. 2007 gilt im gesamten Bundesgebiet einschließlich des Beitrittsgebiets und Bayerns ein **einheitlicher Regelsatz**.[55] Er deckt sich mit der Regelleistung, die seit dem 1. 7. 2006 bundeseinheitlich im Rahmen der Grundsicherung für Arbeitsuchende gewährt wird (§ 20 II SGB II, vgl. Rn. 201 ff.). Der bundeseinheitliche **Regelsatz** betrug vom 1.1. bis 30. 6. 2007 345,– €; zum 1. 7. 2007 ist er gemäß § 4 RegelsatzVO auf **347,– €** erhöht worden. Vgl. Rn. 48. Zum 1. 7. 2008 ist im Hinblick auf die geplante Erhöhung der Renten in der gesetzlichen Rentenversicherung um 1,1%[55a] mit einer entsprechenden Anhebung des Regelsatzes zu rechnen.

Der Haushaltsvorstand und Alleinstehende erhalten 100% des Eckregelsatzes (§ 3 I 2, 3 **50** RegelsatzVO). Leben Ehegatten (Lebenspartner) zusammen, werden 90% gewährt (§ 3 III RegelsatzVO). Sonstige Haushaltsangehörige haben bis zur Vollendung des 14. Lebensjahres Anspruch auf 60%, ab Vollendung des 14. Lebensjahres auf 80% des Eckregelsatzes (§ 3 II RegelsatzVO). 80% des Regelsatzes werden auch für volljährige Angehörige des Leistungsberechtigten, insbesondere volljährige Kinder, gezahlt. Die Abstufung der Regelsätze deckt sich seit dem 1. 1. 2007 weitgehend mit den Regelleistungen nach § 20 SGB II. Vgl. dazu Rn. 203. Im Sozialhilferecht gibt es daher ebenso wie im Recht der Grundsicherung für Arbeitsuchende für Kinder nur zwei Altersstufen. Im Gegensatz dazu kennt das Unterhaltsrecht für Minderjährige drei Altersstufen (§ 1612 a I 3 BGB); die Düsseldorfer Tabelle weist zudem für volljährige Kinder, die im Haushalt der Eltern oder eines Elternteils leben, eine vierte Altersstufe auf. Vgl. dazu Rn. 2/383.

---

[51] Dazu Schellhorn, SGB XII, § 28 Rn. 21 ff., 28
[52] VO zur Durchführung des § 28 SGB XII vom 3. 6. 2004, zuletzt geändert durch VO vom 20. 11. 2006 – BGBl. I 2657
[53] Zu den Regelsätzen seit 1994 vgl. die Übersicht in der Vorauflage Rn. 6/539 Fn 123
[54] Vgl. die Übersicht in FamRZ 2005, 1386
[55] Die ab 1. 1. 2007 geltenden Regelsätze finden sich auf der Internetseite des Bayerischen Staatsministeriums für Arbeit und Sozialordnung www.stmas.bayern.desozial/sozialhilfe/saetze/htm
[55a] Vgl. Gesetzentwurf der Fraktionen CDU/CSU und SPD BT-Drucks. 16/8744

Abstufung der Regelsätze im gesamten Bundesgebiet ab 1. 7. 2007:			
Haushaltsvorstand und Alleinstehende	Zusammenlebende Ehegatten (Lebenspartner)	Sonstige Haushaltsangehörige unter 14 Jahren	Sonstige Haushaltsangehörige über 14 Jahren
100% = 347	90% = 312	60% = 208	80% = 278

51   Die Bedarfe werden abweichend, also höher, aber auch niedriger festgelegt, wenn im Einzelfall ein Bedarf ganz oder teilweise abweichend gedeckt ist oder unabweisbar seiner Höhe nach erheblich von einem durchschnittlichen Bedarf abweicht (§ 28 I 2 SGB XII). Es muss also ein Bedarf vorliegen, der bei der generalisierenden Bemessung der Regelsätze nicht oder nicht voll berücksichtigt worden ist und der, weil einzelfallabhängig, auch nicht berücksichtigt werden konnte.[56] Eine Erhöhung des Regelsatzes kommt z. B. in Betracht, wenn einem Elternteil durch die Ausübung des Umgangsrechts mit dem beim anderen Elternteil lebenden Kind beachtliche Kosten entstehen.[57] Das BSG[58] hat demgegenüber – wenn auch nur für einen Empfänger von Grundsicherung für Arbeitsuchende – die Pflicht des Leistungsträgers auf Übernahme von Umgangskosten aus § 73 SGB XII hergeleitet, der die Hilfe in sonstigen Lebenslagen regelt. Vgl. Rn. 59, 218. Kann im Einzelfall ein von den Regelsätzen umfasster und nach den Umständen unabweisbar gebotener Bedarf auf keine andere Weise, auch nicht durch Erhöhung des Regelsatzes nach § 28 I 2 SGB XII gedeckt werden,[59] können auf Antrag notwendige Leistungen als Darlehen gewährt werden (§ 37 I SGB XII).

52   **c) Unterkunft und Heizung.** Laufende Kosten hierfür werden neben den Regelsätzen in Höhe der tatsächlichen Aufwendungen gewährt (§ 29 I, III SGB XII). Kosten für Elektrizität und Gas fallen nur darunter, soweit sie der Beheizung dienen; im Übrigen sind Energiekosten aus dem Regelsatz zu bestreiten.[60] **Wohngeld** wird seit dem 1. 1. 2005 neben der Hilfe zum Lebensunterhalt **nicht mehr gezahlt** (§ 1 II 1 Nr. 3 WohngeldG). Die gesamten Kosten der Unterkunft sind nunmehr, auch soweit sie bisher durch das Wohngeld gedeckt waren, Teil der Sozialhilfe. Sie können pauschaliert werden (§ 29 II SGB XII). Wenn die Aufwendungen für die Unterkunft den im Einzelfall angemessenen Umfang übersteigen, sind sie als Bedarf der Bedarfsgemeinschaft (vgl. Rn. 23) anzuerkennen, jedoch nur so lange, als es nicht möglich oder zumutbar ist, durch einen Wohnungswechsel, durch Vermieten oder auf andere Weise die Aufwendungen zu senken, in der Regel jedoch höchstens für sechs Monate (§ 29 I 2, 3 SGB XII). Auf die Dauer können auch im Sozialhilferecht diese Kosten nicht höher liegen als die Kosten, die nach dem Wohngeldgesetz zu berücksichtigen sind.[61] Nach §§ 94 I 6, 105 II SGB XII gehen 56% der Wohnkosten (ohne Heizung und Warmwasser) nicht auf den Sozialhilfeträger über (Rn. 70). Zur Berücksichtigung der Wohnkosten einer Bedarfsgemeinschaft im Rahmen des Anspruchsübergangs nach § 94 I SGB XII vgl. Rn. 100.

53   **d) Mehrbedarf.** Soweit nicht im Einzelfall ein abweichender Bedarf besteht, werden folgende Mehrbedarfszuschläge gewährt:
– für Personen, die die Altersgrenze nach § 41 II SGB XII erreicht haben, die bis zum 31. 12. 2011 mit 65 Jahren angesetzt und dann pro Jahr um einen Monat, später um zwei Monate erhöht wird (Rn. 138), und für voll erwerbsgeminderte Personen bis zu dieser Altersgrenze in Höhe von 17% des maßgebenden Regelsatzes, wenn sie im Besitz eines Schwerbehindertenausweises mit dem Merkzeichen G sind oder dies durch einen Bescheid der zuständigen Behörde nachweisen (§ 30 I SGB XII). Bezugsgröße ist nicht der Eckregelsatz, sondern derjenige Prozentsatz des Regelsatzes, der für die Person, die die Voraussetzungen des Mehrbedarfszuschlages erfüllt, maßgebend ist, bei einem Leistungs-

---

[56] Schellhorn, SGB XII § 28 Rn. 11; vgl. auch BVerwGE 97, 232
[57] BVerfG FamRZ 1995, 86; BVerwG FamRZ 1996, 105
[58] FamRZ 2007, 465
[59] Dazu Schellhorn, SGB XII § 37 Rn. 5, 7
[60] BGH, FamRZ 2008, 781; OLG Düsseldorf FamRZ 1999, 127; Grube in Grube/Wahrendorf, § 29 SGB XII Rn. 60
[61] OVG Lüneburg NJW 2002, 841; KG FamRZ 1994, 1047

berechtigten, der mit seinem Ehegatten zusammenlebt, also 90% des Regelsatzes (Rn. 50);[62]
- für werdende Mütter nach der 12. Schwangerschaftswoche (§ 30 II SGB XII), ebenfalls in Höhe von 17% des maßgebenden Regelsatzes;
- für Personen, die mit einem oder mehreren minderjährigen Kindern zusammenleben und allein für deren Pflege und Erziehung sorgen, in Höhe von 36% des Eckregelsatzes für ein Kind unter 7 Jahren oder zwei oder drei Kinder unter 16 Jahren, dagegen in Höhe von 12% für jedes minderjährige Kind, wenn die Voraussetzungen für den Zuschlag von 36% nicht gegeben sind (§ 30 III SGB XII). Bei Betreuung eines einzigen Kindes unter sieben Jahren fällt daher ein Zuschlag von 36% an, der sich mit Vollendung des 7. Lebensjahres auf 12% ermäßigt. Vollendet das älteste von zwei Kindern, die beide älter als sieben Jahre sind, das 16. Lebensjahr, sinkt der Zuschlag von bisher 36% auf 24% des Eckregelsatzes. Wer mit seinem Ehegatten zusammenlebt, der nicht Vater oder Mutter der Kinder zu sein braucht, ist nicht allein erziehend im Sinne des § 30 III SGB XII;
- für Behinderte, die das 15. Lebensjahr vollendet haben und denen Eingliederungshilfe nach § 54 I 1 Nr. 1 bis 3 SGB XII gewährt wird (§ 30 IV SGB XII), in Höhe von 35% des maßgebenden Regelsatzes;
- krankheitsbedingter Mehrbedarf für eine kostenaufwändige Ernährung in angemessener Höhe (§ 30 V SGB XII).

Der insgesamt anzuerkennende Mehrbedarf darf den maßgebenden Regelsatz nicht überschreiten (§ 30 VI SGB XII).

e) Leistungen für einmalige Bedarfe. Seit dem 1. 1. 2005 werden nach § 31 SGB XII **54** Leistungen für einmalige Bedarfe neben den Regelsätzen nur noch ausnahmsweise gewährt, und zwar für
- Erstausstattungen für die Wohnung einschließlich Haushaltsgeräten,
- für Erstausstattung für Bekleidung und Erstausstattungen bei Schwangerschaft und Geburt
- mehrtägige Klassenfahrten.

Die nachfragende Person wird also darauf verwiesen, andere nicht jeden Monat anfallende Ausgaben, die bis 2004 als einmalige Leistungen gesondert berücksichtigt wurden, aus dem zum 1. 1. 2005 erhöhten Regelsatz zu bestreiten und die erforderlichen Beträge ggf. anzusparen. Jedoch kann im Einzelfall der Regelsatz nach § 28 I 2 SGB XII erhöht werden (Rn. 51). Nur bei unabweisbar höherem Bedarf kommen ergänzende Darlehen in Betracht (§ 37 SGB XII). Leistungen können auch dann gewährt werden, wenn die nachfragende Person zwar den Regelbedarf decken kann, ihre eigenen Kräfte und Mittel aber für die Befriedigung einmaliger Bedarfe nicht ausreichen (§ 31 II 1 SGB XII).

f) Vorsorgeaufwendungen. Sozialhilfeempfänger sind als solche nicht in der gesetzli- **55** chen Sozialversicherung pflichtversichert. Jedoch besteht seit dem 1. 4. 2007[63] eine Pflichtversicherung in der gesetzlichen Krankenversicherung für Personen, die allein wegen der Zahlung der Pflichtbeiträge bedürftig werden (§ 5 I Nr. 13, VIII 2 SGB V).[64] Für diesen Personenkreis übernehmen die Sozialhilfeträger die Beiträge zur Kranken- und Pflegeversicherung (§ 32 I 1, III SGB XII). Für den überwiegenden Kreis der Sozialhilfeempfänger, die laufende Leistungen nach dem 3. sowie nach dem 5. bis 9. Kapitel des SGB XII erhalten und nicht pflichtversichert sind, übernehmen die gesetzlichen Krankenkassen die Krankenbehandlung. Die Sozialhilfeträger haben die Kosten zu erstatten (§ 264 V SBG V). In bestimmten Fällen kann die Krankenversorgung auch durch Übernahme der Beiträge für eine (Weiter-)Versicherung in einer gesetzlichen Krankenkasse oder für eine freiwillige Krankenversicherung sichergestellt werden (§ 32 SGB XII). Dies gilt auch für die Empfänger von Grundsicherung im Alter und bei Erwerbsminderung (§ 42 S. 1 Nr. 4 SGB XII). Die Übernahme der Krankenversicherungsbeiträge schließt die Beiträge zur Pflegeversicherung ein (§ 32 III SGB XII). Beiträge für eine angemessene Altersver-

---

[62] Schellhorn, SGB XII § 30 Rn. 3
[63] Vgl. Art. 46 I in Verbindung mit Art. 1 Nr. 2 a cc und 2 c des Gesetzes zur Stärkung des Wettbewerbs in der gesetzlichen Krankenversicherung vom 26. 3. 2007 – BGBl. I 378
[64] Vgl. hierzu im Einzelnen Harder/Birk in LPK/SGB XII § 32 Rn. 2. 9

sorgung und für ein Sterbegeld können nach § 33 SGB XII vom Sozialhilfeträger übernommen werden.

56   **g) Schulden.** Sozialhilfe dient grundsätzlich nicht der Begleichung von Schulden, da sie
aus der Vergangenheit stammen und Sozialhilfe nur die Behebung einer gegenwärtigen
Notlage bezweckt. Ausnahmsweise können Schulden übernommen werden, wenn dies zur
Sicherung der Unterkunft oder zur Behebung einer vergleichbaren Notlage gerechtfertigt
ist. Muss Wohnungslosigkeit vermieden werden, sollen die entsprechenden Schulden übernommen werden (§ 34 I SGB XII). Zur Berücksichtigung von Schulden bei der Ermittlung
des einzusetzenden Einkommens vgl. Rn. 35.

IV. Sonstige Hilfearten

57   Das BSHG unterschied streng zwischen der Hilfe zum Lebensunterhalt und der Hilfe in
besonderen Lebenslagen (§§ 11 ff. BSHG einerseits, §§ 27 ff. BSHG andererseits). Die
letztere Hilfeart ist seit dem 1. 1. 2005 als Oberbegriff entfallen. Die einzelnen Hilfearten
sind nunmehr – teilweise unter Verwendung anderer Terminologie – in den Abschnitten 5
bis 9 des SGB XII geregelt. Für das Unterhaltsrecht von Interesse sind vor allem die Eingliederungshilfe für behinderte Menschen, die Hilfe zur Pflege und die Blindenhilfe (§§ 53 ff.,
61 ff., 72 SGB XII).

Bis zum 31. 12. 2004 umfasste die Hilfe in besonderen Lebenslagen auch den Lebensunterhalt, wenn Hilfe in einer Einrichtung erbracht wurde(§ 27 III BSHG). Seit dem 1. 1.
2005 deckt die **Hilfe zum Lebensunterhalt** nach § 35 I SGB XII in teilstationären
Einrichtungen[65] den darin erbrachten Unterhalt. Bei Aufenthalt in einer **stationären
Einrichtung** umfasst die Hilfe zum Lebensunterhalt auch den weiteren notwendigen
Lebensunterhalt, und zwar im Umfang der Leistungen der Grundsicherung im Alter und
bei Erwerbsminderung nach § 42 S. 1 Nr. 1 bis 3 SGB XII. Der Sozialhilfeträger trägt daher
den für den Leistungsberechtigten maßgebenden Regelsatz, pauschalierte Aufwendungen
für Unterkunft und Heizung, Mehrbedarf nach § 30 SGB XII und einmalige Bedarfe
entsprechend § 31 SGB XII. Hinzu kommen in stationären Einrichtungen insbesondere
Kleidung und ein angemessener Barbetrag zur besonderen persönlichen Verfügung (§ 35
II 1 SGB XII). Der Barbetrag beträgt bei Volljährigen mindestens 27% des Eckregelsatzes,
also nach dem Stand vom 1. 7. 2007 93,70 € (§ 35 II 2 SGB XII). Dieser Betrag kann wie
früher der entsprechende Mindestbetrag nach § 21 III 2 BSHG im Einzelfall erhöht wer-
den.[66] Diese Leistungen, insbesondere auch der Barbetrag, sind also Teil der Hilfe zum
Lebensunterhalt, nicht dagegen Teil der Hilfen nach dem 5. bis 9. Kapitel des SGB XII.[67]
Dies folgt aus der Einstellung des § 35 SGB XII in das 3. Kapitel des SGB XII (Hilfe zum
Lebensunterhalt).

58   Der Bedarf, der bei der **Hilfe zur Pflege** sozialhilferechtlich gedeckt werden muss,
entspricht weitgehend den Kosten, die dem Sozialhilfeträger durch die Hilfe entstehen,
also z. B. den Pflegesätzen des Heims zuzüglich des Barbetrags, aber abzüglich des
anzurechnenden Einkommens des Leistungsberechtigten. Zur Anrechnung etwaigen Erwerbseinkommens vgl. § 88 II SGB XII. Bei Pflegebedürftigen wird die Sozialhilfe vielfach durch die Pflegeversicherung (SGB XI) in erheblichem Umfang entlastet. Ggf.
kommt auch ein Unterhaltsanspruch gegen volljährige Kinder in Betracht. Zum Elternunterhalt vgl. Rn. 2/629 ff.).

59   Nach § 73 SGB XII können sonstige Leistungen als Beihilfe oder Darlehen erbracht
werden, wenn sie den Einsatz öffentlicher Mittel rechtfertigen. Erforderlich ist das Vorliegen
einer besonderen Bedarfslage, die eine gewisse Nähe zu den gesetzlich geregelten Bedarfs-
lagen aufweist. Das BSG[68] hat Kosten des Umgangs mit dem bei dem anderen Elternteil

---

[65] Zum Begriff der Einrichtung vgl. § 13 II SGB XII
[66] Dazu BVerwG NJW 2005, 167; Schellhorn, SGB XII § 35 Rn. 18
[67] Schellhorn, SGB XII § 35 Rn. 1, 7
[68] FamRZ 2007, 465

lebenden Kind als solchen atypischen Bedarf angesehen. Zu den Umgangskosten vgl. Rn. 51, 218.

V. Der Übergang des Unterhaltsanspruchs auf den Sozialhilfeträger

1. Abgrenzung des § 94 SGB XII vom Übergang anderer Ansprüche

94 SGB XII ist eine Spezialvorschrift, die nur anzuwenden ist, wenn der Sozialhilfeemp- **60** fänger einen Unterhaltsanspruch gegen einen anderen hat. Haben der Leistungsberechtigte und bestimmte Angehörige sonstige Ansprüche, denen gegenüber die Sozialhilfe subsidiär ist (Rn. 7 ff.), kann der Sozialhilfeträger diese Forderungen nach § 93 SGB XII auf sich überleiten. Dies gilt jedoch nicht, wenn der Anspruch sich gegen einen anderen Leistungsträger richtet. In diesem Fall bestehen Erstattungsansprüche der Leistungsträger untereinander (§§ 102 ff. SGB X). So kann der Sozialhilfeträger z. B. nach diesen Vorschriften Ausgleich von der Unterhaltsvorschusskasse verlangen, wenn er vorläufig Sozialhilfe geleistet, das Kind aber einen Anspruch auf Unterhaltsvorschuss hat. Vgl. dazu Rn. 262 ff. Hat der Arbeitgeber geschuldetes Arbeitsentgelt nicht gezahlt und hat deshalb der Sozialhilfeträger Leistungen an den Arbeitnehmer erbracht, geht in deren Höhe der Anspruch auf Arbeitsentgelt auf den Sozialhilfeträger über (§ 115 SGB X); das Gleiche gilt für Schadensersatzansprüche des Leistungsberechtigten, wenn der Sozialhilfeträger infolge des Schadensereignisses Leistungen erbracht hat (§ 116 SGB X).[69] Diese Vorschriften gehen der Regelung des § 93 SGB XII vor (§ 93 IV SGB XII).

Nach § 93 I SGB XII findet – anders als nach § 94 SGB XII – kein gesetzlicher Forde- **61** rungsübergang statt. Vielmehr kann der Sozialhilfeträger nach seinem Ermessen einen Anspruch durch schriftliche Anzeige auf sich überleiten. Dieser **Verwaltungsakt** kann durch Widerspruch und ggf. Klage vor den Sozialgerichten angefochten werden (vgl. Rn. 17). Widerspruch und Klage haben keine aufschiebende Wirkung (§ 93 III SGB XII). Die Überleitung ist für die ordentlichen Gerichte bindend und erfasst den Anspruch so, wie er bei Überleitung bestanden hat.[70] Sie dient der Durchsetzung des Nachrangs der Sozialhilfe und soll die Haushaltslage herstellen, die bestehen würde, wenn der Schuldner den Anspruch des Leistungsberechtigten schon früher erfüllt hätte.[71] Voraussetzung für die Überleitung ist, dass der Leistungsberechtigte gegen einen anderen, der nicht Leistungsträger ist (Rn. 60), einen Anspruch hat. Bei Gewährung sonstiger Hilfen nach dem 5. bis 9. Kapitel des SGB XII kann auch auf die Ansprüche der Eltern sowie des nicht getrennt lebenden Ehegatten (Lebenspartners) gegen einen Dritten zurückgegriffen werden (§ 93 I 1 SGB XII). Der Anspruch muss während der Zeit bestehen, für die Sozialhilfeleistungen erbracht werden. Dazu genügt es, dass er vor dieser Zeit fällig geworden ist, aber im Zeitpunkt der Leistungserbringung noch besteht.[72] Die Überleitung darf nur insoweit bewirkt werden, als bei rechtzeitiger Leistung des Schuldners die Sozialhilfe nicht erbracht worden oder als in diesem Fall Aufwendungsersatz oder ein Kostenbeitrag nach §§ 19 V, 92 I SGB XII zu leisten wäre (§ 93 I 3 SGB XII). Sie ist daher nur bis zur Höhe der Aufwendungen des Trägers für die Sozialhilfe zulässig.[73]

Überleitungsfähig sind sowohl privatrechtliche als auch öffentlichrechtliche Ansprüche, insbesondere Ansprüche aus einem Vertrag, durch den ein Grundstück auf ein Kind übertragen wird und dieses im Gegenzug eine Leibrente oder ein Altenteil versprochen hat, ferner Ansprüche auf Rückgabe eines Geschenks wegen Verarmung oder wegen groben Undanks (§§ 528 ff. BGB),[74] Pflichtteilsansprüche,[75] Schadensersatzansprüche, soweit nicht

---

[69] Schellhorn, SGB XII § 93 Rn. 58 f.
[70] BGH, FamRZ 2003, 1265
[71] BGH, FamRZ 2003, 1265
[72] BVerwGE 110, 5
[73] BGH, FamRZ 2005, 177
[74] BGH, FamRZ 2005, 178; 2003, 1265
[75] BGH, FamRZ 2006, 194

§ 115 SGB X (Rn. 60) eingreift,[76] Ansprüche auf Steuererstattung[77] sowie auf Darlehens-rückzahlung usw.

2. Übergehende Unterhaltsansprüche; Ausschluss des Anspruchsübergangs

62   Nach § 94 I 1 SGB XII geht ein Unterhaltsanspruch des Leistungsberechtigten **kraft Gesetzes** auf den Sozialhilfeträger über. Daher finden nach § 412 BGB die Vorschriften der §§ 399 bis 404, 406 bis 410 BGB über die Forderungsabtretung entsprechende Anwendung. Einer Mitteilung des Sozialhilfeträgers an den Hilfeempfänger und an den Unterhaltspflich-tigen bedarf es für den Anspruchsübergang nicht, mag eine solche Mitteilung auch zweck-mäßig und empfehlenswert sein.[78] Zur Rechtswahrungsanzeige vgl. Rn. 82. Ein Verwal-tungsakt ergeht nicht. Deshalb entfällt auch die Überprüfung des Anspruchsübergangs durch die Sozialgerichte. Vielmehr entscheiden über alle Fragen, die mit dem **Forderungsüber-gang** zusammenhängen, die **Familiengerichte** (§ 94 V 3 SGB XII, § 23 b I Nr. 5, 6, 13, 15 GVG).[79] Dies gilt auch für die Überprüfung der sozialhilferechtlichen Schutzvorschriften des § 94 I und III SGB XII.[80]

63   Lebt der Leistungsberechtigte mit Angehörigen in einer **Bedarfsgemeinschaft** (Rn. 23) zusammen, wird die Hilfe zum Lebensunterhalt in der Regel in einem Bescheid bewilligt, in dem Bedarf und Einkommen aller Angehörigen der Bedarfsgemeinschaft gegenübergestellt und saldiert werden. Gleichwohl hat jeder von ihnen einen eigenen Anspruch auf Sozialhilfe (Rn. 24).[81] Nur soweit jedes Mitglied der Bedarfsgemeinschaft auch einen eigenen Unter-haltsanspruch hat, kann dieser in Höhe der gerade ihm gewährten Sozialhilfe auf den Sozialhilfeträger übergehen.

64   Vom Anspruchsübergang werden nach § 94 I 1 SGB XII zunächst (mit Ausnahme der in Rn. 68 genannten Fälle) die **gesetzlichen Unterhaltsansprüche** des Leistungsberechtigten und der Angehörigen der Bedarfsgemeinschaft (Rn. 23, 63) erfasst. Es handelt sich um Ansprüche auf Kindesunterhalt, Elternunterhalt, Trennungsunterhalt (§ 1361 BGB), nach-ehelichen Unterhalt (§§ 1569 ff. BGB), auf Unterhalt der nicht verheirateten Mutter oder des nicht verheirateten Vaters wegen Betreuung eines nichtehelichen Kindes (§ 1615 l I, II, IV BGB), auf Trennungsunterhalt bei Lebenspartnern und auf nachpartnerschaftlichen Unterhalt (§§ 12, 16 LPartG).

65   **Vertragliche Unterhaltsansprüche** sind übergangsfähig, wenn die Vereinbarung den gesetzlichen Anspruch im Wesentlichen nur erweitert, ausgestaltet, konkretisiert oder modi-fiziert,[82] nicht dagegen, wenn die Unterhaltsansprüche auf einem Austauschvertrag beru-hen[83] oder wenn im Gesetz nicht vorgesehene Unterhaltsansprüche, z. B. zwischen Ge-schwistern, begründet werden.[84] In solchen Fällen findet ein Anspruchsübergang nach § 94 SGB XII nicht statt; jedoch ist dann in der Regel eine Überleitung des Unterhaltsanspruchs nach § 93 SGB XII möglich (vgl. Rn. 60 f.).

66   Zusammen mit dem Unterhaltsanspruch geht auch der **privatrechtliche Auskunfts-anspruch** nach §§ 1605, 1361 IV, 1580, 1615 l III 1 BGB, §§ 12 S. 2, 16 S. 2 LPartG auf den Sozialhilfeträger, in der Regel auf die zuständige Gemeinde oder den Landkreis, über.[85] Erhält ein Kind neben der Sozialhilfe auch Unterhaltsvorschuss, kommt ein weiterer Über-

---

[76] BGH, FamRZ 2004, 1569

[77] Schellhorn, SGB XII, § 93 Rn. 20; Wolf in Fichtner/Wenzel, Grundsicherung, § 93 SGB XII Rn. 14; vgl. auch BVerwG FamRZ 1999, 1653

[78] Vgl. Nr. 184 Empfehlungen DV SGB XII FamRZ 2005, 1387

[79] BGH, FamRZ 1996, 1203, 1205

[80] Dazu Münder NJW 2001, 2201, 2209

[81] BVerwG NJW 1993, 3153; 1992, 1522; vgl. BGH FamRZ 2004, 1370 m. Anm. Schürmann FamRZ 2004, 1577; Schellhorn, SGB XII, § 19 Rn. 5, 12, § 94 Rn. 52

[82] BGH, FamRZ 1990, 867

[83] Vgl. BVerwG FamRZ 1994, 31 = NJW 1994, 64

[84] Nr. 51 Empfehlungen DV SGB XII FamRZ 2005, 1387

[85] Die gegenteilige Rechtsprechung des BGH FamRZ 1991, 1117 = NJW 1991, 1235 ist seit dem 1. 8. 1996 durch Änderung des § 91 BSHG überholt

gang des Auskunftsanspruchs auf das Land als Unterhaltsvorschusskasse in Betracht ($\S$ 7 I 1 UVG; vgl. Rn. 270 ff.). Auch dem Leistungsberechtigten wird man als Unterhaltsgläubiger die Geltendmachung des ihm zustehenden Auskunftsanspruchs nicht verwehren können, da er in der Lage sein muss, die Berechtigung etwa ihm verbliebener Anspruchsteile und künftig entstehender Ansprüche zu prüfen.[86] Die dogmatische Einordnung der gesetzlichen Regelung bleibt unklar. Man kann wohl davon ausgehen, dass der Hilfeempfänger Gläubiger des Stammrechts auf Unterhalt[87] und damit auch des Auskunftsanspruchs bleibt und dass der Sozialhilfeträger und die Unterhaltsvorschusskasse trotz des weitergehenden Gesetzeswortlauts nur die Befugnis erwerben, den Auskunftsanspruch im eigenen Namen geltend zu machen. Jedenfalls kann der Sozialhilfeträger den übergegangenen Unterhaltsanspruch auch im Wege der Stufenklage ($\S$ 254 ZPO) verfolgen. Ihm bleibt es weiterhin unbenommen, den Schuldner durch **Verwaltungsakt auf Auskunft** in Anspruch zu nehmen ($\S$ 117 I SGB XII).[88] Die öffentlich-rechtliche Auskunftspflicht geht über die nach bürgerlichem Recht bestehende Verpflichtung ($\S$ 1605 BGB) weit hinaus. Auskunftspflichtig sind – unabhängig von der Zwei-Jahres-Frist des $\S$ 1605 II BGB – neben dem Unterhaltspflichtigen auch dessen nicht getrennt lebender Ehegatte (Lebenspartner), als Kostenersatzpflichtige die Angehörigen der Bedarfsgemeinschaft (Rn. 23) und unter bestimmten Voraussetzungen Personen, die mit ihm in Haushaltsgemeinschaft (Rn. 27) leben ($\S$ 117 I 3 SGB XII), die ihm Leistungen erbringen oder erbracht haben ($\S$ 117 II SGB XII), die für ihn Guthaben führen oder Vermögensgegenstände verwahren (insbesondere Banken und Sparkassen; vgl. $\S$ 117 III SGB XII), der Arbeitgeber ($\S$ 117 IV SGB XII) und das Finanzamt ($\S$ 117 I, SGB XII, $\S$ 21 IV SGB X).

Ansprüche auf Verzinsung des Unterhaltsanspruchs gehen nicht mit diesem auf den **67** Sozialhilfeträger über,[89] da $\S\S$ 412, 401 BGB andere Ansprüche aus demselben Schuldverhältnis nicht erfassen.[90]

Der **Übergang** bestimmter Unterhaltsansprüche ist aus sozialpolitischen Gründen **aus- 68 geschlossen** ($\S$ 94 I 3, 4 SGB XII). Dies ist der Fall,

- wenn der Unterhaltspflichtige zum Personenkreis des $\S$ 19 SGB XII gehört, also mit dem Berechtigten in einer **Bedarfsgemeinschaft** (Rn. 23) zusammenlebt. Ein Anspruchsübergang findet daher nicht statt, wenn sich der Anspruch auf (Familien-)Unterhalt gegen den nicht getrennt lebenden Ehegatten (Lebenspartner) richtet oder wenn ein bedürftiges minderjähriges Kind bei einem Elternteil oder bei beiden Eltern lebt ($\S$ 19 I 2 SGB XII). Insoweit kommt allerdings ein öffentlich-rechtlicher Anspruch auf Aufwendungsersatz in Betracht ($\S$ 19 V SGB XII). Vgl. dazu Rn. 9, 25;
- wenn der Unterhaltspflichtige mit dem Leistungsberechtigten **vom zweiten Grad** an verwandt ist ($\S$ 94 I 3 SGB XII). Dies betrifft vor allem Ansprüche der Enkel gegen die Großeltern oder der Großeltern gegen die Enkel. Vgl. Rn. 2/273, 602. Die Enkel sind jedoch nicht gehindert, selbst Ansprüche gegen die Großeltern geltend zu machen, auch wenn sie Sozialhilfe in Anspruch nehmen könnten; vgl. dazu Rn. 128, 2/602;
- wenn eine **Schwangere** oder ein Kind, das sein eigenes leibliches Kind bis zur Vollendung seines 6. Lebensjahres betreut, Unterhalt gegen Verwandte ersten Grades geltend macht ($\S$ 94 I 4 SGB XII). Diese Vorschrift geht zurück auf die Reform der Vorschriften über den Schwangerschaftsabbruch.[91] $\S$ 94 I 4 SGB XII betrifft den Unterhaltsanspruch des Kindes, in der Regel einer Tochter, gegen seine Eltern, theoretisch auch eines betreuenden Elternteils gegen ein eigenes bereits volljähriges und leistungsfähiges Kind. Auch hier kann die leistungsberechtigte Person aber selbst Unterhaltsansprüche geltend machen und braucht sich nicht auf Sozialhilfe verweisen zu lassen.[92] Vgl. dazu Rn. 128.

---

[86] KG FamRZ 1997, 1405
[87] LSG Niedersachsen FamRZ 2000, 773
[88] Zu den Voraussetzungen und dem Umfang des Auskunftsanspruchs (nach $\S$ 116 BSHG) vgl. BVerwG FamRZ 1994, 33 = NJW 1994, 66
[89] OLG Hamm FamRZ 2002, 983
[90] BGH, NJW 1961, 1524; Palandt/Grüneberg, BGB $\S$ 401 Rn. 6
[91] Vgl. Art. 8 des Schwangeren- und Familienhilfegesetzes vom 27. 7. 1992 – BGBl. I 1398, 1401
[92] Vgl. BGH FamRZ 1992, 41

Zum Ausschluss des Anspruchsübergangs bei laufender Zahlung des Unterhalts vgl. Rn. 84.

3. Umfang des Forderungsübergangs

69   **a) Begrenzung durch die Höhe der Sozialhilfe.** Der Unterhaltsanspruch geht nur bis zur Höhe der vom Sozialhilfeträger geleisteten Aufwendungen auf diesen über (§ 94 I 1 SGB XII). Übersteigt die Sozialhilfe den geschuldeten Unterhalt, steht der Unterhaltsanspruch in voller Höhe dem Sozialhilfeträger zu. Ist die Sozialhilfe geringer als der Unterhaltsanspruch, geht dieser nur in Höhe der gezahlten Sozialhilfe auf den Sozialhilfeträger über; der darüber hinausgehende Unterhaltsanspruch verbleibt beim Leistungsberechtigten.

70   **b) Kosten der Unterkunft.** Nach §§ 94 I 6, 105 II SGB XII gehen seit dem 1. 1. 2005 56% der als Hilfe zum Lebensunterhalt und als Grundsicherung im Alter und bei Erwerbsminderung gewährten Wohnkosten (mit Ausnahme der Kosten für Heizung und Warmwasser) nicht auf den Sozialhilfeträger über. Dies beruht darauf, dass Wohngeld neben der Hilfe zum Lebensunterhalt und der Grundsicherung im Alter und bei Erwerbsminderung nicht mehr gewährt wird (§ 1 II Nr. 2, 3 WohngeldG). Der Sozialhilfeträger hat daher die gesamten angemessenen Wohnkosten sicherzustellen (§ 29 I S. 1 bis 3 SGB XII; vgl. Rn 52). Dies gilt auch dann, wenn der Leistungsberechtigte in einem Heim lebt (vgl. §§ 35 I 2, 42 S. 1 Nr. 2, 76 II 1 SGB XII; Rn. 57). Der Bedürftige, der bis 31. 12. 2004 neben der Sozialhilfe Wohngeld bezog, soll nicht dadurch schlechter gestellt werden, dass er jetzt die Wohnkosten als Teil der Sozialhilfe erhält. Der Gesetzgeber ist anscheinend davon ausgegangen, dass etwa 56% der Wohnkosten (ohne Heizung und Warmwasser) früher als Wohngeld gewährt wurden. Insoweit fand kein Anspruchsübergang statt. Da der Gesetzgeber an diesem Zustand nichts ändern wollte, musste er die cessio legis nach § 94 SGB XII einschränken und 56% der Wohnkosten vom Anspruchsübergang ausnehmen. Daher verbleibt der Unterhaltsanspruch insoweit beim Berechtigten. Dies kann dazu führen, dass sein Bedarf insoweit doppelt gedeckt wird, einmal durch die Sozialhilfe, zum anderen durch den Unterhaltsanspruch, wenn er beigetrieben werden kann. Zu der sich daraus ergebenden Problematik Rn. 126 ff. § 105 II SGB XII ist nicht anwendbar, der Übergang des Unterhaltsanspruchs ist also hinsichtlich der Wohnkosten nicht eingeschränkt, wenn der Sozialhilfebescheid nach § 45 II 3 SGB X wegen unlauteren Verhaltens der nachfragenden Person zurückgenommen werden kann oder wenn Wohngeld nach dem Wohngeldgesetz neben der Hilfe zum Lebensunterhalt oder der Grundsicherung im Alter und bei Erwerbsminderung gewährt worden ist.

Beispiel:
Die getrennt lebende Ehefrau F bezieht eine befristete Rente von 100,– € wegen voller Erwerbsminderung. Sie erhält Sozialhilfe in Höhe des Regelsatzes von 347,– € und der Wohnkosten von 320,– €, davon 60,– € Kosten für Heizung. Nach Anrechnung ihrer Rente werden daher 567,– € vom Sozialamt gezahlt. Da der Anspruchsübergang in Höhe von 146,– € (56% von 260,– €) ausgeschlossen ist, kann der (höhere) Unterhaltsanspruch gegen ihren Ehemann höchstens in Höhe von (567 – 146 =) 421,– € auf den Sozialhilfeträger übergehen.

71   **c) Zeitliche Kongruenz von Unterhaltsanspruch und Sozialhilfe.** Der Unterhaltsanspruch muss für die Zeit bestehen, für die Hilfe gewährt wird (§ 94 I 1 SGB XII). Gerade in dieser Zeit muss der Gläubiger nach dem Prinzip der **Gleichzeitigkeit** unterhaltsbedürftig und der Unterhaltsschuldner leistungsfähig sein.[93] Vgl. dazu Rn. 2/642. Mit der Einstellung der Sozialhilfe entfällt der Anspruchsübergang für die Zukunft. Wird die **Hilfegewährung unterbrochen,** gehen nur die Ansprüche über, die in der Zeit entstehen, in der Sozialhilfe gewährt wird. Auf die Dauer der Unterbrechung kommt es – anders als im Fall des § 93 II 2 SGB XII – nicht an. Zu den prozessualen Konsequenzen vgl. Rn. 107 ff.
Der Unterhaltsschuldner ist nicht zur Erstattung von Sozialhilfeaufwendungen verpflichtet, wenn er erst nach Zahlung der Sozialhilfe durch Aufnahme einer Erwerbstätigkeit oder

---

[93] BVerfG FamRZ 2005, 1051, 1053 mit Anm. Klinkhammer; Wahrendorf in Grube/Wahrendorf § 94 SGB XII Rn 14

durch Erwerb von Vermögen zur Leistung von Unterhalt instand gesetzt wird. Dabei kommt es auf die Leistungsfähigkeit nach Unterhaltsrecht an, nicht dagegen auf diejenige nach Sozialhilferecht. Zu § 94 III 1 Nr. 1 SGB XII vgl. Rn. 93 ff.

Einkommensschwankungen berühren die Leistungsfähigkeit vielfach nicht, da das unterhaltsrechtlich anzurechnende Einkommen in der Regel bei Arbeitnehmern auf Grund der Einkünfte während eines Jahres, bei Selbständigen auf Grund eines Drei-Jahres-Zeitraums errechnet wird. Vgl. dazu Rn. 1/50, 274. Verfügt der Unterhaltsschuldner über ein Grundstück, das zum Schonvermögen (§ 90 II Nr. 9 SGB XII; vgl. Rn. 43) gehört und deshalb derzeit für den Unterhalt nicht eingesetzt werden muss, kann die Leistungsfähigkeit nicht dadurch hergestellt werden, dass der Sozialhilfeträger dem Unterhaltsschuldner analog § 91 SGB XII ein zinsloses Darlehen anbietet, das erst nach dessen Tod zurückgezahlt werden muss.[94] Dazu eingehend 2/642.

Sozialhilfe wird nach dem **Monatsprinzip** grundsätzlich für den jeweiligen Kalendermonat bewilligt. Dies kann bei Leistungen für einmalige Bedarfe (§ 31 SGB XII; vgl. dazu Rn. 54) zu Problemen führen. Bei Bewilligung derartiger Leistungen ist bei den Leistungsberechtigten das Einkommen zu berücksichtigen, das sie innerhalb eines Zeitraums von bis zu sechs Monaten nach Ablauf des Monats erwerben, in dem über die Leistung entschieden worden ist (§ 31 II 2 SGB XII). Es liegt nahe, diesen Zeitraum von höchstens sieben Monaten auch bei Beurteilung der Leistungsfähigkeit des Schuldners heranzuziehen. Ein Unterhaltsanspruch, der auf den Sozialhilfeträger übergeht, kann danach begründet sein, wenn der Schuldner den einmaligen Bedarf (ggf. neben dem laufenden Unterhalt) innerhalb dieses Zeitraums ohne Gefährdung seines Selbstbehalts aufbringen kann.[95] Einkünfte des Unterhaltspflichtigen, die dieser in der Zeit vor Auszahlung der einmaligen Hilfe hatte, dürfen dagegen nicht berücksichtigt werden.[96]

Auch im Unterhaltsprozess führt die Bewilligung der Sozialhilfe für den jeweiligen Kalendermonat zu erheblichen Schwierigkeiten, weil die Höhe der Sozialhilfe, auch wenn keine einmaligen Leistungen gewährt werden, sich häufig ändert, z.B. weil sich Miete, Wohnnebenkosten, Krankenkassenbeiträge, Mehrbedarf oder ähnliche Positionen erhöhen oder ermäßigen, Überzahlungen auszugleichen sind oder Nachzahlungen erfolgen. Es bietet sich aus praktischen Gründen an, entsprechend der im Unterhaltsrecht üblichen Handhabung hinsichtlich des Einkommens bzgl. der in der Vergangenheit gewährten Sozialhilfe einen **Durchschnittsbetrag** zu errechnen und bei der Bemessung des übergegangenen Unterhaltsanspruchs zugrunde zu legen.[97] Dass eine Durchschnittsberechnung dem Sozialrecht nicht fremd ist, zeigt § 2 III der Alg II–V.[98] Der Ansatz eines Durchschnittsbetrages ist allerdings nur so lange möglich, als sich die Grundlagen der Sozialhilfegewährung und/oder der Unterhaltsberechnung nicht wesentlich verändern. Nimmt der Sozialhilfeempfänger eine (geringfügige) Erwerbstätigkeit (vgl. Rn. 31) auf und verringern sich dadurch sowohl die Sozialhilfe als auch der Unterhaltsanspruch, so muss selbstverständlich vom Beginn der Erwerbstätigkeit an eine Neuberechnung erfolgen.[99]

d) Sachliche Kongruenz von Unterhaltsanspruch und Sozialhilfe. Ein Unterhaltsanspruch kann nur dann übergehen, wenn mit der Sozialhilfe nicht nur der Bedarf im Sinne des Sozialhilferechts, sondern auch der Bedarf des Unterhaltsberechtigten nach bürgerlichem Recht sichergestellt wird. So befriedigen z.B. die Hilfe zur Weiterführung des Haushalts (§ 70 SGB XII) und die Altenhilfe (§ 71 SGB XII) zwar soziale Bedürfnisse. Diese sind jedoch allenfalls teilweise mit dem Unterhaltsbedarf des Leistungsberechtigten, also seiner Lebensstellung (§ 1610 I BGB) oder den ehelichen Lebensverhältnissen (§ 1578 I 1 BGB) identisch. Auch kann der sozialhilferechtliche Bedarf durchaus höher sein als der Bedarf nach Unterhaltsrecht. Dies ist der Fall, wenn der Leistungsberechtigte sein Einkommen oder Vermögen nach §§ 82 ff., 90 SGB XII ganz oder teilweise nicht einsetzen muss. So ist z.B.

---

[94] BVerfG FamRZ 2005, 1051 mit Anm. Klinkhammer (zu § 89 BSHG)
[95] So Hußmann in Heiß/Born 16 Rn. 15
[96] Hußmann a.a.O.
[97] So wohl OLG Köln FamRZ 1995, 613; a.A. Hußmann in Heiß/Born 16 Rn. 14
[98] Arbeitslosengeld II/Sozialgeld-VO vom 17. 12. 2007 – BGBl. I 2942
[99] Hußmann in Heiß/Born 16 Rn. 14

der Sockelbetrag des Elterngeldes von 300,– € bei der Bewilligung einkommensabhängiger Sozialleistungen nicht zu berücksichtigen (§ 10 I BEEG).[100] Im Unterhaltsrecht kann dagegen der Sockelbetrag in bestimmten Fallgestaltungen (Verwirkung, verschärfte Unterhaltspflicht) durchaus als Einkommen anzurechnen sein (§ 11 S. 3 BEEG). Ähnliche Probleme können sich bei Gewährung von Eingliederungshilfe ergeben (§ 92 II 2–4 SGB XII).[101] Wegen der Unterschiede, die bei der Bedarfsberechnung zwischen Sozialhilfe- und Unterhaltsrecht bestehen, muss der Sozialhilfeträger den Unterhaltsbedarf des Leistungsempfängers konkret darlegen; der Verweis auf die geleistete Sozialhilfe reicht nicht aus.[102]

75   Der Bedarf nach Sozialhilferecht kann auch dann höher sein als nach Unterhaltsrecht, wenn durch den Sozialhilfeträger **Schulden,** insbesondere Mietschulden zur Sicherung einer Unterkunft, übernommen werden (§ 34 SGB XII).[103] In solchen Fällen findet entweder kein Anspruchsübergang statt oder dieser beschränkt sich auf die Höhe des Unterhaltsanspruchs.

76   Ein Anspruchsübergang scheidet auch dann aus, wenn der Unterhaltsbedarf ganz oder zum Teil durch eigenes Einkommen des Leistungsberechtigten sichergestellt werden kann, dieses aber vom Sozialhilfeträger gar nicht oder nur teilweise angerechnet wird, weil nach Sozialhilferecht mit dem Einkommen auch der Bedarf des Ehegatten, der mit dem Berechtigten in einer Bedarfsgemeinschaft lebt, gedeckt werden muss. Zu Recht hat deshalb der BGH[104] die Klage eines Sozialhilfeträgers abgewiesen, der nach § 94 I 1 SGB XII vom Sohn Unterhalt für den im Pflegeheim lebenden Vater verlangt hatte, obwohl dessen Einkommen die Pflegekosten deckte, während es für den Unterhalt Ehefrau nicht mehr ausreichte.

4. Wirkung des Anspruchsübergangs

77   Der Unterhaltsanspruch geht nach § 94 I 1 SGB XII mit der Leistung der Hilfe auf den Sozialhilfeträger über, und zwar für die **Zeit,** für die Hilfe gewährt wird. Der Anspruchsübergang verwirklicht sich daher mit der Auszahlung der Sozialhilfe an den Hilfeempfänger, selbst wenn der Sozialhilfeträger zunächst nur Vorausleistungen erbringt und der formelle Bewilligungsbescheid erst später ergeht. Für welche Zeit die Hilfe gewährt wird, ergibt sich aus dem Bewilligungsbescheid. Ergeht kein förmlicher Bescheid, liegt in der Aufnahme der Zahlungen zugleich deren Bewilligung.[105]
Die Gewährung der Sozialhilfe muss **rechtmäßig** sein.[106] Vgl. dazu auch Rn. 244. So dürfen bei Eingliederungsmaßnahmen für behinderte Kinder die Eltern nur zu den Kosten des Lebensunterhalts, nicht dagegen zu den Kosten der Maßnahme herangezogen werden.[107] Wird dies nicht beachtet, müssen sich die Eltern dagegen wehren können.
Trotz des Anspruchsübergangs verbleibt der Unterhaltsanspruch **für die Zukunft beim Berechtigten.** Dagegen steht der Unterhaltsanspruch **für die Vergangenheit** und für den Monat, für den die Hilfe bereits ausgezahlt worden ist, dem **Sozialhilfeträger** zu. Für diesen Zeitraum kann nur er über den Anspruch verfügen, ihn im Prozesswege geltend machen (vgl. dazu Rn. 107), auf ihn verzichten oder Stundung gewähren. Für die Vergangenheit kann Zahlung nur an den Sozialhilfeträger geleistet werden, solange eine Rückabtretung (§ 94 V 1 SGB XII) nicht erfolgt ist. Vgl. dazu Rn. 111 ff. Zur Mahnung vgl. Rn. 81; zum Klagerecht des Sozialhilfeträgers für die Zukunft vgl. Rn. 121. Die Verkehrsfähigkeit der übergegangenen Forderung ist nicht eingeschränkt; insbesondere gilt das

---

[100] Zum Elterngeld vgl. Scholz FamRZ 2007, 7
[101] Nr. 29, 70 Empfehlungen DV SGB XII, FamRZ 2005, 1387
[102] KG FamRZ 2007, 77
[103] Vgl. dazu Nr. 31 Empfehlungen DV SGB XII, FamRZ 2005, 1387
[104] BGH, FamRZ 2004, 1370 mit Anm. Schürmann FamRZ 2004, 1557
[105] Schellhorn, SGB XII, § 94 Rn. 53
[106] Vgl. Wolf in Fichtner/Wenzel, Grundsicherung, § 94 SGB XII Rn. 31; Münder in LPK/SGB XII § 94 Rn. 9; Schellhorn, SGB XII, § 94 Rn. 56; anders BVerwG FamRZ 1993, 183 zu § 90 BSHG a. F. Meine gegenteilige Ansicht in Scholz/Stein Teil L Rn. 87 gebe ich auf
[107] Schellhorn, SGB XII, § 94 Rn. 55

Abtretungsverbot des § 400 BGB nach dem gesetzlichen Forderungsübergang nicht mehr.[108] Der Lauf der dreijährigen Verjährungsfrist ist nach dem Anspruchsübergang nicht mehr gemäß § 207 I BGB gehemmt.[109] Zum Lauf der Frist nach Rückabtretung des Unterhaltsanspruchs an den Unterhaltsberechtigten vgl. Rn. 79, 119, 274. Auch der Pfändungsschutz des § 850 b I Nr. 2 ZPO entfällt nach Übergang des Unterhaltsanspruchs auf den Sozialhilfeträger.[110] Deshalb kann der Schuldner mit einer Forderung gegen den übergegangenen Anspruch **aufrechnen** (§ 394 BGB),[111] und zwar auch mit Ansprüchen gegen den Unterhaltsberechtigten, wenn die Voraussetzungen des § 406 BGB vorliegen.

Soweit der Unterhaltsanspruch übergegangen ist, hat der Schuldner an den Sozialhilfeträger zu zahlen. Ist der Anspruchsübergang ganz oder teilweise unwirksam, hat eine Zahlung an den Sozialhilfeträger befreiende Wirkung, wenn sie mit Zustimmung des Unterhaltsgläubigers erfolgt, z. B. wenn dieser im Prozess gemäß § 265 II ZPO die Verurteilung des Pflichtigen zur Zahlung an den Sozialhilfeträger beantragt (vgl. Rn. 109).[112] Leistungen des Schuldners an den (ursprünglichen) Unterhaltsgläubiger haben nur dann befreiende Wirkung, wenn dem Schuldner der Anspruchsübergang noch nicht bekannt war (§§ 412, 407 I BGB), insbesondere wenn ihm der Sozialhilfebedarf noch nicht durch Rechtswahrungsanzeige nach § 94 IV 1 BSHG (vgl. dazu Rn. 82) mitgeteilt worden war. Für den jeweiligen Monat kann der Pflichtige jedoch an den Unterhaltsberechtigten leisten und den Anspruch durch „laufende Zahlung" erfüllen (§ 94 I 2 SGB XII; vgl. Rn. 84).

Der Anspruchsübergang findet auch dann statt, wenn die Sozialhilfe nach §§ 34 I 2, 37, **78** 38, 91 SGB XII nur als **Darlehen** gewährt wird.[113] Dies kommt z. B. in Betracht, wenn der Leistungsberechtigte über Vermögen verfügt, das derzeit nicht realisiert werden kann, z. B. über schwer verkäuflichen Grundbesitz, der nicht Schonvermögen im Sinne des § 90 II Nr. 8 SGB XII ist, oder über einen noch nicht titulierten Zugewinnausgleichsanspruch. Der Sozialhilfeträger kann dann entweder aus dem übergegangenen Unterhaltsanspruch gegen den Pflichtigen vorgehen oder, wenn dies keinen Erfolg verspricht, vom Hilfeempfänger Rückzahlung des Darlehens bei Fälligkeit verlangen.[114] Zur Darlehensgewährung an den Unterhaltsschuldner vgl. Rn. 71.

Der Unterhaltsschuldner kann zunächst geltend machen, dass die in § 94 I bis III SGB **79** XII aufgeführten Voraussetzungen für den Anspruchsübergang nicht vorliegen. Daneben kann er sich darauf berufen, dass ein Unterhaltsanspruch, der auf den Sozialhilfeträger übergegangen sein könnte, nicht besteht. Nach § 404 BGB kann er gegen den Sozialhilfeträger alle **Einwendungen** und Einreden geltend machen, die er gegenüber dem Unterhaltsgläubiger hat. Dies gilt besonders für den Einwand der Verwirkung wegen illoyal verspäteter Geltendmachung des Anspruchs[115] und für die Verjährungseinrede. Übergegangene Unterhaltsansprüche können nach § 242 BGB verwirkt sein, wenn der Sozialhilfeträger sie nicht zeitnah geltend gemacht und dadurch dem Verpflichteten den Eindruck erweckt hat, er werde nicht mehr in Anspruch genommen.[116] Mit dem Argument, die öffentliche Hand verfüge nicht über die erforderlichen personellen Ressourcen, um den übergegangenen Anspruch rechtzeitig geltend machen zu können, kann der Sozialhilfeträger nicht gehört werden. Die Hemmung der Verjährung von Unterhaltsansprüchen zwischen Eltern und Kindern während deren Minderjährigkeit entfällt allerdings, wenn der Anspruch auf einen Dritten, z. B. auf den Sozialhilfeträger, übergeht.[117] Dasselbe dürfte für die Verjährung von übergegangenen Unterhaltsansprüchen gegen den Ehegatten während bestehender Ehe gelten (§ 207 I 1 BGB).Vgl. Rn. 77, 119, 274.

---

[108] BGH, FamRZ 1996, 1203, 1204 = NJW 1996, 3273, 3274
[109] BGH, FamRZ 2006, 1664, 1666 = R 657 d
[110] BGH, FamRZ 1982, 50 = NJW 1982, 515
[111] A. A. zu Unrecht OLG Düsseldorf, FamRZ 2006, 1533
[112] BGH, FamRZ 2000, 1358 (insoweit in R 543 nicht abgedruckt)
[113] Vgl. dazu OLG Stuttgart, FamRZ 1995, 1165; OLG Saarbrücken, FamRZ 1995, 1166
[114] OLG Hamm FamRZ 2001, 1237; Schellhorn, SGB XII, § 38 Rn. 15; Wolf in Fichtner/Wenzel, Grundsicherung, § 94 SGB XII Rn. 31
[115] BGH, FamRZ 2002, 1698 = R 580 a m. Anm. Klinkhammer
[116] BGH, FamRZ 2002, 1698 = R 580 a m. Anm. Klinkhammer
[117] BGH, FamRZ 2006, 1664, 1666 = R 657 d (zu § 7 UVG) m. Anm. Schürmann

80   Da sich durch den gesetzlichen Übergang Natur, Inhalt und Umfang des Unterhaltsanspruchs nicht ändern,[118] hat der Sozialhilfeträger beim nachehelichen Unterhalt und beim nachpartnerschaftlichen Unterhalt (§ 16 S. 2 LPartG) auch § 1585 b III BGB zu beachten,[119] nach dem für eine mehr als ein Jahr vor Rechtshängigkeit liegende Zeit Erfüllung oder Schadensersatz wegen Nichterfüllung nur verlangt werden kann, wenn anzunehmen ist, dass der Verpflichtete sich der Leistung absichtlich entzogen hat. Vgl. dazu Rn. 6/110, 112.

5. Unterhalt für die Vergangenheit, Rechtswahrungsanzeige

81   Der Sozialhilfeträger kann den übergegangenen Unterhaltsanspruch von dem Zeitpunkt an geltend machen, zu dem die Voraussetzungen des § 1613 I, BGB vorliegen. Nach § 1613 I BGB, der für alle Unterhaltsansprüche gilt – seit dem 1. 1. 2008 auch für den nachehelichen und den nachpartnerschaftlichen Unterhalt (§ 1585 b II BGB, § 16 S. 2 LPartG in der Fassung des UÄndG; vgl. dazu Rn. 6/100) –, kann Unterhalt vom Ersten des Monats an gefordert werden, an dem der Schuldner in der Regel durch Mahnung in Verzug geraten (§ 286 BGB), der Unterhaltsanspruch rechtshängig geworden (§ 261 ZPO) oder der Pflichtige zum Zweck der Geltendmachung des Unterhaltsanspruchs aufgefordert worden ist, über seine Einkünfte und sein Vermögen Auskunft zu erteilen. Nach § 1585 b II BGB a. F. reichten bis zum 31. 12. 2007 beim nachehelichen Unterhalt nur Verzug und Rechtshängigkeit aus, nicht dagegen die Aufforderung zur Auskunft; auch war eine Rückwirkung auf den Ersten des Monats nicht vorgesehen. Dasselbe galt für Lebenspartner nach Aufhebung der Partnerschaft (§ 16 I LPartG a. F.).
  Vor Gewährung der Sozialhilfe und damit vor Übergang des Unterhaltsanspruchs kann nur der Unterhaltsberechtigte selbst Verzug herbeiführen, Klage erheben und den Schuldner zur Auskunft auffordern. Auch wenn der Sozialhilfeträger die Hilfegewährung aufnimmt, verbleibt diese Befugnis beim leistungsberechtigten Unterhaltsgläubiger, da der Anspruch für die Zukunft weiter ihm zusteht (Rn. 77). Für die Vergangenheit einschließlich des Monats, in dem die Hilfe bereits ausgezahlt ist, kann der Sozialhilfeträger dagegen Verzug und Rechtshängigkeit herbeiführen sowie zur Auskunft auffordern, da auch der Auskunftsanspruch auf ihn übergegangen ist (Rn. 66, 77). Der Sozialhilfeträger kann den Schuldner ferner durch Stufenmahnung[120] in Verzug setzen, also durch die Aufforderung zur Auskunft und zur Zahlung des Betrages, der sich nach Erteilung der Auskunft ergibt (vgl. dazu Rn. 6/119). In jedem Fall kann der Sozialhilfeträger nach dem Grundsatz der Gleichzeitigkeit (Rn. 71) nur auf den Teil des Unterhaltsanspruchs zurückgreifen, der von dem Tage an entsteht, ab dem Sozialhilfe gewährt wird. Gewährt er z. B. ab 15. des Monats Sozialhilfe, geht trotz § 1613 I 2 BGB der Unterhaltsanspruch für die Zeit vom 1. bis 14. des Monats nicht auf ihn über.

82   Die Wirkungen des Verzuges können auch durch eine **Rechtswahrungsanzeige** (§ 94 IV 1 SGB XII) herbeigeführt werden. Vgl. dazu Rn. 106 ff. Diese Anzeige ist kein Verwaltungsakt, sondern eine privatrechtliche Erklärung.[121] Es reicht aus, dass dem Unterhaltsschuldner die Gewährung der Hilfe schriftlich mitgeteilt wird.[122] Die Anzeige braucht nicht in derselben Weise bestimmt zu sein wie eine Mahnung, die Höhe der Aufwendungen muss nicht angegeben,[123] der Betrag, in dessen Höhe der Schuldner in Anspruch genommen werden soll, nicht beziffert werden.[124] Eine Rechtswahrungsanzeige während der Trennungszeit begründet die Wirkungen des Verzuges auch hinsichtlich des nachehelichen Unterhalts, soweit sich nicht aus dem Inhalt der Anzeige ergibt, dass allein der Anspruch auf Trennungsunterhalt geltend gemacht werden soll.[125] Es ist nicht erforderlich, dass die

---

[118] BGH, FamRZ 2002, 1698 f. = R 580 a mit Anm. Klinkhammer
[119] BGH, FamRZ 1987, 1014
[120] BGH, FamRZ 1990, 283, 285 = R 400 b
[121] BGH, FamRZ 1985, 586 = NJW 1985, 2589 (zu § 90 BSHG a. F.)
[122] BGH, FamRZ 1985, 586 = NJW 1985, 2589
[123] BGH, FamRZ 1985, 586 = NJW 1985, 2589
[124] BGH, FamRZ 1983, 895
[125] BGH, FamRZ 1988, 375 = NJW 1988, 1147 (zur Überleitungsanzeige nach § 90 II BSHG a. F.)

Rechtswahrungsanzeige dem Schuldner, wie früher, unverzüglich zugeht. Eine Rückwirkung auf den Beginn der Hilfe oder auf den Bewilligungsbescheid kommt der Rechtswahrungsanzeige nicht mehr zu. Vielmehr kann der Sozialhilfeträger den Schuldner erst ab Zugang der Anzeige in Anspruch nehmen. Der Zugang begründet auch dann die Wirkungen des Verzuges, wenn der Sozialhilfeträger Vorausleistungen erbringt und die Sozialhilfe erst später endgültig bewilligt. Dem Schuldner wird durch die Rechtswahrungsanzeige hinreichend klargemacht, dass er mit der Geltendmachung des übergegangenen Unterhaltsanspruchs zu rechnen hat. Die Rechtsprechung des BGH,[126] der eine Rückwirkung der Anzeige nur bis zum Zeitpunkt des Erlasses des Bewilligungsbescheides, nicht dagegen bis zum (früheren) tatsächlichen Beginn der Hilfe annahm, ist m. E. überholt.[127]

6. Unterhaltsverzicht und Unterhaltsvereinbarungen

Auf Kindesunterhalt, Verwandtenunterhalt, Familienunterhalt, Trennungsunterhalt unter **83** Eheleuten und Lebenspartnern, Unterhalt der nicht verheirateten Mutter oder des nicht verheirateten Vaters kann für die Zukunft nicht verzichtet werden (§§ 1614 I, 1360 a III, 1361 IV 4, 1615l III 1 BGB, § 12 S. 2 LPartG). Ein derartiger Verzicht ist unwirksam (§ 134 BGB). Ein Verzicht des Hilfeempfängers auf den Unterhaltsanspruch für die Zeit, innerhalb der der Sozialhilfeträger Leistungen erbracht hat, ist bereits deshalb unwirksam, weil allein dieser über den übergegangenen Anspruch verfügen darf.

Eheverträge über nacheheliche Unterhalt sowie Verträge über nachpartnerschaftlichen Unterhalt sind zwar vor Rechtskraft der Scheidung bzw. vor rechtskräftiger Aufhebung der Partnerschaft zulässig, müssen aber seit dem 1. 1. 2008 notariell beurkundet werden (§ 1585 c S. 2 BGB n. F., § 16 S. 2 LPartG). Ein vertraglicher Verzicht auf nacheheliche und nachpartnerschaftlichen Unterhalt kann wegen Verstoßes gegen die guten Sitten (§ 138 BGB) nichtig sein, wenn er zu einer durch die ehelichen Lebensverhältnisse nicht gerechtfertigten Lastenverteilung führt, die den **anderen Ehegatten** einseitig benachteiligt. Ist der Verzicht nicht von Anfang nichtig, kann sich gleichwohl die spätere Berufung auf den Vertrag als unzulässige Rechtsausübung darstellen, wenn sich wegen Änderung der Umstände, insbesondere der Geburt eines Kindes, nunmehr eine evident einseitige Lastenverteilung ergibt. Eine solche ist nicht bereits dann gegeben, wenn beide Partner mittellos sind.[128] Ein Verzicht kann auch dann sittenwidrig und damit nichtig sein, wenn die Vertragschließenden dadurch bewusst, wenn auch nicht notwendigerweise absichtlich, eine Unterstützungsbedürftigkeit des einen Partners herbeiführen, der Bedürftige infolge des Verzichts also zwangsläufig der **Sozialhilfe zur Last fällt.** Gleichwohl können die Ehegatten bestimmte Lebensrisiken, z. B. eine bei Eheschließung bereits bestehende Krankheit, aus der gemeinsamen Verantwortung herausnehmen. Es reicht daher nicht aus, dass der bedürftige Ehegatte im Scheidungsfall auf Sozialhilfe angewiesen bleibt, während er ohne den Unterhaltsverzicht von dem anderen Unterhalt verlangen könnte.[129] Vgl. hierzu im Einzelnen Rn. 6/600 ff. Ein nichtiger oder wegen Verstoßes gegen § 242 BGB unbeachtlicher Verzicht kann dem Sozialhilfeträger nicht entgegengehalten werden.

7. Laufende Zahlung des Unterhalts

Nach § 94 I 2 SGB XII ist der Übergang des Anspruchs ausgeschlossen, wenn der Unter- **84** haltsanspruch durch laufende Zahlung erfüllt wird. Die Vorschrift betrifft weniger die Berechtigung des Sozialhilfeträgers, den Unterhaltsanspruch geltend zu machen, als die Frage, an wen der Schuldner leisten darf. Der Schuldner kann bereits nach §§ 412, 407 I BGB mit befreiender Wirkung an den Unterhaltsberechtigten zahlen, wenn ihm die

---

[126] FamRZ 1985, 793
[127] So auch Hußmann in Heiß/Born, 16 Rn. 40; unentschieden Künkel, FamRZ 1996, 1509, 1513
[128] BGH, FamRZ 2007, 197 = R 663; 2004, 601 = R 608 a, b; BVerfG FamRZ 2001, 343 = R 553; FamRZ 2001, 985 = R 558
[129] BGH, FamRZ 2007, 197 = R 663

Gewährung der Sozialhilfe und damit der Anspruchsübergang nicht bekannt sind. Zur rechtzeitigen Erfüllung genügt, dass er den Überweisungsauftrag spätestens am Ende des Vormonats erteilt hat; auf den Zeitpunkt der Gutschrift auf dem Konto des Gläubigers kommt es nicht an.[130] § 94 I 2 SGB XII soll darüber hinaus dem Schuldner die Möglichkeit geben, jederzeit wieder mit laufenden Zahlungen an den Berechtigten zu beginnen und damit die Gewährung von Sozialhilfe ganz oder teilweise entbehrlich zu machen.[131] Dies gilt auch dann, wenn der Unterhalt zugunsten des Sozialhilfeträgers nach § 94 IV 2 SGB XII tituliert ist.[132] Selbst wenn dem Schuldner die Gewährung von Sozialhilfe bekannt ist und er dennoch Unterhalt an den Gläubiger zahlt, wird der Unterhaltsanspruch erfüllt. Die Zahlung führt dazu, dass sie als Einkommen des Unterhaltsberechtigten berücksichtigt wird und die Gewährung von Hilfe zum Lebensunterhalt für den folgenden Monat ausschließt. Setzt der Schuldner seine Zahlungen in den Folgemonaten laufend, wenn auch zu wechselnden Terminen fort, liegen die Voraussetzungen des § 94 I 2 SGB XII vor.[133] Ein Anspruchsübergang ist dann ausgeschlossen. Die Ansicht, dass die laufende Zahlung vom Schuldner rechtzeitig, also spätestens am Ersten des laufenden Monats, angewiesen worden sein müsse,[134] nimmt § 94 I 2 SGB XII jeden eigenständigen Inhalt; sie überzeugt daher nicht.

8. Unterhalt volljähriger Kinder

85   Nach der bis zum 31. 12. 2004 geltenden außerordentlich komplizierten Regelung des § 91 II 3–5 BSHG wurde die Inanspruchnahme der Eltern bei Gewährung von Eingliederungshilfe und Hilfe zur Pflege an ihre volljährigen Kinder in der Regel als unbillige Härte angesehen; der Anspruchsübergang war deshalb ganz oder teilweise ausgeschlossen.[135] Bei Gewährung von Hilfe zum Lebensunterhalt war dagegen der Übergang des Unterhaltsanspruchs nicht eingeschränkt.[136]

86   Seit dem 1. 1. 2005 gilt Folgendes:
Ein volljähriges, nicht behindertes und nicht pflegebedürftiges Kind ist in der Regel erwerbsfähig. Dann gilt das SGB II, nicht dagegen das SGB XII. Nach § 33 II 1 Nr. 2 b SGB II geht der Unterhaltsanspruch eines Kindes, das die Erstausbildung abgeschlossen oder das 25. Lebensjahr vollendet hat, nur dann auf die Träger der Grundsicherung für Arbeitsuchende über, wenn es den Unterhaltsanspruch gegen seine Eltern selbst geltend macht. Vgl. dazu Rn. 232, 234. Wenn das Kind dagegen nicht erwerbsfähig ist, es also nicht oder nur weniger als drei Stunden pro Tag einer Erwerbstätigkeit nachgehen kann (§ 8 I SGB II), ist das SGB XII und damit § 94 SGB XII anwendbar. Vgl. Rn. 19 f. § 94 II SGB XII setzt voraus, dass das volljährige Kind behindert im Sinne des § 53 SGB XII oder pflegebedürftig im Sinne des § 61 SGB XII ist und Eingliederungshilfe bzw. Hilfe zur Pflege bezieht. Wegen dieser Leistungen, gleichgültig, ob sie ambulant, stationär oder teilstationär erbracht werden,[137] geht der Unterhaltsanspruch des Kindes in Höhe von bis zu 26,– € auf den Sozialhilfeträger über. Steht noch nicht fest, dass das Kind wahrscheinlich auf Dauer erwerbsunfähig sein wird, hat es daneben Anspruch auf Hilfe zum Lebensunterhalt nach §§ 27 ff. SGB XII. Wegen dieser Leistungen ist der Anspruchsübergang auf bis zu 20,– € beschränkt. Werden dem Kind wegen dauerhafter Erwerbsminderung Leistungen der Grundsicherung im Alter und bei Erwerbsminderung gewährt, scheidet insoweit ein Anspruchsübergang aus (§ 94 I 3 Halbsatz 2 SGB XII). Nach § 94 II 1 SGB XII verbleibt es jedoch bei dem Anspruchsübergang in Höhe von bis zu 26,– € wegen der Eingliederungshilfe und der Hilfe zur Pflege. Dem steht § 94 I 3 Halbsatz 2 SGB XII nicht entgegen.[138] Ob das Kind in einer Anstalt, einem

---

[130] OLG Karlsruhe FamRZ 2003, 1763; a. A. Palandt/Diederichsen § 1612 Rn. 4
[131] Vgl. BGH, FamRZ 1982, 23, 25 = NJW 1982, 232; Münder, NJW 2001, 2202, 2203
[132] Hußmann in Heiß/Born 16 Rn. 18
[133] Vgl. dazu DH der Bundesagentur zum wortgleichen § 33 SGB II Nr. 33.31
[134] Hußmann in Heiß/Born, 16 Rn. 19
[135] Vgl. dazu die Vorauflage § 6 Rn 547 ff.
[136] Dazu BGH FamRZ 2003, 1468 mit Anm. Klinkhammer FamRZ 2004, 266
[137] Schellhorn, SGB XII, § 94 Rn. 90
[138] Schellhorn, SGB XII, § 94 Rn. 72

Heim oder in der eigenen Familie betreut wird, ist nicht entscheidend. Mehr als höchstens 46,– € kann der Sozialhilfeträger nicht fordern. Es handelt sich um eine **Pauschalabgeltung** des auf den Sozialhilfeträger übergehenden Unterhalts.[139] Sie führt bei besser gestellten Eltern behinderter oder pflegebedürftiger Kinder zu einer nachhaltigen Entlastung. Nicht oder nur eingeschränkt leistungsfähige Eltern werden nicht stärker belastet als bisher. Denn § 94 II 2 SGB XII stellt nur die Vermutung auf, dass der Anspruch in dieser Höhe übergeht und dass die Eltern zu gleichen Teilen haften. Die Eltern können dies widerlegen und den Beweis führen, dass sie nach ihren Einkommens- und Vermögensverhältnissen auch die Beträge von höchstens 46,– € nicht aufbringen können oder dass der Haftungsanteil eines Elternteils die Hälfte dieses Betrages nicht erreicht. Sie können sich nach § 94 III 1 Nr. 2 SGB XII auch darauf berufen, dass ihre Inanspruchnahme eine unbillige Härte darstellt.[140]

Für andere Unterhaltsverhältnisse, insbesondere für den Eltern- und den Ehegattenunterhalt, gilt § 94 II SGB XII nicht.

9. Unbillige Härte

Die **allgemeine Härteregelung** des § 94 III 1 Nr. 2 SGB XII schließt den Anspruchs- **87** übergang aus, wenn er eine **unbillige Härte** bedeuten würde. Die Vorschrift betrifft alle Fälle, in denen Unterhaltsansprüche auf den Sozialhilfeträger übergehen. Sie gilt insbesondere beim Kindesunterhalt, beim Ehegatten- und Elternunterhalt, aber auch beim Unterhalt nach § 1615l BGB und §§ 12, 16 LPartG. Für den Unterhalt volljähriger behinderter oder pflegebedürftiger Kinder trifft § 94 II SGB XII eine Sonderregelung (dazu Rn. 86). Die Anwendung der allgemeinen Härteregelung des § 94 III 1 Nr. 2 SGB XII wird dadurch allerdings nicht ausgeschlossen.[141]

Das Kriterium der unbilligen Härte ist ein unbestimmter Rechtsbegriff, über dessen **88** Auslegung die zuständigen Familiengerichte zu befinden haben.[142] Der Sozialhilfeträger hat daher keinen Ermessensspielraum. Das Verständnis der unbilligen Härte hängt von den sich wandelnden Anschauungen der Gesellschaft ab. Was früher im Rahmen des Familienverbandes als selbstverständlicher Einsatz der Familienmitglieder galt, wird heute vielfach als Härte empfunden. Die Härte kann in materieller oder in immaterieller Hinsicht bestehen und entweder in der Person des Unterhaltspflichtigen oder des Leistungsberechtigten vorliegen. Bei der Auslegung sind in erster Linie die Zielsetzung der Hilfe zu berücksichtigen, daneben aber auch die allgemeinen Grundsätze der Sozialhilfe, die Belange der Familie sowie die wirtschaftlichen und persönlichen Beziehungen und die soziale Lage der Beteiligten. Entscheidend ist stets, ob durch den Anspruchsübergang **soziale Belange** vernachlässigt werden.[143]

Eine unbillige Härte kann danach insbesondere gegeben sein, **89**
– wenn der Grundsatz der familiengerechten Hilfe (§ 16 SGB XII) ein Absehen von der Heranziehung gebietet, z. B. weil durch die Inanspruchnahme des Schuldners das weitere Verbleiben des Leistungsberechtigten im Familienverband gefährdet erscheint,
– wenn die laufende Heranziehung des Unterhaltspflichtigen wegen seiner sozialen und wirtschaftlichen Lage, vor allem mit Rücksicht auf die Höhe und die Dauer des Bedarfs zu einer nachhaltigen und unzumutbaren Beeinträchtigung des Unterhaltsschuldners und der übrigen Familienmitglieder führen würde
– oder wenn der Schuldner den Leistungsberechtigten in der Vergangenheit über das Maß seiner Unterhaltsverpflichtung hinaus betreut und gepflegt hat.[144]

---

[139] Wahrendorf in Grube/Wahrendorf § 94 SGB XII Rn 24
[140] So bereits BGH FamRZ 2003, 1468 (zu § 91 II 2 BSHG)
[141] BGH, FamRZ 2003, 1468 mit Anm. Klinkhammer FamRZ 2004, 266
[142] BGH, FamRZ 2004, 1097 = R 610 mit Anm. Klinkhammer FamRZ 2004, 1283; FamRZ 2003, 1468 mit. Anm. Klinkhammer FamRZ 2004, 266
[143] BGH, FamRZ 2004, 1097 = R 610 mit Anm. Klinkhammer FamRZ 2004, 1283; FamRZ 2003, 1468 mit. Anm. Klinkhammer FamRZ 2004, 266
[144] BGH, FamRZ 2004, 1097 = R 610 mit Anm. Klinkhammer FamRZ 2004, 1283; FamRZ 2003, 1468 mit Anm. Klinkhammer FamRZ 2004, 266

Diese Fallgruppen schließen die Annahme einer unbilligen Härte bei anderer Fallgestaltung nicht aus. Entscheidend ist stets, ob im Rahmen einer umfassenden Prüfung der Gesamtsituation durch den Anspruchsübergang soziale Belange berührt werden.

Dies hat der BGH[145] in einem Fall bejaht, in dem der Vater wegen einer auf seine Kriegserlebnisse zurückzuführenden psychischen Erkrankung Jahrzehnte in einer Anstalt betreut werden musste und demgemäß nicht in Lage war, für sein jetzt zum Elternunterhalt herangezogenes Kind in emotionaler und materieller Weise zu sorgen. Bei langjähriger Pflege eines volljährigen Kindes kann u. U. eine unbillige Härte bejaht werden, wenn der Elternteil das Rentenalter erreicht hat.[146] Zur Annahme einer unbilligen Härte, wenn dem Unterhaltspflichtigen nur sein Bedarf nach § 94 III 1 Nr. 1 SGB XII verbleibt, während dem Leistungsberechtigten höhere Beträge nach § 85 SGB XII bzw. Schonvermögen nach § 90 SGB XII belassen werden, vgl. Rn. 94, 104.

Der Sozialhilfeträger hat die Einschränkung des Anspruchsübergangs wegen unbilliger Härte nur zu berücksichtigen, wenn er hiervon durch vorgelegte Nachweise oder auf andere Weise Kenntnis erlangt (§ 94 III 2 SGB XII). Erst dann setzt die Pflicht der Behörde zur Amtsermittlung ein.

90   Vor Anwendung des § 94 III 1 Nr. 2 SGB XII ist stets zu prüfen, ob ein Unterhaltsanspruch nach §§ 1579, 1611 BGB verwirkt ist. Vgl. dazu Rn. 2/478, 4/596 ff. Dies setzt allerdings in der Regel schuldhaftes Verhalten des volljährigen Unterhaltsberechtigten voraus. Ist dieses zu verneinen, kann gleichwohl der Anspruchsübergang wegen unbilliger Härte ausgeschlossen sein.[147]

VI. Sozialhilferechtliche Vergleichsberechnung

1. Rechtslage bis zum 31. 12. 2004

91   Nach § 91 II 1 BSHG ging der Unterhaltsanspruch nur auf den Sozialhilfeträger über, soweit ein Hilfeempfänger sein Einkommen und Vermögen nach den Bestimmungen des Abschnitts 4 (§§ 76–89 BSHG) mit Ausnahme der §§ 84 II, 85 I Nr. 3 S. 2 BSHG einzusetzen hatte. Durch diese Bestimmung sollte der Unterhaltspflichtige in gleicher Weise wie der Hilfeempfänger geschützt werden, da er im Hinblick auf die Menschenwürde und das Sozialstaatsprinzip durch den Rückgriff des Staates auf die Unterhaltsforderung des Leistungsberechtigten nicht selbst sozialhilfebedürftig werden darf.[148] Damit ging der Schuldnerschutz im Sozialhilferecht deutlich weiter als im Unterhaltsrecht. Der Unterhaltspflichtige genoss im Rahmen des Anspruchsübergangs sozialhilferechtlich den gleichen Schutz, den er hätte, wenn er selbst Empfänger der konkreten Hilfe wäre und ihm Sozialhilfe gewährt werden müsste.[149]

Daher war zunächst festzustellen, in welchem Umfang der Pflichtige nach bürgerlichem Recht zum Unterhalt verpflichtet ist. Danach war in einer sozialhilferechtlichen **Vergleichsberechnung** zu prüfen, ob der Unterhaltsschuldner vom Sozialhilfeträger nach § 91 II BSHG nur mit einem geringeren Betrag zum Unterhalt des Hilfeempfängers herangezogen werden konnte. Nach dem Grundsatz der **Meistbegünstigung** ging der Unterhaltsanspruch nur in Höhe des geringeren Betrages auf den Sozialhilfeträger über.[150]

---

[145] BGH, FamRZ 2004, 1097 = R 610 mit Anm. Klinkhammer FamRZ 2004, 1283 (zu § 91 II 2 BSHG)
[146] BGH, FamRZ 2003, 1468 mit Anm. Klinkhammer FamRZ 2004, 266 (zu § 91 II 2 BSHG)
[147] BGH, FamRZ 2004, 1097 = R 610 mit Anm. Klinkhammer FamRZ 2004, 1283; vgl. auch BGH FamRZ 2004, 1559 = R 614 m. Anm. Born
[148] BGH, FamRZ 1990, 849; BVerwG, FamRZ 1999, 780; BSG, FamRZ 1985, 379 f.; OLG Düsseldorf, FamRZ 1999, 127
[149] BGH, FamRZ 1999, 843, 846 = R 533 b; vgl. auch BGH, FamRZ 1998, 818 = R 524; Münder, NJW 2001, 2201, 2207
[150] BGH, FamRZ 1998, 818 = R 524; OLG Düsseldorf, FamRZ 1999, 843, 846; Nr. 2, 85, 147 der Empfehlungen des Deutschen Vereins, FamRZ 2002, 931

2. Inhalt der gesetzlichen Neuregelung

a) Zweck der Gesetzesänderung. Die bis zum 31. 12. 2004 bestehende Rechtslage **92** erforderte einen beachtlichen Verwaltungsaufwand. Der Gesetzgeber wollte zur Verwaltungsvereinfachung Doppelberechnungen überflüssig machen und hat deshalb den Schuldnerschutz eingeschränkt.[151] Nach § 94 III 1 Nr. 1 SGB XII kommt es nur darauf an, ob der Pflichtige selbst Hilfe zum Lebensunterhalt nach §§ 27 ff. SGB XII bezieht oder er sie beziehen würde, wenn er den Unterhaltsanspruch erfüllt. Soweit dies der Fall ist, geht der Unterhaltsanspruch nicht auf den Sozialhilfeträger über. Diese Neuregelung führt in der Tat zu einer Vereinfachung der Berechnung, wenn der Sozialhilfeträger beim Unterhaltsschuldner Rückgriff nehmen will. Jedoch werden sich auch in Zukunft Doppelberechnungen nicht stets vermeiden lassen. Denn die Maßstäbe des Unterhaltsrechts und des Sozialhilferechts zum Einsatz von Einkommen und Vermögen sowie zur Heranziehung bestimmter Unterhaltpflichtiger decken sich nach wie vor nicht. Daher muss auch seit dem 1. 1. 2005 bei jedem Anspruchsübergang geprüft werden, ob der Schuldner **nach den Grundsätzen des Sozialhilferechts** bedürftig ist oder bedürftig würde, wenn er den Unterhaltsanspruch erfüllt. Bei dieser Kontrollberechnung wird sich allerdings in der Regel ergeben, dass der Schuldner beim Unterhalt minderjähriger oder privilegiert volljähriger Kinder durch den notwendigen Selbstbehalt des Unterhaltsrechts (§ 1603 II BGB) und bei anderen Unterhaltsverhältnissen durch den angemessenen oder billigen Selbstbehalt (§§ 1361, 1581 S. 2, 1615l III 1 BGB; §§ 12 S. 2, 16 S. 2 LPartG) auch nach Sozialhilferecht ausreichend geschützt ist; denn bereits der notwendige Selbstbehalt liegt im Allgemeinen maßvoll über der Sozialhilfe, die der Schuldner erhalten könnte. Vgl. Rn. 14.

b) Schutz des Unterhaltsschuldners vor Sozialhilfebedürftigkeit. Nach § 94 III 1 **93** Nr. 1 SGB XII hängt der Anspruchsübergang davon ab, dass der Unterhaltsschuldner nicht Bezieher von Hilfe zum Lebensunterhalt oder von Grundsicherung im Alter und bei Erwerbsminderung ist und dass er auch kein Anrecht auf derartige Hilfen hätte, wenn er den Unterhaltsanspruch erfüllen würde. Ihm muss also Einkommen in Höhe des maßgebenden Regelsatzes, der Wohnkosten, etwaigen Mehrbedarfs nach § 30 SGB XII und einmaliger Bedarfe nach § 31 SGB XII verbleiben. Erst wenn das nach Sozialhilferecht zu berücksichtigende Einkommen und Vermögen (Rn. 29 ff., 43 ff.) diese Beträge übersteigt, kommt ein Anspruchsübergang bis zur Höhe des überschießenden Betrages in Betracht.

Die sozialhilferechtliche **Vergleichsberechnung** und der Grundsatz der **Meistbegüns- 94 tigung** sind nach dem neuen Recht allerdings stark **eingeschränkt.** Nach § 91 II 1 BSHG kamen dem Unterhaltspflichtigen die hohen Einkommensgrenzen der §§ 79, 81 BSHG zugute, wenn der Hilfebedürftige Hilfe in besonderen Lebenslagen, insbesondere Eingliederungshilfe oder Hilfe zur Pflege erhielt. Nach § 94 III 1 Nr. 1 SGB XII verbleibt dem Unterhaltsschuldner aber auch dann, wenn dem Leistungsberechtigten **Hilfen nach dem 5. bis 9. Kapitel** gewährt werden, die der früheren Hilfe in besonderen Lebenslagen entsprechen, nur Einkommen in Höhe der möglichen Hilfe zum Lebensunterhalt.[152] Denn § 94 SGB XII verweist anders als § 91 II 1 BSHG nicht auf die Einkommensgrenzen für Leistungen nach dem 5. bis 9. Kapitel (§§ 85 bis 89, 90 SGB XII). Dem Berechtigten werden dagegen auch nach dem jetzt geltenden Recht (§ 85 I SGB XII) deutlich höhere Beträge als dem Unterhaltsschuldner belassen, nämlich Einkommen in Höhe des doppelten Eckregelsatzes und der Wohnkosten (ohne Heizung) ggf. zuzüglich eines Familienzuschlags;[153] das über diese Grenze hinausgehende Einkommen ist nur in angemessenem Umfang heranzuziehen (§ 87 I 1 SGB XII). Vgl. dazu Rn. 42. Ob diese Benachteiligung des Unterhaltsschuldners gegenüber dem Leistungsberechtigten mit Art. 3 GG vereinbar ist, erscheint überaus zweifelhaft. Es spricht viel dafür, in solchen Fällen im Wege verfassungskonformer Gesetzesauslegung eine unbillige Härte im Sinne des § 94 III 1 Nr. 2 SGB XII zu bejahen. Vgl. dazu Rn. 89.

---

[151] BTDrucks. 15/1514 S. 66
[152] So auch Schellhorn, SGB XII § 94 Rn. 99; Nr. 188 Empfehlungen DV SGB XII FamRZ 2005, 1387; a. A. Fichtner/Wolf, Grundsicherung, § 94 SGB XII Rn. 59
[153] Wahrendorf in Grube/Wahrendorf, § 85 SGB XII Rn. 12 ff.

95   § 94 III 1 Nr. 1 SGB XII stellt sicher, dass der Unterhaltspflichtige nur im Rahmen seiner sozialhilferechtlichen Leistungsfähigkeit zum Unterhalt herangezogen werden darf. Ebenso wie der Bedarf, also die Hilfe zum Lebensunterhalt oder die Grundsicherung im Alter und bei Erwerbsminderung, die er bezieht oder bei Erfüllung des Unterhalts beziehen würde, nach Sozialhilferecht zu bemessen ist (Rn. 47 ff.), müssen auch **Einkommen und Vermögen** des Schuldners, die diesen Bedarf mindern, nach den Grundsätzen des Sozialhilferechts beurteilt werden. Dies bedeutet, dass insoweit §§ 82 bis 84 SGB XII sowie § 90 SGB XII heranzuziehen sind, auch wenn auf diese Vorschriften in § 94 SGB XII nicht verwiesen wird. Denn die Höhe der Hilfe zum Lebensunterhalt, auf die es nach § 94 III 1 Nr. 1 SGB XII ankommt, hängt von den nach diesen Vorschriften zu ermittelnden Einkommen und Vermögen ab (§ 19 I 1 SGB XII).[154] Vgl. dazu Rn. 29 ff., 43 ff. Dies bedeutet, dass **fiktive Einkünfte** im Sinne des Unterhaltsrechts bei der Vergleichsberechnung nach § 94 III 1 Nr. 1 SGB XII grundsätzlich nicht berücksichtigt werden dürfen, da sie kein Einkommen im Sinne des § 82 SGB XII sind (Rn. 36; vgl. aber auch Rn. 101).[155] Durch den notwendigen Selbstbehalt des Unterhaltsrechts wird der Schuldner in einem solchen Fall vor sozialhilferechtlicher Hilfebedürftigkeit nicht geschützt, da bei Zurechnung fiktiven Einkommens der Selbstbehalt als gewahrt gilt, obwohl der Pflichtige effektiv keine (ausreichenden) Mittel hat, um seinen Lebensunterhalt zu bestreiten. Bei der Vergleichsrechnung nach § 94 III 1 Nr. 1 SGB XII kommt es dagegen allein auf das tatsächlich vorhandene Einkommen an. Zur ausnahmsweisen Berücksichtigung fiktiven Einkommens vgl. Rn. 101.

Beispiel:
Die 63-jährige geschiedene Ehefrau F bezieht neben einer vorgezogenen Altersrente von 100,– € ergänzende Sozialhilfe in Höhe von 550,– € (Regelsatz: 347 + Kaltmiete: 250 + Heizung und Warmwasser: 53./. Rente: 100). Da von den Wohnkosten ohne Heizung und Warmwasser von 250,– € nur 44% (= 110,– €) auf den Sozialhilfeträger übergehen können (§§ 94 I 6, 105 II SGB XII; vgl. Rn. 70), beschränkt sich der Anspruchsübergang von vornherein auf höchstens (347 + 110 + 53 – 100 =) 410,– €. Der frühere 60-jährige Ehemann M verfügt über eine Rente wegen voller Erwerbsminderung von 800,– €. Ihm wird unterhaltsrechtlich ein Aushilfseinkommen von 350,– € bereinigt zugerechnet, weil er täglich drei Stunden erwerbstätig sein kann. Seine Warmmiete beläuft sich auf 360,– €.
Der Unterhaltsbedarf der F beträgt daher nach der Düsseldorfer Tabelle ¹/₂ von (800 – 100) + (350 × ⁶/₇) = 500,– €.[156] M muss jedoch sein billiger Selbstbehalt verbleiben, der nach B IV der Düsseldorfer Tabelle (Stand: 1. 1. 2008) 1000,– € beträgt. Der Unterhaltsanspruch ist daher mit nur (800 + 350 – 1000 =) 150,– € anzusetzen. Die Hilfe zum Lebensunterhalt, die M erhalten könnte und auf die im Rahmen der Vergleichsberechung abzustellen ist, beläuft sich auf 347,– € (Regelsatz) und 360,– € (Kosten der Unterkunft) = 707,– €. Der Unterhaltsanspruch von 150,– € geht daher nur in Höhe des effektiven Einkommens von 800,– € abzüglich der möglichen Hilfe zum Lebensunterhalt von 707,– €, also in Höhe von 93,– € auf den Sozialhilfeträger über.

96   **c) Einzelheiten der Vergleichsberechnung.** Nach dem Wortlaut des § 94 III 1 Nr. 1 SGB XII kommt es nur darauf an, ob der Pflichtige Leistungsberechtigter nach dem 3. und 4. Kapitel des SGB XII ist oder bei Erfüllung des Unterhaltsanspruchs würde. Allein diese Prüfung würde die Vergleichsberechnung aber weitgehend gegenstandslos machen, da nur wenige Unterhaltsschuldner Anrecht auf Hilfe zum Lebensunterhalt oder Grundsicherung im Alter und bei Erwerbsminderung haben oder erwerben können. Vielmehr ist der Unterhaltspflichtige in den Fällen, die früher unter § 91 II 1 BSHG fielen, in der Regel erwerbsfähig, aber nach Sozialrecht möglicherweise nicht oder nur eingeschränkt leistungsfähig. Wenn der Unterhaltspflichtige erwerbsfähig ist, kann er jedoch keine Hilfe zum Lebensunterhalt nach dem SGB XII erhalten (§ 5 II 1 SGB II, § 21 S. 1 SGB XII). Er ist vielmehr auf die Grundsicherung für Arbeitsuchende angewiesen und hat bei Bedürftigkeit nur

---

[154] Wolf in Fichtner/Wenzel, Grundsicherung, § 94 SGB XII Rn. 56; Schellhorn, SGB XII § 94 Rn. 55
[155] Vgl. BGH FamRZ 1998, 818; 1999, 843, 846 (zu § 91 BSHG); Fichtner/Wolf, § 94 SGB XII Rn. 56; unklar Schellhorn, SGB XII, § 94 Rn. 97
[156] Nach den Süddeutschen Leitlinien ¹/₂ [(800 +100) + (350 × ⁹/₁₀)] – 100 = 507,50 €

Anspruch auf Leistungen zur Sicherung des Lebensunterhalts nach §§ 19 ff. SGB II. Vgl. Rn. 19 ff.

Nach Sinn und Zweck des § 94 III 1 Nr. 1 SGB XII muss aber davon ausgegangen werden, dass die Vorschrift den Übergang des Anspruchs auf den Sozialhilfeträger auch in diesem Fall einschränkt oder ausschließt. Dafür spricht zunächst, dass Hilfe zum Lebensunterhalt nach dem SGB XII und Leistungen zur Sicherung des Lebensunterhalts das Existenzminimum sichern sollen und sich daher weitgehend entsprechen. Der Zweck des § 94 III 1 Nr. 1 SGB XII, dem Unterhaltsschuldner das Existenzminimum zu belassen, kann nur erreicht werden, wenn das Arbeitslosengeld II vom Rückgriff des Sozialhilfeträgers verschont wird und wenn Einkommen unangetastet bleibt, das nicht über das Arbeitslosengeld II hinausgeht, das er erhalten könnte. Man wird im Übrigen davon ausgehen, dass ein Ausschluss des Anspruchsübergangs in diesem Fall dem Willen des Gesetzgebers entspricht, da es gerade Ziel der zum 1. 1. 2005 durchgeführten Reform war, die Empfänger von Sozialhilfe und ALG II weitgehend gleich zu behandeln (Rn. 18 ff.). Die Materialien zum SGB XII[157] und zum SGB II[158] enthalten keinen Hinweis darauf, dass der Gesetzgeber sich der Tatsache bewusst war, dass der Wortlaut des § 94 III 1 Nr. 1 SGB XII angesichts der Überführung der überwiegenden Zahl aller bisherigen Sozialhilfeempfänger in das SGB II zu eng gefasst ist. Es liegt also eine Gesetzeslücke vor, die durch analoge Anwendung des § 94 III 1 Nr. 1 SGB XII auszufüllen ist.[159]

Damit stellt sich allerdings die Frage, ob dem Erwerbsfähigen nur der Betrag verbleibt, **97** den er als Sozialhilfe nach §§ 27 ff. SGB XII erhält oder erhalten könnte oder ob auf die Leistungen zur Sicherung des Lebensunterhalts nach §§ 19 ff. SGB II abzustellen ist. Auf den ersten Blick scheint dies kaum von Bedeutung zu sein, da sich die Hilfe zum Lebensunterhalt nach dem SGB XII und die Leistungen zur Sicherung des Lebensunterhalts nach dem SGB II weitgehend entsprechen. Jedoch sind die Vorschriften der §§ 11, 12, 30 SGB II über die Anrechnung von Einkommen und Vermögen (vgl. Rn. 192 ff., 199) deutlich günstiger als die Bestimmungen des Sozialhilferechts (§§ 82 ff., 90 SGB XII; vgl. Rn. 29 ff., 43 ff.). Ich neige daher dazu, im Rahmen der Vergleichsberechnung nach § 94 III 1 Nr. 1 SGB XII auf die Leistungen abzustellen, die der Schuldner nach §§ 19 ff. SGB II erhält oder erhalten könnte. Allerdings bleibt der befristete Zuschlag zum Arbeitslosengeld II nach § 24 SGB II (Rn. 214) unberücksichtigt, da er spätestens seit der Neufassung des § 19 I SGB II zum 1. 8. 2006[160] nicht zu den existenzsichernden Leistungen zur Sicherung des Lebensunterhalts gehört.[161] Ähnliches gilt für das Einstiegsgeld nach § 29 SGB II (Rn. 215).[162] Dagegen dürften die Freibeträge, die nach §§ 11 II 1 Nr. 6, II 2, 30 SGB II vom Einkommen abzusetzen sind (Rn. 194), dem Schuldner zugute kommen.[163]

d) Vergleichsberechnung und Bedarfsgemeinschaft. Im Unterhaltsrecht bleiben **98** nachrangige Berechtigte unberücksichtigt, wenn das Einkommen des Schuldners nicht zur Befriedigung aller Unterhaltsansprüche ausreicht. Dies gilt selbst dann, wenn der nachrangige Gläubiger infolgedessen Sozialhilfe in Anspruch nehmen müsste.[164] Haben mehrere Berechtigte den gleichen Rang, kommt es nicht darauf an, ob sie mit dem Schuldner zusammenleben oder nicht. Anders ist es dagegen im Sozialhilferecht. Hilfe zum Lebensunterhalt erhält bereits derjenige, der nicht in der Lage ist, durch Einsatz von Einkommen oder Vermögen seinen Bedarf zu decken. Zur Bedarfsdeckung werden auch Einkommen und Vermögen derjenigen Personen herangezogen, die mit ihm in einer Bedarfsgemeinschaft zusammenleben (§ 19 I SGB XII; vgl. Rn. 23). Es ist daher folgerichtig, in die sozialhilferechtliche Vergleichsberechnung auch den Bedarf der Mitglieder der **Bedarfs-**

---

[157] BT-Drucks. 15/1514
[158] BT-Drucks. 15/1516
[159] Schellhorn SGB XII § 94 Rn. 95
[160] Vgl. Gesetz vom 20. 7. 2006 – BGBl. I 1706
[161] Scholz FamRZ 2006, 1417, 1421; Klinkhammer FamRZ 2006, 1171; OLG München FamRZ 2006, 1125
[162] Schellhorn, SGB XII § 94 Rn. 95
[163] A. A. Schellhorn SGB XII § 94 Rn. 95
[164] BGH, FamRZ 1996, 1272

gemeinschaft einzubeziehen. Dies war nach der bis zum 31. 12. 2004 geltenden Vorschrift des § 91 BSHG durchaus herrschende Meinung.[165] Es besteht kein Anlass, von diesem Grundsatz nach der Neuregelung des Sozialhilferechts abzuweichen.[166] Zwar stellt § 94 III 1 Nr. 1 SGB XII nach seinem Wortlaut nur auf die Sozialhilfebedürftigkeit des Unterhaltspflichtigen ab. Diese hängt jedoch nicht allein von seinem Einkommen und Vermögen ab, sondern auch davon, ob er vom Einkommen und Vermögen der anderen Mitglieder der Bedarfsgemeinschaft unterhalten werden kann (§ 19 I 2 SGB XII). Dies kommt in §§ 9 II 3, 33 II 3 SGB II noch deutlicher als im SGB XII zum Ausdruck. Vgl. Rn. 184, 250. Es wäre aber widersinnig, beim Schuldnerschutz im Rahmen des SGB XII allein auf die Sozialhilfebedürftigkeit des Unterhaltsschuldners abzustellen, im Rahmen des SGB II aber zu prüfen, ob der sozialrechtliche Bedarf des Pflichtigen durch das gesamte Einkommen und Vermögen seiner Bedarfsgemeinschaft sichergestellt werden kann. Zudem könnten die Mitglieder der Bedarfsgemeinschaft selbst sozialhilfebedürftig werden, wenn man sie im Rahmen der Vergleichsberechnung nicht berücksichtigt und der Schuldner an Berechtigte außerhalb der Bedarfsgemeinschaft Unterhalt zahlt. Denn Unterhaltsansprüche, die Berechtigte außerhalb der Bedarfsgemeinschaft geltend machen, werden anders als im Recht der Grundsicherung für Arbeitsuchende (§ 11 I 1 Nr. 7 SGB II) nicht berücksichtigt. Vgl. dazu Rn. 35, 197. Diese Gläubiger könnten daher bei Nichteinbeziehung in die Bedarfsgemeinschaft ggf. Sozialhilfe beantragen und würden damit einen unnötigen Verwaltungsaufwand verursachen.[167]

99   Dem Unterhaltsschuldner muss also nach § 94 III 1 Nr. 1 SGB XII von seinem Einkommen derjenige Betrag verbleiben, der für ihn, seinen nicht getrennt lebenden Ehegatten (Lebenspartner) und seine mit ihm in einem Haushalt lebenden minderjährigen, unverheirateten Kinder als Hilfe zum Lebensunterhalt gezahlt würde. Damit genießen, soweit es um die Frage des Anspruchsübergangs auf den Sozialhilfeträger geht, die Ansprüche der Mitglieder der Bedarfsgemeinschaft des Schuldners **sozialhilferechtlich Vorrang** vor den Ansprüchen Unterhaltsberechtigter, die nicht mit dem Pflichtigen in einem Haushalt zusammenleben. Deren Unterhaltsansprüche gehen nur auf den Sozialhilfeträger über, wenn und soweit der Pflichtige für sich und die mit ihm in einer Bedarfsgemeinschaft lebenden Angehörigen keine Hilfe zum Lebensunterhalt (auch keine Leistungen zur Sicherung des Lebensunterhalts nach §§ 19 ff. SGB II und keine Grundsicherung im Alter und bei Erwerbsminderung nach §§ 41 ff. SGB XII; dazu Rn. 94) bezieht und auch nicht beziehen würde, wenn er die Unterhaltsansprüche der Drittgläubiger erfüllt. Nach bürgerlichem Recht haben dagegen die Ansprüche aller minderjährigen und privilegiert volljährigen Kinder seit dem 1. 1. 2008 den ersten Rang (§ 1609 Nr. 1 BGB n. F.); erst dann folgen betreuende Elternteile und Ehegatten (§ 1609 Nr. 2, 3 BGB n. F.). Auf die Zugehörigkeit zum Haushalt des Schuldners kommt es nicht an. Zu den sich daraus ergebenden Schwierigkeiten vgl. 134, zum Rangverhältnis mehrerer Ehegatten Rn. 3/67 ff., 77 ff.; 5/102 ff.

100   Die Sozialämter berechnen die Sozialhilfe, die den Mitgliedern einer Bedarfsgemeinschaft gewährt wird, in der Regel in einem einheitlichen Bescheid. Dies bedeutet nicht, dass nur die Bedarfsgemeinschaft als solche einen Anspruch auf Sozialhilfe hat. **Sozialhilfeberechtigt** ist vielmehr **das einzelne Mitglied der Bedarfsgemeinschaft.**[168] Vgl. Rn. 24. Im Rahmen der Vergleichsberechnung müssen der vom Schuldner zu erfüllende Unterhaltsanspruch und die gerade vom Unterhaltsberechtigten bezogene Sozialhilfe einander gegenübergestellt werden. Die Sozialhilfe muss daher auf die einzelnen Mitglieder der Bedarfsgemeinschaft aufgeteilt werden. Dabei weisen die Sozialhilfeträger die **Wohnkosten** mit

---

[165] So die Vorauflage Rn. 6/543; Schellhorn, BSHG, § 91 Rn. 73; Luthin/Margraf Rn. 6151; Günther, MAH Familienrecht, § 13 Rn 72; Brudermüller FamRZ 1995, 1033, 1036; Münder NJW 1994, 494; Nr. 152 Empfehlungen DV, FamRZ 2002, 931; Hampel FamRZ 1996, 513, 518
[166] So auch Schellhorn SGB XII § 94 Rn. 98; Fichtner/Wolf, Grundsicherung, § 94 Rn. 58; im Ergebnis auch Nr. 188 Empfehlungen DV SGB XII, FamRZ 2005, 1387; a. A. Hußmann in Heiß/Born 16 Rn. 30
[167] So mit Recht Nr. 188 Empfehlungen DV SGB XII, FamRZ 2005, 1387
[168] Vgl. BVerwG NJW 1993, 2885 (zum BSHG); Schellhorn, SGB XII, § 19 Rn. 12; Grube in Grube/Wahrendorf § 19 SGB XII Rn. 11

Billigung der Verwaltungsgerichte und der jetzt zuständigen Sozialgerichte üblicherweise den einzelnen Mitgliedern der Bedarfsgemeinschaft nach Kopfteilen zu, und zwar ohne Rücksicht darauf, ob es sich um Erwachsene oder Kinder handelt.[169] Das BVerfG hat dagegen in seiner Entscheidung zum steuerlichen Existenzminimum den Wohnbedarf des Kindes anders berechnet, und zwar nach dem Mehrbedarf, im Wesentlichen also nach den Mehrkosten eines Kinderzimmers.[170] So werden die Wohnkosten jetzt auch beim Kinderzuschlag nach § 6 a IV 2 BKGG verteilt (Rn. 1/462 b). Dies deckt sich mit der Betrachtungsweise des Unterhaltsrechts. Dort entfallen die Wohnkosten in erster Linie auf den jeweiligen Elternteil, ggf. seinen Ehegatten und nur in geringem Umfang auf die Kinder.[171] Trotz der geschilderten Bedenken gehe ich in den Beispielen von der Praxis der Verwaltungs- und Sozialgerichte (Aufteilung der Wohnkosten nach Kopfteilen) aus.

In Ausnahmefällen kann die sozialhilferechtliche Vergleichsberechnung auch dann zur **101** Leistungsfähigkeit nach Sozialhilferecht führen, wenn dem Unterhaltsschuldner nur **fiktive Einkünfte** (Rn. 36, 95, 125) zugerechnet werden können, sein Bedarf aber durch andere sozialhilferechtlich bedeutsame Einkünfte sichergestellt wird. Dies ist z. B. der Fall, wenn der Schuldner mit einem Ehegatten (Lebenspartner) in Bedarfsgemeinschaft (Rn.23), mit einem Partner in ehe- oder lebenspartnerschaftsähnlicher Gemeinschaft (Rn. 28) oder mit einem anderen in Haushaltsgemeinschaft (Rn. 27) lebt und deren Einkommen für den sozialhilferechtlichen Bedarf aller Mitglieder der Gemeinschaft ausreicht. Unter dieser Voraussetzung kann der Schuldner auf Grund seines fiktiven Einkommens zur Unterhaltszahlung an den Sozialhilfeträger verurteilt werden, ohne dadurch selbst sozialhilfebedürftig zu werden.[172]

Beispiel:
Die selbst nicht unterhaltsberechtigte Mutter M ist erwerbsunfähig und bezieht für ihr 14-jähriges Kind K Sozialhilfe in Höhe von 278,– € (80% des Regelsatzes) + 100,– (anteilige Wohnkosten) ./. 154,– € (Kindergeld; vgl. Rn. 38) = 224,– €. Ihre Rente deckt gerade ihren eigenen sozialhilferechtlichen Bedarf. Der Vater V ist erwerbsfähig, aber arbeitslos und wird von seiner Ehefrau F unterhalten, die monatlich 2200,– € netto verdient. Er erhält mangels Bedürftigkeit kein Arbeitslosengeld II (Rn. 190). Ihm wird unterhaltsrechtlich ein fiktives Einkommen von 1200,– € zugerechnet. Er schuldet dem Kind nach der Düsseldorfer Tabelle 1/3 (Stand: 1. 1. 2008) 365 ./. 77,– € Kindergeld = 288,– €. Da der Übergang des Anspruchs in Höhe von 56,– € (56% der anteiligen Wohnkosten; Rn. 70, 100) ausgeschlossen ist (§§ 94 I 6, 105 II SGB XII), geht er nur in Höhe von (224 – 56 =) 168,– € auf den Sozialhilfeträger über. Der sozialhilferechtliche Bedarf der Ehegatten V und F von 312,– € + 312,– (§ 20 III SGB II) + 500,– € (Kosten der Unterkunft nach § 22 SGB II), also von 1124,– €, ist durch das Einkommen der F gedeckt (§ 9 I, II 1 SGB II). § 94 III 1 Nr. 1 SGB XII hindert den Forderungsübergang nicht. Denn V würde wegen des hohen Einkommens seiner Frau auch bei Erfüllung des Unterhaltsanspruchs des Kindes keine Grundsicherung für Arbeitsuchende (vgl. dazu Rn. 96 f.) erhalten. Dies gilt auch dann, wenn zugunsten der F noch Freibeträge nach §§ 11 II, 30 SGB II berücksichtigt würden (vgl. dazu Rn. 194). Der Unterhaltsanspruch von 288,– € steht also in Höhe von 168,– € dem Sozialhilfeträger, in Höhe von 120,– € K zu.

e) Elternunterhalt. Bei diesem wird § 94 III 1 Nr. 1 SGB XII kaum jemals praktisch **102** werden, weil der angemessene Selbstbehalt von 1400,– € zuzüglich 50% des Mehreinkommens (D I der Düsseldorfer Tabelle Stand: 1. 1. 2008) fast immer die Hilfe zum Lebensunterhalt bzw. die Grundsicherung im Alter und bei Erwerbsminderung übersteigen dürfte, die der Pflichtige für sich und die Angehörigen seiner Bedarfsgemeinschaft erhalten könnte. Damit weicht das neue Recht deutlich zu Lasten des Unterhaltspflichtigen vom BSHG ab, das bei der Hilfe in besonderen Lebenslagen hohe Einkommensgrenzen kannte, die auch dem Unterhaltspflichtigen zugute kamen. Vgl. dazu Rn. 91.

Beispiel:
Die 80-jährige schwerstpflegebedürftige Mutter verfügt nur über Renteneinkünfte, die ihren notwendigen Unterhalt decken. Sie erhält vom Sozialamt Hilfe zur Pflege von monatlich 600,– €. Ihr

---

[169] BVerwG NJW 1989, 313; BSG FamRZ 2008, 688
[170] BVerfG FamRZ 1999, 291, 293
[171] Nach SüdL 21.5.2 entfallen 20% des Tabellenunterhalts auf ein Kind
[172] Vgl. OLG Düsseldorf OLGReport 1998, 417 (zu § 91 BSHG)

einziger Sohn ist ledig und verdient nach Abzug berufsbedingter Aufwendungen und angemessener Altersvorsorge bereinigt 2200,– €. Ihm verbleiben der angemessene Selbstbehalt von 1400,– € (D I der Düsseldorfer Tabelle Stand: 1. 1. 2008) und die Hälfte des Mehreinkommens, insgesamt also 1800,– €. Er schuldet also Unterhalt von 400,– €. In dieser Höhe geht der Unterhaltsanspruch auf den Sozialhilfeträger über, wenn nicht eine unbillige Härte im Sinne des § 94 III 1 Nr. 2 SGB XII (Rn. 87, 103) vorliegt. Die Vergleichsberechnung nach § 94 III 1 Nr. 1 SGB XII begrenzt den Anspruchsübergang nicht.

103   Das unterhaltspflichtige Kind muss daher vor einer übermäßigen Inanspruchnahme durch einen Elternteil bzw. nach Übergang des Anspruchs durch den Sozialhilfeträger in erster Linie durch das Unterhaltsrecht geschützt werden. Die Deckung seines eigenen angemessenen Bedarfs hat Vorrang (§ 1603 I BGB). Insbesondere ist dem Schuldner die Bildung angemessener Rücklagen für sein Alter zu gestatten. Als Alterssicherung können nicht nur Rentenanwartschaften oder eine selbst genutzte Immobilie im Sinne des § 90 II Nr. 9 SGB XII dienen. Vielmehr steht es dem Kind frei, in welcher Weise es für sein Alter vorsorgt.[173] Zur Verwertung eines Grundstücks im Wege der Kreditaufnahme vgl. Rn. 71.

104   Lässt sich der Schutz des Schuldners durch das Unterhaltsrecht nicht oder nicht in ausreichender Weise verwirklichen, kann in geeigneten Fällen eine **unbillige Härte** im Sinne des § 94 III 1 Nr. 2 SGB XII bejaht und auf diesem Wege ein (teilweiser) Ausschluss des Anspruchsübergangs erreicht werden. Dabei wird man zur Vermeidung verfassungswidriger Ergebnisse der besonderen Belastung Rechnung tragen müssen, die volljährigen Kindern durch die gesetzliche Unterhaltspflicht gegenüber ihren eigenen Kindern und gegenüber ihren Eltern, aber auch durch die Finanzierung der Altersrenten im Umlageverfahren auferlegt werden. Eine Härte dürfte vor allem dann zu bejahen sein, wenn dem Schuldner die Verwertung von Einkommen oder Vermögen angesonnen wird, das der Unterhaltsberechtigte nach Sozialhilferecht zur Deckung seines Bedarfs nicht einsetzen müsste. Vgl. dazu Rn. 39 ff., 43, 89.

105   Unterhaltsansprüche der **Enkel** gegen die **Großeltern** und umgekehrt gehen nicht auf den Sozialhilfeträger über (§ 94 I 3 SGB XII). Vgl. Rn. 68. Eine Anwendung des § 94 III 1 Nr. 1 SGB XII scheidet daher von vornherein aus.

106   **f) Nachweis der Hilfebedürftigkeit des Schuldners.** Das Sozialamt hat die Einschränkung des Anspruchsübergangs durch die Vergleichsberechnung nur zu berücksichtigen, wenn es von ihren Voraussetzungen durch Nachweise oder auf andere Weise Kenntnis erlangt (§ 94 III 2 SGB XII). Den Unterhaltsschuldner trifft also die Obliegenheit, in geeigneter Weise, z.B. durch Vorlage von Bescheiden oder Gehaltsabrechnungen, zu belegen, dass er Hilfe zum Lebensunterhalt, Grundsicherung im Alter und bei Erwerbsminderung oder Leistungen zur Sicherung des Lebensunterhalts (Rn. 96) bezieht oder beziehen könnte, wenn er den fraglichen Unterhaltsanspruch erfüllen müsste. Erst wenn der Schuldner dieser Obliegenheit nachgekommen ist, setzt die Pflicht des Sozialhilfeträgers zur Amtsermittlung (§ 20 I SGB X) ein.

VII. Geltendmachung des Unterhaltsanspruchs im Prozess

1. Konsequenzen des Anspruchsübergangs

107   Nach § 94 I 1 BSHG erwirbt der Sozialhilfeträger den Unterhaltsanspruch des Leistungsberechtigten, soweit er diesem Sozialhilfe gewährt hat. Natur, Inhalt und Umfang des Anspruchs werden nicht verändert.[174] Der Sozialhilfeträger hat also im Prozess vor dem Familiengericht die klagebegründenden Tatsachen vorzutragen. Vgl. Rn. 122. Er muss insbesondere Bedarf und Bedürftigkeit des Leistungsberechtigten nach Unterhaltsrecht darlegen. Die Verweisung auf die geleistete Sozialhilfe reicht nicht aus.[175] Andererseits kann sich der Unterhaltsschuldner auf alle zivilrechtlichen Einwendungen gegen die übergegangene

---

[173] BGH, FamRZ 2006, 1511 = R 658 d mit Anm. Klinkhammer
[174] BGH, FamRZ 2002, 1698 = R 580 a mit Anm. Klinkhammer
[175] BGH, FamRZ 2003, 1468

Forderung berufen (vgl. Rn. 77, 79); er kann z. B. geltend machen, dass er nicht leistungsfähig sei, er eine Unterhaltsbestimmung nach § 1612 II 1 BGB getroffen habe und deshalb nicht zum Barunterhalt verpflichtet sei oder dass der Unterhaltsanspruch nach § 1585 b III BGB erloschen oder nach § 242 BGB wegen verspäteter Geltendmachung verwirkt sei (Rn. 80).[176] Der Unterhaltpflichtige kann ferner die Voraussetzungen des Anspruchsübergangs bestreiten. Beruft er sich darauf, dass er nach Sozialhilferecht nicht leistungsfähig sei, muss er nach § 94 III 2 SGB XII vortragen und ggf. belegen, dass er Hilfe zum Lebensunterhalt bezieht oder bei Erfüllung des Unterhaltsanspruchs beziehen würde (§ 94 III 1 Nr. 1 SGB XII) oder dass der Anspruchsübergang eine unbillige Härte bedeuten würde (§ 94 III 1 Nr. 2 SGB XII). Vgl. dazu Rn. 106.

Der Leistungsberechtigte darf für die **Zukunft** den Unterhaltsanspruch gegen den **108** Schuldner geltend machen. Das Recht des Sozialhilfeträgers, nach § 94 IV 2 SGB XII bis zur Höhe der bisherigen monatlichen Aufwendungen auf künftige Leistung zu klagen (vgl. Rn. 121), steht dem nicht entgegen. Vielmehr muss es dem Berechtigten unbenommen bleiben, durch Erwirkung und Vollstreckung eines obsiegenden Urteils den Schuldner zur Leistung zu zwingen und damit die Sozialhilfe entbehrlich zu machen. Dieses Recht kann ihm auch nicht durch Verweigerung von Prozesskostenhilfe wegen Mutwillens entzogen werden.[177] Hat allerdings der Sozialhilfeträger bereits Klage erhoben, steht einer weiteren Klage des Hilfeempfängers die Einrede der Rechtshängigkeit entgegen, soweit sich die Ansprüche decken. Hat dagegen der Gläubiger den Unterhaltsanspruch gerichtlich geltend gemacht, ist eine weitere Klage des Sozialhilfeträgers aus demselben Grund unzulässig.[178]

Erhält der Unterhaltsberechtigte **nach Rechtshängigkeit** des Unterhaltsanspruchs Sozi- **109** alhilfe und geht demgemäß der rechtshängige Anspruch im Umfang der gewährten Hilfe auf den Sozialhilfeträger über, wird der Rechtsstreit fortgeführt (§ 265 II 1 ZPO); der Kläger ist allerdings gehalten, dem gesetzlichen Forderungsübergang durch **Umstellung des Klageantrags** Rechnung zu tragen und die Verurteilung des Beklagten zur Zahlung an den Sozialhilfeträger im Umfang des Anspruchsübergangs zu begehren,[179] und zwar bis zum Ende des Monats, in dem die letzte mündliche Verhandlung stattfindet.[180] Für die Zeit danach bleibt es bei dem auf Zahlung an den Leistungsberechtigten gerichteten Antrag. Dies gilt auch dann, wenn ein Elternteil nach § 1629 III 1 BGB im Wege der Prozessstandschaft Kindesunterhalt geltend macht.[181] Eine Änderung des Klageantrags ist allerdings nicht erforderlich, wenn der Sozialhilfeträger die Unterhaltsforderung im Einvernehmen mit dem Hilfeempfänger auf diesen zurückübertragen hat (§ 94 V 1 SGB XII). Vgl. dazu Rn. 111 ff. Die Vorschriften des § 94 I 2 bis 6, III SGB XII sind sowohl im Falle des § 265 II ZPO als auch bei Rückabtretung des Unterhaltsanspruchs zu beachten.[182] Vgl. dazu Rn. 118.

Für die **Vergangenheit,** also für die Zeit vor Rechtshängigkeit, ist zunächst allein der **110** Sozialhilfeträger als Anspruchsinhaber befugt, den Unterhaltsanspruch, soweit er auf ihn übergegangen ist, gerichtlich und außergerichtlich geltend zu machen. Vollzieht sich der Anspruchsübergang nach Erwirken eines Vollstreckungstitels, ist die Vollstreckungsklausel nach § 727 ZPO dem Sozialhilfeträger als Rechtsnachfolger zu erteilen. Dieser hat darzulegen und durch öffentliche oder öffentlich beglaubigte Urkunden nachzuweisen, dass der Anspruch auf ihn übergegangen ist.[183] Dazu genügt eine Aufstellung des Sozialhilfeträgers

---

[176] BGH, FamRZ 2002, 1698 = R 580 a mit Anm. Klinkhammer
[177] So mit Recht OLG Nürnberg MDR 1999, 748; OLG Koblenz FamRZ 1997, 308; OLG München FamRZ 1995, 625; anderer Ansicht: OLG Koblenz FamRZ 2004, 1116; OLG Köln FamRZ 1994, 970; OLG Saarbrücken FamRZ 1995, 1166
[178] Vgl. dazu BGH FamRZ 1992, 797, 799 = R 447 c
[179] BGH, FamRZ 1996, 1203, 1207 = NJW 1996, 3273, 3276; FamRZ 2000, 1358 (zu § 7 UVG; insoweit in R 543 nicht abgedruckt)
[180] BGH, FamRZ 2001, 619; OLG Karlsruhe FamRZ 1995, 615, 617; Brudermüller FamRZ 1995, 17, 19
[181] BGH, FamRZ 2001, 619
[182] Vgl. dazu BGH FamRZ 2001, 619
[183] OLG Stuttgart FamRZ 2001, 838 m. w. N.; vgl. auch OLG Hamburg FamRZ 1997, 1489

über die in den jeweiligen Monaten geleistete Sozialhilfe nicht.[184] Der Unterhaltsschuldner hat jedenfalls seit dem 1. 1. 2005 die eigene Sozialhilfebedürftigkeit (§ 94 III 1 Nr. 1 SGB XII) mit der Klauselgegenklage (§ 768 ZPO) geltend zu machen.[185] Vgl. auch Rn. 122.

2. Rückübertragung des übergegangenen Unterhaltsanspruchs

111 **a) Rückabtretung, Einziehungsermächtigung, Prozessstandschaft.** Seit dem 1. 8. 1996 kann der Sozialhilfeträger den auf ihn übergegangenen Unterhaltsanspruch auf den Leistungsberechtigten zur gerichtlichen Geltendmachung rückübertragen (§ 94 V 1 SGB XII; früher § 91 I 1 BSHG).

Nach dem bis zum 31. 7. 1996 geltenden Recht war die Rückabtretung dagegen nach Auffassung des **BGH**[186] wegen Verstoßes gegen § 32 SGB I unzulässig. Nach dieser Vorschrift sind privatrechtliche Vereinbarungen nichtig, die zum Nachteil des Sozialleistungsberechtigten von den Vorschriften des Sozialgesetzbuchs abweichen, zu dem auch das BSHG gehörte. Der BGH[187] hat insbesondere auf das Prozess- und das Kostenrisiko verwiesen, das der Hilfeempfänger nach der gesetzlichen Regelung nicht zu tragen hat, das ihn aber bei einer Rückabtretung treffen kann. Es kommt daher nicht darauf an, ob sich aus der Rückabtretung für den Hilfeempfänger Vorteile ergeben, die deren Nachteile überwiegen; § 32 SGB I verbietet vielmehr jede Abwägung von Vorteilen und Nachteilen.[188] Diese Entscheidungen des BGH haben **seit dem 1. 8. 1996** für die seitdem **gesetzlich ausdrücklich zugelassene Rückabtretung** keine Bedeutung mehr. Sie gelten jedoch weiter für die Einziehungsermächtigung und die Prozessstandschaft. Dem Sozialhilfeträger ist es daher verwehrt, statt der Rückabtretung dem Hilfeempfänger eine Einziehungsermächtigung zu erteilen und ihn zu beauftragen, den übergegangenen Unterhaltsanspruch für ihn im Wege der gewillkürten Prozessstandschaft geltend zu machen.[189] Der BGH hat dies in den Entscheidungen zu der bis zum 31. 7. 1996 geltenden Fassung des § 91 BSHG nicht nur wegen Verstoßes gegen § 32 SGB I, sondern auch deshalb für unzulässig gehalten, weil dem Hilfeempfänger ein eigenes schutzwürdiges Interesse fehlt, die auf den Sozialhilfeträger übergegangenen Ansprüche im eigenen Namen geltend zu machen.[190] Das eigene schutzwürdige Interesse wird nicht allein dadurch begründet, dass eine Abtretung zulässig ist. Bei der Einziehungsermächtigung, die lediglich die materiell-rechtliche Grundlage der gewillkürten Prozessstandschaft ist, muss der Ermächtigte (der Leistungsberechtigte) vielmehr ein eigenes Interesse daran haben, dass er den beim Gläubiger (dem Sozialhilfeträger) verbliebenen Anspruch geltend macht. Daran fehlt es jedoch; denn durch die Einziehungsermächtigung und die Prozessstandschaft erlangt der Leistungsberechtigte keine eigenen Vorteile. Im Gegenteil wird seine Rechtsstellung im Prozess erschwert, da er auf die Belange des Sozialhilfeträgers Rücksicht zu nehmen hat.[191]

Rückabtretungen, die vor dem 1. 8. 1996 erfolgt und damit nichtig sind, werden durch die spätere Rechtsänderung nicht geheilt; notwendig ist vielmehr eine **Neuvornahme** nach § 141 BGB.[192]

112 Die Rückabtretung erfasst nur den bereits übergegangenen Unterhaltsanspruch. Für die Zukunft bedarf es daher einer Rückabtretung nicht. Der Unterhaltsgläubiger bleibt trotz des Anspruchsübergangs aktivlegitimiert (Rn. 108). Erhält er während des Prozesses weiter

---

[184] OLG Hamburg FamRZ 1997, 1489; a. A. OLG Karlsruhe FamRZ 2004, 556; OLG Zweibrücken FamRZ 2007, 2779
[185] OLG Karlsruhe FamRZ 2004, 125
[186] FamRZ 1996, 1203 = NJW 1996, 3273
[187] FamRZ 1996, 1203, 1205 = NJW 1996, 3273, 3275
[188] BGH, FamRZ 1997, 608
[189] OLG Celle FamRZ 1998, 1444
[190] BGH, FamRZ 1997, 608; FamRZ 1996, 1203, 1206 = NJW 1996, 3273, 3275; die Entscheidung des BGH FamRZ 1998, 357 betrifft § 7 UVG und ist zudem durch die Einfügung des § 7 IV UVG in das Gesetz hinsichtlich der hier interessierenden Problematik überholt
[191] BGH, FamRZ 1996, 1203, 1206 = NJW 1996, 3273, 3275
[192] BGH, FamRZ 1997, 608; OLG Düsseldorf FamRZ 1997, 501

Sozialhilfe, kann er dem Anspruchsübergang durch Umstellung des Klageantrags Rechnung tragen (Rn. 109). Man wird aber auch die (Rück-)Abtretung der künftig in der Person des Sozialhilfeträgers entstehenden Unterhaltsansprüche für zulässig erachten können.

b) Einvernehmen. Die Rückabtretung setzt das Einvernehmen des Leistungsberechtig- **113** ten voraus. Sie ist kein mitwirkungsbedürftiger Verwaltungsakt, sondern eine privatrechtliche Vereinbarung zwischen Sozialhilfeträger und Hilfeempfänger.[193] Die Beteiligten müssen also einen Vertrag schließen, der tunlichst die Einzelheiten der Prozessführung regelt, z. B. Hinzuziehung eines Anwalts, Weisungsrecht des Sozialhilfeträgers (Rn. 114), Kosten und Prozesskostenhilfe (Rn. 116 f.).[194] Allein die Abtretungserklärung des Sozialhilfeträgers reicht nicht aus. Vielmehr muss der Leistungsberechtigte das darin liegende Angebot angenommen haben. Hiervon kann im Unterhaltsprozess allerdings regelmäßig ausgegangen werden, wenn der klagende Leistungsberechtigte die Abtretungserklärung des Sozialhilfeträgers vorlegt. Dieser wird im Allgemeinen auf den Zugang der Annahmeerklärung verzichtet haben, so dass der Vertrag nach § 151 BGB zustande gekommen ist.[195]

Da die Rückabtretung das Einvernehmen des Leistungsberechtigten voraussetzt, ist dieser nicht gezwungen, das entsprechende Angebot des Sozialhilfeträgers anzunehmen. Die weitere Gewährung der Sozialhilfe darf gemäß § 2 I SGB XII nicht davon abhängig gemacht werden, dass die leistungsberechtigte Person die Rückabtretung annimmt und den Unterhaltsanspruch für die zurückliegende Zeit gegen den Schuldner gerichtlich geltend macht. Denn für die Vergangenheit – und nur darum geht es hier – kann sich der Leistungsberechtigte nicht mehr selbst helfen. Vielmehr ist ihm durch Gewährung von Sozialhilfe bereits geholfen. Zum Grundsatz der Selbsthilfe bzgl. künftigen Unterhalts vgl. Rn. 7.

Die Rückabtretung hat, auch wenn dies im Abtretungsvertrag nicht ausdrücklich erwähnt **114** wird, treuhänderischen Charakter.[196] Ihr liegt ein **Auftrag** oder jedenfalls ein auftragsähnliches Geschäft zugrunde. Daher sind **im Innenverhältnis** §§ 662 ff. BGB anzuwenden.[197] Der Leistungsberechtigte übernimmt mit Abschluss der Vereinbarung die Pflicht zur unentgeltlichen Ausführung des Auftrags, also zur gerichtlichen Geltendmachung des rückabgetretenen Unterhaltsanspruchs (§ 662 BGB); er kann sich wegen einer Vertragsverletzung schadensersatzpflichtig machen.[198] Er ist grundsätzlich an die Weisungen des Sozialhilfeträgers gebunden (§ 665 BGB), hat Auskunft über den Stand der Sache zu erteilen, Rechenschaft zu legen (§ 666 BGB) und das Erlangte herauszugeben, insbesondere Zahlungen des Schuldners auf den rückabgetretenen Unterhaltsanspruch an den Sozialhilfeträger weiterzuleiten (§ 667 BGB). Der Sozialhilfeträger kann den Auftrag jederzeit widerrufen, der Leistungsberechtigte kann ihn jederzeit kündigen; eine Kündigung zur Unzeit ist jedoch nicht zulässig und verpflichtet zum Schadensersatz (§ 671 I, II BGB). Der Sozialhilfeträger muss die Aufwendungen des Leistungsberechtigten ersetzen, die dieser nach den Umständen für erforderlich halten darf (§ 670 BGB). Dies gilt insbesondere für den Ersatz der Prozesskosten, worauf § 94 V 2 SGB XII ausdrücklich hinweist. Vgl. dazu Rn. 116.

c) Gerichtliche Geltendmachung. Der übergegangene Unterhaltsanspruch darf nach **115** § 94 V 1 SGB XII zur gerichtlichen Geltendmachung (rück-)abgetreten werden. Das spricht dafür, dass ein Prozess des Hilfeempfängers gegen den Unterhaltspflichtigen bereits anhängig sein oder jedenfalls unmittelbar bevorstehen muss, bedeutet allerdings nicht, dass der Leistungsberechtigte nur zur gerichtlichen Geltendmachung des Unterhaltsanspruchs befugt ist. Er ist vielmehr in vollem Umfang Gläubiger des Unterhaltsanspruchs, kann deshalb den Pflichtigen in Verzug setzen und mit ihm einen außergerichtlichen, aber auch einen gerichtlichen Vergleich schließen. Derartige Vergleiche sind für den Sozialhilfeträger bindend. Die Einschränkung der Rückabtretung in der Weise, dass der Leistungsberechtigte einen Vergleich nur mit Zustimmung des Sozialamts abschließen darf, ist lediglich eine Weisung, die allein für das Innenverhältnis maßgebend ist (vgl. dazu Rn. 114), aber die Stellung des

---

[193] BGH, FamRZ 1996, 1203, 1205 = NJW 1996, 3273, 3275; FamRZ 1997, 608
[194] Vgl. Nr. 194 Empfehlungen DV SGB XII, FamRZ 2005, 1387; Münder NJW 2001, 2201, 2209
[195] Offen gelassen von BGH FamRZ 1997, 608
[196] Vgl. dazu OLG Köln FamRZ 1998, 175
[197] BGH, FamRZ 1996 1203, 1205 = NJW 1996, 3273, 3274
[198] BGH, a. a. O.

Leistungsberechtigten als verfügungsberechtigten Gläubigers des rückabgetretenen Anspruchs nicht berührt (§ 137 S. 2 BGB).

Ergibt sich, dass die Rechtsverfolgung nicht aussichtsreich oder z. B. mangels Vollstreckungsmöglichkeit untunlich ist, kann der Sozialhilfeträger den mit der Rückabtretung verbundenen Auftrag widerrufen, der Leistungsberechtigte kann kündigen (vgl. Rn. 114). Besondere Voraussetzungen brauchen nicht erfüllt zu sein.

116   **d) Kosten.** Nach § 94 V 2 SGB XII hat der Sozialhilfeträger Kosten, mit denen der Leistungsberechtigte durch die Rückabtretung selbst belastet wird, zu übernehmen. Dies ist eine gesetzliche Folge der Rückabtretung und braucht daher nicht Bestandteil des Abtretungsvertrages selbst zu sein.[199] Lehnt es dagegen der Sozialhilfeträger ausdrücklich ab, Kosten zu übernehmen, so ist eine derartige Erklärung nichtig (§ 134 BGB, § 32 SGB I); dies führt im Zweifel nach § 139 BGB auch zur Nichtigkeit der Rückabtretung selbst.[200] Eine unzulässige Einschränkung der Rückabtretung liegt auch vor, wenn der Sozialhilfeträger Kosten nur in dem Umfang übernehmen will, der auch durch Prozesskosten- oder Beratungshilfe abgedeckt wäre. Der Sinn des § 94 V 2 SGB XII liegt gerade darin, den Schuldner vor solchen Kosten zu bewahren, die trotz Gewährung von Prozesskostenhilfe auf ihn zukommen können,[201] z. B. vor den Wahlanwaltsgebühren seines Rechtsanwalts (vgl. § 50 RVG)[202] oder vor dem Kostenerstattungsanspruch des obsiegenden Gegners (§ 123 ZPO).[203]

117   Ob dem Leistungsberechtigten für den rückabgetretenen Teil des Unterhaltsanspruchs, dessen zusätzliche Geltendmachung vielfach den Streitwert erhöht (§ 42 V 1 GKG), **Prozesskostenhilfe** bewilligt werden kann, ist zweifelhaft.[204] Durch die Formulierung des § 94 V 2 SGB XII, dass Kosten, mit denen die leistungsberechtigte Person, also der Unterhaltsberechtigte, selbst belastet wird, (vom Sozialhilfeträger) zu übernehmen sind, wird klargestellt, dass die Prozesskostenhilfe vorrangig zur Deckung der Prozesskosten heranzuziehen ist.[205] Der Sozialhilfeträger ist daher im Fall der Rückabtretung des Unterhaltsanspruchs nicht verpflichtet, dem Leistungsberechtigten einen Prozesskostenvorschuss zu leisten.[206] Auch der Unterhaltsschuldner ist im Falle des § 94 I BSHG nicht vorschusspflichtig (vgl. Rn. 6/30).[207] Man wird daher dem Sozialhilfeempfänger grundsätzlich Prozesskostenhilfe bewilligen müssen, insbesondere für eine Klage auf künftigen Unterhalt.[208] Klagt er dagegen ausschließlich oder im Wesentlichen rückständigen Unterhalt ein, kann Prozesskostenhilfe wegen Mutwillens versagt werden, da der Unterhaltsberechtigte hier ersichtlich vorgeschoben wird, um den Prozess auf Staatskosten im Interesse des Sozialhilfeträgers zu führen, der selbst nicht bedürftig im Sinne des § 114 f. ZPO ist.[209] Der Leistungsberechtigte und sein Anwalt brauchen sich nicht auf die Prozesskostenhilfe (und damit nicht auf die niedrigeren Anwaltsgebühren) verweisen zu lassen. Der Unterhaltsberechtigte kann sein Einvernehmen mit der Rückabtretung (Rn. 113) davon abhängig machen, dass der Sozialhilfeträger die zusätzlichen Kosten übernimmt, die durch die Geltendmachung des Unterhaltsanspruchs für die zurückliegende Zeit entstehen werden.

---

[199] BGH, FamRZ 2000, 221, 222; OLG Köln FamRZ 1997, 297; a. A. OLG Hamm FamRZ 1998, 174

[200] OLG Hamm FamRZ 2000, 1222

[201] So die Begründung zum Regierungsentwurf des KindUG, BT-Drucks. 13/7338 S. 46

[202] Zöller/Philippi, ZPO § 120 Rn. 17

[203] Schellhorn, SGB XII § 94 Rn. 145

[204] Für die Gewährung von Prozesskostenhilfe: OLG Hamm FamRZ 1997, 275; OLG Köln FamRZ 2003, 100; dagegen KG FamRZ 2003, 99; OLG Karlsruhe FamRZ 1999, 1508

[205] So die Begründung zum Entwurf des KindUG zur Neufassung des wortgleichen § 7 IV UVG, BT-Drucks. 13/7338 S. 46

[206] OLG Köln FamRZ 1998, 175; OLG Nürnberg MDR 1999, 747; a. A. BGH v. 2. 4. 2008 – XII ZB 266/03, BeckRS 2008 08469; OLG Celle MDR 1999, 101

[207] AG Mosbach, FamRZ 1997, 1090

[208] A. A. BGH v. 2. 4. 2008 – XII ZB 266/03 BeckRS 2008 08469; OLG Naumburg FamRZ 2001, 1081

[209] BGH a. a. O.; OLG Oldenburg FamRZ 2003, 1761; teilweise a. A. OLG Köln FamRZ 2003, 100

e) Wirkungen der Rückabtretung. Nach der Rückabtretung steht der Unterhalts- 118 anspruch wieder dem unterhaltsberechtigten Sozialhilfeempfänger zu. Zahlungen des Schuldners sind an ihn zu leisten. Dies kann für den Sozialhilfeträger gefährlich werden, wenn der Gläubiger eingegangene Zahlungen nicht an ihn weiterleitet. Deshalb sieht § 94 V 1 SGB XII eine erneute Abtretung des Anspruchs an den Sozialhilfeträger vor (vgl. Rn. 119). Die Rückabtretung macht den gesetzlichen Übergang des Unterhaltsanspruchs nicht ungeschehen. Vor allem bleibt es dabei, dass der Unterhaltsanspruch weiterhin der Verjährung unterliegt. Die durch den Forderungsübergang entfallende Hemmung der Verjährung (vgl. § 207 I BGB)[210] tritt nicht wieder in Kraft. Vgl. Rn. 77, 274.

Die Rückabtretung lässt die Prüfung, ob die sozialhilferechtlichen Schutzvorschriften zugunsten des Unterhaltspflichtigen (§ 94 I 3, 4 und III 1 Nr. 1, 2 SGB XII) eingreifen, nicht entbehrlich werden.[211] Nach diesen Vorschriften ist der Anspruchsübergang auf den Sozialhilfeträger in bestimmten Fällen ausgeschlossen. Dann geht die Rückabtretung ins Leere. Der Unterhaltsanspruch steht damit scheinbar nach wie vor dem Unterhaltsberechtigten zu. Es ergibt sich dann jedoch die Problematik, die in Rn. 126 ff. eingehend erörtert wird.

3. Erneute Abtretung an den Sozialhilfeträger

Nach § 94 V 1 SGB XII kann der Träger der Sozialhilfe den auf ihn übergegangenen 119 Unterhaltsanspruch zunächst im Einvernehmen mit dem Hilfeempfänger auf diesen zur gerichtlichen Geltendmachung rückübertragen und sich dann den geltend gemachten Unterhaltsanspruch erneut abtreten lassen. Sinnvoll ist die Abtretung des „geltend gemachten Unterhaltsanspruchs" vor allem dann, wenn sie erst nach Erlass eines rechtskräftigen Urteils erfolgt, da eine frühere Abtretung des rückübertragenen Unterhaltsanspruchs an den Sozialhilfeträger die Aktivlegitimation des Unterhaltsberechtigten im Prozess gegen den Pflichtigen beseitigen würde. Nach Rechtskraft des Urteils erlaubt die Abtretung des zugunsten des Leistungsberechtigten titulierten Anspruchs dagegen dem Sozialhilfeträger, die Vollstreckungsklausel gemäß § 727 I ZPO auf sich umschreiben zu lassen und die Zwangsvollstreckung gegen den Unterhaltsschuldner zu betreiben. Vgl. dazu Rn. 110. Dieser komplizierte Weg kann dadurch etwas vereinfacht werden, dass die Beteiligten schon bei der Rückabtretung des Unterhaltsanspruchs an den Hilfeempfänger vereinbaren, dass dieser den Anspruch unter der aufschiebenden Bedingung, dass ein Vollstreckungstitel erwirkt wird, erneut an den Sozialhilfeträger abtritt.

4. Konkurrenz zwischen Unterhaltsberechtigtem und Sozialhilfeträger

Der gesetzliche Anspruchsübergang des § 94 SGB XII kann dazu führen, dass der Sozial- 120 hilfeträger den auf ihn übergegangenen Anspruch und der Unterhaltsberechtigte den darüber hinausgehenden Anspruchsteil einklagen. Hier hilft, wenn der Leistungsberechtigte einverstanden ist (Rn. 113), die Rückabtretung des auf den Sozialhilfeträger übergegangenen Anspruchs oder Anspruchsteils nach § 94 V 1 SGB XII. Dann ist allein der Leistungsberechtigte aktivlegitimiert. Im Übrigen lässt sich die Anspruchskonkurrenz durch ein Zusammenwirken des Sozialhilfeträgers und des Leistungsberechtigten entschärfen, indem sie z. B. im selben Prozess als Streitgenossen auftreten. Dies belastet den Leistungsberechtigten weniger, da er sich nicht durch ein auftragsähnliches Rechtsverhältnis, das der Rückabtretung zugrunde liegt (Rn. 114), verpflichtet, auf die Interessen des Sozialhilfeträgers Rücksicht zu nehmen.[212] Das häufig gehörte Argument, dass die Sozialhilfebehörden weder über die persönlichen noch über die sachlichen Mittel verfügten, um die übergegangenen Unterhaltsansprüche mit Nachdruck zu verfolgen, verfängt nicht. Die öffentliche Hand kann sich nicht mit dem Argument leerer Kassen ihren Aufgaben entziehen. Zudem sind die

---

[210] BGH, FamRZ 2006, 1664, 1666 = R 657 d
[211] Vgl. dazu Münder, NJW 2001, 2201, 2210
[212] Vgl. BGH FamRZ 1996, 1203, 1206 = NJW 1996, 3273, 3275

Sozialhilfeträger nicht gezwungen, selbst Volljuristen zu beschäftigen. Sie können wie kleinere Firmen, die über keine eigene Rechtsabteilung verfügen, einen Anwalt mit ihrer ständigen Beratung und Vertretung beauftragen. Die Erstattung der dadurch entstehenden Kosten können sie – jedenfalls zum großen Teil – nach § 91 ZPO von den Unterhaltsschuldnern verlangen, wenn sie diese wirklich nur in aussichtsreichen Fällen in Anspruch nehmen.

121 Für die Zukunft kann der **Sozialhilfeträger** bis zur Höhe der bisherigen monatlichen Aufwendungen **auf künftige Leistung klagen,** wenn die Hilfe voraussichtlich auf längere Zeit, das sind mindestens sechs Monate,[213] gezahlt werden muss (§ 94 IV 2 SGB XII). In das Urteil braucht nicht die Bedingung aufgenommen zu werden, dass auch künftig Sozialhilfe in Höhe der zugesprochenen Beträge gewährt wird.[214] Vielmehr entfällt der Anspruchsübergang ohne weiteres mit Einstellung der Sozialhilfe.[215] Dies kann der Schuldner ggf. mit der Vollstreckungsgegenklage (§ 767 ZPO) geltend machen. Zur Rechtslage, wenn sowohl Berechtigter als auch Sozialhilfeträger denselben Anspruch einklagen, vgl. Rn. 108, 120.

122 Obwohl die ordentlichen Gerichte im Rahmen des § 94 SGB XII über öffentlich-rechtliche Fragen zu entscheiden haben und insoweit Aufgaben erfüllen, die eher den Sozialgerichten zuzuordnen sind (Rn. 17), gilt nicht das Prinzip der Amtsermittlung. Vielmehr haben die Parteien die **Darlegungs- und Beweislast;** sie haben daher die erheblichen Tatsachen vorzutragen und zu beweisen. Klagt der Unterhaltsgläubiger trotz Sozialhilfebezugs, muss er bei Bestreiten der Aktivlegitimation dartun, dass der Anspruch nicht auf den Sozialhilfeträger übergegangen ist.[216] Der Sozialhilfeträger hat entgegen dem bis zum 31. 12. 2004 geltenden Recht[217] nicht mehr die Darlegungs- und Beweislast dafür, dass der Schuldner nach der öffentlich-rechtlichen Vergleichsberechnung (vgl. Rn. 91 ff.) leistungsfähig ist. Vielmehr hat der Schuldner nach § 94 III 2 SGB XII darzutun und in geeigneter Weise zu belegen, dass er nach Sozialhilferecht nicht leistungsfähig ist oder dass der Anspruchsübergang eine unbillige Härte bedeuten würde. Vgl. dazu Rn. 87, 106. Der Schuldner muss ferner wie in jedem Unterhaltsprozess seine Leistungsunfähigkeit nach Unterhaltsrecht dartun und beweisen.[218] Zum Nachweis des Anspruchsübergangs im Rahmen des § 727 ZPO vgl. Rn. 110.

5. Abänderungsklage

123 Parteien des Prozesses, in dem es um die Abänderung eines Unterhaltstitels geht, sind die Parteien des Vorprozesses und deren Rechtsnachfolger, soweit sich die Rechtskraft des Urteils auf sie erstreckt oder soweit sie durch einen Vergleich oder eine andere vollstreckbare Urkunde gebunden sind.[219] Der Anspruchsübergang nach § 94 SGB XII wirft insoweit eine Reihe von Fragen auf:[220]
- Hat der Sozialhilfeträger ein Urteil über künftigen Unterhalt erwirkt (Rn. 121), kann er selbst Abänderungsklage erheben; die Klage des Unterhaltspflichtigen ist gegen ihn zu richten.[221]
- Der Sozialhilfeträger kann Abänderungsklage erheben, wenn der Berechtigte einen Unterhaltstitel in den Händen hat und er nunmehr Sozialhilfe bezieht, die den titulierten Anspruch übersteigt.[222] Soweit der Vollstreckungstitel reicht, kommt eine Umschreibung der Vollstreckungsklausel auf den Sozialhilfeträger in Betracht. Vgl. dazu Rn. 110.

---

213 Schellhorn, SGB XII § 94 Rn. 139
214 So mit Recht OLG Koblenz FamRZ 1996, 756
215 Schellhorn, SGB XII § 94 Rn. 139
216 Brudermüller FuR 1995, 17, 22
217 Dazu die Vorauflage Rn. 6/563
218 Vgl. BGH, FamRZ 1992, 797 = R 447a
219 OLG Brandenburg FamRZ 2004, 552; vgl. auch BGH, FamRZ 1992, 797 = R 447a
220 Zusammenstellung der Problematik im Rechtsgutachten DIJuF, JAmt 2001, 32
221 BGH, FamRZ 1992, 797, 800; OLG Brandenburg FamRZ 1999, 1512
222 BGH, FamRZ 1986, 153

- Wenn der Pflichtige die Abänderung eines Urteils erstrebt, ist die Klage gegen den Unterhaltsberechtigten zu erheben, da die Abänderung des Titels zugunsten des Schuldners nur für die Zeit nach Klageerhebung möglich ist (§ 323 III ZPO) und der Anspruchsübergang nach Rechtshängigkeit unerheblich ist (§ 265 II 1 ZPO).[223] Vgl. dazu auch Rn. 109. Kann der Titel, z. B. ein gerichtlicher Vergleich oder eine Jugendamtsurkunde, für die Zeit vor Rechtshängigkeit abgeändert werden (vgl. Rn. 10/165 d), muss die Klage hinsichtlich des künftigen Unterhalts gegen den leistungsberechtigten Unterhaltsgläubiger, hinsichtlich des rückständigen und auf den Sozialhilfeträger übergegangenen Unterhalts gegen diesen gerichtet werden.[224] Wird der Unterhaltsberechtigte verklagt, kann er sich trotz des Anspruchsübergangs darauf beschränken, Klageabweisung zu beantragen. Er braucht nicht darauf hinzuwirken, dass das frühere Urteil dahin abgeändert wird, dass der Unterhalt für die Zeit vor der letzten mündlichen Verhandlung im Umfang des Anspruchsübergangs an den Sozialhilfeträger zu zahlen ist. Vielmehr ist dem Anspruchsübergang durch Umschreibung der Vollstreckungsklausel nach § 727 I ZPO Rechnung zu tragen, wenn sich die Abänderungsklage als unbegründet erweist. Vgl. dazu Rn. 110. Soweit der Titel zugunsten des Pflichtigen abgeändert wird, kommt es auf den gesetzlichen Forderungsübergang nicht mehr an.

VIII. Rechtslage bei Ausschluss des Anspruchsübergangs

1. Geltendmachung des Unterhaltsanspruchs durch den Sozialhilfeträger

Dem Sozialhilfeträger ist nach § 94 SGB XII der Rückgriff gegen den Unterhaltsschuld- **124** ner in zahlreichen Fällen verwehrt. Der **Übergang** des Unterhaltsanspruchs auf ihn ist insbesondere **ausgeschlossen**

- bei Unterhaltsansprüchen gegen Verwandte zweiten oder eines entfernteren Grades (Rn. 68),
- bei Unterhaltsansprüchen einer Schwangeren oder eines erwachsenen Kindes, das ein eigenes leibliches Kind bis zum 6. Lebensjahr betreut, gegen Verwandte ersten Grades, insbesondere gegen die Eltern (Rn. 68),
- wenn und soweit die öffentlich-rechtliche Vergleichsberechnung nach Sozialhilferecht eine geringere Leistungsfähigkeit als nach Unterhaltsrecht ergibt (Rn. 92 ff.),
- wenn und soweit eine unbillige Härte vorliegt (Rn. 87).

Soweit der **Anspruchsübergang teilweise ausgeschlossen** ist, kann der Sozialhilfeträger nur auf den restlichen (übergegangenen) Teil des Anspruchs gegen den Unterhaltsverpflichteten zurückgreifen. Diese Konstellation kommt insbesondere bei der sozialhilferechtlichen Vergleichsberechnung (Rn. 92 ff.) vor.

Die weiteren Fälle des Ausschlusses des Anspruchsübergangs sind in diesem Zusammenhang nicht von Interesse. Die Haftung eines Mitglieds der Bedarfsgemeinschaft gegenüber dem Sozialhilfeträger ist öffentlich-rechtlich geregelt (vgl. Rn. 25, 68). Bei Erfüllung des Unterhaltsanspruchs durch laufende Zahlung geht es nicht um die Berechtigung des Sozialhilfeträgers, sondern darum, inwieweit der Schuldner mit befreiender Wirkung an den Unterhaltsberechtigten zahlen kann (vgl. Rn. 84).

Der Sozialhilfeträger hat Umstände, die den Unterhaltsanspruch des Leistungsberechtigten **125** begründen, insbesondere Bedarf und Bedürftigkeit nach Unterhaltsrecht, **darzulegen und ggf. zu beweisen.** Der Unterhaltsschuldner hat dagegen die Darlegungs- und Beweislast für seine Leistungsunfähigkeit und für sonstige Einwendungen oder Einreden gegen den Unterhaltsanspruch. Ferner hat er nach § 94 III 2 SGB XII vorzutragen und zu belegen, dass er selbst Hilfe zum Lebensunterhalt bezieht oder bei Erfüllung des Unterhaltsanspruchs

---

[223] Vgl. OLG Düsseldorf FamRZ 1994, 764, das jedoch zu Unrecht eine Ausnahme von diesem Grundsatz zulässt, wenn die Unterhaltsberechtigte hilflos ist und unter Betreuung steht
[224] OLG Brandenburg FamRZ 2004, 552; OLG Karlsruhe FamRZ 2005, 1756, das allerdings auch eine Klage gegen den Sozialhilfeträger allein zulässt

beziehen würde, ferner dass der Anspruchsübergang eine unbillige Härte bedeuten würde. Es gehört daher nicht mehr zur Schlüssigkeit der Klage des Sozialhilfeträgers, dass er eine **sozialhilferechtliche Vergleichsberechnung** vorlegt. Dazu besteht erst Anlass, wenn der Unterhaltsschuldner die Voraussetzungen des § 94 III 1 Nr. 1 SGB XII dargetan hat.

Fiktives Einkommen, das dem Schuldner wegen Verletzung der unterhaltsrechtlichen Erwerbsobliegenheit zugerechnet wird, darf in diesem Rahmen grundsätzlich nicht berücksichtigt werden (vgl. Rn. 36, 95). Entscheidend sind in aller Regel allein die effektiven Einkünfte des Schuldners.[225] Zu Ausnahmen vgl. Rn. 101. Daher muss die Klage des Sozialhilfeträgers abgewiesen werden, wenn dem Schuldner fiktives Einkommen zugerechnet wird und er über anderes Einkommen nicht verfügt. Dies gilt auch dann, wenn der Sozialhilfeträger von seiner Befugnis Gebrauch macht, nach § 94 IV 2 SGB XII bis zur Höhe der bisherigen monatlichen Aufwendungen auf künftige Leistung zu klagen (vgl. Rn. 121).[226] Zur Klage des leistungsberechtigten Unterhaltsgläubigers bei fiktivem Einkommen vgl. Rn. 131 ff.

2. Geltendmachung des Unterhaltsanspruchs durch den Leistungsberechtigten

126   Ist der Übergang des Anspruchs in den in Rn. 124 erwähnten Fällen ausgeschlossen, verbleibt der Unterhaltsanspruch beim Berechtigten. Eine gleichwohl vorgenommene Rückabtretung geht ins Leere. Der Leistungsberechtigte kann also – jedenfalls auf den ersten Blick – den Unterhaltsanspruch gegen den Verpflichteten geltend machen, ohne dass die erhaltene Sozialhilfe angerechnet wird, da diese subsidiär ist (§§ 2 I, 19 I SGB XII). Vgl. dazu Rn. 7 f. Eine Verpflichtung zur Rückzahlung der Sozialhilfe besteht nicht.[227] Wenn und soweit es dem Hilfeempfänger gelingt, aus einem obsiegenden Urteil zu vollstrecken, wäre sein **Bedarf doppelt gedeckt.** Dieses Ergebnis kann nicht befriedigen. Es wird daher die Auffassung vertreten, dass jedenfalls dann, wenn der Unterhaltsanspruch nicht auf den Sozialhilfeträger übergeht, die erhaltene Sozialhilfe als bedarfsdeckend anzusehen ist.[228] Der BGH ist dieser Ansicht entgegen getreten, hält es aber für möglich, dass dem Gläubiger in einem solchen Fall für die Vergangenheit unter bestimmten Voraussetzungen der Einwand der unzulässigen Rechtsausübung entgegen gehalten wird.[229] Dies kann dazu führen, dass der Gläubiger den Anspruch in Höhe der erhaltenen Sozialhilfe nicht mehr geltend machen kann. De facto würde die Sozialhilfe dann als bedarfsdeckend behandelt.

127   Betrachtet man die Problematik nur aus der Sicht des Unterhaltsrechts, dürfte man die Sozialhilfe nicht als bedarfsdeckend anerkennen, da sie subsidiär und damit kein anrechnungsfähiges Einkommen ist und sich die Leistungsfähigkeit des Schuldners nur nach bürgerlichem Recht bestimmt. Sieht man das Problem dagegen allein aus der Sicht des Sozialhilferechts, müsste die Sozialhilfe auch den Unterhaltsbedarf decken, da es widersinnig wäre, den Schuldner für Unterhalt in weiterem Umfang haften zu lassen, als es den sozialhilferechtlichen Schutzvorschriften des § 94 SGB XII entspricht. Der Schuldner, der über das Maß des Sozialhilferechts hinaus zum Unterhalt verpflichtet wäre, hätte möglicherweise selbst Anspruch auf ergänzende Sozialhilfe. Die Lösung dieses Problems kann nicht darin bestehen, dem Unterhaltsrecht oder dem Sozialhilferecht den Vorrang einzuräumen. Der Gesetzgeber hat die Unterschiede zwischen Sozialhilfe- und Unterhaltsrecht sehr wohl gesehen, gleichwohl aber von einer Angleichung bislang abgesehen. So hat er nicht etwa die Unterhaltsansprüche der Enkel gegen ihre Großeltern (und umgekehrt) abgeschafft, sondern sich darauf beschränkt, die Rückgriffsansprüche des Sozialhilfeträgers auszuschließen.[230] Dies spricht dafür, nicht schlechthin in den Fällen, in denen ein Rückgriffsanspruch des Sozialhilfeträgers nicht besteht, der Sozialhilfe eine bedarfsdeckende Wirkung zuzuerkennen,

---

[225] BGH, FamRZ 1999, 843, 846 = R 533 b; FamRZ 1998, 818 = R 524
[226] BGH, FamRZ 1998, 818 = R 524
[227] BGH, FamRZ 1996, 1203, 1205 = NJW 1996, 3273, 3275
[228] OLG Köln FamRZ 1997, 1101; OLG Hamburg, FamRZ 1992, 713
[229] BGH, FamRZ 1999, 843, 846 = R 533 c
[230] BGH, FamRZ 1999, 843, 846 = R 533 a; FamRZ 1992, 41 = NJW 1992, 115

sondern entsprechend der Auffassung des BGH[231] nach **§ 242 BGB** von Fall zu Fall eine angemessene und interessengerechte **Lösung** zu suchen und dem Schuldner ggf. den **Einwand unzulässiger Rechtsausübung** zuzubilligen (vgl. Rn. 133). Dies kann bei den verschiedenen Fallgruppen durchaus zu unterschiedlichen Ergebnissen führen.

Ist der Übergang von Unterhaltsansprüchen gegen bestimmte Verwandte (der Enkel gegen **128** die **Großeltern,** der Großeltern gegen die Enkel, der Schwangeren oder des ein Kleinkind betreuenden Elternteils gegen die eigenen Eltern) nach § 94 I 3 SGB XII ausgeschlossen (vgl. Rn. 68, 124), wird man dem Berechtigten selbst die Geltendmachung des Anspruchs nach §§ 1601 ff. BGB nicht verwehren können. Dem unterhaltspflichtigen Verwandten steht es frei, durch Zahlung von Unterhalt für die **Zukunft,** also für die Zeit ab Rechtshängigkeit der Unterhaltsklage (vgl. Rn. 132), die doppelte Befriedigung des Bedarfs durch Sozialhilfe und Unterhalt zu verhindern. Für die **Vergangenheit,** in der der Berechtigte die nicht rückzahlbare Sozialhilfe bereits entgegengenommen hat, dürfte es dagegen Treu und Glauben entsprechen, den Unterhaltsanspruch in Höhe der erhaltenen Sozialhilfe auszuschließen.

Bei der **öffentlich-rechtlichen Vergleichsberechnung** sind im Wesentlichen drei Fall- **129** gruppen zu unterscheiden. Die sozialhilferechtliche Leistungsunfähigkeit des Schuldners kann beruhen
- auf erhöhtem Eigenbedarf, z. B. pauschaliertem Mehrbedarf nach § 30 SGB XII (Rn. 53), aber auch auf hohen vom Sozialhilfeträger jedenfalls vorläufig anerkannten Wohnkosten (Rn. 52), während dem Schuldner nach Unterhaltsrecht nur der notwendige Selbstbehalt nach den Tabellen und Leitlinien verbleibt,
- auf Anerkennung der Mittellosigkeit des Unterhaltsschuldners durch das Sozialhilferecht, während ihm nach Unterhaltsrecht ein fiktives Einkommen zugerechnet wird (Rn. 95, 131),
- auf der Einbeziehung der Mitglieder der Bedarfsgemeinschaft in die Vergleichsberech- nung (Rn. 98 ff.), während diese nach Unterhaltsrecht anderen Berechtigten entweder im Range gleichstehen oder nachgehen.

Hier gewinnt der sowohl im Unterhaltsrecht als auch im Sozialhilferecht geltende Grund- satz Bedeutung, dass niemand durch Erfüllung einer Unterhaltspflicht selbst sozialhilfebe- dürftig werden darf.[231a] Vgl. dazu Rn. 2/261 einerseits, Rn. 14, 92 f. andererseits.

Der sozialhilferechtliche Eigenbedarf (§ 94 III 1 Nr. 1 SGB XII) wird nur in seltenen **130** Fällen den **notwendigen Selbstbehalt** gegenüber dem minderjährigen und dem privile- giert volljährigen Kind übersteigen, der dem erwerbstätigen Schuldner nach der Düssel- dorfer Tabelle Stand: 1. 1. 2008 in Höhe von 900,– € und dem nichterwerbstätigen in Höhe von 770,– € zusteht (Rn. 2/264). Die anderen (höheren) Selbstbehaltssätze des Ehegatten (Rn. 4/568 f.), des Lebenspartners und des Pflichtigen, der dem betreuenden Elternteil nach § 1615l BGB Unterhalt schuldet von 1000,– € (Rn. 7/17), der Eltern eines volljährigen Kindes von 1100,– € (Rn. 2/418) und des erwachsenen Kindes unterhalts- bedürftiger Eltern von 1400,– € bzw. 1050,– € (Rn. 2/620a, 646) dürften wohl stets deutlich über dem sozialhilferechtlichen Eigenbedarf liegen. Sollte letzterer gleichwohl ausnahmsweise den maßgebenden unterhaltsrechtlichen Selbstbehalt überschreiten, kann die Diskrepanz in vielen Fällen dadurch abgemildert werden, dass bei der Unterhaltsberechnung nicht sklavisch an dem in den Tabellen und Leitlinien festgelegten Selbstbehalt festgehalten wird, sondern in größerem Umfang als bisher Kosten anerkannt werden, die den Eigenbe- darf des Schuldners **erhöhen.** Dies gilt vor allem für die **Wohnkosten.** Die Anerkennung überhöhter Wohnkosten ist rechnerisch ohne weiteres möglich, da die Düsseldorfer Tabelle und verschiedene andere Leitlinien derartige Kosten im Selbstbehalt offen ausweisen. So sind nach Anm. A 5 I der Tabelle im notwendigen Selbstbehalt bis 360,– € für Unterkunft einschließlich umlagefähiger Nebenkosten und Heizung (Warmmiete) enthalten (vgl. Rn. 2/268 ff.). Der Selbstbehalt kann angemessen angehoben werden, wenn die Beträge für die Warmmiete im Einzelfall erheblich überschritten werden und dies nicht vermeidbar ist. Als Anhalt für unvermeidbare Wohnkosten können die Sätze des Wohngeldgesetzes die- nen.[232] Auch **Schulden** können grundsätzlich die Leistungsfähigkeit des Schuldners min-

---

[231] BGH, FamRZ 1999, 843, 846 = R 533c; FamRZ 2000, 1348 = R 543a
[231a] BGH, FamRZ 2008, 968, 973 = R 689i; FamRZ 2008, 594, 596 = R 688a

dern. Dies ist auch im Unterhaltsrecht unbestritten (vgl. Rn. 1/614 ff.). Die Berücksichtigung von Schulden wird in der Praxis allerdings teilweise sehr restriktiv gehandhabt. Um
unnötige Diskrepanzen zwischen Unterhalts- und Sozialrecht zu vermeiden, sollte jeweils
im Einzelfall geprüft werden, ob Schulden nicht jedenfalls dann bei der Unterhaltsbemessung berücksichtigt werden können, wenn sie vom Sozialhilfeträger anerkannt werden. Vgl.
dazu Rn. 35.

Die Erhöhung des Selbstbehalts kann nicht in allen Fällen die Unterschiede zwischen
Sozialhilfe- und Unterhaltsrecht ausräumen. Ggf. muss daher auch in den hier interessierenden Fällen eine interessengerechte Lösung mit Hilfe des Verbots der unzulässigen Rechtsausübung (§ 242 BGB) gesucht werden (vgl. Rn. 127).

131   Beruht die Leistungsfähigkeit des Schuldners unterhaltsrechtlich auf **fiktivem Einkommen,** scheidet grundsätzlich ein Anspruchsübergang auf den Sozialhilfeträger aus. Anders
kann es sein, wenn der Schuldner über niedrigere effektive Einkünfte verfügt, die auch
sozialhilferechtlich als Einkommen gelten, z. B. wenn der Pflichtige mutwillig seine bisherige, gut bezahlte Stelle als leitender Angestellter aufgegeben hat und sich nunmehr mit einer
wesentlich schlechter dotierten Arbeit begnügen muss. Dann kommt ein (teilweiser) Anspruchsübergang auf der Basis der niedrigeren Einkünfte in Betracht, wenn und soweit diese
den sozialhilferechtlichen Bedarf des Schuldners decken.[233] Vgl. Rn. 10, 36. Ein Übergang
des Unterhaltsanspruchs auf Grund fiktiven Einkommens des Schuldners ist auch möglich,
wenn sein Sozialhilfebedarf durch Einkommen eines Mitglieds der Bedarfsgemeinschaft
sichergestellt ist (vgl. Rn. 101).

132   Ist der Pflichtige zwar nach Unterhaltsrecht, nicht aber nach Sozialhilferecht leistungsfähig, weil er z. B. selbst Sozialhilfe bezieht, behält der Leistungsberechtigte den Unterhaltsanspruch; ein Anspruchsübergang ist ausgeschlossen. Die Leistungsfähigkeit des Unterhaltsschuldners bestimmt sich jedenfalls für die **Zukunft** ausschließlich nach Unterhaltsrecht.[234]
Unter Zukunft ist die Zeit **ab Rechtshängigkeit** der Unterhaltsklage zu verstehen. Der
Schuldner wird von diesem Zeitpunkt an auf Grund eines fiktiven Einkommens als leistungsfähig behandelt. Er wird durch die Zustellung der Klageschrift eindringlich darauf
hingewiesen, dass er ungeachtet seiner bisherigen Einkommenslosigkeit auf Unterhalt in
Anspruch genommen wird und dass es deshalb nicht gerechtfertigt ist, ihm entgegen der
unterhaltsrechtlichen Gesetzeslage nach § 242 BGB den Einwand zuzubilligen, dass der
Unterhaltsberechtigte Sozialhilfe beziehe und deshalb auf Unterhalt nicht angewiesen sei.[235]
Ob dem Schuldner in besonders gelagerten Fällen ausnahmsweise auch in der Zeit nach
Rechtshängigkeit der Einwand aus § 242 BGB zugebilligt werden kann, muss allerdings
offen bleiben.

133   Für die **Vergangenheit,** also für die Zeit vor Rechtshängigkeit, kann der Schuldner sich
nicht generell darauf berufen, dass die Geltendmachung des Unterhaltsanspruchs durch den
Hilfeempfänger gegen Treu und Glauben verstoße, weil dies dazu führen würde, dass die
gesetzlich gewollte Subsidiarität der Sozialhilfe (§ 2 I SGB XII; vgl. Rn. 7) mit Hilfe des
§ 242 BGB außer Kraft gesetzt wird. Jedoch hält es der BGH[236] insbesondere in Mangelfällen für möglich, eine (Teil-)Anrechnung der dem Unterhaltsberechtigten gewährten Sozialhilfe auf den Unterhaltsanspruch vorzunehmen, wenn andernfalls für den Schuldner die
Gefahr bestünde, mit derartig hohen Forderungen aus der Vergangenheit belastet zu werden,
dass es ihm voraussichtlich auf Dauer unmöglich gemacht würde, diese Schulden zu tilgen
und daneben noch seinen laufenden Unterhaltspflichten nachzukommen. Dies hat der
BGH[237] bei Unterhaltsrückständen von wenigen hundert DM verneint. Jedoch wird die
vom BGH in den Vordergrund gestellte Gefahr einer lebenslangen Verschuldung nicht stets
gefordert werden dürfen. Zu beachten ist, dass der Berechtigte Sozialhilfe typischerweise
dann erhält, wenn auch die Einkommens- und Vermögensverhältnisse des Schuldners

---

[232] Vgl. KG FamRZ 1994, 1047
[233] OLG Düsseldorf, FamRZ 1999, 127 = NJW 1998, 1502
[234] BGH, FamRZ 1999, 843, 847 = R 533 c; FamRZ 2000, 1358 = R 543 a; FamRZ 2001, 619
[235] FamRZ 1999, 843, 847 = R 533 c; FamRZ 2000, 1358 = R 543 a
[236] FamRZ 1999, 843, 847 = R 533 c
[237] FamRZ 2001, 619

angespannt sind, dieser den vollen Bedarf der Unterhaltsgläubiger und seinen eigenen Unterhalt nur teilweise decken kann und deshalb ein Mangelfall vorliegt. Jedenfalls dann, wenn dem Pflichtigen bei der Bemessung des laufenden Unterhalts nur der notwendige Selbstbehalt von 900,– € bzw. 770,– € (vgl. Rn. 2/264) oder nur ein wenig darüber liegender Betrag belassen wird und Unterhalt für mehrere Monate rückständig ist, fällt ihm in der Regel die Befriedigung des laufenden Unterhalts neben der Tilgung der Rückstände so schwer, dass die Anwendung des § 242 BGB in Betracht zu ziehen ist. Eine Rückabtretung des Unterhaltsanspruchs durch den Sozialhilfeträger an den Hilfeempfänger geht bei Heranziehung des § 242 BGB ins Leere, weil der Sozialhilfeträger den Anspruch nicht erworben hat (siehe oben Rn. 111, 126).

Wie dargelegt (Rn. 98 f.), werden die **Angehörigen** der Bedarfsgemeinschaft des Schuldners in die öffentlich-rechtliche Vergleichsberechnung einbezogen. Sie genießen im Sozialrecht den Vorrang vor den Unterhaltsberechtigten, die mit dem Schuldner nicht zusammenleben. Bei einer Unterhaltsklage kommt es aber nicht auf die sozialrechtlichen Rangverhältnisse an. Vielmehr müssen sich im Unterhaltsprozess die Rangvorschriften des Unterhaltsrechts, also § 1609 BGB durchsetzen. Zu Recht hat es der BGH abgelehnt, den Grundsatz, dass durch die Unterhaltsleistung keine Sozialhilfebedürftigkeit eintreten darf, auch zugunsten der Unterhaltsberechtigten anzuwenden, die mit dem Schuldner zusammenleben.[238] Vgl. auch Rn. 99 sowie 2/261. Die sozialhilferechtliche Leistungsunfähigkeit des Schuldners bleibt bei der öffentlich-rechtlichen Vergleichsberechnung daher unberücksichtigt, soweit sie auf dem Bedarf der Mitglieder der **Bedarfsgemeinschaft** beruht. Dies schließt freilich nicht aus, erhöhte Wohnkosten, soweit sie auf den Pflichtigen selbst entfallen, bei der Bemessung des Selbstbehalts zu berücksichtigen (vgl. Rn. 130). Dagegen kann der Sozialhilfeträger anders als der Unterhaltsberechtigte den Schuldner nicht auf Unterhalt in Anspruch nehmen, wenn dieser seinen eigenen sozialhilferechtlichen Bedarf und denjenigen der Angehörigen, mit denen er in einer Bedarfsgemeinschaft zusammenlebt, nicht decken kann. Ihm bleibt ggf. nur ein öffentlich-rechtlicher Anspruch auf Aufwendungsersatz gegen den Schuldner oder die Angehörigen der Bedarfsgemeinschaft (vgl. Rn. 25).

3. Abschnitt: Grundsicherung im Alter und bei Erwerbsminderung und Unterhalt

I. Anspruch auf Grundsicherung im Alter und bei Erwerbsminderung

1. Verhältnis zur Sozialhilfe und zur Grundsicherung für Arbeitsuchende

Zum 1. 1. 2003 hat der Gesetzgeber für alle Personen über 65 Jahre und alle Volljährigen, die auf Dauer voll erwerbsgemindert sind, eine Grundsicherung eingeführt, die etwa der Hilfe zum Lebensunterhalt nach dem Sozialhilferecht entspricht. Die Anspruchsvoraussetzungen waren bis zum 31. 12. 2004 im Gesetz über eine bedarfsorientierte Grundsicherung im Alter und bei Erwerbsminderung – GSiG –[1] geregelt, das als eigenständiges Leistungsgesetz dem BSHG vorging. Damit wollte der Gesetzgeber den Bedürftigen den von vielen als diskriminierend empfundenen Gang zum Sozialamt ersparen.[2] Die Städte und Kreise als Träger der Grundsicherung waren daher gezwungen, eine besondere Verwaltung zu errichten. Die Hilfebedürftigen mussten in vielen Fällen sowohl Grundsicherung als auch Sozialhilfe beantragen, weil die Grundsicherung im Gegensatz zur Sozialhilfe nur bedarfsorientiert, aber nicht bedarfsdeckend war.[3] Im Rahmen der Einordnung des Sozialhilferechts in das SGB setzte sich im Gesetzgebungsverfahren die Überzeugung durch, dass die bisherige

134

135

---

[238] BGH, FamRZ 1996, 1272 = R 507 b
[1] Vom 26. 6. 2001 – BGBl. I 1355
[2] BT-Drucks. 14/5150 S. 48; vgl. auch BGH, FamRZ 2007, 1158, 1160 = R 667 b mit Anm. Scholz; FamRZ 2006, 1511, 1515
[3] Fichtner/Wenzel, Grundsicherung, vor §§ 41 ff. SGB XII Rn. 6

Grundsicherung mit einem nicht vertretbaren Aufwand an Bürokratie verbunden war. Deshalb entschied sich der Gesetzgeber, wenn auch erst im Vermittlungsausschuss, dafür, die Grundsicherung im Alter und bei Erwerbsminderung in das neue SGB XII zu überführen. Sie ist seit dem 1. 1. 2005 im 4. Kapitel des Gesetzes (§§ 41 ff. SGB XII) geregelt.

136   Die Grundsicherung im Alter und bei Erwerbsminderung ist seit dem 1. 1. 2005 keine eigenständige Sozialleistung mehr, sondern eine **besondere Form der Sozialhilfe,** die weitgehend der Hilfe zum Lebensunterhalt entspricht (vgl. dazu Rn. 46 ff.). Jedoch geht die Grundsicherung im Alter und bei Erwerbsminderung der Hilfe zum Lebensunterhalt vor (§ 19 II 3 SGB XII). Näheres zum Vorrang der Grundsicherung vgl. Rn. 145. Andere Hilfen, insbesondere Eingliederungshilfe (§§ 52 ff. SGB XII), Hilfe zur Pflege (§§ 61 ff. SGB XII) und Blindenhilfe (§ 73 SGB XII) können neben der Grundsicherung gewährt werden.

Die Integration der Grundsicherung in das SGB XII bedeutet, dass grundsätzlich alle Vorschriften des SGB XII gelten, soweit sich nicht aus §§ 41 ff. oder aus dem Gesetzeszweck etwas Anderes ergibt.[4] Dies gilt vor allem für die Bestimmungen der §§ 1 bis 7 SGB XII (Allgemeine Vorschriften) und der §§ 8 bis 26 SGB XII (Leistungen der Sozialhilfe). Mithin ist auch der **Subsidiaritätsgrundsatz** (§ 2 SGB XII) heranzuziehen. Dieser ist allerdings beim Verwandtenunterhalt erheblich eingeschränkt (vgl. Rn. 161, 167).

Daneben gelten für die Grundsicherung im Alter und bei Erwerbsminderung die Bestimmungen des SGB XII, auf die §§ 41 bis 43 SGB XII ausdrücklich verweisen, insbesondere die in § 41 I SGB XII genannten Vorschriften über den Einsatz von Einkommen und Vermögen (§§ 82 bis 84, 90, 91 SGB XII) und die in § 42 S. 1 aufgeführten Bestimmungen aus dem 3. Kapitel des Gesetzes (Hilfe zum Lebensunterhalt). Ferner enthält das SGB XII an verschiedenen Stellen Regelungen, die sich auf die Grundsicherung im Alter und bei Erwerbsminderung beziehen, insbesondere §§ 19 II, 92 a, 93 SGB XII. Besonders wichtig für das Familienrecht ist, dass auch die Vorschrift des § 94 SGB XII über den Übergang von Unterhaltsansprüchen auf den Sozialhilfeträger bei der Grundsicherung im Alter und bei Erwerbsminderung anzuwenden ist, allerdings nur insoweit, als sie den Ehegattenunterhalt, nicht dagegen, soweit sie den Verwandtenunterhalt betrifft (§ 94 I 3 Halbsatz 2 SGB XII; vgl. dazu Rn. 152).

Nach Überführung der Grundsicherung im Alter und bei Erwerbsminderung in das Sozialhilferecht können Rechtsprechung und Literatur zum GSiG nur mit Vorsicht herangezogen werden, da dieses Gesetz die Grundsicherungsleistungen gerade von der Sozialhilfe abgrenzen wollte und deshalb grundsätzlich nicht auf das BSHG zurückgegriffen werden durfte.

137   Der erwerbsfähige Hilfebedürftige, der **Arbeitslosengeld II** nach §§ 19 ff. SGB II bezieht, erhält daneben keine Grundsicherung im Alter und bei Erwerbsminderung, weil sich die Voraussetzungen des § 7 SGB II einerseits und des § 41 SGB XII andererseits gegenseitig ausschließen. Jedoch sind die Leistungen nach §§ 41 ff. SGB XII gegenüber dem **Sozialgeld** vorrangig (§§ 5 II 2, 28 I 1 SGB II). Daher wird dem nicht erwerbsfähigen Angehörigen, der mit einem Bezieher von Arbeitslosengeld II in einer Bedarfsgemeinschaft zusammenlebt, grundsätzlich kein Sozialgeld nach § 28 SGB II, sondern Grundsicherung im Alter und bei Erwerbsminderung gewährt, wenn er selbst die Altersgrenze des § 41 I SGB XII (vgl. Rn. 138) erreicht hat oder auf Dauer voll erwerbsunfähig ist. Dies kann zu Unzuträglichkeiten führen, weil sich die Vorschriften des SGB II und des SGB XII über die Anrechnung von Einkommen und Vermögen in einigen Punkten unterscheiden. Vgl. dazu Rn. 29 ff. einerseits und Rn. 192 ff. andererseits. Reichen die Leistungen der Grundsicherung im Alter und bei Erwerbsminderung nach §§ 41 ff. SGB XII zur Sicherung des Lebensunterhalts nicht aus, kann ergänzendes Sozialgeld bewilligt werden.[5]

2. Voraussetzungen und Art der Leistungen

138   **a) Anspruchsberechtigte.** Nach §§ 19 II, 41 I SGB XII wird Grundsicherung im Alter und bei Erwerbsminderung auf Antrag Personen gewährt,

---

[4] Friedrichsen NDV 2004, 347
[5] Brühl in LPK-SGB II § 5 Rn. 49

– die die Altersgrenze des § 41 II SGB XII erreicht haben,
– die das 18. Lebensjahr vollendet haben und unabhängig von der jeweiligen Arbeitsmarktlage voll erwerbsgemindert im Sinne des § 43 II SGB VI sind und bei denen unwahr-
scheinlich ist, dass die volle Erwerbsminderung behoben werden kann.
Die **Altersgrenze** ist bis zum 31. 12. 2011 das 65. Lebensjahr. Sie erhöht sich ab 2012
pro Jahr um einen Monat, später um zwei Monate, um im Jahr 2031 das 67. Lebensjahr zu
erreichen (§ 41 II SGB XII). Zur Erwerbsfähigkeit vgl. oben Rn. 20. Bezieht ein Antragsteller eine **befristete Rente** wegen Erwerbsminderung, scheiden Leistungen der Grundsicherung im Alter und bei Erwerbsminderung regelmäßig aus, da nicht davon ausgegangen
werden kann, dass die Erwerbsminderung auf Dauer bestehen wird.[6] Vielmehr erhält der
Betroffene neben der Rente ggf. Hilfe zum Lebensunterhalt nach §§ 27 ff. SGB XII. Ob
der Antragsteller auf Dauer voll erwerbsgemindert ist, wird – ggf. auf Antrag des Sozialhilfeträgers – vom zuständigen Rentenversicherungsträger festgestellt (§ 45 SGB XII). Vgl.
dazu Rn. 20, 188.

Der Antragsteller muss seinen gewöhnlichen Aufenthalt im **Inland** haben (§ 41 I SGB   **139**
XII).[7] Unter dieser Voraussetzung wird Grundsicherung im Alter und bei Erwerbsmin-
derung auch an Ausländer gewährt (§ 23 I 2 SGB XII). Dagegen erhalten Ausländer ohne
gesicherten Aufenthaltsstatus, die unter § 1 Asylbewerberleistungsgesetz fallen, keine
Grundsicherung im Alter und bei Erwerbsminderung; sie sind auf Leistungen nach diesem
Gesetz angewiesen (§ 23 II SGB XII). Vgl. Rn. 22.

b) Hilfebedürftigkeit. Leistungen der Grundsicherung im Alter und bei Erwerbsmin-   **140**
derung setzen Hilfedürftigkeit voraus. Sie werden nur gewährt, wenn die nachfragende
Person ihren notwendigen Lebensunterhalt nicht aus eigenen Kräften und Mitteln, insbeson-
dere nicht aus ihrem **Einkommen und Vermögen,** bestreiten kann (§§ 19 II 1, 41 I
SGB XII). § 41 I SGB XII verweist insoweit auf §§ 82 bis 84 und auf §§ 90, 91 SGB XII.
Es kann daher zunächst auf die Grundsätze verwiesen werden, die für den Einsatz von
Einkommen und Vermögen bei der Hilfe zum Lebensunterhalt maßgebend sind (vgl.
Rn. 29 ff., 43 ff.). Der Erbe des Leistungsberechtigten, der Schonvermögen geerbt hat, kann
anders als bei der sonstigen Sozialhilfe (Rn. 45) nicht zum Kostenersatz herangezogen
werden (§ 102 V SGB XII). Die höheren Einkommensgrenzen nach §§ 85 ff. SGB XII sind
im Rahmen der Grundsicherung im Alter und bei Erwerbsminderung nicht anzuwenden,
wohl aber, wenn neben der Grundsicherung Sozialhilfe, insbesondere Eingliederungshilfe
und Hilfe zur Pflege, gewährt wird. Vgl. dazu Rn. 42 ff. Hinsichtlich dieser Hilfearten greift
§ 102 V SGB XII nicht ein.

Einkommen und Vermögen eines Angehörigen der **Bedarfsgemeinschaft** sind zu be-   **141**
rücksichtigen, wenn sie dessen notwendigen Lebensunterhalt, also den Bedarf nach dem
SGB XII übersteigen (§§ 19 II 2, 20, 43 I SGB XII). Zur Bedarfsgemeinschaft gehören der
nicht getrennt lebende Ehegatte bzw. Lebenspartner (§§ 43 I, 19 II 2 SGB XII) sowie der
Partner einer ehe- oder lebenspartnerschaftsähnlichen Gemeinschaft (§§ 43 I, 20 SGB XII).
Kinder sind anders als im Rahmen des § 19 I SGB XII nicht Teil der Bedarfsgemeinschaft.
Dies gilt sowohl für minderjährige als auch für volljährige erwerbsunfähige Kinder, die selbst
Grundsicherung im Alter und bei Erwerbsminderung beziehen und von ihren Eltern versorgt
werden. Deshalb erhalten volljährige erwerbsunfähige Kinder als Alleinstehende den vollen
Regelsatz. Vgl. dazu Rn. 144. Bei einem leistungsberechtigten volljährigen Kind, das im
Haushalt der Eltern lebt, ist das **Kindergeld** nicht Einkommen des Kindes, sondern des
Elternteils, an den es nach § 64 II EStG ausgezahlt wird; dem Kind ist es nur als Einkommen
zuzurechnen, wenn der Elternteil das Kindergeld als effektiven Geldbetrag an das Kind
weiterleitet[8] oder es durch förmlichen Bescheid an das volljährige Kind nach § 74 EStG
abgezweigt wird.[8a] Da Unterhaltsansprüche des Kindes nach § 43 II 1 SGB XII grundsätzlich

---

[6] Wahrendorf in Grube/Wahrendorf, SGB XII, § 41 Rn. 13
[7] Zum Begriff des gewöhnlichen Aufenthalts Wahrendorf in Grube/Wahrendorf, SGB XII, § 41
Rn. 5
[8] BSG FamRZ 2008, 51; BVerwG NJW 2005, 2873
[8a] BSG FamRZ 2008, 886 (zum SGB II); zur Berücksichtigung des Kindergeldes für ein nicht bei
dem Antragsteller lebenden volljährigen Kind vgl. BSG FamRZ 2008, 1068.

unberücksichtigt bleiben (Rn. 167), kommt es nicht darauf an, ob der Elternteil unterhaltsrechtlich nach § 1612 b I 1 Nr. 2 BGB zur Auskehr des Kindergeldes verpflichtet ist.

142   Die Vermutung des § 36 S. 1 SGB XII, dass Angehörige einer **Haushaltsgemeinschaft** gemeinsam wirtschaften und einander Leistungen zum Lebensunterhalt gewähren, gilt nicht (§ 43 I Halbsatz 2 SGB XII). Damit sollen insbesondere Wohngemeinschaften älterer Menschen begünstigt werden.[9] Dies schließt allerdings nicht aus, dass tatsächlich gewährter Unterhalt den Bedarf deckt (§§ 82 I 1, 84 II SGB XII); in einem solchen Fall werden Leistungen der Grundsicherung im Alter und bei Erwerbsminderung ganz oder teilweise nicht gewährt.[10] Zur Anwendung des § 36 SGB XII im Rahmen der Hilfe zum Lebensunterhalt vgl. Rn. 27.

143   Grundsicherung wird nicht gewährt, wenn der Antragsteller innerhalb der Letzten zehn Jahre seine **Bedürftigkeit** vorsätzlich oder grob fahrlässig **herbeigeführt** hat (§ 41 III SGB XII). Dies kommt vor allem in Betracht, wenn er Vermögensgegenstände verschenkt hat. In einem solchen Fall hat der Betroffene ggf. Anspruch auf Hilfe zum Lebensunterhalt. Dann kann ggf. die Sozialhilfe nach § 26 SGB XII eingeschränkt werden; auch kommen Kostenersatzansprüche des Sozialhilfeträgers nach § 103 SGB XII in Betracht.

144   **c) Umfang der Leistungen.** Die Grundsicherung im Alter und bei Erwerbsminderung deckt den notwendigen Lebensbedarf, der außerhalb von Einrichtungen, also bei Aufenthalt in einer eigenen Wohnung oder in einer Wohnung von Verwandten entsteht oder entstehen würde. Daneben können sonstige **Hilfen nach dem 5. bis 9. Kapitel** des SGB XII gewährt werden, wie z. B. Eingliederungshilfe oder Hilfe zur Pflege, die ambulante Pflegeleistungen oder die Kosten des Aufenthalts in einer stationären Einrichtung abdecken. Für diese Leistungen gelten die Sondervorschriften für die Grundsicherung im Alter und bei Erwerbsminderung nicht.

Die Leistungen der Grundsicherung im Alter und bei Erwerbsminderung entsprechen weitgehend der Hilfe zum Lebensunterhalt. Nach § 42 S. 1 Nr. 1 SGB XII erhält der Antragsteller den für ihn **maßgebenden Regelsatz**, der nach § 3 I 2, II Nr. 2 RegelsatzVO für den Haushaltsvorstand 100%, für den sonstigen Haushaltsangehörigen 80% beträgt. Dies gilt auch dann, wenn der Haushaltsvorstand Arbeitslosengeld II bezieht, der Angehörige dagegen Leistungen der Grundsicherung im Alter und bei Erwerbsminderung (vgl. dazu Rn. 137). Zusammenlebende Ehegatten (Lebenspartner) erhalten jeweils 90% des Eckregelsatzes (§ 3 III RegelsatzVO). Der maßgebende Regelsatz für das volljährige leistungsberechtigte Kind, das bei seinen Eltern lebt, beträgt 100%, da es mit ihnen keine Bedarfsgemeinschaft bildet und daher als alleinstehend behandelt wird (Rn. 141). Bei Aufenthalt in einer stationären Einrichtung beträgt der maßgebende Regelsatz 80%, da bei einem Heimaufenthalt kein eigener Haushalt geführt wird.[11] Zur Höhe des Regelsatzes vgl. Rn. 49 f.

Neben dem maßgebenden Regelsatz werden Kosten der Unterkunft und Heizung gemäß § 29 SGB XII, Mehrbedarf nach § 30 SGB XII und Leistungen für einmalige Bedarfe im Umfang des § 31 SGB XII gewährt; ferner hat der Sozialhilfeträger ggf. Kranken- und Pflegeversicherungsbeiträge nach § 32 SGB XII zu tragen; auch ist in besonderen Fällen entsprechend § 34 SGB XII die Übernahme von (Miet-)Schulden möglich (§ 42 S. 1 Nr. 2 bis 5 SGB XII). Kann im Einzelfall ein von den Regelsätzen umfasster und nach den Umständen unabweisbar gebotener Bedarf auf keine andere Weise gedeckt werden, sollen auf Antrag hierfür notwendige Leistungen als Darlehen erbracht werden (§ 42 S. 2 SGB XII). Wegen der Einzelheiten der Hilfe zum Lebensunterhalt vgl. Rn. 46 ff.

145   Neben diesen Leistungen scheidet in aller Regel eine ergänzende Hilfe zum Lebensunterhalt aus (§ 19 II 3 SGB XII), wenn der Berechtigte nicht in einer Einrichtung lebt, da dann die Hilfe zum Lebensunterhalt nicht über die Leistungen der Grundsicherung nach § 42 SGB XII hinausgehen wird. Allenfalls kommen in Ausnahmefällen ergänzende Leistungen nach § 33 SGB XII für die Alterssicherung oder ein angemessenes Sterbegeld in Betracht.

---

[9] Mrozinski ZFSH/SGB 2004, 198, 207
[10] BGH, FamRZ 2007, 1158, 1160 = R 667 mit Anm. Scholz
[11] So die Praxis; ebenso Mrozinski ZSFH/SGB 2004, 198, 209; Friedrichsen NDV 2004, 309, 311; a. A. Fichtner/Wenzel, Grundsicherung § 42 SGB XII Rn. 4; Schellhorn, SGB XII, § 42 Rn. 7

Hält sich der Leistungsberechtigte in einer **stationären Einrichtung** auf, sind als Kosten für Unterkunft und Heizung die durchschnittlichen angemessenen Aufwendungen für die Warmmiete eines Einpersonenhaushalts zu Grunde zu legen (§ 42 S. 1 Nr. 2 SGB XII). Dem Leistungsberechtigten steht auch ein **Barbetrag** in Höhe von mindestens 27% (bis 31. 12. 2006: 26%) des Eckregelsatzes, also nach dem Stand vom 1. 7. 2007 von 93,70 € monatlich, zur persönlichen Verfügung zu (§ 35 II 2 SGB XII; vgl. dazu Rn. 57). Der Barbetrag ist Teil der Grundsicherung im Alter und bei Erwerbsminderung, nicht dagegen Teil der Eingliederungshilfe oder der Hilfe zur Pflege. Der Anwendung des § 35 II SGB XII steht § 19 II 3 SGB XII nicht entgegen.[12] Denn diese Vorschrift schließt anders als z. B. § 5 II 1 SGB II Leistungen der Hilfe zum Lebensunterhalt nicht aus, sondern begründet nur einen **Vorrang der Grundsicherung** im Alter und bei Erwerbsminderung. Dieser greift jedoch nicht ein, wenn die §§ 41 ff. SGB XII eine bestimmte Leistung nicht vorsehen, die Teil der Hilfe zum Lebensunterhalt ist, diese Leistung aber auch nicht ausdrücklich aus dem Katalog der Grundsicherung ausnehmen.[13]

3. Bewilligungszeitraum

Die Grundsicherung im Alter und bei Erwerbsminderung wird auf Antrag in der Regel   **146** für zwölf Monate bewilligt (§ 44 I 1 SGB XII). Ist der Bescheid zu Unrecht erlassen worden, kann er als begünstigender Verwaltungsakt nur unter Beachtung des Vertrauensschutzes, den der Leistungsempfänger genießt, zurückgenommen werden (§ 45 SGB X). Für die Vergangenheit ist die Rücknahme nur bei unlauterem Verhalten des Empfängers zulässig (§ 45 IV SGB X).

II. Das Verhältnis von Unterhaltsansprüchen zur Grundsicherung im Alter und bei Erwerbsminderung

1. Überblick

Nach § 2 I GSiG waren Unterhaltsansprüche des Antragstellers gegen seine Eltern bzw.   **147** Kinder nicht als Einkommen zu berücksichtigen. Demgemäß sah das Gesetz keinen Übergang dieser Unterhaltsansprüche vor. Dagegen waren Einkommen und Vermögen des nicht getrennt lebenden Ehegatten und des Partners einer eheähnlichen Gemeinschaft anzurechnen, soweit sie dessen eigenen (fiktiven) Grundsicherungsbedarf und die maßgeblichen Einkommensgrenzen der §§ 76 bis 88 BSHG überstiegen. Zu getrennt lebenden oder geschiedenen Ehegatten sagte das GSiG nichts. Da der Unterhaltsanspruch gegen den Ehegatten Bestandteil des einzusetzenden Vermögens war, schloss bereits das Bestehen eines solchen Anspruchs die Gewährung von Grundsicherung aus. Es musste daher zunächst geklärt werden, ob der Ehegatte Unterhalt schuldete. Bis zum Abschluss dieser Prüfung wurde Sozialhilfe in der Form der Hilfe zum Lebensunterhalt gewährt.[14] Dies führte nach § 91 BSHG zum Anspruchsübergang, wenn und soweit ein Unterhaltsanspruch bestand. Wurde gleichwohl zu Unrecht Grundsicherung im Alter und bei Erwerbsminderung gewährt, ging der Unterhaltsanspruch schon deshalb nicht auf den Träger der Grundsicherung über, weil § 91 BSHG im Rahmen des GSiG nicht anwendbar war.

Nach Aufhebung des GSiG und Überführung der Grundsicherung im Alter und bei   **148** Erwerbsminderung in das Sozialhilferecht sind die Vorschriften des SGB XII grundsätzlich auch auf die Grundsicherung anzuwenden (vgl. Rn. 136). Daher gilt auch hier der Grundsatz,

---

[12] So offenbar auch Mrozinski ZSFH/SGB 2004, 198, 209
[13] Vgl. Fichtner/Wenzel, Grundsicherung, § 35 SGB XII Rn. 7; anders wohl Grube in Grube/ Wahrendorf § 19 Rn. 27, der von einer scharfen Abgrenzung von Hilfe zum Lebensunterhalt und Grundsicherung im Alter und bei Erwerbsminderung ausgeht; ähnlich auch Schellhorn, SGB XII § 42 Rn. 18
[14] Klinkhammer FamRZ 2002, 997, 1000

dass Einkommen und Vermögen der Mitglieder der Bedarfsgemeinschaft zu berücksichtigen sind. Vgl. dazu Rn. 149. Ferner ist § 94 SGB XII heranzuziehen. Jedoch bestimmt § 94 I 3 Halbsatz 2 SGB XII, dass der Übergang eines Unterhaltsanspruchs des Leistungsberechtigten gegenüber Eltern und Kindern ausgeschlossen ist. Deshalb gehen weder Unterhaltsansprüche des betagten Elternteils gegen seine wirtschaftlich selbständigen Kinder noch Ansprüche des volljährigen leistungsberechtigten Kindes gegen seine Eltern auf den Sozialhilfeträger über. Anders ist es jedoch beim Unterhaltsanspruch des Leistungsberechtigten gegen seinen getrennt lebenden oder geschiedenen Ehegatten (Lebenspartner) sowie beim Unterhalt des betreuenden Elternteils nach § 1615 l BGB. Insoweit findet nach § 94 I 1 SGB XII ein Anspruchsübergang statt. Dies ergibt sich einmal im Umkehrschluss aus § 94 I 3 Halbsatz 2 SGB XII, zum anderen mittelbar aus § 94 I 6 SGB XII. Im Rahmen der Grundsicherung im Alter und bei Erwerbsminderung ist daher scharf zwischen dem **Ehegattenunterhalt,** dem Unterhalt zwischen Lebenspartnern und nach § 1615 l BGB **einerseits** (Rn. 152 ff.) und dem **Verwandtenunterhalt andererseits** (Rn. 154 ff., 167 ff.) zu unterscheiden.

2. Bedarfsgemeinschaft

149   Zur Bedarfsgemeinschaft des Leistungsberechtigten gehören der nicht getrennt lebende Ehegatte (Lebenspartner) und der Partner einer ehe- oder lebenspartnerschaftsähnlichen Gemeinschaft (§ 43 I i. V. m. §§ 19 II 2, 20 SGB XII).[15] § 43 I SGB XII erwähnt zwar im Gegensatz zu § 20 SGB XII die lebenspartnerschaftsähnliche Gemeinschaft nicht. Die Bezugnahme auf § 20 in § 43 I SGB XII gestattet aber den Schluss, dass es sich um ein Redaktionsversehen handelt.

Einkommen und Vermögen dieses Personenkreises werden bereits bei der Prüfung der Bedürftigkeit berücksichtigt. Sie werden, soweit sie den eigenen fiktiven Bedarf des Partners nach dem SGB XII übersteigen, auf die Grundsicherungsleistungen angerechnet. Vgl. Rn. 141.

Beispiel:
Der 66-jährige A ist mittellos. Er lebt mit X, die über eine Rente von 1500,– € verfügt, in einer eheähnlichen Gemeinschaft. Keine Grundsicherung, da der sozialrechtliche Bedarf beider gedeckt ist.

150   Der Umfang des Einsatzes von Einkommen und Vermögen ergibt sich aus §§ 82 bis 84, 90, 91 SGB XII. Vgl. dazu Rn. 29 ff. Auf die Leistungsfähigkeit des Partners nach Unterhaltsrecht kommt es nicht an,[16] dies schon deshalb nicht, weil zwischen den Partnern einer ehe- oder lebenspartnerschaftsähnlichen Gemeinschaft Unterhaltsansprüche nicht bestehen. Muss der Sozialhilfeträger Leistungen der Grundsicherung erbringen, weil der andere Teil der Bedarfsgemeinschaft das einzusetzende Einkommen oder Vermögen nicht zur Verfügung stellt oder weil er derzeit nicht liquide ist, kann er diesen durch Verwaltungsakt auf Ersatz der Aufwendungen in Anspruch nehmen. Der Übergang des zivilrechtlichen Unterhaltsanspruchs, z. B. auf Familienunterhalt, wird durch § 94 I 3 Halbsatz 1 erste Alternative SGB XII ausgeschlossen. Vgl. Rn. 68.

151   Das Einkommen und Vermögen der **Eltern** oder wirtschaftlich selbständiger **Kinder** des Leistungsberechtigten wird nicht angerechnet, da sie auch bei tatsächlichem Zusammenleben keine Bedarfsgemeinschaft im Sinne der §§ 19 II 2, 43 I SGB XII bilden.

3. Unterhalt zwischen getrennt lebenden oder geschiedenen Ehegatten (Lebenspartnern); Betreuungsunterhalt nach § 1615 l BGB

152   Bei diesen Unterhaltsansprüchen gelten die allgemeinen Grundsätze des Sozialhilferechts. Geleisteter Unterhalt ist Einkommen; dasselbe gilt, wenn die Zahlung noch nicht erfolgt ist,

---

[15] Für die Einbeziehung des Partners einer lebenspartnerschaftlichen Gemeinschaft Schoch in LPK-SGB XII § 43 Rn. 2; dagegen Wahrendorf in Grube/Wahrendorf § 43 Rn. 4
[16] Schellhorn, SGB XII § 43 Rn. 5

mit der Erfüllung des Unterhaltsanspruchs aber alsbald zu rechnen ist, da dann bereite Mittel zur Deckung des Bedarfs zur Verfügung stehen (Rn. 7).[17] Wird Unterhalt nicht geleistet, kann anders als nach dem GSiG seit dem 1. 1. 2005 Grundsicherung im Alter und bei Erwerbsminderung bewilligt werden. Dann **geht der Unterhaltsanspruch** des Leistungsberechtigten gegen den Schuldner, sei es gegen den unterhaltspflichtigen Ehegatten, sei es gegen den Lebenspartner oder den nicht betreuenden Elternteil (§ 16151 BGB), nach § 94 I 1 SGB XII auf den Sozialhilfeträger **über,** da die Grundsicherung eine besondere Form der Sozialhilfe geworden ist und der Ausschluss des Anspruchsübergangs nach § 94 I 3 Halbsatz 2 SGB XII sich nur auf den Kindes- und den Elternunterhalt bezieht.[18] Vgl. Rn. 136, 148. Wegen der Einzelheiten des Anspruchsübergangs kann auf Rn. 62 bis 134 verwiesen werden.

Ansprüche auf Grundsicherung im Alter und bei Erwerbsminderung stellen **beim Ehegat-**   **153** **tenunterhalt** – anders als beim Verwandtenunterhalt (Rn. 154 ff., 167) – **kein Einkommen** im Sinne des Unterhaltsrechts dar, da die Grundsicherung subsidiär ist (§§ 2 I, 19 II 1, 41 I SGB XII) und Unterhaltsansprüche auf den Sozialhilfeträger übergehen. Der unterhaltspflichtige Ehegatte kann daher seinen Partner nicht auf die Inanspruchnahme von Grundsicherung verweisen. Dasselbe gilt für den Lebenspartner und den nicht betreuenden Elternteil. Jedoch kann ergänzende Grundsicherung gewährt werden, wenn der Unterhalt nicht ausreicht, um den Bedarf des Ehegatten nach § 42 SGB XII zu decken.[19] Vgl. dazu auch 1/467 c.

Beispiel:
Bei einem bereinigten Erwerbseinkommen von 1200,– € zahlt der Ehemann M seiner getrennt lebenden, dauernd erwerbsunfähigen Ehefrau F unter Berücksichtigung seines billigen Selbstbehalts von 1000,– € nach B IV der Düsseldorfer Tabelle Stand: 1. 1. 2008 Unterhalt in Höhe von 200,– €. F hat einen Grundsicherungsbedarf von 665,– €. Hierauf wird der Unterhalt angerechnet, so dass sie vom Sozialhilfeträger 465,– € erhält. Kein Anspruchsübergang, da über den bereits berücksichtigten Betrag von 200,– € hinaus kein Unterhaltsanspruch besteht.

4. Elternunterhalt

a) Privilegierung der Kinder. Der Gesetzgeber wollte durch die Einführung der   **154** Grundsicherung im Alter und bei Erwerbsminderung den Eltern eine eigenständige Grundversorgung verschaffen, die ihr Existenzminimum auch ohne Inanspruchnahme ihrer unterhaltspflichtigen Kinder sichert. Daher sollen die Kinder von einem Rückgriff des Sozialamts weitgehend verschont werden. Schon § 2 I 3 GSiG sah deshalb vor, dass Unterhaltsansprüche eines Elternteils gegen seine Kinder unberücksichtigt bleiben, wenn deren Einkommen im Sinne des § 16 SGB IV **unter 100 000,–** € liegt. Diese Vorschrift ist ohne sachliche Änderung als § 43 II 1 in das SGB XII übernommen worden.

Einkommen im Sinne des § 16 SGB IV ist die Summe der Einkünfte im Sinne des Einkommensteuerrechts (§ 2 I EStG). Dies ist bei Einkünften aus Land- und Forstwirtschaft, Gewerbebetrieb, selbständiger Arbeit der Gewinn, bei anderen Einkunftsarten, insbesondere bei Einkünften aus nicht selbständiger Arbeit der Überschuss der Einnahmen über die Werbungskosten (§ 2 II EStG). Sonderausgaben und außergewöhnliche Belastungen mindern das hier interessierende Einkommen ebenso wenig wie Einkommen-, Lohn-, Kirchensteuer sowie der Solidaritätszuschlag (vgl. § 2 IV EStG). Das nach § 43 II 1 SGB XII maßgebende Einkommen deckt sich also weder mit dem steuerpflichtigen Einkommen (§ 2 IV EStG), dem Einkommen nach Unterhaltsrecht (Rn. 1/1 ff.) noch mit dem Einkommen im Sinne des Sozialrechts (§§ 82 ff. SGB XII, § 11 SGB II; dazu Rn. 30 ff., 192 ff.). Dies trägt nicht gerade zur Rechtsklarheit bei.

Auf **Vermögen** des Kindes kommt es nach § 43 II SGB XII nicht an. Jedoch sind die   **155** Erträge, die das Vermögen abwirft, als Einkommen zu berücksichtigen.[20]

---

[17] Günther FPR 2005, 461, 462
[18] OLG Hamm FamRZ 2006, 125; Mrozinski ZFSH/SGB 2004, 198, 211
[19] Günther FPR 2005, 461, 462
[20] BGH, FamRZ 2006, 1511, 1515 = R 658 f

156   § 43 II 1 SGB XII stellt allein auf die Einkommensgrenze von 100 000,– € ab. Es kommt nicht darauf an, ob das Kind dem bedürftigen Elternteil unterhaltspflichtig, insbesondere nicht darauf, ob es leistungsfähig ist. So kürzen weder vorrangige Unterhaltspflichten gegenüber dem Ehegatten oder gegenüber volljährigen und minderjährigen Kindern noch anzuerkennende Schulden das hier maßgebende Einkommen. Dies stellt eine unbillige Benachteiligung des Unterhaltsschuldners gegenüber dem Pflichtigen dar, der nicht in dieser Weise belastet ist. Dies wird insbesondere bei Geschwistern deutlich. Zu den sich daraus ergebenden Bedenken gegen die Verfassungsmäßigkeit der Vorschrift Rn. 160.

157   Nach § 43 II 2 SGB XII wird **vermutet,** dass das Einkommen des Kindes unter 100 000,– € liegt. Der Sozialhilfeträger kann vom Elternteil Angaben verlangen, die Rückschlüsse auf das Einkommen des Kindes zulassen (§ 43 II 3 SGB XII). Dem wird der Elternteil in der Regel schon dadurch genügen, dass er den Beruf des Kindes angibt.[21] Erst wenn hinreichende Anhaltspunkte für ein Überschreiten der Einkommensgrenze vorliegen, ist das Kind zur Auskunft verpflichtet (§ 42 II 4 SGB XII). Damit wird die allgemeine Auskunftspflicht des § 117 SGB XII (dazu Rn. 66) erheblich eingeschränkt.

158   Liegt das Einkommen des Kindes unter 100 000,– €, bleibt es bei der Bemessung der Grundsicherung außer Betracht (§ 43 II 1 SGB XII). Der bedürftige Elternteil erhält Grundsicherung, wenn die sonstigen gesetzlichen Voraussetzungen vorliegen. In Höhe der gewährten Grundsicherung besteht kein Unterhaltsanspruch gegen das Kind. Im Gegenteil ist sie auf den Unterhaltsbedarf anzurechnen (vgl. dazu Rn. 161).[22] Zudem stellt § 94 I 3 Halbsatz 2 SGB XII ausdrücklich klar, dass der Unterhaltsanspruch des Elternteils gegen das Kind **nicht** auf den Sozialhilfeträger **übergeht.**

159   Ist die Vermutung des § 43 II 2 SGB XII widerlegt und beträgt das Einkommen des Kindes **mindestens 100 000,– €,** besteht kein Anspruch auf Grundsicherung (§ 43 II 6 SGB XII). Der Gesetzgeber ist offenbar davon ausgegangen, dass dann der Bedarf des hilfebedürftigen Elternteils in aller Regel durch den Unterhalt, den das volljährige Kind zu leisten hat, gedeckt wird. Dies wird vom Sozialamt aber nicht geprüft. Jedoch kann das Kind auch bei einem Einkommen von 100 000,– € und mehr mangels Leistungsfähigkeit ganz oder teilweise nicht zum Unterhalt verpflichtet sein, da Steuern, Sozialversicherungsbeiträge, zusätzliche Altersvorsorge und vorrangige Unterhaltsansprüche seines Ehegatten und seiner Kinder von seinem Einkommen abzuziehen sind. Dem bedürftigen Elternteil kann dann Sozialhilfe, insbesondere Hilfe zum Lebensunterhalt, nach den allgemeinen Vorschriften gewährt werden.[23] Soweit ein Unterhaltsanspruch besteht, geht dieser nach § 94 I 1 SGB XII auf den Sozialhilfeträger über. § 94 I 3 SGB XII greift nicht ein, weil keine Grundsicherung im Alter und bei Erwerbsminderung sondern Sozialhilfe gewährt wird. Vor einer übermäßigen Inanspruchnahme wird das Kind in der Regel nur durch das Unterhaltsrecht geschützt, insbesondere durch die Rechtsprechung des BGH zur Leistungsfähigkeit beim Elternunterhalt.[24] Vgl. dazu Rn. 102 ff. Zu verfassungsrechtlichen Bedenken vgl. Rn. 160.

160   Bei **mehreren Kindern** kommt jedem die Einkommensgrenze von 100 000,– € zugute. Die Einkünfte der Kinder werden nicht zusammengerechnet. Beträgt das Einkommen eines Kindes mindestens 100 000,– €, erreicht dasjenige der weiteren Kinder jeweils diesen Betrag dagegen nicht, ist Grundsicherung ausgeschlossen.[25] Zahlen die Kinder gleichwohl keinen Unterhalt, ist Hilfe zum Lebensunterhalt zu gewähren. In deren Höhe gehen nach dem Wortlaut des § 94 I SGB XII die Unterhaltsansprüche des bedürftigen Elternteils gegen seine Kinder auf den Sozialhilfeträger über.[26] § 94 I 3 Halbsatz 2 SGB XII ist nicht anwendbar. Dies führt dazu, dass auch das privilegierte Kind, dessen Einkommen 100 000,– € nicht

---

[21] Wahrendorf in Grube/Wahrendorf; SGB XII, § 43 Rn. 14

[22] BGH, FamRZ 2007, 1158, = R 667 a mit Anm. Scholz; BSG FamRZ 2008, 51, 54

[23] Schellhorn, SGB XII § 43 Rn. 15; nach Günther FPR 2005, 461, 463 ist dann Grundsicherung im Alter und bei Erwerbsminderung zu gewähren

[24] FamRZ 2002, 1698, 1701; 2003, 1179, 1182, jeweils mit Anm. Klinkhammer

[25] Wahrendorf in Grube/Wahrendorf, SGB XII, § 43 Rn. 13; Schellhorn, SGB XII, § 43 Rn. 15; Klinkhammer FamRZ 2003, 1793, 1796; Münder NJW 2002, 3661, 3663; Günther FPR 2005, 461, 463

[26] So Günther FPR 2005, 461, 464

erreicht, entgegen § 43 II 1 SGB XII zum Unterhalt herangezogen wird. Die jeweiligen Haftungsanteile der Kinder ergeben sich dann aus § 1606 III 1 BGB. Es kommt darauf an, über welches unterhaltsrechtliche Einkommen das jeweilige Kind unter Berücksichtigung seiner vorrangigen Unterhaltpflichten und anzuerkennender Schulden verfügt. Dabei kann es zu dem Ergebnis kommen, dass ein Kind, das über ein Bruttoeinkommen von mindestens 100 000,– € verfügt, unterhaltsrechtlich ein bereinigtes Einkommen hat, das deutlich unter demjenigen eines anderen Kindes liegt, dessen Einkommen im Sinne des § 43 II 1 SGB XII und des § 16 SGB IV die Grenze von 100 000,– € nicht erreicht.

Beispiel:
Die mittellose 80-jährige Mutter M lebt in ihrer eigenen Wohnung. Die nicht verheiratete Tochter T verdient brutto 6000,– € im Monat, der Sohn S 8500,– € pro Monat (= 102 000,– € im Jahr). Er ist mit einer nicht erwerbsfähigen Frau verheiratet. Seine beiden volljährigen Kinder studieren.
Das Sozialamt versagt M die beantragte Grundsicherung im Alter und bei Erwerbsminderung, da auch nach Abzug des Arbeitnehmerpauschbetrages von 920,– € über ein Einkommen im Sinne des § 16 SGB IV von über 100 000,– € verfügt. Da S und T die Zahlung von Unterhalt ablehnen, erhält M Hilfe zum Lebensunterhalt von insgesamt 832,– € (347,– € Regelsatz, 300,– € Kosten der Unterkunft, 60,– € Aufwendungen für Heizung und Warmwasser und 125,– € Beitrag zur Kranken- und Pflegeversicherung). Das Sozialamt macht gegen S und T Unterhaltsansprüche geltend.
Unterhaltsbedarf der M: 770 € (Mindestbedarf) + 125 € (Krankenversicherung) = 895,– €. Da M lediglich Hilfe zum Lebensunterhalt von 832,– € erhält, geht der Unterhaltsanspruch gegen die Kinder nur in dieser Höhe auf den Sozialhilfeträger über. Diese müssen den Differenzbetrag von 63,– € nach Maßgabe ihrer Einkommens- und Vermögensverhältnisse unmittelbar an M zahlen. Der Sozialhilfeträger kann nicht in Höhe von 832,– €, sondern allenfalls in Höhe von 664,– € bei S und T Rückgriff nehmen, da der Anspruchsübergang in Höhe von 56% der Kaltmiete, also von 168,– €, ausgeschlossen ist (§§ 94 I 6, 105 II SGB XII; vgl. Rn. 70). Auch dieser Betrag ist auf S und T aufzuteilen.
Bereinigtes Nettoeinkommen des S: 5270,– €.[27] Kindesunterhalt jeweils 640,– € (Düsseldorfer Tabelle Stand: 1. 1. 2008 Anm. A 7 II). Verbleibendes Einkommen: 3990,– €. Ehegattenunterhalt: ³/₇ hiervon, also 1710,– €.
Resteinkommen: 2280,– €.
Selbstbehalt des S: 1400,– € zuzüglich 50% des Mehreinkommens,[28] insgesamt 1840,– €.
Leistungsfähigkeit des S nach Unterhaltsrecht: 2280 − 1840 = 440,– €.
Bereinigtes Nettoeinkommen der T, berechnet nach derselben Methode: 3120,– €. Selbstbehalt: 1400 + 860 = 2260,– €. Leistungsfähigkeit der T nach Unterhaltsrecht: 3120 − 2260 = 860,– €.
S würde danach mit 440: (440 + 860) = 34%, T mit 66% für den Unterhalt haften. An M hat S 21,– €, T 42,– € zu zahlen; der Sozialhilfeträger könnte den übergegangenen Anspruch von 664,– € in Höhe von 226,– € gegen S und in Höhe von 438,– € gegen T geltend machen.

Das Ergebnis überzeugt nicht. Die Einkommensgrenze von 100 000,– € nimmt auf vorrangige Unterhaltpflichten keine Rücksicht, obwohl sie die Leistungsfähigkeit so weit mindern, dass S sich wesentlich schlechter steht als seine privilegierte unverheiratete Schwester, deren Einkommen deutlich unter der Grenze von brutto 100 000,– € liegt. Es befremdet ferner, dass T nur deshalb zum Unterhalt herangezogen werden soll, weil ihr eingeschränkt leistungsfähiger Bruder die Einkommensgrenze geringfügig überschreitet, während sie als Einzelkind nicht herangezogen werden könnte. Letzteres wollen Dose (Rn. 1/467 c) und Klinkhammer[29] mit unterschiedlicher Begründung verhindern und nur den Rückgriff des Sozialhilfeträgers gegen das nicht privilegierte Kind, im Beispiel also gegen S, zulassen. Damit wird jedoch auf die eingeschränkte Leistungsfähigkeit dieses Kindes nicht die gebotene Rücksicht genommen. Dies dürfte kaum mit dem Gleichbehandlungs-

---

[27] Nach Abzug von Lohnsteuer, Solidaritätszuschlag und der Beiträge zur Sozialversicherung sowie der Pauschale für berufsbedingte Aufwendungen von 150,– €. Es bleibt bei S und T unberücksichtigt, dass die Beiträge zur gesetzlichen Rentenversicherung nur nach einem Einkommen von höchstens 5250,– € (2007) bemessen werden, so dass S und T ggf. eine weitere Altersvorsorge zugestanden werden müsste

[28] Vgl. D I der Düsseldorfer Tabelle Stand: 1. 1. 2008

[29] Klinkhammer verweist in Eschenbruch/Klinkhammer, Der Unterhaltsprozess Rn. 2041 auf die Grundsätze des gestörten Gesamtschuldausgleichs zwischen mehreren Schädigern, von denen einer im Außenverhältnis von der Haftung freigestellt ist (vgl. BGH NJW 1973, 1648; 1981, 760; 1996, 2023)

grundsatz in Einklang zu bringen sein. Gegen § 43 II 1 SGB XII bestehen daher erhebliche verfassungsrechtliche Bedenken.[30]

161   **b) Verhältnis der Grundsicherung zum Elternunterhalt.** Die Grundsicherung ist subsidiär (§ 2 I SGB XII). Dies bedeutet, dass sie nur gewährt wird, wenn der leistungsberechtigte Elternteil sich nicht selbst helfen kann, insbesondere seinen Lebensunterhalt nicht durch Einkommen oder Vermögen decken kann (§§ 19 II, 41 II SGB XII). Der **Subsidiaritätsgrundsatz** ist aber bei der Grundsicherung im Alter und bei Erwerbsminderung dahin **eingeschränkt,** dass Unterhaltsansprüche der Eltern gegen die Kinder (und umgekehrt; vgl. dazu Rn. 167) unberücksichtigt bleiben, wenn deren Einkommen im Sinne des § 16 SGB IV unter 100 000,– € liegt (§ 43 II 1 SGB XII; vgl. Rn. 154). Ein Übergang des Unterhaltsanspruchs auf den Sozialhilfeträger wird durch § 94 I 3 Halbsatz 2 SGB XII ausdrücklich ausgeschlossen. Der Sozialhilfeträger darf den hilfebedürftigen Elternteil nicht auf die Geltendmachung von Unterhaltsansprüchen gegen sein Kind verweisen. Die Grundsicherung muss vielmehr unabhängig von dem Unterhaltsanspruch des Kindes bewilligt werden. Zu Recht weist der BGH[31] darauf hin, dass die Grundsicherung eine eigenständige soziale Sicherung ist, die den grundlegenden Bedarf sicherstellt. Sie ist **beim Elternunterhalt bedarfsdeckendes Einkommen** (im Sinne des Unterhaltsrechts), und zwar ohne Rücksicht darauf, ob sie zu Recht oder zu Unrecht gewährt wird.[32] Dies war nach Inkrafttreten des GSiG herrschende Meinung, da durch das Gesetz für Eltern eine Grundsicherung geschaffen werden sollte, die die Geltendmachung von Unterhaltsansprüchen weitgehend erübrigte.[33] Daran hat sich durch die Überführung des GSiG in das SGB XII nichts geändert. § 43 II 1 SGB XII stellt wie § 2 I 3 GSiG weiterhin klar, dass Unterhaltsansprüche gegen Kinder bei der Grundsicherung grundsätzlich nicht berücksichtigt werden. Deshalb schließt Grundsicherung in ihrer bewilligten Höhe die Geltendmachung von Elternunterhalt aus. Könnte der Elternteil auch Unterhalt in Höhe der gewährten Grundsicherung verlangen, wäre sein Bedarf doppelt gedeckt. Dies kann nicht im Sinne des Gesetzgebers liegen. Der bedürftige Elternteil ist daher gehalten, Grundsicherung in Anspruch zu nehmen. Weigert er sich, einen entsprechenden Antrag zu stellen, ist die ihm zustehende Grundsicherung als **fiktives Einkommen** auf den Unterhaltsanspruch anzurechnen,[34] allerdings nur dann, wenn dem Bedürftigen ein Obliegenheitsverstoß zur Last fällt, nicht aber, wenn trotz rechtzeitiger Antragstellung Grundsicherung nicht gewährt wird und Rechtsmittel bislang ohne Erfolg geblieben sind.[35] Erst wenn das Einkommen des unterhaltspflichtigen Kindes mindestens 100 000,– € beträgt, ist Grundsicherung zu versagen. Dann ist der bedürftige Elternteil allein auf den Unterhaltsanspruch gegen dieses Kind angewiesen. Vgl. dazu auch 1/467 a.

162   Probleme entstehen, wenn ein Kind einen Elternteil durch **freiwillige Unterhaltszahlungen** unterstützt und dieser daraufhin Grundsicherung beantragt. Die Unterhaltszahlungen sind dann sog. bereite Mittel (Rn. 7), die nach dem Bedarfsdeckungsprinzip die Gewährung von Grundsicherung ausschließen, weil es der Hilfe der öffentlichen Hand nicht bedarf.[36] Dies gilt zunächst für bereits geleisteten Unterhalt. Auch für die Zukunft kann das Sozialamt zunächst davon ausgehen, dass das Kind seine Unterstützung fortsetzt. Jedoch steht es dem Kind frei, seine Zahlungen jederzeit einzustellen und den Elternteil aufzufordern, die Grundsicherung im Alter und bei Erwerbsminderung in Anspruch zu nehmen.[37] Vgl. dazu Rn. 161. Das Kind sollte klarstellen, dass es weitere Unterhaltsleistungen nur unter Vor-

---

[30] Klinkhammer FamRZ 2003, 1796, 1799
[31] FamRZ 2006, 1511, 1515 = R 658 f mit Anm. Klinkhammer
[32] BGH, FamRZ 2007, 1158 = R 667 a mit Anm. Scholz; BSG FamRZ 2008, 51, 54; Leitlinien der Oberlandesgerichte 2.9
[33] OLG Oldenburg FamRZ 2004, 295
[34] Scholz FamRZ 2007, 1160; vgl. auch zum GSiG Münder NJW 2002, 3661, 3663; OLG Hamm FamRZ 2004, 1807; OLG Nürnberg FamRZ 2004, 1988
[35] Insoweit zu Recht OLG Nürnberg FamRZ 2004, 1988 (zum GSiG; in anderen Punkten vom BGH FamRZ 2007, 1158 = R 667 mit Anm. Scholz aufgehoben); vgl. auch OLG Hamm NJW 2004, 1604
[36] BGH, FamRZ 2007, 1158, 1160 = R 667 b mit Anm. Scholz
[37] OLG Brandenburg FPR 2004, 474 (LS)

behalt anstelle des Sozialhilfeträgers erbringt.[38] Entgegen Günther[39] macht sich der Elternteil nicht im Sinne des § 41 III SGB XII vorsätzlich oder grob fahrlässig bedürftig (vgl. Rn. 143), wenn er sein Kind auf die Möglichkeit der Grundsicherung und die sich daraus ergebende Entbehrlichkeit der Unterhaltszahlungen hinweist, da er im Verhältnis zu seinem Kind zur Beantragung der Grundsicherung verpflichtet ist (Rn. 161) und er nur von einem ihm zustehenden Recht gegen den Sozialhilfeträger Gebrauch macht.

Ist das Kind zur Zahlung von Elternunterhalt rechtskräftig verurteilt worden, kann es **163** **Abänderungsklage** erheben, wenn der berechtigte Elternteil nach der letzten mündlichen Verhandlung einen Anspruch auf Grundsicherung im Alter und bei Erwerbsminderung erworben hat, z. B. durch Vollendung des 65. Lebensjahres.[40] Das Kind sollte die Einstellung der Zwangsvollstreckung beantragen, um zu verhindern, dass weitere Zahlungen vom Sozialamt als bedarfsdeckendes Einkommen vereinnahmt werden.

Übersteigt der Unterhaltsbedarf die bewilligte Grundsicherung, schuldet das Kind bei **164** entsprechender Leistungsfähigkeit die Differenz als Unterhalt. Dieser ist kein Einkommen, das auf die Grundsicherung angerechnet werden könnte, da andernfalls der bedürftige Elternteil nicht über einen Geldbetrag verfügen würde, der dem geschuldeten Unterhalt entspricht.[41] Die gegenteilige Auffassung bewirkt einen sog. „Ping-Pong-Effekt", weil die Kürzung der Grundsicherung zu einem höheren Unterhaltsanspruch führen würde, der bei Erfüllung wiederum die Grundsicherung mindern müsste.

> **Beispiel:**
> Die Mutter M erhält Grundsicherung von 347,– € (Regelsatz) und 320,– € (Unterkunft und Heizung), insgesamt also 667,– €. Ihr Unterhaltsbedarf beträgt 770,– €.[42] S zahlt demgemäß 770 – 667 = 103,– € an M (vgl. Rn. 161). Dieser Betrag ist nicht auf die Grundsicherung anzurechnen, da bei Kürzung der Grundsicherung auf 564,– € S dann einen Unterhalt von (770 – 564 =) 206,– € zahlen müsste.

Dieses Ergebnis folgt m. E. aus § 43 II 1 SGB XII. Nach dieser Bestimmung bleibt der Unterhaltsanspruch gegen das Kind grundsätzlich unberücksichtigt; er wird also nicht auf die Grundsicherung angerechnet. Dies muss erst recht für den Anspruch auf Unterhalt gelten, der den Grundsicherungsbedarf übersteigt. Er beeinflusst deshalb die Höhe der Grundsicherung nicht. Dabei verbleibt es auch, wenn der die Grundsicherung übersteigende Unterhalt tatsächlich gezahlt wird.[43]

Das unterhaltspflichtige Kind wird durch die Grundsicherung im Alter und bei Erwerbs- **165** minderung vor allem dann entlastet, wenn der bedürftige Elternteil noch in seiner eigenen Wohnung lebt.

> **Beispiel:**
> Sachverhalt wie Beispiel Rn. 164. Bestünde kein Anspruch auf Grundsicherung, müsste S – allerdings im Rahmen seiner Leistungsfähigkeit – den gesamten Bedarf der Mutter von 770,– € decken, nicht nur den Spitzenbetrag von 103,– €.

c) Sonstige Hilfen neben der Grundsicherung im Alter und bei Erwerbsmin- 166 derung. Bei entsprechendem Bedarf des Leistungsberechtigten, z. B. bei Aufenthalt in einem Pflegeheim, können sonstige Hilfen nach dem 5. bis 9. Kapitel des SGB XII, vor allem Eingliederungshilfe und Hilfe zur Pflege, gewährt werden (Rn. 145). In einem solchen Fall greift der Ausschluss des Anspruchsübergangs nach § 94 I 3 Halbsatz 2 SGB XII nur ein, soweit Leistungen der Grundsicherung erbracht werden. Im Übrigen geht der Unterhaltsanspruch des Elternteils gegen das Kind bis zur Höhe der sonstigen Hilfen nach § 94 I 1 SGB XII auf den Sozialhilfeträger über. Der sonstige Hilfebedarf ist vielfach so hoch, dass sich der Ausschluss des Anspruchsübergangs in Höhe der Grundsicherung nach

---

[38] Vgl. BVerwGE 96, 152; BVerwG NJW 2005, 2874; LSG NRW 2006, 1566
[39] FF 2003, 10, 12
[40] Günther FF 2003, 10, 14
[41] OLG Brandenburg FPR 2004, 474 (LS); Mrozinski ZFSH/SGB 2004, 198, 211; a. A. Klinkhammer FamRZ 2003, 1793, 1799
[42] Analog B V 2 der Düsseldorfer Tabelle (vgl. Anhang D); BGH FamRZ 2003, 860 mit Anm. Klinkhammer
[43] Vgl. Fichtner/Wenzel, Grundsicherung, § 43 SGB XII Rn. 17 m. w. N.

§ 94 I 3 Halbsatz 2 SGB XII finanziell nicht zugunsten des unterhaltspflichtigen Kindes auswirkt. Vielmehr wird es vor einer übermäßigen Inanspruchnahme nur durch die Vorschriften des Unterhaltsrechts über die Leistungsfähigkeit beim Elternunterhalt geschützt.[44] Vgl. D I der Düsseldorfer Tabelle Stand: 1. 1. 2008; Leitlinien der Oberlandesgerichte 21.3.3; Rn. 2/620 a, 640.

Beispiel:
Die mittellose, dauernd erwerbsunfähige 64-jährige Mutter lebt in einem Pflegeheim. Neben dem Elementarbedaf, der durch die Grundsicherung von 278,– € (80% des Regelsatzes; vgl. Rn. 144) + 300,– € (durchschnittliche Wohnkosten) + 94,– € (Barbetrag; vgl. Rn. 145) = 672,– € gedeckt ist, entstehen Kosten von 2200,– €, die durch das Pflegegeld von 1279,– € nach § 43 SGB XI in Höhe von 921,– € nicht gedeckt sind. Insoweit gewährt das Sozialamt ergänzende Sozialhilfe. Die unverheiratete Tochter T verfügt über ein Einkommen von 6000,– € brutto = 3120,– € netto. Sie ist nur in Höhe von 860,– € leistungsfähig (vgl. Beispiel Rn. 160). Diesen Betrag hat sie dem Sozialhilfeträger trotz der gewährten Grundsicherung auch dann zu erstatten, wenn die Mutter keine Grundsicherung beziehen würde. Sie würde diesen Betrag ebenfalls schulden, wenn M noch nicht dauernd erwerbsunfähig wäre und Hilfe zum Lebensunterhalt beziehen würde.

5. Unterhalt volljähriger Kinder

167   Bei der Grundsicherung, die auf Dauer erwerbsunfähige volljährige Kinder erhalten können, bleiben Unterhaltsansprüche gegen ihre Eltern unberücksichtigt, wenn deren Einkommen unter 100 000,– € brutto liegt (§ 43 II 1 SGB XII). Während die Sozialhilfeträger anscheinend davon ausgehen, dass darunter das Gesamteinkommen beider Eltern zu verstehen sei, ist das Schrifttum der Meinung, dass jedem Elternteil die Einkommensgrenze von 100 000,– € zugute kommt.[45] Dem ist zuzustimmen. Es lässt sich nicht vertreten, bei den Kindern auf das Einkommen jedes einzelnen abzustellen (Rn. 160), bei den Eltern aber ihr Einkommen zusammenzurechnen, zumal da diese weder verheiratet sein noch in einem Haushalt zusammenleben müssen. Ist die Einkommensgrenze von 100 000,– € nicht überschritten, wird der Unterhaltsbedarf eines voll erwerbsgeminderten volljährigen Kindes vorrangig durch die Grundsicherung im Alter und bei Erwerbsminderung gedeckt, die als Einkommen im Sinne des Unterhaltsrechts gilt und in ihrem Umfang die Unterhaltspflicht der Eltern zum Erlöschen bringt.[46] Dies beruht auf der rechtspolitischen Wertung, dass für den Lebensunterhalt eines solchen Kindes in erster Linie die staatliche Gemeinschaft aufzukommen hat.

Auf das Vermögen der Eltern kommt es wie beim unterhaltspflichtigen Kind nicht an (Rn. 155).

168   Beim Unterhalt volljähriger Kinder stellen sich im Wesentlichen die Probleme, die bereits beim Elternunterhalt behandelt worden sind. Darauf kann verwiesen werden (Rn. 154 ff.). Zum Kindergeld als Einkommen des leistungsberechtigten Kindes vgl. Rn. 141.

169   Bezieht ein volljähriges Kind Grundsicherung im Alter und bei Erwerbsminderung, scheidet insoweit ein Anspruchsübergang nach § 94 I 3 Halbsatz 2 SGB XII aus. Jedoch kommt ein Anspruchsübergang in Betracht, wenn dem Kind Eingliederungshilfe oder Hilfe zur Pflege gewährt wird. Der Anspruchsübergang ist aber auf monatlich 26,– € beschränkt (§ 94 II 1 SGB XII; vgl. Rn. 86). Wird die Einkommensgrenze von 100 000,– € bei einem Elternteil überschritten, gleichwohl aber kein Unterhalt gezahlt, erhält das volljährige Kind Hilfe zum Lebensunterhalt; der Anspruchsübergang ist dann nach § 94 II 1 SGB XII auf 20,– € monatlich beschränkt; wegen etwa gewährter Eingliederungshilfe oder Hilfe zur Pflege verbleibt es beim Übergang des Unterhaltsanspruchs in Höhe von (weiteren) 26,– €.

---

[44] BGH, FamRZ 2002, 1698 = R 580 c mit Anm. Klinkhammer
[45] Wahrendorf in Grube/Wahrendorf, SGB XII, § 43 Rn. 13; Mrozinski ZFSH/SGB 2004, 198, 210
[46] BSG FamRZ 2008, 51, 54

6. Unterhalt zwischen Verwandten zweiten Grades

Vor dem 1. 1. 2005 wurde überwiegend die Auffassung vertreten, dass § 2 I 3 GSiG **170** analog auf die Unterhaltsansprüche zwischen Verwandten zweiten Grades anzuwenden sei.[47] Es ist nicht ersichtlich, dass sich durch die Überführung der Grundsicherung im Alter und bei Erwerbsminderung in das SGB XII daran etwas geändert hat. Die Nichterwähnung der Verwandten zweiten Grades in § 2 I 3 GSiG bzw. in § 43 II 1 SGB XII ist ein offenbares Versehen des Gesetzgebers, das korrigiert werden muss. Die Auffassung von Wahrendorf,[48] dass der Gesetzgeber durch § 94 I 3 Halbsatz 2 SGB XII klargestellt habe, dass Großeltern oder Enkel nicht privilegiert sein sollen, trifft nicht zu. Nachdem die Grundsicherung im Alter und bei Erwerbsminderung eine besondere Form der Sozialhilfe geworden ist, schließt § 94 I 3 Halbsatz 1 SGB XII den Übergang des Unterhaltsanspruchs zwischen Verwandten zweiten Grades aus. Der 2. Halbsatz dieser Vorschrift besagt nur, dass der Anspruchsübergang auch dann ausgeschlossen ist, wenn Grundsicherung gewährt worden ist und Unterhaltsansprüche gegen Eltern oder Kinder in Betracht kommen. Er dient im Wesentlichen der Klarstellung, dass ein derartiger Unterhaltsanspruch nicht übergeht und die Grundsicherung auf den Unterhaltsanspruch gegen Eltern bzw. Kinder anzurechnen ist. Vgl. dazu Rn. 161.

4. Abschnitt: Die Grundsicherung für Arbeitsuchende und Unterhalt

I. Grundsicherung und Sozialhilfe

1. Die Reform des Sozialrechts zum 1. 1. 2005

Bis zum 31. 12. 2004 erhielt ein Arbeitsloser, der bei der Bundesanstalt für Arbeit **171** versichert war, nach Erschöpfung des Anspruchs auf Arbeitslosengeld bei Bedürftigkeit und bei Erfüllung weiterer Voraussetzungen Arbeitslosenhilfe (§ 190 SGB III a. F.). Sie war der Höhe nach vom früheren Einkommen abhängig (§ 195 SGB III a. F.) und reichte daher in vielen Fällen zur Deckung des Lebensbedarfs nicht aus. Dann konnte der Sozialhilfeträger ergänzende Sozialhilfe erbringen. Andererseits konnte die Arbeitslosenhilfe bei früherem hohen Erwerbseinkommen durchaus das Existenzminimum übersteigen. Erwerbsfähige, insbesondere Selbständige, die keinen Anspruch auf Arbeitslosenhilfe hatten, waren allein auf Sozialhilfe angewiesen.

Zum 1. 1. 2005 führte der Gesetzgeber durch das Vierte Gesetz für moderne Dienst- **172** leistungen am Arbeitsmarkt[1] mit der Grundsicherung für Arbeitsuchende ein neues Hilfe-system ein, das vielfach angefeindet wurde. Gleichwohl verstößt die Reform als solche nicht gegen die Verfassung.[2] Die Kritik an dieser Reform, aber auch handwerkliche Fehler, veranlassten den Gesetzgeber bereits zu zahlreichen Korrekturen. Zu nennen sind hier insbesondere
– das Gesetz zur Neufassung der Freibetragsregelungen vom 14. 8. 2005 – BGBl. I 2407, im Wesentlichen in Kraft seit dem 1. 10. 2005,
– das Gesetz zur Änderung des Zweiten Buches Sozialgesetzbuch und anderer Gesetze vom 24. 3. 2006 – BGBl. I 558, teilweise in Kraft seit dem 1. 4. 2006, teilweise erst seit dem 1. 7. 2006,
– das Gesetz zur Fortentwicklung der Grundsicherung für Arbeitsuchende vom 20. 7. 2006 – BGBl. I 1706, im Wesentlichen in Kraft seit dem 1. 8. 2006.
Teile dieser Gesetze sind zu anderen als den angegebenen Zeitpunkten in Kraft getreten, insbesondere erst zum 1. 1. 2007. Die letzte Änderung des SGB II, die hier berücksichtigt

---

[47] Münder NJW 2002, 3661, 3663; Klinkhammer FamRZ 2002, 997, 999
[48] Wahrendorf in Grube/Wahrendorf SGB XII, § 43 Rn. 8
[1] Vom 27. 12. 2003 – BGBl. I 2954
[2] BSG BeckRS 2007 41157; vgl. auch BSG FamRZ 2007, 724

werden konnte, ist durch Art. 2 des Siebten Gesetzes zur Änderung des SGB III vom 8. 4. 2008 BGBl I 681 erfolgt.

173   Die Grundsicherung für Arbeitsuchende erfasst alle hilfebedürftigen **erwerbsfähigen** Personen, deren Partner und Angehörige, die mit ihnen in einer Bedarfsgemeinschaft zusammenleben. Es kommt allein darauf an, ob der Hilfebedürftige erwerbsfähig ist. Grundsicherung für Arbeitsuchende wird auch dann gewährt, wenn ein Arbeitsplatz nicht zur Verfügung steht oder wenn der Hilfebedürftige zur Ausübung einer Erwerbstätigkeit derzeit, z. B. wegen der Erziehung eines Kleinkindes oder der Pflege eines Angehörigen, nicht verpflichtet ist (§ 10 I Nr. 3, 4 SGB II). Die Berechtigten erhalten Leistungen zur Sicherung des Lebensunterhalts in der Form des Arbeitslosengeldes II (§§ 19 ff. SGB II) bzw. des Sozialgeldes (§ 28 SGB II). Die Leistungen entsprechen weitgehend dem **Niveau der Sozialhilfe,** sind allerdings teilweise günstiger, teilweise ungünstiger als die Leistungen nach dem SGB XII. Vgl. dazu Rn. 147 ff., 201 ff. Ergänzende Hilfe zum Lebensunterhalt nach §§ 27 ff. SGB XII wird neben Leistungen zur Sicherung des Lebensunterhalts nicht gewährt. Sonstige Hilfen nach dem 5. bis 9. Kapitel des SGB XII, insbesondere Eingliederungshilfe und Hilfe zur Pflege, sind möglich. Vgl. dazu Rn. 4, 57. Zum Verhältnis der Grundsicherung für Arbeitsuchende zur Grundsicherung im Alter und bei Erwerbsminderung vgl. Rn. 137, 175.

174   Die Grundsicherung für Arbeitsuchende kann trotz ihrer Nähe zum Sozialhilferecht ihre Herkunft aus der **Arbeitsförderung** nicht verleugnen. Ziel des SGB II ist zunächst die Stärkung der **Eigenverantwortung** des erwerbsfähigen Hilfebedürftigen und der Personen, die mit ihm in einer Bedarfsgemeinschaft leben; die Grundsicherung für Arbeitsuchende soll den Hilfebedürftigen bei der Aufnahme oder Beibehaltung einer Erwerbstätigkeit unterstützen und den Lebensunterhalt sichern, soweit er nicht auf andere Weise bestritten werden kann (§ 1 I SGB II). Daher werden Dienstleistungen, Geldleistungen und Sachleistungen gewährt (§ 4 I SGB II). Das Gesetz geht vom **Grundsatz des Förderns und Forderns** aus. Der erwerbsfähige Hilfebedürftige hat umfangreiche Mitwirkungspflichten (§§ 2, 15 SGB II). Grundsätzlich ist **jede Arbeit zumutbar,** zu der der Hilfebedürftige körperlich, geistig und seelisch in der Lage ist (§ 10 I Nr. 1 SGB II). Bei Verletzung der Mitwirkungspflichten drohen Sanktionen (§ 31 SGB II). Dazu Rn. 209.

2. Abgrenzung von der Sozialhilfe und der Jugendhilfe

175   Wenn ein Anspruch auf Leistungen zur Sicherung des Lebensunterhalts nach dem SGB II besteht, ist **Hilfe zum Lebensunterhalt** nach dem 3. Kapitel des SGB XII (§§ 27 ff. SGB XII; vgl. Rn 46 ff.) **ausgeschlossen,** wie sich aus § 5 II 1 SGB II und § 21 S. 1 SGB XII ergibt. Zulässig sind lediglich Leistungen nach § 34 SGB XII, also die Übernahme von Schulden zur Sicherung der Unterkunft oder zur Behebung einer vergleichbaren Notlage, wenn eine erwerbsfähige Person nicht hilfebedürftig im Sinne des § 9 SGB II ist, weil ihr Bedarf durch Einkommen oder Vermögen eines Angehörigen der Bedarfsgemeinschaft gedeckt wird (§ 21 S. 2 SGB XII).[3] Jedoch sind Leistungen der Grundsicherung im Alter und bei Erwerbsminderung gegenüber dem Sozialgeld vorrangig (§§ 5 II 2, 28 I 1 SGB II). Angehörige der Bedarfsgemeinschaft eines Erwerbsfähigen, die die Voraussetzungen des § 41 SGB XII erfüllen, erhalten daher Grundsicherung im Alter und bei Erwerbsminderung.

Das Existenzminimum wird bei Bedürftigkeit in der Regel durch Leistungen nach §§ 19 ff. SGB II gewährleistet. Hilfe zum Lebensunterhalt nach dem SGB XII kommt im Wesentlichen nur noch für erwerbsunfähige Personen und die Angehörigen ihrer Bedarfsgemeinschaft in Betracht. Zu den Einzelheiten vgl. die Aufstellung Rn 21. Das SGB XII hat daher Bedeutung vor allem für Personen, die Grundsicherung im Alter und bei Erwerbsminderung nach §§ 41 ff. SGB XII beziehen (Rn. 135 ff.), und für die Hilfearten nach dem 5. bis 9. Kapitel des SGB XII, insbesondere die Eingliederungshilfe und die Hilfe zur Pflege (Rn. 57 ff.). Diese Hilfen können nur nach dem SGB XII gewährt werden. Sie sind im

---

[3] Dazu und zur wiederholten Änderung des § 21 SGB XII Scholz FamRZ 2006, 1417, 1420

SGB II nicht vorgesehen. Deshalb kann die Gewährung von Arbeitslosengeld II Hilfe nach dem 5. bis 9. Kapitel des SGB XII nicht ausschließen.

Leistungen der **Jugendhilfe** gehen – mit Ausnahme bestimmter Arbeitsförderungsmaßnahmen – den Leistungen nach dem SGB II vor (§ 10 III SGB VIII).

3. Zuständigkeiten

Träger der Leistungen nach dem SGB II ist grundsätzlich die Bundesagentur für Arbeit **176** (§ 6 I 1 Nr. 1 SGB II). Dagegen sind für Unterkunft und Heizung nach § 22 SGB II, für einmalige Bedarfe nach § 23 III SGB II und für bestimmte Eingliederungsleistungen nach § 16 II 2 Nr. 1 bis 4 SGB II kommunale Träger, in der Regel die Kreise und kreisfreien Städte zuständig (§ 6 I 1 Nr. 2 SGB II). In der Praxis sieht dies freilich anders aus. Denn die Bundesagentur und die kommunalen Träger sollen durch privatrechtliche oder öffentlichrechtliche Verträge zur einheitlichen Wahrnehmung der Aufgaben nach dem SGB II **Arbeitsgemeinschaften** bilden (§ 44 b I 1 SGB II). Die Arbeitsgemeinschaft nimmt kraft Gesetzes die Aufgaben der Agentur für Arbeit als Leistungsträger wahr; die kommunalen Träger sollen ihr die Wahrnehmung ihrer Aufgaben übertragen (§ 44 b III 1, 2 SGB II). Ist die Übertragung erfolgt, erfüllt die Arbeitsgemeinschaft die Aufgaben nach dem SGB II einheitlich **im eigenen Namen** und in eigener Verantwortung.[4]

Nach der Experimentierklausel des § 6 a I, III SGB II können insgesamt 69 kommunale Träger, die sog. Optionskommunen, die Aufgaben der Bundesagentur nach § 6 I 1 Nr. 1 SGB II erfüllen.[5] In diesem Fall ist der kommunale Träger an Stelle der Bundesagentur allein zuständig (§ 6 b I SGB II).[6] Die Bildung einer Arbeitsgemeinschaft kommt dann nicht in Betracht.

Das **BVerfG**[7] hat die in § 44 b SGB II vorgesehene Mischverwaltung zwischen der Bundesanstalt für Arbeit und den Kommunen für unvereinbar mit der Kompetenzordnung des Grundgesetzes angesehen, jedoch angeordnet, dass die Vorschrift bis zum 31. 12. 2010 anwendbar bleibt. Der Gesetzgeber wird also die Zuständigkeit für Leistungen nach dem SGB II neu regeln müssen.

Die Arbeitsgemeinschaft kann Verwaltungsakte und Widerspruchsbescheide erlassen **177** (§ 44 b III 3 SGB II). Dies ändert allerdings nichts daran, dass sie „**in organisatorischer Wahrnehmungszuständigkeit**" für die beiden Träger tätig wird und rechtlich zwei eigenständige Verfügungen trifft, eine für die Agentur für Arbeit, eine weitere für den kommunalen Träger. Die Rechtsträgerschaft der beiden Träger bleibt unberührt.[8]

Der Rechtsweg in Angelegenheiten des SGB II führt zu den **Sozialgerichten** (§ 51 I Nr. 4 a SGG).

Die Arbeitsgemeinschaft, die eine Behörde, aber nicht notwendigerweise eine juristische Person ist,[9] kann im sozialgerichtlichen Verfahren als Beteiligte auftreten.[10] Demgemäß ist die Klage gegen einen Bescheid der Arbeitsgemeinschaft gegen diese, nicht gegen die Agentur oder den kommunalen Träger zu richten. Im **Zivilprozess**, insbesondere in einem Rechtsstreit über einen übergegangenen Unterhaltsanspruch vor dem Familiengericht (§ 33 IV 3 SGB II), kann die Arbeitsgemeinschaft nach dem Wortlaut des § 50 I ZPO nur als Partei auftreten, wenn sie rechtsfähig ist. Ist die Arbeitsgemeinschaft nicht als juristische Person organisiert, wird man sie wohl mit der neueren Rechtsprechung des BGH zur

---

[4] Berlit in LPK-SGB II § 44 b Rn 42
[5] Verordnung über die Zulassung kommunaler Träger als Träger der Grundsicherung im Alter und bei Erwerbsminderung vom 24. 9. 2004 – BGBl. I 2349
[6] Münder in LPK-SGB II § 6 b Rn 2
[7] NwVZ 2008, 183
[8] BSG FamRZ 2007, 724, 726
[9] Vgl. dazu die Ausführungsgesetze der Länder, ggf. die Verträge über die Errichtung der jeweiligen Arbeitsgemeinschaft. Nach § 3 des Gesetzes zur Ausführung des SGB II für das Land Nordrhein-Westfalen vom 16. 12. 2004 – GV.NRW S. 821 ist die durch öffentlich-rechtlichen Vertrag errichtete Arbeitsgemeinschaft eine Anstalt des öffentlichen Rechts
[10] BSG FamRZ 2007, 724, 728

BGB-Gesellschaft[11] und zur Wohnungseigentümergemeinschaft[12] als rechtsfähig und damit als prozessfähig ansehen können, weil sie am allgemeinen Rechtsverkehr teilnimmt.[12a] Teilt man diese Auffassung nicht, müssen wohl die Agentur für Arbeit und der kommunale Träger den Prozess führen, wenn die Arbeitsgemeinschaft Leistungen für ihre Rechnung erbracht hat.

II. Anspruchsvoraussetzungen

1. Berechtigter Personenkreis

178 **a) Grundsatz.** Nach § 7 I SGB II erhält Leistungen nach dem SGB II nur,
– wer das 15. Lebensjahr vollendet, die Altersgrenze des § 7 a SGB II, derzeit noch das 65. Lebensjahr (vgl. Rn. 186), aber noch nicht erreicht hat,
– wer erwerbsfähig ist,
– wer hilfebedürftig ist und
– wer seinen gewöhnlichen Aufenthalt in Deutschland hat.

179 **b) Bedarfsgemeinschaft.** Anspruch auf Leistungen der Grundsicherung für Arbeitsuchende hat ferner, wer mit dem erwerbsfähigen Hilfebedürftigen in einer Bedarfsgemeinschaft lebt (§ 7 II 1 SGB II). Dabei kommt es grundsätzlich nicht darauf an, ob der Angehörige der Bedarfsgemeinschaft selbst erwerbsfähig ist oder nicht. Ist er erwerbsgemindert, wird für ihn statt des Arbeitslosengeldes II Sozialgeld gezahlt; lediglich bei dauerhafter Erwerbsminderung wird Grundsicherung im Alter und bei Erwerbsminderung nach §§ 41 ff. SGB XII gewährt (§§ 5 II 2, 28 I 1 SGB II).

180 Zur Bedarfsgemeinschaft gehören seit dem 1. 8. 2006
• der Hilfebedürftige selbst
• als Partner
    – sein nicht dauernd getrennt lebende Ehegatte bzw. sein nicht dauernd getrennt lebender Lebenspartner oder
    – die Person, die mit ihm in einer Verantwortungsgemeinschaft zusammenlebt (§ 7 III Nr. 3 c SGB II).
Eine solche Gemeinschaft ist gegeben, wenn der Hilfebedürftige mit einer Person gleich welchen Geschlechts in einem gemeinsamen Haushalt so zusammenlebt, dass nach verständiger Würdigung der wechselseitige Wille anzunehmen ist, Verantwortung für einander zu tragen und füreinander einzustehen (§ 7 III Nr. 3 c SGB II). Damit hat sich die nach der ursprünglichen Fassung des § 7 SGB II bestehende Streitfrage, ob ein gleichgeschlechtliches Verhältnis eine Bedarfsgemeinschaft begründen konnte,[13] erledigt. Nach § 7 IIIa SGB II wird eine solche **Verantwortungsgemeinschaft** vermutet,
– wenn die Partner länger als ein Jahr zusammenleben,
– wenn sie mit einem gemeinsamen Kind zusammenleben,
– wenn sie Kinder oder Angehörige im Haushalt versorgen oder
– wenn sie befugt sind, über Einkommen oder Vermögen des anderen zu verfügen.
Damit geht der Gesetzgeber deutlich über den Begriff der eheähnlichen Lebensgemeinschaft hinaus, wie ihn das BVerfG[14] definiert hat. Diese ist danach gegeben, wenn die Beziehung auf Dauer angelegt ist, daneben keine weitere Lebensgemeinschaft zulässt, zwischen Personen unterschiedlichen Geschlechts besteht und innere Bindungen vorliegen, die ein gegenseitiges Einstehen der Partner für einander begründen. Wenn auch nach Erlass des LPartG am Erfordernis der Geschlechtsverschiedenheit nicht mehr festgehalten werden kann, so erscheint doch fraglich, ob die Regelung in § 7 III 3 c, IIIa SGB II

---

[11] NJW 2001, 1056
[12] NJW 2005, 2061
[12a] OLG Zweibrücken NJW 2007, 2779, 2781
[13] Dagegen SG Düsseldorf NJW 2005, 845; anders das übergeordnete LSG Düsseldorf NJW 2005, 2253
[14] FamRZ 1993, 194, 198

nicht Gemeinschaften erfasst, die nicht ehe- oder lebenspartnerschaftsähnlich sind. Zu denken ist an das Zusammenleben von Geschwistern oder von gleichgeschlechtlichen Paaren ohne homosexuelle Bindungen. Solchen Verbindungen fehlt vielfach die gemeinsame Überzeugung, dass eine andere Beziehung ausgeschlossen sein soll. Da der Gesetzgeber ausweislich der Gesetzesbegründung[15] mit § 7 III 3 c, III a SGB II den Zweck verfolgte, homo- und heterosexuelle Lebensgemeinschaften einander gleichzustellen, erscheint es angezeigt, den Anwendungsbereich der Vorschriften hierauf zu beschränken und sie eng auszulegen.[16]

Liegen die Voraussetzungen der Vermutung vor, hat der Hilfebedürftige im Einzelnen darzulegen, dass gleichwohl das Zusammenleben keine Verantwortungsgemeinschaft begründet hat. Dies wird bei Zusammenleben mit einem gemeinsamen Kind nur selten möglich sein. Auch spricht die Befugnis, über Einkommen und Vermögen des anderen zu verfügen, wozu bereits ein gemeinsames Konto oder eine Kontovollmacht ausreichen, in aller Regel für das Bestehen einer Verantwortungsgemeinschaft. Unklar ist dagegen, wessen Kinder oder Angehörige im Haushalt versorgt werden müssen, damit eine solche Gemeinschaft vorliegt. Hier dürfte es nicht ausreichen, dass ein eigenes Kind oder ein eigener Angehöriger betreut wird; vielmehr ist es erst dann angezeigt, von einer Partnerschaft auszugehen, wenn ein Kind oder ein Angehöriger des anderen versorgt wird.

§ 7 IIIa SGB II geht damit mindestens teilweise über die Anforderungen hinaus, die der BGH[17] für die Verwirkung des Anspruchs auf nachehelichen Unterhalt (§ 1579 Nr. 7 BGB a. F., jetzt § 1579 Nr. 2 BGB n. F.) aufgestellt hat. Während der BGH bei der Verwirkung in der Regel erst einen Zeitraum von zwei bis drei Jahren für eine verfestigte Lebensgemeinschaft genügen lässt, reicht hier bereits ein einjähriges Zusammenleben als Grundlage der Vermutung für das Bestehen einer Verantwortungsgemeinschaft aus. Auch ist die Beweislast bei § 1579 BGB anders geregelt als nach § 7 IIIa SGB II.

Auch **Kinder und Stiefkinder** können Teil der Bedarfsgemeinschaft sein. Dies galt **181** zunächst nur für die dem Haushalt angehörenden minderjährigen Kinder des erwerbsfähigen Hilfebedürftigen und des Partners.[17a] Volljährige Kinder konnten zunächst nur Teil der Haushaltsgemeinschaft im Sinne des § 9 V SGB II sein. Sie erhielten als Alleinstehende 100% der Regelleistung. Seit dem 1. 7. 2006 ist die Bedarfsgemeinschaft auf alle im Haushalt lebenden, also auch **volljährigen Kinder** des Hilfebedürftigen oder seines Partners **bis zur Vollendung des 25. Lebensjahres** (auch Stiefkinder) erweitert worden, soweit sie aus eigenem Einkommen oder Vermögen die Leistungen zur Sicherung ihres Lebensunterhalts nicht beschaffen können (§ 7 III Nr. 4 SGB II).[17b] Sie erhalten nur 80% der Regelleistung (§ 20 II 2 SGB II).

Eine Bedarfsgemeinschaft kann auch bestehen, wenn ein minderjähriges erwerbsfähiges Kind, das älter als 15 Jahre ist, oder ein volljähriges erwerbsfähiges Kind bis zur Vollendung des 25. Lebensjahres mit seinen dauernd erwerbsunfähigen Eltern oder mit einem dauernd erwerbsunfähigen Elternteil und ggf. dessen erwerbsunfähigen Partner zusammenlebt (§ 7 III Nr. 2 SGB II). Die Bedarfsgemeinschaft wird in diesem Fall durch das Kind vermittelt. Dieses wird in der Regel noch eine Schule bzw. Hochschule besuchen oder sich für einen Beruf ausbilden lassen. Dann ist allerdings für den Auszubildenden der Leistungsausschluss nach § 7 V, VI SGB II zu beachten (vgl. Rn. 185).

Leben Kinder abwechselnd bei dem einen oder dem anderen Elternteil, können sie sowohl mit dem Vater als auch mit der Mutter eine Bedarfsgemeinschaft bilden. Dies gilt auch, wenn das Kind im Rahmen des **Umgangsrechts** mit einer gewissen Regelmäßigkeit länger als einen Tag beim umgangsberechtigten Elternteil wohnt. In solchen Fällen kommt es zu einer **zeitweisen Bedarfsgemeinschaft**.[18] Zur Tragung von Umgangskosten durch den Träger der Grundsicherung und den Sozialhilfeträger vgl. Rn. 218.

---

[15] BT-Drucks. 16/1410 S. 19

[16] Vgl. dazu Spellbrink NZS 2007, 121, 126; LSG Niedersachsen-Bremen infoalso 2007, 266

[17] FamRZ 2002, 810

[17a] BSG FamRZ 2008, 688

[17b] BSG a. a. O.

[18] BSG FamRZ 2007, 465

182　　Ein **volljähriges Kind über 25 Jahren,** das mit seinen Eltern oder einem Elternteil zusammenlebt, bildet mit ihnen keine Bedarfsgemeinschaft, sondern nur eine **Haushalts-gemeinschaft** (§ 9 V SGB II). Es wird als alleinstehend behandelt und hat daher grund-sätzlich Anspruch auf die volle Regelleistung von 347,– € (§ 20 II 1 SGB II).[19] Vgl. Rn. 204. Jedoch wird nach § 9 V SGB II vermutet, dass das volljährige Kind von seinen Eltern oder dem mit ihm zusammenlebenden Elternteil Leistungen erhält, soweit dies nach ihrem bzw. seinem Einkommen oder Vermögen erwartet werden kann. Diese Vermutung der Bedarfsdeckung gilt auch, wenn sonstige Verwandte oder Verschwägerte in einer Haus-haltsgemeinschaft zusammenleben. Die Erwartung, dass der Hilfebedürftige von einem Verwandten oder Verschwägerten unterstützt wird, ist nur gerechtfertigt, wenn dessen Einkommen oder Vermögen deutlich über dem eigenen Bedarf nach dem SGBII liegen; dies ist der Fall, wenn der Verwandte oder Verschwägerte mindestens über Einkommen in Höhe der doppelten Regelleistung zuzüglich anteiliger Wohnkosten verfügt; 50% des Mehreinkommens werden nicht berücksichtigt (§ 1 II Alg II–V).[20] Bei Personen, die weder verwandt oder verschwägert sind, wohl aber in einer gemeinsamen Wohnung leben, scheidet eine Anwendung des § 9 V SGBII aus. Insoweit ist § 9 V SGB II enger als § 36 SGB XII. Vgl. dazu Rn. 27.

183　　Die Bedarfsgemeinschaft nach dem SGB II deckt sich nicht völlig mit der Bedarfsgemein-schaft nach § 19 I SGB XII. Letztere umfasst nicht die volljährigen Kinder des Hilfebedürf-tigen und nicht die Kinder seines Partners. Vgl. Rn. 23.

184　　Das Gesetz kennt keinen Anspruch der Bedarfsgemeinschaft als solcher, da sie keine juristische Person ist. Vielmehr hat jedes Mitglied der Bedarfsgemeinschaft einen **eigenen Anspruch** auf Leistungen nach dem SGB II. Eine Gesamtgläubigerschaft im Sinne des § 428 BGB besteht nicht.[21] Kann der gesamte Bedarf der Gemeinschaft nicht aus eigenen Kräften und Mitteln ihrer Mitglieder gedeckt werden, gilt nach § 9 II 3 SGB II jede Person der Bedarfsgemeinschaft im Verhältnis des eigenen Bedarfs zum Gesamtbedarf als hilfebe-dürftig. Diese Vorschrift ist nur schwer nachzuvollziehen. Nach der Gesetzesbegründung[22] wird jede Person der Bedarfsgemeinschaft „im Verhältnis des eigenen Bedarfs zum Gesamt-bedarf **an der Hilfebedürftigkeit beteiligt.**" Dies bedeutet nach Auffassung des BSG,[23] dass ein Angehöriger der Bedarfsgemeinschaft, der über ein für seinen Bedarf ausreichendes Einkommen verfügt, während der Partner ganz oder zum Teil mittellos ist, selbst teilweise hilfebedürftig wird und einen eigenen Anspruch auf Leistungen zur Sicherung des Lebens-unterhalts hat. Der Bewilligungsbescheid darf sich nicht an die Bedarfsgemeinschaft richten; Adressaten sind vielmehr ihre einzelnen Mitlieder. **Jeder** von ihnen muss **Widerspruch** einlegen oder Klage erheben.[24] Bei der Beantragung von Leistungen und deren Entgegen-nahme wird allerdings vermutet, dass der (d. h. jeder) erwerbsfähige Hilfebedürftige von den anderen Mitgliedern der Bedarfsgemeinschaft bevollmächtigt ist (§ 38 SGB II). Diese Voll-macht gilt allenfalls noch im Widerspruchsverfahren, nicht aber im Verfahren vor den Sozialgerichten.[25] Am gerichtlichen Verfahren muss sich jedes Mitglied der Bedarfsgemein-schaft beteiligen. Das BSG[26] ist allerdings bereit, den Problemen, die sich aus der von ihm als wenig praktikabel bezeichneten Konstruktion der Bedarfsgemeinschaft ergeben, durch eine großzügige Auslegung der Anträge, Bescheide und Urteile Rechnung zu tragen, allerdings nur während einer Übergangszeit, die bis zum 30. 6. 2007 dauerte. Wie nach Ablauf dieser Frist verfahren wird, bleibt abzuwarten. Hat die Behörde der Bedarfsgemeinschaft zu Unrecht Leistungen zur Sicherung des Lebensunterhalts gewährt, muss sie jedes Mitglied durch Verwaltungsakt auf Rückzahlung des auf ihn entfallenden Teils der Erstattungsforde-

---

[19] BSG BeckRS 2007 40593 = NZS 2007, 550
[20] Arbeitslosengeld II/Sozialgeld-Verordnung vom 17. 12. 2007 – BGBl. I 2942; vgl. auch BSG NZS 2007, 550
[21] BSG FamRZ 2007, 724
[22] BT-Drucks. 15/1516 S. 53
[23] FamRZ 2007, 724, 725; ebenso Spellbrink NZS 2007, 121
[24] BSG FamRZ 2007, 724, 725
[25] BSG FamRZ 2007, 724, 727; vgl. zu den daraus sich ergebenden Konsequenzen Spellbrink NZS 2007, 121, 123 ff.
[26] BSG FamRZ 2007, 724

rung in Anspruch nehmen. Für jeden müssen die Voraussetzungen des § 45 SGB X vorliegen.[27]

Zur Berechnung der anteiligen Ansprüche der Mitglieder der Bedarfsgemeinschaft vgl. Rn. 223, zu den Auswirkungen des § 9 II 3 SGB II auf den Anspruchsübergang nach § 33 SGB II vgl. Rn. 250.

c) Leistungsausschlüsse. Keine Leistungen nach dem SGB II erhalten Personen, die für **185** länger als sechs Monate in einer (voll-)stationären Einrichtung untergebracht sind (§ 7 IV 1 SGB II). Dem steht der Aufenthalt in einer Einrichtung, z. B. einer Justizvollzugsanstalt oder einem psychiatrischen Krankenhaus, zum Vollzug richterlich angeordneter Freiheitsentziehung gleich (§ 7 IV 2 SGB II). Von Leistungen nach dem SGB II sind auch Bezieher von Renten wegen Alters oder ähnlicher Leistungen öffentlich-rechtlicher Art ausgeschlossen (§ 7 IV 1 SGB II). Da Personen, die die Altersgrenze des § 7a SGB II (Rn. 186), derzeit noch das 65. Lebensjahr, noch nicht erreicht haben, bereits nach § 7 I 1 Nr. 1 SGB II keine Grundsicherung für Arbeitsuchende erhalten, kann es sich bei den hier erwähnten Altersrentnern nur um solche handeln, die bereits vor Vollendung des 65. Lebensjahres Altersrente beziehen, z. B. nach § 37 SGB VI.

Bedürftige Auszubildende werden in der Regel nach dem BAföG gefördert. Sie sind daher von Leistungen zur Sicherung des Lebensunterhalts grundsätzlich ausgeschlossen, erhalten aber u. U. sonstige Leistungen nach dem SGB II, insbesondere für nicht ausbildungsgeprägten Bedarf (§ 7 V, VI SGB II).[28]

2. Alter

Kinder bis zur Vollendung des 25. Lebensjahres, die bei den erwerbsfähigen Eltern oder **186** einem erwerbsfähigen Elternteil leben, gehören deren (bzw. dessen) Bedarfsgemeinschaft an. Auf diesem Wege erhalten sie bei Hilfebedürftigkeit Leistungen der Grundsicherung für Arbeitsuchende, und zwar ab Vollendung des 15. Lebensjahres bei Erwerbsfähigkeit Arbeitslosengeld II, sonst Sozialgeld (§§ 19 I 1, 28 I 1 SGB II). Ist das mindestens 15-jährige Kind erwerbsfähig, die Eltern aber nicht, kann es selbst Arbeitslosengeld II erhalten (wenn nicht der Leistungsausschluss nach § 7 V SGB II eingreift; vgl. dazu Rn. 181, 185). Die Eltern haben dann entweder Anspruch auf Sozialgeld oder auf Leistungen der Grundsicherung im Alter und bei Erwerbsminderung (§§ 5 II 2, 28 I 1 SGB II, § 41 SGB XII).

Personen, die die Altersgrenze des § 7a SGB II erreicht haben oder als Volljährige auf Dauer erwerbsunfähig sind, erhalten keine Leistungen der Grundsicherung für Arbeitsuchende, sondern müssen bei Bedürftigkeit Leistungen der Grundsicherung im Alter und bei Erwerbsminderung in Anspruch nehmen. Daneben stehen ihnen ggf. Leistungen nach dem 5. bis 9. Kapitel des SGB XII zu. Vgl. Rn. 136. Personen, die bis zum 31. 12. 1946 geboren sind, erreichen die Altersgrenze mit Vollendung des 65. Lebensjahres. Bei Jüngeren wird die Altersgrenze für jedes Jahr um einen Monat, später um zwei Monate, hinausgeschoben. Das bedeutet, dass die Grenze bis zum 31. 12. 2011 beim 65. Lebensjahr bleibt und dann schrittweise bis zum Jahr 2031 auf das 67. Lebensjahr angehoben wird.

3. Gewöhnlicher Aufenthalt

Leistungen nach dem SGB II werden bei gewöhnlichem Aufenthalt in Deutschland **187** gewährt (§ 7 I 1 Nr. 4 SGB II). Ausgenommen sind u. a. Ausländer, deren Aufenthaltsrecht sich allein aus dem Zweck der Arbeitsuche ergibt, ihre Familienangehörigen und Leistungsberechtigte nach § 1 des Asylbewerberleistungsgesetzes (§ 7 I 2 SGB II). Zu beachten ist auch § 8 II SGB II, nach dem Ausländer nur dann erwerbstätig sein können, wenn ihnen die Aufnahme einer Beschäftigung erlaubt ist oder erlaubt werden könnte. Aufenthaltsrechtliche Bestimmungen bleiben unberührt (§ 7 I 4 SGB II).

---

[27] LSG Berlin-Brandenburg infoalso 2006, 268; Spellbrink NZS 2007, 121, 124
[28] Dazu im Einzelnen Brühl in LPK/SGB II § 7 Rn. 66 ff.

4. Erwerbsfähigkeit

188 Erwerbsfähig ist, wer nicht wegen Krankheit oder Behinderung auf absehbare Zeit außerstande ist, unter den Bedingungen des allgemeinen Arbeitsmarkts mindestes drei Stunden am Tag erwerbstätig zu sein (§ 8 I SGB II; ähnlich § 43 II 2 SGB VI). Nicht absehbar ist ein Zeitraum von mehr als sechs Monaten.[29] Die Feststellung, ob ein Arbeitsuchender erwerbsfähig und hilfebedürftig ist, trifft die Agentur für Arbeit (§ 44 a I 1 SGB II). Im Konfliktfall entscheidet die gemeinsame Einigungsstelle (§ 45 SGB II). Bis zur Entscheidung der Einigungsstelle erbringen die Träger der Grundsicherung für Arbeitsuchende (Rn. 176) Leistungen nach dem SGB II (§ 44 a I 3 SGB II).

Elternteile, die Kinder betreuen, sind grundsätzlich erwerbsfähig, wie sich aus § 10 I Nr. 3 SGB II ergibt. Sie fallen daher unter das SGB II, wenn sie nicht ausnahmsweise wegen Krankheit oder Behinderung auf mindestens sechs Monate keiner Erwerbstätigkeit nachgehen können. Jedoch kann eine Erwerbstätigkeit nicht zumutbar sein, wenn sie sich mit der Erziehung eines eigenen Kindes oder eines Kindes des Partners nicht vereinbaren lässt; die Erziehung eines Kindes ist aber nach Vollendung des dritten Lebensjahres in der Regel nicht gefährdet, soweit seine Betreuung in einer Tageseinrichtung oder in Tagespflege oder auf sonstige Weise sichergestellt ist (§ 10 I Nr. 3 SGB II). Betreuende Elternteile erhalten daher bei Hilfebedürftigkeit in aller Regel Leistungen zur Sicherung des Lebensunterhalts nach dem SGB II, nicht dagegen Hilfe zum Lebensunterhalt nach §§ 27 ff. SGB XII.[30]

5. Hilfebedürftigkeit; Einsatz von Einkommen und Vermögen

189 **a) Grundsatz der Eigenverantwortlichkeit.** Hilfebedürftig ist, wer seinen eigenen Lebensunterhalt und denjenigen der mit ihm in einer Bedarfsgemeinschaft zusammenlebenden Personen nicht oder nicht ausreichend durch Aufnahme einer zumutbaren Arbeit oder durch Einsatz des zu berücksichtigenden Einkommens oder Vermögens decken kann (§ 9 I SGB II). Zu berücksichtigendes Einkommen (Rn. 192), insbesondere der Ertrag einer selbständigen oder nichtselbständigen Arbeit, auch einer Teilzeitbeschäftigung, ist auf die Leistungen zur Sicherung des Lebensunterhalts im Sinne der §§ 19 ff. SGB II (Rn. 200 ff.) anzurechnen. Diese Leistungen werden dann entweder gar nicht oder nur zum Teil gewährt. Vorhandenes Vermögen, mit Ausnahme des Schonvermögens (Rn. 199), ist grundsätzlich zu verbrauchen oder zu verwerten. Solange dies möglich ist, scheiden Leistungen der Grundsicherung aus. Das Einkommen und das Vermögen sind zuerst auf die Geldleistungen der Agentur für Arbeit anzurechnen, erst danach auf diejenigen des kommunalen Trägers (§ 19 S. 3 SGB II).

Hilfebedürftig ist auch derjenige, dem der sofortige Verbrauch oder die sofortige Verwendung des zu berücksichtigenden Vermögens nicht möglich ist oder für den dies eine besondere Härte bedeuten würde (§ 9 IV SGB II). In diesem Fall sind die Leistungen als Darlehen zu erbringen (§ 23 V SGB II).

190 **b) Hilfebedürftiger und Bedarfsgemeinschaft.** Bei Personen, die in einer Bedarfsgemeinschaft (Rn. 179 ff.) leben, ist nach § 9 II 1 SGB II nicht nur das Einkommen und Vermögen des Hilfebedürftigen, sondern auch dasjenige des **Partners,** also des nicht getrennt lebenden Ehegatten (Lebenspartners) bzw. des anderen Teils einer Verantwortungsgemeinschaft (§ 7 III Nr. 3 c, III a SGB II; vgl. Rn. 180) zu berücksichtigen. Zu § 9 II 3 SGB II vgl. Rn. 184.

Bei unverheirateten **Kindern** bis zur Vollendung des 25. Lebensjahres, die mit ihren Eltern oder einem Elternteil in einer Bedarfsgemeinschaft leben, kommt es nicht nur auf das eigene Einkommen und Vermögen des Kindes, sondern auch auf dasjenige ihrer Eltern, des Elternteils oder dessen in der Bedarfsgemeinschaft lebenden Partners an (§ 9 II 2 SGB II). Daher wird ggf. auch das Einkommen des Stiefvaters oder der Stiefmutter und des nicht mit

---

[29] Brühl in LPK-SGB II § 8 Rn 21
[30] Klinkhammer FamRZ 2004, 1909, 1914

dem Elternteil verheirateten Partners zur Deckung des Bedarfs des Kindes herangezogen.[31] Jedoch darf von den Eltern nicht verlangt werden, das Einkommen und Vermögen des Kindes für ihren notwendigen Lebensunterhalt zu verwenden.

c) Abgrenzung von Einkommen und Vermögen. Einkommen ist – wie im Sozial- **191** hilferecht – alles, was jemand in der Bedarfszeit erhält, Vermögen dagegen dasjenige, was er während dieses Zeitraums bereits hat. Nicht ausgegebenes Einkommen wird zu Vermögen.[32] Vgl. Rn. 29. Für den Einsatz von Einkommen und Vermögen gelten im Wesentlichen die bei der Sozialhilfe dargestellten Grundsätze (Rn 29 ff.). Ich stelle hier vor allem die Abweichungen vom Sozialhilferecht dar.

d) Einkommen. Wie im Sozialhilferecht sind grundsätzlich **alle Einnahmen** in Geld **192** oder Geldeswert zu berücksichtigen (§ 11 I 1 SGB II). Dies gilt auch für Leistungen nach dem BAföG (vgl. aber Rn. 198).[32a] Fiktive Einkünfte bleiben auch hier außer Betracht. Vgl. dazu Rn. 36. Bei laufenden Einnahmen unterschiedlicher Höhe kann ein monatliches Durchschnittseinkommen gebildet werden (§ 2 Alg II–V). Nicht als Einkommen zu berücksichtigen sind insbesondere Leistungen nach dem SGB II, die Grundrente nach dem Bundesversorgungsgesetz und nach den auf dieses verweisenden Gesetzen (§ 11 I 1 SGB II), ferner Schmerzensgeld (§ 11 III Nr. 2 SGB II) sowie unter bestimmten Voraussetzungen zweckbestimmte Einnahmen und Zuwendungen der freien Wohlfahrtspflege sowie Zuwendungen Dritter (§ 11 III Nr. 1 SGB II; § 1 I Nr. 2, 3 Alg II–V). Der Teil des Elterngeldes, der den nach § 10 BEEG anrechnungsfreien Sockelbetrag von grundsätzlich 300,– € übersteigt, wird in voller Höhe als Einkommen berücksichtigt (§ 11 IIIa SGB II).[33] Dazu und zum Erziehungsgeld vgl. auch Rn. 39. Das Pflegegeld nach dem SGB VIII wird, soweit es für den Unterhalt des Kindes zu verwenden ist, nicht angerechnet; dagegen wird der Anteil, der für den erzieherischen Einsatz gewährt wird, beim ersten und zweiten Kind nicht, im Übrigen nach Maßgabe des § 11 IV SGB II als Einkommen berücksichtigt.[34] Wegen weiterer Einnahmen, die nicht als Einkommen im Sinne des § 11 SGB II zu berücksichtigen sind, wird auf § 1 Alg II–V verwiesen.

Vom Einkommen sind nach § 11 II 1 Nr. 1 bis 5 SGB II **abzusetzen:** vom Einkommen **193** entrichtete Steuern, Sozialversicherungsbeiträge, unter bestimmten Voraussetzungen auch Beiträge zu öffentlichen oder privaten Versicherungen, geförderte Aufwendungen für eine Zusatzversorgung im Alter (Riesterrente), ferner die mit der Erzielung des Einkommens verbundenen notwendigen Aufwendungen. Die Einzelheiten ergeben sich aus § 6 I, II Alg II–V. Einer konkreten Berechnung der danach vorzunehmenden Abzüge bedarf es in der Regel nicht, weil nach § 11 II 2 SGB II[35] angemessene Beiträge zu öffentlichen und privaten Versicherungen, zur Altersversorgung (Riesterrente) und Werbungskosten **pauschal mit 100,– €** angesetzt werden. Steuern und Sozialversicherungsbeiträge werden von der Pauschale nicht erfasst. Bei Einkommen über 400,– € monatlich kann der Hilfebedürftige nachweisen, dass die Pauschale nicht ausreicht (§ 11 II 3 SGB II).

Das bereinigte Erwerbseinkommen ist nach § 11 II 1 Nr. 6 SGB II um einen (weiteren) **194** **Freibetrag nach § 30 SGB II** zu kürzen, der jedem erwerbsfähigen Mitglied der Bedarfsgemeinschaft als Arbeitsanreiz zusteht. Nach § 30 SGB II n. F. bleiben von dem Einkommen, das den Grundfreibetrag von 100,– € nach § 11 II 2 SGB II übersteigt, bis zu einem Bruttobetrag von 800,– € 20% anrechnungsfrei; von dem darüber hinausgehenden Einkommen werden 10% bis zu einem Bruttobetrag von 1200,– € und – bei Vorhandensein eines minderjährigen Kindes – bis zu einem Bruttobetrag von 1500,– € nicht angerechnet.

---

[31] Gesetzesbegründung BT-Drucks. 16/1410 S. 20; Steck/Kossens FPR 2006, 356 f.
[32] BVerwG FamRZ 1999, 1654 (zu § 76 BSHG)
[32a] BSG FamRZ 2008, 688, 690
[33] Zum Elterngeld vgl. Scholz FamRZ 2007, 7
[34] Vgl. dazu Scholz FamRZ 2006, 1417, 1419
[35] In der Fassung des Freibetragneuregelungsgesetzes vom 14. 8. 2005 – BGBl. I 2407

Freibeträge nach §§ 11, 30 SGB II in der Fassung des Freibetragsneuregelungsgesetzes[36]			
Bruttolohn	Grundfreibetrag nach § 11 II 2	Freibetrag nach § 30	Gesamtfreibetrag
100	100	–	100
200	100	20	120
400	100	60	160
600	100	100	200
800	100	140	240
1200	100	180	280
1500*	100	210*	310*

* nur bei erwerbsfähigen Hilfebedürftigen, die mit mindestens einem minderjährigen Kind in einer Bedarfsgemeinschaft leben oder die mindestens ein minderjähriges Kind haben.

Beispiel:
M verdient brutto 1200,– €, was im Jahr 2007 nach Abzug der gesetzlichen Steuern und der Sozialversicherungsbeiträge einem Nettoeinkommen von etwa 900,– € entspricht. Nach Berücksichtigung des Grundfreibetrages von 100,– € (Rn. 193) und des Freibetrages von 180,– € gemäß § 30 SGB II verbleiben 620,– €. Bei einer Regelleistung von 347,– € und Wohnkosten von 360,– € beträgt sein Grundsicherungsbedarf 707,– €. Er erhält also Arbeitslosengeld II von 707 – 620 = 87,– €.

Das Beispiel zeigt, dass selbst bei einem Nettoeinkommen von 900,– €, das ohne Berücksichtigung berufsbedingter Auslagen dem notwendigen Selbstbehalt eines Erwerbstätigen nach Abschnitt A Anm. 5 der Düsseldorfer Tabelle (Stand: 1. 1. 2008) entspricht, aufstockendes Arbeitslosengeld II gewährt werden kann.

195   Nach der ursprünglichen Fassung des § 11 I 3 SGB II war nur das **Kindergeld** für ein minderjähriges Kind diesem als Einkommen zuzurechnen, soweit es zur Sicherung seines Lebensunterhalts benötigt wurde. Seit dem 1. 7. 2006 gilt dies für jedes zur Bedarfsgemeinschaft gehörende Kind, also auch für den Volljährigen bis zur Vollendung des 25. Lebensjahres, der bei seinen Eltern oder einem Elternteil lebt (vgl. § 7 III Nr. 2, 4 SGB II; Rn. 181).[36a] Wohnt das volljährige Kind nicht im Elternhaus, ist das Kindergeld nur dann Einkommen des Kindes, wenn es nachweislich an dieses weitergeleitet wird (§ 1 I Nr. 8 Alg II–V) oder nach § 74 EStG durch förmlichen Bescheid zugunsten des Kindes abgezweigt wird.[36b] Im Übrigen steht es dem Elternteil zu, der nach §§ 62, 64 EStG Kindergeldberechtigt ist.[37]

    Auch der **Kinderzuschlag** nach § 6a BKGG (vgl. dazu Rn 1/462b ff.) ist bis zur Vollendung des 25. Lebensjahres als Einkommen des Kindes zu behandeln (§ 11 I 2 SGB II, § 6a I 1 BKGG).

196   **Schulden** kürzen wie im Sozialhilferecht (Rn. 35) das Einkommen im Sinne des SGB II grundsätzlich nicht. Mietschulden können ggf. als Darlehen übernommen werden (§ 22 V SGB II).

197   Nach § 11 II 1 Nr. 7 SGB II werden ab 1. 8. 2006 Aufwendungen zur Erfüllung gesetzlicher **Unterhaltspflichten** bis zu dem in einem Unterhaltstitel oder in einer notariell beurkundeten Unterhaltsvereinbarung festgelegten Betrag vom Einkommen abgesetzt. Ein gerichtlicher Vergleich steht der notariellen Beurkundung gleich (§ 126a BGB). Dies dürfte

---

[36] Die Tabelle ist der Begründung zum Entwurf des Freibetragsneuregelungsgesetzes (BT-Drucks. 15/5446) entnommen
[36a] Vgl. BSG FamRZ 2008, 688
[36b] BSG FamRZ 2008, 886
[37] BSG FamRZ 2008, 886; BSG BeckRS 2007 40102; vgl. auch BGH FamRZ 2008, 51 (zu § 41 SGB XII)

auch für einen Anwaltsvergleich (§ 796 a ZPO) gelten, da er jedenfalls ein Unterhaltstitel ist. Der titulierte Unterhalt steht, auch wenn die Einkünfte des Hilfebedürftigen nicht gepfändet sind, nicht als Einkommen für seinen Lebensunterhalt zur Verfügung.[38] Zahlt der Schuldner freiwillig den Unterhalt, wird er nach dem Wortlaut des § 11 II 1 Nr. 7 SGB II nicht als Abzugsposten berücksichtigt. Der Unterhaltspflichtige ist also vielfach gut beraten, wenn er sich, z. B. durch eine Jugendamtsurkunde, der sofortigen Zwangsvollstreckung unterwirft und so einen Vollstreckungstitel schafft (§ 794 I Nr. 5 ZPO, § 60 I SGB VIII). Zu den Auswirkungen des Abzugs titulierten Unterhalts bei der Berechnung des Unterhalts anderer Berechtigter vgl. Rn. 224, 259 f.

Eine weitere Anrechnungsvorschrift findet sich in § 11 II 1 Nr. 8 SGB II. Bezieht ein **198** Kind Ausbildungsförderung nach dem **BAföG** (vgl. dazu Rn. 192, 279 ff.) oder nach §§ 71, 108 SGB III, wird darauf Einkommen der Eltern oberhalb bestimmter Beträge angerechnet. Dieser angerechnete Betrag kürzt das Einkommen des Hilfebedürftigen.

Vermögen. Wie im Sozialhilferecht (Rn. 43) sind grundsätzlich alle verwertbaren **199** Vermögensgegenstände zur Deckung des Lebensunterhalts heranzuziehen (§ 12 I SGB II). Jedoch wird Vermögen in weiterem Umfang, als in § 90 SGB XII vorgesehen, vom Zugriff des Trägers der Grundsicherung verschont. Bei Geldvermögen werden verhältnismäßig hohe Freibeträge gewährt. § 12 SGB II unterscheidet zwischen dem Grundfreibetrag, einem Freibetrag für die Altersvorsorge in Höhe des nach Bundesrecht geförderten Vermögens (sog. Riesterrente), und Freibeträgen für geldwerte Ansprüche, die der Altersvorsorge dienen. Der Grundfreibetrag des § 12 II 1 Nr. 1 SGB II beträgt 150,– € je vollendetes Lebensjahr des volljährigen Hilfebedürftigen und seines Partners, mindestens jeweils 3100,– €. Für minderjährige Kinder gilt ein Grundfreibetrag von 3100,– € (§ 12 II Nr. 1 a SGB II). Die Freibeträge für geldwerte Ansprüche zur Sicherung der Altersvorsorge belaufen sich auf 250,– € je vollendetes Lebensjahr. Voraussetzung ist, dass der Inhaber die Ansprüche vor Eintritt in den Ruhestand nicht verwerten kann. Bei den an das Alter geknüpften Freibeträgen dürfen bestimmte Höchstbeträge nicht überschritten werden (§ 12 II 2 SGB II). Daneben bleibt nach § 12 II 1 Nr. 2 SGB II Vermögen in Höhe der angesparten Riesterrente anrechnungsfrei. Ferner steht jedem in der Bedarfsgemeinschaft lebenden Hilfebedürftigen ein Freibetrag von 750,– € für notwendige Anschaffungen zu (§ 12 II Nr. 4 SGB II). Neben dem Hausrat wird ein angemessenes Kraftfahrzeug (für jeden in der Bedarfsgemeinschaft lebenden erwerbsfähigen Hilfebedürftigen) verschont (§ 12 III 1 Nr. 1, 2 SGB II). Der Wert des Fahrzeugs darf höchstens 7500,– € betragen; übersteigt er diesen Betrag, ist der Mehrwert auf den Grundfreibetrag nach § 12 II 1 Nr. 1 SGB II bzw. den Freibetrag für Anschaffungen nach § 12 II 1 Nr. 4 SGB II anzurechnen.[39] Bei einem nicht erwerbsfähigen Mitglied der Bedarfsgemeinschaft bleibt ein Kraftfahrzeug nicht anrechnungsfrei.[40] Auch eine selbst genutzte Immobilie von angemessener Größe gehört zum Schonvermögen (§ 12 III 1 Nr. 4 SGB II). Angemessen ist in der Regel für einen Ein- oder Zweipersonenhaushalt eine Wohnung von 80 qm, für eine dreiköpfige Familie von 100 qm und für einen Vierpersonenhaushalt von 120 qm. Auf weitere Kriterien, wie sie in § 90 II Nr. 8 SGB XII aufgeführt sind (Rn. 43), insbesondere auf den Wert des Grundstücks, kommt es nicht an.[41]

Vermögen bleibt unberücksichtigt, wenn seine Verwertung offensichtlich unwirtschaftlich ist oder wenn sie eine besondere Härte bedeuten würde (§ 12 III 1 Nr. 6 SGB II).[42] Eine besondere Härte liegt in der Regel nicht vor, wenn dem Hilfebedürftigen die Verwertung von Vermögen oberhalb der Freibeträge angesonnen wird; dies gilt auch dann, wenn er nur für kurze Leistungen nach dem SGB II bezieht.[43] In einem solchen Fall kann ein Darlehen gewährt werden (§ 23 V SGB II; vgl. auch Rn. 189).

---

[38] Begründung des Gesetzentwurfs BT-Drucks. 16/1410 S. 20
[39] BSG BeckRS 2008 50694
[40] BSG BeckRS 2008 50694
[41] Vgl. dazu BSG BeckRS 2007 40873 = FamRZ 2007, 729 Nr. 453 (LS)
[42] Zur Unwirtschaftlichkeit und zur besonderen Härte der Verwertung einer Lebens- und einer Rentenversicherung: BSG Beck RS 2008 50694
[43] BSG Beck RS 2008 50694

III. Leistungen zur Sicherung des Lebensunterhalts

200   Ein erwerbsfätiger Hilfebedürftiger erhält Leistungen zur Sicherung des Lebensunterhalts in Form des Arbeitslosengeldes II (§§ 19 ff. SGB II). Nicht erwerbsfähigen Angehörigen, die mit ihm in einer Bedarfsgemeinschaft leben, wird Sozialgeld gewährt (§ 28 SGB II; vgl. Rn. 210). Die Höhe des Anspruchs gegen die Träger der Grundsicherung ergibt sich erst aus einem Vergleich zwischen dem Bedarf nach diesen Vorschriften und dem Umfang der Hilfebedürftigkeit (Rn. 212 ff.).[44] Arbeitslosengeld II und Sozialgeld sind steuerfrei (§ 3 Nr. 2 b EStG), unterliegen aber grundsätzlich der Versicherungspflicht in der gesetzlichen Sozialversicherung (dazu im Einzelnen Rn. 208).

1. Arbeitslosengeld II

201   **a) Regelleistung zur Sicherung des Lebensunterhalts.** Der Bedarf an Ernährung, Kleidung, Körperpflege, Hausrat, an Haushaltsenergie (ohne die auf die Heizung entfallenden Anteile), die Bedarfe des täglichen Lebens und in vertretbarem Umfang auch Kosten der Beziehungen zur Umwelt und der Teilhabe am kulturellen Leben werden pauschaliert und durch die Regelleistung sichergestellt. (§ 20 I 1 SGB II). Sie deckt – abgesehen von den Kosten der Unterkunft und Heizung (Rn. 205), von Mehrbedarf (Rn. 206) und von den eng begrenzten einmaligen Bedarfen (Rn. 207) – den **gesamten Bedarf** ab. Wie sich eindeutig aus § 3 III 2 SGB II ergibt, ist eine anderweitige Festlegung, insbesondere eine Erhöhung der Regelleistung im Gegensatz zu § 28 I 2 SGB XII (Rn. 218) nicht vorgesehen.[45] Jedoch kann ein atypischer Bedarf unter Umständen nach § 73 SGB XII durch den Sozialhilfeträger gedeckt werden (vgl. Rn. 218).

202   Die Regelleistung deckt sich weitgehend mit den Regelsätzen der Sozialhilfe. Vgl. dazu Rn. 49. Sie wird bei Veränderung des aktuellen Rentenwerts in der gesetzlichen Rentenversicherung jeweils zum 1. Juli eines Jahres angepasst (§ 20 IV SGB II). Vom 1. 1. 2005 bis zum 30. 6. 2006 wurde bei der Regelleistung noch zwischen den alten Bundesländern einschließlich Berlin-Ost (345,– €) und den neuen Ländern – ohne Berlin-Ost – (331,– €) unterschieden. Vom 1. 7. 2006 bis 30. 6. 2007 betrug die Regelleistung in Gesamtdeutschland 345,– € (§ 20 II 2 SGB II). Sie ist zum **1. 7. 2007 auf 347,– € erhöht** worden.[46] Mit einer geringfügigen Anhebung zum 1. 7. 2008 ist zu rechnen. Vgl. dazu Rn 49.

203   Die Regelleistung wird in voller Höhe nur Alleinstehenden oder Alleinerziehenden sowie Hilfebedürftigen mit einem minderjährigen Partner gewährt (§ 20 II 1 SGB II). Haben zwei Partner der Bedarfsgemeinschaft das 18. Lebensjahr vollendet, erhalten sie jeweils 90%, sonstige erwerbsfähige Mitglieder der Bedarfsgemeinschaft, insbesondere erwerbsfähige minderjährige Kinder ab Vollendung des 15. Lebensjahres sowie erwerbsfähige volljährige Kinder bis zur Vollendung des 25. Lebensjahres dagegen nur 80% der Regelleistung (§ 20 II 2, III SGB II). Für minderjährige Kinder bis zur Vollendung des 14. Lebensjahres beträgt das Sozialgeld (Rn. 210) 60% der Regelleistung; im 15. Lebensjahr erhalten Kinder ein Sozialgeld von 80% (§ 28 I 3 Nr. 1 SGB II). Erwerbsunfähigen Mitgliedern der Bedarfsgemeinschaft wird ebenfalls Sozialgeld gewährt, und zwar in Höhe der Regelsätze bzw. des entsprechenden Prozentsatzes (§ 28 I SGB II).

---

[44] Steck/Kossens, Neuordnung von Arbeitslosen- und Sozialhilfe durch Hartz IV Rn. 137
[45] BSG FamRZ 2007, 465
[46] Bekanntmachung des Bundesministeriums für Arbeit und Soziales vom 18. 6. 2007 – BGBl. I 1139

Arbeitslosengeld II/Sozialgeld ab 1. 7. 2007

Hbd,[47] wenn allein-stehend, allein erzie-hend oder wenn Partner minderjährig	Hbd und volljährige Partner	Kind vom 15. bis 25. Lebensjahr, sonstiges Mitglied der Bdg[48]	Kind bis 14 Jahre
100%	90%	80%	60%
347 €	312 €	278 €	208 €

Ein **volljähriges Kind,** das bei seinen Eltern oder einem Elternteil lebt, gehört seit dem **204** 1. 7. 2006 bis zur Vollendung des 25. Lebensjahres zu deren Bedarfsgemeinschaft (§§ 7 III Nr. 2, 4, 9 II 2 SGB II). Es erhält daher nur 80% der Regelleistung (§ 20 II 2 SGB II). Vollendet das Kind das 25. Lebensjahr, endet die Bedarfsgemeinschaft, auch wenn es weiter im Elternhaus bleibt. Das volljährige Kind wird dann als alleinstehend behandelt und bezieht daher bei Erwerbsfähigkeit 100% der Regelleistung (§ 20 II 1 SGB II).[49] Vgl. Rn. 203. Zur Anwendung des § 9 V SGB II in einem solchen Fall vgl. Rn. 182; zum nicht erwerbs-fähigen volljährigen Kind vgl. Rn. 210.

b) Unterkunft und Heizung.[50] Die Kosten hierfür werden, soweit angemessen, nach **205** §§ 6 I 1 Nr. 2, 22 I 1 SGB II in Höhe der tatsächlichen Aufwendungen durch den kommunalen Träger ersetzt. Die Gewährung von Wohngeld ist wie im Sozialhilferecht (Rn. 52) ausgeschlossen (§ 1 II Nr. 1 WohngeldG). Anders als nach § 29 II SGB XII ist eine Pauschalierung der Wohnkosten nicht zulässig. Angemessen sind die Aufwendun-gen für eine Wohnung, die nach Größe, Ausstattung, Lage und Bausubstanz einfachen und grundlegenden Bedürfnissen genügt. Es kommt darauf an, ob Wohnungen mit einfachem Ausstattungsniveau konkret zur Verfügung stehen. Für die Größe der Woh-nung gelten die Maßstäbe des WoFG vom 13. 9. 2001 – BGBl. I 2376.[51] Unange-messene Wohnkosten sind, soweit möglich und zumutbar, zu reduzieren, insbesondere durch Umzug (§ 22 I 3 SGB II). Vor Umzug in eine teurere Wohnung soll der kommunale Träger über dessen Erforderlichkeit entscheiden (§ 22 II SGB II). Ist der Umzug nicht erforderlich, werden die Leistungen nur in bisheriger Höhe erbracht (§ 22 I 2 SGB II). Besondere Anforderungen an die Erforderlichkeit werden bei noch nicht 25-jährigen Hilfebedürftigen angelegt (§ 22 IIa SGB II). Damit soll verhindert werden, dass junge Volljährige aus dem Elternhaus ausziehen und zu Lasten des Trägers der Grundsicherung einen eigenen Haushalt gründen. Ziehen sie ohne Zustimmung des kommunalen Trägers aus, erhalten sie bis zum 25. Lebensjahr weiter nur 80% der Regelleistung (§ 20 IIa SGB II). Zur Aufteilung der Wohnkosten auf mehrere Bewoh-ner vgl. Rn. 213.

c) Mehrbedarf. Die Vorschrift des § 21 SGB II über den Mehrbedarf entspricht weit- **206** gehend § 30 SGB XII (vgl. Rn. 53). Jedoch kommt nach dem SGB II ein Mehrbedarf für über 65-jährige und voll erwerbsgeminderte Personen nicht in Betracht, da dieser Personenkreis keine Leistungen nach dem SGB II erhalten kann (§ 7 I SGB II; vgl. Rn. 186).

d) Einmalige Bedarfe. Leistungen für einmalige Bedarfe werden nach § 23 III 1 SGB II **207** im selben Umfang wie im Sozialhilferecht erbracht. Sie sind auch dann zulässig, wenn keine laufende Hilfe gewährt wird (§ 23 III 3 SGB II).[52] Wegen der Einzelheiten wird auf Rn. 54 verwiesen.

e) Sozialversicherung. Bezieher von Arbeitslosengeld II sind – von einigen Ausnah- **208** men abgesehen – in der gesetzlichen Rentenversicherung pflichtversichert (§ 3 S. 1 Nr. 3a SGB VI). Auch in der gesetzlichen Krankenversicherung und in der Pflegever-

---

[47] Hilfebedürftiger
[48] Bedarfsgemeinschaft
[49] Vgl. BSG FamRZ 2007, 729 (LS) = NZS 2007, 550
[50] Vgl. dazu im Einzelnen Steck/Kossens, Neuordnung Rn 195 ff.
[51] BSG FamRZ 2007, 729 Nr. 752 (LS) = NZS 2007, 428
[52] Vgl. Steck/Kossens, Neuordnung, Rn. 246 ff.

sicherung besteht eine Pflichtversicherung, soweit der Hilfebedürftige nicht familienversichert ist (§ 5 I Nr. 2a SGB V, § 20 I 2 Nr. 2a SGB XI). Die Beiträge trägt der Bund (§ 170 I Nr. 1 SGB VI, § 251 IV SGB V, § 59 I SGB XI).[53] Bei Befreiung von der Versicherungspflicht werden Zuschüsse zu den freiwilligen Beiträgen gewährt, die der Hilfebedürftige aufzubringen hat (§ 26 SGB II). Zum Versicherungsschutz von Angehörigen vgl. Rn. 211.

209   **f) Sanktionen.** Das Arbeitslosengeld II kann nach § 31 SGB II in mehreren Stufen abgesenkt, u. U. auch ganz versagt werden, wenn der Hilfebedürftige seine Mitwirkungspflichten oder seine Erwerbsobliegenheit verletzt. Der Fehlbetrag kann nicht durch Hilfe zum Lebensunterhalt nach § 27 SGB XII aufgefüllt werden (§ 5 II 1 SGB II, § 21 SGB XII; vgl. dazu Rn. 218).

2. Sozialgeld

210   Anspruchsberechtigt sind nicht erwerbsfähige Personen, die mit erwerbsfähigen Hilfebedürftigen in einer Bedarfsgemeinschaft zusammenleben (§ 28 I 1 SGB II). Es handelt sich im Wesentlichen um

- Kinder des erwerbsfähigen Hilfebedürftigen und seines Partners bis zum vollendeten 15. Lebensjahr, soweit sie die Leistungen zur Sicherung des Lebensunterhalts nicht aus eigenem Vermögen oder Einkommen, z. B. gezahlten Unterhalt und Kindergeld, beschaffen können (§ 7 III Nr. 4 SGB II),
- voll erwerbsunfähige unverheiratete Kinder des erwerbsfähigen Hilfebedürftigen und seines Partners im Alter von 15 bis 25 Jahren; soweit sie die Leistungen zur Sicherung des Lebensunterhalts nicht aus eigenem Vermögen oder Einkommen beschaffen können (§ 7 III Nr. 4 SGB II),
- Partner des erwerbsfähigen Hilfebedürftigen, wenn sie zwar voll erwerbsgemindert sind, die dauernde Erwerbsunfähigkeit aber (noch) nicht feststeht (vgl. § 7 III Nr. 3 SGB II),
- Personen, die zwar voll erwerbsgemindert sind, deren dauernde Erwerbsunfähigkeit aber (noch) nicht feststeht, wenn sie als Eltern oder Elternteil mit einem erwerbsfähigen Kind zwischen 15 bis 25 Jahren in einem Haushalt leben, sowie der nicht auf Dauer voll erwerbsunfähige Partner eines solchen Elternteils (vgl. § 7 III Nr. 2 SGB II).

Personen, die Anspruch auf Leistungen der Grundsicherung im Alter und bei Erwerbsminderung nach § 41 SGB XII haben (Rn. 135 ff.), die also die Altersgrenze des § 7a SGB II, gegenwärtig noch das das 65. Lebensjahr (Rn. 186), erreicht haben oder die als Volljährige auf Dauer voll erwerbsgemindert sind, erhalten kein Sozialgeld (§ 28 I 1 SGB II).

Nicht erwerbsfähige **volljährige Kinder über 25 Jahren** eines erwerbsfähigen Hilfebedürftigen gehören nicht zur Bedarfsgemeinschaft. Sie haben keinen Anspruch auf Sozialgeld, vielmehr auf Sozialhilfe in der Form der Hilfe zum Lebensunterhalt. Sind sie allerdings auf Dauer erwerbsunfähig, erhalten sie Grundsicherung im Alter und bei Erwerbsminderung (Rn. 135 ff.). Zu volljährigen erwerbsfähigen Kindern vgl. Rn. 182.

211   Das Sozialgeld entspricht den Leistungen nach §§ 19 ff. SGB II. Der Bezieher erhält also die Regelleistung (zu deren Höhe vgl. Rn. 202 f.), Ersatz der Wohnkosten (Rn. 205), Mehrbedarf (Rn. 206). Leistungen für einmalige Bedarfe (Rn. 207), dagegen nicht den befristeten Zuschlag nach § 24 SGB II, da dieser Erwerbsfähigkeit voraussetzt (Rn. 214). Eine Versicherungspflicht in der gesetzlichen Rentenversicherung besteht nicht. **Krankenversicherungsschutz** wird im Rahmen der Familienversicherung gewährt. Diese setzt allerdings das Bestehen einer Ehe, einer eingetragenen Partnerschaft oder eines Kindschaftsverhältnisses voraus (§ 10 I SGB V). Sollte dies, wie bei einer eheähnlichen Gemeinschaft, nicht der Fall sein, kann Hilfe bei Krankheit nach § 48 SGB XII gewährt werden.[54]

---

[53] Zur Höhe des Beitrags vgl. Scholz FamRZ 2006, 1417, 1425
[54] Birk in LPK-SGB II § 28 Rn 20

3. Berechnung des Arbeitslosengeldes II und des Sozialgeldes

Der letztlich vom Träger der Grundsicherung bzw. der Arbeitsgemeinschaft (Rn. 176) zu **212** zahlende Betrag ergibt sich aus der Summe der Regelleistung, der Kosten der Unterkunft und Heizung, des Mehrbedarfs und der sonstigen Leistungen, gemindert um das zu berücksichtigende Einkommen und Vermögen. Hilfebedürftigkeit liegt schon dann vor, wenn der Gesamtbedarf der in einer **Bedarfsgemeinschaft** lebenden Personen nicht gedeckt werden kann (§ 9 I SGB II). Einkommen und Vermögen der Mitglieder der Bedarfsgemeinschaft mindern – wenn auch in differenzierter Weise – den Bedarf. Anzurechnen ist zunächst das Einkommen und Vermögen des Partners (§ 9 II 1 SGB II). Bei unverheirateten **Kindern** bis zur Vollendung des 25. Lebensjahres, die der Bedarfsgemeinschaft ihrer Eltern oder eines Elternteils angehören, ist das Einkommen der Eltern und des Elternteils, ja sogar das Einkommen und Vermögen des Partners dieses Elternteils, also z. B. des Stiefvaters oder der Stiefmutter, zu berücksichtigen (§ 9 II 2 SGB II). Dagegen ist Einkommen und Vermögen eines zur Bedarfsgemeinschaft gehörenden unverheirateten Kindes nicht auf den Bedarf der Eltern anzurechnen.[55] Soweit Kinder bis zur Vollendung des 25. Lebensjahres ihren Lebensunterhalt durch eigenes Einkommen oder Vermögen sicherstellen können, z. B. durch Unterhaltszahlungen des anderen Elternteils oder Kindergeld, gehören sie nicht der Bedarfsgemeinschaft an (§ 7 III Nr. 4 SGB II). Unterhalt und Kindergeld sind daher allein dem Kind als Einkommen zuzurechnen. Der nicht für den Lebensunterhalt des Kindes benötigte Teil des Kindergeldes ist Einkommen des Elternteils, an den es nach § 64 II EStG ausgezahlt wird.[56]

Diese komplizierten Regeln über die Zurechnung von Einkommen und Vermögen **213** ändern nichts daran, dass jeder Angehörige der Bedarfsgemeinschaft einen **eigenen Anspruch** auf Leistungen zur Sicherung des Lebensunterhalts, also auf Arbeitslosengeld II bzw. Sozialgeld hat.[57] Dies ist für den **Unterhaltsprozess** wichtig, weil der Unterhaltsanspruch des Leistungsberechtigten nach § 33 SGB II nur in Höhe des gerade ihm gewährten Arbeitslosengeldes II bzw. Sozialgeldes auf den Träger der Grundsicherung übergehen kann. Vgl. dazu Rn. 184. Die Höhe des jeweiligen Anspruchs auf Leistungen zur Sicherung des Lebensunterhalts ergibt sich aus § 9 II 3 SGB II. Danach gilt jede Person der Bedarfsgemeinschaft im Verhältnis des eigenen Bedarfs zum Gesamtbedarf als hilfebedürftig, wenn der Gesamtbedarf der Bedarfsgemeinschaft nicht (voll) aus deren eigenen Kräften gedeckt werden kann. In einer Bedarfsgemeinschaft wird danach selbst derjenige, dessen individueller Bedarf durch sein Einkommen gedeckt ist, als hilfebedürftig behandelt, sodass ihm, ohne dass individuelle Hilfebedürftigkeit vorliegt, ein eigener anteiliger Anspruch gegen den Träger der Grundsicherung zusteht.[58] Dementsprechend berechnet die Agentur für Arbeit den Anteil jedes Angehörigen der Bedarfsgemeinschaft an der Hilfebedürftigkeit nach der **„Bedarfsanteilsmethode"**.[59] Zunächst ist für jedes Mitglied der Bedarfsgemeinschaft der individuelle Bedarf zu ermitteln. Dabei werden die anteiligen Kosten der Unterkunft und Heizung nach der **Kopfzahl** der Bewohner berücksichtigt, auch wenn nicht alle der Bedarfsgemeinschaft angehören.[60] Der Bedarf der Kinder ist um deren Einkommen zu mindern. Ist dessen Bedarf dadurch gedeckt, scheidet es mangels Hilfebedürftigkeit aus der weiteren Berechnung aus. Danach ist für jede Person der prozentuale Anteil am Gesamtbedarf festzustellen. Entsprechend diesem Prozentsatz ist das zu berücksichtigende Gesamteinkommen auf die einzelnen Mitglieder der Bedarfsgemeinschaft zu verteilen.

---

[55] DH der Bundesagentur zu § 9 SGB II Nr. 9.44
[56] BSG BeckRS 2007 41020 = FamRZ 2007, 729 Nr. 454 (LS); vgl. auch BSG FamRZ 2008, 51 (zu § 41 SGB XII)
[57] BSG FamRZ 2007, 724
[58] BSG FamRZ 2007, 724, 725
[59] DH der Bundesagentur zu § 9 SGB II Nr. 9.49
[60] BSG FamRZ 2008, 688; ebenso zur Sozialhilfe BVerwG NJW 1989, 313. Zu den Bedenken gegen diese Praxis vgl. Rn. 100

Beispiel:[61]

Der erwerbsfähige M lebt mit seiner Partnerin F zusammen, die ihr zwölfjähriges Kind K aus einer anderen Verbindung versorgt. Unterhalt und Unterhaltsvorschuss werden für K nicht gezahlt. Jedoch bezieht F das Kindergeld von 154,– €, das nach § 11 I 3 SGB II als Einkommen von K behandelt wird. Sie hat einen Mehrbedarf von 50,– € (§ 21 IV SGB II). M verfügt über ein bereits nach §§ 11, 30 SGB II bereinigtes Einkommen von 400,– €. Es ergibt sich folgende Berechnung:

	Bedarf Bdg[62]	Anteil M	Anteil F	Anteil K
Regelleistung	832	312	312	208
Mehrbedarf	50		50	
Unterkunft	498	166	166	166
Gesamtbedarf	1380	478	528	374
./. Einkommen Kind	154			154
Restl. Gesamtbedarf	1226	478	528	220
Bedarfsanteile	100%	39%	43,06%	17,94%
Einkommensverteilung	400	156 (400 × 39%)	172 (400 × 43,06%)	72 (400 × 17,94%)
Restbedarf nach Einkommensanrechnung (gerundet)	826	322	356	148

Von den Leistungen zur Sicherung des Lebensunterhalts entfallen also auf M (gerundet nach § 41 II SGB II) 322,– €, auf F 356,– € und auf K 148,– €. Zum Übergang des Unterhaltsanspruchs des Kindes in einem ähnlichen Fall vgl. Rn. 240.

Diese Art der Aufteilung befremdet. Es ist nur schwer nachzuvollziehen, dass F und K das Einkommen des M teilweise zugerechnet wird. Diese Art der Berechnung entspricht jedoch trotz ihrer merkwürdigen Ergebnisse dem Willen des Gesetzgebers, der nicht übergangen werden darf.[63]

4. Sonstige Geldleistungen

214 **a) Befristeter Zuschlag.** Während einer Übergangszeit von zwei Jahren nach dem Ende des Bezugs von Arbeitslosengeld I gemäß §§ 117 ff. SGB III erhält der erwerbsfähige Hilfebedürftige neben dem Arbeitslosengeld II einen monatlichen Zuschlag (§ 24 I SGB II). Dieser beträgt im ersten Jahr $2/3$ der Differenz zwischen dem zuletzt von dem Hilfebedürftigen bezogenen Arbeitslosengeld I und dem ggf. erhaltenen Wohngeld einerseits und den Leistungen zur Sicherung des Lebensunterhalts einschließlich der angemessenen Wohnkosten, die dem erwerbsfähigen Hilfebedürftigen und den Mitgliedern der Bedarfsgemeinschaft als Arbeitslosengeld II bzw. als Sozialgeld gezahlt werden, andererseits. Der Höchstbetrag beläuft sich im ersten Jahr auf 160,– €, bei Partnern auf 320,– €, bei Kindern, die zur Bedarfsgemeinschaft gehören (Rn. 181), auf 60,– € (§ 24 II, III SGB II). Im zweiten Jahr vermindert sich der Zuschlag auf die Hälfte (§ 24 I 2, IV SGB II). Der Zuschlag wird nicht gezahlt, wenn Arbeitslosengeld II nicht gewährt wird,[63a] wohl aber, wenn der Hilfebedürftige über (nicht ausreichendes) Einkommen verfügt, gleichwohl aber Arbeitslosengeld II bezieht.[64] Der befristete Zuschlag gehört, wie der Gesetzgeber durch Neufassung der Überschrift vor § 19 SGB II („Arbeitslosengeld II und befristeter Zuschlag") und durch Neufassung des § 19 SGB II klargestellt hat,[65] nicht

---

[61] Nach DH der Bundesagentur zu § 9 SGB II Nr. 9.49 und 9.54
[62] = Bedarfsgemeinschaft
[63] BSG FamRZ 2007, 724, 725
[63a] BSG FamRZ 2008, 688
[64] Brünner in LPK/SGB II § 24 Rn. 12
[65] Fortentwicklungsgesetz vom 20. 7. 2006 – BGBl. I 1706

zu den Leistungen zur Sicherung des Lebensunterhalts. Er sichert also als zusätzliche Leistung nicht das Existenzminimum.[66]

b) Einstiegsgeld. Nach § 29 I, II SGB II kann einem erwerbsfähigen Hilfebedürftigen **215** bei Aufnahme einer sozialversicherungspflichtigen oder selbständigen Erwerbstätigkeit Einstiegsgeld als Zuschuss zum Arbeitslosengeld II gewährt werden, wenn dies zur Überwindung der Hilfebedürftigkeit und zur Eingliederung in den allgemeinen Arbeitsmarkt erforderlich ist; die Höchstdauer beträgt 24 Monate. Auch das Einstiegsgeld ist keine Leistung zur Sicherung des Lebensunterhalts.[67]

c) Mehraufwandsentschädigung (sog. Ein-Euro-Jobs). Nach § 16 III 1 SGB II **216** sollen Gelegenheiten für im öffentlichen Interesse liegende Arbeiten geschaffen werden. Der erwerbsfähige Hilfebedürftige ist verpflichtet, diese Gelegenheiten wahrzunehmen (§ 31 I 1 Nr. 1 c SGB II). Ein Arbeitsverhältnis wird hierdurch nicht begründet. Jedoch wird dem Hilfebedürftigen neben dem Arbeitslosengeld II eine angemessene Entschädigung für Mehraufwand gezahlt; auch gelten arbeitsrechtliche Vorschriften über Arbeitsschutz und Urlaub (§ 16 III 2 SGB II). Die Arbeitsgelegenheiten werden vorzugsweise von den Kommunen und freien Wohlfahrtsverbänden angeboten. Die Entschädigung liegt zwischen ein bis zwei Euro.[68]

d) Darlehen können zur Sicherung eines von den Regelsätzen umfassten, aber unab- **217** weisbaren Bedarfs (§ 23 I SGB II; vgl. Rn. 201), zur (kurzfristigen) Zwischenfinanzierung bis zum voraussichtlichen Eingang von Einnahmen (§ 23 IV SGB II), zur Vermeidung einer derzeit nicht möglichen oder unzumutbaren Verwertung von Vermögen (§§ 9 IV, 23 V SGB II; vgl. dazu Rn. 199) sowie für die Übernahme von Mietschulden zur Verhütung von Wohnungsnot (§§ 21 S. 2, 34 SGB XII; vgl. auch Rn. 56) gewährt werden.

5. Ausschließlichkeit der Leistungen nach dem SGB II

Das Verbot, über die im SGB II vorgesehenen Leistungen hinaus weitere Bedarfe anzuer- **218** kennen (§ 3 III SGB II; vgl. Rn. 201), bereitet in der Praxis Schwierigkeiten. Es ist nach Auffassung des BSG einer verfassungskonformen Auslegung nicht zugänglich und gilt sogar, wenn das Arbeitslosengeld II abgesenkt wird oder entfällt (vgl. § 31 SGB II; Rn. 209).[69] Daher ist es fraglich, ob in allen Fällen das Existenzminimum und damit ein menschenwürdiges Dasein gesichert werden kann (Art. 1 GG, § 1 I 1 SGB I). Die Problematik wird allerdings teilweise dadurch entschärft, dass zur Sicherstellung des unabweisbaren Bedarfs ein Darlehen gewährt werden kann (§ 23 I 1 SGB II), dessen Rückzahlung bei Unbilligkeit erlassen werden könnte (§ 44 SGB II); dies darf jedoch insbesondere bei wiederkehrenden Bedarfen nicht zur Umgehung des § 3 III SGB II führen.[70]

Danach ist eine Erhöhung der Bedarfssätze auch dann nicht möglich, wenn dem Hilfebedürftigen die notwenigen Mittel zur Ausübung seines **Umgangsrechts** mit seinen bei dem anderen Elternteil lebenden Kindern fehlen.[71] Jedoch kann dem hilfebedürftigen Elternteil ein Anspruch auf Deckung dieses atypischen Bedarfs nach § 73 SGB XII zustehen, der sich allerdings gegen den Sozialhilfeträger richtet und der nicht durch § 5 II 1 SGB II ausgeschlossen ist. Vgl. auch Rn. 51. Dieser Anspruch erfasst insbesondere Kosten zur Abholung der Kinder, soweit dies erforderlich ist. Daneben sind Ansprüche der Kinder auf Übernahme ihrer eigenen Fahrtkosten möglich. Die Lebenshaltungskosten der Kinder während des Aufenthalts beim umgangsberechtigten Elternteil können bei Bedürftigkeit ggf. nach §§ 20 bis 22 SGB II ersetzt werden, weil die Kinder sowohl mit dem sorgeberechtigten als auch mit dem umgangsberechtigten Elternteil eine (zeitweise) Bedarfsgemeinschaft bilden können.[72] Vgl. dazu Rn. 181.

---

[66] Vgl. dazu BSG FamRZ 2008, 688; Scholz FamRZ 2006, 1417, 1422 m. w. N.
[67] Klinkhammer FamRZ 2004, 1909, 1911
[68] Klinkhammer FamRZ 2004, 1909, 1911
[69] BSG FamRZ 2007, 465
[70] BSG FamRZ 2007, 465
[71] BSG FamRZ 2007, 465
[72] BSG FamRZ 2007, 465

IV. Leistungsfähigkeit des Unterhaltspflichtigen bei Bezug von Grundsicherung für Arbeitsuchende

1. Erwerbsobliegenheit

219   Bezieht der Unterhaltspflichtige Leistungen der Grundsicherung, kann nicht ohne weiteres davon ausgegangen werden, dass lediglich sie sein unterhaltsrechtliches Einkommen sind. Dies ist nur der Fall, wenn der Pflichtige seine Erwerbsobliegenheit erfüllt hat. Andernfalls werden ihm bei der Bemessung des Unterhalts **fiktive Einkünfte** in der Höhe zugerechnet, wie er sie bei zumutbaren und ihm möglichen Bemühungen auf dem Arbeitsmarkt erzielen kann. Vgl. dazu Rn. 1/486 ff. Ob die Agentur für Arbeit diese Bemühungen für ausreichend hält und deshalb von einer Absenkung des Arbeitslosengeldes II nach § 31 SGB II absieht, ist nicht entscheidend. Allerdings kann die Einschätzung dieser Bemühungen durch den Träger der Grundsicherung ein wichtiges Indiz dafür sein, ob der Pflichtige auch seine Erwerbsobliegenheit gegenüber dem Unterhaltsberechtigten erfüllt hat. Denn der Hilfebedürftige hat sich nach der Eingliederungsvereinbarung selbst um Arbeit zu bemühen und diese Bemühungen nachzuweisen (§ 15 I 2 Nr. 2 SGB II). Auch ist ihm grundsätzlich jede Erwerbstätigkeit zuzumuten (§ 10 I SGB II). Jedoch hat das Familiengericht selbst zu prüfen, ob der Träger der Grundsicherung die Maßstäbe, die sich aus §§ 10, 15 SGB II ergeben, tatsächlich angewandt hat und ob diese im Einzelfall den Anforderungen des Unterhaltsrechts, insbesondere der verschärften Haftung nach § 1603 II 1, 2 BGB genügen.[73]

2. Leistungen der Grundsicherung für Arbeitsuchende als unterhaltsrechtliches Einkommen des Pflichtigen

220   Leistungen zur Sicherung des Lebensunterhalts nach §§ 19 ff. SGB II werden in der Regel den **Selbstbehalt** des Unterhaltsschuldners nach den Tabellen und Leitlinien der Oberlandesgerichte nicht überschreiten. Dieser Selbstbehalt ist für einen Nichterwerbstätigen nach Anm. A 5 der Düsseldorfer Tabelle Stand: 1. 1. 2008 mit 770,– € anzusetzen; er kann aber auch 900,– € betragen, wenn der Pflichtige einer Erwerbstätigkeit nachgeht oder als Arbeitsloser umfangreiche Bewerbungen nachweist, die einen wesentlichen Teil der üblichen Arbeitszeit in Anspruch nehmen und Kosten verursachen. Dann steht er einem Erwerbstätigen weitgehend gleich. Bei einer Aushilfstätigkeit wird vielfach ein Zwischenbetrag von 835,– € als Selbstbehalt anerkannt. Vgl. dazu Rn. 2/267. Erreicht das Arbeitslosengeld II einschließlich etwaigen Erwerbseinkommens diese Selbstbehaltssätze nicht, wird Unterhalt nicht geschuldet.

221   Auch Empfänger von Leistungen der Grundsicherung können über **Einkünfte** verfügen, die den (notwendigen) **Selbstbehalt übersteigen.** Dies kommt allerdings in der Regel nur in Betracht, wenn Eigeneinkommen vorhanden ist und/oder neben der Regelleistung und den Kosten der Unterkunft einschließlich Heizung weitere Leistungen gewährt werden, insbesondere
– Leistungen für Mehrbedarf, z. B. wegen Schwangerschaft, Kindererziehung, Behinderung oder kostenaufwändiger Ernährung (§ 21 SGB II; Rn. 206),
– ein befristeter Zuschlag nach § 24 SGB II (Rn. 214),
– Einstiegsgeld nach § 29 SGB II (Rn. 215),
– Entschädigung für Mehraufwendungen nach § 16 III 2 SGB II (Ein-Euro-Jobs; Rn. 216).
Auch die Kürzung anzurechnenden Einkommens um die Freibeträge nach §§ 11, 30 SGB II (Rn. 194) führen zu einer Erhöhung des Arbeitslosengeldes II.
In solchen Fällen ist für die Unterhaltsbemessung die Summe der Grundsicherungsleistungen und des etwaigen Eigeneinkommens maßgebend. Dies entspricht dem Grund-

---

[73] Klinkhammer FamRZ 2004, 1909, 1913

satz, dass im Unterhaltsrecht grundsätzlich alle Einkünfte ohne Rücksicht auf ihre Herkunft und den mit ihnen verfolgten Zweck als Einkommen zum Unterhalt herangezogen werden. Die Sicherung des Existenzminimums durch das SGB II wird damit nicht in Frage gestellt. Denn befristeter Zuschlag, Einstiegsgeld, Entschädigung für Ein-Euro-Jobs und die Freibeträge nach §§ 11, 30 SGB II werden gerade dann gewährt, wenn das sozialrechtliche Existenzminimum insbesondere durch die Regelleistung und die Leistungen für Unterkunft und Heizung bereits sichergestellt ist. Sie sollen einen Anreiz für die Wiedereingliederung in den allgemeinen Arbeitsmarkt bieten und ähneln eher dem in der politischen Diskussion vielfach geforderten Kombilohn.[74] Sie sind daher unterhaltsrechtliches Einkommen.[75] Bei Mehrbedarf ist zu prüfen, ob er auch unterhaltsrechtlich, z. B. als krankheitsbedingter Mehrbedarf (Rn. 2/326, 4/169, 433), anerkannt werden kann; bei Mehrbedarf wegen Kindererziehung kann ggf. ein Betreuungsbonus gewährt werden (Rn. 2/275 a). Dem Anliegen, das der Gesetzgeber mit den Freibeträgen nach §§ 11, 30 SGB II verfolgt, wird im Unterhaltsrecht teilweise dadurch Rechnung getragen, dass Erwerbseinkommen um berufsbedingte Aufwendungen zu kürzen ist und dass der notwendige Selbstbehalt nach den Tabellen und Leitlinien bei Erwerbstätigkeit höher ist als bei einem Nichterwerbstätigen.

Unterhalt wird danach geschuldet, wenn das so berechnete Einkommen die Selbstbehalts- **222** sätze übersteigt. Da dem Pflichtigen in jedem Fall der Selbstbehalt verbleibt, wird sowohl sein unterhaltsrechtliches als auch sein sozialrechtliches Existenzminimum geschützt. Die Geldleistungen der Grundsicherung für Arbeitsuchende sind danach grundsätzlich im Unterhaltsrecht **auf Seiten des Verpflichteten** als **Einkommen** zu behandeln. Sie sind aber in der Regel kein Einkommen, wenn sie gegenüber dem **Berechtigten** gewährt werden, weil sie gegenüber dem Unterhalt subsidiär sind (vgl. Rn. 7) und demgemäß der Unterhaltsanspruch auf den Träger der Grundsicherung (Rn. 230) in Höhe der gewährten Leistungen zur Sicherung des Lebensunterhalts nach § 33 SGB II übergehen kann.[76] Vgl. dazu Rn. 227.

> **Beispiel:**
> Das 13-jährige Kind K lebt bei seinem Vater, der das Kindergeld bezieht und seine Unterhaltspflicht durch Betreuung erfüllt. K verlangt von seiner getrennt lebenden, selbst nicht unterhaltsberechtigten Mutter M den Mindestunterhalt von 365 − 77 = 288,− €. Sie verfügt über ein Bruttoeinkommen von 1200,− € = 900,− € netto. Daneben erhält sie ergänzendes Arbeitslosengeld II. Auf den sozialrechtlichen Bedarf von 347,− € (Regelleistung) + 360,− € (Unterkunft) = 707,− € wird das Nettoeinkommen, gekürzt um Freibeträge nach §§ 11, 30 SGB II (Rn. 194) von 280,− €, in Höhe von 620,− € angerechnet, sodass 87,− € ausgezahlt werden. Hinzu kommt ein befristeter Zuschlag nach § 24 SGB II von 160,− €. Sie verfügt also effektiv über 900 + 87 + 160 = 1147,− €. Das Erwerbseinkommen von 900,− € wird für die Unterhaltsberechnung um berufsbedingte Aufwendungen von pauschal 50,− € (Düsseldorfer Tabelle Stand: 1. 1. 2008 A Anm. 3) gekürzt, sodass sie in Höhe von 1147 − 50 − 900 = 197,− € nach Unterhaltsrecht leistungsfähig ist.

Besondere Schwierigkeiten bereitet die unterhalts- und sozialrechtliche Zuordnung des **223** Einkommens, wenn der Unterhaltspflichtige mit Angehörigen in einer **Bedarfsgemeinschaft** lebt und deren Einkommen den sozialrechtlichen Gesamtbedarf nicht deckt. Nach § 9 II 3 SGB II kann ein Mitglied der Bedarfsgemeinschaft auch dann hilfebedürftig sein, wenn sein Einkommen für sich allein zur Deckung seines sozialrechtlichen Bedarfs ausreichen würde. Denn sein Einkommen wird teilweise auch den anderen Angehörigen der Bedarfsgemeinschaft zugerechnet, obwohl es dabei bleibt, dass jeder von ihnen einen eigenen Anspruch auf Leistungen der Grundsicherung hat.[77] Vgl. Rn. 213. Im Unterhaltsrecht setzt sich demgegenüber die Rangordnung der Unterhaltsansprüche durch.[78] Deshalb ist dort darauf abzustellen, wem das jeweilige Einkommen zufließt, insbeson-

---

[74] Klinkhammer FamRZ 2006, 1171 (zum Einstiegsgeld)
[75] OLG München FamRZ 2006, 1125 (zum befristeten Zuschlag); OLG Celle FamRZ 2006, 1203 (zum Einstiegsgeld)
[76] So die Leitlinien der meisten Oberlandesgerichte: BraL, BrL, CL, DrL, HL, HaL, KoL, NaL, RL, SchL, jeweils zu 2.2; a. A. anscheinend: FL, OL, SüdL, jeweils zu 2.2; Klinkhammer FamRZ 2004, 1909, 1917
[77] BSG FamRZ 2007, 724; OLG Bremen FamRZ 2007, 1036
[78] BGH, FamRZ 1996, 1272 = R 507 b

re wer Erwerbseinkommen erzielt. Auf die sozialrechtliche Umverteilung des Einkommens innerhalb der Bedarfsgemeinschaft gemäß § 9 II 3 SGB II kommt es deshalb nicht an.[79]

Beispiel:
Das 13-jährige Kind K1, das bei seiner selbst nicht unterhaltsbedürftigen Mutter M lebt, verlangt den Mindestunterhalt von 365 − 77 = 288,− €. Der Vater V verdient 1500,− € brutto = 1200,− € netto. Er lebt mit seiner erwerbsunfähigen Ehefrau F und deren 12-jährigen Kind K2 aus einer früheren Partnerschaft zusammen. Die Unterkunftskosten betragen 600,− €. Unterhalt für K2 wird nicht gezahlt. V bezieht für sich, F und K2 ergänzendes Arbeitslosengeld II von insgesamt 388,− € gemäß folgender Berechnung:

	Bedarf Bdg[80]	Anteil M	Anteil F	Anteil K2
Regelleistung	832	312	312	208
Unterkunft	600	200	200	200
Gesamtbedarf	1432	512	512	408
./. Einkommen Kind	154			154
Restl. Gesamtbedarf	1278	512	512	254
Bedarfsanteile	100%	40,06%	40,06%	19,87%
Einkommensverteilung 1200 − 310[81] = 890	890	357 (890 × 40,06%)	357 (890 × 40,06%	177
Restbedarf nach Einkommensanrechnung	388	155	155	77

K1 verlangt von V den Mindestunterhalt von 365 − 77 = 288,− €.
Die Bedarfsgemeinschaft verfügt effektiv über ein Gesamteinkommen von 1200 + 388 = 1588,− €. Nach Unterhaltsrecht darf V aber nur ein Einkommen von 1200 − 60 (5% berufsbedingte Aufwendungen) = 1140,− € zugerechnet werden. Dieser Betrag darf nicht um das auf V entfallende Arbeitslosengeld II von 155,− € erhöht werden, da V es nur deshalb erhält, weil er mit F und K2 zusammenlebt. V schuldet also K unter Berücksichtigung seines notwendigen Selbstbehalts von 900,− € Kindesunterhalt in Höhe von 240,− €. F erhält, weil nachrangig, rechnerisch keinen Unterhalt. Gegenüber K2 besteht keine Unterhaltspflicht.

224 Das unterhaltsrechtliche Einkommen des Schuldners erhöht sich nicht deshalb, weil nach § 11 II 1 Nr. 7 SGB II **titulierter Unterhalt** vom (sozialrechtlich) zu berücksichtigenden Einkommen abzusetzen ist (Rn. 197). Die Berücksichtigung dieser Vorschrift bei der Unterhaltsbemessung würde dazu führen, dass der Unterhaltsanspruch eines außerhalb der Bedarfsgemeinschaft lebenden Berechtigten in voller Höhe ohne Rücksicht auf die sich nach dem Einkommen richtende Leistungsfähigkeit des Schuldners zugesprochen werden könnte; denn dieser könnte durch Vorlage des Urteils oder einer von ihm zu errichtende vollstreckbaren Urkunde eine Erhöhung des Arbeitslosengeldes II erreichen.[82] § 11 II 1 Nr. 7 SGB II verfolgt jedoch nur den Zweck, den nach zivilrechtlichen Grundsätzen zuerkannten Unterhalt als sozialrechtlich relevante Einkommensminderung anzuerkennen, wenn der Schuldner zwar nach bürgerlichem Recht, z. B. auf Grund fiktiven Einkommens, leistungsfähig, gleichwohl aber hilfebedürftig im Sinne des § 9 I SGB II ist. Die unterhaltsrechtliche Leistungsfähigkeit des Schuldners wird durch § 11 II 1 Nr. 7 SGB II nicht berührt.[83]

---

[79] OLG Bremen FamRZ 2007, 1036
[80] = Bedarfsgemeinschaft
[81] Freibetrag nach §§ 11, 30 SGB II bei einem Bruttoeinkommen von 1500,− €; vgl. Rn. 194
[82] Zu der m. E. zu verneinenden Obliegenheit, eine solche Urkunde zu errichten, und zur rückwirkenden Zurechnung höheren Einkommens vgl. OLG Brandenburg FamRZ 2007, 1905
[83] OLG Bremen FamRZ 2007, 1036; vgl. auch Reinken FPR 2007, 352

V. Bezug von Grundsicherung für Arbeitsuchende durch den Unterhaltsberechtigten; Anspruchsübergang

1. Subsidiarität der Grundsicherung

Die Leistungen der Grundsicherung für Arbeitsuchende sind subsidiär und treten hinter **225** Unterhaltsleistungen zurück (§ 2 I SGB II). Daher ist der Berechtigte nicht hilfebedürftig im Sinne des § 9 I SGB II, soweit er tatsächlich Unterhalt erhält, weil dann die erforderliche Hilfe durch Angehörige sichergestellt ist. **Geleisteter Unterhalt ist Einkommen** im Sinne des SGB II und wird daher auf den Grundsicherungsbedarf angerechnet.[84] Das Gleiche gilt, wenn mit der alsbaldigen Realisierung des Unterhaltsanspruchs zu rechnen ist, da dann sog. bereite Mittel zur Verfügung stehen. Vgl. Rn. 7. Entscheidend ist allein, ob und in welcher Höhe derzeit oder in Kürze Unterhalt gewährt wird, nicht dagegen, ob und in welchem Umfang ein Unterhaltsanspruch besteht.

Der Leistungsberechtigte darf nicht darauf verwiesen werden, gegen den säumigen Unter- **226** haltsschuldner einen zeitraubenden Prozess zu führen, wenn Unterhalt nicht geleistet wird und mit der alsbaldigen Zahlung des Unterhalts nicht zu rechnen ist. Vielmehr hat der Leistungsträger dann Grundsicherung für Arbeitsuchende ohne Rücksicht auf den Unterhaltsanspruch zu gewähren. Die Subsidiarität wird dadurch hergestellt, dass der Unterhaltsanspruch des Leistungsberechtigten kraft Gesetzes auf die Träger der Grundsicherung nach § 33 I 1 SGB II übergeht. Der **Unterhaltsanspruch** des leistungsberechtigten Gläubigers ist also grundsätzlich **kein Einkommen** im Sinne des SGB II.[85]

Aus §§ 5 I 1, 9 I, 33 SGB II folgt, dass Leistungen zur Sicherung des Lebensunterhalts im **227** Sinne der §§ 19 ff. SGB II **nicht als Einkommen des leistungsberechtigten Unterhaltsgläubigers** im Sinne des Unterhaltsrechts angesehen werden dürfen, da andernfalls die Subsidiarität der Grundsicherung für Arbeitsuchende nicht verwirklicht werden könnte.[86] Vielmehr wird die Unterhaltsverpflichtung durch das SGB II nicht berührt (§ 5 I 1 SGB II). Daher ist der Unterhalt ohne Rücksicht auf die Leistungen nach §§ 19 ff. SGB II zu berechnen. Zu Ausnahmen vgl. Rn. 261.

2. Anspruchsübergang

a) Nicht auf Unterhalt gerichtete Ansprüche. § 33 I SGB II erfasst anders als § 94 **228** SGB XII nicht nur Unterhaltsansprüche, sondern alle Ansprüche gegen einen anderen, der nicht Leistungsträger (Rn. 61) ist. Dazu gehören auch die Ansprüche, die im Sozialhilferecht nach § 93 SGB XII auf den Sozialhilfeträger übergeleitet werden können. Vgl. dazu Rn. 60 f. Deren Kreis ist insbesondere für den Gläubiger und den Schuldner nur schwer überschaubar.[87] Die Beteiligten können nicht ohne weiteres damit rechnen, dass ein zivilrechtlicher Anspruch, der nicht auf Unterhalt gerichtet ist, auf den oder die Träger der Grundsicherung (Rn. 230) kraft Gesetzes übergeht. Ob sich ein gesetzlicher Anspruchsübergang bei diesen Ansprüchen bewähren wird, bleibt abzuwarten.

§ 33 I 1, 2, III bis V SGB II gelten sowohl für sonstige Forderungen als auch für Unterhaltsansprüche. Für letztere enthält § 33 I 3, II SGB II jedoch Sondervorschriften. Im Folgenden wird nur der Übergang von Unterhaltsansprüchen behandelt.

b) Gesetzlicher Forderungsübergang. § 33 SGB II sah in seiner ursprünglichen Fas- **229** sung im Gegensatz zu § 94 SGB XII, § 91 BSHG keinen Übergang des Unterhaltsanspruchs

---

[84] FamRZ 2007, 1158 = R 667a mit Anm Scholz (zu § 41 SGB XII); Klinkhammer FamRZ 2004, 1909, 1918

[85] So ausdrücklich die Begründung des Entwurfs zum Fortentwicklungsgesetz (Rn. 172) BT-Drucks. 16/1410 S. 26 f.; OLG Celle FamRZ 2006, 1203; OLG München FamRZ 2006, 1125; Klinkhammer FamRZ 2006, 1171

[86] So die Leitlinien der Oberlandesgerichte zu 2.2

[87] Dazu eingehend Hußmann FPR 2007, 354

kraft Gesetzes vor. Vielmehr konnten die Träger der Grundsicherung den Unterhaltsanspruch durch **Verwaltungsakt** auf sich überleiten. Diese Lösung entsprach weitgehend
dem früheren § 203 SGB III, der die Anspruchsüberleitung bei der Arbeitslosenhilfe vorsah.
Der Gesetzgeber hatte damit einen Rechtszustand wiederhergestellt, wie er vor dem Jahre
1993 bei der Sozialhilfe bestand (§§ 90 f. BSHG a. F.) und der schon damals von den
Sozialhilfeträgern, den Gerichten, aber auch den Betroffenen als unbefriedigend empfunden
worden war. Es ist zu begrüßen, dass der Gesetzgeber den vielfach kritisierten § 33 SGB II
durch das Fortentwicklungsgesetz (Rn. 172) geändert und zum 1. 8. 2006 an die Stelle der
Überleitung des Unterhaltsanspruchs durch Verwaltungsakt einen gesetzlichen Anspruchsübergang gesetzt hat. Damit ist die Doppelgleisigkeit des Rechtsweges zu den Sozialgerichten einerseits und den ordentlichen Gerichten, insbesondere den **Familiengerichten**
andererseits beseitigt. Letztere entscheiden nunmehr über alle Rechtsfragen, die mit dem
Anspruchsübergang zusammenhängen, insbesondere auch über öffentlich-rechtliche Vorfragen (vgl. § 33 IV 3 SGB II).

230   **c) Die Träger der Grundsicherung als neue Gläubiger des Unterhaltsanspruchs.**
Der Unterhaltsanspruch des Empfängers von Leistungen geht nach § 33 I 1 SGB II auf die
Träger der Grundsicherung über, also auf die Bundesagentur für Arbeit einerseits, den kommunalen Träger andererseits (vgl. § 6 I 1 SGB II). Haben sich diese Träger zu einer **Arbeitsgemeinschaft** zusammengeschlossen (§ 44 b SGB II), wird diese neue Gläubigerin des übergegangenen Unterhaltsanspruchs.[87a] Sie erfüllt die Aufgaben der beiden Träger in organisatorischer Wahrnehmungszuständigkeit und handelt dabei in eigenem Namen.[88] Vgl. dazu
Rn. 176. Sie ist berechtigt, den Anspruch geltend zu machen und Zahlungen entgegen zu
nehmen. Zur Parteifähigkeit der Arbeitsgemeinschaft im Zivilprozess vgl. Rn. 177. Die
Verteilung der vom Schuldner gezahlten Gelder auf die Bundesagentur für Arbeit einerseits,
die Kommune andererseits ist eine interne Angelegenheit zwischen der Arbeitsgemeinschaft
und den Trägern. Hierbei ist § 19 S. 2 SGB II entsprechend anzuwenden, sodass Einkommen
und Vermögen des Hilfebedürftigen zunächst auf die Geldleistungen der Agentur, erst danach
auf die Geldleistungen der kommunalen Träger anzurechnen sind.[89] Sind die Aufgaben der
Träger der Grundsicherung bei einer sog. Optionskommune (§ 6 a SGB II; Rn. 176) konzentriert, kann der Unterhaltsanspruch selbstverständlich nur auf diese Körperschaft übergehen.

231   Die Subsidiarität der Leistungen zur Sicherung des Lebensunterhalts wird ausschließlich
durch den gesetzlichen Anspruchsübergang hergestellt. Eine **rechtsgeschäftliche Abtretung** des Unterhaltsanspruchs an die Träger der Grundsicherung, eine Verpflichtung zur
Abführung des gezahlten Unterhalts oder die Begründung einer sonstigen bürgerlich-rechtlichen Zahlungspflicht für den Hilfebedürftigen sind nach §§ 31, 32 SGB I **unzulässig** und
damit nichtig.[90]

3. Kraft Gesetzes übergehende Unterhaltsansprüche

232   § 33 II SGB II schließt eine Reihe von Unterhaltsansprüchen vom Übergang auf die Träger
der Grundsicherung aus. Versucht man den Inhalt der Vorschrift positiv zu formulieren, so
gehen folgende Unterhaltsansprüche auf den Träger der Grundsicherung (Rn. 230) über:
– Ansprüche auf Trennungs- und nachehelichen Unterhalt gegen den Ehegatten,
– Ansprüche auf Trennungs- und nachpartnerschaftlichen Unterhalt gegen den Lebenspartner,
– Ansprüche nach § 1615 l BGB,
– Ansprüche minderjähriger und volljähriger Kinder, die das 25. Lebensjahr noch nicht
   vollendet und die Erstausbildung noch nicht abgeschlossen haben,
– sonstige Ansprüche auf Verwandtenunterhalt nur dann, wenn der Unterhaltsanspruch
   vom Berechtigten geltend gemacht wird. Vgl. dazu Rn. 234.

[87a] OLG Zweibrücken NJW 2007, 2779
[88] BSG FamRZ 2007, 724, 726
[89] Klinkhammer FamRZ 2004, 1909, 1917; 2006, 1171, 1173; Münder in LPK/SGB II § 33 Rn. 26
[90] So mit Recht OLG Celle FamRZ 2006, 1203; Klinkhammer FamRZ 2006, 1171 f.; vgl. auch
     BGH, FamRZ 1996, 1203; 1996, 1205 (jeweils zu § 91 BSHG)

Der Anspruchsübergang erfasst seit dem 1. 8. 2006 auch den privatrechtlichen **Aus-** 233 **kunftsanspruch** (§ 33 I 3 SGB II). Der Träger der Grundsicherung, in der Regel die Arbeitsgemeinschaft (Rn. 230), kann daher auch mit der Stufenklage gegen den Schuldner vorgehen (§ 254 ZPO). Dem Träger steht es jedoch weiterhin frei, durch Verwaltungsakt nach § 60 SGB II von Dritten, insbesondere vom Unterhaltsschuldner, oder nach § 57 SGB II vom Arbeitgeber Auskunft zu verlangen. Vgl. auch Rn. 67.

Beim **Verwandtenunterhalt** – mit Ausnahme des Unterhalts minderjähriger und voll- 234 jähriger Kinder, die das 25. Lebensjahr noch nicht vollendet und die Erstausbildung noch nicht abgeschlossen haben – hängt der Anspruchsübergang davon ab, ob der leistungsberechtigte Unterhaltsgläubiger den Unterhaltsanspruch bereits **geltend gemacht** hat. Dies ist dann der Fall, wenn der Berechtigte den Pflichtigen gemahnt oder ihn nach §§ 1605, 1613 I 1 BGB aufgefordert hat, über sein Einkommen und Vermögen Auskunft zu erteilen, oder wenn er den Unterhaltsanspruch eingeklagt hat.[91] Die Geltendmachung bewirkt, dass später ein entstehender Unterhaltsanspruch auf den zuständigen Träger der Grundsicherung (Rn. 230) übergeht und dieser ihn gegen den Pflichtigen verfolgen kann. Diese Folgen der Geltendmachung kann der Berechtigte nicht dadurch zu Lasten des Trägers beseitigen, dass er später einseitig auf den Anspruch verzichtet oder eine Unterhaltsklage zurücknimmt. Denn hierdurch würde er in die Rechte eines Dritten, nämlich des Trägers der Grundsicherung, eingreifen. Die praktische Bedeutung dieser Frage ist freilich gering, da ein Erwerbsfähiger, der seine Berufsausbildung abgeschlossen hat, nur in seltenen Fällen einen Unterhaltsanspruch gegen seine Verwandten, insbesondere seine Eltern, hat, da er zur Sicherung seines Lebensunterhalts jede Arbeit annehmen muss. Vgl. Rn. 2/48.

Andererseits darf der Träger der Grundsicherung einen volljährigen Hilfebedürftigen, der seine Berufsausbildung abgeschlossen oder das 25. Lebensjahr vollendet hat, nicht auf einen bisher nicht geltend gemachten Unterhaltsanspruch gegen einen Verwandten verweisen, da es allein im Belieben des Hilfebedürftigen steht, ob er den Verwandten in Anspruch nehmen will.[92] Entschließt sich der Leistungsberechtigte gleichwohl zur Geltendmachung des Unterhaltsanspruchs, geht dieser in Höhe der seitdem gewährten Leistungen zur Sicherung des Lebensunterhalts auf den Träger der Grundsicherung (Rn. 230) über.

Diese Grundsätze gelten auch bei der Inanspruchnahme von **Verwandten zweiten** 235 **Grades.** Daher kann der geltend gemachte Unterhaltsanspruch eines Enkels gegen seinen Großvater auf den Träger der Grundsicherung übergehen. Der Übergang der Unterhaltsansprüche von Großeltern gegen einen Enkel scheidet dagegen regelmäßig aus, weil diese in der Regel die Altersgrenze des § 7 a SGB II – derzeit noch das 65. Lebensjahr (Rn. 186) –, erreicht haben und deshalb keine Grundsicherung für Arbeitsuchende erhalten können (§ 7 I 1 Nr. 1 SGB II). Den generellen Ausschluss des Anspruchsübergangs zwischen Verwandten zweiten Grades, wie ihn § 94 I 3 SGB XII vorsieht, hat der Gesetzgeber nicht in das SGB II übernommen.

Der Unterhaltsanspruch geht nicht auf den Träger der Grundsicherung über, 236
– wenn der Unterhaltsberechtigte mit dem Pflichtigen in einer Bedarfsgemeinschaft zusammenlebt (§ 33 II 1 Nr. 1 SGB II; vgl. Rn. 68, 179)
– wenn beim Kindesunterhalt die Tochter schwanger ist oder wenn sie oder der Vater ein leibliches Kind bis zur Vollendung seines sechsten Lebensjahres betreuen (§ 33 II 1 Nr. 3 SGB II; vgl. Rn. 68).

Der Übergang des Unterhaltsanspruchs wird nicht dadurch ausgeschlossen, dass er nicht 237 übertragen, verpfändet oder gepfändet werden darf (§ 33 I 2 SGB II).

4. Umfang des Anspruchsübergangs

a) Leistungen zur Sicherung des Lebensunterhalts. Ein Anspruchsübergang findet 238 nach § 33 I 1 SGB II nur statt, wenn dem Unterhaltsberechtigten Leistungen zur Sicherung des Lebensunterhalts erbracht werden. Dies sind Arbeitslosengeld II, Sozialgeld, Mehrbedarf,

---

[91] Vgl. Gagel/Hänlein, SGB III, § 33 SGB II Rn. 32
[92] Hußmann FPR 2007, 354, 356

Kosten der Unterkunft und Heizung, einmalige Bedarfe, auch wenn die Leistungen als Darlehen (Rn. 217) gewährt werden.[93] Die Auffassung, dass alle Leistungen nach §§ 19 bis 28 SGB II unter § 33 SGB II fallen, trifft jedenfalls für den befristeten Zuschlag zum Arbeitslosengeld II nach § 24 SGB II (Rn. 214) nicht zu.[94] Bei der Entschädigung für Mehraufwendungen (Ein–Euro-Jobs nach § 16 III 2 SGB II; Rn. 216)[95] und beim Einstiegsgeld (§ 29 SGB II; Rn. 215)[96] findet gleichfalls kein Anspruchsübergang statt.

239   **b) Begrenzung durch die Höhe des Arbeitslosengeldes II.** Der Unterhaltsanspruch geht nur bis zur Höhe der Leistungen nach §§ 19 ff. SGB II auf den oder die Träger der Grundsicherung (Rn. 230) über. Die Leistungen müssen bereits erbracht oder jedenfalls bewilligt sein.[97] Zur Rechtmäßigkeit der Leistungsgewährung vgl. Rn. 244.

Entscheidend sind die **Aufwendungen** des Trägers, die er gerade **für den Unterhaltsberechtigten** erbracht hat. Lebt dieser mit Angehörigen in einer **Bedarfsgemeinschaft** (Rn. 179 ff.), muss der Anteil an den Leistungen zur Sicherung des Lebensunterhalts errechnet werden, der auf ihn entfällt. Dies geschieht nach der sog. Bedarfsanteilmethode (Rn. 213). Dabei ist zu beachten, dass nach § 7 III Nr. 4 SGB II seit dem 1. 7. 2006 im elterlichen Haushalt lebende Kinder bis zur Vollendung des 25. Lebensjahres der Bedarfsgemeinschaft ihrer Eltern angehören, soweit sie die Leistungen zur Sicherung des Lebensunterhalts nicht aus eigenem Einkommen oder Vermögen beschaffen können (Rn. 181). Kindergeld ist in diesem Fall Einkommen des Kindes, soweit es zur Deckung von dessen Lebensunterhalt benötigt wird (§ 11 I 3 SGBII).

Bei der Berechnung des auf den Träger der Grundsicherung übergehenden Unterhaltsanspruchs des jeweiligen Mitglieds der Bedarfsgemeinschaft kommt es darauf an, wie die Zahlungen auf die Mitglieder verteilt würden, wenn der Schuldner den Unterhaltsanspruch rechtzeitig erfüllt hätte. Zur Berechnung der wegen Nichtzahlung des Unterhalts geleisteten Aufwendungen des Trägers ist die Bedarfsgemeinschaft so zu stellen, als ob die Zahlungen geleistet worden wären.[98]

240   Da der Träger der Grundsicherung (Rn. 230) die Höhe des auf ihn übergegangenen Unterhaltsanspruchs darzulegen hat, ist es seine Aufgabe, den Anteil der Leistungen zur Sicherung des Lebensunterhalts zu errechnen, der auf das unterhaltsberechtigte Mitglied der Bedarfsgemeinschaft entfällt. Diese Aufteilung gehört zur **Schlüssigkeit** der vom Leistungsträger erhobenen Unterhaltsklage. Wenn der Bewilligungsbescheid eine solche Aufteilung bereits enthält, genügt eine Verweisung auf den Bescheid. Die Angabe der insgesamt auf die Bedarfsgemeinschaft entfallenden Leistungen zur Sicherung des Lebensunterhalts genügt jedenfalls nicht.

Beispiel:
Das 13-jährige Kind K lebt bei seinem Vater V und dessen mittelloser Lebensgefährtin. V verfügt über ein unterhaltsrechtliches Einkommen von 1500,– € brutto = 1200,– € netto. Er bezieht das Kindergeld von 154,– €. K verlangt von seiner Mutter M den Mindestunterhalt von 365 − 77 = 288,– €. Der Träger der Grundsicherung, in der Regel die Arbeitsgemeinschaft (Rn. 230), erbringt für die Bedarfsgemeinschaft insgesamt Leistungen in Höhe von 388,– €. Vgl. die Berechnung im Beispiel Rn. 223. Bei rechtzeitiger Zahlung des Unterhalts für K wäre das Kind nicht an der Bedarfsgemeinschaft beteiligt, da sein sozialrechtlicher Bedarf von 408,– € durch den von M gezahlten 288,– € und das teilweise anzurechnende Kindergeld (§ 11 I 3 SGB II) gedeckt wäre. Der Träger der Grundsicherung hätte an die Bedarfsgemeinschaft also 254,– € weniger zahlen müssen. Vgl. das Beispiel Rn. 223.[99] Daher kann der Unterhaltsanspruch von K lediglich in Höhe von 254,– € auf auf den Träger der Grundsicherung übergehen. In Höhe von 34,– € verbleibt er bei K.

---

[93] OLG Saarbrücken FamRZ 1995, 1166; OLG Stuttgart FamRZ 1995 1165; a. A. DH der Bundesagentur zu § 33 SGB II Nr. 33.9
[94] OLG München FamRZ 2006, 1125; Klinkhammer FamRZ 2006, 1171
[95] DH der Bundesagentur zu § 33 SGB II Nr. 33.5; vgl. dazu Hußmann FPR 2007, 354, 358
[96] OLG Celle FamRZ 2006, 1203; DH der Bundesagentur zu § 33 SGB II Nr. 33.6; Klinkhammer FamRZ 2006, 1171
[97] Löns/Herold-Tews, SGB II § 33 Rn. 2
[98] DH der Bundesagentur zu § 33 SGB II Nr. 33.20
[99] Bei Fortfall des Kindes bleibt ein Restbedarf der nur aus M und F bestehenden Bedarfsgemeinschaft von 512 + 512 = 1024,– €. Dieser wäre durch das anzurechnende Einkommen von 890,– € gedeckt, so dass der Träger statt 388,– € nur 134,– € an Grundsicherung zu zahlen hätte

c) Wohnkosten. § 33 SGB II sieht eine Kürzung des übergegangenen Anspruchs um 241 56% der Wohnkosten nicht vor. Nach §§ 94 I 6, 105 II SGB XII wird dagegen der gesetzliche Forderungsübergang in Höhe von 56% der Kosten für Unterkunft mit Ausnahme der Heizungs- und Warmwasserversorgung ausgeschlossen, weil der Leistungsempfänger neben der Sozialhilfe kein Wohngeld erhält. Vgl. Rn. 70. Auch neben dem Arbeitslosengeld II wird Wohngeld nicht gezahlt (§ 1 II 1 Nr. 1 WohngeldG). Gleichwohl enthält § 33 SGB II weder in seiner ursprünglichen noch in der seit dem 1. 1. 2006 geltenden Fassung eine dem Sozialhilferecht entsprechende Regelung zu den Wohnkosten. Ich habe dies zunächst als Redaktionsversehen gedeutet und deshalb eine analoge Anwendung des § 94 I 6 SGB XII empfohlen.[100] Dagegen bestehen jedoch Bedenken, weil der Gesetzgeber bei Novellierung des § 33 SGB II durch das Fortentwicklungsgesetz (Rn. 172) Gelegenheit hatte, ein solches Versehen zu korrigieren. Man wird daher wohl davon ausgehen müssen, dass eine Kürzung der Wohnkosten um 56% und damit eine entsprechende Reduzierung des Umfangs des Anspruchsübergangs nach dem Willen des Gesetzgebers nicht stattfinden soll.[101]

d) Zeitliche Kongruenz von Unterhaltsanspruch und Arbeitslosengeld II. Nach 242 dem Prinzip der Gleichzeitigkeit muss der Unterhaltsanspruch für die Zeit bestehen, in der Leistungen nach §§ 19 ff. SGB II erbracht werden. Insoweit kann auf die Ausführungen zum SGB XII (Rn. 71 ff.) verwiesen werden. Jedoch werden Leistungen zur Sicherung des Lebensunterhalts anders als Sozialhilfeleistungen nicht monatlich, sondern für die Dauer von sechs Monaten bewilligt, aber in gleich bleibenden monatlichen Raten ausgezahlt (§ 41 I 4 SGB XII).[102]

e) Sachliche Kongruenz von Unterhaltsanspruch und Arbeitslosengeld II. Hier 243 gelten die Ausführungen zur Sozialhilfe entsprechend. Vgl. Rn. 74 ff.

f) Rechtmäßigkeit der Leistungsgewährung. Ob die Gewährung der Leistungen zur 244 Sicherung des Lebensunterhalts dem geltenden Recht entsprechen muss, erscheint fraglich. Ich neige dazu, diese Frage wie bei der Sozialhilfe (Rn. 77) zu bejahen.[103] Zwar wird der Schuldner in der Regel ausreichend dadurch geschützt, dass er alle bürgerlich-rechtlichen Einwendungen gegen den übergegangenen Unterhaltsanspruch vorbringen und sich darauf berufen kann, dass die in § 33 SGB II normierten Voraussetzungen für den Anspruchsübergang nicht vorliegen. Da die Träger der Grundsicherung aber in die Prüfung der Hilfebedürftigkeit auch die Angehörigen der Bedarfsgemeinschaft einbeziehen müssen (§ 9 II SGB II; vgl. Rn. 213) und deren Bedarf sich auf die Hilfebedürftigkeit des Unterhaltsgläubigers auswirkt, lässt es sich m. E. nicht ausschließen, dass Rechtsfehler bei der Berechnung der Leistungen zur Sicherung des Lebensunterhalts zum Übergang eines Unterhaltsanspruchs führen, der bei Gewährung der Leistungen entsprechend den gesetzlichen Vorschriften nicht auf die Träger der Grundsicherung übergehen würde. Dies kann sich auf die Rechtsstellung des Unterhaltsschuldners auswirken. Es ist Sache der Bundesagentur, etwaige Berechnungsfehler im Verwaltungsverfahren zu korrigieren und überzahlte Beträge, soweit zulässig, vom Hilfebedürftigen zurückzufordern.[104]

5. Unterhalt für die Vergangenheit

Der zuständige Träger der Grundsicherung kann sich auch für vergangene Zeiträume auf 245 den Anspruchsübergang berufen. Voraussetzung ist, dass Unterhalt geschuldet war und gleichzeitig Leistungen zur Sicherung des Lebensunterhalts erbracht wurden. Notwendig ist allerdings, dass der Unterhalt für den in der Vergangenheit liegenden Zeitraum nach Unterhaltsrecht geltend gemacht werden kann. § 33 II 3 SGB II verwies in seiner ursprünglichen

---

[100] Scholz in Scholz/Stein L Rn. 203
[101] Vgl. dazu Scholz FamRZ 2006, 1417, 1421; a. A. Hußmann FPR 2007, 354, 358, der sich für eine Analogie zu § 94 I 6 SGB XII ausspricht
[102] Conradis in LPK-SGB II § 41 Rn. 5, 7
[103] Ebenso DH der Bundesagentur zu § 33 SGB II Nr. 33.8; Münder in LPK-SGB II § 33 Rn. 17 (zur ursprünglichen Fassung des Gesetzes)
[104] Vgl. dazu DH der Bundesagentur zu § 33 SGB II Nr. 33.8

Fassung hinsichtlich des Unterhalts für die Vergangenheit nur auf § 1613 BGB. Eine Rechtswahrungsanzeige war nicht vorgesehen. Am 1. 8. 2006 hat der Gesetzgeber durch das Fortentwicklungsgesetz (Rn. 172) die Rechtswahrungsanzeige auch in das SGB II übernommen. § 33 III 1 SGB II entspricht nahezu wörtlich § 94 IV 1 SGB XII. Daher kann auf die Ausführungen Rn. 81 f. verwiesen werden.

246   § 33 SGB II n. F. erfasst nicht nur für Unterhaltsansprüche, die ab Inkrafttreten der geänderten Fassung, also ab 1. 8. 2006, entstehen, sondern auch Ansprüche, die vor diesem Tag entstanden sind. Dies hat der BGH[105] für die Einführung des gesetzlichen Anspruchsübergangs im Sozialhilferecht durch die Neufassung des § 91 BSHG im Jahre 1993[106] entschieden. Für den Wechsel von der Überleitung des Unterhaltsanspruchs durch Verwaltungsakt zur cessio legis im Rahmen des § 33 SGB II kann nichts anderes gelten.[107] Ein Anspruchsübergang für vergangene Zeiträume findet allerdings nur statt, wenn Unterhalt geschuldet war und gleichzeitig Leistungen zur Sicherung des Lebensunterhalts erbracht wurden. Eine Rückwirkung des Anspruchsübergangs kommt allenfalls **bis zum 1. 1. 2005** in Betracht, da die Grundsicherung für Arbeitsuchende erst an diesem Tage eingeführt worden ist. Zu beachten ist auch, dass in der Zeit bis zum 31. 7. 2006 dem Gesetz eine Rechtswahrungsanzeige unbekannt war und die Träger der Grundsicherung (Rn. 230) den Schuldner nur dann in Verzug setzen konnten, wenn sie zuvor den Unterhaltsanspruch auf sich übergeleitet hatten.

247   Unterhalt für die Vergangenheit kann verjähren oder nach § 242 BGB wegen illoyal verspäteter Geltendmachung verwirkt sein; die Geltendmachung nachehelichen oder nachpartnerschaftlichen Unterhalts kann nach § 1585 b III BGB, § 16 S. 2 LPartG ausgeschlossen sein. Diese Vorschriften gelten nach dem Anspruchsübergang auch für die Träger der Grundsicherung (Rn. 230); sie müssen sich eigene Versäumnisse, aber auch solche des Unterhaltsgläubigers zurechnen lassen.[108] Auf die Hemmung der Verjährung während bestehender Ehe oder Lebenspartnerschaft oder während der Minderjährigkeit des Kindes können sich die Träger der Grundsicherung gegenüber dem Unterhaltsschuldner nicht berufen (§ 207 BGB).[109] Vgl. dazu auch Rn. 274.

6. Vergleichsberechnung

248   Nach § 33 II 3 SGB II geht der Unterhaltsanspruch nur auf die Träger der Grundsicherung, in der Regel die Arbeitsgemeinschaft (Rn. 230), über, soweit das Einkommen und Vermögen der unterhaltsverpflichteten Person das nach §§ 11, 12 SGB II zu berücksichtigende Einkommen und Vermögen übersteigt. Dadurch soll erreicht werden, dass der Unterhaltspflichtige nicht schlechter steht als der Leistungsempfänger. Er darf **nicht selbst hilfebedürftig** sein und auch durch Unterhaltszahlungen nicht zum Empfänger von Leistungen zur Sicherung des Lebensunterhalts werden.[110] § 33 II 3 SGB II hat also denselben Inhalt wie § 94 III 1 Nr. 1 SGB XII (vgl. dazu Rn. 92 ff.). Die Vorschrift ist jedoch unglücklich gefasst. Aus §§ 11, 12 SGB II ergibt sich nicht, welcher sozialrechtliche Selbstbehalt dem Unterhaltsschuldner verbleiben soll. Der Zweck der Vorschrift legt es daher nahe, dem Schuldner jedenfalls so viel zu belassen, wie er als Leistungen zur Sicherung des Lebensunterhalts nach §§ 19 ff. SGB II erhalten könnte.[111] Verfügt der Schuldner (nur)

---

[105] FamRZ 1995, 871

[106] Gesetz zur Umsetzung des Föderalen Konsolidierungsprogramms vom 23. 6. 1993 (BGBl. I 944, 952), in Kraft seit dem 27. 6, 1993

[107] OLG Brandenburg FamRZ 2007, 2014; Klinkhammer FamRZ 2006, 1171, 1173; zu Schwierigkeiten in der Praxis Hußmann FPR 2007, 354

[108] Vgl. BGH FamRZ 2002, 1698 = R 580 a mit Anm. Klinkhammer

[109] BGH, FamRZ 2006, 1665 = R 657 d

[110] Münder in LPK-SGB II § 33 Rn 43; Klinkhammer FamRZ 2004, 1909, 1915; DH der Bundesagentur zu § 33 SGB II Nr. 33.32; DIJuF-Rechtsgutachten JAmt 2006, 506 mit Berechnungsbeispiel

[111] So die DH der Bundesagentur zu § 33 SGB II Nr. 33.32: vgl. dazu Klinkhammer FamRZ 2004, 1909, 1915

über ein diesen Leistungen entsprechendes Einkommen oder Vermögen, ist sein sozialrechtlicher Bedarf gedeckt. Ein Übergang des Unterhaltsanspruchs kommt erst dann in Betracht, wenn der Pflichtige Einkommen oder Vermögen hat, das diesen Bedarf übersteigt. In diese Vergleichsberechnung darf nur Einkommen oder Vermögen eingestellt werden, das nach §§ 11, 12 SGB II berücksichtigt werden darf. Vgl. dazu Rn. 192 ff., 199. Fiktive Einkünfte des Schuldners sind daher wie im Sozialhilferecht (Rn. 36) kein Einkommen in diesem Sinne.

Der zuständige Träger der Grundsicherung (Rn. 230) muss also zunächst feststellen, ob **249** und ggf. in welcher Höhe der Unterhaltsschuldner Arbeitslosengeld II erhält oder erhalten könnte. Dem ist das zu berücksichtigende Einkommen und Vermögen gegenüberzustellen. Müsste der Unterhaltsschuldner das Einkommen oder das Vermögen nach §§ 11, 12 SGB II ganz oder teilweise nicht einsetzen, wenn er selbst hilfebedürftig wäre, muss es (insoweit) unberücksichtigt bleiben. Vom Einkommen des Schuldners sind in diesem Rahmen die in § 11 II SGB II genannten Beträge, insbesondere die Freibeträge nach §§ 11 II 2, 30 SGB II (Rn. 194) abzusetzen. Erst wenn Einkommen und Vermögen, soweit zu berücksichtigen, die (möglichen) Leistungen zur Sicherung des Lebensunterhalts übersteigen, kommt ein Übergang des Unterhaltsanspruchs in Betracht.[112]

Beispiel 1:
Das bei seiner arbeitslosen, selbst nicht unterhaltsberechtigten Mutter M lebende 13-jährige Kind K erhält Sozialgeld. M bezieht das Kindergeld. Dem unterhaltspflichtigen Vater V wird Arbeitslosengeld II in Höhe von 725,– € gewährt. Er wird vom Familiengericht zu Kindesunterhalt von 365 – 77 = 288,– € nach der Düsseldorfer Tabelle $^1/_3$ (Stand: 1. 1. 2008) verurteilt, weil ihm wegen Nichterfüllung seiner Erwerbsobliegenheit ein fiktives Einkommen von 1200,– € zugerechnet wird. Der Unterhaltsanspruch geht nicht auf den Träger der Grundsicherung (vgl. Rn. 230) über, weil weder das fiktive Einkommen noch das Arbeitslosengeld II Einkommen im Sinne des SGB II sind.

Beispiel 2:
Das bei seiner arbeitslosen, selbst nicht unterhaltsberechtigten Mutter M lebende 13 jährige Kind K erhält Sozialgeld. M bezieht das Kindergeld. Der 63-jährige unterhaltspflichtige Vater V verdient 1200,– € brutto = 900,– € netto und verfügt über Rücklagen von 10 000,– €. Seine Warmmiete beträgt 300,– €. V wird zu Kindesunterhalt von 365 – 77 = 288,– € verurteilt, weil er sein Vermögen zur Finanzierung des Kindesunterhalts einsetzen muss.
Ein Anspruchsübergang findet nicht statt, weil V unter Berücksichtigung der Freibeträge von insgesamt 280,– € (§§ 11 II 2, 30 SGB II; Rn. 194) nur über ein einzusetzendes Einkommen von 620,– € verfügt und damit selbst ergänzendes Arbeitslosengeld II von 347 + 300 – 620 = 27,– € beziehen könnte. Das Vermögen übersteigt die Freibeträge von (63 × 150 =) 9450,– € und 750,– € nach § 12 II Nr. 1, 4 SGB II nicht. Der Höchstbetrag nach § 12 II 2 SGB II ist nicht erreicht.

Lebt der Unterhaltsschuldner mit anderen in einer **Bedarfsgemeinschaft,** muss er sein **250** zu berücksichtigendes Einkommen und Vermögen nicht nur zur Deckung seines eigenen sozialrechtlichen Bedarfs einsetzen, sondern auch für den Bedarf der Mitglieder der Bedarfsgemeinschaft verwenden (§ 9 I, II 1 SGB II). Reichen Einkommen und Vermögen dafür nicht aus, gilt jede Person der Bedarfsgemeinschaft als hilfebedürftig, und zwar im Verhältnis des eigenen Bedarfs zum Gesamtbedarf (§ 9 II 3 SGB II; Rn. 213). Dies bedeutet, dass Einkommen und Vermögen der Mitglieder der Bedarfsgemeinschaft in die Vergleichsberechnung nach § 33 II 3 SGB II einzubeziehen sind.[113] Erst wenn der Gesamtbedarf gedeckt ist und noch weiteres nach §§ 11, 12 SGB II zu berücksichtigendes Einkommen und Vermögen verbleibt, kann der Unterhaltsanspruch des Gläubigers auf die Träger der Grundsicherung (Rn. 230) übergehen.

Beispiel:
Die geschiedene Ehefrau F1 verlangt von M Unterhalt. Sie ist wegen Krankheit nur eingeschränkt erwerbsfähig und verdient 400,– € netto. Sie erhält ergänzendes Arbeitslosengeld II von 420,– €. M lebt mit seiner erwerbsunfähigen Lebensgefährtin F2 und deren Kind K aus einer anderen Verbindung zusammen. Er verdient netto 1200,– € (vgl. Beispiel Rn. 223).

---

[112] Klinkhammer FamRZ 2004, 1909, 1915
[113] So ausdrücklich DH der Bundesagentur zu § 33 SGB II Nr. 33.32; vgl. Hußmann FPR 2007, 354, 356; Scholz FamRZ 2006, 1417, 1423

Nach Unterhaltsrecht beträgt das um berufsbedingte Aufwendungen bereinigte Einkommen des M 1140,– € (Anm. A 3 zur Düsseldorfer Tabelle Stand: 1. 1. 2008). Er schuldet F1 unter Berücksichtigung seines billigen Selbstbehalts von 1000,– € (Düsseldorfer Tabelle B IV) nur 140,– €. Der Unterhaltsanspruch der M geht nicht auf die Träger der Grundsicherung (Rn. 230) über. M ist selbst in Höhe von 155,– € hilfebedürftig, obwohl sein eigenes Einkommen seinen individuellen Bedarf decken würde. Vgl. dazu die Berechnung im Beispiel 223. Unterhaltsansprüche von F2 und K bestehen nicht. Zur Gefahr der doppelten Befriedigung von M durch den Unterhalt von 140,– € einerseits und das gezahlte Arbeitslosengeld II andererseits vgl. Rn. 261.

7. Keine Härteregelung

251   Anders als § 94 III 1 Nr. 2 SGB XII sieht § 33 SGB II nicht vor, dass ein Anspruchsübergang bei unbilliger Härte nicht stattfindet. Der Schuldner wird daher sozialrechtlich nur durch die Vergleichsberechnung (Rn. 248 ff.) geschützt.[114] Im Übrigen ergibt sich seine Haftungsgrenze aus den Selbstbehaltssätzen des Unterhaltsrechts, bei unverheirateten minderjährigen und privilegiert volljährigen Kindern aus dem notwendigen Selbstbehalt, bei den anderen Unterhaltsgläubigern aus dem jeweiligen angemessenen Selbstbehalt (§§ 1603 I, 1361, 1581, 1615 l III 1 BGB, §§ 12, 16 LPartG). Zu Härtefällen wird es insbesondere kommen, wenn Eltern ihre eigenen volljährigen Kinder auf Unterhalt in Anspruch nehmen. Hier hat der BGH aber durch seine Rechtsprechung zum erhöhten angemessenen Selbstbehalt des volljährigen Kindes[115] und zur Anwendung des § 1611 III BGB[116] Vorsorge getroffen, so dass unbillige Härten weitgehend vermieden werden.

8. Laufende Zahlung des Unterhalts

252   Nach § 33 II 2 SGB II ist der Anspruchsübergang ausgeschlossen, soweit der Unterhaltsanspruch durch laufende Zahlung erfüllt wird.[117] Die Vorschrift deckt sich mit § 94 I 2 SGB XII, die vielfach für überflüssig gehalten wird.[118] M. E. soll diese Bestimmung dem Schuldner entsprechend der Rechtsprechung des BGH[119] die Möglichkeit geben, jederzeit wieder mit laufenden Unterhaltszahlungen zu beginnen und damit die Grundsicherung entbehrlich zu machen.[120] Vgl. dazu im Einzelnen Rn. 84.

9. Geltendmachung des übergegangenen Anspruchs

253   Nach Übergang des Unterhaltsanspruchs stehen die Arbeitsgemeinschaft, handelnd in Wahrnehmungszuständigkeit für die Träger der Grundsicherung, oder ausnahmsweise die Optionskommune (Rn. 230), dem Schuldner als Gläubiger gegenüber. Daher ist es grundsätzlich ihre Aufgabe, den Anspruch für die zurückliegende Zeit geltend zu machen. Daneben können sie bis zur Höhe der bisherigen monatlichen Aufwendungen **Klage auf künftige Leistung** erheben, wenn die Leistungen zur Sicherung des Lebensunterhalts voraussichtlich für längere Zeit erbracht werden müssen (§ 33 III 2 SGB II). Zur Rechtsstellung, insbesondere zur Parteifähigkeit der Arbeitsgemeinschaft vgl. Rn. 176, 230.

254   Geht der Unterhaltsanspruch während eines laufenden Unterhaltsprozesses auf die Träger der Grundsicherung (Rn. 230) über, weil nunmehr Arbeitslosengeld II gewährt wird, bleibt

---

[114] A. A. Hußmann FPR 2007, 354, 357, der sich für eine analoge Anwendung des § 94 III 1 SGB XII ausspricht

[115] BGH, FamRZ 2002, 1698 = R 580 c; 2003, 1179 = R 593 e jeweils mit Anm. Klinkhammer; FamRZ 2004, 366 = R 599 b, c; 2004, 370 = R 603 b jeweils mit Anm. Strohal FamRZ 2004, 441

[116] BGH, FamRZ 2004, 1097 = R 610; 2004, 1559 = R 614

[117] Vgl. dazu das Beispiel in den DH der Bundesagentur zu § 33 SGB II Nr. 33.31

[118] Schellhorn § 94 SGB XII Rn 59; Wolf in Fichtner/Wenzel, Kommentar zur Grundsicherung, § 94 SGB XII Rn. 34

[119] FamRZ 1982, 23, 25

[120] Ebenso Hußmann FPR 2007, 354, 356

der Anspruchsübergang grundsätzlich unberücksichtigt. Jedoch muss der Klageantrag umgestellt und entsprechend § 265 II ZPO beantragt werden, dass der Unterhalt, der bis zur letzten mündlichen Verhandlung des Unterhaltsprozesses fällig geworden ist, an die Träger der Grundsicherung, in der Regel die Arbeitsgemeinschaft, zu zahlen ist. Dies gilt natürlich nur, soweit Leistungen zur Sicherung des Lebensunterhalts erbracht worden sind. Eine Umstellung des Klageantrags ist in der Regel entbehrlich, wenn die Träger der Grundsicherung den Unterhaltsanspruch an den Unterhaltsgläubiger zurückübertragen haben (Rn. 255). Insoweit ergibt sich dieselbe Problematik wie im Sozialhilferecht. Darauf kann verwiesen werden. Vgl. Rn. 107 ff.

10. Rückübertragung und erneute Abtretung des Unterhaltsanspruchs

Nach § 33 IV 1 SGB II besteht seit dem 1. 8. 2006 für die Träger der Grundsicherung **255** (Rn. 230) die Möglichkeit, den auf sie übergegangenen Unterhaltsanspruch im Einvernehmen mit dem Empfänger der Leistungen, der zugleich Unterhaltsgläubiger ist, auf diesen zur gerichtlichen Geltendmachung zurückzuübertragen; ferner können sie sich den vom Leistungsempfänger geltend gemachten Anspruch wieder abtreten lassen. Die Formulierung des § 33 IV 1 SGB II entspricht fast wörtlich derjenigen des § 94 V SGB XII. Daher kann auf die Erläuterungen zu dieser Vorschrift Bezug genommen werden. Vgl. Rn. 111 bis 119.

VI. Rechtslage bei Ausschluss des Anspruchsübergangs

1. Geltendmachung des Unterhaltsanspruchs durch die Träger der Grundsicherung

Der Anspruchsübergang ist nach § 33 II SGB II in verschiedenen Fällen **ausgeschlos- 256 sen,** insbesondere
– bei Unterhaltsansprüchen eines volljährigen Kindes, das die Berufsausbildung abgeschlossen oder das 25. Lebensjahr vollendet, den Unterhaltsanspruch aber nicht geltend gemacht hat (Rn. 234),
– bei Unterhaltsansprüchen einer Schwangeren oder eines erwachsenen Kindes, das ein leibliches Kind bis zur Vollendung des 6. Lebensjahres betreut, gegen die Eltern (Rn. 236),
– wenn der Unterhaltsberechtigte mit dem Verpflichteten in einer Bedarfsgemeinschaft zusammenlebt (Rn. 179, 236),
– wenn und soweit die Vergleichsberechnung (Rn. 248) eine geringere Leistungsfähigkeit als nach Unterhaltsrecht ergibt.
Ist der Anspruchsübergang ausgeschlossen, verbleibt der Unterhaltsanspruch beim Gläubiger. Bei teilweisem Anspruchsübergang (Rn. 257) können die Träger der Grundsicherung (Rn. 230) nur den restlichen (übergegangenen) Teil des Unterhaltsanspruchs gegen den Schuldner geltend machen. Für den Bedarf von Mitgliedern der Bedarfsgemeinschaft kann der Pflichtige nach Zivilrecht nicht herangezogen werden, da Einkommen und Vermögen der gesamten Bedarfsgemeinschaft bereits bei Ermittlung der Hilfebedürftigkeit berücksichtigt werden (§ 9 II SGB II; Rn. 179 ff.). Bei Erfüllung des Unterhaltsanspruchs durch laufende Zahlung geht es weniger um den Anspruchsübergang als um die Frage, inwieweit der Schuldner mit befreiender Wirkung an den Unterhaltsgläubiger zahlen kann (Rn. 252).

Ein teilweiser Anspruchsübergang kommt vor allem in Betracht, wenn die Leistungen zur **257** Sicherung des Lebensunterhalts nicht die Höhe des Unterhaltsanspruchs erreichen oder wenn die Vergleichsberechnung dazu führt, dass der Schuldner nach sozialrechtlichen Grundsätzen nur zum Teil leistungsfähig ist. Dies kann z. B. der Fall sein, wenn die Träger der Grundsicherung Einkommen nur nach Abzug der hohen Freibeträge der §§ 11, 30 SGB II (Rn. 194) berücksichtigen, während im Unterhaltsrecht von höheren Einkünften ausgegangen wird. Dann kann es sich ergeben, dass der Unterhaltsgläubiger Leistungen zur Sicherung des Lebensunterhalts bezieht und daneben den Unterhaltsanspruch ganz oder teilweise behält. Zu den sich daraus ergebenden Problemen vgl. Rn. 261.

258   Besondere Schwierigkeiten ergeben sich, wenn der Unterhaltsgläubiger oder der Unterhaltsschuldner in einer Bedarfsgemeinschaft leben. Dann ist nach § 9 II SGB II das Einkommen und Vermögen aller Mitglieder dem Gesamtbedarf gegenüberzustellen. Ist der Gesamtbedarf nicht gedeckt, sind alle Mitglieder anteilig hilfebedürftig (§ 9 II 3 SGB II; Rn. 213, 223, 239 f.). Dies führt dazu, dass der Unterhaltsanspruch des Leistungsempfängers nicht oder nicht in voller Höhe auf die Träger der Grundsicherung (Rn. 230) übergeht. Dasselbe gilt, wenn der Pflichtige durch Erfüllung des Unterhaltsanspruchs selbst hilfebedürftig würde. Vgl. dazu § 11 II 1 Nr. 7 SGB II und Rn. 259).

Soweit der Unterhaltsanspruch nicht auf den Träger übergeht, bleibt er beim Unterhaltsberechtigten. Daraus kann sich die Gefahr einer doppelten Befriedigung des Berechtigten ergeben. Vgl. Rn. 261.

Beispiel:
Das 13-jährige Kind K1 lebt bei seiner erwerbsfähigen, aber arbeitslosen Mutter, die das Kindergeld bezieht. Sonstige Einkünfte hat sie nicht. Die Kosten der Unterkunft betragen 400,– €. M erhält Arbeitslosengeld II von 347 (Regelleistung) + 200 (anteilige Kosten der Unterkunft) = 547,– €, K1 Sozialgeld von 208 (60% der Regelleistung) + 200 (anteilige Kosten der Unterkunft) – 154 (Kindergeld) = 254,– €. Vgl. die Berechnung im Beispiel Rn. 223, 240.
Der Vater V verdient 1600,– € netto. Er lebt mit seiner erwerbsunfähigen Ehefrau F und deren 12-jährigen Kind K2 aus einer früheren Partnerschaft zusammen. Die Unterkunftskosten betragen 600,– €. Unterhalt für K2 wird nicht gezahlt.
Unterhaltsrechtliches Einkommen des V: 1600 – 5% = 1520,– €. F ist gegenüber K1 nachrangig (§ 1609 Nr. 3 BGB).
Unterhalt K1 unter Herabgruppierung nach DT 1/3 (Stand: 1. 1. 2008): 365 – 77 = 288,– €. Für die nachrangige F bleibt rechnerisch nur ein Unterhaltsanspruch von 1520 – 288 – 1000 (eheangemessener Selbstbehalt) = 232,– €.
Auf § 11 II 1 Nr. 7 SGB II kommt es bei der Berechnung des Unterhaltsansprüche nicht an. Vgl. Rn. 224.
Der Unterhaltsanspruch von K1 kann nur auf den Träger der Grundsicherung übergehen, soweit er gerade an Leistungen der Grundsicherung erbracht hat. Die anteilige Leistung für K1 beträgt 254,– €. Vgl. Rn. 223, 240.
Der Übergang des Unterhaltsanspruchs von K1 ist ferner durch die sozialrechtliche Leistungsfähigkeit von V beschränkt.
Berechnung der Leistungsfähigkeit nach § 33 II 3 SGB II:

	Bedarf Bdg[121]	Anteil M	Anteil F	Anteil K2
Regelleistung	832	312	312	208
Unterkunft	600	200	200	200
Gesamtbedarf	1432	512	512	408
./. Einkommen Kind	154			154
Restl. Gesamtbedarf	1278	512	512	254
Bedarfsanteile	100%	40,06%	40,06%	19,87%
Einkommensverteilung 1600 – 310[122] = 1290	1290	517 (1290 × 40,06%)	517 (1290 × 40,06%)	256 (1290 × 19,87%)
Restbedarf nach Einkommensanrechnung	0	0	0	0

Der sozialrechtliche Bedarf des V und seiner Bedarfsgemeinschaft ist also durch das Einkommen von 1290,– € gerade gedeckt, nicht aber der Bedarf des außerhalb der Bedarfsgemeinschaft stehenden Kindes K1. Würde das Familiengericht V zur Zahlung von Kindesunterhalt an K1 in Höhe von 288,– € verurteilen, würden die Mitglieder der Bedarfsgemeinschaft und damit V selbst hilfebedürftig. Dies bedeutet, dass der Unterhaltsanspruch von K1 nicht auf den Träger der Grundsicherung (Rn. 230) übergehen kann, denn V hätte nur noch ein Einkommen im Sinne von § 11 SGB II von

---

[121] = Bedarfsgemeinschaft
[122] Freibetrag nach §§ 11, 30 SGB II bei einem Bruttoeinkommen von 1500,– €; vgl. Rn. 194

1290 – 288 = 1002,– €, das den Bedarf seiner Bedarfsgemeinschaft von 1278,– € nicht annähernd deckt. Die Leistungen zur Sicherung des Lebensunterhalts, die K1 weiter bezieht, solange V nicht zahlt, sind nicht bedarfsdeckend. Vgl. dazu Rn. 261.

Wird der Unterhaltsverpflichtete rechtskräftig zur Zahlung von Unterhalt verurteilt oder **259** verpflichtet er sich dazu in einer vollstreckbaren Urkunde, mindert sich sein sozialrechtlich zu berücksichtigendes Einkommen um den titulierten Betrag (§ 11 II 1 Nr. 7 SGB II; Rn. 197, 224). Ist dadurch der Gesamtbedarf der Bedarfsgemeinschaft nicht mehr gedeckt, muss der Fehlbetrag durch zusätzliche Leistungen zur Sicherung des Lebensunterhalts aufgefangen werden. In unserem Beispiel müssen also die Träger der Grundsicherung insgesamt 276,– € an die Angehörigen der Bedarfsgemeinschaft zahlen. Auf den ersten Blick trägt also die Allgemeinheit den Unterhalt für K1. Dies ist aber nur scheinbar so. Nimmt V die Zahlungen auf, entfällt das Sozialgeld für K1. Damit ist das Gleichgewicht wieder hergestellt. Wegen der Unterhaltsrückstände vgl. Rn. 261. Zugleich wird durch die höheren Leistungen zur Sicherung des Lebensunterhalts an die Bedarfsgemeinschaft sichergestellt, dass deren Mitglieder trotz der Unterhaltsleistungen das sozialrechtliche Existenzminimum, wie es sich aus §§ 19 ff. SGB II ergibt, behalten.

Die Träger der Grundsicherung (Rn. 230) müssen **darlegen und beweisen,** dass der **260** Unterhaltsanspruch (ganz oder teilweise) auf sie übergegangen ist. Auch hinsichtlich der sozialrechtlichen Leistungsfähigkeit des Unterhaltspflichtigen trifft die Darlegungs- und Beweislast den Träger. Denn nach § 33 II 3 SGB II geht der Anspruch nur über, soweit das Einkommen und Vermögen des Schuldners das nach §§ 11, 12 SGB II zu berücksichtigende Vermögen übersteigt. Dies ist eine Voraussetzung des Anspruchsübergangs, die nach allgemeinen Grundsätzen der Gläubiger zu beweisen hat. Eine Regelung, wie sie sich bei der Sozialhilfe in § 94 III 2 SGB XII findet (vgl. dazu Rn. 125), ist dem Recht der Grundsicherung für Arbeitsuchende fremd.

2. Geltendmachung des Unterhaltsanspruchs durch den Leistungsempfänger

Wenn der Übergang des Unterhaltsanspruchs auf die Träger der Grundsicherung aus- **261** geschlossen ist, bleibt der Gläubiger Anspruchsinhaber. Eine Rückabtretung geht ins Leere. Der Gläubiger behält die gewährten Leistungen zur Sicherung des Lebensunterhalts und kann gleichwohl, soweit die Voraussetzungen des § 1613 I BGB vorliegen, rückständigen Unterhalt gegen den Pflichtigen geltend machen. Da die Leistungen der Grundsicherung in aller Regel nicht erstattet werden müssen, besteht die Gefahr, dass der **Bedarf** des Gläubigers **doppelt gedeckt** wird, einmal durch die Leistungen zur Sicherung des Lebensunterhalts, zum anderen durch den realisierten Unterhalt. Für die Zukunft gilt dasselbe, wenn weiter Grundsicherung gewährt wird und der Schuldner den Unterhalt nicht zahlt. Der BGH[123] hat im Sozialhilferecht (vgl. Rn. 126 ff.) für solche Fälle an der Subsidiarität der Sozialhilfe festgehalten und die Hilfe zum Lebensunterhalt nicht als bedarfsdeckendes Einkommen angesehen. Er hält es allerdings für möglich, in Ausnahmefällen dem Unterhaltsanspruch mit dem Einwand der unzulässigen Rechtsausübung zu begegnen. Dies gilt allerdings nur für die **Vergangenheit,** also die Zeit vor Rechtshängigkeit der Unterhaltsklage, und nur dann, wenn andernfalls für den Schuldner die Gefahr bestünde, mit derartig hohen Forderungen aus der Vergangenheit belastet zu werden, dass es ihm voraussichtlich auf Dauer unmöglich gemacht würde, die Unterhaltsrückstände zu tilgen und daneben seinen laufenden Verpflichtungen nachzukommen.[124] Meines Erachtens können diese zu § 91 BSHG entwickelten Grundsätze auf das SGB II übertragen werden. Dies führt im Beispiel Rn. 258 dazu, dass V ab Rechtshängigkeit des Unterhaltsanspruchs mit dem Einwand der unzulässigen Rechtsausübung nicht gehört wird. Lediglich wenn aus der davor liegenden Zeit beachtliche Rückstände offen stehen und wenn deren Zahlung neben dem laufenden Unterhalt sein Existenzminimum nachhaltig gefährden würde, kann erwogen werden, die Leistungen zur Sicherung des Lebensunterhalts gemäß § 242 BGB quasi als bedarfsdeckend zu behandeln.

---

[123] FamRZ 1999, 843 = R 533
[124] BGH, FamRZ 1999, 843, 847 = R 533 c (zu § 91 BSHG)

5. Abschnitt: Unterhaltsvorschuss und Unterhalt

I. Die Voraussetzungen des Unterhaltsvorschusses

262 Der Unterhaltsvorschuss ist eine Sozialleistung[1] zur Unterstützung von Familien, in denen ein alleinstehender Elternteil mit einem oder mehreren Kindern zusammenlebt. Er steht dem **Kind,** nicht dem betreuenden Elternteil zu. Die Leistung erhält ein Kind bis zum Alter von 12 Jahren,
– wenn es im Inland bei einem allein erziehenden Elternteil lebt, der ledig, verwitwet, geschieden ist oder von seinem Ehegatten oder Lebenspartner dauernd getrennt lebt,
– wenn der andere Elternteil seine Unterhaltspflicht nicht oder nicht regelmäßig durch Vorausleistung erfüllt oder wenn er oder ein Stiefelternteil verstorben ist und das Kind nicht Waisengeld mindestens in Höhe des Unterhaltsvorschusses bezieht (§ 1 I, IV 1 UVG).

263 Beim **Getrenntleben** verweist § 1 II 1 UVG zunächst auf die Voraussetzungen des § 1567 BGB; Getrenntleben im Sinne des UVG liegt auch vor, wenn der Ehegatte oder Lebenspartner des betreuenden Elternteils wenigstens sechs Monate in einer Anstalt untergebracht ist. Nach Auffassung des OVG Münster[2] sollen Eltern getrennt leben, wenn sie zwar die eheliche Lebensgemeinschaft aufnehmen wollen, ein Elternteil aber wegen eines Einreiseverbots nicht nach Deutschland kommen kann. Anspruch auf Unterhaltsvorschuss besteht auch dann, wenn der betreuende Elternteil von seinem Lebenspartner getrennt lebt, wie seit dem 1. 1. 2008 in § 1 I Nr. 2 UVG[3] ausdrücklich bestimmt wird.

264 Unterhaltsvorschuss wird nach § 1 I Nr. 2 UVG nicht gewährt, wenn der betreuende Elternteil **wiederverheiratet** ist und mit dem neuen Ehegatten zusammenlebt, da sich der Ehegatte in aller Regel wenigstens an der Betreuung und Erziehung des Kindes beteiligt. Diese Regelung entspricht der Verfassung.[4] Das Zusammenleben eines Elternteils mit einem Lebenspartner schließt gleichfalls einen Anspruch des Kindes auf Unterhaltsvorschuss aus.[5] Ein Anspruch besteht ebenfalls nicht, wenn der betreuende Elternteil mit dem anderen Elternteil in nichtehelicher Gemeinschaft zusammenlebt, wenn er sich weigert, die zur Durchführung des Gesetzes erforderlichen Auskünfte nach § 6 UVG zu erteilen, oder wenn er es ablehnt, bei der Feststellung der Vaterschaft oder des Aufenthalts des anderen Elternteils mitzuwirken (§ 1 III UVG).

265 Das Kind muss mit dem betreuenden Elternteil in der Bundesrepublik leben (§ 1 I Nr. 2 UVG). Bei Ausländern genügt ein gesicherter Aufenthaltsstatus (§ 1 II a 1 UVG). Auf die Staatsangehörigkeit kommt es grundsätzlich nicht an. Jedoch besteht ein Anspruch auf Unterhaltsvorschuss bei nicht freizügigkeitsberechtigten Ausländern nur unter bestimmten Bedingungen (§ 1 IIa UVG). Unterhaltsvorschuss ist eine Familienleistung im Sinne des Art. 4 I h der VO (EWG) Nr. 1408/71.[6]

266 Unterhaltsvorschuss wird vom letzten Monat vor der Antragstellung an für längstens 72 Monate gezahlt (§ 3 UVG). Bis zum 31. 12. 2007 wurde Unterhaltsvorschuss gemäß § 2 I, II UVG in Höhe der für Kinder der Ersten und zweiten Altersstufe jeweils geltenden Regelbeträge abzüglich der Hälfte des Erstkindergeldes von 154,– € gewährt (vgl. die Vorauflage Rn. 6/575). Der Unterhaltsvorschuss belief sich daher im alten Bundesgebiet bei einem Kind bis zum vollendeten 6. Lebensjahr auf (202 – 77 =) 125,– € bei einem Kind bis zum vollendeten 12. Lebensjahr auf (245 – 77 =) 168,– €. Im Beitrittsgebiet wurden 109,– € bzw. 149,– € gezahlt. Da die Ersetzung der Regelbeträge durch den Mindestunterhalt (§ 1612a I BGB i. d. F. des UÄndG; dazu Rn. 2/127 b) nicht zu niedrigeren

---

[1] BGH FamRZ 2001, 619, 621
[2] NJW 2002, 3564
[3] I. d. F. des Ersten Gesetzes zur Änderung des UVG vom 21. 12. 2007 – BGBl. I 3194
[4] BVerwG, FamRZ 2001, 1452 mit krit. Anm. Muscheler FamRZ 2006, 121
[5] BVerwG FamRZ 2005, 1742 mit krit. Anm. Muscheler FamRZ 2006, 121
[6] EuGH, FamRZ 2002, 449

Leistungen führen sollte, beträgt der Unterhaltsvorschuss **ab 1. 1. 2008 im gesamten Bundesgebiet** für ein Kind bis zum vollendeten 6. Lebensjahr 279,– € und bis zum vollendeten 12. Lebensjahr 322,– €. Anzurechnen ist das volle Kindergeld von 154,– €, sodass sich weiterhin **Zahlbeträge von 125,– € bzw. 168,– €** ergeben (vgl. § 2 I, II UVG).[7]

Auf das höhere Kindergeld bei vier und mehr Kindern kommt es nicht an.

Auf die Vorschussleistungen werden **nur bestimmte** im selben Monat erzielte **Einkünfte** 267 angerechnet, und zwar Unterhaltszahlungen des nicht betreuenden Elternteils, Waisenbezüge und Schadensersatzansprüche wegen des Todes dieses Elternteils (§ 2 III UVG). Auf sonstige Einkünfte des Kindes kommt es nicht an, mögen sie auch unterhaltsrechtlich Einkommen darstellen, wie z. B. ein Wohnvorteil. Die Tilgung von Schulden für ein Eigenheim, in dem das Kind mietfrei wohnt, ist keine Unterhaltszahlung im Sinne des § 2 III Nr. 1 UVG.[8] Vermögen des Kindes wird nicht angerechnet; das Gleiche gilt für Zinsen. Einkommen und Vermögen des betreuenden Elternteils und sonstiger unterhaltspflichtiger Verwandter, insbesondere der Großeltern, bleiben außer Betracht.[9] Im Gegenteil muss sich das Enkelkind den Unterhaltsvorschuss als Einkommen anrechnen lassen, wenn es seine Großeltern auf Unterhalt in Anspruch nehmen will.[10] Unterhaltsvorschuss wird daher auch gezahlt, wenn der betreuende Elternteil über ein gutes Einkommen verfügt und trotz Leistungsunfähigkeit des Barunterhaltspflichtigen den Kindesunterhalt ohne weiteres aufbringen kann. Zur Unterhaltspflicht der Großeltern vgl. Rn. 2/273, 546 ff., 620.

Der Unterhaltsvorschuss wird zu einem Drittel vom Bund, im Übrigen von den Ländern 268 getragen (§ 8 I 1 UVG). Die Länder können die Gemeinden in angemessenem Umfang an den Kosten beteiligen (§ 8 I 2 UVG). Sie bedienen sich mit Ausnahme der Stadtstaaten zur Ausführung des Gesetzes vielfach der Kreise und größeren Städte.

Für öffentlich-rechtliche Streitigkeiten nach dem UVG ist der **Verwaltungsrechtsweg** 269 gegeben, während entsprechende Prozesse nach dem SGB II und dem SGB XII vor den Sozialgerichten zu führen sind (§ 51 Nr. 4a, 6a SGG). Der nach § 7 I 1 UVG übergegangene Unterhaltsanspruch ist dagegen vor den **Familiengerichten** geltend zu machen.

II. Anspruchsübergang

Nach § 7 I 1 UVG **geht der Unterhaltsanspruch** des Kindes gegen den pflichtigen 270 Elternteil, bei dem es nicht lebt, zusammen mit dem unterhaltsrechtlichen Auskunftsanspruch auf das Land über. Der Übergang von Unterhaltsansprüchen gegen sonstige Verwandte, insbesondere die Großeltern (vgl. auch Rn. 267), ist nicht vorgesehen. Für die Vergangenheit kann der pflichtige Elternteil von dem Zeitpunkt an in Anspruch genommen werden, in dem die Voraussetzungen des § 1613 BGB vorgelegen haben (vgl. dazu Rn. 6/100 ff.) oder der pflichtige Elternteil von dem Antrag auf Unterhaltsleistung Kenntnis erhalten hat und über die Möglichkeit der Inanspruchnahme belehrt worden ist (§ 7 II UVG).

Besondere **Schuldnerschutzvorschriften** wie § 94 III 1 Nr. 1 SGB XII, § 33 II 3 271 SGB II enthält das UVG **nicht**. Da keine Regelungslücke vorliege, findet nach Auffassung des BGH[11] eine öffentlich-rechtliche Vergleichsberechnung nicht statt. Vgl. dazu Rn. 92 ff., 248 ff. Demgemäß geht auch ein Unterhaltsanspruch, der auf fiktivem Einkommen des Schuldners beruht, auf das Land (Unterhaltsvorschusskasse) über. Der Grundsatz, dass niemand durch die Erfüllung einer Unterhaltspflicht selbst sozialhilfebedürftig werden darf, gilt aber auch hier, da er letztlich aus dem Verfassungsrecht herzuleiten ist).[12] Diese Ansicht teilt auch der BGH;[13] er meint allerdings, dass der Schuldner durch den notwendigen

---

[7] In der Fassung des Gesetzes vom 21. 12. 2007 – BGBl. I 3194
[8] BVerwG FamRZ NJW 2005, 2027
[9] R. Scholz, UVG, § 2 Rn. 11
[10] OLG Dresden FamRZ 2006, 569
[11] FamRZ 2001, 619, 621 = R 548
[12] BSG FamRZ 1985, 379
[13] FamRZ 2001, 619, 621 = R 548

Selbstbehalt des Unterhaltsrechts hinreichend geschützt sei. Das ist allerdings nur schwer mit seiner zu § 91 II 1 BSHG (jetzt: § 94 III 1 Nr. 1 SGB XII) vertretenen gegenteiligen Auffassung[14] zu vereinbaren.

272   Der übergegangene Unterhaltsanspruch unterliegt der dreijährigen **Verjährungsfrist** (§§ 195, 197 II BGB). Die Frist ist während der Minderjährigkeit des Kindes nicht nach § 207 I 2 Nr. 2 BGB gehemmt. Diese Vorschrift greift nicht ein, wenn der Unterhaltsanspruch auf einen Dritten übergegangen ist.[15] Zur Hemmung der Verjährung nach Rückabtretung des Unterhaltsanspruchs an das Kind vgl. Rn. 274.

273   Endet die Zahlung des Unterhaltsvorschusses und kann der Schuldner neben dem laufenden Unterhalt Zahlungen auf den rückständigen und auf das Land übergegangen Unterhaltsanspruch nicht leisten, hat der Anspruch des Unterhaltsberechtigten auf den **laufenden Unterhalt** Vorrang (§ 7 III 2 UVG). Dieser Vorrang hindert allerdings eine Verurteilung zu rückständigem Unterhalt nicht. Jedoch ist das Urteil – tunlichst im Tenor – mit dem Vorbehalt zu versehen, dass aus ihm nur vollstreckt werden darf, wenn und soweit der Unterhaltsgläubiger bei der Durchsetzung seiner Unterhaltsforderung nicht benachteiligt werden darf. § 7 III 2 UVG ist nicht erst in der Zwangsvollstreckung zu beachten.[16]

274   Seit dem 1. 7. 1998 sieht § 7 IV 2 UVG wie § 94 V 1 SGB XII und § 33 IV 1 SGB II eine **Rückabtretung** des kraft Gesetzes auf das Land übergegangenen Unterhaltsanspruchs an das Kind vor. Die Vorschrift gilt bei einer vor dem 1. 7. 1998 vorgenommenen Rückabtretung entsprechend.[17] Ebenso kann sich das Land den geltend gemachten Unterhaltsanspruch wieder abtreten lassen (§ 7 IV 2 UVG). Auf die Ausführungen zu § 94 SGB XII kann verwiesen werden (Rn. 111 ff.). Einziehungsermächtigung und Prozessstandschaft sind auch hier wegen Verstoßes gegen § 32 SGB I nichtig.[18] Die Vertretungsmacht des Elternteils, in dessen Obhut sich das Kind befindet (§ 1629 II 2 BGB), deckt auch den Abschluss einer Rückabtretungsvereinbarung zwischen dem Kind und dem Land, da § 7 IV 2 UVG andernfalls weitgehend gegenstandslos würde.[18a]

Die Rückabtretung bewirkt zwar, dass das Kind wieder Gläubiger des Unterhaltsanspruchs ist, macht aber den einmal eingetretenen gesetzlichen Forderungsübergang nicht ungeschehen. Dies ist insbesondere bei der Verjährung von Bedeutung. Infolge des Anspruchsübergangs entfällt die Hemmung der Verjährung nach § 207 I 2 Nr. 2 BGB,[19] sodass nunmehr die Verjährungsfrist beginnt. Wird der Unterhaltsanspruch erst nach Vollendung der Verjährung an das Kind rückabgetreten, bleibt es bei der einmal eingetretenen Verjährung. Erfolgt die Rückabtretung vor Eintritt der Verjährung, wird die Frist für das Kind nicht wieder gehemmt. Denn der Unterhaltsanspruch dient dazu, dass das Land beim Schuldner wegen des geleisteten Vorschusses Regress nehmen kann. Daran ändert die Rückabtretung nichts. Vielmehr hat das Kind Beträge, die der Schuldner auf den (rückständigen) Unterhalt gezahlt hat, an die Unterhaltsvorschusskasse abzuführen (§ 667 BGB; vgl. Rn. 114), soweit diese Vorschusszahlungen erbracht hat. Das Kind benötigt deshalb den Schutz durch die Hemmung der Verjährung während seiner Minderjährigkeit nicht mehr. Für die Zukunft, also für die Zeit nach Einstellung der Vorschusszahlungen, z. B. wegen Ablaufs der Förderungsdauer von 72 Monaten oder wegen Vollendung des 12. Lebensjahres (Rn. 262, 266), kann nur das Kind den Unterhaltsanspruch geltend machen. Insoweit bleibt es bei der Hemmung der Verjährung während der Minderjährigkeit des Kindes (§ 207 I 2 Nr. 2 BGB).

275   Wenn voraussichtlich auf längere Zeit Unterhaltsvorschuss gewährt werden muss (§ 7 IV 1 UVG), kann das Land auf **künftige Leistung** klagen. Auch das vereinfachte Verfahren ist zulässig (§ 646 I Nr. 11, 12 ZPO; Rn. 10/321 ff.). Der künftige Unterhalt kann als Prozentsatz des jeweiligen Mindestunterhalts geltend gemacht werden (§ 1612a BGB; vgl.

---

[14] BGH, FamRZ 1999, 843, 846 = R 533 b, c
[15] BGH, FamRZ 2006, 1665 = R 657 d
[16] BGH, FamRZ 2006, 1665 = R 657 a, b
[17] BGH, FamRZ 2000, 221
[18] BGH, FamRZ 1996, 1203, 1205; FamRZ 1996, 1207
[18a] A. A. zu Unrecht AG Lüdenscheid FamRZ 2002, 1207; Palandt/Diederichsen § 1629 Rn. 30
[19] BGH, FamRZ 2006, 1664, 1666 = R 657 d

Rn. 2/246 a ff.). Wird die Zahlung des Unterhaltsvorschusses eingestellt, kann dem unterhaltsberechtigten Kind für den vom Land erwirkten Vollstreckungstitel eine Rechtsnachfolgeklausel erteilt werden.[20] Dem Land kann als Rechtsnachfolger des Kindes gemäß § 727 I ZPO die Vollstreckungsklausel erteilt werden, wenn das Kind vor Aufnahme der Vorschusszahlungen einen Vollstreckungstitel über Unterhalt erwirkt hat. Dies gilt in analoger Anwendung dieser Vorschrift auch dann, wenn in dem Prozess der Elternteil, in dessen Obhut sich das Kind befindet, als Prozessstandschafter (§ 1629 III 1 BGB) aufgetreten ist und wenn es sich bei dem Titel um eine einstweilige Anordnung nach § 620 Nr. 4 ZPO handelt.[21]

III. Verhältnis von Sozialhilfe und Grundsicherung für Arbeitsuchende zum Unterhaltsvorschuss

Sozialhilfe wird nicht gewährt, soweit Unterhaltsvorschuss gezahlt wird (§ 2 II 1 SGB **276** XII). Jedoch übersteigt der Anspruch des Kindes auf Sozialhilfe in aller Regel den Unterhaltsvorschuss von 125,– bzw. 168,– € (Rn. 266). Daher geht der Unterhaltsanspruch in Höhe des Unterhaltsvorschusses auf das Land, in Höhe der Sozialhilfe auf den Sozialhilfeträger über. Ein etwaiger Restanspruch verbleibt dem unterhaltsberechtigten Kind. Ist der Schuldner nur teilweise leistungsfähig, geht der auf das Land übergegangene Anspruchsteil vor.[22] Auch wenn dieselbe Stadt oder derselbe Kreis Sozialhilfe und – im Auftrag des Landes – Unterhaltsvorschuss gewähren, kann im Unterhaltsprozess nicht offen bleiben, in welcher Höhe der Anspruch auf das Land und in welcher Höhe er auf die Stadt oder den Kreis als örtlichen Sozialhilfeträger übergegangen ist.[23] Dasselbe gilt, wenn das Kind Sozialgeld nach § 28 SGB II bezieht.

Die **Konkurrenz zwischen Unterhaltsvorschuss und Sozialhilfe** wird durch § 7 I 2 **277** UVG geregelt. Wird ein Kind sozialhilfebedürftig, gewährt in der Regel der Sozialhilfeträger sofort Hilfe, und zwar auch soweit Anspruch auf Unterhaltsvorschuss besteht. Die Zahlung des Unterhaltsvorschusses wird in der Praxis oft erst nach einiger Zeit aufgenommen. In diesem Fall geht der Unterhaltsanspruch nicht nach § 7 I 1 UVG auf das Land über, solange Sozialhilfe gezahlt wird. Es verbleibt für die Zeit der Gewährung von Sozialhilfe beim Anspruchsübergang auf den Sozialhilfeträger nach § 94 SGB XII. Diesem obliegt es, die Erstattung seiner Aufwendungen vom Land nach § 104 SGB X oder vom Unterhaltsschuldner nach § 94 SGB XII zu verlangen. Der Sozialhilfeträger kann den nach § 94 I 1 SGB XII übergegangenen Unterhaltsanspruch an das Land abtreten, soweit dieses Erstattung geleistet hat.[24] Auch kann er bei der zuständigen Unterhaltsvorschusskasse nach § 95 SGB XII die Feststellung des Unterhaltsvorschusses und damit mittelbar seines Erstattungsanspruchs nach § 104 SGB X gegen das Land beantragen (§ 7 I 2 UVG). Erst ab Gewährung des Unterhaltsvorschusses und entsprechender Kürzung der Sozialhilfe geht der Anspruch in Höhe der vom Land erbrachten Leistungen auf dieses über.

Die Ausführungen zu Rn. 277 gelten entsprechend für das Verhältnis von Unterhalts- **278** vorschuss und Grundsicherung für Arbeitsuchende. Soweit der Bedarf des Kindes durch Leistungen nach dem SGB VIII, z.B. durch Erziehung in einem Heim, sichergestellt ist, besteht kein Anspruch auf Unterhaltsvorschuss (§ 1 V 2 UVG).

---

[20] OLG Karlsruhe FamRZ 2004, 1796
[21] OLG Zweibrücken FamRZ 2000, 964 m. weiteren Nachweisen
[22] OLG Düsseldorf, FamRZ 1996, 167, 169
[23] Davon geht BGH, FamRZ 1996, 1207 als selbstverständlich aus; a. A. zu Unrecht Seetzen, NJW 1994, 2505
[24] Rechtsgutachten DIJuF, JAmt 2001, 473

6. Abschnitt: Ausbildungsförderung und Unterhalt

I. Voraussetzungen und Dauer der Förderung

279   Grundlage der Ausbildungsförderung ist das Bundesgesetz über die individuelle Förderung der Ausbildung (BAföG).[1] Danach wird die Ausbildung durch eine **subsidiäre Sozialleistung** gefördert. Die Subsidiarität wird in der Regel nicht – wie bei der Sozialhilfe (§ 94 SGB XII) und bei der Grundsicherung für Arbeitsuchende (§ 33 SGB II) – dadurch verwirklicht, dass zunächst Förderung gewährt und dann Rückgriff beim Unterhaltsschuldner genommen wird. Dies ist die Ausnahme (vgl. § 37 BAföG; Rn. 288). Vielmehr besteht von vornherein nur ein Anspruch auf Förderung einer der Neigung, Eignung und Leistung entsprechenden Ausbildung, wenn dem Auszubildenden die für seinen Lebensunterhalt und seine Ausbildung erforderlichen Mittel anderweitig nicht zur Verfügung stehen (§ 1 BAföG). Zur Bestreitung des Lebensunterhalts und der Ausbildungskosten sind zunächst **Einkommen** und Vermögen des Auszubildenden anzurechnen. Ferner ist das Einkommen seines nicht getrennt lebenden Ehegatten und seiner Eltern, und zwar in dieser Reihenfolge, heranzuziehen, nicht dagegen deren Vermögen (§ 11 II BAföG). Auf Einkommen der Großeltern kommt es nicht an. Die einzusetzenden Mittel werden grundsätzlich auf den Bedarf des Auszubildenden (Rn. 281) angerechnet. Wenn ein Auszubildender von seinen Eltern Unterhalt erhält, der seinen Bedarf im Sinne der §§ 12 ff. BAföG deckt, verfügt er über die für seinen Lebensunterhalt und seine Ausbildung erforderlichen Mittel, so dass Ausbildungsförderung nicht gewährt werden kann (§ 1 BAföG). Unter bestimmten Voraussetzungen, insbesondere wenn der Auszubildende ein Abendgymnasium oder ein Kolleg besucht oder wenn ausnahmsweise eine (erneute) Ausbildung nach vorhergehender Erwerbstätigkeit oder nach Vollendung des 30. Lebensjahres gefördert wird (vgl. Rn. 282), bleibt das Einkommen der Eltern außer Betracht (§ 11 III BAföG). Das Einkommen der Eltern wird auch dann nicht berücksichtigt, wenn ihr Aufenthalt nicht bekannt ist oder sie rechtlich oder tatsächlich gehindert sind, im Inland Unterhalt zu leisten (§ 11 II a BAföG). Einkommen (und natürlich auch das Vermögen) des dauernd getrennt lebenden oder geschiedenen Ehegatten werden nicht angerechnet (§ 11 II 2 BAföG). Jedoch mindern tatsächliche Unterhaltsleistungen des geschiedenen oder getrennt lebenden Ehegatten des Auszubildenden dessen Bedarf (§ 25 IV Nr. 4 BAföG)

280   Das anzurechnende **Einkommen** wird in pauschaler Weise auf der Basis der positiven Einkünfte im Sinne des § 2 I, II EStG ermittelt (§ 21 BAföG). Beim Einkommen des Auszubildenden kommt es auf die Verhältnisse im Bewilligungszeitraum an (§ 22 I 1 BAföG). Bei der Anrechnung des Einkommens der Eltern und des Ehegatten wird auf die Verhältnisse des vorletzten Kalenderjahres vor Beginn des Bewilligungszeitraums abgestellt (§ 24 I BAföG). Ist das Einkommen im Bewilligungszeitraum voraussichtlich wesentlich niedriger, wird auf besonderen Antrag von den Einkommensverhältnissen in diesem Zeitraum ausgegangen (§ 24 III BAföG). Erhöht sich dagegen das anzurechnende Einkommen der Eltern, bleibt es dabei, dass die Verhältnisse des vorletzten Kalenderjahres maßgebend sind. Dies kann dazu führen, dass Anspruch auf Ausbildungsförderung besteht, obwohl die früher nicht leistungsfähigen Eltern jetzt ohne weiteres ihrem Kind die Kosten der Lebenshaltung und der Ausbildung zur Verfügung stellen könnten. Dem Auszubildenden (§ 23 BAföG), den Eltern und dem Ehegatten (§ 25 BAföG) stehen beim Einkommen bestimmte Freibeträge zu.[2] Ab 1. 8. 2008 bleiben vom Einkommen des Auszubildenden 255,– € anrechnungsfrei (§ 23 I 1 Nr. 1 BAföG). Beim Auszubildenden kann auf Antrag ein weiterer Freibetrag bis zu 205,– € monatlich anrechnungsfrei belassen werden, wenn dies zur Deckung besonderer Kosten der Ausbildung erforderlich ist (§ 23 V BAföG). Beim Ehegatten und bei den Eltern werden 50% des die Freibeträge übersteigenden Einkommens und

---

[1] In der Fassung des 22. Gesetzes zur Änderung des BAföG vom 22. 12. 2007 – BGBl. I 3254
[2] Zur Anrechnung von Unterhalt auf die Freibeträge vgl. BGH, FamRZ 2000, 640

5% für jedes Kind nicht angerechnet (§ 25 IV BAföG). **Vermögen** des Auszubildenden ist nach Maßgabe der §§ 26 ff. BAföG zu berücksichtigen. Auch hier werden Freibeträge gewährt; beim Auszubildenden bleibt ein Betrag von 5200,– € anrechnungsfrei (§ 29 BAföG).

Beim **Bedarf** des Auszubildenden unterscheidet das Gesetz zwischen Schülern (§ 12 **281** BAföG), Studierenden (§ 13 BAföG), und Praktikanten (§ 14 BAföG). Er setzt sich aus einem Grundbetrag, verschiedenen Zuschlägen, Wohnkosten, evtl. Beiträgen zur Kranken- und Pflegeversicherung zusammen. Die Höchstförderung beträgt seit einigen Jahren 585,– €; sie steigt ab 1. 8. 2008 auf 643,– € (§ 13 BAföG). Im Einzelnen ist die Berechnung des Bedarfs sowie des anzurechnenden Einkommens und Vermögens höchst kompliziert.

Ausbildungsförderung wird unter bestimmten Voraussetzungen insbesondere für den **282** Besuch von weiterführenden **Schulen** (ab Klasse 10), von Fach- und Fachoberschulen, Abendschulen und von **Hochschulen** gewährt (§ 2 I, I a BAföG), und zwar grundsätzlich nur bis zum ersten berufsqualifizierenden Abschluss (§ 7 I 1 BAföG). Ein Master- oder Magisterstudiengang wird unter bestimmten Bedingungen gefördert, insbesondere wenn er auf einem Bachelor- oder Bakkalaureusstudiengang aufbaut (§ 7 I a 1 BAföG). Für eine einzige weitere Ausbildung kann nur unter bestimmten Voraussetzungen Ausbildungsförderung gewährt werden (§ 7 II BAföG). Ein Abbruch der Ausbildung oder ein Wechsel der Fachrichtung sind nur ausnahmsweise zulässig (§ 7 III BAföG). Die Ausbildung muss grundsätzlich im Inland durchgeführt werden; unter Umständen kann auch eine Ausbildung im Ausland gefördert werden (§§ 5 ff. BAföG). Die **Förderungshöchstdauer** entspricht der Regelstudienzeit nach § 10 II des Hochschulrahmengesetzes oder einer vergleichbaren Festsetzung. Sie richtet sich nach der besuchten Schule. Sie beträgt beim Besuch von Universitäten grundsätzlich 9 Semester; beim Besuch von Fachhochschulen werden 7 Semester (mit Praxiszeiten 8 Semester), bei Lehramtsstudiengängen für die Primarstufe und die Sekundarstufe I 7 Semester gefördert (§ 15 a BAföG).

Die Ausbildungsförderung wird grundsätzlich **als Zuschuss,** bei Besuch von Hochschu- **283** len und vergleichbaren Einrichtungen jedoch nur **zur Hälfte** als Zuschuss, zur anderen Hälfte **als Darlehen** gewährt (§ 17 I, II BAföG). Das Darlehen ist unverzinslich, solange der Schuldner mit der Rückzahlung nicht in Verzug gerät (§ 18 II BAföG). Es ist in monatlichen Raten von mindestens 105,– €, beginnend mit dem fünften Jahr nach Ende der Förderung, zu tilgen (§ 18 III BAföG). Auf Antrag kann der Schuldner auf Grund seiner Einkommensverhältnisse von der Rückzahlung ganz oder teilweise freigestellt werden; auch besteht bei guten Leistungen in der Abschlussprüfung die Möglichkeit eines Teilerlasses (§§ 18 a, b BAföG). Bei einer weiteren Ausbildung und bei Überschreitung der Förderungshöchstdauer kann ein **Bankdarlehen** gewährt werden (§ 17 III BAföG). Das Bankdarlehen ist zu verzinsen (§ 18 c II 1 BAföG). Zur unterhaltsrechtlichen Obliegenheit, ein Bankdarlehen in Anspruch zu nehmen, vgl. Rn. 286.

Zuständig sind die Ämter für Ausbildungsförderung, die bei den Kreisen und kreisfreien **284** Städten, für Studenten bei den Hochschulen oder den Studentenwerken errichtet sind (§ 40 BAföG). Das Verfahren richtet sich nach §§ 45 ff. BAföG. Das Gesetz wird im Auftrag des Bundes von den Ländern ausgeführt; die Verwaltung der bewilligten Darlehen obliegt dem Bundesverwaltungsamt (§ 39 I, II BAföG). Die Kosten tragen der Bund zu 65% und die Länder zu 35% (§ 56 I BAföG).

Für öffentlich-rechtliche Streitigkeiten nach dem BAföG ist der Verwaltungsrechtsweg **285** gegeben (§ 54 BAföG). Der Unterhaltsanspruch, der nach § 37 BAföG auf das Land übergeht (Rn. 288), ist vor dem zuständigen Familiengericht geltend zu machen.

II. Das Verhältnis von Ausbildungsförderung und Unterhalt

1. Ausbildungsförderung und Vorausleistung

Endgültig festgesetzte BAföG-Leistungen sind unterhaltsrechtliches Einkommen und **286** mindern den Bedarf des unterhaltsberechtigten Kindes. Das Kind ist daher gehalten, zur

Minderung seiner Bedürftigkeit Ausbildungsförderung in Anspruch zu nehmen, auch wenn und soweit diese nur als unverzinsliches Darlehen gewährt wird.[3] Vgl. dazu im Einzelnen Rn. 1/456 ff. Ein verzinsliches Bankdarlehen nach § 17 III BAföG entspricht dagegen im Wesentlichen einem Kredit, der auf dem freien Markt aufgenommen werden kann. Es ist daher kein Einkommen im Sinne des Unterhaltsrechts und auch dann nicht auf den Unterhaltsanspruch anzurechnen, wenn in den Fällen des 17 III BAföG die Eltern ausnahmsweise noch zum Unterhalt verpflichtet sind. Vgl. Rn. 282.

287 Kein Einkommen ist dagegen die **Vorausleistung** von Ausbildungsförderung, die nach § 36 BAföG auf Antrag gewährt wird, wenn die Eltern den nach dem BAföG angerechneten Unterhaltsbetrag nicht zahlen (§ 36 I 1 BAföG) oder sie ihre Mitwirkung bei der Bewilligung der Ausbildungsvergütung verweigern, insbesondere entgegen § 47 IV BAföG, § 60 I SGB I die für die Anrechnung ihres Einkommens erforderlichen Auskünfte nicht erteilen (§ 36 II BAföG). Bei der Vorausleistung kann Einkommen der Eltern naturgemäß nicht angerechnet werden, da sonst das unterhaltsberechtigte Kind auf einen zeitraubenden Unterhaltsprozess verwiesen würde. Das soll ihm gerade nicht zugemutet werden. Voraussetzung einer Vorausleistung ist, dass die **Ausbildung** wegen des Verzuges der Eltern **gefährdet** ist (§ 36 I BAföG). Eigenes Einkommen des Auszubildenden schließt eine Vorausleistung ganz oder teilweise aus; auch Einkommen des nicht getrennt lebenden Ehegatten im Bewilligungszeitraum ist zu berücksichtigen (§ 36 I BAföG).

2. Anspruchsübergang

288 Ist die Ausbildungsförderung endgültig festgesetzt worden, besteht keine Möglichkeit des Landes zum Rückgriff gegen den Unterhaltspflichtigen, da die Subsidiarität der Förderung bereits durch die Anrechnung des Einkommens des Auszubildenden, des Ehegatten oder seiner Eltern verwirklicht worden ist. Vgl. Rn. 279. Dagegen geht der Unterhaltsanspruch bei Gewährung einer **Vorausleistung** auf das Land über, soweit auf den Bedarf des Auszubildenden das Einkommen der Eltern anzurechnen ist (§ 37 I 1 BAföG). Wird eine Ausbildung unabhängig vom Einkommen der Eltern gefördert (§ 11 II a, III BAföG), scheidet daher ein Anspruchsübergang von vorneherein aus (vgl. Rn. 279). Der Forderungsübergang ist damit in dreifacher Weise eingeschränkt
– durch die Höhe der Vorausleistung des Amtes für Ausbildungsförderung,
– durch die Höhe des Unterhaltsanspruchs des Auszubildenden gegen seine Eltern
– und durch die Höhe des nach dem BAföG anzurechnenden Einkommens der Eltern.[4]
Auf Klage des Landes gegen den unterhaltspflichtigen Elternteil hat das Familiengericht diese Voraussetzungen des Anspruchsübergangs festzustellen.[5] Damit wird die bei Festsetzung der Vorausleistung unterlassene Anrechnung nachgeholt und auf diese Weise die Subsidiarität der Ausbildungsförderung hergestellt.

289 Der Übergang des Unterhaltsanspruchs vollzieht sich **kraft Gesetzes** ohne Erlass eines Verwaltungsakts. Er erfasst nur den gesetzlichen Unterhaltsanspruch gegen die **Eltern,** nicht dagegen Ansprüche gegen den Ehegatten, auch nicht nach Trennung oder Scheidung. Die Großeltern können vom Land ebenfalls nicht in Anspruch genommen werden. Ein vertraglicher Unterhaltsanspruch des Auszubildenden gegen die Eltern geht nach § 37 I 1 BAföG nur auf das Land über, wenn er den gesetzlichen Anspruch lediglich modifiziert.[6] Ein vertraglicher Anspruch des einen Elternteils gegen den anderen auf Freistellung vom Kindesunterhalt fällt nicht unter § 37 BAföG, selbst wenn er an das bereits volljährige Kind abgetreten worden ist.[7] Zusammen mit dem Unterhaltsanspruch geht der unterhaltsrechtliche **Auskunftsanspruch** nach § 1605 BGB auf das Land über (§ 37 I 1 BAföG). Daneben besteht eine öffentlich-rechtliche Auskunftspflicht der Eltern und des Ehegatten, auch des

---

[3] BGH, FamRZ 1989, 499
[4] BGH, FamRZ 2000, 640
[5] BGH, a. a. O.
[6] Vgl. BGH, FamRZ 1989, 499
[7] BGH, FamRZ 1989, 499

dauernd getrennt lebenden, gegenüber dem Amt für Ausbildungsförderung (§ 47 IV BAföG, § 60 SGB I).

Ob ein **Unterhaltsanspruch** besteht, ist allein **nach bürgerlichen Recht** zu beurteilen. **290**
Haben die Eltern wirksam bestimmt, dass das Kind den Unterhalt in ihrem Haushalt in Natur entgegenzunehmen hat, besteht ein Barunterhaltsanspruch, der allein übergehen könnte, nicht.[8] Näheres dazu Rn. 2/21 ff., 33 ff. Zudem scheidet dann auch die Gewährung einer Vorausleistung aus (§ 36 III BAföG). Vgl. dazu oben Rn. 287. Ist die Unterhaltsbestimmung dagegen unwirksam, kann das Land den übergegangenen Anspruch gegen die Eltern geltend machen.[9] Vgl. dazu Rn. 2/36.

Auch Bedarf und Bedürftigkeit des Kindes sowie die Leistungsfähigkeit des Verpflichteten richten sich nur nach Unterhaltsrecht. Es kommt nicht darauf an, ob nach dem BAföG eine Zweitausbildung gefördert wird. Entscheidend ist allein, ob sie von den Eltern nach §§ 1610 II BGB geschuldet wird. Vgl. dazu Rn. 2/73 ff. Das klagende Land muss darlegen, dass diese Voraussetzungen gegeben sind.

Der Unterhaltsanspruch muss während der Zeit bestehen, für die dem Auszubildenden **291**
die Förderung gezahlt wird, also während des Bewilligungszeitraums. Es gilt also der Grundsatz der **Gleichzeitigkeit.** Hier ergeben sich unter Umständen Schwierigkeiten, da das Einkommen, das den Eltern angerechnet wird, sich nach den Verhältnissen des vorletzten Kalenderjahres vor dem Bewilligungszeitraum richtet (§ 24 BAföG) und daher von den nach BGB maßgeblichen Einkünften im Unterhaltszeitraum vielfach abweichen wird.[10] Vgl. Rn. 280.

Unterhalt für die **Vergangenheit** kann von dem Zeitpunkt an verlangt werden, in dem **292**
die Voraussetzungen des bürgerlichen Rechts, insbesondere des § 1613 BGB, vorliegen (§ 37 IV Nr. 1 BAföG; vgl. dazu Rn. 6/100 ff.). Darüber hinaus kann Unterhalt von dem Zeitpunkt an gefordert werden, in dem die Eltern bei dem Antrag auf Förderung mitgewirkt oder sie von ihm Kenntnis erlangt haben und darüber belehrt worden sind, unter welchen Voraussetzungen das BAföG ihre Inanspruchnahme ermöglicht (§ 37 IV Nr. 2 BAföG). Es handelt sich auch hier um eine besonders ausgestaltete Rechtswahrungsanzeige (vgl. Rn. 6/106 f.). Liegt bereits ein Unterhaltstitel vor, kann das Land ihn auf sich umschreiben lassen (§ 727 ZPO). Ist der titulierte Unterhalt zu gering, muss es Abänderungsklage erheben.

Ob die Eltern im Rahmen des Unterhaltsprozesses, den das Land gegen sie führt, **293**
einwenden können, dass ihrem Kind die Förderung nicht hätte gewährt werden dürfen, erscheint fraglich.[11] Die Eltern können jedoch geltend machen, dass ihr Einkommen ganz oder teilweise nicht hätte angerechnet werden dürfen. Dies ergibt sich aus dem Wortlaut des § 37 I 1 a. E. BAföG.[12] Die Einkommensanrechnung ist daher von den Familiengerichten zu überprüfen (vgl. Rn. 288). Daneben stehen den Eltern sämtliche Einwendungen aus dem Unterhaltsrecht zu.

Der übergegangene Anspruch ist nach § 37 VI BAföG mit 6% zu verzinsen. **294**

§ 37 BAföG sieht eine **Rückabtretung** nicht vor. Sie ist daher unzulässig (§ 32 SGB X). **295**
Dies gilt ebenfalls für Einziehungsermächtigung und Prozessstandschaft.[13] Vgl. dazu auch Rn. 111. Das Land ist auch ohne ausdrückliche gesetzliche Bestimmung berechtigt, den Unterhalt für die Zukunft einzuklagen, wenn künftig mit der Gewährung von Ausbildungsförderung zu rechnen ist (vgl. § 94 IV 2 BSHG, § 33 III 2 SGB II, § 7 IV 1 UVG).[14]

---

[8] BGH, FamRZ 1996, 798 = R 501 b
[9] BGH, FamRZ 1996, 798 = R 501 b
[10] Vgl. dazu Rothe/Blanke, BAföG, § 36 Anm. 4.2
[11] Dafür: Rothe/Blanke, § 37 Anm. 6.1
[12] Rothe/Blanke, § 37 Anm. 8.2
[13] BGH, FamRZ 1996, 1203, 1205; FamRZ 1996, 1207
[14] Vgl. BGH, FamRZ 1992, 797 = R 447 c

§ 9 Auslandsberührung

1. Abschnitt: Materielles Recht

I. Rechtsquellen

Für die Zeit seit dem 1. 9. 1986 ergibt sich das auf Unterhaltspflichten **anwendbare** **1** **Recht** aus Art. 18 EGBGB.[1] Die Vorschrift setzt zugleich die sich aus internationalen Abkommen ergebenden und deswegen grundsätzlich vorrangigen Regelungen in das nationale Recht um.[2]

Europäische Übereinkommen oder Verordnungen zum anwendbaren materiellen Recht existieren gegenwärtig noch nicht. Allerdings wird zurzeit ein „Vorschlag der Europäischen Kommission für eine Verordnung des Rats über die Zuständigkeit und das anwendbare Recht in Unterhaltssachen, die Anerkennung und Vollstreckung von Unterhaltsentscheidungen und die Zusammenarbeit im Bereich der Unterhaltspflichten"[3] diskutiert. Angestrebt ist eine europaweite Geltung dieser Verordnung bis zum 1. Januar 2009 (vgl. auch Rn. 9/226 zum Verfahrensrecht).[4]

Seit dem 1. 4. 1987 ist das **Haager Übereinkommen über das auf Unterhaltspflichten anzuwendende Recht vom 2. 10. 1973 (HUÜ 73)** in der Bundesrepublik mit dem Vorbehalt gemäß Art. 15 (deutsches Recht, wenn sowohl der Unterhaltspflichtige als auch der Unterhaltsberechtigte deutsche Staatsangehörige sind) in Kraft.[5] Für die fünf neuen Bundesländer gilt es gemäß Art. 11 des Einigungsvertrages seit dem 3. 10. 1990. Es deckt sich inhaltlich im Wesentlichen mit Art. 18 EGBGB, geht aber gemäß Art. 3 II EGBGB vor.[6] Wegen der Inhaltsgleichheit ist es in der Praxis weit verbreitet, nur Art. 18 EGBGB zu zitieren, besser wäre es jedoch, auch die vorrangigen Vorschriften des HUÜ 73 anzuführen.[7] Das HUÜ 73 ist neben der Bundesrepublik Deutschland von, Estland, Frankreich, Griechenland, Italien, Japan, Litauen, Luxemburg, Niederlande, Polen, Portugal, Schweiz, Spanien und der Türkei (zum Teil mit dem Vorbehalt gemäß Art. 15) ratifiziert worden.[8] Unabhängig davon ist es gemäß Art. 3 von Vertragsstaaten auch im Verhältnis zu Nichtvertragsstaaten anzuwenden, was zur Anwendung des dort geltenden materiellen Rechts führt (sog. weltweite Anerkennung).

Das HUÜ 73 verdrängt das Haager Abkommen vom 24. 10. 1956 (HUÜ 56), das nur **2** den Kindesunterhalt erfasst, (Art. 18 HUÜ 73), jedoch nur für die Zeit ab seinem Inkrafttreten (1. 4. 1987) und nur im Verhältnis zu den Vertragsstaaten des HUÜ 73, also nicht im Verhältnis zu Liechtenstein und Österreich. Außerdem ist das HUÜ 73 nach dessen Art. 12 nicht auf Unterhaltsansprüche anwendbar, die für eine vor Inkrafttreten des Übereinkommens in dem betreffenden Staat liegende Zeit verlangt werden.[9]

---

[1] Für vor dem 1. 9. 1986 abgeschlossene Vorgänge gilt gemäß Art. 220 I und II EGBGB das frühere Recht, vgl. BT-Drucksache 10/504 S. 630 ff.; BGH, FamRZ 1991, 925; 1987, 682

[2] Zum Verhältnis der Vorschriften vgl. BGH, FamRZ 2005, 1987

[3] Ratsdokument 5199/06 JUSTCIV 2; BR-Drucksache 30/06 vom 17. 1. 2006; zu noch weiter gehenden Bemühungen um eine europäische Rechtsangleichung vgl. Pintens FamRZ 2005, 1597, 1601 ff.

[4] Vgl. Looschelders/Boos FamRZ 2006, 374, 383

[5] BGBl 1986 II 825, 837 ff. und 1987 II 225, zum Vorbehalt nach Art. 15 vgl. Rn. 9 a; zu den Entwürfen neuer internationaler und europäischer Vorschriften vgl. Wagner FamRZ 2006, 979, Kohler/Pintens FamRZ 2007, 1481, 1482 f. und Rn. 9/226

[6] BGH, FamRZ 1991, 925; OLG Hamm, FamRZ 1998, 25

[7] BGH, FamRZ 2001, 412

[8] S. die Übersicht im Internet unter „www.hcch.net/index_en.php?act=conventions.status&cid=86"

[9] BGH, FamRZ 2005, 1987

3 Für den Unterhaltsanspruch eines Ehegatten, dessen Ehe vor dem Beitritt der neuen Bundesländer geschlossen wurde, bleibt das bisherige Recht maßgebend (Art. 234 § 5 EGBGB).[10] In welchen Fällen das Recht der ehemaligen DDR „bisheriges Recht" war, ist nach innerdeutschem Kollisionsrecht zu beantworten, und zwar in Anlehnung an das internationale Privatrecht der Art. 3 ff. EGBGB, lediglich mit dem Unterschied, dass in deutsch-deutschen Fällen nicht auf das Heimatrecht, sondern auf den gewöhnlichen Aufenthalt abgestellt wird.[11]

4 Im Verhältnis zu Iran ist noch das Niederlassungsabkommen vom 17. 2. 1929 in Kraft, das auch für den Unterhalt gilt.[12] Voraussetzung ist, dass beide Parteien iranische Staatsangehörige sind.

II. Definition der Unterhaltspflicht

5 Das HUÜ 73 regelt das Kollisionsrecht auf dem Gebiete der Unterhaltspflicht (Art. 2 I). Was unter Unterhaltspflicht zu verstehen ist, wird im Abkommen selbst nicht eigens definiert (auch nicht in Art. 18 EGBGB). Vielmehr richtet sich die Beantwortung nicht nur nach dem Recht des Gerichtsstaats (lex fori), sondern autonom nach dem Zweck und der Entstehungsgeschichte des Vertrages sowie der Rechtspraxis in den Vertragsstaaten,[13] wobei das jeweils anwendbare Recht berücksichtigt werden muss.

6 Eingegrenzt wird der Begriff der Unterhaltspflicht einerseits dahingehend, dass sie sich aus den Beziehungen der Familie, der Verwandtschaft, der Ehe u. a. ergeben muss. Gemeint sind damit also nur **gesetzliche** Unterhaltspflichten. Nach h. M. sind insoweit Art. 1 HUÜ 73 und Art. 18 I EGBGB trotz des unterschiedlichen Wortlauts inhaltlich deckungsgleich.

7 Zum Unterhalt zählt in weiter Auslegung im Grundsatz alles, was zur Befriedigung der natürlichen Lebensbedürfnisse eines Menschen nötig ist (Nahrung, Kleidung, Wohnung, Ausbildung, Kultur u. a.). Die „Verpflichtung" besagt, wer dafür ganz oder teilweise aufkommen muss und in welcher Form.

8 Im Einzelnen gehören zu den von Art. 1, 2 I HUÜ 73 und Art. 18 I EGBGB geregelten Pflichten
- die Barleistungen gegenüber dem jetzigen oder früheren Ehegatten,
- die Barleistungen, Betreuungs- oder Naturalleistungen seitens der Eltern gegenüber ihren Kindern,[14]
- der Prozesskostenvorschuss als Teilaspekt des Unterhalts.[15] Umstritten ist die Rechtslage, wenn das anzuwendende Recht einen Prozesskostenvorschuss nicht kennt: Die einen wenden deutsches Recht gemäß Art. 6 HUÜ 73/Art. 18 II EGBGB an,[16] andere lehnen den Rückgriff auf deutsches Recht ab,[17]
- die Auskunft zur Beurteilung der Unterhaltspflicht; kennt ein anwendbares ausländisches Unterhaltsstatut einen Auskunftsanspruch nicht, etwa weil die Umstände von Amts wegen zu ermitteln sind, ist nach deutschem Recht durch Angleichung die Zuerkennung eines solchen Anspruchs dennoch möglich,[18]

---

[10] BGH, FamRZ 1995, 544 = R 492 a; 1994, 160 = R 470 a
[11] BGH, FamRZ 1995, 473 = R 492A; 1994, 304; 1991, 421; 1982, 1189; BSG IPRspr 2003, 214
[12] Vgl. BGH, FamRZ 1990, 32; 1986, 345; OLG Stuttgart FamRZ 2004, 25; Jones, DRiZ 1996, 322
[13] Vgl. Kropholler, Internationales Privatrecht 6. Aufl. 2006, § 47 II 4; Hausmann, IPRax 1990, 382, 387
[14] Vgl. jedoch BGH, FamRZ 1994, 1102; Unterhalt ist gem. § 1612 I 1 BGB auf Geldleistung gerichtet. Kinderbetreuung beruht nicht auf einem Unterhaltsanspruch, auch wenn ein Elternteil durch Betreuung seine Unterhaltspflicht in der Regel erfüllt; OLG München NJW-RR 2004, 1442 (zum Krankenversicherungsbeitrag für ein Kind)
[15] BGH, FamRZ 2005, 1164; 2005, 883; 2004, 1633; zum Realsplitting vgl. BGH, FamRZ 2008, 40
[16] OLG Köln IPRspr 1994, 192
[17] KG FamRZ 1988, 167
[18] Z. B. OLG Stuttgart, IPRax 1990, 113; a. A. OLG Bamberg FamRZ 2005, 1682

- die Zuweisung der Wohnung und des Hausrats während des Getrenntlebens (noch umstritten). Nach der Scheidung gilt das Scheidungsstatut unmittelbar gemäß Art. 17 I EGBGB oder über Art. 18 IV EGBGB/Art. 8 HUÜ 73,
- der familienrechtliche Ausgleichsanspruch, wie ihn z. B. das deutsche Recht kennt,
- die „prestations compensatoires" des französischen Rechts,[19]
- der Unterhaltsanspruch des schweizerischen ZGB (Art. 125),[20] nicht jedoch der frühere immaterielle Genugtuungsanspruch gemäß Art. 151 II, sowie die Bedürftigkeitsrente gemäß Art. 152 schweizerisches ZGB,
- der dem schweizerischen ZGB nachgebildete Entschädigungsanspruch des türkischen Rechts gemäß Art. 174 I ZGB, nicht der immaterielle Genugtuungsanspruch nach Art. 174 II (s. Rn. 9/197), jedoch die Bedürftigkeitsrente des Art. 175 ZGB (s. Rn. 9/198),
- die Morgengabe des islamischen Rechts, soweit sie im Zusammenhang mit der Scheidung zu zahlen ist, wegen ihres Versorgungszwecks (überwiegende Meinung), die allerdings schon wegen ihres häufig niedrigen Betrags (z. B. 1000 EUR bei in Deutschland geschlossenen Imam-Ehen) in der Alltagspraxis nur geringe Bedeutung hat.[21]

III. Anwendbares materielles Recht – Unterhaltsstatut

1. Gesetzliche Grundlagen

Für Sachverhalte mit Bezug zum Recht eines ausländischen Staates richtet sich die Frage, **9** welches materielle Recht anwendbar ist, nach den Regeln des von Amts wegen anzuwendenden deutschen Kollisionsrechts, des EGBGB.[22] Jedoch gehen Bestimmungen in völkerrechtlichen Vereinbarungen vor, soweit sie unmittelbar anwendbares innerstaatliches Recht geworden sind (Art. 3 I S. 1, II S. 1 EGBGB). Ein solcher Vorrang gilt nach dem Haager Übereinkommen über das auf Unterhaltspflichten anwendbare Recht vom 2. 10. 1973 (HUÜ 73), das für die Bundesrepublik Deutschland seit dem 1. 4. 1987 in Kraft ist (vgl. Rn. 1 f.). Es geht demnach formell den Regeln des Art. 18 EGBGB vor, der allerdings mit den Vorschriften des HUÜ 73 inhaltlich übereinstimmt.[23] Unabhängig von der Ratifizierung des Abkommens durch den weiteren beteiligten Staat gilt das nach dem Abkommen anwendbare Recht gemäß Art. 3 HUÜ 73 für die Gerichte der Vertragsstaaten auch dann, wenn dieses Recht das Recht eines Nichtvertragsstaats ist. Danach richtet sich das anzuwendende Recht nach folgenden Grundsätzen:

2. Vorbehalt nach Art 15 HUÜ

Bei der Ratifizierung des HUÜ 73 hat die Bundesrepublik Deutschland den Vorbehalt **9 a** nach **Art. 15 HUÜ 73** erklärt. Danach gilt immer deutsches Recht, wenn sowohl der Unterhaltsberechtigte als auch der Unterhaltspflichtige Deutscher ist und der Unterhaltspflichtige seinen gewöhnlichen Aufenthalt in der Bundesrepublik Deutschland hat (Art. 15 HUÜ 73/Art. 18 V EGBGB).

---

[19] Vgl. unten „Frankreich" Rn. 9/53; die Qualifikation ist streitig; vgl. Hausmann, IPRax 1990, 382 m. w. N.; Staudinger/Mankowski, BGB (2003) Anh. I zu Art. 18 EGBGB Rn. 278
[20] Vgl. Rn. 9/156 ff.
[21] Die Qualifikation ist streitig, vgl. z. B. BGH, FamRZ 1999, 217, 218 (Auslegung der getroffenen Vereinbarung); 1987, 13; OLG Hamburg FamRZ 2004, 459; OLG Nürnberg FamRZ 2001, 1613; OLG Düsseldorf, FamRZ 1998, 623 m. Anm. Öztan; gegen die Einordnung als unterhaltsrechtlicher Anspruch auch OLG Zweibrücken, FamRZ 1997, 1404; vgl. auch Staudinger/Mankowski, a. a. O. Rn. 282
[22] BGH, FamRZ 1993, 1051; vgl. Kropholler, Internationales Privatrecht § 47 II
[23] BGH, FamRZ 2001, 412 = R 552

3. Gewöhnlicher Aufenthalt

10   Gemäß Art. 4 I, II HUÜ 73/Art. 18 I 1 EGBGB ist **Regelanknüpfungspunkt** für das anzuwendende Recht der gewöhnliche Aufenthalt des Berechtigten, wobei ein Wechsel zu beachten ist (sog. Wandelbarkeit des Unterhaltsstatuts, Art. 4 II HUÜ 73).[24] Nur für den **nacheheliche Ehegattenunterhalt** gilt eine Sonderregelung (s. Rn. 17 ff.).

Der gewöhnliche Aufenthalt einer Person ist dort, wo sie sozial integriert ist und ihren Lebensmittelpunkt sowie den Schwerpunkt ihrer Bindungen in familiärer und beruflicher Hinsicht hat.[25] Maßgebend sind die **faktischen Verhältnisse,** wobei auch die Verweilabsichten der betreffenden Person von Bedeutung sind. Nicht notwendig ist der Wille, den Aufenthaltsort zum Lebensmittelpunkt zu machen (sonst wäre es der Wohnsitz). Durch zeitweilige Abwesenheit auch von längerer Dauer wird der gewöhnliche Aufenthalt in der Regel nicht aufgehoben, sofern eine Rückkehrabsicht besteht.[26] Lebt und arbeitet eine unterhaltsberechtigter Ausländer aber auf Grund seiner dortigen familiären Bindungen länger als $3^1/_2$ Jahre in seinem Heimatstaat, ist auf seinen Unterhaltsanspruch das ausländische Recht anwendbar.[27] Für minderjährige Kinder, die ihren − selbstständigen − gewöhnlichen Aufenthalt in aller Regel bei den Eltern oder dem sorgeberechtigten Elternteil haben, ist eine Änderung des gewöhnlichen Aufenthalts ohne den Willen des gesetzlichen Vertreters bedeutungslos (Art. 5 III EGBGB).

10 a   Gewöhnlichen Aufenthalt hat
- der ausländische Gastarbeiter, der im Aufenthaltsstaat Wohnung und Arbeit gefunden hat, nachgezogene Familienangehörige jedoch nur bei längerem Aufenthalt[28] und Familienintegration,[29]
- der Student, der länger als etwa ein Semester im Gastland studieren will,
- der Facharbeiter, der länger als nur einige Monate (Faustregel sechs Monate) im Ausland für seinen Arbeitgeber tätig ist,
- der gehobene Mitarbeiter eines ausländischen Arbeitgebers, sofern er nicht nur für einige Monate im Gastland eingesetzt werden soll,
- der Asylbewerber, grundsätzlich auch der noch nicht anerkannte, der sich längere Zeit im Gastland aufhält, vor allem dann, wenn er Wohnung und Arbeit gefunden hat. Beim nicht anerkannten wird es trotz längeren Aufenthalts an der sozialen Integration fehlen. Es kommt jeweils auf die tatsächlichen Verhältnisse an.[30]

4. Gemeinsame Staatsangehörigkeit

11   **Ersatzweise** ist anstelle des gewöhnlichen Aufenthalts das **gemeinsame Staatsangehörigkeitsrecht** maßgebend, wenn der Unterhaltsberechtigte vom Unterhaltspflichtigen nach dem innerstaatlichen Recht des Aufenthaltsorts „keinen Unterhalt erhalten" kann (Art. 5 HUÜ 73/Art. 18 I 2 EGBGB). Unter innerstaatlichem Recht sind nur die Sachnormen gemeint, nicht das Kollisionsrecht. Gibt es keine gemeinsame Staatsangehörigkeit, scheidet diese Möglichkeit aus. Bei gewöhnlichem Aufenthalt in der Bundesrepublik Deutschland geht immer das nach Art. 15 HUÜ/Art. 18 V EGBGB anwendbare deutsche Recht vor (s. Rn. 9 a).

12   Umstritten ist, ob bei sog. **Mehrstaatern** dasjenige Recht Vorrang hat, mit dem die maßgebliche Person am engsten verbunden ist, etwa durch ihre Lebensgeschichte (vgl.

---

[24] BGH, FamRZ 2004, 1639; OLG Köln FamRZ 2005, 534 und OLGR Koblenz 2003, 339 (zur Wandelbarkeit); OLG Zweibrücken FamRZ 2004, 729 (zum Kindesunterhalt nach russischem Recht)

[25] BGH, FamRZ 2001, 412 = R 552; 1993, 798; 1981, 135

[26] BGH, FamRZ 1993, 798

[27] BGH, FamRZ 2001, 412 = R 552

[28] OLG Karlsruhe, FamRZ 1992, 316: bei zweieinhalb Jahren

[29] OLG Karlsruhe FamRZ 1990, 1351

[30] Vgl. OLG Hamm, IPRax 1990, 247: mehr als vier Jahre; OLG Koblenz, IPRax 1990, 249: mehr als neun Jahre; OLG Nürnberg, IPRax 1990, 249: 23 Monate

Art. 5 I EGBGB), oder ob das gemeinsame Heimatrecht immer zum Zuge kommt, auch wenn es „ineffektiv" ist. Wenn die „Effektivität" einer Staatsangehörigkeit dazu führt, dass dann keine gemeinsame Staatsangehörigkeit mehr vorhanden ist und die Regelung des Art. 5 HUÜ 73/Art. 18 I 2 EGBGB deswegen nicht zum Zuge kommen kann, widerspricht dies dem Zweck dieser hilfsweisen Anknüpfung, die dem Berechtigten die Erlangung von Unterhalt erleichtern soll (Günstigkeitsprinzip). Hat ein sog. Mehrstaater auch die deutsche Staatsangehörigkeit, hat diese immer Vorrang.

Wann und unter welchen Umständen der Unterhaltsberechtigte **„keinen Unterhalt** 13 **erhalten"** kann, ist noch nicht völlig geklärt. Die Regelung in Art. 5 HUÜ 73/Art. 18 I 2 EGBGB ist zwar, wie erwähnt, als Begünstigung des Berechtigten zu verstehen, jedoch nicht als Meistbegünstigungsklausel, ebenso wenig wie die in Art. 6 HUÜ 73/Art. 18 II EGBGB.[31]

a) Besteht nach der primär anwendbaren Rechtsordnung von vornherein überhaupt kein 14 gesetzlicher Unterhaltsanspruch im Verhältnis zwischen Unterhaltsberechtigtem und Unterhaltspflichtigem, so ist jene Voraussetzung eindeutig zu bejahen.

b) Scheidet ein Unterhaltsanspruch jedoch aus persönlichen, wirtschaftlichen oder sons- 15 tigen individuellen Gründen aus, liegt regelmäßig der in Art. 5 HUÜ 73/Art. 18 I 2 EGBGB angesprochene Fall nicht vor. Auf deutsches Recht kann also insbesondere nicht zurückgegriffen werden (zum Teil streitig)
– bei mangelnder Bedürftigkeit des Berechtigten,[32]
– bei fehlender oder eingeschränkter Leistungsfähigkeit des Verpflichteten,[33]
– beim Rangverhältnis (Nachrang des Berechtigten),
– beim Nachrang des Verpflichteten in der Haftung,
– bei Verwirkung,[34]
– bei Verjährung,
– beim Erlöschen, etwa mangels Verzugs[35] oder durch Abfindung,
– bei Verzicht,[36]
– bei Befristung,
– bei generellen Beschränkungen, wenn z. B. das Unterhaltsstatut nur Elementarunterhalt gewährt, aber keinen Vorsorgeunterhalt oder keinen Prozesskostenvorschuss.[37]

5. Recht des Gerichtsstaats

Wiederum **ersatzweise** ist gemäß Art. 6 HUÜ 73/Art. 18 II EGBGB das materiel- 16 le Recht des Gerichtsstaats **(lex fori),** bei Anrufung deutscher Gerichte also deutsches materielles Recht, maßgebend, wenn die Hauptanknüpfung (gewöhnlicher Aufenthalt des Berechtigten) und die vorrangige Ersatzanknüpfung an die gemeinsame Staatsangehörigkeit nicht zum Unterhalt führen. Für die Voraussetzung, „keinen Unterhalt erhalten" zu können, gilt dasselbe wie zu Art. 5 HUÜ 73/Art. 18 I 2 EGBGB (s. Rn. 9/13 ff.).

6. Verstoß gegen den Ordre Public

Eine ausländische Rechtsnorm ist nicht anzuwenden, wenn ihre Anwendung zu einem 16a Ergebnis führt, das mit **wesentlichen Grundsätzen des deutschen Rechts** (ordre pu-

---

[31] Henrich IPRax 2001, 437; vgl. auch BGH, FamRZ 2007, 113 (zur Scheidung) und KG, FamRZ 1988, 167
[32] BGH, FamRZ 2001, 412, 413 = R 552
[33] BGH a. a. O.; vgl. auch OLG Oldenburg, FamRZ 1996, 1240 m. Anm. Henrich, IPRax 1997, 46 f.
[34] Zur Versagung nachehelichen Unterhalts wegen Ehebruchs nach österreichischem Recht vgl. OLG Bremen, IPRax 1998, 366
[35] BGH, FamRZ 2005, 1987
[36] A. A. OLG Karlsruhe, FamRZ 1992, 316
[37] Vgl. dazu KG, FamRZ 1988, 167

blic[38]) offensichtlich unvereinbar ist (Art. 11 I HUÜ 73/Art. 6 EGBGB).[39] Dafür reicht es
aber nicht aus, wenn das Scheidungsstatut (s. Rn. 9/17 f.) nachehelichen Unterhalt grundsätzlich nicht, nur in geringerem Umfang oder nur unter engeren Voraussetzungen kennt als
das deutsche Recht, dafür aber andere Möglichkeiten zur Verfügung stellt, wie z. B. das
französische Recht mit den „prestations compensatoires" (vgl. unten „Frankreich"). Ein
Verstoß gegen den ordre public kommt aber dann in Betracht, wenn auch für besondere
Härtefälle kein Unterhalt vorgesehen ist.[40] Ist z. B. nach dem Heimatrecht der Parteien kein
Anspruch auf nachehelichen Ehegattenunterhalt gegeben, so liegt darin ein Verstoß gegen
den deutschen ordre public, wenn der unterhaltsbedürftige Ehegatte Kinder zu versorgen hat
und ohne erhebliche Vernachlässigung seiner Elternpflicht nicht in der Lage wäre, seinen
eigenen Lebensunterhalt sicherzustellen.[41] Gleiches kann der Fall sein, wenn eine Partei trotz
offensichtlicher Bedürftigkeit nach ausländischem Recht wirksam auf Unterhaltsansprüche
verzichtet hat.[42] Dann steht dem Berechtigten wegen des vorliegenden Härtefalls ein Anspruch auf nachehelichen Unterhalt zu. Das gilt allerdings nur für die Zeit ihres Aufenthaltes
in Deutschland, denn die Anwendung des deutschen ordre public ist naturgemäß auf das
Gebiet der Bundesrepublik beschränkt.[43]

16 b Ist eine Vorschrift des ausländischen Rechts wegen Verstoßes gegen den deutschen ordre
public nicht anzuwenden, tritt an seine Stelle das **deutsche Recht.** Dabei kommt
allerdings kein höherer Unterhaltsanspruch in Betracht, als zur Vermeidung einer Notlage
erforderlich ist. Ggf. sind deshalb auch Einkünfte aus überobligatorischer Tätigkeit anzurechnen, wenn die (teilweise) Erwerbstätigkeit keine Vernachlässigung des Kindes zur Folge
hat.[44]

7. Folgen einer Scheidung

17 Wird die Ehe geschieden, für nichtig erklärt oder aufgehoben oder die Trennung von
Tisch und Bett förmlich durch ein Gericht ausgesprochen, wie z. B. nach italienischem
Recht (nicht bei faktischer Trennung allein!), so ist für den **nachehelichen Unterhalt**
ausschließlich das auf die Scheidung/Trennung von Tisch und Bett angewendete Recht
maßgebend, und zwar unwandelbar (Art. 8 HUÜ 73/Art. 18 IV EGBGB) und unabhängig
davon, ob der betreffende Staat Vertragsstaat des Übereinkommens ist (Art. 3 HUÜ 73).[45]
Vorrangig ist lediglich die sich aus dem deutschen Vorbehalt ergebende Sonderregelung des
Art. 15/Art. 24 HUÜ 73/Art. 18 V EGBGB[46] (s. Rn. 9/9 a).

18 Verweigert das **Scheidungsstatut** einen Unterhaltsanspruch des Ehegatten, kann allenfalls eine Verletzung des deutschen „ordre public" nach Art. 11 I HUÜ 73/Art. 6 EGBGB
vorliegen (s. Rn. 9/16 a f.). Ein Verstoß gegen den ordre public kommt aber nur dann in
Betracht, wenn auch für besondere Härtefälle kein Unterhalt vorgesehen ist.[47]

19 Handelt es sich um ein **ausländisches Scheidungsurteil** zwischen einem Deutschen
und einem Ausländer oder werden zwei Ausländer in einem Drittstaat geschieden, muss die
Entscheidung gemäß Art. 7 § 1 FamRÄndG von der zuständigen Landesjustizverwaltung

---

[38] S. Rn. 9/260

[39] OLG Düsseldorf, FamRZ 1995, 885; vgl. insoweit aber OLG Zweibrücken, FamRZ 1997, 1404
und OLG Zweibrücken, EZFamR aktuell 1999, 126

[40] Vgl. BGH, FamRZ 1991, 925; auch OLG Düsseldorf, FamRZ 1995, 885

[41] OLG Hamm FamRZ 1999, 1142; OLG Düsseldorf FamRZ 1995, 885; zum deutschen Recht vgl.
BVerfG FamRZ 2001, 343 = R 553

[42] BGH, FamRZ 1983, 137; OLG Hamm FamRZ 2000, 31

[43] OLG Hamm FamRZ 2000, 29, 31; OLG Zweibrücken FamRZ 1997, 1404

[44] OLG Zweibrücken FamRZ 2000, 32; vgl. auch BGH, NJW 1966, 296

[45] BGH, FamRZ 1991, 925; OLG Hamm, FamRZ 1995, 886; kritisch Schwarz/Scherpe FamRZ
2004, 665 (zum deutsch-schwedischen Rechtsverkehr)

[46] Vgl. BGH, FamRZ 1991, 925 (Ehe nach polnischem Recht geschieden, beide Ehegatten inzwischen sog. Spätaussiedler in Deutschland mit deutschem Pass); OLG Hamm FamRZ 2001, 918
(für russische Spätaussiedler, die Deutsche i. S. v. Art. 116 GG waren) mit Anm. Steinbach FamRZ
2001, 1525

[47] Vgl. BGH, FamRZ 1991, 925; OLG Düsseldorf, FamRZ 1995, 885

anerkannt werden.[48] Wird die Anerkennung rechtswirksam abgelehnt, ist die Scheidung nicht existent und folglich auch nicht maßgebend für das anzuwendende Unterhaltsrecht. Dann gelten die normalen (oben dargestellten) Regeln für den Unterhalt unter Ehegatten zum Trennungsunterhalt.[49] Ist eine solche Anerkennung nicht nötig, wie bei gemeinsamer Staatsangehörigkeit des Entscheidungsstaats, müssen der Unterhaltsberechtigte selbst und das Familiengericht die Anerkennungsfähigkeit des Scheidungsurteils prüfen, und zwar nach § 328 ZPO.[50] Ist allerdings als Bestandteil eines Scheidungsurteils auch eine Entscheidung zum Kindesunterhalt ergangen, setzt dessen Vollstreckbarkeit die vorherige Anerkennung der Scheidung nicht voraus.[51] Denn den Kindesunterhalt schuldet der Elternteil auch unabhängig von einer rechtskräftigen Scheidung.

Hat der Scheidungsrichter ein nicht zutreffendes Statut angewendet, bleibt es trotzdem für den Unterhalt maßgebend.[52]

Privatscheidungen, auch solche im Ausland, an denen ein Deutscher beteiligt ist, 20 können nicht anerkannt werden, weil bei ihnen als privates Rechtsgeschäft das Heimatrecht der Ehegatten maßgeblich ist, das deutsche Scheidungsrecht aber eine Privatscheidung nicht zulässt (§ 1564 S. 1 BGB).[53]

In der Alltagspraxis wird manchmal übersehen, dass auf Grund des **Statutenwechsels** 21 **durch die Scheidung** für den nachehelichen Unterhalt andere Rechtsgrundlagen maßgebend sind als für den Trennungsunterhalt, etwa wenn der unterhaltsberechtigte Ausländer seinen gewöhnlichen Aufenthalt in Deutschland hat, aber nach seinem ausländischen Heimatrecht geschieden worden ist.

IV. Bemessung des Unterhalts

1. Bedarfsermittlung

Gemäß Art. 10 Nr. 1 HUÜ 73/Art. 18 VI Nr. 1 EGBGB bestimmt das Unterhaltsstatut 22 insbesondere, ob, in welchem Ausmaß und von wem der Berechtigte Unterhalt verlangen kann. Immer sind jedoch die **Bedürfnisse des Berechtigten und die wirtschaftlichen Verhältnisse des Verpflichteten** zu berücksichtigen, selbst wenn das anzuwendende materielle Recht etwas anderes bestimmt (Art. 11 II HUÜ 73/Art. 18 VII EGBGB). In der Praxis schwierig ist sowohl bei Anwendung des deutschen Unterhaltsrechts als auch bei Anwendung eines ausländischen Rechts die Unterhaltsbemessung, wenn der **Unterhaltsberechtigte und der Unterhaltspflichtige nicht im selben Staat** leben.[54]

Auch dann ist zunächst der Bedarf zu ermitteln, z. B. nach den ehelichen Lebensverhältnissen (Ehegatten) oder der Lebensstellung (Kinder und sonstige Verwandte). Sodann ist festzustellen, welchen Betrag der Berechtigte benötigt, um in dem Land, in dem er lebt, dieselbe Kaufkraft zur Verfügung zu haben.[55] Überwiegend bedient sich die Rechtsprechung dabei der sog. Verbrauchergeldparitäten, die in regelmäßigen Abständen vom deutschen Statistischen Bundesamt bekannt gegeben werden.[56] Von Bedeutung ist dabei aber auch stets der Devisenkurs.[57] Teilweise – insbesondere beim Kindesunterhalt – wird ein nach der

---

[48] Zu Art. 7 FamRÄndG vgl. Staudinger/Spellenberg BGB (2005) FamRÄndG; vgl. auch die Verordnung (EG) Nr. 2201/2003 des Rats über die Zuständigkeit und die Anerkennung und Vollstreckung von Entscheidungen in Ehesachen und in Verfahren betreffend die elterliche Verantwortung und zur Aufhebung der Verordnung (EG) Nr. 1347/2000 vom 27. November 2003, Schönfelder Ergänzungsband Nr. 103 b

[49] Vgl. OLG Koblenz, FamRZ 1991, 459 und OLG Düsseldorf, FamRZ 1995, 885

[50] Vgl. OLG Hamm, FamRZ 1995, 886

[51] BGH, FamRZ 2007, 717, 718

[52] Vgl. BGH, FamRZ 1987, 682

[53] BGH, FamRZ 1990, 607; 1994, 434 f.; für das Inland vgl. auch Art. 17 II EGBGB

[54] Vgl. BGH, FamRZ 1990, 992

[55] BGH, FamRZ 1987, 682, 683 f.

[56] S. Rn. 9/23 ff.

[57] Im Internet veröffentlicht unter „www.bundesbank.de/statistik/statistik_devisen.php"

Düsseldorfer Tabelle errechneter Bedarf pauschal um einen Bruchteil (meist $1/4$ bis $3/4$) gekürzt, wobei auf eine Länderübersicht des Bundesfinanzministeriums zurückgegriffen wird.[58] Gegen diese Berechnung bestehen trotz größerer Praktikabilität erhebliche Bedenken, weil sich steuerliche Erwägungen und unterhaltsrechtliche Bedarfsbemessung nicht decken und außerdem der Bedarf nicht ohne Berücksichtigung der konkreten Einzelumstände, auch des verschiedenen und wechselnden Ausmaßes der Inflation in dem betreffenden Staat pauschal gekürzt werden kann. In jedem Falle ist darauf zu achten, dass der Berechtigte nicht mehr erhält, als er zur Deckung seines Bedarfs benötigt.[59] Dem in Deutschland lebenden Unterhaltspflichtigen muss in jedem Fall der hier maßgebliche Selbstbehalt verbleiben.[60]

22 a   **Ländergruppeneinteilung ab 2004**
BStBl. 2003 I 637 und 2005 I 369

Unter Bezugnahme auf die Abstimmung mit den obersten Finanzbehörden der Länder sind die Beträge des § 1 III S. 2, des § 32 VI S. 4 und des § 33 a I S. 5 und II S. 3 EStG mit Wirkung ab 1. Januar 2004 wie folgt anzusetzen:[61]

in voller Höhe	mit $3/4$	mit $1/2$	mit $1/4$	
Wohnsitzstaat des Steuerpflichtigen bzw. der unterhaltenen Person				
1	2	3	4	
Andorra	Antigua und	Argentinien	Afghanistan	Mali
Australien	Barbuda	Belize	Ägypten	Marokko
Belgien	Bahamas	Botsuana	Albanien	Marshallinseln
Brunei	Bahrain	Brasilien	Algerien	Mauretanien
Darussalam	Barbados	Chile	Angola	Mazedonien
Dänemark	Griechenland	Cookinseln	Äquatorialguinea	(ehem. jug.
Finnland	Korea, Republik	Costa Rica	Armenien	Rep.)
Frankreich	Malta	Dominica	Aserbaidschan	Mikronesien
Hongkong	Neuseeland	Estland	Äthiopien	Föderierte
Irland	Oman	Gabun	Bangladesch	Staaten von
Island	Palau	Grenada	Benin	Moldau, Rep.
Israel	Portugal	Jamaika	Bhutan	Mongolei
Italien	Slowenien	Kroatien	Bolivien	Mosambik
Japan	Taiwan	Lettland	Bosnien-	Myanmar
Kanada	Zypern	Libanon	Herzegowina	Namibia
Katar		Libysch Arabische	Bulgarien	Nepal
Kuwait		Dschamahirija	Burkina Faso	Nicaragua
Lichtenstein		Litauen	Burundi	Niger
Luxemburg		Malaysia	China (VR)	Nigeria
Monaco		Mauritius	Cote d'Ivoire	Pakistan
Niederlande		Mexiko	Dominik.	Papua-
Norwegen		Nauru	Republik	Neuguinea
Österreich		Niue	Dschibuti	Paraguay
San Marino		Panama	Ecuador	Peru
Schweden		Polen	El Salvador	Philippinen
Schweiz		Saudi-Arabien	Eritrea	Ruanda

---

[58] OLG München FamRZ 2002, 55 (Herabsetzung um $1/3$ für die Türkei); OLG Koblenz FamRZ 2002, 56 (Herabsetzung auf $1/3$ für Russland); OLG Hamm, FamRZ 1989, 1332; OLG Düsseldorf, FamRZ 1989, 1335; OLG Celle, FamRZ 1990, 1390; OLG Celle, OLGR 1998, 149; OLG Karlsruhe, FamRZ 1991, 600; siehe „Ländergruppeneinteilung ab 2001" FamRZ 1996, 471 und Anlage „Ländergruppeneinteilung ab 2004" FamRZ 2005, 1385 = Rn. 9/22 a

[59] Vgl. BGH, FamRZ 1992, 1060; KG, FamRZ 1994, 759

[60] Vgl. OLG Karlsruhe, FamRZ 1990, 313

[61] FamRZ 2005, 1385; 2007, 1433 im Internet veröffentlicht bei: www.bundesfinanzminiderium.de unter Aktuelles und Sucheingabe „Ländergruppeneinteilung"

in voller Höhe	mit 3/4	mit 1/2	mit 1/4	
Wohnsitzstaat des Steuerpflichtigen bzw. der unterhaltenen Person				
1	2	3	4	
Singapur		Seychellen	Fidschi	Rumänien
Spanien		Slowakische	Gambia	Russische
Vereinigte		Republik	Georgien	Föderation
Arab. Emirate		St. Kitts und	Ghana	Salomonen
Vereinigte		Nevis	Guatemala	Sambia
Staaten		St. Lucia	Guinea	Samoa
Vereinigtes		St. Vincent und	Guinea-Bissau	Sao Tomé und
Königreich		die Grenadinen	Guyana	Principe
		Südafrika	Haiti	Senegal
		Trinidad und	Honduras	Serbien und
		Tobago	Indien	Montenegro
		Tschechische	Indonesien	Sierra Leone
		Republik	Irak	Simbabwe
		Türkei	Iran,	Somalia
		Ungarn	Islam. Republik	Sri Lanka
		Uruguay	Jemen	Sudan
		Venezuela	Jordanien	Suriname
		Weißrussland	Kambodscha	Swasiland
			Kamerun	Syrien,
			Kap Verde	Arab. Rep.
			Kasachstan	Tadschikistan
			Kenia	Tansania,
			Kirgisistan	Ver. Rep.
			Kiribati	Thailand
			Kolumbien	Timor-Leste
			Komoren	Togo
			Kongo	Tonga
			Kongo,	Tschad
			Dem. Rep.	Tunesien
			Korea, Dem. VR	Turkmenistan
			Kuba	Tuvalu
			Laos, Dem. VR	Uganda
			Lesotho	Ukraine
			Liberia	Usbekistan
			Madagaskar	Vanuatu
			Malawi	Vietnam
			Malediven	Zentralafrika-
				nische
				Republik

2. Bedarfskorrektur mit Hilfe der Verbrauchergeldparität

Befindet sich der Berechtigte oder der Verpflichtete im Ausland, so muss der Zahlungs- **23** betrag des Unterhalts in der Regel in eine andere Währung umgetauscht werden. Die Verbrauchergeldparität gibt an, wie viele ausländische Geldeinheiten erforderlich sind, um die gleiche Gütermenge bestimmter Qualität im Ausland zu erwerben, die man in der Bundesrepublik Deutschland für einen Euro erhält. Aus der Verbrauchergeldparität allein lässt sich aber nur dann erkennen, ob ein Land teurer oder billiger ist als ein anderes, wenn beide Länder die gleiche Währung und damit den gleichen Devisenkurs haben, wie z. B. in der Euroregion. Anderenfalls kann das Verhältnis nur durch einen **Vergleich der Verbrau-**

chergeldparität mit dem Wechselkurs festgestellt werden, zu dem man Euro in ausländische Währung tauscht. Wenn die Verbrauchergeldparität von der Devisenparität abweicht, ergibt sich dabei ein **Kaufkraftgewinn** oder ein **Kaufkraftverlust.** Ist die Verbrauchergeldparität größer als der Wechselkurs, dann ist das Ausland teurer als das Inland; umgekehrt ist das Leben im Ausland billiger, wenn der Devisenkurs größer ist als die Verbrauchergeldparität. Die Rechtsprechung versucht dem Rechnung zu tragen, indem sie den Bedarf in Anknüpfung an die Abweichung der Kaufkraftparität vom Devisenkurs[62] korrigiert.[63]

Auf die **Bedarfsbemessung** hat die Verbrauchergeldparität dann Einfluss, wenn der Bedarf des Berechtigten vom Einkommen des Verpflichteten abhängt. Der sich aus dem Einkommen (z. B. nach der Düsseldorfer Tabelle) ergebende Bedarf verändert sich dann durch die von der Devisenparität abweichende Verbrauchergeldparität. Kann z. B. der unterhaltsberechtigte geschiedene Gatte nach Übersiedlung in ein billigeres Land seinen Bedarf nach den ehelichen Lebensverhältnissen mit geringerem Aufwand decken, rechtfertigt das die Herabsetzung seines Unterhalts im Verhältnis des Kaufkraftgewinns.[64] Ebenso kann der Bedarf eines Kindes im Ausland geringer sein als der Betrag, der sich aus der Düsseldorfer Tabelle ergibt, wenn die Lebenshaltungskosten an seinem Aufenthaltsort geringer sind.[65]

24   Wegen der genaueren Ergebnisse ist dabei stets einer Anpassung des geschuldeten Unterhalts mittels Verbrauchergeldparität und Devisenkurs[66] der Vorzug einzuräumen. Dabei ist zunächst in einem **ersten Schritt** wie in den folgenden Tabellen das **Verhältnis der Verbrauchergeldparität zum Devisenkurs** zu ermitteln. Die Verbrauchergeldparität bildet das Ergebnis eines Preisvergleichs für Waren und Dienstleistungen des privaten Verbrauchs zwischen ausländischen Staaten und der Bundesrepublik Deutschland. Sie wird regelmäßig, ggf. als Schätzung (s) oder als Prognose (p), vom Statistischen Bundesamt veröffentlicht.[67] Die damit zu vergleichenden Devisenkurse werden von der Deutschen Bundesbank errechnet und veröffentlicht.[68] Seit dem 1. 1. 1999 galten im europäischen Bereich gemäß Art. 109 I Abs. 4 des Vertrages über die Gründung der Europäischen Gemeinschaft für die an der Währungsunion teilnehmenden Länder unwiderruflich festgelegten Umrechnungskurse gegenüber dem Euro (EUR) und somit auch untereinander. Seit dem 1. Januar 2002 ist der Euro in Belgien, der Bundesrepublik Deutschland, Finnland, Frankreich, Griechenland, Irland, Italien, Luxemburg, Monaco, den Niederlanden, Österreich, Portugal, San Marino, Spanien und dem Vatikan gesetzliches Zahlungsmittel. Da die Devisenparität aber (neben der Verbrauchergeldparität) nur ein Faktor der unterschiedlichen Kaufkraft in den verschiedenen Ländern ist, muss auch für diese Länder nach wie vor geprüft werden, ob der nach deutschen Grundsätzen errechnete Bedarf oder die Leistungsfähigkeit anzupassen sind.[69]

24 a   Das in die Korrekturtabellen (s. Rn. 27) zu übernehmende **Verhältnis (x) zwischen Devisenkurs (a) und Verbrauchergeldparität (b)** ist für die nunmehr auf der Grundlage des Euro ermittelten Werte nach folgender **Formel** zu berechnen: x = ((100 a − 100 b)/b).

---

[62] Vgl. Gutdeutsch/Zieroth FamRZ 1993, 1152 ff.

[63] OGH Wien ZfRV 2004, 104; OLG Hamm FamRZ 2005, 369; OLG Zweibrücken FamRZ 2004, 729; OLG Düsseldorf, FamRZ 1990, 556; OLG Hamburg, FamRZ 1990, 794, AG Hamburg-Altona, FamRZ 1992, 82

[64] BGH, FamRZ 1987, 682; OLG München FamRZ 1998, 857 (Bedarfskorrektur auf 40% für Tschechien)

[65] OLG Celle, OLGR 1998, 149 (Bedarfskorrektur um 1/3 für Polen); OLG Karlsruhe, FamRZ 1998, 1531 (Bedarfskorrektur um 1/4 für Tschechien); OLG Düsseldorf, FamRZ 1990, 556 (Polen); OLG Hamburg, FamRZ 1990, 794 (Polen); LG Hannover, FamRZ 1998, 858 (Abschlag von 20% für Slowenien); OLG Koblenz FamRZ 1998, 1532 (Bedarfskorrektur auf 1/3 für Bulgarien); vgl. insoweit Buseva, FamRZ 1997, 264; OLG Stuttgart, FamRZ 1999, 887 (Herabsetzung auf 1/3 für Serbien)

[66] BGH, FamRZ 1987, 682, 683 f; OLG Hamm FamRZ 2000, 908; OLG Zweibrücken FuR 2000, 425

[67] Statistisches Bundesamt, Preise, Fachserie 17, Reihe 10, im Internet veröffentlicht unter www.destatis.de; s. auch Internationaler Vergleich der Verbraucherpreise ausgewählter Länder, FamRZ 2007, 1436

[68] Im Internet veröffentlicht unter „www.bundesbank.de/stat/zeitreihen/listen/www_s332_b01012_-2.htm"

[69] So auch Krause FamRZ 2002, 145

Für die am häufigsten vorkommenden Länder sind die entsprechenden Werte in den folgenden Tabellen aufgelistet (s = geschätzte Zahl):

Belgien (Euro – EUR)

Jahr	Devisenkurs (a)	Verbrauchergeldparität (b)	Verhältnis zueinander
1974 bis 1993			+ 0,6 Durchschnitt
1994	40,3015	40,3264	− 0,1
1995	40,2401	40,1608	+ 0,2
1996	40,2500	40,9169	− 1,6
1997	40,3563	40,9169	− 1,4
1998	40,3464	41,0889	− 1,8
1999	40,3399	41,3495	− 2,4
2000	40,3399	41,6134	− 3,1
2001	40,3399	41,2622	− 2,2
2002 (EUR)	1,0000	1,0262	− 2,6
2003	1,0000	1,0102	− 1,0
2004	1,0000	1,0100	- 1,0
2005	1,0000	1,0129	− 1,3
2006	1,0000	1,0173	− 1,7
2007	1,0000	1,0108	− 1,1

Bulgarien (Lew – BGN)

Jahr	Devisenkurs	Verbrauchergeldparität	Verhältnis zueinander
1998	1,9558	1,4520	+ 34,7
1999	1,9558	1,4477	+ 35,1
2000	1,9558	1,5461	+ 26,5
2001	1,9482	1,6171	+ 20,5
2002	1,9492	1,6825	+ 15,9
2003	1,9490	1,7045	+ 14,3
2004	1,9533	1,7743	+ 10,0
2005	1,9559	1,6152	+ 21,1
2006	1,9558	1,6472	+ 18,7
2007	1,9558	1,6913	+ 15,6

Dänemark (Dänische Krone – DKK)

Jahr	Devisenkurs	Verbrauchergeldparität	Verhältnis zueinander
1974 bis 1993			− 20,4 Durchschnitt
1994	7,6660	9,6919	− 20,9
1995	7,6489	9,7353	− 21,4
1996	7,5384	9,6489	− 21,9
1997	7,4511	9,7064	− 23,2
1998	7,4485	9,8037	− 24,0
1999	7,4355	10,0042	− 25,7
2000	7,4539	10,0920	− 26,1
2001	7,4521	9,9786	− 25,3
2002	7,4305	10,0894	− 26,4
2003	7,4307	9,4749	− 21,6
2004	7,4399	9,3854	− 20,7
2005	7,4518	9,3348	− 20,2
2006	7,4591	9,3298	− 20,1
2007	7,4506	9,4165	− 20,9

Estland (Estnische Krone – EEK)

Jahr	Devisenkurs	Verbrauchergeldparität	Verhältnis zueinander
1996	15,6466	10,2668	+ 52,4
1997	15,6466	11,1954	+ 39,8
1998	15,6466	11,9550	+ 30,9
1999	15,6466	12,1329	+ 29,0
2000	15,6466	12,4101	+ 26,1
2001	15,6466	12,6656	+ 23,5
2002	15,6466	12,9619	+ 20,7
2003	15,6466	12,9559	+ 20,8
2004	15,6466	13,0674	+ 19,7
2005	15,6466	13,2070	+ 18,5
2006	15,6466	12,9583	+ 20,7
2007	15,6466	13,1514	+ 19,0

Finnland (Euro – EUR)

Jahr	Devisenkurs	Verbrauchergeldparität	Verhältnis zueinander
1994	6,2872	6,9037	− 8,9
1995	5,9571	6,8481	− 13,0
1996	5,9691	6,8362	− 12,79
1997	5,8533	6,9751	− 16,1
1998	5,9412	7,0076	− 15,2
1999	5,94573	7,0633	− 15,8
2000	5,9457	7,1095	− 16,4
2001	5,9457	7,0761	− 16,0
2002 (EUR)	1,0000	1,1958	− 16,4
2003	1,0000	1,1792	− 15,2
2004	1,0000	1,1592	− 13,7
2005	1,0000	1,1424	− 12,5
2006	1,0000	1,1360	− 12,0
2007	1,0000	1,1257	− 11,2

Frankreich (Euro – EUR)

Jahr	Devisenkurs	Verbrauchergeldparität	Verhältnis zueinander
1974 bis 1993			− 0,1 Durchschnitt
1994	6,6893	6,6075	+ 1,2
1995	6,8105	6,6142	+ 3,0
1996	6,6511	6,6866	− 0,5
1997	6,5842	6,6706	− 1,3
1998	6,5568	6,6615	− 1,6
1999	6,55957	6,6729	− 1,7
2000	6,55957	7,3777	− 11,1
2001	6,55957	7,2952	− 10,1
2002 (EUR)	1,0000	1,1400	− 12,3
2003	1,0000	1,1449	− 12,7
2004	1,0000	1,1502	− 13,1
2005	1,0000	1,1462	− 12,8
2006	1,0000	1,1464	− 12,8
2007	1,0000	1,1368	− 12,0

Griechenland (Euro – EUR)

Jahr	Devisenkurs	Verbrauchergeldparität	Verhältnis zueinander
1994	229,4824	161,8246	+ 41,8
1995	316,2215	281,4144	+ 12,4
1996	312,9328	302,2921	+ 3,5
1997	308,0532	314,9485	− 2,2
1998	328,2696	311,9346	+ 5,2
1999	340,750	318,5391	+ 7,0
2000	340,750	321,6826	+ 5,9
2001	340,750	322,2125	+ 5,8
2002 (EUR)	1,0000	0,9678	+ 3,3
2003	1,0000	0,9858	+ 1,4
2004	1,0000	0,9970	+ 0,3
2005	1,0000	1,0090	− 0,9
2006	1,0000	1,0124	− 1,2
2007	1,0000	1,0159	− 1,6

Irland (Euro – EUR)

Jahr	Devisenkurs	Verbrauchergeldparität	Verhältnis zueinander
1994	0,8064	0,7886	+ 2,3
1995	0,8511	0,7983	+ 6,6
1996	0,8126	0,8049	+ 1,0
1997	0,7437	0,8049	− 7,6
1998	0,7808	0,8082	− 3,4
1999	0,787564	0,8287	− 5,0
2000	0,787564	0,8541	− 7,8
2001	0,787564	0,8616	− 8,6
2002 (EUR)	1,0000	1,1359	− 12,0
2003	1,0000	1,1532	− 13,3
2004	1,0000	1,1581	− 13,7
2005	1,0000	1,1573	− 13,6
2006	1,0000	1,1643	− 14,1
2007	1,0000	1,1722	− 14,7

Italien (Euro – EUR)

Jahr	Devisenkurs	Verbrauchergeldparität	Verhältnis zueinander
1974 bis 1993			+ 15,3 Durchschnitt
1994	1944,9383	1674,5120	+ 16,1
1995	2219,0039	1732,3561	+ 28,1 (s)
1996	2005,7738	1786,1461	+ 12,3
1997	1920,4929	1792,6948	+ 7,1
1998	1939,3494	2018,4004	− 4,0
1999	1936,27	2043,7095	− 5,3
2000	1936,27	2052,2875	− 5,7
2001	1936,27	2047,9895	− 5,5
2002 (EUR)	1,0000	1,0712	− 6,6
2003	1,0000	1,0932	− 8,5
2004	1,0000	1,0973	− 8,9
2005	1,0000	1,0968	− 8,8
2006	1,0000	1,1000	− 9,1
2007	1,0000	1,0954	− 8,7

Kanada (Kanadischer Dollar – CAD)

Jahr	Devisenkurs	Verbrauchergeldparität	Verhältnis zueinander
1996	1,7737	1,7171	+ 3,3
1997	1,5605	1,7370	− 10,2
1998	1,6458	1,7478	− 5,8
1999	1,5824	1,6519	− 4,2
2000	1,3692	1,6617	− 17,6
2001	1,3864	1,6521	− 16,1
2002	1,4838	1,6874	− 12,1
2003	1,5817	1,7098	− 7,5
2004	1,6167	1,5641	+ 3,4
2005	1,5087	1,5570	− 3,1
2006	1,4237	1,5456	− 7,9
2007	1,4678	1,5426	− 4,8

Kroatien (Kuna – HRK)

Jahr	Devisenkurs	Verbrauchergeldparität	Verhältnis zueinander
1998	7,1080	6,5281	+ 8,9
1999	7,6153	6,7326	+ 13,1
2000	7,6588	6,9430	+ 10,3
2001	7,4867	7,3355	+ 2,1
2002	7,4165	7,3813	+ 0,5
2003	7,5752	7,3720	+ 2,8
2004	7,5109	7,3853	+ 1,7
2005	7,4008	6,5905	+ 12,3
2006	7,3247	6,5213	+ 12,3
2007	7,3376	6,5297	+ 12,4

Lettland (Lats – LVL)

Jahr	Devisenkurs	Verbrauchergeldparität	Verhältnis zueinander
2001	0,5601	0,4918	+ 13,9
2002	0,5810	0,4952	+ 17,3
2003	0,6407	0,5073	+ 26,3
2004	0,6652	0,5292	+ 25,7
2005	0,6962	0,5694	+ 22,3
2006	0,6962	0,5794	+ 20,2
2007	0,7001	0,5970	+ 17,3

Litauen (Litas – LTL)

Jahr	Devisenkurs	Verbrauchergeldparität	Verhältnis zueinander
1996	5,1937	3,4739	+ 49,5
1997	4,5010	3,7297	+ 20,7
1998	4,4474	3,1233	+ 42,4
1999	4,2305	3,1338	+ 35,0
2000	3,6686	3,1001	+ 18,3
2001	3,5823	3,0527	+ 17,3
2002	3,4594	2,8076	+ 23,2
2003	3,4527	2,7463	+ 25,7
2004	3,4529	2,7297	+ 26,5
2005	3,4528	2,8183	+ 22,5
2006	3,4528	2,7709	+ 24,6
2007	3,4528	2,8023	+ 23,2

Luxemburg (Euro – EUR)

Jahr	Devisenkurs	Verbrauchergeldparität	Verhältnis zueinander
1994	40,3015	37,0422	+ 8,8
1995	40,2401	37,1125	+ 8,4
1996	40,2500	37,2539	+ 8,0
1997	40,3563	37,2539	+ 8,3
1998	40,3464	38,2746	+ 5,4
1999	40,3399	38,4250	+ 5,0
2000	40,3399	38,8833	+ 3,7
2001	40,3399	38,7293	+ 4,2
2002 (EUR)	1,0000	0,9670	+ 3,4
2003	1,0000	0,9746	+ 2,6
2004	1,0000	0,9875	+ 1,3
2005	1,0000	1,0020	− 0,2
2006	1,0000	1,0127	− 1,3
2007	1,0000	1,0145	− 1,4

Malta (Maltesische Lira – MTL)

Jahr	Devisenkurs	Verbrauchergeldparität	Verhältnis zueinander
1999	0,4248	0,4069	+ 4,4
2000	0,4035	0,4075	− 1,0
2001	0,4030	0,4082	− 1,3
2002	0,4089	0,4058	+ 0,8
2003	0,4261	0,4027	+ 5,8
2004	0,4280	0,4063	+ 5,3
2005	0,4299	0,4047	+ 6,2
2006	0,4293	0,4098	+ 4,8
2007	0,4293	0,4073	+ 5,4

Mazedonien (Denar – MKD)

Jahr	Devisenkurs	Verbrauchergeldparität	Verhältnis zueinander
1998	60,5333	44,0502	+ 37,4
1999	60,6083	43,3665	+ 39,8
2000	60,7212	44,2495	+ 37,2
2001	60,9161	45,3868	+ 34,2
2002	60,9802	51,2002	+ 19,1
2003	61,2637	51,2685	+ 19,5
2004	61,3383	50,0996	+ 22,4
2005	61,2998	50,2548	+ 22,0
2006	61,1884	50,6376	+ 20,8
2007	61,1885	50,8130	+ 20,4

Montenegro (Neuer Dinar – RSD, ab 2006 Euro – EUR)

Jahr	Devisenkurs	Verbrauchergeldparität	Verhältnis zueinander
2002	60,7084	51,5713	+ 17,7
2003	65,1623	55,8881	+ 16,6
2004	72,8039	59,8378	+ 21,7
2005	82,9860	69,2276	+ 19,9
2006 (EUR)	1,0000	0,8115	
2007	10000	0,8115	+ 23,2

Niederlande (Euro – EUR)

Jahr	Devisenkurs	Verbrauchergeldparität	Verhältnis zueinander
1974 bis 1993			+ 3,1 Durchschnitt
1994	2,1933	2,0493	+ 7,0
1995	2,1909	2,0401	+ 7,4
1996	2,1916	2,0523	+ 6,8
1997	2,2011	2,0583	+ 6,9
1998	2,2046	2,1746	+ 1,4
1999	2,2037	2,2092	– 0,3
2000	2,2037	2,2162	– 0,6
2001	2,2037	2,2616	– 2,6
2002 (EUR)	1,0000	1,0469	– 4,5
2003	1,0000	1,0505	– 4,8
2004	1,0000	1,0456	– 4,4
2005	1,0000	1,0378	– 3,6
2006	1,0000	1,0353	– 3,4
2007	1,0000	1,0318	– 3,1

Norwegen (Norwegische Krone – NOK)

Jahr	Devisenkurs	Verbrauchergeldparität	Verhältnis zueinander
1974 bis 1993			– 26,4 Durchschnitt
1994	8,5103	10,6237	– 19,9
1995	8,6488	10,7228	– 19,3
1996	8,3970	10,7522	– 21,9
1997	7,9804	10,8718	– 26,6
1998	8,3952	11,0374	– 23,9
1999	8,3107	11,4846	– 27,6
2000	8,1131	11,5593	– 29,8
2001	8,0484	11,5738	– 30,5
2002	7,5086	11,4309	– 34,3
2003	8,0033	11,5560	– 30,7
2004	8,3697	11,3550	– 26,3
2005	8,0092	11,2617	– 28,9
2006	8,0472	11,2690	– 28,6
2007	8,0165	11,0765	– 27,6

Österreich (Euro – EUR)

Jahr	Devisenkurs	Verbrauchergeldparität	Verhältnis zueinander
1974 bis 1993			– 3,8 Durchschnitt
1994	13,7599	15,4245	– 10,8
1995	13,7599	15,4733	– 11,1
1996	13,7599	15,5843	– 11,7
1997	13,7638	15,5348	– 11,4
1998	13,7609	15,5348	– 12,9
1999	13,7603	14,8281	– 7,2
2000	13,7603	14,8619	– 7,4
2001	13,7603	14,8394	– 7,3
2002 (EUR)	1,0000	1,0835	– 7,7
2003	1,0000	1,0561	– 5,3
2004	1,0000	1,0569	– 5,4
2005	1,0000	1,0554	– 5,2
2006	1,0000	1,0533	– 5,1
2007	1,0000	1,0568	– 5,4

Polen (Zloty – PLN)

Jahr	Devisenkurs	Verbrauchergeldparität	Verhältnis zueinander
1979 bis 1993			+ 55,7 Durchschnitt
1994	71,608	93,84	+ 31,0
1995	59,139	74,23	+ 25,5
1996	3,5017	3,1323	+ 11,8
1997	3,6935	3,5586	+ 3,8
1998	3,8811	3,1828	+ 21,9
1999	4,2238	3,4032	+ 24,1
2000	4,0056	3,6709	+ 9,1
2001	3,6721	3,4042	+ 7,9
2002	3,8574	3,4303	+ 12,5
2003	4,3996	3,4103	+ 29,0
2004	4,5268	3,4668	+ 30,6
2005	4,0230	3,1303	+ 28,5
2006	3,8959	3,1001	+ 25,7
2007	3,7837	3,0467	+ 24,2

Portugal (Euro – EUR)

Jahr	Devisenkurs	Verbrauchergeldparität	Verhältnis zueinander
1974 bis 1993			+ 19,1 Durchschnitt
1994	200,1054	187,8799	+ 6,5
1995	204,6918	192,6926	+ 6,2
1996	200,5157	196,7636	+ 1,9
1997	197,6784	198,3600	– 0,3
1998	200,3308	182,6172	+ 9,7
1999	200,482	185,9154	+ 7,8
2000	200,482	187,1608	+ 7,1
2001	200,482	189,3349	+ 5,9
2002 (EUR)	1,0000	0,9631	+ 3,8
2003	1,0000	0,9913	+ 0,9
2004	1,0000	0,9974	+ 0,3
2005	1,0000	0,9962	+ 0,4
2006	1,0000	1,0075	– 0,7
2007	1,0000	1,0071	– 0,7

Rumänien (Leu – ROL)

Jahr	Devisenkurs	Verbrauchergeldparität	Verhältnis zueinander
1998	9 788,9389	8 061,9538	+ 21,4
1999	16 137,2112	11 607,2997	+ 39,0
2000	19 862,1915	16 687,9693	+ 19,0
2001	26 004,0000	21 972,8740	+ 18,3
2002	31 270,0000	24 731,4945	+ 26,4
2003	37 551,0000	29 047,4090	+ 29,3
2004	40 510,0000	31 564,4518	+ 28,3
2005	3,6209	2,9676	+ 22,0
2006	3,5258	2,9735	+ 18,6
2007	3,3353	2,9026	+ 14,9

Russische Föderation (Rubel – RUB)

Jahr	Devisenkurs	Verbrauchergeldparität	Verhältnis zueinander
1999	26,2176	23,9685	+ 9,4
2000	25,9360	28,3865	− 8,6
2001	26,1400	21,6867	+ 20,5
2002	29,7004	35,0873	− 15,4
2003	34,6842	32,4924	− 8,7
2004	35,8173	33,8432	+ 6,7
2005	35,1884	34,3415	+ 2,5
2006	34,1117	34,3517	− 0,7
2007	35,0183	33,9112	− 3,3

Schweden (Schwedische Krone – SEK)

Jahr	Devisenkurs	Verbrauchergeldparität	Verhältnis zueinander
1974 bis 1993			− 10,4 Durchschnitt
1994	9,3077	9,1266	+ 2,0
1995	9,7728	9,1996	+ 5,6
1996	8,7182	9,1011	− 4,2
1997	8,6092	10,5039	− 18,0
1998	8,8387	10,5492	− 16,2
1999	8,8077	10,7169	− 17,8
2000	8,4438	10,6237	− 20,5
2001	9,2551	10,5941	− 12,6
2002	9,1611	11,0356	− 17,0
2003	9,1242	10,9917	− 17,2
2004	9,1243	10,8419	− 17,0
2005	9,2822	11,0196	− 15,8
2006	9,2544	10,9775	− 15,7
2007	9,2501	10,8930	− 15,1

Schweiz (Schweizer Franken – CHF)

Jahr	Devisenkurs	Verbrauchergeldparität	Verhältnis zueinander
1974 bis 1993			− 22,4 Durchschnitt
1994	1,6475	2,1514	− 23,4
1995	1,6132	2,1599	− 25,3
1996	1,6046	1,9874	− 19,3
1997	1,6366	1,9694	− 16,9
1998	1,6109	1,9558	− 17,6
1999	1,6004	1,9653	− 18,6
2000	1,5570	1,9576	− 20,5
2001	1,5105	1,9046	− 20,7
2002	1,4670	1,8908	− 22,4
2003	1,5212	1,9041	− 20,1
2004	1,5438	1,8821	− 18,0
2005	1,5483	1,8609	− 16,8
2006	1,5729	1,8433	− 14,7
2007	1,6427	1,8047	− 9,0

Serbien (Neuer Dinar – RSD)

Jahr	Devisenkurs	Verbrauchergeldparität	Verhältnis zueinander
2002	60,7084	51,5713	+ 17,7
2003	65,1623	55,8881	+ 16,6

Jahr	Devisenkurs	Verbrauchergeldparität	Verhältnis zueinander
2004	72,8039	59,8378	+ 21,7
2005	82,9860	69,2276	+ 19,9
2006	84,1349	72,3531	+ 16,3
2007	80,0111	71,6446	+ 11,7

Slowakische Republik (Slowakische Krone – SKK)

Jahr	Devisenkurs	Verbrauchergeldparität	Verhältnis zueinander
1999	44,0701	30,9467	+ 42,4
2000	42,5828	33,9554	+ 25,4
2001	43,3000	37,7233	+ 14,8
2002	42,6940	38,4424	+ 11,1
2003	41,4890	32,9444	+ 25,0
2004	40,0220	33,4686	+ 19,6
2005	38,5990	32,4828	+ 18,8
2006	37,2340	31,8554	+ 16,9
2007	33,7750	29,9145	+ 12,9

Slowenien (Tolar – SIT, ab 2007 Euro – EUR)

Jahr	Devisenkurs	Verbrauchergeldparität	Verhältnis zueinander
1996	176,1850	154,9786	+ 13,7
1997	180,3938	165,4679	+ 9,0
1998	184,6516	160,0516	+ 15,4
1999	194,3779	168,4608	+ 15,4
2000	206,5509	179,4339	+ 15,1
2001	217,9797	190,4351	+ 14,5
2002	225,9772	202,1582	+ 11,8
2003	233,8493	207,8261	+ 12,5
2004	239,0874	211,2784	+ 13,2
2005	239,5681	211,9649	+ 13,0
2006	239,5961	215,3326	+ 11,3
2007 (EUR)	1,0000	0,9029	+ 10,8

Spanien (Euro – EUR)

Jahr	Devisenkurs	Verbrauchergeldparität	Verhältnis zueinander
1974 bis 1993			+ 7,4 Durchschnitt
1994	161,4787	140,7072	+ 14,8
1995	170,0870	145,1990	+ 17,1
1996	164,6322	148,9589	+ 10,5
1997	165,1465	149,6427	+ 10,3
1998	166,0438	156,3413	+ 6,2
1999	166,386	159,3993	+ 4,4
2000	166,386	161,3721	+ 3,1
2001	166,386	162,4444	+ 2,4
2002 (EUR)	1,0000	0,9923	+ 0,8
2003	1,0000	0,9846	+ 1,6
2004	1,0000	0,9959	+ 0,4
2005	1,0000	1,0070	− 0,7
2006	1,0000	1,0236	− 2,3
2007	1,0000	1,0273	− 2,7

Tschechische Republik (Tschechische Krone – CZK)

Jahr	Devisenkurs	Verbrauchergeldparität	Verhältnis zueinander
1996	35,2974	25,9394	+ 36,1
1997	35,6643	27,6638	+ 28,9
1998	35,8276	30,3229	+ 18,1
1999	36,8677	26,9770	+ 36,7
2000	35,5929	27,3926	+ 29,9
2001	34,0680	27,7840	+ 22,6
2002	30,8040	27,8719	+ 10,5
2003	31,8460	23,7782	+ 33,9
2004	31,8910	23,9638	+ 33,1
2005	29,7820	24,6148	+ 21,0
2006	28,3420	23,7916	+ 19,1
2007	27,7660	23,5375	+ 18,0

Türkei (Türkische Lira – TRL)

Jahr	Devisenkurs	Verbrauchergeldparität	Verhältnis zueinander
1996	103 106,6477	78 547,3896	+ 31,2
1997	166 581,2111	140 909,9424	+ 18,2
1998	285 355,9965	279 005,7061	+ 2,3
1999	438 625,2523	452 00,720	– 3,6
2000	575 074,9779	598 113,1498	– 3,9
2001	1 102 425,0000	1 314 283,4028	– 16,1
2002	1 439 680,0000	1 273 250,0000	+ 13,1
2003	1 694 851,0000	1 581 500,3397	+ 7,2
2004	1 777 052,0000	1 722 552,6704	+ 3,2
2005	1,6771	1,7252	– 2,8
2006	1,8090	1,8605	– 2,8
2007	1,7865	1,8882	– 5,4

Ukraine (Griwna – UAH)

Jahr	Devisenkurs	Verbrauchergeldparität	Verhältnis zueinander
1999	4,3804	4,0326	+ 8,6
2000	4,9996	5,0538	– 1,1
2001	4,8012	5,5306	– 13,2
2002	5,0449	4,4765	+ 12,7
2003	6,0377	4,6648	+ 29,4
2004	6,6070	4,9877	+ 32,5
2005	6,3708	4,8957	+ 30,1
2006	6,3382	5,0218	+ 26,2
2007	6,9369	5,4920	+ 26,3

Ungarn (Forint – HUF)

Jahr	Devisenkurs	Verbrauchergeldparität	Verhältnis zueinander
1982 bis 1993			+ 86,5 Durchschnitt
1994	126,4436	105,7205	+ 19,6
1995	170,5616	133,0497	+ 28,0
1996	198,2294	163,3943	+ 21,3
1997	210,4559	190,6267	+ 10,4
1998	238,1499	216,3529	+ 10,1
1999	252,7141	177,8027	+ 42,1
2000	260,0250	191,1857	+ 36,0

Jahr	Devisenkurs	Verbrauchergeldparität	Verhältnis zueinander
2001	256,5900	203,0982	+ 26,3
2002	242,9600	211,1409	+ 15,1
2003	253,6200	213,8239	+ 18,6
2004	251,6600	218,7564	+ 15,0
2005	248,0500	209,4277	+ 18,4
2006	264,2600	219,9486	+ 20,1
2007	251,3500	218,0284	+ 15,3

Vereinigtes Königreich (Pfund Sterling GBP)

Jahr	Devisenkurs	Verbrauchergeldparität	Verhältnis zueinander
1994	0,7881	0,7855	+ 0,3
1995	0,8646	0,7983	+ 8,3
1996	0,8330	0,8049	+ 3,5
1997	0,6884	0,8541	− 19,4
1998	0,6711	0,8654	− 22,5
1999	0,6586	0,8771	− 24,9
2000	0,6093	0,8731	− 30,3
2001	0,6219	0,8593	− 27,6
2002	0,6288	0,8583	− 26,7
2003	0,6920	0,8642	− 19,9
2004	0,6787	0,8585	− 20,9
2005	0,6838	0,8265	− 17,3
2006	0,6817	0,8301	− 17,9
2007	0,6843	0,8289	− 17,4

Vereinigte Staaten von Amerika (US-Dollar − USD)

Jahr	Devisenkurs	Verbrauchergeldparität	Verhältnis zueinander
1974 bis 1993			− 2,4 Durchschnitt
1994	1,2060	1,1782	+ 2,4
1995	1,3641	1,1854	+ 15,1
1996	1,3007	1,2148	+ 7,1
1997	1,1274	1,2224	− 7,8
1998	1,1118	1,2224	− 9,0
1999	1,0654	1,2700	− 16,1
2000	0,9215	1,2867	− 28,4
2001	0,8956	1,2686	− 29,4
2002	0,9456	1,2648	− 25,2
2003	1,1312	1,2947	− 12,6
2004	1,2439	1,3046	− 4,7
2005	1,2441	1,3267	− 6,2
2006	1,2556	1,3412	− 6,4
2007	1,3705	1,3562	+ 1,1

Weißrussland (Belarus-Rubel − BYR)

Jahr	Devisenkurs	Verbrauchergeldparität	Verhältnis zueinander
2001	1 241,5500	1 095,7117	+ 13,3
2002	1 688,5000	1 516,0460	+ 11,4
2003	2 324,1100	1 900,8716	+ 22,3
2004	2685,9100	2180,5989	+ 23,2
2005	2680,9600	2216,3287	+ 21,0
2006	2692,6800	2263,6921	+ 19,0
2007	2947,8100	2286,9710	+ 28,9

25　In einem **zweiten Schritt** ist sodann der Unterhaltsbedarf (ausgehend von dem festgestellten Verhältnis zwischen Verbrauchergeldparität und Devisenkurs = x) anhand der folgenden Tabellen von Gutdeutsch/Zieroth zu errechnen. Dabei ist zwischen den Tabellen für den Unterhaltsberechtigten und den Unterhaltspflichtigen zu unterscheiden.

26　Die **Abweichung der Verbrauchergeldparität** ist jedoch nicht immer gleich der **Bedarfskorrektur** (oder deren Kehrwert, wenn sich nicht der Verpflichtete, sondern der Berechtigte im Ausland befindet). Solange die Ehe besteht, sind nach dem Prinzip der Halbteilung die verfügbaren Mittel so zu verteilen, dass beide Gatten in gleichem Umfang ihren Bedarf decken können. Dasselbe gilt für den Geschiedenenunterhalt, wenn die währungsraumübergreifende Bedarfslage bereits die ehelichen Lebensverhältnisse prägt, weil beide Eheleute ihren Bedarf in verschiedenen Währungsgebieten decken. Entsprechendes gilt auch für den Kindesunterhalt nach den Einkommensstufen der Düsseldorfer Tabelle.

In all diesen Fällen steht der Bedarfskorrektur auf Seiten der Berechtigten eine **gegenläufige Bedarfskorrektur** auf Seiten des Verpflichteten gegenüber, die das Ausmaß der nötigen Korrektur vermindert.[70] Das Ausmaß der Korrektur hängt in solchen Fällen davon ab, in welchem Umfang der Gesamtbedarf (des Verpflichteten und des Berechtigten) auf Inland und Ausland verteilt wird.

27　Die folgenden Tabellen von *Gutdeutsch/Zieroth*[71] ermöglichen es, für bestimmte prozentuale Verteilungen von Auslands- und Inlandsbedarf und bestimmte Abweichungen der Verbrauchergeldparität[72] einen Prozentsatz für die Bedarfskorrektur abzulesen:

Tabelle I

Abw. VGP	iso-liert	5	10	15	20	25	30	35	40	45	50	55	60	65	70	75
− 50	100	90	82	74	67	60	54	48	43	38	33	29	25	21	18	14
− 45	82	75	68	62	56	51	46	41	37	33	29	25	22	19	16	13
− 40	67	61	56	52	47	43	39	35	32	28	25	22	19	16	14	11
− 35	54	50	46	42	39	36	32	29	27	24	21	19	16	14	12	10
− 30	43	40	37	34	32	29	27	24	22	20	18	16	14	12	10	8
− 25	33	31	29	27	25	23	21	19	18	16	14	13	11	10	8	7
− 20	25	23	22	20	19	18	16	15	14	12	11	10	9	8	6	5
− 15	18	17	16	15	14	13	12	11	10	9	8	7	6	6	5	4
− 10	11	10	10	9	9	8	8	7	6	6	5	5	4	4	3	3
− 5	5	5	5	4	4	4	4	3	3	3	3	2	2	2	2	1
0	0	0	0	0	0	0	0	0	0	0	0	0	0	0	0	0
5	− 5	− 5	− 4	− 4	− 4	− 4	− 3	− 3	− 3	− 3	− 2	− 2	− 2	− 2	− 1	− 1
10	− 9	− 9	− 8	− 8	− 7	− 7	− 7	− 6	− 6	− 5	− 5	− 4	− 4	− 3	− 3	− 2
15	− 13	− 12	− 12	− 11	− 11	− 10	− 10	− 9	− 8	− 8	− 7	− 6	− 6	− 5	− 4	− 4
20	− 17	− 16	− 15	− 15	− 14	− 13	− 12	− 12	− 11	− 10	− 9	− 8	− 7	− 7	− 6	− 5
25	− 20	− 19	− 18	− 18	− 17	− 16	− 15	− 14	− 13	− 12	− 11	− 10	− 9	− 8	− 7	− 6
30	− 23	− 22	− 21	− 20	− 19	− 18	− 17	− 16	− 15	− 14	− 13	− 12	− 11	− 10	− 8	− 7
35	− 26	− 25	− 24	− 23	− 22	− 21	− 20	− 19	− 17	− 16	− 15	− 14	− 12	− 11	− 10	− 8
40	− 29	− 28	− 26	− 25	− 24	− 23	− 22	− 21	− 19	− 18	− 17	− 15	− 14	− 12	− 11	− 9
45	− 31	− 30	− 29	− 28	− 26	− 25	− 24	− 23	− 21	− 20	− 18	− 17	− 15	− 14	− 12	− 10

Header note: *Abw. der VGP — iso-liert / im Verbund (bei Auslandsanteil des Bedarfs von:)* — Bedarfskorrektur bei Auslandsberührung **(Berechtigte im Ausland)**.

---

[70] Lebt der Berechtigte in einem billigeren Land, braucht er weniger. Die resultierende Entlastung des Pflichtigen muss (soweit prägend) auf Grund des Halbteilungsgrundsatzes auch dem Berechtigten zugute kommen und vermindert daher die Herabsetzung seines Bedarfs. Soweit sich auf Grund der abweichenden Verbrauchergeldparität der Bedarf des Berechtigten erhöht, muss dieser die daraus resultierende Mehrbelastung des Pflichtigen mittragen, was auch die Erhöhung seines Bedarfs reduziert

[71] Gutdeutsch/Zieroth, Verbrauchergeldparität und Unterhalt, FamRZ 1993, 1152

[72] S. Rn. 9/23 ff.; vgl. auch Internationaler Vergleich der Verbraucherpreise ausgewählter Länder in: FamRZ 2005, 1409

Tabelle I

Abw. der VGP — iso-liert — Bedarfskorrektur bei Auslandsberührung **(Berechtigte im Ausland)**: im Verbund (bei Auslandsanteil des Bedarfs von:)

Abw. der VGP	iso-liert	5	10	15	20	25	30	35	40	45	50	55	60	65	70	75
50	−33	−32	−31	−30	−29	−27	−26	−25	−23	−22	−20	−18	−17	−15	−13	−11
55	−35	−34	−33	−32	−31	−29	−28	−26	−25	−23	−22	−20	−18	−16	−14	−12
60	−38	−36	−35	−34	−32	−31	−30	−28	−26	−25	−23	−21	−19	−17	−15	−13
65	−39	−38	−37	−36	−34	−33	−31	−30	−28	−26	−25	−23	−21	−19	−16	−14
70	−41	−40	−39	−37	−36	−34	−33	−31	−30	−28	−26	−24	−22	−20	−17	−15
75	−43	−42	−40	−39	−37	−36	−34	−33	−31	−29	−27	−25	−23	−21	−18	−16
80	−44	−43	−42	−40	−39	−37	−36	−34	−32	−31	−29	−26	−24	−22	−19	−17
85	−46	−45	−43	−42	−40	−39	−37	−36	−34	−32	−30	−28	−25	−23	−20	−18
90	−47	−46	−45	−43	−42	−40	−39	−37	−35	−33	−31	−29	−26	−24	−21	−18
95	−49	−47	−46	−45	−43	−42	−40	−38	−36	−34	−32	−30	−28	−25	−22	−19
100	−50	−49	−47	−46	−44	−43	−41	−39	−37	−35	−33	−31	−29	−26	−23	−20

Tabelle II

Abw. der VGP — iso-liert — Bedarfskorrektur bei Auslandsberührung **(Verpflichtete im Ausland)**: im Verbund (bei Inlandsanteil des Bedarfs von:)

Abw. der VGP	iso-liert	5	10	15	20	25	30	35	40	45	50	55	60	65	70	75
−50	−50	−49	−47	−46	−44	−43	−41	−39	−37	−35	−33	−31	−29	−26	−23	−20
−45	−45	−44	−42	−41	−40	−38	−36	−35	−33	−31	−29	−27	−25	−22	−20	−17
−40	−40	−39	−37	−36	−35	−33	−32	−30	−29	−27	−25	−23	−21	−19	−17	−14
−35	−35	−34	−33	−31	−30	−29	−27	−26	−24	−23	−21	−20	−18	−16	−14	−12
−30	−30	−29	−28	−27	−26	−24	−23	−22	−20	−19	−18	−16	−15	−13	−11	−10
−25	−25	−24	−23	−22	−21	−20	−19	−18	−17	−15	−14	−13	−12	−10	−9	−8
−20	−20	−19	−18	−18	−17	−16	−15	−14	−13	−12	−11	−10	−9	−8	−7	−6
−15	−15	−14	−14	−13	−12	−12	−11	−10	−10	−9	−8	−7	−7	−6	−5	−4
−10	−10	−10	−9	−9	−8	−8	−7	−7	−6	−6	−5	−5	−4	−4	−3	−3
−5	−5	−5	−5	−4	−4	−4	−4	−3	−3	−3	−3	−2	−2	−2	−2	−1
0	0	0	0	0	0	0	0	0	0	0	0	0	0	0	0	0
5	5	5	4	4	4	4	3	3	3	3	2	2	2	2	1	1
10	10	9	9	8	8	7	7	6	6	5	5	4	4	3	3	2
15	15	14	13	12	12	11	10	9	8	8	7	6	6	5	4	3
20	20	19	18	17	15	14	13	12	11	10	9	8	7	6	5	4
25	25	23	22	20	19	18	16	15	14	12	11	10	9	8	6	5
30	30	28	26	24	23	21	19	18	16	15	13	12	10	9	7	6
35	35	33	30	28	26	24	22	20	18	17	15	13	12	10	8	7
40	40	37	35	32	30	27	25	23	21	19	17	15	13	11	9	8
45	45	42	39	36	33	30	28	25	23	21	18	16	14	12	10	8
50	50	46	43	40	36	33	30	28	25	22	20	18	15	13	11	9
55	55	51	47	43	40	36	33	30	27	24	22	19	17	14	12	10
60	60	55	51	47	43	39	36	32	29	26	23	20	18	15	13	10
65	65	60	55	50	46	42	38	34	31	28	25	22	19	16	13	11
70	70	64	59	54	49	45	40	37	33	29	26	23	20	17	14	11
75	75	69	63	57	52	47	43	39	35	31	27	24	21	18	15	12
80	80	73	67	61	55	50	45	41	36	32	29	25	22	18	15	13
85	85	77	71	64	58	53	47	43	38	34	30	26	23	19	16	13
90	90	82	74	67	61	55	50	44	40	35	31	27	23	20	17	13
95	95	86	78	71	64	58	52	46	41	37	32	28	24	21	17	14
100	100	90	82	74	67	60	54	48	43	38	33	29	25	21	18	14

Anwendungshinweise[73]

---

[73] Ergänzt auf der Grundlage von Gutdeutsch/Zieroth, a. a. O.

Die **Tabellen enthalten:**

28 – in der ersten Spalte (Vorspalte):
die Abweichung der Verbrauchergeldparität von der Devisenparität in Prozent, wie sie den veröffentlichten Tabellen entnommen werden kann (s. Rn. 9/24a). Fehlen entsprechende Veröffentlichungen, so kann der Richter die Abweichung des von der Bundesbank veröffentlichten Devisenkurses zu der vom Statistischen Bundesamt veröffentlichten Verbrauchergeldparität auf der Grundlage des entsprechenden Formel (s. Rn. 9/24a) auch selbst errechnen oder notfalls nach § 287 ZPO schätzen.
– in der zweiten Spalte:
die Bedarfskorrektur (in Prozent) für einen Unterhaltsberechtigten, der in einem anderen Land lebt als der Unterhaltspflichtige, soweit der Bedarf sich aus dem Einkommen ableitet und die Korrektur auf den Bedarf des Berechtigten beschränkt wird.
– in den folgenden Spalten:
die entsprechende Bedarfskorrektur, wenn von einem Bedarfsverbund ausgegangen wird, die Auswirkung der Paritätsabweichung auf die Bedarfsverteilung also ausgeglichen werden soll. Dabei gibt die Kopfzeile an, welcher Prozentsatz des Bedarfs auf den (die) Unterhaltsberechtigten im Ausland (Tabelle II: Inland) entfällt.

29 Die Tabellen geben den Korrekturwert **nur für bestimmte Kombinationen** von Bedarfsverteilung und Abweichung der Verbrauchergeldparität an. Liegen die maßgebenden Werte dazwischen, so müsste interpoliert oder direkt die Formel angewandt werden. Andererseits unterliegen die Abweichungen der Verbrauchergeldparität oft starken Schwankungen, so dass eine präzise Bedarfsberechnung nach den vorliegenden Werten nur zu einer Scheingenauigkeit führt. Deshalb kann es bei der Bedarfskorrektur nur um eine grobe Annäherung gehen. Um das auch erkennbar zu machen, sollten für die Bedarfskorrektur **nur durch 5 teilbare Prozentwerte,** z.B. + 10% oder − 25% verwendet werden. Der Tabelle sollte dann nur derjenige Wert entnommen werden, dessen gerundete Prozentwert der gesuchten Kombination am nächsten ist. Im Zweifelsfall wäre einer Rundung auf ganze 10% der Vorzug zu geben. Es ließe sich auch vertreten, grundsätzlich die kleinere Korrektur zu wählen, weil sich die Abweichung als Regelwidrigkeit verstehen lässt, die durch wirtschaftspolitische Maßnahmen abgebaut werden sollte.
Beispiele zur Verwendung:[74]

30 **Beispiel 1:**
Der Mann mit prägendem Einkommen von 3500 EUR ist seiner geschiedenen Frau unterhaltspflichtig, die **nach Polen verzogen** ist (isolierter Bedarf) und dort 1500 Zloty (PLN) verdient, welche die ehelichen Lebensverhältnisse nicht geprägt haben.
• erster Schritt: Bedarfsberechnung
$6/7 \times 3500 \times 1/2 = 1500$ EUR
• zweiter Schritt: Korrektur des Bedarfs
Der Devisenkurs übersteigt die Verbrauchergeldparität um ca. 25% (s. Rn. 24). Damit weicht der Bedarf um − 20% ab (s. Rn. 27, Tabelle I Spalte 2, weil isoliert): 1500 EUR − 20% = 1200 EUR
• dritter Schritt: Berechnung des Anspruchs
Einkommen der Frau:
1500 PLN/3,8859 = 386 EUR
1200 EUR − 386 EUR = 814 EUR
Der Bedarf ist teilweise gedeckt. Es besteht noch ein Anspruch in Höhe von 814 EUR.

31 **Beispiel 2:**
Deutsche **Eheleute leben in Dänemark.** Die Frau kehrt ins billigere Deutschland zurück (isolierter Bedarf). Der Mann verdient 20 000 Dänische Kronen (DKK), also bei einem Devisenkurs von 7,4494 (s. Rn. 24) rd. 2685 EUR. Er ist der einkommenslosen Frau unterhaltspflichtig.
• erster Schritt: Bedarfsberechnung
$6/7 \times 2685$ EUR $\times 1/2 = $ rd. 1151 EUR
• zweiter Schritt: Bedarfskorrektur
Die Abweichung der Verbrauchergeldparität von 9,3215 und der Devisenparität von 7,4494 (s. jeweils Rn. 24) beträgt rd. − 20%. Denselben Wert hat die Bedarfsminderung der Frau, welche aus der Übersiedlung nach Deutschland resultiert (s. Rn. 27, Tabelle II Spalte 2, weil isoliert):
1151 EUR − 20% = rd. 921 EUR

---

[74] Nach Gutdeutsch/Zieroth, a. a. O.

Beispiel 3: 32

Frau und das sechsjährige Kind leben in den USA, was die ehelichen Lebensverhältnisse prägt oder geprägt hat (Bedarf im Verbund). Nach der Tabelle der Verbrauchergeldparitäten und Devisenkurse liegt das Verhältnis von Verbrauchergeldparität und Devisenparität im Mittel des letzten Jahre etwa bei − 5% (s. Rn. 24). Die Unterhaltsberechnung (Unterhalt = Bedarf) ergibt bei einem bereinigten Inlandseinkommen des Pflichtigen von 2650 EUR einen Unterhalt für

das Kind:

294 (371 − 77) EUR

die Ehefrau:

1010 (2650 − 294 = 2356 × $^3/_7$) EUR

Summe:

1304 (294 + 1010) EUR

Die Unterhaltssumme beläuft sich somit auf 49,2% des Einkommens. Tabelle I liefert für einen Auslandsanteil des Bedarfs von 50% und eine Abweichung der Verbrauchergeldparität von − 5% eine Bedarfskorrektur von + 3%.

Kind:

294 + 3% = rd. 303 EUR

Ehefrau:

1010 + 3% = rd. 1040 EUR

Summe:

1304 + 3% = rd. 1343 EUR

Dem Pflichtigen bleiben

2650 − 1343 = 1307 EUR

Beispiel 4: 33

Der Mann verdient 3550 EUR, welche die ehelichen Lebensverhältnisse geprägt haben. Zwei minderjährige Kinder sind unterhaltsbedürftig, von denen eines (15 Jahre alt) beim Vater in Deutschland, ein anderes (2 Jahre alt) bei der einkommenslosen **Ehefrau in den USA** lebt, welche ebenso wie die Kinder unterhaltsberechtigt ist. Die Kaufkraftdifferenz hat Einfluss auf den beiderseitigen Bedarf (Bedarf im Verbund).

• erster Schritt: Bedarfsberechnung

Gruppe 7 der DT:

1. Kind:

420 (497 − 77) EUR

2. Kind:

303 (380 − 77) EUR

Summe Kindesunterhalt:

723 EUR

Vorabzug prägenden Kindesunterhalts:

3550 − 723 = 2827 EUR

Ehegattenunterhalt aus prägendem Einkommen des Pflichtigen

Voller Bedarf abzüglich Erwerbstätigenbonus für Pflichtigen:

2827 × $^3/_7$ = 1212 EUR

• zweiter Schritt: Bedarfskorrektur

Auslandsanteil:

(1212 + 303)/3550 = 43%

Kaufkraftverlust (vgl. Beispiel 3) = 5%

Bedarfskorrektur nach der Tabelle I: + 3%

Bedarf 2. Kind (Ausland):

303 + 3% = rd. 312 EUR

Bedarf Ehefrau:

1212 + 3% = rd. 1248 EUR

Bedarf des 1. Kindes (beim Vater):

420 EUR

Dem Unterhaltspflichtigen bleiben:

1570 (3550 − 312 − 1248 − 420) EUR

Beispiel 5: 34

Der **unterhaltspflichtige Mann lebt in den USA** und verdient 4000 US$ pro Monat, die unterhaltsberechtigte einkommenslose Frau lebt in Deutschland. Vom Erwerbseinkommen stehen $^1/_7$ dem Mann als Bonus zu. Die Devisenparität US$ und EUR beträgt gegenwärtig rd. 1,3 zugunsten des EUR. Die Kaufkraftdifferenz hat Einfluss auf den beiderseitigen Bedarf (Bedarf im Verbund).

Dose 1237

- erster Schritt: Bedarfsberechnung

Einkommen des Mannes:

$4000/1,3 = $ rd. 3077 EUR

Bedarf: $^6/_7 \times 3077 \times ^1/_2 = 1319$ EUR

- zweiter Schritt: Korrekturrechnung

Inlandsanteil des Bedarfs:

$1319/3077 = 43\%$

Bedarfskorrektur nach der Tabelle II:

Verhältnis von Verbrauchergeldparität zu Devisenparität ca. -5%; Inlandsanteil ca. 43%, also -3%:

$1319 - 3\% = 1279$ EUR

V. Währung

35   Grundsätzlich kann der Berechtigte Unterhalt in der Währung seines Landes oder des Landes des Unterhaltspflichtigen verlangen, muss dabei aber auf die Verhältnisse und Interessen des Unterhaltspflichtigen Rücksicht nehmen.[75] Devisenrechtliche Beschränkungen müssen beachtet werden.

Ist der Klageantrag auf Zahlung in ausländischer Währung gerichtet, darf der Richter nicht auf inländische Währung verurteilen (§ 308 I ZPO; Auslandswährung und Eurowährung sind nicht gleichartig, § 244 I BGB).[76]

VI. Ausgewählte Länder

35 a   Auslandsrecht[77] wird in der Regel benötigt, wenn
- der Unterhaltsberechtigte im Ausland seinen gewöhnlichen Aufenthalt hat,
- nach ausländischem Recht die Ehe geschieden, für nichtig erklärt, aufgehoben oder gerichtlich getrennt ist oder
- ein auf ausländisches Recht gestütztes Unterhaltsurteil abgeändert werden soll.

Während sich die Vorschriften zum Kindesunterhalt in weitem Umfang schon jetzt entsprechen, ist im Scheidungsrecht als Voraussetzung des nachehelichen Ehegattenunterhalts eine allgemeine Entwicklung zu verzeichnen. Sie verläuft ausgehend von der Verschuldensscheidung über die in vielfältigen Varianten fast überall etablierte Zerrüttungsscheidung hin zur einvernehmlichen Scheidung. Dabei sind die Übergänge fließend, denn in einigen Ländern ist die Verschuldensscheidung neben der Möglichkeit einer Scheidung wegen unheilbarer Zerrüttung beibehalten worden. Die Zerrüttungsscheidung wiederum nähert sich durch Vermutungstatbestände nach Ablauf bestimmter Fristen dem Prinzip der einvernehmlichen Scheidung an und erfasst diese teilweise sogar als Unterfall. Die schwedische Scheidung auf Wunsch eines Ehegatten hat sich als „Modell künftiger Generationen" noch nicht allgemein durchgesetzt.[78]

---

[75] Vgl. BGH, FamRZ 1992, 1060, 1063; 1990, 992; OLG Karlsruhe, FamRZ 1991, 600

[76] Vgl. BGH, IPRax 1994, 366 und Anm. Grothe, IPRax 1994, 346

[77] Vgl. Rn. 9/9 ff.; einen Überblick über Internet-Adressen zum internationalen, europäischen und ausländischen Recht gibt Otto, IPRax 1998, 231; eine große Anzahl internationaler und nationaler Vorschriften zum Unterhaltsrecht ist über die Homepage der Bundesnotarkammer „www.bnotk.de" unter Links/International abrufbar

[78] Zum Ergebnis des 6. Symposiums für Europäisches Familienrecht „Ehescheidung und Unterhalt im europäischen Vergleich", 2002 vgl. Walter FamRZ 2003, 218

Belgien

1. Kinderunterhalt

Gemäß Art. 203 § 1 des belgischen Code Civil (ZGB)[79] haben die Eltern die Pflicht, ihre **36** Kinder zu unterhalten, und zwar bis zur Beendigung der Ausbildung, auch über den Eintritt der Volljährigkeit mit Vollendung des 18. Lebensjahres (Art. 388 ZGB) hinaus. Unbeschadet der Rechte des Kindes besteht insoweit eine gegenseitige Beitragspflicht der Eltern (Art. 203 bis ZGB). Innerhalb der Grenzen, die er aus dem Nachlass des verstorbenen Elternteils oder an Vorteilen durch Ehevertrag, Schenkung oder Testament von diesem erhalten hat, ist auch der Stiefelternteil zum Unterhalt verpflichtet (Art. 203 § 2 ZGB). Durch Scheidung oder Trennung der Eltern bleibt der Unterhaltsanspruch des Kindes im Wesentlichen unberührt (Art. 303, Art. 304, Art. 311 bis II ZGB). Die Höhe richtet sich nach der Bedürftigkeit des Berechtigten und der Leistungsfähigkeit des Verpflichteten (Art. 208 ZGB). Abänderung (Fortfall oder Ermäßigung) ist möglich (Art. 209 ZGB), wenn der Unterhaltspflichtige den Unterhalt nicht mehr gewähren kann oder der Unterhaltsberechtigte des Unterhalts nicht mehr bedarf. Der Richter kann auch von der Zahlungspflicht befreien, wenn Vater oder Mutter ihre Leistungsunfähigkeit nachweisen oder sich zur Aufnahme des Kindes in die Wohnung und zu dessen Verpflegung bereit erklären (Art. 210, 211 ZGB).

2. Ehegattenunterhalt

Trennung. Gemäß Art. 213 ZGB schulden die Ehegatten einander Hilfe und Beistand. **37** Dazu zählt auch die Unterhaltspflicht. Der Richter kann für die Zeit der Trennung die Zahlung einer Unterhaltsrente anordnen (Art. 223 ZGB), auch vorläufig. Nach der „Verkündung" der Trennung von Tisch und Bett besteht die Unterstützungspflicht nur noch zugunsten desjenigen Ehegatten, der die Trennung erwirkt hat (Art. 308 ZGB). Mit dem Tode des vorverstorbenen Ehegatten geht eine Unterhaltspflicht gegenüber dem hinterbliebenen Ehegatten als Nachlassverbindlichkeit auf die Erben über, wenn die Bedürftigkeit schon im Zeitpunkt des Todes bestand (Art. 205 bis § 1 ZGB). Das gilt auch bei Trennung von Tisch und Bett. Der Unterhalt geht dann zu Lasten des Nachlasses und wird von allen Erben und Vermächtnisnehmern im Verhältnis ihrer Erbteile geschuldet. Hat der Verstorbene ein Vermächtnis als vorrangig bezeichnet, haftet dieses nur nachrangig (Art. 205 bis § 3 ZGB). Der Unterhaltsanspruch muss aber innerhalb eines Jahres nach dem Tode geltend gemacht werden (Art. 205 bis § 5, Art. 310 § 6 ZGB).

Scheidung. Das belgische Ehescheidungsrecht ist mit Gesetz vom 27. April 2007 mit **38** Wirkung zum 1. September 2007 grundlegend geändert worden.[80] An die Stelle der Scheidung aus bestimmten Gründen oder auf Grund faktischer Trennung ist die Scheidung auf Grund unheilbarer Ehezerrüttung getreten (Art. 229 §§ 1 bis 3 ZGB).[81] Diese neue gesetzliche Regelung lässt eine Ehescheidung schon nach dreimonatiger Trennung zu, ohne dass sich die Ehegatten über die Scheidungsfolgen einigen müssen. Diese Scheidungsform wird deswegen voraussichtlich stark an Bedeutung gewinnen.[82] Die schon nach früherem Recht mögliche einverständliche Scheidung, von der 75 bis 80% der Scheidungswilligen Gebrauch machen, wurde daneben beibehalten und weiter vereinfacht.[83]

---

[79] Belgischer Code Civil in der Fassung vom 30. Juni 2005
[80] Belgisches Staatsblatt vom 7. 6. 2007
[81] Vgl. Pintens FamRZ 2007, 1491, 1493 f.
[82] Pintens FamRZ 2007, 1491, 1494
[83] Dass die Ehegatten mindestens 20 Jahre alt sein müssen und die Ehe bei Antragstellung mindestens 2 Jahre Bestand hatte, ist nicht mehr erforderlich. Die vermögensrechtlichen wie familienrechtlichen Scheidungsfolgen müssen allerdings vertraglich geregelt sein (Art. 1287 bis 1288 ZGB). Auf die Antragsschrift erhalten die Parteien eine 3-monatige Überlegungsfrist. Danach ist die richterliche Kontrolle (anders als in Frankreich) sehr eingeschränkt und im Wesentlichen auf Sittenwidrigkeit, den ordre public und die Wahrung außergewöhnlicher Kindesinteressen beschränkt

Mit der Änderung des Scheidungsrechts ist auch das Recht des **nachehelichen Unterhalts** reformiert worden. Haben die Ehegatten den Unterhalt nicht, wie bei der einverständlichen Scheidung erforderlich, vertraglich geregelt, kann auf Antrag eines Ehegatten eine Unterhaltspflicht gerichtlich ausgesprochen werden (Art. 301 § 1 und 2 ZGB). Unterhaltsberechtigt ist künftig aber nicht nur der unschuldige, sondern ein bedürftiger Ehegatte (Art. 301 § 2 I ZGB). Gleichwohl verzichtet auch das neue Recht nicht vollständig auf den Aspekt des Scheidungsverschuldens. Der Antrag auf nachehelichen Unterhalt kann abgewiesen werden, wenn der Antragsteller ein schweres Vergehen gegen den Antragsgegner begangen hat, dass diesem eine Fortsetzung des ehelichen Lebens unmöglich macht (Art. 301 § 2 II ZGB) oder wenn der Antragsteller gegenüber dem Antragsgegner gewalttätig geworden ist (Art. 301 § 2 III ZGB). Die Dauer des Unterhalts darf die Dauer der Ehe grundsätzlich nicht übersteigen (sog. Spiegelunterhalt); nur bei außergewöhnlichen Umständen darf der Richter davon abweichen (Art. 301 § 4 ZGB).[84] Allerdings verstieß auch die Vollstreckung eines früheren belgischen Urteils über nachehelichen Unterhalt nicht gegen den deutschen ordre public, wenn das Urteil darauf beruhte, dass dem unterhaltspflichtigen Ehegatten die Schuld am Scheitern der Ehe zugesprochen worden war.[85]

Die **Höhe des Unterhalts** richtet sich nicht mehr nach dem ehelichen Lebensstandard, sonder in erster Linie nach der aktuellen Bedürftigkeit des Antragstellers. Allerdings kann der Unterhaltsanspruch auch über die persönliche Bedürftigkeit hinausgehen, wenn besondere Kriterien, wie die Dauer der Ehe oder das Alter des Unterhaltsberechtigten, dafür sprechen (Art. 301 § 3 I ZGB). Wie schon nach früherem Recht darf der Unterhaltsanspruch aber ein Drittel des Gesamteinkommens des Unterhaltspflichtigen nicht übersteigen (Art. 301 § 3 III ZGB). Bei der Unterhaltsbemessung wenden belgische Gerichte keine Leitlinien an; nur ausnahmsweise orientieren sie sich an den deutschen Leitlinien, wenn die Parteien zwar ihren Wohnsitz in Belgien, ihren Aufenthalt aber in Deutschland haben.[86]

Eine **einverständliche Scheidung** ist nur möglich, wenn die Parteien eine Unterhaltsvereinbarung mit positiver oder negativer Abänderungsklausel treffen. Trotz der – eingeschränkten – richterlichen Kontrollmöglichkeit hat die für diese Scheidungsform notwendige Unterhaltsvereinbarung Vertragscharakter. Nach der Rechtsprechung entfallen die Rechtsfolgen auch nicht im Falle des Ehebruches, es sei denn, solches ergibt sich aus der vertraglichen Vereinbarung. Da hierfür die causa der Unterhaltspflicht bekannt sein muss, sind entsprechende Bedingungen in die vertraglich vereinbarte Unterhaltspflicht aufzunehmen. Entsprechend hat der belgische Kassationshof im Jahre 2000 unter Aufgabe seiner früheren Rechtsprechung entschieden, dass auch ein Ehevertrag auflösbar ist, was z. B. bei Betrug oder Arglist in Betracht kommt.

39 Jeder Unterhalt kann an veränderte Verhältnisse angepasst werden, ist also abänderbar. Das gilt auch für den im Rahmen einer einverständlichen Scheidung vereinbarten Unterhalt, wenn die Ehegatten dies nicht ausdrücklich ausgeschlossen haben (Art. 301 § 7 I ZGB).

Auch eine Kapitalisierung des Unterhalts ist möglich (Art. 301 § 5 ZGB).

3. Familienunterhalt

40 Die Kinder schulden ihren Eltern und ihren anderen Aszendenten (Verwandte in aufsteigender Linie) bei Bedürftigkeit Unterhalt (Art. 205 ZGB). Schwiegersöhne und Schwiegertöchter schulden ihren Schwiegereltern unter den gleichen Voraussetzungen Unterhalt. Diese Verpflichtung entfällt, wenn der Berechtigte eine neue Ehe eingeht oder wenn der Ehegatte, der die Schwägerschaft vermittelt, und evtl. gemeinsame Kinder verstorben sind (Art. 206 ZGB). Diese Verpflichtungen sind gegenseitig (Art. 207 ZGB).

Mit dem Tode eines vorverstorbenen Ehegatten geht die Unterhaltspflicht gegenüber seinen im Zeitpunkt des Todes bedürftigen Verwandten in aufsteigender Linie in Höhe der

---

[84] Pintens FamRZ 2007, 1491, 1494
[85] OLG Frankfurt NJW-RR 2005, 1375
[86] Zur Höhe vgl. auch Rn. 9/39

Erbrechte, die diesen Verwandten durch unentgeltliche Zuwendungen zugunsten des hinterbliebenen Ehegatten entzogen worden sind, als Nachlassverbindlichkeit auf die Erben über (Art. 205 bis § 2 ZGB). Das gilt auch bei Trennung von Tisch und Bett. Der Unterhalt muss jedoch innerhalb eines Jahres ab dem Tode geltend gemacht werden (Art. 205 bis § 5 ZGB).

Bosnien-Herzegowina

1. Allgemeines

Nach Art. 229 I des Gesetzes über die Familie vom 29. 5. 1979 in der Fassung vom **40 a** 20. 12. 1989 (Familiengesetzbuch – FGB)[87] ist der gegenseitige Unterhalt der Familienangehörigen und anderen Verwandten ihre Pflicht und ihr Recht. Kann der Unterhalt nicht oder nur teilweise verwirklicht werden, leistet die „Gesellschaftsgemeinschaft" unter den gesetzlich bestimmten Voraussetzungen die notwendigen Mittel zum Unterhalt für unversorgte Familienangehörige (Art. 229 II FGB).

Ein **Verzicht** auf das Unterhaltsrecht hat keine Rechtswirkung (Art. 229 III FGB). Wie in anderen Rechtsordnungen kann allenfalls auf einzelne Unterhaltsbeträge für abgelaufene Zeitabschnitte, nicht hingegen auf das Stammrecht verzichtet werden. Nach Art. 230 I FGB tragen die Familienangehörigen und anderen Verwandten entsprechend ihren Möglichkeiten und Fähigkeiten im Einklang mit den Bedürfnissen des Unterhaltsberechtigten zum gegenseitigen Unterhalt bei. Das Maß des Unterhalts richtet sich also auch hier nach dem Bedarf des Unterhaltsberechtigten und der Leistungsfähigkeit des Unterhaltspflichtigen.

2. Kinderunterhalt

Nach Art. 230 II FGB sind die Eltern vor allem verpflichtet, ihre **minderjährigen** **40 b** Kinder zu unterhalten. Zur Erfüllung dieser Verbindlichkeit müssen sie „alle ihre Möglichkeiten ausschöpfen". Hat das minderjährige Kind Vermögen oder Einkommen aus Vermögen, ist es verpflichtet, damit zu seinem Unterhalt beizutragen, wenn die Eltern arbeitsunfähig sind und selbst nicht ausreichende Mittel zum Leben haben oder diese aus ihrem Vermögen nicht realisieren können (Art. 232 II, 234 FGB). Befindet sich ein Kind in ordentlicher Schulausbildung, sind die Eltern verpflichtet, ihm nach ihren Möglichkeiten auch für die Zeit ab **Volljährigkeit** Unterhalt zu leisten. Der Anspruch ist bis zum 26. Lebensjahr begrenzt, es sei denn, die ordentliche Schulausbildung konnte aus gerechtfertigten Gründen bis zu diesem Zeitpunkt nicht abgeschlossen werden (Art 231 I FGB). Einem volljährigen Kind, das wegen Krankheit, physischer oder psychischer Gebrechen arbeitsunfähig ist und das weder ausreichenden Mittel zum Leben hat, noch diese aus seinem Vermögen realisieren kann, sind die Eltern so lange zum Unterhalt verpflichtet, wie diese Unfähigkeit andauert (Art. 231 II FGB). Ein Elternteil, dem das Elternrecht entzogen ist, wird dadurch von der Unterhaltspflicht gegenüber seinen minderjährigen Kindern nicht befreit (Art. 233 FGB). Nach Art. 235 I FGB sind auch **Stiefeltern** dem minderjährigen Kind zum Unterhalt verpflichtet, wenn diese keine anderen unterhaltspflichtigen Verwandten haben. Die Verpflichtung der Stiefeltern zum Unterhalt für ihre minderjährigen Stiefkinder bleibt auch nach dem Tod des Elternteils des Kindes bestehen, wenn sie im Zeitpunkt des Todes mit dem Elternteil und dem Kind in Familiengemeinschaft zusammengelebt haben (Art. 235 II FGB). Eine Unterhaltspflicht der Stiefeltern gegenüber den Stiefkindern ist aber beendet, wenn ihre Ehe mit dem Elternteil des Kindes geschieden oder für ungültig erklärt worden oder wenn das Nichtbestehen der Ehe festgestellt worden ist (Art 235 III FGB). Haben die Stiefeltern auch eigene Kinder, so ist die Unterhaltspflicht für die Kinder und die Stiefkinder „gemeinschaftlich" (§ 236 II FGB) also gleichrangig.

---

[87] Bergmann/Ferid/Henrich, Internationales Ehe- und Kindschaftsrecht, Bosnien-Herzegowina, S. 51 ff.

Streiten die Eltern um den Kindesunterhalt, berücksichtigt das Gericht bei dem Elternteil, dem das Kind in Obhut und zur Erziehung anvertraut ist, insbesondere seine Arbeit und Sorge die er für die Erziehung und Aufziehung des Kindes erbringt, als Beitrag zum Unterhalt (Art. 252 FGB). Stellt das Gericht fest, dass die Eltern sogar gemeinschaftlich nicht in der Lage sind, die Bedürfnisse für den Unterhalt zu befriedigen, benachrichtigt es hiervon die Vormundschaftsbehörde zwecks Gewährleistung der Mittel zum Unterhalt des Kindes (Art. 253 FGB). Die Vormundschaftsbehörde bemüht sich darum, dass sich die Eltern über den Unterhalt des Kindes oder, wenn dies die erhöhen Bedürfnisse des Kindes erfordern oder die materiellen Umstände der Eltern ermöglichen, über die Erhöhung des Beitrags zum Unterhalt einigen. Dabei orientiert sie sich an der Weisung, die der Präsident des Republikkomitees für Gesundheitswesen, Arbeitswesen und Sozialschutz erlässt (Art. 255 I, III FGB). Die Einigung hat die Wirkung einer vollstreckbaren Urkunde (Art. 255 II FGB). Die Vormundschaftsbehörde kann im Namen des minderjährigen Kindes auch einen Rechtsstreit wegen Unterhalt oder Erhöhung des Unterhalts einleiten, wenn der sorgeberechtigte Elternteil dieses Recht nicht wahrnimmt. Sogar die Vollstreckung eines gerichtlich zugesprochenen Unterhalts kann sie betreiben, wenn der sorgeberechtigte Elternteil diese nicht beantragt (Art. 254 I, II FGB).

Überträgt das Gericht die Obhut und Erziehung (Sorgerecht) einem Elternteil, einem Dritten oder einer Organisation, so entscheidet es **von Amts wegen** über den Unterhalt des Kindes (259 I FGB). Gleiches gilt, wenn das Gericht in einem Rechtsstreit die Vaterschaft des Beklagten feststellt (Art. 259 II FGB).

An einem Rechtsstreit über den Unterhalt für minderjährige Kinder oder für volljährige Kinder in ordentlicher Schulausbildung (Art. 231 FGB) nimmt die Vormundschaftsbehörde zum Schutz der Kinder mit den Befugnissen nach Art. 76 FGB teil (Art. 261 FGB). Sie ist verpflichtet, auf Anordnung des Gerichts alle für die Unterhaltsentscheidung erheblichen Angaben zu beschaffen (Art. 262 FGB).

3. Ehegattenunterhalt

40 c   Ein Ehegatte, der keine ausreichenden Mittel zum Leben hat oder sie aus seinem Vermögen nicht realisieren kann und arbeitsunfähig ist oder keine Beschäftigung aufnehmen kann, hat Anspruch auf Unterhalt gegenüber seinem Ehegatten nach dessen Möglichkeiten (Art. 239 FGB).[88] Das Recht auf Unterhalt **erlischt,** wenn der aus einer geschiedenen oder für nichtig erklärten Ehe berechtigte Ehegatte eine neue Ehe schließt oder wenn das Gericht feststellt, dass er dieses Rechts unwürdig geworden ist (Art. 245 FGB).

Der berechtigte Ehegatte muss den Unterhaltsantrag bis zum Abschluss der Hauptverhandlung im Streitverfahren über die Scheidung oder Nichtigerklärung der Ehe **einreichen** (Art. 240 I FGB). Nur ausnahmsweise kann der frühere Ehegatte auch innerhalb von 3 Jahren nach Beendigung der Ehe Unterhalt in einem gesonderten Verfahren beantragen, wenn die Unterhaltsvoraussetzungen bei Abschluss der Hauptverhandlung im Streitverfahren über die Scheidung oder Nichtigerklärung der Ehe bestanden und ununterbrochen bis zum Abschluss der Hauptverhandlung im Unterhaltsstreitverfahren angedauert haben (§ 240 II FamG). Spätester Einsatzzeitpunkt für das Bestehen eines Unterhaltsanspruches ist also die Auflösung der Ehe. Liegen die Voraussetzungen des Unterhaltsanspruches in diesem Zeitpunkt nicht vor, kann auch später kein Anspruch mehr entstehen. Das Gericht kann den Antrag auf Unterhalt abweisen, wenn sich der unterhaltsberechtigte Ehegatte ohne ernstlichen Anlass von Seiten des anderen Ehegatten in der Ehegemeinschaft gröblich und ungehörig verhalten hat oder wenn sein Antrag eine **offensichtliche Unbilligkeit** für den unterhaltspflichtigen Ehegatten darstellen würde (Art. 241 FamG). Auch in oder nach einem Rechtsstreit über die Nichtigkeit der Ehe kann das Gericht den Antrag auf Unterhalt abweisen, wenn er eine offensichtliche Unbilligkeit gegenüber dem anderen Ehegatten darstellen würde (Art. 242 FGB). Haben die Ehegatten während einer längeren Trennungszeit die Mittel für ihren Unterhalt selbstständig besorgt oder wird der berechtigte Ehegatte

---

[88] Vgl. OLG Hamm FamRZ 1995, 886

bei kurzer Ehezeit nicht in eine schwerere materielle Situation versetzt als bei Beginn der Ehezeit, kann das Gericht den Antrag auf Unterhalt ebenfalls abweisen (Art. 243 FGB). Konnte der Unterhaltsberechtigte seinen Unterhaltsbedarf durch die Einkünfte aus einer Teilzeittätigkeit aber nur teilweise decken, entfällt der Unterhaltsanspruch nicht hinsichtlich der weggefallenen sonstigen Unterstützungsleistungen.[89] Insbesondere wenn die Ehe von kurzer Dauer war oder wenn der unterhaltsberechtigte Ehegatte imstande ist, die Mittel zum Lebensunterhalt in absehbarer Zeit auf andere Weise zu gewährleisten, kann das Gericht die Unterhaltspflicht auf eine bestimmte Zeitspanne **befristen** (Art. 244 I FGB). In berechtigten Fällen kann das Gericht die Unterhaltspflicht später verlängern; die Klage auf Verlängerung des Unterhalts kann aber nur bis zum Ablauf der Zeit, für die der Unterhalt bestimmt wurde, eingereicht werde (Art. 244 II, III FGB).

4. Unterhalt des außerehelichen Partners

Ist eine außereheliche Gemeinschaft, die längere Zeit gedauert hat, aufgelöst, so hat eine **40 d** Person aus dieser Gemeinschaft, die keine ausreichenden Mittel zum Leben hat oder diese aus seinem Vermögen nicht realisieren kann, arbeitsunfähig ist oder keine Beschäftigung aufnehmen kann (vgl. Art. 239 für Ehegatten) ein Recht auf Unterhalt von der anderen Person (Art. 246 I FGB). Die Klage auf Unterhalt kann nur innerhalb einer **Frist** von drei Jahren von der Beendigung der außerehelichen Gemeinschaft an erhoben werden (Art. 246 II FGB). Das Gericht kann den Antrag auf Unterhalt abweisen, wenn der Kläger sich ohne ernsthaften Anlass von Seiten der anderen Person in der außerehelichen Gemeinschaft grob und ungehörig verhalten hat oder wenn der Unterhaltsanspruch eine offensichtliche Unbilligkeit für die andere Person darstellen würde (Art. 247 FGB). Insbesondere wenn der Kläger imstande ist, die Mittel zum Lebensunterhalt in absehbarer Zeit auf andere Weise zu gewährleisten, kann das Gericht die Unterhaltspflicht auf eine bestimmte Zeitspanne **befristen** (Art. 248 I FGB). In gerechtfertigten Fällen kann das Gericht die Unterhaltspflicht verlängern; die Klage auf Verlängerung des Unterhalts kann aber nur bis zum Ablauf der Zeit, für die der Unterhalt bestimmt wurde, eingereicht werde (Art. 248 II, III FGB). Das Recht auf Unterhalt **erlischt,** wenn die unterhaltsberechtigte Person eine Ehe eingeht oder wenn sie dieses Rechts unwürdig geworden ist (Art. 249 FGB). Der **Vater** eines außerehelichen Kindes ist auch unabhängig von einer früheren Lebensgemeinschaft verpflichtet, die Mutters seines außerehelichen Kindes entsprechend seinen Möglichkeiten während der Zeit von drei Monaten vor der Niederkunft bis ein Jahr nach der Niederkunft zu unterhalten, wenn sie keine ausreichenden Mittel zum Leben hat (Art. 250 FGB).

5. Sonstiger Verwandtenunterhalt

Hat ein Kind das 15. Lebensjahr vollendet und erzielt es durch Arbeit eigenes Einkommen, ist es verpflichtet, zum Unterhalt der Angehörigen der Familie, in der es lebt, **40 e** beizutragen (Art. 232 I FGB). Allgemein sind Kinder verpflichtet, ihren **Eltern,** die arbeitsunfähig sind und nicht ausreichende Mittel zum Leben haben, oder diese aus ihrem Vermögen nicht realisieren können, zu unterhalten (Art. 234 FGB). Unter diesen Voraussetzungen sind auch minderjährige Kinder, die Vermögen oder Einkommen aus Vermögen haben, verpflichtet, zum Unterhalt der **Mitglieder der Familie,** in der sie leben, beizutragen (Art. 232 II FGB). Unter den gleichen Voraussetzungen schulden auch Stiefkinder ihren Stiefeltern Unterhalt, wenn sie von ihnen längere Zeit unterhalten wurden oder wenn die Stiefeltern für sie gesorgt haben (§ 236 I FGB).

Eine Unterhaltspflicht besteht auch zwischen den übrigen Verwandten in gerader Linie sowie zwischen vollbürtigen **Brüdern und Schwestern.** Halbbrüder und Halbschwestern sind einander unterhaltspflichtig, wenn der Unterhaltsberechtigte minderjährig ist oder wenn er nach Erreichen der Volljährigkeit wegen Krankheit, physischer oder psychischer

---

[89] OLG Hamm FamRZ 1995, 886; OLG München 4 UF 34/05, veröffentlicht bei Juris

Gebrechen arbeitsunfähig ist und weder ausreichende Mittel zum Leben hat, noch diese aus seinem Vermögen realisieren kann (Art. 237 FGB).

Für unterhaltsberechtigte alte oder allein stehende Personen ist die Vormundschaftsbehörde auf Grund vorheriger Zustimmung befugt, als Bevollmächtigte in ihrem Namen einen Unterhaltsrechtsstreit gegen die Unterhaltspflichtigen zu führen (Art. 256 FGB).

6. Allgemeine Vorschriften zur Bestimmung des Unterhalts

40 f Das Recht auf Unterhalt wird in der **Rangfolge** in Anspruch genommen, in der die Unterhaltspflichtigen zur Erbfolge berufen sind (Art. 238 I FGB). Sind mehrere Personen gemeinschaftlich unterhaltspflichtig, wird die Verpflichtung „gemäß ihren Möglichkeiten" zwischen ihnen geteilt (Art. 238 II FGB).

Bei der Festsetzung des **Bedarfs** der unterhaltsberechtigten Person berücksichtigt das Gericht ihren Vermögensstand, ihre Arbeitsfähigkeit, ihre Möglichkeit zur Aufnahme einer Beschäftigung, ihren Gesundheitszustand und andere Umstände, von denen die Würdigung ihrer Bedürfnisse abhängt (Art. 251 I FGB). Der nacheheliche Unterhalt ist nach der Bedürftigkeit des Unterhaltsberechtigten und der Leistungsfähigkeit des Unterhaltspflichtigen zu bemessen.[90] Wird Unterhalt für ein Kind verlangt, berücksichtigt das Gericht das Alter des Kindes sowie die Bedürfnisse für seine Schulausbildung (Art. 251 II FGB). Bei der Feststellung der **Leistungsfähigkeit** des Unterhaltspflichtigen berücksichtigt das Gericht alle Einkünfte und die tatsächlichen Möglichkeiten zur Erhöhung des Arbeitsverdienstes sowie seine eigenen Bedürfnisse und seine gesetzlichen Unterhaltsverpflichtungen (Art. 251 III FGB).

Unterhaltspflichtigen Personen, die sich in einem Beschäftigungsverhältnis befinden, die Nutznießer einer Pension sind oder die eine regelmäßige Geldrente in monatlichen Beträgen beziehen, verpflichtet das Gericht zur Zahlung einer künftigen monatlichen Unterhaltsleistung, die sich nach einem **Prozentsatz der Einkünfte** des Unterhaltspflichtigen bestimmt. Dieses Verfahren setzt das Gericht von Amts wegen in Gang (Art. 256 a I, II FGB). Befindet sich der Unterhaltspflichtige nicht in einem Beschäftigungsverhältnis und bezieht er weder eine Pension noch eine monatliche Geldrente, verurteilt ihn das Gericht zwecks Zahlung der künftigen monatlichen Unterhaltsleistungen zu Geldbeträgen, die sich prozentual vom gewährleisteten persönlichen Einkommen in der Republik bestimmen. Nur wenn dieser Unterhalt das gewährleistete persönliche Einkommen übersteigt, setzt das Gericht den Unterhalt in **Geldbeträgen** fest (Art. 256 b I, II FGB). Der Prozentsatz des Unterhalts nach Art. 256 a, 256 b FGB darf für jede unterhaltsberechtigte Person nicht geringer als 15% sein; insgesamt darf er allerdings 50% nicht übersteigen (Art. 256 c FGB). Ist dies – z. B. wegen der großen Anzahl der Unterhaltsberechtigten – nicht möglich, muss der Unterhalt in Geldbeträgen ausgeurteilt werden.

Der Unterhaltsberechtigte und der Unterhaltspflichtige können beantragen, dass ein früher rechtskräftig zugesprochener Unterhalt **erhöht, ermäßigt oder aufgehoben** wird, wenn sich die Umstände, auf deren Grundlage das frühere Urteil ergangen ist, geändert haben (Art. 257 I FGB). Die Änderung kann nur für die Zeit ab der Antragstellung, also nicht rückwirkend, geltend gemacht werden (Art. 257 II FGB). Ein Organ, eine Organisation, eine Gemeinschaft oder eine dritte Person kann die Aufwendungen zum Unterhalt des Unterhaltsberechtigten vom Unterhaltspflichtigen **erstattet verlangen,** wenn sie gerechtfertigt waren (Art. 258 FGB). Der Unterhaltsanspruch geht also mit der Zahlung auf den Leistenden über.

In einem Rechtsstreit über den Unterhalt für minderjährige oder ihnen gleichgestellte (Verlängerung des Elternrechts) Kinder kann das Gericht von Amts wegen **einstweilige Maßnahmen** zur Leistung des Unterhalts anordnen (Art. 260 I FGB). Sonst erlässt das Gericht einstweilige Maßnahmen nur auf Antrag des Berechtigten (Art. 260 II FGB). Einstweilige Maßnahmen setzen voraus, dass die Tatbestandsvoraussetzungen glaubhaft gemacht sind; für einen im Verfahren der Vaterschaftsfeststellung begehrten Kindesunterhalt genügt es, die Vaterschaft glaubhaft zu machen Art. 260 III FGB).

---

[90] OLG München 4 UF 34/05, veröffentlicht bei Juris

Dänemark

1. Kinderunterhalt

Nach § 13 I des Kinderversorgungsgesetzes[91] (KiVG) sind Eltern „jeder für sich ver- **41** pflichtet, das Kind zu versorgen". Kommt ein Elternteil seiner Versorgungspflicht gegenüber dem Kind nicht nach, so kann das **Staatsamt** ihm auferlegen, einen Beitrag zum Unterhalt des Kindes zu leisten (§ 13 II KiVG). Verträge über Unterhaltsbeiträge schließen eine abweichende Entscheidung des Staatsamts nicht aus, wenn der Vertrag offenbar unbillig erscheint, die Verhältnisse sich wesentlich geändert haben oder der Vertrag dem Besten des Kindes zuwiderläuft (§ 17 KiVG). Alle Entscheidungen über den Kindesunterhalt werden somit in Dänemark von den Staatsämtern bzw. (auf Beschwerde) vom Justizministerium getroffen.[92] Unterhaltsbeiträge stehen dem Kind zu und sind, sofern ein Gesamtbetrag gezahlt wird, mündelsicher anzulegen (§ 18 KiVG). Daraus folgt, dass ein wirksamer Verzicht auf Kindesunterhalt ausgeschlossen ist.[93] Antragsberechtigt ist derjenige, der die Personensorge ausübt und die Kosten der Versorgung des Kindes bestreitet. Soweit die Versorgung aus öffentlichen Mitteln bestritten wird, steht das Recht der Behörde zu (§ 18 II KiVG).

Der Unterhaltsbeitrag „wird mit Rücksicht auf das Beste des Kindes und die wirtschaftli- **42** chen Verhältnisse der Eltern einschließlich ihrer Erwerbsfähigkeit festgesetzt" (§ 14 I KiVG). Sind beide Eltern unbemittelt, wird der Beitrag im Allgemeinen auf den geltenden **Normalbetrag** festgesetzt.[94] Von dieser Vorschrift wird, auf Grund extensiver Auslegung des Begriffs „unbemittelt", sehr häufig Gebrauch gemacht. In fast allen übrigen Fällen orientiert sich die Praxis an den Sätzen der öffentlichen Unterhaltsvorschüsse und legt fest, dass der Normalbetrag mit einem schematisierten Zuschlag (von 25, 50 oder 100%) zu zahlen ist.[95] Für außergewöhnlichen Bedarf, z. B. für Taufe, Konfirmation, Krankheit oder Kosten eines anderen besonderen Anlasses kann ein besonderer Beitrag festgesetzt werden, wenn der Antrag binnen 3 Monaten beim Staatsamt gestellt wird (§ 15 I, II KiVG).

Der Unterhaltsbeitrag ist **halbjährig im Voraus** zu zahlen, wenn nichts anderes bestimmt **43** ist (§ 14 IV KiVG). Für einen Zeitraum, der mehr als 1 Jahr vor der Antragstellung liegt, kann ein Unterhaltsbeitrag nur dann auferlegt werden, wenn besondere Gründe dafür sprechen (§ 16 II KiVG). Die Beitragspflicht endet grundsätzlich mit Vollendung des 18. Lebensjahres oder (bei einer Tochter) mit ihrer Eheschließung (§ 14 II KiVG). Ein Beitrag zum Unterhalt oder zur Ausbildung kann jedoch auch für die Folgezeit auferlegt werden, bis das Kind das 24. Lebensjahr vollendet hat (§ 14 III KiVG). Antragsberechtigt ist auch insoweit nur derjenige, der die Kosten der Versorgung des Kindes trägt.[96] Das Staatsamt kann einen Unterhaltsbeitrag (für die Vergangenheit nur bei ganz besonderen Umständen) auf begründeten Antrag jederzeit **ändern** (§ 16 I KiVG).

2. Ehegattenunterhalt

Trennung. Nach § 2 des Gesetzes über die Rechtswirkungen der Ehe[97] (Ehewirkungs- **44** gesetz – EheG II) obliegt es den Ehegatten, durch Geldleistungen, Haushaltstätigkeit oder auf andere Weise nach ihren Fähigkeiten zu einem **Familienunterhalt** beizutragen, der nach den Lebensverhältnissen der Ehegatten als angemessen anzusehen ist. Zum Unterhalt

---

[91] In der Fassung der Gesetzesbekanntmachung vom 15. 5. 2003 (Nr. 352); bis Juli 2002 wurde das Kinderversorgungsgesetz als Kindergesetz zitiert
[92] Bergmann/Ferid/Henrich, a. a. O., Dänemark, S. 27
[93] Bergmann/Ferid/Henrich, a. a. O., Fn. 115
[94] § 14 des Gesetzes v. 4. 6. 1986 (Nr. 350) über Kindeszuschuss und vorschussweise Auszahlung von Unterhaltsbeiträgen; Bergmann/Ferid/Henrich, a. a. O., S. 66 ff.
[95] Bergmann/Ferid/Henrich, a. a. O., Fn. 113
[96] Bergmann/Ferid/Henrich, a. a. O., Fn. 114
[97] Bekanntmachung vom 5. 1. 1995 (Nr. 37), zuletzt geändert durch Gesetz vom 24. 6. 2005 (Nr. 542)

wird gerechnet, was für den Haushalt, für die Erziehung der Kinder sowie für die Befriedigung der besonderen Bedürfnisse eines jeden Ehegatten erforderlich ist (§ 2 S. 2 EheG II). Können die Bedürfnisse eines Ehegatten aus seinem Beitrag zum Familienunterhalt nicht gedeckt werden, ist der andere Ehegatte verpflichtet, ihm die erforderlichen Geldmittel in angemessenem Umfang zur Verfügung zu stellen (§ 3 EheG II). Erfüllt der Ehegatte diese Unterhaltpflicht nicht, ist ihm auf Antrag aufzuerlegen, einen nach den Umständen als billig anzusehenden Geldbeitrag zu leisten (§ 5 EheG II).

Für die **Trennungszeit** gelten die Vorschriften zum Familienunterhalt entsprechend (§ 6 EheG II). Auf Antrag ist der Geldbeitrag für den unterhaltsbedürftigen Ehegatten und die bei ihm lebenden Kinder festzusetzen. Nach § 6 S. 3 EheG II steht dem Ehegatten, der im Wesentlichen die Schuld an der Aufhebung des Zusammenlebens trägt, kein Unterhaltsanspruch zu, „es sei denn, dass ganz besondere Gründe dafür sprechen". In der heutigen Unterhaltspraxis wird die Schuldfrage allerdings regelmäßig nicht mehr aufgeworfen.[98]

45   Streitigkeiten über Unterhaltsbeiträge nach §§ 5, 6 EheG II werden von der höheren Verwaltungsbehörde **(Staatsamt)** entschieden (§ 8 I EheG II). Sie kann dabei auch von einer Vereinbarung der Parteien abweichen, wenn diese unbillig erscheint oder die Verhältnisse sich wesentlich geändert haben (§ 9 EheG II). Unterhaltsbeiträge werden nur aus besonderen Gründen für einen Zeitraum geschuldet, der mehr als ein Jahr vor der Antragstellung liegt (§ 8 II EheG II). Die Verwaltungsbehörde kann ihre Entscheidung auf Antrag jederzeit ändern, wenn sich die Verhältnisse wesentlich geändert haben (§ 8 I S. 2 EheG II). Die Ehegatten sind verpflichtet, einander die Auskünfte über ihre wirtschaftlichen Verhältnisse zu geben, die zur Beurteilung ihrer Unterhaltspflicht erforderlich sind (§ 10 EheG II).

46   **Scheidung.** Im Rahmen einer unstreitigen Ehetrennung nach § 29 des Gesetzes über die Eingehung und Auflösung der Ehe[99] (Ehegesetz – EheG I) und der darauf beruhenden Ehescheidung (§ 32 EheG I) haben die Ehegatten eine **einvernehmliche Regelung** u. a. darüber zu treffen, ob ein Ehegatte verpflichtet sein soll, einen Beitrag zum Unterhalt des anderen zu leisten (§§ 42 II S. 1, 49 EheG I). Die Frage der Höhe des Unterhaltsbeitrags können die Ehegatten der Entscheidung der höheren Verwaltungsbehörde überlassen (§ 42 II EheG I). In sonstigen Fällen der Ehetrennung oder -scheidung sowie bei Aufhebung der Ehe entscheidet das mit der Hauptsache befasste Gericht auch darüber, ob und für welche Zeit ein Ehegatte einen Beitrag zum künftigen Unterhalt des anderen zu leisten hat (§§ 49, 50, 25 I EheG I). Der in einem Urteil zur Ehetrennung festgesetzte Unterhaltsbeitrag gilt auch für die Zeit nach Ehescheidung, wenn das Gericht im Trennungsurteil nicht eine andere Bestimmung getroffen hat (§ 45 EheG I). Die Bemessung der **Höhe von Unterhaltsbeiträgen** obliegt jedoch stets den Staatsämtern, wenn keine Vereinbarung über diese Frage zustande kommt (§ 50 I EheG I). Ist die Ehetrennung oder -scheidung von einem Staatsamt bewilligt worden (§ 42 I EheG I), so bleibt dieses Amt drei Monate für die Beitragsbemessung zuständig (§ 25 Eheauflösungsbekanntmachung). In allen anderen Fällen richtet sich die örtliche Zuständigkeit nach Wohnsitz oder Aufenthalt primär des Zahlungspflichtigen und sekundär des Berechtigten.[100]

47   Bei der Entscheidung über die Pflicht zur Zahlung eines Unterhaltsbeitrags ist die Bedürftigkeit und Erwerbsfähigkeit des Unterhaltsberechtigten, die Leistungsfähigkeit des Unterhaltspflichtigen und die Dauer der Ehe zu berücksichtigen (§ 50 II EheG I). Weiterhin kann berücksichtigt werden, ob der Unterhaltsberechtigte eine Ausbildungsbeihilfe oder ähnliches benötigt. In der Praxis ist die Beitragsbemessung jedoch stark schematisiert und zunehmend restriktiv.[101] Die Beitragspflicht entfällt, wenn der Unterhaltsberechtigte eine **neue Ehe** eingeht (§ 51 EheG I). Ein eheliches Zusammenleben steht einer neuen Ehe nicht gleich, führt aber oft dazu, dass ein Unterhaltsbeitrag „bis auf weiteres" mangels Bedürftigkeit versagt oder aberkannt wird.[102]

---

[98] Bergmann/Ferid/Henrich, a. a. O., S. 57 Fn. 5
[99] Bekanntmachung vom 9. 3. 1999 (Nr. 147), zuletzt geändert durch Gesetz vom 24. 6. 2005 (Nr. 542)
[100] Bergmann/Ferid/Henrich, a. a. O., S. 23
[101] Bergmann/Ferid/Henrich, a. a. O., S. 46 Fn. 26
[102] Bergmann/Ferid/Henrich, a. a. O., S. 46 Fn. 27 m. w. N.

Eine Unterhaltsvereinbarung oder eine gerichtliche Entscheidung über die Beitragspflicht **48** kann durch Urteil **abgeändert** werden, wenn sich die Verhältnisse wesentlich geändert haben und die Fortdauer dieser Unterhaltspflicht unbillig wäre (§§ 52, 53 I EheG I). Eine von der höheren Verwaltungsbehörde getroffene Entscheidung über die Höhe des Beitrags kann von dieser abgeändert werden, wenn die Umstände dafür sprechen (§ 53 II EheG I).

England und Wales

1. Kinderunterhalt

Nach § 1 I, III des Anhangs 1 zum Children Act 1989[103] (ChAct Anh.1) kann ein **48 a** Elternteil, der Vormund oder eine sonst ermächtigte Person (residence order) jederzeit Unterhalt für ein **minderjähriges Kind** verlangen. Auf diesen Antrag kann das Gericht einen oder beide Elternteile verpflichten, an den Antragsteller oder an das Kind periodische Zahlungen (ggf. mit Sicherheitsleistung; § 1 II a, b ChAct Anh. 1) oder eine einmalige Abfindung (§ 1 II c ChAct Anh. 1) zu zahlen. Für die Pauschalsumme kann auch eine Zahlung in Raten, die später abgeändert werden können, vorgesehen werden (§ 5 V, VI ChAct Anh. 1). Es kann auch anordnen, dass ein Vermögen des unterhaltspflichtigen Elternteils zugunsten des Kindes festgelegt oder auf dieses übertragen wird (§ 1 II d, e ChAct Anh. 1). Eine Anordnung zur Zahlung laufenden Unterhalts oder zur Leistung einer Sicherheit dafür kann durch spätere Anordnung geändert oder aufgehoben werden (§ 1 IV ChAct Anh. 1). Diese Befugnis schließt die Befugnis ein, den entsprechenden Elternteil auch dann noch zur Zahlung einer Pauschalsumme zu verpflichten (§ 5 III ChAct Anh. 1). Solange das Kind noch nicht volljährig ist, kann das schon mit der Sache befasste Gericht von Amts wegen eine weitere laufende Unterhaltspflicht, eine Sicherheitsleistung oder eine weitere Abfindung festlegen (§ 1 V a ChAct Anh. 1). Anordnungen auf Festlegung oder Übertragung von Vermögen kann das Gericht in demselben Unterhaltsrechtsverhältnis aber nur einmal treffen (§ 1 V b ChAct Anh. 1). Ist das Kind ein Gerichtsmündel, kann das Gericht von den Befugnissen auch von Amts wegen Gebrauch machen (§ 1 VII ChAct Anh. 1). Sonst kann es solche Anordnungen auch im Zusammenhang mit besonderen Sorgerechtsentscheidungen (residence order oder spezial guardianship order) treffen (§ 1 VI ChAct Anh. 1). Unterhalt kann auch dann in einer Pauschalsumme zugewiesen werden, wenn er die Kosten im Zusammenhang mit der Geburt erfasst oder wenn er die vernünftigerweise vor Erlass der Anordnung eingegangenen Verbindlichkeiten betrifft (§ 5 I ChAct Anh. 1). Ein Familiengericht (magistrates' court) soll als Pauschale höchsten 1000 Pfund oder den durch Verordnung erhöhten Betrag zusprechen (§ 5 II ChAct Anh. 1).

Eine Verpflichtung zur Zahlung laufenden Unterhalts für minderjährige Kinder oder zu einer entsprechenden Sicherheitsleistung kann für die Zeit ab Antragstellung oder ab einem späteren Zeitpunkt beginnen, darf sich aber nicht über die Vollendung des 17. Lebensjahres erstrecken, es sei denn, das Gericht hält nach den Umständen des Falles einen späteren Zeitraum für richtig. Grundsätzlich darf sich die Anordnung jedenfalls nicht über den 18. Geburtstag des Kindes hinaus erstrecken (§ 3 I ChAct Anh. 1). Diese zeitliche Begrenzung besteht aber nicht, wenn sich das Kind in einer Ausbildung befindet oder eine Ausbildung aufnehmen will, gleichgültig, ob es daneben noch in einem entgeltlichen Beschäftigungsverhältnis steht. Gleiches gilt, wenn besondere Umstände vorliegen, die eine abweichende Anordnung rechtfertigen (§ 3 II ChAct Anh. 1). Besteht bereits eine Unterhaltsanordnung, kann der Unterhalt in einer neuen Anordnung allenfalls zum frühest möglichen Zeitpunkt, 6 Monate vor Antragstellung, festgesetzt werden (§ 3 I, V, VI ChAct Anh. 1). Eine Anordnung auf periodische Unterhaltszahlungen verliert ihre Wirksamkeit, wenn der Unterhaltspflichtige stirbt (§ 3 III ChAct Anh. 1). Eine Anordnung auf periodische Unterhaltszahlungen oder Sicherheitsleistung dafür verliert ihre Wirksamkeit auch, wenn der Elternteil, an den die

---

[103] In Kraft seit dem 14. 10. 1991; Bergmann/Ferid/Henrich, Großbritannien Stand 30. 10. 1994, S. 91

Leistungen erbracht werden sollen und der unterhaltspflichtige Elternteil für einen Zeitraum von mehr als sechs Monaten zusammenleben (§ 3 IV ChAct Anh. 1).

In den meisten Fällen wird der Kindesunterhalt vom Kindesunterhaltsamt bestimmt. Die **Höhe** beträgt für ein Kind 15%, für zwei Kinder 20% und für drei und mehr Kinder 25% des Nettoeinkommens des barunterhaltspflichtigen Elternteils. Lebt bei diesem ein weiteres Kind, ist zunächst ein entsprechender Prozentsatz von seinem Nettoeinkommen abzuziehen.[104]

48 b   Ein **volljähriges Kind** kann jederzeit die Anordnung einer finanziellen Unterstützung verlangen, wenn es eine Ausbildung (Schule oder Berufsausbildung) begonnen hat, beginnen wird oder beginnen möchte, unabhängig davon, ob das Kind schon einen Arbeitsverdienst erzielt hat oder noch nicht oder wenn sonst besondere Umstände vorliegen, die eine Anordnung rechtfertigen (§ 2 I, VII ChAct Anh. 1). Die Anordnung kann auf eine zur Höhe und Dauer festgelegte periodische Zahlung oder auf eine einmalige Zahlung in bestimmter Höhe lauten (§ 2 II ChAct Anh. 1). Für die Pauschalsumme kann auch eine Zahlung in Raten, die später abgeändert werden können, vorgesehen werden (§ 5 V, VI ChAct Anh. 1). Ein Antrag ist nicht möglich, wenn zugunsten des Kindes unmittelbar vor Vollendung seines 16. Lebensjahres bereits eine periodische Unterhaltszahlung in Kraft war (§ 2 III ChAct Anh. 1). Die Anordnung soll nicht ergehen, solange die Eltern des Antragsteller in einem gemeinsamen Haushalt leben (§ 2 IV ChAct Anh. 1). Die Anordnung kann später auf Antrag jeder Partei abgeändert oder aufgehoben werden (§ 2 V ChAct Anh. 1). Diese Befugnis schließt die Befugnis ein, den entsprechenden Elternteil zur Zahlung einer Pauschalsumme zu verpflichten (§ 5 III ChAct Anh. 1). Das Gericht kann während der Dauer einer zuvor angeordneten Zahlung von Zeit zu Zeit eine weitere Anordnung treffen (§ 2 VIII ChAct Anh. 1).

Eine Anordnung auf periodische Unterhaltszahlungen verliert ihre Wirksamkeit, wenn der Unterhaltspflichtige stirbt (§ 3 III ChAct Anh. 1).

48 c   Bei seiner Entscheidung über den Unterhaltsanspruch minderjähriger oder volljähriger Kinder berücksichtigt das Gericht alle Umstände, einschließlich des Einkommens, der Verdienstmöglichkeiten, des Vermögens, die finanziellen Bedürfnisse, Verpflichtungen und Haftungen des Unterhaltspflichtigen, der finanziellen Bedürfnisse, des Einkommens, der Verdienstmöglichkeiten und des Vermögens des unterhaltsberechtigten Kindes, einer ev. körperlichen oder geistigen Behinderung des Kindes und der Art und Weise, wie das Kind bisher ausgebildet wurde oder nach den Erwartungen ausgebildet werden sollte (§ 3 I ChAct Anh. 1). Bei dem Ausspruch über die Unterhaltspflicht einer Person, die nicht Elternteil des Kindes ist, hat das Gericht außerdem zu berücksichtigen, ob, in welchem Umfang und auf welcher Grundlage sie die Unterhaltspflicht übernommen hat, ob dies im Bewusstsein geschehen ist, nicht Elternteil des Kindes zu sein und ob noch eine weitere Person dem Kind unterhaltspflichtig ist (§ 4 II ChAct Anh. 1). Wenn das Gericht einer Person aufgibt, Unterhalt für ein minderjähriges Kind zu zahlen, dessen Elternteil er nicht ist, soll dies in der Entscheidung vermerkt werden (§ 4 III ChAct Anh. 1).

Im Verfahren auf Kindesunterhalt kann das Gericht jederzeit eine **vorläufige Anordnung** erlassen, soweit das sachdienlich erscheint. Darin kann es einen Elternteil oder beide Eltern zur Zahlung wiederkehrender Leistungen, frühestens für die Zeit ab Eingang des Unterhaltsantrags, verpflichten. Die vorläufige Anordnung verliert ihre Geltung mit der abschließenden Entscheidung des Gerichts in der Hauptsache, wenn nicht ein früherer Zeitpunkt bestimmt war, der später aber auch geändert werden kann (§ 9 I–IV ChAct Anh. 1). Unterhaltsvereinbarungen können vom Gericht auf Antrag einer Partei abgeändert werden, wenn sich die Verhältnisse seit der Vereinbarung geändert haben oder die getroffene Vereinbarung bezüglich des Kindes keine angemessenen finanziellen Arrangements enthält (§ 10 I–VII ChAct Anh. 1).

2. Ehegattenunterhalt

48 d   Wie in anderen Staaten des common law existiert auch in England und Wales kein materielles Recht, das die Ansprüche der getrennt lebenden oder geschiedenen Ehegatten

---

[104] Rieck/Woelke, Ausländisches Familienrecht Stand: November 2006 England und Wales Rn. 33

regelt. Stattdessen sind richterliche Eingriffsbefugnisse kodifiziert, die es ihm erlauben, die Scheidungsfolgen mit einem sehr weiten Ermessensspielraum zu regeln. Die im Matrimonial Causes Act 1973[105] (MCA 1973) geregelten Eingriffsbefugnisse sind nach deutschem Verständnis in Unterhalt, Güterrecht, Versorgungsausgleich sowie Hausrats- und Wohnungszuweisung zu unterscheiden. Nach der Art des Eingriffs ist nach dem englischen Recht zwischen Anordnungen zur finanziellen Versorgung (financial provision orders) und Anordnungen zur Vermögenszuweisung (property adjustment orders) zu unterscheiden, die aber auch miteinander kombiniert werden können und stets auf einer einheitlichen Gesamtwürdigung durch das Gericht beruhen.

Zur finanziellen Versorgung kann das Gericht eine Verpflichtung zu Zahlung wiederkehrender Leistungen (periodical payment orders; sec. 23 (1) (a) MCA) und deren Sicherung sowie die Zahlung einer, ggf. in Raten zu zahlenden, Pauschalsumme (lump sum; sec. 23 (1) (c) MCA) anordnen. Die Ermächtigung zur Vermögenszuordnung erstreckt sich auch darauf, einen Ehegatten zu verpflichten, dem anderen Vermögensgegenstände zu übertragen oder ihm Nutzungsrechte daran einzuräumen (sec. 24 MCA) oder Vermögensgegenstände zu veräußern und den Erlös zu teilen (sec. 24A MCA). Bei der Ermessensausübung soll das Gericht prüfen, ob eine endgültige Regelung der finanziellen Angelegenheiten möglich ist (clean break approach), z. B. durch eine Einmalzahlung bei großem Vermögen (big money cases).[106]

Bei der Ausübung dieser Eingriffsmöglichkeiten hat das Gericht im Rahmen seines sehr weiten Ermessens Billigkeitskriterien sowie die gesetzlichen Ermessensfaktoren und die obergerichtlichen Vorgaben zu beachten. Danach ist an erster Stelle das Wohl minderjähriger Kinder in der Familie zu beachten. Erst danach kommen als weitere Kriterien das Einkommen und die Vermögensverhältnisse der Ehegatten, ihre finanziellen Bedürfnisse, ihr Alter und ihre Gesundheit, die Dauer der Ehe und das Verhalten der Ehegatten während der Ehe (sec. 25 MCA). Als wegweisende obergerichtliche Entscheidung gilt die Entscheidung des House of Lords in der Sache White v. White aus dem Jahre 2000.[107] Danach ist bei der Verteilung des ehelichen Vermögens grundsätzlich der Maßstab der gleichen Teilhabe beider Ehegatten (yardstick of equal division) zu beachten. Auch bei einer Kapitalisierung des voraussichtlich zukünftigen Unterhaltsbedarfs muss der Pauschalbetrag den Grundsatz der Halbteilung des Vermögens beachten; dann bedarf es allerdings keiner zusätzlichen wiederkehrenden Leistungen zur Deckung des laufenden Unterhaltsbedarfs. Der Maßstab der gleichen Teilhabe soll selbst für solche Fälle gelten, in denen das Vermögen nicht für einen „clean break" durch Einmalzahlung ausreicht und deswegen die Unterhaltssicherung durch Zahlung wiederkehrender Leistungen auf der Grundlage der Einkünfte im Vordergrund steht.[108] Abweichungen von diesem Halbteilungsgrundsatz lassen sich mit dem besonderen Wohnbedarf des Ehegatten begründen, bei dem minderjährige Kinder leben.[109]

Während der Ehe sind die Ehegatten verpflichtet, zum **Familienunterhalt** beizutragen. Bei **48 e** der Festsetzung der Unterhaltshöhe und der Art und Weise des Unterhalts hat das Gericht nach Sec 27 MCA 73 alle Umstände des Einzelfalls, insbesondere aber das Wohl der Kinder zu berücksichtigen. Daneben sind die Umstände zu berücksichtigen, die nach Sec 25 II MCA 1973 auch für den nachehelichen Unterhalt gelten. Die Anspruchsgrundlage für einen Unterhaltsanspruch ergibt sich (für die Magistrates' Courts) aus Sec 3 II des Domestic Proceedings and Magistrates' Courts Act 1978 oder (für den High Court) aus Sec 27 MCA 1973.

Statt auf Ehescheidung kann der Ehegatte aus den gleichen Gründen auch auf **gerichtliche Trennung** klagen. Die Entscheidung hebt die Verpflichtung zur ehelichen Lebensgemeinschaft auf, lässt das Eheband und die sich sonst daraus ergebenden Pflichten jedoch unberührt (Sec 18 I MCA 1973). Insbesondere schulden sich die Ehegatten weiterhin Unterhalt bis zum Abschluss der Prozesse, die auf gerichtliche Trennung, Ehescheidung oder Nichtigkeit der Ehe gerichtet sind (Sec 22 MCA 1973).

---

[105] In Kraft seit dem 1. 1. 1974; Bergmann/Ferid/Henrich, a. a. O. S. 243
[106] Vgl. z. B. EuGH, IPRax 1999, 35; zur Vollstreckung im Ausland vgl. auch Rn. 9/259 ff.
[107] 2 FLR 981, veröffentlicht im Internet unter: www.publications.parliament.uk
[108] Süß/Ring/Odersky, Eherecht in Europa, England und Wales Rn. 53 f.
[109] Rieck/Woelke a. a. O. Rn. 41

48 f   Der Unterhaltsanspruch **geschiedener Ehegatten** ergibt sich aus Sec 23 ff. MCA 1973. Nach Sec 23 MCA 1973 kann das Gericht zugunsten eines Ehegatten für die Zeit nach der gerichtlichen Trennung, Ehescheidung oder Nichtigkeit der Ehe eine Unterhaltsregelung treffen. Dabei kann es dem unterhaltsberechtigten Ehegatten entweder einen laufenden Unterhaltsanspruch oder eine pauschale Abfindung zusprechen (Sec 23 MCA 1973). Es kann aber auch anordnen, dass ein Vermögen des unterhaltspflichtigen Elternteils zugunsten des Unterhaltsberechtigten festgelegt, auf diesen übertragen und zu Unterhaltszwecken verkauft wird (Sec 24, 24 a MCA 1973). Bei der Entscheidung hat das Gericht zu förderst das Wohl der familienangehörigen und noch nicht volljährigen Kinder zu berücksichtigen. Zu berücksichtigen sind ferner das Einkommen und die sonstigen Vermögensverhältnisse der Ehegatten, ihr ehelicher Lebensstandard und ihre finanziellen Bedürfnisse, ihr Alter, die Ehedauer, die jeweilige Beiträge zum Familienunterhalt, das Verhalten der Ehegatten, ev. körperliche oder geistige Behinderungen sowie zu erwartende Nachteile durch die Scheidung, z. B. entfallende Pensionsansprüche (Sec 25, 25B, 25C MCA 1973).[110] Die frühere gesetzliche Regelung, wonach die Ehegatten durch den Unterhaltsanspruch in die Lage versetzt werden sollten, ihren früheren Lebensstandard aufrechtzuerhalten, wurde 1984 aufgehoben.[111]

48 g   Macht das Gericht von seiner Befugnis zur Anordnung nachehelichen Unterhalts Gebrauch, hat es zu prüfen, ob die Unterhaltspflicht zeitlich zu begrenzen ist (Sec 25A I MCA 1973). Wenn periodische Zahlungen angeordnet werden, muss das Gericht insbesondere prüfen, ob der Unterhalt auf einen Zeitraum begrenzt werden kann, der es dem bedürftigen Ehegatten ohne unangemessene Härte ermöglicht, sich aus der finanziellen Abhängigkeit von dem anderen Ehegatten zu lösen (Sec 25A II MCA 1973). Ist das Gericht der Auffassung, dass dem Anspruchsteller die begehrten wiederkehrenden Unterhaltsleistungen nicht zustehen, kann es mit der Abweisung des Antrags zugleich bestimmen, dass der Antragsteller auch künftig nicht das Recht hat, einen Antrag auf Erlass einer solchen Anordnung zu stellen (Sec 25A III MCA 1973). Der Unterhaltsanspruch entfällt, wenn einer der Ehegatten verstirbt. Gleiches gilt, wenn der unterhaltsberechtigte Ehegatte heiratet oder eine zivile Partnerschaft eingeht (Sec 28 MCA 1973).

Eine Vereinbarung der Ehegatten vor oder während der Ehe ist der Entscheidung nur dann zugrunde zu legen, wenn sie das Unterhaltsrecht des berechtigten Ehegatten nicht unangemessen beschränken oder ausschließen (Sec 34 MCA 1973). Auf Antrag eines Ehegatten kann das Gericht eine Unterhaltsanordnung ändern, wenn es dies für angemessen hält (Sec 31 MCA 1973).

3. Allgemeine Grundsätze

48 h   Mach das Gericht von seiner Möglichkeit Gebrauch, **periodischen Kindesunterhalt** oder die dafür angeordneten Sicherungen später **abzuändern** oder aufzuheben, hat es ebenfalls alle Umstände des Falles zu berücksichtigen, einschließlich der Änderungen seit Erlass der abzuändernden Anordnung (§ 6 I ChAct Anh. 1). Die Abänderungsbefugnis schließt auch die Befugnis ein, frühere Anordnungen auszusetzen oder wieder in Kraft zu setzen. Bei Änderung der Zahlungsverpflichtung kann es auch den Zeitpunkt der Änderung festsetzen (§ 6 II, III ChAct Anh. 1). Der Antrag auf Abänderung kann auch von dem minderjährigen Kind gestellt werden, sobald es das 16. Lebensjahr vollendet hat (§ 6 IV ChAct Anh. 1). Entfällt die Wirksamkeit des monatlichen Unterhalts zwischen dem 16. und 18. Lebensjahr, kann das unterhaltsberechtigte Kind deren Wiederaufleben beantragen (§ 6 V ChAct Anh. 1). Nach dem Tod des unterhaltspflichtigen Elternteils kann der Vormund des Kindes oder der Testamentsvollstreckers Aufhebung der Verpflichtung zur Zahlung monatlichen Unterhalts oder zur Sicherung wiederkehrender Leistungen beantragen (§ 6 VIII, 7 ChAct Anh. 1).

---

[110] Zu den bei der Güteraufteilung nach Ehescheidung zu beachtenden Grundsätzen vgl. Scherpe FamRZ 2006, 1314

[111] Bergmann/Ferid/Henrich, a. a. O. S. 265

Finnland

1. Kinderunterhalt

Nach § 1 des Gesetzes über den Kindesunterhalt vom 5. 9. 1975[112] (KUG) hat ein Kind **48 i** Anspruch auf angemessenen Unterhalt. Der Unterhalt umfasst die Sicherstellung der materiellen und geistigen Bedürfnisse, die dem Entwicklungsstand des Kindes entsprechen, die Fürsorge und Ausbildung, die das Kind benötigt und die daraus entstehenden Kosten (§ 1 S. 2 KUG). Die Eltern kommen nach **ihren Fähigkeiten** für den Unterhalt des Kindes auf. Bei der Beurteilung ihrer Fähigkeiten zur Unterhaltsleistung sind ihr Alter, ihre Arbeitsfähigkeit, ihre Möglichkeiten, einer Erwerbstätigkeit nachzugehen, die Menge ihrer verfügbaren Mittel und ihre sonstigen gesetzlichen Unterhaltspflichten zu berücksichtigen (§ 2 I KUG). Bei der Beurteilung des Umfangs der Unterhaltspflicht sind auch die Fähigkeiten und Möglichkeiten des Kindes zu berücksichtigen, selbst für seinen Unterhalt zu sorgen, sowie alle Umstände, die es ermöglichen, dass durch den Kindesunterhalt den Eltern keine Aufwendungen entstehen, oder dass diese gering bleiben (§ 2 II KUG).

Das Recht des Kindes auf Unterhalt von seinen Eltern endet grundsätzlich, sobald das Kind das **18. Lebensjahr** vollendet hat (§ 3 I KUG). Für die Kosten der Ausbildung eines volljährigen Kindes haben die Eltern aufzukommen, wenn es angemessen erscheint. Dabei sind die Veranlagungen des Kindes, die Dauer und Kosten der Ausbildung und die Möglichkeiten des Kindes, nach Ende der Ausbildung selbst Ausbildungskosten zu tragen, besonders zu berücksichtigen (§ 3 II KUG).

Wenn ein Ehegatte nicht auf andere Weise für den Unterhalt des Kindes aufkommt und **48 k** das Kind nicht ständig bei ihm wohnt, kann er zur Zahlung eines Unterhaltsbeitrags an das Kind verpflichtet werden (§ 4 I KUG). Die **Höhe** des Unterhaltsbeitrags sowie die Art und Weise seiner Zahlung werden entweder durch eine Vereinbarung oder durch eine gerichtliche Entscheidung festgelegt (§ 4 II KUG). Dabei wird das minderjährige Kind durch den sorgeberechtigten Elternteil oder einen Betreuer vertreten. Der sorgeberechtigte Elternteil kann das Kind insoweit auch nach Vollendung des 18. Lebensjahres vertreten. Gleiches gilt für die Prozessführungsbefugnis des Sozialausschusses[113] (§ 5 KUG).

Der Unterhaltsbeitrag ist monatlich im Voraus zu zahlen, wenn nicht etwas anderes vereinbart oder bestimmt ist. Der Beitrag kann auch in unterschiedlicher Höhe für verschiedene Zeiträume festgesetzt werden (§ 6 I KUG). Der Unterhaltsbeitrag kann aber auch mit einem einmal zu leistenden Betrag festgesetzt werden, wenn dies zur Sicherstellung des künftigen Unterhalts des Kindes erforderlich ist und im Hinblick auf die Leistungsfähigkeit des Unterhaltspflichtigen als angemessen angesehen werden kann (§ 6 II KUG).

Eine **Unterhaltsvereinbarung** bedarf der Schriftform. Aus ihr müssen sich die Angaben **48 l** zur Person des unterhaltsberechtigten Kindes und des Unterhaltspflichtigen, die Höhe des Unterhaltsbeitrags, der Zeitpunkt, von dem an der Unterhaltsbeitrag zu zahlen ist, der Zeitpunkt, an dem die Zahlung des Unterhaltsbeitrags endet, wann die einzelnen Unterhaltsbeiträge zur Zahlung fällig sind und an wen der Unterhaltsbeitrag zu leisten ist ergeben (§ 7 I KUG). Die Unterhaltsvereinbarung ist von dem unterhaltspflichtigen Elternteil und dem Vertreter des Kindes zu unterzeichnen. Ein volljähriges Kind muss die Vereinbarung selbst unterzeichnen (§ 7 II KUG). Die Unterhaltsvereinbarung ist dem Sozialausschuss der Gemeinde am Wohnsitz des Kindes zur Genehmigung vorzulegen. Der Sozialausschuss hat die Vereinbarung zu genehmigen, wenn ihr Inhalt dem Gesetz entspricht und sie in der vorgeschriebenen Form zustande gekommen ist. Dabei prüft er insbesondere, ob das Recht des Kindes auf einen ausreichenden Unterhalt und die Leistungsfähigkeit der Eltern beachtet sind (§ 8 I, II KUG). Eine vom Sozialausschuss genehmigte Unterhaltsvereinbarung kann wie eine rechtskräftige Entscheidung vollstreckt werden (§ 8 III KUG).

---

[112] In der Fassung vom 1. 4. 1999/450; vgl. Bergmann/Ferid/Henrich, Finnland, 167. Auflage S. 86 b ff.

[113] Vgl. insoweit das Gesetz zur Sicherung des Kindesunterhalts 122/1977

48 m   Durch **gerichtliche Entscheidung** kann die Höhe des Unterhaltsbeitrags und die Art und Weise seiner Zahlung unter Berücksichtigung der gesetzlichen Vorschriften festgesetzt werden (§ 9 I KUG). Dabei hat das Gericht zu bestimmen, dass der Unterhaltsbeitrag vom Eintritt der Rechtshängigkeit an oder ab einem festgesetzten späteren Zeitpunkt zu zahlen ist (§ 10 I KUG). Aus besonders schwerwiegenden Gründen kann das Gericht auch einen Unterhaltsbeitrag für die Zeit vor Rechtshängigkeit, längstens aber für das unmittelbar vorausgegangene Jahr, festsetzen (§ 10 II KUG). Wenn die Unterhaltsklage binnen eines Jahres ab Feststellung der Vaterschaft erhoben wurde, kann der Vater verpflichtet werden Unterhalt vom Zeitpunkt der Geburt an, längstens allerdings für die zurückliegende Zeit von fünf Jahren vor der Rechtshängigkeit, Unterhalt zu zahlen (§ 10 III KUG).

48 n   Die Höhe des Unterhaltsbeitrags und die Art und Weise seiner Zahlung könne durch Vereinbarung oder gerichtliche Entscheidung **abgeändert** werden, wenn sich die Verhältnisse, die bei der Festsetzung zu berücksichtigen sind, so wesentlich geändert haben, dass eine Abänderung unter Berücksichtigung der Verhältnisse des Kindes und des unterhaltspflichtigen Elternteils angemessen ist. Bei Prüfung der Abänderung ist die Höhe des Unterhaltsbeitrags entsprechend dem Gesetz über die Anbindung von Unterhaltszahlungen an die Lebenshaltungskosten[114] zu berücksichtigen (§ 11 I KUG). Gleiches gilt, wenn die Unterhaltsvereinbarung offensichtlich unbillig ist (§ 11 III KUG). Bei der Entscheidung über eine Abänderung könne auch die Verhältnisse während des letzten Jahres vor der Klageerhebung berücksichtigt werden, wenn besondere Gründe dafür sprechen (§ 11 II KUG).

Wenn das Gericht entscheidet, dass ein Unterhaltsbeitrag vorzeitig endet oder herabgesetzt wird, hat es zugleich zu prüfen, ob die seit Klageerhebung geleisteten Beträge zurückzuerstatten sind (§ 12 I KUG). Wenn die Vaterschaft rechtskräftig aufgehoben ist, kann das Gericht den gesetzlichen Vertreter des Kindes zur (teilweisen) Rückzahlung des Kindesunterhalts verpflichten, wenn der Vertreter bei Festsetzung des Unterhaltsbeitrags oder bei Erhalt der Beträge wusste, dass der Mann nicht der Vater des Kindes ist und die Rückzahlung unter Berücksichtigung der Verhältnisse des Kindes, seines gesetzlichen Vertreters und des Mannes billig erscheint (§ 12 II KUG).

2. Ehegattenunterhalt

48 o   Nach § 46 I des Ehegesetzes vom 13. 6. 1929[115] (EheG) sind beide Ehegatten verpflichtet, nach ihren Fähigkeiten zum gemeinsamen Haushalt der Familie und zum **Unterhalt der Ehegatten** beizutragen. Der Unterhalt der Ehegatten schließt die Befriedigung der gemeinsamen und persönlichen Bedürfnisse der Ehegatten ein. Die Höhe des einem Ehegatten zu leistenden Unterhaltsbeitrags und dessen Zahlungsweise können durch einen Vertrag oder eine gerichtliche Entscheidung festgesetzt werden (§ 46 II EheG). Kommt ein Ehegatte seiner Unterhaltspflicht nicht nach oder leben die Ehegatten getrennt, kann das Gericht einen Ehegatten verpflichten, an den anderen Unterhalt zu zahlen (§ 47 EheG).

48 p   Hält das Gericht einen Ehegatten für unterhaltsbedürftig, kann es den anderen Ehegatten bei der **Ehescheidung** verpflichten, unter Berücksichtigung seiner Leistungsfähigkeit und anderer Gesichtspunkte angemessenen Unterhalt zu zahlen (§ 48 I EheG). Die Unterhaltszahlung kann entweder vorläufig oder befristet festgelegt werden. Die Abgeltung in einer einmaligen Zahlung kommt in Betracht, wenn die Vermögensverhältnisse des Unterhaltspflichtigen und die anderen Gesichtspunkte dazu Anlass geben (§ 48 II EheG). Die Verpflichtung zur Zahlung eines laufenden Unterhalts endet, wenn der Unterhaltsberechtigte eine neue Ehe eingeht. Die Verpflichtung zur Zahlung von Ehegattenunterhalt kann rückwirkend für den Zeitraum von längstens zwei Jahren vor Klageeinreichung festgelegt werden (§ 49 I EheG). Die gerichtliche Entscheidung über die Unterhaltspflicht kann für vorläufig vollstreckbar erklärt werden, wenn darin nichts anderes entschieden ist (§ 49 II EheG).

48 q   Die Ehegatten können einen **Vertrag** über den Ehegattenunterhalt schließen. Der Vertrag ist schriftlich abzuschließen und dem Sozialausschuss der Gemeinde am Wohnort eines

---

[114] Gesetz Nr. 660/1966
[115] Ehegesetz vom 13. 6. 1929/234 in der Fassung vom 4. 2. 2005/58

Ehegatten zur Genehmigung vorzulegen (§ 50 I EheG). Der Sozialausschuss hat vor der Genehmigung des Vertrags abzuwägen, ob der Vertrag im Hinblick auf den Unterhaltsbedarf des einen Ehegatten, die Leistungsfähigkeit des anderen Ehegatten und sonstige relevante Gesichtspunkte angemessen ist (§ 50 II EheG). Ein vom Sozialausschuss genehmigter Vertrag kann wie eine rechtskräftige Entscheidung vollstreckt werden (§ 50 III KUG).

Eine gerichtliche Entscheidung oder eine zwischen den Ehegatten getroffene Vereinbarung über Unterhaltszahlungen kann **abgeändert** werden, wenn dies auf Grund veränderter Verhältnisse begründet erscheint. Eine Entscheidung oder ein Vertrag die eine Abgeltung des Unterhalts durch eine einmalige Zahlung zum Inhalt haben, könne jedoch nicht mehr abgeändert werden, sobald die Unterhaltszahlung geleistet ist (§ 51 I KUG). Bei der Abänderung des Unterhalts können auch die Verhältnisse während der letzten sechs Monate vor der Klageerhebung berücksichtigt werden (§ 51 II KUG). Ein zwischen den Ehegatten geschlossener Unterhaltsvertrag kann abgeändert werden, wenn sein Inhalt unangemessen ist (§ 51 III KUG). Wird eine Entscheidung oder Vereinbarung über den Ehegattenunterhalt abgeändert oder aufgehoben oder wird die Vereinbarung für nichtig erklärt, hat das Gericht abzuwägen, ob der Ehegatte das, was er geleistet hat, ganz oder teilweise zurückerhalten soll (§ 51 IV KUG).

3. Unterhaltsanspruch eines Lebenspartners

48 r Nach § 8 I, II des Gesetzes über die eingetragene Lebenspartnerschaft[116] (LebenspartnerG) hat die Eingehung oder Auflösung einer eingetragenen Lebenspartnerschaft die gleichen rechtlichen Wirkungen wie die Eingehung oder Auflösung einer Ehe (s. Rn. 9/48 o ff.).

Frankreich

1. Kinderunterhalt

49 Gemäß Art. 391–2 I des Zivilgesetzbuches (Code civil von 1804 – Cc)[117] haben beide Eltern die Verpflichtung, ihre Kinder zu ernähren und zu unterhalten, und zwar im Rahmen der Bedürfnisse des Unterhaltsberechtigten[118] sowie der eigenen finanziellen Möglichkeiten sowie derjenigen des anderen Elternteils. Zu zahlen ist eine Unterhaltsrente, gegebenenfalls mit Gleitklausel (Art. 208 II Cc), jedoch kann bei Leistungsunfähigkeit oder entsprechendem Erbieten des unterhaltspflichtigen Elternteils vom Gericht auch Unterhalt durch Aufnahme in die Wohnung und Gewährung von Naturunterhalt angeordnet werden (Art. 210, 211 Cc). Die Scheidung der Eltern lässt deren Unterhaltspflicht gegenüber ihren Kindern grundsätzlich unberührt (Art. 286 Cc). Jedoch hat der nicht zur elterlichen Gewalt berechtigte Elternteil oder bei gemeinsamer Ausübung der elterlichen Gewalt derjenige, bei dem sich das Kind nicht gewöhnlich aufhält, dem anderen Elternteil einen Unterhaltsbeitrag zu leisten (Art. 371–2 I Cc). Anpassung an die veränderten Verhältnisse ist möglich (Art. 209 Cc). Die Verpflichtung endet nicht allein deswegen, weil das Kind volljährig geworden ist (Art. 371–2 II Cc).

---

[116] Gesetz über die eingetragene Lebenspartnerschaft vom 9. 11. 2001/950 in der Fassung des Gesetzes vom 4. 2. 2005/59

[117] Zuletzt geändert durch die Gesetze Nr. 2007/308 vom 5. 3. 2007 und Ord Nr. 2007/465 vom 29. 3. 2007

[118] Dazu gehört auch die Ausbildung über den Eintritt der Volljährigkeit hinaus, vgl. Bericht über das 3. Regensburger Symposion für Europ. Familienrecht, FamRZ 1996, 1529

2. Ehegattenunterhalt

50   **Trennung.** Die Trennung lässt die eheliche Hilfeleistungspflicht gemäß Art. 212 Cc unberührt (Art. 303 Cc). Nach Art. 212 Cc schulden die Ehegatten einander Hilfe und Beistand. Diese Pflicht umfasst auch den Unterhalt.[119] Gemäß Art. 303 II Cc wird Trennungsunterhalt ohne Rücksicht auf ein Verschulden an der Trennung gewährt. Der Unterhaltsschuldner kann sich im Fall eines eigenen Verstoßes des Unterhaltsberechtigten gegen seine Unterhaltspflicht aber auf die Verwirkungsvorschrift des Art. 207 II Cc berufen.

Hat nach Beginn des Scheidungsverfahrens (in Frankreich) ein französisches Gericht in einer „ordonnance de non conciliation contradictoire" eine Regelung des Trennungsunterhalts getroffen, bleibt diese grundsätzlich bis zur Rechtskraft der Scheidung wirksam. Sie ist mehr als eine einstweilige Anordnung oder einstweilige Verfügung nach deutschem Recht (§§ 620 ff., § 644, § 935, § 940 ZPO), entspricht im Wesentlichen einem deutschen Urteil zum Trennungsunterhalt und ist die einzige Möglichkeit, während des Scheidungsverfahrens eine gerichtliche Regelung über den Trennungsunterhalt zu erlangen.[120]

51   **Scheidung.** Das französische Recht kennt mehrere Möglichkeiten einer Scheidung,[121] nämlich

– im Einvernehmen beider Ehegatten, die gemeinsam die Scheidungsfolgen im Voraus regeln, um vom Familienrichter die Scheidung ausgesprochen zu bekommen (Art. 230–232 Cc); dieses Verfahren setzt einen gemeinsamen Scheidungsantrag der Ehegatten voraus,

– den Scheidungsantrag eines Ehegatten, der sich auf Fakten bezieht, die von beiden Ehegatten akzeptiert werden müssen und die ein weiteres Zusammenleben unerträglich machen (Art. 233–234 Cc); dieser Scheidungsgrund setzt voraus, dass der Ehegatte, der die Scheidungsinitiative nicht ergriffen hat, positiv antwortet, die vorgetragenen Tatsachen zugibt und die Scheidung akzeptiert,

– wegen endgültiger Zerrüttung der ehelichen Gemeinschaft, die auf ein Auseinanderleben der Ehegatten abstellt; ein Ehegatte kann die Scheidung beantragen, wenn die Ehegatten in Zeitpunkt der Zustellung des Scheidungsantrags seit mindestens zwei Jahren getrennt leben (Art. 237 Cc) oder wenn der Geisteszustand des anderen Ehegatten sich seit zwei Jahren so verschlimmert hat, dass keine Lebensgemeinschaft mehr zwischen den Ehegatten besteht (Art. 238 Cc),

– aus Verschulden, wenn für einen Ehegatten wegen schwerer Verfehlungen oder wiederholter Pflichtverletzungen des anderen Ehegatten die Aufrechterhaltung der Ehegemeinschaft unerträglich ist (Art. 242 ff. Cc). In diesen Fällen kann ein Ehegatte bei alleinigem Verschulden des anderen Ehegatten Schadensersatz verlangen, wenn er durch die Scheidung einen besonders gravierenden Nachteil erleidet. Die Höhe der Entschädigung ist aber unabhängig von der Eheverfehlung (Art. 266 Cc).

Hinzu kommt die Umwandlung eines Trennungsurteils in ein Scheidungsurteil nach dreijähriger Trennung von Tisch und Bett gemäß Art. 306 ff. Cc.

52   **Nachehelicher Unterhalt** (pension alimentaire) wird seit der zum 1. Januar 2005 in Kraft getretenen Reform nicht mehr von Gesetzes wegen geschuldet. Die Scheidung beendet vielmehr die Unterhaltspflicht zwischen den Ehegatten (Art. 270 I Cc). Die Art. 281–285 Cc, die einen solchen Anspruch bislang für den Fall einer Scheidung wegen endgültiger Zerrüttung vorsahen, sind gestrichen worden. Nach wie vor kann aber ein Unterhalt vereinbart werden, der dann aber als vertraglicher Anspruch nach den allgemeinen Regeln geltend gemacht werden muss.[122] Im Regelfall endet mit der Scheidung deswegen die laufende gegenseitige Unterstützungspflicht der Ehegatten.

53   An Stelle des Unterhalts kann jedoch bei allen Scheidungsarten eine Pflicht zu **Ausgleichsleistungen,** den sog. prestations compensatoires, angeordnet oder vereinbart wer-

---

[119] Vgl. OLG Karlsruhe, FamRZ 1992, 58

[120] Vgl. OLG Karlsruhe, NJW-RR 1994, 1286

[121] Furkel/Gergen FamRZ 2005, 1615; vgl. auch Rieck/Eber Ausländisches Familienrecht Frankreich Stand Januar 2006 Rn. 21 ff.

[122] Rieck/Eber a. a. O. Rn. 32

den, um die Ungleichheit auszugleichen, welche die Auflösung der Ehe in den jeweiligen Lebensbedingungen schafft (Art. 270 II Cu).[123] Damit soll möglichst eine endgültige Regelung der finanziellen Verhältnisse der früheren Ehegatten erreicht werden. Die Ausgleichsleistung wird nach den Bedürfnissen des Empfängers und der Leistungsfähigkeit des anderen Ehegatten festgesetzt. Dabei ist die Lage im Zeitpunkt der Ehescheidung und ihre Entwicklung in absehbarer Zukunft zu berücksichtigen (Art. 271 I Cc). Die Ausgleichsabfindung kann durch Kapitalabfindung in einem einzigen Betrag erfolgen. Bei der Bemessung der Bedürftigkeit und der Leistungsfähigkeit berücksichtigt der Richter insbesondere die Dauer der Ehe, Alter und Gesundheit der Eheleute, die Einschränkungen durch die Erziehung vorhandener Kinder, die beruflichen Fähigkeiten der Eheleute, die Beschäftigungsmöglichkeiten, bestehende und zu erwartende Versorgungsanwartschaften und die Vermögenslage nach der güterrechtlichen Auseinandersetzung (Art. 271 II Cc).[124] Bei der Festsetzung einer Ausgleichsleistung durch den Richter oder durch die Parteien oder anlässlich eines Änderungsantrags geben die Parteien gegenüber dem Richter eine eidesstattliche Erklärung über die Richtigkeit ihrer Einkommen, Gehälter, Vermögen und Lebensbedingungen ab (Art. 272 Cc). Wenn die Vermögenssituation des Schuldners es gestattet, nimmt die Ausgleichszahlung die Form einer Kapitalzuwendung an (Art. 274 Cc).

Der Richter entscheidet über die Art und Weise der Übertragung, z. B. durch Zahlung einer Geldsumme, Überlassung beweglicher oder unbeweglicher Vermögenswerte zu Nießbrauch oder Hinterlegung von Vermögenswerten, aus denen ein Einkommen fließt (Art. 274 Cc). Unabhängig von einer gesetzlichen oder gerichtlichen Hypothek kann der Richter dem Schuldner die Leistung einer Realsicherheit, die Stellung einer Bürgschaft oder die Unterzeichnung eines Vertrages auferlegen, um die Zahlung der Rente oder der Kapitalzuwendung zu sichern (Art. 277 Cc) Hat der Schuldner der Ausgleichszahlung keine flüssigen Mittel, kann ihm zur Leistung dieser Bürgschaft als Sicherheit gestattet werden, das Kapital in bis zu acht Jahresraten aufzubringen (Art. 275 1 Cc). Nur wenn kein genügendes Kapital vorhanden ist, kann die Ausgleichszahlung ausnahmsweise die Form einer Leibrente oder einer Rente auf Zeit annehmen (Art. 276 I Cc). Die Rente wird mit einer Gleitklausel versehen und kann entweder für die gesamte Dauer einheitlich oder für verschiedene Zeiträume gestaffelt festgesetzt werden (Art. 276–1 I, II Cc). Die Rentenzahlungspflicht geht beim Tode des Schuldners auf dessen Erben über (Art. 280 I Cc). Im Fall einer bedeutenden Änderung seiner Lage kann der Schuldner eine Abänderung der Zahlungsmodalitäten beantragen (Art. 275 II Cc). Beide Parteien können den Richter jederzeit anrufen, um eine Ausgleichsleistung in Form einer Rente ganz oder teilweise gegen ein Kapital auszutauschen (Art. 276–4 I, II Cc). Die Ausgleichszahlungen sind der Unterhaltspflicht einigermaßen vergleichbar (Art. 270 ff. Cc), zumindest dann, wenn mangels Masse eine Ausgleichsleistung in Form einer großen Geldsumme oder Überlassung von Vermögenswerten in Natur u. a. (Art. 274 Cc) nicht möglich ist und eine Ausgleichsrente mit Gleitklausel festgesetzt wird (Art. 275 I Cc). International-privatrechtlich ist umstritten, ob sie güterrechtlich zu qualifizieren ist (Art. 15 EGBGB)[125] oder unterhaltsrechtlich nach Art. 18 EGBGB.[126] Letzteres dürfte zutreffen wegen des stark auf Versorgung ausgerichteten und danach bemessenen (vgl. Art. 271, 272, 276 ff. Cc) Charakters der Ausgleichsleistung.

Der Richter kann es ablehnen, dem an der Scheidung ausschließlich schuldigen Ehegatten eine Ausgleichsleistungen zuzusprechen, wenn die Billigkeit es verlangt (Art. 270 III Cc). Bei einem gemeinsamen Scheidungsantrag setzten die Ehegatten den Betrag und die Art und Weise der Ausgleichsleistung in einem Vertrag fest, den sie der richterlichen **Genehmigung** unterstellen. Der Richter darf die Genehmigung versagen, wenn die Rechte und Pflichten der Ehegatten unbillig festgesetzt sind (Art. 278 Cc). Die genehmigte Vereinbarung ist vollstreckbar und kann nur durch eine neue Vereinbarung der Eheleute abgeändert werden (Art. 279 I, II Cc), wenn sie nicht ursprünglich eine gerichtliche Abänder-

---

[123] Furkel/Gergen FamRZ 2005, 1615, 1621
[124] Rieck/Eber a. a. O. Rn. 31
[125] Vgl. OLG Karlsruhe, FamRZ 1989, 748; Rieck/Eber a. a. O. Rn. 31 am Ende
[126] So Hausmann, IPRax 1990, 382, 387; EuGH, IPRax 1981, 19; für den Regelfall auch Staudinger/ Mankowski, BGB (2003) Anh. I zu Art. 18 EGBGB Rn. 278

barkeit vereinbart hatten (Art. 279 III Cc). Ein Verzicht auf Unterhalt oder eine Ausgleichs-leistung ist vor der Ehe nicht zulässig.

54   Bei der Umwandlung eines Trennungsurteils in ein Scheidungsurteil (Art. 306 ff. Cc) richtet sich die Unterhaltspflicht und die Pflicht zu Ausgleichsleistungen nach den Regeln der Scheidung (Art. 308 Cc).

55   Gemäß Art. 259–3 Cc besteht eine gegenseitige **Auskunftspflicht** der Ehegatten, auch gegenüber dem Gericht.

3. Familienunterhalt

56   Gemäß Art. 205 Cc sind Kinder gegenüber ihren Eltern und anderen Verwandten der aufsteigenden Linie unterhaltspflichtig, wenn diese bedürftig sind. Solche Unterhaltsleistungen schulden nach Art. 206 Cc auch Schwiegerkinder und Schwiegereltern. Diese Verpflichtung entfällt, wenn der Ehegatte, der die Schwägerschaft vermittelt, und evtl. gemeinsame Kinder verstorben sind. In der Rechtsprechung ist anerkannt, dass diese Unterhaltspflicht auch mit der Scheidung von dem die Schwägerschaft vermittelnden Kind endet.[127] Die Verpflichtungen sind gegenseitig (Art. 207 Cc). Hat der Unterhaltsberechtigte jedoch selbst schwer gegen seine Verpflichtung gegenüber dem Unterhaltsschuldner verstoßen, kann das Gericht diesen ganz oder teilweise von seiner Unterhaltspflicht befreien (Art. 207 II Cc).

Griechenland

1. Kinderunterhalt

56 a   Nach Art. 1390 des Zivilgesetzbuchs vom 15. März 1940[128] (ZGB) sind die Ehegatten während der Ehe nach ihren Kräften verpflichtet, ihren Kindern Unterhalt zu leisten. Das Maß bestimmt sich nach den Umständen des Familienlebens, die Erfüllung erfolgt, wie es das eheliche Zusammenleben erfordert. Auch sonst sind Eltern und Kinder einander u. a. zur Hilfe verpflichtet (Art. 1507 ZGB). Eine Vermögenszuwendung eines Elternteils an das Kind zur Begründung oder Erhaltung der Selbstständigkeit oder zum Beginn oder zur Fortsetzung des Berufs ist nur dann als Schenkung zu qualifizieren, wenn sie das nach den Umständen erforderliche Maß übersteigt (Art. 1509 ZGB).

Allgemein bestimmt sich die Unterhaltspflicht gegenüber den Kindern nach den Vorschriften über die Unterhaltspflicht zwischen Verwandten (Art. 1485 ff. ZGB). Ein minderjähriges Kind ist, auch wenn es **Vermögen** hat, seinen Eltern gegenüber zum Unterhalt berechtigt, soweit die Einkünfte aus seinem Vermögen oder der Ertrag seiner Arbeit zu seinem Unterhalt nicht ausreichen (Art. 1486 II ZGB). Die Eltern sind, jeder nach seinen Möglichkeiten, zum Unterhalt ihres Kindes gemeinsam verpflichtet (Art. 1489 II ZGB). Ihren minderjährigen Kindern sind die Eltern auch dann unterhaltspflichtig, wenn dadurch ihr eigener angemessener Unterhalt gefährdet würde (Art. 1487 S. 2 ZGB). Sowohl hinsichtlich des Bedarfs als auch zur Leistungsfähigkeit ist also von einer gegenüber den sonstigen Verpflichtungen **gesteigerten Unterhaltspflicht** gegenüber minderjährigen Kindern auszugehen. Der Ehegatte, dem die elterliche Sorge nicht zusteht, ist berechtigt, vom anderen Ehegatten **Auskunft** über die Person und das Vermögen des Kindes zu verlangen (Art. 1513 III ZGB). Die Eltern verwenden die Einkünfte aus dem Vermögen des Kindes für dessen Pflege, Bildung und Ausbildung. In Fällen außerordentlicher Not können Sie auch das Kapital des Kindesvermögens verwenden (Art. 1529 I, II ZGB).

Eltern dürfen ihren minderjährigen Kindern gegenüber bestimmen, in welcher Art und für welche Zeit im Voraus der Unterhalt gewährt werden soll. Wenn besondere Gründe vorliegen kann das Gericht auf Antrag des Kindes abweichend entscheiden (Art. 1497

---

[127] Rieck/Eber a. a. O. Rn. 54
[128] In der Fassung des Gesetzes 2915/2001

ZGB). Ist die Mutter mittellos und die Vaterschaft wahrscheinlich, kann das Gericht schon vorab als Sicherheit monatliche Vorauszahlungen festsetzen (Art. 1502 ZGB).

2. Ehegattenunterhalt

Die Ehegatten sind nach Art. 1389 ZGB verpflichtet, die Bedürfnisse der Familie nach **56 b** ihren Kräften zu befriedigen. Ihr Beitrag erfolgt durch ihre persönliche Arbeit, ihre Einkünfte und ihr Vermögen. Diese Pflicht beinhaltet insbesondere die gegenseitige Unterhaltspflicht (Art. 1390 I ZGB). Der Anspruch auf Trennungsunterhalt entfällt nicht schon wegen kurzer Ehedauer, zumal die Vorschrift des § 1392 ZGB nicht auf die entsprechend einschlägige Vorschrift für den nachehelichen Unterhalt (Art. 1444 I ZGB) verweist.[129]
Soweit und solange ein **geschiedener** Ehegatte seinen Unterhalt nicht durch seine Einkünfte oder sein Vermögen sicherstellen kann, kann er nach Art. 1442 ZGB vom früheren Ehegatten Unterhalt verlangen,[130] wenn
• er im Zeitpunkt der Verkündung des Scheidungsurteils oder am Ende des in den nachfolgenden Fällen vorgesehenen Zeitraums wegen seines **Alters oder Gesundheitszustands** nicht gezwungen werden kann, einen eigenen Beruf aufzunehmen oder fortzusetzen, der seinen Unterhalt sichert,
• er die Sorge für ein **minderjähriges Kind** hat und aus diesem Grund an der Ausübung eines geeigneten Berufs gehindert ist,
• er keine geeignete dauerhafte Beschäftigung findet oder wenn er eine gewisse berufliche Ausbildung benötigt, wobei der Unterhalt auf drei Jahre seit der Verkündung des Scheidungsurteil begrenzt ist oder
• sonst ein nachehelicher Unterhalt aus Billigkeitsgründen geboten ist.
Bei der Bemessung der Bedürftigkeit ist ein ev. erhaltener Zugewinn zu berücksichtigen. Unterhalt schuldet nicht, wer dazu auch angesichts seiner übrigen Verpflichtungen nicht **leistungsfähig** ist, ohne seinen eigenen Unterhalt zu gefährden (Art. 1443, 1487 ZGB). Das **Maß** des angemessenen Unterhalts und die Abänderungsmöglichkeit richten sich nach den allgemeinen Bestimmungen (Art. 1443, 1493, 1494 ZGB). Die Höhe richtet sich im Einzelfall nach der Bedürftigkeit und der Leistungsfähigkeit;[131] Tabellen oder Richtlinien existieren nicht. Für die Vergangenheit wird Unterhalt nur bei Verzug geschuldet (Art. 1443, 1498 ZGB). Der Unterhalt ist monatlich im Voraus in Geld zu zahlen. In besonderen Fällen kann eine einmalige Leistung vereinbart oder vom Gericht angeordnet werden (Art. 1443 S. 2, 3 ZGB). Der nacheheliche Unterhalt ist weitgehend **dispositiv;** selbst ein Verzicht auf künftigen Unterhalt ist nach überwiegender Auffassung zulässig, weil Art 1443 ZGB nicht auf die entspr. Vorschrift des Art. 1499 ZGB verweist.
Der nacheheliche Unterhalt kann **ausgeschlossen oder eingeschränkt** werden, wenn dies aus wichtigem Grund geboten ist (Art. 1444 I ZGB), insbesondere wenn
– die Ehe nur eine kurze Zeit gedauert hat,
– der Berechtigte an der Ehescheidung schuldig ist oder
– der Berechtigte seine Bedürftigkeit mutwillig verursacht hat.
Das Unterhaltsrecht **erlischt,** wenn der Berechtigte wieder heiratet oder dauerhaft in einer nichtehelichen Lebensgemeinschaft zusammenlebt. Mit dem Tod des Berechtigten erlischt es für künftig fällig werdende Raten; der Tod des Unterhaltspflichtigen lässt das Unterhaltsrecht nicht entfallen (Art. 1444 II ZGB).
Der unterhaltspflichtige frühere Ehegatte schuldet dem anderen **Auskunft** über sein Vermögen und seine Einkünfte; auf Antrag des Unterhaltsberechtigten sind auch der Arbeitgeber und das Finanzamt zur Auskunft verpflichtet (Art. 1445 ZGB).
Auf Antrag der Kindesmutter kann das Gericht den **nichtehelichen** Vater zur Zahlung der Entbindungskosten und eines für die Zeit von zwei Monaten vor bis vier Monate nach der Entbindung befristeten Unterhalts an die bedürftige Mutter verurteilen. Liegen beson-

---

[129] LG Piräus 7497/2004 NoB 2005, 118 f.; vgl. auch Koutsouradis FamRZ 2005, 1624, 1626
[130] OLGR Zweibrücken 2007, 241
[131] OLG Zweibrücken FamRZ 2007, 1559

dere Umstände vor, kann die Unterhaltspflicht auf insgesamt ein Jahr verlängert werden. Der Anspruch erlischt nicht mit dem Tod des Vaters und verjährt in drei Jahren seit der Entbindung. Ein Anspruch auf Schadensersatz ist daneben nicht ausgeschlossen (Art. 1503 I, II ZGB).

3. Verwandtenunterhalt

56 c   Aszendenten **(Vorfahren) und Abkömmlinge** sind sich gegenseitig nach den Vorschriften der Art. 1486 bis 1502 ZGB zum Unterhalt verpflichtet (Art. 1485 ZGB). Unterhaltspflichtig sind zunächst die Abkömmlinge in der Reihenfolge, in der sie als gesetzliche Erben berufen sind (Art. 1813 ZGB) nach dem Verhältnis ihres Erbteils (Art. 1488 ZGB). Sind keine Abkömmlinge vorhanden, so sind die nächsten Vorfahren zum Unterhalt verpflichtet und zwar zu gleichen Teilen, wenn mehrere des gleichen Grades vorhanden sind (Art. 1489 I ZGB). Wenn ein Vorfahre oder ein Abkömmling zur Unterhaltsleistung nicht in der Lage ist oder ein gerichtliches Vorgehen gegen ihn unmöglich oder besonders schwierig ist, trifft die Unterhaltspflicht den nächst Verpflichteten (Art. 1490 I ZGB). In diesem Falle, wenn ein öffentlicher Träger Unterhalt gezahlt hat oder wenn die sorgeberechtigte Person oder der Ehegatte des Unterhaltspflichtigen Unterhalt an ein minderjähriges Kind gezahlt hat, geht der Unterhaltsanspruch per Gesetz auf ihn über (Art. 1490 II ZGB).

Abkömmlinge und Vorfahren sind nur zum **Notunterhalt** berechtigt, der das unbedingt zur Erhaltung Notwendige umfasst, wenn sie sich gegenüber dem Unterhaltspflichtigen einer Verfehlung schuldig gemacht haben, die eine Enterbung rechtfertigt (Art. 1495 ZGB).

Geschwister schulden sich wechselseitig Unterhalt, wenn der Berechtigte aus besonderen Gründen, insbesondere wegen Alters, schwerer Krankheit oder Gebrechlichkeit außerstande ist, sich selbst zu unterhalten und die Verpflichtung unter Berücksichtigung aller Umstände angemessen ist. Der Unterhalt umfasst das unbedingt Notwendige zum Leben und die Erziehungskosten sowie die Kosten für die allgemeine und berufliche Ausbildung (Art. 1504 ZGB).

4. Allgemeine Grundsätze

56 d   Unterhaltsberechtigt ist nur, wer außerstande ist, sich selbst durch sein Vermögen oder durch eine seinem Alter, seinem Gesundheitszustand und seinen übrigen Lebensumständen unter Berücksichtigung seiner etwaigen Ausbildungsbedürfnisse angemessene Arbeit zu unterhalten.[132] Nicht zum Unterhalt verpflichtet ist, wer angesichts seiner übrigen Verpflichtungen nicht zur Leistung in der Lage ist, ohne seinen eigenen Unterhalt zu gefährden (Art. 1487 S. 1 ZGB). Damit setzt die Unterhaltspflicht stets Bedürftigkeit des Berechtigten und Leistungsfähigkeit des Unterhaltspflichtigen voraus.

Der Unterhaltsanspruch gegenüber dem (geschiedenen) Ehegatten geht dem Anspruch gegenüber den Abkömmlingen und Vorfahren vor. Letztere haften nur, wenn der Ehegatte auch angesichts seiner übrigen Verpflichtungen nicht zur Zahlung des geschuldeten Unterhalts in der Lage oder wenn die Durchsetzung gegen ihn unmöglich oder besonders schwierig ist (Art. 1491 ZGB). Minderjährige Kinder und (frühere) Ehegatten sind als Unterhaltsberechtigte gleichrangig und gehen anderen Unterhaltsberechtigten vor. Danach haben Abkömmlinge in der Reihe der gesetzlichen Erbfolge (Art. 1813 ZGB) Vorrang vor den Aszendenten. Bei den Vorfahren gehen schließlich die näheren den entfernteren vor (Art. 1492 ZGB).

Das **Maß** des Unterhalts bestimmt sich nach den Bedürfnissen des Unterhaltsberechtigten unter Berücksichtigung der Umstände seines Lebens (angemessener Unterhalt). Er umfasst alles, was zum Lebensunterhalt notwendig ist sowie die Kosten der Erziehung und die Kosten seiner allgemeinen und beruflichen Ausbildung (Art. 1473 ZGB). Der Unterhalt ist in Geld monatlich in voraus zu zahlen. Aus besonderem Anlass kann das Gericht dem Unterhaltspflichtigen gestatten, den Unterhalt in anderer Art (z. B. durch Wohnungsgewäh-

---

[132] OLGR Zweibrücken 2007, 241 (zum nachehelichen Unterhalt)

rung) zu erbringen (Art. 1496 ZGB). Haben sich die Verhältnisse seit Erlass eines Urteils geändert, kann das Gericht die Unterhaltspflicht **abändern** oder beenden (Art. 1494 ZGB). Für die **Vergangenheit** wird Unterhalt nur geschuldet, soweit sich der Unterhaltspflichtige im Verzug befand (Art. 1498 ZGB). Ein **Verzicht** auf künftigen Unterhalt ist nicht zulässig; Vorauszahlungen befreien den Unterhaltspflichtigen nur, wenn sie im Rahmen einer nach Art. 1496, 1497 ZGB zulässigen Unterhaltsbestimmung erfolgt sind (Art. 1499 ZGB). Der Unterhaltsanspruch der Verwandten **erlischt** mit dem Tod des Berechtigten oder des Verpflichteten, es sei denn, dass er die Vergangenheit oder schon fällige Raten betrifft (Art. 1500 ZGB).

Irland

1. Kinderunterhalt

Nach den Sec 5 ff. des Family Law Act 1995[133] (FLA 1995) kann das Gericht, bevor es **56 e** über die Hauptsache der gerichtlichen Trennung entscheidet, Anordnungen zu einzelnen Folgesachen erlassen. Hat ein Ehegatte einen Antrag auf gerichtliche Trennung gestellt, kann das Gericht für die Dauer des Verfahrens auch eine Anordnung über den Kindesunterhalt erlassen. Es kann einen Ehegatten zu regelmäßigen Zahlungen oder Pauschalzahlungen für den Unterhalt gemeinsamer Kinder verpflichten. Die Unterhaltspflicht darf nicht vor der Antragstellung beginnen und endet mit dem vom Gericht bestimmten Zeitpunkt, spätestens mit Beendigung des Verfahrens über die gerichtliche Trennung (Sec 7 I FLA 1995). Das Gericht kann die Zahlung von bestimmten Bedingungen und Auflagen abhängig machen, die es für angemessen hält und in der Anordnung genau bezeichnet (Sec 7 II FLA 1995). Mit Erlass des Urteils auf gerichtliche Trennung oder jederzeit danach kann das Gericht einem Kind auf Antrag wiederkehrende Unterhaltsleistungen (Sec 8 I a FLA 1995), eine Sicherheitsleistung für wiederkehrende Zahlungen (Sec 8 I b, VI FLA 1995) oder eine oder mehrere Pauschalzahlungen (Sec 8 I c FLA 1995) zusprechen. Hinsichtlich der Pauschalzahlungen kann das Gericht Ratenzahlung und deren Sicherung anordnen (Sec 8 III FLA 1995). Auch diese Unterhaltszahlungen können frühestens für die Zeit ab Antragstellung und längstens bis zum Tod des unterhaltspflichtigen Ehegatten angeordnet werden (Sec 8 IV FLA 1995).

Bei der Bemessung der **Art und Höhe** einer Unterhaltsanordnung zugunsten eines **56 f** abhängigen Familienmitglieds soll das Gericht insbesondere die finanziellen Bedürfnisse des Familienmitglieds und des unterhaltspflichtigen Elternteils (Sec 16 IV a FLA 1995), Einkommen, Verdienstmöglichkeiten, Eigentum und andere Finanzquellen des Kindes und des unterhaltspflichtigen Elternteils (Sec 16 IV b FLA 1995), körperliche oder geistige Behinderungen (Sec 16 II c FLA 1995), das gesetzliche Einkommen oder sonstige Zuflüsse (Sec 16 IV d FLA 1995), die Art der bisher genossenen und von den Ehegatten vorgesehenen Erziehung (Sec 16 IV e FLA 1995) und die Bedürfnisse der Unterbringung (Sec 16 IV g FLA 1995) berücksichtigen. Das Gericht soll keine Unterhaltsanordnung zugunsten des Kindes treffen, wenn dies nicht im öffentlichen Interesse liegt (Sec 16 V FLA 1995).

Bei der Anordnung von wiederkehrenden Unterhaltszahlungen kann das Gericht bestim- **56 g** men, dass die Zahlung nicht mit Beginn des Verfahrens sondern erst am Tag der Anordnung beginnt (Sec 17 I a FLA 1995). Die Zahlung rückständigen Unterhalts kann es in einer Summe und zur Zahlung innerhalb einer bestimmten Frist zusprechen. Für die schon vom anderen Elternteil geleisteten Zahlungen kann es einen Abschlag von der Gesamtsumme vornehmen (Sec 17 I b, c FLA 1995). Bei veränderten Umständen kann das Gericht die Unterhaltsanordnung auf Antrag eines Ehegatten **abändern** oder aufheben, die Anordnung (zeitlich) außer Kraft setzen oder sie wiederaufleben lassen. Dabei kann es schon zugesprochene Vermögensgegenstände wieder einziehen (Sec 18 II FLA 1995). Anordnungen auf Kindesunterhalt sollen aufgehoben werden, wenn das Kind wegen Vollendung des 18. bzw.

---

[133] Bergmann/Ferid/Henrich, Irland Stand 30. 11. 1999 S. 109

23. Lebensjahres aus dem Abhängigkeitsverhältnis tritt oder wenn das Gericht überzeugt ist, dass das Abhängigkeitsverhältnis aus sonstigen Gründen beendet ist (Sec 18 III FLA 1995). Die Abänderungsbefugnis kann in der Anordnung jedoch ausgeschlossen oder eingeschränkt werden (Sec 18 IV FLA 1995).

2. Ehegattenunterhalt

56 h   Wenn die Ehegatten sich dauerhaft trennen, könne sie statt der Ehescheidung zunächst auch einen Antrag auf **gerichtliche Trennung** stellen. Nach den Sec 5 ff. des Family Law Act 1995[134] (FLA 1995) kann das Gericht, bevor es über die Hauptsache entscheidet, Anordnungen zu einzelnen Folgesachen erlassen. Hat ein Ehegatte einen Antrag auf gerichtliche Trennung gestellt, kann das Gericht auch eine Anordnung über den Trennungsunterhalt für die Dauer des Verfahrens erlassen. Es kann einen Ehegatten zu regelmäßigen Zahlungen oder Pauschalzahlungen für den Unterhalt des anderen Ehegatten verpflichten. Die Unterhaltspflicht darf nicht vor der Antragstellung beginnen und endet mit dem vom Gericht bestimmten Zeitpunkt, spätestens mit Beendigung des Verfahrens über die gerichtliche Trennung (Sec 7 I FLA 1995). Das Gericht kann die Zahlung von bestimmten Bedingungen und Auflagen abhängig machen, die es für angemessen hält und in der Anordnung genau bezeichnet (Sec 7 II FLA 1995).

56 i   Mit Erlass des **Urteils auf gerichtliche Trennung** oder jederzeit danach kann das Gericht einem Ehegatten auf seinen Antrag wiederkehrenden Unterhaltsleistungen (Sec 8 I a FLA 1995), eine Sicherheitsleistung für wiederkehrende Zahlungen an den anderen Ehegatten (Sec 8 I b, VI FLA 1995) oder eine oder mehrere Pauschalzahlungen (Sec 8 I c FLA 1995) zusprechen. Außerdem kann das Gericht eine weitere Zahlung an den unterhaltsberechtigten Ehegatten zur Begleichung aller zurückliegenden Unterhaltsansprüche anordnen (Sec 8 II FLA 1995). Hinsichtlich der Pauschalzahlungen kann das Gericht Ratenzahlung und deren Sicherung anordnen (Sec 8 III FLA 1995). Auch diese Unterhaltszahlungen können frühestens für die Zeit ab Antragstellung und längstens bis zum Tod eines der Ehegatten angeordnet werden (Sec 8 IV FLA 1995). Nach Wiederheirat eines Ehegatten soll eine solche Anordnung nicht mehr erlassen werden. Bei Wiederheirat des unterhaltsberechtigten Ehegatten entfällt der Unterhaltsanspruch für die Zukunft (Sec 8 V FLA 1995).

Erlässt das Gericht eine gesicherte Zahlungsanordnung für wiederkehrende Leistungen, eine Pauschalzahlungsanordnung oder eine Vermögensübertragungsanordnung, kann es dabei oder jederzeit danach den **Verkauf von Eigentum** anordnen, das dem unterhaltspflichtigen oder beiden Ehegatten gehört oder zusteht (Sec 15 I FLA 1995). Dadurch darf aber nicht das gesetzliche Recht eines Ehegatten zum Bewohnen des Familienheims beeinträchtigt werden (Sec 15 II FLA 1995). Die Anordnung kann mit Nebenbestimmungen versehen werden, insbesondere zu Einzelheiten des Verkaufs und eines potentiellen Käufers, mit aufschiebenden und auflösenden Bedingungen sowie Anordnungen über die Auszahlung des Verkaufserlöses und die Erlösaufteilung (Sec 15 III FLA 1995). Die Verkaufsanordnung verliert bei Tod oder Wiederheirat der unterhaltsberechtigten Ehegatten ihre Wirkung für die Zukunft (Sec 15 IV FLA 1995).

56 k   Bei der Bemessung der **Art und Höhe** des Unterhalts soll das Gericht die Interessen aller Ehegatten und der abhängigen Familienmitglieder berücksichtigen (Sec 16 I FLA 1995). Dabei soll es insbesondere zukünftiges Einkommen, Verdienstmöglichkeiten, Eigentum und andere Finanzquellen beider Ehegatten (Sec 16 II a FLA 1995), die zukünftigen finanziellen Bedürfnisse, Verbindlichkeiten und Verantwortungen beider Ehegatten (Sec 16 II b FLA 1995), den Lebensstandard der Ehegatten vor dem Verfahren oder vor der Trennung (Sec 16 II c FLA 1995), das Alter beider Ehegatten und die Zeit des Zusammenlebens (Sec 16 II d FLA 1995), körperliche oder geistige Behinderungen (Sec 16 II e FLA 1995), die zukünftigen Zuwendungen beider Ehegatten an die Familie (Sec 16 II f FLA 1995), die Auswirkungen der ehelichen Pflichten während des Zusammenlebens auf die Verdienstmöglichkeiten beider Ehegatten (Sec 16 II g FLA 1995), das gesetzliche Einkommen ohne Zuschüsse (Sec

---

[134] Bergmann/Ferid/Henrich a. a. O. S. 109

16 II h FLA 1995), das Verhalten beider Ehegatten, wenn die Nichtberücksichtigung nach Auffassung des Gerichts ungerecht wäre (Sec 16 II i FLA 1995), die Bedürfnisse bezüglich der Unterkunft der Ehegatten (Sec 16 II j FLA 1995), den Wert von Zuflüssen, die ein Ehegatte auf Grund des Trennungsurteils verliert (Sec 16 II k FLA 1995) und die Rechte anderer Personen, insbesondere eines neuen Ehepartners des unterhaltspflichtigen Ehegatten (Sec 16 II l FLA 1995), berücksichtigen.

Das Gericht soll keine Anordnung zur Unterstützung eines Ehegatten erlassen, der den **561** anderen Ehegatten bis zum Beginn des Verfahrens verlassen hat, es sei denn, dies erscheint in Anbetracht aller Umstände ungerecht. Das gilt auch dann nicht, wenn der Ehegatte einen berechtigten Grund hatte, den anderen zu verlassen (Sec 16 III a FLA 1995). Verlassen im Sinne des Gesetzes beinhaltet auch ein Verhalten, das dem anderen Ehegatten einen berechtigten Grund gibt, ersteren zu verlassen (Sec 16 VI FLA 1995).

Bei der Anordnung von wiederkehrenden Unterhaltszahlungen kann das Gericht bestimmen, dass die Zahlung nicht mit Beginn des Verfahrens sondern erst am Tag der Anordnung beginnt (Sec 17 I a FLA 1995). Die Zahlung rückständigen Unterhalts kann es in einer Summe und zur Zahlung innerhalb einer bestimmten Frist zusprechen (Sec 17 I b FLA 1995). Bei veränderten Umständen kann das Gericht die Unterhaltsanordnung auf Antrag eines Ehegatten **abändern** oder aufheben, die Anordnung (zeitlich) außer Kraft setzen oder sie wiederaufleben lassen. Dabei kann es schon zugesprochene Vermögensgegenstände wieder einziehen (Sec 18 II FLA 1995). Die Abänderungsbefugnis kann in der Anordnung jedoch ausgeschlossen oder eingeschränkt werden (Sec 18 IV FLA 1995).

Italien

1. Kinderunterhalt

Gemäß Art. 147, Art. 148 des Zivilgesetzbuches[135] (cc) haben die Eltern die Verpflich- **57** tung, den gesamten Lebensbedarf ihrer Kinder zu tragen („mantenere"), sie auszubilden und zu erziehen. Dabei ist auf die Fähigkeiten, Neigungen und Lebenspläne der Kinder Rücksicht zu nehmen. Daraus folgt, dass die Unterhaltspflicht über den Eintritt der **Volljährigkeit** oder der vorzeitigen Mündigkeit hinaus fortdauert, solange sie nicht in der Lage sein können, sich selbst zu unterhalten, z. B. im Falle eines Studiums. Maßgebend ist dabei eine abstrakte Betrachtung.[136] Eine feste Altersgrenze gibt es jedoch nicht.[137] Diese Verpflichtung hängt ab von ihren Vermögensverhältnissen und ihrer Erwerbs- und Haushaltsführungsfähigkeit (Art. 148 I cc). Gläubiger des Kindesunterhalts ist bei minderjährigen Kindern der andere Ehegatte, dem das Kind zugewiesen ist, nicht das Kind selbst.[138] Volljährigen aber finanziell noch nicht unabhängigen Kindern steht der Unterhalt nach der neu geschaffenen Vorschrift des Art. 155 V cc allerdings unmittelbar zu. Nur ausnahmsweise kann das Gericht in einer nach den Umständen des Einzelfalles zu begründenden Entscheidung etwas anderes anordnen.[139] Feste Regeln für die Bemessung der Unterhaltshöhe gibt es nicht,[140] jedoch ist eine automatische Gleitklausel vorgeschrieben, jedenfalls für den Kindesunterhalt nach Scheidung der Ehe ihrer Eltern (Art. 6 Nr. 11 SchG).[141] Eine spätere Abänderung ist möglich (Art. 155 VIII cc). Das Gericht kann die Auszahlung eines Bruchteils der Einkünfte unmittelbar an den Träger der Unterhaltslast (z. B. den anderen Ehegatten) anordnen. Über den Kindesunterhalt wird zusammen mit der Trennung oder Scheidung von Amts wegen

---

[135] Codice Civile Italiano vom 16. 3. 1942, zuletzt geändert durch Gesetz Nr. 218 vom 31. 5. 1995
[136] Vgl. Gabrielli in: Entwicklungen des europäischen Kindschaftsrechts, 2. Auflage, S. 71
[137] Bericht über das 3. Regensburger Symposion für Europäisches Familienrecht, FamRZ 1996, 1529
[138] Vgl. OLG Hamm, FamRZ 1993, 213
[139] Vgl. Gabrielli FamRZ 2007, 1505, 1507
[140] Vgl. Grunsky, Italienisches Familienrecht, 2. Aufl. 1978, S. 119
[141] Gesetz Nr. 898 vom 1. 12. 1970 über die Regelung der Fälle der Eheauflösung in der Fassung des Gesetzes Nr. 72 vom 6. 3. 1987

entschieden (Art. 155 I, II cc, Art. 6 Nr. 3 SchG).[142] Die Eltern haben ein Wahlrecht, in welcher Form sie Unterhalt leisten; bei Streit entscheidet das Gericht.[143] Ist diese Unterhaltspflicht beendet, kommt eine Alimentationspflicht gem. Art. 433 ff. cc in Betracht, jedoch in geringerem Umfang wie diejenige nach Art. 147 f. cc. Sie richtet sich nach der wirtschaftlichen Lage des Pflichtigen und dem notwendigen Bedarf des Kindes unter Beachtung seiner sozialen Stellung und kann in Ausnahmefällen bis nahe an den standesgemäßen Unterhalt heranreichen; regelmäßig liegt sie jedoch weit darunter.[144] Für schwer behinderte Kinder sind nach der gesetzlichen Neuregelung die für minderjährige Kinder geltenden Vorschriften anwendbar. Für sie wird unabhängig von ihrem Alter deswegen der gesamte Unterhalt geschuldet und nicht nur ein pauschalierter Anteil.

Der Unterhaltsanspruch minderjähriger Kinder ist mit demjenigen geschiedener Ehegatten gleichrangig. Das Gericht kann im Mangelfall bei unterschiedlichem Bedarf entscheiden, wer den Unterhalt vorrangig erhält.

2. Ehegattenunterhalt

58   **Trennung.** Gemäß Art. 143 cc begründet die Ehe u. a. die Pflicht zu gegenseitiger materieller Unterstützung.[145] Diese Verpflichtung ruht bei Trennung gegenüber dem anderen Ehegatten, der unberechtigt getrennt lebt (Art. 146 I cc). Ein berechtigter Grund für die Trennung liegt vor, wenn Klage auf Trennung von Tisch und Bett oder auf Nichtigkeit, Auflösung oder Wirkungslosigkeit der Ehe erhoben ist (Art. 146 II cc). In Italien gibt es die einverständliche und die gerichtliche Trennung (Art. 150 II cc). Die einverständliche muss aber gerichtlich bestätigt werden (Art. 158 cc). Gemäß Art. 156 I, II cc regelt der Richter bei der gerichtlichen Trennung von Amts wegen den angemessenen Unterhalt zugunsten des nicht für die Trennung verantwortlichen bedürftigen Ehegatten.[146] Voraussetzung ist, dass ein Ausspruch über die Verantwortlichkeit des anderen Ehegatten ergangen ist (Art. 151 II cc).[147] Der für die Trennung nicht verantwortliche Ehegatte kann grundsätzlich den ehelichen Lebensstandard beibehalten (Art. 156 I cc „mantenimento"). Hat er selbst ausreichendes Einkommen, entfällt der Anspruch. Eine zumutbare Erwerbstätigkeit muss er ausüben. Auf Seiten des Unterhaltsschuldners ist sein Einkommen von wesentlicher Bedeutung, weniger seine sonstigen Vermögensverhältnisse (Art. 156 II cc), während beim Unterhaltsgläubiger auch seine Vermögensverhältnisse zu berücksichtigen sein sollen.[148] Auf Trennungsunterhalt können die Ehegatten nicht verzichten.

59   Der für die Trennung verantwortliche und bedürftige Ehegatte (Art. 156 III, 438 I cc) hat zwar auch einen Unterhaltsanspruch gegen den anderen,[149] aber nur in wesentlich geringerem Umfang, nämlich nur auf das Notwendige unter Berücksichtigung seiner sozialen Stellung („**alimenti**", Art. 156 III i. V. m. Art. 433 ff., Art. 438 II Satz 2 cc).[150] Sind beide Ehegatten schuldig an der Trennung, haben beide nur den Anspruch auf „alimenti" gemäß Art. 156 III, Art. 433 ff. cc.

60   Die beiden Formen des Unterhaltsanspruchs sind, wenn nachträgliche Umstände dies rechtfertigen, **Abänderungen** nach Maßgabe des Art. 156 VIII cc zugänglich.

---

[142] Vgl. auch Rn. 10/291

[143] Bericht über das 3. Regensburger Symposion für Europäisches Familienrecht, FamRZ 1996, 1529

[144] Grunsky, a. a. O., S. 159

[145] Rieck/Pesce Ausländisches Familienrecht Italien Stand Januar 2006 Rn. 14

[146] Der Streitwert eines Verfahrens auf Trennung von Tisch und Bett ist grundsätzlich niedriger anzusetzen als der Streitwert eines Scheidungsverfahrens (OLG Karlsruhe, FamRZ 1999, 605). Für Folgesachen gilt verfahrensrechtlich der Entscheidungsverbund mit entsprechenden Streitwerten (OLG Karlsruhe EZFamR aktuell 1999, 147)

[147] Diesen Ausspruch trifft der Richter – auf Antrag – bereits im Trennungsurteil. Er kann aber auch im späteren isolierten Unterhaltsverfahren nachgeholt werden (OLG Karlsruhe, FamRZ 1991, 439; OLG Düsseldorf, FamRZ 1997, 559)

[148] Grunsky, a. a. O., S. 104; bei seit langem in Deutschland lebenden Ehegatten stellt das OLG Düsseldorf (FamRZ 1997, 559) auf die hiesigen Lebensverhältnisse ab

[149] OLG Stuttgart FamRZ 2004, 1496

[150] Vgl. Grunsky, a. a. O., S. 105

Der Anspruch kann auch nach Erlass eines Trennungsurteils geltend gemacht werden.[151]

Scheidung. Maßgebend ist das Gesetz Nr. 898/70 zur Regelung der Fälle der Eheauf- **61**
lösung in der Fassung vom 6. 3. 1987 (sog. Scheidungsgesetz – SchG –). Gemäß dessen
Art. 5 Abs. 6 ff. ordnet das Gericht auf Antrag[152] die Pflicht des einen Ehegatten an, dem
anderen eine Unterhaltsrente zu zahlen. Danach ist die Verpflichtung zur Zahlung nachehelichen Ehegattenunterhalts zwar grundsätzlich im Scheidungsurteil auszusprechen. Diese
verfahrensrechtliche Norm allein steht einem späteren Unterhaltsbegehren allerdings nicht
entgegen. Nach der Rechtsprechung des italienischen Kassationshofs sind deswegen Unterhaltsansprüche eines Ehegatten nicht ausgeschlossen, auch wenn er sie in dem Trennungs-
prozess nicht geltend gemacht hatte. Für Unterhaltsansprüche nach der Scheidung gilt
dasselbe.[153] **Voraussetzung** ist, dass der andere keine hinreichenden Mittel hat und sich
solche aus „objektiven" Gründen auch nicht beschaffen kann. Das italienische Recht kennt
auch einen dem deutschen § 1573 BGB vergleichbaren Ergänzungsunterhalt, wenn der
bedürftige Ehegatte zwar erwerbstätig ist, aber mit den Einkünften nicht den ehelichen
Lebensstandard erreicht.[154] Im Wesentlichen gelten für die Unterhaltsbemessung dieselben
Maßstäbe wie für den deutschen nachehelichen Unterhalt.[155] Die persönlichen und wirtschaftlichen Verhältnisse der Ehegatten, wie Alter, Gesundheit, persönliche Stellung, Erwerbsfähigkeit, Vermögen und andere Unterhaltspflichten sind zu berücksichtigen. Auch die
Gründe der Ehescheidung sind von Bedeutung, was bei fehlendem Verschulden zu einer
Erhöhung des Unterhalts führen kann.[156] Zeiten der Kindererziehung sind ebenso zu
berücksichtigen, wie die Ehedauer. Tabellen o. ä. gibt es nicht.[157] Auch ein fester Selbstbehalt für den Unterhaltspflichtigen besteht nicht; wegen des Halbteilungsgrundsatzes darf
dem unterhaltsberechtigten Ehegatten aber allenfalls die Hälfte des beim Unterhaltspflichtigen vorhandenen Einkommens zugesprochen werden.

Unterhalt wird grundsätzlich in monatlichen Raten ohne zeitliche Grenze zugesprochen,
kann aber auch befristet werden, wenn das Ende der Unterhaltspflicht bereits absehbar ist.
Entscheidungen zur Unterhaltspflicht sind nach den Grundsätzen des Wegfalls der Geschäftsgrundlage abänderbar; teilweise ist dieses auch ausdrücklich gesetzlich geregelt (Art. 9 I
SchG). Eine neue Ehe des Unterhaltspflichtigen kann eine Abänderung nicht begründen,
die Unterstützung durch eine verfestigte nichteheliche Lebensgemeinschaft des Unterhaltsberechtigten kann hingegen zu einer Abänderung führen. Das italienische Recht kennt im
Abänderungsverfahren nach Art. 9 Abs. 1 SchG allerdings keinen Auskunftsanspruch des
Unterhaltsberechtigten.[158] Einmalige Abfindungen in Geld oder Immobilien sind möglich,
wenn die Ehegatten damit einverstanden sind (Art. 5 VIII SchG)[159]

Eine Besonderheit ist die automatische Gleitklausel, die wenigstens den Geldentwertungs- **62**
index erreichen muss (Art. 5 VII 1 SchG). Der Richter muss ausdrücklich begründen, wenn
er von der im Gesetz vorgesehenen automatischen Anpassung abweichen will (Art. 5 VII 2
SCHG).

Die Unterhaltspflicht endet, wenn der berechtigte Ehegatte eine neue Ehe eingeht (Art. 5 **63**
X SchG) oder mit dem Tod des Unterhaltspflichtigen. Im letzten Fall kann aber nach
billigem Ermessen ein neuer Anspruch auf nachehelichen Unterhalt als Nachlassverbindlichkeit entstehen. Eine vor Rechtshängigkeit geschlossene Vereinbarung z. B. über einen Verzicht auf den nachehelichen Unterhalt steht bei Beendigung der Ehe unter dem „Verdacht
der Nichtigkeit".[160]

---

[151] OLGR Düsseldorf 1996, 273
[152] BGH, NJW 2002, 145
[153] BGH, NJW 2002, 145; OLG Düsseldorf NJW-RR 1997, 387; OLG Frankfurt FamRZ 1994, 584
[154] Battes/Korenke, FuR 1996, 199
[155] Vgl. auch Battes/Korenke, FuR 1996, 199
[156] Vgl. OLG Frankfurt, FamRZ 1994, 584; Patti, FamRZ 1990, 703, 706
[157] Jayme in einer Rezension FamRZ 1995, 205
[158] OLG Bamberg FamRZ 2005, 1682
[159] Eine einmalige Abfindung schließt auch im Falle einer späteren Bedürftigkeit eine weitere Klage
auf Unterhalt aus
[160] OLG Frankfurt, FamRZ 1994, 584

Der Unterhalt kann auch noch nach Abschluss des Scheidungsverfahrens erstmalig und isoliert zugesprochen werden, und zwar auf Antrag.[161]

3. Verwandtenunterhalt

64 Nach Art. 433 Nr. 2, 4 und 6 cc sind Kinder und Schwiegerkinder sowie voll- und halbbürtige Geschwister zum Unterhalt verpflichtet. Dabei gehen die unterhaltspflichtigen Kinder dem Ehegatten nach und den Eltern vor. Die Schwiegerkinder gehen auch den Eltern nach und den Schwiegereltern vor. Bei den weiter nachrangigen Geschwistern gehen vollbürtige den halbbürtigen vor. Bei mehreren gleichrangigen Unterhaltspflichtigen haben alle im Verhältnis ihrer eigenen wirtschaftlichen Umstände zur Unterhaltsleistung beizutragen (Art. 441 I cc). Unterhalt setzt stets Bedürftigkeit voraus (Art. 438 I cc). Die Höhe bestimmt sich nach dem Bedarf des Berechtigten und der Leistungsfähigkeit des Unterhaltspflichtigen (Art. 438 II cc). Zwischen Brüdern ist der Unterhalt strikt auf den notwendigen Bedarf beschränkt (Art. 439 I cc). Bei Minderjährigen kann er auch die Kosten für Erziehung und Unterricht umfassen (Art. 439 II cc). Bei Änderung der wirtschaftlichen Verhältnisse kann der Unterhalt abgeändert werden (Art. 440 cc). Geschuldet wird der Unterhalt ab Klagerhebung oder ab Verzug, wenn innerhalb von 6 Monaten nach Inverzugsetzung eine Klage erhoben wird (Art. 445 cc)

Kroatien

Nach Art. 206 des Familiengesetzes vom 14. 07. 2003 (FamG)[162] ist Unterhalt die Pflicht und das Recht der Eltern und der Kinder, der Ehegatten, der nichtehelichen Partner und der Verwandten in gerader Linie, wenn es durch dieses Gesetz vorgesehen ist.

1. Kinderunterhalt

64 a Nach Art. 209 FamG sind die Eltern verpflichtet, für ihre **minderjährigen** Kinder Unterhalt zu leisten. Besucht ein Kind regelmäßig die Schule, schulden die Eltern ihm auch nach der **Volljährigkeit** weiterhin Unterhalt (Art 210 I FamG). Hat das volljährige Kind die Schule beendet aber noch keine Beschäftigung gefunden, schulden die Eltern ihm für die Dauer eines Jahres nach der Schulausbildung weiterhin Unterhalt (Art. 210 II FamG). Das Gleiche gilt, wenn das volljährige Kind wegen Krankheit, geistiger oder körperlicher Gebrechen arbeitsunfähig ist, für die Zeit der Arbeitsunfähigkeit (Art 210 III FamG). Ein Elternteil, dem die elterliche Fürsorge eingeschränkt oder entzogen wurde oder der die elterliche Fürsorge nicht ausübt, wird dadurch nicht von der Unterhaltspflicht für das Kind befreit (Art. 212 FamG). Nach Art. 214 I FamG sind auch **Stiefeltern** dem minderjährigen Kind zum Unterhalt verpflichtet, wenn es von den Eltern keinen Unterhalt erlangen kann. Stiefeltern, die im Zeitpunkt des Todes eines Elternteils mit dem Kind zusammenlebten, schulden dem minderjährigen Kind auch nach dem Tode des Elternteils Unterhalt (Art. 214 II FamG). Eine Unterhaltspflicht der Stiefeltern entfällt aber, wenn ihre Ehe mit dem Elternteil des Kindes geschieden oder für ungültig erklärt worden ist (Art 214 III FamG). Leistet ein Elternteil keinen Unterhalt für das Kind, sind die **Großeltern** nach den für die Eltern geltenden Bestimmungen zum Kindesunterhalt verpflichtet (Art. 216 FamG).

Bei der Bemessung des **Unterhaltsbedarfs** sind neben den allgemeinen Grundsätzen (s. Rn. 64 e) auch das Alter des Kindes sowie die Bedürfnisse seiner Ausbildung in Betracht zu zeihen (Art. 232 I FamG). Ungeachtet der allgemeinen Grundsätze über die Bedürftigkeit und die Leistungsfähigkeit kann ein arbeitsfähiger Elternteil nicht von der Unterhaltspflicht

---

[161] Vgl. OLG Frankfurt, FamRZ 1994, 584; nach Grunsky, a. a. O., S. 105 nur bei Veränderung der Umstände seit Erlass des Scheidungsurteils

[162] Familiengesetz vom 14.72003 (Nr. 116/03, 117/04, 136/04); zur Geltendmachung von Unterhalt vgl. auch DIJuF Länderbericht JAmt 2006, 288

für ein minderjähriges Kind befreit werden (Art. 232 II FamG). Der Unterhaltsbedarf eines Kindes kann mit einem erhöhten Betrag festgestellt werden, wenn dies den vergrößerten Möglichkeiten des einzelnen Elternteils entspricht (Art. 232 III FamG). Hat das Kind **eigene Einkünfte,** ist es verpflichtet, mit diesen zu seinem Unterhalt beizutragen (Art. 211 FamG). Im Unterhaltsstreitverfahren für ein Kind zieht des Gericht bei dem Elternteil, bei dem das Kind lebt, besonders die Arbeit und die Sorge, die er in das Heranwachsen des Kindes investiert, in Betracht und verringert demgemäß seinen Geldbetrag zum Kindesunterhalt (Art. 233 FamG). Rückständigen Unterhalt kann das Kind ab Klagerhebung oder Verzug verlangen, nicht aber für sonstige zurückliegende Zeiten.[163]

Das **Zentrum für Sozialfürsorge** bemüht sich darum, dass Eltern sich mit ihren minderjährigen Kindern oder mit ihren volljährigen Kindern, die regelmäßig die Schule besuchen, außergerichtlich über die Höhe oder die Vergrößerung des Unterhaltsbeitrags für das Kind einigen. Diese Einigung soll dem Wohlergehen des Kindes Rechnung tragen (Art. 230 I FamG). Der im Zentrum für Sozialfürsorge geschlossene Vergleich ist eine vollstreckbare Urkunde (Art. 230 II FamG). Das Zentrum für Sozialfürsorge kann im Namen des Kindes ein Verfahren auf Erhöhung des Unterhalts einleiten und führen, wenn eine andere Person oder Einrichtung für das Kind sorgt oder wenn der Elternteil, mit dem das Kind lebt, den Anspruch aus unberechtigten Gründen nicht geltend macht (Art. 234 I FamG). Es kann auch die Vollstreckung der Unterhaltsentscheidung für das Kind beantragen (Art. 234 II FamG). Über Unterhaltsentscheidungen für Kinder, die ihm das Gericht nach Art. 299 II FamG zustellt und über bei ihm geschlossene Unterhaltsvergleiche führt es nach ministeriell vorgegebener Art und Weise Protokoll (Art. 235 FamG).

2. Ehegattenunterhalt

Ein Ehegatte, der nicht genügend Mittel zum Leben hat oder sie aus seinem Vermögen **64 b** nicht beschaffen kann und arbeitsunfähig ist oder keine Beschäftigung findet, hat das Recht auf Unterhalt von seinem Ehegatten (Art. 217 FamG). Der Anspruch auf Unterhalt **endet,** wenn die Voraussetzungen des Art. 217 FamG nicht mehr gegeben sind, wenn der berechtigte Ehegatte aus einer geschiedenen oder für ungültig erklärten Ehe eine neue Ehe schließt oder wenn das Gericht feststellt, dass er in einer außerehelichen Gemeinschaft lebt oder dass er dieses Rechts unwürdig geworden ist (Art. 221 FamG).

Der berechtigte Ehegatte muss den Unterhaltsantrag bis zum Abschluss der Hauptverhandlung im Streitverfahren über die Scheidung oder Ungültigerklärung der Ehe **einreichen,** worauf ihn das Gericht hinzuweisen hat (Art. 218 I FamG). Nur ausnahmsweise kann der frühere Ehegatte auch innerhalb von sechs Monaten nach Beendigung der Ehe Unterhalt beantragen, wenn die Unterhaltsvoraussetzungen bei Abschluss der Hauptverhandlung im Streitverfahren über die Scheidung oder Ungültigerklärung der Ehe bestanden und ununterbrochen bis zum Abschluss der Hauptverhandlung im Unterhaltsstreitverfahren angedauert haben (§ 218 II FamG). Auch dann ist der späteste Einsatzzeitpunkt für das Bestehen eines Unterhaltsanspruchs die Auflösung der Ehe. Liegen die Voraussetzungen des Unterhaltsanspruchs in diesem Zeitpunkt nicht vor, kann auch später kein Anspruch mehr entstehen.

Das Gericht kann den Unterhaltsanspruch des Ehegatten ablehnen, wenn der Unterhalt eine **offensichtliche Ungerechtigkeit** für den unterhaltspflichtigen Ehegatten darstellen würde (Art. 219 FamG). Insbesondere wenn die Ehe nur kurz dauerte oder wenn der unterhaltsberechtigte Ehegatte die Möglichkeit hat, die Mittel zum Lebensunterhalt in absehbarer Zeit auf andere Weise zu sichern, kann das Gericht die Unterhaltspflicht bis zu einem Jahr **befristen** (Art. 220 I FamG). In berechtigten Fällen kann das Gericht die Unterhaltspflicht verlängern; die Klage auf Verlängerung des Unterhalts kann aber nur bis zum Ablauf der Zeit eingereicht werden, für die der Unterhalt bestimmt wurde (Art. 220 II, III FamG).

---

[163] BGH, FamRZ 2005, 1987

3. Unterhalt des außerehelichen Partners

64 c   Endet die außereheliche Gemeinschaft einer Frau und eines Mannes, die mindestens drei Jahre dauerte oder in der ein gemeinsames Kind geboren wurde, hat der außereheliche Partner, der dann die Voraussetzungen des Art. 3 FamG erfüllt, unter den gleichen Voraussetzungen wie ein Ehegatte (wenn er nicht genügend Mittel zum Leben hat oder sie aus seinem Vermögen nicht beschaffen kann und arbeitsunfähig ist oder keine Beschäftigung findet; Art. 217 FamG) das Recht auf Unterhalt von dem anderen außerehelichen Partner (Art. 222 I FamG). Der Anspruch auf Unterhalt **endet,** wenn die Voraussetzungen des Art. 217 FamG nicht mehr gegeben sind, wenn der berechtigte außereheliche Partner eine Ehe schließt oder wenn das Gericht feststellt, dass er in einer außerehelichen Gemeinschaft lebt oder dass er dieses Rechts unwürdig geworden ist (Art. 225 FamG). Der **Vater** eines außerehelichen Kindes ist auch unabhängig von einer früheren Lebensgemeinschaft verpflichtet, vom Tag der Kindesgeburt an ein Jahr Unterhalt für die Kindesmutter zu leisten, wenn sie für das Kind sorgt und nicht genügend Mittel zum Leben hat (Art. 226 FamG).

Die Unterhaltsklage kann nur innerhalb einer Frist von sechs Monaten von der Beendigung der außerehelichen Gemeinschaft an eingereicht werden (Art. 222 II FamG).

Das Gericht kann den Unterhaltsanspruch des außerehelichen Partners ablehnen, wenn der Unterhalt eine **offensichtliche Ungerechtigkeit** für den anderen außerehelichen Partner darstellen würde (Art. 223 FamG). Insbesondere wenn der unterhaltsberechtigte außereheliche Partner die Möglichkeit hat, die Mittel zum Lebensunterhalt in absehbarer Zeit auf andere Weise zu sichern, kann das Gericht die Unterhaltspflicht bis zu einem Jahr **befristen** (Art. 224 I FamG). In berechtigten Fällen kann das Gericht die Unterhaltspflicht verlängern; die Klage auf Verlängerung des Unterhalts kann aber nur bis zum Ablauf der Zeit, für die der Unterhalt bestimmt wurde, eingereicht werde (Art. 224 II, III FamG).

4. Verwandtenunterhalt

64 d   Ein volljähriges Kind ist verpflichtet, für einen Elternteil, der arbeitsunfähig ist und nicht genügend Mittel zum Leben hat oder sie aus seinem Vermögen nicht beschaffen kann, Unterhalt zu leisten (Art. 213 I FamG). Hat der unterhaltsberechtigte Elternteil in einer Zeit, als dies seiner gesetzlichen Pflicht entsprach, aus unberechtigten Gründen keinen Unterhalt für das Kind geleistet, kann das Kind von seiner Unterhaltspflicht gegenüber dem Elternteil befreit werden (Art. 213 II FamG). Auch ein volljähriges Stiefkind ist unter den Voraussetzungen wie ein volljähriges leibliches Kind zum Unterhalt für ein Stiefelternteil verpflichtet, wenn das Stiefelternteil längere Zeit für es Unterhalt gezahlt oder für es gesorgt hatte (Art. 215 FamG).

5. Allgemeine Vorschriften zur Bestimmung des Unterhalts

64 e   Der Unterhaltsanspruch des Ehegatten oder des außerehelichen Partners geht im **Rang** dem Verwandtenunterhalt vor (Art. 227 I FamG). Kinder und Stiefkinder haften ihren Eltern (bzw. Stiefeltern) gemeinschaftlich (Art. 227 II FamG). Haften nach dem Gesetz mehrere Personen gleichrangig für den Unterhalt, ist diese Verpflichtung nach ihren Möglichkeiten zu teilen (Art. 228 FamG). Ist ein vorrangiger Unterhaltspflichtiger nicht in der Lage, den vollständigen Unterhalt zu befriedigen, kann der Unterhaltsberechtigte auch von den nachrangigen Schuldnern Unterhalt verlangen (Art. 229 FamG).

Im Unterhaltsstreitverfahren stellt das Gericht den Gesamtbetrag der für den Unterhalt notwendigen Mittel fest (Art. 231 I FamG). Bei der Bemessung des **Unterhaltsbedarfs** berücksichtigt das Gericht die eigenen Einkünfte, den Vermögensstand, die Arbeitsfähigkeit, die Beschäftigungsmöglichkeit und andere Umstände, von denen die Unterhaltsentscheidung abhängt (Art. 231 II FamG). Bei der Bemessung der **Leistungsfähigkeit** des Unterhaltspflichtigen sind alle Einkünfte und sachlichen Möglichkeiten des Erwerbs eines vergrößerten Verdienstes, die eigenen Bedürfnisse und gesetzlichen Unterhaltsverpflichtungen zu berücksichtigen (Art. 231 III FamG).

Der Unterhalt ist **in Geld** zu bestimmen, wenn nicht berechtigte Gründe bestehen, dass er auf andere Art und Weise gesichert wird (Art. 238 FamG). Einem Unterhaltpflichtigen, der sich in einem Arbeitsverhältnis befindet, erlegt das Gericht monatliche Raten im Prozentsatz des Lohns oder des Lohnersatzes auf. Der Unterhaltpflichtige muss dem Unterhaltberechtigten die im Prozentsatz bestimmten Beträge bei jeder Lohn- und Lohnersatzleistung zahlen (Art. 239 I, II FamG). Gleiches gilt, wenn der Unterhaltpflichtige Rentenempfänger ist (Art. 240 FamG). Auf Antrag des Unterhaltberechtigten setzt das Gericht den Unterhalt aber in einem bestimmten Geldbetrag fest, wenn dafür berechtigte Interessen bestehen (Art. 241 FamG). Auch die Unterhaltszahlungen eines Selbstständigen oder sonst nicht in abhängiger Arbeit stehenden arbeitsfähigen Elternteils ordnet das Gericht in einem bestimmten Betrag an (Art. 242 FamG).

Das Gericht weist den Unterhaltpflichtigen an, dass die **Auszahlungen** der monatlichen Unterhaltsraten aus seinem Lohn, Lohnersatz oder seiner Rente nach seiner Zustimmung (administratives Verbot) ohne die Durchführung eines Vollstreckungsverfahrens ausgeführt werden können (Art. 236 FamG). Stimmt die einem Kind unterhaltpflichtige Person dem administrativen Verbot nicht zu, überprüft das Zentrum für Sozialfürsorge nach Ablauf von sechs Monaten ab Empfang der Gerichtsentscheidung oder ab Vergleichsschluss, ob der Unterhaltpflichtige seine Pflicht ordentlich und vollständig erfüllt und unternimmt die notwendigen Maßnahmen zum Schutz der Kindesinteressen (Art. 237 FamG). Der Unterhaltpflichtige hat einem neuen Arbeitgeber die Daten über eine vollstreckbare Urkunde zum Unterhalt und die Personalien des Unterhaltberechtigten mitzuteilen (Art. 245 FamG). Der neue Arbeitgeber ist verpflichtet, den Unterhaltberechtigten über das neue Arbeitsverhältnis zu benachrichtigen (Art. 246 FamG).

Der Unterhaltberechtigte und der Unterhaltpflichtige können eine gerichtliche **Erhöhung oder Herabsetzung** des durch rechtskräftige Entscheidung oder durch einen vor dem Zentrum für Sozialfürsorge geschlossenen Vergleich festgesetzten Unterhalts verlangen, wenn sich die Umstände, die der früheren Entscheidung zugrunde lagen, geändert haben (Art. 243 FamG). Eine natürliche oder juristische Person kann geleistete Unterhaltszahlungen von dem gesetzlich Verpflichteten **erstattet verlangen,** wenn die ausgelegten Kosten berechtigt waren (Art. 244 FamG). Der Unterhaltsanspruch geht also mit der Zahlung auf den Leistenden über.

Montenegro

Montenegro hat am 3. Juni 2006 seine Unabhängigkeit erklärt und ist aus der Staatengemeinschaft mit Serbien (früheres Jugoslawien) ausgeschieden. Nach Art. 246 des weiter geltenden Familiengesetzes vom 23. 3. 1989 (FamG)[164] ist der gegenseitige Unterhalt der Familienmitglieder und der anderen Verwandten ihre Pflicht und ihr Recht. Kann der Unterhalt ganz oder teilweise nicht verwirklicht werden, bietet die Gesellschaftsgemeinschaft den unversorgten Familienmitgliedern unter den gesetzlich bestimmten Bedingungen die zum Unterhalt unumgänglichen Mittel.

1. Kinderunterhalt

Eltern und Kinder sind einander zu gegenseitigem Unterhalt verpflichtet. Die Altersgrenze für den Kindesunterhalt beträgt 26 Jahre, wenn das Elternrecht nicht verlängert wird. Die Unterhaltspflicht der Eltern ist allerdings nicht vom Bestehen des Elternrechts abhängig. Stiefeltern schulden bei Fehlen anderer Unterhaltspflichtiger subsidiär Unterhalt. Der Tod des Elternteils hat auf die Unterhaltspflicht des mit ihm zusammenlebenden Stiefelternteils keinen Einfluss, wohl aber deren Ehescheidung. **64 f**

Die Eltern sind verpflichtet, ihre **minderjährigen Kinder** zu unterhalten (Art. 247 I FamG). Im Streit der Eltern um den Kindesunterhalt wertet das Gericht die Arbeit und

---

[164] Bergmann/Ferid/Henrich a. a. O. Montenegro S. 112 ff.

Fürsorge des Elternteils, dem das Kind zur Obhut und Erziehung anvertraut ist, als seinen Beitrag zum Unterhalt des Kindes (Art. 267 FamG). Ist einem Elternteil sein Elternrecht entzogen, befreit ihn das nicht von der Unterhaltspflicht für seine Kinder (Art. 249 FamG). Hat das Kind die Schulausbildung bis zur **Volljährigkeit** nicht abgeschlossen, schulden die Eltern bis zum Abschluss der Schulausbildung an der entsprechenden Schule oder Universität Unterhalt nach ihren Möglichkeiten. Auch wenn die Schulausbildung aus berechtigten Gründen verlängert wird, besteht diese Unterhaltspflicht aber längstens bis zum vollendeten 26. Lebensjahr (Art. 247 II FamG). Ist ein volljähriges Kind wegen Krankheit, körperlicher oder geistiger Gebrechen arbeitsunfähig, hat es nicht genügend Mittel für den Unterhalt oder kann es sie aus dem bestehenden Vermögen nicht aufbringen, sind die Eltern verpflichtet, Unterhalt zu leisten, solange dieser Zustand andauert (Art. 248 FamG). Nach Art. 251 I FamG sind auch **Stiefeltern** verpflichtet, ihre Stiefkinder zu unterhalten, wenn diese keine unterhaltspflichtigen Verwandten haben oder wenn die Verwandten nicht zu Unterhaltsleistungen in der Lage sind. Die Unterhaltspflicht besteht auch nach dem Tod des Elternteils fort, wenn sie bis zu diesem Zeitpunkt mit dem Elternteil und dem minderjährigen Stiefkind in einer Familiengemeinschaft gelebt haben (Art. 251 II FamG). Sie endet aber, wenn die Ehe des Stiefelternteil mit dem Elternteil des Kindes für ungültig erklärt oder geschieden wird (Art. 251 III FamG).

Die **Vormundschaftsbehörde** ist verpflichtet, über die unterhaltenen Kinder und die unterhaltspflichtigen Eltern Nachweis zu führen und Maßnahmen zu ergreifen, dass die Eltern sich außergerichtlich über den Kindesunterhalt einigen und die Höhe den veränderten Bedürfnissen des Kindes oder veränderten Möglichkeiten der Eltern angepasst wird (Art. 270 FamG). Sie kann im Namen des minderjährigen Kindes den Streit um Unterhalt bzw. um Erhöhung des Unterhalts einleiten und führen, wenn der sorgeberechtigte Elternteil das Recht aus unberechtigten Gründen nicht ausübt. Wenn der Elternteil die Vollstreckung einer Unterhaltsentscheidung nicht beantragt, kann die Vormundschaftsbehörde im Namen des minderjährigen Kindes bei Gericht auch den Vorschlag zur Vollstreckung der Entscheidung einreichen (Art. 268 I, II FamG).

Kommt der Elternteil seiner Unterhaltspflicht nicht ordnungsgemäß nach, ergreift die Vormundschaftsbehörde auf Vorschlag des anderen Elternteils oder von Amts wegen die Maßnahmen, um dem Kind gemäß den Vorschriften über den Sozial- und Kinderschutz einen vorübergehenden Unterhalt zu gewährleisten, solange der Elternteil nicht beginnt, seine Verpflichtung zu erfüllen (Art. 277 FamG). Der Unterhaltsanspruch des Kindes geht dann auf die Behörde über.

2. Ehegattenunterhalt

64 g   Der Unterhalt eines Ehegatten ist durch seine Mittellosigkeit, seine Arbeitsunfähigkeit oder unverschuldete Arbeitslosigkeit bedingt, kann aber durch das Gericht versagt werden, wenn der andere Ehegatte böswillig oder unberechtigt verlassen wurde oder wenn der Scheidung eine längere Trennung vorausging und beide Ehegatten ihren Unterhalt selbst bestritten haben. Gleiches gilt, wenn die Ehe zu kurz dauerte, um daraus ein Unterhaltsrecht zu erwerben und dadurch minderjährige Kinder nicht gefährdet werden. Der Antrag auf Unterhalt muss im Ehescheidungsverfahren oder spätestens innerhalb eines Jahres danach gestellt werden, wenn dann die Voraussetzungen des Anspruchs noch vorliegen. Abhängig von den Erwerbsmöglichkeiten des Unterhaltsberechtigten kann der Unterhalt zeitlich beschränkt oder auch verlängert werden. Das Unterhaltsrecht endet mit dem Wegfall der Voraussetzungen, mit dem Eingehen einer neuen Ehe des Unterhaltsberechtigten oder einer entsprechenden außerehelichen Gemeinschaft. Bei einer nichtigen Ehe ist nur der Ehegatte, der bei Eheschließung nicht vom Nichtigkeitsgrund wusste, unterhaltsberechtigt:

Nach Art. 255 FamG hat ein Ehegatte, der nicht genügend Mittel zum Unterhalt hat, arbeitsunfähig ist oder keine Arbeit findet, einen Unterhaltsanspruch gegen seinen Ehegatten im Verhältnis zu dessen Möglichkeiten. Wird eine Ehe für ungültig erklärt, steht dem Ehegatten, der den Nichtigkeitsgrund im Zeitpunkt der Eheschließung nicht kannte, unter den gleichen Voraussetzungen ein Anspruch auf Unterhalt zu (Art. 260 FamG). Der Unterhaltsberechtigte kann verlangen, dass ihm dieser Unterhaltsanspruch gegen den anderen Ehegatten **im Verfahren der Ehescheidung** zugesprochen wird (§ 256 I FamG). Hatte der Ehegatte im Scheidungsverfahren keinen Unterhalt beantragt, kann er ausnahmsweise innerhalb eines Jahres nach der Ehescheidung aus berechtigten Gründen eine isolierte Unterhaltsklage erheben. Das setzt aber voraus, dass die Unterhaltsvoraussetzungen schon im Zeitpunkt der Ehescheidung vorlagen und ununterbrochen bis zum Abschluss der Hauptverhandlung in dem isolierten Unterhaltsverfahren angedauert haben oder dass innerhalb dieser Frist eine Arbeitsfähigkeit als Folge einer körperlichen Verletzung oder einer geschwächten Gesundheit aus der Zeit vor der Ehescheidung eingetreten ist (Art. 256 II FamG). Hat der unterhaltspflichtige Ehegatte seit der Ehescheidung auf Grund einer Vereinbarung oder ohne ausdrückliches Übereinkommen zum Unterhalt des anderen Ehegatten durch Zahlung bestimmter Beträge, Überlassung der Nutzung seines Eigentums oder auf andere Weise beigetragen, beginnt die einjährige Antragsfrist mit dem Tag der letzten Leistung bzw. dem Tag der Rückgabe des Vermögensgegenstandes (Art. 256 III FamG).

Das Gericht kann den Antrag auf Unterhalt unter Berücksichtigung aller Umstände des Falles **abweisen,** wenn der Ehegatte den Unterhalt begehrt, der sich ohne ernsthaften Grund seitens des anderen Ehegatten grob verhalten hat oder seinen Ehegatten ohne berechtigten Grund verlassen hat, oder wenn sein Antrag für den anderen Ehegatten eine offensichtliche Ungerechtigkeit darstellen würde (Art. 255 II FamG). Ist die Lebensgemeinschaft der Ehegatten dauerhaft beendet, war der Berechtigte mehrere Jahre darauf angewiesen, die Mittel für den Unterhalt vollkommen selbstständig zu gewährleisten und hat dieser Zustand bis zur Ehescheidung angedauert, kann das Gericht den Unterhaltsantrag unter Berücksichtigung aller Umstände des Falles ebenfalls abweisen (Art. 257 FamG). Wenn der Unterhaltsberechtigte die Möglichkeit hat, seinen Unterhalt in absehbarer Zeit auf andere Art und Weise zu gewährleisten, kann das Gericht den Unterhaltsanspruch auf eine bestimmte Zeit **befristen** (Art. 258 I FamG). Bei kurzer Ehedauer kann das Gericht den Antrag auf Unterhalt unter Berücksichtigung aller Umstände des Einzelfalles abweisen oder ebenfalls befristen, wenn der Unterhaltsberechtigte kein gemeinsames minderjähriges Kind erzieht. Dabei ist besonders zu berücksichtigen, ob sich die Vermögenssituation des Ehegatten seit der Heirat geändert hat (Art. 258 II FamG). In berechtigten Fällen kann das Gericht die Unterhaltspflicht verlängern; die Klage auf Verlängerung des Unterhalts kann aber nur bis zum Ablauf der Zeit, für die der Unterhalt bestimmt wurde, eingereicht werde (Art. 258 III, IV FamG).

Das Recht auf Unterhalt **endet,** wenn die Voraussetzungen des Unterhalts nach Art. 255 I FamG entfallen, wenn die Zeit, für die er zugesprochen wurde abläuft, wenn der unterhaltsberechtigte geschiedene Ehegatte eine neue Ehe eingeht oder eine außereheliche Gemeinschaft begründet oder wenn das Gericht unter Berücksichtigung aller Umstände des Einzelfalles befindet, dass der geschiedene Ehegatte dieses Rechts unwürdig wurde (Art. 259 FamG).

3. Unterhalt des außerehelichen Partners

Die außereheliche Lebensgemeinschaft endet faktisch und zwar durch die Trennung der **64 h** Lebenspartner. Der mittellose frühere Lebenspartner kann unter den gleichen Voraussetzungen wie ein geschiedener Ehegatte Unterhalt verlangen. Ist ein nichteheliches Kind vorhanden, bedarf es keiner Lebensgemeinschaft zwischen den Eltern, damit ein Unterhaltsanspruch der Kindesmutter für die Zeit von drei Monaten vor der Geburt bis zu einem Jahr nach der Geburt entsteht.

Endet die außereheliche Gemeinschaft einer Frau und eines Mannes, die längere Zeit dauerte, hat der außereheliche Partner unter den gleichen Voraussetzungen wie ein Ehegatte (wenn er nicht genügend Mittel zum Leben hat, arbeitsunfähig ist oder keine Arbeit findet; Art. 255 I FamG) das Recht auf Unterhalt von dem anderen außerehelichen Partner (Art. 261 I FamG). Die Klage auf Unterhalt kann nur **innerhalb eines Jahres** seit Beendigung der Lebensgemeinschaft und nur unter der Bedingung eingereicht werden, dass die Unterhaltsvoraussetzungen schon bei Beendigung der Gemeinschaft vorlagen und ununterbrochen bis zum Abschluss der Hauptverhandlung in dem Unterhaltsverfahren angedauert haben (Art. 261 II FamG).

Das Gericht kann den Antrag auf Unterhalt unter Berücksichtigung aller Umstände des Falles **abweisen,** wenn sich der unterhaltsberechtigte außereheliche Partner in der außerehelichen Gemeinschaft ohne ernsthaften Grund durch den anderen außerehelichen Partner grob oder ungehörig verhalten hat, wenn er die Lebensgemeinschaft böswillig oder ohne berechtigten Grund verlassen hat oder wenn sein Antrag eine offensichtliche Ungerechtigkeit für den anderen außerehelichen Partner bedeuten würde (Art. 261 III FamG).

Wenn der Unterhaltsberechtigte die Möglichkeit hat, seinen Unterhalt in absehbarer Zeit auf andere Art und Weise zu gewährleisten, kann das Gericht den Unterhaltsanspruch auf eine bestimmte Zeit **befristen** (Art. 262 I FamG). In berechtigten Fällen kann das Gericht die Unterhaltspflicht verlängern; die Klage auf Verlängerung des Unterhalts kann aber nur bis zum Ablauf der Zeit, für die der Unterhalt bestimmt wurde, eingereicht werde (Art. 262 II, III FamG).

Das Recht auf Unterhalt **endet,** wenn die Voraussetzungen des Unterhalts nach Art. 255 I FamG entfallen, wenn die Zeit, für die er zugesprochen wurde abläuft, wenn der unterhaltsberechtigte außereheliche Partner eine Ehe oder eine neue außereheliche Gemeinschaft eingeht oder wenn das Gericht unter Berücksichtigung aller Umstände des Einzelfalles befindet, dass der außereheliche Partner dieses Rechts unwürdig geworden ist (Art. 263 FamG).

Unabhängig davon, ob zwischen den Eltern eines außerehelich geborenen Kindes eine Lebensgemeinschaft bestand, ist der **Kindesvater** verpflichtet, im Verhältnis zu seinen Möglichkeiten am Unterhalt der Kindesmutter, die nicht genügend Mittel zur Verfügung hat, arbeitsunfähig ist oder keine Arbeit findet, teilzunehmen. Das gilt aber nur für die Zeit von drei Monaten vor der Geburt bis ein Jahr nach der Geburt des Kindes (Art. 264 I FamG). Das gilt auch dann, wenn das Kind tot geboren wurde oder nach der Geburt stirbt, für die Zeit der durch die Geburt hervorgerufenen Arbeitsunfähigkeit, längstens bis zu einem Jahr nach der Geburt (Art. 264 II FamG).

4. Verwandtenunterhalt

64 i Eltern und **Kinder** sind zu gegenseitigem Unterhalt verpflichtet. Schon ein berufstätiger 15-jähriger schuldet Familienunterhalt. Die Unterhaltspflicht von Stiefkindern ist dadurch bedingt, dass die Stiefeltern ihnen Unterhalt geleistet haben müssen. Geschwister sind subsidiär für ihre minderjährigen Brüder und Schwestern unterhaltspflichtig. Alle anderen Verwandten sind in gerader Linie unbeschränkt verpflichtet, Unterhalt für ihre mittellosen Vorfahren bzw. Nachkommen zu leisten. Die Reihenfolge der Unterhaltspflicht entspricht der Erbfolge.

Die Kinder sind verpflichtet, Unterhalt für ihre Eltern zu leisten, wenn diese arbeitsunfähig sind und keine ausreichenden Mittel zum Unterhalt haben oder sie aus dem bestehenden Vermögen nicht beschaffen können (Art. 250 I FamG). Ausnahmsweise kann das Gericht den Antrag auf Unterhalt abweisen, wenn dem Elternteil das Elternrecht entzogen war und er keinen Kindesunterhalt geleistet hat, obwohl er dazu in der Lage war oder wenn das Gericht unter Berücksichtigung aller Umstände des Einzelfalles befindet, dass dieses eine offensichtliche Ungerechtigkeit für das Kind bedeuten würde (Art. 250 II FamG). Auch **Stiefkinder** sind verpflichtet, ihre Stiefeltern zu unterhalten, wenn diese Unterhalt für sie geleistet und für sie gesorgt haben. Sie haften gemeinschaftlich mit sonstigen Kindern der Stiefeltern (Art. 252 FamG).

Geschwister sind verpflichtet, ihre minderjährigen Geschwistern, die sich selbst nicht unterhalten können und deren Eltern nicht mehr leben oder nicht leistungsfähig sind, zu unterhalten (Art. 253 FamG). Die Unterhaltspflicht besteht auch zwischen den **übrigen Blutsverwandten** in gerader Linie (Art. 254 I FamG). Das Recht auf Unterhalt von diesen Verwandten wird in der Reihenfolge verwirklicht, in der sie zu Erben berufen sind. Sind mehrere Personen gemeinsam zum Unterhalt verpflichtet, ist die Unterhaltspflicht zwischen ihnen nach ihren Möglichkeiten geteilt (Art. 254 II, III FamG).

Die **Vormundschaftsbehörde** kann im Namen einer alten und sich allein versorgenden Person, auf ihren Vorschlag oder aus eigene Initiative, ein Unterhaltsverfahren gegen gesetzlich verpflichtete Verwandte einleiten und führen. Widersetzt sich die unterhaltsberechtigte Person dem, ist die Behörde nicht befugt, das Verfahren im eigenen Namen einzuleiten (Art. 271 FamG).

5. Allgemeine Vorschriften zur Bestimmung des Unterhalts

Im Unterhaltsrechtsstreit stellt das Gericht den Gesamtbetrag der für den Unterhalt **64 k** notwendigen Mittel fest. Diesen bestimmt das Gericht nach den Möglichkeiten der unterhaltspflichtigen Familienmitglieder und den Bedürfnissen der Unterhaltsberechtigten (Art. 265 I, II FamG). Der Gesamtbedarf des Unterhalts kann nicht geringer sein als der Betrag der ständigen Geldhilfe, die gemäß den Vorschriften über den Sozialschutz einer Person ohne jegliches Einkommen in der Gemeinde, in der die unterhaltsberechtigte Person ihren Wohnsitz hat, gegeben wird (Art. 265 III FamG) Bei der Bemessung des **Unterhaltsbedarfs** berücksichtigt das Gericht den Vermögensstand, den Grad der Arbeitsfähigkeit, die Beschäftigungsmöglichkeiten, den Gesundheitszustand und andere Umstände, von denen die Entscheidung über den Unterhalt abhängt. Wird Unterhalt für ein Kind beantragt, zieht das Gericht auch das Alter des Kindes und die Bedürfnisse seiner fachlichen Bildung in Betracht (Art. 266 I, II FamG). Bei der Bewertung der **Leistungsfähigkeit** des Unterhaltspflichtigen sind alle Einkünfte und materiellen Verdienstmöglichkeiten wie auch die eigenen Bedürfnisse und sonstige gesetzliche Unterhaltsverpflichtungen zu berücksichtigen (Art. 266 III FamG).

Wird Unterhalt in Geld bestimmt, erlegt das Gericht dem Unterhaltspflichtigen die Zahlung der fälligen Unterhaltsbeträge in **monatlichen Geldbeträgen** auf (Art. 274 FamG). Erzielt der Unterhaltspflichtige bei einer Behörde, Organisation oder Gemeinschaft ein persönliches Einkommen, bestimmt das Gericht die künftigen Unterhaltsraten im **Prozentsatz** des gesamten persönlichen Einkommens für einen einzelnen Monat. Der Prozentsatz wird in der Regel aus dem Verhältnis der monatlichen Unterhaltsbeträge und dem gesamten monatlichen Einkommen der Unterhaltspflichtigen in dieser Zeit gebildet. In das persönliche Einkommen gehen alle Einkünfte aus Arbeit und Rente ein (Art. 275 I, II, III FamG). Erzielt der Unterhaltspflichtige keine monatlichen Geldeinkünfte, bestimmt das Gericht die künftigen Unterhaltsraten als Prozentsatz im Verhältnis zum Betrag des garantierten persönlichen Einkommens in der Republik. Der Prozentsatz wird in der Regel aus dem Verhältnis des durchschnittlichen Unterhaltsbetrags der letzten drei Monate mit dem garantierten persönlichen Einkommen in der Republik im Zeitpunkt der Hauptverhandlung gebildet. Die Unterhaltspflicht ändert sich dann mit jeder Änderung des garantierten persönlichen Einkommens in der Republik für dessen Geltungszeit (Art. 276 I, II, III FamG).

Der Unterhaltspflichtige kann **nach eigener Wahl** bestimmte Beträge auf den Unterhalt zahlen, den Berechtigten bei sich zum Unterhalt aufnehmen oder den Unterhalt auf andere Art und Weise gewährleisten. Das gilt jedoch nicht für die Barunterhaltpflicht des nicht sorgeberechtigten Elternteils für seine minderjährigen Kinder (Art. 272 I FamG). Der Unterhaltsberechtigte kann aus berechtigten Gründen beantragen, dass ihm der Unterhalt in Geld gezahlt wird. Eine solche Entscheidung kann das Gericht auch ohne Antrag und Zustimmung des Unterhaltsberechtigten treffen, wenn es das Verfahren von Amts wegen durchführt (Art. 272 II FamG).

Auf Vorschlag des Unterhaltsberechtigten oder des Unterhaltspflichtigen kann das Gericht den in einer früheren Gerichtsentscheidung zugesprochenen Unterhalt **abändern** (erhöhen, herabsetzen oder aufheben) oder seine Art und Weise ändern, wenn sich die Umstände, die der Entscheidung zugrunde lagen, später geändert haben (Art. 273 FamG). Hat eine natürliche oder juristische Person die Kosten des Unterhalts für einen Berechtigten getragen, kann sie durch Klage **Ersatz der Kosten** von demjenigen verlangen, der gesetzlich zum Unterhalt verpflichtet war, sofern die Leistungen notwendig waren. Sind mehrere Personen gemeinsam zum Unterhalt verpflichtet, haften sie der dritten Person für den geleisteten Unterhalt solidarisch bis zur Höhe ihrer materiellen Möglichkeiten (Art. 278 I, II FamG). Beim Tode einer Person, die Geldleistungen nach den Vorschriften über den Sozialschutz erhalten hat, können die Kosten dieser Hilfe aus ihrem Nachlass eingezogen werden und zwar ungeachtet dessen, ob die Erben ihr gesetzlich zum Unterhalt verpflichtet waren (Art. 278 III FamG).

Das Gericht ist verpflichtet, Unterhaltssachen **eilig** zu regeln. Jede Entscheidung über den Unterhalt muss es auch der zuständigen Vormundschaftsbehörde zustellen (Art. 269 FamG).

Niederlande

1. Kinderunterhalt

65 Gemäß Art. 404 I des Bürgerlichen Gesetzbuches[165] (Burgerlijk Wetboek – BW) sind Eltern verpflichtet, ihre minderjährigen Kinder zu ernähren, zu erziehen und für die Kosten dafür aufzukommen. Diese Pflicht besteht gemäß Art. 82 BW auch im Verhältnis der Eltern zueinander. Gegenüber volljährigen Kindern (minderjährig ist das noch nicht 18 Jahre alte unverheiratete Kind, Art. 233 BW) bis zum 21. Lebensjahr gilt die Verpflichtung hinsichtlich der Kosten des Lebensunterhalts und der Ausbildung weiter (Art. 395 a I BW). Die Unterhaltspflicht des Stiefelternteils besteht nur während der bestehenden Ehe mit dem Elternteil des im Hausstand lebenden minderjährigen Kindes (Art. 395 BW). Eltern können sich vom Gericht zur Leistung von Naturalunterhalt an volljährige Kinder berechtigen lassen (Art. 398 II BW). Bei der Bemessung werden die Bedürftigkeit des Berechtigten und die Leistungsfähigkeit des Unterhaltspflichtigen berücksichtigt (Art. 397 I BW).[166] Ein neues Reformkonzept sieht vor, die Versorgungskosten und Unterhaltskosten abhängig vom Einkommen des Unterhaltspflichtigen und vom Alter des unterhaltsberechtigten Kindes zu ermitteln. Dafür sollen durch das Justizministerium feste Beträge festgesetzt werden.[167] Mehrere Unterhaltspflichtige haften anteilig nach ihrer Leistungsfähigkeit und der Beziehung zum Berechtigten (Art. 397 II BW). Auf die Unterhaltsschuld eines in den Niederlanden lebenden barunterhaltspflichtigen Elternteils wird das dem anderen Elternteil nach deutschem Recht gewährte Kindergeld zur Hälfte angerechnet, wenn der barunterhaltspflichtige Elternteil in den Niederlanden kindergeldberechtigt wäre, sein dort begründeter Kindergeldanspruch aber wegen der sich aus dem deutschen Recht ergebenden Kindergeldberechtigung des anderen Elternteils ruht.[168]

66 Eine **Abänderung** des Unterhaltstitels ist wegen nachträglicher Veränderung der Verhältnisse oder auch wegen ursprünglicher Unrichtigkeit möglich (Art. 401 I–IV BW). Der festgesetzte Unterhalt wird jedoch ohnehin alljährlich kraft Gesetzes an den Lohnindex angepasst (Art. 402 a BW).[169] Ein **Verzicht** auf den gesetzlich geschuldeten Unterhalt ist nichtig (Art. 400 II BW).

67 Unterhalt für mehr als fünf Jahre vor der Klageerhebung erlischt (Art. 403 BW). Der vertretungsberechtigte Elternteil kann ohne Umschreibung Zahlung von Kindesunterhalt aus einem Titel verlangen, in dem der Unterhaltspflichtige zur Unterhaltszahlung an den früheren, inzwischen aufgelösten niederländischen „Kinderschutzbund" verurteilt wurde.[170]

2. Ehegattenunterhalt

68 **Trennung.** Während der Trennung hat der dafür verantwortliche Ehegatte dem anderen einen Betrag für dessen Lebensunterhalt auszukehren (Art. 84 II, VI BW). Konkrete Anga-

---

[165] Neufassung durch die beiden Gesetze vom 11. 12. 1958 und 3. 4. 1969. Die Artikel der neuen Bücher, wie hier des 1. Buches „Personen- und Familienrecht" sind jeweils für sich gezählt, so dass grundsätzlich das Buch mit zitiert werden muss; z. B. Art. 1:2 BW für Artikel 2 des 1. Buches. Ohne Buch angegebene Artikel sind solche des 1. Buches
[166] OLG Hamm, FamRZ 1994, 1132
[167] Boele-Woelki FamRZ 2005, 1632, 1633
[168] BGH, FamRZ 2004, 1639
[169] OLG Hamm FamRZ 2004, 1889; OLG Düsseldorf FamRZ 2001, 1019, 1020
[170] OLG Hamm FamRZ 2004, 1889

ben zur Höhe ergeben sich aus dem Gesetz nicht. Die deutsche Rechtsprechung dazu geht von einem weiten Ermessensspielraum aus und orientiert sich weitgehend an den Leitlinien der Oberlandesgerichte.[171]

Bei einem auf Trennung von Tisch und Bett lautenden Urteil gilt analog dasselbe wie bei **69** der Ehescheidung (Art. 169 II BW).

Scheidung. In den Niederlanden sind zur Auflösung einer Ehe drei Verfahren möglich: **70**
- Die Trennung von Tisch und Bett (Art. 169 ff. BW) kann im Anschluss zur Auflösung der Ehe aus diesem Grunde führen.
- Die (am häufigsten beantragte) Ehescheidung sieht als einzigen Grund die dauerhafte Zerrüttung der Ehe vor (Art. 151 BW). Die Ehescheidung wird erst durch Eintragung des Beschlusses in das zuständige Personenstandsregister auf Antrag einer Partei wirksam. Wenn ein solcher Antrag nicht innerhalb von 6 Monaten nach Rechtskraft des Beschlusses gestellt worden ist, verliert die Entscheidung seine Rechtskraft (Art. 163 BW).
- Seit dem In-Kraft-Treten des Gesetzes zur Öffnung der Ehe für Gleichgeschlechtliche Paare zum 1. April 2001 gilt die Ehe auch als aufgelöst, wenn sie in eine – sodann aufgelöste – eingetragene Partnerschaft umgewandelt worden ist (sog. Blitzscheidung; Art. 149 e BW). Die Umwandlung in eine eingetragene Partnerschaft und die Auflösung der Partnerschaft durch Vertrag wird vom Standesbeamten registriert und kann theoretisch innerhalb von 24 Stunden stattfinden.[172]

Mit der Abschaffung der Verschuldensscheidung im Jahre 1971 wurde der nacheheliche Unterhaltsanspruch von der prozessualen Stellung der Parteien im Scheidungsverfahren losgelöst. Ein geschiedener Ehegatten hat nur dann Anspruch auf Unterhalt, wenn er selbst weder ausreichende Einkünfte für seinen Unterhalt hat noch solche vernünftigerweise erwerben kann (Art. 157 I BW). Bei der **Bemessung** des nachehelichen Unterhaltsanspruchs werden die Lebensverhältnisse und Bedürfnisse des Unterhaltsberechtigten einerseits und die Leistungsfähigkeit des Unterhaltspflichtigen andererseits berücksichtigt. Bei der Bemessung ist das Gericht grundsätzlich frei. Ob eine Belastung die Leistungsfähigkeit vermindert, ist durch eine Kontrolle der Angemessenheit zu ermitteln. Die bloße Arbeitsaufgabe genügt dem ebenso wenig, wie die Arbeitslosigkeit eines neuen Ehegatten. Die Bedürftigkeit meint nicht denselben Unterhalt wie zur Ehezeit sondern den angemessenen Unterhalt; eine Erwerbstätigkeit ist dem Unterhaltsberechtigten deswegen oft zumutbar. Bei der Unterhaltsbemessung sind die Richtlinien des Vereins für Rechtspflege (die der Düsseldorfer Tabelle entsprechen) behilflich. Das niederländische Recht sieht seit dem 1. Juli 1994 eine **zeitliche Begrenzung** des nachehelichen Unterhalts vor (Art. 157 III–VI BW). Die Unterhaltspflicht kann regelmäßig (im Hinblick auf das Alter eines jüngsten Kindes) auf höchstens 12 Jahre festgesetzt werden. Ist keine Frist bestimmt, endet die Verpflichtung zum Lebensunterhalt nach 12 Jahren (Art. 157 IV BW). Für Altfälle beträgt die Frist statt 12 insgesamt 15 Jahre. Die Frist kann verlängert werden, wenn das Ende der Zahlungen dem Unterhaltsberechtigten nach „Gerechtigkeit und Billigkeit" nicht zugemutet werden kann. Der Antrag muss innerhalb von drei Monaten nach Fristablauf eingereicht werden (Art. 157 V BW). Bei einer Ehedauer bis zu 5 Jahren endet die Verpflichtung zum Lebensunterhalt, wenn keine Kinder aus der Ehe hervorgegangen sind, nach einer Frist, die der Ehedauer entspricht; sog. Spiegelunterhalt (Art. 157 VI BW).

Seit dem 1. Januar 1973 werden die durch richterliche Entscheidung oder Vertrag festgesetzten Unterhaltsbeiträge jährlich automatisch an den vom Justizminister festgesetzten **Lohnindex** angepasst (Art. 402 a BW).

Die Umstände, die zur dauerhaften Zerrüttung der Ehe geführt haben (Schuldfrage), **71** spielen bei der Bemessung des Unterhaltsanspruchs keine Rolle. Nur äußerst schwerwiegende, für den Unterhaltspflichtigen unzumutbare Umstände können den Unterhaltsanspruch beseitigen.

Die Unterhaltspflicht **endet** nicht nur im Falle einer Wiederheirat oder Eingehung einer eingetragenen Partnerschaft des Unterhaltsberechtigten, sondern auch durch formloses Zusammenleben mit einem neuen Partner (Art. 160 BW). Ob das Zusammenleben eine

---

[171] OLG Hamm, FamRZ 1989, 1095
[172] Zum Entwurf einer Registerscheidung vgl. Mom FamRZ 2006, 1325

hetero- oder homosexuelle Beziehung betrifft, ist unerheblich. Die Rechtsprechung stellt allerdings hinsichtlich der Dauer hohe Anforderungen und verlangt auch eine über bloßes Zusammenleben hinausgehende persönliche Beziehung.

Einen Prozesskostenvorschuss sieht das Gesetz nicht vor.[173]

72   Eine vor der Eheschließung getroffene Unterhaltsvereinbarung ist unwirksam. Später können die Ehegatten aber vor oder nach der Ehescheidung vereinbaren, ob und mit welchem Betrag ein Ehegatte dem andere zur Zahlung zu dessen Lebensunterhalt verpflichtet sein soll (Art. 158 BW).

3. Verwandtenunterhalt

72 a   Allgemein sind sich Eltern, Kinder, Schwiegerkinder, Schwiegereltern und Stiefeltern auf Grund von Verwandtschaft oder Schwägerschaft zur Gewährung des Lebensunterhalts verpflichtet (Art. 392 I BW). Die Verpflichtung besteht, ausgenommen im Verhältnis der Eltern zu minderjährigen Kindern, nur bei Bedürftigkeit des Unterhaltsberechtigten und geht der Unterhaltspflicht des (geschiedenen) Ehegatten nach (Art. 392 II, III BW). Die Unterhaltspflicht von Schwiegerkindern und Schwiegereltern endet, wenn die Ehe des angeheirateten Kindes aufgelöst ist (Art. 396 I BW). Die Verpflichtung besteht nicht gegenüber einem Schwiegerkind, das von Tisch und Bett getrennt lebt und einem Schwiegerelternteil, der wieder geheiratet hat (Art. 396 II BW).

Bei der Bemessung des Verwandtenunterhalts werden die Bedürfnisse des Unterhaltsberechtigten einerseits und die Leistungsfähigkeit des Unterhaltspflichtigen andererseits berücksichtigt (Art. 397 I BW). Bei mehreren Unterhaltspflichtigen haften sie nach Leistungsfähigkeit und Beziehung anteilig (Art. 397 II BW).

4. Allgemeine Vorschriften zur Bestimmung des Unterhalts

72 b   Das Rangverhältnis zwischen (früheren) Ehegatten, (früheren) eingetragenen Partnern, Eltern und (Stief-)Kindern ist gesetzlich nicht geregelt. Es entscheiden die Umstände des Einzelfalles, wobei minderjährige Kinder und Ehegatten regelmäßig erstrangig sind. Schwiegereltern und Schwiegerkinder sind nachrangig (Art. 400 I BW).

Norwegen

1. Kinderunterhalt

73   Maßgebend ist – neben dem Gesetz über die Vermögensverhältnisse der Ehegatten, 1. Kap. – das Gesetz vom 8. April 1981 über Kinder und Eltern (Kindergesetz – KG).[174] Nach § 66 KG haben die Eltern ihren Kindern Unterhalt (Kosten für Versorgung und Ausbildung) „nach den Fähigkeiten und der Begabung sowie nach den wirtschaftlichen Verhältnissen" zu leisten, wenn das Kind selbst keine Mittel dafür hat. Leben die Eltern nicht mit dem Kind zusammen, ist dem Kind eine Geldrente zu zahlen, bei Zusammenleben mit einem Elternteil zu dessen Händen (§ 67 I KG). Der Anspruch steht dem Kind zu und ist, wenn nichts anderes bestimmt ist, monatlich im Voraus zu zahlen. Er wird auch für den Monat, in dem der Anspruch entsteht, und bis zum Ende des Monats, in dem die Voraussetzungen entfallen sind, geschuldet (§ 67 III KG). Für besondere Auslagen eines Minderjährigen gibt es einen Sonderbeitrag, der innerhalb eines Jahres ab Entstehung geltend zu machen ist (§ 67 II KG). Grundsätzlich dauert die Unterhaltspflicht bis zur Vollendung des 18. Lebensjahres des Kindes (§ 68 I KG). Bei Fortsetzung des üblichen Schulbesuchs hat das Kind einen Anspruch auf einen „Geldbeitrag", sofern dies nicht unbillig ist (§ 68 II KG). Bei einer

---

[173] OLG Düsseldorf, FamRZ 1978, 908
[174] Zuletzt geändert durch Gesetze vom 20. 6. 2003 und vom 19. 12. 2003

anderen Ausbildung **kann** den Eltern die Zahlung eines Beitrags an das volljährige Kind auferlegt werden (§ 68 III KG). Für die Ansprüche eines volljährigen Kindes ist eine zeitliche Begrenzung festzusetzen (§ 68 II, III KG). Die Höhe richtet sich – wenn die Eltern keine Vereinbarung in dieser Höhe getroffen haben – mindestens nach den Sätzen des Vorschussgesetzes[175] (§ 70 I, VII KG i. V. m. der Verordnung über die Festsetzung des Unterhaltsbeitrages[176]).

Die Sätze unterliegen grundsätzlich einer Indexierung, sofern nicht durch die Entscheidung oder die Vereinbarung etwas anderes bestimmt ist (§ 73 KG).[177] Maßgebend sind die vom statistischen Zentralamt festgelegten Änderungen des Verbraucherpreisindexes (§ 73 III, IV KG). Die Beiträge werden jedes Jahr neu festgesetzt; die Anpassung richtet sich nach dem Verbraucherpreisindex für den Monat Januar im Verhältnis zu dem Index der letzten Änderung und ist auf die nächsten vollen zehn Kronen abzurunden; die Neufestsetzung gilt dann ab Juni (§ 73 III IV KG). Kann der mehreren Kindern Unterhaltspflichtige nicht an alle Kinder den gesamten Beitrag zahlen, ist seine Beitragspflicht anteilig zu kürzen (§ 75 II KG).

Daneben ist bei besonderen Umständen eine **Änderung** des Unterhalts möglich (§ 74 **74** KG und § 56 VII EheG). Geändert werden kann der Unterhaltstitel auch von Amts wegen und ohne Bindung an den Antrag (§ 75 I KG).

Für die Vergangenheit kann für bis zu drei Jahre vom Eingang des Antrags an Unterhalt **75** verlangt und festgesetzt werden. Die über ein Jahr rückwirkende Festsetzung eines Unterhaltsbeitrags setzt voraus, dass die Partei einen besonderen Grund für die Verspätung des Verlangens hat (§ 72 KG). Auf den Unterhaltsbeitrag nach § 67 I KG kann nicht verzichtet werden (§ 67 I S. 3 KG). Ist Eile geboten, kann auf Antrag eine vorläufige Entscheidung über die Heranziehung zu einem Unterhaltsbeitrag ergehen, die von dem Monat der Antragstellung bis zu einer Entscheidung in der Hauptsache gilt (§ 76 KG).

2. Ehegattenunterhalt

Trennung. In Norwegen gibt es die formalisierte Aufhebung der ehelichen Gemein- **76** schaft durch Urteil oder Bewilligung (§§ 41 ff. des Ehegesetzes[178] – EheG) und die bloß tatsächliche Trennung. Für die formalisierte Trennung sind die §§ 79 ff. EheG, für die rein tatsächliche Trennung auf Grund der Verweisung in § 38 II EheG dieselben Vorschriften maßgebend. Mit der Aufhebung der ehelichen Gemeinschaft hören die gegenseitigen Verpflichtungen auf Familienunterhalt nach § 38 EheG auf. Ist die Fähigkeit und die Möglichkeit eines Ehegatten, selbst für einen angemessenen Unterhalt zu sorgen, durch die Sorge für gemeinsame Kinder oder die Aufgabenverteilung in der Ehe verringert worden, kann dem anderen Ehegatten auferlegt werden, einen Unterhaltsbeitrag zu zahlen (§ 79 III EheG). In anderen Fällen kann eine Beitragspflicht nur auferlegt werden, wenn besondere Gründe dafür sprechen (§ 79 IV EheG).

Der Beitrag ist nach der Bedürftigkeit des Berechtigten und der Leistungsfähigkeit des Verpflichteten zu bemessen. Wenn besondere Gründe dafür sprechen, kann er entweder ausschließlich mit einem einmaligen Betrag oder daneben mit laufenden Beträgen festgesetzt werden (Art. 80 I, II EheG). Die Parteien können eine Vereinbarung über den Beitrag treffen. Wenn sie sich nicht einigen, kann jeder Ehegatte eine gerichtliche Entscheidung verlangen. Falls sie es wünschen, kann der Beitrag auch von der Verwaltungsbehörde (Beitragsvogt) festgesetzt werden (§ 83 EheG). Grundsätzlich kann der Beitrag nur für eine begrenzte Zeit von bis zu drei Jahren festgesetzt werden. Nur wenn besondere Gründe vorliegen, etwa bei langer Ehezeit, ist der Beitrag für längere Zeit oder ohne zeitliche Begrenzung festzusetzen (§ 81 I EheG).

---

[175] Gesetz vom 17. 2. 1989, Nr. 2 über den Unterhaltsvorschuss
[176] Verordnung vom 15. 1. 2003, Nr. 123
[177] Vgl. OLG Hamm JAmt 2001, 549
[178] Gesetz Nr. 47 vom 4. 7. 1991 über die Ehe (Ehegesetz) in der Fassung des Änderungsgesetzes vom 19. 12. 2003

77   Der Unterhaltsbeitrag kann für eine zurückliegende Zeit von bis zu drei Jahren vor Geltendmachung verlangt werden (§ 81 II EheG).

78   Spätere **Änderungen** sind bei geänderten Verhältnissen oder bei neuen Erkenntnissen möglich. Jede Partei kann verlangen, dass ein durch die Verwaltungsbehörde oder ein Gericht festgesetzter Beitrag geändert wird. Wenn wichtige Gründe dafür sprechen, kann die Entscheidung auch Beiträge umfassen, die schon vor dem Änderungsverlangen fällig waren (§ 84 EheG).

79   **Scheidung.** Im Wesentlichen gelten dieselben Regelungen wie beim Trennungsunterhalt (siehe dort). In jedem Fall endet eine Unterhaltspflicht mit der Wiederverheiratung (§ 82 EheG).

Österreich

1. Kinderunterhalt

80   Gemäß § 140 I des Allgemeinen Bürgerlichen Gesetzbuchs[179] (ABGB) müssen die Eltern für den standesgemäßen (ihren Verhältnissen angemessenen) Unterhalt ihrer Kinder anteilig nach ihren Kräften beitragen. Dabei muss sich der unterhaltspflichtige Elternteil unter Umständen sogar eine Kürzung unter den Selbstbehalt gefallen lassen. Nach der Rechtsprechung reicht es aus, dass verbleibt, was zur Erhaltung der körperlichen und geistigen Kräfte notwendig ist. Das Kind hat insgesamt Anspruch auf volle Befriedigung seines Bedarfs. Dabei sind seine Anlagen, Fähigkeiten, Neigungen und Entwicklungsmöglichkeiten zu berücksichtigen. Die Höhe des Bedarfs richtet sich nach dem Lebensstandard seiner Eltern; bei stark unterschiedlichem Standard ist von einem Mittelwert auszugehen. In der Praxis gehen die Gerichte von den durchschnittlichen Lebenshaltungskosten aus, ermittelt vom Statistischen Zentralamt Österreichs, und passen diese Werte den Umständen des Einzelfalls an.[180] Es gibt auch Ansätze von Tabellen, etwa die vom österreichischen Bundesjustizministerium herausgegebene über die durchschnittlichen monatlichen Verbraucherausgaben für Kinder oder die Tabelle des Landesgerichts Wien über die Durchschnittsbedarfssätze von Kindern.[181] Auch nach Prozentpunkten des Nettoeinkommens des Unterhaltspflichtigen wird der Unterhalt berechnet: Pro Kind werden je nach Alter zwischen 16 und 22% angesetzt, bei weiteren Unterhaltspflichtigen ein bis drei Prozentpunkte weniger.[182] Bei ordnungsgemäßem Studiengang haben die Eltern auch für die Lebenshaltungs- und Ausbildungskosten während des Hochschulstudiums aufzukommen.[183] Zum Unterhalt gehört auch die Deckung des Wohnbedarfs.[184]

Der den Haushalt führende Elternteil erfüllt seine Unterhaltspflicht grundsätzlich durch persönliche Betreuung des Kindes (§ 140 II S. 1 ABGB). Wird die Betreuung teilweise Dritten übertragen, hat der den Haushalt führende Elternteil den Mehrbedarf selbst zu tragen, es sei denn, die Drittpflege war durch Umstände in der Person des Kindes, z. B. Krankheit, veranlasst. Zum Barunterhalt muss der betreuende Elternteil auch dann beitragen, wenn seine wirtschaftlichen Verhältnisse wesentlich besser sind als diejenigen des anderen Ehegatten und dieser zur Deckung der durchschnittlichen Kindesbedürfnisse ohne Gefährdung seines eigenen angemessenen Lebensstandards trotz Anspannung seiner Kräfte nicht in der Lage ist (§ 140 II ABGB). Zur Befriedigung des Unterhaltsbedarfs haben alle Unterhaltspflichtigen bis zur Höhe ihrer Leistungsfähigkeit beizutragen. Primär haften beide Eltern gleichrangig im Verhältnis ihrer Leistungsfähigkeit („nach ihren Kräften"), sekundär der Stamm des Kindesvermögens und zuletzt gleichrangig die Großeltern (§ 141 ABGB).

---

[179] Vom 1. Juni 1811, JGS Nr. 946, mit zahlreichen Änderungen des Personen- und Familienrechts seit 1960
[180] Bergmann/Ferid/Henrich, a. a. O., Österreich, Seite 61
[181] Vgl. Gschnitzer/Faistenberger, Österreichisches Familienrecht, 2. Aufl., Anhang II S. 158
[182] Bergmann/Ferid/Henrich, a. a. O., S. 104, Fn. 45
[183] OGH 11. 3. 1992, ÖA 1992, 87; 14. 6. 1978, SZ 51/90
[184] OGH 19. 2. 1992, EvBl. 1992/108

Großeltern müssen aber nur dann Unterhalt zahlen, wenn sie unter Berücksichtigung sonstiger Sorgepflichten ihren eigenen angemessenen Unterhalt nicht gefährden. Dabei müssen sie u. U. aber sogar den Stamm ihres Vermögens heranziehen.[185] Die Unterhaltsschuld eines verstorbenen Elternteils geht bis zum Wert der Nachlassaktiva abzüglich der Nachlassschulden und Nachlassverbindlichkeiten, ausgenommen Pflichtteile und letztwillige Verfügungen, („Wert der Verlassenschaft") auf seine Erben über.[186] Anzurechnen ist aber alles, was das Kind als Erbteil, vertragliche oder letztwillige Verfügung sowie öffentlich-rechtliche (zum UVG vgl. Rn. 9/149) oder privatrechtliche Leistung erhalten hat (§ 142 I, II ABGB).

Der Unterhaltsanspruch endet ohne Rücksicht auf das Alter mit Eintritt der Selbsterhal- **81** tungsfähigkeit, gegebenenfalls nach einem Studium. Bei nachträglichem Verlust der Selbsterhaltungsfähigkeit lebt er allerdings wieder auf. Eigene Einkünfte des Kindes werden angerechnet (Art. 140 III ABGB), sein Vermögen erst, wenn beide Eltern leistungsunfähig sind. Der Unterhalt kann auch für die vergangenen drei Jahre geltend gemacht werden.[187] Die Anerkennung und Vollstreckung eines vor dem Beitritt Österreichs zum EuGVÜ geschlossenen Unterhaltsvergleichs (vgl. Rn. 9/226 b) richtet sich nach dem deutsch-österreichischen Vertrag über die gegenseitige Anerkennung und Vollstreckung von gerichtlichen Entscheidungen, Vergleichen und öffentlichen Urkunden in Zivil- und Handelssachen vom 6. Juni 1959 (BGBl 1960 II S. 1246 – deutsch-österreichischer Vertrag) und dem dazu ergangenen Ausführungsgesetz vom 8. März 1960 (BGBl 1960 I S. 169 – Ausführungsgesetz).[188]

2. Ehegattenunterhalt

Zum 1. Januar 2000 ist in Österreich das Eherechts-Änderungsgesetz (EheRÄG 1999) in **82** Kraft getreten. Es gleicht das österreichische Eherecht den gesellschaftlichen Entwicklungen an. Zwar fehlt noch ein gesellschaftlicher Konsens für die vollständige Ersetzung des Verschuldensprinzips; in einzelnen Regelungen kommt aber eine Verstärkung des Zerrüttungsprinzips zum Ausdruck.[189]

Während der Ehezeit sollen die Ehegatten ihre Lebensgemeinschaft nach der neu gefassten Vorschrift des § 91 I AGBG so gestalten, dass ihre Beiträge, insbesondere die Haushaltsführung, die Erwerbstätigkeit, die Leistung des Beistands und der Obsorge, unter Rücksichtnahme aufeinander und auf das Wohl der Kinder bei gesamthafter Betrachtung voll ausgewogen sind. Bislang bestand der Unterhaltsanspruch eines Ehegatten bei bestehender Haushaltsgemeinschaft grundsätzlich in natura; nur einen geringen Teil von 5% des Nettoeinkommens des Partners konnte er als Taschengeld verlangen. Um diese Abhängigkeit zu verhindern, sieht § 94 III ABGB nun vor, dass der unterhaltsberechtigte Ehegatte seinen Unterhalt ganz oder teilweise in Geld verlangen kann, soweit nicht ein solches Verlangen, insbesondere im Hinblick auf die verfügbaren Mittel, unbillig wäre. Unbilligkeit kommt dann in Betracht, wenn das Einkommen des erwerbstätigen Ehegatten gerade die dringendsten Lebensbedürfnisse abdeckt oder wenn der Unterhaltspflichtige ohnedies Aufwendungen deckt, die allen Familienmitgliedern zugute kommen (Wohnungsmiete, Gas, Strom pp.). Gleiches gilt, wenn der Ehegatte eines Landwirts Unterhalt in Geld verlangt, um Lebensmittel zu kaufen, die am Hof ausreichend und wesentlich preiswerter zur Verfügung stehen.[190]

Trennung. Der Anspruch auf Trennungsunterhalt ist in § 94 II S. 2 ABGB geregelt. **83** Dort wird an den Zustand vor der Trennung angeknüpft, d. h., derjenige Ehegatte, der den Haushalt geführt hat oder z. B. gemeinsame minderjährige Kinder betreut, hat gegen den anderen Ehegatten grundsätzlich weiterhin Anspruch auf angemessenen Unterhalt, in der

---

[185] OGH 8. 4. 1981, SZ 54/52
[186] OGH 14. 7. 1981, SZ 54/107
[187] OGH 23. 10. 1990, SZ 63/181; 12. 7. 1990, ÖA 1991, 139; 3. 4. 1990, JBl. 1991, 40; 9. 6. 1988, SZ 61/143; Bergmann/Ferid/Henrich, a. a. O., S. 104, Fn. 44; Ferrari in: Entwicklungen des europ. Kindschaftsrechts, 2. Auflage, S. 83
[188] OLGR Düsseldorf 2007, 79
[189] Ferrari, FamRZ 2001, 896
[190] Ferrari, FamRZ 2001, 896, 897

Regel in Höhe von ca. einem Drittel von dessen Nettoeinkommen abzüglich eines Betrages für etwaigen Kindesunterhalt, den der Unterhaltspflichtige leistet.[191] Der Anspruch kann bei „Missbrauch" oder „Verwirkung" (z. B. schwere Treueverstöße, grundloses Verlassen oder Aufnahme einer nichtehelichen Lebensgemeinschaft) entfallen. Die Ehefrau handelt aber nicht missbräuchlich, wenn sie die eheliche Gemeinschaft wegen Drohungen des Ehemannes aufhebt.[192]

Maßstab für den Trennungsunterhalt ist der **gemeinsam erreichte Lebensstandard.**[193] Zu berücksichtigen sind regelmäßig nur die tatsächlich erzielten Nettoeinkünfte des Unterhaltsberechtigten.[194] Einer Erwerbstätigkeit braucht die Hausfrau noch nicht nachzugehen.[195] Der Unterhaltsanspruch steht dem Ehegatten zu, soweit er einen eigenen Beitrag zur Deckung der Lebensverhältnisse nicht zu leisten vermag (§ 94 II S. 3 ABGB); er ist aber auch als Aufstockungsunterhalt geschuldet.[196] Dies ist ein wesentlicher Unterschied zum nachehelichen Unterhalt bei der Verschuldensscheidung, bei der eine Erwerbstätigkeit auszuüben ist, soweit sie „erwartet" werden kann.

Auf den Unterhaltsanspruch kann dem Grunde nach (Stammrecht) nicht verzichtet werden, wohl aber auf einzelne Unterhaltsleistungen (§ 94 III ABGB).[197]

84 **Scheidung.** Der Scheidungsunterhalt richtet sich danach, ob im Scheidungsurteil ein Schuldausspruch enthalten ist oder nicht (§ 66, § 69 EheG).[198] Durch das EheRÄG 1999 wurden die „absoluten Scheidungsgründe" Ehebruch und Verweigerung der Fortpflanzung (§§ 47, 48 EheG alt) in den Tatbestand der schweren Eheverfehlungen nach § 49 EheG aufgenommen, die nur dann als Scheidungsgrund in Betracht kommen, wenn sie auch zu einer schweren Zerrüttung der Ehe geführt haben. Damit wurde diesen Gründen der absolute Charakter genommen. Außerdem wurde durch die Reform ein neuer, verschuldensunabhängiger Unterhaltsanspruch eingeführt.

85 Bei Scheidung mit **Schuldausspruch** wegen Ehebruchs u. a. (§§ 49, 60 EheG) oder der sog. Scheidung aus anderen Gründen (alleiniges Verschulden gemäß §§ 50–52 EheG) hat der schuldlose oder minderschuldige Ehegatte einen Anspruch auf angemessenen Unterhalt nach den ehelichen Lebensverhältnissen, soweit er sich nicht selbst unterhalten kann. Einkünfte aus Vermögen und Erträge einer zumutbaren Erwerbstätigkeit (insofern besteht ein Unterschied zum Trennungsunterhalt) sind zu berücksichtigen (§ 66 EheG). Beim Unterhaltspflichtigen sind Einschränkungen seiner Leistungsfähigkeit, etwa durch Zahlung von Kindesunterhalt, billigerweise zu beachten. Dieser Anspruch ist gleichrangig mit dem eines neuen Ehegatten.

Der Anspruch beträgt in der Regel ein Drittel des Nettoeinkommens des Unterhaltspflichtigen. Eigene Einkünfte des Berechtigten sind anzurechnen. Bei Doppelverdienern mit erheblichem Einkommensunterschied erhält der Unterhaltsberechtigte ca. 40% des Gesamtnettoeinkommens beider Ehegatten abzüglich des eigenen.[199]

Sind beide Ehegatten **gleich schuld** an der Scheidung, kann der bedürftige Ehegatte vom anderen einen Unterhaltsbeitrag nach Billigkeit verlangen (§ 68 EheG). Dieser Anspruch steht grundsätzlich beiden Ehegatten zu. Der Anspruch kann befristet werden und ist gleichrangig mit dem Anspruch eines neuen Ehegatten. Vorrangig sind hier aber das Vermögen des berechtigten Ehegatten und ein Unterhaltsanspruch gegen Verwandte heranzuziehen.

---

[191] Bergmann/Ferid/Henrich, a. a. O., S. 101, Fn. 25. Zum Ziel des § 94 II S. 1 u. 2 vgl. österreichischer OGH, FamRZ 1997, 421 (LS) und ÖJZ 1996, 618
[192] OGH 12. 5. 1976, JBl. 1976, 481; Bergmann/Ferid/Henrich, a. a. O., S. 101, Fn. 28, 30
[193] Vgl. OLGR Stuttgart 2001, 380
[194] Bergmann/Ferid/Henrich, a. a. O., S. 101, Fn. 26
[195] OGH 17. 12. 1979, EF-Slg. 32 789; Bergmann/Ferid/Henrich, a. a. O., S. 101, Fn. 26; Ausnahme Rechtsmissbrauch, vgl. Gschnitzer/Faistenberger, a. a. O., S. 49
[196] Bergmann/Ferid/Henrich, a. a. O., S. 101, Fn. 29
[197] Bergmann/Ferid/Henrich, a. a. O., S. 101, Fn. 30
[198] Zur Versagung nachehelichen Unterhalts wegen Ehebruchs nach österreichischem Recht und zur evtl. Ergebniskorrektur wegen Verstoßes gegen den ordre public vgl. OLG Bremen, IPRax 1998, 366 und Schulze, IPRax 1998, 350
[199] Bergmann/Ferid/Henrich a. a. O., S. 153, Fn. 82; OLGR Stuttgart 2001, 380

Ist die Ehe nach § 55 EheG (sog. **Heimtrennung**) mit Ausspruch des Zerrüttungsver- **86** schuldens zu Lasten des Klägers (allein oder überwiegend, § 61 III EheG) geschieden, setzt sich der Trennungsunterhaltsanspruch des anderen schuldlosen Ehegatten (Beklagter im Scheidungsverfahren) gemäß § 94 ABGB fort (§ 69 II EheG; siehe oben).[200] Der Unterhaltsanspruch ist unbefristet und hat Vorrang gegenüber einem neuen Ehegatten (§ 69 II EheG). Der geschiedene Ehegatte haftet vor den Verwandten des Berechtigten.

Fehlt bei einer Scheidung aus sonstigen Gründen ein Schuldausspruch, ist der Kläger dem **87** Beklagten zu **Billigkeitsunterhalt** nach Maßgabe des § 69 III EheG verpflichtet. Dabei kommt es auf die Bedürfnisse und die Vermögens- und Erwerbsverhältnisse der geschiedenen Ehegatten an.[201] Bei Widerklage gilt dasselbe entsprechend. Bei Klage und Widerklage kommen deshalb beide Beklagte als Unterhaltsanspruchsteller (Billigkeit) in Frage.[202]

Bei **einvernehmlicher Scheidung** – § 55 a EheG – gibt es keinen Schuldausspruch. Die **88** Scheidung setzt eine Vereinbarung der Ehegatten über den Unterhalt voraus (§ 55 a II EheG) oder eine weiterwirkende rechtskräftige gerichtliche Entscheidung (§ 55 a III EheG). Nur soweit der vereinbarte Unterhalt den Lebensverhältnissen der Ehegatten angemessen ist, gilt er als der gesetzliche (§ 69 a EheG). Ist die Unterhaltsvereinbarung unwirksam, gilt § 69 b EheG (s. u.).

Durch das EheRÄG 1999 wurde mit § 68 a EheG zum 1. 1. 2000 ein neuer, **verschul- 88 a densunabhängiger Unterhaltsanspruch** geschaffen. Danach gebührt dem bedürftigen Ehegatten unabhängig vom Verschulden an der Scheidung Unterhalt nach seinem Lebensbedarf,
- soweit und solange ihm auf Grund der Pflege und Erziehung eines gemeinsamen Kindes unter Berücksichtigung dessen Wohl nicht zugemutet werden kann, sich selbst zu unterhalten. Die Unzumutbarkeit wird vermutet, solange das Kind das fünfte Lebensjahr noch nicht vollendet hat. Bei der gerichtlichen Festsetzung ist der Unterhalt über das fünfte Lebensjahr des jüngsten Kindes hinaus jeweils auf längstens drei Jahre zu befristen. Nur in besonderen Fällen, etwa bei besonderer Betreuungsbedürftigkeit des Kindes, kann von der Befristung abgesehen werden (§ 68 a I EheG).
- wenn sich der unterhaltsbedürftige Ehegatte während der Ehe auf Grund der einvernehmlichen Gestaltung der ehelichen Lebensgemeinschaft der Haushaltsführung sowie ggf. der Pflege und Erziehung eines gemeinsamen Kindes oder der Betreuung eines Angehörigen der Ehegatten gewidmet hat und es ihm nun, nach der Scheidung, unzumutbar ist, sich selbst zu unterhalten (§ 68 a II EheG). Eine Unzumutbarkeit kann sich aus folgenden Gründen ergeben:
  - durch die Übernahme familiärer Aufgaben, wenn z. B. durch fehlende Aus- und Fortbildung jetzt keine Erwerbsmöglichkeit mehr besteht,
  - wegen der Dauer der ehelichen Lebensgemeinschaft,
  - wegen des Alters,
  - wegen Krankheit.

Auch der Unterhalt nach § 68 a II EheG ist grundsätzlich auf längstens drei Jahr zu befristen. Das gilt aber nur dann wenn erwartet werden kann, dass der Unterhaltsberechtigte danach in der Lage sein wird, seinen Unterhalt selbst zu sichern.

Der Unterhalt nach § 68 a I und II EheG vermindert sich oder entfällt ganz, wenn die Gewährung **unbillig** wäre (§ 68 a III EheG). Das kann der Fall sein, wenn der Bedürftige einseitig besonders schwere Eheverfehlungen begangen hat, er seine Bedürftigkeit grob schuldhaft herbeigeführt hat oder ein gleich schwerwiegender Grund vorliegt. Für den Anspruch nach § 68 a II EheG gilt dies auch bei kurzer Ehedauer. Dann muss der Bedürftige seinen Unterhalt notfalls auch durch sozial nicht adäquate Erwerbstätigkeit oder aus dem Stamm seines Vermögens decken (§ 68 a III S. 3 EheG).

Die Höhe des Unterhalts nach § 68 a I und II EheG richtet sich (entsprechend § 1578 BGB) nach dem Lebensbedarf des Bedürftigen. Ob sie den angemessenen Unterhalt errei-

---

[200] Im einzelnen Aicher, FamRZ 1980, 637; Bergmann/Ferid/Henrich, a. a. O., S. 154, Fn. 84; OLG Karlsruhe, zitiert nach BGH, FamRZ 1992, 298
[201] OLG Karlsruhe, FamRZ 1995, 738
[202] Bergmann/Ferid/Henrich, a. a. O., S. 154, Fn. 86

chen kann, ist streitig.[203] Regelmäßig wird der Lebensbedarf zwischen dem notwendigen und dem angemessenen Bedarf liegen.

88 b   Nach dem ebenfalls durch das EheRÄG 1999 eingeführten § 69 b EheG ist § 69 a EheG entsprechend anwendbar, wenn die Ehe nicht aus Verschulden, sondern aus den Gründen der §§ 50–52 EheG (s. Rn. 84) oder des § 55 EheG (s. Rn. 88) geschieden worden ist. Bei der einvernehmlichen Scheidung gilt dies aber nur, wenn die Ehegatten keine wirksame Vereinbarung nach § 55 a II EheG getroffen haben.

89   Der **allein oder überwiegend Schuldige** hat sonst keinen Anspruch gegen den anderen Ehegatten.

90   Zu zahlen ist in der Regel eine monatlich im Voraus fällige Geldrente (Art. 70 I EheG). Nur ausnahmsweise ist eine Abfindung angemessen. Die Höhe des Unterhalts kann im Falle einer **Änderung** der maßgeblichen Verhältnisse angepasst werden.

Der Unterhaltsanspruch erlischt bei Wiederheirat des berechtigten Ehegatten endgültig. Lebt er in einer neuen Lebensgemeinschaft, ruht die Unterhaltspflicht des geschiedenen Ehegatten und zwar unabhängig davon, ob und in welchem Umfang der neue Lebenspartner Leistungen erbringt. Eine Verwirkung des Unterhaltsanspruchs kommt bei nachehelichem schwerem Verschulden gegen den unterhaltspflichtigen Ehegatten, z. B. bei Vereitelung des Umgangsrechts mit einem gemeinsamen Kind, in Betracht.

Unterhaltsvereinbarungen sind formlos auch vor oder während der Ehe zulässig. Eine Grenze bilden die guten Sitten, die z. B. bei grobem Missverhältnis zwischen den Leistungen beider Ehegatten oder im Falle eines Unterhaltsverzichts für den Fall der Not (str.) verletzt sind.

91   Einen **Auskunftsanspruch** wie in § 1580 BGB gibt es im österreichischen Recht nicht. Die Höhe eines Unterhaltsanspruchs wird in Österreich von Amts wegen festgestellt.[204] Da im deutschen Unterhaltsprozessrecht der Amtsermittlungsgrundsatz nicht gilt, muss der deutsche Richter notfalls doch auf § 643 ZPO und § 1580 BGB analog zurückgreifen, wenn er die Verhältnisse in Anwendung österreichischen Sachrechts feststellt (Anpassung, im Einzelnen umstritten).[205]

Polen

1. Kinderunterhalt

92   Nach Art. 133 § 1 des Familien- und Vormundschaftsgesetzbuchs vom 25. 2. 1964[206] (FVGB) sind Eltern grundsätzlich zum Unterhalt gegenüber einem unvermögenden Kind verpflichtet, das sich nicht selbst unterhalten kann (Art. 133 § 1 FVGB, sog. privilegierter Unterhalt). Daneben gibt es bei Bedürftigkeit den einfachen Unterhalt gemäß Art. 133 § 2 FVGB.[207]

93   Der **privilegierte Unterhaltsanspruch** besteht, solange das Kind noch nicht in der Lage ist, sich selbst zu unterhalten, weil es mangels Berufsausbildung noch keine angemessene Erwerbstätigkeit ausüben kann. Die Bedürftigkeit spielt beim privilegierten Unterhaltsanspruch nur insoweit eine Rolle, als dieser ausgeschlossen oder beschränkt ist, wenn das Kind seine Unterhalts- und Erziehungskosten aus Einkünften seines Vermögens oder durch sonstige Einkünfte (z. B. Hinterbliebenenrente, Stipendium) decken kann.[208] Das Alter, insbesondere die Volljährigkeit, hat auf die Unterhaltspflicht keinen Einfluss.[209] Eine Ausnahme gilt nur dann, wenn das volljährige Kind seine Berufsausbildung vernachlässigt, sei es, weil es die Lehrzeit unangemessen überschreitet, beim Studium keine Fortschritte macht

---

[203] Ferrari, FamRZ 2001, 896, 898
[204] OLG Karlsruhe, FamRZ 1995, 738
[205] Vgl. OLG Karlsruhe, FamRZ 1995, 738 m. w. N.
[206] In Kraft seit dem 1. 1. 1965, zuletzt geändert durch DzU 2004 Nr. 162, Pos. 1691
[207] Vgl. Passauer, FamRZ 1990, 14, 18 f.
[208] Vgl. Gralla/Leonhardt, Das Unterhaltsrecht in Osteuropa, 1989 Abschnitt Polen, S. 141
[209] Richtlinien des OG, Dz. U. 1988, Nr. 45, Pos 241

oder keine Prüfungen ablegt.[210] Ist das Kind zugleich im Stande, eine Arbeit aufzunehmen, erlischt die Unterhaltspflicht der Eltern. Die Aufnahme einer Arbeit vor Beginn des Studiums zur Verbesserung der Berufsqualifikation schließt die Unterhaltspflicht während des folgenden Studiums nicht aus, wenn die Arbeit nicht länger als ein Jahr andauerte. Die Unterhaltspflicht kann auch lebenslang andauern, wenn das Kind z. B. wegen eines Gebrechens außerstande ist, sich selbst zu versorgen.

Der Umfang des privilegierten Unterhaltsanspruchs richtet sich nach den „gerechtfer- **94** tigten" Bedürfnissen des Berechtigten und der Leistungsfähigkeit des Unterhaltspflichtigen (dessen Erwerbs- und Vermögensmöglichkeiten, Art. 135 § 1 FVGB). Verkürzungen der Leistungsfähigkeit ohne wichtigen Grund während der letzten drei Jahre vor der Geltendmachung des Unterhaltsanspruchs bleiben unberücksichtigt (Art. 136 FVGB).

Der privilegierte Unterhalt setzt nicht erst bei Bedürftigkeit ein, sondern berechtigt zum gleichen Lebensstandard, wie er beim Unterhaltspflichtigen besteht.[211] Unterschieden wird zwischen den Unterhaltskosten (die begrifflich im Wesentlichen unserem Barunterhalt entsprechen) und den Erziehungskosten oder sonstigen Unterhaltskosten (vergleichbar unserem Betreuungsunterhalt), die nicht in Geld ausgedrückt werden.[212] Der Unterhalt wird festgesetzt in bestimmten Sätzen oder in Prozentsätzen des Einkommens des Verpflichteten.[213] Polnische Gerichte neigen dazu, einem Kind bis zu 25% des Einkommens des Verpflichteten zuzuerkennen. Wenn deutsche Gerichte entscheiden, sollte der Unterhalt nach den Bedarfssätzen der Düsseldorfer Tabelle ermittelt und dann mit Hilfe der Verbrauchergeldparität den wirtschaftlichen Verhältnissen in Polen angeglichen werden.[214] Teilweise sind auch pauschal Anteile von ⅔ dieser Sätze,[215] mindestens die Hälfte[216] oder nur ⅓[217] zugesprochen worden. Statt eines festen Unterhaltsbetrags kann das Gericht die Höhe der Unterhaltsleistung auch prozentual bestimmen, wenn der Verpflichtete über ein für diese Bemessungsart geeignetes, nämlich stabiles Einkommen verfügt[218] Das Kammergericht[219] setzt einen altersbedingten Mehrbedarf gemäß Art. 135 § 1, Art. 138 FVGB von 20% bei Überschreitung des sechsten Lebensjahres an. Bei der Bemessung ist nicht nur das tatsächliche Einkommen des Unterhaltspflichtigen, sondern sein erzielbares Einkommen maßgebend.[220]

Den **einfachen Kindesunterhalt** gemäß Art. 133 § 2 FVGB erhält dasjenige Kind, das **95** **nachträglich bedürftig** wird, nachdem es die Fähigkeit, sich selbst angemessen zu unterhalten, bereits erlangt hatte.[221] Der Umfang richtet sich nur auf die Befriedigung der gewöhnlichen „gerechtfertigten" Bedürfnisse (elementarer oder notwendiger Lebensbedarf).

Die in einem Scheidungsurteil auch ohne besonderen Antrag von Amts wegen enthaltene **96** Titulierung des Kindesunterhaltsanspruchs wirkt für und gegen das Kind (Art. 58 § 1 S. 1 FVGB) und kann gem. Art. 138 FVGB abgeändert werden.[222] Das Gericht entscheidet über den Unterhalt auch dann, wenn die Eltern freiwillig zahlen.[223] An Vereinbarungen der Prozessparteien ist es dabei nicht gebunden. Die Entscheidung schließt neben der Festsetzung des Barunterhalts eines Ehegatten auch einen Ausspruch über den Betreuungsunterhalt

---

[210] Richtlinien des OG a. a. O. S. 380 f.
[211] Vgl. OLG Celle, FamRZ 1993, 103; OLG Celle OLGR 1998, 149; OLG Nürnberg FamRZ 1994, 1133
[212] Vgl. Art. 58 § 1 FVGB und dazu KG FamRZ 1994, 759
[213] Bergmann/Ferid/Henrich, a. a. O., Polen, Art. 135 FVGB, Fn. 20; Passauer, FamRZ 1990, 14, 19
[214] S. Rn. 9/23 ff.; OLGR Hamm 2000, 59
[215] OLG Nürnberg, FamRZ 1997 1355; OLG Koblenz FamRZ 1995, 1439; OLG Celle FamRZ 1993, 103; OLG Schleswig FamRZ 1993, 1483 (L)
[216] OLG Düsseldorf, FamRZ 1991, 1095
[217] OLG Düsseldorf, FamRZ 1989, 1335; OLG Karlsruhe, FamRZ 1991, 600; vgl. auch Kleffmann, FuR 1998, 74, 75
[218] OG OSN 1980 Pos 129
[219] KG, FamRZ 1994, 759
[220] Vgl. Gralla/Leonhardt, a. a. O., S. 121
[221] Gralla/Leonhardt, a. a. O., S. 143
[222] KG NJW-RR 1995, 202 LS
[223] OG NO 1953, Nr. 7, S. 76

durch den anderen Ehegatten ein, indem es ausspricht, dass der andere Elternteil das Kind betreuen und die restlichen Kosten der Erziehung tragen soll.[224]

Auf den Unterhaltsanspruch eines Kindes, dessen Abstammung von einem im Inland lebenden deutschen Vater festgestellt werden soll, ist nach Auffassung des OLG München[225] in diesem Verfahren auch dann deutsches Recht anzuwenden, wenn die Mutter Ausländerin ist und mit dem Kind im Ausland lebt (Art. 18 V EGBGB). Das Kind kann deswegen zugleich mit der Vaterschaftsfeststellung Leistung des Regelunterhalts verlangen.[226]

Hat die polnische Sozialversicherungsanstalt ZUS Unterhaltsleistungen an das Kind erbracht, hat das nach dem polnischen Recht keinen Anspruchsübergang zu Folge. Die Leistungen stehen deswegen einer Zahlungsaufforderung und einer Klage auf Kindesunterhalt durch das Kind nicht entgegen.[227]

2. Ehegattenunterhalt

97 **Trennung.** Nach Art. 23, Art. 27, Art. 28 FVGB sind beide Ehegatten verpflichtet, zur Befriedigung der Bedürfnisse der Familie beizutragen, jeder nach seinen Kräften und Erwerbsmöglichkeiten sowie seinem Vermögen. Diese Regelung für den Familienunterhalt schließt auch den Trennungsunterhalt ein.[228] Eine während des Zusammenlebens getroffene Anordnung zum Familienunterhalt bleibt auch dann wirksam, wenn nach ihrem Erlass die eheliche Gemeinschaft beendet wird (Art. 28 § 2 FVGB). Dabei handelt es sich um einen sog. privilegierten Unterhaltsanspruch; die Unterhaltspflicht hängt davon ab, ob ein Ehegatte seine Bedürfnisse in dem Umfang befriedigen kann wie der andere Ehegatte (Lebensstandardprinzip).[229] Trennungsunterhalt wird deswegen jedenfalls in Höhe des unterhaltsrechtlichen Existenzminimums geschuldet.[230] Darüber hinaus besteht eine Unterhaltspflicht dann, wenn der Berechtigte seine am Lebensstandard des anderen Ehegatten gemessenen gerechtfertigten Bedürfnisse nicht selbst befriedigen kann, etwa wegen Betreuung der gemeinsamen Kinder, wegen Erwerbsunfähigkeit oder Nichtfinden einer Arbeitsstelle.[231] Auf Verschulden an der Trennung kommt es in der Regel nicht an, jedoch wird dem Alleinschuldigen analog Art. 60 FVGB Unterhalt nicht zuerkannt.[232]

98 **Scheidung.** Die unterhaltsrechtlichen Folgen der Scheidung (Art. 60 §§ 1–3 FVGB) richten sich nach dem **Schuldausspruch** im Scheidungsurteil, der deswegen unbedingt im Tenor auszusprechen ist (Art. 57 § 1 FVGB). Ein im Scheidungsurteil unterbliebener Schuldausspruch kann nicht mit einer isolierten Feststellungsklage nachgeholt werden.[233] Ist der Schuldausspruch versehentlich unterblieben, kann dieser innerhalb der Frist nach § 321 ZPO (insoweit vergleichbar mit Art. 351 der polnischen ZPO) oder im Berufungsverfahren ergänzt werden. Ist das Scheidungsurteil rechtskräftig, kommt im – späteren – Unterhaltsprozess allenfalls eine inzidente Schuldfeststellung in Betracht, wenn die Schuldfrage nach dem maßgeblichen Unterhaltsstatut von Bedeutung ist.[234] Auf dieser Grundlage des Schuldausspruchs kommen die folgenden **verschiedenen Unterhaltsansprüche** in Betracht:

– Bei Alleinverschulden hat der alleinschuldige Ehegatte keinen Anspruch, der andere den privilegierten Unterhaltsanspruch gemäß Art. 60 § 2 FVGB.[235]

---

[224] OG OSN 1952, Pos. 69
[225] OLG München FamRZ 1998, 503
[226] Zur Vollstreckung vgl. OLG Hamm FamRZ 2006, 967
[227] OLG Hamm FamRZ 2006, 969
[228] Vgl. OLG Koblenz FamRZ 1992, 1428 und Gralla/Leonhardt, a. a. O., S. 146
[229] Vgl. Gralla/Leonhardt, a. a. O., S. 147
[230] OLG Hamm FamRZ 2005, 369
[231] Vgl. OLG Koblenz, a. a. O.; Richtlinien des Pol.OG, FamRZ 1989, 471
[232] Gralla/Leonhardt, a. a. O., S. 147; im Anschluss daran OLG Hamm, FamRZ 1994, 774
[233] BGH, MDR 1977, 126; OLG Hamm FamRZ 2000, 29
[234] Roth IPRax 2000, 292, 293 f.; zum gleichen Problem beim türkischen nachehelichen Unterhalt vgl. Rn. 9/203
[235] Bergmann/Ferid/Henrich, a. a. O. S. 22 f.

- Bei beiderseitigem Verschulden hat jeder den einfachen Unterhaltsanspruch gemäß Art. 60 § 1 FVGB.
- Bei fehlendem Schuldausspruch oder der Feststellung, dass keinen Ehegatten die Schuld trifft, haben beide den einfachen Unterhaltsanspruch gemäß Art. 60 § 1 FVGB (Art. 57 § 2 FVGB).
- Soweit ersichtlich, wird überwiegendes Verschulden nicht festgestellt und steht jedenfalls dem alleinigen Verschulden nicht gleich. Auch dann sind beide Ehegatten als schuldig anzusehen, was auch für den minder schuldigen Ehegatten nur den einfachen Unterhaltsanspruch nach Art. 60 § 1 FVGB begründen kann.

Der Umfang des **privilegierten Unterhaltsanspruchs** hängt nicht von der Bedürftigkeit **99** des Berechtigten ab (Art. 60 § 2 FVGB), sondern soll verhindern, dass durch die Scheidung eine wesentliche Verschlechterung der materiellen Situation des nichtschuldigen Ehegatten eintritt. Der Anspruch zielt nicht auf den gleichen Lebensstandard, den der Unterhaltspflichtige hat, aber auf einen besseren Lebensstandard als nur die Befriedigung der gerechtfertigten (notwendigen) Bedürfnisse wie beim einfachen Unterhaltsanspruch.[236] Zu vergleichen ist der Lebensstandard vor und nach der Scheidung.[237] Im Ergebnis ist wie im deutschen Recht (§ 1578 BGB) auf die ehelichen Lebensverhältnisse abzustellen. Der privilegierte Unterhaltsanspruch ist grundsätzlich zeitlich unbegrenzt gegeben.

Der **einfache Unterhaltsanspruch** gemäß Art. 60 § 1 FVGB setzt hingegen mit der **100** Bedürftigkeit des Berechtigten eine Notlage sowie die Leistungsfähigkeit des Unterhaltspflichtigen voraus. Er zielt auf die Befriedigung nur der elementaren Bedürfnisse des Berechtigten, also auf den Notunterhalt ab[238] und entspricht damit der Unterhaltspflicht von Verwandten (Art. 61 FVGB). Er erlischt regelmäßig in fünf Jahren seit Rechtskraft des Scheidungsurteils (Art. 60 § 3 FVGB), wenn der Unterhaltspflichtige nicht für (teil-)schuldig an der Zerrüttung der Ehe erklärt wurde. Liegen außerordentliche Umstände vor, kann der Anspruch über die Fünfjahresfrist hinaus verlängert werden (Art. 60 § 3 S. 2 Hs. 2 FVGB). Als außerordentlicher Umstand kann auch eine krankheitsbedingte Bedürftigkeit des Berechtigten in Betracht kommen, wenn die Ehe nicht von kurzer Dauer war.[239] Ein nicht im Scheidungstenor ausgesprochenes Verschulden kann hingegen nicht mehr berücksichtigt werden (vgl. aber Rn. 9/98).

Eine Abänderung der Unterhaltspflicht ist bei veränderten Umständen möglich (Art. 138 **101** FVGB, materiell-rechtliche Regelung).[240] Eine rückwirkende Abänderung gibt es im polnischen Recht hingegen nicht.[241] Der Hinweis auf den früher inflationären Verfall der polnischen Währung und die dortige Erhöhung der Lebenshaltungskosten reichte als Abänderungsgrund nicht aus.[242]

Unterhaltsleistungen sind entsprechend dem Unterhaltstitel auch in Zloty und durch **102** Dritte möglich.[243] Auf Verlangen des Unterhaltsberechtigten ist allerdings in Euro zu verurteilen (s. Rn. 9/35).[244] Ist der Klageantrag hingegen auf Zahlung in ausländischer Währung gerichtet, darf nicht in Euro verurteilt werden.[245]

Eine Mahnung ist nach polnischem Recht entbehrlich, wenn ein Unterhaltsanspruch auf **103** Grund „nicht befriedigter Bedürfnisse" besteht.[246]

Eine vertragliche Regelung der Unterhaltspflicht muss mit dem Gesetz vereinbar sein. Die Unterhaltspflicht des Ehegatten geht derjenigen der Verwandten vor. Sie erlischt stets, wenn der unterhaltsberechtigte Ehegatte eine neue Ehe eingeht.

---

[236] Vgl. Gralla/Leonhardt, a. a. O., S. 149
[237] Vgl. OLG Koblenz, FamRZ 1992, 1442
[238] Vgl. Gralla/Leonhardt, a. a. O., S. 118, 121, 150; OLG Koblenz, a. a. O.
[239] OLG Hamm FamRZ 2000, 29
[240] Vgl. OLG Celle FamRZ 1993, 103
[241] Vgl. OLG Karlsruhe FamRZ 1991, 600
[242] OLG Hamm FamRZ 1999, 677
[243] Bytomsky, FamRZ 1991, 783; Bergmann/Ferid/Henrich, a. a. O. S. 22 f.
[244] Vgl. zu DM: BGH, FamRZ 1990, 992; vgl. auch BGH, FamRZ 1992, 1060
[245] BGH, IPRax 1994, 366 mit Anm. Grothe, IPRax 1994, 346
[246] OLG Koblenz, FamRZ 1992, 1428

3. Verwandtenunterhalt

104   Nach Art. 128 FVGB obliegt **gradlinigen Verwandte und Geschwistern** die Verpflichtung zur Leistung von Mitteln für den Unterhalt und nach Bedarf auch für die Erziehung (Unterhaltspflicht). Die Unterhaltspflicht obliegt den Eltern und Großeltern vor den Abkömmlingen und diesen vor den Geschwistern; innerhalb dieser Gruppen gehen die gradnäheren den entfernteren Unterhaltspflichtigen vor (Art. 129 § 1 FVGB). Gleichrangige Unterhaltspflichtige haften anteilig nach ihren Einkommens- und Vermögensverhältnissen (Art. 129 § 2 FVGB). Die Unterhaltspflicht des früheren oder des „von Tisch und Bett getrennten" Ehegatten geht der Unterhaltspflicht der Verwandten vor (Art. 130 FVGB). Die Unterhaltspflicht eines entfernteren Verwandten entsteht erst dann, wenn vorrangige Unterhaltspflichtige nicht vorhanden oder zu Unterhaltsleistungen nicht in der Lage sind. Gleiches gilt, wenn von ihnen Unterhaltsleistungen nicht oder nur mit schwer zu überwindenden Hindernissen erwirkt werden können (Art. 132 FVGB). Gegenüber den Geschwistern entfällt die Unterhaltspflicht dann, wenn sie für den Pflichtigen oder seine nächste Familie mit übermäßigen Einbußen verbunden wäre (Art. 134 FVGB).

Die **Höhe** des geschuldeten Unterhalts hängt von den gerechtfertigten Bedürfnissen des Berechtigten (Bedarf) und den Erwerbs- und Vermögensmöglichkeiten des Verpflichteten (Leistungsfähigkeit) ab (Art. 135 § 1 FVGB). Hat der Unterhaltspflichtige innerhalb der letzten drei Jahre ohne wichtigen Grund auf Vermögensansprüche verzichtet, einen Verlust in anderer Weise ermöglicht oder eine Beschäftigung niedergelegt bzw. gegen eine weniger ergiebige eingetauscht, bleibt die Veränderung bei der Unterhaltsbemessung unberücksichtigt (Art. 136 FVGB). Bei veränderten Umständen kann eine Anpassung des gerichtlich festgesetzten oder des vertraglich vereinbarten Unterhalts beantragt werden (Art. 138 FVGB).

105   Unterhaltsansprüche **verjähren** mit Ablauf von drei Jahren (Art. 137 FVGB). Die Unterhaltspflicht geht nicht auf die Erben über (Art. 139 FVGB). Wer (ggf. als nachrangig Unterhaltspflichtiger) Unterhaltsleistungen erbringt, kann von den (vorrangig) Verpflichteten Erstattung dieser Leistungen verlangen; auch dieser Anspruch verjährt mit Ablauf von drei Jahren (Art. 140 §§ 1, 2 FVGB).

Ein **nicht mit der Mutter verheirateter Vater** schuldet der Kindesmutter für die Dauer von drei Monaten vor der Niederkunft, für die mit Schwangerschaft und Entbindung verbundenen angemessenen Ausgaben und für die Zeit von drei Monaten nach der Geburt Unterhalt. Aus wichtigen Gründen kann die Unterhaltspflicht auch über diesen Zeitraum hinaus verlängert werden (Art. 141, 142 FVGB). Ist die Vaterschaft nicht festgestellt, können die Ansprüchen, falls nicht das Kind verstorben ist, nur gleichzeitig mit dem Antrag auf Feststellung der Vaterschaft geltend gemacht werden.

Stiefeltern und Stiefkinder schulden einander Unterhalt, wenn dies den Grundsätzen des gesellschaftlichen Zusammenlebens entspricht (Art. 144 §§ 1–3 FVGB).

Portugal

1. Kinderunterhalt

106   Gemäß Art. 1874 I des Zivilgesetzbuches[247] (CC) schulden Eltern und Kinder einander Hilfe und Beistand. Die Beistandspflicht umfasst auch die Verpflichtung, Unterhalt zu leisten und während des Zusammenlebens entsprechend den eigenen wirtschaftlichen Mitteln zu den Lasten des familiären Lebens beizutragen (Art. 1874 II CC). Nach Art. 1878 CC obliegt es den Eltern auch für den Lebensunterhalt ihrer minderjährigen Kinder zu sorgen. Der Unterhalt umfasst den Lebensbedarf, die Wohnung, die Kleidung, die Ausbildung und die Erziehung, soweit sie notwendig ist (Art. 2003 I, II CC).

---

[247] In der nach Inkrafttreten der GV Nr. 496/77 geltenden Fassung, zuletzt geändert durch Gesetz Nr. 31/03 vom 22. 8. 2003

Die Unterhaltspflicht dauert grundsätzlich bis zur Vollendung des 18. Lebensjahres des **107**
Kindes (Art. 1877 f, 2003 II, 122 CC) oder dessen Eheschließung (Emanzipation entspricht
der Volljährigkeit bis auf die Einschränkung der Verfügungsfreiheit über das Vermögen,
Art. 133, 1649 CC). Hat das Kind seine in normaler Zeit zu durchlaufende Berufsausbildung bei Eintritt der Volljährigkeit oder der Emanzipation noch nicht abgeschlossen, sind
die Eltern weiterhin unterhaltspflichtig, soweit ein „vernünftiger Grund" dafür vorhanden
ist (Art. 1880 CC). Hat das Kind jedoch genügend Vermögen oder ausnahmsweise genügend eigene Einkünfte, entfällt die Unterhaltspflicht, jedenfalls ab Volljährigkeit des Kindes
(Art. 2011 I CC); das gilt auch dann, wenn das Vermögen verschenkt wurde. Die Unterhaltspflicht obliegt dann ganz oder teilweise den Schenkungsempfängern (Art. 2011 II CC).

Die **Höhe** des Kindesunterhalts hängt grundsätzlich von der Leistungsfähigkeit der Eltern **108**
und der Bedürftigkeit des Kindes ab (Art. 2004 I CC). Dabei muss dem Unterhaltspflichtigen ein Selbstbehalt für seinen eigenen Lebensunterhalt verbleiben (Art. 2004 II CC).
Soweit das Kind seinen Unterhalt durch Arbeit oder sonstige Einkünfte selbst sicherstellen
kann, mindert sich die Unterhaltspflicht der Eltern (Art. 1879 CC). Allerdings muss ein
minderjähriges Kinder nur den Erlös seiner Arbeit oder andere Einkünfte, nicht also den
Stamm seines Vermögens, einsetzen (Art. 1879 CC). Die Erträge eines vorhandenen Vermögens sind hingegen auch bei minderjährigen Kindern bedarfsdeckend zu berücksichtigen
(vgl. Art. 1896 I–III CC).

Der Unterhalt ist grundsätzlich als monatliche Rente zu zahlen (Art. 2005 I CC); eine **109**
Ausnahme ist nur bei einer abweichenden Vereinbarung oder sonst aus besonderen Gründen
gerechtfertigt. Ersatzweise kann die Unterhaltsleistung kraft richterlicher Anordnung auch
durch Aufnahme in den Haushalt erfolgen, wenn der Unterhaltspflichtige eine Rente nicht
leisten kann (Art. 2005 II CC). Geschuldet wird Unterhalt, wenn er festgesetzt oder vereinbart ist, ab Verzug, sonst ab Klageerhebung (Art. 2006 CC).

Eltern haften untereinander im Verhältnis ihrer Anteile als gesetzliche Erben des Kindes **110**
(Art. 2010 I CC). Kann ein Elternteil keinen Unterhalt zahlen, ist grundsätzlich auch
insoweit der andere zur Leistung verpflichtet (Art. 2010 II CC).

Auf den Unterhalt kann für die Zukunft nicht verzichtet werden, jedoch auf bereits fällige
Leistungen; der Unterhalt ist nicht pfändbar und nicht aufrechenbar, auch nicht für die
Vergangenheit (Art. 2008 I, II CC).

Abänderung. Die Unterhaltspflicht kann abgeändert werden, wenn sich die für die **111**
Festsetzung maßgebenden Umstände geändert haben (Art. 2012 CC).

Eheliche und nichteheliche Kinder sind unterhaltsrechtlich gleichgestellt.

Bei gerichtlicher Trennung oder Scheidung müssen die Eltern dem Gericht eine Verein- **112**
barung über den Kindesunterhalt (Höhe, Art der Leistung, Quote) vorlegen und vom
Gericht bestätigen lassen (Art. 1905 I CC). Fehlt eine (gerichtlich bestätigte) Vereinbarung,
entscheidet das Gericht selbst nach den Interessen des minderjährigen Kindes (Art. 1906 II
CC).

Solange der Unterhalt nicht endgültig festgesetzt ist, kann das Gericht auf Antrag oder –
bei minderjährigen Kindern – von Amts wegen nach Ermessen einen vorläufigen Unterhalt
zusprechen. Der empfangene vorläufige Unterhalt ist in keinem Fall zurückzuerstatten (Art.
2007 I, II CC).

2. Ehegattenunterhalt

Trennung. In Portugal wird unterschieden zwischen der tatsächlichen Trennung (Art. **113**
1782 CC) und der gerichtlichen Trennung der Ehegatten sowie ihres Vermögens
(Art. 1794 ff. CC). Gemäß Art. 1672 CC sind die Ehegatten einander zu Beistand verpflichtet. Diese Beistandspflicht umfasst den Unterhalt (Art. 1675 I, Art. 2015 CC) und die
Pflicht, zu den Lasten des familiären Lebens beizusteuern. Die Unterhaltspflicht besteht
während der tatsächlichen Trennung grundsätzlich fort, jedoch wird danach unterschieden,
wer die Trennung zu verantworten hat (Art. 1675 II CC). Trifft die **Verantwortung für**
die Trennung nur den einen Ehegatten, bleibt er dem anderen grundsätzlich unterhaltspflichtig. Trifft die Verantwortung beide, ist der Hauptschuldige dem anderen unterhalts-

pflichtig. Nur ausnahmsweise kann der Richter in beiden Fällen dem schuldlosen oder minderschuldigen Ehegatten eine Unterhaltspflicht gegenüber dem anderen Ehegatten aufbürden (nach Billigkeit unter Berücksichtigung der Dauer der Ehe und des Umfangs des Einsatzes des allein oder überwiegend Schuldigen für die wirtschaftlichen Verhältnisse der Ehe, Art. 1675 III CC). Sind beide Ehegatten gleich schuld an der Zerrüttung, verbleibt es beim Grundsatz der gegenseitigen Unterhaltspflicht (Art. 1675 II CC).

114   Die **Höhe** des Unterhalts richtet sich nach der Leistungsfähigkeit des Unterhaltspflichtigen und der Bedürftigkeit des unterhaltsberechtigten Ehegatten (Art. 2004 I, II CC), wobei der Wegfall der Leistungsfähigkeit oder der Bedürftigkeit ein Beendigungsgrund ist (Art. 2013 I b CC).

115   Im Prinzip gilt dasselbe im Falle der **gerichtlichen Trennung** (der Personen und der Güter, Art. 1794 ff. CC). Danach besteht eine Unterhaltspflicht für den allein oder überwiegend schuldigen Ehegatten, wenn das Urteil mit schuldhafter Verletzung der ehelichen Pflichten (Art. 1779 CC), mit Ablauf bestimmter Trennungszeit, mit längerer Abwesenheit/ Verschollenheit oder mit längerer Geistesstörung oder Geisteskrankheit des beklagten Ehegatten begründet ist, wodurch das eheliche Zusammenleben beeinträchtigt war. Für beide Ehegatten besteht eine gegenseitige Unterhaltspflicht, wenn sie als gleichschuldig getrennt sind oder die Trennung auf beiderseitigem Einverständnis beruht (Art. 2016 I, IV CC). Ausnahmsweise kann in diesen Fällen dem anderen – normalerweise anspruchslosen – Ehegatten Unterhalt zuerkannt werden, wenn es die Billigkeit erfordert, insbesondere auf Grund der Ehedauer oder der für die Ehe geleisteten Arbeit (Art. 2016 II, IV CC).

116   Auch bei der Bemessung dieses Unterhalts hat das Gericht die Leistungsfähigkeit des einen und die Bedürftigkeit des anderen Ehegatten zu berücksichtigen, insbesondere die beiderseitigen Einkünfte, das Alter, die gesundheitlichen Verhältnisse, die Erwerbsmöglichkeiten, sowie den zeitlichen Aufwand für die Erziehung der gemeinsamen Kinder u. a. (Art. 2016 III CC). Die Unterhaltspflicht kann aus moralischen Gründen enden (Art. 2019 CC).

117   Die allgemeinen Bestimmungen über den Beginn der Unterhaltsschuld (Klageerhebung oder Eintritt des Verzugs, Art. 2006 CC), den Verzicht und die Abtretbarkeit (Art. 2008 I CC), die Unpfändbarkeit, die Nichtaufrechenbarkeit (Art. 2008 II CC) sowie die Abänderbarkeit (Art. 2012 CC) gelten entsprechend (Art. 2014 II CC).

Ist die Ehe für nichtig erklärt oder angefochten worden, behält der gutgläubige Ehegatte das Unterhaltsrecht nach Rechtskraft der entsprechenden Entscheidung.

118   **Scheidung.**[248] In Portugal gibt es die einvernehmliche und die streitige Scheidung (Art. 1773 ff. CC). Daneben ist die Umwandlung der gerichtlichen Trennung (Rn. 9/113) in eine Scheidung möglich (Art. 1795-D CC).

Bei einverständlicher Scheidung muss eine Vereinbarung u. a. über den Unterhalt des bedürftigen Ehegatten sowohl für die Dauer des Rechtsstreits (also vorläufig) als auch für die Zeit nach der Scheidung getroffen werden (Art. 1775 II und III CC), die vom Richter in der ersten Verhandlung (Art. 1776 II CC) und im Urteil über die Scheidung im gegenseitigen Einvernehmen (Art. 1778 CC) bestätigt werden muss.

119   Grundvoraussetzung für einen Unterhaltsanspruch bei streitiger Scheidung ist – wie bei der gerichtlichen Trennung (siehe dort) – eine entsprechende Begründung des Scheidungsurteils (Art. 2016 I a–c CC) oder Billigkeit (Art. 2016 II CC). Für die Höhe gilt dasselbe wie bei gerichtlicher Trennung (siehe Rn. 9/116).

120   Bei Wiederverheiratung erlischt der Unterhaltsanspruch gegen den früheren Ehegatten (Art. 2019 CC).

3. Verwandtenunterhalt

121   Nach den Ehegatten und früheren Ehegatten und vor den Vorfahren sind auch die Abkömmlinge zum Unterhalt verpflichtet. Nach den Vorfahren haften die Geschwister, Onkel und Tanten während der Minderjährigkeit des Unterhaltsberechtigten sowie Stiefeltern für die Kinder, die bis zum Tod des Ehegatten und leiblichen Elternteils von diesem

---

[248] Vgl. OLG Karlsruhe, FamRZ 1990, 168

unterhalten wurden (Art. 2009 I CC). Ist ein Unterhaltspflichtiger nicht oder nicht vollständig zur Unterhaltsleistung in der Lage, obliegt die Unterhaltspflicht in entsprechendem Umfang den nachfolgend Verpflichteten (Art. 2009 III CC). Mehrere Unterhaltspflichtige haften im Verhältnis ihres gesetzlichen Erbrechts. Ist eine Person leistungsunfähig, obliegt die Unterhaltspflicht den übrigen (Art. 2010 I, II CC). Hat der Unterhaltsberechtigte unentgeltlich über sein Vermögen verfügt und ist er deswegen (teilweise) leistungsunfähig, haften in diesem Umfang der Schenkungsempfänger und dessen Erben vorrangig (Art. 2011 CC).

Die Unterhaltspflicht endet mit Wegfall der Voraussetzungen, mit dem Tod des Unterhaltspflichtigen oder des Unterhaltsberechtigten und wenn der Unterhaltsberechtigte seine Pflichten gegenüber dem Unterhaltspflichtigen in schwerwiegender Weise verletzt (Art. 2013 I CC).

4. Unterhaltsanspruch der Kindesmutter

Der nicht mit der Kindesmutter verheiratete Kindesvater schuldet ihr, unbeschadet weiter **121 a** gehenden Schadensersatzes, für die Zeit der Schwangerschaft und das erste Lebensjahr des Kindes Unterhalt. Die Mutter kann den Unterhaltsanspruch mit der Klage auf Vaterschaftsermittlung verbinden und vorläufigen Unterhalt verlangen (Art. 1884 I, II CC).

Rumänien

1. Kinderunterhalt

Die Unterhaltspflicht zwischen Eltern und Kindern ist in Art. 86 I des Familiengesetz- **122** buchs[249] (FGB) geregelt, in Art. 107 I FGB ergänzend die Unterhaltspflicht der Eltern gegenüber ihren minderjährigen Kindern. Voraussetzung ist grundsätzlich Bedürftigkeit des Unterhaltsberechtigten (in der Regel auf Grund Arbeitsunfähigkeit, einem zentralen Begriff des rumänischen Unterhaltsrechts, Art. 86 II FGB) und Leistungsfähigkeit des Unterhaltspflichtigen (Art. 94 I FGB). Stiefeltern sind dem minderjährigen Kind unterhaltspflichtig, wenn die leiblichen Eltern verstorben, vermisst oder leistungsunfähig sind (Art. 87 I FGB).

Bedürftigkeit. Minderjährige Kinder (bis zur Vollendung die 18. Lebensjahres) haben **123** Anspruch auf Unterhalt gegenüber ihren Eltern ohne Rücksicht auf den Grund der Bedürftigkeit (Art. 86 III FGB). Bei Minderjährigen muss die Bedürftigkeit ausnahmsweise nicht auf Arbeitsunfähigkeit beruhen. Entsprechendes gilt für Kinder im Studium oder in der sonstigen Berufsausbildung, jedoch nur bis zum 25. Lebensjahr.[250] Gemäß Art. 107 II FGB setzt die Leistungspflicht eines Elternteils aber erst dann ein, wenn der Minderjährige kein eigenes ausreichendes Einkommen hat; erst dann müssen die Eltern die erforderlichen Mittel für den Unterhalt, Erziehung und Berufsausbildung zur Verfügung stellen.

Leistungsfähigkeit. Die Unterhaltspflicht von Eltern beläuft sich auf etwa ein Viertel **124** des Nettoeinkommens bei einem Kind, auf ein Drittel bei zwei Kindern und auf die Hälfte bei drei oder mehr Kindern (Art. 94 III FGB).[251] Kommt noch Ehegattenunterhalt hinzu, bleibt es bei höchstens der Hälfte des Arbeitseinkommens (Art. 41 III FGB). Unter Nettoeinkommen ist das Arbeitseinkommen gemeint.[252] Sonstiges Einkommen (z. B. aus Kapital) wird von dieser Begrenzung nicht erfasst.[253] Leitlinien oder Tabellen gibt es im Rahmen der Bemessung des Kindesunterhalts nicht.[254] Als gleichrangig Verpflichtete (Art. 97 I FGB) müssen Eltern im Verhältnis ihrer Mittel zu den Unterhaltskosten der Kinder beitragen

---

[249] Vom 29. 12. 1953, zuletzt geändert durch das Gesetz Nr. 272 vom 21. 6. 2004

[250] Gralla/Leonhardt, Das Unterhaltsrecht in Osteuropa, 198 Abschnitt Rumänien, S. 191

[251] In der deutschen Rechtspraxis führt diese Pauschalierung zu erheblichen Mehrforderungen über den Sätzen der Düsseldorfer Tabelle, vgl. den Bericht des Bundesverwaltungsamts für 1995 in DAVorm 1996, 581

[252] Gralla/Leonhardt, a. a. O., S. 192

[253] Gralla/Leonhardt, a. a. O., S. 179, 193

[254] Gralla/Leonhardt, a. a. O., S. 178

(Art. 90 FGB). Art. 92 FGB enthält eine – aus der Sicht des deutschen ordre public bedenkliche – Besonderheit: Kann der Unterhaltspflichtige nicht gleichzeitig alle Unterhaltsberechtigten befriedigen, kann das Gericht unter Berücksichtigung der Bedürftigkeit eines jeden bestimmen, dass der Unterhalt nur an einen zu zahlen ist oder an einige oder alle aufgeteilt wird. Im Übrigen müssen sich die Unterhaltsberechtigten an die nachrangig Verpflichteten halten.

125 Der Unterhalt ist in Natur oder durch eine Geldrente zu leisten (Art. 93 I FGB). Die Art der Leistung wird durch das Gericht unter Berücksichtigung aller Umstände bestimmt (Art. 93 II FGB).

126 Unzulässig ist der **Verzicht** auf künftige Unterhaltsleistungen.[255] Geltend gemacht werden kann der Unterhalt grundsätzlich nur für die Zukunft ab Klageerhebung, für die Vergangenheit nur in zwei Ausnahmefällen: Zum einen, wenn vorher Unterhalt verlangt, die Leistung jedoch vom Unterhaltspflichtigen schuldhaft verzögert wurde (also bei Verzug), und zum anderen, wenn der Unterhaltsberechtigte für seinen Unterhalt Schulden machen musste.[256]

127 **Abänderung.** Ändert sich die Leistungsfähigkeit oder die Bedürftigkeit, kann das Gericht den Unterhalt erhöhen oder ermäßigen (Art. 94 II FGB); eine Ermäßigung ist ausnahmsweise auch rückwirkend ab dem Zeitpunkt des Eintritts der Änderung zulässig, wenn der Unterhaltsberechtigte seither den Unterhalt nicht mehr verlangt hat.[257]

128 Bei der Scheidung der Eltern setzt das Gericht von Amts wegen den von jedem Elternteil zu leistenden Kindesunterhalt fest (Art. 42 III FGB).

Der Unterhaltspflicht erlischt mit dem Tode des Berechtigten und grundsätzlich auch mit dem Tode des Unterhaltsschuldners (Art. 95 FGB). Die Erben eines gegenüber Minderjährigen unterhaltspflichtigen Schuldners haften bis zum Wert der Erbschaft weiter auf Unterhalt, wenn die Eltern verstorben sind, vermisst werden oder leistungsunfähig sind (Art. 96 FGB).

Ein **Rangverhältnis** zwischen den Unterhaltsansprüchen minderjähriger Kinder und geschiedener Ehegatten sieht das Gesetz nicht vor. Ist der Unterhaltspflichtige nur eingeschränkt leistungsfähig, kann das Gericht nach den individuellen Bedürfnissen nur einem oder einigen Berechtigten Unterhalt zusprechen (s. Rn. 9/124). Zum Rangverhältnis mehrerer Unterhaltspflichtiger vgl. die Ausführungen zum Verwandtenunterhalt (Rn. 9/133 a).

2. Ehegattenunterhalt

129 **Trennung.** Gemäß Art. 86 I FGB sind Ehegatten sich gegenseitig zum Unterhalt verpflichtet. Eine spezielle Norm für den Trennungsunterhalt findet sich in Art. 41 I FGB. Danach schulden die Ehegatten einander bis zur Auflösung der Ehe (Art. 39 FGB) Unterhalt. Wie beim Kindesunterhalt hat nur der infolge von Arbeitsunfähigkeit Bedürftige einen Anspruch. Die zwingende Betreuung eines Kindes durch die Mutter oder die Pflege eines kranken Angehörigen werden je nach den Umständen des Einzelfalls der Arbeitsunfähigkeit gleichgestellt.[258] Wer unberechtigt die Ehewohnung verlassen hat, kann keinen Trennungsunterhalt verlangen (z. B. bei Zusammenleben mit einem neuen Partner).[259]

130 Zur Höhe des Trennungsunterhalts gibt es keine gesetzliche Regelung. Jedoch bietet die Vorschrift für den Scheidungsunterhalt (Art. 41 III FGB) Anhaltspunkte, wonach der Unterhalt bis zu einem Drittel beträgt und gemeinsam mit Kindesunterhalt die Hälfte des Nettoarbeitseinkommens des Pflichtigen nicht übersteigen darf.

131 **Scheidung.** Mit der Auflösung der Ehe endet grundsätzlich die gegenseitige Unterhaltspflicht der Ehegatten (Art. 86 I, Art. 41 I FGB). Dem schuldlos oder nur mitschuldig geschiedenen Ehegatten entsteht aber gemäß Art. 41 II FGB ein neuer, grundsätzlich unbegrenzter Unterhaltsanspruch, wenn er sich infolge einer vor oder während der Ehe eingetretenen

---

[255] Gralla/Leonhardt, a. a. O., S. 182
[256] Gralla/Leonhardt, a. a. O., S. 180
[257] OLG Nürnberg FamRZ 1996, 353; Gralla/Leonhardt, a. a. O., S. 179
[258] Gralla/Leonhardt, a. a. O., S. 197
[259] Gralla/Leonhardt, a. a. O., S. 197

Arbeitsunfähigkeit in Not befindet, und zwar bis zu einem Drittel der Nettoarbeitseinkünfte des unterhaltspflichtigen Ehegatten, wobei diesem auch bei einer zusätzlichen Unterhaltspflicht für Kinder mindestens die Hälfte seines Nettoeinkommens verbleiben muss (Art. 41 III FGB). Tritt die Arbeitsunfähigkeit nachehelich aber innerhalb eines Jahres nach Auflösung der Ehe ein, muss die Arbeitsunfähigkeit auf Umstände zurückzuführen sein, die mit der Ehe zusammenhängen (z. B. Betreuung von Kleinkindern). Der Unterhalt ist regelmäßig als monatliche Geldrente zu leisten; ausnahmsweise kann auch ein Pauschalbetrag bestimmt werden, dessen sukzessive Auszahlung durch das Gericht bestimmt werden kann (Art. 93 FGB).

Die Leistungsfähigkeit des Unterhaltsschuldners hängt von den ihm „zur Verfügung stehenden Mitteln" (Art. 41 III FGB) ab. Unter dem Begriff, der nicht näher definiert ist, sind sowohl regelmäßige Einkünfte aus Arbeitseinkommen und Renten als auch andere Mittel wie Ersparnisse oder Zusatzgüter zu verstehen, die für den Unterhalt verwertet werden können. Nach der Rechtsprechung dürfen Zuschläge für besondere Arbeitsbedingungen, Reisespesen, Studienstipendien, Beihilfen für den Todesfall, Schwangerschaft und Pflege eines kranken Kindes sowie zufälliges Einkommen für die Unterhaltspflicht nicht herangezogen werden. Da der unterhaltspflichtige Ehegatte nur dann Unterhalt schuldet, wenn er über ausreichende materielle Mittel verfügt, kann in der gerichtlichen Praxis nur selten Unterhalt zugesprochen werden.

Ein Unterhaltsanspruch erlischt mit der Wiederheirat des berechtigten Ehegatten (Art. 41 V FGB). Das formlose Zusammenleben mit einem neuen Partner lässt den Anspruch hingegen unberührt, weil das rumänische Gesetz keine entsprechende Verwirkungsvorschrift enthält. Die Wiederheirat des Unterhaltsschuldners lässt seine Unterhaltspflicht unberührt.

132 Gleichzeitig mit dem Scheidungsurteil wird von Amts wegen über den Scheidungs- und Kinderunterhalt entschieden (Art. 42 III FGB).[260] Ein **Scheidungsverschulden,** über das im Scheidungsbeschluss oder in einem nachfolgenden richterlichen Beschluss entschieden werden kann, ist für die Verpflichtung zum Unterhalt nicht von Bedeutung, weil die Unterhaltspflicht nicht auf einer deliktischen Haftung basiert. Unterhaltsberechtigt kann also auch der schuldig geschiedene Ehegatte sein. Allerdings beeinflusst der Verschuldensausspruch die Dauer der Unterhaltspflicht. Der schuldig geschiedene Ehegatte hat höchstens für ein Jahr Anspruch auf nachehelichen Unterhalt, während der Unterhaltsanspruch des anderen Ehegatten oder der Anspruch bei Verschulden beider Ehegatten grundsätzlich unbegrenzt ist.

133 Die Unterhaltsentscheidung kann bei Änderung der maßgeblichen Umstände abgeändert werden (Art. 44, Art. 94 II FGB), was bis zum Wegfall des Unterhaltsanspruchs führen kann.

Vereinbarungen, durch die ein Unterhaltsberechtigter auf künftigen Unterhalt verzichtet, sind nach rumänischem Recht nicht zulässig.

3. Verwandtenunterhalt

133 a Neben Ehegatten und Eltern sind auch Kinder, Adoptierende und Adoptierte, Großeltern und Enkel, Urgroßeltern und Urenkel, Brüder und Schwertern sowie weitere im Gesetz genannte Personengruppen unterhaltspflichtig (Art. 86 I FGB). Ein Kind kann verpflichtet werden, demjenigen Unterhalt zu zahlen, von dem es für die Dauer von 10 Jahren gesetzlichen Unterhalt bekommen hat (Art. 87 II FGB). Pflegeeltern sind dem minderjährigen Kind unterhaltspflichtig, wenn die leiblichen Eltern verstorben, vermisst oder leistungsunfähig sind (Art. 88 FGB). Die Unterhaltspflichtigen haften in folgender Reihenfolge: Ehegatten, Abkömmlinge, Vorfahren (jeweils die näheren Verwandten vor den entfernteren), Adoptierende, leibliche Eltern, Geschwister und Großeltern (Art. 89 FGB). Mehrere gleichrangige Unterhaltspflichtige haften im Verhältnis ihrer Leistungsfähigkeit. Hat ein Kind allein Elternunterhalt geleistet, kann es diesen anteilig von seinen leistungsfähigen Geschwistern zurückfordern (Art. 90 I, II FGB). Reicht das Einkommen nicht zur Befriedigung aller Unterhaltsberechtigten aus, kann das Gericht unter Berücksichtigung der Bedürfnisse der Unterhaltsberechtigten bestimmen, an wen Unterhalt zu zahlen und in welcher Weise dieser aufzuteilen ist (Art. 92 FGB).

---

[260] Gralla/Leonhardt, a. a. O., S. 187

Schottland

1. Kinderunterhalt

133 b   Nach Sec 1 I c, d des Family Law (Scotland) Act 1985[261] (FLAct) schulden die Eltern und die Personen Kindesunterhalt, die ein Kind als zu ihrer Familie gehörig bei sich aufgenommen haben. Der Umstand, dass die Eltern nicht verheiratet sind oder waren, bleibt bei den Rechtsbeziehungen des Kindes zu allen anderen Personen außer Betracht.[262] Spezielle Vorschriften, nach denen der Unterhaltsberechtigte nach dem Tod des Unterhaltsschuldners von dem Testamentsverwalter oder von jedem Unterhalt verlangen kann, der durch die Rechtsnachfolge in den Nachlass bereichert worden ist, bleiben nach Sec. 1 IV FLAct unberührt. Die weiteren Einzelheiten des Unterhaltsanspruchs minderjähriger und volljähriger Kinder richten sich nach den allgemeinen Grundsätzen (s. Rn. 9/133 d ff.).

Sprich das Gericht einem noch nicht 16 Jahre alten Kind Unterhalt zu, kann es in die Unterhaltsverpflichtung die Kosten der Kindesbetreuung aufnehmen, wenn es dies für vernünftig hält (Sec 4 IV FLAct).

2. Ehegattenunterhalt

133 c   Ehegatten schulden einander Unterhalt (aliment; Sec 1 I a, b FLAct). Eine Klage auf **Familienunterhalt** ist auch zulässig, wenn der unterhaltsberechtigte Ehegatte und der Unterhaltspflichtige noch im gleichen Haushalt leben (Sec 2 VI FLAct). Die Einzelheiten des Unterhaltsanspruchs der Ehegatten richten sich nach den allgemeinen Grundsätzen (s. Rn. 9/133 d ff.). Einen Prozesskostenvorschuss schulden sich die Ehegatten nicht (Sec 22 FLAct). Gegen diese Klage kann der unterhaltspflichtige Ehegatte einwenden, dass er seiner Unterhaltspflicht nachkomme und beabsichtige, dies auch weiterhin zu tun (Sec 2 VII FLAct). Die Abweisung einer Scheidungsklage hindert das Gericht nicht am Erlass einer Unterhaltsanordnung, wenn die Voraussetzungen dafür weiterhin vorliegen (Sec 21 FLAct).

Neben dem Unterhalt schulden sich die Ehegatten auch einen vermögensrechtlichen Ausgleich (financial provision), der ebenfalls dafür vorgesehen ist, die Lebensverhältnisse des anspruchsberechtigten Ehegatten sicherzustellen (Sec 8 ff. FLAct).

3. Allgemeine Grundsätze

133 d   Die Unterhaltsverpflichtung umfasst diejenige Unterstützung, die den Umständen nach vernünftig ist unter Berücksichtigung derjenigen Tatsachen, die das Gericht bei seiner Unterhaltsbemessung nach dem Gesetz (Sec 4 FLAct) zu berücksichtigen hat oder berücksichtigen kann (Sec 1 II FLAct). Gegen eine Unterhaltsklage durch oder zugunsten einer anderen Person als eines Kindes unter 16 Jahren kann eingewendet werden, dass der Beklagte ein **Angebot** gemacht habe, den Unterhaltsberechtigten in seinen Haushalt aufzunehmen und seiner Unterhaltsverpflichtung nachzukommen, das vernünftigerweise angenommen werden könne (Sec 2 VIII FLAct). Das Gericht prüft unter Berücksichtigung aller Umstände, insbesondere des Verhaltens der Beteiligten und einer bestehenden Unterhaltsanordnung, ob es vernünftig ist, von dem Unterhaltsberechtigten die Annahme dieses Angebots zu erwarten. Allein der Umstand, dass sich die Ehegatten getrennt haben, soll nicht als Indiz dafür angesehen werden, dass es unvernünftig sei, die Annahme des Angebots zu erwarten (Sec 2 IX FLAct). Die Person, an die der Unterhalt gezahlt wird, soll für die Zahlungen auf eine Unterhaltsanordnung eine Quittung ausstellen (Sec 2 X FLAct).

133 e   Bei der Bemessung der **Unterhaltshöhe** hat das Gericht die Bedürfnisse und Vermögensverhältnisse der Parteien, die Fähigkeiten der Parteien, Einkünfte zu erzielen, und alle

---

[261] Bergmann/Ferid/Henrich, Großbritannien-Schottland Stand 30. 10. 1994, S. 36 ff.
[262] Sec 1 I Law Reform (Parent and Child) (Scotland) Act 1986; Bergmann/Ferid/Henrich, Großbritannien-Schottland Stand 30. 10. 1994, S. 56 ff.

Umstände des Falles zu berücksichtigen (Sec 4 I FLAct). Bei der Bemessung aller Umstände des Falles kann das Gericht auch die Kosten in Rechnung stellen, die der Unterhaltsschuldner einer in seinem Haushalt lebenden und von ihm abhängigen Person gewährt und zwar unabhängig davon, ob er dieser Person unterhaltspflichtig ist oder nicht (Sec 4 III a FLAct). Das Verhalten einer Partei soll bei der Unterhaltsbemessung unberücksichtigt bleiben, wenn dies nicht offensichtlich unbillig ist (Sec 4 III b FLAct). Schulden mehrere Personen einer anderen Person Unterhalt, gibt es keine gesetzliche Rangfolge. Das Gericht kann jedoch bei der Bemessung der Höhe eines geschuldeten Unterhalts berücksichtigen, dass noch eine andere Person unterhaltspflichtig ist (Sec 4 II FLAct).

Das Gericht kann, wenn es der Klage stattgibt, **periodische Unterhaltszahlungen** 133 f anordnen, sei es auf bestimmte oder unbestimmte Zeit oder bis zum Eintritt eines bestimmten Ereignisses. Für einen Sonderbedarf kann es ebenfalls Unterhaltszahlungen anordnen (Sec 3 I a, b FLAct). Es ist in keinem Fall berechtigt, statt periodischer Zahlungen die Zahlung einer Pauschalsumme anzuordnen (Sec 3 II FLAct). Rückwirkenden Unterhalt kann es für die Zeit ab Klageinreichung, ab einem späteren Zeitpunkt oder unter besonderen Unständen auch ab einem früheren Zeitpunkt anordnen (Sec 3 I c FLAct). Auch wenn der Unterhaltsanspruch nicht bestritten ist, kann das Gericht den zu zahlenden Unterhalt niedriger festsetzen, als beantragt (Sec 3 I d FLAct).

Eine Unterhaltsentscheidung kann auf Antrag einer der Parteien **abgeändert** werden, wenn sich die Verhältnisse seit dem Erlass der Entscheidung wesentlich geändert haben (Sec 5 I FLAct). Ändert das Gericht die Unterhaltsentscheidung rückwirkend ab, kann es auch die Rückzahlung eines bereits für diese Zeit gezahlten Unterhalts anordnen (Sec 5 IV FLAct). Eine **Vereinbarung,** die den Unterhalt ausschließt oder begrenzt ist unwirksam, wenn sie nicht bei Abschluss in jeder Hinsicht fair und vernünftig war (Sec 7 I FLAct). Hat sich der Unterhaltsschuldner in der Vereinbarung zu Unterhaltsleistungen verpflichtet, kann jede Partei im Fall einer wesentlichen Veränderung der Verhältnisse auf Abänderung oder Aufhebung der eingegangenen Verpflichtung klagen (Sec 7 II FLAct).

4. Prozessrecht

Für isolierte Unterhaltssachen ist der Court of Session oder der sheriff court zuständig 133 g (Sec 2 I FLAct). Ein **Anspruch auf Zahlung von Unterhalt** kann aber auch im Verbund mit anderen Entscheidungen geltend gemacht werden und zwar mit folgenden Verfahren (Sec 2 II FLAct):

- mit einem Verfahren auf Scheidung oder Trennung oder einem Verfahren auf Bestehen oder Nichtigkeit der Ehe,
- in Bezug auf Anordnungen finanzieller Vorsorge,
- in einem Verfahren betreffend Rechte und Verpflichtungen in Bezug auf Kinder,
- in einem Verfahren betreffend die Feststellung der Abstammung oder der Ehelichkeit oder
- in einem Verfahren anderer Art, wenn das Gericht es für zweckmäßig erachtet, einen Unterhaltsanspruch mitzubehandeln.

Eine **Unterhaltsklage** kann durch den Unterhaltsberechtigten (auch durch ein minderjähriges Kind), den Vermögenspfleger eines Unmündigen oder für ein minderjähriges Kind durch einen Elternteil oder Vormund oder eine Person, die zur Personensorge berechtigt ist oder diese anstrebt oder ausübt erhoben werden (Sec 2 IV FLAct). Eine Frau kann auch auf Unterhalt für ihr noch ungeborenes Kind klagen; die Verhandlung soll aber erst nach der Geburt des Kindes stattfinden (Sec 2 V FLAct). In dem Unterhaltsverfahren kann das Gericht eine einstweilige Unterhaltsanordnung erlassen (Sec 6 FLAct). Eine einstweilige Anordnung kann das Gericht auch in einem späteren Abänderungsverfahren treffen (Sec 5 III FLAct).

Innerhalb eines Jahres ab Erlass einer Unterhaltsanordnung kann der Unterhaltsberechtigte eine **Sicherungsanordnung** zur Aufhebung oder Abänderung von Vermögensübertragungen der letzten fünf Jahre sowie die Untersagung künftiger Übertragungen oder Transaktionen beantragen (Sec 18 I FLAct). Wenn das Gericht zu der Überzeugung gelangt, dass der Unterhaltsanspruch durch die Übertragung oder Transaktion ganz oder teilweise gefährdet wird, kann es die beantragte oder eine andere von ihm für richtig gehaltene Anordnung treffen (Sec 18 II FLAct). Dabei darf es aber nicht in die Rechte eines Dritten eingreifen, wenn dieser das Vermögen gutgläubig oder gegen angemessenes Entgelt erworben hat oder sein Recht von einer Person herleitet, die das Vermögen ihrerseits entsprechend erworben hatte (Sec 18 III FLAct).

Schweden

1. Kinderunterhalt

134   Gemäß Kap. 7 § 1 I Föräldrabalk = Elterngesetz[263] (EG, nachfolgend ohne Kapitel zitiert) haben die Eltern für den Kindesunterhalt nach ihren wirtschaftlichen Verhältnissen und den Bedürfnissen des Kindes zu sorgen, untereinander jeder nach seinen Möglichkeiten (§ 1 III EG), und zwar grundsätzlich nur bis zur Vollendung des 18. Lebensjahres.[264] Bei Schulbesuch kann der Unterhaltsanspruch ausnahmsweise bis zur Vollendung des 21. Lebensjahres fortdauern (§ 1 II EG);[265] der Schulbesuch muss aber bei Vollendung des 18. Lebensjahres bestanden haben oder vor Vollendung des 19. Lebensjahres wieder aufgenommen worden sein.[266] Als Schulbesuch gilt der Besuch der Grundschule oder des Gymnasiums und einer vergleichbaren „Grundausbildung"[267] (§ 1 II S. 3 EG).

Ein Elternteil hat seine Unterhaltspflicht durch Zahlung eines Unterhaltsbetrags zu erfüllen, wenn er nicht allein Inhaber des Personensorgerechts ist und das Kind dauernd mit dem anderen Elternteil zusammenlebt (§ 2 I EG). Der Unterhaltsbeitrag wird durch Urteil oder Vertrag[268] festgesetzt (§ 2 II EG). Die Berechnung des Kindesunterhalts erfolgt auf der Grundlage von Leitlinien, die von der staatlichen Sozialbehörde (socialstyrelsen) herausgegeben werden. Daraus ergibt sich ein Kindesbedarf, der nach verschiedenen Altersgruppen pauschal bemessen ist.[269]

135   Dem Unterhaltspflichtigen verbleibt ein sog. **Vorbehaltsbetrag** (vergleichbar im Prinzip unserem Selbstbehalt; § 3 I EG). Dazu zählen die angemessenen Wohnkosten und die Kosten des sonstigen Lebensbedarfs. Dieser beträgt normalerweise 120% jährlich vom geltenden Grundbetrag nach dem Gesetz über die öffentliche Versicherung[270] (§ 3 II EG). In besonderen Fällen kommt ein weiterer Vorbehaltsbetrag in Höhe von regelmäßig 60% des erwähnten Grundbetrages hinzu, wenn der Pflichtige einen Ehegatten unterhält, mit dem er dauernd zusammenlebt, oder wenn er in einer nichtehelichen Lebensgemeinschaft mit einem Partner und einem gemeinsamen Kind zusammenlebt (§ 3 III EG). Für den Unterhalt eines bei ihm wohnenden Kindes darf der Unterhaltspflichtige einen weiteren Betrag vorbehalten in Höhe von 40% jährlich des erwähnten Grundbetrages einschließlich des vom anderen Elternteil geleisteten Unterhalts. Das Gericht kann jedoch einen anderen Vorbehaltsbetrag festsetzen, wenn dies durch die besonderen Umstände gerechtfertigt ist (§ 3 IV EG).

Nimmt der Unterhaltspflichtige ein unterhaltsberechtigtes Kind, für das er nicht sorgeberechtigt ist, mindestens 5 Tage zu je 24 Stunden zu sich, darf er von dessen (an den anderen

---

[263] Vom 10. 6. 1949, neu im GBl veröffentlicht durch Gesetz 1995:974, zuletzt geändert zum 1. 7. 2006 durch Gesetz 2006:5574

[264] Das Kind ist bis zum 18. Lebensjahr minderjährig (Kap. 9 § 1 Elterngesetz: „jünger als 18 Jahre")

[265] Rieck/Firsching Ausländisches Familienrecht Schweden Stand: Januar 2006 Rn. 30

[266] Nach einem Bericht über das 3. Regensburger Symposion für Europäisches Familienrecht in FamRZ 1996, 1529 sollen Eltern gegenüber ihren volljährigen, aber noch in der Ausbildung befindlichen Kindern „nie" unterhaltspflichtig sein, vgl. jedoch Rn. 138

[267] Zur allgemeinen Schulausbildung nach § 1603 II 2 BGB vgl. BGH, FamRZ 2002, 815

[268] Vgl. OLG Düsseldorf FamRZ 2002, 1422

[269] Rieck/Firsching a. a. O. Rn. 31

[270] Der Grundbetrag nach dem Gesetz über die öffentliche Versicherung vom 25. 5. 1962 (Nr. 381) betrug für das Jahr 2001 37 700 SEK (vgl Rn 9/24 a)

Elternteil zu zahlenden) Unterhalt grundsätzlich ¹/₄₀ pro vollem Tag vom dem entsprechenden Monatsbetrag des Unterhalts abziehen (§ 4 I, II EG). Der Betrag ist auf volle Kronen abzurunden und darf nur von dem Unterhalt der nächsten sechs Monate nach dem Ende des Aufenthalts abgezogen werden. Das Gericht darf den Abzug (für die Zeit vor Klagerhebung nicht gegen den Widerspruch einer Partei) bei Vorliegen besonderer Gründe auch anders regeln (§ 4 III EG). Ein Abzug entfällt, wenn der Unterhaltsbeitrag schon auf dieser Grundlage festgesetzt worden ist (§ 4 IV EG).

Der Unterhalt ist **monatlich im Voraus** zu leisten (§ 7 I EG). Für einen längeren **136** Zeitraum als 3 Jahren vor Klagerhebung darf der Klage nur stattgegeben werden, wenn der Unterhaltspflichtige einverstanden ist (§ 8 EG). Eine Vereinbarung über einen einmaligen Betrag oder für einen längeren Zeitraum als drei Monate ist nur in beglaubigter Form zulässig. Bei minderjährigen Kindern muss der Sozialausschuss der Gemeinde zustimmen; ein Einmalbetrag ist an ihn zu zahlen (§ 7 II, IV EG). Auch ein festgestellter Unterhaltsanspruch erlischt grundsätzlich 5 Jahre nach dem ursprünglich gültigen Fälligkeitstag (§ 9 I EG), anders bei Pfändung, Konkurs und Vergleich (§ 9 II, III). Eine dem widersprechende Vereinbarung ist ungültig (§ 9 IV EG).

Die **Abänderung** eines Urteils oder einer Unterhaltsvereinbarung ist bei Änderung der **137** Verhältnisse ab Klageerhebung ohne weiteres möglich. Für die Zeit davor kann der Unterhaltstitel abgeändert werden, wenn die Gegenpartei nicht widerspricht. Widerspricht sie einer Herabsetzung oder einem Wegfall, ist eine Änderung nur für die noch nicht gezahlten Beträge zulässig (§ 10 I EG). Eine Vereinbarung kann vom Gericht auch dann geändert werden, wenn sie von Anfang an unbillig war (§ 10 II EG). Sogar eine Rückzahlung kann angeordnet werden, allerdings nur, wenn besondere Gründe vorliegen. In § 1 des Gesetzes vom 16. Dezember 1966 (Nr. 680) ist die Abänderung bestimmter Unterhaltsbeiträge geregelt. Ist ein laufend gezahlter Unterhaltsbeitrag in den letzten 6 Jahren nur nach diesen Vorschriften geändert worden, kann das Gericht die Unterhaltsbestimmung für die Zeit nach Klagerhebung auch ohne Änderungsgrund überprüfen (§ 10 III EG).

Wurde der Unterhaltsbeitrag ursprünglich nur für eine bestimmte Dauer bewilligt, steht **138** das einer späteren Bewilligung eines Beitrags für die darauf folgende Zeit nicht im Wege (10 IV EG). Der Unterhaltsbeitrag kann für unterschiedliche Unterhaltszeiträume auf Beträge in verschiedener Höhe festgesetzt werden (§ 14 I EG). Eine Unterhaltsfestsetzung über die Vollendung des 18. Lebensjahres hinaus darf nicht gegen den Widerspruch des Unterhaltspflichtigen erfolgen, ehe zuverlässig beurteilt werden kann, ob für die Zeit danach überhaupt noch eine Unterhaltspflicht vorliegt (§ 14 II EG).

Eheliche und nichteheliche Kinder sind hinsichtlich des Unterhalts materiell völlig gleich- **139** gestellt. Das adoptierte Kind gilt als Kind des Annehmenden, nicht als Kind seiner biologischen Eltern (Kap. 4, § 8). Stiefeltern schulden Unterhalt, wenn sie dauernd mit dem Kind zusammen leben, auch wenn sie nicht mit dem leiblichen Elternteil verheiratet sind, aber mit diesem auch ein gemeinsames Kind haben.

Für die Unterhaltsklage ist das Wohnsitzgericht des Beklagten örtlich zuständig (§ 12 I).

2. Ehegattenunterhalt

Trennung. Die Ehegatten haben, jeder nach seinen Möglichkeiten, zur Sicherung des **140** gemeinsamen Unterhalts beizutragen (Kap. 6 § 1 I Äktenskapsbalk = Ehegesetz[271] – EheG, im Folgenden ohne Kap. zitiert). Kann ein Ehegatte sich nicht selbst versorgen, ist der andere Ehegatte verpflichtet, zu seinem persönlichen Bedarf beizutragen. Diese Verpflichtung gilt auch dann fort, wenn die Ehegatten getrennt leben.[272] Verletzt ein Ehegatte seine Unterhaltspflicht, kann das Gericht diesen auf Antrag verpflichten, dem anderen Ehegatten einen Unterhaltsbeitrag zu zahlen (§ 5 EheG). Leben die Ehegatten getrennt, hat ein Ehegatte seine Unterhaltspflicht stets durch Zahlung eines Unterhaltsbeitrages zu erfüllen (§ 6 EheG).

---

[271] Vom 14. 5. 1987, zuletzt geändert zum 1.7.2007 durch Gesetze 2007:184
[272] Rieck/Firsching a. a. O. Rn. 15

141   Die **Höhe** des Beitrags hängt ab von den finanziellen Möglichkeiten beider Ehegatten wie schon während des Zusammenlebens (§ 1 und 2 EheG). Jedoch darf jetzt ein Ehegatte nicht mehr die Einkünfte des kranken oder abwesenden Ehegatten und die Erträgnisse seines Vermögens für den Unterhalt verwenden (§ 4 I EheG). Verletzt ein Ehegatte seine Unterhaltspflicht, kann das Gericht ihn verpflichten, dem anderen Ehegatten einen Unterhaltsbeitrag zu zahlen (§ 5 EheG).

142   **Scheidung.** Nach der Scheidung ist die gegenseitige Unterhaltspflicht grundsätzlich beendet; jeder Ehegatte ist für seine Versorgung selbst verantwortlich (§ 7 I EheG).[273] Lediglich im Notfall kann ein Ehegatte vom anderen nach dessen Möglichkeiten und nach den sonstigen Umständen für eine Übergangszeit Unterhalt verlangen (§ 7 II EheG), nach langjähriger Ehe oder bei außerordentlichen Schwierigkeiten, sich selbst zu versorgen, auch für einen längeren Zeitraum.[274] Dabei ist auch zu berücksichtigen, ob der unterhaltsbedürftige Ehegatte den Beitrag benötigt, um sich eine Altersversorgung zu schaffen (§ 7 III EheG).

143   Der Unterhalt ist fortlaufend als Rente und nur in besonderen Fällen, z. B. wenn der Betrag benötigt wird um sich eine Altersversorgung zu schaffen, als Abfindung zu zahlen (§ 8 EheG). Er kann rückwirkend ohne Zustimmung des Unterhaltspflichtigen nur bis zu 3 Jahre vor Klageerhebung verlangt werden (§ 9 EheG). Ein festgestellter Unterhaltsbeitrag erlischt grundsätzlich 3 Jahre nach seiner Fälligkeit; bei Zwangsvollstreckung, Konkurs oder Vergleich gelten jedoch Besonderheiten (§ 10 EheG).

144   Zur **Abänderung** gilt im Wesentlichen dasselbe wie beim Kindesunterhalt (§ 11 EheG). Für die Zeit nach der Scheidung darf der Unterhalt nur erhöht werden, wenn außerordentliche Gründe vorliegen. Ein Einmalbetrag darf überhaupt nicht abgeändert werden, wenn die andere Partei widerspricht.

Schweiz[275]

1. Kinderunterhalt

145   Gemäß Art. 276 I, 285, 328 II des Schweizerischen Zivilgesetzbuches[276] (ZGB) müssen die Eltern bis zur Mündigkeit (18. Lebensjahr, Art. 14, Art. 277 I ZGB) Unterhalt leisten, in der Regel durch Pflege und Erziehung und außerhalb der Obhut, z. B. bei Trennung der Eltern, durch Geldzahlungen (Art. 276 II ZGB). Unterhalt umfasst alles, was nach den Verhältnissen der Eltern angemessen (nicht nur nötig) ist zum Leben, zur körperlichen und geistig/seelischen Entwicklung des Kindes (Art. 276 I, Art. 302 I ZGB). Voraussetzung ist die Bedürftigkeit des Kindes (keine zumutbare Arbeit, keine anderen Mittel, Art. 276 III ZGB). Nach Eintritt der **Volljährigkeit** besteht die Unterhaltspflicht für das in Ausbildung befindliche Kind fort, bis die Ausbildung „ordentlicherweise" abgeschlossen werden kann (nicht unbedingt abgeschlossen ist).[277] Die Unterhaltsleistung muss den Eltern nach den gesamten Umständen zumutbar sein (Art. 277 II ZGB). Gegenüber minderjährigen Kindern ist eine Einschränkung des Unterhaltspflichtigen bis zum Notbedarf[278] zumutbar,

---

[273] Bergmann/Ferid/Henrich, a. a. O., Schweden, S. 31

[274] Rieck/Firsching a. a. O. Rn. 32 f.

[275] Zu der zum 1. 1. 2000 in Kraft getretenen Neuregelung des nachehelichen Unterhaltsrechts vgl. Reusser FamRZ 2001, 595, 597 f.; s. auch Hausheer/Spycher, Unterhalt nach neuem Scheidungsrecht, Bern 2001; Hausheer/Geiser/Aebi-Müller, Das Familienrecht des Schweizerischen Zivilgesetzbuches 3. Aufl. Rn. 10.100; Hausheer, Vom alten zum neuen Scheidungsrecht, Bern 1999 und Hausheer/Spycher, Handbuch des Unterhaltsrechts, Bern 1997 mit Buchbesprechung Schneyder, FamRZ 1999, 763; zur Rechtsprechung des Schweizerischen Bundesgerichts suche im Internet unter der Homepage „www.servat.unibe.ch/dfr/dfr_bge1.html"

[276] Vom 10. 12. 1907, in der Fassung der Änderung vom 23. Juni 2006, in Kraft seit dem 1. Juli 2007

[277] Zur fehlenden Bestimmtheit eines von ordnungsgemäßem Studium abhängigen Unterhaltsanspruchs vgl. BGH, FamRZ 2004, 1023; vgl. auch: OLG Karlsruhe FamRZ 2002, 1420

[278] Hinderling/Steck, Das schweizerische Ehescheidungsrecht, 4. Auflage, S. 298. Der Notbedarf orientiert sich am vollstreckungsrechtlichen Existenzminimum (bei uns etwa Pfändungsfreigrenze),

gegenüber dem volljährigen Kind wird ein erweiterter Notbedarf, zuzüglich etwa 20%, anerkannt.[279] Wenn ein Elternteil nichts verdient, obwohl er es könnte, wird er nach einem fiktiven Einkommen taxiert.[280] Grundsätzlich ist auch die betreuende Mutter barunterhaltspflichtig, jedoch wird die persönliche Betreuung als wesentlicher Unterhaltsbeitrag angesehen.[281] Der Unterhaltsanspruch steht dem Kind zu und ist, solange das Kind unmündig ist, an den gesetzlichen Vertreter oder – bei gemeinsamer elterlicher Sorge – an den Inhaber der Obhut zu leisten (Art. 289 I ZGB). Der Begriff der Obhut beschreibt die tatsächlichen Verhältnisse und ist nicht im Rechtssinne zu verstehen.

Die Festsetzung von Unterhaltsbeiträgen ist ein Ermessensentscheid, bei dem alle bedeut- **146** samen Umstände berücksichtigt werden müssen (vgl. auch Art. 4 ZGB). Neben der Lebensstellung, den Bedürfnissen des Kindes (bei denen eigenes Einkommen und Vermögen zu berücksichtigen ist) und der Leistungsfähigkeit der Eltern verdeutlicht der neue Art. 285 I ZGB, dass auch der Beitrag des nicht obhutsberechtigten Elternteils an der Betreuung des Kindes ein wesentliches Kriterium für die Festsetzung der Höhe der Unterhaltsbeiträge ist. Allerdings werden die Grundkosten für den Unterhalt des Kindes wie Wohnungsanteil, Versicherungs- und Krankenkassenprämien, Bekleidungskosten usw. nicht durch den Umfang der Mitbetreuung beeinflusst. Wenn es die wirtschaftlichen Verhältnisse erlauben, soll der Unterhaltsbeitrag für das Kind aber so bemessen werden, dass sich der sorgeberechtigte Elternteil ein angemessenes Maß an Freizeit verschaffen kann, z.B. durch stundenweise Anstellung eines bezahlten Babysitters. Die gleiche Funktion kann die Mitbetreuung des Kindes durch den anderen Elternteil erfüllen, sei es, dass beide Eltern gemeinsam die elterliche Sorge ausüben, sei es, dass die Betreuung im Rahmen eines großzügig bemessenen Umgangsrechts wahrgenommen wird. Kinderzulagen u.a., die der Unterhaltspflichtige bezieht, müssen grundsätzlich zum Unterhalt hinzu gezahlt werden (Art. 285 II ZGB); stehen sie dem Kind selbst zu, gehören sie zu dessen Einkünften (Art. 285 I ZGB). Einen verordneten Mindestunterhalt gibt es nicht, auch keinen sog. Regelunterhalt, jedoch Empfehlungen der Jugendämter als Orientierungshilfe.[282] Verbreitet ist eine abstrakte Quotenaufteilung nach einem bestimmten **Prozentsatz** des Nettoeinkommens des Unterhaltspflichtigen, z.B. für ein Kind 15 bis 17%, für zwei Kinder 25 bis 27%, für drei Kinder 30 bis 33% usw. des Nettoeinkommens, alles jedoch unverbindlich und nach Art einer Faustregel.[283] Das Gericht kann bei der Festsetzung eine Indizierung anordnen (Art. 286 I ZGB); der Unterhaltsbeitrag wird in der Regel auf den Monatsbeginn festgesetzt (Art. 285 III ZGB). In diesem Zeitpunkt entsteht die Einzelforderung und wird gleichzeitig fällig.[284]

Unterhaltsbeiträge sind nach den Verhältnissen festzusetzen, wie sie sich voraussichtlich über längere Zeit hin gestalten. Gleiches gilt für die Abänderung von Unterhaltsbeiträgen. Nach der neuen Vorschrift des § 286 III ZGB kann das Gericht den unterhaltspflichtigen Elternteil nicht vorausgesehenen außerordentlichen Bedürfnissen zur Leistung eines besonderen Beitrags verpflichten. Zu denken ist dabei an außergewöhnliche Kosten z.B. für Zahnkorrektur oder für besondere schulische Förderung.

Auf das Unterhaltsstammrecht kann grundsätzlich nicht **verzichtet** werden, aber auf die **147** einzelne Unterhaltsrate. Diese (nicht das Stammrecht) ist grundsätzlich vererblich, kann verjähren (5 Jahre, Art. 128 Nr. 1 OR), ist verrechenbar, abtretbar und pfändbar.[285] Der Unterhalt kann für die Zukunft und für die Dauer eines Jahres vor Klageerhebung verlangt werden (Art. 279 I ZGB).

---

dessen Berechnung jedoch individuell und dem Vollstreckungsbeamten überlassen ist. Zur Berechnung werden Richtlinien verwendet, die jedoch unverbindlich sind

[279] Hinderling/Steck, a.a.O., S. 461; Hegnauer, Entwicklungen des europäischen Kindschaftsrechts, 2. Auflage, S. 130

[280] Hinderling/Steck, a.a.O., S. 467

[281] Hinderling/Steck, a.a.O., S. 468

[282] Bergmann/Ferid/Henrich, a.a.O., Schweiz, S. 74, Fn. 131; Hinderling/Steck, a.a.O., S. 465; Hegnauer, a.a.O., S. 131

[283] Hausheer/Geiser/Aebi-Müller a.a.O. Rn. 10.100; Hinderling/Steck, a.a.O., S. 465

[284] Hinderling/Steck, a.a.O., S. 471

[285] Hinderling/Steck, a.a.O., S. 472

Grundsätzlich hat das Kind denjenigen Elternteil, dem es entzogen worden ist, auf Unterhalt zu verklagen (Art. 279 I ZGB). Vor der Scheidung und im Scheidungsverbund macht der obhutsberechtigte Elternteil, dem das Kind zugeteilt werden soll, den Kindesunterhalt allerdings im eigenen Namen, also in gesetzlicher Prozessstandschaft geltend (Art. 279 III ZGB; vgl. auch § 1629 III BGB).[286] Ebenso wie im deutschen Recht entfällt diese Prozessführungsbefugnis aber mit Eintritt der Mündigkeit (Volljährigkeit) des Kindes.[287]

148   **Abänderung.** Bei erheblichen Veränderungen der Einkommens- und sonstigen einschlägigen Verhältnisse (z. B. der Bedürftigkeit) ist eine Erhöhung, Ermäßigung oder Aufhebung der Unterhaltsrente möglich (Art. 286 II ZGB i. V. m. Art. 179 ZGB). Für den Beginn der Änderung ist auf den der Klageerhebung folgenden Monatsanfang abzustellen. Liegen besonders schwerwiegende Gründe vor, ist ausnahmsweise eine weitergehende Rückwirkung zulässig.[288] Eine Abänderung kommt auch in Betracht, wenn der nicht sorgeberechtigte Elternteil seinem bei der Unterhaltsbemessung berücksichtigten großzügigen Umgangsrecht nicht nachkommt und dadurch erhebliche finanzielle Mehrbelastungen des sorgeberechtigten Elternteils entstehen. Die zugrunde liegende Neuregelung des § 285 I ZGB soll allerdings nicht zu einer kleinlichen Aufrechnerei führen.

149   Bei Säumnis des Unterhaltsschuldners sieht das ZGB – neben der allgemeinen Zwangsvollstreckung – eine Reihe von unterstützenden Maßnahmen vor: Inkassohilfe (Art. 290 ZGB), richterliche Anweisung an Schuldner des Unterhaltspflichtigen, Zahlungen an den gesetzlichen Vertreter des Kindes zu leisten (Art. 291 ZGB), Anordnung von Sicherheitsleistung gegenüber dem Unterhaltspflichtigen für die künftigen Beiträge (Art. 292 ZGB), Übernahme der Unterhaltskosten durch den Staat/Kanton (Art. 293 I ZGB), Vorschusszahlungen des Staates/Kanton mit Übergang des Unterhaltsanspruchs (Art. 293 II, Art. 289 II ZGB).[289] Wie der Unterhaltsvorschuss nach dem österreichischen Bundesgesetz für die Gewährung von Vorschüssen auf den Unterhalt von Kindern (UVG) ist auch der Vorschuss nach Art. 289 II ZGB eine Familienleistung im Sinne von Art. 4 I h EWGVO 1408/71 vom 14. 6. 1971; er steht deswegen unter denselben Voraussetzungen auch den im Inland wohnenden ausländischen EU-Bürgern zu.[290]

150   Das Gericht erforscht den Sachverhalt von Amts wegen (Art. 280 II ZGB). Wegen dieser Offizialmaxime besteht Streit darüber, ob der Richter mehr zusprechen darf als beantragt.[291]

2. Ehegattenunterhalt

151   **Familienunterhalt.** Der den Verhältnissen angepasste gesamte Lebensbedarf der Ehegatten und der im gemeinsamen Haushalt lebenden Kinder wird vom ZGB als ehelicher Unterhalt bezeichnet und in Art. 163 ff. ZGB geregelt. Der Unterhalt umfasst neben den Grundbedürfnissen der Nahrung, Kleidung, Wohnung, Körper- und Gesundheitspflege auch die Befriedigung kultureller Bedürfnisse sowie die Absicherung gegen Risiken verschiedener Art, wie Krankheit, Unfall, Alter pp.

Der eheliche Unterhalt wird durch regelmäßige Geldbeiträge aus Einkommen und/oder Vermögen sowie durch Natural- und Sachleistungen sichergestellt. In Betracht kommen Zahlungen in die Haushaltskasse, Haushalts- und Betreuungsleistungen, die Mitarbeit im Gewerbebetrieb des anderen Ehegatten sowie die Überlassung von Hausrat oder Liegenschaften zu Nutzung (Art. 163 II ZGB). Regelmäßig leistet jeder Ehegatte seinen Beitrag in allen Formen an in unterschiedlichem Ausmaß. Über die Beiträge im Einzelnen haben sich die Ehegatten nach Art. 163 I ZGB zu verständigen.[292]

152   **Trennung.** In der Schweiz gibt es die einfache Trennung (tatsächliche Aufhebung der ehelichen Lebensgemeinschaft) gemäß Art. 175 ZGB und die **gerichtliche Trennung** auf

---

[286] Vgl. BGH FamRZ 2008, 390 = R 686 d
[287] BGE 109 II 371, 373
[288] Hinderling/Steck, a. a. O., S. 480
[289] Hegnauer, a. a. O., S. 132
[290] EuGH FamRZ 2001, 683
[291] Bergmann/Ferid/Henrich, a. a. O., S. 74, Fn. 133
[292] Hausheer/Geiser/Aebi-Müller a. a. O. Rn. 08.01 ff.

Grund sanktionierter Aufhebung der ehelichen Lebensgemeinschaft gemäß Art. 117 f. ZGB. Die gerichtliche Trennung können beide Ehegatten unter den gleichen Voraussetzungen wie bei der Scheidung verlangen (Art. 117 I ZGB). Mit der gerichtlichen Trennung tritt von Gesetzes wegen Gütertrennung ein (Art. 118 I ZGB). Die Trennung ist für Paare gedacht, die sich aus religiösen Gründen, wegen ihres Alters oder wegen der erb- oder sozialversicherungsrechtlichen Folgen nicht scheiden lassen wollen.[293]

Da auch die gerichtliche Trennung das Eheband nicht auflöst, gelten bei beiden Trennungsformen die Vorschriften über die Unterhaltsansprüche zwischen Ehegatten weiter. Bei der Festsetzung des Unterhalts (Art. 173 I, II; 176 I Nr. 1 ZGB) kommen deswegen im Wesentlichen dieselben Grundsätze wie bei Maßnahmen zum Schutz der ehelichen Gemeinschaft zur Anwendung (Art. 118 II ZGB).[294] Mit zunehmender Dauer der Trennungszeit, z. B. bei der zweijährigen „Ersitzung" des Scheidungsgrundes nach Art. 114 ZGB, wird die Verpflichtung des Unterhaltsberechtigten zur Selbstversorgung allerdings immer stärker.

Jeder Ehegatte kann von dem anderen Auskunft über dessen Einkommen, Vermögen oder Schulden verlangen (Art. 170 ZGB).

Abänderung. Bei wesentlicher Änderung der maßgebenden Verhältnisse kann ein Ehe- **153** gatte eine Erhöhung, Herabsetzung oder Aufhebung des festgesetzten Unterhalts verlangen (Art. 179 I ZGB).[295] Nehmen die Ehegatten die eheliche Lebensgemeinschaft wieder auf, entfallen damit die für die Trennungszeit angeordneten Maßnahmen (Art. 179 II ZGB).

Gemäß Art. 177 ZGB kann der Richter die Schuldner des Unterhaltspflichtigen anwei- **154** sen, unmittelbar an den unterhaltsberechtigten Ehegatten zu zahlen.

Scheidung. Seit der zum 1. 1. 2000 in Kraft getretenen Änderung des ZGB[296] ist **155** zwischen **drei Arten der Ehescheidung** zu unterscheiden:[297]
– der Scheidung auf gemeinsames Begehren, die eine weitgehende Einigung über die Scheidungsfolgen voraussetzt (Art. 111–113, 116 ZGB),
– dem einseitigen Scheidungsantrag nach zweijähriger Trennungszeit (Art. 114 ZGB) und
– dem einseitigen Scheidungsantrag, wenn dem Antragsteller die Fortsetzung der Ehe aus schwerwiegenden, ihm nicht zurechenbaren Gründen nicht zumutbar ist (Art. 115 ZGB),
Inzwischen erfolgt der weit überwiegende Anteil aller Ehescheidungen (98%) auf gemeinsames Begehren.

Dem neu in Art. 125 ZGB geregelten **nachehelichen Unterhalt** liegen zwei Prinzipien **156** zugrunde:
• Nach der Ehescheidung muss sich jeder Ehegatte im Grundsatz selbst versorgen. Nur wenn dies einem Ehegatten nicht zumutbar ist, kann ihm nachehelicher Unterhalt zugesprochen werden.
• Die Ehe wird so geschieden, wie sie gelebt worden ist. Entscheidend kommt es dabei auf die **Lebensprägung** an.[298] Ist die wirtschaftliche Selbstständigkeit durch die Ehe nicht beeinträchtigt, kann ein Unterhaltsanspruch nur aus Arbeitsmarktgründen oder bei unterbliebener Ausbildung begründet sein. Ist die Ehe hingegen lebensprägend geworden, soll der nacheheliche Ehegattenunterhalt den zuletzt erreichten ehelichen Standard aufrechterhalten. Das ist z. B. bei sehr langer Ehedauer, tatsächlicher Kindererziehung oder Umstellung auf einen anderen Kulturkreis der Fall. Selbst bei sehr großen Einkommensunterschieden ist Zurückhaltung geboten; regelmäßig muss ein anderer Unterhaltsgrund hinzutreten.[299]

Mit der Scheidung entfällt die Pflicht zur gemeinsamen Sorge für den Unterhalt (Art. 163 **157** ZGB); ehebedingte Nachteile sind indes auszugleichen. Seine Rechtfertigung hat der nacheheliche Unterhalt somit im Schutz des Vertrauens darauf, dass sich ein Scheitern der Ehe

---

[293] Rieck/Trachsel Ausländisches Familienrecht Schweiz Stand: August 2007 Rn. 15
[294] Hinderling/Steck, a. a. O., S. 268
[295] Hinderling/Steck, a. a. O., S. 270
[296] Vgl. Reusser FamRZ 2001, 595 ff.
[297] Hausheer/Geiser/Aebi-Müller a. a. O. Rn. 10.04 ff.
[298] Reusser FamRZ 2001, 595, 597; der Begriff ist nicht identisch mit den ehelichen Lebensverhältnissen nach deutschem Recht
[299] Hausheer/Geiser/Aebi-Müller a. a. O. Rn. 10.72 ff.; Reusser FamRZ 2001, 595, 598

nicht zum Nachteil nur eines Ehegatten auswirkt.[300] Ein angemessener Beitrag ist dem anderen Ehegatten nach Art. 125 I ZGB nur dann zu leisten, wenn ihm nicht zuzumuten ist, für den gebührenden Unterhalt einschließlich der Altersversorgung selbst aufzukommen.[301] Die Unterhaltspflicht wird in der Regel zeitlich begrenzt; lebenslange Unterhaltsleistungen kommen nur sehr selten vor. Bei kinderloser Ehe oder kurzer Ehedauer (weniger als fünf bis zehn Jahre) kommt, wenn überhaupt, nur eine Unterhaltspflicht von kurzer Dauer in Betracht.[302]

158 Die Beteiligung an der Bewältigung ehebedingter Nachteile setzt voraus, dass nach den konkreten Umständen (Art. 4 ZGB) einem Ehegatten nicht zumutbar ist, für den ihm gebührenden Unterhalt allein aufzukommen (Art. 125 I ZGB). Für die Zumutbarkeit ist allein die Fähigkeit maßgebend, sich selbst zu versorgen; auf ein Verschulden am Scheitern der Ehe kommt es nicht an. Solches ist nur zu berücksichtigen, wenn nach Art. 125 III ZGB ein Unterhaltsanspruch als offensichtlich unbillig versagt oder gekürzt werden soll.[303]

159 Bei der Entscheidung, ob, in welcher Höhe und wie lange ein Beitrag zu leisten ist, sind nach Art. 125 II ZGB insbesondere zu berücksichtigen:[304]
– die **Aufgabenteilung** während der Ehe, wobei es auf die tatsächlich gelebten Verhältnisse ankommt,
– die **Dauer** der Ehe. Auch dabei ist maßgeblich, inwieweit die Ehe den Lebensplan und die Fähigkeit des Unterhaltsberechtigten zur Selbstversorgung beeinflusst hat. Regelmäßig gelten kinderlose Ehen bis zu fünf Jahren als kurz, solche von über zehn Jahren als lang, was zum Alter des unterhaltsbedürftigen Ehegatten in Bezug zu setzen ist. Sind aus der Ehe Kinder hervorgegangen, kann auch eine nur kurze Ehe für den überwiegend mit Kindererziehung befassten Elternteil prägend geworden sein. Entsprechendes gilt mit Blick auf den Arbeits- und Wohnungsmarkt für einen Ehegatten aus einem fremden Kulturkreis.[305] Umgekehrt kann eine zwar langjährige aber schon lange getrennte Ehe trotz langer Dauer keine prägende Wirkung erreichen oder diese wegen früheren Eintritts der Fähigkeit zur Eigenversorgung wieder verloren haben.
– die einvernehmlich gelebte **Lebensstellung** während der Ehe. Maßgeblich ist dabei, was die Ehegatten sich als angemessen hätten leisten können. Ein Anspruch auf uneingeschränkte Fortführung des bisherigen Lebensstandards besteht allerdings nicht. Selbst bei günstigen Verhältnissen bildet der angemessene bisherige Standard die Obergrenze des Unterhaltsbeitrags.
– **Alter und Gesundheit** der Ehegatten.

160 – **Einkommen und Vermögen** der Ehegatten. Dabei sind realistische Anwartschaften auch aus Erbrecht,[306] günstige Einkommensperspektiven aber auch künftige Belastungen wie Unterstützungspflichten oder unverschuldeter Verlust des Arbeitsplatzes zu berücksichtigen, wenn die Entwicklung mit einer gewissen Wahrscheinlichkeit absehbar ist.[307] Bei normalen Einkommensverhältnissen (zwischen 5000 und 9000 Franken/mtl.) kann der Lebensstandard regelmäßig nicht voll gehalten werden, was zur Herabsetzung aller Ansprüche führt. Bei gehobenen Einkommensverhältnissen ist als Obergrenze vom Verbrauch (ohne Vermögensbildung) zum Ende der Ehezeit auszugehen. Nach Art. 143 I ZGB ist im Urteil anzugeben, von welchem Einkommen oder Vermögen jedes Ehegatten ausgegangen wird. Bei Aufnahme einer nichtehelichen Lebensgemeinschaft ist zu prüfen, ob dies Einfluss hat auf die Möglichkeit sich selbst zu versorgen und ob die Ehe bis zur Aufnahme der neuen Gemeinschaft prägend war.[308]

---

[300] Hausheer/Spycher a. a. O. Rn. 05.43 ff.; Hegnauer/Breitschmid, Grundriss des Eherechts 4. Aufl. Rn. 11.36
[301] Rieck/Trachsel a. a. O. Rn. 15; Hegnauer/Breitschmid, a. a. O. Rn. 11.37
[302] Rieck/Trachsel a. a. O. Rn. 19
[303] Hausheer/Spycher a. a. O. Rn. 05.43 ff.; Hausheer/Geiser/Aebi-Müller a. a. O. Rn. 10.70; Hegnauer/Breitschmid, a. a. O. Rn. 11.41
[304] Hausheer/Spycher a. a. O. Rn. 05107 ff.
[305] Hegnauer/Breitschmid, a. a. O. Rn. 11.42 b
[306] BGE 116 II 103, 105 E.2.b/c
[307] BEG 114 II 117
[308] Hegnauer/Breitschmid, a. a. O. Rn. 11.42 e

– Umfang und Dauer der von den Ehegatten noch zu leistenden **Betreuung der Kin-** 161
der.[309] Nach bisheriger Rechtsprechung sind Betreuungsleistungen bis zur Vollendung
des 16. Lebensjahres des jüngsten Kindes zu berücksichtigen.[310] Bei nur einem Kind ist ab
dem 10. Lebensjahr, nach wirtschaftlichen Verhältnissen und Betreuungsmöglichkeiten
ggf. auch schon früher, eine Teilzeitbeschäftigung zumutbar.[311] Bei mehreren Kindern ist
regelmäßig keine Berufstätigkeit zumutbar.
– die berufliche **Ausbildung und die Erwerbsaussichten** der Ehegatten sowie der
mutmaßliche Aufwand für die berufliche Eingliederung des bedürftigen Ehegatten. Bei
günstigen Verhältnissen hat der ökonomisch schwächere Ehegatte Anspruch auf Beibehaltung der ehelichen Lebensstellung. Ein Wiedereinstieg in das Berufsleben ist für eine
geschiedene Ehefrau oft schon ab dem 45. Lebensjahr,[312] jedenfalls aber mit Vollendung
des 50. Lebensjahres kaum noch möglich. Verfügt der Unterhaltspflichtige aber im Mangelfall nicht über ausreichende Mittel, kann zwangsläufig kein oder nur ein geringerer
Unterhalt festgesetzt werden, was eigene Erwerbstätigkeit oder den Bezug von Sozialhilfe
unumgänglich macht.[313]
– Ansprüche aus der ersten oder zweiten Säule der eidgenössischen **Alters- und Hinter-**
bliebenenversorgung und aus der beruflichen oder sonstigen privaten oder staatlichen
Vorsorge nach Teilung der Austrittsleistungen.
Art. 125 II ZGB nennt damit nur Beispiele, die nach ihrer Bedeutung im konkreten
Einzelfall zu gewichten sind. Allgemein sind **Höhe und Dauer** des Unterhalts nach der
Selbsterhaltungsfähigkeit des Berechtigten und der Leistungsfähigkeit des Unterhaltspflichti-
gen[314] festzusetzen. Die Höhe des Ehegattenunterhalts wird heute vorwiegend nicht rein
pauschal im Sinne einer Quote, sondern konkret ermittelt. Auch dabei werden allerdings
Pauschalierungen mit individuellem Einzelbedarf, z. B. für Wohnkosten, Krankenvorsorge
usw., kombiniert.[315] In der Rechtsprechung hat sich die „Methode der familienrechtlichen
Existenzminimum- und Grundbedarfsberechnung mit allfälliger Überschussverteilung"
durchgesetzt.[316] Nach dieser Methode wird für alle Unterhaltsberechtigten vorerst der Bedarf
als familienrechtliches Existenzminimum konkret berechnet. Dabei wird in einem ersten
Schritt das „betreibungsrechtliche" Existenzminimum[317] ermittelt, das in einem zweiten
Schritt zum familienrechtlichen Grundbedarf erweitert wird.[318] Der Summe aller familienrechtlichen Existenzminima wird sodann, unter Anrechnung (auch hypothetischer) Einkommen, das maßgebliche Einkommen des Unterhaltspflichtigen gegenüber gestellt. Auch wenn
sich daraus ein Überschuss ergibt, ist dieser anteilig auf die Unterhaltsberechtigten zu
verteilen.[319] Mit Ausnahme der Fälle einer alters-, gesundheits- oder bildungsbedingt dauerhaft reduzierten Eigenversorgung wird die Unterhaltsrente nur befristet (für eine bestimmte
Dauer oder den Eintritt einer Bedingung) oder allenfalls degressiv geschuldet.[320]
Nach Art. 125 III ZGB kann ein Unterhaltsbeitrag **versagt oder gekürzt** werden, wenn 162
die Verpflichtung offensichtlich unbillig wäre, insbesondere wenn der Unterhaltsberechtigte
seine eigene Pflicht, zum Unterhalt der Familie beizutragen, grob verletzt hat, seine Bedürftigkeit mutwillig herbeigeführt hat oder gegen den Unterhaltspflichtigen oder nahe Angehörige eine schwere Straftat begangen hat.[321] Der Ausschluss darf sich nicht zu Lasten
notwendiger Kinderbetreuung auswirken. Der Unterhaltsanspruch entfällt beim Tod des

---

309 Vgl. Reusser FamRZ 2001, 595, 598
310 BEG 109 II 286; 110 II 225; 115 II 10; 115 II 431 Erw. 5; Hinderling/Steck, a. a. O., S. 285;
    Plate, FuR 1996, 50
311 BGE 114 II 303 Erw. d; 115 II 10 Erw. 3 c; Hegnauer/Breitschmid a. a. O. Rn. 11.42 f
312 BGE 114 II 9
313 Hegnauer/Breitschmid a. a. O. Rn. 11.42 g
314 Hausheer/Spycher a. a. O. Rn. 05.88 ff.
315 Hausheer/Geiser/Aebi-Müller a. a. O. Rn. 10.101
316 BGE 128 III 65 ff.; BGer 5C.232/2004 E. 3
317 Vgl. dazu www.berechnungsblaetter.ch
318 BGer 5C.282/2002
319 Hausheer/Geiser/Aebi-Müller a. a. O. Rn. 10.102 m. w. N.
320 Hegnauer/Breitschmid a. a. O. Rn. 11.43
321 Hausheer/Spycher a. a. O. Rn. 05.96 ff.

Berechtigten und des Unterhaltpflichtigen. Vorbehaltlich einer abweichenden Vereinbarung entfällt er auch bei Wiederheirat des Unterhaltsberechtigten (Art. 130 I, II ZGB).

163   Beantragen die Ehegatten die Scheidung auf gemeinsames Begehren, müssen sie nach Art. 111 I ZGB eine vollständige Vereinbarung über die Scheidungsfolgen einreichen, die vom Gericht zu genehmigen ist (Art. 140 ZGB). Sie können aber auch verlangen, dass das Gericht die Scheidungsfolgen beurteilen soll, über die sie sich nicht einig sind. Insoweit stellen die Ehegatten dann wechselseitig Anträge, über die im Scheidungsurteil mit entschieden wird (Art. 112 I, III ZGB).

Das Gericht setzt als Unterhaltsbeitrag eine Rente fest und bestimmt den Beginn der Beitragspflicht. Rechtfertigen es besondere Umstände, kann anstelle der Rente eine Abfindung festgesetzt werden. Das Gericht kann den Unterhaltsbeitrag auch von Bedingungen abhängig machen (Art. 126 I–III ZGB). Damit kann es wichtigen Unwägbarkeiten in der Entwicklung schon im Voraus Rechnung tragen.

164   **Abänderung/Anpassung.** Nach Art. 127 ZGB können die Ehegatten (nicht das Gericht) in der Vereinbarung die Abänderung der festgesetzten Rente ganz oder teilweise **ausschließen.**[322] Das Gericht kann anordnen, dass der Unterhaltsbeitrag sich bei bestimmten Veränderungen der Lebenshaltungskosten ohne weiteres erhöht oder vermindert (Art. 128 ZGB). Die **Indexierung** ist auch ohne Antrag zu prüfen und festzusetzen, sofern die Rente nicht ohnehin auf wenige Jahre befristet ist (Art. 140 II, 143 Nr. 4 ZGB). Der Unterhaltpflichtige muss eine seine Leistungsfähigkeit übersteigende Wirkung der Indexierung durch Abänderungsklage geltend machen.[323] Ist ein nicht indexierter Unterhaltsbeitrag festgesetzt worden, kann dessen Anpassung an die Teuerung auch später verlangt werden, wenn das Einkommen des Unterhaltpflichtigen nach der Scheidung unvorhersehbar gestiegen ist (Art. 129 II ZGB). Dann kann eine Erhöhung und/oder eine Indexierung der Rente angeordnet werden.[324]

Bei erheblicher und dauerhafter Veränderung der Verhältnisse kann der Unterhaltpflichtige die Herabsetzung, Aufhebung oder befristete Einstellung der Rente verlangen (Art. 129 I ZGB). In Betracht kommt dies besonders bei einer Verminderung seiner Leistungsfähigkeit. Verbesserte Verhältnisse des Unterhaltsberechtigten können eine Herabsetzung nur begründen, wenn zuvor eine den gebührenden Unterhalt deckende Rente festgesetzt war (Art. 129 I S. 2 ZGB). Auch dann ist aber Zurückhaltung geboten, weil die erhöhte Eigenleistung des Berechtigten in erster Linie dessen Startchancen verbessern und nicht den Unterhaltpflichtigen entlasten soll.[325] Als Aufhebungsgrund kommt auch eine neue nichteheliche Lebensgemeinschaft in Betracht. Dies wird bei fünfjähriger Dauer vermutet, kann aber auch schon früher, z. B. bei gemeinsamen Erwerb von Wohneigentum, vorliegen.[326]

Nunmehr kann auch nachträglich binnen fünf Jahren seit der Scheidung die Festsetzung einer Rente oder deren Erhöhung verlangt werden, wenn im Urteil festgehalten ist, dass kein zur Deckung des gebührenden Unterhalts ausreichender Betrag festgesetzt werden konnte, die wirtschaftlichen Verhältnisse des Unterhaltpflichtigen sich aber entsprechend verbessert haben (Art. 129 III ZGB).

3. Verwandtenunterhalt

165   Wer in günstigen Verhältnissen lebt, ist nach Art. 328 I ZGB verpflichtet, Verwandte in auf- und absteigender Linie zu unterstützen, die ohne diesen Beistand in Not geraten würden. Die Unterhaltpflicht der Eltern und des Ehegatten bleibt vorbehalten (Art. 328 II ZGB) und geht dem Verwandtenunterhalt vor. Schon nach dem Wortlaut setzt der Unterhaltsanspruch Leistungsfähigkeit des Unterhaltpflichtigen („Wer in günstigen Verhältnissen lebt") und Bedürftigkeit des Unterhaltsberechtigten („die ohne diesen Beistand in Not geraten würden") voraus.[327]

---

[322] Zu den Risiken BGE 122 II 97
[323] Hegnauer/Breitschmid a. a. O. Rn. 11.54
[324] Hausheer/Geiser/Aebi-Müller a. a. O. Rn. 10.118 ff.; Hegnauer/Breitschmid a. a. O. Rn. 11.54
[325] BGE 108 II 83; Hegnauer/Breitschmid a. a. O. Rn. 11.55
[326] BGE 116 II 394; 124 III 54
[327] Bergmann/Ferid/Henrich, a. a. O., S. 21 f.

Serbien

Der Unterhalt richtet sich nach den Bestimmungen des Familiengesetzes der Republik Serbien vom 24. 2. 2005 (FamG).[328]

1. Kinderunterhalt

Minderjährige Kinder haben nach § 154 I FamG das Recht auf Unterhalt von den **165 a** Eltern. Die Pflicht der minderjährigen Kinder, ihren Unterhaltsbedarf (teilweise) von eigenen Einkünften oder eigenem Vermögen zu decken, ist gegenüber der Unterhaltspflicht der Eltern subsidiär (Art. 154 III FamG).

Ein **volljähriges Kind** hat ein Recht auf Unterhalt von den Eltern, wenn es arbeitsunfähig ist und nicht genug Mittel für den Unterhalt hat. Der Anspruch besteht, solange dieser Zustand andauert (Art. 155 I FamG). Besucht das volljährige Kind noch regelmäßig die Schule, längstens aber bis zur Vollendung des 26. Lebensjahres, bemisst sich der Anspruch im Verhältnis zu deren Möglichkeiten (Art. 155 II FamG). Der Unterhaltsanspruch gegen die Eltern entfällt allerdings, wenn die Unterhaltspflicht eine offensichtliche Ungerechtigkeit für die Eltern darstellen würde (Art. 155 IV FamG).

Minderjährige Stiefkinder haben auch gegen ihren Stiefelternteil Anspruch auf Unterhalt. Der Anspruch entfällt, wenn die Ehe zwischen dem Elternteil und dem Stiefelternteil für ungültig erklärt oder geschieden worden ist (§ 159 I, II FamG). Für den Unterhalt „**als Kind angenommener** Verwandter" gelten die gleichen Grundsätze wie für leibliche Kinder (Art. 158 FamG). Die Dauer und die Höhe des Unterhalts sind nach allgemeinen Kriterien zu bemessen (s. Rn. 9/165 e). Subsidiäre Unterhaltsansprüche der Kinder gegen andere Blutsverwandte in gerader aufsteigender Linie sind im Rahmen des Verwandtenunterhalts erörtert (s. Rn. 9/165 d).

2. Ehegattenunterhalt

Nach Art. 25 FamG sind die **Ehegatten** verpflichtet, ein gemeinsames Leben zu **165 b** führen, sich gegenseitig zu achten und zu unterstützen. Sie sind auch verpflichtet, sich unter den durch das Gesetz bestimmten Voraussetzungen gegenseitig Unterhalt zu leisten (Art. 28 FamG). Der Ehegatte, der nicht genug Mittel für seinen Unterhalt hat und arbeitsunfähig oder arbeitslos ist, hat ein Recht auf Unterhalt vom anderen Ehegatten nach dessen Möglichkeiten (Art. 151 I FamG). Kein Unterhaltsrecht hat der Ehegatte, der bei Eingehung einer nichtigen oder anfechtbaren Ehe von dem Grund der Nichtigkeit oder Anfechtbarkeit gewusst hat (Art. 151 II FamG). Der Ehegatte hat auch dann keinen Anspruch auf Unterhalt, wenn die Anerkennung des Anspruchs eine offensichtliche Ungerechtigkeit für den unterhaltspflichtigen Ehegatten darstellen würde (Art. 151 III FamG).

Wird eine Ehe für ungültig erklärt, steht dem Ehegatten, der den Nichtigkeitsgrund im Zeitpunkt der Eheschließung nicht kannte, unter den gleichen Voraussetzungen ein Anspruch auf Unterhalt zu. Der Unterhaltsberechtigte kann verlangen, dass ihm dieser Unterhaltsanspruch gegen den anderen Ehegatten **im Verfahren der Ehescheidung** zugesprochen wird. Hatte der Ehegatte im Scheidungsverfahren keinen Unterhalt beantragt, kann er ausnahmsweise innerhalb einer Frist von zwei Jahren nach der Ehescheidung aus berechtigten Gründen eine isolierte Unterhaltsklage erheben. Das setzt aber voraus, dass die Unterhaltsvoraussetzungen schon im Zeitpunkt der Ehescheidung vorlagen und ununterbrochen bis zum Abschluss der Hauptverhandlung in dem isolierten Unterhaltsverfahren angedauert haben oder dass innerhalb dieser Frist eine Arbeitsfähigkeit als Folge einer körperlichen Verletzung oder einer angegriffenen Gesundheit aus der Zeit vor der Ehescheidung einge-

---

[328] Nr. 18/2005; vgl. Bergmann/Ferid/Henrich, a. a. O., Serbien S. 51, 68 ff.

treten ist.[329] Hat der unterhaltspflichtige Ehegatte seit der Ehescheidung auf Grund einer Vereinbarung oder ohne ausdrückliches Übereinkommen zum Unterhalt des anderen Ehegatten durch Zahlung bestimmter Beträge, Überlassung der Nutzung seines Eigentums oder auf andere Weise beigetragen, beginnt die zweijährige Antragsfrist mit dem Tag der letzten Leistung bzw. dem Tag der Rückgabe des Vermögensgegenstandes.

Das Gericht kann den Antrag auf Unterhalt unter Berücksichtigung aller Umstände des Falles **abweisen,** wenn der berechtigte Ehegatte den anderen ohne berechtigten Grund verlassen hat. Außerdem kann der Antrag auf Unterhalt abgewiesen werden, wenn sich der Unterhaltsberechtigte ohne besonderen Anlass durch den anderen Ehegatten in der ehelichen Gemeinschaft grob oder ungebührlich verhalten hat oder wenn sein Antrag eine offensichtliche Ungerechtigkeit für den anderen Ehegatten darstellen würde. Lebten die Ehegatten schon längere Zeit getrennt und waren beide Ehegatten bis zum Zeitpunkt der Ehescheidung „eine lange Reihe von Jahren" darauf angewiesen, ihren Unterhalt selbst sicherzustellen, kann das Gericht den Unterhaltsantrag unter Berücksichtigung aller Umstände des Falles ebenfalls abweisen.

3. Unterhalt der Mutter eines Kindes und des außerehelichen Partners

165 c   Die **Mutter eines Kindes,** die nicht genügend Mittel für den Unterhalt hat, hat ein Recht auf Unterhalt vom Vater des Kindes für die Zeit vom dritten Monat vor der Geburt bis zum ersten Jahr nach der Geburt (Art. 153 I FamG). Der Unterhaltsanspruch besteht nicht, wenn die Anerkennung des Anspruchs eine offensichtliche Ungerechtigkeit für den Vater darstellen würde (Art. 153 II FamG).

Der **nichteheliche Partner,** der nicht genügend Mittel für den Unterhalt hat und arbeitsunfähig oder arbeitslos ist, hat ein Recht auf Unterhalt vom anderen nichtehelichen Partner nach dessen Möglichkeiten (Art. 152 I FamG). Auf diesen Unterhaltsanspruch sind die Bestimmungen des Familiengesetzes über den Unterhaltsanspruch eines Ehegatten sinngemäß anzuwenden (Art. 152 II FamG).

4. Verwandtenunterhalt

165 d   **Minderjährige Kinder** haben neben dem Anspruch gegen ihre Eltern ein Recht auf Unterhalt von anderen Blutsverwandten in gerade aufsteigender Linie, wenn die Eltern nicht leben oder nicht genug Mittel für den Unterhalt haben (§ 154 II FamG). Auch insoweit ist die Pflicht der minderjährigen Kinder, ihren Unterhaltsbedarf (teilweise) von eigenen Einkünften oder eigenem Vermögen zu decken, gegenüber der Unterhaltspflicht der Blutsverwandten subsidiär (Art. 154 III FamG). **Volljährige Kinder,** die arbeitsunfähig sind und nicht genug Mittel für den Unterhalt haben oder noch regelmäßig die Schule besuchen, haben ein Recht auf Unterhalt von anderen Blutsverwandten in gerade aufsteigender Linie im Verhältnis zu deren Möglichkeiten. Der Anspruch besteht nur, wenn die Eltern nicht mehr leben oder nicht genug Mittel für den Unterhalt haben (§ 155 III FamG). Der Unterhaltsanspruch des volljährigen Kindes gegen die Blutsverwandten entfällt allerdings, wenn die Unterhaltspflicht für sie eine offensichtliche Ungerechtigkeit darstellen würde (Art. 155 IV FamG).

Ein **Elternteil,** der arbeitsunfähig ist und nicht genug Mittel für den Unterhalt hat, kann von seinem volljährigen Kind oder einem anderen Blutsverwandten in gerader absteigender Linie Unterhalt im Verhältnis zu deren Möglichkeiten verlangen. Gleiches gilt gegenüber einem minderjährigen Kind, wenn es Einkommen oder Vermögenseinkünfte hat (Art. 156 I EheG). Der Unterhaltsanspruch gegen die Kinder oder sonstigen Nachkommen entfällt allerdings, wenn die Unterhaltspflicht für sie eine offensichtliche Ungerechtigkeit darstellen würde (Art. 156 II FamG). Ein **Stiefelternteil,** der arbeitsunfähig ist und nicht genug

---

[329] Diese Regelung verstößt gegen den deutschen ordre publik, wenn der Ehegatte danach wegen Fristablaufs trotz Erziehung eines minderjährigen Kindes keinen Betreuungsunterhalt verlangen kann; vgl. OLG Koblenz FamRZ 2004, 1877 zum früheren Art 288 EheFamG

Mittel für den Unterhalt besitzt, hat einen Unterhaltsanspruch gegen ein volljähriges Stiefkind im Verhältnis zu dessen Möglichkeiten. Der Unterhaltsanspruch entfällt, wenn die Unterhaltpflicht für das Stiefkind eine offensichtliche Ungerechtigkeit darstellen würde (Art. 159 III, IV FamG).

Minderjährige **Geschwister** können von ihren volljährigen Geschwistern oder von ihren minderjährigen Geschwistern mit Einkommen oder Vermögenseinkünften Unterhalt verlangen, wenn die Eltern nicht leben oder nicht genug Mittel für den Unterhalt haben (§ 157 FamG).

5. Allgemeine Vorschriften zur Bestimmung des Unterhalts

Sind mehrere Personen unterhaltsberechtigt, hat das Unterhaltsrecht des Kindes **Vorrang** **165 e** (§ 166 IV EheG). Die Unterhaltspflicht des Ehegatten geht allen übrigen Unterhaltspflichten im Rang vor (§ 166 I EheG). Blutsverwandte haften für den Unterhalt in der Reihenfolge ihres gesetzlichen Erbrechts (§ 166 II EheG). Verschwägerte Verwandte gehen den Blutsverwandten im Rang nach (§ 166 III EheG). Sind mehrere Personen gleichzeitig unterhaltspflichtig, wird ihre Verpflichtung geteilt (§ 166 VI FamG) und zwar nach ihren jeweiligen Möglichkeiten.

Der Unterhalt wird nach den Bedürfnisse des Unterhaltsberechtigten und den Möglichkeiten des Unterhaltsschuldners festgelegt (Art. 160 I FamG). Dabei ist allerdings dem **Mindestunterhalt** Rechnung zu tragen, der von dem für den Familienschutz zuständigen Ministerium als gesetzliche Entschädigung für ein Pflegekind bzw. eine sonstige Person in familiärer Unterbringung regelmäßig festgesetzt wird (Art. 160 I, IV FamG). Die **Bedürfnisse des Unterhaltsberechtigten** (also sein Unterhaltsbedarf) sind von seinem Alter, seiner Gesundheit, seiner Ausbildung, seinem Vermögen, seinem Einkommen und anderen für die Festlegung des Unterhalts bedeutenden Umständen abhängig (Art. 160 II FamG).[330] Die **Möglichkeiten des Unterhaltsschuldners** (also seine Leistungsfähigkeit) sind von seinen Einkünften, den Beschäftigungs- und Verdienstmöglichkeiten, seinem Vermögen, seinen persönlichen Bedürfnissen, den Unterhaltspflichten gegenüber anderen Personen und anderen für die Festlegung des Unterhalts bedeutenden Umständen abhängig (Art. 160 III FamG).[331]

Der zu leistende Unterhalt wird in der Regel in Geld festgelegt. Wenn der Unterhaltsberechtigte und der Unterhaltspflichtige sich darüber einigen, kann der Unterhalt auch in anderer Weise festgelegt werden (Art. 161 I, II FamG). Die **Höhe** des Unterhalts wird nach Wahl des Unterhaltsberechtigten in einem festen Geldbetrag oder als Prozentsatz der regelmäßigen Geldeinkünfte (Verdienst, Verdienstersatz, Rente, Honorare usw.) des Unterhaltsschuldners festgelegt (§ 162 I FamG). Wird der Unterhalt als Prozentsatz festgelegt, darf die Höhe in der Regel weder geringer als 15% noch höher als 50% des Nettoeinkommens des Unterhaltspflichtigen sein (Art. 162 II FamG). Unterhaltsberechtigten Kindern muss der Unterhalt mindestens einen Lebensstandard ermöglichen, wie ihn der Unterhaltsschuldner genießt (Art. 162 III EheG). Die Höhe des Unterhalts kann später **abgeändert** (erhöht oder vermindert) werden, wenn sich die Umstände, die der vorherigen Entscheidung zugrunde lagen, geändert haben (§ 164 FamG).

Der Unterhalt kann für eine bestimmte **Dauer** oder auf unbestimmte Zeit zugesprochen werden (§ 163 I FamG). Nachehelicher Unterhalt darf grundsätzlich nicht für längere Zeit als fünf Jahre ab Beendigung der Ehe zugesprochen werden. Nur ausnahmsweise darf der nacheheliche Unterhalt über die Frist von fünf Jahren hinaus verlängert werden, wenn „besondere berechtigte Gründe" den unterhaltsberechtigten Ehegatten an einer Arbeit hindern (Art. 163 II, III EheG). Der nacheheliche Unterhalt endet, wenn der Unterhaltsberechtigte eine neue Ehe oder eine nichteheliche Gemeinschaft eingeht (§ 167 III EheG). Wenn der Ehegattenunterhalt aus diesem Grunde oder aus anderen Gründen endet, lebt das Unterhaltsrecht gegen diesen Ehegatten auch später nicht wieder auf (§ 167 IV

---

[330] OLG Stuttgart FamRZ 1999, 887 zum früheren Art. 309 I, II EheFamG
[331] OLG Stuttgart FamRZ 1999, 887, 888 zum früheren Art. 310 III EheFamG

EheG). Allgemein endet ein Unterhaltsanspruch mit dem Tod des Unterhaltsberechtigten oder des Unterhaltsschuldners oder wenn die Dauer des Unterhalts beendet wird (§ 167 I EheG). Der Unterhalt kann beendet werden, wenn der Unterhaltsberechtigte, mit Ausnahme minderjähriger Kinder, genügend Mittel für den Unterhalt erwirbt oder wenn der Unterhaltsschuldner nicht mehr leistungsfähig ist oder wenn die Unterhaltsleistung für ihn offensichtlich ungerecht ist. Letztes gilt aber nicht für den Unterhaltsanspruch minderjähriger Kinder (§ 167 II EheG).

Eine Person, die tatsächlich Unterhalt geleistet hat, ohne dazu rechtlich verpflichtet gewesen zu sein, kann von dem Unterhaltpflichtigen **Erstattung** seiner Unterhaltsleistungen verlangen. Waren nach dem Gesetz mehrere Personen unterhaltsverpflichtet, haften sie „solidarisch", also als Gesamtschuldner, für den Regressanspruch (§ 165 I, II EheG).

Slowenien

Die familienrechtlichen Unterhaltsvorschriften sind in dem Gesetz über die Ehe- und familiäre Beziehungen vom 26. 5. 1976[332] (EheFamG) geregelt.

1. Kinderunterhalt

165 f   Nach Art. 123 I EheFamG sind die Eltern verpflichtet, ihre Kinder in der Regel bis zu deren Volljährigkeit zu unterhalten. Befinden sich die Kinder noch in ordentlicher Schulausbildung, dauert die Unterhaltspflicht über die **Volljährigkeit** hinaus an, jedoch nur bis zur Vollendung des 26. Lebensjahres (Art. 123 EheFamG). Nach der zum 1. 5. 2004 in Kraft getretenen Unterhaltsnovelle schulden die Eltern auch Kindern mit einer schweren körperlichen oder geistigen Behinderung noch bis zur Volljährigkeit oder bis zum Abschluss der darüber hinaus gehenden ordentlichen Schulausbildung Unterhalt. Die Neuregelung sollte die Benachteiligung gegenüber Eltern gesunder Kinder beseitigen. In der Folgezeit sind die Kinder auf staatliche Unterstützung angewiesen.[333] Eine Entziehung des Elternrechts wirkt sich auf die Unterhaltspflicht nicht aus (Art. 125 EheFamG). Stiefeltern haften dem minderjährigen Kind wenn kein leistungsfähiger leiblicher Elternteil vorhanden ist (Art. 127 I EheFamG). Durch die Unterhaltsnovelle ist diese Unterhaltspflicht zum 1. 5. 2004 auf die Kinder beschränkt worden, die mit dem leiblichen Elternteil und dem Stiefelternteil in einem Haushalt leben. Andererseits ist sie auf den Partner einer nichtehelichen Lebensgemeinschaft erweitert worden.[334] In beiden Fällen besteht die Unterhaltspflicht aber nur gegenüber minderjährigen und nicht gegenüber volljährigen Kindern. Die Unterhaltspflicht des Stiefelternteils oder des Lebenspartners eines leiblichen Elternteils besteht aber nur, wenn keiner der leiblichen Eltern das Kind unterhalten kann. Der Anspruch erlischt, wenn die Ehe oder Lebensgemeinschaft mit dem leiblichen Elternteil aufgelöst wird. Verstirbt der leibliche Elternteil, gilt der Anspruch fort, wenn das Kind im Zeitpunkt des Todes mit dessen ehelichem oder nichtehelichem Partner zusammengelebt hat (Art. 127 EheFamG). Hat ein minderjähriges oder volljähriges Kind eine Ehe geschlossen, schulden die Eltern dem bedürftigen Kind nur dann Unterhalt, wenn der Ehegatte oder Lebenspartner nicht in der Lage ist, den Lebensunterhalt zu decken. Die Unterhaltspflicht der Eltern ist also gegenüber der Unterhaltspflicht des Ehegatten subsidiär (Art. 123 II EheFamG).

Nach dem seit dem 1. 5. 2004 geltenden Recht haben sich die Eltern vor einer Anrufung des Gerichts allein oder mit Hilfe der Fürsorgebehörde um eine Vereinbarung zu bemühen. Mit einer solchen Vereinbarung können sie sich an das Gericht wenden, das diese – solange noch kein Scheidungsverfahren rechtshängig ist – im Verfahren der freiwilligen Gerichtsbarkeit als Beschluss erlässt. Das Gericht kann den Antrag aber zurückweisen, wenn die

---

[332] In der Fassung des Gesetzes Nr. 16/2004 vom 1. 5. 2004; zum neuen Unterhaltsrecht vgl. Novak FamRZ 2005, 1637 ff.
[333] Novak, FamRZ 2005, 1637, 1639
[334] Zur Kritik an der Ausweitung vgl. Novak, FamRZ 2005, 1637, 1639

Vereinbarung nicht dem Wohl des Kindes dient. Streben die Eltern eine einvernehmliche Ehescheidung an, haben sie mit dem Antrag auf Ehescheidung eine vollstreckbare notarielle Vereinbarung u. a. über den Kindes- und Ehegattenunterhalt vorzulegen (Art. 64 I Ehe-FamG). Das Gericht hat vor der Scheidung festzustellen, ob durch die Vereinbarung der Unterhalt hinreichend sichergestellt ist und holt dazu eine Stellungnahme des Zentrums für Sozialarbeit ein (Art. 64 II EheFamG). Entsprich die Vereinbarung danach dem Wohl des Kindes, wird die Ehescheidung mit einem Urteil ausgesprochen, in das alle Vereinbarungen über die gemeinsamen Kinder Eingang finden (Art. 421 II EheFamG). Entspricht die Vereinbarung über den Kindesunterhalt dem Kindeswohl hingegen nicht, kann das Gericht sie im Verfahren der einvernehmlichen Ehescheidung nicht ersetzen, sondern muss den Antrag auf Ehescheidung zurückweisen. Scheidet das Gericht die Ehe allerdings auf Antrag eines Ehegatten, weil sie unhaltbar geworden ist (Art. 65 EheFamG), entscheidet es zugleich u. a. auch über den Unterhalt für die gemeinsamen Kinder (Art. 78 I EheFamG). Durch die Entscheidung gewinnt das Kind einen eigenen Unterhaltsanspruch, wie sich aus den Art. 103 I, 123 EheFamG und insbesondere aus Art. 79 II EheFamG ergibt, wonach das Kind selbst Anpassung des im Scheidungsurteil festgelegten Unterhalts verlangen kann.[335]

Die **Höhe** des Beitrags zum Unterhalt bestimmt das Gericht nach den materiellen Möglichkeiten als auch nach den Erwerbsmöglichkeiten eines jeden Ehegatten und den Bedürfnissen des Kindes (Art. 129 EheFamG). Der Unterhalt sichert nicht nur die fundamentalsten Mittel, sondern garantiert im Interesse des Kindeswohls sowohl die körperliche als auch die geistige Entwicklung des Kindes. Somit muss er alle körperlichen und geistigen Bedürfnisse decken, insbesondere die Wohnkosten, die Ernährung, Kleidung, Kosten für Tagesstätten, Bildung, Erziehung, Erholung, Unterhaltung und andere kindliche Bedürfnisse (Art. 129 a EheFamG). Feste Unterhaltssätze oder Tabellen nach verschiedenen Altersstufen existieren nicht, weil der Unterhalt zum Wohl des Kindes individuell festgelegt werden soll.[336] Bei veränderten Umständen kann jeder Elternteil oder das Kind Anpassung der Unterhaltshöhe verlangen (Art. 79 EheFamG). Ein **Verzicht** auf den Kindesunterhalt hat keine Rechtswirkung (Art. 128 EheFamG).

2. Ehegattenunterhalt

Nach Art. 49 EheFamG tragen die Ehegatten nach ihren Möglichkeiten zum **Familien-**   **165 g**
unterhalt bei. Ein Ehegatte, der keine Mittel zum Leben hat, aber ohne sein Verschulden arbeitslos oder arbeitsunfähig ist, hat Anspruch auf Unterhalt gegenüber seinem Ehegatten, soweit dieser dazu in der Lage ist. Die Vorschriften über den nachehelichen Unterhalt sind auf den Familienunterhalt und den Trennungsunterhalt entsprechend anwendbar (Art. 50 a EheFamG). Weil der Anspruch aus dem Wesen der Ehe als Lebens- und Solidargemeinschaft folgt, können die Ehegatten darauf nicht verzichten. Durch Vereinbarung dürfen die Ehegatten den Trennungsunterhalt deswegen auch nicht ausschließen sondern allenfalls modifizieren.[337] Leben die Ehegatten getrennt, entfällt der Unterhaltsanspruch, wenn sie wirtschaftlich einander nicht mehr verbunden sind.[338]

Das Gericht kann einen Antrag auf **nachehelichen Unterhalt** zurückweisen, wenn die Unterhaltszahlung angesichts der Handlungen, die zur Scheidung geführt haben (Unhaltbarkeit der Ehe für einen oder beide Ehegatten), für den Unterhaltspflichtigen ungerecht wäre oder wenn der unterhaltsberechtigte Ehegatte zu irgendeinem Zeitpunkt vor oder nach der Ehescheidung gegen den Unterhaltspflichtigen oder seine Angehörigen strafbar gehandelt hat (Art. 81 a EheFamG). Erfolgte die Straftat nachdem die Unterhaltspflicht ausgesprochen war, kann der Unterhaltspflichtige eine Abänderungsklage wegen veränderter Verhältnisse erheben (Art. 82 c EheFamG).

---

[335] BGH, FamRZ 2007, 717 = R 670
[336] Novak, FamRZ 2005, 1637, 1639
[337] Novak, FamRZ 2005, 1637, 1638
[338] Bergmann/Ferid/Henrich a. a. O., Slowenien 143. Lieferung S. 27 unter Hinweis auf E OG Jug 27. 6. 1963

Mit dem Antrag auf einvernehmliche **Scheidung** haben die Ehegatten eine Vereinbarung auch über den Unterhalt eines unversorgten Ehegatten vorzulegen (Art. 64 I EheFamG). Ihre Vereinbarung für den Fall der Ehescheidung, insbesondere ein ev. Unterhaltsverzicht, darf dem Kindeswohl nicht entgegenstehen (Art. 81 b EheFamG). Seit der zum 1. 5. 2004 in Kraft getretenen Neuregelung sind für diese Vereinbarungen nicht mehr die Fürsorgebehörden sondern die Notare zuständig, die schon bei der Niederschrift die Verfassung und andere zwingende Vorschriften beachten müssen, um verfassungswidrige, sittenwidrige oder dem Kindeswohl widersprechende Vereinbarungen zu verhindern. Ein den gesetzlichen Unterhalt unterschreitender Anspruch oder ein vollständiger Unterhaltsverzicht ist nur zulässig, wenn in Zeitpunkt der Vereinbarung ein nachehelicher Unterhaltsanspruch nicht zu erwarten ist. Die Vereinbarung ist hingegen sittenwidrig, wenn anzunehmen war, dass der Unterhaltsberechtigte auf einen gesetzlich gegebenen nachehelichen Unterhaltsanspruch verzichtet und dadurch sozialhilfebedürftig wird.[339] Die Vereinbarung wird in Form einer vollstreckbaren notariellen Urkunde geschlossen. Sonst spricht das Gericht dem unversorgten Ehegatten, der keine Mittel zum Leben hat, arbeitsunfähig oder arbeitslos ist und keine Beschäftigung aufnehmen kann, auf Antrag einen Unterhaltsbeitrag zu Lasten des anderen Ehegatten zu. Dabei kann es die Ursache, derentwegen die Ehe unhaltbar geworden ist, berücksichtigen (Art. 81 EheFamG). Der Unterhalt kann unbefristet oder für eine bestimmte Zeit zuerkannt werden, bis sich der Berechtigte in die neue Lage eingelebt und in den neuen Verhältnissen eingerichtet hat (Art. 82 EheFamG). Der Unterhalt wird unter Berücksichtigung des Unterhaltsbedarfs des Berechtigten und der Möglichkeiten des Unterhaltspflichtigen regelmäßig in einer monatlich im Voraus zu zahlenden Summe festgelegt. Wenn besondere Gründe dafür sprechen und die Art der Unterhaltsleistung für keinen Ehegatten eine besondere Härte darstellt, kann der Unterhalt ausnahmsweise auch als einmalige Summe oder in anderer Weise festgelegt werden (Art. 82 b EheFamG).

Ein Ehegatte ist **bedürftig,** wenn er die Kosten für seine Lebenshaltung nicht aus seinen Einkünften oder seinem Vermögen bestreiten kann. Ist dies nur teilweise möglich, kann er einen ergänzenden (Aufstockungs-)Unterhalt verlangen.[340] Geringe Ersparnisse, die den Unterhalt nicht dauerhaft sichern, Liegenschaften, die keine Erträge abwerfen, und Hilfen der Eltern lassen die Bedürftigkeit nicht entfallen. Der unterhaltsberechtigte Ehegatte muss für seine Erwerbsunfähigkeit darlegen, dass er ohne Verschulden keine Arbeit finden kann, die wenigstens ungefähr seiner Ausbildung, seinen Qualifikationen oder Fähigkeiten entspricht[341] oder er nur eine solche Arbeit bekommen könnte, die zu einer erheblichen Verschlechterung seiner oder seiner Kinder Lebensumstände führen würde.[342] Das ist auch dann der Fall, wenn durch die Erwerbstätigkeit die Sorge für die Kinder unmöglich oder wesentlich erschwert würde. Grundsätzlich ist zwar eine Erwerbstätigkeit auch neben der Kinderbetreuung zumutbar; das richtet sich aber stets nach den konkreten Umständen.[343] Ein arbeitsfähiger Ehegatte hat alles zu tun, um Arbeit zu bekommen. Lehnt er eine angemessene Arbeit ab oder löst er ein bestehendes Arbeitsverhältnis auf, entfällt die Bedürftigkeit.

Bei der Beurteilung der **Leistungsfähigkeit** des Unterhaltpflichtigen sind seine regelmäßigen Einkünfte (Arbeitseinkommen, Urheberhonorar, Einkommen aus einem Gewerbebetrieb pp.) zu berücksichtigen. Bestimmte besondere Einkünfte, etwa die Invaliditätsrente,[344] Schadensersatz[345] oder Einkommen aus dem Verkauf des Vermögens[346] bleiben hingegen unberücksichtigt. Die Leistungsfähigkeit des Unterhaltpflichtigen hat nach slowe-

---

[339] Novak, FamRZ 2005, 1637, 1638
[340] Bergmann/Ferid/Henrich a.a.O. S. 26 unter Hinweis auf E OG Kroat 28. 6. 1978
[341] Bergmann/Ferid/Henrich a.a.O. S. 26 unter Hinweis auf E OG Slow 23. 11. 1966
[342] Zur Beschäftigung an einem entfernten Ort Bergmann/Ferid/Henrich a.a.O. S. 26 unter Hinweis auf E OG Slow 8. 11. 1973
[343] Einer sonst arbeitsfähigen Ehefrau, die ein pflegebedürftiges geistig behindertes Kind betreut, steht voller Unterhalt zu; Bergmann/Ferid/Henrich a.a.O. S. 26 unter Hinweis auf E OG Slow 25. 4. 1973
[344] Bergmann/Ferid/Henrich a.a.O. S. 27 unter Hinweis auf E OG Jug 28. 9. 1962
[345] Bergmann/Ferid/Henrich a.a.O. S. 27 unter Hinweis auf E OG BH 30. 10. 1980
[346] Bergmann/Ferid/Henrich a.a.O. S. 27 unter Hinweis auf E OG Slow 8. 11. 1970

nischem Recht der Berechtigte zu **beweisen.** Ein Auskunftsanspruch gegen den Unterhaltspflichtigen steht ihm dabei nicht zur Verfügung. Ein Ehegatte ist von der Unterhaltspflicht frei, solange er zu Unterhaltszahlungen außerstande ist, ohne seinen eigenen Unterhalt oder denjenigen vorrangiger Unterhaltsberechtigter (s. Rn. 9/165 k) zu gefährden. Allerdings hat der Ehegatte Vorrang vor den Eltern des Unterhaltspflichtigen.

Die **Höhe** des Unterhaltsbeitrags richtet sich nach den für einen angemessenen Unterhalt notwendigen Kosten.[347] Angemessen ist der durchschnittliche Lebensbedarf von Personen vergleichbarer sozialer Stellung, Ausbildung pp. unter Berücksichtigung der Vermögens- und Lebensverhältnisse des Unterhaltspflichtigen.[348] Leben die Ehegatten getrennt, sind im Wege der Billigkeit auch die Gründe zu berücksichtigen, die zur Aufhebung der Lebensgemeinschaft geführt haben (Art. 81 S. 2 EheFamG).

Die gesetzlichen Unterhaltsvorschriften sind nach überwiegender Auffassung zwingendes Recht. Danach dürfen die Ehegatten von ihnen auch durch Vereinbarung (vgl. Art. 130 EheFamG) nicht entscheidend abweichen sondern müssen sich auf die Modalitäten, z. B. die Art der Pflichterfüllung, beschränken. Nach neuerer Rechtsprechung ist unter Umständen aber sogar ein **Verzicht** auf den Ehegattenunterhalt möglich.[349] Außerdem können sich die Ehegatten über eine Unterhaltspflicht einigen, die über die gesetzliche Regelung hinausgeht.

Eine auf Unterhalt gerichtete Klage kann bei bestehender Ehe (Familien- oder Trennungsunterhalt) oder mit der Ehescheidung (nacheheLicher Unterhalt) eingereicht werden. Wird der nacheheLiche Unterhalt nicht im Scheidungsverfahren begehrt, kann er mit einer isolierten Klage nur noch **binnen eines Jahres** ab Rechtskraft der Ehescheidung geltend gemacht werden, sofern die Voraussetzungen schon bei der Scheidung vorlagen und auch weiterhin vorliegen (Art. 81 a I EheFamG). Weil die Bestimmungen für nacheheLiche Unterhaltsansprüche sinngemäß auf den Unterhalt während bestehender Ehe anwendbar sind, wird diese zeitliche Grenze auch auf den Anspruch auf Trennungsunterhalt übertragen. Danach kann der Ehegatte Trennungsunterhalt grundsätzlich nur binnen eines Jahres ab dem Zerfall der Lebensgemeinschaft geltend machen. Auch nach der slowenischen Rechtsprechung steht den schon längere Zeit nicht mehr zusammen lebenden und materiell nicht mehr voneinander abhängigen Ehegatten kein Unterhaltsanspruch mehr zu.

Das Gericht kann den Unterhalt auf Antrag eines Ehegatten veränderten Umständen **anpassen.** Auch sonst wird der Unterhalt von Amts wegen der Wandlung der Lebenshaltungskosten angepasst (s. Rn. 9/165 l) Der Anspruch **entfällt,** wenn der unterhaltsberechtigte Ehegatte nicht mehr bedürftig ist, eine neue Ehe eingeht oder in nichtehelicher Gemeinschaft lebt (Art. 83 EheFamG).

3. Unterhalt des außerehelichen Partners

Eine für längere Zeit geschlossene **nichteheliche Lebensgemeinschaft** eines Mannes und einer Frau hat zwischen Ihnen dieselben familienrechtlichen Folgen, als wenn sie eine Ehe geschlossen hätten (Art. 12 I EheFamG). Die gesetzlichen Bestimmungen für den ehelichen Unterhalt gelten deswegen auch für den Unterhalt zwischen Partnern einer nichtehelichen Lebensgemeinschaft. **165 i**

4. Verwandtenunterhalt

Volljährige Kinder sind verpflichtet, ihre Eltern zu unterhalten, wenn diese arbeitsunfähig sind und keine ausreichenden Mittel zum Leben haben (Art. 124 I EheFamG). Diese Unterhaltspflicht besteht aber nicht gegenüber einem Elternteil, der seine Unterhaltspflicht ihm gegenüber aus ungerechtfertigten Gründen nicht erfüllt hat (Art. 124 II EheFamG). Seit der zum 1. 5. 2004 in Kraft getretenen Unterhaltsreform schulden Stiefkinder ihren Stiefeltern **165 k**

---

347 Bergmann/Ferid/Henrich a.a.O. S. 27 unter Hinweis auf E OG Slow 25. 7. 1968
348 OLG Hamm v. 23. 6. 1983 – 1 UF 47/83 – Leitsatz veröffentlicht bei Juris
349 Bergmann/Ferid/Henrich a.a.O. S. 27 unter Hinweis auf E OG Slow 29. 2. 1980

keinen Unterhalt mehr, auch wenn sie von diesen längere Zeit unterhalten oder umsorgt wurden.[350] Die Eltern und ihre leiblichen Kinder können über die Unterhaltspflicht eine vollstreckbare notarielle Vereinbarung schließen (Art. 130a EheFamG). Auch die Eltern können auf diesen Unterhaltsanspruch nicht verzichten, weil das Gesetz einen Unterhaltsverzicht im Verhältnis zwischen Eltern und Kinder generell ausschließt (Art. 128 EheFamG).

5. Allgemeine Vorschriften

165 l   Die **Höhe** des Unterhalts wird nach den Bedürfnissen des Unterhaltsberechtigten und den Möglichkeiten des Unterhaltspflichtigen festgesetzt (Art. 129 EheFamG). Die Parteien können über die Höhe und die Anpassung der Unterhaltspflicht eine notarielle Vereinbarung schließen, die einen Vollstreckungstitel bildet (Art. 130 I, II EheFamG). Ein gerichtlich festgesetzter Unterhalt wird den veränderten Lebenshaltungskosten **angepasst.** Die Anpassung findet jährlich im März auf Grund eines staatlich durch Beschluss der Gemeinschaft für Sozialfürsorge Sloweniens festgelegten und veröffentlichten Faktors statt. Ehegatten dürfen allerdings auch einen anderen Anpassungsmodus vereinbaren oder auf die Anpassung verzichten (vgl. Art. 81b II EheFamG). Dazu übersendet das Gericht den Unterhaltstitel an das Zentrum für Sozialarbeit, das den Berechtigten und den Unterhaltspflichtigen schriftlich über die Anpassung und den neuen Unterhaltsbetrag informiert (Art. 132 III, IV EheFamG). Haben sich nachträglich die Umstände, auf deren Grundlage der Unterhalt vereinbart oder festgesetzt war, geändert, kann das Gericht den vereinbarten oder festgesetzten Unterhalt auf Antrag erhöhen, herabsetzen oder einstellen (Art. 132 V EheFamG).[351]

Ein Unterhaltspflichtiger kann, außer bei der Pflicht zum Unterhalt gegenüber minderjährigen Kindern, allein wählen, ob er dem Berechtigten bestimmte Unterhaltsbeträge leistet, ihn bei sich zum Unterhalt aufnimmt oder für dessen Unterhalt in anderer Weise sorgt (Art. 131 I EheFamG). Aus besonderen Gründen kann der Unterhaltsberechtigte aber auf Unterhalt durch Geldzahlungen klagen (Art. 131 II EheFamG).

Der Unterhaltsanspruch minderjähriger Kinder geht im **Rang** dem Unterhalt der Ehegatten und der volljährigen Kinder vor. Diese wiederum haben Vorrang vor dem Unterhaltsanspruch der Eltern des Unterhaltspflichtigen (Art. 131b EheFamG).

Sind mehrere Personen **gleichrangig** unterhaltspflichtig, haften sie nach Maßgabe ihrer Möglichkeiten unter Berücksichtigung der ihnen zuteil gewordenen Obsorge und Hilfe (Art. 126 EheFamG).

Wer Aufwendungen für den Unterhalt einer Person hatte, kann diese von dem Unterhaltspflichtigen erstattet verlangen, soweit sie notwendig gewesen sind (Art. 133 EheFamG).

Spanien

166   In Spanien sind die unterhaltsrechtlichen Beziehungen hauptsächlich im Codigo civil[352] (Zivilgesetzbuch) geregelt. Der Codigo civil (C. c.) gilt zwar in ganz Spanien, in den sog. autonomen Gemeinschaften Aragonien, Balearen, Baskenland, Galizien, Katalonien und Navarra jedoch nur subsidiär. Soweit ersichtlich bestehen jedoch auf dem Gebiet des einschlägigen Unterhaltsrechts keine wesentlichen Unterschiede, soweit überhaupt Sonderregelungen über den Unterhalt existieren.

---

[350] Novak, FamRZ 2005, 1637, 1640
[351] Vgl. BGH, FamRZ 2007, 717
[352] Zivilgesetzbuch vom 24. 7. 1889, zuletzt geändert durch Gesetz vom 8. 7. 2005

1. Kinderunterhalt

Gemäß Art. 110 C. c. und Art. 154 II Nr. 1 C. c. sind die Eltern verpflichtet, den **167** minderjährigen Kindern Unterhalt zu leisten. Eheliche und nichteheliche Kinder sind gleichgestellt (Art. 108 II C. c.). Die Unterhaltspflicht setzt sich nach Eintritt der Volljährigkeit (Vollendung des 18. Lebensjahres, Art. 315 C. c.) fort bis zur (nicht schuldhaft verzögerten) Beendigung der Ausbildung (Art. 142 II C. c.). Zum Unterhalt gehört der Lebensbedarf, Wohnung, Bekleidung, ärztliche Betreuung, Erziehung, Ausbildung u. a. (Art. 142 I, II C. c.). Die Höhe richtet sich nach der Leistungsfähigkeit des Unterhaltspflichtigen und der Bedürftigkeit des Unterhaltsberechtigten (Art. 146 C. c.). Bei der Leistungsfähigkeit ist der eigene Bedarf des Unterhaltspflichtigen und derjenige seiner Familie zu berücksichtigen (Art. 152 Nr. 2 C. c.), bei der Bedürftigkeit die Möglichkeit des Unterhaltsberechtigten, einen Beruf oder ein Gewerbe auszuüben oder sein eigenes Vermögen einzusetzen (Art. 152 Nr. 3 C. c.). Beruht die Bedürftigkeit eines Abkömmlings auf „schlechter Führung" oder Arbeitsunlust, entfällt der Unterhalt für die Dauer dieses Zustands (Art. 152 Nr. 5 C. c.), ebenso bei Erbunwürdigkeit (Art. 152 Nr. 4 C. c.).

Der Unterhaltsanspruch kann zwar mit dem Eintritt der Bedürftigkeit verlangt werden. **168** Bei Klage ist er aber erst ab Einreichung der Klage zu leisten (Art. 148 I C. c.), und zwar monatlich im Voraus (Art. 148 II C. c.). Der Unterhaltspflichtige kann nach seiner Wahl den Unterhalt in Form einer Rente leisten oder dadurch, dass er den Unterhaltsberechtigten in sein Haus aufnimmt und dort unterhält (Art. 149 C. c.). Diese Wahlmöglichkeit entfällt, soweit sie einer gerichtlich festgelegten häuslichen Gemeinschaft widerspricht (Art. 149 II C. c.).

Der Anspruch auf künftigen Unterhalt ist unverzichtbar, nicht übertragbar und nicht **169** aufrechenbar, anders jedoch der Anspruch auf Unterhaltsrückstände (Art. 151 I, II C. c.).

Abänderung (Erhöhung, Ermäßigung, Wegfall) ist möglich, je nach Änderung der **170** Bedürftigkeit oder der Leistungsfähigkeit (Art. 147 C. c.).

Eltern sind gleichrangig verpflichtet. Der Umfang ihrer Leistungspflicht richtet sich nach **171** ihrer jeweiligen Leistungsfähigkeit (Art. 145 I i. V. m. Art. 91 und Art. 93 C. c.). Die Unterhaltspflicht entfällt mit dem Tod des Unterhaltspflichtigen (Art. 150 C. c.) oder des Unterhaltsberechtigten (Art. 152 Nr. 1 C. c.).

In einem Trennungs- oder Scheidungsurteil, legt der Richter von Amts wegen den **172** Kindesunterhalt fest (Art. 93 C. c.). Im Mangelfall geht der Kindesunterhalt auch dem Ehegattenunterhalt vor (Art. 145 III C. c.).

2. Ehegattenunterhalt

Trennung. In Spanien ist die Trennung (Art. 81 C. c.) stark institutionalisiert, ähnlich **173** wie die Scheidung selbst (Art. 85 C. c.): Die Trennung wird gerichtlich durch Trennungsurteil ausgesprochen. Neben der vereinbarten Trennung (beide Ehegatten beantragen sie oder einer beantragt sie, der andere stimmt zu) gibt es diejenige auf einseitigen Antrag eines Ehegatten. Die tatsächliche Trennung ist insofern bedeutsam, als sie nach bestimmten Fristen (z. B. bei einvernehmlichem Scheidungsantrag oder zuvor gerichtlich ausgesprochener Trennung nach zwei Jahren, Art. 86 Nr. 3 C. c.) einen gesetzlichen Grund für die Scheidung schafft. Erst das Trennungsurteil bewirkt die rechtlich endgültige Aufhebung der ehelichen Lebensgemeinschaft (Art. 83 C. c.). Ist die Trennungsklage zugelassen, so können die Ehegatten – jetzt in jedem Falle rechtmäßig – getrennt leben (Art. 102 Nr. 1 C. c.).

In Spanien wird unterschieden zwischen Beitrag zu den Lasten der Ehe, dem eigentlichen Unterhalt und der „Rente" (Pension).[353]

Der **Trennungsunterhalt** richtet sich nach den Regeln über den Verwandtenunterhalt **174** (Art. 153; Art. 142 ff.; Art. 143 I Nr. 1 C. c.). Bei vereinbarter Trennung muss mit der Trennungsklage ein Vorschlag u. a. zum Unterhalt eingereicht werden (Art. 81 Nr. 1, Art. 90 I c, e C. c.). Der Vorschlag muss vom Richter gebilligt werden. Lehnt er ihn durch

---

[353] Vgl. Kneip, FamRZ 1982, 445, 449

begründete Entscheidung ab, müssen die Ehegatten einen neuen Vorschlag unterbreiten. Die Vereinbarung ist ab richterlicher Billigung ein Vollstreckungstitel (Art. 90 II C. c.) und bei wesentlicher Änderung der Verhältnisse abänderbar (Art. 90 III C. c.).

175 Kommt es zu keiner Vereinbarung nach Art. 81 Nr. 1, 86 II, 90 C. c. (z. B. bei einseitiger Trennungsklage) oder billigt der Richter sie nicht, legt er von Amts wegen den Beitrag zu den Ehelasten und die Rente fest (Art. 91, 97, 103 Nr. 3 C. c.). Voraussetzung für die Rente ist, dass einem Ehegatten durch die Trennung eine wirtschaftliche Verschlechterung seiner früheren Lage in der Ehe widerfährt. Dabei sind u. a. zu berücksichtigen das Alter und der Gesundheitszustand, die berufliche Qualifikation und die Erwerbsmöglichkeiten, der Zeitaufwand für die Familie in Vergangenheit und Zukunft, die Tätigkeit in einem Gewerbebetrieb des anderen Ehegatten, die Dauer der Ehe und des ehelichen Zusammenlebens, der Verlust eines Rentenanspruchs und das Vermögen und Einkommen sowie die Bedürfnisse beider Ehegatten (Art. 97 C. c.).

176 Die Parteien könne vereinbaren, dass die Rente durch Abfindung mit einem Kapitalbetrag, Einräumung eines Nießbrauchs an bestimmten Vermögensgegenständen oder durch eine lebenslange Rente ersetzt wird (Art. 99 C. c.). Bei wesentlichen Veränderungen im Vermögen eines Ehegatten kann die Rente abgeändert werden, wenn sich die Grundlagen für die Aktualisierung aus dem Trennungs- oder Scheidungsurteil ergeben (Art. 100 C. c.).

177 Bei Abweisung der Trennungsklage bleibt es bei der rein faktischen Trennung, für die es keine besondere gesetzliche Regelung gibt (Verwandtenunterhalt).

178 **Scheidung.** Die unterhaltsrechtlichen Wirkungen der Scheidungsklage und der Scheidung entsprechen derjenigen der gerichtlichen Trennung (Art. 90 ff. C. c., siehe oben).

3. Verwandtenunterhalt

178 a Nach Art. 143 C. c. sind Ehegatten, Verwandte in aufsteigender Linie sowie Abkömmlinge und Geschwister einander unterhaltpflichtig. Zum Unterhalt gehört alles, was zum Lebensbedarf, für Wohnkosten, Kleidung und ärztliche Betreuung notwendig ist (Art. 142 I C. c.). Er umfasst auch die Kosten einer Ausbildung, solange sie aus nicht zu vertretenden Gründen noch nicht abgeschlossen werden konnte. Auch die Kosten der Schwangerschaft und der Geburt zählen hinzu, soweit sie nicht anderweitig gedeckt sind (Art. 142 II, III C. c.). Von mehreren Unterhaltsschuldnern haften zunächst die Ehegatten, dann die gradnächsten Abkömmlinge, die gradnächsten Verwandten in aufsteigender Linie und schließlich die Geschwister vor den Halbgeschwistern. Abkömmlinge und Verwandte in aufsteigender Linie haften entsprechend ihrer Berufung zur gesetzlichen Erbfolge (Art. 144 I, II C. c.). Mehrere gleichrangige Unterhaltpflichtige haften nach ihren Einkommens- und Vermögensverhältnissen. Das Gericht kann aber bei dringendem Bedarf unbeschadet seiner Rückgriffsmöglichkeit zunächst einen der Unterhaltpflichtigen zur Zahlung vorläufigen Unterhalts verpflichten (Art. 145 II C. c.). Bei mehreren Unterhaltsberechtigten besteht eine gleiche Rangfolge; allerdings geht der Unterhaltsanspruch minderjähriger Kinder dem eines Ehegatten vor (Art. 145 III C. c.).

Tschechische Republik

1. Kinderunterhalt

179 Nach § 85 I des Familiengesetzes[354] (FamG) sind die Eltern ihren Kindern so lange unterhaltpflichtig, wie diese selbst nicht fähig sind, sich zu unterhalten. Das Kind hat ein Recht auf den gleichen **Lebensstandard** wie die Eltern. Beide Eltern haben nach ihren Fähigkeiten, Möglichkeiten und Vermögensverhältnissen zum Unterhalt des Kindes beizutragen (§ 85 II FamG). Bei der Festsetzung der Barunterhaltspflicht ist zu berücksichtigen, welcher Elternteil in welchem Ausmaß für das Kind persönlich sorgt (§ 85 III FamG).

---

[354] Familiengesetz vom 4. 12. 1968, zuletzt geändert durch Gesetz Nr. 112/2006 in Kraft seit 1. 1. 2007

Allgemein hat das Gericht bei der Festsetzung des Unterhalts die begründeten Bedürfnisse **180** des Berechtigten und die Fähigkeiten, Möglichkeiten und Vermögensverhältnisse des Unterhaltspflichtigen zu berücksichtigen (§ 96 I S. 1 FamG). Die **Höhe** richtet sich also auch hier nach der Bedürftigkeit des Unterhaltsberechtigten und der Leistungsfähigkeit des Unterhaltspflichtigen.[355] Dabei ist auch zu prüfen, ob der Unterhaltspflichtige eine bessere Beschäftigung, Verdienstmöglichkeit oder einen Vermögensvorteil ohne wichtigen Grund aufgegeben hat oder ob er Vermögensrisiken eingegangen ist (§ 96 I S. 2 FamG). Ein selbständiger Elternteil ist verpflichtet, dem Gericht seine Einkommensverhältnisse nachzuweisen, Unterlagen für die Feststellung seiner Vermögensverhältnisse vorzulegen und auch Einblick in andere relevante Tatsachen zu ermöglichen, die sonst geschützt sind (§ 85 a I FamG). Erfüllt er diese Pflicht nicht, wird angenommen, dass seine Einkünfte das 12,7fache des Existenzminimums[356] betragen. Lassen die Vermögensverhältnisse des unterhaltspflichtigen Elternteils dies zu, erstreckt sich der Unterhaltsbedarf auch auf die Bildung einer für die Ausbildung des Kindes zweckgebundenen Ersparnis (§ 85 a II FamG).

Hat das Kind eigenes Vermögen, sind die Erträge zunächst für den eigenen Unterhalt **181** (§ 37 a II FamG) und erst dann in angemessener Weise für die Bedürfnisse der Familie zu verwenden (§§ 37 a II, 31 IV FamG).

Unterhaltsleistungen sind regelmäßig monatlich im Voraus fällig (§ 97 I FamG). In **182** besonderen Fällen kann das Gericht entscheiden, dass der Unterhaltspflichtige den für die Zukunft anfallenden Betrag in einer Summe zu hinterlegen hat; dann muss es zugleich die für die Auszahlung der festgesetzten monatlichen Raten erforderlichen Maßnahmen treffen (§ 97 II FamG). Leben die Eltern nicht zusammen, regelt das Gericht **von Amts wegen** (§ 50 FamG) den Umfang ihrer Unterhaltspflichten oder genehmigt ihre Vereinbarung über die Höhe der Unterhaltsleistungen (§ 86 I FamG). Gleiches gilt, wenn die Eltern zusammenleben, aber einer von ihnen seine Unterhaltspflicht nicht freiwillig erfüllt (§ 86 II FamG). Entscheidet das Gericht über die Unterbringung eines Kindes, regelt es zugleich den Umfang der Unterhaltspflicht der Eltern, sofern der Bedarf nicht durch Pflegesätze[357] abgedeckt ist (§ 103 FamG). Vor einer Ehescheidung regelt das Gericht ebenfalls, in welcher Weise jeder Elternteil künftig zum Kindesunterhalt beizutragen hat (§ 26 I FamG). Unterhaltsleistungen für volljährige Kinder regelt das Gericht nur auf Antrag (§ 86 III FamG).

Leisten Dritte oder der Sozialhilfeträger[358] an Stelle des Unterhaltspflichtigen, können sie **183** den gezahlten Betrag von dem vorrangig Unterhaltspflichtigen erstattet verlangen (§ 101 FamG). Eine **Aufrechnung** ist gegenüber Unterhaltsforderungen minderjähriger Kinder ausgeschlossen und gegenüber solchen volljähriger Kinder nur im Wege einer Vereinbarung zulässig (§ 97 III FamG). Der Unterhaltsanspruch selbst verjährt nicht, wohl aber Ansprüche auf einzelne wiederkehrende Unterhaltsleistungen (§ 98 I, II FamG). **Rückständigen** Unterhalt können minderjährige Kinder für einen Zeitraum von längstens 3 Jahren vor Eingang der Klageschrift verlangen; sonstigen Unterhaltsberechtigten kann Unterhalt erst ab Anhängigkeit des gerichtlichen Verfahrens zuerkannt werden (§ 98 I FamG). Bei veränderten Verhältnissen kann das Gericht (bei minderjährigen Kindern auch ohne Antrag) eine Vereinbarung oder gerichtliche Entscheidung über den Unterhalt ändern. Wird der Unterhalt für eine abgelaufene Zeit herabgesetzt, sind verbrauchte Unterhaltsleistungen nicht zurückzuerstatten (§ 99 I, II FamG).

2. Ehegattenunterhalt

Trennung. Ehegatten sind während bestehender Ehe einander verpflichtet, zu der **184** Befriedigung der familiären Bedürfnisse je nach ihren Fähigkeiten, Möglichkeiten und

---

[355] Rieck/Rombach Ausländisches Familienrecht Tschechien Stand: Januar 2006 Rn. 21
[356] § 2 des Gesetzes Nr. 110/2006 Sb über das Lebens- und Existenzminimum; vgl. Bergmann/Ferid/ Henrich, a. a. O., Tschechische Republik, S. 43 f., 74
[357] Z. B. VO Nr. 82/1993 Sb über den Kostenersatz für Aufenthalte in Sozialeinrichtungen; RegAO Nr. 176/1996 über die Festlegung des Pflegesatzes für Jugendliche in Schuleinrichtungen der Anstalts- oder Präventivpflege
[358] § 5 des Sozialhilfegesetzes Nr. 482/1991 Sb

materiellen Verhältnissen beizutragen (§ 19 I FamG). Die Erwerbspflicht kann ganz oder teilweise durch Haushaltstätigkeit oder Kindererziehung aufgewogen werden (§ 19 II FamG). Erfüllt ein Ehegatte seine Pflicht zur Deckung der Haushaltskosten nicht, entscheidet darüber auf Antrag des anderen Ehegatten das Gericht.

185   Nach § 91 I FamG schulden die Ehegatten einander Unterhalt. Erfüllt einer der Ehegatten diese Verpflichtung nicht, setzt das Gericht auf Antrag den Umfang fest, wobei es auch die Sorge für den gemeinsamen Haushalt berücksichtigt. Der Umfang der Unterhaltspflicht „wird so festgesetzt, dass das materielle und kulturelle Niveau beider Ehegatten gleich ist" (§ 91 II FamG), entspricht also dem Halbteilungsgrundsatz nach den ehelichen Lebensverhältnissen. Die Unterhaltspflicht des Ehegatten geht einer Unterhaltspflicht vermögender oder leistungsfähiger Kinder vor (§ 91 III FamG).

186   Bei der Festsetzung des Unterhalts hat das Gericht die begründeten Bedürfnisse des Berechtigten und die Fähigkeiten, Möglichkeiten und Vermögensverhältnisse des Unterhaltspflichtigen zu berücksichtigen. Dabei ist auch zu prüfen, ob der Verpflichtete eine bessere Beschäftigung, Verdienstmöglichkeit oder einen Vermögensvorteil ohne Grund aufgegeben hat oder ob er Vermögensrisiken eingegangen ist (§ 96 I FamG). Unterhalt kann nicht zuerkannt werden, wenn dies den guten Sitten widersprechen würde (§ 96 II FamG). Unterhaltsleistungen sind in wiederkehrenden Beträgen monatlich im Voraus fällig (§ 97 I FamG).

187   Leisten Dritte oder der Sozialhilfeträger für den unterhaltspflichtigen Ehegatten, könne sie den gezahlten Betrag von ihm erstattet verlangen (§ 101 FamG). Hat der Sozialhilfeträger Leistungen auf einen schon gerichtlich festgesetzten Unterhaltsanspruch erbracht, geht der Anspruch bis zur Höhe des gezahlten Betrags auf ihn über; er ist dann berechtigt, aus der zuvor ergangenen gerichtlichen Entscheidung vorzugehen (§ 102 FamG). Gegenüber der Unterhaltsforderung ist eine Aufrechnung nur im Wege einer Vereinbarung zulässig (§ 97 III FamG). Der Unterhaltsanspruch selbst verjährt nicht, wohl aber Ansprüche auf einzelne wiederkehrende Unterhaltsleistungen (§ 98 I, II FamG). Für die Vergangenheit kann Unterhalt nur ab dem Eingang der Klageschrift zuerkannt werden (§ 98 I S. 2 FamG). Bei veränderten Verhältnissen kann das Gericht auf Antrag eine Vereinbarung oder gerichtliche Entscheidung über den Trennungsunterhalt ändern. Wird der Unterhalt für eine abgelaufene Zeit herabgesetzt, sind verbrauchte Unterhaltsleistungen nicht zurückzuerstatten (§ 99 I, II FamG).

188   **Scheidung.**[359] Ein geschiedener Ehegatte, der nicht fähig ist, sich selbst zu unterhalten, kann von dem ehemaligen Ehegatten verlangen, dass dieser nach seinen Fähigkeiten, Möglichkeiten und Vermögensverhältnissen zu seinem angemessenen Unterhalt beiträgt. Einigen sie sich nicht, entscheidet auf Antrag das Gericht über den Unterhaltsanspruch (§ 92 I FamG). Der geschiedene Ehegatte hat aber keinen Anspruch auf Beibehaltung der ehelichen Lebensverhältnisse. Was unter angemessenem Unterhalt zu verstehen ist, hängt von den Umständen des Einzelfalles ab.[360] Nur wenn ein Ehegatte an der Zerrüttung der Ehe überwiegend nicht beteiligt war und ihm durch die Scheidung ein erheblicher Schaden entstanden ist, kann ihm das Gericht einen Unterhaltsanspruch in der zwischen Ehegatten üblichen Höhe (§ 91 II FamG = Halbteilungsgrundsatz) zuerkennen (§ 93 I FamG; Sanktionsunterhalt). Dieser – höhere – Unterhaltsanspruch besteht allerdings maximal für die Dauer von 3 Jahren ab Rechtskraft der Ehescheidung (§ 93 II FamG).

Sonst besteht ein Anspruch auf nachehelichen Unterhalt nur, wenn der geschiedene Ehegatte nicht in der Lage ist, sich selbst zu unterhalten, z. B. wegen Kindererziehung oder Erwerbsunfähigkeit. Diese Voraussetzung des Unterhaltsanspruchs muss im Zeitpunkt der Scheidung vorliegen oder, wie z. B. die Erkrankung eines betreuungsbedürftigen Kindes, in der Ehe wurzeln.[361] Nach § 96 II FamG darf Unterhalt nicht zuerkannt werden, wenn dies den guten Sitten widersprechen würde. Das ist z. B. der Fall, wenn der unterhaltsbedürftige Ehegatte die Zerrüttung der Ehe überwiegend verursacht hat, indem er die Familie verlassen hat und eine neue Partnerschaft eingegangen ist, wenn er aus eigenem Verschulden seinen

---

[359] Zur Ehe und Scheidung nach den Reformen von 2005 vgl. Casals/Ribot FamRZ 2006, 1331 ff.
[360] Rieck/Rombach a. a. O. Rn. 23 ff.
[361] Rieck/Rombach a. a. O. Rn. 23

Arbeitsplatz verloren hat oder wenn er einer ihm zumutbaren Beschäftigung nicht nachgeht.[362] Für den Unterhalt sind alle verfügbaren Einkünfte einzusetzen. Auf Anfrage des Gerichts erteilt das Finanzamt Auskunft über die Steuerbemessungsgrundlagen. Die Einkommensfiktion des § 85 a I 2 FamG gilt beim nachehelichen Unterhalt, anders als beim Kindesunterhalt, aber nicht. Den Vermögensstamm müssen die geschiedenen Ehegatten nur ausnahmsweise einsetzen.

Die Unterhaltspflicht kann zeitlich unbegrenzt fortbestehen. Der Unterhaltsanspruch erlischt aber, wenn der Berechtigte eine neue Ehe eingeht oder der Pflichtige stirbt (§ 94 I FamG). Er erlischt ebenfalls, wenn eine z. B. im Rahmen der einvernehmlichen Scheidung schriftlich vereinbarte einmalige Zahlung ausgezahlt wird (§ 94 II FamG). Im Übrigen gelten für die Festsetzung des Unterhalts die gleichen Vorschriften wie für den Trennungsunterhalt (§§ 96 bis 102 FamG).

Der nicht mit der Kindesmutter verheiratete **Kindesvater** schuldet ihr für die Dauer von **189** 2 Jahren einen angemessenen Beitrag zur Bestreitung des Unterhalts und hat die mit der Schwangerschaft und der Entbindung verbundenen Kosten zu ersetzen (§ 95 I FamG). Auf Antrag der schwangeren Frau kann das Gericht „demjenigen, dessen Vaterschaft wahrscheinlich ist", auferlegen, den zur Sicherung der Ansprüche der Kindesmutter und des Kindesunterhalts für die Zeit des Mutterschaftsurlaubs[363] erforderlichen Betrag im Vorhinein zu leisten (§ 95 II FamG). Der Anspruch auf Erstattung der durch die Schwangerschaft und Entbindung entstandenen Auslagen verjährt in 3 Jahren ab der Entbindung (§ 95 III FamG).

3. Verwandtenunterhalt

Kinder, die in der Lage sind, sich selbst zu unterhalten, schulden ihren Eltern bei **189 a** Bedürftigkeit angemessenen Unterhalt und zwar anteilig nach den Fähigkeiten, Möglichkeiten und Vermögensverhältnissen weiterer unterhaltspflichtiger Kinder (§ 87 I, II FamG).

Verwandte in aufsteigender Linie und Abkömmlinge (Aszendenten und Deszendenten) schulden sich gegenseitig Unterhalt (§ 88 I FamG). Soweit die Abkömmlinge ihrer Unterhaltpflicht nicht nachkommen können, geht die Verpflichtung auf die Vorfahren über; nähere Verwandte haften vor entfernteren (§ 88 II FamG). Mehrere gleichrangige Unterhaltspflichtige haften anteilig nach ihren Fähigkeiten, Möglichkeiten und Vermögensverhältnissen (§ 89 FamG). Für den Unterhaltsanspruch minderjähriger Kinder gilt auch im Verhältnis zu sonstigen Verwandten die Vorschrift des § 85 FamG (s. Rn. 9/179) entsprechend (§ 88 III FamG). Die Unterhaltspflicht geschiedener Ehegatten geht der Verpflichtung der Kinder gegenüber ihren Eltern vor (§ 92 II FamG).

Ein Unterhaltsanspruch steht dem Bedürftigen gegen seine Verwandten aber nur zu, wenn er die Unterhaltsleistungen „notwendig braucht" (§ 90 FamG).

Türkei

Das materielle türkische Zivilrecht ist im Zivilgesetzbuch vom 22. November 2001[364] (im **190** Folgenden nur ZGB) geregelt. Es ist weitgehend vom schweizerischen Recht (ZGB) übernommen und vom islamischen Recht losgelöst.[365] Beide Rechtsordnungen sind jedoch auf Grund eigener Rechtsentwicklung, insbesondere der zum 1. 1. 2000 in Kraft getretenen schweizerischen Reform des Scheidungs- und Unterhaltsrechts und der Neufassung des

---

[362] Rieck/Rombach a. a. O. Rn. 24
[363] §§ 157 I, 158 des Arbeitsgesetzbuchs
[364] Übersetzt von Rumpf, StAZ 2002, 100 ff., Im Internet in aktuelle Fassung bei „www.dnoti.de" unter Links, International, Europa abrufbar; in Kraft seit dem 1. 1. 2002; die Neufassung hat die Struktur des 1988 grundlegend geänderten ZGB beibehalten und nur geringe weitere Änderungen eingeführt
[365] Mit der Neufassung ist auch die Vorschrift des Art. 152 I ZGB a. F. gestrichen worden, wonach der Mann „das Oberhaupt der ehelichen Verbindung" war

türkischen Zivilgesetzbuchs nicht mehr identisch. Bei der „Lückenfüllung" des türkischen Rechts durch Anwendung des schweizerischen Rechts ist deshalb Vorsicht geboten.[366]

1. Kinderunterhalt

191   Gemäß Art. 327 I, 332 II ZGB tragen die Eltern die Kosten für den Unterhalt, die Erziehung und den Schutz ihrer Kinder. Die Unterhaltspflicht dauert nach Art. 328 I ZGB bis zur **Volljährigkeit** des Kindes (mit Vollendung des 18. Lebensjahres oder vorheriger Heirat, Art. 11 ZGB), wenn das Kind bis dahin nicht wirtschaftlich selbstständig ist. Dauert die Ausbildung nach Volljährigkeit fort, sind die Eltern bis zum Ende der Ausbildung in dem Maße zum Unterhalt verpflichtet, wie es angesichts der Umstände von ihnen erwartet werden kann (Art. 328 II ZGB). Dabei ist die Rechtsprechung zur früheren Rechtslage von einer Altersgrenze bis zu 25 Jahren ausgegangen.[367] Unabhängig davon steht dem volljährigen Kind auch ein Anspruch auf Familienunterhalt als Notunterhalt zu (s. Rn. 9/209 a). Wenn die Eltern mittellos sind, bei außergewöhnlichen Ausgaben oder bei sonstigen besonderen Ursachen kann das Gericht den Eltern gestatten, den zur Bestreitung der Unterhalts- und Erziehungskosten festgesetzten Betrag aus dem Vermögen des minderjährigen Kindes zu entnehmen (Art. 327 II ZGB).

Im Falle der Scheidung der Eltern oder ihrer Trennung von Tisch und Bett ist der nicht sorgeberechtigte Elternteil nach seinen Fähigkeiten zur Zahlung von Kindesunterhalt verpflichtet (Art. 182 II ZGB).[368] Die Scheidungsvereinbarung im Rahmen einer einverständlichen Scheidung muss auch die Belange der Kinder berücksichtigen. Ein Verzicht oder eine fehlende Regelung schließen (anders als beim Ehegattenunterhalt) nach der Rechtsprechung des Kassationshofs allerdings eine spätere Klage auf Kindesunterhalt nicht aus.[369] Auf Antrag kann das Gericht die Höhe dieser als Unterhaltsrente zu leistenden Zahlungen auf Grund der sozialen und wirtschaftlichen Verhältnisse der Parteien festlegen (Art. 182 III ZGB). Der sorgeberechtigte Elternteil ist selbst und nicht nur in Prozessstandschaft zum Empfang des Unterhaltsbeitrags berechtigt.[370]

192   Der Unterhaltsbeitrag wird unter Berücksichtigung der Bedürfnisse des Kindes sowie der Lebensbedingungen und Leistungsfähigkeit der Eltern bestimmt (Art. 330 I S. 1 ZGB). Damit richtet sich die **Höhe** des Unterhalts einerseits nach der **Leistungsfähigkeit** des Unterhaltspflichtigen, diese wiederum nach seinen Einkünften und seinem Vermögen, etwaigen weiteren Unterhaltspflichten, z. B. gegenüber Ehegatten und weiteren Kindern. Von Bedeutung sind aber auch die **Bedürftigkeit** des Kindes unter Berücksichtigung seiner Einkünfte (Art. 330 I S. 2 ZGB) und der Verhältnisse an seinem Aufenthaltsort. Der Unterhalt muss sich auch an der Lebensstellung der Eltern orientieren. In der Türkei gibt es keine sog. Tabellen, der Unterhalt wird nach freiem Ermessen festgesetzt.[371] Lebt das Kind in der Türkei, lässt sich der Unterhaltsbedarf nicht ohne Berücksichtigung der dortigen Lebensverhältnisse beurteilen. Die Rechtsprechung geht von dem sich aus der Düsseldorfer Tabelle ergebenden Bedarf aus und vermindert diesen entsprechend den Vergleichswerten zur Feststellung der Verbrauchergeldparität (s. Rn. 9/23 ff.).[372] Teilweise wird auch eine pauschale Quote des sich aus der Düsseldorfer Tabelle ergebenden Bedarfs ermittelt, wobei entspr. der steuerlichen Behandlung von Unterhaltsleistungen an Angehörige im Ausland derzeit ein hälftiger Abschlag

---

[366] Vgl. Saltas-Özcan, Die Scheidungsfolgen nach türkischem materiellen Recht mit Besprechung Odendahl FamRZ 2002, 1691; Rumpf, IPRax 1983, 114; Bergmann/Ferid/Henrich, a. a. O., Türkei, S. 19, Fn. 2

[367] Bericht über das 3. Regensburger Symposon für Europ. Familienrecht, FamRZ 1996, 1529

[368] Vgl. OLG Celle FamRZ 1991, 598

[369] Vgl. Öztan FamRZ 2007, 1517, 1521

[370] OLG Stuttgart FamRZ 1999, 312 mit ablehnender Anmerkung Andrae IPRax 2001, 98 (Fortdauer der Prozessstandschaft des sorgeberechtigten Elternteils auch nach der Scheidung bis zur Volljährigkeit des Kindes)

[371] Vgl. OLG Celle FamRZ 1991, 598, 599 f.

[372] OLG Hamm FamRZ 1989, 1084; vgl. Gutdeutsch/Zieroth, FamRZ 1993, 1152

vorgenommen wird (s. Rn. 9/22 a).[373] Besser ist es allerdings, die Höhe des nach der Düsseldorfer Tabelle ermittelten Unterhalts im Verhältnis des Devisenkurses zur Verbrauchergeldparität an die türkischen Verhältnisse anzupassen[374] (s. oben Rn. 24 ff.).

Den Eltern steht ein **Wahlrecht** zu, in welcher Form sie Unterhalt leisten;[375] dem unterhaltsbedürftigen Kind kann ein solches Wahlrecht nur ausnahmsweise in besonders gelagerten Einzelfällen, z. B. bei einer Gefährdung des Kindeswohls, zustehen. In der Regel wird einem getrennt vom Unterhaltspflichtigen lebenden Kind eine monatliche Unterhaltsrente (Art. 330 II ZGB) gezahlt. Im Streitfall entscheidet der Richter sowohl über die Höhe wie über die Art und Weise der Erfüllung nach Ermessen. **193**

Verändern sich die Verhältnisse der Eltern z. B. durch Wiederheirat, Umzug oder Tod eines Ehegatten erheblich, so trifft das Gericht auf Antrag eines Elternteils oder von Amts wegen die erforderlichen Maßnahmen (Art. 183 ZGB). Ändern sich sonst die Verhältnisse, setzt das Gericht auf Antrag den Unterhaltsbeitrag neu fest oder hebt den Unterhalt auf (Art. 331 ZGB). Entsprechendes hatte zuvor schon die deutsche Rechtsprechung zum türkischen Unterhaltsrecht angenommen.[376] **194**

2. Ehegattenunterhalt

Trennung. Das materielle Unterhaltsrecht während bestehender Ehe ist im Wesentlichen in Art. 185 III, Art. 186 III und Art. 196 I ZGB, bei Gütertrennung i. V. mit Art. 190 ZGB, geregelt.[377] Nach Art. 186 III ZGB tragen die Ehegatten gemeinsam, ein jeder nach seinen Kräften, unter Einsatz von Arbeit und Vermögen zu den Ausgaben der Gemeinschaft bei. Zu dieser Unterhaltspflicht gehört die Gewährung von Wohnung, Nahrung, Kleidung, Bezahlung der Arztkosten, eines Taschengeldes u. a. Auf Begehren eines Ehegatten setzt das Gericht die Geldbeträge jedes Ehegatten zum Unterhalt der Familie fest (Art. 196 I ZGB). **195**

Dies alles gilt auch im Falle des Getrenntlebens.[378] Voraussetzung ist aber, dass die Eheleute **berechtigt getrennt leben.**[379] Gemäß Art. 197 II ZGB regelt der Richter bei „begründeter" Aufhebung der ehelichen Lebensgemeinschaft auf Antrag eines Ehegatten den Unterhaltsbeitrag. Nach der Neufassung des ZGB ist ein Ehegatte berechtigt, so lange getrennt zu leben, als seine Persönlichkeit, seine wirtschaftliche Sicherheit oder der Friede der Familie durch das Zusammenleben erheblich gefährdet wäre (Art. 197 I ZGB). Damit ist der von der früheren Formulierung ausgehende Streit, ob dafür stets eine richterliche Genehmigung erforderlich ist, negativ entschieden. Entsprechend hatte die Literatur schon zum früheren Recht eine richterliche Erlaubnis nicht für nötig gehalten.[380] Die weitgehend an Tekinalp orientierte abweichende Rechtsprechung[381] ist nicht mehr haltbar. Berechtigtes Getrenntleben ist deswegen jedenfalls bei ernstlichen Bedrohungen der Gesundheit, des Rufs oder des beruflichen Fortkommens des trennungswilligen Ehegatten durch das Zusammenleben, im Falle eines verlassenen Ehegatten (vgl. Art. 164 II ZGB) oder mit Einreichung der Klage auf Trennung oder Scheidung (Art. 170 ZGB) anzunehmen.[382]

Nach Art. 169, 197 II, III ZGB trifft der Richter schon im Falle des **faktischen Getrenntlebens** die notwendigen Maßnahmen, wenn die Aufforderung an den Ehemann

---

373 OLG Celle, FamRZ 1993, 103; OLG Zweibrücken, FamRZ 1999, 33
374 Vgl. z. B. OLG Düsseldorf FamRZ 1990, 556; OLG Hamburg FamRZ 1990, 794, AG Hamburg-Altona FamRZ 1992, 82
375 Wie Fn. 368 und OLG Zweibrücken FamRZ 1999, 33
376 Vgl. KG, FamRZ 1993, 976
377 Vgl. Rumpf, IPRax 1983, 114; OLG Karlsruhe FamRZ 1990, 1351; Bergmann/Ferid/Henrich a. a. O., S. 30, Fn. 24
378 Vgl. Rumpf, a. a. O.
379 Tekinalp, IPRax 1985, 333
380 Vgl. Tekinalp, a. a. O.; a. A. türkischer Kassationshof, zitiert bei Tekinalp, a. a. O.
381 Vgl. OLG Karlsruhe FamRZ 1990, 1351; OLG Hamm FamRZ 1993, 69
382 Vgl. OLG Frankfurt FamRZ 1990, 747

zur Erfüllung seiner Pflichten erfolglos bleibt oder von vornherein aussichtslos ist. Zu diesen Maßnahmen gehört auch die Zuerkennung von Unterhalt.[383]

196 Einstweilige Maßnahmen zum Trennungsunterhalt nach Art. 169 ZGB kann das Gericht auch bei einverständlichem Getrenntleben treffen, wenn die Ehegatten sich darüber nicht schon entsprechend Art. 166 III ZGB geeinigt haben.[384] Die Höhe des Bedarfs auf Trennungsunterhalt einer in die Türkei zurückgekehrten Ehefrau schätzt das OLG Düsseldorf[385] auf jedenfalls die Hälfte des Existenzminimums nach der Düsseldorfer Tabelle,[386] falls kein höherer Bedarf nach den ehelichen Lebensverhältnissen ersichtlich ist (vgl. insoweit Rn. 9/24 ff.).

Ein Anspruch auf Trennungsunterhalt kann auch dem Ehemann gegenüber der Ehefrau zustehen.[387] Auf Antrag eines Ehegatten kann der Unterhalt bei Veränderung der Verhältnisse abgeändert oder aufgehoben werden (Art. 200 ZGB).

197 **Scheidung.** Für den Fall der Scheidung[388] sind nach dem mit Wirkung zum 1. 1. 2002 neu verkündeten ZGB folgende Ansprüche auf Schadensersatz und auf Unterhalt vorgesehen:

- **Materieller Schadensersatz** nach Art. 174 I ZGB (früher Art. 143 I ZGB). Danach kann der Ehegatte, der an der Scheidung nicht oder weniger schuldig ist, einen angemessenen materiellen Schadensersatz verlangen, wenn durch die Scheidung für ihn bestehende oder erwartete Vorteile beeinträchtigt werden.
- **Immaterieller Schadensersatz (Genugtuung)** nach Art. 174 II ZGB (früher Art. 143 II ZGB). Danach kann der Ehegatte, der durch die Ereignisse, die Grund der Scheidung waren, eine Verletzung seiner Persönlichkeit erleidet, von der schuldigen Gegenseite einen angemessenen Betrag als Schmerzensgeld verlangen.
- **Bedürftigkeitsunterhalt** nach Art. 175 ZGB (früher Art. 144 ZGB). „Der Ehegatte, der durch die Scheidung bedürftig wird, und den kein höheres Verschulden trifft, kann vom anderen Ehegatten nach dessen wirtschaftlicher Leistungsfähigkeit für seine Lebensführung unbefristet Unterhalt verlangen. Auf ein Verschulden des Unterhaltspflichtigen kommt es nicht an."

198 Im Falle der Scheidung kann der schuldlose oder nicht überwiegend schuldige bedürftige Ehegatte also auf unbegrenzte Dauer vom anderen Ehegatten **Unterhalt** verlangen (Art. 175 I ZGB).[389] Auf das Verschulden des Unterhaltspflichtigen kommt es nicht an (Art. 175 II ZGB). Dabei handelt es sich zwar nicht um einen Anspruch auf Notunterhalt,[390] er kommt jedoch erst in Betracht, wenn der materielle Schadensersatz (Art. 174 I ZGB) nicht ausreicht und der geschiedene Ehepartner bedürftig geworden ist. Dafür ist Kausalität zwischen der Scheidung und der Bedürftigkeit erforderlich.[391] Ein Ehegatte wird durch die Scheidung aber bereits deswegen bedürftig, weil er dadurch seinen Anspruch auf Trennungsunterhalt verliert.[392] Dem bedürftigen Unterhaltsberechtigten darf es nicht zumutbar sein, seinen Unterhalt durch eigene Arbeit abzudecken. Seit der Neuregelung dürfen an diese Voraussetzung keine zu hohen Anforderungen gestellt werden. In Betracht kommen insbesondere Fälle der Kindererziehung und der Krankheit oder der Erwerbslosigkeit.

199 Die **Höhe** des Unterhalts orientiert sich zwar nicht an den „ehelichen Lebensverhältnissen" wie im deutschen Recht, jedoch richtet sie sich nach der Leistungsfähigkeit des

---

[383] Tekinalp, a. a. O.

[384] Zur früheren Rechtslage vgl. Rumpf, Türkei, Beck'sche Reihe, S. 56

[385] FamRZ 1995, 37

[386] Vgl. insoweit BGH, FamRZ 2003, 363 mit Anmerkung Scholz FamRZ 2003, 514

[387] Vgl. OLG Karlsruhe, FamRZ 1990, 1351

[388] Vgl. insoweit Öztan FamRZ 2007, 1517, 1523

[389] Vgl. Ansay/Krüger, StAZ 1988, 252; zum neuen türkischen ZGB vgl. Das Standesamt 2002, 97 ff.

[390] Vgl. OLG Stuttgart, FamRZ 1993, 975; OLG Köln, FamRZ 1992, 948; Staudinger/v. Bar, BGB 13. Auflage, Anh. I zu Art. 18 EGBGB Rn. 260; a. A. OLG Saarbrücken, FamRZ 1994, 579 und KG, FamRZ 1993, 976; Jayme, IPRax 1989, 330; OLG Hamm, FamRZ 1995, 881; zum Streitstand vgl. OLG Köln, FamRZ 1997, 1087; FamRZ 1999, 860, 861

[391] Öztan, FamRZ 1994, 1574

[392] OLG Hamm FamRZ 2006, 1387

Verpflichteten (Art. 175 I ZGB)[393] und den Bedürfnissen des Berechtigten. Dabei spielen die Dauer der Ehe, das Alter und die Gesundheit, die berufliche Ausbildung, die soziale Stellung, die Chancen auf dem Arbeitsmarkt, Kinderbetreuung, Vermögen, die Verhältnisse am Lebensmittelpunkt[394] u. a. eine Rolle (Billigkeit, soziale Gesichtspunkte).[395] Der Unterhaltspflichtige darf durch die Unterhaltsleistung nicht selbst in Not geraten; sein angemessener Unterhalt muss gesichert sein. Eine Unterhaltspflicht der Ehefrau hängt seit der Neufassung des ZGB nicht mehr davon ab, dass sie wohlhabend ist. Das OLG Hamm[396] geht bei der Unterhaltsbemessung von den ehelichen Lebensverhältnissen aus und errechnet nach deutschen Regeln ($3/7$) den Bedarf. Ähnlich geht das OLG Köln im Rahmen des nach Art. 4 ZGB[397] gebundenen Ermessens vor[398] und meint, türkische Gerichte pflegten der Ehefrau ca. $1/5$ bis $1/6$ des Einkommens des Ehegatten als Unterhalt zuzusprechen.[399] Zu Unrecht meint der 12. Zivilsenat des OLG Hamm hingegen, der Unterhaltspflichtige habe nur das Existenzminimum („Mindestbedarf") des Berechtigten abzudecken; dies ergebe sich nach türkischem Rechtsverständnis aus der Fassung in Art. 144 a. F. ZGB „seinen Vermögensverhältnissen entsprechenden Beitrag".[400] Das OLG Hamm[401] zieht bei Anwendung des Art. 144 a. F. ZGB auch den Gesichtspunkt des Art. 18 VII EGBGB heran und berücksichtigt deswegen die Verhältnisse in Deutschland mit (Lebensmittelpunkt des Unterhaltsberechtigten).

Nach türkischem Recht sind die Unterhaltsansprüche der geschiedenen und der zweiten Ehefrau gleichrangig.[402]

Der Bedürftigkeitsunterhalt kann in einer Pauschalsumme oder, falls nach den Umständen **200** erforderlich, als Rente zugesprochen werden (Art. 176 I ZGB). Ändern sich die wirtschaftlichen Verhältnisse der Parteien oder erfordert es die Billigkeit, ist eine Erhöhung, Ermäßigung oder ein Wegfall der Rente möglich (Art. 176 IV ZGB). Auf Antrag kann das Gericht die Höhe des Unterhalts auf Grund der sozialen und wirtschaftlichen Verhältnisse der Parteien in den kommenden Jahren festlegen (Art. 176 V ZGB).[403]

Die Parteien können auf den Schadensersatz und die Bedürftigkeitsrente **verzichten** und **200** diesen Verzicht ausdrücklich in das Protokoll aufnehmen. Der Richter muss die Vereinbarung allerdings wegen des Gebots der Angemessenheit prüfen und sie ggf. abändern oder vorhandene Lücken schließen. Hält der Richter den Verzicht allerdings wegen des Grundsatzes der Vertragsfreiheit für angemessen, wird er wirksam und schließt eine spätere Klage auf Schadensersatz oder Bedürftigkeitsrente aus. Haben die Parteien hingegen eine Vereinbarung über Schadensersatz oder Unterhalt getroffen und hat der Richter diese, obwohl er keine Änderungen vorgeschlagen hatte, versehentlich im Urteilstenor nicht berücksichtigt, kann die Vereinbarung später durch Leistungsklage durchgesetzt werden.[404] Das OLG Karlsruhe[405] hält einen nach türkischem Recht wirksamen Unterhaltsverzicht für unwirksam, solange der Berechtigte in Deutschland seinen gewöhnlichen Aufenthalt hat (s. Rn. 9/16 a).

---

[393] Nach OLG Köln, NJW-RR 1998, 1540 muss sich der unterhaltspflichtige Ehegatte auch fiktive Einkünfte anrechnen lassen, wenn er seine Arbeitskraft nicht ausschöpft

[394] OLG Stuttgart NJW-RR 2004, 582; OLG Düsseldorf FamRZ 2001, 919

[395] Öztan, FamRZ 1994, 1574; nach OLG Stuttgart NJW-RR 1994, 135 soll die Verpflichtung des Ehemannes zur Zahlung von nachehelichem Unterhalt bei der Entscheidung über den Entschädigungsanspruch der Ehefrau (Art. 143 I ZGB) zu berücksichtigen sein

[396] FamRZ 1994, 582; gegen eine Lebensstandardgarantie aber OLG Stuttgart NJW-RR 2004, 582

[397] Das Gericht hat sein Ermessen nach Recht und Billigkeit zu treffen

[398] FamRZ 1992, 948, „freies Ermessen"

[399] IPRax 1989, 53

[400] FamRZ 1995, 881; eine nähere Begründung fehlt allerdings; zur Problematik des „Sprachrisikos" bei der Anerkennung und Vollstreckung deutscher Unterhaltsentscheidungen in der Türkei vgl. Kılıç, IPRax 1994, 477

[401] FamRZ 1993, 75; so auch OLG Düsseldorf FamRZ 2001, 919, 920

[402] OLG Düsseldorf FamRZ 2001, 919, 920; OLG Hamm FamRZ 1994, 582

[403] Das berücksichtigt die entsprechende Entwicklung und ersetzt eine Abänderung

[404] Öztan FamRZ 2007, 1517, 1520 f. m. w. N.

[405] FamRZ 1992, 316

201   Eine **Prozesskostenvorschusspflicht** gibt es nach türkischem Gesetzesrecht nicht ausdrücklich, sie wird aber von der Rechtsprechung und der Literatur aus der Sorge- und Beistandspflicht hergeleitet (Art. 151 III ZGB).[406]

202   Einen **Auskunftsanspruch** kennt das türkische Recht nicht, weil dort die Untersuchungsmaxime herrscht. Durchweg wird jedoch von der deutschen Rechtsprechung bei Unterhaltsstreitigkeiten in Deutschland im Rahmen des anwendbaren deutschen Prozessrechts ein Auskunftsanspruch angenommen.[407]

203   Lange Zeit war umstritten, ob der Unterhaltsanspruch gemäß Art. 144 ZGB a. F., auf den nicht ausdrücklich verzichtet wurde, spätestens im Scheidungsverfahren geltend gemacht werden muss oder nicht. Inzwischen hat sich der türkische Kassationsgerichtshof in einer Plenarentscheidung vom 22. Januar 1988 der Auffassung angeschlossen, dass auch **nach rechtskräftigem Abschluss des Scheidungsverfahrens** noch eine Klage eines Ehegatten auf immateriellen Schadensersatz nach Art. 143 II (jetzt 174 II) ZGB zulässig ist. Der für die Scheidungsangelegenheiten zuständige 2. Senat des Kassationsgerichtshofs hat diese Rechtsprechung nunmehr auch auf materiellen Schadensersatz (§ 174 I ZGB) und den Bedürftigkeitsunterhalt (§ 175 ZGB) erstreckt.[408] Damit ist die Streitfrage im Sinne der Zulässigkeit eines nachträglichen Unterhaltsbegehrens abschließend geklärt.[409] Voraussetzung ist jedoch, dass die Bedürftigkeit bereits im Zeitpunkt der Scheidung gegeben war.[410] Die gesetzliche Neuregelung hat sich dem ausdrücklich angeschlossen (Art. 178 ZGB).

203 a   Nach der Rechtsprechung des Kassationsgerichtshofs zum früheren Recht **verjährte** das Unterhaltsstammrecht nicht, weil das Gesetz keine Frist zur Erhebung der Klage auf nacheheelichen Unterhalt vorsieht. Der Verjährung unterlagen allerdings schon die Einzelforderungen als periodisch wiederkehrende Leistungen (muayyen zamanlarda tediye). Nach der neu geschaffenen Vorschrift des Art. 178 ZGB verjähren nunmehr die Ansprüche, die anlässlich der Beendigung durch Scheidung entstehen, ein Jahr nach Rechtskraft des Scheidungsurteils.[411]

204   **Abänderung.** Für den Ehegattenunterhalt nach Scheidung ergibt sich eine Abänderungsmöglichkeit wegen veränderter Umstände aus Art. 176 IV ZGB.[412] Fällt der Grund für die Unterhaltsrente weg, vermindert sich sein Gewicht oder nimmt die finanzielle Leistungsfähigkeit des Unterhaltspflichtigen erheblich ab, kann die Rente herabgesetzt oder aufgehoben, bei gegenläufiger Entwicklung nach Billigkeit auch erhöht werden. Legen die Ehegatten im Rahmen einer Vereinbarung allerdings eine bestimmte Summe für den Schadensersatz oder einen bestimmten Betrag für die Bedürftigkeitsrente fest und ist die Summe vom Richter für angemessen befunden worden, können sie nach Rechtskraft des Urteils keine Abänderung mehr verlangen.[413]

205   Durch Wiederverheiratung entfällt ein Unterhaltsanspruch gegen den geschiedenen Ehepartner. Dasselbe gilt bei Aufnahme einer neuen Lebensgemeinschaft,[414] Wegfall der Bedürftigkeit, unehrenhaftem Lebenswandel oder Tod eines Ehegatten, es sei denn, die Parteien hatten anderes vereinbart.

206   **Entschädigungs-/Genugtuungsansprüche.** Neben dem Bedürftigkeitsunterhaltsanspruch gemäß Art. 175 ZGB ist im türkischen Recht ein Anspruch auf angemessenen Ersatz des materiellen Schadens gemäß Art. 174 I ZGB (Entschädigungsanspruch) und ein weiterer Anspruch auf Ersatz des immateriellen Schadens gemäß Art. 174 II ZGB (Genugtuungsanspruch) vorgesehen. Der Entschädigungsanspruch kann als Pauschalsumme oder

---

[406] Vgl. Rumpf, IPRax 1983, 114
[407] Z. B. OLG Hamm, FamRZ 1993, 69
[408] Zitat bei Öztan FamRZ 1994, 1574; OLG Köln FamRZ 1999, 869
[409] OLG Köln FamRZ 1999, 860; OLG Hamm, FamRZ 1994, 582 mit Anmerkung Henrich NJW-RR 1994, 136; OLG Saarbrücken, FamRZ 1994, 579; zweifelnd noch OLG Hamm, FamRZ 1994, 580; OLG Köln, FamRZ 1999, 1540
[410] Vgl. Henrich, a. a. O.
[411] OLG Stuttgart FamRZ 2007, 290; das OLG Düsseldorf FamRZ 2001, 919, 920 und Krüger FamRZ 2000, 1135, 1136 gehen insoweit noch von der früheren Rechtslage aus
[412] Zu früheren Rechtslage vgl. OLG Hamm, FamRZ 1995, 882
[413] Öztan FamRZ 2007, 1517, 1520
[414] Vgl. OLG Hamm, FamRZ 1995, 882

Rente, der Genugtuungsanspruch nur als Pauschalsumme zuerkannt werden (Art. 176 I, II ZGB).

Voraussetzungen für den Entschädigungsanspruch nach Art. 174 I ZGB ist, dass der **207** Antragsteller schuldlos oder weniger schuldig an der Scheidung war. Ein (geringeres) Mitverschulden führt allerdings zu einer Kürzung des Ersatzanspruchs. Weitere Voraussetzung ist ein Verschulden des anderen Ehegatten und der Eintritt eines ersetzbaren **Vermögensschadens** als finanzielle Einbuße durch die Scheidung. Der Schaden kann z. B. im Verlust des ehelichen Unterhaltsanspruchs[415] und des Erbrechts, eines sonstigen Vermögensverlusts, den Kosten für Umzug und neue Einrichtungsgegenstände, ärztlichen Behandlungskosten, entgangenen Gebrauchsmöglichkeiten oder den Prozesskosten der Scheidung liegen. Die Höhe der Entschädigung steht im Ermessen (Art. 4 ZGB) des Gerichts, erreicht aber nicht die volle Schadenssumme. Als weitere Kriterien sind bei der Bemessung der Umfang des Verschuldens oder des Mitverschuldens, die wirtschaftlichen und persönlichen Verhältnisse, Alter, Gesundheit und Arbeitsfähigkeit sowie der Umfang der Kindererziehung zu berücksichtigen. Obwohl es sich um einen Schadensersatzanspruch handelt, ist auch hier ein Mangelfall und die dadurch bedingte Begrenzung möglich. Damit handelt es sich um eine besondere Form des nachehelichen Unterhalts und nicht um eine güterrechtliche Regelung.[416]

Die Höhe des **Genugtuungsanspruchs** nach Art. 174 II ZGB (kein eigentlicher Unter- **208** haltsanspruch) richtet sich ebenfalls nach billigem Ermessen. Einzubeziehen sind sämtliche Umstände, die zur Scheidung geführt haben, Art und Ausmaß der Verletzung der persönlichen Interessen des anderen Ehegatten, der Grad des Verschuldens, die Dauer der Ehe, das Alter und die sozialen und wirtschaftlichen Verhältnisse der Ehegatten.[417] Auch der Genugtuungsanspruch kann nach der Scheidung selbstständig geltend gemacht werden.[418]

Für die Abänderung des Entschädigungsanspruchs gilt dasselbe wie zum Unterhalts- **209** anspruch (s. Rn. 9/204), wenn es sich um eine Rentenzahlung und nicht um einen Abfindungsbetrag handelt.

Das OLG Stuttgart[419] ordnet (wohl) den Genugtuungsanspruch aus Art. 174 II ZGB international-privatrechtlich nach Art. 14, 17 EGBGB, den Entschädigungsanspruch aus Art. 174 I ZGB aber wegen des vor allem unterhaltsrechtlichen Charakters zutreffend nach Art. 18 EGBGB ein.[420] Das OLG Frankfurt[421] wendet auf den Genugtuungsanspruch ebenfalls Art. 17 I, Art. 14 I Nr. 1 EGBGB an (zutreffend, weil der immaterielle Genugtuungsanspruch mit Unterhalt nichts zu tun hat).

3. Verwandtenunterhalt

Nach Art. 364 ZGB ist jeder seinen Verwandten auf- und absteigender Linie sowie seinen **209 a** Geschwistern unterhaltpflichtig, wenn sie ohne diese Unterstützung in Bedürftigkeit geraten würden.[422] Der Unterhaltsanspruch besteht allerdings nur für den Fall der Not (sog. Notunterhalt) und umfasst eine Leistung, die zum Lebensunterhalt des Bedürftigen erforderlich und den wirtschaftlichen Verhältnissen des Verpflichteten angemessen ist (Art. 365 II ZGB). Der Anspruch ist gegen die Unterhaltspflichtigen in der Reihenfolge ihres Erbrechts geltend zu machen (Art. 365 I ZGB). Geschwister können nur herangezogen werden, wenn sie in eigenem Wohlstand leben (Art. 364 II ZGB). Gegenüber dem Unterhaltsanspruch der Kinder und der Ehegatten ist dieser Anspruch nachrangig (Art. 364 III ZGB). Wurde der Unterhalt von öffentlichen oder gemeinnützigen Einrichtungen gezahlt, geht der Unterhaltsanspruch auf diese über, sodass die Klage auch von ihnen erhoben werden kann

---

[415] OLG Hamm FamRZ 2006, 1387
[416] OLG Karlsruhe FamRZ 2006, 948
[417] Vgl. OLG Frankfurt, FamRZ 1992, 1182
[418] Vgl. OLG Hamm, FamRZ 1994, 580; Öztan, FamRZ 1994, 1574; s. auch Rn 9/203
[419] OLG Stuttgart FamRZ 1993, 974 und 1993, 975
[420] So auch OLG Karlsruhe FamRZ 2006, 948
[421] OLG Frankfurt FamRZ 1992, 1182
[422] Zum früheren Recht vgl. AG Fritzlar IPRax 1984, 278

(Art. 365 IV ZGB). Auf Antrag kann das Gericht die Höhe der Unterhaltsrente auf Grund der sozialen und wirtschaftlichen Verhältnisse der Parteien in den kommenden Jahren festlegen (Art. 365 V ZGB).

Ungarn

1. Kinderunterhalt

210   Er richtet sich für die **minderjährigen Kinder** nach §§ 69 A ff. des Familiengesetzes[423] (FamG) und wird ergänzt durch die Regelungen über den Verwandtenunterhalt (§§ 60 ff. FamG).[424] Zum Unterhalt gehört alles, was der Bedürftige zu seinem Lebensunterhalt benötigt, auch die Kosten für Erziehung und Ausbildung (§ 65 FamG). Minderjährig ist ein Kind bis zur Vollendung des 18. Lebensjahres (§ 12 II ZGB). Jedoch wird bereits von einem 16-jährigen Kind in der Regel erwartet, dass es einer Beschäftigung nachgeht, falls es nicht in Ausbildung steht.[425] Die Eltern sind verpflichtet, auch zu Lasten des eigenen notwendigen Unterhalts alles mit ihren minderjährigen Kindern zu teilen, was ihnen zum gemeinsamen Unterhalt zur Verfügung steht (§ 69 A I S. 1 FamG). Diese gesteigerte Unterhaltspflicht ist nicht maßgebend, wenn der Kindesunterhalt aus eigenen Vermögenserträgen gedeckt ist oder ein anderer gradliniger Verwandter (s. Rn. 9/218 a) verpflichtet werden kann (§ 69 A I S. 2 FamG). Leben die Eltern getrennt, leistet der betreuende Elternteil Unterhalt in Natur, der andere zahlt eine monatliche Geldrente (§ 69 A II FamG). Auch wenn das Kind im Haushalt des unterhaltspflichtigen Elternteils lebt, dieser aber nicht für das Kind sorgt, muss er Leistungen in Geld erbringen (§ 69 D I FamG). Der Kindesunterhalt geht dem Ehegatten- und dem Verwandtenunterhalt im Rang vor (§ 64 I, II FamG). Nach den Grundsätzen des Verwandtenunterhalts ist ein Stiefkind unterhaltsberechtigt, dass mit Einverständnis im gemeinsamen Haushalt lebt (§ 62 I FamG).

211   Die **Höhe** des Unterhalts richtet sich nach den Einkommens- und Vermögensverhältnissen beider Eltern unter Berücksichtigung weiterer unterhaltsberechtigter Kinder und den tatsächlichen Bedürfnissen des Kindes unter Berücksichtigung seines eigenen Einkommens (§ 69 C I S. 2 FamG). Im Regelfall werden pro Kind etwa 15–25% des monatlichen Durchschnittsverdienstes des Unterhaltspflichtigen angesetzt, insgesamt jedoch nicht mehr als die Hälfte seines Einkommens (§ 69 C I S. 1, II FamG). Lebt der Unterhaltspflichtige aus dienstlichen Gründen im Ausland, ist sein letztes ausländisches Einkommen maßgebend.[426] Dann kommt eine Anpassung im Verhältnis von Verbrauchergeldparität und Devisenkurs in Betracht (s. o. Rn. 9/24 ff.). Bei mehreren unterhaltsberechtigten Kindern ist eine gleichmäßige Behandlung sicherzustellen, insbesondere wenn sie nicht in einem Haushalt erzogen werden (§ 69 C II S. 2 FamG). Der Unterhalt kann in einem bestimmten Betrag, prozentual von einem bestimmten Verdienst oder als Summe dieser beiden Möglichkeiten festgesetzt werden (§ 69 C III FamG). Wird der Unterhalt prozentual festgesetzt, muss zugleich der Grundbetrag angegeben werden, um eine spätere Anpassung zu ermöglichen (§ 69 C IV FamG). Der eigene notwendige Unterhalt, der allgemein als **Selbstbehalt** verbleiben muss (§ 66 I FamG), kann durch die gesteigerte Unterhaltspflicht gegenüber minderjährigen Kindern auch unterschritten werden (§ 69 A I FamG).

212   Haben die Eltern keine Vereinbarung geschlossen, entscheidet das Gericht über den Kindesunterhalt (§ 69 B FamG). Für die **Vergangenheit** kann grundsätzlich nur für 6 Monate Unterhalt geltend gemacht werden, hatte ein Unterhaltsberechtigter den Anspruch schuldlos noch nicht geltend gemacht auch für einen längeren Zeitraum (§ 68 I, II FamG). Im Interesse des Minderjährigen sind neben dem sorgeberechtigten Elternteil, der aus

---

[423] Gesetzes Nr. IV/1986 über die Änderung des Gesetzes Nr. IV/1952 über die Ehe, die Familie und die Vormundschaft in der Fassung des Gesetzes XXXI/1996, zuletzt geändert durch Gesetz XLIV/2002 vom 5. 11. 2002
[424] Bergmann/Ferid/Henrich, a. a. O., Ungarn, S. 28
[425] Gralla/Leonhardt/Rupp, Das Unterhaltsrecht in Osteuropa, 1989 Abschnitt Ungarn S. 304
[426] OG Nr. 344 PJD

eigenem Recht klagen kann ($\S$ 67 II FamG), auch die Vormundschaftsbehörde und der Staatsanwalt befugt, Klage auf Unterhalt zu erheben ($\S$ 67 I FamG).

Eine **Unterhaltsabänderung** ist bei wesentlicher Änderung der zugrunde liegenden 213 Verhältnisse möglich, eine Erhöhung auch dann, wenn in einer abzuändernden Vereinbarung der Unterhalt erheblich unter dem, was nach dem Gesetz hätte verlangt werden können, festgelegt worden ist ($\S$ 69 I, II FamG).

Ein **volljähriges Kind** kann Unterhalt verlangen, wenn es infolge Studiums bedürftig ist 214 ($\S$ 60 II FamG). Dabei muss der eigene notwendige Unterhalt des Unterhaltpflichtigen gewahrt bleiben ($\S$ 66 I FamG).

Die Bestimmungen über den Verwandtenunterhalt haben auch erhebliche Bedeutung für 215 die Unterhaltspflicht der Eltern. Ein Wegfall des Unterhaltsanspruchs wegen Unwürdigkeit ist insoweit nach dem Gesetz ($\S$ 60 IV FamG) als auch nach ständiger Rechtsprechung nur in ganz besonderen Ausnahmefällen möglich.[427] Der Unterhaltsanspruch eines volljährigen Kindes kann aber z. B. durch ein grundlos beleidigendes Verhalten gegenüber den Eltern entfallen.[428]

2. Ehegattenunterhalt

Trennung. Ein Ehegatte schuldet dem anderen Unterhalt, wenn dieser ohne eigenes 216 Verschulden bedürftig ist, der Unterhalt nicht den eigenen und den eines gleichrangigen Unterhaltsberechtigten gefährdet und der andere Ehegatte nicht unterhaltsunwürdig ist. Heranzuziehen ist zunächst das gemeinsame Vermögen, dann das Sondergut des Unterhaltspflichtigen ($\S$ 32 III FamG; in Ungarn ist gesetzlicher Güterstand die Gütergemeinschaft mit gemeinsamem Vermögen und Sondergut, $\S$ 27 I FamG. Die Unterhaltspflicht besteht jedoch im Prinzip auch, wenn keine Gütergemeinschaft besteht).

Scheidung. Voraussetzung für einen **nachehelichen Unterhalt** ist, dass der Ehegatte 217 ohne eigenes Verschulden bedürftig geworden ist, z. B. durch Krankheit oder Alter. Die Dauer der Ehe spielt dabei keine Rolle.[429] Der Unterhaltsberechtigte ist zwar nur in beschränktem Umfang verpflichtet, den Stamm seines Vermögens aufzubrauchen, eine ihm zumutbare Arbeit muss er aber annehmen. Eine Grenze findet der Unterhaltsanspruch in der **Leistungsfähigkeit** des Verpflichteten und damit in der Gefährdung des eigenen Unterhalts des Unterhaltspflichtigen und derjenigen Personen, denen er mindestens gleichrangig zu Unterhalt verpflichtet ist ($\S$ 21 I FamG). Der Unterhalt wird jeweils für den Einzelfall festgelegt, Tabellen- oder Pauschalsätze gibt es nicht.[430] Abzudecken ist nur das Nötige für die Lebensführung. Zu zahlen ist eine monatliche Geldrente. Sie kann **zeitlich begrenzt** werden, wenn anzunehmen ist, dass die Unterhaltspflicht mit Ablauf der Frist endet ($\S$ 21 II FamG). Unabhängig davon endet sie im Falle der Wiederheirat des Berechtigten ($\S$ 22 II FamG), bei nachträglicher Unwürdigkeit oder bei Wegfall der Bedürftigkeit. Tritt die Bedürftigkeit neu auf, lebt auch der Unterhaltsanspruch wieder auf ($\S$ 22 II S. 2 FamG). Die Unwürdigkeit des Berechtigten wird nicht von Amts wegen geprüft sondern nur dann, wenn der Unterhaltspflichtige sich darauf beruft. Eine Unwürdigkeit im Zeitpunkt der Scheidung liegt vor, wenn der Unterhaltsberechtigte mit seinem Verhalten die moralische Grundlage der Ehe schwer verletzt hat und diese Verletzung dann zur Scheidung führte. Dabei muss aber auch das Verhalten des Unterhaltspflichtigen während der Ehe berücksichtigt werden. War sein Verhalten ebenfalls schwer ehewidrig, kann er sich nicht auf Unwürdigkeit berufen. Beruht die Unwürdigkeit hingegen auf einem späteren Verhalten des Unterhaltsberechtigten, kann das Verhalten des Unterhaltspflichtigen während der Ehe nicht berücksichtigt werden. Dann ist der Berechtigte unwürdig, wenn er vorsätzlich die Interessen des unterhaltspflichtigen Ehegatten in persönlicher oder finanzieller Hinsicht verletzt (Verleumdung, Strafanzeige, Zufügung eines finanziellen Schadens usw.) oder ein schwer

---

[427] Bergmann/Ferid/Henrich, a. a. O., S. 28
[428] So ausdrücklich OG Nr. 353, PJD. S i ü u III B 6
[429] Gralla/Leonhardt/Rupp, a. a. O., S. 319; Bergmann/Ferid/Henrich, a. a. O., S. 22 f.
[430] Gralla/Leonhardt/Rupp, a. a. O., S. 319

gesellschaftsfeindliches Verhalten zeigt (liederlicher Lebenswandel, Begehung schwerer Straftaten usw.).[431] Eine Verzeihung des Unterhaltpflichtigen schließt die Unwürdigkeit aus. Tritt die Unterhaltsbedürftigkeit erst nach Ablauf von fünf Jahren seit der Scheidung auf, kann der bedürftige Ehegatte nur ganz ausnahmsweise Unterhalt verlangen (besondere Billigkeitsgründe, § 22 III FamG).[432]

218   Eine **Abänderung** des Unterhalts ist möglich (§ 22 I FamG), wenn sich die einer Vereinbarung oder einem Urteil zugrunde liegenden Umständen wesentlich geändert haben. Ein Verzicht auf Unterhalt ist nur dann wirksam, wenn er entgeltlich war.

3. Verwandtenunterhalt

218 a   Nach § 61 I, II FamG sind (neben dem Kindes- und Ehegattenunterhalt) in erster Linie die Abkömmlinge, danach Verwandte der aufsteigenden Linie zum Unterhalt verpflichtet. Der in der Abstammungsordnung näher stehende Verwandte haftet vor dem entfernteren Verwandten (§ 61 III FamG). **Nachrangig** sind auch volljährige Geschwister zum Unterhalt verpflichtet, aber nur dann, wenn sie zur Leistung imstande sind, ohne ihren eigenen Unterhalt, den Unterhalt ihres Ehegatten oder den Unterhalt eigener Verwandter in gerader Linie zu gefährden (§ 61 IV FamG). Unterhaltspflichtig ist auch ein Stiefkind, wenn der unterhaltsbedürftige Elternteil längere Zeit für seinen Unterhalt gesorgt hat (§ 62 II FamG). Mehrere gleichrangige Unterhaltspflichtige haften anteilig nach ihren Erwerbs-, Einkommens- und Vermögensverhältnissen. Dabei ist eine persönliche Betreuungsleistung zu berücksichtigen (§ 63 I, II FamG). Der Unterhaltsanspruch eines Kindes geht dem der (gleichrangigen) Ehegatten und geschiedenen Ehegatten, dieser den übrigen Verwandten (§ 64 II FamG), die Kinder und Eltern den weiteren Verwandten, die Abkömmlinge den Verwandten der aufsteigenden Linie und die näheren Verwandten den entfernteren vor (§ 64 I FamG). Auf Antrag kann das Gericht in begründeten Fällen eine abweichende Reihenfolge festsetzen (§ 64 III FamG). Der Anspruch **umfasst** alles, was der Berechtigte zum Lebensunterhalt benötigt. Für Abkömmlinge und Geschwister erstreckt er sich auch auf die Kosten der Erziehung und Ausbildung (§ 65 I FamG). Die Unterhaltspflicht erstreckt sich auch auf die Kosten der Betreuung infolge hohen Alters oder Pflegebedürftigkeit (§ 65 II FamG). Nicht zum Unterhalt verpflichtet ist, wer dadurch seinen eigenen notwendigen Unterhalt gefährden würde (§ 66 I FamG). Der Unterhalt kann **rückwirkend** für sechs Monate geltend gemacht werden, darüber hinaus nur, wenn dem Berechtigten keine Versäumnis bei der Geltendmachung des Anspruchs vorwerfbar ist (§ 68 I, II FamG). Bei veränderten Umständen kann eine **Anpassung** des Unterhalts oder ein Wegfall der Unterhaltspflicht verlangt werden. Eine Erhöhung kommt auch in Betracht, wenn der Unterhalt von Beginn an mit einem erheblich kleineren Betrag als vom Gesetz geschuldet festgesetzt war (§ 69 I, II FamG).

Vereinigte Staaten von Amerika (USA)

219   In den USA fällt das Unterhaltsrecht in die Zuständigkeit der 50 Einzelstaaten und weiterer Territorien. Diese verfügen jedoch nicht alle über vollständige und einheitliche Regelungen. Es gibt Leitgesetze (uniform acts), die jeweils aber nicht in sämtlichen Staaten und Territorien eingeführt oder voll anerkannt sind. Soweit sie nachfolgend dargestellt sind, gilt dies mit dieser Einschränkung. Die wichtigsten und einschlägigen Leitgesetze sind:
- das Heirats- und Scheidungsgesetz von 1970 (uniform marriage and divorce act – UMDA),[433]

---

[431] So das Grundsatzurteil des OG Nr. XXXVII

[432] Gralla/Leonhardt/Rupp, a. a. O., S. 320

[433] Geändert 1971 und 1973; ratifiziert von den Bundesstaaten Arizona, Colorado, Illinois, Kentucky, Minnesota, Missouri, Montana und Washington; zum amerikanischen Recht der Ehescheidung vgl. Krause, FamRZ 1998, 1406, 1407 ff.

- das Gesetz über die bürgerlich-rechtliche Unterhaltpflicht von 1954 (uniform civil liability for support act – UCLSA),[434]
- das Gesetz über den zwischenstaatlichen (US-internen) Familienunterhalt von 1992 (uniform interstate family support act – UIFSA),[435]
- für nichteheliche Kinder das Elterngesetz von 1973 (uniform parentage act – UPA).[436]
- Für die Durchsetzung wichtig ist das revidierte Gesetz über die gegenseitige Vollstreckung von Unterhalt (uniform reciprocal enforcement of support act 1968 revised act – URESA).[437]

Das UIFSA enthält hauptsächlich – neben Begriffsbestimmungen – Regelungen zur Zuständigkeit sowie zum Verfahren und zur Vollstreckung. Es hat ergänzenden Charakter (§ 103), ist aber im Vordringen begriffen gegenüber dem URESA.[438] Nach einem Bericht des Deutschen Instituts für Vormundschaftswesen (DIV) werden die amerikanischen Unterhaltsfälle in der Regel noch nach dem URESA abgewickelt.[439]

1. Kinderunterhalt

Nach dem Gesetz über die bürgerlich-rechtliche Unterhaltpflicht hat jeder Mann (§ 2 **220** UCLSA) und jede Frau (§ 3 UCLSA) seinem/ihrem Kind Unterhalt zu leisten, unabhängig davon, ob einer von ihnen und ggf. wer die elterliche Sorge ausübt.[440] Das gilt sowohl für eheliche als auch für Kinder, die nicht aus einer Ehe hervorgegangen sind. Die Eltern sind anteilig im Verhältnis ihrer Mittel zum Kindesunterhalt verpflichtet,[441] wobei die Mittel des Kindes nur dann heranzuziehen sind, wenn die Eltern nicht leistungsfähig sind.[442] Bei Trennung oder Scheidung kann das Gericht nach § 309 UMDA den Unterhalt gegen den regelmäßig nicht sorgeberechtigten, unterhaltspflichtigen Elternteil festsetzen, wobei zu berücksichtigen sind:
- die verfügbaren Mittel des Kindes, nach § 6 (b), (d) und (e) UCLSA das Vermögen und Einkommen der Parteien sowie die Erwerbsfähigkeit und der Bedarf des Unterhaltsberechtigten,
- die verfügbaren Mittel des Inhabers des Sorgerechts, nach § 6 (b) und (c) UCLSA das Vermögen und Einkommen der Parteien sowie die Erwerbsfähigkeit des Unterhaltspflichtigen,
- der Lebensstandard, der für das Kind gegolten hätte, wenn die Ehe nicht aufgelöst worden wäre, nach § 6 (a) UCLSA der Lebensstandard der Parteien, denn das minderjährige Kind hat Anspruch darauf, in dem Maße unterstützt und aufgezogen zu werden, wie es der

---

[434] Das Gesetz hat den Zweck, die Anwendung des URESA zu fördern und zu erleichtern; es wurde ratifiziert von den Bundesstaaten California, Maine, New Hampshire und Utah

[435] Das Gesetz überlagert das URESA; Rechtsprechung ist dazu noch nicht nachgewiesen

[436] Das Gesetz wurde ratifiziert von den Bundesstaaten Alabama, California, Colorado, Delaware, Hawaii, Illinois, Kansas, Minnesota, Missouri, Montana, Nevada, New Jersey, New Mexiko, North Dakota, Ohio, Rhode Island, Washington und Wyoming

[437] Durch dieses Gesetz ist 1968 ein vorangegangenes Gesetz teilweise ersetzt, erweitert und ergänzt worden. Es ist ratifiziert worden von den Bundesstaaten Arizona, Arkansas, California, Colorado, Florida, Georgia, Hawaii, Idaho, Illinois, Iowa, Kansas, Kentucky, Louisiana, Maine, Michigan, Minnesota, Montana, Nebraska, Nevada, New Hampshire, New Jersey, New Mexico, North Carolina, North Dakota, Ohio, Oklahoma, Oregon, Pennsylvania, Rhode Island, South Carolina, South Dakota, Texas, Vermont, Virginia, West Virginia, Wisconsin und Wyoming

[438] Reimann, Einführung in das US-amerikanische Privatrecht, 2. Aufl. 2004, S. 186, 197

[439] DAVorm 1996, 595. Zu den Entwicklungstendenzen mit dem Ziel einer zwischenstaatlichen Angleichung des Kindesunterhalts und dessen Vereinfachung der Vollstreckung vgl. Battes/Korenke, FuR 1995, 194

[440] Bergmann/Ferid/Henrich, a. a. O., USA, S. 48 f, 58 und 106, Fn. 71; Lyons v. Municipal Court, Central Orange County Iudicial Dist. 1977, 142 Cal Rptr 449, 75 Cal. App. 3 d 829; Armstrong v. Armstrong 1976, 126 Cal. Rptr 805, 15 Cal. 3 d 942, 544 P 2 d 941

[441] Crookham v. Smith, 1977, 137 Cal Rptr 428, 68 Cal. App 3 d 773

[442] Bergmann/Ferid/Henrich, a. a. O., S. 106, Fn. 71; Armstrong v. Armstrong 1976, 126 Cal. Rptr 805, 15 Cal. 3 d 942, 544 P 2 d 941

Stellung der Eltern in der Gesellschaft entspricht.[443] Das gilt auch für die medizinische Versorgung,[444]
- die körperliche und seelische Situation des Kindes,
- sein Erziehungsbedarf,
- nach § 6 (f) UCLSA das Alter der Parteien, wobei die Vollendung des 18. Lebensjahres für sich allein kein Anlass ist, den Unterhalt zu erhöhen, zu verringern oder zu streichen,[445]
- die finanziellen Mittel und der Bedarf des nicht sorgeberechtigten Elternteils.[446]

221   Dazu gibt es gesetzliche Richtlinien, die sich jedoch in den Einzelstaaten voneinander unterscheiden.[447] Selbst wenn in dem Scheidungsurteil keine Unterhaltpflicht ausgesprochen oder eine solche sogar abgewiesen wurde, kann bei später auftretender Bedürftigkeit des Kindes noch Kindesunterhalt verlangt werden. Die Unterhaltspflicht gegenüber einem Kind endet grundsätzlich mit Eintritt dessen Volljährigkeit, § 316 c UMDA, das ist in den meisten Staaten die Vollendung des 18. Lebensjahres. Die Tendenz der US-Gerichte geht jedoch dahin, die Unterhaltspflicht im Falle einer Ausbildung, insbesondere eines Studiums, über das 18. Lebensjahr hinaus auszudehnen.[448] Sind volljährige Kinder sonst, z. B. wegen Krankheit oder Geschäftsunfähigkeit, außer Stande, sich selbst zu unterhalten, sind die Eltern nach dem Recht einzelner Staaten (aber nicht überall) weiterhin unterhaltspflichtig.[449]

222   Die **Abänderung** einer gerichtlichen Unterhaltsfestsetzung ist nur bei schwerwiegenden und andauernden Änderungen der Umstände und nur für die Zukunft möglich, wenn dadurch die ursprüngliche Unterhaltsfestsetzung „unvernünftig" (unconscionable) geworden ist, § 316 a UMDA. Nach § 7 UCLSA soll sich das Gericht die Zuständigkeit bewahren, die Unterhaltsfestsetzung zu ändern oder aufzuheben, wenn dies gerecht ist. Rückstände können noch für einen Zeitraum von 10 Jahren vollstreckt werden und sind nicht abänderbar, wenn sie gerichtlich festgesetzt waren.[450]

222 a   In der Praxis stellt sich häufig die **Aufenthaltsermittlung** eines in die USA zurückgekehrten Elternteils als Problem dar. Ist der Aufenthalt nicht bekannt und auch nicht über den Unterhaltsberechtigten in Erfahrung zu bringen, empfiehlt sich eine Anfrage bei den in jedem Bundesstaat angesiedelten Parent-Locator-Services,[451] die bei der Suche nach Elternteilen behilflich sind. Handelt es sich bei dem Elternteil um einen US-Militärangehörigen, kann zur Ermittlung des aktuellen Aufenthalts auch eine Nachfrage bei den Militärdienststellen in Fort Benjamin, Harrison/Indiana (für aktive Soldaten), in St. Louis/Missouri (für Reservisten und ehemalige Truppenangehörige) und in San Antonio/Texas (für die US-Luftwaffe) weiterhelfen. Sonst besteht die Möglichkeit, das jeweilige Deutsche Generalkonsulat einzuschalten und von dort eine Adressenabfrage beim Department of Motor Vehicles (DMV), der zuständigen Führerscheinbehörde, durchführen zu lassen.

2. Ehegattenunterhalt

223   **Trennung.** Nach dem Gesetz über die bürgerlich-rechtliche Unterhaltspflicht hat der Mann seiner Frau Unterhalt zu leisten (§ 2 UCLSA).[452] Auch die Frau trifft gegenüber

---

[443] Marriage of Ames, 1976, 130 Cal. Rptr 435, 59 Cal. App. 3 d 234
[444] Ballard v. Anderson, 1971, 95 Cal. Rptr 1, 4 Cal. 3 d 873, 484 P 2 d 1345, 42 A. L. R. 3 d 1392
[445] Ganschow v. Ganschow, 1975, 120 Cal. Rptr 865, 14, Cal. 3 d 150, 534 P 2 d 705
[446] Bergmann/Ferid/Henrich, a. a. O., S. 158
[447] Reimann, a. a. O., S. 185; Battes/Flume, Familienrecht im Ausland, FuR 1994, 155; Battes/Korenke, FuR 1995, 194
[448] Reimann, a. a. O., S. 184; Bergmann/Ferid/Henrich, a. a. O., S. 158, Fn. 123
[449] Clark, Domestic Relations, Bd. 1, S. 435 ff.
[450] Szamocki's Marriage, 1975, 121 Cal. Rptr 231, 48 Cal. App. 3 d 812
[451] Für Californien: Parent Locator Service, P. O. Box 419073, Rancho Cordova CA 95741–9073, Tel.: (916) 323–5630, Fax: (916) 323–5669
[452] Bergmann/Ferid/Henrich, a. a. O., S. 106, Fn. 69, 70

ihrem Mann eine Unterhaltspflicht, jedoch nur, wenn der Mann in Not ist (§ 3 UCLSA); eine solche Notlage („when in need") ist (erst) anzunehmen, wenn der Ehemann sämtliche nur erdenklichen Möglichkeiten zur Beschaffung der notwendigen Mittel ausgeschöpft hat.[453] Für die **Höhe** des Unterhalts sind der Lebensstandard beider Ehegatten, ihr Alter, ihre Erwerbsfähigkeit, ihr Einkommen und Vermögen, der Bedarf des Anspruchstellers und die Leistungsfähigkeit des Unterhaltspflichtigen maßgebend (§ 6 UCLSA). Verschulden des Unterhaltspflichtigen ist in der Regel nicht Voraussetzung.[454] Die Bedürftigkeit allein ist jedoch nicht ausschlaggebend, vielmehr kommt es auch auf Gesichtspunkte der Gerechtigkeit an, wodurch ein Fehlverhalten durchaus an Bedeutung gewinnen kann.[455]

Scheidung. Das Gericht kann den Unterhalt regeln, wenn der Anspruchsteller sich **224** selbst, etwa wegen der Kinderbetreuung, nicht durch Arbeit oder Vermögen unterhalten kann.[456] Auch eine lange Ehedauer, verbunden mit Haushaltsführung und Kindererziehung, vermag Unterhaltsansprüche zu rechtfertigen. Bei der nach richterlichem Ermessen festzusetzenden **Höhe und Dauer** spielt das eheliche Verschulden dann eine Rolle, wenn auch die Scheidung auf Verschulden beruht,[457] daneben aber zugleich der eheliche Lebensstandard, die Ehedauer, das Alter, die gesundheitliche Situation des Anspruchstellers sowie die Leistungsfähigkeit des Unterhaltspflichtigen (§ 308 b UMDA).[458] Der Unterhalt kann auf Dauer oder auf Zeit zuerkannt werden; die Tendenz geht aber dahin, den Unterhalt bis zur Wiedereingliederung des Berechtigten in das Berufsleben zu befristen oder bis er sonst für sich selbst sorgen kann.[459] In einigen Staaten endet der Unterhaltsanspruch mit Auflösung der Ehe,[460] es sei denn, das Gericht hat im Scheidungsverbund nachehelichen Unterhalt zugesprochen.[461] Der Unterhaltsanspruch endet, wenn eine Partei stirbt oder wenn die Parteien eine Vereinbarung über die Erledigung treffen. Bei Wiederheirat des Unterhaltsberechtigten endet der Unterhaltsanspruch in einigen Bundesstaaten kraft Gesetz,[462] in anderen kann auf Abänderung der Unterhaltsanordnung geklagt werden. Geht der Unterhaltsberechtigte eine eheähnliche Beziehung ein, kann in den meisten Staaten auf Aufhebung der Unterhaltsverpflichtung geklagt werden.[463] Wird der Unterhalt nicht im Scheidungsverfahren geltend gemacht, besteht die Gefahr der Verspätung.[464]

Zahlt der Unterhaltsschuldner nicht, kann gegen ihn ein Verfahren wegen „contempt of court" (Missachtung des Gerichts) eingeleitet werden. Außerdem ist die Vollstreckung in sein Vermögen möglich.

Die Darstellung des Unterhaltsrechts aller Einzelstaaten und Territorien ist aus Raumgründen, aber auch mangels hinreichender Rechtsquellen leider nicht möglich. Andeutungen finden sich u. a. vereinzelt bei Bergmann/Ferid/Henrich, Internationales Ehe- und Kindschaftsrecht, Länderabschnitt USA oder unter der Homepage der Bundesnotarkammer „www.dnoti.de/Notarlinks_International.htm".

---

[453] Bergmann/Ferid/Henrich, a. a. O., S. 106, Fn. 72; Disabled and Blind Action Committee of California v. Jenkins, 1974, 118 Cal. Rptr 536, 44, Cal. App. 3 d 74; Reimann a. a. O. S. 180 f.

[454] Bergmann/Ferid/Henrich, a. a. O., S. 56 f., 43

[455] Reimann, a. a. O., S. 185

[456] Bergmann/Ferid/Henrich, a. a. O., S. 45

[457] Reimann, a. a. O., S. 185

[458] Reimann, a. a. O., S. 185

[459] Reimann, a. a. O., S. 185 f.; Bergmann/Ferid/Henrich, a. a. O., S. 45

[460] Bergmann/Ferid/Henrich, a. a. O., S. 44, 57

[461] Vgl. auch Reimann, a. a. O., S. 186

[462] So in Alabama, Arizona, California, Colorado, Illinois, Minnesota, Missouri, New York, Oklahoma, Utah, Virginia und Washington

[463] Bergmann/Ferid/Henrich, a. a. O., S. 44, Fn. 32

[464] Bergmann/Ferid/Henrich, a. a. O., S. 57, Fn. 111

2. Abschnitt: Verfahrensrecht einschließlich Vollstreckung

I. Rechtsquellen

225   Eine systematische Kodifizierung des internationalen Zivilprozessrechts (IZPR), vergleichbar derjenigen des materiellen internationalen Privatrechts (IPR), gibt es nicht. Nach wie vor herrschend ist der Grundsatz, dass jedes Gericht sein eigenes Verfahrensrecht (sog. **lex fori**) anwendet. Der deutsche Unterhaltsrichter wendet sonach in der Regel die ZPO an. Im Bereich des internationalen Verfahrensrechts sind jedoch, wie beim internationalen materiellen Recht, Staatsverträge, insbesondere zur internationalen Zuständigkeit, zur Anerkennung und Vollstreckung von Entscheidungen und zur internationalen Zusammenarbeit, zu beachten, die grundsätzlich dem autonomen, innerstaatlichen Recht vorgehen.[1]

226   Die internationale Zuständigkeit sowie die Anerkennung und Vollstreckung ausländischer Unterhaltsentscheidungen wird – abhängig von den jeweils beteiligten Ländern – in verschiedenen Abkommen, Verordnungen und Gesetzen geregelt. Dazu gehören insbesondere
- der „Vorschlag der Europäischen Kommission für eine Verordnung des Rats über die Zuständigkeit und das anwendbare Recht in Unterhaltssachen, die Anerkennung und Vollstreckung von Unterhaltsentscheidungen und die Zusammenarbeit im Bereich der Unterhaltspflichten"[2] wird gegenwärtig noch in den europäischen Gremien diskutiert. Angestrebt ist eine europaweite Geltung dieser Verordnung bis zum 1. Januar 2009 (vgl. auch Rn. 9/1 zum materiellen Recht).[3]
- das **Haager Übereinkommen über die Anerkennung und Vollstreckung von Unterhaltsentscheidungen vom 2. 10. 1973 (HUVÜ 73)**,[4] nicht zu verwechseln mit dem Haager Übereinkommen über das auf Unterhaltspflichten anwendbare Recht (HUÜ 73) vom gleichen Tage (Rn. 9/1).
  Das HUVÜ 73 gilt in der Bundesrepublik Deutschland seit 1. 4. 1987. Weitere Mitgliedstaaten sind Australien, Belgien, Dänemark, Estland, Finnland, Frankreich, Griechenland,[5] Großbritannien, Italien, Litauen,[6] Luxemburg, die Niederlande, Norwegen, Polen, Portugal,[7] Schweden, Schweiz, die Slowakei,[8] Spanien, Tschechien, Türkei und die Ukraine.[9] Das Abkommen regelt die Vollstreckung von familienrechtlichen Unterhaltsentscheidungen und Vergleichen über die Unterhaltspflichten nach dem HUÜ 73 (vgl. Rn. 9/1) und ist in seinem Anwendungsbereich an die Stelle des Haager Übereinkommens über Unterhaltspflichten gegenüber Kindern vom 24. 10. 1956 (s. u.) getreten.
  Nach Art. 26 des Übereinkommens kann sich allerdings jeder Vertragsstaat vorbehalten, Vergleiche oder Entscheidungen zum nachehelichen Unterhalt oder zum Kindesunterhalt

---

[1] Vgl. Looschelders/Boos FamRZ 2006, 374 ff.; Kropholler, Europäisches Zivilprozessrecht, 8. Aufl. 2005, Einl. Rn. 13; Geimer/Schütze, Europäisches Zivilverfahrensrecht, 2. Aufl. 2004, Einl. Rn. 23; Garbe/Ullrich/Andrae Prozesse in Familiensachen § 11 Familiensachen mit Auslandsberührung; zur Vollstreckung deutscher Unterhaltstitel im Ausland vgl. Hohloch FPR 2006, 244; zur internationalen Durchsetzung von Kindesunterhalt im Ausland vgl. Faetan/Schmidt FPR 2006, 258

[2] Ratsdokument 5199/06 JUSTCIV 2; BR-Drucksache 30/06 vom 17. 1. 2006; zu noch weiter gehenden Bemühungen um eine europäische Rechtsangleichung vgl. Pintens FamRZ 2005, 1597, 1601 ff.

[3] Vgl. Looschelders/Boos FamRZ 2006, 374, 383, Wagner FamRZ 2006, 979 ff., Boele-Woelki/Mom FPR 2006, 232, Linke FPR 2006, 237 und Kohler/Pintens FamRZ 2007, 1481, 1482 f.

[4] BGBl 1986 II S. 825; vgl. auch Baumbach/Albers, ZPO 66. Aufl. 2008, Schlussanhang V A 2; im Internet unter: www.hcch.net/upload/text23 d.pdf

[5] Vgl. FamRZ 2006, 1084

[6] Vgl. FamRZ 2003, 1717

[7] Zu Portugal vgl. BGH, NJW 2004, 3189

[8] Zur Slowakei vgl. OLG Jena, DAVorm 1995, 1086

[9] S. die Übersicht im Internet unter www.hcch.net/index_en.php?act=conventions.status&cid=85; zu dem Verhältnis zum Luganer Übereinkommen vgl. BGH, FamRZ 2008, 390 f. = R 686 b

nach vollendetem 21. Lebensjahr weder anzuerkennen noch für vollstreckbar zu erklären. Das hat zu einem Sammelsurium unterschiedlicher Praktiken bei der Anerkennung und Vollstreckung geführt.

Zur Ausführung des Abkommens ist das Gesetz zur Ausführung zwischenstaatlicher Verträge und zur Durchführung von Verordnungen der Europäischen Gemeinschaft auf dem Gebiet der Anerkennung und Vollstreckung in Zivil- und Handelssachen **(Anerkennungs- und Vollstreckungsausführungsgesetz – AVAG)** vom 19. 2. 2001 ergangen.[10] Dieses Ausführungsgesetz gilt zugleich für das HUVÜ 73 als auch für das EuGVÜ und die EG-Verordnung Nr. 44/2001 (EuGVVO, s. u.);

- das Haager Übereinkommen über die Anerkennung und Vollstreckung von Entscheidungen auf dem Gebiet der Unterhaltspflicht gegenüber Kindern vom 15. 4. 1958 (HKUVÜ 58),[11] nicht zu verwechseln mit dem Haager Übereinkommen über das auf Unterhaltspflichten gegenüber Kindern anzuwendende Recht vom 24. 10. 1956[12] (HUÜ 56). Das Abkommen vom 15. 4. 1958 gilt nur noch gegenüber Liechtenstein, Surinam und Ungarn.[13] Dazu gilt weiterhin das Ausführungsgesetz vom 18. 7. 1961;

- die **Verordnung (EG) Nr. 44/2001 vom 22. 12. 2000** des Rates über die gerichtliche **226a** Zuständigkeit und die **Anerkennung und Vollstreckung von Entscheidungen in Zivil- und Handelssachen (Brüssel I-Verordnung – EuGVVO).**[14] Diese Verordnung hat nach Art. 68 EuGVVO seit ihrem Inkrafttreten zum 1. 3. 2002 (Art. 76 EuGVVO) das EUGVÜ (s. u.) im Verhältnis zu den Mitgliedsstaaten der EU ersetzt. Allerdings gilt Teil IV des zugrunde liegenden EG-Vertrages nicht für das Vereinigte Königreich, Irland und Dänemark. In diesen Ländern gilt die Verordnung deswegen nicht originär; sie können sich aber gemäß dem Protokoll im Anhang zum EG-Vertrag für eine Beteiligung entscheiden. Das war für Großbritannien und Irland, zunächst aber nicht für Dänemark (vgl. Art 1 III EuGVVO) geschehen. Im Verhältnis zu Dänemark galt das EuGVÜ (s. u.) deswegen fort, bis zum Inkrafttreten des Abkommens zwischen der EU und Dänemark vom 19. 10. 2005 über die gerichtliche Zuständigkeit und die Anerkennung und Vollstreckung von Entscheidungen in Zivil- und Handelssachen.[15] Die Verordnung gilt auch nicht für die in Art. 299 des EG-Vertrages ausgenommenen Territorien.[16]

Das **Verhältnis** zu anderen Übereinkommen regelt Art. 71 EuGVVO. Danach lässt die Verordnung Übereinkommen unberücksichtigt, in denen die Mitgliedstaaten für besondere Rechtsgebiete die gerichtliche Zuständigkeit, die Anerkennung oder die Vollstreckung von Entscheidungen regeln. Diese Verweisung, die auch das HUVÜ 73 erfasst, steht jedoch unter der Maßgabe, dass für den Titelgläubiger in jedem Fall die Möglichkeit besteht, das Verfahren der Vollstreckbarerklärung nach den Art. 38 ff. EuGVVO in Anspruch zu nehmen (Art. 71 II b 3 EuGVVO), wenn das Spezialabkommen insoweit keinen Vorrang beansprucht. Ist das Abkommen, wie das HUVÜ 73, im Hinblick auf die Ausgestaltung des Verfahrens offen, besteht keine Notwendigkeit, dem Gläubiger eines Unterhaltstitels das effektive Vollstreckbarerklärungsverfahren nach dem EuGVVO vorzuenthalten. In solchen Fällen kann der Titelgläubiger das ihm am zweckmäßigsten erscheinende Verfahren nebst jeweiligem Ausführungsgesetz nach seiner freien Entscheidung aus den Art. 38 ff. EuGVVO einerseits und dem Spezialabkommen andererseits auswählen.[17]

In **zeitlicher** Hinsicht gilt das EuGVVO nur für solche Klagen, die nach dem Inkrafttreten der Verordnung am 1. 3. 2002 erhoben worden sind (Art. 66 I, 76 EuGVVO).[18]

---

[10] In der Fassung vom 17. 4. 2007 BGBl I S. 529, Schönfelder Ergänzungsband Nr. 103a; BGH, FamRZ 2004, 1023; vgl. auch Rn. 9/261

[11] BGBl 1961 II S. 1006

[12] BGBl 1961 II S. 1013

[13] Zu seinem Geltungsbereich vgl. OLG Köln, FamRZ 1995, 1430: nur für vor Inkrafttreten des HUVÜ 73 fällig gewordene Unterhaltsforderung

[14] Schönfelder Ergänzungsband Nr. 103; vgl. auch Zöller/Geimer, ZPO 26. Aufl. 2007, Anhang I A

[15] ABl EU vom 16. 11. 2005 L 299/62

[16] Die VO gilt deswegen nicht für die britische Kanalinsel Jersey, vgl. BGH NJW 1995, 264 zum EuGVÜ und auch nicht für die britische Insel Anguilla/Karibik, vgl. BGH NJW-RR 2005, 148

[17] BGHZ 171, 310 = FamRZ 2007, 989, 990 und FamRZ 2008, 390, 391 = R 686b

[18] BGHZ 171, 310 = FamRZ 2007, 989, 990; FamRZ 2007, 717 = R 670; FamRZ 2005, 1987

Eine Anerkennung und Vollstreckung von Entscheidungen ist nach dieser Verordnung aber auch dann möglich, wenn zwar die Klage vor dem Inkrafttreten erhoben wurde, die Entscheidung aber danach ergangen ist und für alle beteiligten Staaten bei Klagerhebung das EuGVÜ oder das Lugano-Abkommen (s. u.) in Kraft getreten war (§ 66 II EuGVVO).

Die EuGVVO ist nach Art. 1 I auf **Zivil- und Handelssachen** anzuwenden, ohne dass es auf die Art der Gerichtsbarkeit ankommt. Ausgenommen sind allerdings Steuer- und Zollsachen sowie verwaltungsrechtliche Angelegenheiten. Nach Art. 1 II a ist die Verordnung auch nicht auf das eheliche Güterrecht anwendbar, was zu Abgrenzungsproblemen bei verschiedenen ausländischen Rechtsordnungen führen kann (s. Rn. 9/228). In **Unterhaltssachen** ist die VO allerdings nicht auf Ansprüche zwischen den unmittelbaren Unterhaltsparteien beschränkt. Der Begriff „Zivilsache" erfasst vielmehr auch eine Rückgriffsklage, mit der eine öffentliche Stelle gegenüber einer Privatperson die Rückzahlung von Beträgen verfolgt, die sie als Sozialhilfe an den geschiedenen Ehegatten oder an das Kind dieser Person gezahlt hat, soweit für diese Klage die allgemeinen Vorschriften über Unterhaltsverpflichtungen gelten.[19] Das gilt nicht, wenn die Rückgriffsklage auf Bestimmungen gestützt ist, mit denen der Gesetzgeber der öffentlichen Stelle eine eigene, besondere Befugnis verliehen hat.[20] Wegen des engen Zusammenhangs ist auch eine Klage auf Ausgleich der durch Realsplitting entstandenen steuerlichen Nachteile (vgl. Rn. 1/583 f.) Unterhaltssache im Sinne der Verordnung, auch soweit sich daraus die besondere örtliche Zuständigkeit des Unterhaltsberechtigten ergibt.[21]

Die Verordnung regelt insbesondere die internationale Zuständigkeit (Kapitel II, Art. 2 bis 31; s. Rn. 228 ff.) sowie die Anerkennung und Vollstreckung ausländischer Entscheidungen (Kapitel III und IV, Art. 32 bis 58; s. Rn. 259 ff.). Die Vorschriften über die Zuständigkeit gelten nur für die nach dem 1. 3. 2002 erhobenen Klagen (§ 66 EuGVVO).

Zur Ausführung der europäischen VO hat die Bundesrepublik Deutschland das oben erwähnte **AVAG** erlassen, das auch für das HUÜV 73, das EuGVÜ, das Lugano-Abkommen (§ 1 I Nr. 1 a, b, c, 2 AVAG) sowie bilaterale Abkommen mit Norwegen, Israel und Spanien (§ 1 I Nr. 1 d, e, f AVAG) gilt.[22]

Nach Art. 68 EGV ist der **EuGH zur einheitlichen Auslegung** der EuGVVO berufen.[23]

226 b • das europäische Übereinkommen über die gerichtliche Zuständigkeit und Vollstreckung gerichtlicher Entscheidungen in Zivil- und Handelssachen vom 27. 9. 1968 – **EuGVÜ** – jetzt EuGVÜ 1989.[24] Das Abkommen galt seit dem in Kraft treten der EuGVVO nur noch im Verhältnis zu Dänemark und auch das nur bis zum 19. 10. 2005 (s. o.).

Zur Ausführung des Abkommens ist das oben erwähnte **AVAG** erlassen (§§ 1 I, 37 I Nr. 1, 2 AVAG), das gleichzeitig für die EuGVVO, das HUVÜ 73 und das Lugano-Abkommen gilt;[25]

• das Lugano-Abkommen (LugÜ)[26] vom 16. 9. 1988, welches die damaligen EG- und EFTA-Staaten als Parallelübereinkommen zum EUGVÜ unterzeichnet haben. Das Ab-

---

[19] EuGH FamRZ 2003, 83, 84 (zum inhaltsgleichen EuGVÜ)

[20] Sie gilt also nicht für den öffentlich-rechtlichen Kostenbeitrag nach den Vorschriften des SGB VIII; vgl. insoweit BGH, FamRZ 2007, 377 = R 666 d

[21] BGH, FamRZ 2008, 40

[22] Schönfelder Ergänzungsband Nr. 103 a; vgl. Rn. 9/261

[23] Die Entscheidungen des EuGH können im Internet unter „europa.eu.int" (Kommission) oder „curia.eu.int" (EuGH) abgerufen werden; vgl. auch Zöller/Geimer a. a. O. Anhang I D

[24] BGBl 1972 II S. 773; abgedruckt bei Zöller/Geimer, a. a. O. Anhang I B; vgl. auch Baumbach/ Albers, a. a. O. Schlussanhang V C 1; s. dazu auch Dietze/Schnichels, NJW 1995, 2274; zur Entstehung vgl. Kropholler, a. a. O., Einl. Rn. 1 ff.; zu Reformbestrebungen vgl. Wagner, IPRax 1999, 241 und Huber, IPRax 1999, 29

[25] Schönfelder Ergänzungsband Nr. 103 a; vgl. Rn. 9/261

[26] BGBl 1994 II 2658 ff., 3772 i. V. m. der Bekanntmachung vom 27. März 2008 BGBl 2008 II, 278, veröffentlicht bei Zöller/Geimer, a. a. O. Anhang I C; S. dazu etwa Dietze/Schnichels, NJW 1995, 2274; zur Entstehung vgl. Kropholler, a. a. O., Einl. Rn. 46 ff.

kommen stimmt im Wesentlichen mit dem EuGVÜ überein[27] und gilt heute noch im Verhältnis zur Schweiz;[28]

- das UN-Übereinkommen über die Geltendmachung von Unterhaltsansprüchen im Ausland vom 20. 6. 1956[29]

- das Gesetz zur Geltendmachung von Unterhaltsansprüchen im Verkehr mit ausländischen **226 c** Staaten vom 19. 12. 1986 (**Auslandsunterhaltsgesetz – AUG**) tritt neben das UN-Übereinkommen vom 20. 6. 1956. Unter der Voraussetzung, dass Gegenseitigkeit verbürgt ist (§ 1 II AUG),[30] erleichtert es die Verfolgung und Durchsetzung von Unterhaltsansprüchen im Verhältnis der Bundesrepublik Deutschland zu Staaten außerhalb der EU, mit denen keine völkerrechtlichen Verträge bestehen. Von praktischer Bedeutung ist das Gesetz insbesondere im Verhältnis zu den nordamerikanischen Staaten (der USA und Kanada) sowie zu Südafrika (s. Rn. 9/266).

- bilaterale Abkommen, z. B. zwischen der Bundesrepublik Deutschland und der Schweiz,[31] Norwegen,[32] Israel,[33] Spanien[34] und Tunesien,[35] zum Teil nachrangig, zum Teil konkurrierend mit den obigen Abkommen[36] (vgl. Art. 69 f EuGVVO).

Das Haager Abkommen von 1958 und dasjenige von 1973 gelten neben dem EuGVÜ **227** (Art. 23 HUÜ 73). Der Gläubiger hat ein Wahlrecht, nach welchem günstigeren Abkommen er vorgehen will, Art. 71 EuGVVO steht dem nicht entgegen (s. o.).[37] Ob das autonome, innerstaatliche Recht neben dem (bilateralen) vertraglichen Anerkennungsrecht anwendbar ist (**Günstigkeitsprinzip**), ist durch Auslegung des jeweiligen Vertrages und des autonomen Rechts zu ermitteln. Die EuGVVO geht allerdings dem nationalen Recht vor (unten II 2).[38]

Nach dem Luxemburger Auslegungs-Protokoll vom 3. Juni 1971 i. d. F. des 3. Beitrittsübereinkommens vom 26. Mai 1989[39] ist der EuGH zur einheitlichen Auslegung der EuGVVO berufen.

Die internationale Zusammenarbeit in Zivilsachen wird im Europäischen Bereich durch **227 a** drei weitere EU-Verordnungen erleichtert:[40]

- die Verordnung (EG) Nr. 1348/2000 vom 29. 5. 2000 des Rates über die **Zustellung gerichtlicher und außergerichtlicher Schriftstücke** in Zivil- und Handelssachen in den Mitgliedsstaaten (**EuZustellVO**).[41] Die Verordnung hat zwischen den Mitgliedsstaaten der EU (mit Ausnahme von Dänemark) Vorrang vor sonstigen bilateralen oder multilateralen Übereinkünften. Durch die Verordnung soll, im Interesse eines reibungslosen Binnenmarktes, eine schnelle Übermittlung und Zustellung von Schriftstücken erreicht

---

[27] BGH, FamRZ 2008, 390, WM 2008, 479 und NJW-RR 2005, 150 (gegenüber der Schweiz); vgl. auch Jayme/Kohler IPRax 2000, 454, 462 f.

[28] Die Schweiz ist zum 1. Januar 1992 beigetreten, vgl. die Bekanntmachung in BGBl 1995 II 221; BGH, FamRZ 2008, 390

[29] BGBl 1959 II S. 149 und 2004 II S. 1786, vgl. zuletzt BGBl 2006 II 1008 und 2007 II 904, 1994; vgl. insoweit Katsanou FPR 2006, 255; zum Verfahren vgl. auch Nds.RPfl. 1999, 8 ff.

[30] Zum Verfahren vgl. Wicke FPR 2006, 240; zur Gegenseitigkeit s. die Aufstellung bei Zöller/Geimer a. a. O. Anhang V

[31] Vgl. Baumbach/Albers a. a. O. Schlussanhang V B 1

[32] Vertrag vom 17. 7. 1977 BGBl 1981 II S. 341; vgl. Baumbach/Albers a. a. O. Schlussanhang V B 10

[33] Vertrag vom 20. 7. 1977 BGBl 1980 II S. 925; BGH, NJW-RR 2005, 929

[34] Vertrag vom 14. 11. 1983 BGBl 1987 II S. 34

[35] Vgl. Baumbach/Albers a. a. O. Schlussanhang V B 8

[36] Vgl. die Übersicht bei Baumbach/Albers a. a. O. Schlussanhang V B 1–11

[37] BGHZ 171, 310 = FamRZ 2007, 989, 990 und FamRZ 2008, 390 = R 686 b; vgl. Kropholler, a. a. O., Art. 57 Rn. 4 a. E. m. w. N.; OLG München FamRZ 2003, 462 (jeweils zum inhaltsgleichen EuGVÜ)

[38] Kropholler, a. a. O., Einl. Rn. 13; vgl. BGH, FamRZ 1987, 580 Schweiz

[39] BGBl. 1994 II, 519, 531; vgl. Kropholler, a. a. O., Einl. Rn. 18 ff.

[40] Außerhalb Europas erfolgt die Zustellung im Ausland nach den Vorschriften des ZRHO. Für die USA ist im Auftrag des Department of Justice als Zentrale Behörde die Process Forwarding International in Seattle zuständig, s. insoweit im Internet „www.hagueservice.net"

[41] Schönfelder Ergänzungsband Nr. 103 c; vgl. auch Zöller/Geimer, a. a. O. Anhang II B

werden. In Ausführung der VO hat jeder Mitgliedsstaat Übermittlungsstellen und Empfangsstellen sowie eine Zentralstelle zur Erteilung von Auskünften und Suche nach Lösungswegen mitgeteilt. Das Schriftstück wird – nach Anfertigung von Übersetzungen – von der Übermittlungsstelle weitergeleitet und der Empfangsstelle zugestellt. Die Zustellung kann nur in Ausnahmefällen abgelehnt werden.[42] Zum Haager Zustellungsübereinkommen vgl. BGBl II 1977, 1452, 1453 und 2008, 166.

- die **Verordnung (EG) Nr. 1206/2001 des Rates vom 28. 5. 2001 über die Zusammenarbeit zwischen den Gerichten der Mitgliedsstaaten auf dem Gebiet der Beweisaufnahme in Zivil- oder Handelssachen (EuBVO).**[43] Die Verordnung ist zwischen den Mitgliedsstaaten der EU (mit Ausnahme von Dänemark) anwendbar. Sie ist in Zivil- und Handelssachen anzuwenden, wenn das Gericht eines Mitgliedsstaates das zuständige Gericht eines anderen Mitgliedsstaates um Beweisaufnahme bittet oder wenn es darum ersucht, unmittelbar Beweis erheben zu dürfen. Zur Ausführung erlaubt die VO den **unmittelbaren Geschäftsverkehr** zwischen den beteiligten Gerichten (§ 2 EuBVO). Die von jedem Mitgliedsland benannte Zentralstelle hat lediglich die Aufgabe, Auskünfte zu erteilen oder bei Problemfällen nach Lösungsmöglichkeiten zu suchen.[44]

227 b
- Die **Verordnung (EG) Nr. 805/2004 des Europäischen Parlaments und des Rates vom 21. April 2004 zur Einführung eines europäischen Vollstreckungstitels für unbestrittene Forderungen (EuVTVO).**[45] Die Verordnung ist zwischen den Mitgliedstaaten der EU (mit Ausnahme von Dänemark) anwendbar.[46] Sie ermöglicht es, die in ihren Anwendungsbereich fallenden und auf Geldzahlung lautenden nationalen Vollstreckungstitel jederzeit mittels Formular im **Ursprungsland** als „europäischer Vollstreckungstitel" bestätigen zu lassen. Entsprechen die Titel den Anforderungen der Verordnung, sind sie als europäischer Vollstreckungstitel zu deklarieren und damit ohne vorheriges Vollstreckbarerklärungsverfahren nach Art. 38 ff. EuGVVO **in den übrigen Mitgliedstaaten vollstreckbar** (§ 1082 ZPO).[47] Zur Ausführung der Verordnung ist in Deutschland das Vollstreckungstitel-Durchführungsgesetz erlassen worden, das die entsprechenden Vorschriften des ZPO angepasst hat.[48] Als Titel kommen sowohl (unbestrittene) gerichtliche Entscheidungen als auch gerichtliche Vergleiche und sonstige öffentlich vollstreckbare Urkunden in Betracht. Aus deutscher Sicht zählen dazu die meisten Versäumnisurteile,[49] Vollstreckungsbescheide, Anerkenntnisurteile, Prozessvergleiche, notarielle Urkunden sowie Jugendamtsurkunden nach §§ 59, 60 SGBVIII. Voraussetzung für die Bestätigung als europäischer Vollstreckungstitel ist im Wesentlichen, dass die Entscheidung nicht im Widerspruch zu den Zuständigkeitsregelungen im Kap. II des EUGVVO steht und nicht unter Verstoß gegen die Verfahrensvorschriften der EuVTVO, insbesondere zur Gewährleistung des rechtlichen Gehörs, ergangen ist. Um dies sicherzustellen ist mit dem deutschen Vollstreckungstitel-Durchführungsgesetz die ZPO an die Mindestanforderungen angeglichen worden. Der Schuldner kann die Erklärung als europäischer Vollstreckungstitel mit Anträgen auf Berichtigung bzw. Widerruf anfechten (§ 1081 ZPO). Die Ausgestaltung des Berichtigungs- und Widerrufsverfahrens hat die Verordnung (Art. 10 II EuVTVO) dem autonomen Recht der Mitgliedstaaten überlassen. In diesem Rahmen hat das deutsche Vollstreckungstitel-Durchführungsgesetz

---

[42] Vgl. dazu den Vorlagebeschluss an den EuGH, BGH, NJW 2007, 775

[43] Schönfelder Ergänzungsband Nr. 103 d; vgl. auch Zöller/Geimer, a. a. O. Anhang II D

[44] Zu den Kosten der Beweisaufnahme im Ausland vgl. BGH, NJW-RR 2005, 725

[45] Schönfelder Ergänzungsband Nr. 103 f; vgl. auch Zöller/Geimer, a. a. O. Anhang II E

[46] Dänemark nimmt nach Art. 69 EG-Vertrag i. V. m. den Art. 1 und 2 des Protokolls zum Vertrag von Amsterdam über die Position Dänemarks (ABl. EG 1997, C 340/101 i. V. m. 28) nicht an der Annahme der Rechtsakte im Bereich der justiziellen Zusammenarbeit in Zivilsachen teil. Das Vereinigte Königreich und Irland haben hingegen von ihrer Opt-in-Möglichkeit Gebrauch gemacht

[47] Zum Verfahren vgl. Wagner IPRax 2005, 401 ff. und Gebauer FPR 2006, 252

[48] Gesetz zur Durchführung der Verordnung über den europäischen Vollstreckungstitel; vgl. dazu BT-Drucksachen 15/5222 und 15/5482 sowie BR-Drucksachen 375/05 und 375/05 (Beschluss); vgl. auch Wagner IPRax 2005, 401, 409

[49] Vgl. dazu Wagner IPRax 2005, 189, 192 f.

die Zuständigkeit auf die Gerichte, Behörden (insbesondere Jugendämter) und Notare übertragen, denen auch sonst die Erteilung einer vollstreckbaren Ausfertigung des Titels obliegt (§§ 1079, 724, 797 ZPO). Bei gerichtlichen Entscheidungen ist dafür die erste Instanz oder, wenn der Rechtsstreit in einer höheren Instanz anhängig ist, die höhere Instanz zuständig. Funktional zuständig ist der Rechtspfleger (§ 20 Nr. 11 RPflG). Wird der Antrag zurückgewiesen, sind dagegen die Vorschriften über die Anfechtung der Entscheidung über die Erteilung einer Vollstreckungsklausel anzuwenden (§ 1080 II ZPO). Über einen Antrag auf Berichtigung bzw. Widerruf nach einer positiven Entscheidung ist das Gericht zuständig, das die Bestätigung erteilt hat (§ 1081 I 2 ZPO). War diese von einer Behörde oder einem Notar erlassen, ist dafür das Amtsgericht am Sitz der Behörde oder des Notars zuständig (§ 1081 I § ZPO). Aus einem Titel, der in einem anderen Mitgliedstaat der Europäischen Union nach der EuVollstrTVO als Europäischer Vollstreckungstitel bestätigt worden ist, findet die Zwangsvollstreckung im Inland statt, ohne dass es einer Vollstreckungsklausel bedarf (§ 1082 ZPO). Dagegen sehen die EuVTVO (Art. 21, 23) und das autonome nationale Recht (§§ 766, 775 Nr. 5, 767[50] ZPO) nur sehr eingeschränkte Rechtsmittel vor.

II. Internationale Zuständigkeit und Verfahren

1. Internationale Zuständigkeit

Die Internationale Zuständigkeit betrifft die Frage, ob die Sache von einem deutschen **228** oder einem ausländischen Gericht zu entscheiden ist. In der Regel folgt sie aus dem inländischen Gerichtsstand vorbehaltlich anders lautender Regelungen in Staatsverträgen.[51] Sie ist in jeder Lage des Rechtsstreits **von Amts wegen zu prüfen** (Art. 25 EuGVVO). Daran hat sich auch durch das Gesetz zur Reform des Zivilprozesses vom 27. 7. 2001 und die neu geschaffene Vorschrift des § 545 II ZPO nichts geändert.[52] Die **EuGVVO** sieht allgemeine, besondere und ausschließliche internationale Zuständigkeiten sowie Zuständigkeitsvereinbarungen vor und schließt damit ausdrücklich das autonome Zuständigkeitsrecht der Mitgliedsstaaten aus (Art. 3 I und II EuGVVO). In **Unterhaltssachen**[53] ist die EuGVVO als spezielle Regelung vorrangig anwendbar, wenn der Beklagte seinen **Wohnsitz** in einem Vertragsstaat hat (Art. 2, 3).[54] Das Vorliegen eines Wohnsitzes richtet sich nach dem Recht des Staates, für dessen Gebiet der Wohnsitz geprüft wird (Art. 59). Ein gewöhnlicher Aufenthalt in Deutschland und auch die gemeinsame deutsche Staatsangehörigkeit begründen (bei Wohnsitz im Ausland) nach der EuGVVO keine internationale Zuständigkeit deutscher Gerichte.[55] Studiert ein Kind im Ausland, kann dies regelmäßig keinen Wohnsitz am Studienort begründen. Das gilt insbesondere dann, wenn für den Auslandsaufenthalt nur ein zeitlich befristetes Visum besteht.[56] Hat der Beklagte keinen Wohnsitz im Hoheitsgebiet der Mitgliedsstaaten der EuGVVO bestimmt sich die Zuständigkeit vorbehaltlich einer ausschließlichen Zuständigkeit nach Art. 22 oder einer Vereinbarung der Zuständigkeit nach Art 23 (s. Rn. 9/231) nach den Vorschriften der ZPO (Art. 4). Auch außerhalb des Anwendungsbereichs der EuGVVO sind die Vorschriften der ZPO anwendbar.

---

[50] Zur Vollstreckungsabwehrklage im Verfahren der Vollstreckbarerklärung nach dem EuGVÜ vgl. EuGHE 1985, 2267, 2277 Rn. 12, OLG Hamburg RIW 1998, 889, 890; Zur Vollstreckungsabwehrklage im Verfahren der Vollstreckbarerklärung nach der EuGVVO und der EuVollstrTVO vgl. Wagner IPRax 2005, 401, 406 f.

[51] BGH, FamRZ 2001, 412; 1992, 1060; 1991, 925; 1989, 603; 1984, 465; 1983, 806

[52] BGH, FamRZ 2005, 1987; 2004, 1952; 2003, 370

[53] Zur Abgrenzung zum nicht umfassten Ehegüterrecht vgl. EUGH, IPRax 1999, 35 m. Anm. Weller, IPRax 1999, 14; BGH, FamRZ 2008, 40; Zöller/Geimer, a. a. O. Anhang 1, Art. 1 GVÜ, Rn. 11; Kropholler, a. a. O., Art. 1 EuGVÜ Rn. 23 ff. und Art. 5 EuGVÜ Rn. 39 f.

[54] BGH, FamRZ 2005, 1987

[55] KG, IPRax 1999, 37 m. Anm. Schulze, IPRax 1999, 21

[56] OLG Hamm FamRZ 2002, 54

Das international zuständige Gericht ist auch für eine **Widerklage,** die auf denselben Vertrag oder Sachverhalt wie die Klage gerichtet ist, zuständig (Art. 6 Nr. 3 EuGVVO). Dabei ist das Erfordernis der Konnexität weit auszulegen.[57]

229 Primär sieht die EuGVVO die internationale Zuständigkeit am **Wohnsitz des Beklagten** vor (Art. 2 I, 3 I). Für Unterhaltssachen sind in Art. 5 Nr. 2 weitere internationale Gerichtsstände vorgesehen, die wahlweise neben den Gerichtsstand des Wohnsitzes treten. Danach ist auch das Gericht international zuständig, in dem der **Unterhaltsberechtigte seinen Wohnsitz**[58] oder sogar nur seinen gewöhnlichen Aufenthalt hat. Damit soll dem Unterhaltsberechtigten als der regelmäßig schwächsten Partei die Rechtsverfolgung erleichtert werden. Die Zuständigkeit nach diesem besonderen Gerichtsstand ist autonom allerdings eng auszulegen. Sie gilt deswegen nicht für die öffentliche Hand, wenn sie gesetzlich auf sie übergegangene Unterhaltsansprüche im Wege des Regresses gegen den Unterhaltspflichtigen geltend macht.[59] Soweit Art. 5 Nr. 2 die internationale Zuständigkeit regelt, enthält die Vorschrift zugleich eine Regelung der örtlichen Zuständigkeit.[60] Die Staatsangehörigkeit der Parteien spielt dabei keine Rolle.[61]

Eine Person, die ihren Wohnsitz im Hoheitsgebiet eines Mitgliedstaats hat, kann auch vor dem Wohnsitzgericht einer mit ihr zusammen verklagten Person verklagt werden, wenn zwischen den Klagen eine so enge Beziehung gegeben ist, dass eine gemeinsame Verhandlung und Entscheidung geboten erscheint, um sich widersprechende Entscheidungen zu vermeiden. Einer Anwendbarkeit dieser Vorschrift steht nicht entgegen, dass gegen mehrere Beklagte erhobene Klagen, z. B. die Klagen auf anteiligen Unterhalt gegen die Väter mehrerer Kinder, auf unterschiedlichen Rechtsgrundlagen beruhen. Wenn die Voraussetzungen dieser Zuständigkeitskonzentration vorliegen, muss nicht gesondert geprüft werden, dass die Klagen nicht nur deshalb erhoben worden sind, um einen der Beklagten den Gerichten seines Wohnsitzstaates zu entziehen.[62]

Liegen die Zuständigkeitsvoraussetzungen im Zeitpunkt der Klagerhebung vor, bleibt das angerufene Gericht auch bei veränderten Umständen weiterhin zuständig (**perpetuatio fori;** vgl. auch § 261 Abs. 3 Nr. 2 ZPO), treten sie später bis zur letzten mündlichen Verhandlung ein, ist dieses für die Zuständigkeit des schon mit der Sache befassten Gerichts noch ausreichend.[63]

230 Ist über eine Unterhaltssache im **Verbund** oder als Annex zur Ehesache zu entscheiden, ist nach der EuGVVO auch das Ehegericht zur Entscheidung über diese Familiensache international zuständig (Art. 5 Nr. 2, 2. Alt.). Dieses gilt ausnahmsweise nicht, wenn sich die Zuständigkeit in der Ehesache (z. B. nach § 606 a Abs. 1 S. 1 Nr. 1 ZPO) allein aus der Staatsangehörigkeit einer Partei ergibt. Nur in einem solchen Fall ist die Unterhaltssache abzutrennen und von dem nach der allgemeinen Zuständigkeit des EuGVVO (s. Rn. 9/228) zuständigen Gericht zu entscheiden.[64] Die originäre Verbundzuständigkeit nach §§ 606 a, 623 ZPO ist somit nur von Bedeutung, wenn der Beklagte weder im Inland noch in einem EU-Ausland wohnt. Nach Auffassung des KG[65] ergibt sich eine solche Annexzuständigkeit trotz § 621 Abs. 2 S. 1 ZPO nicht für Klagen auf Trennungsunterhalt, weil diese nicht im Scheidungsverbund geltend gemacht werden kann.[66]

231 **Gerichtsstandsvereinbarungen** sind auch im Bereich der internationalen Entscheidungszuständigkeit möglich. Ob eine solche Vereinbarung wirksam zustande gekommen ist,

---

[57] BGH, BB 2002, 14

[58] Unterhaltsberechtigter ist derjenige, der (auch erstmals) auf Unterhalt klagt; EuGH, IPRax 1998, 354 m. Anm. Fuchs, IPRax 1998, 327; BGH, FamRZ 2008, 40; Kropholler, a. a. O., Art. 5 EuGVÜ Rn. 41

[59] EuGH, FamRZ 2004, 513; vgl. auch den Vorlagebeschluss des BGH, FamRZ 2002, 21

[60] BGH, FamRZ 2008, 40

[61] Rauscher/Gutknecht, IPRax 1993, 21, 23

[62] EuGH EuZW 2007, 703

[63] Kropholler, a. a. O., Art. 2 EuGVÜ Rn. 12 ff.

[64] Vgl. Kropholler, a. a. O., Art. 5 EuGVÜ Rn. 46

[65] KG, IPRax 1999, 37, 38; a. A. Schulze, IPRax 1999, 21

[66] Zum Gerichtsstand der Streitgenossenschaft nach Art. 6 Nr. 1 EuGVVO vgl. BGH R/W 2007, 624

richtet sich nach dem maßgeblichen materiellen Recht (s. Rn. 9/9 ff.).[67] Die Zulässigkeit und Wirkung für ein vor deutschen Gerichten rechtshängiges Verfahren bestimmt sich hingegen nach deutschem Prozessrecht.[68] Bei der Vereinbarung der internationalen Zuständigkeit wird § 38 Abs. 2 und 3 ZPO durch die Vorschrift des Art. 23 Abs. 1 EuGVVO verdrängt.[69] Weil die Gerichtsstandsvereinbarung nur eine Zuständigkeitsoption eröffnet, die erst mit Klagerhebung zur ausschließlichen Zuständigkeit wird, kommt es für die intertemporäre Anwendbarkeit der EuGVVO nicht auf den Abschluss der Vereinbarung, sondern auf den Zeitpunkt der Klagerhebung an.[70] Der Begriff Gerichtsstandsvereinbarung ist für den Bereich der EuGVVO vertragsautonom auszulegen.[71] Die Vereinbarung muss einen bereits bestehenden oder einen aus einem bestimmten Rechtsverhältnis künftig entstehenden Rechtsstreit betreffen. Die Gerichtsstandsvereinbarung setzt nach Art. 23 I EuGVVO eine entsprechende Willenseinigung der Parteien voraus. Die vorgeschriebene **Schriftform** soll gewährleisten, dass die Einigung zwischen den Parteien tatsächlich besteht.[72] Schon die Zuständigkeitsvereinbarung durch Schriftwechsel setzt nicht die Form des § 126 BGB voraus. Die Übermittlung von Kopien der Schriftstücke z. B. per Fernschreiben oder Telefax genügt. Die schriftlichen Erklärungen müssen nicht unterschrieben sein, jedoch muss die Identität der erklärenden Person feststehen.[73] Darüber hinaus genügt nach Art. 23 II EuGVVO jede Form der elektronischen Übermittlung, die den Nachweis einer Willenseinigung erlaubt. Mit Art. 23 I S. 2 EuGVVO ist klar gestellt, dass die Zuständigkeitsvereinbarung im Regelfall eine **ausschließliche** Zuständigkeit begründet, also die übrigen, an sich gegebenen Zuständigkeiten derogiert.[74] Die Parteien können jedoch auch nur eine weitere, mit den übrigen an sich gegebenen Zuständigkeiten konkurrierende Zuständigkeit begründen. Hierfür ist eine ausdrückliche Vereinbarung nicht erforderlich. Im Einklang mit der bisherigen Auslegung des Art. 17 I EuGVÜ genügt insoweit nach Art. 22 I S. 2 EuGVVO auch eine konkludente Vereinbarung. Einseitige fakultative Zuständigkeitsvereinbarungen sind ebenfalls zulässig, auch wenn das EuGVVO die ausdrückliche Regelung des Art. 17 Abs. 4 EuGVÜ[75] nicht übernommen hat. Neben der allgemeinen Zuständigkeit der Gerichte eines Vertragsstaats kann durch die Vereinbarung auch ein bestimmtes Gericht gewählt werden.[76] Ebenso kann durch Vereinbarung nach Art. 23 Abs. 1 EuGVVO auch die Zuständigkeit der Gerichte eines Vertragsstaats ausgeschlossen werden (Derogation). Eine (für sich betrachtet wirksame) die deutsche Gerichtsbarkeit ausschließende Gerichtsstandsvereinbarung ist dann unwirksam, wenn bei dem ausländischen Gericht eine sachgerechte, den elementaren rechtsstaatlichen Garantien entsprechende Entscheidung des Rechtsstreits nicht gewährleistet ist.[77]

Eine **rügelose Einlassung**[78] kann ebenfalls die internationale Zuständigkeit begründen. **232** Art. 24 EuGVVO verdrängt in seinem Anwendungsbereich § 39 ZPO.[79] Erforderlich ist, dass der Beklagte sich vor dem an sich unzuständigen Gericht „auf das Verfahren einlässt" (Art. 18 S. 1). Eine Verhandlung zur Hauptsache (vgl. § 39 ZPO) ist nicht erforderlich;[80]

---

[67] BGH, NJW 1989, 1431, 1432

[68] BGH, FamRZ 2001, 412; NJW 1989, 1431; Stein/Jonas/Bork, § 38 ZPO Rn. 13 a

[69] Kropholler, a. a. O., Art. 17 EuGVÜ Rn. 16 (zum insoweit inhaltsgleichen EuGVÜ)

[70] So zum EuGVÜ EuGH vom 13. 11. 1979, Rs. 25/79, Slg. 1979, 3423, 3429; wegen der sich aus dem 19. Erwägungsgrund zur EuGVVO ergebenden Kontinuität gilt diese Rechtsprechung auch für die inhaltsgleiche Vorschrift der EuGVVO

[71] EuGH, NJW 1992, 1671

[72] BGH, NJW 2006, 1672; TranspR 2007, 119

[73] BGH, NJW 2001, 1731

[74] Zum Erfordernis eines internationalen Bezuges in der Vorgängerregelung des Art 17 I EuGVÜ: OLG Hamm, IPRax 1999, 244; m. (abweichender) Anm. Aull, IPRax 1999, 226

[75] Zur Auslegung als einseitige Gerichtsstandsvereinbarung mit der weiter bestehenden Möglichkeit einer Inlandsklage nach Art. 17 I EuGVÜ BGH, IPRax 1999, 246; m. Anm. Schulze, IPRax 1999, 229

[76] Rahm/Künkel/Breuer, Handbuch des Familiengerichtsverfahrens, Stand Dez. 2006, VIII. Kapitel, Rn. 238

[77] OLG Frankfurt, IPRax 1999, 247; m. Anm. Hau, IPRax 1999, 232

[78] BGH, NJW 1993, 1073

[79] OLG Köln NJW 1988, 2182; Kropholler a. a. O., Art. 18 EuGVÜ Rn. 5

[80] Kropholler, a. a. O., Art. 18 EuGVÜ Rn. 7

auch Einreden zum Verfahren können die internationale Zuständigkeit nach Art 24 EuGVVO begründen. Das gilt aber dann nicht, wenn der Beklagte die internationale Zuständigkeit des angerufenen Gerichts gerügt hat. In diesem Fall bleibt es ihm unbenommen, sich hilfsweise auf das Verfahren einzulassen.[81] Einer ausdrücklichen Rüge der internationalen Zuständigkeit bedarf es dabei nicht, weil Prozesserklärungen grundsätzlich auslegungsfähig sind und sich die Rüge deswegen auch aus anderen Umständen ergeben kann. Sie kann insbesondere in der Rüge der örtlichen Zuständigkeit enthalten sein.[82] Wenn der Beklagte außerdem auch zur Begründetheit der Klage Stellung genommen hat, ist das unschädlich, weil eine nur hilfsweise vorgebrachte Einlassung zur Sache nicht zuständigkeitsbegründend wirkt. Wenn der Beklagte sein Bestreiten der internationalen Zuständigkeit noch in der Berufungsinstanz aufgibt und sich fortan ohne Rüge der Unzuständigkeit auf das Verfahren einlässt, kann auch dies die Zuständigkeit nach Art. 24 EuGVVO begründen.[83] Auch hier ist allerdings nach dem allgemeinen Grundsatz der §§ 39 S. 2, 504 ZPO eine vorherige Belehrung über die Folgen der rügelosen Verhandlung durch das Gericht erforderlich.[84]

233 Nach Art. 68 EuGVVO gilt die Verordnung seit dem 1. 3. 2002 im Verhältnis zu allen Mitgliedstaaten der EU mit Ausnahme von Dänemark (Art 1 III Brüssel I-VO).[85] Seit dem Inkrafttreten des Abkommens zwischen der EU und Dänemark vom 19. 10. 2005 über die gerichtliche Zuständigkeit und die Anerkennung und Vollstreckung von Entscheidungen in Zivil- und Handelssachen gilt die Verordnung nun auch insoweit. Nur im Übrigen gelten die anderweitigen vertraglichen Regeln (s. Rn. 9/226); sonst folgt die internationale Zuständigkeit der örtlichen, im Verbundverfahren also dem § 606 a ZPO.

234 **Rechtshängigkeit.** Ist eine Unterhaltssache im Ausland bereits rechtshängig, ist dies analog § 261 III ZPO grundsätzlich ein Prozesshindernis, das von Amts wegen zu beachten ist. Richtet sich die internationale Zuständigkeit nach der EuGVVO, ist dessen Art. 27 anwendbar, der die Rechtshängigkeit nicht von einem Wohnsitz der Parteien in einem der Vertragsstaaten abhängig macht.[86] Notwendig ist allerdings die Identität der Parteien. Diese ist hinsichtlich des Kindesunterhalts nicht gegeben, wenn in einem ausländischen Verfahren der Elternteil den Unterhalt als eigenen einklagt, während in dem anderen Verfahren das Kind als Anspruchsberechtigter auftritt.[87] Identisch müssen auch die beiden Streitgegenstände sein; sie müssen auf derselben „Grundlage" beruhen, wobei das Ziel des Verfahrens verschieden sein kann.[88] Trifft ein Verfahren auf Erlass einer einstweiligen Anordnung oder auf Erlass einer einstweiligen Verfügung mit einer Unterhaltshauptsache zusammen, besteht keine Rechtshängigkeitssperre (Art. 31 EuGVVO).[89] Bei einstweiligen Rechtsschutzverfahren im In- und Ausland kommt zwar grundsätzlich konkurrierende „Rechtshängigkeit" in Betracht.[90] In dringenden Einzelfällen muss jedoch über einen solchen Antrag im Inland in jedem Fall sachlich entschieden werden.[91]

Stellt die ausländische Rechtsordnung für die Frage der Rechtshängigkeit auf die bloße Einleitung (Klageeinreichung oder Antragseinreichung) ab, gilt dies auch für den Zuständigkeitskonflikt. Denn die Frage der Rechtshängigkeit beurteilt stets der jeweilige Entschei-

---

[81] BGH, FamRZ 2002, 21, 22; EuGH, NJW 1984, 2760 m. Anm. Hübner, IPRax 1984, 237; EuGH, IPRax 1982, 234; 1982, 238 m. Anm. Leipold, IPRax 1982, 222; OLG Hamm, NJW 1990, 652, 653; OLG Saarbrücken, NJW 1992, 987; Kropholler, a. a. O., Art. 18 Rn. 10 ff.

[82] BGH, NJW-RR 2005, 1518

[83] BGH, NJW 2007, 3501; vgl. auch OLG Koblenz IPRspr 1991, 174; Geimer RIW 1988, 221

[84] Rahm/Künkel/Breuer, a. a. O., Rn. 240

[85] Zur Geltung des EuGVÜ siehe Kropholler, a. a. O., Art. 60 EuGVÜ Rn. 1 ff.

[86] EuGH, NJW 1992, 3221 m. Anm. Rauscher/Gutknecht, IPRax 1993, 21, 22 f.

[87] Vgl. für das italienische Recht BGH, NJW 1986, 662; Kropholler, a. a. O., Art. 21 EuGVÜ Rn. 4 f.

[88] EuGH, NJW 1989, 665, 666 m. Anm. Schack, IPRax 1989, 139; zur Konkurrenz von Leistungs- und Feststellungsklage OLG Köln, NJW 1991, 1427; vgl. auch Schack, IPRax 1991, 270, 272; Kropholler, a. a. O., Art. 21 EuGVÜ Rn. 6 ff.

[89] Vgl. BGH, NJW 1986, 662; OLG Karlsruhe, FamRZ 1986, 1226; OLG Köln, FamRZ 1992, 75, Türkei; Kropholler, a. a. O., Art. 21 Rn. 11 und Art. 24 Rn. 8 f.

[90] Vgl. OLG Karlsruhe, FamRZ 1986, 1226

[91] Vgl. OLG Köln, FamRZ 1992, 75

dungsstaat,[92] sodass dort mit der bloßen Anhängigkeit auch eine Rechtshängigkeit im Sinne des deutschen Prozessrechts gegeben und die Rechtshängigkeitssperre eingetreten ist.[93]

Nicht ausreichend ist es allerdings, dass nach der ausländischen Rechtsordnung eine Unterhaltssache zwar im Verbund mit der Scheidung zu entscheiden, aber noch nicht zum Verfahrensgegenstand gediehen ist (sog. Verbundbefangenheit).[94]

Eine überlange Dauer des ausländischen Verfahrens kann die Rechtshängigkeitssperre im Inland ausnahmsweise aufheben.[95]

Nach Art. 27 I EuGVVO muss das später angerufene Gericht sein Verfahren von Amts **235** wegen aussetzen, bis die Zuständigkeit des zuerst angerufenen Gerichts feststeht.[96] Sobald die Zuständigkeit des zuerst angerufenen Gerichts feststeht, erklärt sich das später angerufene Gericht für unzuständig (Art. 27 II EuGVVO).[97] Die Verordnung lässt weder eine Prognose für die zu prüfende Zuständigkeit,[98] noch ein parallel betriebenes Verfahren zu. Erst wenn sich das zuerst angerufene Gericht für unzuständig erklärt hat, kann das später angerufene Gericht sein Verfahren fortsetzen. Auch eine Verweisung an ein ausländisches Gericht wegen internationaler Unzuständigkeit kommt somit nicht in Betracht.[99] Art. 27 EuGVVO findet sowohl Anwendung, wenn sich die Zuständigkeit des früher angerufenen Gerichts aus der Verordnung selbst ergibt, als auch dann, wenn sie nach Maßgabe des Art. 4 EuGVVO auf innerstaatlichen Rechtsvorschriften eines Vertragsstaats beruht.[100] Nach OLG München[101] ist Rechtshängigkeit i. S. v. Art. 27 EuGVÜ auch gegeben bei einer negativen Feststellungsklage in einem Vertragsstaat und Leistungsklage (Erfüllung) in einem anderen bezüglich derselben Ansprüche. Dem ist zuzustimmen, weil die negative Feststellungsklage denselben Streitgegenstand betrifft, wie die Leistungsklage und verschiedene Verfahren deswegen zu widerstreitenden Entscheidungen führen könnten. Aber auch, wenn es an einer Identität des Streitgegenstandes fehlt, ist nach Art. 28 EuGVVO zu prüfen, ob zwischen erstinstanzlichen Verfahren verschiedener Vertragsstaaten ein „Zusammenhang" besteht. Ist das der Fall, kann das später angerufene Gericht das Verfahren aussetzen und, wenn das zuerst angerufene Gericht für beide Klagen zuständig und eine Verbindung möglich ist, sich für unzuständig erklären. Ein Zusammenhang liegt vor, „wenn zwischen ihnen eine so enge Beziehung gegeben ist, dass eine gemeinsame Verhandlung und Entscheidung geboten erscheint, um zu vermeiden, dass in getrennten Verfahren widersprechende Entscheidungen ergehen können" (Art. 28 Abs. 3 EuGVVO).

Rechtsschutzbedürfnis. Ein Rechtsschutzbedürfnis besteht für eine Leistungsklage nach **236** herrschender Meinung auch dann, wenn ein ausländischer Unterhaltstitel bereits vorliegt und gemäß §§ 722, 723, 328 ZPO für vollstreckbar erklärt werden kann. Das gilt jedoch dann nicht, wenn nach einem Vollstreckungsabkommen eine Klauselerteilung schneller und billiger möglich ist als eine neue inländische Klage.[102]

2. Vollstreckungsklage (§§ 722, 723, 328 ZPO)

Ausländische Unterhaltstitel entfalten im Inland – mit Ausnahme des neu eingeführten **237** europäischen Vollstreckungstitels (s. Rn. 9/227 b) – nur die von der deutschen Rechtsord-

---

[92] Vgl. BGH, NJW 1986, 662; EuGH, IPRax 1985, 336, 338 m. Anm. Rauscher, IPRax 1985, 317; Kropholler, a. a. O., Art. 21 EuGVÜ Rn. 3

[93] Vgl. BGH, FamRZ 1992, 1058, streitig

[94] Vgl. BGH, NJW 1986, 662, Italien; sehr fraglich dazu OLG München FamRZ 1992, 73, Polen; kritisch dazu auch Linke, IPRax 1992, 159

[95] Vgl. BGH, FamRZ 1983, 368; Zöller/Geimer, a. a. O. Art. 21 EuGVÜ, Rn. 22

[96] Zur Gefahr des Rechtsverlustes durch Verjährung vgl. BGB WM 1993, 1102

[97] Zur Neufassung vgl. Zöller/Geimer, a. a. O. Art 21 EuGVÜ, Rn. 1; Kropholler, a. a. O., Art. 21 EuGVÜ Rn. 21 ff.

[98] EuGH, NJW 1992, 303, m. Anm. Rauscher, IPRax 1993, 21

[99] Zöller/Geimer, a. a. O. Art. 20 EuGVÜ, Rn. 3

[100] EuGH, NJW 1992, 3221 m. Anm. Rauscher/Gutknecht, IPRax 1993, 21, 22 f.

[101] OLG München IPRax 1994, 308

[102] Vgl. auch EuGH, NJW 1977, 495 LS; LG Hamburg, IPRax 1992, 251; Rahm/Künkel/Breuer, a. a. O., Rn. 295; Kropholler, a. a. O., Art. 25 EuGVÜ Rn. 7

nung zugebilligten Wirkungen. Dabei ist zwischen der **Anerkennung** ausländischer Urteile (vgl. Art. 33 ff. EuGVVO und § 328 ZPO) und deren **Vollstreckbarerklärung** (vgl. Art. 38 ff. EuGVVO und §§ 722 f. ZPO) zu unterscheiden. Handelt es sich um ein ausländisches Scheidungsurteil zwischen einem Deutschen und einem Ausländer oder werden zwei Ausländer in einem Drittstaat geschieden, muss die Entscheidung gemäß Art. 7 § 1 FamRÄndG von der zuständigen Landesjustizverwaltung anerkannt werden.[103] Diese Anerkennung ist auch erforderlich, wenn sie Voraussetzung des geltend gemachten Unterhaltsanspruchs ist. Das ist der Fall, wenn nachehelicher Unterhalt geltend gemacht wird, der sich von dem Anspruch auf Trennungsunterhalt unterscheiden kann, und ohne die Anerkennung des Scheidungsausspruchs nicht feststeht, ob die Ehe rechtskräftig geschieden ist. Besteht der im Scheidungsverbund ausgesprochene Unterhaltsanspruch aber unabhängig von der Scheidung der Ehegatten, wie dies beim Anspruch auf Kindesunterhalt der Fall ist, bedarf es keiner Anerkennung des Scheidungsausspruchs sondern nur der Vollstreckbarerklärung des Unterhaltstitels.[104] Denn während die Anerkennung von Statusurteilen ausdrücklich auszusprechen ist,[105] tritt sie in Unterhaltssachen automatisch ein (§ 723 Abs. 1 ZPO; Art. 33 I, 36, 45 II EuGVVO),[106] ohne dass es dafür eines besonderen Verfahrens bedarf. Lediglich im Rahmen der Vollstreckung kann die Anerkennung des ausländischen Unterhaltstitels aus besonderen Gründen, insbesondere im Falle eines Verstoßes gegen den inländischen ordre public, abgelehnt werden (Art. 34, 45 EuGVVO). Die Übertragung der vollstreckungsrechtlichen Wirkungen des Unterhaltsurteils ist allerdings nur in einem besonderen gerichtlichen Verfahren möglich. Im Rahmen dieser Vollstreckungsklage ist von Amts wegen zu prüfen, ob die Anerkennungsvoraussetzungen vorliegen (Art. 34 EuGVVO/§ 723 II S. 2 ZPO).

Die Vollstreckbarerklärung ausländischer Unterhaltstitel erfolgt **vorrangig** nach staatsvertraglichem Anerkennungsrecht, insbesondere nach den Vorschriften der EuGVVO und dem HUVÜ 73, oder nach bilateralen Übereinkommen (s. Rn. 9/259 ff.). Auf das autonome, innerstaatliche Anerkennungsrecht in der ZPO ist nur dann zurückzugreifen, wenn die vorrangigen staatsvertraglichen Regelungen nach ihrem persönlichen, zeitlichen oder sachlichen Anwendungsbereich keine Regelung getroffen haben. So ist die EuGVVO nach ihren Art. 66 I, II, 76 nicht auf Titel anzuwenden, die vor ihrem Inkrafttreten am 1. 3. 2002 geschaffen wurden. Das EuGVÜ oder das HUVÜ 73 sind hingegen als Abkommen nur anwendbar, wenn die betreffenden Staaten beigetreten waren.[107] Soweit die zwischenstaatlichen Abkommen nach dem Willen der Vertragsparteien oder des Verordnungsgebers die Anerkennung erleichtern und nicht erschweren sollen, hat der Titelberechtigte die Wahl zwischen vertraglichem und autonomem, innerstaatlichem Anerkennungsrecht.[108] Der Antragsteller kann dann auf das ihm günstigste Recht zugreifen. Dieses **Günstigkeitsprinzip** gilt selbst für das Verhältnis mehrerer Staatsverträge (vgl. Art. 23 HUVÜ 73) und auch für den Verpflichteten.[109] Die EuGVVO, die auch einen besseren Schutz des Beklagten bezweckt,[110] beansprucht allerdings die ausschließliche Geltung gegenüber dem autonomen Recht und bildet damit in seinem Anwendungsbereich eine Ausnahme vom Günstigkeitsprinzip.

238   Die **Anerkennung und Vollstreckung** des ausländischen Unterhaltstitels erfolgt nach den Grundsätzen des vorrangig anwendbaren EuGVVO (Art. 32 ff.), des HUVÜ 73 (Art. 4 ff.) und dem autonomen, innerstaatlichen Prozessrecht (§ 722 ZPO) mit der Vollstreckungsklage. Auch Unterhaltstitel aus dem Scheidungsverbund fallen in den Anwendungs-

---

[103] Vgl. die Verordnung (EG) Nr. 2201/2003 des Rats über die Zuständigkeit und die Anerkennung und Vollstreckung von Entscheidungen in Ehesachen und in Verfahren betreffend die elterliche Verantwortung und zur Aufhebung der Verordnung (EG) Nr. 1347/2000 vom 27. November 2003, Schönfelder Ergänzungsband Nr. 103 b; zu Art. 7 § 1 FamRÄndG vgl. auch Staudinger/Spellenberg BGB (2005) FamRÄndG

[104] BGH, FamRZ 2007, 717, 718

[105] Bergmann, FamRZ 1999, 487; siehe auch Boden, FamRZ 1998, 1416

[106] Kropholler, a. a. O., Art. 26 EuGVÜ Rn. 1

[107] BGH, FamRZ 2007, 717

[108] Rahm/Künkel/Breuer, a. a. O., Rn. 254

[109] BGH, FamRZ 2008, 390, 391 = R 686 b; Schack, IPRax 1986, 218, 219

[110] Österreichischer OGH, IPRax 1999, 47, 48 (zum inhaltsgleichen EuGVÜ)

bereich der Art. 32 ff. EuGVVO, selbst wenn mit dem Scheidungsurteil die entsprechende Statusentscheidung von deren Anwendbarkeit ausgenommen ist (Art. 1 II a EuGVVO).[111] Diese Vollstreckungsklage ermöglicht es, einem sonst im Inland nicht vollstreckbaren ausländischen Titel (nach Art. 32 EuGVVO nicht nur Urteile im formellen Sinne, sondern auch Beschlüsse, Zahlungsbefehle, Vollstreckungsbescheide pp. einschließlich eines Kostenfestsetzungsbeschlusses[112]) die Vollstreckbarkeit zu verleihen. Erst danach ist die Entscheidung im Inland durchsetzbar (vgl. aber Rn. 9/227 b). Streitgegenstand der Vollstreckungsklage ist nicht der materiell-rechtliche Anspruch (vgl. Art. 33 I, 36 EuGVVO),[113] sondern lediglich die Zulässigkeit der inländischen Zwangsvollstreckung aus dem ausländischen Urteil. Deswegen darf die ausländische Entscheidung keinesfalls in der Sache selbst nachgeprüft werden (Art. 36 EuGVVO; Art. 12 HUÜ 73; § 723 I ZPO). Eine Ablehnung der inländischen Vollstreckung kann lediglich auf die in der Verordnung (Art. 34, 35, 45 EuGVVO), den internationalen oder bilateralen Abkommen (z. B. Art. 5 HUVÜ 73) oder sonst im Gesetz (§§ 723 II 2, 328 ZPO) genannten Gründe gestützt werden. Sachlich zuständig ist für die Vollstreckbarkeit ausländischer Unterhaltstitel das Familiengericht;[114] örtlich ausschließlich (§ 802 ZPO) zuständig ist das Wohnsitzgericht des Schuldners oder das Gericht seines Vermögensgerichtsstands (§§ 722 II, 23 ZPO). Das Verfahren richtet sich nach den allgemeinen Regeln des Erkenntnisverfahrens. Das Gericht entscheidet im (subsidiären) Verfahren nach dem inländischen Prozessrecht durch Urteil auf Grund mündlicher Verhandlung (§ 722 ZPO; zum Verfahren nach der europäischen Verordnung oder nach Staatsvertragsrecht und dem dafür geltenden AVAG s. Rn. 9/259 ff.). Da das inländische Vollstreckungsurteil zum Vollstreckungstitel wird, muss sowohl der Klagantrag als auch das Vollstreckungsurteil das ausländische Urteil und den gesamten Tenor dieses Urteils vollständig benennen.

Voraussetzung der Anerkennung nach nationalem Recht ist die Rechtskraft des Titels und **239** seine Anerkennungsfähigkeit (§ 328 ZPO). Die Anerkennung ist in diesem Verfahren ausgeschlossen, wenn das ausländische Gericht für das Verfahren nicht zuständig war, das verfahrenseinleitende Dokument nicht ordnungsgemäß zugestellt wurde, das Urteil mit einem hier erlassenen oder anzuerkennenden Urteil unvereinbar ist oder wenn die Entscheidung gegen den deutschen ordre public verstößt (§§ 723 II, 328 I Nr. 1–4 ZPO). Gleiches gilt nach dem nationalen Recht, wenn (anders als bei der Vollstreckbarerklärung nach der EuGVVO und dem HUVÜ 73, vgl. Rn. 9/259 ff.) die **Gegenseitigkeit** nicht verbürgt[115] ist. Auch hier wird allerdings der sachlich-rechtliche Anspruch nicht geprüft (§ 723 I ZPO).

Einwendungen gegen die inländische Vollstreckung einer Entscheidung können allgemein nur unter den Voraussetzungen des § 767 II ZPO erhoben werden.[116] Richten sich die Einwendungen, wie z. B. die Erfüllung, allein gegen die Vollstreckung einer ausländischen Entscheidung, können sie auch in dem Vollstreckungsverfahren berücksichtigt werden, sofern die Gründe, auf denen sie beruhen, erst nach dem Erlass der zu vollstreckenden Entscheidung entstanden sind (§ 12 I AVAG).[117] Weil die Behandlung von nachträglich entstandenen rechtsvernichtenden oder rechtshemmenden Einwendungen, die das Ausgangsgericht noch nicht berücksichtigen konnte, nicht in den Regelungsbereich der EuGVVO fällt, steht das Verbot einer Nachprüfung in der Sache (Art. 45 II EuGVVO) dem nicht entgegen. Jedenfalls wenn die Erfüllung unstreitig ist, kann dies nach § 12 I AVAG noch im Vollstreckungsverfahren berücksichtigt werden.[118] Bei der Behauptung eines späte-

---

[111] Insoweit gilt die Verordnung (EG) Nr. 2201/2003 des Rates über die Zuständigkeit und die Anerkennung und Vollstreckung von Entscheidungen in Ehesachen und in Verfahren betreffend die elterliche Verantwortung und zur Aufhebung der Verordnung (EG) Nr. 1347/2000 vom 27. 11. 2003 (EuEheVO – Brüssel II a); abgedruckt im Schönfelder II unter Nr. 103 b

[112] Für Unterhaltsvergleich BGH, FamRZ 1986, 45; OLG München, FamRZ 1992, 73, 75; vgl. auch Art. 25 EuGVÜ

[113] BGH, NJW 1978, 1975

[114] BGH, FamRZ 1983, 1008

[115] BGH, NJW 2001, 524; vgl. auch Zöller/Geimer, a. a. O. Anhang IV; Rahm/Künkel/Breuer, a. a. O., Rn. 264, 269; zu Bosnien-Herzegowina vgl. AG München FamRZ 2003, 463

[116] BGH, FamRZ 1987, 370, 371; 1987, 1146; 1982, 785; IPRax 1993, 321 ff.

[117] Vgl. zur staatsvertraglichen Vollstreckung § 12 AVAG und BGHZ 171, 310 = FamRZ 2007, 989

[118] BGH, FamRZ 2007, 989, 992

ren Vollstreckungsverzichts ist allerdings Zurückhaltung geboten.[119] Für andere Einwendungen, die auf wesentliche Änderungen analog § 323 ZPO hinauslaufen (wie etwa die Veränderung der wirtschaftlichen Verhältnisse), ist hingegen nur die Abänderungs(wider)klage möglich.[120] Da der materielle Anspruch nicht Gegenstand der Vollstreckungsklage ist, müssen solche Einwendungen vor dem (international) zuständigen Gericht mit dem Ziel einer Abänderung des bestehenden Titels verfolgt werden, wobei allerdings auch dies nur möglich ist, wenn die neuen Tatsachen nach Erlass des ausländischen Urteils entstanden sind[121] (s. Rn. 9/248 ff.).

240   Anstelle der Vollstreckungsklage kann auch **Klage auf Leistung** aus dem durch das ausländische Urteil festgestellten Anspruch erhoben werden.[122] Dabei ist das deutsche Gericht jedoch wegen der Rechtskraft des ausländischen Urteils und seiner Anerkennung im Inland an den Inhalt des ausländischen Urteils gebunden. Es muss eine mit dem ausländischen Urteil übereinstimmende Sachentscheidung treffen. Das gilt auch für die Währung.[123] Fraglich bleibt allerdings, ob die ausländische Entscheidung wegen ihrer Rechtskraft einem erneuten Verfahren über denselben Streitgegenstand entgegensteht. Dies dürfte regelmäßig der Fall sein, jedenfalls dann, wenn der bestehende Titel grundsätzlich auch im Inland vollstreckbar ist,[124] und nur dann ausscheiden, wenn eine Erfolg versprechende Vollstreckung in das inländische Einkommen und Vermögen ausnahmsweise nicht in Betracht kommt (s. Rn. 9/244).

241   Ist der ausländische Titel nach deutschem Recht zu unbestimmt gefasst, kann er in der Entscheidung über seine Vollstreckbarkeit ausnahmsweise noch konkretisiert werden.[125] Dabei müssen die zur Konkretisierung erforderlichen Feststellungen im Vollstreckbarerklärungsverfahren getroffen[126] und gegebenenfalls ein bestimmter Antrag angeregt werden.

242   Der Vollstreckbarerklärung steht nicht entgegen, dass der ausländische Unterhaltstitel auf EUR lautet, was den Einsatz eines im außereuropäischen Ausland belegenen Vermögens erschwert.[127] Der Entscheidung des OLG Hamm[128] wonach das Vollstreckungsurteil auf EUR (statt z. B. Zloty) umgestellt werden könne, ist nicht zu folgen, weil damit ein Eingriff in die ausländische Entscheidung verbunden wäre. Denn einem umgestellten Titel würde der Devisenkurs im Zeitpunkt des Vollstreckungsurteils zugrunde liegen und die folgenden Devisenschwankungen (s. Rn. 9/23 ff.) blieben unberücksichtigt. Ein finnischer Unterhaltstitel ist auch hinsichtlich des gesetzlich indizierten Unterhaltsbetrages für vollstreckbar zu erklären,[129] zumal die Indexierung des ausländischen Urteils einer Vollstreckbarkeit im Inland nicht entgegensteht.[130]

243   Häufig kommen auf Grund staatsvertraglicher Regelung für die Vollstreckbarerklärung **einfachere und billigere Verfahren** in Betracht, wie z. B. durch die Verfahren nach der EuGVVO oder dem HUVÜ 73 (vgl. oben Rn. 9/226), jeweils i. V. m. dem Anerkennungs- und Vollstreckungsausführungsgesetz – AVAG –.[131] Da die zwischenstaatlichen Abkommen nach dem Willen des nationalen Gesetzgebers die Anerkennung erleichtern und nicht erschweren sollen, hat der Titelberechtigte grundsätzlich die Wahl zwischen dem vertraglichen und dem autonomen, innerstaatlichen Anerkennungsrecht.[132] Dieses Günstigkeits-

---

[119] BGH, FamRZ 2008, 586, 590

[120] BGH, FamRZ 2005, 1479 (zur Abgrenzung zwischen Abänderungsklage und Vollstreckungsgegenklage), 1990, 504, Österreich

[121] BGH, FamRZ 1987, 370, 371; OLG Karlsruhe, FamRZ 1991, 600, Polen: OLG Hamm, FamRZ 1991, 718

[122] BGH, FamRZ 1987, 370; 1986, 665, 666; NJW 1979, 2477; 1964, 1626

[123] BGH, FamRZ 1987, 370, Tschechoslowakei; KG, FamRZ 1993, 976, Türkei

[124] EuGH, NJW 1977, 495

[125] BGH, FamRZ 1986, 45 Schweiz; vgl. auch BGH, FamRZ 2004, 1023

[126] BGH, IPRax 1994, 367 mit Anm. Roth, IPRax 1994, 350, Italien

[127] BGH, FamRZ 1990, 992

[128] FamRZ 1991, 718; vgl. Rahm/Künkel/Breuer, a. a. O., Rn. 299

[129] OLG Schleswig, FamRZ 1994, 53; Rahm/Künkel/Breuer, a. a. O., Rn. 293

[130] BGH, NJW 1993, 1801

[131] Vgl. dazu etwa BGHZ 171, 310 = FamRZ 2007, 989; KG, FamRZ 1990, 1376; OLG Schleswig, FamRZ 1994, 53; OLG Hamm, FamRZ 1993, 213

[132] Rahm/Künkel/Breuer, a. a. O., Rn. 254; Kropholler, a. a. O., Art. 25 EuGVÜ Rn. 8

prinzip gilt auch für den Verpflichteten.[133] Die EuGVVO, die auch einen besseren Schutz des Beklagten bezweckt, beansprucht für seinen Wirkungsbereich allerdings die ausschließliche Geltung gegenüber dem autonomen Recht und bildet damit eine wichtige Ausnahme vom Günstigkeitsprinzip. Im Verhältnis zu den Ländern der EU (mit Ausnahme von Dänemark) geht deswegen das einfachere Verfahren nach Art. 33 ff., 38 ff. EuGVVO vor (s. Rn. 9/259 ff.).

Liegt ein im Inland anerkennungsfähiger ausländischer Titel vor, steht dessen Rechtskraft **244** einer erneuten Klage wegen derselben Angelegenheit grundsätzlich entgegen.[134] Nach überwiegender Auffassung schließt dies aber eine „unselbstständige" Leistungsklage auf Zahlung des titulierten Betrages in gleicher Währung nicht aus.[135] Die Rechtskraft des ausländischen Urteils stehe diesem Verfahren nicht entgegen, weil das Gericht lediglich befugt ist, ohne inhaltliche Nachprüfung ein inhaltlich gleiches Sachurteil zu treffen (s. Rn. 9/240).

Die Anerkennung einer ausländischen Entscheidung kann auch als selbstständige Inziden-**245** tanerkennung im Rahmen einer Zwischenfeststellungsklage einer rechtshängigen Familiensache begehrt werden,[136] wenn die Frage der Anerkennung in diesem Rechtsstreit auftritt. Daneben kann ein Streit über die Anerkennung auch zum Gegenstand einer gesonderten (positiven oder negativen) Feststellungsklage (§ 256 I ZPO) gemacht werden, um z. B. der Gefahr divergierender Entscheidungen bei der unselbstständigen Inzidentanerkennung zu begegnen.

Als vorrangige Sonderregelung sieht das Staatsvertragsrecht (Art. 33 II EuGVVO) auch **246** ein positives Anerkennungsfeststellungsverfahren vor. Das HUVÜ 73 enthält eine vergleichbare Regelung nicht, sondern überlässt die Frage dem autonomen Recht des Vollstreckungsstaats (Art. 13). Da das vereinfachte Verfahren nach dem AVAG für beide Staatsverträge gilt, ist das dort in § 27 f geregelte Anerkennungsverfahren als spezielle Regelung auch im Zuständigkeitsbereich des HUVÜ 73 anwendbar.[137] Allerdings ist das Verfahren auf Erteilung eines inländischen Vollstreckungstitels (s. Rn. 9/259 ff.) gegenüber dem Anerkennungsverfahren vorrangig, weil darin die Anerkennung zugleich verbindlich festgestellt wird.[138]

Urteile der früheren DDR bedürfen keiner Vollstreckbarerklärung.[139] **247**

3. Abänderung ausländischer Urteile

Die Zuständigkeit für eine Abänderungsklage richtet sich nach allgemeinen Grundsätzen. **248** Eine internationale Entscheidungszuständigkeit deutscher Gerichte ist nicht allein deswegen gegeben, weil der Ersttitel von einem deutschen Gericht erlassen wurde.[140]

Die Abänderung **ausländischer Urteile** durch ein deutsches Gericht setzt u. a. voraus die **249**
- Anerkennung des ausländischen Urteils in Deutschland,
- Gleichheit der Parteien, sei es auch in umgekehrter Parteistellung,[141]
- Abänderbarkeit nach dem maßgebenden (meist ausländischen) Unterhaltsstatut.

Anerkennung. Anerkennung ist die Ausdehnung der prozessualen Wirkungen des **250** Auslandsurteils auf das Inland mit der Folge der Beachtlichkeit des Urteils im Inland.[142] Soweit nicht abweichende Staatsverträge Vorrang beanspruchen,[143] richtet sie sich in der

---

[133] Schack, IPRax 1986, 218, 219
[134] EuGH, NJW 1977, 495; Kropholler, a. a. O., Art. 25 EuGVÜ, Rn. 7
[135] BGH, FamRZ 1987, 370; OLG Karlsruhe FamRZ 1999, 309; Rahm/Künkel/Breuer, a. a. O., Rn. 296 m. w. N.
[136] Rahm/Künkel/Breuer, a. a. O., Rn. 286 ff.
[137] Str. vgl. Rahm/Künkel/Breuer, a. a. O., Rn. 288
[138] Str. vgl. Rahm/Künkel/Breuer, a. a. O., Rn. 289; a. A. Kropholler, a. a. O., § 26 EuGVÜ Rn. 5 (für gleichzeitigen Feststellungsantrag)
[139] BGH, FamRZ 1982, 785; OLG Hamm, FamRZ 1991, 1078; OLG Brandenburg, FamRZ 1998, 1134
[140] Kropholler, a. a. O., Art. 5 EuGVÜ Rn. 49
[141] Vgl. insoweit BGHZ 171, 310 = FamRZ 2007, 989
[142] Vgl. Zöller/Geimer, a. a. O. § 328 Rn. 18
[143] Art. 3 II EGBGB

Regel nach § 328 I 1–5 ZPO und bedarf nicht unbedingt einer förmlichen Entscheidung, etwa nach § 722 ZPO, sondern kann auch „inzident" im Abänderungsrechtsstreit bejaht werden, und zwar unabhängig davon, ob bereits eine Vollstreckbarerklärung vorliegt.[144]

Bei einer mit der ausländischen Scheidung verbundenen Unterhaltsregelung ist hinsichtlich des Ehegattenunterhalts zu beachten, dass vor der Anerkennung der Unterhaltsentscheidung durch den Abänderungsrichter u. U. die Scheidung selbst (nicht die Unterhaltsfolgesache) durch die Landesjustizverwaltung anerkannt sein muss (Art. 7 § 1 Abs. 1 FamR-ÄndG).[145] Beim Kindesunterhalt gilt dies nicht, weil er von der Scheidung unabhängig ist[146] (s. Rn. 9/237).

251   **Parteiidentität.** Die Parteien müssen grundsätzlich dieselben sein wie im Vorprozess. Wirkt ein Auslandsurteil nach der maßgebenden ausländischen Rechtsordnung unmittelbar für und gegen einen Dritten, z. B. ein Kind, kann dieser auf Abänderung klagen.[147]

252   **Abänderbarkeit.** Die Befugnis, ausländische Urteile abzuändern, bildet keinen Eingriff in fremde Hoheitsgewalt.[148] Bei der Abänderung ausländischer Urteile ist die prozessuale von der materiellrechtlichen Prüfung zu trennen. Ob und wie sich spätere Änderungen der maßgeblichen Verhältnisse auf den titulierten materiellen Unterhaltsanspruch auswirken, richtet sich allein nach dem international anwendbaren materiellen Recht (s. Rn. 9/9 ff.). Nach dem eigenen Prozessrecht ist allein die Frage zu beantworten, ob die Änderung des materiellen Unterhaltsanspruches eine prozessuale Möglichkeit für dessen Abänderung eröffnet.[149] Der deutsche Abänderungsrichter ist dabei an das deutsche Prozessrecht gebunden, auch wenn es um die Abänderung ausländischer Titel geht (lex fori). Dazu zählt auch die Vorschrift des § 323 ZPO, der nach h. M. prozessrechtlicher Natur ist.[150] Diese Vorschrift begründet einen prozessrechtlichen Abänderungsanspruch, setzt jedoch einen materiellrechtlich geänderten Unterhaltsanspruch voraus.[151] Ungeachtet dogmatischer Bedenken geht die herrschende Rechtspraxis (folgerichtig) davon aus, dass dies (als Folge der Anerkennung) auch bei Auslandsurteilen gilt und – nach dem deutschen prozessrechtlichen Grundsatz der Wahrung der Grundlagen des abzuändernden Titels – vorbehaltlich eines Statutenwechsels (Rn. 9/254) von dem im Auslandsurteil zugrunde gelegten materiellen Recht (Unterhaltsstatut) auszugehen ist.[152]

253   In den Fällen, in denen schon nach dem anwendbaren materiellen Auslandsrecht eine Abänderungssperre zu beachten ist, wie z. B. bei einer vereinbarten oder angeordneten Unabänderlichkeit nach irischem Recht,[153] bietet § 323 ZPO keine Grundlage für eine weiter gehende Abänderung, was aus dem Wesen als prozessrechtliche Vorschrift folgt; andernfalls könnte eine Partei auf Grund deutschen Prozessrechts in Deutschland einen größeren Unterhalt erzielen, als ihr materiell nach dem anzuwendenden Unterhaltsstatut zusteht. Gibt das anzuwendende Auslandsrecht materiellrechtlich mehr, als das deutsche Prozessrecht zulässt (§ 323 ZPO), ist dessen Durchsetzung in Deutschland nicht möglich, z. B. wegen der Sperre nach § 323 III ZPO. Diese prozessuale Beschränkung der Geltendmachung eines materiellen Rechts oder eines materiellen Anspruchs ist nichts Außergewöhnliches, wie etwa die Verjährung, die Verwirkung oder die Rechtskraftwirkung zeigen.

Soweit ersichtlich ist jedenfalls in den europäischen Rechtsordnungen eine Abänderung des materiellen Unterhaltsanspruchs grundsätzlich möglich, und zwar – meist – sowohl in Form einer Erhöhung als auch in Form einer Ermäßigung bis auf Null, wobei wie im

---

144 Rahm/Künkel/Breuer, a. a. O., Rn. 246
145 BGH, FamRZ 1981, 1203; vgl. Staudinger/Spellenberg BGB (2005) FamRÄndG
146 BGH, FamRZ 2007, 717, 718
147 Vgl. BGH, BGHZ 171, 310 = FamRZ 2007, 989; FamRZ 1992, 1060; 1983, 806
148 BGH, FamRZ 1983, 806 ff.
149 Rahm/Künkel/Breuer, a. a. O., Rn. 247
150 Zur Rechtslage in Italien, Frankreich und den Benelux-Staaten s. Schlosser, FamRZ 1973, 427 f; dazu und zur Rechtslage in der Schweiz, den osteuropäischen Staaten, dem angloamerikanischen Bereich und Österreich s. Siehr, FS Bosch, S. 927 f; zur Schweiz s. auch Leipold, FS Nagel, S. 189, 195; Gottwald, FS Schwab, S. 151, 153 f.; vgl. auch OG Uri, DAV 1983, 771 ff.
151 Vgl. BGH, FamRZ 1983, 353
152 Vgl. BGH, FamRZ 1983, 806
153 Sec 18 IV FLA 1995; Rn. 9/56 l

deutschen (Prozess-)Recht auf wesentliche Veränderung der für die ursprüngliche Verurteilung maßgebenden Umstände oder Verhältnisse abgestellt wird.

Statutenwechsel. Ändert sich das Unterhaltsstatut, ändert sich auch das Abänderungs- 254 statut, z. B. im Falle eines Umzugs des Unterhaltsberechtigten nach Deutschland (Art. 18 I EGBGB).[154] Der materiellrechtlichen Wandelbarkeit des Unterhaltsstatuts steht der prozessrechtliche Grundsatz der Wahrung des Titels nach seinen Grundlagen nicht entgegen. Denn dieser Grundsatz besagt nur, dass die Titel bestehen bleiben, **soweit** sich die Grundlagen nicht verändert haben. Der Veränderung unterliegen aber nicht nur tatsächliche Umstände, wie Bedürftigkeit oder Leistungsvermögen (beides auch Rechtsbegriffe), sondern auch das Recht selbst, und zwar nicht nur in seiner Gesamtheit (Statut), sondern auch innerhalb derselben Rechtsordnung.[155] Da in den (meisten) Ländern, zumindest in Europa, die Änderungsvoraussetzungen im Wesentlichen identisch sind, wird sich der Statutenwechsel allein nicht oder nur kaum auswirken, allenfalls im Zusammenhang mit der Änderung weiterer Umstände.

Im Falle einer Scheidung oder einer gerichtlichen Trennung ist Abänderungsstatut das 255 Scheidungs- oder Trennungsstatut, wenn die Scheidung oder Trennung von einem Vertragsstaat ausgesprochen oder anerkannt worden ist (Art. 18 IV EGBGB, Art. 8 HUÜ 73).[156]

Im Bereich des Auslandsunterhaltsgesetzes (AUG; s. Rn. 9/226, 266) ist dessen Art. 10 II 256 zu beachten.[157] Danach ist bei Rechtskraft der ausländischen Entscheidung eine Abänderung nur nach § 323 ZPO zulässig, d. h. in dessen (prozessualen) Grenzen. Ist die Auslandsentscheidung noch nicht rechtskräftig, ist eine Abänderung der Höhe und Dauer des festgelegten Unterhalts allerdings noch ohne die Schranken des § 323 ZPO möglich.

Prozessvergleiche und vollstreckbare Urkunden. Beide sind zwar auch im Inland 257 vollstreckbar (Art. 57, 58 EuGVVO), aber nicht abänderbar. Ist der Vergleich in ein gerichtliches Urteil eingeflossen, steht das Urteil mit **seinen** Wirkungen im Vordergrund und ist als solches zu behandeln.[158]

4. Einstweiliger Rechtsschutz

Der einstweilige Rechtsschutz gehört zum Prozessrecht und daher zur lex fori. Der 258 deutsche Richter wendet somit die §§ 620 ff., 644 ZPO (einstweilige Anordnung) oder (subsidiär) § 935, § 940 ZPO (einstweilige Verfügung) an.[159] Seine internationale Zuständigkeit folgt regelmäßig derjenigen der Hauptsache. Im EU-Bereich bestimmt Art. 31 EuGVVO, dass in einem Vertragsstaat einstweiliger Rechtsschutz nach den autonomen Regeln dieses Staates auch dann beantragt werden kann, wenn für die Hauptsache ein anderer Vertragsstaat zuständig ist.[160] Der EuGH hatte zur früheren Rechtslage daran festgehalten, dass auch einstweilige Maßnahmen nach Art. 24 EuGVÜ anerkannt und vollstreckt werden können, sofern sie nach Gewährung rechtlichen Gehörs erlassen worden sind. Nunmehr bestimmt Art. 47 EuGVVO zwar ausdrücklich, dass ein „Antragsteller nicht gehindert ist, einstweilige Maßnahmen einschließlich solcher, die auf eine Sicherung gerichtet sind, nach dem Recht des Vollstreckungsmitgliedstaats in Anspruch zu nehmen, ohne dass es einer Vollstreckbarerklärung nach Art. 41 bedarf".[161] Voraussetzung ist aber, dass die

---

[154] A. A. anscheinend BGH, FamRZ 1983, 806 im Bereich des Haager Kindesunterhaltsübereinkommens vom 24. 10. 1956; zum Statutenwechsel offengelassen. Die Änderung des gewöhnlichen Aufenthalts des Unterhaltsberechtigten bewirkt jedoch jedenfalls im Bereich des Haager Unterhaltübereinkommens einen Statutenwechsel (zum Begriff vgl. etwa Palandt/Heldrich, BGB 67. Auflage 2008, Einl. vor Art. 3 EGBGB Rn. 23)

[155] BGH, FamRZ 2007, 793, 796; 1990, 1091

[156] Vgl. BGH, FamRZ 1992, 298

[157] Vgl. auch Baumbach/Albers a. a. O. § 323 Rn. 8

[158] BGH, FamRZ 2007, 793, 796

[159] Dose Einstweiliger Rechtsschutz in Familiensachen 2. Aufl. Rn. 5 ff., 127 ff., 146 ff.

[160] Zur Zuständigkeit zum Erlass einstweiliger Maßnahmen vgl. EuGH, IPRax 1999, 240; m. Anm. Hess/Vollkommer, IPRax 1999, 220; siehe auch Kropholler, a. a. O., Art. 24 Rn. 6 ff.

[161] Vgl. dazu Heß/Hub IPRax 2003, 93 ff.

Entscheidung anerkennungsfähig ist und die Befugnis, solche Maßnahmen zu veranlassen, ergibt sich nach Art. 47 II EuGVVO erst aus der Vollstreckbarerklärung.[162] Um der Gefahr zu begegnen, dass sich eine Partei in einem der über Art. 31 EuGVVO eröffneten exorbitanten Gerichtsständen einen Titel nur zu dem Zweck verschafft, um diesen in einem anderen Mitgliedstaat zu vollstrecken, fordert der EuGH eine „reale Verknüpfung" des Verfahrensgegenstandes mit dem Gebiet des Urteilsstaates.[163] Der Begriff der einstweiligen Maßnahme in Art. 31 EuGVVO ist weit auszulegen und umfasst auch eine Verfügung, die eine (teilweise) Erfüllung der Hauptleistung anordnet. Wegen dieser einschneidenden Wirkungen verlangt der EuGH[164] allerdings Sicherungen, die eine spätere Rückabwicklung der einstweiligen Anordnung ermöglichen.

Materiell ist auch hier dasjenige Recht anzuwenden, das sich vorrangig aus Staatsverträgen (z. B. HUÜ 73) oder sonst nach den Regeln des internationalen Prozessrechts ergibt.

Weder die Vorschriften über einstweilige Anordnungen (§§ 620 ff., 644 ZPO) noch jene über einstweilige Verfügungen (§§ 935, 940 ZPO) bieten eine materielle Rechtsgrundlage.[165] Lediglich aus Zweckmäßigkeitserwägungen (dogmatisch höchst fragwürdig) wird in der deutschen Rechtsprechung deutsches materielles Recht angewendet, wenn das materielle Auslandsrecht nicht oder nur unter größten Schwierigkeiten zuverlässig zu ermitteln ist (s. insoweit Rn. 9/36 ff.).

Soweit Staatsverträge zu beachten sind, lassen diese in aller Regel einstweiligen Rechtsschutz zu (z. B. Art. 31 EuGVVO).[166]

III. Anerkennung und Vollstreckung nach Staatsvertragsrecht

259   Die EuGVVO erfordert für seinen Anwendungsbereich kein **besonderes** Anerkennungsverfahren für Unterhaltstitel (Art. 33 I). Entscheidungen eines Vertragsstaats werden vielmehr grundsätzlich anerkannt, mit Ausnahme der in Art. 34, 35 EuGVVO aufgeführten Fälle. Danach wird eine Entscheidung oder eine vollstreckbare Vereinbarung der Parteien (Art. 57 II, 58 EuGVVO) nicht anerkannt, wenn sie gegen den inländischen ordre public verstößt (s. Rn. 9/260 a), dem Beklagten, der sich auf das Verfahren nicht eingelassen hat, das verfahrenseinleitende Schriftstück nicht ordnungsgemäß zugeleitet worden war,[167] der Titel mit einer Entscheidung zwischen denselben Parteien in einem Mitgliedstaat oder einer anerkennungsfähigen früheren Entscheidung unvereinbar ist oder der abzuändernde Titel unter Verstoß gegen eine besondere oder ausschließliche internationale Zuständigkeit zustande gekommen ist.[168] Dabei ist das deutsche Gericht aber an die tatsächlichen Feststellungen in der zu vollstreckenden Entscheidung gebunden (Art. 35 II EuGVVO). Die ausländische Entscheidung darf aber keinesfalls in der Sache selbst nachgeprüft werden (Art. 36 EuGVVO).

Die Vollstreckbarerklärung ausländischer Unterhaltstitel erfolgt überwiegend nach staatsvertraglichem Anerkennungsrecht, insbesondere nach der EuGVVO und dem HUVÜ 73 (oben Rn. 9/226). Das autonome, innerstaatliche Anerkennungsrecht (siehe oben Rn. 9/237 ff.) hat demgegenüber eine geringe Bedeutung, weil insbesondere das vereinfachte Verfahren nach dem EuGVVO und dessen Ausführungsgesetz, dem AVAG, vorgeht. Durch die Anerkennung eines ausländischen Titels erstreckt sich dessen materielle Bestandskraft auf das Inland. Eine erneute Anrufung des Gerichts wegen derselben Angelegenheit ist

---

[162] Vgl. zum EuGVÜ Hess/Vollkommer, a. a. O.

[163] EuGH, IPRax 1999, 240 (zum EuGVÜ)

[164] EuGH, IPRax 1999, 240; m. Anm. Hess/Vollkommer, IPRax 1999, 220 (zum EuGVÜ)

[165] Vgl. z. B. OLG München, FamRZ 1980, 448; vgl. insoweit auch Dose, Einstweiliger Rechtsschutz in Familiensachen 2. Aufl. Rn. 86

[166] Vgl. EuGH, IPRax 1981, 19

[167] BGH, FamRZ 2008, 586, 588; 2006, 198; NJW 2004, 2386; zur berechtigten Verweigerung der Annahme bei Zustellung einer Klageschrift in ausländischer Sprache OLG Celle IPRax 2005, 451 mit Anm. Roth, IPRax 2005, 438

[168] Vgl. zum inhaltsgleichen EuGVÜ BGH, IPRax 1994, 367

deswegen grundsätzlich auch im Inland unzulässig. Dem steht der Einwand der Rechtskraft des ausländischen Titels entgegen.[169] Soweit eine Vollstreckbarerklärung mittels des Klauselerteilungsverfahrens möglich ist, dürfte auch die Vollstreckungsklage mangels Rechtsschutzbedürfnisses unzulässig sein.[170] Die EuGVVO, die neben einer Erleichterung der Anerkennung auch den Schutz des Beklagten bezweckt, beansprucht die ausschließliche Geltung gegenüber dem autonomen innerstaatlichen Recht.

Für die Vollstreckbarerklärung hat Art. 41 EuGVVO für alle Mitgliedsstaaten ein **ein-** **260** **heitliches Verfahren** eingeführt, das die Postulate der **Schnelligkeit und Effizienz** in hohem Maße verwirklicht. Zu dessen Ausführung gilt für die Anerkennung und Vollstreckung ausländischer Unterhaltstitel in Deutschland das AVAG (s. Rn. 9/261). Über die Vollstreckbarerklärung (durch Klauselerteilung) muss nicht in einem schwerfälligen Verfahren entschieden werden. Vielmehr stellt die Verordnung ein weiter vereinfachtes schriftliches Verfahren zur Verfügung, dessen Kernpunkt der Ausschluss der kontradiktorischen Verhandlung im ersten Verfahrensabschnitt ist. Nach Art. 41 S. 1 EuGVVO wird die Entscheidung unverzüglich für vollstreckbar erklärt, sobald die in Art. 53 EuGVVO vorgeschriebenen Förmlichkeiten erfüllt sind. Auch eine Prüfung der Anerkennungshindernisse der Art. 34, 35 EuGVVO erfolgt in diesem Verfahrensabschnitt nicht. Hinzu kommt der Überraschungseffekt. Nach Art. 41 S. 2 EuGVVO erhält der Schuldner in diesem Abschnitt des Verfahrens keine Gelegenheit, eine Erklärung abzugeben. Dem Schuldner soll nicht die Zeit bleiben, sein Vermögen im Zweitstaat dem Vollstreckungszugriff zu entziehen. Die **Rechte des** **Schuldners** werden dann durch das weitere Verfahren gewahrt. Er kann sich durch die Einlegung eines Rechtsbehelfs nach Art. 43 I EuGVVO rechtliches Gehör verschaffen. Während der Rechtsbehelfsfrist (regelmäßig ein Monat, bei Wohnsitz in einem anderen Mitgliedsstaat zwei Monate) und solange über den Rechtsbehelf noch nicht entschieden ist, darf die Zwangsvollstreckung in das dort gelegene Vermögen nicht über Maßnahmen der Sicherung hinausgehen (Art. 47 III EuGVVO). Erst im Verfahren über den Rechtsbehelf ist der Antrag auf Anerkennung und Vollstreckung im Inland abzuweisen, wenn die Voraussetzungen zur Versagung nach Art. 34, 35 EuGVVO vorliegen. In der Sache selbst ist die Entscheidung aber auch dann nicht nachzuprüfen (Art. 45 II EuGVVO). Gegen die Entscheidung, die über den Rechtsbehelf ergangen ist, ist nur die Rechtsbeschwerde zulässig.[171]

Hatte sich ein Beklagter in dem Verfahren nicht eingelassen, wird das ausländische **260 a** (Versäumnis-)Urteil nur anerkannt, wenn ihm der verfahrenseinleitende Schriftsatz mit einer ausreichenden Frist zu Stellungnahme zugestellt worden war (Art. 6 HUVÜ 73 und Artt. 34 II, 27 Nr. 2 LugÜ), es sei denn, der Beklagte hat gegen die Entscheidung kein Rechtsmittel eingelegt, obwohl es ihm möglich war (Artt. 45 I, 34 Nr. 2 EuGVVO). Dabei hat das für die Vollstreckbarerklärung zuständige Rechtsbehelfsgericht die Zustellung anhand der vorgetragenen Tatsachen in eigener Zuständigkeit und Verantwortung und ohne Bindung an die Feststellungen der erststaatlichen Gerichte von Amts wegen im Wege des Freibeweises zu beurteilen.[172] Die für die Entscheidung erheblichen Tatsachen muss es hingegen nicht von Amts wegen ermitteln.[173] War die Klageschrift nach den Vorschriften des erststaatlichen Gerichts zu Recht öffentlich zugestellt worden, ist unter dem Gesichtspunkt der Rechtzeitigkeit der Zustellung stets eine Abwägung der schützenswerten Interessen des Gläubigers und des Schuldners in Einzelfall geboten. Dabei ist auch darauf abzustellen, ob der Schuldner die Veranlassung der fiktiven Zustellung an ihn zu vertreten hat oder ob den Gläubiger etwaige Nachlässigkeiten bezüglich der Zustellungsmöglichkeit treffen.[174] Für den Zuständigkeitsbereich der EuGVVO (Brüssel I-VO) kommt es (im Gegensatz zu

---

[169] EuGH, NJW 1977, 495; Kropholler, a.a.O., Art. 25 EuGVÜ Rn. 7; Zöller/Geimer, a.a.O. Anhang I Art. 31 EuGVÜ Rn. 10

[170] Siehe Anmerkung Gottwald zu OLG Karlsruhe, FamRZ 1999, 309, 310 f.; a.A. BGH, FamRZ 1987, 370 zur Vollstreckungsklage, wenn der Antrag auf Vollstreckbarerklärung rechtskräftig zurückgewiesen worden ist

[171] Art. 44 EuGVVO i.V.m. Anhang IV sowie § 15 AVAG

[172] EuGH IPRax 1991, 177 (zu Art. 27 Nr. 2 EuGVÜ); BGH, FamRZ 2008, 390, 391 f. = R 686 c (zur öffentlichen Zustellung nach schweizerischem Recht); BGH NJW 1992, 1239, 1241

[173] BGH, FamRZ 2008, 586, 588

[174] EuGH RIW 1985, 967 Rn. 32 (zum EuGVÜ); BGH, FamRZ 2008, 390, 391 f. = R 686 g

der Regelung in Art. 27 Nr. 2 EuGVÜ) nicht mehr darauf an, ob die Zustellung nach dem Recht des Ausgangsstaats ordnungsgemäß erfolgt ist, wenn der Schuldner das verfahrenseinleitende Schriftstück trotz des formellen Fehlers so rechtzeitig erhalten hat, dass er sich unter Berücksichtigung seines Anspruchs auf rechtliches Gehör effektiv verteidigen konnte.[175]

Aber auch ein Verstoß gegen den deutschen **„ordre public"** steht einer Anerkennung und Vollstreckbarerklärung entgegen (Art. 34 Nr. 1, 43 III, 45 I EuGVVO; s. Rn. 9/259). Inwieweit der **EuGH** den dafür entscheidenden Begriff der „öffentlichen Ordnung" allgemein konkretisieren darf, ist durch einige jüngere Entscheidungen nunmehr im Wesentlichen geklärt. Nach der richtungweisenden Entscheidung *Krombach*[176] hat der EuGH seine Rechtsprechung in der Entscheidung *Renault SA*[177] weiter konkretisiert. Danach ist es nicht Aufgabe des EuGH, den Mitgliedsstaaten den Inhalt der öffentlichen Ordnung vorzuschreiben. Der Gerichtshof habe aber über die Grenzen zu wachen, innerhalb derer ein Mitgliedsstaat im Rahmen des Art. 27 Nr. 1 EUGVÜ (Vorgänger der EuGVVO) die Urteilsfreizügigkeit zurücknimmt. Damit hat der Gerichtshof eine zweistufige Begriffsbildung entwickelt. Der EuGH steckt den gemeinschaftlichen Rahmen des ordre public ab, während die konkrete Ausfüllung durch die Gerichte der Mitgliedstaaten erfolgt.[178]

261   Das **vereinfachte Verfahren der Vollstreckbarerklärung** wird für die EuGVVO, das EuGVÜ und das HUVÜ 73 durch das **AVAG**[179] geregelt. Zuständig für die Erteilung der Vollstreckungsklausel ist nicht der Familienrichter, sondern der Vorsitzende einer Zivilkammer des Landgerichts am Wohnsitz des Schuldners (Art. 39 i. V. m. Anhang II EuGVVO, § 3 I, III AVAG).[180] Für den Anwendungsbereich des HUVÜ 73 gilt Art. 35 I Nr. 2 i. V. m. § 3 I, III AVAG. Der Vorsitzende der Zivilkammer entscheidet grundsätzlich ohne vorherige Anhörung des Schuldners und ohne mündliche Verhandlung (Art. 41 EuGVVO, § 6 I, II AVAG).[181] Für die Antragstellung (§§ 4 II AVAG; 78 III ZPO) und das erstinstanzliche Verfahren (§ 6 III AVAG) besteht kein Anwaltszwang. Die von der Partei vorzulegenden Urkunden in der Form des Rechts des Ursprungstitels sind in Art. 53 EuGVVO, Art. 17 HUVÜ 73 und § 4 AVAG aufgeführt. Nach Artt. 53 II, 54 EuGVVO hat die Partei, die eine Vollstreckbarerklärung beantragt, mit der Ausfertigung der ausländischen Entscheidung eine Bescheinigung unter Verwendung eines Formblatts (Anhang V zur EuGVVO) vorzulegen, in der u. a. die Vollstreckbarkeit der Entscheidung nach dem Recht des Ursprungslands zu bescheinigen ist. Wird diese formularmäßige Bescheinigung nicht vorgelegt, kann das zuständige Gericht nach Art. 55 EuGVVO eine Frist setzen, innerhalb derer die Bescheinigung vorzulegen ist. Es kann sich aber auch mit einer gleichwertigen Urkunde begnügen, oder den Antragsteller von der Verpflichtung zur Vorlage der Bescheinigung befreien, wenn es eine weitere Klärung nicht für erforderlich hält.[182] Ein Vollstreckbarerklärungsverfahren in einem anderen Vertragsstaat begründet nicht den Einwand der anderweitigen Rechtshängigkeit, weil jeweils nur über die Vollstreckbarkeit desselben Unterhaltstitels in einem anderen Mitgliedstaat entschieden wird.[183] Die Vollstreckbarerklärung erfolgt durch gerichtlichen Beschluss, wonach der ausländische Titel mit einer Vollstreckungsklausel zu versehen ist (Art. 42 I EuGVVO, Art. 13 HUVÜ 73, § 8 AVAG). § 9 AVAG enthält insoweit das Muster

---

[175] BGH, FamRZ 2008, 586, 588; EuGH NJW 2007, 825, 827
[176] EuGH vom 28. 3. 2000 – Rs. C-7/98; vgl., dazu Bar JZ 2000, 725 f.; Geimer ZIP 2000, 859 ff.; Hau EWiR 2000, 441 f.; Piekenbrock IPRax 2000, 364 ff. und die Folgeentscheidung des BGH in BGHZ 144, 390 = NJW 2000, 3289
[177] IPRax 2001, 328
[178] Vgl. dazu Heß IPRax 2001, 301 und Jayme/Kohler IPRax 2000, 454, 460 f.
[179] BGBl 2001 I 288, 436, zuletzt geändert durch das Gesetz zum internationalen Familienrecht vom 26. 1. 2005 BGBl I 162 und das Gesetz zur Änderung der Anerkennungs- und Vollstreckungsausführungsgesetzes vom 17. 4. 2007 BGBl I S. 529; Schönfelder Ergänzungsband Nr. 103a; vgl. dazu BGHZ 171, 310 = FamRZ 2007, 989
[180] Vgl. dazu OLG Düsseldorf, IPRax 1984, 217; OLG Köln, FamRZ 1995, 1430 für franz. Unterhaltstitel
[181] Kropholler, a. a. O., Art. 34 EuGVÜ Rn. 1 ff.
[182] Vgl. BGH, FamRZ 2008, 586, 588
[183] EuGH, EuZW 1994, 278, 279 m. Anm. Karl

einer Vollstreckungsklausel, die auf Grund der gerichtlichen Entscheidung durch den Urkundsbeamten der Geschäftsstelle auf den Unterhaltstitel zu setzen ist. Über die Kosten des Verfahrens ist entsprechend § 788 ZPO (§ 8 S. 4 AVAG) zu entscheiden. Diese Vorschrift ist auch bei anderweitiger Erledigung oder bei Rücknahme des Antrags anwendbar.

Ist der Antrag **unzulässig oder unbegründet,** weist ihn der Vorsitzende durch begründeten Beschluss kostenpflichtig ab (§ 8 II AVAG).[184] Gegen die Anordnung der Vollstreckung im Inland durch die Entscheidung des Landgerichts kann der Schuldner befristete Beschwerde (grundsätzlich nach § 11 I, III AVAG binnen Monatsfrist, vorbehaltlich einer nach § 10 II AVAG verlängerten Beschwerdefrist bei Zustellung der Entscheidung im Ausland) einlegen. Der Gläubiger kann gegen die Ablehnung seines Antrags unbefristete (§§ 11, 16 I AVAG) Beschwerde einlegen (§ 11 I AVAG). Die Beschwerde ist beim Oberlandesgericht einzulegen; die Zulässigkeit der Beschwerde wird aber nicht dadurch berührt, dass sie statt beim Beschwerdegericht bei dem Gericht des ersten Rechtszugs eingelegt wird (Art. 43 I, II i. V. m. Anhang III EuGVVO; § 11 I, II AVAG). Das OLG entscheidet im Beschwerdeverfahren erstmals nach Anhörung des Schuldners[185] oder auf Grund fakultativer mündlicher Verhandlung, aber gleichwohl durch begründeten Beschluss (§ 13 AVAG). Solange die mündliche Verhandlung nicht angeordnet ist, besteht kein Anwaltszwang (§§ 13 II AVAG, 78 III ZPO); nach Anordnung gilt § 78 I ZPO. Gegen den Beschluss des OLG findet die Rechtsbeschwerde zum BGH statt (Art. 44 i. V. m. Anhang IV EuGVVO; §§ 15 ff. AVAG).[186] Sowohl das HUVÜ 73 als auch die EuGVVO gelten nicht für die vor Inkrafttreten fällig gewordenen Unterhaltsbeträge.[187]

Ist der ausländische Titel unklar oder nicht genügend bestimmt,[188] ist eine Konkretisie- **263** rung im Klauselerteilungsverfahren ausnahmsweise zulässig.[189] Dabei müssen die zur Konkretisierung erforderlichen Feststellungen, gegebenenfalls nach Anregung eines bestimmten Antrags (§ 139 I ZPO), im Klauselerteilungsverfahren getroffen werden. Der ausländische Titel ist so genau für vollstreckbar zu erklären wie ein entsprechender deutscher Titel.[190] Ein kraft Gesetz an den Index für Lebenshaltungskosten gebundener Unterhaltstitel kann aber auch wegen des Anpassungsbetrages für vollstreckbar erklärt werden.[191]

Ist zweifelhaft, ob ein Titel (z. B. eine Jugendamtsurkunde) durch eine spätere abweichen- **264** de ausländische Entscheidung abgeändert wurde oder noch fort gilt, hat der Schuldner die Möglichkeit, dies durch negative Feststellungsklage klären zu lassen.[192] Unabhängig davon haben auch die Gerichte im Vollstreckungsverfahren bis zum rechtskräftigen Verfahrensabschluss zu prüfen, ob und ggf. inwieweit die ausländische Entscheidung im Ursprungsstaat bereits aufgehoben worden ist.[193]

Bei den **bilateralen Verträgen** muss jeweils im Einzelfall geprüft werden, wie die **265** Vollstreckung geregelt ist. Für das Vollstreckungsabkommen zwischen der EU und dem Königreich Dänemark gilt nunmehr auch das AVAG, wie sich aus der Neufassung des § 1 I Nr. 2 b AVAG[194] ergibt. Im Geltungsbereich des Haager Vollstreckungsabkommens von 1958 ist das Familiengericht zuständig.

Im Rechtshilfeverkehr hauptsächlich mit den nordamerikanischen Staaten (**USA und** **266** **Kanada) und Südafrika** gilt das Gesetz zur Geltendmachung von Unterhaltsansprüchen

---

[184] Vgl. BGH, ZIP 2007, 396

[185] EuGH, IPRax 1985, 274; Stürner, IPRax 1985, 254 ff.

[186] BGH, FamRZ 1990, 868

[187] BGHZ 171, 310 = FamRZ 2007, 989 und FamRZ 2008, 390, 391 f. = R 686 a; OLG Köln, FamRZ 1995, 1430

[188] Vgl. insoweit BGH, FamRZ 2004, 1023

[189] Vgl. BGH, FamRZ 1986, 45, Schweiz; NJW 1990, 3084 ff.; 1993, 1801, 1802; 1994, 1413 ff.; Kropholler, a. a. O., Art. 31 EuGVÜ Rn. 16

[190] BGH, IPRax 1994, 367 mit Anm. Roth, IPRax 1994, 350, Italien

[191] BGHZ 171, 310 = FamRZ 2007, 989; NJW 1986, 1440, 1441; OLG Düsseldorf FamRZ 2001, 1019; OLG Stuttgart DAVorm 1990, 713; OLG Hamburg FamRZ 1983, 1157

[192] Vgl. OLG Hamm, FamRZ 1993, 339, Polen

[193] BGHZ 171, 310 = FamRZ 2007, 989

[194] Gesetz zur Änderung des Anerkennungs- und Vollstreckungsausführungsgesetzes vom 17. 4. 2007 BGBl I S. 529

im Verkehr mit ausländischen Staaten vom 19. 12. 1986 – **AUG** –[195] (s. Rn. 9/226). Mit diesen Staaten bestehen keine vorgreiflichen vertraglichen Vereinbarungen, die notwendige Gegenseitigkeit (§ 1 II AUG) ist jedoch gewahrt. Das Gesetz ergänzt das UN-Übereinkommen über die Geltendmachung von Unterhaltsansprüchen im Ausland vom 20. 6. 1956,[196] in der Bundesrepublik in Kraft seit 19. 8. 1959. Dabei geht es jeweils um Rechtshilfe in Unterhaltssachen, auch zur Vollstreckbarerklärung ausländischer Unterhaltsentscheidungen (§ 8 II AUG, § 5 III UN-Übereinkommen).

Das Verfahren beginnt für den Unterhaltsberechtigten mit einem den Anforderungen des § 3 AUG genügenden Gesuch an das Amtsgericht seines gewöhnlichen Aufenthalts. Gegen eine ablehnende Entscheidung kann er nach § 23 EGGVG vorgehen (§ 3 I, § 4 I, II AUG). Hält das Amtsgericht hinreichende Erfolgsaussichten für gegeben, leitet es das Gesuch an den Generalbundesanwalt als Zentrale Behörde (§ 2 AUG) weiter. Dieser lehnt es gegebenenfalls seinerseits ab (§ 5 I AUG, § 23 EGGVG) oder leitet es an die Zentralbehörde des Auslandsstaates weiter, die versuchen muss, den Unterhaltsanspruch dort durchzusetzen.[197] Ähnlich verhält es sich umgekehrt mit dem Gesuch eines ausländischen Unterhaltsgläubigers gegen einen sich im Inland gewöhnlich aufhaltenden Unterhaltsschuldner.[198]

Das materielle Recht bleibt durch das AUG unberührt. Bei eingehenden Gesuchen bestimmt sich das anzuwendende Recht nach Art 18 i. V. m. Art 4 EGBGB. Ausgehende Gesuche (§§ 3 bis 6 AUG) werden allein nach deutschem materiellen Recht geprüft.

267   In dem Europäischen Übereinkommen betreffend **Auskünfte über ausländisches Recht**[199] mit Ausführungsgesetz vom 21. 1. 1987 (AuRAK)[200] haben die Vertragsparteien sich verpflichtet, einander Auskünfte über ihr Zivil- und Handelsrecht, ihr Verfahrensrecht auf diesen Gebieten und über ihre Gerichtsverfassung zu erteilen (Art. 1 I). Das Auskunftsersuchen muss von einem Gericht ausgehen und darf nur in einem bereits anhängigen Verfahren gestellt werden (Art. 3 I). Das Ersuchen (zum Inhalt vgl. Art. 4) ist „so schnell wie möglich" (Art. 12) zu beantworten.

IV. Beitrittsgebiet (ehemalige DDR)

268   Nach Art. 10, 11 Einigungsvertrag gelten die Staatsverträge der Bundesrepublik Deutschland mit Wirkung ab 3. 10. 1990 auch für das Gebiet der ehemaligen DDR. Deren Staatsverträge werden ab 3. 10. 1990 als erloschen angesehen.[201] Problematisch ist die Frage, ob die vor dem 3. 10. 1990 erlassenen Unterhaltsentscheidungen der DDR-Gerichte nach den bis dahin geltenden DDR-Staatsverträgen oder nach denjenigen der Bundesrepublik Deutschland anzuerkennen und zu vollstrecken sind und wie mit den vor dem 3. 10. 1990 erlassenen Entscheidungen von Vertragsstaaten der Bundesrepublik Deutschland für das Beitrittsgebiet verfahren werden soll. Nach dem Grundsatz, dass Staatsverträge, soweit nicht anders geregelt, erst für die ab ihrem Inkrafttreten entstandenen Tatbestände gelten, dürften die alten DDR-Verträge für die vor dem 3. 10. 1990 fällig gewordenen Unterhaltsansprüche noch anwendbar sein, ebenso für die vorher erlassenen Entscheidungen. Im Übrigen gilt, soweit keine DDR-Staatsverträge abgeschlossen wurden, das sog. Rechtsanwendungsgesetz (RAG) der früheren DDR (für die Zeit vor dem 3. 10. 1990). Nach Art. 234 § 5 EGBGB bleibt für den Unterhaltsanspruch eines Ehegatten, dessen Ehe vor dem Wirksamwerden des Beitritts geschieden worden ist, das bisherige Recht maßgebend. Unterhaltsvereinbarungen bleiben unberührt.

---

[195] BGBl I S. 2563, abgedruckt bei Baumbach/Albers, a. a. O. § 168 GVG Anh. III; vgl. dazu Bach, FamRZ 1996, 1250

[196] Vgl. Rn. 9/226a Fn. 28; abgedruckt bei Baumbach/Albers, a. a. O. § 168 GVG Anh. II und Übers. § 78 ZPO Rn. 8

[197] OLG Hamburg FamRZ 2003, 318 (zur Feststellung der Vaterschaft als notwendige Vorstufe der Unterhaltsklage)

[198] Vgl. im einzelnen Reichel, FamRZ 1990, 1329 und FamRZ 1992, 1142 sowie KG, NJW-RR 1993, 69

[199] BGBl 1974 II S. 938

[200] BGBl 1987 II S. 58 i. d. F. der Bekanntmachung v. 11. 12. 1998, BGBl 1999 II S. 15

[201] Vgl. Pirrung, IPRax 1992, 08

§ 10 Verfahrensrecht

1. Abschnitt: Verfahrensgegenstand, Zuständigkeit und Gericht

I. Überblick

Die gerichtliche Geltendmachung von Ansprüchen, die den gesetzlichen Unterhalt **1** betreffen, folgt den Regeln der Zivilprozessordnung. Besonderheiten des jeweiligen Verfahrensablaufs im Einzelfall beruhen auf den unterschiedlichen Zielen der Rechtsverfolgung. Sie hängen etwa davon ab, ob ein Vollstreckungstitel erst geschaffen **(Leistungsklage)**, ein vorhandener den geänderten Verhältnissen angepasst **(Abänderungsklage)** oder seiner Wirkungen beraubt **(Vollstreckungsabwehrklage)** oder ein solcher Anspruch nur festgestellt oder verneint werden soll **(Feststellungsklage)**, ob eine endgültige Entscheidung **(Urteil)** oder nur eine vorläufige **(einstweilige Verfügung oder einstweilige Anordnung)** gesucht wird. Zur Behandlung und Entscheidung im Erkenntnisverfahren sind ausschließlich berufen in erster Instanz die Familiengerichte (§ 23 b I S. 2 Nr. 5, 6, 13 und 15 GVG) sowie im Instanzenzug Senate für Familiensachen des OLG (§ 119 I Nr. 1 und 2 GVG) und in besonderen Fällen der BGH (§ 133 GVG).

Nach der Neufassung von § 1612 Abs. 2 BGB durch das Gesetz zur Änderung des **1 a** Unterhaltsrechts vom 21. 12. 2007[1] kommen die zivilprozessualen Vorschriften nunmehr auch bei der Änderung der **elterlichen Unterhaltsbestimmung** uneingeschränkt zum Zuge. Soweit hierüber bisher nach einer allerdings uneinheitlichen obergerichtlichen Rechtsprechung in einem gesonderten Verfahren nach den Vorschriften des FGG zu entscheiden war, haben sich die mit der Verfahrenstrennung verbundenen Probleme (vgl. hierzu Rn. 2/41 der Vorauflage) erledigt. Über eine dem Barunterhaltsanspruch entgegenstehende Unterhaltsbestimmung hat nunmehr das Familiengericht als „Vorfrage" im Rahmen des Unterhaltsrechtsstreits zu befinden, ohne dass damit in der Sache eine Änderung zu den Voraussetzungen und Grenzen des Bestimmungsrechtes verbunden wäre.[2]

Der Regierungsentwurf für ein Gesetz zur Reform des Verfahrens in Familiensachen **1 b** und in den Angelegenheiten der freiwilligen Gerichtsbarkeit (FGG-RG)[3] erfasst in § 112 FamFG-E als so genannte **Familienstreitsachen** auch die den **gesetzlichen Unterhalt** (§ 231 FamFG-E) betreffenden Streitigkeiten. Für das erstinstanzliche Erkenntnisverfahren außerhalb des Verbundes sieht § 113 FamFG-E eine entsprechende Anwendung der §§ 1 bis 494 a und 592 bis 605 a ZPO vor. An die Stelle des Urteils tritt allerdings ein Beschluss, der, soweit er eine Verpflichtung zu einer Leistung enthält, unter den Voraussetzungen von § 116 III S. 2 FamFG-E mit Bekanntgabe wirksam wird. Der Beschluss unterliegt der Anfechtung durch sofortige Beschwerde (§§ 58, 117 FamFG-E) und durch Rechtsbeschwerde (§ 70 FamFG-E) in der nächstfolgenden Instanz. Die Vollstreckung folgt den Vorschriften der ZPO (§ 120 FamFG-E). Wird das Unterhaltsbegehren im Rahmen des Verbundes geltend gemacht, tragen die §§ 137 ff. FamFG-E den verfahrensspezifischen Besonderheiten dieser Folgesache Rechnung.

---

[1] BGBl. I S. 3189
[2] Scholz, FamRZ 2007, 2021, 2029
[3] BT-Drucks. 16/6308 v. 7. 9. 2007

II. Verfahrensgegenstand

1. Die Familiensachen der gesetzlichen Unterhaltspflicht

2   Bestimmt und begrenzt werden unterhaltsrechtliche Streitigkeiten, die Gegenstand des familiengerichtlichen Verfahrens sein können, zum einen durch die **Beschränkung** auf einen **Personenkreis,** der durch Ehe oder Verwandtschaft (§ 23 a Nr. 2 GVG), Lebenspartnerschaft (§ 23 a Nr. 6 GVG i. V. m. § 661 I Nr. 4 ZPO) oder auch durch die Geburt eines gemeinsamen Kindes (§ 23 a Nr. 3 GVG) verbunden ist oder war sowie deren Rechtsnachfolger. Zum anderen erfährt das Verfahren eine Eingrenzung durch die Festlegung auf den **gesetzlichen Unterhalt.** Damit unterliegen Streitigkeiten, die sich aus rein **vertraglichen Unterhaltsregelungen** ableiten,[4] nicht einer familiengerichtlichen Zuständigkeit. Davon zu unterscheiden sind allerdings die Fälle, in denen Vereinbarungen die gesetzliche Unterhaltspflicht lediglich ausformen. Hier wird in aller Regel der gesetzliche Unterhalt nach Zeitraum und Höhe nur konkretisiert. Eine selbstständige, vom Gesetz losgelöste Unterhaltsregelung liegt nicht schon deshalb vor, weil der vereinbarte Unterhaltsbetrag höher ist als der, der nach den tatsächlichen Verhältnissen kraft Gesetzes geschuldet wäre.[5] Für eine „Loslösung" müssen besondere Anhaltspunkte vorliegen (z. B. wenn überhaupt kein Unterhaltsanspruch gegeben wäre, bei früherem wirksamen Unterhaltsverzicht).

Überdies muss die gesetzliche Unterhaltspflicht lediglich **„betroffen"** sein, um eine familiengerichtliche Zuständigkeit zu begründen, und geht damit über eine Bindung an Unterhaltstatbestände im engeren Sinne (z. B. §§ 1601 ff. BGB) hinaus. Diese weite Formulierung[6] soll alle diejenigen Ansprüche erfassen, deren Zuweisung in den Zuständigkeitsbereich der Familiengerichte nach Sinn und Zweck der genannten Norm geboten erscheint. Sie begründet eine **vorrangige familiengerichtliche Spezialzuständigkeit.**[7]

Ob eine Streitigkeit in diesem Sinne vorliegt, richtet sich allein nach der Begründung des geltend gemachten Anspruchs; der familienrechtliche Charakter der Einwendung oder des Verteidigungsvorbringens ist bedeutungslos.[8]

Die gesetzliche Unterhaltspflicht „betreffen":

3 – Die Unterhaltsansprüche des minderjährigen oder volljährigen gemeinsamen Kindes gemäß §§ 1601 ff. BGB gegenüber seinen Eltern (und umgekehrt aller Vorfahren – Eltern, Großeltern, Tanten, Onkeln – gegenüber dem Kind),
   – die Unterhaltsansprüche der in Gemeinschaft lebenden Ehegatten (§ 1360, § 1360 a BGB), z. B. Zahlung von Haushaltsgeld oder von Taschengeld,
   – des getrennt lebenden Ehegatten (§ 1361 BGB),
   – des geschiedenen Ehegatten gemäß §§ 1569 ff. BGB oder – bei Scheidung nach altem Recht – gemäß §§ 58 ff. EheG i. V. m. Art. 12 Nr. 3 S. 2 des 1. EheRG einschließlich des Unterhaltsbeitrags nach § 60 EheG,[9]
   – die Unterhaltsansprüche der gebärenden oder Beerdigungskosten der infolge der Schwangerschaft verstorbenen Mutter gemäß §§ 1615 l I–III, 1615 m oder des betreuenden Vaters (§ 1615 l IV BGB),
   – die in einer Scheidungsvereinbarung der Eltern gegenüber einem Elternteil festgelegte Verpflichtung zur Entrichtung gesetzlich begründeter Unterhaltsleistungen für ein gemeinsames Kind, auch wenn die Vereinbarung ohne Beteiligung des Kindes vor dem

---

4 BGH, FamRZ 1978, 674
5 BGH, FamRZ 1981, 19
6 BGH, FamRZ 1994, 626; 1978, 582, 584
7 BGH, FamRZ 1983, 155
8 St. Rechtspr., z. B. BGH, FamRZ 1985, 48; FamRZ 1980, 988; für die Prozessaufrechnung BGH, FamRZ 1989, 166
9 BGH, NJW 1979, 2517

1. Juli 1977 abgeschlossen worden ist,[10] ferner die vertragliche Vereinbarung der Eltern, in Höhe des Kindesunterhalts Lebensversicherungsverträge abzuschließen,[11]
- der Anspruch auf Befreiung von einer in einem Scheidungsvergleich übernommenen Unterhaltsverpflichtung,[12]
- der Anspruch auf Erstattung bereits erbrachter Unterhaltsleistungen,[13]
- nach OLG Hamm[14] Erstattungsansprüche hinsichtlich eines Versorgungsausgleichs als Nebenpflicht aus dem Unterhaltsverhältnis,
- ein Rechtsstreit über die Rückgewähr von Leistungen, die zum Zwecke der Erfüllung einer gesetzlichen Unterhaltspflicht erbracht worden sind,[15]
- der „Ausgleichsanspruch" eines Elternteils gegen den anderen wegen Unterhaltsleistungen für ein gemeinsames Kind,[16] auch wegen des Kindergelds,[17]
- die Klage auf Rückzahlung eines Prozesskostenvorschusses,[18]
- die Klage auf Zahlung von Prozesskostenvorschuss zur Verteidigung gegen die Ehelichkeitsanfechtung,[19]
- der Streit um Kinderbetreuungskosten,[20]
- Sonderbedarf, z. B. Erstattung von Umzugskosten,[21]
- der Anspruch auf Befreiung von Krankheitskosten und auf Zahlung von Krankenhaustagegeld, die im Rahmen einer Familienversicherung für den begünstigten Ehegatten angefallen sind,[22]
- der Rechtsstreit um Auskehrung von privaten Krankenkassenleistungen einschließlich Schadensersatz wegen Nichterfüllung,[23]
- die Klage auf Schadensersatz wegen unterlassener Weiterleitung von Arztrechnungen an die Beihilfestelle,[24]
- die Klage auf Beteiligung an den Zahlungen der Beihilfestelle und der Krankenkasse, soweit es um die Deckung tatsächlicher Krankheitskosten geht,[25]
- die Klage des Unterhaltsberechtigten aus § 419 BGB,[26]
- die Klage gegen ein Unterhaltsurteil gemäß § 826 BGB,[27]
- der aus dem gesetzlichen Unterhaltsrechtsverhältnis zwischen den Ehegatten hergeleitete Anspruch auf Zustimmung zum sog. steuerlichen Realsplitting gemäß § 10 I Nr. 1 EStG,[28]
- die Klage gegen den Ehegatten auf Ersatz der außergerichtlichen Kosten für die Geltendmachung des auf Grund des Realsplittings bestehenden Steuererstattungsanspruchs,[29]

---

[10] BGH, FamRZ 1978, 672
[11] BayObLG, FamRZ 1983, 1246
[12] BGH, FamRZ 1989, 603
[13] BGH, FamRZ 1984, 217
[14] FamRZ 1994, 705
[15] BGH, FamRZ 1978, 582
[16] BGH, FamRZ 1978, 770
[17] BGH, FamRZ 1980, 345
[18] OLG München, FamRZ 1978, 601; OLG Zweibrücken, FamRZ 1981, 1090
[19] OLG Koblenz, FamRZ 1982, 402
[20] OLG Hamburg, FamRZ 1985, 407; a. A. BGH, FamRZ 1978, 873 bei Unterhaltsverzicht der Ehefrau und eigener Regelung des Kindesunterhalts
[21] BGH, FamRZ 1985, 49
[22] BGH, FamRZ 1994, 626; z. T. a. A. OLG Hamm, FamRZ 1991, 206
[23] OLG Düsseldorf, MDR 1994, 278
[24] AG Charlottenburg, FamRZ 1993, 714
[25] A. A. OLG München, FamRZ 1986, 74 mit abl. Anm. v. Rassow; vgl. OLG Hamm, FamRZ 1987, 1142
[26] Vermögensübernahme; OLG Frankfurt, FamRZ 1983, 196; a. A. OLG München, FamRZ 1978, 48; offengelassen OLG Frankfurt, FamRZ 1988, 734; die Vorschrift ist aufgehoben durch EGInsOÄndG v. 19. 12. 1998 und gem. Art 223a EGBGB weiterhin anzuwenden, soweit die Vermögensübernahme bis zum 31. 12. 1998 wirksam geworden ist.
[27] OLG Düsseldorf, FamRZ 1980, 376; OLG Karlsruhe, FamRZ 1982, 400
[28] Vgl. BGH, FamRZ 1984, 1211
[29] OLG Zweibrücken, NJW-RR 1993, 644

- die Klage auf Schadensersatz wegen pflichtwidrig unterlassener Zustimmung zum steuerlichen Realsplitting,[30]
- die Klage des Unterhaltsberechtigten gegen seinen geschiedenen oder von ihm dauernd getrennt lebenden Ehegatten auf Erstattung der ihm durch das begrenzte Realsplitting entstandenen Nachteile,[31]
- der Streit über Schadensersatz wegen verspäteter Erstattung der Steuermehrbelastung auf Grund steuerlichen Realsplittings,[32]
- die (vor dem 27. 6. 1993) übergeleiteten oder übergegangenen gesetzlichen Unterhaltsansprüche, z.B. gemäß § 90 BSHG (jetzt gemäß § 94 SGB XII, § 33 SGB II oder § 37 IV BAföG),[33]
- der Bereicherungsanspruch des Unterhaltsschuldners gegen den Sozialhilfeträger bei „Abzweigung" von Arbeitslosengeld,[34]
- der wechselseitige Verzicht von Ehegatten auf Unterhalt,[35]
- das Verfahren über eine Vollstreckungsabwehrklage, wenn und soweit der Vollstreckungstitel, gegen den sie sich richtet, einen Unterhaltsanspruch nach § 23 b I S. 2 Nr. 5 und 6 GVG zum Gegenstand hat,[36] auch dann, wenn Verwirkung des titulierten gesetzlichen Unterhaltsanspruchs geltend gemacht wird,[37]
- das Verfahren über die Vollstreckbarerklärung eines ausländischen Titels, wenn der Titel nach deutschem Recht Unterhaltsansprüche im Sinne des § 23 b I S. 2 Nrn. 5 und 6 GVG betrifft,[38]
- die Klage auf Abänderung eines Unterhaltstitels,[39] auch diejenige gemäß § 641 q ZPO a. F.,[40]
- der Antrag auf Ausspruch der Erledigung des Rechtsstreits,[41]
- der sog. Drittschuldnerprozess,[42]
- das Arrestverfahren oder das einstweilige Verfügungsverfahren, wenn das Hauptsacheverfahren Familiensache wäre,[43]
- die eng mit einem Unterhaltsprozess zusammenhängenden Nebenverfahren, z.B. das Verfahren, in dem ein Richter in Unterhaltssachen als befangen abgelehnt wird gem. § 45 II ZPO,[44]
- die Kosten aus einer Familiensache,[45]
- das Kostenfestsetzungsverfahren,[46]
- das Prozesskostenhilfeverfahren, soweit es nicht ausschließlich die Zwangsvollstreckung betrifft,[47]
- die Erstattung außerprozessualer Kosten für die Geltendmachung gesetzlicher Unterhaltsansprüche,[48]
- die Klage wegen der im Rahmen einer Vollstreckungsgegenklage gegen einen Unterhaltstitel entstandenen Kosten,[49]

---

[30] OLG Köln, NJW-RR 1987, 456; a. A. OLG München, FamRZ 1983, 614
[31] BGH, FamRZ 2008, 40
[32] OLG Zweibrücken, FamRZ 1992, 830
[33] BGH, VersR 1979, 375; OLG München, FamRZ 1978, 48
[34] OLG Düsseldorf, FamRZ 1992, 481
[35] BGH, FamRZ 1981, 19
[36] St. Rechtspr., z. B. BGH, FamRZ 1981, 19
[37] BGH, FamRZ 1979, 910
[38] BGH, FamRZ 1988, 491
[39] St. Rechtspr., z. B. BGH, FamRZ 1979, 907
[40] OLG Frankfurt, FamRZ 1978, 348; OLG Hamm, FamRZ 1980, 190
[41] BGH, FamRZ 1981, 19
[42] OLG Hamm, FamRZ 1985, 407
[43] BGH, FamRZ 1980, 46; OLG Stuttgart, FamRZ 1978, 704; allg. M.
[44] BGH, FamRZ 1986, 1197
[45] BGH, FamRZ 1981, 19
[46] BGH, FamRZ 1978, 585
[47] Vgl. BGH, FamRZ 1979, 421
[48] OLG Braunschweig, FamRZ 1979, 719
[49] OLG Hamm, FamRZ 1988, 1291

- der Schadensersatz aus § 717 II ZPO wegen der Kosten eines Unterhaltsrechtsstreits,[50]
- die Klage auf Schadensersatz wegen Zinsen auf überzahlten Unterhalt,[51]
- die Klage des Unterhaltsgläubigers auf Einwilligung zur Auszahlung eines gepfändeten und hinterlegten Betrages,[52]
- die Klage wegen Verzugsschadens[53] oder Schlechterfüllung,[54]
- die den gesetzlichen Unterhaltsanspruch vorbereitenden Auskunftsansprüche;[55] darunter fällt nach BayObLG auch die Klage auf Vorlage einer Verdienstbescheinigung oder Krankenkassenbescheinigung, um den eigenen Antrag auf Arbeitslosenhilfe zu belegen,[56]
- die Schadensersatzklage wegen Verschweigens von Einkünften im Unterhaltsprozess,[57]
- der Anspruch auf Zustimmung zur Gewährung von Versicherungsschutz durch eine Verkehrsrechtsschutzversicherung,[58]
- der Ausgleichsanspruch wegen gezahlter Mieten,[59]
- die Unterzeichnung der Anlage „U" durch den Unterhaltsgläubiger i. R. d. begrenzten Realsplittings sowie die Berücksichtigung von Familienfreibeträgen,[60]
- das vereinfachte Verfahren über den Unterhalt Minderjähriger nach §§ 645–660 ZPO.

2. Die Nichtfamiliensachen

Die gesetzliche Unterhaltspflicht **„betreffen" nicht:**
- rein vertragliche, vom Gesetz losgelöste Unterhaltsansprüche;[61] eine solche Loslösung ist **4** nur ganz ausnahmsweise anzunehmen,[62]
- Klagen von Dritten gegen Eltern gemeinsamer Kinder auf Ersatz ihrer Aufwendungen für den Unterhalt der Kinder, etwa aus Geschäftsführung ohne Auftrag,[63]
- diejenigen Verrichtungen, die im VIII. Buch der ZPO (Zwangsvollstreckung) den Vollstreckungsgerichten zugewiesen sind,[64]
- Verfahren wegen der Vergütung eines Rechtsanwalts für geleistete Beratungshilfe, auch dann, wenn ihr Gegenstand bei gerichtlicher Geltendmachung eine Familiensache wäre,[65] auch nicht die Gebührenklage gemäß § 34 ZPO,[66]
- die Klage aus der Vereinbarung, eine Schuld des Ehegatten aus Anwaltsvertrag mitzutragen,[67]
- die Bestimmung des Anspruchsberechtigten gem. § 3 IV BKGG,[68]
- der Rechtsstreit wegen Gewährung von Kost und Wohnung für ein volljähriges, nicht unterhaltsberechtigtes Kind,[69]

---

[50] OLG Düsseldorf, FamRZ 1988, 298
[51] OLG Düsseldorf, FamRZ 1988, 298
[52] OLG Düsseldorf, FamRZ 1988, 298
[53] OLG Braunschweig, FamRZ 1979, 719
[54] OLG Schleswig, FamRZ 1983, 394
[55] BGH, FamRZ 1985, 367
[56] FamRZ 1985, 945: sehr weitgehend!
[57] OLG Hamm, NJW-RR 1991, 1349
[58] Zahlung von Schmerzensgeld aus Verkehrsunfall; LG Aachen, FamRZ 1994, 310, sehr fraglich
[59] OLG Schleswig, SchlHA 1979, 144
[60] AG Gelnhausen, FamRZ 1988, 510
[61] BGH, FamRZ 1979, 220
[62] BGH, FamRZ 1991, 1040
[63] BGH, FamRZ 1979, 218
[64] BGH, FamRZ 1979, 421
[65] BGH, FamRZ 1984, 774
[66] BGH, FamRZ 1986, 347; zum Anspruch auf „Beraterhonorar im Rahmen einer Scheidungsfolgenvereinbarung" BGH, FamRZ 1988, 1036
[67] OLG Düsseldorf, FamRZ 1991, 1070
[68] OLG Hamm, FamRZ 1981, 63: zuständig Vormundschaftsgericht; a. A. OLG Frankfurt, FamRZ 1979, 1038: Familiensache
[69] OLG Oldenburg, FamRZ 1981, 185

- die Klage auf Auskunftserteilung gegen den Unterhaltsschuldner nach § 836 III ZPO,[70]
- der Streit über die Tilgung gemeinsamer Schulden,[71]
- die Klage gem. § 426 BGB,[72]
- die Klage eines Ehegatten gegen den anderen auf Freistellung von Verbindlichkeiten gegenüber einer Bank,[73]
- Ausgleichsansprüche wegen Verfügung über ein gemeinschaftliches Bankkonto,[74]
- die Klage auf Teilhabe am Lohnsteuerjahresausgleich,[75]
- die Klage auf Zustimmung zum Lohnsteuerermäßigungsantrag oder auf Stellung eines eigenen Lohnsteuerermäßigungsantrags,[76]
- die Klage auf Aufteilung der Steuerrückerstattung,[77]
- die Klage auf Mitwirkung bei der steuerlichen Zusammenveranlagung,[78]
- die Klage auf Schadensersatz wegen Verweigerung der Mitwirkung bei der steuerlichen Zusammenveranlagung,[79]
- die Klage auf Herausgabe des Steuerbescheids und auf Schadensersatz wegen Nichtzustimmung zur gemeinsamen steuerlichen Veranlagung zur Einkommensteuer,[80]
- die Klage des Scheinvaters auf Rückgewähr geleisteten Unterhalts für das Kind nach erfolgreicher Ehelichkeitsanfechtung;[81] seit dem 1. 7. 1998 ist § 1615 b BGB a. F. ersatzlos gestrichen,
- die Übertragung des Kfz-Schadensfreiheitsrabatts auf einen Dritten,[82]
- der Anspruch auf Auskehrung des Krankenhaustagegeldes und des Genesungsgeldes,[83]
- der Anspruch des Unterhaltspflichtigen auf Erstattung zu Unrecht abgezweigter Sozialleistungen,[84]
- die Auseinandersetzung der Eltern über Beerdigungskosten ihres Kindes,[85]
- die Geltendmachung von Ansprüchen gegen den Übernehmer nach § 419 BGB, soweit sie auf der durch die Ehe begründeten gesetzlichen Unterhaltspflicht beruhen, wenn bereits ein entsprechender Unterhaltstitel vorliegt.[86]

Mischverfahren

5   Andere prozessuale Ansprüche als Familiensachen können nicht, auch nicht durch Klagehäufung (§ 260 ZPO) oder durch Widerklage (§ 33 ZPO) oder hilfsweise, zusammen mit Unterhaltssachen beim Familiengericht geltend gemacht werden.[87] Steht eine Familiensache mit einer Nichtfamiliensache im Verhältnis von Haupt- und Hilfsanspruch, so ist zunächst das Familiengericht für den Hauptanspruch zuständig. Nach dessen Abweisung kommt Verweisung an das für den Hilfsanspruch zuständige Gericht in Betracht.[88]

Zulässig und vom Familiengericht mitzuerledigen ist jedoch die nichtfamilienrechtliche Hilfsbegründung eines einzigen einheitlichen prozessualen Anspruchs.[89]

---

[70] Überweisung einer gepfändeten Geldforderung, OLG Nürnberg, FamRZ 1979, 524
[71] OLG Düsseldorf, FamRZ 1986, 180
[72] Gesamtschuldnerausgleich; allg. M., z. B. aus BGH, FamRZ 1987, 1239
[73] OLG Nürnberg, FamRZ 1994, 838
[74] OLG Zweibrücken, FamRZ 1987, 1138; OLG Köln, FamRZ 1987, 1139
[75] BGH, FamRZ 1980, 554; OLG Hamm, FamRZ 1988, 518; OLG Hamburg, FamRZ 1982, 507
[76] BayObLG, FamRZ 1985, 947
[77] OLG Düsseldorf, FamRZ 1985, 82
[78] H. M.; vgl. dazu BGH, FamRZ 1977, 38: damals gab es noch keine Familiengerichte, OLG Köln, NJW-RR 1993, 454; OLG Stuttgart, FamRZ 1992, 1447
[79] OLG München, FamRZ 1983, 614; a. A. OLG Köln, NJW-RR 1987, 456
[80] OLG Hamm, FamRZ 1991, 1070
[81] BayObLG, FamRZ 1979, 315
[82] OLG Stuttgart, FamRZ 1989, 763; ähnlich LG Freiburg, FamRZ 1991, 1447
[83] OLG Hamm, FamRZ 1991, 206; zum Krankenhaustagegeld a. A. BGH, FamRZ 1994, 626, s. o.
[84] BGH, Ez FamR aktuell 1993, 143
[85] OLG Schleswig, SchlHA 1981, 1978
[86] AG Westerstede, FamRZ 1995, 1279
[87] BGH, FamRZ 1986, 347
[88] BGH, FamRZ 1981, 1047
[89] BGH, FamRZ 1983, 155

Beispiel:
Klage auf 2500 € wegen Unterhaltsüberzahlung, hilfsweise wegen Missbrauchs der Bankvollmacht für das Geschäftskonto.

Werden in einem Scheidungsfolgenvergleich Ansprüche zur einheitlichen Auseinandersetzung sowohl familienrechtlicher als auch allgemeiner vermögensrechtlicher Beziehungen der Ehegatten begründet, und ist keine Zuordnung bestimmter Ansprüche nur zu einem der beiden Regelungsbereiche möglich, dann ist der Rechtsstreit wegen aller Ansprüche Familiensache.[90]

Zulässig und wirksam ist die Aufrechnung mit einem familienrechtlichen Anspruch. Der Rechtsstreit wird dadurch jedoch nicht zur Familiensache.[91]

Für den umgekehrten Fall (Aufrechnung mit einer Zivilforderung gegen einen familienrechtlichen Anspruch) vgl. OLG Köln, FamRZ 1992, 450.

In beiden Fällen ist das jeweilige Prozessgericht gehalten, über die zur Aufrechnung gestellte Gegenforderung mit zu entscheiden (§ 145 ZPO) oder insoweit das Verfahren unter Fristsetzung mit der Aufforderung zur gerichtlichen Geltendmachung bei dem zuständigen Gericht auszusetzen (§ 148 ZPO).[92]

III. Bestimmung des zuständigen Gerichts (Kompetenzkonflikt)

Wichtigste Vorschrift hierfür ist § 36 Nr. 6 ZPO. Sinn und Zweck des Verfahrens ist es in **6** erster Linie, im Interesse der Parteien und der Rechtssicherheit den misslichen Streit darüber, welches Gericht für die Sachentscheidung zuständig ist, schnell zu beenden.[93]

§ 36 Nr. 6 ZPO ist nicht nur im Erkenntnisverfahren, sondern auch im Vollstreckungsverfahren anwendbar.[94] Es reicht aus, dass nur die Zuständigkeit für die Entscheidung über ein Rechtsmittel streitig ist.[95] Eine Zuständigkeitsbestimmung ist schon im PKH-Verfahren möglich,[96] jedoch nur für die Zuständigkeit zur Entscheidung über den PKH-Antrag.[97] Ansonsten kommt die Bestimmung des zuständigen Gerichts gem. § 36 Nr. 6 ZPO grundsätzlich erst dann in Betracht, wenn in der Streitsache Rechtshängigkeit eingetreten ist.[98]

Die Zuständigkeitsbestimmung setzt einen **negativen Zuständigkeitsstreit** in einem rechtshängigen Verfahren voraus,[99] und zwar nach Zustellung der Klage oder gegebenenfalls Mitteilung der Antragsschrift an die Gegenpartei.[100] Ein „Antrag" ist nicht erforderlich, vielmehr genügt die Vorlage durch eines der beteiligten Gerichte.[101] Bei einem negativen Kompetenzkonflikt kann die Zuständigkeit durch den BGH nur bestimmt werden, wenn eines der beteiligten Gerichte nach den getroffenen Feststellungen zuständig ist.[102]

Notwendig ist eine **rechtskräftige Unzuständigkeitserklärung.** Diese setzt die Zustel- **7** lung der Klage oder – falls nach den verfahrensrechtlichen Vorschriften ausreichend – die Mitteilung der das Verfahren in Gang setzenden Antragsschrift voraus.[103] In bestimmten Fällen kann die Anhörung des Gegners unterbleiben (z. B. bei einer Pfändung gemäß § 834 ZPO).[104] Dass die Unzuständigkeitserklärung eines Gerichts unzulässig ist, steht nicht entgegen.[105]

---

[90] BGH, FamRZ 1981, 19
[91] BGH, FamRZ 1989, 166
[92] BGH, FamRZ 1989, 166, 167
[93] BGH, FamRZ 1980, 557
[94] BGH, FamRZ 1983, 578
[95] BGH, NJWE-FER 1997, 40
[96] BGH, FamRZ 1987, 924
[97] BGH, FamRZ 1991, 1172
[98] BGH, NJW-RR 1996, 254
[99] BGH, FamRZ 1993, 49
[100] BGH, FamRZ 1993, 307
[101] BGH, FamRZ 1984, 774
[102] BGH, FamRZ 1995, 1135
[103] BGH, FamRZ 1987, 924
[104] BGH, FamRZ 1983, 578
[105] BGH, FamRZ 1978, 232

Eine rechtskräftige Unzuständigkeitserklärung liegt nicht in der formlosen „Abgabe" an ein anderes Amtsgericht, ohne dass den Parteien, insbesondere dem Beklagten, davon Mitteilung gemacht würde,[106] auch nicht in einer gerichtsinternen, nicht hinausgegebenen „Begleitverfügung".[107] Entscheidungen, die den Parteien nicht bekannt gegeben worden sind, sind keine rechtskräftigen Unzuständigkeitserklärungen.[108]

Die Zuständigkeitsbestimmung ist nicht nach freiem Ermessen, sondern unter Beachtung der gesetzlichen Zuständigkeitsnormen und der Bindungswirkung vorangegangener Verweisungen zu treffen. Sie ist auch dann wirksam und bindend, wenn sie im Einzelfall den gesetzlichen Zuständigkeitsnormen nicht entspricht.[109] Allerdings ist auch für Zweckmäßigkeitserwägungen Raum.[110] Eine Gerichtsstandsbestimmung findet nicht statt, wenn nur ein Gericht sich für unzuständig erklärt und ein anderes den Rechtsstreit an dieses Gericht verwiesen hat, weil die Streitsache dort bereits anhängig sei.[111]

Eine Trennung gemäß § 145 ZPO ist im Rahmen einer Zuständigkeitsbestimmung nicht zulässig. Das Gericht, das über den Kompetenzkonflikt entscheidet, ist nicht „Prozessgericht".[112]

8 Einen **Kompetenzkonflikt zwischen einem Familiensenat und einem anderen Zivilsenat eines OLG** darüber, ob es sich um eine Familiensache handelt, entscheidet der BGH, in entsprechender Anwendung des § 36 Nr. 6 ZPO.[113] Bei negativen Kompetenzkonflikten zwischen Gerichten der ordentlichen Gerichtsbarkeit und Arbeitsgerichten ist für die Bestimmung des zuständigen Gerichts auch nach der seit 1. 1. 1998 geltenden Fassung des § 36 ZPO derjenige oberste Gerichtshof des Bundes zuständig, der zuerst darum angegangen wird.[114]

In einem **Kompetenzkonflikt zwischen Familiengericht** einerseits und amtsgerichtlicher **Zivilabteilung** bzw. **Zivilkammer** des Landgerichts andererseits ist das Oberlandesgericht zuständig,[115] wobei es Frage der internen Geschäftsverteilung ist, welcher OLG-Senat den Kompetenzkonflikt entscheidet. Streiten sich einzelne **Familiengerichtsabteilungen beim gleichen Amtsgericht** über ihre Zuständigkeit, dann handelt es sich nicht um einen Streit bezüglich der Qualifizierung einer Rechtssache als Familiensache, sondern um eine Abgrenzung innerhalb der **Geschäftsverteilung** des Amtsgerichts. Hierüber hat das Präsidium des Gerichtes gemäß § 21 e I GVG zu entscheiden.

Der Streit bei einem OLG wegen der Rechtsmittelzuständigkeit auf Grund Verweisung in erster Instanz ist analog § 36 Nr. 6 ZPO zu entscheiden. Gegebenenfalls ist unmittelbar ein anderes, ausschließlich zuständiges Gericht zu bestimmen und an es zu verweisen, wenn rechtliches Gehör gewährt und Verweisungsantrag gestellt worden ist.[116] Ansonsten ist die Sache an das vorlegende Gericht zurückzugeben, damit dieses auf entsprechenden Antrag an das zuständige Gericht verweisen kann.[117] Dasselbe gilt allgemein für einen Kompetenzkonflikt gem. § 36 Nr. 6 ZPO.[118] Die Zuständigkeitsbestimmung ersetzt dann die Verweisung des Verfahrens nach § 281 ZPO, eventuell analog.[119]

Der Verweisungsantrag kann auch beim Kompetenzkonfliktgericht eingereicht werden.[120] Einer mündlichen Verhandlung bedarf es nicht (§ 37 I ZPO).[121]

---

[106] BGH, FamRZ 1993, 49
[107] BGH, FamRZ 1982, 43
[108] BGH, FamRZ 1988, 1257
[109] BGH, FamRZ 1980, 670
[110] BGH, FamRZ 1984, 575
[111] BGH, FamRZ 1980, 45
[112] BGH, FamRZ 1979, 217
[113] BGH, FamRZ 1979, 911
[114] BGH, NJW 2001, 633
[115] OLG München, FamRZ 1978, 704
[116] BGH, FamRZ 1984, 465
[117] BGH, FamRZ 1995, 728
[118] BGH, FamRZ 1988, 492
[119] BGH, FamRZ 1980, 557
[120] BGH, FamRZ 1978, 402
[121] BGH, FamRZ 1980, 557

Die Zulässigkeit des beschrittenen Rechtswegs ist in dem durch § 17 a GVG eröffneten Instanzenzug festzulegen. Ein Ausspruch zur Zulässigkeit des Rechtswegs entspr. § 36 ZPO kommt ausnahmsweise in Betracht, wenn dies zur Wahrung einer funktionierenden Rechtspflege und der Rechtssicherheit notwendig ist.[122]

Die Verweisung an das zuständige Gericht ist auch dann unanfechtbar, wenn sie nicht durch Beschluss, sondern in einem Urteil erfolgt.[123]

IV. Das Familiengericht

1. Die sachliche Zuständigkeit

a) Zuständigkeit in 1. Instanz. Gemäß § 23 a Nr. 2, 3 und 6 GVG besteht die erst- **9** instanzliche Zuständigkeit für Streitigkeiten, die die gesetzliche Unterhaltspflicht betreffen, bei den Amtsgerichten und wegen § 23 b GVG für die gerichtsinterne Geschäftsverteilung bindend vorgegeben bei den Familiengerichten (Abteilungen für Familiensachen) als besonderen Spruchkörpern. Zweck des § 23 b I GVG ist es, eine **Konzentration der Zuständigkeit** für alle ehebezogenen Verfahren zu schaffen und den Parteien hierfür einen Richter mit der als notwendig erachteten besonderen Sachkunde zur Verfügung zu stellen.[124] Der fast gleich lautende § 621 I ZPO besagt nur, dass die sachliche Zuständigkeit der Amtsgerichte für die aufgeführten Familiensachen ausschließlich und die gerichtsinterne Regelung des § 23 b I GVG zwingend ist.[125] Ob eine Familiensache vorliegt, richtet sich nach der Begründung des geltend gemachten Anspruchs, bei Auslandsberührung nach deutschem Recht als der lex fori.[126]

Bei einem einheitlichen prozessualen Begehren mit verschiedenen sachlich-rechtlichen Begründungen, darunter einer familienrechtlichen, hat das Familiengericht Vorrang.[127]

Die Zuständigkeit des Gerichts der Ehesache (§ 621 II S. 1 ZPO) für weitere Familiensachen entfällt mit rechtskräftigem Abschluss des Scheidungsverfahrens, auch wenn das Verfahren über eine Folgesache anhängig geblieben ist.[128] Jedoch ist der Grundsatz der „perpetuatio fori" zu beachten.[129] Während der Anhängigkeit einer Ehesache ist für eine Vollstreckungsabwehrklage wegen Trennungsunterhalts das Gericht der Ehesache zuständig.[130]

Lässt sich der Aufenthalt des Beklagten (trotz aller Bemühungen) nicht ermitteln, ist das Familiengericht des letzten Wohnsitzes örtlich zuständig.[131]

b) Zuständigkeit in 2. Instanz. In der zweiten Instanz sind die Oberlandesgerichte **10** sachlich zuständig für die Entscheidung über Rechtsmittel in den von den Familiengerichten entschiedenen Sachen (§ 119 I Nr. 1 a GVG). Aufgrund der formellen Anknüpfung besteht eine Zuständigkeit hier auch dann, wenn materiell eine Nichtfamiliensache vorliegt. Es kommt lediglich darauf an, ob die allgemeine Prozessabteilung oder die Abteilung für Familiensachen (bei kleineren Amtsgerichten der allgemeine Zivilrichter oder der Familienrichter) die angefochtene Entscheidung erlassen hat.[132] Auf den Charakter der Rechtsstreitigkeit kommt es nicht mehr an.[133] Ergeben sich auf Grund unterschiedlicher Kennzeichnung des Gerichts und des Verfahrensgegenstands Zweifel darüber, ob das Amtsgericht als

---

[122] BGH, NJW-RR 2002, 713
[123] BGH, NJW-RR 2002, 1731
[124] BGH, FamRZ 1980, 46
[125] BGH, FamRZ 1978, 582
[126] BGH, FamRZ 1983, 155
[127] BGH, FamRZ 1983, 155
[128] BGH, FamRZ 1982, 43; vgl. auch BGH, FamRZ 1981, 23
[129] Vgl. BGH, FamRZ 1986, 454
[130] BayObLG, FamRZ 1991, 1455
[131] Aus § 16 ZPO, vgl. BGH, NJW-RR 1992, 578
[132] BGH, FamRZ 1992, 665
[133] BGH, FamRZ 1993, 690

Familiengericht oder als allgemeines Prozessgericht entschieden hat, kann die Partei das Urteil nach dem **Meistbegünstigungsgrundsatz** sowohl beim Landgericht als auch beim Oberlandesgericht anfechten.[134] Etwas anderes gilt nur, wenn eine Zuständigkeitsrüge in zulässiger Weise erhoben wurde. Zu verhandeln und zu entscheiden hat ein Familiensenat des OLG, solange nicht in zulässiger Weise gerügt ist, dass keine Familiensache gegeben sei.[135]

Hat das OLG eine Sache ausdrücklich als Familiensache behandelt, ist der BGH daran gebunden.[136] Wenn die allgemeine Prozessabteilung des AG fälschlich über eine Familiensache entschieden hat, wahrt nur eine beim LG eingelegte Berufung die Rechtsmittelfrist; ist beim OLG Berufung eingelegt, kommt eine Verweisung weder an das LG noch an das AG in Betracht: das Rechtsmittel ist vielmehr wegen mangelnder Zuständigkeit als unzulässig zu verwerfen.[137] Hat das Familiengericht eine Familiensache fälschlich, aber bindend, an das LG verwiesen, kann bei Berufung das Oberlandesgericht prüfen, ob eine Familiensache vorliegt. Zuständig ist der Familiensenat jedenfalls dann, wenn der Beklagte der Verweisung schon vor dem Familiengericht widersprochen hat und vor dem OLG die Zuständigkeit des allgemeinen Zivilsenats rügt.[138] Bei einem in der Berufungsinstanz erstmals erhobenen Anspruch prüft das OLG wie ein Erstgericht, ob eine Familiensache vorliegt, und zwar von Amts wegen.

2. Die örtliche Zuständigkeit

11   Die örtliche Zuständigkeit in familienrechtlichen Unterhaltsstreitigkeiten beurteilt sich grundsätzlich nach den allgemeinen Regeln (§§ 12, 13 ZPO). Danach ist für die unterhaltsrechtliche Leistungsklage das Gericht am **Wohnsitz** oder hilfsweise am **Aufenthaltsort** des **Beklagten** zuständig. Allerdings wird diese Zuständigkeit vielfach verdrängt durch einen ausschließlichen oder auch nur besonderen Gerichtsstand.

Dies gilt zunächst für den Fall der **Anhängigkeit einer Ehesache.** Maßgebender Zeitpunkt ist die Einreichung der Antragsschrift zur Hauptsache. Ein Prozesskostenhilfegesuch genügt nicht. Das Familiengericht der Ehesache ist – auch bei isoliert betriebenen Unterhaltssachen – **ausschließlich zuständig** (§ 621 II S. 1 ZPO) für die durch die Ehe und, sofern es sich um gemeinschaftliche (minderjährige oder volljährige) Kinder handelt, durch Verwandtschaft begründete gesetzliche Unterhaltspflicht (§ 621 II S. 1 Nr. 4 ZPO). Sie verdrängt hierbei den Gerichtsstand aus § 642 I ZPO mit Ausnahme des vereinfachten Verfahrens (§§ 645 ff. ZPO) bis zur Überleitung (§ 651 ZPO) in das streitige Verfahren (§ 642 II ZPO). Die ausschließliche Zuständigkeit infolge der Ehesache greift auch dann, wenn Dritte aus übergegangenem Recht klagen oder das Gericht der Ehesache an sich örtlich unzuständig ist. Ein Anderes gilt nur im Fall des Rechtsmissbrauchs. So vermag ein vorsätzlich ohne Einhaltung des Trennungsjahres eingereichter Scheidungsantrag die Zuständigkeit der Ehesache nicht zu begründen.[139]

Sind unterhaltsrechtliche Streitigkeiten i. S. von § 621 II S. 1 Nr. 4 ZPO anderweitig anhängig, kommt es für diese Sachen erst mit Rechtshängigkeit der Ehesache zur **Zuständigkeitskonzentration,** die durch Verweisung von Amts wegen herzustellen ist (§ 621 III ZPO). Nach ihrem rechtskräftigen Abschluss oder einer anderweitigen Erledigung der Hauptsache begründet die Ehesache, selbst wenn noch Folgesachen anhängig sind, die örtliche Zuständigkeit für weitere Unterhaltsklagen nicht mehr. Die Zuständigkeit aus § 621 II S. 1 ZPO entfällt hier bereits dann, wenn die Anhängigkeit der Ehesache endet, bevor die Unterhaltsklage dem Beklagten zugestellt worden ist.[140] Beim **Arrest** verdrängt § 621 II S. 1 ZPO die örtliche Zuständigkeit des § 919 ZPO nur, soweit diese Regelung auf das Gericht

---

[134] BGH, FamRZ 1995, 219
[135] BGH, FamRZ 1989, 165
[136] BGH, FamRZ 1994, 693
[137] BGH, FamRZ 1991, 682
[138] BGH, FamRZ 1994, 25
[139] So KG, FamRZ 1989, 1105
[140] BGH, FamRZ 1981, 23

der Hauptsache abstellt, lässt aber die an die Belegenheit des Gegenstandes oder den Aufenthalt der Person anknüpfende Zuständigkeit, die dem besonderen Sicherungsbedürfnis des Gläubigers dient, unberührt.[141]

Für eine Vollstreckungsabwehrklage, die eine Familiensache ist, mit der jedoch keine Regelung für den Fall der Scheidung begehrt wird, ist auch dann das Prozessgericht des ersten Rechtszugs i. S. d. § 767 I ZPO zuständig, wenn eine Ehesache anhängig ist oder während des Verfahrens anhängig wird. Die Regelungen des § 621 II S. 1 u. III ZPO haben keinen Vorrang.[142] Erhebt während der Anhängigkeit einer Ehesache ein Ehegatte gegen den anderen aus einer notariellen Urkunde über den Trennungsunterhalt Vollstreckungsabwehrklage, ist das Gericht der Ehesache zuständig.

Ohne Anhängigkeit einer Ehesache besteht, sofern die **gesetzliche Unterhaltspflicht** **11 a** **der Eltern** gegenüber ihrem **minderjährigen Kind** betroffen ist, eine **ausschließliche Zuständigkeit** (§ 642 I S. 1 ZPO) für das Gericht, bei dem das Kind oder der Elternteil, der es vertritt, seinen allgemeinen Gerichtsstand hat. Bei Doppelwohnsitz des Kindes (§§ 7 II, 11 BGB) besteht ein Wahlrecht.[143] Das gilt auch für den Fall, dass Kind und vertretender Elternteil nicht über denselben allgemeinen Gerichtsstand verfügen. Da die Bestimmung auf die Minderjährigkeit des Kindes abstellt, scheidet eine Zuständigkeit für volljährige Kinder ohne Rücksicht auf eine materiellrechtliche Privilegierung (§§ 1603 II 2 S. 2, 1609 BGB) aus. Eine Analogie ist abzulehnen, da der Gesetzgeber mit dieser Festlegung für den Kindesunterhalt die Zuständigkeit für das Klageverfahren und das nur minderjährige Kinder betreffende vereinfachte Verfahren aufeinander abstimmen wollte (BT-Drucks. 13/7338, S. 34). Allerdings muss die gesetzliche Unterhaltspflicht gegenüber dem minderjährigen Kind lediglich betroffen sein. Deshalb kommt es weder darauf an, ob das Kind selbst, sein Rechtsnachfolger (z. B. die Unterhaltsvorschusskasse) oder ein Elternteil in Prozessstandschaft klagt, noch darauf, ob das Kind im Zeitpunkt der Klageerhebung minderjährig war. Die ausschließliche Zuständigkeit nach § 642 I ZPO besteht schon dann, wenn nur ein Teil des insgesamt geltend gemachten Kindesunterhalts (d. h. des Streitgegenstandes) in die Zeit der Minderjährigkeit fällt.[144]

Verdrängt wird diese Zuständigkeitsregelung allerdings im Fall der **Vollstreckungsabwehrklage** durch die ausschließliche Zuständigkeit des Prozessgerichts erster Instanz (§§ 767 I, 802 ZPO), bei dem wiederum die besondere Sachkunde des Vorprozesses zum Tragen kommen soll.[145] Nach Ansicht des OLG Hamm[146] soll dies auch dann gelten, wenn sich die Vollstreckungsabwehrklage gegen die Vollstreckung von Kindesunterhalt aus einer notariellen Urkunde richtet. Beim Arrest bleibt die örtliche Zuständigkeit des Arrestgerichts unberührt, soweit § 919 ZPO auf die Belegenheit der Sache oder den Aufenthalt der Person abstellt. Der ausschließliche Gerichtsstand greift ferner nicht in Fällen mit Auslandsberührung (§ 642 I S. 2 ZPO). Hier bleibt es bei den allgemeinen Vorschriften zur örtlichen Zuständigkeit (§§ 13–16, 20, 23, 23 a, 35 a ZPO). Dies gilt ebenso für die Geltendmachung von Enkelunterhalt,[147] da die nachrangige Ersatzhaftung der Großeltern auf einer eigenen gesetzlichen Verpflichtung beruht, die sachlich nicht mehr in einem Zusammenhang mit der Unterhaltspflicht der Eltern steht.

Im Kontext der ausschließlichen Zuständigkeit, die für den Unterhalt minderjähriger Kinder besteht, begründet § 642 III ZPO einen „**temporären Wahlgerichtsstand**"[148] für die gleichzeitige Geltendmachung von Unterhaltsansprüchen eines Ehegatten oder eines Elternteils aus § 1615 l BGB, die allerdings selbst durch Verweisung nicht mehr zum Tragen kommen, wenn sie bereits anderweitig rechtshängig sind.[149] Zur Vermeidung einer Zustän-

---

141 OLG Frankfurt, FamRZ 1988, 184
142 BGH, FamRZ 1980, 346
143 Zöller/Philippi, § 642, Rn. 3
144 OLG Naumburg, FamRZ 2005, 120; OLG Hamm, FamRZ 2001, 1012
145 BGH, FamRZ 2001, 1705, 1706
146 OLG Hamm, FamRZ 2003, 696
147 OLG Köln, FamRZ 2005, 58
148 FA-FamR/von Heintschel-Heinigg, 1. Kapitel Rn. 99 a
149 FA-FamR/von Heintschel-Heinigg a. a. O.

digkeitszersplitterung und einander widersprechender Entscheidungen verschiedener Gerichte findet § 642 III ZPO im Wege der Analogie ferner Anwendung bei gleichzeitiger Geltendmachung von Unterhaltsansprüchen minderjähriger und privilegierter volljähriger Kinder aus derselben Familie.[150]

11 b   Soweit ein ausschließlicher Gerichtsstand nicht greift, ermöglicht § 35 a ZPO dem Unterhalt begehrenden Kind, in einem **besonderen Gerichtsstand** seine unterhaltspflichtigen Eltern wahlweise bei einem Gerichtsstand des Vaters oder der Mutter in Anspruch zu nehmen. Dies setzt allerdings eine Klageerhebung gegen beide Elternteile als Streitgenossen (§ 59 ZPO) voraus.[151] Eine Anwendung dieser Vorschrift auf andere Konstellationen anteiliger Haftung (§ 1606 III BGB), wie dies etwa beim Elternunterhalt mit mehreren unterhaltspflichtigen Kindern und verschiedenen Gerichtsständen denkbar ist, scheidet aus. Hier lässt sich eine von der Sache her gebotene Zuständigkeitskonzentration nur über ein gesondertes Verfahren der Zuständigkeitsbestimmung (§ 36 I Nr. 3 ZPO) erreichen.[152] Sofern es im Einzelfall für die örtliche Zuständigkeit bei den allgemeinen Zuständigkeitsregeln bleibt – die sachliche Zuständigkeit ist immer ausschließlich[153] –, sind Gerichtsstandsvereinbarungen (vgl. § 38 III ZPO) zulässig. Hier kann eine Zuständigkeit auch durch Verlust des Rügerechts (§§ 39, 504 ZPO) eintreten.

3. Abgabe und Verweisung

12   Abgabe und Verweisung sind die Überleitung eines Verfahrens von einer Gerichtsabteilung an die andere oder von einem Gericht an ein anderes. **Innerhalb desselben Gerichtes** spricht man – gleichgültig ob es sich um ein ZPO- oder FGG-Verfahren handelt – immer nur von **Abgabe.** Den Begriff der **Verweisung** gibt es nur bei der Überleitung von ZPO-Verfahren, nicht aber bei FGG-Familiensachen. Außerdem spricht man von Verweisung erst, nachdem das Verfahren rechtshängig geworden ist. Der wesentliche Unterschied zwischen Abgabe und Verweisung besteht darin, dass eine Verweisung bindend ist, eine Abgabe aber nicht.

12 a   **a) Verweisung nach § 281 ZPO.** § 281 ZPO setzt die Beteiligung zweier verschiedener Gerichte voraus.[154] Notwendig ist **Rechtshängigkeit;**[155] vor Rechtshängigkeit kann nur abgegeben werden. Der Verweisungsantrag kann in der Revisions- oder Beschwerdeinstanz nachgeholt werden.[156] Die Verweisung ändert die Rechtsnatur der Streitigkeit nicht.[157] Bei Verweisung vom Familiengericht an das LG hat bei Berufung das OLG die Rechtsnatur des Streitgegenstands selbst zu prüfen,[158] ebenso, falls der Beklagte der Verweisung vor dem Familiengericht widersprochen hat und vor dem OLG die Zuständigkeit des allgemeinen Zivilsenats rügt. Bei etwaiger Zurückverweisung wegen Verfahrensmängeln muss das OLG jedoch die **Bindung der Verweisung** an das LG beachten, auch wenn eine Familiensache vorliegt. Steht eine Nichtfamiliensache mit einer Familiensache im Verhältnis von Haupt- und Hilfsanspruch, so ist eine Verweisung an das Familiengericht erst nach Abweisung des Hauptanspruchs zulässig,[159] aber auch notwendig, weil das Prozessgericht sachlich nicht über einen familienrechtlichen (Hilfs-)Anspruch entscheiden kann.

---

[150] OLG Oldenburg, FamRZ 2005, 1846; OLG Hamm, FamRZ 2003, 1126; OLG Stuttgart, FamRZ 2002, 1044

[151] OLG Nürnberg, FamRZ 1996, 172

[152] BGH FamRZ 1998, 361

[153] Thomas/Putzo/Hüßtege § 621, Rn. 42

[154] BGH, FamRZ 1978, 582

[155] BGH, NJW-RR 1997, 1161

[156] BGH, FamRZ 1978, 873; FamRZ 1984, 465

[157] BGH, FamRZ 1980, 557

[158] BGH, FamRZ 1979, 1005 zur inzwischen überholten materiellen Anknüpfung; nunmehr BGH, FamRZ 1994, 25 zur neuen Rechtslage (formelle Anknüpfung)

[159] BGH, FamRZ 1981, 1047

Ist fälschlich gegen eine Entscheidung der allgemeinen Prozessabteilung des Amtsgerichts in einer Familiensache Berufung zum OLG eingelegt worden, so kommt weder eine Verweisung an das LG noch an das Familiengericht in Betracht.[160]

Eine fehlerhaft beim Oberlandesgericht eingelegte Berufung kann nicht nach § 281 ZPO oder in analoger Anwendung dieser Bestimmung an das Landgericht verwiesen werden.[161]

Ein Bedürfnis für eine entsprechende Anwendung des § 281 ZPO im Berufungsverfahren besteht nur, wenn in Anwendung des sog. Meistbegünstigungsgrundsatzes Berufung zu verschiedenen Gerichten eingelegt werden kann.[162]

Die Bindungswirkung des § 281 II S. 2 ZPO entfällt nicht bei jedem Verfahrensfehler, **13** z. B. nicht bei Fehlen des Verweisungsantrags,[163] nicht in jedem Falle bei fehlender Begründung,[164] sondern nur bei einem besonders schwerwiegenden Verfahrensverstoß, z. B. Unterlassung des rechtlichen Gehörs[165] oder Willkür[166] oder bei Verweisung ohne Ankündigung nach Ablehnung eines Übernahmeersuchens durch das Familiengericht und Fortführung des Rechtsstreits durch das LG[167] oder bei Häufung grober Rechtsirrtümer.[168] Der Anspruch auf rechtliches Gehör ist bei prozessordnungswidriger Entscheidung über den Verweisungsantrag im schriftlichen Verfahren dann nicht verletzt, wenn das Gericht Gelegenheit zur Stellungnahme in angemessener Frist gegeben und erkennbar gemacht hat, dass es nach Fristablauf ohne mündliche Verhandlung entscheiden wird.[169] Auf die gerichtsinterne Zuständigkeitsregelung hat die Bindungswirkung keinen Einfluss.[170]

Die **Bindungswirkung bleibt erhalten,** wenn der Beklagte seinen Wohnsitz nachträglich ändert oder die Parteien anderweitige Verweisung übereinstimmend beantragen (§ 261 III Nr. 2 ZPO).[171] Durch den Antritt von Strafhaft wird ein Wohnsitz in der Justizvollzugsanstalt nicht begründet.[172] Hat ein Gericht eine zu ihm erhobene Klage wegen örtlicher Unzuständigkeit – rechtskräftig – abgewiesen, so steht diese Entscheidung der Bindungswirkung eines später in einem neuen Verfahren über denselben Streitgegenstand von einem anderen Gericht erlassenen Verweisungsbeschlusses an das erste Gericht nicht entgegen. § 11 ZPO ist in diesem Fall nicht anzuwenden.[173]

Der Verweisung von einem Rechtsmittelgericht zum andern kommt in der Regel keine Bindungswirkung zu.[174] Die Verweisung des Rechtsstreits durch das LG als Berufungsgericht an das OLG als Berufungsgericht wegen einer erst in der Berufungsinstanz eingetretenen Erweiterung des Klagebegehrens ist nicht zulässig. § 506 ZPO findet keine Anwendung.[175] Trotz fehlender Bindung ist das Verfahren beim angewiesenen Gericht anhängig.[176]

Verweist das LG an das AG, so ist nur das AG gebunden, nicht die – unselbstständige – familienrechtliche Abteilung.[177] Verweist das AG den Rechtsstreit an ein LG, weil der Streitwert die sachliche Zuständigkeit der AG übersteigt, so bindet der Verweisungsbeschluss auch hinsichtlich der örtlichen Zuständigkeit, wenn das AG erkennbar diese Zuständigkeit mitgeprüft und bejaht und auch insoweit die Bindungswirkung gewollt hat.[178]

160 Verwerfung! BGH, FamRZ 1991, 682
161 BGH, FamRZ 1996, 1544
162 BGH, NJW-RR 1997, 55
163 RGZ 131, 200; BGHZ 1, 341
164 BGH, FamRZ 1988, 943
165 BGH, FamRZ 1989, 847
166 BGH, FamRZ 1993, 50
167 OLG Nürnberg, FamRZ 1994, 838
168 BGH, NJW-RR 1992, 383
169 BGH, NJW 1988, 1794
170 BGH, FamRZ 1979, 1005
171 BGH, FamRZ 1995, 729
172 BGH, FamRZ 1996, 1544
173 BGH, FamRZ 1997, 398
174 BGH, FamRZ 1984, 36 und 1984, 774
175 BGH, NJW-RR 1996, 891
176 BGH, NJW 1989, 491
177 Heute ganz h. M., vgl. z. B. BGH, FamRZ 1988, 155
178 BayObLG, NJW-RR 1996, 956

Verweist das AG an das LG, weil keine Familiensache vorliege, wird jedoch beim LG die Klage (auch) auf einen familienrechtlichen Anspruch gestützt, ist die Rückverweisung an das AG wegen der Bindungswirkung ausgeschlossen.[179]

„Abgaben" oder „Verweisungen" unter Abteilungen oder Senaten desselben Gerichts sind nicht bindend; § 281 ZPO ist nicht anwendbar.[180]

Verweisung ist auch im Verfahren auf Erlass einer einstweiligen Verfügung möglich[181] und bindend. Dasselbe gilt für das PKH-Verfahren.[182] Der Erlass eines Teilanerkenntnisurteils hindert eine spätere Verweisung nicht.[183]

Eine Verweisung wegen anderweitiger Rechtshängigkeit sieht das Gesetz nicht vor. Sie hat keine Bindungswirkung.[184]

Eine Verweisung an das Gericht der Ehesache gem. § 621 III S. 1 ZPO ist nicht mehr zulässig, wenn im 1. Rechtszug eine abschließende Entscheidung ergangen ist.[185] Auf deren Rechtskraft kommt es nicht an. Die Abgabe einer Familiensache an das Gericht der Ehesache gem. § 621 III ZPO ist für dieses dann nicht bindend, wenn sie auf dem Irrtum des abgebenden Gerichts beruht, die Ehesache sei rechtshängig.[186]

13 a   Die Verweisungsvorschrift des § 281 gilt unmittelbar nur für Urteilsverfahren, wird aber auf **Beschlussverfahren der ZPO** entsprechend angewendet, wie z. B. das Zwangsvollstreckungsverfahren, das PKH-Verfahren, das Verfahren des Arrestes und der einstweiligen Verfügung. Allerdings findet § 281 ZPO nur dort Anwendung, wo überhaupt ein anderes Gericht örtlich oder sachlich zuständig ist; ein ausländisches Gericht kann dies niemals sein, da jeder justizhoheitliche Akt an der Staatsgrenze endet.

Ist noch keine Klageerhebung erfolgt, ist auf Antrag des Klägers nur eine formlose Abgabe möglich; sie entfaltet keine Bindungswirkung. Im Übrigen kann nur der Rechtsstreit als ganzer verwiesen werden, nicht einzelne Anspruchsgründe eines einheitlichen Verfahrens. Eine Teilverweisung ist nur dann zulässig, wenn auch eine Abtrennung gem. § 145 ZPO zulässig wäre. In diesem Falle stellt eine Teilverweisung eine gleichzeitige Abtrennung mehrerer Streitgegenstände voneinander dar.

Eine Verweisung erfolgt **nur auf Antrag einer Partei;** Verweisung von Amts wegen ist unzulässig mit jener Ausnahme des § 621 III ZPO. Der Verweisungsantrag selbst kann mündlich oder formlos schriftlich und ohne Anwaltszwang (§ 78 V ZPO) gestellt werden.

13 b   Der **Verweisungsbeschluss** ist gem. § 281 II S. 2 ZPO **unanfechtbar,** selbst bei Versagung des rechtlichen Gehörs oder offensichtlicher Willkür. Allerdings besteht keine Bindungswirkung der Verweisung, wenn ihr jede rechtliche Grundlage fehlt und sie als objektiv willkürlich erscheint.[187]

Auch kann eine Verweisung im Verfahren der Prozesskostenhilfe nur für dieses binden, nicht für das Streitverfahren, welches in der Regel noch gar nicht rechtshängig ist.[188]

Wird wegen örtlicher Unzuständigkeit verwiesen, bindet dieses nicht hinsichtlich der sachlichen Zuständigkeit. Ist ein Verweisungsbeschluss unter Versagung des rechtlichen Gehörs ergangen, ist die Verweisung ebenfalls nicht bindend.

Dies gilt aber dann nicht, wenn die Anhörung der Gegenseite im einstweiligen Rechtsschutz- oder Vollstreckungsverfahren unterblieben ist und der Grund im Gläubigerschutz liegt.

Eine Verweisungsentscheidung hat Wirkung bis zur abschließenden Kostenentscheidung. Dort ist aufzunehmen, dass die Mehrkosten, die durch die Anrufung des unzuständigen Gerichts als Gerichts- bzw. außergerichtliche Kosten angefallen sind, zwingend dem Kläger auferlegt werden müssen (§ 281 III S. 2 ZPO).

---

[179] OLG Frankfurt, FamRZ 1988, 734, fraglich
[180] BGH, FamRZ 1980, 557
[181] BGH, FamRZ 1989, 847
[182] BGH, FamRZ 1991, 1172
[183] BGH, NJW-RR 1992, 1091
[184] BGH, FamRZ 1980, 45
[185] BGH, FamRZ 1985, 800
[186] BGH, NJW-RR 1996, 897
[187] BGH, NJW 1993, 1273
[188] BGH, NJW-RR 1992, 59

b) Fortdauer der Zuständigkeit (perpetuatio fori). Für eine Klage ist sie ausdrück- 14
lich in § 261 III Nr. 2 ZPO geregelt. Diese Vorschrift enthält einen allgemeinen Rechtsgedanken, der auch für die Zuständigkeit des Gerichts der Ehesache nach § 621 II S. 1
ZPO[189] und eine einstweilige Anordnung nach §§ 620 ff. ZPO[190] gilt, ebenso für die
internationale Zuständigkeit.[191] Die Zuständigkeit der Gerichte der Ehesache besteht über
die Beendigung der Anhängigkeit der Ehesache hinaus,[192] sofern die andere Familiensache
während der Anhängigkeit der Ehesache dort eingegangen ist.

§ 261 III Nr. 2 ZPO greift nicht nur bei einer Veränderung der tatsächlichen Umstände,
sondern auch bei einer Rechtsänderung, insbesondere Gesetzesänderung, ein,[193] wobei
sowohl die Aufgabe einer höchstrichterlichen Rechtsprechung als auch eine Gesetzesänderung unbeachtlich sind.[194] Die Streitsache muss aber beim örtlich und sachlich zuständigen
Gericht rechtshängig geworden sein.[195] Entsprechendes gilt für andere Verfahrensarten.[196]

Der Grundsatz gilt nicht
– für den bevorstehenden Instanzenzug,[197]
– für die Abteilungen und Spruchkörper eines Gerichts.[198]

Die Vorschrift steht einer Zuständigkeitsvereinbarung entgegen, sofern diese nach Eintritt
der Rechtshängigkeit geschlossen wird. Dasselbe gilt für übereinstimmende Anträge der
Parteien oder für ihr ausdrückliches Einverständnis (mit der Zuständigkeit eines anderen
Gerichts).[199]

c) Zusammenfassung. Insgesamt gibt es folgende Abgaben bzw. Verweisungen: 15
- **Abgabe innerhalb desselben Gerichts:**
  Hierbei handelt es sich um keine Frage der sachlichen Zuständigkeit, sondern um eine
  der Geschäftsverteilung innerhalb des gleichen Gerichtes. Daher ist die Abgabe nicht
  bindend und § 281 ZPO nicht anwendbar.
- **Verweisung des Oberlandesgerichts bzw. Landgerichts an das Familiengericht:**
  Eine Bindung nach § 281 II S. 4 ZPO tritt nur insoweit ein, als das Amtsgericht als
  solches an die Verweisung gebunden wird. Innerhalb dieses Gerichtes kann aber erneut
  der Rechtsstreit vom Zivilgericht an das Familiengericht wie umgekehrt abgegeben
  werden.
- **Verweisung des Familiengerichts an das Landgericht bzw. Oberlandesgericht:**
  Auch hierbei handelt es sich um die Frage der sachlichen Zuständigkeit, so dass das
  angegangene Gericht an die Verweisung nach § 281 II S. 4 ZPO gebunden ist.
- **Verweisung des erstinstanzlichen Gerichts an das Rechtsmittelgericht:**
  Da es sich hierbei um eine Frage der sachlichen Zuständigkeit handelt, ist die Verweisung
  gemäß § 281 ZPO bindend.[200]
- **Verweisung zwischen Rechtsmittelgerichten:**
  Da es sich hierbei um die Frage der funktionellen Zuständigkeit handelt, kommt der
  Verweisung keine Bindungswirkung zu.[201]

4. Der Familienrichter

Bei den Amtsgerichten entscheiden gemäß § 22 I GVG Einzelrichter, wobei gemäß 16
§ 22 V GVG **Richter auf Probe** und **Richter kraft Auftrags** verwendet werden können.

---

[189] BGH, FamRZ 1981, 23
[190] BGH, FamRZ 1980, 670
[191] BayObLG, FamRZ 1993, 1469
[192] BGH, FamRZ 1986, 454
[193] BGH, FamRZ 1978, 402
[194] BGH, FamRZ 1978, 403
[195] BGH, FamRZ 1978, 227; FamRZ 1978, 402
[196] BGH, FamRZ 1978, 402
[197] BGH, FamRZ 1978, 227
[198] BGH, FamRZ 1981, 758
[199] BGH, FamRZ 1995, 729
[200] BGH, FamRZ 1979, 1004
[201] BGH, FamRZ 1985, 1242, 1243

Für Familienrichter macht hiervon § 23 b III S. 2 GVG eine **Ausnahme.** Nach dieser Vorschrift dürfen Richter auf Probe im ersten Jahr nach ihrer Ernennung keine Geschäfte des Familienrichters wahrnehmen. Sie dürfen somit weder als Vertreter eines Familienrichters noch als Bereitschaftsrichter oder ersuchter Richter in Familiensachen tätig sein.[202] Im Gegenschluss ergibt sich hieraus aber, dass Richter kraft Auftrags als Familienrichter tätig sein können.

Bei den Familiensenaten des Oberlandesgerichts können nur **Richter auf Lebenszeit** verwendet werden. Dies ergibt sich daraus, dass § 115 GVG eine § 22 V GVG entsprechende Bestimmung nicht enthält.

16 a Die **Ausschließung** und **Ablehnung** von Familienrichtern bestimmt sich nach §§ 41 ff. ZPO. Danach ist zur Entscheidung über die Ablehnung eines Familienrichters ein **anderer Richter des Amtsgerichts** zuständig (§ 45 II ZPO). Wird ein **Familienrichter beim Familiensenat** des OLG abgelehnt, entscheidet sein **Senat** darüber. Ist dieser Senat infolge der Ablehnung beschlussunfähig geworden, entscheidet der nach der Geschäftsverteilung vertretungsweise zuständige Senat. Ein zulässiges Ablehnungsgesuch setzt voraus, dass die Begründung in den Kernpunkten zusammen mit dem Gesuch eingereicht oder zu Protokoll erklärt wird. Es kann weder eine Fristsetzung für die Einreichung einer Begründung verlangt noch angekündigt werden, die Begründung werde innerhalb einer bestimmten Frist nachgeliefert werden.[203]

17–132 – *Nicht mehr belegt* –

2. Abschnitt: Die Schaffung und Abänderung von Unterhaltstiteln

I. Die allgemeine Leistungsklage

1. Allgemeines

133 Mit der allgemeinen Leistungsklage erstrebt der Unterhaltsberechtigte in einem Unterhaltsprozess die Titulierung seiner Unterhaltsansprüche durch Urteil oder auch einen Prozessvergleich an. Die Klage ist in der Regel gerichtet – und darin liegt eine Besonderheit im Vergleich zu anderen zivilprozessualen Streitigkeiten – auf **erst künftig fällig werdende Leistungen** (§ 258 ZPO). Ist der Unterhaltspflichtige in der Vergangenheit seinen Zahlungsverpflichtungen nicht oder nur unzureichend nachgekommen, erstreckt sich die Klage auch auf die in der Zwischenzeit aufgelaufenen Unterhaltsrückstände.

Die wiederkehrenden Leistungen in Zukunft und Vergangenheit beruhen auf **einseitigen Verpflichtungen,** die sich in ihrer Gesamtheit als Folge ein und desselben Rechtsverhältnisses ergeben, so dass die einzelne Leistung nur noch vom Zeitablauf abhängig ist, ohne dass der Umfang der Schuld von vornherein genau feststeht.[1] Voraussetzung ist jedoch, dass der Unterhaltsanspruch bereits entstanden ist und noch besteht[2] und dass auch die für die Höhe der Leistungen wesentlichen Umstände mit ausreichender Sicherheit festzustellen sind.[3] So fehlt es vor Rechtskraft der Ehescheidung an einem den nachehelichen Unterhaltsanspruch tragenden Rechtsverhältnis.[4] Wenn dem prozessualen Anspruch auf Grund der gegenwärtigen Verhältnisse nicht stattgegeben werden kann, führt dies zur Abweisung der Klage.[5]

---

[202] OLG Stuttgart, FamRZ 1984, 716
[203] OLG Köln, FamRZ 1996, 1150
[1] BGH, NJW 1986, 3142
[2] BGH, FamRZ 1982, 259
[3] BGH, NJW 1983, 2197
[4] BGH, FamRZ 1981, 242
[5] BGH, FamRZ 1982, 479

Entscheidungsgrundlage sind **die tatsächlichen Verhältnisse** der Gegenwart und **die voraussichtlichen** der Zukunft.[6] Vorzunehmen ist deshalb eine Prognose der Entwicklung der zugrunde zu legenden Verhältnisse.[7]

Nicht ohne weiteres vorhersehbar ist z. B.

– innerhalb einer längeren Zeit die Entwicklung der allgemeinen wirtschaftlichen Verhältnisse,

– die Entwicklung der besonderen individuellen Verhältnisse wie etwa Krankheit, Arbeitslosigkeit, Hinzutreten weiterer Unterhaltsberechtigter, Wiederverheiratung.

Maßgebend ist immer der konkrete Einzelfall. Im Zweifel ist von einer **Prognose** abzusehen und von den im Zeitpunkt der letzten mündlichen Verhandlung gegebenen Verhältnissen auszugehen. Wirken sich z. B. Steuererstattungen für das Kalenderjahr in der zuletzt angefallenen Höhe einkommens- und unterhaltserhöhend aus, kommt eine Fortschreibung für künftig fällig werdende Unterhaltsleistungen (§ 258 ZPO) nur in Betracht, wenn auf Grund konkreter Feststellungen (z. B. Fahrtkosten, steuerliches Realsplitting) Steuererstattungen mit **hinreichender Sicherheit** – zudem rechnerisch darstellbar – zu erwarten sind. Eine einkommenserhöhende Entlastung durch das begrenzte Realsplitting setzt dabei allerdings wegen der steuerrechtlichen Zuordnung zum Kalenderjahr des Geldflusses voraus, dass der Steuerpflichtige den Unterhalt in bestimmter Höhe anerkannt hat, unstreitig zahlt oder zur Unterhaltszahlung rechtskräftig verurteilt ist.[8]

Selbst ohne weiteres vorhersehbare Ereignisse, wie etwa das Vorrücken des Kindes in eine höhere Altersstufe der Düsseldorfer Tabelle oder der bereits feststehende Eintritt des Unterhaltsverpflichteten in den Ruhestand, können nicht immer berücksichtigt werden, weil die konkreten finanziellen Auswirkungen nicht hinreichend sicher vorauszusehen sind. Kann der Unterhaltspflichtige bei Wahrung seines notwendigen Selbstbehalts den dynamischen Kindesunterhalt in Höhe des Mindestunterhalts (§§ 1612a I BGB, 36 Nr. 4 EGZPO) altersentsprechend an das berechtigte Kind nur für die 1. Altersgruppe leisten, scheidet die Festsetzung eines gleich bleibenden Prozentsatzes für die nachfolgenden Altersgruppen aus. Eine hierfür notwendige Einkommensverbesserung des Unterhaltspflichtigen kann ungeachtet der Entwicklung des Selbstbehalts prognostisch nicht unterstellt werden. Sieht das Gericht von einer Prognose ab, obwohl sie bei verständiger Würdigung in Betracht kommt, ist die davon betroffene Partei nicht gehindert, diesen Umstand zu einem späteren Zeitpunkt geltend zu machen, wie dies insbesondere bei fortlaufenden Zins- und Tilgungsleistungen auf unterhaltswirksame Verbindlichkeiten der Fall ist. Sieht das Gericht davon ab, das voraussichtliche Ende von Zins- und Tilgungsleistungen bei der zukünftigen Unterhaltsbemessung zu berücksichtigen, sind die Parteien nicht gehindert, nach Ablauf der Zahlungen hierauf eine Abänderungsklage zu stützen. Die Präklusion nach § 323 II ZPO greift nicht, weil sie bezogen auf den Zeitpunkt der letzten mündlichen Verhandlung nur bereits **entstandene Gründe**[9] erfasst (vgl. Rn. 10/159).

Wird die Klage abgewiesen, etwa wegen fehlender Bedürftigkeit oder Leistungsfähigkeit,[10] liegt darin keine sachliche Beurteilung der voraussichtlich in der Zukunft bestehenden Verhältnisse.[11] Ergeben sich Änderungen in den Lebensumständen der Parteien des Unterhaltsverhältnisses, ist der Unterhaltsberechtigte nicht gehindert, erneut im Wege der allgemeinen Leistungsklage einen Unterhaltsanspruch zu verfolgen. Dasselbe gilt, wenn nur eine über einen freiwillig gezahlten Betrag hinausgehende Mehrforderung geltend gemacht und darüber negativ entschieden worden ist.[12]

---

[6] BGH, VersR 1981, 280

[7] St. Rechtspr., z. B. BGH, FamRZ 1982, 259

[8] BGH, FamRZ 2007, 793, 797 = R 674 g

[9] OLG Hamm, FamRZ 2003, 460, 461

[10] BGH, FamRZ 1982, 259

[11] BGH, FamRZ 1982, 479

[12] BGH, FamRZ 1982, 479

2. Rechtsschutzbedürfnis und Titulierungsinteresse

134 Die Zulässigkeit der Unterhaltsklage unterliegt insoweit keinen Besonderheiten, als ein Rechtsschutzbedürfnis für die Rechtsverfolgung bestehen muss. Besteht bereits ein **Unterhaltstitel,** ist in aller Regel eine Leistungsklage unzulässig.[13] Geht der Kläger von einer **positiven Feststellungsklage** zu einer deckungsgleichen Leistungsklage über, ohne die Feststellungsklage weiter zu verfolgen, handelt es sich um eine ohne weiteres zulässige Klageerweiterung nach § 264 Nr. 2 ZPO.[14]

Indessen können selbst bei bestehendem Unterhaltstitel besondere Umstände ein Rechtsschutzinteresse begründen, wie dies der BGH[15] etwa für den Fall bejaht, wenn gegen einen Prozessvergleich mit Vollstreckungsgegenklage zu rechnen ist oder die durch Vollstreckungsklausel festgelegten Mehrbeträge in Streit sind. Einen besonderen Grund für die erneute Titulierung durch eine Leistungsklage nimmt die Rechtsprechung darüber hinaus bei **ausländischen Titeln** an, die im Inland weder anerkannt noch vollstreckt werden können.[16] Für das Rechtsschutzbedürfnis genügt es hier, dass im Einzelfall ein anderer und **kostengünstigerer Weg** zur Durchsetzung eines Unterhaltsanspruchs im Inland nicht zur Verfügung steht. Gleich dürfte der Fall zu behandeln sein, in dem es an einem **vollstreckungsfähigen Titel** fehlt. Das Rechtsschutzbedürfnis für eine Leistungsklage ist auch dann zu bejahen, wenn über denselben Unterhaltsanspruch bereits eine einstweilige Verfügung oder eine **einstweilige Anordnung** vorliegt.[17] Diese Titel beruhen auf einem lediglich summarischen Verfahren und beinhalten vorläufige Regelungen. Sie stehen, da sie **nicht in materielle Rechtskraft** erwachsen, einem Urteil über denselben Anspruch nicht gleich.

Liegt eine **einseitige Verpflichtungserklärung** in Gestalt einer Urkunde des Notars (§ 794 I Nr. 5 ZPO) oder des Jugendamtes (§§ 59, 60 SGB VIII) vor, fehlt das Rechtsschutzinteresse für eine Leistungsklage. Neben dem eine Herabsetzung des Unterhalts begehrenden **Unterhaltspflichtigen**[18] muss sich auch der weitergehenden Unterhalt begehrende **Unterhaltsberechtigte** auf die Abänderungsklage verweisen lassen.[19] Dies folgt aus § 323 IV ZPO, der klarstellt, dass die Eigenschaft der dort genannten Titel der Erhebung einer Abänderungsklage nicht entgegensteht.[20] Daneben besteht für den Unterhaltsgläubiger auch kein „Wahlrecht".[21] **Leistungs- und Abänderungsklage** stehen in einem **Exklusivverhältnis**[22] zueinander, wonach eine zulässigerweise erhobene Abänderungsklage die Leistungsklage ausschließt. Bei den einseitig erstellten Unterhaltstiteln aus § 323 IV ZPO wird der Unterhaltsgläubiger dadurch in seinen Rechten nicht eingeschränkt, weil für ihn eine Bindungen an die Beschränkungen aus Abs. II und III des § 323 ZPO nicht besteht.[23] Maßgebend ist allein das materielle Recht. Der Unterhaltsgläubiger unterliegt, sofern die Verpflichtungserklärung nicht auf einen übereinstimmenden Willen der Prozessparteien zurückgeht, keinerlei Bindungen für sein weitergehendes Unterhaltsbegehren.[24]

134 a Das Rechtsschutzbedürfnis für eine Unterhaltsklage ist ferner betroffen, wenn der Unterhaltsschuldner seinen Zahlungsverpflichtungen regelmäßig ohne Einschränkung nachkommt und durch sein Verhalten keine Besorgnis der Nichterfüllung für die Zukunft begründet. Gleichwohl bejaht die inzwischen herrschende Meinung in Schrifttum[25] und Rechtspre-

---

[13] BGH, FamRZ 1989, 267
[14] BGH, NJW-RR 2002, 283
[15] BGH, FamRZ 1989, 267
[16] BGH, FamRZ 1987, 370
[17] BGH, FamRZ 1984, 767; 1983, 355, 356
[18] BGH, FamRZ 1989, 172; 1983, 23, 24
[19] BGH, FamRZ 2004, 24; OLG Düsseldorf FamRZ 2006, 1212
[20] BGH, FamRZ 1983, 23, 24
[21] OLG Düsseldorf, FamRZ 2006, 1212
[22] BGH, FamRZ 2004, 1712; 1997, 811, 813; 1985, 690 = R 259
[23] BGH, FamRZ 2004, 24; 1983, 22, 23
[24] BGH, FamRZ 2004, 24
[25] Göppinger/Wax/van Els Rn. 2024; Schwab/Maurer/Borth, Teil I Rn. 521; Zöller/Herget, § 93 Rn. 6 Stichwort: Unterhaltssachen; FA-FamR/Gerhardt, 6. Kap. Rn. 15

chung[26] selbst in einem solchen Fall – erst recht wenn der Unterhaltspflichtige nur eingeschränkt dem Unterhaltsverlangen nachkommt – das Rechtsschutzbedürfnis für eine vollständige Titulierung. Die Berechtigung des **Titulierungsinteresses** beruht zunächst auf § 258 ZPO, wonach der Unterhaltsgläubiger selbst erst zukünftig fällig werdenden Unterhalt mit der Klage geltend machen kann, und zwar auch dann, wenn – anders als in einem Fall des § 259 ZPO – keine Unstände die Besorgnis rechtfertigen, dass der Unterhaltsschuldner sich der rechtzeitigen Leistung entziehen könnte. Überdies kann der Unterhaltsschuldner seine **freiwilligen Zahlungen** jederzeit einstellen, so dass der Unterhaltsgläubiger einen Titel über den vollen Unterhalt benötigt. Eine solche Entwicklung muss er vor dem Hintergrund der §§ 258, 259 ZPO für die Zulässigkeit einer Unterhaltsklage nicht erst abwarten. Das Rechtsschutzbedürfnis entfällt auch nicht dadurch, dass der Unterhaltsschuldner seine Absicht kundtut, einen Unterhaltstitel schaffen zu wollen, oder sonst vor Rechtshängigkeit etwa im PKH-Verfahren den Unterhaltsanspruch „anerkennt". Der Unterhaltsgläubiger benötigt erst dann keinen weiteren Rechtsschutz, wenn er einen vollstreckbaren Unterhaltstitel in Händen hält. Kommt der Unterhaltsschuldner dem erst nach Rechtshängigkeit nach, tritt Erledigung der Hauptsache ein.

Das Rechtsschutzbedürfnis für eine Unterhaltsklage mit dem Ziel der Titulierung bei unstreitigen Unterhaltszahlungen wird in der Praxis nicht selten mit der **Kostenfrage** verwechselt. Indessen weicht die Entscheidung auch hier nicht von den allgemeinen Kostenvorschriften ab und hält in § 93 ZPO die Sanktion für eine zulässige und begründete, aber **vorschnell erhobene Unterhaltsklage** bereit, ohne dass deshalb das Rechtsschutzbedürfnis hierfür zu verneinen wäre. Wird nämlich der Anspruch nach Klageerhebung sofort anerkannt, trägt der Kläger die Kosten des Rechtsstreits, sofern der Beklagte keine Veranlassung zur Klage gegeben hat. Bei unstreitigen Unterhaltszahlungen ist dies zweifelsfrei dann anzunehmen, wenn es an jeglicher vorprozessualen Aufforderung, eine vollstreckbare Urkunde über den Unterhalt zur Verfügung zu stellen, fehlt.

Hat der Kläger den Beklagten **außergerichtlich** zur Titelschaffung **aufgefordert,** wird differenziert. Da der Unterhaltsschuldner dem Verlangen ohne weitere Kosten beim Unterhalt von Kindern bis 21 Jahren (§ 59 I Nr. 4 SGB VIII und § 55 a KostO) sowie beim Betreuungsunterhalt aus § 1615 l BGB (§ 59 I Nr. 3 SGB VIII) nachkommen kann, gibt er bei Untätigkeit Veranlassung zur Klage. Da die Möglichkeit einer kostenfreien Titulierung beim Ehegattenunterhalt und bei anderen Unterhaltsverhältnissen nicht besteht, wird in der Rechtsprechung überwiegend[27] dem Unterhaltsschuldner die Berufung auf § 93 ZPO nur dann versagt, wenn der Unterhaltsschuldner die Aufforderung zur Titulierung mit der **Erklärung der Kostenübernahme** verbindet.[28] Abweichende Auffassungen[29] stellen demgegenüber auf die besondere Bedürfnislage des Unterhaltsberechtigten ab, der auf die Unterhaltszahlungen für seinen Lebensunterhalt angewiesen ist, und bejahen eine Nebenpflicht (Obliegenheit) des Unterhaltsschuldners, auch ohne Kostenfreistellung den Unterhalt titulieren zu lassen.

Das Rechtsschutzbedürfnis für eine Unterhaltsklage ist schließlich auch zu bejahen, wenn der Unterhaltsgläubiger für die Titulierung des **unstreitigen Unterhalts Prozesskostenhilfe** begehrt. Hier bildet allerdings § 114 ZPO das Korrektiv, wonach wegen Mutwilligkeit der Rechtsverfolgung Prozesskostenhilfe zu versagen ist, sofern der Unterhaltsschuldner keine Veranlassung für das gerichtliche Vorgehen des Unterhaltsgläubigers gegeben hat und sich bei einem sofortigen Anerkenntnis auf die ihm günstige Kostenvorschrift (§ 93 ZPO) berufen könnte.[30]

---

[26] BGH, FamRZ 1998, 1165; OLG Hamm, FamRZ 1992, 831; OLG Stuttgart, FamRZ 1990, 1368; OLG Düsseldorf, FamRZ 1990, 1369

[27] OLG Köln, FamRZ 2004, 1114; OLG Stuttgart, FamRZ 2001, 1381; OLG Düsseldorf, FamRZ 1994, 117

[28] weitergehend OLG Karlsruhe, FamRZ 2003, 1763, das auf das Gesamtverhalten des Unterhaltsschuldners abstellen will

[29] OLG Nürnberg, MDR 2002, 886; OLG Düsseldorf, FamRZ 1994, 1484; OLG München, FamRZ 1994, 313

[30] Göppinger/Wax/van Els Rn. 2025; im Ergebnis ebenso OLG Karlsruhe FamRZ 2003, 1763 und OLG Köln FamRZ 2004, 1114, das zur Begründung der Mutwilligkeit allerdings das Titulierungs-

3. Die Parteien, gesetzliche Vertretung Minderjähriger und Prozessstandschaft

135   a) Mit der Leistungsklage nimmt in der Regel der Unterhaltsberechtigte selbst den Unterhaltspflichtigen auf Zahlung einer Unterhaltsrente in Anspruch. Dabei können auch im Unterhaltsprozess **mehrere Kläger** gemeinsam unter den Voraussetzungen von §§ 59, 60 ZPO als einfache Streitgenossen auftreten. Aus denselben Gründen kann die Unterhaltsklage gegen mehrere Unterhaltspflichtige gerichtet werden, ohne dass damit eine notwendige Streitgenossenschaft verbunden wäre.[31]

Dies lässt allerdings die gesondert zu beurteilende örtliche Zuständigkeit unberührt. Hier besteht bei einer getrennten Prozessführung infolge unterschiedlicher örtlicher Zuständigkeit die Gefahr einander widersprechender Prozessergebnisse. Hinzu kommen Gründe der Prozessökonomie. Dem ist unter den Voraussetzungen von § 36 I Nr. 3 ZPO durch Antrag auf Bestimmung des zuständigen Gerichts zu begegnen. Eine solche Vorgehensweise drängt sich insbesondere auf für Fälle, in denen das volljährige Kind seine Eltern als Teilschuldner auf Unterhalt in Anspruch nimmt, unterhaltspflichtige Kinder unter denselben Voraussetzungen (§ 1606 III S. 1 BGB) Elternunterhalt[32] leisten sollen oder etwa der Unterhaltsschuldner im Wege der Abänderungsklage gegen Unterhaltstitel von Kindern aus verschiedenen Ehen[33] oder sich gegen titulierte Ansprüche ehelicher und nichtehelicher Kinder wenden will.[34] Dem vergleichbar ist die Situation, in der sich der Unterhaltspflichtige titulierten Unterhaltsansprüchen gleichrangiger Elternteile (§ 1609 Nr. 6 BGB) ausgesetzt sieht.

Für die Annahme einer **Streitgenossenschaft** reicht es aus, dass entweder gleichartige und auf im Wesentlichen gleichartigen tatsächlichen und rechtlichen Gründen beruhende Verpflichtungen (§ 60 ZPO) betroffen oder Unterhaltsschuldner aus demselben tatsächlichen und rechtlichen Grund verpflichtet sind (§ 59 Alt. 2 ZPO). Zwar sind diese Vorschriften weit auszulegen und dienen nicht zuletzt Zweckmäßigkeitserwägungen;[35] doch rechtfertigt allein ein enger Sachzusammenhang die Zuständigkeitsbestimmung nicht. Begehrt etwa der Unterhaltspflichtige bei einem für mehrere Kinder bestehenden Unterhaltstitel Herabsetzung nur gegenüber einem Kind, rechtfertigt eine daran anknüpfende und auf weiteren Unterhalt gerichtete Abänderungsklage eines weiteren Kindes trotz eines streitbezogen engen Sachzusammenhangs keine Klageverbindung über § 36 I Nr. 3 ZPO. Dies scheitert bereits an den unterschiedlichen Parteirollen. Das klagende Kind will – ebenso wie dieser – nur gegen eine (unterhaltspflichtige) Person vorgehen. Dem berechtigten Interesse an einer prozessökonomischen und zweckmäßigen Lösung trägt in dieser Situation die Möglichkeit einer Aussetzung (§ 148 ZPO) Rechnung.[36] Bei erfolgreichem Bestimmungsverfahren folgen die Kosten der Hauptsache. Ansonsten hat sie der erfolglose Antragsteller zu tragen.[37]

135 a   b) Die Geltendmachung und gerichtliche Durchsetzung von Unterhaltsansprüchen minderjähriger Kinder gegenüber ihren unterhaltspflichtigen Eltern haben davon auszugehen, dass den Eltern unabhängig von Zusammenleben, Trennung oder Scheidung die **elterliche Sorge** und damit die gesetzliche Vertretung ihrer Kinder **gemeinschaftlich** zusteht (§§ 1626, 1629 I S. 2 BGB). Dies gilt für **eheliche Kinder** und, sofern die Voraussetzungen von § 1626 a I Nr. 1 BGB erfüllt sind, für **nichteheliche Kinder** gleichermaßen. Bei bestehender Gesamtvertretung ist deshalb an sich jeder Elternteil gehindert, als Vertreter des Kindes Ansprüche gegen den anderen Elternteil geltend zu machen (§ 1629 II S. 1 i. V. m. § 1795 I Nr. 1, 3 BGB). Um ein gegebenenfalls auch zeitaufwändiges Pflegerbestellungs-

---

interesse verneint; danach wäre mangels Zulässigkeit der Klage Prozesskostenhilfe schon wegen fehlender Erfolgsaussichten zu versagen.

[31] BGH, FamRZ 1986, 660, 661
[32] BayObLG, FamRZ 1999, 1666; Soyka FPR 2003, 631, 633
[33] BGH, FamRZ 1986, 660, 661
[34] BGH, FamRZ 1998, 361
[35] BGH, NJW-RR 1991, 381
[36] BGH, FamRZ 1998, 1023
[37] BayObLG, NJW-RR 2000, 141

oder Sorgerechtsregelungsverfahren zu vermeiden,[38] sieht § 1629 II S. 2 BGB als Ausnahmetatbestand für Unterhaltsansprüche des minderjährigen Kindes deshalb vor, dass bei gemeinsamer Sorge derjenige **Elternteil** zur Vertretung berufen ist, in dessen **Obhut** sich das Kind befindet. Maßgebend sind die tatsächlichen Betreuungsverhältnisse, die derjenige Elternteil, der sich auf eine Vertretungsbefugnis beruft, darlegen und gegebenenfalls beweisen muss.[39] Das unterhaltsberechtigte Kind befindet sich in der Obhut desjenigen Elternteils, bei dem der **Schwerpunkt** der **tatsächlichen Fürsorge** und **Betreuung** liegt, d. h. der sich vorrangig um die Befriedigung der elementaren Bedürfnisse des Kindes kümmert.[40] Einem nach solchen Kriterien bestimmten Obhutsverhältnis steht nicht entgegen, dass
– der betreuende Elternteil sich der Hilfe Dritter bedient (z. B. Internat oder Verwandte) und hierbei seinen Betreuungsobliegenheiten durch regelmäßige Kontakte mit dem Kind und der Betreuungsperson nachkommt;[41]
– die Eltern auch über ihr Getrenntleben hinaus noch in der Ehewohnung verblieben sind.

In der Konstellation des so genannten **Wechselmodells,** bei dem die Eltern ihr Kind in der Weise betreuen, dass es in nahezu gleichlangen Phasen abwechselnd jeweils bei dem einen und dem anderen Elternteil lebt, fehlt es an dem für ein Obhutsverhältnis notwendigen **Schwerpunkt der Betreuung.** Eine auf § 1629 II S. 2 BGB gestützte Vertretung ist ausgeschlossen.[42] Der die Unterhaltsinteressen des Kindes verfolgende Elternteil muss beim Familiengericht beantragen, ihm die Entscheidung zur Geltendmachung von Kindesunterhalt zu übertragen (§ 1628 BGB), oder auf eine Pflegerbestellung hinwirken. Allerdings stellen Betreuungsleistungen in einem Verhältnis von 2/3 zu 1/3 den Schwerpunkt der Betreuung bei dem einen Elternteil nicht in Frage.[43] Andererseits kann sich derjenige Elternteil nicht auf § 1629 II S. 2 BGB berufen, dessen Betreuungsleistungen diejenigen des anderen Elternteils „lediglich geringfügig übersteigen",[44] weil sich ein Schwerpunkt nicht feststellen lässt. Bei dieser Einschätzung dürfte es in erster Linie auch **nicht** auf eine durch Quotenbildung festgelegte **Verweildauer** des Kindes bei einem Elternteil ankommen. Der Schwerpunkt ist vielmehr bei dem Elternteil zu sehen, der sich für einen Dritten erkennbar durch Zuwendung mit dem Kind konkret befasst und für dieses einsetzt. Befindet sich das Kind in der **Obhut eines Dritten,** bleibt es bei dem Vertretungshindernis der Eltern (§ 1629 II S. 1 BGB i. V. m. § 1795 I Nr. 1, 3 BGB). Hier bedarf es der Bestellung eines Ergänzungspflegers.[45]

Die Vertretungsbefugnis des Elternteils deckt nur die **Geltendmachung von Unterhaltsansprüchen** gegen den anderen Elternteil, umfasst insoweit aber auch die außergerichtliche wie auch die gerichtliche Verfolgung in **Aktiv- und Passivprozessen.** Sie kommt mithin zum Tragen auch für Abänderungsklagen oder negative Feststellungsklagen des auf Unterhalt in Anspruch genommenen Elternteils.

Änderungen in den durch § 1629 II S. 2 BGB bestimmten Vertretungsverhältnissen können zunächst bei den maßgebenden Obhutsverhältnissen eintreten. So wird bei einem **Obhutswechsel** des Kindes zum anderen Elternteil oder zu einem verantwortlichen Dritten eine bis dahin zulässigerweise erhobene Kindesunterhaltsklage ohne zeitliche Einschränkung unzulässig,[46] dem der Vertreter ohne Vertretungsmacht zur Vermeidung einer ihn ansonsten treffenden Kostenlast[47] durch Erledigungserklärung Rechnung tragen muss. Unabhängig davon entfällt die Alleinvertretung des jeweiligen Elternteils mit den entsprechenden Folgen bei Wegfall der Elternstellung oder bei einer ihm nachteiligen Beendigung der gemeinsamen

---

[38] BT-Drucks. 13/4899 S. 96
[39] Baumgärtel, Handbuch der Beweislast im Privatrecht, Bd 2 § 1629
[40] BGH, FamRZ 2006, 1015, 1016 = R 646
[41] MünchKomm/Huber § 1629 Rn. 87
[42] BGH, FamRZ 2006, 1015, 1016 = R 646
[43] BGH, FamRZ 2006, 1015, 1016; a. A. KG FamRZ 2003, 53
[44] Johannsen/Henrich/Jaeger, Eherecht, § 1629 Rn. 6; a. A. OLG Düsseldorf FamRZ 2001, 1235 das aber bei der Bemessung des Kindesunterhalts von einem strikten Wechselmodell ausgeht, für das der BGH mit überzeugenden Gründen eine Vertretung aus § 1629 II S. 2 BGB verneint hat
[45] OLG Stuttgart, JAmt 2005, 309
[46] OLG München, FamRZ 2003, 248; OLG Hamm, FamRZ 1990, 890
[47] OLG Karlsruhe, FamRZ 1996, 1335

Personensorge durch gerichtliche Entscheidung. Das ist allerdings bei Regelungen, die lediglich das Aufenthaltsbestimmungsrecht betreffen, noch nicht der Fall.[48]

135 b   c) Für einen **streitgegenständlich ausgewählten Bereich** wird die Vertretungsregelung des § 1629 II S. 2 BGB wie auch jede auf anderem Rechtsgrund (z. B. § 1671 BGB) beruhende Vertretungsbefugnis überlagert durch eine gesetzliche **Prozessstandschaft (§ 1629 III S. 1 BGB)** des vertretungsberechtigten Elternteils. Sie beinhaltet das Recht, während der Trennung (§ 1567 BGB) und Anhängigkeit einer Ehesache der Eltern Unterhaltsansprüche des minderjährigen Kindes im eigenen Namen gerichtlich geltend zu machen, und verfolgt das Ziel, dem Kind in der besonderen Konfliktsituation seiner Eltern die Parteirolle in einer gerichtlichen Auseinandersetzung zu ersparen.[49] Durch die Festlegung auf diese Kriterien ist die Prozessstandschaft zum einen beschränkt auf Unterhaltsansprüche **ehelicher Kinder.** Zum anderen erfasst sie nur deren **gerichtliche Verfolgung.** Entscheidungen des Gerichts wie auch zwischen den Eltern geschlossene Vergleiche wirken für und gegen das Kind (§ 1629 III S. 2 BGB). Kommt es im Zuge außergerichtlicher Verhandlungen der Eltern etwa zu Vereinbarungen über den Kindesunterhalt, muss das minderjährige Kind, soll es vertraglich gebunden werden, hieran als Vertragspartei, vertreten durch den legitimierten Elternteil, mitwirken. Ansonsten ist das Kind, selbst wenn die Eltern für dieses durch Vertrag zugunsten Dritter (§ 328 BGB) Unterhaltsansprüche regeln, nicht gehindert, Unterhaltsansprüche ohne Bindung an die Vereinbarung der Eltern geltend zu machen. Auch vorprozessuale Erklärungen des Prozessstandschaftlers entfalten nur dann ihre Wirkung, wenn der handelnde Elternteil zu diesem Zeitpunkt vertretungsberechtigt war.

Die Prozessstandschaft umfasst alle **Aktiv- und Passivprozesse** sowie Nebenverfahren. Es macht keinen Unterschied, ob der Kindesunterhalt im Rahmen des Verbundes als Folgesache oder isoliert eingeklagt wird. Will sich der Unterhaltsschuldner gegen einen bereits titulierten Kindesunterhalt wenden, hat er, sofern die Prozessstandschaft noch andauert, die **Abänderungsklage** gegen den legitimierten Elternteil zu richten. Trotz Prozessstandschaft bleibt das unterhaltsberechtigte Kind Inhaber der Forderung. Schon aus diesem Grund ist dem Prozessstandschaftlers deren Heranziehung für eigene Zwecke versagt.[50] Im Verhältnis zu Dritten unterliegt der Kindesunterhalt in der Verfolgung durch den nach § 1629 III S. 1 BGB berechtigten Elternteil einer **treuhänderischen Zweckbindung,** die einen Zugriff von persönlichen Gläubigern des jeweiligen Elternteils, jedenfalls soweit die Forderung des Gläubigers nicht in Zusammenhang mit der Durchsetzung des Kindesunterhalts steht, ausschließt.[51]

135 c   Eine berechtigterweise ausgeübte **Prozessstandschaft** endet, sobald ihre Voraussetzungen entfallen. Denkbar ist dies zunächst, wenn auf Grund von Änderungen in der Sorgerechtslage[52] der bis dahin legitimierte Elternteil die Personensorge verliert oder unter den Voraussetzungen von § 1629 II S. 2 BGB das Kind in die Obhut des anderen Elternteils wechselt[53] oder den Status eines ehelichen Kindes einbüßt. Durch die **veränderte Rechtslage** wird die Klage des Prozessstandschaftlers unzulässig, worauf er entweder im Kosteninteresse die Hauptsache für erledigt erklären oder aber im Wege der Klageänderung nunmehr einen familienrechtlichen Ausgleichsanspruch verfolgen muss.[54]

Die Prozessstandschaft endet ferner mit der **Volljährigkeit** des Kindes,[55] ohne dass deren prozessuale Konsequenzen einhellig beurteilt werden. Nach einer wohl überwiegenden Meinung[56] soll es hier infolge des Erlöschens der Prozessstandschaft zu einem **Parteiwechsel kraft Gesetzes** kommen. Indessen fehlt es, wie Klinkhammer[57] mit Recht betont,

---

[48] OLG Zweibrücken, FamRZ 1997, 570, 571
[49] BT-Drucks. 10/4514 S. 23
[50] OLG Naumburg, FamRZ 2001, 1236 (Aufrechnung gegen güterrechtliche Ausgleichsforderung)
[51] BGH, FamRZ 1991, 295, 296
[52] OLG Nürnberg, FamRZ 2002, 407
[53] OLG München, FamRZ 1997, 1493, 1494
[54] zu den Voraussetzungen BGH, FamRZ 1989, 850
[55] BGH, FamRZ 1990, 283, 284; 1985, 471, 473
[56] BGH, FamRZ 1983, 474; 1985, 471; OLG München, FamRZ 1996, 422; MünchKomm/Huber § 1629 Rn. 102; Göppinger/Wax/van Els, Rn. 2013; Gießler FamRZ 1994, 800, 802; Rogner NJW 1994, 3325; Palandt/Diederichsen, § 1629 Rn. 36
[57] Eschenbruch/Klinkhammer, Unterhaltsprozess Rn. 5060 und 5061

hierfür an einer anzuknüpfenden Rechtsnorm. Das automatische Hineinwachsen in den Prozess setzt das volljährige Kind überdies den nachteiligen Kostenfolgen der bisherigen Prozessführung aus, obwohl die Prozessstandschaft dem Schutz des bis zu diesem Zeitpunkt minderjährigen Kindes dient.[58] Mehr spricht deshalb für die Ansicht,[59] wonach mit dem Wegfall der Prozessstandschaft lediglich das Recht des volljährigen Kindes erwächst, durch eigene Erklärung in den Prozess einzutreten.[60] Maßgebend sind die Grundsätze eines **gewillkürten Parteiwechsels.** Im Aktivprozess bedarf es zunächst der Einwilligung des nicht mehr legitimierten Elternteils. Verweigert er diese, führt dies mit der entsprechenden Kostenfolge zur Abweisung der Klage als unzulässig. Nichts anders gilt, wenn das volljährige Kind einen Eintritt in den Prozess ablehnt und der Elternteil daraufhin keine Erledigungserklärung abgibt. Ansonsten setzt das Kind den Prozess als Partei fort. Die subjektive Klageänderung dürfte, sollte der Beklagte nicht einwilligen, jedenfalls sachdienlich sein.[61] Auch im Passivprozess dürfte ungeachtet einer Einwilligungserklärung des nunmehr beklagten volljährigen Kindes die Sachdienlichkeit des Parteiwechsels regelmäßig nicht in Zweifel stehen. Wird der Kindesunterhalt im Rahmen des Verbundes geltend gemacht, zwingt der Eintritt der Volljährigkeit zur Herauslösung der Folgesache (§ 623 I S. 2 ZPO).

Wird die **Ehe** der Kindeseltern **rechtskräftig geschieden,** führt dies nicht notwendig **135 d** zum sofortigen Wegfall der Prozessstandschaft. Zwar greift § 1629 III S. 1 BGB für solche Unterhaltsprozesse nicht mehr ein, die der weiterhin vertretungsberechtigte Elternteil **nach diesem Zeitpunkt anhängig** macht, so dass auch Abänderungsklagen (§ 323 ZPO) des Titelschuldners ungeachtet einer noch nicht erfolgten Titelumschreibung nur noch gegen das Kind selbst zu richten sind.[62] Doch kann der legitimierte Elternteil weiterhin im eigenen Namen diejenigen Unterhaltsansprüche des Kindes, die bereits zuvor rechtshängig geworden waren, bis zu einer rechtskräftigen Entscheidung oder zu einem dem gleichstehenden Vergleich (§ 1629 III S. 2 BGB) verfolgen. Allgemein wird dies aus einer Analogie zu § 265 II S. 1 ZPO hergeleitet.[63] Entgegen einer verbreiteten Rechtspraxis ist eine „Parteiberichtigung des Rubrums" unzulässig.

Die in Rechtsprechung[64] und Literatur[65] umstrittene Frage, ob im Fall der Prozessstandschaft für die **Bewilligung von Prozesskostenhilfe** auf die Einkommensverhältnisse des Kindes oder des klagenden Elternteils abzustellen ist, hat der BGH[66] dahin entschieden, dass es nach dem Wortlaut der gesetzlichen Regelung (§§ 114, 115 ZPO) hier auf die Person der Prozesspartei ankommt. Diese Rolle hat der Gesetzgeber in § 1629 III S. 1 BGB verbindlich dem jeweiligen Elternteil zugewiesen, auf dessen wirtschaftliche Verhältnisse es mithin ankommt.

Aus einem von ihm auf Grund der Prozessstandschaft erstrittenen Unterhaltstitel kann der Elternteil die **Zwangsvollstreckung** bis zu einer Titelumschreibung auf das Kind (entsprechend § 727 ZPO) betreiben. Die Vollstreckungsbefugnis bleibt auch dann erhalten, wenn die Prozessstandschaft lediglich durch Rechtskraft der Scheidung endet,[67] weil die Vertretungsberechtigung des Elternteils fortbesteht und sich für den Titelschuldner durch diese Entwicklung in tatsächlicher Hinsicht nichts ändert.[68] Sind die Voraussetzungen der Prozessstandschaft allerdings mit dem Eintritt der Volljährigkeit des Kindes[69] oder auf Grund von

---

[58] BGH, FamRZ 1991, 295, 296
[59] Klinkhammer a. a. O.; Johannsen/Henrich/Jaeger, § 1629 Rn. 12; Schwab/Maurer/Borth, Teil I Rn. 534; Veit in Bamberger/Roth § 1629 Rn. 48
[60] BGH, FamRZ 1990, 283, 284: „... Von seinem Recht, nunmehr als Partei in den Prozess einzutreten, hat er in zulässiger Weise durch die Einlegung der Revision neben seiner Mutter Gebrauch gemacht ..."
[61] Schwab/Maurer/Borth, Teil I Rn. 534
[62] MünchKommBGB/Huber § 1629 Rn. 108
[63] BGH, FamRZ 1990, 283, 284
[64] OLG Dresden, FamRZ 1997, 1287; OLG Karlsruhe, FamRZ 2001, 1080
[65] FA-FamR/Oelkers 16. Kap. Rn. 36 m. w. N.; Palandt/Diederichsen, § 1629 Rn. 37
[66] BGH, FamRZ 2005, 1164
[67] OLG Schleswig, FamRZ 1990, 189
[68] Hochgräber FamRZ 1996, 272, 273
[69] OLG Celle, FamRZ 1992, 842; OLG Hamm, FamRZ 1992, 843; OLG Oldenburg, FamRZ 1992, 843

Veränderungen in den Obhutsverhältnissen (§ 1629 II S. 2 BGB)[70] entfallen, kann der Titelschuldner dies mit der Vollstreckungsabwehrklage (§ 767 ZPO) gegenüber dem weiter die Zwangsvollstreckung betreibenden Elternteil einwenden, der sich, da ein **Auswechseln titulierter Ansprüche** nicht möglich ist, hiergegen nicht mit Erfolg auf einen ihm zustehenden familienrechtlichen Ausgleichsanspruch berufen kann.[71]

4. Streitwert/Aufrechnung

135 e   Der Streitwert für Leistungsklagen auf Unterhalt ist nach dem vom Kläger **tatsächlich** begehrten **Zahlbetrag** zu berechnen, wie er sich aus dem Antrag ergibt. Ohne Einfluss bleibt, ob die Parteien nur zur Höhe streiten.[72] Nach § 42 I GKG maßgebend ist beim laufenden Unterhalt der für die Ersten zwölf Monate nach Einreichung der Klage oder des Antrages geforderte Betrag. Dabei werden „Leermonate" durch nachfolgende Monate ersetzt.[73] Klageerweiterungen – auch außerhalb der Jahresfrist – erhöhen den Streitwert.[74] Die Gegenmeinung[75] führt je nachdem, ob die Klage sofort in voller Höhe erhoben wird oder erst im Laufe des Rechtsstreits durch Klageerweiterung diesen Betrag erreicht, zu unterschiedlichen Bewertungen, für die eine gesetzliche Rechtfertigung fehlt. Ist für denselben Zeitraum der Unterhalt durch einstweilige Anordnung tituliert, führt dies nicht zu einer Minderung des Hauptsachestreitwerts.[76] Wird eine Abfindung geltend gemacht, bleibt der Jahresbetrag maßgebend.[77] Wird das Unterhaltsbegehren nach den §§ 1612a bis 1612c BGB verfolgt, bestimmt sich der Streitwert nach dem auf Grund der Kindergeldberücksichtigung noch verbleibenden Zahlbetrag.

Die zeitliche Festlegung auf die **Einreichung der Klage** ist für das Rechtsmittelverfahren mit Berechungsschwierigkeiten verbunden, die sich typischerweise mit der durch das erstinstanzliche Urteil veränderten Verfahrenssituation einstellen. Greift z. B. der Beklagte seine erstinstanzliche Verurteilung erst für den Unterhaltszeitraum ab dem 13. Monat an und zudem nur mit einem Spitzenbetrag, bliebe es bei einem Festhalten am Wortlaut des § 42 I GKG gleichwohl beim erstinstanzlichen Streitwert. Der BGH[78] zieht deshalb für das **Rechtsmittelverfahren** die Vorschrift lediglich **sinngemäß** heran. Maßgebend für den laufenden Unterhalt sind danach die Ersten zwölf Monate des noch streitgegenständlichen Unterhaltszeitraums, wobei als Korrektiv § 47 II GKG zu beachten ist, wonach der Streitwert des Rechtsmittelverfahrens, soweit der Streitgegenstand nicht erweitert worden ist, durch den Streitwert der ersten Instanz begrenzt wird. Aber auch mit dieser Lesart sind Ungereimtheiten verbunden, die aus der Anknüpfung an die Ersten zwölf Monate resultieren und Streitwertmanipulationen zugänglich bleiben.

Rückstände für die Zeit vor Klageeinreichung sind gemäß § 42 V GKG hinzuzurechnen.[79]Mit einer Klageerweiterung werden die Unterhaltsbeträge aus dem Zeitraum zwischen Einreichung der Klage und deren Erweiterung nicht zu streitwertrelevanten Rückständen im Sinne dieser Vorschrift.[80] Zeitlicher Beginn für eine Leistungsklage auf nachehelichen Unterhalt ist der Tag der Rechtskraft der Ehescheidung.[81] Wird der Unterhalt im Rahmen des Verbundverfahrens verfolgt, fallen keine Rückstände an. Der Wert eines gegenseitigen Verzichts auf nachehelichen Unterhalts ist in der Regel mit einem Jahresbetrag von 2000 €

---

[70] OLG München, FamRZ 1997, 1493, 1494
[71] Hochgräber FamRZ 1996, 272, 273; Johannsen/Henrich/Jaeger, § 1629 Rn. 13
[72] OLG Celle, FamRZ 2003, 1683
[73] OLG Celle, FamRZ 2003, 1683; OLG Hamburg, FamRZ 2003, 1198
[74] OLG Karlsruhe, FuR 1999, 440
[75] OLG Brandenburg, FamRZ 2003, 1682; OLG Hamburg, FamRZ 2003, 1198
[76] OLG Karlsruhe, FamRZ 1999, 606
[77] OLG Thüringen, FamRZ 1999, 1680
[78] BGH, FamRZ 2003, 1274
[79] OLG Köln, FamRZ 2001, 779
[80] OLG Karlsruhe, FuR 1999, 440
[81] OLG Köln, FamRZ 2002, 326

anzusetzen.[82] Gemäß § 850 b I Nr. 2 ZPO gibt es keine Aufrechnung gegen gesetzliche Unterhaltsansprüche.[83]

II. Zusatzklage, Nachforderungsklage, Teilklage

Die mit der Nachforderungsklage aus § 324 ZPO nicht zu verwechselnde Zusatzklage ist **136** eine gewöhnliche Leistungsklage nach § 258 ZPO und nur insoweit zulässig, als keine Abänderungsklage (§ 323 ZPO) zu erheben ist.[84] Sie kommt in Betracht, wenn der Kläger im ersten Verfahren nur eine **Teilklage** erhoben hat,[85] wenn er zum Ausdruck gebracht hat, dass er mehr verlangen könne, aber nicht wolle,[86] etwa, indem er von seinem Unterhalt nur einen Teil beansprucht oder ihn nur für einen bestimmten Zeitraum geltend macht. Ob dies der Fall ist, ergibt sich aus der Urteilsformel, für deren Auslegung Tatbestand und Entscheidungsgründe, insbesondere auch der dort in Bezug genommene Parteivortrag im Prozess samt Antrag heranzuziehen sind.[87] Daneben genügt aber auch die schriftsätzliche Erklärung oder auch die zu Protokoll, die Klageforderung werde als „Teilunterhalt" geltend gemacht. Ob rückständige oder zukünftige Leistungen verlangt werden, ist gleichgültig.[88]

In der Regel macht der Unterhaltsgläubiger seinen vollen Unterhaltsanspruch geltend. Will er dies nicht, muss er dies ausdrücklich erklären **(sog. offene Teilklage)** oder sich erkennbar eine Nachforderung vorbehalten **(sog. verdeckte Teilklage)**. Ein solcher Vorbehalt liegt nicht in der schlichten Geltendmachung des so genannten Quotenunterhalts.[89]

Wird Unterhalt ohne nähere Aufschlüsselung in **Elementar- und Vorsorgeunterhalt** geltend gemacht, so wird der volle einheitliche Unterhaltsanspruch rechtshängig, dessen lediglich unselbstständiger Teil Vorsorgeunterhalt ist. Im Zweifel ist zu vermuten, dass Unterhalt in voller, der Klägerseite zustehender Höhe geltend gemacht wird.

Für die Annahme, ein solcherart geltend gemachter Unterhaltsanspruch sei lediglich als Teilklage erhoben worden, reicht es nicht aus, dass vorgerichtlich ein höherer Gesamtbetrag an Elementar- und Vorsorgeunterhalt angemahnt worden war. Auch der bloße Hinweis, eine Klageerweiterung werde vorbehalten, reicht nicht aus, um eine Klage als Teilklage zu qualifizieren.

Die nachträglich erhobene Klage auf Vorsorgeunterhalt ist bei dieser Sachlage unzulässig, da über den Unterhaltsanspruch insgesamt bereits entschieden worden ist.[90] Die Vermutung spricht gegen eine Teilklage.[91]

Beispiel:
Der Unterhaltspflichtige zahlt 500 € monatlich freiwillig. Der Unterhaltsgläubiger verlangt weitere 500 € monatlich Unterhalt. Diese Mehrforderung ist eine Teilklage.
Zahlt der Unterhaltspflichtige im Beispielsfalle die freiwilligen Leistungen ganz oder teilweise nicht mehr, muss der Unterhaltsgläubiger deswegen eine weitere Teilklage erheben, nicht die Abänderungsklage gegen den titulierten Betrag.[92]

Die Zusatzklage lässt zwar die Mehrforderung auch für die Vergangenheit zu, weil § 323 **137** III ZPO nicht gilt, ist aber einerseits mit dem erheblichen Nachteil verbunden, dass der Kläger erneut die Anspruchsgrundlagen behaupten und notfalls beweisen muss,[93] hat aber andererseits den Vorteil, dass Bindungen aus § 323 ZPO nicht bestehen.

---

82 Zum DM-Streitwert OLG Naumburg, FamRZ 2001, 433
83 BGH, FamRZ 2002. 1179
84 BGH, FamRZ 1985, 690 = R 259
85 BGHZ 34, 110
86 BGH, NJW-RR 1987, 386
87 BGHZ 34, 337
88 BGH, NJW 1986, 3142
89 BGH, FamRZ 1985, 690 = R 259
90 OLG Karlsruhe, FamRZ 1995, 1498
91 BGH, FamRZ 2003, 444; 1990, 863 ; OLG Naumburg FamRZ 2006, 1046
92 BGH, FamRZ 1991, 320; FamRZ 1985, 371
93 BGHZ 34, 110, 117; ebenso BGH, FamRZ 1985, 371

Erhebt ein Unterhaltsgläubiger **Stufenklage** gemäß § 254 ZPO, handelt es sich bei den Urteilen über die einzelnen Stufen ebenfalls um **Teilurteile**. Das ist auch dann der Fall, wenn im Wege der **subjektiven Klagehäufung** mehrere Unterhaltsberechtigte in einem Prozess ihre Ansprüche geltend machen, wie z. B. die gemeinsamen minderjährigen Kinder zusammen mit ihrer getrennt lebenden Mutter. Klagt der Unterhaltsberechtigte auf Erhöhung seines Anspruchs und im Wege der **Widerklage** der Beklagte auf Reduzierung der gegen ihn gerichteten Unterhaltsforderung, ist nach BGH[94] ein **Teilurteil** über Klage oder Widerklage unzulässig, weil sich beide gegenseitig bedingen und damit im Falle der Entscheidungsreife der Klage auch über die Widerklage entschieden werden muss.

III. Abänderungsklage (§ 323 ZPO)

1. Allgemeines

138 Der Abänderungsklage nach § 323 ZPO unterliegen Verurteilungen zu künftig wiederkehrenden Leistungen nach § 258 ZPO. Beide Regelungen sind durch die Novelle von 1898 in die ZPO eingefügt worden. Dabei bildet § 323 ZPO die **Korrekturmöglichkeit** zu § 258 ZPO, der bei wiederkehrenden Leistungen auch wegen der erst nach Erlass des Urteils fällig werdenden Leistungen Klage auf künftige Entrichtung gestattet. Mit dem Urteil nach § 258 ZPO werden somit **künftige Ansprüche** tituliert, die zum Zeitpunkt des Urteilserlasses noch nicht einmal entstanden und erst recht nicht fällig sind. Entstanden ist der Monatsbetrag einer Unterhaltsrente nämlich erst mit dem Beginn des Monats, in den die Unterhaltspflicht fällt (§ 1612 III S. 2 BGB). Schafft daher § 258 ZPO dem Unterhaltsberechtigten die Möglichkeit, einen Titel über noch gar nicht entstandene Ansprüche zu erlangen, korrigiert § 323 ZPO diesen Titel für den Fall, dass die seit Erlass des Vorurteils eingetretene Sach- und Rechtslage sich wesentlich geändert hat. Für den Unterhaltspflichtigen setzt dies die **Rechtshängigkeit** der Abänderungsklage voraus (§ 323 III S. 1 ZPO). Für die Unterhaltsberechtigten kommt eine Abänderung schon ab dem Zeitpunkt in Betracht, zu welchem der Unterhaltspflichtige zur **Auskunfterteilung** zum Zwecke der Geltendmachung weitergehender Unterhaltsansprüche aufgefordert worden ist (§ 323 III S. 2 ZPO i. V. m. §§ 1613 I, 1585 b II BGB). Es ist daher Ausfluss der materiellen Gerechtigkeit, den Ursprungstitel an die spätere Entwicklung anpassen zu können, wenn diese erheblich von der Vorausschau bei Erlass des abzuändernden Urteils abweicht. Damit eröffnet die Abänderungsklage nicht nur einen Angriff auf die **Richtigkeit der Prognose** des früheren Urteils,[95] sondern auch auf den Fortbestand des abzuändernden Titels überhaupt. Die Abänderungsklage stellt somit einen prozessualen Anwendungsfall der **clausula rebus sic stantibus** dar.[96]

Der Regierungsentwurf für ein Gesetz zur Reform des Verfahrens in Familiensachen[97] übernimmt die Grundstruktur des § 323 ZPO, unterscheidet aber zwischen der Abänderung gerichtlicher Entscheidungen (§ 238 FamFG-E) und von Vergleichen (§ 239 FamFG-E). Dies soll dem Umstand Rechnung tragen, dass für die Abänderung verschiedener Arten von Unterhaltstiteln unterschiedliche Regeln gelten, und zugleich einer stärker am Gesetzeswortlaut orientierten Rechtsanwendung dienen. Überdies wird durch § 238 III FamFG-E die derzeit noch unterschiedliche Behandlung von Unterhaltsberechtigtem und Unterhaltspflichtigem, die teilweise als nicht gerechtfertigt angesehen wird (vgl. Rn. 10/165 b), bei dem Einsatzzeitpunkt für eine Abänderung (§ 323 III ZPO) zugunsten des Unterhaltspflichtigen beseitigt.

138 a Die Abänderungsklage ist jedoch nur insoweit zulässig, als die Gründe, auf die sie gestützt wird, erst nach Schluss der mündlichen Verhandlung entstanden sind, in der eine Klag-

---

[94] NJW 1987, 441 f.
[95] BGH, FamRZ 1982, 259
[96] BGH, NJW 1980, 2811
[97] BT-Drucks. 16/6308 v. 7. 9. 2007

erweiterung oder die Geltendmachung von Einwendungen hätte spätestens erfolgen müssen. Insbesondere zur **Absicherung der Rechtskraft** unanfechtbar gewordener Entscheidungen ist danach eine Zeitschranke für die Berücksichtigung von Abänderungsgründen errichtet. Der Möglichkeit einer Abänderung bedarf es nämlich nicht, wenn die veränderten Verhältnisse schon im Ursprungsverfahren hätten geltend gemacht werden können. Maßgebender Zeitpunkt ist der **Schluss der mündlichen Verhandlung** der letzten Tatsacheninstanz, also auch der Berufungsinstanz, sofern eine solche stattgefunden hat.[98] Aus dem Charakter der Abänderungsklage als Anwendungsfall der clausula rebus sic stantibus ergibt sich weiter, dass die Abänderung eines Urteils nicht weiter gehen darf, als dies aus Gründen der veränderten Verhältnisse notwendig erscheint. § 323 ZPO will weder eine Möglichkeit zur neuerlichen Wertung des alten Sachverhalts einen Weg eröffnen, diesen bei Gelegenheit einer Änderung abweichend zu beurteilen. Erst recht kann die Vorschrift nicht die Möglichkeit bieten, gegen den Grund des Anspruchs Einwendungen zu erheben oder diesen neu zur Nachprüfung zu stellen. Die Abänderungsklage stellt einen Ausnahmefall von den allgemeinen Regeln der Rechtskraft dar. Die sich aus der **Rechtskraft** ergebende **Bindungswirkung** des Ersturteils darf daher nach § 323 ZPO nur insoweit beseitigt werden, als das vorausgegangene Urteil auf Verhältnissen beruht, die sich inzwischen geändert haben. Ist eine Änderung nicht eingetreten, hindert die Bindung das Abänderungsgericht daran, die diesbezüglichen Tat- und Rechtsfragen neuerlich zu prüfen. Dass die Fragen möglicherweise unrichtig beurteilt worden sind, kann den Umfang der rechtlichen Bindung nicht beeinflussen, wie dies auch bei allen anderen Urteilen gilt.[99]

2. Rechtsnatur

Die Abänderungsklage ist zum einen eine **prozessuale Gestaltungsklage,** die einen **139** früheren (meistens) rechtskräftigen Titel ändert und damit die Rechtsbeziehung zwischen den Parteien neu gestaltet (in Form einer Anspruchsminderung oder –erhöhung). Führt das Abänderungsurteil erneut zu einer Verurteilung auf Unterhalt, ist dieser neue Titel das **Ergebnis einer Leistungsklage.**[100] Begehrt der Unterhaltsschuldner der Abänderungsklage einen völligen Wegfall seiner Leistungspflicht, ist sein Begehren als negative Feststellungsklage aufzufassen. Ein zusätzlicher Feststellungsantrag kann aber mit der Abänderungsklage nicht verbunden werden, weil hierdurch keine Veränderung des Leistungsurteils erreicht werden kann und damit das Rechtsschutzinteresse fehlt.[101] Das Rechtsschutzbedürfnis für eine Abänderungsklage entfällt auch dann, wenn der Unterhaltsgläubiger den Titel zurückgibt. Benötigt er den Titel noch zur Vollstreckung von rückständigem Unterhalt, entfällt das Rechtsschutzbedürfnis, wenn der Unterhaltsgläubiger erklärt, ab einem bestimmten Zeitpunkt aus dem Titel nicht zu vollstrecken.[102]

3. Streitgegenstand

Die Frage, ob der Vorprozess und die Abänderungsklage den gleichen Streitgegenstand **140** umfassen, wird in Rechtsprechung und Literatur nicht einheitlich beantwortet. Die herrschende Meinung[103] geht davon aus, dass das abzuändernde Urteil auch die erst in Zukunft eintretenden Tatsachen umfasst, die für die Verpflichtung zu den wiederkehrenden Leistungen maßgebend sind. Daher beziehe sich die **materielle Rechtskraft** der abzuändernden Entscheidung auch auf die **richterliche Prognose** und betreffe damit denselben Streitgegenstand wie die Abänderungsklage. § 323 ZPO wird deshalb als eine Vorschrift angese-

---

[98] Graba, FamRZ 2001, 585 ff., 592
[99] Vgl. dazu BGH, FamRZ 2001, 1364; NJW 2001, 937 ff.
[100] BGH, FamRZ 2001, 1140, 1141; NJW 1986, 3142, 3143
[101] BGH, a. a. O.
[102] BGH, FamRZ 1984, 770, 771; OLG München, FamRZ 1999, 942
[103] BGH, FamRZ 1980, 1099

hen, die aus Gründen der Gerechtigkeit die Durchbrechung der materiellen Rechtskraft des abzuändernden Urteils zulässt **(sog. Billigkeitstheorie).**[104]

Demgegenüber wird eingewendet, ein identischer Streitgegenstand liege schon deswegen nicht vor, weil sich der auf künftige Abänderung (nämlich nach Rechtshängigkeit des Abänderungsverfahrens, § 323 III ZPO) gerichtete Antrag hinsichtlich seines zeitlichen Umfangs wie auch in seiner Antragstellung vom Erstprozess unterscheide. Da auch bei wiederkehrenden Leistungen die zeitliche Grenze wie sonst auch durch den Schluss der Letzten mündlichen Tatsachenverhandlung des Vorprozesses gesetzt werde, liege der Abänderungsklage ein anderer Sachverhalt zugrunde und damit auch ein anderer Streitgegenstand. Das Abänderungsurteil könne daher die Rechtskraft des Vorprozesses nicht durchbrechen, sondern stehe mit ihr im Einklang **(sog. Bestätigungstheorie).**[105]

Der **sog. Billigkeitstheorie** ist zuzustimmen. Die unterhaltsrechtlichen Beziehungen zwischen den jeweiligen Parteien des Unterhaltsprozesses werden wesentlich dadurch charakterisiert, dass sie grundsätzlich auf Dauer angelegt, dadurch aber zugleich dem stetigen Wandel der sozialen Wirklichkeit ausgesetzt sind, der sich verändernd auf den jeweils geschuldeten Unterhalt auswirkt. Hierauf muss die Rechtsordnung im Spannungsfeld zwischen Bestand der gerichtlichen Entscheidung und dem Postulat der materiellen Gerechtigkeit reagieren. Der Gesetzgeber ist dem **verfahrensrechtlich** nachgekommen, indem er durch die – neben den §§ 257 und 259 ZPO – weitere Sondervorschrift des § 258 ZPO eine Unterhaltsklage auch bezogen auf die erst nach Erlass des Urteils fällig werdenden Leistungen zulässt. Das Urteil beinhaltet demgemäß wegen dieser Unterhaltsleistungen eine **Prognoseentscheidung,** die an der Rechtskraft des Urteils teilnimmt (vgl. Rn. 10/133). Diese **„Zukunftsrechtskraft"** befindet sich in Übereinstimmung mit der herrschenden prozessualen Rechtskrafttheorie,[106] wonach das rechtskräftige Urteil das materielle Recht nicht ändert, sondern nur erkennt, was rechtens ist. Die Bedeutung der Rechtskraft liegt darin, dass Gerichte und Parteien, auch wenn im Nachhinein Änderungen in den Anspruchsvoraussetzungen eintreten, an die rechtskräftige Entscheidung an sich gebunden sind. Vor diesem Hintergrund eröffnet **§ 323 ZPO** wiederum als **Ausnahmeregelung** die Möglichkeit der Titeländerung und legt gleichzeitig die Voraussetzungen im Einzelnen fest, unter denen die Rechtskraft **„billigerweise"** durchbrochen werden kann. Für diese Sichtweise spricht auch die systematische Stellung von § 323 ZPO innerhalb der die Rechtskraft regelnden Vorschriften (§§ 322-325 ZPO). Ansonsten hätte nahe gelegen, die Abänderungsklage in den Kontext der Vollstreckungsabwehrklage (§ 767 ZPO) zu stellen.[107] Dessen ungeachtet wäre die Vorschrift des § 323 ZPO, wollte man der Bestätigungstheorie in der Einschätzung folgen, dass der Abänderungsklage ein anderer Sachverhalt und damit ein anderer Streitgegenstand zugrunde liege, überflüssig.[108]

4. Anwendungsbereich

141   Da § 323 ZPO einen allgemeinen, entsprechender Anwendung fähigen Rechtsgedanken (nämlich der clausula rebus sic stantibus) enthält,[109] ist der Kreis der abänderungsfähigen Schuldtitel nicht auf die in Abs. I, IV und V genannten Titel beschränkt. Vielmehr gehören hierzu alle Verurteilungen bzw. Verpflichtungen zu künftig wiederkehrenden Leistungen i. S. d. § 258 ZPO, damit auch ein **Urteil auf Zahlung von Verzugszinsen.**[110] Da die Art des Urteils gleich ist, sind auch **Anerkenntnis-**[111] und **Versäumnisurteile,**[112] gegen die ein

---

[104] BGH, FamRZ 1990, 496, 497; 1982, 259, 260
[105] Gottwald, Festschrift für Schwab, 1990, S. 163 ff.
[106] Graba, Die Abänderung von Unterhaltstiteln, Rn. 50
[107] Graba, a. a. O.
[108] Graba, Rn. 48
[109] BGHZ 28, 337
[110] BGH, NJW 1987, 3266
[111] BGH, FamRZ 2007, 1459 = R 680; 2002, 88, 90
[112] BGH, FamRZ 1982, 792

Einspruch nicht oder nicht mehr zulässig ist, abänderbar.[113] Im Übrigen kann ein prozessuales Anerkenntnis grundsätzlich weder angefochten noch widerrufen werden, außer wenn ein Restitutionsgrund oder ein Abänderungsgrund i. S. d. § 323 ZPO vorliegt.[114] Ebenso zählen hierzu **Vollstreckungsbescheide** nach § 700 I ZPO sowie auch **Abänderungsurteile**[115] gemäß § 323 ZPO.[116] Rechtskräftig muss das abzuändernde Urteil (noch) nicht sein. Urteilen gleichgestellt sind **Schiedssprüche** (§§ 1040, 1054 ZPO) sowie **ausländische Urteile** bei inländischer Zuständigkeit, soweit sie im Inland anerkannt werden.[117] Ob dem abzuändernden Titel inländisches oder ausländisches Sachrecht zugrunde liegt, ist nicht entscheidend für seine Abänderungsmöglichkeit.[118] Auch ein auf eine **negative Feststellungsklage** gegen eine einstweilige Anordnung nach § 620 S. 1 Nr. 4, 6 ZPO ergangenes Urteil[119] oder ein **Teilurteil**[120] sind nach § 323 abänderbar.

Eine Abänderung nach § 323 ZPO setzt einen **vollstreckbaren Unterhaltstitel** voraus; ein solcher liegt nicht vor, wenn der von der Kindesmutter geltend gemachte Ehegatten- und Kindesunterhaltsanspruch unaufgeschlüsselt als Gesamtbetrag im Urteil ausgewiesen worden ist. Hat Sie einen entsprechenden Titel erstritten und will etwa das Kind nach dem Ende der Prozessstandschaft hieraus die Vollstreckung selbst betreiben, scheidet eine Titelumschreibung mangels erkennbarer Abgrenzung zwischen Kindes- und Ehegattenunterhalt aus. Nicht vollstreckungsfähig ist ein Unterhaltstitel ferner, wenn Unterhalt unter Anrechnung bereits gezahlter, aber nicht bezifferter Beträge zu zahlen ist **(sog. unbestimmte Anrechnungsklausel)**.[121] Um den Anforderungen eines vollstreckbaren Unterhaltstitels zu genügen, muss der zu vollstreckende Zahlungsanspruch betragsmäßig festgelegt sein oder sich zumindest aus dem Titel ohne weiteres ersehen lassen. In diesem Zusammenhang reicht es – so der BGH[122] – für eine **Vollstreckungsfähigkeit** nicht, wenn auf Urkunden Bezug genommen wird, die nicht Bestandteil des Titels sind, oder die Leistungen nur aus dem Inhalt anderer Schriftstücke zu ermitteln sind. Allerdings hat der BGH[123] in der Zwischenzeit die Vollstreckbarkeit von mit **Wertsicherungsklauseln** versehenen Unterhaltstiteln ausdrücklich bejaht. Die erforderlichen Daten seien leicht sowie zuverlässig feststellbar und damit offenkundig (§ 291 ZPO). Fehlt dem jeweiligen Titel die Vollstreckbarkeit, muss der Unterhaltsgläubiger die Leistungsklage erheben, der Unterhaltsschuldner sich mit der **Vollstreckungsabwehrklage analog § 767 ZPO** gegen eine drohende Zwangsvollstreckung zur Wehr setzen.[124]

Obwohl die Abänderungsklage nach dem Wortlaut des § 323 I ZPO auf Titel gerichtet **142** ist, die künftig fällig werdende wiederkehrende Leistungen betreffen, wird die Ansicht[125] vertreten, dass auch Titel mit Abfindungscharakter **(Kapitalabfindung)** einer Abänderungsklage zugänglich seien, um nachträglichen Änderungen in den Verhältnissen, die sich auf Bedürftigkeit oder Leistungsfähigkeit im Unterhaltsverhältnis auswirken können und die bei der Bemessung des Abfindungsbetrages naturgemäß Berücksichtigung gefunden haben, Rechnung zu tragen. Für den Bereich des Unterhaltsrechts stellt sich die Abfindungsproblematik indessen nur im Kontext **vergleichsweiser Regelungen**. In dieser Situation lassen sich aber beide Parteien in Kenntnis unsicherer Zukunftsprognosen auf nicht verlässlich abschätzbaren persönlichen und wirtschaftlichen Entwicklungen auf eine konkrete Unterhaltsberechnung ein. Mit der Abfindung soll und will der Unterhaltspflichtige Gewissheit gerade darüber erlangen, dass, worum der Unterhaltsberechtigte weiß, mit der Zahlung des

113 MünchKommZPO/Gottwald § 323 Rn. 8
114 BGH, FamRZ 2002, 88
115 BGH, FamRZ 1981, 59; OLG Karlsruhe, FamRZ 1987, 395
116 OLG Karlsruhe, FamRZ 1987, 395
117 BGH, FamRZ 1983, 806
118 OLG Karlsruhe, FamRZ 1989, 1310
119 Johannsen/Henrich/Brudermüller, § 323 ZPO Rn. 52
120 OLG Karlsruhe, FamRZ 1992, 199
121 BGH, FamRZ 2006, 261 = R 645
122 BGH, a. a. O. S. 263
123 BGH, FamRZ 2004, 531
124 BGH, FamRZ 2006, 261, 262 = R 645
125 Zöller/Vollkommer, § 323 Rn. 28

vereinbarten Betrages die Sache für ihn „für alle Zeit" erledigt ist. Die Gewichtung des **Abfindungsmoments** steht hiernach einer Anpassung der Kapitalleistung auf dem Wege einer Abänderungsklage entgegen.[126]

142 a   Wird eine auf Zahlung von Unterhalt gerichtete Klage abgewiesen, fehlt es an sich auch hier, um für eine weitere Unterhaltsklage die Voraussetzungen von § 323 I ZPO zu bejahen, an der Verurteilung zu künftig wiederkehrenden Leistungen. Daraus folgt allerdings noch nicht, dass damit **klageabweisende Urteile** nicht gemäß § 323 ZPO abgeändert werden könnten. Entscheidend für die Frage der Abänderbarkeit ist, ob dem klageabweisenden Urteil eine **Prognose** zugrunde liegt, die über den Zeitpunkt der letzten mündlichen Verhandlung des Vorprozesses hinausgeht.[127] Zu einer solchen kommt es aber in der Regel nicht mehr, wenn bereits auf Grund der Verhältnisse im Zeitpunkt der Entscheidung die Klage abzuweisen ist.[128] Damit entscheidet der **inhaltliche Ausgang des Vorprozesses** darüber, ob die neuerliche Unterhaltsforderung im Wege der Abänderungsklage oder über eine Leistungsklage nach § 258 ZPO zu verfolgen ist. Wird eine erstmalige Unterhaltsklage in vollem Umfang abgewiesen, weil jedenfalls bei Schluss der mündlichen Verhandlung eine **Bedürftigkeit des Klägers**[129] oder eine **Leistungsfähigkeit des Beklagten**[130] nicht oder nicht mehr vorgelegen hat, fehlt es an einer notwendigen – der Rechtskraft fähigen – Prognoseentscheidung, die sich später als Fehleinschätzung herausstellen könnte. Hier kommt nur eine neue Leistungsklage in Betracht, wenn und sobald der Kläger gestützt auf einen vom Ausgangsurteil nicht erfassten **neuen Lebenssachverhalt** Unterhalt begehrt.[131] Ebenso ist zu verfahren, wenn auf **negative Feststellungsklage** festgestellt wird, dass aus einer einstweiligen Anordnung kein Unterhalt mehr geschuldet wird.[132] Wird die Feststellungsklage allerdings abgewiesen, muss der Kläger in einem erneuten Rechtsstreit den Voraussetzungen von § 323 ZPO genügen.[133]

142 b   Eine **Teilabweisung** im Vorprozess führt allerdings nicht notwendig dazu, dass wegen des abgewiesenen Teils die Leistungsklage und im Übrigen die Abänderungsklage für ein weitergehendes Unterhaltsbegehren zu erheben wären. Vielmehr kommt es auch hier auf die **inhaltliche Tragweite der Erstentscheidung** an. Stützt sich der Teilerfolg der Klage lediglich auf zuerkannte **Unterhaltsrückstände** und beruht die Klageabweisung darauf, dass im Zeitpunkt der letzten mündlichen Verhandlung ein Unterhaltsanspruch nicht mehr bestand, fehlt es an einer Prognose für die Zukunft. Die Rechtsverfolgung eines neuerlichen Unterhaltsbegehrens erfolgt im Wege der Leistungsklage.[134]

Hat die Erstklage **zur Höhe** auch des laufenden Unterhalts nur zu einem Teilerfolg geführt, kann weitergehender Unterhalt vor dem Hintergrund der angestellten Prognose nur unter den Voraussetzungen einer Klage nach § 323 ZPO verlangt werden. Entsprechend vorzugehen ist nach einer Teilabweisung im Vorprozess auch, wenn der laufende Unterhalt nur **zeitlich befristet** zuerkannt worden ist und ab einem bestimmten Zeitpunkt in der Zukunft wegfällt.[135] Hier hat das Gericht in einer Vorausschau vorausgesetzt, dass der Unterhaltsanspruch künftig auf Dauer erlöschen „könne". Ist diese dem klageabweisenden Teil des Urteils zugrunde liegende Prognose nicht eingetroffen, kann sie korrigiert werden.

Nach anderer Ansicht[136] soll – wohl nach Fristablauf – die Leistungsklage geboten sein, weil es ab diesem Zeitraum an einer Verurteilung zu künftig fälligen Leistungen fehle und durch die Neuentscheidung nicht in das frühere Urteil eingegriffen werde. Für einen davor liegenden Zeitraum wäre aber auch hiernach die Abänderungsklage zu erheben.

---

[126] BGH, NJW 1981, 818; vgl. auch BGH, FamRZ 2005, 1662 = R 639
[127] BGH, FamRZ 2007, 983, 984 = R 676 a
[128] BGH, FamRZ 2005, 101 = R 620; OLG Karlsruhe FamRZ 1995, 893
[129] BGH, FamRZ 1982, 259
[130] BGH, FamRZ 1984, 1001
[131] BGH, FamRZ 2005, 101, 102 = R 620
[132] FA-FamR/Gerhardt, 6. Kapitel Rn. 641
[133] OLG Hamm FamRZ 2000, 544
[134] BGH, FamRZ 2005, 101 = R 620
[135] BGH, FamRZ 1884, 353, 354
[136] Eschenbruch/Klinkhammer, Rn. 5318

Wurde die Unterhaltsklage **als zurzeit unbegründet** abgewiesen, weil die derzeitigen 143 und künftigen Verhältnisse nicht hinreichend genug festgestellt werden konnten, ist ebenfalls eine **Prognose unterblieben.** Liegt somit dem abweisenden Unterhaltsurteil keine vorausschauende Würdigung zugrunde, kann ein klageabweisendes Urteil nicht über § 323 ZPO korrigiert werden.[137]

Wurde aber ein bereits titulierter Unterhaltsanspruch im Wege der Abänderungsklage ganz oder teilweise aberkannt und haben sich anschließend die wirtschaftlichen Verhältnisse des Bedürftigen erneut verschlechtert, ist eine erneute Unterhaltsklage im Wege der Abänderungsklage zu erheben.[138] Hat das vorausgegangene Urteil einen Abänderungsantrag abgewiesen, weil sich die Verhältnisse gegenüber dem Ersturteil nicht geändert hätten, kann der Kläger, falls sich anschließend die wirtschaftlichen Verhältnisse wirklich ändern, erneut Abänderungsklage erheben. Maßgebend für den Umfang der Veränderung sind dann die Verhältnisse zurzeit der **Erstverurteilung** gegenüber den jetzigen Umständen.

Weiter unterfallen der Abänderbarkeit nach § 323 ZPO **Unterhaltstitel nach § 794 I** 143a **Nr. 1, 2a und 5** i. V. m. § 323 IV und V ZPO: Hierzu gehören neben **gerichtlichen Vergleichen** und **Gerichts- oder Notarurkunden** auch **Beschlüsse,** die **in einem vereinfachten Verfahren** über den Unterhalt Minderjähriger nach dem ab 1. 7. 1998 geltenden KindUG festgesetzt worden sind. Hierzu zählen die Beschlüsse der §§ 649 und 655 ZPO. Allerdings ist zunächst der gemäß § 649 ZPO ergangene Beschluss durch die **Korrekturklage des § 654 ZPO** anzupassen; diese Vorschrift ist daher **lex specialis** gegenüber § 323 ZPO.[139] Bei einem Titel nach § 650 ZPO ist zunächst das streitige Verfahren gemäß § 651 ZPO durchzuführen; erst anschließend kann die hierauf ergangene Entscheidung unter den Voraussetzungen des § 323 ZPO abgeändert werden. Bei dem Beschluss nach § 655 ZPO ist zunächst abzuklären, ob nach § 656 ZPO eine Anpassung zu erfolgen hat. Aus § 323 V ZPO ergibt sich die Einschränkung der Abänderungsklage, soweit das vereinfachte Verfahren zur Abänderung des Vollstreckungstitels gemäß § 655 ZPO zur Verfügung steht. Führt aber die Anrechnung bzw. Änderung der nach den §§ 1612 b, 1612 c BGB zu berücksichtigenden kinderbezogenen Leistungen (Anpassungsverfahren nach § 655 ZPO) zu einem Unterhaltsbetrag, der wesentlich von dem Betrag abweicht, der der Entwicklung der besonderen Verhältnisse der Parteien Rechnung trägt, ist eine Abänderung nach § 323 ZPO möglich. Abänderbar sind ferner **Schiedsvergleiche (§ 1053 ZPO)** und für vollstreckbar erklärte **Anwalts- und Notarvergleiche (§§ 796 a–796 c ZPO)** sowie **Jugendamtsurkunden** (§ 60 SGB VIII; vgl. auch Rn. 10/168 f und 174).[140] Da privatschriftliche Vereinbarungen der Parteien keinen Schuldtitel i. S. d. § 323 ZPO darstellen, können **außergerichtliche Parteivergleiche** nach einer Meinung nur dann dem Verfahren nach § 323 ZPO unterfallen, wenn dies die Parteien ausdrücklich vereinbart[141] und sich damit der Regelung des § 323 ZPO unterworfen haben. Diese Ansicht ist abzulehnen, weil die privatrechtliche Unterwerfung der Parteien unter § 323 ZPO deswegen die Rechtsanwendung dieser Vorschrift nicht herbeiführen kann, weil gem. § 794 I Nr. 1 ZPO der Abänderungsklage nur Vergleiche unterfallen, die vor einem deutschen Gericht abgeschlossen worden sind. Daher kann gegen **außergerichtliche** Vergleiche nie im Wege einer Klage nach § 323 ZPO vorgegangen werden.[142] Um einen außergerichtlichen Vergleich handelt es sich auch, wenn die Unterhaltsvereinbarung im Rahmen der Folgesache des § 621 I Nr. 4 und 5 ZPO erfolgt ist und nur eine Partei anwaltlich vertreten war (§ 78 II ZPO). Ohnehin bedürfen Vereinbarungen der Eheleute zum nachehelichen Unterhalt, sofern sie vor Rechtskraft der Ehescheidung getroffen werden, nunmehr der notariellen Beurkundung (§ 1585 c BGB), wobei § 127 a BGB Anwendung findet, sofern die Vereinbarung in einem Verfahren in Ehesachen vor dem Prozessgericht protokolliert wird.

---

[137] BGH, FamRZ 1982, 259
[138] BGH, FamRZ 1990, 863, 864; FamRZ 1985, 376, 377
[139] BGH, FamRZ 2003, 304 = R 579 a
[140] BGH, FamRZ 1984, 797; OLG Karlsruhe, FamRZ 1983, 754, 755
[141] BGH, FamRZ 1960, 60
[142] BGH, FamRZ 1982, 782

144   **Einstweilige Anordnungen** können durch die Abänderungsklage nicht korrigiert werden. Hier besteht nur die Möglichkeit des § 620 b ZPO, **die Leistungsklage** für den Unterhaltsgläubiger oder die **negative** Feststellungsklage **oder die Vollstreckungsabwehrklage** zugunsten des Unterhaltsschuldners. Das Gleiche gilt für einen im Anordnungsverfahren geschlossenen **vorläufigen Prozessvergleich,** der keine endgültige Regelung darstellen soll.[143] Nur dann, wenn die Parteien mit ihrer Vergleichsregelung im einstweiligen Anordnungsverfahren einen endgültigen und nicht nur vorläufigen Titel schaffen wollten, kann dieser Vergleich i. S. d. § 794 I Nr. 1 ZPO der Abänderung nach § 323 ZPO unterfallen. Keine Anwendung findet § 323 ZPO auch auf **einstweilige Verfügungen,** weil diesbezügliche Veränderungen im Aufhebungsverfahren gemäß §§ 927, 936 ZPO geltend zu machen sind.[144] Etwas anderes muss aber dann gelten, wenn das einstweilige Verfügungsverfahren auf Grund eingelegten Widerspruchs durch ein **Verfügungsurteil** erledigt wurde und sich hinsichtlich der titulierten (6-Monats- bzw. Jahres-)Unterhaltsbeträge anschließend wesentlich veränderte Umstände ergeben. Dann liegen die Voraussetzungen des § 323 ZPO vor, da Absatz I dieser Vorschrift keine bestimmte Mindestanzahl wiederkehrender Leistungen voraussetzt, vielmehr nur künftig fällig werdende wiederkehrende Leistungen meint. Um solche kann es sich auch bei einstweiligen Verfügungstiteln handeln, sofern noch keine Vollstreckung erfolgt ist. Nicht mehr vollstreckungsfähige Titel unterfallen nämlich nicht der Abänderungsklage; bezahlte Beträge können nur mit der Bereicherungsklage zurückgefordert werden.[145]

144 a   Schließlich sind **nicht abänderungsfähig** nach § 323 ZPO **privatschriftliche Vereinbarungen,** und die seit 1. 7. 1998 geltenden einstweiligen Anordnungen der §§ 641 d, 644 ZPO bzw. die einstweilige Verfügung des § 1615 o BGB (ausgenommen im Fall einer Titulierung nach mündlicher Verhandlung im Wege des Verfügungsurteils).

5. Abgrenzung zwischen Abänderungs- und Vollstreckungsabwehrklage (§ 767 ZPO) bzw. zur Vollstreckungserinnerung (§ 766 ZPO)

145   Die Abänderungsklage nach § 323 ZPO ist eine Gestaltungsklage, die sowohl vom Unterhaltsschuldner als auch vom Unterhaltsgläubiger erhoben werden kann und sich gegen Urteile, gerichtliche Vergleiche, vollstreckbare Urkunden und Titel im vereinfachten Verfahren wendet. Sie verlangt eine wesentliche Änderung der stets wandelbaren wirtschaftlichen bzw. tatsächlichen Verhältnisse und betrifft damit Ereignisse, aus denen sich eine unmittelbare Auswirkung auf die bei der Entscheidung über die Klage auf künftige Leistung zu treffende **Zukunftsprognose** ergibt.[146]

Mit der Vollstreckungsabwehrklage nach § 767 ZPO macht der Unterhaltsschuldner (und nur er) **rechtsvernichtende** und **rechtshemmende Einwendungen** gegen den titulierten Anspruch selbst geltend, wobei sich diese Abwehrklage zusätzlich zu den mit der Abänderungsklage anfechtbaren Titeln auch gegen eine einstweilige Anordnung gemäß § 794 I Nr. 3 ZPO richten kann.

Hiernach sind an sich beide Klagearten angesprochen, wenn sich bezogen auf einen Unterhaltstitel die maßgebenden Verhältnisse in der Weise nach Schluss der mündlichen Verhandlung im Vorprozess ändern, dass eine **Herabsetzung** oder ein vollständiger **Wegfall** des **titulierten Unterhalts** in Betracht kommt. Gleichwohl ist eine Abgrenzung schon deshalb zwingend geboten, weil die Abänderungsklage nur bei wesentlichen Änderungen und zudem unter der zeitlichen Begrenzung durch § 323 III S. 1 ZPO Aussicht auf Erfolg bietet, die Vollstreckungsabwehrklage aber schon mit dem Zeitpunkt der Entstehung der Einwendung einsetzen kann.

Herkömmlicherweise werden die beiden Klagearten unter dem Gesichtspunkt der in Betracht kommenden Klagegründe gegeneinander abgegrenzt.[147] Danach dient **§ 767 ZPO**

---

[143] BGH, FamRZ 1983, 892, 893
[144] BGH, NJW-RR 1991, 1155
[145] BGH, FamRZ 1984, 767
[146] BGH, FamRZ 2005, 1479 = R 636; 1984, 470, 471
[147] Vgl. Johannsen/Henrich/Brudermüller, § 323 ZPO Rn. 7

der **Durchsetzung** rechtsvernichtender, -hemmender und beschränkender **Einwendungen,** während § 323 ZPO die **anspruchsbegründenden Tatsachen** und damit den **Klagegrund** selbst betrifft. Indessen ist die Abgrenzung der beiden Klagearten nicht immer eindeutig zu vollziehen.[148] Fällt etwa nachträglich der Klagegrund weg, stellt auch dies einen ganz oder teilweise rechtsvernichtenden Umstand dar,[149] nämlich hinsichtlich des rechtskräftig bestehenden und nachträglich zu verändernden Titels. Auch die Abgrenzung, mit der Vollstreckungsabwehrklage sei ein scharf umrissenes, punktuelles Ereignis wie Verzicht, Erfüllung oder Verwirkung geltend zu machen, hilft nicht weiter. Denn auch der Wegfall der Leistungsfähigkeit durch plötzliche Arbeitslosigkeit oder Krankheit stellt ein scharf umrissenes, punktuelles Ereignis dar, welches in die Zukunft hineinreicht und Dauerwirkungen erzielt. *Hoppenz*[150] gelangt deshalb zu der Einschätzung, dass sich § 323 ZPO als **Sonderregelung** erweist, die mit Ausnahme der Erfüllung sämtliche Umstände erfasst, die mittelbar oder unmittelbar einen Anspruch auf wiederkehrende Leistungen beeinflussen. Teilweise wird bei der Abgrenzung danach differenziert, ob dem Unterhaltstitel die Vollstreckbarkeit dauerhaft genommen werden soll oder Abänderungsgründe angeführt werden, die selbst wieder zu abänderbaren Entscheidungen führen können. Die Vollstreckungsabwehrklage kommt hiernach nur für Einwendungen in Betracht, die den titulierten Unterhaltsanspruch unwandelbar vollständig oder bezogen auf einen bestimmten Zeitraum beseitigen oder vermindern.[151]

Der BGH und die herrschende Meinung lassen der Vollstreckungsabwehrklage unterfallen **145 a** den **Erlass der Schuld,**[152] **Stundung und Verjährung, Verwirkung,**[153] **unzulässige Rechtsausübung,**[154] **Scheidung der Ehe** bei Unterhaltstiteln für die Zeit des Getrenntlebens,[155] **Wiederverheiratung** des geschiedenen Unterhaltsberechtigten, die **Erfüllung** sowie **Erfüllungssurrogate** wie das Kindergeld[156] sowie die Leistung von Naturalunterhalt durch den barunterhaltspflichtigen Elternteil,[157] wobei alle übrigen Umstände, insbesondere die dauerhafte Veränderung der wirtschaftlichen Verhältnisse, § 323 ZPO unterfallen sollen. Ferner ist die Klage nach § 767 ZPO der richtige Rechtsbehelf, wenn ein Unterhaltsanspruch **zeitlich beschränkt** war und über die Zeitgrenze hinaus weiter vollstreckt wird, ein Elternteil nach Volljährigkeit des Kindes weiterhin **im eigenen Namen** (trotz Wegfalls seiner gesetzlichen Vertretung) den Kindesunterhalt beitreibt (vgl. Rn. 10/135 d), oder aber nunmehr die **Nicht-Vaterschaft** des unterhaltspflichtigen Scheinvaters festgestellt wird. Die zeitliche **Begrenzung des Unterhaltsanspruchs** nach § 1573 V BGB a. F. oder § 1578 I Satz 2 BGB a. F. (jetzt: § 1578 b BGB) ist mit der Abänderungsklage nach § 323 ZPO geltend zu machen, nicht mit der Vollstreckungsgegenklage nach § 767 ZPO, wie der BGH in der Zwischenzeit wiederholt unter Hinweis auf die wandelbaren wirtschaftlichen Verhältnisse entschieden hat.[158] Wendet sich der Unterhaltspflichtige gegen einen Titel mit dem Hinweis, der Unterhaltsberechtigte müsse sich nunmehr Einkünfte aus der Erbringung von **Versorgungsleistungen** zurechnen lassen, ist ebenfalls die Abänderungsklage die gebotene Klageart. Nach der geänderten Rechtsprechung des BGH zur **Differenz- bzw. Additionsmethode** handelt es sich auch um **bedarfsprägendes Einkommen,**[159] so dass eine nachträgliche Berücksichtigung sich nicht allein erfüllungsbezogen sondern auch auf die Bedarfsverhältnisse auswirkt. In solchen Situationen müsste die Vollstreckungsabwehrklage zu unbilligen Ergebnissen führen.[160]

---

148 BGH, FamRZ 1982, 470, 471
149 Hahne, FamRZ 1983, 1191
150 FamRZ 1987, 1097 ff.
151 Graba, Rn. 481
152 BGH, FamRZ 1979, 573
153 BGH, FamRZ 1987, 259
154 BGH, FamRZ 1983, 355
155 BGH, FamRZ 1981, 242
156 BGH, FamRZ 1978, 177
157 BGH, FamRZ 1984, 470; vgl. auch die Auflistung bei Hoppenz a. a. O.
158 BGH, FamRZ 2000, 1499; 2001, 905
159 BGH, FamRZ 2004, 1170 und 1173 = R 612
160 BGH, FamRZ 2005, 1479 = R 636

145 b Eine genaue und im Einzelnen umrissene Unterscheidung hinsichtlich der Anwendung beider Klagemöglichkeiten ermöglicht allein der Gesetzestext beider Vorschriften nicht. Nach § 323 I ZPO ist eine Abänderungsklage dann zulässig, wenn sich diejenigen Verhältnisse wesentlich geändert haben, *„die für die Verurteilung zur Entrichtung der Leistungen, für die Bestimmung der Höhe der Leistungen oder der Dauer ihrer Entrichtung maßgebend waren".* Diese allgemeine Gesetzesformulierung erfasst mit Ausnahme der **Erfüllung** und der **Erfüllungssurrogate** alle künftigen Ereignisse, die zu einer wesentlichen Veränderung führen. Man könnte somit von daher der Ansicht von Hoppenz folgen, § 323 ZPO greife für den Schuldner mit Ausnahme des Falls der Erfüllung immer ein (eine Erhöhung des laufenden Unterhalts zugunsten des Gläubigers kann ohnedies nur nach § 323 ZPO in Betracht kommen). Dem widerspricht jedoch die Formulierung in § 767 I ZPO, die ebenso alle künftigen Ereignisse umfasst, die zu einer Reduzierung oder zu einem Wegfall der Vollstreckungsfähigkeit führen können. Eine Vollstreckungsabwehrklage ist gemäß § 767 I ZPO nämlich dann möglich, wenn der Schuldner Einwendungen geltend machen kann, „die den durch das Urteil festgestellten Anspruch selbst betreffen". Dies sind alle Umstände, die zum Erlass des vorausgegangenen Urteils geführt haben bzw. die, sofern sie damals bereits vorhanden gewesen wären, einen entsprechenden, unmittelbaren Einfluss auf die frühere Entscheidung gehabt hätten. Die Begriffe der „wesentlichen Änderung derjenigen Verhältnisse, die für die Verurteilung" maßgebend waren (§ 323 I ZPO) und der Einwendungen, „die den durch das Urteil festgestellten Anspruch selbst betreffen" (§ 767 I ZPO), sind demnach identisch; die Formulierung in § 323 ZPO differenziert nur hinsichtlich des Grundes des zugesprochenen Anspruchs, seines Umfangs, der Höhe und der zeitlichen Dauer. Dies aber sind alles Umstände bzw. Einwendungen, die den durch das Urteil festgestellten Anspruch selbst betreffen.

145 c Stellt man daher mit dem BGH[161] fest, dass die Voraussetzungen beider Vorschriften schwer voneinander abgrenzbar sind, aber verwandten Zwecken dienen, kann eine Heranziehung des § 323 ZPO bzw. des § 767 ZPO nur von dem **Klagziel**[162] abhängen, welches der jeweilige Kläger vernünftigerweise vor Augen hat. Dabei ist die im 8. Buch der ZPO stehende Vorschrift des § 767 ZPO nur dazu gedacht, die Vollstreckung eines weiterhin existenten und damit rechtskräftig bleibenden Urteils vorübergehend oder auf Dauer einzustellen. Da aber im Zweifel ein Kläger den **umfassenden Rechtsschutz** zu seinen Gunsten sucht, wird in der Regel ein Unterhaltsschuldner versuchen, mit der Abänderungsklage den gänzlichen Wegfall des Ersturteils zu erreichen und nicht bloß – über § 767 ZPO – den bloßen Wegfall der Vollstreckbarkeit.[163] Letzteres beantragt er nur dann, wenn dies infolge Reduzierung des Streitwertes für ihn kostengünstiger ist, den Zeitraum vor Rechtshängigkeit (§ 323 III ZPO) betrifft oder wenn es sich nur um einen vorübergehenden Ausschluss der Anspruchsdurchsetzung handelt. In allen übrigen Fällen wird der Unterhaltsschuldner die Abänderungsklage des § 323 ZPO bemühen, weil nur sie endgültige Rechtsbefriedung durch Wegfall des Ersttitels verschafft.

146 Abänderungsklage und Vollstreckungsabwehrklage schließen sich für ein und denselben Streitgegenstand grundsätzlich gegenseitig aus.[164] Anstelle einer zulässigen Abänderungsklage kann daher keine Vollstreckungsgegenklage erhoben werden.[165] Es besteht **kein Wahlrecht**.[166] Ist ein Titel nicht mehr abänderbar (z. B. wegen Unterhaltsverzichts oder bei einem Trennungsunterhalt nach Rechtskraft der Ehescheidung), kann auch bei Änderung der wirtschaftlichen Verhältnisse nur die Klage nach § 767 ZPO erhoben werden.[167] Hier gehen rechtsvernichtende Einwendungen und Einreden denkbaren Veränderungen der Verhältnisse vor. Umgekehrt kann auch anstelle einer zulässigen Abänderungsklage keine Vollstreckungsgegenklage erhoben werden. Eine Vollstreckungsgegenklage kann in eine Abänderungsklage umgedeutet werden.[168]

---

[161] BGH, FamRZ 1984, 997
[162] BGH, FamRZ 2005, 1479 = R 636
[163] BGH, FamRZ 2001, 282
[164] Johannsen/Henrich/Brudermüller, § 323 ZPO Rn. 13; Graba, Rn. 481
[165] BGH, FamRZ 1988, 1156
[166] BGH, FamRZ 2005, 1479 = R 636
[167] BGH, FamRZ 1981, 242
[168] BGH, FamRZ 2005, 1479, 1481 = R 636; BGH, NJW 1992, 439

Allerdings hat der BGH unter Aufgabe einer älteren Rechtsprechung **beide Klagemöglichkeiten – zeitlich gestaffelt,** d. h. bis zur Rechtshängigkeit der Klage aus § 767 ZPO, danach auf Abänderung nach § 323 ZPO – zugelassen, hierbei zunächst für den Fall des nachträglichen Bezugs einer **Rente** aus dem **Versorgungsausgleich** durch den bedürftigen Ehegatten.[169] Dem lag die Erwägung zugrunde, dass der Rentenbezug einerseits die **Bedürftigkeit mindere,** mithin zu einer Änderung der wirtschaftlichen Verhältnisse führe, andererseits aber mit dem etwa gleich hohen Rentenbezug ein der **Erfüllung** wirtschaftlich **gleichkommender Vorgang** einsetze. Diese Einwendung müsse der Schuldner dem Gläubiger immer entgegenhalten können, weshalb der Anwendungsbereich der Vollstreckungsabwehrklage bleiben müsse, wenn das Abänderungsbegehren an der zeitlichen Schranke des § 323 III ZPO scheitere.[170]

Indessen hält der BGH nunmehr auf der Grundlage eines Urteils vom 8. 6. 2005[171] an dieser Auffassung bezogen jedenfalls auf die Fälle **nachträglicher Rentenzahlungen** nicht mehr fest. Nunmehr ist ausschließlich die Abänderungsklage zu erheben. Bestimmend sind auch hier die Auswirkungen der geänderten **Rechtsprechung zur Differenz- oder Additionsmethode.**[172] Sie fallen bei nachträglichem Rentenbezug durch den bedürftigen Ehegatten in der Weise ins Gewicht, dass die Zahlungen nicht mehr entsprechend der Anrechnungsmethode vom titulierten Anspruch in Abzug zubringen sind, sondern bereits zuvor auf der Ebene der **Bedarfsbemessung nach den ehelichen Lebensverhältnissen** Berücksichtigung finden.[173] Eine Anpassung auch an diese dem jeweiligen Titelgläubiger günstigen Verhältnisse ermöglicht dem gegenüber die Vollstreckungsabwehrklage auf der Grundlage des im Ausgangsurteil rechtskräftig festgestellten Unterhaltsbedarfs nicht. Durch ein klageweises Vorgehen nach § 767 ZPO hätte es der Titelschuldner vielmehr in der Hand, sich etwa auf den rentenbezugsbedingten Wegfall des Altersvorsorgeunterhalts zu berufen, ohne dass dessen Auswirkungen auf eine **titelerhaltende Erhöhung** des verbleibenden Elementarunterhalts überhaupt Berücksichtigung finden könnten. Die Vollstreckungsabwehrklage müsste in den entsprechenden Fallgestaltungen nach alledem zu unbilligen Ergebnissen führen.[174] Allerdings unterliegt die Abänderungsklage im Unterschied zur Vollstreckungsabwehrklage insoweit Beschränkungen, als eine Abänderung des Ausgangsurteils zugunsten des Unterhaltsschuldners erst für den Zeitraum ab Rechtshängigkeit möglich ist (§ 323 III ZPO). Soweit danach für den davor liegenden Zeitraum unter Einschluss der Rentenzahlungen eine Überzahlung erfolgt ist, steht dem Unterhaltspflichtigen ein auf § 242 **BGB** beruhender **Erstattungsanspruch** außerhalb des Unterhaltsverhältnisses zu, dessen Höhe sich danach bemisst, inwieweit sich der Unterhaltsanspruch ermäßigt hätte, wenn die Rente schon während des in Rede stehenden Zeitraums gezahlt worden wäre.[175]

Bei der **Verwirkung** von Unterhaltsansprüchen hat der BGH[176] zunächst den Charakter **147** der rechtsvernichtenden Einwendung betont und die Vollstreckungsabwehrklage als richtige Klageart eingestuft, dann aber auch eine mit dem Verwirkungseinwand gestützte Abänderungsklage akzeptiert,[177] da auch in solchen Fällen bei der für die Zukunft zu treffenden Entscheidung der Einfluss der **stets wandelbaren wirtschaftlichen Verhältnisse** auf die Unterhaltspflicht zu berücksichtigen sei. In diesem Zusammenhang erscheint ein zeitlich gestaffeltes Zusammentreffen der beiden Klagearten auch in Ansehung der Entscheidung vom 8. 6. 2005[178] weiterhin unbedenklich, weil sich für die rechtsvernichtende Einwendung der Verwirkung Auswirkungen durch die geänderte Rechtsprechung zur Differenz- bzw. Additionsmethode nicht abzeichnen und anspruchserhaltende Gesichtspunkte, soweit sie auf

---

[169] BGH, FamRZ 1989, 159
[170] BGH, FamRZ a. a. O. S. 161
[171] BGH, FamRZ 2005, 1479 = R 636
[172] BGH, FamRZ 2001, 986 = R 563
[173] BGH, FamRZ 2003, 848, 851; 2002, 88, 91
[174] BGH, FamRZ 2005, 1479, 1480 = R 636
[175] BGH, FamRZ 1990, 269, 272; 1989, 718, 719
[176] BGH, FamRZ 1991, 1175; 1990, 1040; 1987, 259, 261
[177] BGH, FamRZ 1997, 671; 1990, 1095
[178] BGH, FamRZ 2005, 1479 = R 636

veränderten Verhältnissen beruhen, auch im Rahmen des Verwirkungseinwandes zu berücksichtigen sind. Mithin scheidet eine unbillige Benachteiligung des Titelgläubigers durch die Wahl der Klageart von vornherein aus. Nach anderer Ansicht[179] soll der Verwirkungseinwand nur unter den Voraussetzungen von § 323 ZPO verfolgt werden können. Hierbei wird auch vertreten, dass die dem Abänderungskläger nachteilige Zeitschranke (§ 323 III S. 1 ZPO) im Wege einer teleologischen Reduktion nicht greifen soll.[180] Nach OLG Köln[181] ist der Einwand der Verwirkung nachehelichen Unterhalts im Wege der Abänderungsklage geltend zu machen, wenn auch ein zeitlich begrenzter Ausschluss oder eine zeitlich begrenzte Herabsetzung in Betracht kommen können. Die Vollstreckungsgegenklage wäre nach dieser Ansicht die richtige Klageart, wenn auf Grund des Verwirkungseinwandes nur ein Verlust des Unterhaltsanspruchs auf Dauer in Betracht käme. Diese Unterscheidung erscheint allerdings schon deshalb nicht tragfähig, weil sie für die Zulässigkeit der Klage an das Ausmaß ihres Erfolges anknüpft.

148   Wird davon ausgegangen, dass im Kontext der Verwirkung für Vollstreckungsabwehrklage und Abänderungsklage eine kumulative Verbindung möglich ist, sind die Besonderheiten der jeweiligen Klageart zu beachten. So muss für eine **objektive Klagehäufung** (§ 260 ZPO) die gleiche Zuständigkeit gegeben sein, die für die Vollstreckungsabwehrklage durch §§ 767 I, 802 ZPO an die ausschließliche Zuständigkeit des Prozessgerichts erster Instanz im Vorprozess, für die Abänderungsklage, sofern keine ausschließliche Zuständigkeit (§§ 621 II, 642 I ZPO) besteht, an den allgemeinen Gerichtsstand des Beklagten (§§ 12, 13 ZPO) anknüpft. Zudem müssen die jeweiligen Angriffe gegen das Ausgangsurteil der jeweiligen Klageart zugeordnet werden. Beruft sich der Unterhaltsschuldner lediglich auf Verwirkung, kann er sich auf die Vollstreckungsabwehrklage beschränken. Will er zugleich eine Veränderung etwa in den Einkommensverhältnissen geltend machen mit Auswirkungen auf Bedarf, Bedürftigkeit und Leistungsfähigkeit, kann er dies nur unter gleichzeitiger Beachtung der Voraussetzungen und Einschränkungen (§ 323 III S. 1 ZPO) der Abänderungsklage.[182] Allerdings hat es der BGH[183] vor dem Hintergrund nicht einfacher Abgrenzungsfragen zwischen Abänderungs- und Vollstreckungsabwehrklage aus Gründen der Prozessökonomie für unbedenklich angesehen, beide Klagearten, sofern dasselbe Gericht zuständig ist, in einem **Hilfsverhältnis** miteinander zu verbinden. Führt nämlich eine zulässigerweise erhobene Abänderungsklage aus sachlichen Gründen nicht zum Erfolg, soll dem Unterhaltsschuldner zumindest die Möglichkeit erhalten bleiben, jedenfalls mit weiteren Einwendungen aus § 767 I ZPO die Vollstreckbarkeit des Titels zu beseitigen.

149   Anstelle einer Abänderungsklage können sowohl der Unterhaltsschuldner als auch der Unterhaltsgläubiger eine **Erinnerung nach § 766 I ZPO** einlegen, um Unterhaltsansprüche durchzusetzen oder aufzuhalten. Die Erinnerung gegen Art und Weise der Zwangsvollstreckung ist ein Rechtsbehelf gegen Zwangsvollstreckungsmaßnahmen durch den Gerichtsvollzieher nach dem 8. Buch der ZPO und gegen Zwangsvollstreckungsmaßnahmen des Vollstreckungsgerichtes (Richter oder Rechtspfleger). Unter § 766 ZPO fallen alle Anträge, Einwendungen und Erinnerungen, die die Art und Weise der Zwangsvollstreckung oder das vom Vollstreckungsgericht bei der Zwangsvollstreckung zu beachtende Verfahren betreffen. Dabei wird sich der Gläubiger im Wege der Erinnerung dagegen wehren, wenn sich der Gerichtsvollzieher weigert, den Zwangsvollstreckungsauftrag zu übernehmen bzw. weisungsgemäß durchzuführen, wenn er die Erledigung des Auftrags verzögert, oder aber wenn die Einstellung oder Beschränkung der Zwangsvollstreckung zu Unrecht erfolgt ist. Eine Erinnerung des Schuldners will die Zwangsvollstreckung ganz oder teilweise verhindern und kann sich auf Mängel des Vollstreckungstitels, das Fehlen einer ordnungsgemäßen Vollstreckungsklausel oder eine mangelnde Umschreibung der Klausel auf den Rechtsnachfolger gründen.

Allen Einwendungen des § 766 ZPO ist gemein, dass sie sich nur gegen die **Art und Weise der Zwangsvollstreckung** im Vollstreckungsverfahren wenden, keinen Angriff aber

---

[179] KG, FamRZ 1990, 187; Graba, Rn. 162
[180] Graba, Rn. 176 m. w. N.
[181] FamRZ 2001, 1717
[182] FA-FamR/Gerhardt, 6. Kapitel Rn. 625
[183] BGH, FamRZ 2001, 282

auf die im Erkenntnisverfahren ergangene materiell-rechtliche Entscheidung bedeuten. Derartige Einwendungen des Schuldners gegen den durch das Urteil oder den sonstigen Vollstreckungstitel ausgesprochenen Anspruch sind nicht vom Vollstreckungsorgan und daher nicht im Erinnerungsverfahren zu prüfen; Rechtsweg hierfür ist die Vollstreckungsabwehrklage des § 767 ZPO.[184]

6. Abgrenzung von Abänderungsklage und negativer Feststellungsklage

Die Abänderungsklage dient der Anpassung der in § 323 I, IV ZPO genannten **150** Unterhaltstitel **Urteil, gerichtlicher Vergleich, vollstreckbare Urkunde** und **Titel im vereinfachten Verfahren.** Soweit es um eine Korrektur dieser Titel geht, besteht für eine negative Feststellungsklage kein Rechtsschutzbedürfnis.[185] Soll aber eine nicht der materiellen Rechtskraft fähige **einstweilige Anordnung** nach § 620 Nr. 4, 6 ZPO oder eine **Leistungsverfügung** auf Unterhalt nach § 940 ZPO abgeändert werden, steht hierfür als Rechtsbehelf die negative Feststellungsklage zur Verfügung. Mit ihr kann der Unterhaltpflichtige den Bestand des Unterhaltsanspruchs in einem ordentlichen Rechtsstreit abklären, während der Unterhaltsberechtigte für eine endgültige Unterhaltsfestsetzung die Leistungsklage zur Verfügung hat. Ein Urteil, welches eine gegen eine einstweilige Anordnung nach §§ 620 Nr. 6, 620a ZPO gerichtete negative Feststellungsklage abweist, steht einem positiven Leistungsurteil gleich und unterliegt den Beschränkungen des § 323 ZPO.[186] Soll ein **im Anordnungsverfahren geschlossener Vergleich** abgeändert werden, so kann dieser im Wege der Abänderungsklage nur angepasst werden, wenn er eine endgültige und über den Umfang des einstweiligen Anordnungsverfahrens hinausgehende Regelung darstellen soll.[187] Deshalb ist dringend anzuraten, Klarstellungen zum Umfang der jeweiligen Regelungsmaterie in den Vergleich aufzunehmen. Wird darin etwa eine umfassende Berechung des Unterhaltsanspruchs angestellt, spricht dies für eine den vollen Unterhaltsanspruch erfassende Regelung.[188] Nur dann kann er mit der Abänderungsklage korrigiert werden. Ansonsten aber kann ein Prozessvergleich, durch den nichts anderes erreicht werden soll als eine abschließende Regelung des einstweiligen Anordnungsverfahrens, keine weitergehende Wirkung entfalten, als sie eine einstweilige Anordnung auch gehabt hätte.[189] Stellt der **Vergleich** daher nur eine **vorläufige Regelung** dar, ist er vom Unterhaltspflichtigen mit der **negativen Feststellungsklage** und nicht mit der Abänderungsklage anzugreifen. Der Unterhaltsberechtigte muss in diesem Fall, will er höheren Unterhalt geltend machen, mit der **Leistungsklage** vorgehen.

Da die Vollstreckungsabwehrklage des § 767 ZPO gemäß § 795 ZPO bei allen in § 794 ZPO aufgeführten Titeln zulässig ist, kann sich der Schuldner sowohl mit einer Vollstreckungsabwehrklage als auch mit der negativen Feststellungsklage gegen einstweilige Anordnungen wenden. Soll mit den rechtshemmenden oder rechtsvernichtenden Einwendungen lediglich die Vollstreckbarkeit der einstweiligen Anordnung beseitigt werden, wird der Unterhaltspflichtige die Vollstreckungsabwehrklage bemühen.[190] Wendet er sich gegen den materiell-rechtlichen Bestand der einstweiligen Anordnung selbst, wird der Unterhaltspflichtige negative Feststellungsklage erheben[191] (vgl. zu Einzelheiten weiter Rn. 10/234). Die Abgrenzung dürfte hier im Einzelfall durch das jeweilige Klageziel bestimmt sein wie bei der zwischen Abänderungsklage und Vollstreckungsabwehrklage (vgl. hierzu auch Rn. 10/145 c).

---

[184] Zöller/Stöber, § 766, Rn. 5
[185] BGH, NJW 1983, 3142
[186] OLG Hamm, FamRZ 2000, 544
[187] OLG Brandenburg, FamRZ 2000, 1377
[188] FA-FamR/Gerhardt 6. Kapitel Rn. 632
[189] BGH, FamRZ 1991, 1175, 1176
[190] BGH, FamRZ 1983, 355, 356
[191] Johannsen/Henrich/Brudermüller, § 323 ZPO Rn. 26

7. Abgrenzung zwischen Abänderungs- und Zusatz- bzw. Nachforderungsklage

151   Mit der Zusatz- bzw. Nachforderungsklage wird über den Ersttitel hinaus ein weiterer Unterhaltsbetrag geltend gemacht, der entweder den Streitgegenstand des Vorverfahrens betrifft oder aber – bei gleicher Parteirolle – nicht streitgegenständlich ist. Hierfür steht entweder der Weg der zusätzlichen Leistungsklage des § 258 ZPO oder die Abänderungsklage nach § 323 ZPO zur Verfügung. Soweit ein Unterhaltsanspruch nur im Wege der Abänderungsklage verfolgt werden kann, ist die Leistungsklage unzulässig. Beide Klagearten stehen in einem **Exklusivverhältnis** zueinander.[192]

Der BGH geht davon aus, dass ein im Vorprozess voll obsiegender Unterhaltsberechtigter **Nachforderungen** (innerhalb des gleichen Streitgegenstands) nur unter den Voraussetzungen des § 323 ZPO **durch Abänderungsklage** geltend machen kann.[193] Damit lehnt der BGH die Lehre von der Zusatzklage ab, wonach der Unterhaltsberechtigte – ohne Beschränkung nach § 323 ZPO – Nachforderungen durch Leistungsklage geltend machen könne, da dieser Teil des gesamten Unterhaltsanpruchs im Vorprozess nicht Verfahrensgegenstand war (Fall der sog. verdeckten Teilklage). In einer weiteren Entscheidung hat der BGH erneut die Möglichkeit einer **verdeckten Teilklage** abgelehnt und festgestellt, dass im Zweifel eine Vermutung dafür spreche, dass im Vorprozess der Unterhalt in voller Höhe geltend gemacht worden sei.[194] Nur dann, wenn sich der Kläger im Erstverfahren ausdrücklich oder ansonsten erkennbar eine Nachforderung vorbehalten und damit eine **offene Teilklage** erhoben hat, kann somit ein bis dahin nicht titulierter Differenz- oder Zusatzbetrag durch Leistungsklage kumulativ geltend gemacht werden.[195] Um eine solche Teilklage handelt es sich, wenn der bisher titulierte Unterhalt nur einen **Grundbetrag** darstellen soll oder über einen freiwillig bezahlten Betrag hinaus in so genannter **Spitzenbetrag** begehrt wird.

Im letzteren Fall wird in dem Ersturteil lediglich über den Spitzenbetrag entschieden, wenngleich das Gericht inzidenter in seinem Urteil feststellen musste, dass auch der freiwillig bezahlte Betrag geschuldet ist. Dieses Urteilselement wird jedoch – da nicht streitgegenständlich – von der Rechtskraft des Urteils nicht umfasst.[196]

152   Stellt nunmehr der Unterhaltsschuldner (auch) seine freiwillige Zahlung (den sog. Sockelbetrag) ein, kann der Unterhaltsgläubiger im Wege der **Zusatzklage** den bisher freiwillig gezahlten Betrag gemäß § 258 ZPO einklagen. Will jetzt der Unterhaltsschuldner (nach Titulierung auch des Sockelbetrages) diesen allein oder den Gesamtbetrag in Wegfall geraten lassen, muss er gegen jedes der beiden Urteile (wobei das zweite Urteil ein sog. Schlussurteil ist) im Wege der Abänderungsklage vorgehen. Ist der Sockelbetrag noch nicht tituliert, kann der Unterhaltsschuldner im Fall reduzierter Leistungsfähigkeit durch Einschränkung seiner freiwilligen Zahlungen dem Rechnung tragen.[197] Im niedrigsten Fall bleibt dann der titulierte Spitzenbetrag zur Zahlung fällig. Meint der Unterhaltsschuldner, gar keinen Unterhalt mehr zu schulden oder jedenfalls einen geringeren als den Sockelbetrag, muss er dies im Wege der Abänderungsklage gegen das Urteil bezüglich des Spitzenbetrages geltend machen. Auf der anderen Seite kann der Unterhaltsgläubiger, sofern der Sockelbetrag noch nicht tituliert ist, im Wege der **Nachforderungsklage** auch über die Summe von Sockel- und Spitzenbetrag hinaus weitere Unterhaltsbeträge einklagen.[198]

Liegt ein **zeitlich befristetes Unterhaltsurteil** vor, kann eine Abänderung **auch nach Fristende** nur mit der Abänderungsklage geltend gemacht werden.[199] Das setzt allerdings weiter voraus, dass dem Ersturteil noch eine **Prognoseentscheidung** zugrunde liegt. Hat das Gericht auf Grund entsprechender Befristung etwa nur Unterhaltsrückstände zuerkannt, beim laufenden Unterhalt aber die Anspruchsvoraussetzungen verneint, fehlt es an einer in

---

[192] BGH, FamRZ 2004, 1712 m. w. N. st. Rspr.; OLG Düsseldorf FamRZ 2006, 1212
[193] BGH, FamRZ 1985, 690 = R 259
[194] BGH, FamRZ 1987, 259, 262
[195] BGH, FamRZ 1995, 729, 730; 1993, 945, 946
[196] BGH, FamRZ 1995, 729, 730; 1993, 945, 946; 1991, 320
[197] BGH, FamRZ 1993, 945
[198] BGH, FamRZ 1991, 320
[199] BGH, FamRZ 1984, 353, 354; FA-FamR/Gerhardt, 6. Kapitel Rn. 641 a

die **Zukunft reichenden Rechtskraftwirkung,** die nur unter den Voraussetzungen von § 323 ZPO durchbrochen werden könnte.[200] Hier kann der Unterhaltsberechtigte, sofern die rechtlichen und tatsächlichen Verhältnisse dies hergeben, im Wege der Leistungsklage erneut Unterhalt geltend machen. Nach anderer Ansicht[201] fehlt es jedenfalls nach Fristende an der Verurteilung zu künftig fällig werdenden Leistungen im Sinne von § 323 I ZPO, so dass einer Leistungsklage nach § 258 ZPO das Urteil des Vorprozesses nicht entgegensteht.

Haben die Parteien den Unterhalt durch **Prozessvergleich** zeitlich befristet, weil sie bei Abschluss des Vergleichs davon ausgingen, der unterhaltsberechtigte Ehegatte werde bis zu diesem Zeitpunkt in ausreichendem Maße bedarfsdeckendes Einkommen erzielen, geht der BGH,[202] sofern der Unterhaltsberechtigte gestützt etwa auf ihm günstige Änderungen in der höchstrichterlichen Rechtsprechung (Einschränkung der Anrechnungsmethode) nach Ablauf der Frist erneut Unterhalt geltend macht, davon aus, dass dies im Wege einer **Leistungsklage** zu erfolgen habe. Im Unterschied zum Urteil beschränke sich die Vereinbarung auf den materiellen Anspruch und führe auch nicht zu einer **der Rechtskraft fähigen Feststellung des Nichtbestehens.** Die damit einhergehende unterschiedliche Beurteilung der prozessualen Ausgangssituation bei einer Befristung des Unterhalts durch Urteil oder Prozessvergleich erscheint allerdings fragwürdig. Gemäß § 323 IV ZPO zählt der Prozessvergleich formal – nach dem klaren Gesetzeswortlaut[203] „entsprechend" – zu den der **Abänderungsklage** unterstellten Titeln. Soweit der BGH dem unter den besonderen Umständen der Unterhaltsbefristung entgegenhält, es fehle beim „befristeten Prozessvergleich" für die Zukunft an der Festlegung einer Leistungspflicht, ist dies nicht anders zu sehen als bei einem insoweit klageabweisenden Urteil. In beiden Fällen ist eine auf die Fortgeltung der höchstrichterlichen Rechtsprechung gestützte **Prognose** enttäuscht worden, die eine Anpassung rechtfertigen kann, beim Prozessvergleich allerdings nach den Regeln über die Änderung oder den Wegfall der Geschäftsgrundlage (§ 313 BGB). Dass der Prozessvergleich keine der Rechtskraft fähigen Feststellungen treffen kann und deshalb auch die die Rechtskraft sichernde Vorschrift des § 323 II ZPO nicht einschlägig ist,[204] steht der Annahme einer Abänderungsklage nicht entgegen.[205] Bei der an der höchstrichterlichen Rechtsprechung ausgerichteten Unterhaltsbefristung durch Urteil oder Vergleich steht nach entsprechender Änderung jeweils die **Fehlentwicklung einer Prognose** im Vordergrund, die typischerweise einer Anpassung über die prozessualen Vorgaben der Abänderungsklage zugänglich ist. Dass auch der BGH auf eine Prognoseanpassung tatsächlich abstellt, ergibt sich nicht zuletzt daraus, dass er ungeachtet der von ihm bejahten Leistungsklage für die Beurteilung der materiellen Rechtslage von der Geschäftsgrundlage des Vergleichs ausgeht und eine Anpassung nur nach den Regeln des § 313 BGB zulässt.[206]

Besitzt der Kläger ein Unterhaltsurteil, welches (nur) den **Elementarunterhalt** betrifft, ohne dass sich der Kläger dies im Vorprozess derart (als Teilklage) vorbehalten hatte, ist daraus zu schließen, dass er den gesamten ihm zustehenden Unterhalt geltend machen und sich keine Nachforderung vorbehalten wollte. Will er nunmehr zusätzlich **Vorsorge- oder Krankenvorsorgeunterhalt** geltend machen, kann er dies nur unter den Voraussetzungen des § 323 ZPO, damit erst dann, wenn sich die im Vorprozess maßgeblichen Verhältnisse wesentlich geändert haben.[207] Dies bedeutet, dass aus Gründen der Billigkeit in einer **aus anderen Gründen zulässigen Abänderungsklage** zusätzlich – sozusagen im Wege der Nachforderung – weitere Elemente des einheitlichen Unterhaltsanspruchs (nämlich Alters- bzw. Krankenvorsorgeunterhalt) verlangt werden können. Mit Brudermüller[208] ist dies im Ergebnis nichts anderes als ein Weg zur Fehlerberichtigung im Wege einer verdeckten

---

[200] BGH, FamRZ 2007, 983, 984 = R 676; 2005, 101, 102 = R 620
[201] Eschenbruch/Klinkhammer, Rn. 5318
[202] BGH, FamRZ 2007, 983, 984 = R 676
[203] BGH, FamRZ 2004, 24
[204] BGH, FamRZ 1983, 22, 24; std. Rspr.
[205] BGH, FamRZ 1995, 221, 223
[206] BGH, FamRZ 2007, 983, 985 = R 676
[207] BGH, FamRZ 1985, 690 = R 259
[208] Johannsen/Henrich/Brudermüller, § 323 ZPO Rn. 23

Zusatzklage, wobei diese Umstände (nämlich der Bedarf an Vorsorgeunterhalt) bereits zurzeit des ersten Verfahrens vorgelegen haben können.

152 a   Diese Rechtsprechung gilt für Sonderbedarf (§ 1613 BGB) nicht, da die Abänderungsklage des § 323 ZPO **nur Ansprüche auf regelmäßig wiederkehrende Leistungen** betrifft, ein Sonderbedarf als einmaliger, unregelmäßiger Bedarf[209] somit durch Leistungsklage geltend gemacht werden muss. Wird aber der Sonderbedarf zum Dauerzustand (die einmalige Krankenbehandlung wird zum Dauerzustand und erhöht damit ab sofort den Lebensbedarf des Unterhaltsberechtigten), ist hinsichtlich dieser (wiederkehrenden) Mehrzahlungen die Abänderungsklage eröffnet, weil die nun zu erbringenden Unterhaltsleistungen nicht mehr die Voraussetzungen eines Sonderbedarfs (vgl. hierzu Rn. 6/1 f) begründen.

152 b   Einer Zusatzklage bedarf es auch dann, wenn nur ein Titel über den Trennungsunterhalt vorliegt und der Gläubiger nunmehr **nachehelichen Unterhalt** begehrt. Hierbei handelt es sich streng genommen nicht um eine Zusatzklage, sondern um eine Erstklage mit völlig neuem Streitgegenstand, was Klagezeitraum und Klagegründe anbelangt (§ 1361 BGB bzw. §§ 1569 ff. BGB).[210] Demgegenüber ist der Unterhaltsanspruch des minderjährigen Kindes identisch mit jenem nach Eintritt der **Volljährigkeit**.[211] Hieraus resultierende Korrekturen sind im Wege der Abänderungsklage geltend zu machen (§ 798 a ZPO).

152 c   Hat sich der Unterhaltsschuldner einseitig durch **vollstreckbare Urkunde** im Sinne von § 794 I Nr. 5 ZPO oder etwa – dem gleichstehend – durch Urkunde des Jugendamtes gemäß §§ 59, 60 SGB VIII zur Zahlung von Unterhalt verpflichtet, stellt sich aus der Sicht des Unterhaltsgläubigers für eine Mehrforderung die Frage nach der zulässigen Klageart. Gestützt auf eine ältere Rechtsprechung des BGH[212] wird überwiegend angenommen, dass dem Unterhaltsgläubiger hier wahlweise die Abänderungsklage (§ 323 IV ZPO) oder die Erst- bzw. Zusatzklage zur Verfügung steht.[213] Indessen fehlt es für ein entsprechendes **Wahlrecht** an einer gesetzlichen Grundlage. Vielmehr steht der unmissverständliche Wortlaut des § 323 IV ZPO, wie der BGH nunmehr betont,[214] einer entsprechenden Befugnis entgegen.[215] Denn die Vorschrift verweist für alle dort angeführten Schuldtitel auf eine entsprechende Heranziehung der Abänderungsklage, ohne danach zu differenzieren, ob es um einen streng einseitig durch den Schuldner errichteten Titel oder einen solchen geht, der auf einer Vereinbarung oder zumindest Absprache der Parteien des Unterhaltsverhältnisses beruht. Für eine entsprechende Differenzierung besteht im Übrigen auch keine Notwendigkeit. Überdies wird der Unterhaltsgläubiger durch Verweis auf die Abänderungsklage für seine Mehrforderung in seinen prozessualen Befugnissen und seinen materiellen Rechten nicht unbillig benachteiligt. So vermag der Unterhaltspflichtige ihm durch teilweise Titulierung des Unterhalts gemäß § 794 I Nr. 5 ZPO („Klaglosstellung") Begrenzungen, wie sie gegenüber einem Urteil aus § 323 I bis III ZPO resultieren, nicht aufzuzwingen. Bereits mit seinem Urteil vom 4. 10. 1982 hat der BGH[216] die in § 323 IV ZPO angeführten Titel den Beschränkungen aus § 323 II und III ZPO entzogen und den Regeln der Störung der Geschäftsgrundlage (§ 313 BGB) unterstellt. Auch die Verweisung auf § 323 I ZPO hat danach keine praktische Bedeutung mehr. Maßgebend bleibt, sofern es an einer anderweitigen Parteivereinbarung fehlt, für ein weitergehendes Unterhaltsbegehren das jeweils materielle Recht. Prozessual kann der Unterhaltsgläubiger dies allerdings auf Grund ausdrücklicher gesetzlicher Verweisung nur im Rahmen einer Abänderungsklage durchsetzen[217] (zu den materiellen Voraussetzungen für eine Abänderung vgl. weiter Rn. 10/168 f und 174).

---

[209] Hierzu BGH, FamRZ 1984, 470, 472
[210] BGH, NJW 1985, 1340
[211] BGH, NJW 1984, 1613
[212] BGH, FamRZ 1980, 342; ausdrücklich offengelassen in BGH, FamRZ 1984, 997
[213] MünchKommZPO/Gottwald, Rn. 76; Johannsen/Henrich/Brudermüller, § 323 ZPO Rn. 141; Graba, Rn. 257
[214] BGH, FamRZ 2004, 24
[215] BGH, FamRZ 2004, 24; OLG Düsseldorf, FamRZ 2006, 1212; Zöller/Vollkommer, § 323 Rn. 47 (a. A. noch 24. Aufl.)
[216] BGH, FamRZ 1983, 22,
[217] BGH, FamRZ 2004, 24; OLG Düsseldorf, FamRZ 2006, 1212

8. Abgrenzung zwischen Abänderungsklage und Rechtsmittel

Da die Abänderungsklage nach § 323 ZPO **keine Rechtskraft** des abzuändernden **153** Urteils voraussetzt, kann zwischen der Abänderungsklage und der Berufung dann eine **Wahlmöglichkeit** bestehen, wenn die Korrektur auf Gründe gestützt wird, die nach dem Schluss der mündlichen Verhandlung im Vorprozess entstanden sind. Diese **doppelte Rechtsmöglichkeit** besteht aber nur, solange es noch nicht zu einem Berufungsverfahren gekommen ist, in welchem die Abänderungsgründe im Wege zulässiger Anschließung und Klagerweiterung geltend gemacht werden können.[218] Weist das Gericht ein Unterhaltsbegehren zurück, weil es nicht im Wege der Abänderungsklage, sondern im Wege der Leistungsklage geltend gemacht wurde, so ist die dagegen eingelegte Berufung nicht deshalb unzulässig, weil der Rechtsmittelkläger sein Begehren nunmehr im Wege der Abänderungsklage verfolgt.[219] Kommt als Rechtsmittel nur die **Revision** in Betracht, ist daneben weiter die Abänderungsklage zulässig, da mit der Revision die Änderung der tatsächlichen Verhältnisse nicht gerügt werden kann. Daher hat jede Partei die Wahl, ob sie selbst Rechtsmittel einlegen oder Abänderungsklage erheben will.[220] Eine selbstständige Abänderungsklage neben dem laufenden Rechtsmittel ist aber unzulässig. Wird nach Erhebung einer Abänderungsklage Berufung eingelegt, ist die Abänderungsklage bis zum rechtskräftigen Abschluss des Vorprozesses auszusetzen (§ 148 ZPO).

Ist ein **Berufungsverfahren** anhängig, so hat der Berufungsführer mangels Rechtsschutzbedürfnisses **kein Wahlrecht.** Er muss alle Veränderungen, die nach Schluss der mündlichen Verhandlung in erster Instanz eingetreten sind, im Rahmen der Berufung (möglicherweise auch im Wege der Klagerweiterung, die auch nach Ablauf der Berufungsbegründungsfrist möglich ist),[221] geltend machen. Hat der Gegner der Abänderungspartei Berufung eingelegt, hat die Abänderungspartei alle im Verlaufe eines Rechtszugs bereits eingetretenen Änderungen im Wege der **Anschlussberufung** bzw. der Antragserweiterung vorzutragen. Die mit Einführung der **Befristung für eine Anschließung** durch die ZPO-Reform 2002 zunächst aufgetretene Problematik für den Unterhaltsprozess[222] hat sich durch § 524 II 3 ZPO in der Fassung des 1. JuMoG vom 24. 8. 2004[223] erledigt (zur Anschließungsfrist vgl. auch Rn. 10/305 a). Eine selbstständige Abänderungsklage ist aus Gründen der Einheitlichkeit der Entscheidung nicht statthaft.[224] Verliert die Anschließung der Abänderungspartei infolge Rücknahme oder Verwerfung der Berufung ihre Wirkung, kann von der Abänderungspartei Abänderungsklage erhoben werden, wobei diese Klage als schon zum Zeitpunkt der Anschließung erhoben gilt (**„Vorwirkung"**).[225] Damit kann der bisherige Titel rückwirkend auf den Zeitpunkt der wirkungslos gewordenen Anschließung abgeändert werden, so dass die Abänderungspartei in ihrer Rechtsstellung nicht vom Ausgang des Berufungsverfahrens abhängig ist.

Dass neben einem Berufungsverfahren gleichzeitig nicht auch ein Abänderungsklagverfahren geführt werden kann, ergibt sich im Übrigen daraus, dass eine endgültige (nicht rechtskräftige) Verurteilung im Vorprozess vorliegen muss. Dies ist aber gerade im Falle der Berufungseinlegung nicht der Fall; hier liegt keine bereits erfolgte Verurteilung im Sinne einer endgültigen Regelung vor. Die Erhebung einer Abänderungsklage neben einem noch laufenden Berufungsverfahren müsste überdies zu einer unzulässigen doppelten Rechtshängigkeit führen.

Nach **Rücknahme der Berufung** und **Ausfall der Anschlussberufung** muss die **153 a** Abänderungsklage allerdings innerhalb der 6-Monats-Frist des § 204 II i. V. m. § 204 I Nr. 1 BGB (§ 212 II BGB a. F.) erhoben werden, wenn die Vorwirkung des Abänderungsbegehrens erhalten bleiben soll.

---

[218] Zöller/Vollkommer, § 323, Rn. 13
[219] BGH, FamRZ 2004, 24; 2001, 1140
[220] MünchKommZPO/Gottwald, § 323 Rn. 31
[221] BGH, FamRZ 1982, 1198
[222] Vgl. hierzu Born FamRZ 2003, 1248
[223] BGBl I S. 2198
[224] BGH, FamRZ 1986, 43, 44
[225] BGH, FamRZ 1988, 601

Wird die **Berufung** als **unzulässig** verworfen oder vom Beklagten zurückgenommen, ist der Schluss der Letzten mündlichen Verhandlung in erster Instanz der für § 323 II ZPO maßgebende Präklusionszeitpunkt. Wird nicht nur die Berufung, sondern auch die Klage zurückgenommen, ist auf die letzte Tatsachenverhandlung eines etwaigen Vorprozesses abzustellen. Der Ansicht Brudermüllers[226] unter Bezugnahme auf den BGH,[227] im Falle einer erfolgten mündlichen Verhandlung in der Berufungsinstanz sei bei Berufungsrücknahme als Präklusionszeitpunkt der Schluss der letzten mündlichen Verhandlung vor dem Berufungsgericht maßgebend, kann nicht gefolgt werden. Ein zurückgenommener Klagantrag oder eine zurückgenommene Berufung haben die Wirkung des Verlustes des eingelegten Klagantrages oder des eingereichten Rechtsmittels (§§ 269 III, 516 III ZPO). Rechtswirkungen wie die Verschiebung des Präklusionszeitpunktes durch das wirkungslos gewordene Klagverfahren oder Rechtsmittel können daher nicht eintreten.

Gemäß § 323 II ZPO ist gegen ein Versäumnisurteil die Abänderungsklage jedoch nur dann zulässig, wenn eine Einspruchsmöglichkeit nicht oder nicht mehr besteht.[228]

9. Zulässigkeit der Abänderungsklage

154   **a) Allgemeine Prozessvoraussetzungen.** Die **örtliche Zuständigkeit** bestimmt sich nach den allgemeinen Regeln, so dass Ehegattenunterhalt normalerweise beim allgemeinen Gerichtsstand des Wohnsitzes des Beklagten (§§ 12, 13 ZPO) geltend zu machen ist, während Kindesunterhaltsverfahren im allgemeinen Gerichtsstand des Kindes oder seines gesetzlichen Vertreters anhängig zu machen sind (§ 642 I ZPO). Ist ein derartiges Kindesunterhaltsverfahren derzeit anhängig, kann als Gerichtsort für eine Ehegattenunterhaltsklage der Gerichtsstand des Kindes (zwecks einheitlicher Entscheidung) gewählt werden (§ 642 III ZPO). Eine Fortdauer der Zuständigkeit des früheren Prozessgerichts, wie dies § 767 I ZPO für die Vollstreckungsgegenklage vorsieht, gibt es bei der Abänderungsklage nicht.

Hinsichtlich der **sachlichen Zuständigkeit** gelten die Vorschriften der §§ 23 a Nr. 2 und 3, 23 b Nr. 5, 6 und 13 GVG mit der Folge, dass die Verfahren vor dem Amtsgericht – Familiengericht – in erster Instanz zu führen sind; die Zuständigkeit des Oberlandesgerichts in zweiter Instanz ergibt sich aus § 119 I Nr. 2 GVG.

Eine weitere allgemeine Prozessvoraussetzung ist, dass das vorausgegangene Unterhaltsverfahren abgeschlossen sein muss.[229] Dies setzt nicht notwendig die Rechtskraft der Entscheidung aus dem Vorprozess voraus. Es reicht aus der materielle Bestand der Erstverurteilung. Der Abänderungskläger muss deutlich machen oder zumindest davon ausgehen, dass es (für den Vorprozess) bei der Erstentscheidung bleibt, die damit zum Maßstab der entsprechenden Abänderung (als feste Größe) gewählt wird. Von dieser Endgültigkeit der Erstentscheidung kann dann nicht ausgegangen werden, wenn Berufung eingelegt wurde. Schon aus diesem Grund ist daher eine Abänderungsklage neben einer Berufung nicht zulässig. Die Abänderungspartei verdeutlicht ihre Absicht, das **Ersturteil** als **bestandskräftig** anzusehen, indem sie vor Rechtskraft Abänderungsklage erhebt. Damit macht sie deutlich, dass das vorausgegangene Urteil die Grundlage der künftigen Abänderung darstellen soll.

Gegenläufige Abänderungsklagen sind streitgegenständlich identisch. Dem zeitlich später bei einem anderen Gericht eingeleiteten Abänderungsprozess steht die Vorschrift des § 261 III Nr. 1 ZPO entgegen.[230] Beide Abänderungsklagen können aber gemäß § 33 ZPO beim Erstprozess im Wege der **Widerklage** verbunden werden. Auch für die Zulässigkeit der Abänderungsklage ist ein **Rechtsschutzinteresse** notwendig, das regelmäßig gegeben ist, solange der Unterhaltsgläubiger noch einen abänderungsfähigen Vollstreckungstitel in Händen hält. Das Rechtsschutzinteresse für eine auf Herabsetzung des titulierten Unterhalts gerichtete Klage entfällt hier nicht schon dann, wenn der Unterhaltsgläubiger auf weitere Vollstreckung verzichtet. Steht einer Titelherausgabe aber entgegen, dass der Titel noch für

---

[226] Johannsen/Henrich/Brudermüller, § 323 ZPO Rn. 114
[227] BGH, FamRZ 1988, 493 ff.; 1986, 43, 44
[228] BGH, FamRZ 1982, 793
[229] MünchKommZPO/Gottwald, § 323 Rn. 44 a
[230] BGH, FamRZ 1998, 99, 100; FamRZ 1997, 488

die Vollstreckung von Unterhaltsrückständen benötigt wird, entfällt das Rechtsschutzinteresse jedenfalls dann, wenn der Unterhaltsgläubiger einen entsprechenden Hinweis mit seinem weitergehenden Vollstreckungsverzicht verbindet.[231]

b) Besondere Prozessvoraussetzungen. Im Unterschied zur allgemeinen Leistungs- **155** klage knüpft das Abänderungsverfahren an Abänderungstitel an, die in § 323 I und IV ZPO aufgeführt sind. In den meisten Fällen muss der Abänderungskläger von einem Leistungs- urteil ausgehen (auch Anerkenntnis-[232] und Versäumnisurteil).[233] Hierzu gehören auch ausländische Urteile, soweit sie im Inland anerkannt werden.[234] Auch Titel aus der früheren DDR unterfallen § 323 ZPO.[235] Allerdings muss die abzuändernde Entscheidung künftig fällig werdende wiederkehrende Leistungen betreffen (§ 258 ZPO); rechtskräftig muss die Vorentscheidung nicht sein. Da die Abänderungsklage der Rechtskraftdurchbrechung bei Prognosefehlern dient,[236] ist es nicht zulässig, wenn der zugrunde liegende Titel keinen **vollstreckungsfähigen Inhalt** (vgl. hierzu auch Rn. 10/141) hat. In diesen Fällen bedarf es daher bei der jeweiligen Rechtsverfolgung für den **Unterhaltsgläubiger** der Erhebung der allgemeinen Leistungsklage, für den **Unterhaltsschuldner** der Vollstreckungsabwehrklage analog § 767 ZPO.[237]

Ferner setzt das Abänderungsverfahren des § 323 ZPO eine **Identität des Streitgegen- standes** voraus. Damit ist aber nicht gemeint, dass Vorprozess und Abänderungsverfahren den gleichen Streitstoff (Sachverhalt und Klagantrag) enthalten müssen. Vielmehr bedarf es nur einer Verfahrensübereinstimmung dem Grunde nach. Damit ist das **jeweilige Rechts- verhältnis** gemeint, aus dem der Unterhaltsberechtigte die einseitigen Verpflichtungen auf wiederkehrende Leistungen durch den Unterhaltspflichtigen ableitet (Rn. 10/133). Diese Übereinstimmung besteht zwischen dem Unterhaltsanspruch des Kindes gegen seine Eltern vor und nach Eintritt der Volljährigkeit,[238] auch wenn sich zwischenzeitlich die Leistungs- form (Bar- statt Naturalunterhalt) geändert hat.[239] Eine Identität besteht beim Kindesunter- halt überdies zwischen einer Verbundentscheidung und dem nachfolgenden Abänderungs- begehren des Kindes selbst, sobald das Scheidungsverfahren rechtskräftig abgeschlossen ist. Dann ist nämlich die gesetzliche Prozessstandschaft des einen Elternteils (§ 1629 III S. 1 BGB) erloschen mit der Folge, dass die Prozessführungsbefugnis auf das (minderjährige oder inzwischen volljährige) Kind zurückfällt;[240] nunmehr ist das Kind für eine noch zu erhebende Abänderungsklage allein aktivlegitimiert, möglicherweise gesetzlich vertreten durch einen Elternteil. Ist die Abänderungsklage allerdings noch vor Rechtskraft der Ehescheidung rechts- hängig geworden, ist das Verfahren zwischen den Eltern bis zum rechtskräftigen Abschluss oder einem Vergleich fortzusetzen. Eine Umstellung der Klage auf das Kind ist analog § 265 II S. 1 ZPO[241] unzulässig (vgl. Rn. 10/135 d). Mit der Volljährigkeit des Kindes tritt es nach wohl überwiegender Meinung[242] automatisch – auch hinsichtlich der Unterhaltsrück- stände – in den Rechtsstreit ein, und zwar auch im Verbundverfahren[243] (siehe zum weiteren Verfahren aber § 623 I S. 2 ZPO). Nach anderer Ansicht[244] sind hierfür maßgebend die Grundsätze eines gewillkürten Parteiwechsels (vgl. hierzu näher Rn. 10/135 c).

---

[231] OLG Brandenburg, FamRZ 2006, 1855; OLG München, FamRZ 1999, 942

[232] BGH, FamRZ 2007, 1459 = R 680

[233] BGH, FamRZ 1982, 792

[234] BGH, FamRZ 1992, 1060, 1062

[235] BGH, FamRZ 1997, 281; 1995, 544 ff.

[236] Dazu Büttner, NJW 1999, 2327

[237] BGH, FamRZ 2006, 261 = R 645

[238] BGH, FamRZ 1984, 682

[239] OLG Karlsruhe, FamRZ 1995, 938

[240] BGH, FamRZ 1986, 345

[241] BGH, FamRZ 1990, 283, 284

[242] BGH, FamRZ 1983, 474; 1985, 471; OLG München, FamRZ 1996, 422; MünchKomm/Huber § 1629 Rn. 102; Göppinger/Wax/van Els, Rn. 2013; Gießler FamRZ 1994, 800, 802; Rogner NJW 1994, 3325; Palandt/Diederichsen, § 1629 Rn. 36

[243] BGH, FamRZ 1985, 471, 473; 1983, 474, 475

[244] Johannsen/Henrich/Jaeger, a. a. O. § 1629 Rn. 12; Schwab/Maurer/Borth, Teil I Rn. 534; Veit in Bamberger/Roth § 1629 Rn. 48

Wird die Abänderung einer Verurteilung zur Zahlung von Trennungsunterhalt begehrt, kann sich, auch wenn in der Zwischenzeit Rechtskraft der Ehescheidung eingetreten ist, eine Abänderungsklage nur hiergegen richten, weil zwischen Trennungs- und nachehelichem Ehegattenunterhalt keine Identität besteht. Der Unterhaltsberechtigte muss sich für den nachfolgenden Unterhalt um eine neue Leistungsklage bemühen, der Unterhaltspflichtige um eine Vollstreckungsgegenklage (§ 767 ZPO), sofern die Zwangsvollstreckung auch für die Zeit nach Rechtskraft der Ehescheidung aus dem Alttitel fortgesetzt wird.

156 c) **Identität der Parteien.** Die Parteien des Abänderungsverfahrens müssen mit denen des Vorprozesses identisch sein; allerdings reicht aus, dass sich die **Rechtskraft** der **Vorverurteilung** auf sie **erstreckt.**[245] Klagebefugt ist auch der Rechtsnachfolger, z.B. das Land gemäß § 37 I BAföG[246] oder der Sozialhilfeträger nach § 94 SGB XII[247] in Höhe des übergegangenen Anspruchs der Partei. Bei entsprechender Titulierung auch des künftigen Unterhalts (§ 94 IV 2 SGB XII) ist der Sozialhilfeträger Partei auch im Abänderungsprozess, ohne dass dadurch der materiell Unterhaltsberechtigte gehindert ist, seinerseits bei veränderten Verhältnissen Abänderungsklage zu erheben.[248] Vor einer doppelten Inanspruchnahme ist der Unterhaltspflichtige durch die Einrede der anderweitigen Rechtshängigkeit (§ 261 III Nr. 1 ZPO) geschützt. Will er seinerseits gegen einen titulierten Unterhalt vorgehen, muss er, sofern auf den Sozialhilfeträger übergegangen, die Abänderungsklage gegen den Titelgläubiger und den öffentlichen Leistungsträger richten.[249]

157 d) **Die Behauptung der wesentlichen Veränderung.** Als weitere **besondere Prozessvoraussetzung** verlangt die Abänderungsklage die Behauptung, dass eine wesentliche Veränderung der Verhältnisse nach Schluss der mündlichen Verhandlung im Vorprozess eingetreten sei. Dies ist **Zulässigkeitsvoraussetzung.**[250] Der Abänderungskläger muss Tatsachen vortragen, aus denen sich eine wesentliche Veränderung der der Entscheidung zugrunde liegenden Verhältnisse ergibt. Dabei kann er sich entgegen einer verbreiteten Praxis nicht selektiv auf einen einzelnen Umstand berufen, der sich seit der Ersttitulierung unzweifelhaft vermeintlich zu seinen Gunsten geändert hat (z.B. altersbedingte Erhöhung des Kindesunterhaltsbedarfs oder Anpassung des Selbstbehalts). Vielmehr hat er bereits im Rahmen der Zulässigkeit auch die unstreitigen Gesichtspunkte unter Berücksichtigung der Zeitschranke mit darzulegen. Die **Gesamtbeurteilung** aller Veränderungen und der unverändert gebliebenen Verhältnisse **durch den Abänderungskläger** in der Klageschrift muss erkennen lassen, ob es sich um wesentliche Veränderungen im Sinne von § 323 I ZPO handelt. Beruft sich der Abänderungskläger z.B. zur Begründung seiner Klage auf eine Gesetzesänderung oder auch eine grundlegenden Änderung der höchstrichterlichen Rechtsprechung (vgl. hierzu näher Rn. 10/158 d), hat er die Auswirkungen dieser Änderungen durch **Gegenüberstellung der beiden Rechtslagen** darzustellen. Dies erfordert von Seiten des Abänderungsklägers, dass er der Unterhaltsbemessung des Ausgangsurteils eine Neuberechnung gegenüberstellt, in die er die aus seiner Sicht eingetretenen Änderungen einarbeitet. Allein der Hinweis auf das Urteil des BGH vom 13. 6. 2001[251] oder die Entscheidung des BVerfG[252] zum Splittingvorteil begründet eine Zulässigkeit der Abänderungsklage nicht. Sie enthält – wie auch bei Hinweisen anderer Art – nicht die auf das abzuändernde Urteil zu beziehende Behauptung einer wesentlichen Änderung. Hat das Erstgericht den Unterhaltspflichtigen wegen mutwilliger Aufgabe der gut bezahlten Arbeitsstelle auf **fiktiver Grundlage** zur Zahlung von Unterhalt verpflichtet, ist eine Abänderungsklage gestützt allein auf den Hinweis, der Unterhaltspflichtige komme wieder seiner Erwerbsobliegenheit nach, verdiene aber weniger als zuvor, unzulässig. Sie richtet sich nicht gegen die in der Ausgangsentscheidung angestellte Prognose.

[245] BGH, FamRZ 1982, 587, 588
[246] BGH, FamRZ 1992, 1060
[247] BGH, FamRZ 1992, 797, 799
[248] BGH, FamRZ 1992, 797, 799
[249] OLG Brandenburg, FamRZ 2004, 552
[250] BGH, FamRZ 2001, 1687; 1984, 353, 355
[251] BGH, FamRZ 2001, 986 = R 563
[252] BVerfG, FamRZ 2003, 1821 = R 598

Die „in sich schlüssige" Darlegung einer wesentlichen Änderung der maßgebenden Verhältnisse schon im Rahmen der Zulässigkeitsprüfung kann auch nicht dahingestellt bleiben, weil allein eine weitere **Sachentscheidung** des Gerichts die Präklusionswirkungen (§ 323 II ZPO) auslösen kann. Fehlt ein entsprechender Sachvortrag, ist die Abänderungsklage unzulässig. Stellt sich die Behauptung, der wesentlichen Änderung als unwahr dar oder ist die Änderung selbst nur unwesentlich, ist die Klage nach § 323 ZPO unbegründet.[253] Im Rahmen der Verfahrensreform übernimmt § 238 I S. 2 FamFG-E das geltende Recht, stellt aber im Unterschied zu § 323 ZPO erstmalig einen ausdrücklichen Bezug zur Zulässigkeit des Abänderungsantrages her.

Die **Änderung** muss ferner bereits **eingetreten** sein;[254] auch darf es sich nicht um eine bloße Prognose handeln (siehe dazu aber Rn. 10/158 b). Dass die wesentliche Veränderung nur vorübergehend ist, ist nicht entscheidungserheblich. Diese zeitlich befristete Änderung führt damit zu einer entsprechend zeitlich begrenzten Urteilsabänderung, wie etwa zu einer Unterhaltsversagung mangels Leistungsfähigkeit für die voraussichtliche Dauer einer vorübergehenden Arbeitslosigkeit oder auch einer Strafhaft des Unterhaltsschuldners.[255] Nach Ende des vorübergehenden Ereignisses lebt damit der Ersttitel in seiner ursprünglichen Höhe wieder auf. Soweit sich die Prognose einer vorübergehenden Leistungseinschränkung nicht bewahrheitet (z. B. durch Verlängerung der Strafhaft infolge weiterer Verurteilungen), ist dem Unterhaltspflichtigen eine Abänderung des Abänderungsurteils unbenommen.

10. Begründetheit der Abänderungsklage

a) Wesentlichkeit der Änderung. Nach § 323 I ZPO müssen sich die **Verhältnisse,** 158 die für die Verurteilung, für die Höhe oder die Dauer der Verurteilung maßgebend waren, wesentlich geändert haben. Ist der Unterhaltspflichtige durch **Versäumnisurteil** zu Unterhaltszahlungen verurteilt worden, sind Änderungen der Verhältnisse auf das **Klagevorbringen** zu beziehen, weil hierauf die Entscheidung beruht.[256] Bei einem **Anerkenntnisurteil,** das allein auf das prozessuale Anerkenntnis (§ 307 ZPO) des Beklagten ergangen ist und damit einer gerichtlichen Prüfung und Feststellungen zu den Grundlagen des Unterhaltsanspruch entzogen ist, will der BGH[257] im Unterschied dazu auf eine nachträgliche Veränderung der dem Anerkenntnisurteil **tatsächlich zugrunde liegenden Umstände** abstellen. Die für das Anerkenntnis „maßgebenden Beweggründe" seien häufig nicht ersichtlich; ließen sich die tatsächlichen Verhältnisse nicht aufklären, sei der geschuldete Unterhalt nach den gesetzlichen Vorschriften neu zu berechnen.

Indessen vermag eine solchermaßen begründete Differenzierung nicht zu überzeugen. Auch beim säumigen Unterhaltsschuldner spielen die **nicht offenbarten Beweggründe und Motive** prozessual keine Rolle. Maßgebend ist allein, dass er dem Klagebegehren nicht entgegentritt und das Unterhaltsbegehren akzeptiert. Der Anerkennende bringt im Unterschied dazu nur ausdrücklich zum Ausdruck, dass er sich entsprechend verhalten will. Es kann deshalb für die Beurteilung einer nachfolgenden Abänderungsklage keinen Unterschied machen, ob der Beklagte in der mündlichen Verhandlung Versäumnisurteil gegen sich ergehen lässt oder den Anspruch prozessual anerkennt. In beiden Fällen muss sich das Abänderungsbegehren wegen der Bindungswirkungen an dem **ursprünglichen Klagevorbringen** messen lassen. Der Unterhaltspflichtige wird hierdurch auch nicht unangemessen benachteiligt, da er auf Grund des ihm unterbreiteten Klagevorbringens übersehen kann, worauf er sich unterschiedslos entweder durch ausdrückliches Mitwirken (Anerkenntnis) oder durch stilles Dulden (Nichtverhandeln) „aktiv" einlässt. Zudem erhöht ein Abstellen auf die tatsächlichen Umstände die Gefahr, dass diese sich im Nachhinein nicht mehr aufklären lassen und die Notwendigkeit für eine Neuberechnung des Unterhalts begründen. Dies

---

[253] BGH, FamRZ 2001, 1687 = R 566
[254] BGH, FamRZ 2002, 88; OLG Hamm, FamRZ 2003, 461
[255] BGH, FamRZ 1982, 792
[256] OLG Köln, FamRZ 2002, 471; OLG Karlsruhe, FamRZ 2000, 907; a. A. OLG Oldenburg, FamRZ 1990, 188 und OLG Hamm, FamRZ 1990, 772 (tatsächliche Verhältnisse)
[257] BGH, FamRZ 2007, 1459 = R 680

befördert schließlich ein rechtspolitisch[258] unerwünschtes Bestreben des Unterhaltspflichtigen, sich in prozessual ungünstiger Situation durch ein Anerkenntnis den Bindungswirkungen eines Anerkenntnisurteils zu entziehen, dem die jeweilige anwaltliche Beratung für das prozessuale Verhalten des Unterhaltspflichtigen Rechnung tragen müsste.

Für die Beurteilung **wesentlich veränderter Verhältnisse** kommt es nicht auf das Ausmaß einzelner veränderter Umstände an, sondern darauf, ob die gesamten für die Unterhaltsbemessung **maßgeblichen Verhältnisse** wesentlich verändert sind.[259] Wesentlich ist die Änderung dann, wenn sie in einer nicht unerheblichen Weise zu einer anderen Beurteilung des Bestehens, der Höhe oder der Dauer des Anspruchs führt.[260] Dieses Merkmal der Wesentlichkeit im Rahmen des § 323 I ZPO ist materiellrechtlicher, nicht prozessualer Natur. Konkret gehen die Rechtsprechung und Lehre davon aus, dass eine Änderung von etwa 10% des Unterhaltsanspruchs als wesentlich anzusehen ist; bei beengten wirtschaftlichen Verhältnissen kann der Prozentsatz aber durchaus darunter liegen.[261]

158 a   Zum Begriff der Wesentlichkeit gehört in gewisser Weise auch die **Nachhaltigkeit.** Eine kurzfristige Arbeitslosigkeit wird daher nicht als wesentlich angesehen.[262] Kurzfristige Einkommens- oder Bedarfsschwankungen sollen unwesentlich sein. Hier erscheint aber Zurückhaltung geboten. Berücksichtigt man den Streitwert in Unterhaltssachen (Jahresstreitwert gemäß § 42 I GKG hinsichtlich des laufenden Unterhaltes), so kommt schon dem Wegfall oder der Begründung einer Unterhaltsrente **für einen Monat** fast eine 10%ige, damit wesentliche Bedeutung zu, wenngleich im Tatsächlichen die Laufdauer einer Unterhaltsrente in der Regel gemäß § 258 ZPO zeitlich unbefristet ist. Sollte allerdings in vermögenden Verhältnissen der Streit einen Monatsunterhalt von mehr als 600 € betreffen, könnte im Hinblick auf die Berufungssumme des § 511 a ZPO und die damit vom Gesetzgeber angenommene Bedeutung der Sache durchaus von einer wesentlichen Veränderung beim bloßen Streitgegenstand eines Monatsunterhaltes gesprochen werden. Dass hierbei nur ein Monatsbetrag und keine fortlaufende Rente abzuändern ist, kann nicht entscheidend sein. Denn nach dem Gesetzeswortlaut des § 323 I ZPO muss es sich nur bei der Erstverurteilung um wiederkehrende Leistungen handeln, nicht aber bei dem Abänderungsstreitgegenstand.

Bei den veränderten Verhältnissen, die den Einstieg in eine Abänderungsklage ermöglichen, unterscheidet § 323 I ZPO nicht zwischen rein **tatsächlichen** und solchen nur **rechtlich bedingten Änderungen.** Handelt es sich um solche tatsächlicher Natur, sind die nach der Lebenswirklichkeit vorstellbaren Änderungen unbegrenzt. Kein Abänderungsgrund sind neue Beweismöglichkeiten. Im Ausgangsurteil als unschlüssig zurückgewiesenes Vorbringen eröffnet auch mit nachträglicher Verdichtung eine Abänderungsklage nicht.[263] Eine neue und abweichende Bewertung gleich gebliebener Umstände genügt nicht. Beruht die vom Erstrichter zugrunde gelegte Prognose auf einer unrichtigen Bewertung der maßgeblichen Umstände, kann dieser Fehler nur mit einem **Rechtsmittel,** nicht mit der Abänderungsklage korrigiert werden.[264] Grundsätzlich ist der Abänderungsrichter an die Bewertung des Erstrichters gebunden.[265] Dies kann aber aus Gründen der materiellen Gerechtigkeit dann nicht gelten, wenn sich im Rahmen einer ansonsten zulässigen Abänderungsklage die Bewertung des Erstrichters als falsch erweist und das Festhalten an ihr zu einem **unerträglichen Ergebnis** führen würde. Hier muss der allgemeine Billigkeitsgedanke korrigierend eingreifen (vgl. Rn. 10/160 c). Die Vorschrift des § 238 II FamFG-E sieht insoweit de lege ferenda ausdrücklich eine entsprechende **Härteklausel** vor, die die bisherige Rechtsprechung aufgreift.

---

[258] BGH, FamRZ 2007, 1459, 1460 = R 680
[259] BGH, FamRZ 1985, 53, 56
[260] BGH, FamRZ 1984, 353, 355
[261] BGH, FamRZ 1992, 539; vgl. zum Umfang der wesentlichen Abänderung auch Bieder, FamRZ 2000, 649 ff.
[262] BGH, FamRZ 1996, 345
[263] OLG Düsseldorf; FamRZ 1989, 1207
[264] BGH, NJW-RR 1986, 938, 939
[265] BGH, NJW-RR 1992, 1091, 1092

Häufige Abänderungsgründe:
Arbeitslosigkeit, wenn sie nicht nur vorübergehend ist, Einkommensveränderungen,[266] Lebenshaltungskostensteigerungen, **Bedarfsveränderungen** infolge höheren **Alters,**[267] Veränderung der Preisindices, wenn dieser Umstand im Ersturteil mitbestimmend war, neu hinzugekommene **Ausschluss- oder Herabsetzungsgründe** nach § 1579 BGB, Eintritt oder Verlust eines Zusatzeinkommens oder einer Rentenleistung, Wiederverheiratung oder **Geburt eines weiteren Kindes, Volljährigkeit** oder Eintritt des Schülers in das 22. Lebensjahr, Vaterschaftsanfechtung hinsichtlich des in der Ehe geborenen Kindes, erheblicher Kaufkraftschwund, **Ausscheiden aus dem Erwerbsleben,** Änderung einer Unterhaltstabelle als Ausdruck veränderter Lebenshaltungskosten.[268]

Neben der Veränderung der tatsächlichen Verhältnisse können auch **Prognoseänderungen** zu einer Abänderung führen. Schlägt eine Prognose über die Entwicklung der Einkünfte des Unterhaltsschuldners fehl, kann dies über eine Abänderungsklage korrigiert werden.[269] Ist das Ersturteil anspruchsverneinend davon ausgegangen, dass ab einem bestimmten Zeitpunkt die Bedürftigkeit infolge Wiedereingliederung in das Berufsleben wegfallen werde, und ist diese Erwartung nicht eingetreten, kann dies zu einer Abänderung des Ersturteils und Fortführung der Alimentierung über den Prognosezeitraum hinaus führen.[270] Vergleichbar dürfte der Fall zu behandeln sein, in dem der Unterhaltspflichtige unter Verweis auf ein Verbraucherinsolvenzverfahren zur Zahlung von Kindesunterhalt in Höhe des Regelbetrages verurteilt worden ist,[271] auf Grund nachträglicher Entwicklung aber davon auszugehen ist (§§ 296, 297 InsO), dass der Unterhaltspflichtige mit einer Restschuldbefreiung nicht mehr rechnen kann.

158 b

Schließlich unterliegen auch im Ersturteil zugrunde gelegte **Fiktionen** einer Anpassung. Dem genügt ein Abänderungsbegehren allerdings erst dann, wenn in den Verhältnissen, die zu den einzelnen Fiktionen geführt haben, wesentliche Änderungen eingetreten sind, die einem Festhalten an der ursprünglichen Prognosebeurteilung entgegenstehen. Bereits daraus folgt, dass allein ein gewisser „Zeitablauf" eine Abänderungsklage nicht eröffnen kann. Denn der jeweilige in der Rechtspraxis vielfach als „angemessen" bezeichnete Zeitablauf richtet sich, ohne das Hinzutreten weiterer Gesichtspunkte, zweifelsfrei nicht gegen die Prognose des Ersturteils. Überdies wäre eine „angemessene Zeit" einer andauernden Fiktion bereits bei der Erstentscheidung absehbar und berücksichtigungsfähig, der Abänderungskläger demnach mit dem hierauf beschränkten Hinweis im Abänderungsverfahren präkludiert.

158 c

Dessen ungeachtet müssen die geltend gemachten **Abänderungsgründe** mit den Verhältnissen, die für die jeweiligen Fiktionen maßgebend waren, auch **„korrespondieren".** Ist etwa dem Unterhaltspflichtigen, der zunächst schuldlos seine Arbeitsstelle verloren hatte, wegen anschließend unzureichender Erwerbsbemühungen im Ersturteil ein unterhaltswirksames Einkommen zugerechnet worden, liegt dem die Prognoseerwägung zugrunde, dass für den Unterhaltspflichtigen bei Wahrung seiner Erwerbsobliegenheit in Ansehung seiner Vor- und beruflichen Ausbildung eine reale Beschäftigungsmöglichkeit und dem Arbeitsmarkt mit einem entsprechend erzielbaren Einkommen besteht. Bemüht sich der Unterhaltspflichtige daraufhin nach dem Maß seiner Obliegenheit um eine Arbeitsstelle, ohne eine solche zu erlangen, muss er sich in dem von ihm zulässigerweise betriebenen Abänderungsverfahren eine Fortschreibung des fingierten Einkommens nicht mehr entgegenhalten lassen.[272]

Entsprechend liegen die Dinge, wenn der arbeitslose Abänderungskläger nach erstmaliger Verurteilung auf der Grundlage eines fiktiven Einkommens nunmehr infolge hinreichender Bemühungen eine neue Arbeitsstelle findet, die seiner Vor- und Ausbildung entspricht, bei der er aber erheblich weniger verdient, als ihm bisher fiktiv zugerechnet worden ist. Auch in

---

266 BGH, FamRZ 2003, 848 (Einkommensminderung mit Übergang von konkreter Unterhaltsbemessung zum Quotenunterhalt)
267 BGH, FamRZ 1995, 221, 223
268 BGH, FamRZ 2005, 608
269 OLG Koblenz, FamRZ 2002, 471
270 Dazu Johannsen/Henrich/Brudermüller, § 323 ZPO Rn. 70
271 BGH, FamRZ 2005, 608
272 OLG Karlsruhe, FamRZ 1983, 931, 932

diesem Fall muss der Partei nach einer gewissen Zeitspanne ein auf diesem Sachverhalt gestütztes Abänderungsverfahren möglich sein. Wiederum erweist sich die zunächst angestellte Prognose als nicht mehr tragfähig.

Hat der Unterhaltspflichtige allerdings seine Arbeitsstelle **mutwillig** aufgegeben und ist deshalb zu Unterhaltszahlungen verurteilt worden, weil das Erstgericht das zuletzt erzielte Einkommen fortgeschrieben hat, kann der Unterhaltspflichtige keine Abänderung mit dem Hinweis verlangen, er genüge nun wieder seiner Erwerbsobliegenheit, verdiene aber weniger als in seiner ursprünglichen Arbeitsstelle. Grundlage des fingierten Einkommens im Ersturteil und damit der Prognose war in diesem Fall die Beibehaltung der ursprünglichen Arbeitsstelle. Als schlüssige Abänderungsgründe können demnach nur solche Entwicklungen „korrespondieren", die geeignet sind, das dem zugrunde liegende Arbeitsverhältnis zu beeinflussen.[273] Dies wäre etwa der Fall, wenn der Abänderungskläger geltend machen könnte, in der Zwischenzeit den Arbeitsplatz mit einem entsprechenden Einkommen ohnehin verloren zu haben (z.B. Krankheit, Betreuung eines Kindes in einer Ehe oder Personalabbau). Dabei gilt es allerdings weiter zu bedenken, dass in einem solchen Fall veränderter Verhältnisse das zunächst zugerechnete Erwerbseinkommen nicht ersatzlos entfällt. Vielmehr unterliegen auch die der Fiktion zugrunde liegende Verhältnisse lediglich der **Anpassung.** Dies bedeutet, dass der Unterhaltspflichtige sich gegebenenfalls, sofern ihn etwa gesundheitliche Gründe an der Ausübung seiner ursprünglichen Erwerbstätigkeit hindern, nunmehr nach den gesetzlichen Vorschriften Lohnfortzahlung und Krankengeld (zur Berechnung vgl. §§ 47–51 SGB V) fiktiv zurechnen lassen muss. Im Fall des Personalabbaus kann sich die Fiktion in einer Abfindung und Arbeitslosengeldzahlungen fortsetzen.

158 d Da neben unterhaltsrelevanten Tatsachen bestimmte **rechtliche Verhältnisse** eine Verurteilung zur Zahlung von Unterhalt begründen, müssen grundsätzlich auch Änderungen rein rechtlicher Natur eine Abänderungsklage eröffnen können. Dies scheidet allerdings aus, soweit sich lediglich die dem Ausgangsurteil zugrunde liegende **Rechtsansicht** geändert hat. Die bloße Veränderung der rechtlichen Beurteilung bereits im früheren Verfahren durch den Erstrichter gewürdigter tatsächlicher Verhältnisse kann keine Abänderung rechtfertigen.[274] Allerdings ist der Abänderungsrichter nicht gehindert, in einem anderweitig eröffneten Abänderungsverfahren die neue Rechtsansicht bzw. die veränderte Rechtsprechung seiner Entscheidung zugrunde zu legen. Denn an die Rechtsansicht des Erstrichters besteht keine Bindung;[275] auch kann der Abänderungsrichter Rechtsfehler des Erstgerichts korrigieren.

Im Unterschied dazu ist die **Änderung der Gesetzeslage** wesentlicher Änderungsgrund im Sinne von § 323 I ZPO. Dieser Rechtsgedanke liegt auch der Übergangsregelung zu § 36 Nr. 1 und 2 EGZPO zugrunde (vgl. Rn. 10/176 a). Eine Verurteilung beruht auf der jeweils aktuellen Gesetzeslage und geht in der Prognose davon aus, dass sich daran nichts ändert. Erweist sich diese Einschätzung im Zuge einer Gesetzesänderung als nicht mehr zutreffend, ist dem durch Abänderung Rechnung zu tragen.[276] Dem steht der Fall gleich, dass das Bundesverfassungsgericht eine **Norm** für **nichtig** oder **verfassungswidrig** erklärt oder auch nur ein **bestimmtes Normverständnis** zur Vermeidung eines verfassungswidrigen Ergebnisses vorgibt und dies zu einer abweichenden Beurteilung der Erstentscheidung führt.[277]

Darüber hinaus hat sich in der Zwischenzeit die Auffassung[278] durchgesetzt, dass auch **grundlegende Änderungen** in der **höchstrichterlichen Rechtsprechung** Anlass für eine Abänderungsklage bieten können. Diese Entwicklung ist vor dem Hintergrund zu sehen, dass, wie *Graba*[279] mit Recht hervorhebt, im Unterhaltsrecht der Rechtsprechung wegen der unvermeidbar allgemein gehaltenen Fassung des gesetzlichen Unterhaltsbestan-

---

[273] BGH, FamRZ 2008, 872
[274] BGH, FamRZ 2001, 1687, 1699 = R 566
[275] MünchKommZPO/Gottwald, Rn. 68
[276] So bereits RGZ 166, 303
[277] BGH, FamRZ 2001, 1687, 1699 = R 566; 1990, 1091, 1094
[278] BGH, FamRZ 2003, 1734; 2003, 848, 849; OLG Thüringen, FamRZ 2004, 211; OLG Köln, FamRZ 2003, 460; OLG Hamm, FamRZ 2003, 50; OLG Düsseldorf, FamRZ 2002, 1574; FA-FamR/Gerhardt, a.a.O. Rn. 650a; a.A. Baumbach/Lauterbach/Albers/Hartmann, § 323 Rn. 18; MünchKommZPO/Gottwald, Rn. 66
[279] Graba, Rn. 278

des eine **besondere Konkretisierungsfunktion** zukommt. Die höchstinstanzlichen Entscheidungen wirken sich mithin über den jeweiligen Einzelfall hinaus praktisch wie Gesetze, folglich grundlegende Änderungen wie Gesetzesänderungen aus. Dies ist allerdings nicht schon dann der Fall, wenn der BGH erstmalig eine instanzgerichtlich umstrittene Rechtsfrage entscheidet. Schließlich muss es sich um grundlegende Änderungen handeln. Als solche sind angesehen worden die geänderte Rechtsprechung zur Aufnahme einer Berufstätigkeit nach Haushaltsführung[280] und zur trennungs- bzw. scheidungsbedingten Veräußerung des Familienheimes.[281] Die geänderte Rechtsprechung zum Splittingvorteil geht auf eine Entscheidung des BVerfG[282] zurück.

Ungeachtet der zeitlichen Begrenzungen, die sich bereits prozessual aus der Regelung des § 323 III ZPO ergeben, kann die einer Gesetzesänderung gleichstehende Änderung der höchstrichterlichen Rechtsprechung erst für den Unterhaltszeitraum Berücksichtigung finden, der, wie der BGH in der Zwischenzeit wiederholt entschieden hat,[283] auf die **Verkündung des die Rechtsprechung ändernden Urteils** folgt. Dies hat auch dann zu gelten, wenn bereits aus anderen Gründen die Abänderungsklage vor diesem Zeitpunkt eröffnet ist.[284] Die **zeitliche Beschränkung** greift selbst dann, wenn das Bundesverfassungsgericht eine frühere höchstrichterliche Rechtsprechung, wie für den Anwendungsbereich der Anrechnungsmethode geschehen, im Nachhinein für verfassungswidrig erklärt. Denn maßgebend bleibt auch hier der Zeitpunkt der Entscheidung (Beschluss vom 5. 2. 2002).[285] Demgemäß konnte der BGH jedenfalls für Unterhaltszeiträume vor Verkündung seiner Entscheidung zur Einschränkung der Anrechnungsmethode (13. 6. 2001)[286] an seiner bis dahin ausgeübten Rechtsprechung zur Anrechnungsmethode festhalten.[287]

Für **Vergleiche** ergibt sich aus dem **materiellen Recht** die Zulässigkeit einer Abänderung, wenn Veränderungen in den tatsächlichen (individuellen oder allgemeinen) wie auch rechtlichen Verhältnissen eingetreten sind (§ 313 BGB). Die Vorschriften des § 323 I bis III ZPO sind nicht einschlägig. Die dem zugrunde liegende Rechtsprechung des BGH übernimmt § 239 FamFG-E und unterstellt die Abänderbarkeit des Vergleichs neben den vollstreckbaren Urkunden weiterhin dem materiellen Recht. Auf eine veränderte Beurteilung der im Ersttitel gewürdigten früheren Umstände kann die Abänderungsklage nicht gestützt werden.[288] Eine Änderung der Gesetzeslage,[289] die ihr gleichkommende verfassungskonforme Auslegung einer Norm durch das Bundesverfassungsgericht oder auch die grundlegende Änderung einer gefestigten höchstrichterlichen Rechtsprechung[290] ermöglichen aber auch bei diesen Titeln den Einstieg in die Abänderungsklage. **158 e**

c) Nachträgliche Änderung (§ 323 II ZPO). Nach § 323 II ZPO ist die Abänderungsklage nur zulässig, wenn die Gründe, auf die sie gestützt wird, erst nach der letzten Tatsachenverhandlung im Erstverfahren entstanden sind und durch Einspruch nicht mehr geltend gemacht werden können. Handelt es sich bei dem Ersturteil um ein Versäumnisurteil, sind somit alle Gründe präkludiert, die durch Einspruch nach § 338 ZPO noch hätten geltend gemacht werden können.[291] Handelt es sich beim Ersturteil um ein Berufungsurteil, ist die letzte mündliche Verhandlung in der Berufungsinstanz maßgebend. Im Falle der Berufungsrücknahme zählt wieder die letzte mündliche Verhandlung in erster Instanz.[292] Sind sich mehrere Abänderungsverfahren gefolgt, so präkludiert der Schluss der Tatsachen- **159**

---

[280] BGH, FamRZ 2001, 986 = R 563
[281] BGH, FamRZ 2002, 88; 2001, 1140
[282] BVerfG, FamRZ 2003, 1821 = R 598
[283] BGH, FamRZ 2007, 983 = R 676; 2007, 882 = R 675; 2007, 793 = R 674; 2003, 518 = R 585; 2001, 1687, 1690 = R 566
[284] BGH, FamRZ 2003, 848
[285] BVerfG, FamRZ 2002, 527
[286] BGH, FamRZ 2001, 986
[287] BVerfG, FamRZ 2003, 1821, 1825 = R 598
[288] BGH, FamRZ 1983, 260, 262
[289] BGH, FamRZ 1983, 569, 573
[290] BGH, FamRZ 2001, 1687 = R 566; 1983, 569, 573
[291] BGH, FamRZ 1982, 792, 793
[292] BGH, FamRZ 1988, 493

verhandlung im letzten Verfahren.[293] Im schriftlichen Verfahren gilt der gemäß § 128 II S. 2 ZPO maßgebende Zeitpunkt. Die **Präklusionswirkungen** des § 323 II ZPO gegenüber „Alttatsachen" dient dem **Schutz der Rechtskraft.**

Hat es der Gegner des früheren, auf Unterhaltserhöhung gerichteten Abänderungsprozesses versäumt, die seinerzeit bereits bestehenden, für eine Herabsetzung sprechenden Gründe geltend zu machen, kann er auf diese Gründe keine neue Abänderungsklage stützen. Das gilt auch dann, wenn er dazu im Vorprozess eine Abänderungsklage[294] hätte erheben müssen.

Maßgeblich ist, wann die wesentliche Veränderung **tatsächlich eingetreten** ist, nicht aber der frühere Zeitpunkt ihrer Voraussehbarkeit (z. B. am Schluss der mündlichen Verhandlung absehbares Ende laufender Kredittilgungen). Wäre der Zeitpunkt der Voraussehbarkeit maßgebend, müsste die Abänderungspartei – zur Vermeidung der Präklusionswirkung – eine bedingte Klage erheben, wobei die Bedingung der künftige Eintritt des vorausgesehenen Ereignisses wäre. Da es nach deutschem Prozessrecht keine bedingte Klage gibt, ist diese Möglichkeit der eine Abänderung begehrenden Partei verwehrt. Nach dem **eindeutigen Wortlaut** in § 323 II ZPO („**entstanden**") ist entscheidend, wann die wesentliche Veränderung tatsächlich eingetreten ist.[295] Auch kommt es nicht darauf an, ob der maßgebliche Umstand erst später bekannt geworden ist.[296] Abzustellen ist auf die tatsächlichen („objektiven") Verhältnisse.

160   Steht der Abänderungskläger kurz vor dem **Hineinwachsen in eine höhere Altersstufe,** kann dieser Umstand bereits ab dem Zeitpunkt des vorhergesehenen Eintrittes in das Ersturteil aufgenommen werden. Hierbei handelt es sich nicht um eine bedingte Klage, sondern um eine **Klage auf künftige** (auf höhere) **Leistungen,** die gemäß § 258 ZPO zulässig ist. Allerdings ist die Partei nicht gezwungen, diese künftige Erhöhung in den Vorprozess aufzunehmen. Da man sich des Eintritts künftiger Ereignisse nicht eine Sekunde gewiss sein kann, gestattet es das Gesetz, die Aktualisierung der Unterhaltshöhe infolge inzwischen eingetretener Veränderungen[297] auch erst im Abänderungsprozess vorzunehmen (vgl. Rn. 10/133).

Allerdings setzt die Entscheidung, dass ein Unterhaltsanspruch von einem bestimmten Zeitpunkt an begrenzt ist (§§ 1573 V, 1578 I 2 BGB a. F., jetzt § 1578 b BGB), nicht voraus, dass dieser Zeitpunkt bei Schluss der mündlichen Verhandlung bereits erreicht sein muss. Wenn die betreffenden Gründe zuverlässig abschätzbar sind, so dass nur noch der **reine Zeitablauf** hinzukommen muss, ist die Entscheidung über die Begrenzung bereits im Ausgangsverfahren zu suchen. Einer erst im Abänderungsverfahren geltend gemachten **Befristung** steht dann § 323 II ZPO entgegen.[298] Ob die für eine Begrenzung entscheidenden Umstände aber bereits im Erstverfahren hinreichend verlässlich absehbar sind, lässt sich jedoch nur unter Berücksichtigung aller **Umstände des Einzelfalls** beantworten.[299] War danach bei der Erstentscheidung noch nicht verlässlich abschätzbar, wie sich das Einkommen des Unterhaltsberechtigten aus einer zwischenzeitlich aufgenommenen Vollzeiterwerbstätigkeit bezogen auf die ehebedingten Nachteile entwickeln würden, ist der Unterhaltspflichtige mit seinem eine **nachträgliche Befristung** stützenden Vorbringen nicht präkludiert.[300] Hat das Erstgericht dem zunächst noch betreuenden Elternteil Unterhalt nach § 1570 BGB zuerkannt, ist der Unterhaltspflichtige berechtigt, sobald die Kindesbelange nicht mehr betroffen sind und der unterhaltsberechtigte Elternteil sich eines Aufstockungsunterhaltsanspruchs berühmt, diesem gegenüber die Befristung geltend machen. Im Übrigen ist der Unterhaltspflichtige durch die Zeitschranke nicht gehindert, sich im Abänderungsverfahren wegen eines eheglichen Zusammenlebens auf eine Verwirkung (§ 1579 Nr. 2 BGB) zu

---

[293] BGH, FamRZ 1998, 99 = R 514
[294] BGH, FamRZ 1998, 99, 100
[295] BGH, FamRZ 2002, 88; 1992, 162, 163
[296] BGH, FamRZ 1982, 687, 688
[297] Dazu Graba, Rn. 366
[298] BGH, FamRZ 2001, 901, 906; 2000, 1499, 1501
[299] BGH, FamRZ 2052, 2053 = R 683
[300] BGH, FamRZ 2007, 793, 799 = R 674

berufen, wenn das zeitliche Mindestmaß von zwei Jahren im Ausgangsverfahren noch nicht erreicht war.[301] Hat das Gericht allein mit Rücksicht auf die Betreuungsbelange der gemeinsamen Kinder eine vollständige Verwirkung des Unterhalts für den betreuenden Elternteil verneint, kann der Unterhaltspflichtige sich nach Wegfall der Betreuung auf eine vollständige Verwirkung zu berufen. Art und Umfang der Betreuungsnotwendigkeit lassen sich erfahrungsgemäß nicht sicher für die Zukunft prognostizieren.

Von Bedeutung ist die **Präklusion** im Vorprozess **nicht vorgetragener Umstände.** Da **160a** sie unstreitig vor Schluss der letzten mündlichen Verhandlung entstanden sind, spricht der Gesetzeswortlaut des § 323 II ZPO zunächst für eine klare Nichtberücksichtigung im Abänderungsverfahren. Denn beide Parteien sollen dazu angehalten werden, ihren Standpunkt bereits im Ausgangsprozess zur Geltung zu bringen.[302] Dies ist zwar mit dem Grundsatz der **Rechtskraftwirkung** zu vereinbaren, nicht aber mit der **materiellen Gerechtigkeit.** Möglicherweise sind im Vorprozess weitere Umstände deswegen nicht erwähnt worden, weil es auf sie gar nicht mehr ankam und die Klage auch ohnedies begründet oder abzuweisen war.

Hierbei ist wie folgt **zu unterscheiden:**

- Aufseiten des **Klägers** stellen die bisher verschwiegenen Tatsachen keinen Abänderungsgrund i. S. d. § 323 II ZPO dar. Ist aber seine Abänderungsklage aus anderen Gründen zulässig, sind die früher verschwiegenen Tatsachen dann zu berücksichtigen, wenn sie **nicht zu einer Beseitigung der Rechtskraftwirkung führen.**[303] Dies gilt immer dann, wenn auf eine Einwendung des Gegners hin der Abänderungskläger weitere für ihn sprechende Umstände benötigt, um wenigstens den bisherigen Titel aufrechterhalten zu können. Will aber der Abänderungskläger die **Erhöhung** (oder ausnahmsweise die Herabsetzung) seiner Rente (nachdem er in erster Instanz in voller Höhe Unterhalt geltend gemacht hatte) erreichen, kann der Abänderungskläger die bisher verschwiegenen Tatsachen nicht unterstützend im Abänderungsverfahren einsetzen. Sie sind verbraucht.

- Das Gleiche gilt für den **Beklagten** des Abänderungsverfahrens, wenn er im Vorprozess versäumt hat, seine verschwiegenen Einwendungen zum Zwecke der – ausnahmsweisen – Herabsetzung oder Erhöhung des Unterhaltes im Wege der **Abänderungswiderklage** einzusetzen. Auch dann befindet er sich nämlich in einer (Wider-)Klägerrolle, was gemäß § 323 II ZPO ein verspätetes Vorbringen präkludiert.

- Will der **Beklagte** des Abänderungsverfahrens nur die **Abweisung der Abänderungsklage** erreichen, ist er mit seinen früher verschwiegenen Tatsachen nicht ausgeschlossen; er kann – ohne Verstoß gegen die Bindungswirkung des Vorurteils – alle früher bereits entstandenen und nicht vorgetragenen Umstände zum Zwecke der Klagabwehr geltend machen.[304] Grund hierfür ist, dass § 323 II ZPO für den Beklagten nicht gilt. Denn nur für die Klage selbst (also nur für die Klägerseite) müssen die sie stützenden Gründe nachträglich entstanden sein; für die Klagerwiderung gilt dies nicht, zumal sie **keine Veränderung** des bisher bestehenden Rechtszustandes, also der **Rechtskraft** der bisherigen Entscheidung will, sondern ihren Fortbestand wünscht. Somit sprechen auch keine Gründe der Rechtskraftwirkung gegen die Berücksichtigung dieser bisher nicht vorgetragenen Umstände; ihre Einführung in das jetzige Prozessrechtsverhältnis entspricht der Billigkeit allemal.

Haben die im Vorprozess **vorgetragenen Umstände** für die Bemessung des ohne **160b** Einschränkungen geltend gemachten Unterhalts **keine Bedeutung** erlangt, weil das Gericht hierauf nicht abgestellt hat oder durch § 308 I ZPO gehindert war, stellt sich die Frage nach einer möglichen Präklusion, wenn sich der Unterhaltsgläubiger für weitergehenden Unterhalt hierauf erneut beruft oder der Unterhaltsschuldner um eine erneute Herabsetzung des titulierten Unterhalts bemüht. Da § 323 II ZPO die Rechtskraft der Ausgangsentscheidung sichert, ist die Partei im Abänderungsprozess mit allen bereits vorgetragenen Tatsachen erneut zu hören, soweit sie die **Rechtskraft** der Ausgangsentscheidung **nicht tangieren.**

---

301 OLG Karlsruhe, FamRZ 2003, 50
302 BGH, FamRZ 2000, 1499; vgl. auch Graba, FamRZ 2001, 585 ff., 592
303 BGH, FamRZ 1987, 259, 261
304 BGH, FamRZ 1992, 366; FamRZ 2000, 1499; vgl. auch Graba, FamRZ 2001, 585 ff., 592

Davon kann allerdings nur ausgegangen werden, wenn die Partei im Vorprozess voll obsiegt hat. In diesem Fall ist der Unterhaltsgläubiger nicht gehindert, gestützt auf Alttatsachen seinen vollen Unterhalt geltend zu machen.[305] Ist der Unterhaltspflichtige im Vorprozess mit einem Klageabweisungsantrag durchgedrungen, kann er in einem weiteren Abänderungsverfahren die **Alttatsachen** anführen, um eine Herabsetzung des titulierten Unterhalts zu erreichen.[306] Allerdings kann der jeweilige Abänderungskläger sich auf die Alttatsachen nur im Rahmen einer aus anderen Gründen zulässigen Abänderungsklage berufen. Diese knüpft an wesentlich veränderte Verhältnisse an (§ 323 I ZPO). Als solche scheiden die Alttatsachen aber aus, so dass sie erst in einem anderweitig eröffneten Abänderungsverfahren zum Zuge kommen können.[307]

160 c   Die **Präklusionswirkungen** aus § 323 II ZPO treten formal allein auf Grund **objektiver Gegebenheiten** ein. Weder Kenntnis noch Kennenmüssen von Umständen durch die Parteien oder deren Verschulden beeinflussen den Wirkungsbereich dieser Regel. Indessen sieht die Rechtsprechung in Ausnahmefällen aus **Billigkeitsgründen** einen gewissen Korrekturbedarf. Danach stehen die **Grundsätze von Treu und Glauben** (§ 242 BGB) einer Berufung auf die Präklusionsvorschrift entgegen, wenn dies sonst zu einem unerträglichen (grob unbilligen) Ergebnis führen müsste. So ist der Abänderungskläger mit der Geltendmachung eines schon vor Schluss der mündlichen Verhandlung des Vorprozesses vorhandenen **betrügerischen Verschweigens** durch die Gegenpartei nicht durch § 323 II ZPO präkludiert, wenn das Verschweigen nach diesem Zeitpunkt **andauert und fortwirkt**.[308] Vergleichbar ist der Fall, in dem der Unterhaltsschuldner im Vorprozess sein wirkliches Einkommen verschleiert hat und deshalb das Gericht von einem zu geringen Einkommen ausgegangen ist. Hier ist es dem Unterhaltspflichtigen im Abänderungsprozess gegenüber einem weiter gehenden Unterhaltsverlangen verwehrt, sich für sein wirkliches Einkommen auf die Präklusion als Alttatsache zu berufen.[309] Dem aktuellen wirklichen Einkommen ist im Abänderungsverfahren vielmehr das zuvor mit Erfolg **verschleierte Einkommen** gegenüberzustellen. Die Verfahrensreform nimmt diese Korrektur der Präklusionswirkungen durch eine Härteklausel in § 238 II FamFG-E in das Gesetz auf.

Allerdings gilt die Präklusion des § 323 II ZPO nicht für die nicht der Rechtskraft fähigen Titel des § 323 IV ZPO. Dieser Absatz verweist zwar auf die vorstehenden Vorschriften, damit auch auf Absatz II, die Präklusionswirkung ist indessen nur auf Urteile anwendbar.[310] **Prozessvergleiche** sind somit wie private Rechtsgeschäfte **abänderbar**.[311] Ist ein nicht rechtskraftfähiger Titel durch Urteil abgeändert worden, ist hiergegen die Abänderungsklage mit der Präklusion des § 323 II ZPO eröffnet. Ist eine erste Abänderungsklage mangels schlüssiger Begründung abgewiesen worden, muss der Kläger nach dem Urteil für eine weitere Abänderungsklage die Präklusion durch § 323 II ZPO beachten.[312] Der Gegner ist allerdings nicht gehindert, seinerseits Abänderungsklage zu erheben, ohne durch die vorangegangene Klageabweisung in seinen Rechten beschränkt zu sein.[313]

161   Der BGH geht davon aus, dass ein im Vorprozess voll obsiegender Unterhaltsberechtigter Nachforderungen (beim gleichen Streitgegenstand) nur unter den Voraussetzungen des § 323 ZPO durch Abänderungsklage geltend machen kann.[314] Damit lehnt der BGH die Lehre von der **Zusatzklage** ab, wonach der Unterhaltsberechtigte – ohne Beschränkung nach § 323 ZPO – Nachforderungen durch Leistungsklage geltend machen kann, zumal dieser Teil des gesamten Unterhaltsanspruchs im Vorprozess kein Verfahrensgegenstand war (Fall der sog. **verdeckten Teilklage**). In einer weiteren Entscheidung hat der BGH erneut die Möglichkeit einer verdeckten Teilklage abgelehnt und ausgeführt, dass im Zweifel eine

---

[305] BGH, FamRZ 1985, 690; 1984, 374
[306] BGH, FamRZ 1998, 99
[307] BGH, FamRZ 1998, 99, 101
[308] BGH, FamRZ 1990, 1095
[309] BGH, FamRZ 1984, 997
[310] BGH, FamRZ 1984, 797; 1983, 22, 25
[311] MünchKommZPO/Gottwald, Rn. 62
[312] OLG Düsseldorf, FamRZ 1989, 1207
[313] BGH, FamRZ 1995, 221, 223
[314] BGH, FamRZ 1961, 263

Vermutung dafür spreche, dass im Vorprozess der Unterhalt in voller Höhe geltend gemacht worden sei.[315] Nur dann, wenn sich der Kläger im Vorprozess ausdrücklich oder ansonsten erkennbar eine Nachforderung vorbehalten und damit eine **offene Teilklage** erhoben hat, kann somit ein bis dahin nicht titulierter Differenz- oder Zusatzbetrag durch Leistungsklage kumulativ geltend gemacht werden.[316] Um eine solche Teilklage handelt es sich, wenn der bisher titulierte Unterhalt nur einen Grundbetrag darstellen soll (z. B. nur den Elementarunterhalt als Teil des einheitlichen Gesamtunterhaltes) oder über einen freiwillig bezahlten Betrag hinaus ein **sog. Spitzenbetrag** begehrt wird.

Im letzteren Fall wird im Ersturteil lediglich über den Spitzenbetrag entschieden, wenngleich das Gericht inzidenter in seinem Urteil feststellen musste, dass auch der freiwillig gezahlte Betrag geschuldet ist. Dieses Urteilselement wird jedoch – da nicht streitgegenständlich – von der Rechtskraft des Urteils nicht umfasst.[317]

d) Entsprechende Änderung (Bindungswirkung). Hat der Abänderungskläger eine **162** wesentliche Änderung der für die ursprüngliche Unterhaltsbemessung maßgebenden Verhältnisse behauptet und erforderlichenfalls auf Grund einer durchgeführten Beweisaufnahme bewiesen, kann er eine „entsprechende Abänderung" des Urteils verlangen. Dabei hat das Abänderungsurteil nach § 323 I ZPO nicht nur die neuen, nach Schluss der letzten mündlichen Verhandlung veränderten Umstände zu berücksichtigen, sondern auch die im Ersturteil festgestellten und unverändert gebliebenen Verhältnisse **(Alttatsachen)** samt ihrer rechtlichen Bewertung der Abänderungsentscheidung zugrunde zu legen. Dies bedeutet **keine freie,** von der bisherigen Höhe **unabhängige Neufestsetzung** des Unterhalts, sondern eine Anpassung der bisherigen Entscheidung an die zwischenzeitlich eingetretenen veränderten Verhältnisse unter Wahrung der Grundlagen der abzuändernden Entscheidung. Der Umfang der Anpassung richtet sich zum einen nach der Höhe der nach § 323 II ZPO geänderten Tatsachen nach Schluss der letzten mündlichen Verhandlung und zum anderen nach dem Umfang der Bindungswirkung des früheren Urteils, somit danach, mit welchem Gewicht weitere Umstände zwischen den Parteien für die Bemessung des Unterhalts im Ersturteil bestimmend gewesen sind.

Neben der Wesentlichkeit der Änderung und der Erforderlichkeit der nachträglich eingetretenen Tatsachen ist somit die Bindungswirkung ein drittes Element, welches der **Bestandskraft** (nicht der Rechtskraft) dient.[318]

In der Praxis wird allerdings die Grenze zwischen nachträglicher Tatsachenänderung und Bindungswirkung häufig verwischt. Sie sind schon unter dogmatischen Gesichtspunkten zu trennen. Die zunächst in Rede stehenden wesentlichen Änderungen gehören zu den Tatbestandsvoraussetzungen. Die Bindungswirkungen gewinnen erst im Rahmen der Rechtsfolgen Bedeutung. Im Übrigen gilt Folgendes:

Nachträglich aufgetretene Änderungen sind **objektive Merkmale** und Bestandteile der **162 a** Abänderungsentscheidung, die oftmals ohne Zutun der Parteien und ohne deren Willen später eingetreten sind und damit nach § 323 II ZPO zu berücksichtigen sind. Dies ist sozusagen der partei-unabhängige Teil der für die Erstverurteilung maßgebenden Verhältnisse.

Ein weiteres Element dieser Verhältnisse sind aber die **subjektiven Parteivorstellungen** und Umstände, die ebenfalls mit in die Urteilsfindung im Vorprozess eingeflossen sind. Hierzu gehören die Ermittlung der Einkommensverhältnisse, die Einbeziehung zusätzlicher Ab- und Zuschläge, die Bewertung besonderer Belastungen und Zugrundelegung fiktiver Einkünfte, Feststellungen zur Leistungsfähigkeit, Bedürftigkeit, zur Anrechnung weiterer Unterhaltspflichtiger oder -berechtigter, zur Nichtanrechnung von Einkommensarten sowie Feststellungen zur Arbeitsfähigkeit. All diese Einzelumstände sind – sozusagen als innerer Bestandteil des Unterhaltsprozesses – in die Erstentscheidung eingeflossen. Dabei haben die Parteien diese Grundlagen der ergangenen Entscheidung entweder dadurch akzeptiert, dass sie das Urteil unangefochten ließen, oder aber sie haben im Rahmen der Verhandlung oder der Vergleichsgespräche diese einzelnen Verhältnisse fest-

---

[315] BGH, FamRZ 1987, 259, 262
[316] BGH, FamRZ 1995, 729, 730; 1993, 945, 946
[317] BGH, FamRZ 1995, 729, 730; 1993, 945, 946
[318] Vgl. insgesamt dazu BGH, FamRZ 1990, 280, 281; 1987, 257, 259, 263

gelegt und der nachfolgenden Entscheidung damit aufgezwungen (z. B. dadurch, dass die Parteien einen bestimmte Nebenverdienste als den Bedarf nicht erhöhend oder bestimmte Verbindlichkeiten nicht das Einkommen mindernd – da nicht eheprägend – bewertetet haben).

Nach der herrschenden Meinung (vgl. zur sog Billigkeitstheorie und zur Abgrenzung gegenüber der sog. Bestätigungstheorie weiter Rn. 10/140) besteht daher eine **Bindung** hinsichtlich der rechtlichen Beurteilung derjenigen unverändert gebliebenen tatsächlichen Verhältnisse, die der Richter im Vorprozess festgestellt und für seine Entscheidung über den Unterhalt für maßgeblich gehalten hat. § 323 ZPO lässt demzufolge. eine Abänderung nur aus **Gründen der Billigkeit** zu, wobei vor dem Hintergrund der Rechtskraftwirkung lediglich die **Korrektur einer Prognoseentscheidung** möglich ist, nicht dagegen eine ursprüngliche Fehlerbeseitigung. Daraus folgt weiter, dass eine Billigkeitskorrektur selbst dann abgelehnt wird, wenn im **Ersturteil fehlerhafte Festellungen** getroffen worden sind. Vielmehr bleiben die Festellungen des abzuändernden Urteils, die nicht von Änderungen betroffen sind, für das Abänderungsgericht bindend. Der Unterhaltstitel ist daher unter Wahrung der bisherigen Entscheidungsgrundlagen an die veränderten Verhältnisse anzupassen; eine vollständig freie Neubewertung erfolgt nicht.[319] Für Billigkeitskorrekturen besteht im Zusammenhang mit der Prüfung der Bindungswirkungen, die ohnehin erst die Rechtsfolgenseiten betrifft, im Übrigen auch keine Notwendigkeit. Die Rechtskraft auch fehlerhafter Festellungen wird durch die **Präklusionswirkungen** (§ 323 II ZPO) sichergestellt wird. Die Berufung hierauf steht, wie insbesondere aus der Rechtsprechung des BGH[320] hervorgeht, unter dem Vorbehalt von Treu und Glauben (§ 242 BGB). Grob unbillige Ergebnisse werden im Einzelfall dadurch vermieden, dass dem jeweiligen Abänderungsbeklagten auf Grund seines illoyalen Verhaltens (z. B. betrügerisches Verschweigen von Einkünften), das zu den fehlerhaften Festellungen geführt hat, die Berufung auf die Präklusionswirkungen versagt bleibt (vgl. auch Rn. 10/160 c). Die in die Reform des Verfahrens gemäß § 238 II FamFG-E aufgenommene **Härteklausel** beschränkt sich ebenfalls auf die Präklusionswirkungen.

162 b   Allerdings kann keine Bindung an die im Ersturteil zutage getretene **Rechtsansicht** des Erstgerichts bestehen. Hierbei handelt es sich nämlich weder um Tatsachenfeststellungen, die sich nachträglich geändert haben, noch um der Entscheidung immanente Verhältnisse i. S. d. § 323 I ZPO, vielmehr um die Rechtsanwendung des jeweils nur seinem eigenen Gewissen unterworfenen Richters. Weicht diese – dem Unabhängigkeitsgrundsatz entspringende – singuläre Rechtsansicht des Abänderungsrichters von jener im Erstverfahren ab, ist er an Letztere nicht gebunden, vielmehr kann er neu und anders bewerten. Auf diese Weise ist er nicht gehindert, **Rechtsfehler** des Erstgerichts zu korrigieren.[321]

Nach der Rechtsprechung des BGH besteht keine Bindung an jene Festellungen im Ersturteil, die auf Grund richterlicher Hilfsmittel oder allgemeiner unterhaltsrechtlicher Bewertungskriterien in die Entscheidung eingeflossen sind. Dazu gehört die Berücksichtigung von **Unterhaltsrichtlinien** und **Unterhaltstabellen**.[322] In ihrer Anwendung liege nämlich keine bindende Festellung über die Bestimmung der ehelichen Lebensverhältnisse i. S. d. § 1578 BGB, die bei einer Abänderungsentscheidung zu berücksichtigen seien.[323] Die gleiche Ausgangslage liegt nach der Ansicht des BGH auch bei Anwendung der **Differenz- oder der Anrechnungsmethode** vor.[324]

162 c   Ebenso ist das Abänderungsgericht hinsichtlich der Festlegung des **Erwerbstätigenbonus** (1/7 oder 10%) wie auch bei der Zugrundelegung des Verteilungsschlüssels und der entsprechenden **Verteilungsquote frei** (3/7 Quote oder sog. hälftige Partizipation nach Abzug einer Berufspauschale).[325]

---

[319] BGH, FamRZ 1990, 280, 281
[320] BGH, FamRZ 1990, 1095; 1984, 997
[321] BGH, FamRZ 1984, 374
[322] BGH, FamRZ 1994, 1100 = R 482 a; 1990, 982
[323] BGH, FamRZ 1985, 374
[324] BGH, FamRZ 1987, 257, 258
[325] BGH, FamRZ 1990, 981

Der BGH hat ferner entschieden, dass hinsichtlich der Berücksichtigung eines **Wohnvor-** 162 d
teils bei mietfreiem Wohnen im eigenen Haus keine Bindung an den **Berechnungsansatz**
des Ersturteils erfolge.[326] Gebunden ist die Abänderungsentscheidung im Abänderungsprozess
nur insoweit, als überhaupt ein Wohnvorteil in Ansatz gebracht worden ist. Die jeweilige
Berechnung zählt nicht zu den tragenden Urteilselementen. Schließlich geht auch von der
Art und Weise der Besteuerung des Einkommens (hierbei reale oder fiktive Steuerlast) keine
Bindung für nachfolgende Entscheidungen aus.[327] Zwar mag fraglich sein, ob es sich bei der
Berücksichtigung der jeweiligen Steuerlast bzw. der Anrechnung des Wohnvorteils noch um
unverbindliche Hilfsmittel zur Unterhaltsberechnung handelt oder nicht bereits um die
Ausfüllung unbestimmter Rechtsbegriffe wie eheliche Lebensverhältnisse und Bedarf im
Rahmen des § 1578 I BGB. Jedenfalls ist die Praxis dem BGH darin gefolgt, in diesen
genannten Fällen von keiner Bindungswirkung der Erstentscheidung auszugehen.

Folgerichtig ist, dass auch dann keine Bindung besteht, wenn z. B. im Ersturteil der 162 e
Unterhaltsanspruch des Berechtigten nach seinem **konkreten Bedarf** und nicht anhand
einer Unterhaltsquote bestimmt worden ist. Erhöht sich nunmehr das Einkommen des
Unterhaltsschuldners, kann dies nicht bereits Grund für eine Erhöhung des Unterhaltsanspruchs sein, sofern sich nicht gleichzeitig auch der individuelle Bedarf des Unterhaltsberechtigten erhöht hat.[328]

Keine Bindungswirkung besteht nach der Rechtsprechung des BGH[329] auch in dem 162 f
Fall, dass der Kläger im ersten Unterhaltsverfahren voll erfolgreich war, im Vorprozess aber
trotzdem nicht sein gesamter Unterhaltsbedarf Streitgegenstand war. Ob dies daran lag, dass
die Geltendmachung des Krankheitsvorsorgeunterhaltes oder des Altersvorsorgebetrages
schlicht vergessen wurde, oder aber ein höherer Elementarunterhalt erlangt werden sollte,
kann hierbei dahingestellt bleiben. Da der Kläger durch das Ersturteil nicht beschwert ist,
darf er für die Zukunft weitergehen und seinen vollen Unterhalt verlangen, sofern die
Voraussetzungen einer Abänderungsklage **aus anderen Gründen** (nämlich nach § 323 II
ZPO) vorliegen. Er kann dann zusätzlich zum bisherigen Elementarunterhalt einen bisher
nicht eingeklagten **Vorsorgebedarf** geltend machen, wobei nunmehr möglicherweise eine
Anpassung des Elementarunterhalts wegen der Berücksichtigung des Vorsorgeunterhaltes
erfolgt.

Die gleiche Möglichkeit besteht auch dann, wenn im Vorprozess der Unterhaltsberechtigte deshalb einen geringeren als den angemessenen Unterhalt geltend machen musste, weil
der Unterhaltspflichtige nur eingeschränkt leistungsfähig war. Erhöht sich im Nachhinein
die Leistungsfähigkeit des Unterhaltspflichtigen (fällt somit der Mangelfall weg), kann der
Unterhaltsberechtigte seinen vollen Unterhalt geltend machen. Dies ist allerdings keine Frage
der Bindungswirkung, sondern der nachträglichen, wesentlichen Änderung der Tatsachen
i. S. d. § 323 II ZPO.

Keine Bindung an die Verhältnisse im Erstprozess besteht auch dann, wenn sich die 163
gesetzliche Grundlage geändert hat, denn diese ist jederzeit mit ihrem aktuellen Stand zu
berücksichtigen. Dies ist ferner der Fall, wenn das Bundesverfassungsgericht eine bei der
Erstentscheidung herangezogene Rechtsnorm für verfassungswidrig erklärt oder ihr zur
Vermeidung eines solchen Ergebnisses ein abweichendes Normverständnis vorgibt, wie dies
bei der Beurteilung der ehelichen Lebensverhältnisse[330] oder der Berücksichtigung des
Splittingvorteils[331] geschehen ist, sofern diese Entwicklungen nicht bereits als wesentliche
Rechtsänderungen die Abänderungsklage eröffnen (vgl. Rn. 10/158 d).

Enthält ein Versäumnis-, Anerkenntnis – oder Verzichtsurteil – entgegen § 313 b I ZPO –
Tatbestand und Entscheidungsgründe, so stellen diese die Bindungswirkung durch Benen-
nung der maßgeblichen Umstände und Verhältnisse fest. Durch Nichteinlegung eines
Rechtsmittels bescheinigen beide Parteien, dass die dem Urteil zugrunde gelegten Umstän-

---

[326] BGH, FamRZ 1994, 1100, 1102
[327] BGH, FamRZ 1990, 982
[328] BGH, FamRZ 1990, 280, 281
[329] BGH, FamRZ 1984, 374, 376
[330] BVerfG, FamRZ 2002, 527
[331] BVerfG, FamRZ 2003, 1821 = R 598

de für sie bindend sein und Bestandskraft entfalten sollen. Dies geschieht im Rahmen des Urteilsverfahrens durch Unterwerfung unter den Titel.

Enthält eines dieser Urteile weder Tatbestand noch Entscheidungsgründe, kann sich der Umfang der Bindung nur durch den **Streitgegenstand** und die Begründung des **Antrags** durch den **Kläger** feststellen lassen, was sich aus der Klageschrift ergibt, oder aber durch die Ausführungen zum Anerkenntnis oder Verzicht auf den Anspruch belegt wird. Diese Ausführungen in den Schriftsätzen der Parteien bilden die Grundlage der nachfolgenden Entscheidung und zeigen damit die Verhältnisse auf, die für die Entscheidung erheblich waren. Demgemäß kommt es letztlich entscheidend auf das hinreichend begründete prozessuale Verhalten der Parteien im jeweiligen Einzelfall an. Sieht der Beklagte von schriftsätzlichen Ausführungen oder auch Erklärungen zu Protokoll in der mündlichen Verhandlung ab und beschränkt sich auf das Anerkenntnis, beantwortet sich die Frage nach den Bindungswirkungen allein aus dem Klagevorbringen. Hat der Unterhaltspflichtige sein späteres Anerkenntnis schriftsätzlich vorbereitet und/oder rechnerisch dargestellt, ist hieran anzuknüpfen.

Im Unterschied dazu will der BGH[332] allerdings allgemein für den Umfang der Bindungswirkungen bei dem nach § 313b ZPO erlassenen **Anerkenntnisurteil** auf die zugrunde liegenden **tatsächlichen Umstände** abstellen, weil die **Beweggründ**e, die den Unterhaltsschuldner zu dem Anerkenntnis veranlasst hätten, häufig unbekannt seien und man deshalb nur davon ausgehen könne, dass er sich dem Begehren den Unterhaltsgläubigers gebeugt habe. Darin unterscheidet sich der Anerkennende aber nicht grundlegend von dem Unterhaltspflichtigen, der dem Unterhaltsverlangen durch „beredtes Schweigen" entgegentritt und ein Versäumnisurteil gegen sich ergehen lässt. Auch für dessen Verurteilung spielen die vielfältig denkbaren Motive der prozessualen Untätigkeit keine Rolle. Maßgebend für die Bindungswirkungen muss deshalb auch beim Anerkenntnisurteil auf den **Klageantrag** und das ihm zugrunde liegende **Klagevorbringen** abgestellt werden, will man nicht andernfalls bei unklarer Beweislage nur weiter aufklärbaren tatsächlichen Umständen (auch „innere Tatsachen") eine Neufestsetzung nach den gesetzlichen Vorschriften für erforderlich halten müssen, wodurch Bindungswirkungen beim Anerkenntnisurteil im Ergebnis entfielen (vgl. zum Anerkenntnisurteil auch Rn. 10/158).

Eine gegen ein **Versäumnisurteil** gerichtete Abänderungsklage ist nur dann gemäß § 323 I ZPO statthaft, wenn vorgetragen wird, dass sich die Verhältnisse gegenüber dem gemäß § 331 ZPO zur Entscheidungsgrundlage gewordenen Vorbringen des damaligen Klägers verändert haben.[333] Ist ein Versäumnisurteil ergangen und soll es im Wege der Abänderungsklage abgeändert werden, sind im Rahmen des § 323 III ZPO als Abänderungskriterien die im Säumnisverfahren vorgetragenen und nicht die wirklichen Umstände maßgebend. Gemäß § 323 I ZPO ist nämlich auf die Änderung derjenigen Verhältnisse abzustellen, die **für die Verurteilung maßgeblich** waren.[334]

164   Ein weiteres Problem der Bindungswirkung soll schließlich im Unterschied zwischen **tatsächlichem Vortrag** und der **richtigen Sachlage** liegen. Hierzu folgendes

Beispiel:
Im Versäumnisurteil des Vorprozesses ist der unterhaltspflichtige Ehemann deswegen zur Zahlung von 1200 € verurteilt worden, weil der Kläger von einem Einkommen des Beklagten in Höhe von 3000 € ausgegangen ist und hiervon ²/₅ als Quotenunterhalt gefordert hat. Nunmehr stellt sich heraus, dass das damalige Einkommen des Beklagten bereits 4000 € betragen hat. Hat sich jetzt das Einkommen des Beklagten um 400 € auf 4400 € erhöht, ist nach *Zöller/Vollkommer*[335] die Abänderungsklage zulässig, führt aber – wegen mangelnder Neufestsetzung – nur auf einen Unterhalt von 1320 € (²/₅ aus (3000 € + 300 €) = 10% Erhöhungsbetrag), nicht auf 1760 € (²/₅ von 4400 €).

Die in diesem Beispiel zugrunde gelegte Bindungswirkung besteht schon deshalb nicht, weil im Vorprozess keine 4000 € Monatseinkommen des Beklagten zugrunde gelegt wurden, sondern nach dem Klage- und Erwiderungsvorbringen (einseitig oder übereinstim-

---

[332] BGH, FamRZ 2007, 1459 = R 680
[333] OLG Köln, FamRZ 2002, 471
[334] OLG Karlsruhe, FamRZ 2000, 907; a. A. OLG Oldenburg, FamRZ 1990, 188; OLG Hamm, FamRZ 1990, 772 (tatsächliche Verhältnisse)
[335] § 323 Rn. 41

mend) von einem damaligen Nettoeinkommen von monatlich 3000 € auszugehen war. Somit können die damals noch nicht in den Prozess eingeführten Monatseinkünfte von 4000 € nicht Verfahrensgegenstand gewesen und damit nicht bindend sein. Allerdings handelt es sich bei dem tatsächlichen Monatseinkommen des Beklagten um eine Tatsache, die die Klägerin bei objektiver Betrachtung schon im Erstprozess hätte geltend machen müssen, so dass an sich die Präklusionswirkungen des § 323 II ZPO greifen. Indessen kann dem Abänderungsbeklagten die Berufung hierauf nach den Grundsätzen von Treu und Glauben (§ 242 BGB) zur Vermeidung eines grob unbilligen (vgl. § 238 II FamFG-E) oder eines unerträglichen Ergebnisses versagt sein (vgl. hierzu auch Rn. 10/160 c).

e) Anpassungsmaßstab. Da § 323 I ZPO eine entsprechende Anpassung unter Wahrung **165** der Grundlagen der Erstentscheidung und der in ihr zutage tretenden Zielrichtung vorsieht, hat die Abänderung grundsätzlich proportional zu erfolgen, wobei jedoch bei steigenden Einkünften eine nur verhältnismäßige Anpassung zu Verzerrungen führen kann.[336] So kann es sein, dass bei gestiegenen Einkommensverhältnissen ein Teil hiervon nicht zur Deckung des Lebensbedarfs, sondern zur Bildung von Rücklagen verwendet wird. Hier würde eine rein schematische Erhöhung des Unterhaltsanspruchs den tatsächlichen Verhältnissen nicht mehr entsprechen und wäre somit ungerecht. Im Rahmen des Kindesunterhalts ist zu berücksichtigen, dass bei einer schematischen Erhöhung des Anspruchs möglicherweise die Grenzen des Bedarfs des auszubildenden Jugendlichen überschritten sein können, was dann zur schwächeren Erhöhung des Anspruchs führt. Auch können Umstände im Zusammenwirken mit Gegenpositionen, die nunmehr erstmals eingeführt worden sind, eine andere Bewertung erfahren. Dann handelt es sich aber wiederum nicht um Probleme der Bindungswirkung, sondern der Geltendmachung nachträglicher Umstände oder um die jederzeit zu berücksichtigenden Einwände des Beklagten, sofern er den bisherigen Bestand des Ersturteils verteidigt.

Nach § 323 III S. 1 ZPO darf das Urteil im Unterschied zu den durch § 323 III S. 2 ZPO privilegierten Fallkonstellationen nur für die **Zeit nach Erhebung der Klage** abgeändert werden, somit ab Zustellung (§§ 253 I, 261 ZPO). Erfasst die Abänderungsklage auch davor liegende Unterhaltszeiträume, ist sie insoweit unzulässig.[337] Die Abänderung ist „seit dem Tag der Klagezustellung" möglich,[338] nicht erst am Tag danach oder ab dem auf die Zustellung folgenden Fälligkeitstag.[339] Die formlose Übersendung eines PKH-Gesuchs mit oder ohne Abschrift der beabsichtigten Klage (Klagentwurf) führt noch keine Rechtshängigkeit i. S. d. § 261 ZPO herbei. Wird die Abänderungsklage erst nach Bewilligung der Prozesskostenhilfe zugestellt, ist auch erst ab diesem Zeitpunkt die Rechtshängigkeit herbeigeführt. Die bedürftige Partei kann sich hiergegen über § 14 Nr. 3 b GKG wehren. Die Vorschrift des § 167 ZPO findet hierbei keine entsprechende Anwendung.[340] Soweit teilweise gestützt auf § 204 I Nr. 14 BGB u. F. bereits auf den Zugang eines PKH-Gesuchs abgestellt wird,[341] ist dem in erster Linie der Wortlaut der Vorschrift entgegenzuhalten. Überdies fehlt es im Hinblick auf § 14 Nr. 3 b GKG aus Sicht der bedürftigen Partei an einer Regelungslücke. Schließlich hat der Gesetzgeber – zuletzt durch das Gesetz vom 21. 12. 2007 Gesetzesbestimmungen, die auch im Kontext von § 323 III ZPO Bedeutung erlangen, geändert, ohne – im Unterschied zu § 238 III FamFG-E – einen Regelungsbedarf für § 323 III S. 1 ZPO anzunehmen.

Der BGH[342] stellt klar, dass sich die Bedeutung des § 323 III ZPO darin erschöpft, dass der Abänderungsgegner ab Rechtshängigkeit der Abänderungsklage darauf gefasst sein muss, dass der Titel in der bisherigen Form nicht fortbestehen wird. Aus der Vorschrift ergibt sich aber nicht, dass er auch damit rechnen muss, hinsichtlich des zu viel gezahlten Unterhalts auch einem Rückforderungsanspruch des Schuldners ausgesetzt zu sein, ohne sich auf die Entreicherung des § 818 III BGB berufen zu können.

---

[336] BGH, FamRZ 1984, 997, 999
[337] BGH, FamRZ 2004, 1712, 1714
[338] BGH, NJW 1990, 710
[339] BGH, FamRZ 2004, 1712, 1714
[340] Insgesamt hierzu BGH, FamRZ 1984, 353, 355
[341] Zöller/Vollkommer, a. a. O.
[342] NJW 1998, 2433

Ist die Abänderungsklage im Rahmen einer unselbstständigen Anschlussberufung gemäß § 524 ZPO geltend gemacht worden, und ist diese durch die Rücknahme der Berufung unwirksam geworden, nimmt der BGH ausnahmsweise als Zeitschranke i. S. d. § 323 III ZPO den Abänderungsantrag im Berufungsverfahren, wenn die Abänderungsklage nunmehr selbstständig und in engem zeitlichem Zusammenhang erhoben wurde.[343] Allerdings hat der BGH die Frage, bis zu welchem Zeitpunkt die „**Vorwirkung**" einer Abänderungsklage ausgedehnt werden kann oder ob hierfür ein Zeitrahmen (§ 204 II BGB) von sechs Monaten zur Verfügung stehen muss, ausdrücklich offen gelassen und eine Klageerhebung fünf Wochen nach Rücknahme der Berufung als unbedenklich eingestuft.

165 a   Sinn und Zweck der Grundregel des § 323 III S. 1 ZPO ist der Vertrauensschutz des Abänderungsbeklagten.[344] Ist zunächst eine **unschlüssige** oder **unzulässige Abänderungsklage** erhoben worden, ist für den Umfang der Abänderung der Zeitpunkt maßgebend, in dem der Mangel beseitigt wird. Wird die Abänderung durch Klageerweiterung oder durch Widerklage begehrt, ist für die Abänderung der in § 261 II ZPO genannte Zeitpunkt maßgeblich.[345]

Für familienrechtliche Unterhaltsansprüche ist die Präklusion des § 323 III ZPO durch das KindUG ab 1. 7. 1998 gelockert[346] und durch das Gesetz vom 21. 12. 2007 in seinen Auswirkungen erneut zugunsten des Unterhaltsberechtigten geändert worden.[347] Aufgrund der geänderten Vorschriften (§§ 1360 a III, 1361 IV S. 4, 1585 b II, 1613 I BGB) kann nunmehr prozessual in gleicher Weise wie materiellrechtlich Unterhalt für die Vergangenheit ohne die Zeitschranke der Rechtshängigkeit geltend gemacht werden. Der **Unterhaltsberechtigte** muss sich daher nicht mehr gegen eine hinhaltende Erfüllung der Auskunftspflicht durch eine möglichst rasche Erhebung der Abänderungsklage zur Wehr setzen, kann vielmehr in weiteren außergerichtlichen Verhandlungen eine Regelung der Unterhaltssache zu erreichen versuchen.

165 b   Allerdings wirkt sich dieser Fortfall der Präklusion nach der materiellrechtlichen Lösung **nur für das Erhöhungsverlangen** des Abänderungsklägers aus, nicht für den Herabsetzungsantrag des Unterhaltsschuldners.[348] Brudermüller[349] sieht darin eine Ungleichbehandlung zu Lasten des Schuldners, die im Verfahrensrecht nicht gerechtfertigt sei. Bei der weiterhin gebotenen grundlegenden Reform des § 323 ZPO sei sowohl diese personelle Ungleichbehandlung wie auch jene Unterscheidung zwischen Urteilen und Titeln nach Absatz IV bei der rückwirkenden Abänderung unter dem Gesichtspunkt des Vertrauensschutzes zu überdenken.

Dem ist entgegenzuhalten, dass der besondere Gläubigerschutz vorliegend auf der Rechtsposition einer Leistungsklage nach § 258 ZPO beruht. Diese Norm dokumentiert den Bestandschutz klägerischer Leistungsansprüche in besonderer Weise, indem sogar noch gar nicht entstandene (und erst recht nicht fällige) künftige wiederkehrende Leistungen tituliert werden. Mit der Titulierung geht somit das Gericht davon aus, dass dieser Anspruch auch in die Zukunft hinein wirkt und Bestand behält, was somit den größeren Gläubigerschutz rechtfertigt. Im Übrigen lässt ein Unterhaltsschuldner endgültig seine sichere Absicht auf Reduzierung seiner Unterhaltspflicht erst mit der Klagerhebung seiner nach unten gerichteten Abänderungsklage erkennen. Durch § 238 III FamFG-E,[350] wonach ein Antrag auf **Herabsetzung** des durch gerichtliche Entscheidung titulierten Unterhalts auch schon für die Zeit ab dem ersten des auf ein entsprechendes Verlangen folgenden Monats zulässig sein soll, will der Regierungsentwurf eine Gleichbehandlung von Unterhaltsberechtigtem und Unterhaltspflichtigem erreichen.

---

[343] BGH, FamRZ 1988, 601 ff.

[344] BGH, FamRZ 2007, 193, 195 = R 664; 1983, 22, 23

[345] BGH, NJW 1984, 1458

[346] KindUG vom 6. 3. 1998, BGBl. I S. 666, 668

[347] BGBl. I S. 3189

[348] Vgl. hierzu ausführlich m. w. N. Vogel, FamRZ 2000, 875 in seiner Rezension von Graba, Die Abänderung von Unterhaltstiteln, 2. Aufl.

[349] A. a. O. Rn. 102

[350] BT-Drucks. 16/6308 v. 7. 9. 2007

Im Einzelnen kann auf Grund der durch das KindUG eingeführten Regelungen Unter- **165c**
halt **rückwirkend** bereits **ab Aufforderung zur Auskunftserteilung** oder ab einer Mah-
nung des Verpflichteten verlangt werden.[351] Dies gilt sowohl für den Verwandten- und den
Kindesunterhalt als auch den Unterhalt nach § 1615l BGB. Das trifft ferner zu für den
Familien- und Trennungsunterhalt auf Grund der Verweisungsvorschriften der §§ 1360a III
und 1361 IV S. 4 BGB. Darüber hinaus erreicht § 1613 I S. 2 BGB, dass die erhöhten
Unterhaltsansprüche nicht mehr ab dem Tag der Inverzugsetzung, sondern ab dem ersten
Tag des Monats begründet sind, in welchem die Aufforderung zur Auskunft oder die
Mahnung erfolgte.

Allerdings konnte der **geschiedene Ehegatte** rückständigen Unterhalt (§§ 1569ff. BGB)
im Hinblick auf die bis zum 31. 12. 2007 anzuwendende Bestimmung des § 1585b II BGB
a. F. abgesehen von dem Fall der Rechtshängigkeit weiterhin nur unter den Voraussetzungen
des Verzuges geltend machen. Demgemäß kam eine Abänderung des Unterhaltsurteil auf
Grund der entsprechenden Verweisung in § 323 III S. 2 ZPO auch frühestens mit Eintritt
des Verzuges in Betracht. Eine Aufforderung zur Auskunftserteilung hatte weder prozessuale
noch materiellrechtliche Folgen, so dass im Rahmen des **nachehelichen Untehalts** durch
den Unterhaltsberechtigten weiterhin eine Stufenklage notwendig war, um den Zeitpunkt
der Rechtshängigkeit möglichst früh herbeizuführen. Denn bei Verbindung von Auskunfts-
mit unbezifferter Abänderungsklage ist nach der Rechtsprechung des BGH eine Abänderung bereits ab Zustellung der Stufenklage möglich.[352] Durch die nunmehr für den Unterhaltszeitraum ab dem 1. 1. 2008 maßgebende Verweisung in § 1585b II BGB auf § 1613 I
BGB ist eine einheitliche Handhabung für das gesetzlichen Unterhaltsrecht sichergestellt,
wonach Unterhaltsurteile schon für den Unterhaltszeitraum ab Aufforderung zur Auskunftserteilung einer rückwirkenden Abänderung unterliegen. Des prozessualen Rückgriffs auf
eine so genannte Stufenmahnung in der Gestalt einer **Stufenklage** bedarf es auf Seiten der
Unterhaltsberechtigten nicht mehr. An die Aufforderung zur Auskunft sind im Übrigen
keine besonderen Anforderungen zu stellen. Es reicht aus, wenn der Unterhaltsberechtigte
den Unterhaltspflichtigen mit dem erkennbaren Ziel der Geltendmachung von Unterhalt
auf Auskunft in Anspruch nimmt. Unter diesen Voraussetzungen kann rückwirkend neben
Elementar- auch Vorsorgeunterhalt verlangt werden, und zwar unabhängig davon, ob
der Unterhaltsberechtigte ein entsprechend spezifiziertes Verlangen zuvor angekündigt
hat.[353] Bereits mit dem Auskunftsverlangen ist der durch § 323 III S. 1 ZPO zugunsten des
Unterhaltspflichtigen begründete Schutzzweck entfallen. Er kann sich zurechenbar auf die
Konkretisierung absehbarer Unterhaltsansprüche einstellen.

Da infolge der Gesetzesänderungen in §§ 323 III ZPO, 1585b II BGB bereits die **165d**
Aufforderung zur Auskunftserteilung den Zeitraum des rückwirkend geltenden Unterhaltes
bestimmt, ist diese Rechtsmöglichkeit dem Unterhaltsberechtigten deswegen nahe zu legen,
weil der BGH eine ungefragte Auskunftspflicht des Auskunftspflichtigen grundsätzlich verneint[354] und nur in Fällen sittenwidriger Ausnutzung rechtskräftiger Urteile eine Schadensersatzklage nach § 826 BGB zulässt, wodurch aus Billigkeitsgründen § 323 III S. 1 ZPO
ausgeschaltet wird.[355]

Für **Vergleiche, vollstreckbare Urkunden** und **Titel im vereinfachten Verfahren**
(§ 323 IV, V ZPO) gilt die Präklusion des § 323 II, III ZPO nicht.[356] Da für diese Titel ein
auf der Rechtskraftwirkung beruhender Vertrauensschutz nicht besteht, können sie auch
rückwirkend herabgesetzt werden.[357] Der Gläubiger ist hierbei hinreichend durch die
Vorschrift des § 818 III BGB geschützt. Haben die Parteien den Unterhalt durch Vergleich
oder im Rahmen einer notariellen Vereinbarung tituliert, wird die Rückwirkung allerdings
begrenzt durch den Zeitpunkt, in dem die Änderungen der für die Titulierung maßgeben-

---

[351] BT-Drucks. 13/9596, S. 35
[352] BGH, FamRZ 1986, 560
[353] BGH, FamRZ 2007, 193, 195 = R 664
[354] BGH, FamRZ 1986, 450, 453
[355] BGH, FamRZ 1988, 270, 271
[356] BGH, FamRZ 1991, 542 ff. = R 433; 1983, 22, 24
[357] BGH, FamRZ 1990, 1103

den Geschäftsgrundlage wirksam werden (vgl. weiter Rn. 10/169 f).[358] Fehlte die Geschäftsgrundlage schon bei Abschluss der Vereinbarung, kann das Abänderungsverlangen schon auf diesen Zeitpunkt abstellen.

Wird eine **Erhöhung des Unterhaltsanspruchs** geltend gemacht, muss der Unterhaltsberechtigte die Voraussetzungen von §§ 1613 I, 1585 b BGB erfüllen. Aufgrund der seit dem 1. 1. 2008 geltenden Rechtslage genügt für den Einsatzzeitpunkt bereits die an den Unterhaltspflichtigen gerichtete Aufforderung, Auskunft über seine Einkünfte und sein Vermögen zu erteilen (vgl. Rn. 10/165 c). Dabei gilt § 323 III ZPO auch dann nicht, wenn eine erste Abänderungsklage gegen den Prozessvergleich als unbegründet abgewiesen worden war. Denn abzuändern bleibt weiterhin der Vergleich (§ 323 IV ZPO).[359] Wird die einen Prozessvergleich betreffende Abänderungsklage, mit der die Reduzierung einer Unterhaltsverpflichtung erstrebt wird, abgewiesen, hat der Abänderungskläger bei einer erneuten Abänderungsklage die Präklusionsvorschrift des § 323 II ZPO zu beachten.[360] Bei der rückwirkenden Abänderung von Titeln im vereinfachten Verfahren sind vor einem Klagverfahren nach § 323 ZPO als **leges speciales** die §§ 654 II, 656 ZPO vorrangig zu berücksichtigen (vgl. Rn. 10/350 f). Im Übrigen können die Parteien im Rahmen der Vertragsfreiheit die Anwendung der § 323 II und III ZPO für den Prozessvergleich oder die andern in § 323 IV ZPO angeführten Titel vereinbaren.

11. Beweislast im Abänderungsverfahren

166   Grundsätzlich hat der Abänderungskläger die wesentlichen Umstände, die für die Ersttitulierung maßgebend waren, darzulegen und zu beweisen (vgl. hierzu auch Rn. 6/726 f).[361] Dabei darf er sich nicht darauf beschränken, nur einzelne veränderte Berechnungsfaktoren anzugeben; vielmehr muss er die Veränderung insgesamt und in ihrer Wesentlichkeit (in toto) darstellen.[362]

Der Abänderungskläger genügt aber seiner Darlegungs- und Beweislast, wenn er bei einer Erwerbstätigkeit des Unterhaltspflichtigen beim Ehegattenunterhalt die derzeitigen Einkommensverhältnisse darstellt. Behauptet der Abänderungsbeklagte, die Erhöhung seiner Erwerbseinkünfte sei nicht prägend, trifft ihn hierfür die Darlegungs- und Beweislast.[363] Ist der Lebenssachverhalt, der einem Unterhaltstitel zugrunde liegt, nachträglich weggefallen, trägt der Unterhaltsberechtigte als Abänderungsbeklagter die Darlegungs- und Beweislast für die Tatsachen, die eine Aufrechterhaltung des Titels rechtfertigen.[364] Ein Unterhaltspflichtiger ist auch darlegungs- und beweispflichtig für den Einwand, seine frühere Ehefrau könne und müsse ihren Unterhaltsbedarf durch eine eigene Erwerbstätigkeit und durch die Anrechnung eines Entgelts für die Versorgungsleistungen zugunsten ihres neuen Lebenspartners decken.[365] Da der Abänderungskläger insgesamt die wesentlichen Veränderungen gemäß § 323 I ZPO behaupten muss, ist er auch gehalten, die Grundlagen des abzuändernden Titels darzutun.[366] Begehrt der Unterhaltspflichtige die Abänderung eines **Unterhaltsvergleiches**, so trifft ihn die Darlegungs- und Beweislast sowohl hinsichtlich der bei Vertragsschluss herrschenden Umstände als auch hinsichtlich der demgegenüber nunmehr veränderten jetzigen Verhältnisse.[367]

Beruft sich der Unterhaltsberechtigte in seinem Erhöhungsbegehren auf eine wesentliche Einkommenssteigerung auf Seiten des verpflichteten Beklagten, muss der Beklagte hierauf **substantiiert erwidern** und darf sich im Hinblick auf § 138 III ZPO nicht auf ein bloßes Bestreiten der klägerischen Behauptungen beschränken. Da nämlich die anspruchserhöhen-

---

[358] BGH, FamRZ 2003, 518
[359] OLG Karlsruhe, FamRZ 2005, 816
[360] OLG Koblenz, FamRZ 2000, 907
[361] BGH, FamRZ 1987, 259, 260, 262
[362] BGH, FamRZ 1985, 53, 56
[363] OLG München, FamRZ 1999, 1512
[364] OLG Hamm, FamRZ 2000, 904
[365] OLG Bamberg, FamRZ 1999, 942
[366] OLG Brandenburg, FamRZ 2002, 1049
[367] OLG Hamburg, FamRZ 2002, 465

den Behauptungen in seinem Bereich angesiedelt sind, ist es letztlich auch nur ihm möglich, seine derzeit richtige Einkommenslage darzulegen.[368]

Will der Unterhaltpflichtige den Wegfall seiner Unterhaltslast erreichen, muss er darlegen und beweisen, dass der seiner bisherigen Verpflichtung zugrunde liegende Unterhaltstatbestand inzwischen ganz oder teilweise weggefallen ist. Will der Abänderungsbeklagte seine bisherigen Gläubigerrechte bewahren, hat er die Darlegungs- und Beweislast für Tatsachen, die aus einem anderen Grund die Aufrechterhaltung des Ersturteils rechtfertigen. Das Gleiche gilt für den beklagten Unterhaltsberechtigten, wenn er seinen Anspruch auf Grund eines anderen Unterhaltstatbestandes bewahren will. Auch hierfür trifft ihn die Darlegungs- und Beweislast.[369]

Begehrt der während der Minderjährigkeit des Kindes allein barunterhaltpflichtige Elternteil nach Eintritt der **Volljährigkeit** mit dem Hinweis auf eine Mithaftung des vormals betreuenden Elternteils Herabsetzung des titulierten Kindesunterhalts, ergibt sich eine wesentliche Veränderung der maßgebenden Verhältnisse ($\S$ 323 I ZPO) allein schon aus dem Eintritt der jeweiligen **Mithaftung beider Elternteile** ($\S$ 1606 III S. 1 BGB). Demgemäß trägt das volljährige Kind als Abänderungsbeklagter die Darlegungs- und Beweislast für alle Umstände, die den Fortbestand des Titels rechtfertigen.[370] Dies schließt die jeweiligen Haftungsquoten der Eltern, mithin auch deren unterhaltswirksame Einkommen ein. Dem genügt etwa der allgemein gehaltene Hinweis, der vormals betreuende Elternteil verdiene „nicht mehr als den Selbstbehalt", nicht. Klagt der Ehemann gegen seine Ehefrau auf Herabsetzung eines titulierten Unterhalts mit dem Hinweis auf eine anteilige Mithaftung des nichtehelichen Erzeugers eines Kindes, obliegt es der Abänderungsbeklagten, die jeweiligen Haftungsquoten (analog $\S$ 1606 III S. 1 BGB)[371] und damit auch die maßgeblichen Einkommensverhältnisse des nichtehelichen Erzeugers darzulegen. Begehrt ein Unterhaltsschuldner wegen wesentlicher Änderung der Vergleichsgrundlagen seine Leistungsfreiheit, trägt er die Beweislast für den Wegfall der Geschäftsgrundlage bzw. deren nicht hinnehmbare Änderung.[372]

12. Die Abänderungsentscheidung

Das stattgebende Urteil spricht ab Rechtshängigkeit oder Inverzugsetzung bzw. Aufforderung zur Auskunft ($\S$ 323 III S. 2 ZPO) – unter Abänderung der früheren Entscheidung ab diesem Zeitpunkt – einen weiteren Anspruch zu, der einheitlich wie folgt tituliert wird: Der Beklagte wird verurteilt, in Abänderung des Urteils des Amtsgerichts – Familiengericht – vom ... ab ... folgenden monatlichen Unterhalt zu zahlen. Die gleiche Formulierung gilt auch im Falle einer Reduzierung des Unterhaltsanspruchs hinsichtlich der Vergangenheit gemäß $\S$ 323 III S. 1 ZPO (also vor Rechtshängigkeit oder Inverzugsetzung). **167**

Machen sowohl Kläger als auch Beklagter gegenläufige Ansprüche geltend (der Kläger auf Erhöhung des Unterhalts, der Beklagte auf Ermäßigung), sind diese Klagen zu verbinden und in Form von Klage und **Widerklage** zu führen ($\S$ 33 ZPO). Zwar kann hierbei kein **Teilurteil,** jeweils gesondert über Klage bzw. Widerklage ergehen, weil beide Klagbegehren in einem einheitlichen Zusammenhang stehen und sich gegenseitig bedingen. Jedoch ist es möglich, ein Teilurteil über einen **zeitlich befristeten Unterhaltszeitraum** ergehen zu lassen; in diesem Umfang sind damit Klage und Widerklage durch Endurteil abschließend geregelt.[373]

Für die **Kostenentscheidung** gelten die $\S\S$ 91 ff. ZPO; die vorläufige Vollstreckbarkeit ergibt sich bei einem Erhöhungsurteil aus $\S\S$ 708 Nr. 8, 711 ZPO. Wird der Unterhalt auf Klage des Unterhaltpflichtigen ermäßigt, gilt $\S$ 708 Nr. 8 ZPO, nicht aber $\S$ 708 Nr. 11 oder $\S$ 709 S. 1 ZPO. Denn auch im Falle der Reduzierung des Unterhaltsanspruches geht es bei der Vollstreckung um jene des Unterhaltsberechtigten, nicht des Unterhaltsschuldners, für den letztere Vorschriften gelten. **167 a**

---

[368] BGH, FamRZ 1990, 496, 497

[369] BGH, a. a. O.

[370] OLG Brandenburg, FamRZ 2004, 553; OLG Köln, FamRZ 2000, 1043; OLG Hamm, FamRZ 2000, 904; KG, FamRZ 1994, 765

[371] BGH, FamRZ 1998, 541, 544

[372] BGH, FamRZ 1995, 665, 666

[373] Dazu BGH, FamRZ 1995, 891

167 b   Der **Streitwert** der Abänderungsklage bestimmt sich nach § 42 GKG aus dem Jahresbetrag der geforderten Veränderung zuzüglich geltend gemachter Rückstände vor Anhängigkeit des Verfahrens; der Monat der Anhängigkeit zählt zu den Rückständen (§ 42 V GKG). Gemäß § 769 ZPO analog kann im Rahmen der Abänderungsklage die Zwangsvollstreckung aus dem Ersttitel einstweilen eingestellt werden.[374] Über den Antrag kann nicht im Rahmen eines PKH-Verfahrens entschieden werden; vor der Entscheidung sollte die Abänderungsklage zugestellt und dem Beklagten rechtliches Gehör gewährt worden sein. Die Entscheidung unterliegt keiner Anfechtung. Seit der ZPO-Reform 2002 ist auch im Fall greifbarer Gesetzeswidrigkeit oder schwerwiegenden Ermessensfehlgebrauchs ein außerordentliches Rechtsmittel unstatthaft.[375] Für die Reform des Familienverfahrens stellt § 242 S. 2 FamFG-E dies ausdrücklich klar.

13. Die Schuldtitel des § 323 IV ZPO

168   Durch die Absätze IV und V des § 323 ZPO wird der Anwendungsbereich der Abänderungsklage auf andere Schuldtitel als das Urteil erweitert. Hierzu gehören nach Absatz III der **Prozessvergleich**, eine **vollstreckbare Urkunde**[376] sowie **ein Titel im vereinfachten Verfahren**. Da diese Titel **keine materielle Rechtskraftwirkung** wie ein Urteil entfalten, gelten für sie weder die Voraussetzungen des Abs. I noch die Präklusionsvorschrift des Abs. II. Damit kommt der Vorschrift des § 323 IV ZPO nur die Klarstellungsfunktion zu, dass neben Urteilen auch gerichtliche Vergleiche oder notarielle Urkunden nach materiellrechtlichen Gründen abgeändert werden können.[377]

Analog gilt die Vorschrift des Abs. IV auch für **Anwaltsvergleiche** (§§ 796 a–796 c ZPO) sowie für die **Jugendamtsurkunden** nach §§ 59, 60 SGB VIII (vgl. auch Rn. 10/152 c).[378]

Vollstreckungstitel, die aus der Zeit der Minderjährigkeit des Unterhaltsbedürftigen stammen, wirken auch über die Volljährigkeit hinaus fort. Dies gilt grundsätzlich auch für Jugendamtsurkunden, es sei denn, es liege nur eine zeitlich befristete Teiltitulierung vor. Deshalb muss ein Unterhaltsmehrverlangen des weiterhin unterhaltsbedürftigen Kindes im Wege der Abänderungsklage geltend gemacht werden.[379] Hat sich aber der Unterhaltsschuldner in einer Jugendamtsurkunde nur einseitig zur Zahlung von Kindesunterhalt verpflichtet, ohne dass auf Seiten des unterhaltsberechtigten Kindes ein gesetzlicher Vertreter beteiligt war, entfaltet die Urkunde keine Bindungen, so dass es dem unterhaltsberechtigten Kind freisteht, einen höheren Unterhalt zu verlangen.[380] Dies erfolgt nach OLG Köln[381] nur durch eine **Abänderungsklage.** Auf Grund der fehlenden materiellrechtlichen Bindungen wird allerdings auch erwogen, das Erhöhungsverlangen durch eine den gesamten Unterhaltsanspruch abdeckende **Leistungsklage** geltend zu machen. Für die Frage, ob der Unterhaltsberechtigte bei Vorliegen eines Unterhaltstitels in Form einer Jugendamtsurkunde nur die Abänderungsklage oder wahlweise auch die Erst- bzw. Zusatzklage zur Verfügung hat, soll es nämlich entscheidend darauf ankommen, ob die Unterhaltsurkunde einseitig oder übereinstimmend (dann bindend) entstanden ist.[382] Das OLG Hamm[383] geht davon aus, dass eine einseitig errichtete Jugendamtsurkunde keine Bindungswirkung entfaltet. Danach soll der Unterhaltsgläubiger einen höheren als den titulierten Betrag unabhängig von den Voraussetzungen des § 323 ZPO im Wege der Zusatzklage geltend machen können. Indessen gibt der eindeutige Wortlaut[384] der gesetzlichen Regelung in § 323 IV ZPO, die auch Jugend-

---

[374] BGH, FamRZ 1986, 793, 794
[375] BGH, FamRZ 2004, 1191; 2003, 92
[376] BGH, FamRZ 2004, 24; 2003, 304, 306 = R 579
[377] BGH, FamRZ 1995, 665 ff.; 1992, 539 = R 444 a
[378] BGH, FamRZ 2007, 715
[379] OLG Köln, FamRZ 2001, 1716
[380] BGH, FamRZ 2004, 24
[381] OLG Köln, FamRZ 2001, 1716
[382] Ebs. OLG Brandenburg, FamRZ 2002, 676
[383] FamRZ 2000, 908
[384] BGH, FamRZ 2004, 24

amtsurkunden dem Anwendungsbereich der Abänderungsklage unterstellt, für eine einschränkende Differenzierung danach, ob der Ausgangstitel **streng einseitig** errichtet worden ist oder ob ihm eine **verbindliche Vereinbarung** vorausgegangen ist, nichts her. Aus der Sicht des unterhaltsberechtigten Kindes besteht hierfür auch kein besonderes Schutzbedürfnis. Liegt nämlich der einseitig errichteten Jugendamtsurkunde eine Parteivereinbarung zugrunde, folgt die Titelanpassung im Rahmen der Abänderungsklage nach den Grundsätzen über die Veränderungen der Geschäftsgrundlage.[385] Fehlt es an einer für beide Seiten verbindlichen Vorgabe für die Unterhaltsbemessung, richtet sich die Neufestsetzung im Rahmen der Abänderungsklage nach den zum jeweiligen Zeitpunkt maßgebenden Verhältnissen.[386] Folgerichtig verneint das OLG Düsseldorf[387] für den Unterhaltsgläubiger ein **Wahlrecht** zwischen Leistungsklage und Abänderungsklage. Auch hier gibt § 323 IV ZPO die Klageart vor.

Die Verweisung auf § 794 I Nr. 2a ZPO ist durch das KindUG mit Wirkung zum 1. 7. 1998 eingeführt worden und lässt damit **alle im vereinfachten Verfahren** über den Unterhalt Minderjähriger **ergangenen Titel** der Abänderungsmöglichkeit des § 323 ZPO unterfallen, wobei als **leges speciales** zunächst die §§ 654, 656 ZPO (Anpassung im vereinfachten Verfahren) Anwendung finden müssen. **Außergerichtliche Vergleiche** unterfallen nicht dem Abs. IV. Dies ergibt sich bereits aus dem Wortlaut, wonach nur gerichtliche Vergleiche i. S. d. § 794 I ZPO gemeint sind.[388] Im Übrigen kann ein **privatschriftlicher Vergleich** auch nicht dadurch zu einem Titel i. S. d. Abs. IV ZPO verändert werden, dass die Parteien den § 323 ZPO vertraglich ausdrücklich für anwendbar erklären und sich den Regeln dieser Vorschrift unterwerfen.[389] Eine derartige Vereinbarung betrifft nur die materiellrechtlichen Grundlagen des Vergleichs, schafft aber keine hierfür gesetzlich nicht vorgesehene prozessuale Möglichkeit zur Abänderung dieser privatschriftlichen Titel. Dies hat seinen Grund darin, dass Privatparteien nicht mit hoheitlicher Wirkung einen gerichtlichen Rechtsweg vereinbaren können für Verfahren, für die ein solcher nicht vorgesehen ist. Schließlich gilt § 323 IV ZPO auch für gerichtliche Einigungen i. S. d. §§ 46 I, 83 IV DDR-ZPO.[390]

14. Grundlagen und Ausmaß der Abänderung von Vergleichen und anderen Titeln

Vergleiche und vollstreckbare Urkunden unterfallen nur in formeller Hinsicht den prozessualen Regelung des § 323 ZPO.[391] Der in § 323 IV ZPO enthaltene Hinweis auf eine „entsprechende" Anwendung erschöpft sich in der Bezeichnung der Abänderungsklage als der zulässigen Klageart auch für die in diesem Absatz aufgeführten Unterhaltstitel. **169**

Die Anforderungen an die **Zulässigkeit der Abänderungsklage** entsprechen im Übrigen den Prozessvoraussetzungen für die gegen ein Unterhaltsurteil gerichtete Abänderungsklage (vgl. hierzu Rn. 10/154 f). Eine Abänderungsklage ist danach unzulässig, wenn der zugrunde liegende Prozessvergleich nach § 779 BGB unwirksam ist.[392] Wurde ein titulierter Unterhaltsanspruch durch einen Vergleich im Abänderungsverfahren „aberkannt", ist der Unterhaltsanspruch nach OLG Hamm mit der Leistungsklage und nicht mit der Abänderungsklage gemäß § 323 ZPO weiter zu verfolgen. Eine analoge Anwendung von § 323 IV ZPO komme nicht in Betracht.[393] Anders dürfte jedenfalls dann zu entscheiden sein, wenn die Parteien hierbei erkennbar von einer Prognose ausgegangen waren. Sollte diese sich im Nachhinein als Fehleinschätzung herausstellen, dürfte richtigerweise eine Anpassung über die Abänderungsklage geboten sein (vgl. hierzu auch Rn. 10/152). Wird die einen Prozess-

---

[385] BGH, FamRZ 2003, 304, 306 = R 579
[386] BGH, FamRZ 2004, 24
[387] OLG Düsseldorf, FamRZ 2006, 1212
[388] Vgl. BGH, FamRZ 1982, 782
[389] So aber Johannsen/Henrich/Brudermüller, § 323 ZPO Rn. 126
[390] BGH, FamRZ 1995, 544; 1994, 562 = R 474 a
[391] BGH, FamRZ 1997, 811
[392] OLG Köln, FamRZ 1999, 943
[393] OLG Hamm, FamRZ 2000, 907

vergleich betreffende Abänderungsklage, mit der die Reduzierung einer Unterhaltsverpflichtung erstrebt wird, abgewiesen, gilt für eine erneute Abänderungsklage, mit der das gleiche Ziel verfolgt wird, die Schranke des § 323 II ZPO.[394]

Die für die **Begründetheit der Abänderungsklage** in der Sache erforderliche Beurteilung einer wesentlichen Änderung und der daraus folgenden Anpassung des Titels richtet sich allein nach den Regel des materiellen Rechts und damit letztlich nach den aus § 313 BGB abgeleiteten Grundsätzen über das Fehlen, die Veränderung oder den Wegfall der Geschäftsgrundlage.[395] Für die Abänderung von Vergleichen und Urkunden stellt die Familienverfahrensreform durch § 239 FamFG-E ausdrücklich auf die Regeln des materiellen Rechts ab.

Enthält der Vergleich oder – dem gleichstehend – die notarielle Vereinbarung allerdings Ausführungen über die **Grundlagen,** die seinerzeit die Parteien für die Bemessung des Unterhalts herangezogen haben, sind diese in erster Linie für die Frage, ob eine wesentliche Änderung der Geschäftsgrundlage eingetreten ist, heranzuziehen und den durch die Abänderungskläger behaupteten aktuellen Verhältnissen gegenüberzustellen. Der dokumentierte Wille der Parteien ist ferner maßgebend für Art und Umfang einer in Betracht kommenden Titelanpassung. Damit sind auch Umstände erfasst, deren Bedeutung für eine Unterhaltsbemessung die Parteien verneint haben. Sie sind grundsätzlich einer Korrektur entzogen. Ein anderes muss allerdings dann gelten, wenn sich solche Umstände so weit fortentwickelt haben dass der hierdurch benachteiligten Partei ein Festhalten an dieser vertraglichen Vorgabe schlechterdings nicht mehr zugemutet werden kann. Haben die Parteien bei ersichtlich auskömmlichen Einkommensverhältnisses des Unterhaltspflichtigen der Unterhaltsberechtigten ein niedriges Einkommen „anrechnungsfrei" belassen, muss sich der Abänderungskläger, soweit er berechtigterweise auf ein erheblich gesunkenes Eigeneinkommen verweisen kann, diesen Umstand für die Zukunft nicht entgegenhalten lassen.

Enthält der durch Abänderungsklage angegriffene Vergleich **keine Grundlagen,** ist im Wege der **Auslegung** zu ermitteln, welche Verhältnisse die Parteien als wesentlich angesehen und zur Grundlage der Einigung erhoben haben. Erst die daraus vorgenommenen Feststellungen ermöglichen im Vergleich mit den aktuellen Verhältnissen die Beurteilung, welche Auswirkungen den Umständen zukommen sollen, die sich entgegen den Erwartungen der Parteien entwickelt haben.[396] Unzulässig wäre es deshalb, bereits an dieser Stelle der Anspruchsprüfung mit einem Hinweis auf das Fehlen von „Vergleichsgrundlagen" im Unterhaltstitel den Unterhaltsanspruch von vornherein **losgelöst von allen Bindungen** anhand der aktuellen Einkünfte der Parteien neu zu bestimmen. Dabei bliebe die gegenüber der Titelanpassung vorrangige Frage, ob überhaupt eine wesentliche Änderung der Geschäftsgrundlage eingetreten ist, unbeantwortet. Überdies trägt der Abänderungskläger, der sich auf den Fortfall der Geschäftsgrundlage beruft, hierfür die **Darlegungs- und Beweislast.**[397] Gelingt es ihm bereits nicht, die Geschäftsgrundlage und deren wesentliche Änderung darzulegen und zu beweisen, was bei einer nicht weiter motivierten und entsprechend dokumentierten Unterhaltsvereinbarung erfahrungsgemäß durchaus nahe liegt, ist die Abänderungsklage abzuweisen, ohne dass es noch auf die Frage ankäme, wie die Parteien den titulierten Unterhalt konkret ermittelt hatten. War etwa die Unterhaltsberechtigte bei Abschluss des Vergleichs nicht erwerbstätig, ohne dass die Parteien dem für die Zukunft eine bemessungsrelevante Bedeutung zugemessen hatten, fehlt es an einer die Abänderung eröffnenden Änderung der Geschäftsgrundlage, wenn die Unterhaltsberechtigte weiterhin nicht erwerbstätig ist und der Unterhaltspflichtige nunmehr allein mit dem Hinweis auf eine Erwerbsobliegenheit eine Herabsetzung des titulierten Unterhalts geltend macht. Der Umstand, dass der Abänderungskläger seine Meinung über eine Erwerbsobliegenheit geändert hat, begründet keine Änderung der Geschäftsgrundlage.[398] Hatten die Parteien der Unterhaltsberechtigten vergleichsweise ohne Dokumentation der Grundlagen Unterhalt zugebil-

---

[394] OLG Koblenz, FamRZ 2000, 907
[395] BGH, FamRZ 2001, 1687 = R 566
[396] BGH, FamRZ 1996, 665
[397] BGH, a. a. O. S. 666 m. w. N.
[398] OLG Hamburg, FamRZ 2002, 465

ligt und zugleich vereinbart, dass eine Abänderung des Titels bis zum Renteneintrittsalters des Unterhaltspflichtigen ausgeschlossen bleiben sollte, begründet allein der Zeitablauf keine die Abänderungsklage eröffnende wesentliche Änderung der Geschäftsgrundlage.

Steht fest, dass die bei Abschluss der Vereinbarung noch maßgebenden Verhältnisse sich wesentlich verändert haben, führt eine Abänderung der Titel des Abs. IV gleichwohl nicht zu einer ungebundenen, von der bisherigen Vergleichsgrundlage unabhängigen Neufestsetzung des Unterhaltes wie bei einem Erstprozess. Vielmehr wird der Titel nur an die veränderten Verhältnisse angepasst.[399] Doch auch diese Anpassung erfolgt nicht schematisch und automatisch. Vielmehr ist eine Anpassung an veränderte Umstände nur dann gerechtfertigt, wenn dem Abänderungskläger ein Festhalten an der bisherigen Regelung infolge der **veränderten Umstände nach Treu und Glauben** nicht **zuzumuten** ist. Dies kann nicht automatisch bereits dann bejaht werden, wenn sich eine Veränderung in der Größenordnung von rund 10% ergeben hat, wobei eine Veränderung aber auch unterhalb dieser Größenordnung bei deutlich begrenzten wirtschaftlichen Verhältnissen angezeigt sein kann[400] Denn auch im Anpassungsverfahren bezüglich der Titel des Abs. IV müssen alle Umstände des Einzelfalles überprüft und abgewogen werden. Nur wenn sich somit dem abzuändernden Titel der damalige Parteiwillen entnehmen lässt, dass eine Veränderung um rund 10% ein Abänderungsgrund und damit wesentlich sein soll, reicht allein die prozentuale Veränderung zur Anpassung des Titels aus.[401]

Ob bzw. in welchem Ausmaß eine Beeinträchtigung der privatrechtlichen Geschäfts- **170** grundlage eingetreten ist, ist dem **übereinstimmenden Parteiwillen** zu entnehmen, der zum Abschluss des Vergleichs geführt hat. Allein eine Nichtübereinstimmung beider Parteiwillen bedeutet aber noch nicht, dass damit unmittelbar auch eine Anpassung erfolgen muss, weil dann eine gemeinsame Geschäftsgrundlage fehlt. Nur dann, wenn die Vereinbarung Ausführungen oder Anhaltspunkte zur Frage der **Bindung des Vergleichs** enthält, kann festgestellt werden, ob die Störung der Geschäftsgrundlage auch zur **Anpassung** führt. Eine solche scheidet allerdings von Vornherein aus, wenn die Parteien die Abänderung des Vergleichs **ausgeschlossen** haben, wobei sich dies allerdings mit Zweifeln ausschließender Deutlichkeit aus der Vereinbarung ergeben muss. Allein die Festlegung eines monatlichen Pauschalbetrages genügt nicht.[402] Haben sich die Parteien zulässigerweise darauf verständigt, dass der zwischen ihnen geschlossene Vergleich „nach § 323 ZPO" abgeändert werden kann, folgt daraus mangels entgegenstehender Anhaltspunkte, dass die Parteien die Abänderbarkeit des Vergleichs unter die für eine Urteilsabänderung bestehenden Vorgaben (§ 323 II und III ZPO) gestellt haben. Gleichzeitig haben sie damit eine Vergleichsanpassung den Grundsätzen des Wegfalls der Geschäftsgrundlage entzogen.

Trotz Störung der Geschäftsgrundlage kann sich ergeben, dass es deswegen beim geschaffenen Titel bleibt, weil die auf beiden Seiten eingetretenen, unterschiedlichen Entwicklungen sich im Gesamtergebnis **gegeneinander aufheben** und damit zu keiner der Höhe nach anderen Regelung führen als in der vorausgegangenen Vereinbarung. Da stets nur der **Parteiwille** zu erforschen ist, sind fehlgeschlagene einseitige Vorstellungen, Erwartungen und Hoffnungen unmaßgeblich.

Neben einer wesentlichen Änderung der **subjektiven Verhältnisse** (wirtschaftliche **171** Situation, Anzahl der Unterhaltsberechtigten, Veränderungen hinsichtlich des Bedarfs) können auch **objektive Umstände,** nämlich Entscheidungen des BVerfG,[403] **Änderungen der höchstrichterlichen Rechtsprechung** (z. B. Einschränkungen im Anwendungsbereich der Anrechnungsmethode),[404] wie auch der **Rechtslage** zu einer Anpassung führen, jedenfalls dann, wenn sich dem Vergleich der Parteiwille entnehmen lässt, dass sie vom Fortbestand der damals zugrunde zu legenden Rechtslage ausgegangen sind und deren Änderung auch zu einer Korrektur ihres Titels führen solle. Da diese Anknüpfungen aber generell

---

[399] BGH, FamRZ 1995, 665 ff. = R 493 B; 1992, 539 = R 444 a
[400] BGH, FamRZ 1992, 539 = R 444 a
[401] Vgl. Johannsen/Henrich/Brudermüller, § 323 ZPO Rn. 127
[402] OLG Koblenz, FamRZ 2006, 1147
[403] vgl. BGH, FamRZ 2007, 882 m. w. N. = R 675
[404] BGH, FamRZ 2007, 882 = R 675; 2007, 793 = R 674; 2004, 1357 = R 617

Vereinbarungen immanent sind (dass sie nämlich auf der Grundlage der herrschenden Meinung und Rechtsprechung getroffen worden sind), bedarf die Feststellung dieser Anknüpfung keiner umfangreichen Überprüfung.[405]

Haben die Parteien in einem Unterhaltsvergleich durch eine **Kapitalabfindung** (anders bei der Kapitalisierung einer Vorauszahlung) eine endgültige Regelung zum nachehelichen Unterhalt getroffen, hat die Vereinbarung auch dann Bestand, wenn die Parteien Ratenzahlung vereinbart haben und der Unterhaltsanspruch infolge einer Wiederheirat entfallen wäre.[406] In diesem Fall haben die Parteien das Risiko einer unsicheren Prognose einvernehmlich gewichtet und in Kenntnis möglicher Entwicklungen außer Streit gestellt. Haben die Parteien bei der vergleichsweisen Unterhaltsregelung noch keine verlässliche **Prognose** zur Entwicklung der Einkommensverhältnissen auf Seiten des unterhaltsberechtigten Ehegatten treffen können und deshalb von einer Befristung abgesehen (§ 1578 b BGB), liegt eine Änderung der Geschäftsgrundlage vor, sobald auf Grund der weiteren Entwicklung eine abschließende Prüfung möglich ist.[407]

Scheitert allerdings eine Anpassung des Vergleichs an zwischenzeitlich geänderte Verhältnisse daran, dass sich die genaue Berechnung des im Vergleich titulierten Unterhalts nicht mehr nachvollziehen lässt, ist der geschuldete Unterhalt nach den gesetzlichen Bestimmungen neu und **ohne Bindungen** zu berechnen.[408] Dies gilt z. B. dann, wenn sich die Berechnung des titulierten Unterhaltes unter Zugrundelegung der verschiedenen Faktoren (monatliches Nettoeinkommen, Quotenhöhe, Abzugspositionen) nicht mehr nachvollziehen lässt. Dann besteht ganz oder teilweise keine Bindung durch und an den Prozessvergleich.[409] Eine **völlige Neuberechnung** kann aber auch dann angezeigt sein, wenn sich die Geschäftsgrundlage so wesentlich geändert hat, dass keine Elemente der früheren Grundlage mehr vorhanden sind und hieran eine Anpassung scheitert. Lässt sich in diesem Fall dem Vergleich nicht entnehmen, dass er unabhängig von der künftigen Entwicklung der Verhältnisse Bestand haben soll, ist er bindungsfrei neu festzulegen (und nicht anzupassen).[410]

172   Im Rahmen der Abänderung eines Prozessvergleichs bzw. einer vollstreckbaren Urkunde finden die Präklusionsvorschriften der Abs. II und III keine Anwendung, wenngleich Abs. IV auf die vorstehenden Vorschriften (damit wortgenau auch auf beide Absätze) verweist. Der BGH hat die Unanwendbarkeit der beiden Absätze damit begründet, dass diese Präklusionsvorschriften auf nicht der **materiellen Rechtskraft** fähige Titel nicht passe, deren Grundlage allein der **Parteiwille** sei.[411]

Dagegen ließe sich einwenden, dass die Auslegung des Gesetzes gegen seinen Wortlaut besonderer Begründung bedarf, die nicht allein in der Berücksichtigung der Zielsetzung des damaligen Gesetzgebers gesehen werden kann. Auch kann der Vertrauensschutz des Abänderungsgegners gebieten, eine allzu weit zurückwirkende Abänderungsmöglichkeit einzuschränken. Ansonsten könnte nämlich diese Gefahr gerade eine streitschlichtende Vergleichsregelung verhindern. Schließlich ist schwer einzusehen, warum die Rechtswirkung eines Vergleiches gegenüber einem Urteil begrenzter und sein Bestandsschutz schwächer sein soll, es sei denn, man sähe im Urteilserlass und der Tatsache, dass kein Rechtsmittel eingelegt wurde, eine Unterwerfung beider Parteien unter den staatlichen Hoheitsakt der Verurteilung, die einen besonders hohen Bestandsschutz verdient.

173   Nach Ansicht des BGH gebieten diese Gesichtspunkte **keine Einschränkung der Rückwirkung** aus materiellrechtlichen Gründen.[412] Der Unterhaltsberechtigte erscheint hinreichend gegen einen Anspruch auf Rückgewähr zu viel gezahlten Unterhalts durch die Entreicherungseinrede (§ 818 III BGB) geschützt. Überdies wird die Rückwirkung begrenzt durch den Zeitpunkt, in dem die Änderungen der für die Titulierung maßgebenden

---

[405] Vgl. dazu BGH, FamRZ 1995, 665, 666 = R 493 B
[406] BGH, FamRZ 2005, 1662 = R 639
[407] BGH, FamRZ 2007, 793 = R 674
[408] BGH, FamRZ 2001, 1140
[409] BGH, FamRZ 1987, 257
[410] BGH, FamRZ 1986, 153
[411] BGH, FamRZ 1983, 22, 25
[412] BGH, FamRZ 1990, 989, 990

Geschäftsgrundlage wirksam werden.[413] Fehlte die Geschäftsgrundlage allerdings schon bei Abschluss der Vereinbarung, kann das Abänderungsverlangen schon auf diesen Zeitpunkt abstellen.

Wird eine **Erhöhung des Unterhaltsanspruchs** geltend gemacht, muss der Unterhaltsberechtigte die Voraussetzungen von §§ 1613 I, 1585 b BGB erfüllen. Aufgrund der seit dem 1. 1. 2008 geltenden Rechtslage genügt für den Einsatzzeitpunkt bereits die an den Unterhaltspflichtigen gerichtete Aufforderung, Auskunft über seine Einkünfte und sein Vermögen zu erteilen (vgl. Rn. 10/165 c). Dabei gilt § 323 III ZPO auch dann nicht, wenn eine erste Abänderungsklage gegen den Prozessvergleich als unbegründet abgewiesen worden war. Denn abzuändern bleibt weiterhin der Vergleich (§ 323 IV ZPO).[414] Wird die einen Prozessvergleich betreffende Abänderungsklage, mit der die Reduzierung einer Unterhaltsverpflichtung erstrebt wird, abgewiesen, hat der Abänderungskläger bei einer erneuten Abänderungsklage die Präklusionsvorschrift des § 323 II ZPO zu beachten.[415] Allerdings können die Präklusionsvorschriften der Absätze II und III doch wieder Bedeutung erlangen, wenn einer der Titel des Abs. IV durch ein Urteil abgeändert worden ist. Im erneuten Abänderungsverfahren ist dann § 323 II ZPO anzuwenden.[416]

Haben die Parteien die Titulierung des Unterhalts mehrfach durch Vergleich geregelt, ist der **Parteiwille der letzten Regelung** maßgebend, sofern sich aus ihm nicht Anhaltspunkte für die Weitergeltung früherer Grundlagen entnehmen lassen.[417] Ist ein Prozessvergleich im Abänderungsverfahren nicht abgeändert, sondern die Abänderungsklage abgewiesen worden, gelten materiellrechtlich die Grundlagen des fortbestehenden Prozessvergleichs weiter.[418] Enthält dieses klageabweisende Urteil allerdings eine Zukunftsprognose hinsichtlich der weitergeltenden Umstände (in Form der Bestätigung der bisherigen Geschäftsgrundlage und des hierbei zutage getretenen Parteiwillens), wird im erneuten Abänderungsverfahren § 323 I–III ZPO Anwendung finden müssen. Beenden die Parteien den Unterhaltsrechtsstreit im Abänderungsverfahren durch einen Vergleich, wonach es bei der „... Unterhaltsfestsetzung im Urteil bleiben soll ...“, entscheidet die **Auslegung** darüber, ob es für eine spätere Abänderung auf die Voraussetzungen von § 323 I bis III ZPO oder die von § 323 IV ZPO i. V. m. § 313 BGB ankommt. Hiernach dürfte das Verhalten der Prozessparteien so zu verstehen sein, dass keine Anpassung der ursprünglichen Unterhaltsfestsetzung gewollt war. Es dürfte im Ergebnis keinen Unterschied machen, ob die Parteien ihre Klagen zurücknehmen oder in der Hauptsache für erledigt erklären. Jedenfalls ist der Unterhalt nicht durch Vergleich, sondern durch das rechtskräftige Urteil tituliert, für dessen Abänderung § 323 I bis III ZPO maßgebend sind. Darauf haben sich die Prozessparteien bei verständiger Würdigung ihres Verhaltens eingelassen. Anders dürfte allerdings zu entscheiden sein, wenn die Prozessparteien das Unterhaltsurteil zur Höhe unangetastet lassen, aber zu den Grundlagen und zur Anpassung abweichend davon ergänzende Festlegungen treffen, die bei einer Abänderung ins Gewicht fallen könnten. In diesem Fall dürfte eine nachfolgende Abänderungsklage sich in der Sache mit den Grundsätzen von der Änderung oder dem Wegfall der Geschäftsgrundlage (§ 313 BGB) auseinandersetzen müssen. Hatte der Unterhaltsberechtigte ungeachtet eines bereits bestehenden weitergeltenden Vergleichs für ein weitergehendes Unterhaltsbegehren die allgemeine Leistungsklage (§ 258 ZPO) erhoben und wurde diese mangels Bedürftigkeit abgewiesen, ist der Unterhaltsberechtigte bei Meidung der Vollstreckungsabwehrklage (§ 767 ZPO) gehindert,[419] aus dem Vergleich für den Unterhaltszeitraum bis zum Schluss der mündlichen Verhandlung zu vollstrecken. Für die weitere Zukunft ist dies, da die Klageabweisung keine Prognose enthält, nicht der Fall. Die Abänderung dieses Titels folgt deshalb weiterhin gemäß § 323 IV ZPO i. V. m. § 313 BGB nach den Regeln des materiellen Rechts. Wurde der Leistungsklage stattgegeben, sieht sich der Unter-

---

[413] BGH, FamRZ 2003, 518
[414] OLG Karlsruhe, FamRZ 2005, 816
[415] OLG Koblenz, FamRZ 2000, 907
[416] BGH, FamRZ 1988, 493
[417] BGH, FamRZ 1995, 665 = R 493 B
[418] BGH, FamRZ 1995, 221, 223
[419] BGH, FamRZ 1990, 863

haltspflichtige zwei Titeln ausgesetzt. Im Hinblick auf die Zukunftswirkung dürfte der letzten Titulierung der Vorrang zukommen, so dass der Unterhaltspflichtige einer weiteren Vollstreckung aus dem Vergleich mit der Vollstreckungsabwehrklage entgegentreten könnte.[420] Die Abänderung des an sich zu Unrecht ergangenen Unterhaltsurteils muss dem gegenüber den Anforderungen von § 323 I bis III ZPO genügen.

Die Titelabänderung nach den Grundsätzen der Änderung der Geschäftsgrundlage (§ 313 BGB) hat schließlich auch bei Prozessvergleichen zu erfolgen, die ein **einstweiliges Anordnungsverfahren** endgültig (wie ein Hauptsachetitel) regeln will. Denn auch hier lässt sich dem Parteiwillen entnehmen, dass dieser Vergleich von Bestand sein sollte und nicht nur bis zur Schaffung eines Hauptsachetitels eine vorläufige Vollstreckungsgrundlage darstellte.

174　　Die Abänderungskriterien bei Prozessvergleichen sind auch für **vollstreckbare Urkunden** maßgebend, sofern diese infolge **übereinstimmenden Parteiwillens** (sozusagen vertraglich) zustande gekommen sind. Dann besteht eine Bindung beider Parteien.[421] Dies kann dann nicht gelten, wenn die Urkunde durch **einseitige Unterwerfungserklärung** (z. B. vor dem Jugendamt) entstanden ist. Würde auch hier eine Bindung des Gegners entstehen, hätte es der Unterhaltspflichtige in der Hand, durch eine zu geringe Unterhaltstitulierung nur schwer zu beseitigende Vorteile gegenüber dem Unterhaltsberechtigten zu schaffen.

Der **Unterhaltsberechtigte** ist daher nicht gehindert, im Rahmen einer Abänderungsklage (vgl. dazu Rn. 10/168) weitergehenden Unterhalt geltend zu machen. Maßgeblich für die Neufestsetzung sind die zu diesem Zeitpunkt vorherrschenden tatsächlichen und rechtlichen Verhältnisse.[422] Eine Bindung durch den einseitig errichteten Titel besteht nicht.

Im Unterschied dazu ist die Interessenlage für den **Unterhaltspflichtigen,** der sich um eine Herabsetzung des titulierten Unterhalts bemüht, vergleichbar der des Schuldners nach einem prozessualen Anerkenntnis, von dem er sich nur unter den Voraussetzungen eines Restitutions- oder Abänderungsgrundes lösen kann.[423] Demgemäß muss der Unterhaltspflichtige für den Erfolg seines Abänderungsbegehrens neben den **aktuellen Einkommensverhältnissen** auch diejenigen nach Grund und Höhe darlegen, die ihn zur **Errichtung der vollstreckbaren Urkunde** veranlasst haben, wie auch die Gründe dafür, dass der Unterhaltsberechtigte die Einkommensminderung durch Unterhaltskürzung mit tragen soll.[424] Die Grundsätze des Fehlens oder der Änderung der Geschäftsgrundlage sind hier, da es an einer Geschäftsgrundlage fehlt, weder unmittelbar noch entsprechend anwendbar.[425] Da die Zeitschranke des § 323 III S. 1 ZPO für die in § 323 IV ZPO genannten Titel nicht gilt, kann der Unterhaltsschuldner etwa mit dem Hinweis auf gesunkenes Einkommen eine Abänderung der Jugendamtsurkunde auch rückwirkend verlangen. Dem gegenüber erscheint der Unterhaltsgläubiger im Hinblick auf den Entreicherungseinwand nach § 818 III BGB hinreichend geschützt.[426]

15. Abänderungsklage und vereinfachtes Verfahren nach § 655 ZPO

175　　§ 655 ZPO eröffnet ein vereinfachtes Verfahren zur Anpassung von Unterhaltstiteln für den Fall, dass sich die Kindergeldbeträge oder ihnen gleichstehende **kinderbezogene Leistungen** verändert haben. Die Vorschrift gilt für alle vollstreckbaren Unterhaltstitel, in denen ein Betrag der nach §§ 1612 b, 1612 c BGB anzurechnenden Leistungen berücksichtigt worden ist.

Führt die Änderung der Kindergeldanrechnung gemäß § 655 ZPO zu einem Unterhaltsbetrag, der den jetzigen individuellen Verhältnissen nicht mehr entspricht, verschafft § 656

---

[420] Graba, Rn. 118
[421] BGH, FamRZ 2003, 304, 306 = R 579
[422] BGH, FamRZ 2004, 24
[423] BGH, FamRZ 2002, 88, 90
[424] BGH, FamRZ 2007, 715; OLG München, FamRZ 2002, 1271
[425] FA-FamR/Gerhardt, 6. Kapitel Rn. 661 d
[426] OLG Brandenburg, FamRZ 2006, 1856

ZPO jeder Partei die Möglichkeit, mit der **Änderungskorrekturklage** (vgl. Rn. 10/356 und 357) das Ergebnis des vereinfachten Verfahrens überprüfen zu lassen, gegen das sie sich zuvor nur mit den Einwendungen des § 655 III ZPO hatte wehren können.

Allerdings kann das Änderungskorrekturverfahren nur dazu führen, dass die durch das **176** Verfahren nach § 655 ZPO eingetretenen wirtschaftlichen Veränderungen ganz oder teilweise rückgängig gemacht werden. Eine völlige Neufestsetzung des Unterhalts lässt sich somit nur durch die Abänderungsklage nach § 323 ZPO erreichen, nicht durch die Änderungskorrekturklage, die nur den Änderungsbeschluss des § 655 I ZPO korrigiert.

Aufgrund dieser Rechtslage gestattet § 323 V ZPO eine Abänderungsklage nach § 323 ZPO dann, wenn der nach § 655 ZPO festzusetzende Betrag wesentlich von dem Betrag abweicht, der den individuellen Verhältnissen der Parteien Rechnung trägt.

Eine Abänderungsklage nach § 323 V ZPO ist aber dann unzulässig, wenn der Kläger die einfache und kostengünstigere Möglichkeit hat, den Titel nach Art. 4 § 2 GSchG i. V. m. § 655 ZPO abändern zu lassen.[427]

Im Übrigen ist bei den Titeln nach §§ 649 I und 653 I ZPO das Abänderungsverfahren nach § 654 ZPO als Sonderregelung zu § 323 ZPO anzusehen.[428] Hinsichtlich des über den nach § 650 S. 2 ZPO titulierten Betrag hinausgehenden Unterhalts ist das streitige Verfahren nach § 651 ZPO durchzuführen. Gegen diesen im streitigen Verfahren erlangten Titel besteht dann die Abänderungsmöglichkeit des § 323 ZPO.

16. Übergangsregelungen nach Art. 3 II Unterhaltsänderungsgesetz 2008

Die Änderungen im materiellen Unterhaltsrecht durch das Gesetz zur Änderung des **176a** Unterhaltsrechts vom 21. 12. 2007[429] begründen, worauf Stellungnahmen[430] und Vergleichsberechnungen[431] schon im Vorfeld des Inkrafttretens aufmerksam gemacht haben, einen **erheblichen Abänderungsbedarf,** hierbei in besonderem Umfang zum Vorteil des Unterhaltspflichtigen.[432] Wird zudem bedacht, dass insbesondere nach der ständigen Rechtsprechung des BGH[433] auch Gesetzesänderungen als wesentliche Änderungen im Sinne von § 323 I ZPO eine Abänderungsklage eröffnen können, stellt sich die Frage nach der Behandlung von **„Altfällen".** Dem sollen die Übergangsvorschriften des § 36 EGZPO Rechnung tragen. Dabei ist zu unterscheiden:

a) Handelt es sich um **Unterhaltsprozesse,** die bei Inkrafttreten der gesetzlichen Neuregelung **noch gerichtsanhängig** waren, folgt aus § 36 Nr. 7 EGZPO, dass es für den zurückliegenden Unterhaltszeitraum bis zum 31. 12. 2007 bei „altem Recht" bleibt und ab dem 1. 1. 2008 „neues Recht" Anwendung findet. Dem haben die Prozessparteien durch Anpassung ihres jeweiligen Vorbringens Rechnung zu tragen. Um nach der Intention des Gesetzgebers eine möglichst zeitnahe Umstellung der Unterhaltsverhältnisse auf das geänderte Recht sicherzustellen, haben die Gerichte **auf Antrag** auch eine in erster oder zweiter Instanz bereits geschlossene mündliche Verhandlung wieder zu eröffnen (§ 36 Nr. 6 EGZPO), ohne dass es noch auf die Voraussetzungen von § 156 ZPO ankäme. Für das Gericht besteht **kein Ermessen.** Die Partei ist zu einer entsprechenden Vorgehensweise aber nicht verpflichtet. Sieht sie von einem Antrag ab, ist die Partei nicht gehindert, die Anwendung neuen Rechts zum Gegenstand einer Abänderungsklage zu machen, sofern nicht noch ein Berufungsverfahren in Betracht kommt. Die Partei ist, sieht sie von einem Antrag auf Wiedereröffnung der mündlichen Verhandlung ab, **nicht präkludiert** (§ 323 II ZPO), weil die unterhaltsrechtlichen Änderungen erst nach Schluss der mündlichen Verhandlung eingetreten sind. Für die bei Inkrafttreten des Gesetzes noch in der Revision anhängigen Sachen stellt § 36 Nr. 5 EGZPO durch die Wiedereröffnung der Tatsachen-

---

[427] OLG Naumburg, FamRZ 2002, 183

[428] BGH, FamRZ 2003, 304 = R 579

[429] BGBl. S. 3189

[430] Borth, FamRZ 2006, 813

[431] Hütter, FamRZ 2006, 1577

[432] zur weiteren Kritik vgl. zuletzt Schwab, FamRZ 2007, 1054, 1056

[433] BGH, FamRZ 2001, 1687 = R 566

instanz die Beachtung „neuen Rechts" sicher, wenn auf Grund der nunmehr relevanten Tatsachen eine Beweisaufnahme erforderlich wird.

176 b b) Im Übrigen unterscheiden die Übergangsbestimmungen danach, ob über den Unterhaltsanspruch bereits **rechtskräftig entschieden** ist, ein **vollstreckbarer Titel** oder eine **Unterhaltsvereinbarung** vorliegt. Hierunter fallen insbesondere rechtskräftige Urteile, Vergleiche (§ 794 I Nr. 1 ZPO), notarielle Urkunden (§ 794 I Nr. 5 ZPO) und Jugendamtsurkunden (§§ 59, 60 SGB VIII). Einstweilige Anordnung (§§ 620 Nr. 4 bis 6 oder 644 ZPO) sind nicht erfasst. Ihnen liegt keine **bindende Unterhaltsfestsetzung** zugrunde. Dies gilt ebenso für im vereinfachten Verfahren ergangene Festsetzungsbeschlüsse (§ 649 ZPO). Soweit diese rechtskräftig sind, müssen die Parteien die unterhaltsrelevanten Gesetzesänderungen vorrangig[434] mit der Abänderungsklage (Korrekturklage) nach § 654 ZPO verfolgen (siehe hierzu Rn. 10/350 f und 10/358). Sie unterliegt nicht den durch § 36 Nr. 1 und 2 EGZPO für eine Abänderungsklage aufgestellten Bindungen.

Die zum 1. 1. 2008 in Kraft getretenen Änderungen des materiellen Unterhaltsrechts lassen sich in ihren konkreten Auswirkungen nicht isoliert auf einzelne Unterhaltsverhältnisse beschränken. Dem steht nämlich entgegen, dass im Rahmen der Bedarfsbestimmung und der Beurteilung der Leistungsfähigkeit in der Regel **mehrere Unterhaltsverhältnisse,** wie etwa bei Kindes- und Ehegattenunterhalt, voneinander beeinflusst sind. Macht etwa das Kind mit dem Hinweis auf seinen nunmehr gesetzlich geregelten Vorrang höheren Kindesunterhalt geltend, kann der Ehegattenunterhalt in der zuletzt ausgeurteilten Höhe aller Voraussicht nach keinen Bestand haben. Angesichts dieser inhaltlichen Abhängigkeit müssen die jeweiligen Unterhaltsberechtigten und Unterhaltspflichtigen zur Vermeidung einander widersprechender Entscheidungen und von Rechtsnachteilen die prozessualen Möglichkeiten der **Streitverkündung** (§ 72 ZPO) oder auch der **Nebenintervention** (§ 66 ZPO) in Anspruch nehmen.

Bei einem **rechtskräftigen Urteil** kommt (§ 36 Nr. 1 EGZPO) eine Titelanpassung in Betracht, wenn der Abänderungskläger sich auf Umstände berufen kann, die vor dem Inkrafttreten des Gesetzes entstanden, aber im jeweiligen Einzelfall erst **auf Grund der Gesetzesänderung erheblich** geworden sind (z. B. Rangfolge, Bedeutung der Ehedauer oder Erwerbsobliegenheit bei oder nach Kindesbetreuung) und zu einer **wesentlichen Änderung** der Unterhaltsverpflichtung führen. Im Übrigen bleibt es aber bei den durch das Ausgangsurteil geschaffenen Bindungen. Demgemäß ist der Abänderungskläger – im Unterschied zum Abänderungsbeklagten – gehindert, „Alttatsachen" die er bereits im Erstprozess hätte vorbringen müssen, nunmehr erstmalig oder erneut geltend zu machen, sofern sie nicht erst im Lichte der gesetzlichen Neuregelung Bedeutung erlangen. Während der Gesichtspunkt der Wesentlichkeit im Sinne von § 323 I ZPO und der dazu entwickelten Rechtsprechung zu verstehen ist, kommt dem weiteren Kriterium in § 36 Nr. 1 EGZPO, dass nämlich die Titelanpassung dem anderen Teil unter Berücksichtigung seines Vertrauens in die getroffene Regelung zumutbar sein muss, eine zusätzlich **begrenzende Funktion** zu.

176 c Im Rahmen dieser **Vertrauensschutzklausel,** die ansonsten im Rahmen einer gegen Unterhaltsurteile gerichteten Abänderungsklage keine Bedeutung hat, ist im jeweiligen Einzelfall zu gewichten, ob und welche Dispositionen der Unterhaltsberechtigte im Vertrauen auf den Fortbestand des Titels privat oder beruflich getroffen hat, ob ihn diese längerfristig binden und unter welchen Voraussetzungen er sich hiervon mit messbaren Nachteilen lösen kann. Im Ergebnis kann dies auch zu **zeitlich abgestuften Titeländerungen** führen. Wird in diesem Zusammenhang danach gefragt, ob das bisherige Unterhaltsrecht im konkreten Einzelfall zu einem so unbilligen und damit ungerechten Ergebnis geführt hat, dass es nicht dauerhaft aufrechterhalten bleiben kann, dürfen die **konkreten Auswirkungen** nicht vernachlässigt werden. Für die Unterhaltsberechtigten unzumutbar wäre etwa, wenn im Zuge der Rangänderung der aus dem betreuenden Elternteil und den minderjährigen Kindern bestehenden Restfamilie insbesondere bei beengten wirtschaftlichen Verhältnissen im Saldo weniger bliebe als vor der Gesetzesänderung,[435] die insbesondere der **Stärkung des Kindeswohls** dienen sollte.[436]

---

[434] OLG Karlsruhe, FamRZ 2003, 1672
[435] Vgl. die Berechnungen bei Hauß FamRB 2006, 180, 182
[436] Zu weiteren praktischen Auswirkungen vgl. Borth, FamRZ 2006, 820, 821

Einer **erstmaligen Abänderung** bestehender Unterhaltsurteile auf Grund des Gesetzes zur Änderung des Unterhaltsrechts vom 21. 12. 2007 stehen die Präklusionen der § 323 II ZPO und § 767 II ZPO nicht entgegen (§ 36 Nr. 2 EGZPO). Die Zeitschranke des § 323 III ZPO findet allerdings Anwendung, so dass eine Abänderungsklage, mit der der Unterhaltspflichtige gestützt auf das neue Unterhaltsrecht eine Herabsetzung des titulierten Unterhalts begehrt, gemäß § 323 III S. 1 ZPO erst ab Rechtshängigkeit in Betracht kommt (vgl. auch Rn. 10/165 b). Den Abänderungskläger trifft die **Darlegungs- und Beweislast** für die wesentliche Veränderung der Verhältnisse, die die Abänderung eröffnen können. Im Übrigen bleibt es bei den allgemeinen Regeln (vgl. hierzu Rn. 10/166). Beruft sich der Unterhaltspflichtige als Abänderungskläger darauf, dass die betreuende Kindesmutter im Hinblick auf das Alter des gemeinsamen Kindes nicht mehr nach § 1570 I S. 1 BGB n. F. unterhaltsberechtigt sei, hat diese die Voraussetzungen für eine fortbestehende Unterhaltsberechtigung nach § 1570 I S. 2, 3 BGB n. F. darzulegen und zu beweisen.[437] Allerdings kann sich der unterhaltspflichtige Kindesvater jedenfalls bei gemeinsamer Elternverantwortung nicht auf ein unmotiviertes Bestreiten im Kontext der Betreuungsmöglichkeiten für das gemeinsame Kind beschränken.

c) Handelt es sich um eine **titulierte Unterhaltsvereinbarung,** sind zunächst die **176 d** Grundsätze über die Änderung oder den Wegfall der Geschäftsgrundlage (§ 313 BGB) maßgebend (vgl. Rn. 10/169 f). Hat bei der Vereinbarung eine bestimmte Rechtsgrundlage erkennbaren Niederschlag gefunden, können erhebliche Gesetzesänderungen, sofern sie sich wesentlich auf die Unterhaltsbemessung auswirken, unter Beachtung der Vertrauensschutzklausel des § 36 Nr. 1 EGZPO eine Anpassung der Unterhaltsvereinbarung ermöglichen. Maßgebend für **Bindung** und Titelanpassung ist der **Parteiwille.** Hier trägt die **Darlegungs- und Beweislast** derjenige Vertragsteil, der sich auf die Änderung der Geschäftsgrundlage beruft.[438] Haben die Parteien die Regelung ihrer Unterhaltsverhältnisse in den Zusammenhang mit anderen Auseinandersetzungen über den Versorgungsausgleich, den Zugewinnausgleich oder andere Vermögensdispositionen gestellt, hat die in Betracht kommende Unterhaltsanpassung die anderweitigen Vereinbarungen mit zu gewichten.[439] Ein Eingriff in diese Teilbereiche vor dem Hintergrund der Änderungen des Unterhalsrechts ist aber nicht zulässig. Eine Anpassung kann nur über die Unterhaltsbestimmungen in der **Gesamtregelung** erfolgen. Prozessuale Einschränkungen einer Abänderungsklage (§ 323 II und III ZPO) bestehen nicht. Gegenüber Unterhaltsüberzahlungen ist der Unterhaltsberechtigte durch § 818 III BGB geschützt.

Formlose Unterhaltsvereinbarungen unterliegen ebenfalls unter den Voraussetzungen von § 313 ZPO einer Anpassung an das neue Recht. Der Anpassung zugänglich ist damit auch ein nach altem Recht erklärter Unterhaltsverzicht. Für eine **Abfindungsvereinbarung** dürfte dies allerdings ausscheiden, wenn es den Parteien erkennbar darum ging, dass Unterhaltsansprüche „. . . ein für allemal erledigt . . .“[440] sein sollte.

d) Die durch § 36 Nr. 1 und 2 EGZPO geschaffene **Übergangsregelung** erscheint **176 e** angesichts der Entscheidung des Gesetzgebers, die ab dem 1. 1. 2008 entstehenden Unterhaltsansprüche ungeachtet der Entstehung der jeweiligen **Anknüpfungstatsachen** dem nunmehr geltenden Unterhaltsrecht zu unterstellen, **lückenhaft.** Wird nämlich für Altfälle ein Vertrauenstatbestand geschaffen, der einen zu weit reichenden Eingriff in erworbene Altrechte vermeiden oder abschwächen soll, kann es keinen hinreichend rechtfertigenden Unterschied machen, ob die jeweilige Titulierung vor oder unmittelbar nach dem Inkrafttreten des neuen Unterhaltsrechts erfolgt ist. Maßgebend für die Begründung des jeweiligen **Vertrauenstatbestandes** ist nämlich nicht der Zeitpunkt der Entscheidung oder der Unterhaltsvereinbarung sondern die dem **zugrunde liegende Disposition,** die die Eheleute für sich und ihre Familie getroffen und wonach sie **tatsächlich gelebt** haben. War danach z. B. ein Unterhalt begehrender Ehegatte am 1. 1. 2008 langjährig verheiratet, muss er nicht zuletzt im Lichte des Schutzes von Ehe und Familie (Art. 6 GG) auf eine daran anknüpfende Unterhaltsabsicherung vertrauen dürfen, ohne dass es dabei auf eine noch

---

[437] BGH, FamRZ 1990, 496, 497
[438] BGH, FamRZ 1995, 665
[439] BGH, FamRZ 2001, 1687 = R 566
[440] BGH, FamRZ 2005, 1662 = R 639

rechtzeitige Titulierung vor der gesetzlichen Neuregelung ankäme. Es müsste auf Unverständnis stoßen, sollte – im Extremfall – der Vertrauensschutz nach § 36 Nr. 1 und 2 ZPO bei einem rechtskräftigen Urteil durchgreifen, im Fall einer Titulierung nur durch einstweilige Anordnung (§§ 620 Nr. 4 bis 6, 644 ZPO) leer laufen, obwohl ein **gleichwertiges Schutzbedürfnis** besteht. Die Rechtsprechung wird dem der Vorschrift des § 36 Nr. 1 EGZPO zugrunde liegenden übergeordneten Rechtsgedanken zur Vermeidung von Wertungswidersprüchen und Gerechtigkeitsdefiziten im jeweiligen Einzelfall Rechnung tragen müssen.

176 f   e) Für die bis zum 31. 12. 2007 errichteten **dynamischen Unterhaltstitel** ist mit dem Inkrafttreten des Gesetzes vom 21. 12. 2007 und der gleichzeitigen Aufhebung der Regelbetragverordnung der jeweilige Regelbetrag als **Bezugsgröße** entfallen. An dessen Stelle ist der Mindestunterhalt (§ 1612 a I BGB) als Ausdruck des jeweils in Form eines Freibetrages (§ 32 VI S. 1 EStG) einkommensteuerfrei zu stellenden sächlichen Existenzminimums eines Kindes getreten, vorübergehend überlagert noch durch die **speziellere Vorschrift des § 36 Nr. 4 EGZPO**. Gleichwohl bedarf es für den Unterhaltszeitraum ab dem 1. 1. 2008 weder eines Abänderungs- noch Titelumschreibungsverfahrens. Vielmehr enthält § 36 Nr. 3 a–d EGZPO einen **Umrechnungsschlüssel**, mit dem sich für vier denkbare Fallgestaltungen, die der jeweiligen Rolle des Kindergeldes bei der Unterhaltsbemessung Rechnung tragen, der nach neuem Recht konkret geschuldete Zahlbetrag durch das jeweilige Vollstreckungsorgan errechnen lässt. Demgemäß bleibt der **Alttitel als Vollstreckungstitel wirksam.** Mit der Umrechnung ist eine Änderung des Unterhalts der Höhe nach nicht verbunden. Zu den einzelnen Berechnungsbeispielen vgl. die Anmerkung E. Übergangsregelung der Düsseldorfer Tabelle (Anhang D). Der Heranziehung des Umrechnungsschlüssels bedarf es auch dann, wenn die Parteien aus anderem Grund eine Abänderung des Unterhaltstitels anstreben (z. B. beim Zusammentreffen von Kindes- und Ehegattenunterhalt). Erst dann lässt sich etwa feststellen, ob Änderungen in den für die Bemessung des Unterhalts maßgebenden Kriterien im konkreten Einzelfall wesentlich ins Gewicht fallen.

IV. Vollstreckungsabwehrklage (§ 767 ZPO)

1. Gegenstand

177   Bei ihr geht es nicht, wie bei der Abänderungsklage gemäß § 323 ZPO, um die Berücksichtigung des Einflusses der stets wandelbaren wirtschaftlichen Verhältnisse auf die Unterhaltspflicht,[441] auch nicht um die Beseitigung des materiell-rechtlichen Anspruchs oder um die Feststellung von dessen Fortbestehen, sondern allein darum, dem titulierten Anspruch **durch Rechtsgestaltung** die **Vollstreckbarkeit zu nehmen.**[442] Die Prüfung beschränkt sich auf den Anspruch, der Gegenstand des Urteils war, und auf die **Einwendungen des Unterhaltspflichtigen** gegen diesen Anspruch.[443] Verfahrensgegenstand ist allein die Frage, ob die Zwangsvollstreckung aus dem Titel wegen der nunmehr vorgebrachten materiell-rechtlichen Einwendungen unzulässig geworden ist.[444] Allerdings können, wie der BGH für den Verwirkungseinwand entschieden hat, Umstände, welche gegenüber fälligen Unterhaltsansprüchen eine Einwendung i. S. von § 767 ZPO begründen, für Zeiträume ab Rechtshängigkeit – auch – eine Abänderung gemäß § 323 ZPO begründen.[445] Gleichwohl schließen sich die Vollstreckungsabwehrklage und die Abänderungsklage für den gleichen Streitgegenstand wegen der unterschiedlichen Zielrichtung grundsätzlich gegenseitig aus (vgl. auch Rn. 10/145 f). Der Unterhaltspflichtige hat somit auch **kein Wahlrecht,** sondern muss

---

[441] BGH, FamRZ 2005, 101, 102 = R 620; BGH, FamRZ 1984, 470
[442] BGH, FamRZ 1984, 878
[443] BGH, FamRZ 1982, 782
[444] BGH, FamRZ 2005, 1479 = R 636
[445] BGH, FamRZ 1990, 1095

sein Rechtsschutzbegehren auf die Klageart stützen, die dem Ziel seiner Rechtsverfolgung für den jeweils in Rede stehenden Unterhaltszeitraum am nächsten kommt.[446] Voraussetzung für die Zulässigkeit ist ein **wirksamer Titel.** Andernfalls ist die Möglichkeit des § 732 ZPO (Erinnerung gegen die Erteilung der Vollstreckungsklausel) gegeben.[447] Alternativ besteht für den Unterhaltspflichtigen nach der neuen BGH-Rechtsprechung[448] die Möglichkeit, mit einer **prozessualen Gestaltungsklage analog § 767 ZPO** die fehlende Vollstreckungsfähigkeit des Titels zu rügen (vgl. Rn. 10/141). Familiensache ist eine Vollstreckungsabwehrklage dann, wenn und soweit der Vollstreckungstitel, gegen den sie sich richtet, einen sachlich und persönlich beschränkten **gesetzlichen Unterhaltsanspruch** nach § 23 b I S. 2 Nr. 5, 6 oder 13 GVG zum Gegenstand hat.[449]

Ein **Rechtsschutzbedürfnis** besteht für eine Vollstreckungsabwehrklage, soweit die   **178** Zwangsvollstreckung möglich ist und solange der Unterhaltsberechtigte über den Vollstreckungstitel verfügt (vgl. § 757 I ZPO). In diesem Fall genügt daher die bloße Erklärung des Gläubigers, aus dem Titel nicht mehr vollstrecken zu wollen, zur Beseitigung des Rechtsschutzinteresses nicht. Vielmehr muss in diesem Fall der Unterhaltberechtigte den **Titel** an den Unterhaltsschuldner **herausgeben.**

Beschränken sich aber die rechtshindernden oder rechtshemmenden Einwendungen des Schuldners auf **Teilleistungen** oder einen zeitlich befristeten Umfang, muss die Erklärung des Gläubigers, in diesem Umfang künftig nicht mehr vollstrecken zu wollen, da er die schuldnerischen Einwendungen anerkenne, zum Wegfall des Rechtsschutzbedürfnisses für eine Vollstreckungsabwehrklage ausreichen.[450] In diesem Falle ist der Unterhaltsberechtigte nicht in der Lage, den Vollstreckungstitel herauszugeben, weil er ihn für die übrigen, nicht mit Einwendungen des Schuldners belegten Zeiträume noch benötigt.

Für Vollstreckungsabwehrklagen gegen Unterhaltstitel minderjähriger Kinder ist auch nach Einführung des § 642 I ZPO im Jahre 1998 das Gericht des ersten Rechtszugs des Verfahrens, das zu dem angegriffenen Titel geführt hat, gemäß §§ 767 I, 802 ZPO ausschließlich zuständig. Denn durch die Einführung des § 642 I ZPO hat sich an der bisherigen ausschließlichen Zuständigkeit des Gerichts, das zu dem angegriffenen Titel geführt hat, nichts geändert. Damit wird sichergestellt, dass die vom Gericht im Vorprozess erworbene Sachkunde für die Vollstreckungsabwehrklage ausgenutzt werden kann.[451] Durch § 232 II FamFG-E wird dieser Vorrang beseitigt, weil nach der Begründung zum Regierungsentwurf die Fallkenntnis des Gerichts des Vorprozesses insbesondere nach Ablauf einer längeren Spanne oder im Fall des Richterwechsels nicht mehr von ausschlaggebender Bedeutung sein soll.

2. Zuständigkeit gemäß § 767 I ZPO

Es ist das Gericht des Vorprozesses erster Instanz örtlich und sachlich ausschließlich   **179** zuständig (§ 802 ZPO). Handelt es sich bei der Erledigung des Vorprozesses um einen gerichtlichen Vergleich, so ist das Gericht zuständig, bei welchem der durch Vergleich erledigte Vorprozess in erster Instanz anhängig war. Dies soll auch dann gelten, wenn der **Vergleich in zweiter Instanz** geschlossen worden ist.[452] Wird mit der Vollstreckungsabwehrklage ein Titel aus einem Vorprozess angefochten, der als **isolierte Familiensache** (z. B. Trennungsunterhalt) tituliert worden ist, ist trotz der Ausschließlichkeitsregelung des § 621 II, III ZPO weiterhin auch dann das Prozessgericht erster Instanz nach § 767 I ZPO zuständig, wenn eine Ehesache anhängig ist oder während des Verfahrens nach § 767 ZPO rechtshängig wird.[453]

---

[446] BGH, FamRZ 2005, 1479 = R 636
[447] BGH, MDR 1988, 136
[448] BGH, FamRZ 2006, 261, 262 = R 645
[449] Vgl. oben Rn. 2
[450] BGH, FamRZ 1984, 470, 471
[451] BGH, FamRZ 2001, 1705 = R 565; OLG Schleswig, FamRZ 1999, 945
[452] Zöller/Herget, ZPO, § 767 Rn. 10 a. E.
[453] BGH, FamRZ 1980, 346

3. Anwendbarkeit auf andere Titel als Urteile

180   Die Vollstreckungsabwehrklage ist nicht lediglich auf den Angriff gegen ein Urteil beschränkt, sondern kommt gemäß § 795 ZPO auch gegen andere Vollstreckungstitel (§ 794 ZPO) in Betracht, darunter Prozessvergleiche,[454] einstweilige Anordnungen (§§ 127 a, 620, 620 b u. 621 f ZPO),[455] Jugendamtsurkunden gemäß §§ 59, 60 SGB VIII und die von den ehemaligen DDR-Referaten „Jugendhilfe" errichteten Urkunden.

Die in einem Prozessvergleich begründeten Rechte und Pflichten können nicht durch eine außergerichtliche Vereinbarung ausgetauscht und die neuen Vereinbarungen zum Gegenstand der Zwangsvollstreckung gemacht werden. Bei **außergerichtlichen Vereinbarungen** über die **Reduzierung der Pflichten** aus dem Prozessvergleich kann der Schuldner im Wege der Vollstreckungsabwehrklage gegen die weitere Zwangsvollstreckung vorgehen.[456] Dasselbe gilt, wenn ein Ehegatte nach Auflösung der neuen Ehe aus einem Prozessvergleich mit dem Ehegatten der alten Ehe über nacheheliche Unterhalt mit Rücksicht auf § 1586 a BGB weiter vollstreckt.[457]

4. Einwendungen

181   Unter Einwendungen (§ 767 I ZPO) sind bei einem Urteil nur die **nachträglich** (§ 767 II ZPO) entstandenen **rechtsvernichtenden** (z. B. Erfüllung, Erfüllungssurrogate, Erlass, Verwirkung[458] nach §§ 1579 und 1611 BGB, Wiederheirat des Unterhaltsberechtigten[459]) oder **rechtshemmenden** (z. B. Stundung) zu verstehen.[460] Wird aus einem Urteil über den Trennungsunterhalt, das wegen Nicht-Identität den nachehelichen Unterhalt nicht umfasst, für die Zeit nach der Scheidung der Ehe vollstreckt, kann der Unterhaltsschuldner die (rechtsvernichtende) Einwendung der Ehescheidung erheben.[461] Stellen die Eheleute nach Titulierung des Trennungsunterhalts die eheliche Lebensgemeinschaft nicht nur vorübergehend wieder her, erlischt, der Trennungsunterhaltsanspruch und lebt auch bei erneuter Trennung nicht wieder auf. Da Trennungs- und Familienunterhalt nicht identisch sind, kann der Unterhaltspflichtige, sollte der Unterhaltsberechtigte die Vollstreckung fortsetzen oder nach erneuter Trennung wieder aufnehmen, mit der Vollstreckungsabwehrklage das **Erlöschen** des titulierten Anspruchs geltend machen.[462]

Der Einwand des Schuldners, für die Dauer der Ferienaufenthalte seiner Kinder bei ihm entfalle seine Barunterhaltspflicht zum Teil, ist ein solcher nach § 767 I ZPO.[463] Vollstreckt der Elternteil, der auf Grund einer Prozessstandschaft (§ 1629 III S. 1 BGB) einen Kindesunterhaltstitel erstritten hat, hieraus nach Volljährigkeit des Kindes, muss der Unterhaltspflichtige mit der Vollstreckungsabwehrklage gegen den Titelgläubiger (nicht gegen das Kind) wegen des **Wegfalls der Vollstreckungsbefugnis** vorgehen.[464] Setzt der Elternteil nach Obhutswechsel des Kindes die Vollstreckung aus dem Kindesunterhaltstitel fort, kann der Unterhaltspflichtige den Fortfall der Vollstreckungsbefugnis als Einwendung im Rahmen einer Vollstreckungsabwehrklage geltend machen.[465] Hat der Unterhaltsberechtigte durch planmäßige Vereitelung von Umgangskontakten zwischen dem gemeinsamen Kind und dem Unterhaltspflichtigen seinen Unterhaltsanspruch zeitweilig **ver-**

---

[454] Z. B. BGH, FamRZ 1984, 470
[455] OLG Hamburg, FamRZ 1996, 810
[456] BGH, FamRZ 1988, 270; FamRZ 1982, 782
[457] BGH, FamRZ 1988, 46
[458] BGH, FamRZ 1991, 1175; 1987, 259, 261
[459] BGH, FamRZ 2005, 1662 = R 639; OLG Naumburg, FamRZ 2006, 1402
[460] BGH, FamRZ 1983, 355
[461] Vgl. BGH, FamRZ 1981, 441
[462] OLG Düsseldorf, FamRZ 1992, 943
[463] Teilerlöschen; BGH, FamRZ 1984, 470
[464] OLG Köln, FamRZ 1995, 308
[465] OLG München, FamRZ 1997, 1493

wirkt, handelt es sich um eine Einwendung, die durch Vollstreckungsabwehrklage geltend zu machen ist.[466]

Begehrt der Unterhaltsschuldner wegen eines nachträglich bei dem Unterhaltsberechtig- **182** ten eingetretenen **Rentenbezugs** Herabsetzung des titulierten Unterhalts, hat der BGH[467] darin zunächst auch einen der Erfüllung wirtschaftlich gleichkommenden Vorgang erkannt und deshalb für die Zeit bis zur Klageerhebung die Vollstreckungsabwehrklage und erst für den weiteren Unterhaltszeitraum die Abänderungsklage als dem Klageziel am besten dienende Klageart angesehen. Im Zuge der geänderten Rechtsprechung zur Differenz- bzw. Additionsmethode, wonach sich nunmehr der Rentenbezug auch auf der Ebene der Bedarfs- bemessung auswirkt, muss eine allein am Erfüllungssurrogat orientierte Vollstreckungs- abwehrklage zu unbilligen Ergebnissen führen, weil sie nicht in der Lage ist, die auch **titelerhaltenden Aspekte** etwa bei der Bedarfsbemessung der geänderten Rechtsprechung aufzunehmen. Folgerichtig scheidet der BGH die Vollstreckungsabwehrklage nunmehr voll- ständig aus dem Bereich des nachträglichen Rentenbezugs aus.[468] Für dessen Einbindung in einen bestehenden Titel bedarf es vielmehr typischerweise der Neuberechnung der stets wandelbaren wirtschaftlichen Verhältnisse durch die Abänderungsklage.

Im Verfahren nach § 767 ZPO kann **nicht** geltend gemacht werden die Veränderung der **182a** stets wandelbaren wirtschaftlichen Verhältnisse der Parteien, z. B. Änderung der Unterhalts- richtsätze oder Minderung des Einkommens.[469] Wendet der Unterhaltspflichtige nachträg- lich ein, die Unterhaltsberechtigte müsse sich nunmehr Einkünfte aus **Versorgungsleis- tungen** anrechnen lassen, handelt es sich um eine Einwendung, die über eine bloße Erfüllung hinausgeht. Nach der mittlerweile gefestigten Rechtsprechung des BGH[470] han- delt es sich um bedarfsprägendes Einkommen, dessen Entwicklung allein im Kontext der stets wandelbaren wirtschaftlichen Verhältnisse angemessene Berücksichtigung finden kann. In einem solchen Zusammenhang steht auch die Beendigung der Ausbildung durch das volljährige Kind. Sie scheidet deshalb ebenfalls als Einwendung im Sinne von § 767 I ZPO aus.[471]

Unterhaltsleistungen mit Erfüllungscharakter während der Dauer eines Unterhaltsrechts- **182b** streits müssen im Urteil berücksichtigt werden, weil sonst im Falle einer Zwangsvollstre- ckung der Einwand der Erfüllung nicht mehr zulässig wäre.[472] Leistung unter Vorbehalt ist gewöhnlich Erfüllung.[473] Zahlung zur Abwendung der Zwangsvollstreckung aus einem nur vorläufig vollstreckbaren Urteil ist keine Erfüllung.[474]

Die Präklusionsvorschrift des § 767 II ZPO gilt für Prozessvergleiche nicht.[475] Dasselbe gilt kraft Gesetzes für vollstreckbare Urkunden.[476]

5. Rechtskraft/Rechtsschutzbedürfnis

Die Rechtskraft eines die Vollstreckungsabwehrklage gegen einen gerichtlichen Vergleich **183** abweisenden Urteils erstreckt sich nicht auf das Bestehen des materiell-rechtlichen An- spruchs. Nur durch Erhebung einer Feststellungsklage ist dies möglich.[477]

Bei einem der Vollstreckungsabwehrklage stattgebenden Urteil gilt dies gleichfalls mit Ausnahme des Falles der Aufrechnung mit einer Gegenforderung nach § 322 II ZPO.[478]

---

[466] OLG München, FamRZ 1997, 1160
[467] BGH, FamRZ 1989, 159
[468] BGH, FamRZ 2005, 1479 = R 636
[469] BGH, FamRZ 1983, 355
[470] BGH, FamRZ 2004, 1170 und 1173
[471] OLG Bremen, NJW-FER 2000, 161
[472] § 767 II ZPO; BGH, FamRZ 1998, 1165 = R 528
[473] BGH, FamRZ 1984, 470
[474] BGHZ 86, 267
[475] BGH, FamRZ 1984, 997; FamRZ 1983, 22
[476] § 797 IV ZPO; BGH, FamRZ 1983, 22 u. FamRZ 1984, 997
[477] BGH, FamRZ 1984, 878
[478] BGH, FamRZ 1984, 878

Die Vollstreckungsabwehrklage ist mangels **Rechtsschutzbedürfnisses** unzulässig, wenn eine Zwangsvollstreckung unzweifelhaft nicht mehr droht. Dazu gehört in der Regel die Herausgabe des Vollstreckungstitels an den Schuldner. Bei Titeln auf wiederkehrende Leistung begründet jedoch die Nicht-Herausgabe des Titels nicht schon für sich allein die Besorgnis weiterer Vollstreckung trotz Erfüllung, wenn der Titel für die erst künftig fällig werdenden Ansprüche noch benötigt wird.[479] Der Einwand, die Unterhaltsgläubigerin betreibe zu Unrecht aus einem Urteil, mit welchem ihr Trennungsunterhalt zuerkannt worden sei, die Zwangsvollstreckung für einen Unterhaltszeitraum nach Rechtskraft der Scheidung, kann im Wege der Vollstreckungsabwehrklage nach § 767 ZPO geltend gemacht werden.

Das Rechtsschutzbedürfnis für die Vollstreckungsabwehrklage entfällt in einem solchen Falle grundsätzlich erst, wenn der Vollstreckungstitel dem Unterhaltsschuldner ausgehändigt worden ist, hingegen nicht schon bei einem von der Unterhaltsgläubigerin erklärten Verzicht auf die Rechte aus einem Pfändungs- und Überweisungsbeschluss.[480]

Nach Ansicht des OLG Hamm[481] ist eine Vollstreckungsgegenklage grundsätzlich so lange zulässig, wie eine Vollstreckungsmöglichkeit besteht. Danach kommt es nicht darauf an, ob eine konkrete Vollstreckung beabsichtigt ist. Ebenso wenig ist nach dieser Ansicht von Bedeutung, dass der Beklagte die vollstreckungsfähige Ausfertigung verloren hat.

Der Gläubiger einer titulierten Forderung gibt (noch) keine Veranlassung zur Erhebung einer Vollstreckungsabwehrklage, wenn er dem Schuldner gegenüber zum Ausdruck bringt, auf die Durchsetzung des Anspruchs zu verzichten, sofern eine vergleichsweise Regelung getroffen werden kann.[482]

Nach Beendigung der Zwangsvollstreckung setzen sich die rechtlichen Möglichkeiten der Vollstreckungsabwehrklage in der materiell-rechtlichen Bereicherungsklage fort.[483] Wegen dieser Möglichkeit lässt sich das Rechtsschutzinteresse für eine Vollstreckungsabwehrklage nicht damit begründen, sie diene der Klärung einer zwischen den Parteien streitigen Rechtsfrage wegen des in der Vergangenheit angeblich zu viel geleisteten Unterhalts.[484]

6. Verzicht auf Klage

184   Auf die Erhebung der Vollstreckungsabwehrklage kann durch Prozessvertrag verzichtet werden; jedoch sind an einen derartigen Prozessvertrag strenge Anforderungen zu stellen.[485]

7. Verbindung der Vollstreckungsabwehrklage mit einer Abänderungsklage

185   Vollstreckungsabwehrklage und Abänderungsklage können, was der BGH vor dem Hintergrund nicht einfacher Abgrenzungsfragen als unbedenklich ansieht,[486] in der Weise verbunden werden, dass in erster Linie ein Antrag aus § 767 ZPO, hilfsweise ein Anspruch aus § 323 ZPO geltend gemacht wird. Voraussetzung ist allerdings die **Zulässigkeit der Klageverbindung** gemäß § 260 ZPO.[487] Dabei muss zunächst die gleiche Zuständigkeit gegeben sein, die für die Vollstreckungsabwehrklage nach § 802 ZPO, für die Abänderungsklage nach §§ 621 II, 642 I ZPO die ausschließliche. Überdies sind die Besonderheiten der einzelnen Klagearten zu beachten, wie etwa die Zeitschranke des § 323 III S. 1 ZPO, die nur für die Abänderungsklage gilt. Wird in einer Unterhaltssache eine Vollstreckungsabwehrklage mit einer Abänderungsklage im **Eventualverhältnis** ver-

---

[479] BGH, FamRZ 1984, 470
[480] OLG Köln, FamRZ 1996, 1077
[481] OLG Hamm, FamRZ 2000, 1166
[482] OLG Köln, NJW-RR 1996, 381
[483] BGH, FamRZ 1991, 1175; FamRZ 1982, 470; siehe oben
[484] BGH, FamRZ 1984, 470
[485] BGH, FamRZ 1982, 782
[486] BGH, FamRZ 2001, 282
[487] BGH, FamRZ 1979, 573

bunden, und ist die Vollstreckungsabwehrklage unzulässig, das Gericht aber für die Abänderungsklage örtlich nicht zuständig, so darf kein Teilurteil ergehen. Auf den Hilfsantrag ist die Sache vielmehr an das für die Abänderungsklage zuständige Familiengericht zu verweisen.[488]

Kumulativ können Vollstreckungsabwehrklage und Abänderungsklage schließlich in der Weise zusammentreffen, dass etwa beim titulierten Kindes- und Ehegattenunterhalt gegen zwei Titelgläubiger Einwendungen vorgebracht werden, die in der Person des einen nach § 767 I ZPO, in der des anderen als Abänderungsklage zu behandeln sind (z. B. gesunkenes Einkommen gegenüber Kindesunterhalt als Abänderungsgrund und Ehescheidung oder Wiederheirat der Unterhaltsberechtigten als rechtsvernichtende Einwendung).

8. Abwehrklage und negative Feststellungsklage bzw. Leistungsklage

Neben der Vollstreckungsabwehrklage ist gemäß § 256 ZPO auch die **Feststellungsklage auf Nichtbestehen** des Anspruchs möglich, etwa wenn die Reichweite des Vollstreckungstitels unklar ist.[489] Sie ist allerdings ausgeschlossen, soweit Einwendungen geltend gemacht werden, die nach § 767 II ZPO zu beurteilen sind.[490] Durch die Feststellungsklage wird zwar die Vollstreckbarkeit des angefochtenen Titels nicht beseitigt. Ihre Rechtskraft erstreckt sich aber auf den Titel des Vorprozesses.[491] **186**

9. Abwehrklage und Berufung

Möglich ist auch, dass der Schuldner im Rahmen einer **Berufung** seine Einwendungen gegen den Titel geltend macht. Als umfassende Rechtsmöglichkeit ist hierbei die Berufung als das gegenüber der Vollstreckungsabwehrklage **vorrangige Rechtsmittel** anzusehen. **187**

10. Abwehrklage und vorausgegangenes Versäumnisurteil

Gemäß § 767 II ZPO muss der Schuldner vor Erhebung der Vollstreckungsabwehrklage gegen ein ergangenes **Versäumnisurteil Einspruch** einlegen. Dies bedeutet, dass die Vollstreckungsabwehrklage nur auf solche Einwendungen gestützt werden kann, die erst aus dem Zeitraum nach Ablauf der Einspruchsfrist herrühren.[492] **188**

11. Vollstreckbarkeit und Streitwert

Die vorläufige Vollstreckbarkeit des Urteils in einer Vollstreckungsabwehrklage richtet sich nach § 708 Nr. 11 ZPO bzw. § 709 ZPO, nicht § 708 Nr. 8 ZPO. Die einstweilige Einstellung der Zwangsvollstreckung ergibt sich aus § 769 ZPO. Sie unterliegt keiner Anfechtung.[493] Der Wert der Vollstreckungsabwehrklage richtet sich nach dem **Nennbetrag** des vollstreckbaren Anspruchs ohne Rücksicht auf seine Realisierbarkeit. Maßgebend sind die Beträge, deren sich der die Zwangsvollstreckung betreibende Unterhaltsgläubiger berühmt. Unerheblich ist, ob die titulierte Forderung in Wahrheit ganz oder teilweise schon getilgt war und ob dies etwa im Laufe des Prozesses unstreitig wird.[494] **189**

---

[488] OLG Dresden, FamRZ 2000, 14
[489] BGH, NJW 1997, 2320
[490] OLG Rostock, OLGR 2003, 565
[491] BGH, NJW 1973, 803
[492] BGH, NJW 1982, 1812
[493] BGH, FamRZ 2004, 1191
[494] BGH, FamRZ 2006, 620

V. Feststellungsklage (§ 256 ZPO)

1. Allgemeines

190   Sie kommt im Bereich des Unterhaltsrechts hauptsächlich in der Form der **negativen Feststellungsklage** vor, z. B. der Klage des Unterhaltspflichtigen gegen eine ihn belastende einstweilige Anordnung oder gegen eine vom Beklagten behauptete Unterhaltspflicht überhaupt. Mit ihr kann nicht geklärt werden, ob ein Einzelposten bei der Unterhaltsbemessung zu berücksichtigen ist.[495]

Die Feststellungsklage ist auf die Feststellung gerichtet, dass ein Rechtsverhältnis besteht bzw. nicht besteht.[496] Hierzu gehört jedes Schuldverhältnis zwischen den Parteien, insbesondere auch Fragen der Wirksamkeit und Auslegung bestehender Verträge, eines Urteils oder eines Prozessvergleichs (es sei denn, dass hinsichtlich beider Titel die Vollstreckungsgegenklage der einfachere Weg wäre).[497]

Abstrakte Rechtsfragen oder reine Tatfragen, Vorfragen oder die Erwartung künftiger Rechtsverhältnisse gehören nicht zu den Rechtsverhältnissen im Sinne des § 256 ZPO. Allerdings kann das Rechtsverhältnis betagt oder bedingt sein.[498] Es muss aber gegenwärtig und darf nicht zukünftig sein.[499]

Auch die **positive Feststellungsklage** gewinnt im Unterhaltsrecht zunehmend an Bedeutung. Dies trifft insbesondere zu auf Eheverträge mit Vereinbarungen, die Unterhaltsfragen regeln und deren Wirksamkeit zwischen den Parteien umstritten ist.[500] Allerdings stellen die Instanzgerichte durchaus unterschiedlich starke Anforderungen an das darzulegende **Feststellungsinteresse.** Während das OLG Düsseldorf[501] ein solches bejaht, wenn an Stelle einer an sich möglichen Leistungsklage die Durchführung des Feststellungsprozesses unter dem Gesichtspunkte der Prozesswirtschaftlichkeit zu einer sachgemäßen Erledigung der streitigen Punkte führt, verneint das OLG Frankfurt[502] das Feststellungsinteresse für die Klage auf Feststellung der Nichtigkeit eines Ehevertrages, solange ein Scheidungsantrag nicht gestellt und auch sonst offen ist, ob es zu einer Ehescheidung der Parteien kommt.

2. Feststellungsinteresse

191   Notwendig ist ein besonderes Feststellungsinteresse. Dieses ist gegeben, wenn dem Recht oder der Rechtslage des Klägers eine gegenwärtige Gefahr der Unsicherheit droht und wenn das erstrebte Urteil geeignet ist, diese Gefahr zu beseitigen. Bei einer behauptenden **(positiven) Feststellungsklage** liegt eine solche Gefährdung in der Regel schon darin, dass der Beklagte das Recht des Klägers **ernstlich bestreitet.**[503] Bei der leugnenden **(negativen) Feststellungsklage** liegt es vor, wenn sich der Beklagte eines Anspruchs gegen den Kläger beziffert oder unbeziffert **„berühmt"** (allg. M.). Von einem solchen „Sich-Berühmen" kann allerdings nicht schon dann die Rede sein, wenn sich der Unterhaltsberechtigte gerichtlich oder außergerichtlich lediglich um die Durchsetzung eines Auskunftsbegehrens bemüht, weil er sich insoweit noch in der Prüfphase befindet, ob er sich eines Unterhaltsanspruchs berühmen soll, und hierbei auf die Auskunft des Unterhaltspflichtigen angewiesen ist.[504]

---

[495] BGH, FamRZ 1992, 162, 164
[496] BGH, NJW 1984, 1556
[497] BGH, NJW 1977, 583
[498] BGH, NJW 1984, 2950
[499] BGH, NJW 1988, 774
[500] BGH, FamRZ 2005, 691
[501] OLG Düsseldorf, FamRZ 2005, 282
[502] OLG Frankfurt, FamRZ 2006, 712 und FamRZ 2005, 457
[503] Bereits OLG Köln, VersR 1977, 938
[504] OLG Brandenburg, FamRZ 2005, 117

Das Feststellungsinteresse entfällt nicht deshalb, weil der Kläger später eine Leistungsklage erheben könnte. Zwar besteht grundsätzlich kein Feststellungsinteresse, wenn dasselbe Ziel mit einer Klage auf Leistung erreichbar ist.[505] Der Feststellungsklage steht aber nicht die Möglichkeit einer Klage auf zukünftige Leistung entgegen.[506] Ist eine Feststellungsklage anhängig und wird danach eine Leistungsklage umgekehrten Rubrums mit gleichem Streitgegenstand erhoben, kommt es darauf an, ob aus der Sicht der letzten mündlichen Verhandlung des Feststellungsverfahrens **Entscheidungsreife** bereits eingetreten war, als die Leistungsklage nicht mehr einseitig zurückgenommen werden konnte. Denn zu diesem Zeitpunkt entfällt in der Regel das schutzwürdige Interesse an der parallelen Weiterverfolgung der Feststellungsklage und damit deren Zulässigkeit.[507] Das Feststellungsinteresse kann fehlen, wenn nach Ablehnung des Erlasses einer einstweiligen Anordnung der Unterhaltsberechtigte nichts mehr unternimmt.[508] Wendet sich der Feststellungskläger gegen eine einstweilige Anordnung, soll nach OLG Düsseldorf[509] das Feststellungsinteresse wegen der fortdauernden Wirkung ab Einstellung der Zwangsvollstreckung aus der einstweiligen Anordnung auch bei einer Unterhaltsleistungsklage des Gegners gegeben sein.[510] Das Interesse an der Feststellung, dass kein Unterhalt geschuldet wird, kann fehlen, wenn Anträge auf Erlass einer einstweiligen Anordnung auf Zahlung von Unterhalt zurückgewiesen wurden.[511] Auch das OLG Brandenburg[512] geht davon aus, dass für eine negative Feststellungsklage das Feststellungsinteresse dann fehlt, wenn bereits Leistungsklage auf Zahlung von Unterhalt erhoben worden ist, auch dann, wenn eine nach § 620 Nr. 6 ZPO ergangene einstweilige Anordnung bekämpft werden soll.

Das Feststellungsinteresse fehlt auch, wenn der Kläger einen einfacheren Weg hat, z.B.   **192** gemäß § 766 ZPO[513] oder im Wege der **Urteilsberichtigung** vorgehen kann.[514] Kein Feststellungsinteresse besteht auch, wenn der Kläger das gleiche Ziel mit der **Leistungsklage** erreichen kann, oder aber wenn das Feststellungsurteil im Ausland, wo vollstreckt werden soll, nicht anerkannt wird.[515]

3. Abgrenzung zu anderen Verfahren

Soweit gelegentlich „Feststellung" begehrt wird, dass der bereits titulierte Unterhalt   **193** wegfalle, handelt es sich in Wahrheit um eine Abänderungsklage gemäß § 323 ZPO. Ist ein Feststellungsurteil ergangen und wird es durch ein Leistungsurteil ausgefüllt, wird das Feststellungsurteil insoweit gegenstandslos. Eine Änderung des ausfüllenden Rentenurteils ist nur unter den Voraussetzungen des § 323 ZPO möglich.[516] Gegen ein Urteil auf wiederkehrende Leistungen ist eine Feststellungsklage mangels Rechtsschutzinteresses unzulässig. Möglich ist nur die Abänderungsklage gemäß § 323 ZPO.[517] Ist in einem Feststellungsurteil über wiederkehrende Leistungen prozessordnungswidrig die Höhe der Leistungen festgelegt, ist ebenfalls die Abänderungsklage gemäß § 323 ZPO möglich.[518] Ein Urteil, das eine Unterhaltspflicht auf negative Feststellungsklage gegen eine Unterhaltsanordnung hin feststellt, ist einer Verurteilung zu künftig fällig werdenden Leistungen gleichzustellen; dagegen gibt es die Abänderungsklage.[519]

---

[505] BGH, FamRZ 1984, 470
[506] Bereits RG 113, 412 zu § 259 ZPO
[507] BGH, WM 1987, 637; ebenso BGH, NJW-RR 1990, 1532
[508] Vgl. OLG Karlsruhe, FamRZ 1994, 836
[509] FamRZ 1993, 816
[510] Dort zutreffende Unterscheidung zwischen Unterhaltsanspruch und e. A. – als vorläufige Vollstreckungsmöglichkeit
[511] BGH, FamRZ 1995, 725
[512] FamRZ, 1999, 1210
[513] BGH, NJW-RR 1989, 636
[514] § 319 ZPO; BGH, NJW 1972, 2268
[515] BGH, MDR 1982, 828
[516] BGH, MDR 1968, 1002
[517] BGH, NJW 1986, 3142
[518] Vgl. BGH, FamRZ 1984, 556
[519] OLG Hamm, FamRZ 1994, 387

Nur durch Feststellungsklage, nicht durch Vollstreckungsabwehrklage, kann die Rechtskraft eines Urteils über die Vollstreckungsabwehrklage auf den materiell-rechtlichen Anspruch eines gerichtlichen Vergleichs erstreckt werden.[520] Nur die Feststellungsklage hat der Unterhaltsschuldner gegen einen **Prozessvergleich,** der einer einstweiligen Anordnung in den Wirkungen gleichsteht.[521] Die Feststellung, dass keine Unterhaltspflicht mehr besteht, ist mit Eintritt der Rechtskraft eine anderweitige Regelung gemäß § 620 f I ZPO.[522]

4. Prüfungs- und Entscheidungsumfang

194   Die Feststellungsklage ist ein „Weniger" (kein „aliud") gegenüber dem Leistungsbegehren. Entspricht der Erlass eines Feststellungsurteils statt des begehrten, aber unbegründeten Leistungsurteils dem Interesse des Klägers, kann ohne Verstoß gegen § 308 I ZPO – auch ohne ausdrückliche hilfsweise Geltendmachung – ein Feststellungsurteil erlassen werden.[523]

Für eine Prüfung und Entscheidung über die Höhe des festzustellenden Anspruchs ist bei einer positiven Feststellungsklage kein Raum.[524]

Bei der negativen Feststellungsklage ist entgegen einer verbreiteten Praxis nicht die verbleibende Unterhaltpflicht positiv zu beantragen und festzustellen, sondern negativ, in welcher Höhe **keine Unterhaltspflicht** besteht,[525] z. B.: Es wird festgestellt, dass der Kläger **nicht verpflichtet** ist, an die Beklagte für die Zeit vom 1. 1. bis 31. 12. 2002 **mehr als** 300 € Unterhalt monatlich zu zahlen.

Nicht: Es wird festgestellt, dass der Kläger ... 300 € Unterhalt zu zahlen hat.

5. Darlegungs- und Beweislast

195   Sie richtet sich nach allgemeinen materiell-rechtlichen Grundsätzen. Auch bei der negativen Feststellungsklage ist die **umgekehrte Parteistellung** auf die Darlegungs- und Beweislast ohne Einfluss.[526] Bei der positiven Feststellungsklage muss daher der Kläger das Bestehen des behaupteten Anspruchs beweisen, bei der negativen Feststellungsklage der Beklagte das Bestehen des Anspruchs, dessen er sich berühmt.

6. Rechtskraft

196   Ein Urteil, das eine negative Feststellungsklage abweist, hat grundsätzlich dieselbe Bedeutung und Rechtskraftwirkung wie ein Urteil, welches das Gegenteil dessen positiv feststellt, was mit der negativen Feststellungsklage begehrt wird.

Beispiel:
Der Kläger verlangt Feststellung, dass er nicht verpflichtet ist, 10 000 € Unterhaltsrückstand zu zahlen. Die Klage wird als unbegründet abgewiesen. Damit ist rechtskräftig (positiv) ausgesprochen, dass dem Beklagten 10 000 € Unterhaltsrückstand zustehen.[527]
Allerdings ist dadurch kein Leistungstitel geschaffen. Das Urteil wirkt vielmehr wie ein Grundurteil (§ 304 ZPO), das noch der konkreten Ausfüllung bedarf.[528]

Beispiel:
Der Unterhaltberechtigte berühmt sich eines Unterhaltsanspruchs gegen den Unterhaltsverpflichteten. Dieser klagt auf Feststellung, dass dem Beklagten kein Unterhaltsanspruch gegen ihn zustehe

---

[520] BGH, FamRZ 1984, 878
[521] Vgl. BGH, FamRZ 1983, 892
[522] BGH, FamRZ 1991, 180
[523] BGH, FamRZ 1984, 556
[524] BGH, FamRZ 1984, 556
[525] BGH, FamRZ 1988, 604
[526] BGH, WM 1986, 954
[527] Vgl. BGH, FamRZ 1986, 565
[528] BGH, FamRZ 1986, 565

(negative Feststellungsklage). Die Klage wird abgewiesen. Damit steht fest, dass der Unterhaltsanspruch dem Grunde nach besteht.

Wird die (positive) Feststellungsklage rechtskräftig und abschließend abgewiesen, so schafft das Urteil **Rechtskraft** auch für eine später auf dieselbe Forderung gestützte Leistungsklage insoweit, als das mit der Leistungsklage erstrebte Ziel unter keinem rechtlichen Gesichtspunkt aus dem Lebenssachverhalt hergeleitet werden kann, der der Feststellungsklage zugrunde gelegen hat.[529]

Beispiel:
Der Kläger beantragt Feststellung, dass ihm die Beklagte für die Zeit vom 1. 1. 1995–31. 12. 2002 Ausgleich wegen Kindesunterhalts schulde. Nach rechtskräftiger, einschränkungsloser Abweisung klagt er unter konkreter Bezifferung auf Leistung.
Die Leistungsklage ist zwar zulässig, weil verschiedene Streitgegenstände vorliegen, aber unbegründet wegen der Rechtskraft des Feststellungsurteils.

Keine Rechtskraftwirkung besteht, wenn der zur Prüfung gestellte Streitpunkt als Vorfrage im Leistungsprozess bereits entschieden worden ist.[530]

Beispiel:
Im Leistungsprozess auf Erstattung des an die Kinder gezahlten Unterhalts wird geprüft, ob eine Freistellungsverpflichtung auf Grund eines Prozessvergleichs besteht. Mit der nachfolgenden Feststellungsklage macht der Kläger die Nichtigkeit der Freistellungsvereinbarung geltend. Die Rechtskraft des früheren Leistungsurteils erstreckt sich nicht auf den weiteren Bestand der Freistellungsverpflichtung.

7. Einstweilige Einstellung der Zwangsvollstreckung

Die Einstellung der Zwangsvollstreckung aus dem angefochtenen Titel ist analog §§ 707, **197** 719 ZPO oder § 769 ZPO zulässig.[531] Sie unterliegt seit der ZPO-Reform 2002 keiner Anfechtung.[532]

8. Streitwert

Der Streitwert der negativen Feststellungsklage liegt – ohne Abschlag – so hoch wie der **198** Anspruch, dessen sich der Gegner berühmt.[533] Bei der positiven Feststellungsklage wird ein gewisser Abschlag vorgenommen, der nach der herrschenden Meinung mit rund 20% bemessen wird.[534] Dies sind aber nur Anhaltswerte, da der Wert des Feststellungsinteresses in jedem Fall unterschiedlich zu bewerten ist. Auch bei einer negativen Feststellungsklage wirken die Rückstände bis zur Einreichung der Klage nach § 42 V GKG streitwerterhöhend, wenn und soweit die Klage diese Rückstände umfasst. Letzteres ist eine Frage der Auslegung des Klagantrags.[535]

VI. Bereicherungs- und Erstattungsklage, Schadensersatzklage

Hat ein Unterhaltsgläubiger überhöhten Unterhalt erlangt, der ihm rechtlich nicht zusteht, **199** kann der Unterhaltsschuldner eine Bereicherungsklage gemäß § 812 BGB[536] oder eine Schadensersatzklage nach § 826 BGB wegen sittenwidriger Ausnützung des Titels erheben.[537]

---

[529] BGH, NJW 1989, 393
[530] BGH, FamRZ 1986, 444
[531] BGH, FamRZ 1983, 355
[532] BGH, FamRZ 2004, 1191
[533] BGH, NJW 1970, 2025
[534] BGH, NJW-RR 1988, 689
[535] OLG Köln, FamRZ 2001, 1385
[536] BGH, FamRZ 1987, 684, 685; 1986, 794, 795
[537] BGH, FamRZ 1983, 995 ff.

Eine **Bereicherungsklage** setzt voraus, dass der Schuldner ohne Rechtsgrund gemäß § 812 I S. 1 BGB geleistet hat[538] und der Unterhaltsberechtigte immer noch bereichert ist. Demgemäß scheidet eine solche Klage aus, wenn der Unterhalt auf Grund eines **rechtskräftigen Urteils**, das den Rechtsgrund darstellt, tituliert ist. Gelingt es dem Kläger nicht, die Rechtskraft zu beseitigen, bleibt ihm nur die Schadensersatzklage unter den Voraussetzungen von § 826 BGB. Auch der **Prozessvergleich** stellt einen dem Erfolg der Bereicherungsklage zunächst entgegenstehenden Rechtsgrund dar, so dass es vor einer Kondiktion der Abänderungsklage (§ 323 ZPO) bedarf.[539] Ein anderes gilt allerdings für gerichtliche Vergleiche, soweit sie in einem Verfahren der **einstweiligen Anordnung** ergangen sind. Die einstweilige Anordnung trifft auf Grund einer nur summarischen Prüfung vorläufige Regelungen, die jederzeit im ordentlichen Rechtsstreit geändert werden können. Geht sie über Bestand und Höhe des materiellrechtlichen Unterhaltsanspruchs hinaus, hat der Unterhaltsschuldner Überzahlungen ohne rechtlichen Grund (§ 812 I S. 1 BGB) erbracht. Neben diesem Fall ist ihm eine Bereicherungsklage auch dann unmittelbar eröffnet, wenn die Parteien im Verfahren der einstweiligen Anordnung einen allein dieses Verfahrens erledigenden **Vergleich** geschlossen haben, weil dem Vergleich keine weitergehenden Wirkungen beigemessen werden können, als sie die einstweilige Anordnung entfaltet hätte.[540]

Die Bereicherung dauert fort, wenn der Gläubiger mit dem Unterhalt **Rücklagen** gebildet oder sich geldwerte Vorteile durch Tilgung von Verbindlichkeiten oder durch Anschaffungen verschafft hat. Eine **Entreicherung** liegt vor, wenn der Bedürftige den überzahlten Unterhalt restlos für seine laufenden Lebensbedürfnisse verbraucht hat, ohne sich noch in seinem Vermögen vorhandene Werte oder Vorteile zu verschaffen.[541] Letzteres ist gegeben bei anderweitigen Ersparnissen, Anschaffungen oder Vermögensvorteilen durch Tilgung von Schulden (BGH, a. a. O.). Die rechtsgrundlose Zahlung des Unterhaltpflichtigen muss für diesen **Vermögensvorteil** aber **kausal** gewesen sein. Die Kausalität fehlt, wenn der Bedürftige die Mittel für die Anschaffung von dritter Seite geschenkt erhielt oder der Vermögensvorteil unter Einschränkung des Lebensstandards erworben wurde (BGH, a. a. O.). Den Wegfall der Bereicherung muss der Bereicherte darlegen und beweisen. Allerdings hält die Rechtsprechung[542] hierfür **Beweiserleichterungen** bereit, wonach insbesondere bei unteren und mittleren Einkommen an der Lebenserfahrung eine Vermutung dafür spricht, dass das Erhaltene für eine Verbesserung des Lebensstandards ausgegeben wurde, ohne dass seitens des Unterhaltsberechtigten hierfür noch besondere Verwendungsnachweise zu erbringen wären.

199 a   Vielfach wird die Bereicherungsklage am **Wegfall der Bereicherung** gemäß § 818 III BGB scheitern, es sei denn, dass der Unterhaltsgläubiger verschärft haftet. Diese verschärfte Haftung nach § 818 IV BGB beginnt erst mit der Erhebung der Bereicherungsklage,[543] nicht bereits mit der Rechtshängigkeit einer vorgeschalteten negativen Feststellungsklage.[544] Es ist daher anzuraten, mit einer Abänderungs- oder negativen Feststellungsklage sofort die **Rückforderungsklage** zu verbinden, um die verschärfte Haftung nach § 818 IV BGB herbeizuführen.[545] Nach § 241 FamFG-E soll die verschärfte Haftung schon mit Rechtshängigkeit der Abänderungsklage eintreten.

Eine auf Rückzahlung ihr nicht zustehenden Unterhalts in Anspruch genommene Partei kann sich auf den Entreicherungseinwand nach § 818 III BGB nicht berufen, wenn sie ein deklaratorisches Anerkenntnis über die Rückforderung abgegeben hat.[546] Den Einwand der Entreicherung vermag ein Unterhaltsgläubiger auch dann nicht geltend zu machen, wenn er verschärft i. S. d. § 819 I BGB haftet. Die Haftung tritt ein mit dem Zeitpunkt, in dem er

---

[538] BGH, FamRZ 1985, 368 ff.
[539] BGH, FamRZ 1991, 1175
[540] BGH, FamRZ 1991, 1175
[541] BGH, FamRZ 1992, 1152, 1153
[542] BGH, FamRZ 2000, 751 = R 539
[543] BGH, FamRZ 1984, 767
[544] BGH, FamRZ 1985, 368
[545] BGH, FamRZ 1992, 1152, 1154 = R 452 a
[546] OLG Düsseldorf, FamRZ 1999, 1059

den Mangel des rechtlichen Grundes tatsächlich erfährt. Notwendig hierfür ist allerdings das **Wissen** um ein **Fehlen des rechtlichen Grundes** selbst. Allein die Kenntnis der Umstände, aus denen sich die entsprechenden Schlussfolgerungen ziehen lassen, genügt nicht. Ebenso wenig reicht es für eine verschärfte Haftung aus, dass die uneingeschränkte Fortgeltung des ursprünglichen Titels „in Frage gestellt" war.[547] Der Unterhaltsgläubiger muss die zutreffende rechtliche Würdigung (tatsächlich) anstellen, wobei er sich allerdings nicht einer Kenntniserlangung verschließen darf. Die Haftungsverschärfung aus § 820 BGB ist weder unmittelbar noch entsprechend anwendbar.[548]

Um eine von der Bereicherungsklage zu unterscheidende **Erstattungsklage** handelt es **200** sich, wenn der Unterhaltsberechtigte für einen Unterhaltszeitraum, in dem er – auch tituliert – Unterhalt erhalten hat, Rentennachzahlungen (etwa aus einer bewilligten Rente wegen Erwerbsminderung oder nach Versorgungsausgleich) erhält. Hier steht dem Unterhaltsschuldner ein aus Treu und Glauben (§ 242 BGB) abzuleitender **Erstattungsanspruch** eigener Art zu. Dessen Höhe bemisst sich danach, inwieweit sich der Unterhaltsanspruch ermäßigt hätte, wenn die Rente schon während des fraglichen Zeitraums gezahlt worden wäre.[549] Der Entreicherungseinwand aus § 818 III BGB ist ausgeschlossen.

Eine **Schadensersatzklage** nach § 826 BGB ist dann erfolgreich, wenn der Unterhalts- **201** berechtigte in vorsätzlicher und sittenwidriger Weise einen unrichtig gewordenen Unterhaltstitel weiterhin ausnützt. Dabei muss ihm die Unrichtigkeit des Unterhaltstitels bewusst sein; die Fortsetzung der Vollstreckung aus diesem Titel muss zusätzlich in hohem Maße unbillig sein.[550]

Da die Schadensersatzklage eine teilweise oder vollständige **Durchbrechung der Rechtskraft** des vorausgegangenen Titels darstellt, sofern eine Beseitigung der Rechtskraft durch Wiederaufnahme des Verfahrens (§§ 578 ff. ZPO) ausscheidet, ist sie nur unter engen Voraussetzungen möglich. Insgesamt muss das Verhalten des Unterhaltsberechtigten oder des Unterhaltspflichtigen **evident unredlich** gewesen sein, so dass die andere Partei nach Treu und Glauben schlechterdings nicht an der Rechtskraft des vorausgegangenen Urteils festgehalten werden kann, dies vielmehr für sie **unerträglich** und insgesamt **rechtsmissbräuchlich** wäre. Nimmt etwa der **Unterhaltsberechtigte** eine rechtskräftig zuerkannte Unterhaltsrente weiterhin entgegen, ohne die Aufnahme einer Erwerbstätigkeit – auch ungefragt – zu offenbaren, kann darin unter besonderen Umständen eine sittenwidrige vorsätzliche Schädigung im Sinne von § 826 BGB liegen, die zum Schadensersatz, Unterlassung der weiteren Zwangsvollstreckung und gegebenenfalls Titelherausgabe verpflichtet. Allerdings besteht keine allgemeine Pflicht zur **ungefragten Offenbarung** veränderter Verhältnisse.[551] Darüber hinausgehende besondere Umstände hat der BGH allerdings darin gesehen, dass der Unterhaltspflichtige vor dem Hintergrund erfolgloser Abänderungsverfahren und angesichts alters- und krankheitsbedingter Einschränkungen der Unterhaltsberechtigten verständigerweise keinen Anlass mehr hatte, die Möglichkeit der Aufnahme einer Erwerbstätigkeit durch die Unterhaltsberechtigte überhaupt in Erwägung zu ziehen.[552] Verschweigt der **Unterhaltspflichtige,** der auf Grund eines Titels oder einer außergerichtlichen Vereinbarung Unterhalt zahlt, in evident unredlicher Weise eine grundlegende Verbesserung seiner Leistungsfähigkeit, wie etwa die Aufnahme einer Erwerbstätigkeit mit gravierenden Einkommensverbesserungen nach Abbruch eines Studiums, so kann er sich seinerseits gemäß § 826 BGB schadensersatzpflichtig machen.[553]

Wird ein für **vorläufig vollstreckbar erklärtes Unterhaltsurteil** des Familiengerichts **201 a** nachträglich aufgehoben oder abgeändert, besteht ein Schadensersatzanspruch nach § 717 II ZPO, den der Beklagte noch im anhängigen Rechtsstreit geltend machen kann. Der **Schadensersatz** erstreckt sich auf Ersatz dessen, was der Titelschuldner im Wege der

---

[547] BGH, FamRZ 1998, 951, 952
[548] BGH, FamRZ 2000, 751 = R 539
[549] BGH, FamRZ 2005, 1479, 1480 = R 636 b; 1989, 718
[550] BGH, FamRZ 1988, 270 ff.
[551] BGH, FamRZ 1986, 794, 796
[552] BGH, FamRZ1986, 450, 452
[553] OLG Bremen, FamRZ 2000, 256

Zwangsvollstreckung oder zu deren Abwendung an den Titelgläubiger gezahlt hat. Letzteres setzt voraus, dass die **Zwangsvollstreckung konkret droht.** Allein das Vorliegen eines Titels genügt nicht, es sei denn der Gläubiger hat deutlich gemacht, dass er zur Vollstreckung schreitet, wenn Zahlungen ausbleiben. Weder Zinsen und Kosten noch die zurückverlangte vollstreckte Hauptsumme führen zu einer Erhöhung des Streitwertes, wobei es auch keinen Unterschied macht, ob der Schadensersatzanspruch im Wege des so genannten Inzidentantrages oder als Widerklageforderung verfolgt wird.

Wurde ein **Unterhalt** im Rahmen einer **einstweiligen Verfügung nach § 940 ZPO** zugesprochen oder auch nach § 1615 o BGB und die einstweilige Verfügung nach Widerspruch gemäß §§ 936, 925 ZPO oder nach Berufung aufgehoben, hat der Leistungsverpflichtete einen **verschuldensunabhängigen Schadensersatzanspruch** nach § 945 ZPO. Soweit Zahlungen auf Grund einer **einstweiligen Anordnung** erfolgt sind, besteht eine verschuldensunabhängige Ersatzpflicht gemäß § 641 g ZPO nur für eine im Vaterschaftsfeststellungsverfahren ergangene einstweilige Anordnung. Wird sonst eine auf Zahlung von Unterhalt gerichtete einstweilige Anordnung aufgehoben oder nachträglich durch negative Feststellungsklage außer Kraft gesetzt, ist für einen prozessualen Anspruch auf Ersatz des Vollstreckungsschadens kein Raum. Die Vorschrift des § 717 II ZPO knüpft an die Aufhebung oder Abänderung eines Urteils. Die §§ 620 ff. ZPO enthalten im Übrigen, wie der BGH betont, abschließende Regelungen, so dass auch eine analoge Anwendung der §§ 717 II, 945, 941 g ZPO ausscheidet.[554] Daraus folgt für der Titelgläubiger, dass er, sofern neben dem nicht rechtskräftigen Unterhaltstitel noch eine einstweilige Anordnung vorliegt, vorrangig hieraus die Vollstreckung betreiben muss, um eine Ersatzpflicht aus § 717 II ZPO zu vermeiden.

VII. Drittschuldnerklage

202   Gemäß § 856 I ZPO kann jeder Gläubiger, dem der Anspruch des Schuldners gegen den Drittschuldner zur Einziehung oder an Zahlungs Statt überwiesen wurde (§§ 835, 849 ZPO), gegen den Drittschuldner Klage auf Hinterlegung des Geldes, Herausgabe der Sache an den Gerichtsvollzieher oder auf Übereignung an den Schuldner verlangen, wenn dieser seinen Verpflichtungen nach §§ 853–855 ZPO nicht nachkommt.

Diese Drittschuldnerklage spielt, allerdings in geringem Umfang, in der unterhaltsrechtlichen Praxis eine Rolle bei der **Durchsetzung gepfändeter** und zur Einziehung überwiesener **Unterhaltsforderungen,** z. B. Taschengeld. Prozessrechtliche Grundlage sind die §§ 829, 835, 836 ZPO. Zwar wird der Vollstreckungsgläubiger durch die Überweisung der Forderung zur Einziehung nicht zum Inhaber der Forderung. Er erhält aber ein eigenes Einziehungsrecht und darf deshalb im eigenen Namen, vor allem auf Leistung an sich, klagen.[555] Beklagter ist der Drittschuldner, dem Hauptschuldner muss grundsätzlich der Streit verkündet werden (§ 841 ZPO).

Im **Pfändungsbeschluss** wird in der Regel die Entscheidung nach § 850 b II ZPO getroffen. Diese Entscheidung ermöglicht die Pfändung von gesetzlichen Unterhaltsrenten, die sonst im Allgemeinen unpfändbar sind.[556] Im Drittschuldnerprozess wird nur noch geprüft, ob der gepfändete Anspruch besteht.[557] Die Pfändung des Taschengeld-Anspruchs ist grundsätzlich kein Verstoß gegen Art. 6 I GG.[558] Sie ist ohne nähere Bezifferung des Taschengeldanspruchs unwirksam.[559] Der Drittschuldner kann nicht einwenden, die titulierte Forderung stehe dem Kläger im Verhältnis zum Vollstreckungsschuldner nicht zu, es sei denn, die Zwangsvollstreckung ist für unzulässig erklärt oder der Vollstreckungstitel auf-

---

[554] BGH, FamRZ 2000, 751 = R 539 e
[555] BGHZ 82, 28, 31; NJW 1978, 1914
[556] § 850 b I Nr. 2 ZPO; vgl. dazu eingehend OLG München, FamRZ 1988, 1161 = NJW-RR 1988, 894; OLG Celle, FamRZ 1991, 726
[557] OLG München, FamRZ 1981, 449; OLG Bamberg, FamRZ 1988, 948
[558] BVerfG, FamRZ 1986, 773
[559] OLG Hamm, FamRZ 1990, 547; ähnlich OLG Köln, FamRZ 1991, 587; a. A. OLG Frankfurt, FamRZ 1991, 727

gehoben.[560] Das Vermögensverzeichnis muss den Taschengeldanspruch genau umschreiben.[561]

Die **Höhe des Taschengelds** beträgt i. d. R. 5% des bereinigten Nettoeinkommens des verdienenden Ehegatten, vgl. OLG Hamm,[562] OLG Köln,[563] OLG Celle,[564] OLG Frankfurt.[565]

VIII. Isolierte Auskunftsklage

Die familienrechtliche Auskunftsklage ist von zentraler Bedeutung für das Ausmaß eines 203 dem Unterhaltsberechtigten zustehenden Unterhalts. So lässt sich ohne entsprechende Informationen über unterhaltsrelevante Einnahmen und Ausgaben der Unterhaltsbedarf nach den ehelichen Lebensverhältnissen nicht verlässlich darstellen. Das gilt nicht minder für ein unterhaltsberechtigtes Kind, das seine Lebensstellung und damit seinen angemessenen Unterhalt primär aus den Einkommens- und Verschuldungsverhältnissen des barunterhaltspflichtigen Elternteils ableitet.

Grundnorm ist hierbei die Vorschrift des § 1605 I S. 1 BGB, nach der Verwandte in gerader Linie einander verpflichtet sind, auf Verlangen über ihre Einkünfte und ihr Vermögen **Auskunft** zu erteilen, soweit dies zur Feststellung eines Unterhaltsanspruchs oder einer Unterhaltsverpflichtung erforderlich ist. Geschuldet wird eine **systematische Zusammenstellung** der Einnahmen und Ausgaben, deren der Unterhaltsberechtigte bedarf, um ohne übermäßigen Arbeitsaufwand seinen Unterhaltsanspruch zu berechnen.[566] Bei den Ausgaben bei einer Gewinnermittlung oder bei den Werbungskosten können dabei Sachgesamtheiten zusammengefasst werden, wenn insoweit der Verzicht auf eine detaillierte Aufschlüsselung im Verkehr üblich ist und eine ausreichende Orientierung des Auskunftsberechtigten nicht verhindert. Bei Gewinneinkünften (Selbstständige, Gewerbetreibende) genügt es, nur das Endergebnis in der Auskunft anzuführen und bezüglich aller Einzelheiten auf eine beigefügte Anlage zur Einnahmen-Überschussrechnung Bezug zu nehmen. Auch sonst kann im Einzelfall auf beigefügte Anlagen Bezug genommen werden, sofern diese eine ausreichende Orientierung des Unterhaltsberechtigten ermöglichen.[567] Eine Darstellung allein in Form eines Einkommensteuerbescheides genügt danach den Auskunftserfordernissen schon deshalb nicht, weil steuerrechtlich erhebliche Vorgänge nicht notwendig auch unterhaltsrechtlich beachtlich sind. Ebenso wenig genügen auf mehrere Schriftsätze verteilte Angaben des Auskunftspflichtigen. Notwendig ist vielmehr eine hinreichend klare **Gesamterklärung**,[568] deren es schon deshalb bedarf, weil die erteilte Auskunft gegebenenfalls auch Gegenstand einer nach § 261 BGB abzugebenden eidesstattlichen Versicherung sein kann.

An die **Form** der zu erteilenden Auskunft stellen die Instanzgerichte unterschiedliche Anforderungen. Einvernehmen besteht allerdings insoweit, als es sich bei der Auskunft um eine Wissenserklärung handelt, die grundsätzlich der **Schriftform** bedarf. Teilweise wird die Auffassung vertreten, dass diesen Anforderungen auch Genüge getan wird, wenn die notwendigen Erklärungen schriftsätzlich durch einen bevollmächtigten Rechtsanwalt erfolgen.[569] Nach anderer Ansicht[570] ist die Auskunft vom Unterhaltspflichtigen persönlich zu erteilen und zu unterschreiben, wobei die Übersendung durch Dritte erfolgen kann. Eine verbreitete Rechtspraxis stellt in der Regel nicht auf eine entsprechende Differenzierung ab,

---

[560] BGH, FamRZ 1991, 180
[561] OLG Köln, FamRZ 1994, 455
[562] NJW-RR 1990, 1224
[563] FamRZ 1991, 587
[564] FamRZ 1991, 726
[565] FamRZ 1991, 727
[566] BGH, FamRZ 1983, 997; OLG Hamm, FamRZ 2006, 865
[567] OLG München, FamRZ 1996, 738
[568] OLG Hamm, FamRZ 2006, 865
[569] OLG Hamm, FamRZ 2005, 1194
[570] OLG Dresden, FamRZ 2005, 1194; OLG München, FamRZ 1996, 738

wenn kein Zweifel daran aufkommt, dass die anwaltlich mitgeteilten Daten auf Angaben des Auskunftspflichtigen zurückgehen. Zu einem anderen Ergebnis zwingt die nach § 261 BGB mögliche eidesstattliche Versicherung nicht. Denn auch die schriftsätzlichen Ausführungen der anwaltlichen Vertretung können Gegenstand einer eidesstattlichen Versicherung sein.[571] Mit Beschluss vom 28. 11. 2007 hat der BGH[572] die Streitfrage in dem Sinne entscheiden, dass der Auskunftspflichtige eine eigene und schriftliche Erklärung abgeben muss, die aber nicht die Anforderungen an die gesetzliche Schriftform im Sinne von § 126 BGB erfüllen muss. Sie kann auch durch eine Dritten als Boten erfolgen, muss aber aus sich herans erkennen lassen, dass sie vollinhaltlich von dem Auskunftspflichtigen herrührt und verantwortet werden soll. Die im anwaltlichen Schriftsatz festgehaltene Erklärung „…meine Partei erteilt Auskunft zu ihren Einkommensverhältnissen wie folgt …" erscheint danach unbedenklich.

Die Auskunft kann nur verlangt werden, soweit diese für die Festsetzung eines Unterhaltsanspruchs erforderlich ist. Demgemäß besteht eine Auskunftsverpflichtung nicht, soweit eine Auskunft den Unterhaltsanspruch unter keinem Gesichtspunkt beeinflussen kann.[573] Allerdings steht der Einwand des Unterhaltspflichtigen, die Unterhaltsberechtigte habe ihren Unterhaltsanspruch verwirkt (§§ 1361 Abs. 3, 1579 BGB), einer Auskunftsverpflichtung grundsätzlich nicht entgegen. Denn auch bei Vorliegen eines Härtetatbestandes kann ein eingeschränkter Unterhaltsanspruch bestehen, da die insoweit anzustellenden Erwägungen nicht zuletzt die wirtschaftlichen Verhältnisse der Parteien einzubeziehen haben.[574]

204 Unabhängig von der zu erteilenden Auskunft sind gemäß § 1605 I S. 2 BGB über die Höhe der Einkünfte auf Verlangen **Belege,** insbesondere Bescheinigungen des Arbeitgebers, vorzulegen. Dabei gelten die §§ 260, 261 BGB entsprechend (§ 1605 I S. 3 BGB). Über das Vermögen sind somit keine Belege vorzulegen.

Bei den **vorzulegenden Belegen** soll es sich nach Auffassung des Kammergerichts[575] um Originalurkunden handeln. Gemäß § 242 BGB sei der Unterhaltspflichtige gehalten, die Leistung so zu bewirken, wie Treu und Glauben mit Rücksicht auf die Verkehrssitte es erfordern. Die Pflicht zur Vorlage von Belegen verlange daher, dass der Unterhaltspflichtige dem Unterhaltsberechtigten die vorzulegenden Urkunden in einer den Zwecken und Gepflogenheiten des Rechtsverkehrs üblichen und angemessenen Weise zugänglich mache. Daher erfülle der Schuldner seine Vorlagepflicht nicht durch die Überreichung einer Abschrift oder Fotokopie des Originals. Der Gläubiger habe das Recht, sich – auf seine Kosten – Fotokopien vom Original anzufertigen. Habe der Berechtigte den Beleg vollständig ausgewertet, habe er das Original auf Antrag des Schuldners an diesen zurückzugeben. Nach anderer Ansicht[576] ist die Vorlage von Originalurkunden im Regelfall nicht erforderlich. Hiernach sollen Fotokopien lediglich im Einzelfall nicht genügen, wenn die überlassenen Unterlagen nicht lesbar sind oder Anhaltspunkte für Manipulationen bieten.

Unmittelbar gilt § 1605 BGB (nur) für den Kindesunterhalt; für den Trennungsunterhalt findet diese Vorschrift nach § 1361 IV S. 3 BGB, für den Nachscheidungsunterhalt gemäß § 1580 BGB Anwendung.

Sollen neben der Auskunftserteilung Belege vorgelegt werden, müssen diese im Klagantrag selbst bezeichnet sein. Die Klage ist sonst unzulässig, da der Klagantrag keinen vollstreckungsfähigen Inhalt hat;[577] das gilt auch dann, wenn der Antrag auf eine **unmögliche Leistung** gerichtet ist, z. B. auf die Vorlage eines noch gar nicht erlassenen Steuerbescheids.[578]

205 Gemäß § 253 II Nr. 2 ZPO muss die Klagschrift die **bestimmte Angabe des Gegenstands** und des **Grundes des erhobenen Anspruchs** sowie einen bestimmten Antrag

---

[571] OLG Hamm, FamRZ 2005, 1194
[572] BGH, FamRZ 2008, 600
[573] OLG Düsseldorf, FamRZ 1998, 1191
[574] OLG Karlsruhe, OLGR 2001, 327; OLG München, FamRZ 1998, 741; OLG Bamberg, FamRZ 1998, 741 und FamRZ 2006, 344
[575] KG, FamRZ 1982, 614
[576] OLG Frankfurt, FamRZ 1997, 1296
[577] BGH, FamRZ 1983, 454
[578] BGH, FamRZ 1989, 731

enthalten. Für die Auskunftsklage als Leistungsklage bedeutet dies, dass bereits im Klagantrag genau angegeben werden muss, über welche Einkünfte oder Gegenstände (Vermögen) Auskunft zu erteilen ist und für welchen Zeitraum welche Belege konkret verlangt werden.[579]

Beispiel 1:
Der Beklagte wird verurteilt, der Klägerin für den Zeitraum vom 1. 1. 2000 bis 31. 12. 2002
a) Auskunft zu erteilen über seinen Lohn (Gehalt) als unselbstständiger Arbeitnehmer,
b) vorzulegen die monatlichen Lohnbescheinigungen (Gehaltsbescheinigungen, Bezügemitteilungen) des Arbeitgebers.

Beispiel 2:
Der Beklagte wird verurteilt, der Klägerin für den Zeitraum vom 1. 1. 2000 bis 31. 12. 2002
a) Auskunft zu erteilen über seinen Gewinn als selbstständiger Unternehmer abzüglich Steuern, Krankenversicherungs- und Vorsorgebeiträgen,
b) vorzulegen die Bilanzen samt Gewinn- und Verlustrechnungen, Einkommensteuererklärungen, Einkommensteuerbescheide sowie die Belege über die geleisteten Krankenversicherungs- und Vorsorgebeiträge.

Dabei handelt es sich streng genommen um zwei verschiedene Anträge, die zueinander selbstständig sind.[580] Bei weit überdurchschnittlichen Verhältnissen (wenn ein Teil der Einkünfte für Vermögensbildung verwendet wurde und die Leistungsfähigkeit des Unterhaltspflichtigen für hohe Unterhaltsbeträge außer Streit steht) ist eine Auskunftsklage überflüssig.[581]

Es genügt nicht, z.B. Auskunft zu verlangen über „die derzeitigen Einkünfte" und „die entsprechenden Belege vorzulegen". Eine Verlagerung der konkreten Bestimmung in das Vollstreckungsverfahren ist nach allgemeiner Meinung unzulässig. Möglich ist jedoch in engen Grenzen die Auslegung des Klagantrags.[582] Auch die „Verdeutlichung" von Inhalt und Umfang des Urteilsausspruchs ist im Verfahren gemäß § 888 ZPO grds. möglich.[583] Zu welchen Schwierigkeiten eine oberflächliche Tenorierung führen kann, ergibt sich aus OLG München, FamRZ 1992, 1207.

Da die Auskunftserteilung eine Vorstufe des Dauerschuldverhältnisses der Unterhalts- **206** pflicht ist und durch einen Unterhaltstitel auch der erst künftig, von Monat zu Monat, entstehende Unterhalt festgeschrieben wird, kann auch das Auskunftsbegehren (selbst nach erteilter Auskunft) in zeitlicher Hinsicht vor Abschluss des Rechtsstreits bis zur letzten mündlichen Verhandlung erweitert werden, ohne dass dies ein Verstoß gegen die Zweijahressperrfrist des § 1605 II BGB wäre.[584]

Sind die Einkommensverhältnisse beider Parteien ungeklärt, besteht eine **wechselseitige** **207** **Auskunftspflicht.** Hierbei darf aber keine Partei ein Zurückbehaltungsrecht nach §§ 273, 320 BGB ausüben.[585]

Eine reine Auskunftsklage ist **nicht im Verbund** (§ 623 ZPO) möglich,[586] weil keine **208** Regelung für den Fall der Scheidung zu treffen ist. Inzwischen hat der BGH die umstrittene Frage geklärt, ob Auskunftsansprüche im Scheidungsverbund geltend gemacht werden können.[587] Mit der überwiegenden Ansicht in Literatur und Rechtsprechung vertritt der BGH die Meinung, dass die Einbeziehung isoliert erhobener Auskunftsansprüche in den Scheidungsverbund nicht dem Gesetzeszweck entspricht. Hierfür steht vielmehr die Stufenklage (dazu Rn. 213 ff.) zur Verfügung. Werden verfahrensfehlerhaft Auskunftsansprüche

---

[579] BGH, FamRZ 1993, 1423
[580] OLG München, FamRZ 1994, 1126
[581] BGH, FamRZ 1994, 1169
[582] BGH, FamRZ 1983, 454
[583] BGH, FamRZ 1993, 1189
[584] OLG Karlsruhe, FamRZ 1987, 297
[585] OLG Köln, FamRZ 1987, 714
[586] Vgl. auch KG, NJW-RR 1992, 450; OLG Hamm, FamRZ 1993, 984 mit ablehnender Anm. v. Vogel, FamRZ 1994, 49
[587] BGH, FamRZ 1997, 811 = R 511 B; a. A. noch die Vorinstanz OLG Hamm, FamRZ 1996, 736

zusammen mit einer Ehesache geltend gemacht, ist der Auskunftsanspruch nach § 145 ZPO abzutrennen.

209   Die **Verurteilung zur Auskunft** wird gemäß § 888 I ZPO **vollstreckt.**[588] Dies gilt ebenso für eine Verurteilung zur Vorlage von Belegen. Ist der Auskunftstitel zu unbestimmt, kommt die Auferlegung von Zwangsgeld oder die Verhängung von Zwangshaft nicht in Betracht. Der Titel ist dann praktisch wertlos. Deshalb ist schon im Klagantrag, erst recht bei der Abfassung des Urteils, darauf zu achten, dass die vorgesehene Fassung konkret genug und vollstreckungsfähig ist. Auskunft und Vorlage von Belegen sind zwei getrennte Ansprüche. Eine pauschale Aufforderung, geeignete Belege vorzulegen, ist zu unbestimmt, um den Pflichtigen für den Anspruch auf Vorlage von Belegen in Verzug zu setzen.[589]

Eine einstweilige Verfügung auf Erteilung von Auskunft ist nicht möglich.[590] Im Verfahren der einstweiligen Anordnung kann Auskunft ebenfalls nicht verlangt werden.[591]

210   Die **Beschwer** (§ 511 II Nr. 1 ZPO) des zur Auskunft verurteilten Beklagten ist gemäß § 3 ZPO nach billigem Ermessen zu bestimmen. Maßgebend ist das Interesse des Rechtsmittelführers, die Auskunft nicht erteilen zu müssen. Abzustellen ist auf den Aufwand an Zeit und Kosten, die die Erteilung der geschuldeten Auskunft erfordert.[592] Dabei können die **Kosten** der Zuziehung einer sachkundigen Hilfsperson (z. B. Steuerberater, Rechtsanwalt) nur berücksichtigt werden, wenn sie **zwangsläufig** entstehen, weil der Auskunftspflichtige zu einer sachgerechten Auskunftserteilung nicht in der Lage ist.[593] Ist die Verurteilung zur Auskunft infolge Unbestimmtheit nicht vollstreckungsfähig, sind die für eine **Abwehr der Zwangsvollstreckung** notwendigen Kosten heranzuziehen.[594] Zusätzlich ins Gewicht fallen kann bei der Bemessung des Rechtsmittelinteresses im Einzelfall ein **Geheimhaltungsinteresse** der zur Auskunft verurteilten Partei. Allerdings hat diese gegenüber dem Berufungsgericht konkret darzulegen und glaubhaft zu machen, dass ihr bei Erteilung der Auskunft konkrete Nachteile drohen.[595] Dabei muss ein besonderes Interesse des Auskunftspflichtigen, bestimmte Tatsachen insbesondere **gegenüber dem Auskunftsberechtigten** geheim zu halten, konkret dargelegt werden. Nach denselben Grundsätzen richtet sich die Bemessung der Beschwer im Fall der Verurteilung zur Abgabe der **eidesstattlichen Versicherung.**[596]

211   Die Verurteilung zur Auskunft schafft für den Grund des Hauptanspruchs **keine Rechtskraft,** und der Beklagte kann sein Interesse, keinen Unterhalt zahlen zu müssen, im Prozess über den Unterhaltsanspruch ohne Einschränkung weiterverfolgen.[597] Ein Urteil, das zur Vorlage nicht existenter Unterlagen verpflichtet, ist nicht vollstreckungsfähig. Allerdings muss dann geprüft werden, ob das Gericht zur **Erstellung** hat verpflichten wollen.[598]

212   Gemäß §§ 1605 I S. 3, 261 BGB hat der Auskunftspflichtige bezogen auf eine von ihm erteilte Auskunft deren Vollständigkeit und Richtigkeit eidesstattlich zu versichern. Dies ist der Fall, wenn Grund zu der Annahme besteht, der Auskunftspflichtige habe die Auskunft nicht mit der erforderlichen Sorgfalt erteilt. Allerdings müssen konkret begründete Anhaltspunkte dafür vorliegen.[599] Ein entsprechender Verdacht kann auch dann begründet sein, wenn inhaltliche Mängel der erteilten Auskunft nicht festgestellt sind. Andererseits besteht ein Anspruch auf Abgabe der **eidesstattlichen Versicherung** nicht schon dann, wenn Anhaltspunkte für eine unvollständige oder unrichtige Auskunft vorliegen. Hinzukommen muss vielmehr die Feststellung, dass sich die Unvollständigkeit oder Unrichtigkeit bei gehöriger Sorgfalt hätte vermeiden lassen.[600] Andernfalls besteht zunächst – bei unverschul-

---

[588] BGH, FamRZ 1983, 578
[589] OLG München, FamRZ 1996, 307
[590] OLG Hamm, NJW-RR 1992, 640
[591] OLG Düsseldorf, FamRZ 1983, 514 m. w. N.; a. A. van Els FamRZ 1995, 650
[592] BGH, FamRZ 2005, 104
[593] BGH, FamRZ 2006, 33, 34
[594] BGH, FamRZ 2002, 666
[595] BGH, FamRZ 2005, 1986
[596] BGH, FamRZ 2005, 1066
[597] BGH, FamRZ 1986, 796
[598] BGH, FamRZ 1992, 425
[599] Göppinger/Wax/Strohal, Unterhaltsrecht, Rn. 686
[600] BGH, FamRZ 1984, 144, 145

deter Unkenntnis oder entschuldbarem Irrtum – ein **ergänzender Auskunftsanspruch.** Im Übrigen besteht ein Anspruch auf Abgabe der eidesstattlichen Versicherung dann nicht, wenn nach dem übereinstimmenden Verständnis der Parteien die begehrte Auskunft noch nicht vollständig erteilt ist, selbst wenn der Bereich der noch zu erteilenden Auskunft klar abgrenzbar erscheint.[601] Die Zwangsvollstreckung aus der Verurteilung zur Abgabe der eidesstattlichen Versicherung erfolgt gemäß §§ 889 II, 888 ZPO, sofern der Schuldner seiner Verpflichtung nicht freiwillig gemäß §§ 169, 79 FGG nachkommt.

IX. Stufenklage

Bei der Stufenklage nach § 254 ZPO, einem Sonderfall objektiver Klagehäufung (§ 260 **213** ZPO), wird mit der Klage auf Rechnungslegung oder auf Vorlegung eines Vermögensverzeichnisses oder auf Abgabe einer eidesstattlichen Versicherung die Klage auf Herausgabe desjenigen verbunden, was der Beklagte aus dem zugrunde liegenden Rechtsverhältnis schuldet. Es handelt sich nach dem Wortlaut der gesetzlichen Bestimmung um eine **Leistungsklage,** die nach der weit auszulegenden Bestimmung auch **vorbereitende Auskunftsansprüche** (vgl. hierzu näher Rn. 10/203 f) erfasst.[602] Für den Anwendungsbereich des Unterhaltsrechts liegt der Stufenklage die Unterhaltsbeziehung beider Parteien zugrunde und erstreckt sich in zumindest zwei Stufen auf das Auskunfts- und das Zahlungsbegehren. Kommt im Anschluss an das Auskunftsbegehren zunächst das Verlangen nach Abgabe der eidesstattlichen Versicherung hinzu, handelt es sich um einen dreistufigen Klageaufbau. Ungeachtet der gesetzliche Formulierung in § 254 ZPO, wonach die Stufenklage in letzter Konsequenz auf „Herausgabe des geschuldeten" gerichtet sein soll, stellt die Stufenklage ein prozessual zulässiges Vorgehen auch dann dar, wenn klageweise **Abänderung** eines bestehenden **Unterhaltstitels** (§ 323 ZPO) begehrt wird[603] und etwa der Unterhaltspflichtige eine Herabsetzung des titulierten Unterhalts verlangt, wobei er im Vorfeld auf Auskunft über die Einkommensverhältnisse des Unterhaltsberechtigten angewiesen ist. Um eine zulässige Stufenklage handelt es sich auch, wenn das Herabsetzungsbegehren gegen eine einstweilige Anordnung gerichtet werden soll. Hier kann der Unterhaltsschuldner die **negative Feststellungsklage** mit einem Auskunftsantrag auf der ersten Stufe verbinden.[604]

Schließlich besteht für den jeweiligen Kläger die Möglichkeit, auch erst im Laufe des Rechtsstreits von der Leistungs-, Abänderungs- oder Feststellungsklage zur **nachträglichen Stufenklage** überzugehen, was sich insbesondere dann aufdrängt, wenn der Kläger erst nach Rechtshängigkeit in Erfahrung bringt, dass der Prozessgegner im Vorfeld nur unzureichende Auskünfte erteilt hat. Prozessual handelt es sich um eine nachträgliche Anspruchshäufung, indessen nicht um eine Klageänderung im Sinne von § 263 ZPO. Gleichwohl erscheint die Interessenlage vergleichbar, die eine entsprechende Anwendung gebietet.[605] Stimmt der Gegner nicht zu, muss die „geänderte" Rechtsverfolgung sachdienlich sein.

Rechtshängig werden grundsätzlich von Anfang an alle Stufen, auch wenn in der **214** Zustellung nicht ausdrücklich eine Einschränkung auf die erste Stufe zum Ausdruck gekommen ist.[606] Von einer solchen Einschränkung ist selbst dann nicht auszugehen, wenn eine Bewilligung von Prozesskostenhilfe nur für den Auskunftsantrag erfolgt ist.[607] Mit der Rechtshängigkeit gerät der Schuldner in Verzug.[608] Sofern die Erhöhung eines Unterhaltsanspruchs im Wege der Abänderungsklage (§ 323 ZPO) durchgesetzt werden soll, wird mit der Erhebung der Stufenklage gleichzeitig die Zeitschranke des § 323 III ZPO überwun-

---

[601] OLG Köln, FamRZ 2001, 423
[602] Roth, FamRZ 1992, 517
[603] OLG Hamburg, FamRZ 1983, 626
[604] OLG Frankfurt, FamRZ 1987, 175
[605] OLG München, FamRZ 1995, 678
[606] BGH, FamRZ 1995, 797
[607] BGH, a. a. O.
[608] BGH, FamRZ 1990, 283

den.[609] Die Verjährung des zunächst noch unbezifferten Leistungsanspruchs wird durch die Klageerhebung gemäß § 204 I Nr. 1 BGB gehemmt (nach § 209 I BGB a. F. unterbrochen), jedoch nur in Höhe der späteren Bezifferung,[610] nach BGH, FamRZ 1995, 797 „in jeder Höhe". Eine Auskunftsklage mit der Ankündigung „Nach Erteilung der Auskunft wird Zahlungsantrag gegenüber der Beklagten gestellt werden", stellt keine – verjährungshemmende – Leistungsklage in der besonderen Form der Stufenklage dar.[611]

Zu verhandeln und zu entscheiden ist regelmäßig Stufe für Stufe durch **Teilurteil** und nach Erledigung der Vorstufe auf Antrag einer Prozesspartei[612] das Verfahren in der nächsten Stufe fortzusetzen. Die Instanz schließt ab mit dem **Schlussurteil.** Nach Erteilung der Auskunft muss die Klage beziffert werden.[613] Andernfalls ist sie wegen Nichtbeachtung des Bestimmtheitserfordernisses (§ 253 II Nr. 2 ZPO) auf Antrag des Beklagten als unzulässig abzuweisen.[614] Stellt sich im Zuge der Auskunftsstufe heraus, dass ein Unterhaltsanspruch (z. B. wegen zu geringen Einkommens des Beklagten) nicht besteht, ist es dem Kläger verwehrt, mit Erfolg **einseitig** die **Hauptsache** für erledigt zu erklären. Dies wäre nur dann möglich, wenn die Klage bis zum Eintritt des erledigenden Ereignisses zulässig und begründet gewesen wäre, woran es bei der Stufenklage allerdings fehlt, wenn ein Zahlungsanspruch von vornherein nicht gegeben war.[615] In dieser Prozesssituation besteht für den Kläger zunächst die Möglichkeit, im Wege der Klageänderung (§ 263 ZPO) einen **materiellrechtlichen Kostenerstattungsanspruch** als Verzugsschaden in den Prozess einzuführen. Entsprechend legt der BGH[616] den Antrag auf Feststellung der Erledigung aus. Alternative kann die Klage auch zurückgenommen werden, weil der Beklagte, sofern er vorprozessual seiner Auskunftsverpflichtung nicht hinreichend nachgekommen ist und deshalb zur Erhebung der Stufenklage Anlass gegeben hat, abweichend von §§ 91 a, 269 III ZPO gemäß § 93 d ZPO die Kosten des Verfahrens zu tragen hat.[617] Die Kostenvorschrift ist entsprechend heranzuziehen, wenn die Prozessparteien – verfahrensfehlerhaft, aber bindend – die Hauptsache übereinstimmend für erledigt erklärt haben.[618] Lässt sich ausnahmsweise feststellen, dass aus Rechtsgründen kein Unterhaltsanspruch besteht, kann die Stufenklage in vollem Umfang abgewiesen werden.[619]

215 Die Stufenklage kann **auch im Verbund** (§ 623 ZPO) erhoben werden. Über das Auskunftsbegehren ist in diesem Falle vor der Entscheidung über den Scheidungsantrag gesondert zu verhandeln und durch Teilurteil zu entscheiden.[620] Geht der Kläger nach Auskunftserteilung nicht in das Betragsverfahren über, kann der unbezifferte Antrag in der Folgesache, sofern diese nicht abgetrennt wird, nur auf Antrag des Gegners durch Versäumnisurteil als unzulässig abgewiesen werden.[621] Stufenklage ist auch möglich in Verbindung mit einer **bezifferten Leistungsklage.** Hier macht der Kläger zunächst einen **Mindestbetrag** geltend (bezifferte Teilklage). Nur wegen des darüber hinausgehenden Begehrens liegt eine Stufenklage vor.[622] Allerdings darf bei einer entsprechenden Stufenklage über den Leistungsantrag trotz anfänglicher (vorläufiger) Bezifferung erst nach Erledigung des Begehrens auf Auskunft und eidesstattliche Versicherung entschieden werden. Der Kläger einer Stufenklage kann die Bezifferung des Leistungsantrages mit einem Mindestbetrag rückgängig machen und den Leistungsantrag unbeziffert weiterverfolgen.[623] Überdies kann er nach

---

[609] BGH, FamRZ 1984, 1211
[610] BGH, FamRZ 1992, 1163
[611] OLG Celle, FamRZ 1996, 678
[612] OLG Karlsruhe, FamRZ 1997, 1224, 1225
[613] BGH, FamRZ 1988, 156, 157
[614] OLG Schleswig, FamRZ 1991, 95, 96
[615] BGH, FamRZ 1995, 348
[616] BGH, FamRZ 1995, 348
[617] OLG Naumburg, FamRZ 2003, 239; OLG Brandenburg, FamRZ 2003, 239
[618] OLG Nürnberg, FamRZ 2001, 1381
[619] BGH, LM § 254 ZPO Nr. 3; NJW-RR 1990, 390, auch wenn inzwischen der Hauptantrag beziffert u. anderweitig geltend gemacht ist (Berufungsgericht darf dies ebenfalls)
[620] BGH, FamRZ 1997, 811 = R 511 B; FamRZ 1982, 151
[621] OLG Schleswig, FamRZ 1991, 95, 96
[622] BGH, FamRZ 2003, 31
[623] BGH, FamRZ 1996, 1070

erstinstanzlicher Abweisung des bezifferten Leistungsantrages mit der Berufung auf den Auskunftsantrag zurückgreifen und von dessen Erfüllung die weitere Bezifferung abhängig machen.[624]

In ein Teilurteil über eine Stufe ist keine Kostenentscheidung aufzunehmen. Die **216** gesamten **Kosten der Stufenklage** bilden eine Einheit und sind erst in der Schlussentscheidung zu regeln. Jedes Urteil über eine Stufe ist für vorläufig vollstreckbar zu erklären, auch zur Auskunft, ganz herrschende Praxis. Nach OLG München[625] soll die Verurteilung zur Auskunft nicht nach § 708 Nr. 8, sondern allenfalls nach § 708 Nr. 11 ZPO für vorläufig vollstreckbar erklärt werden können.[626] Bei der Festsetzung des Streitwerts ist § 44 GKG zu beachten. Danach ist für die Wertberechnung nur der höhere Anspruch, das ist in der Regel der Leistungsanspruch, maßgebend. Nach OLG Stuttgart[627] soll allein auf den Auskunftsanspruch abzustellen sein, wenn der Leistungsantrag nicht beziffert wurde (streitig). Der Zuständigkeitsstreitwert (nach § 5 ZPO) bemisst sich nach der Summe aller Klagansprüche. Dabei ist für die **Rechnungslegung** das Interesse des Klägers an der Konkretisierung seines Leistungsantrages maßgebend, damit gemäß § 3 ZPO etwa $^{1}/_{10}$ bis $^{1}/_{3}$ des Leistungsanspruchs. Der Wert **der eidesstattlichen Versicherung** hängt davon ab, welche zusätzlichen Auskünfte sich der Kläger hiervon zwecks Erhöhung seines Leistungsantrags verspricht; dies könnte somit $^{1}/_{10}$ bis $^{1}/_{3}$ des Jahresbetrages der zusätzlichen Unterhaltsspitze sein. Bei der Leistungsstufe sind die Angaben des Klägers (und damit der Jahresbetrag gemäß § 42 I GKG mit Rückständen gemäß § 42 V GKG) zugrunde zu legen.

Prozesskostenhilfe ist für alle Stufen (nicht erst für die Auskunftsstufe, später dann für **217** die nächste Stufe) zu bewilligen (inzwischen h. M.[628]). Manche wollen gleichzeitig den **Streitwert** für den unbezifferten Leistungsantrag festsetzen, um einen Missbrauch bei der späteren Antragstellung zu unterbinden.[629] Nach OLG München[630] soll PKH auch für die unbezifferte Leistungsstufe zu gewähren sein, nach Bezifferung aber ein neuer PKH-Antrag gestellt werden müssen. Nach OLG Celle umfasst die uneingeschränkte Bewilligung von PKH ohne weiteres den entsprechend den Darlegungen des Klägers im Bewilligungszeitraum auf Grund der Auskunft nachträglich bezifferten Zahlungsantrag.[631] Nach OLG Hamm[632] soll die Erfolgsaussicht der Leistungsstufe nach deren Bezifferung erneut geprüft werden können. Nach OLG München[633] soll für die Leistungsstufe ein vorläufiger Streitwert festzusetzen sein (sonst keine nachträgliche Beschränkung).

Berufung. Bei den einzelnen Teilurteilen, die die jeweilige Stufe erledigen, handelt es **218** sich vor dem Hintergrund ihres prozessualen Eigenlebens um **Endurteile,** die nach den allgemeinen Regeln der Anfechtung (§§ 511 f ZPO) unterliegen, und zwar auch dann, wenn sie auf einem entsprechenden Anerkenntnis beruhen.[634] Allerdings ist das Berufungsgericht, sofern nur mit einem Teilurteil der Stufenklage befasst, nicht gehindert, auch die weiteren Stufen an sich zu ziehen und bei Entscheidungsreife mit zu erledigen.[635] Wird die Stufenklage insgesamt mit der Begründung abgewiesen, ein Unterhaltsanspruch sei nicht gegeben, setzt sich nach Einlegung der Berufung, sofern keine einschränkenden Anträge gestellt werden, das Stufenverhältnis in der Rechtsmittelinstanz fort, so dass zunächst über das Auskunftsbegehren zu entscheiden ist. Wegen des Zahlungsbegehrens kommt unter den Voraussetzungen von § 538 II Nr. 4 ZPO eine Zurückverweisung in Betracht, die nunmehr

---

[624] OLG München, FamRZ 1995, 678
[625] FamRZ 1990, 84
[626] A. A. Gottwald in Anm. zu dieser Entscheidung; in der Praxis spielt diese Frage keine große Rolle
[627] FamRZ 1990, 652
[628] OLG Thüringen, FamRZ 2005, 1186; OLG München, FamRZ 2005, 42; OLG Zweibrücken, FamRZ 2005, 46; a. A. Kammergericht, FamRZ 2005, 461
[629] OLG Frankfurt/M., FamRZ 1991, 1458
[630] FamRZ 1993, 340
[631] FamRZ 1994, 1043
[632] FamRZ 1994, 312
[633] FamRZ 1991, 1184
[634] BGH, FamRZ 2003, 1822
[635] BGH, NJW 1985, 2405

allerdings, abgesehen von dem Fall des unzulässigen Teilurteils, von dem entsprechenden Antrag einer Prozesspartei abhängt. Im Übrigen ist das Berufungsgericht befugt, selbst wenn das Rechtsmittel zunächst nur mit dem Auskunftsantrag geführt wird, die Klage insgesamt abzuweisen, sofern es einen Unterhaltsanspruch verneint, und zwar auch dann, wenn der Hauptanspruch zwischenzeitlich beziffert und anderweitig geltend gemacht wird.[636] Verfolgt der Kläger nach erstinstanzlicher Abweisung seiner Stufenklage in der Berufungsinstanz lediglich das Auskunftsbegehren und macht schließlich geltend, der Beklagte sei nunmehr seiner Auskunftsverpflichtung nachgekommen, kann er den Auskunftsantrag auch einseitig für erledigt erklären. Für einen entsprechenden Feststellungsantrag bejaht der BGH,[637] damit das Rechtsmittelverfahren zum Abschluss gebracht werden könne, das Rechtsschutzinteresse.

219 **Beschwer.** Da die einzelnen Teilurteile gesondert rechtsmittelfähig sind, müssen sie jeweils auch, abgesehen vom (seltenen) Fall der Zulassung, die notwendige Beschwer im Sinne von § 511 II Nr. 1 ZPO (mehr als 600 €) begründen. Diese Voraussetzung ist vielfach bei dem Auskunftsbegehren stattgebender Klage nicht erfüllt. Im Fall der Einlegung eines Rechtsmittels gegen die Verurteilung zur Erteilung einer Auskunft, zur Rechnungslegung, zur Einsichtgewährung in bestimmte Unterlagen, zur Abgabe einer eidesstattlichen Versicherung oder dergleichen bemisst sich der Wert des Beschwerdegegenstandes (§ 511 II ZPO) nach dem Aufwand an Zeit und Kosten, die die Erfüllung des titulierten Anspruchs erfordert, sowie nach einem etwaigen Geheimhaltungsinteresse des Verurteilten, nicht aber nach dem Wert des Auskunftsanspruchs. Dabei bleibt das Interesse des Beklagten an der Vermeidung einer für ihn nachteiligen Kostenentscheidung außer Betracht[638] (zu weiteren Einzelheiten und der aktuellen BGH-Rechtsprechung vgl. Rn. 10/210). Verurteilt das Berufungsgericht den Beklagten auf eine Stufenklage zur Auskunft und verweist es die Sache wegen der weiteren Stufen zurück, richtet sich der **Streitwert** einer gegen dieses Berufungsurteil gerichteten Revision lediglich nach der Beschwer des Beklagten durch die Verurteilung zur Auskunft, auch wenn das Vordergericht die Stufenklage insgesamt abgewiesen hatte.[639]

X. Anpassungsklage bei außergerichtlicher Unterhaltsvereinbarung

220 Für die Anpassung einer außergerichtlichen Unterhaltsvereinbarung gilt von vornherein die Regelung des § 323 ZPO nicht (sofern nicht etwa ihre Anwendung vertraglich festgelegt worden ist). Die Anpassung einer außergerichtlichen Unterhaltsvereinbarung vollzieht sich materiell-rechtlich nach den Regeln über das Fehlen oder den Wegfall der Geschäftsgrundlage, § 242 BGB.[640]

Für eine Erhöhung steht die gewöhnliche Leistungsklage (§ 258 ZPO), unter Umständen in Form der Stufenklage (§ 254 ZPO), in Ausnahmefällen die Feststellungsklage (§ 256 ZPO) zur Verfügung, für eine Ermäßigung die Feststellungsklage (§ 256 ZPO) und unter Umständen auch die Bereicherungsklage als Leistungsklage. Fehlen und Wegfall der Geschäftsgrundlage sind im Übrigen von Amts wegen zu berücksichtigen.[641]

Verpflichtet sich jemand in einem Prozessvergleich zur Leistung eines bestimmten Unterhalts „über den bisher freiwillig geleisteten Unterhalt hinaus", so kann darin eine außergerichtliche rechtsgeschäftliche Einigung über den Gesamtunterhalt (freiwilliger + titulierter Betrag) erblickt werden, deren Geschäftsgrundlage im Falle der Anfechtung gegebenenfalls mitzuprüfen ist.[642]

---

[636] BGH, FamRZ 1990, 863, 864
[637] BGH, FamRZ 1999, 1197, 1199
[638] BGH, FamRZ 1995, 349 = R 485 A
[639] BGH, FamRZ 2003, 87
[640] BGH, FamRZ 1980, 342
[641] BGHZ 54, 145, 155
[642] BGH, FamRZ 1979, 210

XI. Mahnverfahren (§§ 688 ff. ZPO)

Unterhalt kann auch im Mahnverfahren geltend gemacht werden, aber nur die bis zum 221
Ablauf der Widerspruchsfrist fälligen Beträge, also praktisch nur die Rückstände (§ 688 I
i. V. m. § 692 I Nr. 3 ZPO). In der unterhaltsrechtlichen Praxis hat das Mahnverfahren nur
geringe Bedeutung und geht regelmäßig ins Klagverfahren über. Deshalb ist es sinnvoller,
von Anfang an das Klagverfahren einzuleiten und den behaupteten Unterhaltsanspruch
eingehend zu begründen.

XII. Wiederaufnahmeverfahren (§§ 578 ff. ZPO)

Eine weitere Abänderungsmöglichkeit eines rechtskräftigen Unterhaltsurteils gewährt das 222
Wiederaufnahmeverfahren nach §§ 578 ff. ZPO. Dabei richtet sich die **Nichtigkeits-
klage** (§ 579 ZPO) gegen die Verletzung elementarer Prozessnormen. Mit der **Restituti-
onsklage** (§ 580 ZPO) wird eine evident unrichtige oder nicht vollständige Urteilsgrund-
lage beseitigt. Insofern gleichen beide Klagarten als außerordentliche Rechtsbehelfe einem
Rechtsmittel im prozesstechnischen Sinn und beseitigen die Rechtskraftwirkung des angefochtenen Urteils.[643]

Voraussetzung für die Wiederaufnahme ist die **formelle Rechtskraft** des angefochtenen Endurteils. Hierzu zählen Gestaltungs-, Anerkenntnis- und Versäumnisurteile, Urteile
in Arrest- und Verfügungsverfahren,[644] nicht aber nicht selbstständig anfechtbare Zwischen-
urteile (§ 303 ZPO). Prozessvergleiche unterliegen nicht dem Wiederaufnahmeverfahren,
da sie Endurteilen nicht gleichstehen und die Feststellung ihrer behaupteten Nichtigkeit im
Wege der Fortsetzung des abgeschlossenen Verfahrens erfolgen kann.

Parteien des Wiederaufnahmeverfahrens sind dieselben wie im vorausgegangenen Verfahren.

Gemäß § 584 ZPO ist für die Wiederaufnahmeklage ausschließlich das Gericht, das im 223
ersten Rechtszug erkannt hat, zuständig.[645] Berufungs- oder Revisionsurteile werden beim
Berufungsgericht angefochten. Hat das Oberlandesgericht die Berufung als unzulässig verworfen, ist das Gericht erster Instanz ausschließlich zuständig, weil in der Sache keine
Entscheidung durch das Berufungsgericht ergangen ist.[646]

Für die Klagerhebung (§ 253 ZPO) und das weitere Verfahren gelten die allgemeinen
Vorschriften entsprechend (§ 585 ZPO). Hinsichtlich des Anwaltszwangs gilt § 78 ZPO.
Prozesskostenhilfe (§§ 114 ff. ZPO) ist für das Wiederaufnahmeverfahren eigenständig zu
bewilligen. Im Übrigen gelten die allgemeinen Verhandlungsgrundsätze mit der Möglichkeit
einer Prozesstrennung und Prozessverbindung (§§ 145, 150 ZPO). Klagerücknahme (§ 269
ZPO) ist wie eine Klageänderung gemäß §§ 263, 264 ZPO möglich.

Die Einstellung der Zwangsvollstreckung aus dem angefochtenen Urteil erfolgt nach
§ 707 ZPO.

Gemäß § 586 ZPO ist die Wiederaufnahmeklage vor Ablauf eines Monats (Notfrist) zu
erheben.[647] Wiedereinsetzung ist zulässig.[648] Die Frist beginnt mit dem Tag, an welchem die
Partei von dem Anfechtungsgrund Kenntnis erhalten hat, jedoch nicht vor eingetretener
Rechtskraft des Urteils[649] (§ 586 II Satz 1 ZPO). Nach Ablauf von 5 Jahren ab Rechtskraft
des Urteils sind die Klagen nach § 578 I ZPO unstatthaft.

---

[643] BGH, NJW 1982, 2449, 2450
[644] Bereits OLG München, JZ 1956, 122
[645] BGH, a. a. O.
[646] OLG München, FamRZ 1982, 314
[647] BVerfG, NJW 1993, 3257
[648] BGH, VersR 1962, 176
[649] § 705 ZPO; BGH, NJW 1993, 1596; § 585 II S. 1 ZPO

XIII. Die Widerklage

1. Allgemeines

224 § 33 ZPO eröffnet einen zusätzlichen **besonderen Gerichtsstand des Sachzusam-menhangs** für eine Widerklage, die – nach ihrer Definition – streitgegenständlich mit der Klage in Zusammenhang steht, somit konnex ist. Damit regelt § 33 I ZPO eine Gerichts-standfrage und stellt keine besondere Prozessvoraussetzung für ein Widerklagverfahren dar.

Dieser besondere Gerichtsstand des § 33 I ZPO soll zu einer **einheitlichen Verhand-lung** und **Entscheidung** von Verfahren, die miteinander im Zusammenhang stehen, führen. Die hierdurch erfolgende Privilegierung des Beklagten beruht darauf, dass der Kläger mit der Erhebung seiner Vorklage stets das Risiko trägt, nicht nur Einwendungen und Einreden gegenüber dem Klaganspruch selbst ausgesetzt zu sein, sondern mit einer eigenständigen Gegenklage auf Grund Sachzusammenhangs rechnen zu müssen.

> **Beispiel:**
> Der in Karlsruhe lebende Kläger verklagt den Beklagten in Freiburg. Sofern der Beklagte gegen den Kläger einen **konnexen Gegenanspruch** hat, kann er diesen gem. § 33 I ZPO im Gerichtsstand der Klage, somit an seinem Wohnort in Freiburg, geltend machen. Besteht zwischen Vorklage und Gegenklage kein Zusammenhang, muss der Beklagte den Kläger in Karlsruhe verklagen. Wohnen beide Parteien inzwischen in Freiburg (vgl. § 261 II Nr. 2 ZPO), ergibt sich die Zuständigkeit für die Gegenklage des Beklagten in Freiburg (wegen mangelnder Konnexität liegt keine Widerklage vor) aus § 13 ZPO; § 33 I ZPO findet keine Anwendung. Ob somit beide Klagen im letzteren Fall miteinander verbunden werden, hängt von § 147 ZPO ab.
> Danach müssen beide zu verbindenden Prozesse in **rechtlichem Zusammenhang** stehen. Dies ist ein weitergehender Begriff als der Zusammenhang i. S. d. § 33 I ZPO, der somit auch ein tatsäch-licher oder wirtschaftlicher sein kann.
> Haben der Kläger und der Beklagte gem. § 38 ZPO den Gerichtsstand Baden-Baden in zulässiger Weise vereinbart, kann Freiburg als Gerichtort der Widerklage nicht zuständig sein, da der **Gerichtsstand** des § 33 I ZPO **nicht ausschließlich** ist. Im Übrigen gilt § 33 I ZPO gem. § 33 II ZPO nur für **vermögensrechtliche Widerklagen** und dann nicht, wenn für den Gegenanspruch eine ausschließliche Zustandigkeit besteht.

224 a Die Widerklage ist ein Gegenangriff gegen die Klage und steht daher mit ihr in einer natürlichen Einheit. Beide Streitgegenstände beziehen sich derart aufeinander, dass das Obsie-gen in dem einen Prozessrechtsverhältnis das Unterliegen im anderen Rechtsstreit bedingt. Die Widerklage ist daher kein Angriffs- oder Verteidigungsmittel i. S. d. §§ 282, 296, 528 ZPO,[650] sondern eine Klage eigener Art, die das Vorliegen der allgemeinen und besonderen Prozess-voraussetzungen erfordert. Da sie einen **eigenen Streitgegenstand** hat, kann eine Wider-klage nicht bloß die Kehrseite der Klage darstellen. Der auf Leistung in Anspruch genommene Beklagte kann daher nicht im Wege der Widerklage die Feststellung begehren, den geforderten Unterhaltsbetrag nicht zu schulden. Allerdings kann der Beklagte widerklagend geltend machen, dass statt Unterhalt zu schulden, er selber Unterhalt fordern könne. Auch geht es über die bloße Verneinung des Klagantrags hinaus, wenn der Beklagte gegenüber der Unterhalts-klage Rückforderung wegen Überzahlung gem. § 717 II S. 2 ZPO geltend macht.

2. Erhebung der Widerklage

224 b Prozessvoraussetzung einer Widerklage ist, dass die Klage gegen die beklagte Partei im Zeitpunkt der Erhebung der Widerklage noch in der Hauptsache rechtshängig ist.[651] Die Widerklage kann **bis zum Schluss der Letzten mündlichen Verhandlung** in der Vorklage geltend gemacht werden.[652] Dies geschieht durch Einreichung eines zuzustellenden

---

[650] BGH, MDR 1995, 408
[651] BGH, NJW-RR 2001, 60
[652] BGH, NJW-RR 1992, 1085

Widerklagschriftsatzes, der zu dem Aktenzeichen der Vorlage einzureichen ist. Im schriftlichen Verfahren kann die Widerklage bis zu dem Zeitpunkt des § 128 II S. 2 ZPO eingereicht werden, der dem Schluss der mündlichen Verhandlung entspricht.

In der Berufungsinstanz ist die Widerklage nur dann zuzulassen, wenn der Kläger – auch durch rügelose Einlassung – zustimmt oder das Gericht die Geltendmachung für sachdienlich hält (§ 533 ZPO).[653] Zusätzlich ist nach neuem Rechtsmittelrecht gem. § 533 Nr. 2 ZPO erforderlich, dass die Widerklage auf Tatsachen gestützt werden kann, die das Berufungsgericht seiner Verhandlung und Entscheidung über die Berufung ohnehin nach § 529 ZPO zugrunde zu legen hat. Eine rechtsmissbräuchliche Verweigerung des Klägers steht der Zustimmung gleich.[654]

In der Revisionsinstanz ist eine Widerklage wegen § 561 I ZPO grundsätzlich ausgeschlossen.

3. Die allgemeinen Prozessvoraussetzungen

Da § 33 I ZPO nur eine Regelung der **örtlichen Gerichtszuständigkeit** enthält, wird **224 c** die sachliche Zuständigkeit durch § 33 ZPO nicht berührt. Die Widerklage ist daher zulässig, wenn sie vor ein Gericht gleicher Ordnung wie das Gericht der Vorlage gehört. Ist somit für die Widerklage das Landgericht zuständig, ist aber die Vorlage beim Amtsgericht zu Recht erhoben, ist die Widerklage unzulässig erhoben, es sei denn, dass die Parteien die Zuständigkeit des Amtsgerichts vereinbaren. Verneinendenfalls muss der Beklagte gem. § 281 ZPO **Verweisungsantrag** stellen, um zu vermeiden, dass die Widerklage wegen Unzuständigkeit abgewiesen wird. Würde die Widerklage vor das Amtsgericht gehören, ist aber die Vorlage beim Landgericht anhängig, kann auch dort die Widerklage erhoben werden.

4. Der Zusammenhang des § 33 I ZPO

Ein Zusammenhang mit dem Kläganspruch liegt vor, wenn beide Klagen auf ein **ge-** **224 d** **meinsames Rechtsverhältnis** zurückzuführen sind, oder aber die Klagforderung mit dem Verteidigungsmittel des Beklagten **in Zusammenhang** steht. Einer Identität zwischen beiden Anspruchsgrundlagen bedarf es nicht.

Beispiel:
Zusammenhang besteht zwischen der Unterhaltsklage des Klägers und dem im Wege der Widerklage geltend gemachten Anspruch auf Vorschusszahlung zugunsten des Beklagten für dessen beabsichtigte Klage auf Rückzahlung geleisteten Unterhaltes wegen ungerechtfertigter Bereicherung.

Ein Zusammenhang mit den Verteidigungsmitteln des Beklagten besteht, wenn dieser z. B. gegenüber einer Rückstandsforderung auf Unterhalt in Höhe von 3000 € Aufrechnung mit einem rein zivilrechtlichen Gegenanspruch in Höhe von 10 000 € erklärt: Über die erloschene Rückstandsforderung in Höhe von 3000 € hinaus führt der Beklagte in Höhe von 7000 € gegen den Kläger eine Widerklage.

5. Der Zusammenhang von Klage und Widerklage

Zeitlich gesehen ist eine Widerklage erst **ab Rechtshängigkeit der Vorlage** zulässig; es **224 e** gibt daher keine Widerklage im Rahmen eines Mahnverfahrens oder eines vereinfachten Unterhaltsverfahrens i. S. d. § 645 ZPO. Zum Zeitpunkt der Erhebung der Widerklage muss die Rechtshängigkeit der Vorlage auch noch fortdauern. Ist zu diesem Zeitpunkt die Klage bereits zurückgenommen (§ 269 ZPO) oder anderweitig erledigt (§ 91 a ZPO), ist eine Widerklage nicht mehr zulässig. Das gilt auch dann, wenn sich der Rechtsstreit auf die Verhandlung über die Kosten reduziert hat. Da auch dann der Rechtsstreit in der Hauptsache

---

[653] BGH, NJW-RR 1992, 736
[654] BGH, NJW-RR 1990, 1267

erledigt ist, ist die Vorklage als Streitsache nicht mehr rechtshängig. Unschädlich ist es aber für die Zulässigkeit der Widerklage, wenn nach ihrer wirksamen Erhebung die Vorklage zurückgenommen oder auf andere Weise erledigt wird. Das Gericht der Vorklage bleibt gem. § 261 III Nr. 2 ZPO auch weiterhin für die Widerklage zuständig; diese steht damit nunmehr als einziges Klagverfahren zur Entscheidung des Gerichts nach Erledigung der Vorklage.

6. Die Parteien der Widerklage

224 f Folgende Parteirollen sind im Rahmen von Vorklage und Widerklage möglich:
- **Der Beklagte** erhebt eine Widerklage nur **gegen den Kläger** oder gleichzeitig auch noch gegen einen bisher am Rechtsstreit nicht beteiligten Dritten als Streitgenossen i. S. d. §§ 59, 60 ZPO.
- **Der Beklagte** erhebt seine Widerklage nur **gegen** einen bisher am Rechtsstreit **nicht beteiligten Dritten.**
- **Ein Streithelfer des Beklagten** oder ein **sonstiger Dritter** erhebt **gegen den Kläger** allein oder gegen ihn und einen am Rechtsstreit bisher nicht beteiligten Dritten eine „Drittwiderklage".

Nach der Rechtsprechung des Bundesgerichtshofs ist die Widerklage nur im 1. Fall als Klageänderung (Parteierweiterung) zulässig. Es bedarf daher entweder einer Einwilligung des Klägers (rügelose Einlassung genügt) oder einer Sachdienlichkeit der subjektiven Klagehäufung.[655] Wird die **parteierweiternde Widerklage** in der Berufungsinstanz erhoben, ist immer die Zustimmung des Klägers erforderlich, sofern er sie nicht rechtsmissbräuchlich verweigert.[656] Dritte können im Wege der Anschlussberufung nicht einbezogen werden.[657]

Nicht zulässig sind somit eine Drittwiderklage oder die Klage eines Dritten (2./3. Fall). Allerdings kann das Gericht eine **Klageverbindung gem. § 147 ZPO** vornehmen.

Hat das Gericht im ersten Falle die Sachdienlichkeit der Widerklage und damit ihre Zulässigkeit bejaht, bedarf es für die örtliche Zuständigkeit des angerufenen Gerichts, soweit es den Dritten anbelangt, einer **Gerichtstandbestimmung nach § 36 Nr. 3 ZPO,** da die Widerklage nur für die Parteien von Vorklage und Widerklage, nicht für einen in das Verfahren einbezogenen Dritten die örtliche Zuständigkeit begründet.[658]

Fehlt die Zuständigkeit oder wird die Sachdienlichkeit verneint, ist die Widerklage als **unzulässig abzuweisen.**[659] Auf Antrag des Beklagten kann aber die „Widerklage" auch abgetrennt und als eigenständiges Verfahren geführt werden; darüber hinaus kommt eine **Verweisung** gem. § 281 ZPO an den allgemeinen, besonderen oder ausschließlichen Gerichtsstand der Gegenklage in Betracht.

7. Identität der Prozessart von Klage und Widerklage

224 g Zulässigkeitsvoraussetzung der Widerklage ist weiter, dass sie in derselben Prozessart wie die Hauptklage erhoben wird. Unzulässig ist daher eine Widerklage im Urkunden- und Wechselprozess (§ 595 I ZPO). Auch ist es unzulässig, gegenüber der Familiensache Unterhalt einen nicht familienrechtlichen Anspruch im Wege der Widerklage durchzusetzen.[660] Im Arrest- und einstweiligen Verfügungsverfahren gibt es dann eine Widerklage, wenn das Verfahren auf Grund mündlicher Verhandlung (sozusagen als Klage mit Urteilsabschluss) geführt wird. Dann ist nämlich eine Hauptsache rechtshängig;[661] einer Gegenverfügung bedarf es dann nicht.[662]

---

[655] BGH, NJW 1991, 2838
[656] BGH, NJW-RR 1990, 1267
[657] BGH, NJW 1995, 198
[658] BGH, NJW 1991, 2838
[659] BGH, NJW 1993, 2120
[660] BGH, NJW 1986, 1178
[661] Dazu Musielak/Smid, ZPO § 33, Rn. 13
[662] Zöller/Vollkommer, a. a. O., § 33, Rn. 24

Klage und Widerklage sind für den Streitwert nicht zu addieren, wenn die (teilweise) Zuerkennung der Klage zwingend zur Abweisung der Widerklage führt.[663]

Bei einer Häufung von Klage und Widerklage sind die Kosten nicht nach diesen Verfahrensgegenständen zu verteilen, sondern nach dem Verhältnis der Streitwerte zu quotieren.[664]

8. Sonderformen der Widerklage, Hilfswiderklage

Die Widerklage kann unter einer auflösenden oder aufschiebenden Bedingung erhoben werden (z. B. für den Fall der Klagestattgabe oder völligen bzw. teilweisen Klageabweisung). Hierzu gehört, wenn der Beklagte mit einer Gegenforderung aufrechnet und für den Fall der Nichtzulässigkeit der Aufrechnung (z. B. gegenüber dem laufenden Unterhalt) Eventualwiderklage auf Zahlung seiner Gegenforderung erhebt. Zulässig wäre auch eine Hilfswiderklage, mit der die Zurückforderung des bezahlten Unterhaltes für den Fall begehrt wird, dass dem Kläger der eingeklagte Unterhalt nicht oder nicht in der vollen Höhe – wie gezahlt –, zusteht.

Keine Hilfswiderklage liegt dann vor, wenn ein Dritter **Gegenklage** erhebt oder sie gegen einen Dritten rechtshängig gemacht wird. Hierbei handelt es sich um keine Widerklage zwischen den Parteien selbst, sondern um eine **subjektive Klagerweiterung,** die sich nach den §§ 59, 60 ZPO richtet. Im Übrigen kann schon deswegen ein Streitgenosse nicht im Wege der Hilfswiderklage einbezogen werden, weil das gegen ihn begründete Prozessrechtsverhältnis bedingungsfeindlich ist und nicht in der Schwebe gehalten werden kann.[665]

224 h

9. Feststellungswiderklage

Hat der Kläger nur eine **Teilklage** erhoben oder seinen Unterhaltsanspruch auf einen bestimmten Zeitraum befristet (bloße Unterhaltsrückstände oder Unterhalt nur für einen bestimmten Zeitabschnitt), kann der Beklagte mit einer **negativen Feststellungsklage** begehren, dass festgestellt wird, dass er überhaupt keinen Unterhalt schulde (auch über die nicht von der Klage erfasste Zeit hinaus).

224 i

10. Wider-Widerklage

Einem mit der Widerklage überzogenen Kläger bleibt es unbenommen, sich gegen Letztere selbst im Wege der **Wider-Widerklage** zu wehren. Sie ist – auch hilfsweise – zulässig und unterliegt nicht den Fesseln des § 263 ZPO (Klageänderung), da sich an der Parteirolle (nur Kläger und Beklagter) nichts ändert.[666]

224 j

11. Gerichtsstandsvereinbarungen

Liegt keine konnexe Widerklage vor, begründet § 33 I ZPO nicht den besonderen Gerichtsstand der Widerklage. Das Gleiche gilt im Falle der Gegenklage ausschließlich gegenüber einem Dritten. Hier kann aber das Gericht des Vorprozesses durch **Prorogation** (§ 38 ZPO) oder **rügelose Verhandlung** (§ 39 ZPO) zuständig werden.

224 k

Andererseits kann die besondere Zuständigkeit des § 33 I ZPO und damit auch die internationale Zuständigkeit (vgl. dazu im Anwendungsbereich des EuGVÜ Art. 6 Nr. 3 und 14 III des Übereinkommens) durch **negative Prorogation (Derogation)** abbedungen werden. Die dann erhobene Widerklage ist wegen fehlender örtlicher Zuständigkeit unzulässig. Allerdings sind an den Ausschluss der Widerklagezuständigkeit strenge Anforderungen zu stellen, weil hierdurch die Rechtsposition des Klägers erheblich verstärkt und jene des Beklagten geschwächt wird.[667]

---

[663] OLG Hamm, FamRZ 2002, 1642
[664] OLG Naumburg, FamRZ 2002, 434
[665] Zöller/Vollkommer, Rn. 27
[666] BGH, NJW-RR 1996, 65
[667] BGH, NJW 1983, 1266, 1267

3. Abschnitt: Vorläufige Regelung und Sicherung von Unterhaltsansprüchen

I. Die einstweilige Anordnung in Unterhaltsverfahren

225   Gerichtliche Auseinandersetzungen in Unterhaltssachen stehen auf Seiten des Unterhalts-berechtigten regelmäßig im Zeichen akuter Bedürfnisse und deren Befriedigung. Diese konkurrieren mit den Anforderungen an das dem Schutz des Unterhaltspflichtigen dienende Verfahren und einer daraus naturgemäß resultierenden Dauer des Unterhaltsprozesses. In dem entsprechenden Spannungsfeld geht der vorläufige Rechtsschutz im Unterschied zu anderen zivilprozessualen Streitigkeiten über eine Sicherung von Ansprüchen hinaus und stellt mit dem Institut der einstweiligen Anordnung ein Instrument zur Verfügung, mit dessen Hilfe bereits während der Dauer des gerichtlichen Verfahrens eine beide Parteien befriedigende, aber jederzeit abänderbare Regelung des Unterhalts getroffen werden kann. Während der Gesetzgeber ein Regelungsbedürfnis für entsprechende einstweilige Anordnungen zunächst nur in bestimmten Lebenslagen – Anhängigkeit einer Ehesache (§ 620 ZPO) oder Fest-stellung der Vaterschaft (§ 641 d ZPO) – für notwendig erachtet hatte, bejaht er nunmehr auf Grund des zum 1. Juli 1998 in Kraft getreten Kindesunterhaltsgesetzes die Zulässigkeit solcher Maßnahmen schlechthin für alle auf Zahlung von Unterhalt gerichtete Klagen (§ 644 ZPO). Gemäß § 661 II ZPO können in Lebenspartnerschaftssachen einstweilig Anordnungen ent-sprechend den Vorschriften in Ehesachen (§§ 620–620 g ZPO) ergehen.

Gemäß §§ 49–57 FamFG-E soll der vorläufige Rechtschutz auch in Unterhaltsverfahren völlig neu geregelt werden. Grundlegende Unterschiede zur derzeitigen Rechtslage ergeben sich daraus, dass der einstweilige Rechtsschutz ohne Abhängigkeit von einem Hauptsache-verfahren geregelt (§ 51 FamFG-E) und in den hier in Rede stehenden Antragsverfahren dem Arrest- und Verfügungsverfahren (§ 52 II FamFG-E) angenähert werden soll.

Die einstweilige Unterhaltsanordnung schafft auf Grund einer nur **summarischen** Prü-fung und gestützt auf das Ergebnis **glaubhaft** gemachten Vorbringens[1] lediglich eine **einst-weilige Vollstreckungsmöglichkeit** wegen eines **vorläufig als bestehend angenom-menen Anspruchs.**[2] Sie stellt keine rechtskräftige Entscheidung über den Unterhalts-anspruch dar und kann jederzeit, auch für die zurückliegende Zeit, durch ein im ordentlichen Rechtsstreit ergehendes Urteil abgelöst werden.[3] Auf den „Notunterhalt" ist sie, anders als die einstweilige Verfügung, nicht beschränkt, sondern kann durchaus den angemessenen Unterhalt erreichen.[4]

Allerdings besteht zwischen dem jeweiligen Regelungsumfang und Beweismaß durchaus ein Abhängigkeitsverhältnis dergestalt, dass bei stärkerer Beweiskraft (etwa auf Grund vor-gelegter Gehaltsabrechnungen) der insgesamt geschuldete Unterhalt in einem weitergehenden Umfang zugesprochen werden kann.[5] Eine Mindermeinung geht allerdings davon aus, dass im Recht der einstweiligen Anordnung (§§ 620 ff., 644 ZPO) nur der sog. Notunterhalt zuge-sprochen werden könne. Dies ist regelmäßig nur der Unterhalt in Höhe des Sozialhilfesatzes.[6]

1. Die einstweilige Anordnung im Scheidungsverbundverfahren

226   **a) Allgemeine Voraussetzungen.** Einstweilige Anordnungen betreffend den Unter-halt eines Ehegatten (§ 620 Nr. 6 ZPO) oder den gemeinsamer minderjähriger Kinder

---

[1] OLG Naumburg, FamRZ 2004, 478
[2] BGH, FamRZ 1984, 767
[3] BGH, FamRZ 1984, 767
[4] Vgl. BVerfG, FamRZ 1980, 872
[5] Dose, Einstweiliger Rechtsschutz in Familiensachen, Rn. 3 m. w. N.
[6] OLG Hamm, FamRZ 2001, 357; AG Tempelhof, FamRZ 2002, 616 mit Anm. von van Els, FamRZ 2002, 617

(§ 620 Nr. 4 ZPO) können ergehen, wenn eine Scheidungs– oder eine andere Ehesache (§ 606 ZPO) anhängig oder ein darauf zielendes Prozesskostenhilfegesuch eingereicht ist (§ 620 a II ZPO). Rechtshängigkeit der Ehesache ist nicht erforderlich. Allerdings muss, sofern weder Prozesskostenhilfe begehrt wird noch die Voraussetzungen von § 14 Nr. 3 GKG dargetan sind, der **Kostenvorschuss** eingezahlt sein (§ 12 I GKG),[7] weil die Voraussetzungen für die Zustellung des Scheidungsantrags sichergestellt sein müssen. Selbst wenn dies der Fall ist, muss eine begehrte Unterhaltsanordnung als rechtsmissbräuchlich unterbleiben, wenn der Scheidungsantrag **offensichtlich unzulässig** oder **unbegründet** ist.[8] Entfällt die Anhängigkeit der Scheidungssache durch Antragsrücknahme oder mit Rechtskraft der Ehescheidung, ist ein Antrag auf Erlass oder Abänderung (§ 620 b II ZPO) einer einstweiligen Anordnung nicht mehr zulässig. War der Antrag allerdings noch vor diesem Ereignis gestellt, ist zu unterscheiden. Bei der **Antragsrücknahme** (ebenso bei rechtskräftiger Abweisung des Scheidungsantrages) hindert § 620 f I ZPO, wonach einstweilige Anordnungen mit diesem Ereignis außer Kraft treten, eine positive Bescheidung. Demgegenüber steht die Rechtskraft der Ehescheidung einer rechtzeitig beantragten einstweiligen Anordnung nicht entgegen.[9] Für einen **Antrag auf mündliche Verhandlung** nach § 620 b II ZPO ist allerdings kein Raum mehr. Streiten die Parteien nach Rechtskraft der Ehescheidung im Rahmen einer **Unterhaltsfolgesache,** ist eine nachträglich beantragte einstweilige Anordnung nach § 644 ZPO zulässig.[10]

Unzulässig ist eine einstweilige Anordnung auch dann, wenn die subjektiven Voraussetzungen für ein Prozesskostenhilfegesuch (§ 620 a II ZPO) nicht vorliegen oder ein solches offensichtlich unbegründet ist, wie dies bei Einreichung des Gesuchs vor Ablauf des Trennungsjahres ohne schlüssige Darlegung von Härtegründen im Sinne von § 1565 II BGB der Fall ist. Im Übrigen entfallen mit der Versagung von Prozesskostenhilfe die allgemeinen Voraussetzungen für eine auf § 620 Nr. 4 oder 6 ZPO gestützte Unterhaltsanordnung.[11] Sie „leben wieder auf" mit Einlegung der sofortigen Beschwerde gegen diese Entscheidung.[12]

b) Zuständigkeit. Örtlich zuständig ist das Familiengericht der Ehesache. Die **sachliche** Zuständigkeit ist ebenfalls an die Ehesache (§ 606 ZPO) gekoppelt. Danach ist das **Familiengericht** für die einstweilige Anordnung zuständig, wenn die Ehesache in erster Instanz anhängig ist. Mit Anhängigkeit der Ehesache in der Berufungsinstanz wird das OLG zuständig (§ 620 a IV S. 1 ZPO). Allerdings wirkt eine zuvor bereits begründete Zuständigkeit des Familiengerichts nach dem sinngemäß heranzuziehenden Grundsatz der perpetuatio fori (§ 261 III Nr. 2 ZPO) fort.[13] Gemäß § 620 a IV S. 2 ZPO kommt es auch dann zu einem entsprechenden Zuständigkeitswechsel, sobald eine Folgesache, deren Gegenstand dem des Anordnungsverfahrens entspricht, im zweiten oder dritten Rechtszug anhängig ist. Da in beiden Fällen die Zuständigkeit des Familiengerichts für eine Unterhaltsanordnung erst mit **Anhängigkeit der Ehesache** oder der **Folgesache** betreffend Kindes- oder Ehegattenunterhalt in der **Berufungsinstanz** endet, lassen Verbundurteil und das noch nicht konkretisierte „Rechtsmittel" die erstinstanzliche Zuständigkeit zunächst unberührt. Denn in dieser Verfahrenssituation steht noch nicht sicher fest, ob die Ehesache oder den Unterhalt betreffende Folgesache überhaupt angefochten werden soll.[14] Maßgeblich ist insoweit vielmehr regelmäßig der Eingang der über den Umfang der Anfechtung Aufschluss gebenden **Berufungsbegründung.**[15]

Dies gilt allerdings nicht, wenn der Unterhalt im Rahmen einer **isolierten Folgesache** geltend gemacht wird. Hier schafft bereits die Einlegung des Rechtsmittels Gewiss-

227

---

7 Ebert, Einstweiliger Rechtsschutz in Familiensachen, § 2 Rn. 4
8 OLG Karlsruhe, FamRZ 1989, 79
9 OLG München, FamRZ 1987, 610; KG, FamRZ 1987, 956
10 OLG Düsseldorf, FamRZ 2001, 1229
11 OLG Hamm, FamRZ 1982, 721
12 Ebert, Rn. 9
13 BGH, FamRZ 1980, 670
14 OLG Frankfurt, FamRZ 1992, 579, 580
15 Dose, Rn. 20 m. w. N.

heit über die zweitinstanzliche Befassung. Werden Folgesachen angefochten, bei denen es sich nicht um Folgesachen im Sinne von § 621 I Nr. 4 und 5 ZPO handelt, bleibt es, da die Gegenstände von Hauptsache- und Anordnungsverfahren sich nicht entsprechen, bei der Zuständigkeit des Familiengerichts. Hat eine Partei im Scheidungsverfahren Unterhalt im Rahmen einer **Stufenklage** anhängig gemacht und hat das Familiengericht zunächst durch Teilurteil über das Auskunftsbegehren entschieden, ist bei einer hiergegen gerichteten Berufung für eine Unterhaltsanordnung weiterhin das Familiengericht zuständig. Für einen Wechsel der Zuständigkeit nach § 620a IV S. 2 ZPO fehlt es auch hier an der notwendigen Entsprechung.[16] In der Gesamtschau lassen die Regelungen in § 620a IV S. 1 und 2 ZPO überdies erkennen, dass dem jeweiligen Gericht mit der durch das Hauptsacheverfahren vorgegebenen **größeren Sachnähe** auch die Zuständigkeit für vorläufige Maßnahmen zukommen soll.[17] Demgemäß bleibt es bei der Zuständigkeit des Familiengerichts, wenn etwa nach Abtrennung der Folgesache betreffend Unterhalt (§ 628 ZPO) das Gericht erster Instanz die Ehe geschieden hat und sich hiergegen die Berufung richtet.[18]

228   **c) Antrag, Gegenstand und Antragsbefugnis.** Das einstweilige Anordnungsverfahren ist ein **Antragsverfahren.** Der Antrag ist zulässig, sobald und solange die Ehesache oder ein Prozesskostenhilfegesuch anhängig ist (§ 620a II S. 1 ZPO). Nach § 620a II S. 2 ZPO kann der Antrag **zu Protokoll der Geschäftsstelle** erklärt werden. Insoweit besteht daher **kein Anwaltszwang** (§ 78 V ZPO), wohl aber für die mündliche Verhandlung, auch eines Änderungsverfahrens nach § 620b II ZPO.[19] Da es sich bei den einstweiligen Anordnungsverfahren betreffend Kindes- und Ehegattenunterhalts um ZPO-Familiensachen handelt, bedarf es zudem eines **bezifferten Sachantrages,** nicht nur eines Verfahrensantrages, und zwar vergleichbar einem **Klagantrag.** Dieser ist im Verlauf des Anordnungsverfahrens gegebenenfalls anzupassen. Werden etwa nach Antragstellung **öffentliche Leistungen** erbracht, die zu einem Forderungsübergang führen (§§ 94 SGB XII, 33 SGB II oder 7 UVG), ist nach zutreffender Ansicht der Zahlungsantrag entsprechend § 265 II ZPO umzustellen.[20] Soweit die Gegenmeinung[21] davon ausgeht, dass mit den Leistungen ein das Anordnungsverfahren rechtfertigendes Eilbedürfnis entfallen sei, und eine Erledigung annimmt, wird nicht hinreichend gewichtet, dass sich das Anordnungsverfahren richtigerweise nicht auf einen notwendigen Unterhalt beschränken muss (vgl. Rn. 10/225) sowie Regelungen schaffen soll, die die Ehegatten auch als endgültige (vgl. § 620f ZPO) Regelungen akzeptieren.[22] Dieser Zweck wird verfehlt, wenn sich insbesondere der unterhaltspflichtige Ehegatte infolge einer (Teil-)Erledigungserklärung nunmehr einer gerichtlichen Auseinandersetzung (auch) mit dem Träger der öffentlichen Leistungen ausgesetzt sieht.

Die begehrte Unterhaltsanordnung muss sich aus dem materiellen Recht ableiten lassen. Sie kann gerichtet sein neben dem laufenden Barunterhalt u.a. auf Zahlung von **Wirtschaftsgeld**[23] oder **Taschengeld.**[24] Ferner kommt eine Deckung von **Sonder- und Mehrbedarf**[25] in Betracht. Rückständige Unterhaltsbeträge sowie Vorsorgeunterhalt (str.)[26] scheiden als **Gegenstand** einer **Unterhaltsanordnung** regelmäßig aus. Denkbar sind Ausnahmen nur zur Vermeidung einer akuten Notlage, die bei rückständigem Unterhalt vorliegt, wenn sich die Nichtzahlung noch aktuell für den Unterhaltsberechtigten belastend durch eine Zins- und Schuldenlast auswirkt.[27]

---

[16] Dose, Rn. 21

[17] Vgl. Ebert, a.a.O. Rn. 89 m.w.N.

[18] OLG Karlsruhe, FamRZ 1998, 1380

[19] OLG Düsseldorf, FamRZ 1992, 1198

[20] Ebert, Rn. 71 m.w.N.

[21] Gießler/Soyka, Vorläufiger Rechtsschutz in Ehe-, Familien- und Kindschaftssachen, Rn. 537

[22] Zöller/Philippi, ZPO, § 620 Rn. 59

[23] OLG Celle, FamRZ 1999, 162

[24] BGH, FamRZ 1998, 608

[25] Ebert, Rn. 25 m.w.N.

[26] Vgl. Dose, Rn. 31 m.w.N. zum Streitstand

[27] OLG Düsseldorf, FamRZ 1987, 611

Umstritten ist ferner, ob ein **Auskunftsanspruch** Gegenstand einer einstweiligen Anordnung nach § 620 Nr. 4 oder 6 ZPO werden kann. Teilweise[28] wird angenommen, dass eine Auskunftsanordnung ergehen kann, wenn der Unterhaltsberechtigte hierauf angewiesen ist. Dem wird mit der überwiegenden Meinung[29] entgegengehalten, dass der Antragsteller im Anordnungsverfahren einen nicht mehr rückgängig zu machenden Rechtsschutz nicht verlangen könne. Zudem ist zu bedenken, dass der unterhaltsrechtliche Auskunftsanspruch als Hilfsanspruch positivgesetzlich geregelt ist, im Kontext von § 620 ZPO indessen keine Erwähnung findet, wie dies auch für andere dem Unterhaltsrecht im weiteren Sinne zuzuordnende Ansprüche gilt.[30] Dessen ungeachtet dürfte eine Auskunftsanordnung vor dem Hintergrund dringend benötigter Unterhaltszahlungen, die hier schon auf Grund nur summarischer Prüfung in Betracht kommen, zu verfahrensinadäquaten Verzögerungen führen. Auch wenn § 643 ZPO im Anordnungsverfahren keine Anwendung findet, ist das Familiengericht nicht gehindert, im Rahmen der Anhörung oder zur Vorbereitung der mündlichen Verhandlung den Parteien die Vorlage von Gehaltsabrechnungen oder Kreditunterlagen aufzugeben.

Antragsbefugt im Sinne von § 620 ZPO sind lediglich die **Ehegatten.** Dies bezieht sich auch auf den Kindesunterhalt, wobei die gesetzliche Prozessstandschaft zu beachten ist (§ 1629 III S. 1 BGB). Eine nach §§ 1712 I Nr. 2, 1714 BGB eingerichtete Beistandschaft steht, da mit dieser Maßnahme keine Einschränkung der elterlichen Sorge verbunden ist (§ 1716 S. 1 BGB), der elterlichen **Antragsbefugnis** nicht entgegen. Auf die Beistandschaft gestützter Kindesunterhalt ist außerhalb des Verbundes zu verfolgen. Hier können einstweilige Anordnungen unter den Voraussetzungen von § 644 ZPO beantragt werden.

d) Regelungsbedürfnis. Im Unterschied zur einstweiligen Verfügung und zum Arrest **229** geht das Gesetz nicht ausdrücklich von einem besonderen Anordnungsgrund für das einstweilige Anordnungsverfahren aus. Auch für Unterhaltsanordnungen bestimmt § 620 ZPO lediglich, dass das Familiengericht einstweilige Regelungen treffen „kann". Gleichwohl entspricht allgemeiner Auffassung, dass jede einstweilige Anordnung auf Unterhalt ein Regelungsbedürfnis voraussetzt,[31] das sich nicht in den Anforderungen eines allgemeinen Rechtsschutzbedürfnisses erschöpft, sondern als **spezifisches Bedürfnis** nach einer **Eilentscheidung** verstanden werden kann.[32] Es fehlt, wenn der Unterhaltspflichtige nicht zur Zahlung aufgefordert worden ist, bisher den geltend gemachten Unterhalt immer rechtzeitig und in voller Höhe gezahlt hat oder es sich um rückständigen Unterhalt handelt, der vor Antragstellung angefallen ist (zu Ausnahmen vgl. Rn. 10/227). Haben die Parteien eine **Unterhaltsvereinbarung** getroffen, besteht ein Regelungsbedürfnis erst, wenn konkrete Anhaltspunkte dafür dargetan sind, dass der Unterhaltspflichtige seinen eingegangenen Zahlungsverpflichtungen nicht mehr nachkommen wird. Besteht für die nächste Zeit **keine Vollstreckungsmöglichkeit** aus tatsächlichen oder rechtlichen Gründen, ist ebenfalls ein Regelungsbedürfnis nicht festzustellen. Das gilt auch dann, wenn der Unterhalt durch eigene Einkünfte des Ehegatten oder bei ausreichendem Einkommen des Unterhaltsberechtigten gesichert ist[33] oder der Unterhalt bereits anderweitig tituliert ist.[34] Das notwendige Regelungsbedürfnis fehlt auch dem Begehren des Unterhaltspflichtigen auf Feststellung, Unterhalt oder Prozesskostenvorschuss zu schulden.[35] **Ein Regelungsbedürfnis** besteht ferner nicht, wenn zwar noch formell die Ehesache zwischen den Parteien anhängig ist, diese **sich aber versöhnt haben** und seit langem bereits wieder zusammenleben. Das Gericht hat bei einem Antrag auf Erlass einer einstweiligen Anordnung kein freies Handlungsermessen.[36] Vielmehr ist bei Vorliegen eines Regelungsbedürfnisses eine einstweilige Regelung auf Antrag zu erlassen.

---

[28] Zöller/Philippi, Rn. 63; van Els, FamRZ 1995, 650
[29] OLG Düsseldorf, FamRZ 1983, 514; OLG Hamm, FamRZ, 1983, 515; Thomas/Putzo, ZPO, § 620 Rn. 20
[30] Vgl. die Nachweise bei Ebert, Rn. 26
[31] OLG Stuttgart, FamRZ 2000, 965 m. w. N.
[32] Ebert, Rn. 58; Dose, Rn. 16
[33] OLG Zweibrücken, FamRZ 1981, 65
[34] Ebert, Rn. 59
[35] OLG Zweibrücken, FamRZ 1983, 940
[36] OLG Stuttgart, FamRZ 2000, 965

230   **e) Entscheidung und Wirkungen.** Über den Antrag auf Erlass einer Unterhaltsanordnung entscheidet das Gericht nach Anhörung oder auf Grund mündlicher Verhandlung durch Beschluss (§§ 620 a, 620 b I und II ZPO). Ein Säumnisverfahren sieht das Gesetz nicht vor mit der Folge, dass bei Fernbleiben des anwaltlich vertretenen Antragstellers eine Sachentscheidung unterbleibt. Die Säumnis des Antragsgegners führt zu einer einseitig streitigen Verhandlung. Dabei kommt § 138 III ZPO zur Anwendung. Unter diesen Voraussetzungen bedarf es weiterer Glaubhaftmachung nicht.[37] Der auf Grund mündlicher Verhandlung ergehende Beschluss ist zu begründen (§ 620 d S. 2 ZPO) und zu verkünden (§ 329 I S. 1 ZPO). Unterbleibt eine Verkündung, wird die Entscheidung mit Zustellung, die gemäß § 329 III ZPO bei einem zu vollstreckenden Inhalt ohnehin geboten ist, wirksam.[38]

Den Unterhalt betreffende einstweilige Anordnungen entfalten in erster Linie Wirkungen zwischen den Ehegatten. Soweit der Kindesunterhalt für gemeinsame minderjährige Kinder geregelt wird, wirkt eine entsprechende Anordnung darüber hinaus unmittelbar auch für und gegen das Kind (§ 1629 III S. 2 BGB i. V. m. § 620 S. 1 Nr. 4 ZPO). Allerdings muss das Kind im Zeitpunkt des Erlasses der Entscheidung noch minderjährig sein. Dies gilt für eine vergleichsweise Erledigung entsprechend.

Die Befugnis der Ehegatten, ihre Unterhaltsverhältnisse grundsätzlich eigenständig zu regeln, schließt die Möglichkeit ein, das entsprechende Anordnungsverfahren durch Vergleich zu beenden. Allerdings hat ein in diesem Verfahren geschlossener **Prozessvergleich,** durch den nichts anderes erreicht werden soll als eine der beantragten einstweiligen Anordnung entsprechende Regelung, keine weitergehende Wirkung als eine entsprechende einstweilige Anordnung.[39] Ein Vergleich, der eine einstweilige Anordnung ersetzt, bietet keinen Rechtsgrund[40] zum „Behaltendürfen". Weitergehende Regelungen, etwa die Begründung eines eigenen Forderungsrechts des Kindes durch Vertrag zu seinen Gunsten (§ 328 BGB), sind möglich, jedoch müssen für einen derartigen Willen ausreichend sichere Anhaltspunkte vorliegen.[41]

Dessen ungeachtet bedarf es vor dem Hintergrund der umfassenden Regelungskompetenz der Ehegatten auch hinreichender Klarstellungen in dem Vergleich dazu, ob die Parteien mit diesem Titel nur das einstweilige Anordnungsverfahren oder die Unterhaltsangelegenheit in ihrer Gesamtheit erledigen wollen. Fehlen entsprechende Aussagen und lassen sie sich auch nicht auf Grund einer Auslegung feststellen, ist davon auszugehen, dass der Vergleich nicht über eine entsprechende Anordnung hinaus Wirkung entfalten sollte (§ 620 f ZPO), nur unter den Voraussetzunge von § 620 b ZPO einer Anpassung zugänglich ist und mit Rücknahme des Scheidungsantrages oder dessen Abweisung außer Kraft tritt.[42] Soweit der Vergleich über die Zeit nach Rechtskraft der Scheidung hinaus fortgilt (§ 620 f ZPO), regelt er beim Ehegattenunterhalt den nachehelichen Unterhalt, nicht den Trennungsunterhalt.[43]

Haben die Parteien aber hinreichend erkennbar den gesamten Unterhaltsstreit erledigt, stellt der Vergleich einen nach § 323 IV, I ZPO i. V. m. § 313 BGB durch **Abänderungsklage** anzupassenden Unterhaltstitel dar. Tituliert ist beim Ehegattenunterhalt in diesem Fall wegen fehlender Identität mit dem nachehelichen Unterhalt allerdings nur der Trennungsunterhalt. Wird aus dem Vergleich nach Rechtskraft der Ehescheidung die Zwangsvollstreckung fortgesetzt, ist, sofern die Parteien für diesen Unterhaltszeitraum keine Regelungen getroffen haben, die **Vollstreckungsabwehrklage** zu erheben. Streiten die Parteien über die Wirksamkeit des Vergleichs, ist hierüber im Verfahren nach § 620 b ZPO zu befinden, sofern die Erledigung nur dem einstweiligen Anordnungsverfahren galt. Bei einem darüber hinaus gehenden Vergleichsinhalt bedarf es je nach Parteirolle eines Vorgehens im ordentlichen Klageverfahren.[44]

---

[37] Ebert, Rn. 80 m. w. N.
[38] OLG Bremen, FamRZ 1981, 1031
[39] BGH, FamRZ 1983, 892 = R 173 a
[40] BGH, FamRZ 1991, 1175
[41] BGH, FamRZ 1983, 892
[42] BGH, FamRZ 1991, 1175, 1176
[43] BGH, FamRZ 1985, 51 = R 233 a
[44] OLG Hamm, FamRZ 1991, 582

Nach OLG Karlsruhe[45] setzt ein in einem einstweiligen Anordnungsverfahren geschlossener Vergleich die Zweijahresfrist des § 1605 II BGB nicht in Lauf, soweit er den Unterhalt nur vorläufig regelt. Die Zustellung des Antrags auf Erlass einer einstweiligen Anordnung kann eine materiell-rechtliche Mahnung gemäß § 286 I S. 2 BGB sein,[46] deren Wirkung (Verzug) nur ausnahmsweise (z. B. durch Verzicht oder Verwirkung) beseitigt werden kann. Dies gilt grundsätzlich auch bei **Ablehnung** des Antrags auf Erlass einer einstweiligen Anordnung.[47]

f) Anfechtbarkeit. aa) Allgemeines. Während der Anhängigkeit der Ehesache, dem **231** die Einreichung eines entsprechenden Antrages auf Bewilligung von Prozesskostenhilfe gleichsteht, können die einstweiligen Anordnungen auf Unterhalt auf Antrag jederzeit aufgehoben oder abgeändert werden. Dabei ist zu unterscheiden zwischen dem Abänderungsantrag (§ 620 b I S. 1 ZPO) und dem **Antrag,** auf Grund **mündlicher Verhandlung** erneut zu beschließen, sofern die einstweilige Anordnung ohne mündliche Verhandlung ergangen ist (§ 620 b II ZPO). Dieser Antrag ist vorrangig dazu bestimmt, das Anordnungsverfahren zum Abschluss zu bringen, und verdrängt den Abänderungsantrag nach § 620 b I ZPO.[48] Der von dem beschwerten Ehegatten zu stellende Antrag unterliegt dem Anwaltszwang[49] und bedarf der Begründung (§ 620 d S. 1 ZPO). Allerdings setzt er nicht notwendig eine Änderung der bei Erlass der Anordnung für maßgebend erachteten Verhältnisse voraus. Vielmehr reicht auch eine **abweichende rechtliche Beurteilung derselben Tatsachen** aus. Die Antragstellung unterliegt keiner Fristbindung, so dass bei fortdauernder Anhängigkeit der Hauptsache selbst „nach Jahren" einem Antrag auf Durchführung der mündlichen Verhandlung der Gesichtspunkt des Rechtsmissbrauchs nicht entgegensteht.[50] Auch nach Rechtskraft der Ehescheidung ist einem zuvor rechtzeitig gestellten Antrag nach § 620 b II ZPO zu entsprechen. Gleiches gilt, wenn nach Rechtskraft der Ehescheidung noch eine Unterhaltsfolgesache anhängig ist.[51]

Einem auf § 620 b I S. 1 ZPO gestützten **Abänderungsantrag** zugänglich sind hiernach zunächst einstweilige Anordnungen, die auf Grund mündlicher Verhandlung ergangen sind, darüber hinaus aber auch andere Vollstreckungstitel, soweit sie lediglich den Gegenstand des Anordnungsverfahrens erfassen (keine Hauptsachetitel), wie dies bei einem entsprechenden Vergleich der Fall ist. Der schriftlich zu stellende Abänderungsantrag, der keiner anwaltlichen Mitwirkung bedarf (§ 78 V ZPO), setzt eine Beschwer voraus und ist zu begründen (§ 620 d S. 1 ZPO). Ist die einstweilige Anordnung, deren Abänderung begehrt wird, auf Grund mündlicher Verhandlung ergangen, muss sich ein zulässiges Änderungsbegehren zudem auf neue Tatsachen und Beweismittel stützen. Ansonsten fehlt für eine neue Entscheidung das **Rechtsschutzbedürfnis.**[52] Neu in diesem Zusammenhang sind allerdings auch solche Tatsachen und Beweismittel, die erst nachträglich bekannt geworden sind und allein deshalb bei der Erstentscheidung keine Berücksichtigung gefunden haben.[53] Eine dem § 323 II ZPO vergleichbare Präklusion besteht nicht. Richtet sich das Abänderungsbegehren gegen einen Vergleich, ist, da die Parteien sich durch die Vereinbarung gebunden haben, immer die Darlegung von nachträglichen Änderungen der maßgebenden Verhältnisse zu verlangen.[54]

Einer Abänderung im Rahmen einer **Abänderungsklage** ist eine einstweilige Anordnung nicht zugänglich.[55] Das gilt auch für einen Prozessvergleich, der eine einstweilige Anordnung ersetzt.[56] Eine Abänderungsklage kann eventuell in eine Leistungsklage umgedeutet werden.[57]

---

[45] OLG Karlsruhe, FamRZ 1992, 684
[46] BGH, FamRZ 1983, 352
[47] Vgl. BGH, FamRZ 1995, 725
[48] Dose, Rn. 45 m. w. N.
[49] OLG Zweibrücken, FamRZ 1980, 386
[50] OLG Köln, FamRZ 2006, 1402
[51] Ebert, Rn. 143
[52] Zöller/Philippi, § 620 b Rn. 2 m. w. N.
[53] Ebert, Rn. 157
[54] Dose, Rn. 49
[55] BGH, FamRZ 1983, 892
[56] BGH, FamRZ 1991, 1175
[57] BGH, FamRZ 1983, 892

232   Entscheidungen zum Kindes- oder Trennungsunterhalt unterliegen im einstweiligen Anordnungsverfahren im Übrigen **keiner Anfechtung** durch ein ordentliches Rechtsmittel. Dies folgt aus § 620 c S. 2 ZPO. Ihm liegt die Erwägung zugrunde, dass Maßnahmen im Anordnungsverfahren Rechtsfrieden während der Dauer der Ehesache schaffen sollen,[58] dem aber die – auch wiederholte – Befassung der Instanzgerichte mit vorläufigen Maßnahmen nicht dienlich ist. Soweit die Rechtspraxis in der Vergangenheit gleichwohl in Fällen so genannter greifbarer Gesetzeswidrigkeit Korrekturbedarf für Entscheidungen durch die Instanzgerichte entwickelt und darauf das Rechtsmittel der außerordentlichen sofortigen Beschwerde gestützt hat, kann hieran im Zuge der gesetzlichen Neuregelung des Beschwerderechts durch das Zivilprozessreformgesetz vom 27. Juli 2001 (BGBl. I S. 1887) nicht mehr festgehalten werden. Dessen ungeachtet widersprechen außerordentliche Rechtsbehelfe dem verfassungsrechtlichen Gebot der Rechtsmittelklarheit,[59] Die Rechtspraxis trägt dem in der Weise Rechnung, dass zunehmend durch die „Gehörsrüge" nach § 321 a ZPO auch die Fälle erfasst werden, für die sie bis zur Gesetzesänderung eine „außerordentliche sofortige Beschwerde" bemüht hat.[60]

233   **bb) Weitere Rechtsverfolgung durch den Unterhaltsberechtigten.** Er kann jederzeit Leistungsklage erheben, um in einem ordentlichen Rechtsstreit den Unterhaltsanspruch feststellen zu lassen.[61]

234   **cc) Weitere Rechtsverfolgung durch den Unterhaltspflichtigen.** Er kann jederzeit durch **negative Feststellungsklage** den vom Unterhaltsberechtigten behaupteten oder durch einstweilige Anordnung vorläufig geregelten Unterhaltsanspruch klären lassen, insbesondere wenn es um die wirtschaftlichen Verhältnisse geht,[62] und zwar auch für die Zeit vor Rechtshängigkeit der Klage oder Verzug des Gläubigers mit einem Verzicht auf seine Rechte aus der einstweiligen Anordnung.[63] Voraussetzung ist jedoch – wie bei jeder negativen Feststellungsklage – ein **„Berühmen"** des Unterhaltsberechtigten, das sich auch aus den Umständen ergeben kann, nicht jedoch im Allgemeinen aus bloßem Schweigen oder passivem Verhalten. Reagiert daher der Unterhaltsberechtigte nach zweimaliger Ablehnung einer einstweiligen Anordnung und zwischenzeitlicher Scheidung nicht auf eine Aufforderung des Unterhaltspflichtigen, auf Trennungsunterhalt zu verzichten, liegt darin kein „Berühmen".[64]

Das für die negative Feststellungsklage notwendige **Feststellungsinteresse** fehlt oder entfällt, soweit auf Rückzahlung des verpflichtungsgemäß gezahlten Unterhalts geklagt werden kann.[65] Dies ist ferner der Fall, wenn der Unterhaltsberechtigte seinerseits bereits Leistungsklage auf weitergehenden Unterhalt erhoben hat, die den gleichen Streitgegenstand betrifft.[66] Mit der Klage ist anzugeben, für welchen Unterhaltszeitraum **kein** Unterhalt geschuldet werden soll. Die **Beweislast** beurteilt sich ungeachtet der gewählten Klageart nach dem **materiellen Recht.** Demgemäß trifft den Unterhaltsberechtigten auch in seiner Eigenschaft als Beklagter der negativen Feststellungsklage die Darlegungs- und Beweislast für seine Unterhaltsberechtigung, den Bedarf und für seine Bedürftigkeit. Gelingt ihm dies nicht, ist der negativen Feststellungsklage stattzugeben. Mit der Rechtskraft tritt die einstweilige Anordnung auf Unterhalt außer Kraft.[67]

Der Unterhaltspflichtige kann **Vollstreckungsabwehrklage** (§ 767 ZPO) erheben, wenn er nachträglich entstandene rechtshemmende oder rechtsvernichtende Einwendungen geltend machen will, z.B. Erfüllung.[68] Analog § 767 II ZPO können mit der Vollstreckungsabwehrklage jedoch nur Umstände geltend gemacht werden, die nicht schon vor

---

[58] Rahm/Künkel/Niepmann, Handbuch des Familiengerichtsverfahrens, Teil VI Rn. 4
[59] BVerfG, NJW 2003, 1924
[60] OLG Köln, FamRZ 2005, 2075
[61] BGH, FamRZ 1984, 767; OLG Zweibrücken, FamRZ 2000, 1288
[62] Vgl. BGH, FamRZ 1984, 356; FamRZ 1984, 769
[63] BGH, FamRZ 1989, 850
[64] Vgl. BGH, FamRZ 1995, 725
[65] OLG Düsseldorf, FamRZ 1997, 824; OLG Frankfurt, FamRZ 1991, 1210, 1211
[66] OLG Köln FamRZ, 2004, 39; OLG Brandenburg, FamRZ 1999, 1210
[67] BGH, FamRZ 2000, 751
[68] BGH, FamRZ 1983, 355; vgl. auch BGH, FamRZ 1984, 769 und NJW 1987, 3266

Erlass der Entscheidung vorgebracht werden konnten.[69] Der Vollstreckungsabwehrklage steht nicht entgegen, dass der Unterhaltspflichtige mit seinen Einwendungen auch in einem Abänderungsverfahren (§ 620 b ZPO) vorgehen könnte. Ihm steht insoweit ein **Wahlrecht** zu, wonach es seiner Entscheidung obliegt, ob er die einstweilige Anordnung insgesamt oder nur deren Vollstreckbarkeit beseitigen will. Das Rechtsschutzbedürfnis für eine Vollstreckungsabwehrklage ist allerdings dann zu verneinen, wenn der Unterhaltspflichtige das Außerkrafttreten der einstweiligen Anordnung auf Zahlung von Unterhalt im Beschlusswege (§ 620 f S. 2 ZPO) erreichen kann.[70] Bei der entsprechenden Anwendung des § 767 ZPO ist davon auszugehen, dass ein Anspruch in dem titulierten Umfang bestanden hat.[71]

Das gilt auch, soweit die einstweilige Anordnung über § 620 f ZPO den nachehelichen Unterhalt regelt.[72] Die Vollstreckungsabwehrklage ist also nicht schon mit der Begründung erfolgreich, die einstweilige Anordnung erfasse nur den Trennungsunterhalt, der mit Rechtskraft der Scheidung auf Grund der Nichtidentität von Trennungsunterhalt und nachehelichem Unterhalt[73] entfallen sei.

Hat der Unterhaltspflichtige auf Grund einer einstweiligen Anordnung, die über Bestand oder Höhe des materiell-rechtlichen Anspruchs hinausgeht, geleistet, kann er die Bereicherungsklage erheben, ohne dass es auf die förmliche Aufhebung der einstweiligen Anordnung ankäme. Das zusprechende Urteil ist eine „anderweitige Regelung" gemäß § 620 f ZPO,[74] ein Feststellungsurteil, dass die Unterhaltspflicht entfällt, jedoch erst ab Rechtskraft.[75] Nach OLG Frankfurt[76] setzt ein vorläufig vollstreckbares Hauptsacheurteil (nachehelichen Unterhalt) eine einstweilige Anordnung nicht außer Kraft.

Mit der negativen Feststellungsklage kann der Unterhaltspflichtige feststellen lassen, dass er **235** – auf den Zeitpunkt des Erlasses der einstweiligen Anordnung zurückbezogen – keinen Unterhalt schuldete.[77] Seine entsprechende Rechtsverfolgung kann er – ein PKH-Gesuch genügt nicht – mit einem Antrag auf Einstellung der Zwangsvollstreckung (analog § 769 ZPO oder §§ 707, 719 ZPO)[78] absichern. Diese Möglichkeit besteht auch, wenn der Unterhaltsberechtigte auf weiter gehenden Unterhalt klagt und deshalb das Feststellungsinteresse für eine negative Feststellungsklage zu verneinen ist (vgl. hierzu weiter Rn. 10/234), unter der Voraussetzung, dass der Unterhaltspflichtige die Abweisung der Klage verfolgt.[79] Der zu Unrecht gezahlte Unterhalt kann im Wege der **Bereicherungsklage** gemäß §§ 812 ff. BGB zurückgefordert werden.[80] Diese Bereicherungsklage kann ebenfalls auf den Zeitpunkt zurückdatiert werden, von dem ab kein Unterhalt mehr in voller oder teilweiser Höhe geschuldet war.

Vielfach wird eine derartige Klage aber wegen **Wegfalls der Bereicherung** nach § 818 III BGB keinen Erfolg haben. Allerdings trägt der Bereicherte insoweit die volle **Darlegungs- und Beweislast.** Gleichwohl sieht die Rechtsprechung hier Beweiserleichterungen vor, wonach in der vergleichbaren Situation überzahlter Gehälter oder Bezüge nach der Lebenserfahrung davon ausgegangen wird, dass die jeweiligen Überzahlungen zur Verbesserung des Lebensstandards Verwendung gefunden haben (vgl. auch Rn. 10/199).[81] Will der Unterhaltsberechtigte sich auf diese Beweiserleichterung im Fall von Überzahlungen berufen, hat er seine Vermögenslage vor und nach dem Geldempfang prüffähig darzulegen.[82]

---

[69] BGH, FamRZ 1985, 51
[70] OLG Köln, FamRZ 1999, 1000
[71] BGH, FamRZ 1983, 355
[72] BGH, FamRZ 1985, 51 = R 233 a
[73] Vgl. dazu BGH, FamRZ 1980, 1099
[74] BGH, FamRZ 1984, 767
[75] BGH, FamRZ 1991, 180
[76] FamRZ 1990, 767
[77] So BGH, FamRZ 1983, 355, entgegen OLG Karlsruhe, FamRZ 1980, 608
[78] BGH, FamRZ 1983, 355 (offen gelassen); mit der Straffung des Beschwerderechts durch das ZPO-Reformgesetz vom 27. 7. 2001 (BGBl. I S. 1887) hat die Streitfrage ihre Bedeutung verloren; vgl. auch Ebert, Rn. 192
[79] OLG Düsseldorf, FamRZ 1997, 824
[80] BGH, FamRZ 1984, 767; OLG München, FamRZ 1980, 1043
[81] BGH, FamRZ 2000, 751
[82] OLG Brandenburg, FamRZ 2007, 42, 44

Anders ist dies im Übrigen nur, wenn der Unterhaltsberechtigte gemäß § 818 IV BGB verschärft haftet. Diese verschärfte Haftung setzt aber erst mit der **Erhebung der Bereicherungsklage** ein,[83] nicht bereits mit der Rechtshängigkeit der vorgeschobenen negativen Feststellungsklage,[84] was sich aber de lege ferenda durch die beabsichtigte Regelung in § 241 FamFG-E ändern dürfte. Eine noch vor Rechtshängigkeit einsetzende Haftung gemäß § 819 I BGB scheidet im Allgemeinen aus, da der Unterhaltsberechtigte – kaum beweisbar – von der Rechtsgrundlosigkeit der festgesetzten Unterhaltsleistungen positive Kenntnis haben muss, u. z. sowohl bezogen auf die maßgebenden Tatsachen als auch auf den fehlenden Rechtsgrund.[85] Vor diesem Hintergrund drängt sich aus Sicht des um Rückzahlung bemühten Unterhaltspflichtigen auf, beide Klagen miteinander zu verbinden, und zwar die Bereicherungsklage für den gezahlten Unterhalt und die negative Feststellungsklage für den zukünftigen Unterhaltszeitraum. Sofern und soweit eine vorläufige Einstellung der Zwangsvollstreckung nicht erlangt werden kann und der Unterhaltsberechtigte die Zwangsvollstreckung fortsetzt, ist dem durch Antragsanpassung (§ 253 II Nr. 2 ZPO) bei der Bereicherungsklage Rechnung zu tragen (Formulierungsvorschlag von Gerhardt:[86] „. . . den monatlich seit 1. 7. in Höhe von 500 € gezahlten Unterhalt zurückzuzahlen . . .") Den Schwierigkeiten, die verfahrens- und materiellrechtlich mit der Bereicherungsklage verbunden sind, kann der Unterhaltspflichtige dadurch ausweichen, dass er dem Unterhaltsberechtigten die zu erbringenden Unterhaltsleistungen als **Darlehen** mit der Abrede anbietet, auf Rückzahlung zu verzichten, sofern in der Hauptsache eine entsprechende Unterhaltsverpflichtung festgestellt wird. Mit dem Darlehensangebot, das der Unterhaltsberechtigte nach Treu und Glauben anzunehmen gehalten ist,[87] entfällt bereits das Regelungsbedürfnis für eine einstweilige Anordnung.[88]

236   Nicht notwendig ist für die Rückforderung auf Grund einstweiliger Anordnung gezahlter Unterhaltsleistungen, dass sich der Berechtigte mit dem Verzicht auf die Rechte aus der einstweiligen Anordnung in Verzug befindet oder die Feststellungsklage bereits rechtshängig ist.[89] Allerdings kann im Einzelfall eine Korrektur gemäß § 242 BGB in Betracht kommen.

Stellt sich im Hauptsacheverfahren heraus, dass der im Wege der einstweiligen Anordnung titulierte und gezahlte Unterhalt gekürzt wird oder insgesamt wegfällt, führt dies zu **keinem Schadensersatzanspruch** entspr. §§ 641 g, 717 II, 945 ZPO. Denn die §§ 620 ff. ZPO beinhalten eine abschließende Regelung des einstweiligen Rechtsschutzes in Ehesachen. Nach dem Willen des Gesetzes sollte das Risiko des Unterhaltsgläubigers bewusst gering gehalten werden, um die Anwendung des einstweiligen Rechtsschutzes zu erleichtern. Diese Absicht des Gesetzgebers würde unterlaufen, wenn man einen Schadensersatzanspruch in analoger Anwendung der §§ 717 II, 945 ZPO bejahen wollte.[90]

237   **g) Vollstreckung.** Einstweilige Anordnungen betreffend Kindes- und Trennungsunterhalt werden nach den Vorschriften des Zivilprozessrechts (§ 794 I Nr. 3 a ZPO) vollstreckt. Sie werden mit Erlass oder Verkündung sofort vollziehbar und bedürfen nach überwiegender Auffassung,[91] die sich hierbei auf eine entsprechende Anwendung von § 929 I ZPO beruft, keiner Vollstreckungsklausel.[92] In Verbindung mit einem Abänderungs- oder Aufhebungsantrag kann die Vollziehung ausgesetzt werden (§ 620 e ZPO). Dabei handelt es sich nicht um eine Entscheidung im Zwangsvollstreckungsverfahren, weshalb eine Anfechtung nach § 793 ZPO ausscheidet.[93] Die Voraussetzungen für eine Anfechtung nach § 567 ZPO sind

---

[83] BGH, FamRZ 1984, 767
[84] BGH, FamRZ 2000, 751, 753
[85] BGH, FamRZ 1998, 951, 952
[86] FA-FamR/Gerhardt, 6. Kapitel Rn. 567
[87] BGH, FamRZ 2000, 751, 753; 1992, 1152
[88] Ebert, Rn. 252
[89] BGH, FamRZ 1989, 850; OLG München, FamRZ 1985, 410; OLG Hamm, FamRZ 1988, 1056; streitig, a. A. z. B. OLG Bamberg, FamRZ 1988, 525
[90] BGH, FamRZ 2000, 751 = R 539
[91] Vgl. die Nachweise bei Dose, Rn. 57
[92] A. A. etwa OLG Zweibrücken, FamRZ 1984, 716
[93] Zöller/Philippi, § 620 e Rn. 4 m. w. N.

ebenfalls nicht erfüllt, und zwar auch für den Fall der Zurückweisung eines (nur fakultativen) Schutzantrages.[94]

Die einstweilige Einstellung der Zwangsvollstreckung ist bei der Vollstreckungsabwehrklage möglich unmittelbar gemäß § 769 ZPO, bei der negativen Feststellungsklage entweder analog § 769 ZPO oder analog § 707, § 719 ZPO,[95] ebenso bei einer Leistungsklage, deren Abweisung der Beklagte beantragt.[96] Eine Anfechtung dieser Entscheidungen mit einem ordentlichen Rechtsmittel ist ausgeschlossen.[97] Zur außerordentlichen sofortigen Beschwerde nach der Reform des Beschwerderechts vgl. auch Rn. 10/232. Streitig ist, ob eine Einstellung nach diesen Vorschriften auch dann möglich ist, wenn das Scheidungsverfahren noch anhängig ist und dort eine Aussetzung der Vollziehung gemäß § 620 e ZPO begehrt werden könnte (etwa im Rahmen eines Abänderungsantrags). Nach praktischen Gesichtspunkten ist die Frage zu bejahen.[98] Insoweit besteht für den Unterhaltspflichtigen ein entsprechendes Wahlrecht.[99]

Die Vollstreckung einer einstweiligen Anordnung zur Zahlung eines Prozesskostenvorschusses ist auch nach Beendigung des Prozesses und ungeachtet der Kostenentscheidung möglich. Für den Arglisteinwand (§ 767 I ZPO) genügt nicht das Unterliegen des Empfängers im Rechtsstreit. Die Kostenentscheidung ist keine „anderweitige Regelung" gemäß § 620 f ZPO.[100]

Bei einer Ermäßigung des Zahlungsbetrags bleibt Vollstreckungstitel die alte einstweilige Anordnung.[101]

h) Außerkrafttreten. Da die im Verlauf des Verbundverfahrens ergangenen einstweiligen 238 Unterhaltsanordnungen auf Dauer angelegt sein und **möglichst endgültige Lösungen** schaffen sollen, die weitere Rechtsstreitigkeiten vermeiden.[102] geht der Gesetzgeber, der im Übrigen abweichend von § 926 ZPO auf jeglichen Zwang zur Durchführung eines Hauptsacheverfahrens verzichtet, davon aus, dass die einstweiligen Anordnungen, soweit sie nicht ausdrücklich befristet sind, auch über die Rechtskraft der Ehescheidung hinaus regelnd wirksam bleiben. Das Außerkrafttreten wird durch § 620 f ZPO geregelt, wobei die Vorschrift zwei Fallgruppen unterscheidet.

Nach § 620 f I 2. Halbs. ZPO tritt eine einstweilige Anordnung außer Kraft, wenn der Scheidungsantrag oder die Klage in einer anderen Ehesache des § 606 ZPO **zurückgenommen, rechtskräftig abgewiesen** oder wenn das Eheverfahren nach § 619 ZPO durch den **Tod eines Ehegatten vor Rechtskraft der Scheidung** als in der Hauptsache erledigt anzusehen ist. Die Wirkungen treten allerdings nur für die Zukunft (ex nunc) ein,[103] so dass aus der Unterhaltsanordnung, soweit noch Rückstände zur Zahlung offen sind, weiter die Zwangsvollstreckung betrieben werden kann. Wird der Antrag in der Ehesache zurückgenommen, treten die entsprechenden Wirkungen, soweit die Zustimmung des Gegners erforderlich ist,[104] erst mit Eingang dessen Erklärung bei Gericht ein. Tritt die einstweilige Anordnung mit rechtskräftiger Abweisung des Antrages in der Ehesache außer Kraft, führt die Wiedereinsetzung in den vorigen Stand gegen der Versäumung der Rechtsmittelfrist zum „Wiederaufleben" der einstweiligen Anordnung.[105] Indessen verliert die einstweilige Anordnung nach herrschender Auffassung[106] ihre Wirkung dauerhaft, wenn der Partei vorbehalten bleibt, eine Folgesache als selbstständiges Verfahren fortzuführen (§ 629 III S. 2 ZPO).

---

[94] Dose, Rn. 61
[95] BGH, FamRZ 1983, 355 (offen gelassen)
[96] OLG Frankfurt, FamRZ 1990, 767
[97] BGH, FamRZ 2004, 1191
[98] Vgl. auch OLG Stuttgart, FamRZ 1992, 203 m. Nachweisen zum Streitstand; ebenso: OLG Hamburg, FamRZ 1996, 745; a. A. OLG Köln, FamRZ 1995, 1003
[99] Ebert, Rn. 182
[100] BGH, FamRZ 1985, 802
[101] KG, FamRZ 1991, 1327
[102] OLG München, FamRZ 1987, 610
[103] Zöller/Philippi, § 620 f Rn. 4
[104] Vgl. hierzu BGH, FamRZ 2004, 1364
[105] Dose, Rn. 67
[106] Ebert, Rn. 234

239   War nur ein Antrag auf Bewilligung der Prozesskostenhilfe für die Ehesache anhängig und wird dieser zurückgenommen, tritt die einstweilige Anordnung gemäß § 620 f I S. 1 ZPO analog außer Kraft, als würde der Scheidungsantrag zurückgenommen.[107] Allein die **Zurückweisung eines PKH-Gesuches** lässt, da der Antragsteller hiergegen noch mit einem Rechtsmittel (§ 127 ZPO) vorgehen kann, die einstweilige Anordnung noch nicht außer Kraft treten. Die durch § 620 f ZPO angeordneten Wirkungen treten hier erst nach Fristablauf oder Zurückweisung der sofortigen Beschwerde ein.[108] Allerdings lebt die einstweilige Anordnung weder durch eine spätere Gegenvorstellung noch durch eine Anhörungsrüge (analog § 321 a ZPO) wieder auf. Im Fall eines neuen Scheidungsantrags muss erneut um Erlass einer einstweiligen Anordnung nachgesucht werden. Die Anordnung des Ruhens des Scheidungsverfahrens zählt nicht zu den Ereignissen, die ein Außerkrafttreten der einstweiligen Anordnung bewirken.

240   Als zweite Fallgruppe, die zum Außerkrafttreten der einstweiligen Anordnung führt, erfasst § 620 f I 1. Halbs. ZPO **anderweitige Regelungen.** Als entsprechende Erscheinungsformen kommen zunächst Urteile in Betracht, soweit es sich nicht lediglich um Prozessurteile handelt, die keine Auseinandersetzung mit dem Anordnungsgegenstand aufweisen.[109] Hinzu kommen weitere Vollstreckungstitel (z. B. vollstreckbare Urkunden, Festsetzungsbeschluss im vereinfachten Verfahren oder Vergleich) sowie privatschriftliche Vereinbarungen der Parteien. Auf die Vollstreckbarkeit der anderweitigen Regelung stellt das Gesetz nicht ab. Allerdings muss zwischen dem Anordnungsgegenstand und dem Gegenstand der anderweitigen Regelung eine gewisse **Kongruenz** bestehen. Diese muss den Gegenstand der einstweiligen Anordnung positiv oder negativ neu regeln,[110] und zwar bezogen sowohl auf den Unterhaltszeitraum als auch den Unterhaltsgegenstand als solchen. Überdies treten die Wirkungen des § 620 f ZPO erst dann ein, wenn die anderweitige Regelung **wirksam** geworden ist. Der Gesetzeswortlaut lässt offen, wann dies bei den einzelnen Regelungsformen der Fall ist. Während bei Regelungen, die aus vertraglichen Absprachen hervorgehen, mit dem Zustandekommen der Vereinbarung die einstweilige Anordnung außer Kraft tritt, wird dieses Ergebnis im Fall kontradiktorischer Entscheidung teilweise bereits mit der vorläufigen Vollstreckbarkeit[111] angenommen. Allerdings wird dabei nicht hinreichend der vom § 620 ff. ZPO verfolgte Zweck bedacht, nämlich auch über die Rechtskraft der Ehescheidung hinaus **regelungslose Zustände** zu vermeiden. Dazu müsste ein Anknüpfen an die vorläufige Vollstreckbarkeit aber zwangsläufig führen. Denn die vorläufige Vollstreckbarkeit steht in der Rechtsmittelinstanz zur Disposition entweder schon gemäß §§ 707, 719 und 718 ZPO oder durch Zurückverweisung der Sache an das erstinstanzliche Gericht. Dem gegenüber kann der Unterhaltspflichtige der Gefahr der Doppelvollstreckung durch die Vollstreckungsabwehrklage begegnen, wobei der Unterhaltsberechtigte, um sich nicht der Gefahr des Schadensersatzes aus § 717 II ZPO auszusetzen, ohnehin vorrangig die Vollstreckung aus der einstweiligen Anordnung betreiben dürfte. In Anbetracht dessen erscheint es geboten, mit der überwiegend geteilten[112] Auffassung des BGH[113] von einem Außerkrafttreten der einstweiligen Anordnung erst bei **Rechtskraft des Urteils** auszugehen.

241   Ist zeitlich unbeschränkt (also über die Rechtskraft der Ehescheidung hinaus) im Weg der einstweiligen Anordnung Unterhalt zugesprochen worden, stellt sich vor dem Hintergrund fehlender Identität zwischen Trennungsunterhalt und **nachehelichem Ehegattenunterhalt**[114] die Frage nach dem Umfang des Außerkrafttretens, wenn auf die negative Feststellungsklage rechtskräftig festgestellt wird, dass **Trennungsunterhalt** nicht geschuldet

---

[107] Gießler, Rn. 202
[108] Dose, Rn. 69
[109] OLG München, FamRZ 1987, 610, 611
[110] BGH, FamRZ 1991, 180, 182
[111] OLG Stuttgart, FamRZ 2001, 359; OLG Zweibrücken, FamRZ 2001, 359
[112] OLG Rostock, FamRZ 2004, 127; OLG Köln, FamRZ 2003, 320; Ebert, Rn. 214 m. w. N.;
   Dose, Rn. 79
[113] BGH, FamRZ 2000, 751
[114] BGH, FamRZ 1985, 908; 1982, 465; 1981, 242

wird. Teilweise wird die Auffassung vertreten,[115] die einstweilige Anordnung trete nur für den Unterhaltszeitraum bis zur Rechtskraft der Ehescheidung außer Kraft und sei für den nachehelichen Unterhalt wieder vollstreckbar. Indessen gilt es zu bedenken, dass der einstweiligen Anordnung nur die Funktion zukommt, eine zunächst für die Trennungszeit in einem summarischen Verfahren angenommene Unterhaltsberechtigung fortzuschreiben, um einen regelungslosen Zustand beim Übergang zur Nachehezeit zu vermeiden. Stellt sich aber nach dem Ergebnis eines Hauptsacheverfahrens heraus, dass schon für die Trennungszeit ein Unterhaltsanspruch nicht bestanden hat, fehlt es an der für eine Fortschreibung notwendigen Anknüpfung. Da die einstweilige Anordnung bei voller Ausschöpfung der Erkenntnismöglichkeiten als mit dem materiellen Recht unvereinbar hiernach nicht hätte ergehen dürfen, muss es nach zutreffender Auffassung[116] bei einem vollständigen Außerkrafttreten der einstweiligen Anordnung bleiben.

Auf Antrag eines Ehegatten, der hierzu keiner anwaltlichen Vertretung bedarf (§ 78 V ZPO), sind die Wirkungen des Außerkrafttretens der einstweiligen Anordnung durch deklaratorischen Beschluss festzustellen (§ 620 f I S. 2 ZPO). Soweit diese Möglichkeit besteht, ist für eine Vollstreckungsabwehrklage (§ 767 ZPO) kein Raum. Ihr fehlt das Rechtsschutzbedürfnis, weil das Ziel der Rechtsverfolgung im Beschlussverfahren einfacher und schneller zu erreichen ist.[117]

i) Verhältnis zur einstweiligen Verfügung. Die §§ 620 ff. ZPO enthalten eine geschlossene Sonderregelung des einstweiligen Rechtsschutzes in Ehesachen und verdrängen die Vorschriften über die einstweilige Verfügung,[118] die im Zuge der „flächendeckenden" Einführung der einstweiligen Anordnung in Unterhaltssachen (§ 644 ZPO) ohnehin an Bedeutung verloren hat und auf Fälle beschränkt bleiben muss, in denen es dem Unterhaltsberechtigte nicht möglich oder zumutbar ist, gleichzeitig ein Hauptsacheverfahren anhängig zu machen.[119] Wenn und soweit eine einstweilige Anordnung zulässig ist, ist eine einstweilige Verfügung unzulässig. 242

Ist die **Ehesache** oder ein **Prozesskostenhilfegesuch bereits anhängig** und geht erst dann ein Antrag auf einstweilige Verfügung bei Gericht ein, ist dieser Antrag unzulässig.[120] Nach anderer Ansicht[121] sollen diese Folgen erst ab Rechtshängigkeit der Ehesache eintreten, soweit bis dahin im Verfügungsverfahren keine Entscheidung ergangen ist. Der Unterhaltsgläubiger muss – um die Verwerfung des Verfügungsantrages als unzulässig zu vermeiden – seinen Antrag nunmehr als einstweiligen Anordnungsantrag in das Eheverfahren einbinden und dort verlesen.[122]

Die Änderung eines Antrags auf Erlass einer einstweiligen Verfügung in einen solchen gemäß § 620 ZPO ist in der **Rechtsmittelinstanz** für den Kläger nicht möglich; denn das Rechtsmittelgericht ist für einen Antrag auf Erlass einer einstweiligen Anordnung nicht zuständig (§ 620 a IV S. 2 ZPO). Überdies fehlt es hierfür an einem notwendigen Hauptsacheverfahren. Ferner scheidet die Umdeutung in ein Hauptsacheverfahren wegen der wesensverschiedenen Verfahrensarten und Streitgegenstände aus.[123] Der Verfügungskläger hat nur die – in prozesswirtschaftlicher Hinsicht – für ihn unbefriedigende – sofern nicht in zweiter oder dritter Instanz eine entsprechende Folgesache rechtshängig ist – Möglichkeit, den Antrag auf Erlass einer einstweiligen Verfügung zurückzunehmen oder für erledigt zu erklären und einen Antrag auf Regelung des Unterhalts gemäß § 620 Nr. 6 ZPO beim zuständigen Gericht der Ehesache zu stellen. Im Hinblick darauf lässt sich allerdings das Rechtsschutzinteresse für den Antrag auf Erlass einer einstweiligen Verfügung, wenn sich das Verfahren in der Rechtsmittelinstanz befindet, nicht verneinen.[124]

---

[115] OLG Karlsruhe, FamRZ 1988, 855
[116] Ebert, Rn. 226 m. w. N.
[117] Dose, Rn. 81 m. w. N.
[118] BGH, FamRZ 1979, 472; vgl. auch BGH, FamRZ 1984, 767; OLG Hamm, FamRZ 2001, 358
[119] OLG Nürnberg, FamRZ 1999, 30
[120] OLG Hamm, FamRZ 2001, 358; OLG Düsseldorf, FamRZ 1985, 298
[121] Ebert, Rn. 51 unter Hinweis auf die Entscheidungskonzentration nach § 621 III ZPO
[122] OLG Brandenburg, FamRZ 1996, 1222
[123] OLG Köln, FamRZ 1999, 661
[124] OLG Karlsruhe, FamRZ 1995, 1424

243   War **vor Anhängigkeit der Ehesache** der einstweilige Verfügungsantrag gestellt und Unterhalt zugesprochen worden, ersetzt diese Regelung (und zwar mit ihrem eingeschränkten zeitlichen und inhaltlichen Umfang) einen entsprechenden einstweiligen Anordnungsantrag. Ist aber das einstweilige Verfügungsverfahren (z. B. wegen Widerspruchs) **zum Zeitpunkt des Anhängigwerdens der Ehesache noch nicht abgeschlossen,** wird teilweise vertreten, dass das noch nicht abgeschlossene Verfahren der einstweiligen Verfügung in das Verfahren der einstweiligen Anordnung überzuleiten und der Widerspruch in einen Antrag nach § 620b ZPO umzudeuten sei.[125] Teilweise wird aber aus kostenrechtlichen Gründen auch die Ansicht vertreten, das Verfügungsverfahren sei fortzusetzen und abzuschließen,[126] zumal mit einem jetzt zu stellenden einstweiligen Anordnungsantrag der frühere Zeitraum der einstweiligen Verfügung nicht umfasst werden könnte und es dann zwei Regelungen geben müsste: für den vor Antragstellung der einstweiligen Anordnung geltenden Zeitraum die bestehen bleibende einstweilige Verfügung, ab Antragstellung für den laufenden Unterhalt, der im Rahmen der 6-Monats-Regelung ebenfalls durch einstweilige Verfügung teilweise geregelt worden ist, die einstweilige Anordnung nach § 620 ZPO. Zu weiteren hierzu noch vertretenen Auffassungen wird vor dem Hintergrund, dass die einstweilige Verfügung durch die flächendeckende Einführung der einstweiligen Anordnung praktisch an Bedeutung verloren hat, verwiesen auf die Zusammenstellung bei Ebert.[127]

244   Grundsätzlich gilt daher, dass einstweilige Verfügungen dann nicht mehr zulässig sind, wenn insoweit einstweilige Anordnungen erlassen werden können. Ist aber eine einstweilige Verfügung für einen Zeitraum erlassen worden, für den nachfolgend eine einstweilige Anordnung nicht mehr beantragt werden kann, bleibt diese einstweilige Verfügung wirksam und kann vollstreckt werden, auch wenn anschließend der Scheidungsantrag anhängig wird.[128] Im zeitlichen und tatsächlichen Umfang der einstweiligen Verfügung ist daher eine weitere einstweilige Anordnung unzulässig. Dies gilt aber dann wieder nicht, soweit – wie üblich und dem Institut der einstweiligen Verfügung entsprechend – mit ihr nur der so genannte **Notunterhalt** geregelt wurde. Hinsichtlich der **Unterhaltsdifferenz** bis zum angemessenen Mehrbedarf kann daher dieser zusätzliche Unterhaltsanspruch mittels einer einstweiligen Anordnung **auch für den Verfügungszeitraum** geltend gemacht werden.

245   Während durch einstweilige Verfügung nur der „Notunterhalt" (d. i. der unabdingbar notwendige Betrag für ein menschenwürdiges Dasein) zuerkannt werden kann, geht es bei der einstweiligen Anordnung um die vorläufige Regelung des angemessenen Unterhalts für die Dauer des Scheidungsrechtsstreits und, gemäß § 620f ZPO darüber hinaus bis zu einer anderweitigen Regelung.[129]

Die einstweilige Verfügung wird regelmäßig nur für sechs Monate beantragt und dementsprechend begrenzt, die einstweilige Unterhaltsanordnung nicht.

Die einstweilige Verfügung kann im Ursprungsverfahren mit Widerspruch oder Berufung (nach mündlicher Verhandlung) angefochten werden, die einstweilige Anordnung mit dem Antrag auf mündliche Verhandlung (§ 620b II ZPO).

246   **j) Kosten der einstweiligen Anordnung.** Gemäß § 620g ZPO gelten die im Verfahren der einstweiligen Anordnung entstehenden Kosten für die Kostenentscheidung **als Teil der Kosten der Hauptsache.** Sie werden daher von der dort zu treffenden Kostenentscheidung auch ohne ausdrückliche Erwähnung erfasst, so dass im einstweiligen Anordnungsverfahren in der Regel **keine eigenständige Kostenentscheidung** ergeht.[130] Wird daher das Scheidungsverfahren zu Ende geführt, ist die dortige Kostenregelung nach § 93a I, II ZPO auch für das Anordnungsverfahren maßgebend.[131] Wird der Scheidungsantrag zurückgewiesen, erfolgt die einheitliche Kostenregelung nach § 91 ZPO.

---

[125] OLG Düsseldorf, FamRZ 1982, 408
[126] OLG Hamburg, FamRZ 1982, 408, 409
[127] Ebert, Rn. 52
[128] OLG Düsseldorf, FamRZ 1987, 497, 498
[129] BVerfG, FamRZ 1980, 872
[130] OLG Brandenburg, FamRZ 2002, 964
[131] Dose, Rn. 97

Auch im Falle der Rücknahme des Antrages auf Erlass einer einstweiligen Anordnung gelten die in diesem Verfahren entstandenen Kosten für die Kostenentscheidung als Teil der Kosten der Hauptsache.[132] Davon ist ferner auszugehen, wenn die Eheleute die Hauptsache im Anordnungsverfahren übereinstimmend für erledigt erklären.[133] Gegen eine Heranziehung von § 269 III ZPO und § 91a ZPO spricht, dass nichts dafür ersichtlich ist, die Parteien hier anders zu behandeln als im Fall einer gerichtlichen Entscheidung. Eine anderweite Kostenverteilung ist allerdings nach § 620g 2. Halbs. ZPO durch die entsprechende Anwendung des § 96 ZPO möglich. Diese Vorschrift findet insbesondere für unzulässige oder unbegründete einstweilige Anordnungsanträge Anwendung. Hierbei ist über die Kosten der Hauptsache (Ehesache) wie über die Kosten des Anordnungsverfahrens getrennt zu entscheiden.

Eine **eigenständige Kostenentscheidung im Anordnungsverfahren** ergeht daher nur in Ausnahmefällen etwa dann, wenn in der Hauptsache eine Kostenentscheidung nicht mehr ergehen kann.[134] Das ist z.B. der Fall nach Rücknahme der Eheklage oder des Antrags in der Scheidungssache; dann gilt § 269 III ZPO. Wird der Kostenantrag nach § 269 IV ZPO gestellt, ist von Amts wegen über die Kosten des Anordnungsverfahrens zu entscheiden. Allerdings kann es im Fall der Rücknahme bezogen auf das Anordnungsverfahren zu einer abweichenden Kostenentscheidung kommen (§ 620g 2. Halbs. i. V.m. § 96 ZPO), wenn der Antragsgegner zuvor im Anordnungsverfahren unterlegen war. Eine eigenständige Kostenentscheidung für das Anordnungsverfahren erscheint ferner geboten und ist gegebenenfalls nachzuholen, wenn die Ehesache sich nach Anhängigkeit und vor Rechtshängigkeit erledigt oder nach Bescheidung des PKH-Gesuchs nicht aufgenommen wird. Da selbst vor Rechtskraft, aber nach Verkündung des Verbundurteils eine einstweilige Anordnung noch ergehen kann, die aber von der Kostenentscheidung der Hauptsache nicht erfasst wird, bedarf es auch in diesen Fällen einer allein auf das Anordnungsverfahren bezogenen Kostenentscheidung.[135]

Haben die Parteien **bei Abschluss eines Vergleichs** im einstweiligen Anordnungsverfahren auch die Kosten geregelt, so kann das Gericht dies nach § 93a I S. 3 ZPO seiner Kostenentscheidung in der Ehesache zugrunde legen. Haben die Parteien **keine Kostenregelung** getroffen, bedarf es gemäß § 620g ZPO, der nur auf § 96 ZPO verweist, in der Regel keiner isolierten Kostenentscheidung für das einstweilige Anordnungsverfahren, wenn der Vergleich keine weitergehende Regelung trifft. Geht die Vergleichsregelung über eine vorläufige, summarische Regelung hinaus und schafft sie einen endgültigen Titel, findet § 98 ZPO Anwendung,[136] sofern dieser nicht von den Parteien ausdrücklich ausgeschlossen worden ist. Im letzteren Fall kann man dem Vergleich die Wirkung einer Hauptsachefolgesache zusprechen und daher dann § 93a ZPO Anwendung finden lassen.[137]

2. Die einstweilige Anordnung im Vaterschaftsfeststellungsverfahren nach § 641d ZPO

Ist eine positive Feststellungsklage (auch Widerklage) auf Bestehen der Vaterschaft (§§ 1592 Nr. 3, 1600d BGB) anhängig oder ein entsprechender Antrag auf Bewilligung von Prozesskostenhilfe eingereicht, kann das Familiengericht gemäß § 641d ZPO auf Antrag des Kindes oder seiner Mutter deren Unterhalt durch einstweilige Anordnung regeln.[138] Ein Antragsrecht des betreuenden und die Feststellung seiner Vaterschaft betreibenden Vaters sieht das Anordnungsverfahren nicht vor. Er muss sich in einem Eilverfahren auf eine Leistungsverfügung (§ 940 ZPO) verweisen lassen. Für die Zulässigkeit einer einstweiligen Anordnung bedarf es in der Hauptsache keiner Verbindung mit einer Unterhaltsklage (§ 653 **247**

---

[132] OLG Karlsruhe, NJWE-FER 1996, 21; OLG Düsseldorf, FamRZ 1994, 1187
[133] OLG Brandenburg, OLGR 1995, 186; a. A. OLG Koblenz, OLGR 1998, 39
[134] OLG Naumburg, NJW-RR 2003, 1508
[135] OLG Frankfurt, FamRZ 1990, 539
[136] Dose, Rn. 98 m. w. N.
[137] Gießler, Rn. 242
[138] Vgl. dazu Dunkl/Feldmeier, Teil D, Rn. 67 ff., 266 ff.

ZPO) zumal diese zur Höhe ohnehin nur auf den Mindestunterhalt gerichtet sein kann, die einstweilige Anordnung aber entsprechenden Bindungen nicht unterliegt.

a) Regelungsgegenstand. Als Regelung kommt eine **Unterhaltszahlung** oder eine **Sicherheitsleistung** für den Unterhalt in Betracht. Die Unterhaltszahlung ist weder der Höhe noch der Art nach auf einen Notunterhalt begrenzt, wie ihn die Rechtsprechung für die einstweilige Verfügung entwickelt hat. Die auf § 641 d ZPO gestützte einstweilige Anordnung ermöglicht die Titulierung des Kindesunterhalts und des Unterhalts für die betreuende nichteheliche Mutter (§ 1615 l I und II BGB), soweit dieser nach materiellem Recht unter Berücksichtigung der Besonderheiten des Eilverfahrens (§ 641 d II S. 2 ZPO) verlangt werden kann. Dies schließt neben dem **laufenden Unterhalt** etwaigen **Sonderbedarf** mit ein. Umstritten ist allerdings, ob hierunter auch ein Prozesskostenvorschuss fällt, den das Kind oder die Mutter für das Statusklageverfahren benötigt. Wird neben der Unterhaltsverpflichtung als solcher noch auf eine besondere Verantwortung des Unterhaltspflichtigen gegenüber dem Unterhaltsberechtigten abgestellt, kann die Vorschusspflicht gegenüber dem Kind ernsthaft nicht in Frage gestellt werden.[139] Entgegen OLG Koblenz[140] erscheint diese Verpflichtung auch nicht unangemessen vor dem Hintergrund, dass die Unterhaltspflicht im laufenden Klageverfahren erst noch geklärt werden soll. Diese Wertung hat der Gesetzgeber durch die Regelungen des § 641 d ZPO im Sinne des klagenden Kindes entschieden. Aber auch gegenüber der nichtehelichen Mutter ist von einer allerdings zeitlich begrenzten gesteigerten Verantwortung des „glaubhaft gemachten" Kindesvaters auszugehen, die eine Verpflichtung zur Zahlung eines **Prozesskostenvorschusses** trägt.[141]

Scheidet die Anordnung von Unterhaltszahlungen aus, etwa wenn der Kläger sein Vorbringen nicht hinreichend glaubhaft gemacht hat oder freiwillige Leistungen Dritter den laufenden Unterhalt des Kindes und der Mutter sicherstellen, kann das Gericht – allerdings nur auf entsprechenden Antrag – bestimmen, dass der Mann für den Unterhalt Sicherheit zu leisten hat. Mit dieser Maßnahme soll erreicht werden, dass der Beklagte für den Fall der rechtskräftigen Feststellung der Vaterschaft, die seit Antragstellung während des Hauptsacheverfahrens aufgelaufenen Unterhaltsansprüche erfüllen kann. Entsprechend bemisst sich auch die **Sicherheitsleistung.**[142]

Liegen die Voraussetzungen für den Erlass einer einstweiligen Anordnung gemäß § 641 d ZPO vor, geht diese einer einstweiligen Verfügung nach § 1615 o BGB vor. Wird nach Antragstellung gemäß § 1615 o BGB eine Vaterschaftsfeststellungsklage anhängig, darf eine einstweilige Verfügung, da § 641 d ZPO als lex specialis weitergehende Regelungen ermöglicht, nicht mehr ergehen.[143] Auf Antrag des Verfügungsklägers ist das Verfahren in ein einstweiliges Anordnungsverfahren überzuleiten.[144]

247 a   **b) Regelungsbedürfnis.** Im Unterschied zu anderen Erscheinungsformen einstweiliger Unterhaltsanordnungen bestimmt § 641 a II S. 2 ZPO ausdrücklich, dass der jeweilige Antragsteller ungeachtet der Anspruchsvoraussetzungen auch die **Notwendigkeit** einer **einstweiligen Anordnung** darzulegen und glaubhaft zu machen hat. Daran fehlt es, wenn der laufende Unterhalt unstreitig in der begehrten Höhe gezahlt wird und keine konkreten Anhaltspunkte für eine Zahlungseinstellung oder Zahlungskürzung dargetan sind. Ein **Titulierungsinteresse** genügt – auch beim Kindesunterhalt – nicht.[145] Der Erlass einer einstweiligen Anordnung erscheint ferner nicht notwendig, wenn Mutter oder Kind sich aus eigenem Einkommen oder aus dem eines zahlungsbereiten Dritten unterhalten können.[146] Leistungen der Sozialhilfe oder der Unterhaltsvorschusskasse beseitigen eine Notwenigkeit für eine einstweilige Anordnung allerdings nicht. Dies ist auch der Fall, wenn weniger

---

[139] OLG Düsseldorf, FamRZ 1995, 1426
[140] OLG Koblenz, FamRZ 1999, 241
[141] Ebert, Rn. 331
[142] OLG Düsseldorf, FamRZ 1994, 840
[143] Dose, Rn. 137 und 169; Zöller/Philippi, § 641 d Rn. 3
[144] Ebert, Rn. 342 m. w. N.
[145] Ebert, Rn. 349
[146] OLG Koblenz, FamRZ 2006, 1137

Unterhalt gezahlt wird als voraussichtlich geschuldet wird.[147] Die Notwendigkeit einer Unterhaltsanordnung wird auch nicht dadurch beseitigt, dass der Unterhaltspflichtige erstinstanzlich mit dem Statusurteil zur Zahlung von Kindesunterhalt (§ 653 ZPO) verurteilt worden ist, weil die Wirksamkeit der Verurteilung zu Unterhaltszahlungen von der Rechtskraft des Statusurteils abhängt (§ 653 II ZPO).

Fehlt das Regelungsbedürfnis für die Anordnung von Unterhaltszahlungen, lässt dies eine solche für die Anordnung von **Sicherheitsleistung** unberührt, die etwa dann in Betracht kommt, wenn der Unterhalt des Kindes durch Leistungen Dritter anderweitig gesichert ist, die Erfüllung der am Schluss des Hauptsacheverfahrens aufgelaufenen **Unterhaltsrückstände** durch den Unterhaltspflichtigen aber **gefährdet** erscheint.[148] Der Unterhaltsberechtigte muss eine sich abzeichnende Ratenzahlung nicht hinnehmen.[149]

c) Antrag, Verfahren und Entscheidung. Das Verfahren beginnt mit der Einreichung 247 b eines bezifferten – nach § 1612 a BGB auch dynamischen – Antrags bei Gericht. Er kann zu Protokoll der Geschäftsstelle erklärt werden. Einer anwaltlichen Mitwirkung bedarf es, zumal eine solche auch in der Hauptsache entbehrlich ist (§ 78 II ZPO), nicht. Zuständig ist das Gericht des ersten Rechtszuges (§ 641 d II S. 5 ZPO) und, wenn der Rechtsstreit in der Berufung schwebt, das OLG. Die Antragsbefugnis von Mutter und Kind besteht unabhängig von der jeweiligen Parteirolle. Erhalten die Unterhaltsberechtigten im Verlauf des Anordnungsverfahrens Leistungen Dritter, die mit einem gesetzlichen Forderungsübergang verbunden sind, ist dem durch Anpassung des Antrages (analog § 265 II ZPO) Rechnung zu tragen (vgl. hierzu auch Rn. 10/228).

Gemäß § 641 d II S. 2, S. 3 ZPO ist ungeachtet der Notwendigkeit einer einstweiligen Anordnung der Anspruch auf Unterhalt **glaubhaft zu machen.** Hierbei handelt es sich um **doppelte Anspruchsvoraussetzungen:** Zum einen muss die **Vaterschaft** des Mannes **glaubhaft** gemacht werden, da Verwandte in gerader Linie verpflichtet sind, einander Unterhalt zu gewähren (§ 1601 BGB). Hier hilft aber dem Unterhaltsberechtigten die Vaterschaftsvermutung des § 1600 d II S. 1 BGB, so dass er nur glaubhaft machen muss, dass der Mann der Mutter während der gesetzlichen Empfängniszeit beigewohnt hat. Bestehen aber trotzdem schwerwiegende Zweifel an der Vaterschaft (§ 1600 d II S. 2 BGB), so ist die Vaterschaftsvermutung zerstört und der Unterhaltsberechtigte hat durch anderen Tatsachenvortrag die Vaterschaft des in Anspruch Genommenen hinreichend deutlich zu machen.

Darüber hinaus müssen die **engeren Unterhaltsvoraussetzungen** glaubhaft gemacht werden, nämlich der Bedarf[150] und die Bedürftigkeit des Unterhaltsberechtigten. Zur Leistungsfähigkeit des auf Zahlung in Anspruch genommenen sind weder Darlegungen noch eine entsprechende Glaubhaftmachung erforderlich. Es ist den allgemeinen Regeln entsprechend Sache des Unterhaltspflichtigen, seine Einwendungen zu substantiieren und glaubhaft zu machen, sofern er geltend machen will, nicht leistungsfähig zu sein.[151]

Über den Antrag, an den das Gericht gebunden ist (§ 308 I ZPO), ist zwingend mündlich zu verhandeln (§ 641 a II S. 5 ZPO). Ein Säumnisverfahren findet allerdings nicht statt (vgl. weiter Rn. 10/228). Soweit die Vaterschaft als solche in Rede steht, gilt der **Amtsermittlungsgrundsatz;**[152] wegen der weiteren Voraussetzungen für eine Unterhaltsanordnung ist der **Beibringungsgrundsatz** zu beachten. Da die Sicherheitsleistung im Vergleich mit Unterhaltszahlungen ein Minus darstellt, kann das Gericht statt der begehrten Zahlung eine Sicherheitsleistung anordnen. Das gilt folgerichtig nicht für den umgekehrten Fall.[153] Die gerichtliche Entscheidung ergeht durch zu verkündenden und gemäß § 794 I Nr. 3 ZPO vollstreckbaren Beschluss. Er bedarf keiner Kostenentscheidung (§ 641 a IV ZPO), die im Rahmen der Hauptsache erfolgt. Dabei kann trotz eines Erfolges in der Hauptsache ein von vornherein unbegründeter Anordnungsantrag eine Kostentrennung (§ 96 ZPO) nach sich ziehen.

---

[147] Zöller/Philippi, § 641 d Rn. 16
[148] OLG Düsseldorf, FamRZ 1994, 840
[149] Dose, Rn. 141
[150] Ebert, Rn. 364
[151] Dose, Rn. 140
[152] OLG Düsseldorf, FamRZ 1995, 1425
[153] Dose, Rn. 142

247 c   **d) Anfechtbarkeit.** Gegen die Entscheidung durch das Gericht des ersten Rechtszuges ist das Rechtsmittel der **sofortigen Beschwerde** gegeben (§ 641 d III ZPO). Sie ist innerhalb der **Notfrist von zwei Wochen** (§ 569 I S. 1 ZPO) entweder beim erstinstanzlichen Gericht oder dem Beschwerdegericht (OLG) einzulegen, sobald die Hauptsache bei dem Berufungsgericht anhängig ist, zwingend bei diesem (§ 641 d III S. 2 ZPO). Das Rechtsmittel kann zu Protokoll der Geschäftsstelle durch die beschwerte Partei eingelegt werden. Im Fall der mündlichen Verhandlung bedarf es allerdings der anwaltlichen Vertretung (§ 78 I ZPO). Die Entscheidung des Beschwerdegerichts unterliegt abgesehen vom Fall der Zulassung der Rechtsbeschwerde (§ 574 I Nr. 2 ZPO) keiner Anfechtung. Dies gilt ebenso im Fall der erstinstanzlichen Entscheidung des OLG (§ 567 I ZPO).

Ist die Rechtsmittelfrist abgelaufen, besteht für die Parteien die Notwendigkeit, auf nachträgliche Änderungen in den für die Bemessung des Unterhalts maßgebenden Verhältnissen oder auf Entwicklungen der Beweislage in der Hauptsache durch Anpassung der einstweiligen Anordnung reagieren zu können. Zwar sieht § 641 d ZPO ein dem § 620 b ZPO vergleichbares Abänderungsverfahren nicht ausdrücklich vor. Doch wird allgemein angenommen, dass eine Anpassung auf Grund eines Abänderungsantrages analog § 641 d II ZPO in Betracht kommt.[154] Allerdings darf hierbei die Fristbindung der sofortigen Beschwerde nicht leer laufen, so dass der **Abänderungsantrag** auf **neue Tatsachen** und **Beweismittel** gestützt werden muss,[155] die eine abweichende Beurteilung erkennen lassen. Eine Abänderungsbefugnis beschränkt auf den Zeitraum ab Eingang des Abänderungsantrages erscheint allerdings nicht gerechtfertigt. Die einstweilige Unterhaltsanordnung soll einer bestimmten Bedürfnislage Rechnung tragen, den Antragsteller aber nicht vor dem Ergebnis einer ihm ungünstigen Beweisaufnahme in der Hauptsache und den weiteren Folgen (§ 641 g ZPO) schützen.

247 d   **e) Das Außerkrafttreten einstweiliger Anordnungen.** Wird in der Hauptsache die Vaterschaft rechtskräftig festgestellt, lässt dies den Bestand einer einstweiligen Anordnung unberührt. Andererseits tritt sie gemäß § 641 f ZPO abgesehen von dem Fall der Klagerücknahme bereits dann außer Kraft, wenn die **Klage** erstinstanzlich **abgewiesen** wird. Auf die Rechtskraft dieser Entscheidung kommt es nicht mehr an, da mit der Klageabweisung die Voraussetzungen für den geltend gemachten Unterhaltsanspruch nicht mehr hinreichend glaubhaft gemacht sind.

Im Übrigen tritt die einstweilige Anordnung, sofern sie nicht befristet oder vorher aufgehoben ist, außer Kraft, sobald derjenige, der die Anordnung erwirkt hat, gegen den beklagten Mann einen **anderen Schuldtitel** über den Unterhalt erlangt, der nicht nur vorläufig vollstreckbar ist (§ 641 e ZPO). Hierzu zählen neben rechtskräftigen Urteilen über beziffertem und dynamisierten Unterhalt auch vollstreckbare Urkunden (§ 794 I Nr. 1 und 5 ZPO), Jugendamtsurkunden und Beschlüsse im vereinfachten Verfahren (§§ 645 ff. ZPO). Wird der Unterhalt durch Vergleich oder vollstreckbare Urkunde tituliert, hängt das Ausmaß der durch § 641 e ZPO bestimmten Wirkungen davon ab, ob der Titel den Unterhalt insgesamt oder nur teilweise erledigen soll. Bleibt danach noch ein Teilbetrag offen, gilt die einstweilige Anordnung insoweit fort.[156]

Der Unterhaltspflichtige muss sich, will er, was ihm nach § 641 e ZPO verschlossen ist, ein Außerkrafttreten der einstweiligen Anordnung erreichen, auf eine **negative Feststellungsklage**[157] verweisen lassen, die er, soweit Unterhaltszahlungen bereits erfolgt sind, mit einer Rückzahlungsklage (§ 812 ZPO) verbinden kann. Mit Rechtskraft des Feststellungsurteils tritt, soweit der Klage stattgegeben, die einstweilige Anordnung (§§ 620 f I S. 1, 641 e ZPO analog) außer Kraft.[158]

Nach Rücknahme der Vaterschaftsfeststellungsklage oder nach deren rechtskräftiger Abweisung hat der Kläger dem Beklagten den Schaden zu ersetzen, der ihm aus der Vollziehung der einstweiligen Anordnung entstanden ist (§ 641 g ZPO). Es handelt sich um

---

[154] Dose, Rn. 142; Zöller/Philippi, § 641 d Rn. 19
[155] Ebert, Rn. 384
[156] Ebert, Rn. 392
[157] Zöller/Philippi, § 641 e Rn. 5
[158] Ebert, Rn. 393

einen **verschuldensunabhängigen Schadensersatzanspruch,** so dass der Entreicherungseinwand des Klägers ausgeschlossen ist. Allerdings beschränkt sich der zu ersetzende Schaden auf die Vollziehung der einstweiligen Anordnung. Er umfasst auch die freiwilligen Unterhaltszahlungen, soweit sie auf Grund der Anordnung erbracht worden sind. Andere Schuldtitel im Sinne von § 641 e ZPO sind von der Ersatzpflicht ausgeschlossen. Hier kann der Kläger im Fall von Überzahlungen nur mit der Bereicherungsklage reagieren.

3. Die einstweilige Anordnung in Unterhaltssachen gemäß § 644 ZPO

Gemäß § 644 S. 1 ZPO kann das Gericht auf Antrag den Unterhalt durch einstweilige **248** Anordnung regeln, sofern eine **Klage** betreffend die durch Verwandtschaft oder durch Ehe begründete **gesetzliche Unterhaltspflicht** oder Unterhaltsansprüche nach §§ 1615 l, 1615 m BGB anhängig oder ein darauf zielender Antrag auf Bewilligung von Prozesskostenhilfe eingereicht ist. Durch die Festlegung auf ein Klageverfahren scheidet die einstweilige Anordnung für den Anwendungsbereich des vereinfachten Verfahrens (§§ 645 ff. ZPO) von vornherein aus. Hier muss der Antragsteller vorläufigen Rechtsschutz im Wege der einstweiligen Verfügung suchen. Wird ferner bedacht, dass die einstweilige Anordnung nach § 644 ZPO durch das Kindesunterhaltsgesetz vom 6. 4. 1998 mit dem Ziel geschaffen worden ist, an stelle der einstweiligen Verfügung die vorläufige Zahlung von Unterhalt im einstweiligen Rechtsschutz zu gewährleisten,[159] unterliegt keinem Zweifel, dass nicht jedwede die gesetzliche Unterhaltspflicht tangierende Streitigkeit den Erlass einer Unterhaltsanordnung ermöglichen soll.

Eingrenzend wirkt sich zunächst aus, dass zwischen dem Streitgegenstand der Hauptsache und dem des Anordnungsverfahrens in mehrfacher Hinsicht ein Gleichlauf **(Kongruenz)** vorliegen muss. Deshalb scheidet als Klageart im Sinne von § 644 S. 1 ZPO die **Feststellungsklage** von vornherein aus. Die positive Feststellungsklage bleibt mit der erstrebten Feststellung hinter der auf Zahlung von Unterhalt gerichteten Anordnung zurück. Im Fall der negativen Feststellung ist die Hauptsache ebenfalls nicht auf die Gewährung von Unterhalt gerichtet. Die **isolierte Auskunftsklage** ermöglicht im Unterschied zur Stufenklage keine auf Zahlung gerichtete Anordnung nach § 644 S. 1 ZPO, da mit der Klage kein Zahlungsanspruch anhängig wird.[160] Die **Kongruenzbindung** dieser Vorschrift wirkt sich ferner dahin aus, dass allein der jeweilige **Kläger (Widerkläger)** eine Unterhaltsanordnung erwirken kann und deren Gegenstand sowohl bezogen auf die einzelnen **Unterhaltsarten** als auch hinsichtlich der **Höhe** und des **Zeitraums** durch die Hauptsache begrenzt bleibt. Demgemäß ist, wenn und soweit rückständiger Unterhalt geltend gemacht wird, eine einstweilige Anordnung, die lediglich die Titulierung laufenden Unterhalts gewährleisten soll (zu möglichen Ausnahmen vgl. Rn. 10/227), ebenfalls unzulässig.

Wird die Klage zurückgenommen oder abgewiesen, kann auch bei einem rechtzeitig gestellten Antrag im Anordnungsverfahren keine Entscheidung mehr ergehen. Dies ergibt sich aus § 644 S. 2 i. V. m. § 620 f S. 1 ZPO, wonach einstweilige Anordnungen unter diesen Umständen außer Kraft treten. Wird ein der Unterhaltsklage stattgebendes Urteil vor einer Entscheidung über den Anordnungsantrag rechtskräftig, scheidet, soweit derselbe Regelungsgegenstand betroffen ist, eine Entscheidung über den Anordnungsantrag aus. Es besteht das Verfahrenshindernis der anderweitigen Hauptsacheregelung.[161]

a) Regelungsinhalt und Regelungsbedürfnis. Die Regelungsbreite einer auf § 644 **248 a** ZPO gestützten einstweiligen Anordnung erfasst sämtliche Erscheinungsformen des Ehegatten- und Verwandtenunterhalts sowie den Unterhalt von Lebenspartnern und Unterhaltsansprüche im Zusammenhang mit der nichtehelichen Geburt eines Kindes. Sie kann zur Deckung von Sonder- (z. B. Umzugskosten) und Mehrbedarf, zu Vorsorgebedarf nur in Ausnahmefällen (vgl. hierzu Rn. 10/228) ergehen. Unter Berücksichtigung der verfahrens-

---

[159] BT-Drucksache 13/7338, S. 36
[160] OLG Hamm, FamRZ 2000, 362
[161] Ebert, Rn. 276

rechtlichen Besonderheiten (§§ 644, 620 a II S. 3 ZPO) kann ohne Fristbindung der **volle Unterhalt** verlangt und tituliert werden.[162] Ungeachtet des missverständlichen Wortlauts der gesetzlichen Regelung („kann") steht die Entscheidung nicht im pflichtgemäßen Ermessen des Gerichts. Liegen die Voraussetzung für den Erlass einer einstweiligen Anordnung vor, hat das Gericht dem Antrag zu entsprechen.

Allerdings setzt jedwede Unterhaltsanordnung ein Regelungsbedürfnis voraus,[163] das sich nicht in den Anforderungen eines allgemeinen Rechtsschutzbedürfnisses erschöpft, sondern als **spezifisches Bedürfnis** nach einer **Eilentscheidung** verstanden werden kann (zu Einzelheiten vgl. Rn. 10/228).[164]

248 b   **b) Zuständigkeit.** Zuständig für den Erlass der einstweiligen Anordnung ist das Familiengericht, bei dem die Hauptsache anhängig ist. Gemäß § 644 S. 2 ZPO i. V. m. § 620 a IV S. 2 ZPO ist der Familiensenat des OLG für den Erlass einstweiliger Anordnungen zuständig, wenn diese nach Berufungseinlegung beantragt wurden. Wird vor Einlegung der Berufung eine einstweilige Anordnung beantragt, bleibt die Zuständigkeit des Familiengerichts auch dann bestehen, wenn anschließend Berufung eingelegt wird. Hier gilt der Grundsatz der perpetuatio fori (§ 261 III Nr. 2 ZPO).

248 c   **c) Anwaltszwang.** Für das Verfahren vor dem Familiengericht wie für den Hauptsacheprozess besteht kein Anwaltszwang (§ 78 I ZPO). Ist die Hauptsache in der Berufungsinstanz anhängig, so kann auch dort eine einstweilige Anordnung zu Protokoll der Geschäftsstelle, somit ohne Anwaltszwang, beantragt werden (§ 644 S. 2 i. V. m. § 620 a II S. 2 ZPO; § 78 V ZPO). In einer mündlichen Verhandlung nach § 620 b II ZPO vor dem OLG bedarf es aber einer anwaltlichen Vertretung (§ 78 I S. 2 ZPO).

249   **d) Die Gerichtsentscheidung.** Der Anordnungsbeschluss ist zu begründen, enthält aber keine Kostenentscheidung (§ 644 S. 3 i. V. m. § 620 g ZPO). Dies gilt allerdings in diesem Umfang nur, falls es noch zu einer Kostenentscheidung in der Hauptsache kommt. In anderen Fällen ist über die Kosten gesondert zu entscheiden (vgl. zu Einzelfällen Rn. 10/246). Aufhebung, Änderung des Beschlusses sowie Aussetzung der Vollziehung und Außerkrafttreten der Anordnung sind in den §§ 620 b–620 g ZPO geregelt. Statt einer sofortigen Beschwerde gegen die Entscheidung (vgl. § 620 c S. 2 ZPO) sind die Parteien auf ein **Abänderungsverfahren** gemäß § 620 b ZPO verwiesen. Auch ein sogenanntes außerordentliches Rechtsmittel ist unzulässig (vgl. hierzu Rn. 10/232).

Die einstweilige Anordnung tritt, soweit nicht befristet oder vorher aufgehoben, mit Rechtskraft der Entscheidung in der Hauptsache außer Kraft. Dabei macht es keinen Unterschied, ob die Klage Erfolg hat oder abgewiesen wird. Dem stehen gleich die Fälle der Klagerücknahme[165] und Erledigung der Hauptsache.[166] Wird ohne Anhängigkeit der Hauptsache für das Unterhaltsbegehren die nachgesuchte Prozesskostenhilfe versagt, treten die Wirkungen aus §§ 644 S. 2, 620 f I ZPO mit Ablauf der Beschwerdefrist ein.[167] Die im Trennungsunterhaltsprozess gemäß § 644 ZPO erwirkte einstweilige Anordnung tritt mit Eintritt der Rechtskraft der Ehescheidung nicht außer Kraft. Zwar besteht für die Folgezeit wegen der Nichtidentität mit dem nachehelichen Unterhalt keine titulierte Unterhaltsverpflichtung. Doch wird diese Entwicklung durch § 620 f I ZPO nicht erfasst. Der Unterhaltspflichtige muss im Abänderungsverfahren (§ 620 b ZPO) und gegebenenfalls im Wege der Vollstreckungsabwehrklage vorgehen.[168]

249 a   **e) Konkurrenzen.** Der Anwendungsbereich der auf § 644 ZPO gestützten einstweiligen Anordnung kann in bestimmten Prozesskonstellationen zu Überschneidungen mit dem Anwendungsbereich der einstweiligen Unterhaltsanordnung führen, die nach § 620 Nr. 4 und 6 ZPO beantragt werden kann.[169] Gleichwohl besteht kein Rangverhältnis, so dass der Unter-

---

[162] OLG Naumburg, FamRZ 2004, 478; Zöller/Philippi, § 644 Rn. 7; Ebert, Rn. 267
[163] OLG Stuttgart, FamRZ 2000, 965 m. w. N.
[164] Ebert, Rn. 58; Dose, Rn. 16
[165] OLG Brandenburg, FamRZ 2005, 1919
[166] OLG Hamm, FamRZ 2003, 1307
[167] OLG Stuttgart, FamRZ 2005, 1187
[168] Ebert, Rn. 317
[169] Dose, Rn. 132

haltsberechtigte auf Grund eines entsprechenden **Wahlrechts**[170] die Vorgehensweise bestimmen kann, wie dies etwa bei Anhängigkeit der Trennungsunterhaltssache und einer Scheidungssache der Fall ist. Soweit die Auffassung[171] vertreten wird, in diesem Fall müsse der Antragsteller vorrangig nach § 620 ZPO vorgehen, kann dem nicht gefolgt werden. Weder der Gesetzeswortlaut noch die Umstände, die zur Schaffung des § 644 ZPO durch das Kindesunterhaltsgesetz vom 6. 4. 1998 geführt haben, deuten auf ein „Subsidiaritätsverhältnis" hin. Wird weiter bedacht, dass beim Kindesunterhalt die nach § 644 ZPO erwirkte einstweilige Anordnung durch die Rechtskraft einer Ehescheidung der Eltern in ihrem Bestand auch materiellrechtlich unberührt bleibt, lassen sich für einen Vorrang von § 620 ZPO auch nicht zwingende Gründe einer Prozessökonomie anführen. Ist allerdings bereits eine Anordnung nach § 620 ZPO ergangen, fehlt für eine weitere nach § 644 ZPO das Regelungsbedürfnis.

Die §§ 620 ff. ZPO enthalten eine **geschlossene Sonderregelung** des einstweiligen **249 b** Rechtsschutzes in Ehesachen und verdrängen die Vorschriften über die einstweilige Verfügung.[172] Dies gilt seit dem Inkrafttreten dieser Vorschrift auch, soweit die Voraussetzungen von § 644 ZPO vorliegen. Demgemäß ist eine Leistungsverfügung (§ 940 ZPO) auf Gewährung von Unterhalt unzulässig bei Anhängigkeit der Unterhaltsklage oder nach Einreichung eines Prozesskostenhilfegesuchs.[173] Darüber hinaus muss eine Leistungsverfügung aber auch schon dann als Maßnahme des einstweiligen Rechtsschutzes ausscheiden, wenn dem Unterhaltsberechtigten ein Vorgehen im Wege der **einstweiligen Anordnung zuzumuten** ist. Wird ferner bedacht, dass bereits ein Prozesskostenhilfeantrag die verfahrensbezogenen Voraussetzungen für den Erlass einer einstweiligen Anordnung schafft, ist für den Regelfall von einer Zumutbarkeit auszugehen.[174] Raum für eine einstweilige Verfügung besteht hiernach nur dann, wenn konkret darzulegende Umstände es dem Unterhaltsberechtigten unmöglich oder unzumutbar machen, mit dem einstweiligen Rechtsschutz sofort eine Klage oder einen Prozesskostenhilfeantrag zu verbinden.[175] Daran ist etwa zu denken, wenn der Unterhaltsberechtigte die Titulierung seines Unterhalts im **vereinfachten Verfahren** gemäß §§ 645 ff. ZPO verfolgt, aber im Hinblick auf Stellungnahmefristen eine kurzfristige Unterhaltsfestsetzung nicht zu erwarten ist.[176]

Keine Vorrangfrage besteht für § 644 ZPO gegenüber der einstweiligen Anordnung nach **249 c** § 641 d ZPO. Hiernach kann eine einstweilige Anordnung schon während der Anhängigkeit des Vaterschaftsfeststellungsverfahrens ergehen. Die der Anordnung nach § 644 ZPO zugrunde liegende Unterhaltspflicht knüpft dem gegenüber erst an die rechtskräftige Feststellung der Vaterschaft an. Allerdings wirkt die nach § 641 d ZPO erlassene Anordnung über diesen Zeitpunkt hinaus fort (vgl. § 641 e ZPO), so dass für eine nachfolgende und auf § 644 ZPO gestützte einstweilige Anordnung das Regelungsbedürfnis fehlt.

II. Die einstweilige Verfügung

1. Allgemeines

Durch die einstweilige Verfügung soll eine **Notlage** kurzfristig beseitigt werden. Dadurch **250** unterscheidet sie sich von der einstweiligen Anordnung, durch die für die Dauer des Scheidungsverfahrens eine beide Seiten befriedigende Regelung des **angemessenen Unterhalts** getroffen werden soll zur Vermeidung zusätzlicher gerichtlicher Auseinandersetzungen.[177, 178]

---

[170] Eschenbruch/Klinkhammer, Rn. 5222; Ebert, Rn. 277
[171] Bernreuther, FamRZ 1999, 69, 71
[172] BGH, FamRZ 1979, 472; vgl. auch BGH, FamRZ 1984, 767; OLG Hamm, FamRZ 2001, 358
[173] Klinkhammer, Rn. 5221
[174] Ebert, Rn. 283
[175] OLG Koblenz, FamRZ 2000, 362; OLG Nürnberg, FamRZ 1999, 30; OLG Köln, FamRZ 1999, 661
[176] Klinkhammer, Rn. 5221; Dose, Rn. 151
[177] BVerfG, FamRZ 1980, 872
[178] Vgl. Dunkl/Feldmeier, Teil D Rn. 94 ff.

Solange und soweit eine einstweilige Anordnung zulässig ist, ist eine einstweilige Verfügung unzulässig.[179] Darüber hinaus fehlt das **Rechtsschutzbedürfnis** für eine Leistungsverfügung (§ 940 ZPO) auf Unterhalt aber auch schon dann, wenn von dem Unterhaltsberechtigten zumutbarerweise erwartet werden kann, mit der Erhebung der Klage zur Hauptsache oder durch Einreichung eines darauf zielenden Prozesskostenhilfeantrages die Zulässigkeitsvoraussetzungen für den Erlass einer einstweiligen Anordnung zu schaffen. Allerdings wird teilweise die Auffassung[180] vertreten, es bestehe insoweit eine **Wahlmöglichkeit** für den Unterhaltsberechtigten, dem es frei stehe, bis zur Anhängigkeit der Hauptsache auch im Wege der einstweiligen Verfügung um vorläufigen Rechtsschutz nachzusuchen. Mit der herrschenden Meinung in Schrifttum[181] und Rechtsprechung[182] kann dem nicht gefolgt werden. Allerdings ist grundsätzlich davon auszugehen, dass bei der Rechtsverfolgung eine Wahlfreiheit besteht, soweit das Gesetz alternative Vorgehensweisen ermöglicht.[183] Dem gegenüber hat der BGH auch betont, dass Einschränkungen dann in Betracht kommen, wenn sich die verschiedenen Verfahren nach Einfachheit, Schnelligkeit und Kostenaufwand unterscheiden, während die Verfahrensergebnisse im Wesentlichen gleichwertig sind. Dies ist bei der einstweiligen Anordnung im Verhältnis zur einstweiligen Verfügung zweifelsfrei der Fall.[184]

Überdies erscheint auch unter Zweckmäßigkeitserwägungen ein Vorgehen des Unterhaltsberechtigten im Weg der einstweiligen Anordnung generell vorzugswürdig, weil in einem Gesamtvergleich der Verfahrensabläufe (Zulässigkeit, Höhe und Dauer der Regelung, Abänderung, Anfechtung und Schadensersatz) die einstweilige Verfügung eher nachteilig ist.[185] Auch wenn es sich bei der einstweiligen Anordnung um ein Annexverfahren handelt, das den Unterhaltsberechtigten zwingt, sich schon verfahrensbezogen auch mit der Hauptsache auseinanderzusetzen, wird er hiervon, wenn er eine dauerhafte Regelung seines Unterhalts durchsetzen will, selbst durch eine nach Höhe und Zeitraum begrenzte einstweilige Verfügung nicht befreit. Mit der Einführung des § 644 ZPO durch das am 1. Juli 1998 in Kraft getretene Kindesunterhaltsgesetz steht für den Unterhaltsprozess praktisch „flächendeckend" die **einstweilige Anordnung** als Maßnahme des einstweiligen Rechtsschutzes zur Verfügung. Für eine auf Zahlung von Unterhalt gerichtete einstweilige Verfügung ist nach alledem nur Raum in Fällen, in denen dem Unterhaltsberechtigten die gleichzeitige Rechtsverfolgung in der **Hauptsache nicht möglich** oder **nicht zuzumuten** ist,[186] wobei der Antragsteller im Rahmen der Zulässigkeitsvoraussetzungen für eine einstweilige Verfügung näher darlegen muss, warum für ihn die Rechtsverfolgung in der Hauptsache vorerst ausscheidet. Der Anwendungsbereich der einstweiligen Verfügung im Rahmen des Unterhaltsprozesses ist dadurch dem **Subsidiaritätsprinzip** entsprechend auf wenige Ausnahmefälle beschränkt. Als ein solcher kann angesehen werden die Verfolgung von Kindesunterhaltsansprüchen im **vereinfachten Verfahren** (§§ 645 ff. ZPO). Hier fehlt es für eine einstweilige Anordnung an einer Hauptsache im Sinne von § 644 ZPO (vgl. Rn. 10/325 a). Eine einstweilige Verfügung auf Erteilung von Auskunft ist nicht statthaft.[187]

2. Zuständigkeit

251   **Sachlich ist** für eine einstweilige Verfügung in Unterhaltssachen **das Amtsgericht** zuständig (§ 23 a Nr. 2 GVG), und zwar in den familienrechtlichen Unterhaltssachen des

---

[179] Vgl. BGH, FamRZ 1979, 472

[180] OLG Karlsruhe, FamRZ 2000, 106; Gaul FamRZ 2003, 1137, 1151 f

[181] Eschenbruch/Klinkhammer, Rn. 5221; Dose, Rn. 151; Ebert, Rn. 426 m. w. N.

[182] OLG Hamm, FamRZ 2001, 358; OLG Düsseldorf, FamRZ 1999, 1215, 1216; OLG Köln, FamRZ 1999, 661; OLG Nürnberg, FamRZ 1999, 30

[183] BGH, FamRZ 1979, 472, 473

[184] OLG Düsseldorf, FamRZ 1999, 1215, 1216; Dose, Rn. 151

[185] Vgl. hierzu näher die Aufstellungen bei Klinkhammer, Rn. 5225 und Ebert, Rn. 426

[186] OLG Hamm, FamRZ 2001, 358; OLG Düsseldorf, FamRZ 1999, 1215, 1216; OLG Köln, FamRZ 1999, 661; OLG Nürnberg, FamRZ 1999, 30

[187] OLG Hamm, NJW-RR 1992, 640

§ 621 I Nr. 4 u. 5 ZPO gemäß § 23 b I Nr. 5 u. 6 GVG **das Familiengericht**. Ist eine Ehesache nicht anhängig, ist gemäß § 937 I ZPO **örtlich** das Gericht der Hauptsache zuständig, bei Anhängigkeit einer Ehesache ausschließlich das Gericht der Ehesache (§ 621 II Satz 1 ZPO).

3. Voraussetzungen

Besondere Voraussetzungen für den Erlass einer einstweiligen Verfügung sind das Vorliegen eines Verfügungsgrunds und eines Verfügungsanspruchs. **252**

a) Verfügungsgrund. Ein Verfügungsgrund ist gegeben, wenn das dringende Bedürfnis für eine gerichtliche Regelung vorläufiger Art zur Vermeidung einer Notlage gegeben ist (nicht zu verwechseln mit dem „dringenden Fall", bei dem ohne mündliche Verhandlung entschieden werden kann, § 937 II ZPO). Ein solches Bedürfnis besteht nicht, wenn der Unterhaltsberechtigte mit dem Verfügungsantrag säumig ist oder durch anderweitige prozessuale Geltendmachung von Unterhalt seine Notlage hätte beseitigen können.[188] Deshalb ist eine zweite einstweilige Verfügung nur möglich, wenn den Unterhaltsberechtigte bei fortbestehender Notlage kein Verschulden daran trifft, dass es ihm innerhalb angemessener Frist (regelmäßig 6 Monate) nicht gelungen ist, seinen Anspruch im ordentlichen Rechtsstreit titulieren zu lassen.[189] Besteht aber zu diesem Zeitpunkt bereits ein anhängiges Hauptsacheverfahren oder ist ein PKH-Antrag hierzu eingereicht worden, so muss nunmehr zeitlich anschließend an die frühere einstweilige Verfügung eine einstweilige Anordnung nach § 644 ZPO treten. Ist der Verfügungskläger bereits im Besitz eines endgültigen, wenngleich noch nicht rechtskräftigen Titels, so fehlt ihm regelmäßig das **Rechtsschutzbedürfnis** für ein gleichzeitig anhängig gemachtes Verfügungsverfahren.[190]

Nach einer stark vertretenen Meinung entfällt der Verfügungsgrund auch dann, wenn Dritte helfend eingreifen, z. B. Verwandte oder die Sozialhilfe[191,192] oder bei BAföG-Vorausleistungen.[193] Nach OLG Düsseldorf entfällt bei Sozialhilfe der Verfügungsgrund nur für die Zeiträume tatsächlicher Hilfe.[194] Erziehungsgeld mindert die Notlage.[195] Diese Ansicht trifft zu, denn woher die Mittel kommen, die die Notlage beseitigen, ist gleichgültig; a. A. OLG Köln: Weder die Zahlung von Erziehungsgeld und Sozialhilfe noch das Vorhandensein von Schonvermögen lassen den Verfügungsgrund i. S. des § 940 ZPO entfallen.[196]

Allgemein gilt hierzu Folgendes: Ob im Rahmen eines einstweiligen Verfügungsverfahrens auf Notunterhalt ein Verfügungsgrund, also eine zu regelnde Notlage auf Seiten des Unterhaltsberechtigten vorliegt, ergibt sich aus seiner **tatsächlichen Situation.** Ist diese dadurch geprägt, dass der notwendige Lebensbedarf für den Verfügungszeitraum durch Darlehen Dritter gedeckt ist, fehlt es an einem Verfügungsgrund i. S. d. § 940 ZPO. Eine einstweilige Verfügung ist dann unzulässig.[197] **253**

Hat der Unterhaltsberechtigte noch Barmittel von 3000 €, so kann im Allgemeinen eine einstweilige Verfügung auf Zahlung von Notunterhalt nicht erlassen werden.[198] Dass beim

---

[188] OLG Köln, FamRZ 1999, 245; vgl. OLG Frankfurt, FamRZ 1990, 540: auf die Vollstreckung aus einem Vergleich wird verzichtet, im Verbund wird kein Unterhalt geltend gemacht
[189] OLG Düsseldorf FamRZ 1992, 80; im Ergebnis ebenso OLG Köln, FamRZ 1992, 75
[190] OLG Karlsruhe, NJW-RR 1996, 960; ähnlich OLG Köln, FamRZ 1995, 824 i. f. einer Titelumschreibung
[191] OLG Karlsruhe, FamRZ 1988, 87 und 635; OLG Hamm, FamRZ 1988, 529; OLG Oldenburg, FamRZ 1991, 1075; OLG Hamm, FamRZ 1991, 583
[192] Auch im Falle ergänzender Sozialhilfe: AG Groß-Gerau, FamRZ 1998, 1378
[193] OLG Schleswig, FamRZ 1991, 977
[194] FamRZ 1994, 387 u. 1992, 1321
[195] OLG Düsseldorf, FamRZ 1993, 962; OLG Hamm, FamRZ 1992, 582; a. A. OLG Stuttgart, FamRZ 1988, 305 und FamRZ 1989, 198; OLG Köln, FamRZ 1992, 75; OLG Hamm, FamRZ 1991, 583 bei Unterstützung der Ehefrau durch ihre Eltern; OLG Düsseldorf, FamRZ 1993, 902 bei vorübergehender freiwilliger Leistung des Vaters aus Gefälligkeit
[196] FamRZ 1996, 1430
[197] OLG Karlsruhe, FamRZ 1999, 244
[198] OLG Karlsruhe, FamRZ 1996, 1431

Verfügungs**anspruch** möglicherweise andere Erwägungen durchgreifen, ändert nichts. Durch den Anspruchsübergang gemäß § 94 SGB XII ist bei Sozialhilfe diese Problematik weitgehend entschärft, weil dann kein Verfügungsanspruch besteht.[199] Kann ein Antragsteller einen Titel auf sich umschreiben lassen, besteht kein Verfügungsgrund.[200]

254   **b) Verfügungsanspruch.** Der Verfügungsanspruch entspricht dem **materiell-rechtlichen Unterhaltsanspruch.** Der Unterhaltsanspruch selbst wird nicht rechtshängig, über ihn wird auch nicht rechtskräftig entschieden. Deshalb steht eine einstweilige Verfügung einer Hauptsacheklage über den gleichen Zeitraum und Betrag nicht entgegen. Allerdings müssen Leistungen auf Grund der einstweiligen Verfügung im Hauptsacheverfahren berücksichtigt werden, sofern sie als Erfüllung (§ 362 I BGB) anzusehen sind.

255   **c) Glaubhaftmachung.** In allen Verfahren des einstweiligen Rechtsschutzes tritt an die Stelle des Vollbeweises die Feststellung einer überwiegenden Wahrscheinlichkeit. Welcher Grad an Wahrscheinlichkeit hierbei erforderlich ist, richtet sich nach einer Abwägung der Dringlichkeit der zu treffenden Maßnahme gegen den zu befürchtenden Nachteil für den Unterhaltspflichtigen. Im einstweiligen Verfügungsverfahren genügt Glaubhaftmachung von Verfügungsgrund und Verfügungsanspruch (§ 920 II, § 936 ZPO). Sie ist ein geringerer Grad des Nachweises als der volle Beweis und muss durch präsente Beweismittel geführt werden (z. B. Urkunden, eidesstattliche Versicherung, anwaltliche Versicherung). An sie sind strenge Anforderungen zu stellen.[201] Eine besondere Beweisaufnahme in einem eigenen Termin gibt es nicht (§ 294 II ZPO). Verfehlt ist es daher, etwa in der mündlichen Verhandlung oder in einem eigenen Verkündigungstermin einen „Beweisbeschluss" zu erlassen.

Die Ladung von Zeugen oder Parteien zur mündlichen Verhandlung ist zwar möglich, steht aber im Ermessen des Gerichts (§ 273 II ZPO). Geschieht dies nicht, muss der Zeuge von der Partei zum Termin mitgebracht werden.

256   **d) Eidesstattliche Versicherung.** Sie ist das häufigste, aber auch das minderwertigste Mittel der Glaubhaftmachung. Oft erfüllt sie nicht die rechtlichen Anforderungen, weil eine eigene Sachdarstellung und Begründung des Versichernden fehlen. Genauso wenig wie ein Zeuge einen vorbereiteten Text mit der schlichten Erklärung bezeugen darf, „das ist richtig, es ist nichts Wesentliches hinzugefügt oder weggelassen", so wenig genügt eine entsprechende eidesstattliche Versicherung.[202]

Wer eine solche sog. eidesstattliche Versicherung vorlegt, nimmt das Risiko auf sich, dass sie vom Gericht als nicht ausreichend angesehen wird.

257   **e) Befristung.** Die einstweilige Verfügung wird regelmäßig auf **sechs Monate befristet** (schon im Antrag), gerechnet vom Zeitpunkt des Antragseingangs an.[203] Der inzwischen verstrichene Zeitraum ist bedeutungslos. Allein diese Berechnung wird dem Schutzinteresse des Unterhaltsgläubigers und einer sinnvollen Handhabung der Vorschriften über die einstweilige Verfügung gerecht, ohne den Unterhaltsschuldner unangemessen zu benachteiligen.[204]

258   **f) Vollziehung, Vollstreckung.** Zum Anordnungsverfahren (= erster Abschnitt) tritt in einem zweiten Abschnitt die **Vollziehung** und in einem dritten die **Zwangsvollstreckung** der einstweiligen Verfügung.[205]

Die Vollziehungsfrist beginnt bei Urteilen bereits mit ihrer Verkündung und nicht erst ab Zustellung, bei Beschlüssen mit Zustellung oder Aushändigung an den Gläubiger (§ 929 II ZPO). Eine Fristversäumung ist nicht heilbar.

Durch die Vollziehung wird die einstweilige Verfügung dem Schuldner gegenüber wirksam gemacht und zum Ausdruck gebracht, dass der Gläubiger von ihr Gebrauch machen will. Gemäß § 929 II ZPO, der gemäß § 936 ZPO analog anzuwenden ist, ist die Voll-

---

[199] Vgl. Klein, FuR 1994, 224
[200] OLG Köln, FamRZ 1995, 824
[201] OLG Celle, FamRZ 1994, 386
[202] Vgl. dazu BGH, NJW 1988, 2045
[203] Vgl. OLG Düsseldorf, FamRZ 1993, 962
[204] Im Einzelnen sehr streitig, vgl. zum Streitstand z. B. OLG Hamm, FamRZ 1988, 527
[205] Zum Begriff der Vollziehung vgl. BGH, RPfleger 1993, 294: „Vollziehung" = Zwangsvollstreckung, ebenso OLG Koblenz, FamRZ 1991, 589

ziehung der einstweiligen Verfügung unstatthaft, wenn seit dem Tage, an dem sie verkündet (oder der antragstellenden Partei zugestellt) worden ist, ein Monat verstrichen ist. Diese Frist ist von Amts wegen zu beachten und führt bei Versäumung zur Wirkungslosigkeit und zur Aufhebung der einstweiligen Verfügung auf Antrag. Der Unterhaltsberechtigte muss die einstweilige Verfügung innerhalb der Monatsfrist im **Parteibetrieb zustellen.** Eine Amtszustellung reicht nicht, auch nicht eine mündliche Leistungsaufforderung.[206] Mit dieser Zustellung ist die einstweilige Verfügung auch für die erst künftig fällig werdenden Unterhaltsleistungen vollzogen.[207] Für diese lässt sich die Vollziehung auch nachholen. Die Monatsfrist beginnt dafür jeweils ab Fälligkeit des Monatsbetrages.[208]

Die Parteizustellung ist jedoch nicht der einzige Weg der Vollziehung (sofern man Voll- **259** ziehung und Vollstreckung gleichsetzt). Denkbar sind auch der Erlass eines **vorläufigen Zahlungsverbots,**[209] der Erlass eines Pfändungs- und Überweisungsbeschlusses,[210] der „Antrag auf Zwangsvollstreckung",[211] der Antrag auf Erlass eines Pfändungs- und Überweisungsbeschlusses.[212]

> **Beispiel:**
> Verurteilung zu 250 € monatlich Unterhalt von Januar bis Juni, fällig jeweils zum 5. eines jeden Monats. Die einstweilige Verfügung wird im Januar verkündet. Der Gläubiger stellt erst am 4. März im Parteibetrieb zu, weil er abwarten wollte, ob der Schuldner freiwillig leistet. Vollziehung für März bis Juni noch „statthaft", für Januar und Februar „unstatthaft".[213]

Die gewünschte Sicherung oder Befriedigung wird erst durch die etwa notwendig werdende Pfändung und Überweisung erreicht.

g) Anfechtung und Abänderung. Gegen den Erlass der einstweiligen Verfügung ohne **260** mündliche Verhandlung gibt es den unbefristeten Widerspruch (§§ 924, 936 ZPO).

Wird über den Antrag auf Grund mündlicher Verhandlung entschieden, so ergeht ein Urteil. Dagegen ist die Berufung nach allgemeinen Vorschriften statthaft (§§ 511 ff. ZPO).

Gegen das Berufungsurteil gibt es kein Rechtsmittel (§ 542 ZPO), auch dann nicht, wenn das Berufungsgericht die Berufung als unzulässig verworfen hat.[214]

Bei Ablehnung der einstweiligen Verfügung ohne mündliche Verhandlung ist sofortige Beschwerde möglich (§§ 567 ff. ZPO). Erlässt das Beschwerdegericht die einstweilige Verfügung, ist der Widerspruch zum Amtsgericht einzulegen und vom Amtsgericht zu entscheiden (h. M.).

Wird auf Grund mündlicher Verhandlung der Antrag abgewiesen, ist Berufung möglich. Das Berufungsurteil wird sofort rechtskräftig (§ 542 ZPO). Denn gegen Urteile, durch die über die Anordnung einer einstweiligen Verfügung entschieden wurde, ist ein Rechtsmittel nicht statthaft. Eine Abänderung ist möglich wegen veränderter Umstände (§ 927, § 936 ZPO). Nach OLG Hamm, FamRZ 1995, 824, soll ein solcher Antrag auf Aufhebung bei Berufung gegen das Verfügungsurteil unzulässig sein.

h) Vorläufige Vollstreckbarkeit. Der stattgebende oder der ablehnende Beschluss ist **261** ohne weiteres vorläufig vollstreckbar.

Das zuerkennende oder bestätigende Urteil der ersten Instanz ist ebenfalls ohne besonderen Ausspruch vorläufig vollstreckbar, auch wegen der Kosten.

Das Berufungsurteil wird nicht für vorläufig vollstreckbar erklärt, weil es mit Verkündung rechtskräftig wird (§ 542 I ZPO).

---

[206] BGH, RPfleger 1993, 294, anders noch NJW 1990, 122 und im Anschluss daran OLG Koblenz, FamRZ 1991, 589 für die sog. Urteilsführung

[207] OLG Köln, FamRZ 1992, 75

[208] Vgl. OLG Hamm, FamRZ 1991, 583; ähnlich OLG Koblenz, FamRZ 1991, 589

[209] Vgl. OLG Koblenz, FamRZ 1991, 589

[210] OLG Hamm, FamRZ 1991, 583 Nr. 301

[211] OLG Hamm, FamRZ 1991, 583 Nr. 302

[212] OLG Oldenburg, FamRZ 1986, 367

[213] Im Einzelnen streitig, wie hier z. B. OLG Bamberg, FamRZ 1985, 509; a. A. = Vollziehung ausgeschlossen, auch für später fällig werdende Leistungen, z. B. OLG Hamburg, FamRZ 1988, 521

[214] BGH, FamRZ 1984, 877

Zur Verweisung im Verfahren auf Erlass einer einstweiligen Verfügung vgl. BGH, FamRZ 1989, 817 (bindend!).

Eine besondere einstweilige Verfügung enthält die Vorschrift des § 1615 o II BGB. Nach dieser Norm kann die nichteheliche Mutter (bereits vor Geburt des Kindes) gegen den Erzeuger (bzw. den Mann, der die Vaterschaft anerkannt hat oder der nach § 1600 d II BGB als Vater vermutet wird) die Ansprüche nach § 1615 l I BGB im Wege der einstweiligen Verfügung auf Zahlung der voraussichtlich zu leistenden Beträge geltend machen. Da hiervon nur Ansprüche nach § 1615 l I, nicht nach II BGB betroffen sind, hat die einstweilige Verfügung in der Praxis nur geringe Bedeutung.[215]

III. Arrest (§§ 916 ff. ZPO)

262   Der Arrest sichert seinem Wesen nach nur die Zwangsvollstreckung wegen einer Geldforderung (Unterhalt).[216] Nie führt er zur Befriedigung, etwa durch Überweisung,[217] und ist daher für Unterhaltszwecke im Allgemeinen uninteressant, jedenfalls wenn es um die Befriedigung des Notbedarfs geht. Dafür steht die einstweilige Leistungsverfügung, in bestimmten Fällen die einstweilige Anordnung, zur Verfügung (s. jeweils dort).

Im Arrestverfahren zur Sicherung künftiger Unterhaltsansprüche (Ehefrau, Kinder) ist im Einzelfall eine Sicherungszeit von bis zu fünf Jahren zulässig. Gesichert werden kann auch ein nachehelicher Unterhaltsanspruch, der erst ab Rechtskraft der Scheidung entsteht.[218]

263   Gemäß § 919 ZPO ist für die Anordnung des Arrests sowohl das **Gericht der Hauptsache** als **wahlweise** auch (§ 35 ZPO) das **Amtsgericht** zuständig, in dessen **Bezirk** sich der mit Arrest zu belegende Gegenstand oder die in ihrer persönlichen Freiheit zu beschränkende Person befindet. Handelt es sich bei der Hauptsache um die Unterhaltsansprüche des § 621 I Nr. 4 u. 5 ZPO, ist für den Arrest das **Familiengericht** zuständig.[219]

Gemäß § 917 I ZPO findet der **dingliche Arrest** statt, wenn zu besorgen ist, dass ohne dessen Verhängung die Vollstreckung des Urteils vereitelt oder wesentlich erschwert werden würde.

Der **persönliche Sicherheitsarrest** findet nach § 918 ZPO nur statt, wenn er erforderlich ist, um die gefährdete Zwangsvollstreckung in das Vermögen des Schuldners zu sichern. Der persönliche Sicherheitsarrest ist daher gerechtfertigt, wenn der Schuldner keine oder unzureichende Angaben über den Verbleib wesentlichen Vermögens macht. Die Dauer des Arrestvollzuges ist unter Wahrung des Grundsatzes der Verhältnismäßigkeit nach dem Maß der Schwierigkeiten zu bemessen, die einem Zugriff des Gläubigers auf vorhandenes Vermögen entgegenstehen. Kann der Schuldner die Lösungssumme ohne weiteres entrichten, so kann die Fortdauer der Arresthaft bis zur gesetzlichen Höchstgrenze von sechs Monaten gerechtfertigt sein.[220]

264   Gemäß § 920 ZPO bedarf es eines **Arrestgesuches,** welches **Arrestanspruch** und **Arrestgrund** benennt **und beide glaubhaft macht** (§ 920 II ZPO). Im Übrigen finden für die Anordnung die allgemeinen Vorschriften der §§ 921–927 ZPO Anwendung, für die Vollziehung des Arrestes jene der §§ 928–934 ZPO. Ein Arrestgrund zur Sicherung künftiger Unterhaltsansprüche liegt nach § 917 ZPO nur bei Gefahr von Vermögensverschiebungen vor, nicht aber bereits bei Nichterteilung einer Einkommensauskunft über einen längeren Zeitpunkt.[221]

265   In der familiengerichtlichen Praxis spielt nur der **dingliche Arrest** eine Rolle. Ein entsprechender Arrestgrund ist unter folgenden Voraussetzungen zu bejahen:

---

[215] Vgl. dazu Büttner, Unterhalt der nichtehelichen Mutter, FamRZ 2000, 785
[216] Vgl. Dunkl/Feldmeier, a. a. O., Teil D Rn. 243
[217] § 835 ZPO; vgl. BGH, Rpfleger 1993, 292
[218] OLG Düsseldorf, FamRZ 1994, 111
[219] BGH, FamRZ 1980, 46
[220] OLG Karlsruhe, FamRZ 1996, 1429
[221] OLG München, FamRZ 2000, 965

Es müssen konkrete Umstände vorhanden sein, aus denen sich hinreichend sicher ergibt, dass der Unterhaltsschuldner seine Unterhaltspflicht in Zukunft nicht erfüllen wird. **Bei relativ geringer Unterzahlung oder zeitlich schwankender Erfüllung** kann hiervon **noch nicht** ausgegangen werden.[222] Neben der Gefährdung der künftigen Unterhaltszahlung stellt einen Arrestgrund auch die Gefahr dar, dass künftig die Durchsetzung der Ansprüche gefährdet ist; allerdings reicht hierfür eine Verschlechterung der Vermögenslage nicht aus; dies schon deshalb nicht, weil diese Veränderung der wirtschaftlichen Verhältnisse möglicherweise auf eine Kürzung des materiell-rechtlichen Anspruchs selbst hinausläuft. Arrestgrund kann aber sein, dass der Unterhaltsschuldner **unbekannten Aufenthalts** ist oder **sich ins Ausland absetzt. Wohnt der Schuldner im Ausland,** reicht dies aus, wenn das Urteil dort vollstreckt werden müsste (§ 917 II ZPO). Ist zu befürchten, dass der Schuldner seine letzten Vermögenswerte vor der Vollstreckung ausgibt, kann auch aus diesem Grund ein Arrest beantragt werden.[223] Dass die Einkommens- und Vermögenslage des Schuldners undurchsichtig ist, ist noch kein Arrestgrund.

Gemäß § 916 II ZPO ist ein Arrest zur Absicherung erst künftig fällig werdender Unter- **266** haltsansprüche zulässig.[224] Dies gilt auch dann, wenn bereits ein vollstreckbarer Titel vorliegt.[225] Denn die Vollstreckung aus einem Unterhaltstitel, der – entsprechend einem Dauerschuldverhältnis – fortlaufende Ansprüche umfasst, kann nicht vor Fälligkeit der jeweiligen Monatsunterhaltsbeträge erfolgen. Handelt es sich aber um fällige Beträge, die tituliert sind, ist kein Arrest mehr erforderlich. Da der Arrest nur der Absicherung des Gläubigers gegenüber dem Schuldner dient, ist der **Streitgegenstand des Arrestverfahrens** von untergeordneter Bedeutung, so dass ein einzelner Arrest gleichzeitig sowohl Trennungs- als auch Nachscheidungsunterhalt absichern kann.[226]

Handelt es sich um die Absicherung von Kindesunterhalt (im Falle des KG, FamRZ 1985, 730 eines 9-jährigen Kindes), kann nach dieser Entscheidung dessen voraussichtlicher Anspruch bis zum Eintritt der Volljährigkeit abgesichert werden.

4. Abschnitt: Rechtsmittel in Unterhaltssachen

I. Die Fortführung der Instanz

Mit der Zivilprozessreform zum 1. 1. 2002 wurde eine beschränkte Fortführungsmöglich- **267** keit der Instanz in ZPO-Verfahren gemäß § 321 a ZPO eingeführt.

Allerdings ist die Rüge der durch das Urteil beschwerten Partei nur dann statthaft, wenn eine **Berufung** nach § 511 II ZPO **nicht zulässig** ist und das Gericht des 1. Rechtszugs den Anspruch auf rechtliches Gehör in entscheidungserheblicher Weise verletzt hat (I). Die Rügeschrift ist innerhalb einer Notfrist von zwei Wochen bei dem Gericht des 1. Rechtszuges einzureichen. Die Frist beginnt mit der Zustellung des in vollständiger Form abgefassten Urteils, im Falle des § 313 a I S. 2 ZPO jedoch erst dann, wenn auch das Protokoll zugestellt ist (II). Die Rügeschrift muss den Prozess, dessen Fortführung begehrt wird, bezeichnen und die Darlegung der **Verletzung des Anspruchs auf rechtliches Gehör** und der Entscheidungserheblichkeit dieser Verletzung enthalten. Ist die Rüge unstatthaft oder nicht form- und fristgerecht eingelegt, so hat sie das Gericht als unzulässig zu verwerfen (IV). Ist die Rüge unbegründet, weist das Gericht sie zurück.

Beide Entscheidungen ergehen durch einen kurz zu begründenden Beschluss, der nicht anfechtbar ist (§ 321 a IV Satz 4 ZPO). Hält das Gericht die Rüge für begründet, hat es ihr abzuhelfen, indem der Prozess in erster Instanz fortgeführt wird.

---

[222] OLG Karlsruhe, FamRZ 1985, 507 bei drohender Konkurrenz anderer Gläubiger
[223] OLG Hamm, FamRZ 1980, 393
[224] OLG Hamm, FamRZ 1995, 1427; OLG Düsseldorf, FamRZ 1994, 111
[225] OLG Hamm, FamRZ 1980, 391
[226] OLG Hamm, FamRZ 1995, 1427; OLG Düsseldorf, FamRZ 1994, 111

Ergeht nunmehr infolge des Verfahrens ein weiteres Urteil, dann hebt dieses das angefochtene Urteil ganz oder teilweise auf, wogegen keine Berufung gemäß § 511 II ZPO i. V. m. § 321 a I Nr. 1 ZPO zulässig ist.

II. Die PKH-Beschwerde

268   Seit der ZPO-Reform zum 1. 1. 2002 gibt es im Prozesskostenhilfeverfahren als Rechtsmittel nur noch die sofortige Beschwerde, die allerdings in PKH-Verfahren (statt zwei Wochen) eine Beschwerdefrist von einem Monat gewährt. Statthaft ist die sofortige Beschwerde nur dann, wenn die persönlichen oder wirtschaftlichen Voraussetzungen für die Prozesskostenhilfe verneint wurden oder aber im Hauptsacheverfahren von einem höheren Streitwert als 600 € auszugehen ist.

Auch die Beschwerdeentscheidungen ergehen ohne mündliche Verhandlung durch Beschluss (§ 128 IV ZPO). Zuständig ist das Prozessgericht, hierbei in der Regel der originäre Einzelrichter des § 568 ZPO, weil im allgemeinen PKH-Entscheidungen keine besonderen Schwierigkeiten tatsächlicher oder rechtlicher Art aufweisen, im Regelfall auch ohne grundsätzliche Bedeutung sind und die angefochtene Entscheidung von einem Einzelrichter (dem Familienrichter) erlassen wurde.

Da die Beschwerde auch durch Erklärung zu Protokoll der Geschäftsstelle eingelegt werden kann, besteht in Unterhaltssachen kein Anwaltszwang im Rahmen der Beschwerde (§ 569 III ZPO). Daneben ergibt sich dies unmittelbar für PKH-Beschwerden aus § 569 III Nr. 2 ZPO.

III. Berufung

1. Allgemeines

269   Die Berufung bringt den Rechtsstreit im Umfang der Anfechtung vor das Oberlandesgericht als Berufungsgericht. Sie ist zulässig, sobald das erstinstanzliche Urteil verkündet ist. Einer vorherigen Urteilszustellung bedarf es nicht.[1] War die **Verkündung** fehlerhaft, bedarf es nach fehlerfreier Wiederholung keiner erneuten Berufungseinlegung. Das Wort „Berufung" ist nicht zwingend notwendig. Es genügt, dass der Wille, das erstinstanzliche Urteil einer Nachprüfung durch das Berufungsgericht zu unterziehen, klar zutage tritt.[2] Allerdings muss der Schriftsatz als Berufung (= Prozesshandlung) bestimmt sein; es genügt nicht, dass er inhaltlich nur den Anforderungen an eine Berufung entspricht.[3]

2. Zuständigkeit und Eingang

270   Seit dem 1. Juli 1977 ist in Unterhaltssachen aus dem familiengerichtlichen Bereich ausschließlich das Oberlandesgericht zur Verhandlung und Entscheidung über die Berufung zuständig (§ 119 I Nr. 1 GVG).

Seit der Geltung des Unterhaltsänderungsgesetzes gilt das **Prinzip der formellen Anknüpfung der Rechtsmittelzuständigkeit,** wobei die Zuständigkeit vom zweitinstanzlichen Gericht nur noch **auf Antrag** zu prüfen ist. Daher ist nunmehr nur noch entscheidend, ob in der ersten Instanz die Prozessabteilung oder die Abteilung für Familiensachen entschieden hat.[4]

---

[1] BGH, NJW 1999, 3269
[2] BGH, NJW-RR 1998, 507
[3] BGH, NJW-RR 1993, 10
[4] BGH, FamRZ 1992, 665

Die früher geltende **Meistbegünstigungsklausel** findet aber noch Anwendung, wenn 271
auf Grund unterschiedlicher Kennzeichnung des Gerichts und des Verfahrensgegenstandes
Zweifel darüber bestehen, ob das Amtsgericht als Familiengericht oder als Zivilgericht
entschieden hat. In einem derartigen Fall kann nach der Rechtsprechung des BGH die
Partei das Urteil sowohl beim Landgericht als auch beim Oberlandesgericht anfechten.[5]

Bei einer fehlerhaft zum Amts- oder Landgericht adressierten Berufung kommt es darauf
an, ob Amts- oder Landgericht die Berufungsschrift weiterleiten. Erst mit dem Eingang der
weitergeleiteten Berufungsschrift beim Oberlandesgericht ist sie dort eingegangen.

Das gilt auch dann, wenn Oberlandesgericht und Land-/Amtsgericht eine gemeinsame
Posteinlaufstelle oder einen gemeinsamen Nachtbriefkasten haben.[6] In solchen Fällen reicht
es für einen rechtzeitigen Eingang jedoch aus, wenn wenigstens das richtige Aktenzeichen
des OLG angegeben ist, sofern ein solches bereits bekannt ist.[7]

Bei Einlegung mittels Fernschreiber an Orten mit mehreren Fernschreibstellen muss die
für das Oberlandesgericht bestimmte Fernschreibstelle angegangen werden.[8] Dasselbe gilt für
die Einlegung per Telefax.

3. Anwaltszwang

In allen Unterhaltssachen, ob isoliert oder im Verbund, besteht beim Oberlandesgericht 272
grundsätzlich Anwaltszwang gemäß § 78 I S. 1 ZPO i. d. F. des Gesetzes zur Stärkung der
Selbstverwaltung der Rechtsanwaltschaft vom 26. März 2007.[9] Eine Ausnahme besteht nur
bei den vereinfachten Kindesunterhaltsverfahren der §§ 645 ff. ZPO. Einer besonderen
Zulassung bei einem Oberlandesgericht bedarf es nicht mehr.

4. Übergangsrecht

Wurde Prozesskostenhilfe vor dem 1. 1. 2002 bewilligt, so gilt gemäß § 26 Nr. 4 EGZPO 272 a
die Vorschrift des 115 I S. 4 ZPO in der im Zeitpunkt der Bewilligung geltenden Fassung
bis zur Beendigung der Instanz weiter. Wurde die letzte mündliche Verhandlung in der
Instanz vor dem 1. 1. 2002 geschlossen, so ist für die Berufung gemäß § 26 Nr. 5 EGZPO
altes Recht anzuwenden; das Gleiche gilt gemäß § 26 Nr. 7 EGZPO für die Revision. Ist
das angefochtene Verfahren schriftlich geführt worden, dann tritt an die Stelle des Schlusses
der mündlichen Verhandlung der Zeitpunkt, bis zu dem Schriftsätze eingereicht werden
konnten.

Für die neue Nichtzulassungsbeschwerde des § 544 ZPO gilt, dass sie erst statthaft ist,
wenn die angefochtene Entscheidung nach dem 31. 12. 2009 verkündet, zugestellt oder
ansonsten bekannt gemacht worden ist (§ 26 Nr. 9 EGZPO).

5. Frist

Die Berufungsfrist beträgt **einen Monat ab Zustellung** des vollständigen Urteils (§ 517 273
ZPO). Maßgebend ist, sofern das Urteil mehrfach wirksam zugestellt worden ist, die **erste
Zustellung**. Ein zur Unwirksamkeit der Zustellung führender **wesentlicher Mangel** liegt
dann vor, wenn die zugestellte Ausfertigung wesentlich von der Urschrift des Urteils
abweicht.[10] Dies ist jedenfalls dann der Fall, wenn in der zugestellten Urteilsausfertigung
ganze Seiten fehlen. Es ist ferner anzunehmen, wenn der Zustellungsempfänger die Unvollständigkeit innerhalb der Rechtsmittelfrist gegenüber dem zustellenden Gericht rügt.[11]

---

[5] BGH, FamRZ 1995, 351; 1995, 219
[6] BGH, NJW 1983, 59
[7] BGH, NJW 1989, 590
[8] Vgl. BGH, NJW-RR 1988, 893
[9] BGBl. I S. 358
[10] KG, FamRZ 2003, 620
[11] BGH, NJW 1998, 1959

Musste ein Urteil gemäß § 319 ZPO berichtigt werden, beginnt die Berufungsfrist **erst mit Zustellung des Berichtigungsbeschlusses** zu laufen,[12] wenn das Urteil insgesamt nicht erkennen lässt, wie das Gericht entscheiden wollte.[13] Ansonsten hat nämlich die Berichtigung eines Urteils wegen offenbarer Unrichtigkeit (§ 319 ZPO) grundsätzlich keinen Einfluss auf Beginn und Lauf von Rechtsmittelfristen.

Bemängelt der Prozessbevollmächtigte Fehler an der ihm zugestellten **Urteilsausfertigung** und wird ihm nach Rücksendung der Ausfertigung ein anderes Exemplar erneut zugestellt, läuft die Berufungsfrist dennoch ab der ersten Zustellung, wenn die bemängelten Fehler nicht geeignet waren, Zweifel an der gesamten Begründung des Urteils aufkommen zu lassen.[14]

Die Berufungsfrist beginnt spätestens **mit Ablauf von fünf Monaten** nach der Verkündung zu laufen (§ 517 ZPO), und zwar auch dann, wenn der Partei eine von der Urschrift abweichende Ausfertigung zugestellt worden ist.[15] Notfalls müssen die Parteien ohne Kenntnis der Urteilsgründe Berufung einlegen. Allerdings scheidet ein Fristablauf auch nach § 517 2. Halbs. ZPO aus, wenn die beschwerte Partei im Verhandlungstermin nicht vertreten und zu diesem Termin auch nicht ordnungsgemäß geladen worden war.[16]

Die Notfrist des § 517 ZPO beginnt mit der Zustellung, d. h. am Zustellungstag selbst.[17] Für die Berechnung der Fristen gelten gemäß § 222 I ZPO die Vorschriften der §§ 187–189 BGB. Da für den Anfang der Notfrist ein Ereignis (nämlich die Zustellung) maßgebend ist, wird bei der Berechnung der Frist **der Tag nicht mitgerechnet, auf welchen das Ereignis fällt**. Dies führt gemäß § 188 II BGB dazu, dass die Monatsfrist mit dem Ablauf desjenigen Tages des letzten Monats endet, welcher durch seine Benennung oder seine Zahl dem Tag entspricht, in den das Ereignis fällt. Wurde somit ein Urteil am 28. 2. zugestellt, endet die Berufungsfrist am 28. 3. Maßgebend ist hierbei das Datum, unter welchem der Prozessbevollmächtigte des Berufungsführers das Empfangsbekenntnis unterschreibt (§ 174 IV ZPO).

273 a   Da die **Berufungsfrist** eine **Notfrist** ist (§ 517 ZPO), ist ihre Verlängerung nicht möglich. Wird die Frist versäumt, kommt unter den Voraussetzungen des § 233 ZPO die Wiedereinsetzung in Betracht. Sind die Ursachen hierfür der Sphäre des Gerichts zuzuordnen, steht einer Wiedereinsetzung auch die Jahresfrist des § 234 III ZPO nicht entgegen.[18] Wird innerhalb der Berufungsfrist ein Urteil durch eine nachträgliche Entscheidung (§ 321 ZPO) ergänzt, beginnt mit der Zustellung dieser nachträglichen Entscheidung der Lauf der Berufungsfrist auch für die Berufung gegen das zuerst ergangene Urteil von neuem. Wird gegen beide Urteile von derselben Partei Berufung eingelegt, sind beide Berufungen miteinander zu verbinden (§ 518 ZPO).

Die Einhaltung der Berufungsfrist, die das Berufungsgericht von Amts wegen zu prüfen hat, muss der jeweilige Rechtsmittelkläger beweisen. Notwendig ist der Vollbeweis. Im Übrigen gilt der Freibeweis.

Die Verwerfung der Berufung hindert den Rechtsmittelführer nicht, während der noch laufenden Berufungsfrist erneut Berufung einzulegen.[19] Allerdings hindert ein eventueller Verstoß gegen den Grundsatz der Gewährung des rechtlichen Gehörs nicht den Ablauf der Rechtsmittelfrist gegen die auf dem Verstoß beruhende Entscheidung.[20] Wurde die Berufung beim unzuständigen Gericht eingelegt, besteht für das Gericht trotz des Grundsatzes des „fair trial" keine Pflicht, hiervon die Partei oder ihren Prozessbevollmächtigten innerhalb der Berufungsfrist zu unterrichten.[21]

---

[12] BGH, FamRZ 1995, 155
[13] BGH, NJW-RR 2001, 211
[14] BGH, NJW-RR 2000, 1665
[15] BGH, NJW-RR 2004, 1651
[16] BGH, FamRZ 2004, 264
[17] BGH, NJW 1985, 495 ff.; 1984, 1358
[18] BGH, NJW-RR 2004, 1651; Beschluss v. 20. 2. 08 – XII ZB 179/07
[19] BGH, NJW-RR 1999, 287 = R 528 A
[20] BGH, FamRZ 2001, 829
[21] BVerfG, FamRZ 2001, 827

6. Die Berufungsschrift

Die Berufungsschrift stellt einen bestimmenden Schriftsatz i. S. d. §§ 519 IV, 130 Nr. 6 **274** ZPO dar und ist daher von einem Rechtsanwalt zu unterzeichnen. Jedoch kann die Unterschrift noch innerhalb der Berufungsfrist nachgeholt werden; nach Ablauf der Notfrist ist das Rechtsmittel als unzulässig (§ 522 I ZPO) zu verwerfen.

Wird in einem **Prozesskostenhilfeantrag** eine beigefügte Schrift als **Entwurf einer Berufungsschrift** bezeichnet, liegt keine Berufungseinlegung vor, selbst wenn die Schrift den gesetzlichen Anforderungen an eine Berufungsschrift genügt.[22] Auch wenn **PKH** beantragt wurde, ist dann das Rechtsmittel der Berufung eingelegt, wenn eine **formgerechte Rechtsmittelschrift** eingereicht wurde **und** der Rechtsmittelführer unabhängig von der PKH-Bewilligung zur **Durchführung** des Rechtsmittels **entschlossen** ist.[23] Eine nur für den Fall der Bewilligung von Prozesskostenhilfe **bedingt eingelegte Berufung** ist unzulässig.[24] Im Hinblick auf die schwerwiegenden Folgen einer durch die Bewilligung von Prozesskostenhilfe bedingten und damit unzulässigen Berufung ist für die Annahme einer derartigen Bedingung eine ausdrücklich zweifelsfreie Erklärung erforderlich, die den fraglichen Schriftsatz etwa als Entwurf einer Berufungsschrift bezeichnet. Eindeutigkeit in diesem Sinne ist auch gegeben, wenn von einer **beabsichtigten Berufung** oder davon die Rede ist, dass man **nach Gewährung von Prozesskostenhilfe** Berufung einlegen werde.[25] Anders liegen die Dinge, wenn Berufung eingelegt wird, deren **Durchführung** aber von der Gewährung von Prozesskostenhilfe abhängig gemacht wird, weil diese Formulierung auch die Deutung zulässt, dass man sich lediglich für den Fall der Versagung von Prozesskostenhilfe die Rücknahme des Rechtsmittels vorbehalte.[26] Als eindeutig hat der BGH[27] andererseits die mit einer formgerecht eingereichten Berufungsschrift verbundene Erklärung „Berufung wird nur für den Fall von Gewährung der PKH erhoben" dahin ausgelegt, der Antragsteller wolle schon die Einlegung des Rechtsmittels von einer positiven Bescheidung seines Prozesskostenhilfegesuchs abhängig machen. An einer formgerechten Berufungsschrift fehlt es auch dann, wenn der Berufungskläger sein Prozesskostenhilfegesuch erklärtermaßen mit Berufungsanträgen und einer Begründung versieht, diese aber ausdrücklich zunächst nur zur Begründung der Erfolgsaussichten im Sinne von § 114 ZPO heranzieht und sie erst im Fall der Bewilligung von Prozesskostenhilfe als Anträge und Begründung für das dann durchzuführende Berufungsverfahren geltend machen will. Auch in einem solchen Fall stellt der Berufungskläger die Einlegung der Berufung unter der unzulässigen Bedingung der Bewilligung von Prozesskostenhilfe.[28] (Zur Abgrenzung zwischen Prozesskostenhilfegesuch und Berufungsbegründung vgl. Rn. 10/281.)

Für die anwaltliche Rechtspraxis bleiben auch auf der Grundlage der BGH-Rechtsprechung Unwägbarkeiten, die mit der Heranziehung von Auslegungsmaßstäben verbunden sind. In höherem Umfang Rechtssicherheit lässt sich aber dadurch herstellen, dass der Berufungskläger sein Prozesskostenhilfegesuch von vornherein in der Gestalt einer Rechtsmittelbegründung entsprechend § 520 ZPO aufbaut und ggfls. in einem die Beschwer des § 511 II Nr. 1 ZPO erreichenden Umfang unbedingt einlegt mit dem Vorbehalt einer **Berufungserweiterung nach Bewilligung von Prozesskostenhilfe.** Eine solche Vorgehensweise drängt sich nunmehr auch deshalb auf, weil durch das Gesetz vom 26. 3. 2007[29] die Zulassungsbeschränkungen für ein anwaltliches Tätigwerden gegenüber dem Oberlandesgericht entfallen sind.

Die für die Zulässigkeit der Berufung unverzichtbaren **Formerfordernisse** verlangen in **274 a** § 519 II Nr. 1 ZPO die genaue Bezeichnung des angefochtenen Urteils sowie in § 519 II

---

[22] OLG Stuttgart, FamRZ 2000, 240
[23] BGH, NJW-RR 2000, 879
[24] BGH, FamRZ 2007, 895
[25] BGH, FamRZ 2006, 400; 2005, 1537; 2004, 1553
[26] BGH, FamRZ 2004, 1553, 1554
[27] BGH, FamRZ 2005, 1537
[28] BGH, FamRZ 2007, 895
[29] BGBl. S. 358

Nr. 2 ZPO die eigentliche Rechtsmittelerklärung. Zur Bezeichnung des angefochtenen Urteils ist dabei erforderlich, dass der Prozessgegner und – innerhalb der Rechtsmittelfrist – auch das Berufungsgericht in der Lage sind, sich aus den vorhandenen Unterlagen Gewissheit über die **Identität des angefochtenen Urteils** zu verschaffen.[30] Der Formvorschrift aus § 519 II Nr. 2 ZPO ist nur dann entsprochen, wenn bis zum Ablauf der Rechtsmittelfrist zweifelsfrei erklärt ist, **für wen** und **gegen wen** das Rechtsmittel eingelegt werden soll.[31]

Insgesamt erfordert die für die Berufungsschrift vorgeschriebene Bezeichnung des angefochtenen Urteils die Angabe der Parteien, des Gerichts, das das angefochtene Urteil erlassen hat, des Verkündungsdatums und des Aktenzeichens. Fehlerhafte oder unvollständige Angaben schaden nur dann nicht, wenn auf Grund der sonstigen erkennbaren Umstände für Gericht und Prozessgegner nicht zweifelhaft bleibt, welches Urteil angefochten wird. Ob ein solcher Fall gegeben ist, hängt von den Umständen des Einzelfalls ab.[32] Hat das Gericht an ein und demselben Tag Urteile zum Trennungsunterhalt und nachehelichen Unterhalt verkündet, muss die Berufungsschrift auch eine eindeutige Zuordnung zum Streitgegenstand erkennen lassen. In diesem Zusammenhang ist das Berufungsgericht gehalten, bei fehlerhafter oder unvollständiger Parteibezeichnung Tatbestand und Entscheidungsgründe des angefochtenen (und beigefügten) Urteils für die **Auslegung der Berufungsschrift** heranzuziehen.[33] Die Angabe einer ladungsfähigen Anschrift des Berufungsklägers ist nicht Zulässigkeitsvoraussetzung der Berufung.[34] Die fehlerhafte Bezeichnung des angerufenen Berufungsgerichts ist unschädlich, sofern die Berufungsschrift nach Weiterleitung noch fristgerecht bei dem zuständigen Gericht eingeht.[35]

275 Vorgeschrieben ist **Schriftform** (§ 519 I ZPO). Fernschreiben, Telegramm, Telekopie (Telefax), Telebrief genügen.[36]

Die Einlegung durch Telekopie ist unbedenklich, wenn sie dem Berufungsgericht unmittelbar auf der dem Gericht zur Verfügung stehenden Fernkopieranlage übermittelt wird.[37] Die Berufungsschrift bedarf zu ihrer Wirksamkeit der **Unterschrift eines Rechtsanwalts.** Sie soll die Identifizierung des Urhebers ermöglichen sowie den unbedingten Willen zum Ausdruck bringen, die volle Verantwortung für den Schriftsatz zu übernehmen und diesen bei dem Berufungsgericht einzureichen.[38] Demgemäß genügt die in Computerschrift erfolgte Wiedergabe des Vor- und Zunamens unter der als Computerfax übermittelten Berufungsschrift den durch § 130 Nr. 6 ZPO vorgegebenen Anforderungen, d. h. Wiedergabe der Unterschrift in der Kopie, nicht. Allerdings ist dieser Mangel im Einzelfall unschädlich, wenn die sonstigen Umstände der Berufungseinlegung die Gewähr dafür bieten, dass der mit der Unterschriftsleistung verfolgte Zweck erreicht wird.[39] Eine Berufung liegt auch in der Berufungsbegründung, wenn sie den Anforderungen des § 519 II ZPO entspricht.

7. Berufungssumme/Beschwer

276 Jedes Rechtsmittel ist nur statthaft, wenn eine der Parteien durch die Entscheidung des Gerichtes beschwert ist. Dies verlangt auf **Klägerseite,** dass ein Teil der Klage abgewiesen

---

[30] BGH, FamRZ 2006, 543
[31] BGH, FamRZ 2007, 903
[32] BGH, FamRZ 2006, 543
[33] BGH, FamRZ 2006, 1115
[34] BGH, NJW 2005, 3773
[35] BGH, FamRZ 1995, 1134
[36] Z. B. BGH, NJW 1989, 589
[37] BAG, NJW 1987, 341; z. B. BGH, FamRZ 1992, 296; ebenso BVerwG, NJW 1987, 2098, wenn die Bundespost die unterzeichnete Rechtsmittelschrift im Telekopierverfahren aufnimmt und die Telekopie als Telebrief auf postalischem Weg zustellt; a. A. BGHZ 79, 314, wenn die Telekopie einem privaten Zwischenempfänger übermittelt und von diesem durch einen Boten dem Rechtsmittelgericht überbracht wird; auch BGH, NJW 1989, 589
[38] BGH, FamRZ 2003, 1175
[39] BGH, FamRZ 2005, 1241

worden ist und der Kläger somit weniger erhalten als beantragt hat. Auf seiner Seite muss daher eine **formelle Beschwer** vorliegen.[40] Die Zulässigkeit der Berufung hängt allerdings weiter davon ab, dass der Kläger mit dem Rechtsmittel auch die Beseitigung der Beschwer anstrebt. So wird eine zunächst zulässige Berufung unzulässig, wenn der Berufungskläger nach Wegfall der Beschwer nur noch eine Erweiterung oder Änderung der Klage verfolgt.[41] Allerdings liegt eine Beschwer vor, wenn der Berufungskläger nach erstinstanzlicher Abweisung der Leistungsklage als unzulässig mit der Berufung sein Unterhaltsbegehren nunmehr im Wege der Abänderungsklage weiterverfolgt. Zum einen handelt es sich um ein und denselben materiellen Anspruch. Zum anderen stellt sich die erfolgreiche Abänderungsklage aus Sicht des Unterhalt begehrenden Unterhaltsberechtigten als Ergebnis einer Leistungsklage dar (vgl. Rn. 10/139). Schließlich liefe es auf eine mit den Grundsätzen der Prozessökonomie nicht mehr zu vereinbarenden Förmelei hinaus, von dem Berufungskläger zunächst die Verfolgung eines Leistungsantrages zu verlangen, um dann rechtzeitig auf den als Hilfsantrag angekündigten Abänderungsantrag die Klage entsprechend umzustellen.

Auf **Beklagtenseite** reicht neben der formellen Beschwer auch eine **materielle Beschwer** aus. Daher ist der verurteilte Unterhaltspflichtige auch dann berechtigt, ein Rechtsmittel einzulegen, wenn er in 1. Instanz den klägerischen Anspruch anerkannt hatte.[42] Der Beklagte kann somit immer dann Berufung einlegen, wenn er nur verurteilt wurde, unabhängig davon, ob er der Verurteilung in irgendeiner Form widersprochen hat.[43] Unterliegen beide Parteien in erster Instanz, ist die Beschwer für jede Partei gesondert zu bestimmen.

Maßgebend für die **Berechnung der Beschwer** ist nicht die Vorschrift des § 42 GKG **276 a** für den Gebührenstreitwert, sondern kraft ausdrücklicher gesetzlicher Regelung (§ 2 ZPO) die §§ 3 ff. ZPO, insbesondere § 9 ZPO (3,5-facher Jahresbetrag). Abzustellen ist grundsätzlich auf den **Zeitpunkt der Einlegung des Rechtsmittels.** Übersteigt allerdings die Beschwer der erstinstanzlich unterlegenen Partei die Wertgrenze des § 511 II Nr. 1 ZPO steht der Zulässigkeit des Rechtsmittels ein zunächst angekündigter Berufungsantrag unterhalb der Wertgrenze nicht entgegen, sofern und soweit der Berufungskläger seinen Antrag im Rahmen einer fristgerecht eingereichten Berufungsbegründung noch erweitern kann.[44]

Die Anwendung des § 9 ZPO führt in aller Regel, selbst bei kleinen laufenden Unterhaltsbeträgen, dazu, dass die Berufungssumme von (derzeit) 600 € (§ 511 II Nr. 1 ZPO) erreicht wird. Anders ist es, wenn nur ein geringer Rückstand (fester Betrag) mit der Berufung zur Überprüfung gestellt wird, oder auch bei zeitlicher Begrenzung des Unterhalts unter ein Jahr, etwa bei einstweiligen Verfügungen (§ 9 S. 2 ZPO).

Neben der Statthaftigkeit einer Berufung bei einem höheren Beschwerdewert als 600 € ist die Berufung jedenfalls dann statthaft, wenn das Gericht des 1. Rechtszuges sie im Urteil zugelassen hat. Dies geschieht dann, wenn das Verfahren entweder grundsätzliche Bedeutung hat oder die Rechtsfortbildung oder die Einheitlichkeit der Rechtsprechung eine Entscheidung des Obergerichtes erforderlich machen (§ 511 IV ZPO). An diese Zulassung ist das in der nächsten Instanz höhere Gericht gebunden.

Bei **Auskunftsklagen** scheitert die **Berufung** des Beklagten oft deswegen an § 511 II Nr. 1 ZPO, weil der Wert der Beschwer gemäß § 3 ZPO nach billigem Ermessen zu bestimmen ist[45] und dadurch die Wertgrenze nicht überschreitet. Hierbei ist abzustellen auf das Interesse des Verurteilten, die begehrte Auskunft nicht erteilen zu müssen. Maßgebend ist der Aufwand an Zeit und Kosten, den die Erteilung der geschuldeten Auskunft erfordert.[46] **Zeit- und Arbeitsaufwand** machen in einfach gelagerten Fällen, z. B. bei einem unselbstständigen Lohnempfänger, in der Regel nicht mehr als 300 bis 400 € aus. Die Kosten für die Hinziehung sachkundiger **Hilfskräfte** (z. B. Steuerberater, Rechtsanwalt)

---

[40] BGH, NJW 1991, 704
[41] BGH, FamRZ 2006, 402
[42] BGH, FamRZ 2003, 1922
[43] BGH, NJW 1982, 1940
[44] BGH, NJW-RR 2005, 714
[45] BGH, FamRZ 2007, 714
[46] BGH, FamRZ 2005, 104

können nur berücksichtigt werden, wenn sie zwangsläufig entstehen, weil der Pflichtige zu einer sachgerechten Auskunftserteilung nicht in der Lage ist.[47] Handelt es sich mangels Bestimmtheit um einen **nicht vollstreckungsfähigen Titel,** kommt es auf die zur Abwehr der Zwangsvollstreckung notwendigen Kosten an.[48] Davon ist ferner auszugehen, wenn eine Verurteilung zur Vorlage **nicht existenter Unterlagen** erfolgt. Ein **Geheimhaltungs-interesse** wirkt sich im Einzelfall bei der Bemessung des Rechtsmittelinteresses erhöhend aus.[49] Hier muss der Berufungskläger allerdings ihm drohende Nachteile konkret darlegen und glaubhaft machen.[50]

276 b   Auch bei der Verurteilung zur **Herausgabe** von **Geschäftsunterlagen** richtet sich der Wert der Beschwer nach dem erforderlichen Aufwand an Zeit und Kosten sowie einem etwaigen Geheimhaltungsinteresse des Verurteilten.[51] Allerdings kommt es für die Beschwer des zur Auskunft Verurteilten nicht auf den Aufwand zur Beantwortung von Fragen an, die über den Tenor des Auskunftsurteils hinausgehen.[52] Entscheidet das Urteil lediglich über den Auskunftsanspruch im Rahmen einer **Stufenklage,** und verweist es die Sache im Übrigen hinsichtlich des Leistungsanspruchs an die Vorinstanz zurück, so ist für den Wert der Beschwer allein der Auskunftsanspruch maßgebend.[53]

Ist zum **Zeitpunkt** der Berufungseinlegung die Berufungssumme erreicht, wird aber später die Berufung zum Teil zurückgenommen und sinkt dadurch die Beschwer unter den nach § 511 II Nr. 1 ZPO erforderlichen Betrag, wird die Berufung nur dann unzulässig, wenn die Rücknahme willkürlich ist, d. h. ohne einen sich aus dem bisherigen Verfahren ergebenden Grund erfolgt. Einen solchen zureichenden Grund stellt es dar, wenn dem Berufungsführer nur in einem hinter dem ursprünglichen Antrag zurückbleibenden Umfange Prozesskostenhilfe gewährt wird.[54]

Der Beklagte wird durch die Erfolglosigkeit eines hilfsweise von ihm geltend gemachten Zurückbehaltungsrechts nicht über den Betrag der zuerkannten Klageforderung hinaus beschwert.[55]

Haben die Parteien den Unterhaltsrechtsstreit in der ersten Instanz zunächst durch Vergleich beendet und streiten sie im Anschluss in demselben Verfahren über die **Wirksamkeit des Vergleichs,** bemisst sich die Beschwer des Berufungsklägers, sofern das Gericht nunmehr antragsgemäß feststellt, dass der Rechtsstreit durch Vergleich beendet worden ist, nur nach dem Interesse an der Unwirksamkeit des Vergleichs, nicht aber nach dem ursprünglichen Streitwert.[56]

8. Berufungsbegründung

277   **a) Frist.** Die Frist für die Berufungsbegründung beträgt **zwei Monate** und beginnt mit der Zustellung des in vollständiger Form abgefassten Urteils, spätestens aber mit Ablauf von fünf Monaten nach der Verkündung (§ 520 II S. 1 ZPO). Im Unterschied zur Berufungsfrist ist die Begründungsfrist **keine Notfrist.** Deren Versäumung lässt den Lauf der Frist zur Begründung unberührt. Dies gilt ebenso für einen entsprechenden und nach § 233 ZPO zulässigen Antrag auf Wiedereinsetzung sowie eine erneute Berufungseinlegung. Die Beru-

---

47 BGH, FamRZ 2006, 33, 34
48 BGH, FamRZ 2002, 666
49 BGH, FamRZ 2005, 1064
50 BGH, Fam RZ 2005, 1986
51 BGH, NJW 1999, 3049; NJW-RR 2002, 145
52 BGH, NJW-RR 2001, 1571
53 BGH, NJW 2000, 1724; vgl. zum Beschwerdewert bei Verurteilungen zur Auskunftserteilung über Kontobewegungen: BGH, NJW-RR 2001, 569; zum Wert der Beschwer bei einer Verurteilung zur Auskunftserteilung über Nebeneinkünfte: BGH, NJW-RR 2001, 210; zur Bemessung des Wertes des Beschwerdegegenstandes im Falle einer Verurteilung zur Gewährung von Einsicht in auszusortierende Geschäftsunterlagen: BGH, NJW-RR 2001, 929
54 OLG Koblenz, FamRZ 1996, 557
55 BGH, NJW-RR 1996, 828
56 BGH, FamRZ 2007, 630

fungsbegründungsfrist läuft auch dann, wenn das Rechtsmittel – zu Unrecht – als unzulässig verworfen ist.[57]

Dies gilt auch gegenüber der **mittellosen Partei,** die sich ohne die Bewilligung von Prozesskostenhilfe an einer fristgemäßen Begründung gehindert sieht. Ihr steht allerdings nach dem Wegfall des Hindernisses durch die Bekanntgabe der Entscheidung über die Bewilligung von Prozesskostenhilfe die Wiedereinsetzungsfrist von **einem Monat** zur Verfügung, innerhalb derer sie die versäumte Prozesshandlung nachzuholen hat (§ 234 I S. 2 ZPO).[58] Dabei handelt es sich um die Rechtsmittelbegründung selbst, nicht aber nur um einen Fristverlängerungsantrag.[59] Hat die Partei wegen Mittellosigkeit zunächst von der Einlegung der Berufung überhaupt Abstand genommen und wird ihr nach Bewilligung von Prozesskostenhilfe Wiedereinsetzung in den vorigen Stand gegen die Versäumung der Berufungsfrist bewilligt, beginnt die Monatsfrist zur Nachholung der Berufungsbegründung erst mit Bekanntgabe der **Wiedereinsetzungsentscheidung.**[60] Bei unrichtiger Einreichung beim Amts- oder Landgericht zählt bei Weiterleitung der Tag des Eingangs beim Oberlandesgericht.[61]

Die Frist für die Berufungsbegründung kann **mit Einwilligung** des Gegners auf Antrag 278 von dem Vorsitzenden verlängert werden. Die Einwilligungserklärung ist bedingungsfeindlich und unwiderruflich. Eine besondere Schriftform ist für sie nicht erforderlich.[62] Notwendigerweise muss sie aber erklärtermaßen Eingang in den Verlängerungsantrag finden.[63] Im Ausnahmefall reichen allerdings auch konkludente Darlegungen aus, wenn sich die Einwilligung des Gegners zweifelsfrei aus dem Zusammenhang des Antrags mit bereits zuvor gestellten Verlängerungsanträgen ergibt.[64] Zum Nachweis genügt die **anwaltliche Versicherung** durch den Prozessbevollmächtigten des Berufungsklägers.[65] Von einer wirksamen Fristverlängerung ist auch dann auszugehen, wenn der Vorsitzende auf Grund von Missverständnissen von dem Vorliegen einer Einwilligung ausgegangen ist.[66]

Ohne Einwilligung kann die Frist bis zu einem Monat verlängert werden, wenn nach freier Überzeugung des Vorsitzenden der Rechtsstreit durch die Verlängerung nicht verzögert wird oder wenn der Berufungskläger erhebliche Gründe darlegt (§ 520 II S. 2 ZPO). Die angegebenen Gründe sind manchmal recht fadenscheinig, vor allem, wenn nur große „Arbeitsbelastung" angegeben oder auf die „Weihnachtsfeiertage" hingewiesen wird und mehrere Rechtsanwälte in einer Kanzlei tätig sind. In solchen Fällen wird die Verlängerung entweder gleich abgelehnt oder auf den Mangel der Begründung hingewiesen.[67]

Die auf Antrag eines Prozessbevollmächtigten vom Vorsitzenden verfügte Verlängerung der Berufungsbegründungsfrist ist wirksam, ohne dass es darauf ankommt, ob der Prozessbevollmächtigte bei sorgfältiger Prüfung hätte erkennen können, dass sein Antrag unwirksam war.[68] Im Antrag, das Ruhen des Verfahrens anzuordnen, ist kein Antrag auf Verlängerung einer laufenden Berufungsbegründungsfrist enthalten.[69]

Der **Verlängerungsantrag** muss **schriftlich,** auch durch Telefax,[70] vor Ablauf der Begründungsfrist beim OLG eingegangen sein.[71] Ein telefonischer Anruf beim Vorsitzenden genügt nicht, kann allenfalls den Verlängerungsantrag ankündigen und seine Aussichten erkunden.

---

[57] BGH, FamRZ 2004, 1783; m. abl. Anm. Vollkommer, FamRZ 2005, 194
[58] BGH, FamRZ 2006, 1271
[59] BGH, FamRZ 2006, 1754
[60] BGH, FamRZ 2007, 1640
[61] BGH, FamRZ 1995, 1134
[62] BGH, FamRZ 2005, 267
[63] BGH, FamRZ 2005, 1082
[64] BGH, FamRZ 2006, 1020
[65] BGH, FamRZ 2005, 267
[66] BGH, NJW 2004, 1460
[67] BGH, FamRZ 1990, 36
[68] BGH, NJW-RR 1999, 286 = 528 A
[69] BGH, NJW-RR 2001, 572
[70] BGH, FamRZ 1991, 548
[71] BGH, NJW 1985, 1558

Die Verlängerung selbst kann noch **nach Ablauf der Begründungsfrist** vorgenommen werden.[72] Eine fehlerhafte Verlängerung (ausgenommen: besonders schwere Mängel) ist grundsätzlich wirksam und unterliegt auch nicht der Beurteilung des Revisionsgerichts.[73] Kürzere Verlängerung als beantragt ist Ablehnung des weitergehenden Antrags.[74] Unwirksam ist eine „Verlängerung", wenn die Begründungsfrist bei Antragseingang bereits abgelaufen war. Dem steht die Rechtskraft entgegen. Für den Berufungskläger bleibt nur die Möglichkeit der Wiedereinsetzung, die er gleichzeitig mit der Begründung des Rechtsmittels verbinden muss, nicht aber mit einem weiteren „Verlängerungsantrag".[75]

Eine nicht selten begehrte **stillschweigende Fristverlängerung** ist nicht möglich.[76] Sie muss ausdrücklich erfolgen. Die förmliche Zustellung der Verlängerungsverfügung ist nicht nötig.[77] Die Verlängerung wird wirksam durch formlose Mitteilung der Verfügung seitens der Geschäftsstelle an den Prozessbevollmächtigten.[78] Die Entscheidung des Vorsitzenden bedarf weder einer Begründung noch unterliegt sie einer Anfechtung.

279 Der Antrag auf Verlängerung der Begründungsfrist unterliegt dem **Anwaltszwang.**[79] Dabei trägt der Berufungsführer das Risiko, ob die Frist vom Vorsitzenden in Ausübung von dessen pflichtgemäßen Ermessen verlängert wird.[80] Demgemäß besteht auch keine Verpflichtung des Vorsitzenden, bei einer ohne erhebliche Gründe begehrten ersten Fristverlängerung den Berufungskläger vor Ablauf der Frist über die drohende Versagung zu informieren.[81] Überdies kann der Berufungsbeklagte auch nicht darauf vertrauen, dass ihm ohne Einwilligung des Gegners eine zweite Verlängerung der Berufungsbegründungsfrist bewilligt wird.[82] Wird aber die Frist sogar über den Antrag hinaus verlängert, kann sie voll ausgenutzt werden.[83] Mangelhafte Anträge oder sogar ein fehlender Antrag machen eine erfolgte Verlängerung nicht unwirksam.[84] Hat die mittellose Partei innerhalb der Berufungsbegründungsfrist **Prozesskostenhilfe** beantragt, ist sie, sofern vor Ablauf der Frist hierüber noch nicht entschieden ist, nicht gehalten, fortlaufend um eine **Verlängerung der Berufungsbegründungsfrist** nachzusuchen. Ihr ist vielmehr nach Bescheidung des Prozesskostenhilfegesuchs unter den Voraussetzungen von §§ 233 ff. ZPO Wiedereinsetzung in den vorigen Stand zu gewähren.[85]

280 Ist entweder die Berufungsfrist nicht gewahrt oder aber die Berufungsbegründungsfrist, kann die Berufung als unzulässig im schriftlichen Verfahren durch Beschluss verworfen werden (§ 522 I ZPO). Gegen den Beschluss findet die Rechtsbeschwerde statt.

281 **b) Äußere Form der Begründungsschrift.** Vorgeschrieben ist Schriftform (§ 520 III S. 1 ZPO) und Anwaltszwang (§ 78 I S. 1 ZPO). Telegramm, Fernschreiben, Telekopie sind zulässig.[86] Wegen der Anforderungen an die anwaltliche Unterzeichnung vgl. zunächst Rn. 10/274. Ergeben sich – gegebenenfalls nach Anhörung – für das Berufungsgericht zureichende Anhaltspunkte dafür, dass der Prozessbevollmächtigte trotz Unterzeichnung nicht die Verantwortung für den Inhalt der gesamten Berufungsbegründungsschrift übernehmen will, ist das Rechtsmittel als unzulässig zu verwerfen.[87]

Nicht unproblematisch ist, wie im Fall der Berufungsschrift (Rn. 10/273 a), die Abgrenzung zum **Prozesskostenhilfegesuch** für das Berufungsverfahren. Wird die Rechtsmittel-

---

[72] BGH, FamRZ 1988, 55
[73] BGH, FamRZ 1988, 55
[74] BGH, NJW-RR 1989, 1278
[75] BGH, FamRZ 2006, 1754
[76] BGH, FamRZ 1990, 147
[77] BGH, FamRZ 1990, 613
[78] BGH, FamRZ 1994, 302
[79] BGH, NJW-RR 1990, 67
[80] BGH, FamRZ 1987, 58
[81] BGH, FamRZ 2007, 1808
[82] BGH, FamRZ 2004, 867
[83] BGH, NJW 1962, 1413
[84] BGH, NJW 1985, 1559
[85] BGH, FamRZ 2007, 1319; NJW-RR 2005, 1586
[86] BGH, NJW 1986, 1759, wie bei der Berufungsschrift
[87] BGH, NJW-RR 2006, 342

begründung zulässigerweise mit einem Prozesskostenhilfegesuch in einem Schriftsatz oder auch in getrennten Dokumenten verbunden, hat der Rechtsmittelführer alles zu vermeiden,[88] womit er den Eindruck erwecken könnte, er wolle eine bestimmte Prozesshandlung **lediglich ankündigen** und von der Gewährung von Prozesskostenhilfe abhängig machen. Sind aber die gesetzlichen Anforderungen an eine Berufungsbegründung erfüllt, kommt eine Deutung, dass es sich nicht um eine **unbedingte Berufungsbegründung** handeln sollte, nur in Betracht, wenn sich dies vor dem Hintergrund der schwerwiegenden Folgen einer bedingten und damit unzulässigen Berufung als das Ergebnis einer sinnvollen Auslegung aller Begleitumstände mit einer jeden Zweifel ausschließenden Deutlichkeit ergibt.[89] Hierfür sprechen beispielsweise Formulierungen wie „Entwurf einer Berufungsbegründung" oder „Begründung zunächst nur des PKH-Gesuchs" oder „beabsichtigte Berufungsbegründung" oder Ankündigungen, die Berufung „nach Gewährung der PKH" begründen zu wollen. Demgegenüber sieht der BGH[90] in einem mit „Berufungsbegründung" überschriebenen Schriftsatz eine den Anforderungen von § 520 III S. 1 ZPO genügende Berufungsbegründungsschrift auch dann, wenn darin „zunächst" Prozesskostenhilfe beantragt und der Berufungsantrag mit den Worten „Nach der Bewilligung der Prozesskostenhilfe werde ich beantragen ...", angekündigt wird. Hier deute die **temporale Staffelung** mangels konkreter Anhaltspunkte lediglich auf den legitimen Wunsch hin, das Gericht solle vorab über die Prozesskostenhilfe entscheiden. Nicht genügen soll dem gegenüber aber wiederum die Bezugnahme in einem PKH-Gesuch auf den „Entwurf der Berufungsbegründung", sofern darin lediglich „angekündigt" wird, „die Berufung mit folgenden Anträgen zu begründen".[91]

Für die anwaltliche Rechtspraxis, die in Familiensachen wesentlich durch die Inanspruchnahme von Prozesskostenhilfe seitens der Prozessparteien bestimmt ist, sind mit dieser Rechtsprechung, die auf eine Heranziehung der Begleitumständen im jeweiligen Einzelfall abstellt, Risiken verbunden, die sich insbesondere vor dem Hintergrund des Wegfalls anwaltlicher Zulassungsbeschränkungen im Berufungsverfahren durch das Gesetz vom 27. 3. 2007[92] vielfach vermeiden lassen (vgl. hierzu näher Rn. 10/273 a).

c) Inhalt. Gemäß § 520 III Nr. 2 und 3 ZPO i. d. F. des ZPO-RG vom 27. 7. 2001 muss **282** die Berufungsbegründungsschrift enthalten die Bezeichnung der **Umstände,** aus denen sich die **Rechtsverletzung** und deren **Erheblichkeit** für die angefochtene Entscheidung ergeben soll, sowie die Bezeichnung der konkreten Anhaltspunkte, die **Zweifel** an der Richtigkeit oder Vollständigkeit der **Tatsachenfeststellungen** im angefochtenen Urteil begründen und deshalb eine erneute Feststellung gebieten. Gegenüber § 519 III Nr. 2 ZPO a. F., wonach die Bezeichnung sich auf die im Einzelnen anzuführenden Gründe der Anfechtung sowie der neuen Tatsachen, Beweismittel und Beweiseinreden zu erstrecken hatte, konkretisiert die Neuregelung lediglich die Anforderungen an eine zulässige Berufungsbegründung. Mit ihr ist in der Rechtspraxis keine Verschärfung oder Änderung der Anforderungen an die Berufungsbegründung verbunden. Sie trägt vielmehr einem mit dem ZPO-RG verfolgten **Funktionswechsel des Berufungsverfahrens** Rechnung, bei dem statt einer vollwertigen zweiten Tatsacheninstanz nunmehr die Konzentration auf eine **Fehlerkorrektur im Vordergrund** steht.[93] Demgemäß korrespondiert die Vorschrift systemgerecht mit dem durch §§ 513, 529, 531 ZPO für das Berufungsverfahren vorgegebenen Prüfungskatalog. Im Übrigen dient der Begründungszwang dem Zweck der Zusammenfassung und Beschränkung des Rechtsstoffs. Demgemäß soll die Vorschrift den Berufungskläger im Interesse der Beschleunigung des Berufungsverfahrens dazu anhalten, sich eindeutig über Umfang und Ziel seines Rechtsmittels zu erklären, und Berufungsgericht sowie Prozessgegner über Umfang und Inhalt seiner Angriffe möglichst schnell und zuverlässig ins Bild setzen.[94] Aus

---

[88] BGH, FamRZ 2006, 400; 2004, 1553; 1986, 1987
[89] BGH, FamRZ 2005, 1537; 2004, 1553
[90] BGH, FamRZ 2006, 400
[91] BGH, BeckRS 2004 06076
[92] BGBl. S. 358
[93] BGH, FamRZ 2003, 1272, 1273
[94] BGH, FamRZ 1987, 802

der Berufungsbegründung muss der zur Entscheidung stehende Streitfall ersichtlich und
erkennbar sein, in welchem Punkt die angefochtene Entscheidung unrichtig sein soll; eine
weitergehende Auseinandersetzung mit dem angefochtenen Urteil ist nicht erforderlich.[95]

282 a   Die Berufungsbegründung muss erkennbar die durch das erstinstanzliche Urteil geschaffene Beschwer angreifen. Deshalb ist eine Berufung unzulässig, wenn sie den in erster Instanz
erhobenen Klaganspruch nicht wenigstens teilweise weiterverfolgt, sondern lediglich im
Wege der **Klageänderung** einen neuen, bislang nicht geltend gemachten Anspruch zur
Entscheidung stellt.[96] Dieser wird durch den Klagantrag und den Lebenssachverhalt konkretisiert, zu dem alle Tatsachen zu rechnen sind, die bei einer natürlichen Betrachtungsweise zu dem zur Entscheidung gestellten Tatsachenkomplex gehören.[97] Angriffs- und
Verteidigungsmittel i. S. d. § 520 III Nr. 4 ZPO sind neu, wenn sie erstmals im Berufungs-
verfahren vorgebracht werden. Dazu zählt auch das Vorbringen, das die Partei im ersten
Rechtszug vorgetragen, später jedoch wieder fallengelassen hat.[98]

Inzwischen hat der BGH die durch § 520 III Nr. 2 ZPO an eine zulässige Berufungsbegründung gestellten Anforderungen vor dem Hintergrund verschärfter instanzgericht-
licher Rechtsprechung nochmals konkretisiert. Danach genügt zur **Darlegung der Rechtsverletzung** die aus sich heraus verständliche Angabe, in welchen Punkten und mit welcher
Begründung das erstinstanzliche Urteil angegriffen werden soll. Erforderlich und ausreichend ist die **Bezeichnung der Umstände,** die aus Sicht des Berufungsklägers den Bestand
des angefochtenen Urteils gefährden. Besondere formale Anforderungen bestehen im Übrigen nicht.[99] Entbehrlich ist auch die konkrete **Nennung der verletzten Rechtsnorm,**
sofern aus der mitgeteilten Rechtsansicht hervorgeht, worin der Rechtsfehler gesehen wird,
wie dies etwa dann der Fall ist, wenn der Berufungskläger gegenüber der erstinstanzlichen
Verurteilung einen höheren Selbstbehalt für sich in Anspruch nimmt. Für die **Erheblichkeit
der Rechtsverletzung** genügt regelmäßig die **mitgeteilte Rechtsansicht.** Die Schlüssigkeit oder Vertretbarkeit des Berufungsvorbringens ist demgegenüber nicht erforderlich.[100]
Entsprechenden Anforderungen an die Berufungsbegründung sieht sich der Berufungskläger
ausgesetzt, will er einer **Beschlussverwerfung** (§ 522 II ZPO) vorbeugen. Im Kontext der
Zulässigkeit der Berufung fallen sie aber nicht ins Gewicht.

Greift der Berufungskläger das Urteil gemäß § 520 III Nr. 3 ZPO zu den Tatsachenfeststellungen an, müssen die Anhaltspunkte so weit konkretisiert werden, dass sie im Vergleich
mit dem Urteil Zweifel begründen, um eine weitergehende Beweisaufnahme anzuzeigen,
wobei die insoweit für erforderlich erachteten Beweismittel erneut zu benennen sind. Eine
als fehlerhaft gerügte Beweiswürdigung ist der „zutreffenden" gegenüberzustellen.

Die durch § 520 III ZPO gestellten inhaltlichen Anforderungen an eine Berufungsbegründung sollen **bloß formelhaften** Rechtsmittelbegründungen entgegenwirken.[101] So
reicht es nicht aus, die rechtliche Würdigung durch den Erstrichter mit stereotypen Wendungen zu rügen, die nur auf den Wortlaut von Vorschriften zurückgreifen, oder lediglich
auf das Vorbringen in erster Instanz zu verweisen. Anderes gilt allerdings dann, wenn sich die
Berufung zulässigerweise auf **neue Tatsachen** stützen kann.[102] Rechtfertigt das erstinstanzliche Gericht die Abweisung der Klage hinsichtlich eines prozessualen Anspruchs mit
mehreren voneinander unabhängigen und selbstständig tragenden Erwägungen, muss die
Berufungsbegründung das Urteil in allen Punkten angreifen; andernfalls ist die Berufung
unzulässig.[103] Dem gegenüber ist der Berufungskläger nicht gehalten, sich im Rahmen der
Berufungsbegründung auch mit Umständen auseinandersetzt, die zwar keinen Eingang in
die Entscheidungsgründe gefunden haben, das Urteil aber stützen könnten.[104] Im Übrigen

[95] BGH, FamRZ 1996, 1071
[96] BGH, FamRZ 2006, 402
[97] BGH, NJW-RR 1996, 1276
[98] BGH, MDR 1998, 1178
[99] BGH, FamRZ, 2006, 26, 27
[100] BGH, FamRZ, 2007, 206
[101] BGH, FamRZ 2005, 882
[102] BGH, NJW 1999, 3784
[103] BGH, NJW-RR 2006, 285; FamRZ 2005, 882
[104] BGH, NJW-RR 2006, 499

ist eine Berufung als nicht hinreichend begründet anzusehen, wenn lediglich die Gründe des angefochtenen Urteils wiederholt und als unzutreffend bezeichnet werden.[105] Andererseits gilt der Grundsatz, dass ein inhaltlich den Anforderungen des § 520 III ZPO entsprechendes Gesuch um Prozesskostenhilfe auch als Berufungsbegründung dienen soll, wenn nicht ein anderer Wille des Berufungsklägers erkennbar ist.[106] Wurde nach Zurückweisung des Prozesskostenhilfegesuchs die Berufung unbedingt eingelegt, ist die dem Gesuch beigefügte, von einem Rechtsanwalt unterschriebene Entwurfsbegründung im Zweifel als rechtzeitige Begründung der Berufung anzusehen.[107]

Nach § 520 IV ZPO soll die Berufungsbegründung ferner enthalten die Angabe des Wertes des nicht in einer bestimmten Geldsumme bestehenden Beschwerdegegenstandes, wenn von ihm die Zulässigkeit der Berufung abhängt. Ferner soll sich der Rechtsmittelführer dazu äußern, ob einer Entscheidung der Sache durch den Einzelrichter Gründe entgegenstehen.

Im Übrigen sind **neue Angriffs- und Verteidigungsmittel** in Unterhaltssachen – entgegen § 531 II ZPO – immer zuzulassen, wenn nicht nach der freien Überzeugung des Gerichts ihre Zulassung die Erledigung des Rechtsstreits verzögern würde und die Verspätung auf grober Nachlässigkeit beruht (§§ 615, 621 d ZPO). **Neue Tatsachen** (Wegfall der Arbeitslosigkeit, veränderte Einkommensverhältnisse, Wegfall anderer Unterhaltsgläubiger, Aufnahme einer eheähnlichen Beziehung) können stets vorgetragen werden. Unabhängig davon ist eine **Berufungserweiterung** zulässig, sofern und soweit sie durch die Berufungsbegründung gedeckt ist.[108] Eines mit der Berufungsbegründung erklärten Vorbehalts bedarf sie nicht. Sie unterscheidet sich von der **Klageerweiterung** in der Berufungsinstanz, die nicht den Anforderungen von § 520 III ZPO genügen muss, weil sie Ansprüche zum Gegenstand hat, die einer erstinstanzlichen Prüfung nicht zugänglich waren.[109]

Auch wenn entgegen § 520 III Nr. 1 ZPO kein ausdrücklicher **Sachantrag** gestellt wurde, ist die Berufung zulässig, wenn davon auszugehen ist, dass der Berufungsführer sein erstinstanzliches Sachbegehren weiterverfolgt.[110] Es genügt, wenn aus den fristgerecht eingereichten Schriftsätzen des Berufungsklägers eindeutig hervorgeht, mit welchem Ziel und in welchem Umfang das Urteil angefochten werden soll.[111]

Die Berufung des in erster Instanz unterlegenen Klägers ist hinsichtlich eines neuen Hauptantrags nicht schon dann zulässig, wenn der Kläger sein erstinstanzliches Begehren mit einem Hilfsantrag weiterverfolgt.[112]

Auch in **einfach liegenden Streitfällen** muss die Berufungsbegründung erkennen lassen, weshalb die Beurteilung durch den Erstrichter unrichtig sein soll. Eine Verweisung auf den erstinstanzlichen Vortrag und das angefochtene Urteil reicht nicht aus, insbesondere nicht die Erklärung, das Vorbringen aus der ersten Instanz werde wiederholt,[113] selbst dann nicht, wenn der Streit nur eine einzelne Rechtsfrage betrifft oder wenn der Sachverhalt sonst zwischen den Parteien unstreitig ist und das angefochtene Urteil sich auf rechtliche Erörterungen beschränkt. In einem solchen Fall muss der Berufungsführer deutlich machen, inwieweit er die rechtliche Würdigung für fehlerhaft hält oder in welche Richtung seine Einwendung gegen die Beurteilung der Vorinstanz geht.[114]

Bei **Verweisungen** muss zumindest der in Bezug genommene (von einem Rechtsanwalt stammende) Schriftsatz oder das Beweisangebot genau bezeichnet werden (z. B. Schriftsatz vom ... Seite ...). Am besten unterbleiben Bezugnahmen auf den Sachvortrag der ersten Instanz ganz, weil sie den Überblick für Gericht und Gegner erschweren und die Gefahr besteht, dass etwas übersehen oder die Bezugnahme als unzulässig angesehen wird.

---

[105] BGH, NJW 2002, 1578
[106] BGH, FamRZ 2004, 1554
[107] BGH, NJW-RR 2001, 789
[108] BGH, FamRZ 2005, 1538 (entschieden für die Anschlussberufung)
[109] BGH, FamRZ 1988, 603, 604
[110] BGH, NJW 1995, 1154
[111] BGH, FamRZ 2004, 179, 180
[112] BGH, FamRZ 1996, 299
[113] BGH, FamRZ 1993, 46
[114] BGH, FamRZ 1993, 46

Pauschale Verweisung genügt ausnahmsweise dann, wenn ein Vorbringen des Beklagten in erster Instanz für das klageabweisende Urteil unerheblich war, das Berufungsgericht der Berufung des Klägers stattgeben will und jenes Vorbringen des Beklagten nunmehr für die Entscheidung erheblich wird.[115] Ähnliches gilt bei Verjährung.

> **Beispiel:**
> Die Klage wird in erster Instanz wegen Verjährung abgewiesen. Nach Auffassung des Berufungsgerichts ist Verjährung nicht eingetreten. Der Sachvortrag des Klägers in erster Instanz zur Begründetheit seines Anspruchs ist nunmehr zu prüfen. Allgemeine Verweisung darauf reicht.

Ausnahmsweise zulässig ist ferner, wenn einer von mehreren Berufungsführern bei gleichen sachlichen und rechtlichen Angriffen gegen das Ersturteil auf die von einem anderen Berufungsanwalt unterzeichnete Berufungsbegründung Bezug nimmt oder wenn ein Berufungsanwalt auf seine Berufungsbegründung im vorangegangenen einstweiligen Verfügungsverfahren in gleicher Sache verweist und eine beglaubigte Abschrift dieser Berufungsbegründung mit überreicht oder auf sein zur Durchführung der Berufung eingereichtes Prozesskostenhilfegesuch Bezug nimmt, wenn es inhaltlich den Anforderungen einer Berufungsbegründung (§ 520 ZPO) entspricht, oder wenn er auf einen die beantragte Prozesskostenhilfe (teilweise) bewilligenden, näher begründeten Beschluss des Berufungsgerichts verweist, den er sich zu Eigen macht.[116]

283 **d) Umfang und Wirkung der Anfechtung.** Die Berufungsbegründung muss sich mit den Ausführungen des erstinstanzlichen Urteils im Einzelnen auseinandersetzen. Allgemein gehaltene Ausführungen unter pauschaler Bezugnahme auf den erstinstanzlichen Vortrag können eine mangelhafte Berufungsbegründung gemäß § 520 III ZPO darstellen und zu der Feststellung führen, dass sie nicht in der gesetzlichen Form eingelegt worden ist und daher als unzulässig zu verwerfen ist.[117] Den Anforderungen des § 520 III ZPO genügt aber andererseits eine (auch nur stillschweigend erfolgte) Bezugnahme auf ein ausreichend substantiiertes Prozesskostenhilfegesuch.[118] Die pauschale Bezugnahme auf erstinstanzlichen Vortrag und die bloße Behauptung, die Berechnung des Ersturteils sei „unrichtig", enthält keine den Anforderungen an eine Berufungsbegründung genügende Auseinandersetzung mit den Gründen des angefochtenen Urteils.[119]

284 Die **Zulässigkeit** der Berufung ist von Amts wegen zu prüfen. Dazu gehört die Überprüfung, ob die Berufung an sich statthaft ist und ob sie in der gesetzlichen Form und Frist eingelegt und begründet wurde. Mangelt es an einem dieser Erfordernisse, ist die Berufung als **unzulässig zu verwerfen.** Die Entscheidung kann durch Beschluss ergehen. Gegen sie findet die Rechtsbeschwerde statt (§ 522 I S. 4 ZPO). Eine anschließende Wiedereinsetzung gegen die Fristversäumnis beseitigt den verwerfenden Beschluss unmittelbar.[120]

Darüber hinaus ist gemäß § 522 II ZPO eine **Zurückweisung der Berufung** durch einstimmigen Senatsbeschluss, der auch noch nach Terminsbestimmung ergehen kann,[121] möglich, wenn das Berufungsgericht davon überzeugt ist, dass die Berufung **keine Aussicht auf Erfolg** hat und weder die Rechtsfortbildung noch die Sicherung der Einheitlichkeit der Rechtsprechung eine Entscheidung des Obergerichtes verlangen. Eine Bindung an die erstinstanzliche Rechtsauffassung besteht nicht. Ohne Aussicht ist ein Rechtsmittel auch dann, wenn das Berufungsgericht mit eigener rechtlicher Würdigung die Erfolgsaussichten verneint.[122] Vor seiner Entscheidung hat das Berufungsgericht oder der Vorsitzende die Parteien auf die beabsichtigte Zurückweisung der Berufung und die Gründe hierfür hinzuweisen. Dem Berufungsführer muss gleichzeitig binnen einer zu bestimmenden Frist Gelegenheit zur Stellungnahme gegeben werden. Der Beschluss ist zu begründen; allerdings ist der Zurückweisungsbeschluss gemäß § 522 III ZPO nicht anfechtbar. Durch diese

---

[115] BVerfG, NJW 1987, 485
[116] BGH, FamRZ 1994, 102
[117] BGH, FamRZ 1993, 46
[118] BGH, FamRZ 1989, 269 – für das alte Recht
[119] BGH, FamRZ 1995, 1138
[120] BGH, NJW 2006, 2269
[121] OLG Düsseldorf, FamRZ 2005, 1499
[122] OLG Hamburg, NJW 2006, 71

Beschränkung ist die Entscheidung auch mit der Begründung, das Berufungsgericht habe die Voraussetzung für die Beschlussentscheidung nach § 522 II ZPO verkannt und hätte durch Urteil entscheiden müssen, einer Anfechtung nach dem Grundsatz der Meistbegünstigung entzogen.[123] Unter den Voraussetzungen von § 321 a ZPO kommt die Anhörungsrüge in Betracht.

Der **Umfang der Anfechtung** ergibt sich erst aus der **Berufungsbegründung** (vorbehaltlich einer zulässigen Berufungserweiterung). 285

Die Fassung in der Berufungsschrift: „Ich lege gegen das Urteil des Amtsgerichts – Familiengericht – N. vom … Berufung ein" hält den Umfang der Anfechtung zunächst offen. Greift die Begründung das Ersturteil (wirksam) nur zum Teil an, gilt die Berufung als von Anfang an nur in diesem Umfang eingelegt. Es handelt sich weder um eine Teilrücknahme noch um eine Teilerledigung (wichtig für die Kosten und den Streitwert). Mit der Berufungsbegründung kann eine frühere Beschränkung des Rechtsmittels im Allgemeinen wieder rückgängig gemacht werden.[124]

Bei vollständig abgewiesener Stufenklage setzt sich das Stufenverhältnis in der Berufungsinstanz fort. Der Angriff gegen die Abweisung des Zahlungsanspruchs geht im Angriff gegen die Abweisung des Auskunftsanspruchs auf.[125]

Beispiel:
Abweisung der gesamten Stufenklage durch das Erstgericht, weil kein Zahlungsanspruch, also auch kein Auskunftsanspruch gegeben sei. Die Berufung greift das Urteil insgesamt an mit der Begründung, bestimmte Einkünfte seien doch heranzuziehen, darüber müsse Auskunft erteilt werden. Weitere Ausführungen zum Zahlungsanspruch sind in der Berufungsbegründung nicht veranlasst.

Die Anfechtung auch nur eines Teils des Ersturteils bewirkt grundsätzlich die **Hemmung** der Rechtskraft des gesamten Ersturteils.[126]

Beispiel:
Ersturteil spricht 500 € monatlich Unterhalt zu. Angefochten werden davon 200 € monatlich, nicht angefochten werden 300 € monatlich. Keine Teilrechtskraft in Höhe von 300 € monatlich.

Nur soweit alle Parteien auf eine Anfechtung verzichten, wird der nicht angefochtene Teil rechtskräftig. Ein solcher Verzicht liegt nicht in der bloßen Beschränkung der Berufung[127] oder in der Nichterhebung einer Anschlussberufung und ist in der Praxis selten.

e) Der Berufungsantrag. Gemäß § 520 ZPO muss die Berufungsbegründung die 286 Berufungsanträge enthalten. Werden diese bereits in der Berufungsschrift aufgeführt, ist dies unschädlich. Erst durch die Berufungsanträge werden die Grenzen bestimmt, in denen der Rechtsstreit neu zu verhandeln ist.[128] Deshalb reicht es aus, wenn die innerhalb der Begründungsfrist eingereichten Schriftsätze des Berufungsklägers ihrem gesamten Inhalt nach eindeutig ergeben, in welchem Umfang und mit welchem Ziel das Urteil angefochten werden soll.[129] Eine genaue Formulierung der Anträge ist zwar allgemein üblich und dringend zu empfehlen, prozessual aber nicht erforderlich, sofern sich das Berufungsziel klar und eindeutig aus dem sonstigen Inhalt und Zusammenhang der Begründung entnehmen lässt.[130] Der Antrag, das Urteil aufzuheben und die Sache zurückzuverweisen, genügt den Anforderungen, weil dadurch hinreichend die Weiterverfolgung des vorinstanzlichen Vorbringens zum Ausdruck kommt.[131] Der Berufungsantrag ist anhand der Berufungsbegründung auszulegen.[132] Wie die Klaganträge sind die schriftlichen Berufungsanträge zunächst nur ange-

---

[123] BGH, FamRZ 2007, 134
[124] BGH, FamRZ 1989, 1064
[125] BGH, FamRZ 1988, 156
[126] Z. B. BGH, FamRZ 1985, 631; vgl. § 534 ZPO. Wegen der Besonderheiten im Verbund vgl. § 629 a III ZPO
[127] BGH, FamRZ 1989, 1064; anders soll es sein bei ausdrücklicher Beschränkung auf einen von mehreren Klaganträgen, BGH, NJW 1990, 1118
[128] BGH, FamRZ 1989, 1064
[129] BGH, FamRZ 2006, 1029
[130] BGH, FamRZ 1987, 802
[131] BGH, FamRZ 2006, 1029
[132] BGH, FamRZ 2005, 1538; FamRZ 1995, 729

kündigt,[133] bis sie dann in der mündlichen Verhandlung durch Verlesen oder Bezugnahme gestellt werden (§ 525, § 137 I ZPO).

Der Berufungsantrag sollte (wie der Klagantrag)

– keine Centbeträge enthalten, sondern auf einen vollen € auf- oder abrunden,
– für jeden Unterhaltsberechtigten den verlangten Unterhaltsbetrag eigens angeben (§ 253 II Nr. 2 ZPO: keine Gesamtsumme für alle Unterhaltsberechtigten),[134]
– beim sog. Rückstand den Zeitraum mit angeben, z.B. 5000 € Unterhalt für die Zeit vom 1. 1. bis 31. 12. 2002,
– den Betrag für den Elementar-, Vorsorge- und Krankenvorsorgeunterhalt eigens angeben,[135]
– bei der Auskunftsklage den Auskunftszeitraum und die Einkunftsart sowie die Belege genau bezeichnen. Unbrauchbar ist die Fassung: Auskunft für das „letzte Jahr" zu erteilen (Kalenderjahr? Jahr vor der mündlichen Verhandlung erster oder zweiter Instanz? Jahr vor dem Urteil erster oder zweiter Instanz? Vor Rechtskraft?). Dasselbe gilt für die Vorlage „entsprechender" Belege.[136]

Hat der Familienrichter gegen § 308 I ZPO verstoßen, wird dies durch den Antrag des Klägers auf Zurückweisung der Berufung geheilt.[137]

286 a **f) Die Berufungsgründe des § 513 ZPO.** Nach § 513 I ZPO kann die Berufung in Zivilsachen nur noch darauf gestützt werden, dass die Entscheidung auf einer **Rechtsverletzung** (§ 546 ZPO) beruht oder nach § 529 ZPO **zugrunde zu legende Tatsachen** eine andere Entscheidung rechtfertigen. Damit geht es in Abs. I um die Begründetheit, nicht um die Zulässigkeit der Berufung. Nach dem Wortlaut des Gesetzes nennt Abs. I zwei Berufungsgründe, wobei beiden Berufungsvoraussetzungen gemeinsam ist, dass eine objektive Unrichtigkeit des angefochtenen Urteils vorliegen muss und diese Unrichtigkeit zu einer abweichenden Entscheidung gegenüber der erstinstanzlichen Entscheidung führt. Die Art und Weise der Feststellung, ob ein Urteil richtig oder unrichtig ist, ergibt sich aus der Definition der Berufungsgründe selbst. Da sie von zentraler Bedeutung für die Begründung der Berufung sind, müssen die Voraussetzungen des § 520 III S. 2 Nr. 2–4 ZPO genau geprüft werden. Dies bedeutet, dass die Umstände, aus denen sich die Rechtsverletzung und deren Erheblichkeit für die angefochtene Entscheidung ergibt, genau bezeichnet werden müssen. Daneben müssen konkrete Anhaltspunkte dargelegt werden, die Zweifel an der Richtigkeit oder Vollständigkeit der Tatsachenfeststellungen im angefochtenen Urteil begründen und deshalb eine erneute Feststellung gebieten.

Maßgebender Zeitpunkt für die Antwort auf die Frage, ob das angefochtene Urteil fehlerhaft ist, ist die Sach- und Rechtslage bei Schluss der mündlichen Verhandlung, nicht aber bei Erlass des Berufungsurteils.[138]

286 b Im Einzelnen:

– Der erste Fall der Berufungsgründe (Rechtsverletzung) umfasst Verfahren, in denen auf der Grundlage der nichtstreitigen erstinstanzlichen Tatsachenfeststellung eine kausale Rechtsverletzung geltend gemacht wird.
– Der zweite Berufungsgrund erfasst die Fälle, in denen die erstinstanzlichen Tatsachenfeststellungen entweder angegriffen oder neue Feststellungen des Berufungsgerichtes zu neuen, zulässigen Tatsachen begehrt werden, die zu einer anderen Entscheidung als vor dem Amtsgericht führen.

286 c Die einzelnen Rechtsverletzungen des § 546 ZPO:

– Anwendungsfehler: Eine derartige Rechtsverletzung liegt dann vor, wenn eine einschlägige Norm (Rechtsvorschrift, Rechtsverordnung, Richtlinie, Gewohnheitsrecht, Satzung) übersehen oder zu Unrecht als unanwendbar eingestuft, eine nicht mehr gültige Norm angewandt oder eine erst nach Erlass des erstinstanzlichen Urteils wirksam gewordene Norm nicht berücksichtigt worden ist.

---

[133] BGH, FamRZ 1985, 631
[134] Vgl. BGH, FamRZ 1981, 541
[135] Allerdings nicht unbedingt erforderlich, BGH, FamRZ 1985, 631
[136] Vgl. BGH, FamRZ 1983, 454
[137] BGH, FamRZ 1986, 898
[138] So zu Unrecht MünchKommZPO/Rimmelspacher, Band zur ZPO-Reform, § 513, Rn. 7 a. E.

- Interpretationsfehler: Auch diese Rechtsverletzung kann unter den großen Bereich der Anwendungsfehler subsumiert werden, wenn bei der Anwendung der Norm ihr Inhalt und ihre Grenzen unzutreffend ermittelt wurden.
- Auslegungsfehler: Diese Rechtsverletzung taucht häufig in der Praxis auf. Hierbei geht es insbesondere um die Bewertung unbestimmter Rechtsbegriffe des materiellen Rechts wie „gute Sitten", „grobe Fahrlässigkeit", „Billigkeit" etc. Auch die Beweiswürdigung des Tatrichters kann darauf nachgeprüft werden, ob sie in sich widersprüchlich ist, den Denkgesetzen oder allgemeinen Erfahrungssätzen zuwider läuft oder Teile des Beweisergebnisses ungewürdigt lässt. Soweit die tatsächliche Begründung so schwere gedankliche Widersprüche aufweist, dass sie unlogisch ist, liegt gleichzeitig ein sog. Denkfehler vor. Auch die falsche Anwendung der Beweislastvorschriften im Rahmen einer Rechtsprüfung kann zu einem Auslegungsfehler führen. Allerdings ist im Rahmen der Auslegung das Obergericht auf die Überprüfung beschränkt, ob die Wertungsgrenzen erkannt, die tatsächliche Wertungsgrundlage ausgeschöpft und die Denk- oder Erfahrungssätze beachtet worden sind. Denn auf Grund der richterlichen Unabhängigkeit und richterlichen Individualität muss dem Tatrichter ein innerer Auslegungsbereich verbleiben, der der obergerichtlichen Nachprüfung entzogen ist. Was somit sich als vertretbare Beurteilung und Bewertung herausstellt, ist nicht revisibel.
- Subsumtionsfehler: Auch diese Rechtsverletzung entstammt dem Bereich der Anwendungsfehler. Bei ihr wird der festgestellte, unstreitige Sachverhalt fehlerhaft unter die einschlägige Norm gestellt und hieraus ein falsches Ergebnis gewonnen.
- Kein Fehler liegt wiederum vor, wenn die Auslegung, Subsumtion oder Ermessensausübung auf einer vertretbaren Gewichtung beruhen, der innere Beurteilungsspielraum des Erstrichters also gewahrt bleibt.
- Ermessensfehler: Als Rechtsverletzung kann auch der Ermessensnichtgebrauch oder -fehlgebrauch gerügt werden. Insbesondere fällt hierunter der Fall, dass das erstinstanzliche Gericht überhaupt keine Angaben dazu gemacht hat, welches Ermessen ausgeübt wurde.
- Denkfehler: Hierbei handelt es sich um logische Unzulänglichkeiten, Widersprüche, unrichtige Folgerungen, also sog. Rechtsanwendungsfehler. Diese Rechtsverletzung bei Denkgesetzen gilt in gleicher Weise auch bei der Anwendung von Erfahrungssätzen.

g) Die Kausalität der Rechtsverletzung. Die Entscheidung des Amtsgerichts beruht **286 d** nur dann auf einem Rechtsfehler, wenn bei der Verletzung materiellen Rechts die richtige Rechtsanwendung zu einem für den Berufungskläger günstigeren Ergebnis führt. Wird im Rahmen der Berufung die **Verletzung verfahrensrechtlicher Normen** gerügt, beruht die Entscheidung nur dann auf einem Rechtsfehler, wenn die Möglichkeit einer anderen Entscheidung bei richtiger Anwendung der Prozessnorm **nicht ausgeschlossen** werden kann. Die Kausalität wird unwiderlegbar vermutet, wenn es sich bei dem Verfahrensfehler um einen absoluten Revisionsgrund im Sinne von § 547 ZPO handelt. Wird in zulässiger Weise die Tatsachengrundlage des Erstgerichts geändert (Abs. I, 2. Fall), muss sich daraus eine andere, dem Berufungsführer günstigere Entscheidung ergeben, wenn die Berufung begründet sein soll. Eine Rechtsverletzung liegt aber auch dann vor, wenn das Gericht nach dem zurzeit seiner Entscheidung geltenden Recht richtig entschieden hat, danach aber eine Veränderung der Rechtslage eingetreten ist. Hier liegt der Grund des Berufungserfolgs in der neu geschaffenen Rechtslage, was in gleicher Weise gilt, wenn das Bundesverfassungsgericht in einem Normenkontrollverfahren eine Vorschrift für verfassungswidrig erklärt hat.

Für den Prüfungsumfang des Berufungsgerichtes gemäß § 513 ZPO i. V. m. § 529 I Nr. 2 ZPO (Berücksichtigung neuer Tatsachen) ist von entscheidungserheblicher Bedeutung, ob das **Novenverbot** in zweiter Instanz gilt oder nicht.

Während BLAH/Albers[139] sowie Zöller/Philippi[140] und Musielak/Borth[141] davon ausgehen, dass gemäß. § 621 d S. 2 ZPO auch in zweiter Instanz alle Angriffs- und Verteidigungsmittel abweichend von den allgemeinen Vorschriften zuzulassen sind, ist Finger[142] der

---

[139] A. a. O., § 621 d Rn. 1
[140] A. a. O., vor § 621 e Rn. 11
[141] A. a. O., § 621 d Rn. 2
[142] MünchKommZPO/Finger, Band zur ZPO-Reform, § 621 d, Rn. 5

Ansicht, dass für die Zurückweisung von Angriffs- oder Verteidigungsmitteln im Berufungsverfahren §§ 530, 531 ZPO gelten und damit § 621 d ZPO ausgeschaltet ist. Auf den ersten Blick erscheint die Ansicht von Finger überzeugender, weil ansonsten die ZPO-Reform ein zweigliedriges Rechtsmittelrecht eingeführt hätte: Zum einen in den reinen Zivilverfahren die Anwendung des Novenverbots über §§ 530, 531 ZPO, in den ZPO-Familiensachen aber über § 621 d S. 2 ZPO die grundsätzliche Zulassung weiteren Sach- und Rechtsvortrags, sofern nicht die Ausnahmeregelung des § 621 d S. 1 ZPO bei verspätet vorgebrachten Einwendungen oder Angriffsmitteln gelten sollte. Die Ansicht der h. M. führt im Übrigen konsequenterweise dazu, dass die §§ 530 und 531 ZPO in der Berufungsinstanz trotz ausdrücklicher Normierung nicht anzuwenden wären, was dann ebenfalls auf § 520 III Nr. 2–4 ZPO ausstrahlt: Da nach Ansicht der h. M. das Vorbringen neuer Tatsachen grundsätzlich in Unterhaltssachen zuzulassen ist, wäre § 520 III Nr. 3 ZPO nicht anwendbar, wonach die Berufungsbegründung die Bezeichnung konkreter Anhaltspunkte enthalten muss, die Zweifel an der Richtigkeit oder Vollständigkeit der Tatsachenfeststellungen im angefochtenen Urteil begründen. Da im Übrigen § 531 II ZPO nach der h. M. nicht gilt, müsste dann entgegen § 520 III Nr. 4 ZPO keine Bezeichnung der Tatsachen erfolgen, auf Grund derer neue Angriffs- und Verteidigungsmittel zuzulassen sind.[143]

286 e   Indessen spricht die Gesetzessystematik gegen eine derartige Rechtsauslegung: Die Vorschrift des § 621 d ZPO befindet sich im Bereich der Familiensachen und dort im Abschnitt über allgemeine Vorschriften, trifft daher keine spezielle Aussage für das Rechtsmittelverfahren. Die dort (im 3. Buch) geregelten Spezialvorschriften zur Frage der Zulassung weiterer Angriffs- und Verteidigungsmittel (§§ 529, 530, 531 ZPO) enthalten selbst keine Einschränkung oder Erweiterung, auch keine Bezugnahme auf § 621 d ZPO. Auch aus der Gesetzesformulierung ist keineswegs ersichtlich, dass § 621 d ZPO für alle Instanzen gelten und damit die Rechtsmittelvorschriften stillschweigend abändern sollte. Auch ist nicht ersichtlich, dass es sich bei den §§ 530, 531 ZPO um allgemeine Vorschriften i. S. d. § 621 d S. 2 ZPO handelt.

Gleichwohl ist der h. M. zu folgen, weil sie der Gesetzesintention entspricht. Nach der Begründung des Regierungsentwurfs soll § 621 d ZPO eine der Regelung für Ehesachen in § 615 ZPO entsprechende Vorschrift sein.

Dort heißt es: „Nach ihr (nämlich der Vorschrift des § 621 d ZPO) sollen nicht rechtzeitig vorgebrachte Angriffs- und Verteidigungsmittel abweichend von den strengeren allgemeinen Vorschriften nur dann zurückgewiesen werden können, wenn die Verspätung auf grober Nachlässigkeit beruht und ihre Zulassung nach der freien Überzeugung des Gerichts den Rechtsstreit verzögern würde. Insbesondere wird damit in diesen Familiensachen auch die Anwendung der neu gefassten §§ 530, 531 ausgeschlossen. Im Hinblick auf die sich rasch ändernden Verhältnisse wird dadurch in vielen Fällen noch eine Klärung in der Berufungsinstanz ermöglicht und der betroffenen Partei der prozessual unökonomische Weg eines Abänderungsverfahrens nach § 323 erspart." Infolgedessen ist § 621 d ZPO anstelle von §§ 530, 531 ZPO im Berufungsverfahren anzuwenden.

9. Berufungserweiterung, Klageerweiterung

287   Die Berufungserweiterung ist streng zu unterscheiden von der Klageerweiterung in der Berufungsinstanz.[144]

a) Die **Berufungserweiterung** nach Ablauf der Berufungsbegründungsfrist (vorher handelt es sich noch um Berufungsbegründung) ist in aller Regel zulässig bis zum Schluss der mündlichen Verhandlung, wenn und soweit sie sich im Rahmen der Berufungsbegründung hält und von ihr gedeckt ist.[145] Deshalb bedarf es auch nicht der Erklärung eines Vorbehalts innerhalb der Berufungsbegründungsfrist.

---

[143] So ausdrücklich Zöller/Philippi, a. a. O.
[144] BGH, FamRZ 2006, 402
[145] Z. B. BGH, FamRZ 1990, 260: Erweiterung um Rückstände für einen zusätzlichen Unterhaltszeitraum auf der Basis des bisherigen Sachvortrags zum Unterhaltsanspruch und zu den Einkom-

Beispiel:
In der Berufungsbegründung bekämpft der Beklagte das auf 500 € monatlich lautende Ersturteil nur in Höhe von 200 €, später mit den gleichen Anfechtungsgründen in voller Höhe.

Unzulässig hingegen ist die Berufungserweiterung, wenn neue Anfechtungsgründe dafür notwendig sind. Das ist z. B. dann der Fall, wenn das erstinstanzliche Urteil sowohl über Trennungs- als auch Nachscheidungsunterhalt entschieden hat und sich die Berufungsbegründung zunächst nur gegen die Verurteilung hinsichtlich des Getrenntlebensunterhaltes wendet. Eine nachträgliche Erweiterung hinsichtlich des Nachscheidungsunterhalts ist dann unzulässig.[146]

Beispiel:
Neben der Anfechtung der Verurteilung zu laufendem Unterhalt wird nunmehr auch die Verurteilung zur Zahlung von Rückstand nebst Zinsen angefochten mit der alleinigen neuen Begründung, weder Verzug noch Rechtshängigkeit liege vor.[147]

Besondere Grenzen bestehen im Verbund: Wird lediglich in einer Folgesache, z. B. Unterhalt nach Scheidung, Berufung eingelegt, können **andere Teile** des Verbundurteils (z. B. die Scheidung selbst) nur noch bis zum Ablauf eines Monats nach Zustellung der Rechtsmittelbegründung angegriffen werden.[148]

Kein Fall der Berufungserweiterung ist das bloße Nachschieben von weiteren Anfechtungsgründen, ohne den Antrag zu ändern (z. B. die Berufung wird nachträglich auch auf Verwirkung gestützt). Dafür gelten §§ 615, 621 d ZPO, wonach eine Zurückweisung nur bei einer Verzögerung der Erledigung des Rechtsstreits und bei grober Nachlässigkeit bezüglich der Verzögerung möglich ist. **288**

Ausnahmsweise ist eine Berufungserweiterung auch dann zulässig, wenn nach Ablauf der Begründungsfrist Abänderungsgründe gemäß § 323 ZPO entstehen.[149]

Beispiel:
Der Beklagte erkrankt nach Ablauf der Begründungsfrist so schwer, dass seine Leistungsfähigkeit für den Unterhalt überhaupt entfällt. Er greift nunmehr seine Verurteilung zur Zahlung von 500 € statt wie bisher in Höhe von 250 € monatlich in vollem Umfang an.

Dasselbe gilt, wenn nach Ablauf der Begründungsfrist Einwendungen gemäß § 767 ZPO entstehen, z. B. Wiederverheiratung der früheren Ehefrau (Berechtigte).

b) Für die **Klageerweiterung** durch den Berufungskläger gelten die Regeln des § 520 ZPO überhaupt nicht, weil jene keinen Angriff gegen das Ersturteil darstellt. Die Klageerweiterung ist vielmehr an den allgemeinen Vorschriften (z. B. Klageänderung, § 263 ZPO) zu messen.[150] Sie setzt in der Berufungsinstanz eine zulässige Berufung voraus, die nur dann gegeben ist, wenn der Berufungskläger unabhängig von der Klageerweiterung die Beschwer aus einem erstinstanzlichen Urteil beseitigen will.[151]

10. Klageänderung/Parteiänderung

Die Klageänderung ist in der Berufungsinstanz grundsätzlich zulässig (§ 267, § 533 **289** ZPO). Erforderlich ist entweder die **Einwilligung des Gegners** oder Sachdienlichkeit. Dabei ist die Einwilligung auch dann gemäß § 267 ZPO anzunehmen, wenn der Gegner ohne schriftsätzliche Beanstandung in der mündlichen Verhandlung einen Antrag auf Abweisung stellt.[152] **Sachdienlichkeit** ist regelmäßig gegeben, wenn ein weiterer Prozess

---

mensverhältnissen der Parteien; vgl. auch BGH, FamRZ 2005, 1538 (entschieden zur Anschlussberufung)
[146] OLG Düsseldorf, FamRZ 1987, 295
[147] Zulässig wäre die Anfechtung mit der gleichen Begründung wie zum laufenden Unterhalt, z. B. mangelnde Leistungsfähigkeit
[148] § 629 a III 1 ZPO; BGH, NJW-RR 1993, 260
[149] BGH, FamRZ 1986, 895
[150] BGH, FamRZ 1988, 603
[151] BGH, FamRZ 2006, 402
[152] BGH, NJW-RR 2005, 437

vermieden wird, sofern nicht – bei Entscheidungsreife des bisherigen Prozesses – das Gericht zur Beurteilung eines völlig neuen Streitstoffs genötigt wird.[153] Daneben muss die Klageänderung auf Tatsachen gestützt werden, die das Berufungsgericht seiner Verhandlung und Entscheidung über die Berufung ohnehin nach § 529 ZPO zugrunde zu legen hat. Die Sachdienlichkeit der Klageänderung steht außer Zweifel, wenn der Unterhaltsberechtigte nach erstinstanzlicher Abweisung der Leistungsklage als unzulässig mit der Berufung sein Unterhaltsbegehren mit der Abänderungsklage weiterverfolgt. Es handelt sich weiterhin um ein und denselben materiellen Anspruch.[154]

Die Parteiänderung kommt einerseits als Parteiwechsel (eine Partei scheidet aus, die andere tritt ein), andererseits als Parteierweiterung (eine Partei kommt hinzu),[155] auf der Kläger- und der Beklagtenseite vor. Parteiwechsel und Parteierweiterung sind nach h. M. auf der Klägerseite zulässig wie Klageänderung,[156] auf der Beklagtenseite zulässig, wenn der neue Beklagte zustimmt oder die Verweigerung der Zustimmung rechtsmissbräuchlich wäre.[157]

Ob die prozessführungsbefugte (richtige) Partei klagt oder verklagt ist, ist als Prozessvoraussetzung von Amts wegen zu prüfen.[158]

Hauptanwendungsfälle der Parteiänderung sind der Wechsel von Mutter und Kind im Rahmen des § 1629 III BGB oder die Heranziehung auch des anderen Elternteils zum Kindesunterhalt während des Rechtsstreits Zu den Einzelheiten, die auch für das Berufungsverfahren Geltung beanspruchen, vgl. Rn. 10/135.

11. Die Berufungserwiderung

290   Im Gegensatz zu den strengen Formerfordernissen der Berufungsbegründung ist für die Berufungserwiderung ein Mindestmaß an Förmlichkeiten gesetzlich nicht vorgesehen. Für sie gibt es auch keine Notfrist. Vielmehr kann der Vorsitzende oder das Berufungsgericht der Beklagtenseite eine Frist zur schriftlichen Berufungserwiderung setzen, wobei § 277 ZPO (Mindestfrist von zwei Wochen) entsprechend gilt (§ 521 II ZPO).

12. Verbund in 2. Instanz

291   Seit dem 1. April 1986 gilt der Verbund (§ 623 ZPO) in der Rechtsmittelinstanz auch unter den Folgesachen (§ 629 a II Satz 3 ZPO), und zwar über den etwaigen Eintritt der Rechtskraft der Scheidung hinaus. Eine Teilentscheidung über eine Folgesache ist unzulässig. Nach wie vor möglich ist eine vorherige Teilentscheidung über einen gleichzeitig geltend gemachten vorbereitenden Anspruch, etwa einen Auskunftsanspruch bei Stufenklage und auch ein Grundurteil, weil beide den Verbund für die Schlussentscheidung nicht berühren.

Der Verbund mehrerer Folgesachen kann nur unter den Voraussetzungen der §§ 623 II S. 3, 627, 628 I ZPO gelöst werden.

Die zulässige Anfechtung einer anderen Folgesache (z. B. Versorgungsausgleich) eröffnet die Möglichkeit, auch eine Mehrforderung an nachehelichem Unterhalt, die über den im Verbundurteil antragsgemäß zuerkannten Betrag hinausgeht, zur Prüfung des Oberlandesgerichts zu stellen.[159] Eine Beschränkung des Rechtsmittels z. B. auf den Versorgungsausgleich hindert in der Regel nicht, das Rechtsmittel z. B. auf den Unterhalt zu erstrecken,[160] jedoch nur in den Grenzen des § 629 a III 1 ZPO.[161]

---

[153] Vgl. BGH, NJW-RR 1987, 1196
[154] BGH, FamRZ 2001, 1140, 1141
[155] OLG München, MDR 2006, 1186
[156] BGHZ 1965, 264, 268
[157] BGH, FamRZ 1982, 587; im Einzelnen umstritten!
[158] BGH, FamRZ 1982, 587
[159] BGH, FamRZ 1982, 1198
[160] BGH, FamRZ 1989, 1064
[161] BGH, NJW-RR 1993, 260, s. oben 3

13. Das Berufungsurteil

Während das Urteil in erster Instanz gemäß § 313 I ZPO u. a. Tatbestand und Entschei- **292** dungsgründe zu enthalten hat, ist in zweiter Instanz bei der Urteilsabfassung beides nicht erforderlich, sofern das Urteil die **Bezugnahme** auf die tatsächlichen Feststellungen im angefochtenen Urteil, die Darstellung etwaiger **Änderungen oder Ergänzungen** enthält und eine kurze Begründung für die Abänderung, Aufhebung oder Bestätigung der ange-fochtenen Entscheidung beigefügt ist (§ 540 I Satz 1 ZPO). Fehlt es im Berufungsurteil an einer Bezugnahmenahme auf tatsächliche Feststellungen und an einer nachvollziehbaren Darstellung mit den Änderungen und Ergänzungen aus dem Berufungsverfahren, unterliegt das Urteil in der Revisionsinstanz von Amts wegen der Aufhebung und Zurückverwei-sung.[162] Die tatsächlichen Grundlagen der Entscheidung des Berufungsgerichts müssen zweifelsfrei zu erkennen sein.[163]

Wird das Urteil als sog. Stuhlurteil in dem Termin, in dem die mündliche Verhandlung geschlossen worden ist, verkündet, können die obigen Voraussetzungen (Bezugnahme und kurze Begründung) auch in das Protokoll aufgenommen werden. Im Übrigen gelten §§ 313 a, 313 b ZPO entsprechend (§ 540 II ZPO). Daher können wie beim Versäumnis-, Anerkenntnis- und Verzichtsurteil Tatbestand und Entscheidungsgründe ganz entfallen, was allerdings dann wieder nicht gilt, wenn das Versäumnis- oder Anerkenntnisurteil voraus-sichtlich im Ausland vollstreckt werden soll. Dann ist das Urteil in vollständiger Form abzufassen.

– in dieser Auflage nicht belegt – **293/294**

14. Rücknahme/Verzicht

a) Rücknahme. Die Berufungsrücknahme erfolgt, wenn sie nicht in der mündlichen **295** Verhandlung erklärt wird, durch Einreichung eines Schriftsatzes (§ 516 II S. 2 ZPO). Sie ist nicht dem Gegner gegenüber, sondern gegenüber dem Gericht zu erklären (§ 516 II S. 1 ZPO). Die Zurücknahme hat den Verlust des eingelegten Rechtsmittels und die Verpflich-tung zur Folge, die durch das Rechtsmittel entstandenen Kosten zu tragen (§ 516 III S. 1 ZPO). Von Amts wegen sind diese Wirkungen durch Beschluss auszusprechen (§ 516 III S. 2 ZPO). Der Beschluss bedarf keiner mündlichen Verhandlung. Er kann unter den Voraussetzungen des § 574 II ZPO mit der Rechtsbeschwerde angegriffen werden.

Die Rücknahme ist bis zur **Verkündung des Berufungsurteils** möglich (§ 516 I ZPO). **296** Gemeint ist damit eine die Instanz beendende Entscheidung,[164] so dass auch bis zu einer Zustellung (§ 329 II S. 2 ZPO) der mit Beschluss das Rechtsmittel verwerfenden (§ 522 I ZPO) oder zurückweisenden (§ 522 II ZPO) Entscheidung die Rücknahme möglich bleibt. Auch nach Verkündung eines **Versäumnisurteils** kann die Berufung noch zurückgenom-men werden, sofern der Einspruch zulässigerweise erklärt worden ist oder die Frist zur Einlegung des Einspruch noch nicht abgelaufen ist.[165] Legen zwei Prozessbevollmächtigte unabhängig voneinander jeweils Berufung ein, bewirkt die ohne Einschränkung erklärte Rücknahme gemäß § 516 III S. 1 ZPO den Verlust des Rechtsmittels.[166]

Einer **Einwilligung des Berufungsbeklagten** (vgl. noch § 515 I ZPO a. F.) bedarf es nicht mehr. Den Aussagewert einer Rücknahmeerklärung hat das Berufungsgericht nach den anerkannten Auslegungsregeln unter Heranziehung der gesamten erkennbar geworden Umstände (Abgrenzung etwa zur Erledigungserklärung des Berufungsklägers) zu bestim-men.[167] In der bloßen Erklärung, die Berufung werde beschränkt, liegt nicht ohne weiteres eine Rücknahme der weitergehenden Berufung.[168] Die Rücknahme ist **bedingungsfeind-**

---

[162] BGH, FamRZ, 2004, 438
[163] BGH, FamRZ 2003, 1273
[164] BGH, FamRZ 2006, 858
[165] BGH, a. a. O.
[166] BGH, FamRZ 2007, 1313
[167] BGH, FamRZ 2008, 43, 44
[168] BGH, FamRZ 1989, 1064

lich; sie kann selbst von einer innerprozessualen Bedingung nicht abhängig gemacht werden.[169] Sie unterliegt als Prozesshandlung abgesehen von dem Fall eines Restitutionsgrundes (§ 580 ZPO) grundsätzlich weder einem Widerruf noch einer Anfechtung.[170] Die Rechtsfolgen einer bei objektiver Betrachtung eindeutigen und damit wirksamen Rücknahme lassen sich auch nicht im Wege einer bei Prozesshandlungen möglichen **Umdeutung** beseitigen, da die Umdeutung an eine an sich unwirksame Prozesshandlung anknüpft.[171]

Widerspricht die Rücknahme durch den Prozessbevollmächtigten dem wirklichen Willen der Parteien und ist dies für Gericht und Gegner ganz offensichtlich, ist die Rücknahme wegen Verstoßes gegen Treu und Glauben wirkungslos.[172]

Mit − wirksamer − Berufungsrücknahme ist das Berufungsverfahren in der Hauptsache beendet, hindert den Berufungskläger indessen nicht, innerhalb einer noch laufenden Berufungsfrist erneut Rechtsmittel einzulegen. Ist die Frist abgelaufen, tritt mit der Rücknahme **Rechtskraft** ein. Überdies werden, wie bei der Klage (§ 269 III S. 1 ZPO) noch nicht rechtskräftige Entscheidungen des Berufungsgerichts (z. B. Versäumnisurteile) wirkungslos, ohne dass es einer Aufhebung bedarf. Wegen der **Kosten** ist kein eigener Antrag nötig (§ 516 III S. 2 ZPO). Er löst auch keine Gebühren mehr aus. Ohne gerichtlichen Ausspruch gemäß § 516 ZPO gibt es keine Kostenfestsetzung (§ 103 I ZPO). Die gesetzliche Regelung allein reicht nicht. Der Antrag, den Berufungskläger des eingelegten Rechtsmittels für verlustig zu erklären, ist praktisch nutzlos.

297   Hat neben dem Berufungskläger auch der Berufungsbeklagte eine eigene Hauptberufung eingelegt und werden beide Berufungen zurückgenommen, erfolgt eine **Kostenquotelung** nach § 92 ZPO. Nimmt nur eine von beiden Parteien ihre Berufung zurück, hat sie schon nach § 516 III ZPO die Kosten dieses Rechtsmittels allein zu tragen. Hierüber wird aber einheitlich unter erneuter Anwendung des § 92 ZPO erst in der **Gesamtkostenentscheidung** über die Berufung (der nicht zurückgenommenen Berufung) entschieden. Sie umfasst auch die Kosten einer Anschlussberufung, die gemäß § 524 IV ZPO durch die Rücknahme der Berufung wirkungslos wird. Wegen der Einzelheiten einer in Betracht kommenden Kostenquotelung vgl. näher Rn. 10/305 c.

Wenn der Berufungskläger die Berufung nur zur Fristwahrung einlegt und vor Ablauf der Berufungsbegründungsfrist zurücknimmt, ist dem Berufungsbeklagten gemäß § 91 I S. 1 ZPO lediglich eine zur Kostenfestsetzung angemeldete **1,1-fache Verfahrensgebühr** nach Nr. 3201 VV RVG eines zu diesem Zeitpunkt bereits beauftragten zweitinstanzlichen Prozessbevollmächtigten zu erstatten.[173]

Nur eine Verfahrensgebühr nach Nr. 3201 VV RVG wird auch dann nach eingelegten Berufung fällig, wenn der Berufungsbeklagte den Antrag auf Zurückweisung der Berufung gestellt hat, das Rechtsmittel anschließend begründet und nach einem Hinweis des Berufungsgerichts zurückgenommen wird, ohne dass der Prozessbevollmächtigte des Berufungsbeklagten dem Berufungsgericht gegenüber noch eine weitere Tätigkeit entfaltet hat.[174]

298   **b) Verzicht.** Der Verzicht ist in § 515 ZPO geregelt. Er spielt in der Praxis keine Rolle.

15. Prozesskostenhilfe im Berufungsverfahren

299   Bei bestehender Prozesskostenarmut ist der Berufungskläger in der Regel daran interessiert, im Kosteninteresse seine weitere Rechtsverfolgung frühzeitig von der erfolgreichen Bescheidung seines Prozesskostenhilfegesuchs abhängig zu machen. Dem gegenüber fordert das **Gebot der Rechtssicherheit** für den Berufungsbeklagten Gewissheit über die jeweiligen prozessualen Folgen. Deshalb ist eine **Berufung,** deren Wirksamkeit von einer **Bedingung** abhängen soll, **unzulässig.**[175] So liegen die Dinge insbesondere dann, wenn die

---

[169] BGH, FamRZ 2008, 43, 44; 1990, 147
[170] BGH, FamRZ 2007, 375
[171] BGH, FamRZ 2008, 43, 44
[172] BGH, FamRZ 2008, 43, 45; 1988, 496
[173] OLG Oldenburg, FamRZ 2006, 499
[174] OLG München, FamRZ 2006, 221
[175] BGH, NJW 1999, 2823; allg. M.

Berufung nur für den Fall der Bewilligung von Prozesskostenhilfe eingelegt sein soll (z. B.: „Die heutige Berufung gilt als eingelegt und das Verfahren wird durchgeführt, wenn dem Berufungsbeklagten Prozesskostenhilfe bewilligt wird.").[176] Allerdings ist von einer unzulässig nur bedingten Berufung erst dann auszugehen, wenn sich dies aus den **gesamten Begleitumständen** mit einer jeden Zweifel ausschließenden Deutlichkeit ergibt.[177] An einer solchen Eindeutigkeit fehlt es, wenn, wie der BGH[178] wiederholt entschieden hat, der Berufungskläger nur die „Durchführung" des Rechtsmittels von der Bewilligung von Prozesskostenhilfe abhängig macht, weil unter diese Formulierung als Alternative auch die Rücknahme der Berufung fällt. Sind die weiteren Formerfordernisse erfüllt, ist hier von einer wirksam eingelegten Berufung auszugehen. Dessen ungeachtet kann der Berufungskläger eine etwaige Bedingung nach Bescheidung seines Prozesskostenhilfegesuchs innerhalb der Wiedereinsetzungsfrist zurücknehmen.[179] Werden Berufungsschrift und Prozesskostenhilfegesuch gleichzeitig eingereicht, hat der Berufungskläger alles zu vermeiden, was auf eine Abhängigkeit der Berufungseinlegung von der Prozesskostenhilfebewilligung hindeutet und das Risiko in sich birgt, dass die Unbedingtheit der Rechtsmitteleinlegung verkannt wird.[180]

Wird eine Rechtsmittelschrift als Entwurf zusammen mit einem Prozesskostenhilfegesuch **300** übermittelt, fehlt es an der Einlegung eines Rechtsmittels; die Schrift dient vielmehr nur zur Darlegung der Erfolgsaussichten für die begehrte Prozesskostenhilfe.[181] Heißt es in einem Gesuch, dass um Prozesskostenhilfe zur Einlegung der in der Anlage beigefügten Berufung nachgesucht und die Berufung von der Bewilligung von Prozesskostenhilfe abhängig gemacht werde und dass nach deren Bewilligung ein Wiedereinsetzungsantrag wegen der dann möglicherweise schon abgelaufenen Berufungsfrist beabsichtigt sei, ist noch keine Berufung eingelegt, auch nicht – unzulässigerweise – bedingt.[182]

Zulässig ist die Bitte, die (bereits eingelegte) Berufung erst „nach Bewilligung von Prozesskostenhilfe in den Geschäftsgang"[183] oder „zunächst zu den Akten" zu nehmen und erst über den Prozesskostenhilfeantrag zu entscheiden.[184] Wird einem Prozesskostenhilfegesuch ein mit Berufung bezeichneter Schriftsatz beigefügt, der den Erfordernissen einer Berufungsschrift (§ 519 ZPO) genügt, ist die Berufung eingelegt. Selbst Hinweise auf „beabsichtigte Rechtsverfolgung/Rechtsverteidigung" und auf einen „anliegenden Klageentwurf" stören als formelhafte Erklärungen aus der 1. Instanz dann nicht, es sei denn aus den sonstigen Begleitumständen ergeben sich weitere Anhaltspunkte, die eine wirksam eingelegte Prozesserklärung ausschließen.[185] Angesichts zahlreicher sprachlicher Gestaltungsmöglichkeiten bei der Verknüpfung von Prozesskostenhilfegesuch und Berufungseinlegung besteht die Gefahr von Missverständnissen, die zu ungünstigen Auslegungsergebnissen führen können und der beabsichtigten Rechtsverfolgung nicht entsprechen. Das für den Einzelfall bleibende Risiko lässt sich in der Rechtspraxis begrenzen (vgl. hierzu näher Rn. 10/273 a).

Die prozesskostenarme Partei, die rechtzeitig um Prozesskostenhilfe nachsucht, ist **ohne Verschulden** verhindert, Notfristen des Berufungsverfahrens einzuhalten, sofern sie nach den jeweiligen Umständen mit der Versagung von Prozesskostenhilfe wegen mangelnder Bedürftigkeit nicht rechnen musste.[186] Hat der Berufungskläger allerdings neben dem Prozesskostenhilfegesuch eine unzulässige bedingte Berufung eingelegt, besteht für das Gericht keine Hinweispflicht. Unterlässt deshalb die Partei nach Zustellung der Entscheidung über die Bewilligung von Prozesskostenhilfe innerhalb der Frist des § 234 I S. 1 ZPO eine formgerechte Berufungseinlegung, kann für ein späteres Rechtsmittel Wiedereinsetzung in

---

[176] BGH, FamRZ 2007, 895
[177] BGH, FamRZ 2005, 1537; 2004, 1553
[178] BGH, FamRZ 2007, 1726; 2004, 1553
[179] BGH, FamRZ 2007, 1726, 1728
[180] BGH, FamRZ 2006, 400
[181] BGH, FamRZ 2007, 801; 2001, 907
[182] BGH, FamRZ 1993, 1427
[183] BGH, LM § 518 ZPO Nr. 2
[184] BGH, FamRZ 1988, 383
[185] BGH, FamRZ 1990, 995
[186] BGH, NJW 1999, 2823

den vorigen Stand nicht bewilligt werden. Das Verkennen der Sach- und Rechtslage erscheint nicht unverschuldet (§ 85 II ZPO).[187]

16. Der Einzelrichter seit dem 1. 1. 2002

300 a   Seit der ZPO-Reform kann das Berufungsgericht jedes Unterhaltsverfahren dem Einzelrichter als entscheidendem Richter (§ 526 ZPO) oder als vorbereitendem Einzelrichter (§ 527 ZPO) übertragen.

Zur alleinigen Entscheidung wird das Unterhaltsverfahren dem entscheidenden Richter dann übertragen, wenn die Sache keine besonderen Schwierigkeiten tatsächlicher oder rechtlicher Art aufweist, keine grundsätzliche Bedeutung hat und nicht bereits zur Hauptsache verhandelt worden ist. Eine Sache, die eine entscheidungserhebliche, klärungsbedürftige und klärungsfähige Rechtsfrage aufwirft, welche sich in einer unbestimmten Vielzahl von Fällen stellen kann, hat grundsätzliche Bedeutung.[188] Haben sich die Voraussetzungen i. S. v. § 526 II ZPO 1 Nr. 1 geändert, kann der Einzelrichter den Rechtsstreit dem Senat zur Übernahme vorlegen. Das Gleiche gilt, wenn die Parteien dies übereinstimmend beantragt haben. Auf eine erfolgte oder unterlassene Übertragung, Vorlage oder Übernahme kann ein Rechtsmittel nicht gestützt werden (§ 526 III ZPO).

17. Wiedereinsetzung in den vorigen Stand

301   Berufungsfrist und Berufungsbegründungsfrist laufen jeweils ab Zustellung des in vollständiger Form abgefassten Urteils, auch gegenüber der prozesskostenarmen Partei. Muss diese sich erneut um die Bewilligung von Prozesskostenhilfe für eine Durchführung des Berufungsverfahrens bemühen, sind in der Regel bis zur Bekanntgabe einer das Prozesskostenhilfegesuch abschließenden Entscheidung die relevanten Fristen bereits abgelaufen. Deshalb kommt beim Unterhaltsprozess in der Berufungsinstanz hauptsächlich **die Wiedereinsetzung wegen Mittellosigkeit** in Betracht.

In diesem Zusammenhang wird von der Prozesskostenhilfe begehrenden Partei zunächst erwartet, dass sie ihre persönlichen und wirtschaftlichen Verhältnisse prüffähig gegenüber dem Berufungsgericht darstellt.[189] Sie erfüllt diese Voraussetzungen, indem sie **innerhalb der Berufungsfrist** ein **vollständiges Prozesskostenhilfegesuch,** also grundsätzlich eine neue Erklärung auf dem amtlichen Vordruck nebst Belegen, einreicht (§ 117 II und IV ZPO).[190] Allerdings dürfen die Anforderungen an die formularmäßige Erklärung der rechtsunkundigen Partei nicht überspannt werden. So rechtfertigen einzelne **Lücken** bei der Ausfüllung des Vordrucks nach § 117 III ZPO nicht die Ablehnung des Antrags auf Gewährung von Prozesskostenhilfe und die Versagung der Wiedereinsetzung, wenn aus den Angaben und beigefügten Unterlagen nahe liegend hervorgeht, dass die Partei über keine weiteren Einkünfte oder kein (weiteres) Vermögen verfügt.[191] Hat die Partei in demselben Verfahren bereits wiederholt einen vollständig ausgefüllten Vordruck für ein Prozesskostenhilfegesuch eingereicht, muss für den Nachweis der weiteren Mittellosigkeit die Erklärung, genügen, die Verhältnisse hätten sich verschlechtert oder zumindest nicht verändert, und zwar auch dann, wenn die Partei auf dem Vordruck die Fragen zu möglichen Einnahmen weder mit „ja" noch mit „nein" beantwortet hat.[192]

Für ihr Prozesskostenhilfegesuch kann die Partei die **Berufungsfrist voll ausnutzen.** Einer weiteren **sachlichen Begründung** bedarf es nicht.[193] Gelingt es der prozesskostenarmen Partei nicht, innerhalb der Berufungsfrist den Nachweis ihrer Bedürftigkeit zu führen,

---

[187] BGH, FamRZ 2007, 895, 896
[188] BGH, NJW 2002, 3029
[189] BGH, FamRZ 2005, 1901; 2005, 789
[190] BGH, FamRZ 2006, 1028; 2006, 32
[191] BGH, FamRZ 2005, 2062
[192] BGH, NJW-RR 2000, 1520
[193] BGH, FamRZ 2007, 1319, 1320; 2006, 1269

kann ihr gleichwohl auch dann noch Wiedereinsetzung in den vorigen Stand gegen die Versäumung der Berufungsfrist zu bewilligen sein, wenn sie ein vollständiges Prozesskostenhilfegesuch **innerhalb der Wiedereinsetzungsfrist** des § 234 I ZPO einreicht **und** die Fristversäumung **nicht auf einem Verschulden** beruht.[194]

Den notwendigen Beleg seiner Mittellosigkeit kann die Partei schließlich auch durch **ausdrückliche Bezugnahme** auf ihre erstinstanzliche Erklärung und die dazu vorgelegten Unterlagen verbunden mit dem Hinweis auf etwaige Abweichungen führen. Generell ist zur Vermeidung einer **überflüssigen Förmelei** eine Bezugnahme auf frühere Erklärungen zulässig und ausreichend, wenn unmissverständlich mitgeteilt wird, dass seit damals keine Änderungen eingetreten seien.[195] Unvollständig ist z. B. ein Prozesskostenhilfegesuch, wenn ein Gewerbetreibender statt des im Zeitpunkt der Antragstellung aktuellen Einkommens sein Einkommen von vier Jahren zuvor angibt oder die im amtlichen Vordruck gestellten Fragen nicht beantwortet.[196]

Ungeachtet der inhaltlichen Anforderungen an das jeweilige Prozesskostenhilfegesuch **301 a** muss der Berufungskläger fristgerecht (§ 234 I ZPO) die Wiedereinsetzung bei dem zuständigen Gericht **beantragen.** Dabei beginnt die **Wiedereinsetzungsfrist** an dem Tag, an dem das Hindernis behoben ist (§ 234 II ZPO) bzw. an dem der verantwortliche Anwalt mit der gebotenen Sorgfalt die eingetretene Säumnis erkennen kann. Ob die Partei die versäumte Prozesshandlung an diesem Tag noch vornehmen konnte, ist irrelevant.[197] Für die Wiedereinsetzung gegen Versäumung der Wiedereinsetzungsfrist gilt eine selbstständige Wiedereinsetzungsfrist, die von der Frist für die Wiedereinsetzung wegen Versäumung der Rechtsmittelfrist zu unterscheiden ist.[198] Kein (neues) Gesuch ist nötig, Wiedereinsetzung ist vielmehr von Amts wegen zu gewähren (§ 236 II 2 ZPO), wenn – neben dem Vorliegen der versäumten Prozesshandlung – die Gründe für die unverschuldete Fristversäumung zumindest erkennbar sind.[199] Behoben ist das Hindernis, sobald die bisherige Ursache der Verhinderung beseitigt oder sein Fortbestehen verschuldet ist.[200] Besteht das Hindernis in der Unkenntnis der Versäumung einer Frist, so gilt es von dem Zeitpunkt an als behoben, in dem diese Unkenntnis von der Partei oder ihrem Prozessbevollmächtigten (§ 85 II ZPO) zu vertreten war.[201]

Hat der Berufungskläger die **Berufungsfrist** versäumt, muss er innerhalb einer **zweiwöchigen Frist** den Antrag auf Wiedereinsetzung stellen und gemäß § 236 II S. 2 ZPO Berufung einlegen. Die Nachholung der Berufung ist nicht notwendig, wenn schon früher, wenn auch verspätet Berufung eingelegt war. Sie ist allerdings erforderlich, wenn die Berufung bedingt und daher unzulässig war.[202] Entbehrlich ist der Wiedereinsetzungsantrag, wenn die Partei die versäumte Prozesshandlung nachgeholt hat und die Gründe für die unverschuldete Fristversäumung aktenkundig sind.[203] Bestand das **Hindernis in der Mittellosigkeit,** gestaltet sich der Fristbeginn folgendermaßen:

Wird die nachgesuchte **Prozesskostenhilfe bewilligt,** entfällt das Hindernis mit der **301 b** Bekanntgabe (nicht notwendig, aber zweckmäßig und in der Praxis üblich: Zustellung) des Beschlusses über die Bewilligung an den Berufungskläger, auch wenn Prozesskostenhilfe teilweise verweigert wird,[204] oder wenn die Partei bei sorgfältigem Verhalten hätte Kenntnis erlangen können.[205] Daneben ist für eine **Überlegungsfrist** kein Raum. Auch die Erweiterung der Prozesskostenhilfe etwa auf eine Gegenvorstellung wirkt sich auf den Lauf der Frist nicht weiter aus. Sie setzt keine neue Frist in Lauf, weil bereits mit der ursprünglichen

[194] BGH, FamRZ 2005, 1901
[195] BGH, FamRZ 1997, 546
[196] BGH, NJW-RR 1991, 637
[197] BGH, FamRZ 1997, 997; 813
[198] BGH, FamRZ 1999, 579
[199] BGH, NJW-RR 1993, 1091
[200] BGH, FamRZ 1988, 1257
[201] Vgl. BGH, FamRZ 1988, 154
[202] BGH, FamRZ 2007, 1726
[203] BGH, FamRZ 2007, 801; NJW 1993, 1091
[204] BGH, FamRZ 1993, 694
[205] BGH, FamRZ 1991, 425

Bewilligung das Hindernis der Bedürftigkeit entfallen ist.[206] Hat ein Rechtsanwalt für die Partei das Verfahren betrieben, muss die den Fristbeginn auslösende Bekanntmachung an diesen erfolgen, gegebenenfalls an den beigeordneten und bereits bevollmächtigten Rechtsanwalt. Ist versehentlich die Beiordnung des Rechtsanwalts unterblieben, entfällt das Hindernis erst mit Bekanntgabe des Beiordnungsbeschlusses.[207] Fehlt es an einer Bevollmächtigung ist das Hindernis beseitigt, sobald die Partei von der Beiordnung erfährt.

Wird die nachgesuchte **Prozesskostenhilfe versagt,** billigt der BGH in std. Rspr.[208] der hiervon betroffenen Partei nach Bekanntgabe der Entscheidung zunächst eine **Überlegungsfrist** von 3 bis 4 Werktagen zu, damit sich die Partei darüber Klarheit verschaffen kann, ob sie das Berufungsverfahren auch auf eigene Kosten betreiben will. Unerheblich soll hierfür sein, ob die Versagung mangels Erfolgsaussicht oder Bedürftigkeit erfolgt. Erst nach Ablauf der Überlegungsfrist wird das Hindernis im Sinne von § 234 II ZPO für die Stellung eines Wiedereinsetzungsantrages behoben und der Lauf der für die Berufungseinlegung maßgeblichen Frist von zwei Wochen in Gang gesetzt. Bis zur Bekanntgabe der Versagung von Prozesskostenhilfe zuwarten darf die Partei allerdings nur dann, wenn sie vernünftigerweise nicht schon zu einem **früheren Zeitpunkt** mit der Ablehnung ihres Prozesskostenhilfegesuchs rechnen musste. So sind die Voraussetzungen für ein weiteres Zuwarten durch die bedürftige Partei sind nicht mehr gegeben, wenn das Gericht bereits mit ausführlich begründeter Verfügung die Partei darüber informiert, dass die wirtschaftlichen Voraussetzungen für die Gewährung von Prozesskostenhilfe (z. B. nach § 115 IV ZPO) nicht vorliegen. Nach Bekanntgabe darf die Partei ungeachtet der endgültigen Entscheidung über die Prozesskostenhilfe mit den §§ 234, 236 II S. 2 ZPO gebotenen Prozesshandlungen nicht weiter zuwarten. Allerdings ist der Partei auch in diesem Fall die durch den BGH[209] in der Entscheidung vom 31. 1. 2007 nicht weiter erwähnte Überlegungsfrist von 3 bis 4 Werktagen zuzubilligen.

301 c   Hat der Berufungskläger infolge form- und fristgemäß geltend gemachter Mittellosigkeit die Frist zur **Berufungsbegründung** versäumt, hat die Partei gemäß § 234 I S. 2 ZPO innerhalb der **Frist von einem Monat** Wiedereinsetzung zu beantragen und die Berufungsbegründung nachzuholen. Da es sich um eine Wiedereinsetzungsfrist handelt, scheidet eine Verlängerung der Berufungsbegründungfrist aus. Die durch das 1. Justizmodernisierungsgesetz vom 24. 8. 2004 (BGBl. I S. 2198) in § 234 I ZPO eingefügte Bestimmung soll sicherstellen, dass einem Rechtsmittelführer, dem Prozesskostenhilfe nach Ablauf der Rechtsmittelbegründungsfrist gewährt worden ist, zumindest ein Monat Zeit für die Rechtsmittebegründung verbleibt, so dass er nicht schlechter gestellt wird als die vermögende Partei.[210] Hat die bedürftige Partei zunächst eine unbedingte Berufung eingelegt und mit der Geltendmachung der Mittellosigkeit die Berufungsbegründungsfrist versäumt, entfällt das entsprechende Hindernis im Sinne von § 234 II ZPO mit der Bekanntgabe der bewilligenden oder versagenden Prozesskostenhilfeentscheidung. Ab diesem Zeitpunkt verbleibt dem Berufungskläger ein Monat für die Begründung und den Antrag auf Wiedereinsetzung.[211] Hat allerdings die bedürftige Partei schon die Einlegung der Berufung von der Bewilligung von Prozesskostenhilfe abhängig gemacht, müsste ein Abstellen auf die Bekanntgabe dieser Entscheidung zu einer im Vergleich mit der vermögenden Partei unangemessenen Benachteiligung bei der für die Berufungsbegründung verfügbaren Zeit bestehen. Während die vermögende Partei zunächst schon die zweimonatige Begründungsfrist des § 520 II S. 1 ZPO ausschöpfen und im nicht seltenen Bedarfsfall eine Verlängerung um einen weiteren Monat ohne Mitwirkung des Prozessgegners erreichen kann, verbliebe der bedürftigen Partei nach Beiordnung eines Anwalts nur noch ein Monat ohne Möglichkeit einer Fristverlängerung. Auch wenn von Verfassungs wegen eine vollständige Gleichstellung zwischen bedürftiger und nicht bedürftiger Prozesspartei nicht notwendig

---

[206] OLG Zweibrücken, FamRZ 2006, 496
[207] OLG München, FamRZ 2005, 1499
[208] BGH, FamRZ 1993, 1428 m. w. N.
[209] BGH, FamRZ 2007, 801
[210] BT-Drucks. 15/1508, S. 17
[211] BGH, FamRZ 2006, 1271

erscheint,[212] ist doch zur Vermeidung unbilliger Nachteile dem Gesetzeszweck entsprechend die Regelung in § 234 I S. 2 BGB in dem Sinne zu verstehen, dass die Monatsfrist erst mit der **Bekanntgabe der Entscheidung** über die **Wiedereinsetzung** gegen die Versäumung der Berufungsfrist zu laufen beginnt.[213] Diese Auslegung stellt zudem sicher, dass die Partei erst eine eingelegte Berufung begründen muss.

Die den Antrag auf Wiedereinsetzung stützenden Tatsachen, die die Partei innerhalb der **301 d** Wiedereinsetzungsfrist – abgesehen von Erläuterungen ergänzungsbedürftiger Angaben – darzulegen hat,[214] sind glaubhaft zumachen (§§ 236 II S. 1, 294 ZPO). Insoweit ist die Fristwahrung allerdings nicht zwingend. Vielmehr kann die **Glaubhaftmachung** „im Verfahren über den Antrag" erfolgen,[215] mithin auch noch im Beschwerdeverfahren.[216] Bei der **Glaubhaftmachung,** mit der die Partei nicht bis zu einer Aufforderung des Gerichts zuwarten darf, ist zu beachten, dass gängige Formulierungen für eine eidesstattliche Versicherung wie: „Die von meinem Rechtsanwalt im Schriftsatz vom ... aufgestellten Behauptungen sind richtig; es ist nichts Unwahres hinzugefügt oder Wesentliches weggelassen" ohne praktischen Wert sind, weil sie keine eigene Sachdarstellung des Versichernden enthalten.[217] Zur Glaubhaftmachung eines Versehens bedarf es nicht der Darlegung von Gründen, die das Versehen erklären könnten.[218] Auch mit Hilfe einer eidesstattlichen Versicherung ihres Prozessbevollmächtigten kann die Partei die **überwiegende Wahrscheinlichkeit** für die Richtigkeit ihrer Angaben führen. Widersprüche oder Besonderheiten in den Gesamtumständen können einer entsprechenden Beweiskraft entgegenstehen.[219] Bleibt nach Würdigung der vorgelegten Beweise die Möglichkeit einer verschuldeten Fristversäumung offen, kann Wiedereinsetzung in den vorigen Stand nicht gewährt werden.[220]

Die **Wiedereinsetzung ist gerechtfertigt,** wenn die Partei vernünftigerweise nicht mit **302** der Ablehnung ihres Prozesskostenhilfegesuchs rechnen musste. Das ist z. B. der Fall,
– wenn die Partei bis zum Ablauf der Berufungsfrist die für ihre wirtschaftlichen Verhältnisse wesentlichen Angaben vollständig und übersichtlich dargestellt hat, regelmäßig durch fristgerechte Vorlage der Erklärung gemäß § 117 ZPO mit lückenlosen Angaben,[221]
– wenn ihr in erster Instanz Prozesskostenhilfe bewilligt wurde, sie in der Berufungsinstanz entweder eine neue Prozesskostenhilfeerklärung mit Belegen vorgelegt oder auf die frühere nebst Belegen Bezug genommen hat unter Angabe etwaiger Änderungen und das Berufungsgericht vor Ablehnung der Prozesskostenhilfe keine weiteren Belege angefordert hat,[222]
– wenn sie bis zum Zeitpunkt der Entscheidung über das Wiedereinsetzungsgesuch glaubhaft macht, dass mit dem Prozesskostenhilfegesuch „in der Anlage" übersandte Belege usw. ohne ihr oder ihres Anwalts Verschulden nicht innerhalb der Berufungsfrist vorgelegt worden sind, z. B. wegen mangelhafter Sorgfalt der Kanzleiangestellten.[223]

Im Einzelnen gilt: Ein Rechtsmittelführer, der innerhalb der Rechtsmittelfrist Prozesskostenhilfe beantragt hat, ist bis zur Entscheidung über den Antrag so lange ohne sein Verschulden an der Einlegung des Rechtsmittels gehindert anzusehen, als er nach den gegebenen Umständen vernünftigerweise nicht mit der Ablehnung seines Antrags wegen fehlender Bedürftigkeit rechnen muss; hinsichtlich der Erfolgsaussichten bedarf es nicht einmal einer sachlichen Begründung im Prozesskostenhilfegesuch.[224] Allerdings rechtfertigt ein Prozesskostenhilfeantrag eine Wiedereinsetzung in den vorigen Stand wegen Versäu-

---

[212] BVerfG, NJW 2003, 3190, 3191
[213] BGH, FamRZ 2007, 1640
[214] BGH, NJW 2004, 367
[215] BGH, FamRZ 1989, 373
[216] BGH, NJW 1996, 1682
[217] Vgl. BGH, NJW 1988, 2045
[218] BGH, FamRZ 2005, 267
[219] BGH, FamRZ 2006, 201
[220] BGH, NJW-RR 2005, 143
[221] BGH, FamRZ 2006, 1028; 2006, 32
[222] Vgl. BGH, VersR 1985, 972
[223] BGH, FamRZ 2005, 1901; 1987, 925
[224] BGH, FamRZ 2006, 1269; NJW-RR 2001, 570

mung der Berufungsfrist nur dann, wenn die Partei vernünftigerweise nicht damit rechnen musste, ihr Prozesskostenhifantrag würde zurückgewiesen werden. Hierbei ist ein Prozesskostenhilfegesuch ohne die Belege gemäß § 117 II ZPO nicht vollständig.[225] Legt eine bedürftige Partei eine durch die Gewährung von Prozesskostenhilfe bedingte und damit unzulässige Berufung ein, so ändert dies nichts an ihrem Unvermögen, die Berufungsfrist einzuhalten. Hat die bedürftige Partei daher nach Ablauf der Berufungsfrist, aber vor der Bewilligung von Prozesskostenhilfe, nochmals unbedingt Berufung eingelegt, ist ihr von Amts wegen Wiedereinsetzung in den vorigen Stand zu gewähren.[226] U. U. ist Wiedereinsetzung möglich, wenn die Geschäftsstelle des Berufungsgerichts eine bestimmte Auskunft erteilt hat, z. B. dass ein Rechtsmittel bereits vorliege.[227]

Keine Wiedereinsetzung gibt es, wenn bei Ablauf der Rechtsmittelfrist der Prozesskostenhilfeantrag unvollständig oder wegen fehlender Kostenarmut mit der Ablehnung von Prozesskostenhilfe zu rechnen war[228] oder bei inhaltlichen Mängeln der Berufungsschrift, z. B. falscher Adressierung des Gerichts, auch bei gemeinsamer Einlaufstelle,[229] oder ungenügender Bezeichnung des angefochtenen Urteils. Der Anwalt, der eine Berufungsschrift unterschreibt, muss selbst eigenverantwortlich die Ordnungsmäßigkeit der Rechtsmittelschrift prüfen.[230] Ausnahmsweise ist Wiedereinsetzung dann möglich, wenn das angegangene Gericht über Gebühr lange die Rechtsmittelschrift nicht weiterleitet[231] oder wenn auf der Rechtsmittelschrift lediglich Straße und Hausnummer des Rechtsmittelgerichts unrichtig angegeben sind.[232] Die Wiedereinsetzung gegen die Versäumung von Fristen ist nicht dazu bestimmt, bei an sich fristgerecht eingereichten Schriftsätzen inhaltliche Mängel zu beheben, wie dies auch dann der Fall ist, wenn sich aus der rechtzeitig eingereichten Berufungsschrift nicht erkennen lässt, für wen und gegen wen Berufung eingelegt werden soll.[233]

303   Für die **Form der Wiedereinsetzung** stehen zwei Möglichkeiten zur Verfügung:
– die Beschlussform außerhalb der mündlichen Verhandlung,
– die Urteilsform auf Grund mündlicher Verhandlung gemäß § 238 II ZPO.

In der Praxis hat sich bewährt und ist die Regel die Beschlussform. Sie klärt alsbald die Unsicherheit, ob Wiedereinsetzung bewilligt wird oder nicht. Die Wiedereinsetzung kann aber – ausnahmsweise – auch stillschweigend gewährt werden.[234]

Über die **Kosten** der Wiedereinsetzung (§ 238 IV ZPO) wird zweckmäßigerweise gleich im Beschluss mitentschieden. Besondere Wiedereinsetzungskosten fallen allerdings nur in den seltensten Fällen an.

Wiedereinsetzung bindet; Gegenvorstellungen führen nicht zur gewünschten Prüfung.[235]

Immer ist auch zu prüfen, ob die Voraussetzungen für die Wiedereinsetzung in die Wiedereinsetzungsfrist vorliegen (§ 233 ZPO).

Wiedereinsetzung in den vorigen Stand kann nicht zur Ergänzung einer innerhalb der Berufungsbegründungsfrist wirksam eingereichten, jedoch inhaltlich (teilweise) unzureichenden Berufungsbegründung gewährt werden.[236]

18. Neuere BGH-Rechtsprechung zur Wiedereinsetzung

304   Der erstinstanzliche Prozessbevollmächtigte hat den Zeitpunkt der Zustellung des anzufechtenden Urteils bei der Erteilung des Rechtsmittelauftrags an den Berufungsanwalt, der

[225] BGH, NJW 2000, 879
[226] BGH, FamRZ 2001, 415
[227] Vgl. BGH, FamRZ 1989, 729
[228] BGH, NJW-RR 1991, 1532
[229] BGH, FamRZ 1990, 866
[230] BGH, FamRZ 1988, 830
[231] Vgl. BGH, FamRZ 1988, 829: 3 Wochen
[232] BGH, NJW-RR 1990, 1149
[233] BGH, FamRZ 2007, 903, 904
[234] BGH, FamRZ 1990, 260
[235] BGH, FamRZ 1993, 1191
[236] BGH, NJW 1997, 1309

in der Regel schriftlich[237] und inhaltlich eindeutig zu erfolgen hat, eigenverantwortlich zu überprüfen.[238] Ein **Rechtsmittelauftrag** unter Hinweis auf das übersandte anzufechtende Urteil genügt den Sorgfaltsanforderungen nur dann, wenn dessen Formalien (z. B. Parteibezeichnung) zuvor als zutreffend festgestellt worden sind. Diese Aufgaben darf der Rechtsanwalt auch nicht seinem Büropersonal übertragen, ohne das Arbeitsergebnis selbst sorgfältig zu prüfen.[239] Auch muss der Prozessbevollmächtigte prüfen, ob der mit der Rechtsmitteleinlegung beauftragte Rechtsanwalt den Auftrag innerhalb der Rechtsmittelfrist bestätigt. Bleibt die Bestätigung aus, hat der Prozessbevollmächtigte die Sachlage rechtzeitig vor Fristablauf durch Rückfrage zu klären; die ordnungsgemäße weitere Ausführung des Mandats hat er indessen nicht zu verantworten.[240] Die gleichen Pflichten treffen den Korrespondenzanwalt. Die Überwachungspflicht entfällt nur bei einer allgemeinen Absprache, dass der Rechtsmittelanwalt Aufträge annehmen und ausführen wird.[241] Rechtsmittel- und Rechtsmittelbegründungsfristen dürfen im Fristenkalender erst gestrichen werden, wenn das fristwahrende Schriftstück tatsächlich hinausgegangen oder wenn es versandfähig gemacht und für sein Hinausgehen sichere Vorsorge getroffen worden ist.[242]

Bei der Übermittlung per Telefax darf die Frist grundsätzlich erst gelöscht werden, wenn dem Absender ein **Sendeprotokoll** vorliegt, das die **ordnungsgemäße Übermittlung** belegt.[243] Der Prozessbevollmächtigte darf sich aber grundsätzlich auf ein positives Sendeprotokoll verlassen. Kommt es beim elektronischen Übertragungsvorgang zu Fehlern, die aus dem Sendeprotokoll nicht hervorgehen, können diese der Partei nicht als schuldhaftes Verhalten zugerechnet werden.[244] Die Übermittlung mit Telefax muss der Anwalt nicht persönlich vornehmen; er darf das Absenden der Telekopie einer zuverlässigen, hinreichend geschulten Bürokraft übertragen.[245] Dabei muss er nicht überprüfen, ob sie den Schriftsatz an die darauf korrekt angegebene Fax-Nummer übermittelt hat.[246] Entsprechendes gilt für die Übermittlung eines Rechtsmittelauftrags zur Berufungseinlegung.[247] Der Anwalt genügt seiner Pflicht zur Fristenkontrolle, wenn er seine Angestellten anweist, nach einer Faxübertragung die Übermittlung an den richtigen Empfänger anhand des Sendeprotokolls zu überprüfen.[248] Eine Einzelanweisung, einen Fristverlängerungsantrag per Telefax zu übermitteln, macht die Überprüfung der erfolgreichen Übermittlung anhand des Sendeprotokolls nicht entbehrlich.[249]

Eine auffällige Häufung von Mängeln bei der Wahrung einer Rechtsmittelbegründungsfrist rechtfertigt Bedenken gegen eine ordnungsgemäße Ausbildung und Überwachung des anwaltlichen Büropersonals oder lässt den Schluss auf unvollständige organisatorische Anweisungen des Anwalts zu.

Der **Rechtsanwalt** hat den **Fristablauf** anhand seiner Handakten **eigenverantwortlich zu überprüfen,** wenn ihm die Akte im Zusammenhang mit einer fristgebundenen Prozesshandlung oder zur Vorbereitung einer solchen vorgelegt wird.[250] Jedoch darf sich der Anwalt bei der Prüfung von Fristbeginn und Fristende auf seine Handakten verlassen, sofern sich aus ihnen keine Anhaltspunkte für Unrichtigkeiten ergeben.[251] Ist die Fristeintragung im Fristenkalender in der Handakte als erledigt notiert, muss der Rechtsanwalt die Eintragung im Fristenkalender nicht noch persönlich überprüfen.[252] Werden dem Rechtsanwalt Prozess- **304 a**

---

[237] BGH, FamRZ 2003, 1092
[238] BGH, FamRZ 1997, 673
[239] BGH, FamRZ 2004, 1020
[240] BGH, FamRZ 2007, 1007
[241] BGH, FamRZ 1998, 97
[242] BGH, FamRZ 2007, 2059; 2006, 1191
[243] BGH, FamRZ 2007, 1722; 2006, 694; 2004, 1549
[244] BGH, NJW 2006, 1518
[245] BGH, FamRZ 2006, 542
[246] BGH, FamRZ 1999, 21
[247] BGH, FamRZ 1996, 1003
[248] BGH, FamRZ 2005, 1534
[249] BGH, FamRZ 2007, 720
[250] BGH, FamRZ 2007, 720; FamRZ 2007, 646; NJW-RR 2006, 1501
[251] BGH, FamRZ 1997, 813
[252] BGH, NJW 2006, 2778

akten ohne Zusammenhang mit einer fristgebundenen Prozesshandlung vorgelegt, so ist er nicht verpflichtet, die Akten auf die Einhaltung von Fristen oder die Erledigung von Fristnotierungen zu überprüfen.[253] Zu einer ausnahmsweisen Wiedereinsetzung in den vorigen Stand, wenn mit Einlegung der Berufung Akteneinsicht beantragt, diese aber trotz mehrfacher Erinnerung erst eine Woche vor der verlängerten Berufungsbegründungsfrist gewährt wurde, vgl. BGH.[254]

Wird im Anwaltsbüro die Sache dem Prozessbevollmächtigten zur Fertigung der Berufungsschrift vorgelegt, so entsteht damit für diesen eine eigene Pflicht zur Prüfung des Fristablaufs, von der er sich auch nicht durch eine allgemeine Anweisung befreien kann, ihn täglich an unerledigte Fristsachen zu erinnern.[255] Der Rechtsanwalt, dem daher die Handakten zur Anfertigung der Berufungsbegründung vorgelegt werden, hat eigenverantwortlich die Berufungsbegründungsfrist zu prüfen.[256] Wenn ein Rechtsanwalt, der ein Empfangsbekenntnis über eine Urteilszustellung unterzeichnet und zurückgegeben hat, ohne das Datum der Zustellung in den Handakten vermerkt zu haben, seine Bürokraft nur mündlich anweist, eine Rechtsmittelfrist einzutragen, genügt er seiner Sorgfaltspflicht nur dann, wenn in seiner Kanzlei ausreichende organisatorische Vorkehrungen dafür getroffen sind, dass eine korrekte Fristeintragung erfolgt.[257]

Auch der **Verkehrsanwalt** hat eigenverantwortlich zu prüfen, wann eine Entscheidung der Partei zugestellt worden ist; auf deren Angaben darf er sich nicht verlassen.[258] Den Rechtsanwalt, der einen auswärtigen Anwalt mit der Einlegung der Berufung beauftragen muss, treffen erhöhte Sorgfaltspflichten zur Wahrung der Berufungsfrist.[259]

Wird ein Antrag auf Wiedereinsetzung in den vorigen Stand darauf gestützt, dass die Berufungsbegründungsfrist wegen fehlender Fristnotierung im Anwaltsbüro versäumt worden sei, bedarf es zur Darlegung, dass der Wiedereinsetzungsantrag innerhalb der Frist des § 234 ZPO gestellt worden ist, der Mitteilung, wann die Sache dem Prozessbevollmächtigten nach Ablauf der versäumten Frist erstmals vorgelegt worden ist. Von diesem Zeitpunkt an kann nämlich die Unkenntnis von der Fristversäumung nicht mehr als unverschuldet angesehen werden.[260]

304 b   Der **Antrag auf Verlängerung der Berufungsbegründungsfrist** ist nicht die nachzuholende Prozesshandlung beim Begehren auf Wiedereinsetzung wegen der Versäumung der Berufungsbegründungsfrist.[261] Der Berufungskläger kann grundsätzlich nicht darauf vertrauen, dass ihm ohne **Einwilligung des Gegners** eine zweite Verlängerung der Berufungsbegründungsfrist bewilligt wird.[262] Will der Vorsitzende mangels erheblicher Gründe bereits eine erste Fristverlängerung ablehnen, ist er nicht verpflichtet, den Antragsteller hierüber vorab per Telefon oder Telefax zu unterrichten.[263] Die Berufungsbegründung wird auch nicht durch einen beigefügten, den inhaltlichen Erfordernissen einer Berufungsbegründung entsprechenden Prozesskostenhilfeantrag ersetzt, wenn die Partei klar zum Ausdruck bringt, dass dieser Antrag gerade nicht auch zur Berufungsbegründung bestimmt ist.[264]

Ein Gericht, bei dem das **Verfahren anhängig gewesen** ist, ist verpflichtet, fristgebundene Schriftsätze für das Rechtsmittelverfahren, die bei ihm eingereicht werden, an das zuständige Rechtsmittelgericht weiterzuleiten. Ist ein solcher Schriftsatz so zeitig eingereicht worden, dass die fristgerechte Weiterleitung an das Rechtsmittelgericht im ordentlichen Geschäftsgang ohne weiteres erwartet werden kann, ist der Partei Wiedereinsetzung in den vorigen Stand zu gewähren, wenn der Schriftsatz nicht rechtzeitig an das Rechtsmittel-

---

[253] BGH, FamRZ 1999, 649
[254] BGH, NJW-RR 2000, 947
[255] BGH, NJW 1997, 1311
[256] BGH, FamRZ 2007, 720; 2003, 369
[257] BGH, FamRZ 2003, 439
[258] BGH, FamRZ 1998, 285
[259] BGH, FamRZ 1998, 96
[260] BGH, NJW 1997, 1079
[261] BGH, FamRZ 2006, 1754
[262] BGH, FamRZ 2004, 867
[263] BGH, FamRZ 2007, 1808
[264] BGH, FamRZ 1996, 300

gericht gelangt.[265] Verzögerungen im Geschäftsgang (z. B. 5 Arbeitstage bis zur Feststellung der fehlenden Zuständigkeit durch das LG und Weiterleitung an das OLG) gehen nicht zu Lasten des Rechtsmittelführers.[266] Allerdings besteht keine **generelle Fürsorgepflicht** des für die Rechtsmitteleinlegung unzuständigen Gerichts, durch geeignete Maßnahmen eine Fristversäumung des Rechtsmittelführers zu verhindern.[267] Auch begründet der Grundsatz des fairen Verfahrens keine Pflicht für das Gericht, den Rechtsmittelführer telefonisch oder per Telefax innerhalb der Berufungsfrist zu unterrichten, dass die Berufung beim unzuständigen Gericht eingelegt wurde.[268]

Hatte die Partei nach ordnungsgemäßer Ladung Kenntnis vom Verhandlungstermin, so muss sie sich nach dessen Ergebnis erkundigen. Ein Fall, in dem die Berufungsfrist nach § 517 letzter Hs. ZPO nicht zu laufen beginnt, liegt dann nicht vor.[269]

Nach Ablehnung eines Prozesskostenhilfegesuches ist der Partei Wiedereinsetzung gegen die Versäumung einer Rechtsmittelfrist zu gewähren, wenn sie vernünftigerweise nicht mit der Verweigerung der Prozesskostenhilfe wegen fehlender Bedürftigkeit rechnen musste.[270]

Der durch den Eingangsstempel erbrachte **Beweis für den Tag des Eingangs** kann nicht **304 c** durch die bloße Möglichkeit eines abweichenden Geschehensablaufs entkräftet werden.[271] Die Richtigkeit eines Eingangsstempels als öffentliche Urkunde unterliegt dem Gegenbeweis; dieser kann durch Freibeweis erfolgen und unterliegt uneingeschränkt der freien Beweiswürdigung.[272]

Wird ein Beschluss über die Bewilligung von Prozesskostenhilfe dem Prozessbevollmächtigten formlos gegen Empfangsbekenntnis übersandt, ist zu vermuten, dass dieser den Beschluss erst an dem Tag erhalten hat, an dem er das Empfangsbekenntnis unterzeichnet hat.[273] Bei der Zustellung gemäß § 174 ZPO ist die Entscheidung an dem Tag zugestellt, für den der Prozessbevollmächtigte den Empfang bescheinigt. Der Prozessbevollmächtigte hat dafür zu sorgen, dass dieser Zustellungszeitpunkt auf der Entscheidung oder in den Handakten deutlich vermerkt wird.[274]

Der Rechtsanwalt darf das Empfangsbekenntnis erst unterzeichnen und zurückgeben, wenn er den Zustellungszeitpunkt schriftlich festgehalten hat oder durch Einzelanordnung dafür Sorge getragen hat, dass das Zustelldatum festgehalten und ein entsprechender Vermerk im Fristenkalender vorgenommen wird.[275] Hat aber der Anwalt die erforderlichen Eintragungen durch Einzelweisung veranlasst, darf er das Empfangsbekenntnis auch vor Eintragung der Fristen in Handakte und Fristenkalender unterzeichnen.[276]

Wird der Antrag des Rechtsmittelklägers auf Beiordnung eines Notanwalts nach Ablauf der Rechtsmittelfrist abgelehnt, so ist die Bekanntgabe dieser Entscheidung Anknüpfungspunkt des Fristbeginns für den Antrag auf Wiedereinsetzung gegen die Versäumung der Rechtsmittelfrist.[277]

Zugestellt ist ein Schriftstück an den Anwalt nach § 174 ZPO an dem Tag, an dem er **304 d** die Zustellung mittels Empfangsbekenntnis bestätigen will.

An den Nachweis, dass im Empfangsbekenntnis des Anwalts ein unrichtiges Datum vermerkt ist sind strenge Anforderungen zu stellen.[278]

Wird das dem Anwalt zugestellte Urteil an den Mandanten weitergegeben, ohne dass eine Ablichtung gefertigt wird, reicht es nicht aus, den Zustellungszeitpunkt ausschließlich auf

[265] BGH, FamRZ 2007, 1640
[266] BGH, NJW 2006, 3499
[267] BGH, NJW-RR 2004, 1655
[268] BVerfG, FamRZ 2001, 827
[269] BGH, FamRZ 1995, 800
[270] BGH, FamRZ 2005, 1901; 2005, 789
[271] BGH, FamRZ 1997, 488; vgl. auch 1997, 736
[272] BGH, FamRZ 1996, 1004
[273] BGH, FamRZ 1999, 579
[274] BGH, FamRZ 1999, 577
[275] BGH, FamRZ 2006, 856
[276] BGH, FamRZ 1997, 813
[277] BGH, FamRZ 1996, 1331
[278] BGH, FamRZ 1995, 799

der Urteilsausfertigung zu notieren. Es ist hier vielmehr erforderlich, den Zustellungszeitpunkt in geeigneter Weise zwecks Überprüfung der Berufungsfrist anderweitig in der Handakte zu vermerken.[279]

Der Anwalt hat seiner Partei nicht nur eine Kopie des Urteils zu übersenden, sondern sie stets über den Zeitpunkt der Urteilszustellung und die Folgen einer nicht rechtzeitigen Einlegung des Rechtsmittels zu unterrichten.[280]

Bei Angaben über sog. Rechtstatsachen, zu denen auch die Urteilszustellung gehört, darf sich der Anwalt nicht ohne weiteres mit der Auskunft des Mandanten zufrieden geben, sondern muss ggf. durch Rückfragen eine eigene Klärung herbeiführen.[281]

Auch eine im Ausland lebende Partei muss sich unverzüglich um die Einlegung eines Rechtsmittels kümmern, wenn sie eine ihr bekannt gewordene (aber nicht zugestellte) Entscheidung nicht hinnehmen will.[282]

Auch eine rechtsunkundige Partei muss sich rechtzeitig über Form und Frist eines Rechtsmittels gegen ein für sie ungünstiges Urteil erkundigen und klären, ob Berufung nur durch einen Anwalt eingelegt werden kann. Auch unter verfassungsrechtlichen Gesichtspunkten ist es nicht erforderlich, Urteile über Zivilklagen mit einer Rechtsmittelbelehrung zu versehen. Eine allgemeine Fürsorgepflicht des Gerichts, zur Heilung von Formmängeln durch Hinweise oder andere Maßnahmen beizutragen, besteht nicht.[283]

Die Übermittlung fristwahrender Schriftsätze per Telefax ist bei allen Gerichten uneingeschränkt zulässig. Erforderlich ist, dass der Rechtsanwalt die Kopiervorlage unterzeichnet hat und die Unterschrift auf der Fernkopie ersichtlich ist. Es genügt, dass der Rechtsanwalt die Kopiervorlage seiner eigenen Kanzlei durch Telefax übermittelt und sie von dort dem Gericht übermittelt wird.[284] Der Prozessbevollmächtigte muss nicht überprüfen, ob seine Büroangestellte den Schriftsatz an die darauf korrekt angegebene Fax-Nummer übermittelt.[285]

304 e   Es ist Sache der Justizbehörde, die **Funktionsfähigkeit der Telefaxanlage** auch nach Dienstschluss zu gewährleisten. Das Risiko technischer Störungen des Empfangsgerätes des Gerichts hat die Partei nicht zu tragen.[286] Stellt sich heraus, dass eine Telefax-Verbindung infolge unvorhersehbaren, nicht zu vertretenden Ausfalls des Sendegeräts nicht zustande kommt, bleibt der Rechtsuchende verpflichtet, alle dann noch möglichen und zumutbaren Maßnahmen zu ergreifen, um die Frist einzuhalten.[287] Erkennt die Partei einen Defekt ihres Mobiltelefons, der sie am Abhören der auf ihrer Mailbox eingegangenen Nachrichten hindert, stellt es ein Verschulden i. S. d. § 233 ZPO dar, wenn sie im Hinblick auf eine zu erwartende gerichtliche Entscheidung nicht von sich aus Kontakt zu ihrem Prozessbevollmächtigten aufnimmt.[288] Erkennt der Bevollmächtigte einer Partei, dass er einen Schriftsatz per Telefax nicht mehr fristgerecht an das zuständige Gericht übermitteln kann, steht es einer Wiedereinsetzung grundsätzlich nicht entgegen, dass er den Schriftsatz in anderer Weise noch rechtzeitig hätte übermitteln können, sofern die Unmöglichkeit der rechtzeitigen Übermittlung per Telefax ihren Grund in der Sphäre des Gerichts findet.[289] Wird eine per Telefax übermittelte Berufungsbegründung infolge eines Papierstaus im Empfangsgerät des Gerichts nur ohne die von dem Prozessbevollmächtigten unterschriebene Seite empfangen, ist die Berufungsbegründungsfrist nicht gewahrt, erfüllt allerdings die Voraussetzungen für eine Wiedereinsetzung.[290] Die Fristversäumung ist verschuldet, wenn der Anwalt mit der Versendung eines Telefaxes erst wenige Minuten vor Fristablauf beginnt und

[279] BGH, NJW-RR 1995, 1025
[280] BGH, FamRZ 1996, 1466
[281] BGH, NJW-RR 1995, 825
[282] BGH, FamRZ 1995, 1136
[283] OLG Hamm, FamRZ 1997, 758
[284] BGH, FamRZ 1998, 425
[285] BGH, FamRZ 1999, 21
[286] BGH, FamRZ 1997, 414
[287] BVerfG, NJW 2006, 829
[288] BGH, FamRZ 2003, 926
[289] BGH, FamRZ 2003, 925
[290] BGH, FamRZ 2005, 434

die rechtzeitige Übermittlung an üblichen technischen Störungen (Papierstau, Belegtheit des Empfangsgeräts etc.) scheitert.[291]

Ergibt sich aus dem Übersendungsprotokoll des Faxgerätes, dass der Schriftsatz in drei getrennten Übertragungen kurz vor und kurz nach 24 Uhr des Tages des Fristablaufs bei Gericht eingegangen ist, dann besteht bei Beachtung der erforderlichen Sorgfalt hinreichender Anlass, sich unverzüglich beim Gericht zu erkundigen, ob der Schriftsatz vielleicht dennoch rechtzeitig eingegangen sei. Die Wiedereinsetzungsfrist beginnt mit diesem Tag zu laufen.[292] Die fehlerhafte Eingabe einer Fax-Nummer durch den Prozessbevollmächtigten ist ebenso wie eine fehlende Adressierung durch ihn fahrlässig und schließt eine Wiedereinsetzung aus.[293]

Die Anforderungen an die anwaltlichen Pflichten **zur Auswahl und Überwachung von** 304 f **Büropersonal** richten sich nach der Art der übertragenen Tätigkeit und der Qualifikation der Bürokraft. Gegenüber juristisch geschulten Hilfskräften bestehen insoweit verminderte Belehrungspflichten.[294] Insbesondere mit der Notierung und Überwachung von Fristen darf der Rechtsanwalt nur voll ausgebildetes und sorgfältig überwachtes Personal betrauen, nicht aber noch auszubildende Kräfte.[295] Zudem muss er in diesem Zusammenhang durch geeignete **organisatorische Maßnahmen** sicherstellen, dass zumindest bei solchen Prozesshandlungen, deren Vornahme ihrer Art nach einen erheblichen Aufwand erfordern, wie dies bei der Rechtsmittelbegründung der Fall ist, zusätzlich neben dem Datum des Fristablaufs eine **Vorfrist** (etwa eine Woche)[296] notiert wird. Diese soll sicherstellen, dass dem Rechtsanwalt auch für den Fall von Unregelmäßigkeiten und Zwischenfällen noch hinreichend Zeit verbleibt, um das Rechtsmittel fristgerecht zu begründen oder eine Verlängerung der Begründungsfrist zu beantragen. Deshalb ist sie auch für die Berufungsfrist entbehrlich.[297] Fehlt es an einer entsprechenden Anordnung, kann Wiedereinsetzung nicht gewährt werden, wenn der Rechtsanwalt zu einem späteren Zeitpunkt vor Ablauf der Begründungsfrist die fehlerhaft notierte Frist im Rahmen eigenständiger Prüfung nicht mehr feststellen und durch Begründung oder Fristverlängerungsantrag auch nicht mehr rechtzeitig reagieren kann.[298]

Im Übrigen darf sich der Anwalt für Verrichtungen einfachster Art auch nicht angestellter Personen bedienen, sofern diese ihm persönlich bekannt sind, ausreichend unterrichtet werden und sich in ähnlichen Fällen als zuverlässig erwiesen haben.[299]

Die allgemeine Anweisung, eine Rechtsmittelfrist nach Berechnung stets zuerst im Fristenkalender und erst dann in der Handakte zu notieren, genügt den Anforderungen an eine ordnungsgemäße Büroorganisation; ihre Befolgung braucht nicht im Einzelfall überprüft zu werden.[300]

Der Prozessbevollmächtigte hat für fristwahrende Schriftsätze eine wirksame **Ausgangskontrolle** einzurichten, durch die sichergestellt wird, dass solche Schriftsätze tatsächlich rechtzeitig herausgehen und Nachlässigkeiten vor Fristablauf rechtzeitig entdeckt werden.[301] Es liegt ein Organisationsmangel in der Anwaltskanzlei vor, wenn die Fristen in Berufungsverfahren im Fristenkalender nicht deutlich als solche von gewöhnlichen Wiedervorlagefristen abgehoben sind.[302]

Auch beim Einwurf in den Fristenkasten einer gemeinsamen Briefannahme geht der an ein unzuständiges Gericht adressierte Schriftsatz erst dann beim zuständigen Gericht ein, wenn er nach Weiterleitung durch das zunächst angegangene Gericht in die Verfügungs-

[291] BGH, FamRZ 2005, 266
[292] BGH, NJW-RR 2000, 1591
[293] BGH, FamRZ 2003, 667
[294] BGH, FamRZ 2006, 192
[295] BGH, FamRZ 2007, 2059
[296] BGH, NJW 1994, 2552
[297] BGH, FamRZ 2007, 275
[298] BGH, NJW 2002, 443, 444
[299] BGH, FamRZ 2003, 368
[300] BGH, FamRZ 1996, 1468
[301] BGH, FamRZ 2007, 2059, 2060
[302] BGH, NJW-RR 2001, 279

gewalt des zuständigen Gerichts gelangt.[303] Dabei erbringt der Eingangsstempel des Gerichts zwar den Beweis für den Eingang; dies kann jedoch dahingehend widerlegt werden, dass der Vorgang im Tagesbriefkasten am Vortag nach Dienstschluss der Poststelle eingeworfen wurde.[304]

304 g   Die **Wiedereinsetzungsfrist beginnt** spätestens mit dem Zeitpunkt, in dem der verantwortliche Anwalt die eingetretene Säumnis hätte erkennen können und müssen. Sucht die Partei um Prozesskostenhilfe nach, beginnt die Frist spätestens in dem Zeitpunkt, in dem ihm das Gericht spezifiziert darlegt, dass die Voraussetzungen für die Gewährung von Prozesskostenhilfe nicht vorliegen.[305] Sobald der Anwalt mit der Sache befasst wird, hat er selbstständig und eigenverantwortlich die anstehenden Fristen zu überprüfen.[306] Gegen eine Wiedereinsetzung in den vorigen Stand besteht keine Beschwerdemöglichkeit (§ 238 III ZPO), selbst bei Verletzung rechtlichen Gehörs[307] oder Zulassung der Rechtsbeschwerde.[308]

Wiedereinsetzung in den vorigen Stand kann nicht zur Ergänzung einer innerhalb der Berufungsbegründungsfrist wirksam eingereichten, jedoch inhaltlich (teilweise) unzureichenden Berufungsbegründung gewährt werden.[309] Dies gilt ferner für eine rechtzeitig eingelegte Berufung, die nicht erkennen lässt, für wen und gegen wen sich das Rechtsmittel richten soll.[310]

Nach Ablehnung des Prozesskostenhilfegesuchs kann Wiedereinsetzung wegen Versäumung der Berufungsfrist nur gewährt werden, wenn innerhalb der Rechtsmittelfrist ein **ordnungsgemäßer Prozesskostenhilfeantrag** gestellt wurde. Eine Bezugnahme auf ein früheres Prozesskostenhilfegesuch ist nur dann ausreichend, wenn unmissverständlich mitgeteilt wurde, dass keine Änderungen eingetreten sind.[311] Wiedereinsetzung gegen die Versäumung einer Rechtsmittel- oder Rechtsbehelfsfrist kann der bedürftigen Partei gewährt werden, wenn sie mit der Gewährung von Prozesskostenhilfe rechnen konnte. Dies setzt voraus, dass sie auch einen ordnungsgemäß ausgefüllten **Vordruck nach § 117 IV ZPO** eingereicht hat,[312] wobei im Einzelfall etwa Lücken im Erklärungsvordruck, in Verbindung mit den weiter erkennbaren Umständen, die den Nachweis der Prozesskostenarmut ermöglichen, der Wiedereinsetzung nicht entgegenstehen.[313] Die eine Wiedereinsetzung begründenden Tatsachen können durch die eigene eidesstattliche Versicherung des Antragstellers glaubhaft gemacht werden.

Das Verschulden eines Rechtsanwalts, dem in der Sache kein Mandat erteilt war, braucht sich der Antragsteller nicht zurechnen zu lassen.[314]

304 h   Die Partei haftet nur für Fehler, insb. **Organisationsfehler ihres Prozessbevollmächtigten,** nicht dagegen für unvorhersehbares Fehlverhalten einer Kanzleikraft.[315] Ein Organisationsverschulden des Prozessbevollmächtigten ist nicht ausgeräumt, wenn er nicht durch allgemeine oder konkrete Anweisung sicherstellt, dass nach der Übermittlung eines **Prozesskostenhilfeantrags** per Telefax anhand des Sendeprotokolls überprüft wird, ob sämtliche Seiten des Schriftsatzes mit allen Anlagen übermittelt wurden.[316] Ferner ist von einem Organisationsverschulden des Rechtsanwalts auszugehen, wenn die Fristenkontrolle nicht ausschließlich einer bestimmten Fachkraft zuweist, wobei ein **Zuständigkeitswechsel** im Verlauf eines Tages unschädlich ist, sofern die entsprechende Anordnung eine eindeutige zeitliche Abgrenzung der Verantwortlichkeit gewährleistet.[317] Den Prozessbevollmächtigten

---

[303] BGH, NJW-RR 1996, 443
[304] BGH, NJW-RR 2001, 280
[305] BGH, FamRZ 2007, 801
[306] BGH, FamRZ 1996, 934
[307] BGH, NJW 1995, 2497
[308] BGH, NJW 2003, 211
[309] BGH, NJW 1997, 1309
[310] BGH, FamRZ 2007, 903
[311] BGH, NJW 1997, 1078
[312] BGH, FamRZ 2006, 1028; 2006, 32
[313] BGH, FamRZ 2005, 2062
[314] BGH, FamRZ 1996, 408
[315] BGH, FamRZ 1997, 488
[316] BGH, FamRZ 2007, 809
[317] BGH, FamRZ 2007, 547

trifft kein Verschulden, wenn er eine konkrete Einzelweisung erteilt, bei deren Befolgung die Frist gewahrt worden wäre. Er darf darauf vertrauen, dass eine bisher zuverlässige Bürokraft eine Einzelweisung befolgt; er ist nicht verpflichtet, die Ausführung der Weisung zu überwachen.[318] Bei Einreichung einer nicht unterzeichneten Berufungsschrift kann Wiedereinsetzung in den vorigen Stand gewährt werden, wenn das Büropersonal des Bevollmächtigten angewiesen ist, ausgehende Schriftsätze vor der Absendung auf das Vorhandensein einer Unterschrift zu überprüfen.[319]

Die Partei, die von der Rechtshängigkeit Kenntnis hat, muss dafür Sorge tragen, dass sie Zustellungen im weiteren Verlauf des Verfahrens erreichen; verletzt sie diese Pflicht, so ist die Unkenntnis von einer Urteilsverkündung verschuldet.[320]

Die Partei hat den verzögerten Eingang einer falsch adressierten Rechtsmittelschrift zu vertreten. Dies gilt nicht, wenn mit einer rechtzeitigen Weiterleitung im ordentlichen Geschäftsgang ohne weiteres zu rechnen war, die rechtzeitig angeordnete Weiterleitung nicht ordnungsgemäß ausgeführt wird oder die Rechtsmittelschrift ohne jede Weiterleitungsverfügung fehlerhaft weitergeleitet wird.[321]

Beim falschen Gericht eingereichte Schriftsätze hat dieses im ordentlichen Geschäftsgang an das zuständige Gericht weiterzuleiten. Erhält der neu beauftragte Rechtsanwalt antragsgemäß Akteneinsicht, so hat er bei der ersten Durchsicht der Sache zu prüfen, ob das Rechtsmittel beim zuständigen Gericht eingelegt ist und hat ggf. unverzüglich die erforderlichen Schritte zu unternehmen.[322] Eine Partei hat auch für das Verschulden eines Nicht-Anwalts einzustehen, dem sie es überlassen hat, einen Rechtsanwalt mit der Führung des Prozesses oder der Einlegung eines Rechtsmittels zu beauftragen. Ein Verschulden des Nicht-Anwalts kann aber unter besonderen Umständen zu verneinen sein.[323]

Hat ein Rechtsanwalt jahrelang unbeanstandet mit einer nach den Anforderungen der Rspr. ungenügenden, verkürzten Unterschrift (Paraphe) unterzeichnet, so ist ihm, wenn eine derartige Unterzeichnung der Rechtsmittelschrift erstmals auf Bedenken des Gerichts stößt, in der Regel Wiedereinsetzung in den vorigen Stand zu bewilligen.[324]

Eine innerhalb der Berufungsfrist nicht wirksam eingelegte Berufung muss mit dem Antrag auf Wiedereinsetzung als Prozesshandlung nicht nachgeholt werden, wenn aus der vorliegenden Berufungsbegründung klar ersichtlich ist, welches Urteil von welcher Partei angefochten wird.[325] Sie muss allerdings nachgeholt werden, wenn sie zunächst unzulässigerweise unter einer Bedingung eingelegt und deshalb unwirksam war.[326]

304 i

Für die Wiedereinsetzung gegen die Versäumung der Wiedereinsetzungsfrist gilt eine selbstständige Wiedereinsetzungsfrist, die von der Frist für die Wiedereinsetzung wegen Versäumung der Rechtsmittelfrist zu unterscheiden ist.[327] Für den Vortrag der Gründe, die die Wiedereinsetzung wegen der Versäumung der Wiedereinsetzungsfrist betreffen, gilt eine eigene Zweiwochenfrist, die gem. § 234 II ZPO mit dem Tage beginnt, an dem das Hindernis behoben ist.[328] Gegen die Entscheidung des Berufungsgerichts, mit der nach dem 31. 12. 2001 die Berufung wegen Versäumung der Berufungsbegründungsfrist verworfen und die Wiedereinsetzung in den vorigen Stand abgelehnt wird, ist nur die Rechtsbeschwerde, nicht mehr die sofortige Beschwerde eröffnet.[329] Rechtsbeschwerden zum BGH können wirksam nur durch einen bei diesem Gericht zugelassenen Rechtsanwalt eingelegt und begründet werden. Ist dies in der Zeit unmittelbar nach Inkrafttreten des ZPO-Reformgesetzes im Einzelfall nicht geschehen, müsste, selbst wenn wegen der mit dem neuen Recht

---

[318] BGH, FamRZ 1997, 997
[319] BGH, NJW-RR 2003, 277
[320] BGH, FamRZ 1997, 997
[321] BGH, FamRZ 1998, 285
[322] BGH, FamRZ 1998, 98
[323] BGH, NJW-RR 2001, 527
[324] BGH, MDR 1999, 53
[325] BGH, NJW 2000, 3286
[326] BGH, FamRZ 2007, 1726
[327] BGH, FamRZ 1999, 579
[328] BGH, NJW-RR 1999, 34
[329] BGH, NJW 2002, 1721

zunächst verbundenen Unsicherheiten ein entsprechendes Verschulden zu verneinen sein sollte, innerhalb der Zweiwochenfrist des § 234 I ZPO entweder durch einen beim BGH zugelassenen Rechtsanwalt Wiedereinsetzung in den vorigen Stand beantragt worden oder um Bewilligung von Prozesskostenhilfe für einen solchen Antrag nachgesucht worden sein.[330]

IV. Anschlussberufung (§ 524 ZPO)

305   Will sich die Prozesspartei nach einem Teilerfolg ihres Klagebegehrens mit dem erstinstanzlichen Unterhaltsurteil abfinden, aber vor dem Hintergrund eines Rechtsmittels der Gegenseite sicherstellen, dass die Möglichkeit einer Abänderung auch zu ihren Gunsten nicht an dem Verschlechterungsverbot scheitert, ist die Anschlussberufung die prozessual gebotene Vorgehensweise. Insoweit unterschied allerdings noch das bis zum Inkrafttreten des ZPO-RG vom 27. 7. 2001 (BGBl. I S. 1887) geltende Recht zwischen **selbstständiger** und **unselbstständiger Anschlussberufung.** Schloss sich der Berufungsbeklagte der Berufung der Gegenseite innerhalb der für ihn laufenden Berufungsfrist an, hatte er eine selbstständige Anschlussberufung erhoben. Um eine unselbstständige Anschlussberufung handelte es sich erst dann, wenn die Anschließung nach Ablauf der eigenen Berufungsfrist erfolgte oder wenn sonstige Prozessvoraussetzungen nicht vorlagen. Diese Unterscheidung kennt das Gesetz nicht mehr. Überdies besteht für eine entsprechende Differenzierung auch kein Bedürfnis, weil eine Berufung des Berufungsbeklagten, sofern sie fristgerecht erklärt wird, stets als selbstständiges Rechtsmittel (Berufung) anzusehen ist.

Die **unselbstständige Anschlussberufung,** bei der es sich lediglich um eine Antragstellung im Rahmen des Rechtsmittels der Gegenseite handelt,[331] ist deshalb auch von einer Vielzahl von prozessualen Bedingungen befreit. So bedarf sie **keiner Beschwer** mit der Folge, dass der in erster Instanz voll obsiegende Berufungsbeklagte die Klage erweitern oder Widerklage erheben kann. Die Wertgrenze gilt wegen der Abhängigkeit von der Hauptberufung ebenso wenig wie die Zulassung durch das Gericht erster Instanz (§ 511 II ZPO). Der Verzicht auf die eigene Berufung oder das Verstreichenlassen der Berufungsfrist stehen einer Anschließung nicht entgegen (§ 524 II S. 1 ZPO). Selbst die Verwerfung der eigenen Berufung – im Unterschied zum Fall der Zurückweisung nach § 522 II ZPO – hindert die Anschließung nicht, wobei im Zweifel die unzulässige Berufung als Anschlussrechtsmittel zu behandeln sein dürfte, sofern insoweit die Form- und Fristerfordernisse gewahrt sind.[332]

Mit der **Akzessorietät** gegenüber der Berufung unterliegt die Anschließung auch wiederum Beschränkungen. So verliert sie sowohl bei Rücknahme als auch bei Verwerfung und Zurückweisung des Hauptrechtsmittels durch Beschluss ihre Wirkung (§ 524 IV ZPO). Im Hinblick auf die Akzessorietät ist eine Entscheidung über die Anschlussberufung vorab durch **Teilurteil,** sei es Verwerfung oder Entscheidung in der Sache, unzulässig.[333]

Überdies kann die Anschlussberufung sich nur gegen den **Berufungskläger** richten. Klagen die Ehegatte und gemeinsame Kinder als Streitgenossen Unterhaltsansprüche ein, kommt eine Urteilskorrektur im Wege der Anschließung nur gegenüber demjenigen in Betracht, der als Berufungskläger in Erscheinung tritt.[334] Wurde allerdings erstinstanzlich neben dem Trennungsunterhalt Kindesunterhalt in **Prozessstandschaft** (§ 1629 III S. 1 BGB) geltend gemacht, kann sich die Anschlussberufung zulässigerweise auch gegen den Anspruch richten, der nicht Gegenstand der Berufung ist.[335] Hat das Amtsgericht berechtigterweise durch Teilurteil über ein Unterhaltsbegehren entschieden, ist eine Anschließung mit dem Ziel, den erstinstanzlich noch anhängigen Teil in der Berufungsinstanz mitentschei-

---

[330] BGH, NJW-RR 2002, 1721
[331] BGH, FamRZ 2006, 619
[332] BGH, FamRZ 2007, 631
[333] BGH, NJW 1994, 2236
[334] OLG Hamm, FamRZ 2000, 433
[335] OLG Hamm, FamRZ 1996, 1088

den zu lassen, unzulässig.[336] Dies ist auch der Fall, wenn das Amtsgericht über den Klagenantrag hinaus (§ 308 I ZPO) Unterhalt zuerkannt hat[337] oder wenn im Verlauf des Berufungsverfahrens einem weitergehenden Forderungsübergang (§§ 7 UVG, 33 SGB II) Rechnung zu tragen ist, weil die erforderlichen Korrekturen hier auch durch den Antrag auf Zurückweisung der Berufung ermöglicht werden. Im Unterschied zur Berufung kann die Anschließung unter einer **Bedingung** erfolgen, sofern es sich bei dieser um einen innerprozessualen Vorgang handelt (z. B. Anschließung für den Fall, dass der Antrag auf Zurückweisung der Berufung erfolglos bleibt).

Die Zulässigkeit der Anschlussberufung hängt ferner davon ab, ob die Anschließung den **305 a** Form- und Fristerfordernissen Rechnung trägt. So hat die Anschließung durch Einreichung einer **Anschlussschrift** bei dem Berufungsgericht zu erfolgen (§ 524 II S. 1 ZPO), weshalb eine entsprechende Erklärung erst in der mündlichen Verhandlung ausscheidet. Seit dem ZPO-RG vom 27. 7. 2001 ist die Anschließung nach dem gesetzgeberischen Ziel einer Beschleunigung und Konzentration des Berufungsverfahrens fristgebunden. Im Zuge weiterer Änderungen durch das 1. JuMoG muss sie nunmehr grundsätzlich (§ 524 II S. 2 ZPO) bis zum Ablauf der dem Berufungsbeklagten gesetzten Frist zur **Berufungserwiderung** erfolgen. Deren Verlängerung (§ 224 II ZPO) wirkt sich unmittelbar auf den Lauf der mit § 629 a II ZPO nicht abgestimmten **Anschließungsfrist** aus. Allerdings befreit der durch das 1. JuMoG eingeführte § 524 II S. 3 ZPO im Unterhaltsprozess die Anschließung von jedweder Frist, wenn sie eine Verurteilung zu künftig fällig werdenden wiederkehrenden Leistungen (§ 323 ZPO) zum Gegenstand hat. Gleichwohl kann der Meinung[338] nicht gefolgt werden, wonach die „bewusst erweiterte Fassung" im Unterhaltsprozess die Einhaltung einer Anschließungsfrist praktisch entbehrlich machen soll. Denn der Gesetzgeber hat die Nichtgeltung einer Anschließungsfrist durch § 524 II S. 3 ZPO ersichtlich in den Kontext der Bestimmung über die Abänderung von Unterhaltstiteln nach § 323 ZPO gestellt, dessen es – diese Vorschrift erschöpft sich nicht in einer Definition künftig fällig werdender wiederkehrender Leistungen – ohne entsprechende Zweckrichtung nicht bedurft hätte, zumal auch in § 258 ZPO von künftig fällig werdenden wiederkehrenden Leistungen die Rede ist. Zudem ist die eng auszulegende Ausnahmeregelung des § 524 II S. 3 ZPO vor dem Hintergrund zu sehen, dass sich die mit dem ZPO-RG erstmals eingeführte Frist für die Einlegung der Anschlussberufung im Unterhaltsprozess nur als begrenzt prozessökonomisch erwiesen hatte, weil Änderungen in den stets wandelbaren wirtschaftlichen und persönlichen Verhältnissen der Parteien des Unterhaltsprozesses, sofern sie nach Fristablauf eintraten, das Berufungsgericht daran hinderten, auf Grund der aktuellen Verhältnisse abschließend zu entscheiden, und die Parteien über eine **Abänderungsklage** in eine weitere gerichtliche Auseinandersetzung zwangen. Gerade solchen für den Unterhaltsprozess typischen Entwicklungen soll die gesetzliche Neuregelung vorbeugen.[339]

Bei einem solchermaßen bestimmten Verständnis der Vorschrift hat der Berufungsbeklagte für eine Anschließung grundsätzlich die **Berufungserwiderungsfrist** einzuhalten.[340] Will er die Anschlussberufung auch **nach Ablauf der Frist** noch erheben, hat er insoweit zusätzlich die Voraussetzungen von § 323 ZPO darzulegen. Demgemäß kann er eine unbefristete Anschlussberufung nur auf eine wesentliche Änderung in den Verhältnissen stützen, die der erstinstanzlichen Verurteilung zugrunde liegen, sofern die **Änderungen erst nach Schluss der mündlichen Verhandlung** eingetreten sind (§ 323 II ZPO). Noch enger sieht das OLG Celle[341] die Einlegung der Anschlussberufung nur dann bis zum Schluss der mündlichen Verhandlung in der Berufungsinstanz als zulässig an, wenn sie sich auf zukünftigen Unterhalt bezieht und die für die Unterhaltsbemessung maßgebenden Verhältnisse sich **erst nach Ablauf der Berufungserwiderungsfrist** geändert haben. Indessen dürfte eine so weitreichende Beschränkung mit den Vorgaben durch § 323 II BGB für die Zulässigkeit

---

[336] BGH, FamRZ 1983, 459, 460
[337] BGH, FamRZ 1986, 661
[338] Eschenbruch/Klinkhammer, Rn. 5144 a
[339] BT-Drucks. 15/3482 S. 18
[340] OLG Koblenz, NJW 2007, 3044
[341] OLG Celle, FamRZ 2007, 1821

einer Abänderungsklage nicht zu vereinbaren sein. Danach ist der Abänderungskläger mit Gründen nicht präkludiert, die nach dem Schluss der mündlichen Verhandlung entstanden sind. Sie wäre auch mit Schwierigkeiten für die Rechtspraxis verbunden, sofern in der Berufungsinstanz wesentliche Änderungen erst in unmittelbarem Zusammenhang mit dem Ablauf der Berufungserwiderungsfrist (z. B. Arbeitslosigkeit einer Partei) eintreten.

Sofern der Berufungsbeklagte ungeachtete der Fristerfordernisse eine ihm günstige Änderung in den für die erstinstanzliche Unterhaltsbemessung maßgebenden Verhältnisse im Wege einer **Abänderungsklage** geltend machen kann, muss er dem durch Klageerweiterung oder Abänderungswiderklage im Rahmen einer Anschlussberufung Rechnung tragen. Ansonsten ist er mit einer hierauf gestützten späteren Abänderungsklage ausgeschlossen.[342] Wird bei entsprechender Geltendmachung die Anschlussberufung infolge Berufungsrücknahme wirkungslos (§ 524 IV ZPO), kann der Berufungsbeklagte die ihm günstige Änderung in den unterhaltsrelevanten Verhältnissen im Wege einer Abänderungsklage weiterverfolgen, wobei die Erhebung der Anschlussberufung als **„Vorwirkung"** der Zeitschranke des § 323 III ZPO gleichsteht,[343] sofern die Klage in einem engen zeitlichen Zusammenhang erhoben wird.

305 b   Kann der Berufungsbeklagte auf Grund geltend gemachter **Prozesskostenarmut** die Frist nicht einhalten, wirft dies die Frage nach einer Wiedereinsetzung in den vorigen Stand nach Bescheidung des Prozesskostenhilfegesuchs auf. Zwar wird die Frist des § 524 II S. 2 ZPO in den §§ 233, 224 ZPO nicht ausdrücklich erwähnt. Doch erscheint zur Durchsetzung des Anspruchs auf **rechtliches Gehör** (Art. 103 I GG) eine analoge Anwendung dieser Vorschriften geboten.[344] Die Situation ist vergleichbar mit der des Berufungsklägers, der bei bestehender Prozesskostenarmut die für eine Durchführung seines Rechtsmittels notwendigen Fristen nicht einhalten kann, dem aber nach Entscheidung über die nachgesuchte Prozesskostenhilfe Wiedereinsetzung in den vorigen Stand zu bewilligen ist (vgl. Rn. 10/301 b und 10/301 c). Nicht zuletzt der auch das Verfahrensrecht bestimmende verfassungsrechtliche **Gleichbehandlungsgrundsatz** (Art. 3 I GG) gebietet die Möglichkeit der Wiedereinsetzung für den Anschlussberufungskläger, zumal sich eine Verlängerung der Berufungserwiderungsfrist mit dem Hinweis auf eine beabsichtigte Anschlussberufung nicht rechtfertigen lässt.

Die Anschließung bedarf der **Begründung,** die in der **Anschlussschrift** erfolgen muss. Die inhaltlichen Anforderungen entsprechen den der Berufung (§ 524 III i. V. m. § 520 III ZPO). Deshalb kann aus Gründen der Waffengleichheit und Prozessökonomie auch der Berufungsbeklagte seine Anschließung noch nach Ablauf der Anschließungsfrist erweitern, sofern die Erweiterung durch die fristgerechte Begründung gedeckt ist,[345] ohne dass es eines ausdrücklichen Vorbehalts bedarf.[346]

305 c   Verliert die Anschließung durch **Rücknahme der Berufung** ihre Wirkung, trägt der Berufungskläger gemäß § 516 III ZPO auch die **Kosten** der ohne Sachentscheidung hinfälligen Anschließung.[347] Dabei macht es keinen Unterschied, ob die Rücknahme noch ein Hinweis des Berufungsgerichts (§ 522 II S. 2 ZPO) vorausgeht. Denn auch in diesem Fall beruht die Wirkung auf einer **im Belieben des Berufungsklägers** stehenden Prozesshandlung.[348] Dies ist ferner anzunehmen, wenn eine wegen Verfristung der Berufungsbegründung unzulässige Berufung als Anschlussberufung zu behandeln ist und der Gegner sein eigenes Hauptrechtsmittel zurücknimmt.[349] Die in der Rechtsprechung der Instanzgerichte umstrittene Frage, ob der Berufungskläger auch dann die **Kosten der Anschließung** zu tragen hat, wenn sein Rechtsmittel durch Beschluss gemäß § 522 II S. 1 ZPO zurückgewiesen wird, hat der BGH bisher offen gelassen.[350] Teilweise wird die Auffassung ver-

---

[342] BGH, FamRZ 1986, 43
[343] BGH, FamRZ 1988, 601
[344] OLG Düsseldorf, FamRZ 2006, 215
[345] BGH, FamRZ 2005, 1538
[346] BGH, NJW-RR 1998, 572
[347] BGH, FamRZ 2005, 513
[348] BGH, FamRZ 2006, 619
[349] BGH, FamRZ 2007, 631
[350] BGH, FamRZ 2006, 619

treten, es sei nicht einsichtig, den erfolglosen Berufungskläger im Fall der Zurückweisung seines Rechtsmittels über eine Beteiligung des Berufungsbeklagten an den Kosten der Anschlussberufung „besser zu stellen" als bei einer Berufungsrücknahme.[351] Wird allerdings mit dem BGH[352] darauf abgestellt, ob die Anschlussberufung durch eine jeweils im Belieben des Berufungsklägers stehende Prozesshandlung einer gerichtlichen Sachentscheidung entzogen wird, sind bei einer Entscheidung nach § 522 II S. 1 ZPO die Kosten, soweit sie auf die Anschließung entfallen, dem Berufungsbeklagten aufzuerlegen.[353] Diese vielfach als „Kostenfalle" für den Anschlussberufungskläger bezeichnete Situation dürfte sich im Übrigen dadurch vermeiden lassen, dass er auf den Hinweis des Berufungsgerichts (§ 522 II S. 1 ZPO) mit einer Anschließung zunächst zuwartet, da im Verfahren nach § 522 II ZPO die Fristsetzung für eine Berufungserwiderung nicht erforderlich ist, mithin eine Versäumung der Anschließungsfrist nicht zu erwarten ist.

Selbst bei einer Berufungsrücknahme trifft den Berufungsbeklagten die Kostenlast, wenn die Anschließung gegen Form- oder Fristbestimmungen verstößt, aus anderen Gründen unzulässig ist, erst nach Rücknahme des Rechtsmittels eingelegt oder ungeachtet der Wirkungen aus § 524 IV ZPO weiterverfolgt wird. Bei einer Sachentscheidung sowohl zur Berufung als auch zur Anschlussberufung folgt die Kostenbelastung gemäß §§ 91 ff. ZPO nach dem Maß des jeweiligen Obsiegens und Unterliegens der Parteien.

– *In dieser Auflage nicht belegt* – **306–311**

V. Die Revision

Gemäß § 542 I ZPO findet gegen die in der Berufungsinstanz erlassenen Urteile, die **312** Unterhaltssachen regeln, die Revision statt. Das gilt aber nicht, soweit es sich um Urteile handelt, durch die über die Anordnung, Abänderung oder Aufhebung eines Arrestes oder einer einstweiligen Verfügung entschieden worden ist (§ 542 II S. 1 ZPO). Allerdings ist die Revision eine **Zulassungsrevision.** Sie ist nur dann zulässig, wenn sie das Berufungsgericht in dem Urteil zugelassen hat oder das Revisionsgericht sie auf die Beschwerde gegen die Nichtzulassung die Revision eröffnet hat. Diese so genannte Nichtzulassungsbeschwerde des § 544 ZPO gilt in Familiensachen jedoch erst für Entscheidungen, die nach dem 31. 12. 2009 verkündet, zugestellt oder sonst wie bekannt gemacht wurden (§ 26 Nr. 9 EGZPO). Bis dahin ist die Entscheidung über die Nichtzulassung daher nicht rechtsmittelfähig und daher nur ggfs. mit der Verfassungsbeschwerde überprüfbar.[354] Eine ordnungsgemäße Darlegung nach § 544 II S. 3 ZPO im Rahmen der Nichtzulassungsbeschwerde setzt voraus, dass der Beschwerdeführer die Zulassungsgründe, auf die er die Beschwerde stützt, benennt und zu ihren Voraussetzungen so substantiiert vorträgt, dass das Revisionsgericht allein anhand der Lektüre der Beschwerdebegründung und des Berufungsurteils die Voraussetzungen der Zulassung überprüfen kann.[355] Hat das Berufungsgericht in seinem Urteil die Revision ohne Einschränkung zugelassen, bezieht sich aber die Zulassungsfrage nur auf einen Teil des Klagzeitraums, so liegt in der Regel die Annahme nahe, das Berufungsgericht habe die Zulassung der Revision auf diesen Teilzeitraum beschränken wollen.[356]

Zuzulassen ist die Revision dann, wenn die Rechtssache grundsätzliche Bedeutung hat **313** oder die Fortbildung des Rechts oder die Sicherung einer einheitlichen Rechtsprechung eine Entscheidung des Revisionsgerichts erfordert (§ 543 II ZPO).

Zur Darlegung des Zulassungsgrundes des § 543 II S. 1 Nr. 1 ZPO genügt nicht die bloße Behauptung einer **grundsätzlichen Bedeutung.** Die Beschwerdebegründung muss vielmehr insbesondere auf die Klärungsbedürftigkeit einer bestimmten Rechtsfrage und ihre über den Einzelfall hinausgehende Bedeutung eingehen. Betrifft eine Rechtsfrage, wegen

---

[351] OLG Hamburg, MDR 2003, 1251
[352] BGH, FamRZ 2006, 619, 620
[353] OLG Celle, NJW 2003, 1755
[354] BVerfG, NJW 1989, 3007
[355] BGH, NJW 2003, 65, 66
[356] BGH, FamRZ 2003, 590

der grundsätzliche Bedeutung geltend gemacht wird, auslaufendes Recht, so muss in der Begründung der Nichtzulassungsbeschwerde auch dargelegt werden, dass eine höchstrichterliche Entscheidung gleichwohl für die Zukunft richtungweisend sein kann, weil entweder noch über eine erhebliche Anzahl von Fällen nach altem Recht zu entscheiden oder die Frage für das neue Recht weiterhin von Bedeutung ist.

Zur Sicherung einer **einheitlichen Rechtsprechung** (§ 543 II S. 1 Nr. 2 Alt. 2 ZPO) ist die Revision auch dann zuzulassen, wenn das Berufungsurteil auf einem Rechtsfehler beruht, der geeignet ist, das Vertrauen in die Rechtsprechung zu beschädigen. Dies ist namentlich der Fall, wenn das Berufungsurteil auf einer Verletzung des allgemeinen Gleichheitssatzes in seiner Ausprägung als Willkürverbot (Art. 3 I GG) oder auf einer Verletzung der Verfahrensgrundrechte des Beschwerdeführers beruht.

Auch für die nicht Zulassung der Revision zur Wahrung des Vertrauens in die Rechtsprechung kommt es auf die Offensichtlichkeit des Rechtsfehlers nicht an. Soweit in den Gesetzesmaterialien eine Ergebniskorrektur wegen „offensichtlicher Unrichtigkeit" des Berufungsurteils gefordert wird, sind damit Fälle der Willkür angesprochen, bei denen sich die Rechtsanwendung durch das Berufungsgericht soweit von den gesetzlichen Grundlagen entfernt, dass sie unter keinem denkbaren Aspekt mehr vertretbar und in diesem Sinne evident fehlerhaft ist.[357]

Hat das Oberlandesgericht die Revision zugelassen, ist der Bundesgerichtshof hieran gebunden.

Ob ein **Zulassungsgrund** (§ 543 II ZPO) gegeben ist, beurteilt sich nach dem Zeitpunkt der Entscheidung über die Nichtzulassungsbeschwerde.[358] Bei Zurücknahme der Nichtzulassungsbeschwerde sind der Verlust derselben und die Kostenfolge des § 565 ZPO i. V. m. 516 III ZPO von Amts wegen auszusprechen.[359] § 565 ZPO gilt über seinen Wortlaut hinaus für den gesamten zweiten Abschnitt (Revision) des dritten Buches der ZPO und findet somit auch auf die Nichtzulassungsbeschwerde (§ 544 ZPO) Anwendung. Der Umstand, dass der Gesetzgeber dies im Zuge der ZPO-Reform nicht ausdrücklich in § 565 ZPO (§ 566 a. F.) klar gestellt hat, beruht auf einem offensichtlichen Redaktionsversehen.[360] Zur Sicherung einer einheitlichen Rechtsprechung (§ 543 II S. 1 Nr. 2 Alt. 2 ZPO) ist die Revision nur in Fällen der Divergenz sowie der Wiederholungs- oder Nachahmungsgefahr zuzulassen. Darüber hinaus werden Rechtsfehler im Einzelfall von diesem Zulassungsgrund auch dann nicht erfasst, wenn sie offensichtlich oder besonders schwerwiegend sind oder einen Verstoß gegen Verfahrensgrundrechte enthalten.

Grundsätzliche Bedeutung (§ 543 II S. 1 Nr. 1 ZPO) kann einer Sache zukommen, wenn sie Rechtsfragen aufwirft, die in einer unbestimmten Vielzahl von Fällen auftreten können, oder wenn andere Auswirkungen des Rechtsstreits auf die Allgemeinheit deren Interessen in besonderem Maße berühren.

314 Die Revision kann nur darauf gestützt werden, dass die Entscheidung auf der **Verletzung von Bundesrecht** oder einer Vorschrift beruht, deren Geltungsbereich sich über den Bezirk eines Oberlandesgerichts hinaus erstreckt (§ 545 I ZPO). Die offensichtliche Unrichtigkeit eines Urteils ist allein kein hinreichender Grund für die Zulassung einer Revision. Die Revision ist auch nicht schon deshalb zuzulassen, weil das Berufungsgericht die Anforderungen an die Darlegungslast im Einzelfall überspannt hat. Eine Zulassung der Revision zur Sicherung einer einheitlichen Rechtsprechung kommt in diesem Falle in Betracht, wenn ein Verstoß gegen das Grundrecht auf ein faires, willkürfreies Verfahren vorliegt. Das ist in aller Regel erst dann anzunehmen, wenn die Auffassung des Gerichts unter keinem denkbaren Aspekt rechtlich vertretbar ist und daher auf sachfremden Erwägungen beruht. Die Revision ist im Übrigen nur dann zuzulassen, wenn die für die Zulassungsgründe relevante Rechtsfrage entscheidungserheblich ist. Das ist mit der Beschwerde darzulegen.[361] Hat das Berufungsgericht im Entscheidungssatz eines Unterhaltsurteils die Revision uneingeschränkt

---

[357] BGH, NJW 2003, 1943
[358] BGH, FamRZ 2003, 440
[359] BGH, FamRZ 2003, 441
[360] BGH, a. a. O.
[361] BGH, FamRZ 2003, 747

zugelassen, bezieht sich die Zulassungsfrage aber nur auf einen Teil des Zeitraums, für den Unterhalt geltend gemacht wird, so liegt im Regelfall die Annahme nahe, das Berufungsgericht habe die Zulassung der Revision auf diesen Teilzeitraum beschränken wollen.[362]

Die Entscheidung beruht auf einer Rechtsverletzung, wenn entweder materiellrechtlich **315** die richtige Rechtsanwendung zu einem anderen Ergebnis führt oder aber verfahrensrechtlich, wenn die Möglichkeit nicht ausgeschlossen werden kann, dass die Entscheidung ohne die Verletzung anders ausgefallen wäre. Fehlt diese Kausalität, so ist die Revision gem. § 561 ZPO zurückzuweisen.

Die **Frist für die Einlegung** der Revision beträgt einen Monat; sie ist eine Notfrist und **316** beginnt mit der Zustellung des in vollständiger Form abgefassten Berufungsurteils, spätestens aber mit dem Ablauf von 5 Monaten (§ 548 ZPO).

Gemäß § 554 ZPO kann sich der Gegner der Revision im Wege der unselbstständigen **317** Anschlussrevision anschließen. Hinsichtlich der weiteren Voraussetzungen kann auf die Anschlussberufung verwiesen werden (vgl. Rn. 305).

Gemäß § 566 I ZPO findet gegen die im ersten Rechtszug erlassenen Endurteile, die **318** ohne Zulassung der Berufung unterliegen, auf Antrag unter Umgehung der Berufungsinstanz unmittelbar die Revision (Sprungrevision) statt, wenn der Gegner in die Übergehung der Berufungsinstanz eingewilligt hat und das Revisionsgericht die Sprungrevision zulässt. Sie ist nur zuzulassen, wenn die Rechtssache grundsätzliche Bedeutung hat oder die Fortbildung des Rechts oder die Einheitlichkeit der Rechtsprechung eine Entscheidung des Revisionsgerichts erfordert. Die Sprungrevision kann nicht auf einen Verfahrensmangel gestützt werden. Die Einwilligung des Gegners gilt hierbei als Verzicht auf das Rechtsmittel der Berufung, so dass das Verfahren nach Zulassung durch das Revisionsgericht als Revision durchgeführt wird, im Falle der Nichtzulassung das erstinstanzliche Urteil rechtskräftig wird.

VI. Beschwerden: Sofortige Beschwerde und Rechtsbeschwerde

1. Sofortige Beschwerde

Seit der Zivilprozessreform gibt es in ZPO-Verfahren nur noch die sofortige Beschwerde **319** nach § 567 ZPO. Sie ist statthaft gegen die im ersten Rechtszug ergangenen Entscheidungen der Amtsgerichte und Landgerichte, wenn dies im Gesetz ausdrücklich bestimmt ist oder es sich um solche, eine mündliche Verhandlung nicht erfordernde Entscheidungen handelt, durch die ein das Verfahren betreffendes Gesuch zurückgewiesen worden ist. Richtet sich die sofortige Beschwerde gegen die Entscheidung über Kosten ist die Beschwerde nur zulässig, wenn der Wert des Beschwerdegegenstandes 200 € übersteigt (§ 567 II ZPO). Der Beschwerdegegner kann sich der Beschwerde anschließen, selbst wenn er auf die Beschwerde verzichtet hat oder die Beschwerdefrist verstrichen ist. Allerdings ist diese Anschlussbeschwerde unselbstständig. Gemäß § 567 III S. 2 ZPO verliert nämlich die Anschließung ihre Wirkung, wenn die Beschwerde zurückgenommen oder als unzulässig verworfen wird.

Gemäß § 569 I ZPO ist die sofortige Beschwerde, soweit keine andere Frist bestimmt ist, binnen einer Notfrist von zwei Wochen bei dem erstinstanzlichen oder beim Beschwerdegericht einzulegen. Die Notfrist beginnt mit der Zustellung der Entscheidung. Gemäß § 569 III ZPO kann die Beschwerde auch ohne einen Rechtsanwalt durch Erklärung zu Protokoll der Geschäftsstelle eingelegt werden, wenn der Rechtsstreit im ersten Rechtszug nicht als Anwaltsprozess zu führen war oder die Beschwerde die Prozesskostenhilfe betrifft. Bei Letzterer beträgt allerdings die Notfrist des § 569 I S. 1 ZPO einen Monat (§ 127 II S. 3 ZPO).

Kommt es im Beschwerdeverfahren zur mündlichen Verhandlung und besteht hierbei Anwaltszwang, so können sich die Beteiligten im Beschwerdeverfahren durch einen Rechtsanwalt vertreten lassen, für den es nach dem Gesetz zur Stärkung der Selbstverwaltung der Rechtsanwaltschaft vom 26. 3. 2007[363] einer besonderen Zulassung nicht mehr bedarf.

---

[362] BGH, FamRZ 2003, 746
[363] BGBl. I S. 358

Gemäß § 570 I ZPO hat die Beschwerde **keine aufschiebende Wirkung,** es sei denn, es handelt sich bei ihr um die Festsetzung eines Ordnungs- oder Zwangsmittels mit Ausnahme der Maßnahmen nach §§ 888, 890 ZPO.[364] Die sofortige Beschwerde kann auf neue Tatsachen und **neue Angriffs- und Verteidigungsmittel** gestützt werden (§ 571 II ZPO). Sie ist damit eine „vollwertige Instanz". Mit ihr kann aber nicht geltend gemacht werden, dass das Gericht des ersten Rechtszugs seine Zuständigkeit zu Unrecht angenommen habe. Eine weitere Besonderheit der jetzigen sofortigen Beschwerde ist die **Abhilfemöglichkeit des erstinstanzlichen Gerichts** gemäß § 572 I ZPO.

Hat das Familiengericht der sofortigen Beschwerde nicht abgeholfen, hat es diese unverzüglich dem Beschwerdegericht vorzulegen, das vor der Entscheidung einstweilige Anordnungen erlassen oder die Vollziehung der erstinstanzlichen Entscheidung bis zur Entscheidung des Beschwerdegericht aussetzen kann (§ 570 III ZPO). Das Rechtsmittelgericht prüft dann von Amts wegen, ob die Beschwerde an sich statthaft und ob sie in der gesetzlichen Form und Frist eingelegt ist. Mangelt es an einem dieser Erfordernisse, ist die Beschwerde als unzulässig zu verwerfen (§ 572 II ZPO). Anderenfalls entscheidet das Beschwerdegericht über das Rechtsmittel durch eines seiner Mitglieder als Einzelrichter, da die angefochtene Entscheidung des Familiengerichts von einem Einzelrichter oder einem Rechtspfleger erlassen wurde. Dieser originäre Einzelrichter des § 568 I ZPO überträgt das Verfahren nur dann dem Beschwerdegericht zur Entscheidung, wenn die Sache besondere Schwierigkeiten tatsächlicher oder rechtlicher Art aufweist oder die Rechtssache grundsätzliche Bedeutung hat. Jedoch kann auf eine erfolgte oder unterlassene Übertragung ein Rechtsmittel nicht gestützt werden. Ohne Übertragung des Verfahrens auf das Beschwerdegericht in der durch das GVG vorgeschriebenen Besetzung ist der Einzelrichter gehindert, die Rechtsbeschwerde zuzulassen, weil allein dieser Spruchkörper darüber befinden kann, ob eine Sache grundsätzliche Bedeutung (§ 574 II Nr. 2 ZPO) hat und deshalb die Rechtsbeschwerde zuzulassen ist.[365] Dies gilt auch für die Frage, ob die Fortbildung des Rechts oder die Sicherung einer einheitlichen Rechtsprechung gemäß § 574 II Nr. 2 ZPO eine Zulassung erfordern.[366] Entscheidet der Einzelrichter gleichwohl in einer Sache und lässt die Rechtsbeschwerde zu, ist die Zulassung wirksam, die Entscheidung unterliegt jedoch auf Rechtsbeschwerde wegen fehlerhafter Besetzung des Beschwerdegerichts der Aufhebung von Amts wegen.[367]

2. Rechtsbeschwerde

320　Grundsätzlich ist der Anwendungsbereich der Rechtsbeschwerde nicht nur auf die in § 621 e ZPO aufgeführten FGG-Verfahren begrenzt. Sie ist im Unterhaltsrecht – als ZPO-Verfahren – immer dann zulässig, wenn sie im Gesetz ausdrücklich vorgesehen ist (§ 574 I Nr. 1 ZPO). Das gilt z.B. hinsichtlich des die Berufung verwerfenden Beschlusses nach § 522 I S. 4 ZPO. Allerdings kann die Rechtsbeschwerde in einer selbstständigen Familiensache nach § 621 e II ZPO nur gegen Entscheidungen über Beschwerden gegen Endentscheidungen i. S. d. § 621 e I ZPO erhoben werden.[368]

Im Übrigen kann das Beschwerdegericht, das Berufungsgericht oder das Oberlandesgericht im ersten Rechtszug die Rechtsbeschwerde gegen einen Beschluss zulassen (§ 574 I Nr. 2 ZPO). Die Zulassung erfolgt aber nur, wenn die Rechtssache grundsätzliche Bedeutung hat oder die Rechtsfortbildung oder die Sicherung einer einheitlichen Rechtsprechung eine Entscheidung des Rechtsbeschwerdegerichts erfordern (§ 574 II Nr. 1 und 2 ZPO). Dieses ist an die Zulassung gebunden. Das bedeutet, dass nunmehr auch Fragen des Prozesskostenhilfe- oder Kostenrechts vom Bundesgerichtshof überprüft werden können.

Die Rechtsbeschwerde kann im Verfahren über die Bewilligung von Prozesskostenhilfe wegen solcher Fragen zugelassen werden, die das Verfahren oder die persönlichen Voraussetzungen betreffen. Hat die beabsichtigte Rechtsverfolgung oder Rechtsverteidigung

---

[364] OLG Köln, FamRZ 2005, 223
[365] BGH, FamRZ 2003, 669
[366] BGH, NJW 2004, 448; FamRZ 2003, 1922
[367] BGH, FamRZ 2003, 748
[368] BGH, FamRZ 2003, 748

grundsätzliche Bedeutung oder wirft sie Fragen auf, die einer Klärung durch höchstrichterliche Entscheidung bedürfen, so verspricht die Sache Aussicht auf Erfolg und es ist Prozesskostenhilfe zu gewähren.[369]

Nach der Neuregelung des Beschwerderechts durch das ZPO-Reformgesetz kann der Bundesgerichtshof gegen Beschlüsse der Beschwerdegerichte ausschließlich in den Fällen des § 574 I ZPO angerufen werden. Ein außerordentliches Rechtsmittel zum BGH ist auch dann nicht statthaft, wenn die Entscheidung ein Verfahrensgrundrecht des Beschwerdeführers verletzt oder aus sonstigen Gründen „greifbar gesetzwidrig" ist. In einem solchen Fall ist die angefochtene Entscheidung durch das Gericht, das sie erlassen hat, im Anwendungsbereich des Rügeverfahrens (§ 321 a ZPO) zu korrigieren. Wird ein Verfassungsverstoß nicht beseitigt, kommt allein eine Verfassungsbeschwerde zum Bundesverfassungsgericht in Betracht.[370]

Im Übrigen kann die Zulässigkeit der Rechtsbeschwerde nach § 574 II ZPO nicht damit **320 a** begründet werden, dass die Frage der Statthaftigkeit nach § 574 I ZPO von grundsätzlicher Bedeutung sei. Die Rechtsbeschwerde zur Sicherung einer einheitlichen Rechtsprechung (§ 574 II Nr. 2 ZPO) ist im Falle einer Divergenz zulässig, setzt dann aber voraus, dass der Beschwerdeführer eine Abweichung darlegt. Eine Abweichung liegt nur vor, wenn die angefochtene Entscheidung dieselbe Rechtsfrage anders beantwortet als die Entscheidung eines höherrangigen oder eines anderen gleich geordneten Gerichts oder eines anderen Spruchkörpers desselben Gerichts.

Wird die Rechtsbeschwerde zur Sicherung einer einheitlichen Rechtsprechung (§ 574 II Nr. 2 ZPO) darauf gestützt, dass die angefochtene Entscheidung verfahrens- oder materiellrechtlich fehlerhaft sei, so sind die Zulässigkeitsvoraussetzungen erfüllt, wenn der Rechtsfehler dazu führen kann, dass schwer erträgliche Unterschiede in der Rechtsprechung entstehen oder fortbestehen.[371]

Weicht das Beschwerdegericht objektiv von der ständigen höchstrichterlichen Rechtsprechung ab und besteht die Gefahr einer Wiederholung, ist der Zulassungsgrund „Sicherung einer einheitlichen Rechtsprechung" gegeben.[372]

Rechtsbeschwerden zum Bundesgerichtshof können wirksam nur durch einen bei diesem Gericht zugelassenen Rechtsanwalt eingelegt und begründet werden.[373] Ist dies in der Zeit unmittelbar nach Inkrafttreten des ZPO-Reformgesetzes im Einzelfall nicht geschehen, müsste, selbst wenn wegen der mit dem neuen Recht zunächst verbundenen Unsicherheiten ein entsprechendes Verschulden zu verneinen sein sollte, innerhalb der Zweiwochenfrist des § 234 I ZPO entweder durch einen beim BGH zugelassenen Rechtsanwalt Wiedereinsetzung in den vorigen Stand beantragt oder um Bewilligung von Prozesskostenhilfe für einen solchen Antrag nachgesucht worden sein.[374]

Beschlüsse, die der Rechtsbeschwerde unterliegen, müssen den maßgeblichen Sachver- **320 b** halt, über den entschieden wird, wiedergeben. Anderenfalls sind sie nicht mit gesetzmäßigen Gründen versehen.[375]

Die Rechtsbeschwerde gegen einen die Berufung als unzulässig verwerfenden Beschluss ist auch dann zulässig, wenn die Wertgrenze des § 26 Nr. 8 EGZPO nicht erreicht ist.[376]

Gegen Beschlüsse, mit denen eine Berufung in einem Arrestverfahren oder einstweiligen Verfügungsverfahren als unzulässig verworfen wird, findet keine Rechtsbeschwerde statt.[377] Das gilt ganz allgemein in Arrest- oder Verfügungsverfahren.[378]

Die Rechtsbeschwerde im Kostenansatzverfahren ist auch dann nicht statthaft, wenn das Beschwerdegericht sie in dem angefochtenen Beschluss zugelassen hat.[379]

---

369 BGH, FamRZ 2003, 671
370 BGH, NJW 2002, 1577
371 BGH, NJW 2002, 2473
372 BGH, FamRZ 2003, 372
373 BGH, NJW-RR 2002, 1721; 2002, 2181
374 BGH, NJW-RR 2002, 1721
375 BGH, NJW 2002, 2648
376 BGH, FamRZ 2003, 371
377 BGH, NJW 2003, 69
378 BGH, NJW 2003, 1531
379 BGH, NJW 2003, 70

5. Abschnitt: Das vereinfachte Verfahren über den Unterhalt Minderjähriger (§§ 645–660 ZPO)

1. Allgemeines

321   Durch Art. 3 Nr. 9 Kindesunterhaltsgesetz (KindUG v. 6. 4. 1998; BGBl. I, 666) sind ab 1. 7. 1998 die §§ 645–660 ZPO eingefügt und zuletzt durch Art. 3 des Gesetzes zur Änderung des Unterhaltsrechts vom 21. 12. 2007[1] geändert worden. Sie regeln in einem vereinfachten Verfahren Unterhaltsansprüche minderjähriger **ehelicher wie nichtehelicher Kinder,** die mit dem in Anspruch genommenen Elternteil **nicht in einem Haushalt** leben. Dabei muss zwischen dem Kind und dem Antragsgegner ein Eltern-Kind-Verhältnis bestehen. Das ist stets bei der Mutter als Antragsgegnerin der Fall (§ 1591 BGB); zwischen dem Kind und dem Vater besteht ein derartiges Verhältnis, wenn die Voraussetzungen des § 1592 BGB (Vaterschaft) dargelegt bzw. nachgewiesen worden sind. Steht eine derartige Beziehung noch nicht eindeutig fest, kann das Kind gemäß § 653 ZPO das Abstammungsverfahren mit einer Unterhaltsfestsetzung in Höhe des **Mindestunterhalts** verbinden (Hauptsacheverfahren), zum vorläufigen Rechtsschutz eine einstweilige Anordnung nach § 641 d ZPO begehren oder eine einstweilige Verfügung (§ 1615 o BGB) beantragen. Aufgrund der Gleichstellung ehelicher und adoptierter Kinder (§ 1754 I BGB) ist eine Eltern-Kind-Beziehung i. S. d. § 645 I ZPO auch im Falle eines adoptierten Kindes begründet.

Der Höhe nach darf der Unterhaltsanspruch das 1,2-fache des Mindestunterhalts (§ 1612 a I S. 2 BGB), der mit dem Inkrafttreten des Gesetzes zur Änderung des Unterhaltsrechts an die Stelle des Regelbetrages nach der Regelbetragverordnung getreten ist, nicht übersteigen. Bezugsgröße ist nunmehr der einkommensteuerrechtliche Kinderfreibetrag (§ 32 VI S. 1 EStG), der in der Summe für beide Elternteile das steuerfrei zu stellende **sächliche Existenzminimum** eines Kindes ausdrückt. Die steuerrechtlich nicht vorgegebene Auffächerung des Mindestunterhalts in drei Altersgruppen beruht weiterhin auf der Erfahrungstatsache, dass der Bedarf eines minderjährigen Kindes altersabhängig steigt. Durch die Anbindung des Mindestunterhalts an den einkommensteuerrechtlichen Kinderfreibetrag entfällt zugleich die mit der Regelbetragverordnung noch fortgeschriebene Differenzierung danach, ob das unterhaltsberechtigte Kind in den alten oder neuen Bundesländern lebt.

An die Stelle einer **Dynamisierung** der Unterhaltsbeträge durch Änderungen der Regelbetragverordnung (§ 1612 a IV S. 3 BGB a. F.) erfolgt die Anpassung nunmehr über die steuerrechtliche **Änderungen des Kinderfreibetrages** auf der Basis des jeweiligen Existenzminimumberichts, den die Bundesregierung alle zwei Jahre vorzulegen hat. Durch die unmittelbare Anknüpfung an das einkommensteuerrechtliche Ergebnis entfällt zukünftig eine zusätzliche Umsetzung der Änderungen durch das Unterhaltsrecht.

Für eine **Übergangszeit** hat der Gesetzgeber den Mindestunterhalt mit Hilfe einer **Spezialregelung in § 36 Nr. 4 EGZPO**[2] abweichend von der Bezugsgröße des Kinderfreibetrages definiert. Sie steht vor dem Hintergrund des mit der gesetzlichen Neuregelung verfolgten Wechsels der Bezugsgröße vom Regelbetrag zum Mindestunterhalt, die jeweils unterschiedlichen Kriterien folgen. Die Vorschrift soll ein vorübergehendes **Absinken des Unterhaltsniveaus** verhindern. Maßgebend bleibt daher vorerst der um das hälftige Kindergeld erhöhte Regelbetrag nach § 1 der Regelbetragverordnung in der Fassung der 5. Verordnung zur Änderung der Regelbetragverordnung vom 5. 6. 2007 (BGBl. I S. 1044) bis zu dem Zeitpunkt, in dem der nach § 1612 a I S. 2 BGB ermittelte Mindestunterhalt den nach § 36 Nr. 4 EGZPO festgelegten Betrag übersteigt. Bei der Erstellung dynamischer Unterhaltstitel ist deshalb vorerst auch die Vorschrift des § 36 Nr. 4 EGZPO mit heranzuziehen.

---

[1] BGBl. S. 3189
[2] Wie hier: Klinkhammer, FamRZ 2008, 193, 196

Die Ausgestaltung des Mindestunterhalts trägt dem durch das BVerfG[3] betonten Transparenzgebot im Beziehungsgeflecht zwischen Sozial-, Steuer- und Unterhaltsrecht Rechnung. Im Übrigen bietet das vereinfachte Verfahren auch nach der gesetzlichen Neuregelung dem unterhaltsbedürftigen Kind weiterhin die Möglichkeit, im Beschlusswege einen Vollstreckungstitel zu erwirken, dem nach Form und Inhalt nur eine begrenzte Anzahl von Einwendungen des Unterhaltspflichtigen entgegensteht.

Nach dem Regierungsentwurf für ein Gesetz über das Verfahren in Familiensachen und in den Angelegenheiten der freiwilligen Gerichtsbarkeit[4] soll das vereinfachte Verfahren nach Maßgabe der §§ 249 bis 260 FamFG-E in die Reform des Verfahrens in Familiensachen eingehen.

2. Zulässigkeit des vereinfachten Verfahrens

Gemäß § 645 I ZPO wird der Unterhalt eines **Minderjährigen,** der mit dem in   **322** Anspruch genommenen Elternteil **nicht in einem Haushalt** lebt, auf Antrag im vereinfachten Verfahren festgesetzt, wenn der verlangte Unterhalt vor Berücksichtigung der Leistungen nach den §§ 1612b oder 1612c BGB das 1,2-fache des Mindestunterhalts (§ 1612a I S. 2 BGB) nicht übersteigt. Er kann somit auch darunter liegen. Im Unterschied zum Antragsteller kann Antragsgegner **nur ein Elternteil** sein. Durch die weitere Beschränkung auf denjenigen Elternteil, mit dem das Kind nicht in einem Haushalt lebt, knüpft das vereinfachte Verfahren an die unterhaltsrechtliche Bestimmung an, wonach der betreuende Elternteil in der Regel nicht barunterhaltspflichtig ist (§ 1606 III S. 2 BGB). Demgemäß ist das vereinfachte Verfahren unzulässig, wenn die Eltern noch in einem Haushalt, aber getrennt im Sinne von § 1567 II BGB, leben, weil es verfahrensspezifisch eine Abgrenzung zwischen Barunterhalt und in Betracht kommenden Naturalunterhaltsleistungen nicht ermöglicht. Das vereinfachte Verfahren soll nicht mit schwierigen Rechts- und Tatsachenfragen für die Unterhaltsfestsetzung belastet werden.

Gleich gelagert ist die Situation, in der sich das Kind im Rahmen eines **Wechselmodells** abwechselnd bei beiden Elternteilen aufhält. Wechselt das Kind dauerhaft in den Haushalt des Antragsgegners, kann gegen ihn, sofern sich die Antragsberechtigung nicht ändert, der Mindestunterhalt für den Unterhaltszeitraum bis zum Wechsel im vereinfachten Verfahren festgesetzt werden. Nach a. A.[5] soll das vereinfachte Verfahren allerdings insgesamt unzulässig werden. Dem ist nicht zu folgen. Nach § 645 I ZPO soll der **Barunterhaltsanspruch eines minderjährigen Kindes** tituliert werden. Schon vor dem Hintergrund des Wortlauts der Vorschrift, die mit dem „Unterhalt eines minderjährigen Kindes" allein den **Verfahrensgegenstand** bezeichnet, hat zuletzt der BGH[6] betont, dass entgegen einer bis dahin verbreiteten Meinung der **Eintritt der Volljährigkeit** des Kindes die Zulässigkeit des Verfahrens nicht entfallen lässt. Dies gilt ebenso für den Aufenthalt des Kindes, der ersichtlich für die Differenzierung zwischen Betreuung und Barunterhalt maßgebend ist und damit auf die Art des zu titulierenden Unterhaltsanspruchs abstellt.

Durch die Anknüpfung an den Mindestunterhalt, wie er durch § 1612a I S. 2 BGB i. V. m. § 36 Nr. 4 EGZPO definiert wird, scheidet das vereinfachte Verfahren aus, soweit der Unterhaltsanspruch nach **ausländischem Recht** zu beurteilen ist. Für die in der Bundesrepublik lebenden Ausländern ist damit allerdings kein Rechtsnachteil verbunden, weil nach dem Haager Übereinkommen über das auf Unterhaltspflichten anwendbare Recht vom 2. 10. 1973 (BGBl. II S. 825) und Art. 18 EGBGB für das Unterhaltsstatut ohnehin der gewöhnliche Aufenthalt des Unterhaltsberechtigten maßgebend ist.

Das vereinfachte Verfahren zur Unterhaltsfestsetzung wird meistens durch einen Elternteil   **323** gegen den anderen „im Namen" des unterhaltsberechtigten Kindes geführt.

---

[3] BVerfG, FamRZ 2003, 1370
[4] BT-Drucks. 16/6308 v. 6. 9. 2007
[5] OLG Celle, FamRZ 2003, 1475
[6] BGH, FamRZ 2006, 402, 404

Schwebt eine Ehesache zwischen beiden Eltern oder leben sie getrennt, kann der Elternteil, in dessen Obhut sich das minderjährige Kind befindet, den Antrag nur im eigenen Namen als **Prozessstandschafter** gemäß § 1629 III S. 1 BGB stellen. Wird Unterhalt für ein nichteheliches Kind geltend gemacht, hinsichtlich dessen beide Eltern gemeinsam das Sorgerecht haben (§ 1626 a I Nr. 1 BGB), hat der Elternteil, in dessen Obhut sich das Kind befindet, den Antrag als **gesetzlicher Vertreter des Kindes** gemäß § 1629 II S. 2 BGB zu stellen. Ist der Elternteil, bei dem sich das Kind befindet, allein sorgeberechtigt, wird er ebenfalls als gesetzlicher Vertreter des Kindes tätig; das minderjährige Kind ist also selbst aktivlegitimiert. Das ist der Fall, wenn das Sorgerecht auf diesen Elternteil nach §§ 1626, 1671 BGB allein übertragen wurde oder keine gemeinsame Sorgerechtserklärung hinsichtlich des nichtehelichen Kindes vorliegt (vgl. § 1626 a II BGB). Hat der in Anspruch genommene Elternteil, der mit dem Kind nicht in einem Haushalt lebt, die **alleinige Personensorge,** ist das vereinfachte Verfahren unzulässig.[7]

Wurde dem Kind Unterhaltsvorschuss oder Sozialhilfe gewährt (§ 7 UVG; § 94 SGB XII), ist **das Land** Antragsteller (§ 646 I Nr. 11, 12 ZPO), und zwar bei Unterhaltsleistungen voraussichtlich auf längere Zeit auch für zukünftige Unterhaltszeiträume (§ 7 IV S. 1 UVG).[8] Hierbei ist darauf hinzuweisen, dass der Mindestunterhalt in der begehrten Höhe die Leistungen an oder für das Kind nicht übersteigt. Daneben bleibt das Kind berechtigt, die Differenz zwischen der Unterhaltsvorschussleistung und seinem individuellen Kindesunterhalt in einem vereinfachten Verfahren weiterzuverfolgen.[9] Unzulässig ist das vereinfachte Verfahren, wenn das **Kind** bei Antragseingang bereits **volljährig** war. Hier käme nur noch die Titulierung eines rückständigen Unterhalts in Betracht. Zwar besagen die Antragserfordernisse in § 646 I Nr. 4 und 5 ZPO, dass auch Unterhaltsrückstände neben dem laufenden Unterhalt in das vereinfachte Verfahren mit einbezogen werden können. Indessen soll diese Regelung nach der Intention des Gesetzgebers[10] lediglich aus prozessökonomischer Sicht die gesonderte Erhebung einer Unterhaltsklage wegen der Unterhaltsrückstände vermeiden. Beschränkt sich die Rechtsverfolgung hierauf, scheidet das vereinfachte Verfahren insoweit aus.[11] Der Eintritt der Volljährigkeit während des Verfahrens führt nicht zur Unzulässigkeit.[12] Beantragt das Jugendamt als Beistand die Unterhaltstitulierung im vereinfachten Verfahren und tritt die Volljährigkeit des Kindes vor Zustellung des Antrags ein, liegt keine wirksame Vertretung vor. Der Antrag ist daher als unzulässig zu verwerfen.[13]

3. Anpassung von Unterhaltsrenten, Abgrenzung zu anderen Verfahren

324   Das minderjährige Kind kann im vereinfachten Verfahren die Titulierung des ihm zustehenden Unterhalts entweder in Höhe eines **gleich bleibenden Monatsbetrages** anstreben oder aber, was für das Kind grundsätzlich vorteilhafter sein dürfte, veränderbar bis zur Höhe des 1,2-fachen (120%) des Mindestunterhalts. Denn mit der Festlegung auf einen **Prozentsatz des Mindestunterhalts,** der nach der **Übergangsregelung** in § 36 Nr. 4 EGZPO derzeit für die Zeit bis zur Vollendung des 6. Lebensjahres (erste Altersstufe) monatlich 279 €, für die Zeit vom 7. bis zur Vollendung des 12. Lebensjahres (zweite Altersstufe) monatlich 322 € und für die Zeit ab dem 13. Lebensjahr (dritte Altersstufe) monatlich 365 € beträgt, nimmt das unterhaltsberechtigte Kind unmittelbar an einem altersbedingt gestiegenen Unterhaltsbedarf teil, ohne dass es einer entsprechenden Titeländerung bedarf. Das ist ferner der Fall bei Entwicklungen des sächlichen Existenzminimums, die über eine Erhöhung des Kinderfreibetrages nach § 32 VI S. 1 EStG ohne weiteres zu einer Erhöhung des Mindestunterhalts führen, sobald Anpassungen des Kinderfreibetrages zu Unterhalts-

---

[7] OLG Karlsruhe, FamRZ 2001, 767
[8] OLG Zweibrücken, FamRZ 2004, 1796
[9] OLG München, FamRZ 2002, 547
[10] BT-Drucks. 13/7338, S. 38
[11] OLG Naumburg, FamRZ 2002, 1048
[12] BGH, FamRZ 2006, 402
[13] OLG Naumburg, FamRZ 2003, 160

beträgen im Sinne von § 1612 a I BGB führen, die über die in § 36 Nr. 4 EGZPO für eine Übergangszeit vorgegebenen Beträge hinausgehen.

Übersteigt der Kindesunterhalt 120% vor Berücksichtigung des Kindergeldes oder ver- **325** gleichbarer Leistungen, kann das Kind seinen Unterhalt bis zum Bruttogrenzbetrag von 120% im vereinfachten Verfahren festsetzen lassen und den darüber hinausgehenden Rest einklagen. Diese Möglichkeit ergibt sich aus § 654 ZPO. Übersteigt der Kindesunterhalt den Grenzbetrag von 120% nicht, kann der Antragsteller (meistens die Mutter als gesetzliche Vertreterin bzw. in der Prozessstandschaft des § 1629 III BGB) nach seiner **Wahl** einen **Antrag im vereinfachten Verfahren** stellen oder **Unterhaltsklage** (Hauptsacheklage) erheben.[14] Diese Klagemöglichkeit kann dem Kind deswegen nicht verwehrt werden, weil das vereinfachte Verfahren bei Widerspruch einer der beiden Parteien zum **streitigen Verfahren** (§ 651 ZPO) wird und damit zu keiner abschließenden Regelung im vereinfachten Verfahren führt. Hierzu reicht bereits ein Antrag aus, der der Fortführung des vereinfachten Verfahrens widerspricht. Allerdings bietet dieses Verfahren dem Kind wiederum den Vorteil, dass es den Unterhalt bis zur Höhe von 120% des Mindestunterhalts verlangen kann, ohne seinen Bedarf weiter begründen zu müssen. Konsequenterweise erstrecken sich die Antragsangaben nach § 646 ZPO nicht auf die Einkommens- und Vermögensverhältnisse des auf Barunterhalt in Anspruch genommenen Elternteils, aus denen sich die bemessungsrelevante Lebensstellung (§ 1610 I BGB) des Kindes ableitet. Im Unterschied dazu trifft das Kind bereits bei Erhebung der Unterhaltsklage zu seinem Unterhaltsbedarf die **Darlegungs- und Beweislast,** wenn es sich nicht auf den Mindestunterhalt beschränken will.[15] Nach Überleitung in das streitige Verfahren gelten aber auch für das Kind wieder die allgemeinen Regeln. Deshalb sollte zur Vermeidung nachteiliger Kostenfolgen im streitigen Verfahren die Antragstellung und der Bruttogrenzbetrag nur ausschöpfen, wenn zuvor bereits die unterhaltswirksamen Verhältnisse hinreichend aufgeklärt sind.

Haben die Parteien nach freigestellter mündlicher Verhandlung (§ 128 IV ZPO) oder schriftlich einen gerichtlichen Vergleichsvorschlag gemäß § 278 VI ZPO angenommen, ist die Titulierung eines höheren Kindesunterhaltes als 120% auf Grund **vertraglicher** Regelung beider Parteien möglich. Ist dem Kind die eingeschränkte Leistungsfähigkeit des Antragsgegners bekannt, kann es auch einen unter dem Mindestunterhalt liegenden Unterhalt geltend machen.[16]

Das vereinfachte Verfahren kennt keinen verfahrensspezifischen **einstweiligen Rechts-** **325 a** **schutz.** Für den Erlass einer einstweiligen Anordnung (§ 644 ZPO) ist kein Raum, weil sie nur im Rahmen einer Unterhaltsklage oder in Verbindung mit einem darauf zielenden Prozesskostenhilfegesuch ergehen kann. Allerdings besteht, sofern nicht eine Ehesache eine Anordnung nach § 620 Nr. 4 ZPO ermöglicht, durchaus ein Regelungsbedürfnis, weil nicht zuletzt in Ansehung behebbarer Mängel die Titulierung des Unterhalts „kurzfristig" nach einigen Wochen erfahrungsgemäß nicht sichergestellt ist. Hier vermag nur die **Leistungs-** **verfügung** nach §§ 935, 940 ZPO zu helfen.[17] Sie ist in dieser Konstellation unverzichtbar, soll die **Wahlfreiheit** des Kindes (vgl. Rn. 10/325) zwischen einem vereinfachten Verfahren und einer Unterhaltsklage gewährleistet bleiben.

4. Erstmalige Unterhaltsfestsetzung i. S. d. § 645 II ZPO

Nach dieser Vorschrift findet das vereinfachte Verfahren nicht statt, soweit über den **326** Unterhaltsanspruch des Kindes **ein Gericht** bereits (auch zurückweisend) in der Sache **entschieden** hat, ein gerichtliches Verfahren derzeit anhängig ist oder ein **zur Zwangs-** **vollstreckung geeigneter Schuldtitel** errichtet worden ist.[18] Mit dieser Einschränkung will der Gesetzgeber eine **Doppeltitulierung über Kindesunterhaltsansprüche** vermeiden. Um hier eine zeitliche Abgrenzung der konkurrierenden Verfahren zu ermöglichen,

[14] OLG Naumburg, FamRZ 2001, 924
[15] BGH, FamRZ 2002, 536
[16] OLG Hamm, FamRZ 2004, 1587
[17] Gießler FamRZ 2001, 1269, 1271
[18] OLG Naumburg, FamRZ 2003, 160

die sich aus § 645 II ZPO a. F. nach der instanzgerichtlichen Rechtsprechung letztlich nicht ableiten ließ,[19] hat der Gesetzgeber durch eine präzisierende Fassung des § 645 II ZPO mit Wirkung vom 1. 1. 2002 klargestellt, dass das vereinfachte Verfahren dann nicht stattfindet, wenn *„zum Zeitpunkt der Zustellung des Antrags oder einer Mitteilung über seinen Inhalt an den Antragsgegner"* **(vgl. § 647 I S. 1 ZPO)** ein Gericht über den Unterhaltsanspruch des Kindes entschieden hat, ein gerichtliches Verfahren anhängig ist oder ein zur Zwangsvollstreckung geeigneter Schuldtitel errichtet worden ist.

Für die zeitliche Konkurrenz der anderweitigen Verfahrenshindernisse ist in erster Linie auf die Zustellung des Antrags im vereinfachten Verfahren abzustellen. Liegt zu diesem Zeitpunkt nur eine anderweitige **Teiltitulierung** vor, ist das vereinfachte Verfahren gleichwohl unzulässig. Ist nur ein Antrag im vereinfachten Verfahren nach § 646 II ZPO zurückgewiesen worden, kann der Antrag auf Durchführung des vereinfachten Verfahrens wiederholt werden. Auch ein bloßer **Auskunftsklageanspruch,** der vorausgegangen war oder noch anhängig ist, bildet kein Hindernis für das vereinfachte Verfahren.[20] Nicht hinderlich ist auch eine als **unzulässig** verworfene **Unterhaltsklage,** weil sie keine Sachentscheidung über den Kindesunterhalt bedeutet.

Wird nach Einleitung des vereinfachten Verfahrens ein anderes gerichtliches Unterhaltsverfahren anhängig, ändert dies nichts an der Zulässigkeit des vereinfachten Verfahrens (insoweit wirkt die perpetuatio fori des § 261 III Nr. 2 ZPO). Ein vom Antragsgegner erst **nach Einleitung** des vereinfachten Verfahrens beim Jugendamt errichteter Titel nach § 59 I Nr. 3 SGB VIII hat auf die Zulässigkeit keinen Einfluss.[21] Entspricht der titulierte Unterhalt dem Begehren, handelt es sich um eine **Erledigung der Hauptsache,** dem der Antragsteller durch entsprechende Erklärung Rechnung tragen muss. Ansonsten ist der Antrag als unzulässig abzuweisen. Bleibt der Unterhaltstitel hinter dem im vereinfachten Verfahren verfolgten Antrag zurück (Teiltitulierung), werden die Konsequenzen unterschiedlich beurteilt. Nach Ansicht des OLG Naumburg[22] soll sich das vereinfachte Verfahren insgesamt erledigen (unzulässig werden). Für das OLG München[23] bleibt die Titulierung ohne Auswirkungen auf den Verlauf des vereinfachten Verfahrens mit der hinzunehmenden Gefahr einer Doppeltitulierung. Demgegenüber dürfte der Meinung zu folgen, die von einer **Teilerledigung** ausgeht.[24] Mit der gesetzlichen Neufassung des § 645 II ZPO sollte der jeweilige Antragsgegner daran gehindert werden, sich dem vereinfachten Verfahren durch eine „Teiltitulierung" zu entziehen.[25] Dieses Ziel wird aber auch dann noch erreicht, wenn bei einer Teiltitulierung von einer Teilerledigung ausgegangen wird. Der jeweilige Antragsteller muss – den allgemeinen Regeln folgend – auf den entsprechenden Hinweis des zuständigen Rechtspflegers seinen Antrag lediglich der teilweisen Titulierung anpassen, um das vereinfachte Verfahren fortsetzen zu können. Eine Notwendigkeit, der Teiltitulierung jedwede erledigende Bedeutung für das vereinfachte Verfahren absprechen zu müssen mit der Gefahr einer mehrfachen Titulierung, besteht hiernach nicht.

326 a   Die Vorschrift des § 645 II ZPO steht der Zulässigkeit des vereinfachten Verfahrens nicht entgegen, wenn im Übrigen **gegen eine andere Person** als den nicht betreuenden Elternteil Kindesunterhalt geltend gemacht wird. Das vereinfachte Unterhaltsverfahren ist somit weiterhin möglich, wenn sich die Unterhaltsklage des minderjährigen Kindes gegen den die Obhut ausübenden Elternteil richtet oder wenn Unterhalt gegen nachrangige Dritte (§ 1607 BGB) gefordert wird. Befindet sich das Kind bei keinem Elternteil, sondern bei einer dritten Person, kann es im vereinfachten Verfahren auch **gegen beide Eltern** seine Unterhaltsansprüche (anteilig entsprechend den jeweiligen Einkünften, § 1606 III S. 1 BGB) geltend machen.

Hat der in Anspruch genommene Elternteil die alleinige Personensorge, ist der Unterhaltsfestsetzungsantrag im vereinfachten Verfahren nach den §§ 645 ff. ZPO gegen ihn

---

[19] OLG München, FamRZ 2001, 1076; OLG Naumburg, FamRZ 2002, 1045
[20] Begründung zum Regierungsentwurf des KindUG, BT-Drucks. 13/7338, S. 38
[21] Gerhardt, FuR 1998, 145; Schulz, FuR 1998, 385
[22] OLG Naumburg, FamRZ 2002, 1045
[23] OLG München, FamRZ 2001, 1076, 1077
[24] OLG Zweibrücken, FamRZ 2000, 1160
[25] BT-Drucks. 14/7349, S. 24

unzulässig.[26] Bei gleichzeitiger Geltendmachung von Unterhaltsansprüchen eines minderjährigen und eines privilegierten volljährigen Kindes aus derselben Familie ist in analoger Anwendung von § 642 III ZPO auch für die Ansprüche des volljährigen Kindes der Gerichtsstand des § 642 I ZPO anzunehmen. Im Gegensatz zum minderjährigen Kind hat das volljährige Kind aber keinen Anspruch auf Titulierung im vereinfachten Verfahren.[27]

5. Formalien, Kosten, Streitwert und PKH

Der Inhalt des Antrags ergibt sich aus § 646 I Nr. 1–13 ZPO, wobei seit 1. 1. 2002 **327** zusätzlich Angaben zur Höhe des Kindeseinkommens (Nr. 10 – neu) sowie die Erklärung, ob der Anspruch aus eigenem, aus übergegangenem oder rückabgetretenem Recht geltend gemacht wird (Nr. 11 – neu) zusätzlich verlangt werden. Dabei können auch **Unterhaltsrückstände** oder **zeitlich befristete Ansprüche** geltend gemacht werden. Eine Festsetzung von Zinsen sieht das Gesetz im vereinfachten Verfahren nicht vor.[28] Ist für bestimmte Zeiten eine Überleitung auf die Sozialbehörde erfolgt, kann auch dieser Rechtsträger den Antrag im vereinfachten Verfahren stellen. Der Unterhaltsanspruch beginnt grundsätzlich mit dem ersten Tag des Monats, in welchem der eingereichte Antrag dem Antragsgegner zugestellt wird. Allerdings kann gemäß § 1613 I BGB Unterhalt bereits ab jenem Zeitpunkt verlangt werden, zu welchem der Verpflichtete zur Auskunftserteilung oder zur Zahlung aufgefordert worden ist. Auf diese Voraussetzungen weist § 646 I Nr. 5 ZPO hin.

Gemäß § 659 ZPO sind hierfür **Vordrucke** eingeführt, derer sich die Parteien bedienen müssen (§ 659 II ZPO). Anträge ohne Verwendung der vorgesehenen Vordrucke sind ebenso unzulässig wie die im Verfahren formlos vorgebrachten Einwendungen des Antragsgegners. Die zuletzt im Zusammenhang mit dem Gesetz zur Änderung des Unterhaltsrechts mit Wirkung vom 1. 1. 2008 aktualisierten Formulare (vgl. Anlage 1 und 2 zu Art. 1 Nr. 6 der 3. Verordnung zur Änderung der Kindesunterhalt-Vordruckverordnung vom 28. 12. 2007[29]) unterstützen den Laien durch Ausfüllungshinweise in einem beigefügten Merkblatt. Im Übrigen besteht auch eine gerichtliche Hinweispflicht entsprechend § 139 II ZPO insbesondere dann, wenn sich bei der rechtsunkundigen Partei offenkundige Formularausfüllungsfehler einstellen.[30]

Kommt es zur Entscheidung über den Antrag, fällt eine **halbe Gerichtsgebühr** gemäß KV Nr. 1120 an. Dies gilt nicht bei einer einverständlichen Teilbeschlussfassung nach § 650 S. 2 ZPO (soweit sich der Antragsgegner nämlich selbst zu Unterhaltsleistungen verpflichtet) und dann nicht, wenn der Antrag vor der Entscheidung zurückgenommen worden ist oder hierüber ein Vergleich geschlossen wurde. Schließt sich das **streitige Verfahren** nach § 651 ZPO an, erwächst die **dreifache Verfahrensgebühr** des KV Nr. 1210. Nach § 651 V ZPO ist die halbe Gerichtsgebühr aus Nr. 1120 hierauf anzurechnen.

Für den Rechtsanwalt fällt eine **volle Rechtsanwaltsgebühr** nach Nr. 3100 VV RVG an. Kommt es abweichend vom Regelfall zu einer mündlichen Verhandlung, entsteht eine Terminsgebühr (Nr. 3104 VV RVG). Schließt sich das streitige Verfahren nach § 651 ZPO an, handelt es sich um eine eigene Angelegenheit im Sinne von § 17 Nr. 3 RVG. Gleichwohl wird die im vereinfachten Verfahren angefallene Gebühr auf die im streitigen Verfahren entstandene angerechnet (Nr. 3100 I VV RVG). Kommt es zur Korrekturklage nach § 654 ZPO, scheidet eine Anrechnung aus.

Zum **Streitwert** gilt Folgendes: Wird der Unterhalt nicht in der Form eines Prozentsatzes **328** des Mindestunterhalts gemäß § 1612 a BGB oder der in § 36 Nr. 4 EGZPO ausgewiesenen Beträge geltend gemacht, sondern nur ein statischer Monatsbetrag, ist der für die Ersten 12 Monate nach Einreichung der Klage oder des Antrags geforderte Betrag maßgeblich. Dies entspricht § 40 GKG i. V. m. § 42 I S. 1 GKG. Wird der Mindestunterhalt in Höhe eines **Prozentsatzes** nach §§ 1612 a BGB, 30 Nr. 4 EGZPO geltend gemacht, ist der im Zeitpunkt

---

[26] OLG Karlsruhe, FamRZ 2001, 767
[27] OLG Stuttgart, FamRZ 2002, 1045
[28] OLG Koblenz, FamRZ 2005, 2000
[29] BGBl I S. 3283
[30] OLG Karlsruhe, FamRZ 2006, 1548

der Einreichung der Klage oder des Antrags maßgebende Mindestunterhalt unter Berücksichtigung der dann geltenden Altersstufe zugrunde zu legen (§ 42 I S. 2 GKG). Die gemäß § 1612 b BGB oder nach § 1612 c BGB zu berücksichtigenden Kindergeldbeträge oder sonstigen Leistungen sind vom Gericht zu ermitteln[31] und streitwertmäßig abzuziehen. Beiden Parteien kommt es nämlich nicht darauf an, die Höhe des Ausgangsbetrages festzustellen; vielmehr interessiert sie – nach Berücksichtigung aller anzurechnenden Leistungen –, was letztendlich an Unterhalt konkret geschuldet ist bzw. verlangt werden kann. Somit kommt den Abzugspositionen der §§ 1612 b, c BGB keine eigenständige Streitwertfunktion zu.

329   Auch das vereinfachte Unterhaltsverfahren ist – für beide Parteien – der **Prozesskostenhilfe** zugänglich. Wird hierbei das minderjährige Kind von dem betreuenden Elternteil gesetzlich vertreten, ist die Bedürftigkeit des vertretenen Kindes maßgebend. Bei der **Prozessstandschaft gemäß § 1629 III BGB** sollte bisher nach teilweise in der Instanzgerichtlichen Rechtsprechung vertretener Auffassung hinsichtlich der persönlichen und wirtschaftlichen Verhältnisse die Bedürftigkeit des Kindes maßgebend sein, da der Prozessstandschafter den Rechtsstreit im Interesse des Kindes führe.[32] Eine andere Ansicht wollte, mehr dem Wortlaut des § 114 ZPO (Partei) entsprechend, die **Einkommenslage des klagenden Elternteils** zugrunde zu legen.[33] Diese Streitfrage hat der BGH in der Zwischenzeit entschieden.[34] Maßgebend sind danach die persönlichen und wirtschaftlichen Verhältnisse der **jeweiligen Prozesspartei**. Die Prozessstandschaft nach § 1629 III BGB bietet keinen Anlass, von diesem Grundsatz abzuweichen. Da im Übrigen das vereinfachte Verfahren ohnedies – was die Antragstellung anbelangt – auf die Minderjährigkeit des Kindes beschränkt ist, bedarf es nach Volljährigkeit des Kindes keiner erneuten Überprüfung der persönlichen und wirtschaftlichen Verhältnisse des nun im Unterhaltsverfahren allein aktiv legitimierten Kindes.

330   Der **Beiordnung eines Anwaltes** wird vielfach für nicht erforderlich erachtet, weil man sich nach den „Allgemeinen Hinweisen" des Merkblatts auch nichtanwaltlicher Hilfe bei der Ausfüllung des Antragsformulars bedienen könne.[35] Wegen der Kompliziertheit des Unterhaltsrechts und der Unübersichtlichkeit der staatlichen Vordrucke wird teilweise eine anwaltliche Beratung in der Regel für notwendig erachtet.[36] Zudem stellt auch das zwingend zu verwendende Antragsformular (§ 659 ZPO) in seiner aktualisierten Fassung keine weiteren Anforderungen an den jeweiligen Antragsteller, die über formularmäßige Anträge auf Bewilligung von Prozesskostenhilfe und Beiordnung eines Rechtsanwalts hinausgehen. Schon deshalb soll nach OLG Brandenburg[37] eine Beiordnung geboten sein. Andererseits wird allerdings stringent im Verfahren nach §§ 645 ff. ZPO die Beiordnung eines Rechtsanwalts in der Regel für nicht geboten erachtet.[38]

Wie in allen Beiordnungsfällen wird auch hier im Einzelfall nach den konkreten Umständen und der individuellen Fallgestaltung nachzufragen sein, ob eine Beiordnung nach dem Ermessen des Gerichtes erforderlich ist, sofern nicht bereits Gründe der Waffengleichheit die Entscheidung anderweitig vorgeben.[39]

Prozesskostenhilfeanträge im vereinfachten Verfahren werden deswegen relativ selten Aussicht auf Erfolg haben, weil die **Kosten der Prozessführung** der Partei häufig vier Monatsraten und die aus dem Vermögen aufzubringenden Teilbeträge nicht übersteigen (§ 115 III und IV ZPO).

Da für das vereinfachte Verfahren kein Gebührenvorschuss einzubezahlen ist, wird ein PKH-Verfahren nicht vorgeschaltet, sondern neben dem vereinfachten Verfahren geführt.[40]

---

[31] OLG Brandenburg, FamRZ 2002, 1263
[32] OLG Dresden, FamRZ 1997, 1287
[33] OLG Köln, FamRZ 1993, 1472; OLG Karlsruhe, FamRZ 1988, 636
[34] BGH, FamRZ 2006, 32; 2005, 1164
[35] KG, FamRZ 2000, 762; OLG München, FamRZ 1999, 1355
[36] OLG Naumburg, OLGR 2000, 451
[37] OLG Brandenburg, FamRZ 2002, 1199
[38] KG, FamRZ 2000, 762
[39] OLG Nürnberg, FamRZ 2002, 891; OLG Hamm. FamRZ 2002, 403; OLG Dresden, FamRZ 2001, 634
[40] Schulz, FuR 1998, 385

6. Zurückweisung des Antrags

Entspricht der Antrag nicht den in § 646 I ZPO genannten Anforderungen und den in **331** § 645 ZPO bezeichneten Voraussetzungen, hat ihn der Rechtspfleger – bei behebbaren Mängeln erst nach Anhörung des Antragstellers (§ 646 II S. 2 ZPO) – zurückzuweisen. Das gilt z. B., wenn der geforderte Unterhalt 120% des Mindestunterhalts übersteigt oder das Kind inzwischen im Haushalt des Antragsgegners lebt oder es sich bei der vom Kind geforderten Leistung um keine Unterhaltsrente, sondern um einen Zahlungsanspruch aus Schadensersatz oder Vertrag handelt.

Wird allerdings das Kind **im Laufe des vereinfachten Verfahrens** volljährig, bleibt dieses Verfahren weiterhin zulässig; davon zu unterscheiden ist die Frage, ob über diesen Zeitpunkt hinaus noch eine unbefristete Titulierung im vereinfachten Verfahren erfolgen darf. Richtigerweise ist davon auszugehen, dass sich die Bemessung des Kindesunterhalts mit dem Eintritt der **Volljährigkeit** der schematisch-starren Regelung des § 1606 III S. 2 BGB, auf die das vereinfachte Verfahren abstellt, entzieht. Demgemäß muss das volljährige Kind seinen Antrag in diesem Verfahren entsprechend beschränken[41] und sich für den Unterhalt in der Folgezeit auf die Erhebung einer Unterhaltsklage verweisen lassen.[42] Dagegen spricht auch nicht die Vorschrift des § 798a ZPO über die Zwangsvollstreckung aus Unterhaltstiteln, die ersichtlich an eine zulässigerweise unbefristete Titulierung[43] **während der Minderjährigkeit** des Kindes, anknüpft. Sie erschöpft sich darin, dem Kind bei Eintritts der Volljährigkeit die Fortsetzung der Vollstreckung aus dem Titel zu ermöglichen bis es zu einem Korrekturverfahren (§ 323 ZPO und § 654 ZPO) oder bei Wegfall der Unterhaltspflicht zu einer Vollstreckungsabwehrklage (§ 767 ZPO) kommt.

Bei seiner Überprüfung gemäß § 646 II ZPO hat der Rechtspfleger keine Ermittlungspflicht von Amts wegen (vgl. § 12 FGG), da auch im vereinfachten Verfahren die Parteimaxime mit dem Beibringungsgrundsatz gilt. Solange daher die Angaben des Kindes nicht widersprüchlich, offensichtlich unzutreffend oder bestritten sind, hat der Rechtspfleger diese Angaben als wahr zu unterstellen. Da viele Schuldner sich im vereinfachten Verfahren erfahrungsgemäß nicht melden oder nur ungenügende Erwiderungen vorlegen, liegt hierin ein besonderer Vorteil für das den Antrag stellende Kind, schnell und ungeschmälert einen Titel auf Kindesunterhalt zu erhalten.

Der **Zurückweisungsbeschluss** ist zu begründen, damit sich der Antragsteller mit der **331a** **Erinnerung** gegen die Zurückweisung wehren kann (§ 11 II RPflG). Der Beschluss enthält keine Kostenentscheidung, weil kein Gegner vorhanden ist, dessen Kosten erstattet werden müssten. Im Falle der Zurückweisung des Antrags ist der (unzulässige) Antrag dem Antragsgegner nicht mehr zuzustellen. Der Zurückweisungsbeschluss ist wegen der befristeten Anfechtungsmöglichkeit dem Antragsteller förmlich zuzustellen (§ 329 II S. 2 ZPO). Infolge der Neufassung des RPflG (BGBl. 1998 I, 2030) ist gegen die Entscheidung des Rechtspflegers gemäß § 11 II Satz 1 RPflG binnen der für die sofortige Beschwerde geltenden Frist die Erinnerung zulässig. Dieser Erinnerung kann der Rechtspfleger gemäß § 11 II S. 2 RPflG abhelfen. Tut er dies nicht, ist die Erinnerung nach § 11 II S. 3 RPflG dem Richter vorzulegen, der über die sofortige Erinnerung abschließend entscheidet. Im Übrigen ist die Zurückweisung nicht anfechtbar (§ 646 II S. 3 ZPO). Eine Ausnahme bildet allerdings der Fall einer nur **teilweisen Zurückweisung.** Hier müsste über den der Zurückweisung unterliegenden Teil an sich das Amtsgericht abschließend entscheiden, während gegen den Festsetzungsbeschluss im Übrigen die sofortige Beschwerde (§ 652 ZPO) zum Oberlandesgericht eröffnet wäre. Zur Vermeidung von einander widersprechenden Entscheidungen erscheint deshalb eine einheitliche Anfechtung durch die sofortige Beschwerde geboten.[44]

Alternativ zur Erinnerung kann der Antragsteller aber auch einen neuen und verbesserten Antrag einreichen oder nunmehr Klage auf Kindesunterhalt erheben. Sein Antrag auf Prozesskostenhilfe für das vereinfachte Verfahren kann nicht mit dem Argument zurück-

---

[41] OLG Köln, FamRZ 2000, 678, 679
[42] Johannsen/Henrich/Voßkuhle, § 645 Rn. 3
[43] OLG Stuttgart, FamRZ 2000, 1161, 1163
[44] OLG Koblenz, FamRZ 2005, 2001

gewiesen werden, es möge eine einstweilige Verfügung oder ein Prozesskostenhilfegesuch für eine beabsichtigte Hauptsacheklage nach § 621 Nr. 4, 5 oder 11 ZPO eingereicht werden. Sonst nämlich würde die freie Rechtswahl des Unterhaltsgläubigers beeinträchtigt.[45]

7. Verbindung mehrerer Verfahren

332 Machen **mehrere Kinder** eines Unterhaltspflichtigen (auch aus verschiedenen Verbindungen des Antragsgegners) ihren Unterhalt im vereinfachten Verfahren geltend, sind die einzelnen Verfahren unter den Voraussetzungen von. § 646 III ZPO zwingend zu verbinden. Es handelt sich hierbei um den Fall einer **subjektiven Klagehäufung.** Eine gleichzeitige Entscheidung über alle Anträge ist nicht erforderlich. Eine **Verbindung mehrerer Verfahren** ist auch dann angezeigt, wenn die Unterhaltsberechtigten Unterhalt für unterschiedliche Zeiträume geltend machen, oder aber von einem Kind nur ein zeitlich begrenzter Unterhaltsrückstand geltend gemacht, vom anderen Kind der laufende, künftige Unterhalt gefordert wird. Die Verbindung dieser mehreren Verfahren ist schon deshalb erforderlich, um dem Unterhaltspflichtigen zu ermöglichen, seine mangelnde Leistungsfähigkeit auf Grund der Gesamtheit der gegen ihn erhobenen Unterhaltsansprüche geltend zu machen.

8. Mitteilung an Antragsgegner

333 Ist das vereinfachte Verfahren zulässig, so erfolgt (§ 647 ZPO) die **Zustellung des Antrags** oder einer Mitteilung über seinen Inhalt an den Antragsgegner, wobei eine Vielzahl von Hinweisen vorgeschrieben ist. Diese lassen sich § 647 I Nr. 1–4 ZPO entnehmen. Nach § 329 II S. 2 ZPO ist der Antrag zuzustellen; ab diesem Zeitpunkt läuft die Monatsfrist, innerhalb deren der Antragsgegner Einwendungen erheben kann (§ 647 I Nr. 2 ZPO). Es handelt sich nicht um eine Ausschlussfrist (§ 648 III ZPO). Eine Fristverlängerung scheidet aus. Gemäß § 647 II i. V. m. § 167 ZPO wird die Verjährung des Unterhaltsanspruchs bereits durch die Einreichung des Festsetzungsantrags unterbrochen, wenn dieser demnächst zugestellt wird. Ist aber der Festsetzungsantrag unvollständig und wird er erst nach entsprechendem Hinweis (§ 646 II S. 2 ZPO) nachgebessert, erfolgt die Zustellung an den Gegner nicht mehr demnächst i. S. d. des § 167 ZPO.

9. Einwendungen des Antragsgegners

334 Nach § 648 ZPO ist zwischen **zwei Gruppen von Einwendungen** des Antragsgegners zu unterscheiden: Erhebt dieser die in Absatz 1 aufgezählten Einwendungen, überprüft sie der Rechtspfleger darauf, ob sie nach der Darstellung des Antragsgegners begründet sind. Stellt er dies positiv fest, teilt er dieses Titulierungshindernis dem Antragsteller mit und setzt auf Antrag des Gesuchstellers den Unterhalt in dem Umfang durch Beschluss fest, in dem ihn der Antragsgegner zugestanden hat (§ 650 ZPO). Kommt der Rechtspfleger zum Ergebnis, dass die Einwendungen des Abs. 1 nicht begründet sind, weist er sie im Festsetzungsbeschluss zurück (§ 648 I S. 3 ZPO).

Erhebt der Antragsgegner die in Abs. 2 erwähnten Einwendungen, prüft der Rechtspfleger nur ihre Zulässigkeit. Stellt er diese fest, verfährt er erneut nach § 650 ZPO.

Der Antragsgegner kann folgende formale (zulässige) Einwendungen nach § 648 I ZPO geltend machen:
– die Unzulässigkeit des vereinfachten Verfahrens, (nämlich z. B. bei Nichtbestehen einer Kind-Elternbeziehung, Volljährigkeit des Kindes bereits zu Beginn des Verfahrens; bereits vorliegende Jugendamtsurkunde über den Mindestunterhalt; erforderliche Prozessstandschaft gemäß § 1629 III BGB bei Anhängigkeit einer Ehesache)[46]
– die Rüge des Zeitpunktes, von dem an Unterhalt gezahlt werden soll,

---

[45] OLG Naumburg, FamRZ 2001, 924
[46] Dazu OLG Köln, FamRZ 2000, 676

- Rügen zur unrichtigen Berechnung des Unterhalts der Höhe nach, nämlich die Rüge der Anwendung einer falschen Altersstufe oder eines unrichtigen Regelbetrages,
- die Rüge der Nicht- oder mangelhaften Berücksichtigung von Kindergeld oder kindbezogener Leistungen, versagt ist hierbei dem Antragsgegner der Vortrag, er habe mit dem Kind eine niedrigere Unterhaltsvereinbarung außergerichtlich getroffen; diese Einwendung ist in § 648 I Nr. 3 ZPO nicht aufgeführt).[47]
- die Rüge, dass der Unterhalt höher als beantragt festgesetzt worden ist; hierbei erscheint fraglich, dass als Antrag der Bruttounterhaltsbetrag[48] gelten soll. Im Rahmen der Titulierung des Kindesunterhalts im vereinfachten Verfahren reicht es aus, dass das zu berücksichtigende gesetzliche Kindergeld unbeziffert mit der Formulierung „$^{1}/_{2}$ des jeweils gültigen Kindergeldsatzes" ausgewiesen wird.[49]
- Einwendungen zur Kostentragungspflicht bei sofortigem Anerkenntnis.

Nicht begründete Einwendungen nach § 648 I S. 1 Nr. 1 und 3 ZPO weist der   335
Rechtspfleger mit dem Festsetzungsbeschluss zurück, desgleichen auch eine Einwendung nach S. 1 Nr. 2, wenn ihm diese nicht begründet erscheint (§ 648 I S. 3 ZPO).

Nicht begründet sind die Einwendungen dann, wenn der Unterhaltsschuldner keine Tatsachen behaupten kann, die zur Unzulässigkeit des vereinfachten Verfahrens führen (es besteht bereits ein Unterhaltstitel, den der Unterhaltsschuldner vorlegt, oder das Kind war bei Antragstellung bereits volljährig, was der Schuldner durch Vorlage einer Geburtsurkunde nachweist).

Unbegründet sind die Einwendungen auch dann, wenn das tatsächliche Vorbringen nicht schlüssig ist.[50]

Einwendungen zur Höhe des Unterhalts sind demnach etwa dann begründet, wenn der Unterhaltsschuldner nachweist, dass eine falsche Altersstufe infolge unrichtigen Geburtsdatums des Kindes angewandt wurde. Bei der Prüfung des Rechtspflegers, ob die Behauptungen des Antragsgegners begründet und erheblich sind, ist nicht zu prüfen, ob der Antragsteller sie zugesteht oder ob sie wahr sind.

Einwendungen des § 648 I Nr. 2 ZPO, nämlich hinsichtlich des Zeitpunktes, von dem an Unterhalt gezahlt werden soll, weist der Rechtspfleger bereits dann zurück, wenn diese nicht begründet erscheinen. Hier braucht somit der Rechtspfleger nicht davon überzeugt zu sein, dass der Antragsgegner keine Mahnung erhalten hat. Er kann diese Einwendung auch dann zurückweisen, wenn er es eher für wahrscheinlich hält, dass die Mahnung dem Unterhaltsschuldner auch zugegangen ist.[51]

Macht der Antragsgegner die **Einwendungen des § 648 I S. 2 ZPO** geltend, dass er deswegen die Verfahrenskosten nicht zu tragen habe, weil er keinen Anlass zur Stellung des Antrags gegeben habe, und erweist sich diese Einwendung nicht als begründet, erfolgt keine Zurückweisung (vgl. § 648 I S. 3 ZPO); vielmehr entscheidet der Rechtspfleger im Rahmen der Unterhaltsfestsetzung, ob dem Antragsgegner – in der Regel – die Verfahrenskosten gem. § 91 I S. 1 ZPO aufzuerlegen sind oder ob sie – ausnahmsweise – nach den Vorschriften der §§ 648 I S. 2 i. V. m. mit 93 ZPO vom Antragsteller zu tragen sind.

Daneben gibt es weitere **Einwendungen** nach § 648 II ZPO **aus materiellem Recht.**   336
Im vereinfachten Verfahren wird über sie aber endgültig nicht entschieden, sondern nur darüber, ob sie **zulässig erhoben** sind. Das sind sie nur dann, wenn der Antragsgegner mit ihnen zugleich erklärt, inwieweit er zur Unterhaltsleistung bereit ist und dass er sich diesbezüglich zur Erfüllung des Unterhaltsanspruchs verpflichtet. In diesem Zusammenhang kann der Antragsgegner auch die Erklärung abgeben, keinen Unterhalt zahlen zu wollen, da er insgesamt leistungsunfähig sei.[52]

Den **Einwand der Erfüllung** (§ 648 II S. 2 ZPO) kann der Antragsgegner nur erheben, wenn er zugleich erklärt, inwieweit er geleistet hat und dass er sich verpflichtet, einen

---

[47] Vgl. dazu OLG Naumburg, FamRZ 2000, 360
[48] OLG Brandenburg, FamRZ 2002, 2163
[49] OLG Köln, FamRZ 2002, 33
[50] Vgl. BT-Drucks. 13/7338, S. 40
[51] Vgl. BT-Drucks. 13/7338, S. 58
[52] OLG Brandenburg, FamRZ 2004, 475

darüber hinausgehenden Unterhaltsrückstand zu begleichen. Den **Einwand eingeschränk-ter** oder **fehlender Leistungsfähigkeit** (§ 648 II S. 3 ZPO) kann der Antragsgegner nur erheben, wenn er zugleich unter Verwendung des eingeführten Vordrucks Auskunft über seine Einkünfte, sein Vermögen und seine persönlichen und wirtschaftlichen Verhältnisse im Übrigen erteilt und über seine Einkünfte (entgegen den Anforderungen im amtlichen Vordruck nicht über das Vermögen) Belege vorlegt. Die Darstellung der Einkünfte in einem Schriftsatz unter Beifügung von Belegen kann die Vorlage des Vordrucks nicht ersetzen.[53] Ebenso wenig genügt der Hinweis auf die Eröffnung eines Verbraucherinsolvenzverfahrens den durch § 648 II S. 3 ZPO gestellten Anforderungen.[54]

Nach dem Gesetzeswortlaut besteht eine **Belegpflicht** nur hinsichtlich des Einkommens, nicht auch hinsichtlich berücksichtigungsfähiger Abzugsposten wie berufsbedingte Aufwen-dungen, eheprägende Schulden, Vorsorgeaufwendungen, unvermeidbar überhöhte Miet-kosten.[55] Lebt der Antragsgegner im **Ausland,** können die Belege, sofern sie dort erstellt sind, auch in der entsprechenden Sprache vorgelegt werden. Sind keine den inländischen Belegen und Nachweisen vergleichbare Dokumente verfügbar, hat der Antragsgegner dies im Rahmen seiner Obliegenheiten aus § 648 II S. 3 ZPO dem Amtsgericht mitzuteilen, will er mit dem Einwand fehlender Leistungsfähigkeit nicht ausgeschlossen werden.[56]

337   Sind die **Einwendungen** des Antragsgegners **unvollständig** oder gibt er keine Erklärung dazu, in welchem Umfang er Unterhalt zahlen will, bleiben die Einwendungen des § 648 II ZPO unberücksichtigt mit der Folge des alsbald ergehenden **Festsetzungsbeschlusses** (§ 649 I ZPO). Dazu kann es allerdings erst dann kommen, wenn das Gericht seine Hinweispflichten entsprechend § 139 II ZPO beachtet hat, wie dies insbesondere bei offen-kundigen Formularausfüllungsfehlern der Fall ist.[57] Dem Antragsgegner bleibt schließlich freigestellt, im Wege der Korrekturklage nach § 654 ZPO die im Rahmen des § 648 II ZPO nicht berücksichtigte Einwendung erneut geltend zu machen.

Beispiele
für unzulässige Einwendungen:
– Der Antragsgegner trägt nur vor, er sei leistungsunfähig, ohne hierüber Auskünfte zu erteilen.
– Der Antragsgegner hat zwar über seine Einkünfte, sein Vermögen und seine persönlichen und wirtschaftlichen Verhältnisse vollständig Auskunft erteilt, zu seinem Einkommen aber keine Belege vorgelegt.
– Der Antragsgegner erklärt, es möge sofort das streitige Verfahren nach § 651 I S. 1 ZPO durch-geführt werden; der Übergang in das streitige Verfahren setzt gemäß § 650 ZPO die Erhebung von Einwendungen voraus, die gemäß § 648 ZPO im vereinfachten Verfahren beachtlich sind.

337 a   Alle Einwendungen muss der Antragsgegner unter Verwendung des amtlichen Vordruckes geltend machen (§ 659 II ZPO). Wird der Vordruck als Anlage zu einem Schriftsatz des Verfahrensbevollmächtigten eingereicht, in dem hierauf Bezug genommen wird, ist eine eigenhändige Unterzeichnung des Vordrucks durch den Antragsgegner in der Regel ent-behrlich.[58] Ein Vortrag in sonstiger Form kann nicht verwertet werden, da er nicht der **zwingend vorgeschrieben Form** genügt.[59] Der Rechtspfleger hat daher den Antrags-gegner auf diese Voraussetzungen hinzuweisen und ihm die Möglichkeit der Äußerung gem. § 657 ZPO zu eröffnen (Antragstellung und Erklärung vor dem Urkundsbeamten der Geschäftsstelle).

Jedoch muss es den Anforderungen an die **Erklärung der Leistungsbereitschaft** (§ 648 II S. 1 ZPO) genügen, wenn der in Anspruch Genommene seine Einkommens- und Vermögensverhältnisse im vereinfachten Verfahren umfassend offen legt und schon hierdurch seinen Einwand fehlender Leistungsfähigkeit nachvollziehbar begründet.[60] Allerdings ver-

[53] OLG Nürnberg, FamRZ 2004, 475
[54] OLG Koblenz, FamRZ 2005, 915
[55] Gerhardt, FuR 1998, 145, 146
[56] OLG München, FamRZ 2005, 381
[57] OLG Karlsruhe, FamRZ 2006, 1548
[58] OLG Hamm, FamRZ 2006, 211
[59] OLG Karlsruhe, FamRZ 2001, 107
[60] OLG Hamm, FamRZ 2006, 211

langt auch der mit Wirkung vom 1. 1. 2008 zu verwendende Vordruck[61] neben der Erklärung unter „G", den verlangten Unterhalt wegen Gefährdung des eigenen Unterhalts nicht oder nicht in voller Höhe zahlen zu können, zusätzlich ausdrückliche Erklärungen dazu, in welcher Höhe der Antragsgegner zur Unterhaltszahlung bereit sein will (ggf. „0"). Da eine Verpflichtungserklärung des Unterhaltsschuldners aber nur erwartet werden kann, wenn er sich im Stande sieht, zumindest teilweise den Unterhaltsanspruch zu erfüllen, muss es als übertriebene Förmelei erscheinen, von dem Antragsgegner neben ausführlicher Darlegung seiner Einkommensverhältnisse, die das Fehlen **jeglicher Leistungsfähigkeit** unterstreichen, noch zusätzlich die ausdrückliche Erklärung zu verlangen, dass er zu „0" Unterhaltszahlungen bereit sei. Dabei ist auch zu bedenken, dass die Erklärung über die Leistungsbereitschaft nur den Zweck verfolgt, dass sich **der Antragsgegner** über seine Verpflichtung Klarheit verschafft und sich gegebenenfalls rechtlich beraten lässt.[62] Wollte man dem nicht folgen, müsste jedenfalls die gerichtlichen Hinweispflicht[63] entsprechend § 139 II ZPO auf eine formularbezogene Klarstellung hinwirken, dass sich der Antragsgegner zu „0" Unterhaltszahlungen bereit erklärt. Eine hinreihende **Teilleistungsbereitschaft** liegt vor, wenn der Antragsgegner formularbezogen erklärt, dass er in der unterhaltsrelevanten Zeit bereits regelmäßig laufende Zahlungen in gleich bleibender Höhe erbringe.[64]

Die Einwendungen sind über die **Monatsfrist** des § 647 I S. 2 Nr. 3 ZPO hinaus bis zur   **337 b** Verfügung des Festsetzungsbeschlusses zu berücksichtigen (§ 648 III ZPO). Dies besagt zunächst, dass es sich um keine Ausschlussfrist handelt. Ferner ist der Festsetzungsbeschluss entgegen einer teilweise vertretenen Meinung[65] nicht schon dann verfügt, wenn ihn der Rechtspfleger unterzeichnet hat. Von einer Verfügung im Sinne dieser Vorschrift ist vielmehr, wie die höchstrichterliche Rechtsprechung[66] zur vergleichbaren Situation des Widerspruchs im Mahnverfahren betont, erst dann auszugehen, wenn der Festsetzungsbeschluss den inneren Geschäftsbetrieb verlassen hat.[67] Maßgebend für die Rechtzeitigkeit der erhobenen Einwendungen ist der Eingang bei Gericht,[68] nicht etwa die Vorlage an den Rechtspfleger.

Dies ist deswegen bedeutsam, weil auf Grund des seit 1. 1. 2002 geltenden § 652 II S. 2 ZPO Einwendungen nach § 648 II ZPO, die nicht erhoben waren, bevor der Festsetzungsbeschluss verfügt war, nicht mit der sofortigen Beschwerde des § 652 ZPO erstmals geltend gemacht werden können.[69] Damit wird dem Antragsgegner die Möglichkeit genommen, über das Beschwerdeverfahren des § 652 ZPO seiner Auskunftspflicht im Rahmen des § 648 ZPO zu entgehen oder auf diese Art und Weise den Prozess insgesamt zu verzögern.

10. Folgen der Einwendungen

Ist die gemäß § 648 I Nr. 1 ZPO erhobene Einwendung zur Zulässigkeit des vereinfach-   **338** ten Verfahrens begründet, wird der **Antrag zurückgewiesen** (§ 646 II, § 645 ZPO).

Sind die Einwendungen nach. § 648 I Nr. 2 und 3 begründet, führt dies zum Verfahren nach § 650 ZPO und zu einem etwaigen **Teilbeschluss des § 650 S. 2 ZPO.** Sind die Einwendungen unbegründet, stehen sie dem Festsetzungsbeschluss des § 649 ZPO nicht entgegen, vielmehr werden sie in ihm zurückgewiesen (§ 648 I S. 3 ZPO).

Andere Einwendungen nach materiellem Recht (§ 648 II ZPO) stehen dem Festsetzungsbeschluss nicht entgegen, wenn sie **unzulässig erhoben** wurden, somit der seine

---

[61] BGBl. I S. 3283
[62] BT-Drucks. 13/7338, S. 41
[63] OLG Karlsruhe, FamRZ 2006, 1548
[64] OLG Naumburg, FamRZ 2007, 1027
[65] OLG Brandenburg, FamRZ 2001, 1078; OLG Hamm, FamRZ 2000, 901
[66] BGH, NJW 1982, 888, 889
[67] OLG Hamm, FamRZ 2006, 44; KG, FamRZ 2006, 1209
[68] OLG Köln, FamRZ 2001, 1464
[69] So die vorliegende Rechtsprechung; vgl. OLG Hamm, FamRZ 2000, 901 u. OLG Koblenz, FamRZ 2001, 1079

Leistungsfähigkeit verneinende Antragsgegner keine Auskunft erteilt hat. Zulässig erhobene Einwendungen führen zum Verfahren nach § 650 ZPO, damit möglicherweise zu einem Teilbeschluss.

338 a   Der **Entscheidung des Rechtspflegers** ist – nach dessen Ermessen – eine mündliche (§§ 23 b I Nr. 5, 170 GVG öffentliche) Verhandlung vorausgegangen, sofern keine Entscheidung im schriftlichen Verfahren erfolgte. Ähnlich wie bei § 118 I S. 3 ZPO wird der Rechtspfleger dann eine mündliche Verhandlung anberaumen, wenn eine **Vergleichsregelung** absehbar ist. Wird in der nicht öffentlichen Verhandlung ein Vergleich geschlossen, kann dieser auch den Höchstbetrag von 120% des Mindestunterhalts überschreiten, da insoweit die Parteien nicht gehindert sind, höheren Unterhalt zu vereinbaren, als dieser im Wege des vereinfachten Verfahrens festgesetzt werden kann. Anerkennt der Antragsgegner einen über 120% hinausgehenden Unterhaltsbetrag, ergeht **Anerkenntnisbeschluss,** der einen vergleichbaren Titel darstellt wie der ohne mündliche Verhandlung ergangene normale Festsetzungsbeschluss des § 649 ZPO.

Prozessual steht es allerdings im Ermessen des Rechtpflegers, ob er nicht doch eine mündliche Verhandlung durchführt, die sogar mit einer Beweisaufnahme verbunden werden kann. Ein derartiges mündliches Verhandeln wird dann – wie im Rahmen des § 118 I S. 3 ZPO – angezeigt sein, wenn eine vergleichsweise Regelung oder Klärung strittiger Fragen zu erwarten ist.[70]

11. Der Festsetzungsbeschluss (§ 649 ZPO)

339   Sofern der Unterhaltsschuldner innerhalb der Monatsfrist keine oder bis zum Erlass des Festsetzungsbeschlusses nur unzulässige Einwendungen nach § 648 ZPO erhebt, setzt der Rechtspfleger den verlangten Unterhalt in vollem Umfang sowie die bis zu diesem Zeitpunkt entstandenen, erstattungsfähigen Verfahrenskosten durch **Festsetzungsbeschluss** nach § 649 I ZPO fest.

In dem Beschluss ist auszusprechen, dass der Antragsgegner den festgesetzten Unterhalt an den Unterhaltsberechtigten zu zahlen hat (§ 649 I S. 2 ZPO). Das gilt somit auch dann, wenn der betreuende Elternteil das vereinfachte Verfahren als Prozessstandschafter i. S. d. § 1629 III BGB betrieben hat. Unzulässig ist daher die Formulierung, dass der Antragsgegner „zu Händen der Antragstellerin für das gemeinsame minderjährige Kind Regelunterhalt zu zahlen habe".[71] Diese Entscheidung kann ohne mündliche Verhandlung ergehen (§ 649 II ZPO).

340   Die **Kostenentscheidung** beruht auf § 91, § 92 oder § 93 ZPO. Sie ergeht von Amts wegen (§ 308 II ZPO). Hat der Antragsgegner zur Einleitung des vereinfachten Verfahrens **keinen Anlass** geboten (§ 648 I S. 2 ZPO), treffen nach § 93 ZPO die Kosten den Antragsteller. Davon ist auszugehen, wenn es der Antragsteller bis zum Erlass des Feststellungsbeschlusses unterlassen hat, den Antragsgegner zu einer freiwilligen Titelbeschaffung anzuhalten. Dies ist dann der Fall, wenn der Antragsteller es bisher bei einer bloßen Mahnung belassen hat, bei seiner Zahlungsaufforderung keinen konkreten und im Einzelnen bezifferten Unterhaltsbetrag genannt hat, oder aber der Antragsgegner sich bereit erklärt hatte, beim Jugendamt einen kostenlosen Vollstreckungstitel nach §§ 59 ff. SGB VIII errichten zu lassen, und zwar in der gleichen Höhe des im vereinfachten Verfahren geforderten Unterhaltsbetrags. Hat der Antragsgegner bisher freiwillig bezahlt, sich aber einer Titulierung vor dem Jugendamt widersetzt, hat er hiermit Anlass für die Einleitung des vereinfachten Verfahrens gegeben. Er trägt im Übrigen die Darlegungs- und Beweislast für das Vorliegen der Voraussetzungen des § 93 ZPO.[72]

In dem Festsetzungsbeschluss ist darauf hinzuweisen (§ 649 II ZPO), welche Einwendungen mit der **sofortigen Beschwerde** geltend gemacht werden können und unter welchen Voraussetzungen eine Abänderung im Wege der **Klage nach § 654 ZPO** verlangt werden

---

[70] Ebenso Johannsen/Henrich/Voßkuhle, vor § 649 ZPO Rn. 5 u. 6
[71] Vgl. OLG Hamm, FamRZ 1990, 1375
[72] OLG Brandenburg, BeckRS 2000 30405162

kann. Dazu ist es erforderlich, die unterschiedlichen Fristen (2 Wochen bzw. 1 Monat) anzugeben und auf die Möglichkeit der Einlegung der sofortigen Beschwerde zu Protokoll der Geschäftsstelle des Amtsgerichts hinzuweisen (§ 569 III ZPO). In diesem Zusammenhang hinzu kommen muss ferner der Hinweis, dass die Protokollerklärungen gegenüber jedem Amtsgericht (§ 129 a ZPO) abgegeben werden kann, die Einhaltung der Frist aber vom Eingang bei dem zuständigen Amtsgericht abhängt. Bei fehlerhafter **Rechtsmittelbelehrung** über die beschränkte Anfechtungsmöglichkeit nach § 652 ZPO kommt wegen eines wesentlichen Verfahrensmangels die Aufhebung und Zurückverweisung der Sache an das Amtsgericht in Betracht, sofern die sich abzeichnende Erfolglosigkeit des Rechtsmittels auf der fehlerhaften Rechtsmittelbelehrung beruht.[73]

Nach KV Nr. 1210 fällt für den Festsetzungsbeschluss nach § 649 ZPO eine **halbe Gerichtsgebühr** an. Dies gilt nicht, sofern der Festsetzungsantrag zurückgenommen oder ein Vergleich protokolliert wird. Der **Streitwert** bestimmt sich nach § 42 I GKG. Maßgebend ist der nach badarfsdeckender Berücksichtigung verbleibende monatliche Zahlbetrag.[74] Hinsichtlich angefallener **Rückstände** gilt nichts Besonderes. Sie werden nach § 42 V GKG berechnet. Dies ergibt sich aus § 42 V S. 3 GKG.

Gemäß Nr. 3100 VV RVG fällt für das vereinfachte Verfahren bis zum Festsetzungsbeschluss (§ 649 ZPO) eine **volle Gebühr** an. Diese Gebühr wird auf die Prozessgebühr angerechnet, die der Rechtsanwalt im nachfolgenden Rechtsstreit (§ 651 ZPO) erhält (Nr. 3100 I VV RVG), nicht aber bei einer anschließenden Korrekturklage nach § 654 ZPO.

12. Rechtsmittel gemäß § 652 ZPO

Gemäß § 652 I ZPO steht **beiden Parteien** gegen den Festsetzungsbeschluss die **sofortige Beschwerde** zu,[75] gleichgültig, ob es sich um einen Festsetzungsbeschluss nach § 649 I ZPO oder jenen nach § 650 S. 2 ZPO handelt. Allerdings kann der voll obsiegende Antragsteller mit dem Rechtsmittel eine Antragserweiterung nicht verfolgen, weil es an der notwendigen **formellen Beschwer** fehlt.[76] Auch ist das Jugendamt antragsbefugt, soweit es aus übergegangenem Recht, nämlich der Leistung von Unterhaltsvorschuss gemäß § 7 I UVG vorgeht.[77] Mit der sofortigen Beschwerde können nur die in § 648 I ZPO genannten Einwendungen, die Zulässigkeit von Einwendungen nach § 648 II ZPO sowie die Unrichtigkeit der Kostenfestsetzung geltend gemacht werden.

Zulässige Anfechtungsgründe sind somit
- die Unzulässigkeit des vereinfachten Verfahrens (§§ 648 I Nr. 1, 652 II S. 1 ZPO),
- die fehlerhafte Berechnung des Unterhalts nach Zeitraum und Höhe (§§ 648 I Nr. 2 und 3, 652 II S. 1 ZPO),[78]
- die Zurückweisung von **zulässig** erhobenen anderen Einwendungen (§§ 648 II, 652 II S. 1 ZPO)[79] sowie
- eine unrichtige Kostenfestsetzung (§§ 649 I S. 3, 652 II S. 1 ZPO); hierzu gehört auch die Nichtberücksichtigung von § 93 ZPO bei der Kostenregelung gemäß § 648 I S. 2 ZPO.

Die sofortige Beschwerde ist **binnen zwei Wochen** beim Familiengericht oder beim Beschwerdegericht (das ist das OLG gemäß § 119 I Nr. 2 GVG) einzulegen (§ 569 I ZPO). Der Rechtspfleger darf dem Rechtsmittel abhelfen (§ 572 I ZPO) und kann die Vollziehung einstweilen aussetzen (§ 570 II ZPO). Eine weitere Anfechtung der Beschwerdeentscheidung findet nur statt, wenn das Oberlandesgericht die Rechtsbeschwerde zulässt (§ 574 I Nr. 2 ZPO). Betrifft das Rechtsmittel nur den Kostenpunkt und ist die **Beschwerdesum-**

[73] OLG Naumburg, FamRZ 2001, 1464
[74] OLG Brandenburg; FamRZ 2004, 962; OLG Köln, FamRZ 2002, 684
[75] OLG Stuttgart, FamRZ 2000, 1161, 1162; OLG Karlsruhe, OLG-Report 2001, 90; OLG München FamRZ 2002, 547
[76] OLG Brandenburg, FamRZ 2002, 1263
[77] OLG Brandenburg, FamRZ 2002, 545
[78] OLG Brandenburg, FamRZ 2002, 1263
[79] OLG München, FamRZ 2005, 381

me des § 567 II ZPO (200 €) nicht erreicht, findet statt der sofortigen Beschwerde nach der Neufassung des § 11 I und II RpflG (BGBl. 1998, I, 2030) die Erinnerung statt, der der Rechtspfleger abhelfen kann (§ 11 II S. 2 RpflG). Hilft er nicht ab, entscheidet der Familienrichter als letzte Instanz.

Nach § 652 II S. 1 ZPO können die Parteien nicht nur die **Unrichtigkeit der Kostenfestsetzung** geltend machen, sondern jeder von ihnen auch die **Kostengrundentscheidung** angreifen, da die Grundlage der Kostenfestsetzung der Kostenausspruch ist.[80] Deshalb muss der Antragsgegner im Beschwerdeverfahren auch die Unwirksamkeit eines **Anerkenntnisses,** das Grundlage des Festsetzungbeschlusses ist, im Hinblick auf die Kostenfolge aus § 93 ZPO geltend machen können, auch wenn dies nicht unmittelbar aus dem Katalog der Einwendungen aus § 648 ZPO folgt.[81]

Aufgrund der Neufassung von § 652 II ZPO können im Beschwerdeverfahren Einwendungen i. S. v. § 648 II ZPO nur dahingehend geltend gemacht werden, diese seien vom erstinstanzlichen Gericht zu Unrecht als unzulässig angesehen oder, obwohl rechtzeitig vor Verfügung des Festsetzungsbeschlusses geltend gemacht (§ 648 III ZPO) nicht berücksichtigt worden.[82] Mit der erstmaligen Geltendmachung von Einwendungen nach § 648 II ZPO im Beschwerdeverfahren ist der Antragsgegner nunmehr präkludiert.[83]

Dem ist allerdings entgegenzuhalten, dass neben der Rüge der unrichtigen Kostenfestsetzung oder der Nichtberücksichtigung von § 93 ZPO sowohl dem Antragsteller als auch dem Antragsgegner die Möglichkeit zustehen muss, die fehlerhafte Berechnung des Unterhalts nach Zeitraum und Höhe gemäß § 648 I Nr. 2 und 3 ZPO geltend zu machen, und zwar jeweils dann, wenn zu seinem Nachteil entschieden worden ist.[84]

343   Mit der sofortigen Beschwerde können nur **formelle Fehler** des Rechtspflegers gerügt werden. Eine **materielle Überprüfung** des Unterhalts findet über § 652 ZPO nicht statt. Hierfür ist die Klage des § 654 ZPO vorgesehen.

Macht der Antragsgegner mit der sofortigen Beschwerde nach § 652 ZPO geltend, er sei im Festsetzungsbeschluss nicht mit seiner zutreffenden Anschrift aufgeführt, so handelt es sich nicht um eine zulässige Einwendung. Ebenso unzulässig ist die Einwendung, die Antragstellerin wohne bereits an einem anderen Ort als im Festsetzungsbeschluss angegeben, so dass ein Verstoß gegen das Meldegesetz vorliege. Macht der Antragsgegner geltend, er habe kein Kind mit diesem Geburtsdatum, handelt es sich, weil die Zulässigkeit des vereinfachten Verfahrens gerügt wird, um eine zulässige Einwendung.[85]

Macht der Antragsgegner im Beschwerdeverfahren seine völlige Leistungsunfähigkeit geltend, bedarf es keiner Erklärung seinerseits gemäß § 648 II S. 1 ZPO (vgl. auch Rn. 10/337 a).[86]

Werden zulässige Einwendungen nicht vorgebracht, ist die sofortige Beschwerde insgesamt als unzulässig zu verwerfen. Sind neben **unzulässigen Einwendungen** auch zulässige Einwendungen geltend gemacht worden, ist das Rechtsmittel nur zum Teil als unzulässig zu verwerfen; die unzulässigen Einwendungen können im Wege der Abänderungsklage nach § 654 ZPO geltend gemacht werden.

Wie oben bereits ausgeführt, steht die sofortige Beschwerde nach § 652 ZPO auch dem Antragsteller zu, wenn der Beschluss nach § 649 ZPO vom gestellten Antrag abweicht.[87]

Soweit der Antragsteller – im Gegensatz zum Antragsgegner – keine weiteren Einwendungen nach § 648 ZPO erheben kann, ist seine sofortige Beschwerde unzulässig. Ihm bleibt aber die Möglichkeit, im Rahmen der Anhörung nach § 646 II ZPO **Anspruchsverbesserungen** vorzunehmen, einen neuen Festsetzungsantrag gemäß § 645 ZPO einzureichen, ins **Unterhaltsklagverfahren** überzugehen, oder aber sich die **Korrekturmög-**

---

[80] So Zöller/Philippi, ZPO, § 652, Rn. 12
[81] OLG Brandenburg, FamRZ 2007, 837
[82] OLG Köln, FamRZ 2001, 1464
[83] OLG Karlsruhe, FamRZ 2000, 680 noch zur alten Rechtslage
[84] OLG Brandenburg, FamRZ 2002, 1263
[85] OLG Brandenburg, FamRZ 2002, 1345
[86] OLG Dresden, FamRZ 2000, 1031
[87] OLG München, FamRZ 2002, 547

lichkeit nach § 654 ZPO vorzubehalten. Eine Rechtsverkürzung im Rahmen des § 652 ZPO zum Nachteil des Antragstellers ist somit nicht festzustellen.

Im Verfahren über die Beschwerde nach § 652 ZPO fällt gemäß KV Nr. 1122 **eine Gerichtsgebühr** an. Dies bedeutet, dass die Erinnerung gegen die Entscheidung des Rechtspflegers gebührenfrei ist.

Der Rechtsanwalt erhält im Erinnerungs- wie auch im Beschwerdeverfahren des § 652 ZPO **0,5 Verfahrensgebühr,** und zwar neben der im Festsetzungsverfahren verdienten Gebühr.

13. Das weitere Verfahren bis zum Teilbeschluss des § 650 S. 2 ZPO

Hat der Antragsgegner Einwendungen erhoben, die nach § 648 I S. 3 ZPO nicht zurück- **344** zuweisen oder die nach § 648 II ZPO zulässig sind (z. B. den **Einwand der Erfüllung,** der teilweisen oder gänzlichen **Leistungsunfähigkeit,** des **Vorranges eines anderen Unterhaltsschuldners,** des vertraglich vereinbarten **Unterhaltsverzichts** für die Vergangenheit oder der **rechtsmissbräuchlichen Geltendmachung**), informiert das Familiengericht den Antragsteller hierüber unter Darlegung der einzelnen Gründe, die es für beachtlich hält. Damit verbunden ergeht der Hinweis an den Antragsteller, dass das Verfahren nur auf Antrag des Antragstellers seinen Fortgang findet, der auf Durchführung des streitigen Verfahrens (§ 651 I S. 2 ZPO) oder aber Titulierung durch Teilbeschluss nach § 650 S. 2 ZPO in dem durch die Leistungsbereitschaft des Antragsgegners begrenzten Umfang gerichtet sein kann. Allerdings bestehen weitere Optionen, die der Antragsteller im wohlverstandenen Eigeninteresse zu beachten hat.

Hat der Antragsgegner umfassend über seine Einkommens- und Vermögensverhältnisse informiert und ist danach von einer Leistungsunfähigkeit des Unterhaltspflichtigen auszugehen, kann der Antragsteller davon absehen, das Verfahren weiter zu betreiben. In diesem Fall gewinnt die Vorschrift des § 651 VI ZPO an Bedeutung, Wird nämlich vor Ablauf von 6 Monaten **(Ausschlussfrist)** der Antrag auf Durchführung des streitigen Verfahrens nicht gestellt, gilt der Festsetzungsantrag als zurückgenommen. Ob deshalb die Hinweise und Mitteilungen des Gerichts (§ 650 ZPO) der Zustellung entsprechend § 329 II S. 2 ZPO bedürfen, ist umstritten,[88] dürfte sich aber schon deshalb zumindest empfehlen, um den exakten Fristablauf von Amts wegen feststellen zu können.

Hat der Antragsgegner beachtliche Einwendungen erhoben, sich aber im Übrigen teilweise leistungsbereit erklärt, kann der Antragsteller nach Prüfung seinen Festsetzungsantrag den Einwendungen anpassen. Daraufhin wird der Rechtspfleger einen Festsetzungsbeschluss gemäß § 649 ZPO erlassen. Im Rahmen der Kostenentscheidung ist, soweit Kosten angefallen sind, die Teilrücknahme zu berücksichtigen.

Alternativ dazu kann der Antragsteller gemäß § 650 S. 2 ZPO den Erlass eines Teilbeschlusses in dem Umfang beantragen, in dem sich der Antragsgegner zur Leistung verpflichtet hat. Der Teilbeschluss enthält keine Kostenentscheidung. In ihm wird der Festsetzungsantrag auch nicht teilweise zurückgewiesen. Da hinsichtlich des restlichen Streitgegenstandes auf Antrag einer der Parteien das **streitige Verfahren** durchzuführen ist (§ 651 I S. 1, 2 ZPO), muss sich der Antragsteller allerdings genau überlegen, ob er überhaupt einen **Teilbeschluss im vereinfachten Unterhaltsverfahren** ergehen lassen will. Er wird von einer entsprechenden Antragstellung dann absehen, wenn nur ein geringfügiger Unterhaltsbetrag vom Antragsgegner zugestanden ist und im umfangreichen streitigen Verfahren ohnedies alle rechtserheblichen Einwendungen des Antragsgegners (nochmals) im Einzelnen zu prüfen sind. Da nämlich der Antragsteller den Klageweg **oder** das vereinfachte Unterhaltsverfahren wählen kann, ist er auch innerhalb des vereinfachten Verfahrens entgegen OLG Naumburg[89] berechtigt, nach der Erhebung von Einwendungen durch den Antragsgegner von einer Titulierung überhaupt abzusehen, sei dies gemäß § 649 ZPO oder nach § 650 ZPO.

---

[88] Thomas/Putzo, § 650 Rn. 2 m. w. N.
[89] OLG Naumburg, FamRZ 2007, 1027

14. Das streitige Verfahren des § 651 ZPO

345   Die Anwendung des § 651 ZPO setzt voraus, dass der Antragsgegner Einwendungen erhoben hat, die nach § 648 I S. 3 ZPO **nicht** zurückzuweisen, oder aber gemäß § 648 II ZPO **zulässig** und daher im Rahmen des § 650 ZPO zu berücksichtigen sind. In das streitige Verfahren kann aber nur auf **Antrag** einer der beiden Parteien, nicht von Amts wegen, übergegangen werden. Allerdings wird der Antragsgegner kaum einen entsprechenden Antrag stellen, weil er damit eine Unterhaltsfestsetzung gegen sich selbst beschleunigt. Verlangt der Antragsgegner die Durchführung des streitigen Verfahrens im Hinblick darauf, dass er leistungsunfähig sei, ist diese Vorgehensweise nur zulässig, wenn er zuvor seine Auskunftspflicht nach § 648 II S. 3 ZPO erfüllt hat, weil das streitige Verfahren insgesamt nur unter den Voraussetzungen der in § 650 ZPO aufgeführten zulässigen Einwendungen statthaft ist. Ansonsten wäre dem säumigen Antragsgegner auf diese Weise die Möglichkeit eröffnet, seiner Auskunftspflicht zu entgehen.

Beantragt eine Partei die **Durchführung des streitigen Verfahrens,** so ist wie nach Eingang einer Klage zu verfahren (§ 651 II ZPO). Der Festsetzungsantrag der §§ 645, 646 ZPO wird automatisch zur Klageschrift, dessen Zustellung nach § 647 I ZPO bedeutet die Zustellung der Klageschrift (§ 253 II ZPO) mit rückwirkender Rechtshängigkeit (§ 651 III ZPO). Der Antrag auf Durchführung des streitigen Verfahrens kann formlos mitgeteilt werden (§ 270 I ZPO). Die Einwendungen des § 648 ZPO werden als Klageerwiderung i. S. d. § 277 ZPO betrachtet; ein schriftliches Vorverfahren nach § 276 ZPO entfällt. Hat der Rechtspfleger nach Eingang des Antrags, in das streitige Verfahren überzugehen, das vereinfachte Verfahren an die zuständige richterliche Abteilung des Familiengerichts abgegeben, kann der Familienrichter, sofern der Rechtsstreit in einem Termin erledigt werden kann, einen **frühen ersten Termin** nach § 272 II ZPO anberaumen oder das Verfahren durch vorbereitende Maßnahmen nach §§ 139, 273, 643 ZPO fördern. Hierbei sind die Besonderheiten des vereinfachten Verfahrens zu beachten, wie etwa die **Darlegungs- und Beweislasterleichterungen** für das minderjährige Kind, die Anlass für einen richterlichen Hinweis (§ 139 ZPO) geben können. Kann nämlich das Kind zunächst ohne weitere Darlegungen zu den Einkommensverhältnissen des unterhaltspflichtigen Elternteils bis zu 120% des Mindestunterhalts geltend machen, gelten nach Übergang in das streitige Verfahren wieder die allgemeinen Regeln, wonach das klagende Kind seinen aus den Einkommens- und Vermögensverhältnissen des barunterhaltspflichtigen Elternteils abzuleitenden Bedarf (§ 1610 BGB) prüffähig darlegen muss, sofern es weiterhin mehr als den Mindestunterhalt verlangen will (vgl. auch Rn. 10/325).[90] Der Antragsteller kann den Übergang in das streitige Verfahren aber auch nutzen, um außerhalb der Beschränkungen dieses Verfahrens weitergehenden Unterhalt geltend zu machen, der 120% des Mindestunterhalts übersteigt.

Entsprechend § 696 IV ZPO kann der Festsetzungsantrag bis zum Beginn der mündlichen Verhandlung des Antragsgegners zur Hauptsache zurückgenommen werden. Mit der Zurücknahme ist die Streitsache als nicht rechtshängig geworden anzusehen (§ 696 IV S. 3 ZPO). Der Festsetzungsantrag kann somit jederzeit wiederholt werden oder auf einen anderen Zeitraum erstreckt werden. Gemäß § 651 III ZPO gilt der Rechtsstreit als mit der Zustellung des Festsetzungsantrags (§ 647 I S. 1 ZPO) rechtshängig geworden. Wird der Antrag auf Durchführung des streitigen Verfahrens nicht vor Ablauf von 6 Monaten nach Zugang der Mitteilung nach § 650 S. 1 ZPO gestellt, gilt der über den Festsetzungsbeschluss gemäß § 650 S. 2 ZPO oder die Verpflichtungserklärung des Antragsgegners gemäß § 648 II S. 1 und 2 ZPO hinausgehende Festsetzungsantrag als zurückgenommen (§ 651 VI ZPO).

Knüpft das streitige Verfahren an einen Teilbeschluss i. S. d. § 650 S. 2 ZPO an, wird im streitigen Verfahren der Festsetzungsbeschluss aufgehoben und der zu titulierende Unterhalt in einem **Gesamtbetrag** bestimmt. Damit wird vermieden, dass für denselben Unterhaltsanspruch zwei Vollstreckungstitel in Form des Teilbeschlusses nach § 650 S. 2 ZPO und eines darüber hinausgehenden Urteils vorliegen. Dieser **einheitliche Titel** kann allerdings

---

[90] BGH, FamRZ 2002, 536

nur bei Streitidentität (gleicher Zeitraum des Unterhaltsanspruchs) ergehen. Ein einheitlicher Titel braucht somit dann nicht geschaffen zu werden, wenn der vorangegangene Festsetzungsbeschluss einen anderen Zeitabschnitt als das Urteil betrifft oder es sich hierbei um zeitlich klar abgegrenzte Unterhaltsrückstände handelt.[91]

Die durch das vorangegangene vereinfachte Verfahren entstandenen **Kosten** werden als **346** Teil der Kosten des streitigen Verfahrens behandelt (§ 651 V ZPO). Über die Kosten des vereinfachten Verfahrens darf daher nicht anders entschieden werden als über die des streitigen Prozesses. **Kostenvereinbarungen** sind in beiden aber jederzeit möglich. Kommt es im streitigen Verfahren zu keiner Kostenentscheidung (wegen Rücknahme oder sonstiger Erledigung), muss im vereinfachten Verfahren doch eine **(isolierte) Kostenentscheidung** ergehen. Eine **Gerichtsgebühr** fällt aber nicht an, wenn im vereinfachten Verfahren gar kein Unterhalt festgesetzt worden oder nur ein Teilbeschluss gemäß § 650 S. 2 ZPO ergangen ist (KV Nr. 1120).

Gemäß Nr. 3100 I VV RVG wird **die volle Gebühr** aus Nr. 3100 VV RVG (über einen Antrag auf Festsetzung des Unterhalts nach § 645 I ZPO) auf die Prozessgebühr angerechnet, die der Rechtsanwalt in dem nachfolgenden Rechtsstreit des § 651 ZPO erhält.

Im streitigen Urteil nach § 651 ZPO selbst wird über die **Kosten** nach §§ 91, 92, 93 ZPO entschieden. Wird das vereinfachte Verfahren in den **Verbund** genommen, soll also über den Kindesunterhalt nur für den Fall der Scheidung entschieden werden, gilt bei Beibehalt des Verbundes für diese Folgesache § 93 a I, II ZPO. Hat ein Unterhaltsschuldner seiner Auskunftspflicht nicht hinreichend genügt und dadurch Anlass zur Einleitung des Unterhaltsverfahrens geboten, können ihm abweichend von den Vorschriften der §§ 91–93 a und 269 III ZPO die Verfahrenskosten nach billigem Ermessen ganz oder teilweise auferlegt werden (§ 93 d ZPO).

Im Übrigen gelten hinsichtlich der Verfahrensausgestaltung für das streitige Verfahren die §§ 253–510 a ZPO, denen die besonderen Regelungen der §§ 642–644 ZPO und der §§ 621–629 d ZPO vorgehen.

15. Der Mindestunterhalt bei Vaterschaftsfeststellung gemäß § 653 ZPO

Obwohl § 640 c I S. 1 ZPO verbietet, dass eine Kindschaftssache des § 640 I ZPO mit **347** einer Klage anderer Art verbunden wird, kann gemäß § 640 c I S. 3 ZPO das Kind nach § 653 ZPO im Kindschaftsprozess beantragen, den Vater zum Unterhalt in Höhe des Mindestunterhalts nach der jeweiligen Altersstufe unter Berücksichtigung der Leistungen nach den §§ 1612 b oder 1612 c BGB zu verurteilen. Jedoch kann im Verfahren nach § 653 ZPO nur der **Mindestunterhalt,** nicht das 1,2-fache, wie im vereinfachten Festsetzungsverfahren, verlangt werden.

Nach § 653 I S. 2 ZPO kann das Kind auch einen geringeren Unterhalt verlangen. Dies wird es dann tun, wenn es ansonsten eine Korrekturklage des Vaters gemäß § 654 ZPO auf Herabsetzung des Mehrbetrages befürchten müsste.

Die **Unterhaltsklage nach § 653 ZPO** kann nur mit der **Vaterschaftsfeststellungsklage** des § 640 II Nr. 1 ZPO verbunden werden. Kläger muss daher in jedem Falle das Kind sein.

Ficht somit der Vater nach § 640 II Nr. 2 ZPO seine Vaterschaft an oder erhebt er eine negative Feststellungsklage auf Nichtbestehen eines Eltern-Kind-Verhältnisses gemäß § 640 II Nr. 1 ZPO, kann das Kind als Beklagter dieser Kindschaftssache nicht den Antrag nach § 653 ZPO stellen. In einem solchen Fall kann das Kind nur durch eine **Widerklage auf Feststellung der Vaterschaft** das Unterhaltsverfahren des § 653 ZPO zusätzlich geltend machen.

Abzulehnen ist die Ansicht,[92] mit der Vaterschaftsfeststellungsklage könnten **bezifferte Unterhaltsansprüche** nicht zusammen geltend gemacht werden. Dies kann schon deswegen nicht richtig sein, weil gemäß § 653 I S. 2 ZPO das Kind auch einen geringeren

---

[91] BT-Drucks. 13/7338, S. 42
[92] Zöller/Philippi, § 653, Rn. 2

Unterhalt als den Mindestunterhalt nach § 653 I S. 1 ZPO verlangen kann und damit in diesem Fall seinen Unterhaltsantrag beziffern muss (§ 253 II Nr. 2 ZPO).

Zeitlich gesehen kann der Unterhaltsantrag sofort mit der Vaterschaftsfeststellungsklage erhoben werden; er ist aber auch **noch in der Berufungsinstanz** hinsichtlich der Kindschaftssache zulässig.

Will das Kind mehr als den Mindestunterhalt, kann es insgesamt – oder hinsichtlich der Unterhaltsspitze – die **isolierte Unterhaltsklage** erheben. Beschränkt sich die Forderung auf das 1,2-fache des Mindestunterhalts im Sinne von § 645 I ZPO, steht ihm das vereinfachte Unterhaltsfestsetzungsverfahren zur Verfügung. Im Übrigen kann das Kind mit der Korrekturklage nach § 654 ZPO einen den Mindestunterhalt übersteigenden Unterhalt geltend machen, während der Vater dessen Herabsetzung verlangen kann. § 654 ZPO dient somit einer Korrektur des Verfahrens nach § 649 ZPO oder jenes nach § 653 ZPO.

348   Das Verfahren gemäß § 653 ZPO ist – als Anhängsel zu § 640 II Nr. 1 ZPO – eine **Kindschaftssache,** bei der der Amtsermittlungsgrundsatz gilt (§ 640 I i. V. m. § 616 I ZPO). Dabei bleibt es auch, nachdem der Beklagte seine Vaterschaft gemäß § 641 c ZPO anerkannt hat.[93] Da es sich hierbei um ein **Annexverfahren** handelt und im Übrigen § 653 I S. 3 ZPO eine Herabsetzung oder Erhöhung des Unterhaltes in diesem Verfahren versagt, ist mit der h. M.[94] davon auszugehen, dass in diesem Verfahren alle Einwendungen (Anspruchsgrund, fehlende Leistungsfähigkeit, Verjährung und Verwirkung) ausgeschlossen sind. Vielmehr bleibt hier nur die Möglichkeit des § 654 ZPO.[95] Insbesondere kann der Vater nicht bereits im Annexverfahren des § 653 ZPO den Einwand der Erfüllung der Unterhaltsansprüche geltend machen, sondern erst im Rahmen einer Korrekturklage nach § 654 ZPO.[96]

Stirbt der beklagte Mann während des Kindschaftsverfahrens, ist dieses, wie auch der Nebenantrag auf Mindestunterhalt, erledigt (§§ 640 I, 619 ZPO). Wird nunmehr das Kindschaftsverfahren gemäß § 1600 e II BGB als Verfahren der freiwilligen Gerichtsbarkeit fortgesetzt, kann hiermit das Verfahren nach § 653 ZPO nicht verbunden werden. Vielmehr muss nunmehr das Kind den Unterhalt als eigenständige Hauptsache isoliert geltend machen.

Wird in der Berufungsinstanz die erstinstanzliche Vaterschaftsfeststellung aufgehoben, entfällt rückwirkend auch die Verurteilung zum Mindestunterhalt. Dies ist deswegen ohne Nachteil für den angeblichen Unterhaltsschuldner, weil gemäß § 653 II ZPO vor Rechtskraft des Vaterschaftsfeststellungsurteils die Verurteilung zur Leistung des Unterhalts nicht wirksam ist. Gemäß § 708 Nr. 8 ZPO kann daher ein Urteil nach § 653 ZPO nur dann für **vorläufig vollstreckbar** erklärt werden, wenn der Titel zeitlich auf den Zeitraum ab Rechtskraft der Vaterschaftsfeststellungsklage befristet wird.

349   Hinsichtlich des **Streitwertes** gilt Folgendes: In der Kindschaftssache selbst ist von einem Wert von 2000 € auszugehen (§ 48 III S. 3 GKG). Kommt das Unterhaltsverfahren nach § 653 ZPO dazu, wird in der Regel der Anspruch auf Unterhalt den höheren Streitwert darstellen.[97] Dann richtet sich der Wert nach dem **Jahresbetrag** des Mindestunterhalts **bei Klageeinreichung** mit der damals maßgebenden Altersstufe (§§ 40, 42 I S. 2 GKG). Maßgebend ist jeweils der nach Berücksichtigung des Kindergeldes verbleibende monatliche **Zahlbetrag.**[98] Eine Veränderung des Mindestunterhalts während des Prozesses soll daher nach einer Ansicht den Streitwert nicht verändern.[99] Dem ist jedoch entgegenzuhalten, dass es sich hierbei um eine **Klageerweiterung** handelt, die grundsätzlich streitwerterhöhend ist. Sonst hätte es nämlich ein Kläger in der Hand, den Streitwert und damit die Kosten zu

---

[93] BGH, NJW 1974, 751
[94] Kammergericht, FamRZ 2007, 1472, 1473; OLG Brandenburg, FamRZ 2003, 617; OLG Karlsruhe, FamRZ 2002, 1262; OLG Düsseldorf, FamRZ 2001, 1620
[95] OLG Dresden, FamRZ 2003, 161; OLG Bremen, FamRZ 2000, 1164; Johannsen/Henrich/Voßkuhle, § 653, Rn. 7
[96] BGH, FamRZ 2003, 1095 = R 594
[97] OLG Karlsruhe, Justiz 1994, 23
[98] OLG Brandenburg, FamRZ 2004, 962; OLG Köln, FamRZ 2002, 684
[99] Zöller/Philippi, § 653, Rn. 7

senken, indem er zunächst nur einen geringeren Unterhalt einklagt und diesen erst im Laufe des Verfahrens erhöht.

Rückstände vor Klageeinreichung sind gem. § 42 V GKG dem Streitwert hinzuzurechnen, wobei der Monat der Einreichung als Rückstandsmonat gilt.

16. Die Abänderungsklage des § 654 ZPO

Die pauschalen Unterhaltsfestsetzungen in den Beschlüssen gemäß § 649 I und § 653 I **350** ZPO können den individuellen Gegebenheiten einschränkungslos angepasst werden. Nach dem klaren Wortlaut des § 654 ZPO und der dieser Vorschrift zugrunde liegenden Gesetzessystematik des vereinfachten Verfahrens (§ 649 II ZPO enthält im Unterschied zu § 650 ZPO Hinweise auf und Belehrung über eine **Abänderungsklage** nach § 654 ZPO) findet diese **Korrekturklage** im Fall des Teilbeschlusses nach § 650 S. 2 ZPO keine Anwendung.[100] In einem solchen Fall müssen sich die Parteien vielmehr auf das streitige Verfahren nach § 651 ZPO verweisen lassen.[101] Die Zulässigkeit der Abänderungsklage aus § 654 ZPO ist im Übrigen nicht an wesentliche oder nachträgliche Veränderungen der Verhältnisse zum Zeitpunkt der Beschlussfassung gebunden.[102] Vielmehr kann unabhängig hiervon **(wie in einer Erstklage)** der den konkreten Umständen nach richtige Unterhalt (insbesondere nach Auskunftserteilung) festgelegt werden. Hier kann der Unterhaltsschuldner auch die Einwendungen geltend machen, mit denen er im vereinfachten Verfahren nach § 648 ZPO oder nach § 653 ZPO nicht gehört werden konnte.[103] Er ist ferner nicht präkludiert mit Einwendungen, die er mit Aussicht auf Erfolg im vereinfachten Verfahren hätte vorbringen können, oder mit solchen, die er erfolglos geltend gemacht hat. Damit unterscheidet sich § 654 ZPO grundlegend von den §§ 323, 767 ZPO. Voraussetzung für die Abänderung **(Erhöhung oder Herabsetzung)** ist lediglich, dass die Unterhaltsfestsetzung nach § 649 I ZPO oder nach § 653 I ZPO **rechtskräftig** ist. Denn diese Titel konnten wegen ihres pauschalen Charakters die individuellen Verhältnisse der Parteien nicht hinreichend berücksichtigen, so dass deren Anpassung – anders als bei der Abänderungsklage nach § 323 ZPO – nicht davon abhängig ist, dass sich die bisherigen Verhältnisse (die oftmals bei der Titelschaffung gar keine Rolle spielten) wesentlich geändert haben.

Minderjährigkeit des unterhaltsberechtigten Kindes ist nicht Voraussetzung für die Erhebung der Korrekturklage und begrenzt sie auch nicht, da die Festsetzungsbeschlüsse ungeachtet des Eintritts der Volljährigkeit Vollstreckungstitel bleiben (§ 798 a ZPO). In Ansehung der prozessualen Vorteile einer Erstklage nach § 654 ZPO müssen sich die Parteien nicht auf die zusätzlichen Prozessvoraussetzungen der prozessualen Gestaltungsklagen aus §§ 323, 767 ZPO verweisen lassen. Hat bereits eine Korrekturklage nach § 654 ZPO stattgefunden, kann eine Anpassung des daraus hervorgegangenen Titels allerdings nur noch unter den weiteren Voraussetzungen von § 323 ZPO erfolgen.[104] Im Anwendungsbereich des Abänderungsverfahrens nach § 655 ZPO fehlt für eine Korrekturklage nach § 654 ZPO das Rechtsschutzinteresse. Da die jeweilige Partei hierfür aber eine Änderung der Umstände geltend machen muss, bleibt die Korrekturklage auch dann zulässig, wenn bei der Erstfestsetzung die Leistungen nach §§ 1612 b, 1612 c BGB nur fehlerhaft Berücksichtigung gefunden haben.

Die Begründetheit der Klage richtet sich allein danach, ob und wann materiellrechtlich ein höherer oder niedriger Unterhalt geschuldet ist. Im Rahmen der Korrekturklage kann das Kind eine **Erhöhung des Unterhalts** verlangen. Hierfür sieht das Gesetz **keine Klagefrist** vor. Maßgebend für eine rückwirkende Heraufsetzung ist damit nur § 1613 BGB. Hierbei hat das Kind die Möglichkeit, den erhöhten Unterhalt als **Prozentsatz** des jeweiligen **Mindestunterhalts** geltend zu machen (§ 1612 a I BGB; § 36 Nr. 4 EGZPO) oder einen **bezifferten Unterhaltsbetrag** zu verlangen. Im letzten Fall nimmt dieser bezifferte

---

[100] Zöller/Philippi, § 654, Rn. 6; a. A. Thomas/Putzo/Hüßtege, § 654 Rn. 1 m. w. N.
[101] FA-FamR/Gerhardt, 6. Kapitel Rn. 205
[102] OLG Hamm, FamRZ 2004, 1588
[103] OLG Celle, FamRZ 2007, 1258
[104] OLG Naumburg, FamRZ 2006, 611

Unterhaltsbetrag an der Dynamisierung im Zuge von Veränderungen beim steuerfrei zu stellenden sächlichen Existenzminimum (§ 32 VI S. 1 EStG) aber nicht teil. Verlangt der Unterhaltspflichtige Herabsetzung, kann er aus Gründen des Gläubigerschutzes (damit diesem die Dynamisierungsmöglichkeit nicht verlorengeht) nur eine Herabsetzung auf einen geminderten Prozentsatz des Mindestunterhalts verlangen. Allerdings kann der Unterhaltsberechtigte dem Wunsche des Unterhaltspflichtigen nachgeben, den herabzusetzenden Unterhalt doch zu beziffern. Einen Anspruch hierauf hat der Unterhaltspflichtige aber nicht.

351 Verlangt der Antragsgegner eine Herabsetzung des Unterhalts, so kann er dies rückwirkend begehren, wenn er innerhalb eines Monats nach Rechtskraft der Unterhaltsfestsetzung die Korrekturklage die § 654 ZPO erhoben hat. Die Einreichung der Klageschrift wahrt die Frist, sofern die Korrekturklage demnächst zugestellt wird (§ 167 ZPO). Diese Frist ist keine Notfrist (§ 233 ZPO); gegen ihre Versäumnis ist Wiedereinsetzung möglich. Ist die Frist des § 654 II S. 1 ZPO versäumt, kann der Unterhaltsschuldner nur für die Zukunft eine Herabsetzung verlangen, und zwar für die Zeit ab Erhebung der Korrekturklage. Damit ist nicht der erste Tag dieses Monats oder des kommenden Monats gemeint, sondern der genaue **Tag der Klagzustellung.** Nach § 654 II S. 2 ZPO kann der Unterhaltspflichtige auch dann noch rückwirkend eine Herabsetzung des Unterhalts erreichen, wenn der Unterhaltsberechtigte innerhalb Monatsfrist nach Rechtskraft der Unterhaltsfestsetzung Korrekturklage (auf Erhöhung des Unterhalts) erhoben hat und der Unterhaltspflichtige bis zur Beendigung dieses Verfahrens des Kindes ebenfalls Korrekturklage auf Herabsetzung erhebt. Nimmt nunmehr das Kind seine Erhöhungsklage zurück oder erledigt sie sich, kann der Unterhaltspflichtige weiterhin in der jetzt allein anhängig gebliebenen Widerklage rückwirkend die Herabsetzung seiner Unterhaltspflicht erreichen.

Sind bis zur Entscheidung des Gerichtes sowohl eine Erhöhungs- als auch eine Herabsetzungsklage anhängig, ist über beide einheitlich zu verhandeln und zu entscheiden. Zur Vermeidung divergierender Entscheidungen hat über beide Klagen eine **einheitliche Entscheidung** zu ergehen. Bisher eigenständig geführte Korrekturklagen sind miteinander zu verbinden (§ 654 III ZPO).

352 Hat der Unterhaltspflichtige einen **vollstreckbaren Titel beim Jugendamt** errichten lassen, kann er diesen Titel nicht im Wege der Korrekturklage nach § 654 ZPO herabsetzen lassen. Dies liegt aber nicht daran, dass er an das hierin liegende Anerkenntnis gebunden wäre,[105] sondern hat seinen Grund darin, dass es sich bei der Jugendamtsurkunde um **keinen korrigierbaren Titel** i. S. d. § 654 I ZPO handelt. Hier kann gegebenenfalls eine Abänderungsklage gemäß § 323 ZPO weiterhelfen.[106] Das Gleiche gilt auch dann, wenn die Parteien zunächst den Kindesunterhalt im **Vergleichswege** geregelt haben. Da auch hierbei die individuellen Verhältnisse der Parteien berücksichtigt werden konnten, ist auch in diesem Fall nicht die Korrekturklage die § 654 ZPO der richtige Rechtsbehelf, sondern die Abänderung mit der Klage nach § 323 ZPO durchzuführen.[107]

Im Ergebnis ist somit bei den Titeln nach § 649 I ZPO oder 653 I ZPO das Abänderungsverfahren nach § 654 ZPO als **Sonderregelung** zu § 323 ZPO anzusehen. Gegen den im streitigen Verfahren nach § 651 ZPO erstrittenen Titel besteht die Abänderungsmöglichkeit des § 323 ZPO, nicht mehr die des § 654 ZPO. Denn im streitigen Verfahren sind die individuellen Verhältnisse der Parteien abgeklärt worden und bedürfen damit nicht mehr der speziellen Korrekturmöglichkeit des § 654 ZPO. Soweit es im Rahmen der Korrekturklage die **Darlegungs- und Beweislast** ankommt, ist davon auszugehen, dass ungeachtet der missverständlichen Bezeichnung als Abänderungsklage von einer Erstklage auszugehen. Durch sie werden ohne Bindung an Feststellungen und Verhältnisse die für eine Unterhaltsbemessung maßgebenden Kriterien erstmalig einer umfassenden Bewertung unterzogen. Maßgebend ist deshalb auch die für eine Klage ohne Vorverfahren nach §§ 645 ff. ZPO heranzuziehende Darlegungs- und Beweislast.[108] Demgemäß hat das Unterhalt begehrende Kind ungeachtet seiner prozessualen Stellung Berechtigung, Bedarf und Bedürftigkeit

---

[105] OLG Stuttgart, FamRZ 1980, 990
[106] BGH, NJW 1985, 64
[107] OLG Naumburg, FamRZ 2006, 611
[108] OLG Karlsruhe, FamRZ 2003, 1672

darzulegen und zu beweisen, soweit es sich nicht auf den Mindestunterhalt beschränkt.[109] Einschränkungen in seiner Leistungsfähigkeit und andere Einwendungen hat der in Anspruch genommene Elternteil nachzuweisen. Soweit dem entgegengehalten wird, dass im Abänderungsverfahren der jeweilige Kläger für geänderte Umstände darlegungs- und beweispflichtig sei,[110] wird nicht hinreichend berücksichtigt, dass die Korrekturklage nach § 654 ZPO nicht einer Anpassung an geänderte Umstände sondern der erstmaligen umfassenden Beurteilung der individuellen Verhältnisse (**Erstklage**) dient und sich gerade darin von der Abänderungsklage nach § 323 ZPO unterscheidet.

Im Korrekturverfahren des § 654 ZPO entsteht eine **dreifache Verfahrensgebühr** nach **353** KV Nr. 1210. Eine Anrechnung der im vereinfachten Verfahren angefallenen Kosten, wie sie § 651 V ZPO für das streitige Verfahren vorsieht, findet nicht statt.[111] Der Rechtsanwalt erhält alle angefallenen Gebühren gemäß Nr. 3100 und 3104 VV RVG. Die im vereinfachten Verfahren angefallene **volle Anwaltsgebühr** wird auf die Prozessgebühr im Verfahren nach § 654 ZPO im Hinblick auf Nr. 3100 I VV RVG nicht angerechnet.

17. Die Kindergeldänderung gemäß § 655 ZPO

§ 655 ZPO eröffnet ein vereinfachtes Verfahren zur Anpassung von Unterhaltstiteln für **354** den Fall, dass sich die **Kindergeldbeträge** oder ihnen gleichstehende **kinderbezogene Leistungen** verändert haben. Die Vorschrift gilt für alle vollstreckbaren Unterhaltstitel, in denen ein Betrag der nach den §§ 1612 b, 1612 c BGB zu berücksichtigenden Leistungen festgelegt worden ist, nämlich **Urteile, Unterhaltsfestsetzungsbeschlüsse, vollstreckbare Urkunden** und **Vergleiche**. Ob die Titel vor oder nach dem 1. 7. 1998 geschaffen worden sind, ist ohne Bedeutung. Jedoch muss sich der Betrag des Kindergeldes oder der anderen regelmäßig wiederkehrenden kindbezogenen Zahlungen eindeutig der Höhe nach feststellen lassen. Ebenso muss eindeutig sein, in welchem Umfang diese Leistung auf den Unterhaltsbetrag angerechnet worden ist.[112] Das vereinfachte Abänderungsverfahren nach § 655 ZPO ist daher dann nicht zulässig, wenn der Unterhaltsgläubiger oder der Unterhaltsschuldner die Abänderung einer Jugendamtsurkunde begehren, aus deren Inhalt weder die Höhe der kindbezogenen Leistungen noch der Umfang ihrer Anrechnung ersichtlich sind. Ist dies nicht möglich, ist der Antrag auf Anpassung unbegründet. Voraussetzung ist nur, dass sich der anzurechnende Kindergeldteil geändert hat (durch gesetzliche Erhöhung des Kindergeldes oder anderer Leistungen bzw. – nach früherem Recht – durch das Hinzukommen eines weiteren Kindes) und diese Änderung nicht mehr im Vorprozess berücksichtigt werden konnte (§ 655 I, VI i. V. m. § 323 II ZPO).[113] Eine Änderung der Rechtsprechung wie fehlerhaft erfolgte Festsetzungen im Vorprozess können im Verfahren nach § 655 I ZPO nicht berücksichtigt werden.

Zur Änderung berechtigt sind beide Parteien. Der Antrag ist schriftlich oder zu Protokoll der Geschäftsstelle zu stellen; das Verfahren selbst steht nicht unter Anwaltszwang, auch dann nicht, wenn es im Verbund des § 623 ZPO zu führen ist.[114] Entgegen einer teilweise vertretenen Ansicht[115] ist die **Minderjährigkeit** des unterhaltsberechtigten Kindes nicht Verfahrensvoraussetzung. Weder der Wortlaut noch die Gesetzessystematik zwingen zu einer entsprechenden Einschränkung. Vielmehr werden in § 655 Abs. 1 S. 1 ZPO durch den Verweis auf § 1612 b I BGB die Leistungen zum Verfahrensgegenstand, die auch und gerade beim volljährigen Kind zur Bedarfsdeckung führen (§ 1612 b I Nr. 2 BGB). Insbesondere der Eintritt der Volljährigkeit mit einer Bedarfsdeckung in Höhe des vollen Kindergeldes ist danach ein typischer Fall für Änderungen bei den nach §§ 1612 b, 1612 c BGB zu berück-

---

[109] BGH, FamRZ 2002, 536
[110] FA-FamR/Gerhardt, 6. Kapitel, Rn. 205
[111] Thomas/Putzo/Hüßtege, § 654 Rn. 7
[112] OLG Brandenburg, FamRZ 2002, 330; OLG Naumburg, FamRZ 2002, 548
[113] BGH, MDR 2006, 353
[114] Musielak/Borth, § 655, Rn. 2
[115] OLG Brandenburg, FamRZ 1346; Strauß, FamRZ 1998, 993, 1004; FA-FamR/Gerhardt, 6. Kapitel, Rn. 205 b

sichtigenden Leistungen. Wird weiter bedacht, dass der **Eintritt der Volljährigkeit** auf Bestand und Geltung eines bestehenden Unterhaltstitels zunächst keine Auswirkungen hat (§ 798 a ZPO), spricht auch vom Gesetzeszweck her nichts dafür, dem unterhaltspflichtigen Elternteil das vereinfachte Abänderungsverfahren nach § 655 ZPO zu versagen, wenn er sich nur auf eine weitergehende Bedarfsdeckung gegenüber dem unterhaltsberechtigten nunmehr volljährigen Kind berufen will. Diesem muss es wiederum möglich sein, ihm nachteilige Änderungen beim Leistungsbezug nach §§ 1612 b und 1612 c BGB im vereinfachten Verfahren auch nach Volljährigkeit weiter zu verfolgen. Nach BGH[116] liegt jedenfalls dann kein Verfahrenshindernis vor, wenn die Volljährigkeit erst im Lauf des Verfahrens eintritt. Ein gemessen an dem Gesetzeszweck rechtfertigender Grund, dem Kind oder dem unterhaltspflichtigen Elternteil den Zugang zum vereinfachten Abänderungsverfahren zu versagen, sofern die Minderjährigkeit schon zuvor eingetreten ist, lässt sich nicht ausmachen.[117]

Der nach § 20 Nr. 10 b RpflG zuständige Rechtspfleger kann den Änderungsantrag zurückweisen, wenn die allgemeinen Prozessvoraussetzungen fehlen, die Erfordernisse des § 655 I und II ZPO nicht gewahrt sind (kein abzuändernder Vollstreckungstitel vorliegt, der Kindergeldbetrag nicht im Einzelnen ausgewiesen ist, die Kindergeldbeträge gleich geblieben sind, oder aber der – letzte – abzuändernde Titel nicht vorgelegt wird). Der **Zurückweisungsbeschluss** ist zu begründen, weil der Antragsteller sich hiergegen wehren kann. Einer **Kostenentscheidung** bedarf es mangels eines Gegners nicht. Der Zurückweisungsbeschluss ist förmlich zuzustellen. Gemäß § 655 VI i. V. m. § 646 II S. 3 ZPO ist die Zurückweisung des Antrags durch den Rechtspfleger unanfechtbar. Dies bedeutet, dass damit eine befristete Erinnerung an den Richter gemäß § 11 II RpflG möglich ist.

355   Stehen dem Antragsgegner nicht die Einwendungen des § 655 III ZPO zur Seite, ist der Änderungsbeschluss zu erlassen, gegen den die **sofortige Beschwerde** zulässig ist (§ 655 V S. 1 ZPO). Mit ihr können aber nur die in Abs. III bezeichneten Einwendungen sowie die Unrichtigkeit der Kostenfestsetzung geltend gemacht werden. Andere Einwendungen (z. B. diejenige der mangelnden Leistungsfähigkeit) können nur mit der Klage nach § 656 ZPO durchgesetzt werden.[118] Ist gleichzeitig mit dem vereinfachten Verfahren nach § 655 ZPO eine Abänderungsklage des Kindes anhängig, kann das vereinfachte Verfahren bis zur Erledigung der Abänderungsklage ausgesetzt werden (§ 655 IV ZPO). Denn in ihr werden auch die mit § 655 ZPO geltend gemachten Umstände berücksichtigt. Gegen die **Aussetzung** ist die unbefristete Beschwerde möglich; wird die Aussetzung abgelehnt, findet hiergegen die sofortige Beschwerde statt (§§ 252 ZPO, 11 RpflG).

Durch den Änderungsbeschluss wird ein neuer Titel über den **gesamten Unterhalt** geschaffen.[119] Handelt es sich bei dem gemäß § 655 ZPO abzuändernden Titel um einen solchen, der den **Prozentsatz des Mindestunterhalts** aussprach, führt die veränderte Berücksichtigung des Kindergeldes dazu, dass sich dieser Prozentsatz in diesem Umfang ändert. Dies kann allerdings dazu führen, dass eine erhebliche Erhöhung der Unterhaltspflicht des Antragsgegners eintritt, ohne dass dieser sich im Verfahren nach § 655 ZPO dagegen wehren könnte. Vielmehr ist er dann auf die nachträgliche Änderungskorrekturklage des § 656 ZPO angewiesen. Ebenso wenig ist statthaft, im Verfahren nach § 655 ZPO einen zeitlich begrenzten Unterhaltstitel in einen zeitlich unbegrenzt wirkenden Titel abzuändern.[120] Lag im Vorverfahren ein bezifferter Unterhaltstitel vor, kann dieser im Verfahren nach § 655 ZPO nicht in einen Prozentsatz des Mindestunterhalts umgewandelt werden. Liegt dem zu ändernden Titel noch eine Unterhaltsbemessung zugrunde, die auf einem Prozentsatz der für die Unterhaltszeit bis zum 31. Dezember 2007 heranzuziehenden **Regelbetragverordnung** in Verbindung mit anzurechnendem Kindergeld beruht, bedarf es vor einer Korrektur nach § 655 I ZPO in Folge des Wechsels in der Bezugsgröße beim Übergang vom Regelbetrag zum Mindestunterhalt durch das Gesetz zur Änderung des

---

[116] BGH, FamRZ 2006, 402
[117] Musielak/Borth, § 655, Rn. 2
[118] OLG Naumburg, FamRZ 2003, 691
[119] OLG Nürnberg, FamRZ 2006, 212
[120] OLG Stuttgart, FamRZ 2002, 550

Unterhaltsrechts vom 21. Dezember 2007 (BGBl. S. 3189) zunächst einer **Umrechnung** nach § 36 Nr. 3 EGZPO. Erst im Anschluss daran sind Änderungen beim Kindergeld oder den gleichstehenden Leistrungen im Sinne von §§ 1612 b, 1612 c BGB zu berücksichtigen.

Die vereinfachte Abänderung von Unterhaltstiteln gemäß § 655 ZPO hat nach Maßgabe **355 a** des § 323 V ZPO Vorrang vor der allgemeinen Abänderungsklage.[121] Lässt sich allerdings dem abzuändernden Titel die Höhe der kindbezogenen Leistungen nicht entnehmen, so ist anstelle des § 655 ZPO die Abänderungsklage nach § 323 ZPO zu erheben.[122]

Gemäß KV Nr. 1121 fällt für den Abänderungsbeschluss nach § 655 ZPO eine Gerichtsgebühr von 15 € an, für die sofortige Beschwerde 30 € (KV Nr. 1123). Kostenlos ist somit die Rücknahme des Änderungsantrags oder die Protokollierung eines Vergleichs. Der Anwalt erhält für das Verfahren nach § 655 ZPO eine **halbe Verfahrens- und ggfls. Terminsgebühr** gemäß Nr. 3331 f VV RVG. Gemäß Nr. 3100 I VV RVG wird diese halbe Gebühr auf die Prozessgebühr angerechnet, die der Rechtsanwalt in einem Rechtsstreit nach § 656 ZPO erhält. Für das **Erinnerungs- oder Beschwerdeverfahren** erhält der Anwalt eine **halbe Verfahrensgebühr** gemäß Nr. 3500 VV RVG zusätzlich.

18. Die Änderungskorrekturklage des § 656 ZPO

Führt die Änderung der Kindergeldberücksichtigung gemäß § 655 ZPO zu einem Unter- **356** haltsbetrag, der den jetzigen individuellen Verhältnissen der Parteien nicht mehr entspricht, verschafft § 656 ZPO jeder Partei die Möglichkeit, mit der **Änderungskorrekturklage** (eine typisch deutsche Wortschöpfung!) das Ergebnis des vereinfachten Verfahrens überprüfen zu lassen, gegen das sie sich zuvor nur mit den Einwendungen des § 655 III ZPO hatte wehren können. Da für die Änderungskorrekturklage die Beschränkungen des § 323 II und III ZPO nicht gelten,[123] können mit ihr auch Gründe geltend gemacht werden, die bereits während der Anhängigkeit des vereinfachten Verfahrens nach § 655 ZPO vorlagen. Auch kann der gemäß § 655 ZPO ergangene Änderungsbeschluss für die **Zeit vor Klageerhebung** nach § 656 ZPO abgeändert werden. Jedoch kann die Änderungskorrekturverfahren nur dazu führen, dass die durch das Verfahren nach § 655 ZPO eingetretenen wirtschaftlichen Veränderungen ganz oder teilweise rückgängig gemacht werden. Eine völlige Neufestsetzung des Unterhaltes lässt sich somit nur durch die Abänderungsklage nach § 323 ZPO erreichen, nicht durch die Änderungskorrekturklage, die – ihrem Wortlaut entsprechend – nur den Änderungsbeschluss des § 655 I ZPO korrigiert.

> **Beispiel:**
> Der Vater schuldete seinem 17-jährigen Sohn 120% des Mindestunterhalts der Altersstufe 3 in Höhe von monatlich 438 € abzüglich einer hälftig anzurechnenden Kinderzulage in Höhe von 77 € und zahlte daher monatlich regelmäßig 361 € Unterhalt. Nach Wegfall dieser Kinderzulage hat die Mutter im Verfahren nach § 655 ZPO die Erhöhung der Zahlungspflicht des Vaters auf monatlich 438 € erreicht. Dieser macht nunmehr im Abänderungsverfahren nach § 656 ZPO wirksam geltend, infolge Arbeitslosigkeit nur noch über ein monatliches Arbeitslosengeld von 900 € zu verfügen. Im Wege der Änderungskorrekturklage (§ 656 ZPO) kann der Vater Herabsetzung des Unterhalts auf (erneut) 361 € erreichen; mit der Abänderungsklage nach § 323 ZPO gelangt er zum völligen Wegfall seiner Kindesunterhaltspflicht mangels Leistungsfähigkeit (sein notwendiger Selbstbehalt von 900 € wird nicht überschritten).

Gemäß § 656 II ZPO ist die Klage nur zulässig, wenn sie innerhalb eines Monats nach **357** Zustellung des Beschlusses nach § 655 ZPO erhoben wird. Die Klage ist gegen die Partei zu richten, die im vorausgegangenen Verfahren des § 655 ZPO eine Änderung erreicht hat, und steht nicht unter Anwaltszwang. Die **örtliche Zuständigkeit** ergibt sich aus § 642 ZPO, so dass für die Änderungskorrekturklage ein anderes Gericht als das im vereinfachten Verfahren tätige Gericht zuständig sein kann.

---

[121] OLG Hamm, FamRZ 2002, 1051; interessant auch für die Grenzziehung von ca. 50% zwischen vereinfachter Anpassung nach § 655 ZPO und individueller Anpassung nach § 323 ZPO
[122] OLG Brandenburg, FamRZ 2002, 330
[123] BT-Drucks. 13/7338, S. 44

Für die **Gerichtsgebühren** gilt KV Nr. 1210. Gemäß § 656 III ZPO werden die Kosten des vereinfachten Verfahrens als Teil der Kosten des Rechtsstreits über die Abänderungsklage behandelt. Für den **Anwalt** können alle **Gebühren** nach Nr. 3100 und 3104 VV RVG entstehen. Die im vereinfachten Verfahren nach § 655 ZPO angefallene halbe Gebühr wird auf die Prozessgebühr im Verfahren nach § 656 ZPO angerechnet. Die Streitwertbemessung folgt § 42 I und V GKG.

19. Übergangsregelungen

358   Die Vorschriften des vereinfachten Verfahrens (§§ 645 ff. ZPO) in der durch das Gesetz zur Änderung des Unterhalts vom 21. 12. 2007[124] aktualisierten Fassung finden auf alle Unterhaltsansprüche minderjähriger Kinder Anwendung, die mit dem Inkrafttreten dieses Gesetzes (Art. 4) am 1. Januar 2008 entstehen. Die vorher fällig gewordenen Unterhaltsleistungen bleiben hiervon unberührt (§ 36 Nr. 7 EGZPO). In noch anhängigen Festsetzungsverfahren ist auf Antrag der Unterhalt in der Gestalt des Regelbetrages (bis 31. 12. 2007) neben dem Mindestunterhalt (ab 1. 1. 2008) zu titulieren. War das Festsetzungsverfahren bei Eintritt der Gesetzesänderung bereits bis zur Entscheidungsreife gediehen, der Festsetzungsbeschluss (§ 649 ZPO) aber gemäß § 648 III ZPO noch nicht verfügt (vgl. hierzu Rn. 10/337 b), muss das Gericht den Verfahrensbeteiligten ermöglichen, Umstände, die erst auf Grund der Gesetzesänderung Bedeutung erlangen (wichtig z. B. Änderungen der Rangfolge), gemäß dem Rechtsgedanken aus § 36 Nr. 5 und 6 EGZPO noch in das Verfahren einzuführen. Zur Höhe wird der Mindestunterhalts in der Berechnungsweise nach § 1612 a I BGB vorerst durch die Beträge in § 36 Nr. 4 EGZPO überlagert,[125] bis er sich im Zuge von Anpassungen bei den Kinderfreibeträgen (§ 32 VI S. 1 EStG) in gleicher Höhe nach dem durch § 1612 a I BGB vorgegebenen Rechenvorgang ermitteln lässt.

Gegenüber einem am 1. Januar 2008 bereits rechtskräftigen Festsetzungsbeschluss müssen sich die Parteien auf die Erhebung der **Korrekturklage** (§ 654 ZPO) verweisen lassen, um den Unterhaltstitel an das geänderte materielle Unterhaltsrecht anzupassen. Die Übergangsvorschriften aus § 36 Nr. 1 und 2 EGZPO über die Anpassung von Unterhaltstitel sind nicht einschlägig, weil bei der Abänderung von im vereinfachten Verfahren ergangenen Unterhaltsfestsetzungsbeschlüssen ein **Vorrang des Abänderungsverfahrens nach § 654 ZPO** gegenüber dem des § 323 ZPO besteht. Die zuerst genannte Vorschrift ist als die speziellere anzusehen.[126] Bei ihr handelt es sich trotz der missverständlichen Bezeichnung im Ergebnis um eine Erstklage, Bei deren Erhebung ist das jeweils geltende Recht ohne Vorbindungen heranzuziehen. Sie stellt sicher, dass für den Unterhaltszeitraum ab Januar 2008 das nunmehr geltende materielle Unterhaltsrecht herangezogen werden kann (vgl. zur Korrekturklage weiter Rn. 10/350). Auf die durch § 36 Nr. 1 und 2 EGZPO vorgegebenen Schranken für eine Anpassung bindend festgelegter Unterhaltsansprüche kommt es nicht weiter an.

Eine Dynamisierung von **statischen Alttiteln** aus der Zeit vor dem 1. 7. 1998 ist nicht mehr möglich, nachdem Art. 5 §§ 2 und 3 KindUG am 1. 7. 2003 außer Kraft getreten sind (Art. 8 II KindUG).

Für **dynamisierte Alttitel,** die noch auf dem Regelbetrag nach der Regelbetragverordnung als Bezugsgröße basieren, besteht allerdings die Besonderheit, dass mit dem Mindestunterhalt im Sinne von §§ 1612 a I BGB, 36 Nr. 4 EGZPO nunmehr eine Bezugsgröße vorhanden ist, die mit einer Anknüpfung an das steuerfrei zu stellende sächliche Existenzminimum eines Kindes abweichenden Bemessungskriterien folgt. Gleichwohl hat der Gesetzgeber davon abgesehen, allein die Änderung der Bezugsgröße mit einem gesonderten Umstellungs- oder Abänderungsverfahren zu versehen. Stattdessen enthält § 36 Nr. 3 a–d EGZPO einen **Umrechnungsschlüssel,** mit dem sich für vier Fallgestaltungen, die der jeweiligen Rolle des Kindergeldes bei der Unterhaltsbemessung Rechnung tragen, der nach

---

[124] BGBl. S. 3189
[125] Klinkhammer, FamRZ 2008, 193, 195
[126] OLG Karlsruhe, FamRZ 2003, 1672

neuem Recht **konkret geschuldete Zahlbetrag** durch das jeweilige Vollstreckungsorgan errechnen lässt. Demgemäß bleibt der Alttitel als Vollstreckungstitel wirksam. Mit der Umrechnung ist eine Änderung des Unterhalts der Höhe nach nicht verbunden. Zu den einzelnen Berechnungsbeispielen vgl. die Anmerkung E. Übergangsregelung der Düsseldorfer Tabelle (Anhang D). Der Heranziehung des Umrechnungsschlüssels bedarf es schließlich auch dann, wenn die Parteinen aus anderem Grund eine Abänderung des Unterhaltstitels anstreben. Erst dann lässt sich etwa feststellen, ob Änderungen in den für die Bemessung des Unterhalts maßgebenden Kriterien im konkreten Einzelfall wesentlich ins Gewicht fallen.

Anhang D.

Bitte beachten Sie den Hinweis auf Seite VII (nach dem Vorwort)

Düsseldorfer Tabelle[1] (Stand: 1. 1. 2008)

A. Kindesunterhalt

Nettoeinkommen des Barunterhaltspflichtigen (Anm. 3, 4)	Altersstufen in Jahren (§ 1612a Abs. 1 BGB)				Prozent-satz	Bedarfs-kontroll-betrag (Anm. 6)
	0–5	6–11	12–17	ab 18		
Alle Beträge in Euro						
1. bis 1500	279	322	365	408	100	770/900
2. 1501–1900	293	339	384	429	105	1000
3. 1901–2300	307	355	402	449	110	1100
4. 2301–2700	321	371	420	470	115	1200
5. 2701–3100	335	387	438	490	120	1300
6. 3101–3500	358	413	468	523	128	1400
7. 3501–3900	380	438	497	555	136	1500
8. 3901–4300	402	464	526	588	144	1600
9. 4301–4700	425	490	555	621	152	1700
10. 4701–5100	447	516	584	653	160	1800
ab 5101	nach den Umständen des Falles					

Anmerkungen:

1. Die Tabelle hat keine Gesetzeskraft, sondern stellt eine Richtlinie dar. Sie weist den monatlichen Unterhaltsbedarf aus, bezogen auf drei Unterhaltsberechtigte, ohne Rücksicht auf den Rang. Der Bedarf ist nicht identisch mit dem Zahlbetrag; dieser ergibt sich unter Berücksichtigung der nachfolgenden Anmerkungen.

Bei einer größeren/geringeren Anzahl Unterhaltsberechtigter können **Ab- oder Zuschläge** durch Einstufung in niedrigere/höhere Gruppen angemessen sein. Anmerkung 6 ist zu beachten. Zur Deckung des notwendigen Mindestbedarfs aller Beteiligten – einschließlich des Ehegatten – ist gegebenenfalls eine Herabstufung bis in die unterste Tabellengruppe vorzunehmen. Reicht das verfügbare Einkommen auch dann nicht aus, setzt sich der Vorrang der Kinder im Sinne von Anm. 5 Abs. 1 durch. Gegebenenfalls erfolgt zwischen den erstrangigen Unterhaltsberechtigten eine Mangelberechnung nach Abschnitt C.

2. Die Richtsätze der 1. Einkommensgruppe entsprechen dem Mindestbedarf in Euro gemäß § 1612a BGB i. V. m. § 36 Nr. 4 EGZPO. Der Prozentsatz drückt die Steigerung des Richtsatzes der jeweiligen Einkommensgruppe gegenüber dem Mindestbedarf (= 1. Ein-

---

[1] Die neue Tabelle nebst Anmerkungen beruht auf Koordinierungsgesprächen, die unter Beteiligung aller Oberlandesgerichte und der Unterhaltskommission des Deutschen Familiengerichtstages e. V. stattgefunden haben.

kommensgruppe) aus. Die durch Multiplikation des nicht gerundeten Mindestbedarfs mit dem Prozentsatz errechneten Beträge sind entsprechend § 1612a Abs. 2 S. 2 BGB aufgerundet.

3. **Berufsbedingte Aufwendungen,** die sich von den privaten Lebenshaltungskosten nach objektiven Merkmalen eindeutig abgrenzen lassen, sind vom Einkommen abzuziehen, wobei bei entsprechenden Anhaltspunkten eine Pauschale von 5% des Nettoeinkommens – mindestens 50 EUR, bei geringfügiger Teilzeitarbeit auch weniger, und höchstens 150 EUR monatlich – geschätzt werden kann. Übersteigen die berufsbedingten Aufwendungen die Pauschale, sind sie insgesamt nachzuweisen.

4. Berücksichtigungsfähige **Schulden** sind in der Regel vom Einkommen abzuziehen.

5. Der **notwendige Eigenbedarf (Selbstbehalt)**
– gegenüber minderjährigen unverheirateten Kindern,
– gegenüber volljährigen unverheirateten Kindern bis zur Vollendung des 21. Lebensjahres, die im Haushalt der Eltern oder eines Elternteils leben und sich in der allgemeinen Schulausbildung befinden,

beträgt beim nicht erwerbstätigen Unterhaltpflichtigen monatlich 770 EUR, beim erwerbstätigen Unterhaltpflichtigen monatlich 900 EUR. Hierin sind bis 360 EUR für Unterkunft einschließlich umlagefähiger Nebenkosten und Heizung (Warmmiete) enthalten. Der Selbstbehalt kann angemessen erhöht werden, wenn dieser Betrag im Einzelfall erheblich überschritten wird und dies nicht vermeidbar ist.

Der **angemessene Eigenbedarf,** insbesondere gegenüber anderen volljährigen Kindern, beträgt in der Regel mindestens monatlich 1100 EUR. Darin ist eine Warmmiete bis 450 EUR enthalten.

6. Der **Bedarfskontrollbetrag** des Unterhaltpflichtigen ab Gruppe 2 ist nicht identisch mit dem Eigenbedarf. Er soll eine ausgewogene Verteilung des Einkommens zwischen dem Unterhaltpflichtigen und den unterhaltsberechtigten Kindern gewährleisten. Wird er unter Berücksichtigung anderer Unterhaltpflichten unterschritten, ist der Tabellenbetrag der nächst niedrigeren Gruppe, deren Bedarfskontrollbetrag nicht unterschritten wird, anzusetzen.

7. Bei **volljährigen Kindern,** die noch im Haushalt der Eltern oder eines Elternteils wohnen, bemisst sich der Unterhalt nach der 4. Altersstufe der Tabelle.

Der angemessene Gesamtunterhaltsbedarf eines **Studierenden,** der nicht bei seinen Eltern oder einem Elternteil wohnt, beträgt in der Regel monatlich 640 EUR. Hierin sind bis 270 EUR für Unterkunft einschließlich umlagefähiger Nebenkosten und Heizung (Warmmiete) enthalten. Dieser Bedarfssatz kann auch für ein Kind mit eigenem Haushalt angesetzt werden.

8. Die **Ausbildungsvergütung** eines in der Berufsausbildung stehenden Kindes, das im Haushalt der Eltern oder eines Elternteils wohnt, ist vor ihrer Anrechnung in der Regel um einen ausbildungsbedingten Mehrbedarf von monatlich 90 EUR zu kürzen.

9. In den Bedarfsbeträgen (Anmerkungen 1 und 7) sind **Beiträge zur Kranken- und Pflegeversicherung sowie Studiengebühren** nicht enthalten.

10. Das auf das jeweilige Kind entfallende **Kindergeld** ist nach § 1612b BGB auf den Tabellenunterhalt (Bedarf) anzurechnen.

B. Ehegattenunterhalt

I. **Monatliche Unterhaltsrichtsätze des berechtigten Ehegatten ohne unterhaltsberechtigte Kinder (§§ 1361, 1569, 1578, 1581 BGB):**

1. gegen einen **erwerbstätigen Unterhaltpflichtigen:**
   a) wenn der Berechtigte kein Einkommen hat:
      $3/7$ des anrechenbaren Erwerbseinkommens zuzüglich $1/2$ der anrechenbaren sonstigen Einkünfte des Pflichtigen, nach oben begrenzt durch den vollen Unterhalt, gemessen an den zu berücksichtigenden ehelichen Verhältnissen;

b) wenn der Berechtigte ebenfalls Einkommen hat:

$^3/_7$ der Differenz zwischen den anrechenbaren Erwerbseinkommen der Ehegatten, insgesamt begrenzt durch den vollen ehelichen Bedarf; für sonstige anrechenbare Einkünfte gilt der Halbteilungsgrundsatz;

c) wenn der Berechtigte erwerbstätig ist, obwohl ihn keine Erwerbsobliegenheit trifft: gemäß § 1577 Abs. 2 BGB;

2. gegen einen **nicht erwerbstätigen Unterhaltspflichtigen** (z. B. Rentner): wie zu 1 a, b oder c, jedoch 50%.

II. **Fortgeltung früheren Rechts:**

1. Monatliche Unterhaltsrichtsätze des nach dem Ehegesetz berechtigten Ehegatten **ohne unterhaltsberechtigte Kinder:**

a) §§ 58, 59 EheG:　　　in der Regel wie I,
b) § 60 EheG:　　　　　in der Regel $^1/_2$ des Unterhalts zu I,
c) § 61 EheG:　　　　　nach Billigkeit bis zu den Sätzen I.

2. Bei Ehegatten, die vor dem 3. 10. 1990 in der früheren DDR geschieden worden sind, ist das DDR-FGB in Verbindung mit dem Einigungsvertrag zu berücksichtigen (Art. 234 § 5 EGBGB).

III. **Monatliche Unterhaltsrichtsätze des berechtigten Ehegatten, wenn die ehelichen Lebensverhältnisse durch Unterhaltspflichten gegenüber Kindern geprägt werden:**

Wie zu I bzw. II 1, jedoch wird grundsätzlich der Kindesunterhalt (Zahlbetrag; vgl. Anm. C und Anhang) vorab vom Nettoeinkommen abgezogen.[2]

IV. **Monatlicher Eigenbedarf (Selbstbehalt) gegenüber dem getrennt lebenden und dem geschiedenen Berechtigten:**

unabhängig davon, ob erwerbstätig oder nicht erwerbstätig　　　　　　1000 EUR

V. **Existenzminimum des unterhaltsberechtigten Ehegatten einschließlich des trennungsbedingten Mehrbedarfs in der Regel:**

1. falls erwerbstätig:　　　　　　　　　　　　　　　　　　900 EUR
2. falls nicht erwerbstätig:　　　　　　　　　　　　　　　770 EUR

VI. **Monatlicher notwendiger Eigenbedarf des Ehegatten, der in einem gemeinsamen Haushalt mit dem Unterhaltspflichtigen lebt, gegenüber nicht privilegierten volljährigen Kindern oder nachrangigen (geschiedenen) Ehegatten:**

unabhängig davon, ob erwerbstätig oder nicht erwerbstätig:　　　　　800 EUR

Anmerkung zu I–III:

Hinsichtlich **berufsbedingter Aufwendungen** und **berücksichtigungsfähiger Schulden** gelten Anmerkungen A. 3 und 4 – auch für den erwerbstätigen Unterhaltsberechtigten – entsprechend. Diejenigen berufsbedingten Aufwendungen, die sich nicht nach objektiven Merkmalen eindeutig von den privaten Lebenshaltungskosten abgrenzen lassen, sind pauschal im Erwerbstätigenbonus von $^1/_7$ enthalten.

---

[2] Der 7. Senat für Familiensachen des OLG Düsseldorf zieht zur Berechnung des Ehegattenunterhalts die Tabellenbeträge ab.

C. Mangelfälle

Reicht das Einkommen zur Deckung des Bedarfs des Unterhaltspflichtigen und der gleichrangigen Unterhaltsberechtigten nicht aus (sog. Mangelfälle), ist die nach Abzug des notwendigen Eigenbedarfs (Selbstbehalts) des Unterhaltspflichtigen verbleibende Verteilungsmasse auf die Unterhaltsberechtigten im Verhältnis ihrer jeweiligen Einsatzbeträge gleichmäßig zu verteilen.

Der Einsatzbetrag für den **Kindesunterhalt** entspricht dem Zahlbetrag des Unterhaltspflichtigen. Dies ist der nach Anrechnung des Kindergeldes oder von Einkünften auf den Unterhaltsbedarf verbleibende Restbedarf.

Beispiel:
Bereinigtes Nettoeinkommen des Unterhaltspflichtigen (M): 1300 EUR. Unterhalt für drei unterhaltsberechtigte Kinder im Alter von 7 Jahren (K 1), 5 Jahren (K 2) und 18 Jahren (K 3), Schüler, die bei der nicht unterhaltsberechtigten, den Kindern nicht barunterhaltspflichtigen Ehefrau und Mutter (F) leben. F bezieht das Kindergeld.

Notwendiger Eigenbedarf des M:	900 EUR
Verteilungsmasse: 1300 EUR – 900 EUR =	400 EUR
Summe der Einsatzbeträge der Unterhaltsberechtigten:	
245 EUR (322 – 77) (K 1) + 202 EUR (279 – 77) (K 2) +	
254 EUR (408 – 154) (K 3) =	701 EUR

Unterhalt:

K 1:   245 × 400 : 701 = 139,80 EUR
K 2:   202 × 400 : 701 = 115,26 EUR
K 3:   254 × 400 : 701 = 144,94 EUR

D. Verwandtenunterhalt und Unterhalt nach § 1615 l BGB

I. **Angemessener Selbstbehalt gegenüber den Eltern:** mindestens monatlich 1400 EUR (einschließlich 450 EUR Warmmiete) zuzüglich der Hälfte des darüber hinausgehenden Einkommens. Der angemessene Unterhalt des mit dem Unterhaltspflichtigen zusammenlebenden Ehegatten bemisst sich nach den ehelichen Lebensverhältnissen (Halbteilungsgrundsatz), beträgt jedoch mindestens 1050 EUR (einschließlich 350 EUR Warmmiete).

II. **Bedarf der Mutter und des Vaters eines nichtehelichen Kindes** (§ 1615 l BGB): nach der Lebensstellung des betreuenden Elternteils, in der Regel mindestens 770 EUR.

Angemessener Selbstbehalt gegenüber der Mutter und dem Vater eines nichtehelichen Kindes (§§ 1615 l, 1603 Abs. 1 BGB): unabhängig davon, ob erwerbstätig oder nicht erwerbstätig: 1000 EUR.

E. Übergangsregelung

Umrechnung dynamischer Titel über Kindesunterhalt nach § 36 Nr. 3 EGZPO: Ist Kindesunterhalt als Prozentsatz des jeweiligen Regelbetrages zu leisten, bleibt der Titel bestehen. **Eine Abänderung ist nicht erforderlich.** An die Stelle des bisherigen Prozentsatzes vom Regelbetrag tritt ein neuer Prozentsatz vom Mindestunterhalt. Dieser ist für die jeweils maßgebliche Altersstufe gesondert zu bestimmen und auf eine Stelle nach dem Komma zu begrenzen (§ 36 Nr. 3 EGZPO). Der Bedarf ergibt sich aus der Multiplikation des neuen Prozentsatzes mit dem Mindestunterhalt der jeweiligen Altersstufe und ist auf volle Euro aufzurunden (§ 1612 a Abs. 2 S. 2 BGB). Der Zahlbetrag ergibt sich aus dem um das jeweils anteilige Kindergeld verminderten bzw. erhöhten Bedarf.

Es sind **vier Fallgestaltungen** zu unterscheiden:

1. Der Titel sieht die Anrechnung des hälftigen Kindergeldes (für das 1. bis 3. Kind 77 EUR, ab dem 4. Kind 89,50 EUR) oder eine teilweise Anrechnung des Kindergeldes vor (§ 36 Nr. 3 a EGZPO).

$$\frac{(\text{Bisheriger Zahlbetrag} + \frac{1}{2} \text{Kindergeld}) \times 100}{\text{Mindestunterhalt der jeweiligen Altersstufe}} = \text{Prozentsatz neu}$$

Beispiel für 1. Altersstufe

$$\frac{(196 \text{ EUR} + 77 \text{ EUR}) \times 100}{279 \text{ EUR}} = 97,8\% \qquad 279 \text{ EUR} \times 97,8\% = 272,86 \text{ EUR},$$
aufgerundet 273 EUR

Zahlbetrag: 273 EUR ./. 77 EUR = 196 EUR

2. Der Titel sieht die Hinzurechnung des hälftigen Kindergeldes vor (§ 36 Nr. 3 b EGZPO).

$$\frac{(\text{Bisheriger Zahlbetrag} - \frac{1}{2} \text{Kindergeld}) \times 100}{\text{Mindestunterhalt der jeweiligen Altersstufe}} = \text{Prozentsatz neu}$$

Beispiel für 1. Altersstufe

$$\frac{(273 \text{ EUR} - 77 \text{ EUR}) \times 100}{279 \text{ EUR}} = 70,2\% \qquad 279 \text{ EUR} \times 70,2\% = 195,85 \text{ EUR},$$
aufgerundet 196 EUR

Zahlbetrag: 196 EUR + 77 EUR = 273 EUR

3. Der Titel sieht die Anrechnung des vollen Kindergeldes vor (§ 36 Nr. 3 c EGZPO).

$$\frac{(\text{Zahlbetrag} + \frac{1}{1} \text{Kindergeld}) \times 100}{\text{Mindestunterhalt der jeweiligen Altersstufe}} = \text{Prozentsatz neu}$$

Beispiel für 2. Altersstufe

$$\frac{(177 \text{ EUR} + 154 \text{ EUR}) \times 100}{322 \text{ EUR}} = 102,7\% \qquad 322 \text{ EUR} \times 102,7\% = 330,69 \text{ EUR},$$
aufgerundet 331 EUR

Zahlbetrag: 331 EUR ./. 154 EUR = 177 EUR

4. Der Titel sieht weder eine Anrechnung noch eine Hinzurechnung des Kindergeldes vor (§ 36 Nr. 3 d EGZPO).

$$\frac{(\text{Zahlbetrag} + \frac{1}{2} \text{Kindergeld}) \times 100}{\text{Mindestunterhalt der jeweiligen Altersstufe}} = \text{Prozentsatz neu}$$

Beispiel für 3. Altersstufe

$$\frac{(329 \text{ EUR} + 77 \text{ EUR}) \times 100}{365 \text{ EUR}} = 111,2\% \qquad 365 \text{ EUR} \times 111,2\% = 405,88 \text{ EUR},$$
aufgerundet 406 EUR

Zahlbetrag: 406 EUR ./. 77 EUR = 329 EUR

Anhang: Tabelle Zahlbeträge

Die folgenden Tabellen enthalten die sich nach Abzug des jeweiligen Kindergeldanteils (hälftiges Kindergeld bei Minderjährigen, volles Kindergeld bei Volljährigen) ergebenden Zahlbeträge. Für das 1. bis 3. Kind beträgt das Kindergeld derzeit 154 EUR, ab dem 4. Kind 179 EUR.

1. bis 3. Kind		0–5	6–11	12–17	ab 18	%
1.	bis 1500	202	245	288	254	100
2.	1501 – 1900	216	262	307	275	105
3.	1901 – 2300	230	278	325	295	110
4.	2301 – 2700	244	294	343	316	115
5.	2701 – 3100	258	310	361	336	120
6.	3101 – 3500	281	336	391	369	128
7.	3501 – 3900	303	361	420	401	136
8.	3901 – 4300	325	387	449	434	144
9.	4301 – 4700	348	413	478	467	152
10.	4701 – 5100	370	439	507	499	160

Ab 4. Kind		0–5	6–11	12–17	ab 18	%
1.	bis 1500	189,50	232,50	275,50	229	100
2.	1501 – 1900	203,50	249,50	294,50	250	105
3.	1901 – 2300	217,50	265,50	312,50	270	110
4.	2301 – 2700	231,50	281,50	330,50	291	115
5.	2701 – 3100	245,50	297,50	348,50	311	120
6.	3101 – 3500	268,50	323,50	378,50	344	128
7.	3501 – 3900	290,50	348,50	407,50	376	136
8.	3901 – 4300	312,50	374,50	436,50	409	144
9.	4301 – 4700	335,50	400,50	465,50	442	152
10.	4701 – 5100	357,50	426,50	494,50	474	160

Anhang R. Rechtsprechung

Hinweis für die Benutzer: Nicht alle in der Vorauflage enthaltenen Texte wurden in die 7. Auflage übernommen. Daher sind in der fortlaufenden Zählung der chronologisch sortierten Dokumente wie auch innerhalb einer aufgeteilten und mit Zwischenüberschriften versehenen Entscheidung da und dort Lücken enthalten. Da es sich um Entscheidungsauszüge handelt, wurden geringfügige sprachliche Bearbeitungen vorgenommen. Die Zwischenüberschriften dienen der schnellen Orientierung über den Inhalt der Entscheidung; sie stammen von den Autoren.

BGH v. 31. 3. 82 – IVb ZR 661/80 – FamRZ 82, 576 = NJW 82, 1870

(Nicht zu berücksichtigende übermäßig gute Einkommensentwicklung während längerer Trennungszeit, wenn **R114** *diese erkennbar auf besonderen unternehmerischen Leistungen beruht, die ihre Grundlage nicht mehr in den früheren gemeinsamen Arbeits- und Lebensbedingungen der Parteien haben. Fiktive und hypothetische Einkommensbemessung nach statistischen Vergleichszahlen)*

3) Die ehel. Lebensverhältnisse, nach denen sich der nacheheliche Unterhaltsanspruch bemißt, **b** werden in der Regel durch die Einkommensverhältnisse geprägt. Da es – wie dargelegt – auf die ehel. Lebensverhältnisse im Zeitpunkt der Scheidung ankommt, sind mithin regelmäßig die Einkommensverhältnisse in diesem Zeitpunkt maßgebend (FamRZ 1982/360 ff.). Das kann jedoch nicht gelten, soweit das Einkommen eines oder beider Ehegatten während des Getrenntlebens bis zur Scheidung eine unerwartete, vom Normalverlauf erheblich abweichende Entwicklung genommen hat, die etwa auch für die Bestimmung des Trennungsunterhalts nach § 1361 BGB außer Betracht hätte bleiben müssen. Liegen derartige außergewöhnliche Umstände vor, dann kann nicht mehr davon ausgegangen werden, daß die Einkommensverhältnisse der Ehegatten, wie sie sich im Zeitpunkt der Scheidung darstellen, Ausdruck ihrer „ehelichen" Lebensverhältnisse seien und diese maßgebend geprägt hätten.

Ein solcher Fall liegt hier vor. Nach den tatsächlichen Feststellungen des OLG hat sich zwar das Einkommen der Ehefrau aus ihrer Tätigkeit als Anwaltssekretärin während der Dauer des Getrenntlebens der Parteien normal entwickelt; hingegen hat der Ehemann das kleine Pelzwarengeschäft, das er 1961 noch in gemieteten Räumen betrieb, zu einem gutgehenden, gewinnbringenden Unternehmen mit einem jährlichen Umsatz von etwa einer Million DM entfaltet, aus dem er durchschnittliche monatliche Nettoeinkünfte in einer (nach vorgelegten Aufstellungen einer Steuerberatungsgesellschaft) geschätzten Höhe von etwa 7227 DM erzielt. Aufgrund dieser „übermäßig" guten Einkommensentwicklung auf seiten des Ehemannes haben seine finanziellen Lebensverhältnisse seit der Trennung von der Ehefrau einen – mit den früheren ehel. Lebensverhältnissen der Parteien nicht mehr vergleichbaren – ungewöhnlichen Aufschwung erfahren, an dem die Ehefrau keinen Anteil hat. In diesem Zusammenhang hat das OLG darauf hingewiesen, daß der Ehemann seit etwa 1964/1965 mit seiner jetzigen Partnerin zusammenlebt, die – nach seinem Vorbringen – den Pelzhandel und Kürschnereibetrieb in der jetzigen Form gemeinsam mit ihm aufgebaut hat.

Die aufgezeigte Entwicklung der Einkommens- und Vermögensverhältnisse des Ehemannes stellt sich nicht mehr als eine dem Normalverlauf entsprechende allgemein günstige Fortentwicklung der durch die Ehe begründeten Lebensverhältnisse dar. Der geschäftliche Aufschwung des Ehemannes beruht vielmehr erkennbar auf besonderen, im Verlauf der 18 Jahre andauernden Trennung der Parteien erbrachten unternehmerischen Leistungen, die ihre Grundlage nicht in den früheren gemeinsamen Arbeits- und Lebensverhältnissen der Parteien haben. In diesem Sinn ist dem OLG für den hier vorliegenden Fall darin zu folgen, daß sich die wirtschaftlichen und beruflichen Wege der Parteien seit 1961 in einer Weise getrennt haben, „die keine weiterwirkenden ehebezogenen Abhängigkeiten mehr bestehen ließ". Eine Bemessung des nachehelichen Unterhaltsanspruches nach den beiderseitigen Einkommensverhältnissen der Parteien im Zeitpunkt der Scheidung kommt daher, wie das OLG insoweit im Ergebnis zutreffend entschieden hat, hier nicht in Betracht.

4) Das OLG hat die Voraussetzungen des von der Ehefrau geltend gemachten Aufstockungsanspruches nach § 1573 II BGB danach beurteilt, welche Einkommensverhältnisse heute fiktiv dem gemeinsamen Einkommen der Parteien i.J. 1961 in Höhe von 986,09 DM monatlich entsprechen würden, und inwieweit der bei diesen fiktiven Einkommensverhältnissen angemessene Unterhaltsbedarf der Ehefrau bereits durch ihre heutigen eigenen Einkünfte gedeckt ist. Zur Ermittlung des heutigen fiktiven Einkommens hat das OLG mangels einer allgemeinen Übersicht über die Entwicklung der

Einkünfte selbständiger Gewerbetreibender seit 1961 – für eine Vergleichsberechnung – auf die in den Jahrbüchern des Statistischen Bundesamts niedergelegten Daten über die Entwicklung der Bruttomonatsverdienste der männlichen Angestellten in Industrie und Handel zurückgegriffen. Da sich diese durchschnittlichen Bruttomonatsverdienste – auf der Basis 1970 = 100% – von 1961 mit 53,6% bis 1978 auf 186,6% erhöht haben, ist das OLG davon ausgegangen, daß bei etwa gleichem Anstieg der Nettoeinkünfte einem gemeinschaftlichen Monatsnettoeinkommen der Parteien von 986,09 DM i. J. 1961 ein Monatsnettoeinkommen in Höhe von 3432,91 DM i. J. 1978 entsprechen würde. Bei einem heutigen gemeinsamen Einkommen der Parteien in dieser Höhe errechne sich ein Unterhaltsanspruch der AGg. nach den Grundsätzen der Düsseldorfer Tabelle mit höchstens ²/₅ auf 1373,16 DM. Dieser Unterhaltsanspruch werde indessen durch das eigene monatl. Nettoeinkommen der Ehefrau, das bereits 1977 bei 1440,22 DM gelegen habe, voll gedeckt. Nachdem sich ihr Einkommen i. J. 1979 auf monatlich 1592,39 DM weiter gesteigert habe, habe sich daran, daß sie ihren angemessenen Unterhalt durch ihre eigenen Einkünfte bestreiten könne, auch seither nichts geändert.

Diese auf tatrichterlicher Wertung beruhenden Ausführungen des OLG werden von der Revision nicht angegriffen. Sie lassen auch in der unterhaltsrechtlichen Beurteilung der hier vorliegenden Verhältnisse keinen Rechtsfehler erkennen und halten sich bei der Bemessung des Ergänzungsanspruchs nach § 1573 II BGB im Rahmen der Grundsätze, die der erkennende Senat in ständiger Rechtsprechung (FamRZ 1982/255 ff.; FamRZ 1982/360 ff.) aufgestellt hat. Dabei ist ergänzend darauf hinzuweisen, daß die Vergleichsberechnung des OLG auch für das Jahr 1979, in dem die Scheidung der Parteien ausgesprochen wurde, zu einem entsprechenden Ergebnis führt. Nach den in dem Berufungsurteil herangezogenen Daten aus den Statistischen Jahrbüchern – ergänzt um die entsprechenden Indexzahlen aus dem Jahrbuch für 1981 – entwickelte sich ein Einkommen von 986,09 DM aus dem Jahre 1961 zu einem vergleichbaren Einkommen in Höhe von 3643,18 DM i. J. 1979. Der von dem OLG zugrunde gelegte Unterhaltsanspruch der Ehefrau von höchstens ²/₅ dieses Betrages hätte sich mithin 1979 auf 1457,27 DM belaufen und damit weiterhin unter ihren eigenen Einkünften gelegen.

BGH v. 3. 11. 82 – IVb ZR 324/81 – FamRZ 83, 48 = NJW 83, 393

R141   *(Kosten einer Privatschule; Bindung an Entscheidungen des Sorgeberechtigten; unterhaltsrechtliche Rechtfertigung der Mehrkosten; Zumutbarkeitsabwägung; Übernahme von ¹/₃ durch den sorgeberechtigten Elternteil)*

2 a aa) Bei einem minderjährigen Kind, dessen Eltern geschieden sind, übt die elterl. Sorge der Elternteil aus, den das FamG bestimmt hat (§ 1671 BGB). Diesem obliegt damit allein das Recht und die Pflicht, im Rahmen seiner Erziehungsaufgabe (§ 1631 I BGB) die Ziele und Wege der Ausbildung unter Berücksichtigung der Eignung und Neigung des minderjährigen Kindes (vgl. § 1631 a I BGB) verantwortlich festzulegen. Der andere Elternteil, der durch die Bestimmung des Familienrichters das Personensorgerecht verloren hat, muß in aller Regel die Entscheidungen des Sorgeberechtigten hinnehmen, auch wenn sie ihm nicht sinnvoll erscheinen.

Fehlentscheidungen können gemäß §§ 1631 a II, 1666 BGB nur vom Vormundschaftsgericht korrigiert werden. Die Bindung des Unterhaltspflichtigen an die Entscheidungen des Inhabers der elterl. Sorge endet auch nicht, wenn und soweit solche Bestimmungen sich auf den Lebensbedarf des Kindes kostensteigernd auswirken. Der Unterhaltpflichtige kann im allgemeinen nicht durch eine Verweigerung des Finanzierungsbeitrages indirekt Einfluß auf den Inhalt von kostenverursachenden Sorgerechtsentscheidungen nehmen. Das bedeutet, daß auch im Unterhaltsrechtsstreit grundsätzlich kein Raum ist, die Maßnahmen des Sorgerechtsinhabers auf ihre Zweckmäßigkeit zu überprüfen.

bb) Zum Inhalt des Erziehungsrechts gehören die Bestimmung des Bildungsweges und die Auswahl der weiterführenden Schulen.

Dieses Auswahlrecht umfaßt auch den Besuch einer genehmigten Privatschule. Es ist nicht von vornherein auf solche Einrichtungen beschränkt, die wie die staatlichen Schulen aufgrund der jeweiligen Landesverfassungen Schulgeld- und Lehrmittelfreiheit gewähren. Die Gewährleistung des Rechts zur Errichtung von privaten Schulen enthält zugleich eine Ablehnung des staatlichen Schulmonopols und schließt das nicht ausdrücklich erwähnte Recht von Erziehungsberechtigten ein, die ihnen anvertrauten Kinder jedenfalls nach Beendigung der für alle gemeinsamen Grundschule auch in eine anerkannte private Schule aufnehmen zu lassen, weil die Gewährleistung der privaten Schulfreiheit sonst keinen Sinn hätte. Unterhaltsrechtlich darf daher ein Berechtigter nicht ausnahmslos auf die Inanspruchnahme der landesrechtlichen Schulgeld- und Lehrmittelfreiheit verwiesen werden. Der Lebensbedarf des minderjährigen Kindes umfaßt vielmehr dort, wo es aufgrund der Entscheidung des Sorgeberechtigten in Betracht kommt, auch das Schulgeld und die Lernmittelkosten.

cc) Trotz der generellen Bindung an die Entscheidung des Sorgeberechtigten, die auch die Wahl einer kostenverursachenden privaten Bildungseinrichtung zum Inhalt haben darf, kann der Unterhaltsberechtigte den auf diese Weise entstandenen Mehrbedarf nicht unbeschränkt geltend machen. Abgesehen von der stets durch die Leistungsfähigkeit des Verpflichteten gezogenen Grenze (§ 1603 II BGB) versagt nach allgemeinen Rechtsregeln die Bindungswirkung dort, wo der kostenverursachenden

Maßnahme eine sachliche Begründung fehlt. Darüber hinaus bedarf es einer besonderen Prüfung der konkreten Umstände des Einzelfalles, wenn der Inhaber der elterl. Sorge mit seiner Entscheidung einen nicht unerheblichen Mehrbedarf im Vergleich zu anderen denkbaren Lösungen des zugrunde liegenden Schulauswahlproblems verursacht. Für den hier gegebenen Fall war daher abzuwägen, ob für den Besuch einer teureren Bildungseinrichtung, wie sie eine Privatschule im Vergleich zu einer von Schulgeld freigestellten staatlichen Schule regelmäßig darstellt, so gewichtige Gründe vorliegen, daß es gerechtfertigt erscheint, die dadurch verursachten Mehrkosten zu Lasten des Unterhaltpflichtigen als angemessene Bildungskosten anzuerkennen. Ähnliche Gesichtspunkte sind in Rechtsprechung und Literatur bei vergleichbaren Fällen entwickelt worden, z. B. wenn Mehrkosten für ein Studium an einem auswärtigen Hochschulort geltend gemacht werden, obwohl das Studium am Wohnsitz des Verpflichteten kostengünstiger möglich ist.

4) Ob und in welchem Umfang die Mutter der Kl. zu den Mehrkosten beitragen muß, die der Besuch des privaten Gymnasiums verursacht, hat das OLG nicht näher geprüft. Es hat im Hinblick auf die Relation der Einkommen beider Elternteile zumindest eine ^{2}/$_3$-Beteiligung des Bekl. an den Mehrkosten als gerechtfertigt angesehen. Auch diese Auffassung läßt keinen Rechtsfehler zum Nachteil des Bekl. erkennen. Nach den in der Senatsrechtsprechung entwickelten Grundsätzen (FamRZ 1980/994) erfüllt die Mutter der Kl. ihre Unterhaltspflicht vollständig durch deren Pflege und Erziehung. Der Senat hat auch bereits entschieden, daß sich an der Gleichwertigkeit von Natural- und Barunterhalt durch eine Erwerbstätigkeit des das Kind versorgenden Elternteils nichts ändert, solange dieser die Kindesbetreuung weiter in vollem Umfang wahrnimmt (FamRZ 1981/347). Selbst wenn im vorliegenden Fall ein geringer Teil des Betreuungsaufwandes entfallen sein sollte, weil es sich bei dem von der Kl. besuchten privaten Gymnasium um eine Tagesheimschule handelt, hat dem die Kl. durch die Geltendmachung von nur ^{2}/$_3$ der Schulkosten in ausreichendem Maße Rechnung getragen.

Ein Unterhaltsanspruch der Kl. wäre trotz des festgestellten Mehrbedarfes (teilweise oder ganz) entfallen, wenn der Bekl. auch unter Berücksichtigung seiner erhöhten Leistungspflicht gegenüber einem minderjährigen unverheirateten Kinde (§ 1603 II S. 1 BGB) nicht leistungsfähig wäre.

BGH v. 12. 1. 83 – IVb ZR 348/81 – FamRZ 83, 670

(Anspruchskürzung bei ehebrecherischen Beziehungen zu 4 Männern nach 30jähriger Ehe. Darlegungs- und **R149** *Beweislast des Unterhaltsverpflichteten für „einseitiges Fehlverhalten". Die Gegenvorwürfe müssen gewichtig und hinreichend substantiiert sein. Bei der Billigkeitsabwägung zu berücksichtigende Umstände)*

II 1) Nach der ständigen Rechtsprechung des BGH ist ein schwerwiegendes und einseitig bei einem der Ehegatten liegendes eheliches [ehel.] Fehlverhalten geeignet, die Voraussetzungen des § 1579 I Nr. 4 BGB zu erfüllen. Ein solches Fehlverhalten kann in der Aufnahme eines nachhaltigen, auf längere Dauer angelegten intimen Verhältnisses zu einem anderen Partner liegen, weil darin eine so schwerwiegende Abkehr von den ehel. Bindungen zu sehen ist, daß nach dem Grundsatz der Gegenseitigkeit, der dem ehel. Unterhaltsrecht zugrunde liegt, die Inanspruchnahme des anderen Ehegatten auf Unterhalt grob unbillig erscheint (FamRZ 1982/463, 464; FamRZ 1982/466, 468 m. w. N.). Dem gleichzuachten ist der Fall, daß sich ein Ehegatte dergestalt von den ehel. Bindungen abkehrt, daß er intime Beziehungen zu wechselnden Partnern aufnimmt. Es besteht kein Grund, einen solchen Ehegatten unterhaltsrechtlich milder zu behandeln als denjenigen, der sich einem einzelnen anderen Partner zuwendet.

Hiernach ist es aus Rechtsgründen nicht zu beanstanden, daß das OLG ein die Voraussetzungen des § 1579 I Nr. 4 BGB erfüllendes schwerwiegendes ehel. Fehlverhalten der Kl. darin erblickt hat, daß diese in den letzten Jahren vor der Trennung der Parteien zu vier Männern ehebrecherische Beziehungen aufgenommen hat. Mit dem Einwand, daß das in Frage stehende Verhalten der Kl. „mit der Trennung der Parteien nichts zu tun" gehabt habe, hat die Revision keinen Erfolg. Nach den Feststellungen des OLG hat der Bekl. erstmals im August 1979 von einem der Ehebrüche und Ende September/Anfang Oktober 1979 von den weiteren Ehebrüchen erfahren. Danach kam es im November 1979 nach einer tätlichen Auseinandersetzung zur Trennung der Parteien, nachdem der Bekl. in der Zwischenzeit von der Kl. Abbitte für ihr Fehlverhalten verlangt und das Haushaltsgeld mit der Begründung gekürzt hatte, daß sie Geld mit anderen Männern durchgebracht habe. Das OLG hat diesem Hergang entnommen, daß die Ehebrüche der Kl. der auslösende Grund für die Trennung der Parteien gewesen sind. Danach kann nicht davon ausgegangen werden, daß sich der Bekl. unabhängig von dem Verhalten der Kl. seinerseits von der Ehe abgekehrt hat.

2) Im Ergebnis ist nicht zu beanstanden, daß das OLG von der Regelung des § 1579 I Nr. 4 BGB ungeachtet der Vorwürfe Gebrauch gemacht hat, die die Kl. ihrerseits gegen den Bekl. erhoben hat. Allerdings hat das OLG insoweit zu Unrecht darauf abgestellt, daß die Vorwürfe der Kl. von diesem bestritten worden und nicht beweisbar seien. Die Darlegungs- und Beweislast für die Voraussetzungen des § 1579 I BGB – einer rechtsvernichtenden Einwendung – liegt bei dem Unterhaltspflichtigen. Er hat, wenn er die Herabsetzung des Unterhalts wegen eines schwerwiegenden ehel. Fehlverhaltens des

anderen Teils erstrebt, außer dem Fehlverhalten als solchem auch zu beweisen, daß es sich um ein einseitiges Fehlverhalten handelt. Er hat daher etwaige Gegenvorwürfe auszuräumen, die dem Fehlverhalten des Unterhaltsberechtigten den Charakter eines einseitigen Fehlverhaltens nehmen könnten (FamRZ 82/463; FamRZ 82/466). Indessen ist aus der grundsätzlichen Abkehr des Gesetzgebers vom Verschuldensprinzip zu folgern, daß im Rahmen der Prüfung der Einseitigkeit des Fehlverhaltens nicht jeglichen Gegenvorwürfen nachzugehen ist, die gegen den unterhaltspflichtigen Ehegatten erhoben werden, sondern daß nur Verfehlungen von einigem Gewicht Bedeutung erlangen können, die dem Unterhalt begehrenden Ehegatten das Festhalten an der Ehe erheblich erschwert haben und sein eigenes Fehlverhalten in einem milderen Lichte erscheinen lassen (Senatsurteile, a. a. O.).

Die Gegenvorwürfe müssen zudem hinreichend substantiiert sein (FamRZ 82/463). Hierzu reichte das allgemeine – nicht durch die Schilderung bestimmter Vorkommnisse konkretisierte – Vorbringen der Kl., „daß der Bekl. seinerseits in erheblichem Maße gegen die ehel. Treuepflicht verstoßen hat" und sie „ständig beschimpfte und prügelte", nicht aus. Zu dem weiteren Vorwurf der Kl., daß der Bekl. seit Anfang 1977 kaum noch mit ihr gesprochen, sondern mit ihr über Zettel verkehrt habe, ist zu berücksichtigen, daß die Kl. zu dieser Zeit bereits damit begonnen hatte, mit anderen Männern die Ehe zu brechen. Nach ihren eigenen Angaben bei ihrer Parteivernehmung vor dem OLG hatte sie außerehelichen Geschlechtsverkehr zunächst mit dem Zeugen Ku., und sodann mit dem Zeugen Kä. Nach diesem zeitlichen Ablauf kann davon ausgegangen werden, daß das hier in Frage stehende Verhalten des Bekl. die Abkehr der Kl. von der Ehe nicht veranlaßt hat und somit nicht geeignet ist, ihr eigenes Fehlverhalten in einem milderen Lichte erscheinen zu lassen. Das gilt um so mehr, als der Bekl. nach dem eigenen Vorbringen der Kl. („kaum mehr gesprochen") den Gesprächskontakt nicht vollständig abgebrochen hat; letzteres ergibt sich auch daraus, daß die Parteien – unstreitig – noch im Sommer 1978 einen gemeinsamen Urlaub verbracht haben. Auch die Vorwürfe, die die Kl. gegen den Bekl. wegen Vorfällen im September und Oktober 1979 erhebt, vermögen – ihre Richtigkeit unterstellt – dem ehebrecherischen Umgang der Kl. mit anderen Männern nicht den Charakter eines klar bei ihr liegenden schwerwiegenden Fehlverhaltens zu nehmen. Die Voraussetzungen für eine Herabsetzung des Unterhalts nach § 1579 I Nr. 4 BGB waren zu diesem Zeitpunkt – bis zu dem die Kl. ehebrecherische Beziehungen zu zwei weiteren Männern aufgenommen hatte – bereits gegeben und sind auch für den Fall nicht wieder in Fortfall gekommen, daß sich der Bekl. späterhin seinerseits ehewidrig verhielt.

Anders wäre es dann, wenn der Bekl. durch ein vorangehendes ehewidriges Verhalten dem Fehlverhalten der Kl. den Boden bereitet hätte. So aber liegt der Fall nicht. Nach den Feststellungen des OLG ist vielmehr die Ehe der Parteien an den ehebrecherischen Beziehungen der Kl. zu anderen Männern zerbrochen und stellen sich die dem Bekl. vorgeworfenen Ausfälligkeiten im September und Oktober 1979 als Reaktion auf das zu dieser Zeit bekanntwerdende Fehlverhalten der Kl. dar, die den darin liegenden wirklichen Grund für das Scheitern der Ehe nicht mehr berührte.

3) Das OLG hat in Anwendung des § 1579 I Nr. 4 (i. V. mit § 1361 III) BGB den Unterhaltsanspruch der Kl. nicht völlig entfallen lassen, sondern ihn lediglich um (rund) ⅓ gekürzt. Auch dies ist revisionsrechtlich nicht zu beanstanden. Nach § 1579 I BGB besteht ein Unterhaltsanspruch nicht, soweit die Inanspruchnahme des Verpflichteten aus den Gründen der Ziffern 1 bis 4 grob unbillig wäre. Daß einer dieser Gründe vorliegt, genügt deshalb nicht. Vielmehr ist zusätzlich eine Billigkeitsabwägung vorzunehmen. Ergibt sich hiernach, daß der völlige Ausschluß nicht geboten erscheint, um einen groben Widerspruch mit dem Gerechtigkeitsempfinden zu vermeiden, ist der Unterhaltsanspruch nur teilweise auszuschließen (FamRZ 1982/582 f.).

a) Das OLG hat seine Entscheidung, den Unterhaltsanspruch nicht völlig auszuschließen, sondern nur um (rund) ⅓ herabzusetzen, damit begründet, daß die Parteien mehr als 30 Jahre ehelich zusammengelebt haben, die Kl. in dieser Ehe vier Kinder geboren habe, sich nunmehr in einem vorgerückten Alter (55 Jahre) befinde und die Einkommens- und Vermögensverhältnisse des Bekl. relativ gut seien. Unter diesen Umständen sei es nicht angemessen, die Kl. auf eine ohnehin nur schwer zu findende Erwerbstätigkeit zu verweisen. Vielmehr sei ihr Unterhaltsanspruch wegen ihres ehel. Fehlverhaltens um (rund) ⅓ zu kürzen. Insoweit komme es nicht entscheidend darauf an, ob die Kl. mit vier oder – wie der Bekl. weitgehend behauptet hat – mit sieben Männern die Ehe gebrochen habe.

b) Gegen diese Erwägungen wendet sich die Revision des Bekl. ohne Erfolg.

aa) Zum einen meint sie, daß die ehebrecherischen Beziehungen der Kl. zu vier Männern, „zumindest jedoch die vom Bekl. behaupteten Beziehungen zu sieben anderen Männern (§ 286 ZPO)", ein derartig ehefeindliches Verhalten offenbaren, daß die Zubilligung auch nur teilweiser Unterhaltsleistungen mit dem Rechtsempfinden schlechthin unvereinbar sei. Der Senat vermag sich dem in dieser Unbedingtheit nicht anzuschließen. Ob und wieweit der Unterhaltsanspruch aus den in § 1579 I Nr. 1 bis 4 BGB aufgeführten Gründen ausgeschlossen ist, hängt jeweils von einer Würdigung der gesamten Umstände des Einzelfalles ab. Auch die Aufnahme intimer Beziehungen des Unterhaltsberechtigten zu einem oder mehreren anderen Partnern führt nicht gleichsam automatisch zum vollständigen Verlust des Unterhaltsanspruches. Vorliegend kann es auch nicht entscheidend darauf ankommen, ob die Kl. mit vier oder mit sieben Männern die Ehe gebrochen hat. Die innere Rechtfertigung für die Berücksichtigung ehelichen Fehlverhaltens im Rahmen des § 1579 I Nr. 4 BGB liegt in dem Gedanken der Lösung aus der ehel. Solidarität und Abkehr von den ehel. Bindungen. Äußert sich diese, wie hier, in der Bereitschaft zur Aufnahme intimer Kontakte zu wechselnden Partnern, so macht es für die Unterhaltsbemessung keinen greifbaren Unterschied, ob solche Kontakte zu vier oder sieben anderen Partnern aufgenommen worden sind.

bb) Die Revision beanstandet weiter, daß das OLG im Rahmen des § 1579 I BGB berücksichtigt hat, daß sich die Kl. bereits in einem vorgerückten Alter befindet und daher kaum in der Lage sei, eine eigene Erwerbstätigkeit zu finden. Die Revision meint, daß diese Umstände einen Unterhaltsanspruch der Kl. überhaupt erst begründeten und daher nicht nochmals im Rahmen des § 1579 I BGB zu ihren Gunsten herangezogen werden dürften.

Das ist so nicht richtig. Ein Anspruch auf Trennungsunterhalt besteht nach § 1361 I BGB allgemein nach Maßgabe der Lebens-, Erwerbs- und Vermögensverhältnisse der Ehegatten. Der nichterwerbstätige Ehegatte kann gemäß § 1361 II BGB nur dann auf eine eigene Erwerbstätigkeit verwiesen werden, wenn diese von ihm nach seinen persönlichen Verhältnissen erwartet werden kann. Dies läßt Fallgestaltungen offen, in denen dem Unterhaltsberechtigten eine eigene Erwerbstätigkeit nach den Verhältnissen der Eheleute nicht zuzumuten ist, obwohl er an sich arbeitsfähig ist und eine seinen Fähigkeiten entsprechende Berufstätigkeit finden könnte. In einem solchen Falle liegt es nahe, den nach § 1361 BGB an sich anspruchsberechtigten Ehegatten auf diese Möglichkeiten zu verweisen, wenn ein zur Herabsetzung des Unterhaltsanspruches geeigneter Grund i. S. des § 1579 I Nr. 2 bis 4 BGB vorliegt und infolgedessen eine Heranziehung des Verpflichteten grob unbillig wäre. Dann aber läßt § 1579 I BGB auch Raum für die Erwägung, wieweit der unterhaltsberechtigte Teil eine Erwerbstätigkeit überhaupt finden könnte. Das OLG war daher nicht gehindert, bei der Abwägung nach § 1579 I BGB in Betracht zu ziehen, daß die Möglichkeiten der Kl., auf dem Arbeitsmarkt unterzukommen, angesichts ihres vorgerückten Alters begrenzt sind.

cc) Ebensowenig begegnet es Bedenken, daß das OLG bei der Abwägung nach § 1579 I BGB berücksichtigt hat, daß die Einkommens- und Vermögensverhältnisse des Bekl. relativ gut sind. Zwar gehört, wie die Revision zutreffend ausführt, die Leistungsfähigkeit des Verpflichteten zu den Grundvoraussetzungen des Unterhaltsanspruchs. Dies schließt es jedoch nicht aus, im Rahmen des § 1579 I BGB mit zu veranschlagen, ob sich die Inanspruchnahme des Verpflichteten – wie regelmäßig bei beengten wirtschaftlichen Verhältnissen – drückend oder angesichts eines größeren finanziellen Bewegungsspielraums weniger drückend auswirkt.

Auch sonst begegnet die Abwägung des OLG keinen durchgreifenden Bedenken. Es verdient in der Tat Berücksichtigung, daß die Kl. in der Ehe vier Kinder geboren und großgezogen und mehr als 30 Jahre den Haushalt versorgt hat. Es ist nicht zu beanstanden, daß das OLG unter diesen und den vorstehend unter b) erörterten Umständen im Rahmen seiner tatrichterlichen Verantwortung den Unterhaltsanspruch der Kl. trotz ihres schwerwiegenden ehel. Fehlverhaltens nur um (rund) $1/3$ gekürzt hat.

BGH v. 26. 1. 83 – IVb ZR 351/81 – FamRZ 83, 352 = NJW 83, 2318

(Beweislast für eine vom Normalverlauf abweichende Entwicklung)   **R154**

I 1) Da sich die Höhe des Anspruchs auf Trennungsunterhalt im Regelfall nach den gegenwärtigen Einkommensverhältnissen richtet, braucht der klagende Ehegatte nur diese darzulegen und notfalls zu beweisen. Für den Ausnahmefall einer unerwarteten, vom Normalverlauf erheblich abweichenden Entwicklung seit der Trennung ist der Ehegatte darlegungs- und beweispflichtig, der daraus Rechte herleiten will, hier also der Bekl. Dieser hat aber nicht dargelegt, seine derzeitige berufliche Stellung beruhe auf einer im Zeitpunkt der Trennung unerwarteten Entwicklung und sei nicht schon während des Zusammenlebens der Parteien angelegt gewesen. Er hat weder vorgetragen, welche Position er damals bereits erreicht hatte und auf welchen Umständen sein seitheriger beruflicher Aufstieg beruht, noch die Höhe seines Einkommens im Zeitpunkt der Trennung angegeben. Unstreitig ist hingegen, daß er für die D. L. bereits in Kairo und Beirut tätig war. Bei dieser Sachlage konnte das OLG die Lebensverhältnisse der Parteien im Zeitpunkt der letzten mündlichen Verhandlung als maßgebend ansehen.

BGH v. 27. 4. 83 – IVb ZR 372/84 – FamRZ 83, 678 = NJW 83, 1733

(In Doppelverdienerehe Unterhaltsbemessung nach dem in der Ehe verfügbaren Einkommen beider Ehegatten;   **R168**
gleichmäßige Teilhabe am ehelichen Lebensstandard; Tabellen und Leitlinien als Orientierungshilfe für eine einfache und gleichmäßige Rechtsanwendung; zur Nürnberger Tabelle; Anteil der Vermögensbildung, der für die Deckung des Lebensbedarfs nicht zur Verfügung steht, darf nicht nach Prozentsatz des Einkommens festgesetzt werden; nötig ist konkrete Feststellung im Einzelfall; trennungsbedingter Mehrbedarf durch doppelte Haushaltsführung)

Gemäß §§ 1569, 1573 II BGB kann ein geschiedener Ehegatte, dessen Einkünfte aus einer eigenen   **a** angemessenen Erwerbstätigkeit zum vollen Unterhalt (§ 1578 BGB) nicht ausreichen, den Unterschiedsbetrag zwischen seinen Einkünften und dem vollen Unterhalt beanspruchen. Das Maß des Unterhalts bestimmt sich nach den ehel. Lebensverhältnissen, die im wesentlichen von dem in der Ehe verfügbaren Einkommen geprägt werden. In einer Ehe, in der beide Ehegatten einer Erwerbstätigkeit nachgehen (sog. Doppelverdienerehe), sind daher regelmäßig die Einkünfte beider Ehegatten maßgebend. Insoweit steht die angefochtene Entscheidung im Einklang mit der ständigen Rechtsprechung des Senats (FamRZ 1982/892 m. w. N.).

b) Es ist zwar revisionsrechtlich regelmäßig nicht zu beanstanden, wenn der Tatrichter sich bei der Bemessung von Unterhalt der Orientierungshilfen bedient, die in einzelnen Gerichtsbezirken zur Gewährleistung einer möglichst einfachen und gleichmäßigen Rechtsanwendung entwickelt worden sind. Die durch den Gebrauch solcher Hilfsmittel erzielten Ergebnisse müssen im Einzelfall jedoch daran gemessen werden, ob sie den anzuwendenden Rechtsgrundsätzen Rechnung tragen und angemessen sind; falls erforderlich, müssen sie nach den besonderen Umständen des zu entscheidenden Falles berichtigt werden (FamRZ 1979/692, 693). Verschieden hohe Einkünfte der Ehegatten aus beiderseitiger Erwerbstätigkeit führen nicht dazu, daß die ehel. Lebensverhältnisse für die Ehegatten unterschiedlich zu beurteilen wären; beide nehmen vielmehr in gleicher Weise an dem durch die beiderseitigen Einkünfte geprägten ehel. Lebensstandard teil (FamRZ 1982/894, 895 m. w. N.). Diesem Grundsatz wird das Berufungsurteil jedenfalls bei den bisher getroffenen tatsächlichen Feststellungen nicht gerecht. Bei einer hälftigen Aufteilung der in der Ehe der Parteien zuletzt dauerhaft erzielten Einkünfte von monatlich 3850 DM würde auf jeden Ehegatten an sich ein Betrag von 1925 DM entfallen. Wenn die Kl. zur Deckung ihres vollen Unterhaltsbedarfes nur den vom OLG aus der Nürnberger Tabelle entnommenen Betrag von 1700 DM beanspruchen könnte, behielte der Bekl. mit 2150 DM einen wesentlich höheren Anteil. Der ungleiche Verteilungsmaßstab des angefochtenen Urteils wird noch deutlicher, wenn man allein die Einkommensdifferenz betrachtet, die zwischen den Parteien im Zeitpunkt der Scheidung nach den Feststellungen des OLG in Höhe von (2450 − 1400 =) 1050 DM bestanden hat: Die der Kl. zuerkannten 250 DM entsprechen weniger als einem Viertel des Unterschiedsbetrages.

Das vom OLG gewonnene Ergebnis läßt sich auch nicht mit der Überlegung begründen, der Bekl. benötige zur Deckung seines eigenen vollen Unterhaltsbedarfs bei Anwendung der Nürnberger Tabelle gleichfalls nur 1700 DM. Aus der Summe der zuletzt von beiden Parteien erzielten Einkünfte bliebe dann ein Teilbetrag von (3850 −1700 −1700 =) 450 DM für die Unterhaltsbemessung unberücksichtigt. Daß sie in dieser Höhe Teile ihres Einkommens regelmäßig nicht zur Bestreitung ihrer Lebenshaltung verwendet hätten, haben die Parteien indessen nicht vorgetragen. Das OLG hat hierzu konkrete Feststellungen auch nicht getroffen. Der Bezugnahme auf die Erläuterungen zur Nürnberger Tabelle in NJW 1981/965 ff. läßt sich allerdings entnehmen, daß das OLG zu diesem Punkt eine nähere Begründung für entbehrlich gehalten hat und einen Erfahrungssatz hat zugrunde legen wollen. Im 5. Absatz der Grundsätze zum Aufbau der Nürnberger Tabelle (Stand 1. 1. 1981) heißt es nämlich: „Höheres Einkommen wird bei wirtschaftlich vernünftigem Verhalten erfahrungsgemäß nicht in voller Höhe für den angemessenen Lebensbedarf verbraucht. Der nicht verbrauchte Teil steigt mit der Höhe des Einkommens. Dieser Teil bleibt bei der Bemessung des angemessenen Bedarfs außer Ansatz." Auf einen solchen Grundsatz läßt sich die Außerachtlassung von 450 DM (= ca. 12%) der beiderseitigen Erwerbseinkommens bei der Bemessung der ehel. Lebensverhältnisse im vorliegenden Fall nicht stützen. Es hängt von der individuellen Entscheidung der Ehegatten ab, ob und gegebenenfalls wieviel sie von ihrem Einkommen monatlich der Vermögensbildung zuführen. Dies kann daher nicht Gegenstand eines Erfahrungssatzes sein. Vielmehr bedarf es konkreter Feststellungen im Einzelfall, wobei beachtet werden muß, daß Sparleistungen häufig nur dazu dienen, eine größere Ausgabe anzusparen, die aber gleichwohl den Lebenshaltungskosten zuzurechnen ist (z. B. Urlaubsreise, Kraftfahrzeug o. ä.).

Bei der Bemessung des Unterhalts ist zwar ein objektiver Maßstab anzulegen; eine nach den Einkommensverhältnissen aus der Sicht eines vernünftigen Betrachters zu dürftige Lebensführung muß ebenso außer Betracht bleiben wie ein übertriebener Aufwand (FamRZ 1982/151, 152 m. w. N.). Bei den − eher durchschnittlichen − Einkommensverhältnissen, die die Parteien in ihrer Ehe erreicht haben, kann ein vollständiger Verbrauch der beiderseits erzielten Einkommen für die Lebenshaltung indessen nicht schon als unangemessener Aufwand betrachtet und demgemäß ein bestimmter Teil ihres Einkommens bei der Bestimmung des Unterhaltsbedarfs unberücksichtigt bleiben.

Gegen die aus der Anwendung der Nürnberger Tabelle folgende Annahme des OLG, die Kl. könne mit einem unter der Hälfte des früheren Familieneinkommens liegenden Betrag ihren vollen Unterhalt decken, spricht noch ein anderes Bedenken. Durch die Anknüpfung an die ehelichen Lebensverhältnisse (§§ 1573 II, 1578 I BGB) wollte der Gesetzgeber verhindern, daß der weniger verdienende Ehegatte durch die Scheidung einen sozialen Abstieg erleidet. In dem Ergänzungsanspruch des § 1573 II BGB hat das BVerfG demgemäß eine „Lebensstandardgarantie" gesehen (FamRZ 1981/745, 750 ff. = NJW 1981/1771, 1773 ff.). Im Falle der Scheidung wird durch eine Anwendung des Grundsatzes der hälftigen Teilhabe allein jedoch ein Absinken des im wesentlichen durch die Einkünfte bestimmten Lebensstandards noch nicht verhindert. Es entspricht vielmehr der Lebenserfahrung, daß der gleiche finanzielle Aufwand, der während des Zusammenlebens den erreichten Lebensstandard ermöglicht hat, nicht ausreicht, ihn auch im Falle einer Trennung zu sichern. Die durch eine doppelte Haushaltsführung entstehenden Mehrkosten (in erster Linie für Wohnung und Heizung) erfordern vielmehr regelmäßig zusätzliche Mittel (FamRZ 1982/255, 257). Dieser Gedanke – dem im Prinzip auch in der Nürnberger Tabelle Rechnung getragen wird, indem für getrenntlebende Ehegatten ein höherer Bedarf angegeben wird als für in Haushaltsgemeinschaften lebende bei gleich hohem Einkommen – legt es nahe, den vollen Unterhaltsbedarf der Kl. bei den vorliegenden Einkommensverhältnissen eher über als noch unter der Hälfte des von den Parteien bis zur Scheidung erzielten beiderseitigen Einkommens anzusetzen.

(Billigkeitsunterhalt nach § 1581 BGB; Gleichrang des Geschiedenen n. § 1582 kann nicht über § 1581 zum Nachrang werden; trotz Gleichrang der Gatten kann dem Pflichtigen weniger bleiben)

Gemäß § 1581 BGB braucht der Bekl. nur insoweit Unterhalt zu leisten, als es mit Rücksicht auf die **b** Bedürfnisse und die Erwerbs- und Vermögensverhältnisse der Parteien der Billigkeit entspricht, wenn er nach seinen Erwerbs- und Vermögensverhältnissen unter Berücksichtigung seiner sonstigen Verpflichtungen außerstande ist, ohne Gefährdung des eigenen angemessenen Unterhalts der Kl. Unterhalt zu gewähren. Diese Regelung entspricht im Grundsatz derjenigen, die gemäß § 59 I S. 1 EheG für Unterhaltsansprüche nach dem bis zum 30. 6. 1977 geltenden Scheidungsrecht angeordnet ist. Hierzu hat der BGH bereits entschieden (FamRZ 79/692, 693), daß die Bemessung des Unterhaltsanspruchs nach Billigkeitsgrundsätzen stufenweise vorzunehmen ist:

Zunächst muß der nach den ehel. Lebensverhältnissen der geschiedenen Ehegatten erforderliche volle Unterhalt ermittelt werden; auf der gleichen Stufe sind die Beträge des angemessenen Unterhalts für andere Unterhaltsberechtigte festzustellen, damit alle zu berücksichtigenden Ansprüche zu dem insgesamt für Unterhaltszahlungen verfügbaren Betrag in Relation gesetzt werden können. Erst auf der zweiten Berechnungsstufe findet eine Kürzung der Ansprüche nach Billigkeitsgesichtspunkten zur Anpassung an die Leistungsfähigkeit des Verpflichteten statt.

Auf der ersten Berechnungsstufe (Feststellung des angemessenen Unterhalts aller Berechtigten) ist das OLG im Grundsatz von zutreffenden Erwägungen ausgegangen.

Ohne Erfolg wendet sich die Revision dagegen, daß das OLG bei der Ermittlung der zur Deckung des vollen Unterhalts erforderlichen Beträge auf seiten des Bekl. den gleichen Wert angesetzt hat, der der Berechnung des vollen Unterhalts für die Kl. zugrunde gelegt ist. Der Auffassung der Revision, der Bekl. habe nur Anspruch auf denjenigen Unterhalt, der sich unter Berücksichtigung der durch die neue Ehe hinzugekommenen Unterhaltsberechtigten aufgrund seines derzeitigen Einkommens ergebe, kann nicht gefolgt werden. Der Hinzutritt weiterer Unterhaltsberechtigter nach Auflösung der früheren Ehe vermehrt zwar die dem Bekl. insgesamt obliegende Unterhaltslast. Ob und gegebenenfalls in welcher Weise sich dadurch sein Lebensstandard ändert, entscheidet sich indessen erst, wenn sich nach Ermittlung des Unterhaltsbedarfs aller Beteiligten ergibt, daß die Erwerbs- und Vermögensverhältnisse des Bekl. nicht ausreichen, um die Ansprüche aller Berechtigten voll zu erfüllen, mit der Folge, daß Kürzungen unter Billigkeitsgesichtspunkten durchgeführt werden müssen (zweite Berechnungsstufe). Es besteht kein Grund, schon auf der ersten Berechnungsstufe, wo es nur um die Ermittlung des vollen Unterhaltsbedarfs geht, im Verhältnis der Parteien zueinander von unterschiedlichen Bedarfsgrößen auszugehen; beide nehmen vielmehr in gleicher Weise an dem bis zur Scheidung erreichten und durch die Einkünfte aus der beiderseitigen vollen Erwerbstätigkeit geprägten Lebensstandard teil.

Unabhängig von diesen Erwägungen ist allerdings in gleicher Weise wie beim Ansatz des vollen Unterhaltsbedarfs für die Kl. zu beanstanden, daß ein Betrag von 1700 DM auch für den Bekl. nicht ausreicht, um den bis zur Scheidung der Ehe der Parteien von beiden mit einem Gesamteinkommen von 3850 DM erreichten Lebensstandard unter Berücksichtigung trennungsbedingter Mehrkosten aufrechtzuerhalten.

Ohne Rechtsfehler hat das OLG die Unterhaltspflicht des Bekl. gegenüber seiner jetzigen Ehefrau berücksichtigt. Ihr gegenüber besteht ein Vorrang der Kl. weder nach § 1582 I S. 1 BGB noch nach Satz 2 dieser Bestimmung, so daß es keiner Prüfung der Frage bedarf, ob gegen § 1582 I S. 2 BGB verfassungsrechtliche Bedenken bestehen. Denn die Ehefrau des Bekl. wäre bei einer Scheidung der neuen Ehe gemäß §§ 1570, 1577 I BGB unterhaltsberechtigt, weil von ihr wegen der Pflege und Erziehung des 1979 geborenen gemeinschaftlichen Kindes Katrin gegenwärtig eine Erwerbstätigkeit nicht erwartet werden könnte. Die Kl. geht auch nicht ausnahmsweise im Rang vor, denn ihr Unterhaltsanspruch beruht nicht auf § 1570 oder § 1576 BGB und ihre Ehe mit dem Bekl. war nicht von langer Dauer. Das Gesetz erläutert zwar nicht näher, wann von einer langen Dauer einer Ehe im Sinne dieser Vorschrift gesprochen werden kann. Aus der Begründung des Regierungsentwurfs BGB ergibt sich jedoch, daß die Gewährung eines Vorrangs in solchen Fällen auf dem Gedanken beruht, das Vertrauen desjenigen Ehegatten auf fortdauernde Unterhaltsgewährung zu schützen, der sich in der Ehe langjährig unter Verzicht auf eine eigene berufliche Entwicklung vorwiegend dem Haushalt und der Pflege und Erziehung von Kindern gewidmet hat. Wenn das OLG danach unter Würdigung der tatsächlichen Verhältnisse im vorliegenden Fall die kinderlos gebliebene und durch beiderseitige volle Erwerbstätigkeit geprägte Ehe der Parteien bei einer – zwischen Eheschließung und Zustellung des Scheidungsantrages erreichten – Dauer von etwas über acht Jahren nicht als von „langer Dauer" angesehen hat, ist das rechtlich nicht zu beanstanden.

Auch die Unterhaltspflicht des Bekl. gegenüber seinem Kind Katrin hat das OLG mit Recht in die Verpflichtungen gemäß § 1581 BGB einbezogen. Die Kl. ist diesem Kind gegenüber nicht bevorrechtigt. Nach § 1582 II i. V. mit § 1609 II S. 2 BGB geht ein unterhaltsberechtigter geschiedener Ehegatte den volljährigen oder verheirateten Kindern des Unterhaltspflichtigen vor. Über das Rangverhältnis eines geschiedenen Ehegatten zu den minderjährigen unverheirateten Kindern des Verpflichteten enthält das Gesetz keine ausdrückliche Bestimmung. Es entspricht aber allgemeiner, auch von der Revision nicht bezweifelter Auffassung, die der Senat teilt, daß es danach bei der für familienrechtliche Unterhaltsansprüche geltenden Grundregel der Gleichrangigkeit verbleibt.

Die vom OLG getroffene Billigkeitsentscheidung kann jedoch keinen Bestand behalten, weil die mitgeteilten Erwägungen den vollständigen Wegfall jeglichen Unterhalts für die Kl. nicht zu begründen vermögen. Eine vom Tatrichter nach Billigkeitsgesichtspunkten getroffene Entscheidung unterliegt zwar nur eingeschränkt revisionsrechtlicher Prüfung. Sie muß indessen die angewendeten Maßstäbe erkennen lassen und darf nicht dazu führen, daß vom Gesetz vorgegebene Bewertungen außer acht bleiben oder sogar in ihr Gegenteil verkehrt werden.

Im vorliegenden Fall hat das OLG den von ihm – allerdings für Kl. und Bekl. in zu geringer Höhe – ermittelten Unterhaltsbedarf aller Beteiligten entsprechend der Leistungsfähigkeit des Bekl. gleichmäßig (um 22%) gekürzt. Eine solche proportionale Herabsetzung ist gerechtfertigt, wenn feststeht, daß die Bedürfnisse der betroffenen Unterhaltsberechtigten gleichwertig sind und die dem Unterhaltsverpflichteten aufgrund dieser Kürzung verbleibenden Mittel ausreichen, seinen notwendigen Lebensbedarf zu decken. Von diesen Voraussetzungen ist das OLG selbst ausgegangen. Dann fehlt es aber an einem Grund, den durch anteilmäßige Herabsetzung geschmälerten Unterhaltsanspruch der Kl. nochmals und dann so rigoros zu beschneiden, daß der Anspruch gänzlich entfällt. Die dafür gegebene Begründung, daß der Bekl. sonst weniger für sich behalte, als die Kl. verdiene, trägt eine solche Entscheidung nicht. Nach § 1581 S. 1 BGB wird die Leistungsfähigkeit des Bekl. erst dadurch begrenzt, daß sein eigener angemessener Unterhalt gefährdet wäre. Im Rahmen dieser Prüfung kann er sich nicht darauf berufen, daß ihm im Verhältnis zur Kl. ebensoviel verbleiben müsse, wie sie verdiene. Denn das Absinken seiner Leistungsfähigkeit beruht auf einer Entwicklung, die nach der Scheidung allein bei ihm durch die Gründung der neuen Familie und die dadurch zusätzlich entstandenen Unterhaltspflichten eingetreten ist.

Der vollständige Ausschluß eines Anspruchs der Kl. auf Ergänzungsunterhalt begünstigt nicht nur den Bekl., sondern auch dessen Ehefrau. Ihren Unterhaltsbedarf, den das OLG mit 940 DM im Monat angenommen hat, könnte der Bekl. ohne Gefährdung seines eigenen angemessenen Unterhalts und desjenigen seiner ehel. Tochter ungekürzt erfüllen, wenn die Entscheidung des OLG bestehen bliebe. Das verstößt gegen die Grundentscheidung des Gesetzes über die Rangfolge der Unterhaltsansprüche eines geschiedenen neben einem neuen Ehegatten. Danach geht „im Falle des § 1581" der geschiedene Ehegatte einem neuen Ehegatten unter bestimmten Voraussetzungen vor (§ 1582 BGB); in allen anderen Fällen – auch im vorliegenden – besteht gleicher Rang, der gesetzestechnisch schon als Ausnahme ausgestaltet ist. Ein Vorrang des neuen Ehegatten besteht nach dem Gesetz nicht. Ihn im Wege der Billigkeitsentscheidung anzuordnen, kann daher allenfalls in einem seltenen, hier nicht gegebenen Sonderfall in Betracht kommen.

BGH v. 27. 4. 83 – IVb ZR 378/81 – FamRZ 83, 689 = NJW 83, 2082

R169   *(Erhöhter Bar- und Betreuungsbedarf eines erheblich behinderten Kindes; Veränderung des Verteilungsschlüssels nach § 1606 III 1 BGB im Hinblick auf die erhöhten Betreuungsleistungen)*

Bei der Verteilung des krankheitsbedingten Zusatzbedarfs auf die Eltern ist dem Umstand Rechnung zu tragen, daß die Mutter der Kl. in erhöhtem Umfange Betreuungsleistungen erbringt. Dies hat das OLG nicht genügend berücksichtigt.

Dem OLG ist zunächst darin zuzustimmen, daß in Fällen zusätzlichen Unterhaltsbedarfs eines Kindes § 1606 III S. 2 BGB keinen generell geeigneten Verteilungsmaßstab liefert. Diese Regelung setzt im Wege typisierender Wertung schon ihrem Wortlaut nach die Betreuungsleistungen des einen Elternteils und die Barleistungen des anderen nur „in der Regel" gleich, d. h. dort, wo sich sowohl der Bar- als auch der Naturalunterhaltsbedarf im Rahmen des Üblichen halten. Außerhalb dieses Rahmens läßt sich die Gleichbewertung von Bar- und Naturalunterhalt als Grundsatz nicht aufrechterhalten. Erhöhter Betreuungsbedarf und erhöhter Barbedarf stehen in keiner festen Wechselbeziehung. Es ist daher unabhängig von § 1606 III S. 2 BGB nach einer den Interessen der Beteiligten gerecht werdenden Lösung zu suchen. Bei erhöhtem Betreuungsbedarf kommt freilich, betrachtet man diesen für sich allein, eine teilweise Überwälzung auf den anderen Elternteil, dem das Sorgerecht nicht zusteht, nicht in Betracht. Auch eine Abrechnung zwischen den Elternteilen je nach der Vergütung, die für die erhöhten Betreuungsleistungen an einen Dritten zu zahlen wäre, findet nicht statt. Dergleichen läßt sich zwischen Eltern ebenso wie in intakten Familien auch nach Trennung oder Scheidung nicht aufrechnen (FamRZ 1980/994, und FamRZ 1982/779, 780). Dagegen ist ein erhöhter Barbedarf naturgemäß verteilungsfähig. Insoweit ist auf die Regelung des § 1606 III S. 1 BGB zurückzugreifen, derzufolge gleich nahe unterhaltspflichtige Verwandte – außerhalb des Anwendungsbereichs des § 1606 III S. 2 BGB also auch die Eltern – anteilig nach ihren Erwerbs- und Vermögensverhältnissen haften. Hiernach kann auch der die elterl. Sorge wahrnehmende Elternteil, sofern er über Einkommen und Vermögen verfügt, an finanziellem Zusatzbedarf des Kindes zu beteiligen sein.

Indessen betrifft § 1606 III S. 1 BGB den Unterhalt insgesamt, also sowohl den Bar- als auch den Naturalunterhalt. Dementsprechend ist es im Rahmen des § 1606 III S. 1 BGB zu berücksichtigen, wenn einer der nach dieser Regelung heranzuziehenden Verwandten bereits Naturalunterhalt leistet. Das bedeutet bei der vorliegend veranlaßten Anwendung des § 1606 III S. 1 BGB auf den behinderungsbedingten Mehrbedarf der Kl., daß die erhöhten Betreuungsleistungen, die die Mutter der Kl. wegen deren Krankheit zu erbringen hat, bei der Verteilung des finanziellen Mehrbedarfs auf die Eltern mit in Betracht zu ziehen sind. In Fällen, in denen – wie vorliegend – außer einem erhöhten Barbedarf auch erhöhter Betreuungsbedarf besteht, muß vermieden werden, daß der Elternteil, der bereits in Ausübung der elterl. Sorge erheblich mehr leisten muß als im Regelfall, durch die zusätzliche Heranziehung zu dem finanziellen Mehrbedarf im Verhältnis zu dem anderen Elternteil ungerecht belastet wird. In einem solchen Falle ist daher die Verteilungsquote, die sich bei einem Vergleich der – bereinigten – Einkommen der Eltern ergibt, unter Berücksichtigung der erhöhten Betreuungsleistungen des sorgeberechtigten Elternteils auf ihre Angemessenheit zu überprüfen und gegebenenfalls zugunsten des Sorgeberechtigten zu verändern. Auch diese Veränderung der Verteilungsquote ist nicht daran zu orientieren, was für gleichartige Betreuungsleistungen an einen Dritten gezahlt werden müßte, da es sonst zu einer unangebrachten „Monetarisierung" der elterl. Fürsorge käme. Vielmehr soll durch die Veränderung des Verteilungsschlüssels im Verhältnis der Eltern die mit dem erhöhten Einsatz des Sorgeberechtigten verbundene Belastung aufgefangen und ihm als Ausgleich hierfür im Vergleich zu dem anderen Teil ein größerer Spielraum zur Befriedigung persönlicher Bedürfnisse belassen werden.

In welchem Umfange die Verteilungsquote mit Rücksicht auf die erhöhten Betreuungsleistungen des sorgeberechtigten Teils zu verändern ist, ist Sache des Einzelfalles. Insbesondere kommt es darauf an, in welchem Umfange der sorgeberechtigte Elternteil erhöhte Betreuungsleistungen zu erbringen hat und worin diese im einzelnen bestehen. Daneben sind die Einkommensverhältnisse und der Lebenszuschnitt der Beteiligten von Bedeutung. Ferner ist gegebenenfalls zu berücksichtigen, wieweit der eine oder andere Elternteil aus dem die erhöhten Betreuungsleistungen auslösenden Anlaß bereits Leistungen von dritter Seite – wie hier die Mutter der Kl. eine monatliche Beihilfe ihres Dienstherrn – erhält. Letztlich ist die Frage der Verteilung des finanziellen Mehrbedarfs des Kindes auf die beiden Elternteile bei erhöhten Betreuungsleistungen des sorgeberechtigten Teils unter Zumutbarkeitsgesichtspunkten zu beurteilen.

BGH v. 1. 6. 83 – IVb ZR 365/81 – FamRZ 83, 892 = NJW 83, 2200

(Zum Umfang der Wirkungen eines im e. A.-Verfahren geschlossenen Prozeßvergleichs)   **R173**

Dem (Prozeß-)Vergleich vom 20. 10. 1977 kommt eine Rechtswirkung zugunsten des Kl. nicht gemäß § 1629 III BGB zu. Nach dieser Vorschrift kann, wenn ein Scheidungsverfahren anhängig ist, ein Elternteil im eigenen Namen den Unterhaltsanspruch des Kindes gegen den anderen Elternteil geltend machen; ein zwischen den Eltern geschlossener gerichtlicher Vergleich wirkt auch für und gegen das Kind. Die Anwendung dieser Vorschrift setzt indessen – wie der Zusammenhang der beiden Sätze des § 1629 III BGB ergibt – voraus, daß der Vergleich den Unterhaltsanspruch des Kindes regelt, den es während der Anhängigkeit der Scheidungssache seiner Eltern weder für die Zeit nach der Scheidung noch für die davorliegende Zeit selbst geltend machen kann (Senatsurteil vom 23. 2. 1983 – IVb ZR 359/81 – FamRZ 83/474). Ein eigener Unterhaltsanspruch des Kl. war jedoch nicht Gegenstand des Vergleichs vom 20. 10. 1977. Dieser wurde zur Erledigung eines Verfahrens über den Erlaß einer einstweiligen Anordnung geschlossen, die die Ehefrau des Beklagten im Scheidungsverfahren gemäß § 620 S. 1 Nr. 4 ZPO beantragt hatte. Ohne diesen Vergleich hätte das Familiengericht über den Antrag entscheiden müssen. Durch eine einstweilige Anordnung hätte es indessen nur die Unterhaltspflicht gegenüber dem Kl. „im Verhältnis der Ehegatten zueinander" regeln können, nicht aber im Verhältnis des Beklagten zum Kl. Nach überwiegender, auch vom Senat geteilter Auffassung wirkt eine einstweilige Anordnung über den Kindesunterhalt gemäß § 620 S. 1 Nr. 4 ZPO nicht zugunsten des Kindes (vgl. OLG Hamburg, FamRZ 82/425; OLG Hamm, FamRZ 81/589, 590 a. E.; OLG Stuttgart, FamRZ 82/945 LS; Zöller/Philippi, ZPO, 13. Aufl., § 620 Anm. III 5a; Thomas/Putzo, ZPO, 12. Aufl., § 620 Anm. 2 a dd; Stein/Jonas/Schlosser, ZPO, 20. Aufl., Rz. 6 zu § 620; Baumbach/ Lauterbach/Albers, ZPO, 41. Aufl., Anm. 6 A zu § 620). Einen Prozeßvergleich, durch den nichts anderes erreicht werden soll als eine der beantragten einstweiligen Anordnung entsprechende Regelung, kann im Regelfall keine weitergehende Wirkung zugemessen werden, als sie die einstweilige Anordnung gehabt hätte (ebenso OLG Hamburg, FamRZ 80/904, 905; 82/412; Klauser, MDR 81/711, 715). Auch er entfaltet Rechtswirkung daher nur im Verhältnis der Ehegatten zueinander.

BGH v. 29. 6. 83 – IVb ZR 391/81 – FamRZ 83, 996 = NJW 83, 2243

R178   *(Umfang der Auskunftspflicht; Anspruch auf systematische Aufstellung)*

2 b) Der Bekl. hat ferner über seine Einkünfte als GmbH-Geschäftsführer für die letzten zwölf Monate Auskunft zu erteilen, wobei das Bruttogehalt, Art und Umfang der Abzüge sowie Sonderzahlungen, wie Weihnachts- und Urlaubsgeld, Spesen, Auslösungen, Tantiemen etc. einzeln anzugeben sind. Auch insoweit hat er seine Verpflichtung nicht durch das zu den Akten gegebene Schreiben vom 19. 8. 1980 erfüllt, weil sich daraus allenfalls sein Gehalt für den Monat Juli 1980 nebst den Abzügen für Lohnsteuer und Sozialversicherung entnehmen läßt. Von einer – wenn auch unvollständigen – Erfüllung, an die sich lediglich noch ein Verfahren über die Abgabe einer eidesstattlichen Versicherung anschließen könnte, kann nicht ausgegangen werden. In dieses Verfahren gehört etwa der Streit darüber, ob in einer äußerlich ordnungsgemäßen Aufstellung einzelne Posten falsch sind oder überhaupt fehlen (RGZ 100/150, 152). Hier geht es nicht um derartige sachliche Mängel einer ordnungsgemäßen Aufstellung, sondern eine solche, die auch der Unterhaltsschuldner gemäß §§ 1580, 1605 I S. 3 i. V. § 260 I BGB vorzulegen hat, ist noch nicht vorhanden. Denn das Schreiben vom 29. 8. 1980 bezieht sich nicht auf den Zeitraum von 12 Monaten vor dem 29. 8. 1980 und enthält nichts über die für die Berechnung des Unterhaltsanspruchs bedeutsamen Sonderzuwendungen, insbesondere das Weihnachtsgeld. Bei der Abfassung war sich der Bekl. erkennbar noch nicht über den Umfang seiner Auskunftspflicht im klaren, so daß eine eidesstattliche Versicherung über die Vollständigkeit seiner Angaben (§ 1605 I S. 3 i. V. § 260 II BGB) ohne rechten Sinn wäre. In derartigen Fällen liegt auch eine beachtliche teilweise Erfüllung der Auskunftspflicht nicht vor, weil der Auskunftsberechtigte Anspruch auf eine systematische Zusammenstellung der erforderlichen Angaben hat, die ihm ohne übermäßigen Arbeitsaufwand die Berechnung seines Unterhaltsanspruchs ermöglicht (RGZ 100/150, 153). Die gerichtliche Entscheidung hat vielmehr ungeachtet der bereits vorliegenden Angaben umfassend über Gegenstand und Umfang der Auskunftspflicht zu befinden, wie dies im vorliegenden Fall geschehen ist.

BGH v. 28. 3. 84 – IVb ZR 53/82 – FamRZ 84, 1000 = NJW 84, 1614

R210   *(Notwendiger Selbstbehalt als untere Opfergrenze bei gesteigerter Unterhaltspflicht; Anlehnung an Richtsätze u. Leitlinien; Wohnkostenanteil in Selbstbehaltssätzen)*

1) Das OLG hat – ohne Feststellungen zum Vorhandensein anderer unterhaltspflichtiger Verwandter zu treffen – angenommen, daß im Verhältnis des Bekl. zur Kl. die Voraussetzungen der gesteigerten Unterhaltspflicht nach § 1603 II 1 BGB vorliegen. Dies ist insoweit bedenkenfrei, weil die insoweit darlegungs- und beweispflichtige Kl. nicht dargetan hat, daß ihre Mutter, in deren Obhut sie lebt, außerstande ist, ohne Gefährdung des eigenen angemessenen Unterhalts neben dem Natural- auch den Barunterhalt zu gewähren (§ 1603 II 2 BGB; NJW 1980/934 = FamRZ 1980/555 und NJW 1982/1590 = FamRZ 1982/590 f.). Indessen wird der Bestand des angefochtenen Urteils dadurch nicht gefährdet, weil der Bekl. auch dann, wenn ihn eine gesteigerte Unterhaltspflicht gem. § 1603 II 1 BGB trifft, derzeit nicht zu Unterhaltsleistungen für die Kl. herangezogen werden kann.

2) Im Rahmen der gesteigerten Unterhaltspflicht haben Eltern nach dem Wortlaut des Gesetzes alle verfügbaren Mittel gleichmäßig zu ihrem und dem Unterhalt der Kinder zu verwenden. Schon das RG hat jedoch ausgesprochen, daß jede Unterhaltspflicht ihre Grenze dort findet, wo die Möglichkeit der Fortexistenz des Unterhaltspflichtigen in Frage gestellt würde und ihm nicht mehr die Mittel zur Bestreitung des unentbehrlichen Lebensbedarfs verbleiben würden (vgl. JW 1903 Beil. S. 29). Praxis und Lehre stehen heute übereinstimmend auf dem Standpunkt, daß die Mittel, die auch in einfachsten Lebensverhältnissen einer Person für den eigenen Unterhalt verbleiben müssen, nicht als „verfügbar" i. S. des § 1603 II 1 BGB anzusehen sind, wobei diese Opfergrenze als notwendiger oder kleiner Selbstbehalt bezeichnet wird. In den in der Praxis verwendeten Unterhaltstabellen und -leitlinien wird der notwendige Selbstbehalt mit einem Betrag angesetzt, der etwas über den Sätzen der Sozialhilfe liegt.

Dieser Handhabung des § 1603 II 1 BGB, der nahezu gewohnheitsrechtlichen Charakter zukommt, tritt der Senat insbesondere für die Fälle bei, in denen – wie hier – der Unterhaltspflichtige und das Kind in getrennten Haushalten leben. Die Unterschreitung der Sozialhilfegrenze würde im übrigen regelmäßig nur dazu führen, daß das, was dem Unterhaltspflichtigen genommen würde, vom Träger der Sozialhilfe wieder erstattet werden müßte.

Im vorliegenden Fall hat das OLG den notwendigen Selbstbehalt des Bekl. in Anlehnung an die Düsseldorfer Tabelle mit monatlich 750 DM für das Jahr 1981 und mit monatlich 825 DM für das Jahr

1982 angesetzt. Es hat dazu ausgeführt, daß Gesichtspunkte, die für ein Abweichen von den Regelsätzen der Tabelle sprechen könnten, von keiner Seite dargetan und auch sonst nicht ersichtlich seien. Dies ist aus Rechtsgründen nicht zu beanstanden und wird von der Revision auch nicht angegriffen. Die Bemessung des Selbstbehalts ist Sache des Tatrichters. Dabei ist es ihm nicht verwehrt, sich an Erfahrungs- und Richtwerte anzulehnen, sofern nicht im Einzelfall besondere Umstände eine Abweichung bedingen (NJW 1982/1050 = FamRZ 1982/365 [366]). Eine abweichende Bemessung ist insbesondere dann veranlaßt, wenn die Wohnkosten des Unterhaltpflichtigen anders liegen als der Betrag, der in dem herangezogenen Richtsatz hierfür veranschlagt ist. Dafür besteht im vorliegenden Fall aber kein Anhalt. Überdies liegt die Erwerbsunfähigkeitsrente des Bekl. mit 633 DM monatlich im Jahre 1981 und mit 669,50 DM monatlich im Jahre 1982 noch beträchtlich unter den angesetzten Selbstbehaltsbeträgen.

BGH v. 18. 4. 84 – IVb ZR 49/82 – FamRZ 84, 683 = NJW 84, 1813

(Volljährige Kinder, die infolge einer körperlichen oder geistigen Behinderung nicht erwerbsfähig sind, können **R212** *unterhaltsrechtlich nicht minderjährigen Kindern gleichgestellt werden. Dies gilt auch für die Rangfolge.)*

A 4) Die Revision hält es für geboten, die körperlich und geistig behinderte Bekl. wegen ihrer Behinderung unterhaltsrechtlich einem mdj. unverheirateten Kind gleichzustellen, und führt dazu aus:

Ein wegen einer geistigen Behinderung Geschäftsunfähiger sowie ein wegen Geistesschwäche Entmündigter stünden in Ansehung der Geschäftsfähigkeit einem Minderjährigen gleich. Die Angleichung der Rechtsstellung eines Geschäftsunfähigen oder beschränkt Geschäftsfähigen an diejenige eines Minderjährigen könne sich aber nicht auf den Privatrechtsverkehr beschränken. Sie müsse vielmehr auch im Familienrecht Beachtung finden. Dabei müßten bei der Auslegung der §§ 1603 und 1609 BGB volljährige Kinder, die wegen einer geistigen Behinderung geschäftsunfähig oder beschränkt geschäftsfähig seien, den mdj. Kindern gleichgestellt werden. Das gelte auch im vorliegenden Fall für die Bekl., da diese wegen dauernder krankhafter Störung der Geistestätigkeit geschäftsunfähig sei.

Dem kann nach der bestehenden Rechts- und Gesetzeslage nicht gefolgt werden.

a) Nach § 1609 II S. 1 Halbs. 1 BGB steht der Ehegatte des Unterhaltpflichtigen den mdj. unverheirateten Kindern gleich; den anderen, also u. a. den volljährigen Kindern, geht er nach § 1609 II S. 1 Halbs. 2 BGB im Rang vor. Die Rangordnung im Verhältnis zwischen Ehegatten und Kindern des Unterhaltsschuldners bestimmt sich also nach dem Wortlaut des Gesetzes ausschließlich nach dem Alter der Kinder (vgl. § 2 BGB).

BGH v. 9. 5. 84 – IVb ZR 74/82 – FamRZ 84, 657 = NJW 84, 2351

(Berücksichtigung sonstiger Schulden im Rahmen beschränkter Leistungsfähigkeit; Ausgleich der Interessen von **R216** *Verpflichtetem, Berechtigtem und Drittgläubiger; Obliegenheit des Verpflichteten zur Vermögensverwertung und zur Wiederherstellung seiner Leistungsfähigkeit)*

4 a) Der Senat hält beim Trennungsunterhalt an seinem Standpunkt fest, daß bei einem lediglich zur Deckung des notwendigen Unterhalts ausreichenden Einkommen des Verpflichteten auch dessen sonstige Schulden zu berücksichtigen sind (FamRZ 82/24). Daß das Vollstreckungsrecht Unterhaltsberechtigte vor anderen Gläubigern bei der Pfändung bevorrechtigt, rechtfertigt keine andere Beurteilung.

Ansprüchen Unterhaltsberechtigter kommt zwar im allgemeiner Vorrang vor anderen Verbindlichkeiten des Unterhaltsverpflichteten zu. Andererseits dürfen diese Verbindlichkeiten auch nicht ohne Rücksicht auf die Unterhaltsinteressen getilgt werden. Vielmehr bedarf es eines Ausgleichs der Belange von Unterhaltsgläubiger, Unterhaltsschuldner und Drittgläubiger (FamRZ 82/157, 158). Dabei erscheint es allerdings im Hinblick auf die vollstreckungsrechtlichen Regeln über die Pfändungsfreigrenzen und das Pfändungsvorrecht Unterhaltsberechtigter gerechtfertigt, die Interessen der Drittgläubiger in Fällen, in denen die Berücksichtigung ihrer Ansprüche den Mindestbedarf Unterhaltsberechtigter beeinträchtigen würde, nicht weiter zu berücksichtigen, als durch die Vollstreckungsvorschriften ohnehin gewährleistet wird. Auch in solchen Fällen bedarf es jedoch der Abwägung der Interessen von Unterhaltsgläubiger und Unterhaltsschuldner. Für deren sachgerechten Ausgleich bieten die vorgenannten vollstreckungsrechtlichen Regeln keine Gewähr. Insoweit sind insbesondere der Zweck der Verbindlichkeiten, der Zeitpunkt und die Art ihrer Entstehung, die Dringlichkeit der beiderseitigen Bedürfnisse, die Kenntnis des Unterhaltsschuldners von Grund und Höhe der Unterhaltsschuld und seine Möglichkeiten bedeutsam, die Leistungsfähigkeit in zumutbarer Weise ganz oder teilweise wieder herzustellen (FamRZ 82/157, 158). Zu einer Berücksichtigung dieser Umstände kommt es bei der vom OLG verfochtenen alleinigen Orientierung an den vollstreckungsrechtlichen Regeln nicht in ausreichendem Maße.

Daß in Fällen, in denen es um die Deckung des Mindestbedarfs des Unterhaltsberechtigten geht, die Belange der Drittgläubiger über das durch die Vollstreckungsvorschriften gewährleistete Maß hinaus nicht berücksichtigt werden können, kann nicht bedeuten, daß auch das Interesse des Unterhaltsschuldners an der Schuldentilgung und vor allem an der Vermeidung eines weiteren Anwachsens seiner

Verbindlichkeiten im Verhältnis zum Unterhaltsgläubiger von vornherein zurückstehen müßte. Wenn auch dessen Interesse an der Sicherung seines notwendigen Unterhalts besonderes Gewicht zukommt, so kann doch die nach Billigkeitsgrundsätzen vorzunehmende Interessenabwägung im Einzelfall ergeben, daß die Zurücksetzung der vorbezeichneten Belange des Schuldners und dessen Belastung mit Unterhaltsleistungen unzumutbar und ungerechtfertigt wäre. Das kommt insbesondere in Betracht, wenn die Verbindlichkeiten im Einverständnis mit dem Unterhaltsberechtigten oder gar in seinem Interesse eingegangen worden sind und dieser dem Verpflichteten nicht den Vorwurf mangelnder Rücksichtnahme auf seine Belange machen kann. Hat sich ein Ehegatte im Einvernehmen mit dem andern und im Zug der gemeinsamen Lebensführung durch die Eingehung von Verbindlichkeiten im Übermaß verschuldet und seine Leistungsfähigkeit entsprechend eingeschränkt, so kann der unterhaltsberechtigte Partner im Fall der Trennung und der damit verbundenen weiteren Belastung der finanziellen Verhältnisse nicht von vornherein seines notwendigen Unterhalts sicher sein. Zwar hat der Verpflichtete sich unter Ausnutzung aller zumutbaren Möglichkeiten um die Rückgängigmachung der getroffenen Dispositionen und die weitestmögliche Wiederherstellung seiner Leistungsfähigkeit – auch durch Verwertung von nicht dringend benötigten, mit hohen Schulden belasteten Gegenständen – zu bemühen. Soweit das nicht gelingt, muß sich jedoch der Unterhaltsberechtigte daran festhalten lassen, daß die Einkünfte des Verpflichteten nur zu einem Teil für den Unterhalt zur Verfügung stehen. Er muß sich unter Umständen mit einer den notwendigen Unterhalt unterschreitenden Alimentierung zufriedengeben und sich die fehlenden Mittel unter äußerster Anspannung seiner Kräfte durch einen über das im allgemeinen Gebotene hinausgehenden Einsatz selbst verschaffen. Das gilt jedenfalls, wenn die Verschuldung des Verpflichteten, wie im vorliegenden Fall, ein Ausmaß erlangt, daß er nicht einmal zur Begleichung der laufenden Zinsen in der Lage ist und Unterhaltsleistungen an den Berechtigten daher nur auf Kosten einer entsprechenden Erhöhung des Schuldenstandes möglich sind, dessen Amortisation den Verpflichteten ohnehin auf Jahrzehnte im vollstreckungsrechtlich höchstzulässigen Maß belasten wird. Hier kann die Inanspruchnahme des Verpflichteten durch den getrennt lebenden oder geschiedenen Ehegatten zu einer derartigen Beeinträchtigung des wirtschaftlichen Fortkommens führen, daß die Grenze des Zumutbaren überschritten wird.

BGH v. 27. 6. 84 – IVb ZR 20/83 – FamRZ 85, 354

R222   *(Zur Verwertung des Veräußerungserlöses aus dem Verkauf eines gemeinsamen Hauses)*

5) Die Revision hält dem Unterhaltsbegehren der Kl. weiter entgegen, diese sei gehalten, den Stamm ihres aus der Veräußerung des ehel. Anwesens erhaltenen Vermögens zu verwerten, bevor sie den Bekl. auf Unterhaltszahlungen in Anspruch nehme.

Die Revision stellt insoweit zu Recht auf § 1577 III BGB ab. Nach dieser Vorschrift braucht der unterhaltsberechtigte gesch. Ehegatte – der nach § 1577 I BGB keinen Unterhaltsanspruch gegenüber dem anderen Ehegatten hat, solange und soweit er sich „aus seinen Einkünften und seinem Vermögen" selbst unterhalten kann – den Stamm seines Vermögens nicht zu verwerten, soweit die Verwertung unwirtschaftlich oder unter Berücksichtigung der beiderseitigen wirtschaftlichen Verhältnisse unbillig wäre.

Dies gilt auch für Vermögen, das aus der Veräußerung eines früher gemeinsam genutzten Anwesens herrührt. Auch solches Vermögen soll, wie alle Vermögenswerte eines Unterhaltsberechtigten, in der Regel dazu dienen, ergänzend zu dessen sonstigen Einkünften seinen Unterhaltsbedarf auf Lebenszeit zu sichern. Unter diesem Gesichtspunkt kann die Beurteilung einer Obliegenheit zur – unter Umständen zunächst teilweisen – Verwertung des Vermögensstammes nach § 1577 III BGB im Einzelfall maßgeblich von der voraussichtlichen Dauer der Unterhaltsbedürftigkeit des unterhaltsberechtigten Ehegatten sowie davon abhängen, welche Ertragsmöglichkeiten das zur Verfügung stehende Vermögen – dauerhaft – bietet. Im übrigen werden dem Unterhaltsberechtigten stets gewisse Rücklagen für Not- und Krankheitsfälle zuzubilligen sein (FamRZ 1984/364, 367).

Zu einer Verwertung seines Vermögensstammes ist ein unterhaltsberechtigter gesch. Ehegatte darüber hinaus grundsätzlich dann nicht gehalten, wenn dies unter Berücksichtigung der beiderseitigen wirtschaftlichen Verhältnisse unbillig wäre. Unter diesem Gesichtspunkt kann dem Umstand, daß ein Vermögenswert aus dem Verkauf eines gemeinsamen Hauses der gesch. Ehegatten stammt und daß der andere Ehegatte einen entsprechenden Erlösanteil zu seiner freien Verfügung erhalten hat, wesentliche Bedeutung zukommen. Das zu beurteilen, ist indessen der tatrichterlichen Entscheidung des OLG vorbehalten.

BGH v. 26. 10. 84 – IVb ZR 36/83 – FamRZ 85, 51 = NJW 85, 428

R233   *(Zur Fortwirkung einer einstweiligen Anordnung über die Scheidung hinaus)*

Allerdings geht das OLG zu Recht davon aus, daß auch gegen eine einstweilige Anordnung nach § 620 S. 1 Nr. 6 ZPO die Vollstreckungsgegenklage an sich in Frage kommt. Dies steht in Einklang mit der Rechtsprechung des Senats (Urteil vom 9. 2. 1983 – IVb ZR 343/81 – FamRZ 83/355 f.).

Dagegen ist dem OLG nicht zu folgen, soweit es aus der Nicht-Identität zwischen Trennungs- und Geschiedenenunterhalt (s. insoweit Senatsurteil vom 14. 1. 1981 – IVb ZR 575/80 – FamRZ 81/242, 243 im Anschluß an BGHZ 78/130 = FamRZ 80/1099) herleitet, daß auch im Falle einer einstweiligen Anordnung nach § 620 S. 1 Nr. 6 ZPO der darin titulierte Anspruch mit der Scheidung entfalle und folglich die Vollstreckungsgegenklage schon aus diesem Grunde Erfolg haben müsse. Wie der Senat – nach Erlaß des Berufungsurteils – durch das bereits angeführte Urteil vom 9. 2. 1983 entschieden hat, ergibt sich aus § 620 f ZPO, daß die einstweilige Anordnung nach § 620 S. 1 Nr. 6 ZPO bis zum Wirksamwerden einer anderweitigen Entscheidung auch den nachehelichen Unterhalt umfaßt. Der Gesetzgeber hat insoweit aus Zweckmäßigkeitsgründen die Fortgeltung der einstweiligen Anordnung über den Scheidungszeitpunkt hinaus bestimmt, um einen vorübergehenden regelungslosen Zustand zu vermeiden (a. a. O., S. 356; s. auch Senatsurteil vom 14. 1. 1981 a. a. O., S. 243). Aufgrund dieser besonderen gesetzlichen Bestimmung ist daher auch für die Zeit nach Rechtskraft des Scheidungsurteils die Vollstreckung aus der einstweiligen Anordnung grundsätzlich zulässig. Daß der Anspruch auf Trennungsunterhalt mit der Scheidung der Ehe erloschen ist, vermag somit der Vollstreckungsgegenklage gegen eine einstweilige Anordnung nach § 620 S. 1 Nr. 6 ZPO nicht zum Erfolg zu verhelfen.

BVerfG v. 14. 11. 84 – 1 BvR 14/82 – FamRZ 85, 143 = NJW 85, 1211

(BVerfG zur Beweislast bei Leistungsunfähigkeit)   **R235**

II 1) Die Gerichte sind zu dem Ergebnis gekommen, die Bf. könnte eine Erwerbstätigkeit finden, die es ihr ermögliche, ihre Unterhaltspflichten zu erfüllen. Dabei konnten die Gerichte verfassungsrechtlich bedenkenfrei von der Beweislast ausgehen, wie sie sich nach § 1603 I BGB darstellt. Die Leistungsunfähigkeit des Unterhaltsschuldners ist in dieser Vorschrift als Einwendung ausgestaltet; die Darlegungs- und Beweislast trifft den Verpflichteten.

BGH v. 16. 1. 85 – IVb ZR 59/83 – FamRZ 85, 357 = NJW 85, 909

(Zu Einkünften und Nutzungen von Vermögen, das durch Zugewinnausgleich oder Hausveräußerung erworben **R243** *wurde)*

B II 4 d) Für die neue Entscheidung kommt es darauf an, wieweit sich die Ehefrau auf ihren Unterhaltsanspruch die Vermögensvorteile anrechnen zu lassen hat, die sich für sie aus dem Zugewinnausgleich ergeben. Der Unterhaltsbedarf kann sich um solche Einkünfte vermindern, die dem unterhaltsberechtigten Ehegatten aus seinem Anteil an dem Verkaufserlös aus der Veräußerung des ehemaligen Familienheims zufließen. Für Einkünfte oder sonstige Vermögensvorteile, die sich über den Zugewinnausgleich ergeben, kann nichts anderes gelten. Nach § 1577 BGB kann ein geschiedener Ehegatte Unterhalt insoweit nicht verlangen, als er sich aus seinen Einkünften und seinem Vermögen selbst unterhalten kann. Einkünfte, auch Nutzungen des Vermögens (§ 100 BGB), sind dabei in jedem Fall und einschränkungslos anzurechnen. Anders als bei der Prüfung, ob der Vermögensstamm zu verwerten ist (§ 1577 III BGB), findet eine Billigkeitsabwägung nicht statt. Auf die Herkunft des Vermögens kommt es nicht an. Entscheidend ist allein, ob und in welcher Höhe der Ehegatte seinen Unterhaltsbedarf aus dessen Nutzungen bestreiten kann. Daher zählen zu den Nutzungen, die der Unterhaltsberechtigte zur Deckung seines Unterhaltsbedarfs einzusetzen hat, auch diejenigen aus einem Vermögen, welches im Weg des Zugewinnausgleichs erlangt worden ist. Die Auffassung des Berufungsgerichts, daß Einkünfte aus im Weg des Zugewinnausgleichs erlangtem Vermögen bei der Beurteilung der Unterhaltsbedürftigkeit aus Billigkeitsgründen außer Betracht zu bleiben hätten, findet im Gesetz keine Grundlage.

BGH v. 3. 4. 85 – IVb ZR 19/84 – FamRZ 85, 690 = NJW 85, 1701

(Vorsorgeunterhalt muß gesondert geltend gemacht werden und kann nicht von Amts wegen zugesprochen werden. **R259** *Das Verlangen von Quotenunterhalt beinhaltet keinen Vorbehalt der Nachforderung von Vorsorgeunterhalt. Bei Abänderungsklage kann auch erstmals Vorsorgeunterhalt für die Zukunft verlangt werden, sofern die sonstigen Voraussetzungen einer Abänderung vorliegen. Wegen der zweistufigen Berechnung des Vorsorgeunterhalts kann dies eine Kürzung des Elementarunterhalts zur Folge haben)*

Die Revision weist mit Recht darauf hin, daß nicht davon ausgegangen werden kann, in einer Quote sei auch der Vorsorgeunterhalt gemäß § 1578 II oder III BGB enthalten (FamRZ 1982/887, 890). Ihr kann aber nicht gefolgt werden, wenn sie daraus schließt, die Klägerin habe sich im Vorprozeß erkennbar die Nachforderung von Vorsorgeunterhalt vorbehalten. Ob ein Unterhaltsgläubiger neben dem laufenden Unterhalt (Elementarunterhalt) Vorsorgeunterhalt fordern will, steht in seinem freien Ermessen; von Amts wegen wird er nicht zugesprochen. Dies gilt gerade in den Fällen, in denen der

Elementarunterhalt nach einer Quote des Einkommens des Unterhaltsverpflichteten berechnet wird und die Forderung von Vorsorgeunterhalt zu einer Verkürzung des sonst erreichbaren laufenden Unterhalts führt, ohne daß durch die Art der Antragstellung beeinflußt werden kann, welcher Teil des Gesamtunterhalts für den laufenden Verbrauch und welcher zweckbestimmt für Vorsorgekosten zu verwenden ist. Motiv für die unterlassene Geltendmachung von Vorsorgeunterhalt kann daher die fehlende Bereitschaft sein, unter Konsumverzicht Altersvorsorge zu betreiben. Dies schließt bei der Geltendmachung von Quotenunterhalt die Annahme eines erkennbaren Vorbehalts der Nachforderung von Vorsorgeunterhalt aus. Auch in den Fällen, in denen sich der Unterhaltsgläubiger hierbei nicht bewußt war, Vorsorgeunterhalt verlangen zu können, kann ein solcher Vorbehalt nicht bejaht werden. Aus der Sicht des Klägers ist nämlich der gesamte Unterhalt geltend gemacht worden, während die Annahme eines Vorbehalts voraussetzt, daß dieser sich des Bestehens einer weiteren Forderung bewußt war.

Hat somit die Klägerin im Vorprozeß ihren Gesamtunterhalt eingeklagt, kann sie wegen ihres dabei nicht geltend gemachten Vorsorgebedarfs nach § 1578 III BGB allenfalls im Wege der Abänderungsklage eine Erhöhung der zugesprochenen Unterhaltsrente erreichen. Soweit der Senat in seinem Urteil vom 24. November 1982 (IVb ZR 327/81) eine abweichende Behandlung gebilligt hat, hält er daran nicht mehr fest. Für den Sonderfall, daß ein bestehender Titel über Trennungsunterhalt nach Rechtshängigkeit des Scheidungsverfahrens und Eintritt der Voraussetzungen des § 1361 I Satz2 BGB um die Kosten der Altersvorsorge erhöht werden sollte, ist er in seinem Urteil vom 17. Februar 1982 (FamRZ 1982/465) schon von der Zulässigkeit der Abänderungsklage ausgegangen. Wie bereits eingangs ausgeführt, steht dem nicht entgegen, daß der Vorsorgeunterhalt, der zwar ein unselbständiger Unterhaltsbestandteil (FamRZ 1982/255), aber im Hinblick auf seine Zweckbindung besonders geltend zu machen ist, noch nicht Gegenstand des Vorprozesses war und demgemäß keine Rechtskraftwirkung des dort ergangenen Urteils zu beseitigen ist. Daher ist in den Fällen, in denen erst nach der Titulierung des Gesamtunterhalts die Voraussetzungen des § 1361 I Satz 2 BGB oder diejenigen des § 1578 III BGB eintreten, die Abänderungsklage der allein mögliche Rechtsbehelf. In Fällen der vorliegenden Art haben allerdings die Voraussetzungen des § 1578 III BGB im wesentlichen bereits im Vorprozeß vorgelegen; gefehlt hat lediglich der Entschluß des Unterhaltsgläubigers, Altersvorsorge zu betreiben, ggf. unter Einschränkung des laufenden Verbrauchs. Es entspricht dem Sinn des § 323 ZPO, den Gläubiger bei ansonsten gleichgebliebenen Verhältnissen zunächst an der von ihm im Vorprozeß getroffenen Wahl festzuhalten. Erst wenn eine Unterhaltsanpassung dadurch eröffnet wird, daß sich die seinerzeit maßgebend gewesenen Verhältnisse wesentlich geändert haben, kann auch Vorsorgeunterhalt mit Wirkung für die Zukunft (§ 323 III ZPO) verlangt werden. Ein weiteres Festhalten an der Nichtforderung von Vorsorgeunterhalt wäre dann ebensowenig mit den Grundsätzen der Billigkeit zu vereinbaren wie die Bindung an das Urteil eines Vorprozesses, in dem der Kläger weniger Unterhalt gefordert hat, als das Gericht nach den von ihm allgemein verwendeten Richtlinien als angemessen erachtet hat. Kommt es bei einer derartigen Nachforderung von Vorsorgeunterhalt zu einer zweistufigen Berechnung des Elementarunterhalts (FamRZ 1981/442, 444 f.), kann das Abänderungsverfahren zwar zu einem höheren Gesamtunterhalt führen, aber zu einem gegenüber dem Urteil des Vorprozesses verringerten laufenden Unterhalt. Auch das Abänderungsurteil hat den Anteil des Gesamtunterhalts, der auf den Vorsorgeunterhalt entfällt, im Hinblick auf dessen Zweckbindung im Entscheidungssatzbesonders auszuweisen.

BGH v. 23. 10. 85 – IVb ZR 52/84 – FamRZ 86, 48 = NJW-RR 86, 66

R275   *(Grundsätze zur Verwertung des Vermögensstammes beim Kindesunterhalt. Obliegenheit des Verpflichteten zur Verwertung eines Ferienhauses)*

III 2 c) Die Revision steht weiter zu Recht auf dem Standpunkt, daß der Bekl., soweit seine laufenden Einkünfte zur Befriedigung des Unterhaltsbedarfs der Tochter nicht ausreichen, seinen Miteigentumsanteil an dem ihm zusammen mit seiner Ehefrau zu je ¹/₂ gehörenden Ferienhaus zu verwerten hat. In Ermangelung sonstiger Mittel hat ein Unterhaltspflichtiger grundsätzlich auch den Stamm seines Vermögens zur Bestreitung des Unterhalts einzusetzen. Eine allgemeine Billigkeitsgrenze, wie sie insoweit etwa für den Unterhalt zwischen geschiedenen Ehegatten gilt (§ 1581 S. 2 BGB; FamRZ 1985/360, 361 f.), sieht das Gesetz beim Unterhalt zwischen Verwandten gerader Linie, um den es hier geht, nicht vor. Dort ist allein auf § 1603 I BGB abzustellen. Danach entfällt die Unterhaltspflicht erst, wenn der Berechtigte bei Berücksichtigung seiner sonstigen Verpflichtungen außerstande ist, ohne Gefährdung seines angemessenen Unterhalts den Unterhalt zu gewähren. Außerstande zur Unterhaltsgewährung ist jedoch nicht, wer über verwertbares Vermögen verfügt (FamRZ 1980/43 ff. m. w. N.). Einschränkungen der Obliegenheit zum Einsatz auch des Vermögensstammes ergeben sich allein daraus, daß nach dem Gesetz auch die sonstigen Verpflichtungen des Unterhaltsschuldners zu berücksichtigen sind und er seinen eigenen angemessenen Unterhalt nicht zu gefährden braucht. Daraus folgt, daß eine Verwertung des Vermögensstammes nicht verlangt werden kann, wenn sie den Unterhaltsschuldner von fortlaufenden Einkünften abschneiden würde, die er zur Erfüllung weiterer Unterhaltsansprüche oder anderer berücksichtigungswürdiger Verbindlichkeiten (FamRZ 1982/157 f.) oder zur Bestreitung seines eigenen Unterhalts benötigt. Auch die Verwertung, jedenfalls die Veräußerung, eines nach den übrigen Verhältnissen der Familie angemessenen Familieneigenheims wird im allgemeinen nicht verlangt werden können, weil es ebenfalls der Befriedigung des Unterhaltsbedarfs des Schuldners selbst und gegebenenfalls weiterer Familienangehöriger dient und zugleich Mietaufwendungen erspart (vgl. auch – zur Bedeutung des Familienheims für die Erfüllung des Wohnbedarfs der Familie – FamRZ 1982/157, 159).

Allgemein braucht der Unterhaltsschuldner den Stamm seines Vermögens nicht zu verwerten, wenn dies für ihn mit einem wirtschaftlich nicht mehr vertretbaren Nachteil verbunden wäre (BGH, a. a. O.); denn auch das wäre mit der nach dem Gesetz gebotenen Berücksichtigung der ansonsten zu erfüllenden Verbindlichkeiten nicht zu vereinbaren und müßte letztlich den eigenen angemessenen Unterhaltsbedarf des Verpflichteten in Mitleidenschaft ziehen. Mit diesen Grundsätzen ist es nicht zu vereinbaren, daß das OLG eine Obliegenheit des Bekl. zur Verwertung seines Miteigentumsanteils an dem Ferienhaus verneint hat. Dieses dient hier weder als Einkommensquelle noch ist es zur Befriedigung des Wohnbedarfs der Familie vonnöten. Ein solcher Vermögensgegenstand muß, wenn die laufenden Einkünfte nicht ausreichen, für berechtigte Unterhaltsbedürfnisse eingesetzt werden. Die unterhaltsrechtlichen Vorschriften lassen es nicht zu, einen Unterhaltsbedürftigen öffentlicher Hilfe anheimfallen zu lassen, während der unterhaltpflichtige Verwandte (Mit-)Eigentümer eines eigenen Ferienhauses ist. Ein Unterhaltpflichtiger in dieser Lage ist nicht i. S. des § 1603 I BGB „außerstande", für den Unterhalt des Bedürftigen zu sorgen. Daß hier eine Verwertung zu wirtschaftlich vertretbaren Bedingungen nicht möglich wäre, hat der Bekl. in seinen vom OLG in bezug genommenen Schriftsätzen selbst nicht geltend gemacht. Er hat lediglich eingewendet, daß ein Verkauf des Ferienhauses nicht ausreichen werde. Darauf kommt es jedoch nicht an. Die unterhaltsrechtliche Obliegenheit zur Verwertung von Vermögen entfällt nicht deshalb, weil der Unterhaltsschuldner nur vorübergehend in die Lage versetzt würde, den vollen Unterhaltsbedarf zu befriedigen. Er ist dann eben nach der Erschöpfung der erzielten Geldmittel wieder nur in geringerem Umfange leistungsfähig. Eine Unverwertbarkeit zu wirtschaftlichen Bedingungen ergibt sich vorliegend auch nicht aus der Erwägung des OLG, daß das Ferienhaus dem Bekl. nur zusammen mit seiner Ehefrau gehöre, ein derartiger Miteigentumsanteil kaum verwertbar sei und die Ehefrau zu einer gemeinschaftlichen Verwertung nicht gezwungen werden könne. Das OLG übersieht dabei, daß jedenfalls einer Verwertung des Miteigentumsanteils in der Form der Beleihung (vgl. insoweit RG, JW 1907/674) nichts im Wege steht, ferner, daß der Bekl. jederzeit die Auseinandersetzungsversteigerung betreiben kann, wenn sich die Ehefrau nicht zu einer gemeinschaftlichen freihändigen Veräußerung bereitfindet. Im übrigen kommt in Betracht, daß die Ehefrau, bei der es sich offenbar um die Mutter des Kindes handelt, ihrerseits zur Verwertung des Ferienhauses gehalten ist. Wieweit sich die Obliegenheit des Bekl. zur Verwertung seines Miteigentumsanteils an dem Ferienhaus auf die hier zu treffende Entscheidung auswirkt, läßt sich nach dem derzeitigen Sachstand nicht abschließend beurteilen. Zu diesem Rückgriff auf den Vermögensstamm ist der Bekl. nur insoweit gehalten, als seine laufenden Einkünfte nicht ausreichen. Es ist daher zunächst festzustellen, wie hoch das unterhaltsrechtlich relevante Einkommen des Bekl. unter Mitberücksichtigung des Wohnens im eigenen Haus ist und wieviel davon nach den dargelegten Verteilungsgrundsätzen der Tochter zusteht. Erst dann läßt sich übersehen, in welchem Umfange der Unterhaltsbedarf der Tochter aus der Verwertung des Ferienhauses zu decken ist. Davon wiederum hängt es ab, ob dem Bekl. eine Verwertung durch Veräußerung obliegt oder ihm zuzugestehen ist, auf eine Beleihung auszuweichen, um auf diese Weise den endgültigen Verlust des Ferienhauses zu vermeiden. In diesem Zusammenhange verdient ggf. auch die von der Revision angestellte Erwägung Berücksichtigung, daß eine Beleihung mindestens insoweit naheliegen kann, als der Kredit aus mit Hilfe des Ferienhauses erzielbaren Einkünften verzinst werden kann. Weiter kommt es etwa darauf an, welcher Erlös bei der Veräußerung des Miteigentumsanteils erzielbar ist bzw. in welchem Umfange eine Beleihung in Betracht kommt. Letztlich ist nicht auszuschließen, daß sich die Unterhaltspflicht des Bekl. ermäßigt, wenn nämlich seine Ehefrau als die Mutter des Kindes ebenfalls zur Verwertung ihres Anteils an dem Ferienhaus gehalten ist und darüber ihrerseits als teilweise leistungsfähig anzusehen ist. Alle diese Fragen erfordern teils weitere tatsächliche Feststellungen, teils Wertungen im tatrichterlichen Verantwortungsbereich und sind daher insgesamt der Entscheidung des OLG zu überlassen.

BGH v. 23. 10. 85 – IVb ZR 68/84 – FamRZ 86, 553 = NJW 86, 985

(Vorwegabzug des Unterhalts Volljähriger, wenn die Aufnahme des Studiums dem gemeinsamen Willen der   **R276**
Eheleute entsprochen hat und kein Mangelfall vorliegt; fiktive Anrechnung eines erzielbaren Einkommens aus unterlassener Erwerbstätigkeit des Ehegatten und Anspruch nach § 1573 II BGB)

5 a) Das OLG ist bei der Bemessung des Ergänzungsunterhalts nach § 1573 II BGB von einem bereinigten Nettoeinkommen des ASt. – nach Abzug der Kosten für den Unterhalt der bei Verwand-

ten lebenden (bei Erlaß des Berufungsurteils noch minderjährigen, inzwischen aber volljährigen) Tochter – i. H. von monatlich 4325,68 DM ausgegangen. Diesen Betrag hat es vorab um den Ausbildungsunterhalt für den volljährigen Sohn i. H. von monatlich 765 DM gekürzt mit der Begründung: Da der Sohn nach dem gemeinsamen Entschluß der Eltern studieren solle, seien die ehel. Lebensverhältnisse im Zeitpunkt der Stellung des Scheidungsantrags hierdurch geprägt worden. Wenn auch nach § 1609 II BGB ein volljähriges Kind mit seinem Unterhaltsanspruch grundsätzlich dem Ehegatten nachgehe, entstehe hier doch angesichts der verhältnismäßig günstigen Einkommensverhältnisse des ASt. kein Rangproblem. Denn es könnten sowohl der Unterhalt des Sohnes als auch der angemessene Unterhalt der AGg. aus dem unterhaltserheblichen Einkommen des ASt. gedeckt werden. Ein sog. Mangelfall liege nicht vor. Deshalb könne dahingestellt bleiben, ob die Eheleute die Regel des § 1609 II BGB zumindest stillschweigend abbedungen hätten. Auf der so gewonnenen Grundlage hat das OLG den Unterhaltsbedarf der AGg. mit monatlich 1424,27 DM (²/5 des verbleibenden Einkommens des ASt. von 3560,68 DM) angesetzt, wobei es – mangels konkreter Darlegung – keinen zusätzlichen trennungsbedingten Mehrbedarf berücksichtigt hat (FamRZ 1983/886, 887, m. w. N.). Sodann hat das Gericht ausgeführt: Auf den Bedarf von monatlich 1424,27 DM müsse sich die AGg. eigenes fiktives Einkommen aus der ihr obliegenden Arbeitstätigkeit anrechnen lassen. Es könne offen bleiben, ob es sich dabei, wie die AGg. allenfalls für möglich halte, um einen Betrag von 1000 DM oder, wie von dem FamG angenommen, um einen solchen von 1200 DM handele. In beiden Fällen ergebe sich kein höherer als der titulierte Unterhaltsanspruch. b) Diese Ausführungen sind auf der Grundlage der bisher von dem OLG angenommenen Erwerbs- und Einkommensverhältnisse der AGg. revisionsrechtlich nicht zu beanstanden. Der unterhaltsrechtliche Vorrang des geschiedenen Ehegatten gegenüber volljährigen Kindern nach § 1609 II S. 2 BGB wirkt sich, wie der Senat nach Erlaß des angefochtenen Urteils – insoweit in Übereinstimmung mit der Auffassung des OLG – entschieden hat (FamRZ 1985/912, 916, m. w. N.), nur dann aus, wenn die verbleibenden Einkünfte des Verpflichteten nicht ausreichen, um den angemessenen Unterhalt des Berechtigten zu gewährleisten. Dann – und erst dann – hat ein Vorwegabzug des Kindesunterhalts zu unterbleiben (FamRZ 1986, 48). Andernfalls steht § 1609 II S. 2 BGB dem Vorwegabzug insoweit nicht entgegen, als die ehel. Lebensverhältnisse im Zeitpunkt der Scheidung (nicht schon des Scheidungsantrags) dadurch geprägt sind, daß die für den Unterhalt eines studierenden volljährigen Kindes erforderlichen Beträge den Eheleuten für die Dauer des Studiums ohnehin nicht für ihren allgemeinen Lebensbedarf zur Verfügung stehen. Ob dies im Einzelfall anzunehmen ist, unterliegt der Beurteilung des Tatrichters. Das OLG hat insoweit bei der Berücksichtigung des Unterhaltsbedarfs des Sohnes rechtsfehlerfrei darauf abgestellt, daß das Studium einem gemeinsamen Entschluß der Parteien – und damit einer entsprechenden übereinstimmenden Disposition über ihre Einkommensverhältnisse für die voraussichtliche Studiendauer – entspricht. Bei der erneuten Prüfung und Entscheidung wird das Gericht auch dem Umstand Rechnung zu tragen haben, daß die Tochter inzwischen ebenfalls volljährig geworden ist und gegebenenfalls ihrerseits Ausbildungsunterhalt beansprucht. Ob und in welcher Höhe die AGg. den ASt. endgültig auf nachehel. Unterhalt in Anspruch nehmen kann, hängt von dem Ergebnis der weiteren Feststellungen des OLG ab. Je nachdem, welche Beträge ihr danach als angemessener Unterhalt zustehen, ist erneut zu prüfen, ob die Einkünfte des ASt. ausreichen, um seine Unterhaltsverpflichtungen sowohl gegenüber den beiden volljährigen Kindern als auch gegenüber der AGg. zu erfüllen. Nur wenn das nicht der Fall sein sollte, scheidet ein Vorwegabzug des Unterhalts für Kinder aus.

BGH v. 27. 11. 85 – IVb ZR 78/84 – FamRZ 86, 148 = NJW 86, 720

R279   *(Einkommenszurechnung bei Ausbildung während der Ehe und erstmalige Anstellung als Assistenzarzt nach der Scheidung)*

a) Nach der Rechtsprechung des Senats schließt die Ausrichtung des Unterhaltsanspruches an den zur Zeit der Scheidung bestehenden ehel. Lebensverhältnissen es nicht notwendig und in jedem Falle aus, später eintretende Veränderungen zu berücksichtigen, wenn ihnen eine Entwicklung zugrunde liegt, die aus der Sicht des Zeitpunkts der Scheidung mit hoher Wahrscheinlichkeit zu erwarten war, und wenn ihre Erwartung die ehel. Lebensverhältnisse bereits geprägt hat (FamRZ 1982/684, 686; FamRZ 1985/791, 793, m. w. N.). Die Beurteilung in diesem Rahmen ist wesentlich Sache der tatrichterlichen Würdigung und daher in der Revision nur beschränkt nachprüfbar (vgl. auch RGZ75/124, 128).

b) Der Bekl. hat im vorliegenden Fall sein Medizinstudium nach den Bestimmungen der Approbationsordnung für Ärzte v. 28. 10. 1970 absolviert. Danach besteht die ärztliche Ausbildung in einem Hochschulstudium von sechs Jahren, dessen letztes Jahr in einer zusammenhängenden praktischen Ausbildung im Krankenhaus abzuleisten ist. Zwei Jahre nach Studienbeginn ist die ärztliche Vorprüfung abzulegen; die früher einheitliche Abschlußprüfung gliedert sich nunmehr in drei Teilabschnitte, wovon der erste ein Jahr nach Bestehen der Vorprüfung, der zweite drei Jahre nach Bestehen der Vorprüfung und der letzte im Anschluß an die praktische Ausbildung im Krankenhaus zu durchlaufen ist. Im Zeitpunkt der Scheidung hatte der Bekl. die ersten beiden Teilabschnitte der ärztlichen Prüfung bestanden und noch einen Teil seiner praktischen Ausbildung im Krankenhaus sowie den dritten Abschnitt der ärztlichen Prüfung vor sich. Das vorklinische Studium war abgeschlossen, das klinische schon überwiegend durchlaufen. Auch mit der Promotion zum „Dr. med." hatte er bereits begonnen. Die Annahme des OLG, daß in diesem Stadium der erfolgreiche Abschluß der Ausbildung mit hoher Wahrscheinlichkeit zu erwarten war, ist bei dieser Sachlage revisionsrechtlich nicht zu beanstanden. Die Rüge der Revision, diese Annahme verstoße gegen Erfahrungssätze und setze sich über den durch eine Auskunft der Bayerischen Ärztekammer unter Beweis gestellten Vortrag des Bekl. hinweg, wonach „bei medizinischen Staatsexamen" Durchfallquoten von mehr als 40% „üblich" seien, ist unbegründet. Die Beurteilung von Examensaussichten hängt wesentlich von den individuellen Verhältnissen des Prüflings ab und erst in zweiter Linie von erfahrungsmäßigen oder statistischen Aussagen. Das Gericht brauchte dem ohnehin sehr allgemein gehaltenen Beweisantrag nicht nachzugehen, sondern konnte seine Annahme rechtsbedenkenfrei darauf stützen, daß der Bekl. seine bisherige medizinische Ausbildung zielstrebig und reibungslos durchlaufen und zwei Teilabschnitte der dreiaktigen Abschlußprüfung bereits bestanden hatte. Nach eigenen Angaben hatte er das „Physikum" als einer der Besten bestanden und haben seine Leistungen in der Folgezeit über dem Durchschnitt gelegen. Etwa drei Monate nach dem Abschluß der ärztlichen Prüfung hat der Bekl. tatsächlich eine Anstellung als Assistenzarzt in einem Krankenhaus erlangt. Aus Rechtsgründen kann nicht beanstandet werden, daß das OLG annimmt, diese Anstellung sei ebenfalls mit hoher Wahrscheinlichkeit zu erwarten gewesen. Da der Bekl. Unterhalt für das gemeinschaftliche Kind aus der Ehe der Parteien zu leisten hatte und darüber hinaus gewillt war, beträchtliche Unterstützungsleistungen zurückzuzahlen, konnte zudem zugrunde gelegt werden, daß er sich mit allem Nachdruck und hohem persönlichen Einsatz um die Erlangung einer solchen Stelle, die überdies zur normalen beruflichen Entwicklung eines Arztes gehört, bemühen werde und daß diese Bemühungen trotz der allgemein schwierigen Lage in absehbarer Zeit von Erfolg gekrönt sein würden. Auch insoweit bedurfte es daher nicht der Erholung der angebotenen Auskunft der Bayerischen Ärztekammer darüber, daß von den erfolgreichen Examenskandidaten weniger als die Hälfte eine Assistentenstelle in einem Krankenhaus erhielten.

c) Bei einer Ehe, wie sie die Parteien geführt haben, muß ausnahmsweise auch das Einkommen den ehel. Lebensverhältnissen zugerechnet werden können, das der kurz vor dem erfolgreichen Abschluß seines Studiums stehende Ehegatte aus der erstmals nach der Scheidung, aber in nahem zeitlichen Zusammenhang damit aufgenommenen Erwerbstätigkeit in dem angestrebten akademischen Beruf erzielt. Daß insoweit eine Entwicklung vorliegt, die in den Verhältnissen während der Ehe angelegt war, liegt auf der Hand. Die Kl., die nach allgemeinen Grundsätzen keine Erwerbsobliegenheit traf, solange sie das von ihr betreute Kind noch nicht acht Jahre alt war (FamRZ 1983/456, 458, m. w. N.), hat zunächst ganztags und später halbtags als Laborantin gearbeitet und ist offenbar im Hinblick auf den gemeinsamen Lebensplan der Parteien überobligationsmäßig erwerbstätig gewesen. Die weiteren Mittel, mit denen die Parteien ihren Lebensunterhalt bestritten haben, nämlich Zuwendungen von Verwandten des Bekl. sowie BAföG-Leistungen, sind im Hinblick auf das Studium des Bekl. und begrenzt auf dessen Dauer zugeflossen. Von einer dauerhaften, die Gewähr der Stetigkeit in sich tragenden wirtschaftlichen Grundlage der Ehe, die normalerweise den Unterhaltsmaßstab des § 1578 I BGB abgibt, kann insoweit nicht ausgegangen werden (FamRZ 1983/146, 149). Andererseits hat der Bekl. sein Studium in einer Weise betrieben, daß die Parteien die begründete Erwartung hegen konnten, die wirtschaftlichen Verhältnisse der Studienzeit würden nur vorübergehend sein und in absehbarer Zeit in diejenigen einer Arztfamilie einmünden. Bereits in seinem Urteil v. 27. 6. 1984 (IVb ZR 23/83 – nicht veröffentlicht) hat es der Senat gebilligt, daß der Tatrichter an eine die ehel. Lebensverhältnisse prägende Erwartung auf eine Verbesserung der Einkommensverhältnisse angeknüpft hatte, die dadurch begründet war, daß der Ehemann vor der Scheidung die Meisterprüfung im Kraftfahrzeughandwerk abgelegt hatte und mit hoher Wahrscheinlichkeit auf eine entsprechende Anstellung bei seinem Arbeitgeber rechnen konnte. Nicht entscheidend ist in diesen Fällen, ob es sich um einen beruflichen Aufstieg oder um die erstmalige Aufnahme einer Erwerbstätigkeit handelt. Es geht darum, ob eine wirtschaftliche Entwicklung nach der Scheidung auf die ehel. Lebensverhältnisse bezogen werden kann. Dafür ist insbesondere von Bedeutung, ob sie der Erwartung aus der Sicht des Scheidungszeitpunkts entspricht oder unvorhersehbar war und ob sie sich in engem zeitlichen Zusammenhang mit der Scheidung verwirklicht hat. Im vorliegenden Fall bestehen insgesamt keine durchgreifenden rechtlichen Bedenken dagegen, daß der Tatrichter die Einkünfte des Bekl. aus der Anfangsstellung seiner beruflichen Laufbahn als Arzt den ehel. Lebensverhältnissen zugerechnet hat. Es müßte auch auf Unverständnis stoßen, wenn in Fällen, in denen – wie hier – die Ehefrau durch die Betreuung eines Kindes und obendrein überobligationsmäßige Erwerbstätigkeit während der Ehe das Studium des Ehemannes mit ermöglicht hat, diese an den bedrängten Verhältnissen während der Ehe nur deswegen festgehalten würde, weil es kurz vor Beginn der akademischen Karriere des Ehemannes zur Scheidung gekommen ist.

BGH v. 19. 2. 86 – IVb ZR 16/85 – FamRZ 86, 439 = NJW-RR 86, 683

R290   *(Obliegenheit des Unterhaltsberechtigten, eigenes Vermögen so ertragreich wie möglich anzulegen. Minderung der Bedürftigkeit durch Erträge, die durch eine Vermögensumschichtung erzielbar wären; Rücklage für Not- u. Krankheitsfälle. Wohnvorteilanrechnung beim Bedürftigen mindestens in Höhe des angemessenen Wohnbedarfs, Zumutbarkeitsabwägung)*

3) Das OLG hat der Kl. ab 1. 5. 1984 erzielbare Kapitalerträge von monatlich 1000 DM bedarfsmindernd angerechnet und hierzu ausgeführt: Sie könne dem Bekl. nicht entgegenhalten, daß sie den am 30. 4. 1984 aus dem Hausverkauf erhaltenen Betrag von 204 297,41 DM für den Erwerb einer Eigentumswohnung verwendet habe. Denn sie sei unterhaltsrechtlich verpflichtet gewesen, das Kapital mit einer höheren Rendite anzulegen, als sie durch einen Immobilienkauf erzielbar sei. Im Frühjahr 1984 hätte sie auf dem Kapitalmarkt festverzinsliche Papiere mit einer Nettorendite von jährlich 6% (bei einem Kapital von 200 000 DM also monatlich 1000 DM) erwerben können. Da sie aufgrund des Erwerbs der Eigentumswohnung lediglich einen Wohnbedarf von monatlich 300 DM decke, müsse sie sich so behandeln lassen, als hätte sie den wirtschaftlich sinnvollen Weg der Anlage in festverzinslichen Wertpapieren gewählt. Diese Beurteilung greift die Revision mit Recht an.

a) Tatsächlich erzielte Vermögenserträge mindern nach der std. Rspr. des Senats ohne Rücksicht auf die Herkunft des Vermögens und auf Billigkeitsgründe gemäß § 1577 I BGB die Bedürftigkeit des Unterhaltsberechtigten (FamRZ 1985/357, 359, m. w. N.). Zur Minderung der Bedürftigkeit bei durch eine Umschichtung erzielbaren Vermögenserträgen hat der Senat bisher noch nicht Stellung genommen. Darauf kommt es an, weil in dem hier zu beurteilenden Unterhaltszeitraum die Kl. den ihr zugeflossenen Geldbetrag bereits in Wohneigentum angelegt hatte. Die herrschende Ansicht geht von einer Obliegenheit des Unterhaltsberechtigten aus, eigenes Vermögen so ertragreich wie möglich anzulegen, weil auch solche Einkünfte die Bedürftigkeit mindern, die in zumutbarer Weise eingezogen werden könnten, aber nicht eingezogen werden (FamRZ 1980/126, 128). Dem ist grundsätzlich zuzustimmen; da es sich um eine aus § 242 BGB abgeleitete Obliegenheit handelt, ist allerdings stets eine Zumutbarkeitsprüfung vorzunehmen, bei der die Belange des Unterhaltsberechtigten und -verpflichteten unter Berücksichtigung der Umstände des Einzelfalles angemessen gegeneinander abzuwägen sind. Wenn der Unterhaltsberechtigte ertragloses Vermögen besitzt (z. B. eine Münzsammlung, vgl. dazu Senatsurteil v. 29. 6. 1983 – IVb ZR 395/81 –, nicht veröffentlicht), wird ihm die Umschichtung in ein Erträge abwerfendes Vermögen in der Regel zuzumuten sein. Geht es hingegen darum, ob in einer anderen Anlageform eine höhere Rendite erzielbar ist, ist Zurückhaltung geboten und muß dem Vermögensinhaber eine gewisse Entscheidungsfreiheit belassen werden. Ihm kann etwa nicht angesonnen werden, wegen möglicher höherer Erträge die Sicherheit der Vermögensanlage zu vernachlässigen oder eine im Verkehr ungewöhnliche Anlageform zu wählen. Grundlegende Veränderungen der getroffenen Vermögensanlage werden nur unter besonderen Umständen und nicht kurzfristiger Vorteile wegen verlangt werden können. Auch ist auf eine herkömmliche Anlage Rücksicht zu nehmen und darauf, ob den Unterhaltsverpflichteten die Unterhaltslast besonders hart trifft. Stets muß sich die tatsächliche Anlage des Vermögens als eindeutig unwirtschaftlich darstellen, ehe der Unterhaltsberechtigte auf eine anderweitige Anlage und daraus erzielbare Einkünfte verwiesen werden kann.

b) Daß sich die Kl. eindeutig unwirtschaftlich verhalten hat, läßt sich den bisherigen Feststellungen des OLG auch von dessen Standpunkt aus nicht zweifelsfrei entnehmen. Die Annahme einer erzielbaren Nettorendite von monatlich 1000 DM aus einem Kapital von 200 000 DM läßt zunächst außer acht, daß dem Unterhaltsberechtigten eine gewisse Rücklage für Not- und Krankheitsfälle zuzubilligen ist, bei der nur die Rendite für kurzfristig verfügbare Sparguthaben in Ansatz gebracht werden kann (FamRZ 1984/364, 367; FamRZ 85/354, 357; das OLG Düsseldorf, FamRZ 85/392, setzt unter diesem Gesichtspunkt aus einem Kapital von 250 000 DM einen Betrag von 20 000 DM an).

Bei der hier gebotenen wirtschaftlichen Betrachtungsweise muß ferner der Kaufkraftverlust von Geldvermögen im Verhältnis zu Immobilienwerten bedacht werden. Dem nach seiner Ansicht erzielbaren Ertrag von 1000 DM monatlich stellt das OLG den Betrag von monatlich 300 DM als geschätzten Wohnbedarf der Kl. während des Zusammenlebens der Parteien gegenüber. Auch dies begegnet Bedenken. Der Kl. ist insoweit gemäß § 1577 I BGB grundsätzlich der Wert der tatsächlich gezogenen Gebrauchsvorteile ihrer Eigentumswohnung anzurechnen. Soweit dabei allerdings aufgrund der teilweisen Fremdfinanzierung der Betrag unterschritten werden sollte, der von ihrem vollen Unterhalt der Deckung ihres angemessenen Wohnbedarfs zu dienen bestimmt ist (zur Berechnung vgl. *Graba,* FamRZ 1985/657, 658, m. w. N.), ist dieser maßgebend. Dies folgt aus dem Grundsatz, daß der Unterhaltsberechtigte nicht auf Kosten des Unterhaltsverpflichteten Vermögen bilden kann. Insgesamt ist nicht auszuschließen, daß ein höherer Monatsbetrag in Betracht kommt als die vom OLG veranschlagten 300 DM.

c) Das Berufungsurteil läßt ferner nicht erkennen, daß hinreichend geprüft worden ist, ob der Kl. nach den gegebenen Umständen die angesonnene Vermögensumschichtung zuzumuten ist. In diesem Rahmen fällt zu ihren Gunsten besonders ins Gewicht, daß sie seit dem Jahre 1968 Miteigentümerin des von der Familie bewohnten Einfamilienhauses gewesen ist und es von ihrem Standpunkt aus verständlich erscheinen mußte, den daraus erzielten Verkaufserlös wiederum in Wohneigentum anzulegen, zumal dieses auch den Wohnbedürfnissen eines gemeinschaftlichen Kindes dient. Weiterhin hat sie vorgetragen, daß der Bekl. in der notariellen Kaufurkunde v. 2. 12. 1983 seine Zustimmung zum Erwerb der Eigentumswohnung erteilt hat; der Bekl. hat dem nicht widersprochen und auch nicht dargelegt, daß er seine Einwilligung nicht aus freien Stücken gegeben hätte, etwa allein im Hinblick auf § 1365 II BGB. Seine wirtschaftlichen Verhältnisse sind nicht so beengt, daß ihn der begehrte Unterhalt ungewöhnlich hart treffen müßte, zumal im Hinblick auf den auch ihm zugeflossenen Erlösanteil. Das der Kl. angesonnene Verhalten, eine Wiederveräußerung ihrer Eigentumswohnung und die Anschaffung von Wertpapieren für den Erlös, stellt eine grundlegende Vermögensumschichtung dar, die nicht kurzfristig durchführbar ist und die vor rechtskräftiger Scheidung der Ehegatten nur unter besonderen Umständen verlangt werden kann. Der Grundsatz, daß die Obliegenheit eines getrennt lebenden Ehegatten zur Verwertung seines Vermögensstamms im allgemeinen nicht so weit geht wie diejenige eines Geschiedenen (FamRZ 1985/360, 361), muß entsprechend für die Obliegenheit zu einer Vermögensumschichtung gelten. Das OLG hätte aus diesem Grunde auch prüfen müssen, ob es den Belangen des Bekl. nicht schon Rechnung tragen würde, wenn von der Kl. verlangt würde, die für ihre Bedürfnisse mit 91 m² sehr geräumige Eigentumswohnung vorerst teilweise zu vermieten und dadurch höhere Erträge zu erzielen.

BGH v. 19. 2. 1986 – IVb ZR 71/81 = NJW 86, 1751

(Schadensersatzanspruch nach § 826 BGB)   **R291**

Die Vorschrift des § 826 BGB verschafft nicht nur die Möglichkeit, unter bestimmten Umständen **a** auf Unterlassung der Vollstreckung aus einem erschlichenen oder unrichtig gewordenen Urteil zu klagen und der Berufung auf die Rechtskraft einer solchen Entscheidung mit dem Einwand der Arglist zu begegnen. Vielmehr knüpft das Gesetz an eine vorsätzliche, sittenwidrige Schädigung die Rechtsfolge der Schadensersatzpflicht. Es gelten die Bestimmungen der §§ 249 ff. BGB. Ein eingetretener Vermögensschaden ist danach in Geld zu entschädigen (§ 251 I BGB). Demgemäß ist in der Rechtsprechung des BGH anerkannt, daß die sittenwidrige Ausnutzung eines unrichtigen Urteils zu der Verpflichtung führen kann, Schadensersatz zu leisten ... e) Allein die vorsätzliche Ausnutzung des als unrichtig erkannten Titels rechtfertigt noch nicht die Anwendung des § 826 BGB. Sittenwidrig im Sinne dieser Vorschrift ist das – für sich bereits anstößige – Verhalten vielmehr erst dann, wenn besondere Umstände hinzutreten, nach denen es in hohem Maße unbillig und geradezu unerträglich wäre, die Ausnutzung zuzulassen. Nur in einem solchen Fall muß der Grundsatz der Rechtskraft zurücktreten.

(Auskunft auf Verlangen und Verpflichtung zur ungefragten Information)

Obwohl dem deutschen Recht eine allgemeine Auskunftspflicht fremd ist (s. BGH, NJW 1983, **b** 2318 = FamRZ 1983, 352 (354) m. w. Nachw.), haben Rechtsprechung und Schrifttum schon vor der gesetzlichen Regelung des Auskunftsanspruchs durch das 1. EheRG in § 1605 BGB (i. V. mit § 1361 IV 4 und § 1580 S. 2 BGB) einen Auskunftsanspruch für die Partner eines Unterhaltsrechtsverhältnisses entwickelt und aus § 242 BGB abgeleitet. Auch die jetzt in den genannten Bestimmungen gesetzlich geregelte Pflicht zur Auskunfterteilung beruht letztlich auf dem Grundsatz von Treu und Glauben (BGH, NJW 1983, 279 = FamRZ 1982, 1189 (1192) und NJW 1983, 1429 = FamRZ 1983, 473). Für den – früher – noch nicht kodifizierten Auskunftsanspruch wurde vertreten, daß Auskunft nur zu erteilen brauche, wer darum gebeten werde; (auch) im Unterhaltsrecht gebe es keine Pflicht zur unaufgeforderten Offenlegung der Einkommens- und Vermögensverhältnisse (Mutschler, FamRZ 1976, 221). Die jetzige gesetzliche Regelung sieht ebenfalls nur eine Auskunft auf Verlangen vor (§§ 1605, 1580 BGB), also einen „verhaltenen Anspruch", der jeweils der Aktualisierung durch den Gläubiger bedarf (Gernhuber, FamR, 3. Aufl., § 41 IV 2). Gleichwohl kann neben dieser Pflicht zur Auskunfterteilung auf Verlangen in besonderen Fällen eine Verpflichtung zur ungefragten Information des Partners des Unterhaltsrechtsverhältnisses bestehen. Sie stellt ebenfalls eine Ausprägung des Grundsatzes von Treu und Glauben (§ 242 BGB) im Rahmen des gesetzlichen Unterhaltsrechtsverhältnisses dar (vgl. zu dem insoweit zwischen Ehegatten und Geschiedenen bestehenden Gebot der Schonung der Interessen des anderen bereits BGH, NJW 1977, 378 = FamRZ 1977, 38 (40) und NJW 1983, 1545 = FamRZ 1983, 576 (577). Daß eine solche, aus dem Grundsatz von Treu und Glauben abgeleitete Pflicht zur unaufgeforderten Mitteilung (allgemein: Palandt-Heinrichs, BGB, 45. Aufl., § 242 Anm. 4 Bd m. w. Nachw.) auch im Unterhaltsrecht bestehen kann und neben die dort geregelte Pflicht zur Auskunft auf Verlangen tritt, wird zwar bisweilen geleugnet (vgl. etwa DIVGutachten vom 8. 4. 1982, DAVorm 1983, 114, das nach der Art der vorliegenden Unterhaltstitel differenzieren will), in der neueren Rechtsprechung und im Schrifttum jedoch zunehmend anerkannt (neben dem Berufungsurteil: AG Rüsselsheim, FamRZ 1985, 605; AG Hersbruck, FamRZ 1985, 633 (634 f.); Mutschler, in: RGRK, 12. Aufl., § 1605 Rn. 2; Brüne, FamRZ 1983, 658; Göppinger, 4. Aufl. Rn. 1404; Palandt-Diederichsen, § 1605 Anm. 1; s. auch Palandt-Thomas, § 826 Anm. 8 o). Sofern gravierende neue Umstände in den wirtschaftlichen Verhältnissen einer Seite auftreten, die zu erfragen der andere Teil keine Veranlassung hat, über die er jedoch nach der unter gerecht und billig Denkenden herrschenden Auffassung redlicherweise unaufgeforderte Aufklärung erwarten darf, wäre die generelle Verneinung einer solchen Offenbarungspflicht ein Rückschritt hinter die Annahme entsprechender Nebenpflichten in Schuldverhältnissen. Das vertrüge sich nicht damit, daß anders als in nichtfamilienrechtlichen Dauerschuldverhältnissen, in denen das Maß der Loyalitätspflichten eher geringer ist, im Familienrecht, das durch verwandtschaftliche oder partnerschaftliche Beziehungen geprägt ist, allgemein eine stärkere gegenseitige Obliegenheit zu Achtung, Beistand und Rücksicht besteht (insoweit zutreffend Brüne, FamRZ 1983, 658 m. w. Nachw.; vgl. § 1618 a BGB sowie § 1353 I 2 BGB und dazu Palandt-Diederichsen, § 1353 Anm. 2 b dd).

Die Pflicht zur unverlangten Information des anderen Teiles besteht allerdings nicht bereits dann, wenn eine i. S. des § 323 I ZPO wesentliche Änderung der Einkommens- und Vermögensverhältnisse eingetreten ist. Die Vorschrift des § 1605 II BGB zeigt vielmehr, daß es auch in einem solchen Falle im Grundsatz bei einem verhaltenen, vom Auskunftsgläubiger zu aktualisierenden Auskunftsanspruch bleibt: Vor Ablauf von zwei Jahren kann Auskunft erneut nur verlangt werden, wenn glaubhaft gemacht wird, daß der zur Auskunft Verpflichtete wesentlich höhere Einkünfte oder weiteres Vermögen erworben hat. Es ist also auch dann Sache des anderen Teils, sich Gewißheit über eingetretene Änderungen zu verschaffen. Die Annahme einer allgemeinen Pflicht zur ungefragten Offenbarung solcher Veränderungen (mit der möglichen Folge der Schadensersatzpflicht bei ihrer Verletzung) wäre mit dieser Entscheidung des Gesetzes nicht zu vereinbaren. Die Pflicht muß deshalb auf Ausnahmefälle beschränkt bleiben, in denen das Schweigen über eine günstige, für den Unterhaltsanspruch ersichtlich grundlegende Änderung der wirtschaftlichen Verhältnisse evident unredlich erscheint. Das kann jedenfalls dann angenommen werden, wenn der Unterhaltsschuldner aufgrund vorangegangenen Tuns des Unterhaltsgläubigers sowie nach der Lebenserfahrung keine Veranlassung hatte, sich des Fortbestandes der anspruchsbegründenden Umstände durch ein Auskunftsverlangen zu vergewissern, der Unterhaltsgläubiger sodann trotz einer für den Schuldner nicht erkennbaren Veränderung in seinen wirtschaftlichen Verhältnissen, die den materiell-rechtlichen Unterhaltsanspruch ersichtlich erlöschen läßt, eine festgesetzte Unterhaltsrente weiter entgegennimmt und dadurch den Irrtum befördert, in seinen Verhältnissen habe sich erwartungsgemäß nichts geändert.

Daß das BerGer. die Behauptung der Bekl. als wahr unterstellt hat, sie habe vor der Aufnahme ihrer Erwerbstätigkeit im Juni 1979 einen Rechtsanwalt befragt, ob sie die Arbeitsaufnahme dem Kl. unaufgefordert mitteilen müsse, was dieser verneint habe, mußte nicht zu einer anderen Beurteilung führen. Oben (unter c) ist bereits dargelegt worden, daß diese – angebliche – Auskunft die tatrichterliche Feststellung der Kenntnis der Bekl. von der Unrichtigkeit des Unterhaltstitels wegen des Wegfalls der Bedürftigkeit ab 1. 1. 1980 nicht in Frage stellt. Sie veranlaßt auch nicht die Verneinung der Sittenwidrigkeit der Schädigung. Ob eine Handlung gegen die guten Sitten verstößt, bestimmt sich nach dem Anstandsgefühl aller billig und gerecht Denkenden, also nach einem objektiven Maßstab (Palandt-Thomas, § 826 Anm. 2 a). Wie schon der Wortlaut des § 826 BGB ergibt, wird Vorsatz des Täters nur in bezug auf die Schadenszufügung gefordert. Mithin gehört Kenntnis (Bewußtsein) der Sittenwidrigkeit nicht zum Tatbestand des § 826 BGB. Vielmehr genügt grundsätzlich, daß der Handelnde – wie hier tatrichterlich festgestellt – die Tatumstände des Falles gekannt hat, die dem Richter objektiv sein Verhalten als Verstoß gegen die guten Sitten erscheinen lassen.

BGH v. 23. 4. 86 – IVb ZR 30/85 – FamRZ 86, 790 = NJW 86, 2054

R297 *(Unterhaltsvorrang bei anrechenbarer Ehedauer von 16 Jahren; Anspruch auf vollen Unterhalt, auch wenn dann der Mindestbedarf des neuen Ehegatten nicht gedeckt werden kann)*

III 3 d) Das OLG hat sich auf den Standpunkt gestellt, die Wiederverheiratung des Kl. verringere den Unterhaltsanspruch der Bekl. nicht, weil der Unterhaltsanspruch seiner jetzigen Ehefrau gemäß § 1582 I BGB nachrangig sei. Es hat den Vorrang der Bekl. aus der langen Ehedauer einschließlich der Zeit der Unterhaltsberechtigung nach § 1570 BGB wegen der Pflege und Erziehung des gemeinschaftlichen Kindes Kai-Uwe (§ 1582 I S. 2, 2. Alternative, und S. 3 BGB) abgeleitet. Die Revision stellt zur Überprüfung, ob die genannten Voraussetzungen des Vorrangs erfüllt seien. Das ist der Fall.

aa) Aufgrund der Feststellungen des OLG ist davon auszugehen, daß der Kl. außerstande ist, der Bekl. neben dem Unterhalt für seine beiden Söhne und für seine jetzige Ehefrau den ihr zustehenden Unterhalt zu leisten, ohne seinen eigenen angemessenen Unterhalt zu gefährden. Das ist angesichts der mitgeteilten Einkommens- und Unterhaltsverhältnisse, die durch die Unterhaltsverpflichtung für die jetzige Ehefrau noch eine weitere Einengung erfahren würden, richtig.

bb) Die Bekl. geht der jetzigen Ehefrau des Kl. unterhaltsrechtlich im Rang vor, denn die Annahme des OLG, die Ehe mit der Bekl. sei – einschließlich der Zeit der Anspruchsberechtigung nach § 1570 BGB – von langer Dauer gewesen, läßt keinen Rechtsfehler erkennen. Nach der Rechtsprechung des Senats liegt eine den Unterhaltsvorrang sichernde lange Ehedauer jedenfalls nach Ablauf von 15 Jahren vor, gerechnet von der Eheschließung bis zur Rechtshängigkeit des Scheidungsverfahrens (FamRZ 1983/886, 888, FamRZ 1985/362). Die Parteien haben am 13. 12. 1968 geheiratet; der Scheidungsantrag ist am 22. 6. 1981 zugestellt worden. An diese rund 12½ Jahre schloß (bis November 1984) eine mehr als 3¼ jährige Zeit an, in der die Bekl. wegen der Pflege des gemeinschaftlichen Kindes Kai-Uwe nach § 1570 BGB anspruchsberechtigt war. Es ergibt sich eine Gesamtzeit von nahezu 16 Jahren. Das trägt die Annahme des Unterhaltsvorrangs der Bekl.

cc) Im Gegensatz zum AmtsG hat das OLG angenommen, der Vorrang sei nicht darauf beschränkt, daß der geschiedenen [gesch.] Ehefrau jedenfalls der Mindestbedarf verbleiben müsse. Es hat vielmehr ihren vollen – vereinbarten – Unterhaltsanspruch für gegenüber dem Unterhalt der neuen Ehefrau vorrangig gehalten. Dem tritt die Revision vergeblich unter Berufung auf die Entscheidung des OLG Schleswig, FamRZ 1982/705, 706, entgegen. Allerdings wird die Meinung vertreten, in Fällen, die jedenfalls noch eine Befriedigung des allseitigen sog. Mindestbedarfs ermöglichten, sei es mit Blick auf den Schutz der neuen Ehe (Art. 6 I GG) geboten, § 1582 I BGB verfassungskonform dahin auszulegen, daß zunächst ein Mindestbedarf der früheren wie auch der neuen Ehefrau sichergestellt und (nur) das dann verbleibende, zur Verteilung noch zur Verfügung stehende Einkommen des Unterhaltspflichtigen nach Maßgabe der §§ 1581, 1582 BGB aufgeteilt werde (OLG Schleswig, a. a. O., und FamRZ 1983/282, 284 – Vorlagebeschluß zu BVerfGE 66/84 = FamRZ 1984/346). Ob ein solcher Fall hier vorliegt, mag dahinstehen. Der Auffassung, die Widerspruch gefunden hat, vermag der Senat nicht beizutreten.

Das Gebot verfassungskonformer Auslegung verlangt, von mehreren möglichen Normdeutungen, die teils zu einem verfassungswidrigen, teils zu einem verfassungsmäßigen Ergebnis führen, diejenige vorzuziehen, die mit dem Grundgesetz in Einklang steht (BVerfGE 32/373, 383 f.; vgl. auch BVerfGE 59/360, 386 = FamRZ 1982/463). Für seine Anwendung ist hier kein Raum. Die Vorschrift des § 1582 I S. 2 (und S. 3) BGB besagt, daß bei der Verteilung des für Unterhaltszwecke einzusetzenden Einkommens oder Vermögens die Unterhaltsbedürfnisse des jetzigen Ehegatten des Unterhaltspflichtigen gegenüber dem früheren Ehegatten außer Betracht zu bleiben haben. Im Gesetzgebungsverfahren ist der Vorschlag, den unterhaltsrechtlichen Nachrang des neuen Ehegatten durch eine Härteklausel abzuschwächen („Die Unterhaltspflicht gegenüber einem neuen Ehegatten ist nur zu berücksichtigen, wenn dieser bei entsprechender Anwendung der §§ ... unterhaltsberechtigt wäre und die Leistung von Unterhalt zur Vermeidung unbilliger Härten erforderlich ist") nicht übernommen worden. Damit, sowie nach dem Wortlaut der Vorschrift, die den Vor- und Nachrang abschließend regelt, ist eine Auslegung des Inhalts, daß zunächst der Mindestunterhalt des vorrangigen Ehegatten zu sichern, sodann derjenige des nachrangigen Ehegatten zu bedienen und erst danach der verbleibende Rest nach §§ 1581, 1582 BGB zu verteilen sei, nicht vereinbar. Die Vorschrift des § 1582 I BGB verstößt auch in diesem Verständnis nicht gegen das Grundgesetz. Das hat der Senat – im Anschluß an BVerfGE 66/84 = FamRZ 1984/346 – für Fälle entschieden, in denen der Vorrang des geschiedenen vor einem neuen Ehegatten auf der langen Dauer der Ehe beruht und keiner von beiden wegen der Pflege oder Erziehung eines gemeinschaftlichen Kindes (§ 1570 BGB) unterhaltsberechtigt ist oder wäre (FamRZ 85/362, 363). Durch Art. 6 I GG wird nicht nur die bestehende Ehe geschützt, sondern auch die Folgewirkung einer gesch. Ehe, wozu auch die Unterhaltsregelung gehört. Deshalb muß unter Heranziehung des allgemeinen Gleichheitssatzes (Art. 3 I GG) geprüft werden, ob es hinreichende Gründe für die unterschiedliche Behandlung der unterhaltsrechtlichen Position der gesch. und der neuen Ehefrau durch den Gesetzgeber gibt. Für den unterhaltsrechtlichen Vorrang der gesch. Ehefrau ist in erster Linie bestimmend, daß ihr Anspruch schon besteht und demgemäß das wirtschaftliche Leistungsvermögen des Unterhaltsverpflichteten von vornherein belastet, wenn die neue Ehe geschlossen wird. Hierauf muß sich ein neuer Ehegatte des Unterhaltsverpflichteten ebenso einstellen wie auf dessen sonstige Verbindlichkeiten. Als weiterer Sachgrund durfte der Gesetzgeber berücksichtigen, daß sich ein unterhaltsbedürftiger Ehegatte nach dem Scheidungsrecht des 1. EheRG dem Scheidungsbegehren des anderen nicht auf Dauer mit Erfolg widersetzen und damit verhindern kann, daß dieser eine neue Ehe eingeht. Demgegenüber wird die Verfassungsmäßigkeit der gesetzlichen Regelung nicht in Frage gestellt, wenn der Vorrang der gesch. Ehefrau bewirkt, daß die dem unterhaltpflichtigen Ehegatten verbleibenden Mittel nicht ausreichen, seine neue Familie gemäß § 1360 BGB angemessen zu unterhalten. Der Streitfall entspricht der Konstellation, für die der Senat in dem bereits genannten Urteil v. 16. 1. 1985 die vorstehenden Grundsätze aufgestellt hat: Der Vorrang der Bekl. vor der jetzigen Ehefrau beruht auf der langen Dauer der gesch. Ehe, und keine der beiden Frauen ist oder wäre für die Zeit ab November 1984 wegen der Pflege oder Erziehung eines gemeinschaftlichen Kindes unterhaltsberechtigt nach § 1570. In der vorhergehenden Zeit ab Klageerhebung beruhte von den Unterhaltsberechtigungen allerdings diejenige der Bekl. auf der Pflege oder Erziehung des gemeinschaftlichen Kindes Kai-Uwe. Das stellt jedoch ihren Vorrang nicht in Frage, da das Gesetz – im Gegenteil – die Versorgung eines gemeinschaftlichen Kindes als einen den Unterhaltsvorrang bewirkenden Umstand wertet (arg. § 1582 I S. 2 BGB).

BGH v. 17. 9. 86 – IVb ZR 59/85 – FamRZ 87, 40 = NJW 87, 1546

R308   *(Zur Rücknahme von Verzugsfolgen)*

a) Eine Mahnung ist eine Erklärung oder sonstige tatsächliche Handlung, durch die der andere Teil zur Leistung aufgefordert wird. Sie ist keine rechtsgeschäftliche Willenserklärung, weil ihre Rechtsfolge – der Verzug (§§ 284, 285 BGB) – nicht durch den Willen des Mahnenden, sondern kraft Gesetzes eintritt (BGHZ 47, 352 (357) = NWJ 1967, 1800). Als „historischer Vorgang" kann diese tatsächliche Handlung nicht durch eine nachträgliche „Rücknahme" ungeschehen gemacht werden. Allerdings steht die Mahnung den rechtsgeschäftlichen Willenserklärungen nahe und wird daher zu den rechtsgeschäftsähnlichen Willensäußerungen und Mitteilungen gerechnet, auf die allgemeine Vorschriften über Willenserklärungen entsprechend angewandt werden (BGHZ 47, 352 = NJW 1967, 1800 m. w. Nachw.), insbesondere die Vorschriften über die Geschäftsfähigkeit, die Stellvertretung, die Auslegung und den Zugang (*Palandt-Heinrichs,* BGB, 45. Aufl., § 284 Anm. 3 a; *Walchshöfer,* in: MünchKomm, § 284 Rn. 30). So wird eine Mahnung entsprechend § 130 I 2 BGB nicht wirksam, wenn dem anderen Teil vorher oder gleichzeitig ein Widerruf zugeht. Auch mit dem rechtsgeschäftlichen Charakter der Mahnung läßt sich indessen nicht begründen, daß die durch sie ausgelöste Rechtsfolge durch einseitige „Rücknahme" entfällt; denn abgesehen von dem Fall des § 130 I 2 BGB ist derartiges auch für Willenserklärungen nicht allgemein, sondern nur bei bestimmten einseitigen Rechtsgeschäften vorgesehen (Widerruf der Auslobung nach § 658 I 1 BGB, des Testaments nach §§ 2253 ff. BGB). Hingegen kann etwa die Kündigung eines Miet- oder eines Dienstvertrages – jedenfalls nach ganz herrschender Ansicht – nicht einseitig zurückgenommen (widerrufen) werden; vielmehr bedarf es dazu einer Vereinbarung der Vertragspartner, soweit nach Kündigung nicht überhaupt nur der Abschluß eines neuen Vertrages in Betracht kommt (vgl. *Palandt-Putzo,* Vorb. §§ 620–628 Anm. 2 a jj).

In seinem Urteil vom 26. 1. 1983 (NJW 1983, 2318 (2320) = FamRZ 1983, 352 (354)) hat der Senat allerdings davon gesprochen, die (damalige) Unterhaltskl. habe durch die Zurücknahme einer früheren Unterhaltsklage auch die Mahnung zurückgenommen, die nach § 284 I 2 BGB in der Erhebung der Klage gelegen habe. Damals ging es indessen allein um die Frage, ob die Kl. nach § 1613 I BGB Unterhalt für einen zurückliegenden Zeitraum verlangen konnte, der zeitlich nach der Zurücknahme der früheren Unterhaltsklage lag. Der Senat hat diese Frage verneint, da zwar eine Mahnung wegen laufenden Unterhalts im allgemeinen nicht monatlich wiederholt zu werden brauche, von einer zurückgenommenen Mahnung aber keinerlei Rechtswirkungen für künftigen Unterhalt ausgehen könnten. Jenes Urteil und die dort vom Senat gebrauchten Wendungen besagen daher nicht, eine Mahnung könne mit der Folge zurückgenommen werden, daß ihre Rechtswirkungen rückwirkend entfielen. Im Schrifttum wird aus dieser Entscheidung denn auch lediglich der Schluß gezogen, daß die Rücknahme der Mahnung den Verzug beende (*Walchshöfer,* in: MünchKomm, § 284 Rn. 46; *Palandt-Heinrichs,* § 284 Anm. 6 c ee).

Aus den oben dargelegten Gründen ist der Senat vielmehr der Ansicht, daß die durch eine Mahnung ausgelösten Rechtsfolgen nicht dadurch rückwirkend beseitigt werden, daß der Mahnende die Mahnung einseitig zurücknimmt. Darin sieht er sich durch das Schrifttum bestätigt, soweit dort die Auffassung vertreten wird, daß eingetretene Verzugsfolgen nur durch Verzicht (Erlaß), also durch Vertrag (§ 397 I BGB) beseitigt werden können, während eine Beendigung des Verzuges (etwa durch Stundung, Angebot der Leistung oder Erlöschen der Forderung) lediglich bedeutet, daß keine weiteren Verzugsfolgen entstehen. Soweit im Schrifttum – ohne nähere Begründung – die Auffassung vertreten wird, die (einseitige) Rücknahme der Mahnung lasse die Verzugsfolgen rückwirkend entfallen, vermag der Senat dem aus den dargelegten Gründen nicht zu folgen.

b) In Übereinstimmung mit den überwiegenden Stellungnahmen im Schrifttum (s. oben zu a) können bereits eingetretene Rechtsfolgen einer Mahnung vielmehr nur durch Vereinbarung rückgängig gemacht werden. Daneben kommt nur in Betracht, daß der Gläubiger sich aus besonderen Gründen nach Treu und Glauben (§ 242 BGB) – insbesondere unter dem Gesichtspunkt der Verwirkung – auf diese Rechtsfolgen nicht berufen kann. Bei einer Vereinbarung der gedachten Art wird es sich rechtlich regelmäßig um einen Erlaßvertrag handeln, durch den etwa der Anspruch auf Ersatz des Verzugsschadens (§ 286 I BGB) zum Erlöschen gebracht wird (§ 397 I BGB). Die Rechtsfolge der Mahnung, um die es im vorliegenden Fall geht, besteht darin, daß der Verzug des Bekl. der Kl. gem. § 1613 I BGB die ihr sonst verschlossene Möglichkeit eröffnete, Unterhalt (auch) für die Vergangenheit zu verlangen. Eine nachträgliche Beseitigung dieser Rechtsfolge bedeutet, daß der Unterhaltsanspruch für die in Rede stehende Zeit von November 1982 bis August 1983 endgültig an § 1613 I BGB scheitert; denn da Unterhalt für die Vergangenheit nach dieser Vorschrift erst für die Zeit nach Eintritt des Verzuges (oder Rechtshängigkeit des Unterhaltsanspruchs) verlangt werden kann, läßt sich die Rechtswirkung des Verzuges nicht nachträglich wiederherstellen. Bei dieser Rechtslage läuft eine vertragliche Beseitigung der durch die Mahnung eingetretenen Rechtsfolgen auf einen Erlaß des Unterhaltsanspruchs für die fragliche Zeit hinaus.

BGH v. 1. 10. 86 – IVb ZR 68/85 – FamRZ 87, 36 = NJW-RR 87, 194

(Zur Berücksichtigung von Steuerersparnissen durch die Beteiligung an einem Bauherrenmodell bei der Bemes-   **R310**
sung des Ehegattenunterhalts)

II 1 a, bb) Die Revision rügt, daß das OLG von dem Bruttoeinkommen des Kl. Steuern i. H. von 30 895,20 DM in Abzug gebracht hat, obwohl den Kl. durch Steuerersparnisse als Folge der Beteiligung an einem sog. Bauherrenmodell tatsächlich nur eine Steuerbelastung von 3931 DM jährlich trifft. Bei dem – fiktiven – Betrag von 30 895,20 DM ist das OLG von den Steuern ausgegangen, die der Kl. auf sein Bruttoeinkommen nach der Grundtabelle zu zahlen hätte. Hiervon hat es „anrechenbare Einkünfte aus Vermögensnutzung aus dem Bauherrenmodell" in Höhe desjenigen Betrages in Abzug gebracht, um den die Steuerersparnis (Tabellensteuer – gezahlte Steuer) die im Rahmen des Bauherrenmodells erbrachten Aufwendungen (Zinsen und Tilgung) noch übersteigt. Die Ausklammerung der Steuerersparnis des Kl. ist unter den Besonderheiten des Falles rechtlich nicht zu beanstanden. Allerdings ist nach der std. Rspr. des Senats bei der Bemessung des Unterhalts grundsätzlich von dem Einkommen auszugehen, welches sich nach Abzug der Steuern in ihrer tatsächlichen Höhe ergibt (FamRZ 1980/984, 985; FamRZ 1985/911 f.; FamRZ 1986/798). Indessen ist die Steuerersparnis, die der Kl. hier erzielt, die Folge von tatsächlichen Aufwendungen, die er unter Nutzung der Vorteile des Bauherrenmodells zur Vermögensbildung erbringt. Der Kl. kann sich auf diese Aufwendungen gegenüber der Bekl. nicht berufen. Der Unterhaltsverpflichtete ist nicht berechtigt, auf Kosten des Unterhaltsbedürftigen Vermögen zu bilden (h. M., FamRZ 1984/149, 151). Andererseits kann dem Unterhaltsverpflichteten die Bildung von Vermögen nicht verwehrt sein, soweit die Belange des Unterhaltsberechtigten nicht berührt werden. Dieser kann lediglich verlangen, so gestellt zu werden, als ob die vermögensbildenden Aufwendungen nicht stattfänden. Für den vorliegenden Fall der Vermögensbildung im Wege des Bauherrenmodells bedeutet das, daß zwar einerseits die in diesem Rahmen anfallenden Zins- und Tilgungsaufwendungen nicht als einkommensmindernd berücksichtigt werden dürfen, daß aber andererseits auch die dadurch erzielte Steuerersparnis außer Betracht bleiben muß, weil sie ohne jene Aufwendungen nicht einträte. Die Art und Weise, in der das OLG die Steuerbelastung des Kl. bei Weglassung der mit dem Bauherrenmodell zusammenhängenden Steuerersparnis ermittelt hat, enthält keinen Rechtsfehler zum Nachteil der Bekl. Soweit dabei die Steuerersparnis um „Einkünfte aus Vermögensnutzung" in Höhe der die Aufwendungen übersteigenden Ersparnis geringer angesetzt worden ist, ist dies aus der Sicht der Revision nur günstig, so daß es keiner Entscheidung des Senats bedarf, ob diese Handhabung geboten ist.

BGH v. 29. 10. 86 – IVb ZR 82/85 – FamRZ 87, 144 = NJW 87, 898

(Subjektive und objektive Voraussetzungen eines Unterhaltsanspruchs wegen Erwerbslosigkeit; Bestehen einer   **R314**
realen Beschäftigungschance)

2) Nach § 1573 I BGB kann ein geschiedener Ehegatte, dem es grundsätzlich obliegt, durch Erwerbstätigkeit für seinen Lebensunterhalt selbst zu sorgen, gleichwohl Unterhalt verlangen, solange und soweit er nach der Scheidung keine angemessene Erwerbstätigkeit „zu finden vermag". Aus dem zuletzt genannten Tatbestandsmerkmal ist zwar zunächst zu folgern, daß der bedürftige Ehegatte sich um die Findung einer angemessenen Erwerbsmöglichkeit nach Kräften bemühen muß. In der Auferlegung der dem Anspruchsteller subjektiv zuzumutenden Anstrengungen erschöpft sich die Bedeutung des Tatbestandsmerkmals indessen nicht. Ob ein Arbeitsuchender die zu einer angemessenen Erwerbstätigkeit geeignete Stelle finden kann, ist auch von objektiven Voraussetzungen wie den Verhältnissen auf dem Arbeitsmarkt und den persönlichen Eigenschaften des Bewerbers (Alter, Ausbildung, Berufserfahrung, Gesundheitszustand) abhängig (FamRZ 1986/244, 246). Die auf § 1573 I BGB gestützte Unterhaltsklage darf daher nicht schon abgewiesen werden, wenn zureichende Bemühungen um eine Erwerbsmöglichkeit nicht bewiesen sind, sondern erst dann, wenn feststeht oder zumindest nicht auszuschließen ist, daß bei ausreichenden Bemühungen eine reale Beschäftigungschance bestanden hätte (FamRZ 1986/885, 886). Da das OLG wegen seiner abweichenden Rechtsauffassung hierzu nichts festgestellt hat, kann das angefochtene Urteil nicht bestehen bleiben. Die Sache muß zur Nachholung der dem Tatrichter vorbehaltenen Feststellungen zurückverwiesen werden. Dies gibt der Kl. zugleich Gelegenheit, zum Umfang ihrer auch i. J. 1983 unternommenen Bemühungen um eine angemessene Tätigkeit weiter vorzutragen und Beweise anzutreten. Es bedarf daher keiner Stellungnahme zu der Frage, ob das OLG dadurch gegen § 286 ZPO verstoßen hat, daß es die im Berufungsverfahren angebotenen Beweise nicht erhoben hat.

3) Für die neue Verhandlung sind folgende Hinweise veranlaßt:

a) Der Unterhalt begehrende Ehegatte trägt, wenn er den Anspruch auf § 1573 I BGB stützt, zwar die Darlegungs- und Beweislast dafür, daß er nach der Scheidung keine angemessene Erwerbstätigkeit zu finden vermag. Wie der Senat in dem bereits zitierten Urteil v. 4. 6. 1986 (FamRZ 86/885) näher ausgeführt hat, dürfen aber die Anforderungen, die insoweit zu stellen sind, nicht überspannt werden, sondern müssen den Umständen des Falles entsprechen. Der Nachweis, daß der Anspruchsteller i. S. des § 1573 I BGB keine angemessene Tätigkeit zu finden vermag, ist unter entsprechenden Umständen schon dann als geführt anzusehen, wenn nach dem Ergebnis der tatrichterlichen Würdigung eine Beschäftigungschance praktisch nicht bestanden hat. Im vorliegenden Fall läßt sich den bisher getroffenen Feststellungen entnehmen, daß die Kl. trotz hinreichend ernsthafter Suche im Anschluß an die im Juni 1982 erfolgte Scheidung weder in den Jahren 1984 und 1985 eine Anstellung zu finden vermochte. Das kann die Annahme nahelegen, daß auch intensives Bemühen i. J. 1983 nicht zum Erfolg geführt hätte; denn bisher fehlen Anhaltspunkte dafür, daß 1983 bessere Beschäftigungsmöglichkeiten bestanden als davor oder danach. b) Gemäß § 1573 I BGB braucht der geschiedene Ehegatte nur eine ihm angemessene Erwerbstätigkeit auszuüben; demgemäß obliegt ihm auch (nur) eine entsprechende Suche. Das OLG wird daher prüfen müssen, ob die Tätigkeit einer Bürogehilfin für die Kl. angemessen ist. Die zwischen Trennung und Scheidung erlangte Ausbildung stellt dafür nicht das einzige Kriterium dar. Nach § 1574 II BGB kommt es auch darauf an, ob die Tätigkeit den Fähigkeiten, dem Lebensalter und dem Gesundheitszustand der Kl. sowie den ehel. Lebensverhältnissen entspricht; bei diesen sind die Dauer der Ehe und die Dauer der Pflege und Erziehung gemeinschaftlicher Kinder zu berücksichtigen. Insoweit fällt daher ins Gewicht, daß die Kl. über 20 Jahre lang als Ehefrau eines Lehrers nicht erwerbstätig war, sondern den Haushalt geführt und zwei Kinder geboren und großgezogen hat.

BGH v. 25. 3. 87 – IVb ZR 32/86 – FamRZ 87, 684 = NJW 87, 2229

R331   *(Zum Einsatzzeitpunkt bei Unterhalt wegen Krankheit)*

a   I 2) Die Feststellung des OLG, daß die Kl. (jedenfalls) seit dem 5. 6. 1985 infolge ihrer Leiden völlig erwerbsunfähig ist, trägt für die Zeit seitdem seine Beurteilung, daß sie von dem Bekl. ihren vollen eheangemessenen Unterhalt verlangen kann. Dieser Anspruch ergibt sich – ebenso wie der ihr im Vorprozeß zuerkannte – aus § 1572 BGB.

a) Allerdings setzt diese Vorschrift voraus, daß die Erwerbsfähigkeit des Unterhalt begehrenden Ehegatten von bestimmten Einsatzzeitpunkten an durch Krankheit beeinträchtigt worden ist. Im Falle der Kl. kommt insoweit allein der Zeitpunkt der Scheidung in Betracht, also der 21. 7. 1983, während der Eintritt ihrer völligen Erwerbsunfähigkeit erst für den 6. 6. 1985, die wesentliche Verschlechterung ihres Gesundheitszustandes für keinen früheren Zeitpunkt als Anfang Januar 1985 festgestellt ist. Trotzdem sind die (weitere) Herabsetzung und der völlige Ausschluß ihrer Erwerbsfähigkeit, die für diese Zeitpunkte festgestellt sind, noch dem Einsatzzeitpunkt der Ehescheidung zuzurechnen. Nach den Feststellungen des OLG leidet die Kl. unter Abnutzungserscheinungen beider Hüftgelenke, der Wirbelsäule und des rechten Kniegelenkes, allergischer Bronchitis, Kreislauf- und Herzrhythmusstörungen sowie ausgeprägten nervösen und depressiven Erschöpfungszuständen. Derartige Leiden lagen bereits der Feststellung des OLG im Berufungsurteil v. 6. 6. 1983 zugrunde, die Kl. sei nur zu einer halbtägigen Erwerbstätigkeit in der Lage. Denn in dem im Vorprozeß eingeholten ärztlichen Gutachten v. 31. 3. 1983, auf das sich das Urteil v. 6. 6. 1983 stützt, ist eine orthostatisch bedingte Kreislaufregulationsstörung festgestellt und zusammenfassend ausgeführt worden, bei der Kl. handele es sich um eine körperlich und psychisch verringert belastbare Persönlichkeit mit Neigung zu depressiven Reaktionen. Ferner ist auf ärztliche Atteste hingewiesen worden, die ihr u. a. rezidivierende Bronchitiden und wirbelsäulenbedingte Beschwerden bescheinigen. Die Feststellungen des OLG ergeben daher, daß eine Verschlimmerung im wesentlichen derselben Leiden, deretwegen die Kl. bereits im Zeitpunkt der Scheidung teilweise erwerbsunfähig war, zu dem für das Jahr 1985 festgestellten weitergehenden und schließlich völligen Ausschluß ihrer Erwerbsfähigkeit geführt hat. Jedenfalls unter solchen Umständen ist den zeitlichen Voraussetzungen des § 1572 BGB genügt, so daß die Kl., soweit sie bedürftig ist, nach dieser Vorschrift seit dem Eintritt ihrer völligen Erwerbsunfähigkeit Anspruch auf den vollen eheangemessenen Unterhalt hat (OLG Stuttgart, FamRZ 1983/501, 503).

(Hat ein unterhaltsberechtigter geschiedener Ehegatte in der Vergangenheit Vorsorgeunterhalt nicht bestimmungsgemäß verwendet, so berührt dies seinen Unterhaltsanspruch nur unter den Voraussetzungen des § 1579 Nr. 3 BGB (mutwillige Herbeiführung der Bedürftigkeit). Geltendmachung durch Abänderungsklage; Vorrang des Elementarunterhalts im Mangelfall.)

b   I 2 c) Der Anspruch der Kl. auf Elementarunterhalt wird nicht dadurch berührt, daß sie in der Vergangenheit Vorsorgeunterhalt bestimmungswidrig für ihren laufenden Bedarf verwandt hat.

aa) Nach der ständigen Rechtsprechung des Senats ist der Vorsorgeunterhalt gemäß § 1578 III BGB ein zweckgebundener, im Urteil besonders auszuweisender – Bestandteil des nachehelichen Unterhalts, den der Berechtigte für eine entsprechende Versicherung zu verwenden hat (FamRZ 1981/442, 445 und FamRZ 1982/887, 890). In seinem Urteil v. 6. 10. 1982 (FamRZ 1982, 1187, 1189) hat der Senat beiläufig ausgesprochen, der Unterhaltsgläubiger sei bei zweckwidriger Verwendung der als Vorsorgeunterhalt geleisteten Beträge später so zu behandeln, als hätten diese zu einer entsprechenden Versicherung geführt. Das Vorbringen des Bekl., das auf diesem Gedanken aufbaut, geht stillschweigend davon aus, daß die Kl. die als Vorsorgeunterhalt erhaltenen Beträge von monatl. 145 DM bei der BfA zur Aufstockung ihrer aus dem VersAusgl erlangten Rentenanwartschaften habe einzahlen müssen. Dabei wird aber das dem Unterhaltsberechtigten grundsätzlich zustehende Recht übersehen, die Art und Weise seiner Vorsorge selbst zu wählen. Es mag sein, daß in vorliegenden Fall die Entrichtung freiwilliger Beiträge an die BfA die wirtschaftlich sinnvollste Form der Vorsorge war. Diese war der Kl. jedoch nicht vorgeschrieben, sondern auch der Abschluß einer privaten Rentenversicherung wäre in Betracht gekommen und hätte nicht außerhalb der unterhaltsrechtlichen Zweckbindung gelegen (FamRZ 1983/152, 153 f. und FamRZ 82/1187, 1189). Hätte die Kl. die Beträge für eine private Rentenversicherung verwendet, die – in Anbetracht der verhältnismäßig geringen Höhe der Beiträge – nur das Altersrisiko und nicht auch das Risiko der Berufs- oder Erwerbsunfähigkeit abgedeckt hätte, könnte ihr daher eine Obliegenheitsverletzung nicht vorgeworfen werden. Schon diese Überlegung zeigt, daß das Vorbringen des Bekl. nicht schlüssig ist. Ob die Kl. bei Einzahlung der Vorsorgeunterhaltsbeträge bei der BfA einen Invaliditätsschutz hätte erreichen können, kann dahingestellt bleiben, weil sie auch auf andere Weise dem Gebot bestimmungsgemäßer Verwendung hätte Rechnung tragen können, ohne bereits im gegenwärtigen Zeitpunkt einen Rentenanspruch zu erwerben.

bb) Weiterhin kann hier die Vorschrift des § 1579 Nr. 3 BGB nicht außer Betracht bleiben, die – wie der Senat bereits mehrfach entschieden hat – in ihrem Regelungsbereich den Rückgriff auf allgemeine Grundsätze ausschließt (FamRZ 1986/560, 562, m. w. N.). Die Vorschrift sieht eine Sanktion für den Fall vor, daß die gegenwärtige Bedürftigkeit des Unterhaltsberechtigten ganz oder teilweise durch ein eigenes Verhalten in der Vergangenheit herbeigeführt worden ist. Sie hat auf der anderen Seite Schutzwirkung insoweit, als das frühere Verhalten des Unterhaltsberechtigten keine Auswirkung auf seinen Unterhaltsanspruch haben soll, wenn ihm Mutwilligkeit nicht vorgeworfen werden kann. In seinem Urteil v. 18. 5. 1983 (FamRZ 1983/803, 804) hat der Senat bereits die rechtsähnliche Vorschrift des § 65 EheG in einem Fall herangezogen, in dem das OLG einem nach altem Recht geschiedenen Ehegatten, der es unterlassen hatte, durch zumutbare Arbeit Anwartschaften der gesetzlichen Rentenversicherung zu begründen, ein fiktives Renteneinkommen zugerechnet hatte. § 1579 Nr. 3 BGB ist auch anwendbar, wenn Vorsorgeunterhalt nicht zweckentsprechend verwendet worden ist. Gerade der vorliegende Fall, in dem die Kl. sich in einer Notlage befunden hat, macht deutlich, daß es nicht sachgerecht wäre, einen Unterhaltsberechtigten, der Vorsorgeunterhalt bestimmungswidrig verwandt hat, ohne Rücksicht auf den Grad der Vorwerfbarkeit so zu behandeln, als habe er eine Versorgung erlangt. Die Sperrwirkung des § 1579 Nr. 3 BGB ist geeignet, in derartigen Fällen unbillige Ergebnisse zu vermeiden.

Das OLG hat eine Prüfung unter diesem rechtlichen Gesichtspunkt nicht vorgenommen. Da weitere Feststellungen nicht erforderlich sind, ist der Senat insoweit zu einer eigenen Beurteilung in der Lage und verneint unter den besonderen Umständen des vorliegenden Falles ein mutwilliges Verhalten der Bekl. Ein solches würde mindestens eine unterhaltsbezogene Leichtfertigkeit voraussetzen, die vorliegt, wenn sich der Unterhaltsberechtigte unter grober Nichtachtung dessen, was jedem einleuchten muß, oder in Verantwortungs- und Rücksichtslosigkeit gegen den Unterhaltsverpflichteten über die erkennbare Möglichkeit nachteiliger Folgen für seine Bedürftigkeit hinweggesetzt hat (FamRZ 1984/364, 367, m. w. N.). Wie dem Sinnzusammenhang der Gründe des angefochtenen Urteils zu entnehmen ist, ist das OLG – von der Revision unangegriffen – davon ausgegangen, daß sich die Kl. nach dem Erlaß des Urteils v. 6. 6. 1983 in einer Notsituation befunden hat, weil sie trotz hinreichender Bemühungen keinen geeigneten Arbeitsplatz hat finden können. Außerdem hat sich ihr Gesundheitszustand mehr und mehr verschlechtert, bis spätestens am 5. 6. 1985 die volle Erwerbsunfähigkeit eingetreten ist. Sie hatte in dieser Zeit tatsächlich keine weiteren Einkünfte für ihren Lebensunterhalt zur Verfügung als die vom Bekl. bezahlten insgesamt 747 DM pro Monat. Bei derartigen Einkünften, die unterhalb des sog. notwendigen Selbstbehalts liegen, besteht keine Obliegenheit zu Vorsorgemaßnahmen nach § 1578 III BGB, wie sich aus dem Grundsatz ergibt, daß dem laufenden Unterhalt im Verhältnis zum Vorsorgeunterhalt der Vorrang zukommt (FamRZ 1981/442, 445; FamRZ 1982/887, 890).

Der Kl. muß allerdings der Vorwurf gemacht werden, daß sie die Abänderungsklage (§ 323 ZPO) nicht früher erhoben hat, um eine Anpassung des Urteils im Vorprozeß an die seinerzeit nicht vorausgesehene Entwicklung der Verhältnisse zu erreichen, anstatt in der geschehenen Weise eigenmächtig zu handeln. Dieser Vorwurf wird nur dadurch abgeschwächt, daß die in einfachen Verhältnissen lebende Kl. nicht, wie es nach der bereits angeführten Rechtsprechung des Senats geboten gewesen wäre, durch die Fassung des Urteilstenors auf die Zweckbestimmung eines Teils der zugesprochenen Unterhaltsrente als Vorsorgeunterhalt hingewiesen worden ist. Bei Würdigung der gesamten Umstände kann daher letztlich nicht von einer Verantwortungs- und Rücksichtslosigkeit der Kl. ausgegangen werden, so daß ihr auch künftig nicht vorgeworfen werden kann, sie habe ihre Bedürftigkeit i. S. des § 1579 Nr. 3 BGB dadurch (teilweise) mutwillig herbeigeführt, daß sie es unterlassen hat, durch entsprechende Verwendung des Vorsorgeunterhalts eine Versorgung – etwa nach Erreichen der Altersgrenze eine Altersrente aus einer privaten Lebensversicherung – zu erwerben.

d) Was die Bemessung des Elementarunterhalts betrifft, so gehört es zu den für das Abänderungsverfahren bindenden Grundlagen des im Vorprozeß ergangenen Urteils, daß die Kl. zur Aufrechterhaltung des ehel. Lebensstandards monatl. 1142 DM benötigt (FamRZ 1985/582, 583). Die Lebenshaltungskosten haben sich seither nicht vermindert, so daß die unveränderte Übernahme dieses Betrages keinen Fehler zum Nachteil des Bekl. darstellt.

(Zum Einsatzzeitpunkt bei einem Anspruch nach § 1573 I BGB)

c   I 3 b) Soweit es um die verbleibende Zeit vom 7. 1. bis 4. 6. 1985 geht, wird die Beurteilung des OLG, daß die Kl. nunmehr den vollen ehangemessenen Unterhalt verlangen könnte, durch seine bisherigen Feststellungen nicht getragen. Die Feststellung, die Kl. sei in dieser Zeit gesundheitlich „allenfalls" noch zu stundenweiser einfacher Frauenarbeit in der Lage gewesen, ergibt nicht, daß sie wegen Krankheit völlig erwerbsunfähig war und daher nach § 1572 BGB den vollen ehangemessenen Unterhalt verlangen konnte. Mit seiner weiteren Begründung, bei dieser Sachlage habe der Kl. keine Arbeit mehr vermittelt werden können, will das OLG denn auch ersichtlich die Vorschrift des § 1573 I BGB als weitere Anspruchsgrundlage heranziehen. Deren tatbestandliche Voraussetzungen sind indessen nicht festgestellt. Nach § 1573 I BGB kann der geschiedene Ehegatte Unterhalt verlangen, solange und soweit er „nach der Scheidung" keine angemessene Erwerbstätigkeit zu finden vermag. Wie schon der Gesetzeswortlaut zeigt, ist der Einsatzzeitpunkt dieses Unterhaltsanspruchs nicht so eng an die Scheidung gebunden wie bei den Unterhaltstatbeständen der §§ 1571 Nr. 1, 1572 Nr. 1 BGB, deren Voraussetzungen „im Zeitpunkt der Scheidung" bzw. „vom Zeitpunkt der Scheidung an" gegeben sein müssen. Andererseits ist „nach der Scheidung" nicht als zeitlich unbegrenzt zu verstehen; vielmehr muß zumindest noch ein zeitlicher Zusammenhang mit der Scheidung bestehen. Die Feststellungen des OLG ergeben indessen lediglich, daß die Kl. spätestens ab Anfang Januar 1985 eine ihr gesundheitlich noch mögliche Erwerbstätigkeit nicht zu finden vermochte. Dieser Zeitpunkt liegt so weit nach der Scheidung (21. 7. 1983), daß nicht einmal mehr ein zeitlicher Zusammenhang mit dieser bestand. Allerdings legen die festgestellten Leiden der Kl. die Annahme nahe, ihre Erwerbsfähigkeit sei auch schon vor Januar 1985 so weit herabgesetzt gewesen, daß ihr keine Arbeit mehr vermittelt werden konnte. Ob der Beginn dieses Zustandes aber so weit zurückliegt, daß den zeitlichen Erfordernissen des § 1573 I BGB genügt ist, ist dem Berufungsurteil nicht zu entnehmen. Hiernach kann das angefochtene Urteil keinen Bestand haben, soweit der für die Zeit vom 7. 1. bis 4. 6. 1985 heraufgesetzte Unterhaltsanspruch der Kl. aus § 1573 I BGB hergeleitet worden ist. Da das OLG diesen Teil des Unterhaltsanspruchs gegen den auf § 1572 BGB gestützten betragsmäßig nicht abgegrenzt hat, kann die Zubilligung höheren Elementarunterhalts für diesen Zeitraum insgesamt nicht bestehen bleiben. Vielmehr muß insoweit das angefochtene Urteil aufgehoben und die Sache zur Nachholung der erforderlichen weiteren Feststellungen an das OLG zurückverwiesen werden. Für das weitere Verfahren weist der Senat darauf hin, daß ein Anspruch aus § 1572 BGB auf den vollen ehangemessenen Unterhalt auch dann in Betracht kommt, wenn die Kl. zur fraglichen Zeit nur auf die Gefahr hin, ihren Gesundheitszustand akut zu verschlechtern, noch stundenweise Arbeiten übernehmen konnte.

(Zur Darlegungslast eines Unterhaltsgläubigers, der Zahlung von Vorsorgeunterhalt an sich selbst nicht verlangen kann. Hat der Unterhaltsgläubiger einen Titel auf Zahlung von Vorsorgeunterhalt an ihn selbst erlangt, so kann der Schuldner den Einwand, wegen bestimmungswidriger Verwendung von Vorsorgeunterhalt könne nur noch Zahlung unmittelbar an einen Versicherungsträger verlangt werden, nur mit der Abänderungsklage [§ 323 ZPO] geltend machen.)

d   II 3) Ob der Bekl. berechtigt ist, den der Kl. zustehenden Vorsorgeunterhalt unmittelbar an den Versicherungsträger zu zahlen, hängt davon ab, ob das Verlangen der Kl. auf Zahlung an sich selbst aufgrund besonderer Umstände treuwidrig ist, insbes. weil begründete Zweifel daran bestehen, daß sie an sie selbst gezahlte Beträge zweckentsprechend verwenden wird (FamRZ 82/1187, 1189). Ob dies der Fall ist, ist im vorliegenden Rechtsstreit zu entscheiden, ohne daß die Prüfungs- und Entscheidungsbefugnis durch das im Vorprozeß ergangene Urteil v. 6. 6. 1983 eingeschränkt würde. Soweit der Bekl. mit dem Hilfsantrag seiner Widerklage die Berechtigung erstrebt, den der Kl. im Vorprozeß zuerkannten Vorsorgeunterhalt von monatl. 145 DM für die Zeit ab 1. 3. 1985 unmittelbar an die BfA zu zahlen, handelt es sich allerdings, wie oben ausgeführt und vom OLG richtig gesehen, um eine Abänderungsklage. Diese eröffnet aber eine uneingeschränkte Prüfung, weil sich die für ihre Beurteilung maßgebenden Verhältnisse nachträglich geändert haben (§ 323 I und II ZPO) und die Frage, ob die Kl. Zahlung des Vorsorgeunterhalts an sich selbst oder nur an einen Versicherungsträger verlangen kann, im Vorprozeß weder von den Parteien aufgeworfen noch vom Gericht erwogen worden ist. Die nachträgliche Änderung der Verhältnisse ist bereits darin zu sehen, daß die Kl. den ihr zuerkannten Vorsorgeunterhalt nicht bestimmungsgemäß, sondern für ihren laufenden Bedarf verwendet hat. Schon diese Verhaltensweise als solche kann Bedeutung für die Beurteilung haben, ob sie treuwidrig handelt, wenn sie (weiterhin) Zahlung des Vorsorgeunterhalts an sich selbst fordert. Das hat das OLG verkannt, als es einen Abänderungsgrund i. S. des § 323 ZPO deshalb verneint hat, weil die Kl. nicht vorwerfbar gehandelt habe. Da hiernach ein Abänderungsgrund besteht, kann auf sich beruhen, ob es seiner auch insoweit bedarf, als der Bekl. sich mit seinem Begehren, den Vorsorgeunterhalt an den Versicherungsträger zahlen zu dürfen, gegen die auf Erhöhung des Vorsorgeunterhalts gerichtete Abänderungsklage der Kl. wendet. Das angefochtene Urteil läßt nicht erkennen, daß das OLG die hiernach anzustellende Sachprüfung vorgenommen hat. Aus diesem Grunde (für die Zeit vom 7. 1. bis 4. 6. 1985: auch aus diesem Grunde) ist die Entscheidung über die Anhebung des Vorsorgeunterhalts aufzuheben. Die Sache muß insoweit an das OLG zurückverwiesen werden, weil dem Senat eine abschließende Entscheidung nicht möglich ist.

Macht der Berechtigte erstmals Vorsorgeunterhalt geltend, braucht er allerdings grundsätzlich keine konkreten Angaben über die Art und Weise der von ihm beabsichtigten Vorsorge zu machen (FamRZ 83/152, 154). Gleiches kann jedoch nach den Grundsätzen von Treu und Glauben (§ 242 BGB) gelten, wenn er in der Vergangenheit, sei es auch nicht vorwerfbar, als Vorsorgeunterhalt erhaltene Beträge nicht bestimmungsgemäß verwendet hat. Hier kommt hinzu, daß sich die Kl. insoweit auf einen Irrtum beruft, obwohl sie im Vorprozeß Vorsorgeunterhalt gefordert und auch zugesprochen erhalten hat. Bisher hat sie sich nicht dazu erklärt, wie sie es künftig damit halten will. Auch wenn eine Notsituation bei ihr nicht mehr in Rechnung gestellt werden muß, sind darum Zweifel an einer zweckentsprechenden Verwendung künftig geleisteten Vorsorgeunterhalts nicht von der Hand zu weisen, zumal dazu eine gewisse Geschäftsgewandtheit gehört, die bei der Kl. nicht ohne weiteres vorausgesetzt werden kann. Sie wird daher gehalten sein, zu diesem Punkt Vortrag nachzuholen, damit die Frage der Direktzahlung des Vorsorgeunterhalts an einen Versicherungsträger sachgerecht beurteilt werden kann.

Sofern das OLG aufgrund der neuen Verhandlung zu dem Ergebnis gelangt, daß die Kl. Zahlung an sich selbst nicht verlangen kann, kommt die Verurteilung des Bekl. zur Zahlung an einen Versicherungsträger in Betracht. Zu einer solchen Zahlung wäre er zu verpflichten, nicht lediglich zu „berechtigen", wie es im Hilfsantrag seiner Widerklage heißt; denn es handelt sich nicht um eine bloße Abwendungsbefugnis, die dem Bekl. die Möglichkeit zur Leistung an die Kl. selbst beließe. Eine Verurteilung des Bekl. zur Zahlung an einen Versicherungsträger würde ferner voraussetzen, daß die Kl. in Ausübung ihres Wahlrechts (s. oben zu I. 2. b aa) einen geeigneten Versicherungsträger benennt und darlegt, daß Zahlungen an diesen zu einem Versicherungsschutz führen, der dem § 1578 III BGB entspricht. Ohne solche Darlegungen wäre ihre Forderung auf Vorsorgeunterhalt nicht schlüssig begründet und müßte schon deswegen abgewiesen werden.

III. Das weitere Hilfsbegehren des Bekl. auf Rückzahlung des für die Zeit vom 1. 7. 1983 bis 31. 12. 1984 geleisteten Vorsorgeunterhalts hat das OLG zu Recht mit der Begründung abgewiesen, daß die Leistungen aufgrund des rechtskräftigen Urteils im Vorprozeß und damit nicht ohne rechtlichen Grund i. S. des § 812 I BGB erfolgt sind. Wie der Senat in seinem Urteil v. 2. 12. 1981 (FamRZ 1982/259, 260) dargelegt hat, stellt ein stattgebendes Urteil über die Entrichtung einer Unterhaltsrente nicht nur den Rechtszustand zur Zeit der letzten mündl. Verhandlung des Gerichts fest; vielmehr ergreift die Rechtskraft auch die erst künftig zu entrichtenden Unterhaltsleistungen, deren Festsetzung auf einer Prognose der künftigen Entwicklung beruht. Soweit sich die Revision demgegenüber auf das in BGHZ 83/278 (FamRZ 1982/470) veröffentlichte Senatsurteil beruft, so betrifft dieses den Ausnahmefall der nachträglichen Erfüllung und anderer Einwendungen, die geeignet sind, eine Vollstreckungsabwehrklage (§ 767 ZPO) gegen das Unterhaltsurteil zu begründen (a. a. O., S. 281). Um einen solchen Fall handelt es sich nicht, wenn der Unterhaltsberechtigte durch Urteil zugesprochenen Vorsorgeunterhalt nicht bestimmungsgemäß verwendet. Eine derartige Einwendung ist unter dem Gesichtspunkt der fehlgegangenen Prognose des Gerichts mit der Abänderungsklage geltend zu machen, die die Rechtskraftwirkungen des abzuändernden Urteils bis zur Rechtshängigkeit der neuen Klage unberührt läßt (§ 323 III ZPO).

BGH v. 6. 5. 87 – IVb ZR 61/86 – FamRZ 87, 689 = NJW 87, 3129

(Zur Frage, ob und unter welchen Voraussetzungen ein nach § 1579 Nr. 7 BGB ausgeschlossener Unterhalts- **R337** *anspruch wiederaufleben kann, wenn sich die die Unzumutbarkeit der Inanspruchnahme begründenden Umstände später geändert haben)*

2) Das OLG hat es abgelehnt, den Unterhaltsanspruch der Ehefrau gemäß § 1579 Nr. 7 BGB – der dem § 1579 I Nr. 4 BGB (a. F.) entspricht – zu versagen oder zu begrenzen. Dazu hat es ausgeführt: Soweit der Anspruch wegen einer „ehegleichen ökonomischen Solidarität" entsprechend den hierzu

vom BGH aufgestellten Grundsätzen ausgeschlossen sei, könne dies, wenn überhaupt, hier nur für die Zeit bis zum 12. 9. 1985 gelten. Nachdem sich die Ehefrau von ihrem neuen Partner getrennt habe, erscheine eine Inanspruchnahme des Ehemannes auch unter dem Gesichtspunkt des Vertrauensschutzes nicht grob unbillig, zumal der Ehemann noch bis zum August 1984 Unterhaltsleistungen erbracht habe. Die Revision macht zutreffend geltend, daß diese Erwägungen nicht hinreichend erkennen lassen, ob das OLG die für die Anwendung der Härteklausel bedeutsamen Umstände vollständig gewürdigt hat. § 1579 Nr. 7 BGB greift ein, wenn die aus einer Unterhaltspflicht entstehende Belastung für einen unterhaltspflichtigen geschiedenen Ehegatten die Grenzen des Zumutbaren überschreitet. Nach der zu § 1579 I Nr. 4 BGB (a. F.) entwickelten std. Rspr. des Senats kann sich dies aus objektiven Gegebenheiten und Veränderungen der Lebensverhältnisse der früheren Ehegatten ergeben (FamRZ 1983/569, 572; FamRZ 1983/996, 997 und FamRZ 1984/986, 987).

Ein solcher Fall kommt in Betracht, wenn – wie vorliegend bis zum 12. 9. 1985 – ein fester sozialer und wirtschaftlicher Zusammenschluß des unterhaltsbedürftigen Ehegatten mit einem neuen Partner über eine längere Zeit besteht, in dessen Folge beide ähnlich wie in einer Ehe zu einer Unterhaltsgemeinschaft gelangen. Ein während der Dauer solcher Lebensverhältnisse veranlaßter Ausschluß des Unterhaltsanspruchs muß jedoch nicht notwendig endgültig sein. Ändern sich später die Gegebenheiten, die die Unzumutbarkeit der Inanspruchnahme des früheren Ehegatten auf Unterhalt begründet haben, bleiben diese Änderungen weder unberücksichtigt noch führen sie ohne weiteres zur Wiederherstellung der unterhaltsrechtlichen Lage, die vor dem Eintritt der die Unzumutbarkeit begründenden Umstände bestanden hat. Erforderlich ist vielmehr eine neue umfassende Prüfung, ob die aus einer wiederauflebenden Unterhaltspflicht erwachsende Belastung für den Verpflichteten weiterhin die Zumutbarkeitsgrenze überschreitet (FamRZ 1986/443, 444, m. w. N.). In diese Prüfung sind grundsätzlich alle Umstände einzubeziehen, die die gebotene Billigkeitsabwägung beeinflussen können. Wesentliche Bedeutung kommt dabei zunächst dem Zeitfaktor zu. Je länger die Ehe gedauert hat, desto stärker haben sich in der Regel die Lebensverhältnisse der Ehegatten miteinander verflochten und desto mehr trifft demgemäß eine Begrenzung des Unterhaltsanspruchs denjenigen Ehegatten, der wirtschaftlich vom verpflichteten Ehegatten abhängig geworden ist. Auf der anderen Seite ist ebenso zu berücksichtigen, wie lange die Verhältnisse gedauert haben, die eine Unterhaltsgewährung als objektiv unzumutbar erscheinen ließen. Je länger der Verpflichtete aus Zumutbarkeitsgründen von einer Inanspruchnahme auf nachehelichen Unterhalt ganz oder teilweise verschont geblieben ist, um so mehr wird der Gedanke in den Hintergrund treten, für den Unterhalt des Bedürftigen aufgrund einer fortwirkenden ehelichen Solidarität wieder uneingeschränkt aufkommen zu müssen, und um so härter wird ihn eine (erneute) Inanspruchnahme objektiv treffen.

Im vorliegenden Fall haben die Parteien seit der Eheschließung bis zur Trennung etwa zwölf Jahre, danach die Ehefrau mit ihrem neuen Partner etwa sieben Jahre zusammengelebt. Bei solchen Verhältnissen wird sich nicht ohne weiteres feststellen lassen, daß die aus der ehelichen Verbindung erwachsene wirtschaftliche Abhängigkeit der Ehefrau schon deshalb erheblich schwerer wiegt, weil sie die Dauer ihrer nichtehelichen Partnerschaft um einige Jahre übersteigt. Gegen ein Wiederaufleben des Unterhaltsanspruchs kann es sprechen, wenn der Unterhaltspflichtige auf den endgültigen Wegfall der Verpflichtung vertrauen konnte und sich darauf, etwa durch wirtschaftliche Dispositionen, eingestellt hat, ohne daß er dies dem Berechtigten unterhaltsrechtlich entgegenhalten könnte, beispielsweise durch Aufnahme von Krediten oder durch Übernahme neuer Unterhaltspflichten, etwa durch eine neue Ehe. In diesem Zusammenhang hat das OLG zwar zutreffend darauf hingewiesen, daß der Ehemann noch nach der Scheidung die als Trennungsunterhalt titulierte monatliche Rente bis August 1984 weitergezahlt hat. Es fehlen indessen Feststellungen dazu, ob diese Zahlungen in Kenntnis der anderweitigen Deckung des Unterhalts der Ehefrau und im Bewußtsein einer fehlenden Rechtspflicht erfolgt sind. Die Revision verweist zu Recht darauf, daß aus diesen Zahlungen keine Billigkeitserwägung zugunsten der Ehefrau hergeleitet werden kann, wenn der Ehemann sie in Unkenntnis der tatsächlichen und rechtlichen Lage erbracht haben sollte. Bei der erneuten Abwägung gemäß § 1579 BGB ist schließlich auch einzubeziehen, daß die Vorschrift auch Begrenzungen des Anspruchs nach Zeit und Höhe erlaubt. Eine nach alledem gebotene umfassende Prüfung der für die Entscheidung maßgebenden Umstände ist dem angefochtenen Urteil nicht zu entnehmen. Der Senat kann auch nicht selbst in der Sache entscheiden, da weitere Feststellungen erforderlich sind, die der Tatrichter treffen muß, bevor er die ihm obliegende Abwägung nach § 1579 BGB vornehmen kann. Das veranlaßt die Aufhebung des angefochtenen Urteils und die Zurückverweisung des Rechtsstreits an das OLG.

BGH v. 3. 6. 87 – IVb ZR 64/86 – FamRZ 87, 913 = NJW-RR 87, 1218

R339   *(Vom Normalverlauf abweichende Entwicklung des beruflichen Werdeganges nach Trennung)*

II 1) Das OLG hat das i. J. 1983 bezogene Einkommen des Kl. aus seiner Tätigkeit bei der Firma B. (auf der Grundlage einer fiktiven Nettogehaltsberechnung) in vollem Umfang bei der Bestimmung der ehel. Lebensverhältnisse berücksichtigt und dazu ausgeführt, daß die gute Einkommensentwicklung, die in der Zeit von 1976 bis 1983 einen kontinuierlichen Anstieg des jährlichen Bruttoeinkommens von rund 50 000 auf etwa 75 500 DM aufweise, in den ehel. Lebensverhältnissen angelegt gewesen sei. Die besondere Steigerung um rund 10 000 DM von 1978 auf 1979 resultiere aus der Beförderung des Kl. und seiner Übernahme in das Angestelltenverhältnis. Diese Beförderung habe zwar zu einer Zeit stattgefunden, als die Parteien vorübergehend getrennt gelebt hätten; sie habe aber aufgrund des erneuten Zusammenlebens im Jahre 1979 die ehel. Lebensverhältnisse mitgeprägt. Gegen diese Beurteilung erhebt die Revision insoweit berechtigte Einwände, als das OLG bisher nicht geprüft hat, ob das Erwerbseinkommen des Kl. nicht seit der Trennung der Parteien mit seiner Steigerung von 61 689 DM i. J. 1979 auf 75 509 DM i. J. 1983 (und gar 84 066 DM i. J. 1985; jeweils brutto) eine unerwartete, vom Normalverlauf erheblich abweichende Entwicklung genommen hat. Soweit diese Einkommenssteigerungen darauf zurückzuführen sein sollten, daß der Kl. Anfang der 80er Jahre freigestellter Betriebsrat geworden ist, könnten sie bei der Außergewöhnlichkeit und Unvorhersehbarkeit dieses beruflichen Werdeganges nicht in vollem Umfang bei der Erfassung der ehel. Lebensverhältnisse berücksichtigt werden (FamRZ 1982/575 und 576).

BGH v. 25. 11. 87 – IVb ZR 96/86 = NJW 88, 1965

(Schadensersatzanspruch nach § 826 BGB; Verpflichtung zur ungefragten Information) **R350**

a) Falls die Auslegung der Parteivereinbarung zu dem Ergebnis führt, daß die Kl. umfassend auf ihre Rechte aus dem Prozeßvergleich verzichtet hat und deshalb daraus nicht mehr vollstrecken kann, käme eine Schadensersatzverpflichtung des Bekl. gem. § 826 BGB in Betracht.

b) Das BerGer. ist zutreffend von den Grundsätzen ausgegangen, die der Senat im Urt. v. 19. 2. 1986 (NJW 1986, 1751 = FamRZ 1986, 450 (451)) zu den Voraussetzungen einer Auskunftspflicht unter geschiedenen Ehegatten dargelegt und im Urteil vom 23. 4. 1986 (NJW 1986, 2047 = FamRZ 1986, 794 (796)) bestätigt hat. Danach kommt als Ausprägung des Grundsatzes von Treu und Glauben neben der Pflicht zur Auskunftserteilung auf Verlangen, [Verlangen] die seit dem Inkrafttreten des 1. EheRG in § 1850 BGB gesetzlich normiert ist, unter besonderen Umständen auch eine Verpflichtung zur ungefragten Information des anderen Beteiligten eines Unterhaltsrechtsverhältnisses in Betracht. Eine solche Pflicht zur ungefragten Offenbarung einer i. S. des § 323 I ZPO wesentlichen Änderung der Einkommens- und Vermögensverhältnisse besteht, wenn das Schweigen über eine günstige, für den Unterhaltsanspruch ersichtlich grundlegende Änderung der wirtschaftlichen Verhältnisse evident unredlich erscheint. Der Senat hat ausgeführt, das könne jedenfalls dann angenommen werden, wenn der Unterhaltsschuldner aufgrund vorangegangenen Tuns des Unterhaltsgläubigers sowie nach der Lebenserfahrung keine Veranlassung hatte, sich des Fortbestandes der anspruchsbegründenden Umstände durch ein Auskunftsverlangen zu vergewissern, der Unterhaltsgläubiger sodann trotz einer für den Schuldner nicht erkennbaren Veränderung seiner wirtschaftlichen Verhältnisse, die den materiellrechtlichen Unterhaltsanspruch ersichtlich erlöschen läßt, eine festgesetzte Unterhaltsrente weiter entgegennimmt und dadurch den Irrtum befördert, in seinen Verhältnissen habe sich erwartungsgemäß nichts geändert. Diese Grundsätze, an denen der Senat festhält, sind nicht nur anzuwenden, wenn die wesentliche Änderung der Verhältnisse auf seiten des Unterhaltsgläubigers dessen Bedürftigkeit ganz oder teilweise behebt; sie gelten vielmehr in gleicher Weise für den Unterhaltsschuldner in Fällen, in denen das Verschweigen einer grundlegenden Verbesserung seiner Leistungsfähigkeit evident unredlich ist. Denn die Pflichtenlage besteht als Nachwirkung der Ehe grundsätzlich gleichermaßen für beide am Unterhaltsrechtsverhältnis Beteiligten.

Die Anwendung dieser Grundsätze käme im vorliegenden Fall in Betracht. Er gewinnt seine besondere Ausprägung dadurch, daß die Parteien während des Scheidungsverfahrens die nacheheliche Unterhaltsverpflichtung des Bekl. in einem Prozeßvergleich vertraglich ausgestaltet hatten und der Bekl. im Jahre 1973 (außergerichtlich) die Herabsetzung seiner monatlichen Zahlungsverpflichtung von 500 DM auf 60 DM mit der im Abänderungsverfahren vorgetragenen Behauptung erreicht hatte, er habe aus Gesundheitsgründen auf Dauer jede Erwerbstätigkeit einstellen müssen und sei daher in Zukunft allein auf sein Renteneinkommen angewiesen. Unter diesen besonderen Umständen kann in dem Verschweigen der Wiederaufnahme einer vollen Berufstätigkeit, die über eine bei Rentnern nicht seltene Nebentätigkeit geringen Umfangs weit hinausging, eine zum Schadensersatz führende Verletzung der Auskunftspflicht des Bekl. gesehen werden.

b) In subjektiver Hinsicht erfordert der Tatbestand des § 826 BGB zwar nicht das Bewußtsein, sich sittenwidrig zu verhalten; es genügt grundsätzlich, daß der Handelnde (bzw. Unterlassende) die Tatumstände des Falles gekannt hat, die sein Verhalten objektiv als Verstoß gegen die guten Sitten erscheinen lassen (vgl. *Senat*, NJW 1986, 1751 = FamRZ 1986, 454 m. w. Nachw.). Vorsatz wird indessen in bezug auf die Schadenszufügung gefordert. Das nötigt das BerGer. gegebenenfalls zu Feststellungen, ob der Bekl. unterhaltsrechtlich gehalten war, das aus einer wiederaufgenommenen Erwerbstätigkeit erzielte Einkommen zumindest teilweise auch zum Unterhalt der Kl. einzusetzen, und ob ihm dies bewußt war.

BGH v. 9. 12. 87 – IVb ZR 99/86 – FamRZ 88, 478

R353   *(Beseitigung der Verzugsfolgen, Erlaßvertrag)*

Nachdem der Bekl. durch die Mahnungen der Kl. in Verzug gekommen und damit die Rechtsfolge des § 1613 I BGB eingetreten ist, kann diese grundsätzlich nur durch Vereinbarung der Parteien, also durch einen Verzicht der Kl. in der Form eines Erlaßvertrages (§ 397 I BGB), wieder beseitigt worden sein. Daneben könnte unter Umständen in Betracht kommen, daß sich die Kl. aus besonderen Gründen nach Treu und Glauben (§ 242 BGB) – insbesondere unter dem Gesichtspunkt der Verwirkung – nicht auf die Verzugsfolgen berufen könnte (*Senats*urteil v. 17. 9. 1986, a. a. O.).

Beides ist jedoch nicht der Fall.

a) Für die Annahme einer – ggf. durch schlüssiges Verhalten zustande gekommenen – vertraglichen Vereinbarung der Parteien, durch die die Kl. auf ihre Unterhaltsansprüche für die Monate März bis Juni 1983 verzichtet hätte, bietet der festgestellte Sachverhalt weder objektiv noch subjektiv hinreichend begründete Anhaltspunkte.

aa) Die Kl. hat zu keinem Zeitpunkt durch ihr Verhalten im Verlauf des Vorprozesses zum Ausdruck gebracht, daß sie auf eine – weitere – Geltendmachung ihrer mit dem Schreiben v. 28. 2. 1983 angemahnten Unterhaltsansprüche für die Zeit ab März 1983 verzichten wolle. Daß sie in der mündl. Verhandlung vor dem AmtsG v. 7. 3. 1984 die Verurteilung des Bekl. zu der begehrten Unterhaltsleistung „ab Rechtshängigkeit" beantragt hat, ergibt nicht, daß sie den Unterhalt für die Zeit seit ihrer ersten Mahnung nicht mehr geltend machen wollte. Mit der Berufungserwiderung v. 12. 10. 1984 hat sie sich sodann ausdrücklich die Erhebung einer Anschlußberufung wegen der rückständigen Unterhaltsbeträge vorbehalten und damit unmißverständlich ihren Willen zu erkennen gegeben, weiterhin auf der Erfüllung auch dieser Forderung zu bestehen. Daß sie sodann in dem Verfahren, in dem ihre Unterhaltsansprüche erheblich umstritten waren, von der Erhebung einer Anschlußberufung abgesehen hat, kann ohne besondere Anhaltspunkte nicht als Verzicht auf die Unterhaltsrückstände gewertet werden, zumal die Kl. den Bekl. unmittelbar nach Erlaß des Berufungsurteils v. 5. 12. 1984 mit ihrem Schreiben v. 19. 12. 1984 an die Zahlung der Unterhaltsrückstände erinnert hat.

bb) Dies gilt insbesondere deshalb, weil die Annahme eines Erlaßvertrages den rechtsgeschäftlichen Willen des „Verzichtenden" zum Erlaß der Forderung voraussetzt. An die Feststellung eines solchen Willens sind strenge Anforderungen zu stellen, wobei ein allgemeiner Erfahrungssatz dahingeht, daß der Verzicht auf ein Recht niemals zu vermuten ist (*BGH*, Urteil v. 20. 12. 1983 – VI ZR 19/82 –, NJW 1984, 1346, 1347). Auch im Unterhaltsrecht wird erfahrungsgemäß – ohne Gegenleistung – nur in seltenen Fällen und auch dann nur aus besonderen Gründen auf eine einmal begründete Forderung verzichtet (vgl. *Senats*urteil v. 17. 9. 1986, a. a. O.). Gründe, die hier für die Annahme eines solchen Ausnahmefalles sprechen könnten, sind indessen nicht ersichtlich. Immerhin hatte die Kl. im Vorprozeß bereits mit der Klageschrift v. 21. 3. 1983 und mit einem weiteren Schriftsatz v. 26. 4. 1983 darauf hinweisen lassen, daß sie keinen Beruf erlernt habe, angesichts ihres Alters von 54 Jahren und auch aus Gesundheitsgründen nicht in der Lage sei, ihren Lebensunterhalt selbst zu verdienen, und daß sie deshalb völlig mittellos und auf Unterhaltszahlungen des Bekl. angewiesen sei. Überdies hatte sie den Bekl. sowohl für die erste als auch für die zweite Instanz auf Zahlung eines Prozeßkostenvorschusses in Anspruch genommen. Im vorliegenden Verfahren schließlich hat sie vorgetragen, sie habe sich infolge der verzögerten Unterhaltszahlungen des Bekl. und für die Einrichtung eines eigenen Haushalts bei ihrer Bank in einer Weise verschuldet, daß sie noch jetzt mit einem Soll-Saldo von über 40 000 DM belastet sei.

BGH v. 16. 12. 87 – IVb ZR 102/86 – FamRZ 88, 265 = NJW 88, 2369

R354   *(Der Bedarf des Erwerbstätigen ist generell nicht in gleicher Höhe anzusetzen wie der Bedarf des Nichterwerbstätigen. Unterschiedliche Quoten, die in angemessener Weise einen berufsbedingten höheren Aufwand berücksichtigen und einen Anreiz zur Erwerbstätigkeit schaffen, entsprechen dem Halbteilungsgrundsatz; keine Rechtfertigung einer Differenzkontrollrechnung aus § 1581 BGB)*

II 2) Der Unterhalt ist nach den §§ 1569 ff., 1578 I BGB so zu bemessen, daß beide (geschiedene) Ehegatten grundsätzlich in gleicher Weise am ehelichen Lebensstandard teilnehmen, so daß jedem die Hälfte des verteilungsfähigen Einkommens zuzubilligen ist (ständige Rechtsprechung des Senats – FamRZ 1981/1165, 1166 m. w. N.). Der Senat hat aber stets betont, daß es dem Halbteilungsgrundsatz nicht widerspricht, zugunsten des erwerbstätigen Unterhaltsverpflichteten von einer strikt hälftigen Aufteilung in maßvoller Weise abzuweichen, um den mit einer Berufsausübung verbundenen höheren Aufwand zu berücksichtigen und zugleich einen Anreiz zur Erwerbstätigkeit zu schaffen. Er hat demgemäß die in der Rechtsprechung der Oberlandesgerichte entwickelten Richtlinien gebilligt, bei deren Anwendung dem erwerbstätigen Ehegatten ein Bonus seines verfügbaren Einkommens vorab verbleibt. Auf der anderen Seite hat der Senat in Fällen, in denen das Einkommen des Unterhaltsverpflichteten nicht auf Erwerbstätigkeit beruht, für eine vom Grundsatz der hälftigen Aufteilung abweichende Unterhaltsbemessung die Feststellung ausreichender anderer Gründe verlangt (FamRZ 1982/894; FamRZ 1984/662, 664). An diesen Grundsätzen hält der Senat nach erneuter Prüfung fest. Er ist darüber hinaus der Auffassung, daß der Unterhaltsbedarf des erwerbstätigen Verpflichteten generell nicht in gleicher Höhe anzusetzen ist wie der des nicht erwerbstätigen Ehegatten. Eine solche gleichmäßige Aufteilung läßt sich auch nicht mit der Erwägung des Berufungsgerichts rechtfertigen, daß es (zunächst) nur um die Bemessung des Bedarfs gehe, nicht aber (schon) um die Feststellung der Höhe des Unterhaltsanspruchs. Beides fällt nach der Berechnungsmethode des Berufungsgerichts nur dann auseinander, wenn für die Deckung des Unterhaltsbedarfs Mittel zur Verfügung stehen, die die ehelichen Lebensverhältnisse nicht geprägt hatten. Die Bemessung des Unterhaltsbedarfs kann aber nicht davon abhängen, ob und in welchem Umfang der Ehegatte seinen Bedarf aus solchen Einkünften zu decken vermag. Derartige Mittel vermindern gemäß § 1577 I BGB allein den ungedeckten Teil des – vorher festzustellenden – Bedarfs; darin besteht gerade der Sinn der Anrechnungsmethode, die dem gesetzlichen Ziel dient, die wirtschaftliche Eigenverantwortung des geschiedenen Ehegatten zu verwirklichen (§ 1569 BGB). Der volle Unterhalt nach § 1578 I BGB ist jedoch unabhängig davon zu bemessen, ob der Pflichtige ihn in vollem Umfang befriedigen muß oder deshalb nur teilweise, weil der Berechtigte ihn im übrigen selbst durch Einkommen deckt, das die ehelichen Lebensverhältnisse nicht geprägt hat. Das Berufungsgericht gerät auch in Widerspruch mit einem selbst gesetzten Verteilungsmaßstab, wenn es (auf einer dritten Berechnungsstufe) das Ergebnis seiner Berechnung daraufhin überprüft, ob die Ehefrau nicht mit mehr als $^3/_7$ an dem verteilungsfähigen Einkommen des Ehemannes beteiligt wird (vgl. dazu die Senatsurteile vom 25. Februar 1981 – FamRZ 1981/442, 444 und vom 3. Juni 1987; FamRZ 1987/913, 915 m. w. N.). Es ist nicht erkennbar, auf welcher rechtlichen Grundlage die Unterhaltspflicht des Ehemannes auf einen $^4/_7$ seines verteilungsfähigen Einkommens übersteigenden Betrag beschränkt werden kann, wenn eine derartige Quotierung nicht bereits als Anteil am ehelichen Lebensstandard aus § 1578 I BGB herzuleiten ist. Auf § 1581 BGB ist diese Begrenzung schon deshalb nicht zu stützen, weil der eigene angemessene Unterhalt des Verpflichteten auch nach der Rechtsprechung des Berufungsgerichts nicht schon gefährdet ist, wenn er mehr als $^3/_7$ seines verteilungsfähigen Einkommens als Unterhalt leisten muß, sondern erst, wenn der sog. Selbstbehalt nicht mehr gewährleistet ist.

BGH v. 13. 1. 88 – IVb ZR 15/87 – FamRZ 88, 375 = NJW 88, 1147

(Zur mutwillig herbeigeführten Bedürftigkeit nach § 1579 Nr. 3 BGB infolge chronischen Alkohol- und **R356** *Tablettenmißbrauchs; keine Mutwilligkeit, wenn der Alkoholiker auf Dauer nicht in hinreichendem Maß einsichtsgemäß handeln kann.)*

II 2) Sie wendet sich jedoch gegen die Auffassung des OLG, der Unterhaltsanspruch sei nicht nach § 1579 Nr. 3 BGB auszuschließen, herabzusetzen oder zeitlich zu begrenzen. a) Insoweit hat das OLG seine Beurteilung auf folgende Feststellungen gestützt: Die Ehefrau habe mannigfache Anstrengungen und Bemühungen unternommen, um aus der Sucht loszukommen, die bereits i. J. 1978 das Stadium des chronischen Alkohol- und Tablettenmißbrauchs erreicht habe. Sie habe sich von Mai 1978 bis Juni 1979 in die Behandlung der Nervenärztin Dr. K.-S. und nach einer dreiwöchigen zwangsweisen Unterbringung im Landeskrankenhaus N. ab 6. 7. 1979 in die Behandlung einer Ärztin für Neurologie und Psychiatrie Dr. H. begeben. Allerdings habe sie die Behandlung bei Frau Dr. K.-S. von sich aus abgebrochen und eine von dieser Ärztin im Februar 1979 empfohlene Entziehungskur nicht durchführen lassen. Ferner habe sie nach der Zwangseinweisung vom 5. bis zum 25. 6. 1979 den Rat des Arztes im Landeskrankenhaus N. ausgeschlagen, eine freiwillige Entziehungskur anzuschließen; eine am 21. 3. 1980 begonnene stationäre Entwöhnungsbehandlung im „G.-hof" habe sie am 10. 4. 1980 abgebrochen. Gleichwohl hat das OLG gemeint, ihr könne nicht der Vorwurf gemacht werden, sie habe in leichtfertiger Weise ihre Erwerbsunfähigkeit aufrechterhalten und ihre dauernde Bedürftigkeit begründet. Nach den Ausführungen des vom OLG zugezogenen Sachverständigen sei sie aufgrund ihrer Alkohol- und Tablettensucht im intoxizierten Zustande nicht in der Lage, die Notwendigkeit einer ärztlichen Behandlung und einer Entziehungskur einzusehen. Im nicht intoxizierten Zustande habe sie zwar, was ihre Bemühungen um ärztliche Hilfe belegten, die Notwendigkeit einer Entziehungs- und Entwöhnungsbehandlung einzusehen vermocht; jedoch sei sie wegen der bei ihr vorliegenden Persönlichkeitsstörung und der daraus resultierenden Einschränkung ihrer Steuerungsfähigkeit und wegen ihrer Willensschwäche nicht in der Lage gewesen, nach dieser Einsicht zu handeln. Hier lägen auch die Gründe dafür, daß die ihr gebotenen und selbst die in Angriff genommenen Maßnahmen, von der Sucht loszukommen, letztlich gescheitert seien. b) Diese Feststellungen tragen die Beurteilung des OLG, die Ehefrau habe ihre Bedürftigkeit nicht i. S. des § 1579 I Nr. 3 BGB a. F. (FamRZ 1987/356, 357) mutwillig herbeigeführt. „Mutwilligkeit" verlangt zwar kein vorsätzliches, auf die Herbeiführung der Bedürftigkeit gerichtetes Verhalten. Andererseits reicht einfaches Verschulden nicht aus. Erforderlich ist vielmehr eine zumindest leichtfertige Herbeiführung der Bedürftigkeit. Die Mutwilligkeit muß unterhaltsbezogen sein; die Vorstellungen und Antriebe, die dem zu beurteilenden Verhalten zugrunde liegen, müssen sich also (auch) auf die Bedürftigkeit als Folge des Verhaltens erstrecken. Diese insbesondere in dem Urteil v. 8. 7. 1981 (FamRZ 1981/1042, 1044 f.) entwickelten Grundsätze hat der Senat in jener Entscheidung für den Fall einer wegen Alkoholabhängigkeit erwerbsunfähigen Ehefrau dahingehend konkretisiert, daß es darauf ankommt, ob sie zu einer Zeit, als ihre Einsicht und die Fähigkeit, danach zu handeln, dies noch zuließen, eine ihr angeratene Entziehungskur unterlassen hatte und sich der Möglichkeit bewußt war, sie werde infolgedessen im Falle einer Trennung der Eheleute außerstande sein, eine Berufstätigkeit aufzunehmen und ihren Unterhalt selbst zu verdienen (a. a. O., S. 1045). Von diesem Grundgedanken ist auch das OLG zutreffend ausgegangen. Mit der Feststellung, die Ehefrau habe zwar im nicht intoxizierten Zustand die Notwendigkeit einer Entziehungs- und Entwöhnungsbehandlung einsehen können, aber infolge ihrer Persönlichkeitsstörung und der daraus resultierenden Einschränkung ihrer Steuerungsfähigkeit sowie wegen ihrer Willensschwäche nicht nach dieser Einsicht zu handeln vermocht, hat das OLG danach eine mutwillige Herbeiführung der Bedürftigkeit rechtlich unangreifbar verneint. Die Beanstandung der Revision, die auf sachverständiger Beratung beruhenden Feststellungen seien in sich widersprüchlich, greift nicht durch. Entgegen der Darstellung der Revision hat das OLG deutlich auseinandergehalten, daß die Ehefrau im intoxizierten Zustande die Behandlungsbedürftigkeit nicht eingesehen, sie hingegen im nicht intoxizierten Zustande zwar eingesehen, aber nicht nach dieser Einsicht hat handeln können. Letzteres ist ersichtlich in dem Sinne zu verstehen, daß die Ehefrau nicht auf Dauer in hinreichendem Maße einsichtgemäß zu handeln vermochte; denn so erklärt das OLG, dem Sachverständigen folgend, den Mißerfolg auch selbst in Angriff genommener, also zunächst auf einsichtgemäßem Verhalten beruhender therapeutischer Maßnahmen. Die Revision wendet sich weiterhin dagegen, daß das OLG entsprechend der Beurteilung durch den zugezogenen Sachverständigen die Möglichkeit einsichtgemäßen Verhaltens verneint hat. Sie meint zu Unrecht, die in diesem Zusammenhang angenommene Willensschwäche müsse als Kriterium ausscheiden. Wieso die tatrichterlich festgestellte Willensschwäche der Ehefrau für das Durchstehenkönnen einer Entziehungsbehandlung irrelevant sein soll, ist nicht ersichtlich. Auch der Angriff auf die Feststellung einer insoweit vom OLG ebenfalls für kausal gehaltenen Persönlichkeitsstörung verhilft der Revision nicht zum Erfolg. Diese Feststellung beruht auf der tatrichterlichen Überzeugung von der Richtigkeit der Beurteilung durch den Sachverständigen, der in seinem Gutachten das Bild einer kindlichen, neurotisch gestörten, speziell „Ich-schwachen" Persönlichkeit ohne Durchhaltevermögen gezeichnet hat, die in der Anspruchszeit nicht in der Lage war, nach vorhandener Krankheitseinsicht zu handeln.

BGH v. 10. 2. 88 – IV ZR 16/87 – FamRZ 88, 927 = NJW-RR 88, 1218

R358   *(Prägung der ehelichen Lebensverhältnisse durch Einkünfte aus freiberuflicher Tätigkeit [Praxisgründung eines Arztes], die in zeitlichem Zusammenhang mit der Trennung aufgenommen worden ist und vom Berechtigten gebilligt worden ist)*

II 3) Die Revision wendet sich gegen den Standpunkt des OLG, daß die für den Unterhaltsanspruch der Kl. maßgeblichen ehel. Lebensverhältnisse durch das Einkommen des Bekl. nach seiner Niederlassung als Facharzt bestimmt gewesen seien. Sie macht geltend, der Bekl. habe vorgetragen, daß er nach dem Lebensplan der Parteien in der Radiologieabteilung des Krankenhauses in W. habe tätig sein sollen. Lediglich aufgrund der nicht vorhersehbaren und völlig unerwarteten Entwicklung, daß der zugesagte Ausbau jener Abteilung nicht realisiert worden sei, habe der Bekl. seine dortige Stelle aufgeben müssen. Erst daraufhin – nach der Trennung – sei er gezwungen gewesen, sich freiberuflich eine Existenz aufzubauen. Daher erweise sich die Einkommensentwicklung des Bekl. nach der Trennung als vom Normalverlauf abweichend und unerwartet und könne bei der Bestimmung der ehel. Lebensverhältnisse nicht berücksichtigt werden. Wenn das OLG diese Grundsätze beachtet und den Sachvortrag des Bekl., insbesondere im Schriftsatz v. 24. 9. 1981, nicht übergangen hätte, hätte es sich allenfalls an dem bis zur Trennung verdienten Einkommen orientieren können.

Einkünfte aus einer erst nach der Trennung der Ehegatten aufgenommenen Tätigkeit prägen die ehel. Lebensverhältnisse allerdings auch dann nicht, wenn die Aufnahme der Tätigkeit eine außergewöhnliche, während des Zusammenlebens der Parteien nicht geplante und nicht vorhergesehene Entwicklung darstellt (FamRZ 1986/783, 785, m. w. N.). Das trifft für die Niederlassung des Bekl. und seine anschließende Tätigkeit als selbständiger Röntgenfacharzt jedoch nicht zu. Der Bekl. hat im Berufungsbegründungsschriftsatz v. 24. 9. 1981 vorgetragen, er sei ab Mai 1977 an das Krankenhaus in W. gewechselt, um dort als Chefarzt einer zu gründenden Abteilung für Radiologie tätig zu werden. Nachdem sich der zugesagte Ausbau der Abteilung zerschlagen habe, sei er gezwungen gewesen, seine Chefarztstelle zu kündigen. Nach reiflicher Überlegung habe er sich entschieden, als freiberuflicher Röntgenologe zu praktizieren. Dieser Entschluß und der Aufbau der Gemeinschaftspraxis in K. seien in eine Zeit gefallen, als die Parteien bereits ein Jahr getrennt gelebt hätten. Dabei hatte der Bekl. zuvor die Auffassung dargelegt, daß der Trennungszeitpunkt bereits im Mai 1977 anzunehmen sei, weil durch den späteren Versöhnungsversuch und durch seine spätere Rückkehr in das Haus in N. die ehel.

Lebensgemeinschaft nicht wieder hergestellt worden sei. Diesem Vortrag ist das OLG gefolgt, soweit es den Zeitpunkt der Niederlassung des Bekl. betrifft, und hat – in anderem Zusammenhang – ausgeführt, daß er im Juni 1978 seine Tätigkeit als selbständiger Röntgenfacharzt begonnen habe. Dagegen hat es sich dem in dem Schriftsatz verfochtenen Standpunkt des Bekl. zum Trennungszeitpunkt nicht angeschlossen, sondern hat – in Übereinstimmung mit dem Scheidungsurteil – angenommen, daß die Parteien seit Juni 1978 getrennt leben. Das läßt keinen Rechtsfehler erkennen und wird auch von der Revision insoweit nicht angegriffen. Damit ergibt sich, daß die Trennung der Parteien und die Praxisgründung des Bekl. zeitlich zusammenfielen. Die zu der beruflichen Veränderung führende Entwicklung und der Entschluß zur Niederlassung fallen danach in die Zeit des Zusammenlebens. Bei seiner Anhörung im amtsgerichtlichen Verhandlungstermin v. 4. 5. 1981 hat der Bekl. erklärt, als sich der Ausbau der Röntgenabteilung im Krankenhaus in W. zerschlagen habe, sei sein Arbeitsverhältnis zum Ende des Jahres 1977 gekündigt, aber aufgrund seines Einspruches bis Juni 1978 verlängert worden. Er hat ferner vorgetragen, daß die Kl. damals seine Entscheidung zu freiberuflicher Tätigkeit akzeptiert und gebilligt habe. Unter diesen Umständen hat das OLG in der Niederlassung des Bekl. zu Recht keine Entwicklung gesehen, die während des Zusammenlebens noch nicht geplant und abzusehen war. Die Berücksichtigung des Einkommens, das der Bekl. im Zeitpunkt der Scheidung erzielte, ist damit aus Rechtsgründen nicht zu beanstanden.

BGH v. 13. 4. 88 – IVb ZR 34/87 – FamRZ 88, 705 = NJW 88, 1722

(Unverschuldeter Einkommensrückgang nach Scheidung)   R364

II 1) Das OLG hat die Unterhaltsbedürftigkeit der Kl. rechtsfehlerfrei bejaht. Die Leistungsfähigkeit des Bekl. hat es nicht nach einem fiktiv fortgeschriebenen Einkommen bemessen, wie er es bei der Firma S. in Deutschland hätte erzielen können, sondern nach seinem tatsächlichen Einkommen bei der Firma S.-L. in Südafrika. Denn der Bekl. habe bei Antritt dieser Stelle – nach dem damaligen Kurs der dortigen Währung – nicht nennenswert weniger verdient als in Deutschland; er habe deshalb davon ausgehen dürfen, daß er in Südafrika im wesentlichen den gleichen Verdienst erzielen werde wie in seinem Arbeitsverhältnis in Deutschland. Daß er im Zeitpunkt des Arbeitsplatzwechsels die Instabilität der außenpolitischen Entwicklung Südafrikas und deren negative Auswirkungen auf die wirtschaftlichen Verhältnisse nicht erkannt und den späteren drastischen Verfall der südafrikanischen Währung nicht vorausgesehen habe, gereiche ihm unterhaltsrechtlich nicht zum Verschulden. Demgemäß beruhe die durch den Währungsverfall bewirkte Verminderung seiner Leistungsfähigkeit nicht auf einem mutwilligen, verantwortungslosen oder zumindest leichtfertigen Verhalten des Bekl., so daß ihm der freiwillige Arbeitsplatzwechsel nach Südafrika unter unterhaltsrechtlichen Gesichtspunkten nicht vorzuwerfen sei. Diese Ausführungen halten sich im Rahmen der Rechtsprechung des Senats (FamRZ 1985/158, 159, m. w. N.; FamRZ 1988/145; FamRZ 1988/256) und sind aus Rechtsgründen nicht zu beanstanden. 2) Die ehelichen Lebensverhältnisse, nach denen sich der Unterhaltsanspruch der Kl. zu 1) bemißt (§ 1578 BGB), werden mithin durch die Einkünfte des allein verdienenden Bekl. aus seiner Tätigkeit bei der Firma S.-L. in J. bestimmt. Nach diesen Einkünften berechnen sich auch die Unterhaltsansprüche der Kl. zu 2) und 3). Da der für die Verhältnisse in der Bundesrepublik Deutschland maßgebende Wert dieser Einkünfte in den Jahren seit der Scheidung nachhaltig zurückgegangen ist, ohne daß den Bekl. eine Verantwortung hierfür trifft und er sich deshalb ein fiktives höheres Einkommen zurechnen lassen müßte, können die Kl. nur an dem tatsächlichen Einkommen des Bekl. teilhaben. Die Kl. zu 1) muß hinnehmen, daß der Bemessungsmaßstab für ihren Unterhaltsanspruch gegenüber den Verhältnissen im Zeitpunkt der Scheidung abgesunken ist; sie könnte auch während bestehender Ehe nur an dem – unter Ausnutzung der familienrechtlichen Erwerbsobliegenheit des Bekl. erzielbaren – tatsächlich vorhandenen Einkommen mit dem ihr gebührenden Anteil partizipieren.

BGH v. 2. 11. 88 – IVb ZR 7/88 – FamRZ 89, 170 = NJW 89, 524

(Im Rahmen der gesteigerten Unterhaltspflicht ist auch Schmerzensgeld für den Unterhalt zu verwenden)   R379

II) Für die neue Verhandlung wird auf folgendes hingewiesen: Die Revision greift das Urteil auch deshalb an, weil die Abfindungssumme zumindest teilweise als Schmerzensgeld gezahlt worden sei. Dieser Teil der Schadensersatzleistung, dessen Höhe das BerGer. nach § 287 II ZPO hätte schätzen müssen, habe zur Vermeidung einer Zweckverfehlung von vornherein bei der unterhaltsrechtlichen Beurteilung der Leistungsfähigkeit außer Betracht bleiben müssen. Das hält der Senat nicht für zutreffend. Auch soweit sich entgegen der bisherigen Beurteilung des OLG ein abgrenzbarer Teil des Abfindungsbetrages feststellen läßt, der sich auf den immateriellen Schaden des Bekl. bezieht, kann er im Rahmen der Unterhaltspflicht gegenüber dem minderjährigen unverheirateten Kinde nicht von vornherein außer Ansatz gelassen werden. Dem steht die spezifische schadensersatzrechtliche Funktion des Schmerzensgeldes – Ausgleich immaterieller Beeinträchtigungen des Betroffenen und Genugtuung – nicht entgegen. Der Senat hat bereits zu öffentlich-rechtlichen Sozialleistungen, denen – wie etwa der Grundrente nach § 31 BVG – gleichfalls nach ihrer Zweckbestimmung sowohl eine immaterielle als auch eine wirtschaftliche Ausgleichsfunktion zukommt, entschieden, daß deren Zweckbestimmung für die unterhaltsrechtliche Leistungsfähigkeit des Empfängers nicht ohne weiteres maßgebend ist (NJW 1981/1313 = FamRZ 1981/338 [339] und NJW 1982/41 = FamRZ 1981/1165). Ferner hat er es als naheliegend bezeichnet, daß auch der Zweckbestimmung von Leistungen aus dem Bereich des Arbeitsrechts, die im Rahmen eines Sozialplans nach § 112 II BetrVG gewährt werden und auch der Abgeltung immaterieller Nachteile dienen, im Unterhaltsrecht keine weitergehende Bedeutung beizumessen sei (NJW 1982/822). Im Bereich gesteigerter Unterhaltspflicht hat der BGH auch die Zweckbestimmung von Unterhaltsleistungen als unmaßgeblich angesehen und entschieden, daß ein Elternteil nach § 1603 II 1 BGB Unterhaltszahlungen, die ihm zur Deckung seines eigenen Lebensbedarfs gewährt werden, zu seinem und des Kindes Unterhalt einsetzen muß (BGH, NJW 1980/934 = FamRZ 1980/555 [556]). Gerade diese erweiterte Unterhaltspflicht, die auf der besonderen familienrechtlichen Verantwortung der Eltern für ihre minderjährigen unverheirateten Kinder beruht, gebietet es, die Leistungsfähigkeit im Grundsatz unabhängig davon zu beurteilen, woher die zur Verfügung stehenden Mittel stammen und worauf ihre Zuwendung beruht. Das rechtfertigt es, auch das Schmerzensgeld zu den Mitteln zu rechnen, deren Einsatz dem Elternteil in § 1603 II 1 BGB zugemutet wird. Dieser Einsatz schließt es nicht aus, der besonderen Ausgleichsfunktion, die dem Schmerzensgeld für den Empfänger zukommt, bei der Bestimmung der ihm zumutbaren unterhaltsrechtlichen Opfergrenze in billiger Weise Rechnung zu tragen. Hat der Schmerzensgeldempfänger derartige körperliche Verletzungen davongetragen, daß er während des Unterhaltszeitraums unter andauernden schwerwiegenden Behinderungen zu leiden hat, so ist solchen Belastungen durch eine maßvolle, die Belange des Kindes berücksichtigende Anhebung dessen Rechnung zu tragen, was ihm als unterhaltspflichtigen Elternteil zur Deckung seines notwendigen Eigenbedarfs zu belassen ist. Eine solche Anhebung kommt auch hier in Betracht, da die körperlichen Beeinträchtigungen des Bekl. die genannten Voraussetzungen ohne Zweifel erfüllen.

BGH v. 7. 12. 88 – IVb ZR 23/88 – FamRZ 89, 483 = NJW-RR 89, 386

R382   *(Krankheitsvorsorgeunterhalt bei Beamten; objektiver Maßstab zur Aufrechterhaltung eines gleichwertigen Versicherungsschutzes; Berechnung des Altersvorsorgeunterhalts bei Krankheitsvorsorgeunterhalt. Abweichende tatrichterliche Verteilung des Unterhalts auf die Unterhaltsbestandteile; kein Nachrang des Krankheitsvorsorgeunterhalts; Zweckbindung des Krankheitsvorsorgeunterhalts; Nachteile nach § 1579 Nr. 3 BGB bei zweckwidriger Verwendung und direkte Zahlung an die Krankenversicherung)*

a   3) Zum Anspruch auf Vorsorgeunterhalt für den Fall der Krankheit (§ 1578 II BGB) sowie des Alters (§ 1578 III BGB) hat das BerGer. ausgeführt: Es bestimme sich nach den ehelichen Lebensverhältnissen, welche Krankheitsvorsorge angemessen sei, wobei es dem Unterhaltsberechtigten obliege, die kostengünstigste Art einer hiernach angemessenen Versicherung zu wählen. Während der Ehe der Parteien habe der eine Beamtenfamilie kennzeichnende Versicherungsschutz durch die Beihilfeberechtigung des Ehemannes und eine ergänzende Privatversicherung bestanden. Die Ehefrau könne daher nach der Scheidung grundsätzlich eine private Krankenversicherung abschließen. Auch insoweit sei allerdings ein objektiver Maßstab anzulegen. Es komme darauf an, was nach den gegebenen Einkommensverhältnissen vom Standpunkt eines objektiven Betrachters angemessen sei. Zur Aufrechterhaltung eines Versicherungschutzes der Ehefrau, wie er während der Ehe bestanden habe, sei nach den eingeholten Auskünften mindestens ein Betrag von monatlich 530,49 DM erforderlich. Ein so aufwendiger Versicherungsschutz habe bei verständiger Würdigung der wirtschaftlichen Verhältnisse der Parteien auszuscheiden. Andererseits habe sich im Laufe des Rechtsstreits gezeigt, daß die Ehefrau aufgrund verschiedener gesundheitlicher Belastungen über Jahre hinweg häufig der ärztlichen Behandlung bedurft habe. Dies werde sich mit zunehmendem Alter nach der Lebenserfahrung nicht ändern. Bei einem Krankenversicherungsschutz zu einem Beitrag von monatlich 316,02 DM, wie er der Ehefrau weiter angeboten worden sei, habe diese bei Leistungen für ambulante Heilbehandlung eine Selbstbeteiligung von 20% für Medikamente und Hilfsmittel zu tragen. Von den Kosten einer Zahnbehandlung erhalte nur 90% und von den Kosten für Zahnersatz und Kieferorthopädie nur 60% erstattet. Dieser Versicherungsschutz sei ihr nicht zumutbar, weil sie nicht in der Lage wäre, aus dem ihr zuzuerkennenden Elementarunterhalt die von der Versicherung nicht gedeckten Krankheitskosten aufzubringen. In die gesetzliche Krankenversicherung könne sie nach §§ 176, 176 b RVO nicht eintreten. Angemessen sei daher der Versicherungsschutz, wie er sich aus einem anderen Angebot zu einem Monatsbeitrag von 450,74 DM ergebe. Er sehe für ambulante Heilbehandlung eine Selbstbeteiligung von 100 DM vor. Erstattung von 100% der Kosten einer Zahnbehandlung und von 75% der Kosten für Zahnersatz und Kieferorthopädie. Bei der Bemessung des Altersvorsorgeunterhalts sei an den Anspruch auf Elementarunterhalt anzuknüpfen, wobei dem Berechnungsmodell des OLG Bremen gefolgt werde. Nach diesen Grundsätzen ergebe sich folgende Berechnung:

bereinigtes Einkommen des Ehemannes:	2777,56 DM
abzüglich Krankheitsvorsorgeunterhalt der Ehefrau:	450,74 DM
restliches Einkommen:	2326,82 DM
davon 2/5 als vorläufiger Elementarunterhalt:	930,73 DM
daraus fiktives Bruttoarbeitsentgelt:	1172,72 DM
davon 18,7 als Altersvorsorgeunterhalt:	219,30 DM
Resteinkommen abzüglich Altersvorsorgeunterhalt:	2107,52 DM
davon 2/5 als endgültiger Elementarunterhalt:	843,01 DM
Insgesamt stünden der Ehefrau damit zu:	
Elementarunterhalt:	843,00 DM
Krankheitsvorsorgeunterhalt:	450,74 DM
Altersvorsorgeunterhalt:	219,30 DM
Gesamtunterhalt rund:	1513,00 DM

Darauf müsse sich die Ehefrau Zinseinkünfte von monatlich 130 DM anrechnen lassen, die sie aus der Anlage einer im Januar 1987 ausbezahlten Lebensversicherung erziele. Dies verringere den Altersvorsorgeunterhalt auf 89,30 DM. Da sie aber als Krankheits- und Altersvorsorgeunterhalt insgesamt nur einen Betrag von 500 DM fordere, sei der Altersvorsorgeunterhalt nur in Höhe von 49,26 DM zuzusprechen. Was die Revision gegen diese Bemessungsweise vorbringt, die methodisch dem Urteil des Senats vom 1. 6. 1983 (NJW 1983/2937 = FamRZ 1983/888) entspricht, greift im wesentlichen nicht durch. a) Sie beanstandet, daß bei der Bemessung des Krankheitsvorsorgeunterhalts den finanziellen Verhältnissen des Ehemannes nicht genügend Rechnung getragen worden sei. Der kostengünstige Versicherungsschutz gegen Krankheit in einer Beamtenehe werde nur der bestehenden Ehe zuteil, so daß an diesen nicht angeknüpft werden könne. Auch stehe hier der Krankheitsvorsorgeunterhalt in keinem vernünftigen Verhältnis zum Elementarunterhalt mehr. Es müsse bezweifelt werden, daß die Ehefrau bei einem Elementarunterhalt von monatlich nur 843 DM für die Absicherung des Krankheitsrisikos monatlich 450,74 DM ausgebe. Die Revision stellt zu Unrecht in Frage, daß die Ehefrau nach den maßgebenden ehelichen Lebensverhältnissen im Zeitpunkt der Scheidung grundsätzlich einen Krankenversicherungsschutz beanspruchen kann, wie er für eine Beamtenfamilie kennzeichnend ist (NJW 1983/1552 [1554] = FamRZ 1983/676 [677]). Ein solcher ist ihr während der Ehe einschließlich der Trennungszeit nachhaltig zuteil geworden. Da ihr als geschiedener Ehefrau eines Beamten eine freiwillige Versicherung in der gesetzlichen Krankenversicherung nicht möglich ist (§§ 176, 176 b RVO) – ein unbefriedigender und reformbedürftiger Rechtszustand –, hat bereits das BerGer. im Hinblick auf die finanziellen Verhältnisse des Ehemannes und den bei der Unterhaltsbemessung anzulegenden objektiven Maßstab die Aufrechterhaltung eines gleichwertigen Versicherungsschutzes als zu aufwendig und nur den Versicherungsschutz zu einem Monatsbeitrag von 450,74 DM als angemessen angesehen. Der Revision ist zuzugeben, daß auch dieser Betrag noch verhältnismäßig hoch ist, wenn er ins Verhältnis zu dem Elementarunterhalt gesetzt wird, der sich bei zusätzlicher Berücksichtigung des Altersvorsorgeunterhalts ergibt. In derartigen Fällen kann der Tatrichter gehalten sein, den Gesamtunterhalt in einer den Interessen beider Parteien gerecht werdenden Weise abweichend auf die Unterhaltsbestandteile zu verteilen. Dabei ist allerdings zu beachten, daß anders als beim Altersvorsorgeunterhalt (NJW 1981/1556 [1558] = FamRZ 1981/442 [445]) kein grundsätzlicher Vorrang des laufenden Unterhalts besteht, weil auch die Versicherung gegen Krankheit als wichtiger Teil des gegenwärtigen Unterhaltsbedarfs des Berechtigten angesehen werden muß, zumal, wenn nach dessen Gesundheitszustand damit zu rechnen ist, daß er auf häufige ärztliche Betreuung angewiesen sein wird. Daher hat das BerGer. mit Recht besonders berücksichtigt, daß die Ehefrau über Jahre hinweg häufig der ärztlichen Behandlung bedurft hat und dies auch für die Zukunft zu erwarten ist. Damit liegt ein nicht zu gering bemessener Krankenversicherungsschutz auch insofern im Interesse des Ehemannes, als er dadurch unter Umständen vor einer sonst möglichen Inanspruchnahme auf Sonderbedarf wegen der durch die Versicherung nicht gedeckten Krankheitskosten bewahrt bleibt. Insgesamt ist daher unter den besonderen Umständen des vorliegenden Falles nicht zu beanstanden, daß das BerGer. neben einem Elementarunterhalt von monatlich 843 DM einen Krankheitsvorsorgeunterhalt von monatlich 450,74 DM für angemessen angesehen hat. Allein in einem Mißverhältnis der beiden Unterhaltsbestandteile könnte ohnehin eine Beschwer des Ehemannes nicht gesehen werden, da sich die Zweckbindung des Vorsorgeunterhalts für ihn günstig auswirkt. Die Ehefrau ist aufgrund dieser Zweckbindung verpflichtet, den Betrag von monatlich 450,74 DM tatsächlich für eine Krankenversicherung einzusetzen. Handelte sie dieser Verpflichtung zuwider, hätte sie im Krankheitsfall unterhaltsrechtliche Nachteile aus § 1579 Nr. 3 BGB zu gewärtigen; auch könnte der Ehemann in diesem Falle durch eine Abänderungsklage (§ 323 ZPO) erreichen, daß der Krankheitsvorsorgeunterhalt direkt an eine Versicherung gezahlt wird (NJW 1983/1554 = FamRZ 1983/678 und NJW 1987/2229 = FamRZ 1987, 684 zum insoweit gleich zu behandelnden Altersvorsorgeunterhalt).

(Beihilfe des Beamten zählt zum prägenden Lebensstandard; vergleichbarer Versorgungsstandard; anteilige Verrechnung nicht prägender Zinseinkünfte mit Elementar- und Krankheitsvorsorgeunterhalt. Keine Bindung an Parteierklärungen bei Bemessung des Vorsorgeunterhalts im Verhältnis zum Elementarunterhalt)

b 3 b) Die Revision macht weiter geltend, mit dem Grundsatz der gleichmäßigen Teilhabe der Ehegatten am ehelichen Lebensstandard (NJW 1988/2369 [2371] = FamRZ 1988/265 [267]) sei es nicht zu vereinbaren, daß der Unterhaltsbedarf der Ehefrau nach der Berechnung des BerGer. auf insgesamt monatlich 1513,05 DM veranschlagt werde, während das anrechnungsfähige Einkommen des Ehemannes, erhöht um den eigenen Krankenversicherungsbeitrag, nur 2949,58 DM betrage. Diese Rüge ist unbegründet. Zum Lebensstandard des Ehemannes gehört auch sein beamtenrechtlicher Anspruch auf Beihilfe im Krankheitsfall, sowie auf eine beitragsfreie Invaliditäts- und Altersversorgung, der in dem Betrag von 2949,58 DM nicht ausgedrückt ist. Sein Versorgungsstandard übertrifft insgesamt den der Ehefrau deutlich, wenn in Betracht gezogen wird, was diese mit Aufwendungen von monatlich 450,74 DM und 219,30 DM an Vorsorge erreichen kann. Für den Elementarbedarf hat die Ehefrau nach der Bemessungsweise des BerGer. monatlich 843 DM zur Verfügung, während dem Ehemann nach Abzug des Gesamtbedarfs der Ehefrau rund 1264 DM verbleiben. Danach ist dem Grundsatz durchaus Rechnung getragen, daß der Unterhaltsbedarf des erwerbstätigen Unterhaltsverpflichteten höher anzusetzen ist als der des nicht erwerbstätigen geschiedenen Ehegatten (NJW 1988/2371 = FamRZ 1988/267). c) Daß das BerGer. die von der Ehefrau erzielten Zinseinkünfte von monatlich 130 DM, die gem. § 1577 I BGB ihre Bedürftigkeit mindern, auf den ihr zustehenden Altersvorsorgeunterhalt angerechnet hat, erscheint allerdings nicht unbedenklich. Ihr dringendster Bedarf ist derjenige auf Elementar- und Krankheitsvorsorgeunterhalt, so daß eine anteilige Verrechnung auf diese Unterhaltsbestandteile naheliegt. Auch dies wird im weiteren Verfahren ggf. zu berücksichtigen sein. Zu Bedenken gibt weiterhin Anlaß, daß das BerGer. die nach seiner Berechnung verbleibenden 89,30 DM deswegen nur in Höhe von 49,26 DM zugesprochen hat, weil die Ehefrau im Rechtsstreit lediglich insgesamt 500 DM als Krankheits- und Altersvorsorgeunterhalt gefordert habe (§ 308 ZPO). Dies steht nicht im Einklang mit der Regel, daß bei der Bemessung des Vorsorgeunterhalts im Verhältnis zum Elementarunterhalt weitgehend unabhängig von Parteierklärungen zu verfahren ist (NJW 1985/2713 [2716] = FamRZ 1985/912 [915] zum prozessualen Anerkenntnis). Dieser Regel hätte vielmehr entsprochen, eine Bindung an den Antrag der Ehefrau nur insoweit anzunehmen, als kein höherer Gesamtunterhalt als monatlich 1600 DM zugesprochen werden darf. Insoweit liegt aber kein Rechtsfehler zum Nachteil des Ehemannes vor.

(Zeitliche Begrenzung nach § 1573 V BGB; diese verdrängt praktisch § 1579; keine grobe Unbilligkeit erforderlich; zur Billigkeitsabwägung nach § 1573 V BGB keine beruflichen Nachteile; kinderlose Ehe von kurzer Dauer)

d 5) Eine zeitliche Begrenzung des Unterhaltsanspruchs der Ehefrau gemäß § 1573 V BGB hat das OLG mit folgenden Erwägungen abgelehnt: Nach der Vorstellung des Gesetzgebers komme eine solche Begrenzung vor allem dann in Frage, wenn die Arbeitslosigkeit des Unterhaltsberechtigten auf konjunkturellen Gründen beruhe. Dieser Gesichtspunkt stehe im vorliegenden Fall jedoch nicht im Vordergrund. Daß die Ehefrau trotz ihrer vielfältigen Bemühungen keinen Arbeitsplatz finde, liege hauptsächlich daran, daß sie älter als 30 Jahren erlernten Beruf einer Modistin, in dem sie nicht oder nur kurze Zeit nach Abschluß der Lehre tätig gewesen sei, nicht zurückgreifen könne und seit rund 20 Jahren überhaupt keiner Erwerbstätigkeit nachgegangen sei. Solche Personen fänden auch in Zeiten der Hochkonjunktur nur schwer einen Arbeitsplatz, wobei hier zusätzlich zu berücksichtigen sei, daß die Ehefrau gewisse gesundheitliche Einschränkungen habe, die ihre Beschäftigungschancen noch verminderten. Ihre lebenslange Unterhaltung durch den Ehemann sei nicht deshalb unbillig, weil er für diese Umstände nicht verantwortlich sei. Sie seien in gleicher oder ähnlicher Weise schon im Zeitpunkt der Heirat der Parteien gegeben gewesen. Eine Unbilligkeit lasse sich allenfalls bejahen, wenn die Ehefrau bei der Eheschließung nur von Sozialhilfe gelebt hätte. Sie habe aber, wie dem Ehemann bekannt gewesen sei, vor der Heirat einen Unterhaltsanspruch gegen ihren ersten Ehemann i. H. v. monatlich 440 DM gehabt und sei nur im übrigen auf Sozialhilfe angewiesen gewesen. Weil ihr der Unterhaltsanspruch durch die Heirat genommen worden sei, sei es nicht billig, ihren Unterhaltsanspruch aus § 1573 I BGB über die diesem immanente zeitliche Grenze hinaus zu beschränken, die darin bestehe, daß er nur so lange gegeben sei, wie sie trotz intensiver Bemühungen keinen Arbeitsplatz zu finden vermöge. Daß sie durch die Heirat einen etwa doppelt so hohen Elementarunterhaltsanspruch erhalte, wie sie ihn gegenüber ihrem ersten Ehemann gehabt habe, könne für sich allein eine grobe Unbilligkeit nicht begründen. Auch insoweit bestehen durchgreifende Bedenken. Zunächst hat das OLG auch in diesem Zusammenhang berücksichtigt, daß die Ehefrau durch ihre Heirat einen Unterhaltsanspruch gegen ihren ersten Ehemann verloren hat. Wie bereits ausgeführt, kann im vorliegenden Fall insoweit nicht von einem fortwirkenden ehebedingten Nachteil ausgegangen werden, da der verlorene Anspruch im Zeitpunkt der Scheidung unstreitig keinen Wert mehr besitzt. Für die zeitliche Begrenzung eines Unterhaltsanspruchs nach § 1573 I BGB ist nach § 1573 V BGB grobe Unbilligkeit nicht erforderlich; § 1579 Nr. 1 BGB wird insoweit praktisch verdrängt. Dies scheint das OLG nicht richtig zu sehen, wenn es im Rahmen seiner Billigkeitsabwägung u. a. darauf abhebt, daß es eine „grobe" Unbilligkeit nicht begründe, wenn die Ehefrau einen doppelt so hohen Anspruch wie gegenüber ihrem ersten Ehemann erhalte. Im Rahmen der umfassenden Billigkeitsabwägung, die die Vorschrift ebenso wie der weithin gleichlautende § 1578 BGB verlangt, ist nach dem Gesetz stets zu prüfen die Dauer der Ehe, die Gestaltung von Haushaltsführung und Erwerbstätigkeit sowie die Betreuung gemeinschaftlicher Kinder (FamRZ 1986/886, 888). Die Ehefrau hat nach den Feststellungen des OLG berufliche Nachteile durch die Übernahme der Haushaltsführung in der Ehe nicht erlitten; die Ehe war im übrigen kinderlos und von kurzer Dauer. Es ist auch nicht widerspruchsfrei, wenn das OLG eine immanente zeitliche Schranke des Anspruchs nach § 1573 I BGB in Rechnung stellt, obwohl es davon ausgeht, daß die Ehefrau unabhängig von konjunkturellen Gründen wegen ihres Alters und ihres Gesundheitszustandes kaum einen Arbeitsplatz finden könne. Auch die Beurteilung nach § 1573 V BGB kann danach keinen Bestand haben.

(Nach § 1578 I 2 BGB kann auch ein Krankheitsvorsorgeunterhalt gekürzt werden und ein Altersvorsorgeunterhalt ganz entfallen, wenn dies den Verhältnissen vor der Eheschließung entspricht)

6) Bei der Prüfung, ob der Unterhaltsanspruch der Ehefrau gem. § 1578 I 2 BGB nach einer **e** Übergangszeit auf einen angemessenen Lebensbedarf herabzusetzen ist, hat das BerGer. lediglich darauf verwiesen, daß der zugebilligte Elementarunterhalt von monatlich 843 DM gerade ausreiche, um ihr Existenzminimum zu gewährleisten, so daß eine Herabsetzung nach dieser Vorschrift nicht in Betracht komme. Dies trifft zu, soweit der bisher zugebilligte Elementarunterhalt der Ehefrau in Frage steht (NJW 1986/2834 = FamRZ 1986/889). Einer besonderen Betrachtung bedarf aber der der Ehefrau darüber hinaus zugebilligte Vorsorgeunterhalt für den Fall der Krankheit und des Alters. Da ein Bezugspunkt für eine Herabsetzung des eheangemessenen Unterhalts gem. § 1578 I 2 BGB die Lebensstellung des Berechtigten vor der Ehe ist, muß in Erwägung gezogen werden, daß die Ehefrau nach eigenen Angaben vorehelich lediglich freiwillige Beiträge in die gesetzliche Krankenversicherung von monatlich 73 DM entrichtet hat und aus finanziellen Gründen offensichtlich keinerlei Altersvorsorge betreiben konnte. Das Berufungsurteil läßt die Prüfung vermissen, ob sich die Ehefrau etwa nach einer Übergangszeit mit einer weniger aufwendigen Krankenversicherung als zu einem Monatsbeitrag von 450,74 DM zufriedengeben muß und ein Anspruch auf Altersvorsorgeunterhalt dann ganz entfällt.

BGH v. 19. 12. 89 – IVb ZR 9/89 – FamRZ 90, 269 = NJW 90, 709

(Verteilung eines Abfindungsbetrages wegen Ausscheidens aus dem Erwerbsleben auf längere Zeit. Verwendung **R405** *der Abfindungssumme [nicht eines verzinslich anzulegenden Betrages] im Rahmen sparsamer Wirtschaftsführung zur Deckung des nach den früheren Verhältnissen bemessenen Bedarfs)*

I 3 b) Auch die Anschlußrevision wendet sich gegen die berufungsgerichtliche Beurteilung der **b** Einkommensverhältnisse der Parteien. aa) Sie macht geltend, das Berufungsgericht habe den Kläger zwar wegen der Abfindung von 35 988 DM zu Recht so behandelt, als ob er auch nach seinem Ausscheiden aus dem Erwerbsleben weiterhin monatliche Bezüge von 2700 DM gehabt habe. Dabei habe es jedoch außer acht gelassen, daß der Kläger den Abfindungsbetrag damit nicht auf einmal, sondern nur allmählich über Jahre hinweg für seinen Lebensunterhalt verbraucht habe. Er habe den jeweils verbleibenden Kapitalbetrag so günstig wie möglich verzinslich angelegt. Das habe die Beklagte ausdrücklich vorgetragen, ohne daß der Kläger dem entgegengetreten sei. Es sei folglich davon auszugehen, daß dieser so verfahren sei und den Abfindungsbetrag zu dem mindesterzielbaren Zinssatz von 3 bis 3,5% angelegt habe. Das ergebe einen weiteren Betrag von jedenfalls 2000 DM, so daß die Abfindungssumme nicht schon im Dezember 1988, sondern erst im März 1989 verbraucht gewesen sei. Dieser Angriff geht fehl. Dabei kann dahinstehen, ob der Beklagte die Abfindungssumme in der von der Anschlußrevision geltend gemachten Weise verzinslich angelegt hat. Auch wenn davon auszugehen ist, läßt es keinen Rechtsfehler zum Nachteil der Beklagten erkennen, wenn das Berufungsgericht lediglich den Abfindungsbetrag selbst herangezogen hat, um nicht nur für die Übergangszeit vom Ausscheiden des Klägers aus dem Erwerbsleben (Ende März 1985) bis zum Bezug der Rente aus der gesetzlichen Rentenversicherung (1. Juni 1987), sondern auch noch darüber hinaus den Unterhaltsanspruch der Beklagten nach einem höheren als dem Renteneinkommen des Klägers zu bemessen. Zwar ist der Unterhaltsschuldner im Falle beengter wirtschaftlicher Verhältnisse verpflichtet, eine ihm aus Anlaß der Aufhebung seines Anstellungsvertrages zugeflossene Abfindung im Rahmen sparsamer Wirtschaftsführung zur Deckung des Unterhaltsbedarfs seiner Unterhaltsgläubiger zu verwenden. Er ist jedoch nicht gehalten, die ihm insoweit zur Verfügung stehenden Mittel bis zum vollständigen Verbrauch einzusetzen, um die aus dem verminderten laufenden Einkommen nicht finanzierbaren Ansprüche der Unterhaltsgläubiger bis zu ihrer nach dem früheren Erwerbseinkommen berechneten Höhe weiterzuzahlen. Das gilt insbesondere dann, wenn dem Unterhaltsschuldner selbst, wie hier, nur ein Betrag in der Größenordnung des sogenannten „billigen Eigenbedarfs" verbleibt (FamRZ 1987/359, 360 m. w. N.). Wenn der Kläger nach seinem Ausscheiden aus dem Erwerbsleben außer für den Unterhalt der Beklagten zeitweise auch für den Kindesunterhalt aufzukommen hatte, so war er dadurch in einer Weise belastet, daß es ihm nicht zuzumuten war, mehr als vom Berufungsgericht angenommen einzusetzen, um den nach den früheren Verhältnissen bemessenen Unterhaltsbedarf der Beklagten entsprechend länger zu sichern.

(Durch eine Rentennachzahlung wird die Bedürftigkeit nicht rückwirkend gemindert. Insoweit entsteht hinsichtlich des Nachzahlungsteilbetrages, der auf die weiter zurückliegende Zeit entfällt, ein Erstattungsanspruch des Verpflichteten nach § 242 BGB)

e   I 3 b) dd) Mit Erfolg beanstandet die Anschlußrevision hingegen, daß das Oberlandesgericht der Beklagten bereits für die Zeit ab Oktober 1987 Einkünfte in Form monatlicher Rentenbezüge angerechnet hat, während die laufende Rentenzahlung erst im Juni 1988 begann. Zwar hat die Beklagte mit Bescheid vom 13. Mai 1988 außer der laufenden Rente eine Nachzahlung erhalten. Dadurch ist ihre Bedürftigkeit jedoch nicht rückwirkend gemindert worden. Vielmehr war sie bis zum tatsächlichen Erhalt der Rente auf die Unterhaltsleistungen des Klägers angewiesen (FamRZ 1983/574). Danach führt die Rentennachzahlung, die dem Zeitraum seit der Erhebung der Abänderungsklage zuzurechnen ist, nicht zu einer Herabsetzung des während dieser Zeit zu gewährenden Unterhalts; vielmehr kommt – ebenso wie hinsichtlich des Nachzahlungsteilbetrages, der auf die weiter zurückliegende Zeit entfällt – allein ein Erstattungsanspruch des Klägers nach § 242 BGB in Betracht.

(Erstattungsanspruch des Verpflichteten nach § 242 BGB bei einer Rentennachzahlung an den Berechtigten für eine Zeit, in der Unterhalt bezahlt worden ist. Die Höhe bemißt sich nach der Unterhaltsermäßigung, wenn die Rente schon während des fraglichen Zeitraumes gezahlt worden wäre. Der Erstattungsanspruch beinhaltet keine Unterhaltsabänderung nach § 323 ZPO)

f   II 2 a) Soweit Unterhalt für eine Zeit geleistet worden ist, für die dem Unterhaltsberechtigten, wie hier, nachträglich eine Erwerbsunfähigkeitsrente bewilligt wird, kommt nach der Rechtsprechung des Senats ein auf Treu und Glauben (§ 242 BGB) beruhender Anspruch auf Erstattung der Rentennachzahlung in Betracht, dessen Höhe sich danach bemißt, inwieweit sich der Unterhaltsanspruch ermäßigt hätte, wenn die Rente schon während des fraglichen Zeitraumes gezahlt worden wäre (FamRZ 1983/574, 575 und FamRZ 1989/718, 719 f.). Diese Art der Bemessung steht nicht in Widerspruch zu § 323 ZPO; denn es geht nicht um eine Abänderung des früheren Unterhaltstitels oder sonst eine Entscheidung über den Unterhaltsanspruch; vielmehr ist allein der Anspruch auf einen Teil der Rentennachzahlung betroffen. Deshalb kommt es nicht darauf an, ob der Bezug der Erwerbsunfähigkeitsrente und die Nachzahlung für den entsprechenden Unterhaltszeitraum einen Abänderungsgrund darstellen und dieser nach § 323 II und III ZPO geltend gemacht werden könnte. Daß es bei der Beurteilung des Anspruchs auf Erstattung der Rentennachzahlung im Rahmen der Gesamtbetrachtung zur Prüfung der Frage kommt, welcher Unterhaltsanspruch dem Berechtigten bei Berücksichtigung des Rentenbezuges von Anfang an zugestanden hätte, ist hier im Blick auf § 323 ZPO ebensowenig bedenklich wie in anderen Fällen, in denen – etwa im Deliktsrecht – im Rahmen sonstiger Rechtsbeziehungen die Höhe eines Unterhaltsanspruchs unter Berücksichtigung bestimmter hinzutretender Umstände fiktiv zu beurteilen ist.

Die Erwägungen, mit denen der Senat in Fällen rückwirkender Bewilligung einer Erwerbsfähigkeitsrente an einen Unterhaltsberechtigten einen Anspruch auf Erstattung der Rentennachzahlung anerkannt hat, haben nicht nur dann Gültigkeit, wenn infolge der Rentenbewilligung die Rente des Unterhaltsverpflichteten rückwirkend gekürzt wird und der Rentenversicherungsträger eine entsprechende Überzahlung feststellt und zurückfordert. Derartige Umstände lassen allerdings einen Ausgleich zwischen den Unterhaltspartnern als besonders dringlich erscheinen. Unverzichtbar für einen Erstattungsanspruch sind sie jedoch nicht. Vielmehr kann dieser auch in anderen Fällen einer nachträglichen Rentengewährung in Betracht kommen. In dem bereits erwähnten Urteil vom 15. Februar 1989 (FamRZ 89/718 = NJW 89/1990) hat der Senat ausgeführt, in den Fällen, in denen die Rente des Unterhaltsberechtigten vollständig oder zum großen Teil auf einem Versorgungsausgleich beruhe, verfehle eine rückwirkend gewährte Rente ihren eigentlichen Zweck, wenn der Verpflichtete dem Berechtigten für eben diesen zurückliegenden Zeitraum bereits Unterhalt gewährt habe. Das gilt unabhängig davon, ob es auf seiten des Verpflichteten zugleich zu einer rückwirkenden oder – aus welchen Gründen auch immer – nur zu einer fortan einsetzenden Kürzung seiner Rente kommt. Auch wenn die Rente nicht auf einem Versorgungsausgleich beruht, sondern, wie es hier teilweise der Fall ist, aufgrund von Anwartschaft gewährt wird, die der Unterhaltsberechtigte durch eigene Erwerbstätigkeit erlangt hat, ist in der dargelegten Zweckverfehlung ein Umstand zu erblicken, der einen Erstattungsanspruch rechtfertigen kann.

BGH v. 24. 1. 90 – XII ZR 2/89 – FamRZ 90, 499 = NJW 90, 1477

(Erwerbslosigkeitsunterhalt [§ 1573 I BGB] bei vergeblichen Bemühungen um eine angemessene Erwerbstätig-   **R407**
keit oder bei Fehlen einer realen Beschäftigungschance; ausreichende Bemühungen um eine Erwerbstätigkeit;
Meldung beim Arbeitsamt; Bewerbungen auf Anzeigen; Aufgabe von Anzeigen; Vorlage von Ablehnungsschreiben;
Sachkunde des Gerichts zur Arbeitsmarktlage; Aufstockungsunterhalt [§ 1573 II BGB] bei nicht ausreichenden
Bemühungen um eine angemessene Vollerwerbstätigkeit)

c) Diese Rügen greifen nicht durch.

Zwar setzt ein Anspruch auf Aufstockungsunterhalt gemäß § 1573 II BGB nach der Systematik des Gesetzes voraus, daß der geschiedene Ehegatte eine angemessene Erwerbstätigkeit ausübt und daher nicht bereits aufgrund eines anderen gesetzlichen Tatbestandes Anspruch auf den nach den ehelichen Lebensverhältnissen zu bemessenen Unterhalt hat; als anderer zunächst zu prüfender Tatbestand kann auch der des § 1573 I BGB in Betracht kommen (FamRZ 1988/701 m. w. N.). Dieser Tatbestand ist erfüllt, wenn sich der Unterhaltsberechtigte ernsthaft, aber vergeblich um eine angemessene Erwerbstätigkeit bemüht hat, oder wenn für ihn selbst bei ausreichenden Bemühungen keine reale Beschäftigungschance bestanden hätte (FamRZ 1987/144), so daß auf diesem Hintergrund festgestellt werden kann, er vermöge keine angemessene Erwerbstätigkeit zu finden. Eine solche Situation hat das Berufungsgericht indessen im Fall der Klägerin aus tatsächlichen Gründen nicht für gegeben erachtet; denn es hat angenommen, sie sei ihrer Obliegenheit, sich um eine angemessene Vollzeitbeschäftigung – die sie nach der Auffassung des Berufungsgerichts hätte finden können – zu bemühen, nicht ausreichend nachgekommen. Damit waren die Voraussetzungen eines Unterhaltsanspruchs nach § 1573 I BGB nicht gegeben, und es ist aus Rechtsgründen nicht zu beanstanden, daß das Berufungsgericht die Grundlage des geltend gemachten Unterhaltsanspruchs der Klägerin nicht in § 1573 I BGB, sondern in Abs. 2 der Vorschrift gesehen hat (FamRZ 1988/927, 929).

Die Anschlußrevision greift die Annahme nicht ausreichender Arbeitsbemühungen der Klägerin mit der Rüge an, das Berufungsgericht habe ihre zahlreichen Bewerbsunterlagen nicht hinreichend berücksichtigt; es habe im übrigen zumindest eine sachverständige Auskunft des zuständigen Arbeitsamts einholen müssen, bei dem sich die Klägerin in regelmäßigen Abständen gemeldet habe, ohne jedoch – wegen ihrer fehlenden Berufsausbildung – vermittelt werden zu können. Damit hat sie indessen keinen Erfolg.

Das Oberlandesgericht hat sich zwar in den Entscheidungsgründen des angefochtenen Urteils nicht näher mit den vorgetragenen Bemühungen der Klägerin um eine angemessene Erwerbstätigkeit auseinandergesetzt, sondern diese nur allgemein als zu spärlich qualifiziert. Das Gericht hatte hierzu jedoch im Prozeßkostenhilfeverfahren in seiner Beschwerdeentscheidung vom 2. Dezember 1986 näher ausgeführt: Die Klägerin müsse sich in gebotenem Maße bemühen, eine ihr zumutbare Tätigkeit zu finden. Sich regelmäßig beim Arbeitsamt zu melden, reiche nicht aus. Der zur Erwerbstätigkeit Verpflichtete müsse sich vielmehr mehrmals wöchentlich auf Stellenangebote in der örtlichen Presse bewerben. Er müsse auch regelmäßig monatlich eigene Anzeigen aufgeben; wenn er dazu finanziell nicht in der Lage sei, müsse er sich verstärkt auf Anzeigen in der Presse bewerben. Die Klägerin sei jetzt 37 Jahre alt. Schon seit zwei bis drei Jahren sei sie durch die Betreuung der (damals) 19 Jahre alten Tochter nicht mehr gehindert, sich durch eine Ganztagstätigkeit eine dauerhafte Existenzgrundlage aufzubauen. Sie habe hierzu auf Grund der vorangegangenen Unterhaltsverfahren jeden Anlaß gehabt und habe sich auch vor Augen halten müssen, daß sie dem Beklagten bei späteren Unterhaltsforderungen über das Ausmaß ihrer Bemühungen rechenschaftspflichtig sein werde. Vor diesem Hintergrund sei der Vortrag der Klägerin insbesondere in ihren Schriftsätzen vom 25. September 1986 und vom 20. November 1986 teils unsubstantiiert, teils seien die vorgetragenen Bemühungen unzureichend. Daß die Klägerin bei ihrer Arbeitsuche die Spannweite sämtlicher für sie in Betracht kommenden Tätigkeiten ausgeschöpft, sich regelmäßig mehrmals wöchentlich beworben habe und dies auch in geeigneter Weise geschehen sei, lasse sich ihrem Vorbringen konkret nicht entnehmen und ergebe sich auch nicht aus der pauschalen Behauptung, regelmäßig das Arbeitsamt zur Weitervermittlung aufgesucht und sich auch selbst regelmäßig um einen besserdotierten Arbeitsplatz bemüht zu haben.

Daraufhin hatte die Klägerin mit Schriftsatz vom 8. Februar 1988 weitere vergebliche Bewerbungen vorgetragen, zu denen das Amtsgericht in dem erstinstanzlichen Urteil ausgeführt hat: Sie habe für den Zeitraum seit der Scheidung der Parteien, also von $3^{1}/_{2}$ Jahren, insgesamt acht ablehnende Stellungnahmen von Firmen vorgelegt, wobei auffalle, daß offensichtlich vier der angeschriebenen Firmen keinerlei Stellenangebote veröffentlicht hätten. Insgesamt acht Bewerbungen in $3^{1}/_{2}$ Jahren könnten nicht als ausreichende Bemühungen zur Erlangung einer angemessenen Erwerbstätigkeit angesehen werden; hierauf sei die Klägerin auch in dem Beschluß des Oberlandesgerichts vom 2. Dezember 1986 hingewiesen worden.

Mit der Berufung gegen dieses Urteil hat die Klägerin sodann vorgetragen: Aufgrund der Vielzahl fehlgeschlagener Bemühungen habe sich bei ihr der Eindruck verstärkt, sie könne sowieso keine Stelle mehr erhalten, jedenfalls nicht bei der derzeitigen Arbeitsmarktlage. Ungeachtet ihrer bislang fehlgeschlagenen privaten Bemühungen habe sie sich aber stets beim Arbeitsamt gemeldet. Sie sei jedoch nicht vermittelbar, weil es für ungelernte Kräfte im Großraum M in ihrem Alter „praktisch keine reale Beschäftigungschance" gebe; dieser Punkt solle jedoch „nicht weiter vertieft werden". Beweis hat sie hierzu im Berufungsrechtszug nicht mehr angeboten.

Angesichts dieser Sachlage hat sich das Berufungsgericht nicht unter Verstoß gegen Verfahrensgrundsätze über erhebliche Beweisangebote der Klägerin hinweggesetzt. Daß diese sich wiederholt vergeblich bei dem zuständigen Arbeitsamt gemeldet habe, hat das Berufungsgericht ersichtlich unterstellt (vgl. den Beschluß vom 2. Dezember 1986), jedoch nicht für ausreichend erachtet; denn es hat sie unter anderem auf mögliche Erwerbstätigkeiten verwiesen, die, wie etwa Tätigkeiten als Haushaltshilfe in einem privaten Haushalt oder als Mitarbeiterin im sozialen Dienst, erfahrungsgemäß nicht über das Arbeitsamt, sondern durch private Kontakte vermittelt oder durch persönliche Initiative gefunden werden.

Soweit das Berufungsgericht die Erwerbsmöglichkeiten im Mönchengladbacher Raum beurteilt hat, ohne seine Sachkunde näher darzulegen, begründet auch dies keinen zur Aufhebung des angefochtenen Urteils nötigenden Verfahrensfehler. Es kann davon ausgegangen werden, daß ein seit Jahren bestehender Familiensenat eines Oberlandesgerichts über die notwendige Erfahrung verfügt, um die Arbeitsmarktlage in seinem Zuständigkeitsbereich mit den sich danach für Frauen in der Situation der Klägerin bietenden Erwerbsmöglichkeiten beurteilen zu können.

d) Das Berufungsgericht hat der Klägerin nach alledem zu Recht einen Aufstockungsunterhalt nach § 1573 II BGB zugesprochen, da sie sich aufgrund ihrer nicht ausreichenden Bemühungen um eine volle Erwerbstätigkeit behandeln lassen muß, als erziele sie Einkünfte aus einer solchen Tätigkeit, die jedoch nicht ausreichen, um ihren vollen eheangemessenen Unterhalt zu decken (FamRZ 88/927, 929).

BGH v. 31. 1. 90 – XII ZR 35/89 – FamRZ 90, 503 = NJW-RR 90, 514

(Ausnahmen vom In-Prinzip bei Steuern; Erwerbstätigenbonus)

1. Bei der Ermittlung der ehelichen Lebensverhältnisse gem. § 1578 I 1 BGB ist grundsätzlich auf das tatsächliche, auf der Grundlage der konkreten Steuerbelastung verfügbare Nettoeinkommen des Ehegatten abzustellen, der während der Ehe durch seine Erwerbstätigkeit (allein) die für den Unterhalt der Ehegatten benötigten Mittel erwirtschaftet hat. Entgegen der Darstellung im angefochtenen Urteil folgt der Senat hierbei seiner ständigen Rechtsprechung (vgl. BGHZ 89, 108 (110) = NJW 1984, 292 sowie NJW 1982, 1986 = FamRZ 1983, 152 (153); NJW 1988, 2105 = FamRZ 1988, 486 und NJW 1988, 2101 = FamRZ 1988, 817 (818)). Diese hat er mit Urteil vom 24. 1. 1990 (XII ZR 2/89) erneut bestätigt und sich dabei auch bereits mit den vom BerGer. für seine abweichende Auffassung vorgetragenen Gesichtspunkten auseinandergesetzt. Darauf wird verwiesen. Entgegen der Auffassung des OLG ist bei der Bedarfsbemessung nicht auf die erzielten Nettoeinkünfte in der Zeit des Zusammenlebens („während intakter Ehe") abzustellen; vielmehr sind grundsätzlich auch nach der Trennung eintretende Änderungen zu berücksichtigen, weil die Verhältnisse zum Zeitpunkt der Scheidung maßgebend sind. Selbst für die Folgezeit können sich ausnahmsweise noch bestimmte Umstände auswirken, wenn nämlich ihr Eintritt mit großer Wahrscheinlichkeit zu erwarten war und sich die Ehegatten in ihren Dispositionen auf sie bereits einrichten konnten (vgl. *Senat*, FamRZ 1982, 684 (686) und NJW 1985, 1699 = FamRZ 1985, 791 (793) m. w. Nachw.). Der Senat hat es somit abgelehnt, den unterhaltsberechtigten Ehegatten von späteren Veränderungen von vornherein auszuschließen und für die Unterhaltsbemessung nach der Scheidung etwa nur noch an die allgemeine Entwicklung der Lebenshaltungskosten anzuknüpfen (*Senat*, NJW 1987, 1555 = FamRZ 1987, 459 (460)).

Dieser Grundsätze über die Berücksichtigung zu erwartender nachehelicher Veränderungen bedarf es jedoch nicht, soweit es sich darum handelt, Einkünfte in der Höhe in die Unterhaltsbemessung einzustellen, wie sie sich aus den bisherigen Einkommensquellen [Einkommensquellen] als Nettoeinkünfte nunmehr ergeben. Dabei sind gesetzlich bestimmte Abzüge (Steuern, Sozialabgaben) oder in Lohn-, Besoldungs- und Versorgungssystemen vorgesehene Zuschläge stets zu berücksichtigen, auch soweit sie einer Änderung der persönlichen Verhältnisse des Einkommensbeziehers Rechnung tragen. Deshalb ist auch die Lohnsteuerlast in ihrer jeweiligen realen Höhe maßgeblich, unabhängig davon, ob sie im konkreten Fall seit der Trennung gestiegen oder gesunken ist und ob das auf einem gesetzlich vorgeschriebenen Wechsel der Steuerklasse oder auf einer Änderung des Steuertarifs beruht. Berichtigungen der tatsächlichen, durch Steuerbescheid oder Lohnabrechnung nachgewiesenen Nettoeinkünfte sind danach nur in besonders liegenden Fällen vorzunehmen. Sie können etwa erforderlich werden, wenn in das versteuerte Einkommen Einkünfte aus einer Erwerbstätigkeit oder einer sonstigen Erwerbsquelle eingeflossen sind, die die ehelichen Lebensverhältnisse nicht geprägt haben und deshalb bei der Bemessung des Unterhaltsbedarfs nach § 1578 I 1 BGB ausgeschieden werden müssen (vgl. etwa *Senat,* NJW 1983, 933 = FamRZ 1983, 146 (149)), oder wenn steuerrechtlich mögliche Abschreibungen vorgenommen worden sind, die nach den insoweit von der Rechtsprechung entwickelten Grundsätzen (vgl. *Senat,* NJW 1985, 909 = FamRZ 1985, 357 (359) und NJW 1987, 776 = FamRZ 1987, 46 (48) m. w. Nachw.) dem Unterhaltsgläubiger nicht einkommens- und damit bedarfsmindernd entgegengehalten werden können, oder wenn erreichbare Steuervorteile entgegen einer insoweit bestehenden Obliegenheit nicht in Anspruch genommen worden sind (vgl. dazu Kalthoener/Büttner, Die Rechtsprechung zur Höhe des Unterhalts, 4. Aufl., Rdnrn. 774 ff.).

BGH v. 31. 1. 90 – XII ZR 36/89 – FamRZ 90, 496 = NJW 1990, 2752

(Erwerbsobliegenheit bei Betreuung eines 16 jährigen Kindes; Darlegungs- und Beweislast)   **R414**

Wie der Senat bereits entschieden hat, hindert die Betreuung eines Kindes ab dem Alter von etwa **a** 16 Jahren im allgemeinen nicht an einer vollen Erwerbstätigkeit. Für eine abweichende Beurteilung müssen besondere Gründe vorliegen. Solche besonderen Gründe sind im Prozeß von demjenigen darzulegen und notfalls zu beweisen, der sich auf das Fortbestehen eines Anspruchs auf Betreuungsunterhalt beruft (vgl. *Senat,* NJW 1985, 429 = FamRZ 1985, 50 (51)). Diese Verteilung der Darlegungs- und Beweislast gilt auch im Abänderungsprozeß jedenfalls dann, wenn derartige Gründe – wie hier – im Vorprozeß noch nicht vorgebracht und bewertet worden sind. Mit Recht hat daher das BerGer. die Bekl. als darlegungspflichtig für Umstände angesehen, die über den 1. 7. 1985 hinaus eine Verhinderung an der Aufnahme einer Erwerbstätigkeit aufgrund der Kindesbetreuung ergeben könnten.

Wenn es ihrem Vortrag über die erforderliche Überwachung der Tabletteneinnahme keine derartigen Umstände entnommen hat, ist dies aus Rechtsgründen nicht zu beanstanden. Die Bekl. ist in der Berufungsverhandlung auf diesbezügliche Bedenken des Gerichts hingewiesen worden, hat aber offenbar nicht vorgetragen, eine Tabletteneinnahme morgens und abends, wie vom Gericht erwogen, sei nach ärztlichem Urteil oder aus sonstigen Gründen unzureichend. Die Revision macht auch nicht geltend, daß das BerGer. eine derartige Behauptung der Bekl. übergangen habe. Soweit sie rügt, das BerGer. habe seiner Entscheidung ärztlichen Sachverstand zugrunde gelegt, den es nicht belegt habe und nicht besitze, geht die Rüge fehl. Das BerGer. hat nicht festgestellt, daß eine – von der Bekl. zu überwachende – Tabletteneinnahme morgens und abends genüge, sondern hat lediglich diese Möglichkeit als nicht ausgeräumt angesehen.

(Einsatzzeit bei § 1572 BGB)

Wie die Revision mit Recht rügt, durfte ein Anschlußtatbestand nach § 1572 Nr. 4 BGB i. V. mit **b** § 1573 I BGB unter diesen besonderen Umständen nicht ohne weiteres damit verneint werden, daß die Bekl. für die Zeit seit Juli 1985 keine Bemühungen um eine Erwerbstätigkeit behauptet hat. Vielmehr kommt in Betracht, daß der Kl. sich hierauf nach Treu und Glauben nicht berufen kann (vgl. Soergel-Häberle, BGB, 12. Aufl., § 1573 Rn. 8). Soweit bisher ersichtlich, hat er die Bekl. erst mit Anwaltsschreiben vom 16. 9. 1986 auf ihre Erwerbsobliegenheit hingewiesen und aufgefordert, auf ihre Rechte aus dem Unterhaltstitel zu verzichten. Zudem ist das mit dem Heranwachsen eines Kindes verbundene Auslaufen des Anspruchs auf Betreuungsunterhalt kein für jedermann ohne weiteres erkennbarer Vorgang. Daher durfte die Bekl. möglicherweise darauf vertrauen, daß ihr – obendrein titulierter – Unterhaltsanspruch fortbestehe und sie sich nicht um eine Erwerbstätigkeit bemühen müsse.

Allerdings müssen bei der hier gebotenen Abwägung auch die schutzwürdigen Interessen des Kl. berücksichtigt werden, dessen Rechtsposition nicht schon deshalb nachhaltig verschlechtert werden darf, weil er sich später als möglich gegen den Unterhaltstitel gewandt und bis dahin u. U. zeitweise eine Unterhaltspflicht erfüllt hat, der er mit Erfolg hätte begegnen können. Indessen sind Umstände denkbar, unter denen seine Interessen zurücktreten müssen. Unzweifelhaft wäre dies der Fall, wenn er die Bekl. durch Fortzahlung des Unterhalts bewußt von Erwerbsbemühungen abgehalten, sie also in Sicherheit gewiegt hätte. Bei derart arglistigem Verhalten, für das bisher freilich nichts vorliegt, könnte er sich nicht darauf berufen, daß der Einsatzzeitpunkt für einen Anschlußunterhalt nach § 1572 Nr. 4 BGB verfehlt sei. Zu demselben Ergebnis kann es aber etwa auch führen, wenn er seine Zahlungen während einer Zeit widerspruchslos fortgesetzt hat, in der die Bekl. erkennbar im Vertrauen auf eine fortbestehende Betreuungsbedürftigkeit der Tochter von Erwerbsbemühungen abgesehen hat. Derartiges ist hier schon deshalb nicht auszuschließen, weil die Bekl. sich gegen die Abänderungsklage damit verteidigt hat, die Tochter habe über die Vollendung des sechzehnten Lebensjahres hinaus in einer Weise der Betreuung bedurft, die sie – die Bekl. – an einer Erwerbstätigkeit gehindert habe. Es bedarf mithin weiterer Sachaufklärung und einer umfassenden, in erster Linie tatrichterlicher Würdigung vorbehaltenen Abwägung unter Berücksichtigung aller wesentlichen Umstände einschließlich der schutzwürdigen Belange beider Parteien. Da diese bisher fehlt, kann das angefochtene Urteil keinen Bestand haben.

BGH v. 14. 2. 90 – XII ZR 39/89 – FamRZ 90, 491 = NJW 1990, 1476

R415   *(Rückforderung eines Prozeßkostenvorschusses)*

Ebenso wie der Anspruch auf Prozeßkostenvorschuß nach §§ 1360 a IV, 1361 IV 4 BGB, der unterhaltsrechtlicher Natur ist (BGHZ 56, 92 (94) = NJW 1971, 1262; BGHZ 89, 33 (38 f.) = NJW 1984, 291), läßt sich auch der Anspruch auf Rückzahlung eines geleisteten Prozeßkostenvorschusses aus den Vorschriften des Unterhaltsrechts herleiten. Mangels einer speziellen gesetzlichen Regelung ist dabei der den §§ 1360 ff. BGB zugrundeliegende Rechtsgedanke heranzuziehen, und zwar unter Berücksichtigung des Vorschußcharakters der Leistung (BGHZ 56, 92 (96 f.) = NJW 1971, 1262; *Senat,* BGHZ 94, 316 (318) = NJW 1985, 2263). Hiernach kann der Vorschuß zurückgefordert werden, wenn die Voraussetzungen, unter denen er verlangt werden konnte, nicht mehr bestehen, insbesondere weil sich die wirtschaftlichen Verhältnisse des Empfängers wesentlich gebessert haben; ferner, wenn die Rückzahlung aus anderen Gründen der Billigkeit entspricht (BGHZ 56, 92 (96, 97) = NJW 1971, 1262, BGHZ 94, 316 (318) = NJW 1985, 2263).

BGH v. 14. 2. 90 – XII ZR 51/89 – FamRZ 90, 981 = NJW-RR 1990, 580

R416   *(Abweichung von Halbteilungsprinzip bei Renten wegen Mehrbedarfs)*

1. Für die Zeit bis Ende 1988 hat das BerGer. – wie das AG im Ausgangsurteil – den Unterhalt nach einer Quote von ²/₅ der Differenz der beiderseitigen bereinigten Einkommen bemessen. Das begegnet keinen durchgreifenden rechtlichen Bedenken. Ob dies schon deshalb gilt, weil bereits das Ausgangsurteil den Unterhalt nach einer hinter der Hälfte der Einkommensdifferenz zurückbleibenden Quote bemessen hat und das Gericht im Abänderungsverfahren an die Grundlagen des bisherigen Titels gebunden ist (vgl. *Senat,* NJW 1984, 1458 = FamRZ 1984, 374 (375) m. w. Nachw.), kann offenbleiben. Auch wenn die Bindung an den bestehenden Titel nicht so weit reicht, ist die maßvolle Abweichung vom Halbteilungsgrundsatz unbedenklich. Allerdings verschafft die Anwendung der gewählten Verteilungsquote im Ergebnis beiden Parteien einen Bonus in Höhe eines Fünftels ihres Einkommens. Ein solcher steht der Bekl., wie das BerGer. nicht verkennt, unter dem Gesichtspunkt des mit einer Berufsausübung verbundenen höheren Aufwandes und des Anreizes zur Erwerbstätigkeit (sog. Erwerbstätigen-Bonus) nicht zu, weil sie nur Renteneinkünfte bezieht (vgl. *Senat,* NJW 1982, 2442 = FamRZ 1982, 894 (895)). Er ist jedoch durch besondere Gründe anderer Art gerechtfertigt. Das BerGer. hat rechtsfehlerfrei ausgeführt, die Bekl. erleide krankheitsbedingte Nachteile, die die Veranlassung böten, die für einen Erwerbstätigen geltenden Grundsätze entsprechend anzuwenden. Werde jener zum Erhalt seiner Arbeitsfreude und zum Ausgleich berufsbedingter Nachteile bevorzugt, so seien bei der Bekl. krankheitsbedingte, ihre Lebensgestaltung beeinträchtigende Nachteile zu verzeichnen, die es angezeigt erscheinen ließen, auch ihr einen entsprechenden Bonus zu gewähren. Jedenfalls das rechtfertigt seinen Ansatz in der tatrichterlich bestimmten, rechtlich unbedenklichen Höhe auch im Abänderungsverfahren.

BGH v. 11. 4. 1990 – XII ZR 42/89 – FamRZ 90, 989 = NJW 90, 3274

R418   *(Wohnwert als Einkommen)*

a   1. a) Zutreffend hat das KG zur Feststellung der Lebensverhältnisse der Parteien im Rahmen der Bedarfsbemessung zunächst die Einkünfte des Kl. aus dessen Erwerbstätigkeit herangezogen (§ 1361 I BGB). Es hat jedoch nicht berücksichtigt, daß zu den Einkünften der Parteien, die für den eheangemessenen Unterhalt bestimmend sind, auch das mietfreie Wohnen im Familienheim gehört. Denn zu den Einkünften rechnen auch die Vorteile, die die Parteien dadurch gehabt haben, daß sie ein eigenes Haus bewohnt haben. Es handelt sich um Nutzungen des Vermögens, hier des Grundstückseigentums i. S. des § 100 BGB, und zwar in der Form der Gebrauchsvorteile. Soweit deren Wert die Belastungen übersteigt, die durch allgemeine Grundstücksunkosten und -lasten sowie gegebenenfalls durch Zins- und Tilgungsverpflichtungen entstehen, sind sie bei der Bestimmung der Lebensverhältnisse den Einkünften der Eheleute hinzuzurechnen (*Senat,* NJW 1989, 2809 = FamRZ 1989, 1160).

(Fiktive Zinsen nur ansetzbar, wenn eine mutwillige Herbeiführung der Bedürftigkeit vorliegt)

b) Das KG hat für die Zeit ab Oktober 1988 einen Unterhaltsanspruch der Bekl. verneint. Es hat **d**
die Bekl. für gehalten angesehen, die Zinsen aus dem ihr hälftig zugeflossenen Erlös aus dem
Hausverkauf für ihren Unterhalt einzusetzen. Dieser Obliegenheit habe sie mindestens fahrlässig
dadurch zuwider gehandelt, daß sie ungeachtet des ihr zugeteilten Hausrats für sich und die Kinder
ungewöhnlich viele und in dieser Weise sowie Höhe nicht sogleich notwendige Neuanschaffungen
von Hausrat vorgenommen, eine außerordentlich hohe Einmalprämie für eine neue Lebensversicherung bezahlt und weitere hohe Beträge den Kindern zugewendet habe, ohne genügend ihren eigenen
laufenden Lebensunterhalt zu berücksichtigen. Das KG hat ihr deshalb fiktive Zinsen in Höhe von
562,50 DM monatlich als Einkommen angerechnet, [angerechnet] die sie aus einem Kapital von
150 000 DM hätte ziehen können, da dieses Kapital „bei der gebotenen sparsamen Verwendung"
verfügbar gewesen wäre. Auch diese Erwägungen begegnen Bedenken, worauf die Revision mit
Recht hinweist.

Dem Ausgangspunkt des KG ist allerdings zuzustimmen, daß den Unterhaltsberechtigten die Obliegenheit trifft, eigenes Vermögen so ertragreich wie möglich anzulegen, weil auch solche Einkünfte
die Bedürftigkeit mindern, die in zumutbarer Weise eingezogen werden könnten, aber nicht eingezogen werden (*Senat*, EzFamR BGB § 1577 Nr. 7. m. w. Nachw.).

Ein Ansatz fiktiver Zinseinkünfte scheidet jedoch aus, wenn das einzusetzende Kapital nicht mehr
vorhanden ist (*Senat*, NJW 1988, 2371 (2372)). Nach dem Vortrag der Bekl., den das BerGer. seiner
Erwägung zugrunde legt, hat sie den ihr zugeflossenen Verkaufserlös bis auf einen Restbetrag von
40 000 DM verbraucht. Als Einkünfte können deshalb zunächst nur die Zinsen aus der Anlage dieser
40 000 DM angesetzt werden. Die Ausgabe von ca. 165 000 DM kann nur dann zu Lasten der Bekl.
gehen, wenn die Voraussetzungen des § 1579 Nr. 3 BGB gegeben sind (*Senat*, NJW-RR 1986, 746 =
FamRZ 1986, 560 (562)).

Für eine mutwillige Herbeiführung der Bedürftigkeit i. S. des § 1579 Nr. 3 BGB ist mindestens eine
unterhaltsbezogene Leichtfertigkeit Voraussetzung, die vorliegt, wenn sich der Unterhaltsberechtigte
unter grober Mißachtung dessen, was jedem einleuchten muß, oder in Verantwortungs- und Rücksichtslosigkeit gegen den Unterhaltpflichtigen über die erkannte Möglichkeit nachteiliger Folgen für
seine Bedürftigkeit hinweggesetzt hat (vgl. *Senat*, FamRZ 1984, 364 (367) m. w. Nachw.). Daß die
Bekl. beim Abschluß der Rentenversicherung in diesem Sinn mutwillig gehandelt habe, wird sich
kaum sagen lassen, da diese Versicherung der Altersvorsorge diente und als teilweiser Ersatz für den
Verlust des Familienheimes angesehen werden konnte, dem ebenfalls in gewissem Umfang Sicherungs-
funktion für das Alter zukam. Mutwilligkeit in dem genannten Sinne läßt sich auch bei den umzugs-
bedingten Neuanschaffungen nicht pauschal, sondern nur nach Prüfung der jeweiligen einzelnen
Anschaffung bejahen, da Umzüge erfahrungsgemäß dazu führen, daß vorhandene Einrichtungsgegenstände in der neuen Wohnung nicht passen oder aus anderen Gründen ersetzt werden müssen, wobei
dem Umziehenden ein Ermessen zuzubilligen ist.

Hinsichtlich des Sparbriefes in Höhe von 21 000 DM für K hat die Bekl. vorgetragen, daß diese
Zuwendung zum teilweisen und versprochenen Ausgleich für die frühere Verwendung von 20 000 DM
aus einer dem Kind angefallenen Erbschaft geschehen sei. Nach dem schriftlichen Willen der Erb-
lasserin seien die 20 000 DM als Aussteuer für die Tochter gedacht gewesen. Dieser – unbestrittene –
Vortrag spricht ebenfalls gegen eine Mutwilligkeit der Bekl.

BGH v. 16. 5. 90 – XII ZR 40/89 – FamRZ 90, 851 = NJW 90, 2252

(Unterhalt bei Gütergemeinschaft)   **R420**

II. Da die Parteien getrennt leben, kann die Kl. vom Bekl. nach § 1361 I BGB den nach den
Lebensverhältnissen und den Erwerbs- und Vermögensverhältnissen der Parteien angemessenen Unterhalt verlangen. Dieser Anspruch besteht unabhängig von dem zwischen Eheleuten geltenden Güterstand (Palandt-Diederichsen, BGB, 49. Aufl., § 1361 Anm. 1 c; Finke, in: RGRK, 12. Aufl., § 1447
Rn. 10 a. E.; Göppinger-Wenz, 5. Aufl., Rn. 1182; für § 1360 BGB vgl. auch: Soergel-Lange, BGB,
12. Aufl., § 1360 Rn. 2 und Soergel-Gaul, § 1420 Rn. 1). Er steht der Kl. daher zu, obwohl sie mit
dem Bekl. in Gütergemeinschaft lebt.

Trotzdem ist zu fragen, ob dieser Unterhaltsanspruch durch die Gütergemeinschaft inhaltlich beeinflußt wird. Diese Frage hat das BerGer. sich nicht vorgelegt. Es hat insoweit lediglich geprüft, ob der
Unterhaltsbedarf der Kl. dadurch gedeckt ist, daß sie an den Einkünften des Gesamtgutes, das beiden
Parteien zur gesamten Hand gehört (§§ 1416 I, 1419 I BGB), rechtlich teilhat und daß für den
Unterhalt der Familie gem. § 1420 BGB primär diese Einkünfte zu verwenden sind. Damit wird
jedoch die eigentliche Frage verfehlt. Darauf weist die Revision zutreffend hin, wenn sie geltend macht,
es gehe um die Verwaltung des Gesamtgutes; um ihren Unterhalt sicherzustellen, müsse die Kl. die
Zustimmung des Bekl. zu entsprechenden Verwaltungsmaßnahmen erwirken.

Nach § 1361 IV 1 BGB ist der laufende Unterhalt durch Zahlung einer Geldrente zu gewähren. Die Vorschrift gibt dem unterhaltsbedürftigen Ehegatten also gegen den anderen einen Zahlungsanspruch. Für die Gütergemeinschaft bestimmt hingegen § 1420 BGB, daß „für den Unterhalt der Familie" die Einkünfte, die in das Gesamtgut fallen, vor den in das Vorbehaltsgut fallenden Einkünften „zu verwenden" sind, und der Stamm des Gesamtgutes vor dem Stamm des Vorbehalts- und des Sondergutes. Wie die Worte „Unterhalt der Familie" zeigen, hat die Vorschrift ersichtlich den Unterhalt nach § 1360 BGB im Auge. Leben die Ehegatten jedoch wie hier die Parteien – getrennt, muß sie in gleicher Weise für den Trennungsunterhalt nach § 1361 BGB gelten. Die Vereinbarung von Vorbehaltsgut (§ 1418 BGB) ist nicht behauptet. Nach § 1420 BGB sind daher für den Unterhalt der Kl. in erster Reihe die Einkünfte des Gesamtgutes und dessen Stamm zu verwenden. Erst wenn und soweit diese Vermögenswerte dazu nicht ausreichen, ist für den Unterhalt das Sondergut heranzuziehen.

Zum Gesamtgut der Parteien gehören gem. § 1416 I BGB die Einkünfte aus den beiden Renten des Bekl. sowie aus der Vermietung des Bauernhofes in A. Sondergut, das nach § 1417 I BGB vom Gesamtgut ausgeschlossen ist, sind gem. Abs. 2 der Vorschrift lediglich die Rentenstammrechte und die daraus fließenden Rentenansprüche des Bekl., soweit sie gem. §§ 54 f. SGB I (Erwerbsunfähigkeitsrente) oder §§ 850 II, 850 a ff. ZPO (Rente der Versorgungsanstalt des Bundes und der Länder; vgl. Zöller-Stöber, ZPO, 15. Aufl., § 850 Rn. 7: Ruhegeld) unpfändbar sind und daher nach § 400 BGB nicht abgetreten werden können. Hingegen fallen die einzelnen Rentenzahlungen gem. § 1417 III BGB in das Gesamtgut (vgl. BSG, FamRZ 1980, 676 (677); Soergel-Gaul, § 1417 Rn. 3; Kanzleiter, in: MünchKomm, 2. Aufl., § 1417 Rn. 4; Palandt-Diederichsen, § 1417 Anm. 3; s. auch *Senat,* NJW 1985, 2706 = FamRZ 1985, 263 f.). Die Guthaben auf den von den Parteien oder dem Bekl. allein eingerichteten Bankkonten sind pfändbar und unterliegen nicht dem Abtretungsverbot des § 400 BGB, auch soweit sie aus der Überweisung von Rentenbeträgen herrühren. Der beschränkte Pfändungsschutz solcher Guthaben gem. §§ 55 SGB I, 850 k I ZPO steht dem nicht entgegen. Nach § 55 SGB I (vgl. dazu Burdenski–v. Maydell-Schellhorn, SGB AT, 1976, § 55 Rn. 44) ist die Unpfändbarkeit der durch solche Überweisungen entstehenden Guthaben auf die Dauer von sieben Tagen seit der Gutschrift beschränkt. § 850 k ZPO gibt lediglich dem Vollstreckungsgericht die Möglichkeit, die Pfändung eines bestimmten, von der Zeit zwischen der Pfändung und dem nächsten Zahlungstermin abhängigen Teils des Guthabens auf Antrag des Schuldners aufzuheben. Da diese Vorschriften zudem die bestimmungsgemäße Verwendung der überwiesenen Bezüge für den laufenden Lebensbedarf sichern wollen (Stein-Jonas-Münzberg, ZPO, 20. Aufl., § 850 i Rn. 119, § 850 k Rn. 1), hindern sie nicht die Zugehörigkeit der Guthaben zum Gesamtgut, aus dem nach § 1420 BGB gerade der Unterhalt der Familie in erster Reihe zu bestreiten ist. Auch die Bankguthaben fallen daher in das Gesamtgut. Das gilt auch für die vom Bekl. allein auf seinen Namen eingerichteten Konten; denn nach § 1416 I und II BGB wird das Vermögen beider Ehegatten Gesamtgut, ohne daß es der Übertragung der einzelnen Gegenstände bedarf.

Nach den Feststellungen, die das BerGer. zur Höhe der Einkünfte getroffen hat, muß der Senat davon ausgehen, daß das Gesamtgut ausreicht, neben dem entsprechenden eigenen Bedarf des Bekl. auch den angemessenen Unterhaltsbedarf der Kl. zu decken. Gegenteiliges ist weder festgestellt, noch auch nur behauptet. Unter Hinweis darauf, daß der Bekl. die Renten und die Mieten aus dem Anwesen A. vereinnahme, hat das BerGer. vielmehr seine Leistungsfähigkeit als unstreitig festgestellt. Für den Unterhalt der Kl. ist daher nach § 1420 I BGB ausschließlich das Gesamtgut zu verwenden, während ihr der Zugriff auf das Sondergut des Bekl. verschlossen ist. Für die Unterhaltsberechtigung der Kl. ergibt sich daraus folgendes:

Da der Ehevertrag der Parteien keine Bestimmung über die Verwaltung des Gesamtgutes trifft, wird es von beiden gemeinschaftlich verwaltet (§ 1421 S. 2 BGB). Beide Parteien sind demzufolge nur gemeinschaftlich zu Verfügungen über das Gesamtgut berechtigt (§ 1450 I 1 BGB). Jeder Ehegatte ist jedoch dem anderen gegenüber verpflichtet, an Maßregeln mitzuwirken, die zur ordnungsmäßigen Verwaltung des Gesamtgutes erforderlich sind (§ 1451 BGB). Zur ordnungsgemäßen Verwaltung gehört auch die Leistung des aus dem Gesamtgut zu erbringenden Unterhalts (vgl. Finke, in: RGRK, § 1469 Rn. 10; Soergel-Gaul, § 1435 Rn. 3), hier also auch des Trennungsunterhalts der Kl. Soweit der Bekl. die Kl. also daran hindert, aus dem Gesamtgut ihren angemessenen Unterhaltsbedarf zu befriedigen, verletzt er seine Pflicht zur ordnungsmäßigen Verwaltung des Gesamtgutes. Die Kl. kann daher von ihm verlangen, daß er an den Maßregeln mitwirkt, die zur Deckung ihres angemessenen Bedarfs erforderlich sind. Soweit dazu nicht der Weg des § 1452 BGB in Betracht kommt, also die vormundschaftsgerichtliche Ersetzung der Zustimmung des Bekl. zu einem Rechtsgeschäft, kann der Kl. diesen Anspruch im Prozeßwege durchsetzen und vollstrecken. Die Auffassung, nach § 1451 BGB bestehe kein klagbarer Anspruch auf Mitwirkung zu einzelnen Verwaltungsmaßnahmen, vielmehr sei nur eine Klage auf Herstellung des ehelichen Lebens gegeben (Soergel-Gaul, § 1451 Rn. 5; ebenso wohl Palandt-Diederichsen, § 1451 Anm. 1), so daß ein darauf ergehendes Urteil nicht vollstreckbar wäre (§ 888 II ZPO), vermag der Senat zumindest für Fälle wie den vorliegenden nicht zu teilen. Denn hier geht es um die Erfüllung des Rechts eines getrennt lebenden Ehegatten auf Unterhalt, also um einen rein vermögensrechtlichen Anspruch (ebenso allg. bei „Überwiegen des vermögensrechtlichen Elements": Kanzleiter, in: MünchKomm, § 1451 Rn. 8; s. auch Finke, in: RGKR, § 1451 Rn. 4).

Es bleibt daher zu fragen, ob die Kl. neben diesem auf Mitwirkung zur ordnungsmäßigen Verwaltung gerichteten Anspruch aus § 1451 BGB noch Zahlung einer Unterhaltsrente verlangen kann. Das ist jedoch nach dem Zusammenhang der güterrechtlichen Vorschriften nicht der Fall. Allerdings kommt neben dem Anspruch aus § 1451 BGB nach h. M. ein Schadensersatzanspruch entsprechend § 1435 S. 3 BGB in Betracht, der aber nur auf Ersatz einer durch Verletzung der Mitwirkungspflicht eingetretenen Minderung des Gesamtgutes gerichtet ist (*Senat,* FamRZ 1986, 40 (42); Kanzleiter, in: MünchKomm, Rn. 9; Soergel-Gaul, § 1451 Rn. 5; Finke, in: RGKR § 1451 Rn. 6; Erman-Heckelmann, BGB, 8. Aufl., § 1451 Anm. 1). Beharrliche und nicht ausreichend begründete Weigerung eines Ehegatten, zur ordnungsmäßigen Verwaltung des Gesamtgutes mitzuwirken, berechtigt den anderen außerdem zur Klage auf Aufhebung der Gütergemeinschaft (§ 1469 Nr. 2 BGB). Hingegen sieht das Gesetz nicht vor, daß ein Ehegatte, dem der andere pflichtwidrig die Mitwirkung zur ordnungsmäßigen Verwaltung des Gesamtgutes verweigert, von diesem über die dargelegten Ansprüche und Rechte hinaus Erfüllung oder Schadensersatz verlangen kann. Im Gegenteil bestimmt § 1468 BGB, daß ein Ehegatte, was er zum Vorbehalts- oder zum Sondergut des anderen schuldet, erst nach Beendigung der Gütergemeinschaft zu leisten braucht. Diese Vorschrift, die die Fälligkeit solcher Schulden grundsätzlich bis zur Beendigung der Gütergemeinschaft aufschiebt, gilt für schuldrechtliche Verbindlichkeiten aller Art (Finke, in: RGRK, § 1468 Rn. 2, 4; Kanzleiter, in: MünchKomm, § 1468 Rn. 2, § 1446 Rn. 2; Soergel-Gaul, § 1468 Rn. 3), etwa auch für den erwähnten Schadensersatzanspruch entsprechend § 1435 S. 3 BGB (Erman-Heckelmann, § 1451 Anm. 1). Sie würde daher auch einen Zahlungsanspruch der Kl. aus § 1361 BGB erfassen, der nach § 1417 II BGB i. V. mit §§ 400 BGB, 850 b I Nr. 2 ZPO in ihr Sondergut fiele (Soergel-Gaul, § 1417 Rn. 5; Erman-Heckelmann, § 1417 Rn. 3; OLG Posen, OLGZ 8, 336). Allerdings sieht § 1468 BGB eine Ausnahme für den Fall vor, daß das eigene Vorbehalts- und Sondergut des Ehegatten zur Erfüllung seiner Schuld ausreichen. Diese Ausnahme könnte der Kl. aber nicht zugute kommen, weil sie – wie dargelegt – nach § 1420 BGB gehindert ist, solche Vermögensmassen des Bekl. für ihren Unterhalt heranzuziehen. Diese materielle Rechtslage findet ihre Entsprechung im Vollstreckungsrecht, wonach eine Zwangsvollstreckung in von den Ehegatten gemeinschaftlich verwaltetes Gesamtgut nur zulässig ist, wenn beide zur Leistung verurteilt sind (§ 740 II ZPO). Die Vollstreckung eines der Ehegatten in das Gesamtgut, zu der dann ein Titel gegen den anderen genügen müßte, ist im Gesetz nicht vorgesehen.

Bei dieser Rechtslage ist die Kl. auf die ihr güterrechtlich eröffneten Wege angewiesen, wenn sie die ordnungsmäßige Verwendung des Gesamtgutes für ihren Unterhalt erreichen will. Ein Zahlungsanspruch gegen den Bekl. nach § 1361 BGB stände ihr daher nur zu, wenn für ihren Unterhalt (auch) sein Sondergut (und falls vorhanden: Vorbehaltsgut) zu verwenden wäre. Das ist aber – wie ausgeführt – nach § 1420 BGB nicht der Fall, da das Gesamtgut ausreicht.

III. Das angefochtene Urteil, das hiernach von der ihm gegebenen Begründung nicht getragen wird, erweist sich aber mit Einschränkung – aus anderen Gründen – als richtig (§ 563 ZPO).

1. Wie unter II. ausgeführt, kann die Kl. nach § 1451 BGB verlangen, daß der Bekl. zu der ordnungsmäßigen Verwaltung des Gesamtgutes einschließlich seiner Verwendung für ihren Unterhalt mitwirkt. Es stellt sich die Frage, ob ihr Klagebegehren nach dieser Vorschrift begründet ist. Da sich ein solcher Anspruch aus dem ehelichen Güterrecht herleitet, handelt es sich nach § 23 b I 2 Nr. 9 GVG auch insoweit um eine Familiensache, für die nach § 621 I Nr. 8 ZPO die Familiengerichte zuständig sind.

Wie unter II. schon ausgeführt, hat die Kl. nach § 1451 BGB einen durchsetzbaren Anspruch auf die Mitwirkung des Bekl. zu einzelnen Maßregeln, die zur ordnungsmäßigen Verwendung des Gesamtgutes (auch) für ihren Unterhalt erforderlich sind. Welche Maßregeln in diesem Sinne erforderlich sind, richtet sich nach den jeweiligen Besonderheiten. Hier ist der Sachverhalt dadurch gekennzeichnet, daß der Bekl. die für den Unterhalt der Kl. wesentlichen Teile des Gesamtgutes dadurch in seine tatsächliche Verfügungsmacht gebracht hat, daß er Renten- und Mieteinnahmen auf von ihm allein auf seinen Namen eingerichtete Bankkonten einzieht. Solange dieser von ihm herbeigeführte Zustand, den die Kl. nach §§ 1450, 1451 BGB nicht hinzunehmen brauchte, andauert, kann er die ordnungsmäßige Verwendung des Gesamtgutes für den Unterhalt der Kl. ohne ihr Zutun dadurch bewirken, daß er ihr aus den Kontoguthaben die zur Deckung ihres Bedarfs erforderlichen Geldmittel zur Verfügung stellt, wie er es in Höhe von monatlich 800 DM bereits tut. Auf die dazu erforderlichen Handlungen reduziert sich daher seine „Mitwirkung", wie die Kl. sie – soweit es allein um ihren Unterhalt geht – nach § 1451 BGB erreichen kann.

Da die Kl. nur Mitwirkung zur ordnungsmäßigen Verwaltung des Gesamtgutes verlangen kann, bedeutet dies allerdings nicht, daß der Bekl. uneingeschränkt zur Zahlung verurteilt werden kann, wie das FamG es getan und das BerGer. es gebilligt hat. Denn aus einem solchen Titel, der nach den Vorschriften des 2. Abschnittes des 8. Buches der ZPO („Zwangsvollstreckung wegen Geldforderungen") zu vollstrecken wäre, könnte die Kl. in das Sondergut (und – falls vorhanden – Vorbehaltsgut) des Bekl. vollstrecken, das aber nach § 1420 BGB nicht zu ihrem Unterhalt zu verwenden ist. Vielmehr kann die Kl. nur verlangen, daß der Bekl. die Handlungen vornimmt, die erforderlich sind, damit sie aus dem Gesamtgut die ihr zustehenden Geldmittel erhält. Ihr Anspruch richtet sich daher auf unvertretbare Handlungen, die im Weigerungsfall durch Zwangsvollstreckung nach § 888 ZPO erwirkt werden können. Da diese Handlungen aber ebenso wie Geldzahlungen der Überlassung von Geldbeträgen dienen, ist das auf ihre Vornahme gerichtete Begehren in dem Zahlungsantrag der Klage enthalten, so daß eine entsprechende Verurteilung nicht gegen das Verbot des § 308 I ZPO verstößt.

2. Die Revision macht allerdings geltend, der Klage fehle das Rechtsschutzbedürfnis, weil der Kl. der einfachere Weg des vormundschaftsgerichtlichen Verfahrens nach § 1452 BGB offenstehe. Dieser Einwand ist jedoch unbegründet, weil nicht davon auszugehen ist, daß die Kl. durch Anrufung des VormG zu ihrem Unterhalt kommen kann. Nach § 1452 BGB kann das VormG auf Antrag die ohne ausreichenden Grund verweigerte Zustimmung des anderen Ehegatten zu einem Rechtsgeschäft ersetzen, dessen Vornahme zur ordnungsmäßigen Verwaltung des Gesamtgutes erforderlich ist. Es ist jedoch nicht ersichtlich, daß es eines Rechtsgeschäftes der Kl. bedarf, damit das Gesamtgut ordnungsgemäß (auch) zu ihrem Unterhalt verwendet wird. Der Bekl. zieht die in Rede stehenden Einkünfte auf Bankkonten ein, die er allein auf seinen Namen eingerichtet hat. Im Verhältnis zu den Geldinstituten ist er daher allein zur Verfügung über die Konten befugt. Zwar könnte die Kl. mit seiner Zustimmung, etwa mit einer ihr von ihm erteilten Bankvollmacht, Abhebungen vornehmen. Doch ist ein solches Vorgehen angesichts der Verfügungsbefugnis und Möglichkeit des Bekl. nicht „erforderlich" i. S. des § 1452 BGB, um ihr hier allein zu beurteilendes Unterhaltsbegehren durchzusetzen.

3. Welche Geldbeträge die Kl. hiernach über die freiwillig gezahlten monatlich 800 DM hinaus aus dem Gesamtgut verlangen kann, beurteilt sich nach der Höhe ihres angemessenen Lebensbedarfs. Dieser ist nach den Maßstäben zu bestimmen, die nach § 1361 BGB für den Anspruch auf Trennungsunterhalt gelten. Insoweit hält das angefochtene Urteil den Angriffen der Revision stand.

Das BerGer. hat ausgeführt: Die ehelichen Lebensverhältnisse der Parteien seien unstreitig jedenfalls durch die beiden Renten des Bekl. und die Mieteinnahmen aus dem Hof in A. ohne Pachtzinsen für die Felder geprägt worden. Daß die Kl. ihren Unterhaltsanspruch unter Beschränkung auf einen Teil der Einkünfte geltend mache, sei prozessual und materiellrechtlich zulässig. So wie es ihr unbenommen sei, von vornherein nur einen zeitlich oder der Höhe nach begrenzten Teil ihres Unterhalts geltend zu machen, könne sie ihr Unterhaltsbegehren auch auf einen Teil der Einkünfte des Bekl. beschränken. Auch dieser wende sich dagegen nicht.

Ob der Sohn R. nach dem 31. 12. 1987 Miete für die mit seiner Familie bewohnte Erdgeschoßwohnung in dem Haus in N., die die Kl. zur Berechnung ihres Unterhaltsbegehrens mit heranziehe, an den Bekl. zahlen oder an das Gesamtgut zahlen müßte, könne offenbleiben; denn das Ergebnis werde hierdurch nicht berührt. Die sich aus den beiden Renten und der Miete aus dem Anwesen A. ergebenden Gesamteinkünfte von 3226,48 DM monatlich seien für die Bemessung des Unterhaltsbedarfs um Aufwendungen für Haftpflichtversicherung, Hausratversicherung und Familien- und Verkehrsrechtsschutzversicherungen von monatlich insgesamt 65,11 DM zu kürzen. Nicht zu berücksichtigen seien hingegen die Heizkosten für die von den Parteien bewohnte Wohnung; sie gehörten zum allgemeinen Lebensbedarf. Auch die Nebenkosten für das Wohnhaus hätten außer Betracht zu bleiben, weil der Nutzungswert der eigenen Wohnung und Mietzinsen für die Wohnung des Sohnes R ebenfalls nicht angesetzt würden. Nutzungswert und Mieteinnahmen des Hauses machten insgesamt etwa 1200 DM monatlich aus. Die von den Parteien erörterten Lasten des Hauses blieben, soweit es sich nicht überhaupt um allgemeine Lebenshaltungskosten wie Strom, Wasser, Heizmaterial u. a. handele, weiter darunter.

Den Parteien stünden demnach zur Deckung ihres Lebensbedarfs mindestens 3161,37 DM monatlich zur Verfügung. Beide Ehegatten nähmen gleichmäßig an den ehelichen Lebensverhältnissen teil. Da die maßgeblichen Einkünfte nicht aus einer Erwerbstätigkeit stammten, stehe der Kl. die Hälfte der Einkünfte zu, also monatlich 1580,69 DM. Nachdem der Bekl. seit dem 1. 1. 1988 freiwillig monatlich 800 DM zahle, rechtfertige sich hiermit der von dem AG zugesprochene zusätzliche Unterhalt von monatlich 752 DM.

Die Revision wendet sich mit folgenden Einwänden dagegen, daß das BerGer. bei der Bedarfsbemessung eine Reihe von Aufwendungen unberücksichtigt gelassen hat: Da der Bekl. die gesamten Nebenkosten aus dem Gesamtgut trage, müßten bei der Berechnung des der Kl. zustehenden Anteils auch sämtliche die Gütergemeinschaft belastenden Kosten von dem die ehelichen Lebensverhältnisse prägenden Gesamtbetrag der Einkünfte abgezogen werden. Das gelte zunächst für die Kosten des gemeinsam bewohnten Hauses, nämlich Grundsteuer, Müllabfuhr, Wasser und Abwasser sowie Rücklagen für Reparaturen in einem Gesamtbetrag von monatlich 220,34 DM. Daneben müßten die Heizkosten in der von dem AG angesetzten Höhe von 200 DM monatlich als Aufwendungen, die das Gesamtgut beträfen, abgesetzt werden. Dem Unterhaltsanspruch der Kl. könnten daher allenfalls Einkünfte von 2637,72 DM zugrunde gelegt werden.

Das trifft nicht zu. Das BerGer. hat die Nebenkosten zu Recht dem Nutzwert des gemeinsamen Hauses gegenübergestellt, den es mit monatlich 1200 DM angenommen hat. Bei der Bemessung des Unterhaltsbedarfs der Kl. ist aber die Miete für die Wohnung des Sohnes R mit in Ansatz zu bringen. Denn der Anspruch auf diese Miete hat die Lebensverhältnisse der Parteien geprägt und prägt sie noch, da dieser – zum Gesamtgut gehörende – Anspruch nach wie vor besteht. Der Sohn R hat nach dem Bezug der Wohnung aufgrund einer Vereinbarung mit beiden Ehegatten jahrelang einen monatlichen Mietzins von 500 DM geleistet. Soweit der Bekl. ihm die Zahlung gemäß seiner Erklärung vom 1. 3. 1988 einseitig, gegen den Willen der Kl., erlassen hat, ist dieser Erlaß nach §§ 1453 I, 1366 I BGB unwirksam. Der Bekl. kann den Anspruch auf die Miete also weiterhin durchsetzen – die Einwilligung der Kl. hierzu liegt vor – und den Sohn zur Weiterentrichtung des Mietzinses anhalten.

Werden aber bei Berücksichtigung der erzielbaren Mieteinnahmen die von der Revision angesprochenen Nebenkosten des Hauses einkommensmindernd mit in Ansatz gebracht, so führt dies nicht zu einer Herabsetzung des der Kl. zustehenden Unterhalts. Denn die Nebenkosten liegen mit monatlich insgesamt 420,34 DM unter der Miete von 500 DM für die Wohnung des Sohnes S. Es kann daher offenbleiben, ob die Heizkosten, wie üblich, auch im Güterstand der Gütergemeinschaft zur allgemeinen Lebenshaltung zu zählen (vgl. Kalthoener-Büttner, Rn. 875) und deshalb unterhaltsrechtlich nicht gesondert zu berücksichtigen sind, oder ob insoweit eine andere Beurteilung deshalb geboten ist, weil der unterhaltsbedürftige Ehegatte an der Aufbringung der Kosten für das Heizungsmaterial aus den Mitteln des Gesamtguts in gleicher Weise wie der unterhaltsverpflichtete mit beteiligt ist.

Das BerGer. hat nach alledem den der Kl. zustehenden laufenden Trennungsunterhalt zu Recht in der (noch) geltend gemachten Höhe von monatlich 752 DM über freiwillig gezahlte monatlich 800 DM hinaus bemessen.

Soweit sich das Begehren der Kl. allerdings auf Unterhaltsrückstände für die Zeit von Februar bis einschließlich April 1988 erstreckt, ist das angefochtene Urteil auf die Revision des Bekl. aufzuheben und die Klage insoweit abzuweisen. Die Kl. hat unstreitig in der Zeit vom 13. 1. bis zum 14. 4. 1988 insgesamt 5083 DM von dem Sparkonto der Parteien bei der R-Bank abgehoben und hiervon nach ihrem eigenen Vorbringen – neben anderen Angaben – vorläufig ihren Unterhaltsbedarf gedeckt. Sie war also während dieser Zeit noch in der Lage, kraft ihres eigenen (Mit-)Verwaltungsrechts auf das Gesamtgut zuzugreifen. Da der Bekl., wie dargelegt, nur verpflichtet ist, dazu mit- bzw. darauf hinzuwirken, daß die Kl. aus dem Gesamtgut die zur Deckung ihres Lebensbedarfs erforderlichen Geldmittel erhält, kann die Kl. eine solche Mitwirkung nicht nachträglich für Zeiträume verlangen, in denen sie diese Mittel bereits aus dem – für den Unterhalt bestimmten – Gesamtgut erhalten hat.

BGH v. 30. 5. 90 – XII ZR 57/89 – Fam RZ 90, 1095 = NJW-RR 90, 1410

(Verwirkung bei Prozeßbetrug)   R421

c) ... Auch sonst begegnet es keinen durchgreifenden rechtlichen Bedenken, daß das BerGer. das betrügerische Verhalten der Bekl. als Verstoß gegen § 1579 Nrn. 2 und 4 BGB angesehen hat. Dieses hat die Möglichkeiten des Kl., sich erfolgreich gegen den Unterhaltsanspruch zur Wehr zu setzen, erheblich beeinträchtigt. Die betrügerische Erwirkung des Urteils vom 16. 7. 1986 hatte insbesondere zur Folge, daß bei der gerichtlichen Auseinandersetzung um den Unterhaltsanspruch der Bekl. die Darlegungs- und Beweislast von ihr auf den Kl. überging. Darin ist eine Verletzung der Vermögensinteressen zu sehen, die geeignet war, den Kl. empfindlich zu schädigen.

BGH v. 26. 9. 90 – XII ZR 45/89 – FamRZ 91, 304 = NJW-RR 91, 132

(Prägender Abzug von Steuern und Vorsorgeaufwendungen; Erwerbstätigenbonus)   R425

Der Senat ist hiernach zum einen dabei geblieben, daß bei der Ermittlung der ehelichen Lebensverhältnisse auf das tatsächliche Nettoeinkommen abzustellen ist, wie es sich unter Berücksichtigung der gesetzlich bestimmten Abzüge – Steuern, Sozialabgaben usw. – nach den jeweiligen persönlichen Verhältnissen des Einkommensbeziehers ergibt. Bei der Bemessung des Unterhaltsbedarfs der Kl. nach dem Maßstab der ehelichen Lebensverhältnisse (§ 1578 I 1 BGB) ist deshalb entgegen der Auffassung des BerGer. das Nettoeinkommen zugrunde zu legen, das der Bekl. aufgrund der tatsächlichen Besteuerung nach Steuerklasse I zur Verfügung hat (*Senat,* NJW 1990, 2886; NJW 1990, 1477). Ebenso hat der Senat – zum anderen – daran festgehalten, daß bei der Bemessung des Unterhaltsbedarfs nach den ehelichen Lebensverhältnissen dem erwerbstätigen Unterhaltspflichtigen ein die Hälfte des verteilungsfähigen Einkommens maßvoll übersteigender Betrag verbleiben muß; hiermit soll unabhängig von den speziellen Gegebenheiten des einzelnen Falles dem erhöhten Aufwand, der typischerweise mit der Berufstätigkeit verbunden ist, Rechnung getragen und zugleich der Anreiz zur (weiteren) Ausübung einer Erwerbstätigkeit gesteigert werden. Diese Gesichtspunkte gelten grundsätzlich für jeden erwerbstätigen Ehegatten. Daher muß auch dem unterhaltsberechtigten Ehegatten, der nach der Scheidung seinerseits eine Erwerbstätigkeit aufgenommen hat oder dem, wie hier, ein erzielbares Eigeneinkommen aus zumutbarer Erwerbstätigkeit angerechnet wird, von seinem Einkommen ein entsprechender Teil anrechnungsfrei belassen werden.

BGH v. 7. 11. 90 – XII ZR 123/89 – FamRZ 91, 182 = NJW 91, 697

R430 *(Barunterhaltspflicht des betreuenden Elternteils)*

a Diese Ausführungen halten der rechtlichen Nachprüfung nicht stand. Die Bekl. kann mit der gegebenen Begründung nicht zur Unterhaltszahlung nach Maßgabe des § 1603 II 1 BGB herangezogen werden.

Die Verpflichtung, gem. § 1603 II 1 BGB zum Unterhalt minderjähriger unverheirateter Kinder auch Mittel zu verwenden, die der Elternteil für den eigenen angemessenen Unterhalt benötigen würde, tritt nach § 1603 II 2 BGB nicht ein, wenn ein anderer unterhaltspflichtiger Verwandter vorhanden ist. Das kann entgegen den insoweit von dem BerGer. geäußerten Bedenken auch der andere Elternteil sein (§ 1606 III BGB), sofern er gem. § 1603 I BGB leistungsfähig ist (*Senat,* Urt. v. 26. 10. 1983 – IVb ZR 9/82; BGH, NJW 1980, 934 = = FamRZ 1980, 555 (556)). Zwar erfüllt der Elternteil, der – wie hier der Vater der Kl. – minderjährige Kinder betreut, durch deren Pflege und Erziehung seine Unterhaltpflicht regelmäßig in vollem Umfang (§ 1606 III 2 BGB), und er ist, auch wenn er über eigenes Einkommen verfügt, daneben grundsätzlich nicht zum Barunterhalt verpflichtet. Hat indessen der andere Ehegatte nur wesentlich geringere Einkünfte, so daß seine Inanspruchnahme zu einem erheblichen finanziellen Ungleichgewicht zwischen den Eltern führen würde, kann eine andere Regelung in Betracht kommen (*Senat,* Urt. v. 26. 10. 1983 – IVb ZR 9/82; NJW 1980, 2306 = FamRZ 1980, 994 (995); NJW 1981, 923 = FamRZ 1981, 347 (348); NJW 1981, 1559 = FamRZ 1981, 543 (544); BGH, NJW 1980, 934 = FamRZ 1980, 555 (556)). Unter diesem Gesichtspunkt könnte im vorliegenden Fall eine Unterhaltspflicht der Bekl. entfallen, wenn der Vater der Kl. neben deren Pflege und Erziehung auch ihren Barbedarf ohne Gefährdung seines eigenen angemessenen Unterhalts tragen kann.

Die Annahme des BerGer., daß dies nicht der Fall sei, ist nicht haltbar.

Es steht nicht im Einklang mit der Rechtsprechung des Senats, daß das OLG entgegen dem von ihm insoweit nicht für entscheidend gehaltenen Wortlaut des § 1603 BGB den angemessenen Selbstbehalt des Vaters der Kl. „erheblich höher" angesetzt hat als nach den von ihm im übrigen herangezogenen Grundsätzen der Düsseldorfer Tabelle, weil andernfalls die Gleichwertigkeit von Betreuungs- und Barunterhalt völlig außer acht gelassen und ein erhebliches Ungleichgewicht zu Lasten des betreuenden Elternteils herbeigeführt würde. Es trifft zwar zu, daß die Betreuung, die ein Elternteil minderjährigen Kindern gewährt, grundsätzlich gleichwertig ist mit dem von dem anderen Elternteil zu leistenden Barunterhalt (*Senat,* NJW 1981, 1559 = FamRZ 1981, 543 (544) m. w. Nachw.). Wie der Senat in dem bereits erwähnten Urteil vom 26. 10. 1983 – IVb ZR 9/82 – entschieden hat, bedeutet das aber nicht, daß der Wert der Betreuungsleistungen rechnerisch – etwa in demselben Maße wie der geschuldete Barunterhalt – anzusetzen und bei der Ermittlung der (weiteren) Leistungsfähigkeit des betreuenden Elternteils im Hinblick auf § 1603 II 2 BGB von dessen Einkommen vorweg abzuziehen wäre. Ebensowenig geht es an, das unterhaltserhebliche Einkommen durch „erhebliche Erhöhung" des angemessenen Selbstbedarfs praktisch vorab um den Wert der Betreuung zu vermindern. Durch ein solches Vorgehen würde, wie der Fall zeigt, zum einen die Beurteilung der (weiteren) Leistungsfähigkeit des betreuenden Elternteils entgegen dem Sinn und Zweck des § 1603 II 2 BGB verzerrt. Zum andern würde es eine Prüfung der Leistungsfähigkeit des anderen, an sich zum Barunterhalt verpflichteten Elternteils nach dem Maßstab des § 1603 II 1 BGB insoweit überflüssig machen, als der Wert des (mit der Betreuung gleichwertigen) Barunterhalts bereits als zusätzliche Leistung des betreuenden Elternteils berücksichtigt würde (vgl. *Senat,* Urt. v. 26. 10. 1983 – IVb ZR 9/82). Soweit der Vater den Kl. neben der Betreuung tatsächlich noch Barunterhalt erbracht hat und erbringt, hat dies bei der Prüfung der Leistungsfähigkeit beider Eltern nach den Grundsätzen des § 1603 II 1 und 2 BGB i. V. mit § 1603 I BGB außer Betracht zu bleiben (*Senat,* Urt. v. 26. 10. 1983 – IVb ZR 9/82).

(Schätzung nach § 287 ZPO bei Trinkgeldern)

c Das BerGer. hat dem nachgewiesenen Nettoeinkommen der Bekl. von monatlich 1200,96 DM im Jahre 1988 und 1287,32 DM ab 1989 Trinkgelder in geschätzter Höhe von monatlich 220 DM hinzugerechnet, obwohl sie unter Beweisantritt geltend gemacht hat, ihre Trinkgelder bewegten sich nur in einer Höhe zwischen 60 DM bis 80 DM pro Monat. Daß das BerGer. diesem Beweisangebot nicht nachgegangen ist – weil die Trinkgeldhöhe nicht „schlüssig vorgetragen" worden sei –, wird von der Revision zu Recht als Verletzung des § 286 ZPO gerügt. Es mag zwar sein, daß die Lebenserfahrung eher für die Ansicht des BerGer. spricht. Die Bekl. hat jedoch konkret und hinreichend substantiiert einen anderen Sachverhalt vorgetragen und diesen in zulässiger Weise unter Beweis gestellt. Dem Beweisantritt mußte nachgegangen werden, bevor eine Beweiswürdigung, gegebenenfalls unter Heranziehung allgemeiner Erfahrungssätze, vorgenommen wurde.

BGH v. 28. 11. 90 – XII ZR 26/90 – FamRZ 91, 542 = NJW-RR 91, 514

(Abänderung notarieller Urkunden)   **R433**

I. 1. Das BerGer. geht – ohne dies allerdings zu begründen – zu Recht davon aus, daß die Voraussetzungen einer Abänderungsklage vorliegen. Bei dem notariellen Vertrag vom 25. 11. 1983 handelt es sich um eine Urkunde i. S. des § 794 I Nr. 5 ZPO, in welcher Leistungen der in § 323 I ZPO bezeichneten Art übernommen worden sind. Da der Kl. eine wesentliche Änderung der Verhältnisse, die für sein Leistungsversprechen bestimmend waren, geltend macht, ist er nach § 323 IV ZPO berechtigt, die Abänderung im Wege der Klage zu verlangen. Abänderung kann der Kl. grundsätzlich auch schon für die Zeit vor Erhebung der Klage verlangen, hier also für die Monate ab 1. 8. 1987. Dafür ist nicht entscheidend, ob die Bekl. durch das Anwaltsschreiben vom 14. 7. 1987 mit einem Verzicht auf ihre Rechte aus der Urkunde in Verzug gesetzt worden ist. Der Grund liegt vielmehr darin, daß die zeitliche Beschränkung des § 323 III ZPO nur für die Abänderung von Urteilen, nicht hingegen für die von Parteivereinbarungen gilt (BGHZ 85, 64 (73 ff.) = NJW 1983, 228; seither st. Rspr. des Senats, vgl. zuletzt NJW 1990, 3274 = FamRZ 1990, 989 m. w. Nachw.). Handelt es sich wie hier bei dem abzuändernden Titel um eine notarielle Urkunde, kommt es nicht darauf an, ob die Voraussetzungen des § 323 I ZPO vorliegen. Maßgebend sind vielmehr die Regeln des materiellen Rechts. Es ist zu entscheiden, ob in den Verhältnissen, die die Parteien zur Grundlage ihres Vertrages gemacht hatten, derart gewichtige Änderungen eingetreten sind, daß nach den Grundsätzen über den Wegfall der Geschäftsgrundlage ein unverändertes Festhalten an den vereinbarten Leistungen gegen Treu und Glauben (§ 242 BGB) verstoßen würde und daher dem Schuldner nicht zumutbar wäre (*Senat,* NJW 1986, 2054 = FamRZ 1986, 790 m. w. Nachw.).

BGH v. 19. 12. 90 – XII ZR 27/90 – FamRZ 91, 416 = NJW 91, 1049

(Angemessene Erwerbstätigkeit)   **R435**

Soweit das BerGer. seine Beurteilung daneben auf den in 23jähriger Ehezeit erreichten sozialen Status gestützt hat, ist dem zwar im Ausgangspunkt insoweit zu folgen, als § 1574 II BGB die Angemessenheit einer Erwerbstätigkeit des geschiedenen Ehegatten auch von den ehelichen Lebensverhältnissen – in der ganzen Breite dieses Kriteriums – abhängig macht. Dennoch steht auch die Berücksichtigung der ehelichen Lebensverhältnisse unter dem vorrangig zu beachtenden Gebot der wirtschaftlichen Eigenverantwortung (§ 1569 BGB), die es dem geschiedenen Ehegatten grundsätzlich auferlegt, selbst für seinen Unterhalt zu sorgen. Da er allerdings gem. § 1574 I BGB nur eine ihm angemessene Erwerbstätigkeit auszuüben braucht, kann sich bei langer Ehedauer in gehobenen wirtschaftlichen Verhältnissen der Kreis der als angemessen in Betracht kommenden Erwerbstätigkeiten verengen. Das bedeutet aber nicht, daß für eine Ehefrau von 50 Jahren, deren frühere Ausbildung unter Umständen der heute gesetzlich vorgesehenen Qualifikation für den Beruf einer Erzieherin nicht (mehr) entspricht, nach 23jähriger Ehe in guten finanziellen Verhältnissen praktisch keine angemessene Erwerbsmöglichkeit auf dem Arbeitsmarkt bestünde. Ebensowenig kann bei den gegebenen Verhältnissen die Tätigkeit als Verkäuferin in einem gehobenen Einrichtungshaus von vornherein als nicht angemessen beurteilt werden, ohne daß nähere Feststellungen etwa zu dem Stil des Hauses und den dort herrschenden Arbeitsbedingungen, etwa zu Art und Umfang des regelmäßigen Publikumsverkehrs, getroffen sind. Die Beurteilung, ob die derzeitige Tätigkeit der Ehefrau für sie angemessen i. S. von § 1574 II BGB ist, setzt nach alledem in mehrfacher Hinsicht weitere tatsächliche Feststellungen voraus.

BGH v. 10. 7. 91 – XII ZR 166/90 – FamRZ 91, 1163 = NJW 91, 2703

(Abzug von Kindesunterhalt beim Berechtigten)   **R437**

1. Das BerGer. hat offengelassen, in welcher Höhe die Kl. für einen anderweitig nicht gedeckten **a**
Unterhaltsbedarf ihrer Tochter D aufkommen muß. Denn eine solche Unterhaltspflicht könne sie dem Bekl. nicht entgegenhalten. Werde eine solche Verpflichtung einkommensmindernd berücksichtigt, hätte das zur Folge, daß der Bekl. mittelbar für eine Unterhaltsverpflichtung (mit-)einstehen müsse, die ihn rechtlich nichts angehe. Es komme nicht darauf an, daß in der Zeit des Zusammenlebens der Parteien Zahlungen an die Tochter D tatsächlich aus dem Gesamteinkommen der Familie geleistet worden seien.

Dem kann in dieser Allgemeinheit nicht zugestimmt werden. Es trifft zwar zu, daß der Lebensbedarf eines Unterhaltsberechtigten grundsätzlich nicht die Mittel umfaßt, die er zur Deckung seiner eigenen Unterhaltspflichten gegenüber Dritten benötigt. Ein erwerbstätiger Ehemann braucht daher seiner Frau, die sich ausschließlich der Haushaltsführung widmet, keine Mittel zur Verfügung zu stellen, damit sie ihre bedürftigen Verwandten – auch nichteheliche oder Kinder aus einer früheren Ehe – unterhalten kann (vgl. nur Göppinger-Kindermann, 5. Aufl., Rn. 974).

Im vorliegenden Fall geht es indessen um eine andere Fragestellung. Wenn der Trennungsunterhalt begehrende Ehegatte, wie hier die Kl., eigene Einkünfte erzielt, die für die Bemessung seines Unterhalts nach der Differenzmethode herangezogen werden, besteht von Gesetzes wegen kein Grund, diese Einkünfte ungeachtet der Unterhaltsansprüche Dritter ungeschmälert nur zur unterhaltsrechtlichen Entlastung des anderen Ehegatten einzusetzen. Es kann dahinstehen, ob ein solcher Vorrang sich für die Bemessung des nachehelichen Unterhalts aus dem Grundsatz der Eigenverantwortlichkeit (§ 1596 BGB) und der Regelung des § 1577 BGB hergeleitet werden könnte. Für den Anwendungsbereich des § 1361 BGB fehlen entsprechende Bestimmungen. Nach der Rechtsprechung des BGH muß es ein alleinverdienender Ehegatte während bestehender Ehe gegebenenfalls sogar dulden, daß sein an sich nur den Haushalt führender Ehegatte aus einer Nebentätigkeit Mittel erwirtschaftet, die ausschließlich für den Barunterhalt anderweitig betreuter Kinder, etwa aus einer früheren Ehe, verwendet werden (BGHZ 75, 272 = NJW 1980, 340; vgl. auch *Senat*, NJW 1986, 1869 = FamRZ 1986, 668). Daß Einkünfte eines Ehegatten aus Vermögenserträgen, die er bereits während des Zusammenlebens zur Deckung des Unterhalts seines erstehelichen Kindes eingesetzt hat, von der Trennung an nur noch für den Unterhaltsbedarf der Eheleute verfügbar sein sollen, ist nicht einzusehen. Solche Verbindlichkeiten weiterhin einkommensmindernd zu berücksichtigen, gebietet nicht zuletzt der Grundsatz der Gleichbehandlung (zutreffend Schwab-Borth, Hdb. d. ScheidungsR, 2. Aufl., IV Rn. 607; Soergel-Hermann Lange, BGB, 12. Aufl., § 1361 Rn. 9; vgl. OLG Stuttgart, FamRZ 1987, 1030 (1031)). Denn beim Unterhaltspflichtigen kann – selbst noch für den nachehelichen Unterhalt – bei der Bemessung des Unterhaltsbedarfs nach einer Quote aus der Differenz beiderseitiger Einkünfte vorweg der Kindesunterhalt abgezogen werden, auch wenn es um die Unterhaltspflicht für ein nicht gemeinschaftliches Kind geht, für das es bereits während der Ehe aufzukommen hatte, so daß bereits die ehelichen Lebensverhältnisse dadurch mitgeprägt waren. Der Senat hat entsprechende Vorwegabzüge vom Einkommen des Verpflichteten grundsätzlich sogar für geboten erachtet, soweit die sich daraus ergebende Verteilung der zum Unterhalt von Ehegatten und Kindern zur Verfügung stehenden Mittel nicht in einem Mißverhältnis zum wechselseitigen Lebensbedarf der Beteiligten steht; dies gilt auch für den Fall, daß der Unterhalt an ein volljähriges Kind zu entrichten ist (*Senat*, NJW-RR 1990, 578 = FamRZ 1990, 979 (980 unter 4); NJW 1987, 1551 = FamRZ 1987, 456 (458 f.) m. w. Nachw. zur Senatsrechtsprechung). Gewährt ein getrennt lebender Ehegatte seinem Kind aus früherer Ehe aus eigenen Einkünften Unterhalt, sind daher diese Unterhaltsleistungen, soweit ihnen eine Verpflichtung zugrunde liegt, bei der Bemessung des Trennungsunterhalts jedenfalls dann vorweg abzusetzen, wenn er das Kind schon während des Zusammenlebens der Ehegatten unterhalten hat. Da es danach entgegen der Auffassung des BerGer. nicht unerheblich ist, in welchem Umfang die Kl. für einen ungedeckten Unterhaltsbedarf ihrer erstehelichen Tochter D aufzukommen hat, und ob entsprechende Unterhaltsleistungen an dieses Kind bereits die ehelichen Lebensverhältnisse geprägt haben, müssen die dazu erforderlichen tatrichterlichen Feststellungen nachgeholt werden.

(Aufgedrängte Vermögensbildung)

b   2. Durchgreifenden Bedenken unterliegt das Berufungsurteil auch in der Beurteilung der Frage, ob die von der Kl. erzielten Einkünfte aus dem Gewerbeobjekt M. um Tilgungsleistungen zu kürzen sind, die sie vertragsmäßig an den Kreditgeber jährlich zu erbringen hat. a) Die Kl. erzielt ihre Einkünfte aus einem zur Zeit an die Firma X verpachteten Ladenlokal in einem Gebäude, das im sogenannten Bauherrenmodell errichtet worden ist. Den Kaufpreis hat sie durch Kredite in Höhe von zusammen 1,2 Mio. DM voll finanziert, die – beginnend mit dem 5. 3. 1983 – mit jährlich 1% auf die jeweils bestehende Schuld zu tilgen sind. Das BerGer. hat zugunsten der Kl. unterstellt, daß eine Umstellung der Finanzierung mit einer Ermäßigung der Gesamtbelastung nicht möglich und ein Verkauf des Objektes wirtschaftlich nicht sinnvoll ist, weil günstigere Vermögenserträge dadurch nicht erzielt werden können. Davon ist revisionsrechtlich auszugehen.

Seine Auffassung, daß die Tilgungsleistungen nicht einkommensmindernd berücksichtigt werden könnten, hat das BerGer. damit begründet, daß dem Gesichtspunkt der Vermögensbildung das größere Gewicht zukomme; es erscheine nicht angemessen, diese durch Unterhaltsleistungen des Verpflichteten mitfinanzieren zu lassen. Dem weiteren von der Kl. verfolgten Zweck, nämlich überhaupt Einnahmen zu erzielen, hat das BerGer. keine ausschlaggebende Bedeutung zugemessen. In einer Kontrollberechnung hat es dargelegt, daß der Kl. trotz der Tilgungsleistungen unter Einschluß des ausgeurteilten Unterhaltsanspruchs noch ein einigermaßen auskömmliches Resteinkommen verbleibe, nämlich monatlich 4038 DM im Jahre 1988 und monatlich 3066 DM im Jahre 1989.

b) Im Ausgangspunkt ist dem OLG zuzustimmen. In welchem Umfang Kreditverbindlichkeiten bei der Unterhaltsbemessung einkommensmindernd zu berücksichtigen sind, läßt sich nicht generell und nach bestimmten, ausnahmslos gültigen Grundsätzen beurteilen, sondern hängt in mehrfacher Hinsicht von den Umständen des Einzelfalles ab. In Fällen, in denen die Leistungsfähigkeit eines Unterhaltsverpflichteten zu beurteilen war, hat der Senat den Standpunkt eingenommen, daß zwischen berücksichtigungswürdigen und anderen Verbindlichkeiten zu unterscheiden ist. Da jede Rechtsposition unter dem Vorbehalt von Treu und Glauben steht, kann sich der Unterhaltspflichtige nicht auf Verbindlichkeiten berufen, die er ohne verständigen Grund eingegangen ist. Erforderlich ist eine umfassende Interessenabwägung nach billigem Ermessen. Bedeutsame Umstände sind dabei insbesondere der Zweck der Verbindlichkeiten sowie der Zeitpunkt und die Art ihrer Entstehung. Rühren die Schulden aus der gemeinsamen Lebensführung zur Zeit des Zusammenlebens der Eheleute her, so sind sie grundsätzlich zu berücksichtigen (*Senat,* NJW 1984, 1237 = FamRZ 1984, 358 (360)). Andererseits ist ein unterhaltspflichtiger Ehegatte nicht berechtigt, auf Kosten des Unterhaltsbedürftigen Vermögen zu bilden, mit der Folge, daß die Zins- und Tilgungsaufwendungen, die bei Beteiligung an einem Bauherrenmodell anfallen, nicht einkommensmindernd berücksichtigt werden können (*Senat,* NJW-RR 1987, 194 = FamRZ 1987, 36 (37); NJW-RR 1987, 1218 = FamRZ 1987, 913 (916)). Ähnliche Gesichtspunkte sind für die Beurteilung heranzuziehen, ob und inwieweit es auf seiten des Unterhaltsberechtigten zu berücksichtigen ist, daß seine in die Differenzberechnung eingehenden Einkünfte durch Tilgung von Krediten geschmälert werden.

Die Revision rügt mit Erfolg, daß das BerGer. wesentliche Gesichtspunkte nicht oder nicht ausreichend in seine Abwägung einbezogen hat. Die Kl., die damals einkommenslos war, kann während der Ehe im Rahmen eines Bauherrenmodells ein finanzielles Engagement in Millionengröße nur mit Wissen und Wollen des Bekl. eingegangen sein; dessen überdurchschnittliche Einkünfte erlaubten es den Parteien nicht nur, in erheblichem Umfang Verbindlichkeiten einzugehen, sondern legten es ihnen geradezu nahe, Vermögensanlageformen zu suchen, die eine Verminderung der Einkommensteuerlast mit sich brachten. Unstreitig hat der Bekl. durch die Ausnutzung der Abschreibungsmöglichkeiten, die mit dem in Rede stehenden Gewerbeobjekt in Verbindung mit der gemeinsamen Veranlagung der Parteien verbunden waren, mehrere Jahre lang erhebliche Steuerersparnisse erzielt. Dieser Zweck dürfte nach der Lebenserfahrung auch ein stärkeres Motiv für die Anlageentscheidung der Parteien dargestellt haben als nur die Möglichkeit einer Vermögensbildung, für die es günstigere Formen gegeben hätte. Jedenfalls steht außer Zweifel, daß beide Parteien von der Beteiligung an diesem Bauvorhaben wirtschaftlich profitiert haben und dadurch jedenfalls ihre ehelichen Lebensverhältnisse geprägt worden sind. Der eheliche Lebensstandard ist durch die jährlich aufzubringende Tilgung von 1% des Restkapitals nicht wesentlich beeinträchtigt worden, denn ihre zusammengerechneten Monatseinkünfte von über 10 000 DM erlaubten die Vermögensanlage in der in Rede stehenden Größe. Unter diesen Voraussetzungen erscheint es schwer erträglich, nach der Trennung der Parteien nunmehr diesen Tilgungsbetrag – den die Kl. mit monatlich 1855,60 DM berechnet, der aber im Lauf der Jahre durch fortschreitende Tilgung bei festen Annuitäten zunimmt – in voller Höhe ihren Einkünften zuzurechnen mit der Folge, daß sich die ihr für den laufenden Lebensbedarf verbleibenden Mittel erheblich verringern und ein sozialer Abstieg eintritt, der durch die Regelung des § 1361 BGB gerade vermieden werden soll.

Die Kontrollberechnung des BerGer. gibt kein zutreffendes Bild über die ihr zur Verfügung stehenden Mittel. So ist für das Jahr 1989 nicht von monatlichen Barmitteln in Höhe von 4028,51 DM auszugehen, denn in diesem Betrag ist der Wohnvorteil enthalten. Ohne den ausgeurteilten Unterhalt hatte die Kl. lediglich Pachteinnahmen in Höhe von 3374,27 DM. Hätte sie davon die Tilgungsleistungen mit monatlich 1855,60 DM zu tragen, verblieben ihr bei gedecktem Wohnbedarf lediglich 1519,15 DM, die sich bei Unterhaltsleistungen an die Tochter D noch weiter vermindern würden. Jedenfalls liegt auf der Hand, daß die Kl. auch bei Hinzurechnung des vom BerGer. zugesprochenen Unterhalts von monatlich 893 DM nicht mehr über Mittel verfügen würde, die ihr ohne erhebliche Einschränkung ihres ehelichen Lebensstandards weiterhin eine Vermögensbildung in Höhe von monatlich 1855,60 DM erlauben könnten.

In einem derartigen Fall, der als eine durch die Verhältnisse „aufgedrängte" Vermögensbildung bezeichnet werden könnte, muß nach einer Lösung gesucht werden, die die Folgen der während des Zusammenlebens der Eheleute getroffenen Anlageentscheidung nicht einseitig auf den wirtschaftlich schwächeren und daher unterhaltsbedürftigen Ehegatten verlagert. Leben die Ehegatten, wie hier, im gesetzlichen Güterstand, bietet es sich an, jedenfalls für die Zeit bis zur Erhebung des Scheidungsantrages derartige Tilgungsleistungen unterhaltsrechtlich von den Einkünften des Berechtigten abzusetzen, da sie ihm tatsächlich nicht für die Deckung seines Lebensbedarfes zur Verfügung stehen, während andererseits der Unterhaltsverpflichtete an Vermögenszuwächsen bis zu diesem Zeitpunkt im Wege des Zugewinnausgleichs noch teilnimmt. Für die anschließende Zeit bis zur Scheidung (und für den hier jedoch nicht in Frage stehenden nachehelichen Unterhalt) ließe sich daran denken, unterhaltsrechtlich in gleicher Weise zu verfahren, den sich dadurch ergebenden (höheren) Unterhaltsanspruch jedoch gem. § 1361 III i. V. mit § 1579 Nr. 7 BGB unter Billigkeitsgesichtspunkten maßvoll herabzusetzen; dabei wäre einerseits dem Umstand Rechnung zu tragen, daß der Verpflichtete an einer Vermögensmehrung auf seiten des Berechtigten nicht (mehr) teilnimmt, andererseits der Berechtigte durch die – im Verhältnis zu seinen sonstigen Mitteln – zu hohen Tilgungsleistungen Einbußen in seinem Lebensstandard hinnehmen muß, die aus einer ganz anderen Verhältnissen einvernehmlich getroffenen Anlageentscheidung nachwirken, die aufrechtzuerhalten aber auch im Interesse des Unterhaltsverpflichteten liegt (vgl. zu diesem Gesichtspunkt Palandt-Diederichsen, BGB, 50. Aufl., § 1361 Rn. 17).

(Kein Abzug von ¹/₇ bei sonstigen Einkünften)

c   Für die neue Verhandlung erscheint folgender Hinweis veranlaßt: Falls das BerGer. erneut den Unterhaltsanspruch der Kl. nach einer ³/₇-Quote aus der Differenz der beiderseitigen Einkünfte berechnen will, wird es sich die Frage vorlegen müssen, ob das unter den Gegebenheiten des Falles gerechtfertigt ist. Es bewirkt nämlich, daß beiden Parteien ein Bonus von ¹/₇ aus ihren sämtlichen Einkünften vorab belassen wird, also auch soweit es sich um Kapitalerträge, Einkünfte aus Vermietung und Verpachtung und Gebrauchsvorteile handelt. Soweit Einkünfte nicht aus einer Erwerbstätigkeit herrühren, bedarf eine Abweichung vom Grundsatz der gleichmäßigen Teilhabe der Ehegatten am ehelichen Lebensstandard aber einer besonderen Begründung (vgl. *Senat,* NJW 1982, 2442 = FamRZ 1982, 894 (895); NJW 1984, 2358 = FamRZ 1984, 662 (664)). Falls diese nicht besteht, wird der Bonus nur von den Einkünften des Bekl. aus Erwerbstätigkeit gewährt werden dürfen. Der Unterhaltsanspruch der Kl. ist dann in Höhe der Hälfte aus der Differenz ihrer Einkünfte zur Summe aus den (vollen) Mieteinkünften und ⁶/₇ der Erwerbseinkünfte des Bekl. zu bilden (vgl. *Senat,* NJW 1989, 2809 = FamRZ 1989, 1160 (1162 f. unter 5 b)).

BGH v. 27. 11. 91 – XII ZR 226/90 – FamRZ 92, 291 = NJW 92, 906

R440   *(Ärztliche Behandlung als Lebensbedarf)*

1. Ärztliche Behandlungen sind, wie der Senat in dem Urteil vom 13. 2. 1985 (BGHZ 94, 1 (6) = NJW 1985, 1394 in Übereinstimmung mit der h. M. im Schrifttum entschieden hat, zum Lebensbedarf der Familie i. S. von § 1357 BGB zu rechnen, da sie der Gesundheit als dem „primären und ursprünglichen Lebensbedarf" dienen. 2. Bei der Beurteilung der Frage, ob eine ärztliche Behandlung zur „angemessenen" Deckung des Lebensbedarfs der Familie bestimmt ist, hat sich der Senat in dem genannten Urteil mit der im Gesetzgebungsverfahren zu § 1357 I BGB n. F. geäußerten Vorstellung auseinandergesetzt, Geschäfte größeren Umfangs, die ohne Schwierigkeiten zurückgestellt werden könnten, sollten nicht unter § 1357 BGB fallen; auf diese Weise solle der an dem Rechtsgeschäft nicht beteiligte Ehegatte vor einer überraschenden Inanspruchnahme aus Alleingeschäften größeren Umfangs geschützt werden, die der andere Ehegatte ohne vorherige Abstimmung mit ihm eingegangen sei. Der Senat hat diese in erster Linie auf größere Anschaffungen und Investitionen zugeschnittenen Kriterien in dem damals zur Entscheidung stehenden Fall auch angewandt auf den Abschluß eines Behandlungsvertrages über kostspielige Wahlleistungen bei privater Behandlung der Ehefrau durch den Chefarzt. Dies steht im Einklang mit der auch im Schrifttum vertretenen Auffassung, daß eine besonders teure, aber in sachlicher oder zeitlicher Hinsicht nicht gebotene ärztliche Behandlung – z. B. spezieller Zahnersatz, privatärztliche Behandlung, Zusatzleistungen eines Krankenhauses – in der Regel nur dann unter § 1357 BGB fällt, wenn sich die Ehegatten hierüber ausdrücklich abgestimmt haben (vgl. *Wacke,* in: MünchKomm, 2. Aufl., § 1357 Rn. 30, 31; Soergel-Lange, BGB, 12. Aufl., § 1357 Rn. 14). Nur unter dieser Voraussetzung dient die Inanspruchnahme derartiger besonders kostspieliger, medizinisch nicht indizierter Sonderleistungen der – nach den individuellen Verhältnissen der Eheleute zu beurteilenden – „angemessenen" Deckung des Lebensbedarfs (BGHZ 94, 1 (9) = NJW 1985, 1394; vgl. Erman-Heckelmann, BGB, 8. Aufl., § 1357 Rdnrn. 11 ff., 14).

So liegt der Fall hier jedoch nicht. Der verstorbene Ehemann der Bekl. hat keine ärztlichen Sonderleistungen in Anspruch genommen; auch war die Behandlung, der er sich unterzog, unaufschiebbar, medizinisch notwendig und bot ohne Alternative die einzige Heilungschance. Bei dieser Sachlage diente die Behandlung trotz der mit ihr verbundenen erheblichen Kosten, die die finanziellen Möglichkeiten der Eheleute sichtlich überstiegen, der angemessenen Deckung des Lebensbedarfs der Familie.

BGH v. 18. 12. 91 – XII ZR 2/91 – FamRZ 92, 423 = NJW 92, 1044

R442   *(Wohnwert bei Kindesunterhalt)*

a   a) Die Berechnung des BerGer. ist schon deshalb rechtlich zu beanstanden, weil sie nicht berücksichtigt, daß das Haus außer von der Ehefrau auch von den beiden Kindern bewohnt wird, für die der Ehemann Unterhaltsrenten entrichtet, die bis einschließlich Juni 1990 monatlich insgesamt 1220 DM betragen haben und von da ab unter Berücksichtigung des seit Juli 1990 der Ehefrau zufließenden

Kindergeldes monatlich insgesamt 1310 DM ausmachen. Ein Teil dieser Beträge ist für den Wohnbedarf der Kinder bestimmt und deckt daher die der Ehefrau selbst erwachsenden Wohnkosten entsprechend (vgl. *Senat,* NJW 1989, 2809 = FamRZ 1989, 1160 (1163)).

(Keine Verpflichtung des Unterhaltsschuldners zur Tilgung von Schulden des Berechtigten oder Finanzierung der Vermögensbildung des Berechtigten; kein Schuldenabzug bei nichtprägendem Wohnwert)

b) Auch sonst unterliegt die Entscheidung durchgreifenden rechtlichen Bedenken. Der Sachverhalt **b** wirft zwei Fragen auf, die es zu unterscheiden gilt. Da die Ehefrau für den Hausbau Kreditverbindlichkeiten von 200 000 DM aufgenommen hat, aus denen ihr nach den Feststellungen des BerGer. monatliche Belastungen von 1400 DM erwachsen, stellt sich zunächst die Frage, ob diese Belastungen unterhaltsrechtlich zu berücksichtigen sind. Die andere Frage ergibt sich daraus, daß die Ehefrau den ihr zugeflossenen Betrag aus dem Hausverkauf vor dem hier zu beurteilenden Unterhaltszeitraum für den Bau eines Eigenheimes verwendet hat. Sie geht dahin, ob es der Ehefrau obliegt, ihr in dem Eigenheim gebundenes Vermögen zur Erzielung höherer Erträge (wieder) umzuschichten und auf diese Weise ihren Bedarf zu decken.

aa) Die erstgenannte Frage, die das BerGer. nicht erörtert hat, ist zu verneinen. Soweit es um die Beiträge zur Lebensversicherung geht, die der Tilgung der Kredite dienen, ergibt sich das schon daraus, daß es nicht zu den Zwecken des Ehegattenunterhalts gehört, dem Unterhaltsberechtigten die Bildung von Vermögen zu ermöglichen, auch wenn der Unterhaltsverpflichtete dazu in der Lage ist (vgl. *Senat,* NJW-RR 1987, 194 = FamRZ 1987, 36 (39)). Nichts anderes gilt aber auch für die übrigen Verbindlichkeiten. Denn die Unterhaltspflicht umfaßt grundsätzlich nicht die Verpflichtung, Schulden des anderen Ehegatten zu tilgen (*Senat,* NJW 1085, 2265 = FamRZ 1985, 902 m. w. Nachw.). Etwas anderes mag in Betracht kommen, wenn ein Berechtigter eigene Einkünfte hat, die an sich den Bedarf – ganz oder teilweise – zu decken geeignet sind, die er jedoch (teilweise) zur Tilgung seiner Verbindlichkeiten einsetzt (vgl. Schwab-Borth, Hdb. d. ScheidungsR., 2. Aufl., Teil IV Rn. 607 sowie auch Palandt-Diederichsen, BGB, 50. Aufl., § 1361 Rn. 17). Das ist hier jedoch nicht der Fall. Vielmehr hat die Ehefrau die Kredite in Kenntnis der Tatsache aufgenommen, daß sie die daraus resultierenden laufenden Belastungen nicht aus eigenen Einkünften aufzubringen vermag. Auch wenn man in diesen laufenden Belastungen eine Erhöhung ihrer Bedürftigkeit erblickt (vgl. Hoppenz, NJW 1984, 2327), führt das nicht zu einer entsprechenden Erhöhung der Unterhaltspflicht. Aus der Verpflichtung des Unterhaltsschuldners, für den angemessenen Wohnbedarf des Unterhaltsberechtigten zu sorgen, kann kein Anspruch auf Ermöglichung des Erwerbs von Wohneigentum und Zahlung von Unterhalt hergeleitet werden, der die laufenden Kosten der Finanzierung eines solchen Eigentumserwerbs deckt (vgl. *Senat,* Urt. v. 4. 4. 1984 – IVb ZR 77/82).

(Obliegenheit zur Vermögensumschichtung; objektive Marktmiete bei Wohnwert nach Scheidung)

bb) Damit kommt es für die Prüfung, ob die Ehefrau entsprechend der Beurteilung des BerGer. die **c** Differenz zwischen ihrem Unterhaltsbedarf und dem ermittelten Gebrauchsvorteil aus dem eigenen Haus als Unterhalt beanspruchen kann, auf die andere der oben genannten Fragen, mithin darauf an, ob sie eine Obliegenheit zur Vermögensumschichtung und zu ertragreicherer Anlage trifft.

Das hängt entgegen der Ansicht des BerGer. nicht davon ab, ob die Voraussetzungen des § 1579 Nr. 3 BGB erfüllt sind, insbesondere der Ehefrau mutwilliges Verhalten vorzuwerfen ist. Denn es geht nicht um den Ausschluß eines an sich zu bejahenden Unterhaltsanspruchs, sondern um die Prüfung, ob die Voraussetzungen eines Unterhaltsanspruchs überhaupt erfüllt sind. Ist die Obliegenheit zu bejahen, so ist die Ehefrau nicht bedürftig, soweit sie durch eine ihr obliegende Vermögensumschichtung höhere Erträge erzielen würde als bisher, und hat sie insoweit keinen Unterhaltsanspruch. Ob eine Obliegenheit zur Vermögensumschichtung besteht, bestimmt sich nach Zumutbarkeitsgesichtspunkten, wobei unter Berücksichtigung der Umstände des Einzelfalles die Belange des Unterhaltsberechtigten und des -verpflichteten gegeneinander abzuwägen sind. Es kommt darauf an, ob den Unterhaltsverpflichteten die Unterhaltslast besonders hart trifft; andererseits muß dem Vermögensinhaber ein gewisser Entscheidungsspielraum belassen werden. Die tatsächliche Anlage des Vermögens muß sich als eindeutig unwirtschaftlich darstellen, ehe der Unterhaltsberechtigte auf eine andere Anlageform und daraus erzielbare Beträge verwiesen werden kann (vgl. *Senat,* NJW-RR 1986, 683 = FamRZ 1986, 439 (440); NJW-RR 1986, 786 = FamRZ 1986, 560 (567)).

Eine derartige Abwägung hat das BerGer. nicht vorgenommen. Es hat lediglich auf die ehelichen Lebensverhältnisse abgehoben, die durch die Vermögensanlage der Ehefrau nur fortgesetzt würden, und ausgeführt, daß in dieser Vermögensdisposition kein mutwilliges Verhalten liege. Das reicht nicht aus, um die erörterte Obliegenheit zu verneinen. Wie die Revision zutreffend geltend macht, ist bislang nicht festgestellt, welche Rendite die Ehefrau bei einer anderen Anlageform erzielen könnte. Die Revision weist darauf hin, der vom BerGer. beauftragte Sachverständige habe in seinem Gutachten über die ortsübliche Vergleichsmiete dargelegt, daß die erzielbare Mindestrentabilität bei einer Summe von 300 000 DM üblicherweise nach dem Ertrag zu bemessen sei, den eine Anlage in öffentlichen

Anleihen erbringe. Dieser Ertrag belaufe sich auf einen monatlichen Betrag von nominell 2100 bis 2200 DM und „real" von ca. 1500 DM bei relativ geringen, noch zu berücksichtigenden Werbungskosten. Dabei versteht der Sachverständige unter der „Real"-Rendite den um die Preissteigerungsrate gekürzten Zinsertrag. Eine solche Berücksichtigung der Preissteigerungsrate steht indessen im Widerspruch zur Rechtsprechung des Senats, wonach Kapitalerträge die Bedürftigkeit in der Höhe mindern, in der sie dem Ehegatten nach Abzug von Werbungskosten und Steuern tatsächlich zufließen, und nicht noch einem Abzug zum Ausgleich inflationsbedingter Wertverluste unterliegen (*Senat,* NJW-RR 1986, 687 = FamRZ 1986, 441). Danach kann hier auf die „Real"-Rendite nicht abgestellt werden; vielmehr ist zugunsten der Revision davon auszugehen, daß sich bei einer herkömmlichen, hinreichend sicheren Anlageform eine monatliche Rendite von 2100 bis 2200 DM erzielen ließe. Demgegenüber hat das BerGer. die ortsübliche monatliche Miete für das Haus mit 1750 DM festgestellt. Dieser Betrag kann jedoch nicht als der Ertrag angesehen werden, den der zugeflossene Erlösanteil durch seine Anlage in dem Eigenheim erbringt. Vielmehr muß die Ehefrau, um in den Genuß der Gebrauchsvorteile des Hauses zu gelangen, für die auf dem Haus ruhenden Belastungen nach den Feststellungen des BerGer. monatlich 1400 DM aufwenden. Damit beträgt die verbleibende Rendite 350 DM monatlich. Bei einem derartigen Unterschied zwischen der zu erreichenden und der tatsächlich erzielten Rendite muß die tatsächliche Anlage des Vermögens als eindeutig unwirtschaftlich angesehen werden. Unter diesen Umständen läßt sich eine Obliegenheit der Ehefrau zur Umschichtung ihres Vermögens nach den bisher getroffenen Feststellungen nicht verneinen.

(Bedarfsdeckung durch nichtprägenden Wohnwert oder Zinsen; kein Vorsorgeunterhalt bei Kapitaleinkünften)

d   5. Hiernach muß das Urteil, soweit es angefochten ist, insgesamt aufgehoben werden. Der Senat vermag nicht auszuschließen, daß im Falle einer Bejahung der Obliegenheit die Bedürftigkeit der Ehefrau vollständig entfällt, weil die erzielbaren Einkünfte ihren Unterhaltsbedarf in vollem Umfang decken. Dabei kommt es allein auf den Bedarf an, der den Elementar- und den Krankenvorsorgeunterhalt betrifft. Ein Altersversorgungsunterhalt steht ihr in diesem Fall nicht zu, weil es sich bei den möglicherweise erzielbaren Einkünften um Kapitaleinkünfte handelt, die der Ehefrau auch im Alter sowie bei Berufs- oder Erwerbsunfähigkeit unverändert zufließen, so daß ein Bedarf nach § 1578 II BGB ausscheidet.

(Nichtprägender Wohnwert; Wohnkostenzuschuß im Kindesunterhalt)

e   Die Sache ist an das BerGer. zurückzuverweisen, das die fehlenden Tatsachenfeststellungen treffen und danach die Obliegenheit der Ehefrau zu einer Vermögensumschichtung aufgrund der erforderlichen umfassenden Zumutbarkeitsprüfung tatrichterlich beurteilen muß. Falls das BerGer. zur Verneinung einer solchen Obliegenheit gelangt, wird es den Wohnvorteil der Ehefrau mindestens in Höhe des Betrages auf den Bedarf anzurechnen haben, der von dem vollen Unterhalt der Deckung ihres angemessenen Wohnbedarfs zu dienen bestimmt ist. Das entspricht dem im Senatsurteil vom 19. 2. 1986 (NJW-RR 1986, 687 = FamRZ 1986, 441) dargelegten Rechtsstandpunkt, an dem der Senat festhält. Außerdem wird das Gericht der Frage nachzugehen haben, inwieweit der Unterhaltsbedarf der Ehefrau sich dadurch reduziert, daß ein Teil des Unterhalts, den die Kinder erhalten, für deren Wohnbedarf bestimmt ist und die Wohnkosten der Ehefrau reduziert.

BGH v. 18. 12. 91 – XII ZR 79/91 – FamRZ 92, 535 = NJW-RR 92, 450

R443   *(Unzulässige Vollstreckung bei unmöglicher Leistung)*

Wie bereits die Berufung geltend gemacht hat und nunmehr die Revision zu Recht hervorhebt, kann der Ehemann die eidesstattliche Versicherung, zu der er verurteilt worden ist, nicht abgeben. Das AG hat ihn verurteilt, an Eides Statt zu versichern, „daß seine Angaben zum Endvermögen am 17. 11. 1988, enthalten in (den Schriftsätzen) ... vom 12. 1. 1990 ... (und) ... vom 11. 6. 1990," vollständig und richtig sind. Angaben zum Endvermögen am 17. 11. 1988 hat der Ehemann aber in den beiden genannten Schriftsätzen nicht gemacht. Die dort erteilten Auskünfte beziehen sich vielmehr auf sein Vermögen am 31. 10. 1988. Für diesen Termin hatte die Ehefrau die Auskunft auch verlangt, und zwar offenbar in der Annahme, das Recht des Zugewinnausgleichs enthalte eine dem § 1587 II BGB entsprechende Vorschrift, und damit unter Verkennung der in § 1384 BGB getroffenen Stichtagsregelung, wonach es für das Endvermögen – und damit für den Gegenstand der Auskunftspflicht nach § 1379 BGB – auf den Zeitpunkt der Rechtshängigkeit des Scheidungsantrages ankommt. Es gab mithin zum Zeitpunkt der Einlegung der Berufung, auf den es für die Zulässigkeit des Rechtsmittels im Grundsatz ankommt (BGHZ 1, 29 = NJW 1951, 195), keine Angaben des Ehemannes zu seinem Endvermögen am 17. 11. 1988, enthalten in den Schriftsätzen vom 12. 1. und 11. 6. 1990, deren Vollständigkeit und Richtigkeit er eidesstattlich hätte versichern können. Angaben des Ehemannes zu seinem Vermögen am Stichtag 17. 11. 1988 lagen vielmehr nicht vor. Es kann auch nicht davon ausgegangen werden, daß die für den 31. 10. 1988 erteilte Auskunft mit der für den 17. 11. 1988 übereinstimmt. Der Ehemann ist mithin zu einer unmöglichen Leistung verurteilt worden. Soweit die titulierte Leistung unmöglich ist, ist die Vollstreckung aus dem Titel unzulässig; der Titel hat keinen vollstreckungsfähigen Inhalt (vgl. *Senat*, FamRZ 1989, 731 (732)).

BGH v. 29. 1. 92 – XII ZR 239/90 – FamRZ 92, 539 = NJW 92, 1621

(Abänderung eines Unterhaltsvergleichs)   **R444**

Da es sich bei dem abzuändernden Unterhaltstitel nicht um ein Urteil, sondern um einen Prozeßvergleich handelt, erfolgt die in § 323 IV i. V. mit § 794 I Nr. 1 ZPO vorgesehene Anpassung des Titels an veränderte Umstände wie bei sonstigen privatrechtlichen Rechtsgeschäften allein nach den Regeln des materiellen Rechts. § 323 I ZPO ist in diesem Fall bedeutungslos. Maßgeblich sind die aus § 242 BGB abgeleiteten Grundsätze über die Veränderung oder den Fortfall der Geschäftsgrundlage, die eine Anpassung rechtfertigen, wenn es einem Beteiligten nach Treu und Glauben nicht zugemutet werden kann, an der bisherigen Regelung festgehalten zu werden. Das kann bei einem gerichtlichen Vergleich über Unterhaltsleistungen, wie er hier zugrunde liegt, vor allem bei beengten wirtschaftlichen Verhältnissen bereits deutlich unterhalb einer Schwelle von etwa 10% der Fall sein, wie sie als Anhaltspunkt für eine wesentliche Veränderung der Verhältnisse i. S. von § 323 I ZPO befürwortet wird. Die nach § 242 BGB maßgebliche Frage, ob bei einem Festhalten an einem gerichtlichen Unterhaltsvergleich die Opfergrenze überschritten würde, entzieht sich einer derartigen schematischen Beurteilung und kann von dem Tatrichter nur aufgrund einer an den Verhältnissen des Falles ausgerichteten umfassenden Würdigung aller Umstände sachgerecht beantwortet werden (*Senat*, NJW 1986, 2054 = FamRZ 1986, 790 (791)).

Diesem Erfordernis trägt das Berufungsurteil in angemessener Weise Rechnung. Das BerGer. hat rechtsfehlerfrei einen Wegfall der Geschäftsgrundlage des gerichtlichen Vergleichs deshalb bejaht, weil einerseits eine weitere Unterhaltspflicht des Kl. gegenüber seinem Sohn aus zweiter Ehe begründet worden ist und andererseits sowohl der Bedarf der Bekl. als auch das Einkommen des Kl. seit 1985 gestiegen sind. Soweit das BerGer. die Unterhaltsbeträge für die Bekl. zu 1 nur um knapp 4% (223,17 DM statt 215 DM), für den Bekl. zu 3 um knapp 13% (188,46 DM statt 167 DM) erhöht hat, begegnet dies aus den dargelegten Gründen keinen rechtlichen Bedenken.

BGH v. 26. 2. 92 – XII ZR 97/91 – FamRZ 92, 1064 = NJW-RR 92, 1026

(Auslandsstudium)   **R446**

a) Haben Eltern ihrem Kind als angemessene Ausbildung ein Studium zu finanzieren, so steht dem Kind unbeschadet seiner Verpflichtung, seine Ausbildung mit Fleiß und Zielstrebigkeit zu betreiben, damit es sie innerhalb angemessener und üblicher Dauer beenden kann, ein gewisser Spielraum bei der selbständigen Auswahl der Lehrveranstaltungen und dem eigenverantwortlichen Aufbau des Studiums zu, sofern dadurch nicht der ordnungsgemäße Abschluß des Studiums innerhalb angemessener Frist gefährdet wird (*Senat*, NJW 1987, 1557 = FamRZ 1987, 470 (471); NJW 1984, 1961 = FamRZ 1984, 777). Innerhalb dieses Rahmens kann das Kind auch den Studienort wechseln. Grundsätzlich ist dafür allerdings Voraussetzung, daß der Ortswechsel der Ausbildung dient. Dies ist jedenfalls dann der Fall, wenn Kenntnisse erworben, vertieft oder erweitert werden sollen, die seine fachliche Qualifikation und seine Berufsaussichten fördern. Soweit mit einem Ortswechsel, der aufgrund einer solchen Entscheidung vorgenommen wird, ein erhöhter Unterhaltsbedarf des Kindes entsteht, ist dieser regelmäßig vom Unterhaltsverpflichteten zu tragen, sofern sich die Finanzierung in den Grenzen seiner wirtschaftlichen Leistungsfähigkeit hält. Die Finanzierung des Mehrbedarfs darf dem Verpflichteten wirtschaftlich nicht unzumutbar sein.

b) Die Entscheidung des BerGer. hält sich an diese Grundsätze. Zutreffend geht es davon aus, daß juristische Auslandssemester, die im Inland anerkannt werden, auch im Hinblick auf die künftige europäische Gemeinschaft für Juristen grundsätzlich empfehlenswert sind, insbesondere dann, wenn dabei die Kenntnis einer europäischen Fremdsprache vertieft werden kann.

Diesen Ausgangspunkt greift die Revision auch nicht an, sondern meint, die Auslandssemester der Kl. widersprächen dem Gebot, die Studienkosten so niedrig wie möglich zu halten, und verlängerten die sonst mögliche Studiendauer um ein Jahr. Damit kann die Revision jedoch nicht durchdringen. Die Verpflichtung des Kindes, seine Ausbildung mit Fleiß und Zielstrebigkeit zu betreiben, damit es sie innerhalb angemessener und üblicher Zeit beenden kann, bedeutet nicht, daß es auf Möglichkeiten weiteren Kenntniserwerbs, der seiner angemessenen Berufsausbildung dient, stets zu verzichten hat, um den Unterhaltspflichtigen zu entlasten. Der Bekl. hat nicht vorgetragen, die teilweise Finanzierung des Auslandsstudiums der Kl. sei für ihn unzumutbar. Ob die Auslandssemester der Kl. die übliche Studienzeit tatsächlich verlängern werden, ist offen. Selbst wenn dies aber der Fall wäre, hätte der Bekl. es hinzunehmen, da das Auslandsstudium der Kl. für ihre Berufsausbildung sinnvoll ist. Aus diesem Grund kommt es auch nicht darauf an, wie die Revision weiter meint, ob die Kl. besondere Voraussetzungen an Sach- und Fachkenntnis für die Auslandssemester mitgebracht hat.

Die Meinung der Revision, dieselben Kenntnisse hätte die Kl. auch im Inland erwerben können, berücksichtigt nicht ausreichend die Vorteile eines Auslandsstudiums. Ein Studium in einem anderen Sprachgebiet vermittelt, wie die Revisionserwiderung zutreffend anführt, neben zusätzlichem Wissen auch die Erfahrung, wie man sich in ausländischen Institutionen zurechtfindet, sowie die Übung, eine ausländische Sprache beim Studium und im Alltag zu gebrauchen. Diese Vorteile kann ein Studium im Inland nicht in gleicher Weise bieten.

BGH v. 18. 3. 92 – XII ZR 1/91 – FamRZ 92, 797 = NJW 92, 1624

R447   *(Berücksichtigung von Schulden beim Kindesunterhalt)*

a   Ob vom Unterhaltsverpflichteten eingegangene Schulden unterhaltsrechtlich zu berücksichtigen sind, ist unter umfassender Interessenabwägung zu beurteilen, wobei es insbesondere auf den Zweck der Verbindlichkeiten, den Zeitpunkt und die Art ihrer Entstehung, die Kenntnis des Unterhaltsverpflichteten von Grund und Höhe der Unterhaltsschuld und andere Umstände ankommt. Die Darlegungs- und Beweislast für die Umstände, die die Berücksichtigungswürdigkeit ergeben sollen, trägt nach allgemeinen Grundsätzen der Unterhaltsschuldner, da er hierbei die Minderung seiner Leistungsfähigkeit geltend macht (vgl. Senat NJW-RR 1990, 323 = FamRZ 1990, 283 (287) m. w. Nachw.). Im vorliegenden Fall geht es um den Unterhalt minderjähriger unverheirateter Kinder, denen der Bekl. nach § 1603 II 1 BGB verschärft unterhaltspflichtig ist und denen jede Möglichkeit fehlt, durch eigene Anstrengungen zur Deckung des notwendigen Unterhaltsbedarfs beizutragen. Wenn die fragliche Verbindlichkeit vom Bekl. im Einverständnis mit ihrer Mutter eingegangen und der Kreditbetrag von dieser verwendet worden ist, so wäre dieser Umstand zwar geeignet, die Berücksichtigungsfähigkeit der Verbindlichkeit gegenüber einem Anspruch der Mutter auf Ehegattenunterhalt zu begründen (vgl. dazu *Senat,* NJW 1982, 232 = FamRZ 1982, 23 (24)); das gilt aber nicht auch für den Anspruch auf Kindesunterhalt, etwa wenn die Mutter mit den Mitteln rein persönliche Bedürfnisse befriedigt hat.

(Behandlung titulierter Kindesunterhaltsansprüche im Mangelfall)

b   Die Unterhaltsansprüche ehelicher und nichtehelicher Kinder haben gleichen Rang (vgl. Köhler, in: MünchKomm, 2. Aufl., § 1609 Rn. 16). Wie sich aus § 1615 h I BGB ergibt, bleibt in Mangelfällen der vom nichtehelichen Kind zu beanspruchende Regelunterhalt nicht unangetastet. Nach der Rechtsprechung des BGH (vgl. NJW 1980, 934 = FamRZ 1980, 555 (557) und zuletzt NJW 1990, 3020 = FamRZ 1990, 1091 (1094 f.)) wird ein Unterhaltsanspruch grundsätzlich nicht dadurch rechtlich beeinträchtigt, daß ein anderer Unterhaltsberechtigter bereits einen rechtskräftigen Titel über seinen Anspruch erwirkt hat und daraus vollstrecken kann. Er ist vielmehr so zu beurteilen wie bei gleichzeitiger Entscheidung über alle Unterhaltsansprüche. Das gilt nicht nur, wenn der Titel den Anspruch eines nachrangig Berechtigten zum Gegenstand hat, sondern auch dann, wenn die Berechtigten – wie hier – unterhaltsrechtlich gleichen Rang haben. Der Unterhaltsverpflichtete ist gegebenenfalls darauf verwiesen, Abhilfe im Wege der Abänderungsklage nach § 323 ZPO zu suchen.

Diese Grundsätze hat das OLG nicht beachtet. Soweit der Bekl. an M in der Vergangenheit mehr Unterhalt bezahlt hat, als er unter Berücksichtigung der Unterhaltsberechtigung seiner ehelichen Kinder ohne den Titel geschuldet hätte, dies auch durch eine Abänderungsklage (infolge der Sperre des § 323 III ZPO) nicht behebbar ist, können die überschießenden Beträge allenfalls entsprechend den Grundsätzen behandelt werden, die für die Berücksichtigung sonstiger Verbindlichkeiten eines Unterhaltspflichtigen gelten. Dabei ist auch das Verhalten des Bekl. in dem Verfahren zu würdigen, in dem der Titel zustande gekommen ist; insbesondere kann von Bedeutung sein, ob er dort schuldhaft Umstände nicht geltend gemacht hat, die geeignet gewesen wären, die Verurteilung zu in dieser Höhe nicht geschuldetem Unterhalt zu vermeiden. Eine Beurteilung in dieser Richtung wird nachzuholen sein.

(Klage des Trägers der Sozialhilfe auf künftigen Unterhalt)

c   II. Den Angriffen der Revision hält weiterhin nicht stand, daß das BerGer. die Klage auf nach Schluß der Berufungsverhandlung fällig werdenden Unterhalt mit der Begründung abgewiesen hat, ein Sozialhilfeträger könne die gem. § 90 BSHG auf sich übergeleiteten Unterhaltsansprüche nur für die Vergangenheit, nicht aber auch für die Zukunft geltend machen. Diese Auffassung erscheint von vornherein als wenig praktikabel, da sie den Sozialhilfeträger zu einer Reihe von aufeinanderfolgenden Prozessen zwingen würde. Sie wird in Rechtsprechung und Schrifttum auch fast einhellig abgelehnt. Danach ist die Klage des Sozialhilfeträgers auf künftig fällig werdenden übergeleiteten Unterhalt zulässig, wenn auch unter der in der Urteilsformel zum Ausdruck zu bringenden Bedingung, daß künftig Sozialhilfeleistungen ohne mehr als zweimonatige Unterbrechung mindestens in Höhe der Verurteilung erbracht werden (vgl. OLG Düsseldorf, FamRZ 1979, 1010; OLG Hamm, FamRZ 1980, 890 (891); OLG Schleswig, SchlHA 1984, 57; OLG Bremen, FamRZ 1984, 1256; Göppinger-Wax, 5. Aufl., Rn. 3034; Heiß-Schlüter, Hdb. d. UnterhaltsR II, 22.6; Seetzen, NJW 1978, 1350 (1352)).

Der Senat sieht keinen Anlaß, von der herrschenden Auffassung abzuweichen. Nach § 90 II BSHG bewirkt die schriftliche Anzeige des Sozialhilfeträgers an den Unterhaltpflichtigen den Übergang des Unterhaltsanspruchs für die Zeit, für die dem Hilfeempfänger Hilfe ohne Unterbrechung von mehr als zwei Monaten gewährt wird; sie umfaßt also grundsätzlich auch künftige Unterhaltsansprüche. Insoweit steht der Anspruchsübergang lediglich unter der aufschiebenden Bedingung, daß die Sozialhilfebehörde tatsächlich Leistungen in entsprechender Höhe erbringt (vgl. BGHZ 20, 127 (131) = NJW 1956, 790; *Senat*, NJW 1988, 1147 = FamRZ 1988, 375 (376)). Es ist nicht gerechtfertigt, die Klage auf künftig fällig werdende wiederkehrende Leistungen wegen dieser Bedingung nicht zuzulassen. Zwar hält sich eine solche Klage nicht im Regelungsbereich des § 258 ZPO, weil die begehrten Leistungen nicht nur noch vom Zeitablauf abhängig sind. Es liegt aber eine dem § 259 unterfallende Klage vor, die allerdings zur Voraussetzung hat, daß den Umständen nach die Besorgnis gerechtfertigt ist, der Schuldner werde sich der rechtzeitigen Leistung entziehen (vgl. dazu BGHZ 43, 28 (31) = NJW 1965, 440). Diese Voraussetzung ist aber schon dann erfüllt, wenn der Unterhaltsverpflichtete den erhobenen Anspruch ernstlich bestreitet (vgl. BGHZ 5, 342 (344) = NJW 1952, 817; Seetzen, NJW 1978, 1350 (1352)). Die Erteilung der Vollstreckungsklausel für ein der Klage stattgebendes Urteil setzt den Nachweis des Sozialhilfeträgers voraus, daß die Bedingung eingetreten ist, daß er also die Verurteilung erreichende Unterstützungsleistungen laufend gezahlt hat (§§ 726 I bzw. 731 ZPO; vgl. Seetzen, NJW 1978, 1350 (1352)).

Zwar hat der Senat entschieden, daß der Unterhaltsberechtigte selbst auch nach Überleitung seines Unterhaltsanspruchs auf den Sozialhilfeträger für die Zukunft Zahlung an sich verlangen kann (vgl. NJW 1982, 232 = FamRZ 1982, 23 (25)). Vor einer doppelten Inanspruchnahme ist der Unterhaltsverpflichtete jedoch hinreichend geschützt. Der Unterhaltsberechtigte und der Sozialhilfeträger können nicht gleichzeitig klagen; der späteren Klage stünde die Einrede der Rechtshängigkeit entgegen (§ 261 III Nr. 1 ZPO; vgl. Seetzen, NJW 1978, 1350 (1352)). Hat der Unterhaltsberechtigte bereits einen Titel erlangt, ist eine erneute Klage des Sozialhilfeträgers grundsätzlich unzulässig, weil er die einfachere Möglichkeit einer Umschreibung des Titels gem. § 727 ZPO hat (vgl. Göppinger-Wax, Rdnrn. 3036, 3357 m. w. Nachw.). Der Unterhaltsberechtigte könnte lediglich den die Sozialhilfeleistungen übersteigenden Unterhaltteil gesondert geltend machen; derartiges wird aber selten vorkommen. Für das Klagerecht des Sozialhilfeträgers besteht auch durchaus ein praktisches Bedürfnis, etwa wenn der Unterhaltsberechtigte selbst hilflos oder geschäftsungewandt ist. Der Unterhaltsverpflichtete kann im übrigen ungeachtet einer Überleitung nach § 90 BSHG an den Unterhaltsberechtigten befreiend zahlen (vgl. *Senat*, NJW 1982, 232 = FamRZ 1982, 23 (25). Einer unberechtigten Vollstreckung aus dem vom Sozialhilfeträger erwirkten Titel kann der Unterhaltsverpflichtete solchenfalls durch Vollstreckungsgegenklage (§ 767 ZPO) begegnen.

Das BerGer. verweist auf Schwierigkeiten, die seiner Ansicht nach dann entstehen können, wenn der Unterhaltsschuldner infolge einer Veränderung der Verhältnisse den titulierten Unterhalt nicht oder nicht mehr in gleicher Höhe schuldet. Da die Verhältnisse, die der Unterhaltsbemessung zugrunde lägen, nur Gläubiger und Schuldner des Unterhaltsanspruchs beträfen, müsse sich eine Abänderungsklage (§ 323 ZPO) gegen den Unterhaltsberechtigten und nicht gegen den Sozialhilfeträger richten. Bei einer in der Praxis in Rechnung zu stellenden Klage gegen die falsche Partei entstünden dann aufgrund von § 323 III ZPO nicht behebbare Rechtsnachteile. Diese Befürchtungen gehen indessen von der unzutreffenden Annahme aus, eine Abänderungsklage sei auch dann gegen den Unterhaltsberechtigten zu richten, wenn der Sozialhilfeträger den Unterhaltstitel erwirkt habe. In Wahrheit kann der Unterhaltsschuldner in diesen Fällen die Abänderungsklage gegen den Sozialhilfeträger richten, da er Partei des Prozesses war, in dem die abzuändernde Entscheidung ergangen ist, und Inhaber des Titels ist (vgl. *Senat*, NJW 1983, 684 (685)). Eine Überleitung nach § 90 BSHG ändert an den Voraussetzungen des Unterhaltsanspruchs nichts, so daß der Sozialhilfeträger sich gegebenenfalls entgegenhalten lassen muß, daß dieser Anspruch aufgrund einer Veränderung der Verhältnisse ganz oder teilweise entfallen ist (ebenso im Ergebnis Seetzen, NJW 1978, 1350 (1353); Göppinger-Wax, Rn. 3280). Auch im umgekehrten Fall der Erhöhung des Unterhaltsanspruchs infolge einer Veränderung der Verhältnisse ist der Sozialhilfeträger im Rahmen seiner Leistungen für eine Klage nach § 323 ZPO aktivlegitimiert (vgl. dazu OLG Zweibrücken, FamRZ 1986, 190).

Das OLG durfte die Klage auf künftig fällig werdenden Unterhalt schließlich nicht deshalb abweisen, weil die Kl. uneingeschränkt Zahlung an sich selbst beantragt hatte, während, wie ausgeführt, in die Urteilsformel die Bedingung künftiger, nicht länger als zwei Monate unterbrochener Sozialhilfeleistungen aufzunehmen ist. Die gebotene bedingte Verurteilung ist nämlich gegenüber einem solchen uneingeschränkten Begehren lediglich ein Weniger.

III. Nach allem kann die Abweisung der Klage im angefochtenen Umfang keinen Bestand haben. Der Senat ist zu einer abschließenden Entscheidung nicht in der Lage, da weitere tatrichterliche

Feststellungen erforderlich sind und die Parteien Gelegenheit haben müssen, zu den erst in der Revisionsinstanz hervorgetretenen rechtlichen Gesichtspunkten ergänzend vorzutragen. Der Rechtsstreit ist daher an das BerGer. zurückzuverweisen.

Der Senat weist auf folgendes hin: Soweit es im weiteren Verfahren auf ein – zu dessen Beweislast stehendes – Vorbringen des Bekl. ankommen sollte, das eigene Wahrnehmungen oder Handlungen der Mutter und gesetzlichen Vertreterin der ehelichen Kinder betrifft, wird die Kl. sich nicht auf ein Bestreiten mit Nichtwissen beschränken können, sondern wird bei dieser in Ausübung ihres Auskunftsrechts nach §§ 412, 402 BGB Erkundigungen anstellen und deren Ergebnis vortragen müssen. Der Senat teilt die Auffassung des BerGer., daß unter den gegebenen Umständen eine Erklärung mit Nichtwissen ohne Ausschöpfung dieser zumutbaren Informationsmöglichkeit durch § 138 IV ZPO nicht gedeckt wäre und deshalb die Geständnisfiktion des § 138 III ZPO auslösen könnte.

BGH v. 18. 3. 92 – XII ZR 23/91 – FamRZ 92, 1045 = NJW 92, 2477

R448   *(Bei der Bedarfsbemessung nach § 1578 BGB keine fiktive Zurechnung von Einkünften, die nicht nachhaltig zur Verfügung standen)*

a   Die für den nachehelichen Unterhalt maßgebenden Lebensverhältnisse i. S. von § 1578 I BGB werden durch das bis zur Scheidung nachhaltig erreichte Einkommen bestimmt (st. Rspr. des Senats; vgl. BGHZ 89, 108 (110) = NJW 1984, 292 sowie NJW 1987, 58 = FamRZ 1986, 783 (785); NJW-RR 1988, 514 = FamRZ 1988, 145 (146)). Der Vorschrift liegt das gesetzgeberische Anliegen zugrunde, dem bedürftigen Ehegatten den in der Ehe erreichten bisherigen Lebensstandard zu erhalten (BT-Dr 7/650, S. 136; vgl. BVerfGE 57, 361 (389 ff.) = NJW 1981, 1771). Dabei sind grundsätzlich auch solche Veränderungen der Einkommensverhältnisse zu berücksichtigen, die während der Trennung bis zur Scheidung eintreten, gleichgültig, ob sie zu einer Erhöhung oder Verringerung des Lebensstandards führen. Denn erst mit der Scheidung tritt eine Zäsur in der beiderseitigen Teilhabe der Ehegatten an den wirtschaftlichen Verhältnissen ein (*Senat*, FamRZ 1985, 471 (472)). Demnach ist die tatsächliche Entwicklung des Einkommens bis zur Scheidung grundsätzlich beachtlich (vgl. *Senat*, NJW 1982, 1870 = FamRZ 1982, 576 (578); NJW 1982, 2433 = FamRZ 1982, (893); NJW 1983, 2318 = FamRZ 1983, 852 (853) = FamRZ 1982, 576 (578); FamRZ 1982, 892 (893); FamRZ 1983, 352 (353)). Unerwartete und vom Normalverlauf erheblich abweichende Entwicklungen bleiben dabei außer Betracht, was der Senat bisher aber nur für Fälle der Einkommenssteigerung entschieden hat (*Senat*, NJW 1982, 1870 = FamRZ 1982, 576 (578); NJW 1982, 2439 = FamRZ 1982 (893); NJW 1983, 2318 = FamRZ 1983, 852 (853)).

Handelt es sich um Einkommensminderungen, die auf freiwilligen beruflichen oder wirtschaftlichen Dispositionen des Unterhaltspflichtigen beruhen, etwa in Gestalt eines Berufswechsels, den der Unterhaltsberechtigte hinnehmen muß, so schlägt dies nicht ohne weiteres auf den Maßstab für die Bemessung des Unterhaltsbedarfs durch. Denn dem Unterhaltspflichtigen obliegt es, in einem solchen Fall zumutbare Vorsorgemaßnahmen zu treffen, um sicherzustellen, daß er seinen Unterhaltspflichten vorerst auch bei geringeren Einkünften nachkommen kann (*Senat*, NJW-RR 1988, 514 = FamRZ 1988, 145 (147) zum nachehelichen Unterhalt). Erst wenn solche Vorsorge nicht oder nicht in vollem Umfang möglich ist, kann dem Unterhaltsberechtigten ein vorübergehendes Absinken des ehelichen Lebensstandards zuzumuten sein, wenn bei einer Abwägung der beiderseitigen Interessen dasjenige des Unterhaltspflichtigen an der beruflichen Veränderung überwiegt (*Senat*, NJW-RR 1988, 519 = FamRZ 1988, 256 (258) zum Trennungsunterhalt). Den vom Senat bisher entschiedenen Fällen war allerdings gemeinsam, daß die Einkommenseinbuße auf einem zwar bewußten, aber nicht gegen seine Erwerbsobliegenheit verstoßenden Verhalten des Unterhaltspflichtigen beruhte. Ob die ehelichen Lebensverhältnisse auch durch eine Einkommensminderung verändert werden, die ein Ehegatte unter Verletzung seiner Pflicht, die Arbeitskraft so gut wie möglich einzusetzen, selbst herbeigeführt hat, konnte bisher offenbleiben. Ein solcher Fall ist aber nunmehr gegeben, da der Ehemann nach den Feststellungen des OLG seine Erwerbsobliegenheit verletzt hat.

a) Die ehelichen Lebensverhältnisse der Parteien waren in den Jahren bis zur Trennung von einem überdurchschnittlich guten Einkommen geprägt, das der Ehemann durch seine Tätigkeit als Handelsvertreter und Geschäftsführer erzielte. Dies hat das OLG unter zulässiger Bezugnahme auf sein ausreichend bezeichnetes, zwischen den Parteien ergangenes Urteil vom 22. 12. 1987 (vgl. BGHZ 39, 333 (345) = NJW 1963, 2272) für den Zeitraum 1983–1985 festgestellt. Dabei lagen der Gewinn (vor Steuern) aus der Handelsvertretung 1983 bei 71 633 DM, 1984 bei 123 816 DM, das Brutto-Geschäftsführergehalt 1983 bei 131 899 DM, 1984 bei 164 816 DM. Erst ab der Trennung der Parteien gingen die Einkünfte zurück, was sich jedoch für 1985 zunächst nur in einer Herabsetzung des dem Ehemann von ihm selbst bewilligten Geschäftsführergehalts von 16 4816 DM auf 49 296 DM und für 1986 auf 54 940 DM zeigte; der Gewinn aus der Handelsvertretung lag 1985 bei 124 627 DM, 1986 immer noch bei 109 711 DM. Erst ab Februar 1987 bewilligte sich der Ehemann kein Geschäftsführergehalt mehr; der Gewinn aus der Handelsvertretung belief sich nach der vorläufigen Gewinnermittlung 1987 auf 68 843 DM.

b) Diese rückläufige Einkommensentwicklung beruht nicht etwa auf Einflüssen, die der Ehemann nicht zu vertreten hat. Ursächlich war vielmehr sein eigenes, in unmittelbarem Zusammenhang mit der Auflösung der Ehe stehendes Verhalten. Denn wie das OLG festgestellt hat, hat er seine Erwerbstätigkeit auf den Umfang einer Halbtagstätigkeit reduziert. Ob sein Motiv die Erlangung des Sorgerechts für das gemeinsame Kind war oder ob er sein Einkommen von vornherein mit Blick auf den Unterhaltsrechtsstreit gezielt reduziert hat, kann dahinstehen. Denn die Entscheidung des FamG, durch die die elterliche Sorge auf die Ehefrau übertragen worden war, wurde mit dem Urteil des OLG vom 3. 11. 1987 rechtskräftig. Spätestens seither oblag es dem Ehemann, seine Erwerbstätigkeit im früheren Umfang wieder aufzunehmen.

c) Ein Verhalten des Unterhaltspflichtigen, das gegen seine Pflicht verstößt, seine Arbeitskraft so gut wie möglich einzusetzen, kann die ehelichen Lebensverhältnisse nicht zum Nachteil des Unterhaltsberechtigten verändern. Es ist vielmehr den Fällen gleichzusetzen, in denen nach der Trennung eine unerwartete und vom Normalverlauf erheblich abweichende Entwicklung einsetzt, die nicht geeignet ist, die ehelichen Lebensverhältnisse zu prägen (vgl. *Senat*, NJW 1982, 1870 = FamRZ 1982, 576 (578); NJW 1983, 2318 = FamRZ 1983, 852 (853)). Daher ist an das frühere Einkommen anzuknüpfen, das den Lebensstandard der Ehegatten bis zur Trennung geprägt hat und das der Unterhaltspflichtige bei zumutbarem Einsatz seiner Arbeitskraft auch künftig erzielen könnte. Zwar ist der Revision einzuräumen, daß lediglich gedachte wirtschaftliche Verhältnisse, die keine Grundlage in der tatsächlichen Einkommenssituation der Ehegatten während der Ehe haben, die ehelichen Lebensverhältnisse nicht prägen können. Daher kann ein nachehelicher Unterhaltsbedarf nicht aus fiktiven Mitteln hergeleitet werden, die den Ehegatten während des Zusammenlebens objektiv nie oder jedenfalls nicht nachhaltig zur Verfügung gestanden haben. Das wäre etwa dann der Fall, wenn ein Ehegatte nach seinen Kenntnissen und Fähigkeiten bei zumutbarem Einsatz seiner Arbeitskraft während des Zusammenlebens ein höheres Einkommen hätte erzielen können, dies aber – z. B. aus Bequemlichkeit – unterlassen hat, und sich daher beide Ehegatten von vornherein mit einem geringeren Lebensstandard begnügen mußten. Ein solcher Fall liegt hier indessen nicht vor. Der hier zu beurteilende Sachverhalt wird vielmehr dadurch gekennzeichnet, daß der Ehemann nach der Trennung der Parteien unter Verletzung seiner Erwerbsobliegenheit bewußt Dispositionen getroffen hat, die zu einer deutlichen Verringerung seines bisherigen Einkommens geführt haben.

(Abgrenzung prägendes und nichtprägendes Einkommen)

Darüber hinaus fehlt es auch an einer nachhaltigen Einkommensverringerung. Einkommensver- **b** änderungen zwischen Trennung und Scheidung sind nur dann beachtlich, wenn ihnen eine gewisse Dauerhaftigkeit eigen ist. Eine nur vorübergehende Veränderung (Verbesserung oder Verschlechterung) der Einkommensverhältnisse vor der Scheidung kann die ehelichen Lebensverhältnisse nicht nachhaltig mit der Folge prägen, daß sie für die nacheheliche Unterhaltsbemessung bestimmend ist. Vielmehr ist zu fragen, ob die bis zur Scheidung eingetretene Veränderung als dauerhaft anzusehen ist oder ob es sich nur um eine vorübergehende Erscheinung handelt und sich die wirtschaftlichen Verhältnisse (voraussichtlich) wieder auf dem früheren Niveau stabilisieren werden. Eine solche Erwartung liegt um so näher, wenn der Unterhaltsverpflichtete es selbst in der Hand hat, seine Einkünfte zu steigern. Angesichts der erst nach der Trennung einsetzenden negativen Einkommensentwicklung sind daher diejenigen Einkünfte zugrunde zu legen, die der Ehemann bei zumutbarem Einsatz seiner Arbeitskraft hätte erzielen können. Daß das OLG dieses erzielbare Einkommen auf monatlich 8000 DM netto geschätzt hat, ist aus Rechtsgründen nicht zu beanstanden.

(Einheitliche Billigkeitsabwägung nach §§ 1577 II 2 BGB und 1579 Nr. 1 BGB)

Es ist daher rechtlich nicht zu beanstanden, daß das OLG im Rahmen einer Billigkeitsprüfung, in **c** der es die wirtschaftliche und persönliche Situation der Parteien gegeneinander abgewogen hat, zu dem Ergebnis gelangt ist, daß zwar eine uneingeschränkte Inanspruchnahme des Ehemannes grob unbillig wäre, ein völliger Ausschluß des Unterhaltsanspruchs der Ehefrau aber nicht zu vertreten sei. Dieses Ergebnis hat es in der Weise verwirklicht, daß es die überobligationsmäßig erzielten Arbeitseinkünfte der Ehefrau, bereinigt um den berufsbedingten Aufwand, jeweils in vollem Umfang auf den Unterhaltsbedarf von 2500 DM angerechnet hat. Darin liegt kein Rechtsfehler zum Nachteil des Ehemannes, da Billigkeitsabwägungen – wie hier nach § 1577 II 2 und § 1579 Nr. 1 BGB – nur einheitlich getroffen werden können (vgl. hierzu *Senat,* NJW 1990, 3020 = FamRZ 1990, 1091 (1095)).

BGH v. 29. 4. 92 – XII ZR 105/91 – FamRZ 92, 920 = NJW 92, 1956

(Voraussetzungen einer wirksamen Mahnung für nachehelichen Unterhalt) **R449**

Dem vermag der Senat nicht beizupflichten. Wie er bereits entschieden hat, setzt die Mahnung **a** wegen Trennungsunterhalts den Schuldner nicht auch wegen eines künftigen Anspruchs auf nachehelichen Unterhalt in Verzug, weil eine bereits vor der Entstehung eines Anspruchs ausgesprochene

Mahnung wirkungslos ist und dies auch nach der Entstehung des Anspruchs bleibt (vgl. BGHZ 103, 62 (66) = NJW 1988, 1137; ebenso OLG Hamm, FamRZ 1989, 634; Palandt-Diederichsen, BGB, 51. Aufl., § 1585 b Rn. 4; Erman-Dieckmann, BGB, 8. Aufl., § 1585 b Rn. 3; a. A. Schmitz, FamRZ 1988, 700 (701); Kalthoener-Büttner, Rspr. zur Höhe des Unterhalts, 4. Aufl., Rn. 192; OLG Schleswig, FamRZ 1989, 1092 (1093 f.)). Zwar war Gegenstand des Mahnschreibens vom 7. 2. 1989 nicht der Anspruch der Kl. auf Trennungsunterhalt, sondern sie ließ den Bekl. ausdrücklich auffordern, „auch nach durchgeführter Scheidung" Unterhalt zu zahlen. Nach dem klaren Wortlaut des Gesetzes (§ 284 I 1 BGB) kommt der Schuldner aber nur durch eine Mahnung in Verzug, „die nach dem Eintritte der Fälligkeit erfolgt". Diese Voraussetzung lag nicht vor: Der Anspruch auf nachehelichen Unterhalt war bei Zugang der Mahnung nicht nur noch nicht fällig, sondern er war vor dem Eintritt der Rechtskraft des Scheidungsausspruchs auch noch nicht entstanden. Deswegen kann dem Schreiben vom 7. 2. 1989 keine verzugsbegründende Wirkung beigemessen werden.

§ 1585 b II BGB, wonach Unterhalt für die Vergangenheit erst von der Zeit an gefordert werden kann, in der der Unterhaltspflichtige in Verzug gekommen oder der Unterhaltsanspruch rechtshängig geworden ist, beruht auf dem Gedanken, daß Unterhalt seinem Wesen nach zur Bestreitung des laufenden Lebensbedarfs dient und die Befriedigung der Bedürfnisse einer zurückliegenden Zeit an sich nicht möglich ist, so daß grundsätzlich keine Notwendigkeit besteht, darauf beruhende Ansprüche fortdauern zu lassen. Auch soll der Unterhaltspflichtige gegen Härten geschützt werden, die sich aus einer Inanspruchnahme für eine Zeit ergeben können, in der er mit dem Unterhaltsanspruch nicht rechnen mußte (vgl. etwa *Senat*, BGHZ 105, 250 (253 f.) = NJW 1989, 526; Richter, in: Münch-Komm, 2. Aufl., § 1585 b Rn. 1). Es mag zutreffen, daß auch einer kurz vor Entstehung und Fälligkeit des Unterhaltsanspruchs ausgesprochenen Mahnung Warnfunktion zukommt; damit wird aber nicht ausgeräumt, daß es nach der Gesetzeslage nicht pflichtwidrig ist, eine solche Warnung zu mißachten. Wenn es der Gläubiger zudem unterläßt, um eine zeitnahe Verwirklichung seines Anspruchs besorgt zu sein, vielmehr – wie hier – fast ein Jahr verstreichen läßt, ehe er dazu geeignete Schritte einleitet, steht der weitere Grundgedanke des Gesetzes im Vordergrund, daß grundsätzlich nur die Befriedigung des laufenden Lebensbedarfs in der Gegenwart geschuldet wird. Die vom BerGer. ins Feld geführte, speziell bei der Aufeinanderfolge von Trennungsunterhalt und nachehelichem Unterhalt auftretende Schwierigkeit, den für die Entstehung des letzteren maßgebenden Zeitpunkt der Scheidung festzustellen, wiegt angesichts der vom Gesetzgeber des 1. EheRG für den Regelfall vorgesehenen Möglichkeit, nach-ehelichen Unterhalt im Scheidungsverbundverfahren geltend zu machen, nicht schwer. Ist ein Unterhaltsgläubiger dringend auf nachehelichen Unterhalt angewiesen, kann er zumutbarerweise diesen Weg beschreiten; dabei kann es zu den vom BerGer. angeführten Schwierigkeiten nicht kommen. Auch kann er bereits während der Trennungszeit eine einstweilige Anordnung gem. § 620 Nr. 6 ZPO erwirken, die gem. § 620 f ZPO für die Zeit nach der Scheidung fortwirkt, bis eine anderweite Regelung wirksam wird (vgl. *Senat*, NJW 1981, 978 = FamRZ 1981, 242 (243)).

(Mahnung durch Übersendung eines Prozeßkostenhilfegesuchs)

c   Allerdings hat die Zahlungspflicht des Bekl. aus einem anderen Grund nicht erst mit der Rechts-hängigkeit des Verfahrens eingesetzt (13. 3. 1990). Zuvor ist ihm nämlich das Prozeßkostenhilfegesuch der Kl. vom 19. 2. 1990 zugegangen, das inhaltlich die Erfordernisse einer Mahnung erfüllt. Es ist an den Prozeßbevollmächtigten des Bekl. am 22. 2. 1990 (Donnerstag) abgesandt worden, so daß sein Zugang spätestens für Montag, den 26. 2. 1990 angenommen werden kann. Zu diesem Zeitpunkt ist der Bekl. damit in Verzug gekommen (vgl. *Senat*, NJW 1983, 2200 = FamRZ 1983, 892 (894)). Nur für einen geringen Teil der von der Kl. geltend gemachten Rückstände, nämlich diejenigen für die Zeit seit dem 26. 2. 1990, sind danach die Voraussetzungen des § 1585 b II BGB gegeben. Die Revision des Bekl. ist daher nur erfolglos, soweit sie sich auf diesen Zeitraum bezieht. Im übrigen ist die Klage auf Unterhaltsrückstände abzuweisen.

BGH v. 17. 6. 92 – XII ZR 119/91 – FamRZ 92, 1152 = NJW 92, 2415

R452   *(Rückforderungsansprüche aus § 812 BGB)*

a   I. Zutreffend ist das BerGer. von einer Bereicherung gem. § 812 I 2 Alt. 1 BGB ausgegangen. Bei erbrachten, aber nicht geschuldeten Unterhaltsleistungen findet ein Ausgleich grundsätzlich nach den Regeln über die ungerechtfertigte Bereicherung statt. Das hat der Senat bisher unter anderem bei Unterhaltsleistungen aufgrund einer einstweiligen Anordnung im Scheidungsverfahren angenommen, wenn diese über Bestand oder Höhe des materiell geschuldeten Unterhalts hinausgeht (vgl. BGHZ 93, 183 ff. = NJW 1985, 1074; BGH, NJW 1984, 2095 = FamRZ 1984, 767 ff.), ferner bei Unterhalts-zahlungen des Scheinvaters an das Kind, wenn dessen Nichtehelichkeit rechtskräftig festgestellt worden und die zunächst bestehende Unterhaltspflicht rückwirkend weggefallen ist (BGHZ 78, 201 ff. = NJW 1981, 48; *Senat*, NJW 1981, 2183 = FamRZ 1981, 764 ff.). Entsprechendes gilt für Unterhaltszahlungen, die aufgrund eines Prozeßvergleichs erbracht werden. Soweit dieser gem. § 323 ZPO rückwirkend zugunsten des Unterhaltsschuldners abgeändert wird, entfällt nachträglich die Rechtsgrundlage für den bisher geleisteten Unterhalt (§ 812 I 2 Alt. 1 BGB). Der Unterhaltsschuldner kann dann grundsätzlich Herausgabe des Erlangten bzw. Wertersatz gem. § 818 II BGB verlangen. Da der Kl. während der genannten Zeit mehr an die Bekl. gezahlt hat, als er nach dem Abänderungsurteil des OLG verpflichtet war, steht ihm grundsätzlich ein Anspruch auf Rückzahlung des rechtsgrundlos Geleisteten zu.

(Entreicherung; Kausalität zwischen Vermögensvorteil und Entreicherung; Beweislast)

II. Der Anspruch scheitert jedoch daran, daß die Bekl. nicht mehr bereichert ist (§ 818 III BGB) **b** und auch keiner verschärften Haftung gem. §§ 818 IV, 819, 820 BGB unterliegt.

1. Zur Frage der Entreicherung hat das BerGer. anhand der von der Bekl. vorgelegten Kontenauszüge und Kreditunterlagen festgestellt, daß sie – mit Ausnahme von Schuldtilgungsraten – sämtliche Unterhaltszahlungen des Kl. für ihre laufenden Lebensbedürfnisse aufgebraucht habe. Abbuchungen, die auf die Ansammlung von Sparvermögen schließen ließen, seien nicht ersichtlich. Anderweitige Mittel, die sie infolge des Verbrauchs der Unterhaltszahlungen hätte sparen können, hätten ihr im fraglichen Zeitraum nicht zur Verfügung gestanden. Auch die Mittel aus einem im Jahre 1980 aufgenommenen und im Mai 1986 aufgestockten Darlehen habe sie bereits im Juni 1986, also noch vor September 1986, für den Kauf eines gebrauchten Pkw ausgegeben. Aus dem Eigentum am Pkw ergebe sich keine fortbestehende Bereicherung, da nichts dafür spreche, daß die Bekl. ihn bei geringeren Unterhaltszahlungen des Kl. zur Bestreitung ihres Lebensunterhalts wieder veräußert hätte. Allerdings habe die Bekl. seit 1980 und auch im fraglichen Zeitraum auf das Darlehen gleichbleibend monatlich 267 DM gezahlt. Um den Wert der getilgten Schuld sei sie aber von vornherein nicht bereichert, weil sie diese Raten unter Einschränkung ihrer übrigen Bedürfnisse auch in der Zeit bezahlt habe, als sie wegen der vorläufigen Einstellung der Zwangsvollstreckung nur einen geringeren Unterhalt erhalten habe. Sie habe die Zahlungen daher nicht aus den überzahlten Teilbeträgen, sondern aus dem Sockelbetrag des Unterhalts erbracht und die rechtsgrundlose Überzahlung selbst für eine aufwendigere Lebenshaltung verbraucht. Damit fehle es an der notwendigen kausalen Verknüpfung zwischen der Überzahlung und der Schuldtilgung.

Diese Beurteilung hält der rechtlichen Nachprüfung stand.

a) Gem. § 818 III BGB ist eine Verpflichtung zur Herausgabe des Erlangten oder zum Wertersatz ausgeschlossen, soweit der Empfänger nicht mehr bereichert ist. Die Vorschrift dient dem Schutz des „gutgläubig" Bereicherten, der das rechtsgrundlos Empfangene im Vertrauen auf das (Fort-)Bestehen des Rechtsgrundes verbraucht hat und daher nicht über den Betrag einer wirklichen (bestehengebliebenen) Bereicherung hinaus zur Herausgabe oder zum Wertersatz verpflichtet werden soll (BGHZ 55, 128 (134) = NJW 1971, 609; MDR 1957, 598 = BB 1956, 771; BGH, NJW 1984, 2095 = FamRZ 1984, 767 (768)). Bei der Überzahlung von Unterhalt kommt es daher darauf an, ob der Empfänger die Beträge restlos für seine laufenden Lebensbedürfnisse verbraucht oder sich damit noch in seinem Vermögen vorhandene Werte oder Vorteile verschafft hat (BGH, NJW 1984, 2095; BGH, NJW 1981, 2183). Letzteres ist etwa der Fall bei anderweitigen Ersparnissen oder Anschaffungen. Auch die infolge Tilgung eigener Schulden mittels des rechtsgrundlos erlangten Geldes eintretende Befreiung von Verbindlichkeiten zählt zu den bestehenbleibenden Vermögensvorteilen, die einem Wegfall der Bereicherung grundsätzlich entgegenstehen (BGH, NJW 1984, 2095; BGH, NJW 1985, 2700; BVerwGE 28, 68 (75)). Die rechtsgrundlose Zahlung muß jedoch für diesen Vermögensvorteil ursächlich gewesen sein (Heimann-Trosien, in: RGRK, 12. Aufl., § 818 Rn. 40 m. w. Nachw.). Das wird besonders deutlich, wenn gerade die Zahlung selbst zu der Befreiung von der Verbindlichkeit geführt hat, sei es, daß infolge einer Fehlüberweisung ein Soll-Konto des Bereicherungsschuldners aufgefüllt worden ist, sei es, daß der Bereicherungsschuldner selbst die erlangte Summe dazu genutzt hat, Schulden zu tilgen, die er andernfalls nicht getilgt haben würde. Denn dann setzt sich der rechtsgrundlos erhaltene Betrag in der bestehenbleibenden Schuldbefreiung gleichsam fort. Umgekehrt kann sich der Bereicherungsschuldner aber auf den Wegfall der Bereicherung berufen, wenn er die Schulden mit einem anderen als dem rechtsgrundlos erhaltenen Betrag, etwa mit von dritter Seite geschenktem Geld zahlt und das Erhaltene ersatzlos verbraucht. Denn ein Bereicherungsschuldner, der Verbindlichkeiten aus anderen ihm zur Verfügung stehenden Mitteln tilgt, kann nicht schlechter stehen als ein Bereicherungsschuldner, der nur über die Bereicherung verfügt und diese aufzehrt.

b) Gegen das Erfordernis der ursächlichen Verknüpfung von Bereicherung und dadurch eingetretenem bleibenden Vermögensvorteil des Bereicherungsschuldners wendet sich die Revision ersichtlich nicht.

Sie meint jedoch, nur bei Unterhaltszahlungen im Bereich des notwendigen Selbstbehalts sei davon auszugehen, daß sie restlos für den laufenden Lebensbedarf aufgezehrt werden. Dagegen seien die Anforderungen an den Verwendungsnachweis durch den Unterhaltsgläubiger in Fällen, in denen die Unterhaltszahlung über dem notwendigen Selbstbehalt liegt, höher anzusetzen. Für eine interessengerechte Lösung müsse zugunsten des Unterhaltsschuldners die konkret zu widerlegende Vermutung gelten, daß der Unterhaltsgläubiger noch vorhandene Vermögenswerte oder die Tilgung eigener Schulden mit Beträgen finanziert habe, die aus der Überzahlung stammten. Es gebe keinen Erfahrungssatz, daß Kreditschuldner bei Schmälerung ihrer Bezüge sofort säumig würden. Andernfalls könne der Bereicherungsschuldner dem Bereicherungsgläubiger immer entgegenhalten, daß er unabhängig von der Höhe des gezahlten Unterhalts sich in jedem Falle einen bestimmten Vermögensgegenstand angeschafft oder Schulden getilgt hätte.

Damit hat die Revision jedoch keinen Erfolg.

Der Bereicherte hat den Wegfall der Bereicherung zu beweisen, da es sich um eine rechtsvernichtende Einwendung handelt (BGH, NJW 1958, 1725). Für die Überzahlung von Gehalts- oder Versorgungsbezügen von Beamten, die nach ihrem Wesen und Zweck einer Unterhaltsrente gleichkommen, hat die Rechtsprechung Beweiserleichterungen geschaffen, wenn aus der Überzahlung in der fraglichen Zeit keine besonderen Rücklagen oder andere Vermögensvorteile gebildet worden sind. Auch ohne besonderen Verwendungsnachweis spricht dann aufgrund der Lebenserfahrung – insbesondere bei unteren und mittleren Einkommen – zugunsten des Empfängers die Vermutung, daß er die Überzahlung zur Verbesserung seines Lebensstandards ausgegeben hat (RGZ 83, 161 (163); BGH, MDR 1959, 109 (110); BVerwGE 13, 107 (110); Lieb, in: MünchKomm, 2. Aufl. (1986) § 818 Rn. 83; Heimann=Trosien, in: RGRK, 12. Aufl., Rn. 40).

Aber auch, wenn ein bleibender Vermögensvorteil geschaffen worden ist, ist die Erleichterung nicht von vornherein ausgeschlossen. Das BVerwG (BVerwGE 15, 15 (18)) hat einen Wegfall der Bereicherung gem. § 818 III BGB auch dann angenommen, wenn der Beamte mit dem überzahlten Betrag Schulden getilgt hat, die er ohne die Überzahlung unter Einschränkung seines Lebensstandards ebenso getilgt hätte. Denn die Zuvielzahlung bewirke lediglich, daß der Beamte seine Lebenshaltung in Anpassung an den zur Verfügung stehenden Mehrbetrag weniger einschränke, als er es bei Schuldentilgung aus dem ihm zustehenden geringeren Gehalt getan hätte. Nach diesen Grundsätzen, denen sich der Senat anschließt, kommt es für den Nachweis der Entreicherung nicht darauf an, ob der bestehengebliebene Vermögensvorteil aus dem rechtsgrundlos gezahlten Mehrbetrag oder aus dem mit Rechtsgrund gezahlten Sockelbetrag erworben worden ist. Aus welchem der beiden Beträge eine Schuld getilgt wird, läßt sich meist nicht feststellen, weil geschuldeter und nicht geschuldeter Betrag in der Regel in einer Gesamtsumme gezahlt werden und der Empfänger nicht unterscheidet, aus welchem Teilbetrag er seine laufende Lebenshaltung einerseits und die Schuldtilgung oder Anschaffung von Vermögensgegenständen andererseits finanziert (Lieb, in: MünchKomm, 2. Aufl. (1986) Rn. 83). Entscheidend ist vielmehr der Nachweis, daß der Bereicherte den Vermögensvorteil in jedem Fall auch ohne die Überzahlung – notfalls unter Einschränkung des Lebensstandards – erworben hätte, so daß die Überzahlung für den Vermögensvorteil nicht ursächlich war.

Die Revision macht ohne Erfolg geltend, bei Überzahlung von Unterhalt, der über dem notwendigen Selbstbehalt liege, müßten zum Schutz des Unterhaltsschuldners strengere Beweisregeln gelten. Die zu den Beamtenfällen entwickelten Beweisgrundsätze sind vielmehr auch auf privatrechtliche Lohn- oder Unterhaltszahlungen übertragbar. Denn die Situation ist mit derjenigen bei Beamtenbezügen vergleichbar (vgl. BAG, AP § 394 BGB Nr. 5; RGZ 63, 38 (41); Heimann=Trosien, in: RGRK, 12. Aufl., Rn. 42). Das trifft gerade auch auf den vorliegenden Fall zu. Der Unterhalt der Bekl. liegt mit monatlich 1800 DM im Bereich eines unteren bis mittleren Beamtengehalts. Daß das Ausgabeverhalten [Ausgabeverhalten] eines Beamten sich von dem eines Unterhaltsgläubigers unterscheidet, ist nicht ersichtlich. Auch sonst liegen keine Gründe vor, die eine Differenzierung rechtfertigen könnten. Das Interesse des Bereicherungsgläubigers erfordert auch keine Vermutung des Inhalts, daß ein beim Bereicherungsschuldner vorhandener Vermögensvorteil mit dem Überzahlungsbetrag finanziert worden ist mit der Folge, daß diese Vermutung nur durch einen konkreten Nachweis der anderweitigen Verwendung des streitigen Betrags widerlegt werden kann. Sie würde im Gegenteil die Beweisanforderungen überspannen und im Widerspruch zu dem Gesetzeszweck stehen, der die Ersatzpflicht des Bereicherungsschuldners an die echte Vermögensmehrung aufgrund des rechtsgrundlosen Empfangs knüpft (BGHZ 55, 128 (134) = NJW 1971, 609). Das gilt um so mehr, als in diesen Einkommensbereichen größere Anschaffungen wie Hausrat oder ein Pkw in der Regel mittels Krediten finanziert und die hierfür nötigen Zins- und Tilgungsraten unter Verzicht auf andere Ausgaben erbracht werden. Andernfalls wäre der Entreicherungseinwand in nahezu allen diesen Fällen ausgeschlossen. Es genügt daher der Nachweis, daß die Bekl. auch ohne die Überzahlung ihre Schulden bezahlt hätte. Diesen Nachweis hat die Bekl. erbracht. Unstreitig hat sie die Rate von monatlich 267 DM seit 1980 bis in die jüngste Zeit unverändert weiter bezahlt, und zwar unter Einschränkung ihres laufenden Lebensbedarfs auch während der Monate, in denen sie wegen der vorläufigen Einstellung der Zwangsvollstreckung nur einen Unterhalt von 1000 DM monatlich zur Verfügung gehabt hat. Das BerGer. hat außerdem unangegriffen festgestellt, daß die Bekl. keine größeren Abbuchungen vorgenommen hat, die auf anderweitige Ersparnisse schließen lassen, ferner, daß sie auch über keine anderen Mittel verfügt hat, die sie für ihren Unterhalt hätte einsetzen können. Daraus konnte das BerGer. den Schluß ziehen, daß die Darlehenstilgung schon zuvor als fester Bestandteil ihrer vorweg zu bestreitenden monatlichen Ausgaben eingeplant war und daß darüber hinausgehende Mittel wie die Überzahlung dazu gedient haben, ihren Lebensstandard zu verbessern.

Auch hinsichtlich des Pkw kann sich die Bekl. auf den Wegfall der Bereicherung berufen, da sie ihn bereits zuvor aus anderen, nämlich aus Darlehensmitteln finanziert hatte.

(Verschärfte Haftung nach § 818 IV BGB)

2. Eine verschärfte Haftung der Bekl. nach §§ 818 IV, 819 I, 820 I BGB hat das BerGer. ohne **c** Rechtsfehler verneint.

a) Gem. § 818 IV BGB kann sich der Empfänger einer rechtsgrundlosen Leistung vom Eintritt der Rechtshängigkeit an nicht mehr auf den Wegfall der Bereicherung berufen, sondern haftet nach den allgemeinen Vorschriften. Wie der Senat bereits entschieden hat, knüpft diese verschärfte Haftung nicht an die Rechtshängigkeit eines beliebigen Prozesses an, in dem über Grund und Höhe der fragliche Leistung gestritten wird, sondern an die Rechtshängigkeit der Klage auf Herausgabe des Erlangten (§ 812 BGB) oder auf Wertersatz (§ 818 II BGB). Für eine erweiternde Auslegung der Vorschrift hat er weder bei einer Feststellungsklage gegen einen Unterhaltspflichtigen aufgrund einer einstweiligen Anordnung (BGHZ 93, 183 ff. = NJW 1985, 1074) noch bei einer Unterhaltsabänderungsklage gem. § 323 ZPO (BGH, NJW 1986, 2057 = FamRZ 1986, 793) Raum gesehen, weil die Regelung des § 818 IV BGB eine eng zu sehende Ausnahme von dem Grundsatz ist, daß der Bereicherte auf Ersatz nur bis zur Grenze einer noch vorhandenen Bereicherung haftet, und weil der Unterhaltsschuldner wegen der Möglichkeit der Einstellung der Zwangsvollstreckung nicht schutzlos ist.

Die Revision hält letzterem entgegen, daß es in der Praxis nur in seltenen Fällen zur Einstellung der Zwangsvollstreckung komme und das Risiko der Entreicherung dadurch ganz auf den Unterhaltsschuldner abgewälzt werde.

Dieser Einwand gibt zu einer Änderung der Senatsrechtsprechung keinen Anlaß. Bei einem Antrag auf Einstellung der Zwangsvollstreckung hat das Gericht immer zu prüfen, ob die in der Abänderungsklage vorgetragenen Gründe eine Einstellung rechtfertigen. Es hat dabei besonders mit Blick auf die Schwierigkeiten, die einer Rückforderung zuviel gezahlten Unterhalts im Falle einer rückwirkenden Abänderung entgegenstehen, die Interessen von Unterhaltsgläubiger und Unterhaltsschuldner gegeneinander abzuwägen (BGH, NJW 1984, 2057 = FamRZ 1986, 793 (794)). Wenn die Praxis dem nicht immer gerecht wird, vermag dies an der Rechtslage selbst nichts zu ändern. Dem Kl. ist außerdem entgegenzuhalten, daß seine in erster Instanz gestellten Einstellungsanträge wiederholt daran gescheitert sind, daß er die behauptete Einkommensverschlechterung nicht hat darlegen können.

(Möglichkeiten des Verpflichteten gegen Entreicherungseinwand)

Der Gefahr des Entreicherungseinwandes hätte er auf verschiedene Weise begegnen können. Es war **d** ihm unbenommen, die Bereicherungsklage alsbald nach der Unterhaltsleistung ohne Rücksicht auf die vorherige Abänderung des Unterhaltstitels zu erheben, wodurch er die Wirkungen des § 818 IV BGB jedenfalls hinsichtlich noch nicht verbrauchter Zahlungen hätte auslösen können (BGHZ 93, 183 (189) = NJW 1985, 1074). Möglich wäre auch gewesen, bereits die Abänderungsklage im Wege der Klagehäufung mit einer Klage auf künftige Rückzahlung des während der Dauer des Abänderungsverfahrens zuviel gezahlten Unterhalts zu verbinden (§ 258 ZPO), und zwar zur Vermeidung eines Kostenrisikos hilfsweise für den Fall, daß das Abänderungsbegehren Erfolg hatte. § 260 ZPO steht nicht entgegen. Schließlich hätte er der Bekl. die Überzahlungen als zins- und tilgungsfreies Darlehen anbieten können, verbunden mit der Verpflichtung, im Falle der Abweisung des Abänderungsbegehrens auf die Rückzahlung zu verzichten. Der Senat hat in Fällen, in denen Unterhalt geleistet werden muß, nachdem der Unterhaltsberechtigte einen Rentenantrag gestellt hat, in einer darlehensweisen Unterhaltsgewährung einen Weg gesehen, dem Unterhaltsschuldner einen Rückzahlungsanspruch für den Fall zu sichern, daß die Rente rückwirkend bewilligt wird. Dem Unterhaltsberechtigten obliegt es dann nach Treu und Glauben, einen in solcher Weise angebotenen Kredit anzunehmen (BGH, NJW 1983, 1481 = FamRZ 1983, 574 (575); NJW 1989, 1990 = FamRZ 1989, 718 (719)). Das erscheint auch in einem Fall wie hier möglich.

(Verschärfte Haftung nach § 819 I BGB)

b) Gem. § 819 I i. V. mit § 818 IV BGB tritt eine verschärfte Haftung des Bereicherungsempfängers **e** bereits ab dem Zeitpunkt ein, zu dem er den Mangel des rechtlichen Grundes erfährt. Hierfür muß der Bereicherungsempfänger das Fehlen des rechtlichen Grundes selbst und die sich daraus ergebenden Rechtsfolgen gekannt haben; die bloße Kenntnis von Tatsachen, auf denen das Fehlen des Rechtsgrundes beruht, reicht nicht aus (Lieb, in: MünchKomm, 2. Aufl. (1986), § 819 Rn. 2; Palandt-Thomas, BGB, 51. Aufl. (1992), § 819 Rn. 3; Heimann=Trosien, in: RGRK, 12. Aufl., § 819 Rn. 3). Das BerGer. hat zwar offengelassen, ob die Bekl. Kenntnis von den die Abänderung des Unterhaltsvergleichs tragenden tatsächlichen Verhältnissen hatte, so daß für dieses Revisionsverfahren zugunsten des Kl. von dieser Kenntnis auszugehen ist. Es hat aber eine Bösgläubigkeit mangels Kenntnis der Rechtsfolgen verneint; weil die Bekl. angesichts der wiederholten Zurückweisung der Anträge des Kl. auf Einstellung der Zwangsvollstreckung und der Abweisung der Klage in erster Instanz bis zum Erlaß des Berufungsurteils vom 19. 12. 1988 darauf habe vertrauen dürfen, daß ihr weiterhin monatlich 1800 DM zuständen. Das ist nicht zu beanstanden. Die Ungewißheit des Prozeßausgangs spricht für die Bekl. Wenn die Revision demgegenüber meint, daß ein Unterhaltsgläubiger bereits ab Erhebung der Abänderungsklage keinen Vertrauensschutz mehr verdiene, so daß er als bösgläubig angesehen werden müsse, so verkennt sie, daß ein solches Ergebnis den in § 818 IV BGB zum Ausdruck kommenden Schutz des Bereicherungsempfängers unterlaufen würde (vgl. oben II 2 a). Denn er wäre gezwungen, bereits ab diesem Zeitpunkt den Unterhalt für Rückforderungen bereitzuhalten, obwohl § 818 IV BGB dies von ihm erst ab dem Zeitpunkt fordert, zu dem er mit der Bereicherungsklage des Unterhaltsschuldners konfrontiert wird.

(Verschärfte Haftung nach § 820 I BGB)

f   c) Auch eine verschärfte Haftung nach der allein in Betracht kommenden zweiten Alternative des § 820 I 2 BGB greift nicht ein. Danach muß die Leistung aus einem Rechtsgrund erfolgt sein, dessen Wegfall nach dem Inhalt des Rechtsgeschäfts als möglich angesehen wurde und der später tatsächlich wegfällt. Sinn der Regelung ist, daß ein Empfänger, der von vornherein mit seiner Rückgabeverpflichtung rechnet, sich so einrichten muß, als müsse er die empfangene Leistung zurückgeben. Dabei muß sich bereits aus dem Inhalt des Rechtsgeschäfts ergeben, daß beide Parteien sich die Möglichkeit des Wegfalls des Rechtsgrundes nicht nur beiläufig, sondern besonders vergegenwärtigt haben [haben] (BGH, MDR 1961, 832 = BB 1961, 844; BGH, NJW 1984, 2095 = FamRZ 1984, 767 (768); Palandt-Thomas, BGB, 51. Aufl. (1992), § 820 Rn. 2).

BGH v. 8. 7. 92 – XII ZR 127/91 = NJW-RR 92, 1282

R454   *(Angemessene Erwerbstätigkeit)*

1. Die Ehefrau hat nach § 1573 I i. V. mit § 1578 BGB Anspruch auf nachehelichen Unterhalt. Der Anspruch beruht für die Zeit vom 23. 6. bis einschließlich September 1989 darauf, daß sie damals trotz ausreichender Bemühungen keine angemessene Erwerbstätigkeit zu finden vermochte (§ 1573 I BGB). Für die Zeit ab Oktober 1989 rechtfertigt sich das Begehren der Ehefrau daraus, daß sie ihren Unterhalt seither nicht durch eigene Einkünfte aus einer ihr i. S. von § 1574 II BGB angemessenen Erwerbstätigkeit bestreiten kann und die Einkünfte aus der Tätigkeit als Verkaufshilfe, soweit sie sich diese anrechnen lassen muß, nicht zu ihrem vollen Unterhalt nach dem Maßstab der ehelichen Lebensverhältnisse ausreichen.

Ob ihr Unterhaltsanspruch seine Rechtsgrundlage insoweit teilweise in § 1573 II BGB findet, kann dahingestellt bleiben, da auch für die Zeit ab Oktober 1989 jedenfalls die Voraussetzungen des § 1573 I BGB erfüllt sind. Im Blick auf § 1573 V BGB bedarf es ebenfalls keiner näheren Bestimmung der Anspruchsgrundlage. Insoweit unterliegen die Ansprüche sowohl nach § 1573 I als auch nach § 1573 II BGB derselben Kürzungsmöglichkeit (vgl. *Senat*, NJW 1988, 2369 = FamRZ 1988, 265 (266, 267) unter I. 4).

a) Das BerGer. hat die derzeitige Tätigkeit der Ehefrau bei der Firma L auch nach erneuter Prüfung als nicht angemessene Erwerbstätigkeit i. S. von § 1574 I und II BGB beurteilt und dazu im einzelnen ausgeführt:

Die Tätigkeit entspreche weder den gehobenen ehelichen Lebensverhältnissen noch insbesondere dem individuellen Berufsstatus der Ehefrau. Diese sei nach einer Ausbildung zur Kinderpflegerin ab Oktober 1957 zur Kindergärtnerin ausgebildet worden. Sie habe zunächst zwei Jahre lang das Fröbel-Seminar, eine staatliche Fachschule für Erzieher, besucht und anschließend ein Praktikantenjahr absolviert. Sodann sei sie ab November 1960 als Kindergärtnerin, zuletzt als Leiterin einer Gruppe von fünf- bis sechsjährigen Kindern im Rahmen der Vorschulerziehung, tätig gewesen und nach BAT VII bezahlt worden. Mit den Aufgaben und dem Niveau einer zuletzt als Gruppenleiterin eingesetzten Kindergärtnerin sei die jetzige Tätigkeit der Ehefrau weder nach der Art noch nach dem Ort ihrer Ausübung vergleichbar. Die Ehefrau sei nämlich mangels entsprechender fachlicher Ausbildung nicht als Fachverkäuferin, sondern als bloße Verkaufshilfe – ohne Aufstiegschancen – eingestellt worden. Ihre Tätigkeit beschränkte sich auf den Verkauf kunstgewerblicher Artikel wie Kerzen, Servietten, Wandteller und Keramikartikel, hingegen sei sie nicht mit dem Verkauf von Waren für spezielle gehobene Ansprüche befaßt. Anders als eine Fachverkäuferin dürfe sie auch nicht selbständig über Bestellungen entscheiden und in gewissem Rahmen selbst Preisgestaltungen vornehmen. Sie sei vielmehr in ihrem Tätigkeitsbereich in hohem Maße unselbständig. Dem entspreche auch ihr Arbeitsplatz, der sich im Eingangsbereich neben den automatisch öffnenden und schließenden Türen befinde und nicht in einem Bereich, der aufgrund seiner besonderen Lage und Ausstattung gehobeneren Kundenwünschen gerecht werde.

b) Gegen diese tatrichterliche Beurteilung der Angemessenheit der ausgeübten Erwerbstätigkeit i. S. von § 1574 II BGB sind aus Rechtsgründen keine Bedenken zu erheben. Das BerGer. hat seine Beurteilung auf nähere Feststellungen einerseits über die berufliche Ausbildung der Ehefrau und zum anderen über die Art und Weise ihrer derzeitigen Tätigkeit gestützt, wie sie der Senat in dem ersten Revisionsurteil für erforderlich gehalten hat. Das BerGer. hat dabei die notwendigen Feststellungen über den Inhalt und Abschluß der Ausbildung der Ehefrau zur Kindergärtnerin in den 50er Jahren getroffen und auf diese Weise ihr Ausbildungsniveau aufgeklärt. Die Feststellungen werden von der Revision nicht angegriffen. Ihre Wertung durch das BerGer. ist revisionsrechtlich nicht zu beanstanden. Sie hält den Angriffen der Revision stand, die, wie schon in dem ersten Revisionsverfahren, insbesondere das Gebot der wirtschaftlichen Eigenverantwortung des geschiedenen Ehegatten hervorhebt und erneut den Standpunkt vertritt, den ehelichen Lebensverhältnissen komme für die Beurteilung der Angemessenheit einer nachehelichen Erwerbstätigkeit nur dann Bedeutung zu, wenn der eheliche Lebenszuschnitt von dem anderen Ehegatten mit erarbeitet worden sei; das sei bei der Ehefrau nicht der Fall gewesen.

Wie der Senat bereits in dem ersten Revisionsurteil betont hat, wird das Gebot der wirtschaftlichen Eigenverantwortung des geschiedenen Ehegatten (§ 1569 BGB) durch § 1574 I BGB dahin relativiert, daß der Ehegatte nur eine ihm angemessene Erwerbstätigkeit auszuüben braucht. Das ist bei der Tätigkeit als Verkaufshilfe, der die Ehefrau derzeit nachgeht, nach den Feststellungen des BerGer. – wie dargelegt – nicht der Fall. Eine Tätigkeit in ihrem erlernten Beruf als Kindergärtnerin oder Erzieherin hat die Ehefrau nicht zu finden vermocht, obwohl sie sich darum, wie schon in dem ersten Berufungsurteil – mit Billigung des Senats – näher ausgeführt, hinreichend bemüht hat. Ein Verstoß gegen die ihr obliegende wirtschaftliche Eigenverantwortung ist der Ehefrau daher nicht vorzuwerfen. Daß für die Beurteilung der Angemessenheit einer Erwerbstätigkeit neben anderen Kriterien auch die durch das Einkommen des alleinverdienenden Ehegatten geprägten ehelichen Lebensverhältnisse mit herangezogen werden können, hat der Senat unter Hinweis auf § 1574 II BGB bereits in dem ersten Revisionsurteil hervorgehoben.

BGH v. 25. 11. 92 – XII ZR 164/91 – FamRZ 93, 417 = NJW-RR 93, 322

(Subsidiäre Sozialleistungen kein Einkommen)   **R458**

b) Die Revision wendet sich dagegen, daß das BerGer. das von J bezogene Pflegegeld nach dem Landespflegegeldgesetz bedarfsdeckend angerechnet hat. Damit bleibt die Revision ohne Erfolg.

Sozialleistungen sind im privaten Unterhaltsrecht grundsätzlich wie sonstiges Einkommen zu behandeln, soweit sie geeignet sind, den allgemeinen Lebensunterhalt zu decken, es sei denn, sie sind subsidiär (vgl. *Senat,* NJW 1981, 1313 = FamRZ 1981, 338 und NJW 1987, 1551 = FamRZ 1987, 456 (458) m. Nachw.). Pflegegeld nach dem Landespflegegeldgesetz stellt keine nachrangige Sozialleistung dar, sondern wird Schwerbehinderten ohne Rücksicht auf ihr Einkommen gewährt. Das Gesetz enthält keinen entsprechenden Vorbehalt. Seiner Entstehungsgeschichte ist zu entnehmen, daß davon bewußt Abstand genommen wurde. Da Sachleistungen und persönliche Hilfe, die der Schwerbehinderte benötigt, im Verhältnis zur Situation des Nichtbehinderten einen erheblichen Mehraufwand erfordern, wurde es aus Gründen sozialer Gerechtigkeit für geboten angesehen, den Schwerbehinderten durch staatliche Leistungen in die Lage zu versetzen, diesen Mehraufwand zu bestreiten. Dieses Ziel sollte durch die Gewährung eines Pflegegeldes erreicht werden, das unter dem Gesichtspunkt der Chancengerechtigkeit ohne Berücksichtigung von Einkommen oder Vermögen geleistet wird (Begr. des Entwurfs, LT-Dr 7/2727, Vorblatt sowie S. 9). Macht der Pflegebedürftige einen Unterhaltsanspruch geltend, so muß er sich das Pflegegeld jedenfalls auf seinen behinderungsbedingten Mehrbedarf anrechnen lassen (vgl. auch *Senat,* NJW 1985, 2590 = FamRZ 1985, 917 (919); Kalthoener-Büttner, 4. Aufl., Rn. 491; a. A. Palandt-Diederichsen, BGB, 51. Aufl., § 1602 Rn. 9). Dem steht auch § 1610 a BGB nicht entgegen.

Entgegen der Ansicht der Revision ergibt sich aus der Bestimmung des § 6 I 2 LPflGG, wonach Leistungen aus bürgerlichrechtlichen Unterhaltsansprüchen auf das Pflegegeld nicht angerechnet werden, nichts Gegenteiliges. Solche Unterhaltsansprüche wurden von der Anrechnung ausgenommen, um den nach bürgerlichem Recht Unterhaltspflichtigen nicht schlechter zu stellen als den Schwerbehinderten selbst (Begr. des Entwurfs, LT-Dr 7/2727, S. 11 zu § 6). Eine derartige Schlechterstellung träte jedoch ein, verneinte man die Anrechnung des Pflegegeldes auf den behinderungsbedingten erhöhten Unterhaltsbedarf. Unter welchen Voraussetzungen ein Teil des Pflegegeldes, der über die Deckung des Pflegeaufwands hinausginge, auf den allgemeinen Lebensbedarf angerechnet werden könnte, kann hier offenbleiben, da dieser Fall nicht vorliegt.

c) Das BerGer. hat seine Beurteilung, die gewährte Hilfe zur Pflege nach § 69 BSHG (106 DM) sei anrechenbares Einkommen des Sohnes, mit folgender Erwägung begründet: Zwar handele es sich bei der Hilfe zur Pflege um eine subsidiäre Sozialleistung, die grundsätzlich nicht zum unterhaltsrechtlich relevanten Einkommen zähle. Dies gelte nach der Rechtsprechung des BGH jedenfalls dann, wenn die Möglichkeit bestehe, Vorleistungen nach Überleitung des entsprechenden Unterhaltsanspruchs zurückzufordern. Sei diese Möglichkeit aber nicht gegeben, so ende die Subsidiarität. Die Leistung verbleibe dem Empfänger dann endgültig. Bei anderer Betrachtungsweise habe der Unterhaltsberechtigte die Möglichkeit, seinen Bedarf zusätzlich gegenüber dem Unterhaltspflichtigen geltend zu machen, der leisten müsse, obwohl der Sozialhilfeträger von seiner Inanspruchnahme abgesehen habe. Vorliegend sei eine Überleitung wegen der dem J gewährten Hilfe zur Pflege durch das Sozialamt der Kl. nicht erfolgt.

Gegen diese Ausführungen wendet sich die Revision zu Recht. Wie unter 2 b bereits ausgeführt, stellen die einem Unterhaltsberechtigten gewährten Sozialleistungen keine Einkünfte dar, die seine Unterhaltsbedürftigkeit mindern, wenn die Leistungen nur subsidiär gewährt werden und Vorleistungen nach Überleitung des entsprechenden Unterhaltsanspruchs vom Unterhaltsverpflichteten zurückgefordert werden können. Hiernach hat auch die Hilfe zur Pflege, die einem Unterhaltsbedürftigen nach § 69 BSHG geleistet wird, auf dessen Unterhaltsanspruch grundsätzlich keinen Einfluß; sie mindert seine Bedürftigkeit im Verhältnis zum Unterhaltspflichtigen nicht und gehört nicht zu den Einkünften i. S. von § 1602 I BGB (vgl. *Senat,* NJW 1987, 1551 = FamRZ 1987, 456 (458)).

In Einschränkung dieses Grundsatzes wird die Auffassung vertreten, eine Anrechnung der Sozialhilfeleistung auf den Unterhaltsanspruch komme ausnahmsweise in Frage, wenn ein Rückgriff der Behörde beim Unterhaltspflichtigen mangels Überleitungsmöglichkeit ausgeschlossen sei (Mutschler, in: RGRK, 12. Aufl., Vorb. § 1601 Rn. 23 m. Nachw.; Göppinger, 5. Aufl., Rn. 218; Kalthoener-Büttner, Rn. 501; OLG Schleswig, FamRZ 1985, 68 f.; auch OLG Hamm, FamRZ 1987, 742 f.). Der Senat hat die Frage bisher nicht zu entscheiden brauchen (vgl. NJW 1987, 1551 = FamRZ 1987, 456 (458)). Der wiedergegebenen Auffassung ist der BGH nunmehr − nach Erlaß der angefochtenen Entscheidung − durch Urteil vom 1. 10. 1991 (BGHZ 115, 228 (231 f.) = NJW 1992, 115) unter Hinweis auf die Systematik des BSHG und die Entstehungsgeschichte des 3. Gesetzes zur Änderung des BSHG, das die Überleitungsbefugnis in § 91 I 1 BSHG zugunsten Unterhaltsverpflichteter eingeschränkt hat, entgegengetreten. Dieser Entscheidung des VI. Zivilsenats schließt sich der erkennende Senat jedenfalls für die Fälle an, in denen − wie hier − einer Überleitung des Unterhaltsanspruchs des Hilfeempfängers ein gesetzliches Überleitungsverbot nicht entgegensteht. Die fernliegende Möglichkeit, daß bei fehlender Anrechenbarkeit ein Unterhaltsberechtigter trotz gewährter Sozialhilfe Unterhaltsansprüche gegen einen Verpflichteten geltend machen könnte, vermag an der gesetzlich normierten Subsidiarität der Sozialhilfe nichts zu ändern. Im übrigen dürfte einem solchen Begehren der Grundsatz von Treu und Glauben, der auch im Unterhaltsrecht gilt (*Senat,* NJW 1991, 913 = FamRZ 1991, 306 (307) und NJW 1992, 3164) entgegenstehen.

In dieser Beurteilung liegt keine Abkehr von der Rechtsprechung des Senats, nach der er es gebilligt hat, daß gewährtes Pflegegeld mit dem durch die Versorgung des Pflegebedürftigen nicht verbrauchten Teil der Pflegeperson für die Zwecke des Unterhaltsrechts als eigenes Einkommen zugerechnet worden ist (*Senat,* NJW 1984, 2355 = FamRZ 1984, 769 (771 f.); NJW 1987, 1201 = FamRZ 1987, 259 (261), insoweit teilweise in BGHZ 98, 353 (354) nicht abgedr.). Denn es geht nicht um die unterhaltsrechtliche Beziehung der Pflegeperson zu einem Dritten, sondern um den Unterhaltsanspruch des Pflegebedürftigen selbst. Die Entscheidung des BerGer., die gewährte Hilfe zur Pflege sei anrechenbares Einkommen des Sohnes J, kann deshalb keinen Bestand haben.

d) Ohne Erfolg wendet sich die Revision dagegen, daß das BerGer. die Pflegeleistungen des Lebenspartners der Bekl. wie deren eigene Pflegeleistungen angesehen und auf den Bedarf des J angerechnet hat. Allerdings berühren freiwillige Leistungen Dritter, auf die der Unterhaltsberechtigte keinen Anspruch hat, im allgemeinen seine Bedürftigkeit nicht. Anderes gilt jedoch, wenn der Dritte seinen Willen zum Ausdruck bringt, mit seinen Leistungen den Unterhaltsverpflichteten zu entlasten (BGH, NJW 1980, 344 = FamRZ 1980, 40 (42); Mutschler, in: RGRK, § 1602 Rdnrn. 4, 5; Köhler, in: MünchKomm, 3. Aufl., § 1602 Rn. 13; Kalthoener-Büttner, Rn. 464; Göppinger-Kindermann, Rn. 1076).

Letzteres ist hier der Fall. Entgegen der Ansicht der Revision hat das BerGer. festgestellt, daß die Pflegeleistungen des Partners der Bekl. deren Entlastung dienen sollen. Es ist deshalb rechtlich nicht zu beanstanden, daß es diese Pflegeleistungen auf den Bedarf des Sohnes in gleicher Weise angerechnet hat wie die Pflegeleistungen der Bekl. selbst.

BGH v. 27. 1. 93 − XII ZR 206/91 − FamRZ 93, 789 = NJW-RR 93, 898

R460 *(Differenzierung zwischen Kranken- und Aufstockungsunterhalt)*

a e) Bei der Beurteilung des Unterhaltsanspruchs nach § 1573 II BGB hat das BerGer. nicht unterschieden, inwieweit der Unterhaltsanspruch einerseits auf § 1572 und § 1573 I BGB, andererseits auf § 1573 II BGB beruhen soll. Das hat die Revision in der mündlichen Verhandlung zu Recht geltend gemacht. Die Ansprüche aus § 1573 I und II BGB sind gegenüber § 1572 BGB grundsätzlich subsidiär. Der Senat hat aber – in Abkehr von seiner bisherigen Rechtsprechung, wonach ein Unterhaltsanspruch auch nicht teilweise auf § 1573 II BGB gestützt werden konnte, wenn schon nach § 1572 BGB ein Anspruch auf den nach den ehelichen Lebensverhältnissen bemessenen Unterhalt bestand (*Senat,* NJW 1986, 2832 = FamRZ 1986, 886 (888)) – für den Fall des § 1570 BGB entschieden, daß ein Ehegatte, von dem wegen der Kindesbetreuung nur eine Teilerwerbstätigkeit erwartet werden kann, nach § 1570 BGB Unterhalt nur bis zur Höhe des durch eine Vollerwerbstätigkeit erzielbaren Mehreinkommens verlangen kann. Daneben kann er Aufstockungsunterhalt nach § 1573 II BGB beanspruchen, wenn sein Eigenverdienst zusammen mit dem Teilanspruch aus § 1570 BGB zu seinem vollen Unterhalt (§ 1578 BGB) nicht ausreicht (*Senat,* NJW 1990, 1847 = FamRZ 1990, 492 (494); vgl. auch *Senat,* NJW 1991, 224 = FamRZ 1991, 170 (171)). Gleiches gilt für den Fall, daß ein Ehegatte krankheitsbedingt nur eine Teilerwerbstätigkeit ausüben kann, mit der er seinen vollen Unterhalt nicht verdienen kann (Wendl/Staudigl, Das Unterhaltsrecht in der familienrechtlichen Praxis, 2. Aufl., S. 264 (unter 5. b)).

Dieses mögliche Nebeneinander von verschiedenen Anspruchsgrundlagen macht regelmäßig deren genaue Differenzierung erforderlich. Das gilt zum einen mit Blick auf ein späteres Abänderungsverfahren, zum anderen deshalb, weil die zeitliche Begrenzungsmöglichkeit nach § 1573 V BGB nur Ansprüche nach § 1573 I bis IV BGB betrifft, nicht hingegen die anderen Anspruchsgrundlagen (*Senat,* NJW 1988, 2369 = FamRZ 1988, 265 (267); NJW 1990, 1847). Nur ausnahmsweise kann die genaue Bestimmung unterbleiben, wenn im Einzelfall eine zeitliche Begrenzung aus Billigkeitsgründen unter Berücksichtigung der Ehedauer, der Kindesbetreuung und der Gestaltung von Haushaltsführung und Erwerbstätigkeit ohnehin ausscheidet.

(Objektiver Maßstab für eheliche Verhältnisse; Einkommensschätzung)

Das steht nicht im Einklang mit der gesetzlichen Regelung. Das Maß des vollen nachehel. Unterhalts   **b** richtet sich gemäß § 1578 I BGB nach den ehel. Lebensverhältnissen, die insbesondere von den Einkommens- und Vermögensverhältnissen im Zeitpunkt der Rechtskraft der Scheidung (vgl. dazu Senatsurteile v. 16. 1. 1985 – IVb ZR 59/83 –, FamRZ 1985, 357, 359, und v. 30. 1. 1985 – IVb ZR 67/83 –, FamRZ 1985, 371, 373) bestimmt werden. Diese sind daher in jedem Einzelfall konkret festzustellen, was das OLG unterlassen hat. Die Bedarfssätze von Tabellenwerken sind lediglich Orientierungshilfen, die bei der tatrichterlichen Verteilung der verfügbaren Mittel über- oder unterschieden werden können und daher eine konkrete Bedarfsfeststellung nicht entbehrlich machen (std. Rspr., vgl. u. a. Senatsurteile v. 4. 11. 1981 – IVb ZR 624/80 –, FamRZ 1982, 151, 152; v. 25. 1. 1984 – IVb ZR 51/82 –, FamRZ 1984, 356, 357; v. 14. 1. 1987 – IVb ZR 93/85 –, FamRZ 1987, 266, 267; *Senat,* BGHZ 104, 158, 168).

Einzelne Bedarfsposten wie Wohnungsmiete oder sonstiges Konsumverhalten der Ehegatten können nur Indizien sein, die zudem am objektiven Maßstab eines vernünftigen Betrachters gemessen werden. Eine nach den Verhältnissen zu dürftige Lebensführung bleibt ebenso außer Betracht wie ein übertriebener Aufwand (Senatsurteil v. 4. 11. 1981, a. a. O.). Das gilt insbesondere dann, wenn die Lebenshaltungskosten, wie der Ehemann unwidersprochen vorgetragen hat, vom tatsächlichen Einkommen nicht mehr gedeckt waren und zum Teil durch Kredite finanziert wurden. Daß ein Unterhaltspflichtiger bei einem Berufswechsel und einem daraus folgenden vorübergehenden Einkommensverlust Vorsorge, notfalls durch Kreditaufnahme, treffen muß, um seinen Unterhaltspflichten gegenüber der Familie nachkommen zu können (vgl. Senatsurteil v. 4. 11. 1987 – IVb ZR 81/86 –, FamRZ 1988, 145, 147), steht dazu nicht in Widerspruch. Ein solcher Fall liegt hier nicht vor. Schließlich sind auch nicht punktuell die Verhältnisse der Jahre 1987 oder 1989 maßgebend, sondern diejenigen im Zeitpunkt der rechtskräftigen Scheidung, wobei bei Selbständigen allerdings in der Regel ein Durchschnittseinkommen aus den letzten drei Jahren zu errechnen ist (Senatsurteil v. 4. 11. 1981, a. a. O.).

a) Der Tatrichter hat den Umfang der Leistungsfähigkeit und das zur Verteilung verfügbare Einkommen zu ermitteln. Er hat dabei im Rahmen einer umfassenden Beweiswürdigung nach § 286 I ZPO die vom darlegungs- und beweispflichtigen Unterhaltsschuldner vorgelegten Unterlagen auf ihre Vollständigkeit und Richtigkeit zu überprüfen. Dabei ist es Sache des Unterhaltsschuldners, seine Einnahmen und Ausgaben so darzustellen, daß die steuerlich beachtlichen Aufwendungen von den unterhaltsrechtlich relevanten abgegrenzt werden können (*Senat,* NJW 1980, 2086 = FamRZ 1980, 770 (771); NJW 1985, 1347 L = FamRZ 1985, 471 (472)). Dem kann in der Regel durch Vorlage von Gewinn- und Verlustrechnungen, Einkommensteuererklärungen und Steuerbescheiden genügt werden (vgl. *Senat,* NJW 1982, 1645 = FamRZ 1982, 151 (152); NJW 1987, 1201 = FamRZ 1987, 259 (260)). Insbesondere aus den Gewinn- und Verlustrechnungen ist ersichtlich, welche Positionen von vornherein für die Unterhaltsberechnung ganz oder teilweise außer Betracht bleiben (etwa Privatanteile von Kfz, Telefon, Reise- und Bewirtungskosten, erhöhte Abschreibungsraten für Einrichtungsgegenstände, Eigenanteil für Wohnungsmiete, verschleierte Personalkosten bei Ehegattenarbeitsverträgen u. ä.; vgl. Schwab-Borth, IV Rn. 588). Vermag das Gericht anhand der Unterlagen – notfalls unter

Hinzuziehen eines Sachverständigen – eine solche Abgrenzung nicht zu treffen oder ergeben sich aufgrund unvollständiger Aufzeichnungen und widersprüchlicher Angaben konkrete Zweifel am behaupteten unterhaltsrechtlich relevanten Einkommen, kann es solche Posten gem. § 286 ZPO als unwahr zurückweisen. Es kann darüber hinaus gem. § 287 II ZPO solche unklaren Positionen auch unter Zuhilfenahme von Erfahrungswerten in vergleichbaren Fällen schätzen und so zur Annahme eines gegebenenfalls höheren Einkommens gelangen. Der Senat hat mehrfach entschieden, daß § 287 II ZPO auch im Unterhaltsprozeß Anwendung findet und vom Tatrichter insbesondere in Fällen der Ermittlung eines behaupteten Mehrbedarfs oder bei der Ansetzung eines fiktiven Einkommens herangezogen werden kann (vgl. *Senat*, NJW 1986, 3080 = FamRZ 1986, 885 (886) m. w. Nachw.). Das gilt entsprechend für die Ermittlung des zur Verfügung stehenden Einkommens im Unterhaltsverpflichteten (Wendl-Staudigl, S. 39, 53, 136). Voraussetzung für § 287 II ZPO ist aber, daß die weitere Aufklärung und Beweisaufnahme unverhältnismäßig schwierig ist und zu dem Umfang der Unterhaltsforderung in keinem Verhältnis steht.

b) Das BerGer. hat seine Schlußfolgerung, der Ehemann sei im Umfang von 700 DM leistungsfähig, auf § 287 ZPO gestützt. Hierzu ist es aber nicht etwa deshalb gelangt, weil es bei Überprüfung der vom Ehemann für die Jahre 1987 bis 1990 vollständig vorgelegten Einkommensteuererklärungen, Steuerbescheide sowie Gewinn- und Verlustrechnungen auf konkrete Zweifel oder Unrichtigkeiten gestoßen wäre, deren Aufklärung sich als unverhältnismäßig schwierig erwiesen hätte. Es hat das unterhaltsrechtlich relevante Einkommen vielmehr nur pauschal – und zwar lediglich für das Jahr 1990 – ermittelt. Sodann hat es aus einem Vergleich mit einzelnen Ausgaben des Ehemannes gefolgert, daß er noch zusätzlich verfügbare Mittel habe, ohne indes festzustellen, von welchem unterhaltsrechtlich maßgebenden Einkommen es letztlich ausgeht, um zu einem Unterhaltsanspruch der Ehefrau in Höhe von 700 DM zu gelangen. Für diese Vorgehensweise kann es sich nicht auf eine Einkommensschätzung nach § 287 II ZPO berufen, da dessen Voraussetzungen nicht vorliegen. Die Revision rügt im übrigen zutreffend, daß sich das BerGer. mit dem durch Unterlagen belegten Vortrag des Ehemannes (Kredit; Überziehungskonto) nicht auseinandergesetzt hat, daß er den Lebensunterhalt zum Teil durch Kontoüberziehungskredite und Darlehen der X-Bank finanziert habe und noch finanziere. Zudem gibt es keinen Erfahrungssatz des Inhalts, daß zwangsläufig auf ein verschleiertes höheres Einkommen zu schließen ist, wenn die Ausgaben die behaupteten Einnahmen übersteigen.

BGH v. 21. 4. 93 – XII ZR 248/91 – FamRZ 93, 1065 = NJW 93, 1920

R461   *(Obliegenheit zur Verwertung von Pflichtteilsrechten)*

a   Die Revision beanstandet jedoch zu Recht, daß das BerGer. die Frage, ob der Unterhaltsberechtigte einen Pflichtteilsanspruch geltend machen muß, aus Gründen der Gleichbehandlung nach den Grundsätzen beantworten will, die im genannten Urteil zur Frage der Zumutbarkeit der Geltendmachung eines dem Unterhaltspflichtigen zustehenden Pflichtteilsanspruchs entwickelt worden sind. In jener Entscheidung ging es im Rahmen eines Verbundverfahrens um die erstmalige Bestimmung des Unterhaltsbedarfs nach den ehelichen Lebensverhältnissen (§ 1578 I BGB). Es war die Frage zu beantworten, ob diese auch durch (fiktive) Erträge aus einem während bestehender Ehe entstandenen, aber nicht geltend gemachten Pflichtteilsanspruch des Unterhaltsverpflichteten im Hinblick darauf geprägt sein konnten, daß im Unterhaltsrecht grundsätzlich alle Einkünfte und Vermögenswerte der Ehegatten zu berücksichtigen sind. Unter diesem Gesichtspunkt hat der Senat eine Obliegenheit des unterhaltspflichtigen Ehemannes zur Geltendmachung des Pflichtteilsanspruchs verneint, weil – nicht zuletzt wegen einer im gemeinschaftlichen Testament seiner Eltern enthaltenen Verfallklausel – davon auszugehen war, daß er auch bei fortbestehender Ehe und weiterem Zusammenleben mit der Ehefrau von einer Geltendmachung des Pflichtteils abgesehen hätte mit der Folge, daß der Pflichtteil für den Familienunterhalt nicht zur Verfügung gestanden hätte. Demgegenüber ist hier der Unterhaltsbedarf der Bekl. unstreitig ohne Rücksicht auf einen Pflichtteilsanspruch festgestellt, der erst nach Eintritt der Rechtskraft des Scheidungsausspruchs entstanden ist. Daß sich der im Vorprozeß ermittelte Unterhaltsbedarf der Bekl. zwischenzeitlich geändert habe, behauptet der Kl. nicht.

Die Frage, ob die Bekl. einen Pflichtteilsanspruch gegen ihre Mutter geltend machen muß, ist für den Fortbestand ihres Unterhaltsanspruchs gleichwohl relevant, weil sie ihre (weitere) Unterhaltsbedürftigkeit betrifft. Nach § 1577 I BGB kann ein geschiedener Ehegatte Unterhalt – auch, wie hier, nach § 1570 BGB – nicht (mehr) verlangen, solange und soweit er sich aus seinen Einkünften und seinem Vermögen selbst unterhalten kann. Daraus ergibt sich die Obliegenheit, vorhandenes Vermögen so ertragreich wie möglich anzulegen und es gegebenenfalls sogar umzuschichten, denn auch solche Einkünfte und Vermögenserträge mindern die Bedürftigkeit, die zwar tatsächlich nicht gezogen werden, aber in zumutbarer Weise gezogen werden könnten (vgl. *Senat*, NJW-RR 1986, 683 = FamRZ 1986, 439 (440); *Senat*, NJW-RR 1988, 514 = FamRZ 1988, 145 (149); *Senat*, NJW 1992, 1044 = FamRZ 1992, 423, jeweils m. w. Nachw.). Grundsätzlich ist zur Behebung der Bedürftigkeit auch die Verwertung des Vermögensstammes geboten; eine Einschränkung besteht gem. § 1577 III

BGB nur dahin, daß die Verwertung nicht zugemutet wird, soweit sie unwirtschaftlich oder unter Berücksichtigung der beiderseitigen wirtschaftlichen Verhältnisse unbillig wäre. Es besteht aber kein Grund, von den Vermögensbestandteilen, deren Verwertung dem Unterhaltsberechtigten zuzumuten ist, einen Pflichtteilsanspruch von vornherein auszunehmen (zust. Göppinger-Kindermann, 5. Aufl., Rn. 1973 bei Fußn. 4; Richter, in: MünchKomm, 2. Aufl., § 1577 Rn. 16; Winkler v. Mohrenfels, FamRZ 1981, 521 (523)). Die Revision weist zu Recht darauf hin, daß es sich bei diesem Anspruch in aller Regel um einen fälligen Zahlungsanspruch handelt, dessen Geltendmachung nicht generell als unwirtschaftlich angesehen werden kann.

Da das OLG die erforderliche Abwägung zu der Frage, ob die Geltendmachung eines Pflichtteilsanspruchs für die Bekl. unbillig wäre, auf der Grundlage der vom Senat für einen Unterhaltspflichtigen entwickelten Kriterien beurteilt hat, die auf die hier bestehende Interessenlage nicht übertragen werden können, kann die angefochtene Entscheidung nicht bestehenbleiben.

(Verwertung des Pflichtteilsanspruches)

b) Soweit nach alledem ein Pflichtteilsanspruch der Bekl. gegen ihre Mutter besteht, muß sie diesen **b**
zur Behebung ihrer Bedürftigkeit grundsätzlich verwerten und über seinen Bestand daher dem Kl. Auskunft erteilen. Sie kann sich dieser Verpflichtung weder mit dem Argument entziehen, ihre Mutter sei gezwungen, zur Befriedigung eines Pflichtteilsanspruchs unwirtschaftliche Veräußerungen von Nachlaßwerten vorzunehmen, noch kann sie dem Kl. ohne weiteres entgegenhalten, die Geltendmachung eines solchen Anspruchs gefährde ihre spätere Erbeinsetzung durch die Mutter. Allerdings sind bei der gem. § 1577 III BGB gebotenen Prüfung, inwieweit es im Blick auf die beiderseitigen wirtschaftlichen Verhältnisse unbillig wäre, einen Pflichtteilsanspruch zu erheben, Zumutbarkeitsgesichtspunkte zu berücksichtigen. Würde sich beispielsweise der Unterhaltsanspruch der Bekl. wesentlich ändern, weil die aus dem Pflichtteilserwerb zu erwartenden Erträge die Bedürftigkeit nur geringfügig beheben würden, könnte sich die Realisierung des Pflichtteilsanspruchs für die Bekl. zumal im Hinblick auf die hohen Einkünfte des Kl. aus seiner Erwerbstätigkeit und den Erträgen seines umfangreichen Immobilien- und Anlagevermögens – als unzumutbar erweisen.

BGH v. 12. 5. 93 – XII ZR 18/92 – FamRZ 93, 1057 = NJW 93, 2238

(Zur angemessenen Ausbildung bei gutem Abitur) **R462**

Wie bereits ausgeführt, umfaßt der Unterhalt eines Kindes (unter anderem) die Kosten einer „angemessenen" Vorbildung zu einem Beruf. Demgemäß hat der BGH schon in der grundlegenden Entscheidung BGHZ 69, 190 ff. = NJW 1977, 1774 darauf abgehoben, daß nur Eltern, die ihrer Pflicht, dem Kind eine angemessene Berufsausbildung zu gewähren, bereits in rechter Weise nachgekommen sind, in der Regel keine Kosten für eine weitere (zweite) Ausbildung zu tragen haben. Hingegen ist eine Verpflichtung zur Finanzierung einer weiteren Ausbildung grundsätzlich nicht ausgeschlossen, wenn eine angemessene Ausbildung noch nicht gewährt worden ist (BGHZ 69, 190 (194) = NJW 1977, 1774). In seinem Urteil zu den Abitur-Lehre-Studium-Fällen (BGHZ 107, 376 ff. = NJW 1989, 2253 =), durch das die Unterhaltspflicht der Eltern für diese Ausbildungsgänge unter den dort dargelegten Voraussetzungen modifiziert und erweitert worden ist, hat der Senat vornehmlich die Fälle im Auge gehabt, in denen der Unterhaltsberechtigte mit der zunächst durchlaufenen Lehre an sich eine für ihn angemessene Ausbildung erhalten hatte und deshalb nach der früheren Rechtsprechung grundsätzlich keine Finanzierung des anschließenden Studiums hätte verlangen können.

b) Ob indessen die Ausbildung zum Industriekaufmann für den Sohn des Bekl. eine angemessene Berufsausbildung i. S. von § 1610 II BGB war, nämlich seiner Begabung, seinen Fähigkeiten, seinem Leistungswillen und seinen beachtenswerten Neigungen – als Berufsziel – entsprach, hat das OLG nicht festgestellt. Diese tatrichterliche Beurteilung muß daher nachgeholt werden, wobei den Parteien Gelegenheit zu weiterem Vortrag zu geben ist.

Nach den bisher festgestellten Umständen bestehen zumindest Bedenken dagegen, die Lehre zum Industriekaufmann als eine für den Sohn des Bekl. angemessene Vorbildung zu einem Beruf anzusehen. Seine Leistungen im Abitur – mit einem im oberen Leistungsbereich liegenden Notendurchschnitt – ließen auf eine Eignung und Begabung für eine weiterführende wissenschaftliche Ausbildung schließen. Der Kl. hat geltend gemacht, die Absolvierung einer Lehre habe die Begabungen und Fertigkeiten des Sohnes des Bekl. nicht in hinreichendem Maße ausschöpfen können. Dieser selbst beabsichtigte von Anfang an die Aufnahme eines Studiums. Der Bekl. war mit diesem Vorhaben ersichtlich einverstanden, wie sich daraus entnehmen läßt, daß er seinen Sohn im Herbst 1984 aufforderte, er solle, ebenso wie seine Schwester, sofort studieren und nicht zwei Ausbildungen absolvieren (vgl. hierzu auch Senat, FamRZ 1981, 344 (346)).

c) War die Lehre zum Industriekaufmann für den Sohn des Bekl. keine angemessene Vorbildung zu einem Beruf, so folgt daraus die grundsätzliche Verpflichtung des Bekl., im Rahmen seiner wirtschaftlichen Leistungsfähigkeit das Studium des Sohnes zu finanzieren (BGHZ 107, 376 (382 f.) = NJW 1989, 2253). Bedenken können sich allerdings daraus ergeben, daß dieser das Studium nicht mit der gebotenen Zielstrebigkeit aufgenommen hat, weil er zuvor eine Lehre absolviert und die eigene Neigung und Begabung nicht sogleich richtig eingeschätzt hat (vgl. dazu *Senat,* NJW 1984, 1961 = FamRZ 1984, 777 (778); NJW 1987, 1557 = FamRZ 1987, 470).

Bei der Prüfung, ob dem Sohn des Bekl. insoweit eine Obliegenheitsverletzung anzulasten ist, wird das OLG zu berücksichtigen haben, daß auf ein leichteres, nur vorübergehendes Versagen zurückzuführende Verzögerungen der Ausbildungszeit nicht immer die schwerwiegende Folge eines Verlustes des Unterhaltsanspruchs haben müssen (vgl. *Senat,* NJW-RR 1990, 327 = FamRZ 1990, 149 (150)). Die Vorschaltung einer Lehre war hier wesentlich beeinflußt durch den Rat einer Behörde, auf deren Fachkunde der Sohn des Bekl. ersichtlich vertraute. Soweit er schon vor Abschluß der Lehre erkannte, daß seine Neigungen auf technischem Gebiet lagen, diese aber dennoch nicht sogleich abbrach und zunächst – ersichtlich mit gutem Erfolg – sich der Abschlußprüfung unterzog, ist zu berücksichtigen, daß ein solches Verhalten vernünftiger, auch im Interesse der Eltern liegender Daseinsvorsorge entsprach. Da die zunächst beabsichtigten Stufen – kaufmännische Lehre und anschließendes Wirtschaftsstudium – als einheitlicher Ausbildungsgang [Ausbildungsgang] im Sinne der Senatsrechtsprechung (BGHZ 107, 376 (381 f.) = NJW 1989, 2253) anzuerkennen gewesen wären, wird das Verhalten des Sohnes des Bekl. ähnlich wie bei einem Ausbildungswechsel zu beurteilen sein.

BGH v. 12. 5. 93 – XII ZR 24/92 – FamRZ 93, 1055 = NJW 93, 1974

R462A   *(Mahnung nicht formbedürftig; endgültige Erfüllungsverweigerung)*

a   a) Gegen die danach ausgeurteilte Erhöhung der Unterhaltsleistung des Bekl. bestehen für den genannten Zeitraum keine rechtlichen Bedenken. Solche werden auch von der Revision nicht erhoben. Sie wendet sich allein dagegen, daß das OLG den Bekl. verurteilt hat, die vor Rechtshängigkeit (25. 1. 1991) fällig gewordenen Unterhaltsrückstände mit 4% zu verzinsen, weil er am 8. 12. 1990 dadurch in Verzug geraten sei, daß er das fernmündlich unterbreitete Verlangen der Kl. nach höheren Unterhaltsleistungen – das auf die veränderten Verhältnisse und den abschlägig beschiedenen Antrag auf Ausbildungsförderung gestützt war – eindeutig und endgültig abgelehnt habe. Die Revision vertritt die Auffassung, die Weigerung habe nicht als endgültig verstanden werden dürfen; der Kl. wäre zumindest zuzumuten gewesen, ihre Unterhaltsforderung dem Bekl. schriftlich zu unterbreiten und ihm eine Frist zu setzen.

Dem kann nicht gefolgt werden. Die Feststellung des OLG beruht auf dem unbestrittenen Vortrag der Kl., daß der Bekl. auf ihr Verlangen nach Unterhaltserhöhung anläßlich eines Telefongespräches am 8. 12. 1990 entgegnete, er werde keine höheren Zahlungen an sie leisten. Wenn das OLG hierin eine den Verzug begründende endgültige Leistungsverweigerung erblickt hat, die nach Treu und Glauben eine (bezifferte) Mahnung erübrigt habe, so ist das rechtlich nicht zu beanstanden.

(Unterhaltsbezogenes leichtfertiges Verhalten)

b   2. Soweit das OLG dem Erhöhungsbegehren der Kl. auch für die Zeit ab dem 1. 4. 1991 (bis zum 31. 7. 1993) in vollem Umfang stattgegeben hat, hält die Entscheidung rechtlicher Prüfung nicht stand.

a) Das BerGer. ist davon ausgegangen, daß die Leistungsfähigkeit des Bekl. dadurch erheblich eingeschränkt worden ist, daß sein bisheriger Arbeitgeber (ein Automobilunternehmen) das Arbeitsverhältnis durch Schreiben vom 26. 3. 1991 fristlos gekündigt und eine Bitte um Wiedereinstellung mit Schreiben vom 13. 5. 1991 abgelehnt hat. Es hat festgestellt, daß er aus einem neuen Arbeitsverhältnis bei einer Bauunternehmung in den Monaten April bis September 1991 nur noch monatliche Nettoeinkünfte zwischen 1725 DM und 2447 DM hatte. Es hat dem Bekl. jedoch verwehrt, sich auf die Verminderung seiner Leistungsfähigkeit zu berufen, und ihm weiterhin (fiktiv) die früheren Einkünfte aus der höher bezahlten Tätigkeit zugerechnet. Zur Begründung hat es ausgeführt, der Bekl. habe unstreitig seinen Arbeitgeber bestohlen; es habe auf der Hand gelegen, daß die Aufdeckung dieser Tat zwangsläufig den Verlust des Arbeitsplatzes habe nach sich ziehen müssen. Dem Bekl. habe sich auch die damit verbundene Gefährdung für den Unterhalt der Kl. aufdrängen müssen, denn es habe ihm klar sein müssen, daß es schwerfallen werde, alsbald eine neue Arbeitsstelle mit gleichhoher Bezahlung wie bei dem früheren Arbeitgeber, für den er fast zwanzig Jahre tätig gewesen sei, wiederzufinden. Dem Bekl. sei danach in unterhaltsrechtlicher Beziehung ein verantwortungsloses, zumindest leichtfertiges Verhalten vorzuwerfen. Nach Treu und Glauben (§ 242 BGB) könne er sich auf eine in dieser Weise selbst herbeigeführte Verminderung seiner Leistungsfähigkeit nicht berufen.

b) Diesen Erwägungen kann nicht in allen Teilen zugestimmt werden. Die Unterhaltspflicht gegenüber einem Verwandten setzt nach dem klaren Wortlaut des § 1603 I BGB die Leistungsfähigkeit voraus. Es entspricht daher der ständigen Rechtsprechung des Senats, daß die Verminderung oder der Wegfall der Leistungsfähigkeit grundsätzlich auch dann zu beachten ist, wenn der auf Unterhalt in

Anspruch Genommene sie selbst – auch schuldhaft – herbeigeführt hat und daß nur besondere, schwerwiegende Gründe dem Unterhaltspflichtigen im Einzelfall die Berufung auf eine Leistungsunfähigkeit nach den Grundsätzen von Treu und Glauben verwehren können (vgl. *Senat,* NJW 1985, 732 = FamRZ 1985, 158 (159 f.); NJW-RR 1987, 770 = FamRZ 1987, 372; NJW 1988, 2239 = FamRZ 1988, 597 (599 unter II 4)). Unter Hinweis auf die Voraussetzungen, unter denen ein Unterhaltsberechtigter nach den §§ 1579 I Nr. 3 BGB oder § 1611 I BGB bei selbstverschuldeter Herbeiführung seiner Bedürftigkeit den Unterhaltsanspruch verliert, hat der Senat auch dem Verpflichteten die Berufung auf seine Leistungsunfähigkeit versagt, wenn ihm ein verantwortungsloses, zumindest leichtfertiges Verhalten vorzuwerfen ist; eine solche Bewertung werde sich, so hat der Senat dargelegt, vielfach aus dem Bezug seines Verhaltens zur Unterhaltspflicht ergeben. Unter diesem Gesichtspunkt ist einem Unterhaltspflichtigen (Ehegatten oder Elternteil) die Berufung auf seine Leistungsunfähigkeit beispielsweise versagt worden, wenn er eine gesicherte und einkömmliche Erwerbstätigkeit in einem erlernten Beruf zugunsten einer weiteren Ausbildung aufgegeben hatte, ohne den Unterhalt seiner Angehörigen sicherzustellen (*Senat,* NJW 1981, 1609 = FamRZ 1981, 539 (540)), oder wenn ein Arbeitnehmer in verantwortungsloser, zumindest leichtfertiger Weise die Kündigung seines bisherigen versicherungspflichtigen Arbeitsverhältnisses verschuldet oder eine ihm gebotene Möglichkeit, eine zumutbare andere versicherungspflichtige Arbeit aufzunehmen, nicht wahrgenommen hat und sich statt dessen ohne Versicherungsschutz als freier Vertreter betätigt und dann durch einen Arbeitsunfall keine Einkünfte aus Lohnfortzahlung oder Krankengeld erzielte (*Senat,* NJW 1988, 2239 = FamRZ 1988, 597 (599)). Beim Wechsel von einer angestellten in eine selbständige unternehmerische oder freiberufliche Tätigkeit, die zunächst mit erheblichen Einkommenseinbußen verbunden war, hat der Senat die dadurch eingetretene Verminderung der Leistungsfähigkeit zwar grundsätzlich für beachtlich gehalten, aber verlangt, daß der Pflichtige jedenfalls für eine Übergangszeit der zu erwartenden Entwicklung durch Bildung von Rücklagen oder Kreditaufnahmen Rechnung trägt (*Senat,* NJW-RR 1987, 770 = FamRZ 1987, 372 (374)).

Auf der anderen Seite hat der Senat einem Strafgefangenen, soweit er nicht gerade wegen einer Verletzung seiner Unterhaltspflicht oder wegen schwerer Verfehlungen gegen das Leben oder die Gesundheit des Unterhaltsberechtigten oder seiner Angehörigen eine Freiheitsstrafe verbüßt, die Berufung auf die durch die Haft eingetretene Leistungsunfähigkeit nicht verschlossen (vgl. *Senat,* NJW 1982, 1812 = FamRZ 1982, 792 (794 unter II 4); NJW 1982, 2491 = FamRZ 1982, 913 (914)).

Danach ist der Fall eines zwar selbst verschuldeten, aber doch ungewollten Arbeitsplatzverlustes unterhaltsrechtlich nicht den Fällen freiwilliger Aufgabe einer versicherungspflichtigen Tätigkeit gleichzustellen. Auch das Schrifttum tritt dafür ein, die unterhaltsrechtliche Vorwerfbarkeit einer dadurch entstehenden Einkommensminderung auf schwerwiegende Fälle zu beschränken und Fälle leichteren Verschuldens auszunehmen, zumal wenn sich das Fehlverhalten nicht gegen den Unterhaltsberechtigten gerichtet hat (vgl. etwa Kalthoener-Büttner, 4. Aufl. Rn. 563; Mutschler, in: RGRK, 12. Aufl., § 1603 Rn. 7; *Griesche,* in: FamGb, § 1603 BGB Rn. 61). Für den unterhaltsrechtlichen Bezug insbesondere einer Straftat reicht es nicht aus, daß sie für den Arbeitsplatzverlust kausal geworden ist. Es bedarf vielmehr einer auf den Einzelfall bezogenen Wertung dahin, ob die der Tat zugrundeliegenden Vorstellungen und Antriebe sich auch auf die Verminderung der unterhaltsrechtlichen Leistungsfähigkeit als Folge des strafbaren Verhaltens erstreckt haben (vgl. dazu schon *Senat,* NJW 1985, 732 = FamRZ 1985, 158 (160)). Dem werden die Ausführungen des BerGer. nicht voll gerecht.

Feststellungen dazu, daß der Bekl. sich mit dem ihm zur Last gelegten Diebstahl bei seinem früheren Arbeitgeber der Unterhaltspflicht hat entziehen wollen oder daß ihm auch nur bewußt gewesen wäre, er könnte infolge seines Verhaltens leistungsunfähig werden, hat das BerGer. nicht getroffen. Daß sich ihm solche Folgen „aufdrängen" mußten, trifft nicht zu, wenn bei objektiver Betrachtung auch eine Nachsicht des Arbeitgebers oder mildere Sanktionen als eine Kündigung ernsthaft in Betracht kamen. Der Bekl. hatte dazu geltend gemacht, er habe sich gegen den Diebstahlsvorwurf und die darauf gestützte fristlose Kündigung vom 26. 3. 1991 auf anwaltlichen Rat nicht gerichtlich zur Wehr gesetzt, sondern sich statt dessen – wenn letztlich auch vergebens – um eine Wiedereinstellung bemüht; denn er sei fast 20 Jahre lang bei dieser Firma beschäftigt gewesen und seine Tat habe darin bestanden, aus einer Kiste einige Teile mitzunehmen, die aus alten, gebrauchten Motoren ausgebaut und in den Schrott gegeben worden seien. Irgendein Zusammenhang zwischen seinem Verhalten und der Unterhaltspflicht gegenüber der Kl. liege nicht vor; er habe überhaupt nicht damit gerechnet, durch sein Verhalten seinen gut bezahlten Arbeitsplatz aufs Spiel zu setzen; die Unterhaltspflicht gegenüber der Kl., die zeitlich begrenzt und im Verhältnis zu seinen Arbeitseinkünften ins Gewicht gefallen sei, habe keine Rolle gespielt. Er habe nach der Entlassung auch sofort bei einem Bauunternehmer eine neue, wenn auch schlechter bezahlte Tätigkeit begonnen und bleibe weiterhin intensiv bemüht, eine wieder besser bezahlte Beschäftigung zu finden. Es ist nicht erkennbar, daß das BerGer. diese Gesichtspunkte hinreichend in seine Beurteilung einbezogen hätte. Es hat sich auch nicht mit der Frage befaßt, ob eine schwerwiegende Straftat des Bekl. oder nur ein leichteres Versagen im Sinne des vorstehend Dargelegten vorliegt. Daß der Bekl. strafrechtlich belangt worden ist, ist nicht festgestellt. Für den notwendigen unterhaltsrechtlichen Bezug seiner Straftat reicht es nicht aus, daß der dadurch verursachte Arbeitsplatzverlust sich nicht nur auf den Lebensstandard des Täters auswirkt, sondern daß dessen unterhaltsberechtigte Angehörigen mit betroffen werden. Denn derartige Folgen treffen die Angehörigen auch in einer intakten Familie und werden in der Regel als durch die Wechselfälle des Lebens bedingt hingenommen.

BGH v. 16. 6. 93 – XII ZR 6/92 – FamRZ 93, 1186 = NJW 93, 2105

R463   *(Modalitäten der Aufrechnung)*

1. Das BerGer. führt aus, an sich könne der Kl. gegen den Unterhaltsanspruch seiner geschiedenen Ehefrau nicht wirksam mit einer Gegenforderung aufrechnen (§ 394 BGB i. V. mit § 850 b I Nr. 2 ZPO). Eine Ausnahme werde aber von der Rechtsprechung zugelassen, wenn mit einem Schadensersatzanspruch aus einer im Rahmen des Unterhaltsverhältnisses begangenen vorsätzlichen unerlaubten Handlung aufgerechnet werde. Dann handle der Unterhaltsberechtigte nämlich rechtsmißbräuchlich, wenn er sich auf das Aufrechnungsverbot berufe. Ein solcher Ausnahmefall sei vorliegend gegeben.

Diese Ausführungen stehen im Einklang mit der Rechtsprechung des BGH (BGHZ 30, 36 (38 ff.) = NJW 1959, 1275; BGH, FamRZ 1969, 210 (211); ebenso Soergel-Zeiss, BGB, 12. Aufl., § 394 Rn. 5; Staudinger-Kaduk, BGB, 12. Aufl., § 394 Rn. 28 m. w. Nachw.; Göppinger, 5. Aufl., Fußn. 17 zu Rn. 342) und werden auch in der Revisionsinstanz nicht angegriffen.

2. Weiter führt das BerGer. aus, obgleich kein Aufrechnungsverbot entgegenstehe, scheitere die Vollstreckungsgegenklage daran, daß der Kl. die Aufrechnung schon im Vorprozeß hätte erklären können und müssen (§ 767 II ZPO). Gegen diese Annahme wendet sich die Revision mit Erfolg.

a) Das BerGer. geht zwar zutreffend davon aus, daß eine Aufrechnung nicht mehr mit der Vollstreckungsgegenklage geltend gemacht werden kann, wenn die Aufrechnungsmöglichkeit schon im Vorprozeß bestanden hat, aber nicht genutzt wurde (st. Rspr. des BGH: u. a. BGHZ 24, 97 (98 f.) = NJW 1957, 986, BGHZ 38, 122 (123) = NJW 1963, 244; vgl. auch Karsten Schmidt, in: MünchKomm-ZPO, § 767 Rdnrn. 80 f. m. w. Nachw.). Zu Unrecht nimmt es aber an, die Aufrechnungslage, aus der der Kl. im vorliegenden Rechtsstreit eine Einwendung gegen den titulierten Unterhaltsanspruch herleitet, habe schon im Vorprozeß bestanden.

b) Nach § 387 BGB kann u. a. nur aufgerechnet werden, wenn der Aufrechnende „die ihm obliegende Leistung bewirken kann", was bei erst künftig fällig werdenden Forderungen bedeutet, daß sie zumindest erfüllbar sein müssen. Mithin hätte eine Aufrechnungslage im Vorprozeß nur dann bestanden, wenn der Kl. berechtigt gewesen wäre, schon am 27. 3. 1990 – dem Zeitpunkt der letzten mündlichen Verhandlung – die ab dem 1. 10. 1990 fällig werdenden Unterhaltsansprüche der Bekl. vorab zu befriedigen (vgl. BGH, NJW 1972, 154; BGH, NJW-RR 1990, 159 (160)). Das BerGer. nimmt dies an und führt aus, der Unterhalt für einen geschiedenen Ehegatten könne, schon bevor er fällig werde, für eine beliebige Zeit im voraus gezahlt werden (ebenso ohne nähere Begründung: *Mutschler,* in: RGRK, 12. Aufl., § 1614 Rn. 6; *Köhler,* in: MünchKomm, 3. Aufl., § 1614 Rn. 5; *Palandt-Diederichsen,* BGB, 52. Aufl., § 1585 Rn. 3; *Göppinger,* Fußn. 4 zu Rn. 351). Dem kann nicht gefolgt werden.

c) Der Gesetzgeber hat ausdrücklich angeordnet, daß derjenige, der einem Verwandten oder seinem Ehegatten während bestehender Ehe zum Unterhalt verpflichtet ist, auf eigene Gefahr handelt, wenn er Vorauszahlungen auf den Unterhalt für mehr als drei Monate leistet (§§ 1614 II, 760 II, 1361 IV, 1360 a III BGB). Leistet er Vorauszahlungen für einen längeren Zeitraum und benötigt der Unterhaltsberechtigte nach Ablauf von drei Monaten erneut Mittel für seinen Lebensunterhalt, etwa weil er sich die Vorauszahlungen nicht richtig eingeteilt oder sie verschwendet hat oder weil ihm das Geld abhanden gekommen ist, so muß der Unterhaltsverpflichtete erneut leisten (vgl. *Köhler,* in: Münch-Komm, § 1614 Rdnrn. 4 f.). Diese spezielle, praktisch wenig bedeutsame Regelung gilt für Ansprüche auf nacheheliche Unterhalt nach der Systematik des Gesetzes nicht. Angesichts der Unterschiede in der Ausgestaltung der ehelichen und der nachehelichen Unterhaltspflicht (vgl. dazu etwa *Senat,* NJW 1981, 978 = FamRZ 1981, 242 (243)) erscheint es auch nicht gerechtfertigt, sie auf solche Ansprüche entsprechend anzuwenden.

d) Daraus folgt aber noch nicht, daß ein Anspruch auf nachehelichen Unterhalt für eine beliebige Zeit im voraus erfüllbar wäre. Die Frage ist nach der allgemeinen Regel des § 271 II BGB zu beantworten. Danach ist zwar im Zweifel anzunehmen, daß der Schuldner eine Leistung, für die (wie bei einer Unterhaltsrente) eine Zeit bestimmt ist, schon vorher bewirken kann. Dies gilt aber nach allgemeiner Ansicht nicht, wenn sich aus dem Gesetz, aus einer Vereinbarung der Parteien oder aus den Umständen ergibt, daß der Schuldner nicht berechtigt sein soll, die Leistung schon vor der Zeit zu erbringen. Ein Ausschluß von Vorausleistungen ergibt sich aus den Umständen, wenn die Leistungszeit nicht nur im Interesse des Schuldners hinausgeschoben ist, sondern auch wenn der Gläubiger ein rechtlich geschütztes Interesse daran hat, die Leistung nicht vorzeitig entgegennehmen zu müssen (vgl. *Soergel-Wolf,* § 271 Rn. 25; *Staudinger-Sell,* § 271 Rdnrn. 10 f.; *Keller,* in: MünchKomm, 2. Aufl.,

§ 271 Rn. 24; *Palandt-Heinrichs*, § 271 Rn. 11) ... Beim Anspruch auf nachehelichen Unterhalt ist zu berücksichtigen, daß das Gesetz in § 1585 I BGB auch im Interesse des Berechtigten eine monatlich im voraus zahlbare Geldrente vorsieht, ohne daß der Verpflichtete – von vertraglichen Gestaltungen abgesehen – die Möglichkeit hat, eine abweichende Form der Unterhaltsgewährung einseitig durchzusetzen (vgl. Richter, in: MünchKomm, § 1585 Rn. 1). Zweck dieser Regelung ist die Sicherung des laufenden Lebensbedarfs des Berechtigten in den jeweiligen Zeitabschnitten. Dieser Zweck könnte gefährdet werden, wenn Vorauszahlungen für einen beliebigen Zeitraum entgegengenommen werden müßten; zu denken ist etwa an die unüberlegte, nicht zweckbestimmte Verwendung eines größeren Kapitalbetrages. Der Unterhaltsanspruch ist der Höhe nach nicht für alle Zukunft festgelegt, wie sich aus § 323 ZPO ergibt, ohne daß sich künftige Veränderungen sicher abschätzen lassen. Vorausleistungen für entferntere Zeitabschnitte der Zukunft können daher Anlaß für Streitigkeiten über die Frage der Erfüllung geben. Auf der anderen Seite sieht das Gesetz in § 1614 II BGB vor, daß selbst bei Kindesunterhalt eine Vorausleistung für drei Monate nicht zurückgewiesen werden darf. Eine geringere Zeitspanne für den weitaus disponibleren nachehelichen Unterhalt (vgl. § 1614 I BGB gegenüber § 1585 c BGB) kann daher schwerlich angenommen werden. Unter Abwägung dieser Gesichtspunkte hält der Senat es für angemessen, den Zeitraum, für den nachehelicher Unterhalt im voraus geleistet werden kann, auf sechs Monate anzusetzen, ebenso wie in dem durch Urteil vom 28. 10. 1971 (NJW 1972, 154) entschiedenen Fall ...

e) Da somit die Bekl. nicht verpflichtet war, Vorauszahlungen auf ihren Anspruch auf nachehelichen Unterhalt für mehr als sechs Monate anzunehmen, konnte gegen ihren Anspruch auf künftigen Unterhalt nur wegen der in den nächsten sechs Monaten fällig werdenden Beträge wirksam aufgerechnet werden. Zur Zeit der letzten mündlichen Verhandlung des Vorprozesses am 27. 3. 1990 bestand daher wegen der ab dem 1. 10. 1990 fällig werdenden Unterhaltsbeträge keine Aufrechnungslage. Der von dem Kl. mit der vorliegenden Vollstreckungsgegenklage geltend gemachte Einwand ist nicht nach § 767 II ZPO ausgeschlossen. Das angefochtene Urteil kann deshalb mit der gegebenen Begründung keinen Bestand haben.

3. Soweit der Kl. begehrt hat, daß die Unzulässigkeit der Zwangsvollstreckung wegen der nach dem 27. 3. 1992 fälligen Unterhaltszahlungen ausgesprochen wird, hat das BerGer. die Vollstreckungsgegenklage aber im Ergebnis zu Recht abgewiesen (§ 563 ZPO). Der Kl. hat in der Klageschrift die Aufrechnung erklärt gegen die Unterhaltsansprüche, die der Bekl. für die Zeit vom 1. 10. 1990 bis zum 30. 6. 1994 zugesprochen sind. Aus dem oben Ausgeführten ergibt sich, daß der Kl. damals nur wirksam aufrechnen konnte gegen die Forderungen, die in der Vergangenheit bereits fällig geworden waren, sowie gegen die Forderungen, die in den nächsten sechs Monaten – also bis 27. 6. 1991 – fällig werden würden. Allerdings konnte der Kl. im Verlaufe des Rechtsstreits in regelmäßigen Abständen – jeweils für sechs Monate im voraus – die Aufrechnung erneut erklären (vgl. hierzu BGH, NJW 1972, 154). Zwar hat er ausdrücklich keine weiteren Aufrechnungserklärungen abgegeben. Es reicht jedoch aus, wenn nach geschehener Aufrechnung in angemessenen Abständen der Wille zum Ausdruck gebracht wird, an der Aufrechnung festzuhalten (BGH, NJW 1972, 154). Dieser Wille war dem Vortrag des Kl. in den beiden Tatsacheninstanzen durchgängig zu entnehmen; zuletzt hat er ihn in der letzten mündlichen Verhandlung der Berufungsinstanz am 27. 9. 1991 dadurch zum Ausdruck gebracht, daß er mit der Begründung, er habe wirksam aufgerechnet, den Antrag gestellt hat, unter Abänderung des erstinstanzlichen Urteils die Zwangsvollstreckung für die Zeit vom 1. 10. 1990 bis zum 31. 12. 1993 für unzulässig zu erklären. Am 27. 9. 1991 konnte der Kl. aber nur gegen die Forderungen wirksam aufrechnen, die in der Vergangenheit fällig geworden waren und die bis einschließlich 27. 3. 1992 fällig werden würden. Das bedeutet, daß im übrigen die Klage zu Recht abgewiesen worden ist, soweit sie in zweiter Instanz noch aufrechterhalten worden war.

4. Soweit die Vollstreckungsgegenklage die in der Zeit vom 1. 10. 1990 bis zum 27. 3. 1992 fällig gewordenen Unterhaltsleistungen betrifft, kann der Senat nicht abschließend entscheiden, weil weitere Feststellungen erforderlich sind. Auch wenn das gegenüber dem Unterhaltsanspruch grundsätzlich bestehende Aufrechnungsverbot durch den Einwand der Arglist außer Kraft gesetzt wird, muß gewährleistet bleiben, daß dem Berechtigten durch die Aufrechnung nicht das Existenzminimum entzogen wird. Das BerGer. ist dieser Frage nicht nachgegangen, weil es die Klage schon aufgrund der Präklusionsvorschrift des § 767 II ZPO für unbegründet gehalten hat.

Das Aufrechnungsverbot gegenüber einem Unterhaltsanspruch besteht nicht nur im Interesse des Unterhaltsberechtigten, sondern auch im Interesse der Allgemeinheit. Der Unterhaltsberechtigte wäre regelmäßig auf Sozialhilfe angewiesen, wenn ihm im Wege der Aufrechnung auch das zum Existenzminimum benötigte Geldmittel entzogen würden. Der Einwand der Arglist rechtfertigt es nicht, Schadensersatzansprüche des Unterhaltsverpflichteten im wirtschaftlichen Ergebnis aus Mitteln der öffentlichen Hand zu befriedigen.

Zu einer vergleichbaren Fallgestaltung im Arbeitsrecht hat das BAG entschieden, der Arbeitgeber könne zwar, wenn ihm der Arbeitnehmer im Rahmen des Arbeitsverhältnisses vorsätzlich einen Schaden zugefügt habe, mit seinem Schadensersatzanspruch gegen den Lohnanspruch des Arbeitnehmers ohne Rücksicht auf die nach §§ 850 ff. ZPO pfändungsfreien Beträge aufrechnen. Dieser „Einbruch des schadensersatzfordernden Arbeitgebers in den allgemeinen Sozialschutz" sei aber nicht unbegrenzt zulässig. Der Sozialschutz mindere sich zwar, bleibe jedoch in dem Umfang erhalten, den das Gesetz in § 850 d ZPO als Existenzminimum bestimme (BAG, AP § 394 BGB Nr. 8 m. Anm. Pohle). Der dieser Entscheidung zugrundeliegende Rechtsgedanke ist auch in Fällen der vorliegenden Art heranzuziehen (ebenso Staudinger-Kaduk, § 394 Rn. 29; Soergel-Zeiss, § 394 Rn. 5; Palandt-Heinrichs, § 394 Rn. 2; a. A. v. Feldmann, in: MünchKomm, 2. Aufl., § 394 Rn. 8).

Was dem Berechtigten hiernach als Existenzminimum verbleiben muß, kann nach den Grundsätzen bemessen werden, die im Unterhaltsrecht für den sogenannten notwendigen Selbstbehalt gelten. Dieser liegt in der Regel etwas oberhalb der Sozialhilfesätze (vgl. dazu *Senat,* NJW 1984, 1614). Handelt es sich bei dem Anspruch auf nacheheliche Unterhalt um Aufstockungsunterhalt (§ 1573 II BGB) oder hat der Berechtigte sonst andere eigene Einkünfte, so muß er diese in erster Linie heranziehen, um sein Existenzminimum zu bestreiten. Reichen sie hierzu aus, ist die Aufrechnung uneingeschränkt zulässig. Im Streitfall fehlt es zu diesem Punkt bisher an den notwendigen tatsächlichen Feststellungen, die das BerGer. nachholen muß.

BGH v. 16. 6. 93 – XII ZR 49/92 – FamRZ 93, 1304 = NJW-RR 93, 1283

R464 *(Fiktives Einkommen bei unrentabler Landwirtschaft)*

Der Revision ist zuzugeben, daß bei der Bestimmung der ehelichen Lebensverhältnisse, für die grundsätzlich das im Zeitpunkt der Scheidung erreichte Einkommensniveau maßgebend ist, gerade bei Selbständigen mit schwankendem Einkommen auch die mit einiger Sicherheit vorauszusehende künftige Entwicklung in die Betrachtung einzubeziehen ist. Dazu gehört auch ein mit hoher Wahrscheinlichkeit eintretender und nicht abzuwendender Einkommensrückgang, auf den sich die Eheleute auch bei Fortbestehen der Ehe einrichten müssen (vgl. neben dem von der Revision angeführten Schrifttum Cuny, in: RGRK, 12. Aufl., § 1578 Rn. 14; Göppinger-Kindermann, 5. Aufl., Rn. 1045). Das kann aber nicht ohne weiteres auch für einen Einkommensrückgang gelten, der so einschneidend ist, daß er den erreichten Lebensstandard grundlegend verändert, und der, wie der Bekl. selbst geltend macht, von unabsehbarer Dauer und ohne Aussicht auf Besserung ist. Unter solchen Umständen gewinnt die unterhaltsrechtliche Erwerbsobliegenheit besondere Bedeutung, wonach ein Unterhaltspflichtiger seine Arbeitskraft und sonstige zu Gebote stehenden Einkommensquellen so gut wie möglich einzusetzen hat, um den einmal erreichten ehelichen Lebensstandard zu halten. Der Senat hat bereits in anderem Zusammenhang entschieden, daß ein Verhalten des Unterhaltsverpflichteten, das gegen seine unterhaltsrechtliche Erwerbsobliegenheit verstößt, die ehelichen Lebensverhältnisse nicht zum Nachteil des Unterhaltsberechtigten verändern kann (*Senat,* NJW 1992, 2477 = FamRZ 1992, 1045 (1046)). Dieser Grundsatz, den der Senat in der angeführten Entscheidung für das Verhalten des Unterhaltspflichtigen in der Zeit zwischen Trennung und Scheidung entwickelt hat, gilt gleichermaßen für die Zeit nach der Scheidung. Auch hier verstößt es gegen die unterhaltsrechtliche Erwerbsobliegenheit, wenn der Unterhaltspflichtige seine Einkommensmöglichkeiten nicht so gut wie möglich nutzt.

Nach diesen Grundsätzen ist es auch dem Bekl., der im Zeitpunkt der Scheidung 36 Jahre alt war und voll erwerbsfähig ist, verwehrt, sich gegenüber den Unterhaltsansprüchen seiner geschiedenen Ehefrau und seiner beiden minderjährigen Kinder darauf zu berufen, daß er auf Dauer aus der von ihm betriebenen Landwirtschaft nur mehr Einkünfte in der Größenordnung von 1316 DM monatlich erzielen könne. Bei einem derartigen Rückgang der Einkünfte muß er entweder auf Nebenerwerbslandwirtschaft übergehen oder notfalls die Landwirtschaft ganz aufgeben und eine höhere Einkünfte versprechende Erwerbstätigkeit aufnehmen. Der Senat hat keinen Zweifel, daß der Bekl., dessen Anwesen unweit der Stadt K. liegt, bei gehörigen Bemühungen jedenfalls eine Teilzeitbeschäftigung findet, die ihm die Ausübung einer Nebenerwerbslandwirtschaft ermöglicht. Eine Übergangszeit könnte er durch die Verpachtung oder den Verkauf von Teilen des Grundbesitzes überbrücken, zumal dieser gegebenenfalls auf die besondere Lage einer Nebenerwerbslandwirtschaft zuzuschneiden wäre. Der Bekl. hat nach seinem Vorbringen die ungünstige Entwicklung und ihre Folgen klar erkannt, dennoch aber jegliche Bemühungen unterlassen, ihnen im dargelegten Sinn zu begegnen, wohl in der Annahme, die Kl. gegebenenfalls öffentlicher Unterstützung überlassen zu können. Diese Annahme trifft nicht zu; denn seine Leistungsfähigkeit wird nicht nur durch das tatsächlich erzielte Einkommen bestimmt, sondern auch durch seine Arbeits- und Erwerbsfähigkeit (vgl. BVerfG, NJW 1985, 1211 = FamRZ 1985, 143). Er muß sich hier so behandeln lassen, wie wenn er seiner unterhaltsrechtlichen Obliegenheit nachgekommen wäre und dadurch ein Absinken des ehelichen Lebensstandards verhindert hätte. Aus diesem Grunde ist die Entscheidung des BerGer. im Ergebnis nicht zu beanstanden. Sollte künftig aufgrund der gebotenen Bemühungen des Bekl. ein höheres Einkommensniveau erreicht werden, ist die Kl. allerdings darauf beschränkt, Unterhalt nach dem im Zeitpunkt der Scheidung erreichten Lebensstandard zu verlangen.

BGH v. 29. 9. 93 – XII ZB 97/93 – FamRZ 94, 101 = NJW 93, 3206

(Nicht vollstreckungsfähiger Titel auf Auskunft bei unbestimmter Gegenleistung) **R465**

Diesen Ausführungen liegen unzutreffende rechtliche Vorstellungen zugrunde, soweit es um die Frage geht, welche Auswirkungen die mangelnde Bestimmtheit der nach dem amtsgerichtlichen Urteil von der Ast. Zug um Zug zu erbringenden Gegenleistung hat. Insoweit kommt keine Vollstreckung durch den Ag. gem. § 883 ZPO in Betracht, sondern die Ast. muß, wenn sie wegen der titulierten Auskunftsverpflichtung des Ag. gem. § 888 ZPO vollstrecken will, dem Vollstreckungsgericht gem. § 765 nachweisen, daß der Ag. hinsichtlich der von ihr zu erbringenden Gegenleistung befriedigt oder im Verzug der Annahme ist. Ist in einem Titel die Zug um Zug zu erbringende Gegenleistung nicht eindeutig bestimmt, ist ein solcher Nachweis nicht möglich mit der Folge, daß auch wegen der Hauptleistung, hier der Auskunftsverpflichtung des Ag., nicht vollstreckt werden kann (vgl. BGHZ 45, 287 (288); BGH, NJW 1993, 324; Zöller-Stöber, ZPO, 18. Aufl., § 726 Rn. 8 und § 756 Rn. 3 m. w. Nachw.). Demnach hat die Ast. im vorliegenden Fall wegen ihres Anspruchs aus § 1379 BGB durch die amtsgerichtliche Entscheidung einen Titel erlangt, der vom Ag. zwar freiwillig erfüllt, aber gegen ihn nicht im Vollstreckungswege durchgesetzt werden kann. Dieser Umstand muß bei der Bewertung ihres Rechtsmittelinteresses berücksichtigt werden, da Ziel des Rechtsmittels ist, einen vollstreckungsfähigen Titel wegen des Auskunftsanspruchs herbeizuführen.

Danach kann es bei der angefochtenen Entscheidung nicht verbleiben, da ganz erhebliche Werte in Frage stehen. Mangels eines durchsetzbaren Titels über ihren Auskunftsanspruch ist die Ast. bisher gegenüber einer Abweisung des Anspruchs praktisch nicht bessergestellt. Für den Beschwerdegegenstand des Berufungsverfahrens ist daher darauf abzustellen, welches Interesse sie an der begehrten Auskunft überhaupt hat. Da insoweit zureichende Anhaltspunkte fehlen, sieht der Senat vorläufig davon ab, einen Wert für das vorliegende Beschwerdeverfahren festzusetzen.

BGH v. 6. 10. 93 – XII ZR 112/92 – FamRZ 94, 21 = NJW 94, 134

(Fliegerzulagen) **R466**

a) Nach der ständigen Rechtsprechung des Senats sind sowohl bei der Bestimmung der für einen **a** Unterhaltsanspruch maßgebenden ehelichen Lebensverhältnisse als auch bei der Ermittlung der Leistungsfähigkeit des Unterhaltsschuldners zur Feststellung des unterhaltsrechtlich relevanten Einkommens grundsätzlich alle Einkünfte heranzuziehen, die dem Unterhaltsschuldner zufließen, gleich welcher Art diese Einkünfte sind und aus welchem Anlaß sie im einzelnen erzielt werden (*Senat,* NJW-RR 1986, 1002 = FamRZ 1986, 780 (781)). Demgemäß hat der BGH Aufwandsentschädigungen für auswärtige Tätigkeiten und Auslandszuschläge gem. § 55 BBesG als Arbeitseinkommen angesehen, da sie im Hinblick auf das Arbeits- oder Dienstverhältnis gewährt werden. Auch die Bestimmung einer Leistung zum Ausgleich besonderer Aufwendungen oder ähnlichen Verwendungszwecken führt nicht dazu, daß sie bei der Unterhaltsberechnung von vornherein außer Ansatz bleiben. Vielmehr kommt es darauf an, ob und in welchem Umfang sie für tatsächliche Mehraufwendungen des Empfängers aufgezehrt werden und ob sie daneben zur (teilweisen) Deckung des Lebensbedarfs zur Verfügung stehen (*Senat,* FamRZ 1980, 342 (343); NJW 1983, 2318 = FamRZ 1983, 352 (353)). Gleiches gilt für öffentlichrechtliche Leistungen, die für Tätigkeiten im öffentlichen Interesse gewährt werden, wie Sitzungsgelder kommunaler Bezirksvertretungen (*Senat,* FamRZ 1983, 670 (672)) oder Aufwandsentschädigungen für Abgeordnete (*Senat,* NJW-RR 1986, 1002 = FamRZ 1986, 780 (781)). Schließlich können auch zweckbestimmte Sozialleistungen im privaten Unterhaltsrecht wie sonstiges Einkommen des Empfängers behandelt werden, soweit sie geeignet sind, neben einem tatsächlichen Mehraufwand auch den allgemeinen Lebensbedarf des Leistungsempfängers und seiner Familie zu decken (vgl. etwa *Senat,* NJW 1981, 1313 = FamRZ 1981, 338 (339) – Grundrente; NJW 1982, 1593 = FamRZ 1982, 252 (253) – gesetzliche Unfallrente; NJW 1980, 2081 = FamRZ 1980, 771 – Wohngeld; NJW 1983, 684 = FamRZ 1982, 587 – Wohngeld).

b) Diese Grundsätze gelten in entsprechender Weise auch für die hier gewährte Entschädigung gem. § 17 BBesG i. V. mit den Richtlinien des Bundesministers für Verteidigung (ebenso OLG Hamm, FamRZ 1991, 576). Sie wird nach Nr. 1 der Richtlinien „… zum Ausgleich von Mehraufwendungen gezahlt, die wegen der mit dem dienstlich angeordneten fliegerischen Einsatz verbundenen besonderen physischen und psychischen Belastungen zur Erhaltung der fliegerischen Leistungsfähigkeit erforderlich sind". Ob diese Beschreibung nur auf den Ausgleich materieller Mehraufwendungen abstellt oder die Entschädigung auch die Funktion eines Ausgleichs für die immateriellen, über das normale Maß hinausgehenden gesundheitlichen Belastungen haben soll, kann dahinstehen. Denn selbst wenn man, was nach den Besonderheiten des Führens von Kampfflugzeugen naheliegt, mit der Revision von einer materiellen und immateriellen Ausgleichsfunktion ausgeht, ändert dies nichts daran, daß die Entschädigung zur Deckung des allgemeinen Lebensbedarfs heranzuziehen ist, soweit sie nicht durch tatsächlich entstehende, finanziell faßbare Mehraufwendungen aufgezehrt wird. Auch die Grundrente nach § 31

BVersG hat eine ideelle und eine materielle Funktion und soll dem Betroffenen wegen der gesundheitlichen und wirtschaftlichen Folgen einer Schädigung, die er in Ausübung des militärischen Dienstes
erlitten hat, einen Ausgleich verschaffen (*Senat,* NJW 1981, 1313 = FamRZ 1981, 338 (339) m. w.
Nachw.). Ungeachtet dieser sozialrechtlichen Sicht ist sie auch für Zwecke des privaten Unterhaltsrechts einzusetzen.

Zwar hat die Entschädigung keine sozialrechtliche Komponente, sondern wird aus Anlaß des
besonderen Dienstes gewährt. Sie ist hierin aber dem Auslandszuschlag nach § 55 BBesG unmittelbar
vergleichbar. Auch dieser dient gem. § 55 VI und VII BBesG dem Ausgleich der besonderen materiellen und immateriellen Belastungen in der Lebensführung, die aus den Besonderheiten des Dienstes und
den Lebensbedingungen im Ausland folgen, so etwa klimatisch bedingte Gesundheitsgefährdungen,
mangelnde Hygiene, Ungeziefer, psychische Belastungen durch Beschränkung der Bewegungsfreiheit
oder Dauerbewachung, Gefahr für Leib und Leben bei politischen Unruhen und ähnlichem (s.
Kalthoener-Büttner, 4. Aufl., Rn. 632). Dessen ungeachtet wird er, soweit nicht durch tatsächlichen
Mehraufwand des Empfängers verbraucht, zur Erfüllung privater Unterhaltsverpflichtungen herangezogen. Für die Entschädigung kann damit nichts anderes gelten.

(Darlegungs- und Beweislast bei Sozialleistungen nach § 1610 a BGB)

b   c) Dieses Ergebnis steht auch in Einklang mit § 1610 a BGB, der durch das Gesetz zur unterhaltsrechtlichen Berechnung von Aufwendungen für Körper- und Gesundheitsschäden vom 15. 1. 1991
(BGBl I, 46) eingeführt wurde. Der Gesetzgeber hat hier für bestimmte Einkommensarten, nämlich für
Sozialleistungen wegen eines Körper- oder Gesundheitsschadens, eine Änderung der Darlegungs- und
Beweislast geschaffen. Danach wird zugunsten des Leistungsempfängers (widerlegbar) vermutet, daß
die Sozialleistungen durch die schadensbedingten Mehraufwendungen aufgezehrt werden. Dagegen hat
er den von der Rechtsprechung aufgestellten Grundsatz, daß zum unterhaltsrelevanten Einkommen
auch öffentlichrechtliche Leistungen ohne Rücksicht auf ihre Zweckbindung gehören, nicht angetastet.
Außerdem hat er die Regelung auf Sozialleistungen wegen Körper- und Gesundheitsschäden beschränkt, so daß andere Einkommensarten unberührt bleiben (BR-Dr 386/89, S. 3, 7, 9, 14; Johann-
sen/Henrich/Graba, EheR, 2. Aufl., § 1610 a BGB Rdnrn. 1 und 4; Köhler, in: MünchKomm,
3. Aufl., § 1610 a Rn. 2). Wenn er danach bewußt davon abgesehen hat, im materiellen Unterhaltsrecht eine generelle Nichtanrechenbarkeit von schadensbedingten Leistungen anzuordnen, sondern nur
im prozessualen Bereich die Beweislast ändert, und diese Regelung obendrein auf bestimmte Sozialleistungen beschränkt, muß daraus umgekehrt geschlossen werden, daß es bei der grundsätzlichen
unterhaltsrechtlichen Anrechenbarkeit anderer Leistungen wie hier der Fliegeraufwandsentschädigung
verbleibt, und daß der Empfänger seinen Mehraufwand ohne die Hilfe einer gesetzlichen Vermutung
darzulegen und zu beweisen hat. Anschließend billigte es der BGH, daß das OLG im Wege der
Schätzung ²/₃ der Zulage zum Einkommen rechnete.

BGH v. 6. 10. 93 – XII ZR 116/92 – FamRZ 94, 28 = NJW 93, 3262

R467   *(Als Beleg ist u. U. auch der Arbeitsvertrag vorzulegen)*

b) Vergeblich bekämpft die Revision eine Verpflichtung des Bekl., als Beleg über die Höhe der
Einkünfte gem. § 1605 I 2 BGB seinen Dienstvertrag mit der FAO vorzulegen. Das Gesetz erläutert
allerdings nicht näher, welche Art von Schriftstücken unter den Begriff „Belege" fallen, sondern nennt
nur beispielhaft („insbesondere") Bescheinigungen des Arbeitgebers. Soweit eine Verdienstbescheinigung vorgelegt wird, die für den nachzuweisenden Zeitraum lückenlos sämtliche Einkünfte aus dem
Arbeitsverhältnis ausweist, wird die Verpflichtung zur Vorlage von Belegen in der Regel damit erfüllt
sein mit der Folge, daß der Auskunftsberechtigte nicht die Vorlage weiterer Dokumente – etwa des
Arbeitsvertrages – verlangen kann. Liegt aber – wie hier vom OLG dargelegt – keine Verdienstbescheinigung vor, aus der sich zweifelsfrei entnehmen läßt, in welcher Höhe der Auskunftspflichtige
für einen bestimmten Zeitraum Einkünfte aus dem Arbeitsverhältnis bezogen hat, kann grundsätzlich
auch die Vorlage solcher Schriftstücke verlangt werden, aus denen sich entsprechende Erkenntnisse
gewinnen lassen. Das ergibt sich aus dem Sinn und Zweck der Bestimmung, die sicherstellen soll, daß
der Berechtigte aufgrund der belegten Auskunft in die Lage versetzt wird, den Unterhaltsanspruch
konkret zu berechnen und im Verfahren einen entsprechenden bezifferten Klageantrag zu stellen.

In der Rechtsprechung des Senats ist anerkannt, daß von einem selbständigen Gewerbetreibenden
die Vorlage des Einkommensteuerbescheides als Beleg verlangt werden kann (*Senat,* NJW 1982, 1645
= FamRZ 1982, 680 (682 unter 3)); von einem Gesellschafter und Geschäftsführer einer GmbH, der
vom Gewinn der GmbH abhängige Einkünfte bezieht, kann auch die Vorlage von Bilanzen nebst
Gewinn- und Verlustrechnungen der GmbH verlangt werden (*Senat,* NJW 1982, 1642 = FamRZ
1982, 680 (681 unter 2); NJW 1983, 2243 = FamRZ 1983, 996 (998)). Ob und gegebenenfalls unter
welchen Voraussetzungen ein unselbständig Erwerbstätiger seinen Dienst- oder Arbeitsvertrag vorlegen

muß, hatte der Senat bisher zwar nicht zu entscheiden. Es bestehen jedoch keine grundsätzlichen Bedenken gegen eine derartige Verpflichtung, wenn durch eine Bescheinigung des Arbeitgebers die tatsächliche Höhe der insgesamt bezogenen Einkünfte nicht ausreichend belegt wird (vgl. Schwab-Borth, Hdb. d. ScheidungsR, 2. Aufl., Teil IV Rn. 504, 506; *Griesche,* in: Familiengerichtsbarkeit, § 1605 BGB Rn. 17). Das trifft vor allem bei einer Tätigkeit im Ausland zu, wenn sich wie hier aus den vorgelegten Dokumenten nicht ergibt, welcher Betrag für welchen Zeitraum konkret ausgezahlt wurde, und ob daneben weitere Zahlungen erfolgen, weil sich das Gehaltsgefüge des Arbeitgebers möglicherweise aus mehreren im einzelnen nicht bekannten Elementen zusammensetzt und auch Aufwands- oder andere Entschädigungen geleistet werden (zutr. OLG München, FamRZ 1993, 202 (203)). Dem steht nicht entgegen, daß ein Arbeitsvertrag regelmäßig nicht nur Bestimmungen zur Vergütung der Arbeitstätigkeit enthält. Soweit der Gesetzeszweck des § 1605 I BGB reicht, hat ein Interesse des Auskunfts- und Belegpflichtigen an der Verdeckung von individuellen Verhältnissen zurückzutreten.

BGH v. 20. 10. 93 – XII ZR 89/92 – FamRZ 94, 87 = NJW 94, 190

(PKW-Kosten) R468

Zwar ist die Bestimmung der Höhe berufsbedingter Aufwendungen des Unterhaltspflichtigen in erster Linie dem Tatrichter vorbehalten. Da das OLG hier aber der ihm insoweit obliegenden Prüfung nicht nachgekommen ist, ist der Senat nicht gehindert, die Prüfung selbst vorzunehmen und dabei auf die Grundsätze seiner inzwischen zu dieser Frage entwickelten Rechtsprechung zurückzugreifen. Danach ist bereits in dem Urteil vom 7. 5. 1991 (NJW-RR 1991, 1346 = FamRZ 1991, 1414), auf das auch die Revision verweist, ausgeführt worden, ein Kilometersatz von 0,40 DM komme den tatsächlichen Kosten erheblich näher als der von dem BerGer. seinerzeit angenommene Satz von 0,10 DM pro Kilometer. Im Ergebnis ist in jenem Fall der damals begehrte Betrag von 0,36 DM pro Kilometer angesetzt worden, wobei der Senat ausdrücklich darauf hingewiesen hat, daß er einen geringeren Ansatz für nicht vertretbar halte. In einem weiteren, nach Erlaß des Berufungsurteils ergangenen Urteil vom 8. 7. 1992 hat der Senat sodann – ebenfalls für Fahrtkosten in den Jahren 1989 und 1990 – entschieden, mangels sonstiger konkreter Anhaltspunkte erscheine es grundsätzlich angemessen, als Kilometerpauschale den auch sonst in der gerichtlichen Praxis herangezogenen Satz gem. § 9 III des Gesetzes über die Entschädigung von Zeugen und Sachverständigen von derzeit 0,40 DM anzusetzen (NJW-RR 1992, 1282). Das gilt auch für den vorliegenden Fall. Das Einkommen des Bekl. ist daher um berufsbedingte Aufwendungen von monatlich 367 DM (2 × 25 km × 0,40 DM 2 × 220 Tage: 12) zu bereinigen.

BGH v. 10. 11. 93 – XII ZR 127/92 – FamRZ 94, 160 = NJW 94, 382

(Zum innerdeutschen Kollisionsrecht) R470

a) Art. 234 § 5 S. 1 EGBGB i. d. F. des Einigungsvertrages bestimmt unter Einschränkung des § 1 a der Regelung, daß für den Unterhaltsanspruch eines Ehegatten, dessen Ehe vor dem Wirksamwerden des Beitritts geschieden worden ist, das bisherige Recht maßgebend bleibt. Wie der Senat bereits im Urteil vom 23. 9. 1992 (NJW-RR 1992, 1474 = FamRZ 1993, 43 (44)) dargelegt hat, ergibt sich aus dieser intertemporalen Übergangsvorschrift nicht, in welchen Fällen das Recht der DDR „bisheriges Recht" war; vielmehr ist die Frage nach dem innerdeutschen Kollisionsrecht zu beantworten.

b) In den alten Bundesländern ist ein besonderes innerdeutsches Kollisionsrecht in Anlehnung an das internationale Privatrecht des EGBGB entwickelt worden, während die Rechtspraxis in der DDR insoweit unmittelbar die Bestimmungen des im Verhältnis zum Ausland geltenden DDR-Rechtsanwendungsgesetzes (DDR-RechtsanwendungsG) herangezogen hat. Käme hier das für den nachehelichen Unterhalt einschlägige § 20 I DDR-RechtsanwendungsG zum Zuge, würde dies zur Anwendung des § 29 DDR-FGB führen, weil die Parteien zur Zeit der Erhebung der Scheidungsklage ihren gewöhnlichen Aufenthalt in der damaligen DDR hatten (vgl. *Senat,* NJW-RR 1992, 1474 = FamRZ 1993, 43 (44)). Das kann hier jedoch nicht gelten. Dabei braucht nicht zu der umstrittenen Frage Stellung genommen zu werden, inwieweit auch nach dem Beitritt aufgrund entsprechender Anwendung des Art. 236 § 1 EGBGB noch das Kollisionsrecht der DDR maßgebend bleibt (vgl. dazu Palandt/Heldrich, BGB, 52. Aufl., Art. 236 EGBGB Rn. 4 m. w. Nachw.). Das ist jedenfalls zu verneinen für solche Fälle vor dem Beitritt in der damaligen DDR geschiedener Ehen, in denen einem Ehegatten im Zeitpunkt des Wirksamwerdens des Beitritts aufgrund des nach innerdeutschem Kollisionsrecht der alten Bundesländer anzuwendenden Rechts ein Anspruch auf nachehelichen Unterhalt zustand. Nach dem Einigungsvertrag sollte in eine so entstandene Rechtsposition nicht eingegriffen werden. Dies geht aus den Erläuterungen zum Einigungsvertrag (BGBl II 1990, 888) hervor, in denen ausgeführt ist, es bestehe kein Anlaß, bei in der DDR geschiedenen, aber schon vor dem Beitritt im bisherigen Gebiet der Bundesrepublik lebenden Ehegatten von der Anwendung bundesdeutschen Rechts abzuweichen, [abzuweichen] soweit dieses einmal auf der Grundlage der höchstrichterlichen Rechtsprechung (angeführt werden die Senatsentscheidungen BGHZ 85, 16 = NJW 1983, 279; BGHZ 91, 186 = NJW 1984, 2361, zum innerdeutschen Kollisionsrecht) maßgeblich geworden sei (vgl. Abdruck des Nomos-Verlages, S. 68, sowie auch Adlerstein/Wagenitz, FamRZ 1990, 1300 (1301); Pirrung, RabelsZ 1991, 211 (234, 238); Stoll, in: Festschr. f. Lorenz, S. 577, 589).

(Statutenwechsel bei Übersiedlung des Pflichtigen vor dem Beitritt)

b   d) Der Senat schließt sich der überwiegenden Auffassung zum Einfluß des IPR-Neuregelungsgesetzes 1986 auf das innerdeutsche Kollisionsrecht an. Unter der Geltung des alten Rechts hat er seine Ansicht zur interlokalen Anwendbarkeit der §§ 1569 ff. BGB wie folgt begründet: Die in der Bundesrepublik ansässige Partei solle grundsätzlich alle Rechte genießen, die ihr aus dem in Frage stehenden familienrechtlichen Verhältnis nach der hier geltenden Rechtsordnung zustünden, sofern im Hinblick auf bestehende oder nachwirkende Beziehungen zum Rechtsbereich der DDR aus Gründen der kollisionsrechtlichen Sachgerechtigkeit nicht anderes geboten sei. Solche Beziehungen bestünden nicht mehr, wenn jeder der geschiedenen Ehegatten seinen gewöhnlichen Aufenthalt aus der DDR in die Bundesrepublik verlegt habe. Beim nachehelichen Unterhalt handele es sich nicht um eine mit der Ehescheidung abgeschlossene Entwicklung, da der Anspruch in jedem Zeitpunkt, in dem seine Voraussetzungen vorlägen, neu entstehe. Die vorherige Beziehung zur DDR wirke nach der Verlegung des gewöhnlichen Aufenthalts beider Ehegatten nicht in einer für den Unterhalt erheblichen Weise fort, da die Lebensumstände der Beteiligten, auf die das Unterhaltsrecht abstelle, sich regelmäßig nach den im Aufenthaltsland gegebenen sozialen Verhältnissen bestimmten (BGHZ 85, 16 (25) = NJW 1983, 279).

Es liegt nahe, diese auf der Grundlage des seinerzeit geltenden Internationalen Privatrechts entwickelten Grundsätze an die Wertungen anzupassen, die das IPR-Neuregelungsgesetz 1986 eingeführt hat. Aufgrund des Art. 18 V EGBGB n. F. tritt dadurch im Ergebnis nur insoweit eine Änderung ein, als für die Anwendbarkeit bundesdeutschen Rechts nicht mehr zu fordern ist, daß beide geschiedenen Ehegatten vor dem 3. 10. 1990 in die damalige Bundesrepublik übergesiedelt sind, sondern daß es genügt, wenn der unterhaltsverpflichtete Ehegatte dies getan hat. Diese Änderung ist geboten, da im innerdeutschen Verhältnis schwerlich strengere Voraussetzungen für die Anwendbarkeit der §§ 1569 ff. BGB aufgestellt werden können, als dies im Verhältnis zum Ausland der Fall ist.

BGH v. 24. 11. 93 – XII ZR 136/92 – FamRZ 94, 228 = NJW 94, 935

R471   *(Differenzierung zwischen Alters- und Aufstockungsunterhalt)*

a   1. Das OLG hat der Kl. einen Unterhaltsanspruch aus §§ 1571 und 1573 II BGB zugesprochen und dazu ausgeführt, daß ein Aufstockungsunterhalt neben dem Altersunterhalt bestehe, weil die Kl. ihren vollen Unterhalt aus ihrem eigenen Einkommen nicht decken könne. Es hat dabei allerdings nicht unterschieden, inwieweit der Anspruch einerseits auf § 1571, andererseits auf § 1573 II BGB beruht.

Der dagegen erhobene Einwand der Revision ist grundsätzlich zutreffend, führt aber im vorliegenden Fall im Ergebnis nicht zum Erfolg. Zwar macht das mögliche Nebeneinander von verschiedenen Anspruchsgrundlagen regelmäßig deren genaue Differenzierung erforderlich. Das gilt zum einen mit Blick auf ein späteres Abänderungsverfahren, zum anderen deshalb, weil die zeitliche Begrenzungsmöglichkeit nach § 1573 V BGB nur Ansprüche nach den Abs. 1 bis 4 des § 1573 BGB betrifft, aber nicht andere Anspruchsgrundlagen. Eine genaue Bestimmung kann aber ausnahmsweise unterbleiben, wenn im Einzelfall eine solche zeitliche Begrenzung aus Billigkeitsgründen unter Berücksichtigung der Ehedauer, Kindesbetreuung, Gestaltung von Haushaltsführung und Erwerbstätigkeit von vornherein ausscheidet (*Senat,* NJW 1987, 2739 = FamRZ 1987, 691 (693); NJW 1988, 2369 = FamRZ 1988, 265 (267); NJW 1990, 1847 = FamRZ 1990, 492 (494)). Zwar enthält das Berufungsurteil keine ausdrücklichen Ausführungen dazu, ob es einen solchen Ausnahmefall angenommen und deshalb von einer Differenzierung abgesehen hat. Jedoch liegt angesichts des Alters der Ehefrau und der langen Ehedauer von 36 Jahren, in denen sie keiner Erwerbstätigkeit nachgegangen ist, sondern den Haushalt geführt und sieben Kinder erzogen hat, die Annahme einer zeitlichen Begrenzung von vornherein so fern, daß dem OLG kein Rechtsfehler vorzuwerfen ist, wenn es die zeitliche Begrenzungsmöglichkeit nicht ausdrücklich verneint hat (*Senat,* NJW-RR 1991, 130 = FamRZ 1991, 307 (310)). Daran ändert auch der Umstand der Trennung ab 1974 nichts.

2. Der Berechnung des der Kl. zustehenden eheangemessenen Unterhalts hat das OLG auf seiten des Bekl. seine Leibrente in der fiktiven Höhe von 9100 DM monatlich zugrunde gelegt und dazu ausgeführt, daß eine Berücksichtigung nur des Zins-, nicht aber auch des Tilgungsanteils unterhaltsrechtlich nicht in Betracht komme. Ungeachtet der wirtschaftlichen und steuerrechtlichen Betrachtungsweise, nach der bei Leibrenten zwischen dem Ertrag aus dem Rentenrecht und aus dem Kapitalanteil unterschieden werde, sei unterhaltsrechtlich nur auf ihren Einkommenscharakter als regelmäßig

wiederkehrende, einheitlich gezahlte Leistung abzustellen. Selbst wenn man aber eine Trennung vornehme, ändere dies nichts an der vollen Heranziehung der Leibrente zum Unterhalt, da der Bekl. nach § 1581 BGB verpflichtet sei, auch seinen Vermögensstamm zum Unterhalt einzusetzen, es sei denn, eine Verwertung sei unwirtschaftlich oder würde dazu führen, daß bei Aufzehrung des Kapitals der spätere angemessene Unterhalt des Verpflichteten gefährdet werde. Das sei hier nicht der Fall, da der Bekl. sein Vermögen bereits freiwillig in Form einer Leibrente verwertet habe und durch die in gleichbleibender Höhe bis zum Lebensende gezahlte Rente voll abgesichert sei. Daß der Bekl. im Falle der Zahlung eines Zugewinnausgleichs an die Kl. gezwungen sein könnte, einen weiteren Teil seiner Leibrente zu rekapitalisieren, stehe dem nicht entgegen, da sich die Höhe der derzeitigen Leibrente dadurch rückwirkend ändere.

Die am 10. 3. 1990 vereinbarte weitere Reduzierung der Leibrente auf monatlich 7614 DM entlaste den Bekl. ebenfalls nicht, da er die aus der Anteilsveräußerung herrührende Steuerschuld bereits aus der ersten, zur Kürzung auf 9100 DM führenden Rekapitalisierung seiner Leibrente habe bezahlen können. Er habe dabei nicht einmal auf den neben der ursprünglich vereinbarten Leibrente von 14 000 DM gezahlten Barpreis von 120 000 DM zurückgreifen müssen. Nach der Vereinbarung vom 15. 4. 1987 und aus Billigkeitsgründen könne er sich auf eine weitere Rekapitalisierung wegen zusätzlicher Steuerschulden gegenüber der Kl. nicht berufen, zumal er für diese aus früheren Jahren stammenden Steuerschulden aus seinem Einkommen von 300 000 bis 400 000 DM jährlich rechtzeitig hätte Rücklagen bilden können und müssen.

(Prägende Einkünfte; Leibrente)

a) Die für den nachehelichen Unterhalt maßgebenden ehelichen Lebensverhältnisse werden durch **b** das bis zur Scheidung nachhaltig erzielte Einkommen geprägt, wobei tatsächliche Veränderungen bis zur Scheidung grundsätzlich beachtlich sind, es sei denn, es handele sich um unerwartete und vom Normalverlauf erheblich abweichende Entwicklungen (*Senat*, NJW 1992, 2477 = FamRZ 1992, 1045 (1046) m. w. Nachw.). Der eheliche Lebensstandard der Parteien war zunächst durch ein durchschnittliches Jahreseinkommen des Bekl. aus seiner Gesellschafterstellung und seiner Tätigkeit bei der KG in Höhe von 300 000 bis 400 000 DM bestimmt. Dieses kann einer Bedarfsberechnung indes nicht mehr zugrunde gelegt werden, sondern es ist auf die Leibrente abzustellen. Die Veräußerung seines Gesellschaftsanteils im Oktober 1986 entsprach der Lebensplanung des Bekl., sich gegen Ende seines Erwerbslebens aus den aktiven Geschäften zurückzuziehen, seine Unternehmertätigkeit aufzugeben und den weiteren Lebensbedarf aus dem Veräußerungserlös zu bestreiten. Dieser Entwicklung muß Rechnung getragen werden, da sie nicht als vom Normalverlauf abweichend angesehen werden kann. Auch eine damit gegebenenfalls verbundene Absenkung des Lebensstandards muß – als der natürlichen Entwicklung am Ende jeden Erwerbslebens entsprechend – hingenommen werden.

(Prägende Einkünfte; Leibrente)

b) Die Frage, welche Einkünfte nach Art und Umfang sowohl bei der Bestimmung der für einen **c** Unterhaltsanspruch maßgebenden ehelichen Lebensverhältnisse als auch bei der Ermittlung der Leistungsfähigkeit des Unterhaltsschuldners zur Feststellung des unterhaltsrechtlich relevanten Einkommens maßgeblich sind, hat der Senat dahin beantwortet, daß grundsätzlich alle Einkünfte heranzuziehen sind, gleich welcher Art sie sind und aus welchem Anlaß sie erzielt werden. Maßgebend ist nur, daß sie geeignet sind, den laufenden Lebensbedarf des Unterhaltspflichtigen und seiner Unterhaltsgläubiger zu decken (vgl. *Senat,* NJW-RR 1986, 1002 = FamRZ 1986, 780 (781) und NJW 1994, 134, jeweils m. w. Nachw.). Das gilt auch für Leibrenten, Altenteile oder sonstige private Rentenzahlungen aus Anlaß von Vermögensübertragungen (Wendl/Staudigl, 2. Aufl., S. 83). Daß sich diese Leistungen nach wirtschaftlicher oder steuerlicher Betrachtungsweise aus einem Zins- und einem Tilgungsanteil zusammensetzen, wobei nur der Zinsanteil als Ertragsanteil Einkunftscharakter hat, dagegen der Tilgungsanteil als Kapitalrückzahlung angesehen wird, ist unterhaltsrechtlich ohne Bedeutung (OLG Köln, FamRZ 1983, 643 (645); Göppinger/Wenz, 5. Aufl., Rn. 1181; Heiß/Heiß, Stichwort „Leibrente" 3.83 a, 84; vgl. auch Kalthoener/Büttner, 4. Aufl., Rn. 452).

Zwar wird vorgebracht, daß in der Heranziehung der Leibrente zugleich die restlose Verwertung des Vermögensstammes liegen kann, welcher nach dem Willen des Gesetzgebers nicht ohne weiteres zu Unterhaltszwecken zur Verfügung stehen soll (vgl. Göppinger/Wenz, Rn. 1181; Heiß/Heiß, Stichwort „Leibrente" 3.83 a, 84). Gem. § 1581 S. 2 BGB gebietet es der Schutz des Unterhaltspflichtigen, von einer Verwertung des Vermögensstammes bei Unwirtschaftlichkeit oder Unbilligkeit abzusehen. Dieser Schutzgedanke trifft indes auf Leibrenten der hier vereinbarten Art nicht zu. Typischerweise liegt einer Veräußerung von Vermögen gegen Zahlung einer Leibrente die Absicht zugrunde, Vermögen, das bisher in Form von Immobilien, Beteiligungen o. ä. gebunden war, einem vollständigen Verbrauch zum Zwecke der Deckung des Lebensbedarfs zuzuführen. Durch den Leibrentenvertrag wird für den Berechtigten auf Lebenszeit ein Rentenstammrecht geschaffen, aus dem die einzelnen Rentenleistungen als wiederkehrende Leistungen fließen (Pecher, in: MünchKomm, 2. Aufl., § 759 Rdnrn. 2, 14;

Palandt/Thomas, BGB, 52. Aufl., § 759 Rdnrn. 1, 3, 7; v. Gamm, in: RGRK, 12. Aufl., § 759 Rn. 5).

So ist es auch hier. Indem der Bekl. seinen Gesellschaftsanteil verkauft und in ein Rentenstammrecht umgewandelt hat, aus dem wiederkehrende Leistungen fließen, hat er im Ergebnis den Vermögensstamm bereits für sich selbst angegriffen und zum laufenden Verbrauch bis zu seinem Lebensende – bzw. für seine Erben bis zum Jahre 2006 – bestimmt. Die nunmehr aus der Veräußerung fließenden Leibrentenzahlungen sind damit von vornherein nicht als Vermögensstamm i. S. von § 1581 S. 2 BGB anzusehen. Denn zum Vermögensstamm gehört nur das Rentenstammrecht, die laufenden Bezüge zählen dagegen nicht dazu (Gernhuber, FamR, 3. Aufl., S. 624 m. w. Nachw.). Eine Verwertung des Vermögensstammes i. S. von § 1581 S. 2 BGB würde daher nur dann vorliegen, wenn das Rentenstammrecht selbst – etwa durch eine Rekapitalisierung – angegriffen würde. Dagegen ist eine unterhaltsrechtliche Inanspruchnahme der laufenden Leibrentenzahlungen in voller Höhe – auch wenn darin wirtschaftlich gesehen ein Tilgungsanteil enthalten ist – im unterhaltsrechtlichen Sinne nicht als Verwertung des Vermögensstammes anzusehen. Daher stellt sich hier auch nicht die im Rahmen des § 1581 S. 2 BGB sonst relevante Frage, ob, wie lange und in welchem Umfang der Vermögensstamm erhalten bleiben muß, um den Unterhaltsverpflichteten fortlaufende Einkünfte zur Deckung des eigenen Lebensbedarfs zu sichern (vgl. dazu *Senat,* NJW 1989, 524 = FamRZ 1989, 170 (171)).

c) Ein Einwand des Bekl., das OLG habe verkannt, daß § 1581 S. 2 BGB u. a. den Erhalt des Vermögensstammes zugunsten der Erben bezwecke und daß deshalb die Absicherung seiner zweiten Ehefrau (und späteren Erbin) berücksichtigt werden müsse, geht fehl. Dabei kann dahinstehen, ob § 1581 S. 2 BGB nach seiner Zielsetzung auch den Schutz der Erben bezweckt (verneinend Wendl/Staudigl, S. 404; Heiß/Heiß, 3.84). Auch hier ist entgegenzuhalten, daß die unterhaltsrechtliche Heranziehung der Leibrente keine Verwertung des Vermögensstammes i. S. von § 1581 S. 2 BGB ist. Außerdem liefe ein Vorwegabzug von Rücklagen aus den laufenden Leibrentenzahlungen zur Absicherung seiner zweiten Ehefrau darauf hinaus, ihr vorrangig einen Altersvorsorgeunterhalt zu zahlen. Das ginge zu Lasten der wegen der langen Ehe bevorrechtigten ersten Ehefrau (= Kl.) und widerspräche dem Rechtsgedanken des § 1582 I 2 BGB.

BGH v. 1. 12. 93 – XII ZR 150/92 – FamRZ 94, 303 = NJW 94, 938

R472

a *(Unterhalt bei Ersatzdienst)*

a) Die Revision stellt nicht in Frage, daß ein Unterhaltsanspruch eines Zivildienstleistenden gegen seine Eltern nach denselben Grundsätzen zu beurteilen ist wie derjenige eines den Wehrdienst leistenden Soldaten, die der Senat in dem Urteil vom 29. 11. 1989 (NJW 1990, 713 = FamRZ 1990, 394) dargelegt hat. Das folgt schon daraus, daß auf den Dienstpflichtigen in Fragen der Fürsorge, der Heilfürsorge, der Geld- und Sachbezüge, der Reisekosten sowie des Urlaubs die Bestimmungen entsprechend Anwendung finden, die für einen Soldaten des untersten Mannschaftsdienstgrades gelten, der aufgrund der Wehrpflicht Wehrdienst leistet (§ 35 I ZDG i. d. F. der Bekanntmachung v. 31. 7. 1986, BGBl. I, 1205). Daraus ergibt sich, daß der auch einem Zivildienstleistenden gewährte Sold einschließlich der Dezemberzuwendung im wesentlichen zur Befriedigung des nach anderweitiger Deckung der elementaren Lebensbedürfnisse (Verpflegung, Wohnung, eventuelle Dienstkleidung sowie Heilfürsorge) verbleibenden Freizeitbedarfes zur Verfügung steht. Ein Unterhaltsanspruch gegen die Eltern kann daneben nicht schon deswegen bestehen, weil diese in günstigen wirtschaftlichen Verhältnissen leben, sondern nur, wenn im Einzelfall ein besonderer Bedarf dargelegt wird, den der Dienstleistende aus den ihm seitens der Dienststelle zufließenden Mitteln nicht zu befriedigen vermag.

(Zivildienstsold reicht nicht für Wohnkosten)

b Das BerGer. ist in tatrichterlicher Beurteilung zu dem Ergebnis gelangt, daß der Sold des Bekl. einschließlich der Dezemberzuwendung nicht ausreiche, um davon (ganz oder teilweise) noch die Wohnkosten zu tragen, denn ein den Zivildienst Leistender dürfe wie ein Wehrpflichtiger seinen Sold für die Kosten der Freizeitgestaltung verwenden.

(Mietbeihilfe für Zivildienstleistende)

c Der Senat stimmt dem BerGer. insbesondere aber darin zu, daß kein überzeugender Grund besteht, weshalb ein Zivildienstleistender, der nicht auf dienstliche Anordnung verpflichtet ist, in einer dienstlichen Unterkunft zu wohnen (vgl. § 31 ZDG), und der ohne Anspruch auf Kostenerstattung (vgl. dazu Schieckel/Brandmüller, ZDG, Stand Dezember 1992, § 31 Anm. 1) weiterhin bei einem Elternteil wohnt, unterhaltsmäßig schlechtergestellt sein soll als ein Zivildienstleistender mit einer eigenen Wohnung, der nach § 78 I Nr. 2 ZDG i. V. mit § 7 a UnterhaltssicherungsG eine Mietbeihilfe beanspruchen kann. Auch bei einem wehrpflichtigen Soldaten oder bei einem Zivildienstleistenden, der in einer dienstlichen Unterkunft zu wohnen hat, wird der Wohnbedarf zusätzlich gedeckt mit der Folge, daß der Sold einschließlich der Dezemberzuwendung uneingeschränkt zur Befriedigung der in der Freizeit auftretenden Lebensbedürfnisse zur Verfügung steht.

Das BerGer. ist zu Recht davon ausgegangen, daß der Bekl. eine Mietbeihilfe nicht beanspruchen kann. Diese erhalten gem. § 7 a UnterhaltssicherungsG – der gem. § 78 I Nr. 2 ZDB entsprechend für anerkannte Kriegsdienstverweigerer gilt – nur Wehrpflichtige, die alleinstehend und Mieter von Wohnraum sind; alleinstehend sind Wehrpflichtige, die nicht mit Familienangehörigen in einer Wohn- und Wirtschaftsgemeinschaft leben. Dem Bekl. gereicht es im vorliegenden Fall auch nicht zum Nachteil, daß er sich zur Ableistung des Zivildienstes eine Beschäftigungsstelle hat zuweisen lassen, die ihm keine dienstliche Unterkunft zur Verfügung stellt. Zwar ist es möglich, hinsichtlich des Dienstortes Wünsche zu äußern und die Einberufung zu einer bestimmten Dienststelle anzuregen (vgl. Harrer/Haberland, ZDG, 3. Aufl., Nr. 5 zu § 19); ein Dienstpflichtiger, der wie bisher in der Wohnung der Eltern oder eines Elternteils verbleiben kann und demgemäß keinen erhöhten Wohnbedarf verursacht, ist aber unterhaltsrechtlich grundsätzlich nicht gehalten, die Einberufung zu einer Beschäftigungsstelle anzustreben, die eine dienstliche Unterkunft gewährt.

BGH v. 15. 12. 93 – XII ZR 172/92 – FamRZ 94, 372 = NJW 94, 1002

(Leistungsfähigkeit bei Umschulung)　　　　　　　　　　　　　　　　　　　　　　　**R473**

b) Richtig ist auch der Ansatzpunkt, daß die für den Unterhaltsanspruch in § 1603 I BGB voraus-　**c** gesetzte Leistungsfähigkeit des Unterhaltspflichtigen nicht allein durch sein tatsächlich vorhandenes Einkommen bestimmt wird, sondern auch durch seine Erwerbsfähigkeit. Reichen seine tatsächlichen Einkünfte nicht aus, so trifft ihn unterhaltsrechtlich die Obliegenheit, die ihm zumutbaren Einkünfte zu erzielen, insbesondere seine Arbeitsfähigkeit so gut wie möglich einzusetzen und eine ihm mögliche Erwerbstätigkeit auszuüben (*Senat*, NJW 1985, 732 = FamRZ 1985, 158 (159) m. w. Nachw.). Dabei legt ihm die sich aus § 1603 II BGB ergebende verstärkte Unterhaltspflicht gegenüber minderjährigen Kindern eine erhöhte Arbeitspflicht unter gesteigerter Ausnutzung seiner Arbeitskraft auf. Er ist unter Umständen auch verpflichtet, in zumutbaren Grenzen einen Orts- oder Berufswechsel vorzunehmen, wenn er nur auf diese Weise seine Unterhaltspflicht erfüllen kann (*Senat*, NJW 1980, 414 = FamRZ 1980, 1113 (1114)). Kommt er dieser Erwerbsobliegenheit nicht nach, muß er sich so behandeln lassen, als ob er ein Einkommen, das er bei gutem Willen erzielen könnte, auch tatsächlich hätte (*Senat*, NJW 1985, 732 = FamRZ 1985, 158 (159)).

Eine solche Erwerbsobliegenheit bestand aber nicht für den Monat August 1991, in dem der Bekl. unstreitig noch bis einschließlich 26. 8. 1991 arbeitsunfähig krankgeschrieben war. Daher scheidet hier die Anrechnung eines fiktiven Einkommens von vornherein aus. Nach dem unbestrittenen Vortrag des Bekl. betrug sein Krankengeld, welches als Lohnersatzleistung ebenfalls zum Unterhalt herangezogen werden kann (vgl. *Schwab/Borth*, 2. Aufl., IV Rn. 428), im Monat August für 23 Tage kalendertäglich 29,98 DM netto, somit insgesamt rund 690 DM. Zusammen mit seinem Arbeitslosengeld von wöchentlich 126,60 DM lag er damit in einem Einkommensbereich, der selbst unter Berücksichtigung eines niedrigeren Selbstbehalts, als ihm die Sächsische Unterhaltstabelle, Stand bis 30. 6. 1992, mit 750 DM für erwerbslose Unterhaltspflichtige zubilligt (vgl. DtZ 1992, 117 = FamRZ 1992, 400), keine Unterhaltserhöhung für die Kl. zuläßt, ohne daß sein eigener notwendiger Unterhalt gefährdet wäre. Denn auch die gesteigerte Unterhaltspflicht nach § 1603 II 1 BGB findet dort ihre Grenze, wo dem Unterhaltspflichtigen nicht mehr die Mittel zur Bestreitung des unentbehrlichen Lebensbedarfs verbleiben (*Senat*, NJW 1991, 697 = FamRZ 1991, 182 (184 f.) m. w. Nachw.).

Soweit das BezG die Auffassung vertritt, der Bekl. könne sich schon deshalb nicht auf seine Leistungsunfähigkeit berufen, weil er sich nicht mittels einer Kündigungsschutzklage gegen seine betriebsbedingte Kündigung gewehrt habe, kann ihm ebenfalls nicht gefolgt werden. Wie der Senat bereits mehrfach ausgeführt hat (NJW 1985, 732 = FamRZ 1985, 158 (159); NJW-RR 1987, 706 = FamRZ 1987, 930 (993); NJW 1993, 1974 = FamRZ 1993, 1055 (1056); NJW 1994, 258), ist eine tatsächliche Leistungsunfähigkeit grundsätzlich sogar dann beachtlich, wenn der Unterhaltspflichtige sie selbst – auch schuldhaft – herbeigeführt hat. Nur schwerwiegende Gründe, die sich aus einem verantwortungslosen, zumindest aber leichtfertigen und unterhaltsbezogenen Verhalten des Unterhaltsschuldners ergeben, vermögen ihm nach Treu und Glauben die Berufung auf seine Leistungsunfähigkeit zu versagen. Diesem Maßstab wird das BezG nicht gerecht, wenn es dem Bekl. eine Berufung auf seine Leistungsunfähigkeit versagt, weil er sich gegen die betriebsbedingte Maßnahme seines Arbeitgebers nicht mit einer Kündigungsschutzklage zur Wehr gesetzt hat. Darin ist kein verantwortungsloses Verhalten zu erblicken, das es rechtfertigen könnte, den Bekl. trotz Verlustes des Arbeitsplatzes in gleicher Weise als leistungsfähig zu behandeln wie zuvor. Ob im Einzelfall ein unterlassener Rechtsbehelf gegen eine offensichtlich unbegründete Kündigung leichtfertig wäre, kann dahinstehen, da ein solcher Fall hier nicht vorliegt.

c) Auch die Beurteilung des Folgezeitraums nach der Gesundung des Bekl. bis zum Beginn seiner Umschulung im Februar 1992 ist nicht frei von Rechtsfehlern. Zwar ist das BezG zutreffend davon ausgegangen, daß es nicht ausreicht, sich beim Arbeitsamt als Arbeitsuchender zu melden. Der Arbeitslose muß sich vielmehr auch sonst auf dem Arbeitsmarkt intensiv um eine Anstellung bemühen, so durch Bewerbungen auf Stellenanzeigen, Vorsprache bei möglichen Arbeitgebern und Aufgabe von Stellengesuchen. Diese vom Senat bisher für den Unterhaltsbegehrenden aufgestellten Grundsätze (vgl. NJW 1982, 1873 = FamRZ 1982, 255 (257 unter 2. a); NJW 1986, 718 = FamRZ 1986, 244 (246) unter 2.) gelten in gleicher Weise für den Unterhaltsschuldner (vgl. Köhler, in: MünchKomm, § 1603 Rn. 4 und 33 a; *Soergel/Häberle*, BGB, 12. Aufl., § 1603 Rn. 9; Staudinger/Kappe, BGB, 12. Aufl., § 1603 Rn. 118). Insbesondere im Rahmen der gesteigerten Erwerbsobliegenheit gegenüber minderjährigen Kindern ist dem Unterhaltspflichtigen auch zuzumuten, in Ermangelung anderer Arbeiten Gelegenheits- und Aushilfstätigkeiten zu suchen (vgl. OLG Hamburg, FamRZ 1984, 924).

Das hat der Bekl. unstreitig nicht getan. Gleichwohl rechtfertigt das allein nicht, ihm ein fiktives Einkommen von 1400 DM anzurechnen. Der Senat hat im Rahmen des auf Arbeitslosigkeit gestützten Unterhaltsanspruchs des Ehegatten nach § 1573 I BGB ausgeführt, daß eine Unterhaltsklage nicht schon dann abgewiesen werden darf, wenn der Anspruchsteller die ihm subjektiv zuzumutenden Anstrengungen, eine angemessene Erwerbstätigkeit zu finden, nicht oder nicht ausreichend unternommen hat. Vielmehr muß feststehen oder zumindest nicht auszuschließen sein, daß bei genügenden Bemühungen eine reale Beschäftigungschance mit einem höheren erzielbaren Einkommen bestanden hätte. Dabei sind in erster Linie objektive Voraussetzungen, wie die Verhältnisse auf dem Arbeitsmarkt, persönliche Eigenschaften des Bewerbers wie Alter, Gesundheit, Ausbildung und Berufserfahrung, mit zu würdigen (*Senat,* NJW-RR 1987, 962 = FamRZ 1987, 912 (913) und NJW 1987, 898 = FamRZ 1987, 144 (145)). Entsprechende Grundsätze gelten auch für die Erwerbsobliegenheit eines auf Unterhalt in Anspruch Genommenen (vgl. auch Senat (160 f. unter II.)). Denn ebenso wie beim Unterhaltsberechtigten kann das Unterlassen von Bewerbungen nicht vorwerfbar sein, wenn auch zumutbare Anstrengungen aller Voraussicht nach nicht zum Erfolg geführt hätten.

Das BezG hat lediglich ausgeführt, es verkenne nicht die derzeit angespannte Arbeitsmarktlage im Beitrittsgebiet; dennoch sei dem Bekl. entweder eine Aushilfstätigkeit oder ein Ortswechsel in die alten Bundesländer und die Aufnahme einer besserbezahlten Tätigkeit, gegebenenfalls auch Anlerntätigkeit möglich. Es hätte sich aber näher damit auseinandersetzen müssen, daß der Bekl. über keine abgeschlossene Berufsausbildung verfügt, was ihm auch die Arbeitssuche in den alten Bundesländern erschweren dürfte, und daß die vom Arbeitsamt vorgeschlagene Umschulungsmaßnahme zumindest ein Indiz dafür ist, daß der Bekl. jedenfalls vom Arbeitsamt nicht zu vermitteln ist. Angesichts dessen hätte es näherer Feststellungen dazu bedurft, welche realen Beschäftigungschancen für den Bekl. auf dem freien Arbeitsmarkt außerhalb der Vermittlung durch das Arbeitsamt bestanden, und ob er damit ein Einkommen von 1400 DM hätte erzielen können. Es ist auch nicht erkennbar, auf welche konkreten Umstände das BezG seine Einschätzung stützt, der Bekl. könne bei einem Wechsel in die alten Bundesländer eine entsprechend dotierte Arbeit finden. Andererseits kann der Senat mangels gegenteiliger Feststellungen nicht in der Sache selbst entscheiden und die Berufung der Kl., mit der sie ihren Erhöhungsantrag weiterverfolgt, für den Zeitraum bis zur Umschulung zurückweisen. Die Sache ist vielmehr insoweit zur erneuten tatrichterlichen Klärung, ob der Bekl. in diesem Umfang als leistungsfähig angesehen werden kann, zurückzuverweisen. In diesem Zusammenhang wird erneut zu prüfen sein, ob dem Bekl. bereits während seiner Erkrankung eine Arbeitssuche zuzumuten war. Eine solche Obliegenheit ist nicht von vornherein auszuschließen und hängt maßgeblich von Art und Schwere der Erkrankung ab. Es ist dabei Sache des Bekl., darzutun, daß aufgrund seiner Krankheit eine derartige Obliegenheit für ihn nicht bestand. Allerdings steht auch dies unter dem Vorbehalt, daß bei möglichen früheren Bemühungen um Arbeit eine reale Beschäftigungschance bestanden hätte.

(Vorrang der Erstausbildung vor Erwerbsobliegenheit)

d   Zu Recht greift die Revision auch die Erwägung des BezG an, der Bekl. müsse seine Umschulung zugunsten einer Anlerntätigkeit gegebenenfalls in den alten Bundesländern aufgeben. Zwar hat das Interesse eines unterhaltspflichtigen Elternteils, unter Zurückstellung bestehender Erwerbsmöglichkeiten eine Aus- oder Weiterbildung aufzunehmen, grundsätzlich hinter dem Unterhaltsinteresse seiner Kinder zurückzutreten. Das gilt vor allem dann, wenn der Unterhaltspflichtige bereits über eine Berufsausbildung verfügt und ihm die Erwerbsmöglichkeiten in dem erlernten Beruf – wenn auch möglicherweise nach einem zumutbaren Ortswechsel – eine ausreichende Lebensgrundlage bieten. Anders kann es dagegen sein, wenn es nicht um das Aufgabe einer Berufstätigkeit zum Zwecke einer Zweitausbildung oder der Weiterbildung in dem erlernten Beruf, sondern darum geht, erstmals eine abgeschlossene Berufsausbildung zu erlangen. Einer solchen Erstausbildung ist unter Umständen Vorrang auch gegenüber der Obliegenheit zur Ausübung einer Erwerbstätigkeit zur Sicherstellung des Kindesunterhalts einzuräumen. Denn die Erlangung einer angemessenen Vorbildung zu einem Beruf gehört zum eigenen Lebensbedarf des Unterhaltspflichtigen, den dieser grundsätzlich vorrangig befriedigen darf (vgl. Palandt/Diederichsen, § 1603 Rn. 10; Staudinger/Kappe, § 1603 Rn. 121 m. w. Nachw.). Das mag anders sein, wenn der Unterhaltspflichtige sich in der Vergangenheit stets auf die Ausübung von ungelernten Tätigkeiten beschränkt hat und sich erst später zur Aufnahme einer Berufsausbildung entschließt, obwohl sich der Anlaß, seine Arbeits- und Verdienstchancen durch eine Ausbildung zu verbessern, für ihn nicht verändert hat. In derartigen Fällen wird zu prüfen sein, ob es dem Unterhaltspflichtigen nicht zuzumuten ist, die nunmehr angestrebte Ausbildung zu verschieben und ihre Aufnahme so lange zurückzustellen, bis die Kinder nicht mehr unterhaltsbedürftig sind oder mit einem etwaigen reduzierten Unterhalt, den der Unterhaltspflichtige auch während der Ausbildung zu leisten vermag, ihr Auskommen finden.

Um einen solchen Fall geht es hier nicht. Vielmehr ist die wirtschaftliche Situation des Bekl. dadurch gekennzeichnet, daß er unter den Verhältnissen der früheren DDR mit seiner Tätigkeit als „Zerspaner" eine dauerhafte Beschäftigung gefunden hatte, die ihm sein Auskommen auch in der Zukunft zu sichern schien. Das hat sich durch die wirtschaftliche Entwicklung im Gefolge des Beitritts der neuen Bundesländer grundlegend geändert. Diese Entwicklung hat dazu geführt, daß der Bekl. in seinem bisherigen Tätigkeitsbereich keine Beschäftigungschancen mehr hat und daß er vor die Notwendigkeit gestellt wurde, sich beruflich neu zu orientieren. Dabei ergab sich, daß seine Chancen als ungelernter Arbeiter in den Beitrittsländern, aber auf Dauer auch in den alten Bundesländern ungünstig sind. Wenn er unter diesen Umständen das Angebot der örtlichen Arbeitsverwaltung annahm, im Wege der Umschulung eine Ausbildung zum Einzelhandelskaufmann zu absolvieren und dadurch erstmals eine Berufsausbildung zu erlangen, so hat die Kl. das hinzunehmen und sich für die Dauer der Umschulung weiterhin mit dem bisher titulierten Betrag zu begnügen. Letztlich entspricht es auch ihrem Interesse, wenn der Bekl. durch die Berufsausbildung in die Lage versetzt wird, den Unterhalt später durch eine besser qualifizierte, dauerhafte Erwerbstätigkeit aufzubringen.

BGH v. 2. 2. 94 – XII ZR 191/92 – FamRZ 94, 562 = DtZ 94, 371

(Abänderung einer DDR-Vereinbarung; maßgebliches Recht) **R474**

b) Der gesetzliche Unterhaltsanspruch der Kl. richtet sich inzwischen nicht mehr nach den Vorschrif- **a** ten des DDR-FGB, sondern nach den §§ 1569 ff. BGB. Art. 234 § 5 S. 1 EGBGB i. d. F. des Einigungsvertrages bestimmt unter Einschränkung des § 1 der Regelung, daß für den Unterhaltsanspruch eines Ehegatten, dessen Ehe vor dem Wirksamwerden des Beitritts geschieden worden ist, das bisherige Recht maßgebend bleibt. Aus dieser intertemporalen Übergangsvorschrift ergibt sich nicht, in welchen Fällen das Recht der DDR „bisheriges Recht" war. Diese Frage ist vielmehr nach dem innerdeutschen Kollisionsrecht zu beantworten (vgl. *Senat*, NJW-RR 1992, 1474 = FamRZ 1993, 43 (44)).

Wie der Senat hierzu in dem Urteil vom 10. 11. 1993 (NJW 1993, 201 im einzelnen dargelegt hat, ist seit dem Inkrafttreten des IPRNeuregelungsgesetzes 1986 im innerdeutschen Kollisionsrecht der alten Bundesländer die Bestimmung des Art. 18 V EGBGB entsprechend heranzuziehen. Danach ist für den Anspruch auf nachehelichen Unterhalt das bundesdeutsche Recht maßgebend, wenn zumindest der unterhaltspflichtige geschiedene Ehegatte vor dem Wirksamwerden des Beitritts am 3. 10. 1990 aus der ehemaligen DDR in die Bundesrepublik übergesiedelt ist (vgl. auch *Senat*, FamRZ 1994, 824).

(Materielle Abänderungsgrundsätze)

b) Demgemäß erfolgt eine Abänderung der Einigung wie bei einem Prozeßvergleich nach § 323 IV **b** ZPO in der Form des § 323 I ZPO. Inhaltlich bestimmt sie sich dementsprechend nicht nach § 323 I ZPO, sondern nach den aus § 242 BGB abgeleiteten Grundsätzen über die Veränderung oder den Wegfall der Geschäftsgrundlage (BGHZ 85, 64 (73) = NJW 1983, 228; *Senat*, NJW 1986, 2054 = FamRZ 1986, 790 – st. Rspr.). Dabei kommt, da sich der Unterhaltsanspruch der Kl. nach den Vorschriften des BGB richtet, den Vorschriften des DDR-FGB keine Bedeutung mehr zu. Das gilt insbesondere für die Regelung des § 33 DDR-FGB, nach der eine Erhöhung des Unterhaltsbetrages bei wesentlicher Änderung der Umstände, die zur Festsetzung des Unterhalts geführt haben (§ 33 S. 1) nur zulässig ist, „wenn der Unterhaltsverpflichtete im Zeitpunkt der Scheidung ein sein normales Einkommen wesentlich unterschreitendes Einkommen gehabt hat" (§ 33 S. 2 DDR-FGB). Die in dieser Vorschrift enthaltene einschränkende Regelung für den Unterhaltsanspruch eines geschiedenen Ehegatten, soweit sie verfahrensrechtlichen Charakter hat, durch § 323 ZPO verdrängt worden (vgl. *Senat*, NJW-RR 1992, 1474 = FamRZ 1993, 43 (44)). Soweit ihr materiellrechtliche Bedeutung zukommt, gilt an ihrer Stelle das Unterhaltsrecht des BGB.

BGH v. 9. 2. 94 – XII ZR 183/92 – FamRZ 94, 566 = NJW 94, 1286

(Keine Verwirkung bei unerkannten vorehelichen Krankheiten) **R475**

Es kann dahinstehen, ob die Krankheitssymptome der Bekl. bereits vorehelich gegeben waren. Einer weiteren Aufklärung bedurfte es insoweit nicht. Denn ebensowenig, wie der Tatbestand des § 1572 BGB davon abhängt, ob die Erkrankung des bedürftigen Ehegatten ehebedingt ist, und etwa deshalb ausgeschlossen ist, weil sie schon vor der Ehe bestanden hat, wird in einem solchen Fall die Anwendung des § 1579 Nr. 7 BGB von diesem Umstand beeinflußt. Der Senat hat – gestützt auf den Wortlaut und die Entstehungsgeschichte des § 1572 BGB – bereits entschieden, daß als nicht ehebedingte, aber von § 1572 BGB ebenfalls erfaßte Bedürfnislage auch diejenige anzusehen ist, die auf einer bereits vor der Ehe eingetretenen, im Zeitpunkt der Scheidung oder zu den übrigen Einsatzzeitpunkten weiterhin bestehenden Erkrankung beruht (*Senat*, NJW 1982, 40 = FamRZ 1981, 1163 (1164)). Ob die Krankheit erst während der Ehe oder schon vorher eingetreten ist, kann bei der in § 1572 BGB geregelten Anknüpfung an die scheidungsbedingte Bedürftigkeit nicht ausschlaggebend sein, weil sich die Bedürfnislage des Ehegatten in beiden Fällen gleich darstellt. Bis zum Zeitpunkt der Scheidung teilen die Ehegatten ihr gemeinsames Schicksal noch in einem solchen Umfang, daß der Leistungsfähige für den kranken Ehegatten einstehen muß. Es soll jede Krankheit des geschiedenen Ehegatten, nicht nur die ehebedingte, die Unterhaltspflicht des anderen auslösen. Nur schicksalsbedingte Ereignisse, die sich erst nach der Scheidung im Leben eines Ehegatten einstellen, sollen grundsätzlich nicht mehr zu Lasten des anderen gehen (RegE BT-Dr 7/650, S. 124). Es gehört danach geradezu typisch zum Wesen der ehelichen Lebensgemeinschaft und der daraus folgenden nachehelichen Solidarität, daß schicksalhafte Entwicklungen grundsätzlich gemeinsam getragen werden müssen, auch wenn und soweit sie schon vorehelich angelegt waren und über den Zeitpunkt der Scheidung oder einen der anderen Einsatzzeitpunkte des § 1572 BGB hinaus fortwirken.

Diesem Verständnis des § 1572 BGB liefe die von der Revision vertretene Sicht des § 1579 Nr. 7 BGB zuwider. Denn damit würde der Umstand einer vorehelichen Erkrankung, dessen Vorliegen nach der gesetzgeberischen Zielsetzung die Erfüllung des Tatbestandes des § 1572 BGB gerade nicht hindern soll, auf dem Weg über die negative Härteklausel zu einem gegenläufigen Ergebnis, nämlich zu einem – ganzen oder teilweisen – Ausschluß des Anspruchs führen. § 1579 Nr. 7 BGB kann aber nicht mittelbar dazu dienen, den Anwendungsbereich des § 1572 BGB zu verändern. § 1572 BGB ist in besonderem Maße Ausdruck der durch die Ehe begründeten nachehelichen Mitverantwortung der Ehegatten füreinander, aufgrund deren der sozial Stärkere für die Bedürfnislage des sozial Schwächeren einzustehen hat (vgl. BVerfGE 57, 361 (389) = NJW 1981, 1771). Daß der Gesetzgeber diese Schutzfunktion nicht einschränken wollte, zeigt sich auch daran, daß er mit dem Gesetz zur Änderung unterhaltsrechtlicher u. a. Vorschriften (UÄndG) vom 20. 2. 1986 (BGBl I, 301) zwar die Unterhaltstatbestände des Unterhalts wegen Arbeitslosigkeit und des Aufstockungsunterhalts mit einer zeitlichen Beschränkungsmöglichkeit versehen hat (§ 1573 V BGB), dagegen § 1572 BGB unverändert gelassen hat. Der Umstand, daß eine schon vorehelich bestehende Erkrankung des bedürftigen Ehegatten dazu führt, daß der leistungsfähige Ehegatte das Lebensschicksal des anderen in Form einer dauernden Unterhaltslast mittragen muß, ist danach nicht geeignet, die Unzumutbarkeit zu begründen.

c) Eine andere, davon zu unterscheidende Frage ist dagegen, ob § 1579 BGB nicht aus anderen Gründen eingreift. So hat der Senat in einem ähnlich gelagerten Fall eine Unterhaltsbeschränkung nicht wegen der bei Eheschluß noch nicht in Erscheinung getretenen psychischen Erkrankung des Ehegatten, sondern wegen der noch als kurz anzusehenden Ehe gem. § 1579 I Nr. 1 BGB für möglich gehalten (Senatsurt. v. 15. 6. 1983 – IVb ZR 381/81 – nicht veröffentlicht). § 1579 Nr. 7 BGB kann auch aus objektiven Gegebenheiten und Entwicklungen der Lebensverhältnisse folgen, etwa dann, wenn die Ehe zwar nicht von kurzer Dauer war, aber die Eheleute tatsächlich nur wenige Monate zusammengelebt und ihre Lebensverhältnisse noch nicht aufeinander eingerichtet haben (vgl. *Senat*, NJW-RR 1988, 834 = FamRZ 1988, 930 (932)). Beides greift hier nicht ein. Ob § 1579 Nr. 7 BGB zur Anwendung kommen kann, wenn der bedürftige Ehegatte seine Erkrankung schon vor Eingehung der Ehe gekannt, aber dem anderen bewußt verschwiegen hat, hat der Senat im Urteil vom 23. 9. 1981 (NJW 1982, 40 = FamRZ 1981, 1163 (1163)) offengelassen. Auch hier bedarf es dazu keiner Stellungnahme, weil keine Anhaltspunkte für ein solches Verhalten der Bekl. gegeben sind. Ob schließlich im Einzelfall das Ausmaß der Belastung die Grenze des Zumutbaren übersteigen und damit allein eine Anwendung des § 1579 Nr. 7 BGB rechtfertigen kann (so wohl OLG Oldenburg, FamRZ 1991, 827 (828)), kann hier ebenfalls unerörtert bleiben. Zwar muß der Staat auch bei der Regelung des Privatrechtsverhältnisses zwischen den Ehegatten nach der Scheidung den Grundsatz der Verhältnismäßigkeit beachten und unverhältnismäßige Belastungen des einen Ehegatten zugunsten des anderen vermeiden (BVerfGE 57, 361 (388) = NJW 1981, 1771). Dem trägt § 1579 BGB Rechnung, indem er – neben dem Vorliegen der Härtegründe der Nrn. 1–7 – eine billige Abwägung der beiderseitigen Verhältnisse verlangt (Johannsen/Henrich/Voelskow, EheR, 2. Aufl., § 1579 BGB Rn. 6 m. w. Nachw.). Dem ist hier aber Genüge getan, weil nach den rechtsfehlerfreien Feststellungen des OLG dem Kl. mehr als sein angemessener Selbstbehalt verbleibt.

BGH v. 9. 2. 94 – XII ZR 220/92 – FamRZ 94, 558 = NJW-RR 94, 644

R476   *(Versagung von Trennungsunterhalt bei nur formaler Ehe)*

Der Revision ist darin zuzustimmen, daß der Anspruch auf Trennungsunterhalt nach der std. Rspr. des Senats nicht voraussetzt, daß die Ehegatten vorher zusammengelebt haben ...

Eine nur formell bestehende Ehe mit anderen (verminderten) als den gesetzlichen Rechten und Pflichten gibt es nicht, so daß es nur darauf ankommen kann, ob ein Ausschluß, eine Herabsetzung oder eine zeitliche Begrenzung des Unterhaltsanspruchs gem. § 1361 III i. V. mit § 1579 Nrn. 2 bis 7 BGB gerechtfertigt ist (*Senat*, NJW 1986, 718 = FamRZ 1986, 244 (246)).

Diese Grundsätze hat das OLG beachtet. Es hat die Unbilligkeit des Begehrens des Kl. nicht darin gesehen, daß die Parteien keine tatsächliche Gemeinschaft begründet haben, sondern darin, daß der Kl. – insoweit in Übereinstimmung mit der Bekl. – die Eheschließung vom 11. 11. 1988 aus Gründen des von beiden für maßgeblich erachteten koptischen Kirchenrechts und des Heimatrechts der Bekl. als für sie persönlich unverbindlich angesehen hat und – entgegen der Hoffnung der Bekl. – nicht bereit war, durch eine kirchliche Scheidung seiner vorangegangenen Ehe die Voraussetzung für eine nach jenen Rechten (vgl. dazu Art. 13 I EGBGB, Art. 12 des ägyptischen Bürgerlichen Gesetzbuches, § 21 des Einheitlichen Familienrechts für alle christlichen Konfessionen in Ägypten, letztere Bestimmungen wiedergegeben bei Bergmann/Ferid, Int. Ehe- und KindschaftsR, Arabische Republik Ägypten S. 14 und 85) gültige Ehe herbeizuführen, gleichwohl aber Unterhalt verlangt. Danach erschöpfte sich das Verhalten des Kl. nicht darin, vom Zusammenleben der Parteien Abstand zu nehmen; vielmehr war er sich darüber hinaus bewußt, daß sich die Ehe der Parteien sowohl nach dem Heimatrecht der Bekl. als auch nach dem von beiden als verbindlich angesehenen Kirchenrecht als „absolut ungültig" darstellte.

Es ist revisionsrechtlich nicht zu beanstanden, daß das BerGer. darin einen Härtegrund i. S. des § 1579 Nr. 7 BGB sieht. Wer – wie der Kl. – einerseits die Vorstellung seines Partners kennt und teilt, der Eheschluß vor dem Standesbeamten sei wegen einer noch nicht kirchlich geschiedenen Vorehe nach dem von ihnen beiden als verbindlich angesehenen Kirchenrecht irrelevant, und deshalb von der Aufnahme einer ehelichen Lebensgemeinschaft absieht, kann nicht andererseits einen Unterhaltsanspruch aus der formalen Rechtsstellung herleiten, die ihm die Eheschließung nach deutschem Recht gibt. Er hält sich mit seinem Begehren nicht an die mit seinem Partner getroffene Vereinbarung über die internen Folgen der Eheschließung und setzt sich in Widerspruch zu seinem eigenen Verhalten. Mit Recht sieht das OLG in dieser Sachlage einen Grund, der ebenso schwer wiegt wie die in § 1579 Nrn. 2 bis 6 BGB aufgeführten Gründe. Dabei kommt es nicht darauf an, ob ein schuldhaftes Verhalten des Kl. darin gesehen werden kann, daß er es unterläßt, die kirchliche Scheidung seiner Vorehe zu betreiben. Das für die Heranziehung der Vorschrift des § 1579 Nr. 7 BGB wesentliche Erfordernis, daß die aus der Unterhaltspflicht erwachsende Belastung für den Verpflichteten die Grenze des Zumutbaren übersteigt, kann auch aus objektiven Gegebenheiten und Entwicklungen der Lebensverhältnisse der Ehegatten folgen.

BGH v. 2. 3. 94 – XII ZR 215/92 – FamRZ 94, 696 = NJW 94, 1530

(Unterhaltsbemessung in Abänderungsverfahren) **R477**

I.1. Das OLG hat den Barunterhaltsbedarf des Kl. für den Zeitraum vom 1. bis zum 25. 9. 1991, in **a** dem er noch minderjährig war, allein nach dem Einkommen des Bekl. bemessen.

Abgesehen hiervon würde sich aber die von dem OLG für das vorliegende Abänderungsverfahren vorgenommene Höhergruppierung des Bekl. um zwei Einkommensstufen aus den dafür herangezogenen Gründen selbst dann rechtfertigen, wenn sich der Wille der Parteien bei Abschluß des Vergleichs v. 6. 9. 1989 nicht mehr verbindlich feststellen ließe.

II. 1. Für den Zeitraum vom 26. 9. bis zum 31. 12. 1991, also nach Eintritt der Volljährigkeit des Kl., hat das BerGer. die Abänderungsklage zwar – wegen der Identität des Unterhaltsanspruchs des minderjährigen mit dem des volljährigen Kindes – für zulässig, in der Sache aber für nicht begründet gehalten ...

aa) Die Unterhaltsbemessung im Abänderungsverfahren bestimmt sich, wenn es sich bei dem abzuändernden Titel wie hier um einen Prozeßvergleich handelt, nach std. Rspr. nicht nach § 323 I ZPO, sondern nach den aus § 242 BGB abzuleitenden Grundsätzen über die Veränderung oder den Wegfall der Geschäftsgrundlage (BGHZ-GS- 85, 64, 73 = FamRZ 1983, 22; Senatsurteil v. 23. 4. 1986 – IVb ZR 30/85 –, FamRZ 1986, 790). Ob eine solche Änderung eingetreten ist, richtet sich nach dem dem Vergleich zugrunde gelegten Parteiwillen. Dieser ist der Geltungsgrund des Vergleichs, und er entscheidet, welche Verhältnisse zur Grundlage des Vergleichs gehören und wie die Parteien diese Verhältnisse bewerten (Senatsurteil v. 23. 4. 1986, a. a. O., std. Rspr.). Ist in den maßgeblichen Verhältnissen seit Abschluß des Vergleichs eine Änderung eingetreten, so muß die danach gebotene Anpassung der getroffenen Regelung an die veränderten Verhältnisse nach Möglichkeit unter Wahrung der dem Parteiwillen entsprechenden Grundlagen erfolgen. Soweit diese sich allerdings so tiefgreifend geändert haben, daß dem Parteiwillen für die vorzunehmende Änderung kein hinreichender Anhaltspunkt mehr zu entnehmen ist, kann in Betracht kommen, die Abänderung ausnahmsweise ohne fortwirkende Bindung an die (unbrauchbar gewordenen) Grundlagen des abzuändernden Vergleichs vorzunehmen und – im Falle einer Unterhaltsregelung – den Unterhalt wie bei einer Erstfestsetzung nach den gesetzlichen Vorschriften zu bemessen. Auch in solchen Fällen bleibt allerdings zu prüfen, ob dem

Vergleich Elemente entnommen werden können, die trotz der tiefgreifenden Änderung der Verhältnisse nach dem erkennbaren Parteiwillen weiterwirken sollen (vgl. Senatsurteil v. 20. 3. 1985 – IVb ZR 8/84 –, nicht veröffentlicht).

(Bemessung des Volljährigenunterhalts nach dem zusammengerechneten Einkommen der Eltern)

b   Mit der Vollendung des 18. Lebensjahres des Kl. haben sich die maßgeblichen Verhältnisse, die dem Vergleich vom 6. 9. 1989 zugrunde lagen, geändert: Ein Betreuungsbedarf kommt für den nunmehr volljährigen Kl. kraft Gesetzes nicht mehr in Betracht (vgl. *Senat,* NJW 1988, 2371 = FamRZ 1988, 159 (162)). An seine Stelle ist ein erhöhter Barunterhaltsbedarf getreten. Die Mutter des Kl. geht inzwischen einer vollschichtigen Erwerbstätigkeit nach und verfügt ebenfalls über eigene Einkünfte. Damit bestimmt sich die Lebensstellung des Kl., also sein angemessener Unterhaltsbedarf, grundsätzlich nicht mehr allein nach dem Einkommen des (früher allein) barunterhaltspflichtigen Bekl., sondern nach den zusammengerechneten Einkünften beider Elternteile, die anteilig nach ihren Erwerbs- und Vermögensverhältnissen für den Unterhalt aufzukommen haben (§ 1606 III 1 BGB).

    cc) Läßt sich danach ein Parteiwille bei Abschluß des Vergleichs für die Bemessung des dem Kl. nach Eintritt der Volljährigkeit zustehenden Unterhalts nicht ermitteln, so ist dieser – mit dem BerGer. – auf der Grundlage der gesetzlichen Vorschriften festzulegen. Das BerGer. hat insoweit rechtlich zutreffend angenommen, daß in Fällen, in denen beide Elternteile einer Erwerbstätigkeit nachgehen, der Unterhaltsbedarf des volljährigen Kindes – selbst wenn dieses noch im Haushalt eines Elternteils wohnt – grundsätzlich nach den zusammengerechneten Einkünften beider Eltern zu bemessen ist (vgl. *Senat,* NJW-RR 1986, 426 = FamRZ 1986, 151 (152); NJW-RR 1986, 1261 = FamRZ 1987, 58 (60)). Gewisse Betreuungsleistungen, die, wie im vorliegenden Fall, die Mutter dem volljährigen Kind noch erbringt, stellen sich überlicherweise als freiwillige Leistungen oder als solche Leistungen dar, die im Einvernehmen mit dem Kind bei der Bemessung des Haftungsanteils der Mutter zu berücksichtigen sind (vgl. *Staudinger/Kappe,* BGB, 12. Aufl., § 1606 Rn. 23; auch *Senat,* FamRZ 1988, 1039 (1041) = NJW-RR 1986, 426 = FamRZ 1986, 151 (152)).

(Keine Fortdauer der Betreuung nach Volljährigkeit)

c   dd) Dem BerGer. ist entgegen der Auffassung der Revision darin zu folgen, daß die Leistungen, die die Mutter des Kl. noch über die Vollendung seines 18. Lebensjahres hinaus in Natur für ihn erbringt, nicht mehr als Betreuungsunterhalt i. S. von § 1606 III 3 BGB zu bewerten sind. Der Senat hat zwar, worauf das BerGer. zutreffend hingewiesen hat, in dem Urteil vom 8. 4. 1981 (NJW 1981, 2462 = FamRZ 1981, 541 (543)) entschieden, die Regelung des § 1606 III 2 BGB schließe nicht aus, im Einzelfall auch in den ersten Jahren nach Eintritt der Volljährigkeit eines Kindes – jedenfalls bei Verhältnissen, wie sie in jenem Fall vorlagen – weiterhin von der Gleichwertigkeit des Barunterhalts und der Betreuungsleistungen auszugehen, etwa wenn und solange sich der Barbedarf gegenüber den üblichen Werten für minderjährige Kinder nicht wesentlich erhöhe; letztlich sei diese Beurteilung jedoch Sache des Tatrichters. In dem damals entschiedenen Fall war die geschiedene Ehefrau nicht erwerbstätig, und sie betreute in ihrem Haushalt neben dem inzwischen volljährigen Kind weiter eines der vier ehelichen Kinder, das noch minderjährig war.

    Ob an jener seinerzeit in einem Einzelfall vertretenen Auffassung grundsätzlich festgehalten werden sollte, hat der Senat in späteren Entscheidungen dahinstehen lassen (vgl. FamRZ 1988, 1039 (1041); NJW 1988, 2371 = FamRZ 1988, 159 (162)). Sie stellte jedenfalls eine auf die damals gegebenen Umstände bezogene Ausnahme dar, die auf den hier vorliegenden Fall, in dem Eltern einer vollen Erwerbstätigkeit nachgehen, nicht übertragen werden kann (vgl. dazu *Griesche,* in: FamGb, § 1606 Rn. 29; *Mutschler,* in: RGRK, 12. Aufl., § 1606 Rn. 26; *Schwab/Borth,* V Rn. 26; *Köhler,* in: MünchKomm, 3. Aufl., § 1606 Rn. 9 a; *Soergel/Häberle,* BGB, 12. Aufl., § 1610 Rn. 7; *Staudinger/Kappe,* § 1606 Rn. 23; differenzierend: *Johannsen/Henrich/Graba,* EheR, 2. Aufl., § 1606 Rn. 9). Mit dem Eintritt der Volljährigkeit endet die elterliche Sorge im Rechtssinne und – als Teil hiervon – die Personensorge (§§ 1626, 1631 BGB) des betreuenden Elternteils. Damit entfällt nach dem Gesetz die Grundlage für eine Gleichbewertung von Betreuungs- und Barunterhalt ohne Rücksicht darauf, ob im Einzelfall etwa ein volljähriger Schüler weiter im Haushalt eines Elternteils lebt und von diesem noch gewisse Betreuungsleistungen erfährt. Geht dieser Elternteil allerdings, wie hier die Mutter des Kl., einer eigenen vollen Erwerbstätigkeit nach, so werden seine Betreuungsleistungen in der Regel schon vom Umfang her nicht das Maß einer vollwertigen Unterhaltsgewährung erreichen. Hat der Elternteil die Erwerbstätigkeit bereits vor Eintritt der Volljährigkeit des Kindes aufgenommen und damit naturgemäß den Umfang seiner Betreuung reduzieren müssen, rechtfertigt die Regelung des § 1606 III 2 BGB gleichwohl bis zum Eintritt der Volljährigkeit des Kindes die Beurteilung, daß auch dieser reduzierte Betreuungsunterhalt dem Barunterhalt des anderen Elternteils noch gleichwertig ist. Hier wirkt sich aus, daß der Betreuungsbedarf des Kindes in den verschiedenen Lebensalterstufen der Minderjährigkeit nach Art und Umfang unterschiedlich hoch ist. Dem trägt die gesetzliche Regelung des § 1606 III 2 BGB in praktikabel pauschalierender Weise für die gesamte Dauer der Minderjährigkeit unter Einschluß auch der letzten Jahre vor Vollendung des 18. Lebensjahres Rechnung (vgl. *Senat*, NJW 1988, 2371 = FamRZ 1988, 159 (160 ff.)). Vom Eintritt der Volljährigkeit des Kindes an besteht nach dem Gesetz jedoch kein rechtfertigender Grund mehr, weiter nur den bisher allein barunterhaltspflichtigen Elternteil mit dem nunmehr insgesamt in Form einer Geldrente zu entrichtenden Unterhalt des Kindes zu belasten, wenn auch der andere Elternteil über Einkünfte verfügt, die ihn zur Zahlung von Unterhalt instandsetzen.

BGH v. 5. 5. 94 – III ZR 98/93 – FamRZ 95, 348 = NJW 94, 2895

(Anspruch auf Kostenersatz bei verspäteter Auskunft)   **R479**
                                                                                          b

Dem Gläubiger eines Anspruchs auf Auskunftserteilung und Rechnungslegung kann gegen den Schuldner der Auskunftsverpflichtung ein Schadensersatzanspruch wegen der Kosten einer unbegründeten Klage zustehen, die er infolge der Nichterteilung der Auskunft erhoben hat (vgl. *BGHZ* 79, 275, 280 f., und *BGH*, Urteil v. 4. 2. 1981 – VIII ZR 43/80 –, WM 1981, 386, 387 f. zu § 840 ZPO). Ein solcher Schadensersatzanspruch kann im Wege des Feststellungsantrags in demselben Prozeß geltend gemacht werden; eine hierin liegende Klageänderung ist nach § 263 ZPO als sachdienlich anzusehen, so daß dahingestellt bleiben kann, ob eine Klageänderung nach § 264 Nr. 3 ZPO zulässig wäre. Für die Begründetheit einer derartigen Feststellungsklage bedarf es nur der Prüfung, ob der Gläubiger erst durch die verspätete Auskunftserteilung Klarheit über das Nichtbestehen eines Leistungsanspruchs hatte und der Schuldner schuldhaft seiner Auskunftsverpflichtung nicht oder nicht rechtzeitig nachgekommen ist (vgl. *BGH*, a. a. O.).

Auch im Streitfall sind diese Grundsätze anzuwenden. Die Voraussetzungen für einen Schadensersatzanspruch liegen vor, wie der erkennende *Senat* selbst beurteilen kann. Der Schadensersatzanspruch ergibt sich aus dem rechtlichen Gesichtspunkt des Verzuges (§ 286 BGB; vgl. auch *BGH*, Urteil v. 30. 11. 1983 – IVb ZR 31/82 –, BGHWarn 1983 Nr. 356 = FamRZ 1984, 163, 164). Die Bekl. war der Kl. nach §§ 675, 666, 259 BGB zur Auskunftserteilung und Rechnungslegung verpflichtet, wie schon das LG in seinem Teilurteil rechtsfehlerfrei angenommen hat. Die Bekl. ist dieser Verpflichtung erst nach rechtskräftiger Verurteilung nachgekommen. Daß sie an der Nichterfüllung kein Verschulden traf (§ 285 BGB), ist weder dargetan noch ersichtlich. Erst nachdem die Bekl. – nach Erhebung der Stufenklage – Rechnung gelegt hatte, zeigte sich, daß die Kl. keine Zahlung von ihr beanspruchen konnten. Bei dieser Sachlage steht den Kl. gegen die Bekl. ein Anspruch auf Erstattung der durch die verspätete Auskunft entstandenen Verfahrenskosten zu. Dazu zählen die Kosten der Stufenklage, soweit das LG und das OLG sie den Kl. auferlegt haben. Denn die Erhebung der Stufenklage, die das Gesetz den Parteien in Fällen der vorliegenden Art in § 254 ZPO aus Gründen der Prozeßökonomie zur Verfügung stellt, ist in solchen Fällen die adäquate Folge des säumigen Verhaltens des Auskunftsschuldners. Die Kl. war entgegen der von der Bekl. in der mündlichen Revisionsverhandlung vertretenen Meinung nicht gehalten, zunächst (nur) auf Auskunft zu klagen.

Prozessual ist dem – wie ausgeführt – eingetreten – Antrag der Kl., die Erledigung der Hauptsache festzustellen und der Bekl. die Kosten des Rechtsstreits aufzuerlegen, zugleich das Begehren zu sehen, die Ersatzpflicht der Bekl. für die nutzlos aufgewendeten Kosten festzustellen. Es bestehen keine Bedenken dagegen, den Antrag der Kl. in diesem Sinne auszulegen (vgl. *BGH*, Urteil v. 4. 2. 1981, a. a. O.).

4. Unter Aufhebung des angefochtenen Urteils und in Abänderung des Schlußurteils des LG, soweit darin zum Nachteil der Kl. anerkannt worden ist, ist hiernach auszusprechen, daß die Bekl. verpflichtet ist, den Kl. die Kosten zu ersetzen, die durch die ursprünglich erhobenen und nicht durch das Teilurteil des LG beschiedenen Klageanträge angefallen sind.

Daß in einem Falle, in dem – wie hier – dem klagenden Gläubiger außer den unnütz aufgewandten Prozeßkosten kein weiterer Schaden entstand, die Feststellung der Schadensersatzverpflichtung des Auskunftsschuldners sich im Ergebnis mit der Kostenentscheidung deckt, ändert nichts daran, daß der Ausspruch hinsichtlich des Verzugsschadens eine sachliche Entscheidung, der Kostenausspruch gemäß § 91 ZPO dagegen eine prozessuale Entscheidung ist. Die Kostenentscheidung beruht hier, soweit sie die für die ursprünglich erhobenen – unbegründeten – weiteren Klageanträge angefallenen Kosten betrifft, auf der materiell-rechtlichen Regelung des Verzuges (§ 286 BGB). Im übrigen ergibt sie sich aus § 91 ZPO. Die Kostenentscheidung enthält also, abweichend von der Regel der §§ 91 ff. ZPO, einen materiellen Teil wegen des Schadensersatzanspruches der Kl., den diese in dem anhängigen Verfahren durchsetzen können (vgl. *BGHZ* 79, 275, 281; *BGH*, Urteil v. 4. 2. 1981, a. a. O.).

BGH v. 25. 5. 1994 – XII ZR 17/93 – FamRZ 95, 540

(Härtegrund nach § 1579 Nr. 7 BGB bei Zusammenleben mit neuem Partner)   **R479A**

Das OLG hat das Verhalten der Kl. und ihre Beziehung zu dem neuen Partner S. in rechtlich nicht zu beanstandender Weise unter allen maßgeblichen Gesichtspunkten geprüft, die hier nach der Rspr.

des Senats als Härtegrund gemäß § 1579 Nr. 7 BGB in Betracht kommen (vgl. insbesondere Senatsurteil v. 21. 12. 1988 – IVb ZR 18/88 –, NJW 1989, 1083 = FamRZ 1989, 487 ff., m. w. N.).

aa) Dabei hat es rechtlich zutreffend in der Tatsache als solcher, daß die geschiedene Kl. eine Beziehung zu einem anderen Mann unterhält, keinen Härtegrund i. S. von § 1579 Nr. 7 BGB gesehen.

bb) Ein Härtegrund i. S. von § 1579 Nr. 7 BGB ist nach der Rspr. des Senats anzunehmen, wenn der Unterhaltsberechtigte von einer Eheschließung mit seinem neuen Partner nur deshalb absieht, weil er den Unterhaltsanspruch gegen seinen geschiedenen Ehegatten nicht verlieren will (vgl. Senatsurteil v. 21. 12. 1988, a. a. O., m. w. N.). Eine derartige Motivation haben die Kl. und S. nach der Feststellung des OLG indessen in Abrede gestellt. Wenn das OLG nach dem Ergebnis der mündlichen Verhandlung keinen Anlaß gesehen hat, die entsprechenden Erklärungen der Kl. und ihres Partners als Zweck- oder Schutzbehauptungen abzutun, so ist dies aus Rechtsgründen nicht zu beanstanden. Insoweit kommt es entgegen der Auffassung der Revision nicht entscheidend darauf an, ob der Zeuge S. finanziell in der Lage wäre, die Kl. (als Ehefrau) zu unterhalten. Maßgeblich ist vielmehr, daß er den Gedanken an eine Eheschließung mit der Kl. ablehnt und das OLG diese Einlassung nach dem Ergebnis der von ihm durchgeführten Beweisaufnahme für vertretbar hält.

cc) Auch wenn ein geschiedener Unterhaltsberechtigter von einer neuen Eheschließung aus hinzunehmenden Gründen absieht, kann eine von ihm eingegangene neue Verbindung dennoch dazu führen, daß die Fortdauer der Unterhaltsbelastung für den geschiedenen Unterhaltspflichtigen im Sinne von § 1579 Nr. 7 BGB unzumutbar wird. Das kann dann der Fall sein, wenn kein verständlicher Grund ersichtlich ist, weshalb die Partner nicht zu einer „ehegleichen ökonomischen Solidarität" i. S. einer Unterhaltsgemeinschaft gelangen, mithin gemeinsam wirtschaften, wobei der den Haushalt führende Partner wie in einer Ehe von dem anderen unterhalten wird. Voraussetzung hierfür ist allerdings, daß der Unterhaltsberechtigte mit seinem neuen Partner dauerhaft in einer festen sozialen Verbindung zusammenlebt (Senatsurteil v. 21. 12. 1988, a. a. O.).

Unter diesem Gesichtspunkt hat das OLG die Beziehung zwischen der Kl. und dem Zeugen S. ebenfalls geprüft. Es hat sich jedoch nach den in der Berufungsverhandlung getroffenen Feststellungen nicht in der Lage gesehen, die hierfür erforderlichen Voraussetzungen als erfüllt anzunehmen. Dagegen sind aus Rechtsgründen keine Einwände zu erheben. Es ist grundsätzlich dem Tatrichter vorbehalten, die Feststellungen zu treffen, die die Annahme rechtfertigen können, ob zwei Partner in einer festen sozialen Verbindung zusammenleben und dabei gleichwohl ohne verständlichen Grund nicht zu einer Unterhaltsgemeinschaft gelangen. Eine solche Verbindung hat das Gericht in den Beziehungen zwischen der Kl. und S. nicht festzustellen vermocht. Es hat die Gestaltung ihrer Lebensführung mit getrennten Wohnungen und getrennter Haushaltsführung – trotz sonst bestehender enger persönlicher Bindungen – in dieser Form für nicht ausreichend gehalten. Diese Beurteilung ist revisionsrechtlich nicht zu beanstanden, zumal im Haushalt des Zeugen S. auch dessen Sohn aus der geschiedenen Ehe lebt und die Kl. ihrerseits weiterhin den Kontakt zu ihren Kindern unterhält, wobei die Tochter der Parteien zeitweise mit in ihrer Wohnung gewohnt hat.

Soweit die Revision hierzu geltend macht, es sei kein verständlicher Grund ersichtlich, weshalb die Kl. und der Zeuge S. – die in einer dauerhaften festen sozialen Verbindung zusammenlebten – nicht zusammenzögen und eine Unterhaltsgemeinschaft bildeten, kann ihr nicht gefolgt werden. Die Entscheidung, ob ein geschiedener Ehegatte und sein neuer Partner in einer gemeinsamen Wohnung zusammenleben oder aber ihre jeweiligen Lebensbereiche insoweit getrennt erhalten wollen, treffen die Beteiligten in eigener Verantwortung.

dd) Lassen die Einkommens- und Vermögensverhältnisse des neuen Partners die Begründung einer Unterhaltsgemeinschaft in dem vorgenannten Sinn – in deren Rahmen der Partner die geschiedene Ehefrau wie in einer Ehe unterhält – nicht zu, so kann die bestehende Beziehung nach der Rspr. des Senats gleichwohl unter einem anderen Gesichtspunkt die Voraussetzungen eines Härtegrundes i. S. von § 1579 Nr. 7 BGB erfüllen und damit zur Unzumutbarkeit einer weiteren (uneingeschränkten) Unterhaltsbelastung für den verpflichteten geschiedenen Ehegatten führen. Das kann dann anzunehmen sein, wenn sich die Beziehung des geschiedenen Ehegatten zu seinem neuen Partner in einem solchen Maße verfestigt, daß damit – nach einer zu fordernden gewissen Mindestdauer – gleichsam ein nichteheliches Zusammenleben an die Stelle einer Ehe getreten ist.

Das OLG hat auch diesen Härtegrund in seine Erwägungen einbezogen, wie der Hinweis auf das genannte Senatsurteil v. 21. 12. 1988 in dem Berufungsurteil zeigt. Es hat jedoch – auf dem Hintergrund der Tatsache, daß die Kl. und der Zeuge S. zwar seit Jahren intim befreundet sind und einen erheblichen Teil ihrer (freien) Zeit gemeinsam verbringen, aber eben nicht zusammen wohnen und leben – die Voraussetzungen nicht als erfüllt angesehen, unter denen eine volle oder teilweise Kürzung des Unterhaltsanspruchs der Kl. wegen der Führung einer nichtehelichen [ne.] Lebensgemeinschaft mit dem Zeugen S. in Betracht kommen könnte. Auch gegen diese tatrichterliche Würdigung der Gestaltung der Beziehungen zwischen der Kl. und ihrem neuen Partner durch das OLG sind aus Rechtsgründen keine durchgreifenden Bedenken zu erheben. Die Annahme einer ne. Lebensgemeinschaft bzw. eines ne. Zusammenlebens setzt zwar nicht zwingend voraus, daß die Partner räumlich zusammen wohnen, leben und einen gemeinsamen Haushalt führen, wenngleich eine solche Form des Zusammenlebens ein typisches Anzeichen hierfür sein dürfte. Letztlich obliegt es aber der verantwortlichen Beurteilung des Tatrichters, ob er den Tatbestand des „ne. Zusammenlebens" aus tatsächlichen Gründen für gegeben erachtet oder nicht.

BGH v. 25. 5. 94 – XII ZR 78/93 – FamRZ 94, 1102 = NJW 94, 2234

(Familienrechtlicher Ausgleichsanspruch) **R480**

2. In der Rechtsprechung des BGH ist ein familienrechtlicher Ausgleichsanspruch gegenüber dem anderen Elternteil für Fälle anerkannt, in denen ein Elternteil allein für den Unterhalt eines gemeinsamen ehelichen Kindes aufgekommen ist, obwohl auch der andere dem Kind unterhaltspflichtig war. Dieser Ausgleichsanspruch beruht auf der Unterhaltspflicht beider Eltern gegenüber ihrem Kind und ergibt sich aus der Notwendigkeit, die Unterhaltslast im Verhältnis zwischen ihnen entsprechend ihrem Leistungsvermögen gerecht zu verteilen (*Senat,* NJW 1989, 2816 = FamRZ 1989, 850 (851 re. Sp.) m. Nachw.). Der BGH hat den Anspruch jedoch an die Voraussetzung geknüpft, daß der den Unterhalt leistende Elternteil mit seiner Leistung eine im Innenverhältnis der Eheleute zueinander dem anderen Elternteil obliegende Verpflichtung gegenüber dem Kind erfüllt haben müsse. Der den Unterhalt anstelle des anderen leistende Elternteil muß mit seiner Leistung eine Verbindlichkeit erfüllt haben, die sich im Verhältnis zu dem Kind als Verpflichtung des anderen Elternteils darstellte (*Senat,* NJW 1981, 2578 = FamRZ 1981, 761 (762 li. Sp.)). Diese Voraussetzung ist vorliegend nicht gegeben. Es kann deshalb dahingestellt bleiben, ob der Vater seine Absicht, von der Mutter für seine Aufwendungen Ersatz zu verlangen, durch sein Schreiben vom 15. 2. 1990 deutlich gemacht hat (vgl. zu letzterem BGHZ 50, 266 ff. = NJW 1968, 1780).

a) Durch die von ihm geleistete Betreuung hat der Vater nicht eine der Mutter gegenüber der C obliegende Unterhaltsverpflichtung erfüllt. Zwar haben Kinder gegenüber ihren Eltern ein Recht auf Betreuung, jedoch beruht dieses Recht nicht auf ihrem Unterhaltsanspruch. Nach § 1612 I 1 BGB ist der Unterhalt durch Entrichtung einer Geldrente zu gewähren. Der Unterhaltsanspruch ist daher auf eine Geldleistung gerichtet. Das Gesetz geht in § 1606 III 2 BGB lediglich davon aus, daß der Elternteil, bei dem das minderjährige unverheiratete Kind lebt, seine Unterhaltsverpflichtung in der Regel durch die Pflege und Erziehung das Kindes erfüllt und deshalb grundsätzlich nicht zu Geldleistungen verpflichtet ist. Ein unterhaltsrechtlicher Anspruch des Kindes auf Betreuung ergibt sich aus dieser Bestimmung aber nicht. Die Vorschrift des § 1612 III 1 BGB, die den Eltern unverheirateter Kinder gestattet zu bestimmen, in welcher Art und für welche Zeit im voraus sie den Unterhalt gewähren wollen, gibt den Kindern nicht einmal ein Wahlrecht auf Naturalunterhalt (vgl. Köhler, in: Münch-Komm, 3. Aufl., § 1612 Rn. 6 m. w. Nachw.). Ein Elternteil, der einem gemeinsamen ehelichen Kind Betreuungs- und Barunterhalt erbracht hat, kann daher vom anderen Elternteil im Wege des familienrechtlichen Ausgleichsanspruchs grundsätzlich nur Erstattung geleisteten Barunterhalts, nicht dagegen Ersatz für geleistete Betreuung verlangen. Es bedarf deshalb keiner Entscheidung, ob der Auffassung des OLG gefolgt werden könnte, in Fällen der vorliegenden Art entspreche der Wert der Betreuung regelmäßig dem Wert des bereits ausgeurteilten Barunterhalts (vgl. dazu *Senat,* NJW 1991, 697 = FamRZ 1991, 182 (183 re. Sp.).

b) Allerdings kommt in Betracht, daß die Mutter während des Aufenthalts von C beim Vater verpflichtet war, einer Unterhaltspflicht gegenüber C durch Zahlung einer Geldrente nachzukommen, §§ 1601, 1612 I 1 BGB. Dennoch kann sich der Vater nicht darauf berufen, mit seinen Barleistungen an C eine etwa bestehende Verpflichtung der Mutter zur Leistung von Barunterhalt erfüllt zu haben. Denn er war selbst durch das Urteil des AG Essen-Borbeck vom 21. 9. 1989 verpflichtet, an C Barunterhalt zu leisten. Im Verhältnis zur unterhaltsberechtigten Tochter ist deshalb der Vater mit Barleistungen seiner eigenen rechtskräftig festgestellten Unterhaltspflicht nachgekommen und hat insoweit nicht – anstelle der Mutter – eine Unterhaltsverbindlichkeit erfüllt, die dieser gegenüber der Tochter obgelegen hätte (*Senat,* NJW 1981, 2348 = FamRZ 1981, 761 (762 li. Sp.); Köhler, in. MünchKomm, § 1606 Rn. 16; Johannsen/Henrich/Graba, EheR 2. Aufl., § 1606 Rn. 12; einschränkend *Schwab/Borth,* Hdb. d. ScheidungsR, 2. Aufl., Teil V Rn. 110).

3. Entgegen der Auffassung des OLG entspräche die Zubilligung eines familienrechtlichen Ausgleichsanspruchs im vorliegenden Fall auch nicht dem Sinn und Zweck, dem dieser Anspruch nach den Grundsätzen der Entscheidungen BGHZ 31, 329 ff. = NJW 1960, 957; BGHZ 50, 266 ff. = NJW 1968, 1780 dienen soll. Danach ist der Ausgleichsanspruch jedenfalls nicht dazu bestimmt, gerichtlich festgesetzte Unterhaltsverpflichtungen, die auf einer Abwägung der Leistungsfähigkeit beider Elternteile beruhen, durch „Ausgleich" von Unterhaltsanteilen im Verhältnis der Eltern zueinander abzuändern (*Senat,* NJW 1981, 2348 = LM § 1606 BGB Nr. 16 = FamRZ 1981, 761 (762 li. Sp.); NJW 1988, 2375 = FamRZ 1988, 834 (835 re. Sp.)). Eine derartige Änderung ist dem Verfahren nach § 323 ZPO vorzubehalten. Demgemäß ist auch hier die Frage der Barunterhaltspflicht, die bereits Gegenstand des Unterhaltsrechtsstreits zwischen C und dem Vater war, nur unter den Voraussetzungen und auf dem

Wege des § 323 ZPO erneut zur Entscheidung zu stellen. Deshalb kann der Ansicht des OLG nicht gefolgt werden, die Sperrwirkung des Unterhaltsrechtsstreits zwischen C und dem Vater stehe der Zuerkennung eines Ausgleichsanspruchs deshalb nicht entgegen, weil durch das Überwechseln der Tochter in den Haushalt des Vaters eine Änderung der Verhältnisse i. S. des § 323 ZPO eingetreten sei und es nicht darauf ankomme, ob eine Abänderungsklage erhoben worden sei. Diese Auffassung ist mit dem Gesetz nicht vereinbar. Nach § 323 I ZPO ist bei einer Verurteilung zur Zahlung wiederkehrender Leistungen eine wesentliche Änderung der dem Titel zugrunde liegenden Verhältnisse im Wege der Klage geltend zu machen; die wesentliche Veränderung der Verhältnisse allein genügt nicht. Das Urteil darf auch nur für die Zeit nach Erhebung der Klage abgeändert werden, § 323 III ZPO. Diese Bestimmungen liefen leer, würde bereits eine wesentliche Änderung der Verhältnisse zur Bejahung eines familienrechtlichen Ausgleichsanspruchs des zu Barunterhalt verurteilten Elternteils gegenüber dem anderen führen, obwohl über dessen Anteil an den Unterhaltsleistungen im Vorprozeß mitentschieden worden ist. Es hätte deshalb vorliegend zunächst einer Klage des Vaters auf Abänderung des Urteils des AG Essen-Borbeck bedurft, wenn der Vater von der Mutter Ersatz für von ihm über die Betreuung hinaus erbrachte Barleistungen verlangen wollte. Da dies nicht geschehen ist, steht ihm insoweit kein familienrechtlicher Ausgleichsanspruch zu.

4. Der geltend gemachte Anspruch läßt sich auch nicht auf die §§ 670, 683, 677 BGB oder die Bestimmungen über die Herausgabe eine ungerechtfertigten Bereicherung (§§ 812 ff. BGB) stützen. Regelt bereits ein Urteil, welcher der Elternteile zu Barunterhalt verpflichtet ist, und ist deshalb während des Bestands dieses Urteils ein familienrechtlicher Ausgleichsanspruch des barleistungspflichtigen Elternteils auf Erstattung seiner Leistungen gegenüber dem anderen Elternteil ausgeschlossen, kann ein Erstattungsanspruch auch nicht auf andere Rechtsgrundlagen gestützt werden. Es wäre widersinnig, wenn der Erstattungsanspruch wegen der Wirkung des Urteils im Unterhaltsprozeß des Kindes gegen den Vater zwar nicht mit einem familienrechtlichen Ausgleichsanspruch, wohl aber aus anderen Rechtsgründen geltend gemacht werden könnte. Das würde der Rechtswirkung, die dem Urteil des Vorprozesses zukommt und auf der Verneinung des familienrechtlichen Ausgleichsanspruchs beruht, widersprechen (BGHZ 50, 266 (270) = NJW 1968, 1780; vgl. auch *Senat*, NJW 1984, 2158 = FamRZ 1984, 775 (777); *Gernhuber/Coester-Waltjen*, Lehrb. d. FamR, 4. Aufl., § 46 II 7; Johannsen/Henrich/ Graba, § 1606 Rn. 12; *Schwab/Borth*, Rn. 110). Die Urteile der Vorinstanzen können deshalb keinen Bestand haben, ohne daß es auf die von der Mutter erklärte Aufrechnung ankommt.

BGH v. 22. 6. 94 – XII ZR 100/93 – FamRZ 94, 1169 = NJW 94, 2618

R481 *(Keine Auskunft bei fehlender Relevanz für den Unterhaltsanspruch; Unterhaltsbestimmung nach dem konkreten Bedarf)*

Nach § 1580 S. 1 i. V. mit § 1605 I 1 BGB sind geschiedene Ehegatten einander verpflichtet, auf Verlangen über ihre Einkünfte und ihr Vermögen Auskunft zu erteilen, soweit dies zur Feststellung eines Unterhaltsanspruchs oder einer Unterhaltsverpflichtung erforderlich ist. Die begehrte Auskunft muß also für den Unterhaltsanspruch relevant sein, wobei es genügt, daß die Auskunft für die Bemessung des Unterhalts von Bedeutung sein kann. Im Scheidungsverbundverfahren besteht die Auskunftspflicht von der Rechtshängigkeit des Scheidungsantrags an (vgl. *Senat*, NJW 1982, 1645 = FamRZ 1982, 151). Eine Auskunftsverpflichtung besteht allerdings dann nicht, wenn feststeht, daß die begehrte Auskunft den Unterhaltsanspruch oder die Unterhaltsverpflichtung unter keinem Gesichtspunkt beeinflussen kann (vgl. *Senat*, NJW 1982, 2771 = FamRZ 1982, 996 (997); NJW 1993, 1920 = FamRZ 1993, 1065 (1066); *Göppinger/Vogel*, 6. Aufl., Rn. 2562).

2. Letzteres ist entgegen der Auffassung des BerGer. hier der Fall. Zwischen den Parteien steht außer Streit, daß der Ag. nach der Scheidung der Parteien dem Grunde nach ein Unterhaltsanspruch nach Maßgabe der §§ 1569 ff. BGB gegen den Ast. zusteht. Der Höhe nach bestimmt sich der Anspruch nach den ehelichen Lebensverhältnissen (§ 1578 I 1 BGB).

a) Für die Beurteilung der hiernach maßgeblichen ehelichen Lebensverhältnisse sind – nach insoweit geltenden allgemeinen Grundsätzen – die Einkünfte des erwerbstätigen Ehegatten (bzw. beider Eheleute) sowie gegebenenfalls sonstige Einnahmen, u. U. auch Vermögenserträge von Bedeutung, die den ehelichen Lebensstandard während der Ehe geprägt haben. Der unterhaltsberechtigte Ehegatte bedarf daher in der Regel einer Auskunft des Verpflichteten über dessen Einkünfte und sonstige Einnahmen, um anhand der auf diese Weise erlangten Kenntnis seinen Unterhaltsanspruch im einzelnen ermitteln und berechnen zu können.

b) Das ist hier indessen ausnahmsweise nicht der Fall. Die Lebensverhältnisse der Parteien sind durch außergewöhnlich hohe Einkünfte und ein ebenfalls außerordentlich großes Vermögen des Ast. in der Weise geprägt worden, daß für den – gehobenen – Lebensunterhalt der Familie nur Teile der laufenden Einnahmen verwendet wurden, während die „Einkommensüberschüsse" zur Stärkung der Kapitalgrundlage des Familienunternehmens eingesetzt und damit der Vermögensbildung zugeführt wurden. Dieser Teil der Einkünfte hat bei der Unterhaltsbemessung außer Betracht zu bleiben (vgl. *Senat*,

NJW-RR 1987, 194 = FamRZ 1987, 36 (39); *Göppinger/Kindermann,* Rn. 1252). Das Maß des der Ag. zustehenden nachehelichen Unterhalts richtet sich nach den dargelegten besonderen ehelichen Lebensverhältnissen. Da die Ag. beanspruchen kann, auch nach der Scheidung grundsätzlich weiterhin an dem in der Ehe geübten gehobenen Lebensstandard teilzuhaben, bestimmt sich die Höhe ihres Unterhaltsanspruchs im wesentlichen danach, in welchem Umfang die Familieneinkünfte während des Zusammenlebens der Parteien für den allgemeinen Lebensunterhalt verwendet wurden. Der Ag. kommt als Unterhalt der Betrag zu, der erforderlich ist, um ihr die Aufrechterhaltung des ehelichen Lebensstandards zu ermöglichen. Dieser Betrag bestimmt sich bei den gegebenen überdurchschnittlich günstigen wirtschaftlichen Verhältnissen nicht nach einem Anteil (einer Quote) an den Einkünften des Ast. Für seine Ermittlung kann vielmehr an die Aufwendungen angeknüpft werden, mit denen die Parteien während ihres Zusammenlebens ihren allgemeinen Lebensstandard bestritten haben, wenn auch letztlich – objektiviert – der Lebenszuschnitt maßgebend ist, den entsprechend situierte Ehegatten im Regelfall wählen (vgl. *Senat,* Urt. v. 22. 12. 1982 – IVb ZR 340/81 (unveröff.); NJW 1983, 1547 = FamRZ 1982, 1187 (1188); NJW 1985, 1343 = FamRZ 1985, 582 (583); NJW-RR 1990, 194 = FamRZ 1990, 280 (281); *Gernhuber/Coester-Waltjen,* Lehrb. des FamilienR, 4. Aufl., § 30 X 1 S. 445, 446).

Diese Aufwendungen kann die Ag. aus eigenem Wissen zur Begründung der Höhe des ihr zustehenden Unterhalts konkret darlegen (vgl. dazu Eschenbruch/Loy, FamRZ 1994, 665 (667 ff.)), ohne daß sie insoweit auf Auskünfte über die Höhe des Einkommens des Ast. angewiesen wäre. Mit der Zusammenstellung von Bedarfsposten, wie sie als Anlage zu dem Schriftsatz vom 20. 6. 1990 vorgelegt worden ist, hat sie insoweit bereits den richtigen Weg eingeschlagen. Im einzelnen wird sie etwa die Kosten für die Instandhaltung und Pflege des ihr von dem Ast. zur Verfügung gestellten Hauses und Grundbesitzes (soweit der Ast. diese Kosten nicht selbst trägt) ebenso ansetzen können wie die Kosten für die Haltung, Wartung und regelmäßige Erneuerung eines Pkw. Dasselbe gilt für die Aufwendungen für ihr Personal (z. B. Gärtner, Haushaltshilfe, Putzhilfe). Bei dem Ansatz der allgemeinen Lebenshaltungskosten kann sie u. U. auf die Höhe eines ihr früher zur Verfügung stehenden Haushaltsgeldes abstellen und danach den ihr zustehenden entsprechenden Anteil ermitteln. Dazu werden die Kosten für ihren privaten Bedarf kommen, wie für Kleidung, Kosmetik, Friseur etc., ebenso wie für eine angemessene Freizeitgestaltung etwa in der Form kultureller und sportlicher Betätigung, wobei sich letztere nach dem Lebensalter und dem Gesundheitszustand der Ag. ausrichten wird (etwa: Golf spielen statt des in der Familie üblichen Reitens). Hinzu kommen können Aufwendungen für Reisen und Erholungsaufenthalte in dem in der Ehe der Parteien geübten gehobenen Zuschnitt, nachdem [nachdem] die Eheleute – nach dem Vortrag der Ag. – während ihres Zusammenlebens Reisen in das In- und Ausland unternommen und dabei stets die besten Hotels bewohnt haben. Auf der Grundlage einer derartigen – im vorstehenden beispielhaft aufgeführten – Zusammenstellung wird sodann die Höhe des der Ag. zustehenden eheangemessenen Unterhalts (ggf. durch Schätzung) zu ermitteln und festzulegen sein (vgl. dazu *Senat,* Urt. v. 22. 12. 1982 – IVb ZR 340/81 (unveröff.); auch Eschenbruch/Loy, in: FamRZ 1994, 665 (671 ff.)).

Nach der Einlassung des Ast. ist davon auszugehen, daß ein so ermittelter Bedarf aufgrund des von ihm zugestandenen Einkommens voll gedeckt werden kann und folglich die von der Ag. erstrebte Auskunft unter diesem Gesichtspunkt für ihren Unterhaltsanspruch nicht relevant ist (vgl. Kalthoener/Büttner, 5. Aufl., Rn. 589).

BGH v. 29. 6. 94 – XII ZR 79/93 – FamRZ 94, 1100 = NJW-RR 94, 1155

(Keine Bindungswirkung an Berechnungsmaßstab im Abänderungsverfahren) **R482 a**

Allerdings ermöglicht das Abänderungsverfahren weder eine freie, von der bisherigen Höhe unabhängige Neufestsetzung des Unterhalts noch eine abweichende Beurteilung derjenigen Verhältnisse, die bereits im Endurteil eine Bewertung erfahren haben. Vielmehr besteht die Abänderungsentscheidung in einer unter Wahrung der Grundlage des Unterhaltstitels vorzunehmenden Anpassung des Unterhalts an veränderte Verhältnisse. Für das Ausmaß der Abänderung kommt es darauf an, welche Umstände für die Bemessung der Unterhaltsrente seinerzeit maßgebend waren und welches Gewicht ihnen dabei zugekommen ist. Auf dieser durch Auslegung zu ermittelnden Grundlage hat der Richter im Abänderungsverfahren unter Berücksichtigung der neuen Verhältnisse festzustellen, welche Veränderungen in diesen Umständen eingetreten sind und welche Auswirkungen sich daraus für die Höhe des Unterhalts ergeben (st. Rspr. des Senats, vgl. NJW 1984, 1458 = FamRZ 1984, 374 (375); NJW 1986, 2054 = FamRZ 1986, 790 und NJW-RR 1990, 194 = FamRZ 1990, 280 (281) jeweils m. w. Nachw.). Wie der Senat weiter entschieden hat, erfaßt die rechtliche Bindung des Abänderungsrichters an die Grundlagen des Ersturteils aber nur solche unverändert gebliebenen tatsächlichen Verhältnisse, die der Richter im früheren Verfahren festgestellt und denen er Bedeutung für Unterhaltsbemessung beigelegt hat. Die Bindung kann sich danach u. a. erstrecken auf die Ermittlung der Einkommensverhältnisse, die Einbeziehung fiktiver Einkünfte oder besonderer Belastungen (*Senat,* NJW 1984, 1458 = FamRZ 1984, 374 (375)), auf den Pauschalabzug berufsbedingter Aufwendungen, soweit dies in einem Prozeßvergleich dem Parteiwillen entsprach (*Senat,* NJW 1986, 2054 = FamRZ 1986, 790), auf einen konkret ermittelten Lebensbedarf (*Senat,* NJW 1985, 1343 = FamRZ 1985, 582 (583) und NJW-RR 1990, 194 = FamRZ 1990, 280 (281)) oder die Anrechnung oder Nichtanrechnung von bestimmten Einkommensanteilen, z. B. den Kinderzuschuß zur Rente (*Senat,* NJW-RR 1990, 580 = FamRZ 1990, 981 (984)). Dagegen kommt den von der unterhaltsrechtlichen Praxis entwickelten Unterhaltsrichtlinien, Tabellen, Verteilungsschlüsseln oder sonstigen Berechnungsmethoden keine ähnliche Bindungswirkung zu, weil sie keine beizubehaltenden Urteilselemente, sondern nur Hilfsmittel zur Ausfüllung der unbestimmten Rechtsbegriffe „angemessener Unterhalt" oder „Unterhalt nach den ehelichen Lebensverhältnissen" sind (*Senat,* NJW 1984, 1458 = FamRZ 1984, 374 (375)). Der Senat hat daher z. B. bestimmten Unterhaltsquoten, die im Ersturteil zur Bemessung des den ehelichen Lebensverhältnissen entsprechenden Unterhalts angewandt wurden, ebensowenig bindende Wirkung beigemessen, wie Art und Höhe der Besteuerung des zugrunde gelegten Nettoeinkommens (vgl. *Senat,* NJW-RR 1987, 516 = FamRZ 1987, 257 (258) und NJW-RR 1990, 580 = FamRZ 1990, 981 (982)).

Zu dem Kreis dieser nicht bindenden, lediglich als Hilfsmittel zur Berechnung des geschuldeten Unterhalts herangezogenen Verteilungsmethoden gehört auch der Berechnungsansatz, mit dem hier das Ausgangsgericht die Tatsache, daß die Bekl. die den Parteien gemeinsam gehörende Eigentumswohnung allein nutzt und die Parteien zu unterschiedlichen Anteilen die Kosten und Lasten tragen, berücksichtigt hat. Seinem Urteil kommt eine Bindungswirkung nur insoweit zu, als dieser Umstand überhaupt in die Berechnung des Unterhalts mit eingeflossen und nicht etwa als Gegenstand einer gesonderten Geltendmachung eines Nutzungsentgeltes im Rahmen der Miteigentumsgemeinschaft (§ 745 II BGB) ausgeschieden worden ist (vgl. dazu *Senat,* NJW 1986, 1340 = FamRZ 1986, 434 (435) und NJW 1986, 1339 = FamRZ 1986, 436 (437)). In welcher Weise und bei welchem Berechnungsschritt die mit der Nutzung der Eigentumswohnung zusammenhängenden Vor- und Nachteile einbezogen werden, ist dagegen kein tragendes Urteilselement, das im Falle einer Veränderung der tatsächlichen Verhältnisse beibehalten werden müßte. Daß das OLG bei der Abänderung keinen die gesamten Kosten übersteigenden Wohnvorteil festgestellt und deshalb zunächst den Unterhaltsbedarf der Bekl. unabhängig von einem anzurechnenden Wohnwert und unabhängig von den Kosten und Lasten errechnet und erst im Anschluß hieran bei der Berechnung des geschuldeten Unterhaltsanspruchs den Wohnvor- und -nachteilen Rechnung getragen hat, ist keine andere rechtliche [Betrachtungsweise], [Betrachtungsweise] wie die Revision meint, sondern lediglich ein anderer Berechnungsansatz. Denn auch das Ausgangsgericht hatte – obwohl es bei der Bestimmung des Bedarfs nach den ehelichen Lebensverhältnissen den Einkünften beider Parteien zunächst den halben Wohnwert zugerechnet hatte – im Ergebnis keinen die ehelichen Lebensverhältnisse prägenden tatsächlichen Wohnvorteil zugrunde gelegt, weil es andererseits die mit dem Wohnungseigentum verbundenen gesamten Kosten und Lasten, die auch früher den Wohnwert überstiegen, bei beiden Parteien einkommensmindernd berücksichtigt hat. Auch hatte es im Rahmen der Feststellung des eheangemessenen Unterhaltsbedarfs – bei der Berechnung des Unterhaltsanspruchs der Bekl. den hälftigen Wohnwert, den ihr der Kl. überläßt, abgezogen und auf diese Weise dem Umstand Rechnung getragen, daß sie dessen Miteigentum nutzt.

(Wohnwert im Abänderungsverfahren; objektive Marktmiete nach Scheidung; Abzug von Zins und Tilgung bei prägendem Wohnwert)

b   Was die rechtliche Wertung angeht, so stimmt das OLG mit dem Ausgangsgericht im Ergebnis darin überein, daß es die Bekl. zu gleichen Anteilen an den Kosten und Lasten der Wohnung beteiligt, ohne eine Begrenzung nach dem angemessenen Wohnbedarf in Höhe eines Drittels ihrer Einkünfte vorzunehmen. Das OLG hat dies damit begründet, daß es nicht angemessen sei, die Parteien hinsichtlich der Belastung aus der im hälftigen Miteigentum stehenden Wohnung unterschiedlich zu behandeln, wenn die Bekl. sich einer wirtschaftlich sinnvollen Verwertung derselben widersetze. Das entspricht der Rechtsauffassung des Ausgangsgerichts, welches der Bekl. den hälftigen Wohnwert ohne diese Begrenzung angerechnet hat, weil sie den Verkauf der für sie zu großen Wohnung ablehne.

4. Die Bemessungsweise des OLG ist auch in materieller Hinsicht nicht zu beanstanden. Daß ein Wohnwert sowohl bei der Frage des Bedarfs als auch bei der Frage der Leistungsfähigkeit nur dann einkommenserhöhend zu berücksichtigen ist, wenn er die für das Eigentum aufgewendeten Kosten und Lasten übersteigt, sich also als ein Wohnvorteil gegenüber sonst entstehenden Mietaufwendungen erweist, entspricht der Rechtsprechung des Senats (vgl. u. a. *Senat,* FamRZ 1985, 354 (356); NJW 1985, 909 = FamRZ 1985, 357 (360); NJW-RR 1986, 66 = FamRZ 1986, 48 (49) und NJW 1989, 2809 = FamRZ 1989, 1160 (1162)). Der daraus abgeleitete Berechnungsansatz enthält keinen Rechtsfehler. Der über den Unterhaltsanspruch vorgenommene hälftige Ausgleich der Belastungen zwischen den Ehegatten entspricht im Ausgangspunkt dem Gedanken der §§ 745 II, 748 BGB und vermeidet zugleich ein weiteres Verfahren über eine Nutzungsentschädigung (vgl. *Senat,* NJW 1986, 1340 = FamRZ 1986, 434 (435); NJW 1986, 1339 = FamRZ 1986, 436 (437); Kalthoener/Büttner, 5. Aufl., Rn. 783). Den Wohnwert nur in Höhe von $1/3$ des Einkommens der Bekl. auf ihren Unterhaltsbedarf anzurechnen, hat der Tatrichter wegen ihrer ablehnenden Haltung gegenüber einer wirtschaftlich sinnvolleren Verwertung

des gemeinsamen Eigentums abgelehnt. Das ist rechtlich nicht zu beanstanden (vgl. *Senat,* NJW 1989, 2809 = FamRZ 1989, 1160 (1163)) und entspricht, wie ausgeführt, der Wertung im Ausgangsverfahren.

BGH v. 21. 9. 1994 – XII ZR 161/93 – NJW-RR 1995, 129

(Berücksichtigung von Abzahlungen auf ein Einfamilienhaus, das vor der Scheidung als Familienheim diente   **R482A**
und inzwischen vermietet ist, beim Kindesunterhalt)

6. a) Die Revision wendet sich weiter dagegen, daß das OLG die Finanzierungskosten für das Eigenheim des Bekl. in F. als abzugsfähig anerkannt hat, und sie meint dazu: Insoweit widerspreche das Berufungsurteil der höchstrichterlichen Rechtsprechung. Das OLG verkenne bei seinen Ausführungen zur Berücksichtigung von Verbindlichkeiten eines Unterhaltsschuldners, daß sich Zins- und Tilgungsleistungen für ein Eigenheim im Regelfall schon vom Ansatz her von anderen Schulden und Verbindlichkeiten unterschieden. Zins und Tilgung für Immobiliendarlehen würden dafür aufgewendet, daß in der Gegenwart ein mietzinsfreies Wohnen ermöglicht und für die Zukunft lastenfreies Immobilieneigentum geschaffen werde. Damit handele es sich um Aufwendungen zur Vermögensbildung und nicht um Schulden im eigentlichen Sinn. Derartige Verbindlichkeiten seien nicht vergangenheits-, sondern gegenwarts- und zukunftsorientiert und deshalb bei der Unterhaltsberechnung nicht abzugsfähig.

b) Auch diese Rüge der Revision greift nicht durch. Einen Widerspruch in den Ausführungen des angefochtenen Urteils zur Rechtsprechung des *Senats* zeigt die Revision nicht auf. Der *Senat* hat zur Frage der Berücksichtigung von Verbindlichkeiten im Unterhaltsrecht stets betont, daß diese regelmäßig eine umfassende Interessenabwägung zwischen den Belangen der einzelnen Betroffenen voraussetzt, die in erster Linie dem Tatrichter vorbehalten ist (vgl. *Senat,* FamRZ 1982, 157 [158]; NJW-RR 1986, 428 = FamRZ 1986, 254 [256 f.] m. Nachw.). Das gilt grundsätzlich auch für mehr „gegenwarts- und zukunftsorientierte" Verbindlichkeiten (vgl. dazu *OLG Stuttgart,* FamRZ 1984, 1105 [1107]), zu denen im übrigen auch Kosten der Anschaffung von Verbrauchsgütern wie etwa Kraftfahrzeugen und Fernsehgeräte gehören dürften.

Bestehen Verbindlichkeiten und Belastungen im Zusammenhang mit dem Erwerb oder der Erhaltung eines Eigenheims, so können die unterhaltsrechtlich maßgeblichen Umstände in Ausnahmefällen eine Vermögensumschichtung bzw. die Veräußerung des Grundbesitzes nahelegen, wenn dies bei Abwägung der beiderseitigen Belange aus der Sicht des Unterhaltsberechtigten notwendig und für den Verpflichteten zumutbar erscheint (vgl. dazu – zu § 1577 I und III BGB – *Senat,* NJW-RR 1988, 514 = FamRZ 1988, 145 [149 f.]; außerdem *Senat,* NJW 1984, 1237 = FamRZ 1984, 358 [360]; NJW-RR 1986, 66 = FamRZ 1986, 48 [50]). Das hat das OLG für den vorliegenden Fall rechtsfehlerfrei verneint, wobei es sich u. a. auf die Erwägung gestützt hat, daß ein etwaiger Verkauf des Hausgrundstücks keinen nennenswerten Überschuß erbringen würde. Damit scheidet eine ertragsteigernde Vermögensumschichtung ebenso aus wie eine zumutbare Veräußerung des Grundbesitzes, zumal der Bekl. bereits mindestens 45 000 DM darauf abgezahlt hatte. Eine Veräußerung seines Hauses, das er zudem nach der Feststellung des OLG in Zukunft selbst wieder bewohnen will, kann daher von dem Bekl. unterhaltsrechtlich nicht verlangt werden (vgl. insoweit auch *Senat,* NJW-RR 1986, 66 = FamRZ 1986, 48 [50]; *Schwab/Borth,* 2. Aufl., V Rn. 78).

Kommt eine Verwertung in der Form der Veräußerung eines Eigenheims nicht in Betracht, so kann es gleichwohl geboten sein, die Tilgungsrate für einen Hauskredit unterhaltsrechtlich außer Ansatz zu lassen, wenn die Berücksichtigung dieser Verbindlichkeiten dazu führen würde, daß der Unterhaltsschuldner unberechtigterweise auf Kosten des Unterhaltsbedürftigen Vermögen bildet (vgl. *Senat,* NJW 1984, 292 = FamRZ 1984, 149 [151]; NJW-RR 1987, 194). Grundsätzlich sind auch Hausbauverbindlichkeiten wie andere Verbindlichkeiten unter umfassender Berücksichtigung aller Umstände des Einzelfalls zu behandeln. Dabei kann insb. die Tatsache, daß ein Haus als Familienheim gedient hat, für eine unterhaltsrechtliche Anerkennung der darauf bezogenen Schulden sprechen, sofern diese sich in einem angemessenen und zumutbaren Rahmen halten (vgl. *Senat,* NJW 1984, 1237 = FamRZ 1984, 358 [360]; *Kalthoener/Büttner,* Rn. 773). Das zu beurteilen unterliegt generell der Prüfung und Entscheidung des Tatrichters in seinem tatrichterlichen Ermessen.

Das OLG ist bei der von ihm vorgenommenen Billigkeits- und Interessenabwägung rechtlich zutreffend von den dargelegten Grundsätzen ausgegangen. Seine Ausführungen und das bei der Abwägung gewonnene Ergebnis halten sich im Rahmen der ihm obliegenden tatrichterlichen Wertung der Verhältnisse und lassen keinen Rechts- oder Verfahrensfehler erkennen. Auch die Revision zeigt einen solchen nicht auf.

BGH v. 9. 11. 94 – XII ZR 206/93 – FamRZ 95, 215 = NJW 95, 717

(Kosten des Umgangsrechts)   **R483**

Zutreffend ist allerdings der Ausgangspunkt des OLG, daß eine Berücksichtigung von Umgangskosten zu Lasten des unterhaltsberechtigten Ehegatten auf eng begrenzte Ausnahmefälle beschränkt bleiben muß. Grundsätzlich hat der Umgangsberechtigte die üblichen Kosten, die ihm bei der Ausübung des Umgangsrechtes entstehen, wie Fahrt-, Übernachtungs-, Verpflegungskosten und ähnliches, selbst zu tragen und kann sie weder unmittelbar im Wege einer Erstattung noch mittelbar im Wege einer Einkommensminderung geltend machen. Das gilt grundsätzlich sowohl gegenüber dem unterhaltsberechtigten Kind als auch gegenüber dem unterhaltsberechtigten Ehegatten (vgl. *OLG Bamberg,* FamRZ 1987, 1295; *OLG Frankfurt/M. – 3. FamS –,* FamRZ 1987, 1033; *OLG Karlsruhe,* FamRZ 1992, 58 f.; *Johannsen/Henrich/Jaeger,* Eherecht, 2. Aufl., § 1634 BGB Rz. 31; *Rolland/ Nehlsen-v. Stryk,* FamK, § 1634 BGB Rz. 23; *Soergel/Strätz,* BGB, 12. Aufl., § 1634 Rz 30; *Staudinger/Peschel-Gutzeit,* BGB, § 1634 Rz. 325; *Kalthoener/Büttner,* Rechtsprechung zur Höhe des Unterhalts, 5. Aufl., Rz. 386, 994; ähnlich auch *Göppinger/Strohal,* Unterhaltsrecht, 6. Aufl., Rz. 271, 675; abweichend für den Ehegattenunterhalt *OLG Frankfurt/M. – 1. FamS –,* FamRZ 1984, 178; 1991, 78; ihm folgend *MünchKomm/Hinz,* BGB, 3. Aufl., § 1634 Rz. 34; *Palandt/Diederichsen,* BGB, 53. Aufl., § 1634 Rz. 41, und *Heiß/Heiß,* Unterhaltsrecht, I 3161; vgl. aber auch *Heiß/Deisenhofer,* a. a. O., 12.28). Denn die Wahrnehmung des persönlichen Kontaktes mit seinem Kind ist unmittelbar Ausfluß seiner elterl. Verantwortung gemäß §§ 1618 a, 1626, 1631 BGB und seines höchstpersönlichen Rechtes aus § 1634 BGB. Die dabei anfallenden Belastungen sind Kosten, die er im eigenen und im Interesse des Kindes grundsätzlich selbst aufzubringen hat. Zur Entlastung dienen ihm dabei staatliche Vergünstigungen wie das Kindergeld, das ihm im Verhältnis zum anderen sorgeberechtigten Elternteil hälftig zusteht. (Bis einschließlich 1989 gab es ferner noch den vom zu versteuernden Einkommen absetzbaren sog. Besucherfreibetrag gemäß § 33 a Ia EStG a. F.; vgl. *OLG Frankfurt/M. – 3. FamS –,* a. a. O., S. 1034; *Staudinger/Peschel-Gutzeit,* a. a. O., Rz. 327; *Schmidt/Glanegger,* EStG, 8. Aufl., § 33 a Anm. 3.)

Die einkommensmindernde Berücksichtigung der Umgangskosten beim Unterhaltsverpflichteten würde demgegenüber zu einer teilweisen Verlagerung dieser Lasten auf den unterhaltsberechtigten Sorgerechtsinhaber führen, die mit dem Gesetz grundsätzlich nicht in Einklang steht. Sie würde letztlich möglicherweise auch die Lebenshaltung des Kindes beeinträchtigen, das mit dem sorgeberechtigten Elternteil in einem Haushalt lebt und vielfach tatsächlich an dessen Unterhalt teilnimmt. Eine Abweichung von diesen Grundsätzen hat sich daher in engen Grenzen zu halten und ist nur aus Billigkeitsgründen unter Abwägung aller Umstände des Einzelfalles zu rechtfertigen.

Die vom OLG herangezogenen Gesichtspunkte reichen hierfür nicht aus. Der Umstand, daß die Kl. mit dem Kind vom ehemaligen Ehewohnsitz in einen 160 km entfernten Ort verzogen ist, wo sie eine neue Lebensgemeinschaft begründet hat, berechtigt den Bekl. noch nicht zu einer Unterhaltskürzung. Grundsätzlich kann ein sorgeberechtigter Ehegatte seinen künftigen Wohnort und Lebenskreis selbst bestimmen und ist nicht gehalten, am ehemaligen Familienwohnsitz oder in dessen unmittelbarer Nähe zu bleiben, um dem anderen Ehegatten die Besuchskontakte mit den Kindern möglichst zu erleichtern. Erst wenn er in einer solchen Entfernung wohnt, daß angesichts ohnehin beengter wirtschaftlicher Verhältnisse die Kostenbelastung für den Umgangsberechtigten schlechthin unzumutbar ist und dazu führt, daß dieser sein Umgangsrecht nicht oder nur noch in erheblich eingeschränktem Umfang ausüben könnte, greifen Billigkeitserwägungen ein. In einem solchen Fall kann es dem unterhaltsberechtigten Ehegatten zuzumuten sein, sich in seiner eigenen Lebensführung einzuschränken, um dem unterhaltsverpflichteten Ehegatten zumindest die Mittel zu belassen, die zur Ausübung eines den wirtschaftlichen Verhältnissen angepaßten Umgangsrechts nötig sind. Dies entspricht auch der elterl. Verantwortung des sorgeberechtigten Ehegatten gegenüber dem Kind, dem der Kontakt mit dem anderen Elternteil erhalten bleiben muß.

Bei der dabei gebotenen Abwägung der wirtschaftlichen und persönlichen Verhältnisse der Parteien ist indes auf eine ausgewogene Lastenverteilung zu achten. Die Opfergrenze für den sorgeberechtigten Ehegatten wird dort überschritten, wo er – wie es hier der Fall ist – weniger als das Existenzminimum erhält, während der unterhaltsverpflichtete Ehegatte nach Vorwegabzug berufsbedingter Aufwendungen, berücksichtigungsfähiger Schuldentilgung für einen Pkw und weiterer Verpflichtungen über einen Selbstbehalt von monatlich 1100 DM bzw. 1300 DM verfügt. In diesem Falle muß es bei der Grundregel bleiben, daß der Unterhaltsverpflichtete die ihm entstehenden Umgangskosten trägt, ohne sie unterhaltsmindernd geltend machen zu können. Das ist hier um so mehr geboten, als die Entfernung vom Wohnort des Kindes nur 160 km beträgt und die Kosten einer Rückfahrkarte nach den Feststellungen des OLG bei nur 88 DM liegen, und sich dieser Betrag bei Inanspruchnahme von vergünstigten Angeboten der Bahn noch verringern läßt.

BGH v. 23. 11. 94 – XII ZR 168/93 – FamRZ 95, 221

R485   *(Abänderungsklage bei Änderung der DT)*

a   2. Greift die Sperre des § 323 V ZPO somit nicht ein, können mit der Abänderungsklage nicht nur individuelle Änderungen der Verhältnisse geltend gemacht werden, sondern grundsätzlich auch solche allgemeiner Art, wie etwa die generelle Entwicklung der Einkommen und Lebenshaltungskosten

(*BGHZ* 101, 235, 243 f. = FamRZ 1987, 1021). Diese stellen bei Titeln über den Unterhalt ein Indiz für die Änderung auch der tatsächlichen Verhältnisse im Einzelfall dar und eröffnen somit grundsätzlich die Möglichkeit der Abänderung nach § 323 ZPO (*Johannsen/Henrich/Brudermüller*, Eherecht, 2. Aufl., § 323 ZPO Rz. 59).

Voraussetzung für die Zulässigkeit einer solchen Abänderungsklage bleibt aber in jedem Falle, daß eine die Wesentlichkeitsschwelle des § 323 I ZPO übersteigende Veränderung der tatsächlichen Verhältnisse behauptet wird. Diesem Erfordernis genügt der Vortrag der Kl.

a) Zutreffend ist der Ausgangspunkt des OLG, daß Unterhaltsrichtlinien als solche, wie etwa die Düsseldorfer Tabelle, keine tatsächlichen Umstände darstellen, sondern lediglich richterliche Entscheidungshilfen sind (vgl. *Senats*urteil v. 26. 11. 1986 – IV b ZR 91/85 –, FamRZ 1987, 257, 258), und daß Neufestsetzungen der in solchen Tabellen festgelegten Bedarfssätze für sich allein genommen noch keine Abänderungsklage nach § 323 ZPO rechtfertigen. Etwas anderes ist auch der Entscheidung des *BGH*, Urteil v. 21. 12. 1977 – IV ZR 4/77 – FamRZ 1978, 177, 179, nicht zu entnehmen: Darin wird lediglich ausgeführt, daß eine wesentliche Änderung der Unterhaltsrichtsätze nicht in einem Verfahren nach § 767 ZPO berücksichtigt werden, sondern nur im Wege der Abänderungsklage des § 323 ZPO geltend gemacht werden kann. Zu der Frage, ob der Abänderungskl. mit dem bloßen Hinweis auf eine solche Änderung der Richtsätze seiner Darlegungslast genügt, läßt sich dieser Entscheidung nicht entnehmen. Auch die Entscheidungen *OLG Hamburg*, FamRZ 1989, 885 f., *OLG Bamberg*, FamRZ 1985, 1151, 1152 = NJW 1986, 730, und *OLG Saarbrücken*, FamRZ 1987, 615, auf die die Revision sich stützt, sehen einen Abänderungsgrund nicht in der Änderung der Richtsätze als solcher, sondern in den Änderungen tatsächlicher Art, die in der Neufassung der Tabelle zum Ausdruck gekommen sind (so auch *Derleder/Lenze*, FamRZ 1989, 558, 559; *Graba*, NJW 1988, 2343, 2346; *Zöller/Vollkommer*, ZPO, 18. Aufl., § 323 Rz. 33; ähnlich *MünchKomm/Gottwald*, ZPO, § 323 Rz. 54; kritisch *Niklas*, DAVorm 1987, 2, 3; a. A. *Schwab/Maurer*, Handbuch des Scheidungsrechts, 2. Aufl., Teil I Rz. 1038 f.).

b) Die ungefähr alle drei bis vier Jahre erfolgende Fortschreibung der Düsseldorfer Tabelle stellt allerdings keine (im Rahmen des § 323 ZPO unbeachtliche) bloße Änderung der rechtlichen Beurteilung der unterhaltsrelevanten Verhältnisse dar. Sie trägt vielmehr dem Umstand Rechnung, daß sich die wirtschaftlichen Verhältnisse sowohl auf seiten des Bedürftigen als auch auf seiten des Verpflichteten infolge Änderungen der Lebenshaltungskosten und der Einkommensverhältnisse seit der letzten Festsetzung dieser Sätze gewandelt haben, und ist damit zugleich Ausdruck der Veränderung dieser tatsächlichen Verhältnisse (vgl. *Senats*urteil v. 15. 12. 1993 – XII ZR 172/92 –, FamRZ 1994, 372, 373; *SchlHOLG*, SchlHA 1978, 198; *OLG Bamberg*, a. a. O.; *OLG Saarbrücken*, a. a. O.; *OLG Hamburg*, a. a. O.; *Johannsen/Henrich/Brudermüller*, a. a. O., § 323 ZPO Rz. 261; *Derleder/Lenze*, a. a. O.; *Köhler/Luthin*, 8. Aufl., Rz. 957; ähnlich *MünchKomm/Gottwald*, ZPO, § 323 Rz. 54; *Graba*, a. a. O.; *OLG Karlsruhe*, FamRZ 1986, 582 f.; *Stein/Jonas/Leipold*, ZPO, 20. Aufl., § 323 Rz. 22; einschränkend *Göppinger/Vogel*, Unterhaltsrecht, 6. Aufl., Rz. 2408 ff.).

In dem Vorbringen einer Partei, die ihr Abänderungsverlangen auf eine Änderung der Bedarfssätze der Düsseldorfer oder einer vergleichbaren Tabelle stützt, ist daher regelmäßig auch die Behauptung zu sehen, daß sich die Einkommen und/oder die Lebenshaltungskosten seit der vorausgegangenen Fassung dieser Tabelle allgemein in einem Maße verändert hätten, wie dies der Änderung der Bedarfssätze entspreche.

(Tabellenänderung als wesentliche Änderung nach § 323 I ZPO)

d) Die Notwendigkeit der Neufassung einer solchen Unterhaltstabelle deutet in aller Regel zugleich **b** darauf hin, daß die wirtschaftlichen Veränderungen, die ihr zugrunde liegen, wesentlich i. S. des § 323 ZPO sind (vgl. *Derleder/Lenze*, a. a. O., S. 560). Im vorliegenden Fall bestehen insoweit ohnehin keine Zweifel, da sich die für die Einkommensgruppe 5 der Düsseldorfer Tabelle – Stand: 1. 7. 1992 [FamRZ 1992, 398] – maßgeblichen Bedarfssätze (410/495/590 DM) gegenüber dem Stand 1. 1. 1989 (365/440/525 DM) um jeweils deutlich mehr als 10% erhöht haben. Diese Tabellenänderungen sind daher – zumindest, soweit sie den Unterhalt minderjähriger Kinder betreffen – grundsätzlich geeignet, eine Abänderungsklage zu begründen, ohne daß der Abänderungskl. darüber hinaus im einzelnen darlegen muß, daß im Zuge der allgemeinwirtschaftlichen Veränderungen auch eine wesentliche Veränderung der individuellen Verhältnisse (Bedarf des Unterhaltsberechtigten und/oder Einkommen des Verpflichteten) eingetreten sei.

(Zeitschranke bei Anwendung von Tabellen)

b) Die Abänderungsklage der Kl. zu 1 unterliegt hingegen der Zeitschranke des § 323 II ZPO, da **c** sie auf die Abänderung eines zuletzt auf die mündliche Verhandlung vom 25. 3. 1992 geänderten Unterhaltstitels gerichtet ist. Die Kl. zu 1 kann sich daher grundsätzlich nur auf solche Veränderungen berufen, die nach dem 25. 3. 1992 eingetreten sind.

Die vom 1. 7. 1992 an geltenden Änderungen der Richtsätze der Düsseldorfer Tabelle sind aber wie eine an diesem Stichtag eingetretene Veränderung der tatsächlichen wirtschaftlichen Verhältnisse zu behandeln, so daß auch die Kl. zu 1 nicht gehindert ist, sich in vollem Umfang darauf zu berufen.

Dies folgt aus der Eigenart der Düsseldorfer Tabelle und vergleichbarer Unterhaltsrichtlinien, die den angemessenen Unterhalt im Interesse der Rechtssicherheit und Praktikabilität schematisierend bestimmen.

Richtig ist zwar, daß die wirtschaftlichen Verhältnisse, die Anlaß zur Neufassung solcher Tabellen geben, sich nicht sprunghaft, sondern allmählich ändern. Nichts anderes gilt aber auch für den mit fortschreitendem Lebensalter kontinuierlich steigenden Unterhaltsbedarf minderjähriger Kinder, dem die Düsseldorfer Tabelle ebenfalls schematisierend durch Einteilung in drei Altersgruppen Rechnung trägt. Zu Recht weist die Revision darauf hin, daß der erhöhte Unterhaltsbedarf bei Erreichen der nächsten Altersstufe der Unterhaltstabelle als ausreichender Abänderungsgrund nach § 323 ZPO angesehen wird (vgl. *Johannsen/Henrich/Brudermüller*, a. a. O., § 323 ZPO Rz. 60, m. N.) und nicht einzusehen sei, warum dies für den erhöhten Unterhaltsbedarf, der in einer Anhebung der Richtsätze selbst zum Ausdruck komme, nicht gelten solle.

Die Schematisierung durch Unterhaltstabellen hat sich in der Praxis bei der Unterhaltsbemessung bewährt. Sie hat allerdings zur Folge, daß einem Unterhaltsberechtigten, der seinen Unterhaltsanspruch erst gegen Ende des Geltungszeitraums einer solchen Tabelle gerichtlich geltend macht, in aller Regel nur der Unterhaltssatz der jeweils aktuellen Tabellenfassung zuerkannt wird, auch wenn sich die allgemeinwirtschaftlichen Verhältnisse seit der letzten Änderung dieses Unterhaltssatzes verändert haben. Die Notwendigkeit eines – etwa an der Steigerung der allgemeinen Lebenshaltungskosten orientierten – „Aufschlages" auf die Richtsätze einer bereits seit längerer Zeit geltenden Tabelle würde die Unterhaltsbemessung in der Praxis außerordentlich erschweren und widerspräche Sinn und Zweck derartiger Richtsätze (vgl. die Fußnote 2 zur Düsseldorfer Tabelle, FamRZ 1992, 398, derzufolge die Zahlenwerte der neuen Tabelle ab 1. 7. 1992 gelten und bis zum 30. 6. 1992 die Zahlenwerte der bisherigen Tabelle anzuwenden sind).

Unter diesen Umständen muß dieser Schematisierung auch im Rahmen des Abänderungsverfahrens nach § 323 ZPO Rechnung getragen werden. Wenn der Kindesunterhalt seinerzeit nach den Richtsätzen der Düsseldorfer Tabelle festgesetzt wurde und nunmehr den neuen Richtsätzen entsprechend abgeändert werden soll, müßte es letztlich auf Unverständnis stoßen, wenn dem Abänderungskl. § 323 II ZPO insoweit entgegenzuhalten wäre, als die Änderung der wirtschaftlichen Verhältnisse, die ihren Niederschlag in den neuen Richtsätzen gefunden hat, teilweise bereits vor dem nach dieser Vorschrift maßgeblichen Zeitpunkt eingetreten war. Durch eine derartige Anwendung der Vorschrift würde dem Unterhaltsberechtigten die Geltendmachung seines erhöhten Bedarfs ganz oder teilweise auf Dauer abgeschnitten, nämlich im Ausgangsverfahren infolge der Schematisierung der Tabelle und im Abänderungsverfahren duch Präklusion. Änderungen der wirtschaftlichen Verhältnisse seit der letzten Neufassung der Düsseldorfer Tabelle, die im Ausgangsverfahren wegen der Anwendung der Richtsätze dieser Tabelle keine Berücksichtigung gefunden haben, sind daher im nachfolgenden Abänderungsverfahren nicht präkludiert (vgl. auch *Niklas,* a. a. O., S. 6).

BGH v. 24. 11. 94 – GSZ 1/94 – FamRZ 95, 349 = NJW 95, 664

(Beschwerdewert bei Verurteilung zur Auskunftserteilung)

b) Für die bisherige std. Rspr. sprechen gewichtige Gründe.

Den Wert des Beschwerdegegenstandes, § 511 aI ZPO, hat das Gericht gemäß §§ 2, 3 ZPO nach seinem freien Ermessen festzusetzen, wenn – wie bei der Auskunftsklage – die §§ 4 bis 9 ZPO nicht eingreifen. Der Beschwerdegegenstand der Berufung wird durch den Berufungsantrag, § 519 II Nr. 1 ZPO, im Rahmen der Beschwer bestimmt (vgl. *MünchKomm/Lappe,* ZPO, § 3 Rz. 9). Maßgebend ist das wirtschaftliche Interesse des Rechtsmittelkl. an dem Erfolg seines Rechtsmittels (vgl. *BGH,* Beschluß v. 14. 2. 1973 – V ZR 179/72 –, NJW 1973, 654; *Hillach/Rohs,* Handbuch des Streitwerts in bürgerlichen Rechtsstreitigkeiten, 8. Aufl., S. 95).

Dabei ist grundsätzlich nur auf den unmittelbaren Gegenstand der Entscheidung abzustellen. Der tatsächliche oder rechtliche Einfluß der Entscheidung auf andere Rechtsverhältnisse bleibt außer Betracht (vgl. *Hillach/Rohs,* a. a. O., S. 98). Daraus folgt, daß der Wert des Beschwerdegegenstandes – auch bei unverändertem Streitgegenstand – niedriger, ggf. aber auch höher sein kann als der für den Kl. nach seinem Antrag im ersten Rechtszug festgesetzte Wert (vgl. als Beispiele für einen höheren Beschwerdewert *BGH,* Urteil v. 10. 12. 1993 – V ZR 168/92 –, NJW 1994, 735, und Beschluß v. 22. 2. 1990 – III ZR 1/90 –, NJW 1991, 824).

Der Anspruch auf Auskunft bezieht seinen wirtschaftlichen Wert typischerweise daraus, daß mit ihm die Durchsetzung eines Hauptanspruchs vorbereitet werden soll (vgl. *MünchKomm/Lappe,* a. a. O., § 3 Rz. 51). Der wirtschaftliche Zweck des Auskunftsverlangens besteht im allgemeinen darin, eine der Grundlagen zu schaffen, die für den Anspruch auf die Hauptleistung erforderlich sind. Diese enge

Verknüpfung zwischen Auskunfts- und Hauptanspruch läßt es angebracht erscheinen, den Wert des Auskunftsanspruchs mit einem Bruchteil des Hauptanspruchs festzusetzen (std. Rspr. *BGH*, Urteil v. 31. 3. 1993 – XII ZR 67/92 –, FamRZ 1993, 1189, m. w. N.). Damit orientiert sich die Wertfestsetzung am unmittelbaren Gegenstand der Auskunftsklage, nicht an anderen, über diesen Gegenstand hinausgehenden Interessen.

Demgegenüber ist Gegenstand des Rechtsmittels des im Auskunftsverfahren unterlegenen Bkl. das Ziel, keine Auskunft erteilen zu müssen. Hat sein dahingehender Antrag Erfolg, erspart er die Kosten, die mit dem Aufwand der Auskunftserteilung verbunden sind. Diese Kostenersparnis ist grundsätzlich maßgebend für die Festsetzung des Beschwerdewertes. Das etwa daneben bestehende Interesse des Bekl., die Durchsetzung des Hauptanspruchs zu verhindern, geht über den unmittelbaren Gegenstand der Entscheidung hinaus. Es hat deshalb bei der Festsetzung des Beschwerdewertes außer Betracht zu bleiben.

c) Das Ergebnis eines verschieden hohen Beschwerdewertes bei Kl. und Bekl. verletzt nicht den Gleichheitssatz des Art. 3 I GG. Insbesondere liegt kein Verstoß gegen das Gebot der Rechtsanwendungsgleichheit (vgl. *BVerfGE* 65, 76, 91) oder das auch im Zivilprozeß geltende Gebot der prozessualen Waffengleichheit (vgl. *BVerfGE* 74, 78, 92, 95) vor. Dem Bekl. wird freilich häufiger der Zugang zur Rechtsmittelinstanz versagt sein, weil der Betrag des mit der Auskunftserteilung verbundenen Aufwandes die Rechtsmittelsumme nicht erreicht, während der unterlegene Kl. wegen des höheren Beschwerdewertes ein Rechtsmittel einlegen kann. Damit wird aber nicht Gleiches ungleich behandelt. Für beide Parteien gilt der gleiche Ausgangspunkt: das wirtschaftliche, auf den unmittelbaren Gegenstand des Antrags bezogene Interesse an der Einlegung des Rechtsmittels. Die unterschiedlichen Auswirkungen auf die Zulässigkeit des Rechtsmittels rechtfertigen sich daraus, daß dieses Interesse verschieden hoch zu bewerten ist, weil das Verfahrensergebnis sich für die Parteien unterschiedlich auswirkt. Da der Kl. mit der Auskunftsklage sich die Kenntnis über einen Teil des Anspruchsgrundes für den Hauptanspruch verschaffen will, bedeutet ein den Auskunftsanspruch rechtskräftig abweisendes Urteil, daß die Durchsetzung seines Hauptanspruchs aus tatsächlichen Gründen in Frage gestellt ist. Dagegen hat der im Auskunftsverfahren unterlegene Bekl. weiterhin Gelegenheit, sich gegen den Hauptanspruch zu wehren. Er kann im Verfahren über den Hauptanspruch seine Interesse, diesen abzuwehren, in vollem Umfang geltend machen. Wegen dieses Unterschieds, das Angriffs- und das Abwehrinteresse geltend machen zu können, hat der *BGH* verschiedentlich zum Ausdruck gebracht, der Kl. sei auf den Auskunftsanspruch angewiesen, während der Bekl. sich gegen den Hauptanspruch weiterhin wehren könne. Durch die Verurteilung zur Auskunft erwachse der Grund des Hauptanspruchs nicht in Rechtskraft (Urteil v. 19. 10. 1993 – XI ZR 73/93 –, NJW-RR 1994, 174).

BGH v. 30. 11. 1994 – XII ZR 59/93 – FamRZ 95, 216 = NJW 95, 652

(Neuregelung der Verwaltung und Nutzung eines gemeinsamen Eigenheims nach § 745 II BGB)   **R485B a**

Die Bekl. beruft sich zur Stützung ihrer gegenteiligen Ansicht zu Unrecht darauf, daß nach der Rechtsprechung des *BGH* ein Ehegatte, der nach dem Scheitern der Ehe aus dem beiden Ehegatten gehörenden und bisher von beiden gemeinsam bewohnten Haus ausgezogen ist, von dem anderen, weiter in dem Haus wohnenden Ehegatten eine Nutzungsentschädigung erst von dem Zeitpunkt an verlangen kann, in dem er eine Neuregelung der Nutzung des Hauses oder ein „Neuregelungsentgelt" verlangt hat (vgl. *BGH*, NJW 1982, 1753 f.). Die beiden Fälle sind nicht miteinander vergleichbar. Grundsätzlich löst der Umstand, daß ein Teilhaber ein im Miteigentum stehendes Grundstück allein nutzt, keine Entschädigungsrechte des anderen Teilhabers aus (*BGHZ* 87, 265 [271] = NJW 1983, 1845 m. Nachw.). Nach § 745 II BGB kann jeder Teilhaber eine dem Interesse aller Teilhaber nach billigem Ermessen entsprechende Regelung der Benutzung verlangen, und zwar bei einer nachträglichen Änderung der tatsächlichen Verhältnisse auch entgegen einer vertraglichen Regelung, an der er mitgewirkt hat (vgl. *Karsten Schmidt*, in: MünchKomm, 2. Aufl., § 745 Rn. 29 m. Nachw.). Im Falle des § 745 II BGB führen somit veränderte Umstände (hier: die Aufhebung der ehelichen Lebensgemeinschaft) nicht ohne weiteres zu einer Änderung der rechtlichen Beziehungen der Beteiligten zueinander; sie berechtigen den durch die Veränderung der Umstände benachteiligten Teilhaber lediglich, eine Neuregelung zu verlangen. Solange er sie nicht verlangt, kann er keine Rechte daraus herleiten, daß die bisherige Regelung oder Handhabung aufgrund der veränderten Verhältnisse nicht mehr angemessen ist.

Eine dem § 745 II BGB entsprechende Regelung enthält § 426 BGB gerade nicht. Im Rahmen dieser Vorschrift hat vielmehr „die besondere Gestaltung des tatsächlichen Geschehens" – wie bereits ausgeführt ist – von vornherein einen unmittelbaren Einfluß auf die Rechtsbeziehungen der Gesamtschuldner zueinander, ohne daß es in irgendeiner Weise auf eine gestaltende Handlung der Gesamtschuldner ankäme.

Der Revision ist einzuräumen, daß die Mitteilung des allein zahlenden Ehegatten, er werde nach dem Scheitern der Ehe die gemeinsamen Belastungen nicht mehr allein tragen, den anderen Ehegatten veranlassen könnte, sich – z. B. durch das Bilden von Rücklagen – rechtzeitig darauf einzustellen, daß er die gemeinsamen Belastungen nun – auch rückwirkend – mittragen muß. Dieser Gesichtspunkt reicht aber nicht aus, um eine solche Mitteilung zur Voraussetzung für den Ausgleichsanspruch des zahlenden Ehegatten zu machen. Auch ohne eine solche Mitteilung kann der andere Ehegatte nicht darauf vertrauen, sein Ehepartner werde auch nach dem Scheitern der Ehe und nach der Aufhebung der ehelichen Lebensgemeinschaft die gemeinsamen Schulden weiterhin allein tragen. Nach Aufhebung der ehelichen Lebensgemeinschaft besteht für einen Ehegatten im Zweifel kein Anlaß mehr, dem anderen durch die Übernahme seiner Schuldverpflichtungen eine Vermögensmehrung zukommen zu lassen (*Senat*, NJW-RR 1993, 386).

(Kein Ausschluß von Ausgleichsansprüchen nach § 426 I BGB, wenn im Unterhaltsvergleich diese Frage ausdrücklich ausgeklammert wurde)

b   4. Zu Unrecht meint die Revision, die vom Kl. geltend gemachten Ausgleichsansprüche nach § 426 I BGB seien durch den abgeschlossenen Unterhaltsvergleich ausgeschlossen; anderenfalls ergebe sich zumindest aus diesem Vergleich nach einer Anpassung nach den Regeln über den Wegfall der Geschäftsgrundlage, daß der Kl. der Bekl. einen um die von ihr zu leistenden Ausgleichszahlungen erhöhten Aufstockungsunterhalt zahlen müsse, mit dem sie hilfsweise gegen die Klageforderung aufrechne. Das BerGer. legt den Unterhaltsvergleich dahin aus, daß die Frage, ob dem Kl. solche Ausgleichsansprüche zustehen oder nicht, gerade ausgeklammert und offengehalten werden sollte und daß der Kl. der Bekl. einen Aufstockungsunterhalt von 1000 DM im Monat zahlen sollte unabhängig davon, ob die Bekl. sich an dem Schuldendienst für den gemeinsamen Grundbesitz beteiligen müßte. Bei dem Vergleich handelt es sich um einen Prozeßvergleich. Ob die Auslegung eines Prozeßvergleichs in der Revisionsinstanz nur in beschränktem Umfang, also nur darauf überprüft werden kann, ob die gesetzlichen Auslegungsregeln, Denkgesetze, Erfahrungssätze oder Verfahrensvorschriften verletzt sind, oder ob, weil es sich (auch) um eine Prozeßhandlung handelt, eine Auslegung frei nachprüfbar ist, wird in der Rechtsprechung des *BGH* nicht einheitlich beantwortet (vgl. zum Meinungsstand *BGH*, NJW 1971, 1844). Die Frage bedarf hier jedoch keiner Entscheidung. Denn der *Senat* würde der tatrichterlichen Auslegung auch dann folgen, wenn sie voll überprüfbar sein sollte. Aus dem Wortlaut des Vertrages ergibt sich eindeutig, daß der Kl. wegen des von ihm allein geleisteten Schuldendienstes Ausgleichsansprüche gegen die Bekl. angemeldet hatte, daß die Bekl. solche Ausgleichsansprüche nicht anerkannte und daß die Parteien die Frage, ob dem Kl. solche Ausgleichsansprüche zustehen oder nicht, bewußt offengelassen haben. Würde man der von der Revision vertretenen Auslegung des Vertrages folgen, so hätten sich die Parteien im Gegensatz dazu im wirtschaftlichen Ergebnis darauf geeinigt, daß der Kl. die monatlichen Belastungen allein zu tragen habe. Im wirtschaftlichen Ergebnis ist es nämlich gleichgültig, ob Ausgleichsansprüche des Kl. durch den Vergleich ausgeschlossen sind oder ob sie zwar bestehen, aber durch einen entsprechend höheren Unterhalt kompensiert werden.

In der vom BerGer. vorgenommen, zutreffenden Auslegung steht der Unterhaltsvergleich den Ausgleichsansprüchen des Kl. nicht entgegen. Die von der Revision geltend gemachte Anpassung des Vergleichs nach den Regeln über den Wegfall der Geschäftsgrundlage scheidet schon deshalb aus, weil die Parteien den Bestand des Unterhaltsvergleichs gerade nicht davon abhängig machen wollten, daß dem Kl. keine Ausgleichsansprüche nach § 426 I BGB zustehen.

BGH v. 30. 11. 94 – XII ZR 226/93 – FamRZ 95, 291 = NJW 95, 717

    (Rechtsmißbräuchliche Berufung auf Unterhaltsverzicht; Darlegungs- und Beweislast bei Versorgungsleistungen; prägender Wohnwert; Zahlungseinstellung)

a   In seinem Urteil v. 9. 7. 1992 (a. a. O.) hat der *Senat* im einzelnen dargelegt, daß in Fällen der vorliegenden Art Grund und Höhe eines trotz des Unterhaltsverzichts verbleibenden Anspruchs ausschließlich am Kindeswohl zu orientieren sind. Dem Grunde nach ist der Anspruch nicht auf Sachverhalte beschränkt, in denen erst eine nachträgliche und unvorhergesehene Entwicklung ergibt, daß die Berufung auf den Unterhaltsverzicht mit Treu und Glauben nicht zu vereinbaren ist. Der Höhe nach ist der Anspruch so zu bemessen, daß dem betreuenden Elternteil ermöglicht wird, sich der Pflege und Erziehung des Kindes zu widmen, ohne eine Erwerbstätigkeit aufzunehmen oder Sozialhilfe zu beanspruchen. Dazu bedarf es in der Regel keines Unterhalts nach dem Maßstab des § 1578 BGB; ein höherer als der notwendige Unterhalt kann vielmehr nur verlangt werden, wenn besondere Umstände vorliegen, die dies aus Gründen des Kindeswohls gebieten (a. a. O., S. 1405).

Soweit die *Senats*rspr. nicht überhaupt als Entwertung des Unterhaltsverzichts abgelehnt wird (so etwa *Johannsen/Henrich/Voelskow*, Eherecht, 2. Aufl., § 1585 c BGB Rz. 21), wird im Schrifttum durchweg ebenfalls vertreten, daß der Unterhaltsverzicht sich auch auf die Höhe eines verbleibenden Anspruchs auswirken müsse und infolgedessen mehr als der notwendige Unterhalt grundsätzlich nicht gefordert werden könne (vgl. *MünchKomm/Richter*, BGB, 3. Aufl., § 1585 c Rz. 20; *FamK-Rolland/*

Hülsmann, § 1585 c BGB Rz. 26; *Palandt/Diederichsen,* BGB, 53. Aufl., § 1585 c Rz. 11; *Göppinger/ Hoffmann,* Unterhaltsrecht, 6. Aufl., Rz. 1779; *Griesche,* in: FamGb, § 1585 c BGB Rz. 25; *Schwab/ Borth,* Handbuch des Scheidungsrechts, 2. Aufl., Teil IV, Rz. 909 f.; *Langenfeld,* Anm. LM § 138 BGB (Ca) Nr. 23; *Koch,* JR 1993, 197 f.). Daß Gründe des Kindeswohl einen höheren als den notwendigen Unterhalt erfordern können, ist etwa im Hinblick auf die erhöhte Betreuungsbedürftigkeit eines behinderten Kindes vertreten worden (vgl. *OLG Hamburg,* FamRZ 1992, 444).

Die Erwägungen des OLG rechtfertigen es danach nicht, der Ehefrau mehr als den notwendigen Unterhalt zuzubilligen, weil sie nicht aufzeigen, daß dies aus Gründen des Kindeswohls geboten ist. Dabei kommt es nicht darauf an, was die Ehefrau ggf. durch eine Erwerbstätigkeit verdienen könnte, weil ausschließlich die Belange des Kindes zu berücksichtigen sind. Der Maßstab des § 1578 BGB kann auch nicht herangezogen werden, soweit in Abs. I S. 2 die Vorschrift auf den angemessenen Lebensbedarf des Berechtigten abgehoben wird; dem hierfür bedeutsamen vorehel. Lebensstandard der Ehefrau (vgl. dazu *Senat*surteil v. 9. 7. 1986 – IVb ZR 39/85 –, FamRZ 1988, 886, 889) fehlt der erforderliche Bezug zum Kindeswohl. Das gleiche gilt hier für die Frage, ob der umfassende Unterhaltsverzicht vor oder nach der Eheschließung vereinbart und ob dabei die spätere Geburt eines Kindes vorhergesehen wurde oder nicht. Die vom OLG festgestellten Umstände ergeben insgesamt nicht, daß das Kindeswohl eine vom Regelfall abweichende Beurteilung erfordert. Allein die Möglichkeit der Inanspruchnahme von Sozialhilfe durch den betreuenden Elternteil reicht zur Wahrung der Kindesbelange nicht aus, wie der *Senat* bereits ausgesprochen hat (vgl. Urteil v. 27. 9. 1989 – IVb ZR 78/88 –, FamRZ 1989, 1279, 1280 f.; s. a. *Koch,* a. a. O.). Die Entscheidung des OLG zur Anspruchshöhe kann nach allem keinen Bestand haben.

3. Da in Fällen der vorliegenden Art die Berufung auf den Unterhaltsverzicht nur zeitlich begrenzt ausgeschlossen ist, nämlich solange die Notwendigkeit einer Betreuung des Kindes andauert, kommt der Verpflichtung des Gerichts, bei der Beurteilung eines Unterhaltsanspruchs auch die künftige Entwicklung der Verhältnisse vorausschauend zu berücksichtigen (vgl. dazu etwa *Senat*surteil v. 21. 4. 1982 – IVb ZR 696/80 –, FamRZ 1982, 792, 794; *OLG Frankfurt/M.,* FamRZ 1989, 83), besondere Bedeutung zu. Vorliegend lag der Zeitpunkt der letzten mündlichen Verhandlung rund elf Monate vor der Vollendung des ersten Lebensjahres des Kindes der Parteien (5. 5. 1994). Unterhalt für die Zeit danach konnte der Ehefrau unverändert nur unter der Voraussetzung zugesprochen werden, daß sich hinsichtlich der Beurteilung ihrer Erwerbsobliegenheit nichts änderte. Eine solche Annahme bedurfte aber besonderer Rechtfertigung, da in der Regel die Erwerbsobliegenheit des betreuenden Elternteils – jedenfalls zu einer Teilzeitbeschäftigung – nur zu verneinen ist, solange das Kind noch nicht acht Jahre alt ist (vgl. *Senat*surteil v. 21. 12. 1988 – IVb ZR 18/88 – FamRZ 1989, 487, m. w. N.). Daß das OLG eine Prüfung in diesem Rahmen unterlassen hat, rügt die Revision zu Recht. Aus diesem Grunde kann das angefochtene Urteil keinen Bestand haben, soweit Unterhalt von mehr als monatlich 500 DM für einen Zeitraum nach der Aufnahme des Kindes in die dritte Grundschulklasse zugesprochen worden ist (vgl. dazu auch *OLG Bamberg,* FamRZ 1991, 1060 = NJW 1991, 2776, 2777).

(Abzug von Belastungen bei prägendem Wohnwert)

4. Die Ehefrau wohnt mit dem gemeinsamen Kind in einem Anwesen, das ihr und dem Ehemann **b** gemeinsam gehört. Letzterer hat im Prozeß vorgetragen, daß er die bisher von ihm allein geleisteten Zahlungen auf die Finanzierungsdarlehen i. H. von monatlich 2800 DM eingestellt habe und daß deswegen die Zwangsversteigerung drohe. Entgegen der Auffassung der Revision hat es bei dieser Sachlage das OLG zu Recht abgelehnt, den Unterhalt der Ehefrau unter dem rechtlichen Gesichtspunkt mietfreien Wohnens zu mindern. Der Vorteil mietfreien Wohnens ist unterhaltsrechtlich nur zu berücksichtigen, soweit er nicht durch damit verbundene Belastungen und Unkosten aufgezehrt wird (vgl. etwa *Senat*surteil v. 18. 3. 1992 – XII ZR 23/91 –, FamRZ 1992, 1045, 1049, m. w. N.). Wenn auch – was nicht festgestellt ist – die Ehefrau auf die Belastungen nichts zahlen sollte, ist sie doch nach dem eigenen Vortrag des Ehemannes Gesamtschuldnerin der aufgenommenen Finanzierungskredite. Unter solchen Umständen kann von einem anrechenbaren Wohnvorteil ebensowenig ausgegangen werden wie im Falle eines Mieters, der tatsächlich geschuldete Miete nicht zahlt.

(Darlegungs- und Beweislast bei Versorgungsleistungen)

5. Der Ehemann hat sich in zweiter Instanz u. a. darauf berufen, daß die Ehefrau seit November **c** 1992 eheähnlich mit einem anderen Mann zusammenlebe und sich deswegen ein Entgelt für Haushalts- und Versorgungsleistungen anrechnen lassen müsse. Diesen Vortrag hat das OLG als verspätet unberücksichtigt gelassen (wohl gemäß §§ 523, 282, 296 II ZPO). Es hat dazu ausgeführt, die behauptete Haushaltsgemeinschaft solle schon seit einem halben Jahr vor der Schlußverhandlung bestanden haben. Diesbezüglicher Vortrag des Ehemannes sei aber erst in einem unmittelbar vor dieser Verhandlung eingereichten Schriftsatz enthalten, obwohl ihm der Vorgang, falls zutreffend, von Anfang an nicht habe verborgen bleiben können, weil er im selben Hause wohne. Gründe für sein verzögerliches Verhalten

habe er nicht mitgeteilt; entschuldigende Umstände seien auch sonst nicht ersichtlich. Er könne daher mit dem wegen Verletzung seiner Prozeßförderungspflicht verspäteten Vortrag nicht gehört werden.

Dem hält die Revision entgegen, daß der Ehemann sich auf ein eheähnliches Verhältnis der Ehefrau schon mit dem rechtzeitig eingereichten Schriftsatz v. 19. 3. 1993 berufen habe; in dem zeitnah vor der Schlußverhandlung liegenden Schriftsatz v. 17. 6. 1993 habe er dieses Vorbringen lediglich wiederholt und den Namen des Mannes berichtigt. Außerdem habe die Ehefrau dieses Vorbringen nicht bestritten, so daß dessen Berücksichtigung ohne jede Verzögerung des Verfahrens möglich gewesen wäre. Diese Rüge dringt im Ergebnis durch.

Die Ehefrau ist zwar auf das fragliche Vorbringen schriftsätzlich nicht eingegangen, aber aufgrund der – nicht gemäß § 320 ZPO eingereichten – Feststellung im Tatbestand des Berufungsurteils, „Die Antragsgegnerin habe ein eheähnliches Verhältnis bestritten und sich im übrigen wegen des neuen Vortrags auf Verspätung berufen", ist gemäß § 314 ZPO davon auszugehen, daß sie entsprechende Erklärungen in der mündlichen Verhandlung abgegeben hat. Gleichwohl ist das Verfahren des OLG insoweit zu beanstanden. Die Revision weist mit Recht darauf hin, daß der fragliche Vortrag schon im Schriftsatz des Ehemannes v. 19. 3. 1993 enthalten ist, der zu einem Zeitpunkt eingereicht worden ist, als im Hinblick auf den behaupteten Beginn des eheähnlichen Verhältnisses (November 1992) kein Verstoß gegen die Prozeßförderungspflicht angenommen werden konnte. Ob ein Zusammenleben „eheähnlich" ist, erweist sich nämlich erst geraume Zeit nach der Aufnahme. Bis zur Schlußverhandlung v. 25. 6. 1993 verblieb der Ehefrau hinreichend Zeit, um sich dazu zu äußern und ggf. Beweis anzubieten. Da sie die Darlegungs- und Beweislast für ihre Bedürftigkeit trägt, hatte sie entgegenstehenden Vortrag des Ehemannes zu widerlegen, darunter fallen Behauptungen der hier in Rede stehenden Art (vgl. *Senats*urteile v. 28. 11. 1990 – XII ZR 1/90 –, FamRZ 1991, 670, 673, und v. 8. 12. 1982 – IVb ZR 331/81 –, FamRZ 1983, 150, 152; ebenso *Griesche,* in: FamGb § 1577 Rz. 17; *Göppinger/van Els,* a. a. O., Rz. 1007; *Palandt/Diederichsen,* a. a. O., § 1577 Rz. 5). Hier kann allein aufgrund des Urteilstatbestandes, der lediglich einfaches „Bestreiten" bezeugt, nicht davon ausgegangen werden, daß die Ehefrau durch eine Gegendarstellung (die den Bereich ihrer eigenen Handlungen und Wahrnehmungen betrifft) ihrer Darlegungslast hinreichend substantiiert nachgekommen wäre. Wäre es trotz eines diesbezüglichen Hinweises des Gerichts gemäß § 278 III ZPO dabei geblieben, hätte das OLG daher seiner Entscheidung die Richtigkeit des Vortrags des Ehemannes zugrunde legen müssen. Das hätte zur Folge gehabt, daß sich die Ehefrau eine Vergütung für Versorgungsleistungen hätte anrechnen lassen müssen (vgl. dazu etwa *Senats*urteil v. 21. 12. 1988 – IVb ZR 18/88 –, FamRZ 1989, 487 ff., m. w. N.).

BGH v. 14. 12. 94 – XII ZR 180/93 – FamRZ 95, 344 = NJW 95, 655

R488   *(Keine naheheliche Treuepflicht; Verwirkung wegen anstößiger oder kränkender Begleitumstände einer Bezie-*
       hung)

a   bb) Das OLG hat offengelassen, ob es innerhalb der „Lebensgemeinschaft" zwischen der Kl. und ihrer Freundin zu Intimitäten komme, wie der Bekl. durch Antrag auf Vernehmung eines von ihm beauftragten Detektivs unter Beweis gestellt habe. Auch wenn danach für die revisionsrechtliche Beurteilung davon auszugehen ist, daß die entsprechende Behauptung des Bekl. zutrifft, rechtfertigt dieser Umstand keine andere Beurteilung. Denn der Vortrag des Bekl. betrifft den reinen Intimbereich der Kl. und besagt nichts darüber, daß dessen Gestaltung nach außen in die Öffentlichkeit dringe. Es liegt also keiner der Fälle vor, in denen eine Verwirkung des Unterhaltsanspruchs nach § 1579 Nr. 6 und 7 BGB (entsprechend früher nach § 66 EheG) darauf gestützt wird, daß die Beziehung des Unterhaltsberechtigten zu einem neuen Lebenspartner – und dies könnte grundsätzlich auch für einen gleichgeschlechtlichen Partner gelten – wegen besonderer, etwa kränkender oder sonst anstößiger Begleitumstände geeignet ist, den Verpflichteten in außergewöhnlicher Weise zu treffen, bloßzustellen oder in seinem Ansehen zu schädigen (vgl. *Senats*urteil v. 21. 12. 1988, a. a. O., FamRZ 1989, 490, unter c), m. w. N.). Fehlt es aber an derartigen besonderen Begleitumständen, dann gilt der allgemeine Grundsatz, daß ein geschiedener Ehegatte in der privaten Gestaltung seines Lebens frei und dem Unterhaltsschuldner gegenüber weder zu „nachehelicher Treue" verpflichtet noch ihm – soweit nur eine allgemein gebotene Rücksichtnahme wegen des fortbestehenden Unterhaltsrechtsverhältnisses nicht verletzt wird – in sonstiger Weise verantwortlich ist.

BGH v. 25. 1. 1995 – XII ZR 195/93 – FamRZ 95, 1405 = NJW-RR 95, 449

R490A *(Auffangregelung des § 1579 Nr. 7 BGB auch bei Vorliegen objektiver Gründe; keine Befristung des nach-*
       ehelichen Unterhalts nach § 1579 Nr. 7 BGB wegen einer in der Ehe ausgebrochenen schweren Erkrankung)

a   1. Das BerGer. führt aus, die Kl. habe für die Zeit ab September 1991 Anspruch auf nachehelichen Unterhalt nach § 1572 BGB, da sie krankheitsbedingt erwerbsunfähig sei. Aufgrund der in erster

Instanz durchgeführten Beweisaufnahme stehe fest, daß sie infolge ihrer Erkrankung nicht in der Lage sei, ihren Beruf als Ärztin auszuüben und ihren Lebensunterhalt – auch nur teilweise – selbst zu verdienen. Die Wurzeln der Erkrankung der Kl. reichten in die Zeit vor der Eheschließung zurück, auch wenn das Krankheitsbild erst durch die besonderen familiären und beruflichen Belastungen seit 1987 in seiner vollen Tragweite sichtbar geworden sei. Bemessungsmaßstab für die Höhe des Unterhaltsanspruchs der Kl. sei das Einkommen des Bekl., das allein die ehelichen Lebensverhältnisse im Zeitpunkt der Scheidung geprägt habe. Entgegen der Annahme des *FamG* habe die Kl. ihren Unterhaltsanspruch auch nicht gem. § 1579 Nr. 3 BGB wegen Tablettenmißbrauchs teilweise verwirkt. Diese Ausführungen des BerGer., die revisionsrechtlich nicht zu beanstanden sind, nimmt die Revision als ihr günstig hin.

Weiter führt das BerGer. aus, auch ohne ein vorwerfbares Verhalten der Kl. sei wegen der besonderen objektiven Gegebenheiten und wegen der Entwicklungen der beiderseitigen Lebensverhältnisse eine Herabsetzung des Unterhalts auf den angemessenen Bedarf und eine zeitliche Begrenzung auf die Dauer von knapp vier Jahren nach Rechtskraft des Scheidungsurteils nach § 1579 Nr. 7 BGB gerechtfertigt. Die aus der Unterhaltspflicht erwachsende Belastung sei für den Bekl. unzumutbar, wenn die Kl. auf Dauer den vollen Unterhalt verlangen könne. Die Ehe der Parteien habe von der Eheschließung bis zur Zustellung des Scheidungsantrags Ende 1988 nur etwas mehr als fünf Jahre gedauert. Schon vorher – dreieinhalb Jahre nach der Eheschließung – hätten die Parteien den Entschluß zur Trennung gefaßt. Nach der Einschätzung des in erster Instanz eingeholten Sachverständigengutachtens sei bei der erst 39 Jahre alten Kl. inzwischen von einem „chronifizierten" Krankheitszustand auszugehen. Es sei nicht damit zu rechnen, daß sie in absehbarer Zeit einer geregelten beruflichen Tätigkeit nachgehen könne. Die Erkrankung der Kl. sei bereits vor der Ehe angelegt gewesen. Auch wenn die Einkommensverhältnisse des Bekl. überdurchschnittlich gut seien, werde bei einer Gesamtabwägung aller maßgeblichen Kriterien die Zumutbarkeitsgrenze für den Bekl. in nicht mehr hinnehmbarer Weise überschritten, wenn er auf Dauer den vollen Unterhalt zahlen müsse. Die Kl. habe durch die Eheschließung mit dem Bekl. nur finanzielle Vorteile, keinerlei Nachteile gehabt. Sie habe ohne finanzielle Sorgen auf Kosten des Bekl. ihr Studium beenden können, ohne jemals nennenswerte Aufgaben im Haushalt übernommen zu haben. Die Parteien seien übereinstimmend davon ausgegangen, daß die Kl. in kürzester Zeit ihren Unterhalt als Ärztin selbst verdienen könne und keine Unterhaltsleistungen von dem Bekl. verlangen werde. Die Absicht der Kl., an sich keinen Unterhalt von dem Bekl. zu verlangen, habe ihren sichtbaren Ausdruck darin gefunden, daß sie sich jahrelang mit dem Notwendigsten begnügt habe, obwohl sie die Möglichkeit gehabt habe, über das Konto des Bekl. frei zu verfügen. Diese Ausführungen des BerGer. halten einer rechtlichen Überprüfung nicht stand.

2. Es ist allerdings zutreffend, daß die Auffangregelung des § 1579 Nr. 7 BGB, die dem § 1579 I Nr. 4 BGB a. F. entspricht, allgemein eine unverhältnismäßige Belastung des Unterhaltspflichtigen vermeiden will und daher auch anwendbar sein kann, wenn allein objektive Gründe vorliegen, die die Inanspruchnahme des Unterhaltspflichtigen als unzumutbar erscheinen lassen (vgl. *Senat,* NJW 1985, 428 = FamRZ 1985, 51 [52] und NJW 1985, 2268 = FamRZ 1985, 911, jeweils m. Nachw.). Das BerGer. nimmt aber zu Unrecht an, daß im vorliegenden Fall auch ohne ein vorwerfbares Verhalten der Kl. solche Gründe gegeben sind. Das BerGer. stellt zur Begründung seiner gegenteiligen Ansicht entscheidend darauf ab, daß die Ehe der Parteien nur von kurzer Dauer gewesen sei und daß man dem Bekl. nicht zumuten könne, auf Dauer auf einen Teil seines Einkommens deshalb zu verzichten, weil die Kl. aufgrund einer Krankheit, die schon vor der Ehe zumindest angelegt gewesen sei, ihren Beruf als Ärztin nicht ausüben könne. Beide Gesichtspunkte tragen die Entscheidung des BerGer. nicht. Der Hinweis des BerGer., die Parteien seien übereinstimmend davon ausgegangen, daß die Kl. nach Abschluß ihres von dem Bekl. finanzierten Studiums keine Unterhaltsansprüche gegen den Bekl. geltend machen werde, enthält keine darüber hinausgehende Begründung. Diese Vorstellung der Parteien hängt nämlich unmittelbar damit zusammen, daß für sie die Tragweite der Erkrankung der Kl. nicht erkennbar war und daß sie deshalb – wie sich herausgestellt hat zu Unrecht – damit rechneten, die Kl. werde nach Abschluß ihres Studiums als Ärztin arbeiten und auf diese Weise ihren Lebensunterhalt selbst verdienen können.

(Bestimmung der Ehedauer von Eheschließung bis Rechtshängigkeit des Scheidungsverfahrens; keine kurze Ehe nach § 1579 Nr. 1 BGB bei Ehedauer von knapp 5 Jahren)

3. Nach § 1579 Nr. 1 BGB kann es einen besonderen Härtegrund darstellen, der zur Herabsetzung **b** oder zeitlichen Begrenzung des Unterhaltsanspruchs führen kann, wenn die Ehe nur von kurzer Dauer war. Das BerGer. zieht zu Recht nicht einmal in Erwägung, daß diese Bestimmung im vorliegenden Fall anwendbar sein könnte. Unter Ehedauer i. S. dieser Vorschrift ist die Zeit von der Eheschließung bis zur Rechtshängigkeit des Scheidungsantrags zu verstehen, durch den das zur Scheidung der Ehe führende Verfahren eingeleitet worden ist (st. Rspr.; vgl. *Senat,* NJW 1986, 2832 = FamRZ 1986, 886 [887]; *Soergel/Häberle,* BGB, 12. Aufl., § 1579 Rn. 4; *Johannsen/Henrich/Voelskow,* EheR, 2. Aufl., § 1579 Rn. 13; *Palandt/Diederichsen,* BGB, 53. Aufl., § 1579 Rn. 13). Im Regelfall ist nach der

ständigen Rechtsprechung des *Senats* eine Ehedauer von mehr als drei Jahren nicht als kurz i. S. des § 1579 Nr. 1 BGB anzusehen (vgl. *Senat,* NJW 1986, 2832 = FamRZ 1986, 886 [887] m. Nachw.; vgl. auch *Göppinger/Kindermann,* 6. Aufl., Rn. 1290; *Soergel/Häberle,* § 1579 Rn. 5; *Johannsen/Henrich/ Voelskow,* § 1579 Rn. 11; *Schwab/Borth,* 2. Aufl., IV Rn. 307). Die Ehe der Parteien hat bis zum Einreichen des Scheidungsantrages knapp fünf Jahre gedauert. Anhaltspunkte dafür, daß im vorliegenden Fall aufgrund besonderer Umstände dennoch von einer kurzen Ehedauer auszugehen sei, sind nicht ersichtlich. Die Parteien haben nach der Eheschließung bis zur Trennung ca. dreieinhalb Jahre zusammengelebt. Hinzu kommt, daß sie auch schon vor der Ehe etwa drei Jahre zusammengelebt haben, insgesamt also mehr als sechs Jahre. Daß Ehegatten vor der Eheschließung längere Zeit zusammengelebt haben, hat zwar keinen Einfluß auf die Bestimmung der Ehedauer, läßt aber zusätzliche Rückschlüsse darauf zu, daß sie ihre Lebensführung bereits aufeinander eingestellt und in wechselseitiger Abhängigkeit auf ein gemeinschaftliches Lebensziel ausgerichtet haben (vgl. *Schwab/Borth,* Rn. 309).

(Keine Verwirkung des Unterhalts nach § 1579 Nr. 7 BGB wegen einer in der Ehe aufgetretenen schweren Erkrankung, die bereits bei Eheschließung vorhanden war)

c   4. Auch daß die Kl. aufgrund einer schon vor der Ehe (zumindest latent) vorhandenen Erkrankung, die erst nach der Trennung der Parteien in ihrem vollen Ausmaß erkennbar geworden ist, erwerbsunfähig und damit unterhaltsbedürftig geworden ist und daß dieser Umstand für den Bekl. zu einer erheblichen und dauernden Unterhaltslast führen kann, rechtfertigt nicht die Herabsetzung oder zeitliche Begrenzung des Unterhaltsanspruchs der Kl. aufgrund der Härteregelung des § 1579 Nr. 7 BGB. Dies hat der *Senat* in einem Urteil, das dem BerGer. noch nicht bekannt sein konnte, bereits entschieden (NJW 1994, 1286 = FamRZ 1994, 566). Die Frage, ob ein geschiedener Ehegatte gegen den anderen aufgrund einer nach der Scheidung bestehenden krankheitsbedingten Erwerbsunfähigkeit einen Unterhaltsanspruch hat, ist in § 1572 BGB geregelt. Das BerGer. führt zutreffend (und im Einklang mit der Rechtsprechung des *Senats:* vgl. NJW 1982, 40 = FamRZ 1981, 1163 [1164]) aus, daß ein Unterhaltsanspruch der Kl. nach dieser Vorschrift gegeben ist, weil die voreheliche Erkrankung der Kl. schon zum Zeitpunkt der Scheidung zu einer krankheitsbedingten Erwerbsunfähigkeit geführt hat (vgl. auch *Johannsen/Henrich/Voelskow,* § 1572 Rdnrn. 5 f.; *Soergel/Häberle,* § 1572 Rn. 6; *Palandt/ Diederichsen,* § 1572 Rn. 6). Wenn gerade die schon vor der Eheschließung bestehende und von dem Zeitpunkt der Scheidung an fortdauernde Erkrankung der Kl. nach § 1572 Nr. 1 BGB einen Unterhaltsanspruch der Kl. gegen den Bekl. auslöst, dann kann nicht dieselbe Erkrankung einen „anderen Härtegrund" i. S. der Auffangregelung des § 1579 Nr. 7 BGB darstellen und auf diese Weise zu dem gegenläufigen Ergebnis führen, daß der Unterhaltsanspruch der Kl. ganz oder teilweise ausgeschlossen ist (vgl. *Senat,* NJW 1994, 1286 = FamRZ 1994, 566 f.).

BGH v. 25. 1. 95 – XII ZR 240/93 – FamRZ 95, 475 = NJW 95, 1215

R491   *(Verwirkung wegen Umgangsverweigerung)*

a   c) Diese Ausführungen der Revision sind nicht geeignet, der Entscheidung des Berufungsgerichts die Grundlage zu entziehen.

Wenn die Klägerin dem Beklagten im Juli 1991 keine Angaben über ihre Zukunftspläne und ihren Werdegang machte, so ist zu beachten, daß sie damals, wie der Beklagte wußte, noch die Schule besuchte und erst im folgenden Jahr ihr Abitur ablegen wollte. Ihr Unterhaltsbegehren und die darauf zielende Bitte um Auskunft über die Einkünfte des Beklagten bezogen sich zunächst auf den Zeitraum ihres weiteren Schulbesuchs.

Der Einreichung der Unterhaltsklage im Februar 1992 war nicht nur das Anwaltsschreiben vom 26. 9. 1991, sondern auch eine weitere Mitteilung vom 14. 11. 1991 mit Übersendung der erbetenen Bescheinigung über den Schulbesuch der Klägerin vorausgegangen. Nachdem der Beklagte trotz Erhalt dieser Mitteilungen seit August 1991 keinen Unterhalt an die als Schülerin weiterhin unterhaltsbedürftige und auf seine Zahlungen angewiesene Klägerin geleistet hatte, stellte sich die gerichtliche Geltendmachung des Unterhaltsanspruchs nach Ablauf von rund sieben Monaten nicht als Fehlverhalten der Klägerin im Sinne von § 1611 Abs. 1 BGB dar.

Schließlich ist auch der Auffassung der Revision zu der nicht ausreichenden Kontaktbereitschaft der Klägerin als Grund für eine Herabsetzung oder einen Ausschluß des Unterhaltsanspruchs – zumal die Klägerin von dem Beklagten „etwas wolle" – unter den gegebenen Umständen nicht zu folgen.

Sowohl in der Rechtsprechung, insbesondere der OLGe, als auch im Schrifttum werden unterschiedliche Ansichten dazu vertreten, ob und unter welchen Voraussetzungen die mangelnde Bereitschaft eines volljährigen Kindes zum persönlichen Kontakt mit dem auf Unterhalt in Anspruch genommenen Elternteil als schwere Verfehlung im Sinne des § 1611 Abs. 1 BGB anzusehen sein kann (vgl. etwa *OLG Frankfurt/M. –* 1. Familiensenat –, FamRZ 1990, 789; *OLG Frankfurt/M. –* 2. Familiensenat in Kassel –, FamRZ 1991, 1477; *OLG Bamberg* – 7. Zivilsenat – FamRZ 1991, 1476, und FamRZ 1992, 717; *OLG München,* FamRZ 1992, 595; sowie *Ewers,* FamRZ 1992, 719; *Schütz,* FamRZ 1992, 1338, und *Breiholdt,* NJW 1993, 305, sämtlich zu *OLG Bamberg,* FamRZ 1992, 717; *MünchKomm/Köhler,* BGB, 3. Aufl., § 1611 Rz. 6a; *Griesche* in FamGb § 1611 Rz. 8). Dabei gehen insbesondere das OLG München und der 2. Familiensenat des OLG Frankfurt/M. in Kassel ebenso wie *Griesche* davon aus, daß eine Minderung des Unterhaltsanspruchs aus solchem Grund nur in seltenen Ausnahmefällen, bei Hinzutreten weiterer gravierender Umstände – wie sie das OLG Bamberg in dem von ihm in FamRZ 1992, 717, entschiedenen Fall wohl als gegeben angenommen hat – in Erwägung zu ziehen sein wird. Zur Begründung dieser Auffassung wird u. a. darauf hingewiesen, daß es einem Kind in der Regel nicht als schwerer Schuldvorwurf angelastet werden könne, wenn es „während seiner Minderjährigkeit durch die Trennungsgeschichte seiner Eltern und unter dem Einfluß des sorgeberechtigten Elternteils in eine Konfrontationshaltung zu dem unterhaltsverpflichteten Elternteil hineinwächst und diese Haltung auch über die Volljährigkeit hinaus beibehält" (*OLG Frankfurt/M.* – 2. Familiensenat in Kassel –, a. a. O.; vgl. auch *Ewers,* a. a. O.), zumal solche Beziehungsstörungen „durch die Reife und Verselbständigung des Kindes nicht ohne weiteres behoben werden" (*OLG München,* a. a. O., S. 597; in diesem Sinn auch *Deisenhofer,* in: *Heiß,* Unterhaltsrecht 12.61).

Demgegenüber betonen vor allem das OLG Bamberg (a. a. O.) und der 1. Zivilsenat des OLG Frankfurt/M. (a. a. O., S. 789), daß ein erwachsenes, Unterhalt forderndes Kind grundsätzlich als einsichtsfähig zu gelten habe und für sein Verhalten im Rahmen von § 1611 Abs. 1 BGB verantwortlich zu machen sei.

Diese Überlegung kann es indessen nicht rechtfertigen, den gesetzlich normierten Maßstab einer vorsätzlichen schweren Verfehlung des Unterhaltsberechtigten zu verlassen und schon die Ablehnung jeder persönlichen Kontaktaufnahme zum unterhaltsverpflichteten Elternteil allein oder auch in Verbindung mit unhöflichen und unangemessenen Äußerungen diesem gegenüber als Grund für eine Herabsetzung oder den Ausschluß des Unterhalts nach § 1611 Abs. 1 BGB zu bewerten (vgl. dazu *Senats*urteil v. 24. 10. 1990 – XII ZR 124/89 = FamRZ 1991, 322, 323). Noch weniger kann ein Fehlverhalten im Sinne dieser Vorschrift darin gesehen werden, daß das unterhaltsberechtigte Kind, wie es hier seit dem 14. Lebensjahr der Klägerin offensichtlich der Fall war, die Beziehungen zu dem unterhaltsverpflichteten Elternteil über Jahre hinweg einschlafen läßt.

Die Annahme einer vorsätzlichen schweren Verfehlung des Unterhalt begehrenden Kindes setzt im übrigen grundsätzlich eine umfassende Abwägung aller maßgeblichen Umstände voraus, die auch das eigene Verhalten des unterhaltsverpflichteten Elternteils – und zwar sowohl gegenüber dem Kind als auch gegebenenfalls gegenüber dem geschiedenen Elternteil, der das Kind jahrelang versorgt und betreut und bei dessen Unterhalt seit seiner Minderjährigkeit gelebt hat – angemessen zu berücksichtigen hat (vgl. *Senats*urteil v. 24. 10. 1990, a. a. O.). Auch unter diesem Gesichtspunkt hat das OLG die Voraussetzung des § 1611 Abs. 1 BGB für den vorliegenden Fall rechtsfehlerfrei verneint. Der Beklagte hat nämlich, worauf das Berufungsgericht im Rahmen der von ihm vorgenommenen Abwägung nach § 1611 Abs. 1 BGB zutreffend abgehoben hat, der Klägerin nicht einmal zu ihrem 18. Geburtstag gratuliert, und er hat von sich aus keine Anteilnahme an ihren Ausbildungs- und Zukunftsplänen gezeigt. Darüber hinaus ist er, wie die Klägerin unbestritten vorgetragen hat, aus Anlaß des Termins vor dem Familiengericht vom 24. 7. 1992 vor der Verhandlung „mit wüsten Beschimpfungen über die Mutter der Klägerin hergezogen", hat dieses Verhalten trotz Zuredens seines Prozeßbevollmächtigten fortgesetzt und auch der Klägerin selbst Vorhaltungen wegen ihrer guten Beziehungen zu ihrer Mutter gemacht. Die Klägerin, die sich damals – nach ihrem Vortrag – vorgestellt hatte, das Zusammentreffen mit dem Beklagten könne zu einem Versöhnungsgespräch führen, sah sich durch dieses Verhalten des Vaters in ihrer Hoffnung schwer enttäuscht. Wenn die Revision in diesem Zusammenhang die Auffassung vertritt, da die Klägerin von dem Beklagten etwas wolle, liege es zumindest seit Eintritt der Volljährigkeit an ihr, die Initiative zu ergreifen, so kann dieser Ansicht unter den dargelegten Umständen nicht gefolgt werden.

(Nebentätigkeit von Studenten)

b) Nach allgemeiner – zutreffender – Auffassung trifft einen Studenten neben dem Studium in der **b** Regel keine Erwerbsobliegenheit. Denn er soll sich, auch im Interesse des Unterhaltspflichtigen, mit ganzer Kraft sowie dem gehörigen Fleiß und der gebotenen Zielstrebigkeit dem Studium widmen, um dieses innerhalb angemessener und üblicher Dauer zu beenden. Das gilt auch für die Zeit der Semesterferien, die neben der notwenigen Erholung der Wiederholung und Vertiefung des Stoffes dient, soweit sie nicht ohnehin durch studienbedingte Arbeiten (Hausarbeiten) ausgefüllt ist (vgl. *Kalthoener/Büttner,* Die Rechtsprechung zur Höhe des Unterhalts, 5. Aufl., Rz. 474, 475; *Strohal,* in: *Göppinger/Wax,* Unterhaltsrecht, 6. Aufl., Rz. 695, 291; *Schwab/Borth,* Handbuch des Scheidungsrechts, 2. Aufl. V, Rz. 65; *Griesche,* in: FamGb § 1601 Rz. 3; *MünchKomm/Köhler,* BGB, 3. Aufl., § 1602 Rz. 11d; *Soergel/Häberle,* BGB, 12. Aufl., § 1602 Rz. 6; auch *Senats*urteil v. 11. 2. 1987 – IVb ZR 23/86 = NJW 1987, 1557). Übt ein Student gleichwohl eine (Neben-)Erwerbstätigkeit aus, so stellt die

Vergütung, die er hierfür erhält, grundsätzlich Einkommen aus überobligationsmäßiger Tätigkeit dar (vgl. *Deisenhofer*, in: *Heiß*, Unterhaltsrecht 12.54; *Griesche*, in: FamGb a. a. O., Rz. 4). Die Anrechnung solcher Einkünfte aus unzumutbarer Tätigkeit bestimmt sich auch im Verwandtenunterhaltsrecht nach dem – hier entsprechend heranzuziehenden – Rechtsgedanken des § 1577 Abs. 2 BGB (vgl. *Kalthoener/Büttner*, a. a. O., Rz. 480; *OLG Köln*, FamRZ 1991, 856; grundlegend zu § 1577 Abs. 2 *Senatsurteil* v. 24. 11. 1982 – IVb ZR 310/81 = FamRZ 1983, 146 ff.; anders hingegen, nämlich gestützt auf allgemeine Billigkeitsabwägungen, etwa *OLG Koblenz,* FamRZ 1989, 1219). Danach bleiben Einkünfte anrechnungsfrei, soweit der Unterhaltsverpflichtete nicht den vollen Unterhalt leistet (§ 1577 Abs. 2 Satz 1 BGB). Darüber hinaus kommt eine Anrechnung insoweit in Betracht, als dies unter Berücksichtigung der beiderseitigen wirtschaftlichen Verhältnisse der Billigkeit entspricht (§ 1577 Abs. 2 Satz 2 BGB).

c) Das Berufungsgericht hat zwar den Maßstab des § 1577 Abs. 2 BGB bei seinen Ausführungen nicht ausdrücklich herangezogen. Die von ihm nach allgemeinen Billigkeitsgesichtspunkten tatrichterlich getroffene Entscheidung – die als solche nur in eingeschränktem Umfang revisionsrechtlicher Überprüfung unterliegt (vgl. *Senats*urteil BGHZ 109, 72, 88 = NJW 1990, 1172) – hält aber auch im Hinblick auf die Kriterien des § 1577 Abs. 2 BGB den Angriffen der Revision stand.

Die Klägerin nahm die Nebenerwerbstätigkeit Mitte November 1992 auf, nachdem ihr der Beklagte seit August 1991 keinen Unterhalt mehr gezahlt hatte. Sie war damit seit der letzten Unterhaltzahlung des Beklagten über ein Jahr lang auf Unterstützung Dritter angewiesen gewesen und hatte darüber hinaus seit der Aufnahme des Studiums und dem Auszug aus der Wohnung der Mutter einen gegenüber der Schul- und Nachschulzeit erhöhten Unterhaltsbedarf. Als sie unter diesen Umständen begann, eigene Erwerbseinkünfte zu erzielen, waren ihr diese – mangels Unterhaltsleistung des Beklagten – sowohl nach dem Rechtsgedanken des § 1577 Abs. 2 Satz 1 BGB als auch unter allgemeinen Billigkeitsgesichtspunkten nicht auf den von dem Beklagten geschuldeten, nachträglich beigetriebenen Unterhalt anzurechnen.

(Billigkeitsprüfung bei Nichtzahlung von Unterhalt)

c   Mit dieser Rüge kann die Revision keinen Erfolg haben. Die Entscheidung des Berufungsgerichts findet im Gegenteil eine zusätzliche Rechtfertigung in dem Umstand, daß der Beklagte trotz Verkündung des erstinstanzlichen Urteils am 18. 8. 1992, welches ihn neben den Rückständen zu laufenden Unterhaltszahlungen von monatlich 615 DM verpflichtete, weiterhin keine Zahlungen an die Klägerin leistete, sondern sie auf den Weg der Zwangsvollstreckung verwies und deren Durchführung sogar noch erschwerte. Wann und in welchem Umfang die Zwangsvollstreckung zu einem Erfolg führen würde, war für die Klägerin nicht vorhersehbar. Allein die Aussicht auf die mögliche Beitreibung von Unterhaltsrückständen konnte ihren laufenden Unterhaltsbedarf nicht befriedigen. Tatsächlich erhielt die Klägerin erstmals Ende Dezember 1992 aus der Zwangsvollstreckung einen Betrag von 8000 DM ausgezahlt, als sich die bis dahin aufgelaufenen Rückstände – auf der Grundlage der Entscheidung des Familiengerichts – bereits auf 9190 DM beliefen.

Angesichts des erheblichen Nachholbedarfs, den die Klägerin im Jahre 1992 hatte, begegnet es keinen durchgreifenden rechtlichen Bedenken, daß ihr das Berufungsgericht trotz des ersten Erfolges der Zwangsvollstreckung die Einkünfte aus ihrer Nebenerwerbsbeschäftigung anrechnungsfrei zur Tilgung der Kosten für die Einrichtung ihrer Wohnung – nach ihrem unbestrittenen Vortrag für eine Küche, einen Kleiderschrank und ein Bett – sowie für die Kosten einer Urlaubsreise beließ. Zu letztem macht die Revision geltend, Aufwendungen für eine Urlaubsreise gehörten nicht zum anerkennungswerten Bedarf eines Studenten; denn auch ein arbeitender Mensch, dem nur der Selbstbehalt nach der Düsseldorfer Tabelle verbleibe, könne sich mit Sicherheit keine Urlaubsreise leisten. Abgesehen davon, daß dieser Behauptung in ihrer Allgemeinheit so nicht beigetreten werden kann, weil dies entscheidend von den jeweiligen Kosten einer Urlaubsreise abhängt, hat die Billigkeitsentscheidung des Berufungsgerichts aus anderen Gründen auch in diesem Punkt Bestand. Die Klägerin hatte nämlich wegen der Einstellung der Unterhaltszahlungen durch den Beklagten seit August 1991 keine Möglichkeit, etwa laufend geringe Beträge von ihrem Unterhalt für eine Urlausreise anzusparen.

Unabhängig hiervon ist im übrigen darauf hinzuweisen, daß der Beklagte erst im Mai 1993 die bis dahin (nach der Berechnung des Familiengerichts) entstandenen Unterhaltsrückstände tilgte und erst in diesem Monat die laufenden Zahlungen wieder aufnahm. Nach dem Rechtsgedanken des § 1577 Abs. 2 Satz 1 und Satz 2 BGB unterliegen daher ohnehin nur die Erwerbseinkünfte der Klägerin aus den Monaten Mai bis (Anfang) Juli 1993 der Billigkeitsprüfung (vgl. insoweit zu der grundsätzlich gebotenen weiten Auslegung des § 1577 Abs. 2 BGB *Senats*urteil v. 24. 11. 1982, a. a. O., S. 149). Angesichts der verhältnismäßig geringen Höhe dieser Einkünfte ist die Entscheidung des Berufungsgerichts zur Anfechtungsfreiheit der Beträge aus den dargelegten Gründen revisionsrechtlich nicht zu beanstanden.

Dabei bedarf es entgegen der Auffassung des Berufungsgerichts keiner grundsätzlichen Auseinandersetzung mit der Frage, ob sich – im Rahmen von § 1577 Abs. 2 Satz 2 BGB – allgemeine Kriterien darüber aufstellen lassen, unter welchen Umständen und bis zu welcher Höhe einem Studenten, der regelmäßig Unterhalt von monatlich 950 DM erhält, Einkommen aus einer neben dem Studium ausgeübten Erwerbstätigkeit anrechnungsfrei zu belassen ist. Soweit das Berufungsgericht hier generell einen Zusatzverdienst bis zur Höhe von monatlich 1300 DM – angelehnt an das „Existenzminimum", das jedem arbeitenden Menschen auch gegenüber Unterhaltsansprüchen seiner minderjährigen Kinder verbleiben müsse – für nicht anrechenbar hält, bestehen dagegen allerdings Bedenken.

BGH v. 25. 1. 95 – XII ZR 247/93 – FamRZ 95, 544 = NJW 95, 1345

(Anpassung einer Unterhaltsrente) **R492**

Art. 234 § 5 EGBGB bestimmt unter Einschränkung des Art. 234 § 1 EGBGB, daß für den Unter- **a** haltsanspruch eines Ehegatten, dessen Ehe vor dem Wirksamwerden des Beitritts geschieden worden ist, das bisherige Recht maßgeblich bleibt. In welchen Fällen das Recht der DDR „bisheriges Recht" war, ist dabei nach dem innerdeutschen Kollisionsrecht zu beantworten, und zwar – im Interesse eines Entscheidungseinklanges – in der Ausprägung, die es in Anlehnung an das internationale Privatrecht der Art. 3 ff. EGBGB erfahren hat, lediglich mit dem Unterschied, daß in deutsch-deutschen Fällen nicht auf das Heimatrecht, sondern auf den gewöhnlichen Aufenthalt der Anknüpfungsperson abgestellt wird (*Senat*, BGHZ 85, 16, 22 f.; 124, 57 f. mit Anm. *Lohmann*, EWiR 1/94 zu Art. 18 EGBGB; *Senat*surteile v. 23. 9. 1992, a. a. O., S. 44, und v. 2. 2. 1994, a. a. O., S. 563; BGHZ 124, 270 f. mit Anm. *Thode*, JZ 1994, 472, 473; *Brudermüller*, FamRZ 1994, 1022 f.). Die Regeln des innerdeutschen Kollisionsrechts sind nach Art. 8 des Einigungsvertrages (Überleitung von Bundesrecht, vgl. Erläuterungen zum Einigungsvertrag Kapitel III Sachgebiet B Abschnitt II zu Art. 230 EGBGB) mit dem Wirksamwerden des Beitritts auch im Beitrittsgebiet zu beachten. Da die Ehe der Parteien nach DDR-Recht geschieden wurde, ist analog Art. 18 Abs. 4 EGBGB für die Unterhaltspflichten zwischen den geschiedenen Ehegatten und für die Änderung von Entscheidungen über diese Pflichten das DDR-Recht als das auf die Ehescheidung angewandte Recht maßgebend und gilt als Partikularrecht im Beitrittsgebiet fort (*Johannsen/Henrich*, a. a. O., Rz. 14).

(Eingeschränkte Anwendung des Erhöhungsverbots nach § 33 S. 2 FGB)

c) Damit bleibt § 33 Satz 2 FGB als materiell-rechtliche Vorschrift für die Abänderung des nach- **b** ehelichen Unterhaltspruchs in Altfällen weiterhin maßgebend. Das bedeutet indessen nicht, daß er jede Unterhaltserhöhung ausschließt. Vielmehr ergibt seine Auslegung, daß er angesichts der tiefgreifenden wirtschaftlichen und sozialen Veränderungen, die im Gefolge des Beitritts in den neuen Bundesländern aufgetreten sind und noch auftreten, einer Berücksichtigung dieser Veränderungen nicht entgegensteht. Das folgt aus dem auch hier anwendbaren Grundsatz von Treu und Glauben und dem daraus abgeleiteten Gedanken der clausula rebus sic stantibus, der eine Anpassung der Vereinbarung an die veränderten Verhältnisse erfordert.

aa) Dem Argument des OLG, die clausula rebus sic stantibus könne nicht herangezogen werden, weil sie kein allgemeines Rechtsprinzip sei, kann nicht gefolgt werden. Zwar ist die ursprünglich als stillschweigende Vertragsbedingungen angesehene Klausel nicht ausdrücklich als Rechtssatz in das Bürgerliche Gesetzbuch aufgenommen worden (RGZ 50, 255, 257; *MünchKomm/Roth*, BGB, 3. Aufl., § 242 Rz. 501 m. N.). Sie ist jedoch – in ihrer Weiterentwicklung zur Lehre vom Wegfall der Geschäftsgrundlage bzw. der Vertragsanpassung an die veränderten Verhältnisse (vgl. *Gottwald*, FamRZ 1992, 1374, 1381 m. N.) – insbesondere für Dauerschuldverhältnisse und Verträge mit Versorgungscharakter von Bedeutung (*Palandt/Heinrichs*, a. a. O., § 242 Rz. 110 f. m. N.). Auch dem Rechtssystem der früheren DDR war sie nicht fremd. Sie fand hier sogar eine ausdrückliche Regelung in § 78 DDR-ZGB. Danach konnte ein Gericht auf Klage einen Vertrag ändern oder aufheben, wenn sich die für den Vertragsschluß maßgebenden Umstände später so geändert hatten, daß einem der Partner die Erfüllung nicht mehr zumutbar war. Auch §§ 22 und 33 FGB sind Anwendungsfälle der clausula rebus sic stantibus, die für Unterhaltsschuldverhältnisse eine grundsätzliche Abänderung ermöglichen, wenn sich die hierfür zugrunde gelegten Verhältnisse wesentlich geändert haben. Der Grundsatz von Treu und Glauben, dessen Ausprägung die Lehre vom Wegfall der Geschäftsgrundlage ist, beherrscht als übergesetzlicher Rechtssatz auch das hier fortgeltende DDR-Recht. Er hat in dem Gemeinsamen Protokoll über die Leitsätze zum Vertrag über die Schaffung einer Währungs-, Wirtschafts- und Sozialunion zwischen der Bundesrepublik Deutschland und der DDR vom 18. 5. 1990 unter A I Nr. 2 Satz 2 ausdrücklich Eingang gefunden (BGBl. II S. 537, 545). Die Leitsätze sind gemäß Art. 4 Abs. 1 Satz 1 des Vertrages verbindlich und bei der Auslegung fortbestehenden Rechts anzuwenden. Die Grundsätze über den Wegfall der Geschäftsgrundlage werden demgemäß auch auf vor dem 1. 7. 1990 in der DDR entstandene Altverträge, für die das DDR-Recht grundsätzlich weitergilt, angewendet (BGHZ 120, 10, 22; 121, 378, 391; *Palandt/Heinrichs*, a. a. O., Rz. 152 a).

bb) Diese Auslegung führt zu einer vom Standpunkt des OLG abweichenden Beurteilung. § 33 Satz 2 FGB trifft eine die allgemeine Abänderbarkeit einschränkende Sonderregelung, indem er Unterhaltserhöhungen auf den Ausnahmefall beschränkt, daß der Unterhaltsverpflichtete in dem für die Unterhaltsberechnung maßgebenden Zeitpunkt der Scheidung vorübergehend nicht über sein Normaleinkommen verfüge, so daß bei einem späteren Wiederanstieg des Einkommens auf das während der Ehe erzielte Durchschnittsniveau der Unterhalt lediglich auf das an sich gerechtfertigte Maß angehoben wird (Kommentar zum FGB, a.a.O., § 33 Anm. 2). Kerngehalt der Bestimmung ist, die Höhe des Unterhaltsanspruchs auf die (Normal-)Verhältnisse zum Zeitpunkt der Scheidung festzuschreiben und den Unterhaltsberechtigten nicht mehr an einer späteren wirtschaftlichen Besserstellung des Unterhaltsverpflichteten teilhaben zu lassen, die dieser nach der Scheidung aufgrund von Umständen erzielt, die mit der Ehe nicht zusammenhängen und die auch nicht die Folge einer Einkommensentwicklung sind, deren Grund bereits in der Ehe geschaffen wurde und an der der Unterhaltsberechtigte aktiv beteiligt war (vgl. dazu *BG Dresden*, a.a.O.). Im wesentlichen betrifft dies individuelle Umstände, z.B. ein berufliches Fortkommen. Diese Regelung war nach den damaligen wirtschaftlichen Verhältnissen in der DDR auch für jene Fälle bedenkenfrei, in denen dem Unterhaltsberechtigten gemäß § 29 Abs. 2 FGB eine unbefristete, nach den beiderseitigen Verhältnissen angemessene (vgl. § 29 Abs. 1 FGB) Unterhaltsrente zugesprochen wurde, die ihm – allein oder zusammen mit eigenen Einkünften – einen Lebensunterhalt sichern sollte, der den zum Zeitpunkt der Scheidung gegebenen ehelichen Lebensverhältnissen entsprach. Denn da nach der damaligen Planwirtschaft in der DDR allgemeine Einkommenssteigerungen einerseits und inflationäre Entwicklungen andererseits nicht in dem Maße auftraten wie in der freien Marktwirtschaft, sondern wesentliche Einkommenserhöhungen in der Regel auf individuellen Umständen, etwa einem beruflichen Aufstieg, beruhten, blieben die für die Unterhaltsbemessung maßgebenden Grundlagen im wesentlichen stabil (vgl. *KG*, a.a.O., S. 569). Unter diesen Umständen konnte davon ausgegangen werden, daß auch unter der Regelung des § 33 Satz 2 FGB eine den Interessen beider Ehegatten gerecht werdende und auf längere Sicht ausgewogene Unterhaltsregelung möglich sei.

Mit dem beitrittsbedingten Übergang zur Marktwirtschaft änderten sich die wirtschaftlichen Ausgangsbedingungen indessen so grundlegend, daß das nach der damaligen sozialistischen Wirtschaftsordnung abgestimmte Verhältnis von § 29 Abs. 2 FGB einerseits und § 33 Satz 2 FGB andererseits empfindlich gestört wird. Diese Auswirkungen der wirtschaftlichen Neuordnung können bei der Anwendung des § 33 Satz 2 FGB nicht negiert werden. Denn die Beibehaltung des Nominalbetrages einer durch Urteil oder Prozeßvergleich festgelegten Unterhaltsrente ohne Anpassungsmöglichkeit an die veränderten Kaufkraftverhältnisse würde zu einem erheblichen Defizit führen, das sich mit zunehmender Angleichung der Preise und Einkommen in den Beitrittsländern an das Westniveau noch verstärken kann. Die Ausgewogenheit der Unterhaltsregelung wäre nicht mehr gewährleistet, da dem Unterhaltsberechtigten kein entsprechender Unterhaltsbeitrag mehr zustünde, mit dem er seine Unterhaltsbedürfnisse wie zum Zeitpunkt der Scheidung befriedigen könnte. Andererseits würde sich auf seiten des Unterhaltsverpflichteten, dessen Gehalt allein durch die beitrittsbedingte Einkommensangleichung angestiegen ist, die Unterhaltslast in einem Maße verringern, das mit der bisherigen Regelung nicht in vernünftiger Relation steht. Ein solches Ergebnis stünde auch mit der nach dem früheren DDR-Verständnis gegebenen Zielsetzung der §§ 29 Abs. 2 und 33 Satz 2 FGB nicht in Einklang. Daher muß der Unterhaltsbetrag in einem Maße angehoben werden, das der nach dem Beitritt eingetretenen Veränderung der wirtschaftlichen Verhältnisse, d.h. dem Anstieg der Einkommen und Lebenshaltungskosten, im Beitrittsgebiet entspricht (vgl. *BGHZ* 123, 65, 73 für die Anpassung von sogenannten Ausgleichsansprüchen für erlittene Unfallfolgen; *Hampel*, Bemessung des Unterhalts, 1994, Rz. 185; *Rotax*, FamRZ 1993, 1143). Dieser nach der marktwirtschaftlichen Entwicklung bemessene Anstieg bildet zugleich die Obergrenze der Anpassung. Andererseits ist nicht ausgeschlossen, daß dabei gegenläufige Entwicklungen auf seiten des Unterhaltsverpflichteten, die seine Leistungsfähigkeit verringern, etwa in Gestalt von Arbeitslosigkeit oder Teilzeitbeschäftigung, nach § 33 Satz 1 FGB mitberücksichtigt werden, so daß der Unterhalt nur in geringerem Umfang anzuheben ist.

Bei einer derartigen Anpassung bleibt der Kerngehalt der Regelung des § 33 Satz 2 FGB nach dem unterhaltsrechtlichen Vorverständnis der früheren DDR erhalten. Denn diese Anpassung ist nicht einer Unterhaltserhöhung gleichzusetzen, die aus einer Teilhabe an individuellen nachehelichen Einkommensverbesserungen resultiert und die § 33 Satz 2 FGB vermeiden will. Soweit es sich daher um derartige, z.B. beruflich bedingte Einkommenssteigerungen handelt, die sich ein Ehegatte nach der Scheidung durch seinen persönlichen Arbeitseinsatz erwirbt, bleiben sie auch künftig außer Betracht. Dagegen beruhen die beitrittsbedingten Einkommenssteigerungen auf der grundlegenden Umgestaltung eines Wirtschaftssystems im Zuge eines außergewöhnlichen geschichtlichen Ereignisses. Sie sind mit den in § 33 Satz 2 FGB gemeinten Tatbeständen nicht vergleichbar. Der Anpassung eines Unterhaltsbetrages an solche gewandelten Verhältnisse steht § 33 Satz 2 FGB nicht entgegen.

cc) Gesichtspunkte des Vertrauensschutzes für den Unterhaltsverpflichteten hindern eine solche Anpassung nicht. Zwar wird unter Hinweis auf die gesetzgeberische Zielrichtung des Art. 234 § 5

EGBGB vertreten, daß es bei den Maßstäben des FGB verbleiben müsse und nicht die ehel. Lebensverhältnisse und ihre Aufrechterhaltung über die Scheidung hinaus, wie sie wesentliche Kriterien für den Scheidungsunterhalt nach dem BGB seien, in die FGB-Regelung hineingelegt werden dürften (so *Grandke,* a. a. O., S. 262; vgl. auch *Staudinger/Rauscher,* a. a. O., Rz. 4). Ob dem uneingeschränkt, insbesondere auch für die Fälle eines nur auf zwei Jahre befristeten Unterhalts (§ 29 I FGB) gefolgt werden kann, braucht im vorliegenden Fall nicht entschieden zu werden. Auch die verfassungsrechtliche Problematik stellt sich nicht. Die Grundsätze des FGB werden hier nicht aufgegeben. Vielmehr trägt dieses Verständnis des § 33 S. 2 FGB lediglich den veränderten Verhältnissen Rechnung. Die Parteien des EinigVtr haben eine Fortgeltung des bisherigen Unterhaltsrechts der DDR vereinbart in der Befürchtung, daß die Anwendung des bundesrepublikanischen Rechts auf die in der DDR geschiedenen Ehegatten zu einer erheblichen Störung des Rechtsfriedens führen würde, wenn Unterhaltsansprüche entstünden, mit denen keiner der Ehegatten gerechnet habe (vgl. Erläuterungen zu den Anlagen zum EinigVtr, BT-Drucks. 11/7817, S. 44). Dabei war in erster Linie an den Schutz jener Ehegatten gedacht, die sich unter der Geltung des eingeschränkten Unterhaltsrechts der DDR in ihrer Lebensführung darauf eingestellt haben, von Unterhaltslasten gegenüber dem geschiedenen Ehegatten in der Regel spätestens nach Ablauf von zwei Jahren frei zu sein. Ein solcher Fall liegt bei unbefristeten Unterhaltsregelungen gemäß § 29 II FGB – wie hier – nicht vor, weil der Unterhaltsverpflichtete nicht mit überraschenden neuen Unterhaltsansprüchen belastet wird. Auch nach DDR-Recht sollte in solchen Fällen dem Unterhaltsberechtigten ein auf Dauer auskömmlicher Lebensunterhalt zugesichert sein. Ein Vertrauensschutz kommt hier allenfalls insofern in Betracht, als der Unterhaltsverpflichtete nicht damit rechnen muß, seine – auf individuellen Umständen beruhenden – nachehel. Einkommensverbesserungen mit dem geschiedenen Ehegatten zu teilen. Dagegen besteht kein schützenswertes Vertrauen dahin, trotz des beitrittsbedingten erheblichen Anstiegs der Einkommen und der Lebenshaltungskosten weiterhin nur den Nominalbetrag einer (im Verhältnis 1 : 1 umgestellten) Unterhaltsrente zu zahlen. Denn dies würde im tatsächlichen Ergebnis dazu führen, daß die Unterhaltspflicht gegenüber dem Unterhaltsberechtigten auf einen Minimalbetrag zurückgeführt wird. Dies ist nicht Sinn des § 33 S. 2 FGB, der zwar den Unterhalt auf die Verhältnisse der Ehegatten im Scheidungszeitpunkt festschreiben, nicht aber einer dauerhaften Befriedigung des gerechtfertigten Bedürfnisses des Unterhaltsberechtigten entgegenstehen will (vgl. FGB, Textausgabe 1989, Anm. zu § 29 S. 19).

4. a) Die Vorschrift des Art. 234 § 5 S. 2 EGBGB, nach der Unterhaltsvereinbarungen „unberührt" bleiben sollen, steht einer Anpassung der Vereinbarung der Parteien nach diesen Grundsätzen nicht entgegen. Sie besagt lediglich, daß Unterhaltsvereinbarungen, die die Ehegatten früher nach dem Recht der DDR geschlossen haben, grundsätzlich weiterbestehen und sich ein Ehegatte davon nicht schon mit der Begründung lösen kann, durch die als Folge des Beitritts eingetretene allgemeine Rechtsänderung sei die Geschäftsgrundlage der Vereinbarung entfallen. Das schließt eine Abänderung wegen Veränderung der maßgeblichen Verhältnisse oder wegen Wegfalls der individuellen Geschäftsgrundlage nicht aus (Senatsurteil v. 2. 2. 1994, a. a. O., S. 563 f., m. N.).

b) Ob eine solche Veränderung eingetreten ist, bestimmt sich nach dem der Einigung zugrunde gelegten Parteiwillen. Er ist Geltungsgrund der Vereinbarung und entscheidet darüber, welche Verhältnisse zu ihrer Grundlage gehören und wie die Parteien sie bewerten. Liegt danach eine Veränderung der Verhältnisse oder Erwartungen vor, die von beiden Parteien oder zumindest von einer Partei in für die andere erkennbarer Weise dem Vertrag zugrunde gelegt worden sind, verstößt es gegen Treu und Glauben, wenn eine Partei unter diesen Umständen dennoch an der bisherigen Regelung festhält. Die Rechtsfolge besteht dann in einer Anpassung der Vereinbarung an die jetzigen Verhältnisse (vgl. Senatsurteile v. 26. 1. 1983 – IVb ZR 344/81 –, FamRZ 1983, 569, 574, und v. 2. 2. 1994, a. a. O., S. 564). Solange eine Bindung an den Vertrag grundsätzlich sinnvoll ist, sind die Eingriffe gering zu halten und Anpassungen haben nach Möglichkeit unter Wahrung der dem Parteiwillen entsprechenden Grundlagen zu erfolgen. Erst wenn sich die Verhältnisse so tiefgreifend verändert haben, daß dem Parteiwillen für die gebotene Abänderung des Vertrages keine Anhaltspunkte mehr zu entnehmen sind, kann eine Neufestsetzung des Unterhalts ohne fortwirkende Bindung an die unbrauchbar gewordenen Grundlagen vorzunehmen sein.

c) Das OLG hat – aus seiner Sicht folgerichtig – eine Auslegung der Parteivereinbarung unter dem Gesichtspunkt des Wegfalls der Geschäftsgrundlage nicht vorgenommen. Es fehlt daher bislang an einer Prüfung, von welchen Grundlagen die Parteien ausgegangen sind und welche Vorstellungen sie mit der Vereinbarung der unbefristeten Unterhaltsrente im einzelnen verbunden haben. Vor allem kommt es darauf an, ob die Parteien beim Abschluß der Vereinbarung im Juli 1989 in Voraussicht auf die nachfolgenden Ereignisse bereits die Möglichkeit tiefgreifender politischer und wirtschaftlicher Veränderungen in Betracht gezogen haben und gleichwohl davon ausgegangen sind, daß eine Erhöhung der Rente über den Nominalbetrag hinaus auch unter solchen Umständen ausgeschlossen sein solle, oder ob sie die Vereinbarung (lediglich) auf dem Boden des damals geltenden Unterhaltsrechts und der damals gegebenen und als fortbestehend angenommenen Verhältnisse getroffen haben. Für letzteres könnte der Wortlaut der Vereinbarung sprechen, der Anhaltspunkte dafür erkennen läßt, daß es sich allein um die vertragliche Ausgestaltung des gesetzlichen Unterhaltsanspruchs nach § 29 II FGB handeln sollte und dem Kl. mit dem Betrag der Unterhaltsrente – bei Fortgeltung der bisherigen allgemeinen wirtschaftlichen Verhältnisse – in Ergänzung seiner eigenen Invalidenrente ein Auskommen gesichert werden sollte, das den zum Zeitpunkt der Scheidung gegebenen Lebensverhältnissen der Parteien entspricht.

BGH v. 1. 2. 1995 – XII ZR 2/94 – FamRZ 95, 473 = DtZ 95, 207

R492A   *(Bemessung des Bedarfs durch die Änderung der gesellschaftlichen und wirtschaftlichen Verhältnisse in der DDR nach der Wiedervereinigung)*

1. Das *OLG* hat den Unterhaltsanspruch der Kl. nicht nach dem Recht der früheren DDR, sondern nach §§ 1569 ff. BGB beurteilt. Das steht im Einklang mit der Rspr. des *Senats* zum innerdeutschen Kollisionsrecht in vergleichbaren Fällen (BGHZ 124, 57 ff. = FamRZ 1994, 160, m. Anm. *Brudermüller,* S. 1022, und v. 21. 9. 1994 – XII ZR 115/93 –, FamRZ 1994, 1582) und wird auch von der Revision nicht angegriffen.

e) Zutreffend ist der Ausgangspunkt des *OLG,* daß sich die Höhe des von der Kl. wegen Krankheit geltend gemachten Unterhaltsanspruchs (§ 1572 Nr. 1 BGB) nach den ehel. Lebensverhältnissen richtet (§ 1578 I S. 1 BGB), und daß nach der Scheidung eintretende Einkommensverbesserungen grundsätzlich nur insoweit zu berücksichtigen sind, als ihnen eine Entwicklung zugrunde liegt, die aus der Sicht zum Zeitpunkt der Scheidung mit hoher Wahrscheinlichkeit zu erwarten war und die ehel. Lebensverhältnisse aufgrund dieser Erwartung bereits mit geprägt hat (std. Rspr., vgl. *Senats*urteil vom 11. 2. 1987 – IVb ZR 20/86 –, FamRZ 1987, 459, 460 = NJW 1987, 1555).

Im Zeitpunkt der Scheidung (8. 5. 1987) war zwar noch nicht vorauszusehen, daß beide Parteien ihren Aufenthalt aus dem Gebiet der früheren DDR nach Westdeutschland verlegen und dort weit höhere Einkünfte erzielen würden; eine entsprechende Erwartung konnte die ehel. Lebensverhältnisse somit noch nicht geprägt haben.

Gleichwohl ist revisionsrechtlich nicht zu beanstanden, daß das *OLG* bei der Bemessung des Unterhalts nicht auf die Einkünfte der Parteien abgestellt hat, die diese im Zeitpunkt der Scheidung in der DDR hatten, sondern auf die Einkünfte, die sie bei einer Projektion ihrer persönlichen Verhältnisse auf die entsprechenden Verhältnisse in der Bundesrepublik im Zeitpunkt der Scheidung erzielt hätten.

aa) Zu Recht weist das *OLG* darauf hin, daß die zu diesem Zeitpunkt herrschenden allgemeinen Erwerbs- und Lebensverhältnisse in der DDR mit denen in der Bundesrepublik aufgrund der unterschiedlichen gesellschaftlichen und wirtschaftlichen Entwicklung in weiten Teilen nicht mehr vergleichbar waren. Nach der Aufenthaltsverlegung im April bzw. Oktober 1989 und dem damit zwangsläufig verbundenen Wechsel nur partiell vergleichbarer Sozialsysteme stellen daher die Einkommens- und Vermögensverhältnisse, die im Zeitpunkt der Scheidung in der DDR bestanden haben, für die Unterhaltsbemessung nach § 1578 I BGB keinen geeigneten Anknüpfungspunkt mehr dar. Sie wären nämlich nicht geeignet, dem Bedürftigen in der Bundesrepublik den Lebensstandard zu garantieren, der die Anlegung eines objektiven Maßstabs (vgl. *Senats*urteil v. 4. 11. 1981 – IVb ZR 624/80 –, FamRZ 1982, 151, 152) dem in der DDR erreichten sozialen Status der Ehegatten im Regelfall entspricht (vgl. *Palandt/Diederichsen,* BGB, 54. Aufl., § 1578 Rz. 3, m. N.; *Hampel,* Bemessung des Unterhalts an Hand von Unterhaltstabellen und Unterhaltsrichtlinien der Oberlandesgerichte, Rz. 186).

bb) Die Lebensumstände der Beteiligten, auf die das Unterhaltsrecht abstellt, bestimmen sich regelmäßig nach den im Aufenthaltsland gegebenen sozialen Verhältnissen (vgl. *Senats*urteil, BGHZ 85, 16, 25 = FamRZ 1982, 1189 = NJW 1983, 279).

Wie das *OLG* zutreffend ausgeführt hat, ist daher auf die Lebensverhältnisse der Parteien abzustellen, die sich ergeben, wenn die persönlichen Verhältnisse der Parteien im Zeitpunkt der Scheidung auf die entsprechenden Verhältnisse in der Bundesrepublik projiziert werden. Ein sich daraus ergebendes höheres Einkommen ist ebenso wie ein wiedervereinigungsbedingter Einkommensanstieg, der seine Ursache in der Veränderung des gesamten Lohn-Preis-Gefüges sowie typischer Erwerbschancen hat, nicht als Karrieresprung, sondern als bereits in der Ehe angelegt anzusehen (vgl. zum wiedervereinigungsbedingten Einkommensanstieg *Kalthoener/Büttner,* Die Rechtsprechung zur Höhe des Unterhalts, 5. Aufl., Rz. 83; *Johannsen/Henrich/Voelskow,* Eherecht, 2. Aufl., § 1578 BGB Rz. 8; Empfehlungen des *9. Deutschen Familiengerichtstages,* A I 1.1 b, FamRZ 1992, 143; *Hampel,* a. a. O., Rz. 185 f.).

Das *OLG* hat bei der Bemessung des Unterhaltsanspruchs der Kl. im Ergebnis zu Recht auf die vom Bekl. ab 1990 tatsächlich erzielten Einkünfte aus seiner Tätigkeit als Feuerungsmaurer abgestellt. Des Vergleichs mit der Besoldung eines städtischen Baurats (A 13) und der daran anknüpfenden Vergleichsberechnung bedurfte es nicht. Während der Ehe der Parteien war der Bekl. bis 1977 in seinem erlernten Beruf als Ofenmaurer tätig, der seiner jetzigen Tätigkeit entspricht. Anhaltspunkte dafür, daß seine spätere Position im Bauamt der Stadt S. demgegenüber einen sozialen Abstieg bedeutete, sind weder vom Bekl. dargetan noch sonst ersichtlich. Seine derzeitige Erwerbstätigkeit beruht daher nicht etwa auf einem ungewöhnlichen, nicht vorhersehbaren Karriereverlauf, sondern auf den beruflichen

Verhältnissen, die schon die Ehe der Parteien in der DDR geprägt hatten. Folglich können der Bemessung des Unterhaltsanspruchs unmittelbar die tatsächlichen Einkünfte zugrunde gelegt werden, die der Bekl. in der Zeit erzielt hat, für die die Kl. Unterhalt verlangt.

BGH v. 22. 2. 95 – XII ZR 80/94 – FamRZ 95, 537 = NJW 95, 1486

(Bemessung des Familienunterhalts) R493

Der in einer intakten Ehe bestehende Familienunterhaltsanspruch gemäß §§ 1360, 1360a BGB läßt a sich nicht ohne weiteres nach den zum Ehegattenunterhalt bei Trennung oder Scheidung (§§ 1361, 1569f BGB) entwickelten Grundsätzen bemessen. Er ist seiner Ausgestaltung nach nicht auf die Gewährung einer laufenden Geldrente für den jeweils anderen Ehegatten gerichtet, die jedem von ihnen zur freien Verfügung steht. Er ist vielmehr als gegenseitiger Anspruch der Ehegatten darauf gerichtet, daß jeder von ihnen seinen Beitrag zum Familienunterhalt entsprechend seiner nach dem individuellen Ehebild übernommenen Funktion leistet (*MünchKomm/Wacke*, BGB, 3. Aufl., § 1360 Rz. 7, 10; *Soergel/Lange,* BGB, 12. Aufl., § 1360 Rz. 3, 15, und § 1360a Rz. 13; *Gernhuber/Coester-Waltjen,* Lehrbuch des Familienrechts, 4. Aufl., S. 226 f.; *Schwab,* Familienrecht, 7. Aufl., Rz. 3130f., 135). Seinem Umfang nach umfaßt er gemäß § 1360a Abs. 1 BGB alles, was für die Haushaltsführung und die Deckung der persönlichen Bedürfnisse der Ehegatten und der gemeinsamen Kinder erforderlich ist (*BGH*, Urteil v. 6. 10. 1992 – VI ZR 305/91 –, NJW 1993, 124). Sein Maß bestimmt sich nach den ehelichen Lebensverhältnissen, so daß insoweit zwar § 1578 BGB als Orientierungshilfe herangezogen werden kann (*Göppinger/Kindermann*, Unterhaltsrecht, 6. Aufl., Rz. 1073). Der eheangemessene Unterhalt nach § 1578 BGB findet seine Untergrenze aber nicht im Tabellenmindestunterhalt, sondern kann im Einzelfall auch unter diesen Wert sinken (st. Rspr. des *Senats,* vgl. zuletzt Urteil v. 11. 1. 1995 – XII ZR 122/93, NJW 1995, 963 = LM Nr. 62 zu § 1578 BGB m. Anm. *Hohloch*). Das gleiche gilt auch für den Unterhaltsbetrag, der im Rahmen des Familienunterhalts für den Bedarf des Ehegatten anzunehmen ist. Auch dieser Betrag kann unter dem angegebenen Tabellenwert liegen. Bei dem hohen Renteneinkommen des Beklagten ist das indes nicht der Fall. Legt man diejenigen Beträge zugrunde, von denen der Kläger nach seinem eigenen Vortrag in der Berufungsbegründung vom 18. 11. 1993 unter Berücksichtigung der von ihm anerkannten Krankenkassenbeiträge und der krankheitsbedingten Rehabilitations- und Sachaufwendungen als für den Unterhalt der Ehegatten und des Sohnes des Beklagten zur Verfügung stehendem Resteinkommen ausgeht – nämlich von August bis Dezember 1989 3414 DM, von Januar bis Juli 1990 3139 DM und von August bis Dezember 1990 2858 DM –, wird ersichtlich, daß der angemessene Unterhalt für die Ehefrau in jedem Falle über 1100 DM liegt. Die Ehefrau muß sich gegenüber dem volljährigen erstehelichen Sohn des Beklagten auch nicht auf den Mindestunterhalt verweisen lassen. Wenn das OLG daher nur den Mindestunterhalt berücksichtigt hat, gereicht dies dem Kläger nicht zum Nachteil.

(Unentgeltliche Pflege- und Betreuungsleistungen für den Unterhaltspflichtigen rechtfertigen Freibeträge)

a) Auf ein fiktives Entgelt für die Pflegeleistungen der Ehefrau kann sich der Beklagte, wie das OLG b zutreffend ausführt, nicht berufen. Selbst für einen überobligationsmäßigen, in Geld meßbaren Einsatz kennt das Gesetz zwischen Ehegatten keine laufende Vergütungspflicht. Ein Rückforderungs- oder Erstattungsanspruch ist im Zweifel ausgeschlossen (§ 1360b BGB). Eine vertragliche Vereinbarung ist hier nicht festgestellt. Ob sich nach dem Scheitern der Ehe ein familienrechtlicher Ausgleichsanspruch (vgl. hierzu *BGHZ* 84, 361, und *Senats*urteil v. 13. 7. 1994 – XII ZR 1/93 –, FamRZ 1994, 1167) oder eine Berücksichtigung im Rahmen des Zugewinnausgleichs (vgl. *BGH,* Urteil v. 24. 2. 1983 – IX ZR 42/82 –, FamRZ 1983, 351) ergeben kann, ist hier ohne Belang. Ebensowenig ist der Rechtsgedanke aus § 850h Abs. 2 ZPO anwendbar. Danach gilt zum Schutz des Gläubigers des dienstleistenden Schuldners eine angemessene Vergütung zwischen dem Schuldner und dem Dienstleistungsempfänger als geschuldet. Das gilt grundsätzlich auch in den Fällen einer familienrechtlichen Mitarbeitspflicht oder eines das geschuldete Maß übersteigenden Unterhalts (vgl. *Senatsurteil* FamRZ 1980, 665, 668; *BAG,* Urteil v. 4. 5. 1977 – 5 AZR 151/76 –, NJW 1978, 343). Diesen Grundsatz hat der Senat auch zum Schutz des unterhaltspflichtigen Ehegatten herangezogen, wenn der unterhaltsbedürftige Ehegatte mit einem Dritten in einer eheähnlichen Gemeinschaft lebt und diesem den Haushalt führt. Auf den vorliegenden Fall läßt sich dies jedoch nicht übertragen, da der Schutzgedanke nicht für den Dienstleistungsempfänger – dies wäre hier der Beklagte – eingreift.

b) Die Revision rügt, daß das OLG die Leistungsfähigkeit des Beklagten verneint habe, weil es ihn unter Verweis auf § 69 BSHG zwar nicht für verpflichtet, wohl aber für berechtigt angesehen habe, seiner Ehefrau für die geleistete Pflege eine Vergütung zu gewähren. Das OLG verlasse damit in nicht zulässiger Weise den Anwendungsbereich des § 1603 Abs. 1 BGB, wenn es bei der Feststellung der Leistungsunfähigkeit des Beklagten nicht nur dessen Verpflichtungen für berücksichtigungsfähig erkläre, sondern auch dessen Berechtigung, bestimmte Aufwendungen zu machen, ohne Rücksicht darauf, ob sie tatsächlich gemacht werden.

Dieser Einwand besteht zu Recht. Grundsätze und Bestimmungen des auf Erwägungen der öffentlichen Fürsorge beruhenden Sozialhilferechts können zur Lösung privatrechtlicher Unterhaltsprobleme grundsätzlich nicht herangezogen werden. Der Bundesgerichtshof hat dies bereits in anderem Zusammenhang für §§ 16, 122 BSHG bei der Prüfung der Bedürftigkeit eines unterhaltsberechtigten Ehegatten, der mit einem Dritten in Haushalts- und Wirtschaftsgemeinschaft lebt, verneint (Urteil v. 26. 9. 1979 – IV ZR 87/78 –, FamRZ 1980, 40, 41 f.; *Senatsurteile* v. 23. 4. 1980, a. a. O., S. 668; und v. 25. 6. 1980 – IVb ZR 523/80 –, FamRZ 1980, 879, 880). Entsprechendes gilt auch für § 69 BSHG.

Außer der Erstattung von – konkret nachzuweisenden – angemessenen Aufwendungen, die dem Pflegebedürftigen für die Pflegeperson entstehen (§ 69 Abs. 2 Satz 2 Halbs. 1 BSHG, z. B. notwendige Fahrtkosten, Verpflegungsmehraufwand und ähnliches) sowie einmaligen oder laufenden Beihilfen (§ 69 Abs. 2 Satz 2 Halbs. 2 BSHG, z. B. Taschengeld oder Ausgleich für Verdienstausfall oder sonstige Zuwendungen, vgl. *Knopp-Fichtner*, BSHG 7. Aufl., § 69 Rz. 6 und 7), wird dem Schwerstpflegebedürftigen gemäß § 69 Abs. 3 BSHG auch ein pauschaliertes, von keinem Einzelnachweis abhängiges Pflegegeld gewährt, wenn ihm nahestehende Personen oder Angehörige die Pflege unentgeltlich erbringen. Die besondere sozialpolitische Zweckbestimmung liegt nicht darin, den Pflegebedarf voll abzudecken oder die Pflegeperson zu entlohnen, sondern die Pflegebereitschaft nahestehender Personen zu fördern. Damit soll die Notwendigkeit kostspieliger stationärer Heimpflege oder Betreuung durch berufsmäßige Pfleger zugunsten einer häuslichen Pflege durch Verwandte und Freunde zurückgedrängt werden (*Knopp-Fichtner*, a. a. O., Rz. 10, 15; *Schellhorn/Jirasek/Seipp*, Bundessozialhilfegesetz, 14. Aufl., § 69 Rz. 1 und 2). Denn die Pflege in seiner gewohnten Umgebung durch vertraute Personen ist zum einen für den Behinderten angenehmer, zum anderen entlastet sie die öffentlichen Kassen. Solche fürsorgerischen und fiskalischen Erwägungen der öffentlichen Hand bestehen allein im Verhältnis zwischen Sozialhilfeträger und -hilfeempfänger, lassen sich aber nicht zu Lasten eines Unterhaltsgläubigers in das privatrechtliche Unterhaltsverhältnis zwischen Unterhaltsberechtigtem und Unterhaltsverpflichtetem übertragen. Zugleich scheidet eine analoge Anwendung der Beweislastumkehr gemäß der nur auf Sozialhilfeleistungen zugeschnittenen Ausnahmevorschrift des § 1610 a BGB aus (vgl. auch *Künkel*, FamRZ 1991, 1131, 1132).

c) Die Entscheidung erweist sich jedoch aus anderem Grunde als richtig (§ 563 ZPO).

Das Unterhaltsrecht wird u. a. von dem allgemeinen Grundsatz geprägt, daß ohne Rechtsanspruch gewährte, freiwillige Zuwendungen Dritter nur dem Zuwendungsempfänger allein zugute kommen, sich aber auf ein Unterhaltsrechtsverhältnis nicht auswirken sollen, es sei denn, dem Willen des Zuwendenden läßt sich anderes entnehmen. Dabei treten zwei Fallgestaltungen auf: So führen Leistungen eines Dritten an den Unterhaltsberechtigten, die an sich geeignet wären, dessen Unterhalt zu decken, im Verhältnis zum Unterhaltsverpflichteten nur dann zu einer Minderung seiner Bedürftigkeit, wenn der Dritte damit zugleich bezweckt, den Unterhaltsverpflichteten zu entlasten. Geht sein Wille dagegen dahin, nur den Beschenkten selbst zu unterstützen, beührt dies dessen Bedürftigkeit im Verhältnis zum Unterhaltsverpflichteten im allgemeinen nicht (*Senatsurteil* v. 25. 11. 1992 – XII ZR 164/91 –, FamRZ 1993, 417, 419). Ähnlich sind freiwillige Leistungen Dritter an den Unterhaltsverpflichteten bei der Prüfung seiner Leistungsfähigkeit nur dann zu beachten, wenn sie nach dem Willen des Dritten nicht allein dem Unterhaltsverpflichteten zugute kommen sollen, sondern auch dem Unterhaltsberechtigten (*MünchKomm/Köhler*, a. a. O., § 1603 Rz. 18, 20; § 1602 Rz. 12 a; *Gernhuber/Coester-Waltjen*, a. a. O., S. 672; *Göppinger/Strohal*, a. a. O., Rz. 535, 537). Liegt keine ausdrückliche Willensbestimmung des Zuwendenden vor, läßt sie sich meist aus den persönlichen Beziehungen der Beteiligten zueinander erschließen (*MünchKomm/Köhler*, a. a. O., § 1602 Rz. 13 a; *Göppinger/Strohal*, a. a. O., Rz. 536; *Köhler/Luthin*, 8. Aufl., Rz. 74). Zuwendungen in diesem Sinne können auch Naturalleistungen zur Bedarfsdeckung, wie etwa persönliche Dienstleistungen in Form von Pflege und Betreuung sein (*Göppinger/Strohal*, a. a. O., Rz. 538), für die der Zuwendungsempfänger andernfalls bezahlen müßte.

Derartige Zuwendungen sind auch hier gegeben. Zwischen den Parteien ist unstreitig, daß der Beklagte infolge seiner unfallbedingten Hilflosigkeit einen erhöhten Bedarf in Gestalt einer „rund um die Uhr" erforderlichen Pflege und Betreuung hat. Die ihm von seiner Ehefrau zur Deckung dieses Bedarfs gewährten Pflegeleistungen sind jedenfalls überwiegend als freiwillige Zuwendungen anzusehen. Die Revision kann diese Freiwilligkeit der Zuwendung nicht erfolgreich mit dem Einwand bekämpfen, daß die Ehefrau die Pflege als Teil ihrer Unterhaltspflicht nach § 1360 BGB schulde und der Beklagte hierauf einen Rechtsanspruch habe. Denn die Pflege eines Schwerstbehinderten geht jedenfalls weit über das hinaus, was im Rahmen der gegenseitigen Beistands- und Unterhaltspflicht der Ehegatten gemäß §§ 1353, 1360 BGB üblicherweise an Krankenpflege geschuldet wird, und ist insoweit überobligatorisch. Durch ihre unentgeltliche Pflege erspart die Ehefrau dem Beklagten denjenigen Teil seines Einkommens, den er andernfalls angesichts seines Betreuungsbedarfs für Fremdpflegekosten ausgeben müßte. Das kann aber hier nicht zur Folge haben, daß diese ersparten Mittel nunmehr für den Unterhalt des Sohnes des Beklagten zur Verfügung stehen. Wenn die Ehefrau unter Abbruch ihres Studiums und Verzicht auf eigenes Einkommen und den Erwerb einer eigenen Altersversorgung den Beklagten unentgeltlich pflegt, so ist, wie das OLG in anderem Zusammenhang zutreffend feststellt, davon auszugehen, daß sie damit ausschließlich den Beklagten unterstützen, nicht aber seine unterhaltsrechtliche Leistungsfähigkeit im Verhältnis zu seinem erstehelichen Sohn gewährleisten will. Die durch ihre Leistung ersparten Mittel können daher nicht zum unterhaltsrelevanten Einkommen des Beklagten gezählt werden (vgl. auch *Senatsurteil* v. 29. 6. 1983 – IVb ZR 379/81 – n. v., in dem der Senat einem zum nachehelichen Unterhalt Verpflichteten einen „Freibetrag" für Betreuungsleistungen zugebilligt hat, die seine neue Ehefrau seinen Kindern aus erster Ehe angedeihen ließ).

BGH v. 22. 3. 1995 – XII ZR 20/94 – FamRZ 95, 725 = NJW 95, 2032

(Kein Wegfall der Verzugsvoraussetzungen durch Abweisung eines Antrags auf einstweilige Anordnung und **R493A** *Nichterhebung einer Leistungsklage binnen 6 Monaten)*

3. Diesen Einwänden bleibt der Erfolg im Ergebnis versagt.

a) Allerdings wäre die Bekl. angesichts des nur auf einer summarischen Prüfung beruhenden, nicht in materielle Rechtskraft erwachsenden Beschlusses über den Antrag auf einstweilige Anordnung prozessual nicht gehindert gewesen, ihren vermeintlichen rückständigen Trennungsunterhalt in einem isolierten Verfahren geltend zu machen. Auch ist mit der Revision davon auszugehen, daß nicht erst der Antrag auf einstweilige Anordnung im Scheidungsverfahren, sondern bereits die vorausgehenden Mahnschreiben der Bekl. vom 26. 6. 1990 und 17. 1. 1991 den Kl. in Verzug gesetzt und die Bekl. gem. § 1613 I BGB materiellrechtlich die ihr sonst verschlossene Möglichkeit eröffnet haben, Trennungsunterhalt auch für die Vergangenheit zu fordern. Diese Verzugswirkungen, gleichgültig, ob sie auf den Mahnschreiben oder dem Antrag auf einstweilige Anordnung beruhen, sind auch nicht ohne weiteres dadurch entfallen, daß der Antrag auf einstweilige Anordnung abgewiesen wurde und danach sechs Monate verstrichen sind, ohne daß die Bekl. innerhalb dieser Zeit Leistungsklage erhoben hat. Soweit das *OLG* glaubt, dies aus der *Senatsentscheidung* vom 26. 1. 1983 (NJW 1983, 2318 = FamRZ 1983, 352 [355]) folgern zu müssen, bedarf es einer Klarstellung. Dort ging es im Kern um die Frage, ob der in Verzug gesetzte Unterhaltsschuldner auf die Richtigkeit des den Unterhalt versagenden Beschlusses über die beantragte einstweilige Anordnung vertrauen und damit rechnen durfte, von der Unterhaltsgläubigerin für den vergangenen Zeitraum nicht mehr in Anspruch genommen zu werden. Der Senat hat dies verneint und im übrigen darauf abgehoben, daß die Unterhaltsgläubigerin auch nicht unbillig lange mit der Erhebung der Leistungsklage zugewartet habe, so daß ihr etwa aus diesem Grunde nach Treu und Glauben die Berufung auf den Verzug verwehrt gewesen wäre. Das betrifft die Frage der Verwirkung, die nach den besonderen Umständen des Einzelfalles zu beurteilen ist und nicht von einem fest bemessenen Zeitablauf abhängt. Auch in der genannten Entscheidung hat der *Senat* die Verwirkung nicht an die aus dem Rechtsgedanken des § 212 II BGB hergeleitete Sechsmonatsfrist geknüpft, sondern nur dargelegt, daß Verwirkungsfolgen jedenfalls regelmäßig nicht vor Ablauf dieser Frist in Betracht kommen. Grundsätzlich können die für einen vergangenen Zeitraum eingetretenen Verzugswirkungen rückwirkend nur aus besonderen Gründen nach Treu und Glauben, insbesondere unter dem Gesichtspunkt der Verwirkung, entfallen, oder sie müssen durch Vereinbarung der Parteien, also durch einen Verzicht des Gläubigers in Form eines Erlaßvertrages (§ 397 BGB) beseitigt werden (*Senat*, NJW 1987, 1546 = FamRZ 1987, 40 [41]; FamRZ 1988, 478 [479]).

BGH v. 15. 3. 1995 – XII ZR 257/93 – FamRZ 95, 665 = NJW 95, 1891

(Der der Einigung zugrunde gelegte Parteiwillen bestimmt, ob eine Störung der Geschäftsgrundlage des Prozeß- **R493B** *vergleichs vorliegt, auch wenn es um die gemeinschaftliche Erwartung vom Fortbestand einer bestimmten Rechtslage geht)*

a) Wenn es sich bei dem abzuändernden Titel wie hier um einen Prozeßvergleich handelt, erfolgt **a** die in § 323 IV i. V. mit § 794 I Nr. 1 ZPO vorgesehene Anpassung an veränderte Verhältnisse allein nach den Regeln des materiellen Rechts. § 323 I ZPO hat keine praktische Bedeutung. Mangels besonderer Vereinbarungen über die Abänderbarkeit, die zulässig sind, sind die aus § 242 BGB abgeleiteten Grundsätze über den Fortfall der Geschäftsgrundlage maßgebend (vgl. BGHZ 85, 64 [73] = NJW 1983, 228; st. Rspr. des **Senats**).

Ob eine Störung der Geschäftsgrundlage eingetreten ist, bestimmt sich nach dem der Einigung zugrunde gelegten Parteiwillen. Dieser ist Geltungsgrund der Vereinbarung, und er allein entscheidet, welche Verhältnisse zur Grundlage des Vergleichs gehören und wie sie die Parteien diese Verhältnisse bewertet haben. Außer einer Veränderung der individuellen Verhältnisse können auch Änderungen einer gefestigten höchstrichterlichen Rechtsprechung oder der Rechtslage zu Störungen einer vertraglichen Vereinbarung führen, die nach den Grundsätzen über den Wegfall der Geschäftsgrundlage im Wege der Anpassung zu bereinigen sind. Grundlage der Beurteilung in diesen Fällen ist, daß beim Abschluß einer Vereinbarung ein beiderseitiger Irrtum über die Rechtslage das Fehlen der Geschäftsgrundlage bedeuten kann, wenn die Vereinbarung ohne diesen Rechtsirrtum nicht oder nicht mit diesem Inhalt geschlossen worden wäre. Gleiches gilt, wenn der Geschäftswille der Parteien auf der gemeinschaftlichen Erwartung vom Fortbestand einer bestimmten Rechtslage aufgebaut war (vgl. *Senat,* NJW 1983, 1548 = FamRZ 1983, 569 [573] und FamRZ 1994, 562 [564]). Im Wege der Auslegung ist zu ermitteln, welche Verhältnisse die Parteien zur Grundlage ihrer Einigung gemacht haben. Erst auf der Grundlage des Ergebnisses dieser Auslegung kann beurteilt werden, welche Auswirkungen sich aus Umständen ergeben, die sich anders als erwartet entwickelt haben (vgl. *Senat,* NJW 1992, 1621 = FamRZ 1992, 539).

(Die Einführung der Unterhaltsbegrenzung nach § 1573 V BGB durch den Gesetzgeber läßt die Geschäftsgrundlage für die Festlegung unbefristeter Unterhaltsrenten nicht ohne weiteres entfallen)

b   b) Im vorliegenden Fall sind in den Prozeßvergleichen vom 13. 12. 1985 und 9. 5. 1988 für die Kl. zeitlich unbefristete Unterhaltsrenten festgelegt worden. Die getroffenen Regelungen einer künftigen Abänderbarkeit knüpfen ausschließlich an Veränderungen der beiderseitigen Einkommen an, ohne die gesetzlichen Voraussetzungen des § 1573 V BGB zu berühren, Das BerGer. mit der Einführung dieser Vorschrift durch das Unterhalts-Änderungsgesetz (UÄndG) vom 20. 2. 1986 (BGBl. I, 301) sei die Geschäftsgrundlage für die Festlegung unbefristeter Unterhaltsrenten für die Kl. entfallen. Hierfür fehlen jedoch ausreichende Feststellungen, wie die Revision zu Recht rügt.

Der Bekl. hat zwar u. a. vorgebracht, bei Abschluß der Unterhaltsvereinbarungen sei eine zeitliche Begrenzung des Unterhalts im Gesetz noch nicht vorgesehen gewesen, und aus diesem Grunde sei über diesen Punkt keine vertragliche Regelung getroffen worden. Die Kl. hat dies jedoch bestritten; nach ihrem Vortrag hat der Bekl. anläßlich des Abschlusses der notariellen Vereinbarung vom 3. 1. 1980 versichert, sie sei mit 20% seines Nettoeinkommens „für die Zukunft abgesichert", was sie als „Gegenwert" ihres Verzichts auf den Versorgungsausgleich und den damit verbundenen Eintritt der Gütertrennung verstanden habe. Unter diesen Umständen mußte der Bekl. beweisen, daß das Fehlen einer gesetzlichen Regelung über die zeitliche Begrenzung von Ansprüchen auf nachehelichen Unterhalt Geschäftsgrundlage für die Vereinbarung zeitlich unbefristeter Unterhaltsrenten der Kl. war; denn wer sich auf den Fortfall der Geschäftsgrundlage beruft, trägt die Beweislast für die dazu erforderlichen tatsächlichen Voraussetzungen (vgl. *Baumgärtel/Strieder,* Beweislast, 2. Aufl., Bd. 1, § 242 BGB Rn. 17). Demgemäß trägt der Abänderungskl. die Beweislast für einen Abänderungsgrund (vgl. *Senat,* NJW 1987, 1201 = FamRZ 1987, 259 [260]; *Schwab/Maurer,* 2. Aufl., Teil I, Rn. 1041). Dies hat das BerGer. verkannt, soweit es ausgeführt hat, die Kl. sei mit ihrem Vortrag beweisfällig geblieben, daß ihr von Anfang an eine unbefristete Unterhaltsgewährung verbrieft worden sei.

Gegen den vom Bekl. vorgebrachten Abänderungsgrund spricht, daß im Zeitpunkt des abzuändernden Prozeßvergleichs vom 9. 5. 1988 die Vorschrift des § 1573 V BGB bereits längere Zeit in Geltung war. Der Erwägung des BerGer., daß seinerzeit jedenfalls einschlägige höchstrichterliche Entscheidungen noch nicht vorgelegen hätten und infolgedessen der Bekl. sich nicht mit Aussicht auf Erfolg auf eine zeitliche Begrenzung des Unterhaltsanspruchs der Kl. habe berufen können, steht das seinerzeit bereits ergangene Senatsurteil vom 9. 7. 1986 (BJW 1986, 2832 = FamRZ 1986, 886) entgegen, das sich mit den weitgehend übereinstimmenden Voraussetzungen des § 1578 I 2 und des § 1573 V BGB befaßt.

Weiterhin trägt diese Erwägung nicht dem Umstand Rechnung, daß vom Fortfall der Geschäftsgrundlage nur ausgegangen werden kann, wenn Vorstellungen und Erwartungen beider Vertragsparteien fehl gegangen sind und nicht nur diejenigen eines Vertragspartners. Es fehlt aber substantiierter Vortrag des Bekl. dazu, daß bei den Unterhaltsvereinbarungen beide Parteien sich des Fehlens einer gesetzlichen Regelung zur zeitlichen Begrenzung von Unterhaltsansprüchen bewußt gewesen seien oder daß für die Kl. wenigstens ein diesbezüglicher Bewußtseinsstand des Bekl. erkennbar geworden sei (vgl. dazu *Palandt/Heinrichs,* BGB, 54. Aufl., § 242 Rn. 113 m. w. Nachw.). Soweit § 1573 V BGB bei den vorausgegangenen Vereinbarungen von 1980 und 1985 noch nicht gegolten hat, ist im übrigen zu berücksichtigen, daß bei einer zeitlichen Aufeinanderfolge von einvernehmlichen Regelungen der ursprüngliche Parteiwille nur im Verständnis und der Ausgestaltung des zeitlich letzten Rechtsgeschäftes von Bedeutung ist (vgl. dazu etwa *Senat,* NJW 1983, 1118 = FamRZ 1983, 260 [261] m. w. Nachw.). Erst nachdem der Bekl. den von ihm geltend gemachten Abänderungsgrund, nämlich den Fortfall der Geschäftsgrundlage für unbefristete Unterhaltsleistungen an die Kl., dargetan hatte, durfte das BerGer. auf die gesetzlichen Voraussetzungen des § 1573 V BGB eingehen.

(Wird im Abänderungsverfahren gemäß § 1573 V BGB der Wegfall des Anspruchs auf Aufstockungsunterhalt festgestellt, kann ein Anspruch auf Anschlußunterhalt wegen Alters oder Krankheit vorliegen)

c   b) Soweit das BerGer. wiederum zur Anwendbarkeit des § 1573 V BGB gelangen sollte, wird es zu prüfen haben, ob der Kl. nach Wegfall der Voraussetzungen für einen Anspruch auf Aufstockungsunterhalt Anschlußunterhalt wegen Alters (§ 1571 Nr. 3 BGB) oder wegen Krankheit (§ 1572 Nr. 4 BGB) zustehen könnte. Der Anspruch aus den letztgenannten Vorschriften unterliegt keiner zeitlichen Begrenzung, sondern allenfalls einer Herabsetzung auf den angemessenen Lebensbedarf gem. § 1578 I 2 BGB. Ist nämlich der einem titulierten Unterhaltsanspruch zugrundeliegende Tatbestand wegen einer Veränderung der Verhältnisse weggefallen, kann die Aufrechterhaltung aufgrund eines anderen Unterhaltstatbestandes geboten sein (vgl. dazu *Senat*, NJW 1990, 2752 = FamRZ 1990, 496). Entgegen der Auffassung der Revisionserwiderung genügt es, daß die tatsächlichen Voraussetzungen anderer Unterhaltstatbestände nach dem feststehenden Sachverhalt in Betracht kommen.

BGH v. 29. 3. 1995 – XII ZR 45/94 – FamRZ 95, 869

(Zum eheprägenden Wohnwert. Abzug von Zins und Tilgung für Hauskredite bei der Bedarfsermittlung sowohl   **R494**
bei Allein- als auch bei gemeinsamem Eigentum. Keine Berücksichtigung vermögensrechtlicher Fragen bei Unterhaltsbemessung)

b) Gegen diese zuletzt dargestellte Bedarfserhöhung auf der Grundlage des Wohnwertes als Vermögenswert erhebt die Revision zu Recht Bedenken. Die Ausführungen des OLG hierzu stehen, wie dieses nicht verkennt, im Widerspruch zu der std. Rspr. des erkennenden Senats. Ihnen kann auch nicht gefolgt werden. Denn sie vermengen unterhaltsrechtlich relevante Überlegungen zur Bestimmung der ehel. Lebensverhältnisse i. S. von § 1578 I S. 1 BGB mit Erwägungen zur vermögensrechtlichen Situation geschiedener Eheleute und deren Teilhabe am „Familienvermögen", dessen Auseinandersetzung indessen eigenen rechtlichen Regeln folgt.

Wie der Senat bereits in dem vom OLG angeführten Urteil v. 27. 6. 1984 (IVb ZR 20/83 –, FamRZ 1985, 354 ff.) klargestellt hat, gehören zu den die ehel. Lebensverhältnisse bestimmenden Einkünften der Eheleute nicht nur Erwerbseinkünfte, sondern in gleicher Weise auch Vermögenserträge und sonstige wirtschaftliche Nutzungen, die die Eheleute aus ihrem Vermögen ziehen. Dazu können auch Nutzungen aus einem gemeinschaftlichen Anwesen zählen. Leben Eheleute in einem in ihrem Eigentum stehenden Haus, so entfällt für sie die Notwendigkeit der Mietzahlung, die in der Regel einen Teil des allgemeinen Lebensbedarfs ausmacht. Andererseits haben sie jedoch die allgemeinen Grundstückskosten und -lasten zu tragen und darüber hinaus die anfallenden Zins- und Tilgungsleistungen aufzubringen. Soweit bei einer Gegenüberstellung der ersparten Mietaufwendungen mit den mit dem Eigentum verbundenen Kosten der Nutzungswert eines Hauses im Einzelfall den vom Eigentümern zu tragenden Aufwand übersteigt, die Eigentümer also „billiger" wohnen als Eheleute, die für eine vergleichbare Wohnung Miete zu zahlen haben – und nur unter dieser Voraussetzung und in diesem Umfang –, ist die Differenz zwischen dem Nutzungswert des Grundeigentums einerseits und dem Aufwand andererseits für die Bestimmung der ehel. Lebensverhältnisse i. S. von § 1578 I BGB den Einkünften der Eheleute hinzuzurechnen. Nur insoweit werden die ehel. Lebensverhältnisse als Maßstab für die Höhe des nachehel. Unterhalts durch einen „Wohnvorteil" geprägt, weil sich dieser Differenzbetrag als Ersparnis einer sonst erforderlichen Mietzahlung in den für die Lebenshaltung verfügbaren Mitteln (Einkünften) niederschlägt (vgl. Senatsurteil v. 27. 6. 1984, a. a. O., S. 356).

An dieser Rspr. hat der Senat festgehalten (vgl. zuletzt Urteil v. 29. 6. 1994 – XII ZR 79/93 –, NJW-RR 1994, 1155 = FamRZ 1994, 1100, 1102, m. w. N.). Von ihr abzugehen, besteht kein begründeter Anlaß. Auch die Erwägungen des OLG in dem angefochtenen Urteil rechtfertigen keine andere Beurteilung.

Der Umstand, daß die Eheleute mit Hilfe der Tilgungsleistungen auf das aufgenommene Kapital im Ergebnis Vermögen bilden, hindert nicht, die für die Bemessung des nachehel. Unterhalts maßgeblichen ehel. Lebensverhältnisse so zu bestimmen, wie sie in der Ehe tatsächlich praktiziert worden sind. Solange sich die Eheleute dabei in einem Rahmen gehalten haben, der vom Standpunkt eines vernünftigen Betrachters aus – nach einem objektiven Maßstab – wirtschaftlich sinnvoll und angemessen erscheint (vgl. Senatsurteile v. 4. 11. 1981 – IVb ZR 624/80 –, FamRZ 1982, 151, 152; v. 12. 7. 1989 – IVb ZR 66/88 –, FamRZ 1989, 1160, 1161; auch v. 18. 12. 1991 – XII ZR 2/91 –, FamRZ 1992, 423, 424), bestimmt ihr tatsächliches Konsumverhalten während des ehel. Zusammenlebens auch den für § 1578 I S. 1 BGB maßgeblichen ehel. Lebensstandard. In diesem Umfang ist daher bei der Bemessung des nachehel. Unterhalts nach dem Maßstab der ehel. Lebensverhältnisse hinzunehmen, daß während der Ehe anstelle von Mietzahlungen Aufwendungen zur Vermögensbildung geleistet worden sind. Dies gilt i. ü., wie den vorstehenden Ausführungen zu entnehmen ist, unabhängig davon, ob mit den Zahlungen gemeinschaftliches Vermögen für beide Eheleute gebildet oder nur Vermögenswerte für einen von ihnen – als Alleineigentümer des bewohnten Familienheims – geschaffen worden sind. Für die Höhe, in der die in der Ehe vorhandenen Einkünfte zu Zins- und Tilgungszwecken verwendet wurden, ist dies ohne Bedeutung.

Der unterhaltsberechtigte Ehegatte braucht sich nach der std. Rspr. des Senats für die Bemessung seines nachehel. Unterhalts nur dann nicht an dem in der Ehe geübten Lebensstandard festhalten zu lassen, wenn sich die Eheleute zugunsten der Vermögensbildung in unverhältnismäßig hohem Umfang in ihrer Lebensführung eingeschränkt und nach den gegebenen Verhältnissen erkennbar zu dürftig gelebt haben (vgl. Senatsurteile v. 4. 11. 1981, a. a. O., und v. 12. 7. 1981, a. a. O.).

Für eine solche Annahme bestehen unter den hier gegebenen Umständen angesichts der Einkommensverhältnisse des Bekl. keine Anhaltspunkte. Auch die Kl. hat derartiges nicht vorgetragen.

Zu beachten bleibt in diesem Zusammenhang i. ü., daß die für die Unterhaltsbemessung maßgeblichen tatsächlichen Einkünfte der Ehegatten durch die Grundsätze zur Ermittlung des Wohnvorteils (auch in dem oben dargelegten Sinn) nicht berührt oder beeinträchtigt werden. Das verkennt auch das OLG nicht.

Soweit das OLG darauf hinweist, daß sich üblicherweise – bei gleichbleibenden Zahlungen – das Verhältnis von Zins- zu Tilgungsleistungen verschiebe und damit der Wert des erworbenen Grundvermögens laufend ansteige, vermag dies die dargelegte Senats-Rspr. nicht in Frage zu stellen. Da das OLG bei seinen Überlegungen selbst von regelmäßig gleichbleibenden Zahlungen ausgeht, bestimmen sich die für die Lebenshaltung der Eheleute verfügbaren Einkünfte – als Maßstab der ehel. Lebensverhältnisse – danach, in welcher Höhe die Eheleute unter Berücksichtigung dieser tatsächlich von ihnen geleisteten im wesentlichen gleichbleibenden Zahlungen sonst aufzubringende Mietzinsen erspart haben.

Welche Vermögenswerte die Eheleute auf diese Weise schaffen, ist für die Bemessung des Unterhalts nach § 1578 I S. 1 BGB demgegenüber irrelevant. Die Erwägungen, mit denen das OLG der Kl. letztlich bereits im Unterhaltsrecht einen Anteil an dem „Wert des durch die bisherige Tilgung erworbenen, lastenfreien Grundvermögens" (hier: ursprüngliches Miteigentum beider Parteien) und damit an dem geschaffenen „Familienvermögen" zukommen lassen will, verlassen den Rahmen des § 1578 I S. 1 BGB. Die Teilhabe des geschiedenen Ehegatten an dem in der Ehe erworbenen „Familienvermögen" wird nach den Regeln des Güterrechts, ggf. auch nach den Grundsätzen über die Auseinandersetzung einer Miteigentumsgemeinschaft verwirklicht. Auf diesem Weg erwirbt der geschiedene Ehegatte im Fall der Bildung von gemeinschaftlichem Vermögen den Vermögensanteil, der ihm gebührt und der in den Fällen, in denen die Eheleute bei sparsamer Lebensführung hohe Zins- und Tilgungsraten aufgebracht haben, einen entsprechend hohen Wert erreichen wird.

Der Hinweis des OLG auf den Extremfall einer kurz nach der Scheidung auslaufenden Darlehensrückzahlung rechtfertigt schließlich ebenfalls keine von der bisherigen Senats-Rspr. abweichende Beurteilung. In einem solchen Fall dürften nämlich die ehel. Lebensverhältnisse i. S. von § 1578 I BGB als bereits durch die sichere Erwartung des baldigen Wegfalls der Zins- und Tilgungslasten geprägt anzusehen sein mit der Folge, daß dieser – erst nach der Scheidung eintretende – Umstand ausnahmsweise bei der Bemessung des nachehel. Unterhalts mitberücksichtigt werden kann (vgl. Senatsurteil v. 16. 3. 1988 – IVb ZR 40/87 –, NJW 1988, 2034 = FamRZ 1988, 701, 703; insoweit durch das Senatsurteil v. 20. 7. 1990 – XII ZR 73/89 –, NJW 1990, 2886, nicht berührt).

c) Das angefochtene Urteil kann aus den dargelegten Gründen nicht bestehen bleiben und ist auf die Revision des Bekl. entsprechend abzuändern.

Dabei ist bei der Bemessung des nachehel. Unterhalts der Kl. ein Wohnvorteil nur insoweit zu berücksichtigen, als der Nutzungswert des Hauses der Parteien den von ihnen zu tragenden Aufwand an allgemeinen Grundstückskosten sowie Zins- und Tilgungsverpflichtungen überstieg (vgl. hierzu allgemein – im Gegensatz zur Bemessung für den Trennungsunterhalt – *Gerhardt*, FamRZ 1993, 1139).

aa) Den Mietwert des Hauses hat das OLG, wie dargelegt, mit monatlich 1575 DM angesetzt.

BGH v. 25. 10. 1995 – XII ZR 247/94 – FamRZ 96, 160 = NJW-RR 96, 321

R496   *(Verwandtenunterhalt; Lebensstellung des Kindes)*

a   1. Nach diesen allgemeinen für den Verwandtenunterhalt geltenden Vorschriften bestimmt sich das Maß des zu gewährenden „angemessenen Unterhalts" grundsätzlich nach der Lebensstellung des Bedürftigen (§ 1610 I BGB). Jedoch wird der Unterhalt nicht geschuldet, soweit der (an sich) Unterhaltspflichtige bei Berücksichtigung seiner sonstigen Verpflichtungen ohne Gefährdung seines eigenen angemessenen Unterhalts zur Zahlung außerstande ist (§ 1603 I BGB). Kriterium für die Bemessung des Verwandtenunterhalts im allgemeinen ist danach die Lebensstellung des Bedürftigen, gegebenenfalls begrenzt durch die Leistungsfähigkeit des Verpflichteten.

2. Das Recht des Kindesunterhalts ist demgegenüber dadurch gekennzeichnet, daß minderjährige Kinder ohne Einkünfte keine eigene unterhaltsrechtlich relevante Lebensstellung i. S. von § 1610 I BGB besitzen. Sie leiten ihre Lebensstellung vielmehr von derjenigen ihrer unterhaltspflichtigen Eltern ab. Lebt ein minderjähriges Kind, wie hier der Kl., bei dem einkommenslosen Elternteil und wird von ihm versorgt und betreut, so bestimmt sich seine Lebensstellung grundsätzlich nach den Einkommens- (und Vermögens-)Verhältnissen des anderen, barunterhaltspflichtigen Elternteils (st. Rspr.; vgl. *Senat*, NJW 1981, 1559 = FamRZ 1981, 543 [544]; NJW-RR 1986, 1261; NJW 1989, 1033; auch *Köhler*, in: MünchKomm, 3. Aufl., § 1610 Rdnrn. 5, 8, 9; *Soergel/Häberle*, BGB, 12. Aufl., § 1610 Rn. 2).

Dessen wirtschaftliche Verhältnisse prägen also die Lebensstellung des unterhaltsberechtigten minderjährigen Kindes und bestimmen damit das Maß des diesem zustehenden Unterhalts i. S. von § 1610 I BGB, allerdings mit der Maßgabe des Abs. 3 der Vorschrift.

(kein generelles Verbot des Abzugs berücksichtigungsfähiger Schulden beim Kindesunterhalt)

3. Im Rahmen der Ermittlung des unterhaltserheblichen Einkommens des Verpflichteten sind unter-   **b**
haltsrechtlich relevante Verbindlichkeiten mit zu berücksichtigen (vgl. *Senat,* NJW-RR 1990, 323 =
FamRZ 1990, 283 [287]; NJW 1992, 1624 = FamRZ 1992, 797 [798]). Denn der für die Unterhaltsbemessung maßgebliche Lebensstandard wird letztlich (nur) durch tatsächlich verfügbare Mittel geprägt
mit der Folge, daß sich auch die abgeleitete Lebensstellung des Kindes nach diesen Verhältnissen
richtet.

Dem entsprechen die unterhaltsrechtlichen Tabellen und Leitlinien der *Oberlandesgerichte,* die – im
wesentlichen übereinstimmend – die berücksichtigungsfähigen Schulden vom anrechenbaren Einkommen abziehen und bei der Festsetzung des je nach Einkommen geschuldeten Kindesunterhalts zugleich
den notwendigen Eigenbedarf (Selbstbehalt) des Unterhaltsverpflichteten wahren (vgl. u. a. Düsseldorfer Tabelle, A Anm. 4; Düsseldorfer Leitlinien, A I 13; Leitlinien *OLG Celle,* I 8; *OLG Dresden,*
I 8; *OLG München,* 1.22; *OLG Schleswig,* A II 3, sämtlich abgedr. in: Beil. zur NJW Heft 11/1995).

Der hiervon abweichenden Auffassung des BerGer., das bei der Ermittlung des Kindesunterhalts
generell einen Vorwegabzug berücksichtigungsfähiger Schulden vom unterhaltserheblichen Einkommen des Verpflichteten ablehnt, ist nicht zu folgen. Der Wortlaut des § 1603 I BGB enthält dafür keine
hinreichende Rechtfertigung. Denn diese Vorschrift regelt lediglich die Grenzen der Leistungsfähigkeit
des Verpflichteten und erlangt ihre eigentliche Bedeutung damit nur in Mangelfällen. Der Hinweis
darauf, daß eine frühere Verbesserung der Lebensstellung minderjähriger Kinder durch die mit den
Krediten ermöglichten Anschaffungen und Aufwendungen nicht mehr besteht, ist in dieser Allgemeinheit ebenfalls nicht geeignet, die einkommensmindernde Absetzung von Schulden vor der Bestimmung
des Kindesunterhalts zu versagen. Abgesehen davon, daß es jeweils von der Art der Aufwendung oder
Anschaffung im Einzelfall abhängen dürfte, ob und inwiefern diese zu einer Verbesserung der Lebensstellung des Kindes führt, darf nicht außer Betracht bleiben, daß der für die Anschaffungen aufgewen-
dete Kredit laufende Belastungen nach sich zieht, die ihrerseits dauerhaft die Lebensstellung des Kindes
– in ihrer Abhängigkeit von derjenigen des unterhaltspflichtigen Elternteils – prägen. Solange der
Unterhaltsverpflichtete die Schulden zu tilgen hat und nur über entsprechend geringere Einkünfte
verfügen kann, nimmt das minderjährige Kind, dessen Lebensstellung nicht etwa durch die Verhältnisse
im Zeitpunkt der Auflösung der Ehe seiner Eltern festgelegt ist (vgl. *Senat,* NJW 1983, 1429 = FamRZ
1983, 473), an dem wirtschaftlich geminderten Lebensstandard teil (vgl. *Soergel/Häberle,* § 1610 Rn. 2).
Daß sich auf diese Weise Schuldverbindlichkeiten der Eltern (bzw. des unterhaltspflichtigen Elternteils)
nachteilig für ein unterhaltsbedürftiges Kind auswirken, ist eine Folge seiner wirtschaftlichen Unselb-
ständigkeit und Abhängigkeit von den Einkommensverhältnissen der Eltern. Das rechtfertigt es jedoch
nicht, den Unterhaltsanspruch des Kindes abweichend von den Maßstäben der §§ 1601 ff. BGB zu
bemessen.

(Berücksichtigungsfähige Verbindlichkeiten)

Abzugsfähig sind nicht von vornherein sämtliche Schulden, die der Unterhaltsverpflichtete zu tilgen   **c**
hat, sondern nur die unterhaltsrechtlich „berücksichtigungsfähigen" Verbindlichkeiten. Ob und wieweit dieses Merkmal im Einzelfall erfüllt ist, ist nach ständiger Rechtsprechung unter umfassender
Interessenabwägung zu beurteilen, wobei es insbesondere auf den Zweck der Verbindlichkeiten, den
Zeitpunkt und die Art ihrer Entstehung, die Kenntnis des Unterhaltsverpflichteten von Grund und
Höhe der Unterhaltsschuld und auf andere Umstände ankommt. In die Abwägung mit einzubeziehen
sind auch die Möglichkeiten des Unterhaltsschuldners, seine Leistungsfähigkeit in zumutbarer Weise
ganz oder teilweise wiederherzustellen, sowie ggf. schutzwürdige Belange des Drittgläubigers. Soweit
es um den Unterhalt minderjähriger unverheirateter Kinder geht, denen der unterhaltspflichtige
Elternteil nach § 1603 III BGB verschärft unterhaltspflichtig ist, ist zusätzlich zu beachten, daß diesen
Kindern jede Möglichkeit fehlt, durch eigene Anstrengungen zur Deckung ihres notwendigen Unterhaltsbedarfs beizutragen. Auf Schulden, die leichtfertig, für luxuriöse Zwecke oder ohne verständigen
Grund eingegangen sind, kann sich der Unterhaltsverpflichtete grundsätzlich nicht berufen (vgl. *Senat,*
NJW 1992, 1624 = FamRZ 1992, 797 [798]; NJW-RR 1990, 323 = FamRZ 1990, 283 [287]; NJW
1984, 1237 = FamRZ 1994, 358 [360]; NJW 1982, 380 = FamRZ 1982, 157 [158]).

Nach diesen Kriterien dürften die hier streitigen Verbindlichkeiten des Bekl., jedenfalls soweit die
bisher getroffenen Feststellungen reichen, als berücksichtigungsfähig anzuerkennen sein. Davon geht
ersichtlich auch das BerGer. – im Grundsatz – aus. So ist im Hinblick auf den Zweck der im Jahre 1986
eingegangenen Verbindlichkeiten zunächst zu berücksichtigen, daß der Bekl. mit dem Ausbau der
Räume im Haus seines Vaters eine Wohnung für die – damals intakte – Familie geschaffen hat, in der
diese seit 1986 bis zur Trennung der Eheleute jahrelang lebte, wobei die erbrachten Leistungen

abgewohnt wurden und (weitere) Mietzinsen nicht zu zahlen waren. Soweit es um das Fahrzeug geht, sprechen die geltend gemachten Fahrtkosten dafür, daß der Bekl. den Pkw für die Fahrten zu seiner Arbeitsstelle benötigt. Sollte das der Fall sein, dann hätte der Bekl. insoweit ggf. mit Hilfe der Kreditmittel sein Arbeitseinkommen erzielt und auf diese Weise den Lebensstandard der Familie finanziert. Der Zeitpunkt der Kreditaufnahme im Jahre 1986 dürfte einer unterhaltsrechtlichen Berücksichtigung der daraus herrührenden laufenden Verbindlichkeiten nicht entgegenstehen, da die Familie damals noch intakt war und der Bekl. mithin zwar für den allgemeinen Familienunterhalt aufkommen mußte, jedoch nicht mit der Notwendigkeit laufender Barunterhaltszahlungen an den Kl. zu rechnen brauchte.

Die Berücksichtigungsfähigkeit der für den Ausbau der Familienwohnung und den Erwerb des Pkw aufgenommenen – und noch zu tilgenden – Schulden wird entgegen der Auffassung des BerGer. nicht dadurch in Frage gestellt, daß die entsprechenden Anschaffungen dem Kl. seit 1992 keine Vorteile mehr bringen. Darauf kommt es nicht an. Denn der Kl. nimmt seit seinem Auszug aus der Wohnung des Bekl. im Jahre 1992 unterhaltsrechtlich weiterhin an dessen wirtschaftlicher Lebensstellung teil, auch soweit diese durch die laufenden Zins- und Tilgungsleistungen für den Kredit geprägt wird.

Abgesehen von den genannten beiden Verwendungszwecken des aufgenommenen Kredits ist bisher nicht festgestellt, worauf die Überziehung des Girokontos des Bekl. in Höhe von 6082,08 DM im Februar 1990 beruhte, die zusätzlich durch das zur Zeit noch zu tilgende Darlehen abgelöst wurde und einen nicht unerheblichen Teil der Darlehenssumme (von 40 000 DM auf der Grundlage der halbierten „Restsumme" des ursprünglichen Kredits in Höhe von 31 688,44 DM) ausmachte. Das BerGer. hat insoweit ersichtlich unterstellt, daß auch der Kontoüberziehung berücksichtigungsfähige Schulden zugrunde lagen. Es hat die Frage jedoch nicht näher geprüft. Ihr kann aber deshalb Bedeutung zukommen, weil der Überziehungsbetrag die Höhe der zu leistenden laufenden Kreditraten mit beeinflussen dürfte. Wäre der entsprechende Betrag unterhaltsrechtlich nicht zu berücksichtigen, dann wäre das Einkommen des Bekl. – zum Zwecke der Bemessung des Kindesunterhalts – ggf. nur um geringere laufende Verpflichtungen zu mindern.

BVerfG v. 18. 12. 1995 – 1 BvR 1206/92 – FamRZ 96, 343 = NJW 96, 915

R498 *(Keine fiktiven Einkünfte bei Einkommensminderungen, die durch Wahrnehmung des Elternrechts entstanden)*

1. a) Die Auferlegung von Unterhaltsleistungen schränkt den Verpflichteten in seiner durch Art. 2 I GG geschützten allgemeinen Handlungsfreiheit ein. Diese ist allerdings nur im Rahmen der verfassungsmäßigen Ordnung gewährleistet, zu der auch die Vorschriften über Trennungsunterhalt und nacheheliche Unterhalt sowie über Kindesunterhalt gehören (vgl. *BVerfGE* 57, 361 [378] = NJW 1981, 1771; *BVerfGE* 68, 256 [266 ff.] = NJW 1985, 1211).

Bei der Ausgestaltung des Unterhaltsrechts nach Trennung und Scheidung ist der Gesetzgeber im Hinblick auf Art. 6 II 2 und Art. 2 I i. V. mit Art. 1 I GG gehalten, Regelungen zu vermeiden, die sich für die Entwicklung der Kinder nachteilig auswirken können. Dabei ist zu berücksichtigen, daß die ohnehin mit der Trennung der Eltern für die Kinder verbundenen nachteiligen Folgen noch erheblich verstärkt werden können, wenn sie in dieser Zeit auf die persönliche Betreuung durch einen Elternteil wegen dessen Erwerbstätigkeit verzichten müssen (vgl. *BVerfGE* 57, 361 [382] = NJW 1981, 1771; *BVerfGE* 55, 171 [184] = NJW 1981, 217). Auslegung und Anwendung der Vorschriften über Trennungsunterhalt und nacheheliche Unterhalt dürfen ebenfalls nicht zu verfassungswidrigen Ergebnissen führen (vgl. *BVerfGE* 80, 286 [294] = NJW 1989, 2807).

b) Wird bei Trennung oder Scheidung das Sorgerecht insgesamt oder ein Teil des Sorgerechts einem Elternteil zugeordnet, so stehen sowohl dieses Recht als auch die Rechte des anderen Elternteils, insbesondere das Umgangsrecht, unter dem Schutz des Art. 6 II 1 GG (vgl. *BVerfGE* 31, 194 [206] = NJW 1971, 1447; *BVerfGE* 64, 180 [187 f.] = NJW 1983, 2491). Bei einem Konflikt zwischen den Eltern muß die Lösung am Wohl des Kindes ausgerichtet sein. Dabei sind unter anderem auch die Betreuungsmöglichkeiten beider Elternteile zu berücksichtigen. Ein Primat des vorher nicht oder nur eingeschränkt berufstätigen Elternteils besteht aber bei der Sorgerechtsregelung nicht von vornherein (vgl. *BVerfGE* 55, 171 [184] = NJW 1981, 217). Vielmehr müssen alle Umstände des Einzelfalles und die gleichermaßen geschützten Rechtspositionen beider Eltern in die Betrachtung einbezogen werden. Im übrigen wäre die Festschreibung der Rollenverteilung, nach der Erziehung und Pflege der Kinder Sache der Mutter ist, mit Art. 3 II GG nicht vereinbar (vgl. *BVerfGE* 87, 1 [42] = NJW 1992, 2213).

2. Nach diesen Maßstäben verstößt das angegriffene Urteil gegen Art. 2 I i. V. mit Art. 6 II 1 GG, soweit das *OLG* in die Bemessung des vom Bf. an seine Ehefrau und seine Kinder zu zahlenden Unterhalts Einkünfte einbezogen hat, die der Bf. nach den gerichtlichen Feststellungen tatsächlich nicht mehr bezieht. Bei dieser Beurteilung kann dahingestellt bleiben, inwieweit sich schon aus der allgemeinen Handlungsfreiheit für sich genommen Grenzen für die Berücksichtigung fiktiven Einkommens bei der Unterhaltsbemessung ergeben. Bei der Einbeziehung von Einkünften, die wegen der Umgestaltung des Arbeitsverhältnisses im Hinblick auf die Betreuung von Kindern entfallen sind, muß jedenfalls der Bedeutung und Tragweite des Elternrechts Rechnung getragen werden.

Diesen Anforderungen wird das angegriffene Urteil gerecht. Das *OLG* hat die Umgestaltung der beruflichen Tätigkeit des Bf. als unterhaltsrechtlich nicht gerechtfertigt angesehen, weil der Bf. nicht schon aufgrund der vorläufigen Regelung des Aufenthaltsbestimmungsrechts eine endgültige und „angeblich nicht mehr rückgängig zu machende" Änderung des Arbeitsverhältnisses hätte vereinbaren dürfen. Dabei hat das Gericht nicht darauf abgestellt, ob der Bf. überhaupt von seiner Arbeitgeberin eine vorläufige Regelung hätte erreichen können, die nach der endgültigen Sorgerechtsregelung noch rückgängig gemacht werden konnte. Den Entscheidungsgründen ist vielmehr zu entnehmen, daß das Gericht dem Bf. fiktive Einkünfte ohne weiteres schon deshalb entsprechend seinen früheren Einkünften zugerechnet hat, weil der Bf. eine nicht nur vorläufige Vereinbarung getroffen hat.

Diese Beurteilung trägt nicht ausreichend der Tatsache Rechnung, daß der Bf. die Umgestaltung seines Arbeitsverhältnisses vereinbart hat, um seiner Elternverantwortung gegenüber den damals etwa eineinhalb und vier Jahre alten Kindern gerecht zu werden. Seine Entscheidung, die Kinder, für die ihm vorläufig das Aufenthaltsbestimmungsrecht übertragen wurde, weitgehend persönlich zu betreuen, entsprach, wie das *OLG* selbst in seinem früheren Beschluß zur vorläufigen Regelung des Aufenthaltsbestimmungsrechts angenommen hat, dem Kindeswohl. Unter diesen Umständen durfte das Gericht nicht ohne nähere Prüfung der Umstände des Einzelfalles davon ausgehen, daß die Ehefrau, deren Rechte ebenfalls durch die Elternverantwortung geprägt sind, und die Kinder, deren Betreuung die berufliche Umstellung zugute kommen sollte, sich die damit verbundenen finanziellen Nachteile schon deshalb nicht entgegenhalten lassen müssen, weil der Bf. sich nur auf eine vorläufige Sorgerechtsregelung stützen konnte.

Allerdings ist es von Verfassungs wegen nicht zu beanstanden, wenn von dem Elternteil, der vorher durch seine Erwerbstätigkeit für den finanziellen Familienunterhalt Sorge getragen hat, bei einer Umstellung seiner beruflichen Tätigkeit besondere Rücksichtnahme gefordert wird. Auch in diesem Zusammenhang ist von Bedeutung, daß sowohl die Unterhaltspflicht gegenüber dem (später wieder) betreuenden Elternteil als auch die Unterhaltspflicht gegenüber den Kindern durch die Elternverantwortung geprägt wird (vgl. *BVerfGE* 57, 361 [381 ff.] = NJW 1981, 1771; *BVerfGE* 68, 256 [267] = NJW 1985, 1211). Das rechtfertigt es aber nicht, dem vorher berufstätigen Elternteil die Umgestaltung des Arbeitsverhältnisses mit Rücksicht auf die Betreuung der Kinder stets schon dann zu verwehren, wenn dies zu einer später nicht mehr rückgängig zu machenden Verminderung des Einkommens führt. Eine solche Beurteilung läßt nicht nur das Interesse der Kinder an persönlicher Betreuung durch den Elternteil, dem sie zugeordnet sind, außer acht, sondern beeinträchtigt auch das Elternrecht des berufstätigen Elternteils in erheblichem Maße. Dabei ist auch zu berücksichtigen, daß die Möglichkeit zur Wahrnehmung der Elternverantwortung aufgrund einer vorläufigen Sorgerechtsregelung faktisch die endgültige Sorgerechtsregelung beeinflussen kann. Eine dem Elternrecht genügende Entscheidung kann daher nur aufgrund der Abwägung aller Umstände des Einzelfalles getroffen werden.

BGH v. 20. 3. 1996 – XII ZR 45/95 – FamRZ 96, 798 = NJW 96, 1817

(Wahl des Studienfachs und des Studienorts durch das volljährige Kind) **R501 a**

b) Der von den Bekl. im Förderungszeitraum zu gewährende Unterhalt umfaßte nach § 1610 II BGB auch die Kosten einer angemessenen Berufsausbildung. Wie auch die Bekl. nicht in Abrede stellen, waren sie daher angesichts ihrer wirtschaftlichen Leistungsfähigkeit und der Eignung und Begabung ihres Sohnes verpflichtet, diesem nach bestandenem Abitur ein Hochschulstudium zu ermöglichen. Die Wahl des Studienfaches, über die das volljährige Kind grundsätzlich in eigener Verantwortung entscheiden kann, war hier angemessen, von den Bekl. hinzunehmen und ist von ihnen auch gebilligt worden. Der Sohn der Bekl. hatte somit Anspruch darauf, seine Ausbildung im Herbst 1989 durch Aufnahme eines Studiums der Humanmedizin fortzusetzen. Dies war ihm wegen der für dieses Fach geltenden Zulassungsbeschränkung und der Zuweisung eines Studienplatzes an der Universität des Saarlandes durch die ZVS nur dort möglich, so daß die Bekl. verpflichtet waren, ihm die Aufnahme des Studiums im Saarland zu ermöglichen.

Etwas anderes ergibt sich auch nicht mit Rücksicht auf den Gesundheitszustand des Bekl. zu 1. Abgesehen davon, daß die Bekl. für ihre bestrittene Behauptung, der Bekl. zu 1 habe sich im Frühjahr 1989 einer Nierentransplantation unterzogen, keinen Beweis angetreten haben, läßt sich ihrem Vortrag auch nicht entnehmen, daß ein Verbleiben des Sohnes in München etwa zur Pflege seines Vaters erforderlich gewesen sei. Damit scheiden auch besondere familiäre Umstände aus, die den Sohn gegebenenfalls aus Gründen der Rücksichtnahme hätten veranlassen müssen, den Beginn einer angemessenen und seinen Neigungen und Fähigkeiten entsprechenden Ausbildung hinauszuschieben.

Dem Anspruch des Sohnes auf Ausbildungsunterhalt steht auch nicht entgegen, daß er der Anregung seiner Eltern nicht gefolgt ist, einen sog. Härtefallantrag zu stellen, um sogleich einen Studienplatz in München zu erhalten. Die Bekl. haben nicht darzulegen vermocht, daß ein solcher Antrag erfolgreich gewesen wäre. Abgesehen davon könnte ein solches Unterlassen nur nach Maßgabe des § 1611 I BGB zum Wegfall oder zu einer Beschränkung der Unterhaltsverpflichtung führen; die Voraussetzungen dieser Vorschrift sind aber nicht gegeben.

(Unwirksame Unterhaltsbestimmung bei Zuweisung eines auswärtigen Studienplatzes § 1612 II BGB)

b   c) Grundsätzlich ist der Unterhalt durch Entrichtung einer Geldrente zu gewähren, § 1612 I 1 BGB. Allerdings gewährt § 1612 II BGB den unterhaltspflichtigen Eltern – vorbehaltlich einer abweichenden Entscheidung des Vormundschaftsgerichts das Recht zu bestimmen, ob sie ihr unverheiratetes Kind durch eine Geldrente oder durch Sachleistungen unterhalten wollen. Das elterliche Bestimmungsrecht endet nicht mit der Volljährigkeit des Kindes (vgl. Senatsurteile *BGHZ* 104, 224 [225] = NJW 1988, 1974 und NJW 1981, 574 = FamRZ 1981, 250; krit. zur bestehenden Gesetzeslage *Göppinger/Wax/Kodal,* 6. Aufl., Rn. 602; *Buchholz,* FamRZ 1995, 705 ff. jeweils m. Nachw.). Eine solche Bestimmung haben die Bekl. hier getroffen.

aa) Eine wirksame Bestimmung der Art der Unterhaltsleistungen bindet im Unterhaltsrechtsstreit das Prozeßgericht, solange sie nicht gem. § 1612 II 2 BGB durch das Vormundschaftsgericht geändert ist. Die Bestimmung entfaltet Wirkung auch gegenüber dem Träger der Ausbildungsförderung, führt also dazu, daß ein Anspruch auf Unterhalt in Geld, der nach § 37 I 1 BAföG übergehen könnte, nicht besteht (vgl. *Senat,* NJW 1984, 305 = FamRZ 1984, 37 [38] m. Nachw.).

bb) Die von den Bekl. getroffene Bestimmung, Ausbildungsunterhalt in Form von Naturalunterhalt an ihrem Wohnort in München zu gewähren, war jedoch im hier maßgeblichen Förderungszeitraum aus tatsächlichen und rechtlichen Gründen undurchführbar und daher unwirksam.

(1) Nach den Feststellungen im Berufungsurteil ist davon auszugehen, daß die Bekl. die fragliche Unterhaltsbestimmung getroffen und ihrem Sohn bekanntgegeben hatten, bevor dieser sein Studium im Saarland aufnahm. Ob die Bestimmung daher zunächst wirksam wird (vgl. *OLG Hamburg,* FamRZ 1987, 1183), bedarf hier keiner Entscheidung. Wird die gewählte Art der Unterhaltsgewährung erst später undurchführbar, wird die zunächst wirksame elterliche Unterhaltsbestimmung nämlich von diesem Zeitpunkt an unwirksam mit der Folge, daß der Anspruch auf Barunterhalt wieder auflebt und beim *FamG* geltend gemacht werden kann (vgl. *Senat,* NJW 1985, 1339 = FamRZ 1985, 584 [585]; *BayObLG,* FamRZ 1990, 905 [906]; *Griesche,* in: FamGb, § 1612 BGB Rn. 10).

(2) Der Kl. macht allein übergegangene Unterhaltsansprüche des Sohnes ab Oktober 1989, mithin nach Aufnahme des Studiums im Saarland, geltend. Von diesem Zeitpunkt an war der Sohn der Bekl. aus tatsächlichen und rechtlichen Gründen gehindert, den ihm angebotenen Naturalunterhalt in München entgegenzunehmen. Denn zum einen war eine tägliche Rückkehr von dem ihm zugewiesenen Ausbildungsort zur Wohnung der Eltern praktisch nicht möglich (vgl. *Staudinger/Kappe,* BGB, 12. Aufl. § 1612 Rn. 53), was auch die Revision nicht in Abrede stellt. Zum anderen war der Sohn der Bekl. wegen der geltenden Zulassungsbeschränkung nicht in der Lage, sein Studium dort zu beginnen, wo ihm Naturalunterhalt angeboten wurde.

BGH v. 15. 5. 1996 – XII ZR 21/95 – FamRZ 96, 1067 = NJW-FER 96, 15

R505   *(Aufrechnung Unterhalt mit Nichtfamiliensache zulässig)*

a   a) Die Aufrechnung mit einem Unterhaltsanspruch gegen eine nicht familienrechtliche Forderung ist, wie das BerGer. nicht verkennt, grundsätzlich zulässig (vgl. § 394 BGB). Dementsprechend unterliegt es auch keinen rechtlichen Bedenken, die Aufrechnung mit einem Unterhaltsanspruch in einer Nichtfamiliensache vor einem allgemeinen Zivilgericht zu erklären (vgl. *Senat,* NJW-RR 1989, 173 = FamRZ 1989, 166 [167]).

(Verzug durch Aufrechnungserklärung mit Unterhaltsanspruch)

b   c) Die Regelung des § 1585 bII und III BGB steht der Durchsetzung des Unterhaltsanspruchs – entgegen den in dem angefochtenen Urteil angedeuteten Bedenken des BerGer. – nicht entgegen.

Nach § 1585 bII BGB setzt die Geltendmachung eines Unterhaltsanspruchs für die Vergangenheit Verzug des Unterhaltsverpflichteten voraus. Diese Voraussetzung ist erfüllt. Die Bekl. hat den Kl. zunächst mit dem bereits erwähnten Schreiben ihres Prozeßbevollmächtigten vom 15. 11. 1990 für die Zeit ab 1. 12. 1990 wirksam in Verzug gesetzt, und sie hat die Mahnung mit dem späteren Anwaltsschreiben vom 12. 12. 1990 – nach näherer Berechnung des geltend gemachten Unterhaltsbetrages – in Höhe von monatlich 747 DM nochmals wiederholt.

Gem. § 1585 bIII BGB kann für eine mehr als ein Jahr vor der Rechtshängigkeit liegende Zeit Erfüllung des Unterhaltsanspruchs nur verlangt werden, wenn anzunehmen ist, daß sich der Verpflichtete der Leistung absichtlich entzogen hat. Die hierin liegende Zeitschranke schließt die von der Bekl. erhobenen Ansprüche nicht aus, da die Bekl., als sie mit diesen Ansprüchen in den Schriftsätzen vom 18. 2. und 19. 3. 1991 die Aufrechnung erklärt hat, an rückständigen Beträgen nur solche für die Zeit ab Dezember 1990 und damit für die letzten drei Monate (Dezember 1990 bis einschließlich Februar 1991) geltend gemacht hat.

d) Die Aufrechnungserklärung hat bewirkt, daß die Ausgleichsforderung des Kl. einerseits und die Unterhaltsansprüche der Bekl. andererseits, soweit sie sich der Höhe nach deckten, rückwirkend ab Dezember 1990 jeweils als in dem Zeitpunkt erloschen gelten, in dem sie sich – monatlich – aufrechenbar gegenüberstanden (§ 389 BGB). Der Umfang der dem Kl. gegebenenfalls noch zustehenden Ausgleichsforderung bestimmt sich demgemäß danach, in welcher Höhe die Bekl. für die Zeit von Dezember 1990 bis einschließlich Oktober 1991 Anspruch auf nachehelichen Unterhalt hatte.

BGH v. 10. 7. 1996 – XII ZR 121/95 – FamRZ 96, 1272 = NJW 96, 2793

(§§ 1572, 1579 Nr. 7: Unbedingte Erwerbsunfähigkeit ist nicht erforderlich)   **R507**

2. Im Gegensatz zum AG hat das BerGer. die vom Kl. begehrte zeitliche Begrenzung des Unterhalts- **a** anspruchs der Bekl. wegen krankheitsbedingter Erwerbsunfähigkeit (§ 1572 BGB) nicht für gerechtfertigt erachtet. Im Anschluß an das Senatsurteil vom 9. 2. 1994 (NJW 1994, 1286 = FamRZ 1994, 566) hat es dabei berücksichtigt, daß § 1572 BGB eine Ehebedingtheit der Erkrankung des Berechtigten nicht voraussetzt und deswegen der Umstand, daß die Unterhaltsbedürftigkeit der Bekl. hier nicht als ehebedingt anzusehen ist, auch über die Härteklausel des § 1579 Nr. 7 BGB nicht zu einer zeitlichen Begrenzung ihres Anspruchs führen kann. Die diesbezüglichen Ausführungen sind für die Revision günstig; sie lassen auch keinen Rechtsfehler erkennen (vgl. dazu auch *Senat*, NJW 1995, 1891 = FamRZ 1995, 665).

3. Seine Auffassung, daß die Härteklausel des § 1579 Nr. 7 BGB aber für die Zeit ab 1. 8. 1995 eine Herabsetzung des Unterhalts der Kl. auf monatlich 200 DM rechtfertige, hat das BerGer. im wesentlichen wie folgt begründet:

Müßte der Kl. an die Bekl., die im Verhältnis zu seiner zweiten Ehefrau keinen Vorrang nach § 1582 BGB genieße, den vereinbarten Unterhalt von monatlich 600 DM über den 31. 7. 1995 hinaus weiterzahlen, müßte seine neue Familie über Jahre hinaus unterhalb der Sozialhilfeschwelle leben. Der nach den Vorschriften des Sozialhilferechts zu veranschlagende Bedarf des Kl. und seiner mit ihm in Haushaltsgemeinschaft lebenden Angehörigen (zweite Ehefrau und drei Kinder) belaufe sich auf monatlich 3031 DM. Das Erwerbseinkommen des Kl. liege noch um 20 DM unter diesem Betrag, wenn sein Nettoeinkommen (3391,48 DM) um die sozialhilferechtlich zulässigen Abzüge für Pkw-Benutzung (120 DM) und Berufstätigenaufwand (260 DM) vermindert werde (es verblieben rund 3011 DM). Zwar erhielten der Kl. und seine jetzige Ehefrau zusätzlich Kindergeld von insgesamt 420 DM, so daß die Sozialhilfeschwelle im Ergebnis um 400 DM überschritten werde. Es wäre aber grob unbillig, wenn der Kl. nur deswegen den aus seiner Sicht für eine Übergangszeit vereinbarten Krankheitsunterhalt von 600 DM in voller Höhe weiterzahlen müßte. Die Folge wäre nämlich, daß auf seiner Seite Sozialhilfebedürftigkeit einträte; dies wäre nicht mit dem Grundgesetz (Art. 1, 20) vereinbar. Auch wenn allein auf die Person des Kl. abgestellt werde, ergebe sich nichts anderes. Sein angemessener Selbstbehalt sei unter Berücksichtigung der anfallenden Mietkosten von monatlich 972 DM auf 2000 DM zu veranschlagen. Wenn er weiter monatlich 600 DM an die Bekl. zahlen müsse, verbleibe ihm kaum der notwendige Unterhalt. Eine solche Lage sei für einen geschiedenen Ehemann, der bereits für eine der Ehedauer entsprechende Zeit nacheheliche Solidarität bewiesen habe, objektiv unzumutbar. Bei Abwägung der gegebenen Umstände erscheine vielmehr als gerecht und billig, den Unterhaltsanspruch der Bekl. vom 1. 8. 1995 ab auf monatlich 200 DM zu reduzieren. Dies könne zwar dazu führen, daß die Bekl. ergänzende Sozialhilfe in Anspruch nehmen müsse. Dies müsse aber in Kauf genommen werden, wenn als Alternative nur in Betracht komme, daß auch auf seiten des Kl. Sozialhilfebedürftigkeit eintreten würde.

Diese Ausführungen halten rechtlicher Nachprüfung nicht stand.

(Sozialhilfebedürftigkeit und Nachrang der 2. Ehefrau)

a) Zwar ist auch in der Rechtsprechung des *Senats* der Grundsatz anerkannt, daß durch eine Unter- **b** haltsleistung keine Sozialhilfebedürftigkeit eintreten darf (vgl. *BGHZ* 111, 194 = NJW 1991, 356; *Senat, BGHZ* 123, 49 = NJW 1993, 2105 = FamRZ 1993, 1186 [1188]). Dieser Grundsatz gilt jedoch nur zugunsten des Unterhaltsverpflichteten selbst, nicht auch zugunsten von Unterhaltsberechtigten, die mit ihm in einer Haushaltsgemeinschaft leben. Das Verhältnis mehrerer Unterhaltsberechtigter zueinander wird durch die Rangvorschriften des BGB (§§ 1582, 1609 BGB) bestimmt, die nicht nach der Haushaltszugehörigkeit der Berechtigten unterscheiden. So kann ein nachrangiger Berechtigter, in vielen Fällen der neue Ehepartner des Unterhaltsverpflichteten, im Falle beschränkter Leistungsfähigkeit des Verpflichteten mit seinem Unterhaltsanspruch ganz ausfallen, und zwar ohne Rücksicht auf das Zusammenleben mit dem Verpflichteten und auch darauf, daß sich faktisch nachteilige Auswirkungen auf dessen eigenen Lebensstandard ergeben können (vgl. *Hampel*, FamRZ 1996, 513 [516]).

Vorliegend geht das BerGer. zutreffend davon aus, daß die Bekl., die zweite Ehefrau des Kl. und die drei Kinder aus der neuen Ehe unterhaltsrechtlich den gleichen Rang haben (vgl. *Senat,* NJW 1983, 1733 = FamRZ 1983, 678 [680]). Seine Auffassung, daß die „Sozialhilfeschwelle" der neuen Familie des Kl. nicht unterschritten werden dürfe, während die Bekl. auf ergänzende Sozialhilfe zu verweisen sei, ist mit diesem Gleichrang aller Berechtigten nicht zu vereinbaren. Denn dadurch würden die mit dem Kl. zusammenlebenden Unterhaltsberechtigten durch Errichtung einer Schranke, die für die Bekl. nicht gelten soll, einseitig begünstigt. Die Handhabung des § 1579 Nr. 7 BGB durch das BerGer. läuft somit darauf hinaus, die gesetzliche Rangregelung zu mißachten. Ihm kann daher insoweit nicht gefolgt werden. Dem gesetzlichen Gleichrang wird nur Rechnung getragen, wenn bei beschränkter Leistungsfähigkeit des Unterhaltsverpflichteten mehrere Unterhaltsgläubiger eine gleichmäßige Kürzung ihres Unterhaltsanspruchs hinzunehmen haben; auch in bezug auf die etwaige Inanspruchnahme ergänzender Sozialhilfe darf keiner bevorzugt behandelt werden.

BGH v. 13. 11. 1996 – XII ZR 125/95 – FamRZ 97, 484 = NJW 97, 731

R508   *(Naturalunterhalt durch Überlassung des Miteigentumsanteils der Ehewohnung; Neuregelung der Nutzung und Verwaltung durch Berücksichtigung des mietfreien Wohnens beim Unterhalt mit der Verpflichtung, daß der andere Ehegatte wieder im Eigenheim wohnen darf; keine Nutzungsentschädigung, wenn mietfreies Wohnen bei Unterhaltsvereinbarung berücksichtigt wurde)*

a) Das *OLG* hat dem Vergleich zutreffend entnommen, daß der Bekl. der Kl. seinen Miteigentumsanteil am Haus auch für die Zeit nach der Scheidung zur alleinigen Nutzung für sie und die gemeinsamen Kinder zur Verfügung zu stellen hatte, ohne hierfür ein Nutzungsentgelt zu verlangen. Der der Kl. zustehende Lebensbedarf, zu dem auch ihr Wohnbedarf gehört, sollte dadurch zum Teil in bar, zum Teil durch Naturalunterhalt gedeckt werden. Eine solche Art der Unterhaltsgewährung ist zulässig und in der Praxis auch nicht unüblich, insbesondere wenn es sich um eine Regelung für die Zeit zwischen Trennung und Scheidung handelt. Aber auch nach der Scheidung kann eine solche Bestimmung nach dem Willen der Parteien beibehalten werden. Zwar sieht das Gesetz grundsätzlich eine Unterhaltsgewährung in Geld vor (§ 1585 I 1 BGB). Die Parteien können aber jederzeit eine andere Art der Unterhaltsgewährung vereinbaren (§ 1585 c BGB). Das gilt auch hinsichtlich der Nutzung eines den Ehegatten anteilig gehörenden und bisher gemeinsam genutzten Hauses, wenn einer von ihnen auszieht. Gem. § 745 II BGB kann jeder Teilhaber eine die Interessen beider berücksichtigende Neuregelung der Nutzung und Verwaltung verlangen; insbesondere kann der weichende Miteigentümer eine angemessene Nutzungsentschädigung für seinen Anteil beanspruchen (*BGH,* NJW 1982, 1753 = FamRZ 1982, 355 f.). Möglich sind aber auch andere Arten der Neuregelung, etwa dahin, daß der das Haus bewohnende Ehegatte die Finanzierungskosten des Hauses übernimmt (vgl. *Senat,* BGHZ 87, 265 [271 f.] = NJW 1983, 1845) oder daß das Nutzungsentgelt in die Unterhaltsregelung mit einbezogen wird (vgl. *Senat,* NJW 1986, 1340 = FamRZ 1986, 434 f. und NJW 1986, 1339 = FamRZ 1986, 436 f.). Dabei kommt auch eine Kompensation mit einem ansonsten höheren Barunterhaltsanspruch des das Haus allein bewohnenden unterhaltsberechtigten Ehegatten in Betracht. Das *OLG* geht zutreffend davon aus, daß hierin zugleich eine von der gesetzlichen Regelung der Mitbenutzung des gemeinsamen Gegenstandes (§ 743 BGB) abweichende Vereinbarung liegt.

Eine solche Regelung haben die Parteien hier getroffen, und zwar, wie sich aus dem Wortlaut von Nr. 2 S. 3 des Vergleichs ergibt, auch für die Zeit nach Rechtskraft der Scheidung. Aus dem Verfahren ... *(AG L.),* in dem der Trennungsunterhalt und zugleich der nacheheliche Unterhalt durch den Vergleich geregelt wurden, ergibt sich nämlich, daß ohne eine solche Kompensation der Barunterhalt der Kl. – in Form des Elementarunterhalts und des von ihr ebenfalls verlangten Altersvorsorgeunterhalts – entsprechend höher ausgefallen wäre. Daraus folgt zugleich, daß es sich bei der Absprache in Nr. 3 des Vergleichs nicht lediglich um das Festhalten eines faktischen Zustands als Vergleichsgrundlage, nämlich der alleinigen Nutzung des Hauses durch die Kl. und die Kinder handelt, sondern daß sie eine verbindliche Regelung über die Art der Unterhaltsgewährung enthält. Davon ging ersichtlich auch der Bekl. aus, wenn er im Klageerwiderungsschriftsatz vom 4. 5. 1994 und im Schriftsatz vom 17. 8. 1994 selbst ausführte, daß es sich um eine „Regelung" handele, wonach die Kl. mit den Kindern weiterhin im gemeinsamen Haus wohnen bleiben könne und er die Finanzierungskosten nach wie vor allein tragen werde. Die im Vergleich getroffene Kompensationsregelung diente im übrigen auch dem Gericht des Unterhaltsabänderungsverfahrens, das die Kl. angestrengt hatte, dazu, ihrem Erhöhungsbegehren u. a. mit dem Hinweis auf die entgeltfreie Nutzung des Hauses entgegenzutreten.

War somit zwischen den Parteien verbindlich vereinbart, daß der Bekl. der Kl. einen Teil des Unterhalts in Natur, nämlich durch die Überlassung seines Hausanteils zur alleinigen Nutzung, zu gewähren hatte, befreite ihn die Veräußerung nicht von der mit der Kl. getroffenen Vereinbarung. Daraus, daß der Vergleich seinerzeit nicht als Belastung gem. § 1010 I BGB im Grundbuch eingetragen wurde und damit gegenüber der neuen Miteigentümerin keine Wirkung entfaltete, kann der Bekl. für sich im Verhältnis zur Kl. nichts herleiten. Auch auf einen Wegfall der Geschäftsgrundlage kann er sich nicht berufen, und zwar schon deshalb nicht, weil der Umstand, daß er der Kl. den Hausanteil nicht mehr als Teil des geschuldeten Unterhalts zur Verfügung stellen kann, sondern diese sich den Nutzungsentgeltsansprüchen der neuen Miteigentümerin aus der Miteigentümergemeinschaft ausgesetzt sieht, auf eine Ursache zurückzuführen ist, die der Bekl. selbst gesetzt und zu vertreten hat (vgl. *Senat,* NJW 1995, 2031 [2032]). Er muß die Kl. daher unterhaltsrechtlich so stellen, als ob er ihr seinen Hausanteil weiterhin nutzungsentgeltfrei überlassen könnte. Demgemäß hat er die Kl. von den Nutzungsentgeltansprüchen der neuen Miteigentümerin freizustellen (vgl. *BGHZ* 40, 326 [331] = NJW 1964, 648).

BGH v. 20. 11. 1996 – XII ZR 70/95 – FamRZ 97, 281 = NJW 97, 735

(Fortwirken eines Titels über Kindesunterhalt nach Wiederheirat und erneuter Trennung der Eltern)   **R509**

Mit dem BerGer. ist weiter davon auszugehen, daß das Urteil des *KreisG F.* auch in dem hier   **b** maßgeblichen Zeitraum fortwirkt, auch wenn die Eltern wieder geheiratet und erneut – auch mit dem Kl. – zusammengelebt haben. Zwar bestand insoweit gem. § 1360 BGB die gegenseitige Verpflichtung der Ehegatten, die Familie angemessen zu unterhalten, die auch die Befriedigung des Lebensbedarfs der gemeinsamen unterhaltsberechtigten Kinder umfaßt (§ 1360 a I BGB). Der Unterhaltsanspruch der ehelichen Kinder nach den §§ 1601 ff. BGB gegen ihre Eltern besteht indessen neben dem wechselseitigen Unterhaltsanspruch der Eltern auf Gewährung von Familienunterhalt. Soweit das Kind in der Familie lebt und die Eltern beiderseits ihrer Pflicht zur Leistung des Familienunterhalts nachkommen, wird der nach §§ 1601 ff. BGB bestehende Unterhaltsanspruch erfüllt. Kommt ein Elternteil der Verpflichtung auf Leistung von Familienunterhalt nicht nach, so ergibt sich ein eigener einklagbarer Anspruch aus § 1360 BGB für das Kind nicht. Es kann vielmehr seinen Unterhaltsanspruch nach den §§ 1601 ff. BGB gegen den erwerbstätigen Elternteil geltend machen (*Göppinger/Strohal,* 6. Aufl., Rdnrn. 130 f.; vgl. auch *Schwab/Borth,* 3. Aufl., Teil V Rn. 9). Demgemäß ist der titulierte Unterhaltsanspruch, wie das BerGer. zutreffend angenommen hat, während des Zusammenlebens der Familie erfüllt worden, nicht aber für die Zukunft weggefallen. Ob diese Erwägungen auch für den nach dem Recht der DDR ausgeurteilten Kindesunterhalt gelten, kann dahinstehen. Die Familie hat nämlich nach der Wiederheirat der Kl. und des Bekl. in den alten Bundesländern, in die die Kl. im Februar 1987 zurückgekehrt waren, zusammengelebt, so daß von dieser Zeit an materiellrechtlich bundesdeutsches Recht maßgebend ist.

(§ 265 II 1 ZPO bei Sozialhilfebezug)

2. Dem Abänderungsbegehren fehlt nicht die in jeder Lage des Verfahrens von Amts wegen zu   **c** berücksichtigende Prozeßvoraussetzung der – uneingeschränkten – Prozeßführungsbefugnis des Kl. Die Prozeßführungsbefugnis steht in der Regel den Trägern des streitigen Rechtsverhältnisses, auf der Kläger-Seite, also dem Inhaber des geltend gemachten Anspruchs zu. Verliert dieser den Anspruch im Verlauf des Rechtsstreits, etwa durch rechtsgeschäftliche Übertragung oder durch Übergang kraft Gesetzes auf einen Dritten, so hat das auf den Prozeß keinen Einfluß (§ 265 II 1 ZPO). Der bisherige Anspruchsinhaber führt den Prozeß im eigenen Namen in (gesetzlicher) Prozeßstandschaft weiter, muß allerdings den Klageantrag in der Regel an die veränderte materielle Rechtslage anpassen (*Senat,* NJW-RR 1995, 1217 = FamRZ 1995, 1131 [1133]).

Eine solche Prozeßführung liegt hier – soweit es um die bis zur letzten mündlichen Verhandlung vor dem BerGer. fällig gewordenen Ansprüche auf Kindesunterhalt geht – teilweise vor. Diese standen dem Kl. uneingeschränkt zu, als er die Klage erhob. Sie sind bis zur Höhe der ihm ab 1. 7. 1992 gewährten Sozialhilfe erst im Laufe des Rechtsstreits nach § 91 I 1 BSHG in der Fassung des Gesetzes zur Umsetzung des Föderalen Konsolidierungsprogramms (FKPG vom 23. 6. 1993, in Kraft getreten am 27. 6. 1993, BGBl I, 944, 952) kraft Gesetzes auf den Träger der Sozialhilfe übergegangen, und zwar auch, soweit sie den Zeitraum vor Inkrafttreten des Gesetzes betreffen. Letzteres hat der *Senat* – nach Verkündung des Berufungsurteils – entschieden (*Senat,* NJW 1995, 3391 = FamRZ 1995, 871 [872]) und an dieser Auffassung seitdem festgehalten (*Senat,* NJW-RR 1996, 13, 45 = FamRZ 1996, 1207 [1208]).

(Umdeutung einer Leistungsklage in eine Abänderungsklage)

3. Daß das BerGer. die Klage schon von dem Eintritt der Rechtshängigkeit (am 2. 5. 1991) an als   **d** Abänderungsklage behandelt hat, obwohl der Kl. erst im zweitinstanzlichen Termin vom 2. 2. 1995 erklärt hat, die Klage solle als Abänderungsklage – und nur hilfsweise als Leistungsklage – angesehen werden, ist rechtlich nicht zu beanstanden.

Eine fehlerhafte Prozeßhandlung, die wegen ihrer Eindeutigkeit und Klarheit einer berichtigenden Auslegung nicht zugänglich ist, kann in eine den gleichen Zwecken dienende zulässige Prozeßhandlung umgedeutet werden, deren Voraussetzungen sie erfüllt. Die Umdeutung darf erfolgen, wenn ein entsprechender Parteiwille genügend erkennbar ist und kein schutzwürdiges Interesse des Gegners entgegensteht. Unter diesen Voraussetzungen ist auch die Umdeutung einer Leistungsklage in eine Abänderungsklage möglich (*Senat*, NJW 1992, 438 = FamRZ 1992, 298 [299]; NJW-RR 1993, 5 = FamRZ 1992, 1060 [1061]). Nach diesen Grundsätzen bestehen keine durchgreifenden Bedenken dagegen, daß das *OLG* die Leistungsklage in eine Abänderungsklage umgedeutet hat. Der Kl. hat in der Klageschrift vom 15. 4. 1991 bereits auf den bestehenden Unterhaltstitel im Teilurteil des *KreisG F.* hingewiesen, insofern aber ersichtlich die Auffassung vertreten, dieser hindere ihn unter den gegebenen Umständen nicht, eine Leistungsklage zu erheben. Die Erklärung, daß Leistungsklage erhoben werde, ist eindeutig und damit grundsätzlich einer Auslegung nicht zugänglich. Jedoch ergibt sich aus dieser Erklärung des Kl. zugleich, daß er eine Abänderungsklage in Betracht gezogen, die Klage aber wegen einer irrigen Beurteilung der Rechtslage nicht als Abänderungsklage bezeichnet hat. Zwar mag im allgemeinen eine Partei an ihren ihr ungünstigen Erklärungen festzuhalten sein. Das ist aber weitgehend anders, wenn sie bei ihrer Erklärung einem Irrtum zum Opfer gefallen ist (*BGH*, NJW 1962, 1820).

Die von dem Kl. erhobene Klage erfüllt entgegen der Auffassung der Revision – mit Ausnahme des Antrags – auch die Voraussetzungen einer Abänderungsklage. Dafür ist es erforderlich, daß der Kl. Tatsachen behauptet, die eine wesentliche Veränderung derjenigen Verhältnisse ergeben, die für die Verurteilung zu den Leistungen, für ihre Höhe oder die Dauer ihrer Entrichtung maßgebend waren (*Senat*, FamRZ 1984, 353 [355]). Der Kl. hat in der Klageschrift vorgetragen, daß sein – nach Vollendung des 12. Lebensjahres vom *KreisG* mit monatlich 125 Mark bemessener – Unterhaltsbedarf erheblich höher anzusetzen sei und der Bekl., dessen Einkommen seinerzeit mit monatlich „1000 Mark" aus Mieteinnahmen zugrunde gelegt worden war, nunmehr über Renteneinkünfte von 1500 DM monatlich sowie anteilige Mieteinnahmen von mindestens 6000 DM monatlich verfüge und darüber hinaus in dem Haus *M*-Straße 30 a mietfrei wohne, weshalb er aufgrund seiner Einkommensverhältnisse zu Unterhaltszahlungen entsprechend der Gruppe 8 der Düsseldorfer Tabelle verpflichtet sei. Damit hat der Kl. in ausreichendem Umfang eine wesentliche Veränderung derjenigen Verhältnisse vorgetragen, die für die Entscheidung des *KreisG F.* ersichtlich maßgebend waren.

Der Umdeutung stehen keine schutzwürdigen Interessen des Bekl. entgegen. Wie sich aus seinem Antrag auf Klageabweisung ergibt, ist sein Begehren darauf gerichtet, über den vom *KreisG* zuerkannten Monatsbetrag hinaus keinen weiteren Unterhalt leisten zu müssen. Diesem Begehren wird auch bei einer Umdeutung der Leistungsklage in eine Abänderungsklage Rechnung getragen. In welcher Weise sich der Bekl. gegen die Kl. anders verteidigt hätte, wenn der Kl. sie von vornherein als Abänderungsklage bezeichnet hätte, wird von der Revision nicht dargelegt und ist auch sonst nicht erkennbar. Ferner konnte der Bekl. seit Erhebung der Klage nicht mehr darauf vertrauen, der Kl. werde sich mit den bisher ausgeurteilten Beträgen zufriedengeben.

(Keine Bindung an Leitlinien bei Abänderung eines Unterhaltstitels)

e a) Allerdings erweist sich der Ausgangspunkt des *OLG*, eine Neufestsetzung des Unterhalts sei ohne Relation zu dem früheren Einkommen des Bekl. vorzunehmen, im Ergebnis als zutreffend. Dabei kann dahinstehen, ob dies zwangsläufig bereits wegen der grundlegenden Veränderung der Verhältnisse gegenüber denen in der ehemaligen DDR gilt (ebenso *Brudermüller*, FamRZ 1995, 915; *Maurer*, FamRZ 1994, 336; *OLG Hamm*, FamRZ 1996, 1085 [1086]), und zwar auch wenn der Bekl. – worauf die Revision hinweist – bereits bei Erlaß der Vorentscheidung in der Bundesrepublik gelebt hat.

Für den vorliegenden Fall folgt dieses Ergebnis bereits aus der ständigen Rechtsprechung des *Senats*. Da die Abänderungsklage weder eine freie, von der bisherigen Höhe unabhängige Neufestsetzung des Unterhalts noch eine abweichende Beurteilung der Verhältnisse ermöglicht, die bereits im ersten Urteil eine Bewertung erfahren haben, besteht die Abänderungsentscheidung in einer unter Wahrung der Grundlagen des abzuändernden Titels vorzunehmenden Anpassung des Unterhalts an die veränderten Verhältnisse (*Senat*, NJW-RR 1994, 1155 = FamRZ 1994, 1100 [1101] m. Nachw.). Der Unterhaltsbedarf des Kl. hat sich – unabhängig von einer konkreten Bemessung – seit 1979 offenkundig aufgrund der seitdem deutlich gestiegenen Lebenshaltungskosten erhöht. Der zu seiner Bemessung damals herangezogenen Richtlinie kommt ebensowenig eine Bindungswirkung zu wie den in den alten Bundesländern von der unterhaltsrechtlichen Praxis entwickelten Unterhaltsrichtlinien, Tabellen, Verteilungsschlüsseln oder sonstigen Berechnungsmethoden (*Senat*, NJW 1992, 438 = NJW-RR 1993, 5 und NJW 1984, 1458 = FamRZ 1984, 374 [375]). Sind damit aber schon im Hinblick auf den gestiegenen Unterhaltsbedarf des Kl. die Voraussetzungen des § 323 ZPO gegeben, so wäre er selbst dann nicht gehindert, im Abänderungsverfahren den vollen Unterhalt geltend zu machen, wenn ihm im Vorprozeß allein ein begehrter Anteil zuerkannt worden sein sollte. Vielmehr kann er nach Eintritt der Abänderungsvoraussetzungen verlangen, daß bei der Abänderungsentscheidung der volle Unterhalt zugrunde gelegt wird (*Senat*, NJW 1984, 1458 = FamRZ 1984, 374 [376]; *BGHZ* 98, 353 = NJW 1987, 1201 =

FamRZ 1987, 259 [262]). Hierfür ist das Einkommen des Bekl. in dem entscheidungserheblichen Zeitraum maßgebend.

(Unterhaltsbedarf des Kindes bei fiktivem Einkommen des Pflichtigen)

c) Der Ermittlung des unterhaltsrelevanten Einkommens durch das BerGer. vermag der *Senat* **f** indessen nicht zu folgen. Die Höhe eines – von der Einkommenssituation des Unterhaltspflichtigen abhängigen – Unterhaltsbedarfs kann nicht aus lediglich fiktivem Einkommen hergeleitet werden. Das hat der *Senat* für den nachehelichen Unterhaltsanspruch bereits entschieden (*Senat,* NJW 1992, 2477 = FamRZ 1992, 1045 [1047]). Für den Kindesunterhalt kann insoweit grundsätzlich nichts anderes gelten. Lediglich gedachte wirtschaftliche Verhältnisse, die keine Grundlage in der tatsächlichen Einkommenssituation des Unterhaltspflichtigen haben, können dessen Lebensstellung nicht prägen. Daher kann ein Unterhaltsbedarf nicht aus fiktiven Mitteln hergeleitet werden, die dem Unterhaltspflichtigen nie zur Verfügung gestanden haben. Das wäre jedoch der Fall, wenn der Unterhaltsbemessung Einkünfte des Bekl. zugrunde gelegt würden, die er erst aus der Verwertung von Teilen seines Vermögens einschließlich Kapitalverzehr erzielen könnte. Eine derartige Betrachtungsweise unterscheidet nicht genügend zwischen der Höhe des Unterhaltsbedarfs und der Prüfung der Leistungsfähigkeit des Unterhaltspflichtigen (*OLG Karlsruhe,* FamRZ 1993, 1481 [1482]).

(Steuerliche Absetzungen und Abschreibungen; Instandhaltungskosten)

Die zu versteuernden Einkünfte eines Unterhaltspflichtigen sind in der Regel geringer als das Ein- **g** kommen, nach dem sich der Unterhalt bemißt, weil eine Vielzahl von steuerspezifischen Absetzungs- und Abschreibungsmöglichkeiten unterhaltsrechtlich nicht einkommensmindernd berücksichtigt werden können (*Senat,* NJW 1980, 2083 = FamRZ 1980, 770). Dies gilt auch bei Einkünften aus Vermietung und Verpachtung. Hierbei wirken sich erfahrungsgemäß Abschreibungen für die Abnutzung von Gebäuden sowie Instandsetzungskosten erheblich zugunsten des Steuerpflichtigen aus, ohne daß diese Posten unterhaltsrechtlich in gleicher Weise anerkannt werden können. Abschreibungen für die Abnutzung von Gebäuden (die vorliegend für das Jahr 1990 allerdings nur insgesamt rund 2200 DM betrugen) berühren das unterhaltsrechtlich maßgebende Einkommen nicht. Instandsetzungskosten können unterhaltsrechtlich nur insoweit berücksichtigt werden, als es sich um notwendigen Erhaltungsaufwand handelt und nicht etwa um den Aufwand für eine Vermögensbildung, wie er etwa vorliegt, wenn Ausbauten und wertsteigernde Verbesserungen vorgenommen werden (*Senat,* NJW 1984, 303 = FamRZ 1984, 39 [41]).

Die hiernach notwendige Differenz zwischen den steuerlich rücksichtigten bzw. vom Bekl. geltend gemachten Aufwendungen und dem unterhaltsrechtlich anzuerkennenden Aufwand ist bisher nicht erfolgt. Somit ist das den Unterhaltsbedarf des Kl. grundsätzlich bestimmende unterhaltsrechtlich relevante Einkommen des Bekl. bisher nicht festgestellt worden. Auch die weitere Frage, ob die Lebensstellung des Bekl. nicht über dieses Einkommen hinaus tatsächlich durch den Einsatz von Mieteinnahmen in einem höheren Umfang, der sich letztlich als Eingriff in die Vermögenssubstanz auswirkte, geprägt war, ist unbeantwortet geblieben. Dem Einsatz solcher Mittel könnte indessen ebenfalls Bedeutung für die Bedarfsbemessung zukommen.

(Kein fester Bedarfssatz für das volljährige Kind ohne eigene originäre Lebensstellung)

d) Daß das *OLG* den Unterhaltsbedarf des Kl. für die Zeit ab 1. 7. 1992 mit einem pauschalierten **h** Rechenbetrag angesetzt und entsprechend der Düsseldorfer Tabelle (Stand: 1. 7. 1992) mit 950 DM bemessen hat (vgl. Anm. 7: Bedarfssatz für ein Kind mit eigenem Haushalt), begegnet ebenfalls durchgreifenden rechtlichen Bedenken.

Die Annahme, der Kl. habe seit dem Auszug aus der ehelichen Wohnung eine eigene Lebensstellung inne, ist nach den getroffenen Feststellungen nicht gerechtfertigt. Er wohnt weiterhin in demselben Haus wie seine Eltern – seine beiden Zimmer befinden sich nur in der Wohnung der Schwester –, wird aufgrund seiner Behinderung nach wie vor von der Kl. betreut und versorgt und ist mit der ihm in der Behindertenwerkstatt gezahlten Vergütung (monatlich 90 DM bzw. ab 1. 9. 1992 monatlich 110 DM) auch wirtschaftlich nicht selbständig. Damit fehlt es dem Kl. aber an einer unterhaltsrechtlich relevanten originären Lebensstellung. Solange ein Kind auch nach Eintritt der Volljährigkeit für seinen Lebensunterhalt auf die ihm von seinen Eltern zur Verfügung gestellten Mittel angewiesen ist, bleibt seine Lebensstellung von ihnen abgeleitet (*Senat,* NJW-RR 1986, 1261 = FamRZ 1987, 58 [60]; NJW-RR 1986, 426 = FamRZ 1986, 151; *Griesche,* FamGb, § 1610 Rn. 5; vgl. auch *Schwab/Borth,* Teil V Rn. 21). Daran ändert unter den hier gegebenen Umständen auch der Umzug in die Wohnung der Schwester nichts. Folglich besteht auch für die Zeit ab 1. 7. 1992 die Notwendigkeit, den Unterhaltsbedarf des Kl. ausgehend von dem unterhaltsrechtlich relevanten Einkommen des Beklagten – gegebenenfalls unter Berücksichtigung einer tatsächlichen Verwendung zusätzlicher Mittel – zu bemessen. Da hierzu keine Feststellungen getroffen worden sind, kann die Entscheidung bezüglich des Kindesunterhalts insgesamt keinen Bestand haben.

(Bemessung des Trennungsunterhalts bei fiktivem Einkommen des Pflichtigen)

i   3. Diese Beurteilung ist, wie die Revision zu Recht geltend macht, nicht frei von Rechtsirrtum.

a) Zutreffend ist allerdings der Ausgangspunkt des BerGer. Es entspricht der ständigen Rechtsprechung des *Senats,* daß bei der Bemessung des ehelichen und des nachehelichen Unterhalts ein objektiver Maßstab anzulegen ist. Eine nach den Verhältnissen zu dürftige Lebensführung bleibt ebenso außer Betracht wie ein übertriebener Aufwand. Nur in diesem Rahmen kann das tatsächliche Konsumverhalten der Ehegatten während des ehelichen Zusammenlebens berücksichtigt werden (*Senat,* NJW 1989, 2809 = FamRZ 1989 1160 [1161] m. Nachw.).

b) Für die Unterhaltsbemessung grundsätzlich maßgebend bleibt indessen der in der Ehe erreichte Lebensstandard. Die Aufgabe des Ehegattenunterhalts erschöpft sich darin, dem bedürftigen Ehegatten, soweit die Leistungsfähigkeit der Verpflichteten reicht, diejenigen Geldmittel zur Verfügung zu stellen, die er benötigt, um seine laufenden Lebensbedürfnisse so zu befriedigen, wie es den ehelichen Lebensverhältnissen entspricht. Ist nach diesen Verhältnissen etwa ein Teil des Einkommens der Vermögensbildung vorbehalten und damit der Befriedigung der laufenden Lebensbedürfnisse entzogen, kann dieser Teil des Einkommens nicht herangezogen werden. Der Unterhaltsberechtigte würde sonst bessergestellt, als er während des Zusammenlebens der Ehegatten gestanden hat. Insoweit ergibt sich ein gewisses Regulativ allerdings aus dem Grundsatz, daß bei der Ermittlung der ehelichen Lebensverhältnisse ein objektiver Maßstab anzulegen ist. Der unterhaltsbedürftige Ehegatte braucht sich eine das verfügbare Einkommen unangemessen einschränkende Vermögensbildung nicht entgegenhalten zu lassen (*Senat,* NJW-RR 1987, 194 = FamRZ 1987, 36 [39]). Der für solche Fälle zur Korrektur herangezogene objektive Maßstab darf indessen nicht dazu führen daß der Boden der ehelichen Lebensverhältnisse verlassen und Einkünfte des Unterhaltspflichtigen als prägend zugrunde gelegt werden, die tatsächlich nie vorhanden waren. Ein Unterhaltsanspruch kann deshalb grundsätzlich nicht aus fiktiven Mitteln hergeleitet werden. Folglich erfordert auch die Bemessung des der Kl. zustehenden Trennungsunterhalts die − hier fehlende − Feststellung des unterhaltsrechtlich relevanten Einkommens des Bekl. Darüber hinaus können auch die ehelichen Lebensverhältnisse dadurch geprägt gewesen sein, daß tatsächlich weitergehende Mittel für den Lebensunterhalt verwendet worden sind (vgl. hierzu die Ausführungen unter AII 2 c).

BGH v. 21. 1. 1997 − XII ZR 257/95 − FamRZ 97, 483 = NJW 97, 1439

R510   *(Zur Offenbarungspflicht des Berechtigten über − nach dem geltenden Unterhaltsvergleich − nicht anrechnungsfreie Einkünfte; Betrag bei Verstoß gegen die Verpflichtung zur ungefragten Information)*

a   1. Das BerGer. geht davon aus, daß die Bekl. aufgrund von Nr. 3 des Vergleichs vom 6. 10. 1989 verpflichtet gewesen sei, den Kl. ungefragt über ihre Einkünfte aus Erwerbstätigkeit zu informieren, sobald sie deutlich mehr als monatlich 600 DM netto verdient habe. Denn nach der getroffenen Vereinbarung habe sich dann die Höhe des ihr geschuldeten nachehelichen Unterhalts verringern müssen.

Dem hält die Revision entgegen, eine Pflicht zur unverlangten Information bestehe im Hinblick auf das Auskunftsrecht des Unterhaltsverpflichteten nur in Ausnahmefällen, in denen das Schweigen evident unredlich wäre. Das könne nicht schon dann angenommen werden, wenn eine wesentliche Änderung der Einkommens- und Vermögensverhältnisse i. S. des § 323 I ZPO eingetreten sei, sondern erst bei solchen Veränderungen, die den materiell-rechtlichen Unterhaltsanspruch ersichtlich erlöschen ließen oder zumindest grundlegend veränderten (Hinweis auf *Senat,* NJW 1986, 1751 = FamRZ 1986, 450 [453] und NJW 1986, 2047 = FamRZ 1986, 794 [7961]). Ein solcher Ausnahmefall sei vorliegend nicht gegeben.

Diese Rüge ist unbegründet. Die von der Revision angezogene Senatsrechtsprechung betrifft Informationspflichten, die Unterhaltsberechtigten nach einem streitigen Urteil über die Tatbestände der §§ 1580, 1605 BGB hinaus aus § 242 BGB treffen. Geht es, wie hier, um die Durchführung einer Unterhaltsvereinbarung, erhöht sich dessen Pflicht zur Rücksichtnahme auf die Belange des anderen Teils (ebenso *Hoppenz,* FamRZ 1989, 337 [339]). Nach h. A. hat der Unterhaltsverpflichtete aufgrund der Bestimmung des § 1605 II BGB vor Ablauf von zwei Jahren seit Abschluß einer Unterhaltsvereinbarung (§ 1585 c BGB) ohnehin keine Möglichkeit, ein Auskunftsverlangen durchzusetzen (vgl. etwa *OLG Karlsruhe,* FamRZ 1991, 1470 m. w. Nachw.). Auch deswegen ist der Unterhaltsberechtigte im Hinblick auf seine vertragliche Treuepflicht gehalten, jederzeit und unaufgefordert dem anderen Teil Umstände zu offenbaren, die ersichtlich dessen Verpflichtungen aus dem Vertrag berühren (vgl. dazu auch *Palandt/Heinrichs,* BGB, 56. Aufl., § 242 Rn. 37). In einem Fall, in dem in einer Scheidungsvereinbarung der unterhaltsberechtigten Ehefrau zugestanden worden war, anrechnungsfrei monatlich 50 DM hinzuzuverdienen, hat der *BGH* bereits im Jahre 1959 eine vertragliche Pflicht zur unaufgeforderter Information über die Erzielung höherer Einkünfte bejaht (vgl. *BGHZ* 30, 36 [39] = NJW 1959, 1275; s. auch *OLG Hamm,* FamRZ 1994, 1265 [1266]). Im vorliegenden Fall hat deshalb das BerGer. zu Recht angenommen, daß die Bekl. aufgrund des Vergleichs vom 6. 10. 1989 verpflichtet war, dem Kl. einen deutlich über 600 DM liegenden monatlichen Nettoverdienst ungefragt mitzuteilen; es handelte sich dabei um eine durch Nr. 3 begründete vertragliche Nebenpflicht (zur entsprechenden Verpflichtung des Unterhaltsschuldners vgl. *Senat*, NJW 1988, 1965 = FamRZ 1988, 270 [271 f.]).

2. Dadurch, daß die Bekl. ihre höheren Einkünfte ab Mitte 1990 bis zum Wirksamwerden des Abänderungsbegehrens des Kl. am 16. 3. 1993 pflichtwidrig verschwieg, hat sie nach der Beurteilung des BerGer. einen vollendeten Betrug (§ 263 I StGB) begangen. Diese Ausführungen halten den Angriffen der Revision stand.

b) In dem Prozeßvergleich vom 6. 10. 1989 haben die Parteien unter Berücksichtigung des Umstands, daß die Bekl. die beiden gemeinschaftlichen Kinder betreuen würde, den anrechnungsfreien Zuverdienst der Bekl. auf monatlich 600 DM festgelegt. Allgemein kann eine neben der Kindesbetreuung ausgeübte Erwerbstätigkeit als überobligationsmäßig zu beurteilen sein mit der Folge, daß die daraus erzielten Einkünfte gem. § 1577 II BGB jedenfalls teilweise anrechnungsfrei bleiben (vgl. dazu *Senat*, NJW 1983, 933 = FamRZ 1983, 146 und NJW 1995, 962 = FamRZ 1995, 343). Vorliegend ist dieser Punkt vertraglich durch die Festlegung des Freibetrages von 600 DM geregelt worden. Es ist daher entgegen der Auffassung der Revision unerheblich, ob die Bekl. nach der gesetzlichen Regelung möglicherweise einen höheren Abzug hätte vornehmen können, auch insoweit war vielmehr allein die abgeschlossene Unterhaltsvereinbarung maßgebend.

c) Die Ansprüche auf Kindes- und Ehegattenunterhalt sind in dem Prozeßvergleich getrennt geregelt, wobei die Anrechnungsklausel nur auf den letzteren bezogen ist. Auch deswegen hat das *OLG* zu Recht angenommen, daß die Bekl. keine „interne Verrechnung" hat vornehmen dürfen, falls der Kl. wegen des Anstieges seines Einkommens höheren Kindesunterhalt als im Vergleich vereinbart geschuldet hat. Zutreffend sind auch die Ausführungen dazu, daß eine eigenmächtige Verrechnung mit sonstigen Abzugsposten die Bekl. der Informationspflicht nicht enthob.

(Zur Anwendung des § 1579 Nr. 2 BGB bei betrügerischem Verschweigen nicht anrechnungsfreier Einkünfte)

3. Das BerGer. wertet das Verhalten der Bekl. als schweres vorsätzliches Vergehen gegen den unter- **b** haltsverpflichteten Kl. i. S. von § 1579 Nr. 2 BGB mit der Folge, daß ihr an sich bis zum 11. 8. 1997 bestehender Unterhaltsanspruch aus § 1570 BGB ab 16. 3. 1993 wegen grober Unbilligkeit der Inanspruchnahme des Kl. zu versagen sei. Auch dagegen wendet sich die Revision vergebens.

a) Soweit sie rügt, dem Berufungsurteil seien keine hinreichenden Feststellungen dazu zu entnehmen, ob ein schweres Vergehen i. S. des § 1579 Nr. 2 BGB vorliege, kann ihr nicht gefolgt werden. Ob ein strafbares vorsätzliches Vergehen gegen den Unterhaltsverpflichteten schwer im Sinne dieser Vorschrift ist, hat der Tatrichter zu entscheiden. Das RevGer. kann nur prüfen, ob er dabei von richtigen Rechtsvorstellungen ausgegangen ist (vgl. *Senat*, NJW 1984, 296 = FamRZ 1984, 34 [35]). Das BerGer. hat hier im wesentlichen auf die lange Dauer der Tatverwirklichung und darauf abgehoben, daß die Handlungsweise der Bekl. dem Kl., der in dieser Zeit Einkünfte als Berufssoldat erzielte, empfindlich getroffen hat. Das ist aus Rechtsgründen nicht zu beanstanden.

b) Die Revision rügt weiter, das BerGer. habe nicht hinreichend abgewogen, ob mildere Sanktionen als die Versagung des Unterhalts ausreichend seien, nämlich die vom Gesetz alternativ vorgesehene Herabsetzung sowie die zeitliche Begrenzung des Unterhalts. Die völlige Versagung des Anrechts liege nicht im Ermessen des Gerichts, sondern sei auf Fälle beschränkt, bei denen jede Unterhaltsleistung schlechthin unerträglich wäre. Die pauschale Erwägung, daß beim Kl. ein bedeutender Schaden entstanden sei, sei nicht ausreichend, vielmehr seien konkrete Feststellungen zu dessen wirtschaftlichen Verhältnissen erforderlich. Die Bekl. habe auch nicht aus verwerflicher Gesinnung gehandelt, sondern habe allenfalls irrig angenommen, auch bei Erzielung höherer Einkünfte weiterhin uneingeschränkt unterhaltsberechtigt zu sein. Schließlich habe das BerGer. die Möglichkeit in Betracht gezogen, daß der Bekl. ein Unterhaltsanspruch wegen Krankheit (§ 1572 BGB) zustehen könnte, diesen Umstand aber bei seiner Abwägung nicht hinreichend berücksichtigt.

Auch damit kann die Revision nicht durchdringen. Das BerGer. war sich, wie seine Ausführungen zeigen, der verschiedenen Sanktionsmöglichkeiten im Rahmen des § 1579 BGB bewußt. Bei der Anwendung dieser Härteklausel unter Würdigung der Umstände des Einzelfalles und im Rahmen der dabei gebotenen Zumutbarkeitsprüfung hat der Tatrichter einen ihm vorbehaltenen Beurteilungsspielraum, der nur einer rechtlichen Kontrolle durch das RevGer. unterliegt (vgl. *Senat*, NJW-RR 1988, 834 = FamRZ 1988, 930 [933]). Die hier vom BerGer. vorgenommene Würdigung und Abwägung der Belange beider Parteien läßt keinen Rechtsverstoß erkennen. Der Vorwurf der Revision, daß die Entscheidung in bezug auf die wirtschaftlichen Verhältnisse des Kl. aufgrund unzulänglicher tatsächlicher Grundlage getroffen worden sei, ist unbegründet. Die Bekl. selbst fordert aufgrund ihres offenbar mittlerweile beträchtlichen Eigeneinkommens nur noch ergänzenden nachehelichen Unterhalt von monatlich 300 DM für die Zeit vom 16. 3. 1993 bis 31. 7. 1993 sowie von monatlich 100 DM für die Zeit danach. Der Ausschluß eines Restunterhalts in dieser Höhe begegnet bei dem evident unredlichen

Verhalten der Bekl. keinen rechtlichen Bedenken. Was den Unterhaltsanspruch aus § 1572 BGB angeht, so hat ihn das BerGer. – ohne konkrete Anhaltspunkte für eine Krankheit oder ein Gebrechen nur in Betracht gezogen, weil nach seiner Beurteilung der bestehende Anspruch der Bekl. aus § 1570 BGB am 11. 8. 1997 ohnehin auslaufen würde. Es handelt sich demnach um keinen Umstand von großem Gewicht. Die Revisionserwiderung weist im übrigen zutreffend darauf hin, daß die Härteklausel des § 1579 BGB gegenüber jedem Anspruch auf nachehelichen Unterhalt durchgreifen kann.

c) Die Revision verweist schließlich darauf, daß die Härteklausel des § 1579 BGB nur unter Wahrung der Belange gemeinschaftlicher Kinder angewendet werden darf. Unter diesem Gesichtspunkt bestehen gegen die Entscheidung des BerGer. ebenfalls keine durchgreifenden Bedenken. Insoweit ist zu fordern, daß die Pflege und Erziehung von Kindern trotz der Anwendung der Härteklausel gesichert bleibt. Das ist in der Regel der Fall, wenn die dem betreuenden Ehegatten verbleibenden Mittel das Maß dessen übersteigen, was er zur Deckung seines Mindestbedarfs benötigt (vgl. *Senat,* NJW 1990, 253 [254]; NJW-RR 1988, 70 = FamRZ 1987, 1238 [1239]). Im Hinblick auf die von der Bekl. seit März 1993 erzielten Eigeneinkünfte liegt fern, daß ihr bei Versagung ihres restlichen Unterhaltsanspruchs Mittel in diesem Umfang nicht verbleiben.

BGH v. 12. 3. 1997 – XII ZR 153/95 – FamRZ 97, 671 = NJW 97, 1851

R511A   *(Langjähriges Zusammenleben mit einem neuen Partner als Verwirkungsgrund nach 1597 Nr. 7 BGB; Kriterium des Erscheinungsbildes in der Öffentlichkeit)*

a   Nach der Rspr. des *Senats* kann das Zusammenleben des Unterhaltsberechtigten mit einem neuen Partner dann zur Annahme eines Härtegrundes i. S. von § 1579 Nr. 7 BGB – mit der Folge der Unzumutbarkeit einer weiteren (uneingeschränkten) Unterhaltsbelastung für den Verpflichteten – führen, wenn sich diese Beziehung in einem solchen Maße verfestigt, daß damit gleichsam ein ne. Zusammenleben an die Stelle einer Ehe getreten ist. Nach welchem Zeitablauf – und unter welchen weiteren Umständen – dies angenommen werden kann, läßt sich nicht allgemeinverbindlich festlegen. Vor Ablauf einer gewissen Mindestdauer, die im Einzelfall kaum unter zwei bis drei Jahren liegen dürfte, wird sich in der Regel nicht verläßlich beurteilen lassen, ob die Partner nur „probeweise" zusammenleben oder ob sie auf Dauer in einer verfestigten Gemeinschaft leben und nach dem Erscheinungsbild der Beziehung in der Öffentlichkeit diese Lebensform bewußt auch für ihre weitere Zukunft gewählt haben (*Senat*surteile v. 21. 12. 1988 – IVb ZR 18/88 –, NJW 1989, 1083 = FamRZ 1989, 487, 490 f.; v. 11. 7. 1984 – IVb ZR 22/83 –, FamRZ 1984, 986, 987 = NJW 1984, 2692; v. 29. 6. 1983 – IV b ZR 391/81 –, FamRZ 1983, 996, 997 = NJW 1983, 2243).

Ist diese Voraussetzung erfüllt, dann kann von dem Zeitpunkt an, in dem sich das ne. Zusammenleben der neuen Partner als solchermaßen verfestigte Verbindung darstellt, die Bedeutung der geschiedenen Ehe als Grund für eine fortdauernde unterhaltsrechtliche Verantwortung des Verpflichteten gegenüber seinem geschiedenen Ehegatten zurücktreten, und es kann für den Verpflichteten objektiv unzumutbar werden, den früheren Ehegatten unter derartig veränderten Lebensumständen gleichwohl weiterhin (uneingeschränkt) unterhalten zu müssen (*Senat*surteil v. 21. 12. 1988, a. a. O.).

Das KG hat in diesem Zusammenhang die Frage aufgeworfen, ob die Annahme einer auf Dauer angelegten verfestigten Verbindung voraussetze, daß diese von der konkreten Umgebung des Berechtigten als ehegleiches Verhältnis wahrgenommen und gewertet werde, und hat deswegen die Revision zugelassen.

Bedenken gegen die vorgenannte Rspr. des *Senats* sind im Schrifttum dahin aufgekommen, ob das Erscheinungsbild der ne. Lebensgemeinschaft in der Öffentlichkeit maßgebend sein könne oder ob es nicht ausreichen müsse, wenn die Partner ihre Verbindung als dauerhaft ansähen, auch wenn sie es verstünden, die Beziehung in der Öffentlichkeit geheimzuhalten (so *Johannsen/Henrich/Voelskow,* Eherecht, 2. Aufl., § 1579 BGB Rz. 42; *MünchKomm/Richter,* BGB, 2. Aufl., § 1579 Rz. 47, vgl. auch 3. Aufl., § 1579 Rz. 47 a; a. A. *Griesche,* in: FamGb, § 1579 BGB Rz. 35; vgl. auch *Luthin,* FamRZ 1986, 1166, 1167).

Ob an dem Kriterium des Erscheinungsbildes in der Öffentlichkeit festzuhalten ist, bedarf vorliegend keiner Entscheidung, da die Bekl. und L. – wie die getroffenen Feststellungen zeigen – ihre Verbindung nicht geheimhalten. Die Frage, ob die Öffentlichkeit aus diesem Verhalten auch tatsächlich auf ein ehegleiches Verhältnis schließen muß, wird – soweit ersichtlich – in dieser Form im Schrifttum nicht ernsthaft diskutiert. Sie ist mit dem KG und mit der von diesem gegebenen Begründung auch zu verneinen. Die Maßgeblichkeit des Erscheinungsbildes einer neuen Partnerschaft des Unterhaltsberechtigten in der Öffentlichkeit als Grund für die Unzumutbarkeit einer weiteren (uneingeschränkten) Unterhaltsbelastung des Unterhaltsverpflichteten betrifft jedenfalls allein die Erkennbarkeit der Partnerschaft aufgrund der nach außen dringenden Gegebenheiten und setzt nicht voraus, daß die Partnerschaft auch tatsächlich in diesem Sinne bewertet wird.

Daß das KG zu der Annahme gelangt ist, vorliegend bestehe nunmehr der Härtegrund eines auf Dauer angelegten festen Verhältnisses der Bekl. zu dem Zeugen L. (§ 1579 Nr. 7 BGB), begegnet daher aus Rechtsgründen keinen Bedenken. Es obliegt letztlich der verantwortlichen Beurteilung des Tatrichters, ob er den Tatbestand des „ne. Zusamenlebens" aus tatsächlichen Gründen für gegeben erachtet oder nicht (*Senatsurteil v.* 25. 5. 1994 – XII ZR 17/93 –, FamRZ 1995, 540, 543). Daß der Zeuge L. weiterhin eine eigene Wohnung besitzt, steht der Bewertung ebensowenig entgegen (*Senatsurteil v.* 11. 7. 1984, a. a. O.) wie der Umstand, daß sich die Beziehung in der letzten Zeit nach den Angaben des Zeugen flüchtiger gestaltete. Dieser Gesichtspunkt brauchte das KG, das die Änderung letztlich als prozeßbedingt angesehen hat, aufgrund der im übrigen getroffenen Feststellungen nicht zu einer anderen Beurteilung zu veranlassen.

(Wahrung der Kinderbelange bei einer Verwirkung nach § 1579 BGB)

Soweit die Revision sich gegen die Befristung des Unterhaltsanspruchs bis zum 30. 9. 1997 wendet, **b** kann ihr der Erfolg allerdings nicht versagt werden.

Da die Bekl. als Sorgeberechtigte die 1985 geborene gemeinsame Tochter betreut, ist ihr Unterhaltsanspruch nach § 1579 BGB nur zu begrenzen, soweit die Inanspruchnahme des Unterhaltspflichtigen auch unter Wahrung der Belange des Kindes, dessen Pflege und Erziehung gesichert bleiben muß, grob unbillig ist. Das ist grundsätzlich der Fall, soweit der Unterhalt das Maß dessen übersteigt, was der betreuende Elternteil – ggf. zusammen mit seinen Erwerbseinkünften – zur Deckung seines Mindestbedarfs benötigt, ferner, soweit dieser die dazu erforderlichen Mittel von anderer Seite erhalten kann und daher auf den Unterhalt nicht angewiesen ist. Schließlich können die Belange des Kindes gewahrt sein, wenn seine Pflege und Erziehung in anderer Weise als durch elterl. Betreuung sichergestellt werden kann (*Senatsurteil v.* 27. 9. 1989 – IVb ZR 78/88 –, FamRZ 1989, 1279, 1280; *Johannsen/Henrich/Voelskow,* a. a. O., § 1579 BGB Rz. 9 f.; *Schwab/Borth,* Handbuch des Scheidungsrechts, 3. Aufl., Teil IV Rz. 418; *Göppinger/Kindermann,* Unterhaltsrecht, 6. Aufl. Rz. 1318; *Soergel/Häberle,* BGB, 12. Aufl., § 1579 Rz. 34 f.).

Ob es besonders schwerwiegende Härtefälle gibt, in denen diese Grenzen zur Vermeidung untragbarer Ergebnisse überschritten werden, in denen also die Belange des Kindes denen des Unterhaltspflichtigen in weiterem Umfang weichen müssen, kann dahinstehen, da ein solcher Ausnahmefalll hier nicht in Betracht kommt (*Senatsurteil v.* 27. 9. 1989, a. a. O.). Davon ist auch das KG ausgegangen. Es hat indessen angenommen, die Bekl. werde nach dem 30. 9. 1997, auch im Hinblick auf das Alter des Kindes, selbst für ihren Unterhalt sorgen müssen, obwohl sie dann – wie für die Zeit vor dem 30. 9. 1997 ausgeführt wird – ihre derzeitige Teilzeitbeschäftigung erheblich ausweiten müßte.

(Vollzeitbeschäftigung bei Kindesbetreuung ab 15./16. Lebensjahr des Kindes, Teilzeitbeschäftigung zwischen dem 11. und 15. Lebensjahr; Anforderungen in die Einzelfallprüfung)

Daß und aufgrund welcher Umstände es der Bekl. zuzumuten sein wird, ihre derzeitige Teilzeit- **c** beschäftigung erheblich auszuweiten, hat das KG nicht festgestellt. Bei der Betreuung eines einzelnen Kindes ist davon auszugehen, daß dessen Heranwachsen in ein Alter von 15 oder 16 Jahren dem betreuenden Elternteil in aller Regel die Möglichkeit eröffnet, eine Vollzeitbeschäftigung aufzunehmen (*Senatsurteile,* BGHZ 89, 108, 111 = FamRZ 1984, 149; BGHZ 109, 72, 75 = FamRZ 1990, 260). Bei einem Kind zwischen dem 11. und 15. Lebensjahr ist weitgehend anerkannt, daß dem betreuenden Elternteil eine Teilzeitbeschäftigung zugemutet werden kann, die aber nicht stets den Umfang einer Halbtagsbeschäftigung erreichen muß (*Senatsurteil v.* 18. 4. 1984 – IVb ZR 80/82 –, FamRZ 1984, 769, 770; *Schwab/Borth,* a. a. O., Teil IV Rz. 158; *Göppinger/Kindermann,* a. a. O., Rz. 1188; *Kalthoener/Büttner,* Die Rechtsprechung zur Höhe des Unterhalts, 5. Aufl., Rz. 403).

Das Maß der zumutbaren Tätigkeit richtet sich nach den Umständen des Einzelfalles. Insofern sind sowohl in der Person des Kindes (Kränklichkeit, Schulschwierigkeiten, Entwicklungsstörungen), des Betreuenden (Alter, Gesundheitszustand, Beschäftigungschancen, anderweitige Betreuungsmöglichkeiten) und in den weiteren Verhältnissen liegende Kriterien zu berücksichtigen (*Kalthoener/Büttner,* a. a. O., Rz. 404).

BGH v. 19. 3. 1997 – XII ZR 277/95 – FamRZ 97, 811 = NJW 97, 2176

(Vorbereitende Auskunftsansprüche, die nicht im Rahmen einer Stufenklage geltend gemacht werden, gehören **R511B** *nicht in den Scheidungsverbund)*

a) Die Frage, ob Auskunftsansprüche der vorliegenden Art, die nicht im Rahmen einer Stufenklage erhoben werden, im Scheidungsverbund geltend gemacht werden können, ist umstritten. Die wohl überwiegende Ansicht verneint die Frage im Anschluß an die bereits im Urteil des *BGH v.* 30. 5. 1979 (IV ZR 160/78 –, FamRZ 1979, 690, 692) enthaltene Erwägung, der Scheidungsverbund sei auf die Regelung der Scheidungsfolgen bezogen, nicht aber auf Entscheidungen, die eine solche Regelung erst vorbereiten. Dies komme auch im Wortlaut des § 623 I S. 1 ZPO zum Ausdruck, der auf Entscheidungen abstelle, die für den Fall der Scheidung zu treffen seien (vgl. *KG,* NJW-RR 1992, 450, 451;

OLG Hamm, FamRZ 1993, 984; *MünchKomm/Gernhuber,* BGB, 3. Aufl., § 1379 Rz. 31; *Palandt/ Diederichsen,* BGB, 56. Aufl., § 1379 Rz. 2; *Wendl/Staudigl,* Unterhaltsrecht in der familienrichterlichen Praxis, 3. Aufl., § 8 Rz. 53; a. A.: *OLG Frankfurt,* FamRZ 1987, 299, 300; *Zöller/Philippi,* ZPO, 20. Aufl., § 623 Rz. 21 b; *Schwab/Maurer,* Handbuch des Scheidungsrechts, 2. Aufl., I 341; *Bergerfurth,* Ehescheidungsprozeß, 10. Aufl., Rz. 366).

Auch nach Auffassung des *Senats* entspricht die Einbeziehung isoliert erhobener Auskunftsansprüche in den Scheidungsverbund nicht dem Gesetz. Mit der Entscheidung über solche Ansprüche wird der Zweck des Verbundes, eine sachgerechte Regelung der wichtigsten mit der Scheidung zusammenhängenden Fragen gleichzeitig mit dieser zu treffen und dadurch den Ehegatten, der an der Ehe festhalten will oder der der sozial schwächere Teil ist, zu schützen (vgl. BT-Drucks. 7/650, S. 61, 86), nicht oder nur unvollkommen erreicht. Die Behandlung dieser Auskunftsbegehren als Folgesache hätte auch zur Folge, daß im Falle fehlender Entscheidungsreife eine Vorabentscheidung über den Scheidungsantrag nur bei Vorliegen der strengen Voraussetzungen des § 628 I Nr. 3 ZPO möglich wäre, was im Hinblick auf die nur eingeschränkte Bedeutung solcher Ansprüche nicht gerechtfertigt wäre. Die Regelung des § 623 I S. 1 ZPO, daß über Folgesachen gleichzeitig mit der Scheidungssache zu verhandeln und zu entscheiden ist, stellt eine vom Gesetz ausdrücklich zugelassene Ausnahme von dem Verbindungsverbot des § 610 II ZPO dar (vgl. Satz 2), die eng auszulegen ist. Sofern es einem Ehegatten darum geht, gleichzeitig mit der Scheidung Ansprüche auf Unterhalt oder Zugewinnausgleich geregelt zu wissen, steht ihm, auch wenn er die Abänderung eines bereits bestehenden Titels erstrebt (vgl. *Senats*urteil v. 21. 4. 1993 – XII ZR 248/91 –, FamRZ 1993, 1065), der Weg der Stufenklage zur Verfügung, wobei über den Auskunftsanspruch vorab durch Teilurteil entschieden wird und die Art der Endentscheidung dem Sinn und Zweck des auf endgültige Regelungen gerichteten Scheidungsverbundes entspricht. Erstrebt er nur eine Entscheidung über den vorbereitenden Auskunftsanspruch, wird seinem Anliegen auch die Behandlung in einem gesonderten Verfahren außerhalb des Scheidungsverbundes gerecht.

b) Es war danach zwar verfahrensfehlerhaft, daß das FamG über den von der Ehefrau geltend gemachten Auskunftsanspruch zusammen mit der Ehesache und der Regelung der elterl. Sorge verhandelt und entschieden hat. Richtigerweise hätte es das Verfahren über den Auskunftsanspruch gemäß § 145 ZPO abtrennen und gesondert darüber verhandeln und entscheiden müssen (vgl. OLG Hamm, FamRZ 1994, 773; *Baumbach/Lauterbach/Albers,* ZPO, 55. Aufl., § 610 Rz. 3; *Wendl/Staudigl,* a. a. O., § 8 Rz. 53).

Da aber durch Teilanfechtung nur die Entscheidung über den Auskunftsanspruch in die Berufungsinstanz gelangt ist, während der Scheidungsausspruch und die Regelung der elterl. Sorge noch vor der Berufungsverhandlung in Rechtskraft erwuchsen, war in zweiter Instanz der aufgetretene Verfahrensfehler prozessual überholt und bedeutungslos geworden. Wäre das Verbundurteil insgesamt angefochten worden, hätte sich eine Abtrennung des die Auskunft betreffenden Verfahrens durch das OLG angeboten. Die Abweisung des Auskunftsanspruchs als unzulässig war jedenfalls nicht gerechtfertigt und kann keinen Bestand haben.

BGH v. 16. 4. 1997 – XII ZR 233/95 – FamRZ 97, 806 = NJW 97, 1919

(Vorabzug des Bonus (Additionsmethode); Herabsetzung des Bonus bei Vorabzug konkreten Erwerbsaufwands auf ¹/₉; Berechnung des Bonus aus dem verteilungsfähigen Einkommen)

b   2. Um dem mit der Erwerbstätigkeit verbundenen erhöhten Aufwand und dem Gedanken des Erwerbsanreizes für den Unterhaltspflichtigen Rechnung zu tragen, hat das *OLG* abweichend von der sonst üblichen vereinfachenden Aufteilungsmethode von ³/₇ für den Unterhaltsberechtigten und ⁴/₇ für den Unterhaltsverpflichteten – den sog. Erwerbstätigenbonus gesondert errechnet. In Anbetracht des Umstands, daß die tatsächlichen berufsbedingten Aufwendungen in Gestalt der Fahrtkosten schon vorweg abgezogen worden seien und im wesentlichen nur noch der Anreizgedanke zu berücksichtigen sei, hat es diesen Bonus geringer, nämlich mit ¹/₉ statt mit ¹/₇ angesetzt (1844:9 = 205 DM). Auch dies steht im Einklang mit der Rechtsprechung des *Senats,* der es für rechtlich unbedenklich erachtet hat, den Erwerbstätigenbonus geringer als üblich zu bemessen, wenn berufsbedingte Aufwendungen bei der Ermittlung des Nettoeinkommens bereits konkret berücksichtigt wurden (*Senat,* NJW 1990, 2886 = FamRZ 1990, 1085 [1087] und NJW-RR 1990, 1346 = FamRZ 1990, 1090 [1091] m. Nachw.). Im übrigen steht die Höhe des Erwerbstätigenbonus allein im Ermessen des Tatrichters (*Senat,* NJW 1990, 2886 = FamRZ 1990, 1085 [1087] und NJW-RR 1990, 1346 = FamRZ 1990, 1090 [1091]).

Demgegenüber meint die Revision, daß der Erwerbstätigenbonus aus einem Einkommen zu ermitteln sei, das vorab lediglich um die berufsbedingten Aufwendungen, nicht aber auch um den Kindesunterhalt und weitere Verbindlichkeiten bereinigt werden dürfe. Die gegenteilige Ansicht führe zu einer Aushöhlung des Erwerbstätigenbonus, die sich bei der hier angewandten Methode der gesonderten Ermittlung und der geringeren Quote um so mehr auswirke.

Dem vermag der *Senat* nicht zu folgen. Richtig ist zwar, daß der Bonus bei Vorwegabzug aller Verbindlichkeiten geringer ausfällt. Das ist indes nicht ausschlaggebend. Der *Senat* hat in ständiger

Rechtsprechung darauf abgehoben, daß schon bei der Bemessung des Unterhaltsbedarfs nach den ehelichen Lebensverhältnissen dem erwerbstätigen Unterhaltspflichtigen im Verhältnis zum Unterhaltsberechtigten ein die Hälfte des „verteilungsfähigen Einkommens" maßvoll übersteigender Betrag verbleiben muß, um dem typischerweise mit der Berufstätigkeit verbundenen erhöhten Aufwand, auch soweit er sich nicht in konkret meßbaren Kosten niederschlägt, und dem Gedanken des Erwerbsanreizes Rechnung zu tragen (vgl. *Senat,* NJW 1988, 2369 = FamRZ 1988, 265 [267] und NJW-RR 1991, 132 = FamRZ 1991, 304 [305] m. Nachw.). Dabei muß die Betonung vorliegend auf das „verteilungsfähige Einkommen" gelegt werden. Die ehelichen Lebensverhältnisse werden im wesentlichen geprägt durch die Mittel, die den Ehegatten nach Vorwegabzug ihrer Verbindlichkeiten Dritten gegenüber, wozu vor allem der Kindesunterhalt gehört, noch zum Verbrauch zur Verfügung stehen. Das gilt für den Unterhaltsverpflichteten in gleicher Weise wie für den Berechtigten. Auch der erwerbstätige Unterhaltsverpflichtete muß sich daher von vornherein auf dasjenige beschränken, was insgesamt nach Abzug der Verbindlichkeiten übrigbleibt. Soweit ihm aufgrund seiner Erwerbstätigkeit im Verhältnis zum anderen Ehegatten ein höherer Anteil des Einkommens zu belassen ist, kann sich dieser nur aus dem restlichen verteilungsfähigen Einkommen errechnen. Die Berechnung des Erwerbstätigenbonus aus einem unbereinigten oder jedenfalls nur um die meßbaren berufsbedingten Aufwendungen bereinigten Nettoeinkommen würde dagegen zu einem Ungleichgewicht zu Lasten des Unterhaltsberechtigten führen: Es müßte zum einen die volle Last der Verbindlichkeiten mittragen, zum anderen aber sich einem damit nicht konformen, weil überhöhten Erwerbstätigenbonus des anderen Ehegatten entgegenhalten lassen (wie hier *OLG Karlsruhe,* FamRZ 1992, 1438; *OLG München,* FamRZ 1993, 328 [329]; *OLG Düsseldorf,* FamRZ 1994, 1049 [1052]; *Kalthoener/Büttner,* 5. Aufl., Rn. 35; a. A. *OLG Hamburg,* FamRZ 1991, 953).

Darüber hinaus ist zu bedenken, daß es sich bei den Unterhaltsfällen um Massenerscheinungen handelt, auf die aus Vereinfachungsgründen notwendig eine pauschalierende und typisierende Berechnungsmethode anzuwenden ist. Der *Senat* hat daher seit jeher gebilligt, daß nach Vorwegabzug aller anzuerkennenden Verbindlichkeiten das restliche Erwerbseinkommen nach einer pauschalen Quote (in der Regel $3/7 : 4/7$) zwischen erwerbstätigem und nicht erwerbstätigem Ehegatten aufgeteilt wird. Die hier vorliegende gesonderte Berechnung des Erwerbstätigenbonus ist lediglich eine andere, wenn auch kompliziertere Methode, die aber letztlich ebenfalls auf einer Pauschalierung beruht und es daher nicht rechtfertigt, vom System des Vorwegabzugs der Verbindlichkeiten abzuweichen.

(Additionsmethode gebilligt; Vorabzug des Erwerbstätigenbonus für Bedarfsermittlung; keine fiktive Zinsanrechnung)

3. Den eheangemessenen Unterhaltsbedarf der Kl. hat das *OLG* nach Abzug des Erwerbstätigenbonus – insoweit folgerichtig – zunächst mit $1/2$ des verbleibenden Einkommens bemessen, wobei es diesem Einkommen das vom Bekl. für das nichteheliche Kind bezogene Kindergeld von 130 DM hinzugerechnet hat. Es ist dabei zu einem Betrag von (1844 DM – 205 DM + 130 DM = 1769 DM: 2 =) gerundet 885 DM gelangt. Eigene Erwerbs- oder Kapitaleinkünfte, die auf diesen Bedarf anzurechnen wären, hat die Kl. nicht. Die Berücksichtigung fiktiver Zinseinkünfte aus den im Zugewinnausgleich enthaltenen 18 000 DM hat das *OLG* mit dem zutreffenden Hinweis darauf verneint, daß das Verhalten der Kl. keinen Anhaltspunkt für den Vorwurf eines leichtfertigen, unterhaltsbezogenen Verhaltens i. S. von § 1579 Nr. 3 BGB ergeben habe (vgl. *Senat,* NJW-RR 1986, 746 = FamRZ 1986, 560). Die Kl. hat das Geld für notwendige Lebenshaltungskosten, die ihr von ihren Eltern vorgestreckt waren, und für die Renovierung und Einrichtung einer Wohnung für sich und das Kind ausgegeben. Die Beurteilung, ob die Kl. hierbei verschwenderisch vorgegangen ist, liegt im tatrichterlichen Ermessen. Die Revision zeigt keine Gesichtspunkte auf, die eine Überschreitung dieses Ermessens begründen könnten.

BGH v. 16. 4. 97 – XII ZR 293/95 – FamRZ 97, 873 = NJW-RR 97, 897

(Umfang eines Unterhaltsverzichts – Anspruch auf Betreuungsunterhalt trotz umfassenden Verzichts) **R513**

Der Verzicht auf Unterhaltsansprüche kann zeitlich befristet, aufschiebend oder auflösend bedingt **a** sowie der Höhe nach oder insgesamt auf Teile der Unterhaltsberechtigung beschränkt werden (vgl. *Schwab/Borth,* Hdb. d. ScheidungsR, 3. Aufl., IV Rdnrn. 1283 ff., 1288, 1291 m. Nachw.; *Richter,* in: MünchKomm, 3. Aufl., 1585 c Rdnrn. 20 ff.). Verzichten Eheleute, wie auch im vorliegenden Fall, wechselseitig „für den Fall der Scheidung" auf Unterhaltszahlungen, so erfaßt ein solcher Verzicht – je nach seinem durch Auslegung zu ermittelnden Inhalt – in der Regel den gesamten nachehelichen Unterhalt, der in seiner Entstehung bedingt ist durch den Eintritt der Scheidung. Wenn indessen in einem solchen Fall das Wohl gemeinsamer Kinder Unterhaltszahlungen an den sorgeberechtigten Ehegatten erfordert und der unterhaltsverpflichtete Teil sich aus diesem Grund gem. § 242 BGB nicht auf den Unterhaltsverzicht des sorgeberechtigten Ehegatten berufen kann, bedeutet dies, daß dessen

Verzichtserklärung nicht nur als durch den Eintritt der Scheidung (aufschiebend) bedingt, sondern in Anbetracht des § 242 BGB zusätzlich als nach Dauer und Höhe insoweit beschränkt zu gelten hat, als nicht das Kindeswohl ein Weiterbestehen des Unterhaltsanspruchs gebietet. Der fortbestehende Unterhaltsanspruch des sorgeberechtigten Ehegatten ist entgegen der Auffassung der Revision kein Anspruch aus § 242 BGB, sondern er bleibt seiner Rechtsnatur nach ein Anspruch wegen Kindesbetreuung i. S. von § 1570 BGB, der allerdings sowohl dem Umfang nach als auch zeitlich begrenzt nur soweit und solange gegeben ist, als die Belange des Kindeswohls es erfordern. Darüber hinaus führt der Unterhaltsverzicht zum Erlöschen des nachehelichen Unterhaltsanspruchs (vgl. *Senat,* NJW 1985, 1835 = FamRZ 1985, 787 f.; NJW 1985, 1833 = FamRZ 1985, 788 f.; NJW 1992, 3164 = FamRZ 1992, 1403 ff.; NJW 1995, 1148 = FamRZ 1995, 291 ff.; NJW 1991, 913 = FamRZ 1991, 306 f.).

3. a) Zum Umfang des der Kl. danach zustehenden Unterhaltsanspruchs hat das BerGer. den Standpunkt vertreten: Nach den dargelegten Grundsätzen habe die Kl. Anspruch auf Sicherung ihres Mindestbedarfs. Dieser sei als sogenanntes Existenzminimum mit monatlich 1150 DM anzusetzen und liege in dieser Höhe unter einem Anspruch nach Maßgabe der ehelichen Lebensverhältnisse von monatlich rund 1375 DM bzw. (bei Berücksichtigung des Unterhaltsbetrages für den volljährigen Sohn des Bekl. aus erster Ehe) rund 1230 DM. Dagegen sind aus Rechtsgründen keine Einwände zu erheben (vgl. *Senat,* NJW 1992, 3164 = FamRZ 1992, 1403 (1405); NJW 1995, 1148 = FamRZ 1995, 291 ff.).

(Keine mutwillige Herbeiführung der Bedürftigkeit nach § 1579 Nr. 3 BGB; kein Vermögensverbrauch, der zum Ansatz fiktiver Zinsen führt, wenn Mindestbedarf nicht gedeckt ist)

c Die insoweit für den Unterhaltsanspruch der Kl. erforderliche Bedürftigkeit liegt hier – unabhängig von den Erwägungen des BerGer. – bereits deshalb vor, weil die Kl. den im Januar 1993 erhaltenen Erlösanteil aus der Veräußerung des früheren gemeinschaftlichen Hauses vollständig verbraucht hat. Nachdem sie die damals erhaltenen Beträge in einer Weise ausgegeben hat, daß ihr weder anderweitig verfügbare Werte noch erzielbare Einkünfte verblieben sind, ist zur Wahrnehmung ihrer elterlichen Fürsorge- und Erziehungspflichten gegenüber den beiden minderjährigen Kindern nur in der Lage, wenn und soweit ihr die persönliche Betreuung der Kinder ohne die Notwendigkeit, für ihren eigenen Unterhalt einer Erwerbstätigkeit nachzugehen, durch Zahlung eines unterhaltsrechtlichen Mindestbetrages von seiten des Bekl. ermöglicht wird. Hiernach muß der Kl. ein die Betreuung der Kinder ermöglichender Unterhaltsanspruch zugebilligt werden.

Entgegen der Ansicht des BerGer. braucht sich die Kl. nicht so behandeln zu lassen, als habe sie den Erlösanteil aus der Veräußerung des Hauses im wesentlichen behalten, so daß auch eine Verweisung auf den (tatsächlich verbrauchten) Vermögensstamm von vornherein ausscheidet. Dabei kommt es auf eine Entscheidung der Frage, ob die Kl. den im Januar 1993 erhaltenen Betrag von rund 81 000 DM in unwirtschaftlicher, i. S. von § 1579 Nr. 3 BGB unterhaltsbezogen „mutwilliger" Weise ausgegeben und damit an sich die Voraussetzungen eines unterhaltsrechtlichen Härtegrundes i. S. der genannten Vorschrift verwirklicht hat, unter den hier gegebenen Umständen nicht einmal an.

Selbst bei Vorliegen einer der Härtegründe nach § 1579 Nrn. 1 bis 7 BGB, die grundsätzlich zum Wegfall eines nachehelichen Unterhaltsanspruchs führen können, ist nämlich der Unterhaltsanspruch eines sorgeberechtigten Ehegatten nur zu versagen, herabzusetzen oder zeitlich zu begrenzen, soweit die Inanspruchnahme des Verpflichteten auch unter Wahrung der Belange der dem Berechtigten zur Pflege und Erziehung anvertrauten gemeinschaftlichen Kinder grob unbillig wäre. Der Betreuungsunterhalt nach § 1570 BGB ist danach selbst bei Vorliegen der Härtegründe des § 1579 BGB in dem Sinn privilegiert, daß er im Interesse des Wohles der betreuten Kinder trotz Fehlverhaltens des sorgeberechtigten Ehegatten diesem gleichwohl die Wahrnehmung seiner Elternverantwortung sichern und gewährleisten soll. Dem wird in der Regel dadurch Genüge getan, daß der Unterhaltsanspruch auf das zur Kindesbetreuung notwendige Mindestmaß herabgesetzt wird (vgl. *Senat,* NJW 1992, 3164 = FamRZ 1992, 1403 (1405) m. Nachw.; *Soergel/Häberle,* BGB, 12. Aufl., § 1579 Rdnrn. 31, 34; *Schwab/Borth,* IV Rdnrn. 430 ff.), so wie es gleichermaßen bei Zubilligung von Betreuungsunterhalt nach zuvor erklärtem Unterhaltsverzicht geschieht.

Ob etwas anderes zu gelten hat und der Unterhalt für den gemeinschaftliche Kinder betreuenden Ehegatten noch unter die Grenze des sogenannten Mindestbedarfs herabzusetzen ist – mit der Folge, daß der Ehegatte trotz der Kindesbetreuung in gewissem Umfang (u. U. abends) einer Teilerwerbstätigkeit nachgehen muß, um den eigenen notwendigen Bedarf sicherzustellen – wenn sich der Ehegatte ein besonders schwerwiegendes Fehlverhalten hat zuschulden kommen lassen (vgl. etwa *Senat,* NJW 1984, 296 = FamRZ 1984, 34 f.; NJW 1984, 297 = FamRZ 1984, 154 ff.; *Schwab/Borth,* Rn. 431; auch *Griesche,* in: FamGB, § 1579 Nr. 41 m. Nachw.), braucht hier nicht entschieden zu werden. Ein solches Verhalten ist der Kl. jedenfalls nicht vorzuwerfen, so daß ihr der Anspruch auf den Mindestunterhalt auf jeden Fall zuzugestehen ist. Einen sonstigen Rechtsgrund (über die Fälle des § 1579 BGB hinaus), der Kl. fiktive Kapitalwerte oder -einkünfte zuzurechnen, sieht das Gesetz nicht vor.

(Zur Erwerbsobliegenheit des betreuenden Elternteils bei Betreuung von zwei schulpflichtigen Kindern)

Die Grundsätze, nach denen die Erwerbsobliegenheit eines Elternteils beurteilt wird, der ein **d**
einzelnes minderjähriges Kind betreut, sind bei der Betreuung von zwei schulpflichtigen Kindern nicht
in entsprechender Weise anzuwenden. Hier wird vielmehr die Auffassung vertreten, daß eine Teilzeitbeschäftigung nicht vor Vollendung des 14. oder 15. Lebensjahres eines der beiden Kinder in Betracht
zu ziehen sei (vgl. *Soergel/Häberle,* § 1570 Rn. 11; *Kalthoener/Büttner,* 5. Aufl., Rn. 403 m. w. Nachw.).

BGH v. 1. 10. 1997 – XII ZR 49/96 – FamRZ 98, 99 = NJW 98, 161

(Zeitschranke bei mehreren Abänderungsverfahren)   **R514**

Die Beurteilung des *OLG,* daß der Zulässigkeit der Klage § 323 II ZPO entgegenstehe, ist nicht zu
beanstanden.

1. Nach dieser Vorschrift ist die Abänderungsklage nur insoweit zulässig, als die Gründe, auf die sie
gestützt wird, erst nach dem Schluß der mündlichen Verhandlung, in der eine Erweiterung des
Klageantrags oder die Geltendmachung von Einwendungen spätestens hätte erfolgen müssen, entstanden sind. Insbesondere zur Absicherung der Rechtskraft unanfechtbar gewordener Entscheidungen ist
danach eine Zeitschranke für die Berücksichtigung von Abänderungsgründen errichtet; denn der
Möglichkeit einer Abänderung bedarf es nicht, wenn die veränderten Verhältnisse schon im Ausgangs-
prozeß zur Geltung gebracht werden konnten. Maßgebender Zeitpunkt ist der Schluß der mündlichen
Verhandlung der letzten Tatsacheninstanz, also auch der Berufungsinstanz, wenn eine solche statt-
gefunden hat. Dabei kommt es grundsätzlich nicht auf die Parteistellung oder Zielrichtung des
Vorprozesses an. Das folgt daraus, daß der Wortlaut des Gesetzes nicht nur auf die Erweiterung des
Klageantrags, sondern auch auf die Geltendmachung von Einwendungen abstellt und damit beide
Parteien dazu anhält, ihren Standpunkt bereits im Ausgangsprozeß zur Geltung zu bringen. So hat der
Senat bereits entschieden, daß ein Unterhaltsgläubiger in einem vom Unterhaltsverpflichteten mit dem
Ziel der Herabsetzung des erstinstanzlich ausgeurteilten Unterhalts angestrengten Berufungsverfahren
gehalten ist, etwaige die Erhöhung des Unterhalts rechtfertigende Gründe im Wege der Anschließung
an die Berufung des Gegners geltend zu machen, will er nicht mit diesen Gründen präkludiert sein
(vgl. BGHZ 96, 205 = NJW 1986, 383). An dieser Rechtsprechung hat er später gegenüber kritischen
Stimmen im Schrifttum festgehalten (vgl. BGHZ 103, 393 = NJW 1987, 1201); zwischenzeitlich
entspricht sie herrschender Auffassung (vgl. *Stein/Jonas/Leipold,* ZPO, 20. Aufl., § 323 Rn. 47; *Gottwald,* in: MünchKomm-ZPO, § 323 Rn. 35; *Zöller/Vollkommer,* ZPO, 20. Aufl., § 323 Rn. 34; *Baum-
bach/Lauterbach/Albers/Hartmann,* ZPO, 54. Aufl., § 323 Rn. 49; *Thomas/Putzo,* ZPO, 20. Aufl., § 323
Rn. 24; ferner *Griesche,* in: FamGB § 323 ZPO Rn. 55; *Johannsen/Henrich/Brudermüller,* EheR,
2. Aufl., § 323 ZPO Rn. 98; *Schwab/Maurer,* Hdb. d. ScheidungsR I, 3. Aufl., 1056; *Göppinger/Vogel,*
6. Aufl., Rn. 2363; *Heiß/Luthin,* 23.10).

2. Im vorliegenden Fall besteht die Besonderheit, daß es sich bei dem vorausgegangenen Prozeß
nicht um das Erstverfahren über den Unterhaltsanspruch der Bekl., sondern bereits um ein Abänderungsverfahren gem. § 323 ZPO gehandelt hat. Im Schrifttum besteht weitgehend Einigkeit darüber,
daß bei mehreren aufeinanderfolgenden Abänderungsprozessen, die zu einer Abänderung geführt
haben, für die Zeitschranke des § 323 II ZPO auf den Schluß der Tatsachenverhandlung des letzten
Verfahrens abzustellen ist (vgl. *Stein/Jonas/Leipold,* § 323 Rn. 27; *Gottwald,* in: MünchKomm-ZPO,
§ 323 Rn. 59; *Thomas/Putzo,* § 323 Rn. 25; *Griesche,* in: FamGB § 323 ZPO Rn. 20; *Göppinger/Vogel,*
Rn. 2400). Davon ist der *Senat* bereits in seinem Urteil vom 23. 11. 1994 (NJW 1995, 534 = FamRZ
1995, 221 [223]) ausgegangen.

Ähnlich wie bei der Fallgestaltung des Senatsurteils vom 6. 11. 1985 (BGHZ 96, 205 = NJW 1986,
383) kann es dann auch für die Präklusionswirkung nicht auf die Parteistellung oder Zielrichtung im
vorangegangenen Verfahren ankommen. Hat es vielmehr der Gegner des früheren, auf Unterhaltserhöhung gerichteten Abänderungsprozesses versäumt, die bereits bestehenden, für eine Herabsetzung
sprechenden Gründe geltend zu machen, wie hier der Kl., kann er auf diese Gründe keine neue
Abänderungsklage stützen. § 323 II ZPO stellt damit sicher, daß nicht gesonderte Abänderungsverfahren für Erhöhungs- und Herabsetzungsverlangen zur Verfügung stehen, wie der Kl. anzunehmen
scheint, sondern daß der Einfluß veränderter Umstände auf den titulierten Unterhaltsanspruch in einem
einheitlichen Verfahren nach beiden Seiten hin geklärt werden muß. Bei einer Aufeinanderfolge von
Abänderungsverfahren mit entgegengesetzter Zielrichtung wird dadurch vermieden, daß in jedem
Prozeß eine andere Zeitschranke für die Berücksichtigung von Tatsachen gilt und daß es zu einer
unzweckmäßigen Verdoppelung von Prozessen über den gleichen Lebenssachverhalt kommt mit der
damit verbundenen Gefahr einander widersprechender gerichtlicher Entscheidungen. Soweit Abände-
rungsprozesse mit gegenläufigem Ziel nicht nacheinander, sondern gleichzeitig bei verschiedenen
Gerichten eingeleitet werden, hat der *Senat* bereits entschieden, daß dem zeitlich später rechtshängig
gewordenen Verfahren § 261 III Nr. 1 ZPO entgegensteht, daß also auch insoweit nur ein einheitliches

Verfahren zulässig ist (*Senat*, NJWE-FER 1997, 40 = FamRZ 1997, 488 m. w. Nachw.). Die Abänderungsklage ist überhaupt erst zulässig, wenn – über etwaige Teilklagen hinaus – der volle Unterhalt tituliert worden ist (*Senat*, BGHZ 93, 330 [337] = NJW 1995, 1340). § 323 II ZPO gewährleistet, daß auch der Gegenstand einer zulässig eingeleiteten Abänderungsklage stets der volle Unterhalt ist und nicht nur die Frage, ob aufgrund veränderter Verhältnisse eine Erhöhung oder Herabsetzung in Betracht kommt.

3. Der verfahrensrechtliche Weg, der dem Kl. bereits im Vorprozeß zur Durchsetzung seines Standpunkts zu Gebote stand, war die Abänderungswiderklage, die er sich in zweiter Instanz auch ausdrücklich vorbehalten hat. Die Revision macht geltend, nach dem Wortlaut des § 323 II ZPO könne ein Bekl. des Vorprozesses nur mit „Einwendungen" präkludiert sein; eine Widerklage stelle aber keine Einwendung dar. Damit kann sie nicht durchdringen. Soweit das Gesetz in § 323 II ZPO in bezug auf die beklagte Partei des Vorprozesses den Begriff „Einwendungen" gebraucht, hat es ersichtlich den Normalfall einer gegen die erstmalige Titulierung eines Unterhaltsanspruchs gerichteten Abänderungsklage im Auge. Im Erstverfahren kann der Unterhaltsverpflichtete im günstigsten Falle die Abweisung der Unterhaltsklage erreichen; die Frage einer Widerklage stellt sich also nicht. Soweit § 323 II ZPO auch auf die Schlußverhandlung eines vorausgegangenen Abänderungsverfahrens bezogen werden muß, handelt es sich bereits um eine Interpretation der Vorschrift nach ihrem Sinn und Zweck. In diesen Fällen ist auch bei der Auslegung des Begriffs „Einwendungen" nicht am Wortlaut zu haften; vielmehr kommt es darauf an, welche verfahrensrechtlichen Mittel dem Bekl. des vorangegangenen Abänderungsverfahrens zu Gebote standen, um seinen dem Kl. gegenläufigen Standpunkt durchzusetzen. Im vorliegenden Fall ist demgemäß zu fragen, ob es dem jetzigen Kl. rechtlich möglich und zumutbar war, im Vorprozeß im Wege der Widerklage die Herabsetzung des im Jahre 1986 für die Bekl. titulierten Unterhalts zu beantragen. Die Frage ist zu bejahen. Schon in erster Instanz des Vorprozesses stritten die Parteien über die Erwerbsfähigkeit der Bekl.; es wurde hierzu ein Sachverständigengutachten eingeholt, das den Standpunkt des Kl. bestätigte. Bereits in erster Instanz war ihm daher die Erhebung einer Abänderungswiderklage rechtlich möglich und auch ohne weiteres zumutbar. Aber auch im zweiten Rechtszug wäre es ihm möglich und zumutbar gewesen, eine entsprechende Widerklage zu erheben. Die Sachdienlichkeit einer solchen Widerklage und die Gewähr ihrer Zulassung durch das Gericht (§ 530 I ZPO) ergeben sich bereits aus dem Anliegen, aufeinanderfolgende Abänderungsverfahren zu vermeiden.

4. Die Revision vertritt weiter die Auffassung, jedenfalls dann, wenn ein Unterhaltsschuldner, wie hier, sich im Vorprozeß ein weiteres Vorgehen ausdrücklich vorbehalte, könne ihm dies nicht verwehrt sein. Auch dem kann nicht gefolgt werden. § 323 II ZPO unterliegt nicht der Parteidisposition, sondern zwingt die Parteien dazu, wie bereits dargelegt, alle für die Beurteilung des Unterhaltsanspruchs relevanten Umstände, die bereits entstanden sind, im Vorprozeß geltend zu machen. Anders als im unterhaltsrechtlichen Erstverfahren, in dem Teilklagen und Nachforderungsklagen möglich sind, können die Parteien eines Abänderungsprozesses sich nicht auf die teilweise Geltendmachung von Abänderungsgründen beschränken und die übrigen Gründe einer „Nachtragsabänderungsklage" vorbehalten (vgl. dazu *Stein/Jonas/Leipold*, § 323 Rn. 47; a. A. *Schmidt*, MDR 1963, 187). Der hier vom Kl. im Vorprozeß gemachte Vorbehalt macht die vorliegende Abänderungsklage daher nicht zulässig.

Eine andere Frage ist, ob der Kl. dann, wenn sich die im Vorprozeß zugrunde gelegten Umstände wesentlich geändert haben und ihm dadurch eine neue Abänderungsklage eröffnet ist, auch in dem neuen Verfahren gehindert ist, die volle Erwerbsfähigkeit der Bekl. geltend zu machen. Die Frage ist zu verneinen. Da der Kl. im Vorprozeß mit seinem Klageabweisungsantrag voll durchgedrungen ist, muß durch die Berücksichtigung dieser „Alttatsache" keine Rechtskraftwirkung beseitigt werden. In diesem erweiterten Anwendungsbereich des § 323 ZPO (vgl. dazu BGHZ 34, 110 [116] = NJW 1961, 871) kann die Präklusionsvorschrift des Abs. 2 nicht uneingeschränkt angewendet werden (vgl. BGHZ 98, 353 [357 f.] = NJW 1987, 1201 mit weiteren Beispielen aus der Senatsrechtsprechung). Es wäre unerträglich und auch unverhältnismäßig, wenn in einem zulässig eröffneten neuen Verfahren, in dem wiederum der volle Unterhalt der Bekl. nach beiden Seiten hin geklärt werden soll, die Frage ihrer Erwerbsfähigkeit ausgeklammert bleiben müßte (ebenso *Zöller/Vollkommer*, § 323 Rn. 40 a [unter b]).

BGH v. 22. 10. 1997 – XII ZR 278/95 – FamRZ 98, 357 = NJWE-FER 98, 64

R515   *(Darlehens- und Beweislast, wenn minderjährige Kinder nur den Mindestunterhalt verlangen; Unterschied zwischen steuerlich und unterhaltsrechtlich relevantem Einkommen)*

a   II. 2. a) ... Der Bekl. hat sich für seine behauptete Leistungsunfähigkeit auf die in den vorgelegten Steuerbescheiden für die Jahre 1988 bis 1991 und 1993 ausgewiesenen Einkünfte bezogen. Die Höhe des die Leistungsfähigkeit bestimmenden Einkommens ist indessen nicht mit dem steuerpflichtigen Einkommen identisch. Das Steuerrecht privilegiert einzelne Einkommensarten und erkennt Aufwendungen als einkommensmindernd an, die keine wirkliche Vermögenseinbuße zum Gegenstand haben. Dem durch das steuerliche Institut der Abschreibung pauschal berücksichtigten Verschleiß von Gegenständen des Anlagevermögens entspricht oft keine tatsächliche Wertminderung in Höhe des steuerlich anerkennungsfähigen Betrages, erst recht keine entsprechende Minderung des Einkommens. Beruft sich der Unterhaltsschuldner, der eine Beschränkung seiner Leistungsfähigkeit behauptet, auf sein steuerpflichtiges Einkommen, so braucht er zwar nicht sämtliche Belege vorzulegen, durch die gegenüber der Steuerbehörde die behaupteten Aufwendungen glaubhaft zu machen sind. Er muß jedoch seine Einnahmen und behaupteten Aufwendungen im einzelnen so darstellen, daß die allein steuerlich beachtlichen Aufwendungen von solchen, die unterhaltsrechtlich von Bedeutung sind, abgegrenzt werden können (*Senat,* NJW 1980, 2086 = FamRZ 1980, 770 (771)). Daran fehlt es hier, obwohl nähere Angaben gerade deshalb in besonderem Maße erforderlich waren, weil nicht nachvollziehbar ist, wie der Bekl. etwa im Jahre 1993 bei angegebenen Einkünften von 12 538 DM allein Versicherungsbeiträge von 9359 DM aufgebracht, Zahlungen auf Darlehen geleistet und seinen Lebensunterhalt bestritten haben kann. Für die Jahre 1992 und 1994 hat der Bekl. lediglich pauschal behauptet, seine Einkünfte hätten den bereits vorgelegten Steuerbescheiden entsprochen. Bei dieser Sachlage ist das OLG zu Recht davon ausgegangen, der Bekl. habe seine tatsächlichen Einkommensverhältnisse und damit seine Leistungsunfähigkeit nicht hinreichend dargetan.

(Absagen auf regelmäßige, gezielte Bewerbungen um Arbeitsplätze sind vorzulegen; ein landwirtschaftlicher Betrieb ist bei unzureichenden Einkünften aufzugeben.)

b) Das OLG hat es letztlich jedoch offengelassen, ob der Bekl. nicht bereits aus den Erträgen der **b** Landwirtschaft den Mindestunterhalt der Kinder bestreiten könnte, und darauf abgestellt, daß er aufgrund seiner erweiterten Unterhaltspflicht gegenüber den minderjährigen Kindern nach § 1603 II BGB zu einer gesteigerten Ausnutzung seiner Arbeitskraft verpflichtet ist. Das ist rechtlich nicht zu beanstanden (vgl. *Senat,* NJW 1980, 2414 = FamRZ 1980, 1113 (1114)).

Die Leistungsfähigkeit eines Unterhaltspflichtigen wird nicht nur durch die tatsächlich vorhandenen, sondern auch durch solche Mittel bestimmt, die er bei gutem Willen durch zumutbare Erwerbstätigkeit erzielen könnte. Insoweit wäre dem Bekl. bei unzureichenden Erträgen aus der Landwirtschaft jedenfalls anzusinnen, zur Nebenerwerbslandwirtschaft überzugehen und notfalls die Landwirtschaft ganz aufzugeben und eine höhere Einkünfte versprechende anderweitige volle Erwerbstätigkeit aufzunehmen (vgl. *Senat,* NJW-RR 1993, 1283 = FamRZ 1993, 1304 (1306)). Daß er hierzu aus gesundheitlichen Gründen nicht in der Lage wäre, hat der Bekl., wie das OLG verfahrensfehlerfrei angenommen hat, nicht hinreichend dargetan. Aus keinem der von ihm vorgelegten ärztlichen Atteste ergeben sich Anhaltspunkte für eine dauerhafte Einschränkung der Erwerbsfähigkeit. Auch die vom Versorgungsamt bescheinigte Minderung der Erwerbsfähigkeit von 40% wegen degenerativer Veränderungen der Hals- und Lendenwirbelsäule mit Nervenwurzelreizerscheinungen und hierdurch bedingter Migräne sowie wegen psychosomatischer Störungen ist insoweit nicht aussagekräftig. Es gibt durchaus Erwerbsmöglichkeiten, die mit den genannten Beschwerden zu vereinbaren sind. Daß für den 1953 geborenen Bekl., auch wenn er nur eine landwirtschaftliche Lehre im Betrieb seiner Eltern absolviert hat, keine reale Beschäftigungschance besteht (z. B. in der Lagerverwaltung oder in der Fabrikation), ist weder hinreichend dargetan – etwa durch Vorlage von Absagen auf regelmäßige, gezielte Bewerbungen um Arbeitsstellen – noch sonst ersichtlich. Aus diesem Grund begegnet die Auffassung des OLG, der Bekl. habe seine Leistungsunfähigkeit auch im Hinblick auf mögliche Einkünfte aus einer abhängigen Erwerbstätigkeit nicht hinreichend dargetan, keinen rechtlichen Bedenken.

BGH v. 22. 10. 1997 – XII ZR 12/96 – FamRZ 98, 87 = NJW 98, 753

(Objektive Merkmale beim nachehelichen Unterhalt) **R516**

3. Nach § 1578 I BGB bestimmt sich das Maß des nachehelichen Unterhalts nach den ehelichen **a** Lebensverhältnissen. Die ehelichen Lebensverhältnisse sind regelmäßig geprägt durch die Einkünfte beider Ehegatten (st. Rspr.; vgl. *Senat,* NJW 1982, 2439 = FamRZ 1982, 892 f. m. Nachw.). Einkünfte in diesem Sinne sind nicht nur Erwerbseinkünfte, sondern auch andere geldwerte Erträge, z. B. Erträge aus Kapitalvermögen oder aus Beteiligungen und auch die Nutzung eines Eigenheims, soweit der objektive Mietwert den Aufwand übersteigt (st. Rspr.; zuletzt *Senat,* NJW-RR 1995, 835 = FamRZ 1995, 869 [870 f.] m. Nachw.). Bei der Bemessung des Unterhaltsbedarfs der Ast. ist deshalb zu berücksichtigen, daß die Parteien zur Zeit der Ehe lastenfrei in einem eigenen Einfamilienhaus gewohnt haben.

(Nicht prägender Wohnwert ist bedarfsmindernd. Werden zum Erwerb der neuen Immobilie Kredite aufgenommen, kürzen nur die Zinsen, nicht die Tilgung den Wohnwert)

Nach § 1577 I BGB kann der an sich unterhaltsberechtigte geschiedene Ehegatte Unterhalt nicht **b** verlangen, solange und soweit er sich aus seinen Einkünften und seinem Vermögen selbst unterhalten kann. Auch in diesem Zusammenhang gehören zu dem anrechenbaren Einkommen Wohnvorteile wie das mietfreie Wohnen im eigenen Haus. Muß der Unterhaltsberechtigte – wie im vorliegenden Fall – monatliche Zahlungen leisten auf einen Kredit, den er zur Finanzierung des Eigenheims aufgenommen hat, so mindern diese Zahlungen den Wohnvorteil, soweit es sich um Zinsaufwand handelt. Der *Senat* stellt klar, daß dem Senatsurteil vom 18. 12. 1991 (NJW 1992, 1044 = FamRZ 1992, 423 [425]) nichts Gegenteiliges entnommen werden kann. Um Zahlungen, die der Rückführung des Darlehens und damit der Vermögensbildung des Unterhaltsberechtigten dienen, ist der Wohnvorteil dagegen nicht zu kürzen, weil es nicht zu den Zwecken des Ehegattenunterhalts gehört, dem Unterhaltsberechtigten die Bildung von Vermögen zu ermöglichen (vgl. *Senat*, NJW 1992, 1044 = FamRZ 1992, 423 [424] m. Nachw.).

Das BerGer. meint, der Wohnvorteil, den die Eheleute zur Zeit des Zusammenlebens durch das Wohnen im eigenen Haus gehabt hätten, und der Wohnvorteil, den die Ast. nach der Trennung der Parteien durch das Wohnen in einem Haus habe, das sie überwiegend mit Hilfe des Erlöses aus dem Verkauf des gemeinsamen Hauses erworben habe, „neutralisierten" sich gegenseitig. Sie könnten deshalb bei der Bemessung des Unterhaltsanspruchs der Ast. von vornherein unberücksichtigt bleiben. Dem kann nicht gefolgt werden. Die Ansicht des BerGer. ist mit der geschilderten Regelung des Gesetzes nicht vereinbar.

Der *Senat* hat es bereits abgelehnt, Zinsen, die der unterhaltsbedürftige, geschiedene Ehegatte aus einem im Wege des Zugewinnausgleichs erlangten Kapitalvermögen zieht oder ziehen könnte, pauschal aufzurechnen gegen seinen Anteil an den wirtschaftlichen Vorteilen, die während der Ehe den Ehegatten aus dem entsprechenden Vermögen zugeflossen sind und die ehelichen Lebensverhältnisse mitgeprägt haben (NJW 1986, 1342 = FamRZ 1986, 437 [438 f.]). Der vorliegende Fall ist damit durchaus vergleichbar. Der den Unterhaltsbedarf der Ast. erhöhende Wohnvorteil, den die Parteien zur Zeit der Ehe hatten, und der Vorteil, den die Ast. heute durch das Wohnen im eigenen Haus hat, kompensieren sich bei der Berechnung des Unterhaltsanspruchs der Ast. nur dann, wenn der Anteil der Ast. an dem früheren Wohnvorteil – regelmäßig die Hälfte – zufällig genausoviel wert ist wie ihr heutiger Wohnvorteil. Ist er höher oder niedriger, dann ergibt sich aus dem Gesetz keine Handhabe, diesen Umstand bei der Bemessung des Unterhalts unberücksichtigt zu lassen.

Die Argumente, die das BerGer. für seine gegenteilige Meinung anführt, sind nicht stichhaltig. Das BerGer. stellt entscheidend darauf ab, der „eheprägende Wohnvorteil" habe sich auf seiten beider Parteien in der Nutzungsmöglichkeit des an jede Partei geflossenen Erlösanteils fortgesetzt und „einem überschießenden Wohnvorteil der Ast." stehe gegenüber, daß der Ag. seinen Erlösanteil nutzen könne.

Dieser Argumentation kann schon deshalb nicht gefolgt werden, weil der Umstand, daß auch der Ag. seinen Erlösanteil erhalten hat, jedenfalls zunächst keine Auswirkung hat auf die Höhe des der Ast. zustehenden Unterhaltsanspruchs. Dieser Kapitalfluß hat die ehelichen Lebensverhältnisse nicht geprägt und hat deshalb keinen Einfluß auf den Unterhaltsbedarf der Ast. Schon gar nicht hat er Einfluß darauf, inwieweit die Ast. ihren Unterhalt selbst bestreiten kann. Er könnte allenfalls Bedeutung gewinnen im Zusammenhang mit der Prüfung der Leistungsfähigkeit des Ag. Die Leistungsfähigkeit des Ag. hat jedoch mit der hier erörterten Frage nichts zu tun. Außerdem hat der Ag. seine Leistungsfähigkeit – zu Recht – nicht in Frage gestellt.

Würde man sich der Rechtsansicht des BerGer. anschließen, so hätte das in einer Vielzahl von Fällen zur Folge, daß der unterhaltsberechtigte geschiedene Ehegatte seinen Unterhaltsanspruch dadurch erhöhen könnte, daß er Kapitalbeträge, die ihm aus der Vermögensauseinandersetzung oder auf andere Weise zugeflossen sind, in einer selbst genutzten Immobilie anlegt. Das würde bedeuten, daß der Unterhaltsverpflichtete dem Unterhaltsberechtigten durch erhöhte Unterhaltszahlungen die Bildung von Grundeigentum ermöglichen oder zumindest erleichtern müßte. Oben ist bereits ausgeführt, daß es grundsätzlich nicht zu den Zwecken des Ehegattenunterhalts gehört, dem Unterhaltsberechtigten die Bildung von Vermögen zu ermöglichen.

Der Wohnwert beider Häuser kann deshalb nicht unberücksichtigt bleiben. Das BerGer. hat weder den Wohnwert des von den Parteien verkauften Einfamilienhauses noch den Wohnwert des von der Ast. erworbenen Einfamilienhauses festgestellt.

(Bei Neuerwerb einer Immobilie ist stets eine Vermögensumschichtung zu prüfen, wenn anderweitig günstigere Renditen erwirtschaftet werden können. Bei Aufnahme von Krediten sind Zins und Tilgung vom Wohnwert abzurechnen.)

c   4. Das Berufungsurteil kann aus einem weiteren Grunde mit der gegebenen Begründung keinen Bestand haben. Aus § 1577 I BGB ergibt sich für den unterhaltsberechtigten geschiedenen Ehegatten die Obliegenheit, vorhandenes Vermögen so ertragreich wie möglich anzulegen (*Senat*, NJW-RR 1988, 514 = FamRZ 1988, 145 [149] m. Nachw.). Deshalb darf der geschiedene Ehegatte den Erlös aus dem Verkauf eines bisher bewohnten Familienheims nicht ohne weiteres zum Erwerb eines Eigenheims verwenden, wenn durch eine verzinsliche Anlage des Kapitals höhere Erträge zu erwirtschaften wären. Er kann gehalten sein, sein Vermögen umzuschichten (vgl. *Johannsen/Henrich/Voelskow*, EheR, 2. Aufl., 1577 Rn. 4 m. Nachw.). Vermögenserträge, die der Unterhaltsberechtigte in zumutbarer Weise erzielen könnte, tatsächlich aber nicht erzielt, mindern als fiktives Einkommen seine Bedürftigkeit (vgl. *Lohmann,* Neue Rspr. des *BGH* zum FamR, 8. Aufl., Rn. 181 m. Nachw. aus der Rspr. des *Senats*).

Nach der Rechtsprechung des *Senats* setzt die Annahme einer solchen Obliegenheit, das vorhandene Vermögen durch Umschichtung ertragreicher einzusetzen, eine Zumutbarkeitsprüfung voraus. Die tatsächliche Anlage des Vermögens muß sich als eindeutig unwirtschaftlich darstellen (*Senat,* NJW 1992, 1044 = FamRZ 1992, 423 [425], und NJW-RR 1988, 514 = FamRZ 1988, 145 [149] m. w. Nachw. aus der Rspr. des *Senats*).

Das BerGer. hat die Frage, ob der Einsatz der der Ast. zugeflossenen 263 000 DM zum Ankauf eines Einfamilienhauses als eindeutig unwirtschaftlich zu beurteilen ist, – wie die Revision zu Recht rügt – mit unzureichender Begründung verneint. Bei der Beurteilung der Wirtschaftlichkeit der gewählten Anlage ist unter Berücksichtigung auch steuerlicher Gesichtspunkte darauf abzustellen, welchen Ertrag die gewählte Anlage erbringt und welcher Ertrag bei einer anderen Anlageform – z. B. der verzinslichen Anlage des Kapitals – erwirtschaftet werden könnte. Wird das Kapital – wie im vorliegenden Fall – eingesetzt, um ein Einfamilienhaus zu erwerben, so ist als Ertrag dieser Anlageform der Mietwert/ Wohnwert dieses Einfamilienhauses anzusetzen. Reichte das Kapital nicht aus, um den Erwerb des Einfamilienhauses zu ermöglichen, und mußte deshalb ein Teil des Kaufpreises finanziert werden, so sind die Kosten der Finanzierung – im vorliegenden Fall 416,90 DM monatlich – von dem Mietwert des Hauses abzuziehen, bevor der Mietwert in Relation gesetzt wird zu dem möglichen Ertrag des Kapitals (*Senat,* NJW 1992, 1044 = FamRZ 1992, 423 [425]).

Wie bereits ausgeführt, hat das BerGer. den Wohnwert des von der Ast. erworbenen Hauses nicht festgestellt. Schon deshalb kann nicht beurteilt werden, ob dieser Wohnwert abzüglich der monatlichen Belastungen von 416,90 DM in einem hinnehmbaren Verhältnis steht zu den Erträgen, die die Ast. durch die zinsbringende Anlage des eingesetzten Kapitals hätte erzielen können.

BGH v. 5. 11. 1997 – XII ZR 20/96 – FamRZ 98, 367 = NJW 98, 978

(Ersatzansprüche wegen geleisteten Unterhalts gegen volljähriges Kind)   **R517**

c) Die fraglichen Aufwendungen der Mutter der Kl. sind nach Grund und Höhe bestritten (hinsicht- **a**
lich des Pkw vgl. unten d). Sie können unterstellt werden, soweit es sich dabei darum gehandelt hat, Unterhaltsleistungen für die Kl. zu erbringen oder ihr Gelegenheitsgeschenke zu machen. Denn insoweit besteht kein Ersatzanspruch der Mutter.

Nach § 1648 letzter Halbs. BGB kann ein sorgeberechtigter Elternteil keinen Ersatz für geschuldete Unterhaltsleistungen verlangen. Soweit er über das geschuldete Maß hinausgehende Unterhaltsleistungen erbracht hat, greift die Vermutung des § 685 II BGB ein, wonach ihm regelmäßig die Absicht fehlt, vom Empfänger Ersatz zu verlangen (vgl. dazu *Staudinger/Engler,* BGB, 10./11. Aufl., § 1648 Rn. 2; *Palandt/Thomas,* 685 Rn. 3). Anhaltspunkte, die die auf der Lebenserfahrung beruhende Vermutung des § 685 II BGB (vgl. BGHZ 38, 302 [305] = NJW 1963, 483) hier entkräften können, sind nicht vorgetragen oder sonst ersichtlich. Danach scheiden diejenigen Aufwendungen in der Aufstellung als Grundlage für einen Ersatzanspruch der Mutter aus, die ihrer Art nach Unterhaltsgewährung darstellen. Darunter fallen insbesondere das in den Jahren 1985 bis 1993 gezahlte Taschengeld und die Aufwendungen für Bekleidung, ärztliche Behandlung sowie sportliche und musikalische Ausbildung (vgl. *Gernhuber/Coester-Waltjen,* FamR, 4. Aufl., § 57 IV 4, S. 865). Soweit es sich um Gelegenheitsgeschenke handelt (vgl. etwa die Posten „Steifftiere und Puppen", „Schmuck und Uhren"), gilt das gleiche nach dem Rechtsgedanken des § 534 BGB. Auf der Grundlage der Wertansätze der Aufstellung ergeben sich danach erhebliche Beträge, die dem Vermächtnisanspruch aus Rechtsgründen nicht entgegengesetzt werden können.

d) Außerhalb des erörterten Bereichs kann § 1648 BGB Ersatzansprüche des sorgeberechtigten Elternteils begründen, allerdings in engen Grenzen. Das Gesetz spricht von Aufwendungen, die der Elternteil „den Umständen nach für erforderlich halten durfte". Dabei ist nach h. A., die der *Senat* teilt, nicht auf die objektive Notwendigkeit abzustellen, sondern darauf, was nach dem Sorgfaltsmaßstab des § 1664 BGB subjektiv für erforderlich gehalten werden durfte, auch und gerade im Hinblick auf die Vermögensverhältnisse des Kindes (vgl. etwa *Staudinger/Engler,* § 1648 Rn. 4; *Adelmann,* in: RGRK, 12. Aufl., 1648 Rn. 4). Ein Ersatzanspruch entfällt, wenn im Zeitpunkt der Aufwendung keine Absicht bestand, dafür Ersatz zu verlangen, wofür allerdings im Gegensatz zum Aufwendungsbereich des § 685 II BGB keine tatsächliche Vermutung spricht (vgl. etwa *Hinz,* in: MünchKomm, § 1648 Rn. 6).

Ob der Mutter der Kl. für einen Teil der in der Aufstellung angeführten Aufwendungen Ersatzansprüche zustanden, kann mangels hierzu getroffener Feststellungen nicht abschließend beurteilt werden. Eine Ausnahme gilt für den Betrag von 8000 DM, den die Mutter nach der vorgelegten Rechnung vom 24. 3. 1994 für die Anschaffung eines gebrauchten Pkw verwendet hat. Das Fahrzeug hat sie der Kl. zu ihrem 18. Geburtstag (26. 5. 1994) überlassen. Insoweit können die Voraussetzungen eines Ersatzanspruchs aus § 1648 BGB aufgrund des bereits feststehenden Sachverhalts bejaht werden. Es handelte sich um eine Aufwendung in beträchtlicher Höhe, die die Mutter im Hinblick auf die bevorstehende Erlangung der Volljährigkeit der Kl. und deren an sich bestehenden Vermächtnisanspruch jedenfalls subjektiv für erforderlich halten durfte. Die Umstände ergeben nicht, daß keine Absicht bestand, für die hohe Summe keinen Ersatz zu verlangen.

(Bedürftigkeit. Einziehung von Forderungen)

b   Ein Unterhaltsgläubiger ist aber nicht bedürftig, wenn er es unterläßt, eine Forderung einzuziehen, die er in zumutbarer Weise einziehen könnte (vgl. etwa *Senat*, NJW-RR 1989, 578 = FamRZ 1989, 499 [500]). Es bestehen keine Bedenken, die Kl. darauf zu verweisen, einen restlichen Vermächtnisanspruch gegen ihre Mutter zu realisieren, zumal diese die Mittel des Vermächtnisses zum Erwerb unbelasteten Grundbesitzes verwandt hat und letzterer zur Befriedigung eines Anspruchs der Kl. eingesetzt werden könnte (vgl. zum Pflichtteilsanspruch *Senat,* NJW 1993, 1920 = FamRZ 1993, 1065 [1067]).

(Verwertung des Vermögensstamms beim Verwandtenunterhalt; Affektionsinteresse hat bei hohen Vermögenswerten wenig Gewicht.)

c   a) Bei der Frage, inwieweit ein volljähriges Kind für seinen Unterhalt den Stamm seines Vermögens angreifen muß (Umkehrschluß aus § 1602 II BGB), scheint das *OLG* einer entsprechenden Anwendung des § 1577 III BGB zuzuneigen, einer Vorschrift aus dem Bereich des nachehelichen Unterhalts. Vor der Schaffung der Norm durch das 1. EheRG hat der *BGH* entschieden, daß das Vorhandensein von Vermögen eines volljährigen Kindes zwar dem Grundsatz nach die Bedürftigkeit ausschließt, daß aber die Vermögensverwertung im Einzelfall unzumutbar sein kann, insbesondere im Falle der Unwirtschaftlichkeit, auf die nunmehr auch § 1577 III BGB abstellt (vgl. RzW 1957, 154 = FamRZ 1957, 120, und FamRZ 1966, 28 [29]). In bezug auf den Obliegenheitsmaßstab des Unterhaltsverpflichteten hat der *Senat* bereits ausgesprochen, daß das Gesetz im Bereich des Verwandtenunterhalts eine allgemeine Billigkeitsgrenze wie beim nachehelichen Unterhalt nicht vorsehe (NJW-RR 1986, 66 = FamRZ 1986, 48 [50]). Die Grenze der Unzumutbarkeit wird daher etwas enger als bei § 1577 III BGB zu ziehen sein, angenähert etwa dem Begriff der groben Unbilligkeit. Der Tatrichter hat darüber im Einzelfall im Rahmen einer umfassenden Zumutbarkeitsabwägung zu entscheiden, die alle bedeutsamen Umstände und insbesondere auch die Lage des Unterhaltspflichteten berücksichtigt (vgl. dazu etwa OLG Hamburg, FamRZ 1980, 912 [913]; *OLG Hamm,* FamRZ 1982, 1099 [1100]; *OLG Frankfurt a. M.,* FamRZ 1987, 1179 [1180]; a. auch *Köhler,* in: MünchKomm, § 1602 Rn. 8; *Mutschler,* in: RGRK, § 1602 Rn. 21). Soweit im Schrifttum auf die Frage einer entsprechenden Anwendung des § 1577 III BGB eingegangen wird, wird dies überwiegend verneint (vgl. *Soergel/Häberle,* BGB, 12. Aufl., § 1602 Rn. 4; *Staudinger/Kappe,* BGB, 1993, § 1602 Rn. 118; *Wendl/Scholz,* 3. Aufl., § 2 Rn. 107; *Kalthoener/Büttner,* Rspr. zur Höhe des Unterhalts, 6. Aufl., Rn. 506; a. A. *Griesche,* in: FamGb, § 1602 Rn. 50; *Schwab/Barth,* 3. Aufl., Teil V, Rn. 124).

Ob dem Unterhaltsberechtigten insbesondere ein sogenannter Notgroschen für Fälle plötzlich auftretenden (Sonder-)Bedarfs zu belassen ist, wird ebenfalls nicht einheitlich beurteilt (dagegen etwa *Staudinger/Kappe,* § 1602 Rn. 122; *Göppinger/Strohal,* Rn. 310). Der *Senat* schließt sich insoweit der bejahenden Auffassung an, die wohl als herrschend zu bezeichnen ist (vgl. OLG Düsseldorf, FamRZ 1990, 1137; *Köhler,* in: MünchKomm, § 1602 Rn. 21; *Erman/Holzhauer,* BGB, 9. Aufl., § 1602 Rn. 26; *Wendl/Scholz,* § 2 Rn. 107; *Gernhuber/Coester-Waltjen,* § 45 II 2, S. 667; s. für den Trennungsunterhalt *Senat,* NJW 1985, 907 = FamRZ 1985, 360 [361]).

b) Das *OLG* hat der Kl. unter dem Gesichtspunkt des „Notgroschens" Pfandbriefe im Nennwert von 10 000 DM belassen und daneben unter dem Gesichtspunkt des sogenannten Affektionsinteresses die drei Krügerrand-Münzen. Wenn es in ersterer Hinsicht auch Urlaubsreisen berücksichtigt, wird aber schwerlich von einem Notbedarf ausgegangen werden. Die Orientierung an Vorschriften des Sozialrechts bei der Bemessung eines solchen Freibetrages (§ 88 II Nr. 8 BSHG mit der DurchführungsVO v. 11. 2. 1988 – BGBl I, 150; § 6 AlhiVO) ist an sich nicht zu beanstanden (ausf. dazu *Müller,* FPR 1995, 190). Die in diesen Vorschriften genannten Beträge (2500 DM bzw. 4500 DM nach der DurchführungsVO, 8000 DM gem. § 6 AlhiVO) hat das *OLG* aber überschritten (*Müller,* FPR 1995, 190 [191], hält in der Regel einen Betrag von 5000 DM für angemessen).

c) Daß es der Kl. nach Auffassung des *OLG* nicht obliegt, den ihr von der Mutter gekauften Pkw zu veräußern und den Erlös für ihren Unterhalt einzusetzen, wird von der Revision nicht angegriffen. Es mag zwar zweifelhaft sein, ob allein der Hinweis des *OLG* auf die günstigen Einkommens- und Vermögensverhältnisse der Eltern und die daraus abzuleitende Lebensstellung der Kl. bis zur Erlangung eigener wirtschaftlicher Selbständigkeit diese Beurteilung rechtfertigt. Im Hinblick auf den starken Wertverfall gebrauchter Pkw ist die Entscheidung zu diesem Punkt jedenfalls unter dem Blickwinkel der Unwirtschaftlichkeit nicht zu beanstanden. Gebrauchte Gegenstände, deren Nutzen für den

Bedürftigen wesentlich höher zu veranschlagen ist als der zu erwartende Erlös, müssen in der Regel nicht verwertet werden (vgl. *Mutschler,* in: RGRK, § 1602 Rn. 22).

d) Ein in Ausbildung befindliches volljähriges Kind ist nicht unter allen Umständen gehalten, zumutbar verwertbares Vermögen vollständig zu verbrauchen, ehe es von einem Elternteil Unterhalt in Anspruch nehmen kann. Im vorliegenden Fall liegt nahe, daß es Zweck des Vermächtnisses des Groß-vaters war, die Ausbildung der Kl. zu sichern. Es ist daher unter Zumutbarkeitsgesichtspunkten etwa nicht ausgeschlossen, die für den eigenen Unterhalt einzusetzenden Mittel der Kl. auf ihre voraussicht-liche Ausbildungsdauer umzulegen (vgl. dazu *Griesche,* in: FamGb, § 1602 Rn. 50; OLG Düsseldorf, FamRZ 1985, 1281).

BGH v. 19. 11. 1997 – XII ZR 1/96 – FamRZ 98, 286 = NJW-RR 98, 505

(Barunterhaltspflicht des Elternteils, der ein minderjähriges Kind betreut; sog. Subsidiaritätshaftung nach § 1603 **R518**
II 3 BGB; anteilige Haftung bei Zusatzbedarf)

2. Nach § 1606 III 1 BGB haften die Eltern für den Unterhalt eines Kindes nicht als Gesamt- **a**
schuldner, sondern anteilig nach ihren Erwerbs- und Vermögensverhältnissen. Aus § 1606 III 2 BGB ergibt sich, daß im Falle des Getrenntlebens der Eltern der Elternteil, bei dem das Kind lebt, seinen Teil der Unterhaltspflicht grundsätzlich durch die Betreuung des Kindes in vollem Umfang erfüllt, während der andere Elternteil den Barunterhalt allein zu tragen hat. Dieser Grundsatz der Gleichwertigkeit von Barunterhalt und Betreuung gilt allerdings nicht uneingeschränkt. Er gilt z. B. nicht für Zusatzbedarf (*Senat,* NJW 1983, 2082 = FamRZ 1983, 689). Auch für den normalen Unterhaltsbedarf gilt er nicht, wenn die Vermögens- oder Einkommensverhältnisse des betreuenden Elternteils deutlich günstiger sind als die des anderen Elternteils. In einem solchen Falle kann die Barunterhaltspflicht des nicht betreuen-den Elternteils sich ermäßigen oder ganz entfallen, insbesondere dann, wenn der nicht betreuende Elternteil zur Unterhaltszahlung nicht ohne Beeinträchtigung des eigenen angemessenen Unterhalts in der Lage wäre, während der andere Elternteil neben der Betreuung des Kindes auch den Barunterhalt leisten könnte, ohne daß dadurch sein eigener angemessener Unterhalt gefährdet würde. Die Inan-spruchnahme des nicht betreuenden Elternteils zum Barunterhalt darf nicht zu einem erheblichen finanziellen Ungleichgewicht zwischen den Eltern führen (st. Rspr. des Senats; vgl. NJW 1991, 697 = FamRZ 1991, 182 [183] m. w. Nachw.).

3. Das OLG hat keine abschließenden Feststellungen zu den Vermögens- und Einkommensverhält-nissen des Vaters der Kl. getroffen. Es hat lediglich festgestellt, daß er bei 13 Monatsgehältern 5200 DM brutto im Monat verdient. Es führt zutreffend aus, daß angesichts dieses Einkommens des Vaters der Kl. und der festgestellten Einkommensverhältnisse der Bekl. jedenfalls nicht von vornherein ausgeschlossen werden kann, daß sich der Vater der Kl. nach den dargelegten Grundsätzen an dem Barunterhalt beteiligen muß. Es meint jedoch, diesen Gesichtspunkt außer Betracht lassen zu können, weil die Bekl. wegen ihrer eingeschränkten Einkommensverhältnisse nicht einmal den Mindestunterhalt der Kl. zu zahlen habe. Diese Argumentation ist schon im Ansatz fehlerhaft. Daß die Bekl. jedenfalls nicht mehr zahlen kann als 223 bzw. 180 DM im Monat, hängt damit zusammen, daß sie wenig verdient und deshalb allenfalls eingeschränkt leistungsfähig ist. Die eingeschränkte Leistungsfähigkeit der Bekl. ist aber kein Argument gegen eine Beteiligung des Vaters der Kl. an dem Barunterhalt, sie ist im Gegenteil ein Argument für eine solche Beteiligung. Es mag richtig sein, daß sich der Vater ohnehin in gewissem Umfang am Barunterhalt beteiligt, weil die Bekl. nicht einmal den Mindestunterhalt zahlen kann. Dadurch wird aber nicht die rechtliche Beurteilung überflüssig, ob und in welchem Umfang er verpflichtet ist, Barunterhalt zu leisten, und wie sich das auf die Unterhaltsverpflichtung der Bekl. auswirkt.

4. Mit der gegebenen Begründung kann das Berufungsurteil deshalb keinen Bestand haben. Der *Senat* ist auch nicht in der Lage, selbst abschließend zu entscheiden (§ 565 III ZPO). Die Feststellungen des OLG reichen nicht aus, um beurteilen zu können, ob sich der Vater der Kl. an ihrem Barunterhalt beteiligen muß. Insbesondere hat das OLG – von seinem Standpunkt aus zu Recht – keine ausreichen-den Feststellungen dazu getroffen, in welchen wirtschaftlichen Verhältnissen der Vater der Kl. lebt. So hat es z. B. nur sein Bruttogehalt festgestellt, nicht aber sein (bereinigtes) Nettoeinkommen. Die Sache muß an das OLG zurückverwiesen werden, damit der Tatrichter die fehlenden Feststellungen nach-holen und unter Berücksichtigung der dargelegten Grundsätze nach billigem Ermessen abwägen kann, ob sich der Vater der Kl. an dem Barunterhalt beteiligen muß (vgl. *Senat,* NJW 1991, 597 = FamRZ 1991, 182 [184]).

Hat sich der Vater der Kl. an deren Barunterhalt zu beteiligen, so wird eine völlig neue Berechnung des geltend gemachten Unterhaltsanspruchs erforderlich. Es ist jedenfalls nicht auszuschließen, daß die Bekl. dann nicht mehr an die Kl. zahlen müßte als die 145 DM monatlich, zu deren Zahlung sie bereits rechtskräftig verurteilt ist. Das gilt insbesondere auch deshalb, weil das OLG – von seinem Standpunkt aus zu Recht – von einer erweiterten Unterhaltspflicht der Bekl. gegenüber der minderjährigen Kl. nach § 1603 II 1 BGB ausgegangen ist und der Bekl. deshalb nur den notwendigen Selbstbehalt

belassen hat, den es mit 1200 DM im Monat annimmt, nicht den angemessenen Selbstbehalt. Nach
§ 1603 II 2 BGB tritt jedoch die erweiterte Unterhaltspflicht nicht ein, wenn ein anderer unterhaltspflichtiger Verwandter vorhanden ist. Dieser andere unterhaltspflichtige Verwandte kann auch der
andere Elternteil sein, wenn er leistungsfähig ist (st. Rspr.; vgl. BGH, NJW 1980, 934 = FamRZ 1980,
555 [556]; NJW 1991, 697 = FamRZ 1991, 182 [184]).

Ist der Vater der Kl. verpflichtet, sich an deren Barunterhalt zu beteiligen, kann deshalb die
gesteigerte Unterhaltspflicht der Bekl. entfallen mit der Folge, daß ihr der angemessene Selbstbehalt
(§ 1603 I BGB) zu belassen ist (BGH, NJW 1980, 934 = FamRZ 1980, 555 [556]), den der Tatrichter
zu bestimmen hat. Auch wenn der angemessene Selbstbehalt der Bekl. – wie im übrigen auch der
notwendige Selbstbehalt – niedriger anzusetzen sein dürfte als die von der Praxis entwickelten Richtsätze, z.B. weil der Bedarf der Bekl. durch die gemeinsame Haushaltsführung mit ihrem ebenfalls
berufstätigen Ehemann geringer sein dürfte (vgl. hierzu zutreffend *OLG Hamm,* FamRZ 1980, 916
[917] m. Nachw.), ist jedenfalls nicht auszuschließen, daß dieser angemessene Bedarf höher ist als die
vom OLG als notwendiger Bedarf angerechneten 1200 DM.

(Hausmannsfälle, notwendiger bzw. angemessener Selbstbehalt)

b   5. Die Kl. meint demgegenüber, das OLG habe übersehen, daß die Bekl. nach den Grundsätzen der
Rechtsprechung des Senats zu den sogenannten Hausmann-Fällen gehalten sei, einer Erwerbstätigkeit
nachzugehen und das dabei erzielte Einkommen uneingeschränkt für den Unterhaltsbedarf der Kl. zu
verwenden. Diese Obliegenheit der Bekl. habe keine gesteigerte Unterhaltspflicht nach § 1603 I 1
BGB zur Voraussetzung, sie folge vielmehr bereits aus dem in § 1609 BGB angeordneten Gleichrang
der Unterhaltsansprüche der Kinder aus erster und zweiter Ehe. Die Bekl. könne sich nicht darauf
berufen, daß sie ihr Arbeitseinkommen zur Deckung ihres eigenen Bedarfs benötige.

Dies ist nicht zutreffend. In den sog. Hausmann-Fällen hat sich der Ehemann mit seiner zweiten
Ehefrau dahin geeinigt, daß sie berufstätig bleibt und den Lebensunterhalt der Familie verdient, während
er seine Berufstätigkeit aufgibt und statt dessen das Kind aus zweiter Ehe betreut. Ist er einem Kind aus
erster Ehe unterhaltspflichtig, liegt darin eine Obliegenheitsverletzung, weil er sich gleichrangig beiden
Kindern widmen muß und seine Arbeitskraft nicht allein der Betreuung des Kindes aus zweiter Ehe
zuführen darf. Er muß sich deshalb in einem solchen Fall „fiktiv so behandeln lassen, als hätte er wie
bisher ein volles Erwerbseinkommen" (*Senat,* NJW 1996, 1815 = FamRZ 1996, 815 [817]). Bei der
Berechnung des Unterhalts, den er aufgrund dieses fiktiven Einkommens entsprechend seiner Leistungsfähigkeit zu zahlen hat, ist der notwendige bzw. der angemessene Selbstbehalt zu berücksichtigen (*Senat,*
NJW 1985, 318 [319]). Wenn der einem Kind aus erster Ehe barunterhaltspflichtige Elternteil nach wie
vor voll erwerbstätig ist, obwohl er ein Kind aus zweiter Ehe hat, kann nichts anderes gelten.

BGH v. 17. 12. 1997 – XII ZR 38/96 – FamRZ 98, 426 = NJW 98, 1065

*(Kein nachehelicher Unterhaltsanspruch für geschiedene Ehefrau wegen Betreuung eines nichtehelichen Kindes
vom geschiedenen Ehemann)*

a   a) Ungeachtet des Umstandes, daß die Parteien miteinander verheiratet waren, hat ihr gemeinschaftliches Kind den Status eines nichtehelichen Kindes, weil es nicht während der Ehe oder innerhalb von
302 Tagen nach deren rechtskräftiger Auflösung geboren worden ist (§ 1593 BGB). Da der Wortlaut
des § 1570 BGB nicht auf den Status abhebt, sondern auf die Pflege und Erziehung eines gemeinschaftlichen Kindes, wird die Vorschrift wie vom OLG auch von einem Teil des Schrifttums auf Fälle der
vorliegenden Art für anwendbar gehalten (vgl. *Soergel-Häberle,* BGB, 12. Aufl., § 1570 Rn. 5; *Palandt-
Diederichsen,* BGB, 57. Aufl., § 1570 Rn. 9; *Göppinger-Kindermann,* 6. Aufl., Rn. 1183; *Schwab-Borth,*
3. Aufl, Teil IV, Rn. 152). Die Gegenmeinung verneint die Frage, weil die Unterhaltsverpflichtung
nicht auf einer Nachwirkung der Ehe beruhe und ein sachlicher Grund fehle, den an sich einschlägigen
Unterhaltsanspruch aus § 1615 I BGB zu verstärken (vgl. *Richter,* in: MünchKomm, 3. Aufl., § 1570
Rn. 6; *Cuny,* in: RGRK, 12. Aufl., § 1570 Rn. 6; *Erman-Dieckmann,* BGB, 9. Aufl., § 1570 Rn. 9;
Griesche, in: FamGb, § 1570 Rn. 8; *Heiß/Heiß,* Anm. 1.5; *AG Erding,* FamRZ 1995, 1414; zweifelnd
Hülsmann, in: FamK § 1570 Rn. 25). Andere differenzieren danach, ob bei der Geburt des Kindes
noch ein zeitlicher Bezug zur Ehe bejaht werden kann (vgl. *Kalthoener-Büttner,* Rspr. zur Höhe des
Unterhalts, 6. Aufl., Rn. 405). Der Senat schließt sich der Auffassung an, die eine Anwendung der
Vorschrift auf Fälle der vorliegenden Art ablehnt. Soweit eine beiläufige Äußerung im Senatsurteil des
vom 26. 10. 1984 (NJW 1985, 428 = FamRZ 1985, 51 [52]) anders verstanden werden könnte, hält er
daran nicht fest.

b) Zwar läßt der Wortlaut des § 1570 BGB auch die erstgenannte Auslegung zu; denn die Kl. ist
„ein geschiedener Ehegatte", der „ein gemeinschaftliches Kind" betreut. Es erhebt sich aber die Frage,
ob Sinn und Zweck des Gesetzes nicht gebieten, den nachehelichen Unterhaltsanspruch aus § 1570
BGB auf Fälle zu beschränken, in denen das von dem geschiedenen Ehegatten betreute Kind den

rechtlichen Status der Ehelichkeit hat. Dafür spricht schon der Umstand, daß der Unterhaltsanspruch einer Mutter, die ein nichteheliches Kind betreut, in § 1615 l BGB besonders geregelt ist, und daß andererseits die Betreuung eines sogenannten scheinehelichen Kindes, das also in Wahrheit kein gemeinschaftliches ist, den Unterhaltsanspruch aus § 1570 BGB auszulösen vermag, bis die Nichtehelichkeit rechtskräftig festgestellt ist (vgl. *Senat,* NJW 1985, 428 = FamRZ 1985, 51 [52]; *Bosch,* FamRZ 1981, 1064).

§ 1570 BGB wird als Ausdruck nachehelicher Solidarität verstanden. Wird das Kind lange nach der Scheidung gezeugt, etwa wie in dem vom *AG Erding,* FamRZ 1995, 1414, entschiedenen Fall viereinhalb Jahre danach, liegt es im Grunde nicht anders, als wenn ein nicht miteinander verheiratetes Paar ein Kind bekommt. Die Entscheidung davon abhängig zu machen, wie teilweise vertreten wird, ob bei der Geburt des Kindes noch ein zeitlicher Zusammenhang mit der aufgelösten Ehe bejaht werden kann, führte im Einzelfall zu Abgrenzungsschwierigkeiten, die die Vorschrift konturenlos machen und die Rechtssicherheit in Frage stellen würden.

Zu bedenken sind vor allem auch die Weiterungen, die sich bei einer Bejahung des vom Gesetz privilegierten Anspruchs aus § 1570 BGB ergeben würden. Der Höhe nach würde sich der Anspruch nach den ehelichen Lebensverhältnissen bei Eintritt der Rechtskraft der Scheidung (§ 1578 I BGB) bemessen, einem Zeitpunkt, der in Fällen der vorliegenden Art bei der Geburt des Kindes weit zurückliegen könnte. Ginge der Unterhaltsverpflichtete eine neue Ehe ein, genösse der Anspruch der Mutter gegenüber demjenigen des neuen Ehegatten den Vorrang aus § 1582 I 3 BGB. Im Falle des Scheiterns einer neuen Ehe der Mutter könnte der Anspruch unter den Voraussetzungen des § 1586 a BGB wieder aufleben. Schließlich könnten sich nach Beendigung der Pflege und Erziehung des Kindes weitere Unterhaltsansprüche der Mutter wegen Alters (§ 1571 Nr. 2 BGB), wegen Krankheit (§ 1572 Nr. 2 BGB) oder nach den Tatbeständen des § 1573 I und II i. V. mit Abs. 3 anschließen. All dies sind Rechtsfolgen, die ihre innere Berechtigung darin finden, daß das Kind einer ehelichen Lebensgemeinschaft entstammt.

Das Gesetz zur Reform des Kindschaftsrechts, das am 1. 7. 1998 in Kraft treten wird (BGBl I 1997, 2942 [2967]), hält daran fest, daß der Unterhaltsanspruch einer Mutter, die ein eheliches Kind betreut, und derjenige einer Mutter, die ein nichteheliches Kind betreut, unterschiedlich zu behandeln sind. Der Rechtsausschuß des Deutschen Bundestages hat zur Rechtfertigung der Differenzierung ausgeführt: Die Mutter eines nichtehelichen Kindes könne frei entscheiden, ob sie das Kind selbst betreuen wolle oder durch Dritte betreuen lasse. Das Kind habe keinen Anspruch auf Betreuung durch die Mutter und könne daher auch nicht Inhaber des Anspruchs auf Betreuungsunterhalt sein. Wenn es sich aber um einen Anspruch der Mutter gegenüber dem Vater des Kindes handele, sei die rechtliche Qualität der Elternbeziehung für die Ausgestaltung des Anspruchs von Bedeutung und erscheine es gerechtfertigt, den Anspruch der früheren Ehefrau unter dem Gesichtspunkt der nachehelichen Solidarität stärker auszugestalten als den Anspruch der Mutter, die ein nichtehelich geborenes Kind betreut (vgl. BT-Dr 13–8511, S. 71). Dem ist zu folgen. In Fällen der vorliegenden Art kann die rechtliche Qualität der Elternbeziehung nicht mehr derjenigen während bestehender Ehe gleichgesetzt werden. Auch verfassungsrechtliche Gründe (Art. 6 V GG) gebieten es daher nicht, der Kl. einen Anspruch aus § 1570 BGB zuzubilligen.

c) Die Zubilligung des vom OLG in zweiter Linie in Betracht gezogenen Anspruchs aus § 1576 BGB scheidet ebenfalls aus. Es handelt sich dabei um eine Auffangvorschrift für im Gesetz nicht ausdrücklich geregelte Fälle nachehelichen Unterhalts, etwa wenn es um die Betreuung von während der Ehe in den gemeinsamen Haushalt aufgenommenen Pflegekindern oder von Kindern eines Ehegatten aus einer früheren Ehe geht (vgl. dazu *Senat,* FamRZ 1983, 800 [802]). Der Unterhaltsanspruch einer Mutter, die ein nichteheliches Kind betreut, ist in § 1615 l BGB aber ausdrücklich geregelt, und zwar in einer Weise, die als abschließend beurteilt werden muß. In Fällen der vorliegenden Art handelt es sich nicht um eine Bedürfnislage, die im Zeitpunkt der Scheidung besteht und der Ehe zuzurechnen ist.

Nach Inkrafttreten des Gesetzes zur Reform des Kindschaftsrechts wird § 1615 l BGB im übrigen eine Ausgestaltung erfahren, die die Unterschiede zu einem Anspruch aus § 1576 BGB zurücktreten läßt. Die bisherige zeitliche Begrenzung des Anspruchs der nichtehelichen Mutter auf drei Jahre nach der Entbindung wird unter der Voraussetzung aufgehoben, daß es „insbesondere unter Berücksichtigung der Belange des Kindes grob unbillig wäre, einen Unterhaltsanspruch nach Ablauf dieser Frist zu versagen". Auch der Unterhaltsanspruch aus § 1576 BGB hängt letztlich davon ab, daß die Versagung von Unterhalt unter Berücksichtigung der Belange beider Ehegatten grob unbillig wäre (vgl. *Senat,* FamRZ 1983, 800 [802]). Nach dem Rechtszustand ab 1. 7. 1998 würde es daher – von der Regelung des § 1582 BGB abgesehen – für die Mutter im Ergebnis kaum günstiger sein, wenn in Fällen der vorliegenden Art ihr Unterhaltsanspruch nach § 1576 BGB statt nach § 1615 l BGB beurteilt würde.

(Zum Übergangsrecht im Hinblick auf die zweimalige Änderung der gesetzlichen Befristung des § 1615 l II S. 3 BGB)

d) Schon durch das am 1. 10. 1995 in Kraft getretene Schwangeren- und Familienhilfeänderungs- **b** gesetz (BGBl I, 1050) ist der Unterhaltsanspruch der Mutter eines nichtehelichen Kindes gem. § 1615 l

BGB gegenüber dem früheren Rechtszustand erheblich verstärkt worden. Der zeitliche Rahmen des Betreuungsunterhalts ist von einem Jahr auf drei Jahre nach der Entbindung ausgedehnt worden; ferner ist die Voraussetzung entfallen, daß eine Möglichkeit zur anderen Versorgung, z. B. in einer Tagesheimstätte oder bei Verwandten, nicht besteht (vgl. zum früheren Rechtszustand *Senat*, BGHZ 93, 123 [128] = NJW 1985, 806). Der Gesetzgeber beabsichtigte in Anlehnung an § 1570 BGB, eine Vollbetreuung des Kindes durch seine Mutter bis zum Kindergartenalter zu ermöglichen (vgl. BT-Dr 13–1850, S. 24). Diese Neuregelung kommt der Kl. nur deshalb nicht zugute, weil in ihrem Fall die Frist von drei Jahren nach der Entbindung am 16. 9. 1995, also noch vor dem Inkrafttreten dieser Neufassung des § 1615 l BGB, abgelaufen ist. Auf Unterhalt für Zeiten vor Inkrafttreten einer gesetzlichen Neuregelung bleibt das bisherige Recht anwendbar, falls, wie hier, keine anderweite Übergangsregelung getroffen worden ist (vgl. dazu *Jansen-Knöpfel,* Unehelichen-G, 1967, S. 476; s. auch RGZ 49, 155 [157]).

e) Nach der am 1. 7. 1998 in Kraft tretenden Fassung des § 1615 l BGB durch das Gesetz zur Reform des Kindschaftsrechts ist im Hinblick auf den bereits angeführten Wegfall der Dreijahresgrenze nicht auszuschließen, daß die Kl. einen Anspruch auf Betreuungsunterhalt für die Zeit ab der zweiten Jahreshälfte 1998 erwerben könnte (vgl. auch *LG Arnsberg,* FamRZ 1997, 1297).

BGH v. 21. 1. 1998 – XII ZR 85/96 – FamRZ 98, 541 = NJW 98, 1309

R520

(Zur Konkurrenz von Trennungsunterhalt nach § 1361 BGB und Unterhalt nach § 1615 l I S. 1 und II S. 2 BGB)

c) Da somit Unterhaltsansprüche der Kl. gegen den Vater ihres nichtehelichen Kindes sowohl nach § 1615 l I als auch nach Abs. 2 Satz 2 BGB in Betracht kommen, die in die streitbefangene Zeit fallen und mit ihrem Anspruch auf Trennungsunterhalt gem. § 1361 BGB gegen ihren Ehemann konkurrieren, kommt es auf die Frage der Haftung des Vaters des nichtehelichen Kindes im Verhältnis zum Beklagten an. Das Gesetz hat diese Konstellation in § 1615 l III BGB, in dem die Reihenfolge der Unterhaltsverpflichtungen zwischen dem Vater und den Verwandten der Mutter sowie das Rangverhältnis zwischen der Mutter und der Ehefrau und den minderjährigen Kindern des Vaters geregelt sind, nicht mit aufgegriffen. Während das ältere Schrifttum von einem grundsätzlichen Vorrang der Haftung des Ehemannes vor dem Vater ausging (*Brühl,* FamRZ 1967, 130 [133]; *Brüggemann,* FamRZ 1971, 140 [147]), was unter anderem aus dem allgemeinen Verweis des § 1615 III BGB auf die Vorschriften des Verwandtenunterhalts und den dortigen § 1608 BGB mit der vorrangigen Haftung des Ehemannes vor den Verwandten gefolgert wurde, wird in der neueren Literatur und Rechtsprechung überwiegend die Auffassung vertreten, daß der Vater vor dem Ehemann haften soll. Dies wird aus einer analogen Anwendung des § 1615 l III 2 BGB abgeleitet, wonach der Vater vor den Verwandten der Mutter zur Unterhaltszahlung heranzuziehen ist. Da das Gesetz darin zum Ausdruck bringe, den Vater vorrangig auf Unterhalt in Anspruch zu nehmen, der die Unterhaltsbedürftigkeit der Mutter zu verantworten habe, müsse der Ehemann ebenso wie die Verwandten der Mutter vor einer Inanspruchnahme geschützt werden, da für eine Ungleichbehandlung von Verwandten und Ehemann kein sachlicher Grund bestehe (*Köhler,* in: MünchKomm, § 1615 l Rn. 9 a; *Palandt-Diederichsen,* § 1615 l Rn. 5 und Ergänzungsband, § 1615 l Rn. 5; *Staudinger-Eichenhofer,* § 1615 l Rdnrn. 18 und 21; *Gernhuber/Coester-Waltjen,* § 59 III Anm. 3; *Odersky,* Anm. II 8 c; OLG Celle, FamRZ 1979, 119; *OLG Koblenz,* FamRZ 1981, 92; *OLG Hamm,* NJW 1991, 1763 = FamRZ 1991, 979; FamRZ 1997, 632; *OLG Düsseldorf,* FamRZ 1995, 690; abl., soweit ersichtlich, nur *OLG München,* FamRZ 1994, 1108). Dabei wird allerdings zum Teil angenommen, daß der Vorrang der Haftung des Vaters nur so weit reiche, als durch die Schwangerschaft oder Mutterschaft ein Mehrbedarf verursacht wird, während für den ohne sie bestehenden Grundbedarf allein der Ehemann hafte (*Mutschler,* in: RGRK, § 1615 l Rn. 11; *Göppinger-Maurer,* Rn. 981). Eine anteilige Haftung entsprechend § 1606 III 1 BGB wird dagegen überwiegend abgelehnt.

Der *Senat* hält demgegenüber in einem Fall wie dem vorliegenden eine Aufteilung der Verantwortlichkeiten zwischen dem Ehemann und dem Vater in entsprechender Anwendung des § 1606 III 1 BGB für geboten. § 1615 l III 1 BGB verweist allgemein auf eine entsprechende Anwendung der für die Unterhaltspflicht zwischen Verwandten geltenden Vorschriften. Dabei kommt eine Heranziehung des § 1608 BGB mit der vorrangigen Haftung des Ehemannes vor den Verwandten der Mutter zur Lösung der vorliegenden Frage von vornherein nicht Betracht, weil der Vater des nichtehelichen Kindes den Verwandten der Mutter nicht gleichgesetzt werden kann. Das folgt bereits aus der Sonderbestimmung des § 1615 l III 2 BGB, nach der die Unterhaltsverpflichtung des Vaters vor derjenigen der Verwandten rangiert (vgl. *Köhler,* in: MünchKomm, § 1615 l Rn. 9 a). Diese Bestimmung geht als lex specialis dem § 1608 BGB vor.

Andererseits muß aber auch eine Gleichsetzung des Ehemannes mit den Verwandten der Mutter entsprechend § 1615 l III 2 BGB ausscheiden. Denn die daraus abgeleitete undifferenzierte vorrangige Haftung des Vaters vor dem Ehemann trägt dem Umstand nicht Rechnung, daß die Mutter auch wegen der notwendigen Betreuung der ehelichen Kinder an einer Erwerbstätigkeit gehindert ist. Die insoweit dem Ehemann zuzuschreibende Verantwortung würde, folgt man der überwiegenden Meinung, außer acht gelassen und der Ehemann gegenüber dem Vater des nichtehelichen Kindes in ungerechtfertigter Weise privilegiert. Eine solche Bevorzugung läßt sich nicht daraus herleiten, daß der Unterhaltsanspruch aus § 1615 l II BGB seit der Reform 1995 demjenigen aus § 1570 BGB angenähert wurde und, was die bisherige zeitliche Ausdehnung auf drei Jahre betrifft, mit der am 1. 7. 1998 in Kraft tretenden Kindschaftsrechtsreform weiter verlängerbar werden soll (vgl. § 1615 l II 3 BGB i. d. F. des G. zur Reform des Kindschaftsrechts vom 16. 12. 1997, BGBl I, 2942 f.). Auch die Regelung des § 1586 a II BGB, die bei einer Konkurrenz von Unterhaltsansprüchen gegen Ehegatten aus zwei geschiedenen Ehen eine Primärhaftung des Ehegatten aus der später aufgelösten Ehe anordnet (krit. dazu *Richter*, in: MünchKomm § 1586 a Rn. 8), kann mangels Vergleichbarkeit der Fallgestaltung nicht herangezogen werden.

Demgegenüber führt eine entsprechende Anwendung des von der Verweisung in § 1615 l III 1 BGB ebenfalls erfaßten § 1606 III 1 BGB zu ausgewogeneren Ergebnissen, weil damit der jeweiligen Verantwortung des Vaters und des Ehemannes flexibel Rechnung getragen werden kann. Nach § 1606 III 2 BGB haften gleichnahe Verwandte anteilig, und zwar nach dem Maßstab ihrer jeweiligen Erwerbs- und Vermögensverhältnisse. Vergleichbar damit können auch die jeweiligen Väter ehelicher und nichtehelicher Kinder für den betreuungsbedingten Unterhaltsbedarf der Mutter anteilig herangezogen werden. Die Aufteilung nach den jeweiligen Einkommens- und Vermögensverhältnissen wird dabei in einer Vielzahl von Fällen zu angemessenen Lösungen führen. Allerdings ist die Anknüpfung an diesen eher schematischen Maßstab nicht in jedem Fall zwingend. Da § 1606 III 1 BGB nur entsprechend anzuwenden ist, läßt er auch Raum für die Berücksichtigung anderer Umstände, insbesondere der Anzahl, des Alters, der Entwicklung und der Betreuungsbedürftigkeit der jeweiligen Kinder. So kann im Einzelfall von Bedeutung sein, daß die Mutter durch die vermehrte Betreuungsbedürftigkeit eines jüngeren oder gar eines behinderten Kindes von jeglicher Erwerbstätigkeit abgehalten wird, obwohl ihr das fortgeschrittene Alter der anderen Kinder an sich eine Voll- oder zumindest Teilerwerbstätigkeit erlauben würde. In einem solchen Falle wäre die schematische Aufteilung der Haftungsquote nach den jeweiligen Erwerbs- und Vermögensverhältnissen des Ehemannes und des Vaters unbefriedigend. Vielmehr müßte der Erzeuger des vermehrt betreuungsbedürftigen Kindes entsprechend höher, gegebenenfalls auch allein zum Unterhalt für die Mutter herangezogen werden. Die entsprechende Anwendung des § 1606 III 1 BGB ermöglicht es, auch solchen Einzelfällen in flexibler Weise gerecht zu werden. Soweit der Unterhalt vom Vater des nichtehelichen Kindes nicht erlangt werden kann, kommt im übrigen eine entsprechende Anwendung des § 1607 II BGB in Betracht (vgl. *Odersky*, Anm. II 8 c).

3. Das Maß des nach § 1615 l I und II BGB zu gewährenden Unterhalts bestimmt sich nach der Lebensstellung des Bedürftigen (§ 1615 l III 1 i. V. mit § 1610 I BGB). Diese ist hier geprägt durch die ehelichen Lebensverhältnisse der Kl. gem. § 1578 BGB, die daher auch den Maßstab für den Unterhaltsanspruch aus § 1615 l BGB gegen den Vater des nichtehelichen Kindes bilden.

Für die Bemessung der auf den Vater und den Bekl. entfallenden jeweiligen Haftungsquoten kommt es nach vorstehendem in erster Linie auf die Leistungsfähigkeit des Vaters an. Diese hat das *OLG* – aus seiner Sicht folgerichtig – nicht ermittelt, so daß das Verfahren auch aus diesem Grunde zurückverwiesen werden muß.

BGH v. 21. 1. 1998 – XII ZR 117/96 – FamRZ 98, 1501 = NJW-RR 98, 721

(Überhöhte Fahrtkosten durch Benutzung eines Pkw: Ansatz von 0,42 DM/km statt 0,40 DM in Leitlinien **R521** *zulässig)*

Die Höhe der in Ansatz gebrachten Fahrtkosten beanstandet die Revision zu Recht. Zwar hat das **b** BerGer. es unter den gegebenen Umständen rechtsfehlerfrei abgelehnt, einen Abzug in der für die Pkw-Nutzung geltend gemachten Höhe von 1200 DM vorzunehmen. Es ist aber nicht auszuschließen, daß dem Bekl. höhere Fahrtkosten als monatlich 462 DM zuzubilligen sind.

Das *OLG* ist aufgrund des Vorbringens des Bekl. ersichtlich davon ausgegangen, daß ihm die Benutzung öffentlicher Verkehrsmittel für die Fahrt zur Arbeitsstelle angesichts des damit verbundenen beträchtlichen Zeitaufwandes nicht zugemutet werden könne. Es hat deshalb grundsätzlich die Kosten der Pkw-Nutzung für berücksichtigungsfähig gehalten. Wenn der Bekl. seine Wohnung in M. beibehielte, ergäben sich unter Zugrundelegung der vom BerGer. angewandten Berechnungsart monatliche Fahrtkosten von nahezu 1200 DM, durch die das Nettoeinkommen des Bekl. zu mehr als einem Drittel aufgezehrt würde. Wenn die Kosten der Pkw-Nutzung indessen einen derart hohen, unverhältnismäßigen Aufwand verursachen, durch den angemessene Unterhaltsleistungen ausgeschlossen werden, ist zu prüfen, ob von dem Unterhaltspflichtigen nicht ein Wechsel des Wohnortes erwartet werden kann. Das kann etwa dann der Fall sein, wenn an eine Wiederherstellung der ehelichen Lebensgemeinschaft nicht zu denken ist, das Wohnen nahe am Arbeitsplatz nach den Lebensumständen zumutbar ist und mit zumutbarer Mietbelastung eine neue Wohnung gefunden werden kann (*Kalthoener-Büttner*, 6. Aufl.,

Rn. 937; *Wendl-Haußleiter,* 4. Aufl., § 1 Rn. 100; *Palandt-Diederichsen,* BGB, 57. Aufl., § 1603 Rn. 6; vgl. auch *OLG Koblenz,* FamRZ 1994, 1609 [1610]).

Daß eine Wiederherstellung der ehelichen Lebensgemeinschaft von den Parteien in Betracht gezogen werden wäre, hat der Bekl. nach seinem in dem Tatbestand des Berufungsurteils in Bezug genommenen schriftsätzlichen Vorbringen selbst nicht konkret geltend gemacht, vielmehr hat er eingeräumt, noch während des Trennungsjahres seine Freundin in die frühere Ehewohnung aufgenommen zu haben. Für die Zumutbarkeit eines Umzugs spricht weiterhin die seitens des Bekl. dargelegte Absicht, nach seinem Ausscheiden bei der Bundeswehr eine Berufsausbildung an der Fachhochschule in K. zu absolvieren, womit – ohne einen Umzug – noch höhere Fahrtkosten verbunden wären. Das BerGer. hat schließlich auch den Einwand des Bekl. berücksichtigt, daß er in D. bzw. in der unmittelbaren Umgebung von D. keine vom Mietzins her angemessene Wohnung hätte anmieten können und hat in tatrichterlicher Würdigung angenommen, daß dies jedenfalls in einem Umkreis von 30 km möglich gewesen wäre.

Die Höhe der als abzugsfähig anzuerkennenden Kosten zu bestimmen, ist in erster Linie dem Tatrichter vorbehalten. Wenn das BerGer. insoweit die in seinem Bezirk gebräuchlichen unterhaltsrechtlichen Leitlinien zugrunde gelegt hat, die einen Kostenansatz von 0,42 DM pro Kilometer vorsehen, so unterliegt das aus Rechtsgründen keinen Bedenken. Der Senat hat es in ständiger Rechtsprechung mangels sonstiger konkreter Anhaltspunkte für angemessen gehalten, die mit 0,40 DM pro Kilometer der Höhe nach in etwa vergleichbare Kilometerpauschale nach § 9 III des Gesetzes über die Entschädigung von Zeugen und Sachverständigen heranzuziehen (*Senat,* NJW-RR 1992, 1282 und NJW 1994, 190 = FamRZ 1994, 87 [88]).

Die Revision wendet sich allerdings zu Recht ein, der Bekl. habe geltend gemacht, daß die Kosten der Inanspruchnahme öffentlicher Verkehrsmittel für die Fahrten von M. nach D. mit monatlich 606 DM anzusetzen seien. Da einem Unterhaltsschuldner grundsätzlich zugestanden werden muß, mit öffentlichen Verkehrsmitteln zu seiner Arbeitsstelle zu gelangen, kommt es für die Entscheidung darauf an, ob die behaupteten Kosten, deren Höhe die Kl. bestritten hat, zutreffend sind. Hierzu hat das BerGer. keine Feststellungen getroffen. Die Entscheidung kann deshalb keinen Bestand haben.

(Bei Leistungsfähigkeit sind nichtprägende, aber unumgängliche Schulden zu berücksichtigen; kein Mindestbedarf beim Ehegattenunterhalt)

c   b) Die Revision wendet sich ferner dagegen, daß das OLG die von dem Bekl. geltend gemachte Ratenzahlung zur Tilgung des für die Anschaffung von Hausrat aufgenommenen Darlehens nur in Höhe von monatlich 50 DM als abzugsfähig anerkannt hat. Hierzu ist im Berufungsurteil ausgeführt, der Bekl. habe den notwendigsten Hausrat nach der Trennung der Parteien mit monatlich 50 DM finanzieren können; ein höherer Betrag erscheine unter den gegebenen Verhältnissen nicht angemessen. Die hiergegen gerichtete Rüge der Revision greift nicht durch.

Zwar kann die Leistungsfähigkeit des Unterhaltspflichtigen durch zu tilgende Verbindlichkeiten in unterhaltsrechtlich beachtlicher Weise eingeschränkt werden. Das gilt aber grundsätzlich nicht, soweit es sich um Kosten der privaten Lebensführung handelt. Nur wenn und soweit etwa Anschaffungen zur normalen Haushaltsführung dringend erforderlich sind und nicht mit den zur Verfügung stehenden Mitteln finanziert werden können, kann wegen der betreffenden Aufwendungen ein Abzug in Betracht kommen. Das setzt indessen voraus, daß das Eingehen der Verbindlichkeit unvermeidbar war, was der Unterhaltspflichtige im einzelnen darzulegen hat (*Kalthoener-Büttner,* Rdnrn. 1008 f.).

Dem Bekl. waren nach seinem eigenen Vorbringen nach der Trennung von der Kl. die vorhandenen Möbel weitgehend verblieben. Er benötigte deshalb im wesentlichen Wäsche, Geschirr, Besteck usw. sowie ein Kinderbett für *M.* Wenn das BerGer. bei dieser Sachlage und unter Berücksichtigung der beengten finanziellen Verhältnisse in tatrichterlicher Würdigung zu der Beurteilung gelangt ist, dringend erforderlicher neuer Hausrat sei mit monatlichen Ratenzahlungen von 50 DM (anstatt von 250 DM, wie im Berufungsverfahren geltend gemacht) finanzierbar, ist das revisionsrechtlich nicht zu beanstanden.

d   3. Den Unterhaltsbedarf der Kl. hat das BerGer. allerdings nicht ausgehend von dem mit monatlichen 2197,40 DM für 1993 und monatlich 1997,24 DM für 1994 und 1995 festgestellten bereinigten Nettoeinkommen des Bekl., sondern mit einem als Existenzminimum angesehenen Mindestbedarfssatz von 1150 DM angesetzt. Das rügt die Revision zu Recht. Eine solche Vorgehensweise entspricht nicht der gesetzlichen Regelung (st. Rspr. des Senats; vgl. u. a. BGHZ 104, 158 [168] = NJW 1988, 1722 = FamRZ 1988, 705 [708]; NJW 1995, 963 = FamRZ 1995, 346 [347]; NJW 1996, 517 = FamRZ 1996, 345 [346]; NJW 1997, 1919 = FamRZ 1997, 806 [808]). Der Unterhaltsbedarf eines getrenntlebenden Ehegatten bemißt sich vielmehr gem. § 1361 I BGB nach den individuell ermittelten Lebens-, Einkommens- und Vermögensverhältnissen der Ehegatten. Es ist nicht auszuschließen, daß der pauschalierende Mindestbetrag den aus den ehelichen Lebensverhältnissen individuell ermittelten Betrag übersteigt. Abweichungen von der individuellen Bedarfsbemessung sind nur bei konkreten Feststellungen zu bedarfserhöhenden Umständen, insbesondere zu trennungsbedingt eingetretenen

Mehrkosten der Lebensführung, rechtlich zulässig, deren Voraussetzungen konkret darzulegen sind und deren Höhe gegebenenfalls geschätzt werden kann (§ 287 ZPO).

BGH v. 4. 3. 1998 – XII ZR 173/96 – FamRZ 98, 671 = NJW 98, 1555

(Ausbildungsunterhalt, Gegenseitigkeitsprinzip, Verwirkung nach § 1611 BGB)   R523

a) Der Revision kann indessen nicht darin gefolgt werden, daß der Anspruch auf Ausbildungsunterhalt ausschließlich unter den Voraussetzungen der Verwirkung nach § 1611 I BGB wegfallen kann. Der aus § 1610 II BGB folgende Anspruch eines Kindes auf Finanzierung einer angemessenen, seiner Begabung, Neigung und seinem Leistungswillen entsprechenden Berufsausbildung ist vom Gegenseitigkeitsprinzip geprägt. Der Verpflichtung des Unterhaltsschuldners auf Ermöglichung einer Berufsausbildung steht auf seiten des Unterhaltsberechtigten die Obliegenheit gegenüber, sie mit Fleiß und der gebotenen Zielstrebigkeit in angemessener und üblicher Zeit zu beenden. Unterhaltsleistungen nach § 1610 II BGB sind zweckgebunden und werden nur insoweit geschuldet, als sie für eine angemessene Vorbildung zu einem Beruf erforderlich sind. Zwar muß der Verpflichtete nach Treu und Glauben (§ 242 BGB) Verzögerungen der Ausbildungszeit hinnehmen, die auf ein vorübergehendes leichteres Versagen des Kindes zurückzuführen sind. Verletzt dieses aber nachhaltig seine Obliegenheit, seine Ausbildung planvoll und zielstrebig aufzunehmen und durchzuführen, büßt es seinen Unterhaltsanspruch ein und muß sich darauf verweisen lassen, seinen Lebensunterhalt durch Erwerbstätigkeit selbst zu verdienen (st. Rspr., vgl. *Senat,* NJW 1984, 1961 = FamRZ 1984, 777; *Senat,* NJW 1987, 1557 = FamRZ 1987, 470; *Senat,* NJW 1993, 2238 = FamRZ 1993, 1057 [1059] m. w. Nachw.). Die Verletzung des dem § 1610 II BGB innewohnenden Gegenseitigkeitsverhältnisses führt also von selbst zum Wegfall des Unterhaltsanspruchs, ohne daß dies an die besonderen Verwirkungsvoraussetzungen des § 1611 I BGB gebunden wäre. Der von der Revision in diesem Zusammenhang gebrachte Hinweis auf die Senatsentscheidung in BGHZ 84, 280 f. = NJW 1982, 1999, nach der die allgemeinen Regeln der Verwirkung für das Unterhaltsrecht als Beendigungsgrund keine eigenständige Bedeutung haben, ist unerheblich; die angeführte Entscheidung betrifft nicht die vorliegende Fallgestaltung.

b) Auch im übrigen ist die Entscheidung des BerGer. aus Rechtsgründen nicht zu beanstanden. Aus dem Gegenseitigkeitsverhältnis folgt nicht nur die Obliegenheit des Kindes, die einmal gewählte Ausbildung, z. B. ein Hochschulstudium, zügig und – jedenfalls im Grundsatz – entsprechend den maßgeblichen Studienplänen durchzuführen. Die Rücksichtnahme auf die Belange der mit der Unterhaltszahlung belasteten Eltern erfordert es vielmehr auch, daß sich das Kind nach dem Abgang von der Schule binnen einer angemessenen Orientierungsphase für die Aufnahme einer seinen Fähigkeiten und Neigungen entsprechenden Ausbildung entscheidet.

Wie der Senat bereits für die sogenannten „Abitur-Lehre-Studium-Fälle" entschieden hat, muß neben dem sachlichen auch ein enger zeitlicher Zusammenhang zwischen Lehre und Studium derart bestehen, daß der Auszubildende nach dem Lehrabschluß das Studium baldmöglichst mit der gebotenen Zielstrebigkeit aufnimmt. Übt er im Anschluß an die Lehre den erlernten Beruf aus, obwohl er mit dem Studium beginnen könnte, wird der erforderliche zeitliche Zusammenhang aufgehoben (BGHZ 107, 376 [382] = NJW 1989, 2253; *Senat,* NJW-RR 1990, 327 = FamRZ 1990, 149 [150]). Dahinter steht der Gedanke, daß die Reichweite der Unterhaltspflicht der Eltern von der Frage mitbestimmt wird, inwieweit sie damit rechnen müssen, daß ihr Kind nach Schulabschluß und nach einer Lehre noch weitere Ausbildungsstufen anstrebt. Da es zu den schützenswerten Belangen des Unterhaltspflichtigen gehört, sich in der eigenen Lebensplanung darauf einstellen zu können, wie lange die Unterhaltslast dauern wird, wird eine Unterhaltspflicht um so weniger in Betracht kommen, je älter der Auszubildende bei Abschluß seiner praktischen Berufsausbildung ist. Denn um so weniger müssen die Eltern damit rechnen, daß er daran noch den Besuch einer weiterführenden Schule und ein Studium anschließen wird. Diese aus dem Gegenseitigkeitsverhältnis folgenden Gesichtspunkte wirken sich nicht erst bei der Prüfung der wirtschaftlichen Zumutbarkeit für die Eltern aus, sondern beeinflussen bereits die Frage, ob und unter welchen Voraussetzungen der eingeschlagene Ausbildungsweg noch Bestandteil der geschuldeten einheitlichen Vorbildung zu einem Beruf ist (*Senat,* NJW 1995, 718 = FamRZ 1995, 416 [417]). Daher hat der Senat einen weiteren Ausbildungsanspruch in der Regel für solche Fälle verneint, in denen dem Realschulabschluß zunächst eine Lehre, sodann die Fachoberschule und die Fachhochschule nachfolgen. Denn der Unterhaltspflichtige braucht hier – im Unterschied zu den Fällen, in denen die Eltern wegen des Abiturs des Kindes grundsätzlich von vornherein mit einem Hochschulstudium rechnen müssen – nicht davon auszugehen, daß ihn das Kind nach Abschluß der praktischen Berufsausbildung zu weiteren Unterhaltsleistungen heranzieht (*Senat,* NJW 1995, 718 = FamRZ 1995, 416).

Die geschilderten Fälle unterscheiden sich vom vorliegenden zwar dadurch, daß der Sohn des Bekl. nach Schulabgang im April 1982 bisher überhaupt keine Ausbildung durchlaufen hat. Indessen gelten die aus dem Gegenseitigkeitsverhältnis folgenden Grundsätze hier erst recht. Auch ein Schulabgänger muß sich im Verhältnis zum Unterhaltspflichtigen in angemessener Zeit darüber klar werden, welche

Ausbildungsmöglichkeiten ihm nach seinem jeweiligen Schulabschluß zur Verfügung stehen. Er muß sich alsbald um einen entsprechenden Ausbildungsplatz bemühen und die Ausbildung zielstrebig angehen (vgl. *OLG Schleswig,* FamRZ 1986, 201 f.). Zwar ist einem jungen Menschen eine gewisse Orientierungsphase zuzugestehen, deren Dauer von Fall zu Fall unterschiedlich ist und sich jeweils nach Alter, Entwicklungsstand und den gesamten Lebensumständen des Auszubildenden richtet. Je älter er indessen bei Schulabgang ist und je eigenständiger er seine Lebensverhältnisse gestaltet, desto mehr tritt an die Stelle der Elternverantwortung die Eigenverantwortung für seinen Berufs- und Lebensweg. Selbst wenn er bisher noch keine Berufsausbildung erfahren hat, kann eine zu lange Verzögerung dazu führen, daß sein Ausbildungsanspruch entfällt und er sich daher seinen Lebensunterhalt mit ungelernten Tätigkeiten oder aufgrund sonstiger Begabungen und Fertigkeiten verdienen muß (vgl. *OLG Hamm,* FamRZ 1989, 1219 [1220]; FamRZ 1995, 1007 [1008]; *Wendl-Scholz,* 3. Aufl., § 2 Rn. 65). § 1610 II BGB mutet den Eltern nicht zu, sich gegebenenfalls nach Ablauf mehrerer Jahre, in denen sie nach den schulischen Ergebnissen und dem bisherigen Werdegang des Kindes nicht mehr mit der Nachholung der Hochschulreife und der Aufnahme eines Studiums rechnen mußten, einem Ausbildungsanspruch des Kindes ausgesetzt zu sehen. Dabei fällt auch ins Gewicht, daß es sich dabei um Zeiträume handelt, in denen steuerliche Erleichterungen, Kindergeld oder kindbezogene Gehaltsbestandteile auf Grund des fortgeschrittenen Alters des Kindes unabhängig von seinem Ausbildungsstand wegfallen (vgl. *OLG Frankfurt a. M.,* FamRZ 1994, 1611, das bei einer Orientierungsphase von 31 Monaten den Unterhaltsanspruch versagt hat; abweichend *OLG Köln,* FamRZ 1986, 382; *OLG Stuttgart,* NJW-RR 1996, 2 = FamRZ 1996, 181; *Griesche,* in: FamGb, § 1610 Rn. 53, unter Hinweis auf *OLG Köln,* FamRZ 1986, 382).

c) Die tatrichterliche Beurteilung des BerGer. trägt diesen Grundsätzen Rechnung. Dabei mag dahinstehen, ob man vom Sohn des Bekl. bereits ab Eintritt der Volljährigkeit die nötige Einsicht in seine Ausbildungsobliegenheit erwarten und ihm ansinnen konnte, mit dem erreichten Realschulabschluß die Schule zu verlassen und eine praktische Ausbildung zu beginnen. Das BerGer. hat jedenfalls auch entscheidend darauf abgehoben, daß dem endgültigen Abgang vom Gymnasium zunächst 1¹/₂ Jahre teilweiser Erwerbstätigkeit und Arbeitslosigkeit, sodann rund 1¹/₂ Jahre Zivildienst und danach wiederum 1 Jahr mit wechselnden Zeiten der Erwerbstätigkeit folgten, ohne daß der Sohn des Bekl. in dieser Zeitspanne eine klare Planung oder Zielstrebigkeit dahingehend erkennen ließ, eine Berufsausbildung aufzunehmen. Er stand bei Beginn des Abendgymnasiums bereits im 24. Lebensjahr und bei Beginn des Studiums im 27. Lebensjahr und damit in einem Alter, in dem Eltern im Normalfall nicht mehr damit rechnen müssen, noch auf Ausbildungsunterhalt in Anspruch genommen zu werden. Daß das BerGer. bei diesem Sachverhalt von einer nicht mehr hinzunehmenden Überschreitung der Orientierungsphase ausgegangen ist und im Verhalten des Sohnes eine Verletzung seiner Ausbildungsobliegenheit gesehen hat, liegt im Rahmen der rechtlich möglichen tatrichterlichen Würdigung und ist revisionsrechtlich nicht zu beanstanden. Bei der gebotenen Interessenabwägung hat das BerGer. im übrigen zutreffend berücksichtigt, daß es nicht nur um die klageweise geltend gemachte Forderung für die ersten vier Semester geht, sondern um den Unterhaltsanspruch als solchen, der die gesamte Studiendauer umfaßt (vgl. *Senat,* NJW-RR 1990, 327 = FamRZ 1990, 149).

BGH v. 11. 3. 1998 – XII ZR 190/96 – FamRZ 98, 818 = NJW 98, 2219

R524   *(Fiktive Einkünfte sind kein Einkommen im Sinne des BSHG; sie gehen daher nicht auf den Träger der Sozialhilfe über)*

2. a) Soweit die Kl. für die Zeit bis zur letzten mündlichen Verhandlung vor dem *OLG* Sozialhilfeleistungen für *S* erbracht hat, ist sie nur aktivlegitimiert, wenn und soweit die Unterhaltsansprüche des Kindes gem. § 91 I und II BSHG kraft Gesetzes auf sie übergegangen sind. Wegen der nach dem vorgenannten Zeitpunkt gewährten Sozialhilfe sowie für die Zukunft kann die Kl. bis zur Höhe der bisherigen monatlichen Aufwendungen nach § 91 III 2 BSHG auf Leistung klagen, wenn die Hilfe voraussichtlich auf längere Zeit gewährt werden muß, was die Kl. unwidersprochen geltend gemacht hat. Auch insoweit gelten die sich aus § 91 I und II BSHG ergebenden Einschränkungen.

b) Im vorliegenden Fall kann einer Inanspruchnahme des Bekl. durch die Kl. die Vorschrift des § 91 II 1 BSHG entgegenstehen, nach der ein Anspruchsübergang u. a. ausgeschlossen ist, soweit ein Hilfeempfänger sein Einkommen – über Vermögen verfügt der Bekl. unstreitig nicht – nicht einzusetzen hat. Hieraus folgt, daß der Träger der Sozialhilfe Einkünfte, die ein Hilfeempfänger nicht einzusetzen hätte, auch bei der Heranziehung Unterhaltsverpflichteter außer Betracht zu lassen hat.

Das sozialhilferechtlich zu berücksichtigende Einkommen ist bei der dem Kind gewährten Hilfe zum Lebensunterhalt nach den § 76 bis § 78 BSHG zu ermitteln. Nach § 76 I BSHG gehören zum Einkommen im Sinne dieses Gesetzes alle Einkünfte in Geld oder Geldeswert mit Ausnahme einiger ausdrücklich aufgeführter Einkünfte, u. a. der Leistungen nach dem Bundessozialhilfegesetz. Über effektives Einkommen – abgesehen von den nicht zu berücksichtigenden Sozialhilfeleistungen – verfügt der Bekl. nicht. Ihm sind unterhaltsrechtlich allenfalls fiktive Einkünfte wegen Verletzung seiner Erwerbsobliegenheit anzurechnen.

c) Ob derartige fiktive Einkünfte bei der anzustellenden sozialhilferechtlichen Vergleichsberechnung zu berücksichtigen sind, ist in Rechtsprechung und Schrifttum streitig. Teilweise wird die Auffassung vertreten, im Rahmen des § 91 II 1 BSHG sei insoweit eine einheitliche Behandlung von Unterhalts- und Sozialhilferecht geboten, bei der der weitergehenden unterhaltsrechtlichen Beurteilung der Vorrang eingeräumt werden könne (*OLG Karlsruhe,* 2. Zivil*Senat,* FamRZ 1995, 615 [616]; *Hampel,* FamRZ 1996, 513 [517]; *Brudermüller,* FuR 1995, 17 [20 f.]; einschränkend in FamRZ 1995, 1033 [1037]; *Heiß/Hußmann,* 4. Aufl. [1996], Anm. 16.47 f.). Nach überwiegender Meinung scheidet dagegen ein Anspruchsübergang im Falle der unterhaltsrechtlichen Anrechnung fiktiver Einkünfte aus (*OLG Karlsruhe,* 16. Zivil*Senat,* FamRZ 1997, 179 [180]; *OLG Koblenz,* FamRZ 1996, 1548 [1549]; *OLG München,* FuR 1997, 277; *Fröhlich,* FamRZ 1995, 772 [773]; *Künkel,* FamRZ 1996, 1509 [1512]; *Wendl-Scholz,* 4. Aufl., § 6 Rn. 505). Der *Senat* schließt sich der zuletzt genannten Auffassung an.

d) Einkommen i. S. des § 75 I BSHG sind nur die Einkünfte, die tatsächlich zur Verfügung stehen. Anknüpfungspunkt für die Sozialhilfe ist, wie sich aus den § 3, § 11, § 88 und § 90 BSHG ergibt, die tatsächliche Lage der Hilfsbedürftigen. Deshalb können auch nur tatsächliche Einkünfte in Geld oder Geldeswert Einkommen i. S. des § 76 BSHG sein. Fiktive Einkünfte sind grundsätzlich nicht zu berücksichtigen (*LPK-BSHG,* 4. Aufl., § 76 Rn. 12; *Knopp-Fichtner,* BSHG, 7. Aufl., § 76 Rn. 6; *OVG Berlin,* info also 1992, 203 [204]; vgl. auch *Schellhorn-Jirasek-Seipp,* BSHG, 15. Aufl., § 76 Rn. 11).

Aus der Verletzung der Erwerbsobliegenheit, die unterhaltsrechtlich zur Anrechnung fiktiver Einkommens führen kann, sind im Sozialhilferecht andere Konsequenzen als im Unterhaltsrecht zu ziehen (*Wendl-Scholz,* § 6 Rn. 534). Nach § 25 I 1 BSHG i. d. F. des Gesetzes zur Reform des Sozialhilferechts vom 23. 7. 1996 (BGBl I, 1088) hat derjenige, der sich weigert, zumutbare Arbeit zu leisten oder zumutbaren Maßnahmen nach den § 19 und § 20 BSHG nachzukommen, keinen Anspruch auf Hilfe zum Lebensunterhalt. Die Hilfe ist in einer ersten Stufe um mindestens 25%% des maßgebenden Regelsatzes zu kürzen (§ 25 I 3 BSHG). Nach der Rechtsprechung des *BVerwG* dient § 25 I BSHG dazu, Maßnahmen der in §§ 18 ff. BSHG geregelten Hilfe zur Arbeit zu unterstützen. Wegen seiner Koppelung mit diesen Hilfenormen ist § 25 I BSHG selbst Hilfenorm. Sein Hilfszweck zeigt sich insbesondere darin, daß die Weigerung, zumutbare Arbeit zu leisten, nicht zur Folge hat, daß der Hilfesuchende (Hilfeempfänger) aus der Betreuung des Sozialhilfeträgers entlassen wird, sondern lediglich den Verlust des Rechtsanspruchs auf die Hilfe zum Lebensunterhalt nach sich zieht. Der Träger der Sozialhilfe wird bei der Gestaltung der Hilfe und ihrer Anpassung an die Besonderheiten des Einzelfalles freier gestellt. Im Rahmen dieser Gestaltungsfreiheit kann z. B. – mindestens zeitweise – die Kürzung der Hilfe bis auf das Unerläßliche als ein Mittel in Betracht kommen, den Hilfesuchenden zur Arbeit anzuhalten, um ihn so letzten Endes auf den Weg zur Selbsthilfe zu führen (BVerwG, NJW 1995, 3200 = FamRZ 1996, 106 [107] m. w. Nachw.).

Hieraus wird deutlich, daß § 25 I BSHG, durch den auch der Nachranggrundsatz des § 2 BSHG konkretisiert wird (LPK-BSHG, § 25 Rn. 3), keine allgemeine Sanktion für unsachgemäßes, vorwerfbares Verhalten des Hilfeempfängers darstellt und nicht als Verwirkungstatbestand verstanden werden kann (*Knopp-Fichtner,* § 25 Rn. 3; LPK-BSHG, § 25 Rn. 7). Daß der Bestimmung insbesondere nicht der Gedanke einer Anrechnung fiktiver Erwerbseinkünfte zugrunde liegt, ergibt sich aus der regelmäßig erfolgenden zeitlichen Beschränkung einer Kürzung oder Streichung der Hilfe zum Lebensunterhalt. Wird erkennbar, daß die Verweigerung jeglicher Hilfe untauglich ist, ist die Hilfe zum Lebensunterhalt gegebenenfalls wieder voll aufzunehmen (*Knopp-Fichtner,* § 25 Rn. 3; LPK-BSHG, § 25 Rn. 7). Abgesehen davon kann die Weigerung eines Unterhaltpflichtigen, über seinen notwendigen Lebensunterhalt hinaus auch Mittel zur Bestreitung des Bedarfs eines Unterhaltsberechtigten zu erarbeiten, keine Folgen i. S. des § 25 I BSHG haben (LPK-BSHG, § 25 Rn. 4). Entgegen der Auffassung der Revision kann deshalb nicht davon ausgegangen werden, Unterhaltsrecht und Sozialhilferecht sanktionierten übereinstimmend die vorwerfbar verweigerte Arbeitsaufnahme. Eine Parallelität, die aus diesem Grund Anlaß zu einer einheitlichen Behandlung im Rahmen des § 91 II 1 BSHG geben könnte, liegt daher nicht vor.

Eine einheitliche Handhabung wäre auch, wie das BerGer. zu Recht ausgeführt hat, mit dem Schutzzweck des § 91 II BSHG nicht zu vereinbaren. Dem Unterhaltpflichtigen soll der gleiche Schutz zugute kommen, den er in der Lage des Hilfeempfängers hätte. In die Vorschrift des § 91 II BSHG sind durch das Gesetz zur Umsetzung des Föderalen Konsolidierungsprogramms vom 23. 6. 1993 (BGBl I, 944, 952) die Gedanken der Schutzvorschriften des früheren § 91 I 2 und III 1 BSHG übernommen und zum Teil verstärkt worden (BR-Dr 121/93, S. 218). Wenn aber nach der Intention des Gesetzgebers durch die Neufassung der Schuldnerschutzvorschriften stärkere Beachtung finden sollen (so auch *Brudermüller,* FamRZ 1995, 1033 [1037]), darf der angestrebte Schutz nicht durch eine einheitliche Betrachtungsweise von Unterhaltsrecht und Sozialhilferecht unterlaufen werden. Auch deshalb muß es bei der Frage der Berücksichtigung fiktiver Einkünfte bei der unterschiedlichen Betrachtungsweise bleiben. Soweit das BVerwG unter der Geltung des BSHG i. d. F. vom 18. 9. 1969 (BGBl I, 1688) von der früher bestehenden Möglichkeit des Sozialhilfeträgers, den Übergang eines Anspruchs des Hilfeempfängers gegen einen nach bürgerlichem Recht Unterhaltpflichtigen durch schriftliche Anzeige gem. § 90, § 91 BSHG in der damaligen Fassung zu bewirken, auch für den Fall einer nur zu unterstellenden Leistungsfähigkeit ausgegangen ist (BVerwGE 51, 61 [64]), wird durch diese Entscheidung nach der Änderung des § 91 BSHG durch das Gesetz zur Umsetzung des Föderalen Konsolidierungsprogramms die Auffassung des Senats nicht in Frage gestellt. Unterschiedliche Ergebnisse aus unterhaltsrechtlicher und sozialhilferechtlicher Sicht können im übrigen nicht nur bei der hier vorliegenden Fallgestaltung auftreten. Sie können vielmehr immer dann zutage treten, wenn die sozialhilferechtliche Vergleichsberechnung zu günstigeren Ergebnissen für den Unterhaltspflichtigen führt als das Unterhaltsrecht. Auch diesem Umstand ist für die Frage, ob ein Anspruchsübergang stattgefunden hat bzw. stattfinden wird, Rechnung zu tragen.

Das OLG ist deshalb zu Recht davon ausgegangen, daß etwaige Unterhaltsansprüche des Kindes S gegen den Bekl. nicht auf die Kl. übergegangen sind bzw. übergehen werden.

BGH v. 22. 4. 1998 – XII ZR 161/96 – FamRZ 98, 899 *(teilweise)* = NJW 98, 2821

R525   *(Der Wegfall von eheprägenden Verbindlichkeiten durch vorzeitige Rückzahlung der Schuld ist eheprägend; auch Konsumkredite sind bei den ehelichen Lebensverhältnissen zu berücksichtigen.)*

a   Die weiteren Schulden, die der Bekl. im zeitlichen Zusammenhang mit der Trennung aus dem Schrebergarten-Verkaufserlös abgetragen hat, hat das BerGer. hingegen nicht als bedarfsprägend angesehen. Dazu hat es ausgeführt:

Die Kredite wären bei planmäßiger Tilgung in absehbarer Zeit spätestens bis November 1996 bzw. Ende 1996 abgelaufen gewesen, so daß in absehbarer Zeit nach der Trennung mit dem Fortfall der Belastung durch die Schulden zu rechnen gewesen sei. Zudem dienten Kontokorrentkredite mangels anderer Anhaltspunkte in der Regel der Vorfinanzierung konsumbedingter Ausgaben. Gegenteiliges habe der Bekl. auch im vorliegenden Fall nicht vorgetragen. Konsumkredite seien aber nicht bei der Bedarfsbemessung, sondern nur im Rahmen der Leistungsfähigkeit zu berücksichtigen. Da die Tilgungslast für den Bekl. entfallen sei, seien die früheren Schulden – ähnlich wie nach dem Wegfall von Unterhaltszahlungen für ein Kind – nicht mehr in die Unterhaltsberechnung einzustellen.

b) Gegen die letztgenannten Erwägungen des BerGer. wendet sich die Revision mit der Rüge, die außerplanmäßige, trennungsbedingte Tilgung von Schulden könne nicht mit dem Fortfall des Kindesunterhalts gleichgesetzt werden. Die Tilgung der Schulden der Parteien sei allenfalls ab November 1996, dem planmäßig erwarteten Abzahlungsendzeitpunkt, zu berücksichtigen. Denn die Abzahlung der Kredite mit dem Erlös des Schrebergartenverkaufs entspreche nicht den Verhältnissen, wie sie sich bei normalem Verlauf der Ehe ohne die Trennung verwirklicht hätten. Demgemäß habe sich der Unterhaltsbedarf der Kl. jedenfalls bis November 1996 an den Einkommensverhältnissen auszurichten, wie sie durch die Abtragung der Schulden geprägt gewesen seien.

Diese Rüge verhilft der Revision nicht zum Erfolg. Wie das BerGer. zu Recht hervorhebt, bestanden die Schulden zu dem Zeitpunkt, von dem an die Kl. Trennungsunterhalt begehrt, nicht mehr. Veränderungen der wirtschaftlichen Verhältnisse, die nicht auf einer vom Normalverlauf erheblich abweichenden Entwicklung beruhen, sind bei der Berechnung des Trennungsunterhalts grundsätzlich zu berücksichtigen (vgl. *Senat,* NJW 1986, 718 = = FamRZ 1986, 244 [245]). Eine frühere Prägung der ehelichen Lebensverhältnisse durch die Schulden hat nach August 1994 nicht mehr – auch nicht in anderer Weise – fortgewirkt. Insbesondere haben die Parteien nicht etwa geltend gemacht, der Besitz des Schrebergartens habe ihnen während der Ehe wirtschaftlich meßbare Vorteile gebracht, die seit dem Verkauf entfallen seien und nunmehr anstelle der früheren Schulden als Negativposten berücksichtigt werden müßten. Entgegen der Auffassung der Revision kann es je nach den Umständen des Einzelfalles durchaus als eine nicht vom Normalverlauf abweichende Entwicklung beurteilt werden, wenn ein Ehegatte nach der Trennung aus wirtschaftlich vernünftigen Überlegungen einen vorhandenen Kapitalwert einsetzt, um damit Schulden der inzwischen getrenntlebenden Eheleute abzulösen und auf diese Weise die beiderseitigen finanziellen Verhältnisse zu bereinigen. Unter Berücksichtigung dieser Umstände ist das vom BerGer. in tatrichterlicher Beurteilung der besonderen Gegebenheiten des vorliegenden Falles gewonnene Ergebnis (vgl. dazu *Senat,* NJW 1984, 1237 = FamRZ 1984, 358 [360], und NJW 1991, 2703) aus Rechtsgründen nicht zu beanstanden. Auf die Hilfsbegründung des Gerichts zur (Nicht-)Berücksichtigung von „Konsumkrediten" im Rahmen der Bedarfsbemessung kommt es daneben nicht entscheidend an. Insoweit bestehen allerdings Bedenken gegen die Auffassung, daß die ehelichen Lebensverhältnisse in der Regel durch „Konsumkredite" nicht geprägt würden (vgl. dazu etwa *Wendl-Gerhardt,* 3. Aufl., § 1 Rn. 516).

(Bei einer Umschuldung eines eheprägenden Kredits nach der Trennung ist die Eheschuld noch bis zum Ablauf des ursprünglichen Kredits prägend)

b   c) Ohne Erfolg wendet sich andererseits die Anschlußrevision gegen die Weiterberücksichtigung der Kreditraten von monatlich 333 DM für einen Pkw in dem angefochtenen Urteil. Die Anschlußrevision macht hierzu geltend: Nachdem der Bekl. den Pkw im November 1995 veräußert habe, habe der Kredit nach der Lebenserfahrung durch den Verkaufserlös zurückgeführt werden müssen, zumal der Pkw als Kreditsicherheit gedient haben müsse. Etwas anderes könnte nur gelten, wenn der Kredit anläßlich der Anschaffung des neuen Fahrzeugs umgeschuldet worden sei. Die Kosten des neuen Fahrzeugs lasse das BerGer. jedoch zu Recht unberücksichtigt.

Mit diesen zum Teil auf Vermutungen basierenden Ausführungen kann die Anschlußrevision der Entscheidung des BerGer. nicht die Grundlage entziehen. Die Kreditraten für das während des Zusammenlebens der Parteien erworbene Fahrzeug waren als ehebedingte Verbindlichkeiten auch nach der Trennung weiter zu entrichten, und zwar, wie das BerGer. zutreffend dargelegt hat, unabhängig davon, daß die Bekl. während der Laufzeit des Kredits anstelle des bisherigen ein anderes Fahrzeug gekauft hat. Die Kreditraten für den Pkw haben die ehelichen Lebensverhältnisse geprägt. Sie sind deshalb für die Dauer der vereinbarten Laufzeit und in der seinerzeit vereinbarten Höhe bei der Unterhaltsbemessung zu berücksichtigen (vgl. hierzu auch *Wendl-Gerhardt*, § 1 Rn. 516).

(Kein Bonus von 1/7 neben 5% Pauschalen berufsbedingten Aufwendungen)

b) Diesen Abzug eines 7/8-Erwerbstätigenbonus neben einer Pauschale von 90 DM hält die Revision **c** unter Hinweis auf die Rechtsprechung des Senats angesichts der geringen Höhe des Einkommens der Kl. für überhöht und nicht gerechtfertigt.

Der Revision ist einzuräumen, daß der Senat mehrfach zu bedenken gegeben hat, ob neben einem pauschalen Abzug von 5% des Nettoeinkommens (vgl. Düsseldorfer Tabelle Stand 1. 7. 1992 Anm. 3: 5%, mindestens 90 DM) der Erwerbstätigenbonus gegebenenfalls geringer als sonst üblich zu bemessen sein sollte (vgl. z. B. *Senat*, NJW-RR 1990, 578 = FamRZ 1990, 979 [981]). Diese Frage unterliegt jedoch letztlich der Verantwortung des Tatrichters im Rahmen seiner Beurteilung der Angemessenheit des zuzubilligenden Unterhaltsanspruchs. Da das OLG die rechnerisch ermittelten Unterhaltsbeträge anschließend einer Angemessenheitskontrolle unterzogen hat mit dem Ergebnis, daß es für den gesamten von der Klage erfaßten Zeitraum die zunächst errechneten Beträge – zugunsten des Bekl. – jeweils auf einen für angemessen gehaltenen Unterhaltsanspruch der Kl. ermäßigt hat, ließ die getroffene Entscheidung auch einen gewissen Spielraum für eine Verringerung des Erwerbstätigenbonus in den angestellten Berechnungen. Die Frage wird jedoch im weiteren Verlauf des Verfahrens, das aus anderen Gründen an das BerGer. zurückzuverweisen ist (s. unten Abschn. B 2), zu beachten sein. Dabei wird das BerGer. auch Gelegenheit haben zu überprüfen, ob es angesichts der Einkommensverhältnisse der Parteien in der Tat angemessen ist, der Kl. trotz festgestellter Fahrtkosten in Höhe von monatlich 56 DM gleichwohl die volle Pauschale von 90 DM für berufsbedingte Aufwendungen zuzugestehen, dem Bekl. hingegen bei seinen Nebeneinkünften aus dem Jahre 1994 mit Rücksicht auf die Höhe der Fahrtkosten nur die Hälfte der Pauschale.

(Einkommen aus trotz behaupteten gesundheitlichen Einschränkungen ausgeübten Tätigkeiten sind kein überobligatorisches Einkommen)

c) Die Anschlußrevision macht geltend, das BerGer. habe das Erwerbseinkommen der Kl. überhaupt **d** nicht, jedenfalls nicht in vollem Umfang in die Unterhaltsberechnung einbeziehen dürfen. Die ausgeübte Teilzeitarbeit sei nämlich aus gesundheitlichen Gründen für die Kl. an sich nicht zumutbar, wie diese schon im ersten Rechtszug und – durch Bezugnahme – auch im Berufungsverfahren geltend gemacht habe. Das habe das BerGer. zu Unrecht nicht beachtet.

Diese Rüge hat keinen Erfolg. Wie der Senat bereits entschieden hat, rechtfertigen die „Erwerbsverhältnisse" der Ehegatten i. S. von § 1361 I 1 BGB in der Regel die Zumutbarkeit der Fortsetzung einer bereits – noch dazu seit längerem – ausgeübten Erwerbstätigkeit während der Trennungszeit. Das gilt insbesondere dann, wenn die Erwerbstätigkeit während des Zusammenlebens der Ehegatten trotz Belastung durch die Pflege und Erziehung von Kindern ausgeübt wurde und nach der Trennung nur in wesentlich gleichem Umfang wie bisher fortgeführt wird (vgl. *Senat*, NJW 1981, 2804 = FamRZ 1981, 1159 [1161]). So liegen die Verhältnisse auch hier. Das BerGer. ist daher ohne Rechtsverstoß davon ausgegangen, daß das Einkommen der Kl. aus ihrer – ohnehin geringfügigen und nur stundenweise, jedoch seit mehr als 30 Jahren ausgeübten – Tätigkeit, auch unter Beachtung ihres Alters und Gesundheitszustandes, in bereinigter Höhe in die Ermittlung des Trennungsunterhalts einzubeziehen ist.

(Bei Trennungsunterhalt ist unter Berücksichtigung des sog. toten Kapitals nur ein angemessener Wohnwertvorteil beim Bedarf als auch bei der Bedürftigkeit anzusetzen)

B. 1. Neben dem Erwerbseinkommen hat das BerGer. der Kl. den Wert ihres Wohnens in der **e** ehelichen Eigentumswohnung zugerechnet mit der Begründung: Bei der Ermittlung des den ehelichen Lebensverhältnissen der Parteien entsprechenden Bedarfs der Kl. sei zu berücksichtigen, daß die Eheleute in einer ihnen gemeinsam gehörenden Eigentumswohnung gelebt hätten, deren objektiver Wohnwert von unstreitig 1414 DM monatlich die Belastungen (Annuitäten auf die Grundpfandrechte von monatlich 526,04 DM und verbrauchsunabhängige Kosten von monatlich „rund 140 DM") überstiegen habe. Der hierin liegende Gebrauchsvorteil i. S. von § 100 BGB bestimme die Lebensverhältnisse der Parteien seit der Trennung und der alleinigen Nutzung der Wohnung durch die Kl. allerdings nur noch zu einem Teil, weil die Wohnung für die Kl. zu groß sei und der ursprünglich auf den Bekl. entfallende Teil der Nutzungen, der seit seinem Auszug nicht mehr gezogen werde, als sogenanntes „totes Kapital" außer Betracht zu lassen sei. Da die Ehe der Parteien nicht geschieden und die Veräußerung der Eigentumswohnung beabsichtigt sei, sei der Kl. derzeit eine Aufgabe der Wohnung noch nicht zuzumuten.

Den mit dem Wohnen in der Eigentumswohnung verbundenen Wohnvorteil der Kl. hat das BerGer. in Höhe einer ersparten Miete angesetzt, die nach den wirtschaftlichen Verhältnissen der unterhaltsberechtigten Kl. angemessen sei. Dazu hat es ausgeführt: Angemessen sei vielfach eine ersparte Miete bis zu 1/3 der zum Lebensunterhalt zur Verfügung stehenden Mittel. Das erscheine auch im vorliegenden Fall als das richtige Maß. Zur Ermittlung des danach als maßgeblich erachteten „Drittelwohnwerts" hat das BerGer. – unter Gegenüberstellung der bereinigten Nettobezüge des Bekl. abzüglich der von ihm getragenen Annuitäten und verbrauchsunabhängigen Kosten für die Eigentumswohnung mit dem Anteil des Eigeneinkommens der Kl. – zunächst einen vorläufigen hälftigen Differenzunterhalt errechnet, den die Kl. beanspruchen könnte, wenn sie keinen Wohnvorteil hätte (für 1995: 2221,60 DM Einkommen des Bekl. abzüglich 587,43 DM = 1634,17 DM, davon 1/2 = 817,09 DM). Aus der Gesamtsumme dieses vorläufigen Differenzunterhalts und des vollen Eigeneinkommens der Kl. (für 1995 berechnet: 645,67 DM – 90 DM Pauschale = rund 555 DM, zuzüglich Lohnsteuererstattung von 130,33 DM = 685,33 DM) hat das BerGer. den „Drittelwohnwert" errechnet (für 1995: 817,09 DM + 685,33 DM = 1502,42 DM, davon 1/3), den es sodann – für 1995 in Höhe von 500,81 DM – in die endgültige Unterhaltsberechnung einbezogen hat.

Dabei hat es die Differenz zwischen dem bereinigten Einkommen des Bekl. und dem Einkommen der Kl. zuzüglich Wohnwert (für 1995: 2221,60 DM – 587,43 DM – 500,81 DM – 1133,36 DM) ermittelt, die der Kl. im Prinzip zur Hälfte zustehe (566,68 DM), auf die sie sich jedoch die vom Bekl. für sie gezahlten verbrauchsabhängigen Kosten in Höhe von monatlich 362,96 DM als bereits geleistete Unterhaltszahlungen anrechnen lassen müsse. Den auf diese Weise für 1995 in Höhe von monatlich 203,72 DM ermittelten Unterhaltsanspruch der Kl. hat das OLG schließlich aus Billigkeitsgründen auf monatlich 150 DM herabgesetzt, weil die Unterhaltsberechnung nicht dazu führen dürfe, daß der Berechtigte durch sein Erwerbseinkommen und den zu zahlenden Unterhalt über höhere Einkünfte verfüge, als dem Verpflichteten nach Zahlung anzuerkennender Schulden und des errechneten Unterhalts verblieben. Es sei angemessen, daß die Kl. dann insgesamt über monatlich 1699,10 DM (150 DM Unterhalt + 685,33 DM = 7/8-Eigeneinkommen + 362,96 DM Verbrauchskosten + 500,81 DM Wohnvorteil) verfüge und der Bekl. über monatlich 1708,64 DM (2221,60 DM – 362,96 DM – 150 DM = 1708,64 DM).

Entsprechend ist das OLG auch für die übrigen von der Klage erfaßten Zeiträume vorgegangen. Dabei ist es bei der Festsetzung des Wohnwerts auf den jeweiligen Drittel-Betrag der der Kl. zur Verfügung stehenden Mittel für die Zeit von September bis Dezember 1994 (als das maßgebliche Einkommen der Kl. mangels Steuererstattung geringer und das des Bekl. höher war) zu einem Wert von monatlich 562,47 DM gelangt, für die Zeit von Januar bis März 1996 (als das maßgebliche Einkommen des Bekl. geringer war) zu einem Wert von monatlich 404,56 DM und für die Zeit von April bis Dezember 1996 (als vom Einkommen des Bekl. nur noch die Annuitäten von monatlich 526,04 DM abzusetzen waren, die Kl. hingegen die Grundsteuer und die verbrauchsunabhängigen Nebenkosten selbst trug), zu einem Wert von monatlich 283,20 DM.

Als Mittel, über die die Parteien nach Festlegung des der Kl. endgültig zugebilligten Unterhaltsbetrages damit letztlich verfügen könnten, hat das BerGer. in der geschilderten Weise für die Zeit vom September bis Dezember 1994 (bei Zugrundelegung eines Wohnvorteils von 562,47 DM) auf seiten der Kl. monatlich 1952,23 DM und auf seiten des Bekl. monatlich 1954,64 DM ermittelt und für angemessen gehalten, für die Zeit von Januar bis März 1996 (bei Zugrundelegung eines Wohnvorteils von 404,56 DM) auf seiten der Kl. monatlich 1479,96 DM und auf seiten des Bekl. monatlich 1477,08 DM, schließlich für die Zeit von April bis Dezember 1996 (bei Zugrundelegung eines Wohnvorteils von 283,20 DM) auf seiten der Kl. monatlich 1493,20 DM und auf seiten des Bekl. monatlich 1487,71 DM.

2. Gegen die dargestellte Berechnung und Berücksichtigung des Wohnvorteils der Kl. bei der Unterhaltsbemessung erheben sowohl die Revision als auch die Anschlußrevision zu Recht Bedenken.

a) Zunächst hat das BerGer. zwar im Eingang der Entscheidungsgründe des angefochtenen Urteils zutreffend auf die für den Unterhaltsbedarf der Kl. maßgeblichen ehelichen Lebensverhältnisse der Parteien abgestellt, die außer durch die beiderseitigen Einkünfte auch durch die Gebrauchsvorteile der Eigentumswohnung – im Umfang der seit der Trennung der Parteien noch geübten teilweisen Nutzung – geprägt worden seien. Bei der konkreten Unterhaltsberechnung ist das Gericht diesem Ansatz jedoch nicht gefolgt. Es hat den Unterhaltsanspruch der Kl. letztlich bestimmt, ohne zuvor den nach den ehelichen Lebensverhältnissen unter Berücksichtigung des Wohnvorteils angemessenen Bedarf der Kl. festzulegen (vgl. dazu *Senat*, NJW 1990, 3274 = FamRZ 1990, 989 [990]). Ferner krankt seine Berechnungsweise daran, daß es den Wohnvorteil der Kl. von vorneherein unter Berücksichtigung eines „Drittelwohnwertes" errechnet hat. Hierbei geht es um die Frage, ob Wohnvorteil und die zur Deckung des sonstigen Lebensbedarfs verbleibenden Mittel in einem angemessenen Verhältnis zueinander stehen. Diese Frage kann erst in einem letzten Schritt der Unterhaltsberechnung beantwortet werden (vgl. *Senat*, NJW 1989, 2809 = FamRZ 1989, 1160 [1163]; *Schwab-Borth*, 3. Aufl., IV Rn. 1025).

Auch stehen die aufgrund einer Angemessenheitskontrolle gewonnenen Ergebnisse für die einzelnen Zeitabschnitte tatsächlich nicht im Einklang mit dem vom BerGer. insoweit selbst herangezogenen Grundsatz der Halbteilung der den Ehegatten zur Verfügung stehenden Mittel (vgl. *Senat*, NJW 1988, 2369 = FamRZ 1988, 265 [267]; st. Rspr.). Denn das BerGer. hat bei der entsprechenden Prüfung nicht berücksichtigt, daß der Bekl. von den ihm nach Abzug des Unterhalts der Kl. verbleibenden Mitteln zunächst die Miete für eine eigene angemessene Wohnung aufbringen muß. All dies nötigt zur Aufhebung des angefochtenen Urteils.

b) Gem. § 1361 I BGB bestimmt sich der Unterhaltsbedarf der Kl. nach den ehelichen Lebensverhältnissen. Diese werden zunächst durch die beiderseitigen bereinigten Einkünfte geprägt, d. h. − für das Jahr 1995, für das durchgängig von einheitlichen Beträgen auszugehen ist − von monatlich 2221,60 DM auf seiten des Bekl. und monatlich 587,43 DM auf seiten der Kl. Zusätzlich sind bei der Bestimmung der ehelichen Lebensverhältnisse die Gebrauchsvorteile (§ 100 BGB) zu berücksichtigen, die die Parteien dadurch gehabt haben, daß sie die ihnen gehörende Eigentumswohnung mietfrei genutzt haben. Nach der ständigen Rechtsprechung des *Senats* ist der Wert derartiger Nutzungsvorteile den sonstigen Einkünften der Parteien hinzuzurechnen, soweit er die Belastungen übersteigt, die durch allgemeine Grundstückskosten und -lasten, Zins- und Tilgungsleistungen und sonstige verbrauchsunabhängige Kosten entstehen (vgl. *Senat*, FamRZ 1985, 354 [356] unter 4b; NJW 1989, 2809 = FamRZ 1989, 1160, und NJW-RR 1995 = FamRZ 1995, 869). Als Belastungen, die in diesem Sinne auf die eheliche Wohnung entfallen, hat das BerGer. die laufenden Annuitäten von monatlich 526,04 DM, die Grundsteuer von monatlich 34 DM und die verbrauchsunabhängigen Kosten von monatlich 134,95 DM festgestellt. Bei der Bedarfsbemessung hat es diese Belastungen rechtsfehlerfrei dadurch berücksichtigt, daß es das Einkommen des Bekl., der die Hauslasten 1995 voll getragen hat, um die entsprechenden Beträge auf den „bereinigten" Wert von monatlich 2221,60 DM ermäßigt hat. Auf diese Weise fallen die Kosten im Ergebnis rechtlich zutreffend beiden Parteien je zur Hälfte zur Last.

c) Der Wohnwert der insgesamt rund 100 m² großen Wohnung, der während des Zusammenlebens der Parteien neben den beiderseitigen bereinigten Einkünften ihren Lebensstandard geprägt hat, kommt seit dem Auszug des Bekl. aus der Ehewohnung nicht mehr in vollem Umfang zum Tragen. Denn der ursprünglich dem Bekl. zuzurechnende Teil der Wohnungsnutzung wird seit seinem Auszug nicht mehr gezogen. Dieser Anteil hat daher als „totes Kapital" bei der Bestimmung des Unterhaltsbedarfs der Kl. nach Maßgabe der ehelichen Lebensverhältnisse außer Betracht zu bleiben (vgl. *Senat*, NJW 1989, 2809 = FamRZ 1989, 1160 [1162]). Der Wohnwert ist demgemäß als − eingeschränkter − Gebrauchsvorteil nur noch in einer Höhe in Rechnung zu stellen, wie er − sich als angemessene Wohnungsnutzung durch die Kl. allein darstellt. Insoweit verwirklichen sich, soweit es um die Nutzung der Ehewohnung geht, die ehelichen Lebensverhältnisse seit der Trennung der Parteien in Form eines entsprechend geringer anzusetzenden Gebrauchsvorteils als bedarfsprägender Wohnwert (vgl. hierzu *Schwab-Borth*, Rn. 1033; *Wendl-Gerhardt*, § 1 Rn. 217; *Graba*, FamRZ 1995, 385 [387]).

(Der angemessene Wohnwert darf nicht pauschal nach der sog. Drittelobergrenze ermittelt werden, sondern richtet sich nach dem Wert einer den ehelichen Lebensverhältnissen entsprechenden kleinen Wohnung)

Dieser verbleibende Gebrauchswert der insgesamt für den die Wohnung weiter nutzenden Ehegatten **f** an sich zu großen Wohnung wird in der Regel danach zu bestimmen sein, welchen Mietzins der Ehegatte auf dem örtlichen Wohnungsmarkt für eine dem ehelichen Lebensstandard entsprechende angemessene kleinere Wohnung zahlen müßte (nach oben in jedem Fall begrenzt durch den vollen Wohnwert der Ehewohnung). Haben Eheleute im Einzelfall, gemessen an ihren sonstigen wirtschaftlichen Verhältnissen, zu aufwendig gewohnt, dann kann es angebracht sein, diesem Umstand bei der Bemessung des Trennungsunterhalts Rechnung zu tragen (vgl. hierzu *Senat*, NJW 1982, 1645 = FamRZ 1982, 151 [152]) und aus diesem Grund den verbleibenden Wohnwert des die Ehewohnung weiterhin nutzenden Ehegatten auf den angemessenen Betrag zurückzuführen, wie er für eine entsprechende kleinere Wohnung auf dem Wohnungsmarkt zu zahlen wäre.

Die Bestimmung des unter Berücksichtigung des „toten Kapitals" verbleibenden eingeschränkten Wohnwerts nach den aufgezeigten Kriterien − als Bestandteil der für den angemessenen Bedarf des Unterhaltsberechtigten maßgeblichen ehelichen Lebensverhältnisse − ist grundsätzlich dem Tatrichter in eigener Verantwortung vorbehalten. Da das BerGer. diesen nicht ermittelt hat, ist die Sache zur Nachholung der erforderlichen Feststellungen an die Vorinstanz zurückzuverweisen.

d) Das BerGer. verkennt zwar nicht, daß es sich bei jeder Unterhaltsberechnung letztlich als notwendig erweisen kann, den rechnerisch ermittelten Unterhaltsbetrag auf seine Angemessenheit hin zu überprüfen (vgl. *Senat*, NJW 1983, 1733 = FamRZ 1983, 678, und NJW 1989, 2809 = FamRZ 1989, 1160 [1163]). Das rechtfertigt jedoch nicht von vornehrein – unter dem Gesichtspunkt einer solchen Angemessenheitskontrolle – eine generelle Festlegung des Vorteils mietfreien Wohnens in einer Eigentumswohnung oder einem Einfamilienhaus mit einem Drittel der für den Unterhalt insgesamt zur Verfügung stehenden Mittel, wenn dieser Wert auch im Einzelfall seine Berechtigung haben mag.

Abgesehen davon, daß sich die Angemessenheitsprüfung nicht auf die Frage des Wohnvorteils beschränken darf, sondern die ehelichen Verhältnisse umfassend einbeziehen muß, erscheint es grundsätzlich nicht gerechtfertigt, für die Bewertung des Wohnvorteils eine schematische, von den tatsächlichen Gegebenheiten unabhängige „Ober-"Grenze festzulegen. Da der Wert der Wohnungsnutzung Ausprägung der jeweiligen individuellen ehelichen Lebensverhältnisse ist, hat er sich auch an diesen auszurichten. Dabei mag es im Einzelfall notwendig werden, den unter Ansatz des konkreten Wohnvorteils ermittelten Unterhaltsbetrag schließlich aus Billigkeitsgründen zu ändern, wie es der *Senat* auch in seinem Urteil vom 12. 7. 1989 (NJW 1989, 2809 = FamRZ 1989, 1160) gebilligt hat. Jedenfalls darf aber auf der anderen Seite nicht unberücksichtigt bleiben, daß der Verpflichtete in Fällen der vorliegenden Art genötigt ist, aus seinen nach Abzug des Unterhalts verbleibenden Mitteln seinen Wohnbedarf zu decken.

3. Wird zum Zwecke einer beispielhaften Berechnung unterstellt, daß der der Kl. zuzurechnende Wohnvorteil monatlich rund 900 DM beträgt, wie er nach dem Vortrag der Anschlußrevision (verbleibende Nutzbarkeit der Ehewohnung für die Kl. im Umfang von weniger als zwei Dritteln) den fortwirkenden ehelichen Lebensverhältnissen der Parteien entsprechen könnte und unter Umständen als Mietzins für eine angemessene kleinere Wohnung auf dem Wohnungsmarkt zu entrichten wäre, dann wären die ehelichen Lebensverhältnisse der Parteien im Jahre 1995 mit 3709,03 DM (2221,60 DM + 587,43 DM + 900 DM) zu veranschlagen. Als Unterhaltsbedarf der Kl. ergäbe sich damit ein Betrag von monatlich 1854,50 DM.

BGH v. 22. 4. 1998 – XII ZR 221/96 – FamRZ 98, 951 = NJW 98, 2433

R526   *(Wegfall der Bereicherung)*

a   Das *OLG* hat jedoch einen Wegfall der Bereicherung der Bekl. i. S. von § 818 III BGB angenommen, weil die Bekl. trotz der ihr zur Verfügung stehenden erheblichen Unterhaltsmittel und ihres eigenen Einkommens wegen des außerordentlich hohen Mietaufwands und der Betreuungskosten für das gemeinsame Kind von Anfang an nicht in der Lage gewesen sei, Ersparnisse anzusammeln oder Vermögensdispositionen zu treffen, um die sie noch bereichert sei. Vielmehr habe sie alles für die laufende Lebenshaltung verbraucht. Diese Beurteilung steht im Einklang mit der Rechtsprechung des *Senats* (BGHZ 118, 383 [388 f.] = NJW 1992, 2415) und ist aus Rechtsgründen nicht zu beanstanden.

(Voraussetzungen der verschärften Haftung nach § 818 IV BGB)

b   a) Gem. § 818 IV BGB kann sich der Empfänger einer rechtsgrundlos erbrachten Leistung vom Eintritt der Rechtshängigkeit an nicht mehr auf den Wegfall der Bereicherung berufen, sondern haftet nach allgemeinen Vorschriften. Das OLG hat hierzu – unter Bezugnahme auf die Senatsrechtsprechung (NJW 1984, 2095 = FamRZ 1984, 767; BGHZ 93, 183 f. = NJW 1985, 1074; NJW 1986, 2057 = FamRZ 1986, 793, und BGHZ 118, 383 [390] = NJW 1992, 2415) – zutreffend ausgeführt, daß es nicht bereits auf den Eintritt der Rechtshängigkeit der Abänderungsklage ankomme, mit der über die Höhe der im Prozeßvergleich festgelegten Unterhaltsleistungen gestritten werde. Maßgebend sei vielmehr der Eintritt der Rechtshängigkeit der auf die Bereicherung gestützten Rückforderungsklage, die hier erst am 28. 7. 1995, mithin nach dem Überzahlungszeitraum, erhoben worden sei. Die Belange des Unterhaltsschuldners seien ausreichend schon dadurch gewahrt, daß er während des Abänderungsverfahrens einen Antrag auf einstweilige Einstellung der Zwangsvollstreckung aus dem abzuändernden Titel analog § 769 ZPO stellen könne.

Die Revision meint demgegenüber, das Abstellen auf den Zeitpunkt der Erhebung der Rückforderungsklage sei systemwidrig, und bittet um Überprüfung dieser Rechtsprechung. Der Regelung des § 323 III ZPO, die eine Abänderung des Urteils für die Zeit nach Rechtshängigkeit der Abänderungsklage erlaube, liege nämlich die gesetzliche Wertung zugrunde, daß der Abänderungsgegner bereits vom Zeitpunkt dieser Rechtshängigkeit an nicht mehr auf den Fortbestand seiner vermeintlichen Rechtsposition vertrauen dürfe, sondern auf die mögliche Rückzahlungspflicht hingewiesen werde, so daß er den Schutz des § 818 III BGB nicht mehr verdiene. Dem könne nicht mit dem Hinweis auf die Möglichkeit der Einstellung der Zwangsvollstreckung oder andere Maßnahmen, mit denen sich der Unterhaltsschuldner schützen könne, begegnet werden. Denn gerade an dem Umstand, daß dem anwaltlich gut beratenen Unterhaltsschuldner eine solche Absicherung möglich sei und der

Unterhaltsgläubiger in diesem Fall notwendigerweise Sozialhilfe in Anspruch nehmen müsse, während er gegen den weniger gut beratenen Unterhaltsschuldner weiter vollstrecken und sich gegenüber einer späteren Rückforderungsklage auf Entreicherung berufen könne, zeige sich die Systemwidrigkeit dieser Rechtsprechung. Richtigerweise müßte der Unterhaltsschuldner in beiden Fällen auch ohne Einstellung der Zwangsvollstreckung einer Einbuße durch die Unterhaltsüberzahlung entgehen können.

Weder dieser Einwand noch die sonst in der Literatur zum Teil geäußerte Kritik (vgl. *Kohler,* ZZP 1986, 34 f.; *ders.,* FamRZ 1988, 1005 f.; *M. Schwab,* FamRZ 1994, 1567 f.; *Ditzen,* FamRZ 1988, 349 f.) rechtfertigen indes eine Änderung der bisherigen Senatsrechtsprechung. Daß es für die verschärfte Haftung nach § 818 IV BGB auf die Rechtshängigkeit der Rückforderungsklage ankommt und nicht auf eine diese Rückforderung erst vorbereitende Klage wie etwa eine Feststellungs- oder eine Abänderungsklage, ergibt sich, wie der *Senat* in BGHZ 93, 183 (185) (= NJW 1985, 1074) ausgeführt hat, bereits aus dem Wortlaut und dem Sinnzusammenhang der § 818 f. BGB selbst. In dem dem § 818 IV BGB vorausgehenden Absatz 3 wird an die Verpflichtung zur Herausgabe oder zum Wertersatz angeknüpft; auch § 819 I und § 820 I BGB machen die Haftung von der Rechtshängigkeit des Anspruchs auf Herausgabe bzw. Wertersatz abhängig. Anders als bei vergleichbaren Fällen, in denen materiell-rechtliche Wirkungen ausdrücklich an die Rechtshängigkeit nicht nur einer Leistungs-, sondern auch einer Feststellungsklage geknüpft werden, wie etwa die Unterbrechung der Verjährung durch Klageerhebung (§ 209 I BGB), ist in §§ 818 f. BGB immer nur von der (Leistungs-)Klage auf Herausgabe oder Wertersatz die Rede. Damit hat das Gesetz die Sachverhalte, in denen der Empfänger einer Leistung auf den Fortbestand der eingetretenen Vermögenslage vertrauen darf, aus Gründen der Rechtssicherheit dahin formalisiert, daß es auf die Zustellung der auf Herausgabe der Bereicherung gerichteten Klage abstellt. § 818 IV BGB ist eine Ausnahme von dem das Bereicherungsrecht allgemein beherrschenden Grundsatz, daß der gutgläubig Bereicherte nur bis zur Grenze einer etwa noch vorhandenen Bereicherung auf Rückgewähr haftet. Als Ausnahmevorschrift ist die Regelung einer Erweiterung dergestalt, daß auch andere gerichtliche Akte mit Warnfunktion ihrem Anwendungsbereich unterliegen, wie etwa die Erhebung einer negativen Feststellungsklage oder einer Abänderungsklage, die die Rückforderungsklage erst vorbereiten, nicht zugänglich (zust. insoweit auch *Kohler,* ZZP 1986, 34 [45]). Das gilt um so mehr, weil es sich um Unterhaltsfälle handelt, in denen der Unterhaltsberechtigte auf die laufende Zahlung zur Befriedigung seines Lebensbedarfs angewiesen ist und sich auf die Bestandskraft des rechtskräftigen Unterhaltstitels berufen kann.

Diese Sperre wird auch nicht durch den Rechtsgedanken aus § 323 III ZPO durchbrochen. Die dortige Zeitschranke erklärt sich zwar aus dem Vertrauensschutz für den Abänderungsgegner, dem keine rückwirkende Abänderung des Urteils zugemutet werden soll. Dieser Vertrauensschutz endet mit Erhebung der Abänderungsklage. Darin erschöpft sich aber die Bedeutung des § 323 III ZPO. Er bezieht sich nur auf die Wirkung der Abänderungsklage selbst. Der Abänderungsgegner muß ab Rechtshängigkeit der Abänderungsklage zwar darauf gefaßt sein, daß der Titel in der bisherigen Form nicht mehr fortbestehen wird. Er muß aber noch nicht damit rechnen, daß er damit automatisch auch einem Rückforderungsanspruch des Schuldners hinsichtlich des während des Verfahrens gegebenenfalls zuviel bezahlten Unterhalts ausgesetzt ist, ohne sich auf die Entreicherung nach § 818 III BGB berufen zu können. Die – anders ausgestalteten – Voraussetzungen eines Rückforderungsanspruchs aus § 818 I i. V. mit § 818 IV BGB läßt § 323 III ZPO unberührt.

Darüber hinaus übersieht die Revision, daß hier ein Prozeßvergleich vorliegt, für den die Zeitschranke des § 323 III ZPO ohnehin nicht gilt (BGHZ 85, 64 [73 f.] = NJW 1983, 228 = FamRZ 1983, 22). Der Vertrauensschutz des Unterhaltsgläubigers wird hier gerade dadurch gewährleistet, daß er gegenüber dem Anspruch auf Rückzahlung des in der Vergangenheit zuviel geleisteten Unterhalts die Einrede des Wegfalls der Bereicherung geltend machen kann (BGHZ 85, 64 [69] = NJW 1983, 228 = FamRZ 1983, 22; *Senat,* NJW 1990, 3274 = FamRZ 1990, 989 [990] m. w. Nachw.).

Der Rechtsprechung des *Senats* kann auch nicht eine ungleiche Risikoverteilung zwischen Unterhaltsgläubiger und Unterhaltsschuldner entgegengehalten werden. Dem Unterhaltsschuldner stehen neben dem beim Abänderungsklagen möglichen Antrag auf Einstellung der Zwangsvollstreckung analog § 769 ZPO (vgl. *Senat,* NJW 1986, 2057 = FamRZ 1986, 793 [794]) mehrere Wege zur Verfügung, dem Entreicherungseinwand des Unterhaltsgläubigers zu entgehen. So kann er etwa die Bereicherungsklage schon erheben, ohne zuvor die Abänderung des alten Titels abzuwarten, oder die Abänderungsklage auch hilfsweise mit einer Klage auf künftige Rückzahlung der während der Dauer des Abänderungsverfahrens zuviel gezahlten Unterhaltsbeträge verbinden (vgl. BGHZ 118, 383 [391] = NJW 1992, 2415). Damit ist dem Interesse des Unterhaltsschuldners ausreichend Rechnung getragen.

(Verschärfte Haftung nach § 819 I BGB)

    b) Nach § 819 I i. V. mit § 818 IV BGB haftet der Bereicherungsempfänger verschärft bereits ab   **c** dem Zeitpunkt, zu dem er den Mangel des rechtlichen Grundes erfährt. Er muß hierfür aber das Fehlen des rechtlichen Grundes selbst und die sich daraus ergebenden Rechtsfolgen kennen; die bloße Kenntnis von Umständen, auf denen das Fehlen des Rechtsgrundes beruht, reicht demgegenüber nicht aus

(BGHZ 118, 383 [392] = NJW 1992, 2415 m. w. Nachw.; zust. insoweit auch *Kohler,* ZZP 1986, 34 [45]). Aufgrund des Vergleichs war der Bekl. zwar bekannt, daß ihr Eigeneinkommen nur für die Dauer von drei Jahren anrechnungsfrei bleiben konnte. Danach sollte es zeitlich und der Höhe nach gestaffelt auf ihren Unterhalt angerechnet werden, allerdings nur in Höhe des „bereinigten" Nettobetrags. Fraglich war danach, ob und gegebenenfalls mit welchem Anteil sie etwa auch die hohen Fremdbetreuungskosten für das Kind und die Kosten des ebenfalls dadurch bedingten höheren Wohnbedarfs von ihrem Nettoeinkommen vorweg absetzen durfte. Da nicht auszuschließen war, daß ihr Eigenverdienst dadurch nahezu aufgezehrt werde, war offen, wie sich ihr Unterhaltsanspruch betragsmäßig gestalten würde. Es reicht für die verschärfte Haftung nach § 819 I BGB noch nicht aus, daß die uneingeschränkte Fortgeltung der ursprünglich im Vergleich festgelegten Unterhaltshöhe in Frage gestellt war (vgl. auch *OLG Zweibrücken,* FamRZ 1995, 175 [176]). Das OLG hat im Hinblick darauf zutreffend eine Bösgläubigkeit der Bekl. schon zum Zeitpunkt des Empfangs der fraglichen Unterhaltsleistungen verneint. Auch die Revision erinnert insoweit nichts.

(Voraussetzungen der verschärften Haftung nach § 820 BGB; Rechtsgrund der Unterhaltspflicht bei Unterhaltsvereinbarung)

d   c) Auch die Voraussetzungen einer verschärften Haftung nach § 820 I 2 BGB hat das OLG im Ergebnis zutreffend verneint. Nach § 820 I 2 BGB muß die Leistung aus einem Rechtsgrund erfolgt sein, dessen Wegfall nach dem Inhalt des Rechtsgeschäfts als möglich angesehen wurde und der später tatsächlich wegfällt. Sinn dieser Regelung ist, daß ein Empfänger, der von vornherein mit seiner Rückgabeverpflichtung rechnet, sich so einrichten muß, als müsse er die empfangene Leistung zurückgeben. Dabei muß sich bereits aus dem Inhalt des Rechtsgeschäfts ergeben, daß beide Parteien sich die Möglichkeit des Wegfalls des Rechtsgrundes nicht nur beiläufig, sondern besonders vergegenwärtigt haben (BGHZ 118, 383 [393] = NJW 1992, 2415). Das OLG hat dazu ausgeführt, daß diese Vorschrift jedenfalls nicht auf Fälle bloßer Unterhaltsanpassung anzuwenden sei, weil hier zum Leistungsempfang keine Ungewißheit über den Wegfall des Rechtsgrundes gegeben sei, dieser vielmehr für den weitaus größten Teil der ursprünglich ausbedungenen Zahlung weiter bestehe. Außerdem würde durch eine zu ausdehnende Anwendung des § 820 BGB die in § 818 IV BGB gewollte beschränkte Haftung des Leistungsempfängers unterlaufen.

Die Revision hält demgegenüber einen Anwendungsfall des § 820 I 2 BGB für gegeben, da der Kl. nicht (nur) aufgrund seiner gesetzlichen Unterhaltspflicht, sondern aufgrund der getroffenen Scheidungsfolgenvereinbarung, mithin aufgrund eines Rechtsgeschäfts i. S. des § 820 BGB, geleistet habe. Da im Vergleich eine ausdrückliche Regelung für den vorausgesehenen und später tatsächlich eingetretenen Fall der Wiederaufnahme einer eigenen Erwerbstätigkeit der Bekl. getroffen worden sei, sei ihr auch zuzumuten gewesen, sich von Anfang an auf die Notwendigkeit einer Rückzahlung des Unterhalts einzurichten.

Darin kann der Revision nicht gefolgt werden. Der *Senat* hat in seiner Entscheidung vom 9. 5. 1984 (NJW 1984, 2095 = FamRZ 1986, 767 [768]) über die Rückforderung von aufgrund einer einstweiligen Anordnung zuviel geleistetem Unterhalt darauf abgehoben, daß es sich in Fällen dieser Art nicht um eine Vermögensverschiebung aufgrund eines Rechtsgeschäfts handele, wie es § 820 BGB fordere, weshalb auch eine analoge Anwendung ausscheide (zust. insoweit *Olzen,* FamRZ 1986, 1169 [1174]; a. A. *Kohler,* ZZP 1986, 34 [49 f., 53], und FamRZ 1988, 1005 [1006]; *M. Schwab,* FamRZ 1994, 1567 [1571]). In seiner Entscheidung in BGHZ 118, 383 (393) = NJW 1992, 2415, in der es wie hier um einen Prozeßvergleich ging, konnte der Senat offen lassen, ob § 820 BGB nach seinem Sinn und Zweck überhaupt auf Unterhaltsvereinbarungen, die immer unter dem Vorbehalt des Wegfalls der Geschäftsgrundlage stehen, anwendbar sei. Die Frage ist nunmehr dahin zu beantworten, daß § 820 I 2 BGB auch im Falle eines Prozeßvergleichs über einen gesetzlichen Unterhaltsanspruch weder unmittelbar noch entsprechend anwendbar ist.

Rechtsgrund für die gezahlten Unterhaltsbeträge war nicht der (nachträglich abgeänderte) Prozeßvergleich, sondern die gesetzliche Unterhaltspflicht, die sich aus den § 1570, § 1573 BGB ergab. Dieser Rechtsgrund wurde durch den geschlossenen Vergleich nicht ausgewechselt, sondern nur auf eine weitere schuldrechtliche Grundlage gestellt und mit einem vollstreckungsfähigen Titel (§ 794 I Nr. 1 ZPO) versehen (vgl. *Senat,* NJW 1979, 2517 = FamRZ 1979, 1005, und NJW 1991, 2709 = FamRZ 1990, 867; *Mertens,* FamRZ 1994, 601 [603]). Der Vergleich hatte lediglich eine Modifizierung des gesetzlichen Unterhaltsanspruchs der Höhe und dem zeitlichen Umfang nach zum Inhalt, und zwar im wesentlichen dergestalt, daß er die gesetzlich an sich vorgegebenen Anrechnungsbestimmungen des § 1577 I und II BGB auf die besonderen Verhältnisse der Parteien abstimmte. Die gesetzlichen Grundvoraussetzungen der Bedürftigkeit des Unterhaltsberechtigten und der Leistungsfähigkeit des Unterhaltsverpflichteten ließ er unberührt. Mit diesem Fall einer gesetzlich vorgegebenen, lediglich vertraglich modifizierten Unterhaltspflicht sind die Fälle des § 820 I BGB nicht vergleichbar, in denen die Parteien die Vermögensverschiebung aufgrund einer rechtsgeschäftlichen Vereinbarung vornehmen (*Olzen,* FamRZ 1986, 1169 [1174]). Vergleichbar damit wäre allenfalls ein Unterhaltsanspruch, der schon dem Grunde nach nur auf einer vertraglichen Vereinbarung beruht. Wesensbestimmend für § 820 BGB ist ferner, daß die Parteien vermittels des Rechtsgeschäfts einen bestimmten Erfolg herbeiführen wollen oder aus einem bestimmten Rechtsgrund leisten, dabei aber das Scheitern des Rechtsgeschäfts oder den Wegfall des Rechtsgrundes als möglich in Betracht ziehen und dennoch in Kauf nehmen. Auch dies findet keine Parallele in einem Vergleich über den gesetzlichen Unterhalt, der lediglich in Teilbereichen vertraglich modifiziert wird.

Außerdem muß die von den Parteien beiderseits in Betracht gezogene Ungewißheit über den Erfolgseintritt oder den Wegfall des Rechtsgrundes auf Umständen beruhen, die im Rechtsgeschäft selbst ihren Niederschlag gefunden haben und nicht durch sonstige, äußere Tatsachen veranlaßt sind (*Lieb*, in: MünchKomm, 3. Aufl., § 820 Rn. 5 m. Nachw. zur Rspr. des RG). Die Minderung des Unterhaltsanspruchs aufgrund (teilweisen) Wegfalls der Bedürftigkeit des Unterhaltsgläubigers ist aber ebenfalls ein bereits im Gesetz angelegter und von außen auf das Unterhaltsrechtsverhältnis einwirkender Umstand, den die Parteien hier lediglich modifiziert in ihre Vereinbarung einbezogen haben. Mit Recht hat schließlich das OLG ausgeführt, daß eine extensive Auslegung des § 820 BGB die in § 818 IV i. V. mit III BGB angelegte, auf den Zeitpunkt der Rechtshängigkeit der Rückforderungsklage beschränkte Haftung des Leistungsempfängers unterlaufen würde, indem sie den Zeitpunkt auf den Empfang der Leistung vorverlegt (vgl. auch *OLG Zweibrücken*, FamRZ 1995, 175 [177]; im Ergebnis auch *Heiß-Heiß*, Bearb. April 1995, I, S. 8.6).

BGH v. 29. 4. 1998 – XII ZR 266/96 – FamRZ 98, 953 = NJW-RR 98, 1153

(Zustimmung zum Realsplitting auch bei Streit um Höhe und rechtliche Beurteilung geleisteter Zahlungen)   **R527**

2. a) Nach der Rechtsprechung des Senats besteht eine Verpflichtung zur Zustimmung des unterhaltsberechtigten Ehegatten zum begrenzten Realsplitting als Ausprägung des Grundsatzes von Treu und Glauben im Rahmen des zwischen den Beteiligten bestehenden Unterhaltsrechtsverhältnisses, wenn der Unterhaltsverpflichtete die finanziellen Nachteile ausgleicht, die dem Berechtigten aus der Zustimmung erwachsen (*Senat*, NJW 1983, 1545 = FamRZ 1983, 576 [577]; NJW 1985, 195 = FamRZ 1984, 1211). Daraus folgt indessen nicht, daß die Zustimmungspflicht auf Fälle beschränkt ist, in denen ein Unterhaltsrechtsverhältnis besteht und Unterhalt in Form von Bar- oder Naturalunterhalt im Sinne des bürgerlichen Rechts gewährt worden ist.

Wie der Senat zu der Frage der Mitwirkung eines Ehegatten bei dem Antrag auf eine andere Aufteilung von steuerlichen Freibeträgen entschieden hat, steht hinter der unterhaltsrechtlichen Nebenpflicht zugleich die umfassende familienrechtliche Verpflichtung, die sich aus dem Wesen der Ehe ergibt und beiden Ehegatten aufgibt, die finanziellen Lasten des anderen Teils nach Möglichkeit zu vermindern, soweit dies ohne Verletzung eigener Interessen möglich ist (*Senat*, NJW 1988, 1720 = FamRZ 1988, 607 [608]; NJW 1996, 1894 = FamRZ 1996, 725). Sie bleibt als Nachwirkung der Ehe auch nach der Scheidung bestehen (BGH, NJW 1977, 378 = FamRZ 1977, 38 [40] zur Frage der gemeinschaftlichen Veranlagung geschiedener Ehegatten zur Einkommensteuer).

Als eine Möglichkeit, die finanziellen Lasten des anderen Ehegatten zu vermindern, stellt sich regelmäßig das begrenzte Realsplitting dar, weil es im Falle der steuerrechtlichen Anerkennung der als Unterhaltsleistungen geltend gemachten Aufwendungen als Sonderausgaben gem. § 10 I Nr. 1 EStG zu einer Verringerung des zu versteuernden Einkommens und damit zu einer Verminderung der zu versteuernden Einkommens und damit zu einer Verminderung der Steuerbelastung führt. Zu den als Sonderausgaben abziehbaren Aufwendungen gehören unter den in § 10 I Nr. 1 EStG genannten weiteren Voraussetzungen Unterhaltsleistungen an den geschiedenen, unbeschränkt steuerpflichtigen Ehegatten aber nur dann, wenn der Unterhaltsleistende (Geber) dies mit Zustimmung des Empfängers beantragt. Fehlt die Zustimmung des Empfängers, die – zusammen mit dem Antrag des Gebers – Merkmal des gesetzlichen Tatbestandes ist, so führt allein dieser Mangel notwendig zur Versagung des vom Unterhaltleistenden begehrten Sonderausgabenabzugs. Aus welchen Gründen im Einzelfall die Zustimmungserklärung nicht abgegeben wurde, ist dabei unbeachtlich (BFH, NJW 1991, 125 = FamRZ 1991, 75).

b) Würde die Verpflichtung eines Ehegatten zur Abgabe der Zustimmungserklärung – wie die Revision meint – voraussetzen, daß sich infolge der Erklärung die steuerliche Belastung des anderen Ehegatten vermindert, so wäre letzterem im Falle einer ablehnenden Entscheidung des FamG die Möglichkeit, eine steuerliche Entlastung zu erlangen, bereits genommen, ohne daß er eine Entscheidung der zuständigen Finanzbehörden erreichen könnte. Eine solchermaßen eingeschränkte Zustimmungspflicht steht indessen mit der familienrechtlichen Verpflichtung, dabei mitzuwirken, daß die finanziellen Lasten des anderen Ehegatten nach Möglichkeit vermindert werden, nicht in Einklang. Dieses Ziel kann nur erreicht werden, wenn dem steuerpflichtigen Ehegatten die Möglichkeit eröffnet wird, eine Klärung der Frage des Sonderausgabenabzugs durch die Finanzbehörden bzw. die Finanzgerichte herbeizuführen. Deshalb ist ein Ehegatte – bei Vorliegen der weiteren Voraussetzungen des Anspruchs – auch dann zur Abgabe der Zustimmungserklärung zu dem begrenzten Realsplitting verpflichtet, wenn es zweifelhaft erscheint, ob die steuerlich geltend gemachten Aufwendungen dem Grunde und der Höhe nach als Unterhaltsleistungen i. S. des § 10 I Nr. 1 EStG anerkannt werden (*OLG Düsseldorf,* FamRZ 1987, 1049 [1050]; *OLG Hamm,* FamRZ 1990, 1004 [1005]; *OLG München,* OLG-Report 1995, 236 [237]; *Palandt-Diederichsen,* BGB, 57. Aufl., § 1569 Rn. 14; *Kalthoener-Büttner,* 6. Aufl., Rn. 877; *Wendl-Haußleiter,* 4. Aufl., § 1 Rn. 474).

Die Bekl. ist deshalb verpflichtet, dem begrenzten Realsplitting zuzustimmen. Da der Kl. ausdrücklich seine Bereitschaft erklärt hat, sie von jedweden finanziellen Nachteilen, die ihr aus der Zustimmung erwachsen, freizustellen, ist eine Verletzung ihrer eigenen Interessen nicht zu besorgen.

3. Das OLG hat die Bekl. allerdings zusätzlich zu der Abgabe der Zustimmungserklärung verurteilt, die jeweilige Anlage U zu den Einkommensteuererklärungen des Kl. für die Jahre 1991 und 1992 zu unterzeichnen. Das begegnet durchgreifenden rechtlichen Bedenken.

Die Zustimmung zu dem begrenzten Realsplitting stellt eine öffentlich-rechtliche Willenserklärung dar, die mit der rechtskräftigen Verurteilung hierzu gem. § 894 ZPO als abgegeben gilt (BFH, FamRZ 1989, 738). Einen weitergehenden Anspruch auf Erteilung der Zustimmung in Form der Unterzeichnung des Vordrucks „Anlage U" hat der Kl. nicht. Die Zustimmung bedarf keiner besonderen Form, sondern es genügt, daß sie nachweisbar – etwa schriftlich oder zur Niederschrift des Finanzamts – erklärt wird (*Schmidt-Heinicke,* EStG, 16. Aufl., § 10 Rn. 54; *Hanke,* in: EStG 1988–1992, § 10 Rn. 36; *Göppinger-Märkle,* 6. Aufl., Rn. 4056 Fußn. 2). Deshalb kann der Kl. die Unterzeichnung des Vordrucks „Anlage U" nicht verlangen.

Hinzu kommt, daß die Bekl. es nicht hinzunehmen braucht, Unterhaltsleistungen in einem Umfang als empfangen bestätigen zu müssen, den sie als wahrheitswidrig ansieht. Die Bekl. hat geltend gemacht, keinen Unterhalt erhalten zu haben, vielmehr habe der Kl. Leistungen zur Erfüllung seiner eigenen Verbindlichkeit in ihr nicht bekannter Höhe erbracht. Darüber hinaus hat sie eingewandt, das Darlehen habe nicht ausschließlich der Finanzierung der Ehewohnung gedient. Nach dem Wortlaut des Vordrucks „Anlage U" würde der zustimmende Ehegatte mit seiner Unterschrift aber gleichzeitig die Richtigkeit der von dem Ast. angegebenen Unterhaltsleistungen bestätigen (*Senat,* Urt. v. 26. 9. 1984 – IV b ZR 26–83 – unveröff.; *OLG Stuttgart,* FamRZ 1993, 206; a. A. *OLG Hamm,* FamRZ 1990, 1004 [1005]). Das kann von der Bekl. nicht verlangt werden. Das Berufungsurteil ist deshalb insoweit aufzuheben, als die Bekl. zur Unterzeichnung der Anlage U verurteilt worden ist.

BGH v. 1. 7. 1998 – XII ZR 271–97 – FamRZ 98, 1165 = NJW 98, 3116

(Rechtsschutzinteresse an voller Titulierung – Berücksichtigung freiwilliger Leistungen im Tenor)

Das amtsgerichtliche Urteil beschwert den Bekl. mit der Verurteilung gemäß dem Tenor unter 1 a und 1 b entgegen der Auffassung des OLG nicht nur in Höhe von monatlich 2,81 DM, sondern in Höhe von monatlich zusammen 447,81 DM (264 DM für J und 183,81 DM für E). In dieser Höhe ist der Bekl. durch das FamG zur Unterhaltszahlung an die Kl. verurteilt worden, ohne daß dem Tenor eine Beschränkung in Form eines Hinweises auf bereits erbrachte Teilzahlungen oder ein Hinweis auf eine entsprechende Anrechnung schon geleisteter Beträge zu entnehmen ist (vgl. hierzu *Senat,* NJW 1984, 1685 = FamRZ 1984, 561 [563 unter 3 c]). Da der Urteilsausspruch des FamG für die Zeit von Oktober 1995 bis Januar 1997 hiernach eindeutig monatliche Zahlungen von jeweils – zusammen – 447,81 DM zum Gegenstand hat, kann er entgegen der Auffassung des BerGer. weder anders „verstanden" noch anders ausgelegt werden. Auch mit der Vollstreckung aus dem Urteil beauftragter Gerichtsvollzieher (§ 754, § 724 ZPO) müßte die Vollstreckung in Höhe von monatlich insgesamt 447,81 DM durchführen und hätte keinen Anlaß, sie auf monatlich je 2,81 DM zu beschränken. Das gilt abgesehen von der insoweit unmißverständlichen Fassung des Tenors auch deshalb, weil das AG in den Entscheidungsgründen seines Urteils ausdrücklich das Rechtsschutzinteresse der Kl. für das volle Klagebegehren bejaht hat.

Das AG konnte sich hierbei auf die inzwischen herrschende – auch vom Senat geteilte – Meinung in Schrifttum und Rechtsprechung beziehen, nach der das Rechtsschutzinteresse für eine Unterhaltsklage grundsätzlich auch dann zu bejahen ist, wenn der Verpflichtete den Unterhalt regelmäßig, pünktlich und in vollem Umfang bezahlt, zumal der Schuldner die freiwilligen Zahlungen jederzeit einstellen kann und der Gläubiger für diesen Fall einen Titel über den vollen Unterhalt benötigt (vgl. etwa *van Els,* in: *Göppinger-Wax,* 6. Aufl., Rn. 2036; *Mutschler,* in: RGRK, 12. Aufl., Vorb. § 1601 Rn. 33; *Soergel-Häberle,* BGB, 12. Aufl., Vorb. § 1601 Rn. 12; auch *Köhler,* in: MünchKomm, 3. Aufl., § 1602 Rn. 46; *Zöller-Herget,* ZPO, 20. Aufl., § 9 Rn. 5; *OLG Karlsruhe,* FamRZ 1979, 630; FamRZ 1991, 468; *OLG München,* FamRZ 1990, 778; *OLG Düsseldorf,* FamRZ 1991, 1207; *OLG Hamm,* FamRZ 1992, 831).

Das *AG* hat allerdings übersehen, daß sich die genannte Auffassung auf das Rechtsschutzinteresse einer Unterhaltsklage für die Zukunft bezieht, während die Verurteilung für die Zeit von Oktober 1996 bis Januar 1997 im vorliegenden Fall bei Erlaß des amtsgerichtlichen Urteils am 14. 5. 1997 einen bereits in der Vergangenheit liegenden Zeitraum betraf. In diesem Fall mußten bereits freiwillig geleistete Unterhaltszahlungen bei der Fassung des Urteilstenors berücksichtigt werden, da der Bekl. die ausgeurteilten Beträge nur einmal schuldete (vgl. *Senat,* NJW 1984, 1685; *Wendl-Thalmann,* Das UnterhaltsR in der familienrechtlichen Praxis, 4. Aufl., § 8 Rn. 182).

BGH v. 8. 10. 1998 – VII ZB 21/98 – NJW-RR 99, 286

(Wirksamkeit der Verlängerung der Berufungsbegründungsfrist)   **R528A**

1. Nach der gefestigten Rechtsprechung des BGH ist die Verfügung des Vorsitzenden, mit der er die Berufungsbegründungsfrist verlängert, auch dann wirksam, wenn der Verlängerungsantrag prozessual nicht wirksam gestellt worden ist (BGHZ 93, 300 = NJW 1985, 1558; NJW 1998, 1155). Dem liegt die Erwägung zugrunde, daß eine von einem verfassungsmäßig bestellten Gericht oder seinem Vorsitzenden im Rahmen seiner Zuständigkeit erlassene Entscheidung nicht deswegen als nichtig angesehen werden kann, weil prozeßrechtliche Voraussetzungen für den Antrag nicht gegeben sind. Mit dieser Verfügung wird grundsätzlich ein schutzwürdiges Vertrauen begründet.

2. Der Senat sieht keinen Anlaß, davon abzugehen. Die unter Hinweis auf die Rechtsprechung zum verspäteten Antrag geäußerten Bedenken des BerGer. greifen nicht durch. Wenn der Antrag verspätet gestellt worden ist, ist die Entscheidung rechtskräftig. Die Rechtskraft kann durch die Verfügung des Vorsitzenden nicht weiter in Frage gestellt werden. Auf diesen Unterschied zu dem hier zu entscheidenden Fall, daß der Antrag rechtzeitig gestellt worden ist, jedoch prozessuale Mängel hat, hat der BGH bereits hingewiesen (NJW 1992, 842).

3. Zu Unrecht sieht das BerGer. im vorliegenden Fall durchgreifende Unterschiede zu dem Fall, der der Entscheidung vom 22. 10. 1997 (NJW 1998, 1155) zugrunde lag. Hier wie dort hat ein postulationsunfähiger Anwalt die Verlängerung beantragt und der postulationsfähige Vertreter hat sich auf die Wirksamkeit der Verlängerung verlassen. Ob der Prozeßbevollmächtigte (in jenem und in diesem Fall) bei sorgfältiger Prüfung erkennen konnte, daß der Verlängerung kein wirksamer Antrag zugrunde lag, ist nicht von Bedeutung. Wie zu entscheiden wäre, wenn der Vorsitzende bewußt getäuscht werden sollte, kann dahinstehen. Denn davon geht das BerGer. nicht aus. Auch der Sachvortrag beider Parteien im Beschwerdeverfahren nötigt nicht zu einer dahingehenden Annahme.

4. Die Berufung ist innerhalb der verlängerten Frist begründet worden. Sie ist deshalb entgegen der Entscheidung des BerGer. zulässig.

BGH v. 25. 11. 1998 – XII ZR 33/97 – FamRZ 99, 372 = NJW-RR 99, 297

(Altersvorsorgeunterhalt bei Einkünften des Berechtigten ohne Versorgungswert)   **R529**

                                                        a

Mit dieser Fallgestaltung ist die Lage eines Unterhaltsberechtigten, der über eigene Einkünfte sonstiger Art ohne Versorgungswert verfügt oder sich solche fiktiv anrechnen lassen muß, unter bestimmten weiteren Voraussetzungen vergleichbar. Wenn derartige Einkünfte – anders als Vermögenseinkünfte wie Zinsen aus Kapitalvermögen, Mieterträge oder Gebrauchsvorteile – im Alter nicht mehr vorhanden sein werden, der Unterhaltsberechtigte aber im Umfang dieser Einkünfte keine Altersversorgung erworben hätte, würde seine „soziale Biographie" insoweit eine Lücke aufweisen. Der mit dem Vorsorgeunterhalt beabsichtigte Zweck erfordert es deshalb, dem Unterhaltsberechtigten, der eine nicht versicherungspflichtige Teilzeitarbeit ausübt oder sich hieraus erzielbare Einkünfte anrechnen lassen muß, auch im Umfang dieser Einkünfte einen Anspruch auf Altersvorsorgeunterhalt zuzubilligen. Für die Bemessung des angemessenen Vorsorgeunterhalts ist deshalb an den Betrag anzuknüpfen, den der Unterhaltsberechtigte als Unterhalt verlangen könnte, wenn er über die genannten Einkünfte nicht verfügen würde

(Keine zweistufige Berechnung des Altersvorsorgeunterhalts bei nicht prägenden Zusatzeinkünften)

Im Regelfall ist der Betrag des Vorsorgeunterhalts von dem bereinigten Nettoeinkommen des   **b** Unterhaltspflichtigen abzusetzen und aus dem verbleibenden Einkommen anhand der maßgebenden Quote ein neuer (endgültiger) Elementarunterhalt zu bestimmen, um sicherzustellen, daß nicht zu Lasten des Unterhaltspflichtigen von dem Grundsatz der gleichmäßigen Teilhabe der Ehegatten am ehelichen Lebensstandard abgewichen wird (st. Rspr. des *Senats* seit NJW 1981, 1556 = FamRZ 1981, 442 [444 f.]). In Fällen besonders günstiger wirtschaftlicher Verhältnisse bedarf es nach Auffassung des *Senats* der zweistufigen Berechnung des Elementarunterhalts indessen nicht, weil der Vorsorgebedarf neben dem laufenden Unterhaltsbedarf befriedigt werden kann, ohne daß deshalb der Halbteilungsgrundsatz verletzt wird (*Senat,* NJW 1983, 1547 = FamRZ 1982, 1187 [1188] und NJW-RR 1988, 1282 = FamRZ 1988, 1145 [1148]). Das kann etwa der Fall sein, wenn der Elementarunterhaltsbedarf nicht nach einer Quote, sondern nach dem konkreten Bedarf ermittelt wird, oder wenn der Altersvorsorgeunterhalt aus früher zur Vermögensbildung verwendeten Einkünften aufgebracht werden kann.

Daß zu Lasten des Unterhaltspflichtigen über die Halbteilung hinausgegangen wird, ist aber auch dann nicht zu besorgen, wenn von der Unterhaltsquote tatsächlich vorhandene oder fiktiv anzurechnende Einkünfte des Unterhaltsberechtigten abgezogen werden, durch die die ehelichen Lebensverhältnisse nicht geprägt worden sind, wie es bei Anwendung der Anrechnungsmethode der Fall ist. Denn in Höhe des angerechneten Einkommens wird das die ehelichen Lebensverhältnisse bestimmende Einkommen des Unterhaltspflichtigen zwischen den Ehegatten nicht verteilt, sondern verbleibt ihm allein, so daß er entlastet wird. Das hat zur Folge, daß er Altersvorsorgeunterhalt bis zu der Höhe des angerechneten Einkommens zusätzlich zu dem Elementarunterhalt leisten kann, ohne daß ihm weniger als die ihm an sich zustehende Quote des für die ehelichen Lebensverhältnisse maßgebenden Einkommens verbleibt. Deshalb kann, wie das BerGer. zu Recht angenommen hat, in solchen Fällen auf eine zweistufige Berechnung des Elementarunterhalts verzichtet werden.

(Obliegenheit beim Realsplitting, wenigstens den unstreitigen Teil einer Unterhaltsforderung als Freibetrag in die Lohnsteuerkarte eintragen zu lassen)

c   Für das Jahr 1997 hat das BerGer. der Unterhaltsberechnung wiederum ein monatliches Bruttoeinkommen des Ehemannes von 5539 DM zugrunde gelegt. Hinsichtlich des vorzunehmenden Steuerabzugs hat es die Auffassung vertreten, der Ehemann könne sich einen monatlichen Freibetrag für den Ehegattenunterhalt in Höhe von rund 960 DM auf der Lohnsteuerkarte eintragen lassen, so daß Steuern nur von dem Betrag von 4579 DM abzusetzen seien. Das begegnet durchgreifenden rechtlichen Bedenken.

Zwar besteht unterhaltsrechtlich die Obliegenheit, in zumutbarem Rahmen Steuervorteile wahrzunehmen, so daß der Unterhaltspflichtige gehalten sein kann, einen Freibetrag auf der Lohnsteuerkarte eintragen zu lassen (*Kalthoener-Büttner,* Rn. 857). Das kann dem Unterhaltspflichtigen aber nur dann angesonnen werden, wenn die betreffende Belastung feststeht. Das ist vorliegend in Höhe des Betrages von 960 DM (das ist der Gesamtunterhalt, den das BerGer. für 1997 errechnet hat) nicht der Fall, da der Ehemann eine Herabsetzung des Unterhalts auf den anerkannten Betrag von 545 DM erstrebt. Ihm oblag es deshalb lediglich, in dieser Höhe – ebenso wie für 1996 – einen Freibetrag eintragen zu lassen.

Dem Steuerabzug ist deshalb ein Einkommen von 4994 DM zugrunde zu legen, so daß sich ein Nettoeinkommen von 4370,39 DM ergibt (5539 DM ./. Lohnsteuer nach Steuerklasse I-0: 1029,66 DM; ./. Solidaritätszuschlag nach Steuerklasse I-1: 63,16 DM; ./. Kirchensteuer nach Steuerklasse I-1: 75,79 DM). Nach Abzug der Beträge für Kranken- und Pflegeversicherung des Ehemannes und der Ehefrau, der berufsbedingten Aufwendungen, des Nettobetrages der vermögenswirksamen Leistungen und des Lebensversicherungsbeitrages, die weiterhin in der für 1996 berücksichtigten Höhe anfallen, verbleibt ein Einkommen von 3096,72 DM.

Diesem Betrag hat das BerGer. die für 1995 erwartete Steuererstattung hinzugerechnet, die es auf rund 493 DM monatlich geschätzt hat. Dazu hat es im wesentlichen ausgeführt: Mit Rücksicht auf den im einstweiligen Anordnungsverfahren abgeschlossenen Vergleich könne der Ehemann in Höhe von 12 590 DM (10 × 1150 DM; 2 × 545 DM) die Durchführung des begrenzten Realsplitting beantragen. Darüber hinaus seien die gezahlte Kirchensteuer, der Werbungskosten- und der Kinderfreibetrag sowie die bereits für das Jahr 1994 abgezogenen Sonderausgaben zu berücksichtigen. Dann ergebe sich eine zu erwartende Erstattung von rund 5920 DM. Das ist aus Rechtsgründen nicht zu beanstanden und wird auch von den Parteien nicht angegriffen.

Nach Hinzurechnung des auf den Monat umgelegten Erstattungsbetrages errechnet sich ein Einkommen von 3589,72 DM. Nach Abzug des Kindesunterhalts (625 DM + 555 DM) verbleiben 2409,72 DM.

Der Altersvorsorgeunterhalt beträgt dann 241,09 DM (³/₇ von 2409,72 DM = 1032,74 DM + 15% = 1187,65 DM; davon 20,3%). Der Elementarunterhalt beläuft sich auf 548,44 DM (1032,74 DM abzüglich fiktives Einkommen der Ehefrau, das das BerGer. für 1997 mit 610 DM angesetzt hat, so daß nach Abzug der berufsbedingten Aufwendungen von 45 DM und des Erwerbsbonus von ¹/₇ 484,30 DM verbleiben). Daraus errechnet sich unter Berücksichtigung des Kranken- und Pflegevorsorgeunterhalts ein Gesamtunterhalt von 989,03 DM. In dieser Höhe ist der Ehemann auch leistungsfähig, da er für die Kinder nicht den vorstehend abgezogenen Unterhalt, sondern nur einen um das hälftige Kindergeld verminderten Betrag zu zahlen hat.

BGH v. 27. 1. 1999 – XII ZR 89/97 – FamRZ 99, 710 = NJW 99, 1630

R531   *(Ehedauer bis 2 Jahre i. d. R. kurz, über 3 Jahre nicht mehr kurz; Ehedauer von 5 Jahren kann nur bei Vorliegen besonderer Umstände noch als kurz angesehen werden; lebenslange Unterhaltsverpflichtung bei Bedürftigkeit)*

a   2. ... Das BerGer. kommt als Ergebnis seiner Überlegungen zu dem Schluß, das Verfassungsrecht zwinge zu der Annahme, daß die hier zu beurteilende Ehe von knapp über fünf Jahren – vor dem

Hintergrund einer andernfalls lebenslangen Unterhaltsverpflichtung des Bekl. – als kurze Ehe i. S. von § 1579 Nr. 1 BGB beurteilt werden müsse. Diese Annahme ist nicht gerechtfertigt.

Das *BVerfG* sieht das geltende Unterhaltsrecht, auch in seiner Ausgestaltung durch die höchstrichterliche Rechtsprechung, als Bestandteil der verfassungsmäßigen Ordnung an vgl. BVerfGE 57, 361 [378 ff.]), und zwar einschließlich der Regelung des § 1579 Nr. 1 BGB (vgl. BVerfG, FamRZ 1992, 1283 [1284]). Dabei leitet es die Rechtfertigung für die Beschränkung der an sich durch Art. 2 I GG geschützten – finanziellen – Handlungsfreiheit des Verpflichteten als Folge der Unterhaltsansprüche des bedürftigen Ehegatten aus der fortwirkenden nachehelichen Solidarität her, deren verfassungsrechtliche Grundlage sich aus Art. 6 I GG ergibt (vgl. BVerfGE 57, 361 [378 ff., 389]). Als Folge der fortwirkenden nachehelichen Verantwortung für den bedürftigen Partner muß sich der wirtschaftlich stärkere Ehegatte bei Erfüllung eines der Unterhaltstatbestände der §§ 1570 ff. BGB bis zur Grenze des Zumutbaren mit der finanziellen Unterhaltsbelastung abfinden (BVerfGE 57, 361 [380 f.]). Diese löst bei entsprechender Bedürftigkeit des Berechtigten (und bestehender Leistungsfähigkeit des Verpflichteten) grundsätzlich eine lebenslange Unterhaltsverpflichtung aus, soweit nicht im Einzelfall gesetzlich vorgesehene Beschränkungen eingreifen, wie sie etwa durch das Gesetz zur Änderung unterhaltsrechtlicher, verfahrensrechtlicher und anderer Vorschriften (UÄndG v. 20. 2. 1986, BGBl, S. 301 f.) in § 1573 V, § 1578 I 2 BGB und in der Neufassung des § 1579 S. 1 BGB eingeführt worden sind. Eine zeitliche Begrenzung der Unterhaltsverpflichtung in Anlehnung an die Dauer der Ehe sieht das Gesetz indessen nicht vor. Eine (automatische) Bindung der Dauer der Unterhaltspflicht an die Dauer der Ehe ist im Gesetzgebungsverfahren ausdrücklich abgelehnt worden (vgl. BT-Dr 10/2888, S. 18, dort zu § 1573 V BGB; *Schwab/Borth,* 3. Aufl., IV Rn. 302). Sie entspricht daher grundsätzlich nicht der gesetzlichen Konzeption des Unterhaltsrechts. Diese geht vielmehr, wie dargelegt, – abgesehen von den genannten Ausnahmebestimmungen – allgemein von lebenslanger Unterhaltsverpflichtung aus (ggf. zeitlich und der Höhe nach begrenzt durch den Beginn des, auch auf dem Versorgungsausgleich beruhenden, Altersruhegeldes des Berechtigten, vgl. *Erman/Dieckmann,* BGB, 9. Aufl., § 1579 Rn. 6).

Danach verbietet es sich, den Härtegrund des § 1579 Nr. 1 BGB mit Rücksicht auf die sonst eingreifende lebenslange Unterhaltsbelastung des Verpflichteten aus Billigkeitserwägungen über seinen vorgegebenen Anwendungsbereich hinaus auszudehnen und damit den entsprechenden Unterhaltstatbestand, hier nach § 1572 Nr. 1 BGB, in einer gesetzlich nicht vorgesehenen Weise einzuschränken. Das Gesetz knüpft, wie auch das *BVerfG* betont hat (vgl. NJW 1993, 455 = FamRZ 1992, 1283 [1284]), an die Härtetatbestände als solche, einschließlich den des § 1579 Nr. 1 BGB, noch keine bestimmten Rechtsfolgen. Es setzt vielmehr zunächst die Prüfung der Voraussetzungen der jeweiligen Härtetatbestandes (ohne Billigkeitserwägungen) voraus, bevor unter Beachtung der Kriterien des § 1579 S. 1 Halbs. 1 BGB zu entscheiden ist, inwieweit eine Inanspruchnahme des Verpflichteten grob unbillig wäre (vgl. *BVerfG,* NJW 1993, 455 = FamRZ 1992, 1283 [1284]). Ob der Härtegrund des § 1579 Nr. 1 BGB vorliegt, d. h. ob eine Ehe von kurzer Dauer im Sinne dieser Vorschrift anzunehmen ist, bestimmt sich demgemäß nicht danach, ob eine lebenslange Unterhaltsbelastung des verpflichteten Ehegatten als Folge der Ehe angemessen erscheint, sondern nach allgemein verbindlichen, objektiven Kriterien.

Insoweit stellt der erkennende *Senat* grundsätzlich auf das Maß der Verflechtung der beiderseitigen Lebensdispositionen und auf den Grad der wirtschaftlichen Abhängigkeit des unterhaltsbedürftigen von dem anderen Ehegatten ab. Dem liegt der Gedanke zugrunde, daß die Lebenssituation der Partner in der Ehe durch den gemeinschaftlichen Lebensplan entscheidend geprägt wird und mit der Zunahme der Ehedauer auch eine zunehmende Verflechtung der beiderseitigen Lebensdispositionen sowie im allgemeinen wachsende wirtschaftliche Abhängigkeit des unterhaltsbedürftigen Ehegatten einhergeht, gegenüber der sich dieser Ehegatte durch die unterhaltsrechtliche Solidarität des Ehepartners abgesichert zu fühlen pflegt (vgl. *Senat,* NJW 1981, 754 = FamRZ 1981, 140 [142]; Urt. v. 15. 6. 1983 – IV b ZR 381/81; auch BVerfGE 80, 286 [293] = NJW 1989, 2807 m. Hinw. auf *BGH,* FamRZ 1986, 886 [887] und die dort zit. Rspr.).

Von einer entsprechenden ehelichen und unterhaltsrechtlichen Situation kann allerdings im allgemeinen erst nach einer gewissen Ehedauer ausgegangen werden. Dabei lassen sich für die Bemessung dieser Ehedauer im Grunde keine festen abstrakten Maßstäbe anlegen. Gleichwohl hat der *Senat* im Interesse der praktischen Handhabung des § 1579 Nr. 1 BGB die zeitlichen Bereiche, innerhalb derer eine Ehe in der Regel von kurzer oder nicht mehr von kurzer Dauer ist, dahin konkretisiert, daß eine nicht mehr als zwei Jahre betragende Ehedauer in der Regel als kurz, eine solche von mehr als drei Jahren hingegen nicht mehr als kurz zu bezeichnen sei (vgl. *Senat,* NJW 1981, 754 = FamRZ 1981, 140 [142]; NJW 1982, 823 = FamRZ 1982, 254). Hierbei hat der *Senat* jedoch ausdrücklich betont, daß dieser Grundsatz nur für den Regelfall gelten solle und Ausnahmen nicht ausschließe, sofern sie wegen besonderer Umstände eines Einzelfalls eine andere Beurteilung der kurzen Ehedauer gem. § 1579 I Nr. 1 BGB geboten erscheinen ließen (vgl. *Senat,* NJW 1981, 754 = FamRZ 1981, 140 [142]; NJW 1982, 823 = FamRZ 1982, 254).

Daran ist festzuhalten. Die Voraussetzungen für die Annahme einer kurzen Ehedauer und damit die Möglichkeit zur Herabsetzung oder Begrenzung des Unterhalts nach § 1579 Nr. 1 BGB generell auszuweiten, erscheint um so weniger veranlaßt, als das Gesetz inzwischen durch die bereits erwähnte Einführung der § 1573 V und § 1578 I 2 BGB weitere Möglichkeiten der Unterhaltsbegrenzung geschaffen hat, bei der die Dauer der Ehe berücksichtigt werden kann. In der OLG-Rechtsprechung sind, vornehmlich in jüngerer Zeit, Ehen von bis zu vier Jahren Dauer und darüber hinaus wegen besonderer Einzelumstände noch als kurz i. S. des § 1579 I Nr. 1 BGB angesehen worden (vgl. etwa *OLG Düsseldorf,* FamRZ 1983, 1139 [1140]; *OLG Frankfurt a.M,* FamRZ 1989, 630; *OLG Hamm,* FamRZ 1992, 326 – bei höherem Alter der Ehegatten im Zeitpunkt der Eheschließung; *OLG Köln,* FamRZ 1992, 65 [67]). Der erkennende *Senat* selbst hat in dem bereits erwähnten Urteil vom 15. 6. 1983 sowie in einer weiteren Entscheidung (NJW 1987, 2161 = FamRZ 1987, 463 [466]) die Möglichkeit bejaht, eine Ehe von (jeweils) drei Monaten noch als kurz zu beurteilen; in dem Urteil vom 25. 1. 1995 (NJW-RR 1995, 449 = FamRZ 1995, 1405 [1407]) hat er bei einer Ehedauer von knapp fünf Jahren Erwägungen zu § 1579 Nr. 1 BGB nicht von vornherein mit dem Hinweis auf den Zeitablauf verworfen, sondern ausgeführt, es seien keine Anhaltspunkte dafür ersichtlich, daß aufgrund besonderer Umstände des Falles „dennoch von einer kurzen Ehedauer" auszugehen sei.

So liegt der Fall auch hier. Die Gründe, auf die das BerGer. seine abweichende Auffassung gestützt hat, tragen diese Ansicht nicht. Weder die Tatsache, daß aus der Ehe der Parteien keine Kinder hervorgegangen sind, noch der Umstand, daß ihr Zusammenleben zeitweise durch erhebliche Zwistigkeiten geprägt war, noch schließlich die Erwägung, daß andernfalls unter Umständen eine mehr als 30jährige Unterhaltsbelastung des Bekl. in Betracht käme, lassen Rückschlüsse darauf zu, inwieweit sie ihre Lebensführung in der Ehe aufeinander eingestellt und in wechselseitiger Abhängigkeit auf ein gemeinschaftliches Lebensziel ausgerichtet haben. Darüber hinaus hat das BerGer., wie die Revision zu Recht hervorhebt, keine Gesichtspunkte festgestellt, die eine Abweichung von dem allgemeinen Erfahrungssatz begründen könnten, daß die Verflechtung der beiderseitigen Lebensdispositionen in aller Regel nach einer Ehedauer von drei Jahren einen Grad erreicht hat, der die Beurteilung der Ehe als nicht mehr kurz i. S. von § 1579 Nr. 1 BGB rechtfertigt. Weitere, ggf. abweichende tatrichterliche Feststellungen hierzu sind, da der Verlauf der Ehe in den insoweit maßgeblichen Beziehungen feststeht, auch nicht mehr zu erwarten.

Nachdem die bei Eheschließung knapp 51 Jahre alte Kl. – die zuvor seit etwa 5¹/₂ Jahren arbeitslos gemeldet gewesen war – in der Ehezeit von Mitte 1989 bis Ende September 1993 nur gelegentlich Reinigungsarbeiten in geringem Umfang und ohne nennenswerte Begründung von Versorgungs-anwartschaften ausgeübt hat, während der Bekl. über regelmäßige Einkünfte von durchschnittlich monatlich 3300 DM netto mit entsprechender Alterssicherung verfügte, deuten diese Umstände auf eine Gestaltung der Ehe hin, bei der die Ehegatten – wie weitgehend üblich – ihre beiderseitigen Lebensdispositionen zunehmend aufeinander eingestellt haben und die wirtschaftliche Abhängigkeit der – sozial schwächeren – Kl. von dem Bekl. sich entsprechend verfestigt hat. Hieraus folgt nach der ständigen Rechtsprechung des *Senats,* daß die Ehe der Parteien bei einer maßgeblichen Dauer von knapp 5¹/₄ Jahren nicht mehr als kurz im rechtlichen Sinn angesehen werden kann.

Damit scheidet eine Anwendung der Härteklausel des § 1579 Nr. 1 BGB mit der Möglichkeit der Versagung, Herabsetzung oder zeitlichen Begrenzung der Unterhaltsverpflichtung des Bekl. aus. Eine Anwendung der Auffangregelung des § 1579 Nr. 7 BGB kommt, wie das BerGer. insoweit zutreffend dargelegt hat, unter den hier gegebenen Umständen aus Rechtsgründen nicht in Betracht (vgl. *Senat,* NJW-RR 1995, 449 = FamRZ 1995, 1405 [1407]).

(Kein vollständiger Wegfall des Unterhaltsanspruches nach § 1578 I S. 2 BGB)

b   Soweit es um das Maß des geschuldeten Unterhalts geht, kommt zwar nach § 1578 I 2 BGB bei allen Unterhaltstatbeständen der §§ 1570 ff. BGB unter bestimmten Billigkeitsvoraussetzungen eine zeitlich abgestufte Unterhaltsbemessung in Betracht in der Weise, daß der zunächst nach den ehelichen Lebensverhältnissen bestimmte Unterhalt nach einer gewissen zeitlichen Grenze auf den dem „angemessenen Lebensbedarf" entsprechenden Unterhalt ermäßigt werden kann. Den vollen Wegfall, auch des herabgesetzten Unterhalts, erlaubt diese Regelung indessen nicht.

BGH v. 3. 2. 1999 – XII ZR 146/97 – FamRZ 99, 708 = NJW 99, 1547

R532   *(Zur Abgrenzung von § 1571 und § 1573 I BGB)*

a   Das BerGer. hat die Kl. allerdings u. a. wegen ihres Alters sowie wegen der Situation auf dem Arbeitsmarkt für gehindert gehalten, eine vollschichtige Erwerbstätigkeit auszuüben. Diese Umstände rechtfertigen einen Anspruch auf Aufstockungsunterhalt nicht. In Betracht kommt insofern vielmehr eine Rechtfertigung des Unterhaltsanspruches aus § 1571 oder § 1573 I BGB, wobei § 1571 BGB erfüllt sein kann, wenn typischerweise in diesem Alter und der in Betracht kommenden Berufssparte keine angemessene Arbeit mehr gefunden werden kann, während § 1573 I BGB eingreift, wenn und soweit wegen der konkreten Einzelfallumstände aufgrund des Alters die Aufnahme einer angemessenen Arbeit scheitert (vgl. *Senat,* NJW 1987, 2739 = FamRZ 1987, 691 [693]; *Kalthoener/Büttner,* 6. Aufl., Rn. 419).

(Genaue Differenzierung der Unterhaltstatbestände bei altersbedingter Beschränkung der Erwerbsfähigkeit)

Mit der Beurteilung des Unterhaltsanspruchs allein nach § 1573 II BGB hat das BerGer. somit nicht **b** unterschieden, inwieweit der Unterhaltsanspruch einerseits auf § 1571 oder § 1573 I BGB, andererseits auf § 1573 II BGB beruhen soll. Die Ansprüche aus § 1573 I und II BGB sind gegenüber denjenigen aus den § 1570 bis § 1572 BGB grundsätzlich subsidiär. Der *Senat* hat jedoch – in Abkehr von seiner früheren Rechtsprechung – für die Fälle der § 1570 und § 1572 BGB entschieden, daß ein Ehegatte, von dem wegen Kinderbetreuung oder wegen Krankheit nur eine Teilerwerbstätigkeit erwartet werden kann, nach § 1570 bzw. § 1572 BGB Unterhalt nur bis zu der Höhe des durch eine Vollerwerbstätigkeit erzielbaren Mehreinkommens verlangen kann. Daneben kann er Aufstockungsunterhalt nach § 1573 II BGB beanspruchen, wenn sein Eigenverdienst zusammen mit dem Teilanspruch aus § 1570 oder § 1572 BGB zu seinem vollen Unterhalt i.S. des § 1578 I 1 BGB nicht ausreicht (*Senat,* NJW 1990, 1847 = FamRZ 1990, 492 [494], und NJW-RR 1993, 898 = FamRZ 1993, 789 [791]). Das muß gleichermaßen für den Fall gelten, daß ein Ehegatte altersbedingt nur eine Teilerwerbstätigkeit ausüben kann, durch die er seinen vollen Unterhalt nicht zu bestreiten vermag.

Da folglich verschiedene Anspruchsgrundlagen nebeneinander bestehen können, ist es regelmäßig erforderlich, zwischen ihnen eine genaue Differenzierung vorzunehmen. Das gilt zum einen mit Blick auf ein späteres Abänderungsverfahren, zum anderen deshalb, weil die zeitliche Begrenzungsmöglichkeit nach § 1573 V BGB nur Ansprüche nach § 1573 I bis IV BGB betrifft, nicht hingegen die anderen Anspruchsgrundlagen (*Senat,* NJW 1988, 2369 = FamRZ 1988, 265 [267]). Eine genaue Bestimmung kann nur ausnahmsweise unterbleiben, wenn im Einzelfall eine zeitliche Begrenzung aus Billigkeitsgründen unter Berücksichtigung von Ehedauer, Kinderbetreuung und Gestaltung von Haushaltsführung und Erwerbstätigkeit von vornherein ausscheidet (*Senat,* NJW-RR 1993, 898 = FamRZ 1993, 789 [791]). Ein solcher Fall liegt hier nicht vor. Die deshalb erforderliche, hier indessen unterbliebene Feststellung des Aufstockungsteils des Unterhaltsanspruchs und die Prüfung, ob dieser gem. § 1573 V BGB zeitlich zu begrenzen ist, obliegen dem Tatrichter. Das angefochtene Urteil kann deshalb insoweit keinen Bestand haben.

(Keine festen Altersgrenzen auch bei Rentenbezug für Altersunterhalt vor dem vollendeten 65. Lebensjahr; grundsätzliche Erwerbsobliegenheit bis zur Vollendung des 65. Lebensjahres)

Nach § 1571 BGB kann ein geschiedener Ehegatte von dem anderen Ehegatten Unterhalt verlangen, **c** soweit von ihm zu bestimmten Zeitpunkten wegen seines Alters eine Erwerbstätigkeit nicht mehr erwartet werden kann. Eine feste Altersgrenze, bei deren Erreichen die Obliegenheit zur Ausübung einer Erwerbstätigkeit endet, nennt das Gesetz nicht. Der Vorschlag der Eherechtskommission, die gesetzliche Vermutung aufzustellen, daß eine Frau, die zur Zeit der Scheidung das 55. Lebensjahr vollendet hat, keine angemessene Erwerbstätigkeit mehr zu finden vermag, ist im Gesetzgebungsverfahren mit der Begründung abgelehnt worden, es sei für eine Frau unverhältnismäßig leichter nachzuweisen, daß sie keine angemessene Erwerbstätigkeit finde, als für den Mann, dem Beweis zu erbringen, daß eine solche Erwerbsmöglichkeit vorhanden sei. Der Regierungsentwurf bringt allerdings zum Ausdruck, daß die Vorschrift in erster Linie für den geschiedenen Ehegatten gelten soll, der ein Alter erreicht hat, das Voraussetzung für die Gewährung einer öffentlichen Altersversorgung ist (BT-Dr 7/650, S. 123 f.). Daran anknüpfend wird in Rechtsprechung und Schrifttum mehrheitlich die Auffassung vertreten, daß jedenfalls dann, wenn die in der öffentlichen Rentenversicherung für den Bezug der Regelaltersrente (§ 35 SGB VI) und in der Beamtenversorgung (§ 41 I BBG) festgelegte Altersgrenze von 65 Jahren erreicht ist, auch unterhaltsrechtlich eine Erwerbstätigkeit nicht mehr erwartet werden kann (vgl. *Senat,* NJW-RR 1992, 1474 = FamRZ 1993, 43 [44]; *Richter,* in: MünchKomm 3. Aufl., § 1571 Rn. 7; *Cuny,* in: RGRK, 12. Aufl., § 1571 Rn. 4; *Johannsen/Henrich/Büttner,* EheR, 3. Aufl., § 1571 Rn. 4; *Griesche,* in: FamGb, § 1571 Rn. 2; *Schwab/Borth,* 3. Aufl., Kap IV Rn. 185).

In zahlreichen gesetzlichen Vorschriften sind allerdings Regelungen vorgesehen, die unter bestimmten Voraussetzungen ein Ausscheiden aus dem Berufsleben vor dem vollendeten 65. Lebensjahr vorsehen (vgl. §§ 36 ff. SGB VI). Hierzu gehört auch § 39 SGB VI, der den Bezug der Altersrente für Frauen unter den im einzelnen geregelten weiteren Voraussetzungen ermöglicht, wenn das 60. Lebensjahr vollendet ist. Die Frage, ob sich ein geschiedener Ehegatte bereits mit dem Erreichen einer flexiblen Altersgrenze darauf berufen kann, daß eine Erwerbsobliegenheit nicht mehr bestehe, wird nicht einheitlich beantwortet. Teilweise wird vertreten, der Unterhaltsanspruch nach § 1571 BGB sei auch demjenigen Ehegatten zuzubilligen, der berechtigt sei, vorgezogenes Altersruhegeld zu fordern (*Soergel/Häberle,* BGB, 12. Aufl., § 1571 Rn. 2; *Göppinger/Kindermann,* 6. Aufl., Rn. 1195; *Bastian/Roth-Stielow/Schmeiduch,* 1. EheRG, § 1571 Rn. 2; *Ambrock,* Ehe und Ehescheidung, § 1571 Anm. 3;

Dieckmann, FamRZ 1977, 81 [95]). überwiegend hat sich dagegen die Auffassung durchgesetzt, vor Vollendung des 65. Lebensjahres könne kein bestimmtes Alter angenommen werden, ab dem in jedem Fall ein Altersunterhalt ohne Prüfung der Besonderheiten des Einzelfalles zuzuerkennen sei.

BGH v. 17. 3. 1999 – XII ZR 139/97 – NJW 99, 2365 = FamRZ 99, 843

R533   *(Subsidiarität der Sozialhilfe)*

a   In der Rechtsprechung der Oberlandesgerichte und im Schrifttum wird zwar – teilweise – die Auffassung vertreten, die Subsidiarität der Sozialhilfe ende, und eine erbrachte Sozialhilfeleistung sei bedarfsdeckend auf den Unterhaltsanspruch anzurechnen, wenn dieser nicht auf den Träger der Sozialhilfe übergehe. In einem solchen Fall sei der Bedarf des Unterhaltsberechtigten in Höhe der geleisteten Sozialhilfe endgültig gedeckt und der Unterhaltsanspruch damit erfüllt (vgl. *Hampel,* FamRZ 1996, 513 [521] m. w. Nachw.; auch Empfehlungen des 12. Deutschen Familiengerichtstags, FamRZ 1998, 473; *OLG Köln,* FamRZ 1997, 1101 [1102]; *OLG Nürnberg,* EZ FamR aktuell 1999, 39; *Mutschler,* in: RGRK, 12. Aufl. [1984], Vorb. § 1601 Rn. 20 und § 1602 Rn. 11; *Johannsen/Henrich/Büttner,* EheR, 3. Aufl., § 1361 Rn. 106; *Griesche,* in: FamGb, § 1602 Rn. 22; wohl auch *Göppinger/Strohal,* 6. Aufl., Rdnrn. 493 f.; *Göppinger/van Els,* Rdnrn. 1646 f.).

Diese Auffassung kann nicht geteilt werden (dagegen auch etwa *Johannsen/Henrich/Graba,* § 1601 Rn. 3, § 1602 Rn. 10; *Staudinger/Kappe/Engler,* 13. Bearb., § 1602 Rdnrn. 70 ff., 77; *Wendl/Scholz,* 4. Aufl., § 6 Rdnrn. 567 ff.). Sie trägt den unterschiedlichen Voraussetzungen und Zielsetzungen des privaten Unterhaltsrechts einerseits und des öffentlichen Sozialhilferechts andererseits (vgl. *Münder,* NJW 1990, 2031 ff., und *ders.,* FuR 1997, 281 [330 ff.]; *Schellhorn/Jirasek/Seipp,* BSHG, 15. Aufl., § 91 Rdnrn. 35 ff.) nicht in ausreichender Weise Rechnung und widerspricht dem sowohl in § 9 SGB I als auch in § 2 BSHG ohne Einschränkung niedergelegten Grundsatz der Subsidiarität der Sozialhilfe.

aa) Die Sozialhilfe ist generell dazu bestimmt, dem Hilfeempfänger ein menschenwürdiges Leben und die Teilnahme am Leben in der Gemeinschaft zu ermöglichen, § 9 SGB I. Sie dient der Schaffung sozialer Gerechtigkeit für jedermann und soll zugleich eine gewisse Chancengleichheit für die Bedürftigen garantieren (vgl. § 1 II BSHG; BVerwGE 36, 256 [258]; *Mrozynski,* SGB I, 2. Aufl., § 9 Rn. 18; *Kretschmer/v. Maydell/Schellhorn,* in: GK-SGB I, 3. Aufl., § 9 Rdnrn. 4, 14, 26, 29 bis 31). Da die Sozialhilfe jedoch im Blick auf diese umfassende Aufgabenstellung mit ihren Leistungsverpflichtungen andernfalls überfordert wäre, sieht die gesetzliche Regelung in den § 9 SGB I, § 2 BSHG als tragenden Grundsatz und unentbehrlichen Wesensbestandteil des Sozialhilferechts das Prinzip des Nachrangs der Sozialhilfe vor (vgl. *Kretschmer/v. Maydell/Schellhorn,* § 9 Rn. 17). So erhält nach § 2 I BSHG keine Sozialhilfe, wer sich selbst helfen kann oder wer die erforderliche Hilfe von anderen, besonders von Angehörigen oder von Trägern anderer Sozialleistungen, erhält. Hiermit statuiert das Bundessozialhilfegesetz zunächst eine relativ weitgehende Selbsthilfeverpflichtung, insbesondere zum Einsatz der eigenen Arbeitskraft des Bedürftigen (vgl. *Mrozynski,* § 9 Rn. 19). Darüber hinaus stellt § 2 I BSHG darauf ab, ob der Bedürftige Hilfe von anderen „erhält“ und auf diese Weise über bereite Mittel verfügt. Zu den bereiten Mitteln im Sinne dieser Vorschrift gehören nur solche, die der Bedürftige hat oder sich mühelos verschaffen kann, nicht hingegen etwa ein Unterhaltsanspruch, der nicht unmittelbar erfüllt wird und dessen Realisierung dem Hilfesuchenden entweder nicht zuzumuten oder wegen Eilbedürftigkeit der Hilfe nicht möglich ist (vgl. *Mrozynski,* § 9 Rn. 19; *Oestreicher/Schelter/Kunz,* § 2 Rn. 6; *Kretschmer/v. Maydell/Schellhorn,* § 9 Rn. 17). Nur bereite Mittel in dem genannten Sinn sind geeignet, eine aufgetretene Hilfebedürftigkeit unmittelbar zu beseitigen.

§ 2 I BSHG verfolgt jedoch nicht das Ziel, in Fällen dieser Art – über die unmittelbare Hilfegewährung hinaus – eine endgültige Zahlungspflicht des Trägers der Sozialhilfe festzulegen. Vielmehr bestimmt § 2 II 1 BSHG, daß Verpflichtungen anderer, besonders Unterhaltspflichtiger (oder der Träger anderer Sozialleistungen) durch dieses Gesetz „nicht berührt“ werden. Damit ist klargestellt, daß die Träger der Sozialhilfe dem Zweck dieser Sozialleistung entsprechend zwar häufig zur Vorleistung verpflichtet sind, so wenn ein i. S. von § 2 II 1 BSHG Verpflichteter seiner Leistungspflicht nicht nachkommt (vgl. *Oestreicher/Schelter/Kunz,* § 2 Rn. 17), daß die an sich vorrangige Verpflichtung des Dritten (besonders eines Unterhaltspflichtigen) hierdurch aber nicht beeinflußt wird, sondern weiter besteht und weiterhin zu erfüllen ist. Zu diesem Zweck sieht § 91 I 1 BSHG den Übergang des Unterhaltsanspruchs des Hilfeempfängers gegen den Unterhaltspflichtigen – für die Zeit, für die Hilfe gewährt wird, und bis zur Höhe der geleisteten Aufwendungen – auf den Träger der Sozialhilfe vor. Damit wird dieser in die Lage versetzt, mit Hilfe des auf ihn übergegangenen Unterhaltsanspruchs den Unterhaltspflichtigen auf Erstattung der dem Hilfebedürftigen erbrachten Leistungen in Anspruch zu nehmen mit der Folge, daß das gesetzlich gewollte Verhältnis des Nachrangs der Sozialhilfe gegenüber der Unterhaltspflicht – im Umfang des Anspruchsübergangs – verwirklicht wird (vgl. *Oestreicher/Schelter/Kunz,* § 91 Rn. 6; *Schellhorn,* FuR 1999, 4; *Senat,* NJW 1994, 1733 = FamRZ 1994, 829 [830] zu §§ 90 u. 91 BSHG a. F.; *BVerwG,* FamRZ 1993, 183 [184]).

bb) Das Bundessozialhilfegesetz verzichtet allerdings im Hinblick auf die von dem privaten Unterhaltsrecht abweichende Zielsetzung der Sozialhilfe darauf, sämtliche privatrechtlich begründeten Unterhaltsansprüche gewissermaßen automatisch und der Höhe nach uneingeschränkt dem Anspruchsübergang nach § 91 BSHG zu unterwerfen. So „verschont" § 91 BSHG (i. V. mit den in Bezug genommenen sonstigen Vorschriften des Gesetzes) einerseits bestimmte Gruppen bürgerlichrechtlich Unterhaltsverpflichteter, wie beispielsweise die mit dem Hilfeempfänger im zweiten oder einem entfernteren Grad Verwandten; andererseits schränkt die Vorschrift auch den Einsatz der zu berücksichtigenden Mittel ein (vgl. dazu LPK-BSHG, § 91 Rdnrn. 10 ff.; *Oestreicher/Schelter/Kunz,* § 91 Rdnrn. 73, 77 ff.; *Schellhorn,* FuR 1999, S. 4 ff., auch BT-Dr 12/4401, S. 82 f.), ohne dabei jedoch den Grundsatz des § 2 II 1 BSHG für die genannten Fälle außer Kraft zu setzen oder auch nur in entsprechender Weise einzuschränken (vgl. dazu BGHZ 115, 228 [232] = NJW 1992, 115). Der Gesetzgeber hat danach durchaus gesehen, daß zwischen dem privaten Unterhaltsrecht und dem öffentlichen Sozialhilferecht kein völliger Gleichklang besteht (vgl. *Schellhorn,* FuR 1999, 10, sowie allg. *Wendl/Scholz,* § 6 Rdnrn. 500 ff. u. 568). Er hat aber gleichwohl von einer Angleichung abgesehen. Diese gesetzgeberische Entscheidung ist zu respektieren.

(Sozialhilfe ist kein bedarfsdeckendes Einkommen im Sinne des Unterhaltsrechts; fiktive Einkünfte)

cc) Das hat zur Folge, daß der in § 2 BSHG für den gesamten Bereich des Gesetzes niedergelegte b Grundsatz der Subsidiarität der Sozialhilfe nicht davon berührt wird, ob und in welchem Umfang im Einzelfall ein Unterhaltsanspruch nach Gewährung von Sozialhilfe auf einen nach bürgerlichem Recht Unterhaltsverpflichteten übergeht. Da das bürgerlich-rechtliche Unterhaltsverhältnis durch das Bundessozialhilfegesetz nicht berührt wird, haben die Leistungen nach diesem Gesetz keinen Einfluß auf den Inhalt und Umfang des Unterhaltsanspruchs und der Unterhaltsverpflichtung. Die Gewährung von Sozialhilfe ist demgemäß im Rechtssinn nicht als unterhaltsrechtlich bedarfsdeckende Leistung zu behandeln. Als solche würde sie den Unterhaltsanspruch – mit dem Wegfall der Bedürftigkeit in Höhe der gewährten Leistung – zum Erlöschen bringen (vgl. § 1569, § 1602 I). Für einen Übergang des Unterhaltsanspruchs, wie er in § 91 BSHG für die dort genannten Fälle vorgesehen ist, wäre damit von vorneherein kein Raum.

dd) Es besteht kein sachlich gerechtfertigter Grund, die dargestellte Rechtslage anders zu beurteilen, soweit nach § 91 BSHG aus sozialhilferechtlichen Gründen ein Übergang des Unterhaltsanspruchs auf den Träger der Sozialhilfe ausscheidet. So geht nach § 91 II 1 BSHG der Unterhaltsanspruch nur über, „soweit ein Hilfeempfänger sein Einkommen und Vermögen nach den Bestimmungen des Abschn. 4 mit Ausnahme des § 84 II oder des § 85 I Nr. 3 S. 2 einzusetzen hat". Durch diese Regelung mit dem Hinweis auf die „Einkommensdefinition" der §§ 76 ff. BSHG (= Abschn. 4, vgl. dazu LPK-BSHG, § 91 Rdnrn. 39) soll gewährleistet werden, daß der Unterhaltspflichtige sozialhilferechtlich den gleichen Schutz hinsichtlich des Einkommens und Vermögens genießt, den er hätte, wenn er selbst Hilfeempfänger der konkreten Hilfe wäre (vgl. LPK-BSHG, § 91 Rdnrn. 14 u. 39 ff.; *Oestreicher/Schelter/Kunz,* § 91 Rdnrn. 92 ff.; *Schellhorn/Jirasek/Seipp,* § 91 Rdnrn. 71 ff., 73). Hierbei ist von Bedeutung, daß der Einkommensbegriff des Sozialhilferechts in einzelnen Punkten von dem des Unterhaltsrechts abweicht (vgl. *Oestreicher/Schelter/Kunz,* § 91 Rn. 59; *Wendl/Scholz,* § 6 Rdnrn. 527 ff.). Eine dieser Abweichungen besteht darin, daß im Sozialhilferecht – anders als im Unterhaltsrecht – keine fiktiven Einkünfte zu berücksichtigen sind (*Senat,* NJW 1998, 2219 = FamRZ 1998, 818 ff. m. Nachw.). Da der Unterhaltsanspruch der Kl. ebenso wie der der beiden Kinder hier auf der Grundlage eines dem Bekl. unterhaltsrechtlich zugerechneten fiktiven Einkommens ermittelt worden ist, greift im vorliegenden Fall die geschilderte Regelung des § 91 II 1 BSHG ein. Die Unterhaltsansprüche sind daher trotz Gewährung der Sozialhilfe nicht auf deren Träger übergegangen, sondern der Kl. und den Kindern als Unterhaltsgläubigern verblieben.

(Unterhaltsansprüche des Hilfeempfängers, wenn der Anspruchsübergang auf den Sozialhilfeträger bei fiktiven Einkünften des Schuldners ausgeschlossen ist.)

5. Diese sind unter den gegebenen Umständen auch nicht gehindert, die Ansprüche gegenüber dem c Bekl. geltend zu machen.

a) Gründe aus dem Bereich des Sozialhilferechts stehen dem, wie dargelegt, nicht entgegen. Soweit die Vertreter der Gegenmeinung darauf hinweisen, daß mit den Schuldnerschutzvorschriften in § 91 BSHG verfolgte Ziel nur erreicht werden könne, wenn der Schuldner bei Ausschluß des Anspruchsübergangs auch tatsächlich von seiner Unterhaltslast befreit werde (vgl. *Hampel,* FamRZ 1996, 513 [521] m. Nachw. in Fußn. 51), verkennen sie die unterschiedliche Zielsetzung und den Mangel inhaltlicher Übereinstimmung von Unterhalts- und Sozialrecht. Das Unterhaltsrecht schützt den Verpflichteten nach Maßgabe seiner bürgerlich-rechtlich definierten Leistungsfähigkeit im Rahmen der § 1581 u. 1603 BGB, wobei leichtfertig herbeigeführte Leistungsunfähigkeit unbeachtlich sein kann (vgl. *Senat,* NJW 1985, 732 = FamRZ 1985, 158 [160]; *Senat,* NJW 1988, 2239 = FamRZ 1988, 597 [599]; *Senat,* NJW 1994, 258 = FamRZ 1994, 240 [241]; *Senat,* NJW 1994, 1002 = FamRZ 1994,

373 [374]). Der Schuldnerschutz nach dem Bundessozialhilfegesetz folgt, wie dargelegt, anderen Kriterien. Liegen nach bürgerlichem Recht die Voraussetzungen für die Bejahung einer Unterhaltsverpflichtung des Schuldners vor, so ist für die unterhaltsrechtliche Beurteilung ohne Bedeutung, ob der Schuldner aus sozialhilferechtlicher Sicht nur in geringerem Umfang als leistungsfähig oder insgesamt als leistungsunfähig behandelt würde.

b) Auch unter zivilrechtlichen Gesichtspunkten unterliegt das Unterhaltsbegehren der Kl. und der Kinder bei den hier gegebenen Verhältnissen keinen durchgreifenden Bedenken.

aa) Der erkennende *Senat* hat allerdings in einem Urteil vom 25. 11. 1992 (NJW-RR 1993, 322 = FamRZ 1993, 417 [419]) ausgeführt, einem nach Gewährung von Sozialhilfe, aber ohne Übergang des Unterhaltsanspruchs auf den Sozialhilfeträger erhobenen Unterhaltsbegehren des Berechtigten dürfte der auch im Unterhaltsrecht geltende Grundsatz von Treu und Glauben entgegenstehen. Diese Äußerung ist indessen nicht dahin zu verstehen, daß in den Fällen, in denen dem Unterhaltsberechtigten Sozialhilfe gewährt wurde, der Unterhaltsanspruch jedoch nach dem Bundessozialhilfegesetz nicht auf den Träger der Sozialhilfe übergeht, die gleichwohl von dem Unterhaltsgläubiger gegen den Unterhaltsschuldner erhobenen Unterhaltsansprüche generell an § 242 BGB scheitern würden. Denn das würde bedeuten, daß die gesetzlich gewollte Regelung der Subsidiarität der Sozialhilfe in den genannten Fällen mit Hilfe des § 242 BGB außer Kraft gesetzt würde. Das stünde im Widerspruch zu der oben aufgezeigten Rechtslage.

bb) Dies schließt jedoch nicht aus, gegebenenfalls vor dem Hintergrund des § 1581 BGB den Grundsatz des § 242 BGB heranzuziehen, um auf diese Weise unter Abwägung der Interessen von Unterhaltsschuldner und Unterhaltsgläubiger zu angemessenen, den Grundsätzen von Treu und Glauben entsprechenden Lösungen zu gelangen. Insoweit ist die Rechtslage nach Gewährung von Sozialhilfe an den Unterhaltsberechtigten vergleichbar mit den Fällen, in denen der Berechtigte freiwillige Leistungen von einem Dritten erhält. Geht in diesen Fällen der Wille des Zuwendenden dahin, daß nur der Beschenkte selbst unterstützt, der Unterhaltsschuldner aber nicht von seiner Verpflichtung befreit werden soll, dann ist die Zuwendung grundsätzlich nicht auf den Bedarf des Unterhaltsgläubigers anzurechnen, seine Bedürftigkeit also nicht (st. Rspr., vgl. *BGH*, NJW 1980, 344 = FamRZ 1980, 42; *Senat*, NJW-RR 1993, 322 = FamRZ 1993, 417 [419], jew. m. w. Nachw.). Zwar ist in diesen Fällen die Zielsetzung des Leistenden im Hinblick auf den Unterhaltsschuldner eine andere als bei der Gewährung von Sozialhilfe, da der Wille des freiwillig Zuwendenden darauf gerichtet ist, den Unterhaltsschuldner nicht zu entlasten, während § 91 II BSHG den Unterhaltsverpflichteten vor einer Inanspruchnahme durch den Unterhaltsberechtigten verschonen will. Aus der Sicht des Unterhaltsgläubigers ist die Lage jedoch bei beiden Fallgestaltungen vergleichbar: Er hat seinen Lebensunterhalt mit Hilfe der ihm von dritter Seite ohne Rückforderungsabsicht zur Verfügung gestellten Mittel bestritten und steht vor der Frage, nunmehr den Unterhaltsschuldner auf Erfüllung seiner Unterhaltspflicht für diesen – in der Vergangenheit liegenden – Zeitraum in Anspruch zu nehmen. Bei freiwilligen Zuwendungen von Dritten wird hierzu erwogen, in Mangelfallsituationen im Hinblick auf § 1581 BGB dennoch aus Billigkeitserwägungen entgegen dem Willen des Zuwendenden eine – jedenfalls teilweise – Anrechnung der Zuwendung auf den Unterhaltsbedarf in Betracht zu ziehen (vgl. etwa *Soergel/Häberle*, BGB, 12. Aufl., § 1581 Rn. 16, sowie *Rolland*, 1. EheRG, 2. Aufl., § 581 Rn. 4). Ähnliche Überlegungen können sich aus der Beurteilung der Anrechnung von Einkünften aus überobligationsmäßiger Tätigkeit i. S. von § 1577 II BGB ergeben (vgl. *Palandt/Diederichsen*, BGB, 58. Aufl., § 1577 Rn. 25).

Der *Senat* hält es etwa für möglich, in entsprechender Weise auch in der Situation des § 91 II BSHG in Mangelfällen unter dem Gesichtspunkt des § 242 BGB eine (Teil-)Anrechnung der dem Unterhaltsberechtigten gewährten Sozialhilfe auf seinen Unterhaltsanspruch vorzunehmen, wenn andernfalls die Gefahr für den Unterhaltsschuldner bestünde, mit derartig hohen Forderungen aus der Vergangenheit belastet zu werden, daß es ihm voraussichtlich auf Dauer unmöglich gemacht würde, diese Schulden zu tilgen und daneben noch seinen laufenden Verpflichtungen nachzukommen. Eine Korrektur der gesetzlichen Regelung im genannten Sinn – mit Hilfe des § 242 BGB – kommt allerdings, wie bereits angedeutet, grundsätzlich nur für Unterhaltsrückstände aus der Vergangenheit in Betracht. Für die Zukunft setzt sich hingegen der gesetzliche Nachrang der Sozialhilfe uneingeschränkt durch (vgl. *Wendl/Scholz*, § 6 Rn. 572), zumal die rechtliche Betrachtungsweise darauf abzustellen hat, daß der Schuldner in der Zukunft seiner Unterhaltsverpflichtung nachkommen und die Gewährung von Sozialhilfe an den Berechtigten damit insoweit entbehrlich machen werde.

Als maßgeblicher Anknüpfungspunkt, bis zu dem die bereits entstandenen Ansprüche als vergangene in dem oben dargelegten Sinn, und von dem an die demnächst entstehenden Ansprüche als zukünftige zu beurteilen sind, ist nach Auffassung des *Senats* in den hier zu beurteilenden Fällen der Zurechnung fiktiver Einkünfte bei dem Unterhaltsschuldner – nicht zuletzt aus Gründen der Rechtsklarheit und Praktikabilität – der Zeitpunkt der Zustellung der Klageschrift in dem Unterhaltsprozeß anzusetzen. Mit der Zustellung der Klageschrift wird der Unterhaltsschuldner, der bislang keiner Erwerbstätigkeit nachgegangen ist, eindringlich darauf hingewiesen, daß er ungeachtet seiner bisherigen Einkommenslosigkeit auf Erfüllung seiner Unterhaltspflicht in Anspruch genommen wird. Damit ist es ihm von diesem Zeitpunkt an verwehrt, sich etwa darauf zu verlassen, daß seine Gläubiger ihren Unterhaltsbedarf mit Mitteln der Sozialhilfe befriedigen und deshalb nicht auf seine Unterhaltsleistungen angewiesen seien. Jedenfalls erscheint es mit Wirkung ab Zustellung der Klageschrift nicht mehr gerechtfertigt, dem Unterhaltsschuldner aus Billigkeitsgründen entgegen der unterhaltsrechtlichen Gesetzeslage den geschilderten Schutz zuzubilligen und dem Unterhaltsbegehren des Gläubigers insoweit den Einwand des § 242 BGB entgegenzuhalten. Soweit demgegenüber die Auffassung vertreten wird, der Schuldner könne (erst) „seit der letzten mündlichen Verhandlung" als leistungsfähig behandelt und zu Unterhaltsleistungen nach Maßgabe seines fiktiven Einkommens verurteilt werden (*Wendl/Scholz*, § 6 Rn. 572), könnte eine solche Lösung zu unvertretbaren Vorteilen (wenn nicht sogar Anreizen) für den Unterhaltsschuldner führen, wenn dieser das Verfahren in die Länge zieht. Davon abgesehen läßt sich der Zeitpunkt der letzten tatrichterlichen mündlichen Verhandlung (ggfs. nach Zurückverweisung aus der Rechtsmittelinstanz) im Vorhinein nicht verläßlich ermitteln. Die etwa gebotene Billigkeitsabwägung müßte unter Umständen mehrfach, jeweils unter Berücksichtigung neu eingetretener tatsächlicher Entwicklungen, neu angestellt werden. Mit der Anknüpfung an die Zustellung der Klageschrift lassen sich diese Unsicherheiten weitgehend vermeiden.

cc) Da die Klageschrift im vorliegenden Verfahren im August 1994 zugestellt, der Bekl. aber durch das angefochtene Urteil zu Unterhaltszahlungen erst mit Wirkung vom 1. 1. 1996 an verurteilt worden ist, kommt hier aus den dargelegten Gründen eine (Teil-)Anrechnung der an die Kl. und die beiden Kinder gewährten Sozialhilfe auf deren Unterhaltsansprüche aus Billigkeitsgründen nicht in Betracht. Der Hinweis der Revision auf § 242 BGB bleibt damit im Ergebnis ohne Erfolg.

BGH v. 19. 5. 1999 – XII ZR 210/97 – FamRZ 00, 153 = NJW 99, 2804

(Erhöhte Verpflichtung zur ungefragten Information bei Vergleichen) R534

aa) Die von dem *OLG* herangezogene Rechtsprechung des *Senats* betrifft Informationspflichten, die den Unterhaltsberechtigten über die Tatbestände der §§ 1580, 1605 BGB hinaus treffen, nachdem ihm Unterhalt durch ein Urteil zuerkannt worden ist. In der Folgezeit kann sich unter den von dem BerGer. zutreffend angeführten Voraussetzungen eine Verpflichtung zur ungefragten Offenbarung veränderter Verhältnisse ergeben. Die Pflicht zur Rücksichtnahme der einen Partei auf die Belange der anderen erhöht sich, wenn es um die Durchführung einer Unterhaltsvereinbarung geht. In einem solchen Fall ist der Unterhaltsberechtigte im Hinblick auf seine vertragliche Treuepflicht gehalten, jederzeit und unaufgefordert dem anderen Teil Umstände zu offenbaren, die ersichtlich dessen Verpflichtungen aus dem Vertrag berühren (*Senat*, NJW 1997, 1439 = FamRZ 1997, 483).

(Prozessuale Wahrheitspflicht in Unterhaltsprozessen)

b) Um derartige Fallgestaltungen geht es indessen nicht. Im vorliegenden Fall kommt es vielmehr **b** maßgebend darauf an, ob die Ag. während des seit August 1988 laufenden Unterhaltsrechtsstreits, insbesondere in dem Termin, in dem die Anträge gestellt wurden, gehalten war, die im August 1990 erfolgte Zuwendung ihrer Mutter zu offenbaren. Wenn eine Partei einen Unterhaltsanspruch geltend macht, hat sie die der Begründung des Anspruchs dienenden tatsächlichen Umstände wahrheitsgemäß anzugeben und darf nichts verschweigen, was etwa ihre Unterhaltsbedürftigkeit in Frage stellen könnte. Das gilt mit Rücksicht auf die nach § 138 I ZPO bestehende prozessuale Wahrheitspflicht erst recht während eines laufenden Rechtsstreits. Ändern sich die maßgeblichen Verhältnisse während des Rechtsstreits, so sind Umstände, die sich auf den geltend gemachten Anspruch auswirken können, auch ungefragt anzuzeigen (*Johannsen/Henrich/Büttner*, EheR, 3. Aufl., § 1580 Rn. 20; *OLG Hamburg*, FamRZ 1987, 1044).

c) Hieraus folgt, daß die Ag. verpflichtet war, die während des laufenden Unterhaltsrechtsstreits erfolgte Zuwendung ihrer Mutter in Höhe von 250 000 DM zu offenbaren. Sie hatte, als sie die Folgesache nachehelicher Unterhalt anhängig machte, den behaupteten Unterhaltsanspruch darauf gestützt, daß sie erwerbsunfähig sei und lediglich eine ihren eheangemessenen Bedarf nicht deckende Erwerbsunfähigkeitsrente beziehe. Dem Vorbringen des Ast., sie lebe mit einem neuen Partner zusammen und habe gemeinsam mit diesem ein Hausgrundstück erworben, so daß sie sich eine Vergütung für die von ihr erbrachten haushälterischen Versorgungsleistungen sowie den Vorteil mietfreien Wohnens anrechnen lassen müsse, war sie nicht entgegengetreten (§ 138 III ZPO). Im Termin zur mündlichen Verhandlung vom 19. 11. 1990 gab die Ag. sodann an, inzwischen auch den Miteigentumsanteil ihres Partners an dem Hausgrundstück erworben zu haben. Über die Zuwendungen ihrer Mutter erklärte sie sich dagegen nicht. Dieser Umstand war indessen grundsätzlich geeignet, ihre Unterhaltsbedürftigkeit anders als bisher dargestellt erscheinen zu lassen. Denn der geschiedene Ehegatte kann Unterhalt nach den §§ 1570 ff. BGB nicht verlangen, solange und soweit er sich aus seinen Einkünften und seinem Vermögen selbst unterhalten kann (§ 1577 I BGB). Den Stamm des Vermögens braucht er dabei nicht zu verwerten, soweit die Verwertung unwirtschaftlich oder unter Berücksichtigung der beiderseitigen wirtschaftlichen Verhältnisseunbillig wäre (§ 1577 III BGB).

(Freiwillige Zuwendungen Dritter)

c   Im Unterhaltsrecht gilt allerdings auch der allgemeine Grundsatz, daß ohne Rechtsanspruch gewähr-te freiwillige Zuwendungen Dritter nur dem Zuwendungsempfänger alleinzugute kommen, sei aber auf ein Unterhaltsrechtsverhältnis nicht auswirken sollen, es sei denn, dem Willen des Zuwendenden läßt sich anderes entnehmen. Dabei treten zwei Fallgestaltungen auf: Leistungen eines Dritten an den Unterhaltsberechtigten, die an sich geeignet wären, dessen Unterhaltsbedarf zu decken, führen im Verhältnis zu dem Unterhaltsverpflichteten nur dann zu einer Minderung seiner Bedürftigkeit, wenn der Dritte damit zugleich bezweckt, den Unterhaltsverpflichteten zu entlasten. Geht sein Wille dagegen dahin, nurden Zuwendungsempfänger selbst zu begünstigen, berührt dies dessen Bedürftigkeit im Verhältnis zum Unterhaltsverpflichteten im allgemeinen nicht (*Senat,* NJW 1995, 1486 = FamRZ 1995, 537 [538 f.] m. Nachw. aus der Rspr. des Senats). In Mangelfällen wird indessen auch für den zuletzt genannten Fall eine – jedenfalls teilweise – Anrechnung der Zuwendung auf den Unterhalts-bedarf im Hinblick auf § 1581 BGB aus Billigkeitserwägungen in Betracht gezogen (vgl. *Senat,* NJW 1999, 2365).

(Täuschung durch positives Tun)

d   Für die Frage der Offenbarungspflicht der Ag. kommt es jedoch nicht darauf an, ob sie der Ansicht war, die Zuwendung beeinflusse wegen der Willensrichtung der Mutter, den Ast. nicht zu entlasten, den Unterhaltsanspruch nicht. Die Ag. wäre ungeachtet dessen verpflichtet gewesen, die Zuwendung wahrheitsgemäß anzugeben. Sie hätte dies mit der Darlegung der Ansicht verbinden können, daß und aus welchen Gründendie Zuwendung unterhaltsrechtlich nicht zu berücksichtigen sei. Die Entschei-dung darüber, ob und gegebenenfalls inwieweit ihre Rechtsauffassung berechtigt ist, insbesondere ob die behauptete, verabredete Verwendung, nämlich die Behebung der wirtschaftlichen Schwierigkeiten ihres Partners, zu einem Verbrauch des Gesamtbetrages der 250 000 DM führte oder ob ein Teilbetrag verblieb, der möglicherweise nach § 1577 III BGB hätte eingesetzt oder der zumindest mit der Folge ertragbringend hätte angelegt werden müssen, daß erzielte Zinseinkünfte als Einkommen anzurechnen wären (vgl. hierzu *Johannsen/Henrich/Büttner,* § 1577 Rn. 15; *Wendl/Haußleiter,* 4. Aufl., § 1 Rn. 368; OLG Köln, FamRZ 1993, 711), hätte sie dem Gericht überlassen müssen (vgl. hierzu *Senat,* NJW 1984, 306 = FamRZ 1984, 32 [33 f.], für den Fall der Mitteilung von Erwerbseinkünften bei behaupteter Unzumutbarkeit der Arbeitsaufnahme; *OLG Zweibrücken,* NJW-RR 1996, 1219 [1220]).

d) Durch das Stellen des zum nachehelichen Unterhalt angekündigten Antrags in dem Termin vom 19. 11. 1990 und das anschließende Verhandeln hierüber ist der bis dahin angefallene Akteninhalt zum Gegenstand der mündlichen Verhandlunggemacht worden (BGH, NJW 1994, 3295 [3296]). Soweit die Ag. in dem Termin keine Angaben über die Zuwendung ihrer Mutter gemacht hat, liegt deshalb eine Täuschung durch positives Tun vor, nämlich durch Entstellen des zur Beurteilung der Unterhalts-bedürftigkeit maßgebenden Gesamtsachverhalts (*Kramer,* in: MünchKomm, 3. Aufl., § 123 Rn. 11; *Soergel/Hefermehl,* BGB, 12. Aufl., § 123 Rn. 5; *Palandt/Heinrichs,* BGB, 58. Aufl., § 123 Rn. 3).

BGH v. 16. 6. 1999 – XII ZA 3/99 – FamRZ 1999, 1422 = NJWE-FER 1999, 269

R535   *(Verwirkung bei tituliertem Unterhalt)*

Das OLG hat rechtlich zutreffend den in den Jahren 1985 und 1986 titulierten Unterhaltsanspruch der 1982 geborenen Bekl., den diese seit Einstellung der Zahlungen des Kl., ihres Vaters, im Januar 1990 bis Anfang 1997 nicht mehr geltend gemacht hat, für die Zeit von Januar 1990 bis Januar 1996 – wegen der näher dargelegten besonderen Umstände des Falles – für verwirkt (§ 242 BGB) gehalten. Wie der *Senat* bereits entschieden hat (BGHZ 84, 280, 282 = FamRZ 1982, 898), kann rückständiger Unterhalt grundsätzlich der Verwirkung unterliegen, wenn sich seine Geltendmachung unter dem Gesichtspunkt illoyal verspäteter Rechtsausübung als unzulässig darstellt (vgl. allg. *Stöckle,* in: *Brühl,* Unterhaltsrecht, 6. Aufl., Rz. 1444, 1452, 1463 ff., 1475). Dieser bislang für nicht titulierte Ansprüche aufgestellte Grundsatz erfährt auch für titulierte Ansprüche – deren Durchsetzung mit Hilfe des Titels eher näher liegen dürfte als bei nicht titulierten Forderungen – keine Einschränkung (vgl. *KG,* FamRZ 1994, 771; *OLG Karlsruhe,* FamRZ 1993, 1456, 1457).

Der Umstand, daß die Verjährung der Unterhaltsansprüche eines minderjährigen Kindes gegenüber seinen Eltern bis zur Volljährigkeit des Kindes gehemmt ist (§ 204 S. 2 BGB), steht der Annahme einer Verwirkung der Ansprüche während der Dauer der Minderjährigkeit dann nicht entgegen, wenn aus besonderen Gründen die Voraussetzungen sowohl des Zeit- als auch des Umstandsmoments für die Bejahung der Verwirkung erfüllt sind (vgl. *Senat*urteil, BGHZ 103, 62, 68 = FamRZ 1988, 370, m. Anm. *Schmitz,* S. 700, m. Hinw. auf *OLG München,* FamRZ 1986, 504, 505, zu § 204 S. 2 BGB).

BGH v. 14. 7. 1999 – XII ZR 230/97 – FamRZ 00, 420 = NJW 00, 593

(Eltern schulden grundsätzlich nur eine Ausbildung, nur ausnahmsweise eine weitere)   R536

Zutreffend ist allerdings der rechtliche Ausgangspunkt des BerGer.: Nach ständiger Rechtsprechung a
des *BGH* (vgl. *BGHZ* 69, 190 [192 f.] = NJW 1977, 1774 sowie zuletzt *Senat,* NJW 1998, 1555 =
FamRZ 1998, 671) schulden Eltern im Rahmen ihrer wirtschaftlichen Leistungsfähigkeit sowohl ihren
minderjährigen als auch den volljährigen Kindern nach § 1610 II BGB eine optimale begabungs-
bezogene Berufsausbildung, d. h. eine Ausbildung, die der Begabung und den Fähigkeiten, dem
Leistungswillen und den beachtenswerten, nicht nur vorübergehenden Neigungen des einzelnen
Kindes am besten entspricht. Die Wahl der in diesem Sinn angemessenen Ausbildung haben die Eltern
in gemeinsamer verantwortlicher Entscheidung mit dem Kind zu treffen, wobei den individuellen
Umständen, vor allem dem bei dem Kind vorhandenen persönlichen Voraussetzungen, maßgebliche
Bedeutung zukommt (*BGHZ* 69, 190 [194] = NJW 1977, 1774). Haben Eltern die ihnen hiernach
obliegende Pflicht, ihrem Kind eine angemessene Ausbildung zu gewähren, in rechter Weise erfüllt und
hat das Kind einen Abschluss einer Ausbildung erlangt, dann sind die Eltern ihrer Unterhaltspflicht aus
§ 1610 II BGB in ausreichender Weise nachgekommen. Sie sind unter diesen Umständen grundsätzlich
nicht verpflichtet, noch eine weitere, zweite Ausbildung zu finanzieren, der sich das Kind nachträglich
nach Beendigung der ersten Ausbildung unterziehen will.

Eine andere Entscheidung kann – neben weiteren, hier nicht in Betracht kommenden Gründen –
ausnahmsweise dann geboten sein, wenn die erste Ausbildung auf einer deutlichen Fehleinschätzung
der Begabung des Kindes beruhte oder wenn die Eltern das Kind gegen seinen Willen in einen
unbefriedigenden, seiner Begabung und Neigung nicht hinreichend Rechnung tragenden Beruf
gedrängt haben. Einem solchen Fall steht gleich, wenn dem Kind die angemessene Ausbildung versagt
worden ist, und es sich aus diesem Grund zunächst für einen Beruf entschieden hat, der seiner
Begabung und seinen Neigungen nicht entspricht (*Senat,* NJW-RR 1991, 194 = FamRZ 1991, 322
[323]). In diesen Fällen haben die Eltern ihre Verpflichtung zur Finanzierung einer angemessenen
Ausbildung noch nicht in rechter Weise erfüllt (*BGHZ* 69, 190 [194] = NJW 1977, 1774).

Die Annahme des *OLG,* die Voraussetzungen, unter denen eine weitere Ausbildung geschuldet
werde, seien vorliegend erfüllt, wird durch die von ihm getroffenen Feststellungen indessen nicht
getragen.

Es begegnet allerdings keinen rechtlichen Bedenken, dass das OLG die Frage, ob der Ausbildung des
Kl. zum Dekorateur eine Fehleinschätzung seiner Begabung zugrunde lag, nach den Verhältnissen
beurteilt hat, die sich nach der Beendigung der Ausbildung ergeben haben. Zwar ist die Frage der
beruflichen Eignung eines Kindes regelmäßig aus der Sicht bei Beginn der Ausbildung und den zu
dieser Zeit zu Tage getretenen Anlagen zu beantworten. Davon sind aber Ausnahmen bei so genannten
Spätentwicklern zu machen, bei denen auf das Ende der Erstausbildung oder erst den Beginn der
Zweitausbildung abgestellt werden kann, um eine unangemessene Benachteiligung zu vermeiden
(*Senat,* NJW-RR 1991, 194; *Kalthoener/Büttner,* Die Rechtspr. zur Höhe des Unterhalts, 6. Aufl.,
Rn. 326).

(Gestörte häusliche Verhältnisse)

Nach der Lebenserfahrung wirken sich gestörte häusliche Verhältnisse vielfach nachteilig auf die b
schulische Entwicklung eines Kindes aus (vgl. *Senat,* FamRZ 1981, 437 [439]). Für derartige
Auswirkungen könnte auch die später zu Tage getretene Notwendigkeit einer psychotherapeutischen
Behandlung des Kl. sprechen. Diese Umstände vermögen aber ebenfalls nur Zweifel daran zu
begründen, ob die Begabung des Kl. richtig eingeschätzt worden ist. Dass er tatsächlich über
weitergehende Fähigkeiten verfügte, als sie der erlernte Beruf erforderte, ergibt sich daraus noch
nicht. Auch hierzu hätte es weiterer Feststellungen bedurft. Wenn die häuslichen Schwierigkeiten,
die eingetreten sein sollen, als der Kl. etwa 15 Jahre alt war, dazu geführt haben, dass seine
schulische Entwicklung behindert worden ist, müsste z. B. eine Verschlechterung der Leistungen zu
verzeichnen gewesen sein. Zu den früheren schulischen Leistungen des Kl., insbesondere während
des Besuchs des Gymnasiums, sind tatrichterliche Feststellungen indessen nicht getroffen worden.
Ob den in den letzten Schuljahren aufgetretenen schulischen Schwierigkeiten Zeiten vorausgingen,
in denen sich der Schulbesuch des Kl. problemlos gestaltete und er insbesondere gute oder jedenfalls
befriedigende Leistungen erbrachte, ist demzufolge offen. Auch aus dem späteren Verlauf der Dinge
sind keine Erkenntnisse gewonnen worden, die die erforderlichen Schlussfolgerungen auf das Vorhandensein einer weitergehenden Begabung zuließen. Das ist hinsichtlich des Besuchs des Saarland-
Kollegs und des im Abiturzeugnis erreichten Notendurchschnitts bereits dargelegt worden. Das gilt
aber gleichermaßen bezüglich des aufgenommenen Studiums bis zu dessen Abbruch. Dass und
gegebenenfalls welche Leistungen der Kl. insofern erbracht hat, ist ebenfalls nicht festgestellt
worden.

(Verzögerung der Ausbildung, Erziehungsfehler der Eltern)

c   Falls das BerGer. erneut zu der Annahme gelangen sollte, dass der Kl. bisher keine seinen Fähigkeiten und Neigungen entsprechende Berufsausbildung erlangt hat, weil seine Begabungen falsch eingeschätzt worden sind, begegnet die Zuerkennung von Ausbildungsunterhalt nicht deshalb rechtlichen Bedenken, weil der Kl. nach dem Abschluss der Lehre im Jahr 1985 nicht sogleich den später eingeschlagenen Weg des Erwerbs der Hochschulreife beschritten hat. Die für diese Auffassung vom BerGer. im Einzelnen dargelegten Gründe, insbesondere die noch im Jahr 1987 bestehende Notwendigkeit, die psychotherapeutische Behandlung fortzusetzen, rechtfertigen auch nach Auffassung des Senats die Beurteilung, dass sich aus dem zeitlichen Verlauf keine nachteiligen Auswirkungen auf den Anspruch auf Ausbildungsunterhalt ergeben. Auch wenn der Verpflichtung des Unterhaltsschuldners auf Ermöglichung einer Berufsausbildung auf Seiten des Unterhaltsberechtigten die Obliegenheit gegenübersteht, die Ausbildung mit Fleiß und der gebotenen Zielstrebigkeit in angemessener und üblicher Zeit zu absolvieren, muss der Verpflichtete nach Treu und Glauben (§ 242 BGB) Verzögerungen der Ausbildung hinnehmen, die auf ein vorübergehendes leichteres Versagen des Kindes zurückzuführen sind (*Senat,* NJW 1998, 1555). Das muss erst recht gelten, wenn ein zwischen der Beendigung einer Lehre und dem weiteren Schulbesuch verstrichener Zeitraum nicht allein dem Kind anzulasten ist, sondern die Unterbrechung maßgeblich auch auf erzieherischem Fehlverhalten der Eltern und den daraus entstandenen psychischen Folgen für das Kind beruht (vgl. auch *Senat,* NJW-RR 1990, 327 = FamRZ 1990, 149 [150]). In einem solchen Fall, in dem den Unterhaltsverpflichteten eine erkennbare Mitverantwortung an der Ausbildungsverzögerung trifft, ist es ihm nach Treu und Glauben verwehrt, diese dem Unterhaltsbegehren entgegenzuhalten.

(Angemessenheit der Ausbildung bei zunehmendem Alter des Kindes)

d   Das BerGer. ist mit Rücksicht auf seine Annahme, der Kl. habe bis zum Beginn des Studiums keine angemessene Ausbildung erhalten, ohne weiteres davon ausgegangen, dass ihm während des Studiums ein Unterhaltsanspruch zustehe. Diese Beurteilung berücksichtigt nicht, dass nur eine Ausbildung geschuldet wird, die der Begabung und den Fähigkeiten, dem Leistungswillen und den beachtenswerten Neigungen des Kindes am besten entspricht (s. o. unter 2 a). Die genannten Kriterien muss nicht nur eine von dem Unterhaltsverpflichteten zu gewährende Erstausbildung eines Kindes erfüllen, sondern erst recht eine etwa geschuldete weitere Ausbildung. Denn je älter ein Kind bei Aufnahme einer Ausbildung ist und je eigenständiger es seine Lebensverhältnisse gestaltet, desto mehr tritt die Elternverantwortung für seinen Berufs- und Lebensweg zurück (*Senat,* NJW 1998, 1555). Die hinsichtlich der Angemessenheit einer weiteren Ausbildung zu stellenden Anforderungen bedürfen deshalb mit zunehmendem Alter des Kindes der besonders sorgfältigen Prüfung. Allein das Bestehen des Abiturs verpflichtet die Eltern ohnehin nicht zwangsläufig dazu, ein Hochschulstudium zu finanzieren (*Kalthoener/Büttner,* Rn. 296; *Schwab/Borth,* 3. Aufl., Kap. V Rn. 82; *Göppinger/Strohal,* 6. Aufl., Rn. 678; *Staudinger/Kappe/Engler,* BGB, 13. Bearb. [1997], § 1610 Rn. 137; *Palandt/Diederichsen,* BGB, 58. Aufl., § 1610 Rn. 43; *Oelkers/Kreudtzfeldt,* FamRZ 1995, 136 [140 f.]; *OLG Koblenz,* NJW 1991, 300; *OVG Bremen,* NJW-RR 1986, 430 [431]). Anderenfalls würde jede im ersten oder zweiten Bildungsweg erlangte formelle Berechtigung zum Studium die Verpflichtung zur Finanzierung dieser Ausbildung nach sich ziehen, ohne dass es – wie es § 1610 II BGB verlangt – auf die Angemessenheit der Ausbildung im Einzelfall ankäme (*Göppinger/Strohal,* Rn. 678; *OVG Bremen,* NJW-RR 1986, 430 [431]). Das BerGer. wird deshalb auch der Frage nachzugehen haben, ob ein Studium im allgemeinen und dasjenige der Erziehungswissenschaften im besonderen eine für den Kl. angemessene Ausbildung darstellt, die seinen intellektuellen Fähigkeiten und seinem Leistungswillen entspricht.

BGH v. 13. 10. 1999 – XII ZR 16/98 – FamRZ 00, 358 = NJW 00, 954

R537   *(Lebensstellung minderjähriger Kinder)*

a   1. Gemäß § 1610 BGB bestimmt sich das Maß des zu gewährenden Unterhalts nach der Lebensstellung des Bedürftigen. Die Lebensstellung minderjähriger Kinder richtet sich – angesichts der wirtschaftlichen Unselbstständigkeit der Kinder – nach der Lebensstellung ihrer Eltern. Für den Unterhalt von Kindern aus geschiedener Ehe, die bei dem sie betreuenden sorgeberechtigten Elternteil leben, sind regelmäßig die Einkommensverhältnisse des barunterhaltpflichtigen, nicht sorgeberechtigten Elternteils maßgebend (st. Rspr. des Senats, vgl. etwa NJW 1983, 1429 = FamRZ 1983, 473 [474]).

(Bemessung des angemessenen Unterhalts nach Tabellen)

b   Es entspricht der vom *Senat* gebilligten tatrichterlichen Praxis, sich bei der Bemessung des in diesem Sinne „angemessenen Unterhalts" an den von den OLG entwickelten Tabellenwerken zu orientieren (vgl. *Senat,* NJW 1983, 1733 = FamRZ 1983, 678). Die in diesen Tabellenwerken ausgewiesenen Richtsätze lassen sich als Erfahrungswerte verstehen, die den Lebensbedarf des Kindes – ausgerichtet an den wirtschaftlichen Verhältnissen der Eltern und dem Alter des Kindes – auf der Grundlage durchschnittlicher Lebenshaltungskosten typisieren, um so eine möglichst gleichmäßige Behandlung gleicher Lebenssachverhalte zu erreichen (vgl. *Senat,* NJW 1983, 1429 = FamRZ 1983, 473 [474]; NJW 1984, 1458 = FamRZ 1984, 374 [375]).

2. Die Einkommensgruppen der Tabellen sind nach oben begrenzt. Für ein 800 DM übersteigendes Nettoeinkommen verweist die Düsseldorfer Tabelle (Stand 1. 1. 1996; ebenso Stand 1. 7. 1998) auf die „Umstände des Falles".

(Keine Fortschreibung der Düsseldorfer Tabelle bei Überschreiten der höchsten Einkommensgruppe)

Die Notwendigkeit einer konkreten Bedarfsermittlung bei hohen Einkommen rechtfertigt sich nicht **c** nur aus der Gefahr einer Zweckentfremdung des ausschließlich zur Bedarfsdeckung des Kindes bestimmten Unterhalts. Sie erklärt sich auch aus der Schwierigkeit, bei erheblich über dem Durchschnitt liegenden Lebensverhältnissen der Eltern einen diesen Verhältnissen angemessenen Lebenszuschnitt der Kinder zu ermitteln und – als Richtsatz – pauschalierend zu verallgemeinern. Die Düsseldorfer Tabelle zieht die Grenze möglicher Verallgemeinerung bei einem Nettoeinkommen von 8000 DM. Eine solche Pauschalierungsgrenze erscheint sachgerecht und erlaubt – unbeschadet einer etwaigen künftigen Anpassung dieses seit dem 1. 7. 1992 unveränderten Grenzbetrags an die Geldwert- und Kostenentwicklung – eine schematische Fortschreibung der als Erfahrungswerte verstandenen Richtsätze im Einzelfall nicht.

Jenseits der in der Düsseldorfer Tabelle zum Ausdruck kommenden allgemeinen richterlichen Erfahrungswerte bewendet es vielmehr grundsätzlich dabei, dass der Unterhaltsberechtigte seinen Bedarf darlegen und beweisen muss. Die Anforderungen an diese Darlegungslast dürfen allerdings nicht dazu führen, dass der Kindesunterhalt auch bei einem 8000 DM übersteigenden Elterneinkommen faktisch auf den für die höchste Einkommensgruppe der Düsseldorfer Tabelle geltenden Richtsatz festgeschrieben wird. Auch bei höherem Elterneinkommen muss sichergestellt bleiben, dass Kinder in einer ihrem Alter entsprechenden Weise an einer Lebensführung teilhaben, die der besonders günstigen wirtschaftlichen Situation ihrer Eltern entspricht, an die sie sich vielfach im Zusammenleben mit ihren Eltern gewöhnt haben werden und die ihnen auch nach einer Trennung der Eltern grundsätzlich erhalten bleiben soll. Wie dieser Lebensstil im Einzelnen beschaffen ist, welche Bedürfnisse des Kindes auf seiner Grundlage zu befriedigen sind und welche Wünsche des Kindes als bloße Teilhabe am Luxus nicht erfüllt werden müssen (vgl. dazu etwa *Senat,* NJW 1983, 1429 = FamRZ 1983, 473 [474]; NJW-RR 1986, 1261 = FamRZ 1987, 58 [60]), kann nicht allgemein gesagt, sondern nur im Einzelfall unter Würdigung der besonderen Verhältnisse der Betroffenen festgestellt werden. Diese Gesamtumstände und Bedürfnisse müssen deshalb vom Unterhaltsberechtigten näher dargelegt werden. Dabei dürfen an die Darlegungslast keine übertriebenen Anforderungen gestellt werden. Insbesondere wird dem Unterhaltsberechtigten im Regelfall nicht angesonnen werden können, seine gesamten – auch elementaren – Aufwendungen in allen Einzelheiten spezifiziert darzulegen. Er wird sich vielmehr regelmäßig darauf beschränken dürfen, besondere oder besonders kostenintensive Bedürfnisse zu belegen und darzutun, welche Mittel zu deren Deckung notwendig sind. Im Übrigen ist das Gericht, das einen derartigen erhöhten Bedarf zu beurteilen hat, nicht gehindert, den zur Deckung erforderlichen Betrag unter Heranziehung des Mehrbetrags zu berechnen, der sich aus der Gegenüberstellung solcher besonderer Bedürfnisse mit bereits von den Richtwerten der Düsseldorfer Tabelle erfassten Grundbedürfnissen ergibt, und unter Zuhilfenahme allgemeinen Erfahrungswissens nach Maßgabe des § 287 ZPO zu bestimmen.

BGH v. 20. 10. 1999 – XII ZR 297/97 – FamRZ 00, 351 = NJW 00, 284

(Abzugsposten sind beim Kindesunterhalt Volljähriger die titulierenden Beträge) **R538**

Das BerGer. hat zwar im Ansatz zutreffend bei der Bestimmung der ehelichen Lebensverhältnisse den **a** der Tochter *M* geschuldeten Unterhalt – durch entsprechende Ermäßigung des unterhaltserheblichen Einkommens des Bekl. – berücksichtigt. Es hat dabei aber rechtsfehlerhaft für den Zeitraum von Februar bis einschließlich Dezember 1995 nur monatlich 792,92 DM abgesetzt und nicht die höheren Beträge, zu denen der Bekl. durch das Teilurteil vom 9. 1. 1996 verurteilt worden ist. Maßgeblich sind insoweit jedoch die titulierten Beträge (vgl. *Senat,* NJW 1989, 1992 = FamRZ 1989, 842 [843 unter 2 d]; *Senat,* NJW-RR 1990, 578 = FamRZ 1990, 979 [980 unter 4]). Das BerGer. hat nicht festgestellt, dass die Tochter etwa im Hinblick auf die geringfügige Differenz zwischen dem ausgeurteilten und dem tatsächlich geleisteten Unterhalt auf eine Nachforderung rückständiger Beträge für das Jahr 1995 verzichtet habe.

(Angemessener Wohnwert auch bei langer Trennungszeit)

Die Revision wendet sich ferner gegen die Bewertung des Wohnvorteils in dem angefochtenen **b** Urteil.

a) Sie rügt dazu im Einzelnen: Dem BerGer. könne nicht darin gefolgt werden, dass der Vermögensnutzen, den die Kl. aus dem Einfamilienhaus ziehe, über den gesamten Trennungszeitraum nur in Höhe eines Betrags angesetzt werde, den die Kl. für eine angemessene kleinere Wohnung als Miete zahlen müsste. Bei lang andauernder Trennungszeit sei dem Ehegatten, dem das Haus gehöre, zuzumuten, dieses als Vermögensgegenstand einer wirtschaftlicheren Nutzung als der Eigennutzung zuzuführen. Bei einem Wert des Hauses von unstreitig 400 000 DM stelle der angesetzte Wohnvorteil von monatlich 700 DM eine Kapitalverzinsung von maximal 2% dar. Ziehe man bei der Berechnung der Kapitalverzinsung die Instandhaltungsrücklage ab (700 DM − 250 DM = 450 DM), so ergebe sich auf der Grundlage der Feststellungen des BerGer. eine Verzinsung von 1,35%. Eine Verzinsung in dieser Höhe liege weit unter dem zu erzielenden Kapitalmarktzins. Damit sei die eigene Nutzung des Einfamilienhauses auch unterhaltsrechtlich nicht vertretbar. Bei der Unterhaltsberechnung sei daher zumindest für die Zeit ab Juli 1997 − nach dreijähriger Trennungszeit − auf Seiten der Kl. der Mietzins in Ansatz zu bringen, den sie aus einer Vermietung des Einfamilienhauses habe erzielen können. Dieser betrage nach dem Vortrag des Bekl. monatlich 1200 DM. Hinzu komme der mögliche Mietzins für die im Souterrain gelegene Wohnung; denn nach Ablauf von drei Trennungsjahren sei die Kl. verpflichtet gewesen, diesen Teil ihres Einfamilienhauses ebenfalls zur Erzielung von Einkünften einzusetzen.

b) Dem ist nicht zu folgen. Die Ausführungen des OLG zur Bemessung des Wohnvorteils der Kl. während der − hier allein maßgeblichen − Trennungszeit halten sich im Rahmen der Rechtsprechung des erkennenden Senats (vgl. zuletzt *Senat,* NJW 1998, 2821 = FamRZ 1998, 899 m. w. Nachw.). Das BerGer. hat im Ansatz zu Recht den nach dem Auszug des Bekl. verbliebenen Wohnwert mit dem Betrag angesetzt, den die Kl. als Mietzins für eine angemessene kleinere Wohnung auf dem Wohnungsmarkt zu zahlen hätte (*Senat,* NJW 1998, 2821 = FamRZ 1998, 899 [901]). Soweit das OLG diesen Mietzins in tatrichterlicher Verantwortung unter Berücksichtigung des örtlichen Wohnungsmarkts auf monatlich 700 DM geschätzt hat, sind dagegen aus Rechtsgründen keine Einwände zu erheben. Bedenken gegen das angefochtene Urteil ergeben sich entgegen der Auffassung der Revision auch nicht daraus, dass das OLG den angenommenen Wohnwert für die gesamte Trennungszeit in seine Unterhaltsberechnung eingestellt hat. Abgesehen davon, dass die Kl. keinen Einfluss auf die Dauer des Scheidungsverfahrens bis zum (rechtskräftigen) Ausspruch der Ehescheidung haben dürfte, entspricht das Vorgehen des BerGer. auch in diesem Punkt der Rechtsprechung des erkennenden Senats. Danach ist es einem Ehegatten während des Getrenntlebens in der Regel nicht zumutbar, das früher gemeinsam, inzwischen von ihm allein bewohnte Eigenheim zur Steigerung der Einkünfte anderweitig zu verwerten. Das gilt insbesondere deshalb, weil in der Trennungszeit eine Wiederherstellung der ehelichen Lebensgemeinschaft noch nicht ausgeschlossen ist und diese nicht durch vorzeitige Aufgabe des Familienheims erschwert werden darf (vgl. *Senat,* NJW 1989, 2809 = FamRZ 1989, 1160 [1161]; auch *Hahne,* Forum Familien- und Erbrecht 1999, 99 [100]). Dass aufgrund besonderer Umstände im vorliegenden Fall etwas anderes zu gelten hätte, ist nicht ersichtlich und geht auch aus dem Vorbringen der Revision nicht hervor. Kommt danach eine unterhaltsrechtliche Obliegenheit der Kl. zur anderweitigen Verwertung, insbesondere zur Fremdvermietung, des Familienheims während des Getrenntlebens der Parteien aus Rechtsgründen nicht in Betracht, so vermögen auch die Kapital-Verzinsungserwägungen der Revision kein anderes Ergebnis zu rechtfertigen. Es kann deshalb dahingestellt bleiben, dass die Angabe des Bekl. über den angeblichen Wert des Hauses der Kl. − mit 400 000 DM − entgegen dem Vortrag der Revision nicht unbestritten war, sondern dass der Wert des − im Übrigen mit Grundschulden in Höhe von 65 000 DM belasteten − Grundbesitzes nach der Darstellung der Kl. nur bei rund 280 000 DM liegen soll.

(Abzug verbrauchsunabhängiger Nebenkosten; kostenlose Unterkunft für noch in Ausbildung befindliches Kind)

c Eine unterhaltsrechtlich relevante Verpflichtung der Kl., die Tochter M zum Auszug aus der von ihr bewohnten Souterrainwohnung zu veranlassen, damit auch diese Räume, soweit nach den tatsächlichen Gegebenheiten möglich, fremdvermietet werden könnten, hat das OLG rechtsfehlerfrei verneint. Dabei ist darauf hinzuweisen, dass die Verurteilung des Bekl. zur Unterhaltszahlung an die Tochter durch das Teilurteil vom 9. 1. 1996 ausdrücklich mit auf die Begründung gestützt worden ist, die Mutter genüge ihrer Unterhaltspflicht gegenüber der Tochter durch Gewährung von Versorgung und Unterkunft, auch wenn das FamG hierbei nicht näher auf die Art der Unterkunftsgewährung abgestellt hat. Müsste sich die Tochter, wie die Revision geltend macht, um eine andere Unterkunft bemühen, dann würde dies ihren Unterhaltsbedarf erhöhen mit der Folge, dass − mangels Leistungsfähigkeit der Kl. − der Bekl. möglicherweise zu höheren Unterhaltsleistungen an die Tochter verpflichtet wäre. Allerdings hat das BerGer. bei der Bemessung des Wohnvorteils zu Unrecht die verbrauchsunabhängigen Nebenforderungen nicht in Abzug gebracht. Diese gehören jedoch zu den den anrechenbaren Wohnvorteil mindernden Belastungen (*Senat,* NJW 1998, 2821 = FamRZ 1998, 899 [901] m. w. Nachw.; vgl. auch *Wendl/Gerhardt,* 4. Aufl. § 1 Rdnrn. 235 u. 253). Zumindest die Positionen Grundsteuer (jährlich 425,10 DM) und Gebäudeversicherung (jährlich 418,10 DM) sind unterhaltsrechtlich beachtlich (vgl. *Kalthoener/Büttner,* 6. Aufl., Rn. 774).

(Berücksichtigung von Instandhaltungskosten)

Die Ausführungen des BerGer. zur Berücksichtigung einer Instandhaltungsrücklage – hier in Höhe   **d**
von monatlich 250 DM – halten der rechtlichen Nachprüfung indessen nicht stand. Zwar kann der
Revision nicht uneingeschränkt darin zugestimmt werden, dass Instandhaltungsrücklagen regelmäßig
nur zur Kapitalbildung, also zur Vermögensmehrung des Hauseigentümers, bestimmt seien. Soweit
Aufwendungen für bestimmte unaufschiebbar notwendige Instandhaltungsmaßnahmen zu leisten sind
und hierfür gegebenenfalls – kurzfristig – entsprechende Rücklagen gebildet werden, dienen diese auch
der Erhaltung des Gebrauchswertes eines Hauses und ermöglichen damit zugleich seine Nutzung, auf
welcher der unterhaltsrechtlich anrechenbare Wohnvorteil beruht. Vor allem in Fällen, in denen sich
die Kosten für die Instandhaltungsmaßnahme voraussichtlich in einem Rahmen halten werden, der
durch Instandhaltungsrücklagen aufgebracht werden kann und nicht die Inanspruchnahme eines Kredits
erfordert, wird die Zubilligung einer Instandhaltungsrücklage als Minderung des Wohnvorteils
in Betracht kommen. Die Prüfung der Voraussetzungen im Einzelfall ist dem Tatrichter vorbehalten.
Dieser wird allerdings stets zu beachten haben, dass es sich um konkrete Instandhaltungsmaßnahmen
handeln muss, die erforderlich sind, um die ordnungsgemäße Bewohnbarkeit des Hauses zu erhalten.
Renovierungsarbeiten etwa in abgetrennten Räumen, die nach dem Auszug des anderen Ehegatten
nicht mehr genutzt werden, fallen ebenso wenig hierunter wie allgemeine Reparaturen, die den
aktuellen Wert des Hauses erhöhen, ohne durch die Erhaltung des Gebrauchswerts veranlasst zu sein.

Insoweit macht die Revision zutreffend geltend, dass Unterhaltszahlungen des Verpflichteten nicht
dazu bestimmt sind, Vermögen zu vermehren und Kapitalbildung zu ermöglichen. Aus diesem Grund
ist es – entgegen der erkennbaren Auffassung des BerGer. – nicht gerechtfertigt, ohne Nachweis der
aktuellen Notwendigkeit einer bestimmten unaufschiebbaren Instandhaltungsmaßnahme eine Instandhaltungsrücklage unterhaltsrechtlich als monatliche laufende Belastung des Wohnwertes zu berücksichtigen. Der Hinweis des BerGer. darauf, dass es sich hier um ein Haus des Baujahres 1970 handele,
für das regelmäßig Reparaturen zur Instandhaltung erforderlich seien, genügt den vorstehend dargelegten Anforderungen an die Anerkennung einer den Wohnwert mindernden Instandhaltungsrücklage
nicht. Insoweit fehlen sowohl jegliche tatsächliche Feststellungen zur Notwendigkeit der Durchführung
bestimmter unaufschiebbarer Instandhaltungsmaßnahmen als auch jede Begründung für die Bestimmung der Höhe der Rücklage mit monatlich 250 DM. Die Kl. hat zwar Unterlagen über im Jahre
1996 aufgenommene Kredite zu den Akten gereicht. Hierzu hat das BerGer. aber keine Feststellung
getroffen, ob und gegebenenfalls für welche Reparaturkosten die entsprechenden Kreditbeträge aufgewendet wurden und inwieweit die zugrunde liegenden Arbeiten zur Erhaltung des Hauses unaufschiebbar erforderlich waren. Die Zins- und Tilgungsleistungen auf die Kredite können daher nach den
bisherigen Feststellungen des BerGer. ebenfalls nicht zur Minderung des Wohnwertes herangezogen
werden, auch wenn grundsätzlich Zins- und Tilgungsaufwendungen für Kredite, die zur Finanzierung
notwendiger Instandhaltungskosten aufgenommen werden mussten, bei der Ermittlung des Wohnvorteils als Belastungen abzuziehen sind (vgl. Wendl/Gerhardt, Rdnrn. 237 u. 253; auch *Senat,* NJW
1997, 735 = FamRZ 1997, 281 [283 unter 2 c]).

(Vorsorgebedarf nur durch Versorgung des Pflichtigen begrenzt; kein Vorsorgeunterhalt aus Einkommen aus Miete   **e**
oder Wohnwert)

Der Erhalt dieser Rente ließ auch das Unterhaltsbedürfnis für einen Vorsorgebeitrag nicht entfallen.
Dieses ist vielmehr erst zu verneinen, wenn für den Berechtigten eine Altersversorgung zu erwarten ist,
die diejenige des Unterhaltsverpflichteten erreicht (vgl. *Senat,* NJW 1981, 1556 = FamRZ 1981, 442
[445 unter III 2]). Davon kann angesichts der beiderseitigen Einkommensverhältnisse hier nicht
ausgegangen werden.

Soweit der Berechtigte über Kapitalzinsen, Mieterträge oder auch Gebrauchsvorteile verfügt, die
ihm unterhaltsrechtlich als Einkommen angerechnet werden, kann jedoch nicht unberücksichtigt
bleiben, dass solche Einkünfte nicht mit einem Erwerbseinkommen gleichzusetzen, sondern ihrer Art
nach selbst als Altersvorsorge geeignet sind. Teile des laufenden Unterhaltsbedarfs, die durch derartige
Einkünfte gedeckt werden, können daher nicht als Anknüpfung für einen Anspruch auf Altersvorsorgeunterhalt dienen (vgl. Lohmann, Neue Rechtsprechung des BGH zum FamilienR, 8. Aufl.,
Rdnr. 236; auch OLG München, FamRZ 1987, 169 [170]).

BGH v. 27. 10. 1999 – XII ZR 239/97 – FamRZ 00, 751 = NJW 00, 740

(Entreicherung)   **R539**

Eine bereicherungsrechtliche Haftung der Bekl. hat das OLG allerdings aus zutreffenden Gründen   **a**
verneint, da sich die Bekl. gem. § 818 III BGB zu Recht auf den Wegfall der Bereicherung berufen
kann. Diese Vorschrift dient dem Schutz des gutgläubig Bereicherten, der das rechtsgrundlos Empfangene im Vertrauen auf das Fortbestehen des Rechtsgrunds verbraucht hat und daher nicht über den

Betrag der bestehengebliebenen Bereicherung hinaus zur Herausgabe oder zum Wertersatz verpflichtet werden soll. Bei der Überzahlung von Unterhalt kommt es daher darauf an, ob der Empfänger die Beträge restlos für seinen Lebensbedarf verbraucht oder sich noch in seinem Vermögen vorhandene Werte – auch in Form anderweitiger Ersparnisse, Anschaffungen oder Tilgung eigener Schulden – verschafft hat (*BGHZ* 118, 383 [386] = NJW 1992, 2415 = FamRZ 1992, 1152 m. w. Nachw.). Für den Bereicherten, der den Wegfall der Bereicherung zu beweisen hat, hat die Rechtsprechung hierbei allerdings Beweiserleichterungen geschaffen, wenn aus der Überzahlung in der fraglichen Zeit keine besonderen Rücklagen oder Vermögensvorteile gebildet wurden. Insbesondere bei unteren und mittleren Einkommen spricht dann nach der Lebenserfahrung eine Vermutung dafür, dass das Erhaltene für eine Verbesserung des Lebensstandards ausgegeben wurde, ohne dass der Bereicherte einen besonderen Verwendungsnachweis erbringen müsste (*BGHZ* 118, 383 [388] = NJW 1992, 2415). Das *OLG* ist auf der Grundlage der Feststellungen in seinem früheren Trennungsunterhaltsurteil vom 7. 4. 1993 zu dem Schluss gekommen, dass der Bekl. in der fraglichen Zeit von März 1991 bis März 1993 ein fiktives monatliches Einkommen von rund 2281 DM zuzurechnen gewesen sei, dem allerdings kein tatsächlicher Geldzufluss in gleicher Höhe entsprochen habe. Die tatsächlich für die Ausgaben des täglichen Lebens zur Verfügung stehenden Mittel hätten ein mittleres Einkommen nicht überstiegen, so dass die Vermutung für einen vollständigen Verbrauch für den Lebensunterhalt spreche.

Das ist aus Rechtsgründen nicht zu beanstanden. In dem genannten Trennungsunterhaltsurteil waren der Bekl. ein Wohnwert ihres jetzigen Hauses in Höhe von monatlich 623 DM sowie fiktive Kapitalzinsen von (statt 727 DM richtig) monatlich rund 792 DM und 315 DM zugerechnet worden, die sie aus dem Verkaufserlös des ihr gehörenden Wohnhauses und ihres Anteils an der Gaststätte hätte erzielen können, ferner tatsächliche Einnahmen aus der Vermietung des Dachgeschosses in Höhe von 550 DM monatlich.

Soweit der Kl. in der mündlichen Verhandlung vor dem *Senat* eingewandt hat, dass das *OLG* die Einkünfte der Bekl. nicht hinreichend aufgeklärt habe, stehen dem die Ausführungen des *OLG* entgegen. Auch die Rüge des Kl., diese Feststellungen seien mangels ordnungsgemäßer Einführung in den Prozess nicht verwertbar, greift nicht durch, da das Urteil als Anlage K 3 zur Klageschrift vom Kl. selbst in den Prozess eingeführt worden und Gegenstand der Erörterung gewesen ist.

Die Bekl. hat im Übrigen substantiiert vorgetragen, die empfangenen Beträge für den laufenden Lebensunterhalt für sich und die Kinder sowie für Urlaube, insbesondere nach dem Unfalltod eines der Kinder, ausgegeben zu haben. Auch der Annahme des Kl., die Bekl. hätte – wenn ihr die Unterhaltszahlungen in der fraglichen Zeit nicht zugeflossen wären – auf den Stamm ihres Vermögens zurückgegriffen, hätte also insofern Ersparnisse gemacht, kann nicht gefolgt werden. Immerhin hatte die Bekl. den Großteil ihres Vermögensstammes, nämlich den Erlös aus dem Verkauf ihres früheren Hauses, in einem neuen Eigenheim angelegt, welches ihr und ihren Kindern als neue Familienwohnstatt dienen sollte. Es ist daher nach der Lebenserfahrung davon auszugehen, dass sie sich eher in ihrer Lebenshaltung eingeschränkt und Aufwendungen für Urlaube etc. vermieden hätte, als ihr Haus zu verkaufen und die Grundlage ihrer Einkünfte aufzuzehren. Schließlich lässt auch der Umstand, dass die Bekl. in Form des neuen Hauses und eines etwa tatsächlich noch vorhandenen Restkapitals Vermögen hat, noch keinen ausreichenden Rückschluss darauf zu, dass sie sich dieses Vermögen mit Hilfe der in der fraglichen Zeit empfangenen Unterhaltsleistungen verschafft hat.

(Verschärfte Haftung)

b   2 b) Die Voraussetzungen einer verschärften Haftung der Bekl. nach §§ 818 IV, 819, 820 I BGB hat das OLG aus zutreffenden Gründen verneint. Weder das Anwaltsschreiben vom 6. 9. 1990 noch die vom Kl. erhobene negative Feststellungsklage vermochten die Rechtsfolgen der §§ 818 IV, 819 BGB herbeizuführen (vgl. *Senat,* FamRZ 1984, 767; *BGHZ* 93, 183 = NJW 1985, 1072 = FamRZ 1985, 368; *BGH,* NJW 1986, 2057 = FamRZ 1986, 793; *BGHZ* 118, 383 [390 f.] = NJW 1992, 2415). Insbesondere kommt auch eine analoge Anwendung des § 820 I BGB auf gerichtlich angeordnete, gesetzliche Unterhaltszahlungen, wie der Kl. in seiner Revisionserwiderung meint, nicht in Betracht. Denn der *Senat* hat zwischenzeitlich entschieden, dass § 820 BGB auch auf Unterhaltsvereinbarungen, die den gesetzlichen Unterhaltsanspruch lediglich modifizieren, weder direkt noch entsprechend anwendbar ist (*Senat,* NJW 1998, 2433 = FamRZ 1998, 951). Dann kommt eine analoge Anwendung auf Unterhaltstitel über den gesetzlichen Unterhalt wie hier die einstweilige Anordnung erst recht nicht in Frage.

(Schadensersatzanspruch nach § 717 II ZPO)

c   a) Soweit der Kl. meint, in erster Linie sei der Schadensersatzanspruch direkt aus § 717 II 1 ZPO begründet, kann dem nicht gefolgt werden. Der Schadensersatzanspruch nach § 717 II 1 ZPO setzt voraus, dass aus dem später abgeänderten vorläufig vollstreckbaren Urteil vollstreckt wurde oder der Schuldner zur Abwendung der drohenden Vollstreckung geleistet hat. Die bloße Erwirkung des Urteils reicht hierzu noch nicht aus, vielmehr muss der Gläubiger hiervon auch Gebrauch machen (vgl. *BGH,*

NJW 1996, 397). Hieran fehlt es. Der Kl. hat nicht dargetan, dass sich die Bekl. eine vollstreckbare Ausfertigung des Urteils des *FamG* über den Trennungsunterhalt habe erteilen und ihm zustellen lassen, und dass er zur Abwendung einer Zwangsvollstreckung aus diesem Titel gezahlt habe. Die Bekl. hat vielmehr in der mündlichen Verhandlung vor dem *OLG* unwidersprochen vorgetragen, dass sie auch nach Erlass des Trennungsunterhaltsurteils die Zwangsvollstreckung weiterhin aus der einstweiligen Anordnung betrieben habe, weil ihr dies eine Vollstreckung ermöglicht habe, die der Kl. nicht durch Sicherheitsleistung gem. § 711 ZPO habe abwenden können.

(Bestandskraft einstweiliger Anordnungen)

Dieser weiteren Vollstreckung aus der einstweiligen Anordnung stand das vorläufig vollstreckbare **d** Urteil des FamG über den Trennungsunterhalt nicht entgegen. Nach § 620 f I 1 ZPO tritt die einstweilige Anordnung bei Wirksamwerden einer anderweitigen Regelung sowie unter anderem dann außer Kraft, wenn der Scheidungsantrag rechtskräftig abgewiesen ist. Was unter „Wirksamwerden" bei Urteilen zu verstehen ist, die zur Zahlung von Unterhalt verpflichten, erläutert das Gesetz nicht. Teilweise wird vertreten, dass vorläufig vollstreckbare Urteile schlechthin wirksam sind (so *OLG Hamm* [6. *FamilienSenat*], FamRZ 1984, 718; *OLG Hamm [11. FamilienSenat]*, FamRZ 1999, 29 [30]), teilweise, dass das nur dann der Fall ist, wenn sie uneingeschränkt, d. h. ohne Sicherheitsleistung vorläufig vollstreckbar sind und die Vollstreckung auch nicht nach § 711 ZPO abgewendet werden darf (vgl. *OLG Hamm [2. FamilienSenat]*, FamRZ 1980, 708; *OLG Frankfurt a. M.,* FamRZ 1982, 410; *OLG Hamburg,* FamRZ 1984, 719, und FamRZ 1996, 745; differenz. *OLG Karlsruhe,* FamRZ 1982, 1221; *OLG Düsseldorf,* FamRZ 1996, 745 [746]; *Baumbach/Lauterbach/Albers/Hartmann,* ZPO, 58. Aufl., § 620 f Rn. 4; *Johannsen/Henrich/Sedemund-Treiber,* EheR., 3. Aufl., § 620 f ZPO Rn. 7; *Schwab/Maurer,* 3. Aufl., I Rn. 1011 jew. m. w. Nachw. zum Meinungsstand), teilweise, dass Unterhaltsurteile erst mit Eintritt der Rechtskraft wirksam sind (so insb. *Klauser,* in: MünchKomm-ZPO, § 620 f Rn. 17; *Stein/Jonas/Schlosser,* ZPO, 21. Aufl., § 620 f Rn. 2 a; *Rolland/Roth,* in: FamK, ZPO, § 620 f Rdnrn. 22–24; *Zöller/Philippi,* ZPO, 21. Aufl., § 620 f Rn. 22).

Der *Senat* hat die Frage für Leistungsurteile bisher offen gelassen und nur für Feststellungs- und klagabweisende Urteile entschieden, dass sie erst mit Eintritt der Rechtskraft wirksam werden und eine einstweilige Anordnung außer Kraft setzen können (*Senat,* NJW 1991, 705 = FamRZ 1991, 180). Im Interesse der einheitlichen Handhabung und der Rechtssicherheit muss aber auch für Leistungsurteile der Eintritt der Rechtskraft gefordert werden. Der vom Gesetzgeber verfolgte Zweck des § 620 f ZPO, dass einstweilige Anordnungen auch nach Rechtskraft der Scheidung fortgelten sollen, um einen regellosen Zustand für den schutzbedürftigen Unterhaltsgläubiger zu vermeiden, würde unterlaufen, wenn bereits das Bestehen eines nur vorläufigen Titels die einstweilige Anordnung außer Kraft setzen würde, und zwar gleichgültig, ob er eingeschränkt oder uneingeschränkt vorläufig vollstreckbar ist. Denn zum einen kann die vorläufige Vollstreckbarkeit eines Urteils in der Rechtsmittelinstanz bereits nach §§ 707, 719 oder 718 ZPO beseitigt werden. Zum anderen geht dem Unterhaltsgläubiger das Urteil als Vollstreckungsgrundlage verloren, wenn das Rechtsmittelgericht es aufhebt und die Sache an die Vorinstanz zurückverweist. In beiden Fällen wäre die einstweilige Anordnung als Vollstreckungstitel außer Kraft getreten und könnte von dem Unterhaltsgläubiger auch nicht mehr erwirkt werden, wenn das Scheidungsverfahren bereits rechtskräftig abgeschlossen ist. Als vorläufiger Rechtsschutz bliebe dem Unterhaltsgläubiger nur die lediglich auf Notunterhalt gerichtete einstweilige Verfügung. Auch müsste er Rangnachteile befürchten, wenn ein Drittgläubiger zwischenzeitlich in das Vermögen des Unterhaltsschuldners vollstreckt. Schließlich spricht auch die Parallelregelung des § 641 e ZPO, die in Kindschaftssachen ein Außerkrafttreten einstweiliger Anordnungen nur bei anderweitigen Regelungen zulässt, die „nicht nur vorläufig vollstreckbar" sind, dafür, dass im Rahmen von § 620 f ZPO das Unterhaltsurteil rechtskräftig sein muss. Dass der Gesetzgeber in § 620 f ZPO den Begriff der Wirksamkeit verwendet hat, beruht lediglich darauf, dass einstweilige Anordnungen nach § 620 ZPO nicht nur der Zivilprozessordnung, sondern auch der freiwilligen Gerichtsbarkeit unterliegende Gegenstände erfassen, bei denen bereits die Bekanntgabe an den Betroffenen zur Wirksamkeit führt (*Senat,* NJW 1991, 705).

(Kein Schadensersatzanspruch analog §§ 641 g, 717 II, 945 I ZPO bei einstweiligen Anordnungen; Möglichkeiten gegen Entreicherungseinwand)

b) Entgegen der Ansicht des OLG kann dem Kl. auch kein Schadensersatzanspruch analog §§ 641 g, **e** 717 II, 945 ZPO zuerkannt werden. Die Frage einer entsprechenden Anwendung dieser Vorschriften in Fällen, in denen aufgrund einer einstweiligen Anordnung nach materiellem Recht zuviel Unterhalt geleistet wurde, ist umstritten. Mit dem OLG, das aus diesem Grund die Revision zugelassen hat, vertreten, soweit ersichtlich, auch *Olzen* (FamRZ 1986, 1169), *Ditzen* (FamRZ 1988, 349) und *Philippi* (in: *Zöller,* § 620 f Rn. 25) die Ansicht, dass die §§ 620 ff. ZPO eine Regelungslücke enthalten, die im Analogiewege zu schließen sei (einschränkend *Kohler,* ZZP 1986, 34 [36, 44, 49] und in FamRZ 1988, 1005 [1006], sowie *M. Schwab,* FamRZ 1994, 1567 [1570], die einer bereicherungsrechtlichen Haftung unter großzügigerer Anwendung der haftungsverschärfenden Regeln der §§ 818 IV, 819, 820 BGB den Vorzug geben).

Der BGH hatte bereits in einer Entscheidung aus dem Jahr 1957 zu dem früheren, inzwischen außer Kraft getretenen § 627 b ZPO, der Vorläuferregelung der §§ 620 ff. ZPO, ausgesprochen, dass die Zivilprozessordnung dem Unterhaltsverpflichteten gegen den Unterhaltsberechtigten, der aus einer einstweiligen Anordnung sachlich ungerechtfertigt vollstreckt hat, mangels einer den §§ 717 II, 945 ZPO entsprechenden Regelung keinen Schadensersatzanspruch gibt. Er bleibt vielmehr auf bürgerlich-rechtliche, insbesondere bereicherungsrechtliche Ansprüche gegen den Berechtigten beschränkt (*BGHZ* 24, 269 [273] = *NJW* 1957, 1362). Daher wurde ihm entsprechend § 767 ZPO die Möglichkeit einer Zwangsvollstreckungsgegenklage eingeräumt, da auch zweifelhaft war, ob der Unterhaltsverpflichtete im nachfolgenden Unterhaltsprozess die einstweilige Einstellung der Zwangsvollstreckung aus der einstweiligen Anordnung entsprechend §§ 707, 769 ZPO erreichen konnte. Denn eine dem § 620 e ZPO entsprechende Regelung über die Aussetzung der Vollziehung kannte § 627 b a. F. ZPO nicht.

Zur neuen Rechtslage hat der *Senat* im Zusammenhang mit den bereicherungsrechtlichen Fragen entschieden, dass die §§ 620 ff. ZPO eine geschlossene Sonderregelung für den einstweiligen Rechtsschutz in Ehesachen enthalten. Aus dem Umstand, dass der Gesetzgeber bei der späteren Einführung der §§ 620 ff. ZPO keine dem schon bestehenden § 641 g ZPO in Kindschaftssachen oder dem § 945 ZPO entsprechende Regelung über einen Schadensersatzanspruch geschaffen hat, hat er geschlossen, dass der Gesetzgeber das Risiko des Ehegatten, der eine einstweilige Anordnung erwirkt und aus ihr vollstreckt, bewusst kleinhalten und den einstweiligen Rechtsschutz erleichtern wollte. Auch sollte der Unterhaltsempfänger nicht in jedem Falle gezwungen sein, unter dem Druck etwaiger Rückforderungsansprüche den gezahlten Unterhalt für eine Rückzahlung bereitzuhalten, statt ihn bestimmungsgemäß zu verbrauchen. Diese Absicht des Gesetzgebers würde unterlaufen, und zwar sowohl dann, wenn ein Schadensersatzanspruch in analoger Anwendung der §§ 717 II, 945 ZPO bejaht würde, als auch dann, wenn man eine verschärfte Bereicherungshaftung nach § 818 IV BGB schon aufgrund einer rückwirkenden negativen Feststellungsklage gegen die einstweilige Anordnung eintreten ließe (so insb. *Senat,* FamRZ 1984, 767 [769], und BGHZ 93, 183 [189] = NJW 1985, 1072; vgl. auch *Senat,* NJW 1986, 2057 für den Fall der Abänderungsklage gegen ein Unterhaltsurteil; *BGH* NJW 1992, 2415; *BGH,* NJW 1998, 2433, und *Senat,* NJW-RR 1989, 709 = FamRZ 1989, 850).

Die Frage einer ungleichen Risikoverteilung zu Lasten des im Nachhinein gesehen zu Unrecht in Anspruch genommenen Unterhaltsschuldners hat der *Senat* verneint. Er hat den Schutz des Unterhaltsschuldners ausreichend dadurch gewährleistet gesehen, dass dieser mit Erhebung der negativen Feststellungsklage den Antrag auf einstweilige Einstellung der Zwangsvollstreckung aus der einstweiligen Anordnung verbinden könne (vgl. *Senat,* NJW 1983, 1330 = FamRZ 1983, 355 [357]), ferner dadurch, dass er alsbald nach der Unterhaltsleistung und ohne Rücksicht auf die vorherige Aufhebung des Titels eine isolierte Klage auf künftige Rückzahlung erheben oder die negative Feststellungsklage bzw. Abänderungsklage mit dieser Rückforderungsklage verbinden könne (§§ 258, 260 ZPO). Möglich ist in diesen Fällen auch die Gewährung der Überzahlung als zins- und tilgungsfreies Darlehen, verbunden mit der Verpflichtung, auf Rückzahlung zu verzichten, falls es beim zugesprochenen Unterhalt bleibt. Der Unterhaltsberechtigte ist nach Treu und Glauben verpflichtet, sich auf eine solche Gestaltung einzulassen (*BGHZ* 93, 383 [189] = *NJW* 1985, 1072 8, und *BGHZ* 118, 183 [390] = NJW 1992, 2415, sowie *BGH,* NJW 1998, 2433).

Diese Auffassung hat in Rechtsprechung und Literatur überwiegend Zustimmung gefunden (*OLG Oldenburg,* NdsRpfl. 1984, 119 [120]; *OLG Nürnberg,* JurBüro 1984, 1097 [1098]; *Baumbach/Lauterbach/Albers/Hartmann,* § 620 f Rn. 7; *Musielak/Borth,* ZPO, § 620 b Rn. 12; *Musielak/Lackmann,* § 717 Rn. 7; *Klauser,* in: MünchKomm-ZPO, § 620 Rn. 54; *Krüger,* in: MünchKomm-ZPO, § 717 Rn. 12; *Stein/Jonas/Münzberg,* § 717 Rn. 70; *Stein/Jonas/Schlosser,* § 620 f Rn. 17; *Thomas/Putzo,* ZPO, 22. Aufl., § 620 f Rn. 2; *Zöller/Herget,* § 717 Rn. 5; *Heiß/Heiß,* I 8.3 Rn. 8; *Hassold,* FamRZ 1981, 1036 [1037]).

Eine Abkehr hiervon hält der *Senat* nicht für gerechtfertigt. Eine systemwidrige, vom Gesetzgeber unbewusst herbeigeführte Lücke im Gesetz kann nicht angenommen werden. Zwar ist richtig, dass die Gesetzesmaterialien des ersten EheRG zu den §§ 620 ff. ZPO sich zu dieser Problematik nicht äußern (BT-Dr 7/650, S. 199 f. und BT-Dr 7/4361). Es ist jedoch davon auszugehen, dass dem Gesetzgeber des ersten EheRG die Fragestellung seit der Entscheidung in *BGHZ* 24, 269 (273) = NJW 1957, 1362, zum früheren § 627 b ZPO bekannt war, ebenso die im Jahre 1969 eingeführte Schadensersatzpflicht bei einstweiligen Anordnungen im Kindschaftsrecht (§ 641 g ZPO). Gleichwohl ist eine entsprechende Regelung in den §§ 620 ff. ZPO unterblieben. Das Hauptgewicht wurde vielmehr auf die Absicherung des unterhaltsberechtigten Ehegatten und die Vermeidung eines regellosen Zustands sowohl während als auch nach dem Ehescheidungsverfahren gelegt. In Abweichung vom früheren § 627 I ZPO, nach dem Unterhalt nur für die Zeit bis zur Rechtskraft der Scheidung durch einstweilige Anordnung zugesprochen werden konnte, und vom früheren § 627 b I und IV ZPO, der zwar eine Unterhaltsregelung für die Zeit nach Rechtskraft der Scheidung erlaubte, jedoch auf eine vom Gericht zu bestimmende Frist beschränkte, innerhalb deren der Unterhaltsberechtigte im Falle eines Antrags des Unterhaltsverpflichteten Klage zu erheben hatte, wurde die Geltungsdauer der einstweiligen Anordnung in § 620 f ZPO ausgedehnt und vom Wirksamwerden einer anderweitigen Regelung abhängig gemacht. Im Übrigen sollte sie bei Rücknahme oder Zurückweisung des Scheidungsantrags außer Kraft treten (§ 620 f I 1 ZPO), wobei der Gesetzgeber ausdrücklich auf die entsprechende Regelung des § 641 f ZPO verwiesen hat, ohne zugleich die in § 641 g ZPO für diese Fälle vorgesehene Schadensersatzregelung zu übernehmen (BT-Dr 7/650, S. 202).

Auch das Gleichbehandlungsgebot (vgl. dazu *Ditzen,* FamRZ 1988, 349 [350]) zwingt nicht zu einer Analogie zu § 641 g ZPO. Denn die Situation eines Kindes, das den vermeintlichen Vater während des Vaterschaftsfeststellungsverfahrens gem. § 641 d ZPO im Wege einstweiliger Anordnung auf Unterhalt in Anspruch nimmt, ist mit derjenigen eines Ehegatten während des Scheidungsverfahrens nicht ohne weiteres vergleichbar. Stellt sich heraus, dass der in Anspruch Genommene nicht der Vater ist, ist der Unterhaltsanspruch schon dem Grunde nach nicht gegeben. Demgegenüber beruht der Trennungs- und nacheheliche Unterhalt auf der persönlichen Beziehung der Ehegatten und ihrer beiderseitigen nachwirkenden ehelichen Solidarität, ohne dass dem ein solches „Alles oder Nichts-Prinzip" zugrunde liegt. Während für das Verhältnis zwischen Kind und vermeintlichem Vater eine verschuldensunabhängige Schadensersatzhaftung gerechtfertigt erscheint, ist das Verhältnis der Ehegatten von gegenseitiger Verantwortung geprägt, die sich auch auf die Frage der Risikoverteilung bei der Unterhaltszahlung auswirkt. Wegen dieser Fürsorgepflicht, die in besonderem Maße in der Phase der Trennung und Scheidung besteht, in der sich der sozial schwächere Ehegatte erst in seinen neuen Lebensumständen zurechtfinden muss, ist eine Analogie zu der stringenten Regelung des § 641 g ZPO nicht gerechtfertigt. Entgegen der Auffassung von *Ditzen* (FamRZ 1988, 349 [350]) und *Olzen* (FamRZ 1986, 1169 [1175]), die das „Mehr an Zugriffsmöglichkeiten" des Unterhaltsgläubigers in Gestalt des summarischen Verfahrens der einstweiligen Anordnung durch ein „Mehr an Schadensersatzhaftung" gegenüber dem Unterhaltsschuldner ausgleichen wollen, ist ein gerechter Interessenausgleich zwischen den Ehegatten durch das bereits genannte Instrumentarium der Bereicherungshaftung und der Rückforderungsmöglichkeiten (s. oben) in ausreichendem Maße verwirklicht. Zudem findet ein solches – ohnehin in Zweifel zu ziehendes – „Mehr an Zugriffsmöglichkeit" jedenfalls ein ausreichendes Regulativ in der Ausgestaltung des Verfahrens. Zwar soll die einstweilige Anordnung im Scheidungsverfahren dem durch die Trennung bedürftig gewordenen Ehegatten eine rasche und unkomplizierte Sicherstellung seines Lebensunterhalts gewährleisten. Im Unterschied zur einstweiligen Verfügung nach §§ 935, 940 ZPO, über die auf Widerspruch hin durch Endurteil zu entscheiden ist (§§ 925, 936 ZPO), ist die einstweilige Anordnung im Rechtsmittelwege nicht überprüfbar (§ 620 e S. 2 ZPO). Sie ist aber auf Antrag des Schuldners jederzeit abänderbar (§ 620 b I ZPO). Auch ist über sie auf Antrag aufgrund mündlicher Verhandlung erneut zu beschließen, wenn sie ohne diese ergangen ist (§ 620 b II ZPO). Ihre Vollziehung kann gem. § 620 e ZPO ausgesetzt werden. Diese jederzeitige Abänderbarkeit unterscheidet sie auch von den Fällen vorläufig vollstreckbarer Urteile, denen eine entsprechende Korrekturmöglichkeit fehlt.

Zu Recht wird zudem darauf hingewiesen, dass eine analoge Anwendung des § 717 II ZPO, der die verschuldensunabhängige Schadensersatzpflicht immerhin an die Aufhebung einer im Rechtsmittelzug überprüften Entscheidung knüpft, bei der einstweiligen Anordnung nach § 620 ZPO, die keinem Rechtsmittel unterliegt, fehl am Platze wäre. Denn dies würde dazu führen, daß die (abgeänderte) einstweilige Anordnung für sich allein bereits einen Schadensgrund darstellen würde (*OLG Oldenburg,* NdsRpfl. 1984, 119 [120]). Der Unterhaltsgläubiger müsste, unabhängig davon, ob er den zugesprochenen Unterhalt in berechtigtem Vertrauen auf den zugrunde liegenden Vollstreckungstitel verbraucht hat, in jedem Fall ohne Rücksicht auf Verschulden in voller Höhe Schadensersatz leisten. Zusammenfassend ergibt sich hiernach im vorliegenden Fall weder ein Bereicherungs- noch ein Schadensersatzanspruch des Kl., so dass die Klage insgesamt abzuweisen war.

BGH v. 5. 4. 2000 – XII ZR 96/98 – FamRZ 00, 950 = NJW 00, 2349

(Wohnvorteil beim nachehelichen Unterhalt) **R540 a**

2 a) Wie der erkennende *Senat* in dem Urteil vom 22. 4. 1998 (NJW 1998, 2821 = FamRZ 1998, 899, m. Anm. Riegner, FamRZ 2000, 265) entschieden hat, ist der (Wohn-)Vorteil, der mit „mietfreien" Wohnen in einem eigenen Haus oder einer Eigentumswohnung verbunden ist, grundsätzlich nach den tatsächlichen Verhältnissen und nicht nach einem pauschalen „Drittelwert" (Drittelobergrenze) zu bemessen. Die Ausführungen in dem genannten Urteil betrafen zwar einen Fall des Trennungsunterhalts. Für den hier zu beurteilenden nachehelichen Unterhalt gilt insoweit jedoch nichts anderes. Auch hier ist von den tatsächlichen Verhältnissen und nicht von einem „Drittelwert" der verfügbaren Erwerbseinkünfte auszugehen. Der tatsächliche, objektive Mietwert des früher gemeinsam von den Parteien mit den beiden Kindern und seit der Scheidung nur noch von dem Bekl. mit

dem Sohn H bewohnten Einfamilienhauses ist nach der bisherigen Annahme des BerGer. – unter Bezugnahme auf die Entscheidung des AG – mit monatlich 1400 DM anzusetzen. Nach Abzug der zu erbringenden „Hauslasten" ergäbe sich hieraus der Wohnwert als objektiver Nutzungswert des Eigenheims (vgl. dazu *Senat,* NJW-RR 1995, 835 = FamRZ 1995, 869 [871]; NJW 1998, 753 = FamRZ 1998, 87 [88]; *Wendl/Gerhardt,* 5. Aufl., § 1 Rn. 214 f.).

Dieser Wert ist jedoch nicht mit dem Wohnvorteil des Bekl. gleichzusetzen. Bewohnt ein geschiedener Ehegatte das frühere Eigenheim nach der Scheidung allein oder, wie im vorliegenden Fall, mit einem Kind aus der Ehe, so kann das Haus nach dem neuen Lebenszuschnitt des Ehegatten zu groß und zu aufwendig sein und seine wirtschaftlichen Verhältnisse übersteigen. Als Wohnvorteil, das heißt als Vorteil „mietfreien" Wohnens im eigenen Haus, wirkt sich für den Ehegatten in einer solchen Situation, wenn und soweit er das Haus nicht mehr in vollem Umfang nutzt und bewohnt, nur derjenige Vorteil aus, der dem Umfang seiner tatsächlich geübten Nutzung entspricht. Der darüber hinausgehende Wert des Hauses ist als allgemeiner Vermögenswert zu behandeln, hinsichtlich dessen den Ehegatten unterhaltsrechtlich die Obliegenheit zu möglichst ertragreicher Nutzung oder Verwendung trifft, weil auch solche Vermögenseinkünfte die Leistungsfähigkeit erhöhen bzw. die Unterhaltsbedürftigkeit vermindern, die zwar tatsächlich nicht gezogen werden, aber in zumutbarer Weise erzielt werden könnten (vgl. *Senat,* NJW-RR 1988, 514 = FamRZ 1988, 145 [149] m. w. Nachw.).

Insoweit unterscheidet sich die Rechtslage beim nachehelichen Unterhalt von derjenigen beim Trennungsunterhalt. Denn während des Getrenntlebens ist es dem Ehegatten in der Regel nicht zumutbar, das frühere Familienheim, das er inzwischen allein bewohnt, zur Steigerung seiner Einkünfte (etwa durch Vermietung) anderweitig zu verwerten, damit eine Wiederherstellung der ehelichen Lebensgemeinschaft, die in dieser Zeit noch nicht ausgeschlossen ist, nicht zusätzlich erschwert wird (vgl. *Senat,* NJW 1989, 2809 = FamRZ 1989, 1160 [1161] m. w. Nachw.). Nach der Scheidung der Ehe besteht hingegen grundsätzlich keine Veranlassung mehr, ein zu großes Haus oder eine zu große Wohnung zu behalten, vielmehr trifft den Ehegatten nun grundsätzlich unterhaltsrechtlich die Obliegenheit – unter Beachtung von Zumutbarkeitsgesichtspunkten und nach Abwägung der beiderseitigen Interessen – eine wirtschaftlich angemessene Nutzung des für ihn zu großen Hauses zu verwirklichen (vgl. *Senat,* NJW-RR 1988, 514 = FamRZ 1988, 145 [149]; NJW 1990, 709 = FamRZ 1990, 269 [271]). Zu diesem Zweck kann er gehalten sein, entweder durch Vermietung einzelner Räume oder sonst eines Teils des Hauses Mieteinnahmen zu erzielen, soweit die tatsächlichen Verhältnisse dies zulassen, oder unter Umständen auch das gesamte Einfamilienhaus zu einem entsprechenden Mietzins zu vermieten und selbst eine weniger kostspielige Wohnung zu beziehen, um die überschüssigen Mieteinnahmen zu Unterhaltszwecken einsetzen zu können; im Einzelfall kann sich selbst eine Veräußerung des Hauses als erforderlich erweisen (vgl. allg. *Senat,* NJW-RR 1988, 514 FamRZ 1988, 145 [149] m. w. Nachw.). Wenn der Ehegatte zumutbarerweise durch Teilvermietung des Hauses Einkünfte erzielen kann, sind diese neben dem ihm zuzurechnenden Wohnvorteil für seine eigene Nutzung seinen unterhaltserheblichen sonstigen Einkünften hinzuzurechnen. Soweit ihm eine Vollvermietung zuzumuten ist, erhöht die erzielbare Miete abzüglich der ihn weiter treffenden „Hauslasten" für das Eigenheim sein unterhaltsrelevantes Einkommen.

Wenn sich allerdings nach Abwägung aller maßgeblichen Umstände und Interessen eine Teil- oder Vollvermietung oder eine Veräußerung des Eigenheims als nicht möglich oder als nicht zumutbar erweisen sollte, ist für die Unterhaltsberechnung – ähnlich wie beim Trennungsunterhalt – in der Weise vorzugehen, dass der Gebrauchswert der insgesamt für den allein nutzenden Ehegatten an sich zu großen Wohnung danach bestimmt wird, welchen Mietzins der Ehegatte auf dem örtlichen Wohnungsmarkt für eine dem ehelichen Lebensstandard entsprechende angemessene kleinere Wohnung zahlen müsste (vgl. *Wendl/Gerhardt,* § 1 Rdnrn. 220, 221 ff.). Ob und in welcher Höhe ihm in diesem Fall (noch) ein Wohnvorteil als Vorteil „mietfreien" Wohnens zuzurechnen ist, richtet sich danach, welche anzuerkennenden Grundstückskosten und -lasten, verbrauchsunabhängigen Kosten und etwaige Schuldraten (vgl. dazu *Senat,* NJW 1998, 2821 = FamRZ 1998, 899 [901] unter 2 b) er tatsächlich für sein Eigenheim zu erbringen hat. Liegen diese unter dem angesetzten Mietwert einer angemessenen kleineren Wohnung, dann stellt die Differenz den unterhaltsrelevanten Wohnvorteil des Ehegatten dar.

(Keine Berücksichtigung von Tilgungsleistungen bei Aufnahme eines Darlehens zur Übernahme des Hausanteils des Ehepartners)

b Soweit in den monatlichen Raten von 710,42 DM Zins- und Tilgungsleistungen für den Erwerb des Miteigentumsanteils der Kl. durch den Bekl. enthalten sind, mindern die Zahlungen für den Zinsaufwand den anrechenbaren Wohnvorteil des Bekl. (vgl. *Senat,* NJW 1998, 753 = FamRZ 1998, 87 [88]), zumal die Kl. ihrerseits Zinserträge aus dem erhaltenen Betrag von 85 000 DM erzielen konnte (vgl. *Senat,* NJW 1986, 1342 = FamRZ 1986, 437 [439]; NJW 1998, 753 = FamRZ 1998, 87 [88, 89]). Um Tilgungsleistungen, die der Rückführung des Darlehens und damit der Vermögensbildung des Bekl. dienen, ist der Wohnvorteil hingegen nicht zu kürzen, weil anderenfalls der Kl. zu Gunsten einer Vermögensbildung des Bekl. ein zu geringer Unterhalt zugebilligt würde. Das widerspräche den

Grundsätzen des Unterhaltsrechts (vgl. *Senat,* NJW 1998, 753 = FamRZ 1998, 87 [88]; NJW 1992, 1044 = FamRZ 1992, 423).

(Keine Berücksichtigungsfähigkeit von zum Ausgleich des Zugewinns aufgenommenen Schulden)

Die Schuldraten für den Kreditanteil zur Finanzierung des Zugewinnausgleichs – über den Anteil für **c** den Erwerb des Miteigentumsanteils an dem Eigenheim hinaus – mindern mangels Bezuges zu dem Haus den Wohnvorteil des Bekl. nicht; sie sind auch nicht als sonstige unterhaltserhebliche Belastungen anzuerkennen (vgl. *Senat,* NJW 1986, 1342 = FamRZ 1986, 437 [439 a. E.]; *OLG Hamm,* FamRZ 1985, 483). Denn der Zugewinnausgleich ist regelmäßig aus vorhandener Vermögenssubstanz zu leisten. Wird zum Zweck der Finanzierung des Ausgleichs ein Kredit aufgenommen, so wird damit die vom Gesetz an sich zugemutete Verwertung von Vermögensgegenständen abgewendet, und die entsprechenden Vermögenswerte bleiben dem Verpflichteten erhalten. Die Aufwendungen für diese Art der Vermögenserhaltung können nicht zu Lasten des Berechtigten von dem unterhaltserheblichen Einkommen des Verpflichteten abgesetzt werden (vgl. *OLG Hamm,* FamRZ 1985, 483).

(Berücksichtigung von Tilgungsleistungen für ein gemeinsames Eigenheim)

Der Wohnvorteil zur Zeit des Zusammenlebens der Parteien bestimmt sich nach dem objektiven **d** Mietwert des Hauses in der bisher angenommenen Höhe von 1400 DM unter Abzug der allgemeinen Grundstückskosten und -lasten sowie des Zins- und des Tilgungsaufwands für den (gegebenenfalls) seinerzeit bestehenden Finanzierungskredit, zu dem bisher keine tatsächlichen Feststellungen getroffen worden sind. Auch wenn die Eheleute mit Hilfe der Tilgungszahlungen für einen entsprechenden Kredit bei Bestehen der Ehe Vermögen gebildet haben, bestimmen die insoweit geleisteten Zahlungen als tatsächlicher Eheaufwand die für die Bemessung des nachehelichen Unterhalts maßgeblichen ehelichen Lebensverhältnisse, solange sie sich in einem wirtschaftlich angemessenen Rahmen hielten (vgl. *Senat,* NJW-RR 1995, 835 = FamRZ 1995, 869 [870] m. w. Nachw.). Der auf diese Weise ermittelte Wohnvorteil steht im Rahmen der Unterhaltsberechnung beiden Parteien zu gleichen Anteilen zu. Der Unterhaltsbedarf der Kl. richtet sich daher nach dem Verhältnis der beiderseitigen Erwerbseinkünfte zuzüglich der Hälfte des anzusetzenden Wohnwerts.

BGH v. 12. 4. 2000 – XII ZR 79/98 – FamRZ 00, 815 = NJW 00, 2351

(Unfreiwilliger Arbeitsplatzverlust; unterhaltsbezogene Mutwilligkeit)   **R541**

Nicht zu beanstanden ist der rechtliche Ausgangspunkt des *OLG,* der die Rechtsprechung des *Senats* zutreffend wiedergibt: Danach kann ein unfreiwilliger, jedoch selbstverschuldeter Arbeitsplatzverlust unterhaltsrechtlich nicht den Fällen freiwilliger Aufgabe einer Erwerbstätigkeit gleichgestellt werden. Die Berufung des Unterhaltspflichtigen auf seine Leistungsunfähigkeit verstößt vielmehr nur dann gegen Treu und Glauben, wenn das für den Verlust des Arbeitsplatzes ursächliche Verhalten des Unterhaltspflichtigen sich seinerseits als eine Verletzung seiner Unterhaltspflicht darstellt (*Senat,* NJW 1982, 2491 = FamRZ 1982, 913 [914]). Für den erforderlichen unterhaltsrechtlichen Bezug insbesondere einer Straftat reicht es deshalb nicht aus, dass sie für den Arbeitsplatzverlust kausal geworden ist. Auch genügt nicht, dass sich der Arbeitsplatzverlust auf den Lebensstandard nicht nur des Täters, sondern auch seiner unterhaltsberechtigten Angehörigen auswirkt; denn derartige Folgen treffen die Angehörigen auch in intakten Familien und werden in der Regel als durch die Wechselfälle des Lebens bedingt hingenommen. Es bedarf vielmehr einer auf den Einzelfall bezogenen Wertung dahin, ob die der Tat zu Grunde liegenden Vorstellungen und Antriebe des Täters sich gerade auch auf die Verminderung seiner unterhaltsrechtlichen Leistungsfähigkeit als Folge seines strafbaren Verhaltens erstreckt haben (*Senat,* NJW 1982, 2491 = FamRZ 1982, 913 [914]; NJW 1993, 1974 = FamRZ 1993, 1055 [1056 f.]; NJW 1994, 258 = FamRZ 1994, 240 [241]).

a) Zunächst werden, worauf die Revision mit Recht hinweist, die rechtlichen Erwägungen des *OLG* von seinen tatsächlichen Feststellungen nicht getragen. So folgert das BerGer. das besondere Gewicht der vom Bekl. begangenen Straftat allein aus dem Umstand, dass die gegen den Bekl. verhängte Strafe auf drei Jahre zur Bewährung ausgesetzt wurde. Die dreijährige Dauer der Bewährungsfrist lässt jedoch keinen verlässlichen Rückschluss auf die Schwere der Tat und das für sie gefundene Strafmaß zu. Der Tathergang sowie Art und Wert der vom Bekl. gestohlenen Sachen sind dem Berufungsurteil nicht zu entnehmen. Das BerGer. hat, wie die Revision zu Recht rügt, weder die Strafakten beigezogen noch hat es sich mit dem Einwand des Bekl. auseinandergesetzt, sein damaliger Arbeitgeber habe die Entlassung von 450 Arbeitnehmern geplant und vor diesem Hintergrund das Vergehen „hochgespielt". Es hat, worauf die Revision ebenfalls zutreffend hinweist, auch nicht festgestellt, ob die vom Arbeitgeber auf Grund der Straftat ausgesprochene Kündigung die Erfordernisse der §§ 21, 15 SchwerbG beobachtet hat und, würde man den Beurteilungsmaßstäben des *OLG* folgen, auch insoweit für den Bekl. als Folge seines Fehlverhaltens vorhersehbar war.

b) Vor allem begegnet die angefochtene Entscheidung durchgreifenden rechtlichen Bedenken, weil die bloße Vorhersehbarkeit des Arbeitsplatzverlustes, auf die das *OLG* maßgeblich abstellt, für sich genommen kein geeignetes Kriterium bietet, um den unterhaltsrechtlichen Bezug einer vom Unterhaltsschuldner begangenen Straftat zu begründen. Die nachteiligen Folgen, die eine Straftat für den beruflichen Werdegang des Straftäters mit sich bringen kann, werden nämlich bei vernünftiger Betrachtung stets auf der Hand liegen; sie dürften sich zudem auch nicht ohne weiteres auf besonders schwer wiegende Straftaten beschränken lassen. Die Gefahren, die eine Straftat für die künftige Stellung des Täters im Arbeitsleben mit sich bringt, hängen zudem von sehr unterschiedlichen Faktoren ab. So verweist etwa das BerGer. auf die erschwerte Vermittelbarkeit des schwer behinderten Bekl. auf einem örtlich ohnehin besonders angespannten Arbeitsmarkt. Beide Aspekte mögen sich bei vernünftiger Betrachtung aufdrängen; ihre Vorhersehbarkeit begründet jedoch keine im Vergleich zu anderen Unterhaltsschuldnern gesteigerte unterhaltsrechtliche Verantwortlichkeit des Bekl. bei unfreiwilligem Verlust seines Arbeitsplatzes. Anderenfalls ließen sich auch eine besonders geschickte Tatausführung, welche die Wahrscheinlichkeit einer Entdeckung und damit eines Arbeitsplatzverlusts des Unterhaltsschuldners vorhersehbar vermindert, die schwere Ersetzbarkeit des Unterhaltsschuldners als Arbeitskraft oder auch die bisherige Nachsicht seines Arbeitgebers, die das Risiko seiner Kündigung als Folge der Straftat verringern, unterhaltsrechtlich zu Gunsten des Unterhaltsschuldners in Ansatz bringen, wenn diese Erwartungen fehlschlagen. Das kann nicht richtig sein und verdeutlicht, dass die bloße Vorhersehbarkeit der aus der Straftat erwachsenden Folgen, auch wenn sie evident sind, als Anknüpfungspunkt für den unterhaltsrechtlichen Bezug der Straftat nicht ausreicht.

Dem Unterhaltsschuldner ist die Berufung auf die eigene Leistungsunfähigkeit vielmehr nur dann versagt, wenn er seine Leistungsunfähigkeit durch unterhaltsbezogene Mutwilligkeit herbeigeführt hat, die nicht nur vorsätzliches oder absichtliches, sondern auch leichtfertiges Handeln umfasst. Dies hat der *Senat* für den von § 1579 Nr. 3 BGB erfassten Fall einer vom Unterhaltsgläubiger selbst verursachten Bedürftigkeit wiederholt entschieden (vgl. NJW 1981, 2805 = FamRZ 1981, 1042 [1044 f.]; FamRZ 1984, 364 [367 f.]). Für den gesetzlich nicht besonders geregelten Fall der vom Unterhaltsschuldner selbst verursachten Leistungsunfähigkeit können – schon im Hinblick auf den nur von § 242 BGB eingeschränkten Grundsatz des § 1603 I BGB – keine geringeren Anforderungen gelten. Bei Leichtfertigkeit, die gewöhnlich bewusste Fahrlässigkeit sein wird, ergibt sich damit das Erfordernis, dass der Unterhaltsschuldner die Möglichkeit des Eintritts der Leistungsunfähigkeit als Folge seines Verhaltens erkennt und im Bewusstsein dieser Möglichkeit, wenn auch im Vertrauen auf den Nichteintritt jener Folge handelt, wobei er sich unter grober Missachtung dessen, was jedem einleuchten muss, oder in Verantwortungslosigkeit und Rücksichtslosigkeit gegen den Unterhaltsgläubiger über die erkannte Möglichkeit nachteiliger Folgen für seine Leistungsfähigkeit hinwegsetzt (vgl. *Senat,* a. a. O.).

BGH v. 31. 5. 2000 – XII ZR 119/98 – FamRZ 00, 1358 = NJW 00, 1385

R543   *(Nachrang der Sozialhilfe bei Ausschluss des Anspruchsübergangs nach § 91 II 1 BSHG)*

a   Wie der *Senat* zwischenzeitlich entschieden hat, gilt der Grundsatz, dass Sozialhilfe gegenüber dem Unterhalt nachrangig ist (§ 2 II 1 BSHG), auch dann, wenn der nach § 91 I 1 BSHG vorgesehene Übergang des Unterhaltsanspruchs auf den Sozialhilfeträger ausnahmsweise gem. § 91 II 1 BSHG ausgeschlossen ist (*Senat,* NJW 1999, 2365 = FamRZ 1999, 843 [845 ff.] m. w. Nachw.). Da die Zielsetzung des Sozialhilferechts eine andere als die des Unterhaltsrechts ist und der bürgerlich-rechtliche Unterhaltsanspruch durch das Bundessozialhilfegesetz nicht berührt wird, haben die Leistungen nach diesem Gesetz keinen Einfluss auf Inhalt und Umfang des Unterhaltsanspruchs und der Unterhaltsverpflichtung. Die Gewährung von Sozialhilfe ist demgemäß nicht als unterhaltsrechtlich bedarfsdeckende Leistung zu behandeln dergestalt, dass damit die Bedürftigkeit des Unterhaltsgläubigers und zugleich sein Unterhaltsanspruch entfiele. Auch der in § 91 II 1 BSHG verankerte Schuldnerschutz ändert an diesem Grundsatz nichts, weil er sich seiner Zielsetzung nach nur gegen den Sozialhilfeträger wendet. Er soll lediglich gewährleisten, dass der Unterhaltspflichtige im Verhältnis zum Sozialhilfeträger den gleichen Schutz hinsichtlich seines Einkommens und Vermögens genießt, den er hätte, wenn er selbst Hilfeempfänger wäre (*Senat,* NJW 1999, 2365 = FamRZ 1999, 843 [846] m. w. Nachw.). Daher sind im Sozialhilferecht – anders als im Unterhaltsrecht – auch keine fiktiven Einkünfte zu berücksichtigen. Demgegenüber schützt das Unterhaltsrecht den Verpflichteten nur nach Maßgabe der bürgerlich-rechtlich definierten Leistungsfähigkeit im Rahmen der §§ 1581, 1603 BGB, wobei leichtfertig herbeigeführte Leistungsunfähigkeit unbeachtlich sein kann (*Senat,* NJW 1999, 2365 = FamRZ 1999, 843). Der *Senat* hat lediglich erwogen, dass einem nach Gewährung von Sozialhilfe, aber ohne Rechtsübergang auf den Sozialhilfeträger erhobenen Unterhaltsbegehren der Grundsatz von Treu und Glauben entgegenstehen könne, wenn andernfalls in Mangelfällen die Gefahr besteht, dass der Unterhaltsschuldner mit derartig hohen Unterhaltsforderungen aus der Vergangenheit belastet wird, dass es voraussichtlich auf Dauer unmöglich ist, diese Schulden neben seinen laufenden Verpflichtungen zu tilgen (vgl. *Senat,* NJW-RR 1993, 322 = FamRZ 1993, 417 [419]). Eine solche Korrektur nach § 242

BGB kommt allerdings nicht generell, sondern nur in Einzelfällen und nur bezogen auf Unterhalts-rückstände aus der Vergangenheit in Betracht, weil andernfalls die gesetzlich gewollte Subsidiarität der Sozialhilfe außer Kraft gesetzt würde (*Senat,* NJW 1999, 2365 = FamRZ 1999, 843 [847]). Hier kommt eine Anwendung des § 242 BGB schon angesichts des Umstands, dass keine Unterhaltsrück-stände für die Zeit vor Rechtshängigkeit zuerkannt worden sind und sich der Ast. auf die Unterhalts-forderungen im Laufe des Verbundverfahrens rechtzeitig einrichten konnte, sowie angesichts der geringen Höhe des Unterhalts nicht in Betracht (vgl. *Senat,* NJW 2000, 812 = FamRZ 2000, 221 [223]).

(Bedarf des Kindes bei fiktivem Einkommen des barunterhaltspflichtigen Elternteils)

c) Hilfsweise beruft sich die Revision für ihre Auffassung, ein über den Mindestbedarf hinaus-   **b**
gehender Unterhalt könne nicht aus einem fiktiv zugerechneten Einkommen hergeleitet werden, auf die Rechtsprechung des Senats, wonach lediglich gedachte wirtschaftliche Verhältnisse, die keine Grundlage in der tatsächlichen Einkommenssituation des Unterhaltspflichtigen haben, dessen Lebens-stellung – und damit auch die des von ihm abhängigen Unterhaltsgläubigers – nicht prägen können (*Senat,* NJW 1997, 735 = FamRZ 1997, 281 [283] für Kindesunterhalt; NJW 1992, 2477 = FamRZ 1992, 1045 [1047] für Ehegattenunterhalt). Diese Aussage bezieht sich indessen auf Fälle, in denen dem Unterhaltspflichtigen diese Einkünfte tatsächlich nie oder jedenfalls nicht so nachhaltig zur Verfügung gestanden hatten, dass auch die Lebensstellung des unterhaltsberechtigten Kindes davon geprägt werden konnte (§ 1610 I BGB), also etwa auf Fälle, in denen die Einkünfte erst aus der Verwertung von Vermögen und anschließendem Verzehr des erzielten Kapitals fließen (*Senat,* NJW 1997, 735 = FamRZ 1997, 281 [283]). Im Unterschied dazu hatte im vorliegenden Fall der Ast. das Gehalt als Busfahrer tatsächlich jahrelang bezogen und davon den Lebensunterhalt seiner Familie bestritten. Wenn das *OLG* den Unterhaltsbedarf der Kinder an diesem zuletzt erzielten Einkommen ausrichtet und davon ausgeht, dass er ein entsprechendes Gehalt bei gehörigem Bemühen wieder erzielen könne, ist dies revisionsrechtlich nicht zu beanstanden. Denn die Leistungsfähigkeit eines Unterhaltspflichtigen wird nicht nur durch die tatsächlich vorhandenen, sondern auch durch solche Mittel bestimmt, die er bei gutem Willen durch eine zumutbare Erwerbstätigkeit, unter Umständen auch im Wege eines Orts- oder Berufswechsels erreichen könnte. Dabei obliegt ihm auf Grund seiner erweiterten Unterhalts-pflicht gegenüber minderjährigen Kindern nach § 1603 II BGB eine gesteigerte Ausnutzung seiner Arbeitskraft, die es ihm ermöglicht, nicht nur den Mindestbedarf, sondern auch den angemessenen Unterhalt der Kinder sicherzustellen (st. Rspr.; vgl. *Senat,* NJW 1985, 732 = FamRZ 1985, 158 [159]; NJW-RR 1993, 1283 = FamRZ 1993, 1304 [1306]; NJW 1994, 1002 = FamRZ 1994, 372 [373]; NJW-FER 1998, 64 = FamRZ 1998, 357 [359]; NJW 1999, 2365 = FamRZ 1999, 843 [844], jeweils m. Nachw.). Dazu gehört nicht nur die Stellensuche über das Arbeitsamt, sondern auch, dass er sich aus eigenem Antrieb laufend über Zeitungsannoncen, Vermittlungsagenturen und ähnliches um Arbeit bemüht (*Senat,* NJW 1994, 1002 = FamRZ 1994, 372 [374]). Notfalls muss er auch andere Tätigkeiten bis hin zu Aushilfs- und Gelegenheitsarbeiten übernehmen. Um seiner Darlegungs- und Beweislast für hinreichende Bemühungen zu genügen, muss der Unterhaltspflichtige auch in nachprüfbarer Weise vortragen, welche Schritte er im Einzelnen unternommen hat, um eine Arbeitsstelle zu finden (*Senat,* NJW 1996, 517 = FamRZ 1996, 345 [346]).

BGH v. 21. 6. 2000 – XII ARZ 6/00 = NJW 00, 3214

(Zur Zuständigkeitsbestimmung)   **R544**

II. Die Voraussetzungen für eine Vorlage an den *BGH* sind nicht gegeben. Zwar bestimmt § 36 III ZPO in der seit dem 1. 4. 1998 geltenden Fassung, dass das OLG eine Sache unter Begründung seiner Rechtsauffassung dem BGH vorzulegen hat, wenn es bei der Bestimmung des zuständigen Gerichts in einer Rechtsfrage von einer Entscheidung eines anderen OLG oder des *BGH* abweichen will. Wie das vorliegende OLG nicht verkennt, wird in der Literatur die Meinung vertreten, § 36 III ZPO bilde eine „innere Einheit" mit dem gleichzeitig eingeführten § 36 II ZPO und erlaube deshalb eine Vorlage an den BGH nur dann, wenn das OLG nach § 36 II ZPO anstelle des BGH als des zunächst höheren gemeinsamen Gerichts zur Bestimmung der Zuständigkeit berufen sei, nicht dagegen, wenn das OLG selbst das gemeinsame höhere Gericht und somit nach § 36 I ZPO „originär" berufen sei (*Zöller/Voll-kommer,* ZPO, 21. Aufl., § 36 Rn. 10). Die Frage ist bisher vom *BGH* nicht entschieden worden. Der X. Zivilsenat des *BGH,* der mit einer ähnlichen Fallkonstellation befasst war, brauchte die Frage nicht zu vertiefen, weil sich in dem von ihm entschiedenen Fall die Unzulässigkeit der Vorlage an den *BGH* jedenfalls aus anderen Gründen ergab und er seine Entscheidung auf diese anderen Gründe gestützt hat (*BGH,* NJW 2000, 80 = NZM 1999, 1144).

Der *Senat* schließt sich der dargelegten Literaturmeinung an. Für diese Auslegung des § 36 III ZPO spricht die Entstehungsgeschichte der Vorschrift, aber auch die Systematik des § 36 I bis III ZPO. Bis zu der am 1. 4. 1998 in Kraft getretenen Neufassung des § 36 ZPO war bei einem Kompetenzkonflikt verschiedener Gerichte grundsätzlich das im Rechtszug zunächst höhere Gericht zur Bestimmung der Zuständigkeit berufen. Lagen beispielsweise bei allgemeinen Zivilsachen die Gerichte im Bezirk ein und desselben LG, war dieses LG berufen, lagen sie in den Bezirken verschiedener Landgerichte, aber ein und desselben OLG, war dieses OLG zuständig, lagen sie in den Bezirken verschiedener Oberlandesgerichte, hatte der *BGH* das zuständige Gericht zu bestimmen. Soweit die Oberlandesgerichte originär zuständig waren, bestand keine Möglichkeit der Vorlage an den BGH.

Nach dem neuen § 36 II ZPO ist eine originäre Bestimmungszuständigkeit des *BGH* entfallen. Ist der *BGH* das zunächst höhere gemeinschaftliche Gericht, so ist nach dieser Vorschrift das OLG zur Bestimmung der Zuständigkeit berufen, zu dessen Bezirk das zuerst mit der Sache befasste Gericht gehört. Aus den Gesetzesmaterialien zu den neuen Absätzen 2 und 3 des § 36 ZPO ergibt sich, dass die Neuregelung das Ziel hatte, den *BGH* von diesen Verfahren zu entlasten. In dem Bericht des Rechtsausschusses heißt es, um das vorrangig für die Sicherung der Einheitlichkeit der Rechtsprechung und die Fortbildung des Rechts bestimmte oberste Bundesgericht von der zunehmenden Belastung durch diese Routineaufgaben freizustellen, solle die Zuständigkeit für die Gerichtsstandsbestimmung vom *BGH* auf die Oberlandesgerichte verlagert werden (BT-Dr 13/9124, S. 45 f.). Diese erklärte Absicht des Gesetzgebers verbietet eine Auslegung der Neufassung des § 36 ZPO, durch welche ein neuer, bisher nicht gegebener Zugang zum *BGH* erst geschaffen würde. Soweit das OLG als das gemeinschaftliche höhere Gericht originär zur Bestimmung der Zuständigkeit berufen ist, muss es deshalb dabei verbleiben, dass eine Vorlagemöglichkeit zum *BGH* weiterhin nicht besteht.

BGH v. 19. 7. 2000 – XII ZR 161/98 – FamRZ 00, 1492 = NJW 00, 3140

R546 *(Trennung als Prüfungsmaßstab für außergewöhnliche, vom Normalbedarf abweichende berufliche Entwicklungen)*

a 2. Das *OLG* hat rechtlich bedenkenfrei der Berechnung des nachehelichen Betreuungsanspruchs der Ast. aus § 1570 i. V. mit § 1578 BGB das vom Ag. nach der Trennung erzielte höhere Einkommen als Bezirksleiter zu Grunde gelegt. Einkommenssteigerungen, die während der Trennung erzielt werden, sind für die Unterhaltsbemessung nur dann außer Betracht zu lassen, wenn sie auf einer außergewöhnlichen, vom Normalverlauf erheblich abweichenden beruflichen Entwicklung beruhen (st. Rspr., vgl. z. B. *Senat*, NJW-RR 1990, 1346 = FamRZ 1990, 1090; NJW-RR 1991, 130 = FamRZ 1991, 307, NJW-RR 1988, 1281 = FamRZ 1988, 927, jew. m. w. Nachw.). Die Beförderung des Ag. vom Außendienstmitarbeiter zum Bezirksleiter stellt schon für sich gesehen keinen außergewöhnlichen beruflichen Karriereanstieg dar. Darüber hinaus hat das *OLG* festgestellt, dass dem Ag. auch schon während des Zusammenlebens ähnliche Optionen angeboten worden seien, die er jedoch aus verschiedenen Gründen, unter anderem wegen eines damit verbundenen Umzugs in die neuen Bundesländer, abgelehnt habe.

(Prägung von Unterhaltslasten gegenüber vor Rechtskraft der Scheidung geborenen nichtehelichen Kindern)

b 4. Vom Einkommen des Ag. hat das *OLG* neben dem von den Parteien vereinbarten Unterhalt für die gemeinsamen Kinder in Höhe von insgesamt 700 DM auch den Unterhalt für das während der Trennungszeit geborene dritte Kind des Ag. vorweg abgesetzt. Das entspricht der Rechtsprechung des *Senats,* da die ehelichen Lebensverhältnisse auch von der Unterhaltslast gegenüber einem während der Trennungszeit geborenen nicht gemeinsamen Kind mitgeprägt werden (vgl. zuletzt *Senat,* NJW 1999, 717 = FamRZ 1999, 367 m. w. Nachw.).

(Angemessener Unterhalt des Kindes, Überprüfung mit Hilfe von Bedarfskontrollbeträgen)

c 4 a) Die Unterhaltsbedarfssätze der Düsseldorfer Tabelle sind auf allgemeiner Erfahrung beruhende Richtsätze, die dem Rechtsanwender die Ausfüllung des unbestimmten Rechtsbegriffs des „angemessenen Unterhalts" erleichtern sollen. Der Höhe nach sind sie auf den Durchschnittsfall zugeschnitten, dass der Unterhaltspflichtige einem Ehegatten und zwei Kindern Unterhalt zu gewähren hat. Da die Werte nur Hilfsmittel für die Unterhaltsbemessung sind, ist das mit ihrer Hilfe gewonnene Ergebnis nach den jeweiligen Umständen des Einzelfalls stets auf seine Angemessenheit und Ausgewogenheit hin zu überprüfen, und zwar gleichgültig, ob es sich um einen so genannten Mangelfall handelt (vgl. z. B. *Senat,* NJW 1992, 1621 = FamRZ 1992, 539 [541], und zuletzt NJW 1997, 1919) oder nicht (vgl. *Senat,* NJW 1987, 1551 = FamRZ 1987, 456 [459]). Hierzu hält die Düsseldorfer Tabelle die Institute der Herauf- oder Herabstufung und des Bedarfskontrollbetrags bereit (*Wendl/Scholz,* 5. Aufl., § 2 Rdnrn. 124, 208). Liegt eine über- oder unterdurchschnittliche Unterhaltsbelastung mit mehr oder weniger Unterhaltsberechtigten vor, soll durch eine Höher- oder Niedrigergruppierung in den Gehaltsstufen oder durch Bildung von individuell geschätzten Zu- oder Abschlägen eine den Besonderheiten des Falls angemessene Unterhaltsbemessung erreicht werden (*Wendl/Scholz,* § 2 Rdnrn. 231 ff.,

234). Als weiteres, mehr schematisiertes Hilfsmittel wird die – allerdings nicht von allen Oberlandesgerichten übernommene – Ausrichtung an einem so genannten Bedarfskontrollbetrag vorgeschlagen, der ebenfalls zu einer Herauf- oder Herabstufung führen kann. Dieser – ab Gehaltsgruppe 2 nicht mit dem Eigenbedarf identische – Betrag soll nach den Vorstellungen der Düsseldorfer Tabelle eine ausgewogene Verteilung des Einkommens zwischen dem Unterhaltspflichtigen und den unterhaltsberechtigten Kindern gewährleisten. Wird er unter Berücksichtigung auch des Ehegattenunterhalts unterschritten, soll der Tabellenbetrag der nächst niedrigeren Gruppe, deren Bedarfskontrollbetrag nicht unterschritten wird, oder ein Zwischenbetrag angesetzt werden (Düsseldorfer Tabelle Anm. A 6 in FamRZ-Buch, Bd. 1, Daten und Tabellen zum FamilienR, 3. Aufl., S. 44; zur Handhabung vgl. *Wendl/Scholz*, § 2 Rdnrn. 239 ff.).

Die Einstufung in eine höhere oder niedrigere Gehaltsgruppe der Tabelle je nach der Zahl der Unterhaltsberechtigten und der damit verbundenen Unterhaltslast hat der *Senat* stets gebilligt, weil sie im tatrichterlichen Ermessen liegt (vgl. z. B. *Senat*, NJW 1992, 1621 = FamRZ 1992, 539 [540]). Entsprechendes gilt, wenn der Tatrichter die Einstufung mit Hilfe eines Bedarfskontrollbetrags vornimmt, weil es sich auch insoweit um eine der denkbaren Kontrollen handelt, die dem Tatrichter bei der Überprüfung einer Unterhaltsbemessung auf ihre Angemessenheit und Ausgewogenheit nach den Umständen des Einzelfalls stets obliegt. Denkbar wäre auch, die Angemessenheitskontrolle im Rahmen einer Ergebnisprüfung erst in einer letzten Stufe und ohne die von der Tabelle vorgegebenen festen Kontrollbeträge vorzunehmen. Welche der Methoden der Tatrichter wählt, bleibt seinem Ermessen überlassen. Soweit das *OLG* hier unter Berücksichtigung der Unterhaltspflicht gegenüber drei Kindern, einer Ehefrau und der Ast. eine Herabstufung auf den untersten Tabellenwert vorgenommen hat, ist dies revisionsrechtlich nicht zu beanstanden.

(Zählkindvorteil ist kein Einkommen)

5. Das OLG hat das vom Ag. für sein drittes Kind bezogene Kindergeld in Höhe des auf ihn **d** entfallenden so genannten Zählkindvorteils von 190 DM (300 DM Kindergeld für das dritte Kind abzgl. 110 DM Kindergeldanteil der Mutter, für die R als erstes Kind zählt) seinem Einkommen hinzugerechnet und daraus einen entsprechend erhöhten Unterhaltsbedarf der Ast. errechnet. Es hält es für unbillig, dass sich die Ast. die Unterhaltslast für das noch während der Trennungszeit geborene außereheliche Kind des Ag. als die ehelichen Lebensverhältnisse prägend bei der Berechnung ihres Unterhalts bedarfsmindernd entgegenhalten lassen müsse, aber von der zugleich gegebenen Erleichterung der Unterhaltslast ausgeschlossen sei, während der Ag. die Kindesunterhaltslast durch seinen Kindergeldanteil ganz oder teilweise wieder ausgleichen könne. Das ließe sich auch mit dem Zweck des Kindergelds, die Unterhaltslast des Elternteils zu erleichtern, nicht rechtfertigen (vgl. auch *Graba*, FamRZ 1992, 541 [544]). Das *OLG* hat dementsprechend für die Zeit vom 10. 10. bis 31. 12. 1997 einen Unterhaltsbedarf von (3945 DM – 200 DM Kredit – 700 DM Kindesunterhalt für die gemeinsamen Kinder – 349 DM Unterhalt für das dritte Kind + 190 DM Zählkindvorteil = 2886 × $^3/_7$ =) 1237 DM ermittelt, und für die Zeit ab 1. 1. 1998 nach Wegfall der Kreditverpflichtung einen solchen von 1323 DM.

Dagegen wendet sich die Revision zu Recht. Die Berechnungsmethode des *OLG* läuft darauf hinaus, Kindergeld bzw. Teile hiervon zum unterhaltsrelevanten Einkommen des Unterhaltspflichtigen zu zählen und daraus den eheangemessenen Bedarf des Berechtigten zu ermitteln. Der *Senat* hat sich mit dieser Problematik in seiner Entscheidung vom 16. 4. 1997 (NJW 1997, 1919) bereits ausführlich befasst. Sie betraf einen ähnlich gelagerten Fall, in dem der Unterhaltspflichtige für ein während der Trennungszeit geborenes außereheliches Kind, dessen Unterhaltsanspruch sich die geschiedene Ehefrau entgegenhalten lassen musste, erhöhtes Kindergeld bezog. Der *Senat* hat entschieden, dass Kindergeld nicht wie sonstiges Einkommen zur Bedarfsberechnung nach § 1578 BGB herangezogen werden kann, da seine öffentlich-rechtliche Zweckbestimmung einer entlastende Leistung nicht dadurch in ihr Gegenteil verkehrt werden darf, dass sie – im Wege der Zurechnung zum Einkommen des Unterhaltspflichtigen – zu einer Erhöhung des Unterhaltsbedarfs führt. Auch soweit einem Ehegatten bei einem weiteren nicht gemeinsamen Kind wegen der Berücksichtigung gemeinsamer Kinder ein so genannter Zählkindvorteil erwächst, ist dieser nicht als unterhaltsrelevantes Einkommen in die Bedarfsberechnung einzubeziehen, sondern kommt dem betreffenden Elternteil allein zugute. Darin liegt keine ungerechtfertigte Doppelbegünstigung dieses Ehegatten. Wie der *Senat* bereits in früheren Entscheidungen ausgeführt hat, entspricht es dem Regelungszweck des erhöhten Kindergelds, die Mehrbelastung aufzufangen, die dem unterhaltspflichtigen Elternteil dadurch erwächst, dass er nicht nur die gemeinsamen, sondern noch ein oder mehrere weitere Kinder zu unterhalten hat (st. Rspr., vgl. *Senat*, NJW 1981, 170 = FamRZ 1981, 26; *BGH*, FamRZ 1981, 650; NJW 1984, 2694 = FamRZ 1984, 1000). Nach der Berechnungsweise des OLG müsste sich im Übrigen folgerichtig bei einer Zurechnung des Zählkindvorteils zum unterhaltsrelevanten Einkommen des Unterhaltspflichtigen nicht nur der Unterhaltsbedarf des Ehegatten nach § 1578 BGB, sondern auch der der Kinder erhöhen. Eine Beschränkung nur auf den Unterhaltsbedarf des Ehegatten wäre nicht zu begründen. Das aber liefe der oben angesprochenen generellen Zwecksetzung des Kindergeldes zuwider. Angesichts der Bandbreite an Variationsmöglichkeiten, in denen sich für den einen oder anderen Ehegatten oder für beide ein Zählkindvorteil ergeben kann, hat der *Senat* auch aus Gründen der Praktikabilität am Grundsatz des Nichteinbezugs dieses Kindergeldes festgehalten (*Senat,* NJW 1997, 1919). Dass dem unterhaltspflichtigen Elternteil im Ergebnis mehr verbleibt, liegt in der gesetzgeberischen Entscheidung begründet, Kindergeld für mehrere Kinder, gleichgültig, ob sie aus einer oder aus verschiedenen Verbindungen stammen, nicht in gleichbleibender, sondern in gestaffelter Höhe zu zahlen. Mit der durch Art. 1 Nr. 11 KindUG vom 6. 4. 1998 (BGBl I, 666) eingeführten Neuregelung des § 1612b IV BGB für den Kindergeldausgleich zwischen den Eltern hat der Gesetzgeber im Übrigen unter Übernahme der vom *Senat* entwickelten Grundsätze bestimmt, dass Kindergeld, welches unter Berücksichtigung eines nicht gemeinsamen Kindes erhöht ist, im Umfang der Erhöhung nicht anzurechnen ist. Wenn es in der Begründung (BT-Dr 13/7338, S. 30) heißt, der Zählkindvorteil wirke sich unterhaltsrechtlich generell nur noch insofern aus, als er das Einkommen des betreffenden Elternteils erhöhe, so erlaubt das noch keinen Rückschluss darauf, dass der Zählkindvorteil nach dem Willen des Gesetzgebers bedarfserhöhend in die Ermittlung des Unterhalts einfließen und damit letztlich doch zu einem Ausgleich zwischen den Ehegatten führen solle. Der *Senat* sieht daher auch insoweit keinen Anlass, von seiner Rechtsprechung abzuweichen.

BGH v. 27. 9. 2000 – XII ZR 174/98 – FamRZ 01, 619 = NJW-RR 01, 1081

R548   *(Kein Ausschluss des Anspruchsübergangs, wenn Unterhaltsanspruch auf fiktivem Einkommen beruht)*

Zwar ist der Übergang eines Anspruchs des Hilfeempfängers auf den Träger der Sozialhilfe nach § 91 II 2 BSHG ausgeschlossen, soweit der Anspruch auf der Zurechnung fiktiver Einkünfte auf Seiten des Unterhaltspflichtigen beruht (s. oben unter 3.). Das Unterhaltsvorschussgesetz enthält indessen – im Gegensatz zum BSHG – keine derartige Einschränkung hinsichtlich des Anspruchsübergangs. Eine analoge Anwendung des § 91 II 1 BSHG im Rahmen des Forderungsübergangs nach § 7 I 1 UVG kommt nach Ansicht des *Senats* nicht in Betracht, da nicht davon ausgegangen werden kann, dass das Unterhaltsvorschussgesetz eine im Wege der Analogie zu schließende Regelungslücke enthält. Nachdem der Gesetzgeber im Rahmen der Reform des Kindesunterhaltsrechts durch das Kindesunterhaltsgesetz andere Regelungen des BSHG, unter anderem die Rückabtretungsmöglichkeit (§ 91 IV 1 BSHG), und die Zulässigkeit der Geltendmachung künftigen Unterhalts (§ 91 III 2 BSHG), ausdrücklich in das Unterhaltsvorschussgesetz übernommen hat, ist die Annahme, bezüglich der nicht übernommenen Regelung des § 91 II 1 BSHG liege eine versehentliche Gesetzeslücke vor, nicht gerechtfertigt. Da die betreffende Problemlage schon längere Zeit vor dem In-Kraft-Treten des Kindesunterhaltsgesetzes bekannt war, der Gesetzgeber aber gleichwohl davon abgesehen hat, § 7 UVG auch hinsichtlich der Anwendbarkeit der sozialhilferechtlichen Schutzbestimmungen der Regelung des § 91 II 1 BSHG anzupassen, ist davon auszugehen, dass die unterbliebene Regelung der gesetzgeberischen Intention entspricht.

Der Annahme, dass eventuell bestehende Unterhaltsansprüche somit auf das Land übergegangen sind, kann nicht entgegengehalten werden, dass eine Unterhaltspflicht dann nicht besteht, wenn der Unterhaltspflichtige durch die Unterhaltsleistung in erhöhtem Maße sozialhilfebedürftig würde (vgl. *Senat,* NJW 1991, 356 = FamRZ 1990, 849 [850]). In der vorgenannten Entscheidung hat der *Senat* zu der Leistungsfähigkeit eines Unterhaltspflichtigen ausgeführt, jede Unterhaltspflicht finde dort ihre Grenze, wo dem Betroffenen nicht die Mittel für den eigenen notwendigen Lebensbedarf verblieben. Diese sind aber in Fällen der vorliegenden Art allein auf Grund des Anspruchsübergangs auf den Träger der öffentlichen Leistung nicht in Frage gestellt, ebenso wenig wie in dem Fall, in dem der Unterhaltsberechtigte selbst Unterhaltsansprüche auf fiktiver Grundlage geltend macht.

BGB v. 18. 10. 2000 – XII ZR 191/98 – FamRZ 01, 1065 = NJW-RR 01, 361

R549   *(Sicherstellung des (notwendigen) Eigenbedarfs des „Hausmanns" durch den vom zweiten Ehegatten gewährten Familienunterhalts)*

a   2 a) Nach der durch die Entscheidung BGHZ 75, 272 ff. = NJW 1980, 340 = FamRZ 1980, 43 begründeten und vom *Senat* fortgesetzten Rechtsprechung, die nach der Entscheidung des *BVerfG* in *BVerfGE* 68, 256 ff. = NJW 1985, 1211 = FamRZ 1985, 143 verfassungsrechtlich unbedenklich ist, trifft den wieder verheirateten Ehegatten ungeachtet seiner Pflichten aus der neuen Ehe die Obliegenheit, durch Aufnahme zumindest eines Nebenerwerbs zum Unterhalt von minderjährigen, unverheirateten Kindern aus früheren Ehen beizutragen. Der neue Ehepartner hat die Erfüllung dieser Obliegenheit nach dem Rechtsgedanken des § 1356 II BGB zu ermöglichen, zumal bei der Aufgabenverteilung in der neuen Ehe die beiderseits bekannte Unterhaltslast gegenüber Kindern aus früheren Ehen berücksichtigt werden muss (vgl. *Senat,* NJW 1986, 1869 = FamRZ 1986, 668; NJW 1996, 1815

= FamRZ 1996, 796 ff.). Die Leistungsfähigkeit des wieder verheirateten Elternteils wird insoweit – neben vorhandenen Einkünften – durch seine Erwerbsfähigkeit bestimmt (vgl. *Senat,* NJW 1985, 732 = FamRZ 1985, 158 [159]). Dabei richtet sich der Umfang der Erwerbsobliegenheit maßgeblich nach den bestehenden Unterhaltspflichten ohne Berücksichtigung des eigenen Unterhaltsbedarfs, da (und soweit) der Eigenbedarf des haushaltführenden Ehegatten durch den Unterhalt gesichert ist, den ihm sein Ehegatte nach Maßgabe der §§ 1360, 1360 a BGB schuldet (vgl. auch *Wendl/Scholz,* § 2 Rn. 175). Wenn der wieder verheiratete Elternteil auch in der neuen Ehe die ihn hier treffende Verpflichtung, durch Arbeit zum Familienunterhalt beizutragen, grundsätzlich durch die Führung des Haushalts erfüllt (vgl. § 1360 S. 2 BGB), ist er doch gehalten, die häusliche Tätigkeit auf ein Maß zu beschränken, welches es ihm erlaubt, eine Nebentätigkeit aufzunehmen, um seiner Barunterhaltpflicht gegenüber den minderjährigen Kindern aus der früheren Ehe nachkommen zu können (vgl. *Senat,* NJW 1996, 1815 = FamRZ 1985, 796 [797]).

(Erwerbsobliegenheit bei kinderloser Ehe des „Hausmanns")

Sind aus der neuen Ehe, wie im vorliegenden Fall, keine betreuungsbedürftigen Kinder hervor-   **b**
gegangen, so kann sich der unterhaltspflichtige Elternteil gegenüber den minderjährigen Kindern aus der früheren Ehe regelmäßig nicht auf eine Einschränkung seiner Leistungsfähigkeit durch die Haushaltsführung berufen (vgl. BGHZ 75, 272 [274] = NJW 1980, 340 = FamRZ 1980, 43 m. w. Nachw.; *Kalthoener/Büttner/Niepmann,* Rn. 658; *Wendl/Scholz,* § 2 Rn. 180). Das hat zur Folge, dass er sich ggf. fiktive Einkünfte zurechnen lassen muss, aus denen die Unterhaltspflicht gegenüber dem unterhaltsberechtigten, minderjährigen Kind zu erfüllen ist. Allerdings können fiktive Einkünfte grundsätzlich nur insoweit zugerechnet werden, als der Unterhaltspflichtige sie bei einem Verhalten, das seinen unterhaltsrechtlichen Obliegenheiten entspricht, tatsächlich erzielen könnte (vgl. *Senat,* NJW 1986, 1869 = FamRZ 1996, 668). Der Unterhaltspflichtige muss also nach seinem Gesundheitszustand und unter Berücksichtigung der Lage auf dem Arbeitsmarkt im Stande sein, einer (Teil-)Erwerbstätigkeit nachzugehen und auch eine entsprechende Stellung zu finden (vgl. hierzu *Senat,* NJW 1986, 1869 = FamRZ 1996, 668 [669] unter 3).

(Umfang der (Neben-)Erwerbsobliegenheit des Hausmanns: Besser- oder Schlechterstellung durch Wiederverheiratung)

Die Senatsentscheidung vom 31. 3. 1982 (NJW 1982, 1590 = FamRZ 1982, 590 ff.) betraf einen   **c**
Fall, in dem zu den minderjährigen Kindern aus der früheren Ehe des Bekl. ein weiteres minderjähriges Kind aus seiner zweiten Ehe hinzugekommen war, für das der Bekl. als „Hausmann" die Betreuung übernommen hatte. Bei der Bestimmung des Umfangs der Nebenerwerbsobliegenheit, die den Bekl. unter diesen Umständen im Hinblick auf seine Unterhaltspflichten gegenüber allen minderjährigen Kindern traf, hat sich der *Senat* ausdrücklich auf die Gleichrangigkeit der Kindesunterhaltsansprüche gestützt und die getroffene Entscheidung mit dem Grundgedanken der §§ 1603 I, 1609 BGB begründet (vgl. auch *Senat,* NJW 1987, 1549 = FamRZ 1987, 472). (Nur) In diesem Sinn hat der *Senat* dabei die obere Grenze der Nebenerwerbsobliegenheit des Unterhaltspflichtigen so bestimmt, dass die Kinder aus der früheren Ehe nicht schlechter gestellt werden dürften, als sie bei fortbestehender Erwerbstätigkeit des Verpflichteten stehen würden. In dem Urteil vom 13. 3. 1996 (NJW 1996, 1815 = FamRZ 1985, 796 [798] unter 3) hat der *Senat* den entsprechenden Gedanken dahin formuliert, dass sich der Unterhaltspflichtige durch die Übernahme der Rolle des Hausmanns nicht schlechter stellen dürfte, als wenn er erwerbstätig geblieben wäre. Das bedeutet zugleich, dass sich die minderjährigen, unterhaltsberechtigten Kinder aus der früheren Ehe unter den genannten Voraussetzungen nicht besser stehen dürften als bei einer Fortführung der Erwerbstätigkeit des Unterhaltspflichtigen. Die beiden unterschiedlichen Sichtweisen zeigen den Grundgedanken der getroffenen Regelung auf: Wie sich aus § 1609 BGB ergibt, ist der wiederverheiratete unterhaltspflichtige Elternteil bei Hinzutritt weiterer minderjähriger Kinder aus der neuen Ehe allen Kindern – gleichrangig – zum Unterhalt verpflichtet, und die Kinder aus der früheren Ehe sind ungeachtet der Rolle, die der Verpflichtete in seiner neuen Ehe übernimmt, nicht vor einer sich aus dem Hinzutritt weiterer Unterhaltsberechtigter ergebenden Schmälerung ihres Barunterhalts geschützt (vgl. auch *Senat,* NJW 1987, 1549 = FamRZ 1987, 472 [474] m. w. Nachw.).

Diese ausschließlich aus § 1609 BGB abgeleitete Argumentation lässt sich nicht übertragen und lässt auch keine Rückschlüsse zu auf Fälle, in denen sich, wie hier, keine Gleichrangfragen stellen, weil keine minderjährigen Kinder aus der neuen Ehe des Unterhaltspflichtigen hervorgegangen sind. Soweit das BerGer. – im Vergleich mit der dargelegten Rechtsprechung des erkennenden *Senats* – für den hier zu entscheidenden Fall eine Rechtfertigung dafür vermisst, dass die minderjährigen erstehelichen Kinder durch die neue Eheschließung ihres unterhaltspflichtigen Elternteils „besser gestellt" würden, als wenn dieser keine neue Ehe eingegangen wäre, überträgt es ohne rechtfertigenden Grund die zu § 1609 BGB aufgestellten Grundsätze auf eine hiermit nicht vergleichbare Fallgestaltung.

Den erwähnten Senatsentscheidungen zu § 1609 BGB ist allerdings zu entnehmen, dass die Tatsache der Wiederverheiratung des unterhaltspflichtigen Elternteils unterhaltsrechtlich zu beachten ist. Ebenso wie die Wiederheirat dazu führen kann, dass sich das ersteheliche Kind eine Schmälerung seines Unterhaltsanspruchs als Folge des Hinzutritts weiterer minderjähriger Kinder aus der neuen Ehe des Unterhaltspflichtigen entgegenhalten lassen muss, kann sich die Wiederverheiratung auch, wie im vorliegenden Fall, zum Vorteil des erstehelichen Kindes auswirken. Da das Gesetz in § 1603 BGB auf die tatsächlichen Verhältnisse des Unterhaltsverpflichteten abstellt und seine Unterhaltspflicht danach bemisst, ob (und inwieweit) er imstande ist, den begehrten Unterhalt ohne Gefährdung seines eigenen angemessenen Unterhalts zu gewähren, ist hier die Sicherstellung des eigenen Unterhalts der Bekl. in der neuen Ehe als Folge ihrer Wiederheirat unterhaltsrechtlich zu berücksichtigen. Es besteht daher kein Anlass und auch kein rechtfertigender Grund, eine fortdauernde Erwerbstätigkeit der Bekl. zu unterstellen.

BGH v. 29. 11. 2000 – XII ZR 165/98 – FamRZ 01, 285 = NJW 01, 828

R550

a *(Prozessuale Geltendmachung der beschränkten Erbenhaftung durch den unterhaltspflichtigen Erben)*

2. Ebenfalls ohne Erfolg rügt die Revision, das BerGer. habe der Kl. die Beschränkung ihrer Haftung auf den Nachlass (§ 780 I ZPO) nicht vorbehalten dürfen – jedenfalls dann nicht, wenn man Pflichtteilsergänzungsansprüche im Rahmen des § 1586 b BGB nicht berücksichtige. Insoweit trägt die Revision vor, für eine Beschränkung der Erbenhaftung auf den Nachlass sei kein Raum, wenn feststehe, dass der Nachlass nicht dürftig sei. Das aber ergebe sich bereits daraus, dass die Nachlassverbindlichkeiten bei der betragsmäßigen Ermittlung des Pflichtteils schon abgezogen worden seien, so dass der Nachlass zur Befriedigung eines Unterhaltsanspruchs bis zur Höhe dieses Pflichtteils naturgemäß stets ausreiche.

Dem vermag der *Senat* nicht zu folgen. Der Pflichtteil berechnet sich stets nach dem Wert des Nachlasses zur Zeit des Erbfalls (§ 2311 I 1 BGB). Die Höhe des Pflichtteilsanspruchs ändert sich nicht, wenn der Wert des Nachlasses – beispielsweise der Kurswert eines Wertpapierdepots – in der Folgezeit verfällt. Es sind daher durchaus Fälle denkbar, in denen der Erbe sich zwar für längere Zeit nicht auf § 1586 b BGB, wohl aber gem. § 780 ZPO auf die Dürftigkeit des Nachlasses berufen kann. Der Vorbehalt kann somit durchaus selbständige Bedeutung erlangen und ist entgegen der Ansicht der Revision nicht immer schon dann gegenstandslos, wenn die in der Regel noch engere Haftungsbeschränkung des § 1586 b I 3 BGB eingreift.

(Haftungsgrenze des § 1586 b I 3 BGB und Anspruch auf Pflichtteilsergänzung)

b 3. Die Revision hat hingegen Erfolg, soweit sie sich dagegen wendet, dass das BerGer. bei der Berechnung der Haftungsgrenze des § 1586 b I 3 BGB Pflichtteilsergänzungsansprüche nicht berücksichtigt hat.

a) Obwohl § 1586 I 3 BGB nur den „Pflichtteil" erwähnt, steht der Wortlaut dieser Vorschrift der entsprechenden Anwendung der §§ 2325 ff. BGB nicht entgegen. Zwar ist der Pflichtteilsergänzungsanspruch ein selbständiger Anspruch, der neben dem Pflichtteilsanspruch und unabhängig von diesem besteht; es handelt sich nicht etwa nur um einen Rechnungsposten eines einheitlichen Anspruchs (vgl. *BGHZ* 103, 333 [337] = NJW 1988, 1667; *BGHZ* 132, 240 [244] = NJW 1996, 1743). Beide Ansprüche sind einander jedoch weitgehend wesensgleich, und bereits der Umstand, dass beide im 5. Abschnitt des 5. Buches des BGB unter der Überschrift „Pflichtteil" geregelt sind, rechtfertigt es, den Pflichtteilsergänzunganspruch als einen außerordentlichen Pflichtteilsanspruch zu bezeichnen (vgl. *Palandt/Edenhofer*, § 2325 Rn. 2), denn mit dem Pflichtteilsergänzungsanspruch wird der Pflichtteil als solcher verlangt, wenn auch in anderer Höhe und Ausdehnung (vgl. BGH, NJW 1972, 760 [761].; NJW 1974, 1327).

Zudem richtet sich die Verjährung sowohl des Pflichtteilsanspruchs als auch des Pflichtteilsergänzungsanspruchs nach § 2332 I 1 BGB (vgl. *BGHZ* 103, 333 [335] = NJW 1988, 1667), obwohl der Wortlaut dieser Vorschrift – ebenso wie § 1586 b I 3 BGB – nur den „Pflichtteil" erwähnt. Die Formulierung der zuletzt genannten Vorschrift steht daher (entgegen *AG Bottrop*, FamRZ 1989, 1009 f. und *Frenz*, MittRhNotK 1995, 227 [228]) einer weiten, den Pflichtteilsergänzungsanspruch umfassenden Auslegung dieses Begriffs nicht entgegen.

b) Auch die Entstehungsgeschichte der Vorschrift spricht für eine entsprechende Anwendung der §§ 2325 ff. BGB. Der Gedanke, die Haftung des Erben des Unterhaltsverpflichteten auf die Höhe des fiktiven Pflichtteils der unterhaltsberechtigten ersten Ehefrau zu beschränken, war schon bei den Beratungen der 2. Kommission zum Entwurf des BGB erwogen, aber letztlich abgelehnt worden (vgl. *Probst,* AcP 191 [1991], 138 [146 ff.] m. Nachw.). Das 1. Eherechtsreformgesetz vom 14. 6. 1976 griff diesen Lösungsvorschlag mit dem heutigen § 1586 b BGB wieder auf. Insoweit ist darauf hinzuweisen, dass die Beschränkung der Haftung auf den Pflichtteil auf einen Vorschlag von *Beitzke* in der achten

Sitzung der Eherechtskommission beim Bundesministerium der Justiz am 5./6. 12. 1969 zurückgeht (vgl. BMJ, Niederschriften der Eherechtskommission, Bd. 2, S. 527) und zwei Kommissionsmitglieder *(Fettweis, Diemer-Nicolaus)* dazu sogleich anmerkten, dann müssten auch die Grundsätze der Pflichtteilsergänzung berücksichtigt werden, ohne dass sich insoweit Widerspruch erhob (BMJ, Niederschriften, S. 528).

c) Diese Lösung erscheint dem *Senat* auch allein interessengerecht. Sie nimmt dem Unterhaltspflichtigen den Anreiz, seinen Nachlass durch Schenkungen zu Lebzeiten zu vermindern und so den nach seinem Tode weiterbestehenden, ohnehin beschränkten Unterhaltsanspruch seines geschiedenen Ehegatten zu entwerten (vgl. *Kahlert,* S. 157) – eine Gefahr, auf die schon in den Beratungen der Eherechtsreformkommission hingewiesen worden war (BMJ, Niederschriften, S. 528; vgl. auch Klingelhöffer, ZEV 1999, 13 [14]). Es ist nicht ersichtlich, warum dem Unterhaltspflichtigen eine solche Gestaltung zum Nachteil des Unterhaltsberechtigten ermöglicht werden sollte, zumal § 2332 I BGB Rechtsgeschäfte unter Lebenden, durch die der künftige Pflichtteilsanspruch gemindert wird, in gleicher Weise als beeinträchtigende Verfügungen ansieht wie den letztwillig bestimmten Ausschluss von der Erbfolge (vgl. *BGH,* NJW 1972, 760 f.).

BGH v. 29. 11. 2000 – XII ZR 212/98 – FamRZ 01, 350 = NJW 01, 973

(Erwerbsobliegenheit während des Getrenntlebens) R551

2. a) Im Ansatz zutreffend ist das *OLG* allerdings davon ausgegangen, dass der nicht erwerbstätige **a** Ehegatte während des Getrenntlebens grundsätzlich nur unter engeren Voraussetzungen darauf verwiesen werden kann, seinen Unterhalt durch Erwerbstätigkeit selbst zu verdienen, als dies gem. § 1574 II BGB nach der Scheidung der Fall ist. Nach der Schutzvorschrift des § 1361 II BGB ist er nur dann gehalten, einer Erwerbstätigkeit nachzugehen, wenn dies von ihm nach seinen persönlichen Verhältnissen, insbesondere wegen einer früheren Erwerbstätigkeit unter Berücksichtigung der Dauer der Ehe, und nach den wirtschaftlichen Verhältnissen beider Ehegatten erwartet werden kann. Während den im Zeitpunkt der Trennung längere Zeit nicht erwerbstätig gewesenen Ehegatten im ersten Trennungsjahr in der Regel keine Erwerbsobliegenheit trifft, nähern sich deren Voraussetzungen mit zunehmender Verfestigung der Trennung, insbesondere wenn die Scheidung nur noch eine Frage der Zeit ist, immer mehr den Maßstäben, die nach den §§ 1569 ff. BGB für den nachehelichen Unterhalt gelten (*Senat,* NJW-RR 1990, 323 = FamRZ 1990, 283 [285 f.]).

b) Der zeitliche Beginn einer Erwerbsobliegenheit ist indessen nach den Umständen des Einzelfalls zu beurteilen. Im vorliegenden Fall hat zwischen der Eheschließung und der Trennung der Parteien ein Zeitraum von knapp 2¹/₂ Jahren gelegen. Im Dezember 1995 lag die Trennung der Eheleute acht Monate zurück. Beide Parteien hatten bereits im Mai 1995 Antrag auf Scheidung der Ehe gestellt. Die Kl. war im Dezember 1995 23 Jahre alt; gesundheitliche Beeinträchtigungen hat sie nicht geltend gemacht. Das Kind R lebte seit der Trennung nicht bei der Mutter. Die finanziellen Verhältnisse der Parteien waren beengt: Von dem vom BerGer. für Dezember 1995 nach Abzug der berufsbedingten Aufwendungen mit monatlich 2545 DM ermittelten Einkommen des Bekl. musste eine Darlehensrate von monatlich 300 DM gezahlt und die dreiköpfige Familie unterhalten werden. Diese Umstände sprechen, wie die Revision zu Recht geltend macht, für eine verstärkte Erwerbsobliegenheit, insbesondere für deren Beginn bereits vor Ablauf des Trennungsjahres (vgl. *Wendl/Pauling,* 5. Aufl., § 4 Rn. 18; *Schwab/Borth,* Hdb. des ScheidungsR., 4. Aufl., Kap. IV, Rdnrn. 108 ff.; *Johannsen/Henrich/Büttner,* EheR, 3. Aufl., § 1361 Rdnrn. 24 f.; *Göppinger/Bäumel,* 7. Aufl., Rn. 948; *Palandt/Brudermüller,* BGB, 59. Aufl., § 1361 Rn. 17; *Wacke,* in: MünchKomm, 4. Aufl., § 1361 Rdnrn. 29, 33 f.; OLG Hamm, FamRZ 1997, 1536 [1537]). Den Ausführungen des OLG ist nicht zu entnehmen, dass es bei seiner Beurteilung, die Kl. treffe allenfalls eine eingeschränkte Erwerbsobliegenheit, alle wesentlichen Gesichtspunkte in seine Betrachtung einbezogen und zutreffend gewürdigt hat.

(Ausbildungsunterhalt während des Getrenntlebens)

aa) Ob ein getrennt lebender Ehegatte Unterhalt beanspruchen kann, soweit er durch eine Berufs **b** ausbildung an einer Erwerbstätigkeit gehindert ist, regelt § 1361 BGB nicht näher. Da ein getrennt lebender Ehegatte im Zweifel unterhaltsrechtlich nicht schlechter gestellt werden darf, als er im Falle der Scheidung stünde, können die Tatbestände über den nachehelichen Unterhalt Maßstäbe für die Anwendung des § 1361 I BGB liefern (*Senat,* NJW 1981, 1214 = FamRZ 1981, 439 [440], und NJW 1985, 1695 = FamRZ 1985, 782 [784]).

Danach kann ein Anspruch auf Ausbildungsunterhalt während des Getrenntlebens in Betracht kommen, wenn die Ehe zerrüttet und die Trennung endgültig ist, so dass der Ehegatte sich auf die neue Lage einstellen und nach seinen Möglichkeiten um eine (Wieder-)Eingliederung in das Erwerbsleben bemühen muss. Die Verschärfung des Zumutbarkeitsmaßstabs, welcher der unterhaltsberechtigte Ehegatte unter diesen Umständen im Rahmen von § 1361 II BGB unterliegt und die eine weiter gehende

Annäherung an die Anforderungen des nachehelichen Unterhaltsrechts bewirkt (s. o. unter 2 a) kann im Einzelfall dazu führen, dass – wie es § 1574 III BGB für die Zeit nach der Scheidung vorsieht – der bedürftige Ehegatte sich einer zur Erlangung einer angemessenen Erwerbstätigkeit erforderlichen Ausbildung unterziehen muss (*Senat*, NJW 1985, 1695 = FamRZ 1985, 782 [784]).

Bei entsprechender Dauer des Getrenntlebens oder wenn die Trennung auf Scheidung abzielt, kann der Ehegatte im Interesse seiner wirtschaftlichen Selbstständigkeit aber auch dann eine zur Ausübung einer angemessenen Erwerbstätigkeit erforderliche Ausbildung aufnehmen, wenn ihn noch keine entsprechende Obliegenheit trifft. Denn es kommt den Intentionen, die das vom Grundsatz der Eigenverantwortung ausgehende Gesetz beim nachehelichen Unterhalt verfolgt, entgegen und entspricht regelmäßig auch den Interessen des Ehepartners, wenn der Ehegatte sich frühzeitig um eine (Wieder-) Eingliederung in das Erwerbsleben bemüht (*Senat*, NJW 1985, 1695 = FamRZ 1985, 782 [784]).

Hiernach ist von dem Grundsatz auszugehen, dass während der Trennung ein Anspruch auf Ausbildungsunterhalt nur insoweit in Betracht kommt, als er sich nach den Kriterien des § 1573 I i. V. mit § 1574 III BGB begründen lässt. Dagegen scheidet ein Unterhaltsanspruch nach den Maßstäben des § 1575 BGB während der Trennung der Eheleute an sich aus. In besonders gelagerten Fällen kann indessen auch ein solcher Anspruch in Frage kommen, etwa wenn ein Ehegatte während der Trennungszeit im Vorgriff auf die Voraussetzungen des § 1575 BGB eine Ausbildung aufnimmt, nachdem das endgültige Scheitern der Ehe feststeht (vgl. im Einzelnen *Senat*, NJW 1985, 1695 = FamRZ 1985, 782 [785]).

bb) Damit kommt es – von der zuletzt genannten Alternative abgesehen – für das Bestehen eines Anspruchs auf Ausbildungsunterhalt maßgeblich darauf an, ob zur Ausübung einer angemessenen Erwerbstätigkeit die Aufnahme einer Ausbildung erforderlich war. Angemessen ist eine Erwerbstätigkeit, die unter anderem der Ausbildung, den Fähigkeiten, dem Lebensalter und dem Gesundheitszustand des Ehegatten sowie den ehelichen Lebensverhältnissen entspricht (vgl. für den nachehelichen Unterhalt § 1573 II BGB). Dass und aus welchen Gründen die Kl. ohne eine Ausbildung keine nach den vorgenannten Kriterien angemessene Erwerbstätigkeit hätte aufnehmen können, hat das BerGer. indessen nicht festgestellt. Dafür reicht der Hinweis, die Kl. habe bisher keine Berufsausbildung erlangt, nicht aus. Gerade dieser Umstand hätte es vielmehr nahe legen können, dass der Kl. auch die Aufnahme einer unqualifizierten Tätigkeit – wie sie von ihr im Bereich der Altenpflege und der Gastronomie aushilfsweise verrichtet worden ist – zuzumuten war. Dieser Annahme hätten jedenfalls die ehelichen Lebensverhältnisse und der in der Ehe erreichte soziale Status der Ehegatten nicht entgegengestanden, denn auch der Bekl. ging einer Erwerbstätigkeit ohne eine entsprechende Berufsausbildung nach.

Die Beurteilung, für die Kl. habe nach der Trennung eine Ausbildungsobliegenheit bestanden, wird von den getroffenen Feststellungen danach nicht getragen. Dass die Kl. im Vorgriff auf die Voraussetzungen des § 1575 BGB eine Ausbildung hätte aufnehmen können, weil sie in Erwartung der Ehe oder während der Ehe eine Schul- oder Berufsausbildung nicht aufgenommen oder abgebrochen hat, ist ebenso wenig festgestellt worden.

(Überobligatorische Tätigkeit des Pflichtigen; Bonus für Betreuung eines 2¹/₂-jährigen Kindes)

c   Nach der Rechtsprechung des Senats hat das Einkommen aus einer wegen der Betreuung minderjähriger Kinder über das gebotene Maß hinaus ausgeübten Erwerbstätigkeit bei der Unterhaltsbemessung zwar nicht von vornherein unberücksichtigt zu bleiben. Über die Frage der Anrechnung ist vielmehr nach Treu und Glauben unter Berücksichtigung der Umstände des Einzelfalls zu entscheiden. Damit steht es in Einklang, das Einkommen aus einer trotz der Kinderbetreuung ausgeübten Berufstätigkeit unter Abzug des Betrags anzusetzen, der für die in Folge dieser Berufstätigkeit notwendig gewordene anderweitige Betreuung eines Kindes aufgewendet werden musste (*Senat*, NJW 1982, 2664 = FamRZ 1982, 779 [780], und NJW 1983, 1548 = FamRZ 1983, 569 [570]). Die Berücksichtigung eines anrechnungsfreien Betrags des auf einer überobligationsmäßigen Tätigkeit beruhenden Mehreinkommens hat der *Senat* auch dann für gerechtfertigt gehalten, wenn keine konkreten Betreuungskosten anfallen, etwa weil die zweite Ehefrau des Unterhaltsverpflichteten das Kind aus dessen erster Ehe mitbetreut (*Senat*, Urt. v. 29. 6. 1983 – IVb ZR 379/81). In welcher Höhe ein entsprechender Betrag anzusetzen ist, muss der tatrichterlichen Entscheidung überlassen bleiben. Der *Senat* hat einen Abzug von monatlich 300 DM in einem Fall, in dem die zweite Ehefrau des Unterhaltsverpflichteten dessen 13 und 14 Jahre alten Kinder aus erster Ehe mitbetreute, nicht beanstandet (*Senat*, NJW 1986, 2054 = FamRZ 1986, 790 [791]). Von dieser Rechtsprechung ist der *Senat* in dem von dem BerGer. angeführten Urteil vom 7. 11. 1990 (NJW 1991, 697 = FamRZ 1991, 182 [184]), das im Übrigen nicht einen Anspruch auf Ehegattenunterhalt betraf, sondern die Frage, unter welchen Voraussetzungen ein Elternteil, der neben der Ausübung einer Erwerbstätigkeit minderjährige unverheiratete Kinder betreut, als anderer unterhaltspflichtiger Verwandter i. S. von § 1603 II 2 BGB neben der Betreuung auch zum Barunterhalt der Kinder herangezogen werden kann, nicht abgerückt. Vielmehr hat er sich ausdrücklich auf seine bisherige Rechtsprechung bezogen, in dem entschiedenen Fall allerdings Feststellungen dazu vermisst, in welchem zeitlichem Umfang eine von dem *OLG* nur für zumutbar angesehene Teilerwerbstätigkeit des Vaters nach den Besonderheiten der von ihm ausgeübten Arbeit in Betracht komme, um die notwendige Betreuung der acht und zehn Jahre alten Kinder sicherzustellen.

Damit ist der vorliegende Fall nicht vergleichbar. Dass ein Kind im Alter von 2¹/₂ Jahren (Beginn des Zeitraums der Inanspruchnahme auf Trennungsunterhalt) bzw. von vier Jahren (Ende des Zeitraums) tagsüber durchgehend der Betreuung bedarf, jedenfalls solange es noch keinen Kindergarten besucht, liegt auf der Hand. Ohne die Mithilfe seiner – hierzu im Verhältnis zu der Kl. nicht verpflichteten – neuen Partnerin hätte der Bekl. deshalb keiner vollen Erwerbstätigkeit nachgehen können. Daher war ihm ein nach tatrichterlichem Ermessen festzusetzender Freibetrag vorweg zu belassen. Dessen Bemessung, die sich ebenso wie die Ermittlung des einem Unterhaltsberechtigten nach § 1577 II BGB anrechnungsfrei zu belassenden Teils des Einkommens einer schematischen Beurteilung entzieht, wird im Einzelfall davon abhängen, wie etwa die Kinderbetreuung mit den konkreten Arbeitszeiten unter Berücksichtigung erforderlicher Fahrtzeiten zu vereinbaren ist und ob und gegebenenfalls zu welchen Zeiten das Kind einen Kindergarten besucht und insofern zeitweise der Betreuung nicht bedarf. Bei Berücksichtigung aller insoweit maßgebenden Umstände ergibt sich grundsätzlich keine Ungleichbehandlung von überobligationsmäßigen Erwerbseinkünften des Unterhaltsberechtigten und des Unterhaltsverpflichteten.

BGH v. 13. 12. 2000 – XII ZR 278/98 – FamRZ 01, 412 = NJWE-FER 01, 115

(Anwendbares materielles Recht bei internationalem Bezug; gewöhnlicher Aufenthalt des Unterhaltsberechtigten)   **R552**

2 b) Für Sachverhalte mit Bezug zum Recht eines ausländischen Staates richtet sich die Frage, welches materielle Recht anwendbar ist, nach den Regeln des von Amts wegen anzuwendenden deutschen Kollisionsrechts, des EGBGB (*Senat,* NJW 1993, 2305 = FamRZ 1993, 1051). Jedoch gehen Bestimmungen in völkerrechtlichen Vereinbarungen vor, soweit sie unmittelbar anwendbares innerstaatliches Recht geworden sind (Art. 3 I 1, II 1 EGBGB). Ein solcher Vorrang gilt hier nach dem Haager Übereinkommen über das auf Unterhaltspflichten anwendbare Recht vom 2. 10. 1973 (im Folgenden: HaagUntPflÜbk, BGBl II 1986, 825 ff., für Deutschland in Kraft seit 1. 4. 1987, vgl. BGBl II 1987, 225). Es geht demgemäß formell den Regeln des Art. 18 EGBGB vor, der allerdings inhaltlich mit denen des HaagUntPflÜbk übereinstimmt (*Senat,* NJW 1991, 2212 = FamRZ 1991, 925 [926]). Das HaagUntPflÜbk wurde von Polen am 1. 5. 1996 ratifiziert, würde jedoch auch unabhängig davon gem. Art. 3 des Abkommens im Verhältnis zu Nichtvertragsstaaten gelten (*Palandt/Heldrich,* BGB, 59. Aufl., Anh. Art. 18 EGBGB Rn. 4 f.; *Johannsen/Henrich,* EheR, 3. Aufl., Art. 18 EGBGB Rn. 5; *Wendl/Dose,* 5. Aufl., § 7 Rn. 1). Gem. Art. 4 I HaagUntPflÜbk (= Art. 18 I 1 EGBGB) bestimmt sich die Unterhaltspflicht nach den Sachvorschriften des am jeweiligen gewöhnlichen Aufenthalt des Unterhaltsberechtigten geltenden Rechts. Der gewöhnliche Aufenthalt einer Person ist dort, wo sie sozial integriert ist und ihren Lebensmittelpunkt, den Schwerpunkt ihrer Bindungen in familiärer oder beruflicher Hinsicht hat. Maßgebend sind die tatsächlichen Verhältnisse (vgl. *Senat,* NJW 1993, 2047 = FamRZ 1993, 798 [800], NJW 1981, 520 = FamRZ 1981, 135 [136]; *Wendl/Dose,* § 7 Rn. 9). Vorliegend macht die Kl. Trennungsunterhalt für die Zeit ab 1. 4. 1997 geltend. Unstreitig lebt sie seit ihrer Ausweisung im März 1997 in Polen, wo sie familiäre Bindungen hat und einem Beruf nachgeht. Daher richtet sich der Unterhaltsanspruch der Kl. vorrangig nach polnischem Recht.

Eine Ausnahme, nämlich ein Rückgriff auf deutsches Recht, kommt dann in Betracht, wenn die Kl. nach dem vorrangig berufenen polnischen Recht dem Grunde nach keinen Unterhalt erhalten kann (Art. 6 HaagUntPflÜbk = Art. 18 II EGBGB). Persönliche und wirtschaftliche Gründe, etwa fehlende Bedürftigkeit des Berechtigten oder mangelnde Leistungsfähigkeit des Verpflichteten, erfüllen diese Voraussetzung allerdings nicht (*Johannsen/Henrich,* Art. 18 EGBGB Rn. 11; *Wendl/Dose,* § 7 Rn. 13 bis 16).

BVerfG v. 6. 2. 2001 – 1 BvR 12/92 – FamRZ 01, 343 = NJW 01, 957

(Ehevertragliche Privatautonomie und verfassungsrechtliche Grundrechtspositionen der Vertragspartner)   **R553**

1. a) Im Privatrechtsverkehr entfalten die Grundrechte ihre Wirkkraft als verfassungsrechtliche Wert-   **a**
entscheidungen durch das Medium der Vorschriften, die das jeweilige Rechtsgebiet unmittelbar beherrschen, damit vor allem auch durch die zivilrechtlichen Generalklauseln (vgl. *BVerfGE* 7, 198 [205 f.] = NJW 1958, 257; *BVerfGE* 42, 143 [148] = NJW 1976, 1677). Der Staat hat auch insoweit die Grundrechte des Einzelnen zu schützen und vor Verletzung durch andere zu bewahren (vgl. *BVerfGE* 46, 160 = NJW 1977, 2255; *BVerfGE* 49, 89 = NJW 1979, 359; *BVerfGE* 53, 30 = NJW 1980, 759; *BVerfGE* 56, 54 = NJW 1981, 1655; *BVerfGE* 88, 203 = NJW 1993, 1751). Den Gerichten obliegt es, diesen grundrechtlichen Schutz durch Auslegung und Anwendung des Rechts zu gewähren und im Einzelfall zu konkretisieren. Ihrer Beurteilung und Abwägung von Grundrechtspositionen im

Verhältnis zueinander kann das *BVerfG* nur dann entgegentreten, wenn eine angegriffene Entscheidung Auslegungsfehler erkennen lässt, die auf einer grundsätzlich unrichtigen Auffassung von der Bedeutung eines Grundrechts, insbesondere vom Umfang seines Schutzbereichs, beruhen und auch in ihrer materiellen Bedeutung für den Rechtsfall von einigem Gewicht sind (vgl. *BVerfGE* 18, 85 [93] = NJW 1964, 1715; *BVerfGE* 42, 143 [149] = NJW 1976, 1677; st. Rspr.). Diese Voraussetzungen für eine Korrektur durch das *BVerfG* liegen hier vor.

b) Die durch Art. 2 I GG gewährleistete Privatautonomie setzt voraus, dass die Bedingungen der Selbstbestimmung des Einzelnen auch tatsächlich gegeben sind (vgl. *BVerfGE* 81, 242 [254 f.] = NJW 1990, 1469). Maßgebliches Instrument zur Verwirklichung freien und eigenverantwortlichen Handelns in Beziehung zu anderen ist der Vertrag, mit dem die Vertragspartner selbst bestimmen, wie ihre individuellen Interessen zueinander in einen angemessenen Ausgleich gebracht werden. Wechselseitige Bindung und Freiheitsausübung finden so ihre Konkretisierung. Der zum Ausdruck gebrachte übereinstimmende Wille der Vertragsparteien lässt deshalb in der Regel auf einen durch den Vertrag hergestellten sachgerechten Interessenausgleich schließen, den der Staat grundsätzlich zu respektieren hat (vgl. *BVerfGE* 81, 242 [254] = NJW 1990, 1469). Ist jedoch auf Grund einer besonders einseitigen Aufbürdung von vertraglichen Lasten und einer erheblich ungleichen Verhandlungsposition der Vertragspartner ersichtlich, dass in einem Vertragsverhältnis ein Partner ein solches Gewicht hat, dass er den Vertragsinhalt faktisch einseitig bestimmen kann, ist es Aufgabe des Rechts, auf die Wahrung der Grundrechtspositionen beider Vertragspartner hinzuwirken, um zu verhindern, dass sich für einen Vertragsteil die Selbstbestimmung in eine Fremdbestimmung verkehrt (vgl. *BVerfGE* 89, 214 [232] = NJW 1994, 36).

c) Dies gilt auch für Eheverträge, mit denen Eheleute ihre höchstpersönlichen Beziehungen für die Zeit ihrer Ehe oder danach regeln. Art. 6 I GG gibt ihnen hierbei das Recht, ihre jeweilige Gemeinschaft nach innen in ehelicher und familiärer Verantwortlichkeit und Rücksicht frei zu gestalten (vgl. *BVerfGE* 80, 81 [92] = NJW 1989, 2195). Allerdings setzt der Schutz der staatlichen Ordnung, der für Ehe und Familie in Art. 6 I GG ausdrücklich verbürgt ist, eine gesetzliche Ausgestaltung der Ehe voraus (vgl. *BVerfGE* 31, 58 [69] = NJW 1971, 1509). Dabei ist zu berücksichtigen, dass die eheliche und familiäre Freiheitssphäre ihre verfassungsrechtliche Prägung auch durch Art. 3 II GG erfährt. Verfassungsrechtlich geschützt ist deshalb eine Ehe, in der Mann und Frau in gleichberechtigter Partnerschaft zueinander stehen (vgl. *BVerfGE* 37, 217 [249 ff.] = NJW 1974, 1609). Der Staat hat infolgedessen der Freiheit der Ehegatten, mit Hilfe von Verträgen die ehelichen Beziehungen und wechselseitigen Rechte und Pflichten zu gestalten, dort Grenzen zu setzen, wo der Vertrag nicht Ausdruck und Ergebnis gleichberechtigter Lebenspartnerschaft ist, sondern eine auf ungleichen Verhandlungspositionen basierende einseitige Dominanz eines Ehepartners widerspiegelt. Es ist Aufgabe der Gerichte, in solchen Fällen gestörter Vertragsparität über die zivilrechtlichen Generalklauseln zur Wahrung beeinträchtigter Grundrechtspositionen eines Ehevertragspartners den Inhalt des Vertrags einer Kontrolle zu unterziehen und gegebenenfalls zu korrigieren (vgl. *BVerfGE* 89, 214 [234] = NJW 1994, 36).

Zu Unrecht ist das OLG davon ausgegangen, die Eheschließungsfreiheit stehe einer solchen Inhaltskontrolle entgegen. Aus dem Recht des Einzelnen, die Ehe mit einem selbst gewählten Partner einzugehen oder dies zu unterlassen und hierbei staatlicherseits keine ungerechtfertigte Behinderung zu erfahren (vgl. *BVerfGE* 31, 58 [67] = NJW 1971, 1509), folgt nicht, dass sich der Staat der Kontrolle jedweder ehevertraglicher Vereinbarung zu enthalten hat, wenn in dieser ein Eheversprechen abgegeben wird. Die Eheschließungsfreiheit rechtfertigt nicht die Freiheit zu unbegrenzter Ehevertragsgestaltung und insbesondere nicht eine einseitige ehevertragliche Lastenverteilung. Dementsprechend ist ein Teil des Eherechts herkömmlich zwingendes Recht.

2. a) Enthält ein Ehevertrag eine erkennbar einseitige Lastenverteilung zu Ungunsten der Frau und ist er vor der Ehe und im Zusammenhang mit ihrer Schwangerschaft geschlossen worden, gebietet es auch der Anspruch auf Schutz und Fürsorge der werdenden Mutter aus Art. 6 IV GG, die ehevertragliche Vereinbarung einer besonderen richterlichen Inhaltskontrolle zu unterziehen. Dies gilt umso mehr, als der Gesetzgeber davon abgesehen hat, bei eheverträglichen Abreden über Unterhaltslasten, anders als bei Vereinbarungen über den ehelichen Zugewinn oder den Versorgungsausgleich, durch Formerfordernisse oder Verfahrensregelungen einen gewissen Schutz vor Übervorteilung eines Vertragsteils zu bieten. In diesem Fall obliegt es vornehmlich den Gerichten, bei der Inhaltskontrolle den verfassungsrechtlichen Schutzauftrag umzusetzen und der Schwangeren Schutz vor Druck und Bedrängung aus ihrem sozialen Umfeld oder seitens des Kindesvaters zu gewähren (vgl. *BVerfGE* 88, 203 [296 f.] = NJW 1993, 1751), insbesondere wenn sie dadurch zu Vertragsvereinbarungen gedrängt wird, die ihren Interessen massiv zuwiderlaufen.

b) Eine Situation von Unterlegenheit ist regelmäßig anzunehmen, wenn eine nicht verheiratete schwangere Frau sich vor die Alternative gestellt sieht, in Zukunft entweder allein für das erwartete Kind Verantwortung und Sorge zu tragen oder durch Eheschließung den Kindesvater in die Verantwortung einzubinden, wenn auch um den Preis eines mit ihm zu schließenden, sie aber stark belastenden Ehevertrags. Ihre Verhandlungsposition wird hier geschwächt sein durch die tatsächliche Lage, in der sie sich befindet, durch ihre Rechtsstellung als ledige Mutter und insbesondere durch das Bemühen um die Sicherung der eigenen Existenz und der des erwarteten Kindes.

c) Allerdings ist die Schwangerschaft bei Abschluss eines Ehevertrags nur ein Indiz für eine vertragliche Disparität, das Anlass gibt, den Vertrag einer stärkeren richterlichen Kontrolle zu unterziehen. Die Vermögenslage, die berufliche Qualifikation und Perspektive sowie die von den Ehevertragsparteien ins Auge gefasste Aufteilung von Erwerbs- und Familienarbeit in der Ehe sind weitere maßgebliche Faktoren, die die Situation der Schwangeren bestimmen. Im Einzelfall können sie dazu führen, ihre Unterlegenheit auszugleichen, auch wenn im Ehevertrag gesetzliche Rechtspositionen abbedungen werden.

d) Wenn aber auch der Inhalt des Ehevertrags eine solche Unterlegenheitsposition der nicht verheirateten Schwangeren zum Ausdruck bringt, wird die Schutzbedürftigkeit offenkundig. Dies ist der Fall, wenn der Vertrag die Schwangere einseitig belastet und ihre Interessen keine angemessene Berücksichtigung finden (vgl. *BVerfGE* 89, 214 [234] = NJW 1994, 36).

Ob die vertraglichen Vereinbarungen die Frau deutlich mehr belasten als den Mann, hängt wesentlich auch davon ab, welche familiäre Konstellation die Vertragspartner anstreben und ihrem Vertrag zu Grunde legen. Verzichten die Ehepartner etwa gegenseitig auf nacheheliche gesetzliche Unterhaltsansprüche, liegt darin bei Ehen, in denen beide Partner einer etwa gleichwertigen Berufstätigkeit nachgehen und sich Haus- und Familienarbeit teilen, keine ungleiche Belastung. Sieht die Lebensplanung der Partner jedoch vor, dass sich in der Ehe einer der beiden unter Aufgabe einer Berufstätigkeit im Wesentlichen der Kinderbetreuung und Haushaltsführung widmet, bedeutet der Verzicht auf den nachehelichen Unterhalt eine Benachteiligung der Person, die sich der Betreuung des Kindes und der Arbeit im Hause gewidmet hat. Je mehr im Ehevertrag gesetzliche Rechte abbedungen oder zusätzliche Pflichten übernommen werden, desto mehr kann sich dieser Effekt einseitiger Benachteiligung verstärken.

(Ehevertrag und Schutzpflichten zugunsten der Mutter nach Art. 6 GG)

3. Die aus Art. 2 I i. V. mit Art. 6 IV GG folgende Schutzpflicht hat das OLG in der angegriffenen **b** Entscheidung verkannt. Es hat weder die besondere Situation beachtet, in der sich die Bf. als Schwangere mit schon einem Kind bei Vertragsabschluss befunden hat, noch ist es der Frage nachgegangen, ob der Ehevertrag die Bf. in unangemessener Weise belastet, obwohl der Inhalt des Vertrags hierfür Anlass geboten hat.

So hat die Bf. zum einen darin auf eigenen nachehelichen Unterhalt verzichtet. Angesichts der geringen Höhe ihres Einkommens und des Umstands, dass beide Ehegatten davon ausgingen, sie solle für den Fall der Scheidung die Sorge für das gemeinsame Kind tragen, schwächte sie durch diesen Verzicht ihre wirtschaftliche Lage nachhaltig. Mit zwei Kindern konnte sie nicht damit rechnen, ihre Einkommenslage aus eigener Kraft wesentlich zu verbessern. Hingegen gab der Ehemann mit seinem eigenen Verzicht nichts auf; denn er konnte nicht damit rechnen, im Falle der Scheidung Unterhalt gegenüber der Bf. durchsetzen zu können.

Darüber hinaus hat die Bf. trotz ihrer vergleichsweise schlechten wirtschaftlichen Lage vertraglich die Pflicht übernommen, den Vater weit gehend von seiner Unterhaltspflicht dem gemeinsamen Kind gegenüber freizustellen. Aus ihrem Einkommen war der Barunterhalt des Kindes, der sich nach dem höheren Einkommen des Vaters richtet, aufzubringen. Damit ist ihr für den Fall der Scheidung sowohl die Aufgabe der alleinigen Kinderbetreuung als auch die Sorge für ihren eigenen Unterhalt und gleichzeitig den des gemeinsamen Kindes zugewiesen worden. Dieser deutlichen Belastung der Bf. hat die Entlastung des Ehemanns vom etwaigen Unterhaltsanspruch der Bf. wie auch von dem über 150 DM hinausgehenden des Kindes gegenübergestanden. Dadurch wurde er angesichts der damaligen Regelbetragshöhe sogar besser gestellt als der Vater eines nichtehelichen Kindes. Das Gericht hat diese Vertragskonstellation unter Hinweis auf die Eheschließungsfreiheit nicht zum Anlass für eine Kontrolle des Vertragsinhalts genommen und dadurch verkannt, dass diese Freiheit nicht die Freiheit zur unangemessenen einseitigen vertraglichen Interessendurchsetzung eröffnet.

II. Darüber hinaus hat das OLG den Schutz aus Art. 6 II GG außer Acht gelassen, der vertraglichen Abreden von Eltern im Interesse des Kindeswohls Grenzen setzt.

1. Art. 6 II 1 GG begründet für die Eltern gleichermaßen das Recht wie die Pflicht zur Pflege und Erziehung ihrer Kinder (vgl. *BVerfGE* 24, 119 [143 f.] = NJW 1968, 2233). Diese den Eltern zuvörderst zugewiesene Verantwortung hat dem Kindeswohl zu dienen, ist also ein Grundrecht im Interesse des Kindes (vgl. *BVerfGE* 59, 360 [382] = NJW 1982, 1375; *BVerfGE* 75, 201 [218] = NJW 1988, 125). Das Recht der Eltern auf freie Gestaltung ihrer Sorge für das Kind verdient deshalb dort keinen Schutz, wo sich Eltern ihrer Verantwortung gegenüber dem Kind entziehen und eine Vernachlässigung des Kindes droht (vgl. *BVerfGE* 24, 119 [143 f.] = NJW 1968, 2233). Erreicht das elterliche Fehlverhalten ein solches Ausmaß, dass das Kindeswohl nachhaltig gefährdet ist, ist der Staat in Wahrnehmung seines Wächteramtes nach Art. 6 II 2 GG nicht nur berechtigt, sondern auch verpflichtet,

die Pflege und Erziehung des Kindes sicherzustellen, denn das Kind als Grundrechtsträger hat Anspruch auf staatlichen Schutz vor verantwortungsloser Ausübung des Elternrechts (vgl. *BVerfGE* 24, 119 [144] = NJW 1968, 2233; *BVerfGE* 55, 171 [179] = NJW 1981, 217; *BVerfGE* 72, 122 [134] = NJW 1986, 3129). Dabei bestimmen sich die Schutzmaßnahmen nach dem Ausmaß des elterlichen Versagens und danach, was im Interesse des Kindes geboten ist (vgl. *BVerfGE* 24, 119 [144 f.] = NJW 1968, 2233; *BVerfGE* 60, 79 [91, 93] = NJW 1982, 1379).

Zur Verantwortung der Eltern gehört auch, für einen ihrem eigenen Vermögen gemäßen und zugleich angemessenen Unterhalt des Kindes zu sorgen und seine Betreuung sicherzustellen (vgl. *BVerfGE* 68, 256 [267] = NJW 1985, 1211; *BVerfGE* 80, 81 [90 f.] = NJW 1989, 2195). Wie Eltern diese Aufgaben unter sich aufteilen und ob sie dabei personelle Unterstützung durch Dritte heranziehen, liegt in ihrer Entscheidungsfreiheit (vgl. *BVerfGE* 47, 46 [70] = NJW 1978, 807; *BVerfGE* 68, 256 [267 f.] = NJW 1985, 1211; *BVerfGE* 99, 216 [231 f.] = NJW 1999, 557). Dies gilt auch für den Fall der Scheidung. Treffen Eltern für diesen Fall eine vertragliche Vereinbarung, haben sie aus Verantwortung ihrem Kinde gegenüber Sorge dafür zu tragen, dass die regelmäßig mit der Trennung der Eltern verbundenen seelischen Belastungen des Kindes nach Möglichkeit gemildert werden und eine vernünftige, den Interessen des Kindes entsprechende Lösung für seine Pflege und Erziehung gefunden wird (vgl. *BVerfGE* 31, 194 [205] = NJW 1971, 1447; *BVerfGE* 61, 358 [372 f.] = NJW 1983, 101).

2. Soll nach dem Willen der Eltern im Falle der Scheidung ein Elternteil die alleinige Sorge für das gemeinsame Kind tragen sowie dessen Betreuung übernehmen, und vereinbaren die Eltern für diesen Fall eine Freistellung des nicht betreuenden Elternteils vom Kindesunterhalt durch den Betreuenden, werden sie ihrer Verantwortung dem Kinde gegenüber nicht gerecht und gefährden dessen Wohl, wenn dadurch eine den Interessen des Kindes entsprechende Betreuung und ein den Verhältnissen beider Eltern angemessener Barunterhalt nicht mehr sichergestellt sind

BGH v. 7. 2. 2001 – XII ZB 2/01 – FamRZ 01, 1363 = NJW 01, 1646

R554   *(Kein Prozesskostenvorschuss bei Fehlen hinreichender Erfolgsaussicht im Sinne des § 114 ZPO)*

§ 1360 a IV BGB gewährt einem Ehegatten, der nicht in der Lage ist, die Kosten eines Rechtsstreits über eine persönliche Angelegenheit zu tragen, einen Anspruch auf Prozesskostenvorschuss gegen den anderen Ehegatten nur, soweit dies der Billigkeit entspricht. Eine Verweisung der Ast. auf einen Prozesskostenvorschussanspruch gegen den Ag. kommt danach nicht in Betracht, wenn die Finanzierung des Prozesses für diesen unbillig wäre. Über die konkreten Voraussetzungen der Billigkeit eines Prozesskostenvorschussanspruchs besteht in Literatur und Rechtsprechung allerdings keine Übereinstimmung. Einig ist man sich zwar darin, dass jedenfalls bei offensichtlicher Aussichtslosigkeit und Mutwilligkeit der Rechtsverfolgung ein Prozesskostenvorschussanspruch ausscheidet, weil es dem Verpflichteten nicht zumutbar ist, einen von vornherein aussichtslosen Prozess – gegebenenfalls auch gegen sich selbst – vorzufinanzieren, zumal ein Anspruch auf Rückforderung der Prozesskosten nur in engen Grenzen (etwa wenn die Bedürftigkeit nicht mehr gegeben ist oder aus Billigkeitsgründen) bejaht wird und in der Regel an der mangelnden Durchsetzbarkeit gegen den Berechtigten scheitert (vgl. *Senat*, NJW 1985, 2263; *Gernhuber/Coester-Waltjen*, FamilienR, 4. Aufl., § 21 IV 7, S. 257; *Wendl/Scholz*, 5. Aufl., § 6 Rn. 34).

Während indessen die bisher überwiegende Meinung, zum Teil noch gestützt auf ältere Rechtsprechung, einen Prozesskostenvorschussanspruch nur unter den strengen Voraussetzungen der offensichtlichen Aussichtslosigkeit und Mutwilligkeit versagt (vgl. *Johannsen/Henrich/Büttner*, EheR, 3. Aufl., § 1361 BGB Rn. 127; *Wacke*, in: MünchKomm, 4. Aufl., § 1360 a Rn. 25; *Palandt/Brudermüller*, BGB, 60. Aufl., § 1360 a Rn. 15; *Wenz*, in: RGRK, 12. Aufl. [1984], § 1360 a Rn. 37; ebenso *Staudinger/ Hübner/Voppel*, BGB, 13. Bearb. [2000], § 1360 a Rn. 79 m. Nachw., der allerdings auch ein unschlüssiges Klagevorbringen in der Regel für offensichtlich aussichtslos hält; grds. ebenso *Soergel/Lange*, BGB, 12. Aufl., § 1360 a Rn. 24, jedoch mit der Einschränkung, dass ein Prozesskostenvorschussanspruch nicht besteht, wenn die Prozesskostenhilfe wegen Aussichtslosigkeit der Rechtsverfolgung abgelehnt ist), verneint eine im Vordringen begriffene Meinung einen Prozesskostenvorschussanspruch bereits dann, wenn der beabsichtigten Rechtsverfolgung die hinreichende Erfolgsaussicht nach dem Maßstab des § 114 ZPO fehlt (*Gernhuber/Coester-Waltjen*, § 21 IV 5, S. 256; *Göppinger/Vogel*, 7. Aufl., Rn. 2615; *Griesche*, in: FamGB, § 1361 BGB Rn. 46; *Heiß/Deisenhofer*, I Kap. 11, Rn. 15; *Wax*, in: MünchKomm-ZPO, 2. Aufl., § 115 Rn. 78; *Musielak/Borth*, ZPO, 2. Aufl., § 127 a Rdnrn. 7, 13; *Schwab/Borth*, 4. Aufl., IV Rdnrn. 76, 80; *Wendl/Scholz*, § 6 Rn. 29; *Zimmermann*, FamRZ-Buch 4, Prozesskostenhilfe in Familiensachen, Rn. 165; *OLG Hamm*, FamRZ 1994, 529 a. E.).

Der *Senat* schließt sich der letzten Auffassung an. Er hält es im Interesse der Klarheit und der Gleichbehandlung für sachgerechter, für den Prozesskostenvorschussanspruch denselben Maßstab anzulegen, wie er auch für das Prozesskostenhilfeverfahren gilt (§ 114 ZPO). Der Einwand, dass das Unterhaltsrecht, aus dem der Prozesskostenvorschussanspruch herrührt, allgemein weniger strenge Maßstäbe setze, als es für die Gewährung von Sozialhilfe der Fall sei, rechtfertigt es hier nicht, einem

Unterhaltsverpflichteten die Vorfinanzierung eines Prozesses zuzumuten, der aller Voraussicht nach erfolglos bleibt. Es ist ebenso wenig Aufgabe des Ehegatten wie des Staats, Mittel für eine keinen Erfolg versprechende Rechtsverfolgung zur Verfügung zu stellen (*Gernhuber/Coester-Waltjen,* S. 256; *Wendl/ Scholz,* § 6 Rn. 29). Eine verständige Partei, die ihren Prozess selbst finanzieren muss, wird dies nur dann tun, wenn für ihn eine hinreichende Erfolgsaussicht besteht. Der gleiche Maßstab muss auch für den Unterhaltsgläubiger gelten, der zur Finanzierung seiner Klage einen an sich vorschusspflichtigen Unterhaltsschuldner in Anspruch nehmen will. Das gilt erst recht, wenn – wie hier – die Erfolgsaussicht vom Gericht bereits in einem die Prozesskostenhilfe verweigernden Beschluss verneint worden ist. Auch der weitere Einwand, dass dem Vorschusspflichtigen – anders als dem Gericht nach § 114 ZPO – die Prüfung der Erfolgsaussicht des Prozesses nicht möglich sei (so *Palandt/Brudermüller,* § 1360 a Rn. 15, unter Hinw. auf alte Rspr.), greift nicht. Denn es ist Sache des Unterhaltsberechtigten, die Erfolgsaussichten seines Prozesses schlüssig darzulegen und hierfür Beweis anzutreten (vgl. u. a. *Griesche,* in: FamGB, § 1361 BGB Rn. 46; *Göppinger/Vogel,* Rn. 2615; *Wax,* in: MünchKomm-ZPO, § 115 Rn. 78 jew. m. w. Nachw.). Das gilt jedenfalls für alle Verfahren, in denen es auf eine Prüfung der Erfolgsaussicht ankommt. Anders dürfte dies etwa in Statusverfahren zu beurteilen sein, in denen das Interesse der Beteiligten und das öffentliche Interesse an der Feststellung des Status eines Betroffenen im Vordergrund steht; ähnliches gilt in Strafverfahren. Dies bedarf hier aber keiner abschließenden Erörterung.

BGH v. 21. 2. 2001 – XII ZR 34/99 – FamRZ 01, 541 = NJW 01, 1789

(Homologe In-vitro-Fertilisation; mutwillige Herbeiführung der Bedürftigkeit) R555

3 c) Die Frage, ob der Ag. dem Unterhaltsanspruch der Ast. aus § 1570 BGB die Einwände aus § 1579 Nr. 3 BGB (mutwilliges Herbeiführen der Bedürftigkeit) oder Nr. 4 BGB (mutwilliges Hinwegsetzen über schwer wiegende Vermögensinteressen) entgegenhalten kann, ist zu verneinen. Dabei bestehen vorab Zweifel, ob die Anwendung des § 1579 BGB nicht bereits im Ansatz ausscheiden muss. Geht man von dem Grundgedanken aus (vgl. u. a. *BGHZ* 97, 372 [379] = NJW 1986, 2043; *Wacke,* in: MünchKomm, § 1353 Rn. 32 m. w. Nachw.), dass die Entscheidung für oder gegen Nachkommenschaft zum nicht justiziablen engsten persönlichen Intimbereich der Partner gehört und weder einer rechtsgeschäftlichen Regelung noch dem Deliktsrecht unterliegt, so ist fraglich, ob eine mittelbare Überprüfung im Rahmen des § 1579 BGB überhaupt zulässig ist. Die Versagung des Unterhaltsanspruchs nach § 1579 Nr. 3 oder Nr. 4 BGB wäre nämlich eine Sanktion gegen ein missbilligenswertes Verhalten der Ast. und käme in dieser Wirkungsweise einem Schadensersatzanspruch gleich, der aber nach ganz überwiegender Auffassung dem Ag. nicht zustehen würde. Entsprechendes könnte auch für den Einwand aus § 1579 BGB gelten (vgl. auch *Staudinger/Hübner/Voppel,* § 1579 Rn. 41). Die Frage kann aber auf sich beruhen, weil jedenfalls ein Härtegrund weder gem. § 1579 Nr. 3 noch Nr. 4 BGB gegeben ist.

Nach Nr. 3 kann der Unterhaltsanspruch des Berechtigten versagt, teilweise herabgesetzt oder zeitlich begrenzt werden, soweit die Inanspruchnahme des Verpflichteten – auch unter Wahrung der Kindesbelange – grob unbillig wäre, weil der Unterhaltsberechtigte seine Bedürftigkeit mutwillig herbeigeführt hat. Nach der Rechtsprechung des *Senats* bedeutet Mutwilligkeit zwar nicht, dass das Verhalten vorsätzlich im Sinne einer zweckgerichteten Herbeiführung der Bedürftigkeit zu Lasten des Unterhaltspflichtigen sein muss, andererseits reicht einfaches Verschulden für die Sanktion der Nr. 3 nicht aus. § 1579 Nr. 3 BGB soll seiner Zielrichtung nach den Bereich zumutbarer nachehelicher Solidarität gegen grob unbillige Unterhaltsforderungen abgrenzen und vermeiden, dass der Unterhaltspflichtige die Folgen einer leichtfertigen Herbeiführung der Bedürftigkeit durch den anderen Ehegatten unterhaltsrechtlich mittragen muss. Erforderlich ist demgemäß ein leichtfertiges, vom üblichen sozialen Standard abweichendes Verhalten, bei dem sich die Vorstellungen und Antriebe, die diesem Verhalten zu Grunde liegen, auch auf die Bedürftigkeit als Folge dieses Verhaltens erstrecken müssen (sog. unterhaltsbezogene Leichtfertigkeit). Leichtfertig in diesem Sinn handelt, wer seine Arbeitskraft oder sein Vermögen, also die Faktoren, die ihn in die Lage versetzen, seinen Lebensunterhalt selbst zu bestreiten, auf sinnlose Art aufs Spiel setzt und einbüßt. Dabei muss er sich unter grober Nichtachtung dessen, was jedem einleuchten muss, oder in Verantwortungslosigkeit und Rücksichtslosigkeit gegen den Unterhaltspflichtigen über die erkannten möglichen nachteiligen Folgen für seine Bedürftigkeit hinwegsetzen (st. Rspr. vgl. u. a. *Senat,* NJW 1981, 2805 = FamRZ 1981, 1042; FamRZ 1984, 364; NJW 1988, 1147 = FamRZ 1988, 375; vgl. zuletzt auch *Senat,* NJW 2000, 2351 = FamRZ 2000, 815). Die vom *Senat* bisher entschiedenen Sachverhalte, in denen eine Anwendung des Nr. 3 in Rede stand, betrafen im Wesentlichen Unterhaltsberechtigte, die in vorwerfbar leichtfertiger Weise ihre Erwerbsfähigkeit durch Alkohol- oder Drogenmissbrauch bzw. das Unterlassen rechtzeitiger Entzugsmaßnahmen verloren, Vermögen verschwendet oder verspielt, eine berufliche Aus- oder Weiterbildung unterlassen oder ihren Arbeitsplatz durch eine vorsätzliche Straftat verloren haben.

Das Verhalten der Ast. erfüllt diese Voraussetzungen nicht. Selbst wenn man zu Gunsten des Ag. unterstellt, dass sie ihre spätere Unterhaltsbedürftigkeit als Folge ihrer Schwangerschaft und der Geburt des Kindes erkannt und in Kauf genommen hat (was nicht zwingend ist, da sie einen Beruf hatte, den sie – bei anderweitiger Sicherstellung der Betreuung des Kindes – gegebenenfalls weiter ausüben konnte), so kann man ihr die Verwirklichung ihres Kinderwunschs nicht als sinnloses leichtfertiges Verhalten vorwerfen, welches ein verständiger Mensch in vergleichbarer Situation vermieden hätte. Ein Kind zu bekommen, auch in der Situation der Ast., ist weder sinnlos, noch weicht es vom sozialen Standard ab. Dass sich der Kinderwunsch nur durch die – heute noch ungewöhnliche – Methode der In-vitro-Fertilisation bewerkstelligen ließ, kann die Anwendung des § 1579 Nr. 3 BGB ebenfalls nicht begründen.

BGH v. 21. 2. 2001 – XII ZR 308/98 – FamRZ 01, 614 = NJW 01, 1488

R556   *(Unterhaltspflichten des „Hausmanns" gegenüber Kindern aus einer früheren Verbindung und seinem früheren Ehegatten)*

a   2 a) Nach ständiger Rechtsprechung des Senats entfällt die unterhaltsrechtliche Obliegenheit, eine zumutbare Erwerbstätigkeit aufzunehmen, gegenüber minderjährigen unverheirateten Kindern und gegenüber diesen seit dem 1. 7. 1998 unter den Voraussetzungen des § 1603 II 2 BGB gleichgestellten volljährigen unverheirateten Kindern nicht ohne weiteres dadurch, dass der Unterhaltspflichtige eine neue Ehe eingegangen ist und im Einvernehmen mit seinem Ehegatten allein die Haushaltsführung übernimmt. Die Ehegatten können zwar nach § 1356 I BGB im gegenseitigen Einverständnis regeln, dass einer von ihnen die Haushaltsführung und gegebenenfalls die Kinderbetreuung allein übernimmt. Unterhaltsrechtlich entlastet die häusliche Tätigkeit den unterhaltspflichtigen Ehegatten aber nur gegenüber den Mitgliedern seiner neuen Familie, denen diese Fürsorge allein zugute kommt. Der unterhaltsrechtliche Gleichrang der Kinder aus erster und zweiter Ehe verwehrt es dem unterhalts-pflichtigen Ehegatten deshalb, sich ohne weiteres auf die Sorge für die Mitglieder seiner neuen Familie zu beschränken. Hierzu ist er auch dem anderen Ehegatten gegenüber nicht verpflichtet. Vielmehr darf er gerade im Hinblick auf seine Unterhaltspflichten gegenüber den weiteren gleichrangig Berechtigten grundsätzlich von seinem auch gegenüber dem anderen Ehegatten bestehenden Recht auf Erwerbs-tätigkeit Gebrauch machen. Letzterer muss nach § 1356 II BGB insoweit auf die bestehenden Unter-haltspflichten seines Gatten Rücksicht nehmen.

Das gilt grundsätzlich auch dann, wenn in der neuen Ehe ein betreuungsbedürftiges Kind vorhanden ist. In diesem Fall muss die Rollenwahl – unter Abwägung der beiderseitigen Interessen im Einzelfall – zwar dann hingenommen werden, wenn sich der Familienunterhalt in der neuen Ehe dadurch, dass der andere Ehegatte voll erwerbstätig ist, wesentlich günstiger gestaltet als es der Fall wäre, wenn dieser die Kindesbetreuung übernehmen würde und der unterhaltspflichtige Elternteil voll erwerbstätig wäre. Die Gleichrangigkeit der Unterhaltsansprüche der weiteren Unterhaltsberechtigten gebietet es allerdings auch unter diesen Umständen, die Beeinträchtigung dieser Ansprüche so gering wie möglich zu halten. Der unterhaltspflichtige Ehegatte muss daher im Allgemeinen seine häusliche Tätigkeit in der neuen Ehe auf das unbedingt notwendige Maß beschränken und wenigstens eine Nebentätigkeit aufnehmen, um auch zum Unterhalt der gleichrangig Unterhaltsberechtigten aus seiner ersten Ehe beitragen zu können.

Diese Grundsätze sind auch bei der Bestimmung der Erwerbsobliegenheit des bisherigen Unterhalts-schuldners im Verhältnis zu seinem unterhaltsberechtigten geschiedenen Ehegatten heranzuziehen, da letzterer unterhaltsrechtlich auf der gleichen Rangstufe steht wie minderjährige Kinder. Das gilt insbesondere dann, wenn der Unterhaltsanspruch des früheren Ehegatten – wie hier – aus § 1570 BGB folgt, der im Interesse des Kindeswohls sicherstellen soll, dass das Kind nach der Trennung von dem einen Elternteil nicht auch noch weit gehend auf die persönliche Betreuung durch den anderen Elternteil verzichten muss, weil dieser sich seinen Lebensunterhalt durch eigene Erwerbstätigkeit verdienen muss (*Senat*, BGHZ 75, 272 [275 ff.] = NJW 1980, 340; NJW 1982, 175 = FamRZ 1982, 25; NJW 1987, 1549 = FamRZ 1987, 472 m. w. Nachw.; NJW 1996, 1815 = FamRZ 1996, 796).

(Haushaltsführung in einer nichtehelichen Lebensgemeinschaft)

b   b) Ob diese Grundsätze auch dann heranzuziehen sind, wenn der barunterhaltspflichtige Elternteil nicht wieder verheiratet ist, sondern in nicht ehelicher Lebensgemeinschaft mit einem neuen Partner zusammenlebt und ein aus dieser Beziehung stammendes Kind betreut, wird in Rechtsprechung und Schrifttum nicht einhellig beantwortet. Der *Senat* hat bisher für den Fall einer gegenüber ihren minderjährigen Kindern aus erster Ehe barunterhaltspflichtigen Mutter, die ein von ihrem neuen Partner stammendes nicht eheliches Kind betreut und deshalb keiner Erwerbstätigkeit nachgeht, die Auffassung vertreten, eine entsprechende Anwendung der Hausmann-Rechtsprechung komme nicht in Betracht, weil der Lebensgefährte angesichts der rechtlichen Unverbindlichkeit einer nicht ehelichen

Lebensgemeinschaft nicht verpflichtet sei, auf die finanziellen Belange seiner Partnerin Rücksicht zu nehmen, um dieser die Ausübung einer Erwerbstätigkeit zu ermöglichen (*Senat,* NJW-RR 1995, 451 = FamRZ 1995, 598; ebenso: *OLG Frankfurt a. M.,* FamRZ 1992, 979; *OLG Düsseldorf,* FamRZ 1991, 592 [593 f.]; *OLG Karlsruhe,* FamRZ 1996, 1238; *OLG Köln,* NJW 1999, 725).

Die Gegenmeinung betont demgegenüber, dass die unterschiedliche Behandlung eines Unterhaltspflichtigen, die sich danach ausrichte, ob er mit dem anderen Elternteil des von ihm betreuten Kindes verheiratet sei oder in nicht ehelicher Lebensgemeinschaft zusammenlebe, nicht (mehr) berechtigt sei. Nachdem die Rechtslage sich geändert hat, folgt der *Senat* der zuletzt genannten Auffassung. Durch das Schwangeren- und Familienhilfeänderungsgesetz vom 21. 8. 1995 (BGBl I, 1050 [1055]) wurden die Voraussetzungen des Unterhaltsanspruchs der Mutter eines nicht ehelichen Kindes gegen den Vater nach § 1615 l BGB erweitert und der Anspruch bis auf drei Jahre nach der Entbindung verlängert. Betreuungsunterhalt wird damit unter Voraussetzungen gewährt, wie sie § 1570 BGB bei Betreuung eines ehelichen Kindes vorsieht. Seit dem In-Kraft-Treten des Kindschaftsrechtsreformgesetzes am 1. 7. 1998 sieht § 1615 l II 3 BGB eine weitere Verbesserung des Betreuungsunterhalts vor: Die Unterhaltspflicht endet nicht drei Jahre nach der Geburt des Kindes, sofern die Versagung des Unterhaltsanspruchs nach Ablauf dieser Frist insbesondere unter Berücksichtigung der Belange des Kindes unbillig wäre. Wenn der Vater das Kind betreut, steht ihm seit dem 1. 7. 1998 der Unterhaltsanspruch nach § 1615 l II 2 BGB gegen die Mutter zu (§ 1615 l V BGB). Nach der ebenfalls zum 1. 7. 1998 in Kraft getretenen Bestimmung des § 1626 a I Nr. 1 BGB sind Eltern, die bei der Geburt eines Kindes nicht miteinander verheiratet sind, gemeinsam sorgeberechtigt, wenn sie erklären, die elterliche Sorge gemeinsam übernehmen zu wollen. Machen Eltern von dieser Möglichkeit Gebrauch, so haben sie die zum Wohl des Kindes zu treffenden Entscheidungen, und damit auch diejenige über die Betreuung des Kindes, im gegenseitigen Einvernehmen zu treffen (§ 1627 BGB). Die von den Eltern insoweit zu verlangende Rücksichtnahme auf die Belange des jeweils anderen schafft indessen eine dem § 1356 BGB vergleichbare Situation (*OLG München,* FamRZ 1999, 1526 [1527]). Daran ändert der Umstand nichts, dass der eine Partner nicht zur Rücksichtnahme auf Unterhaltspflichten des anderen sowie insbesondere nicht dazu gezwungen werden kann, dessen zeitweise arbeitsbedingte Abwesenheit durch eigene Betreuungsleistungen zu ermöglichen. Denn auch in der Ehe sind Betreuungspflichten gegenüber einem Kind nicht einklagbar (*Wendl/Scholz,* § 2 Rn. 192).

Vor diesem Hintergrund ist die Annahme, die rechtliche Unverbindlichkeit einer nicht ehelichen Lebensgemeinschaft stehe der Heranziehung der Hausmann-Rechtsprechung entgegen, nicht mehr gerechtfertigt. Sie entspricht nicht der durch die Kindschaftsrechtsreform veränderten Rechtsstellung nicht ehelicher Eltern, durch die nicht nur die beiderseitigen Rechte verstärkt, sondern auch Pflichten begründet worden sind. Dieses Ergebnis gilt unabhängig davon, ob im Einzelfall Sorgeerklärungen nach § 1626 I Nr. 1 BGB abgegeben worden sind. Denn die tatsächliche Situation in nicht ehelicher Lebensgemeinschaft lebender Eltern wird davon in der Regel nicht berührt, so dass eine unterschiedliche Behandlung nicht gerechtfertigt ist. Diese Auffassung wird auch von der Revision nicht angegriffen.

(Rechtfertigung der Rollenwahl)

Wie der Senat bereits in seinem Urteil vom 13. 3. 1996 (NJW 1996, 1815 = FamRZ, 1996, 796 **c** [797]) hervorgehoben hat, gilt für die Frage, ob die Rollenwahl gerechtfertigt ist, ein strenger, auf enge Ausnahmefälle begrenzter Maßstab, der einen wesentlichen, den Verzicht auf die Aufgabenverteilung unzumutbar machenden Vorteil für die neue Familie voraussetzt. Die weiteren Unterhaltsberechtigten müssen eine Einbuße ihrer Unterhaltsansprüche deshalb nur dann hinnehmen, wenn das Interesse des Unterhaltspflichtigen und seiner neuen Familie ihr eigenes Interesse an der Beibehaltung der bisherigen Unterhaltssicherung deutlich überwiegt. Ob die Rollenwahl gerechtfertigt ist, kann auch davon abhängen, dass der Unterhaltspflichtige zumutbare Vorsorgemaßnahmen zur Sicherstellung des Unterhalts der alten Familie trifft. Selbst im Fall eines zulässigen Rollentauschs muss der unterhaltspflichtige Ehegatte im Übrigen – um die Beeinträchtigung der Unterhaltsansprüche der gleichrangigen weiteren Berechtigten so gering wie möglich zu halten – seine häusliche Tätigkeit – gegebenenfalls unter Inanspruchnahme einer (entgeltlichen) Betreuung des Kindes durch Dritte – auf das unbedingt notwendige Maß beschränken und grundsätzlich wenigstens eine Nebentätigkeit aufnehmen, um auch zum Unterhalt seiner ersten Familie beitragen zu können. Diese Grundsätze gelten in besonderem Maße, wenn der Unterhaltspflichtige vorher durch seine Erwerbstätigkeit für den finanziellen Familienunterhalt gesorgt hat. Der *Senat* hat im vorgenannten Urteil insoweit sogar die Frage aufgeworfen, ob es generell ausreichen kann, dass die andere Rollenverteilung zu einer wesentlich günstigeren Einkommenssituation der neuen Familie führt. Diese Frage kann im vorliegenden Fall indessen ebenfalls offen bleiben. Denn das BerGer. hat unabhängig davon keine Umstände festgestellt, die bei der gebotenen restriktiven Beurteilung die Übernahme der Haushaltsführung und Kinderbetreuung durch den Kl. rechtfertigen könnten.

Das BerGer. ist davon ausgegangen, dass die Lebensgefährtin des Kl. über ein monatliches Erwerbseinkommen von 2600 DM netto einschließlich Schichtzulagen verfügt. Es hat weiter angenommen, dass der als arbeitssuchend gemeldete Kl. dieses Einkommen nicht ohne weiteres erzielen könne. Der Bemessung des Unterhaltsbedarfs der Bekl. hat das BerGer. allerdings ein mögliches bereinigtes Erwerbseinkommen des Kl. von monatlich 2400 DM zu Grunde gelegt und damit zu erkennen gegeben, dass seiner Auffassung nach der Kl. bei Aufnahme einer Erwerbstätigkeit ein entsprechendes Einkommen erreichen könnte. Wenn das indessen der Fall ist, kann nicht von einer unverhältnismäßig günstigeren Einkommenssituation infolge des Rollentauschs ausgegangen werden. Dafür reicht die Einkommensdifferenz von 200 DM keinesfalls aus.

BGH v. 14. 3. 2001 – XII ZR 81/99 – FamRZ 01, 757 = NJW 01, 2170

R557   *(Gegenseitigkeitsprinzip, Orientierungsphase, Verzögerung der Ausbildung des Kindes)*

a   2 a) Im Ansatz zutreffend ist das BerGer. allerdings davon ausgegangen, dass der aus § 1610 II BGB folgende Anspruch eines Kindes auf Finanzierung einer angemessenen, seiner Begabung, Neigung und seinem Leistungswillen entsprechenden Berufsausbildung vom Gegenseitigkeitsprinzip geprägt ist. Der Verpflichtung des Unterhaltsschuldners, eine Berufsausbildung zu ermöglichen, steht auf Seiten des Unterhaltsberechtigten die Obliegenheit gegenüber, sie mit Fleiß und der gebotenen Zielstrebigkeit in angemessener und üblicher Zeit zu beenden. Zwar muss der Verpflichtete nach Treu und Glauben (§ 242 BGB) Verzögerungen der Ausbildungszeit hinnehmen, die auf ein vorübergehendes leichteres Versagen des Kindes zurückzuführen sind. Verletzt dieses aber nachhaltig seine Obliegenheit, seine Ausbildung planvoll und zielstrebig aufzunehmen und durchzuführen, büßt es seinen Unterhaltsanspruch ein und muss sich darauf verweisen lassen, seinen Lebensunterhalt durch Erwerbstätigkeit selbst zu verdienen (st. Rspr. des Senats, NJW 1984, 1961 = FamRZ 1984, 777; NJW 1987, 1557 = FamRZ 1987, 470 [471]; NJW 1993, 2238 = FamRZ 1993, 1057 [1059], und NJW 1998, 1555 = FamRZ 1998, 671 [672]). Aus dem Gegenseitigkeitsverhältnis folgt nicht nur die Obliegenheit des Kindes, die gewählte Ausbildung zügig durchzuführen. Die Rücksichtnahme auf die Belange der mit der Unterhaltszahlung belasteten Eltern erfordert es vielmehr auch, dass sich das Kind nach dem Abgang von der Schule innerhalb einer angemessenen Orientierungsphase für die Aufnahme einer seinen Fähigkeiten und Neigungen entsprechenden Ausbildung entscheidet (*Senat,* NJW 1998, 1555 = FamRZ 1998, 671 [672]).

b) Die Anwendung dieser Grundsätze führt indessen, wie die Revision zu Recht geltend macht, nach den bisher getroffenen Feststellungen nicht dazu, dass die Kl. keinen Ausbildungsunterhalt beanspruchen kann. Dass sie das Abitur erst mit 21 Jahren gemacht hat, ist im Wesentlichen auf ihre Auslandsaufenthalte zurückzuführen. Der einjährige Aufenthalt in den USA fand bereits ab Sommer 1986 statt und damit zu einer Zeit, als die Kl. noch minderjährig war. Den grundsätzlich sinnvollen Entschluss, ihr dieses Auslandsjahr zu ermöglichen, haben deshalb in erster Linie die Eltern zu verantworten. Bezüglich der weiteren Auslandsaufenthalte kann jedenfalls nicht ausgeschlossen werden, dass es sich hierbei auch um Reaktionen der Kl. auf die schwierigen häuslichen Verhältnisse handelte. Nach den bisher getroffenen Feststellungen kann ihr deshalb nicht angelastet werden, die Schulausbildung erst mit 21 Jahren beendet zu haben.

Wie die einem jungen Menschen zuzugestehende Orientierungsphase zu bemessen ist, muss von Fall zu Fall beurteilt werden. Maßgebende Kriterien sind dabei Alter, Entwicklungsstand und die gesamten Lebensumstände des Auszubildenden (*Senat,* NJW 1998, 1555 = FamRZ 1998, 671 [672]). Der Umstand, dass die Kl. sich nach dem Abitur nicht sogleich für eine Ausbildung entscheiden konnte, sondern zunächst in verschiedenen Bereichen arbeitete, um daraus Erkenntnisse für ihre Berufswahl zu gewinnen, steht einem Anspruch auf Ausbildungsunterhalt nicht entgegen. Die Orientierungsphase dient gerade dazu, einem in der Frage der Berufswahl unsicheren jungen Menschen die Entscheidung für einen Beruf zu erleichtern. Die hier etwa einjährige Dauer dieser Phase kann angesichts der gesamten Verhältnisse nicht als unangemessen lang angesehen werden, zumal nach dem Vorbringen der Kl. nicht ausgeschlossen werden kann, dass dies auch mit der Belastungssituation in ihrem Elternhaus zusammenhing, durch die sie in ihrer eigenen Lebensgestaltung verunsichert und in ihrer Entscheidungsfähigkeit beeinträchtigt gewesen sein kann, selbst wenn sie damals bereits in einer eigenen Wohnung lebte. Im August 1992 hat die Kl. sich dann zu einer Ausbildung als Heilpraktikerin entschlossen und ab November 1992 die Heilpraktiker-Schule in H. besucht. Nach ihrem Umzug nach Baden-Württemberg hat sie die Ausbildung an einer Heilpraktiker-Schule in M. trotz der bestehenden widrigen Umstände, insbesondere der unzureichenden Unterhaltsleistungen und der damit zusammenhängenden Notwendigkeit, zur Bestreitung ihres weiteren Lebensunterhalts und der aufzubringenden Studiengebühren zu arbeiten, sowie ihrer – mehrere Krankenhausaufenthalte erfordernden – gesundheitlichen Beeinträchtigungen, an den Wochenenden im Wesentlichen durchgehend fortgesetzt, wie die von der Schule ausgestellten Testate belegen.

c) Ende Mai 1994 hat die Kl. die Ausbildung als Heilpraktikerin allerdings abgebrochen. Nach Auffassung des BerGer. kann nicht festgestellt werden, dass dies im Hinblick auf ein beabsichtigtes

Medizinstudium erfolgte. Diese Annahme lässt indessen, wie die Revision zu Recht rügt, Vorbringen der Kl. außer Betracht.

Das vorgenannte Vorbringen der Kl. spricht indessen dafür, dass sie ihre Zukunft gerade nicht als Verwaltungsangestellte gesehen hat, sondern die Aufnahme des Medizinstudiums anstrebte. Die weitere Annahme des BerGer., sie habe nicht dargelegt, dass sie nicht schon früher mit dem Studium habe beginnen können, wird von der Revision ebenfalls zu Recht beanstandet. Dem Vorbringen der Kl. zufolge ist die Entscheidung für das Studium erst im Frühjahr 1994 gefallen. Dafür spricht zum einen der ergebnislos verlaufene Verständigungsversuch hierüber mit dem Bekl., der die Kl. zunächst veranlasst hat, sich über andere Finanzierungsmöglichkeiten zu informieren, und zum anderen die Fortführung der Heilpraktiker-Ausbildung bis Ende Mai 1994. Die nächste Möglichkeit, an dem medizinischen Eignungstest teilzunehmen, der nur einmal im Jahr stattfand, war demzufolge im November 1994 gegeben. Bei dieser Sachlage kann der Kl. aber mangelnde Zielstrebigkeit in ihrem (geänderten) Ausbildungsverhalten nicht vorgeworfen werden. Diesem Ergebnis steht nicht entgegen, dass sie ihre Tätigkeit als Verwaltungsangestellte zunächst fortgesetzt hat. Denn auf das daraus erzielte Erwerbseinkommen war sie zur Bestreitung ihres Lebensunterhalts angewiesen.

(Wechsel der Ausbildung)

Entgegen der Auffassung des BerGer. geht es vorliegend nicht um die Frage einer Weiter- oder **b** Zweitausbildung, sondern um die Erstausbildung der Kl., nachdem sie die Heilpraktiker-Ausbildung abgebrochen und ein Medizinstudium begonnen hat. Ein solcher Wechsel der Ausbildung ist unbedenklich, wenn er einerseits auf sachlichen Gründen beruht und andererseits unter Berücksichtigung der Gesamtumstände aus der Sicht des Unterhaltspflichtigen wirtschaftlich zumutbar ist. Für die Annahme eines hinreichenden Grundes kann etwa der Umstand sprechen, dass zwischen der abgebrochenen und der angestrebten Ausbildung ein sachlicher Zusammenhang besteht. Jedem jungen Menschen ist grundsätzlich zuzubilligen, dass er sich über seine Fähigkeiten irrt oder falsche Vorstellungen über den gewählten Beruf hat. Dabei wird ein Ausbildungswechsel um so eher zu akzeptieren sein, je früher er stattfindet. Dies folgt aus dem Gedanken, dass die schutzwürdigen Belange des Unterhaltspflichtigen es gebieten, sich möglichst frühzeitig darauf einrichten zu können, wie lange die Unterhaltslast dauern wird. Diese Belange erfordern es grundsätzlich auch, dass das Kind sich über seine geänderten Ausbildungspläne mit dem Unterhaltspflichtigen zu verständigen versucht (vgl. *Senat,* FamRZ 1981, 344 [346], und FamRZ 1981, 437 [439]; *Göppinger/Strohal,* 7. Aufl., Rn. 424; *Schwab/ Borth,* 4. Aufl., Kap. V, Rn. 85; *Wendl/Scholz,* 5. Aufl., § 2 Rn. 71). Falls das BerGer. im weiteren Verfahren zu dem Ergebnis gelangen sollte, dass die Kl. ihre Ausbildungsobliegenheit nicht nachhaltig verletzt hat, wird es in tatrichterlicher Verantwortung unter Berücksichtigung aller Umstände des Falls über die Frage zu befinden haben, ob der Ausbildungswechsel von dem Bekl. hinzunehmen ist. Dabei wird im Rahmen der Beurteilung der zur Rechtfertigung des Ausbildungswechsels von der Kl. geltend gemachten Gründe auch zu berücksichtigen sein, dass gestörte häusliche Verhältnisse sich nach der Lebenserfahrung vielfach nachteilig auf die schulische und sonstige Entwicklung eines Kindes auswirken (vgl. *Senat,* FamRZ 1981, 437 [439], und NJW-RR 2000, 593 = FamRZ 2000, 420 [421]) und im Einzelfall auch zu Verunsicherungen und mangelndem Selbstvertrauen führen können. Solche Auswirkungen könnten auch zu der Entscheidung der Kl., Heilpraktikerin zu werden anstatt sogleich das wesentlich anspruchsvollere Medizinstudium zu wählen, beigetragen haben.

BVerfG v. 29. 3. 2001 – BvR 1766/92 – FamRZ 01, 985 = NJW 01, 2248

(Inhaltliche Kontrolle des Ehevertrags mit einer schwangeren Verlobten) R558

1. Wie das *BVerfG* in seinem Urteil vom 6. 2. 2001 ausgeführt hat (NJW 2001, 957 = FamRZ 2001, 343), gilt auch für Eheverträge, dass bei einseitiger besonders einseitigen Aufbürdung von vertraglichen Lasten und einer erheblich ungleichen Verhandlungsposition der Vertragspartner es zur Wahrung der Grundrechtspositionen beider Vertragsparteien aus Art. 2 I GG Aufgabe der Gerichte ist, durch vertragliche Inhaltskontrolle und gegebenenfalls durch Korrektur mit Hilfe der zivilrechtlichen Generalklauseln zu verhindern, dass sich für einen Vertragsteil die Selbstbestimmung in eine Fremdbestimmung verkehrt. Eheverträgen sind dort Grenzen zu setzen, wo jene nicht Ausdruck und Ergebnis gleichberechtigter Lebenspartnerschaft sind, sondern eine auf ungleichen Verhandlungspositionen basierende einseitige Dominanz eines Ehepartners widerspiegeln. Die Eheschließungsfreiheit rechtfertigt keine einseitige ehevertragliche Lastenverteilung. Ist ein Ehevertrag vor der Ehe und im Zusammenhang mit einer Schwangerschaft geschlossen worden, gebietet es auch Art. 6 IV GG, die Schwangere davor zu schützen, dass sie durch ihre Situation zu Vereinbarungen gedrängt wird, die ihren Interessen massiv zuwiderlaufen.

Schwangerschaft bei Abschluss eines Ehevertrags ist allerdings nur ein Indiz für eine mögliche vertragliche Disparität, das Anlass für eine stärkere richterliche Inhaltskontrolle des Ehevertrags gibt. Die Vermögenslage der Schwangeren sowie ihre berufliche Qualifikation und Perspektive sind weitere maßgebliche Faktoren, die ihre Situation bestimmen und bei der gerichtlichen Prüfung, ob sich die Schwangere bei Abschluss des Vertrags in einer unterlegenen Situation befunden hat, zu berücksichtigen sind.

Bringt jedoch der Inhalt des Ehevertrags ebenfalls eine Unterlegenheitsposition der nicht verheirateten Schwangeren durch ihre einseitige vertragliche Belastung und eine unangemessene Berücksichtigung ihrer Interessen zum Ausdruck, wird ihre Schutzbedürftigkeit offenkundig. Für die Beurteilung, ob die vertraglichen Vereinbarungen die Frau deutlich mehr belasten als den Mann, ist auch die familiäre Konstellation maßgeblich, die die Vertragspartner anstreben und ihrem Vertrag zu Grunde legen. Ein Verzicht auf gesetzliche Ansprüche bedeutet insbesondere für den Ehegatten eine Benachteiligung, der sich unter Aufgabe einer Berufstätigkeit der Betreuung des Kindes und der Arbeit im Hause widmen soll. Je mehr im Ehevertrag gesetzliche Rechte abbedungen werden, desto mehr kann sich der Effekt einseitiger Benachteiligung verstärken.

2. Dies hat das *OLG* in der angegriffenen Entscheidung verkannt. Es hat zwar hinsichtlich des im Ehevertrag enthaltenen Unterhaltsverzichts eine auf § 242 BGB gestützte Korrektur vorgenommen und der Bf. einen Anspruch gegen ihren Ehemann auf den notwendigen Unterhalt zuerkannt. Dabei hat sich das Gericht allerdings allein am Kindeswohl orientiert und damit daran, was notwendig ist, um die Pflege und Erziehung des Kindes durch die Mutter sicherzustellen. Die besondere Situation, in der sich die Bf. als Schwangere mit schon einem, noch dazu schwer behinderten und besonders betreuungsbedürftigen Kind bei Vertragsabschluss befunden hat und die allein schon deutliches Indiz für ihre Unterlegenheit als Vertragspartnerin gewesen ist, hat das Gericht dagegen nicht zum Anlass genommen, der Frage nachzugehen, ob der Ehevertrag die Bf. in unangemessener Weise belastet. So hat es auch nicht in seine Prüfung mit einbezogen, dass die Bf. auf sämtliche gesetzliche Ansprüche aus der Ehe verzichtet hat und dies in ihrer familiären und wirtschaftlich beengten Situation, obwohl eine einseitige vertragliche Benachteiligung der Bf. und damit ihre Schutzbedürftigkeit deutlich erkennbar war. Das Gericht hat diese Vertragskonstellation unter Hinweis auf die Freiheit der Lebensplanung des Ehemanns nicht zum Anlass genommen, den gesamten Vertragsinhalt einer Kontrolle zu unterziehen, und damit verkannt, dass diese Freiheit nicht die Freiheit zu einer unangemessenen einseitigen vertraglichen Interessendurchsetzung eröffnet. Das Gericht ist somit seiner aus Art. 2 I i. V. mit Art. 6 IV GG folgenden Schutzpflicht gegenüber der Bf. nicht gerecht geworden.

BGH v. 11. 4. 2001 – XII ZR 152/99 – FamRZ 01, 1603 = NJWE-FER 2001, 253

R559   *(Unterhaltsbemessung nach konkretem Bedarf beim Kindesunterhalt)*

Die hiergegen gerichteten Angriffe der Revision gehen – jedenfalls im Ergebnis – fehl. Gem. § 1610 BGB bestimmt sich das Maß des zu gewährenden Unterhalts nach der Lebensstellung des Bedürftigen. Die Lebensstellung minderjähriger Kinder richtet sich – angesichts der wirtschaftlichen Unselbstständigkeit der Kinder – nach der Lebensstellung der Eltern. Für den Unterhalt von Kindern aus geschiedenen Ehen, die bei dem sie betreuenden sorgeberechtigten Elternteil leben, sind regelmäßig die Einkommensverhältnisse des barunterhaltspflichtigen Elternteils maßgebend. Es entspricht einer vom *Senat* gebilligten Praxis, sich bei der Bemessung in diesem Sinne angemessenen Unterhalts an den von den OLG entwickelten Tabellenwerken zu orientieren. Die Einkommensgruppen der Tabellen sind nach oben begrenzt; für ein 8000 DM übersteigendes Nettoeinkommen verweist die Düsseldorfer Tabelle auf die Umstände des Einzelfalls. Bezieht der Unterhaltspflichtige – wie im vorliegenden Fall geltend gemacht – ein höheres Einkommen, können die Sätze der Düsseldorfer Tabelle nicht schematisch fortgeschrieben werden; vielmehr bewendet es grundsätzlich dabei, dass der Unterhaltsberechtigte seinen Bedarf darlegen und beweisen muss (*Senat,* NJW 2000, 954 = FamRZ 2000, 358 [359]). An diese Darlegungslast dürfen zwar keine übertriebenen Anforderungen gestellt werden; vielmehr muss auch bei höherem Elterneinkommen sichergestellt bleiben, dass Kinder in einer ihrem Lebensalter entsprechenden Weise an einer Lebensführung teilhaben, die der besonders günstigen wirtschaftlichen Situation ihrer Eltern Rechnung trägt. Welche Bedürfnisse des Unterhaltsberechtigten auf dieser Grundlage zu befriedigen sind und welche Wünsche des Unterhaltsberechtigten indes als bloße Teilhabe am Luxus nicht erfüllt werden müssen, kann nicht allgemein gesagt, sondern nur unter Würdigung der besonderen Verhältnisse der Betroffenen – namentlich auch einer Gewöhnung des Unterhaltsberechtigten an einen von seinen Eltern während des Zusammenlebens gepflogenen aufwendigen Lebensstil – festgestellt werden. Diese Gesamtumstände und Bedürfnisse müssen deshalb nach Maßgabe der hierzu vom *Senat* (NJW 2000, 954 = FamRZ 2000, 358 [359]) aufgestellten Grundsätze vom Unterhaltsberechtigten näher dargelegt werden.

BGH v. 3. 5. 2001 – XII ZR 62/99 – FamRZ 01, 1140 = NJW 01, 2259

R560   *(Wohnwert bei Übernahme des Hälfteanteils des Ehegatten und Vermögensumschichtung)*

a   4. Bedenken bestehen allerdings gegen die Art, wie das OLG die Einkünfte der Kl. ermittelt und bei der Neufestsetzung des Unterhalts berücksichtigt hat. Der Vorteil, der einem Ehegatten aus dem mietfreien Wohnen im eigenen Haus zuwächst und der deshalb bei der Ermittlung des unterhaltsrechtlich relevanten Einkommens dieses Ehegatten zu berücksichtigen ist, bemisst sich grundsätzlich nach den tatsächlichen Verhältnissen (*Senat*, NJW 2000, 469 = FamRZ 2000, 950 [951]). Für die Ermittlung der der Kl. zufließenden Einkünfte ist deshalb grundsätzlich von deren tatsächlichem, um ihren Zinsaufwand geminderten Wohnvorteil auszugehen (*Senat*, NJW 1998, 753 = FamRZ 1998, 87 [88]). Zwar kann einen Ehegatten die Obliegenheit treffen, sein in einem Eigenheim gebundenes Vermögen zur Erzielung höherer Erträge umzuschichten. Ob eine solche Obliegenheit zur Vermögensumschichtung besteht, bestimmt sich jedoch nach Zumutbarkeitsgesichtspunkten, wobei unter Berücksichtigung der Umstände des Einzelfalls, auch der beiderseitigen früheren wie jetzigen Wohnverhältnisse, die Belange des Unterhaltsberechtigten und die des Unterhaltspflichtigen gegeneinander abzuwägen sind. Es kommt darauf an, ob den Unterhaltsverpflichteten die Unterhaltslast besonders hart trifft; andererseits muss dem Vermögensinhaber ein gewisser Entscheidungsspielraum belassen werden. Die tatsächliche Anlage des Vermögens muss sich als eindeutig unwirtschaftlich darstellen, ehe der Unterhaltsberechtigte auf eine andere Anlageform und daraus erzielbare Beträge verwiesen werden kann (*Senat*, NJW 1992, 1044 = FamRZ 1992, 423, und NJW 1998, 753 = FamRZ 1998, 87 [89]).

(Prägung eines neuen Wohnwertes bzw. der Zinsen aus dem Erlös bei Veräußerung des Familienheimes)

Soweit danach ein etwaiger Vorteil, welcher der Kl. aus dem mietfreien Wohnen im eigenen Haus **b** zuwächst, oder der Zinsgewinn, den die Kl. – im Falle einer Obliegenheit zur Vermögensumschichtung – aus dem in ihrem Eigenheim gebundenen Kapital erzielen könnte, einkommenssteigernd zu berücksichtigen ist, handelt es sich um eheprägendes Einkommen der Kl., das nach der Differenzmethode zu berücksichtigen ist und nicht nach der Anrechnungsmethode vom Bedarf der Kl. in Abzug gebracht werden darf. Das hat das OLG verkannt. Die Parteien haben bereits während der Ehe mietfrei im eigenen Haus gewohnt. Mit dem Auszug der Kl. und der Veräußerung ihres Miteigentumsanteils an den Bekl. ist der Wohnvorteil, den die Kl. aus der mietfreien Mitbenutzung des bis dahin gemeinsamen Hauses der Parteien gezogen hat, nicht ersatzlos entfallen. Er findet sein Surrogat in den Nutzungen, welche die Kl. aus dem Erlös ihres Miteigentumsanteils am ursprünglich gemeinsamen Haus zieht. Soweit die Kl. mit diesem Erlös ihr neues Eigenheim finanziert hat, setzt sich der eheprägende Wohnvorteil an dem ursprünglich gemeinsamen Haus der Parteien gegebenenfalls in dem Vorteil fort, welcher der Kl. aus mietfreiem Wohnen in ihrem neuen Eigenheim zuwächst. Für den Zinsgewinn, den die Kl. – im Falle einer Obliegenheit zur Vermögensumschichtung – aus dem in ihrem Eigenheim gebundenen Eigenkapital ziehen könnte, gilt, soweit dieses Kapital aus dem Erlös des früheren Miteigentumsanteils stammt, nichts anderes (vgl. *Senat*, NJW 1990, 709 = FamRZ 1990, 269 [272 unter 3 b cc a. E.]).

(Berücksichtigung von Zinsen aus einem neuen Kredit zur Übernahme der Haushälfte des Ehepartners)

Das OLG hat dem Einkommen des Bekl. den objektiven Nutzungswert des nach dem Auszug der **c** Kl. und nunmehr beider Töchter von ihm allein bewohnten Hauses als Einkommen zugerechnet. Dieser Wohnwert mindert sich jedoch um Zinsen, die der Bekl. zur Finanzierung des Erwerbs des früheren Miteigentumsanteils der Kl. aufwenden muss (*Senat*, NJW 2000, 469 = FamRZ 2000, 950 [952] m. w. Nachw.).

BGH v. 10. 5. 2001 – XII ZR 108/99 – FamRZ 01, 1068 = NJW 01, 2633

(Allgemeine Schuldausbildung im Sinne des § 1603 II 2 BGB) **R561**

2 b) Was unter dem Begriff „allgemeine Schulausbildung" zu verstehen ist, ist der Vorschrift des **a** § 1603 II 2 BGB nicht zu entnehmen. Regelungen, die den Besuch von (weiterführenden) allgemeinbildenden Schulen betreffen, finden sich etwa in § 2 I Nr. 1 BAföG und § 26 II Nr. 1 BSHG. Nach § 2 I Nr. 1, I a BAföG wird Ausbildungsförderung unter anderem für den Besuch von weiterführenden allgemeinbildenden Schulen geleistet, wenn der Auszubildende nicht bei seinen Eltern wohnt und die weiteren Voraussetzungen des § 2 BAföG erfüllt sind. § 1603 II 2 BGB trifft demgegenüber eine Regelung für den Fall, dass das volljährige, sich in einer allgemeinen Schulausbildung befindende, unverheiratete Kind im Haushalt seiner Eltern oder eines Elternteils lebt. Im Hinblick darauf erscheint es im Interesse einer einheitlichen Rechtsanwendung sachgerecht, den Begriff der allgemeinen Schulausbildung des § 1603 II 2 BGB unter Heranziehung der zu § 2 I Nr. 1 BAföG entwickelten Grundsätze auszulegen (*Häußermann*, in: FamRefK, § 1603 Rn. 8; *Erman/Holzhauser*, BGB, 10. Aufl., § 1603 Rn. 37; *Schwab/Borth*, 4. Aufl., Kap. V Rn. 129 Fußn. 45; *OLG Zweibrücken*, OLGR 2001, 15).

c) Nach diesen Grundsätzen ist der Begriff der allgemeinen Schulausbildung in drei Richtungen einzugrenzen, nämlich nach dem Ausbildungsziel, der zeitlichen Beanspruchung des Schülers und der

Organisationsstruktur der Schule (*Häußermann,* in: FamRefK, § 1603 Rn. 8; *Erman/Holzhauer,* § 1603 Rn. 37; im Ergebnis ebenso *Wendl/Scholz,* 5. Aufl., § 2 Rdnrn. 457 ff.).

aa) Ziel des Schulbesuchs muss der Erwerb eines allgemeinen Schulabschlusses als Zugangsvoraussetzung für die Aufnahme einer Berufsausbildung oder den Besuch einer Hochschule oder Fachhochschule sein, also jedenfalls der Hauptschulabschluss, der Realschulabschluss, die fachgebundene oder die allgemeine Hochschulreife. Diese Voraussetzung ist beim Besuch der Hauptschule, der Gesamtschule, der Realschule, des Gymnasiums und der Fachoberschule immer erfüllt (*Häußermann,* in: FamRefK, § 1603 Rn. 9; *Erman/Holzhauer,* § 1603 Rn. 37; *Wendl/Scholz,* § 2 Rn. 459; *Schwab/Borth,* Kap. V Rn. 129 Fußn. 45; *Kalthoener/Büttner/Niepmann,* 7. Aufl., Rn. 152; *Palandt/Diederichsen,* BGB, 60. Aufl., § 1603 Rn. 56; vgl. auch *Rothe/Blanke,* BAföG, 5. Aufl., § 2 Rdnrn. 4 ff.). Anders zu beurteilen ist der Besuch einer Schule, die neben allgemeinen Ausbildungsinhalten bereits eine auf ein konkretes Berufsbild bezogene Ausbildung vermittelt.

Auf die Rechtsform der Schule kommt es dagegen nicht an. Ob die genannten Ausbildungsgänge vom Staat, der Gemeinde, den Kirchen oder von Privatschulen angeboten werden, ist für die Frage der Privilegierung eines Kindes nach § 1603 II 2 BGB nicht von Bedeutung. Einer Schulausbildung steht es daher gleich, wenn ein Kind, ohne einen Beruf auszuüben, allgemeinbildenden Schulunterricht in Form von Privat- und Abendkursen erhält, der dem Ziel dient, eine staatlich anerkannte allgemeine Schulabschlussprüfung abzulegen, soweit auch die im Folgenden genannten weiteren Voraussetzungen erfüllt sind (*Häußermann,* in: FamRefK, § 1603 Rn. 40; *Wendl/Scholz,* § 2 Rn. 460).

bb) Was die zeitlichen Voraussetzungen des Unterrichts anbelangt, ist zu fordern, dass die Schulausbildung die Zeit und die Arbeitskraft des Kindes voll oder zumindest überwiegend in Anspruch nimmt, eine Erwerbstätigkeit, durch die der Schüler seinen Lebensunterhalt verdienen könnte, neben der Schulausbildung also nicht möglich ist. Dieses Erfordernis ist jedenfalls erfüllt, wenn die Unterrichtszeit 20 Wochenstunden beträgt, weil sich unter Berücksichtigung der für die Vor- und Nacharbeit erforderlichen Zeiten sowie eventueller Fahrtzeiten eine Gesamtbelastung ergibt, die die Arbeitskraft im Wesentlichen ausfüllt (*Häußermann,* in: FamRefK, § 1603 Rn. 10; *Wendl/Scholz,* § 2 Rn. 459; *Rothe/Blanke,* § 2 Rn. 34).

cc) Schließlich setzt die Annahme einer Schulausbildung die Teilnahme an einem kontrollierten Unterricht voraus. Diese Bedingung ist grundsätzlich gegeben, wenn die Schule in einer Weise organisiert ist, dass eine Stetigkeit und Regelmäßigkeit der Ausbildung gewährleistet ist, wie sie dem herkömmlichen Schulbesuch entspricht, die Teilnahme also nicht etwa der Entscheidung des Schülers überlassen ist (*Häußermann,* in: FamRefK, § 1603 Rn. 11).

3. Danach kann die Annahme, die Bekl. habe sich vom 1. 7. 1998 an nicht in einer allgemeinen Schulausbildung befunden, keinen Bestand haben. Sie hat die Volkshochschule besucht, um einen allgemeinen Schulabschluss, den Realschulabschluss, zu erwerben. Dass der Besuch der Volkshochschule eine abgeschlossene Berufsausbildung voraussetzt, ist weder festgestellt noch sonst ersichtlich. Was den zeitlichen Aufwand des Schulbesuchs anbelangt, beläuft sich nach dem insoweit nicht bestrittenen, auf die vorgelegten Bescheinigungen der Volkshochschule gestützten Vortrag der Bekl. die Unterrichtszeit auf 20 Wochen(schul)stunden (montags bis donnerstags von 18.30 Uhr bis 21.30 Uhr und freitags von 18 Uhr bis 21 Uhr); weitere zehn bzw. – ab dem zweiten Schuljahr – 20 Wochenstunden sind im Durchschnitt für die erforderliche Vor- bzw. Nachbereitung anzusetzen. Das spricht vom Umfang her dafür, dass die Arbeitskraft der Bekl. – bei Zugrundelegung von Durchschnittswerten für die Gesamtdauer des Lehrgangs – überwiegend ausgefüllt ist, so dass die Aufnahme einer Erwerbstätigkeit nicht erwartet werden kann. Ob an der Volkshochschule die Teilnahme an einem kontrollierten Unterricht gewährleistet ist, hat das BerGer. bisher nicht festgestellt. Sollte dies der Fall sein, so wird die Bekl. nach den bisher getroffenen Feststellungen aber als i. S. des § 1603 II 2 BGB privilegiertes Kind zu behandeln sein.

(Unterbrechung der allgemeinen Schuldausbildung)

b   Dieser Annahme steht nicht entgegen, dass die Bekl. den Schulbesuch erst nach Eintritt der Volljährigkeit wieder aufgenommen hat. Das BerGer. ist für den Zeitraum vor dem 1. 7. 1998 davon ausgegangen, dass dem Grunde nach ein Unterhaltsanspruch der Bekl. bestehe, weil ihr die durch die schwere psychische Erkrankung der Mutter zumindest mitverursachte Schulunterbrechung unterhaltsrechtlich nicht vorgeworfen werden könne. Gegen diese Auffassung bestehen rechtlich keine Bedenken. Die Bekl. würde durch die Unterbrechung des Schulbesuchs unterhaltsrechtlich einen Nachteil erleiden, wenn hiervon die Frage der Teilnahme an einer allgemeinen Schulausbildung berührt würde. Das ist nach der Vorschrift des § 1603 II 2 BGB indessen nicht der Fall. Danach kommt es nicht darauf an, dass der Schulbesuch über den Eintritt der Volljährigkeit des Kindes hinaus ununterbrochen andauert. Das Gesetz stellt vielmehr ohne weitere Differenzierungen darauf ab, ob sich ein Kind in der allgemeinen Schulausbildung befindet. Das kann auch nach einer Unterbrechung der früher begonnenen schulischen Ausbildung anzunehmen sein.

BGH v. 23. 5. 2001 – XII ZR 148/99 – FamRZ 01, 1601 = NJW-RR 02, 1

(Abitur – Lehre – Studium; enger sachlicher und zeitlicher Zusammenhang)

1 a) Nach § 1610 II BGB umfasst der Unterhalt eines Kindes die Kosten einer angemessenen **a** Ausbildung zu einem Beruf. Darunter ist eine Berufsausbildung zu verstehen, die der Begabung und den Fähigkeiten, dem Leistungswillen und den beachtenswerten Neigungen des Kindes am besten entspricht und die sich in den Grenzen der wirtschaftlichen Leistungsfähigkeit der Eltern hält. Haben Eltern ihrem Kind – wie hier der Bekl. der Kl. – eine angemessene Berufsausbildung in dem dargelegten Sinn zukommen lassen, so sind sie nach der ständigen Rechtsprechung des Senats nicht verpflichtet, die Kosten einer weiteren Ausbildung zu tragen. Ausnahmen von diesem Grundsatz sind nur unter besonderen Umständen angenommen worden – etwa wenn sich nachträglich herausstellt, dass die erste Ausbildung auf einer deutlichen Fehleinschätzung der Begabung des Kindes beruhte, wenn die weitere Ausbildung zweifelsfrei als eine bloße Weiterbildung anzusehen ist und die Weiterbildung von vornherein angestrebt b) Für die Fälle, in denen das Kind nach Erlangung der Hochschulreife eine praktische Ausbildung durchlaufen hat und es sodann darum geht, ob die Eltern ein sich hieran anschließendes Hochschulstudium zu finanzieren haben, hat der Senat diese Grundsätze modifiziert (*BGHZ* 107, 376 [379 ff.] = NJW 1989, 2253 = FamRZ 1989, 853 [854 ff.]; seither st. Rspr.). In diesen „Abitur-Lehre-Studium-Fällen" umfasst der Unterhalt auch die Kosten eines Hochschulstudiums, wenn dieses mit den vorangegangenen Ausbildungsabschnitten in einem engen zeitlichen und sachlichen Zusammenhang steht und die Finanzierung des Ausbildungsgangs den Eltern wirtschaftlich zumutbar ist. Es kann dahinstehen, ob der Besuch des „FTO-Fachinstituts" eine der Lehre vergleichbare praktische Ausbildung darstellt. Jedenfalls fehlt es an dem erforderlichen Zusammenhang dieser Ausbildung mit dem von der Kl. später aufgenommenen Studium der Volkswirtschaftslehre.

Das OLG hat zwar das Vorliegen eines sachlichen Zusammenhangs zwischen der Ausbildung zur „Europa-Sekretärin" und dem anschließenden Studium mit Abschluss als Diplom-Volkswirtin bejaht. Wie sich aus den Ausbildungsplänen des „FTO-Fachinstituts" und des Studiums ergebe, griffen beide Lerngebiete ineinander über; beide seien wirtschaftlich und sprachlich orientiert. Mit dieser Begründung werden die Anforderungen an die Einheitlichkeit des Ausbildungsganges, die § 1610 II BGB in dem Merkmal der Vorbildung zu einem Beruf grundsätzlich voraussetzt, jedoch nur unzulänglich wiedergegeben. Zu fordern ist hierfür vielmehr ein enger sachlicher Zusammenhang. Praktische Ausbildung und Studium müssen, wenn sie – wie hier – nicht ohnehin derselben Berufssparte angehören, so aufeinander bezogen sein, dass das eine für das andere eine fachliche Ergänzung, Weiterführung oder Vertiefung bedeutet oder dass die praktische Ausbildung eine sinnvolle Vorbereitung auf das Studium darstellt (*BGHZ* 107, 376 [382] = NJW 1989, 2253 = FamRZ 1989, 853 [855]). Diese Voraussetzung ist vom OLG nicht festgestellt. Die von dem „FTO-Fachinstitut" vermittelten Fremdsprachenkenntnisse mögen für ein späteres Studium und den weiteren beruflichen Werdegang eines Auszubildenden hilfreich sein; sie reichen für sich genommen aber nicht aus, um einen engen Zusammenhang der die Fremdsprachenkenntnisse vermittelnden Ausbildung zu später aufgenommenen und nicht artverwandten Studiengängen zu begründen (vgl. *Senat*, NJW 1993, 2238 = FamRZ 1993, 1057 [1058]). Ebenso ist nicht ersichtlich, ob die in den Ausbildungsplänen dieses Instituts aufgeführten wirtschaftlich orientierten Lerngebiete, auf die das OLG abstellt, speziell auf das Berufsbild einer Sekretärin zugeschnitten sind und insoweit das schwerpunktmäßig auf Textverarbeitung zielende Unterrichtsprogramm abrunden, oder ob sie darüber hinaus nach Qualität, Umfang und Intensität der Wissensvermittlung als Grundlegung für ein späteres Studium der Volkswirtschaftslehre geeignet und – auch unter dem Gesichtspunkt der finanziellen Lasten, die eine dem Studium vorgeschaltete entgeltpflichtige Ausbildung an einer privaten Schule mit sich bringt – sinnvoll und dem Unterhaltspflichtigen als Vorstufe zum Studium zumutbar sind.

Im Übrigen fehlt es auch an dem erforderlichen zeitlichen Zusammenhang zwischen der im September 1990 abgeschlossenen Ausbildung zur „Europa-Sekretärin" und dem erst im Oktober 1992 – nach rund zweijähriger Berufstätigkeit als Sekretärin – aufgenommenen Studium. Das OLG hat den Vortrag der Kl., eine rechtzeitige Bewerbung um einen Studienplatz sei ihr auf Grund des Scheidungsverfahrens der Eltern nicht möglich gewesen, insoweit zutreffend für nicht durchgreifend erachtet: Zwar ist der zeitliche Zusammenhang auch dann als gewahrt anzusehen, wenn die zwischen der praktisch-beruflichen Ausbildung und dem Studienbeginn des Kindes vergangene Zeit auf zwangsläufige, dem Kind nicht anzulastende Umstände zurückzuführen ist. Dabei kann beispielsweise von Bedeutung sein, ob die familiären Schwierigkeiten zu einer nachhaltigen Entwicklungsstörung bei dem Kind geführt haben und die Verzögerung bei der Aufnahme des Studiums als nicht vorwerfbar oder doch als nur leichteres Versagen erscheinen lassen (*Senat*, NJW-RR 1990, 327 = FamRZ 1989, 149 [150]). So liegen die Dinge hier jedoch nicht: Die bei der Trennung der Eltern 20-jährige Kl. hat keine Beeinträchtigung ihrer Persönlichkeitsentwicklung geltend gemacht, die für die spätere Herausbildung ihrer endgültigen Berufsvorstellungen ursächlich geworden ist. Sie hat auch nicht vorgetragen, wann welche ihrer beruflichen oder berufsvorbereitenden Entscheidungen in welcher Weise durch welche familiären Ereignisse beeinflusst, verhindert oder erschwert worden sind. Fest steht allerdings, dass die Kl. ihre Ausbildung zur „Europa-Sekretärin" rund eineinhalb Jahre nach der Trennung ihrer Eltern mit der Note „sehr gut" abgeschlossen und anschließend rund zwei Jahre in dem erlernten Beruf gearbeitet hat. Wie die Kl. in ihrem vom BerGer. in Bezug genommenen Schreiben vom 7. 11. 1992 verdeutlicht hat, haben erst diese beruflichen Erfahrungen mit einer von der Kl. als „erniedrigend" empfundenen Tätigkeit ihren Studienwunsch reifen lassen. Auch vor diesem Hintergrund ist nicht erkennbar, inwieweit der Streit ihrer Eltern um das gemeinsame Haus und Teile des Hausrats einen zügigen Studienbeginn nach Abschluss der „FTO"-Ausbildung gehindert haben könnte.

c) Das OLG hält den Bekl. gleichwohl – unter Hinweis auf § 1610 II i. V. mit § 242 BGB – für verpflichtet, der Kl. Ausbildungsunterhalt für ihr Studium zu bezahlen, weil er sich durch seine Erklärungen und seine jedenfalls bis September 1993 vorbehaltlosen Unterhaltszahlungen selbst gebunden habe.

(Kein Unterhaltsanspruch allein aus § 242 BGB)

b   Fehlt es – wie hier – an den tatbestandlichen Voraussetzungen für einen gesetzlichen Unterhaltsanspruch, so kann die Berufung auf Treu und Glauben das fehlende Tatbestandsmerkmal nicht ersetzen und gleichwohl eine gesetzliche Unterhaltsschuld begründen. Eine andere Frage ist, ob und bejahendenfalls unter welchen Voraussetzungen sich aus der für Eltern und Kindern in § 1618 a BGB wechselseitig begründeten Pflicht zu Beistand und Rücksichtnahme im Einzelfall ausnahmsweise auch eine Verpflichtung eines Elternteils ergeben kann, Zahlungen, die er im Vergangenheit an das Kind ohne Rechtspflicht erbracht hat, für einen begrenzten Zeitraum fortzusetzen, wenn das Kind auf die Fortdauer dieser Zahlungen vertrauen durfte und in diesem berechtigten Vertrauen Dispositionen getroffen hat, die sich nicht sofort und ohne erhebliche Nachteile für das Kind rückgängig machen lassen. Diese Frage braucht indes nicht entschieden zu werden; denn ein solcher Fall liegt hier nicht vor: Der Bekl. hat der Kl. bereits bei ihrem Gespräch im Sommer 1992, in dem die Kl. dem Bekl. erstmals von ihren Studienplänen berichtete, erklärt, dass es sich bei dieser Zweitausbildung um ihre „Privatsache" handele; auch in der Folgezeit hat der Bekl. keinen Zweifel daran gelassen, dass ihn keine gesetzliche Verpflichtung trifft, die Kl. für die Dauer der von ihr begonnenen Zweitausbildung zu unterhalten.

BGH v. 13. 6. 2001 – XII ZR 343/99 – FamRZ 01, 986 = NJW 01, 2254

R563   *(Grundsätzliche Änderung der Rechtsprechung zu den ehelichen Lebensverhältnissen bei Haushaltsführung durch einen Ehegatten)*

a   2. Gemäß § 1573 II BGB kann die Kl. nach der Scheidung einen so genannten Aufstockungsunterhalt in Höhe des Unterschiedsbetrags zwischen ihren eigenen Einkünften und dem vollen Unterhalt (§ 1578 BGB) verlangen, wenn ihre Einkünfte aus einer angemessenen Erwerbstätigkeit zum vollen Unterhalt nicht ausreichen. Das Gesetz knüpft dabei an den Unterhaltsmaßstab der ehelichen Lebensverhältnisse in § 1578 BGB an, ohne dort allerdings im Einzelnen zu definieren, welche Umstände diese Lebensverhältnisse bestimmen, und ohne den für die Beurteilung maßgeblichen Zeitpunkt festzulegen. Nach den bislang vom Senat zur Ausfüllung dieses Rechtsbegriffs entwickelten Grundsätzen werden die ehelichen Lebensverhältnisse im Wesentlichen durch die bis zur Scheidung nachhaltig erzielten tatsächlichen Einkünfte der Ehegatten bestimmt, soweit sie dazu vorgesehen waren, den laufenden Lebensunterhalt zu decken (vgl. grundlegend *Senat*, NJW 1981, 1609 = FamRZ 1981, 539 [541]; NJW 1982, 1873 = FamRZ 1982, 255 [257]; NJW 1983, 1483 = FamRZ 1983, 144 [146], und seither ständig; w. Nachw. bei Lohmann, Neue Rspr. des BGH z. FamilienR, 8. Aufl., Rdnrn. 110 f.). Zwar hat der Senat die Haushaltsführung eines nicht erwerbstätigen Ehegatten einschließlich der Kinderbetreuung wirtschaftlich betrachtet der Erwerbstätigkeit und dem durch diese ermöglichten Geldunterhaltsleistung des anderen Ehegatten als grundsätzlich gleichwertig angesehen. Er hat aber entscheidend darauf abgehoben, dass an Barmitteln, die zum Lebensunterhalt zur Verfügung stehen, nur die Einkünfte des erwerbstätigen Ehegatten vorhanden sind und daher die für die Unterhaltsbemessung maßgeblichen ehelichen Lebensverhältnisse grundsätzlich durch diese Einkünfte und nicht entscheidend durch den wirtschaftlichen Wert der von beiden Ehegatten erbrachten Leistungen geprägt werden (*Senat*, NJW 1985, 305 = FamRZ 1985, 161 [163]; NJW 1987, 58 = FamRZ 1986, 783 [785]). Da die Scheidung den Endpunkt für die Entwicklung der ehelichen Lebensverhältnisse setzt, können diese nach diesen Grundsätzen nicht mehr durch Einkünfte mitgeprägt werden, die erst durch eine spätere Arbeitsaufnahme oder Ausdehnung einer Teilzeittätigkeit hinzutreten. Hat der unterhaltsberechtigte Ehegatte während der Ehe (nur) den Haushalt geführt und gegebenenfalls Kinder betreut, bestimmt sich daher das Maß seines eheangemessenen Unterhalts grundsätzlich nur nach einer Quote des tatsächlich erzielten und zum Lebensunterhalt zur Verfügung stehenden Einkommens des erwerbstätigen Ehegatten. Diese Quote erhöht sich gegebenenfalls um trennungsbedingten Mehrbedarf, den der unterhaltsberechtigte Ehegatte konkret darlegen muss (*Senat,* NJW 1982, 1873 = FamRZ 1982, 255 [257], und NJW 1984, 292 = FamRZ 1984, 149 [151]). Einkommen, das der unterhaltsberechtigte Ehegatte nach der Scheidung durch erstmalige Aufnahme (vgl. *Senat,* NJW 1981, 1609 = FamRZ 1981, 539 [541]; NJW 1982, 1873 = FamRZ 1982, 255 [257]) oder durch Erweiterung einer bereits innegehabten Teilzeitarbeit (vgl. *Senat,* NJW 1982, 1873 = FamRZ 1982, 255 [257]) erzielt, bleibt daher bei der Bemessung des Unterhaltsbedarfs nach den ehelichen Lebensverhältnissen außer Betracht. Vielmehr muss er sich dieses Einkommen nach dem Grundsatz wirtschaftlicher Eigenverantwortung auf die Quote bedarfsdeckend anrechnen lassen (§§ 1569, 1577 I BGB; so genannte Anrechnungsmethode, vgl. *Senat,* NJW 1981, 1609 = FamRZ 1981, 539 [541]; NJW 1985, 305 = FamRZ 1985, 161 [163]; NJW 1985, 305 = FamRZ 1985, 161 [163]). Hat der unterhaltsberechtigte Ehegatte demgegenüber seine Tätigkeit schon während der Ehe aufgenommen, fließt sein daraus erzieltes Einkommen als die ehelichen Lebensverhältnisse prägend (und damit letztlich unterhaltserhöhend) in die Bedarfsbemessung nach § 1578 BGB mit ein. Sein Unterhalt kann dann im Wege der so genannten Differenzmethode nach einer Quote der Differenz der beiderseits erzielten (bereinigten) Einkommen bemessen werden, ohne dass der so berechnete „Quotenunterhalt" allerdings eine Gewähr bietet, den vollen, nach den ehelichen Lebensverhältnissen bemessenen Unterhaltsbedarf abzudecken (vgl. *Senat,* NJW 1984, 1237 = FamRZ 1984, 358 [360] m. w. Nachw.). Die Berechnung kann auch im Wege der so genannten Additionsmethode erfolgen, indem eine Quote aus den zusammengerechneten beiderseitigen (bereinigten) Einkommen gebildet wird und darauf sowohl die prägenden wie die nicht prägenden Einkünfte des unterhaltsberechtigten Ehegatten angerechnet werden. Differenz- und Additionsmethode führen danach – bei beiderseits bereinigtem Einkommen – rechnerisch zum selben Ergebnis, wobei die Differenzmethode lediglich eine Verkürzung darstellt (zu den verschiedenen Methoden vgl. *Wendl/Gerhardt,* 5. Aufl., § 4 Rdnrn. 386 ff.; *Schwab/Borth,* 4. Aufl., IV Rdnrn. 933 ff.).

Eine Ausnahme von diesen Grundsätzen zur Bestimmung der ehelichen Lebensverhältnisse hat der *Senat* unter anderem in einem Fall zugelassen, in dem die Ehefrau nach der Trennung ihre bisher in der Ehe ausgeübte Halbtagstätigkeit in eine Ganztagstätigkeit ausgeweitet hatte, nachdem das Kind 16 Jahre alt geworden war. Er hat dazu ausgeführt, dass das Heranwachsen eines Kindes in aller Regel dem betreuenden Elternteil die Möglichkeit eröffne, eine Vollzeitbeschäftigung aufzunehmen. Er hat in diesem Zusammenhang entscheidend darauf abgestellt, ob die Aufnahme oder Ausweitung der Erwerbstätigkeit bereits in der Ehe geplant und angelegt war und damit auch ohne die Trennung erfolgt wäre (*BGHZ* 89, 108 [113] = NJW 1984, 292 = FamRZ 1984, 149 [150]). In diesem Fall war das erhöhte Einkommen der Ehefrau bereits bei der Bemessung des Unterhaltsbedarfs zu berücksichtigen und in die Differenzrechnung einzustellen. Ebenso ist er in einem Fall verfahren, in dem die Ehefrau nach der Heirat ihren Beruf aufgab, den Haushalt und die Kinder betreute und den Ehemann in dessen Tierarztpraxis unterstützte, nach der Trennung – die Kinder waren inzwischen 17 und 18 Jahre alt – zunächst ihren erlernten Beruf als Medizinisch-Technische Assistentin im Rahmen einer Teilzeitbeschäftigung wiederaufnahm und diese noch vor der Scheidung zu einer Ganztagstätigkeit ausweitete. Der Senat hat ihren Einkünften prägenden Einfluss auf die ehelichen Lebensverhältnisse zugemessen, weil ihre Arbeitsaufnahme im Rahmen einer normalen Entwicklung lag (*Senat,* NJW 1982, 2439 = FamRZ 1982, 892 [893]). Erfolgte die Arbeitsaufnahme dagegen erst nach der Scheidung, erhöhte das daraus erzielte Einkommen nach den bisherigen Grundsätzen den Unterhaltsbedarf nach § 1578 BGB auch dann nicht, wenn ein entsprechender Lebensplan schon vor der Trennung bestanden hatte, so dass ein späteres Erwerbseinkommen im Wege der Anrechnungsmethode auf den Unterhaltsbedarf anzurechnen und den Unterhalt beschränkte (*Senat,* NJW 1987, 58 = FamRZ 1986, 783 [785]).

4. Der Rechtsprechung des Senats, dass sich die ehelichen Lebensverhältnisse nur durch die vorhandenen Barmittel, nicht aber auch durch den wirtschaftlichen Wert der von dem haushaltsführenden Ehegatten erbrachten Leistungen bestimmen sollen, wird entgegengehalten, dass sie den Ehegatten benachteilige, der um der Familie und Kinder willen oder um dem anderen erwerbstätigen Ehegatten ein besseres berufliches Fortkommen zu ermöglichen, auf eine eigene Erwerbstätigkeit (und damit auch auf eine höhere Alterssicherung) verzichtet. Die Bemessungsweise nach der so genannten Anrechnungsmethode führe vollends zu Unbilligkeiten, wenn in der Ehe ein Teil des Erwerbseinkommens zur Vermögensbildung gespart worden sei und nicht zum allgemeinen Lebensbedarf zur Verfügung gestanden habe.

Das als ungerecht empfundene Ergebnis der Unterhaltsbemessung bei nachehelicher Aufnahme einer Erwerbstätigkeit wurde in der Literatur stets kritisch beurteilt (vgl. unter anderem *Büttner,* FamRZ 1984, 534 [536]; *Hampel,* FamRZ 1984, 621 [624 f.]; *Laier,* FamRZ 1993, 392; *Luthin,* FamRZ 1988, 1109 [1113]), ist aber nunmehr angesichts des Wandels der sozialen Wirklichkeit seit Einführung der Eherechtsreform verstärkt in das Blickfeld geraten (vgl. unter anderem *Johannsen/ Henrich/Büttner,* EheR, 3. Aufl., § 1573 Rn. 30; *Heiß/Heiß,* I Kap. 5.7, Rdnrn. 21 ff., 26; *Kalthoener/Büttner/Niepmann,* Rspr. zur Höhe des Unterhalts, 7. Aufl., Rdnrn. 440, 445; *Schwab/Borth,* IV Rdnrn. 853, 945; *Gerhardt/v. Heintschel-Heinegg/Klein,* Hdb. des Fachanwalts FamilienR, 3. Aufl.,

Kap. 6 Rdnrn. 403 a ff.; *Göppinger/Bäumel,* 7. Aufl., Rn. 1073; *Maurer,* in: MünchKomm, 4. Aufl., § 1578 Rn. 129; 59; *Palandt/Brudermüller,* BGB, 60. Aufl., § 1578 Rn. 31; *Born,* FamRZ 1999, 541 [547]; *ders.,* MDR 2000, 981; *Büttner,* FamRZ 1999, 893; *Borth,* FamRZ 2001, 193; *Gerhardt,* FamRZ 2000, 134; *Gerhardt/Gutdeutsch,* FuR 1999, 241; *Graba,* FamRZ 1999, 1115).

Als Hauptargumente werden angeführt: Die ehebedingte Beschränkung infolge des Verzichts auf eine eigene berufliche Tätigkeit könne auf dem Wege über die Anrechnungsmethode zu einer dauerhaften Beschränkung des Lebensstandards des unterhaltsberechtigten Ehegatten führen, die auch durch die Zubilligung eines trennungsbedingten Mehrbedarfs nur teilweise abgemildert werde. Dies laufe der vom Gesetzgeber gewollten Lebensstandardgarantie des geschiedenen Ehegatten in §§ 1573 II, 1578 I BGB, der in §§ 1356, 1360 S. 2, 1606 III 2 BGB vorgegebenen Gleichwertigkeit von Erwerbstätigkeit einerseits, Haushaltsführung und Kindesbetreuung andererseits, sowie dem Benachteiligungsverbot des Art. 6 I und II GG zuwider, der jede belastende Differenzierung verbiete, die eine Folge der Übernahme familiärer Pflichten sei (vgl. *BVerfGE* 99, 216 = NJW 1999, 557 = FamRZ 1999, 285 [288]). Denn die ehelichen Lebensverhältnisse würden nicht nur durch die vorhandenen Barmittel des erwerbstätigen Ehegatten, sondern auch durch den Einsatz des haushaltsführenden Ehegatten für die Familie mitbestimmt. Eine zuverlässige Feststellung, ob und gegebenenfalls in welchem Umfang eine später (wieder)aufgenommene oder erweiterte Erwerbstätigkeit bereits in der Ehe angelegt gewesen sei und (im Vorgriff) die ehelichen Lebensverhältnisse geprägt habe, so dass auch die aus der (späteren) Erwerbstätigkeit erzielten Mittel als prägendes Einkommen in die Unterhaltsbemessung nach der Differenzmethode einfließen könnten, sei selten möglich. Die Rechtsprechung führe daher zu Zufallsergebnissen, je nach dem, ob beispielsweise die Kinder zum Zeitpunkt der Trennung schon so alt seien, dass eine alsbaldige Rückkehr der Frau in den Beruf zu erwarten gewesen sei oder nicht. Mit dem Wandel der sozialen Verhältnisse in den letzten 20 Jahren, in denen das Ehebild der typischen Hausfrauenehe immer mehr durch dasjenige der Doppelverdienerehe ersetzt worden sei, bei der die Frau ihre Erwerbstätigkeit nur durch eine Kinderbetreuungsphase unterbreche, danach aber in aller Regel wiederaufnehme, sei dies nicht mehr zu vereinbaren.

5. Dem ist zuzugeben, dass die Anrechnungsmethode dem Verständnis von der Gleichwertigkeit von Kindesbetreuung und/oder Haushaltsführung nicht gerecht wird und auch dem gewandelten Ehebild in der Mehrzahl der Fälle nicht mehr angemessen Rechnung trägt. Ausgangspunkt ist die Wertentscheidung des Gesetzgebers, mit der er die Haushaltsführung des nicht erwerbstätigen Ehegatten der Erwerbstätigkeit des anderen Ehegatten gleichstellt. Nach § 1360 S. 1 BGB sind beide Ehegatten verpflichtet, durch ihre Arbeit und ihr Vermögen die Familie angemessen zu unterhalten. Nach heutigem Eheverständnis regeln die Ehegatten im gegenseitigen Einvernehmen und unter Rücksichtnahme auf die jeweiligen Belange des anderen und der Familie die Frage, wer von ihnen erwerbstätig sein und wer – ganz oder überwiegend – die Haushaltsführung übernehmen soll (§ 1356 BGB). Dies richtet sich nach den individuellen (familiären, wirtschaftlichen, beruflichen und sonstigen) Verhältnissen der Ehegatten. Dabei kann zum Beispiel mitbestimmend sein, wer von beiden die qualifiziertere Ausbildung hat, für wen die besseren Chancen am örtlichen Arbeitsmarkt bestehen, wo sich der Arbeitsplatz und das Familienheim befinden, ob gegebenenfalls Personen aus dem Familienverband (zum Beispiel Geschwister oder Eltern) oder nahe Freunde zur Kindesbetreuung zur Verfügung stehen oder ob den Ehegatten noch weitere Familienpflichten besonderer Art, beispielsweise die Pflege hilfsbedürftiger Eltern, obliegen. Geht die Entscheidung dahin, dass einer von ihnen die Haushaltsführung und gegebenenfalls Kindesbetreuung übernehmen soll, so bestimmt das Gesetz ausdrücklich, dass er hierdurch in der Regel seine Verpflichtung, durch Arbeit zum Unterhalt der Familie beizutragen, erfüllt (§ 1360 S. 2 BGB). In ähnlicher Weise setzt § 1606 III 2 BGB die Kindesbetreuung der Gewährung von Barunterhalt gleich. Der Gesetzgeber geht damit zugleich davon aus, dass die ehelichen Lebensverhältnisse nach § 1578 BGB nicht nur durch die Bareinkünfte des erwerbstätigen Ehegatten, sondern auch durch die Leistungen des anderen Ehegatten im Haushalt mitbestimmt werden und hierdurch eine Verbesserung erfahren (vgl. BT-Dr 7/650, S. 129 [136]; BT-Dr 7/4361, S. 15). Dessen Tätigkeit ersetzt Dienst- und Fürsorgeleistungen und Besorgungen, die anderenfalls durch teure Fremdleistungen erkauft werden müssten und den finanziellen Status – auch einer Doppelverdienerehe – verschlechtern würden. Darüber hinaus enthält sie eine Vielzahl von anderen, nicht in Geld messbaren Hilfeleistungen, die den allgemeinen Lebenszuschnitt der Familie in vielfältiger Weise verbessern. Aus dieser Sicht ist es zu eng, die ehelichen Lebensverhältnisse als Maßstab des Unterhalts nur an den zum Zeitpunkt der Scheidung vorhandenen Barmitteln auszurichten. Zwar bildet das Erwerbseinkommen als finanzielle Grundlage der Familie den primären Faktor der Unterhaltsbemessung, jedoch werden die ehelichen Lebensverhältnisse durch die Gesamtheit aller wirtschaftlich relevanten beruflichen, gesundheitlichen, familiären und ähnlichen Faktoren mitbestimmt (vgl. *Gerhardt,* in: Hdb. FamilienR, Rn. 403 d). Auch nach der gesetzgeberischen Intention soll es auf das Gesamtbild der ehelichen Lebensverhältnisse ankommen, wozu im Übrigen eine gewisse Dauer gehört und vorübergehende Änderungen irrelevant sein sollen (vgl. BT-Dr 7/650, S. 136). Die – auf den Scheidungszeitpunkt bezogenen – konkreten Barmittel können damit immer nur ein Kriterium, nicht aber der

alleinige Maßstab sein. Vielmehr umfassen die ehelichen Lebensverhältnisse alles, was während der Ehe für den Lebenszuschnitt der Ehegatten nicht nur vorübergehend tatsächlich von Bedeutung ist (vgl. *Senat,* NJW 1999, 717 = FamRZ 1999, 367 [368]), mithin auch den durch die häusliche Mitarbeit des nicht erwerbstätigen Ehegatten erreichten sozialen Standard.

6. An dem in dieser Weise verbesserten ehelichen Lebensstandard soll der haushaltsführende Ehegatte auch nach der Scheidung teilhaben. Das Gesetz bringt dies an verschiedenen Stellen zum Ausdruck: So enthält § 1578 BGB nach dem Willen des Gesetzgebers eine Lebensstandardgarantie gerade auch zu Gunsten des haushaltsführenden Ehegatten (BT-Dr 10/2888, S. 18). Mit der Anknüpfung des Unterhalts an die ehelichen Lebensverhältnisse wollte der Gesetzgeber insbesondere den Fällen gerecht werden, in denen durch gemeinsame Leistung der Ehegatten ein höherer sozialer Standard erreicht worden ist, an dem auch der nicht erwerbstätige Ehegatte teilhaben soll (BT-Dr 7/650, S. 136). Es wurde als unbillig empfunden, den Wert der Leistungen unberücksichtigt zu lassen, die sich in der Haushaltsführung, der Erziehung der gemeinsamen Kinder oder in der Förderung des beruflichen Fortkommens und Ansehens des anderen Ehegatten niedergeschlagen haben (BT-Dr 7/4361, S. 15). Eine Ausprägung dieses Gedankens ist auch der Aufstockungsunterhalt nach § 1573 II BGB, mit dem der Gesetzgeber den sozialen Abstieg eines Ehegatten nach der Scheidung verhindern will, weil das erreichte Lebensniveau als gleichwertige Leistung auch desjenigen Ehegatten angesehen wird, der zu Gunsten von Ehe und Familie auf eine eigene Berufstätigkeit verzichtet hat. Die Regelung schränkt in verfassungskonformer Weise den Grundsatz der nachehelichen wirtschaftlichen Eigenverantwortung (§ 1569 BGB) zu Gunsten der nachwirkenden ehelichen Mitverantwortung ein (*BVerfG,* NJW 1981, 1771 = FamRZ 1981, 745 [750 ff.]; *Senat,* NJW 1983, 1733 = FamRZ 1983, 678 [679]; *Kalthoener/ Büttner/Niepmann,* Rn. 439; *Born,* FamRZ 1999, 542). Schließlich soll durch § 1574 II BGB sichergestellt werden, dass Ehegatten, die ihr eigenes berufliches Fortkommen um der Familie willen hintangestellt und den wirtschaftlichen und sozialen Aufstieg des anderen Ehegatten gefördert haben, nicht nach der Scheidung eine Tätigkeit ausüben müssen, die unter dem ehelichen Lebensstandard liegt (BT-Dr 7/650, S. 129; BT-Dr 7/4361, S. 17). Die Teilhabequote orientiert sich an der Gleichwertigkeit der beiderseits erbrachten Leistungen, so dass beide Ehegatten hälftig an dem durch Erwerbseinkommen einerseits, Haushaltsführung andererseits geprägten ehelichen Lebensstandard teilhaben.

(Surrogats- und Bewertungslösung)

7. Zur Verwirklichung einer derartigen gleichmäßigen Teilhabe werden in der Literatur (vgl. die **b** obigen Zitate, ferner Übersicht bei *Schwab/Borth,* Rn. 945) verschiedene Wege vorgeschlagen:

a) Eine verbreitete Meinung geht von der Tatsache aus, dass das Heiratsalter von Frauen in den letzten rund 25 Jahren stetig gestiegen ist (1975: 22,7 Jahre; 1996: 27,6 Jahre; 1998: 28 Jahre, vgl. Statistische Jahrbücher des Statistischen Bundesamtes 1977, 70; 1998, 70; 2000, 69) und schließt daraus, dass Frauen vor der Eheschließung in aller Regel einen Beruf erlernt und ausgeübt haben und ihn nach der Heirat aufgeben. Daran wird die (widerlegliche) Vermutung geknüpft, dass die Ehegatten nach den heutigen Gepflogenheiten in aller Regel die Vorstellung haben, dass die Berufstätigkeit nur für die Phase der Kindesbetreuung unterbrochen werden soll und der betreuende Ehegatte danach in den Erwerbsprozess zurückkehrt, vorausgesetzt, seine Gesundheit, seine berufliche Qualifikation und die Arbeitsmarktlage lassen dies nach dem Zeitablauf zu. Dem ist einzuräumen, dass Ehen, in denen die Ehefrau den Haushalt führt und Kinder betreut, in der sozialen Wirklichkeit nicht mehr generell und auf Dauer dem Typ der Haushaltsführungsehe zugeordnet werden können, sondern in stark gestiegenem Maße nurmehr vorübergehend in dieser Form geführt werden und sich die Ehegatten nach ihren jeweiligen Bedürfnissen auch zur (Wieder-)Aufnahme einer Doppel- oder Zuverdienerehe entschließen. Auch ist es nicht mehr stets die Ehefrau, die die Haushaltsführung und Kinderbetreuung übernimmt, vielmehr kann diese Aufgabe, je nach Berufschancen und Arbeitsmarktlage, auch dem Ehemann zufallen oder von beiden gemeinsam übernommen werden. Den Ehegatten wird eine solche – gegebenenfalls phasenweise – Aufteilung der Übernahme von Erwerbs- und Familienpflichten nicht nur durch die Möglichkeit eines staatlichen Erziehungsgeldes erleichtert, sondern auch die Arbeitswelt enthält sowohl im öffentlichen Dienst als auch in privaten Arbeitsverhältnissen Beurlaubungs- oder Rückkehrmöglichkeiten (vgl. *Büttner,* FamRZ 1999, 894). Anreize zur Wiederaufnahme einer Erwerbstätigkeit ergeben sich schließlich auch aus dem Gedanken des Aufbaus einer eigenen Alterssicherung, zumal rentenrechtliche Vorschriften unter anderem den Bezug einer vorzeitigen Rente wegen Erwerbsminderung von Mindestpflichtversicherungszeiten in den letzten fünf Jahren vor Eintritt der Erwerbsminderung abhängig machen (vgl. §§ 43 I Nr. 2 und 44 I Nr. 2 SGB VI a. F. und § 43 I Nr. 2 SGB VI i. d. F. des Rentenreformgesetzes 1999 v. 16. 12. 1997 ab 1. 1. 2001, BGBl I 1997, 2998, und BGBl I 1999, 388; *Johannsen/Henrich/Hahne,* § 1587 a Rdnrn. 137, 138).

Auch wenn an diesen Wandel der sozialen Verhältnisse vielfach die Vermutung geknüpft werden kann, dass die Wiederaufnahme der Berufstätigkeit nach Abschluss der Kindesbetreuungsphase schon in der Ehe angelegt war und damit schon deshalb zur Berücksichtigung des Erwerbseinkommens im

Rahmen der Anwendung der Differenzmethode führen kann, vermag diese Überlegung indes nicht die Fälle kinderloser Ehen zu lösen, in denen ein Ehegatte nur den Haushalt geführt und sein eigenes berufliches Fortkommen um der Ehe willen oder im Interesse des beruflichen Einsatzes und der Karriere des anderen Ehegatten – sei es bei Auslandsaufenthalten oder sonstigen Versetzungen – hintangestellt hat. Ein solcher Ehegatte verdient nicht weniger Schutz als ein kindesbetreuender Ehegatte. Auch zeigt sich in diesen Fällen, dass eine Abgrenzung danach, ob die Berufstätigkeit auch ohne die Trennung aufgenommen worden wäre, nicht weiterhilft. Die durch die Aufgabe der eigenen Berufstätigkeit entstandenen ehebedingten Nachteile wirken – bei Anwendung der Anrechnungsmethode – auch nachehezeitlich fort, wenn nach der Scheidung, wie nicht selten bei kinderlosen Ehen, eine Berufstätigkeit wieder aufgenommen, aber der Unterhaltsbedarf allein nach dem Einkommen des anderen Ehegatten bemessen wird.

b) Ein anderer Lösungsweg, den Familieneinsatz eines Ehegatten bei der Unterhaltsbemessung zu berücksichtigen, wird über eine „Monetarisierung" der Haushaltsführung und Kindesbetreuung gesucht, wobei zum Teil pauschale Festbeträge ohne Rücksicht auf den individuellen Umfang der familienbezogenen Leistungen vorgeschlagen werden (500 DM – 1000 DM nach den Bayerischen Leitlinien Nr. 6, s. Buch 1, 3. Aufl., S. 75; vgl. *Gerhardt/*Gutdeutsch, FuR 1999, 243; *Graba*, FamRZ 1999, 1115 [1118, 1121]), zum Teil – in Anknüpfung an die Bewertung der Haushaltsführung in so genannten Konkubinatsfällen analog § 850 h ZPO (vgl. unter anderem *Senat*, NJW 1984, 2358 = FamRZ 1984, 662) – allgemeine Erfahrungswerte, die zur Bemessung von Schadensersatzrenten bei Verletzung oder Tötung von Hausfrauen entwickelt wurden (vgl. *Born*, MDR 2000, 984; *Graba*, FamRZ 1999, 1121). Diskutiert wird in diesem Zusammenhang auch eine Verdoppelung der Bareinkünfte des erwerbstätigen Ehegatten, weil nach der Gleichwertigkeitsregel des § 1360 I 2 BGB die Haushaltsführung der Erwerbstätigkeit gleichzusetzen sei. Zu Recht wird jedoch diese Berechnungsweise mit dem Hinweis darauf verworfen, dass eine solche Verdoppelung nicht der Lebenswirklichkeit entspreche und die Haushaltsführung als eigenständiger Umstand zu beurteilen sei, der die ehelichen Lebensverhältnisse ebenso bestimme wie etwa ein Wohnvorteil im eigenen Heim (vgl. *Graba*, FamRZ 1999, 1121). Im Übrigen wird gegen die fiktive Monetarisierung eingewandt, dass sie wegen der Unterschiedlichkeit der Ehetypen nicht praktikabel sei und den jeweiligen individuellen Leistungen des Ehegatten für die Familie nicht angemessen Rechnung trage (vgl. *Gerhardt*, FamRZ 2000, 135 [136]; zweifelnd auch *Borth*, FamRZ 1999, 200; *Bienko*, FamRZ 2000, 13; *Söpper*, FamRZ 2000, 14). Auch könne sie die Mehrzahl derjenigen Fälle nicht befriedigend lösen, in denen der haushaltsführende Ehegatte nach der Scheidung etwa wegen Kindesbetreuung oder alters- oder krankheitsbedingt nicht arbeiten kann oder auf dem Arbeitsmarkt keine angemessene Tätigkeit mehr findet. Denn der unterhaltspflichtige Ehegatte werde ihm in solchen Fällen ohnehin nur den Quotenunterhalt nach dem fortgeschriebenen, real zur Verfügung stehenden Einkommen gewähren können. Ein Zugriff auf gegebenenfalls weitere, nicht in der Ehe angelegte Einkünfte des Unterhaltspflichtigen sei nach der Ausrichtung des § 1578 BGB nicht möglich. Der Grundsatz der Gleichwertigkeit der beiderseitigen Leistungen erfordere es nämlich andererseits nicht, die Haushaltsleistungen nachträglich durch die hälftige Beteiligung am verfügbaren Einkommen zu vergüten. Solange daher der haushaltsführende Ehegatte nach Trennung bzw. Scheidung zum Beispiel wegen Kindererziehung, Krankheit oder Alters keine eigenen Einkünfte beziehen könne, verbleibe es bei der Aufteilung des real zur Verfügung stehenden eheprägenden Einkommens. Denn da die lebensstandarderhöhende Haushaltstätigkeit mit der Scheidung weggefallen und kein an deren Stelle tretendes Ersatzeinkommen vorhanden sei, müssten beide Ehegatten in gleicher Weise die trennungsbedingte Verschlechterung ihrer ehelichen Lebensverhältnisse hinnehmen (vgl. *Borth*, FamRZ 2001, 200; *Graba*, FamRZ 1999, 1115 [1117 f.]).

(Aufnahme oder Auswirkung einer Erwerbstätigkeit durch eine Hausfrau als eheprägendes Surrogat auch bei Ansatz erzielbarer, fiktiver Einkünfte; Ausnahme bei Karrieresprung; Korrekturmöglichkeiten durch §§ 1573 V, 1578 I 2 BGB)

c) Einer abschließenden Entscheidung zur Frage der Notwendigkeit einer Monetarisierung der Haushaltstätigkeit bedarf es indessen nicht. Jedenfalls in den Fällen, in denen der unterhaltsberechtigte Ehegatte – wie hier – nach der Scheidung ein Einkommen erzielt oder erzielen kann, welches gleichsam als Surrogat des wirtschaftlichen Werts seiner bisherigen Tätigkeit angesehen werden kann, ist dieses Einkommen in die Unterhaltsberechnung nach der Differenzmethode einzubeziehen. Das knüpft an die Überlegung an, dass die während der Ehe erbrachte Familienarbeit den ehelichen Lebensstandard geprägt und auch wirtschaftlich verbessert hat und als eine der Erwerbstätigkeit gleichwertige Leistung anzusehen ist, und trägt dem Grundsatz Rechnung, dass der in dieser Weise von beiden Ehegatten erreichte Lebensstandard ihnen auch nach der Scheidung zu gleichen Teilen zustehen soll. Nimmt der haushaltsführende Ehegatte nach der Scheidung eine Erwerbstätigkeit auf oder erweitert er sie über den bisherigen Umfang hinaus, so kann sie als Surrogat für seine bisherige Familienarbeit angesehen werden. Der Wert seiner Haushaltsleistungen spiegelt sich dann in dem daraus erzielten oder erzielbaren Einkommen wider, von Ausnahmen einer ungewöhnlichen, vom Normalverlauf erheblich abweichenden Karriereentwicklung abgesehen. Insofern bildet § 1578 BGB – ebenso wie bei unerwarteten Einkommenssteigerungen des Unterhaltspflichtigen – auch eine Begrenzung für die Bedarfsbemessung. Aus dieser Sicht erscheint es gerechtfertigt, dieses Einkommen in die Bedarfsbemessung einzubeziehen und in die Differenzrechnung einzustellen. Damit ist gewährleistet, dass – ebenso wie früher die Familienarbeit beiden Ehegatten zu gleichen Teilen zugute kam – nunmehr das beiderseitige Einkommen zwischen ihnen nach dem Grundsatz der gleichmäßigen Teilhabe geteilt wird. Eine wirtschaftliche Benachteiligung des unterhaltspflichtigen gegenüber dem unterhaltsberechtigten Ehegatten tritt durch die Differenzmethode nicht ein, zumal eine Entlastung durch die zeitliche Begrenzung des Unterhalts gem. den §§ 1573 V und 1578 I 2 BGB möglich ist. Es wird lediglich vermieden, dass – wie es bei der Anrechnungsmethode der Fall wäre – zu Lasten des haushaltsführenden Ehegatten eine Berücksichtigung seines Einkommens bei der Bedarfsbemessung unterbleibt und nur der unterhaltspflichtige Ehegatte einseitig entlastet wird (*Borth*, FamRZ 2001, 200 [201]; *ders.*, in: *Schwab/Borth*, IV Rn. 945; *Gerhardt*, in: Hdb. FamilienR, Rn. 403 d; *Büttner*, FamRZ 1999, 896; ders., FamRZ 1984, 538; i. Erg. ebenso *Graba*, FamRZ 1999, 1115 [1119]; *Laier*, FamRZ 1993, 393; *Born*, FamRZ 1999, 548).

(Additionsmethode als verständliche Berechnungsmethode gegenüber der verkürzenden Differenzmethode)

8. Die vom *OLG* gewählte Lösung, ein Ersatzeinkommen der Kl. in die Unterhaltsberechnung **d**
einzubeziehen, entspricht im Ergebnis diesem Ansatz. Dass es dabei statt der Differenz- die Additionsmethode gewählt hat, macht keinen Unterschied, da hier beide Berechnungsweisen zum selben Ergebnis führen. Die Additionsmethode hat lediglich den Vorzug der besseren Verständlichkeit gegenüber der verkürzenden Differenzmethode.

(Zinsen aus dem Verkaufserlös des Familienheimes als eheprägendes Surrogat des früheren Wohnwertes)

9. Dass das *OLG* auch die Zinseinkünfte der Kl. in Höhe von monatlich 407 DM als Ersatzein- **e**
kommen berücksichtigt hat, die sie aus dem nach Verkauf des Hauses und nach Ablösung von Schulden und der Zugewinnausgleichszahlung an den Bekl. verbliebenen Restkapital erzielen kann, ist in der Sache zutreffend. Während der Ehe waren die ehelichen Lebensverhältnisse der Parteien geprägt durch das mietfreie Wohnen im Haus der Kl., so dass sich der eheangemessene Bedarf grundsätzlich auch durch die daraus gezogenen Nutzungsvorteile erhöhte. Mit dem Verkauf des Hauses nach der Scheidung sind diese Nutzungsvorteile jedoch für beide Ehegatten entfallen, so dass ein (fiktiver) Ansatz des Wohnvorteils nicht mehr in Betracht kommt. Diese Einbuße muss von beiden Ehegatten getragen werden (vgl. *Senat*, NJW 1990, 3274 = FamRZ 1990, 989 [991 f.]; *Graba*, FamRZ 1999, 1115 [1120]). Verblieben sind allerdings auf Seiten der Kl. die Zinsvorteile aus dem Verkaufserlös, die an die Stelle des Nutzungsvorteils getreten sind und daher mit in die Differenz- bzw. – nach der Berechnungsweise des *OLG* – in die Additionsmethode einzubeziehen sind (vgl. *Senat*, NJW 2001, 2259 [in diesem Heft]; vgl. auch 13. Deutscher Familiengerichtstag 1999, Beschlüsse Arbeitskreis 3 zu III, Brühler Schriften zum FamilienR).

BGB v. 27. 6. 2001 – XII ZR 135/99 – FamRZ 01, 1291 = NJW 01, 3260

(Zum Einsatzzeitpunkt der Scheidung beim Unterhalt wegen Krankheit) **R564**

2. a) Die Voraussetzungen eines Unterhaltsanspruchs nach § 1572 Nr. 1 BGB hat das BerGer. – in **a**
Übereinstimmung mit dem *AG* – nicht als erfüllt angesehen, weil nicht davon ausgegangen werden könne, dass von der Kl. vom Zeitpunkt der Scheidung am 28. 11. 1991 an wegen Krankheit eine Erwerbstätigkeit nicht mehr habe erwartet werden können. Hierzu hat es im Wesentlichen ausgeführt:

Es könne zwar nicht ausgeschlossen werden, dass eine krankheitsbedingte Erwerbsunfähigkeit bereits vor dem Jahre 1994, als die Erkrankung der Kl. als so genanntes Sjoegren-Syndrom diagnostiziert worden sei, vorgelegen habe. Vor Oktober 1993, als sie die Ausbildung zur Kinderkrankenschwester abgebrochen habe, könne eine Erwerbsunfähigkeit aber jedenfalls nicht festgestellt werden. Die Kl. habe selbst nicht geltend gemacht, ihre damals schon bestehende Krankheit habe sie bis dahin an einer Erwerbstätigkeit gehindert. Das werde durch ihre berufliche Entwicklung bestätigt. Die seit Februar 1991 ausgeübte Halbtagsbeschäftigung habe die Kl. im November 1991 auf 30 Wochenstunden ausgeweitet. Im April 1992 habe sie ihre – nicht durch Krankheit veranlasste – Umschulung begonnen. Es sei zwar anerkannt, dass der erforderliche zeitliche Zusammenhang zwischen dem Einsatzzeitpunkt und der Krankheit auch dann noch bestehen könne, wenn diese erst nach jenem Zeitpunkt ausgebrochen sei. Das gelte aber nur bei enger zeitlicher Abfolge, an der es bei einem zeitlichen Abstand von etwa 23 Monaten (vom 28. 11. 1991 bis Oktober 1993) fehle.

Diese Beurteilung hält der revisionsrechtlichen Überprüfung und den Angriffen der Revision stand.

b) Die Revision beanstandet die Annahme des BerGer., die Kl. habe nicht geltend gemacht, schon vor Oktober 1993 sei eine Erwerbstätigkeit von ihr nicht zu erwarten gewesen.

Die Kl. habe durch Antrag auf Einholung eines fachärztlichen Gutachtens den Beweis dafür angetreten, dass wegen ihrer rheumatischen Erkrankung, die 1994 als Sjoegren-Syndrom diagnostiziert worden sei, schon im Zeitpunkt der Scheidung, jedenfalls in nahem Zusammenhang mit ihr, eine Erwerbstätigkeit von ihr nicht habe erwartet werden können. Den Beweisantrag, der in Verbindung mit dem weiteren Vorbringen des betreffenden Schriftsatzes nicht anders verstanden werden könne, habe das BerGer. übergangen.

Diese Rüge bleibt ohne Erfolg. Das BerGer. brauchte dem Beweisantrag nicht nachzugehen, da das Vorbringen der Kl. nicht hinreichend substanziiert ist. Ein geschiedener Ehegatte kann nach § 1572 BGB Unterhalt verlangen, solange und soweit von ihm von dem jeweiligen Einsatzzeitpunkt an wegen Krankheit oder anderer Gebrechen oder Schwäche seiner körperlichen oder geistigen Kräfte eine Erwerbstätigkeit nicht erwartet werden kann. Der Unterhalt begehrende Ehegatte muss, um die Voraussetzungen der genannten Vorschrift darzutun, im Einzelnen die Krankheiten, an denen er leidet, angeben und vortragen, inwiefern sich diese auf seine Erwerbsfähigkeit auswirken. Er darf sich nicht generell auf eine Erwerbsunfähigkeit i. S. des § 1572 BGB berufen, sondern von ihm ist, insbesondere im Hinblick darauf, dass nur eine teilweise Erwerbsunfähigkeit vorliegen kann, zu verlangen, dass er Art und Umfang der gesundheitlichen Beeinträchtigungen oder Leiden darlegt. Darüber hinaus bezieht sich die Darlegungslast auf das Bestehen des Anspruchs zu dem maßgebenden Einsatzzeitpunkt (*Schwab/Borth,* 4. Aufl., Kap. IV Rn. 214; *Griesche,* in: FamGb, § 1572 Rn. 6; vgl. auch *Senat,* NJW 1988, 2369 = FamRZ 1988, 265 [266] [unter I 3]).

Den vorgenannten Anforderungen genügt das Vorbringen der Kl. nicht, soweit sie einen Unterhaltsanspruch nach § 1572 Nr. 1 BGB (Einsatzzeitpunkt der Scheidung) geltend macht.

c) Die Beurteilung des BerGer., der Unterhaltstatbestand des § 1572 Nr. 1 BGB liege nicht vor, ist nach den somit verfahrensfehlerfrei getroffenen Feststellungen auch rechtlich nicht zu beanstanden. Von einer krankheitsbedingten – vollen oder teilweisen – Erwerbsunfähigkeit unmittelbar vom Zeitpunkt der Scheidung an kann schon nach dem eigenen Vorbringen der Kl. nicht ausgegangen werden. Damit scheidet auch die Möglichkeit aus, den Eintritt der Erwerbsunfähigkeit deshalb noch dem Zeitpunkt der Scheidung zuzurechnen, weil sich ein zu dieser Zeit bereits vorhandenes, die Erwerbsfähigkeit minderndes Leiden verschlimmert und schließlich zur vollständigen Erwerbsunfähigkeit geführt hätte (vgl. *Senat,* NJW 1987, 2229 = FamRZ 1987, 684 [685]). Für die Entstehung eines Unterhaltsanspruchs nach § 1572 BGB wird es zwar ferner als ausreichend erachtet, wenn eine Krankheit zu einem der Einsatzzeitpunkte nur latent vorhanden war und in nahem zeitlichen Zusammenhang damit ausgebrochen ist und zur Erwerbsunfähigkeit geführt hat (*Maurer,* in: MünchKomm, BGB, 4. Aufl., § 1572 Rn. 11; *Griesche,* § 1572 Rn. 12; *OLG Stuttgart,* FamRZ 1983, 501 [503]; *OLG Karlsruhe,* FamRZ 1994, 104 [106]; das bloße Vorliegen einer latenten Erkrankung erachten demgegenüber als ausreichend: *Erman/Dieckmann,* BGB, 10. Aufl., § 1572 Rn. 6; *Soergel/Häberle,* BGB, 12. Aufl., § 1572 Rn. 6; Rolland, 1. EheRG, 2. Aufl., § 1572 Rn. 5; *Gernhuber/Coester-Waltjen,* FamilienR, 4. Aufl., § 30 IV 2, Fußn. 9; a. A. für den Fall, dass im Einsatzzeitpunkt selbst noch keine Erwerbsunfähigkeit vorlag: *Staudinger/Verschraegen,* BGB, 12. Bearb., § 1572 Rn. 22). Ob dieser Auffassung zu folgen ist oder ob damit die Anforderungen an die Einsatzzeitpunkte untergraben werden, bedarf im vorliegenden Fall jedoch keiner Entscheidung. Denn es fehlt an der nach Auffassung des *Senats* jedenfalls erforderlichen nahen zeitlichen Zusammenhang zwischen der Scheidung und dem Eintritt der Erwerbsunfähigkeit. Letztere kann im Hinblick auf fehlenden substanziierten Sachvortrag der Kl. nicht vor dem aus gesundheitlichen Gründen erfolgten Abbruch der Ausbildung zur Kinderkrankenschwester im Oktober 1993 angesetzt werden, so dass seit der Scheidung ca. 23 Monate verstrichen waren. Unter diesen Umständen kann der Eintritt der Erwerbsunfähigkeit nicht mehr dem Zeitpunkt der Scheidung zugerechnet werden. Eine großzügigere Betrachtungsweise würde der gesetzgeberischen Intention zuwiderlaufen, schicksalsbedingte Ereignisse, die sich nach der Scheidung im Leben eines der geschiedenen Ehegatten einstellen, grundsätzlich nicht zu Lasten des anderen Ehegatten gehen zu lassen, weshalb Erkrankungen, die nach der Scheidung auftreten und ohne unmittelbaren Zusammenhang mit der Ehe stehen, nicht zu einem Unterhaltsanspruch nach § 1572 BGB führen sollten (BT-Dr 7/650, S. 124).

(Einkommen aus einer nach Trennung aufgenommenen Tätigkeit als eheprägendes Surrogat der Haushaltsführung)

b Diese Ausführungen begegnen durchgreifenden rechtlichen Bedenken, soweit sie die Ausgestaltung der ehelichen Lebensverhältnisse der Parteien sowie die davon abhängige Frage betreffen, ob die Kl. ihren hieran ausgerichteten Unterhaltsbedarf durch eigene Einkünfte decken konnte. Der *Senat* hat nach Erlass des angefochtenen Urteils entschieden, dass jedenfalls in den Fällen, in denen der unterhaltsberechtigte Ehegatte nach der Scheidung Einkommen erzielt oder erzielen könnte, welches gleichsam als Surrogat des wirtschaftlichen Werts seiner bisherigen Haushaltstätigkeit angesehen werden kann, dieses Einkommen nach der so genannten Differenzmethode in die Unterhaltsberechnung einzubeziehen ist. Dabei ist an die Überlegung angeknüpft worden, dass die während der Ehe erbrachten Familienarbeit den ehelichen Lebensstandard geprägt und auch wirtschaftlich verbessert hat und als eine der Erwerbstätigkeit gleichwertige Leistung anzusehen ist. Der in dieser Weise von beiden Ehegatten erreichte Lebensstandard soll ihnen nach Auffassung des *Senats* auch nach der Scheidung zu gleichen Teilen zustehen. Nimmt der haushaltsführende Ehegatte nach der Scheidung eine Erwerbstätigkeit auf oder erweitert sie sie über den bisherigen Umfang hinaus, so kann sie als Surrogat für seine bisherige Familienarbeit angesehen werden. Der Wert seiner Haushaltsleistungen spiegelt sich dann in dem erzielten oder erzielbaren Einkommen wider, von Ausnahmen einer ungewöhnlichen, vom Normalverlauf erheblich abweichenden Karriereentwicklung abgesehen. Aus dieser Sicht hat der *Senat* es für gerechtfertigt gehalten, das Ersatzeinkommen in die Bedarfsbemessung einzubeziehen und in die Differenzrechnung einzustellen. Damit wird gewährleistet, dass – ebenso wie früher die Familienarbeit beiden Ehegatten zu gleichen Teilen zugute kam – nunmehr das beiderseitige Einkommen zwischen ihnen nach dem Grundsatz der gleichmäßigen Teilhabe aufgeteilt wird (*Senat*, NJW 2001, 2254).

Ausgehend hiervon erweist sich die Annahme des BerGer., die Kl. habe aus ihrer Erwerbstätigkeit Einkünfte erzielt, die ihren vollen Unterhalt nach Maßgabe der ehelichen Lebensverhältnisse gedeckt hätten, nicht als zutreffend. Das von der Kl. erzielte Einkommen ist als Surrogat für ihre bisherige Familienarbeit anzusehen und bei der Bedarfsermittlung nach Maßgabe der ehelichen Lebensverhältnisse ebenfalls zu berücksichtigen.

(Fiktives Erwerbseinkommen als eheprägendes Surrogat der Haushaltsführung)

Das AG ist davon ausgegangen, dass es der Kl. nach der Scheidung oblegen hätte, ihre Teilzeit- **c** beschäftigung auf eine Ganztagstätigkeit auszudehnen, und hat ihr deshalb neben dem tatsächlich erzielten Einkommen monatlich weitere 425 DM fiktiv zugerechnet. Falls das BerGer. in dem weiteren Verfahren zu dem Ergebnis gelangen sollte, dass dieser Beurteilung zu folgen ist, kommt ein Unterhaltsanspruch aus § 1573 I BGB nicht in Betracht. Vorliegen können jedoch die Voraussetzungen eines Anspruchs auf Aufstockungsunterhalt gem. § 1573 II BGB, denn auch tatsächlich nicht erzielte, aber erzielbare Einkünfte sind nach der geänderten Rechtsprechung des *Senats* grundsätzlich als die ehelichen Lebensverhältnisse prägend anzusehen und bestimmen mithin den Bedarf des unterhaltsberechtigten Ehegatten.

(Nachhaltige Unterhaltssicherung nach § 1573 BGB; Maß des Anschlussunterhalts)

4 b) Das BerGer. hat angenommen, dass es der Kl. im Umfang ihres Erwerbseinkommens gelungen **d** sei, ihren Unterhalt i. S. des § 1573 IV BGB nachhaltig zu sichern. Diese in tatrichterlicher Verantwortung erfolgte Beurteilung, der die nach der Rechtsprechung des *Senats* maßgebenden Kriterien zu Grunde gelegt worden sind (vgl. *Senat*, NJW 1986, 375 = FamRZ 1985, 1234 [1235]), ist rechtlich nicht zu beanstanden.

c) Bestand bei Beginn des Anschlussunterhalts nach § 1572 Nr. 4 BGB auf Grund eines weggefallenen früheren Anspruchsgrunds (§ 1573 I, II BGB) aber nur ein Anspruch auf einen Teil des vollen Bedarfs, so entsteht auch der Anspruch auf Anschlussunterhalt nur als solcher auf Teilunterhalt. Eine andere Auslegung des Wortlauts des § 1572 BGB, insbesondere des Wortes „soweit", stünde im Widerspruch zu dem Zweck der Einsatzzeitpunkte, die zu den Schutzvorschriften zu Gunsten des Unterhaltspflichtigen gehören (*Erman/Dieckmann*, § 1572 Rn. 8; *Gerhardt*, Hdb. des Fachanwalts FamilienR, 3. Aufl., 6. Kap., Rn. 350; *Göppinger/Bäumel*, 7. Aufl., Rn. 1013; *Johannsen/Henrich/Büttner*, EheR, 3. Aufl., § 1572 Rn. 4; *Maurer*, in: MünchKomm, § 1572 Rn. 16; *Palandt/Brudermüller*, BGB, 60. Aufl., § 1572 Rn. 11; *Rolland*, § 1571 Rn. 15; *Wendl/Pauling*, 5. Aufl., § 4 Rn. 50, jew. m. Nachw. aus der Rspr. der Oberlandesgerichte). Maßgebend für die Bemessung des Teilanschlussunterhalts ist die Quote des nach Maßgabe der ehelichen Lebensverhältnisse ungedeckten Bedarfs des Unterhaltsberechtigten in dem Zeitpunkt, in dem sein Unterhalt im Übrigen nachhaltig gesichert war. Der hier in Betracht kommende Anspruch auf Anschlussunterhalt nach § 1572 Nr. 4 BGB setzt weiterhin voraus, dass der Tatbestand eines Unterhaltsanspruchs nach § 1573 BGB bis zum Einsatzzeitpunkt durchgehend erfüllt war (*Johannsen/Henrich/Büttner*, § 1572 Rn. 4; *Gerhardt*, Rn. 350; *Wendl/Pauling*, § 4 Rn. 50; *Palandt/Brudermüller*, § 1572 Rn. 11). Auch Letzteres lässt sich bisher nicht beurteilen, da zu der Einkommensentwicklung der Kl. nach Aufnahme der Ausbildung sowie zu dem hierfür erforderlichen zeitlichen Einsatz keine Feststellungen getroffen worden sind.

BGH v. 22. 8. 2001 – XII ARZ 3/01 – FamRZ 01, 1705 = NJW 02, 444

(Zur Vollstreckungsabwehrklage gegen titulierten Kindesunterhalt) **R565**

II. a) Die Vorlage an den *BGH* ist zulässig. In Zuständigkeitsbestimmungsverfahren ist eine Divergenzvorlage an den *BGH* nach § 36 III ZPO zulässig, wenn der *BGH* das zunächst höhere gemeinschaftliche Gericht ist und die Bestimmungszuständigkeit eines *OLG* sich aus § 36 II ZPO ergibt (*Senat*, NJW 2000, 3214). Diese Voraussetzung ist im vorliegenden Fall gegeben. Die beiden beteiligten

Amtsgerichte liegen in unterschiedlichen OLG-Bezirken. Das zunächst höhere gemeinschaftliche Gericht ist somit der *BGH.* Die Bestimmungszuständigkeit des *OLG Düsseldorf* ergibt sich nach § 36 II ZPO daraus, das das in seinem Bezirk gelegene *AG* zuerst mit der Sache befasst worden ist. Auch die in § 36 III ZPO aufgestellten weiteren Voraussetzungen für die Zulässigkeit einer Divergenzvorlage sind gegeben. Nach den §§ 767 I, 802 ZPO ist für eine Vollstreckungsabwehrklage das Prozessgericht des ersten Rechtszugs ausschließlich zuständig. Unter Prozessgericht ist dabei das Gericht des Verfahrens zu verstehen, in dem der Vollstreckungstitel geschaffen worden ist (*BGH,* NJW 1980, 188 = FamRZ 1980, 47). Das spricht für die ausschließliche Zuständigkeit des *AG Düsseldorf.*

§ 642 I ZPO bestimmt dagegen, dass für Verfahren, die die gesetzliche Unterhaltspflicht eines Elternteils oder beider Elternteile gegenüber einem minderjährigen Kind betreffen, das Gericht ausschließlich zuständig ist, bei dem das Kind oder der Elternteil, zu dessen gesetzlich zuständig vertritt, seinen allgemeinen Gerichtsstand hat. Das vorlegende *OLG Düsseldorf* will der Regelung des § 642 I ZPO Vorrang einräumen, würde damit aber abweichen von den zitierten Entscheidungen des *OLG Schleswig* und des *OLG Naumburg,* die die Zuständigkeitsregelung der §§ 767 I, 802 ZPO für vorrangig halten.

Dass die Vollstreckungsabwehrklage noch nicht zugestellt und damit noch nicht rechtshängig ist, steht zwar einer Zuständigkeitsbestimmung nach § 36 ZPO für die Hauptsache entgegen (*Senat,* FamRZ 1987, 924). Zulässig ist aber eine Zuständigkeitsbestimmung für die Entscheidung über den Antrag auf Bewilligung von Prozesskostenhilfe zur Durchführung der Klage (*Senat,* NJW 1982, 1000 = FamRZ 1982, 43).

b) Durch die Einführung des § 642 I ZPO im Jahre 1998 hat sich nichts daran geändert, dass für Vollstreckungsabwehrklagen gegen Unterhaltstitel minderjähriger Kinder nach wie vor nach den §§ 767 I, 802 ZPO das Gericht des ersten Rechtszugs des Verfahrens, das zu dem angegriffenen Titel geführt hat, ausschließlich zuständig ist. Eine ähnliche Problematik ergab sich bei der Einführung des § 621 II ZPO, der die ausschließliche Zuständigkeit des FamG, bei dem eine Ehesache anhängig ist, auch für bestimmte andere Familiensachen vorsieht. Auch damals tauchte die Frage auf, ob dieses FamG nun zuständig sei für Vollstreckungsabwehrklagen gegen Titel, die von anderen Gerichten erlassen worden waren. Der *BGH* hat diese Frage verneint und in erster Linie darauf abgestellt, durch die Zuständigkeit des Prozessgerichts des ersten Rechtszugs für die Vollstreckungsabwehrklage solle sichergestellt werden, dass die von diesem Gericht im Vorprozess erworbene Sachkunde für die Vollstreckungsabwehrklage ausgenutzt werden könne. Der sachliche Bezug, den das Prozessgericht zur Vollstreckungsabwehrklage habe, sei wesentlich enger als der des Gerichts der Ehesache zu dieser Klage. Die Vollstreckungsabwehrklage betreffe den titulierten Anspruch und komme deshalb in der Sache einer Fortsetzung des früheren Rechtsstreits nahe, auch wenn das Bestehen oder Nichtbestehen des titulierten Anspruchs nicht unmittelbar Streitgegenstand der Vollstreckungsabwehrklage sein sollte (*BGH,* NJW 1980, 1393 = FamRZ 1980, 346). Dieser Gesichtspunkt gilt für die hier zu entscheidende Frage in gleicher Weise.

BGH v. 5. 9. 2001 – XII ZR 108/00 – FamRZ 01, 1687 = NJW 01, 3618

R566   *(Zur Abänderung von Prozessvergleichen)*

a   2. Für die Begründetheit der beiderseitigen Abänderungsbegehren kommt es entscheidend darauf an, in welcher Weise der Unterhaltsbedarf der Bekl. zu berechnen ist. Umfasst die Bindungswirkung des Prozessvergleichs die darin angewandte Berechnungsweise und ist demgemäß auch für eine Abänderungsentscheidung davon auszugehen, dass die für den Unterhaltsbedarf der Bekl. maßgebenden ehelichen Lebensverhältnisse allein durch das Erwerbseinkommen des Kl. bestimmt werden und das Einkommen der Bekl. auf den so zu bemessenden Bedarf anzurechnen ist (so genannte Anrechnungsmethode), so erweisen sich das Abänderungsbegehren des Kl. als begründet, die Widerklage der Bekl. dagegen als unbegründet, wie nachfolgende Berechnung auf der Grundlage der vom *OLG* festgestellten Einkommen ergibt:

(Nettoeinkommen des Kl.:

(3002 DM ./. 5% Berufsaufwand 150 DM ./. Kindesunterhalt 522 DM) = 2330 DM × ³/₇ = 998 Unterhaltsbedarf.

(Nettoeinkommen der Bekl.:

(1332 DM ./. 5% Berufsaufwand 67 DM ./. ¹/₇ Erwerbsbonus 180 DM) = 1085 DM zuzüglich 113 DM Zinsen = 1198 DM.

(Unterhalt: 998 DM ./. 1198 DM = 0 DM).

3. Indessen hat das *OLG* eine derartige Bindung an die im Prozessvergleich angewandte Berechnungsweise verneint, weil es festgestellt hat, die Parteien hätten die ehelichen Lebensverhältnisse lediglich deshalb nur nach dem Manneseinkommen bemessen und das Einkommen der Frau als nicht prägend angesehen, weil das der herrschenden Rechtspraxis entsprochen habe. Dieser Praxis könne es jedoch nicht länger folgen, sondern sehe Einkommen, wie es die Bekl. bei Vergleichsabschluss aus überobligatorischer Tätigkeit erzielt habe, als für die ehelichen Lebensverhältnisse mitbestimmend an.

Diese Änderung der Rechtsprechung habe die Geschäftsgrundlage des vorliegenden Vergleichs geändert und die Bindungswirkung insoweit entfallen lassen.

Soweit das *OLG* jedoch bereits die Änderung seiner Rechtsprechung (bzw. auch die des vorausgehenden AG) als ausreichenden Abänderungsgrund ansieht, ist ihm nicht zu folgen. a) Einigkeit besteht darin, dass eine Änderung der Gesetzeslage und die ihr gleichkommende verfassungskonforme Auslegung einer Norm durch das *BVerfG* eine Abänderung sowohl bei Vergleichen als auch bei Urteilen erlaubt (vgl. unter anderem *Senat*, NJW 1990, 3020 = FamRZ 1990, 1091 [1094]; *Baumbach/Lauterbach/Hartmann*, ZPO, 59. Aufl., § 323 Rn. 18; *Gottwald*, in: MünchKomm-ZPO, 2. Aufl., § 323 Rdnrn. 63 und 66; *Graba*, Abänderung von Unterhaltstiteln, 2. Aufl., Rdnrn. 274 f., jew. m. w. Nachw.).

Der BGH hat die Frage, ob eine Rechtsprechungsänderung auch bei Urteilen eine Abänderung erlaubt, offen gelassen (*Senat*, NJW 1990, 3020 = FamRZ 1990, 1091 [1094]). Einer Entscheidung bedarf es auch hier nicht, da es sich um einen Prozessvergleich handelt.

c) Für Prozessvergleiche über Dauerschuldverhältnisse hat der *BGH* bereits entschieden, dass die Änderung einer gefestigten höchstrichterlichen Rechtsprechung zu Störungen vertraglicher Vereinbarungen führen kann, die nach den Grundsätzen über den Wegfall der Geschäftsgrundlage im Wege der Anpassung zu bereinigen sind. Grundlage der Beurteilung in diesen Fällen ist, dass beim Abschluss einer Vereinbarung ein beiderseitiger Irrtum über die Rechtslage das Fehlen der Geschäftsgrundlage bedeuten kann, wenn die Vereinbarung ohne diesen Rechtsirrtum nicht oder nicht mit diesem Inhalt geschlossen worden wäre. Gleiches gilt, wenn der Geschäftswille der Parteien auf der gemeinschaftlichen Erwartung vom Fortbestand einer bestimmten Rechtslage aufgebaut war (*BGHZ* 58, 355 [362 ff.] = NJW 1972, 1577; *Senat*, NJW 1983, 1548 = FamRZ 1983, 569 [573]; FamRZ 1994, 562 [564]; FamRZ 1995, 665 [666]). Im Wege der Auslegung ist zu ermitteln, welche Verhältnisse die Parteien zur Grundlage ihrer Einigung gemacht haben und von welcher Rechtslage sie ausgegangen sind. Ob und in welcher Weise sodann eine Anpassung an die veränderte Rechtslage erfolgen kann, bedarf einer sorgfältigen Prüfung unter Berücksichtigung der Interessen beider Parteien. Es genügt nicht, dass ein weiteres Festhalten am Vereinbarten nur für eine Partei unzumutbar erscheint, vielmehr muss hinzukommen, dass das Abgehen vom Vereinbarten der anderen Partei auch zuzumuten ist (*BGHZ* 58, 355 [363] = NJW 1972, 1577.

(Berücksichtigung der geänderten Rechtsprechung des BGH bei Haushaltsführung in der Ehe auch bei mit Vergleich titulierten Ansprüchen; Einkommen aus unzumutbarer Tätigkeit als Surrogat der Haushaltsführung)

5 b) Davon abgesehen kann dem OLG aber deshalb nicht gefolgt werden, weil – wie oben unter 3 c **b** dargelegt – grundsätzlich nur die Änderung der höchstrichterlichen Rechtsprechung als grundlegende Änderung der Rechtslage angesehen werden kann, die eine Abänderung des Vergleichs erlaubt, nicht dagegen eine unter Umständen sogar vereinzelt bleibende Änderung der Rechtsprechung von Instanzgerichten. Für die hier vorliegende Fallgestaltung kann daher eine Abänderung nur mit einer geänderten Rechtsprechung des BGH begründet werden. Diese ist hier erst mit den vom erkennenden *Senat* in seinem Urteil vom 13. 6. 2001 (NJW 2001, 2254 = FamRZ 2001, 986) geänderten Grundsätzen zur Unterhaltsbedarfsbemessung eingetreten. Denn dort hat der *Senat* ausgeführt, dass sich der nach § 1578 BGB zu bemessende Unterhaltsbedarf eines Ehegatten, der seine Arbeitsfähigkeit während der Ehe ganz oder zum Teil in den Dienst der Familie gestellt, den Haushalt geführt und erst nach Trennung oder Scheidung eine Erwerbstätigkeit aufgenommen oder ausgeweitet hat, nicht nur nach dem in der Ehe zur Verfügung stehenden Bareinkommen des Unterhaltspflichtigen richtet. Vielmehr soll dieser Ehegatte auch nach der Scheidung an dem durch seine Familienarbeit verbesserten ehelichen Lebensstandard teilhaben, weil seine in der Ehe durch Haushaltsführung und Kindesbetreuung erbrachten Leistungen der Erwerbstätigkeit des verdienenden Ehegatten grundsätzlich gleichwertig sind und die ehelichen Lebensverhältnisse mitgeprägt haben. Ausgehend von dieser Gleichwertigkeit hat der Senat auch ein Erwerbseinkommen des unterhaltsberechtigten Ehegatten, welches dieser nach der Ehe erzielt, bei der Unterhaltsbemessung mitberücksichtigt und den Unterhalt nicht mehr nach der so genannten Anrechnungsmethode, sondern nach der Additions- bzw. Differenzmethode ermittelt. Diese geänderte Rechtsprechung ist nicht etwa nur als eine rechtliche Beurteilung bereits bekannter und gewürdigter tatsächlicher Verhältnisse zu werten. Sie beruht vielmehr auf einer abweichenden Sicht des § 1578 BGB und des bisherigen Verständnisses der „eheprägenden Verhältnisse" und führt mit ihrer das bisherige Berechnungssystem verändernden Additions- bzw. Differenzmethode für die betroffenen Fallgestaltungen zu einer neuen Rechtslage. Sie erfasst auch Fälle wie den vorliegenden, in denen ein Erwerbseinkommen des unterhaltsberechtigten Ehegatten bisher nicht als eheprägend in die Bedarfsbemessung einbezogen wurde, weil es durch eine unzumutbare und die ehelichen Lebensverhältnisse deshalb nicht nachhaltig prägende Erwerbstätigkeit erzielt wurde.

Eine Abänderung konnte daher frühestens ab der Verkündung des maßgebenden *Senats-Urteils* vom 13. 6. 2001 in Betracht kommen.

(Keine Bindungswirkung an Höhe des Erwerbstätigenbonus bei Abänderung des Titels)

c Zutreffend ist, dass das OLG die Zinseinkünfte der Bekl. entsprechend den insoweit unverändert gebliebenen Vorgaben des Vergleichs als nicht prägend angesehen und auf den Unterhaltsanspruch der Bekl. angerechnet hat. Im Ansatz rechtsbedenkenfrei ist ferner die auf tatrichterlicher Beurteilung beruhende Bemessung des Erwerbstätigenbonus mit $^1/_{10}$. Die Parteien haben im Vergleich einen Pauschalabzug von 5% Berufsaufwand vorgenommen und – anhand der Quote von $^3/_7$ – einen Erwerbstätigenbonus von $^1/_7$ berücksichtigt. Die Entscheidung, in welcher Höhe nunmehr – bei leicht gestiegenen Einkünften der Parteien – beide Faktoren zu berücksichtigen sind, obliegt dem Tatrichter, der sie auf Grund einer notfalls ergänzenden Auslegung des Vergleichs zu treffen hat (vgl. *Senat,* NJW 1986, 2054 = FamRZ 1986, 790 [792]).

(Möglichkeit unterschiedlicher Begrenzung und Differenzierung der Anspruchsgrundlagen)

d Gegen die zeitliche Begrenzung des Aufstockungsunterhalts nach § 1753 V BGB hat die insoweit allein beschwerte Bekl. kein Rechtsmittel eingelegt, so dass das OLG zu Recht nicht geprüft hat, ob die Begrenzung zu Recht erfolgt ist. Bedenken bestehen indessen dagegen, dass es keine betragsmäßige Unterscheidung vorgenommen hat, inwieweit der Anspruch auf § 1570 BGB und § 1573 II BGB beruht. Da das OLG ersichtlich davon ausgeht, dass ein Teilanspruch nach § 1573 II BGB neben § 1570 BGB auch schon im Zeitraum bis Februar 2006 gegeben ist und da weitere Abänderungsbegehren bis zu diesem Zeitpunkt nicht auszuschließen sind, nötigt dies zu einer genaueren Differenzierung der Anspruchsgrundlage (vgl. *Senat,* NJW 1990, 1847 = FamRZ 1990, 492 [493]).

Ein der Entscheidung vom 16. 12. 1987 (NJW 1988, 2369 = FamRZ 1988, 265 [267]) vergleichbarer Ausnahmefall liegt nicht vor. Wegen der fehlenden Aufschlüsselung ist insoweit auch der Kl. beschwert.

BGH v. 5. 9. 2001 – XII ZR 336/99 – FamRZ 01, 1693 = NJW 01, 3779

R567 *(Fiktives Erwerbseinkommen als Surrogat der Haushaltsführung in der Ehe)*

a 3 b) Die Revision wendet sich gegen den Ansatz des BerGer., die Haushaltsführung als die ehelichen Lebensverhältnisse mitbestimmend anzusehen und ein an deren Stelle tretendes (fiktives) Ersatzeinkommen in die Unterhaltsbedarfsermittlung nach § 1578 BGB einzubeziehen. Im Übrigen sei es ermessensfehlerhaft, ohne Feststellung der konkreten Verhältnisse und ohne Darlegung der Schätzungsgrundlage einen bestimmten Geldbetrag anzusetzen. Auch diese Einwände führen im Ergebnis nicht zum Erfolg. Der *Senat* hat in seinem Urteil vom 13. 6. 2001 (NJW 2001, 2254 = NJWE-FER 2001, 228 L = FamRZ 2001, 986) entschieden, dass die – auf den Scheidungszeitpunkt bezogenen – konkreten Barmittel immer nur ein Kriterium, nicht aber der alleinige Maßstab für die ehelichen Lebensverhältnisse gem. § 1578 BGB sein können. Vielmehr seien die ehelichen Lebensverhältnisse durch alles geprägt, was während der Ehe für den Lebenszuschnitt der Ehegatten nicht nur vorübergehend tatsächlich von Bedeutung ist, mithin auch durch die häusliche Mitarbeit des nicht erwerbstätigen Ehegatten, die mitursächlich für den erreichten sozialen Standard sei. In den Fällen, in denen der unterhaltsberechtigte Ehegatte – wie hier – nach der Scheidung ein Einkommen erzielt oder erzielen kann, welches gleichsam als Surrogat des wirtschaftlichen Werts seiner bisherigen Tätigkeit angesehen werden kann, ist dieses Einkommen in die Berechnung des Unterhaltsbedarfs nach der Differenzmethode (bzw. wie hier nach der zum selben Ergebnis führenden Additionsmethode) einzubeziehen. Diesem Ansatz entspricht die vom *OLG* vorgenommene Bedarfsermittlung, soweit es das fiktive Erwerbseinkommen der Kl. aus einer ihr zuzumutenden geringfügigen Beschäftigung einbezogen hat.

(Einkommen aus Haushaltsführung für einen neuen Partner als Surrogat der Haushaltsführung in der Ehe)

b Entsprechendes gilt, jedenfalls für den hier gegebenen Fall, für den Wert der Versorgungsleistungen, die die Kl. in der häuslichen Gemeinschaft mit ihrem neuen Partner tatsächlich erbringt. Grundsätzlich sind auch solche geldwerten Versorgungsleistungen als Surrogat für die frühere Haushaltstätigkeit in der Familie anzusehen. Denn sie sind insoweit nicht anders zu beurteilen, als wenn die Kl. eine bezahlte Tätigkeit als Haushälterin bei Dritten annähme. Ist die Erwerbsfähigkeit des Unterhaltsberechtigten – wie hier krankheitshalber – eingeschränkt, versorgt er aber daneben einen neuen Partner, ist im Zweifel davon auszugehen, dass er diese häuslichen Tätigkeiten noch zusätzlich übernehmen kann (vgl. *Senat,* NJW-RR 1987, 1282 = FamRZ 1987, 1011 [1013 a. E.]). Davon ist ersichtlich auch das OLG ausgegangen, das den Wert dieser Tätigkeit der Kl. zugerechnet hat. Dann aber ist auch insoweit der Wert dieser Versorgungsleistungen als Surrogat des wirtschaftlichen Werts ihrer früheren Haushaltstätigkeit in der Ehe anzusehen, ohne dass es hier noch auf die Frage ankäme, ob es sich dabei um Einkünfte aus einer Erwerbstätigkeit im eigentlichen Sinn handelt (vgl. *Senat,* NJW-RR 1987, 1282 = FamRZ 1987, 1011 [1013 a. E.]; zweifelnd *Scholz,* FamRZ 2001, 1061 [1064]).

c) Auch die Bewertung der Haushaltstätigkeit der Kl. für ihren jetzigen Partner mit einem Vorteil von 400 DM monatlich durch das OLG begegnet keinen Bedenken. Die Schätzung nach § 287 II ZPO obliegt in erster Linie dem Tatrichter und ist mit der Revision nur insoweit angreifbar, als sie auf falschen oder offenbar unsachlichen Erwägungen beruht oder wesentlichen Tatsachenvortrag außer Acht lässt (st. Rspr. des *BGH,* vgl. nur *BGHZ* 3, 162 [175 f.] = NJW 1952, 23; BGH, NJW-RR 93, 795 [796]) oder wenn dem Urteil eine Auseinandersetzung mit den für die Bemessung wesentlichen Umständen nicht zu entnehmen ist (*BGH,* VersR 1992, 1410). Solche Rechtsfehler zeigt die Revision nicht auf. Das OLG hat bei der Bewertung entsprechend der Rechtsprechung des *Senats* im Ergebnis auf den objektiven Wert abgestellt, den die Versorgungsleistungen und die Wohnungsgewährung für den Partner hat (vgl. *Senat,* NJW 1984, 2358 = FamRZ 1984, 662 [663], und NJW 1989, 1083 = FamRZ 1989, 487 [490]). Dabei hat es den konkreten Einzelfall bewertet und berücksichtigt, dass die Kl. ihren Beitrag zur Lebensgemeinschaft in erster Linie in der Wohnungsgewährung an den Zeugen, aber auch durch sonstige Versorgungsleistungen erbringt. Es hat in diesem Zusammenhang festgestellt, dass der Zeuge regelmäßig bei der Kl. übernachtet und auch die Wochenenden und Feiertage sowie seine Urlaubszeiten mit der Kl. verbringt, während er werktags bei seinen Eltern die Mahlzeiten einnimmt, wo auch seine Wäsche gewaschen wird. Die auf diesen Umständen beruhende Schätzung der der Kl. zugute kommenden Vorteile auf 400 DM hält revisionsrechtlicher Prüfung stand.

(Billigkeitsabwägung bei Verwirkung nach § 1579 BGB; Tatbestand des § 1579 Nr. 6 BGB bei Zuwendung an neuen Partner vor Scheidung)

4 b) Die Rüge der Revision, das OLG habe nicht in Betracht gezogen, dass sich die Kl. ihrem   **c** jetzigen Partner noch während bestehender Ehe zugewandt habe, so dass gem. § 1579 Nr. 6 BGB nicht nur eine Herabsetzung, sondern eine gänzliche Versagung des Unterhalts hätte erwogen werden müssen, greift nicht durch. Das Vorliegen eines Härtegrundes nach § 1579 Nr. 6 BGB setzt ein offensichtlich schwerwiegendes, eindeutig allein bei dem unterhaltsberechtigten Ehegatten liegendes einseitiges Fehlverhalten voraus (st. Rspr. des Senats, vgl. nur *Senat,* NJW 1989, 1083 = FamRZ 1989, 487 [490]). Dabei sieht § 1579 S. 1 BGB auch für diese Fälle, je nach Schweregrad, die Möglichkeiten der Versagung, Herabsetzung oder zeitlichen Begrenzung vor. Dafür, dass im vorliegenden Fall das Fehlverhalten der Kl. so schwer wog, dass nur die Unterhaltsversagung als härteste Sanktion angemessen gewesen wäre, hat der Bekl. nichts Ausreichendes vorgetragen. Dass die Kl. sich dem Partner noch während bestehender Ehe zugewandt hat, begründet allein noch nicht den Vorwurf eines offensichtlich schwerwiegenden, eindeutig bei ihr liegenden Fehlverhaltens gegen den Bekl.

BGB v. 24. 10. 2001 – XII ZR 284/99 – FamRZ 02, 23 = NJW 02, 217

(Keine Berücksichtigung von nach Hausverkauf getilgten Schulden)   **R568**

2 b) Soweit die Revision hiergegen einwendet, das BerGer. habe verkannt, dass der Unterhalts-   **a** berechtigte für die Höhe seines Bedarfs darlegungs- und beweispflichtig sei und die Bekl. deshalb nicht nur das Einkommen des Kl., sondern auch die weiteren bei der Bedarfsermittlung zu berücksichtigenden Umstände (Kindesunterhalt, Tilgung der Verbindlichkeiten für das Haus usw.) habe darlegen müssen, vermag sie damit nicht durchzudringen. Die dem Grunde nach wegen Kindesbetreuung gem. § 1570 BGB weiterhin unterhaltsberechtigte Bekl. hat unwidersprochen vorgetragen, das von ihr angegebene Einkommen des Kl. habe die ehelichen Lebensverhältnisse geprägt. Darin liegt die Behauptung, die zur Verfügung stehenden Mittel hätten – unter Berücksichtigung des für das gemeinsame Kind anzusetzenden Unterhalts – für den Lebensunterhalt der Parteien zur Verfügung gestanden. Ein Anlass, zur Tilgung von Hausverbindlichkeiten vorzutragen, bestand nicht, da das Hausgrundstück im Zusammenhang mit der Scheidung veräußert worden ist und aus dem Erlös unter anderem die bestehenden Verbindlichkeiten abgelöst werden konnten.

(Bei überobligatorischen Einkünften ist der zu berücksichtigende Teil des Erwerbseinkommens eheprägend)

e) Die Revision hält die Annahme des BerGer. für rechtsfehlerhaft, das Einkommen der Bekl. sei   **b** nach § 1577 II BGB nur teilweise zu berücksichtigen. Damit hat sie ebenfalls keinen Erfolg. Angesichts des Alters des von der Bekl. betreuten Kindes *V,* das im Oktober 1997 erst sieben Jahre und zur Zeit der letzten mündlichen Verhandlung vor dem BerGer. knapp neun Jahre alt war, traf die Bekl. jedenfalls keine Erwerbsobliegenheit im Umfang der seit Mai 1997 – an Stelle der früheren Halbtagstätigkeit – ausgeübten Teilzeitbeschäftigung im Umfang von rund 28,5 Stunden pro Woche (vgl. *Senat,* NJW 1989, 1083 = FamRZ 1989, 487, und NJW 1997, 1851 = FamRZ 1997, 671 [673]). Im Übrigen ist das zu berücksichtigende Einkommen der Bekl. nach der neueren Rechtsprechung des *Senats* nicht auf den Bedarf anzurechnen, sondern in die Bedarfsbemessung einzubeziehen und in die Differenzrechnung einzustellen (vgl. *Senat,* FamRZ 2001, 986 [991]).

(Auf Distanz angelegtes Verhältnis kein Verwirkungsgrund nach § 1579 Nr. 7 BGB)

c   3. a) Das BerGer. hat weiter die Auffassung vertreten, der Unterhaltsanspruch der Bekl. sei nicht wegen grober Unbilligkeit der Inanspruchnahme (§ 1579 Nr. 7 BGB) ausgeschlossen, so dass auch unter diesem Gesichtspunkt eine Abänderung ausscheide. Zur Begründung hat es ausgeführt:

Nach dem Ergebnis der durchgeführten Beweisaufnahme sei davon auszugehen, dass der Partner der Bekl., G, etwa seit 1994 ein intimes Verhältnis zu der Bekl., die er bereits seit 1982 kenne, unterhalte. Er habe seit 1993 eine eigene Wohnung in B., in der er sich die Woche über selbst versorge und seinen Haushalt selbstständig führe, insbesondere wasche, bügele und einkaufe. Die Wochenenden verbringe G überwiegend (dreimal im Monat, manchmal auch nur zweimal) bei der Bekl., schlafe dann „ab und zu" auch dort und werde dann verköstigt. Außerdem sei G seit mehreren Jahren mit der Bekl. und deren Tochter regelmäßig in Urlaub gefahren, habe die Weihnachtsfeiertage seit 1994 jeweils bei ihr verbracht und an allen Familienfeiern teilgenommen, sofern er eingeladen worden sei. Bei diesem Beweisergebnis sei nicht zu verkennen, dass sich die Beziehung der Bekl. zu G nach ihrem Erscheinungsbild in der Öffentlichkeit bereits in einem solchen Maße verfestigt habe, dass die Annahme des Härtegrundes der objektiven Unzumutbarkeit allein auf Grund der gemeinsamen Freizeitgestaltung an den Wochenenden, der gemeinsam verbrachten Urlaube und der Integration des Partners in das Familienleben – allesamt Indizien für das Vorliegen einer festen sozialen Verbindung – nahe liegen könne. Die von der Rechtsprechung geforderte Mindestdauer von zwei bis drei Jahren sei erfüllt. Der Umstand, dass G weiterhin eine eigene Wohnung beibehalte, stehe der Bewertung des Zusammenlebens als eheähnliche Beziehung grundsätzlich nicht entgegen. Es dürfe allerdings nicht außer Acht gelassen werden, dass beide Partner bewusst die überwiegende Zeit während der Arbeitswoche – von den Kontakten am gemeinsamen Arbeitsplatz abgesehen – getrennt verbringen. Dies beruhe, wie G nachvollziehbar erläutert habe, auf dem Bestreben, sich einen Freiraum zu erhalten. Dieser Wunsch nach zeitweiliger Unabhängigkeit sei gerade bei Beziehungen zwischen geschiedenen Partnern, die – wie hier – jeder für sich wirtschaftlich selbstständig seien und eigene Kinder hätten, verständlich. An dieser Motivation zu zweifeln, bestehe vorliegend kein Anlass. Finanzielle Anreize könne die doppelte Haushaltsführung nicht bieten, denn die Kosten der Wohnung des Zeugen G und der für die Fahrten zwischen den beiden Wohnungen anfallende Aufwand dürfe der Höhe des Unterhaltsanspruchs, dessen Verlust ansonsten drohe, in etwa entsprechen. Die Entscheidung, in einer gemeinsamen Wohnung zusammenzuleben oder ihre jeweiligen Lebensbereiche getrennt zu halten, träfen beide Partner in eigener Verantwortung. Ihr Entschluss sei zu respektieren und insbesondere auch bei der Bewertung zu berücksichtigen, ob das Erscheinungsbild der Beziehung in der Öffentlichkeit die Fortdauer der Unterhaltsbelastung für den Verpflichteten objektiv unzumutbar werden lasse, denn solche Differenzierungen beeinflussten auch die Wertung, die einem eheähnlichen Verhältnis in der Öffentlichkeit zuteil werde. Das Gesamtbild der Beziehung der Bekl. zu G lasse daher eine weitere Heranziehung des Kl. zu Unterhaltszahlungen weder insgesamt noch teilweise als unzumutbar erscheinen.

b) Die Revision macht geltend, diese Auffassung beruhe auf einer Nichtberücksichtigung bzw. nicht vollständigen Berücksichtigung des Prozessstoffs. Das BerGer. habe außer Acht gelassen, dass die Bekl. und der Zeuge G nach dessen Angaben zu auswärtigen Veranstaltungen in der Regel gemeinsam gingen und außer den Weihnachtsfeiertagen auch die weiteren Feiertage gemeinsam verbringen. Beide würden nach der Aussage des Zeugen B in der Öffentlichkeit als Paar angesehen. Der Prozessbevollmächtigte des Kl. habe in der mündlichen Verhandlung die Zeugin R gefragt, ob sowohl ihr als auch auf ihrer und der Bekl. gemeinsamer Dienststelle bekannt sei, dass die Bekl. und G ein Paar darstellten. Diese Frage habe das BerGer. unter Verfahrensverstoß und ohne Begründung nicht zugelassen. Ein Grund hierfür bestehe nicht, zumal die Frage dem Beweisthema entsprochen habe. Darüber hinaus habe der Kl. seinen Vortrag, die Bekl. lebe mit G seit mehreren Jahren in einer eheähnlichen Gemeinschaft, sei mit diesem vor kurzem erneut bei einer Geburtstagsfeier als Paar aufgetreten, anschließend habe dieser in der Wohnung der Bekl. übernachtet, durch Vernehmung des Zeugen H unter Beweis gestellt. Dem Beweisangebot habe das BerGer. nachgehen müssen. Diese Rügen haben keinen Erfolg. Das BerGer. ist auf Grund des Ergebnisses der Beweisaufnahme davon ausgegangen, die Beziehung der Parteien habe sich bereits in einem solchen Maße verfestigt, dass die Annahme des Härtegrunds allein auf Grund der festgestellten gemeinsamen Freizeitgestaltung, der gemeinsam verbrachten Urlaube und der Integration des Partners in das Familienleben nahe liegen könne. Es kann deshalb unterstellt werden, dass die Zeugen R und H die Behauptungen des Kl. bestätigt hätten, ohne dass sich hieraus über die vom BerGer. festgestellten Indizien hinaus zusätzliche Anhaltspunkte für das Vorliegen einer festen sozialen Verbindung ergeben hätten. Das gilt entsprechend für die nicht ausdrücklich berücksichtigten Angaben des Zeugen G.

c) Maßgebend für die Auffassung des BerGer., der Unterhaltsanspruch sei gleichwohl nicht (ganz oder teilweise) ausgeschlossen, ist allein die weitere Feststellung, die Bekl. und der Zeuge G hielten ihre jeweiligen Lebensbereiche bewusst getrennt und verbrächten die überwiegende Zeit jeweils dort, um sich insofern ihre Unabhängigkeit zu erhalten, was bei der Bewertung der Beziehung zu berücksichtigen sei. Dagegen wendet sich die Revision zu Unrecht mit der Begründung, auf die subjektive Einstellung der Partner könne es für die Frage, ob die Inanspruchnahme des Kl. grob unbillig sei, nicht ankommen.

Nach der ständigen Rechtsprechung des *Senats* kann ein länger dauerndes Verhältnis des Unterhaltsberechtigten zu einem neuen Partner dann zur Annahme eines Härtegrunds i. S. des Auffangtatbestands
des § 1579 Nr. 7 BGB – mit der Folge der Unzumutbarkeit einer weiteren (uneingeschränkten) Unterhaltsbelastung für den Verpflichteten – führen, wenn sich die Beziehung in einem solchen Maße
verfestigt hat, dass sie als eheähnliches Zusammenleben anzusehen und gleichsam an die Stelle einer Ehe
getreten ist. Dabei setzt die Annahme einer derartigen Lebensgemeinschaft zwar nicht zwingend voraus,
dass die Partner räumlich zusammen leben und einen gemeinsamen Haushalt führen, auch wenn eine
solche Form des Zusammenlebens in der Regel ein typisches Anzeichen hierfür sein wird. Unter
welchen anderen Umständen – nach einer gewissen Mindestdauer – auf ein eheähnliches Zusammenleben geschlossen werden kann, lässt sich nicht allgemein verbindlich festlegen. Letztlich obliegt es der
verantwortlichen Beurteilung des Tatrichters, ob er den Tatbestand des eheähnlichen Zusammenlebens
aus tatsächlichen Gründen für gegeben erachtet oder nicht (*Senat*, NJW 1984, 2692 = FamRZ 1984, 986
[987]; *Senat*, NJW 1989, 1083 = FamRZ 1989, 487 [490]; NJW 1991, 1290 = FamRZ 1991, 670 [672];
NJW-RR 1994, 1154 = FamRZ 1995, 540 [542 f.]; NJW 1997, 1851 = FamRZ 1997, 671 [672]).
Es begegnet aus Rechtsgründen keinen Bedenken, wenn im Rahmen der tatrichterlichen Würdigung berücksichtigt wird, dass die Partner ihre Lebensbereiche getrennt gehalten und damit ihre
Beziehung bewusst auf Distanz angelegt haben, weil sie ein enges Zusammenleben – etwa auf Grund
der in ihren bisherigen Partnerschaften gemachten Erfahrungen – nicht wünschen. Die Entscheidung
für eine solche Lebensgestaltung treffen die Beteiligten in eigener Verantwortung; sie ist, wie das
BerGer. zu Recht angenommen hat, zu respektieren. Unter solchen Umständen kommt der Frage, ob
die Gemeinschaft von ihrer Intensität her gleichwohl einem ehelichen Zusammenleben entspricht und
gleichsam an die Stelle einer Ehe tritt, entscheidende Bedeutung zu. Erst wenn diese Feststellung
getroffen werden kann, kommt es auf die weiteren Voraussetzungen, die an das Vorliegen des Härtegrundes zu stellen sind, an. Daraus folgt andererseits, dass eine allein subjektiv in Anspruch genommene Distanz zu dem neuen Partner, die in der tatsächlichen Lebensgestaltung nicht zum Ausdruck kommt,
keine Berücksichtigung finden kann.
Das BerGer. hat den Wunsch der Partner, ihre Beziehung distanzierter zu gestalten, um sich einen
Freiraum zu bewahren, für glaubhaft gehalten. Seinen Feststellungen zufolge entspricht diesen Vorstellungen auch die tatsächliche Gestaltung der Beziehung. Die Bekl. und G verbringen bewusst die
überwiegende Zeit in ihrem jeweils eigenen Lebensbereich und nicht miteinander. Dem lässt sich nicht
entgegenhalten, dass es auch Ehen gibt, in denen – etwa aus berufsbedingten Gründen – zwei
Haushalte geführt werden und die Ehegatten im Wesentlichen nur an den Wochenenden zusammenleben. Eine vergleichbare Situation liegt hier nicht vor, denn die Bekl. und der Zeuge G arbeiten beide
an demselben Ort, hätten also aus beruflichen Gründen keinen Anlass, getrennte Haushalte beizubehalten (vgl. hierzu *OLG Frankfurt a. M.*, NJWE-FER 1999, 257 = FamRZ 2000, 427). Bei dieser
Sachlage sind gegen die tatrichterliche Würdigung, die Lebenssituation der Partner lasse bei einer
Gesamtbetrachtung nicht die Schlussfolgerung auf eine die Anwendung der Härteklausel rechtfertigende Verbindung zu, keine durchgreifenden rechtlichen Bedenken zu erheben.

*(Keine Verwirkung nach § 1579 Nr. 4 BGB durch Anzeige wegen falscher eidesstattlicher Versicherung und bei
Finanzamt bei Wahrnehmung berechtigter Interessen)*
4. Das BerGer. hat schließlich auch einen Ausschluss des Unterhalts nach § 1579 Nr. 4 BGB mit d
folgender Begründung verneint: Der Kl. habe mit seinem pauschalen Vorbringen, die Bekl. habe ihn
wegen Steuerhinterziehung angezeigt und in anonymen Anrufen bei seinem Arbeitgeber belastet, nicht
hinreichend dargetan, dass diese sich mutwillig zu seinen Lasten über schwer wiegende Vermögensinteressen hinweggesetzt habe. Die im November 1998 und Januar 1999 von der Bekl. erstatteten
Strafanzeigen wegen falscher Versicherung an Eides Statt, seien nicht mutwillig gewesen, weil die
erhobenen Vorwürfe nach den zur Leistungsfähigkeit des Kl. getroffenen Feststellungen zumindest
teilweise nicht berechtigt gewesen sein dürften und die Bekl. wegen des engen Zusammenhangs mit
dem vorliegenden Rechtsstreit in Wahrnehmung berechtigter Interessen gehandelt habe.
Diese Ausführungen sind entgegen der Auffassung der Revision aus Rechtsgründen nicht zu
beanstanden. Das BerGer. hat – bezüglich der Anzeige wegen Steuerhinterziehung und der Anrufe
bei einem der Arbeitgeber des Kl. – nicht die Darlegungslast überspannt. Wie die Revision nicht
verkennt, wäre zur Annahme eines Ausschlussgrundes ein leichtfertiges Verhalten der Bekl. erforderlich gewesen (vgl. *Senat*, NJW 1981, 2805 = FamRZ 1981, 1042 [1044]; *Erman/Dieckmann*, BGB,
10. Aufl., § 1579 Rn. 18; *Maurer*, in: MünchKomm, BGB, 4. Aufl., § 1579 Rn. 35). Dafür lassen
sich aus dem Vorbringen des Kl. keine Anhaltspunkte entnehmen. Abgesehen davon hat er die
erhobenen Vorwürfe auch weder in zeitlicher Hinsicht konkretisiert noch den Arbeitgeber benannt,
bei dem die Anrufe erfolgt sein sollen, obwohl er jedenfalls zeitweise bei mehreren Firmen beschäftigt
war. Die Ausführungen des BerGer. zu den erstatteten Strafanzeigen greift die Revision nicht im
Einzelnen an. Auch insofern bestehen gegen die Ausführungen des *OLG* keine durchgreifenden
rechtlichen Bedenken.

BGH v. 31. 10. 2001 – XII ZR 292/99 – FamZR 02, 88 = NJW 02, 436

R569   *(Renteneinkünfte als Einkommen; auf VA beruhende Rente Surrogat der Haushaltsführung)*

a   2. Der *Senat* hat mit Urteil vom 13. 6. 2001 (NJW 2001, 2254 = FamRZ 2001, 986) entschieden, dass sich der nach § 1578 BGB zu bemessende Unterhaltsbedarf eines Ehegatten, der seine Arbeitsfähigkeit während der Ehe ganz oder zum Teil in den Dienst der Familie gestellt, den Haushalt geführt und gegebenenfalls Kinder erzogen hat, nicht nur nach dem in der Ehe zur Verfügung stehenden Bareinkommen des Unterhaltspflichtigen richtet. Vielmehr soll dieser Ehegatte auch nach der Scheidung an dem durch seine Familienarbeit verbesserten ehelichen Lebensstandard teilhaben, weil seine in der Ehe durch Haushaltsführung und etwaige Kinderbetreuung erbrachten Leistungen der Erwerbstätigkeit des verdienenden Ehegatten grundsätzlich gleichwertig sind und die ehelichen Lebensverhältnisse mitgeprägt haben. Ausgehend von dieser Gleichwertigkeit hat der *Senat* daher ein Erwerbseinkommen des unterhaltsberechtigten Ehegatten, welches dieser nach der Ehe erzielt und welches gleichsam als Surrogat des wirtschaftlichen Werts seiner bisherigen Familienarbeit angesehen werden kann, bei der Unterhaltsbemessung mitberücksichtigt und den Unterhalt nicht mehr nach der so genannten Anrechnungs-, sondern nach der Additions- bzw. Differenzmethode ermittelt. Diese auf einer abweichenden Sicht des § 1578 BGB und des bisherigen Verständnisses der „eheprägenden Verhältnisse" beruhenden Grundsätze sind in entsprechender Weise auch auf den vorliegenden Fall anzuwenden.

Zwar hat die Ehefrau hier aus Altersgründen nach der Ehe keine Erwerbstätigkeit mehr aufgenommen, sondern bezieht Altersrente. Diese ist in gleicher Weise als Surrogateinkommen in die Bedarfsberechnung einzubeziehen, und zwar insgesamt, ohne Unterscheidung danach, dass sie teilweise auf eigenen vorehelich erworbenen Anwartschaften, teilweise auf dem infolge der Scheidung durchgeführten Versorgungsausgleich beruht.

a) Soweit es die im Versorgungsausgleich erworbene Rente betrifft, liegt dem Versorgungsausgleich der Gedanke zu Grunde, dass die vom Ausgleichsverpflichteten erworbenen und formal ihm zugeordneten Versorgungsanrechte auf einer gemeinsamen Lebensleistung beider Ehegatten beruhen, ohne Rücksicht darauf, ob es sich um Erwerbstätigkeit oder Haushaltsführung handelt, und dass beide Tätigkeiten gleichwertige Beiträge zum Familienunterhalt erbringen (§ 1360 BGB). Das vom allein oder überwiegend erwerbstätigen Ehegatten in der Ehe angesammelte Versorgungsvermögen gebührt daher zu einem entsprechenden Teil auch demjenigen Ehegatten, dem es nicht formal zugeordnet ist, und ist im Falle der Scheidung zu teilen (BT-Dr 7/650, S. 61, 155; BT-Dr 7/4361, S. 18 [19]; *BVerfGE* 53, 257 = NJW 1980, 692; *Johannsen/Henrich/Hahne,* Vorb. §§ 1587 bis 1587 p BGB Rn. 4). Unter diesem Gesichtspunkt stellen sich die im Versorgungsausgleich erworbenen Rentenanwartschaften der Ehefrau gleichsam als Surrogat für ihre Haushaltsführung in der Ehe dar. Die daraus bezogene Rente der Ehefrau tritt an die Stelle ihres sonst möglichen Erwerbseinkommens und ist daher bei der Bedarfsbemessung nach dem Maßstab des § 1578 BGB mit zu berücksichtigen (in Abweichung zu *Senat,* NJW 1987, 1555 = FamRZ 1987, 459 [460], und NJW 1988, 2101 = FamRZ 1988, 817 [818 ff.]; a. A. wohl *Scholz,* FamRZ 2001, 1061 [1063]).

b) Für den auf vorehelichen Rentenanwartschaften beruhenden Rentenanteil gilt im Ergebnis nichts anderes. Auch insoweit kann die Altersrente als ein Surrogat für die frühere Erwerbstätigkeit und die sich daran anschließende, nach Eheschließung in Form der Familienarbeit fortgeführte Tätigkeit angesehen werden. Würde nämlich der berechtigte Ehegatte nach der Scheidung zunächst noch ein Erwerbseinkommen erzielen und erst später – unter Einschluss vorehelicher Rentenanwartschaften – eine Rente beziehen, so wäre diese Rente als normale Fortentwicklung seines Erwerbseinkommens bei späteren Unterhaltsberechnungen gem. § 1578 BGB in gleicher Weise mit zu berücksichtigen, wie zuvor das als Surrogat der Haushaltstätigkeit anzusehende Erwerbseinkommen. Ein Vergleich mit der Situation beim Verpflichteten bestätigt dieses Ergebnis: Dessen – im Zeitpunkt der Scheidung erzieltes und danach im normalen Rahmen fortentwickeltes – Erwerbseinkommen wird in voller Höhe ohne Rücksicht darauf berücksichtigt, ob dieses Einkommen zum Beispiel auf besonderen Lehrgängen, Schulungen oder Ähnlichem beruht, die der Verpflichtete vor der Ehe durchlaufen hat. Auch sein im Versorgungsfall an die Stelle des Erwerbseinkommens tretendes Renteneinkommen wird in voller Höhe in die Unterhaltsbemessung einbezogen, gleichgültig, ob es auch auf vorehelichen Beitrags- oder beitragsfreien Zeiten, zum Beispiel Ausbildungszeiten, beruht. Auf die Frage, ob die Rente noch vor Rechtskraft der Scheidung angefallen ist, kommt es somit nicht mehr an.

(Zinsen aus dem Verkaufserlös des Familienheimes sind auch eheprägendes Surrogat, wenn sie den Wohnwert übersteigen)

b   Das *OLG* hat nicht nur die jeweils 400 DM Kapitaleinkünfte der Parteien, die dem je hälftigen Wohnwert der zwischenzeitlich verkauften Eigentumswohnung entsprechen, in die Bedarfsbemessung einbezogen, sondern auch die darüber hinausgehenden Kapitalzinsen von 56 DM auf Seiten der Ehefrau und 22 DM auf Seiten des Ehemanns (jeweils monatlich). Es hat dies damit begründet, dass die 400 DM als Ersatzeinkommen für das „tote Kapital" aus dem jeweiligen Wohnvorteil und die überschießenden Zinsen als „Ersatzeinkommen für die Haushaltsführung" einzusetzen seien. Das weckt insofern Bedenken, als die Kapitaleinkünfte, die aus dem Wohnungsverkauf erzielt werden, nicht als Surrogat für die Haushaltsführung angesehen werden können. Denn sie stehen in keinem Zusammenhang mit der Haushaltsführung. Dieser Ansatz entspricht auch nicht der Rechtsprechung des Senats. Allerdings sind sie aus einem anderen Grunde als eheprägend anzusehen.

Die ehelichen Lebensverhältnisse waren dadurch geprägt, dass die Eheleute gemeinschaftlich Eigentümer einer Eigentumswohnung waren. Bis zum Verkauf dieser Wohnung war daher der Wohnwert in Höhe von 800 DM beiden Ehegatten jeweils zur Hälfte zuzurechnen. Durch die Veräußerung der Wohnung entfiel der Wohnwert für beide Ehegatten, allerdings nicht ersatzlos. Vielmehr setzte sich der eheprägende Wohnvorteil in dem Vorteil fort, welchen die Parteien nunmehr in Form von Zinsgewinnen aus dem Erlös ihrer Miteigentumsanteile zogen oder ziehen konnten (*Senat,* NJW 1990, 709 = FamRZ 1990, 269 [272]; NJW 2001, 2259 [2261]). Dementsprechend prägten diese Kapitaleinkünfte der Parteien die ehelichen Lebensverhältnisse, und zwar auch, soweit sie den Wohnwert überstiegen.

BGH v. 9. 1. 2002 – XII ZR 34/00 – FamRZ 02, 815 = NJW 02, 2026

(Besuch der Höheren Handelsschule als allgemeine Schulbildung im Sinne des § 1603 II 2 BGB) **R570**

2 c) Nach diesen Grundsätzen begegnet die Annahme des BerGer., die Kl. habe sich in einer **a** allgemeinen Schulausbildung befunden, keinen rechtlichen Bedenken. Sie besuchte die zweijährige höhere Berufsfachschule für Wirtschaft und Verwaltung (Höhere Handelsschule), in die nach § 3 I der Verordnung über die Bildungsgänge und die Abschlussprüfungen in der zweijährigen höheren Berufsfachschule vom 17. 6. 1993 (GVBl NW, S. 427) aufgenommen wird, wer den Sekundarabschluss I – Fachoberschulreife – erworben hat. Nach § 1 I der Verordnung vermittelt die Schule berufliche Kenntnisse und den schulischen Teil der Fachhochschulreife; sie wird mit einer staatlichen Prüfung abgeschlossen. Schüler, die die Abschlussprüfung bestanden haben, erfüllen die schulischen Bedingungen für den Erwerb der Fachhochschulreife. Diese wird Schülern zuerkannt, die entweder an einem einjährigen einschlägigen Praktikum teilgenommen haben oder eine einschlägige abgeschlossene Berufsausbildung nachweisen, die mindestens zwei Jahre gedauert hat (§ 11 I und II der Verordnung).

Das Ziel des Besuchs der Höheren Handelsschule ist mithin der Erwerb der Fachhochschulreife, also eines allgemeinen Schulabschlusses, sowie die Vermittlung allgemeiner, nicht bereits auf ein konkretes Berufsbild bezogener, beruflicher Kenntnisse aus dem Bereich Wirtschaft und Verwaltung. Demgemäß hat der Besuch der Höheren Handelsschule in Nordrhein-Westfalen auch keine schulische Berufsqualifikation zur Folge. Dass die bestandene Abschlussprüfung nicht unmittelbar zum Erwerb der Fachhochschulreife führt, sondern dieser an weitere Voraussetzungen geknüpft ist, steht der Beurteilung des Schulbesuchs als allgemeine Schulausbildung nicht entgegen (ebenso *OLG Hamm,* FamRZ 1999, 1528 [1529]; *Wendl/Scholz,* 5. Aufl., § 2 Rn. 459; a. A. für den Besuch einer höheren Berufsfachschule, Fachrichtung Betriebswirtschaft, nach dem bei bestandener Abschlussprüfung die Berufsbezeichnung „staatlich geprüfter kaufmännischer Assistent für Betriebswirtschaft" geführt werden kann: *OLG Koblenz,* NJW-FER 2001, 176, und OLG-Report 1999, 284).

Nach den getroffenen Feststellungen stellt der Unterricht an der Höheren Handelsschule einen „vollzeitschulischen" Bildungsgang dar. Deshalb ist mit dem BerGer. davon auszugehen, dass der zeitliche Aufwand für den Schulbesuch einschließlich der erforderlichen Vor- und Nachbereitung die Arbeitskraft der Kl. jedenfalls überwiegend ausfüllt, so dass eine Aufnahme einer Erwerbstätigkeit nicht erwartet werden kann. Ob an den berufsbildenden Schulen die Teilnahme an einem kontrollierten Unterricht gewährleistet ist, hat das *OLG* zwar nicht ausdrücklich festgestellt. Angesichts der Organisationsstruktur der Schule spricht indes eine tatsächliche Vermutung dafür, dass sie eine dem herkömmlichen Schulbesuch entsprechende stetige und regelmäßige Ausbildung gewährleistet.

(Barunterhaltspflicht beider Eltern gegenüber dem privilegiert volljährigen Kind)

3. Auch die weitere Annahme des BerGer., für den Barunterhalt der Kl. hätten beide Elternteile **b** anteilig nach ihren Erwerbs- und Vermögensverhältnissen aufzukommen, hält der rechtlichen Nachprüfung stand.

Mit dem Eintritt der Volljährigkeit endet die elterliche Sorge im Rechtssinne und – als Teil hiervon – die insbesondere die Pflicht zur Pflege und Erziehung des Kindes umfassende Personensorge (§§ 1626, 1631 BGB). Damit entfällt nach dem Gesetz die Grundlage für eine Gleichbewertung von Betreuungs- und Barunterhalt ohne Rücksicht darauf, ob im Einzelfall etwa ein volljähriger Schüler weiter im Haushalt eines Elternteils lebt und von diesem noch gewisse Betreuungsleistungen erhält. Vom Eintritt der Volljährigkeit an besteht nach dem Gesetz kein rechtfertigender Grund mehr, weiterhin nur den bisher allein barunterhaltspflichtigen Elternteil mit dem nunmehr insgesamt in Form einer Geldrente zu entrichtenden Unterhalt zu belasten, wenn auch der andere Elternteil über Einkünfte verfügt, die ihm die Zahlung von Unterhalt ermöglichen (*Senat,* NJW 1994, 1530 = FamRZ 1994, 696 [698 f.]).

An dieser gesetzlichen Wertung hat sich durch die Neufassung der §§ 1603 II und 1609 BGB durch das Kindesunterhaltsgesetz nichts geändert. Zwar erstreckt sich die gesteigerte Unterhaltspflicht von Eltern seit dem 1. 7. 1998 unter den in § 1603 II 2 BGB genannten Voraussetzungen auch auf volljährige Kinder. Diese stehen nach § 1609 BGB auch im Rang den minderjährigen Kindern und dem Ehegatten des Unterhaltspflichtigen gleich. Die in § 1606 III 2 BGB geregelte Gleichstellung von Bar- und Betreuungsunterhalt gilt jedoch weiterhin allein für minderjährige Kinder; nur diesen gegenüber erfüllt der betreuende Elternteil seine Unterhaltspflicht in der Regel durch die Erbringung von Pflege- und Erziehungsleistungen. Diese Differenzierung zwischen minderjährigen und privilegierten volljährigen Kindern hat der Gesetzgeber auch beabsichtigt. In der Gesetzesbegründung wird ausgeführt, die Änderungen der §§ 1603 II, 1609 BGB hätten auf die Vorschrift des § 1606 III 2 BGB keinen Einfluss; volljährige Kinder i. S. des § 1603 II 2 BGB bedürften typischerweise ebenso wenig (noch) der Pflege und Erziehung wie andere volljährige Kinder, so dass eine Gleichstellung auch im Rahmen des § 1606 III 2 BGB auf einer reinen Fiktion beruhen würde, für die aus rechtssystematischen Gründen kein Bedürfnis bestehe (BT-Dr 13/7338, S. 22). Mit Rücksicht darauf ist mit der in Rechtsprechung und Schrifttum vertretenen herrschenden Meinung davon auszugehen, dass auch gegenüber privilegierten volljährigen Kindern grundsätzlich beide Elternteile barunterhaltspflichtig sind (ebenso *OLG Bremen,* OLG-Report 1999, 48, und FamRZ 1999, 1529; *OLG Dresden,* NJW 1999, 797 [798]; *OLG Düsseldorf,* FamRZ 1999, 1215 [1216]; *OLG Hamm,* NJW 1999, 798, und NJW 1999, 3274 [3275]; NJW-RR 2000, 217 = FamRZ 1999, 1018; *OLG Karlsruhe,* FamRZ 1999, 45 [46]; *OLG Nürnberg,* NJW-RR 2000, 598 = MDR 2000, 34; *Staudinger/Engler,* BGB, 13. Bearb. [2000], § 1606 BGB Rn. 25; *Erman/Holzhauer,* BGB, 10. Aufl., § 1606 BGB Rn. 10; *Häußermann,* in: FamRefK, § 1606 BGB Rn. 2; *Palandt/Diederichsen,* BGB, 61. Aufl., § 1606 BGB Rn. 9; *Schwab/Borth,* 3. Aufl., Kap. V Rn. 167; *Wendl/Scholz,* § 2 Rn. 467; *Kalthoener/Büttner/Niepmann,* 7. Aufl., Rn. 151; *Schumacher/Grün,* FamRZ 1998, 778 [786]; *Strauß,* FamRZ 1998, 993 [995]; *Krause,* FamRZ 2000, 660; *Wohlgemuth,* FamRZ 2001, 321 [328]; a. A. *OLG Naumburg,* FamRZ 2001, 371).

Soweit die Revision unter Bezugnahme auf *Graba* (*Johannsen/Henrich/Graba,* EheR, 3. Aufl., § 1606 Anm. 9) demgegenüber meint, die herrschende Meinung vernachlässige zu sehr, dass auch privilegierte volljährige Kinder nach ihrer Lebensstellung zwar nicht mehr der Erziehung, wohl aber noch der Pflege, etwa durch Zubereiten von Mahlzeiten, Instandhaltung der Wohnung und dergleichen bedürften, gibt dies zu einer abweichenden Beurteilung keinen Anlass. Es erscheint bereits wenig überzeugend, für die Beurteilung solcher Betreuungsleistungen entscheidend darauf abzustellen, ob sie für ein privilegiertes volljähriges Kind oder für einen volljährigen Schüler erbracht werden, der etwa eine Schulausbildung zum Zweck der beruflichen Qualifikation absolviert und deshalb die Voraussetzungen des § 1603 II 2 BGB nicht erfüllt, so dass die anteilige Haftung der Eltern für den Barunterhalt des Letzteren nicht in Frage steht. Jedenfalls scheitert eine vom Wortlaut des § 1606 III 2 BGB abweichende Behandlung von Betreuungsleistungen für ein privilegiertes volljähriges Kind aber an dem eindeutigen Willen des Gesetzgebers (so auch *Wendl/Scholz,* § 2 Rn. 467).

(Abzug von den Wohnwert übersteigenden Schulden beim Verwandtenunterhalt)

c   Abzugsfähig sind indessen nicht sämtliche Schulden, die der Unterhaltspflichtige zu tragen hat, sondern nur die unterhaltsrechtlich berücksichtigungsfähigen Verbindlichkeiten. So können die zur Finanzierung eines Eigenheims zu entrichtenden Zins- und Tilgungsleistungen insoweit nicht einkommensmindernd berücksichtigt werden, als sie den Wohnkosten entsprechen, die der Unterhaltspflichtige ohne das Vorhandensein von Wohneigentum aufzubringen hätte (*Senat,* NJW 1984, 1237 = FamRZ 1984, 358 [360]). Ob und inwieweit die darüber hinausgehenden Verbindlichkeiten die Leistungsfähigkeit mindern, ist nach ständiger Rechtsprechung des *Senats* unter umfassender Interessenabwägung zu beurteilen, wobei es insbesondere auf den Zweck der Verbindlichkeiten, den Zeitpunkt und die Art ihrer Entstehung, die Kenntnis des Unterhaltsverpflichteten von Grund und Höhe der Unterhaltsschuld und auf andere Umstände ankommt. In die Abwägung mit einzubeziehen sind auch die Möglichkeiten des Unterhaltsschuldners, seine Leistungsfähigkeit in zumutbarer Weise ganz oder teilweise wiederherzustellen. Auf Schulden, die leichtfertig, für luxuriöse Zwecke oder ohne verständigen Grund eingegangen sind, kann sich der Unterhaltspflichtige grundsätzlich nicht berufen (*Senat,* NJW-RR 1996, 321 = FamRZ 1996, 160 [161 f.]) m. w. Nachw.).

(Berücksichtigung von Unterhaltspflichten gegenüber gleichrangigen minderjährigen Kindern beim privilegierten Volljährigen)

d   a) Das BerGer. hat der Ermittlung des Unterhaltsbedarfs der Kl. das zusammengerechnete Einkommen beider Elternteile zu Grunde gelegt und den Bedarf sodann der 4. Altersstufe der Einkommensgruppe 11 der jeweils maßgebenden Düsseldorfer Tabelle entnommen. Zur Berechnung der nach

§ 1606 III 1 BGB auf die Eltern entfallenden Haftungsanteile hat es deren Einkommen jeweils um einen für den eigenen angemessenen Unterhalt benötigten Betrag von monatlich 1800 DM gekürzt. Von dem Einkommen des Bekl. hat es darüber hinaus dessen Unterhaltsverpflichtungen abgesetzt, die gegenüber seinen weiteren – mit der Kl. gleichrangigen – Unterhaltsberechtigten, nämlich den beiden minderjährigen Kindern und seiner Ehefrau, bestehen. Zur Begründung hat das BerGer. ausgeführt, nur auf diese Weise könne zuverlässig ermittelt werden, welches anrechenbare Einkommen dem Bekl. oberhalb des angemessenen Selbstbehalts zur Deckung des Unterhaltsbedarfs der Kl. verbleibe. Würden die gleichrangigen Unterhaltsberechtigten bei der Ermittlung der Haftungsquote nicht berücksichtigt, so habe dies zur Folge, dass der Haftungsanteil des mit weiteren Unterhaltspflichten belasteten Bekl. auf Grund seines höheren Einkommens entsprechend höher wäre als der Haftungsanteil der Mutter der Kl., obwohl sie keiner weiteren Unterhaltspflicht ausgesetzt sei. Deshalb sei die Haftungsquote der Eltern für den Unterhalt der Kl. entsprechend dem Verhältnis ihrer insoweit in unterschiedlicher Weise gekürzten Einkommen zu bestimmen.

b) Diese Vorgehensweise begegnet Bedenken. Zwar unterliegt es weit gehend der Beurteilung des Tatrichters, in welcher Weise er der unterschiedlichen Belastung der Eltern bei der Bestimmung, inwieweit sie nach § 1606 III 1 BGB jeweils für den Unterhalt eines Kindes aufzukommen haben, Rechnung trägt. In einem Fall wie dem vorliegenden, in dem sich jedenfalls auf Seiten des Bekl. eine Mangelfallsituation abzeichnet, dürfte der vorgenommene Vorwegabzug seiner weiteren Unterhaltsverpflichtungen jedoch zu einem unangemessenen Ergebnis führen und deshalb keine billigenswerte Methode darstellen, um eine ungleiche Belastung der Eltern zu vermeiden. Denn ein Vorwegabzug hätte dann, wenn die Mutter hinreichend leistungsfähig ist, zur Folge, dass diese übermäßig belastet wird, während der Bekl. zu Gunsten der weiteren Unterhaltsberechtigten entlastet wird. Könnte die Mutter ihren so ermittelten Anteil dagegen nicht in vollem Umfang aufbringen, bliebe der Unterhaltsbedarf der Kl. – im Gegensatz zu demjenigen der weiteren Unterhaltsberechtigten des Bekl. – teilweise ungedeckt. Bedenken würde es allerdings auch begegnen, die weitere Unterhaltsbelastung des Bekl. völlig außer Betracht zu lassen, weil dann Mittel berücksichtigt würden, die nicht allein für den Unterhalt der Kl. zur Verfügung stehen.

Zu einer angemessenen Bestimmung der Haftungsanteile dürfte es in dem vorliegenden Mangelfall führen, wenn von dem nach Abzug des Selbstbehalts verbleibenden Einkommen des Bekl. der Betrag ermittelt wird, der dem Anteil des auf die Kl. entfallenden Bedarfs am Gesamtunterhaltsbedarf aller gleichrangigen Unterhaltsberechtigten entspricht, und sodann dieser Betrag mit dem verfügbaren Einkommen des anderen Elternteils ins Verhältnis gesetzt wird (vgl. *Häußermann*, in: FamRefK, § 1606 BGB Rn. 4; *Schwab/Borth*, Kap. V Rdnrn. 168 ff.; *Göppinger/Kodal*, 7. Aufl., Rdnrn. 1655 ff.). Hierdurch könnte sowohl dem Gleichrang der Unterhaltsberechtigten als auch der (eingeschränkten) Leistungsfähigkeit des Bekl. Rechnung getragen werden.

(Höhe des Sockelbetrages)

c) Hinsichtlich des Betrags, der jeweils für den eigenen Bedarf der Eltern abgesetzt worden ist, dürfte **e** zu erwägen sein, ob dieser Betrag nicht mit Rücksicht auf die vorliegende Mangelsituation nur in Höhe des notwendigen Selbstbehalts zu bemessen sein wird.

BVerfG v. 5. 2. 2002 – 1 BvR 105/95 und 1 BvR 457/96 – FamRZ 02, 527 = NJW 02, 1185

(Verfassungswidrigkeit der von der Rechtsprechung früher angewandten Anrechnungsmethode bei Hausfrauen) **R571**

B. Die Verfassungsbeschwerden sind begründet. Die angegriffenen gerichtlichen Entscheidungen **a** verletzen die Bf. in ihren Grundrechten aus Art. 6 I i. V. mit Art. 3 II GG.

I. 1. a) Art. 6 I i. V. mit Art. 3 II GG schützt die Ehe als eine Lebensgemeinschaft gleichberechtigter Partner (vgl. *BVerfGE* 35, 382 [408] = NJW 1974, 227; *BVerfGE* 103, 89 [101] = NJW 2001, 957 = FPR 2001, 137), in der die Ehegatten ihre persönliche und wirtschaftliche Lebensführung in gemeinsamer Verantwortung bestimmen (vgl. *BVerfGE* 57, 361 [390] = NJW 1981, 1771; *BVerfGE* 61, 319 [347] = NJW 1983, 271). Zur selbstverantwortlichen Lebensgestaltung gehören neben der Entscheidung, ob die Ehegatten Kinder haben wollen, insbesondere auch die Vereinbarung über die innerfamiliäre Arbeitsteilung und die Entscheidung, wie das gemeinsame Familieneinkommen durch Erwerbsarbeit gesichert werden soll (vgl. *BVerfGE* 61, 319 [347] = NJW 1983, 271; *BVerfGE* 66, 84 [94] = NJW 1984, 1523; *BVerfGE* 68, 256 [268] = NJW 1985, 1211). Dabei steht es den Ehepartnern frei, ihre Ehe so zu führen, dass ein Ehepartner allein einer Berufstätigkeit nachgeht und der andere sich der Familienarbeit widmet, ebenso wie sie sich dafür entscheiden können, beide einen Beruf ganz oder teilweise auszuüben und sich die Hausarbeit und Kinderbetreuung zu teilen oder diese durch Dritte durchführen zu lassen (vgl. *BVerfGE* 39, 169 [183] = NJW 1975, 919; *BVerfGE* 48, 327 [338] = NJW 1978, 2289; *BVerfGE* 99, 216 [231] = NJW 1999, 557).

b) Kommen den Ehegatten gleiches Recht und gleiche Verantwortung bei der Ausgestaltung ihres Ehe- und Familienlebens zu, so sind auch die Leistungen, die sie jeweils im Rahmen der von ihnen in gemeinsamer Entscheidung getroffenen Arbeits- und Aufgabenzuweisung erbringen, als gleichwertig anzusehen (vgl. *BVerfGE* 37, 217 [251] = NJW 1974, 1609; *BVerfGE* 47, 1 [24] = NJW 1978, 877; *BVerfGE* 53, 257 [296] = NJW 1980, 692; *BVerfGE* 66, 84 [94] = NJW 1984, 1523; *BVerfGE* 79, 106 [126] = NJW 1989, 1599). Haushaltsführung und Kinderbetreuung haben für das gemeinsame Leben der Ehepartner keinen geringeren Wert als Einkünfte, die dem Haushalt zur Verfügung stehen. Gleichermaßen prägen sie die ehelichen Lebensverhältnisse und tragen zum Unterhalt der Familie bei.

Allerdings bemisst sich die Gleichwertigkeit der familiären Unterhaltsbeiträge von Ehegatten nicht an der Höhe des Erwerbseinkommens, das einer oder beide Ehegatten erzielen, oder am wirtschaftlichen Wert der Familienarbeit und an deren Umfang. Sie drückt vielmehr aus, dass die von den Ehegatten für die eheliche Gemeinschaft jeweils erbrachten Leistungen gerade unabhängig von ihrer ökonomischen Bewertung gleichgewichtig sind und deshalb kein Beitrag eines Ehegatten höher oder niedriger bewertet werden darf als der des anderen. Dem tragen auch die Regelungen der § 1360 S. 2 BGB und § 1606 III 2 BGB Rechnung, die die Gleichwertigkeit der Unterhaltsbeiträge von Ehegatten einfach-rechtlich normieren und einen rechnerischen Leistungsausgleich zwischen den Ehegatten ausschließen.

c) Sind die Leistungen, die Ehegatten im gemeinsamen Unterhaltsverband erbringen, gleichwertig, haben beide Ehegatten grundsätzlich auch Anspruch auf gleiche Teilhabe am gemeinsam Erwirtschafteten, das ihnen zu gleichen Teilen zuzuordnen ist. Dies gilt nicht nur für die Zeit des Bestehens der Ehe, sondern entfaltet seine Wirkung auch nach Trennung und Scheidung der Ehegatten auf deren Beziehung hinsichtlich Unterhalt, Versorgung und Aufteilung des gemeinsamen Vermögens (vgl. *BVerfGE* 47, 85 [100] = NJW 1978, 629; *BVerfGE* 63, 88 [109] = NJW 1983, 1417). Dem entsprechen die gesetzlichen Regelungen über den Versorgungsausgleich (vgl. *BVerfGE* 53, 257 [296] = NJW 1980, 692) und den Zugewinnausgleich (vgl. *BVerfGE* 71, 364 [386] = NJW 1986, 1321) bei Scheidung. Insbesondere aber bestimmt der Anspruch auf gleiche Teilhabe am gemeinsam Erarbeiteten auch die unterhaltsrechtliche Beziehung der geschiedenen Eheleute (vgl. *BVerfGE* 63, 88 [109] = NJW 1983, 1417). Bei der Unterhaltsberechnung ist das Einkommen, das den Lebensstandard der Ehe geprägt hat, den Ehegatten grundsätzlich hälftig zuzuordnen. Seine Höhe ergibt sich regelmäßig aus der Summe der Einkünfte, die den Eheleuten zur gemeinsamen Lebensführung zur Verfügung gestanden hat, gleichgültig, ob sie nur von einem oder beiden Ehegatten erzielt worden sind. Im Allgemeinen stellt die Hälfte dieses gemeinsamen Gesamteinkommens den Teil dar, den es – sofern die sonstigen gesetzlichen Voraussetzungen vorliegen – unterhaltsrechtlich für denjenigen Ehegatten zu sichern gilt, der nach der Scheidung nicht über ein eigenes Einkommen in entsprechender Höhe verfügt.

2. Die ständige Rechtsprechung der Zivilgerichte berücksichtigt bei der Unterhaltsberechnung auch Einkommenszuwächse, die von einem oder beiden Ehegatten erst nach der Ehescheidung erzielt werden, sofern diese Zuwächse einer normalen Entwicklung von Einkommen und beruflichem Verlauf entsprechen (vgl. oben A I 1 a). Eine solche Auslegung des Begriffs der ehelichen Lebensverhältnisse, nach denen sich gem. § 1578 I BGB die Höhe des nachehelichen Unterhalts bestimmt, ist dann verfassungsrechtlich nicht zu beanstanden, wenn dabei der aus der Gleichwertigkeit der ehelichen Unterhaltsbeiträge erwachsene Anspruch beider Ehegatten auf Sicherung eines gleichen Lebensstandards auch nach der Ehe bei der Berechnung des nachehelichen Unterhalts im Prinzip gewahrt bleibt.

3. Dem werden die angegriffenen Entscheidungen, die sich auf die frühere Rechtsprechung des *BGH* stützen, nicht gerecht, wenn sie als Bestandteile des den ehelichen Verhältnissen entsprechenden Gesamteinkommens zwar die Einkommenszuwächse bei der Unterhaltsberechnung berücksichtigen, die der Ehegatte nach der Scheidung erzielt, der schon während der Ehezeit einer Vollerwerbstätigkeit nachgegangen ist, nicht aber diejenigen, die dem in der Ehe nicht oder nur teilweise erwerbstätigen Ehegatten dadurch zufließen, dass er nach der Scheidung eine Teil- oder Vollerwerbstätigkeit wieder aufnimmt. Sie verstoßen damit gegen Art. 6 I i. V. mit Art. 3 II GG.

a) Die Nichtberücksichtigung von nachehelichen Einkommenszuwächsen aus der Wiederaufnahme einer Erwerbstätigkeit beim Gesamteinkommen, das der Unterhaltsberechnung zu Grunde gelegt wird, führt dazu, dass, gemessen an der ehelichen Einkommenssituation, die auf der Leistung beider Ehegatten beruht, der schon während der Ehezeit erwerbstätige Ehegatte durch die Arbeitsaufnahme des anderen einseitig eine finanzielle Entlastung bei seiner Unterhaltsverpflichtung erfährt. Ihm wird dadurch ein höherer Anteil seines Einkommens belassen als der, der ihm während der Ehe zur Verfügung gestanden hat. Demgegenüber reduziert das zusätzliche Einkommen des in der Ehe nicht oder nur teilweise erwerbstätigen Ehegatten in Höhe dieses Einkommens seinen Unterhaltsanspruch. Es wirkt sich nicht auf seinen Unterhaltsbedarf aus, sondern mindert allein seine Bedürftigkeit. Der von ihm erlangte Einkommenszuwachs kommt damit nicht ihm, sondern lediglich dem anderen geschiedenen Ehepartner zugute. Dieses Ergebnis trägt der Gleichwertigkeit der Leistung, die der nicht erwerbstätige Ehegatte während der Ehezeit erbracht hat, nicht Rechnung. Diese Leistung hat zusätzlich zum Einkommen des anderen Ehegatten in gleicher Weise das eheliche Leben geprägt. Wird diese sich nicht in Geldwert ausdrückende, in der Ehe erbrachte Leistung abgelöst von einer, die entlohnt wird, führt die Nichtberücksichtigung des hierdurch erzielten Einkommens bei der Bestimmung der ehelichen Einkommenssituation im Nachhinein zur Missachtung des Wertes der geleisteten Familienarbeit zu Lasten dessen, der sie in der Ehe erbracht hat.

b) Wenn in den angegriffenen Entscheidungen für die Einbeziehung von derartigen Einkommenszuwächsen in das der Unterhaltsberechnung zu Grunde zu legende, die Einkommenssituation der Eheleute bestimmende Gesamteinkommen gefordert wird, eine wieder aufgenommene Erwerbstätigkeit müsse zumindest auf einem gemeinsamen Lebensplan der Ehegatten beruhen, der schon vor der Scheidung wenigstens teilweise verwirklicht worden ist, verkennt dies den Schutz, den Art. 6 I i. V. mit Art. 3 II GG jedem Ehegatten gewährt. Die Ehegatten können ihre eheliche Beziehung frei und in gemeinsamer gleichberechtigter Entscheidung gestalten. Die Entscheidung über ihre jeweiligen Aufgaben innerhalb der Ehe prägt ihre ehelichen Verhältnisse. Übernimmt dabei einer der Ehegatten die Familienarbeit, verzichtet er auch zu Gunsten des anderen auf ein eigenes Einkommen. Die Begründung dieses Verzichts liegt in der Ehe. Endet sie durch Scheidung, wird damit der ehelichen Vereinbarung der Grund entzogen. Den während der Ehe auf eigenes Einkommen verzichtenden Ehegatten hieran nach Beendigung der Ehe unterhaltsrechtlich festzuhalten, bedeutet, nunmehr allein ihm die daraus erwachsenden finanziellen Nachteile zuzuweisen, die auf Grund der gemeinsamen Entscheidung in der Ehe beide Ehegatten zu tragen hatten. Dies führt zur Schlechterstellung des die Familienarbeit übernehmenden Ehegatten gegenüber dem, der kontinuierlich einer Erwerbsarbeit auch in der Ehe hat nachgehen können.

c) Im Übrigen entspricht die von den Gerichten mit dieser Rechtsauffassung unterstellte Endgültigkeit einer einmal gemeinsam von den Ehegatten getroffenen Arbeitsteilung nicht mehr der Ehewirklichkeit. Seit den siebziger Jahren hat sich das Ausbildungs-, Erwerbs- und Familiengründungsverhalten von Frauen kontinuierlich gewandelt.

Während das durchschnittliche Heiratsalter lediger Frauen 1975 noch bei 22,7 Jahren lag, heirateten ledige Frauen 1998 durchschnittlich erst im Alter von 28 Jahren (Statistisches Jahrbuch 1985, S. 72, und Statistisches Jahrbuch 2000, S. 69). Dies lässt den Schluss zu, dass Frauen heute erst nach Abschluss einer Berufsausbildung und nach einigen Berufsjahren eine Ehe eingehen (vgl. *Büttner,* FamRZ 1999, 894). Viele Frauen bleiben auch während der Kinderbetreuung berufstätig (Statistisches Jahrbuch 2000, S. 108) oder nehmen nach dem Ende der Kinderbetreuungsphase wieder eine Berufstätigkeit auf. So gingen im Mai 2000 74% der Frauen, deren jüngstes Kind 15 bis 18 Jahre alt war, einer Erwerbstätigkeit nach (Ergebnis des Mikrozensus 2000, vgl. Statistisches Bundesamt, Zentralblatt für Jugendrecht 2001, S. 278). Dementsprechend ist die Erwerbsquote verheirateter Frauen in der Altersgruppe der 40- bis 45-Jährigen, das heißt in einem Alter, in dem die Kinderbetreuung weit gehend abgeschlossen ist, mit 78% am höchsten (Statistisches Jahrbuch 2000, S. 101). 61% der Frauen mit mindestens einem minderjährigen Kind arbeiteten im Mai 2000 in einer Teilzeitbeschäftigung (Ergebnis des Mikrozensus 2000, vgl. Statistisches Bundesamt, Zentralblatt für Jugendrecht 2001, S. 278). So zeichnet sich ab, dass inzwischen die noch in den 50er und 60er Jahren dominierende Hausfrauenehe einem nunmehr vorherrschenden Ehebild gewichen ist, das auf Vereinbarkeit von Beruf und Familie setzt, bei dem nur noch in der Phase aktiver Elternschaft der Typus der Versorgerehe weit gehend erhalten geblieben ist. Dabei strebt die Mehrheit der Frauen eine Verbindung von privater Kinderbetreuung und Erwerbstätigkeit auf der Basis von temporärer Teilzeitarbeit an (vgl. *Pfau-Effinger,* Kultur und Frauenerwerbstätigkeit in Europa, 2000, S. 144 f.).

Insoweit wird auch von einer typischen Doppelverdienerehe mit zeitweiliger Aussetzung der Berufstätigkeit wegen der Kinderbetreuung (*Gerhardt,* FamRZ 2000, 134) oder von einer Aneinanderreihung der Ehetypen gesprochen (*Büttner,* FamRZ 1999, 893 [894]).

Deshalb ist davon auszugehen, dass der zeitweilige Verzicht eines Ehegatten auf Erwerbstätigkeit, um die Aufgabe der Kindererziehung zu übernehmen, ebenso die ehelichen Verhältnisse prägt wie die vorher ausgeübte Berufstätigkeit und die danach wieder aufgenommene oder angestrebte Erwerbstätigkeit. Dies verkennen die angegriffenen Entscheidungen, wenn sie allein auf den Zeitpunkt der Scheidung abstellen, vor dem eine Erwerbstätigkeit wieder aufgenommen werden muss, um bei der unterhaltsrechtlichen Bestimmung des die ehelichen Verhältnisse prägenden Gesamteinkommens Berücksichtigung zu finden.

(Surrogatlösung des BGH verfassungsrechtlich nicht zu beanstandener Weg)

4. Wie die von Art. 6 I i. V. mit Art. 3 II GG gebotene Gleichwertigkeit von geleisteter Familien- **b** arbeit und ehelichen Einkünften in Auslegung des Begriffs der ehelichen Lebensverhältnisse nach § 1578 I BGB bei der nachehelichen Unterhaltsbemessung zur Geltung zu bringen und wie der Unterhalt zu berechnen ist, haben die Fachgerichte zu beurteilen. Mit seiner Entscheidung vom 13. 6. 2001 (NJW 2001, 2254 = FamRZ 2001, 986) hat der *BGH* seine bisherige Rechtsprechung geändert und nunmehr eine Unterhaltsbemessung vorgenommen, die der Gleichwertigkeit der Unterhaltsbeiträge beider Ehegatten Rechnung trägt. Damit, dass er die neue Berufstätigkeit des vorher nicht erwerbs-

tätigen Ehegatten als „Surrogat" der bisher geleisteten Haushaltsführung und Kinderbetreuung angesehen hat, hat der *BGH* einen möglichen, verfassungsrechtlich nicht zu beanstandenden Weg aufgezeigt, den Wert, der der Ehe aus der Familienarbeit erwächst, unterhaltsrechtlich zum Tragen zu bringen.

BGH v. 6. 2. 2002 – XII ZR 20/00 – FamRZ 02, 536 = NJW 02, 1269

R572
(5%ige Pauschale für Fahrten zur Arbeitsstelle)

a   1. Insoweit ist nicht zu beanstanden, dass das *OLG* für die Fahrten zur Arbeitsstelle nur die Pauschale von 5% und nicht die geltend gemachten konkreten Fahrtkosten von monatlich 583 DM vom Nettoeinkommen abgezogen hat. Da es sich bei Unterhaltsfällen um Massenerscheinungen handelt, ist aus Vereinfachungsgründen eine pauschalierende Berechnungsmethode notwendig (*Senat*, NJW 1997, 1919 = FamRZ 1997, 806 [807]). Dies schließt zwar die Berücksichtigung konkreter Aufwendungen nicht aus, soweit diese notwendig und angemessen sind. Es hält sich aber im Rahmen der revisionsrechtlich nur beschränkt überprüfbaren tatrichterlichen Bewertung, wenn das *OLG* es für zumutbar gehalten hat, dass der Bekl. mit öffentlichen Verkehrsmitteln zur Arbeitsstelle gelangt oder den Wohnsitz an den Dienstort verlegt. Rechtsfehler sind nicht ersichtlich und werden von der Revision auch nicht aufgezeigt. Die Bemessung der Aufwendungen mit 5% hält sich ebenfalls im Rahmen des tatrichterlichen Ermessens (*Senat*, NJW 2000, 3140 = FamRZ 2000, 1492 [1493]).

(Berücksichtigungswürdigkeit von Verbindlichkeiten beim Kindesunterhalt)

b   2. Entgegen der Revision kann sich der Bekl. auch nicht darauf berufen, von seinem Einkommen seien weitere Verbindlichkeiten in Höhe von 672 DM Leasingraten abzuziehen.

Minderjährige Kinder ohne Einkünfte besitzen keine eigene unterhaltsrechtlich relevante Lebensstellung im Sinne des § 1610 II BGB. Sie leiten ihre Lebensstellung vielmehr von derjenigen ihrer unterhaltspflichtigen Eltern ab. Wird das Kind von einem Elternteil versorgt und betreut und leistet der andere Teil Barunterhalt, so bestimmt sich die Lebensstellung des Kindes grundsätzlich nach den Einkommens- und Vermögensverhältnissen des barunterhaltspflichtigen Elternteils. Da der für die Unterhaltsbemessung maßgebliche Lebensstandard im Wesentlichen durch tatsächlich vorhandene Mittel geprägt ist, richtet sich auch die abgeleitete Lebensstellung des Kindes nach diesen Verhältnissen. Deshalb sind unterhaltsrechtlich relevante Verbindlichkeiten zu berücksichtigen (*Senat*, NJW-RR 1996, 321 = FamRZ 1996, 160 [161]). Ob die Verbindlichkeiten unterhaltsrechtlich berücksichtigungsfähig sind, ist unter umfassender Interessenabwägung zu beurteilen, wobei es insbesondere auf den Zweck der Verbindlichkeit, den Zeitpunkt und die Art ihrer Entstehung, die Kenntnis von der Unterhaltsschuld und auf andere Umstände ankommt (*Senat*, NJW 1991, 697 = FamRZ 1991, 182 [184], und NJW-RR 1996, 321 = FamRZ 1996, 160 [161]).

(Kein Mindestbedarf minderjähriger Kinder)

c   2 a) Zutreffend ist allerdings der Ausgangspunkt des *OLG,* dass es seit dem am 1. 7. 1998 in Kraft getretenen Kindesunterhaltsgesetz vom 6. 4. 1998 (KindUG – BGBl I, 666) keine gesetzliche Bestimmung des Mindestbedarfs minderjähriger Kinder im Unterhaltsrecht mehr gibt (so auch *Schumacher/Grün*, FamRZ 1998, 778 [779]; *Wendl/Scholz*, 5. Aufl., § 2 Rdnrn. 127 a f.).

Bis zum 30. 6. 1998 definierte § 1615 f I 2 BGB a. F. den Regelunterhalt als den Betrag (Regelbedarf), der zum Unterhalt eines nicht ehelichen Kindes, das sich in der Pflege seiner Mutter befindet, bei einfacher Lebenshaltung im Regelfall erforderlich sei. Verlangte ein eheliches Kind Barunterhalt, so galt als Bedarf mindestens der für ein nicht eheliches Kind der entsprechenden Altersstufe festgesetzte Regelbedarf, § 1610 III BGB a. F.

Durch Art. 1 Nr. 8, 16, Art. 6 KindUG wurden § 1610 III BGB und die Vorschriften über den Regelunterhalt nicht ehelicher Kinder aufgehoben. § 1610 III BGB war nicht mehr erforderlich, da in § 1612 a I BGB für alle Kinder die Möglichkeit geschaffen wurde, die Regelbeträge geltend zu machen. Damit war die Definition des Mindestbedarfs im Unterhaltsrecht entfallen. Die Regelbeträge sollten als Basiswerte der Unterhaltstabellen und als Bezugsgrößen für die Unterhaltsanpassung dienen (RegE, BT-Dr 13/7338, S. 22; Stellungnahme des Rechtsausschusses – im Folgenden: RA –, BT-Dr 13/9596, S. 36). In Höhe der Regelbeträge (im RegE noch Regelunterhalt genannt) sollte das Kind von der Darlegungs- und Beweislast für seinen Bedarf sowie für die Leistungsfähigkeit des Unterhaltsverpflichteten befreit sein (RegE, BT-Dr 13/7338, S. 19). Die Festlegung eines Mindestbedarfs erfolgte bewusst nicht (Bericht des RA, BT-Dr 13/9596, S. 31 f.). Die Empfehlung des Bundesrats, den im Regierungsentwurf verwendeten Begriff „Regelunterhalt" durch den Begriff „Mindestunterhalt" zu ersetzen, und die Forderung, der Mindestunterhalt der Kinder müsse sich an deren Bedarf orientieren und mindestens dem Existenzminimum abdecken (Stellungnahme des BR, BT-Dr 13/7338, S. 56), sind nicht Gesetz geworden. In ihrer Gegenäußerung hat die Bundesregierung darauf hingewiesen, dass nicht der Eindruck erweckt werden solle, ein Mindestunterhalt sei unabhängig von der Leistungsfähigkeit des

Verpflichteten geschuldet (BT-Dr 13/7338, S. 59). Insbesondere im Hinblick auf das Ziel des Entwurfs, die verfahrensrechtlich erleichterte Durchsetzung der Regelbeträge zu ermöglichen, wurde auf eine dem § 1615 f I BGB a. F. entsprechende Definition der Regelbeträge verzichtet. Es war bekannt, dass eine erhebliche Erhöhung der Regelbeträge voraussichtlich dazu führen würde, dass die gesetzlich vorgesehenen Beträge für die Mehrzahl der Berechtigten wegen der eingeschränkten Leistungsfähigkeit der Verpflichteten nicht erreichbar wären. Außerdem sollten Mehrkosten für gesteigerte Leistungen nach dem Unterhaltsvorschussgesetz und eine erhebliche Mehrbelastung der Justiz durch die Geltendmachung von Unterhaltsbeträgen, die nicht der Leistungsfähigkeit des Pflichtigen entsprechen, vermieden werden (Gegenäußerung der BReg., BT-Dr 13/7338, S. 60; Bericht des RA, BT-Dr 13/9596, S. 31). Die wesentliche Bedeutung des Regelbetrags sollte daher nicht in der Festlegung eines Mindestunterhalts, sondern darin liegen, dass mit ihm eine Bezugsgröße für den Zugang zum vereinfachten Verfahren und für die im Zweijahresrhythmus erfolgende Anpassung der Unterhaltsansprüche geschaffen werden sollte (vgl. § 645 ZPO). Dass die Beträge hinter dem Existenzminimum zurückblieben, sei unschädlich, da das vereinfachte Verfahren auch für Unterhaltsbeträge in Höhe des Existenzminimums und sogar darüber hinaus eröffnet sei (Bericht des RA, BT-Dr 13/9596, S. 31 [36]; vgl. auch *Wendl/Scholz,* § 2 Rdnrn. 127 af.).

Die gegenteilige Auffassung, der Regelbetrag sei auch nach In-Kraft-Treten des Kindesunterhaltsgesetzes entsprechend dem früheren Regelunterhalt dem Mindestbedarf gleichzusetzen, widerspricht daher dem im Gesetz zum Ausdruck gekommenen Willen des Gesetzgebers (so aber: *KG,* FamRZ 1999, 405; *OLG München,* FamRZ 1999, 884; *OLG Bamberg,* NJWE-FER 2000, 77 = FamRZ 2000, 307 [308]; OLG Koblenz, FamRZ 2000, 313; *OLG Karlsruhe,* NJWE-FER 2001, 60 = FamRZ 2000, 1432 [1433]; *Eschenbruch/Wohlgemuth,* Der Unterhaltsprozess, 2. Aufl., Rn. 3025).

b) Die Auffassung, ein Mindestbedarf sei in Höhe des 1½fachen des Regelbetrags festzulegen, weil dieser Betrag nach § 645 ZPO im vereinfachten Verfahren ohne weitere Darlegung der wirtschaftlichen Verhältnisse geltend gemacht werden könne (so *Johannsen/Henrich/Graba,* EheR, 3. Aufl., § 1610 Rn. 17, und § 1612 a Rn. 12), wird vom *OLG* zutreffend abgelehnt. Die erweiterte Zulässigkeit des vereinfachten Verfahrens für Beträge in Höhe von 150% des Regelbetrags ist auf Vorschlag des Rechtsausschusses in das Gesetz aufgenommen worden, während der Regierungsentwurf in § 645 ZPO nur die Geltendmachung des Regelbetrags vorsah (Bericht des RA, BT-Dr 13/9596, S. 11). Dabei hat der Rechtsausschuss aber den Unterschied zwischen dem nicht festgesetzten materiell-rechtlichen Mindestunterhaltsanspruch und der Verbesserung der prozessualen Situation der Kinder betont (Bericht des RA, BT-Dr 13/9596, S. 31). Angesichts des auch im Gesetz zum Ausdruck gekommenen Willens des Gesetzgebers kann daher aus § 645 ZPO kein Mindestbedarf in entsprechender Höhe hergeleitet werden. Soweit in der Literatur gelegentlich befürwortet wird (*Johannsen/Henrich/Graba,* § 1610 Rn. 17, und § 1612 a Rn. 12; *Graba,* NJW 2001, 249 [253]), die Regelung des vereinfachten Verfahrens aus Gründen des Gleichklangs ins Klageverfahren zu übernehmen, vermag der *Senat* dem nicht zu folgen. Ein vorausgegangenes vereinfachtes Verfahren kann weder Wirkungen für den materiellen Unterhaltsbedarf und -anspruch noch für die Darlegungs- und Beweislast im streitigen Prozess begründen.

c) Der *Senat* folgt andererseits auch nicht der vom *OLG* und Teilen der Rechtsprechung und Literatur (*OLG Hamburg,* FamRZ 2000, 1431; *OLG Stuttgart* [18. Zivilsenat], FamRZ 2000, 376; abweichend davon OLG Stuttgart [16. Zivilsenat], Urt. v. 6. 9. 2001 – 16 UF 146/01; *Göppinger/Wax/Strohal,* 7. Aufl., Rn. 362); *Kleinle,* ZfJ 1998, 225; *Lipp/Wagenitz,* Das neue KindschaftsR, § 1612 a Rn. 13; *Luthin,* FF 1999, 105 [107] mit eingehender Darstellung des Streitstands u. Nachw.; *ders.,* FamRZ 2001, 334 [335]; *Rühl/Greßmann,* Kindesunterhaltsgesetz, Rdnrn. 58 ff.; vgl. weiter den Überblick bei Miesen, Neuere Entwicklung im Familienrecht bis Herbst 2001, FF Sonderheft 2001, 4) vertretenen Auffassung, dass es geboten sei, an Stelle des im Unterhaltsrecht seit 1. 7. 1998 nicht mehr definierten Mindestbedarfs nunmehr auf das von der Bundesregierung auf der Grundlage des Sozialhilfebedarfs ermittelte, steuerfrei zu stellende rechtliche Existenzminimum eines Kindes abzustellen (für das Jahr 1996: 524 DM [BT-Dr 13/381, S. 4]; für das Jahr 1999: 558 DM [BT-Dr 13/9561, S. 4]; für das Jahr 2001: 564 DM [BT-Dr 14/1926, S. 5]). Aus dem für alle Kinder bis 18 Jahre unterschiedslos ermittelten Existenzminimum sollten gestaffelte Werte für die drei Altersstufen nach § 1612 a III BGB errechnet werden (vgl. die Berechnung bei *Rühl/Greßmann,* Rdnrn. 58 ff.). Die gewonnenen Ergebnisse entsprächen allerdings nicht den Beträgen der Düsseldorfer Tabelle, sondern lägen je nach Altersstufe im Bereich der Einkommensgruppen 4 bis 6. Deshalb sollte im Wege der Interpolation der Mindestbedarf einheitlich nach der Einkommensgruppe 5 festgesetzt werden, wie es hier auch das OLG vorgeschlagen hat.

aa) Für diese Auffassung wird teilweise angeführt, der Rechtsausschuss habe die aus dem Bericht der Bundesregierung vom 2. 2. 1995 ersichtlichen durchschnittlichen Sozialhilfebeträge ausdrücklich als Existenzminimum von Kindern bezeichnet. Deshalb seien in einem Nicht-Mangelfall mindestens diese Sätze geschuldet (Kleinle, ZfJ 1998, 226). Diese Ansicht widerspricht den bereits dargelegten Beratungen des Ausschusses, der bewusst von der Festsetzung eines Mindestunterhalts in Höhe des Existenzminimums abgesehen hat (Gegenäußerung der BReg., BT-Dr 13/7338, S. 59; Bericht des RA, BT-Dr 13/9596, S. 31).

bb) Auch die Rechtsprechung des *BVerfG* zur steuerrechtlichen Freistellung des Existenzminimums und zum Familienleistungsausgleich (vgl. nur *BVerfG,* NJW 1999, 557 = FamRZ 1999, 285, und NJW 1999, 561 = FamRZ 1999, 291) zwingt nicht zur Annahme eines entsprechenden Mindestbedarfs. Danach müsse dem Steuerpflichtigen von seinem Einkommen so viel verbleiben, wie er zur Bestreitung seines notwendigen Lebensunterhalts bedürfe (Existenzminimum). Verfassungsrechtlicher Prüfungsmaßstab sei der sich aus Art. 1 i. V. mit Art. 20 I GG ergebende Grundsatz, dass der Staat dem Steuerpflichtigen sein Einkommen insoweit steuerfrei belassen müsse, als es zur Schaffung der Mindestvoraussetzungen für ein menschenwürdiges Dasein benötigt werde (*BVerfGE* 82, 60 [85] = NJW 1990, 2869; *BVerfG,* NJW 1999, 561 = FamRZ 1999, 291 [292]). Der existenznotwendige Bedarf bilde von Verfassungs wegen die Untergrenze für den Zugriff durch die Einkommensteuer (*BVerfGE* 87, 153 [169] = NJW 1992, 3153; *BVerfG,* NJW 1999, 561 = FamRZ 1999, 291 [292]). Art. 6 I GG gebiete darüber hinaus, dass bei der Besteuerung einer Familie das Existenzminimum sämtlicher Familienmitglieder steuerfrei bleiben müsse (*BVerfG,* NJW 1999, 597 = FamRZ 1999, 285 [287]; NJW 1999, 561 = FamRZ 1999, 291 [292], jew. m. w. Nachw.). Dabei müssten die von Verfassungs wegen zu berücksichtigenden existenzsichernden Aufwendungen nach dem tatsächlichen Bedarf – realitätsgerecht – bemessen werden (*BVerfGE* 91, 93 [111] = NJW 1994, 2817; *BVerfG,* NJW 1999, 561 = FamRZ 1999, 291 [292] m. w. Nachw.). Dessen Untergrenze sei durch die Sozialhilfeleistungen konkretisiert, die das im Sozialstaat anerkannte Existenzminimum gewährleisten sollten, verbrauchsbezogen ermittelt und auch regelmäßig den veränderten Lebensverhältnissen angepasst werden. Mindestens das, was der Gesetzgeber dem Bedürftigen zur Befriedigung seines existenznotwendigen Bedarfs aus öffentlichen Mitteln zur Verfügung stelle, müsse er auch dem Einkommensbezieher von dessen Erwerbsbezügen belassen (*BVerfGE* 87, 153 [171] = NJW 1992, 3153; *BVerfGE* 91, 93 [111] = NJW 1994, 2817; *BVerfGE,* NJW 1999, 561 = FamRZ 1999, 291 [292]). Letzteres gelte sinngemäß für die Ermittlung des sächlichen Existenzminimums von Kindern (*BVerfGE* 82, 60 [93 f.] = NJW 1990, 2869), bei denen allerdings nach der neueren Rechtsprechung zusätzlich ab 1. 1. 2000 ein Betreuungsbedarf und ab 1. 1. 2002 auch der Erziehungsbedarf im Rahmen des steuerlichen Existenzminimums der Kinder zu berücksichtigen sei (*BVerfGE* 99, 216 [233 f., 240 f., 242] = NJW 1999, 557).

Diese Grundsätze werden bei der Festlegung eines Mindestbedarfs teilweise auf das Unterhaltsrecht übertragen (*OLG Stuttgart,* FamRZ 2000, 376; *OLG Hamburg,* FamRZ 2000, 1431; *Göppinger/Wax/ Strohal,* Rn. 362; Kleinle, ZfJ 1998, 225; *Lipp/Wagenitz,* § 1612 a Rn. 13; *Luthin,* FF 1999, 105 [107] m. w. Nachw.; *ders.,* FamRZ 2001, 334 [335]; *Rühl/Greßmann,* Rdnrn. 58 ff.; *Miesen,* S. 4 f.), vereinzelt unter Hinweis auf die der Sozialhilfe vorrangige Verwandtenunterhaltspflicht (Graba, NJW 2001, 249 [251 f.]). Dabei werden jedoch die unterschiedliche Struktur und Funktion des zivilrechtlichen Unterhaltsrechts auf der einen Seite sowie des Einkommensteuer- und Sozialhilferechts auf der anderen Seite nicht ausreichend beachtet.

Die Entscheidungen des *BVerfGE* zum Existenzminimum und zum Familienleistungsausgleich betreffen das Verhältnis des Staates zu seinen Bürgern. Das *BVerfGE* fordert, dass der verminderten Leistungsfähigkeit der Bürger, die Kindern unterhaltspflichtig sind, durch eine entsprechende steuerliche Entlastung im Vergleich zu kinderlosen Steuerzahlern Rechnung getragen wird. Der sozialhilferechtlich anerkannte Bedarf als dafür entscheidende Bemessungsgröße ist nahe liegend, da diese pauschalierenden Sätze nach dem Verständnis des Sozialstaates und dem Sozialrecht das Existenzminimum zur Sicherung eines menschenwürdigen Daseins sichern. Aus den Entscheidungen ergeben sich also in erster Linie Pflichten des Staates, während sich zivilrechtliche Unterhaltsansprüche nach wie vor nach den Regelungen im Verwandtenunterhaltsrecht richten (*Wendl/Scholz,* § 2 Rn. 127 b).

cc) Anders als der im Steuerrecht für alle gleichmäßig festzusetzende, gegenüber dem Zugriff des Staates geschützte Grenzbetrag geht das Unterhaltsrecht von einem individuell zu bemessenden Unterhaltsanspruch aus. Im Verwandtenunterhalt bestimmt sich das Maß des zu gewährenden angemessenen Unterhalts grundsätzlich nach der Lebensstellung des Bedürftigen (§ 1610 I BGB). Jedoch wird Unterhalt nicht geschuldet, soweit der Unterhaltspflichtige bei Berücksichtigung seiner sonstigen Verpflichtungen ohne Gefährdung seines eigenen angemessenen Unterhalts zur Zahlung außer Stande ist (§ 1603 I BGB). Das Recht des Kindesunterhalts ist dadurch gekennzeichnet, dass minderjährige Kinder ohne Einkünfte keine eigene unterhaltsrechtlich relevante Lebensstellung i. S. des § 1610 II BGB besitzen. Sie leiten ihre Lebensstellung vielmehr von derjenigen ihrer unterhaltspflichtigen Eltern ab. Wird das Kind von einem Elternteil versorgt und betreut und leistet der andere Teil Barunterhalt, so bestimmt sich die Lebensstellung des Kindes grundsätzlich nach den Einkommens- und Vermögensverhältnissen des barunterhaltspflichtigen Elternteils. An dieser individuellen Bemessung des zivilrechtlichen Unterhaltsanspruchs hat die Rechtsprechung des *BVerfG* zur steuerlichen Freistellung des Existenzminimums nichts geändert. Ist nach diesen unterhaltsrechtlichen, dem § 1610 I BGB zu entnehmenden Grundsätzen, der Unterhaltspflichtige (und auch ein anderer unterhaltspflichtiger Verwandter) nicht in der Lage, das sozialhilferechtlich ermittelte Existenzminimum sicherzustellen, so hat insoweit der Staat im Hinblick auf das Sozialstaatsprinzip die notwendigen Leistungen zu erbringen. Soweit dagegen der Unterhaltspflichtige den Unterhalt selbst sicherstellen kann, ist die Sozialhilfe subsidiär.

Im Übrigen zeigt die gerichtliche Praxis, dass das sozialhilferechtliche Existenzminimum, das als Bedarf nach der Einkommensgruppe 5 (um berufsbedingte Aufwendungen bereinigtes Nettoeinkommen 1998 bis Juni 2001 mindestens 3500 DM, ab Juli 2001 mindestens 3720 DM) angesetzt wird, von der Mehrzahl der Barunterhaltspflichtigen nicht geleistet werden kann. Dies wusste auch der Gesetzgeber, als er auf die Festsetzung eines entsprechenden Mindestbedarfs verzichtete (Gegenäußerung der BReg., BT-Dr 13/7338, S. 60).

(Darlegungs- und Beweislast)

Von maßgeblicher Bedeutung war der gesetzliche Mindestbedarf gem. § 1610 III BGB a. F. aller- **d** dings für die Darlegungs- und Beweislast. Da der Regelunterhalt als Mindestbedarf „galt", war eine weitere Darlegung der Bedarfshöhe nicht erforderlich (st. Rspr., vgl. nur *Senat*, NJWE-FER 1998, 64 = FamRZ 1998, 357 [359]). Nach Aufhebung dieser Vorschrift könnte die allgemeine Darlegungs- und Beweislast für Unterhaltsansprüche eingreifen. Das minderjährige Kind wäre für die bedarfsprägenden Lebensverhältnisse des barunterhaltspflichtigen Elternteils und dessen Leistungsfähigkeit in vollem Umfange darlegungs- und beweispflichtig (so *Klinkhardt*, DAVorm 1998, 655). Dies würde eine Verschlechterung der unterhaltsrechtlichen Position minderjähriger Kinder bedeuten, die der Intention des Gesetzgebers zuwider liefe, der mit dem Kindesunterhaltsgesetz die rechtliche Situation unterhaltsbedürftiger Kinder verbessern wollte. In der Begründung zum Regierungsentwurf wird ausdrücklich darauf hingewiesen, dass in Höhe des Regelunterhalts das Kind von der Darlegungs- und Beweislast für seinen Bedarf sowie für die Leistungsfähigkeit des Unterhaltsverpflichteten befreit sein solle (BT-Dr 13/7338, S. 19). Dieses Ziel ist auch mit der im Regierungsentwurf noch vorgesehenen Formulierung des § 1612 a I 1 BGB-E „Ein minderjähriges Kind kann ... den Regelunterhalt verlangen." (RegE, BT-Dr 13/7338, S. 5) zum Ausdruck gekommen. Als in den Beratungen des Rechtsausschusses auf den Anspruch auf Regelunterhalt verzichtet wurde, hat man dessen Funktion für die Darlegungs- und Beweislast übersehen. Der Rechtsausschuss hat ausgeführt, ein materiell-rechtlicher Anspruch auf einen das Existenzminimum nicht abdeckenden und nur unter den Gesichtspunkten der Leistungsfähigkeit zu rechtfertigenden Regelunterhalt erscheine zur Verwirklichung der Reformziele nicht erforderlich (Bericht des RA, BT-Dr 13/9596 S. 31). Daraus lässt sich nur herleiten, dass der Gesetzgeber jedenfalls nicht zu Lasten des Kindes von der bisherigen Rechtslage abweichen und ihm die Beweiserleichterung im Rahmen des Regelbetrags nehmen wollte. Es kann aber nicht geschlossen werden, dass der Gesetzgeber das Kind bis zur Höhe des Existenzminimums vollständig von der Darlegungs- und Beweislast freistellen wollte (i. E. ebenso *Eschenbruch/Wohlgemuth*, Rn. 3025).

(Schuldabzug)

Soweit der bisherige Mindestbedarf als „relative Grenze" für die Berücksichtigung von Drittver- **e** bindlichkeiten des Unterhaltsschuldners herangezogen wurde, rechtfertigt und erfordert dies ebenfalls keine Festsetzung eines Mindestbedarfs. Aus § 1603 I BGB ergibt sich, dass es nicht schlechthin ausgeschlossen ist, Verbindlichkeiten des Unterhaltsschuldners bei der Bemessung des Unterhalts zu berücksichtigen. Dies galt vor dem 1. 7. 1998 auch dann, wenn der Mindestunterhalt nach § 1610 III BGB a. F. nicht gewahrt werden konnte (st. Rspr., vgl. nur *Senat*, NJW 1984, 2351 = FamRZ 1984, 657 [659], und NJW-RR 1986, 428 = FamRZ 1986, 254 [257]). Allerdings war in diesen Fällen die Berücksichtigung von Verbindlichkeiten nur in Ausnahmefällen möglich, insbesondere deshalb, weil den Kindern, denen der Verpflichtete nach § 1603 II 1 BGB verschärft unterhaltspflichtig ist, jegliche Möglichkeit fehlt, durch eigene Anstrengungen zur Deckung des notwendigen Unterhaltsbedarfs beizutragen (*Senat*, NJW 1992, 1624 = FamRZ 1992, 797 [798]).

Auch nach Wegfall des Mindestbedarfs hat eine umfassende Interessenabwägung zu erfolgen. Dabei bleiben die in der Rechtsprechung herausgearbeiteten Gesichtspunkte unabhängig vom nicht mehr bestimmten Mindestbedarf von Bedeutung.

(§ 1612 b V BGB; kein Mindestbedarf in Höhe von 135% des Regelbetrages)

3. Auch nach dem 1. 1. 2001 ist ein Mindestbedarf für das Kind gesetzlich nicht festgelegt (so auch **f** OLG Hamm, Urt. v. 9. 11. 2001–12 UF 43/01; *Heger*, FamRZ 2001, 1409 [1412]; *Soyka*, FamRZ 2001, 740; *Wendl/Scholz*, Nachtrag zu § 2 zu Rn. 2/127 b; *Scholz*, FamRZ 2000, 1541 [1545]). Zu diesem Zeitpunkt ist das Gesetz zur Ächtung der Gewalt in der Erziehung und zur Änderung des Kindesunterhaltsrechts vom 2. 11. 2000 (BGBl I, 1479) hinsichtlich der unterhaltsrechtlichen Bestimmungen in Kraft getreten. Dadurch wurde § 1612 b V BGB insoweit geändert, als eine Anrechnung des Kindergeldes bereits dann unterbleibt, wenn der Unterhaltspflichtige außer Stande ist, Unterhalt in Höhe von 135% des Regelbetrags nach der Regelbetrag-VO zu leisten. Daraus wird in Rechtsprechung und Literatur überwiegend gefolgert, dass nunmehr der gesetzliche Mindestbedarf bei 135% des Regel-

betrags nach der Regelbetrag-VO liege (*OLG München,* FamRZ 2002, 52; *OLG Stuttgart* [16. Zivil-senat], Urt. v. 6. 9. 2001 – 16 UF 146/01; *Gerhardt,* FamRZ 2001, 73; *Graba,* NJW 2001, 249 [252 f.]; *Luthin,* FamRZ 2001, 334 [336]; *Miesen,* FF Sonderheft 2001, 4 m. w. Nachw.; *Vossenkämper,* FamRZ 2000, 1547 [1551]; *Wohlgemuth,* FamRZ 2001, 742 [744]).

a) Den Vertretern dieser Auffassung ist einzuräumen, dass der Gesetzgeber mit der Änderung des § 1612 b V BGB beabsichtigt hat, das Barexistenzminimum des Kindes zu sichern (Bericht des RA, BT-Dr 13/3781, S. 8). Dies war allerdings nicht der Ausgangspunkt für die erst im Rahmen des Gesetzgebungsverfahrens zum Gesetzentwurf zur Ächtung der Gewalt in der Erziehung vorgenomme-ne Änderung (Bericht des RA, BT-Dr 14/3781, S. 6). Vielmehr wurde auf die Entscheidung des *BVerfG* vom 10. 11. 1998 (NJW 1999, 557 = FamRZ 1999, 285) Bezug genommen, in der es – unabhängig von der Art der Betreuung – den Betreuungsbedarf der Kinder stets als Bestandteil des Existenzminimums angesehen hat (*BVerfG,* NJW 1999, 557 = FamRZ 1999, 285 [288]). Ein ent-sprechender Steuerfreibetrag wurde zum 1. 1. 2000 durch das Familienförderungsgesetz eingeführt. In Ergänzung dazu sollten die Alleinerziehenden nun auch unterhaltsrechtlich entlastet werden. Nur durch eine unterhaltsrechtliche Neuregelung könne sichergestellt werden, dass das Existenzminimum des Kindes nicht nur steuerrechtlich freigestellt, sondern auch Anknüpfungspunkt für die Verteilung bzw. Verwendung des Kindergeldes werde (Bericht des RA, BT-Dr 14/3781, S. 7). Eine Regelung, die das hälftige Kindergeld beim Barunterhaltspflichtigen belasse, selbst wenn dieser das Existenzminimum des Kindes noch nicht sichergestellt habe, sei kaum mehr zu rechtfertigen. Um die Unterhaltsberechnung nicht noch weiter zu erschweren, seien 135% des Regelbetrags als Grenze anzusetzen. Mit diesem Prozentsatz werde an den Barunterhalt in Höhe des Existenzminimums in allen Altersstufen angeknüpft und eine bruchlose Umsetzung der Anwendung der Düsseldorfer Tabelle gewährleistet (Bericht des RA, BT-Dr 14/3781, S. 8).

b) Dieser Ausgangspunkt des Gesetzgebers verdeutlicht die bereits im Gesetz angelegte Systematik. § 1612 b BGB regelt allein die Anrechnung staatlicher kindbezogener Leistungen auf den Kindes-unterhalt.

Bereits vor Einführung des § 1612 b BGB betraf der Ausgleich des Kindergeldes nach der Recht-sprechung des Senats, an der festgehalten wird, nur das Verhältnis der Ehegatten zueinander und hatte für die Berechnung des Unterhaltsbedarfs des Kindes keine Bedeutung (*Senat,* NJW 1997, 1919 = FamRZ 1997, 806 [808]). Staatliches Kindergeld wird gewährt, um die Unterhaltslast der Eltern gegenüber ihren Kindern zu erleichtern. Diese öffentlich-rechtliche Zweckbestimmung als eine ent-lastende Leistung darf nicht dadurch in ihr Gegenteil verkehrt werden, dass sie – im Wege einer Zurechnung zum Einkommen des Unterhaltspflichtigen – zu einer Erhöhung des Unterhaltsbedarfs führt (*Senat,* BGHZ 70, 151 [153] = NJW 1978, 753). Beim Ausgleichsanspruch eines Ehegatten gegen den anderen handelt es sich um einen Unterfall des von der Rechtsprechung entwickelten besonderen familienrechtlichen Ausgleichsanspruchs (*Senat,* NJW 1997, 1919 = FamRZ 1997, 806 [809]), der nunmehr in § 1612 b BGB kodifiziert ist.

Der Ausgleich vollzieht sich aus Vereinfachungsgründen zwar meist über die Unterhaltszahlungen des barunterhaltspflichtigen Elternteils für das Kind. Das ändert jedoch nichts daran, dass es um ein eigenes Recht des jeweiligen Elternteils geht, der den anderen daher auch unmittelbar auf Auszahlung des anteiligen Kindergeldes in Anspruch nehmen kann (*Senat,* NJW 1988, 1720 = FamRZ 1988, 607 [609], und NJW 1988, 2375 = FamRZ 1988, 834 m. w. Nachw.). Grundsätzlich ordnet § 1612 b I und II BGB den hälftigen Ausgleich des Kindergelds an, der im Wege der Anrechnung auf den Barunter-haltsanspruch erfolgt. Bereits § 1612 b V BGB in der Fassung des Kindesunterhaltsgesetzes sah eine Beschränkung der Anrechnungsmöglichkeit vor, wenn der barunterhaltspflichtige Elternteil nicht den vollen Regelbetrag als Unterhalt leisten konnte. Im Ergebnis wurde der barunterhaltspflichtige Eltern-teil dadurch so gestellt, als habe er das Kindergeld in Höhe des nicht angerechneten Teils erhalten und für den Kindesunterhalt verwenden müssen (RegE z. KindUG, BT-Dr 13/7338, S. 30).

c) In Kenntnis dieser Rechtsprechung und der Gesetzesgeschichte des Kindesunterhaltsgesetzes hat der Gesetzgeber nur den Ausgleichsanspruch zwischen den Ehegatten geändert. Er hat – wie sich aus der Begründung ergibt – mit der Bezugnahme auf das verfassungsrechtliche Existenzminimum das rechtspolitische Anliegen verfolgt, unterhaltsrechtlich den betreuenden Elternteil zu entlasten (*Graba,* NJW 2001, 249 [251]). Es ging dem Gesetzgeber nicht um die Festlegung eines Mindestunterhalts der Kinder, auch wenn deren Existenzminimum möglichst gesichert werden soll. Vielmehr hat er eine Frage der Familienleistungsförderung geregelt, indem dem barunterhaltspflichtigen Elternteil zugemu-tet wird, notfalls seinen Kindergeldanteil zur Unterhaltssicherung einzusetzen. Das Kindergeld soll der Entlastung für tatsächlich erbrachte Unterhaltsleistungen und nicht der Unterstützung weniger zah-lungsfähiger Elternteile dienen (*Heger,* FamRZ 2001, 1409 [1413]). Eine Leistung des Staates wird daher in diesen Fällen dem Leistungsempfänger indirekt wieder entzogen. Mit dem zivilrechtlichen Anspruch des Kindes gegen den barunterhaltspflichtigen Elternteil hat dies unmittelbar nichts zu tun (so auch *Heger,* FamRZ 2001, 1409 [1412]; *Soyka,* FamRZ 2001, 740; *Scholz,* FamRZ 2000, 1541 [1545]). Es kann dahinstehen, ob § 1612 b V BGB verfassungsgemäß ist (vgl. zur Problematik nur

Vorlagebeschl. des AG Kamenz, FamRZ 2001, 1090; *Scholz,* FamRZ 2000, 1541 [1543 f.]; w. Nachw. bei *Heger,* FamRZ 2001, 1409). Das Anliegen des Gesetzgebers, den Barunterhalt des Kindes in Höhe des Existenzminimums möglichst sicherzustellen (vgl. auch *BVerfG,* NJWE-FER 2001, 147 = FamRZ 2001, 541), kann der Anrechnungsbestimmung entnommen werden. Der Festlegung eines entsprechenden Mindestunterhalts bedarf es dazu nicht. § 1612 b V BGB wäre dazu auch systematisch nicht der richtige Ort. Vielmehr würde eine solche Regelung – wie vor In-Kraft-Treten des Kindesunterhaltsgesetzes – in den § 1610 BGB gehören. Die Anrechnungsvorschrift des § 1612 b V BGB spiegelt dagegen nur die verfassungsrechtlich gebotene, auf einheitlichen Pauschalbeträgen beruhende Entlastung der unterhaltspflichtigen Eltern wider und regelt den zivilrechtlichen Ausgleich dieses Vorteils zwischen ihnen. In einem Spannungsverhältnis dazu steht der nach § 1610 I BGB am individuellen Einkommen der Eltern ausgerichtete Unterhaltsanspruch des Kindes. Durch das Unterbleiben der Anrechnung wird eine Brücke zwischen diesen Polen geschlagen, aber nicht der Individualanspruch zu Gunsten eines allgemeinen Pauschalbetrags aufgegeben (*Heger,* FamRZ 2001, 1409 [1412]).

Danach durfte das *OLG* nicht unabhängig vom Einkommen des Bekl. und dessen Verbindlichkeiten ohne weiteres von einem Unterhaltsbedarf der Kinder nach der Einkommensgruppe 5 der Düsseldorfer Tabelle ausgehen, sondern hätte den Bedarf nach dem unterhaltsrelevanten Einkommen ermitteln müssen. Bei vollständiger Berücksichtigung der – für die Revision als ehebedingt unterstellten – Verbindlichkeiten des Bekl. ergäbe sich ein Unterhaltsbedarf der Kinder nach der Einkommensgruppe 3 der Düsseldorfer Tabelle.

(Berücksichtigungsfähigkeit von Schulden, wenn der Mindestbedarf des minderjährigen Kindes nicht gedeckt ist)

Verbindlichkeiten können auf Grund einer umfassenden Interessenabwägung unter Berücksichtigung von Zweck, Art und Umfang der Verbindlichkeit sowie Zeitpunkt und Umständen ihrer Entstehung, teilweise oder vollständig bei der Bemessung des Unterhaltsbedarfs zu berücksichtigen sein. Auf Seiten der Kl. ist zu bedenken, dass minderjährige Kinder keine Möglichkeit haben, durch eigene Anstrengungen zur Deckung ihres Unterhaltsbedarfs beizutragen (*Senat,* NJW-RR 1996, 321 = FamRZ 1996, 160 [161]). Es hat ein angemessener Ausgleich zwischen den Interessen des Unterhaltsgläubigers, des Unterhaltsschuldners und der Drittgläubiger zu erfolgen, gegebenenfalls auch durch eine Streckung der Tilgung (*Senat,* NJW-RR 1986, 428 = FamRZ 1986, 254 [257]). Da für die Interessenabwägung von entscheidender Bedeutung ist, ob die Verbindlichkeiten ehebedingt sind oder – wie die Kl. behauptet – allein der Befriedigung der persönlichen Bedürfnisse des Bekl. dienen, hat das *OLG* zunächst diese Feststellungen zu treffen und sodann die erforderliche Abwägung vorzunehmen.

g

BGH v. 20. 2. 2002 – XII ZR 104/00 – FamRZ 02, 813 = NJW 02, 1799

(Inhaftierter Unterhaltsschuldner; objektiver Unterhaltsbezug; unterhaltsbezogene Mutwilligkeit) **R573**

3 a) Nach der Rechtsprechung des *Senats* kann ein selbstverschuldeter, aber doch ungewollter Arbeitsplatzverlust unterhaltsrechtlich nicht den Fällen freiwilliger Aufgabe einer versicherungspflichtigen Tätigkeit gleichgestellt werden. Die Berufung des Unterhaltsberechtigten auf seine Leistungsunfähigkeit verstößt vielmehr nur dann gegen Treu und Glauben, wenn das für den Verlust des Arbeitsplatzes ursächliche Verhalten des Unterhaltspflichtigen sich seinerseits als eine Verletzung seiner Unterhaltspflicht darstellt (*Senat,* NJW 1982, 2491 = FamRZ 1982, 913 [914]). Für den erforderlichen unterhaltsrechtlichen Bezug, insbesondere einer Straftat, reicht es deshalb nicht aus, dass sie für den Arbeitsplatz kausal geworden ist. Auch genügt nicht, dass sich der Arbeitsplatzverlust auf den Lebensstandard nicht nur des Täters, sondern auch seiner unterhaltsberechtigten Angehörigen auswirkt. Erforderlich ist vielmehr, dass die Strafhaft auf einem Fehlverhalten beruht, das sich gerade auf seine Unterhaltspflicht bezieht.

Diese Voraussetzung ist dann erfüllt, wenn der Unterhaltsschuldner sich gerade deshalb in Strafhaft befindet, weil er seine Unterhaltpflicht gegenüber dem Berechtigten verletzt hat, oder wenn gerade die bestrafte vorsätzliche Tat dazu geführt hat, dass der Unterhaltsberechtigte – etwa durch Schädigung seines Vermögens, durch eine Körperverletzung oder durch die Tötung eines vorrangig Unterhaltspflichtigen – (vermehrt) unterhaltsbedürftig geworden ist (vgl. *Senat,* NJW 1982, 2491 = FamRZ 1982, 913).

Fehlt es an einem solchen objektiven Unterhaltsbezug der Strafhaft zu Grunde liegenden Tat, kann sich das Fehlverhalten des Täters zwar – auch – als eine Verletzung seiner Unterhaltpflicht darstellen. Hierzu bedarf es jedoch einer auf den Einzelfall bezogenen Wertung dahin, ob die der Tat zu Grunde liegenden Vorstellungen und Antriebe des Täters sich gerade auch auf die Verminderung seiner unterhaltsrechtlichen Leistungsfähigkeit als Folge seines strafbaren Verhaltens erstreckt haben (*Senat,* NJW 1982, 2491 = FamRZ 1982, 913; NJW 1993, 1974 = FamRZ 1993, 1055 [1056 f.]; NJW 1994, 258 45 = FamRZ 1994, 240 [241]; NJW 2000, 2351 = FamRZ 2000, 815 [816]). Dabei bietet die bloße Vorhersehbarkeit des Arbeitsverlustes, wie der *Senat* verdeutlicht hat, für sich genommen keinen geeigneten Anknüpfungspunkt, um den unterhaltsrechtlichen Bezug einer vom Unterhaltsschuldner begangenen Straftat zu begründen (*Senat,* NJW 200, 2351 = FamRZ 2000, 815). Die nachteiligen Folgen, die eine Straftat für den beruflichen Werdegang des Straftäters mit sich bringen kann, werden nämlich bei vernünftiger Betrachtung stets auf der Hand liegen; sie dürften sich zudem auch nicht ohne weiteres auf besonders schwer wiegende Straftaten beschränken lassen. Dem Unterhaltsschuldner ist die Berufung auf die eigene Leistungsunfähigkeit vielmehr dann versagt, wenn er seine Leistungsunfähigkeit durch unterhaltsbezogene Mutwilligkeit herbeigeführt hat. Dies hat der *Senat* für den von § 1579 Nr. 3 BGB erfassten Fall einer vom Unterhaltsgläubiger selbst verursachten Bedürftigkeit wiederholt entschieden (vgl. *Senat* NJW 1981, 2805 = FamRZ 1981, 1042 [1044 f.], und FamRZ 1984, 364 [367 f.]). Allerdings hat der *Senat* in seiner Entscheidung vom 9. 6. 1982 (NJW 1982, 2491 = FamRZ 1982, 913) nicht ausgeschlossen, dass es über die genannten Fallgestaltungen hinaus Fälle geben mag, in denen die Berufung eines Strafgefangenen auf seine Leistungsunfähigkeit gegen Treu und Glauben verstoße. Die Möglichkeit solcher Ausnahmefälle kann auch hier offen bleiben. Jedenfalls lässt sich – entgegen der Auffassung des BerGer. – aus der in der Senatsentscheidung nicht ausgeschlossenen Möglichkeit solcher Ausnahmefälle kein Grundsatz des Inhalts herleiten, dass sich der Freiheitsstrafe verbüßende Straftäter gegenüber dem Opfer seiner Tat, dem er an sich Unterhalt schuldet, auf seine haftbedingte Leistungsunfähigkeit generell nicht berufen kann. Anhaltspunkte für das Vorliegen eines solchen Ausnahmefalls sind hier auch nicht ersichtlich.

BGH v. 20. 3. 2002 – XII ZR 159/00 – FamRZ 02, 810 = NJW 02, 1947

R574   *(Zusammenleben bei getrennten Wohnungen)*

a   2 b) Nach der ständigen Rechtsprechung des *Senats* kann ein länger dauerndes Verhältnis des Unterhaltsberechtigten zu einem anderen Partner dann zur Annahme eines Härtegrundes im Rahmen des Auffangtatbestands des § 1579 Nr. 7 BGB – mit der Folge der Unzumutbarkeit einer weiteren (uneingeschränkten) Unterhaltsbelastung für den Verpflichteten – führen, wenn sich die Beziehung in einem solchen Maße verfestigt hat, dass sie als eheähnliches Zusammenleben anzusehen ist und gleichsam an die Stelle einer Ehe getreten ist. Dabei setzt die Annahme einer derartigen Lebensgemeinschaft nicht zwingend voraus, dass die Partner räumlich zusammenleben und einen gemeinsamen Haushalt führen, auch wenn eine solche Form des Zusammenlebens in der Regel ein typisches Anzeichen hierfür sein wird. Unter welchen Umständen – nach einer gewissen Mindestdauer, die im Allgemeinen kaum unter zwei bis drei Jahren liegen dürfte – auf ein eheähnliches Zusammenleben geschlossen werden kann, lässt sich nicht allgemein verbindlich festlegen. Letztlich obliegt es der verantwortlichen Beurteilung des Tatrichters, ob er den Tatbestand des eheähnlichen Zusammenlebens aus tatsächlichen Gründen für gegeben erachtet oder nicht (*Senat,* NJW 1984, 2692 = FamRZ 1984, 986 [987]; NJW 1989, 1083 = FamRZ 1989, 487 [490 f.]; NJW 1991, 1290).

(Annahme einer verfestigten Partnerschaft i. S. d. § 1579 Nr. 7 BGB erfordert keine geschlechtliche Beziehung)

b   c) Es begegnet aus Rechtsgründen keinen Bedenken, dass das BerGer. im Rahmen der tatrichterlichen Würdigung der getroffenen Feststellungen zu dem Ergebnis gelangt ist, die Bekl. unterhalte zu G ein Verhältnis, das in seiner persönlichen und wirtschaftlichen Ausprägung und Intensität einem solchen eheähnlichen Verhältnis gleichkommt. Beide haben gemeinsam ein Grundstück gesucht, das sich eignet, ihnen jeweils als Wohnung zu dienen und G überdies die Möglichkeit eröffnet, dort eine geschäftliche Tätigkeit auszuüben. Für die Finanzierung des Grundstückserwerbs sind beide erhebliche finanzielle Verpflichtungen eingegangen, zu denen sie unabhängig voneinander nicht in der Lage gewesen wären und die sie hätten vermeiden können, wenn jeder für sich nur seinen eigenen Wohnbzw. Geschäftsraumbedarf gedeckt hätte. Unter diesen Umständen ist die Annahme des BerGer., dass eine solche Gestaltung einer gemeinsamen Lebensgrundlage regelmäßig vor dem Hintergrund einer gemeinsam geplanten Zukunft zu erklären sei, rechtlich nicht zu beanstanden, auch wenn kein Miteigentum erworben wurde. Für die betreffende Annahme spricht auch der dem Vorbringen der Bekl. zufolge erhebliche, langfristige finanzielle Einsatz des G, der ohne jede Absicherung allein in der Erwartung erfolgt ist, einen Teil des Grundstücks in Zukunft, zumindest aber für die Dauer des auf zehn Jahre gewährten zinslosen Darlehens, mietfrei nutzen zu können. Auch über die bestehenden wirtschaftlichen Verflechtungen hinaus ist das Verhältnis, wie das BerGer. ohne Rechtsverstoß angenommen hat, in einer Weise gestaltet, die die Gleichstellung mit einer eheähnlichen Beziehung rechtfertigt. G und die Bekl. leben jedenfalls in unmittelbarer räumlicher Nähe zueinander. Nach den getroffenen Feststellungen befindet sich in dem von ihm genutzten Büroraum nur eine Schlafgelegenheit, aber keine Kochmöglichkeit. Deshalb spricht nach der allgemeinen Lebenserfahrung alles dafür, dass er für seine Versorgung zumindest teilweise auf eine Mitbenutzung der Wohnung der Bekl., insbesondere der Küche, angewiesen ist. Unter Berücksichtigung der herausgestellten weiteren Gemeinsamkeiten der Bekl. und des G kann dem BerGer. auch nicht vorgeworfen werden, verkannt zu haben, dass an Stelle einer verfestigten Partnerbeziehung auch eine normale Freundschaft vorliegen könne. Selbst wenn es zutreffen mag, dass einzelne der hier herangezogenen Verhaltensweisen auch unter Freunden üblich sein können, so begegnet die tatrichterliche Annahme, dass eine ständige gegenseitige Hilfe und Unterstützung im Alltag, verbunden mit gemeinsamer Freizeitgestaltung und getragen von einem vertrauensvollen, freundschaftlichen Verhältnis und vor dem Hintergrund einer hinsichtlich der Grundstücksnutzung und Lastentragung langfristigen gemeinsamen Zukunftsplanung, über eine bloße Freundschaft weit hinausgeht und wie ein eheähnliches Verhältnis zu bewerten ist, keinen rechtlichen Bedenken.

Dieser Beurteilung steht auch der Einwand der Revision, zwischen der Bekl. und G habe es nie sexuelle Beziehungen gegeben, vielmehr lebe dieser seit Monaten mit einem anderen Mann zusammen, aus Rechtsgründen nicht entgegen. Deshalb brauchte das BerGer. dem betreffenden Vorbringen der Bekl. nicht nachzugehen. Ob die Aufnahme eines Verhältnisses zu einem anderen Partner die aus der Unterhaltspflicht erwachsende Belastung unzumutbar macht, hängt nicht davon ab, ob es zwischen den Partnern zu Intimitäten kommt oder nicht. Darüber wird ohnehin regelmäßig nichts nach außen dringen. Entscheidend für die Unzumutbarkeit einer fortdauernden (uneingeschränkten) Unterhaltsbelastung ist vielmehr der Umstand, dass der Unterhaltsberechtigte mit einem Partner in einer verfestigten Beziehung lebt, die Partner ihre Lebensverhältnisse so aufeinander abgestellt haben, dass sie wechselseitig füreinander einstehen, indem sie sich gegenseitig Hilfe und Unterstützung gewähren, und damit ihr Zusammenleben ähnlich gestalten, wie es sich auf Grund der nach außen dringenden Gegebenheiten auch in einer Ehe darstellt. Eine solche Verbindung rechtfertigt grundsätzlich die Annahme, der Berechtigte sei im Rahmen der neuen Partnerschaft „wie in einer Ehe" versorgt (*Senat,* NJW 1995, 655 = FamRZ 1995, 344 [345]).

Entgegen der Auffassung der Revision ist es unerheblich, ob G wechselnde intime Beziehungen zu anderen Männern unterhalten hat und seit Monaten in seiner kleinen Wohnung mit einem anderen Mann zusammenlebt. Die behaupteten Beziehungen des G zu verschiedenen Männern sind auf sein Verhältnis zu der Bekl. erkennbar ohne Einfluss geblieben. Dass sich hieran durch die angebliche Aufnahme eines anderen Manns in seiner Wohnung etwas geändert hätte, hat die Bekl. nach den vom BerGer. getroffenen Feststellungen selbst nicht geltend gemacht. Abgesehen davon würde es der Bewertung des zwischen ihr und G bestehenden Verhältnisses als verfestigte Lebensgemeinschaft aber auch nicht entgegenstehen, wenn sich dieses für einige Zeit etwas flüchtiger gestaltet hätte (vgl. *Senat,* NJW 1997, 1851 = FamRZ 1997, 671 [672]).

(Verwirkungsgrund des Zusammenlebens in verfestigter Gemeinschaft gilt auch beim Trennungsunterhalt; gleichgeschlechtliche Partnerschaft)

3. a) Die Revision rügt weiter, das BerGer. sei zu Unrecht davon ausgegangen, dass auch der Anspruch auf Trennungsunterhalt wegen einer verfestigten Verbindung des Unterhaltsberechtigten mit einem anderen Partner nach §§ 1361 III, 1579 Nr. 7 BGB ausgeschlossen oder herabgesetzt werden könne. Der *Senat* habe die fehlende Möglichkeit der Eheschließung als Grund dafür genannt, dass die Annahme eines Härtegrundes nach § 1579 Nr. 7 BGB bei einer gleichgeschlechtlichen Beziehung des Unterhaltsberechtigten ausscheide. Dann könne aber auch in der Trennungsphase nichts anderes gelten, weil eine Wiederheirat erst nach einer Scheidung möglich sei.

Auch damit vermag die Revision nicht durchzudringen.

b) Es trifft bereits im Ansatz nicht zu, dass der *Senat* bei einer verfestigten gleichgeschlechtlichen Partnerschaft das Vorliegen eines Härtegrundes verneint hat, weil die Partner nicht die Ehe miteinander schließen könnten. Er hat vielmehr darauf abgestellt, dass – anders als bei einer Ehe und bei einer eheähnlichen Gemeinschaft, die als Lebensform in der gesellschaftlichen Wirklichkeit zunehmend Anerkennung findet – für gleichgeschlechtliche Partnerschaften in Ermangelung eines der Ehe vergleichbaren Rechtsinstituts kein allgemeingültiges Leitbild bestehe, das die Annahme rechtfertigen könne, die Verhältnisse in einer solchen Verbindung gewährleisteten nach der Natur des Zusammenlebens die gegenseitige Versorgung der Partner (*Senat,* NJW 1995, 655 = FamRZ 1995, 344 [345]). Der Grund für die Ablehnung eines Härtefalls ist danach nicht in der fehlenden Eheschließungsmöglichkeit an sich gesehen worden, sondern in dem Umstand, dass sich deswegen in der Vergangenheit nicht die Vorstellung entwickelt hat, auch der in einer gleichgeschlechtlichen Partnerschaft lebende Unterhaltsberechtigte sei im Rahmen dieser Verbindung wie in einer Ehe versorgt, und dass demzufolge grundsätzlich kein Anlass für die hieran anknüpfende Annahme bestehe, die fortdauernde Unterhaltsbelastung könne unzumutbar sein. Ob an dieser Auffassung mit Rücksicht auf das Lebenspartnerschaftsgesetz vom 16. 2. 2001 (BGBl I, 266 ff.) festzuhalten ist, bedarf vorliegend keiner Entscheidung. Der aus dem Urteil des *Senats* vom 14. 12. 1994 (NJW 1995, 655 = FamRZ 1995, 344 [345]) gezogene Schluss, die Inanspruchnahme auf Trennungsunterhalt könne nicht wegen einer auf Dauer angelegten eheähnlichen Gemeinschaft des Unterhaltsberechtigten mit einem anderen Partner für den Verpflichteten unzumutbar sein, ist unabhängig davon jedenfalls nicht gerechtfertigt (i. E.

ebenso: *Schwab/Borth,* 4. Aufl., Kap. IV Rn. 503; *Bosch,* FF 2001, 53 [54]; *Wiegmann,* FF 2001, 118 [119]; *OLG Köln,* FamRZ 2000, 290 [291]; *OLG Zweibrücken,* FuR 2000, 438 [440]; *OLG Koblenz,* NJW-RR 1999, 1597 [1599]; *OLG Schleswig,* NJW-RR 1994, 457; a. A. *OLG München,* FamRZ 1998, 1589; *Büttner/Niepmann,* NJW 2001, 2215 [2226]; *Palandt/Brudermüller,* BGB, 61. Aufl., § 1579 Rn. 39).

c) Die Frage, ob und gegebenenfalls inwieweit es für den Unterhaltpflichtigen unzumutbar ist, den Unterhaltsberechtigten weiterhin zu unterhalten, muss deshalb nach denselben Kriterien beantwortet werden, wie sie für den Anspruch auf nachehelichen Unterhalt herangezogen werden. Hier wie dort kann die Fortdauer der Unterhaltsbelastung und des damit verbundenen Eingriffs in die Handlungsfreiheit und Lebensgestaltung für den Unterhaltpflichtigen unzumutbar sein, wenn der Unterhaltsberechtigte in einer Gemeinschaft mit einem anderen Partner lebt, die sich derart verfestigt hat, dass sie einer Ehe vergleichbar gestaltet ist. Für den Unterhaltpflichtigen kann es dann grob unbillig sein, den Unterhaltsberechtigten weiterhin uneingeschränkt unterhalten zu müssen, obwohl der andere Partner letztlich an seine Stelle getreten ist. Diese Betrachtungsweise ist sowohl für den Trennungsunterhalt als auch für den nachehelichen Unterhalt von der Möglichkeit einer Eheschließung mit dem neuen Partner unabhängig. Denn eine Heirat kann, auch soweit es um den nachehelichen Unterhalt geht, daran scheitern, dass der neue Partner des Unterhaltsberechtigten noch verheiratet ist. Hinsichtlich der Auswirkungen der fortbestehenden Unterhaltsbelastung auf den Unterhaltsverpflichteten lässt sich hieraus kein ausschlaggebender Unterschied herleiten.

(Billigkeitsabwägung im Rahmen des § 1579 BGB)

d   4. a) Auch die weitere Beurteilung des BerGer., der Unterhaltsbedarf der Bekl. sei wegen des vorliegenden Härtegrundes auf den Mindestbedarf eines nicht erwerbstätigen Ehegatten herabzusetzen, der nach der Düsseldorfer Tabelle monatlich 1300 DM betrage, hält der revisionsrechtlichen Überprüfung stand. Ob und inwieweit der Unterhaltsanspruch aus den in § 1579 Nrn. 1 bis 7 BGB aufgeführten Gründen ausgeschlossen ist, hängt jeweils von einer Würdigung der Umstände des Einzelfalls ab (*Senat,* FamRZ 1983, 670 [672]) und ist damit grundsätzlich Gegenstand tatrichterlicher Beurteilung. Das *OLG* hat bei seiner Billigkeitsabwägung die langjährige Dauer der Ehe der Parteien, die von der Bekl. wahrgenommene Aufgabe der Kindererziehung und -betreuung sowie die Auswirkungen einer Unterhaltsherabsetzung auf ihre Lebensverhältnisse berücksichtigt. Damit hat es die im vorliegenden Fall maßgebenden Gesichtspunkte in seine Beurteilung einbezogen und diese in rechtlich nicht zu beanstandender Weise gewürdigt.

BGH v. 20. 3. 2002 – XII ZR 176/00 – FamRZ 02, 739 = NJW 02, 1570

R575   *(Gesamtschuldnerischer Ausgleich zwischen Ehegatten)*

a   a) Durch die Festsetzung in dem Bescheid haften die Parteien als Gesamtschuldner. Im Innenverhältnis besteht zwischen Gesamtschuldnern eine Ausgleichspflicht nach § 426 I 1 BGB. Danach haften sie im Verhältnis zueinander zu gleichen Anteilen, soweit nicht ein anderes bestimmt ist. Eine solche abweichende Bestimmung kann sich aus dem Gesetz, einer Vereinbarung, dem Inhalt und Zweck des Rechtsverhältnisses oder der Natur der Sache, aber auch aus der besonderen Gestaltung des tatsächlichen Geschehens, ergeben (vgl. *BGHZ* 87, 265 [268] = NJW 1983, 1845; *BGHZ* 77, 55 [58] = NJW 1980, 1520; *Senat,* NJW 1995, 652 = FamRZ 1995, 216 [217]; NJW-RR 1993, 386 = FamRZ 1993, 676, [677 f.]). Vorrangig ist, was die Gesamtschuldner ausdrücklich oder konkludent vereinbart haben. Haben die Ehegatten keine ausdrückliche oder konkludente Vereinbarung hinsichtlich der internen Haftung für die Einkommensteuer getroffen, kommt ein Rückgriff auf die in § 426 I Halbs. 1 BGB enthaltene Regelung nicht ohne weiteres in Betracht, da sich aus der Natur der Sache oder aus dem Inhalt und Zweck des Rechtsverhältnisses eine anderweitige Bestimmung im Sinne des Halbs. 2 ergeben kann, die einem (hälftigen) Ausgleich entgegensteht.

b) Der Revision ist dabei zwar einzuräumen, dass sich die Notwendigkeit, die Aufteilung abweichend von der Grundregel vorzunehmen, aus den güterrechtlichen Beziehungen der Ehegatten ergeben kann. Diese sind sowohl im Güterstand der Gütertrennung als auch im gesetzlichen Güterstand der Zugewinngemeinschaft (vgl. § 1363 II 1 BGB) hinsichtlich ihres Vermögens und ihrer Schulden selbstständig. Deshalb hat im Verhältnis der Ehegatten zueinander grundsätzlich jeder von ihnen für die Steuer, die auf seine Einkünfte entfällt, selbst aufzukommen. Begleicht ein Ehegatte die Einkommensteuer (und damit eine Verbindlichkeit) des anderen, so ergibt sich im Hinblick auf die rechtliche Selbstständigkeit der beiderseitigen Vermögen, dass er gegen den anderen Ehegatten einen Anspruch auf Ersatz der Aufwendungen hat. Dies führt im Falle der Zusammenveranlagung dazu, dass bei der Aufteilung der Steuerschuld die Höhe der beiderseitigen Einkünfte zu berücksichtigen ist, die der Steuerschuld zu Grunde liegen (vgl. *BGHZ* 73, 29 [38] = NJW 1979, 546; *Senat,* FamRZ 1990, 375 [376]; *Staudinger/Noack,* BGB, 13. Bearb. [1995], § 426 Rn. 209 [210]; *Bydlinski,* in: MünchKomm,

BGB, 4. Aufl., § 426 Rn. 17; *Gernhuber,* JZ 1996, 765 [766]; *Arens,* NJW 1996, 704 [705 ff.]; *Liebelt,* FamRZ 1993, 626 [628 ff.]; *Dostmann,* FamRZ 1991, 760 [762]).

c) Indessen kann auch dieser Maßstab von einer anderweitigen Bestimmung i. S. des § 426 I Halbs. 2 BGB überlagert werden. Das ist hier der Fall, da die Parteien nach ihrer bisherigen Handhabung konkludent eine solche anderweitige Bestimmung getroffen haben. Aus dieser Vereinbarung ergeben sich Abweichungen von der anteiligen Haftung in der Weise, dass der Kl. im Innenverhältnis die Einkommensteuer-Vorauszahlungen bis zum Scheitern der Ehe allein zu tragen hat.

aa) Nach den nicht angegriffenen Feststellungen des BerGer. entsprach es ständiger Übung der Parteien, dass die Einkommensteuer-Vorauszahlungen – von einer Ausnahme abgesehen – von dem Kl. geleistet wurden. Der Kl. hat diese Übung auch fortgesetzt, nachdem die Bekl. sich im Jahr 1994 selbstständig gemacht hatte. Durch diese Handhabung haben die Parteien auch für das Veranlagungsjahr 1996 konkludent die Abrede getroffen, dass die Steuervorauszahlungen von dem Kl. geleistet werden. Aus dieser Übung der Ehegatten ist zu schließen, dass der Kl. im Innenverhältnis für die Begleichung der Steuerverbindlichkeiten aufzukommen hat (vgl. *BGH,* NJW 2000, 1944 [1945]; FamRZ 1984, 29 [30]).

Der Kl. kann die Erstattung der entrichteten Leistung auch nicht wegen des Scheiterns der Ehe verlangen. Der ehelichen Lebensgemeinschaft liegt nämlich die Anschauung zu Grunde, mit dem Einkommen der Ehegatten gemeinsam zu wirtschaften und finanzielle Mehrleistungen nicht auszugleichen (vgl. *Staudinger/Noack,* BGB, 13. Bearb. [1999], § 426 Rn. 208). Die gewährte Leistung stand in einem unmittelbaren Zusammenhang mit der vorhandenen Lebensgemeinschaft, da die Ehegatten die Vorauszahlung wie sonstige Kosten zur Lebensführung behandelt haben. Deshalb hätte es einer besonderen Vereinbarung bedurft, wenn sich der Kl. die Rückforderung dieser Leistung für den Fall der Trennung hätte vorbehalten wollen (vgl. für den Fall eines familienrechtlichen Ausgleichsanspruchs in Form der Erstattung von Kindesunterhalt BGHZ 50, 266 [270] = NJW 1968, 1780). Eine derartige Vereinbarung ist indes von dem Kl. nicht dargelegt worden. Es entspricht zudem der Lebenserfahrung und dem Wesen der ehelichen Lebensgemeinschaft, dass der zuviel Leistende im Zweifel keinen Rückforderungswillen hat. Solange die Ehe besteht und intakt ist, entspricht es vielmehr natürlicher Betrachtungsweise und der regelmäßigen Absicht der Ehegatten, dass derjenige, der die Zahlung auf die gemeinsame Schuld bewirkt, nicht nur sich selbst, sondern auch den anderen von seiner Schuld befreien will, ohne von ihm Rückgriff zu nehmen.

bb) Dem steht auch nicht entgegen, dass die Parteien für das Jahr 1996 getrennt veranlagt wurden. Nach der Entscheidung des Senats vom 30. 11. 1994 (NJW 1995, 652) ist zwar mit dem Scheitern der Ehe von einer grundlegenden Veränderung des Gesamtschuldverhältnisses auszugehen. Bis zum Zeitpunkt der Trennung bestand jedoch die eheliche Lebens- und Wirtschaftsgemeinschaft uneingeschränkt fort, weshalb das Gesamtschuldverhältnis im Zeitpunkt der Bewirkung der Zahlung durch die konkludente Vereinbarung der Parteien überlagert war. Für eine solche Überlagerung ist auch unerheblich, dass die Vorauszahlung für einen Zeitraum geleistet wurde, in dem die Parteien getrennt veranlagt wurden. Entscheidend ist allein, dass die Bekl. durch die Zahlung von ihrer Pflicht zur Einkommensteuer-Vorauszahlung befreit worden ist und dass diese Befreiung zu einem Zeitpunkt eingetreten ist, als die eheliche Lebensgemeinschaft noch bestand. Bis zur Trennung war jedoch ein Ausgleich zwischen den Ehegatten nicht vorzunehmen. Daran ändert auch nichts der Umstand, dass die erteilte Gutschrift zu einer reduzierten Steuerschuld der Bekl. für das Veranlagungsjahr 1996 führte. Dies ist eine Folge des Steuerrechts und stellt keine Zuwendung des Kl. dar, die gegebenenfalls wegen des Scheiterns der Ehe auszugleichen wäre.

BGH v. 20. 3. 2002 – XII ZR 216/00 – FamRZ 02, 742 = NJW 02, 1646

(§ 1603 I, II BGB: Sicherung des angemessenen Selbstbehalts des barunterhaltspflichtigen Elternteils durch **R576** *Wiederverheiratung)*

1. Die Bekl. kann die der Kl. zugesprochenen Unterhaltsbeträge aus ihrem Verdienst von 580 bzw. **a** 630 DM monatlich – auch nach Abzug berufsbedingter Aufwendungen – zahlen, ohne ihren eigenen angemessenen Unterhalt zu gefährden. Dieser ist nämlich nach den zutreffenden Feststellungen des BerGer. durch ihre hälftige Beteiligung an dem von ihrem Ehemann und ihr erzielten Gesamteinkommen gesichert. Entgegen der Auffassung der Revision ist ihr Unterhaltsanspruch gegen ihren Ehemann bei der Beurteilung ihrer Leistungsfähigkeit nicht erst im Rahmen einer erweiterten Leistungspflicht nach § 1603 II BGB zu berücksichtigen (vgl. dazu *BGH,* NJW 1980, 934 = FamRZ 1980, 555), sondern auch schon bei der Beurteilung der Leistungsfähigkeit im Rahmen des § 1603 I BGB (vgl. *Senat,* NJW 1982, 1590 = FamRZ 1982, 590 [591]).

Der Umstand der Wiederverheiratung des barunterhaltspflichtigen Elternteils ist nämlich unterhaltsrechtlich beachtlich. So wie die Wiederheirat dazu führen kann, dass sich das ersteheliche Kind eine Schmälerung seines Unterhaltsanspruchs als Folge des Hinzutritts weiterer minderjähriger Kinder aus der neuen Ehe des Barunterhaltspflichtigen entgegenhalten lassen muss, kann sich die Wiederverheiratung auch, wie im vorliegenden Fall, zum Vorteil des erstehelichen Kindes auswirken. Da das Gesetz in § 1603 BGB auf die tatsächlichen Verhältnisse des Unterhaltsverpflichteten abstellt und seine Unterhaltspflicht danach bemisst, ob und inwieweit er imstande ist, den begehrten Unterhalt ohne Gefährdung seines eigenen angemessenen Unterhalts zu gewähren, ist hier die Sicherstellung des eigenen Unterhalts der Bekl. in der neuen Ehe zu berücksichtigen (vgl. *Senat,* NJW-RR 2001, 361 = FamRZ 2001, 1065 [1067 f.]).

Nach den von der Revision nicht angegriffenen Feststellungen des BerGer. betrug das gemeinsame bereinigte Nettoeinkommen der Bekl. und ihres Ehemanns bis Ende August 1999 4105,54 DM und danach 4155,54 DM. Hiervon stand beiden Ehegatten je die Hälfte = 2052,77 DM bzw. 2077,77 DM zu, da im Rahmen des Familienunterhalts nach § 1360 BGB ein Erwerbstätigenbonus zu Gunsten des allein oder mehr verdienenden Ehegatten entgegen der von der Revision in der mündlichen Verhandlung vertretenen Auffassung nicht in Betracht kommt.

Unter Berücksichtigung der der Kl. zugesprochenen Unterhaltszahlungen von 377 DM, 385 DM bzw. 375 DM verbleiben der Bekl. somit für Juni 1999 1675,77 DM, für Juli und August 1999 1667,77 DM, seit September 1999 1692,77 DM und seit Januar 2000 1702,77 DM zur Deckung ihres eigenen Bedarfs.

(Ermäßigung des angemessenen Selbstbehalts wegen gemeinsamer Haushaltsführung)

b   2. Entgegen der Auffassung der Revision ist revisionsrechtlich nicht zu beanstanden, dass das BerGer. den der Bekl. gegenüber der Kl. zustehenden angemessenen Eigenbedarf mit diesen ihr verbleibenden Beträgen als gedeckt angesehen hat, auch wenn der angemessene Selbstbehalt des Unterhaltspflichtigen, insbesondere gegenüber volljährigen Kindern, nach Anmerkung 5 der Düsseldorfer Tabelle 1998 und 1999 in der Regel mit monatlich mindestens 1800 DM bemessen wird. Wie auch die Revision nicht verkennt, obliegt die Bestimmung des angemessenen Selbstbehalts dem Tatrichter und kann vom RevGer. nur eingeschränkt überprüft werden. Hier hat das BerGer. den angemessenen Selbstbehalt der Bekl. mit Rücksicht auf die Ersparnis durch die gemeinsame Haushaltsführung mit ihrem neuen Ehemann geringer bemessen. Dies erscheint sachgerecht und ist nicht zu beanstanden (vgl. *Senat,* NJW-RR 1998, 505 = FamRZ 1998, 286 [288]; *Wendl/Scholz,* Das UnterhaltsR in der familienrechtlichen Praxis, 5. Aufl., § 2 Rn. 428).

(Beteiligung des betreuenden Elternteils am Barunterhalt)

c   3. Nach alledem hat das BerGer. mangels Gefährdung des angemessenen Unterhalts der Bekl. zu Recht eine gesteigerte Unterhaltspflicht der Bekl. nach § 1603 II 1 BGB dahinstehen lassen und brauchte infolgedessen auch nicht zu prüfen, ob eine solche gesteigerte Unterhaltspflicht hier nach § 1603 II 3 BGB entfällt, weil der das Kind betreuende Vater als anderer unterhaltspflichtiger Verwandter im Sinne dieser Vorschrift in Betracht kommt. Zwar kann der das Kind betreuende Elternteil in besonderen Ausnahmefällen selbst dann, wenn bei Inanspruchnahme des anderen Elternteils dessen angemessener Selbstbehalt nicht gefährdet würde, dazu verpflichtet sein, zusätzlich zu seiner Betreuungsleistung zum Barunterhalt des Kindes beizutragen, nämlich dann, wenn andernfalls ein erhebliches finanzielles Ungleichgewicht zwischen den Eltern aufträte (vgl. *Senat,* NJW 1991, 697 = FamRZ 1991, 182 [183]; NJW-RR 1998, 505 = FamRZ 1998, 286 [288]; *Johannsen/Henrich/Graba,* EheR, 3. Aufl., § 1603 Rn. 19; *Wendl/Scholz,* § 2 Rn. 289).

Diese Voraussetzungen sind hier indes weder vom BerGer. festgestellt noch von der insoweit darlegungs- und beweispflichtigen Bekl. (vgl. *Senat,* NJW 1981, 923 = FamRZ 1981, 347 [349]) hinreichend dargetan worden. Angesichts der von der Kl. im Einzelnen dargelegten Belastungen ihres Vaters infolge der Barunterhaltspflicht für zwei Kinder und die durch Fremdvermietung nicht gedeckten Lasten des Familienheims sind – unabhängig von der Frage, ob der Vater auch seiner neuen Ehefrau gegenüber unterhaltspflichtig ist – keine hinreichenden Anhaltspunkte dafür ersichtlich, dass der für seinen eigenen angemessenen Unterhalt verbleibende Betrag denjenigen, den die Bekl. – nach Abzug des Mindestunterhalts für die Kl. – in ihrer neuen Ehe zur Verfügung hat, so deutlich übersteigt, dass eine Abweichung von der Regel des § 1606 III 2 BGB geboten ist.

BGH v. 29. 5. 2002 – XII ZR 263/00 – FamRZ 02, 1179 = NJW-RR 02, 1513

R577   *(Aufrechnung gegen Forderungen auf Abfindung von Unterhaltsansprüchen; keine Aufrechnung gegen Unterhaltsrückstände und Erstattungsansprüche aus Realsplitting)*

3 b) Das *OLG* geht auch zu Recht davon aus, dass die anderweitige Rechtshängigkeit der vom Ag. zur Aufrechnung gestellten Gegenforderung die Zulässigkeit einer Aufrechnung nicht hindert (vgl. etwa *Senat,* NJW 2000, 948 = FamRZ 2000, 355 [357]). Es erörtert deshalb – im Ansatz zutreffend – die Möglichkeit, den vorliegenden Rechtsstreit nach Maßgabe des § 148 ZPO auszusetzen, bis der Bekl. eine Entscheidung über seine Gegenforderung beigebracht hat.

Nach Auffassung des OLG scheidet im vorliegenden Fall eine solche Aussetzung aber schon deshalb aus, weil einer Aufrechnung gegen die Klagforderung bereits die § 394 BGB, § 850 b I Nr. 2 ZPO entgegenstünden. Das *OLG* erörtert dabei ausführlich die Frage, ob das in diesen Vorschriften normierte Aufrechnungsverbot auch für Einmalzahlungen gelte, durch die – wie im Falle der von der Ast. geforderten Abfindung – künftige Unterhaltsansprüche abgegolten werden sollten. Diese Frage, deren Klärung durch den BGH mit der Zulassung der Revision ermöglicht werden soll, hat der *Senat* bereits in seinem Urteil vom 29. 1. 1997 (NJW 1997, 1441 = FamRZ 1997, 544 [545]) entschieden. Danach erfasst § 850 b I Nr. 2 ZPO – nach seinem Zweck, aber auch nach seiner geschichtlichen Entwicklung (dazu *OLG Düsseldorf,* FamRZ 1982, 498 [499]) – entgegen dem Wortlaut der Norm (Unterhalts-„Renten") generell Unterhalts-„Forderungen", die im Rahmen und auf Grund einer gesetzlichen Unterhaltsverpflichtung geschuldet werden, und damit auch einmalig zu zahlende Unterhaltsbeträge (*Senat,* NJW 1997, 1441 = FamRZ 1997, 544 [545]). Das ist für Unterhaltsrückstände bereits seit langem anerkannt (*BGHZ* 31, 210 [218] = NJW 1960, 572 und vom *Senat* (NJW 1997, 1441 = FamRZ 1997, 544 [545]) auch für den Anspruch eines Ehegatten auf Erstattung der ihm als Folge eines begrenzten Realsplittings erwachsenen steuerlichen Nachteile bejaht worden. Für einen Anspruch auf Unterhaltsabfindung kann – jedenfalls im Grundsatz (vgl. etwa zu den Einschränkungen bei der Pfändbarkeit von nicht wiederkehrend zahlbaren Vergütungen aus Arbeits- oder Dienstverträgen: § 850 i ZPO) – nichts anderes gelten.

Allerdings sind gem. § 850 b I Nr. 2 ZPO nur solche Unterhaltsansprüche unpfändbar, „die auf gesetzlicher Vorschrift beruhen"; nur derartige Forderungen unterliegen daher auch nicht der Aufrechnung nach § 394 BGB.

Der Frage, ob sich der von der Ast. geltend gemachte und nach Maßgabe der getroffenen Abreden durch einen Einmalbetrag abzufindende Unterhaltsanspruch, wie von § 850 b I Nr. 2 ZPO vorausgesetzt, aus dem Gesetz herleitet oder ob sich dieser Anspruch ausschließlich auf die Parteiabrede gründet, ist das *OLG* nicht weiter nachgegangen. Grundsätzlich verliert zwar ein Unterhaltsanspruch seinen Charakter als gesetzlicher Anspruch – hier i. S. von § 850 b I Nr. 2 ZPO – nicht schon deshalb, weil die Parteien ihn zum Gegenstand einer vertraglichen Regelung machen. Dies ist jedenfalls dann der Fall, wenn die Parteien den Bestand des gesetzlichen Anspruchs unberührt lassen und ihn lediglich inhaltlich nach Höhe, Dauer und Modalitäten der Unterhaltsgewährung näher festlegen und präzisieren (*BGHZ* 31, 210 [218] = NJW 1960, 572; *Senat,* NJW 1997, 1441 = FamRZ 1997, 544 [545]). Für die Unpfändbarkeit eines Unterhaltsanspruchs und damit auch für die Möglichkeit, gegen einen solchen Anspruch aufzurechnen, bleibt dagegen dann kein Raum, wenn die Vertragsparteien die von ihnen gewollte Unterhaltspflicht völlig auf eine vertragliche Grundlage gestellt und den Zahlungsanspruch damit seines Wesens als eines gesetzlichen Anspruchs entkleidet haben (vgl. *Senat,* NJW 1997, 1441 = FamRZ 1997, 544 [545]; BGH, NJW 1984, 2350 = FamRZ 1984, 874 [875] sub. 4.b). Allerdings wird sich eine solche Willensrichtung der Vertragsparteien nur bei Vorliegen besonderer dafür sprechender Umstände annehmen lassen (*Senat,* NJW 1997, 1441 = FamRZ 1997, 544 [545]; *BGH,* NJW 1984, 2350 = FamRZ 874 [875]). Soweit sich der mit der Klage geltend gemachte Unterhaltsabfindungsanspruch unter Berücksichtigung der nachzuholenden Feststellungen weiterhin als begründet erweist, wird das *OLG* deshalb auch die prüfen müssen, ob im vorliegenden Fall solche Anhaltspunkte ersichtlich sind.

BGH v. 12. 6. 2002 – XII ZR 288/00 – FamRZ 02, 1024 = NJW 02, 2319

(Gemeinsame steuerliche Veranlagung)

b) Die Bekl. kann ihre Zustimmung zur Zusammenveranlagung der Parteien nicht davon abhängig machen, dass der Kl. sie von der Rückzahlung des Erstattungsbetrags in Höhe von 13 601,35 DM freistellt. Richtig ist zwar, dass der die Zustimmung verlangende Ehegatte regelmäßig zum internen Ausgleich verpflichtet ist, wenn sich bei dem anderen Ehegatten die Steuerschuld infolge der Zusammenveranlagung im Vergleich zur getrennten Veranlagung erhöht (vgl. *BGH,* NJW 1977, 378 = FamRZ 1977, 38 [41]; *Senat,* FamRZ 1983, 576 [577]). Dies gilt jedoch dann nicht, wenn die Ehegatten, wie hier, eine andere Aufteilung ihrer Steuerschulden konkludent vereinbart haben.

aa) Auszugehen ist zunächst davon, dass sich das Innenverhältnis der Parteien nach § 426 I 1 BGB richtet. Dies folgt daraus, dass die Parteien in den genannten Streitjahren bis zur Stellung des Antrags der Bekl. auf getrennte Veranlagung im Juli 1997 gem. § 44 AO als Gesamtschuldner auf die Steuerschulden hafteten (vgl. *Boeker,* in: *Hübschmann/Hepp/Spitaler,* AO und FGO, § 44 AO Rn. 16; *Tipke/Kruse,* AO und FGO, § 44 AO Rn. 13). Im Rahmen der vom Kl. angestrebten Zusammenveranlagung ist dies ebenso der Fall. Nach § 426 I 1 BGB haften Gesamtschuldner im Verhältnis zueinander zu gleichen Anteilen, soweit nicht ein anderes bestimmt ist. Eine solche abweichende Bestimmung kann aus dem Gesetz, einer Vereinbarung, dem Inhalt und Zweck des Rechtsverhältnisses oder der Natur der Sache, mithin aus der besonderen Gestaltung des tatsächlichen Geschehens, ergeben (vgl. *BGHZ* 87, 265 [268] = NJW 1983, 1845; *BGHZ* 77, 55 [58] = NJW 1980, 1520; *Senat,*

NJW 2002, 1570 = FamRZ 2002, 739 [740] m. Anm. *Wever*; NJW 1995, 652 = FamRZ 1995, 216 [217]).

bb) Zu Recht weist das *OLG* darauf hin, dass sich die Notwendigkeit, die Aufteilung der Haftung abweichend von der Grundregel vorzunehmen, aus den güterrechtlichen Beziehungen der Ehegatten ergeben kann. Diese sind sowohl im Güterstand der Gütertrennung als auch im gesetzlichen Güterstand der Zugewinngemeinschaft hinsichtlich ihres Vermögens und ihrer Schulden selbstständig. Deshalb hat im Verhältnis der Ehegatten zueinander grundsätzlich jeder von ihnen für die Steuer, die auf seine Einkünfte entfällt, selbst aufzukommen (vgl. *BGHZ* 73, 29 [38] = NJW 1979, 546; *Senat,* FamRZ 1990, 374 [376], und *Senat,* NJW 2002, 1570 = FamRZ 2002, 739 [740]).

cc) Indessen kann auch dieser Maßstab von einer anderweitigen Bestimmung i. S. des § 426 I Halbs. 2 BGB überlagert werden. Das ist hier der Fall. Die Parteien haben nach ihrer bisherigen Handhabung konkludent eine solche anderweitige Bestimmung getroffen. Danach hat die Bekl. die Steuerschuld der Parteien insoweit zu tragen, als sie Lohnsteuer im Abzugsverfahren entrichtet hat. Der Kl. hingegen hat alleine die festgesetzten Mehrbeträge zu entrichten. Zu Recht rügt allerdings die Revision in diesem Zusammenhang, dass sich dieses Ergebnis, wonach die Bekl. im Innenverhältnis der Parteien die ihr abgezogene Lohnsteuer voll zu tragen hat, nicht auf die unterhaltsrechtlichen Erwägungen des BerGer. und somit nicht auf § 1360 b BGB stützen lässt. Entgegen der Meinung des *OLG* stellen nämlich die laufenden Zahlungen der Bekl. im Lohnsteuerabzugsverfahren keine regelmäßigen Leistungen zum Familienunterhalt gem. § 1360 a II 1 BGB dar. Der durch das Gleichberechtigungsgesetz (BGBl I 1957, 609) eingeführte Begriff des Familienunterhalts (§§ 1360, 1360 a BGB) umfasst zwar den gesamten Lebensbedarf der Familie, wozu einmal der Unterhalt im engeren Sinne für Ehegatten und gemeinsame Kinder und zum anderen die Kosten des Haushalts gehören. Hierzu können jedoch die Steuern, die auf die Einkünfte der Ehegatten entfallen und diese Bezüge mindern, nicht gerechnet werden (vgl. *BGHZ* 73, 29 [37] = NJW 1979, 546).

Vielmehr ist davon auszugehen, dass die Parteien, auch wenn die Wahl der Steuerklassen die Höhe der nach Veranlagung sich ergebenden Steuer nicht beeinflusst, bewusst die Steuerklassen III/V gewählt haben, um damit monatlich mehr bare Geldmittel zur Verfügung zu haben, als dies bei einer Wahl der Steuerklassen IV/IV der Fall gewesen wäre. Dabei nahmen die Parteien in Kauf, dass das wesentlich höhere Einkommen des Kl. relativ niedrig und das niedrige Einkommen der Bekl. vergleichsweise hoch besteuert wurde. Nach den nicht angegriffenen Feststellungen des BerGer. hat die Bekl. in der Zeit des Bestehens der ehelichen Lebensgemeinschaft der Parteien nicht beabsichtigt, einen Antrag auf getrennte Veranlagung zu stellen. Vielmehr hätten die Parteien, wenn sie sich nicht getrennt hätten, auch für die hier in Rede stehenden Jahre die Zusammenveranlagung beantragt. Dies hätte dem normalen Verlauf der Dinge entsprochen, da Ehegatten in intakter Ehe die Zusammenveranlagung wählen, wenn sie, wie im vorliegenden Fall, wegen der verschiedenen Höhe ihrer Einkommen auf Grund der Anwendung der Splittingtabelle eine wesentlich geringere gemeinsame Steuerlast als bei getrennter Veranlagung zu tragen haben. Dass sich die Bekl. für diesen Fall der Zusammenveranlagung einen Ausgleich vorbehalten hätte, ist vom BerGer. nicht festgestellt und wäre auch völlig fern liegend. Tatsächlich hat die Bekl. vom Kl. wegen der höheren Besteuerung ihrer Einkünfte weder einen Ausgleich gefordert noch erhalten. Es ist daher auf Grund der langjährigen entsprechenden Übung von einer konkludenten Vereinbarung der Parteien des Inhalts auszugehen, dass die Bekl. ihre Einkünfte nach der Lohnsteuerklasse V versteuert, ohne vom Kl., dessen Lohn dem Abzug nach der Steuerklasse III unterliegt, einen Ausgleich zu erhalten (vgl. *Senat,* NJW 2002, 1570 = FamRZ 2002, 739 [740]).

dd) Die Bekl. kann auch nicht wegen des Scheiterns der Ehe den Mehrbetrag, den sie wegen der Besteuerung ihres Einkommens nach der Lohnsteuerklasse V im Vergleich zur Besteuerung bei getrennter Veranlagung geleistet hat, vom Kl. ersetzt verlangen. Der ehelichen Lebensgemeinschaft liegt nämlich die Anschauung zu Grunde, mit den Einkommen der Ehegatten gemeinsam zu wirtschaften und finanzielle Mehrleistungen nicht auszugleichen. Es hätte daher einer besonderen Vereinbarung bedurft, wenn sich die Bekl. die Rückforderung dieser Mehrleistung für den Fall der Trennung hätte vorbehalten wollen (vgl. *Senat,* NJW 2002, 1570 = FamRZ 2002, 739 [740], für den Fall der Erbringung von Einkommensteuer-Vorauszahlungen durch einen Ehegatten). Eine derartige Vereinbarung ist indes von der Bekl. nicht dargelegt worden.

(Steuerberaterkosten und Sicherheitsleistung bei Realsplitting)

b   Wie der Senat bereits für einen Fall des begrenzten Realsplittings nach § 10 I Nr. 1 EStG entschieden hat, kann der Zustimmende den Ersatz von Steuerberaterkosten nur verlangen, wenn ihm die Zustimmung zum Realsplitting ohne die Aufwendung dieser Kosten nicht zugemutet werden kann (vgl. *BGH,* NJW 1977, 378 = FamRZ 1977, 38 [41]; *Senat,* NJW 1988, 2886 = FamRZ 1988, 820 [821]). Entsprechendes gilt auch bei der Verpflichtung, der Zusammenveranlagung zuzustimmen, die wie die Verpflichtung zur Zustimmung zum begrenzten Realsplitting aus dem Wesen der Ehe folgt.

Im vorliegenden Fall kann der Bekl. die Zustimmung zur Zusammenveranlagung ohne Zuziehung eines Steuerberaters zugemutet werden. Ihre eigenen steuerlichen Verhältnisse sind geklärt. Dies geschah im Übrigen nicht aus Anlass der Zustimmung zur Zusammenveranlagung, sondern weil die Bekl. eine eigene Steuererklärung abgegeben hat. Ersatz etwaiger Steuerberaterkosten hierfür kann die Bekl. vom Kl. ohnehin nicht verlangen. Vielmehr kommen lediglich Steuerberaterkosten für die Stellung eines etwaigen Antrags auf Aufteilung der Steuerschuld nach §§ 268, 269 AO in Betracht. Diesen Antrag aber kann die Bekl. unmittelbar nach Erhalt des Steuerbescheids über die Zusammenveranlagung selbst stellen.

7. Das BerGer. hat es daher zu Recht genügen lassen, dass der Kl. die Bekl. für den Fall der gemeinsamen Veranlagung lediglich von den Nachforderungen des Finanzamts freistellt, die über die Rückforderung des der Bekl. erstatteten Betrags in Höhe von 13 601,35 DM hinausgehen. Dabei handelt es sich nach den Feststellungen des BerGer. um einen Betrag von insgesamt 5304,76 DM. Entgegen der Revision hätte der Kl. in Höhe dieses Betrags keine Sicherheit zu leisten, selbst wenn man davon ausginge, dass Zweifel an seiner Zahlungsfähigkeit bestünden. Zwar hat der *Senat,* worauf die Revision verweist, im Rahmen des begrenzten Realsplittings nach § 10 I Nr. 1 EStG entschieden, dass der Unterhaltsberechtigte seine Zustimmung von einer Sicherheitsleistung abhängig machen kann, wenn zu besorgen ist, dass der Unterhaltspflichtige seine Verpflichtung zum Ausgleich der finanziellen Nachteile nicht oder nicht rechtzeitig erfüllt (*Senat,* FamRZ 1983, 576 [578]). Diese Rechtsprechung lässt sich auf den Fall der Zustimmung zur Zusammenveranlagung nicht übertragen. Beim Realsplitting haftet nämlich der Unterhaltsberechtigte gegenüber dem Finanzamt voll und ohne Beschränkungsmöglichkeit auf den Mehrbetrag, der sich aus der Versteuerung der erhaltenen Unterhaltsleistungen ergibt. Entsprechendes gilt bei der gemeinsamen Veranlagung zur Einkommensteuer nicht. Zwar haften die Ehegatten in diesem Fall gem. § 44 AO als Gesamtschuldner auf die gesamte Steuerschuld. Doch kann jeder von ihnen unmittelbar nach Zustellung des Steuerbescheids, der regelmäßig das in § 269 II AO vorausgesetzte Leistungsgebot enthält, nach §§ 268, 269 AO einen Antrag auf Aufteilung der Gesamtschuld des Inhalts stellen, dass die rückständige Steuer gem. § 270 AO im Verhältnis der Beträge aufzuteilen ist, die sich bei getrennter Veranlagung ergeben würden. Da zu den rückständigen Beträgen nach § 276 III AO die im Lohnabzugsverfahren abgeführten Steuern hinzuzurechnen sind, erscheint eine Haftung der Bekl. auf den in Rede stehenden Mehrbetrag ausgeschlossen. Dies wird auch von der Revision nicht angezweifelt. Da nach Stellung des Aufteilungsantrags bis zur unanfechtbaren Entscheidung über ihn das Finanzamt nach § 277 AO nur Sicherungsmaßnahmen durchführen darf, sind die Interessen des antragstellenden Ehegatten regelmäßig hinreichend gewahrt. Einer Sicherheitsleistung des die Zustimmung zur gemeinsamen Veranlagung begehrenden Ehegatten bedarf es daher nicht (vgl. *BFH,* BStBl II 1992, 297).

BGH v. 2. 10. 2002 – XII ZR 346/00 – FamRZ 03, 304 = NJW-RR 03, 433

(Abgrenzung §§ 323/654 ZPO) **R579**

1. Entgegen der Meinung der Revision ist die auf § 654 ZPO gestützte Klage unzulässig. Der Kl. **a** kann in dieser Klageart nicht die Herabsetzung des Unterhalts verlangen, den er bereits auf Grund der nach Art. 5 § 3 I KindUG anzupassenden Jugendamtsurkunde vom 22. 12. 1995 zu bezahlen hatte und deren Abänderung er vor der Anpassung klageweise nur im Rahmen von § 323 ZPO hätte erreichen können.

Richtig ist zwar, worauf die Revision zu Recht hinweist, dass Art. 5 § 3 II KindUG für das in Abs. 1 angesprochene Verfahren auf § 654 ZPO verweist. Auch kann nach § 654 ZPO der Unterhaltsschuldner, sofern eine Unterhaltsfestsetzung im vereinfachten Verfahren gem. § 649 I oder § 653 I ZPO rechtskräftig erfolgt ist, die Herabsetzung des Unterhalts verlangen, ohne auf bestimmte Einwendungen beschränkt zu sein. Wird die Klage nach § 654 ZPO innerhalb eines Monats nach Rechtskraft der Unterhaltsfestsetzung erhoben, kann diese auch rückwirkend abgeändert werden. Eine wesentliche Veränderung der Verhältnisse muss in keinem Fall vorliegen (vgl. *Zöller/Philippi,* ZPO, 23. Aufl., § 654 Rn. 2 a; *Musielak/Borth,* ZPO, 3. Aufl., § 654 Rn. 1).

Die Verweisung in Art. 5 § 3 II KindUG auf § 654 ZPO bedeutet jedoch nicht, dass auch im Rahmen des vereinfachten Verfahrens nach Art. 5 § 3 I KindUG die Vorschrift des § 654 ZPO uneingeschränkt ohne Rücksicht darauf zur Anwendung kommt, welche Titel angepasst werden sollen. Etwas anderes ergibt sich – entgegen der Meinung der Revision – nicht aus dem Wortlaut der Verweisungsnorm. Diese ordnet nämlich lediglich die *entsprechende* Anwendung des § 654 ZPO an. Daraus aber ist zu schließen, dass im Verfahren nach Art. 5 § 3 I KindUG die Bestimmung des § 654 ZPO nur soweit angewandt werden soll, wie dies nach Sinn und Zweck der Vorschriften gerechtfertigt ist.

Der Zweck des § 654 ZPO erschließt sich aus seiner Bedeutung im Rahmen des vereinfachten Verfahrens nach §§ 645 ff. ZPO. Dieses ermöglicht allen minderjährigen Kindern, in einem einfachen Verfahren schnell einen ersten Vollstreckungstitel gegen einen Elternteil zu erhalten, in dessen Haushalt sie nicht leben (vgl. Bericht des Rechtsausschusses v. 13. 1. 1998, BT-Dr 13/9596, S. 36; *Musielak/Borth,* Vorb. § 645 Rn. 2). Dabei sind, um die erwünschte Schnelligkeit zu gewährleisten, Angriffs-

und Verteidigungsmöglichkeiten limitiert (vgl. *Lipp/Wagenitz,* Das neue KindschaftsR, § 654 ZPO Rn. 1): Im Verfahren nach §§ 645, 649 I ZPO kann der Unterhaltsgläubiger höchstens den 1½-fachen Regelbetrag fordern (§ 645 I ZPO); der Unterhaltsschuldner kann Einwendungen nur unter den engen Voraussetzungen des § 648 ZPO vorbringen. Im Verfahren nach § 653 I ZPO, das in Kindschaftssachen nach § 640 II Nr. 1 ZPO zur Anwendung kommt, kann das Kind Unterhalt nur bis zur Höhe des Regelbetrags geltend machen; der Vater ist mit dem Einwand mangelnder oder eingeschränkter Leistungsfähigkeit vollends ausgeschlossen. Die Unterhaltsfestsetzungen nach § 649 I bzw. § 653 I ZPO, auf deren Korrektur sich § 654 ZPO allein bezieht, erfolgen somit zwangsläufig in pauschaler Weise. Dies erfordert ein Verfahren, in dem die Parteien die Schaffung eines Unterhaltstitels herbeiführen können, der ihren jeweiligen individuellen Verhältnissen entspricht. Dem dient die Korrekturklage des § 654 ZPO, die einerseits dem Unterhaltsschuldner die Möglichkeit gibt, den Unterhalt auf den Betrag herabsetzen zu lassen, der dem Kind nach den individuellen Verhältnissen zusteht, und andererseits auch dem Kind die Heraufsetzung des Unterhalts erlaubt.

Das Dynamisierungsverfahren nach Art. 5 § 3 I KindUG entspricht dem vereinfachten Verfahren nach §§ 645 ff. ZPO nur insoweit, als die Dynamisierung als solche betroffen ist: Urteile, Beschlüsse und andere Schuldtitel i. S. des § 794 ZPO, zu denen auch Jugendamtsurkunden zu rechnen sind (vgl. § 60 SGB VIII), können auf Antrag mit Wirkung für die Zukunft dahin gehend abgeändert werden, dass die Unterhaltsrente entsprechend §§ 1612 a ff. BGB in Prozentsätzen der jeweils maßgebenden Regelbeträge festgesetzt wird. Hiergegen kann sich der Schuldner wie im vereinfachten Verfahren nach §§ 645 ff. ZPO nur in eingeschränktem Umfang wehren. Er kann insbesondere, was aus der entsprechenden Anwendung der §§ 646 bis 648 I und 3 ZPO folgt, nicht geltend machen, dass er, wenn die in Art. 5 § 1 KindUG vorgesehene Dynamisierung zu einer betragsmäßigen Erhöhung seiner Unterhaltspflicht führt, mangels Leistungsfähigkeit nicht zur Zahlung in der Lage sei. Diesen Einwand geltend zu machen, ermöglicht dem Unterhaltsschuldner erst die in Art. 5 § 3 II KindUG angeordnete Verweisung auf § 654 ZPO, dessen Anwendung insoweit aus den gleichen Gründen gebot... ist wie im vereinfachten Verfahren nach §§ 645 ff. ZPO.

Hingegen widerspräche es Sinn und Zweck der Korrekturklage des § 654 ZPO, sie auch gegen eine Unterhaltsfestsetzung zuzulassen, die unabhängig von einer späteren Dynamisierung in einem Unterhaltsurteil, einem Vergleich oder einer Jugendamtsurkunde erfolgt ist. Denn insoweit sind die individuellen Verhältnisse der Parteien − anders als bei Unterhaltsfestsetzungen nach § 649 I und § 653 I ZPO − entweder bereits berücksichtigt, oder der Unterhaltsschuldner ist, worauf das *OLG* zu Recht hinweist, an sein in der Jugendamtsurkunde abgegebenes Anerkenntnis gebunden. Sinn und Zweck des § 654 ZPO ist es, eine erstmalige pauschalierte Unterhaltsfestsetzung zu korrigieren. Diese Voraussetzungen für die Anwendung der Vorschrift liegen im Verfahren nach Art. 5 § 3 I KindUG jedoch nur in Bezug auf die Dynamisierung selbst. nicht aber hinsichtlich der Unterhaltsfestsetzung in den genannten Alttiteln vor. Aus diesem Grund ist die Anordnung der entsprechenden Anwendung des § 654 ZPO in Art. 5 § 3 II KindUG so auszulegen, dass sie sich ausschließlich auf das Verfahren der Dynamisierung im engen Sinne bezieht. Dies bedeutet, der Schuldner kann im Wege der Korrekturklage äußerstenfalls erreichen, dass die nach Art. 5 § 3 I KindUG erfolgte Dynamisierung wieder entfällt.

Dagegen kann der ursprüngliche Vollstreckungstitel, der bis zu seiner Dynamisierung nur im Rahmen von § 323 ZPO abänderbar war, nach der Dynamisierung nicht unter den erleichterten Voraussetzungen des § 654 ZPO korrigiert werden. Etwas anderes ergibt sich auch nicht aus der Entstehungsgeschichte des Art. 5 § 3 KindUG. In der Begründung der Bundesregierung zu § 3 der Übergangsvorschrift ist ausgeführt, dass die Vorschrift ein vereinfachtes gerichtliches Verfahren zur Umstellung von Alttiteln über Kindesunterhalt vorsehe und dass zur Geltendmachung der ausgeschlossenen Einwendung des Rechtsbehelfs der Abänderungsklage § 654 ZPO zur Verfügung gestellt werde (BT-Dr 13/7338, S. 50). Damit sind ersichtlich Einwendungen gemeint, die sich gegen die Dynamisierung als solche richten. Hingegen kann aus diesen Ausführungen nicht geschlossen werden, dass mit der Verweisung auf § 654 ZPO eine generelle Abänderungsmöglichkeit von Alttiteln geschaffen werden sollte, sobald eine Dynamisierung erfolgt sei.

Dies gilt umso mehr, als die uneingeschränkte Anwendung des § 654 ZPO auf Alttitel dem mit Art. 5 § 3 KindUG ersichtlich angestrebten Ziel einer Entlastung der Unterhaltsgläubiger und der Familiengerichtsbarkeit zuwiderliefe. Darüber hinaus ist, worauf auch das *OLG* zu Recht hingewiesen hat, kein sachlicher Grund ersichtlich, weshalb sich das Kind auf Grund der Stellung eines Dynamisierungsantrags der erleichterten Abänderung von Alttiteln ausgesetzt sehen sollte. Dies würde eine Verschlechterung der unterhaltsrechtlichen Position minderjähriger Kinder bedeuten, die der Intention des Gesetzgebers zuwiderliefe, der mit dem Kindesunterhaltsgesetz die rechtliche Situation unterhaltsbedürftiger Kinder verbessern wollte (vgl. *Senat,* NJW 2002, 1269 = FamRZ 2002, 536 [540]).

(Umdeutung bzw. Abänderung einer einvernehmlich errichteten Jugendamtsurkunde)

b   2. Das BerGer. hat, von der Revision unbeanstandet, die auf § 654 ZPO gestützte Klage zu Recht in eine solche nach § 323 ZPO umgedeutet. Die für eine Umdeutung erforderlichen Voraussetzungen lagen vor (vgl. *Senat,* NJW 1992, 438 und *Senat,* NJW-RR 1993, 5): Die Klage war eindeutig als solche nach § 654 ZPO erhoben. Eine berichtigende Auslegung schied daher aus. Die Klage auf Abänderung einer Jugendamtsurkunde ist nach § 323 ZPO zulässig (vgl. *Senat,* NJW 1985, 64 = FamRZ 1984, 997). Auch hat der Kl. jedenfalls eine wesentliche Veränderung der Verhältnisse seit Errichtung der Urkunde behauptet. Weiter standen der Umdeutung weder der Parteiwille noch schutzwürdige Interessen des Bekl. entgegen.

Das BerGer. hat die Abänderungsklage nach § 323 ZPO auch zu Recht als unbegründet abgewiesen, weil der Kl. nicht bewiesen hat, dass ihm die weitere Zahlung des festgesetzten Unterhalts unzumutbar ist.

Zutreffend geht das BerGer. davon aus, dass sich die Abänderung von Jugendamtsurkunden im Rahmen von § 323 ZPO nach materiellem Recht richtet. Da es sich um eine Abänderungsklage des Verpflichteten handelt, erfolgt die Festsetzung nicht frei von den Grundlagen des abzuändernden Titels. Das BerGer. hat die Grundsätze des Wegfalls der Geschäftsgrundlage angewandt, weil es – von der Revision unbeanstandet – davon ausging, dass die Parteien die Höhe des Unterhalts, zu dessen Zahlung sich der Kl. in der Jugendamtsurkunde verpflichtet hat (Regelunterhalt zuzüglich eines Zuschlages von 27%), vorweg vereinbart hatten. Es ist gerechtfertigt, auf eine solche Jugendamtsurkunde, die auf einer Vereinbarung der Parteien beruht, wegen der Ähnlichkeit mit einer gerichtlichen oder notariellen Vereinbarung, die Grundsätze über den Wegfall der Geschäftsgrundlage anzuwenden (vgl. *Wendl/Thalmann* Das UnterhaltsR in der gerichtlichen Praxis, 5. Aufl., § 8 Rn. 174; *Graba,* Abänderung von Unterhaltstiteln, 2. Aufl., Rn. 257).

Unter Anwendung dieser Grundsätze hat das BerGer. zu Recht darauf abgestellt, dass der Kl. nicht nachgewiesen hat, dass sich seine Leistungsfähigkeit nach der Zeit der Errichtung der Jugendamtsurkunde vermindert hat, sondern dass sich im Gegenteil die Verluste der GmbH, deren Geschäftsführer und Gesellschafter der Kl. ist und von der er seit Jahren ein gleich bleibendes Gehalt bezieht, sich ständig vermindert haben.

BGH v. 23. 10. 2002 – XII ZR 266/99 – FamRZ 02, 1698 = NJW 03, 128

(Verwirkung von Unterhaltsrückständen; gleiche Voraussetzungen bei Anspruchsübergang auf öffentliche Hand)

aa) Eine Verwirkung kommt nach allgemeinen Grundsätzen in Betracht, wenn der Berechtigte ein Recht längere Zeit nicht geltend macht, obwohl er dazu in der Lage wäre, und der Verpflichtete sich mit Rücksicht auf das gesamte Verhalten des Berechtigten darauf einrichten durfte und eingerichtet hat, dass dieser sein Recht auch in Zukunft nicht geltend machen werde. Insofern gilt für Unterhaltsrückstände, die allein Gegenstand des vorliegenden Rechtsstreits sind, nichts anderes als für andere in der Vergangenheit fällig gewordene Ansprüche (*BGHZ* 84, 280 [281] = NJW 1982, 1999). Vielmehr spricht gerade bei derartigen Ansprüchen vieles dafür, an das so genannte Zeitmoment der Verwirkung keine strengen Anforderungen zu stellen. Nach § 1613 I BGB kann Unterhalt für die Vergangenheit ohnehin nur ausnahmsweise gefordert werden. Von einem Unterhaltsgläubiger, der lebensnotwendig auf Unterhaltsleistungen angewiesen ist, muss eher als von einem Gläubiger anderer Forderungen erwartet werden, dass er sich zeitnah um die Durchsetzung des Anspruchs bemüht. Andernfalls können Unterhaltsrückstände zu einer erdrückenden Schuldenlast anwachsen. Abgesehen davon sind im Unterhaltsrechtsstreit die für die Bemessung des Unterhalts maßgeblichen Einkommensverhältnisse der Parteien nach längerer Zeit oft nur schwer aufklärbar. Diese Gründe, die eine möglichst zeitnahe Geltendmachung von Unterhalt nahe legen, sind so gewichtig, dass das Zeitmoment der Verwirkung auch dann erfüllt sein kann, wenn die Rückstände Zeitabschnitte betreffen, die etwas mehr als ein Jahr zurückliegen. Denn nach den gesetzlichen Bestimmungen der §§ 1585b III, 1613 II Nr. 1 BGB verdient der Gesichtspunkt des Schuldnerschutzes bei Unterhaltsrückständen für eine mehr als ein Jahr zurückliegende Zeit besondere Beachtung. Diesem Rechtsgedanken kann im Rahmen der Bemessung des Zeitmoments in der Weise Rechnung getragen werden, dass das Verstreichenlassen einer Frist von mehr als einem Jahr ausreichen kann (*BGHZ* 103, 62 [68 ff.] = NJW 1988, 1137). Das hat auch das BerGer. nicht verkannt, wenngleich es die Frage, ob im vorliegenden Fall das Zeitmoment der Verwirkung erfüllt ist, letztlich offen gelassen hat.

bb) Diese Frage ist für die geltend gemachten Unterhaltsrückstände nicht einheitlich zu beantworten. Da ein Unterhaltsanspruch verwirkt sein kann, bevor er überhaupt fällig geworden ist, müssen die in Rede stehenden Zeitabschnitte insofern gesondert betrachtet werden. Dabei ergibt sich, dass der letzte für den Vater des Bekl. begehrte Unterhaltsbetrag für den Teilmonat Januar 1996 seit ca. 15 Monaten einforderbar war, als der Kl. mit Schreiben vom 2. 4. 1997 erstmals nach der Rechtswahrungsanzeige vom 13. 3. 1995 dem Bekl. gegenüber wieder tätig wurde und ergänzende Auskunft über dessen Einkommens- und Vermögensverhältnisse begehrte. Nachdem der Bekl. dem entsprochen hatte, verstrichen mehr als zwei Monate, bevor ihm die Höhe des geforderten Unterhalts mitgeteilt wurde. Ende November 1997 beantragte der Kl. den Erlass eines Mahnbescheids. Bei dieser Sachlage ist hinsichtlich des für den Vater geltend gemachten Unterhaltsrückstands das Zeitmoment insgesamt erfüllt. Was den für die Mutter des Bekl. begehrten Unterhalt anbelangt, war die für März 1996 beanspruchte Unterhaltsrate Anfang April 1997 seit mehr als einem Jahr fällig, so dass bei einer Gesamtwürdigung der Umstände wegen der noch im Streit befindlichen Zeit vom 14. 3. 1995 (Zugang der Rechtswahrungsanzeige) bis zum 31. 3. 1996 von einer illoyal verspäteten Rechtsausübung auszugehen ist, im Übrigen dagegen nicht.

Dieser Beurteilung steht nicht entgegen, dass die Unterhaltsansprüche nicht von den Eltern des Bekl. selbst, sondern von dem Kl. aus übergegangenem Recht geltend gemacht werden. Denn durch den gesetzlichen Übergang von Unterhaltsansprüchen wird deren Natur, Inhalt und Umfang nicht verändert (*Lohmann,* Neue Rechtsprechung des BGH zum FamilienR, 8. Aufl., Rn. 370; *Staudinger/ Engler,* BGB, 13. Bearb., Vorb. §§ 1601 ff. Rn. 77; *OLG Düsseldorf,* FamRZ 1994, 771 [772]; vgl. auch *Senat,* NJW 1981, 574 = FamRZ 1981, 250 [252], zu der auch gegenüber dem Träger von Ausbildungsförderung nach der Überleitung von Unterhaltsansprüchen wirksamen Unterhaltsbestimmung nach § 1612 II BGB). Deshalb ist es nicht von Bedeutung, dass der Kl. – anders als die ursprünglichen Unterhaltsgläubiger – nicht lebensnotwendig auf die Realisierung der Forderungen angewiesen ist. Er war auf Grund der Rechtsnatur der Ansprüche gehalten, sich um deren zeitnahe Durchsetzung zu bemühen.

cc) Neben dem Zeitmoment kommt es für die Verwirkung auf das so genannte Umstandsmoment an, das heißt es müssen besondere Umstände hinzutreten, auf Grund derer der Unterhaltsverpflichtete sich nach Treu und Glauben darauf einrichten durfte und eingerichtet hat, dass der Unterhaltsberechtigte sein Recht nicht mehr geltend machen werde (*BGHZ* 103, 62 [70] = NJW 1988, 1137). Das BerGer. hat solche Umstände insbesondere deshalb nicht festzustellen vermocht, weil der Bekl. seine Lebensführung in der Erwartung der unterbleibenden Inanspruchnahme nicht anders gestaltet habe; durch eventuell teilweise entfallende Steuervorteile werde er nicht besonders schwer getroffen. Diese tatrichterliche Würdigung begegnet durchgreifenden rechtlichen Bedenken. Das BerGer. vermisst letztlich konkrete „Vertrauensinvestitionen" des Bekl. und stellt darauf ab, ob er durch die späte Inanspruchnahme besondere Nachteile erlitten hat. Damit werden die an das Umstandsmoment zu stellenden Anforderungen überspannt. Erfahrungsgemäß pflegt ein Unterhaltsverpflichteter, der in ähnlichen wirtschaftlichen Verhältnissen wie der Bekl. lebt, seine Lebensführung an die ihm zur Verfügung stehenden Einkünfte anzupassen (vgl. *BGHZ* 103, 62 [70] = NJW 1988, 1137). Dafür, dass es im Fall des Bekl. anders war, fehlt jeder Anhaltspunkt. Vielmehr entspricht es der Lebenserfahrung, dass er nach etwa einjähriger Arbeitslosigkeit, während der ihm – nachdem der Bezug von Arbeitslosengeld ausgelaufen war – keine Arbeitslosenhilfe gewährt wurde, weshalb er nur über relativ geringe Einkünfte aus der Vermietung seiner Eigentumswohnung und den Zinserträgen seines Sparvermögens verfügte, ab Beginn der Rentenzahlungen Anfang Mai 1995 einen „Nachholbedarf" hatte und seine Einkünfte auch dafür einsetzte. Deshalb müsste der Bekl. bei einer Unterhaltsnachforderung für den gesamten noch im Streit befindlichen Zeitraum in erheblich weiterem Umfang auf seine Ersparnisse zurückgreifen als das BerGer. ihm dies angesonnen hat. Damit brauchte er nach Treu und Glauben indessen nicht zu rechnen.

Der Kl. hatte den Bekl. durch Rechtswahrungsmitteilung vom 13. 3. 1995 zeitnah von der Sozialhilfegewährung für seine Eltern unterrichtet und unter Fristsetzung von vier Wochen zur Auskunftserteilung über seine Einkommens- und Vermögensverhältnisse aufgefordert. Diesem Begehren hat der Bekl. mit Schreiben vom 20. 5. 1995 entsprochen. In der Folgezeit konnte er davon ausgehen, dass seine Angaben geprüft und ihm das Ergebnis dieser Prüfung mitgeteilt werden würde, und zwar entweder, indem der Kl. weitere Angaben und Belege verlangte oder indem er ihm die Höhe der Inanspruchnahme bekannt gab. Tatsächlich blieb der Kl. untätig. Er erteilte dem Bekl. auch keinen Zwischenbescheid etwa des Inhalts, dass eine Überprüfung noch nicht habe erfolgen können bzw. noch andauere. An dieser Untätigkeit änderte sich auch nichts, nachdem der Vater des Bekl. Anfang Januar 1996 verstorben war, so dass hinsichtlich der für diesen gewährten Sozialhilfeleistungen eine Gesamtabrechnung hätte vorgenommen werden können. Auch nach der zum 31. 12. 1996 erfolgten Einstellung der Sozialhilfeleistungen für die Mutter erfolgte weder eine insofern nunmehr ebenfalls mögliche Gesamtberechnung noch eine sonstige Reaktion des Kl., obwohl sich der Gesamtbetrag der gewährten Hilfeleistung auf über 80 000 DM belief. Bei dieser Sachlage konnte der Bekl. davon ausgehen, nicht mehr in Anspruch genommen zu werden.

dd) Der Geltendmachung der noch im Streit befindlichen Unterhaltsansprüche seines Vaters steht mithin der Einwand der unzulässigen Rechtsausübung entgegen.

(Anspruch Eltern – Kind)

b   2. Die danach allein für die Zeit vom 1. 4. 1996 an noch maßgebliche Unterhaltspflicht des Bekl. gegenüber seiner Mutter steht dem Grunde nach nicht im Streit. Sie ergibt sich aus § 1601 BGB. Der Unterhaltsbedarf der Mutter ist offensichtlich. Er wird durch ihre Unterbringung in einem Altenheim bestimmt und deckt sich mit den dort angefallenen Kosten, soweit diese nicht aus eigenem Einkommen bestritten werden konnten, § 1602 I BGB (vgl. *Senat,* NJW-RR 1986, 66 = FamRZ 1986, 48 [49]).

Davon ist auch das BerGer. ausgegangen. Soweit die Revision – in anderem Zusammenhang – geltend macht, der Bekl. habe vorgetragen, dass bei rechtzeitiger Kenntnis von seiner Inanspruchnahme die Möglichkeit bestanden habe, seine Eltern in einer kostengünstigeren Einrichtung unterzubringen, ist dieser Vortrag nicht hinreichend substanziiert. Es bleibt insbesondere offen, von welchem Zeitpunkt an und zu welchen Bedingungen ein anderer Altenheimplatz zur Verfügung gestanden hätte. Deshalb besteht kein Anlass, von der Bedarfsermittlung des Kl. abzuweichen.

(Selbstbehalt des Pflichtigen bei Ansprüchen der Eltern)

3. Unterhaltspflichtig ist allerdings nicht, wer bei Berücksichtigung seiner sonstigen Verpflichtungen   c
außer Stande ist, ohne Gefährdung seines angemessenen Unterhalts den Unterhalt zu gewähren
(§ 1603 I BGB).

a) Das BerGer. hat den Bekl. im Jahr 1996 in Höhe von monatlich 2513 DM für leistungsfähig gehalten. Diese Beurteilung hat es im Wesentlichen wie folgt begründet: Nach der Rechtsprechung des Senats sei es in Anbetracht der Höhe der Heimunterbringungskosten und der häufig unabsehbaren Dauer der Inanspruchnahme des Unterhaltsverpflichteten regelmäßig nicht zumutbar, diesen zu einer Einschränkung seiner angemessenen, der Ausbildung und sozialen Stellung entsprechenden Lebensverhältnisse zu verpflichten. Mit Rücksicht darauf lege die Düsseldorfer Tabelle in der ab 1. 7. 1998 geltenden Fassung den Selbstbehalt gegenüber unterhaltsberechtigten Eltern gesondert mit monatlich 2250 DM (einschließlich 800 DM Warmmiete) fest, während gegenüber erwachsenen Kindern nur 1800 DM anzusetzen seien. Der Bekl. habe nach seinen Angaben für Warmmiete, Strom, Telefon und Versicherungen Kosten von monatlich insgesamt ca. 1000 DM. Sein zusätzlicher angemessener Bedarf werde auf weitere 1200 DM monatlich geschätzt. Davon könne er die von ihm benötigten Lebensmittel, die Benzinkosten für seinen Pkw, eine Urlaubsreise und sonstigen persönlichen Bedarf bestreiten, ohne in seiner Lebensführung unangemessen beschnitten zu werden. Im Jahre 1996 hätten dem Bekl. aus seiner Altersversorgung monatliche Einkünfte von 3881 DM sowie Zinseinnahmen von im Durchschnitt 832 DM monatlich zur Verfügung gestanden, mithin ein Gesamteinkommen von monatlich 4713 DM. Die Mieteinnahmen für die Eigentumswohnung seien dagegen weggefallen, weil eine Vermietung nicht mehr erfolgt sei, so dass für die Wohnung nur noch Kosten angefallen seien. Auf Grund seiner Gesamteinkünfte habe der Bekl. 1996 monatlich 2513 DM (4713 DM abzüglich 2200 DM) an Unterhalt für seine Eltern aufbringen können.

b) Gegen diese Einschätzung wendet sich die Revision zu Recht. § 1603 I BGB gewährleistet jedem Unterhaltspflichtigen vorrangig die Sicherung seines eigenen angemessenen Unterhalts; ihm sollen grundsätzlich die Mittel verbleiben, die er zur angemessenen Deckung des seiner Lebensstellung entsprechenden allgemeinen Bedarfs benötigt (*Senat,* NJW 1992, 1393 = FamRZ 1992, 795 [797], und NJW 1989, 523 = FamRZ 1989, 272 m. w. Nachw.). In welcher Höhe dieser Bedarf des Verpflichteten zu bemessen ist, obliegt der tatrichterlichen Beurteilung des Einzelfalls. Das dabei gewonnene Ergebnis ist revisionsrechtlich jedoch darauf zu überprüfen, ob es den anzuwendenden Rechtsgrundsätzen Rechnung trägt und angemessen ist (vgl. *Senat,* NJW 1983, 1733 = FamRZ 1983, 678, und NJW-RR 1986, 426 = FamRZ 1986, 151). Das ist hier nicht der Fall.

c) Das BerGer. geht zwar im Ansatz zutreffend davon aus, dass dem in den Unterhaltstabellen angesetzten Selbstbehalt eines Unterhaltsverpflichteten gegenüber einem volljährigen Kind andere Lebensverhältnisse zu Grunde liegen als im vorliegenden Fall zu beurteilen sind. Eltern müssen regelmäßig damit rechnen, ihren Kindern auch über die Vollendung des 18. Lebensjahres hinaus zu Unterhaltsleistungen verpflichtet zu sein, bis diese eine – nicht selten langjährige – Berufsausbildung abgeschlossen haben und wirtschaftlich selbstständig sind. Mit einer solchen, der natürlichen Generationenfolge entsprechenden Entwicklung kann indessen nicht der Fall gleichgestellt werden, dass Eltern nach ihrem Ausscheiden aus dem Erwerbsleben ihre Kinder auf Unterhalt für ihren notwendigen Lebensbedarf in Anspruch nehmen müssen. Der *Senat* hat deshalb die Auffassung gebilligt, dass der angemessene Selbstbehalt, der einem Verpflichteten bei durchschnittlichen Einkommensverhältnissen gegenüber dem Unterhaltsbegehren eines volljährigen Kindes als Mindestbetrag gewährt wird, um einen maßvollen Zuschlag erhöht wird, wenn das Unterhaltsbegehren anderer Verwandter – wie hier der Eltern – zu beurteilen ist (*Senat,* NJW 1992, 1393 = FamRZ 1992, 795 [797]). Ein solcher Zuschlag kann aber nicht für alle Verhältnisse gleich bemessen werden. Denn es entspricht der Erfahrung, dass die Lebensführung an die zur Verfügung stehenden Mittel angepasst wird, bei durchschnittlichen Einkommensverhältnissen also ein einfacherer Lebensstandard anzutreffen ist als bei gehobeneren und gehobenen Einkommensverhältnissen. Diesem Umstand hat das BerGer. nicht in der gebotenen Weise Rechnung getragen.

d) Was der Unterhaltsverpflichtete im Verhältnis zu seinen Eltern für seinen eigenen angemessenen Unterhalt benötigt, muss nach den Grundsätzen bemessen werden, die auch für die Unterhaltspflicht gelten. Maßgebend ist deshalb die Lebensstellung, die dem Einkommen, Vermögen und sozialen Rang des Verpflichteten entspricht; hiervon ausgehend wird der gesamte Lebensbedarf einschließlich einer angemessenen Altersversorgung umfasst. Daraus folgt, dass der angemessene Eigenbedarf nicht losgelöst von dem im Einzelfall vorhandenen Einkommen bestimmt werden kann. Er richtet sich somit nicht an einer festen Größe aus, sondern ist entsprechend den Umständen des Einzelfalls veränderlich (*Senat,* NJW 1989, 523 = FamRZ 1989, 272; *Schwab,* Familiäre Solidarität – Beiträge zum europäischen FamilienR, Bd. 5, S. 52; *Günther,* FF 1999, 172 [174], sowie *ders.,* FuR 1995, 1 [5]; *Menter,* FamRZ 1997, 919 [922]; *Büttner,* in: Festschr. für D. Henrich, S. 53; *Künkel,* FamRZ 1991, 14 [22]; *Dieckmann,* DAV 1979, 553 [562]; *Staudinger/Engler/Kaiser,* § 1603 Rn. 136; *OLG Hamm,* FamRZ 1999, 1533; *OLG Oldenburg,* FamRZ 2000, 1174 [1175]; *OLG Stuttgart,* OLG-Report 2000, 245 [246]; *OLG Frankfurt a. M.,* OLG-Report 2001, 264 [265]). Eine spürbare und dauerhafte Senkung seines berufs- und einkommenstypischen Unterhaltsniveaus braucht der Unterhaltsverpflichtete jedenfalls insoweit nicht hinzunehmen, als er nicht einen nach den Verhältnissen unangemessenen Aufwand betreibt oder ein Leben im Luxus führt. Das gilt insbesondere vor dem Hintergrund, dass eine Inanspruchnahme für den Unterhalt von Eltern in der Regel erst stattfindet, wenn der Unterhaltsverpflichtete sich selbst bereits in einem höheren Lebensalter befindet, seine Lebensverhältnisse demzufolge bereits längerfristig seinem Einkommensniveau angepasst hat, Vorsorge für sein eigenes Alter treffen möchte und dann unerwartet der Forderung ausgesetzt wird, sich an den für seine Eltern auf Grund deren Hilfs- oder Pflegebedürftigkeit anfallenden Kosten zu beteiligen. Wenn in dieser Situation sogar von ihm verlangt wird, mehr von seinem Einkommen für den Unterhalt der Eltern einzusetzen, als ihm selbst verbleibt, wird die Grenze des dem Unterhaltsverpflichteten Zumutbaren in der Regel überschritten (im Gegensatz zu der Rechtslage bei der Inanspruchnahme auf Unterhalt für ein volljähriges behindertes Kind, vgl. *Senat,* NJW-RR 1986, 66 = FamRZ 1986, 48 [49]).

e) Eine derartige Schmälerung des eigenen angemessenen Bedarfs wäre auch mit dem Gesetz nicht in Einklang zu bringen. Den Eltern des Unterhaltsverpflichteten gehen seine unverheirateten minderjährigen und seine unverheirateten privilegierten volljährigen Kinder, sein Ehegatte oder geschiedener Ehegatte, die nach § 1615 l BGB Unterhaltsberechtigten, seine verheirateten minderjährigen und nicht privilegierten volljährigen Kinder sowie seine Enkel und weiter entfernte Abkömmlinge im Rang vor (§§ 1609 I und II, 1615 l III 3 Halbs. 2 BGB). Daran zeigt sich, dass der Unterhaltsanspruch der Eltern rechtlich vergleichsweise schwach ausgestaltet ist. Seinem Ehegatten gegenüber wäre der von dem Unterhaltsverpflichteten zu leistende Unterhalt so zu bemessen, dass beide Ehegatten in gleicher Weise an dem ehelichen Lebensstandard teilhaben, weshalb grundsätzlich jedem die Hälfte des verteilungsfähigen Einkommens zuzubilligen ist (st. Rspr., vgl. *Senat,* NJW 1988, 2369 = FamRZ 1988, 265 [267]). Würde der einem Elternteil geschuldete Unterhalt demgegenüber mit einem höheren Betrag bemessen, so würde dies der gesetzlichen Rangfolge nicht entsprechen. Das wird zusätzlich daraus ersichtlich, dass auch der Ehegatte des Elternteils für diesen allenfalls Unterhalt in Höhe der Hälfte seines Einkommens aufzubringen hätte, obwohl er vor dem Kind haftet (vgl. hierzu auch *Günther,* Münchener Anwalts-Hdb. FamilienR, § 12 Rdnrn. 1, 34; *Büttner,* S. 53; *Eschenbruch,* Unterhaltsprozess, 2. Aufl., Rn. 2021; *Heiß/Hußmann,* 13. Kap. Rdnrn. 58 f.).

In tatsächlicher Hinsicht würde die Notwendigkeit, erhebliche Abstriche von dem erlangten Lebenszuschnitt vornehmen zu müssen, auch auf eine übermäßige Belastung der Unterhaltsverpflichteten hinauslaufen. Wie der Senat bereits in seiner Entscheidung vom 26. 2. 1992 (*Senat,* NJW 1992, 1393 = FamRZ 1992, 795 [797]) ausgeführt hat, haben die auf Zahlung von Elternunterhalt in Anspruch genommenen Kinder in der Regel bereits ohne derartige Leistungen erhebliche Aufwendungen zur Erfüllung des Generationenvertrags erbracht, indem sie ihre eigenen Kinder großgezogen und deren Ausbildung finanziert haben und zugleich durch ihre Sozialversicherungsabgaben, zu denen inzwischen noch die Beiträge zur Pflegeversicherung hinzugekommen sind, dazu beigetragen haben, dass die Elterngeneration insgesamt im Alter versorgt wird (so auch *Günther,* § 12 Rn. 34).

f) Diesem Gesichtspunkt trägt letztlich auch das zum 1. 1. 2003 in Kraft tretende Gesetz über eine bedarfsorientierte Grundsicherung im Alter und bei Erwerbsminderung (GSiG) vom 26. 6. 2001 (BGBl I, 1310 [1335 ff.]) in der Fassung des Gesetzes zur Verlängerung von Übergangsregelungen im Bundessozialhilfegesetz vom 27. 4. 2002 (BGBl I, 1462 [1463]) Rechnung. Danach können unter anderem Personen, die das 65. Lebensjahr vollendet und ihren gewöhnlichen Aufenthalt in der Bundesrepublik Deutschland haben, auf Antrag Leistungen der beitragsunabhängigen, bedarfsorientierten Grundsicherung erhalten, soweit sie ihren Unterhalt nicht durch ihr nach sozialhilferechtlichen Grundsätzen ermitteltes Einkommen und Vermögen decken können und ihre Bedürftigkeit nicht in den letzten zehn Jahren vorsätzlich oder grob fahrlässig herbeigeführt haben (§§ 1, 2 GSiG). Die Grundsicherung umfasst den für den Anspruchsteller maßgeblichen sozialhilferechtlichen Regelsatz zuzüglich 15% des Regelsatzes eines Haushaltsvorstands. Hinzu kommen unter anderem die angemessenen tatsächlichen Aufwendungen für Unterkunft und Heizung sowie die Kosten der Kranken- und Pflegeversicherung (§ 3 I GSiG). Bei der Einkommens- und Vermögensermittlung bleiben Unterhaltsansprüche des Antragsberechtigten gegenüber seinen Kindern und Eltern unberücksichtigt, sofern deren jährliches Gesamteinkommen i. S. des § 16 SGB IV unter einem Betrag von 100 000 Euro liegt (§ 2 I 3 GSiG).

In dem Bericht des Ausschusses für Arbeit und Sozialordnung (BT-Dr 14/5150, S. 48) wird hierzu ausgeführt, der Zweck des Gesetzes bestehe darin, unter anderem für alte Menschen eine eigenständige soziale Leistung vorzusehen, die den grundlegenden Bedarf für den Lebensunterhalt sicherstelle; durch diese Leistung solle im Regelfall die Notwendigkeit der Gewährung von Sozialhilfe vermieden werden; außerdem habe vor allem ältere Menschen die Furcht vor dem Unterhaltsrückgriff auf ihre Kinder oftmals von dem Gang zum Sozialamt abgehalten; eine dem sozialen Gedanken verpflichtete Lösung müsse hier einen gesamtgesellschaftlichen Ansatz wählen, der eine würdige und unabhängige Existenz sichere. Hieraus wird deutlich, dass – von besonders günstigen wirtschaftlichen Verhältnissen der Unterhaltsverpflichteten abgesehen – zu Lasten öffentlicher Mittel auf einen Unterhaltsregress verzichtet worden ist, weil dieser von älteren Menschen vielfach als unangemessen und unzumutbar empfunden wird und dieser Umstand Berücksichtigung finden soll.

g) Nach alledem ist davon auszugehen, dass der angemessene Eigenbedarf nicht durchgängig mit einem bestimmten festen Betrag angesetzt werden kann, sondern anhand der konkreten Umstände des Einzelfalls und unter Berücksichtigung der besonderen Lebensverhältnisse, die bei der Inanspruchnahme auf Elternunterhalt vorliegen, zu ermitteln ist. Diesem Gesichtspunkt tragen inzwischen die meisten Tabellen und Leitlinien der Oberlandesgerichte insoweit Rechnung, als sie als Selbstbehalt des Kindes nur einen Mindestbetrag angeben (vgl. etwa die Zusammenstellung bei *Günther*, § 12 Rn. 31). Unter welchen Voraussetzungen diese Mindestbeträge zu erhöhen sind, wird in der Rechtsprechung der Land- und Oberlandesgerichte und im Schrifttum nicht einheitlich beantwortet (vgl. dazu etwa die Übersichten von *Menter*, FamRZ 1997, 919 [922], und *Miesen*, FF 2000, 199). Ebenso wenig besteht Einigkeit darüber, ob den Kindern gegenüber ihren Eltern von dem den Freibetrag übersteigenden Einkommen ein bestimmter Anteil zusätzlich zu belassen ist, wie dies etwa in den Empfehlungen des Deutschen Vereins für öffentliche und private Fürsorge (vgl. FamRZ 2000, 788 [796] [unter Nr. 121]) und in denjenigen des 11. und des 13. Deutschen Familiengerichtstags (FamRZ 1996, 337 [338] [unter I 4 2], und FamRZ 2000, 273 [274] [unter I 4 a]) vorgeschlagen worden ist. Ob hierdurch im Einzelfall ein angemessenes Ergebnis erreicht werden kann, unterliegt letztlich der verantwortlichen Beurteilung des Tatrichters. Insofern wird es allerdings nicht grundsätzlich als rechtsfehlerhaft angesehen werden können, wenn bei der Ermittlung des für den Elternunterhalt einzusetzenden bereinigten Einkommens allein auf einen – etwa hälftigen – Anteil des Betrags abgestellt wird, der den an sich vorgesehenen Mindestselbstbehalt übersteigt. Vielmehr kann durch eine solche Handhabung im Einzelfall ein angemessener Ausgleich zwischen dem Unterhaltsinteresse der Eltern einerseits und dem Interesse des Unterhaltsverpflichteten an der Wahrung seines angemessenen Selbstbehalts andererseits zu bewirken sein. Zugleich kann eine ungerechtfertigte Nivellierung unterschiedlicher Verhältnisse vermieden werden. Überdies hätte eine derartige Verfahrensweise den Vorteil der Rechtssicherheit und Praktikabilität für sich (ebenso *Günther*, § 12 Rn. 35; *Büttner*, S. 53; *Kalthoener/Büttner/Niepmann*, Die Rechtsprechung zur Höhe des Unterhalts, 8. Aufl., Rn. 188 a; *Heiß/Hußmann*, 13. Kap. Rn. 58; *Eschenbruch*, Rn. 2021; *Staudinger/Engler/Kaiser*, § 1603 Rn. 138; *OLG Hamm*, FamRZ 1999, 1533; *OLG Hamm*, FamRZ 2002, 123 [124]; *OLG Frankfurt a. M.*, OLG-Report 2001, 264 [265]; vgl. auch die Nachw. bei *Duderstadt*, Erwachsenenunterhalt, Anm. 3.4.1.2; a. A. *Luthin/Seidel*, 9. Aufl., Rn. 5070; *Wendl/Pauling*, Das UnterhaltsR in der familiengerichtlichen Praxis, 5. Aufl., § 2 Rdnrn. 619 f., 639; *Steymans*, FuR 2000, 361 [363]).

BGH v. 6. 11. 2002 – XII ZR 259/01 – FamRZ 03, 521 = NJW-RR 02, 1513

(Verwirkung bei auf Erben übergegangenem Anspruch) **R581**

2). Die Unterhaltspflicht geht auf den Erben – von dessen Haftungsbeschränkung abgesehen – **a** unverändert über, und zwar auch mit der Belastung eines Einwands aus § 1579 Nr. 7 BGB. Eine Ausnahme gilt lediglich insofern, als die Leistungsfähigkeit des Unterhaltsverpflichteten nach dessen Tod nicht mehr geprüft werden kann und muss. Auf die Leistungsfähigkeit seines Erben kommt es nicht an, weil es sich um eine Nachlassverbindlichkeit handelt und die Haftung des Erben deshalb schon nach allgemeinen Regeln auf den Nachlass beschränkt ist, nach § 1586 b BGB sogar begrenzt auf den fiktiven Pflichtteil des Unterhaltsberechtigten (so genannter kleiner Pflichtteil bei gesetzlichem Erbrecht nach § 1931 I und 2 BGB).

Bei der im Rahmen des § 1579 Nr. 7 BGB vorzunehmenden Billigkeitsabwägung mögen nach dem Tod des Unterhaltsverpflichteten Gesichtspunkte eine Rolle spielen können, die ausschließlich das Verhältnis zwischen dem Unterhaltsberechtigten und dem Erben betreffen, nicht das Verhältnis zwischen dem Unterhaltsberechtigten und dem verstorbenen Unterhaltsverpflichteten. Anhaltspunkte für solche Gesichtspunkte sind im vorliegenden Fall aber weder festgestellt noch von den Parteien vorgetragen. Die Kl. kann sich jedenfalls dann darauf berufen, dass die Bekl. seit inzwischen mehr als zehn Jahren in einem eheähnlichen Verhältnis mit einem anderen Mann in dessen Haus zusammenlebt und dass deshalb die Unterhaltsverpflichtung nach § 1579 Nr. 7 BGB entfallen ist, wenn der verstorbene Unterhaltsverpflichtete, würde er noch leben, sich hierauf berufen könnte.

Die Annahme des BerGer., die Voraussetzungen des § 1579 Nr. 7 BGB für einen Wegfall der Unterhaltspflicht seien erfüllt, ist revisionsrechtlich nicht zu beanstanden. Ebenso wenig ist die Auffassung zu beanstanden, der Unterhaltsverpflichtete – und damit auch seine Erbin – habe das Recht, sich auf einen Wegfall der Unterhaltspflicht nach § 1579 Nr. 7 BGB zu berufen, nicht schon zu Lebzeiten deshalb verloren, weil er den Unterhalt über Jahre in Kenntnis des Umstands, dass die Bekl. mit einem anderen Mann zusammenlebe, weitergezahlt habe.

(Verzeihung bei Verwirkungsgrund)

b   Allerdings wird in Literatur und Rechtsprechung grundsätzlich vertreten, dass eine ausdrückliche oder konkludente „Verzeihung" der die Verwirkung begründenden Umstände daraus hergeleitet werden kann, dass der Unterhaltsverpflichtete trotz Kenntnis dieser Umstände den Unterhalt weiterbezahlt (so grundsätzlich *OLG Düsseldorf,* FamRZ 1997, 1159; *OLG Hamm,* FamRZ 1997, 1485 [1486]; *OLG Hamm,* NJW-RR 1994, 1287 = FamRZ 1994, 704 [705]; *Maurer,* in: MünchKomm, 4. Aufl., § 1579 Rn. 70; *Johannsen/Henrich/Büttner,* EheR., 3. Aufl., § 1579 BGB Rn. 45; *Schwab/Borth,* Hdb. d. ScheidungsR., 4. Aufl., IV Rn. 398; *Gernhuber/Coester-Waltjen,* FamilienR., 4. Aufl., § 30 VII 9 [S. 432]; *Heiß/Heiß,* I 9 Rn. 382). Unterschiedliche Auffassungen bestehen lediglich im Anwendungsbereich und in den Auswirkungen dieser Verzeihung. So ist streitig, ob sie auch dort eingreift, wo die Verwirkungstatbestände des § 1579 BGB nicht an ein persönliches Fehlverhalten des unterhaltsberechtigten Ehegatten anknüpfen, sondern an objektive Umstände wie bei § 1579 Nrn. 1 und 7 BGB (für generelle Anwendbarkeit wohl *Johannsen/Henrich/Büttner,* § 1579 BGB Rn. 45; einschränkend insoweit *Maurer,* in: MünchKomm, § 1579 Rn. 70; wohl auch *Göppinger/Bäumel,* 7. Aufl., Rn. 1106). Schwierigkeiten für die Annahme einer Verzeihung können sich auch dort ergeben, wo etwa der Unterhaltsschuldner nur mit Rücksicht auf die Betreuungsbedürftigkeit eines gemeinsamen Kindes den Unterhalt ungeschmälert weitergezahlt hat, ohne von der Möglichkeit Gebrauch zu machen, den Unterhaltsberechtigten auf den Mindestbedarf herabzusetzen (vgl. dazu *Senat,* NJW 1997, 1439 = FamRZ 1997, 483 [484]). Nicht einheitlich beantwortet wird schließlich auch die Frage, ob die Verzeihung ein selbstständiger Gegeneinwand ist, der bereits den Tatbestand der Unterhaltsverwirkung entfallen lässt (so etwa *Johannsen/Henrich/Büttner,* § 1579 BGB Rn. 45 m. w. Nachw.), oder ob sie lediglich im Rahmen der Billigkeitsabwägung des § 1579 BGB zu berücksichtigen ist (so wohl die überwiegende Meinung vgl. *OLG Düsseldorf,* FamRZ 1997, 1159; *OLG Hamm,* FamRZ 1997, 1485 [1486]; *Maurer,* in: MünchKomm, § 1579 Rn. 70; *Gernhuber/Coester-Waltjen,* § 30 VII 9 [S. 432] und *Schwab/Borth,* IV Rn. 398).

(Keine Verzeihung, wenn Unterhalt aus anderen Gründen, z. B. wegen § 5 VAHRG geleistet wird)

c   Diese Fragen bedürfen hier indes keiner Klärung, so dass die Prozesskostenhilfe für das Revisionsverfahren nicht bewilligt zu werden braucht (vgl. *BGH,* NJW-RR 2003, 130). Denn nach den insoweit maßgeblichen tatsächlichen Feststellungen des OLG kann von einer Verzeihung nicht ausgegangen werden. Der Erblasser zahlte den Unterhalt in Höhe von 500 DM monatlich an seine geschiedene Ehefrau nämlich deshalb weiter, weil er dadurch seinerseits in den Genuss der Auswirkungen des § 5 VAHRG und damit des temporären Wegfalls der versorgungsausgleichsbedingten Kürzung seiner Rente kam, die andernfalls insgesamt rund 759 DM monatlich gewesen betragen hätte. Er hätte also, wenn er den Unterhalt an die geschiedene Ehefrau nicht weitergezahlt hätte, von vornherein weniger für sich zur Verfügung gehabt als bei Weiterzahlung. Diese Verhaltensweise des Erblassers war wirtschaftlich nachvollziehbar und vernünftig. Aus ihr kann die Unterhaltsberechtigte im vorliegenden Fall keinen Vertrauensschutz dafür herleiten, dass der Erblasser auch künftig auf Dauer auf die Geltendmachung seines Verwirkungseinwands aus § 1579 Nr. 7 BGB verzichten würde. Denn mit dem Eintritt der Rentenvoraussetzungen beim Unterhaltsberechtigten entfallen die Wirkungen des § 5 VAHRG und der Unterhaltsverpflichtete unterliegt der vollen Kürzung seiner Versorgungsbezüge, so dass für ihn kein Grund mehr vorhanden ist, die Unterhaltszahlungen fortzusetzen.

Über diese Zusammenhänge war die Bekl. von vornherein informiert. Die BfA hat ihr nämlich mit Schreiben vom 23. 2. 1995 einen Fragebogen zugesandt, den sie ausgefüllt zurückgeschickt hat. Das Anschreiben der BfA enthält eine Belehrung zu § 5 VAHRG. Außerdem hat die BfA der Bekl. nach § 6 VAHRG die Hälfte des angefallenen Nachzahlungsbetrags ausgezahlt.

Im vorliegenden Fall konnte – wie das *OLG* richtig sieht – die Bekl. nur darauf vertrauen, dass ihr geschiedener Ehemann den Unterhalt so lange weiterzahlt, wie er deshalb den Vorteil aus § 5 VAHRG hat. Sie konnte nicht darauf vertrauen, dass er, wenn dieser Vorteil entfallen sollte, sich monatlich weiter um 500 DM einschränkt, obwohl sie schon langjährig mit einem anderen Mann zusammenlebt und er deshalb nach § 1579 Nr. 7 BGB keinen Unterhalt mehr zahlen müsste.

BGH v. 27. 11. 2002 – XII ZR 295/00 – FamRZ 03, 444 – NJW 03, 969

R582   *(Darlegungs- und Beweislast bei Anspruchsübergang nach § 7 UVG)*

Das OLG hat festgestellt, dass für den eingeklagten Zeitraum die Ansprüche des Kindes gegen den Bekl. auf den Kl. übergegangen sind. Dagegen hat die Revision nichts eingewandt. Nicht zu beanstanden ist, dass das OLG dem Bekl. die Darlegungs- und Beweislast für seine angeblich verminderte Leistungsfähigkeit auferlegt hat, weil der Kl. Unterhaltsvorschuss nur in Höhe des Mindestunterhalts geleistet habe und vom Bekl. auch nur insoweit aus übergegangenem Recht Unterhalt begehre. Für den Zeitraum vor Juli 1998 ergibt sich dies bereits aus der früheren Fassung des § 1610 III BGB. Danach galt der Regelunterhalt als Mindestbedarf mit der Folge, dass eine weitere Darlegung des Bedarfs des unterhaltsberechtigten Kindes nicht erforderlich war (vgl. etwa *Senat,* NJWE-FER 1998, 64 = FamRZ 1998, 357 [359]). Die für die Zeit ab dem 1. 7. 1998 geltende Neuregelung durch das Kindesunterhaltsgesetz (vom 6. 4. 1998 BGBl I, 666) hat daran nichts geändert. Zwar ist § 1610 III BGB gestrichen und der Begriff des Regelunterhalts durch den des Regelbetrags in § 1612 a BGB ersetzt worden. Mit dieser Neuerung wollte der Gesetzgeber, wie der *Senat* in seiner – erst nach Erlass des angefochtenen Urteils ergangenen – Entscheidung vom 6. 2. 2002 (*BGHZ* 150, 12 = NJW 2002, 1269 = FPR 2002, 195 = FamRZ 2002, 536 [540]) ausgeführt hat, aber nicht von der bisherigen Rechtslage zu Lasten des Kindes abweichen und ihm die Beweiserleichterungen im Rahmen des Regelbetrags nehmen. Dies gilt unabhängig davon, ob der Unterhaltsanspruch im Verfahren nach den §§ 645 ff. ZPO geltend gemacht wird und ob das Kind selbst oder – wie hier – das Land aus übergegangenem Recht den Unterhaltsschuldner in Anspruch nimmt. Der gesetzliche Übergang der Unterhaltsforderung des Berechtigten auf öffentliche Einrichtungen – hier nach § 7 UVG – oder auf Verwandte (§ 1607 BGB), die an Stelle des in erster Linie verpflichteten Schuldners Unterhalt leisten, dient dazu, die Bereitschaft der Leistenden zu fördern, den Unterhalt vorzuschießen. Entfielen infolge des Forderungsübergangs die dem Kind zugute kommenden Beweiserleichterungen, so minderte dies zum Nachteil des Kindes die Bereitschaft der öffentlichen Einrichtungen oder Verwandten, solche Vorschussleistungen zu erbringen (vgl. *Senat,* FPR 2002, 204 = FamRZ 2002, 21 [22]). Unter diesem Gesichtspunkt dient die Beibehaltung der bisherigen Darlegungs- und Beweislast auch dann dem Schutz des unterhaltsberechtigten Kindes, wenn nicht dieses selbst, sondern öffentliche Einrichtungen oder Verwandte, die ihm Unterhalt vorgeschossen haben, diesen vom Unterhaltsschuldner einfordern. Da der Kl. Unterhalt auch für den Folgezeitraum von Juli bis Dezember 1998 nur bis zur Höhe des von ihm als Vorschuss geleisteten Regelbetrags geltend macht, musste er den Unterhaltsbedarf des Kindes nicht näher darlegen. Es oblag vielmehr dem Bekl. darzulegen, dass er – auch über den ihm bereits vom Kl. nachgelassenen Abzug hinaus – zur Leistung eines bedarfsdeckenden Unterhalts nicht in der Lage ist. Dem ist der Bekl. nicht nachgekommen.

BGH v. 11. 12. 2002 – XII ZR 27/00 – FamRZ 03, 432 = NJW 03, 1396

(Keine Doppelverwertung im Zugewinn und Unterhalt, z. B. bei Abfindungen, Wohnwert und Nutzungs- **R583** *entschädigung)*

Der von den Parteien vereinbarte unterhaltsrechtliche Ausgleich der künftigen Gewinnanteile steht jedenfalls dem von der Ast. begehrten Ausgleich eines den Abfindungswert der Beteiligung übersteigenden Zugewinns entgegen. Zu Recht wendet die Revisionserwiderung ein, anderenfalls partizipiere die Ast. an der Beteiligung des Ag. in zweifacher Weise, nämlich vorab im Zugewinnausgleich an dem durch die künftigen Gewinnerwartungen geprägten Vermögenswert der Beteiligung und sodann im Wege des Unterhalts nochmals an jenen nunmehr als Einkommen des Unterhaltspflichtigen zu berücksichtigenden Gewinnanteilen.

Eine solche zweifache Teilhabe widerspräche dem Grundsatz, dass ein güterrechtlicher Ausgleich nicht stattzufinden hat, soweit eine Vermögensposition bereits auf andere Weise, sei es unterhaltsrechtlich oder im Wege des Versorgungsausgleichs, ausgeglichen wird. Für das Verhältnis zwischen Zugewinnausgleich und Versorgungsausgleich ergibt sich dies bereits aus § 1587 III BGB. Für das Verhältnis zwischen Unterhalt und Zugewinnausgleich kann nichts anderes gelten, auch wenn es insoweit an einer ausdrücklichen gesetzlichen Regelung fehlt.

So wäre es beispielsweise unbillig, einen Ehegatten auch güterrechtlich an einer dem anderen Ehegatten vor dem Stichtag ausgezahlten Arbeitnehmerabfindung teilhaben zu lassen, soweit er daran bereits durch die Gewährung des unter Einbeziehung dieser insoweit als Einkommen behandelten Abfindung bemessenen Unterhalts partizipiert (vgl. *OLG Frankfurt a. M.,* FamRZ 2000, 611 [612]; *Klingelhöffer,* BB 1997, 2216 [2217]). Auf dem gleichen Gedanken beruht auch die Erwägung, dass der Ehegatte, der im Anwaltshaftungsprozess Schadensersatz wegen einer auf Grund falscher Beratung im Zugewinnausgleich nicht geltend gemachten Vermögensposition des anderen Ehegatten verlangt, sich darauf gegebenenfalls den Vorteil anrechnen lassen muss, der sich aus einer Berücksichtigung dieser Position in einem Unterhaltsvergleich ergibt (vgl. *BGH,* NJW 1998, 749 = FamRZ 1998, 362 [364]). Auch außerhalb des Güterrechts ist eine doppelte Teilhabe eines Ehegatten an geldwerten Positionen des anderen nicht gerechtfertigt; so kann etwa neben einem rechtskräftig titulierten Trennungsunterhalt, bei dem der Nutzungsvorteil mietfreien Wohnens in der bisherigen Ehewohnung dem unterhaltspflichtigen Ehegatten bereits als Einkommen zugerechnet worden ist, nicht für den gleichen Zeitraum ein Nutzungsentgelt verlangt werden (vgl. *Senat,* NJW 1986, 1139 = FamRZ 1986, 436 [437]; *Hahne,* FF 1999, 99 [103]).

BGH v. 22. 1. 2003 – XII ZR 2/00 – FamRZ 03, 363 = NJW 03, 1112

R584   *(Kein Mindestbedarf des Ehegatten)*

a   a) Den Ansatz von Mindestbedarfssätzen für den Ehegatten hat der *Senat* allerdings in ständiger Rechtsprechung für mit der gesetzlichen Regelung nicht vereinbar gehalten. Zur Begründung hat er ausgeführt, der Unterhaltsbedarf eines getrennt lebenden oder geschiedenen Ehegatten bemesse sich nach § 1361 I 1 BGB bzw. § 1578 I 1 BGB nach den individuell ermittelten Lebens-, Einkommens- und Vermögensverhältnissen der Ehegatten, die den ehelichen Lebensstandard bestimmten bzw. bestimmt hätten, gegebenenfalls erhöht um einen konkret darzulegenden trennungsbedingten Mehrbedarf. Es sei nicht auszuschließen, dass der pauschalierende Mindestbedarf den nach den ehelichen Lebensverhältnissen individuell ermittelten Betrag übersteige und damit zu einer ungerechtfertigten Bevorzugung des Ehegatten führe. Dies gelte gleichermaßen in einem so genannten echten Mangelfall, und zwar auch im Hinblick auf die Übung, die konkurrierenden Unterhaltsansprüche der Kinder nach Tabellenwerten zu bemessen und in die Mangelberechnung einzustellen. Denn die Bemessung des Kindesunterhalts nach Tabellenwerten rechtfertige es auch im echten Mangelfall nicht, den Unterhalt des Ehegatten auf einen Mindestbedarfssatz zu erhöhen, weil sich dies zu Lasten der als besonders schutzwürdig anzusehenden Kinder auswirke (*Senat,* NJW 1987, 897 = FamRZ 1987, 266 [267]; BGHZ 104, 158 [168] = NJW 1988, 1722; BGH, NJW 1995, 963 = FamRZ 1995, 346 [347]; *NJW* 1996, 517 = FamRZ 1996, 345 [346], und NJW 1997, 1919 = FamRZ 1997, 806 [808]).

(Vorwegabzug Kindesunterhalt im Mangelfall; Mangelfallberechnung; Einsatzbetrag für Ehegattenunterhalt nach Eigenbedarfssätzen)

b   b) Diese Rechtsprechung ist nicht ohne Kritik geblieben. Dabei ist insbesondere hervorgehoben worden, die nach Vorwegabzug des Kindesunterhalts individuell ermittelte Unterhaltsquote für den Ehegatten stelle in Mangelfällen keinen geeigneten Maßstab für die Bemessung des Bedarfs dar, weil sich dabei – je nach Kinderzahl und Kargheit der Mittel – Beträge ergeben könnten, die das Sozialhilfeniveau deutlich unterschritten oder sogar Null betrügen. Es werde verkannt, dass der Bedarf einer Familie bei bestehender Lebens- und Unterhaltsgemeinschaft insgesamt aus den vorhandenen Mitteln gedeckt und nicht nach Maßstäben bestritten werde, die für den Fall der Trennung oder Scheidung vom Gesetz geregelt und von der Rechtsprechung entwickelt worden seien. In sehr beengten wirtschaftlichen Verhältnissen könne gerade nicht davon ausgegangen werden, dass den Kindern tatsächlich ein Mindestbedarf vorab zur Verfügung stehe; durch ein geringes Familieneinkommen würden nämlich in der Regel alle Familienmitglieder betroffen. Deshalb müsse auch dem unterhaltsberechtigten Ehegatten ein Einsatzbetrag zugebilligt werden, der in angemessenem Verhältnis zu den für die Kinder angesetzten Beträgen stehe (*Becker,* FamRZ 1995, 667; *Göppinger/Kodal,* 7. Aufl., Rdnrn. 1639 f.; *Johannsen/Henrich/Büttner,* EheR, 3. Aufl., § 1361 Rn. 120; *Kalthoener/Büttner/Niepmann,* 8. Aufl., Rn. 101; *Luthin,* FamRZ 1995, 472; *Scholz,* in: *Kemnade/Scholz/Zieroth,* FamilienR, 1996, S. 445, 515 f.; vgl. auch *Gutdeutsch,* FamRZ 1995, 1065).

c) Dass für Kinder jedenfalls ein Mindestbedarf entsprechend der Gruppe 1 der Düsseldorfer Tabelle bestehe, kann seit dem In-Kraft-Treten des Kindesunterhaltsgesetzes vom 6. 4. 1998 (BGBl. I, 666) allerdings nicht mehr angenommen werden. Denn seitdem gibt es keine gesetzliche Bestimmung des Mindestbedarfs minderjähriger Kinder im Unterhaltsrecht mehr. Als solcher ist auch weder das eineinhalbfache des Regelbetrags anzusehen, das nach § 645 ZPO im vereinfachten Verfahren ohne weitere Darlegung der wirtschaftlichen Verhältnisse geltend gemacht werden kann, noch das auf der Grundlage des Sozialhilfebedarfs ermittelte rechtliche Existenzminimum eines Kindes oder – in Anlehnung an § 1612 b V BGB in der zum 1. 1. 2001 in Kraft getretenen Fassung des Gesetzes zur Ächtung der Gewalt in der Erziehung und zur Änderung des Kindesunterhaltsrechts vom 2. 11. 2000 (BGBl I, 1479) – ein Betrag von 135% nach der Regelbetrag-Verordnung (*Senat,* NJW 2002, 1269 = FPR 2002, 195 = FamRZ 2002, 536 [538 f., 540 f.]). Damit ist die gesetzliche Vorgabe dafür entfallen, den Unterhaltsbedarf von Kindern auf jeden Fall mit einem Mindestbedarfssatz bei der Mangelverteilung zu berücksichtigen, soweit nicht die unterhaltsrelevante rechtliche Einkommen des Unterhaltspflichtigen eine höhere Eingruppierung in den Unterhaltstabellen zulässt (vgl. auch *Göppinger/Kodal,* Rn. 1640).

d) Es stellt sich deshalb die Frage, welche Beträge nunmehr zum einen für die Kinder und zum anderen für den unterhaltsberechtigten Ehegatten anzusetzen sind. Letzterem schuldet der Unterhaltspflichtige entweder den nach den Verhältnissen der Ehegatten zu bemessenden Familienunterhalt (§ 1360 a I BGB) oder im Falle des Getrenntlebens bzw. nach Scheidung den Unterhalt nach Maßgabe der ehelichen Lebensverhältnisse (§§ 1361 I 1, 1578 I 1 BGB). Falls diese auch von der Unterhaltslast gegenüber Kindern mitbestimmt werden, ist es in der Praxis üblich, für die Bemessung des Ehegattenunterhalts nach den §§ 1361, 1570 ff. BGB den Kindesunterhalt von dem Einkommen des Unterhaltspflichtigen vorweg abzuziehen, und zwar sowohl für gemeinsame Kinder als auch für Kinder, die nicht von dem Unterhaltsberechtigten abstammen, soweit sich daraus nicht ein Missverhältnis zum wechselseitigen Lebensbedarf der Beteiligten ergibt (vgl. *Senat,* NJW 1999, 717 = FamRZ 1999, 367 [368 f.], und NJW 2000, 3140 = FamRZ 2000, 1492 [1493]).

Wenn hinsichtlich des Kindesunterhalts indessen kein Mindestbedarf mehr definiert ist, der tatsächlich aufzubringende Kindesunterhalt aber noch nicht bekannt ist, weil seine Höhe erst nach der verhältnismäßigen Kürzung aller Bedarfsbeträge feststeht, erscheint die Vorwegabzugsmethode zur Ermittlung des Einsatzbetrags für den Ehegatten nicht angemessen. Sie würde nämlich bei Heranziehung von Kindesunterhaltssätzen, die zum Beispiel der Düsseldorfer Tabelle entnommen werden, in vielen Fällen zu Unterhaltsquoten führen, die realistischerweise nicht für sich beanspruchen können, den eheangemessenen Unterhaltsbedarf des Ehegatten darzustellen.

Dieser Beurteilung kann nicht mehr uneingeschränkt mit dem Argument begegnet werden, eine drohende Verkürzung der Unterhaltsansprüche von Ehegatten sei grundsätzlich hinzunehmen, während eine solche gegenüber den Unterhaltsansprüchen minderjähriger Kinder unter anderem deshalb nicht gerechtfertigt erscheine, weil ihnen – im Gegensatz zu Erwachsenen – wegen ihres Alters von vornherein jede Möglichkeit verschlossen sei, durch eigene Anstrengungen zur Deckung ihres notwendigen Lebensbedarfs beizutragen (vgl. *Senat,* NJW 1996, 517 = FamRZ 1996, 345 [346 f.] m. w. Nachw.). Durch das Kindesunterhaltsgesetz ist die gesteigerte Unterhaltpflicht von Eltern gegenüber minderjährigen unverheirateten Kindern unter bestimmten Voraussetzungen auf volljährige unverheiratete Kinder bis zur Vollendung des 21. Lebensjahres erstreckt worden. Nach der am 1. 7. 1998 in Kraft getretenen Neufassung des § 1603 I 2 BGB stehen den minderjährigen unverheirateten Kindern volljährige unverheiratete Kinder unter den genannten Voraussetzungen gleich. Damit kommt ihnen nach § 1609 BGB auch der gleiche Rang zu wie den minderjährigen Kindern und dem Ehegatten des Unterhaltspflichtigen (*Senat,* NJW 2002, 2026 = FamRZ 2002, 815 [816]). Dem privilegierten volljährigen Kind ist indessen durchaus die Möglichkeit eröffnet, etwa durch Aufnahme einer Aushilfsbeschäftigung, zur Deckung seines notwendigen Lebensbedarfs selbst beizutragen, obwohl der für dieses Kind vorgesehene Tabellenunterhalt in vielen Fällen bereits über der Unterhaltsquote des Ehegatten aus dem um den Kindesunterhalt bereinigten Einkommen des Verpflichteten liegen dürfte.

Andererseits dürfte eine Berechnung des für den Ehegatten in die Mangelverteilung einzustellenden Betrags ohne einen Vorwegabzug des Kindesunterhalts häufig zu einem Ergebnis führen, das mit Rücksicht auf die tatsächlich bestehende Unterhaltslast gegenüber Kindern sowohl den Unterhaltsbedarf nach Maßgabe der ehelichen Lebensverhältnisse als auch den sozialhilferechtlichen Existenzminimum übersteigt. Vor diesem Hintergrund erscheint es sachgerecht, bei der Bestimmung des Einsatzbetrags an die Überlegung anzuknüpfen, dass der Bedarf der Familie bei bestehender Lebens- und Unterhaltsgemeinschaft aus den zur Verfügung stehenden Mitteln bestritten worden ist, ein vorliegender Mangel deshalb in der Regel von allen Familienmitgliedern getragen worden ist. Die Familie musste mit den vorhandenen Mitteln auskommen und hat das – erforderlichenfalls unter Hinnahme von Einschränkungen – auch geschafft, so dass regelmäßig das Existenzminimum gewahrt gewesen sein dürfte. Wenn nach Trennung oder Scheidung dem Unterhaltsverpflichteten selbst aber jedenfalls der an dem sozialhilferechtlichen Existenzminimum ausgerichtete notwendige Selbstbehalt zu verbleiben hat, erscheint es angemessen und sachgerecht, auch den der jeweiligen Lebenssituation des unterhaltsberechtigten Ehegatten entsprechenden Eigenbedarf in die Mangelverteilung einzustellen. In welcher Höhe der so angesetzte Bedarf befriedigt werden kann, ist eine – von den vorhandenen Mitteln und den weiteren Unterhaltpflichten abhängige – andere Frage.

(Mangelfallrechnung; Einsatzbetrag für minderjährige Kinder 135% des Regelbetrags)

4 f) Wenn indessen der Einsatzbetrag für den Ehegatten in Höhe des jeweiligen Eigenbedarfs c (Existenzminimum) in die Mangelverteilung eingestellt wird, kann für die zu berücksichtigenden Kinder vom Ansatz her nichts anderes gelten, das heißt ein unter dem Existenzminimum liegender Einsatzbetrag nicht angenommen werden. Anderenfalls würde die anschließend gebotene proportionale Kürzung aller Bedarfsbeträge zu verzerrten Ergebnissen führen, und zwar zum Nachteil der den gleichen unterhaltsrechtlichen Rang genießenden Kinder. Von daher erscheint es nicht angemessen, den Kindesunterhalt lediglich in Höhe der Regelbeträge anzusetzen, die erheblich unter dem Existenzminimum angesiedelt sind (a. A. *Büttner,* FamRZ 2002, 542; *Graba,* NJW 2001, 249 [253 f.]; *Oelkers/ Kraeft,* FamRZ 1999, 1476 [1486]). Nachdem § 1612 b V BGB in der Fassung des Gesetzes zur Ächtung der Gewalt in der Erziehung und zur Änderung des Kindesunterhaltsrechts vorsieht, dass eine Anrechnung des Kindergelds bereits dann unterbleibt, wenn der Unterhaltpflichtige außer Stande ist, Unterhalt in Höhe von 135% des Regelbetrags nach der Regelbetrag-Verordnung zu leisten, und der Gesetzgeber beabsichtigt hat, mit dieser Änderung der Kindergeldanrechnung das Barexistenzminimum eines Kindes sicherzustellen (vgl. Bericht des Rechtsausschusses, BT-Dr 14/3781, S. 8; *Senat,* NJW 2002, 1269 = FPR 2002, 143 = FamRZ 2002, 536 [540 f.]), erscheint es aus Gründen der verein-

fachten Handhabung gerechtfertigt, diesen pauschalen Satz auch für das in die Mangelverteilung einzustellende Existenzminimum von Kindern heranzuziehen (ebenso *Luthin/Schumacher,* 9. Aufl., Rn. 3322; Unterhaltsrechtliche Hinweise des OLG Stuttgart, Stand: 1. 7. 2000, FamRZ 2001, 979 [980 unter III]; vgl. auch *Scholz,* FamRZ 2000, 1541 [1545]; *Göppinger/Kodal,* Rn. 1640; *Luthin,* FamRZ 2001, 334 [336]; *Wohlfahrt,* FF 2001, 2 [8]). Damit wird zum einen für den Ehegatten und die Kinder von Einsatzbeträgen für die Mangelverteilung ausgegangen, die in angemessener Relation zueinander stehen: Für den in einem eigenen Haushalt lebenden unterhaltsberechtigten Ehegatten sind – nach der Düsseldorfer Tabelle, Stand: 1. 7. 1998, Anmerkung B IV – bei Erwerbstätigkeit monatlich 1500 DM und – falls keine Erwerbstätigkeit ausgeübt wird – monatlich 1300 DM anzusetzen; für den in einem gemeinsamen Haushalt mit dem Unterhaltspflichtigen lebenden Ehegatten sind – unter Berücksichtigung der durch die gemeinsame Haushaltsführung eintretenden Ersparnis – bei Erwerbstätigkeit monatlich 1100 DM bzw. für den nicht erwerbstätigen Ehegatten monatlich 950 DM zu veranschlagen (Anmerkung B VI zur Düsseldorfer Tabelle). Demgegenüber liegen die für die Kinder zu berücksichtigenden Beträge zwischen rund 471 DM (1. Altersstufe) und rund 678 DM (3. Altersstufe). Zum anderen wird durch die pauschalierende und schematisierende Berechnungsweise ein zur Bewältigung der Vielzahl von Unterhaltsfällen praktikabler Weg beschritten. Dabei begegnet die Heranziehung des in § 1612b V BGB n. F. zum Ausdruck kommenden Rechtsgedankens auch für die Zeit vor dem In-Kraft-Treten der Neufassung am 1. 1. 2001 keinen Bedenken. Denn die Regelbeträge konnten schon zuvor nicht beansprucht, das Existenzminimum eines Kindes sicherzustellen (vgl. BT-Dr 13/9596, S. 31).

(Einsatzbeträge entsprechen nicht dem Bedarf)

d   g) Schließlich steht den derart bemessenen Einsatzbeträgen nicht entgegen, dass weder der Ehegatte des Unterhaltspflichtigen noch dessen Kinder grundsätzlich Unterhalt in Höhe des Existenzminimums beanspruchen können, sondern der Unterhalt jeweils nach den individuellen Verhältnissen, insbesondere den Einkommens- und Vermögensverhältnissen des Unterhaltsschuldners bzw. nach den ehelichen Lebensverhältnissen der Ehegatten, zu bestimmen ist. Denn die auf der Grundlage des jeweiligen Existenzminimums ermittelten Einsatzbeträge dienen allein dem Zweck, eine angemessene Verteilung des unter Berücksichtigung des Selbstbehalts des Unterhaltspflichtigen für den Unterhalt der gleichrangigen Berechtigten einzusetzenden Einkommens vorzunehmen. Erst das Ergebnis der proportionalen Kürzung des Gesamtbedarfs im Verhältnis zu den zur Verfügung stehenden Mitteln ergibt – vorbehaltlich der vorzunehmenden Angemessenheitsprüfung – den jeweils geschuldeten Unterhalt.

(Mangelunterhalt nicht höher als Unterhalt ohne Vorliegen eines Mangelfalls)

e   h) Bei der abschließend vorzunehmenden Überprüfung des im Rahmen der Mangelverteilung gewonnenen Ergebnisses auf seine Angemessenheit im Einzelfall ist darauf zu achten, dass die Aufteilung des verfügbaren Einkommens auf die minderjährigen Kinder und den Ehegatten insgesamt angemessen und billig ist. Diese Beurteilung umfasst, insbesondere bei der Berechnung mit – unterhaltsrechtlich grundsätzlich nicht geschuldeten – Bedarfssätzen in Höhe des jeweiligen Existenzminimums, auch eine Kontrolle dahin gehend, ob die Ehefrau oder die Kinder sich auf Grund der Mangelfallberechnung etwa besser stehen als ohne Vorliegen eines Mangelfalls, was nicht als ausgewogenes Ergebnis angesehen werden könnte.

(Berechnung des Bedarfs des Gatten; eingeschränkter Vorabzug des Kindesunterhalts; Höchstbetrag eines ohne Vorabzug berechneten Bedarfs)

f   aa) Ob eine derartige Mangelfallgestaltung anzunehmen ist, muss grundsätzlich durch eine Gegenüberstellung der Gesamtheit der Unterhaltsansprüche und der zu ihrer Erfüllung zur Verfügung stehenden Mittel festgestellt werden. Dabei sind die für die zu berücksichtigenden Kinder anzusetzenden Unterhaltsbeträge der jeweiligen Einkommensstufe der Unterhaltstabellen zu entnehmen, wobei mit Rücksicht auf die Anzahl der Unterhaltsberechtigten Ab- oder Zuschläge angemessen sein können (vgl. etwa Anm. 1 zur Düsseldorfer Tabelle). Der Unterhaltsbedarf eines getrennt lebenden oder geschiedenen Ehegatten ist grundsätzlich mit einer Quote des nach Vorwegabzug des Tabellenkindesunterhalts verbleibenden Einkommens des Unterhaltspflichtigen zu ermitteln, soweit sich daraus nicht ein Missverhältnis zu den für die Kinder festgestellten Beträgen ergibt (*Senat,* NJW 1999, 717 = FamRZ 1999, 367). Ist das der Fall, so hat ein Vorwegabzug zu unterbleiben. Wenn allerdings der so errechnete Unterhaltsbedarf zu einem Betrag führt, der über dem Mindestbedarfssatz liegt, und deshalb mit den ehelichen Lebensverhältnissen nicht in Einklang steht, können auch hier Mindestbedarfssätze, erforderlichenfalls nach Vornahme eines Abschlags, herangezogen werden. Ein solcher Abschlag kann etwa insoweit in Betracht kommen, als das Existenzminimum der Kinder den Regelbetrag nach der Regelbetrag-Verordnung prozentual übersteigt, bei einem Mindestbedarf des Ehegatten von 950 DM also in Höhe von rund 250 DM (950 DM – [950: 135 × 100] = rund 704 DM).

(Berechnung des Anteils am Familienunterhalt analog § 1578 BGB)

Der in einer intakten Ehe bestehende Familienunterhaltsanspruch gem. §§ 1360, 1360 a BGB lässt **g** sich zwar nicht ohne weiteres nach den zum Ehegattenunterhalt nach Trennung oder Scheidung entwickelten Grundsätzen bemessen. Denn er ist nach seiner Ausgestaltung nicht auf die Gewährung einer – frei verfügbaren – laufenden Geldrente für den jeweils anderen Ehegatten, sondern vielmehr als gegenseitiger Anspruch der Ehegatten darauf gerichtet, dass jeder von ihnen seinen Beitrag zum Familienunterhalt entsprechend seiner nach dem individuellen Ehebild übernommenen Funktion leistet. Seinem Umfang nach umfasst er gem. § 1360 a BGB alles, was für die Haushaltsführung und die Deckung der persönlichen Bedürfnisse der Ehegatten und der gemeinsamen Kinder erforderlich ist. Sein Maß bestimmt sich aber nach den ehelichen Lebensverhältnissen, so dass § 1578 BGB als Orientierungshilfe herangezogen werden kann (*Senat,* NJW 1995, 1486 = FamRZ 1995, 537 m. Nachw.). Es begegnet deshalb keinen Bedenken, den – im vorliegenden Fall maßgeblichen – Anspruch auf Familienunterhalt im Fall der Konkurrenz mit anderen Unterhaltsansprüchen auf die einzelnen Familienmitglieder aufzuteilen und in Geldbeträgen zu veranschlagen (vgl. *Senat,* NJW-RR 2001, 361 = FamRZ 2001, 1065 [1066], und NJW 2002, 1646 = FPR 2002, 266 = FamRZ 2002, 742). Daher kann der anzusetzende Betrag insoweit in gleicher Weise wie der Unterhaltsbedarf des getrennt lebenden oder geschiedenen Ehegatten ermittelt werden.

(Abzug tatsächlich geschuldeten Kindesunterhalts auch bei anderweitiger Titulierung)

Dabei ist entgegen der Auffassung des BerGer. auch für das Kind *W* der Tabellenunterhalt und nicht **h** ein Betrag von nur 380 DM monatlich anzusetzen, selbst wenn nur in Höhe des Letzteren ein Unterhaltstitel vorliegen sollte. Denn in welcher Höhe der Unterhalt eines Kindes tituliert ist, ist im Rahmen eines andere Unterhaltsansprüche betreffenden Rechtsstreits im Regelfall ohne Bedeutung, weil davon ausgegangen werden kann, dass bei Abweichungen von der materiellen Rechtslage die Abänderung des Titels möglich ist (vgl. *Senat,* NJW 1990, 3020 = FamRZ 1990, 1091 [1094 f.], und NJW 1992, 1624 = FamRZ 1992, 797 [798 f.]).

BGH v. 22. 1. 2003 – XII ZR 186/01 – FamRZ 03, 518 = NJW 03, 1181

(Haushaltsführung als Surrogat)

a) In Fällen, in denen der unterhaltsberechtigte Ehegatte – wie hier – seine Arbeitsfähigkeit während **a** der Ehe ganz oder zum Teil in den Dienst der Familie gestellt, den Haushalt geführt und erst nach der Scheidung eine Erwerbstätigkeit aufgenommen oder ausgeweitet hat und das daraus erzielte Einkommen gleichsam als Surrogat des wirtschaftlichen Wertes seiner bisherigen Haushaltstätigkeit angesehen werden kann, ist dieses Einkommen in die Berechnung des nach § 1578 BGB zu bemessenden Unterhaltsbedarfs nicht mehr nach der so genannten Anrechnungsmethode, sondern nach der Differenzmethode oder der zu gleichen Ergebnissen führenden Additionsmethode einzubeziehen (vgl. BGHZ 148, 105 [120] = NJW 2001, 2254), jedenfalls dann, wenn es auf einem nicht ungewöhnlichen Verlauf der beruflichen Entwicklung des unterhaltsberechtigten Ehegatten beruht. Letzteres ist hier – auch nach der Auffassung der Revisionserwiderung – der Fall, zumal die Parteien nach den Feststellungen des BerGer. schon während der Ehe die Vorstellung hatten, dass die Bekl. zu einem späteren Zeitpunkt wieder eine Erwerbstätigkeit aufnehmen werde.

(Abänderungszeitpunkt bei geänderter höchstrichterlicher Rechtsprechung)

b) Entsprechend der Auffassung der Revisionserwiderung ist die geänderte Rechtsprechung des **b** *Senats* im Rahmen des vorliegenden Abänderungsverfahrens nur für den Unterhaltszeitraum zu berücksichtigen, der der Verkündung des die bisherige Rechtsprechung aufgebenden Urteils des Senats folgt.

Für die Zeit davor verbleibt es hinsichtlich der Unterhaltsbemessung (unter Berücksichtigung der zwischenzeitlich eingetretenen Änderung der Einkommensverhältnisse der Parteien) bei der früheren Rechtslage, die die Parteien ihrem Vergleich zu Grunde gelegt haben (vgl. BGHZ 148, 368 [377, 379 f.] = NJW 2001, 3618 = FPR 2001, 426 m. w. Nachw.). Denn der (hier: weitere) Abänderungsgrund der geänderten höchstrichterlichen Rechtsprechung, der nunmehr zur Anwendung der so genannten Differenzmethode führt, trat erst mit Verkündung des Senatsurteils vom 13. 6. 2001 ein und kann daher – wie eine erst zu diesem Zeitpunkt in Kraft tretende Gesetzesänderung – erst für die darauf folgende Zeit berücksichtigt werden. Der in Übereinstimmung mit der bisherigen Rechtsprechung auf der Anwendung der so genannten Anrechnungsmethode beruhende Prozessvergleich stellt nämlich einen Vertrauenstatbestand für beide Parteien dar, in den die Änderung der höchstrichterlichen Rechtsprechung grundsätzlich nicht rückwirkend zu Lasten des Unterhaltspflichtigen eingreifen darf, zumal erst sie zu einer die Abänderung rechtfertigenden Äquivalenzstörung führt.

(Einkommen des Bedürftigen bei überobligatorischer Tätigkeit ist nicht prägend)

c   c) Das angefochtene Urteil kann für den Unterhaltszeitraum ab 1. 7. 2001 keinen Bestand haben, da bei Anwendung der Differenzmethode dem die ehelichen Lebensverhältnisse prägenden Einkommen des Kl. der wirtschaftliche Wert der Haushaltstätigkeit der Bekl. hinzuzurechnen ist, und zwar in Höhe des von ihr nicht überobligationsmäßig erzielten (und nur insoweit prägenden, vgl. *Senat,* NJW 1983, 933 = FamRZ 1983, 146 [149]) bereinigten Nettoeinkommens abzüglich Erwerbstätigenbonus. Allein daraus würde sich (jedenfalls auf der Grundlage der vom BerGer. festgestellten jeweiligen Einkommen der Parteien im Jahre 2000) ein Unterhaltsbedarf der Bekl. ergeben, der durch den als bedarfsdeckend zu berücksichtigenden (nicht überobligationsmäßig erzielten) Teil ihres eigenen Einkommens abzüglich Erwerbstätigenbonus nicht gedeckt wäre, so dass ihr ein Anspruch auf Aufstockungsunterhalt verbliebe.

Eine abschließende Entscheidung ist dem RevGer. jedoch verwehrt, weil sich zumindest das Einkommen der Bekl. nach ihrem eigenen Vortrag ab 1. 1. 2001 erhöht hat, ohne dass das BerGer. – aus seiner Sicht folgerichtig – insoweit Feststellungen zur Höhe getroffen hätte. Das BerGer. wird diese Feststellungen nachzuholen und den Parteien vor einer erneuten Entscheidung gegebenenfalls auch Gelegenheit zu geben haben, ergänzend zur der Frage vorzutragen, in welchem Umfang der Kl. seinem inzwischen nicht mehr wehrersatzpflichtigen Sohn S und dem inzwischen in eine höhere Altersgruppe der Düsseldorfer Tabelle aufgerückten Sohn A Unterhalt gewährt, und welchen Einfluss die der Bekl. gegenüber am 28. 9. 2002 ausgesprochene fristlose Kündigung des Arbeitsverhältnisses auf deren laufenden Unterhaltsanspruch hat. Soweit auch unter Berücksichtigung der möglicherweise veränderten tatsächlichen Verhältnisse ein Anspruch der Bekl. auf Aufstockungsunterhalt in Betracht kommt, wird das BerGer. weiter unter Billigkeitsgesichtspunkten (§ 1577 II BGB) zu prüfen haben, ob und gegebenenfalls in welchem Umfang der von der Bekl. überobligationsmäßig erzielte Teil ihres Einkommens ebenfalls als bedarfsdeckend anzurechnen ist.

BGH v. 29. 1. 2003 – XII ZR 92/01 – FamRZ 03, 590 = FPR 03, 330

R586   *(Eheprägende Einkommensverbesserungen und Einkommensminderungen)*

a   b) Zwar bestimmt sich der Bedarf des unterhaltsberechtigten Ehegatten nach den ehelichen Lebensverhältnissen (§ 1578 I 1 BGB). Dieser Bezug schließt jedoch die Berücksichtigung nachehelicher Entwicklungen nicht aus. So können sich nach der Rechtsprechung des Senats Einkommensverbesserungen, die erst nach der Scheidung beim unterhaltspflichtigen Ehegatten eintreten, bedarfssteigernd auswirken, wenn ihnen eine Entwicklung zu Grunde liegt, die aus der Sicht zum Zeitpunkt der Scheidung mit hoher Wahrscheinlichkeit zu erwarten war, und wenn diese Erwartung die ehelichen Lebensverhältnisse bereits geprägt hatte (vgl. etwa *Senat,* NJW 1987, 1555 = FamRZ 1987, 459 [460] m. w. Nachw.). Umgekehrt können auch nach der Scheidung eintretende Einkommensminderungen für die Bedarfsbemessung nicht grundsätzlich unberücksichtigt bleiben, sofern sie nicht auf einer Verletzung der Erwerbsobliegenheit des Unterhaltsverpflichteten beruhen (vgl. *Senat,* NJW 1992, 2477 = FamRZ 1992, 1045 [1047]) oder durch freiwillige berufliche oder wirtschaftliche Dispositionen des Unterhaltsverpflichteten veranlasst sind und von diesem durch zumutbare Vorsorge aufgefangen werden konnten (*Senat,* NJW-RR 1988, 514 = FamRZ 1988, 145 [147]; vgl. zum Ganzen auch *Wendl/ Gerhardt,* 5. Aufl., § 4 Rdnrn. 224a f.). Wie der Senat in vergleichbarem Zusammenhang ausgesprochen hat, müsste es auf Unverständnis stoßen, wenn beispielsweise eine nach der Trennung eintretende Arbeitslosigkeit des unterhaltsverpflichteten Ehegatten nicht schon die ehelichen Lebensverhältnisse, sondern erst seine Leistungsfähigkeit beeinflusste (*Senat,* NJW-RR 1988, 519 = FamRZ 1988, 256, [257]). Für die dauerhafte Absenkung der Erwerbseinkünfte des Unterhaltsschuldners nach der Scheidung kann grundsätzlich nichts anderes gelten. Auch hier muss es der Unterhaltsberechtigte hinnehmen, dass der Bemessungsmaßstab für seinen Unterhaltsanspruch gegenüber den Verhältnissen im Zeitpunkt der Scheidung sinkt (vgl. *Senat,* NJW 1988, 1722 = FamRZ 1988, 705 [706], betreffend Währungsverfall bei ausländischem Arbeitsentgelt).

Das folgt bereits aus der Entstehungsgeschichte des § 1578 I 1 BGB. Dessen Regelung ist dem vor dem In-Kraft-Treten des 1. EheRG geltenden Recht entlehnt, das freilich nur den allein oder überwiegend für schuldig erklärten Ehegatten unter den weiteren Voraussetzungen des § 58 EheG zur Gewährung „des nach den Lebensverhältnissen der Ehegatten angemessenen Unterhalts" verpflichtete. Das 1. EheRG hat die Anknüpfung des Unterhalts an die ehelichen Lebensverhältnisse in das neue verschuldensunabhängige Scheidungsrecht übernommen und damit ihres Charakters als einer Sanktion für Scheidungsverschulden entkleidet. Die Berücksichtigung der ehelichen Lebensverhältnisse sollte – so die Begründung des RegE des 1. EheRG – besonders den Fällen gerecht werden, in denen durch gemeinsame Leistung der Ehegatten ein höherer sozialer Status erreicht worden sei, an dem auch der nicht erwerbstätig gewesene Ehegatte teilhaben müsse (BT-Dr 7/650, S. 136; vgl. auch BVerfGE 57, 361 [389] = NJW 1981, 1771 = FamRZ 1981, 745 [750 f.]). Umgekehrt sollte damit zugleich dem berechtigten Ehegatten eine Partizipation an einer solchen Steigerung der Lebensverhältnisse des verpflichteten Ehegatten verwehrt bleiben, die nicht bereits in der Ehe mit diesem angelegt war. Über diese Zielsetzungen hinaus ist aus § 1578 I 1 BGB hergeleitet worden, dass die im Zeitpunkt der Scheidung erreichten ehelichen Lebensverhältnisse das Maß des Unterhalts auch gegenüber nachehelichen Einkommensminderungen des unterhaltspflichtigen Ehegatten dauerhaft fixierten mit der Folge, dass der wirtschaftliche Abstieg des Pflichtigen sich nur auf dessen Leistungsfähigkeit auswirken könne (etwa *Gernhuber/Coester-Waltjen*, Lehrbuch des FamilienR, 4. Aufl., S. 446). Diese Konsequenz ist indes nicht zwingend. Schon die Eherechtskommission beim Bundesministerium der Justiz, auf deren Vorschlägen § 1578 I 1 BGB beruht, hat zwar „die wirtschaftlichen Verhältnisse der Ehegatten im Zeitpunkt der Scheidung" als „Ausgangspunkt für die Höhe des Unterhalts" bezeichnet; die Kommission wollte jedoch eine Neufestsetzung des Unterhalts immer dann ermöglichen, wenn „in den Einkünften oder im Vermögen des Unterhaltspflichtigen eine wesentliche Änderung" eintrete (Vorschläge zur Reform des Ehescheidungsrechts und des Unterhaltsrechts nach der Ehescheidung, 1970, S. 77, 104). Die Gesetz gewordene Regelung hat diese Formulierung zwar nicht übernommen, andererseits aber auch keinen für die Beurteilung der ehelichen Lebensverhältnisse maßgebenden Zeitpunkt festgelegt.

(Trennung als Prüfungszeitpunkt einer vom Normalverlauf abweichenden Entwicklung)

Allerdings hat der Senat in ständiger Rechtsprechung betont, dass für den nachehelichen Unterhalts- **b** anspruch grundsätzlich die ehelichen Verhältnisse im Zeitpunkt der Scheidung maßgebend sind (etwa *Senat*, NJW 1982, 1870 = FamRZ 1982, 576 [577]). Die Rechtskraft der Scheidung setzt gleichsam einen Endpunkt hinter eine gemeinsame wirtschaftliche Entwicklung mit der Folge, dass die für den Unterhalt maßgebenden Lebensverhältnisse nur durch das bis dahin nachhaltig erreichte Einkommen der Ehegatten bestimmt werden (etwa *Senat*, NJW 1992, 2477 = FamRZ 1992, 1045 [1046]). Von der Maßgeblichkeit des Scheidungszeitpunktes für die Berücksichtigung von Einkommenssteigerungen hat der Senat dabei Ausnahmen nach zwei Richtungen zugelassen: Zum einen muss eine dauerhafte Verbesserung der Einkommensverhältnisse, die nach der Trennung der Ehegatten, aber noch vor der Rechtskraft der Scheidung eintritt, für die Bemessung der ehelichen Lebensverhältnisse unberücksichtigt bleiben, wenn sie auf einer unerwarteten und vom Normalverlauf erheblich abweichenden Entwicklung beruht (*Senat*, NJW 1982, 1870 = FamRZ 1982, 576 [578]) oder trennungsbedingt ist.

(Nicht vorwerfbare Einkommensreduzierung; keine unverändert fortzuschreibende Lebensstandardgarantie)

Zum andern muss, wie schon erwähnt, eine dauerhafte Verbesserung der Einkommensverhältnisse **c** bei der Bemessung der ehelichen Lebensverhältnisse Berücksichtigung finden, wenn sie zwar erst nach der Scheidung eingetreten ist, wenn ihr aber eine Entwicklung zu Grunde liegt, die bereits in der Ehe angelegt war und deren Erwartung die ehelichen Lebensverhältnisse bereits geprägt hatte (vgl. etwa *Senat*, NJW 1987, 1555 = FamRZ 1987, 459). Beide Einschränkungen verdeutlichen das mit § 1578 I 1 verfolgte gesetzgeberische Anliegen: eine Teilhabe des bedürftigen Ehegatten am Lebensstandard des unterhaltspflichtigen Ehegatten sicherzustellen, wenn und soweit er durch die gemeinsame Leistung der Ehegatten erreicht worden ist. Für eine nachteilige Veränderung in den wirtschaftlichen Verhältnissen des unterhaltspflichtigen Ehegatten lassen sich diese Überlegungen indes nicht nutzbar machen; denn insoweit geht es nicht um die Teilhabe an dem in der Ehe gemeinsam Erworbenen, sondern um die sachgerechte Verteilung einer durch Einkommensrückgang erzwungenen Schmälerung des Bedarfs. Der *Senat* hat die Frage, inwieweit der unterhaltsberechtigte Ehegatte das Risiko, den bis zur Scheidung erreichten Lebensstandard dauerhaft bewahren zu können, unterhaltsrechtlich mittragen muss, bislang nicht grundsätzlich entschieden (offen gelassen im *Senat*, NJW-RR 1988, 514 = FamRZ 1988, 145 [148]; tendenziell bejahend bereits *Senat*, NJW 1988, 1722 = FamRZ 1988, 705 [706]). Er hat, wie gezeigt, allerdings klargestellt, dass eine Einkommensminderung beim unterhaltspflichtigen Ehegatten auf das Maß des Unterhalts nicht durchschlägt, wenn sie auf einer Verletzung der Erwerbsobliegenheit des Unterhaltsverpflichteten beruht (vgl. *Senat*, NJW 1992, 2477 = FamRZ 1992, 1045 [1047]) oder durch freiwillige berufliche oder wirtschaftliche Dispositionen des Unterhaltsverpflichteten veranlasst ist und von diesem durch zumutbare Vorsorge aufgefangen werden konnte (*Senat*, NJW-RR 1988, 514 = FamRZ 1988, 145 [147]). In seinem Urteil vom 16. 6. 1993 (NJW-RR 1993, 1283 = FamRZ 1993, 1304 [1305]) hat der *Senat* darüber hinaus ausgeführt, dass bei der Bemessung der ehelichen Lebensverhältnisse auch ein nicht abzuwendender Einkommensrückgang beim unterhaltspflichtigen Ehegatten zu berücksichtigen sei, wenn sich die Ehegatten für die Bemessung der ehelichen Lebensverhältnisse auf diesen Einkommensrückgang auch bei fortbestehender Ehe hätten einrichten müssen. Dieser Gedanke erweist sich auch dann als richtig, wenn der Einkommensrückgang – anders als in dem entschiedenen Fall angenommen – nicht schon während bestehender Ehe vorauszusehen war. Die Anknüpfung der nach § 1578 I 1 BGB maßgebenden Umstände an den Zeitpunkt der Rechtskraft des Scheidungsurteils begründet schon nach ihrem Zweck für den unterhaltsberechtigten Ehegatten keine die früheren ehelichen Lebensverhältnisse unverändert fortschreibende Lebensstandardgarantie, deren Erfüllung nur in den Grenzen fehlender Leistungsfähigkeit des unterhaltsverpflichteten Ehegatten an dessen dauerhaft veränderte wirtschaftliche Verhältnisse angepasst und nur insoweit auch „nach unten korrigiert" werden kann. Für eine solche Absicherung böte das Recht des nachehelichen Unterhalts, das – jedenfalls im Prinzip – nur die Risiken der mit Scheidung fehlgeschlagenen Lebensplanung der Ehegatten und der von ihnen in der Ehe praktizierten Arbeitsteilung angemessen ausgleichen will, keine gedankliche Rechtfertigung. Das Unterhaltsrecht will den bedürftigen Ehegatten nach der Scheidung wirtschaftlich im Grundsatz nicht besser stellen, als er sich ohne die Scheidung stünde. Bei fortbestehender Ehe hätte ein Ehegatte die negative Einkommensentwicklung seines Ehegatten wirtschaftlich mitzutragen; es ist nicht einzusehen, warum die Scheidung ihm das Risiko einer solchen – auch vom unterhaltpflichtigen Ehegatten hinzunehmenden – Entwicklung, wenn sie dauerhaft und vom Schuldner nicht durch die in Erfüllung seiner Erwerbsobliegenheit gebotenen Anstrengungen vermeidbar ist, abnehmen soll (vgl. auch *Senat*, NJW 1988, 1722 = FamRZ 1988, 705).

(Keine Berücksichtigung einer Abfindung bei nicht vorwerfbarer Einkommensreduzierung)

d   c) Das OLG hat nach allem zu Recht den Unterhalt der Kl. auf der Grundlage des vom Bekl. in seinem neuen Beschäftigungsverhältnis bezogenen Entgelts bemessen und die vom Bekl. erst nach der Scheidung erlangte Abfindung, auch soweit ihr die Funktion eines Erwerbsersatzeinkommens zukommen sollte, unberücksichtigt gelassen.

(Einstufige Berechnung des Vorsorgeunterhalts bei nichtprägenden Einkünften des Bedürftigen)

e   Die gebotene Anwendung der Differenzmethode führt nicht nur zu einer von der Berechnung des *OLG* abweichenden Bestimmung des Elementarunterhalts, sondern auch zu einer veränderten Berechnung des – vom *OLG* anhand der Bremer Tabelle ermittelten – Vorsorgeunterhalts: Zum einen ist von einer anderen Nettobemessungsgrundlage auszugehen. Zum andern muss in einem weiteren Rechenschritt unter Berücksichtigung des so ermittelten Vorsorgeunterhalts der der Bekl. zustehende endgültige Elementarunterhalt bestimmt werden. Das *OLG* hat – von seinem Standpunkt aus folgerichtig – den Elementarunterhalt einstufig berechnet. Diese Vorgehensweise entspricht der Rechtsprechung des *Senats* in Fällen, in denen der Elementarunterhalt – wie auch hier vom *OLG* – nach der Anrechnungsmethode ermittelt worden ist (*Senat*, NJW-RR 1999, 297 = FamRZ 1999, 372 [374]). In solchen Fällen wird in Höhe des angerechneten Einkommens des Unterhaltsberechtigten das die ehelichen Lebensverhältnisse bestimmende Einkommen des Unterhaltspflichtigen zwischen den Ehegatten nicht verteilt, sondern es verbleibt ihm allein, so dass er entlastet wird. Das hat zur Folge, dass er Altersvorsorgeunterhalt bis zur Höhe des angerechneten Einkommens zusätzlich zu dem Elementarunterhalt leisten kann, ohne dass ihm weniger als die ihm an sich zustehende Quote des für die ehelichen Lebensverhältnisse maßgebenden Einkommens verbleibt.

BGH v. 29. 1. 2003 – XII ZR 289/01 – FamRZ 03, 445 = NJW 03, 1177

    (Zu den Wohnwert übersteigenden Hausschulden beim Kindesunterhalt)

a   1. Zu Unrecht macht die Revision allerdings geltend, das OLG hätte die Darlehensbelastungen des Bekl. aus der Finanzierung des mit seiner Ehefrau gekauften Einfamilienhauses einkommensmindernd berücksichtigen müssen. Das ist nach den vorliegenden Gegebenheiten nicht der Fall. Minderjährige Kinder ohne Einkünfte besitzen keine eigene unterhaltsrechtlich relevante Lebensstellung i. S. des § 1610 II BGB. Sie leiten ihre Lebensstellung vielmehr von derjenigen ihrer unterhaltspflichtigen Eltern ab. Wird das Kind von einem Elternteil versorgt und betreut und leistet der andere Teil Barunterhalt, so bestimmt sich die Lebensstellung des Kindes grundsätzlich nach den Einkommens- und Vermögensverhältnissen des barunterhaltpflichtigen Elternteils. Da der für die Unterhaltsbemessung maßgebliche Lebensstandard im Wesentlichen durch tatsächlich vorhandene Mittel geprägt ist, richtet sich auch die abgeleitete Lebensstellung des Kindes nach diesen Verhältnissen. Deshalb sind unterhaltsrechtlich relevante Verbindlichkeiten zu berücksichtigen (*Senat*, NJW-RR 1996, 321 = FamRZ 1996, 160 [161], und NJW 2002, 1269 = FPR 2002, 195 = FamRZ 2002, 536 [537]). Ob die Verbindlichkeiten unterhaltsrechtlich berücksichtigungsfähig sind, ist unter umfassender Interessenabwägung zu beurteilen, wobei es insbesondere auf den Zweck der Verbindlichkeiten, den Zeitpunkt und die Art ihrer Entstehung, die Kenntnis von der Unterhaltsschuld und auf andere Umstände ankommt (*Senat*, NJW 1991, 697 = FamRZ 1991, 182 [184], und NJW 2002, 1269 = FPR 2002, 195 = FamRZ 2002, 536 [537]).

Im Rahmen dieser in erster Linie dem Tatrichter obliegenden Interessenabwägung ist das *OLG* – bei der Prüfung des Bedarfs der Kl. – für die Zeit vor dem 1. 1. 2001 zu dem Ergebnis gelangt, dass die monatlichen Raten von 1783 DM, auch soweit sie den Wohnwert überstiegen, nicht anzurechnen seien, weil der Bekl., der die Kredite in Kenntnis seiner Unterhaltspflicht aufgenommen habe, nicht zu Lasten der Bekl. Vermögen bilden dürfe, und er außerdem nicht dargelegt habe, dass es ihm nicht möglich gewesen sei, die Finanzierung in einem angemessenen Rahmen zum Wohnwert zu halten.

Dabei hat es auch dem Umstand Bedeutung beigemessen, dass die Tilgungsrate des werthöchsten Darlehens von 245 000 DM nicht 1%, sondern 2% beträgt. Dies lässt Rechtsfehler nicht erkennen, zumal der Bekl. auch nicht dargetan hat, ob und in welchem Umfang sich seine berufstätige zweite Ehefrau an den Lasten beteiligt.

(Berücksichtigung der Umgangskosten des barunterhaltspflichtigen Elternteils)

c) Der (teilweise) Entzug des Kindergelds durch § 1612 b V BGB verstößt auch nicht im Hinblick **c** auf die Umgangsrechte und -pflichten des barunterhaltspflichtigen Elternteils mit dem Kind gegen Art. 6 GG. Zwar stehen die in § 1684 I BGB genannten Rechte und Pflichten unter dem Schutz des Art. 6 II 1 GG (vgl. *BVerfG*, NJW 2002, 1863 = FPR 2002, 265 = FamRZ 2002, 809). Aus Art. 6 I GG folgen aber keine konkreten Ansprüche auf Teilhabe an bestimmten staatlichen Leistungen (*BVerfGE* 39, 316 [326] = NJW 1975, 1771; *BVerfGE* 87, 1 [35] = NJW 1992, 2213; vgl. auch *BVerfG*, NJW 1995, 1342 = FamRZ 1995, 86, zum Anspruch auf Sozialhilfe zur Wahrnehmung des Umgangsrechts). Jedenfalls war der Gesetzgeber durch Art. 6 GG nicht gehindert, in § 1612 b V BGB anzuordnen, dass der Kindergeldanteil des Barunterhaltspflichtigen vorrangig der Gewährleistung des Barexistenzminimums des Kindes dienen soll. Eine solche Regelung liegt im Rahmen des Gestaltungsspielraums des Gesetzgebers. Allerdings wird die Rechtsprechung zu erwägen haben, ob und in welchem Umfang Umgangskosten eines Barunterhaltsverpflichteten, dem sein Kindergeldanteil infolge der Anrechnungsvorschrift des § 1612 b V BGB (teilweise) nicht verbleibt, nunmehr mit Blick auf die Neuregelung des § 1612 b V BGB zu einer angemessenen Minderung des unterhaltsrechtlich relevanten Einkommens oder einer angemessenen Erhöhung des Selbstbehalts des Unterhaltsverpflichteten führen können (zur bisherigen Rechtsprechung vgl. *Senat*, FamRZ 1995, 215).

BGH v. 5. 2. 2003 – XII ZR 29/00 – FamRZ 03, 848 = NJW 03, 1796

(Einkommensreduzierung durch Ruhestand ist eheprägend)   **R588**

a) Das *OLG* hat zu Recht den Unterhaltsbedarf der Bekl. nach dem mit dem Eintritt in den **a** Ruhestand verminderten Einkommen des Dr. F bemessen.

aa) Zwar hat der *Senat* in ständiger Rechtsprechung betont, dass für den nachehelichen Unterhaltsanspruch die ehelichen Verhältnisse im Zeitpunkt der Scheidung maßgebend sind (etwa *Senat*, NJW 1982, 1870 = FamRZ 1982, 576 [577]). Die Rechtskraft der Scheidung setzt gleichsam einen Endpunkt hinter eine gemeinsame wirtschaftliche Entwicklung der Ehegatten mit der Folge, dass die für den Unterhalt maßgebenden Lebensverhältnisse nur durch das bis dahin nachhaltig erreichte Einkommen der Ehegatten bestimmt werden (etwa *Senat*, NJW 1992, 2477 = FamRZ 1992, 1045 [1046], und NJW-RR 1993, 1283 = FamRZ 1993, 1304 [1305]). Diese grundsätzliche (zu den Ausnahmen vgl. *Senat*, BGHZ 89, 108 [112] = NJW 1984, 292, sowie NJW-RR 1986, 653 = FamRZ 1986, 439 [440], einerseits und NJW 1987, 1555 = FamRZ 1987, 459 [460], andererseits) Fixierung der ehelichen Lebensverhältnisse auf den Zeitpunkt der Scheidung ist, wie der *Senat* in seinem – nach dem Erlass der angefochtenen Entscheidung ergangenen – Urteil v. 29. 1. 2003, NJW 2003, 1518 = FPR 2003, 330 – klargestellt hat, aber nur für die Berücksichtigung von Einkommenssteigerungen von Bedeutung. Sie stellt – entsprechend dem mit § 1578 I 1 BGB verfolgten gesetzgeberischen Anliegen – eine Teilhabe des bedürftigen Ehegatten am Lebensstandard des unterhaltspflichtigen Ehegatten sicher, wenn und soweit er durch die gemeinsame Leistung der Ehegatten erreicht worden ist. Für eine nachteilige Veränderung in den wirtschaftlichen Verhältnissen des unterhaltspflichtigen Ehegatten lassen sich diese Überlegungen indes nicht nutzbar machen; denn insoweit geht es nicht um die Teilhabe an dem in der Ehe gemeinsam Erworbenen, sondern um die sachgerechte Verteilung einer durch Einkommensrückgang erzwungenen Schmälerung des Bedarfs. Die Anknüpfung der nach § 1578 I 1 BGB maßgebenden Umstände an den Zeitpunkt der Rechtskraft des Scheidungsurteils begründet schon nach ihrem Zweck für den unterhaltsberechtigten Ehegatten keine die früheren ehelichen Lebensverhältnisse unverändert fortschreibende Lebensstandardgarantie, deren Erfüllung nur in den Grenzen fehlender Leistungsfähigkeit des unterhaltsverpflichteten Ehegatten an dessen dauerhaft veränderte wirtschaftliche Verhältnisse angepasst und nur insoweit auch „nach unten korrigiert" werden kann. Für eine solche Absicherung böte das Recht des nachehelichen Unterhalts, das – jedenfalls im Grundsatz – nur die Risiken der mit der Scheidung fehlgeschlagenen Lebensplanung der Ehegatten und der von ihnen in der Ehe praktizierten Arbeitsteilung angemessen ausgleichen will, keine Rechtfertigung. Das Unterhaltsrecht will den bedürftigen Ehegatten nach der Scheidung wirtschaftlich im Grundsatz nicht besser stellen, als er sich ohne die Scheidung stünde. Bei fortbestehender Ehe hätte ein Ehegatte die negative Einkommensentwicklung des anderen wirtschaftlich mitzutragen; es ist nicht einzusehen, warum die Scheidung ihm das Risiko einer solchen – auch vom unterhaltspflichtigen Ehegatten hinzunehmenden – Entwicklung abnehmen soll, wenn sie dauerhaft und vom Schuldner nicht durch die in Erfüllung seiner Erwerbsobliegenheit gebotenen Anstrengungen vermeidbar ist (*Senat*, NJW

2003, 1518 = FPR 2003, 330; vgl. auch schon *Senat,* NJW 1988, 1722 = FamRZ 1988, 705 [706]). Das gilt auch im vorliegenden Fall. Auch hier muss es die Bekl. hinnehmen, dass der Bemessungsmaßstab der ehelichen Lebensverhältnisse, die im Zeitpunkt der Scheidung durch das Erwerbseinkommen und die Kapitaleinkünfte des *Dr. F* geprägt waren, mit dessen Eintritt in den Ruhestand abgesunken ist.

(Übergang von konkreter Bedarfsermittlung auf Quotenberechnung im Abänderungsverfahren wegen Einkommensreduzierung)

b   bb) Eine Anpassung des von der Bekl. zuletzt erwirkten Unterhaltsurteils an diese veränderte Bemessungsgrundlage wird nicht, wie die Revision meint, dadurch ausgeschlossen, dass der Unterhalt in diesem Urteil wie auch in den ihm vorausgegangenen Entscheidungen nicht nach einer Quote der von *Dr. F* erzielten Einkünfte bemessen, sondern – wegen deren weit überdurchschnittlicher Höhe – nach dem von der Bekl. konkret dargelegten Bedarf bestimmt worden ist.

Richtig ist, dass das Abänderungsverfahren weder eine freie, von der bisherigen Höhe unabhängige Neufestsetzung des Unterhalts noch eine abweichende Beurteilung derjenigen Verhältnisse ermöglicht, die bereits im Ersturteil eine Bewertung erfahren haben. Vielmehr besteht die Abänderungsentscheidung in einer unter Wahrung der Grundlagen des Unterhaltstitels vorzunehmenden Anpassung des Unterhaltstitels an veränderte Verhältnisse. Für das Ausmaß der Abänderung kommt es darauf an, welche Umstände für die Bemessung der Unterhaltsrente seinerzeit maßgebend waren und welches Gewicht ihnen dabei zugekommen ist. Auf dieser Grundlage hat der Richter im Abänderungsverfahren unter Berücksichtigung der neuen Verhältnisse festzustellen, welche Veränderungen in diesen Umständen eingetreten sind und welche Auswirkungen sich daraus für die Höhe des Unterhalts ergeben (st. Rspr. des *Senats*; etwa *Senat,* NJW-RR 1994, 1155 = FamRZ 1994, 1100 [1101]). In der Entscheidung, deren Abänderung die Kl. hier begehrt, hat das *FamG* – in Übereinstimmung mit den zuvor zwischen den Parteien ergangenen Unterhaltsurteilen – den Unterhalt der Bekl. nach deren konkret dargelegtem und in Anpassung an den Lebenshaltungskostenindex fortgeschriebenen Bedarf bestimmt. Maßgebend für diese Art der Bestimmung waren, wie in den vorangegangenen Urteilen klargestellt, die Höhe der von *Dr. F* als Chefarzt erzielten Einkünfte und die – vom *Senat* wiederholt gebilligte (vgl. etwa *Senat,* NJW 1983, 1547 = FamRZ 1982, 1187 [1188]) – Annahme, dass derart überdurchschnittlich hohe Einkünfte nicht ausschließlich der Lebenshaltung der Ehegatten gedient und deren Lebensverhältnisse geprägt haben, sondern zum Teil auch zur Vermögensbildung verwandt worden sind. Mit dem Wegfall der bisherigen Erwerbseinkünfte als Chefarzt und deren Ersetzung durch deutlich geringere Versorgungsbezüge ist die Grundlage für die bisherige Bedarfsbemessung entfallen. Dies gilt umso mehr, als – wie unter aa dargelegt – die Bestimmung des Unterhalts nach den ehelichen Lebensverhältnissen auch einen nach dem Lebensstandard im Zeitpunkt der Scheidung konkret dargelegten Bedarf nicht dauerhaft festschreibt, sondern im Falle eines Absinkens des ursprünglich eheprägenden Einkommens ebenfalls abgesenkt werden muss. Eine Bindung an die vorangegangene Bedarfsermittlung besteht insoweit nicht. Dem von der Revision angeführten Senatsurteil vom 15. 11. 1989 (NJW-RR 1990, 194 = FamRZ 1990, 280 [281]) lässt sich Gegenteiliges nicht entnehmen. In dieser Entscheidung hat der *Senat* die Voraussetzungen einer Abänderung nach § 323 ZPO verneint, wenn in dem abzuändernden Urteil der Unterhaltsbedarf gemäß dem in der Ehe erreichten gehobenen Lebensstandard konkret ermittelt worden ist und der unterhaltsberechtigte Ehegatte eine Anhebung des Unterhalts verlangt, weil sich die Einkommensverhältnisse des unterhaltspflichtigen Ehegatten weiter verbessert hätten. Da sich in einem solchen Fall der konkrete Bedarf nicht verändert hat, wird die durch die konkrete Bedarfsermittlung nach oben begrenzte Unterhaltsbemessung durch einen Einkommensanstieg beim unterhaltspflichtigen Ehegatten nicht berührt. Im hier zu entscheidenden Fall liegen die Dinge jedoch gerade umgekehrt. Das Einkommen des unterhaltspflichtigen Ehegatten sinkt ab; dadurch vermindert sich auch der nach § 1578 I BGB – sei es konkret, sei es durch Quotierung – zu bemessende Bedarf. Dem kann nach Maßgabe des § 323 ZPO durch eine Abänderung Rechnung getragen werden.

(Keine Teilhabe an einer unerwarteten Einkommensentwicklung nach Trennung/Scheidung)

c   Der Bedarf des unterhaltsberechtigten Ehegatten bestimmt sich nach den ehelichen Lebensverhältnissen (§ 1578 I 1 BGB). Dieser Ehebezug schließt zwar die Berücksichtigung nachehelicher Entwicklungen nicht generell aus. Einkommensverbesserungen, die erst nach der Scheidung beim unterhaltspflichtigen Ehegatten eintreten, können sich nach der Rechtsprechung des Senats aber nur dann bedarfssteigernd auswirken, wenn ihnen eine Entwicklung zu Grunde liegt, die aus der Sicht zum Zeitpunkt der Scheidung mit hoher Wahrscheinlichkeit zu erwarten war, und wenn diese Erwartung die ehelichen Lebensverhältnisse bereits geprägt hatte (vgl. etwa *Senat,* NJW 1987, 1555 = FamRZ 1987, 459 [460], m. w. Nachw.). Denn eine Teilhabe des bedürftigen Ehegatten am Lebensstandard des unterhaltspflichtigen Ehegatten ist nur gerechtfertigt, wenn und soweit er durch die gemeinsame Lebensleistung der Ehegatten erreicht worden ist (*Senat,* NJW 2003, 1518 = FPR 2003, 330). Daran fehlt es im vorliegenden Fall. Denn es war, worauf das *OLG* mit Recht hinweist, im Scheidungszeit-punkt völlig ungewiss, ob der damals 53 Jahre alte und bereits seit über drei Jahren getrennt lebende *Dr. F* erneut heiraten würde, ob und in welchem Umfang er in der neuen Ehe sparen und Vermögen bilden würde und wie lange er überhaupt berufstätig sein würde. Der Umstand, dass der Bekl. in der Vergangenheit keine quotenmäßige Beteiligung an den früher überdurchschnittlichen Einkünften des *Dr. F* zugebilligt, ihr vielmehr nur ein nach ihrem konkret dargelegten Bedarf bemessener Unterhalt zuerkannt worden ist, ändert an dieser Beurteilung nichts. *Dr. F* hat dadurch nämlich nicht, wie die Revision meint, auf Kosten der Bekl. Vermögen anlegen können, dessen Erträge er deshalb nunmehr auch zu Gunsten der Bekl. aufwenden müsste; ebenso ist der Bekl. auch nicht durch diese Bemessung eine Möglichkeit zu eigener Vermögensbildung genommen worden. Der nacheheliche Unterhalt ist Folge der Scheidung überdauernden Verantwortung der Ehegatten füreinander. Diese fortwirkende Verantwortung ist auf die Deckung des Lebensbedarfs beschränkt. Sie begründet jedoch keinen Anspruch auf Partizipation am künftigen, nicht mehr in der Ehe angelegten Vermögenserwerb des anderen Ehegatten oder an den daraus gezogenen Nutzungen; insoweit setzt sich der Grundsatz der wirtschaftlichen Eigenverantwortung der Ehegatten gegenüber der fortwirkenden Verantwortung für-einander durch (vgl. Eherechtskommission beim BMJ, Vorschläge zur Reform des Ehescheidungsrechts und des Unterhaltsrechts nach der Ehescheidung, 1970, S. 75 f., 92 f.).

(Überobligatorische Tätigkeit des Pflichtigen nur nach Billigkeit prägend)

Auch wenn *Dr. F* solche Tätigkeiten weiter ausgeübt und daraus Gewinne erzielt hätte, so wäre auch **d** dies eine Entwicklung, die nicht bereits in der vor über 18 Jahren beendeten Ehe angelegt war. Schon deshalb könnten Einkünfte des *Dr. F* aus solchen Tätigkeiten den an den ehelichen Lebensverhältnissen orientierten Unterhaltsbedarf der Bekl. nicht mehr beeinflussen. Im Übrigen würde, worauf das *OLG* zutreffend hinweist, eine solche den Ruhestand überdauernde Tätigkeit des bei Beginn des Abände-rungszeitraums nahezu 72-jährigen *Dr. F* von dessen Erwerbsobliegenheit nicht mehr gedeckt. Erträge, die der Unterhaltspflichtige aus einer solchen überobligationsmäßigen Tätigkeit erzielt, könnten des-halb allenfalls dann bedarfssteigernd berücksichtigt werden, wenn Treu und Glauben eine solche Berücksichtigung erfordern (vgl. *Senat,* NJW 1983, 1548 = FamRZ 1983, 569 [570], und NJW 1985, 907 = FamRZ 1985, 360 [362]; für Einkünfte des Berechtigten vgl. etwa *Senat,* NJW 1982, 2664 = FamRZ 1982, 779 [780], und NJW 1983, 933 = FamRZ 1983, 146 [147]; ferner etwa *Heiß/Born,* Stand: März 2002, Kap. 2 Rdnrn. 43 ff.; *Wendl/Gerhardt,* Das UnterhaltsR in der familiengerichtlichen Praxis, 5. Aufl., § 1 Rdnrn. 45 ff.).

(Prägung von Renteneinkünften als Surrogat der Haushaltsführung)

a) Soweit die Rente der Bekl. auf ihrer vor der Ehe ausgeübten Erwerbstätigkeit beruht, war sie **e** bereits bei der Bemessung des Unterhaltsbedarfs zu berücksichtigen; dies gilt allerdings nur, soweit der Rentenbezug für die Zeit ab dem 13. 6. 2001 in Frage steht.

aa) Wie der *Senat* in seiner – erst nach Erlass des angefochtenen Urteils ergangenen – Entscheidung vom 31. 10. 2001, NJW 2002, 436 = FPR 2002, 59 = FamRZ 2002, 88 (91) – dargelegt hat, prägt die von einem Ehegatten bezogene Rente die ehelichen Lebensverhältnisse auch dann, wenn sie auf einer vor der Ehe ausgeübten Erwerbstätigkeit beruht und erst nach der Scheidung angefallen ist. Die Rente ist insoweit als ein Surrogat für den wirtschaftlichen Nutzen anzusehen, den der rentenberechtigte Ehegatte vor Eintritt des Rentenfalls aus seiner Arbeitskraft ziehen konnte. Hat ein Ehegatte nach der Eheschließung seine Arbeitskraft auf die Führung des gemeinsamen Haushalts verwandt, so hat der Wert seiner Arbeitskraft, und zwar nunmehr in der Form der Familienarbeit, die ehelichen Lebens-verhältnisse mitgeprägt. Da der Wert der Arbeitskraft in der von diesem Ehegatten später bezogenen Rente eine Entsprechung findet, ergibt sich, dass auch diese Rente bei der Bemessung der ehelichen Lebensverhältnisse zu berücksichtigen ist, und zwar auch dann, wenn diese Rente durch eine Erwerbs-tätigkeit vor oder nach der Ehe erworben ist. Das *OLG* durfte daher die von der Bekl. bezogene Rente, soweit sie auf der vorehelichen Erwerbstätigkeit der Kl. beruht, nicht – wie geschehen – nach der so genannten Anrechnungsmethode in Abzug bringen; es hätte die Rente insoweit vielmehr nach der so genannten Additions- oder Differenzmethode bereits in die Bemessung des Unterhaltsbedarfs nach den ehelichen Lebensverhältnissen (§ 1578 I BGB) einbeziehen müssen.

Die Rente war insoweit allerdings nicht für den gesamten Abänderungszeitraum nach der so genannten Additions- oder Differenzmethode zu berücksichtigen. Die für die Anwendung dieser Methoden maßgebenden Art maßgebenden Grundsätze hat der *Senat* erstmals in seinem Urteil vom 13. 6. 2001 (BGHZ 148, 105 = NJW 2001, 2254) entwickelt. In diesem Urteil hat der *Senat* seine bisherige Rechtsprechung zur Unterhaltsbedarfsbemessung geändert und ausgeführt, dass die Familienarbeit des haushaltführenden Ehegatten der Erwerbstätigkeit des verdienenden Ehegatten grundsätzlich gleichwertig sei und deshalb die ehelichen Lebensverhältnisse ebenso mitpräge wie dessen Bareinkommen. Ein Erwerbseinkommen, das der unterhaltsberechtigte Ehegatte nach der Ehe erziele, stelle sich als Surrogat seiner bisherigen Familienarbeit dar. Es müsse deshalb bei der Bestimmung der ehelichen Lebensverhältnisse mitberücksichtigt werden; der Unterhalt dürfe deshalb nicht mehr nach der so genannten Anrechnungsmethode, er müsse vielmehr nach der Additions- bzw. Differenzmethode ermittelt werden (*Senat,* BGHZ 148, 105 [120] = NJW 2001, 2254). Für die hier in Frage stehende Rente gilt nichts anderes; denn sie stellt sich – wie gezeigt – als ein Surrogat für die frühere Erwerbstätigkeit dar, die ihrerseits in der Form der Familienarbeit fortgeführt worden ist (*Senat,* NJW 2002, 436 = FPR 2002, 59 = FamRZ 2002, 88 [91]).

(Änderung höchstrichterlicher Rechtsprechung ist Abänderungsgrund auch bei Urteilen)

f   Die dargestellte Änderung der höchstrichterlichen Rechtsprechung beruht auf einer abweichenden Sicht des § 1578 BGB sowie des bisherigen Verständnisses der „eheprägenden Verhältnisse" und führt zu einer neuen Rechtslage. Diese geänderte Rechtslage erfasst zwar auch zurückliegende Zeiträume, vermag, wie der *Senat* wiederholt entschieden hat (*Senat*urteile BGHZ 148, 368 [379 ff.] = NJW 2001, 3618 = FPR 2001, 426, und NJW 2003, 1181 = FPR 2003, 241), aber eine Abänderung von Prozessvergleichen erst ab Verkündung des maßgebenden Senatsurteils vom 13. 6. 2001 (BGHZ 148, 105 = NJW 2001, 2254) zu rechtfertigen. Für die Abänderung eines Unterhaltsurteils, wie sie hier im Streit steht, kann schon aus Gründen der Rechtssicherheit nichts anderes gelten.

(Renteneinkünfte aus prägendem Einkommen oder vorehelicher Erwerbstätigkeit)

g   Allerdings konnten auch nach der früheren Rechtspraxis Renteneinkünfte, die dem in der Ehe nicht erwerbstätigen Ehegatten erst nach der Scheidung gewährt werden, den nach den ehelichen Lebensverhältnissen zu bemessenden Bedarf beeinflussen, wenn der in der Ehe allein erwerbstätige Ehegatte nach der Scheidung in den Ruhestand trat und seine die ehelichen Lebensverhältnisse bestimmenden Einkünfte dadurch absanken, diesen Mindereinnahmen jedoch nunmehr der Rentenbezug auch des anderen Ehegatten gegenübertrat. Hätten sich bei fortbestehender Ehe die nunmehr verringerten Einkünfte des einen und der hinzutretende Rentenbezug des anderen Ehegatten einander ausgleichend gegenübergestanden, so konnte es im Scheidungsfall unbillig sein, den nach den ehelichen Lebensverhältnissen zu bemessenden Bedarf nur aus dem – im Vergleich zum früheren Erwerbseinkommen niedrigeren – Ruhegehalt des in der Ehe allein erwerbstätigen Ehegatten zu bemessen und die dem anderen Ehegatten nach der Scheidung gewährte und deshalb nicht eheprägende Rente bei der Bedarfsermittlung unberücksichtigt zu lassen und sie auf den ermittelten Unterhaltsbedarf dieses Ehegatten in vollem Umfang anzurechnen. Der altersbedingte Wechsel der Einkommensquellen könnte, wie der *Senat* in seinem Urteil v. 11. 5. 1988 (NJW 1988, 2101 = FamRZ 1988, 817 [818 f.]) ausgeführt hat, hier einseitig den in der Ehe nicht erwerbstätigen Ehegatten belasten und die Lebenserfahrung unberücksichtigt lassen, nach der Ehegatten die Fortentwicklung ihres (gemeinsamen) Lebensstandards bei Aufgabe der Erwerbstätigkeit danach zu beurteilen pflegen, welche Versorgungsleistungen sie beide in Zukunft zu erwarten haben.

So lagen die Dinge hier indes nicht. Soweit die Rente der Bekl. auf deren vorehelicher Erwerbstätigkeit beruht, stellten sich die daraus fließenden Bezüge bereits objektiv – im Hinblick auf schon im Ansatz nicht vergleichbare berufliche Positionen und Einkommenserwartungen des Dr. *F* und der Bekl. – nicht als ein Äquivalent für die mit dem Eintritt des Dr. *F* in den Ruhestand zu erwartende Einkommensminderung dar; es erscheint vielmehr nahe liegend, dass weder Dr. *F* noch die Bekl. diesen Bezügen für ihre Altersversorgung eine Bedeutung beigemessen hatten, die bei einer an den ehelichen Lebensverhältnissen orientierten Bestimmung des Lebensbedarfs unter Billigkeitsgesichtspunkten nicht außer Betracht gelassen werden könnte. Wenn das *OLG* zudem auf den erheblichen zeitlichen Abstand zwischen der Scheidung und dem Rentenbeginn hinweist, der dafür spreche, die auf vorehelicher Erwerbstätigkeit der Bekl. beruhenden Rentenbezüge der Bekl. bei der Beurteilung der ehelichen Lebensverhältnisse und der Bestimmung des aus ihnen abgeleiteten Bedarfs unberücksichtigt zu lassen, so ist auch dieser Gesichtspunkt – in Ansehung der früheren und für die Zeit vor dem 13. 6. 2001 weiterhin maßgebenden Grundsätze der Unterhaltsbedarfsbemessung – nicht rechtsfehlerhaft.

(Keine Prägung von auf Vorsorgeunterhalt beruhenden Renteneinkünften)

h   b) Soweit die Rente der Bekl. auf Beiträgen beruht, welche die Bekl. mit Mitteln des ihr von Dr. *F* gezahlten Vorsorgeunterhalts erworben hat, hat das *OLG* diese Renteneinkünfte dagegen zu Recht nach der Anrechnungsmethode in Abzug gebracht. Die mit dem Senatsurteil vom 13. 6. 2001 (BGHZ 148, 105 = NJW 2001, 2254) begründete abweichende Sicht des § 1578 BGB und des bisherigen Verständnisses der „eheprägenden Verhältnisse" hat hieran nichts geändert.

Insoweit ist die von der Bekl. bezogene Rente eine Folge der Scheidung, welche die ehelichen Lebensverhältnisse schon deshalb nicht geprägt hat (*Senat,* NJW 1987, 1555 = FamRZ 1987, 459 [460]) und – auch nach der Lebensplanung der Ehegatten – nicht als ein Äquivalent angesehen werden kann, das der mit dem Eintritt des Dr. *F* in den Ruhestand einhergehenden Einkommensminderung ausgleichend gegenübersteht. Insoweit unterscheidet sich der vorliegende Fall von Sachverhalten, wie sie den Senatsentscheidungen vom 31. 10. 2001 (NJW 2002, 436 = FamRZ 2002, 88 = FPR 2002, 59) und vom 11. 5. 1988 (NJW 1988, 2101 = FamRZ 1988, 817) zu Grunde lagen: Zwar beruhte der nach der Trennung bzw. Scheidung beginnende Rentenbezug der in der Ehe nicht erwerbstätigen Ehefrau dort teilweise auf dem Versorgungsausgleich und damit ebenfalls auf einer Scheidungsfolge. Die von der Ehefrau auf Grund des Versorgungsausgleichs erworbenen Anrechte stellten sich aber nur als ein Äquivalent für die ursprünglich vom Ehemann erworbenen und auf die Ehefrau übertragenen Rentenanrechte dar. Bei fortbestehender Ehe hätte der Ehemann ungekürzte Versorgungsbezüge erhalten, die beiden Ehegatten zugute gekommen wären. Die über den Versorgungsausgleich bewirkte Kürzung der Versorgungsbezüge des Ehemanns wurde durch die von der Ehefrau erlangten Rentenanrechte ausgeglichen. Dieser Äquivalenz der beiderseitigen Renten musste folglich auch bei der Bemessung des Unterhaltsbedarfs nach den ehelichen Lebensverhältnissen Rechnung getragen werden, sollte der Ehefrau über das Unterhaltsrecht nicht teilweise wieder genommen werden, was ihr über den Versorgungsausgleich zuvor gewährt worden war. In seiner Entscheidung vom 31. 10. 2001 (NJW 2002, 436 = FamRZ 2002, 88 = FPR 2002, 59) konnte der *Senat* deshalb die von der Ehefrau im Versorgungsausgleich erworbenen Anrechte unproblematisch als Surrogat für ihre Haushaltsführung in der Ehe ansehen; die daraus bezogene Rente der Ehefrau trete an die Stelle ihres sonst möglichen Erwerbseinkommens und sei daher bei der Bedarfsbemessung nach dem Maßstab des § 1578 BGB mit zu berücksichtigen. Damit nicht vergleichbar ist die Situation, wenn – wie im hier zu entscheidenden Fall – vom einen Ehegatten Rentenanrechte mit Mitteln des vom anderen Ehegatten geleisteten Vorsorgeunterhalts erworben sind. In einem solchen Fall würde der andere Ehegatte doppelt belastet, wenn er mit seinen Unterhaltsleistungen nicht nur die Altersversorgung seines geschiedenen Ehegatten auf- oder auszubauen hätte, sondern auch noch einen auf Grund der so erworbenen Versorgung erhöhten Elementarunterhaltsbedarf befriedigen müsste. Das kann, wie auch der vorliegende Fall zeigt, nicht rechtens sein: Die Rentenbezüge der Bekl. stehen weder mit dem Eintritt des *Dr. F* in den Ruhestand noch mit der Höhe seiner Versorgungsbezüge in einem Zusammenhang. Die ihnen zu Grunde liegenden Rentenanrechte beruhen auch nicht auf einer Teilung des in gemeinsamer Lebensleistung erworbenen Versorgungsvermögens mit der Folge, dass sich die Anrechte der Ehefrau als ein Surrogat für ihre Haushaltsführung in der Ehe begreifen lassen. Die Rente der Bekl. erhöht daher ihren eheangemessenen Unterhaltsbedarf nach § 1578 BGB nicht; sie ist vielmehr nach der Anrechnungsmethode als bedarfsmindernd in Abzug zu bringen.

(Verwirkung nach § 1579 Nr. 3 BGB bei nicht bestimmungsgemäßer Verwendung des Vorsorgeunterhalts)

i) Die Revision rügt, das *OLG* habe die Voraussetzungen des § 1579 Nr. 3 BGB nicht festgestellt. **i** Damit kann sie allerdings nicht durchdringen. Die Vorschrift des § 1579 Nr. 3 BGB, die in ihrem Geltungsbereich den Rückgriff auf allgemeine Grundsätze ausschließt, sieht eine Sanktion für den Fall vor, dass die gegenwärtige Bedürftigkeit des Unterhaltsberechtigten ganz oder teilweise durch ein eigenes Verhalten in der Vergangenheit herbeigeführt worden ist. Sie hat auf der anderen Seite Schutzwirkung insoweit, als das frühere Verhalten des Unterhaltsberechtigten nur dann Auswirkungen auf seinen Unterhaltsanspruch haben kann, wenn ihm Mutwilligkeit vorgeworfen werden kann (vgl. *Senat*, NJW 1987, 2229 = FamRZ 1987, 684 [685]). Diese Voraussetzung hat das *OLG* bejaht. Zwar wird, wie der Revision zuzugeben ist, der Begriff der Mutwilligkeit im Berufungsurteil nicht näher definiert. Die ausführliche Würdigung des Sachverhalts durch das *OLG* lässt jedoch keinen Zweifel, dass das Gericht diesen von der Rechtsprechung bereits eingehend ausgeformten Rechtsbegriff (vgl. dazu etwa *Senat*, NJW 1987, 2229 = FamRZ 1987, 684 [685], und NJW 2000, 2351 = FamRZ 2000, 815 [817]) richtig erfasst und in tatrichterlicher Verantwortung zutreffend angewandt hat. Die vom *OLG* angeführten Umstände drängen insbesondere den Schluss auf, dass die Bekl., wenn sie – unbeschadet der beträchtlichen Höhe des ihr zuerkannten Elementarunterhalts und in Kenntnis ihrer Altersversorgungssituation als Hausfrau – den ihr von *Dr. F* überlassenen Ausgleichsbetrag abredewidrig nicht zum Aufbau ihrer Altersversorgung verwendete, sich in Verantwortungs- und Rücksichtslosigkeit gegenüber *Dr. F* über die erkannte Möglichkeit der nachteiligen Folgen für ihre Bedürftigkeit hinweggesetzt und – zumindest – mit unterhaltsbezogener Leichtfertigkeit gehandelt hat. Einer ausdrücklichen Feststellung bedurfte es deshalb hierzu im Berufungsurteil nicht.

b) Letztlich kann diese Frage freilich dahinstehen. Denn die Bekl. hat sich in dem mit *Dr. F* geschlossenen Prozessvergleich einverstanden erklärt, sich „bei Eintritt des Versorgungsfalls … so behandeln" zu lassen, „als ob der öffentlich-rechtliche Versorgungsausgleich durchgeführt worden sei". Damit haben *Dr. F* und die Bekl. eine Regelung auch für den Fall getroffen, dass die Bekl. die ihr von *Dr. F* gezahlte Ausgleichsleistung abredewidrig nicht zum Aufbau ihrer eigenen Altersversorgung verwendet. Diese – vom *OLG* fehlerhaft nicht berücksichtigte – vertragliche Regelung schließt einen Rückgriff auf § 1579 Nr. 3 BGB aus. Sie führt insoweit in zweifacher Hinsicht zu einer vom angefochtenen Urteil abweichenden Unterhaltsbemessung:

aa) Nach dem zur Zeit des Vergleichsschlusses (1982) maßgebenden Recht wäre *Dr. F* bei Durchführung des öffentlich-rechtlichen Versorgungsausgleichs verpflichtet worden, für die Bekl. Beiträge zur Begründung von Rentenanwartschaften in der gesetzlichen Rentenversicherung zu bezahlen (§ 1587 b III 1 Halbs. 1 BGB a. F.). Die Bekl. ist, wie der Zusammenhang der zitierten Abrede mit der von *Dr. F* übernommenen Verpflichtung, zum Ausgleich seiner Betriebsrente an die Bekl. 40 000 DM zu zahlen, ergibt, deshalb so zu stellen, wie sie stünde, wenn sie die ihr überlassenen 40 000 DM als Beitrag zur Begründung von Rentenanwartschaften in die gesetzliche Rentenversicherung einbezahlt hätte. Der Umstand, dass das *BVerfG* mit Beschluss vom 27. 1. 1983 (NJW 1983, 1417 = FamRZ 1983, 342) die Regelung des § 1587 b III 1 Halbs. 1 BGB für nichtig erklärt hat, ändert an der Wirksamkeit der von den Parteien getroffenen Abrede nichts. Er berechtigt insbesondere nicht dazu, bei der Unterhaltsbemessung von den Vorgaben in dem Prozessvergleich abzuweichen und – wie im angefochtenen Urteil geschehen – darauf abzustellen, wie die Bekl. sich versorgungsrechtlich stünde, wenn sie die ihr von *Dr. F* geleistete Ausgleichszahlung zum Aufbau einer Lebensversicherung verwandt hätte.

(Fiktive Rentenansprüche als Surrogat der Haushaltsführung)

j   bb) Außerdem durfte das *OLG* die Renteneinkünfte, welche die Bekl. auf Grund der ihr von *Dr. F* erbrachten Zahlung hätte erlangen können, nicht nach der so genannten Anrechnungsmethode in Abzug bringen. Diese (fiktiven) Einkünfte waren vielmehr unterhaltsrechtlich in derselben Weise wie eine Rente zu berücksichtigen, welche die Bekl. aus im öffentlich-rechtlichen Versorgungsausgleich erworbenen Anrechten erlangt hätte. Eine solche Rente wäre, wie unter 2 a aa ausgeführt, als Surrogat der von der Bekl. erbrachten Familienarbeit anzusehen. Sie hätte – wie auch der Wert dieser Familienarbeit selbst – die ehelichen Lebensverhältnisse geprägt und deshalb nach der Additions- bzw. Differenzmethode bereits in die Bedarfsbemessung am Maßstab des § 1578 BGB Eingang finden müssen. Zwar steht in den Fällen des Versorgungsausgleichs durch Beitragszahlung der Rente des ausgleichsberechtigten Ehegatten keine Rentenkürzung beim ausgleichspflichtigen Ehegatten gegenüber. Das ist jedoch auch nicht erforderlich. Auch ein durch Beitragszahlung erfolgter Versorgungsausgleich bewirkt im Grundsatz, dass sich die ehelichen Lebensverhältnisse – bei Einbeziehung der im Versorgungsausgleich erworbenen Rente – im Ergebnis nicht ändern. Zwar wird hier die Rente des Berechtigten mit Mitteln aus dem Vermögen des Verpflichteten erworben. Auf Grund der Beitragszahlung verringern sich jedoch die Erträgnisse aus dem solchermaßen (um die Beitragszahlung) geschmälerten Vermögen und führen zu einer Absenkung der ehelichen Lebensverhältnisse, die jedoch – bei Anwendung der Additions- oder Differenzmethode – um die mit der Beitragszahlung erworbene Rente wieder angehoben werden. Anders als im Falle des mit Mitteln des Vorsorgeunterhalts bewirkten Rentenerwerbs wird der unterhaltspflichtige Ehegatte beim Rentenerwerb kraft Versorgungsausgleichs auch nicht mit einer doppelten Unterhaltspflicht belastet: Die Pflicht zur Beitragszahlung ist nicht, wie der Vorsorgeunterhalt, Ausfluss nachehelicher Verantwortung; sie verwirklicht vielmehr den Anspruch des berechtigten Ehegatten auf hälftige Teilhabe am ehezeitlich gemeinsam erwirtschafteten Versorgungsvermögen. Der pflichtige Ehegatte „finanziert" mit anderen Worten nicht den Rentenerwerb seines Ehegatten, und zwar mit zusätzlichen und für ihn nachteiligen Unterhaltsfolgen; er überlässt seinem Ehegatten nur, was dieser durch seine Familienarbeit in der Ehe miterworben hat und was ihm folglich nach dem Halbteilungsgrundsatz ohnehin gebührt.

Die Rente, welche die Bekl. aus dem öffentlich-rechtlichen Versorgungsausgleich erlangt hätte, ist dabei nicht erst für die Zeit nach der Verkündung des Senatsurteils vom 13. 6. 2001 (BGHZ 148, 105 = NJW 2001, 2254) in Anwendung der Additions- oder Differenzmethode zu berücksichtigen. Auch nach der früheren Rechtspraxis konnten, wie unter 2 a bb ausgeführt, Renteneinkünfte, die dem in der Ehe nicht erwerbstätigen Ehegatten erst nach der Scheidung gewährt werden, den nach den ehelichen Lebensverhältnissen zu bemessenden Bedarf beeinflussen, wenn der in der Ehe allein erwerbstätige Ehegatte nach der Scheidung in den Ruhestand trat und seine die ehelichen Lebensverhältnisse bestimmenden Einkünfte dadurch absanken, diesen Mindereinnahmen jedoch nunmehr der Rentenbezug auch des anderen Ehegatten gegenübertrat. Die Grundsätze, nach denen es in einem solchen Fall unbillig erscheinen konnte, den altersbedingten Wechsel der Einkommensquellen bedarfsmindernd zu berücksichtigen, hat der *Senat* bereits in seinem Urteil vom 11. 5. 1988 (NJW 1988, 2101 = FamRZ 1988, 817) dargelegt. Auf den vorliegenden Fall angewandt verlangen diese Grundsätze, eine von der Bekl. im Wege des öffentlich-rechtlichen Versorgungsausgleichs erworbene Rente bereits bei der Bemessung des Unterhaltsbedarfs am Maßstab des § 1578 BGB zu berücksichtigen. Dem ist bei der Anwendung der von *Dr. F* und der Bekl. getroffenen Abrede auch insoweit Rechnung zu tragen, als ein (fiktiver) Rentenbezug der Bekl. in der Zeit vor dem 13. 6. 2001 in Frage steht.

(Beschränkung der Unterhaltspflicht des Erben)

k   a) Nicht zu beanstanden und von der Revision auch nicht angegriffen ist die Annahme des *OLG*, dass sich der von der Bekl. beanspruchte Unterhalt durch den Tod des *Dr. F* nicht erhöht hat. Zwar entfallen nach § 1586 b I 2 BGB Beschränkungen der Unterhaltspflicht, die sich aus § 1581 BGB ergeben. Solche Beschränkungen lagen hier jedoch nicht vor. § 1581 BGB regelt nur die Leistungsfähigkeit des Unterhaltsschuldners, nicht aber die Höhe des Unterhaltsbedarfs, die in § 1578 BGB geregelt ist (h. M., vgl. *Johannsen/Henrich/Büttner,* EheR., 3. Aufl., § 1586 b Rn. 4; *Wendl/Staudigl/Pauling,* 5. Aufl., § 4 Rn. 60; *Schwab/Borth,* Hdb. d. ScheidungsR., 3. Aufl., V Rn. 1233). Nur um die Bemessung des Unterhaltsbedarfs nach § 1578 BGB geht es im vorliegenden Fall.

b) Fehlerhaft ist indes, dass das *OLG* den im Tatbestand des angefochtenen Urteils wiedergegebenen Vortrag der Bekl., *Dr. F* habe zu Gunsten des Sohns der Kl. eine Schenkung vorgenommen, aus der ihr im Falle des Fortbestands ihrer Ehe mit *Dr. F* ein Anspruch auf Pflichtteilsergänzung erwachsen wäre, nicht nachgegangen ist. Soweit dieser Vortrag zutrifft und die Schenkung des *Dr. F* einen (fiktiven) Pflichtteilsergänzungsanspruch der Bekl. begründen würde, ist, wie der *Senat* in seinem nach Erlass der angefochtenen Entscheidung ergangenen Urteil vom 29. 11. 2000 (BGHZ 146, 114 [118 ff.] = NJW 2001, 828) dargelegt hat, dieser Anspruch bei der Berechnung der Haftungsgrenze nach § 1586 b I 1 BGB zu berücksichtigen.

c) Dieser Fehler wirkt sich im Ergebnis allerdings nur dann zu Lasten der Bekl. und Revisionskl. aus, wenn der von der Bekl. geltend gemachte Pflichtteilsergänzungsanspruch ⅛ des Nachlasswerts übersteigt. Denn um dieses Achtel hat das *OLG* – insoweit zum Vorteil der Bekl. und Revisionskl. – den Pflichtteil, den die Bekl. bei Fortbestand ihrer Ehe beanspruchen könnte, zu hoch bemessen. Der einem Ehegatten zustehende gesetzliche Erbteil bestimmt sich nach § 1931 BGB. Er beträgt, wenn der Ehegatte neben Verwandten der zweiten Ordnung zum gesetzlichen Miterben berufen ist, ½ (§ 1931 I 1 BGB). An dieser Quote ändert sich auch dann nichts, wenn die Eltern des Erblassers vorverstorben sind und Abkömmlinge ausschließlich vom Vater oder ausschließlich von der Mutter des Erblassers abstammen. In diesem Fall kommt – entgegen der Auffassung des *OLG* – ein Erbrecht nach Linien nicht in Betracht, da die zu Erben berufenen Verwandten sämtlich derselben Linie entstammen und ein Anfall des „an sich" der ausgestorbenen Linie gebührenden Erbteils an den Ehegatten, wie er für die Fälle des § 1931 I 2, II BGB vorgesehen ist, im Gesetz keine Grundlage findet.

BGH v. 5. 2. 2003 – XII ZR 321/00 – FamRZ 03, 434 = FPR 03, 246

(Fiktives Einkommen des Bedürftigen als Surrogat der früheren Haushaltsführung)   R589

Der *Senat* hat mit Urteil vom 13. 6. 2001 (NJW 2001, 2254 = FamRZ 2001, 986) entschieden, dass sich der nach § 1578 BGB zu bemessende Unterhaltsbedarf eines Ehegatten, der seine Arbeitsfähigkeit während der Ehe ganz oder zum Teil in den Dienst der Familie gestellt, den Haushalt geführt und gegebenenfalls Kinder erzogen hat, nicht nur nach dem in der Ehe zur Verfügung stehenden Bareinkommen des Unterhaltspflichtigen errechnet. Vielmehr soll dieser Ehegatte auch nach der Scheidung an dem durch seine Familienarbeit verbesserten ehelichen Lebensstandard teilhaben, weil seine in der Ehe durch Haushaltsführung und etwaige Kinderbetreuung erbrachten Leistungen der Erwerbstätigkeit des verdienenden Ehegatten grundsätzlich gleichwertig sind und die ehelichen Lebensverhältnisse mitgeprägt haben. Ausgehend von dieser Gleichwertigkeit hat der *Senat* daher ein Erwerbseinkommen des unterhaltsberechtigten Ehegatten, welches dieser nach der Ehe erzielt und welches gleichsam als Surrogat des wirtschaftlichen Wertes seiner bisherigen Familienarbeit angesehen werden kann, bei der Unterhaltsbemessung mit berücksichtigt und den Unterhalt nicht mehr nach der so genannten Anrechnungs-, sondern nach der Additions- bzw. Differenzmethode ermittelt.

Diesem Ansatz entspricht die vom *OLG* gewählte Lösung, ein Ersatzeinkommen der Kl. zu 1 in die Unterhaltsberechnung einzubeziehen. Dabei ist nicht zu beanstanden, dass das BerGer. ein fiktives Einkommen der Kl. zu 1 in Höhe von 686 DM bzw. 720 DM in die Berechnung eingestellt hat, weil die Kl. zu 1 bei Beachtung der ihr obliegenden Erwerbspflicht ein solches Einkommen erzielen könnte. Denn auch dieses Einkommen, das die Kl. zu 1 zu erzielen in der Lage ist, ist als Surrogat des wirtschaftlichen Wertes ihrer bisherigen Tätigkeit anzusehen (vgl. *Senat,* NJW 2001, 2254 = FamRZ 2001, 986).

BGH v. 19. 2. 2003 – XII ZR 19/01 – FamRZ 03, 741 = FPR 03, 327

(Auslegung einer Unterhaltsvereinbarung)   R590

Zwar ist die Auslegung individueller Vereinbarungen grundsätzlich Sache des Tatrichters. Dessen **a** Auslegung bindet aber das RevGer. unter anderem dann nicht, wenn sie unter Verletzung der gesetzlichen Auslegungsregeln (§§ 133, 157 BGB) und der zu ihnen entwickelten allgemein anerkannten Auslegungsgrundsätze vorgenommen worden ist (st. Rspr., vgl. nur BGH NJW-RR 1993, 562). Dies ist hier der Fall.

Zu den anerkannten Auslegungsregeln, deren Beachtung das RevGer. nachzuprüfen hat, gehört auch der Grundsatz einer nach beiden Seiten interessengerechten Auslegung (vgl. BGHZ 115, 1 [5] = NJW 1991, 2488; BGHZ 131, 136 [138] = NJW 1996, 248). Gegen diesen Grundsatz hat das *OLG* verstoßen.

Zwar geht das BerGer. zu Recht davon aus, dass ein außergerichtlicher Unterhaltsvergleich dem Grunde nach zwischen den Parteien zu Stande gekommen ist: Die Kl. hat dem Bekl. im Schreiben vom 14. 10. 1996 ein Angebot zum Abschluss eines Unterhaltsvergleichs gemacht, das dieser mit Schreiben vom 30. 10. 1996 ohne Änderung angenommen hat. Eine Einschränkung der Annahme ergibt sich nicht daraus, dass der Bekl. erklärte, die von der Kl. geforderten Zahlungen erfolgten nur vergleichsweise und ohne Anerkennung eines Rechtsgrundes. Vielmehr bedeutet der Hinweis, die Zahlungen würden vergleichsweise vorgenommen, dass eben ein Vergleich geschlossen worden ist. Dem Hinweis auf das fehlende Anerkenntnis eines Rechtsgrunds kommt lediglich die Bedeutung zu, dass der Bekl. mit Abschluss des Vergleichs nicht anerkennen wollte, dass die Kl. schon vor Abschluss des Vergleichs einen entsprechenden Unterhaltsanspruch hatte. Rechtsgrund der Zahlungen des Bekl. ist der von den Parteien abgeschlossene Vergleich.

Entgegen der Meinung des *OLG* kann jedoch der Vergleich der Parteien nicht dahin gehend ausgelegt werden, er stehe unter der auflösenden Bedingung, dass der Bekl. seine Hoffnung auf Fortsetzung der Ehe aufgebe. Richtig ist zwar, dass der Bekl. im Schreiben vom 30. 10. 1996 sinngemäß erklärt hat, er stimme der von der Kl. vorgeschlagenen Zahlung nur zu, weil er davon ausgehe, dass es eine Grundlage für die Fortsetzung der Ehe gebe und diese nicht zerrüttet sei. Doch musste die Kl. diese Erklärung schon ihrem Wortlaut nach im Gegensatz zur Meinung des *OLG* nicht so verstehen, dass der Bekl. die fortlaufende Zahlung des Unterhalts von seinen subjektiven Vorstellungen über den Fortbestand der Ehe abhängig mache. Gegen die vom *OLG* vertretene Auslegung sprechen Sinn und Zweck einer Unterhaltsvereinbarung, die darin bestehen, eine verlässliche Befriedung einer unterhaltsrechtlichen Auseinandersetzung herbeizuführen. Eine Unterhaltsvereinbarung, deren Erfüllung und Weiterbestand vom bloßen Willen oder von der Enttäuschung einer bloßen Hoffnung des Unterhaltspflichtigen abhängig ist, erfüllt ihren Zweck nicht. Sie begünstigt einseitig den Unterhaltsverpflichteten, der es in der Hand hätte, seiner Unterhaltsverpflichtung in Zukunft nachzukommen oder hiervon Abstand zu nehmen. Unter diesen Umständen war das Schreiben des Bekl. vom 30. 10. 1996 von der Kl. so zu verstehen, dass der Bekl. das Vergleichsangebot der Kl. uneingeschränkt annehme, wobei er lediglich als Motiv seiner Vergleichsbereitschaft seine Hoffnung auf Fortsetzung der Ehe kundtat. Dies gilt umso mehr, als der Bekl. in dem genannten Schreiben erklärte, auf das Auskunftsverlangen der Kl. über sein Einkommen nicht mehr eingehen zu müssen und die Angelegenheit zumindest vorerst bis zum Ablauf des Trennungsjahres für erledigt betrachte. Auch daraus konnte die Kl. schließen, dass der Bekl. ihr Vergleichsangebot uneingeschränkt angenommen habe. Da somit zwischen den Parteien auch im Zeitpunkt der Entscheidung des *OLG* eine wirksame Unterhaltsvereinbarung bestand, hätte es – wie schon das *FamG* – die Einwände des Bekl. dahin auffassen müssen, dass dieser unter dem Gesichtspunkt des Wegfalls der Geschäftsgrundlage eine Anpassung seiner im Vergleich festgelegten Unterhaltszahlungen wegen einer Verminderung seines Einkommens begehrt.

(Korrektur der Abschreibung nach tatsächlicher Wertminderung; keine Korrektur, wenn sich dies im Mehrjahresdurchschnitt nicht auswirkt)

b   2. Nicht zu beanstanden ist hingegen, dass das BerGer. bei Ermittlung der anrechenbaren Einkünfte des Bekl. aus Land- und Forstwirtschaft die Bewertung der vom Bekl. erworbenen, zum Umlaufvermögen gehörenden, mehrjährigen Kulturen im Einklang mit den steuerlichen Bestimmungen vorgenommen hat (§ 6 I Nr. 2 EStG; Erlass des BMF v. 21. 3. 1997, BStBl I 1997, 369). An den vom Bekl. im Rahmen seiner Jahresabschlüsse ermittelten Beträgen müssen unter unterhaltsrechtlichen Gesichtspunkten keine Änderungen vorgenommen werden. Zwar hat der *Senat* bereits entschieden, dass das steuerrechtlich relevante Einkommen und das unterhaltspflichtige Einkommen nicht identisch sind und dass dem durch das steuerliche Rechtsinstitut der Abschreibung pauschal berücksichtigten Verschleiß von Gegenständen des Anlagevermögens oft keine tatsächliche Wertminderung in Höhe des steuerlich anerkennungsfähigen Betrags entspricht (vgl. NJW 1980, 2083 = FamRZ 1980, 770; NJW 1985, 909 = FamRZ 1985, 357 [359], und NJWE-FER 1998, 64 = FamRZ 1998, 357 [359]). Dies gilt auch, wenn es sich, wie hier bei den mehrjährigen Kulturen des Bekl., um eine Bewertung des Umlaufvermögens unter den Anschaffungs- oder Herstellungskosten handelt. Dennoch können die steuerlichen Werte, die sich aus den Jahresabschlüssen bzw. der Einnahme-/Überschussrechnung ergeben, auch unterhaltsrechtlich anzusetzen sein, sofern es dadurch nicht zu Verfälschungen der unterhaltsrechtlichen Leistungsfähigkeit des Unterhaltsverpflichteten kommt. Das Vorliegen solcher Verfälschungen ist hier im Ergebnis zu verneinen. Bedenken begegnet allerdings die Auffassung des *OLG,* die in den Abschlüssen vorgenommene Bewertung entspreche tatsächlich der eingetretenen Wertminderung. Dies erscheint, worauf die Revision hinweist, angesichts des Umfangs der Absetzungen vom Anschaffungswert der Wirtschaftsgüter (Verminderung des Zukaufs sofort um 20%; Verminderung des Rests bei Ziergehölzen um weitere 50% unter Berücksichtigung der Hektar-Fläche) nicht wahrscheinlich. Jedenfalls existiert – im Gegensatz zur Meinung des *OLG* – kein entsprechender Erfahrungssatz. Dennoch musste das BerGer. das von der Kl. beantragte (gartenbauliche) Sachverständigengutachten darüber, dass die vorgenommenen Bewertungsabschläge die tatsächliche Wertminderung übertreffen, nicht erholen. Vielmehr konnte das *OLG* den Ausführungen des Sachverständigen folgen, wonach sich bei ordnungsgemäßer Erlöserfassung eine etwaige erhöhte Absetzung ausgleicht, so dass die unterhaltsrechtliche Leistungsfähigkeit bei der hier vorliegenden Berücksichtigung mehrerer Jahre richtig wiedergegeben ist (vgl. auch *Strohal,* Unterhaltsrechtlich relevantes Einkommen bei Selbstständigen, 2. Aufl., Rn. 236).

(Keine Berücksichtigung von Sonderabschreibungen; statt dessen lineare Abschreibung; Nichtberücksichtigung von Steuervorteilen bei Bauherrenmodell; Bewirtungskosten)

3. Das *OLG* hat eine vom Bekl. im Jahre 1996 steuerrechtlich korrekt vorgenommene Sonder- c abschreibung in Höhe von 58 922 DM dem im Jahr 1996 zu versteuernden Einkommen des Bekl. in Höhe von 10 846 DM hinzugerechnet. Aus dem so ermittelten Betrag von 69 768 DM hat es eine dann vom Bekl. zu zahlende Steuer in Höhe von insgesamt 14 837 DM (Einkommensteuer zzgl. Solidaritätszuschlag und Kirchensteuer) ermittelt und diese von dem um die Sonderabschreibung erhöhten Gewinn von 82 505 DM in Abzug gebracht, so dass es für 1996 von einem unterhaltsrechtlich relevanten Einkommen von 67 668 DM ausgegangen ist. Dies stößt auf Bedenken.

Richtig ist zwar, dass wegen der Sonderabschreibung eine Korrektur des steuerrechtlich ermittelten Gewinns zu erfolgen hat, weil die Sonderabschreibung dem tatsächlichen Wertverzehr nicht entspricht. Hiergegen hat auch der Bekl. keine Einwendungen erhoben. Zu Unrecht hat das *OLG* jedoch den korrigierten Gewinn für 1996 um den Steuerbetrag vermindert, den der Bekl. zu entrichten gehabt hätte, wenn es nicht zur Sonderabschreibung gekommen wäre. Allerdings hat der *Senat* bereits entschieden, dass Aufwendungen eines Unterhaltspflichtigen, die dieser im Rahmen eines so genannten Bauherrenmodells oder für Bewirtung und Repräsentation tätigt, einerseits sein unterhaltsrechtlich relevantes Einkommen nicht mindern, andererseits aber die auf Grund der Aufwendungen erzielte Steuerersparnis das Einkommen auch nicht erhöht (vgl. *Senat,* NJW-RR 1987, 194 = FamRZ 1987, 36 [37], und NJW 1987, 776 = FamRZ 1987, 46 [48]). Der Grund für die Nichtberücksichtigung der Steuerersparnis beim Einkommen des Unterhaltspflichtigen liegt darin, dass der Unterhaltsberechtigte lediglich verlangen kann, so gestellt zu werden, als ob die Aufwendung nicht vorgenommen worden wäre; die Steuerersparnis bleibt also außer Betracht, weil sie ohne die genannten Aufwendungen, die sich der Unterhaltsberechtigte nicht entgegenhalten lassen muss, nicht eingetreten wäre. Diese Rechtsprechung ist auf die Fälle der vorliegenden Art, in denen es um steuerrechtliche Sonderabschreibungen auf betriebsnotwendiges Anlagevermögen geht, nicht übertragbar. Denn der Unterhaltsberechtigte hat sich in diesen Fällen sehr wohl die Aufwendungen für das genannte Wirtschaftsgut entgegenhalten zu lassen; er kann lediglich verlangen, dass dies nicht sofort in vollem Umfang, sondern entsprechend dem tatsächlichen Wertverzehr des Wirtschaftsguts erfolgt. Dies aber bedeutet, dass im Falle einer steuerrechtlich korrekt vorgenommenen Sonderabschreibung das betreffende Wirtschaftsgut im Jahre der Anschaffung und in der Folgezeit zu unterhaltsrechtlichen Zwecken fiktiv linear abzuschreiben ist. Die zur linearen Abschreibung von der Finanzverwaltung herausgegebenen AfA-Tabellen geben nämlich regelmäßig den tatsächlichen Wertverzehr wieder. Dies gilt insbesondere für die vom Bundesministerium der Finanzen neu erstellte AfA-Tabelle für die allgemein verwendbaren Anlagegüter („AV") vom 15. 12. 2000 (BStBl I 2000, 1533), die die maßgebliche Nutzungsdauer der Wirtschaftsgüter im Vergleich zu früher weitgehend verlängert hat (vgl. *Hommel,* BB 2001, 247 [249]). Die in diesen Tabellen für die einzelnen Anlagegüter angegebene betriebsgewöhnliche Nutzungsdauer beruht auf Erfahrungen der steuerlichen Betriebsprüfung (vgl. BMF, Schr. v. 6. 12. 2001, BB 2002, 621). Es erscheint unbedenklich, diese Erfahrungswerte im Rahmen der Berechnung des unterhaltsrechtlich relevanten Einkommens zu übernehmen (vgl. auch *Laws,* FamRZ 2000, 588). Die AfA-Tabellen haben somit die Vermutung der Richtigkeit für sich; sie binden jedoch – wie im Steuerrecht (vgl. *Schmidt/Drenseck,* EStG, 21. Aufl., § 7 Rn. 84, m. w. Nachw.) – die Gerichte nicht und sind unbeachtlich, sofern sie erkennbar nicht auf Erfahrungswissen beruhen, also offensichtlich unzutreffend sind. In diesen Fällen hat das Gericht die Nutzungsdauer zu schätzen oder durch Erholung eines Sachverständigengutachtens zu ermitteln. Für den vorliegenden Fall folgt daraus, dass sich der steuerliche Gewinn des Bekl. für 1996 lediglich um den Betrag der Sonderabschreibung – vermindert um den Betrag der linearen Abschreibung – erhöht. Hingegen verbleibt es bei der vom Bekl. tatsächlich gezahlten Steuer als Abzugsposten, die sich beim Bekl. im Jahre 1996 nach den Feststellungen des *OLG* jedoch auf Null beläuft. Denn es ist nicht ersichtlich, weshalb dem Unterhaltsberechtigten die dem Unterhaltsverpflichteten durch die Sonderabschreibung gewährte Steuervergünstigung nicht zugute kommen soll (vgl. *Blaese,* FamRZ 1994, 216). Die Berechnung und Absetzung der Einkommensteuer, die der Unterhaltspflichtige bei Vornahme einer linearen Abschreibung hätte zahlen müssen, ist auch nicht unter dem Gesichtspunkt gerechtfertigt, dass es sich bei der aus einer Sonderabschreibung ergebenden Steuervergünstigung – bei gleich bleibendem Tarif – lediglich um eine zinslose Steuerstundung handelt. Vielmehr entspricht es der Rechtsprechung des *Senats,* dass Steuern regelmäßig in der Höhe angerechnet werden, in der sie im Prüfungszeitraum real angefallen sind (vgl. *Senat,* NJW-RR 1990, 580 = FamRZ 1990, 981 [983]). Dies gilt jedenfalls in Bezug auf Sonderabschreibungen dann, wenn sich, wie im vorliegenden Fall, die Sonderabschreibung in den Folgejahren wegen des geringen zu versteuernden Einkommens des Unterhaltspflichtigen voraussichtlich nicht steuererhöhend auswirkt, sondern die Steuervergünstigung dem Steuerpflichtigen im Wesentlichen endgültig verbleibt (zur Wirkung von Sonderabschreibungen auf die Steuerschuld in den Folgejahren vgl. *Tipke/Lang,* SteuerR, 17. Aufl., § 19 Rn. 28).

(Investitionszulagen)

d   4. Entgegen den Ausführungen des *OLG* sind die vom Bekl. bezogenen Investitionszulagen unterhaltsrechtlich nicht völlig irrelevant. Nach § 9 InvZulG gehören diese Zulagen nicht zu den steuerpflichtigen Einkünften und mindern auch nicht die steuerlichen Anschaffungs- und Herstellungskosten. Dies bedeutet, dass sie vom Steuerpflichtigen erfolgsneutral zu verbuchen sind und die AfA auf das mit der Zulage angeschaffte Wirtschaftsgut den Gewinn vermindert. Die Zulage würde damit mittelbar auch die unterhaltsrechtliche Leistungsfähigkeit des Steuerpflichtigen herabsetzen, wenn sie völlig unberücksichtigt bliebe. Dies widerspräche Sinn und Zweck der Zulage. Ihre einkommensmindernde Wirkung ist deshalb durch die Nichtberücksichtigung der entsprechenden AfA auszugleichen. Damit wird die Gewährung der Investitionszulage zu Zwecken des Unterhaltsrechts auf die Dauer der Abschreibung des mit ihr angeschafften Wirtschaftsguts verteilt.

(Keine zusätzliche Altersvorsorge bei Selbständigen im Mangelfall)

e   5. Hinsichtlich der Absetzbarkeit von Beiträgen zur Altersvorsorge hat der Tatrichter zu entscheiden, inwieweit gezahlte Beiträge angemessen sind und deshalb berücksichtigt werden können. Bei einem Selbstständigen, wie hier dem Bekl., der Beiträge in eine gesetzliche Alterskasse bezahlt, wird die Berücksichtigung zusätzlicher Beiträge regelmäßig nicht angemessen sein, wenn er mangels Leistungsfähigkeit nicht in der Lage ist, das Existenzminimum der ihm gegenüber unterhaltsberechtigten Ehefrau und der Kinder abzudecken.

(Verpflichtung zur Aufgabe einer selbständigen Tätigkeit und Aufnahme einer unselbständigen Tätigkeit zur Sicherung des Existenzminimums minderjähriger Kinder)

f   7. Das BerGer. wird weiter zu prüfen haben, ob dem Bekl. bei einer etwaigen, voraussichtlich auf unbestimmte Zeit fortdauernden Unfähigkeit, das Existenzminimum seiner Kinder sicherzustellen, auf Grund seiner erweiterten Unterhaltspflicht gegenüber den minderjährigen Kindern nach § 1603 II BGB anzusinnen ist, seine Baumschule aufzugeben und eine höhere Einkünfte versprechende anderweitige Erwerbstätigkeit aufzunehmen (vgl. *Senat,* NJWE-FER 1998, 64 = FamRZ 1998, 357 [359]).

BGH v. 19. 2. 2003 – XII ZR 67/00 – FamRZ 03, 860 = NJW 03, 1690

R590A   *(Rückwirkende Inanspruchnahme ab Rechtswahrungsanzeige)*

a   Für Unterhaltsansprüche, die nach § 90 I 1 BSHG a. F. auf den Träger der Sozialhilfe übergeleitet worden sind oder nach § 91 I 1 BSHG in der Fassung vom 23. 6. 1993 (BGBl I, 944) kraft Gesetzes auf diesen übergegangen sind, eröffnete jedoch eine Rechtswahrungsanzeige, wie sie den Bekl. zugestellt worden ist, die Möglichkeit der rückwirkenden Inanspruchnahme bereits ab dem Zeitpunkt des Erlasses des Bescheids über die Gewährung von Sozialhilfe (§ 91 III 1 BSHG i. d. F. vom 23. 6. 1993; *Senat,* NJW 1992, 1393 = FamRZ 1992, 795 [796]). Insoweit begegnet es deshalb keinen Bedenken, dass der Bekl. zu 2 (im Folgenden: Bekl.) für die Zeit ab 1. 9. 1994 auf Zahlung von Unterhalt in Anspruch genommen wird.

(Bedarf Elternunterhalt)

b   Das OLG ist rechtlich zutreffend davon ausgegangen, dass sich das Maß des einem Elternteil geschuldeten Unterhalts gem. § 1610 I BGB nach dessen Lebensstellung bestimmt. Diese leitet sich – anders als bei volljährigen, noch in einer Berufsausbildung befindlichen Kindern – nicht von derjenigen des Unterhaltspflichtigen ab, sondern ist eigenständig und beurteilt sich in erster Linie nach den Einkommens- und Vermögensverhältnissen des betreffenden Elternteils. Nachteilige Veränderungen der Einkommensverhältnisse, wie sie in der Regel etwa mit dem Eintritt in den Ruhestand verbunden sind, haben – eventuell nach einer Übergangszeit – deshalb auch eine Änderung der Lebensstellung zur Folge. Mit Rücksicht darauf können die Eltern von ihren Kindern dann keinen Unterhalt entsprechend ihrem früheren Lebensstandard beanspruchen. Als angemessener Unterhalt müssen aber auch bei bescheidenen wirtschaftlichen Verhältnissen diejenigen Mittel angesehen werden, durch die das Existenzminimum der Eltern sichergestellt werden kann und die demgemäß als Untergrenze des Bedarfs zu bewerten sind (ebenso *Eschenbruch,* Der Unterhaltsprozess, 3. Aufl., Rdnrn. 2004 f.; *Günther,* Münchner Anwaltshdb., § 12 Rdnrn. 11 ff.; *Heiß/Born/Hußmann,* 13. Kap., Rn. 22; *Luthin/Seidel,* 9. Aufl., Rdnrn. 5050 f.; *Scholz/Stein/Erdrich,* Praxishdb. FamilienR, Teil J, Rn. 24; *Wendl/Pauling,* 5. Aufl.,

§ 9 Rn. 635; *Diederichsen*, FF 1999 Sonderheft, 13 f.; *OLG Koblenz*, FamRZ 2002, 1212 [1213]).
Insofern ist es auch nicht rechtsfehlerhaft, wenn zur Ermittlung des so bemessenen Bedarfs auf die in
den Unterhaltstabellen enthaltenen, am sozialhilferechtlichen Existenzminimum ausgerichteten Eigen-
bedarfssätze eines unterhaltsberechtigten Ehegatten zurückgegriffen und derjenige Betrag als Bedarf
angesetzt wird, der der jeweiligen Lebenssituation des unterhaltsberechtigten Elternteils entspricht.
Hiervon ausgehend ist die Bedarfsberechnung des BerGer. insgesamt nicht zu beanstanden, insbesondere ist es zutreffend, dass die Kosten der Kranken- und Pflegeversicherung zusätzlich zu berücksichtigen
sind (vgl. auch *Günther,* § 12 Rn. 12; *Eschenbruch,* Rn. 2006; *Luthin/Seidel,* Rn. 5052).

(Wohngeld als Einkommen)

Nach der Rechtsprechung des *Senats* ist Wohngeld zunächst auf einen erhöhten Wohnkostenbedarf   **c**
anzurechnen. Dabei wird im Allgemeinen angenommen werden können, dass den Wohngeldempfän-
fänger Wohnkosten treffen, die auch unterhaltsrechtlich als erhöht zu bezeichnen sind. Soweit das der
Fall ist, dient das Wohngeld dem Ausgleich eines unvermeidbar erhöhten Aufwands mit der Folge, dass
der Bedarf des Berechtigten auf das unter den gegebenen wirtschaftlichen Verhältnissen „normale"
Maß zurückgeführt wird. Nur mit einem dafür nicht verbrauchten Teilbetrag ist das Wohngeld als
Einkommen zu berücksichtigen (*Senat,* NJW 1983, 684 = FamRZ 1982, 587 [589 f.], und FamRZ
1984, 772 [774]).

Danach durfte das Wohngeld nicht in voller Höhe auf den Bedarf der Mutter angerechnet werden.
Die Kl. hat, wie die Revision zutreffend geltend macht, im Einzelnen dargelegt, dass dem Wohngeld
ein erhöhter Wohnbedarf gegenüberstehe. Die Wohnkosten beliefen sich auf Beträge, die (einschließlich Heizkosten) zwischen monatlich 722 DM und monatlich 762 DM lagen. In den für die Mutter zu
Grunde gelegten Bedarfssätzen ist dagegen für die Zeit ab Januar 1996 lediglich eine Warmmiete bis zu
650 DM monatlich enthalten (vgl. Anm. 5 der Düsseldorfer Tabelle). Für die davor liegende Zeit weist
die Düsseldorfer Tabelle noch keinen Wohnkostenanteil aus. Insofern kann – unter Zugrundelegung
der Relation, die sich aus den für die Folgezeit herangezogenen Beträgen von 1500 DM einerseits und
650 DM andererseits ergibt (ca. 43%) – von einem Wohnkostenanteil von rund 560 DM (rund 43%
von 1300 DM) ausgegangen werden. Daraus folgt, dass das Wohngeld, das in Höhe von monatlich
317 DM, 327 DM und 338 DM gewährt worden ist, insoweit nicht als Einkommen der Mutter
angesetzt werden durfte, als es dafür verwandt werden konnte, den über monatlich 560 DM bzw.
monatlich 650 DM liegenden Wohnkostenanteil auszugleichen. Dass die in der genannten Höhe
angefallenen Wohnkosten für die Mutter unvermeidbar waren, hat der Bekl. letztlich nicht in Abrede
gestellt. Denn er hat selbst geltend gemacht, die Mutter sei aus finanziellen Gründen nicht zu einem
Umzug in der Lage gewesen. Ob durch einen Umzug im Übrigen eine geringere finanzielle Belastung
zu erreichen gewesen wäre, ist seinem Vortrag nicht im Einzelnen zu entnehmen.

*(Altersvorsorgeaufwendungen bei Selbständigen bei 20% des Bruttoeinkommens; Altersvorsorge durch Kapital-
bildung)*

c) Diese Rügen erweisen sich nur hinsichtlich des unterbliebenen Abzugs für Aufwendungen zur   **d**
Altersvorsorge als gerechtfertigt.

aa) Das Gesetz erlaubt bei der Bestimmung der Leistungsfähigkeit eines auf Verwandtenunterhalt in
Anspruch genommenen Unterhaltspflichtigen ausdrücklich die Berücksichtigung sonstiger Verpflichtungen (§ 1603 I BGB). Im Gegensatz zu dem unterhaltsberechtigten Elternteil besteht bei ihm in der
Regel noch länger die Notwendigkeit, sich und seine Familie gegen Unwägbarkeiten abzusichern und
für die Zukunft vorzusorgen. Mit Rücksicht darauf muss dem Unterhaltspflichtigen ermöglicht werden, eine angemessene Altersversorgung aufzubauen.

Bei Nichtselbstständigen erfolgt die (primäre) Altersversorgung im Regelfall durch die gesetzliche
Rentenversicherung, bei Beamten wird sie durch die Beamtenversorgung gewährleistet. Wenn für den
Unterhaltspflichtigen indessen keine Sozialversicherungspflicht als abhängig beschäftigter Arbeitnehmer
mehr besteht, ist ihm eine seinen Einkommensverhältnissen entsprechende Altersversorgung durch die
gesetzliche Rentenversicherung nicht mehr möglich. In einem solchen Fall ist ihm wie einem Selbstständigen zuzubilligen, anderweit für sein Alter in angemessener Weise Vorsorge zu treffen. Dabei kann
die Angemessenheit von Vorsorgeaufwendungen grundsätzlich bejaht werden, soweit sie sich im
Verhältnis zu den erzielten Einkünften nach Beitragshöhe oder Anspruchshöhe orientiert. Als Richt-
maß kann deshalb in Anlehnung an die Beitragssätze zur gesetzlichen Rentenversicherung (bis März
1999: 20,3%, von April bis Dezember 1999: 19,5%, von Januar bis Dezember 2000: 19,3% und ab
Januar 2001: 19,1%) ein Anteil von etwa 20% des Bruttoeinkommens als für die primäre Altersversorgung angemessen angesehen werden (*Wendl/Gerhardt,* § 1 Rdnrn. 497 a, 498; *Weinreich/Klein,*
Kompaktkommentar FamilienR, § 1578 Rn. 236; *Büttner,* in: Festschr. f. D. Henrich, S. 54; vgl. auch
Göppinger/Strohal, 7. Aufl., Rn. 664). Der Bekl. ist, wie er unwidersprochen vorgetragen hat, seit dem
1. 1. 1999 als Gesellschafter-Geschäftsführer der *W*-GmbH nicht mehr sozialversicherungspflichtig

beschäftigt. Da für ihn deshalb keine Beiträge zur Rentenversicherung mehr abgeführt werden, ist ihm zuzubilligen, auf andere Weise Vorsorge für sein Alter zu treffen.

Voraussetzung für eine Absetzbarkeit von Vorsorgeaufwendungen ist indessen, wie das BerGer. zutreffend angenommen hat, dass derartige Aufwendungen tatsächlich geleistet werden. Fiktive Abzüge kommen insoweit nicht in Betracht (*Wendl/Gerhardt*, § 1 Rn. 498). Der Bekl. hat allerdings, worauf die Revision zu Recht hinweist, ausdrücklich geltend gemacht, unter anderem in Höhe der früheren gesetzlichen Abzüge für die Rentenversicherung Rücklagen auf einem Sparkonto zu bilden, um auf diese Weise nach dem Wegfall der Sozialversicherungspflicht weiterhin Altersvorsorge zu betreiben. Auch diesem Vorbringen ist die Kl. nicht entgegengetreten. Es stellt sich deshalb die Frage, ob derartige vermögensbildende Aufwendungen, wie sie etwa auch der Erwerb von Immobilien, Wertpapieren oder Fondsbeteiligungen darstellen, ebenfalls als angemessene Art der Altersvorsorge anzuerkennen sind. Dabei muss Ausgangspunkt der Überlegung sein, dass es dem Unterhaltspflichtigen grundsätzlich freisteht, in welcher Weise er – etwa jenseits der gesetzlichen Rentenversicherung – Vorsorge für sein Alter trifft. Wenn er sich angesichts der unsicheren Entwicklung der herkömmlichen Altersversorgungen für den Abschluss von Lebensversicherungen entscheidet, muss dieser Entschluss unterhaltsrechtlich im Allgemeinen akzeptiert werden. Nach Auffassung des *Senats* kann der Abschluss von Lebensversicherungen aber nicht die einzige Alternative für eine private Altersversorgung sein. Vielmehr müssen grundsätzlich auch sonstige vermögensbildende Investitionen als angemessene Art der Altersversorgung gebilligt werden (ebenso *Wendl/Gerhardt*, § 1 Rn. 498), soweit sie geeignet erscheinen, diesen Zweck zu erreichen. Da insoweit der Erwerb etwa von Wertpapieren oder Fondsbeteiligungen wegen der damit teilweise verbundenen Risiken nicht zwingend in Betracht zu ziehen ist, kann im Einzelfall auch die Anlage eines bloßen Sparvermögens als anzuerkennende Art der Altersvorsorge angesehen werden. Davon ist auch im vorliegenden Fall auszugehen. Dem Bekl. ist es zuzubilligen, in Höhe von rund 20% seines Bruttoeinkommens Rücklagen für seine primäre Altersversorgung zu bilden. Insoweit können seine Zahlungen auf ein Sparkonto als angemessene Vorsorgeaufwendungen anerkannt werden.

(Keine Berücksichtigung von Rücklagen zur Absicherung einer Arbeitslosigkeit bei Selbständigen)

e   Soweit der Bekl. geltend macht, er bilde auf dem Sparkonto auch Rücklagen zur Absicherung für den Fall der Arbeitslosigkeit, und zwar in Höhe der früheren Abzüge von 6,5% für die Arbeitslosenversicherung, können die betreffenden Aufwendungen dagegen nicht als abzugsfähig angesehen werden. Den eigenen Angaben des Bekl. zufolge beruht seine Sozialversicherungsfreiheit darauf, dass er als Gesellschafter-Geschäftsführer nicht mehr abhängig beschäftigt ist. Daraus folgt, dass seine Tätigkeit in der *W*-GmbH als von Selbstständigkeit geprägt beurteilt worden sein muss (vgl. *Niesel*, SGB III, 2. Aufl., § 25 Rdnrn. 15 ff.). Unter diesen Umständen kann indessen nicht angenommen werden, der Bekl. sei – ebenso wie ein abhängig Beschäftigter – dem Risiko ausgesetzt, seine Anstellung durch Kündigung zu verlieren. Vielmehr ist davon auszugehen, dass er selbst maßgeblichen Einfluss auf die Entscheidung der Gesellschaft und damit auch auf die Fortdauer seiner Anstellung besitzt. Dass dem Bekl. gleichwohl auf Grund einer unternehmerischen Entscheidung der Eintritt von Arbeitslosigkeit drohen könnte, ist nicht dargelegt worden.

(Familienunterhalt bei Konkurrenz zu anderen Unterhaltsansprüchen; kein Mindestbedarf, sondern Halbteilung entsprechend § 1578 BGB)

f   b) Im Ansatz zutreffend hat das BerGer. allerdings angenommen, dass der Bekl. und sein Bruder als (gleich nahe) Verwandte verpflichtet sind, anteilig für den Unterhalt ihrer Mutter aufzukommen (§§ 1601, 1606 III 1 BGB). Es ist auch zu Recht davon ausgegangen, dass beide nur insoweit unterhaltspflichtig sind, als sie bei Berücksichtigung ihrer sonstigen Verpflichtungen imstande sind, ohne Gefährdung ihres eigenen angemessenen Unterhalts den Unterhalt zu gewähren (§ 1603 I BGB).

Die Beurteilung der Leistungsfähigkeit des Bekl. entspricht diesen Anforderungen indessen nicht und begegnet deshalb durchgreifenden rechtlichen Bedenken.

aa) Zu den zu berücksichtigenden sonstigen Verpflichtungen des Bekl. gehört, wie das BerGer. nicht verkannt hat, die Unterhaltspflicht gegenüber seiner Ehefrau, da diese nicht über ausreichendes eigenes Einkommen verfügt. Der Bekl. schuldet ihr deshalb gem. §§ 1360, 1360a BGB Familienunterhalt. Dieser Unterhaltsanspruch lässt sich zwar nicht ohne weiteres nach den zum Ehegattenunterhalt nach Trennung oder Scheidung entwickelten Grundsätzen bemessen. Denn er ist nach seiner Ausgestaltung nicht auf die Gewährung einer – frei verfügbaren – laufenden Geldrente für den jeweils anderen Ehegatten, sondern vielmehr als gegenseitiger Anspruch der Ehegatten darauf gerichtet, dass jeder von ihnen seinen Beitrag zum Familienunterhalt entsprechend seiner nach dem individuellen Ehebild übernommenen Funktion leistet. Seinem Umfang nach umfasst der Anspruch auf Familienunterhalt gem. § 1360a BGB alles, was für die Haushaltsführung und die Deckung der persönlichen Bedürfnisse der Ehegatten und eventueller Kinder erforderlich ist. Sein Maß bestimmt sich aber nach den ehelichen Lebensverhältnissen, so dass § 1578 BGB als Orientierungshilfe herangezogen werden kann (*Senat*, NJW 1995, 1486 = FamRZ 1995, 537, und NJW 2003, 1112 = FPR 2003, 211, unter 5a aa). Es begegnet deshalb keinen Bedenken, den – hier maßgeblichen – Anspruch auf Familienunterhalt im Fall der Konkurrenz mit anderen Unterhaltsansprüchen auf die einzelnen Familienmitglieder aufzuteilen und in Geldbeträgen zu veranschlagen (vgl. *Senat,* NJW-RR 2001, 361 = FamRZ 2001, 1065 [1066]; NJW 2002, 1646 = FPR 2002, 266 = FamRZ 2002, 742, und NJW 2003, 1112 = FPR 2003, 211). Daher kann der anzusetzende Betrag insoweit in gleicher Weise wie der Unterhaltsbedarf eines getrennt lebenden oder geschiedenen Ehegatten ermittelt werden.

bb) Welcher Betrag bei dem auf Elternunterhalt in Anspruch genommenen Unterhaltspflichtigen für den Unterhalt seines Ehegatten anzusetzen ist, wird in der Rechtsprechung der Oberlandesgerichte und im Schrifttum nicht einheitlich beantwortet. Nachdem die Düsseldorfer Tabelle für diesen Fall bei gemeinsamer Haushaltsführung einen Selbstbehalt für den Ehegatten von mindestens 1750 DM (ab 1. 7. 1998) bzw. von mindestens 1860 DM (ab 1. 7. 2001) und von mindestens 950 Euro (ab 1. 1. 2002) vorsieht, werden vielfach die entsprechenden Beträge herangezogen (*OLG Hamm,* NJW-RR 2001, 1659 = FamRZ 2002, 125 [126]; *OLG Köln,* NJW-RR 2002, 74 = FamRZ 2002, 572 [573]; *Duderstadt,* Erwachsenenunterhalt, 3. Aufl., S. 186; *Scholz/Stein/Erdrich,* Teil J, Rn. 48; *Heiß/Huß-mann,* 13. Kap., Rn. 54). Diese Handhabung ist indessen nicht damit zu vereinbaren, dass der Unterhaltsanspruch der Ehefrau nicht auf einen Mindestbetrag beschränkt ist, sondern nach den individuell ermittelten Lebens-, Einkommens- und Vermögensverhältnissen, die den ehelichen Lebensstandard bestimmen, zu bemessen ist (§ 1578 I 1 BGB). Da die Ehefrau zudem der Schwiegermutter gegenüber nicht unterhaltspflichtig ist, braucht sie mit Rücksicht auf deren – gem. § 1609 BGB nachrangige – Unterhaltsansprüche keine Schmälerung ihres angemessenen Anteils am Familienunterhalt hinzuneh-men. Für sie ist deshalb nicht von vornherein ein bestimmter Mindestbetrag anzusetzen, sondern der nach Maßgabe der ehelichen Lebensverhältnisse bemessene Unterhalt (ebenso: *Eschenbruch,* Rn. 2027; *Günther,* § 12 Rn. 73; *Luthin/Seidel,* Rn. 5081). Dem steht nicht die Erwägung entgegen, dass dem Unterhaltsverpflichteten bei einem so ermittelten Unterhaltsanspruch möglicherweise weniger zur Verfügung steht als seinem Ehegatten (so aber *OLG Köln,* NJW-RR 2002, 74 = FamRZ 2002, 572 [573]). Dieses – bei günstigen Einkommensverhältnissen mögliche – Ergebnis folgt daraus, dass der Unterhaltspflichtige seinem Ehegatten den eheangemessenen Unterhalt schuldet, seinen Eltern gegen-über aber nicht diesen als Selbstbehalt verteidigen kann, sondern ihm insofern nur die Mittel zu verbleiben haben, die er zur Deckung seines eigenen angemessenen Unterhalts benötigt. Der angeführ-te Gesichtspunkt ist deshalb nicht geeignet, die individuelle Bemessung des Unterhaltsanspruchs des Ehegatten in Frage zu stellen.

Der *Senat* sieht sich mit seiner Auffassung auch nicht in Widerspruch zu der Rechtsprechung des X. *ZivilSenats* des *BGH,* der zu den Voraussetzungen, unter denen im Beschenker wegen Gefährdung seines standesgemäßen Unterhalts oder der Erfüllung der ihm obliegenden gesetzlichen Unterhalts-pflichten nach § 529 II BGB die Rückgabe eines Geschenks verweigern kann, entschieden hat, es erscheine sachgerecht, den – unterhaltsrechtlich zu würdigenden – Bedarf des Ehegatten des Beschenk-ten von dem für Letzteren anzusetzenden Selbstbehalt abzuleiten (*BGH,* NJW 2000, 3488 = FamRZ 2001, 21 [22]). Denn in jenem Fall kam von den Einkommensverhältnissen des Beschenkten her von vornherein ein über dem Mindestbedarfssatz liegender Unterhaltsanspruch der Ehefrau nicht in Be-tracht.

(Abzug prägender und vorrangiger Unterhaltsleistungen, soweit kein Missverhältnis zum Bedarf des vorrangigen Unterhaltsanspruchs entsteht)

cc) Wenn danach der Unterhaltsanspruch der Ehefrau nach den ehelichen Lebensverhältnissen zu **g** bestimmen ist, so stellt sich allerdings die Frage, ob diese bereits durch Unterhaltsleistungen für die Mutter geprägt waren. Denn der Unterhaltsanspruch eines Ehegatten kann auch durch Unterhalts-ansprüche nachrangig Berechtigter eingeschränkt werden, soweit die sich aus einem entsprechenden Vorwegabzug ergebende Verteilung der zum Unterhalt zur Verfügung stehenden Mittel nicht zu einem Missverhältnis hinsichtlich des wechselseitigen Bedarfs der Beteiligten führt (*Senat,* NJW-RR 1990, 578 = FamRZ 1990, 979 [980], und NJW 1991, 2703 = FamRZ 1991, 1163 [1164 f.]). Eine solche Bestimmung der ehelichen Lebensverhältnisse durch anderweitige Unterhaltspflichten ist nicht nur in dem Verhältnis zwischen Eltern und ihren volljährigen Kindern denkbar, sondern etwa auch dann, wenn ein Ehegatte während des Zusammenlebens seinem Kind aus einer früheren Ehe auf Grund einer entsprechenden Verpflichtung Unterhaltsleistungen erbracht hat (*Senat,* NJW 1991, 2703 = FamRZ 1991, 1263 [1164 f.]). In gleicher Weise kann aber auch der auf Grund einer Verpflichtung gezahlte Elternunterhalt die ehelichen Lebensverhältnisse prägen. Dem Umstand, dass der Ehegatte dem Unterhaltsberechtigten gegenüber nicht seinerseits unterhaltspflichtig ist, kommt insofern keine Bedeutung zu (ebenso: *Günther,* § 12 Rdnrn. 73 f.; a. A. *Luthin/Seidel,* Rn. 5081; vgl. auch *Wendl/Scholz,* § 3 Rn. 76 a). Der zu beachtende Vorrang des Ehegatten hat allein zur Folge, dass der Vorwegabzug nicht zu einem Missverhältnis des sich für ihn ergebenden Unterhaltsanspruchs führen darf, ihm also in einem Fall wie dem vorliegenden in jedem Fall der Mindestbedarf zu verbleiben hat.

Danach kommt es in erster Linie darauf an, ob der Bekl. – nicht nur vorübergehend – bereits Unterhaltsleistungen für seine Eltern erbracht hat, als er im Oktober 1995 heiratete.

(Berücksichtigung latenter Unterhaltslasten)

h   Abgesehen davon erscheint es in einem Fall wie dem vorliegenden aber auch nicht ausgeschlossen, dass schon die latente Unterhaltslast für die Mutter die ehelichen Lebensverhältnisse mitbestimmt hat. Denn anders als in den Fällen, in denen sich der Unterhaltsbedarf von Eltern – meist unvorhersehbar – dadurch ergibt, dass sie im Alter pflegebedürftig werden, die Kosten einer Heimunterbringung aus eigenen Mitteln aber nicht oder nicht vollständig aufbringen können, zeichnete sich hier bereits längerfristig ab, dass die Mutter des Bekl. angesichts ihrer geringen Rente in nicht unerheblichem Umfang unterhaltsbedürftig sein würde, jedenfalls nachdem sie aus dem Erwerbsleben ausgeschieden war, weil sie bei weitem nicht über die zur Bestreitung ihres Existenzminimums erforderlichen Mittel verfügte. Insofern kommt es für die Beurteilung etwa darauf an, inwieweit gegenüber dem Bekl. wegen der ab 1987 geleisteten Sozialhilfe in der Vergangenheit bereits Unterhaltsforderungen erhoben worden waren.

(Überobligatorische Tätigkeit verheirateter Eheleute bei Kinderbetreuung; keine Vergütung für Betreuung der Kinder)

i   Für die Zeit, für die auf Grund des Einkommens des Bekl. und seiner Ehefrau ein höherer Unterhaltsbedarf für Letztere in Betracht kommt als der vom BerGer. berücksichtigte Mindestbedarf, kann die Entscheidung danach keinen Bestand haben. Der *Senat* ist nicht in der Lage, insoweit abschließend zu befinden. Denn hierzu bedarf es weiterer Feststellungen hinsichtlich der Frage, ob und gegebenenfalls inwieweit die ehelichen Lebensverhältnisse des Bekl. durch seiner Ehefrau für die Mutter aufgebrachten Unterhalt oder geltend gemachte Unterhaltsforderungen bestimmt worden sind.

dd) Für die Zeit, für die nach dem zusammengerechneten Einkommen des Bekl. und seiner Ehefrau ohnehin nur der Mindestbedarf für Letztere in Betracht kommt, begegnet die vorgenommene Berechnung aus einem anderen Grund rechtlichen Bedenken. Das BerGer. ist auf Grund des Alters der von der Ehefrau betreuten Kinder, die allerdings nicht 1984 und 1986, sondern 1986 und 1988 geboren sind, davon ausgegangen, diese arbeite zumindest teilweise überobligationsmäßig. Allein dieser – im Grundsatz zutreffende – Gesichtspunkt rechtfertigt es indessen, wie die Anschlussrevision zu Recht geltend macht, nicht, ihr den deutlich überwiegenden Teil ihres Erwerbseinkommens anrechnungsfrei zu belassen. Wäre die Ehefrau nicht wieder verheiratet, sondern würde ihren geschiedenen Ehemann auf Unterhalt in Anspruch nehmen, so würde die Ermittlung des ihr nach § 1577 II BGB anrechnungsfrei zu belassenden Teils ihres Einkommens etwa davon abhängen, wie die Kinderbetreuung mit den konkreten Arbeitszeiten unter Berücksichtigung erforderlicher Fahrtzeiten zu vereinbaren ist und zu welchen Zeiten die Kinder die Schule besuchen und von daher zeitweise jedenfalls nicht der Betreuung bedürfen. Diese Beurteilung führt in der gerichtlichen Praxis allerdings häufig zu einer hälftigen Anrechnung des aus überobligationsmäßiger Tätigkeit erzielten Einkommens. In der Situation einer alleinerziehenden Mutter befindet sich die Ehefrau des Bekl. indessen nicht, vielmehr kann sie von diesem unter dem Gesichtspunkt der gebotenen Rücksichtnahme (§ 1356 II BGB) Hilfe und Unterstützung erwarten. Dieser Umstand legt es nahe, die Erwerbstätigkeit in weitergehendem Umfang als im unmittelbaren Anwendungsbereich des § 1577 II BGB für zumutbar zu erachten. Deshalb ist es rechtsfehlerhaft, das erzielte Erwerbseinkommen in Höhe der abgesetzten Beträge nicht als Einkommen der Ehefrau zu berücksichtigen und diese damit so zu behandeln, als würde sie Barunterhalt entsprechend Gruppe 1 der Düsseldorfer Tabelle abzüglich des hälftigen Kindergeldes leisten. Der Barunterhalt für die Kinder wird unstreitig von deren Vater erbracht. Die Ehefrau erfüllt ihre Unterhaltspflicht durch die Betreuung der Kinder (§ 1606 III 2 BGB). Dafür steht ihr keine Vergütung zu.

(Familienunterhalt in Höhe der Hälfte des beiderseitigen prägenden Einkommens; Mindestbedarf)

j   a) Familienunterhalt steht der Ehefrau grundsätzlich in Höhe der Hälfte des beiderseitigen Einkommens der Ehegatten zu (vgl. *Senat,* NJW 2002, 1646 = FPR 2002, 266 = FamRZ 2002, 742), soweit dieses die ehelichen Lebensverhältnisse geprägt hat und nicht zur Vermögensbildung verwandt worden ist (vgl. etwa *Staudinger/Hübner/Vogel,* BGB, 13. Bearb. [2000], § 1360a Rn. 7). Dabei ist ein mit Rücksicht auf die überobligationsmäßige Tätigkeit eventuell anrechnungsfrei zu belassender Teilbetrag insgesamt außer Betracht zu lassen (vgl. im Einzelnen *Senat,* NJW 2003, 1112 = FPR 2003, 211). Wenn die erneute Beurteilung zu einem Betrag führen sollte, der – zusammen mit dem anrechenbaren Einkommen der Ehefrau – unter dem jeweiligen Mindestbedarfssatz liegt, so ist von Letzterem auszugehen.

(Erhöhung des Familienunterhalts durch Ersparnis durch Zusammenleben)

b) Einkommenserhöhend wird, soweit nicht ein Mindestbedarfssatz heranzuziehen ist, die durch die   **k**
gemeinsame Haushaltsführung erfahrungsgemäß eintretende Ersparnis anzusetzen sein, die zu schätzen
ist (§ 287 ZPO).

(Selbstbehalt beim Elternunterhalt)

c) Hinsichtlich der Bemessung des angemessenen Selbstbehalts des Bekl. wird auf das *Senats*urteil   **l**
vom 23. 10. 2002 (NJW 2003, 128 = FPR 2003, 149 = FamRZ 2002, 1698 [1700 ff.]) hingewiesen.
Insofern obliegt es der verantwortlichen Beurteilung des Tatrichters, auf welche Weise er erforderlichenfalls dem Umstand Rechnung trägt, dass die Mindestbedarfssätze auf durchschnittliche Einkommensverhältnisse bezogen sind und es deshalb geboten sein kann, den für den Unterhaltspflichtigen
angemessenen Eigenbedarf anhand der konkreten Umstände des Einzelfalls zu bestimmen.

BVerfG v. 5. 3. 2003 – 1 BvR 752/02 – FamRZ 03, 661 = FPR 03, 479

(Zumutbarkeit von Zusatztätigkeiten)   **R591**

1. Die angegriffene Entscheidung verletzt den Bf. in seinem Grundrecht aus Art. 2 I GG, soweit er
hierdurch ab 1. 1. 2001 zu Unterhaltszahlungen unter Berücksichtigung fiktiver Einkünfte aus einer
Nebentätigkeit verpflichtet worden ist.
a) Die Auferlegung von Unterhaltsleistungen schränkt den Verpflichteten in seiner durch Art. 2 I
GG geschützten Handlungsfreiheit ein, die jedoch nur im Rahmen der verfassungsmäßigen Ordnung
gewährleistet ist, zu der auch das Unterhaltsrecht gehört, soweit dieses mit Art. 6 I GG in Einklang
steht (vgl. BVerfGE 57, 361 [378] = NJW 1981, 1771). Dabei darf die Auslegung und Anwendung
verfassungsgemäßer unterhaltsrechtlicher Normen nicht zu verfassungswidrigen Ergebnissen führen
(vgl. BVerfGE 80, 286 [294] = NJW 1989, 2807). Der ausgeurteilte Unterhalt darf den Unterhaltspflichtigen nicht unverhältnismäßig belasten (vgl. BVerfGE 57, 361 [388] = NJW 1981, 1771; BVerfGE
80, 286 [293] = NJW 1989, 2807, unter Hinweis auf BVerfGE 35, 202 [221] = NJW 1973, 1226).
Wird die Grenze des Zumutbaren eines Unterhaltsanspruchs überschritten, ist die Beschränkung der
Dispositionsfreiheit des Verpflichteten im finanziellen Bereich als Folge der Unterhaltsansprüche des
Bedürftigen nicht mehr Bestandteil der verfassungsmäßigen Ordnung und kann vor dem Grundrecht
des Art. 2 I GG nicht bestehen (vgl. BVerfGE 57, 361 [381] = NJW 1981, 1771).
Ausprägung des Grundsatzes der Verhältnismäßigkeit im Unterhaltsrecht ist § 1603 I BGB, nach
dem nicht unterhaltspflichtig ist, wer bei Berücksichtigung seiner sonstigen Verpflichtungen außer
Stande ist, ohne Gefährdung seines angemessenen Unterhalts den Unterhalt zu gewähren. Eltern, die
sich in dieser Lage befinden, sind gem. § 1603 II BGB ihren minderjährigen unverheirateten Kindern
gegenüber verpflichtet, alle verfügbaren Mittel zu ihrem und der Kinder Unterhalt gleichmäßig zu
verwenden. Für den Unterhaltsanspruch des geschiedenen Ehegatten bestimmt § 1581 BGB, dass der
Verpflichtete, wenn er außer Stande ist, ohne Gefährdung des eigenen angemessenen Unterhalts dem
Berechtigten Unterhalt zu gewähren, nur insoweit Unterhalt zu leisten braucht, als es mit Rücksicht
auf die Bedürfnisse sowie die Erwerbs- und Vermögensverhältnisse der geschiedenen Ehegatten der
Billigkeit entspricht (vgl. *BVerfG*, NJW 2002, 742 = FamRZ 2001, 1686). Für den Unterhaltsanspruch
des getrennt lebenden Ehegatten fehlt eine § 1581 BGB entsprechende Vorschrift. Es gelten aber die
gleichen Grundsätze wie beim nachehelichen Unterhalt mit der Maßgabe, dass die vor der Scheidung
noch bestehende größere Verantwortung der Ehegatten füreinander zu berücksichtigen ist (vgl. *BGH*,
NJW-RR 1986, 685 = FamRZ 1986, 566 [557]).
Grundvoraussetzung eines jeden Unterhaltsanspruchs ist die Leistungsfähigkeit des Unterhaltsverpflichteten (vgl. *Staudinger/Engler/Kaiser*, BGB, Neubearb. 2000, § 1603 Rn. 2; *Johannsen/Henrich*,
EheR, 3. Aufl. [1998], § 1581 Rn. 1; *Kalthoener/Büttner/Niepmann*, 7. Aufl. [2000], Rn. 573). Das
Unterhaltsrecht ermöglicht es insofern den Gerichten, dem Verhältnismäßigkeitsgrundsatz Rechnung
zu tragen. Die Gerichte haben im Einzelfall zu prüfen, ob der Unterhaltspflichtige in der Lage ist, den
beanspruchten Unterhalt zu zahlen oder ob dieser die finanzielle Leistungsfähigkeit des Unterhaltspflichtigen übersteigt. Soweit die Gerichte dabei den Umfang der Erwerbsobliegenheit eines Unterhaltspflichtigen zu beurteilen haben, hat auch dies unter Wahrung des Grundsatzes der Verhältnismäßigkeit zu erfolgen. Eine über die tatsächliche Erwerbstätigkeit hinausgehende Obliegenheit des
Unterhaltspflichtigen zur Erzielung von Einkommen, das diesem insoweit bei der Unterhaltsberechnung fiktiv zugerechnet wird, kann nur angenommen werden, wenn und soweit die Aufnahme einer
weiteren oder anderen Erwerbstätigkeit dem Unterhaltspflichtigen unter Berücksichtigung der Umstände des Einzelfalls zumutbar ist und ihn nicht unverhältnismäßig belastet (vgl. BVerfGE 68, 256
[267] = NJW 1985, 1211).
b) Zwar ist es verfassungsrechtlich nicht zu beanstanden, bei einem unterhaltspflichtigen Arbeitnehmer, der über die tarifliche Arbeitszeit hinaus Mehrarbeit leistet oder einer Nebentätigkeit nachgeht

und deshalb über reale Mehreinnahmen verfügt, der Unterhaltsbemessung auch diese Einkünfte in der – widerlegbaren – Vermutung zu Grunde zu legen, die tatsächlich ausgeübte zusätzliche Arbeit sei dem Unterhaltspflichtigen auch zumutbar (vgl. *BGH*, NJW 1982, 520 = FamRZ 1982, 152 [153]; NJW 1991, 697 = FamRZ 1991, 182 [184]). Wenn einem Unterhaltsberechtigten aber fiktive Nebenverdienste angerechnet werden sollen, ist am Maßstab der Verhältnismäßigkeit zu prüfen, ob die zeitliche und physische Belastung durch die ausgeübte und die zusätzliche Arbeit dem Unterhaltspflichtigen unter Berücksichtigung auch der Bestimmungen, die die Rechtsordnung zum Schutz der Arbeitskraft vorgibt, abverlangt werden kann.

So ist im Arbeitszeitgesetz das Maß der zeitlichen Belastung der Arbeitskraft angegeben, über das hinaus ein Arbeitnehmer auch zur Sicherung seiner Gesundheit nicht zur Arbeit herangezogen werden soll (s. §§ 3 und 6 ArbZG). Zusätzlich ist zu prüfen, ob und in welchem Umfang es dem betreffenden Unterhaltsverpflichteten unter Abwägung seiner von ihm darzulegenden besonderen Lebens- und Arbeitssituation sowie gesundheitlichen Belastung mit der Bedarfslage des Unterhaltsberechtigten zugemutet werden kann, eine Nebentätigkeit auszuüben. Schließlich ist zu prüfen, ob es Nebentätigkeiten entsprechender Art für den Betreffenden überhaupt auf dem Arbeitsmarkt gibt und der Aufnahme einer solchen Tätigkeit wiederum keine rechtlichen Hindernisse entgegenstünden, wobei auch insoweit die Darlegungs- und Beweislast beim Unterhaltsverpflichteten liegt (vgl. *BGH*, NJWE-FER 1998, 64 = FamRZ 1998, 357 [359]; BVerfGE 68, 256 [270] = NJW 1985, 1211).

c) Unter Zugrundelegung dieses Maßstabs hat das *OLG* bei der angegriffenen Entscheidung das Grundrecht des Bf. aus Art. 2 I GG auf Schutz vor einer unverhältnismäßigen Belastung durch Unterhaltsleistungen verkannt. Es hat die Zumutbarkeit einer Nebenbeschäftigung zwar geprüft, ohne jedoch dabei die Belastungsgrenze, die Art. 2 I GG der Unterhaltsverpflichtung setzt, im zu entscheidenden Fall zu berücksichtigen.

Zwar hatte der Bf. durch die Ausübung der Nebentätigkeit vor der Trennung ein Indiz für deren Zumutbarkeit gesetzt. Der Verlust dieser Tätigkeit hätte das *OLG* jedoch veranlassen müssen, die beim Bf. vorliegenden und von ihm angeführten besonderen Arbeits- und Lebensumstände in seine Prüfung der Frage einzubeziehen, ob dem Bf. eine weitere Erwerbstätigkeit neben seiner schon vollschichtigen Arbeit ab Januar 2001 zumutbar gewesen ist. Dies hat das Gericht verabsäumt. Es hat allein aus der erhöhten Unterhaltspflicht des Bf. nach § 1603 II BGB auf die Zumutbarkeit einer Nebenbeschäftigung geschlossen und in den vom Bf. vorgetragenen gesundheitlichen Einschränkungen keinen Grund gesehen, der dem entgegenstünde. Dabei hat es wesentliche Gesichtspunkte außer Acht gelassen, die im konkreten Fall bei der Zumutbarkeitsprüfung hätten Berücksichtigung finden müssen.

So ist der Bf. nicht nur einer vollschichtigen Tätigkeit nachgegangen. Seinen Hauptberuf hat er im Untertagebau im Schichtdienst ausgeübt. Schon dadurch ist der Bf. einer besonderen Belastung ausgesetzt gewesen, die für die Frage der Zumutbarkeit einer darüber hinausgehenden Beschäftigung von Relevanz ist. Hinzu ist der beträchtliche Anfahrtsweg des Bf. zu seinem Arbeitsplatz gekommen, den das *OLG* zwar durch Ansatz entsprechender Fahrtkosten, nicht aber als zusätzlichen zeitlichen Belastungsfaktor für die Leistungsfähigkeit des Bf. berücksichtigt hat. Auch bei den vom Bf. vorgetragenen gesundheitlichen Beeinträchtigungen wäre zu prüfen gewesen, ob sie zwar der Ausübung seiner vollschichtigen Haupterwerbstätigkeit nicht entgegengestanden haben, aber wegen der besonderen Belastungen, die mit dieser verbunden sind, nicht dazu hätten führen können, dass die Erwartung einer zusätzlichen Nebentätigkeit als unverhältnismäßig anzusehen ist. Schließlich hat das Gericht unberücksichtigt gelassen, dass der Bf. nach der Trennung von seiner Ehefrau nunmehr seinen Haushalt hat alleine versorgen müssen, und ihm hat Zeit verbleiben müssen, mit seinen nun von ihm getrennt lebenden Kindern weiterhin Umgang pflegen zu können (vgl. *OLG Köln*, FamRZ 1984, 1108 [1109]; *OLG Düsseldorf*, FamRZ 1984, 1092).

All diese Umstände hat das *OLG* bei seiner Prüfung übergangen und dadurch dem Grundrecht des Bf. aus Art. 2 I GG nicht hinreichend Rechnung getragen.

Es kann nicht ausgeschlossen werden, dass das *OLG* bei einer umfassenden Abwägung der Umstände des Falles unter Beachtung des Grundrechts des Bf. aus Art. 2 I GG zu einem für den Bf. günstigeren Ergebnis gekommen wäre und das fiktive Einkommen in Höhe von 325 DM ab Januar 2001 nicht berücksichtigt hätte.

BGH v. 19. 3. 2003 – XII ZR 123/00 – FamRZ 03, 1179 = NJW 03, 2306

R592   *(Angemessener Wohnwert und objektive Merkmale beim Ehegattenunterhalt)*

a   b) Den Wohnwert der von dem Bekl. und seiner Ehefrau genutzten Wohnung in dem im Miteigentum der Ehegatten stehenden Haus hat das BerGer. zu Recht nicht mit der bei einer Fremdvermietung erzielbaren objektiven Marktmiete, sondern auf der Grundlage des unter den gegebenen Verhältnissen ersparten Mietzinses bemessen. Darüber hinaus hat es zutreffend die bestehenden Hauslasten in vollem Umfang als abzugsfähig anerkannt.

aa) Die Leistungsfähigkeit eines Unterhaltspflichtigen wird nicht nur durch seine Erwerbseinkünfte, sondern in gleicher Weise durch Vermögenserträge und sonstige wirtschaftliche Nutzungen bestimmt, die er aus seinem Vermögen zieht. Dazu können auch die Gebrauchsvorteile eines Eigenheims zählen, denn durch das Bewohnen eines eigenen Hauses oder einer Eigentumswohnung entfällt die Notwendigkeit der Mietzinszahlung, die in der Regel einen Teil des allgemeinen Lebensbedarfs ausmacht. Andererseits sind die allgemeinen Grundstückskosten und -lasten zu tragen und darüber hinaus die anfallenden Zins- und Tilgungsleistungen aufzubringen. Nur soweit bei einer Gegenüberstellung der ersparten Wohnkosten und der mit dem Eigentum verbundenen Kosten der Nutzungswert eines Eigenheims im Einzelfall den von den Eigentümern zu tragenden Aufwand übersteigt, ist die Differenz zwischen dem Gebrauchswert einerseits und dem Aufwand andererseits den Einkünften des Unterhaltspflichtigen zuzurechnen (ständige Rechtsprechung des Senats für den Wohnvorteil, durch den die Lebensverhältnisse von getrennt lebenden oder geschiedenen Ehegatten geprägt worden sind, vgl. *Senat,* NJW-RR 1995, 835 = FamRZ 1995, 869 [870]; NJW 1998, 753 = FamRZ 1998, 87 [88], und NJW 1998, 2821 = FamRZ 1998, 899 [901]).

bb) Der mit dem mietfreien Wohnen in einem eigenen Haus oder einer Eigentumswohnung verbundene Vorteil ist grundsätzlich nach den tatsächlichen Verhältnissen und nicht nach einem pauschalen Ansatz („Drittelwert") zu bemessen. Maßgebend ist dabei in der Regel der tatsächliche objektive Mietwert des Eigenheims (*Senat,* NJW-RR 1995, 835 = FamRZ 1995, 869 [871]; NJW 1998, 753 = FamRZ 1998, 87 [88], und NJW 2000, 2349 = FamRZ 2000, 950 [951]). Dabei darf allerdings nicht verkannt werden, dass eine infolgedessen mögliche Bemessung des Wohnvorteils in einer Höhe, die den angesichts der Einkommensverhältnisse des Unterhaltspflichtigen angemessenen Wohnaufwand übersteigt, auf eine Berücksichtigung von Einkünften hinausläuft, die diesem tatsächlich nicht zur Verfügung stehen. Das hat, wenn die betreffenden Mittel teilweise für Unterhaltszwecke einzusetzen sind, regelmäßig zur Folge, dass der bisherige Lebensstandard nicht mehr gewahrt werden kann und äußerstenfalls, dass sich die Notwendigkeit ergibt, den Grundbesitz zu verwerten. Mit Rücksicht darauf hat der Senat es im Verhältnis getrennt lebender Ehegatten für sachgerecht gehalten, den Wohnwert einer nach dem Auszug des einen Ehegatten für den dort verbliebenen anderen Ehegatten zu großen oder zu aufwendigen Wohnung als eingeschränkten Gebrauchsvorteil nur noch in einer Höhe in Rechnung zu stellen, wie er sich als angemessene Wohnungsnutzung durch den verbleibenden Ehegatten darstellt. Denn einem Ehegatten ist es während des Getrenntlebens regelmäßig nicht zumutbar, das nach der Trennung von ihm allein bewohnte Eigenheim zwecks Steigerung der Einkünfte anderweitig zu verwerten, etwa durch Verkauf oder Vermietung. Die Verwertungsobliegenheit ist hier eingeschränkt, weil während der Trennungsphase eine Wiederherstellung der ehelichen Lebensgemeinschaft nach der Lebenserfahrung noch nicht völlig ausgeschlossen ist und nicht dadurch erschwert werden soll, dass das Familienheim als Basis für das eheliche Zusammenleben aufgegeben wird. Für den nachehelichen Unterhalt gelten dagegen hinsichtlich der Verwertungsobliegenheit strengere Maßstäbe. Deshalb ist es auch gerechtfertigt, insofern grundsätzlich von einem Wohnvorteil in Höhe der objektiven Marktmiete auszugehen, während im Rahmen der Bemessung des Trennungsunterhalts der verbliebene Gebrauchswert der Wohnung grundsätzlich (nur) danach zu bestimmen ist, welchen Mietzins der Ehegatte auf dem örtlichen Wohnungsmarkt für eine dem ehelichen Lebensstandard entsprechende angemessene kleinere Wohnung zahlen müsste – nach oben begrenzt durch den vollen Wohnwert der Ehewohnung – (*Senat,* NJW 1998, 2821 = FamRZ 1998, 899 [901], und NJW 2000, 284 = FamRZ 2000, 351 [353]; *Hahne,* FF 1999, 99 [100]). Daraus wird ersichtlich, dass die Frage, wie der Wohnwert eines Eigenheims im Einzelfall zu bemessen ist, nicht losgelöst davon beurteilt werden kann, welcher Lebensstandard dem Unterhaltspflichtigen im Verhältnis zu dem Unterhaltsberechtigten zuzubilligen ist und ob notfalls eine Obliegenheit zu einer Verwertung des Hauses oder der Wohnung besteht.

(Wohnwert beim Verwandtenunterhalt; bei Ansprüchen Eltern-Kind i. d. R. nur angemessener Wohnwert)

cc) Die beim Verwandtenunterhalt maßgebliche Bestimmung des § 1603 I BGB gewährleistet jedem **b** Unterhaltspflichtigen vorrangig die Sicherung seines eigenen angemessenen Unterhalts; ihm sollen grundsätzlich die Mittel verbleiben, die er zur angemessenen Deckung seines allgemeinen Bedarfs benötigt. In welcher Höhe dieser Bedarf zu bemessen ist, hängt von der Lebensstellung des Unterhaltsverpflichteten ab, die sich aus seinem Einkommen, Vermögen und sozialen Rang ergibt. Denn es entspricht der Erfahrung, dass die Lebensstellung an die zur Verfügung stehenden Mittel angepasst wird. Mit Rücksicht darauf kann der angemessene Eigenbedarf nicht unabhängig von dem im Einzelfall vorhandenen Einkommen bestimmt werden; er ist entsprechend den Umständen des Einzelfalls veränderlich. Wie der Senat inzwischen entschieden hat, braucht der Unterhaltsverpflichtete bei einer Inanspruchnahme auf Unterhalt für einen Elternteil eine spürbare und dauerhafte Senkung seines berufs- und einkommenstypischen Unterhaltsniveaus jedenfalls insoweit nicht hinzunehmen, als er nicht einen nach den Verhältnissen unangemessenen Aufwand betreibt. Eine derartige Schmälerung des eigenen angemessenen Bedarfs wäre mit dem Gesetz nicht in Einklang zu bringen, das den Unterhaltsanspruch der Eltern rechtlich vergleichsweise schwach ausgestaltet hat (*Senat,* NJW 2003, 128 = FPR 2003, 149 = FamRZ 2002, 1698 [1700 f.]). Auf eine Schmälerung des eigenen Bedarfs würde es aber hinauslaufen, wenn bei der Bemessung der Leistungsfähigkeit des Unterhaltspflichtigen Mittel berücksichtigt würden, die ihm tatsächlich nicht zur Verfügung stehen und die er – wie es bei der Differenz zwischen den für sich und seine Familie angemessenen Wohnkosten und dem objektiven Mietwert seines Eigenheims der Fall ist – nur durch eine Verwertung der Immobilie erzielen könnte. Eine solche Fallgestaltung kann etwa vorliegen, wenn der Unterhaltspflichtige im Wesentlichen durch Eigenleistungen kostengünstig ein Eigenheim errichtet, dessen objektiver Mietwert den bei den gegebenen Einkommensverhältnissen für Wohnkosten einzusetzenden angemessenen Betrag übersteigt. Da eine Veräußerung oder Vermietung des Familienheims die bisherige, häufig bereits langjährig gestaltete Lebensführung grundlegend beeinträchtigen würde, muss beides als unterhaltsrechtlich unzumutbar angesehen werden. Das gilt unabhängig davon, ob auch unter dem Gesichtspunkt eines Erhalts von selbstgenutztem Grundbesitz als zusätzlicher Altersversorgung eine Verwertung nicht erwartet werden kann, so dass diese Frage offen bleiben kann. Ebenso wenig kommt es darauf an, ob der Übergang des Unterhaltsanspruchs auf den Träger der Sozialhilfe nach den §§ 91 II 1, 88 II Nr. 7 BSHG weitergehenden Einschränkungen unterliegt. Auch der Elternteil selbst könnte von dem Unterhaltspflichtigen nicht verlangen, die angemessene Nutzung eines Eigenheims zu Gunsten einer ertragreicheren Verwendung aufzugeben.

Kann von dem Unterhaltspflichtigen nicht erwartet werden, dass er den objektiven „Mehrwert" eines Familienheims realisiert, würde dieser aber gleichwohl als unterhaltsrelevantes Einkommen berücksichtigt, so wäre der Lebensstandard deshalb eingeschränkt, weil dem Unterhaltspflichtigen die bisher zur Bestreitung seines allgemeinen Bedarfs zur Verfügung stehenden Mittel teilweise fehlen würden. Auch das braucht beim Aszendentenunterhalt nicht hingenommen zu werden.

Im Hinblick darauf erweist sich der Ausgangspunkt des BerGer., bei der Inanspruchnahme auf Zahlung von Elternunterhalt sei der Wert des mietfreien Wohnens nicht nach der bei einer Fremdvermietung erzielbaren objektiven Marktmiete, sondern auf der Grundlage der ersparten Mietaufwendungen zu bestimmen, als rechtlich zutreffend (ebenso *OLG Oldenburg,* NJW 2000, 524 = FamRZ 2000, 1174 [1175]; *Heiß/Born/Hußmann,* 13. Kap. Rn. 52; *Kalthoener/Büttner/Niepmann,* 8. Aufl., Rn. 781 a; *Reinecke,* ZAP Fach 11, 638; vgl. auch *Duderstadt,* Erwachsenenunterhalt, 3. Aufl., S. 4). Dabei obliegt es dem Tatrichter, diesen angemessenen Wohnwert an den jeweiligen Lebens- und Einkommensverhältnissen des Unterhaltspflichtigen auszurichten.

(Abzugsposten beim Wohnwert; Tilgungsraten und Elternunterhalt)

c   ee) Der Wohnvorteil wird in jedem Fall gemindert durch die Aufwendungen, die für die allgemeinen Grundstückskosten und -lasten, Zinszahlungen auf die zur Finanzierung aufgenommenen Darlehen und sonstigen verbrauchsunabhängigen Kosten entstehen (*Senat,* NJW 1998, 2821 = FamRZ 1998, 899 [901] m. w. Nachw.). Darüber hinaus hat das BerGer. – im Rahmen der Bemessung des Elternunterhalts – zu Recht auch die Abzugsfähigkeit des in den Darlehensraten enthaltenen Tilgungsanteils anerkannt.

Allgemein gilt, dass Ansprüchen Unterhaltsberechtigter kein allgemeiner Vorrang vor anderen Verbindlichkeiten des Unterhaltspflichtigen zukommt. Andererseits dürfen diese Verbindlichkeiten auch nicht ohne Rücksicht auf die Unterhaltsinteressen getilgt werden. Vielmehr bedarf es eines Ausgleichs der Belange von Unterhaltsgläubiger, Unterhaltsschuldner und Drittschuldner. Ob eine Verbindlichkeit im Einzelfall zu berücksichtigen ist, kann danach nur im Rahmen einer umfassenden Interessenabwägung nach billigem Ermessen entschieden werden. Insoweit sind insbesondere der Zweck der Verbindlichkeiten, der Zeitpunkt und die Art ihrer Entstehung, die Dringlichkeit der beiderseitigen Bedürfnisse, die Kenntnis des Unterhaltsschuldners von Grund und Höhe der Unterhaltsschuld und seine Möglichkeiten von Bedeutung, die Leistungsfähigkeit ganz oder teilweise wiederherzustellen (ständige Rechtsprechung, vgl. für Ehegatten- und Kindesunterhalt etwa *Senat,* NJW 1984, 1237 = FamRZ 1984, 358 [360]; NJW 1984, 2351 = FamRZ 1984, 657 [658], und NJW-RR 1990, 323 = FamRZ 1990, 283 [287]). Was speziell die für selbstgenutztes Haus- oder Wohneigentum eingegangenen Verbindlichkeiten anbelangt, so werden diese in der Rechtsprechung und im Schrifttum – soweit es um die Inanspruchnahme auf Elternunterhalt geht – weitgehend anerkannt, jedenfalls wenn sie sich in einem angemessenen Rahmen halten und vor Bekanntwerden der Unterhaltsverpflichtung eingegangen wurden (*OLG Köln,* NJW-RR 2002, 74 = FamRZ 2002, 572 [573]; *LG Bielefeld,* FamRZ 1999, 399 [400]; *LG Paderborn,* FamRZ 1996, 1497 [1498]; *LG Köln,* NDV-RD 1996, 112 [113]; *Günther,* Münchener Anwaltshdb., § 12 Rn. 43; *Heiß/Born/Hußmann,* Rn. 52; *Wendl/Pauling,* 5. Aufl., § 2 Rn. 639; *Luthin/Seidel,* 9. Aufl., Rn. 5072; *Eschenbruch,* Der Unterhaltsprozess, 3. Aufl., Rn. 2023; vgl. auch *Scholz/Erdrich,* Praxishdb. FamilienR., Teil J Rn. 44). Das steht sowohl mit den nach der Rechtsprechung des erkennenden *Senats* geltenden allgemeinen Grundsätzen über die Berücksichtigungsfähigkeit von Verbindlichkeiten als auch mit den im Rahmen des Elternunterhalts heranzuziehenden Maßstäben in Einklang. Die Darlehensaufnahme dient dem Wohnbedürfnis der

Familie des Unterhaltspflichtigen und damit einem grundsätzlich anzuerkennenden Zweck. Wenn und soweit sich die Verbindlichkeiten sowie die hieraus resultierenden Annuitäten in einer im Verhältnis zu den vorhandenen Einkünften angemessenen Höhe halten, mindern sie das für den Aszendentenunterhalt einzusetzende Einkommen deshalb jedenfalls dann, wenn die Verpflichtungen bereits zu einer Zeit eingegangen wurden, als der Unterhaltspflichtige noch nicht damit zu rechnen brauchte, für den Unterhalt seiner Eltern aufkommen zu müssen. Würde unter solchen Umständen die Abzugsfähigkeit von Tilgungsleistungen verneint, könnte sich der Unterhaltsverpflichtete – ebenso wie bei der Berücksichtigung eines Wohnwerts in Höhe der objektiven Marktmiete – gezwungen sehen, das Familienheim anderweitig zu verwerten, weil er nicht gleichzeitig Elternunterhalt und Tilgungsleistungen aufbringen kann. Eine Verwertungsobliegenheit trifft ihn, wie bereits ausgeführt wurde, indessen nicht.

Hiervon ausgehend begegnet es im vorliegenden Fall keinen rechtlichen Bedenken, dass das BerGer. die für das Eigenheim aufzubringenden Darlehensraten in voller Höhe berücksichtigt hat. Die Errichtung eines Wohnhauses entsprach bei den gegebenen Einkommensverhältnissen einer angemessenen Lebensführung. Dass die Darlehensverbindlichkeiten bereits eingegangen wurden, bevor der Bekl. mit einer Inanspruchnahme auf Unterhaltszahlungen für seine Mutter rechnen musste, ist zwischen den Parteien nicht streitig. Die Angemessenheit der monatlichen Kreditaufwendungen kann angesichts ihrer Höhe von 1230 DM nicht in Zweifel gezogen werden. Deshalb ist das BerGer. zu Recht von einer verbleibenden Belastung des Bekl. von monatlich 135,60 DM (1230 DM + 55,60 DM = 1285,60 DM ./. 1150 DM) ausgegangen.

(Zusätzliche private Altersvorsorge bei Beamten)

d) Was die von dem BerGer. verneinte Abzugsfähigkeit der Lebensversicherungsprämien anbelangt, **d** erscheint es allerdings fraglich, ob die betreffenden Aufwendungen mit der Begründung außer Betracht gelassen werden können, der Bekl. habe als Beamter bereits eine ausreichende Versorgung gesichert. Nachdem sich zunehmend die Erkenntnis durchgesetzt hat, dass die primäre Vorsorge in Zukunft nicht mehr für die Altersversorgung ausreichen wird, sondern zusätzlich private Altersvorsorge zu treffen ist (vgl. Art. 6 des Altersvermögensgesetzes vom 26. 6. 2001, BGBl I, 1310 [1335]), ist zu erwägen, ob auch hierzu dienende zusätzliche Aufwendungen in einem angemessenen Umfang grundsätzlich als abzugsfähig anzuerkennen sind, auch um einem Unterhaltspflichtigen die Möglichkeit zu eröffnen, geeignete Vorkehrungen dafür zu treffen, dass er nicht seinerseits im Alter seine Kinder auf Unterhalt in Anspruch nehmen muss. Denn die eigene angemessene Altersvorsorge geht der Sorge für die Unterhaltsberechtigten vor. Das gilt insbesondere dann, wenn dem Unterhaltspflichtigen – wie bei der Inanspruchnahme auf Elternunterhalt – vorrangig die Sicherung seines eigenen angemessenen Unterhalts gewährleistet wird. Die Berücksichtigungsfähigkeit der Lebensversicherungsprämien bedarf im vorliegenden Fall indessen keiner abschließenden Entscheidung.

(Selbstbehalt beim Elternunterhalt)

§ 1603 I BGB gewährleistet jedem Unterhaltspflichtigen vorrangig die Sicherung seines eigenen **e** angemessenen Unterhalts; ihm sollen grundsätzlich die Mittel verbleiben, die er zur angemessenen Deckung des seiner Lebensstellung entsprechenden allgemeinen Bedarfs benötigt (*Senat*, NJW 1992, 1393 = FamRZ 1992, 795 [797], und NJW 1989, 523 = FamRZ 1989, 272 m. w. Nachw.). In welcher Höhe dieser Bedarf des Verpflichteten zu bemessen ist, obliegt der tatrichterlichen Beurteilung des Einzelfalls. Das dabei gewonnene Ergebnis ist revisionsrechtlich jedoch darauf zu überprüfen, ob es den anzuwendenden Rechtsgrundsätzen Rechnung trägt und angemessen ist. Das ist hier der Fall. Wie der *Senat* inzwischen entschieden hat, kann der angemessene Eigenbedarf nicht losgelöst von der im Einzelfall vorliegenden Lebensstellung, die dem Einkommen, Vermögen und sozialen Rang des Verpflichteten entspricht, bestimmt und deshalb nicht durchgehend mit einem festen Betrag angesetzt werden. Vielmehr ist er auf Grund der konkreten Umstände und unter Berücksichtigung der besonderen Lebensverhältnisse, die bei der Inanspruchnahme auf Elternunterhalt als einem rechtlich vergleichsweise schwach ausgestalteten Anspruch vorliegen, zu ermitteln. Diesem Gesichtspunkt tragen inzwischen die meisten Tabellen und Leitlinien der Oberlandesgerichte insoweit Rechnung, als sie als Selbstbehalt des Unterhaltspflichtigen nur einen Mindestbetrag angeben (vgl. etwa die Zusammenstellung bei *Günther*, § 12 Rn. 31). Ob und unter welchen Voraussetzungen diese Mindestbeträge zu erhöhen sind, unterliegt letztlich der verantwortlichen Beurteilung des Tatrichters. Der Senat hat es bereits grundsätzlich gebilligt, wenn bei der Ermittlung des für den Elternunterhalt einzusetzenden bereinigten Einkommens allein auf einen – etwa hälftigen – Anteil des Betrags abgestellt wird, der den an sich vorgesehenen Mindestselbstbehalt übersteigt. Denn durch eine solche Handhabung kann im Einzelfall ein angemessener Ausgleich zwischen dem Unterhaltsinteresse der Eltern einerseits und dem Interesse des Unterhaltsverpflichteten an der Wahrung seines angemessenen Selbstbehalts andererseits zu bewirken sein. Zugleich kann eine ungerechtfertigte Nivellierung unterschiedlicher Verhältnisse vermieden werden. Überdies hat eine derartige Verfahrensweise den Vorteil der Rechtssicherheit und

Praktikabilität für sich (*Senat,* NJW 2003, 128 = FPR 2003, 149 = FamRZ 2002, 1698 [1700 ff.] m. w. Nachw.).

Dass das *OLG* diesen Weg der Bedarfsbestimmung gewählt hat, kann deshalb nicht als rechtsfehlerhaft angesehen werden. Auch das dabei gewonnene Ergebnis erscheint angemessen.

BVerfG v. 9. 4. 2003 – 1 BvR 1749/01 – FamRZ 03, 1370 = NJW 03, 2733

R593   *(Kindergeldverrechnung nach § 1612 b V BGB ist verfassungsgemäß; Gebot der Normenklarheit)*

§ 1612 b Abs. 5 BGB ist nach Maßgabe der Gründe mit dem Grundgesetz vereinbar. Die Verfassungsbeschwerde im Verfahren 1 BvR 1749/01 ist nicht begründet. I. Es stellt keine Ungleichbehandlung gleicher Sachverhalte dar, die eine Verletzung von Art. 3 I GG begründen könnte, dass § 1612 b BGB die Anrechnung des Kindergeldes auf den Kindesunterhalt von der Leistungsfähigkeit des barunterhaltspflichtigen Elternteils abhängig macht und sie nach Absatz 5 ausschließt, soweit der Unterhaltspflichtige außer Stande ist, Unterhalt in Höhe von 135% des Regelbetrages nach der Regelbetrag-Verordnung zu leisten, während Unterhaltspflichtige, die hierzu in der Lage sind, nach I das auf das Kind entfallende Kindergeld zur Hälfte angerechnet erhalten (1 und 2). Will der Gesetzgeber mit einer Regelung das Existenzminimum von Kindern durch Zweckbindung einer Sozialleistung sichern, muss er Sorge dafür tragen, dass die Regelung selbst das Ziel auch erreichen kann (3). Bei der Förderung oder Entlastung von Familien ist der Gesetzgeber nach Art. 6 I GG in Verbindung mit dem Rechtsstaatsprinzip aus Art. 20 GG gehalten, die anspruchsbegründenden Normen in ihrem Inhalt, ihrer Zwecksetzung und in ihrem Zusammenspiel für die Berechtigten klar und nachvollziehbar auszugestalten (4). 1. Art. 3 I GG gebietet es, Gleiches gleich und Ungleiches seiner Eigenart entsprechend verschieden zu regeln (vgl. *BVerfGE* 71, 255 [271]; stRspr). Es ist grundsätzlich Sache des Gesetzgebers zu entscheiden, welche Merkmale beim Vergleich von Lebenssachverhalten er als maßgebend ansieht, um sie im Recht gleich oder verschieden zu behandeln (vgl. *BVerfGE* 50, 57 [77]). Art. 3 I GG verbietet ihm aber einerseits, Sachverhalte ungleich zu behandeln, wenn sich die Differenzierung sachbereichsbezogen nicht auf einen vernünftigen oder sonst einleuchtenden Grund zurückführen lässt (vgl. BVerfGE 93, 386 [397]), und andererseits, Art und Ausmaß tatsächlicher Unterschiede sachwidrig außer Acht zu lassen (vgl. *BVerfGE* 103, 242 [258]). Dabei müssen, sofern eine Ungleichbehandlung von Sachverhalten mittelbar eine Ungleichbehandlung von Personengruppen bewirkt, für die Differenzierung Gründe von solcher Art und solchem Gewicht bestehen, dass sie die ungleichen Rechtsfolgen rechtfertigen können (vgl. *BVerfGE* 82, 126 [146]; 88, 87 [96 f.]). 2. a) Mit § 1612 b Abs. 5 BGB behandelt der Gesetzgeber zunächst alle Barunterhaltspflichtigen gleich. Er belässt es dabei, dass sie nach § 1610 I BGB nur im Rahmen ihrer Leistungsfähigkeit zur Zahlung von Kindesunterhalt herangezogen werden, wobei das Kindergeld als steuerlicher Ausgleich und zugleich soziale Familienförderung bei der Bestimmung der Leistungsfähigkeit nicht in Ansatz gebracht wird. Die Norm schmälert nicht das dem Unterhaltspflichtigen zur Hälfte zustehende, auf das Kind entfallende Kindergeld, sondern verpflichtet wiederum alle Unterhaltspflichtige, ihren Kindergeldanteil für den Unterhalt des Kindes zum Einsatz zu bringen, soweit der von ihnen nach Leistungsfähigkeit zu zahlende Unterhaltsbetrag die in Bezug genommene Höhe nicht erreicht. § 1612 b BGB unterscheidet insoweit mit seinen Absätzen 1 und 5 nicht zwischen der Gruppe von Unterhaltspflichtigen, bei denen das Kindergeld auf den Kindesunterhalt angerechnet wird, und der Gruppe der zur Unterhaltsleistung Verpflichteten, bei denen die Anrechnung nicht oder nur zum Teil erfolgt. Vielmehr enthalten beide Absätze, die nur gesetzestechnisch getrennt sind, einen einzigen Regelungsgehalt, der für alle Unterhaltspflichtige gilt, aber unterschiedlich je nach deren Leistungsfähigkeit wirkt. Danach erfolgt bei allen Unterhaltspflichtigen erst dann und insoweit eine Anrechnung des ihnen zustehenden hälftigen Kindergeldanteils auf den Kindesunterhalt, als mit dem zu leistenden Unterhalt oder diesem und einem Teil des Kindergeldanteils 135% des Regelbetrages nach der Regelbetrag-Verordnung für das Kind erreicht sind. Ob und in welchem Umfang ein Kindergeldanteil auf den Kindesunterhalt zur Anrechnung kommt, hängt also von der jeweiligen Leistungsfähigkeit jedes einzelnen Unterhaltspflichtigen und der danach bestimmten Höhe seiner Unterhaltsverpflichtung ab. Nach Leistungsfähigkeit zu differenzieren, ist keine Ungleichbehandlung von Gleichem. Hierdurch werden vielmehr Unterschiede im Leistungsvermögen zum Grund und Maßstab für eine unterschiedliche Behandlung genommen. Dies folgt dem Gebot aus Art. 3 I GG, Ungleiches seiner Eigenart entsprechend verschieden zu behandeln. Gerade das Unterhaltsrecht ist davon geprägt, Pflichten nicht jedem in gleichem Umfang aufzuerlegen, sondern sie von der jeweiligen Leistungsfähigkeit des Verpflichteten abhängig zu machen.

b) Nicht nur bei der Höhe der Unterhaltsverpflichtung ist die Leistungsfähigkeit ein dem Gleichheitsgrundsatz entsprechender Maßstab für Differenzierungen, sondern auch bei der Verpflichtung, das Kindergeld für den Kindesunterhalt zu verwenden. § 1612 b Abs. 5 BGB hat zum Ziel, einem Kind sein Existenzminimum auch dann zu sichern, wenn der vom Unterhaltspflichtigen zu leistende Unterhalt dieses allein nicht abdeckt (BTDrucks 14/3781, S. 7 f.). Dafür hat der Gesetzgeber Zugriff genommen auf das dem Unterhaltspflichtigen zustehende Kindergeld, das zur Aufstockung des Kindesunterhalts bis zur Bezugsgröße herangezogen wird. Er hat damit nicht den Weg gewählt, den Unterhaltspflichtigen ungeachtet seiner Leistungsfähigkeit nach seinem Einkommen zu verpflichten, Unterhalt in Höhe des Existenzminimums seines Kindes zu zahlen. Vielmehr setzt die Regelung gerade voraus, dass sich die Höhe des Barunterhalts nach der Leistungsfähigkeit des Unterhaltspflichtigen bemisst und es deshalb einerseits Unterhaltspflichtige gibt, die mit ihren Unterhaltszahlungen das Minimum dessen oder mehr noch abzusichern vermögen, was ein Kind für seine Existenz braucht, und andererseits solche, die dies nicht können. Diesen unterschiedlichen Fähigkeiten, dem eigenen Kind das Existenzminimum zu sichern, entspricht die gesetzliche Verpflichtung in § 1612b BGB, das dem Unterhaltspflichtigen zustehende Kindergeld immer dann für den Kindesunterhalt einzusetzen, wenn dieser ansonsten nicht zur Sicherung des Existenzminimums ausreicht. aa) Diesem unterhaltsrechtlichen Zugriff steht nicht entgegen, dass das Kindergeld auch dazu dient, den Unterhaltspflichtigen von seinen Belastungen durch seine Leistungen gegenüber dem Kind steuerlich freizustellen. Das Kindergeld ist nach dem Willen des Gesetzgebers gem. § 31 Satz 2 EStG steuerlicher Ausgleich und zugleich familienfördernde Sozialleistung. Dabei ist weder gesetzlich bestimmt noch nach festen Beträgen bestimmbar, welcher Anteil des Kindergeldes auf die steuerliche Entlastung entfällt und welcher staatliche Förderleistung ist. Allerdings dient gerade der Steuerausgleich der Freistellung des Betreuungs-, Erziehungs- und Ausbildungsbedarfs eines Kindes, also auch des Bedarfs, der die Existenz des Kindes sicherstellt. Soweit dieser Bedarf vom Unterhaltspflichtigen mit seinen Unterhaltszahlungen in Höhe des notwendigen Minimums nicht abgedeckt wird, kann das Kindergeld nicht die Funktion einer steuerlichen Entlastung haben: Eine Belastung, die insoweit nicht vorhanden ist, ist auch nicht steuerlich auszugleichen. Vielmehr ist das Kindergeld in diesem Umfang Sozialleistung zum Zwecke der Sicherung des Existenzminimums des Kindes. Allein diesen Sozialleistungsanteil des Kindergeldes führt § 1612b Abs. 5 BGB der Zwecksetzung entsprechend dem Kindesunterhalt zu, wenn er bestimmt, dass das Kindergeld so lange zur Aufbesserung der Unterhaltsleistung zu verwenden ist, bis der existenzsichernde notwendige Bedarf des Kindes, der mit 135% des Regelbetrages nach der Regelbetrag-Verordnung vorgegeben wird, erreicht ist. bb) Dass wegen der Verpflichtung zum Einsatz des Kindergeldes bis zur Abdeckung des Existenzminimums eines Kindes Einkommensschwächere ihr Kindergeld ganz oder zum Teil auf den Kindesunterhalt verwenden müssen, während Einkommensstärkeren das Kindergeld als Steuerentlastung und Familienförderung zum eigenen Verbrauch verbleibt, ist nicht Ergebnis einer Ungleichbehandlung, sondern ist bedingt durch unterschiedliche Lebens- und Einkommenslagen, die entsprechend auch zu unterschiedlichen Belastungen von Unterhaltspflichtigen durch den zu leistenden Unterhalt führen. So divergiert die an der Leistungsfähigkeit bemessene Höhe der Zahlungsverpflichtung, die umso geringer ausfällt, je weniger der Unterhaltspflichtige über Einkommen verfügt. Dabei kann aber ein geringerer Unterhaltsbetrag für den Leistungsschwächeren durchaus eine größere Belastung darstellen als der höhere Betrag für den Leistungsstärkeren, weil sich das individuelle Ausmaß einer Belastung danach bestimmt, wie viel dem jeweiligen Unterhaltspflichtigen nach Abzug des Kindesunterhalts zum eigenen Lebensunterhalt noch verbleibt, damit also maßgeblich von der Höhe des Einkommens beeinflusst wird. Gleichzeitig werden aber auch die Lebensverhältnisse der unterhaltsberechtigten Kinder von der jeweiligen Einkommenssituation des Unterhaltspflichtigen bestimmt. Dem Kind stehen umso weniger Mittel zur Verfügung, je weniger der Barunterhaltspflichtige nach seiner Leistungsfähigkeit Unterhalt zu zahlen hat. So erhielten nach einer im Auftrag des Bundesministeriums für Familie, Senioren, Frauen und Jugend (BMFSFJ) durchgeführten Untersuchung von den Befragten im Jahre 2002 mindestens 22% der Kinder einen Unterhalt, der auch nach Hinzurechnung des hälftigen Kindergeldes noch unter dem Regelbetrag, damit also unter dem existenzsichernden Minimum für das Kind, lag (BMFSFJ, Unterhaltszahlungen für minderjährige Kinder in Deutschland, 2002, S. 91 f.). An diese Unterschiede im Einkommen, in der Leistungsfähigkeit und Bedarfslage knüpft § 1612b I und 5 BGB mit seiner Differenzierung bei der unterhaltsrechtlichen Berücksichtigung von Kindergeld an. cc) Die Nichtanrechnung des Kindergeldes nach § 1612b Abs. 5 BGB führt zwar dazu, dass gerade der Leistungsschwächere gegenüber dem Leistungsstärkeren durch das Kindergeld keine oder nur eine geringere Entlastung seiner eigenen Lebenssituation erfährt, dies aber nur deshalb, weil seine geringe Leistungsfähigkeit schon bei der Höhe der Unterhaltsverpflichtung zu Lasten des Kindes Berücksichtigung gefunden hat, dessen Unterhalt hierdurch unter das existenzsichernde Minimum gesunken ist. § 1612b Abs. 5 BGB stellt lediglich sicher, dass bei einem Einkommen, das nicht ausreicht, neben dem Existenzminimum des Unterhaltspflichtigen auch das des Kindes zu sichern, das Kindergeld vorrangig darauf verwendet wird, die finanzielle Lücke bis zur Existenzsicherung auch des Kindes zu schließen, die gerade durch die Berücksichtigung der Leistungsfähigkeit des Unterhaltspflichtigen und seiner eigenen Existenzsicherung entstanden ist. Die Regelung sorgt damit für einen finanziellen Ausgleich innerhalb dieses Unterhaltsverbundes, der dort nicht erforderlich ist, wo schon das Einkommen allein den Bedarf aller im Unterhaltsverbund abzudecken vermag. c) Auch wenn man in der unterschiedlichen Heranziehung des Kindergeldes von Unterhaltspflichtigen zur Erhöhung des Kindesunterhalts nach § 1612b I und 5 BGB eine Ungleichbehandlung sehen würde (vgl. *BGH*, FamRZ 2003, S. 445), läge darin kein Verstoß gegen Art. 3 I GG. Die

Ungleichbehandlung wäre durch die mit der Norm vom Gesetzgeber bezweckte Sicherstellung des Barexistenzminimums des unterhaltsberechtigten Kindes gerechtfertigt. Eltern sind nach Art. 6 II Satz 1 GG zuvörderst zur Pflege und Erziehung ihrer Kinder berechtigt, aber auch verpflichtet. Dazu gehört, für einen angemessenen Unterhalt des Kindes zu sorgen, zumindest aber die Existenz des Kindes auch finanziell sicherzustellen, soweit und so lange die Eltern hierzu in der Lage sind (vgl. *BVerfGE* 31, 194 [207]; 68, 256 [267]). Erst wenn dies nicht der Fall ist, ist der Staat zum Schutze des Kindes in Unterstützung der Eltern durch Art. 6 II Satz 2 GG verpflichtet, für die Existenzsicherung des Kindes Sorge zu tragen (vgl. *BVerfGE* 103, 89 [108 f.]). Diesem Schutzauftrag kann der Staat auch dadurch nachkommen, dass er Förderleistungen, die wie das Kindergeld zumindest auch dem Kind und seiner Pflege und Betreuung durch seine Eltern zugute kommen sollen, im Hinblick auf ihren Verwendungszweck bindet und die unterhaltspflichtigen Eltern als Leistungsempfänger verpflichtet, mit der staatlichen Leistung bei Bedarf vorrangig das Existenzminimum ihres Kindes abzudecken. Damit wird der leistungsschwächere Unterhaltspflichtige zwar anders als der leistungsstärkere in der Verfügung über die ihm zugedachte Förderung eingeschränkt. Angesichts der elterlichen Verantwortung nach Art. 6 II GG und der Notwendigkeit, Kindern, die noch nicht selbst für sich sorgen können, zumindest das Existenzminimum zu wahren, ist dies jedoch hinzunehmen, zumal das Unterhaltsrecht dem Unterhaltspflichtigen durch den Selbstbehalt das eigene Existenzminimum sichert. 3. Allerdings muss der Gesetzgeber, will er seinem Schutzauftrag nachkommen, das Existenzminimum eines Kindes sicherzustellen, dafür Regelungen treffen, die das Ziel auch erreichen können. Ob dies auf Dauer gesichert ist, begegnet Zweifeln, weil § 1612b BGB nicht genügend klar zum Ausdruck bringt, welche in Bezug genommene Größe das Existenzminimum eines Kindes ausmacht. Außerdem ermöglicht es die Vorschrift dem Verordnungsgeber, gem. § 1612a IV BGB über die einkommensorientierte Veränderung der Regelbeträge maßgeblich Einfluss zu nehmen auf das, was der Gesetzgeber in § 1612b Abs. 5 BGB als prozentuale Größe zum Maßstab für die Bestimmung des Existenzminimums eines Kindes genommen hat.

Dass mit der in § 1612b Abs. 5 BGB genannten Bezugsgröße von 135% des jeweiligen Regelbetrages nach der Regelbetrag-Verordnung ein Maßstab für die Bestimmung des Existenzminimums eines Kindes gesetzt ist, nach dem sich bemisst, ob zur Sicherung des Existenzminimums auch das Kindergeld des Unterhaltspflichtigen für den Kindesunterhalt heranzuziehen ist, ergibt sich nicht aus der Norm selbst, sondern erschließt sich nur aus den Gesetzesmaterialien. Dort ist angeführt worden, dass Regelbeträge nach der Regelbetrag-Verordnung selbst noch nicht das Existenzminimum eines Kindes abzudecken vermögen (vgl. BTDrucks 13/9596, S. 31). Aufgrund eines Vergleichs der Entwicklung der Regelbeträge sowie der Beträge des Existenzminimums ist dann davon ausgegangen worden, dass sich das Existenzminimum mit 135% der Regelbeträge nach der jeweiligen Regelbetrag-Verordnung darstellen lasse (vgl. BTDrucks 14/3781, S. 7 f.). Diese modifizierte Bezugsgröße ist in § 1612b Abs. 5 BGB übernommen worden. Damit hat der Gesetzgeber einerseits zum Ausdruck gebracht, dass er mit dieser Normierung das Existenzminimum meint, bis zu dem das Kindergeld des Unterhaltspflichtigen dem Unterhalt zuzuführen ist, solange der Unterhalt selbst zur entsprechenden Abdeckung nicht ausreicht. Andererseits hat er aber die gewählte Konstruktion damit begründet, auf eine autonome Definition des Barexistenzminimums in der Norm selbst verzichten zu wollen. Abgesehen davon, dass es dem rechtsstaatlichen Gebot der Normenklarheit und dem berechtigten Interesse des Normadressaten zu wissen, wofür und in welcher Höhe ihm Sozialleistungen wieder entzogen werden, besser dienen würde, wenn der gesetzliche Normtext selbst präzise Vorgaben dafür enthielte, hat der Gesetzgeber mit seiner Bezugnahme zwar auf eine an anderer Stelle durch den Verordnungsgeber in der Höhe bestimmte Größe, nämlich die in zweijährigem Turnus zu ändernden Regelbeträge, abgestellt. Zugleich hat er aber den Abstand zu diesen Regelbeträgen, mit dessen Hilfe das Existenzminimum markiert wird, festgeschrieben und damit entgegen seinem erklärten Willen dennoch eine eigene, allerdings nicht sofort erschließbare Definition des Existenzminimums vorgenommen. Da sich die Regelbeträge nach § 1612a BGB entsprechend der Entwicklung des durchschnittlich verfügbaren Arbeitsentgelts ändern und nicht entsprechend dem existenzsichernden Bedarf eines Kindes, ist ungewiss, ob auch in Zukunft 135% des jeweiligen Regelbedarfs nach der Regelbedarf-Verordnung dem Barexistenzminimum eines Kindes entsprechen werden. § 1612b BGB bietet insofern auf Grund seiner Konstruktion keinen geeigneten Maßstab, der dauerhaft gewährleistet, dass das berechtigte Ziel, das mit der Norm verfolgt werden soll und die in ihr enthaltene Differenzierung bei der Kindergeldanrechnung begründet, nicht verfehlt wird. Der Gesetzgeber ist deshalb gehalten, in regelmäßigen Abständen zu prüfen, ob die von ihm unter Zuhilfenahme von Bezugsgrößen mit prozentualen Aufschlägen in § 1612b Abs. 5 BGB gewählte Bemessung des Existenzminimums eines Kindes noch tauglich ist, dieses richtig zu bestimmen.

4. a) Der Gesetzgeber ist bei Wahrnehmung der ihm durch Art. 6 I GG vorgegebenen Aufgabe, Familien zu fördern und für einen Familienleistungsausgleich zu sorgen, in der Gestaltung, in welchem Umfang und in welcher Weise er dies umsetzt, zwar grundsätzlich frei (vgl. *BVerfGE* 87, 1 [35 f.]). Die Normkonstruktion des § 1612b BGB im Zusammenspiel mit anderen Regelungen, die der Existenz-

sicherung von Kindern und der Förderung wie Entlastung von Familien bei der Kindererziehung dienen, gibt aber Anlass darauf hinzuweisen, dass das Rechtsstaatsprinzip des Art. 20 III GG dem Gesetzgeber gebietet, bei der von ihm gewählten Ausgestaltung Normen zu schaffen, die auch in ihrem Zusammenwirken dem Grundsatz der Normenklarheit genügen. Gesetzliche Regelungen müssen so gefasst sein, dass der Betroffene seine Normunterworfenheit und die Rechtslage so konkret erkennen kann, dass er sein Verhalten danach auszurichten vermag (vgl. *BVerfGE* 45, 400 [420]; 58, 257 [278]; 62, 169 [183]; 83, 130 [145]). Die Anforderungen an die Normenklarheit sind dann erhöht, wenn die Unsicherheit bei der Beurteilung der Gesetzeslage wie hier die Betätigung von Grundrechten erschwert (vgl. *BVerfGE* 62, 169 [183]; 83, 130 [145]). Nicht nur bei Eingriffen in die Freiheitssphäre des Einzelnen (vgl. dazu *BVerfGE* 25, 216 [227]; 47, 239 [247]), sondern auch bei der Gewährung von Leistungen und deren zivilrechtlicher Behandlung müssen die Normen in ihrem Inhalt entsprechend ihrer Zwecksetzung für die Betroffenen klar und nachvollziehbar sowie in ihrer Ausgestaltung widerspruchsfrei sein. Soweit die praktische Bedeutung einer Regelung für den Normunterworfenen nicht nur von der Geltung und Anwendung einer Einzelnorm abhängt, sondern vom Zusammenspiel von Normen unterschiedlicher Regelungsbereiche, hier des Kindergeld-, Unterhalts-, Steuer- und Sozialhilferechts, müssen die Klarheit des Norminhalts und die Voraussehbarkeit der Ergebnisse der Normanwendung gerade auch im Hinblick auf dieses Zusammenwirken gesichert sein. b) Diesen Grundsätzen genügen die das Kindergeld betreffenden Regelungen in ihrer sozialrechtlichen, steuerrechtlichen und familienrechtlichen Verflechtung immer weniger.

So ist schon nicht erkennbar, inwieweit das Kindergeld in seiner Doppelfunktion als Sozial- und gleichzeitig steuerliche Ausgleichsleistung Steuergerechtigkeit herstellen soll und welcher Anteil hiervon staatliche Familienförderung ist (vgl. *BVerfGE* 82, 60 [79]). Kindergeld ist zwar zum Teil vorweggenommene Steuervergütung auf den Kinderfreibetrag, bei verheirateten, getrennt lebenden oder geschiedenen Eltern fallen aber Freibetragsberechtigung und Kindergeldberechtigung auseinander, da die Freibeträge nach § 32 Abs. 6 EStG hälftig aufgeteilt werden, nicht jedoch das Kindergeld, das einem Elternteil insgesamt gewährt wird (§ 3 I BKGG), sodass dem anderen Elternteil lediglich ein zivilrechtlicher Ausgleichsanspruch gegenüber dem das Kindergeld Empfangenden zusteht. Diesen Anspruch transformiert § 1612b I BGB zunächst in einen solchen auf Anrechnung auf den Kindesunterhalt. Dieser Anspruch wird dem Barunterhaltspflichtigen aber gegebenenfalls nach § 1612b Abs. 5 BGB teilweise oder ganz wieder genommen. Wie viel Kindergeld der Unterhaltspflichtige überhaupt zu erhalten hat, ist hierbei nur schwerlich auszumachen, zumal dafür eine die Höhe des Kindesunterhalts betreffende Messgröße maßgeblich ist, die in dynamischer Verweisung bei prozentualer Vorgabe auf die Regelbetrag-Verordnung Bezug nimmt. Andererseits bestimmt § 31 EStG, dass das Kindergeld, soweit ein Anspruch nach § 32 Abs. 6 EStG auf Freibeträge besteht, zu verrechnen ist, auch soweit es dem Steuerpflichtigen im Wege des zivilrechtlichen Ausgleichs zusteht. Ob dies auch dann zu erfolgen hat, wenn das Kindergeld auf Grund von § 1612b Abs. 5 BGB nicht auf den Kindesunterhalt angerechnet wird, dem Steuerpflichtigen also nicht oder nur zum Teil zufließt, ist dem Gesetz nicht mit hinreichender Klarheit zu entnehmen (vgl. hierzu Becker, FamRZ 2001, S. 1266 [1268]). Sozialhilferechtlich wiederum wird, anders als im Familienrecht, das Kindergeld nach § 76 I BSHG als Einkommen dem Kindergeld Beziehenden, d.h. in der Regel dem betreuenden Elternteil, leistungsmindernd angerechnet (vgl. *BVerwGE* 114, 339 [340 f.]). Auch hier findet sich keine Regelung, ob die Anrechnung sich auf das gesamte, zunächst dem betreuenden Elternteil zufließende Kindergeld oder unter Berücksichtigung des zivilrechtlichen Ausgleichsanspruchs und der Anrechnungsregelung des § 1612b I BGB nur auf die Hälfte beziehen darf, und ob im Falle des § 1612b Abs. 5 BGB wiederum der dem Kind zum Zwecke seiner Existenzsicherung seitens des Unterhaltspflichtigen zufließende Kindergeldanteil doch wieder leistungsmindernd in Ansatz zu bringen ist. Zwar bestimmt § 76 II Nr. 5 BSHG, dass ein in monatlicher Höhe angegebener Betrag des Kindergeldes von der Anrechnung ausgenommen ist. Klar ist damit aber noch nicht, welcher Teil des Kindergeldes in Anbetracht der unterschiedlichen Anrechnungsregelungen als jeweiliges Einkommen und bei wem zu berücksichtigen ist. Gerade für Kindergeldberechtigte, die auf staatliche familienfördernde Leistungen besonders angewiesen sind und bei denen die jeweiligen Anrechnungsnormen zur Anwendung kommen können, ist damit schwer durchschaubar, in welcher Höhe sie mit einer Unterstützung durch das Kindergeld tatsächlich rechnen können. Diese unter dem Gebot der Normenklarheit bedenkliche Rechtssituation hat auch der Bundestag erkannt. Er hat in seiner aus Anlass der Verabschiedung des § 1612b Abs. 5 BGB angenommenen Entschließung die Bundesregierung gebeten, das Unterhaltsrecht insbesondere hinsichtlich der Abstimmung seiner Inhalte mit sozial- und steuerrechtlichen Parallelregelungen zu überprüfen sowie Vorschläge für eine Neuregelung einzubringen (vgl. BTDrucks 14/3781, S. 3). Die gesetzgebenden Organe sind also von Verfassungs wegen aufgefordert, hier Abhilfe zu schaffen. II. Es verstößt nicht gegen Art. 3 I GG, dass Barunterhaltspflichtige, die Unterhalt nur in geringerer als der von § 1612b Abs. 5 BGB in Bezug genommenen Höhe leisten können, ihren Kindergeldanteil auf den Unterhalt verwenden müssen, bis dieser die vorgegebene Höhe erreicht, während der betreuende Elternteil nur dann sein anteiliges Kindergeld für die Bedarfsdeckung des

Kindes zum Einsatz bringen muss, wenn auch bei Nichtanrechnung des dem Barunterhaltspflichtigen zustehenden Kindergeldes der Unterhalt des Kindes 135% des Regelbedarfs nach der Regelbedarf-Verordnung nicht abdeckt. Mit dem in Art. 3 I GG enthaltenen Gebot, alle Menschen vor dem Gesetz gleich zu behandeln, ist dem Gesetzgeber nicht jede Differenzierung verwehrt. Der Gleichheitssatz ist aber dann verletzt, wenn eine Gruppe von Normadressaten im Vergleich zu anderen Normadressaten anders behandelt wird, obwohl zwischen beiden Gruppen keine Unterschiede von solcher Art und solchem Gewicht bestehen, dass sie die ungleiche Behandlung rechtfertigen könnten (vgl. *BVerfGE* 55, 72 [88]; 87, 1 [36]; 100, 195 [205]; stRspr). 1. Barunterhaltspflichtige werden, sofern auf sie § 1612 b Abs. 5 BGB Anwendung findet, hinsichtlich ihres Kindergeldanteils anders behandelt als diejenigen, die durch Betreuung ihren Unterhalt leisten. Sie müssen vorrangig ihren Kindergeldanteil auf den Kindesunterhalt verwenden. Demgegenüber kommt der Kindergeldanteil des betreuenden Elternteils erst dann zum Einsatz, wenn trotz der Nichtanrechnung des Kindergeldes nach § 1612 b Abs. 5 BGB das Existenzminimum des Kindes immer noch nicht abgesichert ist. 2. Diese Ungleichbehandlung ist jedoch durch hinreichende Gründe gerechtfertigt. a) Im Rahmen ihrer umfassenden Verantwortung für ihr Kind nach Art. 6 II GG schulden die Eltern diesem Sachleistungen, die den wirtschaftlichen Bedarf des Kindes decken, ebenso wie Betreuungs- und Erziehungsleistungen (vgl. *BVerfGE* 80, 81 [90 f.]; 99, 216 [231]). Wie sie diese Pflichten wahrnehmen und untereinander aufteilen, liegt grundsätzlich in der gleichberechtigten Entscheidung beider Elternteile (vgl. *BVerfGE* 39, 169 [183]; 48, 327 [338]; 99, 216 [231]; 105, 1 [11]). Widmet sich ein Elternteil der Kinderbetreuung, während der andere für den Barunterhalt des Kindes aufkommt, sind beide dem Kind gegenüber in Erfüllung der Elternverantwortung erbrachten Leistungen gleichwertig (vgl. *BVerfGE* 53, 257 [296]; 66, 84 [94]; 79, 106 [126]; 105, 1 [11]). Dies gilt auch dann, wenn Eltern getrennt leben und ein Elternteil auf Grund einer Abrede zwischen ihnen oder einer gerichtlichen Sorgeentscheidung das Kind betreut und der andere Elternteil gem. § 1606 III BGB zur Zahlung von Barunterhalt verpflichtet ist. Mit der Betreuung und der Zahlung des Barunterhalts erfüllen die Eltern ihre Unterhaltsverpflichtung jeweils grundsätzlich in vollem Umfang. b) Allerdings kann der nach Leistungsfähigkeit des Barunterhaltspflichtigen bemessene Unterhalt so gering ausfallen, dass dem Kind weniger Mittel zur Verfügung stehen, als es zur Deckung seines Existenzminimums braucht. Bis zum In-Kraft-Treten von § 1612 b Abs. 5 BGB hatte eine solche Situation zur Folge, dass der Barunterhaltspflichtige über die Anrechnung seines hälftigen Kindergeldanteils auf den Kindesunterhalt nach § 1612 b I BGB seinen Teil der staatlichen Förderleistung in voller Höhe erhielt. Dagegen war der betreuende Elternteil, den schon das Risiko nicht realisierbarer Unterhaltszahlungen trifft (vgl. *BVerfGE* 45, 104 [130 ff.]), gezwungen, zur notwendigen Bedarfsdeckung des Kindes eigene Mittel, damit auch Teile des ihm verbliebenen Kindergeldanteils einzusetzen, obwohl auch er mit der Betreuung in vollem Umfang seiner Unterhaltsverpflichtung nachgekommen war. Er war es also, der anders als der Barunterhaltspflichtige letztlich im Mangelfall in doppelter Weise für die Deckung des Kindesunterhalts zu sorgen hatte: durch seine Betreuungsleistung und zusätzlich durch Einsatz seines Kindergeldanteils zur Existenzsicherung des Kindes. Der darin liegenden faktischen Benachteiligung des betreuenden Elternteils hat der Gesetzgeber mit der Einführung von § 1612 b Abs. 5 BGB dadurch ein Ende bereitet, dass er nunmehr zunächst dem Barunterhaltspflichtigen auferlegt hat, seinen Kindergeldanteil auf den Unterhalt zu verwenden, so lange die über den Unterhalt geschuldeten Mittel zur Existenzsicherung des Kindes nicht ausreichen.

c) Diese Verlagerung in der vorrangigen Lastentragung zur Deckung eines Defizits beim Kindesunterhalt auf den Barunterhaltspflichtigen durch § 1612 b Abs. 5 BGB ist sachlich begründet durch die unterschiedlichen Lebenssituationen, in denen sich kinderbetreuende Elternteile einerseits und barunterhaltspflichtige andererseits befinden. Durch die Betreuung des Kindes ist der Elternteil, der hierfür zu sorgen hat, in seiner Zeit und Arbeitskraft gebunden. Seine Möglichkeit, durch Erwerbstätigkeit für sein eigenes Einkommen Sorge zu tragen, ist dadurch begrenzt. Dies wirkt sich in der Regel auf die Höhe des Einkommens aus, das dem Alleinerziehenden zur Verfügung steht. Etwa ein Drittel der Mütter nichtehelicher Kinder haben für sich und ihre Kinder lediglich eine finanzielle Absicherung, die unter oder auf Sozialhilfeniveau liegt (s. Vaskovics/Rost/Rupp, Lebenslage nichtehelicher Kinder, Bundesanzeiger 1997, S. 126). Zwar waren nach der schon zitierten, im Auftrag des Bundesministeriums für Familie, Senioren, Frauen und Jugend durchgeführten Untersuchung drei Viertel der unterhaltsberechtigten Elternteile erwerbstätig. Davon erzielte aber ein Drittel lediglich ein Erwerbseinkommen von unter 900, weitere 20% erreichten ein Einkommen bis 1250 pro Monat (vgl. BMFSFJ, a. a. O., S. 156 ff.). Alleinerziehende Frauen mit Kindern leben mehr als doppelt so häufig wie Ehepaare mit Kindern in Haushalten, die auf Sozialhilfeleistungen angewiesen sind (vgl. Statistisches Bundesamt, Datenreport 2002, S. 208). Der auf den betreuenden Elternteil entfallende Kindergeldanteil verhilft in einer solchen Situation nicht nur diesem Elternteil zur besseren Abdeckung des Bedarfs. Die mit ihm eintretende Entlastung kommt darüber hinaus dem Kind zugute, dessen Lebensbedingungen durch die finanzielle Situation des Elternteils, bei dem es lebt, geprägt werden (vgl. *BVerfGE* 103, 89 [109]). Dieser die Situation des Kindes verbessernde Entlastungseffekt des Kindergeldes würde ohne § 1612 b Abs. 5 BGB gerade dann entfallen, wenn sich das Kind in einer besonders schlechten

Situation befindet, in der noch nicht einmal sein Existenzminimum durch den vom Barunterhaltspflichtigen zu leistenden Unterhalt abgedeckt ist und sich das Einkommen des betreuenden Elternteils dadurch wieder reduzierte, dass dieser gezwungen wäre, das Kindergeld zur Sicherung des kindlichen Bedarfs einzusetzen. Diese besondere Betroffenheit auch des Kindes lässt es sachgerecht erscheinen, zunächst gem. § 1612b Abs. 5 BGB den Kindergeldanteil des Barunterhaltspflichtigen zur Sicherstellung des Existenzminimums des Kindes heranzuziehen. Ihm wird damit gerade bei niedrigem Einkommen zwar das Kindergeld und die hiermit bezweckte Entlastung wieder entzogen. Dies bewirkt aber, anders als der Kindergeldeinsatz des betreuenden Elternteils, eine Verbesserung der Lebenssituation des Kindes. Hinzu kommt, dass der Barunterhaltspflichtige durch den Selbstbehalt davor geschützt ist, allein wegen seiner Unterhaltspflichten selbst unter den Sozialhilfebetrag zu fallen (vgl. *BVerfG,* 3. Kammer des Ersten *Senats,* FamRZ 2001, S. 1685 f.), während der betreuende Elternteil bei unzureichenden Unterhaltsleistungen des Barunterhaltspflichtigen letztlich mit dem betreuten Kind auf die Inanspruchnahme von Sozialhilfe angewiesen ist. Auch diese Konsequenz wird durch eine Aufstockung der Unterhaltszahlbeträge durch das Kindergeld nach § 1612b Abs. 5 BGB abgemildert.

III. § 1612b Abs. 5 BGB verletzt auch nicht das Elternrecht des Barunterhaltspflichtigen aus Art. 6 II Satz 1 GG auf Umgang mit seinem Kind. 1. Das Umgangsrecht des nicht sorgeberechtigten Elternteils nach § 1684 I BGB steht ebenso wie die elterliche Sorge des anderen Elternteils unter dem Schutz von Art. 6 II Satz 1 GG (vgl. *BVerfG,* 3. Kammer des Ersten *Senats,* FamRZ 2002, S. 809). § 1612b Abs. 5 BGB greift in dieses Recht nicht unmittelbar ein. Er enthält keine Regelung über die Art, die Dauer oder den Umfang des Umgangs mit dem Kind. Dem barunterhaltspflichtigen Elternteil wird allerdings nach dieser Vorschrift das Kindergeld ganz oder teilweise entzogen, das ihm zur Förderung seines familiären Verhältnisses zum Kind zugedacht ist und das insofern zur Finanzierung der mit dem Umgang verbundenen Kosten fehlt. Er muss deshalb die Umgangskosten mit seinem ihm nach Abzug der Unterhaltsverpflichtung verbleibenden Einkommen tragen. Dies wiederum könnte sich mangels ausreichender Mittel negativ auf die Ausübung des Umgangs mit dem Kind auswirken und damit den Interessen des Kindes zuwiderlaufen. Es ist die Einkommenslage des Barunterhaltspflichtigen, die seine Möglichkeit zu Umgangskontakten mit dem Kind bestimmt und die durch § 1612b Abs. 5 BGB nicht mehr wie bisher eine Entlastung durch das Kindergeld erfährt. 2. Das Unterhaltsrecht darf dem Unterhaltspflichtigen nicht die Möglichkeit nehmen, sein Umgangsrecht zur Erhaltung der Eltern-Kind-Beziehung unter Berücksichtigung des Kindeswohls auszuüben. Dem hat der Gesetzgeber Rechnung getragen. Die Bemessungsregelungen für den Unterhalt ermöglichen die Berücksichtigung dieses Gesichtspunkts.

Da das Kindergeld als Einkommen des Unterhaltspflichtigen bei der Bemessung des Unterhalts keine Berücksichtigung findet, ist die Rechtsprechung bisher davon ausgegangen, dass der dem Unterhaltspflichtigen über § 1612b I BGB zufließende Kindergeldanteil diesem zur Abdeckung der Umgangskosten zur Verfügung steht, und hat ihn unterhaltsrechtlich darauf verwiesen, mit dem Kindergeld diese Kosten zu tragen (vgl. *BGH,* FamRZ 1995, S. 215). Nunmehr ist in den Fällen der Nichtanrechnung des Kindergeldes nach § 1612b Abs. 5 BGB, in denen das Kindergeld dem Unterhaltspflichtigen nicht mehr zufließt, ein solcher Verweis nicht mehr zulässig. Es verbleiben aber die gesetzlichen Möglichkeiten, unterhaltsrechtlich sicherzustellen, dass eingeräumte Umgangskontakte des Unterhaltspflichtigen mit dem Kind nicht an den Kosten scheitern. Der *BGH* hat zu Recht in seiner Entscheidung vom 29. 1. 2003 (FamRZ 2003, S. 445 [449]) darauf hingewiesen, dass diese Kosten im Bedarfsfall durch eine angemessene Minderung des unterhaltsrechtlich relevanten Einkommens oder einer angemessenen Erhöhung des Selbstbehalts bei der Berechnung der Unterhaltsverpflichtung Berücksichtigung finden können.

BGH v. 7. 5. 2003 – XII ZR 140/01 – FamRZ 03, 1095 = FPR 03, 490

(Abgrenzung Verfahren §§ 653, 645 ZPO und Abänderungsklage nach § 654 ZPO) **R594**

2. Entgegen der Meinung der Revision ist der Bekl. im Annexverfahren nach § 653 I ZPO mit dem Erfüllungseinwand ausgeschlossen. Denn der in § 653 I 3 ZPO angeordnete Einwendungsausschluss bezieht sich auch auf den Erfüllungseinwand des Unterhaltspflichtigen. Dies ergibt sich aus Sinn und Zweck des in § 653 I ZPO geregelten Annexverfahrens und aus dem systematischen Zusammenhang dieser Vorschrift mit den übrigen Bestimmungen des Titels über das vereinfachte Verfahren nach §§ 645 ff. ZPO, insbesondere mit der in § 654 ZPO geregelten Korrekturklage (ebenso *OLG Karlsruhe,* FamRZ 2002, 1262, zum Einwand der Verwirkung; *OLG Bremen,* FamRZ 2000, 1164, und *OLG Dresden,* FamRZ 2003, 161, jeweils zum Einwand fehlender Leistungsfähigkeit; *Zöller/Philippi,* ZPO, 23. Aufl., § 653 Rn. 4; a. A. *Baumbach/Lauterbach/Albers/Hartmann,* ZPO, 61. Aufl., § 653 Rn. 3; wohl auch *Thomas/Putzo/Hüßtege,* ZPO, 24. Aufl., § 654 Rn. 6; *Coester-Waltjen,* in: MünchKomm-ZPO, 2. Aufl., § 653 Rn. 9).

Die §§ 645 ff. ZPO sollen allen minderjährigen Kindern ermöglichen, in einem einfachen Verfahren schnell einen ersten Vollstreckungstitel gegen einen Elternteil zu erhalten, in dessen Haushalt sie nicht leben (vgl. Bericht des Rechtsausschusses v. 13. 1. 1998, BT-Dr 13/9596, S. 36; *Musielak/Borth,* ZPO, 3. Aufl., vor § 645 Rn. 2). Dies gilt auch im Annexverfahren nach § 653 ZPO, das außerdem den Kindschaftsprozess nicht mit Unterhaltsfragen belasten soll (vgl. *Zöller/Philippi,* § 653 Rn. 2). Um die erwünschte Schnelligkeit zu gewährleisten, sind Angriffs- und Verteidigungsmöglichkeiten limitiert (vgl. *Lipp/Wagenitz,* Das neue KindschaftsR, § 654 ZPO Rn. 1): Im Verfahren nach §§ 645, 649 I ZPO kann der Unterhaltsgläubiger höchstens den eineinhalbfachen Regelbetrag fordern (§ 645 I ZPO). Der Unterhaltsschuldner kann Einwendungen nur unter den engen Voraussetzungen des § 648 ZPO vorbringen. Im Verfahren nach § 653 I ZPO kann das Kind Unterhalt nur bis zur Höhe des Regelbetrags geltend machen; der Vater ist nach allgemeiner Meinung mit dem Einwand mangelnder oder eingeschränkter Leistungsfähigkeit vollends ausgeschlossen (vgl. *Senat,* NJW-RR 2003, 433 = FPR 2003, 216 = FamRZ 2003, 304 [305]). Die Unterhaltsfestsetzungen nach § 649 I bzw. § 653 I ZPO erfolgen somit zwangsläufig in pauschaler Weise. Die nachträgliche Berücksichtigung ihrer individuellen Verhältnisse können beide Parteien durch Erhebung einer Korrekturklage nach § 654 ZPO erreichen.

In diesem Zusammenhang weist die Revision allerdings zu Recht darauf hin, dass bereits § 643 ZPO a. F., der dem jetzigen § 653 ZPO im Wesentlichen auch im Wortlaut entsprach, ebenfalls den Zweck verfolgte, dem Kind möglichst schnell und auf einfachem Weg zu einem Titel für den ihm zustehenden Unterhalt – in der pauschalierten Form des Regelunterhalts – zu verhelfen. Dennoch hat der Senat in seinem Urteil vom 29. 10. 1980 (NJW 1981, 393 = FamRZ 1981, 32) diesen Zweck nicht genügen lassen, um den Vater mit dem Einwand des gesetzlichen Forderungsübergangs nach § 1615 b BGB a. F. (vgl. jetzt § 1607 III BGB) auszuschließen. Diese Auffassung, die zum Teil auch auf den Erfüllungseinwand bezogen wurde (vgl. *OLG Düsseldorf,* FamRZ 1981, 603), kann jedenfalls nicht auf die durch das Kindesunterhaltsgesetz neu geregelte Rechtslage übertragen werden. Denn die genannte Rechtsprechung beruhte nicht nur auf dem Sinn des Annexverfahrens und der Auslegung des § 643 ZPO a. F., sondern entscheidend auch auf dem Zusammenhang dieser Bestimmung mit § 643 a ZPO a. F. Nach der letztgenannten Vorschrift konnte nämlich in einem so genannten Anpassungsverfahren lediglich eine Herauf- oder Herabsetzung des geschuldeten Unterhalts gegenüber dem Regelunterhalt sowie ein Erlass oder eine Stundung rückständiger Unterhaltsbeträge durch richterliche Entscheidung verlangt werden (vgl. *Senat,* NJW 1981, 393 = FamRZ 1981, 32 [33]). Unter diesen Bedingungen musste aber über den Grund des Anspruchs bereits im Annexverfahren entschieden werden.

Insoweit hat sich jedoch die Rechtslage durch die Neuregelung des Kindesunterhaltsgesetzes zum 1. 7. 1998 grundlegend geändert. Im Rahmen der Korrekturklage nach § 654 ZPO kann der Unterhaltspflichtige nunmehr alle Einwendungen zum Grund und zur Höhe des Unterhalts, insbesondere auch den Einwand der Erfüllung, erheben. Dies ergibt sich aus dem Wortlaut des § 654 ZPO, der keine Einschränkung enthält. Auch im Gesetzgebungsverfahren ist davon ausgegangen worden, dass im Rahmen von § 654 ZPO alle Einwendungen erhoben werden können und diese Klage weder an die Voraussetzungen des § 323 ZPO noch an die des § 767 ZPO gebunden ist (vgl. Begründung der Bundesregierung, BT-Dr 13/7338, S. 43). Auch entspricht es – soweit ersichtlich – der allgemeinen Meinung in Rechtsprechung und Literatur, dass die Einwendungen des Bekl. im Rahmen der Korrekturklage in keiner Weise limitiert sind.

Würde man unter diesen Umständen den Einwand des Unterhaltspflichtigen, er habe die Unterhaltsansprüche erfüllt, bereits im Annexverfahren zulassen, widerspräche das dem Sinn des Verfahrens, dem Kind schnell und einfach einen Unterhaltstitel zu geben. Vielmehr sähe sich das Kind dann zweimal hintereinander den Einwendungen des Bekl. zur Erfüllung ausgesetzt, wobei es darüber hinaus im ersten Prozess selbst nicht die Möglichkeit hätte, den gegebenenfalls über dem Regelbetrag liegenden Unterhalt geltend zu machen. Dies widerspräche, worauf das *OLG* zu Recht hinweist, den Grundsätzen der Prozessökonomie.

Richtig ist zwar, dass unter den genannten Voraussetzungen das Kind möglicherweise einen vollstreckungsfähigen Titel über einen ihm nicht (mehr) zustehenden Unterhaltsanspruch erhält. Der Vater kann sich jedoch gegen eine ungerechtfertigte Vollstreckung dadurch wehren, dass er im Rahmen der dann zu erhebenden Korrekturklage nach § 654 ZPO entsprechend § 769 ZPO die einstweilige Einstellung der Zwangsvollstreckung beantragt.

BGH v. 25. 6. 2003 – XII ZR 63/00 – FamRZ 04, 186 = FPR 04, 148

R595   *(Übliche Überstunden kein überobligatorisches Einkommen)*

a   Unstreitig ist ferner die Höhe des von dem Bekl. in dem hier maßgeblichen Zeitraum erzielten Einkommens. Insofern rügt die Revision jedoch, dass das BerGer. auch die von dem Bekl. bezogene Überstundenvergütung als unterhaltsrelevantes Einkommen angesehen habe. Das OLG habe entgegen seinen eigenen Leitlinien nicht festgestellt, dass die geleistete Mehrarbeit berufsüblich oder nur in geringem Umfang angefallen sei. Es habe auch nicht erwogen, ob Einkünfte aus Mehrarbeit bei der

Berechnung des Elternunterhalts nach Zumutbarkeitsgesichtspunkten zu behandeln seien. Damit vermag die Revision nicht durchzudringen.

Nach der Rechtsprechung des Senats sind bei der Ermittlung der Leistungsfähigkeit des Unterhaltspflichtigen zur Feststellung seines Einkommens grundsätzlich alle Einkünfte heranzuziehen, die ihm zufließen. Deshalb sind als Arbeitseinkommen regelmäßig alle Leistungen anzusehen, die ihm im Hinblick auf das Arbeits- oder Dienstverhältnis gewährt werden, gleichgültig, aus welchem Anlass sie im Einzelnen gezahlt werden. Was die Vergütung von Überstunden anbelangt, so ist diese grundsätzlich gleichfalls – in voller Höhe – mit einzusetzen. Das gilt jedenfalls dann, wenn sie nur in geringem Umfang anfällt oder wenn die Ableistung von Überstunden im fraglichen Ausmaß in dem vom Unterhaltsschuldner ausgeübten Beruf üblich ist (*Senat*, NJW 1980, 2251 = FamRZ 1980, 984).

Da somit das auf Überstundenvergütung beruhende Einkommen des Unterhaltspflichtigen unterhaltsrechtlich grundsätzlich zu berücksichtigen ist, hat er die Umstände darzulegen, aus denen sich ergibt, dass das betreffende Einkommen gleichwohl außer Betracht zu bleiben hat. Entsprechende Feststellungen hat das BerGer. nicht getroffen. Die Revision rügt auch nicht, dass insofern Vorbringen des Bekl. übergangen worden sei. Anhaltspunkte, die für eine nur eingeschränkte Berücksichtigung der Überstundenvergütung sprechen würden, sind auch nicht ersichtlich. Nach den vorgelegten Verdienstbescheinigungen hat der Bekl. 1994 insgesamt 122 Überstunden geleistet und 1995 insgesamt 46. Für das Jahr 1996 ist insofern aus der Verdienstbescheinigung nichts ersichtlich. Selbst im Jahr 1994 sind mithin nur rund 10 Überstunden im Monatsdurchschnitt und damit deutlich weniger als 10% der regulären Arbeitszeit geleistet worden. Bei einem solchen Anteil ist jedenfalls noch von einem geringen Umfang der Überstunden auszugehen (vgl. auch OLG Köln, FamRZ 1984, 1108 [1109]), so dass gegen die Berücksichtigung des hieraus resultierenden Einkommens keine rechtlichen Bedenken bestehen. Auch bei der Inanspruchnahme auf Elternunterhalt gelten insofern keine anderen Maßstäbe.

(§ 1578 BGB als Orientierungshilfe bei Bemessung des Familienunterhalts in Geld)

aa) Zu den zu berücksichtigenden sonstigen Verpflichtungen gehört auch die Unterhaltspflicht **b** gegenüber der Ehefrau des Bekl., falls diese kein ihren Unterhaltsbedarf deckendes eigenes Einkommen erzielt. Der Bekl. schuldet ihr in diesem Fall gem. §§ 1360, 1360 a BGB Familienunterhalt. Dieser Unterhaltsanspruch lässt sich zwar nicht ohne weiteres nach den zum Ehegattenunterhalt bei Trennung und Scheidung entwickelten Grundsätzen bemessen. Denn er ist nach seiner Ausgestaltung nicht auf die Gewährung einer – frei verfügbaren – Geldrente für den jeweils anderen Ehegatten, sondern als gegenseitiger Anspruch der Ehegatten darauf gerichtet, dass jeder von ihnen seinen Beitrag zum Familienunterhalt entsprechend seiner nach dem individuellen Ehebild übernommenen Funktion leistet. Sein Maß bestimmt sich aber nach den ehelichen Lebensverhältnissen, so dass § 1578 BGB als Orientierungshilfe herangezogen werden kann (*Senat*, NJW 1995, 1486 = FamRZ 1995, 537, und NJW 2003, 1112 = FPR 2003, 211 = FamRZ 2003, 363 [366f.]). Deshalb ist es rechtlich unbedenklich, den Anspruch auf Familienunterhalt im Fall der Konkurrenz mit anderen Unterhaltsansprüchen auf die einzelnen Familienmitglieder aufzuteilen und in Geldbeträgen zu veranschlagen. Der anzusetzende Betrag kann daher insoweit in gleicher Weise wie der Unterhaltsbedarf eines getrennt lebenden oder geschiedenen Ehegatten ermittelt werden (*Senat*, NJW 2003, 1660 = FPR 2003, 378 = FamRZ 2003, 860 [864]; NJW 2003, 1112 = FPR 2003, 211 = FamRZ 2003, 363; NJW 2002, 1646 = FPR 2002, 266 = FamRZ 2002, 742, und NJW-RR 2001, 361 = FamRZ 2001, 1065 [1066]).

(Berücksichtigung nachrangiger Unterhaltslasten beim Ehegattenunterhalt)

Bei der Bemessung des Unterhaltsanspruchs der Ehefrau nach den ehelichen Lebensverhältnissen **c** stellt sich allerdings die Frage, ob diese bereits durch Unterhaltsleistungen für die Mutter geprägt waren. Denn der Unterhaltsanspruch eines Ehegatten kann auch durch Unterhaltsansprüche nachrangig Berechtigter eingeschränkt werden, soweit die sich aus einem entsprechenden Vorwegabzug ergebende Verteilung der zum Unterhalt zur Verfügung stehenden Mittel nicht zu einem Missverhältnis hinsichtlich des wechselseitigen Bedarfs der Beteiligten führt (*Senat*, NJW 2003, 1660 = FPR 2003, 378 = FamRZ 2003, 860 [865]).

(Eheliche Lebensverhältnisse; Unterhaltspflichten; latente Unterhaltslast)

Zum anderen kommt es darauf an, ob die ehelichen Lebensverhältnisse durch Unterhaltsleistungen **d** für die Mutter geprägt waren. Das kann dadurch zum Ausdruck gekommen sein, dass bereits tatsächlich Unterhalt für diese geleistet worden ist. Darüber hinaus kann aber auch schon die latente Unterhaltslast für einen Elternteil die ehelichen Lebensverhältnisse mitbestimmen (vgl. *Senat*, NJW 2003, 1660 = FPR 2003, 378 = FamRZ 2003, 860 [865]). Insofern ist jedenfalls davon auszugehen, dass die ehelichen Lebensverhältnisse umso eher von einer Unterhaltsverpflichtung geprägt werden, je höher die Wahrscheinlichkeit einzuschätzen ist, für den Unterhalt von Eltern aufkommen zu müssen. Denn die ehelichen Lebensverhältnisse, die von den sich wandelnden wirtschaftlichen und persönlichen Verhältnissen der Ehegatten abhängen, können durch derartige Umstände ebenfalls beeinflusst werden.

Mit Rücksicht darauf kann es auch nicht allein auf die Verhältnisse bei der Eheschließung des Unterhaltspflichtigen ankommen, sondern – wie klarzustellen ist – auch auf deren spätere Entwicklung. Ob und unter welchen Umständen danach allgemein eine Prägung der ehelichen Lebensverhältnisse – etwa im Fall einer sich abzeichnenden Pflegebedürftigkeit eines Elternteils (vgl. hierzu auch Anm. *Klinkhammer*, FamRZ 2003, 866 [867f.]) – angenommen werden kann, bedarf vorliegend keiner Entscheidung.

(Keine Reduzierung Selbstbehalt beim Elternunterhalt wegen niedrigeren Wohnkosten)

e   e) Soweit das BerGer. es allerdings abgelehnt hat, den dem Bekl. zugebilligten Selbstbehalt wegen der tatsächlich geringeren als in den Selbstbehaltsätzen enthaltenen Kosten der Warmmiete zu reduzieren, wendet sich die Anschlussrevision hiergegen ohne Erfolg. Richtig ist zwar der Ausgangspunkt, dass in den pauschalierten Selbstbehaltsätzen für den Unterhaltspflichtigen und dessen Ehefrau – ab 1. 7. 1998 – eine Warmmiete von insgesamt 1400 DM (800 DM + 600 DM) enthalten war. Selbst wenn dieser Betrag für den hier maßgeblichen Zeitraum geringer anzusetzen ist, liegt er doch deutlich über den Kosten, die dem Bekl. und seiner Ehefrau ausgehend von einer Kaltmiete von monatlich rund 576 DM an Wohnkosten entstanden sind. Ungeachtet dessen ist eine Kürzung des dem Bekl. zuzubilligenden Selbstbehalts nicht veranlasst. Es unterliegt grundsätzlich der freien Disposition des Unterhaltspflichtigen, wie er die ihm zu belassenen Mittel nutzt. Ihm ist es deshalb nicht verwehrt, seine Bedürfnisse anders als in den Unterhaltstabellen vorgesehen zu gewichten und sich etwa mit einer preiswerteren Wohnung zu begnügen, um zusätzliche Mittel für andere Zwecke, etwa für Bekleidung, Urlaubsreisen oder kulturelle Interessen, einsetzen zu können (ebenso OLG Hamm, OLG-Report 2001, 79 [80]; OLG Düsseldorf, NJW-RR 1999, 587 = FamRZ 1999, 1020; OLG Frankfurt a. M., FamRZ 1999, 1522; *Kalthoener/Büttner/Niepmann*, 8. Aufl., Rdnr. 970; *Wendl/Scholz,* Das UnterhaltsR in der familiengerichtlichen Praxis, 5. Aufl., § 2 Rdnr. 270; a. A. *Wendl/Gutdeutsch*, § 5 Rdnrn. 183, 2003; OLG Dresden, NJW-RR 1999, 1164 = FamRZ 1999, 1522 [1523] für einen Mangelfall bei gesteigerter Unterhaltspflicht). Bei dieser Betrachtungsweise verlieren die in den Selbstbehaltsätzen ausgewiesenen Warmmietanteile nicht ihren Sinn. Ihnen kommt vielmehr die Bedeutung zu, dass der Unterhaltspflichtige bei unvermeidbar höheren Wohnkosten als im Selbstbehalt berücksichtigt, eventuell dessen Heraufsetzung geltend machen kann (vgl. Anm. 5 der Düsseldorfer Tabelle).

BGH v. 25. 6. 2003 – XII ZR 161/01 = FamRZ 03, 1454 = NJW 03, 2982

R596   *(Zusammenveranlagung bei Ehegatteninnengesellschaft)*

b) Für einen Rückgriff auf die allgemeinen, aus dem Wesen der Ehe folgenden Rechtspflichten ist nämlich dann kein Raum, wenn die Ehegatten ausdrücklich oder konkludent eine vertragliche Vereinbarung getroffen haben, aus der sich eine Regelung für die Nutzung steuerlicher Vorteile im Wege der gemeinsamen Veranlagung herleiten lässt. Bei dem hier vorliegenden Sachverhalt hätte das *OLG* deshalb der Frage nachgehen müssen, ob nicht von einer – auch stillschweigend möglichen – Abrede der Parteien über ihre vermögensrechtlichen Beziehungen und über ihre Mitarbeit an der Bildung des Vermögens auszugehen ist, die sich nach den Regeln des Gesellschaftsrechts bestimmt. In einer solchen Abrede läge die Begründung einer Ehegatteninnengesellschaft. Ein Anspruch des Kl. gegen die Bekl., einer gemeinsamen Veranlagung zur Einkommensteuer für 1996 zuzustimmen, ergäbe sich dann aus deren Verpflichtung, an der Erreichung des gemeinsamen Gesellschaftszwecks mitzuwirken (§ 705 BGB).

BGH v. 17. 9. 2003 XII ZR 184/01 = FamRZ 03, 1734 = NJW 03, 3481

R597   *(Subsidiarität von § 1576 BGB)*

a   2. Diese Ausführungen halten nicht in allen Punkten der rechtlichen Nachprüfung stand.

a) Ein Unterhaltsanspruch nach § 1576 BGB kommt nur insoweit in Betracht, als das Unterhaltsbegehren nicht auf die Bestimmung des § 1572 BGB gestützt werden kann. Denn § 1576 BGB ist gegenüber § 1572 BGB subsidiär.

Die Frage, in welchem Verhältnis § 1576 BGB zu den Unterhaltstatbeständen der §§ 1570–1573 und § 1575 BGB steht, hat der *Senat* bisher nur für § 1570 BGB entschieden. Er hat die Auffassung vertreten, dass insoweit eine Anspruchskonkurrenz ausgeschlossen sei, mithin Subsidiarität des Billigkeitsanspruchs gegenüber dem Anspruch wegen Kindesbetreuung besteht (*Senat*, NJW 1984, 1538 = FamRZ 1984, 361 [362f.]). Die hierzu angestellten Erwägungen, die sich insbesondere auf den Wortlaut des § 1576 BGB, dessen Stellung im Gesetz sowie die unterschiedlichen Tatbestandsstrukturen der §§ 1570–1573 BGB und § 1575 BGB einerseits und des § 1576 BGB andererseits stützen, gelten für das Verhältnis von § 1576 BGB zu § 1572 BGB gleichermaßen. Zudem entspricht dem Verständnis des § 1576 BGB als eines subsidiären Unterhaltstatbestands auch der Gesetzeszweck: Die Vorschrift soll nach Art eines Auffangtatbestands Regelungslücken schließen und Härten vermeiden, die sich aus dem enumerativen Tatbestandskatalog der §§ 1570–1573 BGB und § 1575 BGB ergeben könnten. Deshalb ist § 1576 BGB auch gegenüber § 1572 BGB als subsidiär anzusehen (ebenso: *Soergel/Häberle*, BGB, 12. Aufl., § 1576 Rdnr. 11; *Staudinger/Verschraegen*, BGB, 12. Bearb., § 1576 Rdnr. 38; *Maurer*, in: MünchKomm, 4. Aufl., § 1576 Rdnr. 21; *Cuny*, in: RGRK, 12. Aufl., § 1576 Rdnr. 8; *Wendl/Gerhardt*, 5. Aufl., § 4 Rdnr. 165; *Schwab/Borth*, Kap. IV Rdnr. 380; *Göppinger/Bäumel*, 8. Aufl., Rdnr. 1007). Daher muss ein Unterhaltsanspruch nach § 1572 BGB zu verneinen sein, bevor ein solcher aus § 1576 BGB zum Tragen kommen kann.

(Nachhaltige Unterhaltssicherung bei § 1573 IV BGB durch fiktive Einkünfte; Beweislast)

b) aa) Nach § 1573 IV BGB kann der geschiedene Ehegatte Unterhalt verlangen, wenn die Einkünfte aus einer angemessenen Erwerbstätigkeit wegfallen, weil es ihm trotz seiner Bemühungen nicht gelungen war, den Unterhalt durch die Erwerbstätigkeit nach der Scheidung nachhaltig zu sichern. Dieser Regelung liegt der Gedanke zu Grunde, dass derjenige Ehegatte, dessen Unterhalt durch eine Erwerbstätigkeit nachhaltig gesichert ist, auf eine nachwirkende eheliche Solidarität später nicht mehr zurückgreifen können, sondern alle Folgen der noch ungewissen künftigen Entwicklung allein tragen soll. Für die Beurteilung, ob der Unterhalt durch eine Erwerbstätigkeit nachhaltig gesichert erscheint, ist maßgebend, ob diese im Zeitpunkt ihrer Aufnahme nach objektiven Maßstäben und allgemeiner Lebenserfahrung mit einer gewissen Sicherheit als dauerhaft angesehen werden kann oder ob befürchtet werden muss, dass der Bedürftige sie durch außerhalb seiner Entschließungsfreiheit liegende Umstände in absehbarer Zeit wieder verliert. Dabei sind auch solche Umstände in die Beurteilung einzubeziehen, die zwar schon zu diesem Zeitpunkt bestehen, aber erst später zu Tage treten (*Senat*, NJW 1988, 2034 = FamRZ 1988, 701 [702]; NJW 1987, 3129 = FamRZ 1987, 689). Es obliegt dem Unterhalt begehrenden Ehegatten, darzulegen und notfalls zu beweisen, dass eine nachhaltige Sicherung seines Unterhalts nicht zu erreichen war (*Senat*, NJW 1986, 375 = FamRZ 1985, 1234). Entsprechendes gilt grundsätzlich auch dann, wenn dem Anspruchsteller lediglich fiktive Einkünfte zugerechnet werden. Auch solche können – fiktiv – zu einer nachhaltigen Sicherung i. S. des § 1573 IV BGB führen; anderenfalls würde derjenige Unterhaltsberechtigte, der eine Erwerbsobliegenheit verletzt, in ungerechtfertigter Weise besser gestellt (*Kalthoener/Büttner/Niepmann*, 8. Aufl., Rdnr. 436). **b**

(§ 1576 BGB: keine ehebedingte Bedürftigkeit; kein Einsatzzeitpunkt)

4 c) Nach der Rechtsprechung des *Senats* ist der Anwendungsbereich der Vorschrift des § 1576 BGB entsprechend ihrer Ausgestaltung als allgemeine Härteklausel weder im Verhältnis zum Regelungsbereich der §§ 1570 ff. BGB auf gegenständlich andere als die dort genannten Gründe begrenzt noch sonst Beschränkungen auf bestimmte Unterhaltstatbestände unterworfen. Außerdem müssen die in § 1576 BGB vorausgesetzten schwerwiegenden Gründe für die Unzumutbarkeit der Erwerbstätigkeit und die daraus resultierende Bedürftigkeit nicht ehebedingt sein (*Senat*, FamRZ 1983, 800 [801]). Mit Rücksicht auf diese Erwägungen hat der *Senat* bereits in vergleichbaren Fallgestaltungen den Hinweis für geboten gehalten, die Voraussetzungen des § 1576 BGB seien zu prüfen, sofern die Zubilligung eines Unterhaltsanspruchs wegen Krankheit lediglich am Einsatzzeitpunkt scheitere (vgl. *Senat*, NJW 1990, 2752 = FamRZ 1990, 496 [499], und Urt. v. 23. 3. 1983 – IVb ZR 370/81, juris) und die zusätzliche Voraussetzung der groben Unbilligkeit erfüllt sei. Insofern dürfte der Heranziehung der genannten Bestimmung nicht entgegenstehen, wenn eine krankheitsbedingte Erwerbsunfähigkeit nicht bereits zu einem der in § 1572 BGB genannten Einsatzzeitpunkte vorlag. Anders als andere Unterhaltstatbestände sieht § 1576 BGB Einsatzzeitpunkte nicht vor. Der *Senat* neigt allerdings mit einer verbreiteten Auffassung im Schrifttum dazu, dass es sachgerecht erscheint, den Umstand, dass ein nach der Scheidung mit einem Unterhaltsanspruch nicht belasteter Ehegatte mit fortschreitender Dauer immer weniger mit einer Inanspruchnahme auf Unterhalt zu rechnen braucht, bei der zu treffenden Billigkeitsentscheidung zu berücksichtigen (vgl. hierzu etwa *Schwab/Borth*, Kap. IV Rdnr. 368; *Johannsen/Henrich/Büttner*, EheR, 3. Aufl., § 1576 Rdnr. 5; *Soergel/Häberle*, § 1576 Rdnr. 7; *Maurer*, in: MünchKomm, § 1576 Rdnr. 17; *Göppinger/Bäumel*, Rdnr. 1008; a. A.: *Kalthoener/Büttner/Niepmann*, Rdnr. 455). **c**

BVerfG v. 7. 10. 2003 – 1 BvR 246/93 = FamRZ 03, 1821 = NJW 03, 3466

(Gesetzgeber hat Vorteil aus dem Ehegattensplitting der bestehenden Ehe zugewiesen; das Unterhaltsrecht darf **R598** *ihr diesen Vorteil nicht entziehen)*

c) Die Ausgangsfälle bieten keinen Anlass, zu den Verfassungsfragen des Ehegattensplittings Stellung zu nehmen, denn sie sind nicht entscheidungserheblich. Die angegriffenen Urteile verkennen Art. 6 I GG schon allein deshalb, weil sie einen steuerlichen Vorteil, der sich aus dem Steuersplitting gem. § 32 a V EStG ergeben kann, der geschiedenen Ehe haben zukommen lassen.

Der Gesetzgeber hat den Vorteil, der aus dem Steuersplitting folgen kann, der bestehenden Ehe von gemeinsam steuerlich veranlagten und zusammenlebenden Ehegatten zugewiesen. Der Splittingtarif kommt deshalb zum Wegfall, wenn die Eheleute dauerhaft getrennt leben oder sich scheiden lassen. Um eine gleichzeitig mit dem Wegfall des Splittingvorteils durch einen Unterhaltsanspruch des getrennt lebenden oder geschiedenen Ehegatten eintretende Belastung des Unterhaltspflichtigen steuerlich aufzufangen, hat der Gesetzgeber geschiedenen Ehegatten die Möglichkeit des Realsplittings eingeräumt, die so lange eröffnet ist, wie die Unterhaltsverpflichtung besteht, ungeachtet einer Wiederheirat des Unterhaltspflichtigen. Geht dieser aber eine neue Ehe ein, ist dies bei Zusammenveranlagung der Ehegatten anspruchsbegründender Tatbestand für den Eintritt eines möglichen Splittingvorteils. Dabei handelt es sich nicht um ein Wiederaufleben des steuerlichen Splittingvorteils, in dessen Genuss die geschiedenen Ehegatten bei Bestehen ihrer Ehe gekommen waren oder hätten kommen können. Vielmehr entsteht mit der neuen Ehe eine neue Einkommenskonstellation zwischen den nunmehr miteinander verbundenen Ehegatten, die maßgeblich dafür ist, ob und inwieweit ihre Ehe durch das Splittingverfahren steuerliche Vorteile erfährt. Der neuen Ehe und nicht der geschiedenen Ehe des wiederverheirateten Unterhaltspflichtigen soll also eine steuerliche Entlastung zuteil werden. Dass diese Entlastung und das der neuen Ehe insoweit steuerlich belassene Einkommen auch der Abdeckung von Verpflichtungen der Ehegatten dienen können und damit gegebenenfalls auch der Pfändung unterliegen, ändert nichts daran, dass der Gesetzgeber die steuerliche Entlastung der neuen Ehe und nicht der geschiedenen Ehe zugewiesen hat. Hätte er unterhaltsrechtlich die Zuordnung zur geschiedenen Ehe beabsichtigt, hätte er dies ausdrücklich gesetzlich regeln müssen. Dies hat er aber gerade nicht getan, sondern ausschließlich bestehenden Ehen den Splittingvorteil eingeräumt und geschiedene Ehen auf das Realsplitting verwiesen. Eine solche gesetzgeberische Ausgestaltung entspricht dem Schutzauftrag nach Art. 6 I GG, der auch bei der Auslegung von § 1578 I 1 BGB zu beachten ist.

II. 1. Dies haben die Gerichte bei der Interpretation von § 1578 I 1 BGB in den mit den Verfassungsbeschwerden angegriffenen Entscheidungen grundlegend verkannt. Sie haben den neuen Ehen der Bf. den Schutz nach Art. 6 I GG, der ihnen in Ausformung dieses grundgesetzlichen Auftrags durch den Gesetzgeber zukommt, dadurch entzogen, dass sie bei der Bemessung des Unterhaltsbedarfs das um den Splittingvorteil für die neue Ehe erhöhte Einkommen des wiederverheirateten Unterhaltspflichtigen real berücksichtigt oder fiktiv in Ansatz gebracht haben, weil sie der Auffassung sind, dieser Vorteil müsse auch der geschiedenen Ehefrau des Unterhaltspflichtigen zugute kommen. Sie haben zugleich den der neuen Ehe gewährten Steuervorteil der geschiedenen Ehe zugute gebracht, obwohl der Gesetzgeber damit gerade der nunmehr bestehenden neuen Ehe den Schutz hat zukommen lassen wollen, der auch ihr nach Art. 6 I GG gebührt.

a) Es gibt keinen Grund für die Annahme, Vorteile, die der neuen Ehe eines geschiedenen Unterhaltspflichtigen erwachsen, seien schon in dessen früherer Ehe angelegt gewesen und hätten die Lebensverhältnisse der nunmehr Geschiedenen bestimmt. Zwar hat in den letzten Jahrzehnten die Scheidungsrate und damit auch die Zahl von Wiederverheiratungen zugenommen. Es wäre aber schon wegen der Dauerhaftigkeit, die die Ehe grundsätzlich auszeichnet, unzulässig und würde auch durch keine Anhaltspunkte in der Wirklichkeit gestützt, wenn man deshalb unterstellen wollte, mit einer eingegangenen Ehe sei zugleich deren mögliches Scheitern sowie eine darauf folgende neue Ehe mitgedacht und würden nicht nur das Verhalten der Ehegatten, sondern auch deren Einkommensverhältnisse geprägt.

b) Der geschiedene unterhaltsberechtigte Ehegatte erfährt auch keine Benachteiligung durch ein Belassen des Steuervorteils bei der neuen Ehe. Sein Unterhaltsanspruch bleibt dem des mit dem Unterhaltspflichtigen nunmehr Verheirateten vorrangig, bemisst sich allerdings allein an der Einkommenssituation in der geschiedenen Ehe. Dass dabei nicht mehr der Steuervorteil Berücksichtigung findet, der auch der geschiedenen Ehe während ihres Bestehens zugeflossen sein kann, ist Folge der Regelung, nach der die gemeinsame steuerliche Veranlagung nur bei zusammenlebenden Ehegatten erfolgen kann, und nicht Folge der Wiederverheiratung des Unterhaltspflichtigen.

c) Schließlich können auch Praktikabilitätserwägungen nicht rechtfertigen, der neuen Ehe des Unterhaltspflichtigen den ihr in Ausgestaltung des Schutzes aus Art. 6 I GG vom Gesetzgeber zugedachten Steuervorteil dadurch zu entziehen, dass der Unterhaltspflichtige auch mit diesem Vorteil zur Unterhaltszahlung an seinen geschiedenen Ehegatten herangezogen wird. Zwar ist es für die Unterhaltsberechnung einfacher, vom tatsächlich erzielten Nettoeinkommen des Unterhaltspflichtigen auszugehen, das der monatlichen Gehaltsabrechnung entnommen werden kann. Die Rechtsprechung stellt aber diese Erwägungen selbst hintan, wenn die in der neuen Ehe des Unterhaltspflichtigen gewählte Steuerklassenkombination nicht vorrangig bei diesem den Splittingvorteil schon beim monatlichen Steuerabzug eintreten lässt, und berechnet hier das der Unterhaltsbemessung zu Grunde zu legende Einkommen fiktiv. Ebenso verfährt sie, wenn ein Mangelfall vorliegt. Auch im Übrigen ist aber eine etwas schwierigere, jedoch mögliche und durch Technik und Programme unterstützte Berechnung kein hinreichender Grund, Steuervorteile in Abweichung von der gesetzgeberischen Absicht zuzuordnen.

BGH v. 15. 10. 2003 – XII ZR 122/00 – FamRZ 04, 366 = NJW 04, 674

(Unterhaltsrückstand ab Rechtswahrungsanzeige)   **R599**

a) Zu Recht hat das BerGer. die Voraussetzungen für eine Inanspruchnahme der Bekl. für die Zeit **a**
von September 1998 an bejaht. Mit Rücksicht auf die Rechtswahrungsanzeigen des Kl., zuletzt vom
27. 8. 1998, kann nach § 91 III 1 BSHG Unterhalt für die Vergangenheit gefordert werden.

(Elternunterhalt und Familienunterhalt des Pflichtigen)

bb) Die Frage, wie die Leistungsfähigkeit eines Unterhaltsschuldners in derartigen Fällen grund- **b**
sätzlich zu beurteilen ist, bedarf im vorliegenden Fall indessen keiner Entscheidung. Denn nach den
getroffenen Feststellungen brauchten die Eheleute ihre jeweiligen Einkünfte nicht in vollem Umfang
zur Bestreitung des angemessenen Familienunterhalts einzusetzen, so dass der Bekl. von ihrem eigenen
Einkommen Mittel verblieben, die für Unterhaltszwecke zur Verfügung stehen.

Der *Senat* hat in einer Fallgestaltung, bei der es um das Unterhaltsbegehren eines volljährigen Kindes
gegen seinen den Haushalt in einer neuen Ehe führenden und nur stundenweise erwerbstätigen Vater
ging, zwar die Auffassung vertreten, dessen Unterhaltspflicht setze nach § 1603 I BGB erst ein, wenn
der eigene angemessene Unterhalt nicht gefährdet werde, in der Regel also erst bei Einkünften
oberhalb des so genannten Selbstbehalts. Bis zu dieser Höhe benötigte der Unterhaltsschuldner die
Einkünfte zur Deckung seines eigenen Lebensbedarfs. Ein rechtlicher Ansatzpunkt, seinen Ehegatten
für seinen Unterhalt auch insoweit heranzuziehen, als er selbst verdiene, damit er sein Einkommen an
das – unterhaltsrechtlich nachrangige – volljährige Kind aus der früheren Ehe weitergeben könne,
bestehe nicht. Er sei auch durch Billigkeitserwägungen nicht zu ersetzen. Gleichwohl ist es nach
Auffassung des *Senats* nicht ausgeschlossen, dass der Unterhaltsschuldner die ihm zur Verfügung
stehenden Geldmittel zum Unterhalt einzusetzen hat, soweit er sie zur Bestreitung des eigenen
angemessenen Lebensstandards nicht benötigt. Derartiges kommt in Betracht, wenn der von dem
erwerbstätigen neuen Ehegatten nach den §§ 1360, 1360a BGB zu leistende Familienunterhalt so
auskömmlich ist, dass der gegenüber den Kindern aus der früheren Ehe barunterhaltspflichtige Elternteil daraus i. S. des § 1603 I BGB angemessen unterhalten wird. Soweit er des Ertrags seiner Nebentätigkeit zum angemessenen Unterhalt in der neuen Familie nicht bedarf, steht dieser – sowie unter
Umständen ein Teil solcher Barmittel, die ihm von seinem neuen Ehegatten im Rahmen des Familienunterhalts zur Erfüllung von persönlichen Bedürfnissen zufließen – für Unterhaltszwecke zur Verfügung
(*Senat*, NJW 1987, 1549 = FamRZ 1987, 472 [473 f.]).

Diese Grundsätze sind auch zur Beurteilung der hier vorliegenden Fallgestaltung heranzuziehen
(ebenso: *Heiß/Hußmann*, UnterhaltsR 13. Kap. Rdnr. 41; *Luthin/Seidel*, 9. Aufl., Rdnr. 5079; *Gerhardt*,
Hdb. des Fachanwalts FamilienR, 4. Aufl., Rdnr. 207b; *Scholz/Erdrich*, Praxishdb. FamilienR, Teil J,
Rdnr. 57; *Wendl/Pauling*, 5. Aufl., § 2 Rdnr. 645; *Günther*, in: Münchener Anwaltshdb., § 12
Rdnrn. 92 f.; vgl. auch *OLG Frankfurt a. M.*, FamRZ 2000, 1391 [1392]).

(Familienunterhalt; Verhältnis zum Ehegatten- und Elternunterhalt)

cc) Wie das BerGer. zutreffend ausgeführt hat, sind beide Ehegatten nach § 1360 BGB verpflichtet, **c**
durch ihre Arbeit und mit ihrem Vermögen die Familie angemessen zu unterhalten. Dabei steht es den
Ehegatten frei, ihre Ehe so zu führen, dass ein Partner allein einer Berufstätigkeit nachgeht und der
andere sich der Familienarbeit widmet, ebenso wie sie sich dafür entscheiden können, beide einen
Beruf ganz oder teilweise auszuüben und sich die Hausarbeit und Kinderbetreuung zu teilen oder diese
durch Dritte ausführen zu lassen. Da den Ehegatten insofern gleiches Recht und gleiche Verantwortung
bei der Ausgestaltung ihres Ehe- und Familienlebens zukommt, sind auch die Leistungen, die sie im
Rahmen der vereinbarten Arbeits- und Aufgabenzuweisung erbringen, als gleichwertig anzusehen. Mit
Rücksicht darauf haben sie auch Anspruch auf gleiche Teilhabe am gemeinsam Erwirtschafteten, soweit
dieses den ehelichen Lebensstandard prägt (*Senat*, NJW 2002, 1646 = FPR 2002, 266 = FamRZ 2002,
742; *BVerfG*, NJW 2002, 1285 = FPR 2002, 180 = FamRZ 2002, 527 [528f.]). Die Höhe des von
jedem Ehegatten zu leistenden Familienunterhalts richtet sich nach dem Verhältnis der beiderseitigen
unterhaltsrechtlich relevanten Nettoeinkommen (*BGH*, NJW 1974, 1238 = FamRZ 1974, 366;
Göppinger/Bäumel, 8. Aufl., Rdnr. 864; *Wendl/Scholz*, § 3 Rdnrn. 37 f.). Soweit das Einkommen eines
Ehegatten zur Bestreitung des angemessenen Familienunterhalts nicht benötigt wird, steht es ihm selbst
zur Verfügung (vgl. *Wendl/Pauling*, § 2 Rdnr. 645; *Henrich*, FamRZ 1992, 590). Das hat zur Folge, dass
der betreffende Einkommensteil für Unterhaltszwecke eingesetzt werden kann, sofern auch der angemessene Selbstbehalt des Unterhaltspflichtigen nach § 1603 I BGB gewahrt ist. Der nicht unterhaltspflichtige Ehegatte wird in solchen Fällen nicht mittelbar zum Unterhalt herangezogen, denn sein
eigener angemessener Familienunterhalt ist gedeckt; die durch Unterhaltsleistungen bedingte Schmälerung des Einkommens seines Ehegatten braucht er nicht zu kompensieren, da auch dessen angemessener Unterhalt gewahrt ist (vgl. auch *Heiß/Hußmann*, Kap. 13 Rdnr. 42).

(Umfang des Familienunterhalts, Höhe des Taschengeldes)

d   a) Es entspricht der Rechtsprechung des Senats, dass der Anspruch auf Taschengeld Bestandteil des Familienunterhalts nach §§ 1360, 1360 a BGB ist. Zu dem angemessenen Familienunterhalt gehören unter anderem Kosten für Wohnung, Nahrung, Kleidung, medizinische Versorgung, kulturelle Bedürfnisse, Kranken- und Altersvorsorge, Urlaub usw., die in der Regel in Form des Naturalunterhalts gewährt werden. Außerdem hat jeder der Ehegatten Anspruch auf einen angemessenen Teil des Gesamteinkommens als Taschengeld, das heißt auf einen Geldbetrag, der ihm die Befriedigung seiner persönlichen Bedürfnisse nach eigenem Gutdünken und freier Wahl unabhängig von einer Mitsprache des anderen Ehegatten ermöglichen soll (*Senat,* NJW 1998, 1553 = FamRZ 1998, 608 [609 m. w. Nachw.]; kritisch *Braun,* NJW 2000, 97; *Haumer,* FamRZ 1996, 193). Als Bestandteil des Familienunterhalts richtet sich der Taschengeldanspruch – ebenso wie Ersterer – hinsichtlich seiner Höhe nach den im Einzelfall bestehenden Einkommens- und Vermögensverhältnissen, dem Lebensstil und der Zukunftsplanung der Parteien. In der Rechtsprechung wird üblicherweise eine Quote von 5 bis 7% des zur Verfügung stehenden Nettoeinkommens angenommen (*Senat,* NJW 1998, 1553 = FamRZ 1998, 608 [609]).

(Taschengeld als anrechenbares Einkommen; Barbetrag nach § 21 III BSHG (jetzt: § 35 II SGB XII ist kein Bemessungsfaktor für das Taschengeld)

e   b) Entgegen der Auffassung der Revision ist das Taschengeld eines Ehegatten nach der Rechtsprechung des Senats nicht nur für den Unterhalt minderjähriger Kinder einzusetzen, sondern ebenfalls für den Volljährigenunterhalt (vgl. *Senat,* NJW 1987, 1549 = FamRZ 1987, 472 [473]). Umstände, die dafür sprechen würden, das Taschengeld nicht gleichermaßen im Rahmen der Unterhaltspflicht gegenüber Eltern als unterhaltsrelevantes Einkommen zu behandeln, liegen nach Ansicht des Senats nicht vor. Taschengeld ist grundsätzlich unterhaltspflichtiges Einkommen und deshalb für Unterhaltszwecke einzusetzen, soweit der angemessene oder notwendige Selbstbehalt des Pflichtigen gewahrt bleibt (*Kalthoener/Büttner/Niepmann,* 8. Aufl., Rdnr. 723; *Günther,* § 12 Rdnr. 98; *Heiß/Hußmann,* 13. Kap. Rdnr. 38; *Wendl/Pauling,* § 2 Rdnr. 645; *Scholz/Stein/Erdrich,* Teil J, Rdnr. 56; *Staudinger/Kappe/Engler,* BGB, 13. Bearb. [1997], § 1603 Rdnrn. 103, 106; *Stollenwerk,* Praxishdb. 2. Aufl., Stichwort: Elternunterhalt, Anm. 6; vgl. auch OLG Köln, NJW-RR 2000, 810 [811]). Verfassungsrechtliche Bedenken im Hinblick auf das Grundrecht des nicht unterhaltspflichtigen Ehegatten aus Art. 6 I GG bestehen nach Auffassung des Senats nicht, da das Taschengeld keinen Einfluss auf die Verwendung des Taschengelds durch seine Ehefrau hat (vgl. BVerfG, NJW 1985, 1211 = FamRZ 1985, 143 [146]).

c) Die Einsatzpflicht besteht allerdings nur insoweit, als das Taschengeld nicht zur Deckung des angemessenen Bedarfs des Unterhaltspflichtigen benötigt wird. Das hat auch das BerGer. gesehen; es hat den etwa hälftigen Einsatz des Taschengeldbetrags für angemessen gehalten, weil der allgemeine Bedarf der Bekl. auf Grund der sehr guten wirtschaftlichen Verhältnisse gedeckt sei und daher auch ihr – gegenüber dem Mindestbetrag erhöhter – Selbstbehalt nicht berührt werde.

Diese Würdigung ist revisionsrechtlich nicht zu beanstanden. Die Bestimmung des angemessenen Selbstbehalts obliegt dem Tatrichter und kann vom RevGer. nur eingeschränkt darauf überprüft werden, ob sie den anzuwendenden Rechtsgrundsätzen Rechnung trägt und angemessen ist (vgl. *Senat,* NJW 2002, 1646 = FamRZ 2002, 742, und NJW 2003, 128 = FPR 2003, 149 = FamRZ 2002, 1698 [1700]). Das ist hier der Fall.

Dabei verkennt der Senat nicht, dass die Auffassung vertreten wird, dem Unterhaltspflichtigen sei jedenfalls ein Taschengeld in Höhe des Barbetrags nach § 21 III BSHG zu belassen sowie, dass dieser für Sozialhilfeempfänger geltende Satz noch angemessen zu erhöhen sei (vgl. *Heiß/Hußmann,* Kap. 13 Rdnr. 38, die als möglichen angemessenen Taschengeldbetrag einen solchen von – zurzeit – 220 Euro nennen, nämlich den entsprechend dem Verhältnis des erhöhten Selbstbehalts von 1250 Euro zum notwendigen Selbstbehalt von 730 Euro heraufgesetzten Barbetrag nach § 21 III BSHG – von zurzeit – 129 Euro; ebenso *Günther,* § 12 Rdnr. 98, vgl. auch die Empfehlung des 13. DGFT – Arbeitskreis 1 –, Taschengeld des nicht verdienenden unterhaltspflichtigen Ehegatten nur insoweit heranzuziehen, soweit ein Betrag von 400 DM überschritten wird). Das vermag die Beurteilung des BerGer. jedoch nicht in Frage zu stellen.

Der Senat hält es nicht für rechtsfehlerhaft, dass das BerGer. keinen Vergleich des der Bekl. belassenen Taschengeldanteils mit dem Barbetrag nach § 21 III BSHG angestellt hat. Es spricht bereits einiges dafür, dass mit diesem Barbetrag teilweise anders gearteter Bedarf zu bestreiten ist als mit dem Taschengeld. Da der Barbetrag Hilfeempfängern gewährt wird, die in einer Anstalt oder einem Heim leben und häufig keine anderen baren Mittel zur Verfügung haben, sind sie darauf angewiesen, hiervon etwa Aufwendungen für Zeitungen, Schreibmaterial, Porti, Nahverkehrsmittel, Fuß-, Haar- und Kleiderpflege zu bestreiten sowie sonstige Kleinigkeiten des täglichen Lebens zu finanzieren (vgl. *Schoch,* in: LPK-BSHG, 6. Aufl. § 21 Rdnr. 77; *Mergler/Zink,* BSHG, § 21 Rdnr. 28; *Oestreicher/ Schelter/Kunz,* BSHG, § 21 Rdnr. 11). Jedenfalls ein Teil dieses Bedarfs wird bei einem Ehegatten indessen bereits von dem in Form des Naturalunterhalts zu leistenden Familienunterhalt umfasst (s. o.

unter 4 a; vgl. auch *Röwekamp, Der Taschengeldanspruch unter Ehegatten und seine Pfändbarkeit*, S. 9 f.). Das gilt umso mehr, je auskömmlicher dieser bemessen ist. Abgesehen davon kommt der zusätzliche Barbetrag nach § 21 III 4 BSHG, der in dem Betrag von 129 Euro enthalten ist, nur Hilfeempfängern zugute, die einen Teil der Kosten des Heimaufenthalts selbst tragen; insofern erscheint es zweifelhaft, ob der betreffende Teilbetrag überhaupt bedarfsbezogen ist (vgl. *Mergler / Zink*, § 21 Rdnr. 26; *Schoch*, § 21 Rdnr. 82). Mit Rücksicht auf diese Gesichtspunkte ist die Beurteilung des BerGer. revisionsrechtlich jedenfalls nicht zu beanstanden.

BGH v. 29. 10. 2003 – XII ZR 115/01 – FamRZ 04, 24 = NJW 03, 3770

(Selbstbehalt vermindert durch Ersparnis bei Zusammenleben)   **R600**

Aus diesem Einkommen kann der Bekl. die der Kl. zugesprochenen Unterhaltsbeträge bezahlen, **a** ohne seinen eigenen angemessenen Unterhalt zu gefährden. Zwar verbleiben dem Bekl. nach Zahlung des Kindesunterhalts von 510 DM – ohne Berücksichtigung des Kindergelds – lediglich rund 1000 DM (1512 DM – 510 DM). Auch liegt dieser Betrag rechnerisch unter seinem angemessenen Selbstbehalt, den das *OLG* unter Berücksichtigung des Wohnsitzes des Bekl. im Beitrittsgebiet in revisionsrechtlich nicht zu beanstandender Weise unter Heranziehung der Dresdner Leitlinien Nr. 16 mit 1645 DM veranschlagt hat. Dieser Betrag des angemessenen Selbstbehalts kann im Übrigen noch um die infolge gemeinsamer Haushaltsführung mit seiner Ehefrau eintretende Ersparnis des Bekl. gemindert werden, die das *OLG* – unter Berücksichtigung der Verhältnisse im Beitrittsgebiet – in revisionsrechtlich zulässiger Weise mit 365 DM veranschlagt hat, bei seiner Berechnung im Ergebnis jedoch hat dahinstehen lassen. Der angemessene Selbstbehalt des Bekl. beläuft sich danach noch auf 1280 DM (angemessener Eigenbedarf: 1645 DM abzgl. Haushaltsersparnis von 365 DM).

(Selbstbehalt vermindert durch Deckung des Lebensbedarfs aus Anteil am Familienunterhalt; dieser analog dem Trennungsunterhalt zu berechnen, jedoch ohne Erwerbstätigenbonus)

Der dadurch entstehende Differenzbetrag von 280 DM wird aber durch den Familienunterhalts- **b** anspruch des Bekl. gegen seine Ehefrau nach §§ 1360, 1360 a BGB ausgeglichen, so dass der angemessene Eigenbedarf des Bekl. gesichert ist (s. unten stehende Berechnung). Entgegen der Auffassung der Revision ist der Anspruch des Bekl. auf Familienunterhalt bei der Beurteilung seiner Leistungsfähigkeit nicht erst im Rahmen einer erweiterten Leistungspflicht nach § 1603 II BGB zu berücksichtigen, sondern auch schon bei der Beurteilung der Leistungsfähigkeit im Rahmen des § 1603 I BGB (vgl. *Senat*, NJW 2002, 1646 = FamRZ 2002, 742 m. w. Nachw.). Der Umstand, dass der barunterhalts- pflichtige Elternteil verheiratet ist, ist zu berücksichtigen, auch wenn dessen Ehegatte dem Kind in keiner Weise unterhaltspflichtig ist. Dies folgt daraus, dass das Gesetz in § 1603 BGB auf die tatsäch- lichen Verhältnisse des Unterhaltsverpflichteten abstellt und seine Unterhaltspflicht danach bemisst, ob und inwieweit er imstande ist, den begehrten Unterhalt ohne Gefährdung seines eigenen angemessenen Unterhalts zu gewähren (vgl. *Senat*, NJW 2002, 1646 = FamRZ 2002, 742, und NJW-RR 2001, 361 = FamRZ 2001, 1065 [1067 f.]). Aus diesem Grunde ist hier die Sicherstellung des eigenen Unterhalts des Bekl. in seiner Ehe zu berücksichtigen:

Zwar lässt sich der in einer intakten Ehe bestehende Familienunterhaltsanspruch gem. §§ 1360, 1360 a BGB nicht ohne weiteres nach den zum Ehegattenunterhalt nach Trennung oder Scheidung entwickelten Grundsätzen bemessen. Denn er ist nach seiner Ausgestaltung nicht auf die Gewährung einer – frei verfügbaren – laufenden Geldrente für den jeweils anderen Ehegatten, sondern vielmehr als gegenseitiger Anspruch der Ehegatten darauf gerichtet, dass jeder von ihnen seinen Beitrag zum Familienunterhalt entsprechend seiner nach dem individuellen Ehebild übernommenen Funktion leis- tet. Seinem Umfang nach umfasst er gem. § 1360 a BGB alles, was für die Haushaltsführung und die Deckung der persönlichen Bedürfnisse der Ehegatten und der gemeinsamen Kinder erforderlich ist. Sein Maß bestimmt sich aber nach den ehelichen Lebensverhältnissen, so dass § 1578 BGB als Orientierungshilfe herangezogen werden kann (*Senat*, NJW 2003, 1112 = FamRZ 2003, 363 [366 f.]).

Es begegnet deshalb keinen Bedenken, den im vorliegenden Fall maßgeblichen Anspruch auf Familienunterhalt in einem Geldbetrag zu veranschlagen und diesen in gleicher Weise wie den Unter- haltsbedarf des getrennt lebenden oder geschiedenen Ehegatten zu ermitteln: Nach den von der Revision nicht angegriffenen Feststellungen betrug das gemeinsame bereinigte Nettoeinkommen des Bekl. und seiner Ehefrau im Jahre 1999 monatlich durchschnittlich 4485,05 DM, im Jahre 2000 4812,72 DM und ab 2001 monatlich 5060,24 DM. Dem Bekl. steht davon im Rahmen des Familienunterhalts nach §§ 1360, 1360 a BGB rein rechnerisch jeweils die Hälfte zu, 1999 mithin 2242,50 DM und in den folgenden Jahren 2406 DM bzw. 2530 DM. Bei Zahlung der ausgeurteilten Unterhaltsbeträge an die Kl. in Höhe von 510 DM bleibt der angemessene Eigenbedarf des Bekl. somit gesichert, ohne dass andererseits der Hälfteanteil seiner Ehefrau geschmälert und sie damit indirekt zu Unterhaltsleistungen für das Kind ihres Ehemanns herangezogen würde.

BGH v. 12. 11. 2003 – XII ZR 109/01 – FamRZ 04, 612 = NJW 04, 1324

R601   *(Verwirkung des Anspruchs nur für die Zukunft)*

a   b) Nach Auffassung der Revision rechtfertigt die vom *OLG* festgestellte Täterschaft des Kl. nicht den Ausschluss von Unterhaltsansprüchen, die dem Kl. für die Zeit vor der Tat zustünden. Auch damit kann die Revision nicht durchdringen.

Zwar geht – wie der *Senat* bereits dargelegt hat – ein Unterhaltsgläubiger, der ein Verbrechen oder ein vorsätzliches schweres Vergehen gegen den Unterhaltsschuldner begeht, nach § 1579 Nr. 2 BGB seiner Unterhaltsansprüche grundsätzlich nur für die Zukunft verlustig. Das ergibt sich bereits aus der Entstehungsgeschichte dieser Härteklausel, die durch das 1. Eherechtsreformgesetz geschaffen worden und dem bis dahin geltenden § 66 EheG vergleichbar ist. Zu § 66 EheG war anerkannt, dass eine Verwirkung des Unterhaltsanspruchs nur für die Zukunft eintritt und bereits entstandene Unterhaltsansprüche unberührt lässt. In der Begründung des Entwurfs eines 1. Eherechtsreformgesetzes wird zudem auf die Rechtsähnlichkeit der neuen Härteklausel mit § 1611 BGB hingewiesen. Auch für diese Vorschrift, die einen Wegfall oder eine Beschränkung des Verwandtenunterhalts wegen schwerer Verfehlung gegenüber dem Unterhaltspflichtigen vorsieht, war schon bei der Schaffung des 1. Eherechtsreformgesetzes anerkannt, dass die Verwirkung des Unterhaltsanspruchs nicht rückwirkend eintritt. Beides rechtfertigt den Schluss, dass der Gesetzgeber bei der Schaffung des § 1579 Nr. 2 BGB für die zeitliche Reichweite der Verwirkung keine von den § 66 EheG, § 1611 BGB grundsätzlich abweichende Regelung treffen wollte (*Senat*, NJW 1984, 296 = FamRZ 1984, 334 m. w. Nachw.). Dieser gesetzgeberische Wille schließt es freilich nicht aus, in Ausnahmefällen auch bereits entstandene Unterhaltsansprüche als verwirkt anzusehen (offen gelassen in *Senat*, NJW 1984, 296 = FamRZ 1984, 334). Richtig ist zwar, dass der Zweck der Härteklausel es nicht zwingend erfordert, generell auch einen bereits fälligen, aber unerfüllt gebliebenen Unterhaltsanspruch rückwirkend zu vernichten. Auch erscheint es nicht gerechtfertigt, einen in Verzug geratenen Unterhaltsschuldner allein deshalb zu begünstigen, weil ein späteres Ereignis ihn von der Unterhaltspflicht befreit (*Senat*, NJW 1984, 296 = FamRZ 1984, 334).

(Verwirkung in Ausnahmefällen auch für die Vergangenheit)

b   Beide Gesichtspunkte hindern indes nicht, der Schwere der vom Unterhaltsgläubiger gegen den Unterhaltsschuldner verübten Straftat in besonders gravierenden Ausnahmefällen durch eine Verwirkung auch bereits entstandener Unterhaltsansprüche Rechnung zu tragen. § 1579 BGB knüpft die Versagung, Herabsetzung oder Begrenzung von Unterhaltsansprüchen an das Kriterium grober Unbilligkeit. Aus den genannten Gründen wird die Einforderung von Unterhaltsrückständen nicht immer schon dann als grob unbillig anzusehen sein, wenn die vom Täter begangene Straftat eine künftige unterhaltsrechtliche Inanspruchnahme des leistungsfähigen Opfers durch den bedürftigen Täter unzumutbar werden lässt. Dennoch können besondere Umstände der Tat jede weitere Erfüllung der sich aus der ehelichen oder nachehelichen Solidarität ergebenden Unterhaltspflicht für das Opfer unerträglich werden und mit Billigkeitsgesichtspunkten schlechthin unvereinbar erscheinen lassen, mag auch der Zeitraum, für den der Täter von seinem Opfer Unterhalt begehrt, vor der Tatausführung gelegen haben.

Die Beurteilung der Frage, ob die besonderen Voraussetzungen einer solchen, auch vor der Tat liegende Unterhaltszeiträume erfassenden Unzumutbarkeit weiterer Unterhaltsleistungen vorliegen, obliegt dem Tatrichter. Das *OLG* hat diese Voraussetzungen insbesondere deshalb bejaht, weil der Kl. die Tat gegen die Bekl. nicht im Affekt begangen, sondern von langer Hand geplant hat und sich dabei bewusst war, dass die gemeinsamen Kinder Zeugen der an ihrer Mutter begangenen Gewalttat würden. Es hat zusätzlich berücksichtigt, dass die Bekl. den Mietzins für das bis dahin als Ehewohnung genutzte Einfamilienhaus auch nach der Trennung der Parteien und über den Zeitpunkt der Tat des Kl. hinaus bis hin zu dessen Auszug (im Mai 1999) an die Vermieter entrichtet und damit den Unterhaltsanspruch des Kl. für die Zeit vor der Tat zumindest teilweise erfüllt hat. Diese tatrichterliche Würdigung lässt revisionsrechtlich bedeutsame Rechtsfehler nicht erkennen.

BGH v. 10. 12. 2003 – XII ZR 155/01 – FamRZ 04, 531 = NJW-RR 04, 649

R602   *(Verwirkung Unterhaltsrückstand; Zeitmoment)*

a   Die Verwirkung ist ein Unterfall der unzulässigen Rechtsausübung wegen widersprüchlichen Verhaltens. Sie setzt voraus, dass der Berechtigte ein Recht längere Zeit nicht geltend macht, obwohl er dazu in der Lage wäre (so genanntes Zeitmoment) und der Verpflichtete sich mit Rücksicht auf das gesamte Verhalten des Berechtigten darauf einrichten durfte und sich darauf eingerichtet hat, dieser werde sein Recht auch künftig nicht mehr geltend machen (so genanntes Umstandsmoment; BGHZ 146, 217 [220] m. Nachw. = GRUR 2001, 323).

Insofern gilt für Unterhaltsrückstände nichts anderes als für andere in der Vergangenheit fällig gewordene Ansprüche (vgl. *Senat,* NJW 2003, 128 = FamRZ 2002, 1698).

Wie der *Senat* bereits wiederholt zu nicht titulierten Unterhaltsrückständen entschieden hat (vgl. *Senat,* NJW 2003, 128 = FamRZ 2002, 1698 [1699]), spricht viel dafür, bei derartigen Ansprüchen an das Zeitmoment der Verwirkung keine strengen Anforderungen zu stellen. Von einem Unterhaltsgläubiger muss eher als von einem Gläubiger anderer Forderungen erwartet werden, dass er sich zeitnah um die Durchsetzung des Anspruchs bemüht. Anderenfalls können Unterhaltsrückstände zu einer erdrückenden Schuldenlast anwachsen. Abgesehen davon sind im Unterhaltsrechtsstreit die für die Bemessung des Unterhalts maßgeblichen Einkommensverhältnisse der Parteien nach längerer Zeit oft nur schwer aufklärbar. Diese Gründe, die eine möglichst zeitnahe Geltendmachung von Unterhalt nahe legen, sind so gewichtig, dass das Zeitmoment der Verwirkung auch dann erfüllt sein kann, wenn die Rückstände Zeitabschnitte betreffen, die etwas mehr als ein Jahr zurückliegen. Denn nach den gesetzlichen Bestimmungen der §§ 1585 b III, 1613 II Nr. 1 BGB verdient der Gesichtspunkt des Schuldnerschutzes bei Unterhaltsrückständen für eine mehr als ein Jahr zurückliegende Zeit besondere Beachtung.

(Verwirkung Unterhaltsrückstand titulierter Anspruch; fehlendes Umstandsmoment bei guten Einkommensverhältnissen)

Diese Erwägungen treffen im Wesentlichen auch auf titulierte Unterhaltsansprüche zu, die, wie im **b** vorliegenden Fall, erst nach ihrer Titulierung fällig geworden sind. Zwar spielt es, sobald Unterhaltsansprüche tituliert sind, keine Rolle, dass die Einkommensverhältnisse der Parteien nach Ablauf längerer Zeit oft nur schwer aufklärbar sind. Dabei handelt es sich aber nicht um ein besonders gewichtiges Argument, das für eine Verkürzung des Zeitmoments der Verwirkung bei nicht titulierten Unterhaltsforderungen spricht. Entscheidend ist vielmehr der Schuldnerschutz. Von einem Unterhaltsgläubiger, dessen Ansprüche bereits vor ihrer Fälligkeit tituliert sind, kann mindestens ebenso wie von einem Berechtigten, der über keinen Titel verfügt, erwartet werden, dass er seine Ansprüche zeitnah durchsetzt (vgl. *Senat,* NJWE-FER 1999, 269 = FamRZ 1999, 1422). In beiden Fällen können ansonsten Unterhaltsrückstände zu einer erdrückenden Schuldenlast anwachsen. Der Schuldnerschutz verdient es somit auch im Falle der Titulierung künftig fällig werdender Unterhaltsforderungen, besonders beachtet zu werden, weshalb auch in diesen Fällen das Zeitmoment bereits nach dem Verstreichen lassen einer Frist von etwas mehr als einem Jahr als erfüllt anzusehen sein kann. Dieser Bewertung entspricht auch die gesetzliche Regelung der Verjährung von Unterhaltsansprüchen, die wie die Verwirkung unter anderem dem Schuldnerschutz dient. Danach verbleibt es nämlich gem. § 218 II i. V. mit § 197 BGB a. F. (jetzt: § 197 II BGB i. V. mit § 195 BGB) auch im Falle der Titulierung von zukünftig fälligen Unterhaltsansprüchen bei der kurzen Verjährungsfrist des § 197 BGB a. F., um das Anwachsen von Rückständen zu verhindern, die den Schuldner wirtschaftlich gefährden würden, was der Fall wäre, wenn auch diese künftigen Ansprüche der gewöhnlichen 30-jährigen Verjährung titulierter Ansprüche unterlägen. Auch soweit danach von der Erfüllung des Zeitmoments ausgegangen werden könnte, führt dies nicht zu einer Aufhebung des oberlandesgerichtlichen Urteils. Denn das Umstandsmoment der Verwirkung ist nicht erfüllt. Die Ausführungen des BerGer., es sei nicht ersichtlich, dass der Kl. angesichts der Höhe seines monatlichen Nettoeinkommens von 13 000 DM seine Lebensführung tatsächlich darauf ausgerichtet habe, von der Bekl. nicht mehr in Anspruch genommen zu werden, sind revisionsrechtlich nicht zu beanstanden. Auch die Revision führt hiergegen nichts ins Feld.

BGH v. 17. 12. 2003 – XII ZR 224/00 – FamRZ 04, 370 = NJW 04, 677

(Schonvermögen – Notgroschen – des Berechtigten beim Elternunterhalt)   **R603**

Der Unterhaltsbedürftigkeit steht nicht entgegen, dass die Mutter noch über Vermögen in Höhe von **a** 4500 DM verfügt, von dessen Verwertung die Gewährung von Sozialhilfe nach § 88 II Nr. 8 BSHG i. V. mit § 1 I Nr. 1 b der hierzu ergangenen Durchführungsverordnung vom 11. 2. 1988 in der Fassung der Verordnung vom 23. 10. 1991 nicht abhängig gemacht werden darf. Zwar ist ein – nicht minderjähriger – Unterhaltsberechtigter im Verhältnis zu dem Unterhaltspflichtigen grundsätzlich gehalten, vorhandenes Vermögen zu verwerten, soweit ihm dies – auch unter Wirtschaftlichkeitsgesichtspunkten – zumutbar ist. Das schließt es indessen nicht aus, dem Unterhaltsberechtigten eine gewisse Vermögensreserve als so genannten Notgroschen für Fälle plötzlich auftretenden (Sonder-)Bedarfs zu belassen (vgl. *Senat,* NJW 1998, 978 = FamRZ 1998, 367 [369] für ein volljähriges Kind; BGH, NJW 1957, 154 = FamRZ 1957, 120, für einen 74 Jahre alten Vater, der Elternrente nach § 17 I Nr. 5 BEG beantragt hatte). Zu einer anderen Beurteilung besteht auch im Rahmen der Inanspruchnahme auf Zahlung von Elternunterhalt kein Anlass (a. A. OLG Köln, NJW-RR 2000, 810 = FamRZ 2001, 437). Auch betagte, in einem Heim lebende Eltern können – ebenso wie andere ältere Menschen

– noch Notfallreserven benötigen, deren Auflösung ihnen deshalb nicht angesonnen werden kann (vgl. etwa Paletta, FamRZ 2001, 1639, der darauf hinweist, dass die Kapitalreserve in der Regel jedenfalls dazu dienen soll, die Beerdigungskosten zu bestreiten). Was die Höhe des so genannten Notgroschens anbelangt, schließt sich der Senat der im Schrifttum wohl herrschenden Meinung an, nach der regelmäßig zumindest der Schonbetrag nach § 88 I Nr. 1 BSHG in Verbindung mit der Durchführungsverordnung anzusetzen ist (vgl. Derleder, FuR 1991, 1 [7f.]; Duderstadt, Erwachsenenunterhalt, 3. Aufl., Anm. 3.2; Gerhardt, in: Hdb. des Fachanwalts FamilienR, 4. Aufl., 6. Kap., Rdnr. 206; Günther, in: Anwaltshdb., § 12 Rdnr. 27; Heiß/Hußmann, Kap. 16, Rdnr. 20; Müller, FPR 1995, 190 [191]; Erdrich, in: Scholz/Stein, Praxishdb. FamilienR, Teil J, Rdnr. 33; Wendl/Pauling, 5. Aufl., § 2 Rdnr. 614; Mergler/Zink, BSHG, § 91 Rdnr. 38).

(Wahrung des Selbstbehalts beim Familienunterhalt durch den vom Ehegatten des Pflichtigen gewährten Unterhalt; keine Berücksichtigung von Vermögensbildung)

b   a) Wie der Senat inzwischen – in Anknüpfung an sein Urteil vom 11. 2. 1987 (NJW 1987, 1549 = FamRZ 1987, 472 [473f.]) – entschieden hat, kann auch bei der Inanspruchnahme auf Elternunterhalt der dem Unterhaltspflichtigen zu belassende angemessene Selbstbehalt insoweit gewahrt sein, als er durch den ihm von seinem Ehegatten zu leistenden Familienunterhalt sein Auskommen findet. Die Höhe des von jedem Ehegatten zu leistenden Familienunterhalts richtet sich nach dem Verhältnis der beiderseitigen unterhaltsrechtlich relevanten Nettoeinkommen. Soweit das Einkommen eines Ehegatten zur Bestreitung des angemessenen Familienunterhalts nicht benötigt wird, steht es ihm selbst zur Verfügung und kann folglich für Unterhaltszwecke eingesetzt werden, sofern der angemessene Selbstbehalt des Unterhaltspflichtigen insgesamt gewahrt ist. Der nicht unterhaltspflichtige Ehegatte wird in solchen Fällen nicht mittelbar zum Unterhalt herangezogen, denn sein eigener angemessener Familienunterhalt ist gedeckt; die durch Unterhaltsleistungen bedingte Schmälerung des Einkommens seines Ehegatten braucht er nicht zu kompensieren, da auch dessen angemessener Unterhalt gesichert ist (Senat, NJW 2004, 674 = FPR 2004, 153).

b) In der vorgenannten Entscheidung brauchte der Senat die Frage, unter welchen Umständen ein Unterhaltspflichtiger sein unter dem Selbstbehalt liegendes eigenes Einkommen für den Elternunterhalt einzusetzen hat, allerdings nicht abschließend zu beurteilen. Denn der damals zu Grunde liegende Sachverhalt war zum einen durch gehobene Einkommensverhältnisse des Ehemannes der Unterhaltspflichtigen und zum anderen dadurch geprägt, dass dieses Einkommen den tatrichterlich angesetzten Familienunterhalt ganz erheblich überstieg. Im vorliegenden Fall ist indessen darüber zu befinden, wie die Leistungsfähigkeit eines verheirateten Unterhaltspflichtigen bei Einkünften unterhalb des Selbstbehalts allgemein zu beurteilen ist.

aa) Auch insofern kommt dem Gesichtspunkt maßgebende Bedeutung zu, ob und gegebenenfalls inwieweit das Einkommen des Unterhaltspflichtigen zur Bestreitung des vorrangigen angemessenen Familienunterhalts benötigt wird. Das hängt wiederum davon ab, wie der geschuldete Familienunterhalt zu bemessen ist. Da dieser gem. § 1360a BGB seinem Umfang nach alles umfasst, was für die Haushaltsführung und die Deckung des persönlichen Bedürfnisse der Ehegatten und eventueller Kinder erforderlich ist, und sich an den ehelichen Verhältnissen ausrichtet, kann er nicht generell mit den Mindestselbstbehalten des Unterhaltspflichtigen und seines Ehegatten – gegebenenfalls unter Hinzurechnung des für den Kindesunterhalt erforderlichen Betrags – angesetzt werden (so aber Gerhardt, in: Hdb. des Fachanwalts FamilienR, 6. Kap., Rdnr. 207b). Denn der Ehegatte des Unterhaltspflichtigen steht außerhalb dessen Unterhaltsrechtsverhältnisses zu seinen Eltern und ist rechtlich nicht verpflichtet, sich zu deren Gunsten in seiner Lebensführung einzuschränken (vgl. insofern für die Ehefrau des Unterhaltspflichtigen Senat, NJW 2003, 1660 = FPR 2003, 378 = FamRZ 2003, 860 [865]). Was die Ehegatten für ihren Familienunterhalt benötigen, muss vielmehr – ebenso wie der eigene angemessene Bedarf eines Unterhaltspflichtigen – nach den im Einzelfall maßgebenden Verhältnissen, insbesondere unter Berücksichtigung der jeweiligen Lebensstellung, des Einkommens, Vermögens und sozialen Rangs, bestimmt werden. Es entspricht nämlich der Erfahrung, dass der Lebensstandard sich hieran ausrichtet, bei durchschnittlichen Einkommensverhältnissen also ein einfacherer Lebenszuschnitt anzutreffen ist als bei günstigeren Einkommensverhältnissen (vgl. Senat, NJW 2003, 128 = FamRZ 2002, 1698 [1700], und NJW 2003, 1660 = FamRZ 2003, 860 [864]).

Wie der Familienunterhaltsbedarf danach zu bemessen ist, obliegt der tatrichterlichen Beurteilung des Einzelfalls. Feststellungen hierzu hat das BerGer. nicht getroffen. Seine Annahme, Einkünfte in der Größenordnung, wie sie von der Bekl. und ihrem Ehemann erzielt worden seien, dienten im Wesentlichen zur Finanzierung der Lebensführung, lässt sich nicht damit vereinbaren, dass die Sparquote in Deutschland (nach den Angaben der Deutschen Bundesbank abgedruckt u. a. in: Fischer, Weltalmanach 2004, Sp. 277) in den Jahren 1996 und 1997 etwas mehr als 10% des verfügbaren Einkommens betrug. Da mit Rücksicht darauf nicht ohne weiteres von einem Verbrauch des gesamten Familieneinkommens ausgegangen werden kann, muss der für seine eingeschränkte Leistungsfähigkeit darlegungsbelastete Unterhaltspflichtige dann, wenn das Familieneinkommen die ihm und seinem Ehegatten zuzubilligenden Mindestselbstbehaltsätze übersteigt, vortragen, wie sich der Familienunterhalt gestaltet und ob und gegebenenfalls welche Beträge zur Vermögensbildung verwendet werden. Soweit das Einkommen der Ehegatten nicht für den Familienunterhalt verwendet, sondern der Vermögensbildung zugeführt wird, ist der Ansatz eines aus den Einkommensverhältnissen abgeleiteten Familienunterhaltsbedarfs möglicherweise nicht gerechtfertigt. Denn vermögensbildende Maßnahmen des Unterhaltspflichtigen dürfen sich − soweit es nicht etwa um die Finanzierung eines angemessenen Eigenheims oder in angemessenem Rahmen betriebene zusätzliche Altersversorgung geht (vgl. hierzu *Senat,* NJW 2003, 2306 = FamRZ 2003, 1179 [1180ff.]) − nicht zu Lasten eines unterhaltsberechtigten Elternteils auswirken. In diesem Sinne bedeutsame Anhaltspunkte kann auch der Träger der Sozialhilfe geltend machen, da er nach § 116 I BSHG von dem Unterhaltspflichtigen und seinem nicht getrenntlebenden Ehegatten Auskunft über ihre Einkommens- und Vermögensverhältnisse verlangen kann, soweit die Durchführung dieses Gesetzes es erfordert. Je nach dem, wie der Familienunterhalt danach zu bemessen ist, kann ein Teil des Einkommens des Unterhaltspflichtigen für die Zahlung von Elternunterhalt einzusetzen sein. Ist der Familienunterhalt nämlich einerseits höher als die für die Eheleute maßgeblichen Mindestselbstbehaltsätze, andererseits aber niedriger als das beiderseitige unterhaltsrelevante Einkommen, so steht den Unterhaltspflichtigen − der zum Familienunterhalt nur so viel beitragen muss, wie es dem Verhältnis der beiderseitigen Einkünfte entspricht − ein Teil seines Einkommens zur Verfügung mit der Folge, dass er insoweit unterhaltsrechtlich leistungsfähig sein kann, ohne dass es darauf ankommt, ob sein Einkommen über dem Mindestselbstbehalt liegt. Denn sein angemessener Unterhalt ist im Rahmen des Familienunterhalts gewährleistet (ebenso *Wendl/Pauling,* § 2 Rdnr. 645; *Luthin/Seidel,* 9. Aufl., Rdnrn. 5084 f.; *Günther,* in: Anwaltshdb., § 12 Rdnr. 96; Heiß/Hußmann, 13. Kap., Rdnr. 42; *Henrich,* Anm. zu LG Bielefeld, FamRZ 1992, 589 [590]).

(Nebentätigkeit; überobligatorischer Beitrag zum Familienunterhalt; dessen Auskömmlichkeit)

bb) Die Leistungsfähigkeit eines Unterhaltspflichtigen mit einem unter dem Selbstbehalt liegenden   **c** Einkommen kann sich aber auch dann ergeben, wenn er neben der Haushaltsführung zum Beispiel einer geringfügigen Nebenbeschäftigung nachgeht, das hieraus erzielte Einkommen jedoch tatsächlich für eigene Zwecke verwenden kann. Das kann etwa dann der Fall sein, wenn der Unterhaltspflichtige seine Verpflichtung, zum Familienunterhalt beizutragen, bereits durch die allein übernommene Haushaltsführung erfüllt, seine Einkünfte für den Familienunterhalt nicht eingesetzt zu werden brauchen und ihm deshalb verbleiben (ebenso Luthin/Seidel, Rdnr. 5079).

Leistungsfähig kann ein Unterhaltspflichtiger aber auch dann sein, wenn und soweit er sein Einkommen tatsächlich für den Familienunterhalt einsetzt, hierzu aber rechtlich nicht verpflichtet ist, weil er bereits durch die ebenfalls übernommene Haushaltsführung zum Familienunterhalt beiträgt. Da die Ehegatten allerdings ihre persönliche und wirtschaftliche Lebensführung in gemeinsamer Verantwortung bestimmen können (vgl. BVerfG, NJW 2002, 1185 = FamRZ 2002, 527 [528]), steht es ihnen grundsätzlich auch frei, Vereinbarungen über die innerfamiliäre Arbeitsteilung zu treffen, die einen Ehegatten mehr belasten als den anderen. Die Mitwirkung an einer solchen Gestaltung ist einem Ehegatten im Verhältnis zu seinen unterhaltsberechtigten Eltern nach Treu und Glauben jedenfalls dann verwehrt, wenn ein erhebliches Missverhältnis der beiderseitigen Beiträge zum Familienunterhalt vorliegt. In einem solchen Fall ist darauf abzustellen, in welchem Umfang der Unterhaltspflichtige rechtlich gehalten ist, über die Haushaltsführung hinaus zum Familienunterhalt beizutragen. Auch unter diesem Gesichtspunkt können sich für den Elternunterhalt einsetzbare Mittel ergeben (vgl. *Wendl/Pauling,* § 2 Rdnr. 645; *Günther,* in: Anwaltshdb., § 12 Rdnr. 94).

cc) Schließlich kann es Fallgestaltungen geben, bei denen davon auszugehen ist, dass der Unterhaltspflichtige die ihm zur Verfügung stehenden Geldmittel nicht benötigt, weil der von seinem Ehegatten zu leistende Familienunterhalt so auskömmlich ist, dass er bereits daraus angemessen unterhalten werden kann (vgl. *Senat,* NJW 1987, 1549 = FamRZ 1987, 472 [473f.], und NJW 2004, 674 [unter Nr. 5 in diesem Heft] = FPR 2004, 153). Hierzu wird im Schrifttum die Auffassung vertreten, von solchen Einkommensverhältnissen sei etwa auszugehen, wenn das bereinigte Einkommen dem doppelten Selbstbehalt der Ehegatten entspreche (so *Günther,* in: Anwaltshdb., § 12 Rdnr. 99), oder wenn es im Bereich der letzten Einkommensgruppe der Düsseldorfer Tabelle liege (so *Müller,* FamRZ 2002, 570 [571f.]), was vom Ergebnis her vergleichbar ist. Die Würdigung entsprechender Verhältnisse als einen auskömmlichen Familienunterhalt gewährleistend kann jedenfalls im Grundsatz nicht beanstandet werden.

(Keine Herabsetzung Selbstbehalt Elternunterhalt bei niedrigen Wohnkosten)

Der Revision kann ferner nicht in der Auffassung gefolgt werden, dass der Selbstbehalt der Bekl deshalb herabzusetzen sei, weil die auf sie entfallenden anteiligen Wohnkosten geringer seien als der dem Selbstbehalt mit monatlich 800 DM enthaltene Betrag für die Warmmiete. Es unterliegt grundsätzlich der freien Disposition des Unterhaltspflichtigen, wie er die ihm zu belassenden Mittel Ihm ist es deshalb nicht verwehrt, seine Bedürfnisse anders als in den Unterhaltstabellen zu gev und sich zum Beispiel mit einer preiswerteren Wohnung zu begnügen, um zusätzliche Mittel für andere Zwecke einsetzen zu können (*Senat,* FPR 2004, 148). Eine Herabsetzung des der Bekl. zuzubilligenden Selbstbehalts ist deshalb nicht veranlasst.

BGH v. 14. 1. 2004 – XII ZR 69/01 – FamRZ 04, 443 = NJW 04, 769

R604   *(Korrektur Steuerklasse bei zu beanstandender Steuerklassenwahl)*

a   Was das die Leistungsfähigkeit bestimmende Einkommen der Bekl. anbelangt, ist es revisionsrechtlich nicht zu beanstanden, dass das BerGer. das auf Grund der Verdienstbescheinigungen festgestellte monatliche Nettoeinkommen der Bekl. mit Rücksicht auf deren Einstufung in Steuerklasse V mit einem höheren als dem errechneten Betrag angesetzt hat. Unter den gegebenen Umständen entspricht es der Rechtsprechung des Senats, die von dem Erwerbseinkommen tatsächlich einbehaltene Lohnsteuer durch einen Abschlag zu korrigieren, durch den die mit der Einstufung in Steuerklasse V verbundene Verschiebung der Steuerbelastung auf den unterhaltspflichtigen Ehegatten möglichst behoben wird. Diesen Abschlag hat das Gericht in tatrichterlicher Verantwortung und unter Berücksichtigung der Einkommen beider Ehegatten zu bemessen (vgl. *Senat,* NJW 1980, 2251 = FamRZ 1980, 984 [985]). Das BerGer. hat sich hier bei der Schätzung des entsprechenden Betrags an den Abzügen nach der Lohnsteuerklasse I (die der Lohnsteuerklasse IV entspricht, soweit keine Kinderfreibeträge zu berücksichtigen sind) orientiert, ohne sie indessen ganz zu übernehmen; dass ihm hierbei ein revisionsrechtlich beachtlicher Fehler unterlaufen wäre, ist nicht ersichtlich.

(Umfang des Familienunterhalts)

b   bb) Entscheidend ist mithin, ob und gegebenenfalls inwieweit das Einkommen des Unterhaltspflichtigen zur Bestreitung des vorrangigen angemessenen Familienunterhalts benötigt wird. Das hängt wiederum davon ab, wie der geschuldete Familienunterhalt zu bemessen ist. Da dieser gem. § 1360 a BGB seinem Umfang nach alles umfasst, was für die Haushaltsführung und die Deckung der persönlichen Bedürfnisse der Ehegatten und eventueller Kinder erforderlich ist und sich an den ehelichen Verhältnissen ausrichtet, kann er nicht generell mit den Mindestselbstbehalten des Unterhaltspflichtigen und seines Ehegatten – gegebenenfalls unter Hinzurechnung des für den Kindesunterhalt erforderlichen Betrags – angesetzt werden (so aber Gerhardt, in: Hdb. des Fachanwalts FamilienR, 4. Aufl., 6. Kap. Rdnr. 207 b). Denn der Ehegatte des Unterhaltspflichtigen steht außerhalb dessen Unterhaltsrechtsverhältnisses zu seinen Eltern und ist rechtlich nicht verpflichtet, sich zu deren Gunsten in seiner Lebensführung einzuschränken (vgl. insofern für die Ehefrau des Unterhaltspflichtigen *Senat,* NJW 2003, 1660 = FamRZ 2003, 860 [865]). Was die Ehegatten für ihren Familienunterhalt benötigen, muss vielmehr – ebenso wie der eigene angemessene Bedarf eines Unterhaltspflichtigen – nach den im Einzelfall maßgebenden Verhältnissen, insbesondere unter Berücksichtigung der jeweiligen Lebensstellung, des Einkommens, Vermögens und sozialen Rangs, bestimmt werden. Es entspricht nämlich der Erfahrung, dass der Lebensstandard sich hieran ausrichtet, bei durchschnittlichen Einkommensverhältnissen also ein einfacherer Lebenszuschnitt anzutreffen ist als bei günstigeren Einkommensverhältnissen (vgl. *Senat,* NJW 2003, 128 = FamRZ 2002, 1698 [1700], u. NJW 2003, 1660 = FamRZ 2003, 860 [864]).

cc) Wie der Familienunterhalt danach zu bemessen ist, obliegt der tatrichterlichen Beurteilung des Einzelfalls. Feststellungen hierzu hat das BerGer. nicht getroffen. Seine Annahme, Einkünfte in der Größenordnung, wie sie von der Bekl. und ihrem Ehemann erzielt worden seien, dienten im Wesentlichen zur Finanzierung der Lebensführung, lässt sich nicht damit vereinbaren, dass die Sparquote in Deutschland (nach den Angaben der Deutschen Bundesbank, abgedruckt u. a. in *Fischer,* Weltalmanach 2004, Sp. 277) im Jahr 1999 knapp 10% des verfügbaren Einkommens betrug und bis zum Jahr 2001 auf 10,1% gestiegen ist. Da mit Rücksicht darauf nicht ohne weiteres vom einem Verbrauch des gesamten Familieneinkommens ausgegangen werden kann, muss der für seine eingeschränkte Leistungsfähigkeit darlegungsbelastete Unterhaltspflichtige dann, wenn das Familieneinkommen die ihm und seinem Ehegatten zuzubilligenden Mindestselbstbehaltssätze übersteigt, vortragen, wie sich der Familienunterhalt gestaltet, und ob und gegebenenfalls welche Beträge zur Vermögensbildung verwendet werden. Soweit das Einkommen der Ehegatten nicht für den Familienunterhalt verwendet, sondern der Vermögensbildung zugeführt wird, ist der Ansatz eines aus dem gesamten beiderseitigen Einkommen abgeleiteten Familienunterhaltsbedarfs nicht gerechtfertigt. Vermögensbildende Maßnahmen des Unterhaltspflichtigen dürfen sich – soweit es nicht etwa um die Finanzierung eines angemessenen Eigenheims oder in angemessenem Rahmen betriebene zusätzliche Altersversorgung geht (vgl. hierzu *Senat,* NJW 2003, 2306 = FamRZ 2003, 1179 [1180 ff.]) – nicht zu Lasten eines unterhaltsberechtigten Elternteils auswirken. In diesem Sinne bedeutsame Anhaltspunkte für die Leistungsfähigkeit kann auch der Träger der Sozialhilfe geltend machen, da er nach § 116 I BSHG von dem Unterhaltspflichtigen

und seinem nicht getrennt lebenden Ehegatten Auskunft über ihre Einkommens- und Vermögensverhältnisse verlangen kann, soweit die Durchführung dieses Gesetzes es erfordert.

(Elternunterhalt bei Doppelverdienerehe)

dd) Je nach dem, wie der Familienunterhalt danach zu bemessen ist, kann auch bei einer Doppel-   **c**
verdienerehe ein über die Differenz zwischen dem Einkommen und dem bei der Inanspruchnahme auf
Elternunterhalt angemessenen Selbstbehalt (vgl. hierzu *Senat,* NJW 2003, 128 = FPR 2003, 149 =
FamRZ 2003, 1698 [1700ff.]) hinausgehender Teil des Einkommens des Unterhaltspflichtigen für die
Zahlung von Elternunterhalt einzusetzen sein, also dessen eigener angemessener Selbstbehalt unterschritten werden. Ist der Familienunterhalt nämlich einerseits höher als die für die Eheleute insofern
maßgeblichen Mindestselbstbehaltssätze, andererseits aber niedriger als das beiderseitige unterhalts-
relevante Einkommen, so steht dem Unterhaltspflichtigen, der zum Unterhalt nur soviel beitragen
muss, wie es dem Verhältnis der beiderseitigen Einkünfte entspricht, ein Teil seines Einkommens zur
Verfügung mit der Folge, dass er insoweit unterhaltsrechtlich leistungsfähig sein kann, auch wenn ihm
von seinem eigenen Einkommen nicht der Mindestselbstbehalt verbleibt. Denn sein angemessener
Unterhalt ist im Rahmen des Familienunterhalts gewährleistet (ebenso *Wendl/Pauling,* 5. Aufl., § 2
Rdnr. 645; *Luthin/Seidel,* 9. Aufl., Rdnrn. 5084 f.; *Günther,* in: Münchner Anwaltshdb., § 12
Rdnr. 96; *Heiß/Hußmann,* 13. Kap., Rdnr. 42; *Henrich,* FamRZ 1992, 590). Entspricht es dagegen der
Lebensgestaltung der Familie, dass die Ehegatten ihre jeweiligen Einkünfte voll für den Familien-
unterhalt einsetzen, so verfügt der Unterhaltspflichtige nur über für den Elternunterhalt einsetzbare
Mittel, soweit sein eigenes Einkommen seinen angemessenen Selbstbehalt übersteigt. In weitergehen-
dem Umfang ist er dagegen nicht leistungsfähig. Anderenfalls würde nämlich eine Senkung des – häufig
langjährig bestehenden – Lebensstandards der Familie eintreten, den der Ehegatte des Unterhaltspflichtigen insoweit nicht hinzunehmen braucht, weil er nicht mittelbar für den Unterhalt der
Schwiegereltern aufzukommen hat (ebenso *Wendl/Pauling,* § 2 Rdnr. 645; *Heiß/Hußmann,* 13. Kap.,
Rdnr. 42; *Günther,* § 12 Rdnr. 93; *Henrich,* FamRZ 1992, 590; *Duderstadt,* Erwachsenenunterhalt,
3. Aufl., Anm. 3.5 a. E.). Der Ehegatte muss in einem solchen Fall nur hinnehmen, dass die über dem
angemessenen Selbstbehalt des Unterhaltspflichtigen liegenden Mittel für den Unterhaltsbedarf der
Eltern einzusetzen sind und damit für den Familienunterhalt nicht zur Verfügung stehen.

(Wahrung des Eigenbedarfs und einsetzbares Resteinkommen)

b) Ein sich unter Berücksichtigung ihrer anteiligen Beiträge zum Familienunterhalt ergebendes   **d**
restliches Einkommen der Bekl. ist – soweit damit nicht etwa eine unterhaltsrechtlich anzuerkennende
zusätzliche Altersversorgung betrieben wird – in voller Höhe für den Elternunterhalt einzusetzen. Eine
Beschränkung der Haftung auf einen etwa hälftigen Anteil des den Mindestselbstbehalt übersteigenden
Einkommens (vgl. hierzu *Senat,* NJW 2003, 2306 = FamRZ 2003, 1179 [1182]) ist nicht geboten, da
der angemessene Eigenbedarf des Unterhaltspflichtigen bereits im Rahmen des angemessenen Familienunterhalts gewahrt wird.

c) Falls das Einkommen des unterhaltspflichtigen Ehegatten in voller Höhe für den Familienunterhalt
verbraucht wird, ist dieser jedenfalls insoweit leistungsfähig, als sein Einkommen seinen angemessenen
Eigenbedarf übersteigt. Hinsichtlich der Bemessung des angemessenen Eigenbedarfs der Bekl. wird auf
das Senatsurteil vom 23. 10. 2002 (NJW 2003, 128 = FamRZ 2002, 1698 [1700 ff.]) hingewiesen.
Insofern obliegt es der verantwortlichen Beurteilung des Tatrichters, auf welche Weise er erforderlichenfalls dem Umstand Rechnung trägt, dass die Mindestbedarfssätze auf durchschnittliche Einkommensverhältnisse bezogen sind und es deshalb geboten sein kann, den für den Unterhaltspflichtigen
angemessenen Eigenbedarf anhand der konkreten Umstände des Einzelfalls zu bestimmen. Der *Senat*
hat es grundsätzlich gebilligt, wenn bei der Ermittlung des für den Elternunterhalt einzusetzenden
bereinigten Einkommens allein auf einen – etwa hälftigen – Anteil des Betrags abgestellt wird, der den
an sich vorgesehenen Mindestselbstbehaltbetrag übersteigt (*Senat,* NJW 2003, 128 = FamRZ 2002,
1698 [1700 ff.]).

BGH v. 14. 1. 2004 – XII ZR 149/01 – FamRZ 04, 792 = NJW-RR 04, 793

(Beim Elternunterhalt 25% des Bruttoeinkommens als Altersvorsorge; Altersvorsorge auch durch Tilgung von **F**
Immobilienschulden)

3. Die Ermittlung des der Unterhaltsbemessung zu Grunde zu legenden Einkommens des Bekl.
begegnet allerdings keinen rechtlichen Bedenken. Das gilt auch, soweit die nicht durch die Mieteinnahmen gedeckten Kosten der Eigentumswohnung anteilig als abzugsfähig anerkannt worden si̇
Der Bekl. hat insoweit geltend gemacht, die Wohnung in erster Linie zum Zweck der Altersversorg
erworben zu haben. Zwar erfolgt die primäre Altersversorgung des Bekl. als nichtselbstständig Erw
tätigem durch die gesetzliche Rentenversicherung. Nachdem sich jedoch zunehmend die Erke

durchgesetzt hat, dass die primäre Vorsorge in Zukunft nicht mehr für eine angemessene Altersversorgung ausreichen wird, sondern zusätzlich private Vorsorge zu treffen ist (vgl. Art. 6 des Altersvermögensgesetzes vom 26. 6. 2001, BGBl I, 1310 [1335]), darf einem Unterhaltpflichtigen diese Möglichkeit nicht mit dem Hinweis auf eine Beeinträchtigung seiner Leistungsfähigkeit zur Erfüllung von Unterhaltsansprüchen genommen werden. Denn die eigene angemessene Altersvorsorge geht der Sorge für die Unterhaltsberechtigten grundsätzlich vor.

Das gilt jedenfalls dann, wenn dem Unterhaltspflichtigen – wie bei der Inanspruchnahme auf Elternunterhalt – vorrangig die Sicherung seines eigenen angemessenen Unterhalts gewährleistet wird (vgl. *Senat,* NJW 2003, 2306 = FamRZ 2003, 1179 [1182]). Ihm ist deshalb die Möglichkeit zu eröffnen, geeignete Vorkehrungen dafür zu treffen, dass er nicht seinerseits im Alter seine Kinder auf Unterhalt in Anspruch zu nehmen braucht. Vor diesem Hintergrund müssen auch der zusätzlichen Altersversorgung dienende Aufwendungen in einem angemessenen Umfang grundsätzlich als abzugsfähig anerkannt werden.

Was die Höhe des entsprechenden Aufwands anbelangt, so lässt sich im Voraus kaum abschätzen, welche Leistungen für eine im Alter angemessene Versorgung erforderlich sind. Deshalb muss auf die derzeitigen Verhältnisse abgestellt werden. Insofern liegt es mit Rücksicht auf den Umstand, dass die in den Unterhaltstabellen ausgewiesenen Mindestselbstbehaltssätze, die der Unterhaltsverpflichtete bei der Inanspruchnahme auf Elternunterhalt verteidigen kann, die bei anderen Unterhaltsrechtsverhältnissen heranzuziehenden Sätze um 25% übersteigen, nahe, auch einen um etwa 25% über der gesetzlichen Altersversorgung liegenden Betrag als zusätzlich absetzbar anzuerkennen (vgl. auch *Büttner,* in: Festschr. f. Henrich, S. 54 f.). Auf diese Weise kann in dem rechtlich schwächer ausgestalteten Unterhaltsrechtsverhältnis zwischen erwachsenen Kindern und ihren unterhaltsbedürftigen Eltern (vgl. *Senat,* NJW 2003, 128 = FamRZ 2002, 1698 [1701]) der notwendige Handlungsspielraum gewahrt werden, der es dem Unterhaltspflichtigen erlaubt, sich selbst im Alter angemessen abzusichern. Da die gesetzliche Altersversorgung in Höhe von rund 20% des Bruttoeinkommens erfolgt, kann es in der Regel nicht als unangemessen bewertet werden, wenn etwa in Höhe weiterer 5% (nämlich 25% von 20%) zusätzliche Altersversorgung betrieben wird. Diese Höhe erreichen die vom BerGer. als abzugsfähig anerkannten 257,40 DM nicht. Dass eine zusätzliche Altersversorgung des Bekl. nicht erforderlich sei, weil er bereits anderweit – etwa durch sonstiges Immobilieneigentum oder Lebensversicherungen – Vorsorge getroffen habe, hat das BerGer. nicht festgestellt.

(Elternunterhalt und vorrangiger Familienunterhalt; Ersparnis bei gemeinsamer Haushaltsführung)

b   a) Insofern ist es aus Rechtsgründen nicht zu beanstanden, dass das BerGer. hinsichtlich des entsprechenden Anspruchs von einem Geldbetrag ausgegangen ist. Auch wenn der Bekl. seiner Ehefrau gem. §§ 1360, 1360 a BGB Familienunterhalt schuldet, der nach seiner Ausgestaltung nicht auf die Gewährung einer – frei verfügbaren – laufenden Geldrente für den jeweils anderen Ehegatten, sondern als gegenseitiger Anspruch der Ehegatten darauf gerichtet ist, dass jeder von ihnen seinen Beitrag zum Familienunterhalt entsprechend seiner nach dem individuellen Ehebild übernommenen Funktion leistet, bestimmt sich sein Maß nach den ehelichen Lebensverhältnissen, so dass § 1578 BGB als Orientierungshilfe herangezogen werden kann. Es begegnet deshalb keinen Bedenken, den – hier maßgeblichen – Anspruch auf Familienunterhalt im Fall der Konkurrenz mit anderen Unterhaltsansprüchen auf die einzelnen Familienmitglieder aufzuteilen und in Geldbeträgen zu veranschlagen (*Senat,* NJW 2003, 1660 = FPR 2003, 378 = FamRZ 2003, 860 [864] m. w. Nachw.).

b) Welcher Betrag bei dem auf Elternunterhalt in Anspruch genommenen Unterhaltspflichtigen für den Unterhalt seines Ehegatten anzusetzen ist, wird in der Rechtsprechung der Oberlandesgerichte und im Schrifttum nicht einheitlich beantwortet. Der *Senat* hat inzwischen entschieden, dass der Unterhaltsanspruch der mit dem Unterhaltspflichtigen zusammenlebenden Ehefrau nicht auf einen Mindestbedarf beschränkt, sondern nach den individuell ermittelten Lebens-, Einkommens- und Vermögensverhältnissen, die den ehelichen Lebensstandard bestimmen, zu bemessen ist. Für die Ehefrau ist deshalb nicht von vornherein ein bestimmter Mindestbedarf anzusetzen (*Senat,* NJW 2003, 1660 = FamRZ 2003, 860 [865], und NJW-RR 2004, 217 = FamRZ 2004, 186 [187 f.]).

Dem entspricht die Beurteilung in dem angefochtenen Urteil nicht. Das BerGer. hat für die Ehefrau des Bekl. zwar nicht den in den Unterhaltstabellen für den Ehegatten des Unterhaltspflichtigen vorgesehenen Mindestbedarf von (seinerzeit) 1750 DM zu Grunde gelegt, sondern denjenigen, der für den Unterhaltspflichtigen selbst galt. Das ändert aber nichts daran, dass ein Mindestbetrag berücksichtigt und nicht der nach den individuellen ehelichen Lebensverhältnissen geschuldete Unterhalt ermittelt worden ist. Abgesehen davon wäre auch eine Heranziehung des für den Unterhaltspflichtigen selbst geltenden Mindestbedarfs von 2250 DM nicht gerechtfertigt. Die Anwendung der unterschiedlichen Mindestbedarfssätze für den Unterhaltspflichtigen und dessen Ehegatten hängt nämlich nicht von dem vom BerGer. zur Begründung herangezogenen Umstand ab, dass auch der Ehegatte einer Erwerbstätigkeit nachgeht und den Unterhaltspflichtigen dadurch – teilweise – entlastet. Diese Folge tritt regelmäßig auf Grund einer Erwerbstätigkeit des Unterhaltsberechtigten ein. Die unterschiedlichen

Mindestbedarfssätze finden ihre innere Rechtfertigung vielmehr in der durch die gemeinsame Haushaltsführung der Ehegatten erfahrungsgemäß eintretenden Ersparnis, die unberücksichtigt bleibt, wenn auch für den Ehegatten des Unterhaltspflichtigen der höhere Mindestbedarf von 2250 DM angesetzt wird.

(Ersparnis durch Zusammenleben bei Eheleuten)

c) Das angefochtene Urteil kann danach keinen Bestand haben. Der Unterhaltsbedarf der Ehefrau ist **c** nach den konkret vorliegenden Einkommens- und Vermögensverhältnissen der Ehegatten festzustellen und sodann die Leistungsfähigkeit des Bekl. erneut zu bestimmen. Hierbei wird die durch die gemeinsame Haushaltsführung eintretende Ersparnis zu berücksichtigen sein, die mit wachsendem Lebensstandard regelmäßig steigt. Da nämlich der Gesamtbedarf der Ehefrau angesichts des beiderseitigen Einkommens von rund 5248 DM (1999) bzw. von rund 5462 DM (2000) – selbst nach Vorwegabzug des verlangten Unterhalts für die Mutter – über dem Mindestbedarf von 1750 DM liegen wird, ist die Haushaltsersparnis nicht bereits insgesamt über diesen Mindestbedarf erfasst, sondern ist – soweit der Unterhalt für die Ehefrau den Betrag von monatlich 1750 DM übersteigt – zusätzlich zu berücksichtigen. Den entsprechenden Betrag unter Würdigung der Umstände des Einzelfalls zu schätzen, ist – gegebenenfalls nach ergänzendem Sachvortrag – Aufgabe des Tatrichters (vgl. *Senat,* NJW 1991, 697 = FamRZ 1991, 182 [185]).

(Berücksichtigung latenter Unterhaltslasten; Prägung der ehel. Verhältnisse durch Elternunterhalt)

a) Bei der Bemessung des Unterhaltsanspruchs der Ehefrau des Bekl. nach den ehelichen Lebens- **d** verhältnissen stellt sich die Frage, ob diese bereits durch Unterhaltsleistungen für die Mutter geprägt waren. Das kann dadurch zum Ausdruck gekommen sein, dass bereits tatsächlich Unterhalt für diese geleistet worden ist. Darüber hinaus kann aber auch schon die latente Unterhaltslast für ein Elternteil die ehelichen Lebensverhältnisse mitbestimmen. Insofern ist jedenfalls davon auszugehen, dass die ehelichen Lebensverhältnisse um so eher von einer Unterhaltsverpflichtung mitbestimmt werden, je höher die Wahrscheinlichkeit einzuschätzen ist, für den Unterhalt von Eltern aufkommen zu müssen. Denn die ehelichen Lebensverhältnisse, die von den sich wandelnden wirtschaftlichen und persönlichen Verhältnissen der Ehegatten abhängen, können durch derartige Umstände ebenfalls beeinflusst werden. Mit Rücksicht darauf kann es auch nicht allein auf die Verhältnisse bei der Eheschließung des Unterhaltspflichtigen ankommen, sondern auch auf deren spätere Entwicklung (*Senat,* NJW 2003, 1660 = FamRZ 2003, 860 [865], und NJW-RR 2004, 217 = FamRZ 2004, 186 [188]).

b) Familienunterhalt steht der Ehefrau grundsätzlich in Höhe der Hälfte der beiderseitigen Einkommen der Ehegatten zu (vgl. *Senat,* NJW 2002, 1646 = FamRZ 2002, 742), soweit diese die ehelichen Lebensverhältnisse geprägt haben und nicht zur Vermögensbildung verwandt worden sind. Falls die Unterhaltspflicht für die Mutter des Bekl. die ehelichen Lebensverhältnisse mitbestimmt haben sollte, wird der Unterhaltsanspruch der Ehefrau nach Vorwegabzug der für den Elternunterhalt einzusetzenden Mittel zu bemessen sein. Letztere ergeben sich, wenn der geltend gemachte Betrag nicht ohnehin geringer ist, als Höchstbetrag aus der Differenz zwischen dem tatrichterlich festzustellenden angemessenen Selbstbehalt und dem Einkommen des Bekl. Der – nach entsprechendem Vorwegabzug – errechnete Ehegattenunterhalt ist auf seine Angemessenheit zu überprüfen (vgl. *Senat,* NJW 2003, 1660 = FamRZ 2003, 860 [865]).

BGH v. 28. 1. 2004 – XII ZR 218/01 – FamRZ 04, 795 = FPR 04, 405

(Für den Familienunterhalt verwendete Nebentätigkeitseinkünfte beim Elternunterhalt) **R606**

b) Die Leistungsfähigkeit eines Unterhaltspflichtigen mit einem unter dem Selbstbehalt liegenden **a** Einkommen kann sich aber auch dann ergeben, wenn er neben der Haushaltsführung zum Beispiel einer geringfügigen Nebenbeschäftigung nachgeht, das hieraus erzielte Einkommen jedoch tatsächlich für eigene Zwecke verwenden kann (*Senat,* NJW 2004, 677 = FamRZ 2004, 366 [368] unter 4.b bb). Davon kann nach den getroffenen Feststellungen im vorliegenden Fall jedoch nicht ausgegangen werden. Die Bekl. hat in dem am 3. 12. 1997 bei dem Kl. eingegangenen Schreiben mitgeteilt, dass sie mit dem von ihr erzielten bereinigten Einkommen von 500 DM monatlich ihren Ehemann entlaste. Daraus ist zu entnehmen, dass sie ihr Einkommen tatsächlich für den Familienunterhalt zur Verfügung stellt.

(Lastenverteilung beim Familienunterhalt)

c) Leistungsfähig kann ein Unterhaltspflichtiger aber auch dann sein, wenn und soweit er se Einkommen zwar tatsächlich für den Familienunterhalt einsetzt, hierzu jedoch rechtlich nicht ' pflichtet ist, weil er bereits durch die ebenfalls übernommene Haushaltsführung in ausreichender V zum Familienunterhalt beiträgt. Da die Ehegatten allerdings ihre persönliche und wirtscha

Lebensführung in gemeinsamer Verantwortung bestimmen können, steht es ihnen grundsätzlich auch frei, Vereinbarungen über die innerfamiliäre Arbeitsteilung zu treffen, die einen Ehegatten mehr belasten als den anderen. Die Mitwirkung an einer solchen Gestaltung ist einem Ehegatten im Verhältnis zu seinen unterhaltsberechtigten Eltern nach Treu und Glauben aber dann verwehrt, wenn ein erhebliches Missverhältnis der beiderseitigen Beiträge zum Familienunterhalt vorliegt. In einem solchen Fall ist darauf abzustellen, in welchem Umfang der Unterhaltspflichtige rechtlich gehalten ist, über die Haushaltsführung hinaus zum Familienunterhalt beizutragen (*Senat,* NJW 2004, 677 = FamRZ 2004, 366 [368 unter 4 b bb]).

(anteilige Haftung für den Familienunterhalt)

c   c) Die Ermittlung des Anteils, mit dem die Bekl. für den Familienunterhalt aufzukommen hat, hat sich nach dem Verhältnis der beiderseitigen unterhaltsrelevanten Einkommen der Ehegatten zu richten. In dem betreffenden Verhältnis haben sie auch zum Familienunterhalt beizutragen.

BGH v. 28. 1. 2004 – XII ZR 259/01 – FamRZ 04, 614 = NJW 04, 1326

R607   *(auch gegen nach § 1586 b auf Erben übergegangene Unterhaltsansprüche Verwirkungseinwand)*

a   a) Die gesetzliche Unterhaltspflicht geht nach § 1586 b BGB unverändert auf die Erben über und bleibt auch weiterhin Einwänden aus § 1579 BGB ausgesetzt. Nur die Leistungsfähigkeit des Unterhaltspflichtigen wird durch die Begrenzung auf den fiktiven Pflichtteil des Unterhaltsberechtigten (sog. kleiner Pflichtteil bei gesetzlichem Erbrecht des Unterhaltsberechtigten zuzüglich Pflichtteilsergänzungsanspruch, § 1586 b I 2 u. 3 i. V. mit §§ 1931 I u. II, 2325 ff. BGB; BGHZ 146, 114 [118 ff.] = NJW 2001, 828) und die Möglichkeit der Beschränkung auf den vorhandenen Nachlass (§§ 1975, 1990, 1992 BGB) ersetzt. Der nach § 1586 b BGB haftende Erbe des Unterhaltspflichtigen kann sich deswegen grundsätzlich weiterhin oder auch erstmals auf § 1579 Nr. 7 BGB berufen, wenn der Unterhaltspflichtige nicht zuvor darauf verzichtet hatte (so auch *Staudinger/Baumann,* BGB, 12. Bearb., § 1586 b Rdnr. 41; Erman/Dieckmann, BGB, 10. Aufl., § 1586 b Rdnr. 3; *Soergel/Häberle,* BGB, 12. Aufl., § 1586 b Rdnr. 3; *Rolland/Hülsmann,* FamilienR-Komm, § 1586 b BGB Rdnr. 2; *Kalthoener/Büttner/Niepmann,* 8. Aufl., Rdnr. 145 a; *Palandt/Brudermüller,* 63. Aufl., § 1586 b Rdnr. 8). Dabei kann der Erbe sich auch auf neue oder weiter fortgeschrittene Umstände seit dem Tod des Erblassers stützen.

(Verzeihung)

b   b) Der unterhaltspflichtige Erblasser hat auch nicht zu Lebzeiten mit Wirkung für die Kl. als seine Erbin auf den Einwand aus § 1579 Nr. 7 BGB verzichtet.

Allerdings wird in Literatur und Rechtsprechung grundsätzlich vertreten, dass ein ausdrücklicher oder konkludenter Verzicht auf die Rechtsfolgen der Verwirkung daraus hergeleitet werden kann, dass der Unterhaltsverpflichtete trotz Kenntnis dieser Umstände den Unterhalt weiter bezahlt (so grds. *OLG Düsseldorf,* FamRZ 1997, 1159; *OLG Hamm,* FamRZ 1997, 1485 [1486]; NJW-RR 1994, 1287 = FamRZ 1994, 704 [705]; *Maurer,* in: MünchKomm, 4. Aufl., § 1579 Rdnr. 70; *Johannsen/Henrich/Büttner,* EheR, 4. Aufl., § 1579 BGB Rdnr. 45; *Schwab/Borth,* 4. Aufl., IV Rdnr. 398; *Gernhuber/Coester-Waltjen,* FamilienR, 4. Aufl., § 30 VII 9 [S. 432]; *Heiß/Heiß,* I 9 Rdnr. 382). Unterschiedliche Auffassungen bestehen lediglich im Anwendungsbereich und in den Auswirkungen dieses Verzichts. So ist streitig, ob er auch dort eingreift, wo die Tatbestände des § 1579 BGB nicht an ein persönliches Fehlverhalten des unterhaltsberechtigten Ehegatten anknüpfen, sondern an objektive Umstände wie bei § 1579 Nrn. 1 und 7 BGB (für generelle Anwendbarkeit wohl *Johannsen/Henrich/Büttner,* § 1579 BGB Rdnr. 45; einschränkend insoweit *Maurer,* in: MünchKomm, § 1579 Rdnr. 70; wohl auch *Göppinger/Bäumel,* 7. Aufl., Rdnr. 1106). Bedenken gegen die Annahme eines Verzichts können sich auch dort ergeben, wo etwa der Unterhaltsschuldner nur mit Rücksicht auf die Betreuungsbedürftigkeit eines gemeinsamen Kindes den Unterhalt ungeschmälert weitergezahlt hat, ohne von der Möglichkeit Gebrauch zu machen, ihn auf den Mindestbedarf herabzusetzen (vgl. dazu *Senat,* NJW 1997, 1439 = FamRZ 1997, 483 [484]). Nicht einheitlich beantwortet wird schließlich auch die Frage, ob der Verzicht ein selbstständiger Gegeneinwand ist, der bereits den Tatbestand der negativen Härteklausel des § 1579 BGB entfallen lässt (so etwa *Johannsen/Henrich/Büttner,* § 1579 BGB Rdnr. 45 m. w. Nachw.) oder ob er lediglich im Rahmen der Billigkeitsabwägung des § 1579 BGB zu berücksichtigen ist (so wohl die überwiegende Meinung, vgl. *OLG Düsseldorf,* FamRZ 1997, 1159; *OLG Hamm,* FamRZ 1997, 1485 [1486]; FamRZ 1994, 704 [705]; *Maurer,* in: MünchKomm, § 1579 Rdnr. 70; *Gernhuber/Coester-Waltjen,* § 30 VII 9 [S. 432], u. *Schwab/Borth,* IV Rdnr. 398).

(keine Verzeihung, wenn Unterhalt aus verständlichen Gründen fortbezahlt wird)

c   Nach den von der Revision nicht angegriffenen Feststellungen des Berufsurteils hatte der Erblasser weiterhin Unterhalt an die Bekl. gezahlt, weil er sich dadurch gem. § 5 VAHRG bis zum

Beginn des Rentenbezugs der Bekl. seine ungeschmälerte Rente erhielt und letztlich sogar günstiger stand, als es bei Wegfall der Unterhaltspflicht und Kürzung seiner eigenen Rente durch den Versorgungsausgleich der Fall gewesen wäre. Für den Erblasser stand die Zahlung des Unterhalts deswegen in Zusammenhang mit seinem ungeschmälerten Rentenbezug. Revisionsrechtlich unbedenklich hat das BerGer. daraus geschlossen, dass auch der Erblasser die Unterhaltszahlungen eingestellt hätte, sobald seine eigene Rente durch den sich mit Rentenbezug der Bekl. auswirkenden Versorgungsausgleich geschmälert worden wäre. Aus der wirtschaftlich nachvollziehbaren Verhaltensweise des Erblassers konnte die Bekl. daher keinen Vertrauensschutz dafür herleiten, dass er auch künftig auf Dauer Einwendungen aus § 1579 BGB nicht erheben werde. Dass das OLG andere Umstände, die für eine Anerkennung des Unterhaltsanspruchs in Kenntnis des Ausschlussgrunds sprechen könnten, übersehen hat, hat die Revision nicht aufgezeigt.

(Eheähnliche Gemeinschaft als Verwirkungsgrund)

   c) Ohne Rechtsfehler geht das BerGer. weiter davon aus, dass die Voraussetzungen eines Ausschlusses **d** des Unterhaltsanspruchs der Bekl. nach § 1579 Nr. 7 BGB vorliegen. Nach ständiger Rechtsprechung des Senats (BGHZ 150, 209 [215] = NJW 2002, 1947 = FPR 2002, 294 m. w. Nachw.) kann ein länger dauerndes Verhältnis des Unterhaltsberechtigten zu einem anderen Partner dann zur Annahme eines Härtegrunds im Rahmen des Auffangtatbestands des § 1579 Nr. 7 BGB – mit der Folge der Unzumutbarkeit einer weiteren (uneingeschränkten) Unterhaltsbelastung für den Verpflichteten – führen, wenn sich die Beziehung in einem solchen Maße verfestigt hat, dass sie als eheähnliches Zusammenleben anzusehen und gleichsam an die Stelle einer Ehe getreten ist. Dabei setzt die Annahme einer derartigen Lebensgemeinschaft nicht einmal zwingend voraus, dass die Partner räumlich zusammenleben und einen gemeinsamen Haushalt führen, auch wenn eine solche Form des Zusammenlebens in der Regel ein typisches Anzeichen hierfür sein wird (*BGH*, NJW 2002, 217 = FPR 2002, 56 = FamRZ 2002, 23 [25]). Unter welchen Umständen – nach einer gewissen Mindestdauer, die im Allgemeinen kaum unter zwei bis drei Jahren liegen dürfte – auf ein eheähnliches Zusammenleben geschlossen werden kann, lässt sich nicht allgemein verbindlich festlegen. Letztlich obliegt es der verantwortlichen Beurteilung des Tatrichters, ob er den Tatbestand des eheähnlichen Zusammenlebens aus tatsächlichen Gründen für gegeben erachtet oder nicht. Es begegnet aus Rechtsgründen keinen Bedenken und wird auch von der Revision nicht angegriffen, dass das BerGer. im Rahmen der tatrichterlichen Würdigung der getroffenen Feststellungen zu dem Ergebnis gelangt ist, die Beziehung der Bekl. zu ihrem Lebensgefährten habe sich jedenfalls seit August 1999 so sehr verfestigt, dass sie in ihrer persönlichen und wirtschaftlichen Ausprägung und Intensität einem eheähnlichen Verhältnis gleichkommt. Beide leben schon seit 1995 in einer gemeinsamen Wohnung und führen einen gemeinsamen Haushalt. Auch in der Öffentlichkeit und bei Familienfeiern treten sie als Paar auf. Gesichtspunkte, die der Annahme eines solchen eheähnlichen Verhältnisses entgegenstehen könnten, sind weder vorgetragen noch sonst ersichtlich.

BGH v. 11. 2. 2004 – XII ZR 265/02 – FamRZ 04, 601 = NJW 04, 930

(Nachehelicher Unterhalt und Eingriff in den Kernbereich des Scheidungsfolgenrechts)   **R608**

   III. 2. Die grundsätzliche Disponibilität der Scheidungsfolgen darf indes nicht dazu führen, dass der **a** Schutzzweck der gesetzlichen Regelungen durch vertragliche Vereinbarungen beliebig unterlaufen werden kann. Das wäre der Fall, wenn dadurch eine evident einseitige und durch die individuelle Gestaltung der ehelichen Lebensverhältnisse nicht gerechtfertigte Lastenverteilung entstünde, die hinzunehmen für den belasteten Ehegatten – bei angemessener Berücksichtigung der Belange des anderen Ehegatten und seines Vertrauens in die Geltung der getroffenen Abrede – bei verständiger Würdigung des Wesens der Ehe unzumutbar erscheint. Die Belastungen des einen Ehegatten werden dabei umso schwerer wiegen und die Belange des anderen Ehegatten umso genauerer Prüfung bedürfen, je unmittelbarer die vertragliche Abbedingung gesetzlicher Regelungen in den Kernbereich des Scheidungsfolgenrechts eingreift.

   a) Zu diesem Kernbereich gehört in erster Linie der Betreuungsunterhalt (§ 1570 BGB), der schon im Hinblick auf seine Ausrichtung am Kindesinteresse nicht der freien Disposition der Ehegatten unterliegt. Freilich ist auch er nicht jeglicher Modifikation entzogen. So lassen sich immerhin Fälle denken, in denen die Art des Berufs es der Mutter erlaubt, Kinderbetreuung und Erwerbstätigkeit miteinander zu vereinbaren, ohne dass das Kind Erziehungseinbußen erleidet. Auch erscheint eine ganztägige Betreuung durch die Mutter nicht als unabdingbare Voraussetzung für einen guten Erziehungserfolg, so dass sich Ehegatten auch darüber verständigen könnten, ab einem bestimmten Kindesalter Dritte zur Betreuung heranzuziehen, um einen möglichst frühen Wiedereintritt der Mutter in das Berufsleben zu ermöglichen.

Bei der Ausrichtung am Kernbereich der Scheidungsfolgen wird man im Übrigen für deren Disponibilität eine Rangabstufung vornehmen können, die sich in erster Linie danach bemisst, welche Bedeutung die einzelnen Scheidungsfolgenregelungen für den Berechtigten in seiner jeweiligen Lage haben. So ist die Absicherung des laufenden Unterhaltsbedarfs für den Berechtigten in der Regel wichtiger als etwa der Zugewinn- oder der spätere Versorgungsausgleich. Innerhalb der Unterhaltstatbestände wird – nach dem Betreuungsunterhalt (§ 1570 BGB) – dem Krankheitsunterhalt (§ 1572 BGB) und dem Unterhalt wegen Alters (§ 1571 BGB) Vorrang zukommen. Zwar knüpfen diese beiden letzteren Unterhaltstatbestände nicht an ehebedingte Nachteile an. Das bedeutet jedoch nicht, dass sie nicht zum Kernbereich der gesetzlichen Scheidungsfolgenregelung gehören und der uneingeschränkten Disposition der Ehegatten unterstehen. Gerade indem das Gesetz sich hier mit einem bloß zeitlichen Zusammenhang mit der Ehe begnügt, misst es diesen Einstandspflichten als Ausdruck nachehelicher Solidarität besondere Bedeutung bei – was freilich einen Verzicht nicht generell ausschließt, etwa wenn die Ehe erst nach Ausbruch der Krankheit oder im Alter geschlossen wird. Die Unterhaltspflicht wegen Erwerbslosigkeit (§ 1573 BGB) erscheint demgegenüber nachrangig, da das Gesetz das Arbeitsplatzrisiko ohnehin auf den Berechtigten verlagert, sobald dieser einen nachhaltig gesicherten Arbeitsplatz gefunden hat (§ 1573 IV; vgl. auch § 1573 V BGB). Ihr folgen Krankenvorsorge- und Altersvorsorgeunterhalt (§ 1578 II Alt. 1, III BGB). Am ehesten verzichtbar erscheinen Ansprüche auf Aufstockungs- und Ausbildungsunterhalt (§§ 1573 II, 1575 BGB), da diese Unterhaltspflichten vom Gesetz am schwächsten ausgestaltet und nicht nur der Höhe (vgl. § 1578 I 2 BGB), sondern auch dem Grunde nach zeitlich begrenzbar sind (§§ 1573 V, 1575 I 2 BGB).

(Richterliche Wirksamkeits- und Ausübungskontrolle)

b   3. Ob auf Grund einer vom gesetzlichen Scheidungsfolgenrecht abweichenden Vereinbarung eine evident einseitige Lastenverteilung entsteht, die hinzunehmen für den belasteten Ehegatten unzumutbar erscheint, hat der Tatrichter zu prüfen. Diese Aufgabe wird nicht dadurch obsolet, dass der belastete Ehegatte durch einen Notar hinreichend über den Inhalt und die Konsequenzen des Vertrags belehrt wurde (a. A. Langenfeld, DNotZ 2001, 272), zumal eine solche Überprüfung und Belehrung ohnehin nur bei Vereinbarungen in notarieller Form stattfindet, wie sie von § 1408 I i. V. mit §§ 1410, 1587 o II 1 BGB vorgeschrieben wird, nicht dagegen bei Unterhaltsvereinbarungen, die – was § 1585 c BGB zulässt – privatschriftlich oder formlos getroffen werden.

a) Der Tatrichter hat dabei zunächst – im Rahmen einer Wirksamkeitskontrolle – zu prüfen, ob die Vereinbarung schon im Zeitpunkt ihres Zustandekommens offenkundig zu einer derart einseitigen Lastenverteilung für den Scheidungsfall führt, dass ihr – und zwar losgelöst von der künftigen Entwicklung der Ehegatten und ihrer Lebensverhältnisse – wegen Verstoßes gegen die guten Sitten die Anerkennung der Rechtsordnung ganz oder teilweise mit der Folge zu versagen ist, dass an ihre Stelle die gesetzlichen Regelungen treten (§ 138 I BGB). Erforderlich ist dabei eine Gesamtwürdigung, die auf die individuellen Verhältnisse beim Vertragsschluss abstellt, insbesondere also auf die Einkommens- und Vermögensverhältnisse, den geplanten oder bereits verwirklichten Zuschnitt der Ehe sowie auf die Auswirkungen auf die Ehegatten und auf die Kinder. Subjektiv sind die von den Ehegatten mit der Abrede verfolgten Zwecke sowie die sonstigen Beweggründe zu berücksichtigen, die den begünstigten Ehegatten zu seinem Verlangen nach der ehevertraglichen Gestaltung veranlasst und den benachteiligten Ehegatten bewogen haben, diesem Verlangen zu entsprechen. Das Verdikt der Sittenwidrigkeit wird dabei regelmäßig nur in Betracht kommen, wenn durch den Vertrag Regelungen aus dem Kernbereich des gesetzlichen Scheidungsfolgenrechts ganz oder jedenfalls zu erheblichen Teilen abbedungen werden, ohne dass dieser Nachteil für den anderen Ehegatten durch anderweitige Vorteile gemildert oder durch die besonderen Verhältnisse der Ehegatten, den von ihnen angestrebten oder gelebten Ehetyp oder durch sonstige gewichtige Belange des begünstigten Ehegatten gerechtfertigt wird.

b) Soweit ein Vertrag danach Bestand hat, muss der Richter sodann – im Rahmen der Ausübungskontrolle – prüfen, ob und inwieweit ein Ehegatte die ihm durch den Vertrag eingeräumte Rechtsmacht missbraucht, wenn er sich im Scheidungsfall gegenüber einer vom anderen Ehegatten begehrten gesetzlichen Scheidungsfolge darauf beruft, dass diese durch den Vertrag wirksam abbedungen sei (§ 242 BGB). Dafür sind nicht nur die Verhältnisse im Zeitpunkt des Vertragsschlusses maßgebend. Entscheidend ist vielmehr, ob sich nunmehr – im Zeitpunkt des Scheiterns der Lebensgemeinschaft – aus dem vereinbarten Ausschluss der Scheidungsfolge eine evident einseitige Lastenverteilung ergibt, die hinzunehmen für den belasteten Ehegatten auch bei angemessener Berücksichtigung der Belange des anderen Ehegatten und seines Vertrauens in die Geltung der getroffenen Abrede sowie bei verständiger Würdigung des Wesens der Ehe unzumutbar ist. Das kann insbesondere dann der Fall sein, wenn die tatsächliche einvernehmliche Gestaltung der ehelichen Lebensverhältnisse von der ursprünglichen, dem Vertrag zu Grunde liegenden Lebensplanung grundlegend abweicht. Nacheheliche Solidarität wird dabei ein Ehegatte regelmäßig nicht einfordern können, wenn er seinerseits die eheliche Solidarität verletzt hat; soweit ein angemessener Ausgleich ehebedingter Nachteile in Rede steht, werden dagegen Verschuldensgesichtspunkte eher zurücktreten. Insgesamt hat sich die gebotene Abwägung an der Rangordnung der Scheidungsfolgen zu orientieren: Je höherrangig die vertraglich ausgeschlossene und nunmehr dennoch geltend gemachte Scheidungsfolge ist, umso schwerwiegender müssen die Gründe sein, die – unter Berücksichtigung des inzwischen einvernehmlich verwirklichten tatsächlichen Ehezuschnitts – für ihren Ausschluss sprechen. Hält die Berufung eines Ehegatten auf den vertraglichen Ausschluss der Scheidungsfolge der richterlichen Rechtsausübungskontrolle nicht stand, so führt dies im Rahmen des § 242 BGB noch nicht zur Unwirksamkeit des vertraglich vereinbarten Ausschlusses. Auch wird dadurch nicht notwendig die vom Gesetz vorgesehene, aber vertraglich ausgeschlossene Scheidungsfolge in Vollzug gesetzt.

Der Richter hat vielmehr diejenige Rechtsfolge anzuordnen, die den berechtigten Belangen beider Parteien in der nunmehr eingetretenen Situation in ausgewogener Weise Rechnung trägt. Dabei wird er sich allerdings umso stärker an der vom Gesetz vorgesehenen Rechtsfolge zu orientieren haben, je zentraler diese Rechtsfolge im Kernbereich des gesetzlichen Scheidungsfolgenrechts angesiedelt ist.

BGH v. 10. 3. 2004 – XII ZR 123/01 – FamRZ 04, 800 = NJW 04, 1735

(§ 1613 II Nr. 2 a BGB gilt auch bei Ersatzansprüchen) **R609**

1. Zutreffend geht das BerGer. davon aus, dass der Bekl. im Wege der Ersatzhaftung nach § 1607 I **a** BGB, zumindest aber nach § 1607 II BGB, seiner Enkelin gegenüber unterhaltspflichtig ist. Dies greift auch die Revision nicht an.

2. Im Ausgangspunkt nicht zu beanstanden ist auch die Auffassung des BerGer., gem. § 1613 II Nr. 2 lit.a BGB hafte der Bekl. auch ohne Verzug für in der Vergangenheit liegende Unterhaltszeiträume.

a) § 1613 II Nr. 2 lit.a BGB ist durch Art. 1 Nr. 12 des Kindesunterhaltsgesetzes vom 6. 4. 1998 (BGBl I, 666), in Kraft getreten am 1. 7. 1998, neu gefasst worden und ist an die Stelle des früheren § 1615d BGB getreten, hat diese Regelung aber zugleich erweitert.

b) Nach § 1615d BGB a.F. konnte das Kind „von seinem Vater Unterhaltsbeträge, die fällig geworden sind, bevor die Vaterschaft anerkannt oder rechtskräftig festgestellt war, auch für die Vergangenheit verlangen". Diese Regelung stellte eine Ausnahme gegenüber dem allgemeinen, in § 1613 I BGB a.F. normierten Grundsatz „in praeteritum non vivitur" dar, demzufolge der Berechtigte Unterhalt für die Vergangenheit nur von der Zeit an fordern konnte, zu welcher der Verpflichtete in Verzug gekommen oder der Unterhaltsanspruch rechtshängig geworden war.

Entsprechend dem Wortlaut dieser Vorschrift galt die Ausnahme des § 1615d BGB a.F. nach herrschender Auffassung lediglich für den Unterhaltsanspruch des Kindes gegen seinen Vater (vgl. Erman/Holzhauer, BGB, 9. Aufl., § 1615d Rdnr. 4 m. w. Nachw.; *Soergel/Häberle*, BGB, 12. Aufl., § 1615d Rdnr. 5; *Köhler*, in: MünchKomm, 3. Aufl. § 1615d Rdnr. 1; Mutschler, in: RGRK-BGB, § 1615d Rdnr. 2). Die entgegenstehende Auffassung von *Gernhuber* (FamilienR, 3. Aufl., § 59 IV 1 Fußn. 1) und Eichenhofer (*Staudinger/Eichenhofer*, BGB, 1997, § 1615d Rdnr. 16), derzufolge § 1615d BGB a.F. auf alle väterlichen Verwandten zu erstrecken sei, weil der Normzweck der Vorschrift in deren Wortlaut nur unvollständig zum Ausdruck gelange, hatte sich nicht durchsetzen können.

c) § 1613 II Nr. 2 lit.a BGB hat diese Beschränkung auf Unterhaltsansprüche gegen den Vater nicht übernommen. Da der Meinungsstreit, ob § 1615d BGB a.F. auch Ansprüche gegen die nach § 1607 I und II BGB ersatzweise haftenden Verwandten erfasst, dem Gesetzgeber im Zeitpunkt der Neuregelung bekannt war, ist aus dem Fortfall der Beschränkung zu schließen, dass jedenfalls nunmehr auch diese Ansprüche erfasst werden sollten (vgl. *Staudinger/Engler*, BGB, 2000, § 1613 Rdnr. 95; *Göppinger/ Wax/Kodal*, 8. Aufl., Rdnr. 207). Dies ergibt sich auch aus der amtlichen Begründung des Regierungsentwurfs (BT-Dr 13/7338, S. 31). Danach sollen unter die neue Vorschrift alle bisher von § 1615d BGB a.F. erfassten Sachverhalte fallen; zugleich sollte die neue Vorschrift aber die Voraussetzung des Verzugs oder der Rechtshängigkeit „generell" erübrigen, um Unterhaltsansprüche in Fällen rechtlicher oder tatsächlicher Verhinderung an der Geltendmachung aufrechtzuerhalten.

Der entgegenstehenden Auffassung von *Holzhauer* (Erman/Holzhauer, BGB, 10. Aufl., § 1613 Rdnr. 19), der § 1613 II Nr. 2 lit. a BGB weiterhin auf den Anwendungsbereich des § 1615d BGB a.F. beschränken will, vermag der *Senat* daher trotz durchaus gewichtiger Argumente (Erman/Holzhauer, § 1613 Rdnr. 17) letztlich nicht zu folgen.

(Ersatzhaftung des Großvaters auf Enkelunterhalt für die Zeit vor Feststellung nichtehel. Vaterschaft)

3. Mit Erfolg rügt die Revision allerdings die Auffassung des BerGer., mangels einschränkender **b** Übergangsbestimmungen gelte § 1613 II Nr. 2 lit.a BGB auch rückwirkend für den vorliegenden Streitfall. Richtig ist zwar, dass die Sperre des § 1600d IV BGB = § 1600a S. 2 BGB a.F., nach der die Rechtswirkungen der Vaterschaft grundsätzlich erst vom Zeitpunkt der Feststellung der Vaterschaft an geltend gemacht werden können, nach bisherigem Recht und abweichend vom Grundsatz des

§ 1613 I BGB durch § 1615 d BGB a. F. mit Feststellung der Vaterschaft rückwirkend auf den Zeitpunkt der Geburt des Kindes entfiel, und dass diese Rückwirkung, die bisher nur den Unterhaltsanspruch des Kindes gegen den Vater erfasste, nunmehr nach § 1613 II Nr. 2 lit. a BGB auch auf Unterhaltsansprüche gegen ersatzweise haftende Verwandte erweitert worden ist. Dies bedeutet aber nicht, dass ein Berechtigter, der aus rechtlichen Gründen (hier: bis zur Feststellung der Vaterschaft) gehindert war, seinen mit seiner Geburt entstandenen Unterhaltsanspruch gegen einen ersatzweise haftenden Verwandten seines Vaters geltend zu machen, nunmehr nach § 1613 II Nr. 2 lit. a BGB Unterhalt auch für diejenigen in der Vergangenheit liegenden Zeiträume nachfordern kann, die vor dem In-Kraft-Treten dieser Vorschrift am 1. 7. 1998 (Art. 1 Nr. 12, 8 I 2 KindUG) liegen.

Zwar enthält das Kindesunterhaltsgesetz keine besonderen Übergangsvorschriften, denen sich eine zeitliche Begrenzung der in § 1613 II Nr. 2 lit. a BGB normierten Regelung entnehmen ließe. Auszugehen ist daher von dem Grundsatz, dass auf Unterhalt für Zeiten vor In-Kraft-Treten einer gesetzlichen Neuregelung das bisherige Recht anwendbar bleibt, sofern das Gesetz keine anderweitige Übergangsregelung trifft (vgl. *Senat,* NJW 1998, 1065 = FamRZ 1998, 426 [427 unter 2 d]).

BGH v. 21. 4. 2004 – XII ZR 251/01 – FamRZ 04, 1097 = FPR 04, 521

   (Unbillige Härte im Sinne des § 91 II 2 BSHG (jetzt § 94 III 1 Nr. 2 SGB XII))

2. a) Nach § 91 II 2 Halbs. 1 BSHG in der Fassung des Gesetzes zur Umsetzung des Föderalen Konsolidierungsprogramms vom 23. 6. 1993 (FKBG, BGBl I, 944) bzw. nach § 91 II 2 BSHG in der seit dem 1. 1. 2002 geltenden Fassung ist der Übergang des Unterhaltsanspruchs gegen einen nach bürgerlichem Recht Unterhaltspflichtigen ausgeschlossen, wenn dies eine unbillige Härte bedeuten würde. Das genannte Beurteilungskriterium stellt einen unbestimmten Rechtsbegriff dar, dessen Anwendung der vollen Nachprüfung durch das RevGer. unterliegt (*Senat,* NJW-RR 2003, 1441 = FPR 2004, 28 = FamRZ 2003, 1468 [1470] m. w. Nachw.).

Was unter dem Begriff der unbilligen Härte zu verstehen ist, unterliegt den sich wandelnden Anschauungen in der Gesellschaft. Was in früheren Zeiten im Rahmen eines Familienverbands als selbstverständlicher Einsatz der Mitglieder der Familie ohne weiteres verlangt wurde, wird heute vielfach als Härte empfunden. Dabei kann diese Härte in materieller oder immaterieller Hinsicht bestehen und entweder in der Person des Unterhaltspflichtigen oder in derjenigen des Hilfeempfängers vorliegen. Bei der Auslegung der Härteklausel ist in erster Linie die Zielsetzung der Hilfe zu berücksichtigen, daneben sind auch die allgemeinen Grundsätze der Sozialhilfe zu beachten. Darüber hinaus ist auf die Belange und die Beziehungen in der Familie Rücksicht zu nehmen. Neben den wirtschaftlichen und persönlichen Verhältnissen der Beteiligten zueinander kommt es auf die soziale Lage an. Eine Härte liegt deshalb vor, wenn mit dem Anspruchsübergang soziale Belange vernachlässigt würden (*Senat,* NJW-RR 2003, 1441 = FPR 2004, 28 = FamRZ 2003, 1468 [1470]).

Nach der in Rechtsprechung und Schrifttum vertretenen Auffassung sowie den vom Deutschen Verein für öffentliche und private Fürsorge herausgegebenen Empfehlungen für die Heranziehung Unterhaltspflichtiger in der Sozialhilfe kann eine unbillige Härte, die sozialhilferechtlich zum Ausschluss des Anspruchsübergangs führt, insbesondere angenommen werden, wenn und soweit der Grundsatz der familiengerechten Hilfe (§ 7 BSHG) ein Absehen von der Heranziehung geboten erscheinen lässt, die laufende Heranziehung in Anbetracht der sozialen und wirtschaftlichen Lage des Unterhaltspflichtigen mit Rücksicht auf die Höhe und Dauer des Bedarfs zu einer nachhaltigen und unzumutbaren Beeinträchtigung des Unterhaltspflichtigen und der übrigen Familienmitglieder führen würde, die Zielsetzung der Hilfe im Frauenhaus in der Gewährung von Schutz und Zuflucht vor dem gewalttätigen Ehemann besteht und diese durch die Mitteilung der Hilfe an den Unterhaltspflichtigen gefährdet erscheint oder der Unterhaltspflichtige vor Eintreten der Sozialhilfe über das Maß seiner zumutbaren Unterhaltsverpflichtung hinaus den Hilfeempfänger betreut und gepflegt hat (vgl. BVerwGE 58, 209 [216]; *Schellhorn,* BSHG, 16. Aufl., § 91 Rdnrn. 87 f.; *ders.,* FuR 1993, 261 [266]; *Schaefer/Wolf,* in: *Fichtner,* BSHG, 2. Aufl., § 91 Rdnrn. 41 f.; *Mergler/Zink,* BSHG, 4. Aufl., § 91 Rdnr. 77; *Münder,* in: LPK-BSHG, 16. Aufl., § 91 Rdnr. 42). Der vorliegende Fall lässt sich, wie das BerGer. zu Recht angenommen hat, in keine dieser Fallgruppen einordnen.

Daraus folgt indessen nicht, dass keine unbillige Härte vorliegt. Denn eine solche ist auch in anderen Fallgestaltungen denkbar. Entscheidend ist insoweit, ob im Rahmen der umfassenden Prüfung der Gesamtsituation des Falles aus der Sicht des Sozialhilferechts durch den Anspruchsübergang soziale Belange berührt werden (BVerwGE 58, 209 [215 f.]). Das ist hier der Fall.

b) Zwar sind die Unterhaltsansprüche des Vaters der Bekl. dieser gegenüber nicht nach § 1611 I BGB verwirkt. Wie das BerGer. zutreffend ausgeführt hat, sind die Voraussetzungen, unter denen nach der vorgenannten Bestimmung ein Unterhaltsanspruch nur in eingeschränktem Umfang besteht oder eine Unterhaltsverpflichtung ganz entfällt, nicht erfüllt. Umstände, die bereits nach bürgerlichem Recht ganz oder teilweise der Geltendmachung eines Unterhaltsanspruchs entgegenstehen, kommen indessen ohnehin nicht als – den Anspruchsübergang auf den Träger der Sozialhilfe ausschließende – Härtegründe i. S. des § 91 II 2 Halbs. 1 BSHG in der Fassung vom 23. 6. 1993 bzw. § 91 II 2 BSHG in der seit dem 1. 1. 2002 geltenden Fassung in Betracht. Denn soweit ein Unterhaltsanspruch nicht besteht, kann er auch nicht auf den Träger der Sozialhilfe übergehen. Der vorliegende Fall ist nach den vom BerGer. getroffenen Feststellungen dadurch gekennzeichnet, dass die Bekl. nicht nur während der Kriegsteilnahme ihres Vaters dessen emotionale und materielle Zuwendung entbehren musste, sondern dass sie auch in der Folgezeit nicht die unter normalen Umständen zu erwartende väterliche Zuwendung erfahren hat, weil ihr Vater psychisch gestört aus dem Krieg zurückkehrte und der Familie keine Fürsorge zuteil werden lassen konnte. Er war von 1949 an fast 50 Jahre in einer psychiatrischen Klinik untergebracht und lebt seit 1998 in einem Alten- und Pflegeheim. Auf Grund dieser Umstände war die Bekl. bereits in den Jahren ihrer Kindheit in starkem Maße belastet. Im weiteren Verlauf, insbesondere nach der 1971 erfolgten Scheidung der Ehe der Eltern, haben zwischen der Bekl. und dem Vater offensichtlich keine Beziehungen mehr bestanden, so dass die Familienbande zumindest stark gelockert waren, falls insoweit nicht sogar eine völlige Entfremdung eingetreten ist. Wenn die Bekl. gleichwohl von dem Träger der Sozialhilfe auf Unterhalt für ihren Vater in Anspruch genommen werden könnte, würden dadurch soziale Belange vernachlässigt. Angesichts der Einbußen, die die Bekl. auf Grund der Kriegsfolgen, von denen ihr Vater betroffen war, zu tragen hatte und der weiteren Entwicklung der Beziehungen zu diesem kann von ihr nicht erwartet werden, im Hinblick auf dessen Unterhaltsanspruch von der öffentlichen Hand in die Pflicht genommen zu werden. Deshalb würde der Übergang des Unterhaltsanspruchs auf den Träger der Sozialhilfe eine unbillige Härte bedeuten (ebenso Schaefer/ Wolf, in: Fichtner, § 91 Rdnr. 42; vgl. auch *Münder*, in: LPK-BSHG, § 91 Rdnr. 41; BVerwG, NDV 1973, 139 [140] für den Fall der Inanspruchnahme eines Großvaters für den Unterhalt eines Enkelkindes, zu dessen Mutter dieser jahrelang keine Verbindung mehr hatte).

BGH v. 5. 5. 2004 – XII ZR 132/02 – FamRZ 04, 1173 = NJW 04, 2305

(Die Entscheidung ist nahezu inhaltsgleich mit der nachfolgenden; daher wird auf den Abdruck von Auszügen **R611** *verzichtet.)*

BGH v. 5. 5. 2004 – XII ZR 10/03 – FamRZ 04, 1170 = NJW 04, 2303

(Versorgungsleistung für einen neuen Partner als prägendes Surrogat der Familienarbeit) **R612**

Diese Rechtsprechung hat der Senat auch auf die Behandlung des Werts von Versorgungsleistungen gegenüber einem neuen Lebenspartner erstreckt. Grundsätzlich sind auch solche geldwerten Versorgungsleistungen als Surrogat der früheren Haushaltstätigkeit in der Familie anzusehen. Denn sie sind insoweit nicht anders zu beurteilen, als wenn die Kl. eine bezahlte Tätigkeit als Haushälterin bei Dritten annähme. Auf die Frage, ob es sich dabei um Einkünfte aus einer Erwerbstätigkeit im eigentlichen Sinne handelt, kommt es wegen des Surrogatcharakters gegenüber der früheren Haushaltstätigkeit nicht an (*Senat*, NJW 2001, 3779 = FPR 2002, 6 = FamRZ 2001, 1693 [1694]).

Dem hat sich die überwiegende Auffassung in Rechtsprechung und Literatur angeschlossen (vgl. *Göppinger/Wax/Bäumel*, 8. Aufl. [2003], Rdnr. 1013; *Weinreich/Klein*, Kompaktkomm. FamilienR, 2002, § 1578 Rdnr. 32; *Kalthoener/Büttner/Niepmann*, 8. Aufl. [2002], Rdnrn. 442 u. 488 ff.; *Bamberger/Roth*, BGB, 2003, § 1577 Rdnrn. 10 ff.; zunächst auch noch *Gerhardt/v. Heintschel-Heinegg/Klein*, Hdb. des Fachanwalts FamilienR, 4. Aufl. [2002], Kap. 6 Rdnrn. 259, 283 b; *Born*, FamRZ 2002, 1603 [1607 ff.]; *Büttner*, FamRZ 2003, 641 [642 ff.]; *Borth*, FamRZ 2001, 1653 [1656]; *Schwolow*, FuR 2003, 118. Auch die Arbeitskreise 1 und 13 des 14. Deutschen Familiengerichtstags [DFGT] 2001 und der von *Büttner* geleitete Arbeitskreis 13 des 15. DFGT 2003 [vgl. insoweit FPR 2004, 10 = FamRZ 2003, 1906 [1907] haben sich für die Berücksichtigung von Versorgungsleistungen gegenüber einem neuen Lebenspartner im Wege der Differenzmethode ausgesprochen. Anderer Auffassung sind: OLG *München*, FuR 2003, 329; *Rauscher*, FuR 2002, 337; nunmehr auch *Gerhardt*, FamRZ 2003, 272 [274]; *Wendl/Gerhardt*, 6. Aufl. [2004], § 4 Rdnrn. 231 a, 260 a ff.; zweifelnd *Scholz*, FamRZ 2003, 265 [270]; *Wohlgemuth*, FamRZ 2003, 983, u. *Schnitzler*, FF 2003, 42).

2. Auch nach erneuter Prüfung hält der *Senat* an seiner Auffassung fest, dass Versorgungsleistungen gegenüber einem neuen Lebenspartner als Surrogat an die Stelle einer früheren Haushaltstätigkeit treten können. Die gegen die Anwendung der Differenzmethode auch auf Fälle wie den vorliegenden vorgebrachten Argumente beruhen auf einem unzutreffenden Verständnis der Rechtsprechung des BVerfG und des BGH.

a) Die Rechtsauffassung des BerGer. wird im Ergebnis den verfassungsrechtlichen Vorgaben nicht gerecht. Dem durch die Verfassung geschützten gleichen Recht und der gleichen Verantwortung der Ehegatten bei der Ausgestaltung des Ehe- und Familienlebens entspricht es, die Leistungen, die jeweils im Rahmen der gemeinsamen Arbeits- und Aufgabenzuweisung erbracht werden, als gleichwertig anzusehen. Sowohl die Kinderbetreuung als auch die Haushaltsführung haben für das gemeinsame

Leben keinen geringeren Wert als die dem Haushalt zur Verfügung stehenden Einkünfte und prägen in gleicher Weise die ehelichen Lebensverhältnisse, indem sie zum Familienunterhalt beitragen. Allerdings bemisst sich die Gleichwertigkeit der jeweiligen Beiträge der Ehegatten nicht rechnerisch an der Höhe des Erwerbseinkommens oder am wirtschaftlichen Wert der Familienarbeit und ihrem Umfang. Vielmehr sind die von den Ehegatten für die eheliche Gemeinschaft jeweils erbrachten Leistungen unabhängig von ihrer ökonomischen Bewertung gleichgewichtig. Daraus folgt der Anspruch auf gleiche Teilhabe am gemeinsam Erwirtschafteten nicht nur während der Ehe, sondern auch nach Trennung und Scheidung (BVerfGE 105, 1 [11f.] = NJW 2002, 1185 = FPR 2002, 180). Der verfassungsrechtliche Schutz setzt deswegen nicht an einem während der Ehezeit angelegten tatsächlichen Entgelt an, sondern er beruht auf der gleichgewichtigen Bewertung der Haushaltsführung und der Kinderbetreuung. Die Teilhabequote orientiert sich mithin an der Gleichwertigkeit der beiderseits erbrachten Leistungen, so dass beide Ehegatten hälftig an dem durch Erwerbseinkommen einerseits und Haushaltsführung andererseits geprägten ehelichen Lebensstandard teilhaben. Zweifelhaft ist deswegen nicht etwa, ob die Haushaltstätigkeit die ehelichen Lebensverhältnisse der Parteien geprägt hat, sondern lediglich, in welchem Umfang dieses geschehen ist. Spätere Einkünfte, sei es als Entgelt aus einer (fiktiven) Erwerbstätigkeit oder sei es aus Versorgungsleistungen in einer neuen Lebensgemeinschaft, dienen deshalb – von besonders gelagerten Ausnahmefällen abgesehen – lediglich als Richtwert für die Bemessung der Haushaltstätigkeit (und/oder der Kindererziehung) während der Ehezeit, indem sie als deren Surrogat an ihre Stelle treten (BGHZ 148, 105 [120] = NJW 2001, 2254). Der Einwand, die Versorgungsleistungen für den neuen Partner könnten die ehelichen Lebensverhältnisse nicht geprägt haben, geht daher ins Leere. Deshalb kommt es entgegen der Auffassung des BerGer. auch nicht darauf an, dass der Wechsel des Lebenspartners trennungsbedingt oder gar ehezerstörend ist, und ob solche Versorgungsleistungen untrennbar mit der persönlichen Beziehung verbunden sind.

Von unvorhergesehenen Entwicklungen abgesehen, führt die prägende Haushaltstätigkeit oder Kindererziehung deswegen dazu, dass neu zu berücksichtigende Einkünfte regelmäßig als Surrogat an deren Stelle treten und damit auch den Bedarf des Unterhaltsberechtigten erhöhen. Umgekehrt kommt eine Erhöhung des Unterhaltsbedarfs wegen Haushaltstätigkeit oder Kindererziehung nicht in Betracht, wenn dem Unterhaltsberechtigten auch nach der Ehezeit keine eigenen Einkünfte zugerechnet werden können. Solange daher dem haushaltsführenden Ehegatten nach Trennung bzw. Scheidung zum Beispiel wegen Kindererziehung, Krankheit oder Alters keine eigenen Einkünfte zugerechnet werden können, verbleibt es bei der Aufteilung des real zur Verfügung stehenden eheprägenden Einkommens. Denn da die lebensstandarderhöhende Haushaltstätigkeit mit der Scheidung weggefallen und kein an deren Stelle tretendes Ersatzeinkommen vorhanden ist, müssen beide Ehegatten in gleicher Weise die trennungsbedingte Verschlechterung ihrer ehelichen Lebensverhältnisse hinnehmen. Erzielt hingegen der unterhaltsberechtigte Ehegatte nach der Scheidung ein Einkommen oder ist er in der Lage, ein solches zu erzielen, oder sind ihm sonst eigene Einkünfte zuzurechnen, die gleichsam als Surrogat des wirtschaftlichen Werts seiner bisherigen Tätigkeit angesehen werden können, ist dieses Einkommen nach der Differenzmethode in die Unterhaltsberechnung einzubeziehen. Für die Qualifizierung eines später zu berücksichtigenden Einkommens als Surrogat der während der Ehezeit übernommenen Haushaltstätigkeit kommt es nach der Rechtsprechung des *BVerfG* und des *BGH* nicht darauf an, ob der Unterhaltsberechtigte das Entgelt tatsächlich bezieht oder ob ihm sonst Einkünfte zuzurechnen sind.

Indem das BerGer. darauf hinweist, die Berücksichtigung der Versorgungsleistungen in neuer Lebensgemeinschaft beruhe ohnehin nur auf Billigkeit, wobei nicht einzusehen sei, dem unterhaltspflichtigen Ehegatten den Wegfall der erbrachten Leistungen während der Ehezeit nicht auch über einen trennungsbedingten Mehrbedarf zuzurechnen, übersieht es, dass gerade die Anwendung der Differenzmethode zu einem hälftigen Ausgleich der vom Unterhaltsberechtigten während der Ehezeit übernommenen Haushaltstätigkeit führt. Danach verbleibt auch dem Unterhaltspflichtigen neben dem ihm schon während der Ehezeit zur Verfügung stehenden Anteil des Bareinkommens zwar nicht der volle, aber doch ein Anteil an den hinzugekommenen Einkünften des Unterhaltsberechtigten. Gerade dann, wenn dem Unterhaltsberechtigten eigene Einkünfte zumutbar und zurechenbar sind, führt dieses mithin im Gegensatz zur Anrechnungsmethode zu dem verfassungsrechtlich gebotenen Ausgleich der durch die Trennung entfallenen Haushaltstätigkeit.

BGH v. 5. 5. 2004 – XII ZR 15/03 = FamRZ 04, 1179 = NJW-RR 04, 1155

(Ermittlung der Einkünfte eines Geschäftsführers einer Betriebsgesellschaft)

Für die Zeit bis Juli 2002 ist das BerGer. von monatlichen Einkünften des Bekl. in Höhe von 4306 Euro ausgegangen. Schon das erschöpft den Vortrag der Kl. nicht vollständig. Zwar hat der Bekl. unstreitig dieses Einkommen als Geschäftsführer der Betriebsgesellschaft erzielt. Ob den noch weitere Einkünfte aus seiner Beteiligung an der Betriebsgesellschaft oder aus Vermietung und Verpachtung hinzuzurechnen sind, hat das BerGer. aber nicht hinreichend geprüft, obwohl der abzuändernden

Entscheidung auch Einkünfte des Bekl. aus beiden Einkunftsarten zu Grunde lagen. Weitere Einkünfte aus Vermietung und Verpachtung durfte es zudem nicht mit dem bloßen Hinweis auf die den Pachteinnahmen gegenüberstehenden Kredite verneinen. Die Revision macht geltend, dass bei der Ermittlung der Einkünfte aus Vermietung und Verpachtung regelmäßig zwar Zinsbelastungen, nicht aber Tilgungsbeträge abgesetzt werden können, die einseitig der Vermögensbildung dienen, ohne bereits die ehelichen Lebensverhältnisse geprägt zu haben. Ob und in welchem Umfang das hier der Fall ist und ob dies schon im Ausgangsverfahren eingeflossen ist, kann der *Senat* auf der Grundlage des angefochtenen Urteils nicht überprüfen. Das *OLG* wird seine Feststellungen auf der Grundlage des streitigen Sachverhalts insoweit ergänzen und prüfen müssen, inwieweit diese Einkunftsarten schon im Ausgangsverfahren berücksichtigt wurden und auch heute noch relevant sind. Dabei wird das BerGer. auch zu prüfen haben, ob die in den Jahresabschlüssen aufgeführten Abschreibungen nach der Handhabung im Ausgangsverfahren unterhaltsrechtlich gerechtfertigt sind (vgl. *Wendl/Kemper*, Rdnrn. 1/150 ff., 1/243 ff.) und ob daneben überhaupt noch Tilgungsleistungen berücksichtigt werden können.

(Reduzierung eines Geschäftsführergehalts aus betrieblichen Gründen)

Die Umsatzerlöse sagen über den Gewinn aus der Gesellschaft nichts aus. Zwar spricht die tatsächliche Verringerung des Geschäftsführergehalts des Bekl. ab August 2002 für eine entsprechende Einkommensreduzierung. Weil der Bekl. allerdings auch Alleingesellschafter dieser Betriebsgesellschaft ist, ist dieser Schluss keineswegs zwingend. Das BerGer. wird auf das substanziierte Bestreiten der Kl. mit Hinweis unter anderem auf die erheblich gestiegenen Pachtzinszahlungen an den Bekl. persönlich deswegen der unter Beweis gestellten Behauptung des Bekl. nachgehen müssen, die Reduzierung des Geschäftsführergehalts sei aus betrieblichen Gründen notwendig geworden.

BGH v. 19. 5. 2004 – XII ZR 304/02 = FamRZ 04, 1559 = NJW 04, 3109

(Verwirkung nach § 1611 BGB, insb. beim Elternunterhalt) **R614**

2. a) Nach § 1611 I 1 BGB braucht der Unterhaltspflichtige nur einen Beitrag in der der Billigkeit entsprechenden Höhe zum Unterhalt des Berechtigten zu leisten, wenn dieser unter anderem seine eigene Unterhaltspflicht gegenüber dem Unterhaltspflichtigen gröblich vernachlässigt (Alt. 2) oder sich vorsätzlich einer schweren Verfehlung gegen den Unterhaltspflichtigen schuldig gemacht hat (Alt. 3). Die Verpflichtung fällt ganz weg, wenn die Inanspruchnahme des Verpflichteten grob unbillig wäre (§ 1611 I 2 BGB).

aa) Entgegen der Auffassung des BerGer. kann bereits nicht ausgeschlossen werden, dass die Voraussetzungen der Alt. 2 des § 1611 I 1 BGB erfüllt sein können. Das BerGer. hat insofern allein auf eine Verletzung der Barunterhaltspflicht abgestellt und eine solche mangels Leistungsfähigkeit der Mutter verneint. Eltern schulden ihren Kindern indessen entweder Bar- oder Naturalunterhalt (§ 1612 II BGB), zu dem – als Teil der Unterhaltspflicht – auch die Betreuung gehört (§ 1606 III 2 BGB). Eine Vernachlässigung der Betreuung ist grundsätzlich ebenfalls geeignet, die Rechtswirkungen des § 1611 I BGB auszulösen (ebenso Staudinger/Engler, BGB, 2000, § 1611 Rdnr. 18; Günther, in: Münchner Anwaltshdb., § 12 Rdnr. 111; a. A. Born, in: MünchKomm, 4. Aufl., § 1611 Rdnr. 14), auch wenn die Betreuung nicht in vollem Umfang persönlich erbracht werden muss. Für eine Beschränkung des § 1611 I 1 Alt. 2 BGB auf eine Verletzung der Barunterhaltspflicht sind dem Gesetz keine Anhaltspunkte zu entnehmen. Im vorliegenden Fall kommt eine Verletzung der Naturalunterhaltspflicht in der Zeit bis zur Übertragung der elterlichen Sorge für die Bekl. auf die Großeltern in Betracht. Zwar brauchte die Mutter die Betreuung nicht uneingeschränkt selbst zu übernehmen, sondern durfte sich hierbei auch der Mithilfe anderer bedienen. Das ändert aber nichts daran, dass die Verantwortung für das Kind in erster Linie bei den Eltern, und damit auch bei der Mutter, lag. Diese Aufgabe durfte sie nicht in vollem Umfang delegieren, indem sie die Betreuung ohne jedweden eigenen Einsatz allein den Großeltern überließ. Ob insoweit bereits von einer gröblichen Vernachlässigung der Unterhaltspflicht ausgegangen werden kann, bedarf indessen keiner Entscheidung. In jedem Fall hat das BerGer. nämlich die Voraussetzungen des § 1611 I 1 Alt. 3 BGB rechtsfehlerfrei bejaht.

bb) Eine schwere Verfehlung im Sinne der vorgenannten Bestimmung kann regelmäßig nur bei einer tief greifenden Beeinträchtigung schutzwürdiger wirtschaftlicher Interessen oder persönlicher Belange des Pflichtigen angenommen werden (*Born*, in: MünchKomm, § 1611 Rdnr. 23; *Luthin/Schumacher*, 9. Aufl., Rdnr. 3234; OLG Celle, NJW-RR 1994, 324 = FamRZ 1993, 1235 [1236]; OLG München, FamRZ 1992, 595 [597]). Als Begehungsformen kommen aktives Tun und Unterlassen in Betracht, Letzteres allerdings nur, wenn der Berechtigte dadurch eine Rechtspflicht zum Handeln verletzt (*Born*, in: MünchKomm, § 1611 Rdnr. 23). Mit Rücksicht darauf kann auch eine Verletzung elterlicher Pflichten durch Unterlassen als Verfehlung gegen das Kind darstellen. Das gilt nicht nur für die besonders geregelte Vernachlässigung der Unterhaltspflicht, sondern etwa auch für die dauernde grobe Vernachlässigung und Verletzung der Aufsichtspflicht und für die Verletzung der Pflicht zu Beistand und Rücksicht, die in der durch das Sorgerechtsgesetz von 1979 eingefügten Vorschrift des § 1618a BGB auch zum Ausdruck gebracht worden ist (*Staudinger/Engler,* § 1611 Rdnr. 29). Hierbei handelt es sich um das Eltern-Kind-Verhältnis prägende Rechtspflichten, deren Verletzung unter den Voraussetzungen des § 1611 I 1 Alt. 3 BGB Bedeutung zukommen kann.

cc) Danach hat sich die Mutter nach den getroffenen Feststellungen auch nach Auffassung des *Senats* einer schweren Verfehlung gegen die Bekl. schuldig gemacht. Dies ergibt die gebotene umfassende Abwägung aller maßgeblichen Umstände (vgl. hierzu *Senat,* NJW 1995, 1215 = FamRZ 1995, 475 [476]). Auch wenn ihr die elterliche Sorge nicht mehr zustand und ihr deshalb nicht mehr die Pflege und Erziehung der Bekl. oblag, gehörte es zu den Pflichten der Mutter, sich weiterhin um ihr Kind zu kümmern, Anteil an seinem Leben und seiner Entwicklung zu nehmen, ihm bei auftretenden Problemen und Schwierigkeiten zur Seite zu stehen und ihm insgesamt die Gewissheit zu vermitteln, dass ein ihm in Liebe und Zuneigung verbundener Elternteil für es da ist. Daran hat es die Mutter jedenfalls von der Zeit an, in der sie die Bekl. im Alter von einem bis eineinhalb Jahren in der Obhut der Großeltern zurückgelassen hat, fast durchgehend fehlen lassen.

BGH v. 2. 6. 2004 – XII ZR 217/01 – FamRZ 04, 1177 = NJW-RR 04, 1227

R615   *(Kein Verzug über begehrten Betrag hinaus)*

a   Die Forderung einer geringeren Unterhaltssumme begründet keinen Verzug hinsichtlich eines höheren als des geforderten Betrags (vgl. *Senat,* NJW 1982, 1983 = FamRZ 1982, 887 [890] unter B 1). Auch ein Prozesskostenhilfegesuch, das einer Mahnung gleichsteht, begründet mit seinem Zugang an den Unterhaltspflichtigen dessen Verzug nur hinsichtlich der jeweils geforderten Beträge.

(Fiktive Steuerberechnung bei Korrektur einer Ansparabschreibung)

b   3. Danach erweist sich die Zugrundelegung eines um die Ansparabschreibungen bereinigten und damit erhöhten Gewinns der Jahre 1997 bis 1999 hier schon deshalb als unzutreffend, weil darauf (die Ansparabschreibungen wiederum hinweggedacht) erhebliche Steuern zu entrichten gewesen wären, die das BerGer. hier außer Ansatz gelassen hat. Richtig ist zwar, dass für die Unterhaltsberechnung Steuern grundsätzlich nur in dem Zeitraum zu berücksichtigen sind, in dem sie tatsächlich entrichtet wurden. Das ist aber dann nicht gerechtfertigt, wenn offensichtlich ist, dass sich die Verschiebungen zwischen dem Entstehen der Steuerschuld und ihrer Begleichung innerhalb eines Dreijahreszeitraums, zumindest aber innerhalb eines gegebenenfalls zu Grunde zu legenden Fünfjahreszeitraums, ausnahmsweise nicht weitgehend ausgleichen (vgl. *Senat,* NJW-RR 1987, 194 = FamRZ 1987, 36 [37]; *Wendl/Kemper,* § 1 Rdnr. 274).

Im vorliegenden Fall erweist sich die Annahme eines weitgehenden Ausgleichs innerhalb des zu Grunde gelegten Dreijahreszeitraums aber als offensichtlich verfehlt. Sowohl die hier für die Unterhaltsberechnung 2000 zu Grunde gelegten Ergebnisse der Jahre 1997 bis 1999 als auch die für die Unterhaltsberechnung 2001 zu Grunde gelegten Ergebnisse der Jahre 1998 bis 2000 sind dadurch gekennzeichnet, dass ein solcher Ausgleich steuerlicher Auswirkungen innerhalb dieses Zeitraums gerade nicht stattgefunden hat. Deshalb kann der Durchschnitt des in den Vorjahren erzielten Betriebsgewinns vor Ansparabschreibungen und Steuern hier nicht ohne Korrektur als Maßstab für den im Unterhaltszeitraum erzielten Gewinn zu Grunde gelegt werden (vgl. auch *Heiß/Linderer,* 45. Kap., Rdnr. 36a; *Schwab/Borth,* Hdb. des ScheidungsR., 4. Aufl., Kap. IV, Rdnr. 761; vgl. auch *Göppinger/Strohal,* UnterhaltsR., 8. Aufl., Rdnrn. 663 ff.). Vielmehr ist diejenige Steuerbelastung fiktiv zu berücksichtigen, die den Ast. ohne die Ansparabschreibungen getroffen hätte.

BGH v. 9. 6. 2004 – XII ZR 277/02 – FamRZ 05, 97 = NJW 05, 433

R616   *(Korrekte Bedarfsbemessung nur nach tatsächlich in Ehe vorhandenen Mitteln)*

a   a) Der Unterhaltsbedarf bestimmt sich nach den ehelichen Lebensverhältnissen (§ 1361 I BGB); diese bemessen sich ihrerseits grundsätzlich nach dem bereinigten Nettoeinkommen der Parteien. Soweit die Einkünfte der Parteien nicht nur durch Geldeinnahmen, sondern auch durch Sachentnahmen oder andere vermögenswerte Vorteile (z. B. Wohnwert) bestimmt werden, sind diese bei der Ermittlung des unterhaltsrechtlich relevanten Einkommens wertmäßig erhöhend zu berücksichtigen. Geht man mit dem *OLG* davon aus, dass im Bereich der Landwirtschaft Eigenprodukte für den Lebensbedarf verwandt werden, und haben solche Produkte auch die ehelichen Einkommensverhältnisse der Parteien mit geprägt, so sind diese grundsätzlich mit ihrem Geldwert zu veranschlagen und in die Einkommensberechnung einzustellen. Es ist weder dargetan noch ersichtlich, dass eine solche – gegebenenfalls im Wege der Schätzung (§ 287 ZPO) vorzunehmende – Bewertung hier nicht möglich oder nicht sachgerecht wäre.

b) Entgegen der Auffassung des *OLG* ist die von ihm vorgenommene einkommensunabhängige Bedarfsermittlung nicht etwa deshalb gerechtfertigt, weil auch für den Fall der Ermittlung des Unterhaltsbedarfs bei sehr guten Einkommensverhältnissen eine konkrete Bedarfsbemessung anerkannt ist. Zwar ist der Tatrichter nicht gehindert, den eheangemessenen Bedarf konkret zu ermitteln (*Senat,* NJW 1987, 2739 = FamRZ 1987, 691 [693]). Dies wird sich aber in der Regel nur bei Einkommen empfehlen, deren Höhe die Annahme nahe legt, dass während der Ehe nicht das gesamte Einkommen zur Bedarfsdeckung eingesetzt worden ist, sondern Teile des Einkommens auch zur Vermögensbildung verwandt worden sind. Eine solche Bedarfsberechnung dient in diesen Fällen dazu, die nicht unterhalts-relevanten, weil zur Vermögensbildung verwandten Einkommensteile von den unterhaltsrechtlich bedeutsamen Teilen zu sondern. Der vorliegende Fall ist indes anders gelagert, weil die Parteien nicht über Einkommen verfügen, das sie einer Vermögensbildung zuführen könnten. Die konkrete Bedarfs-bemessung darf nicht dazu führen, einen Bedarf anzunehmen, der in den tatsächlichen Lebens-, Einkommens- und Vermögensverhältnissen keinen Niederschlag gefunden hat. Das aber wäre der Fall, wenn der Unterhaltsbedarf – wie im angefochtenen Urteil geschehen – losgelöst von den nur eine dürftige Lebensführung erlaubenden Einkommensverhältnissen der Ehegatten ermittelt würde. Ver-mögensgüter der Ehegatten allein rechtfertigen eine solche einkommensunabhängige Bedarfsermittlung jedenfalls dann nicht, wenn diese Vermögensgüter – wie hier der Hof des Bekl. – die wirtschaftliche Grundlage für das Familieneinkommen abgaben und deshalb auch schon während der Ehe bei vernünftiger ökonomischer Betrachtung zur Deckung des Lebensbedarfs der Ehegatten nicht zur Verfügung standen.

(Versuchter Prozessbetrug durch verspätete Mitteilung eigener Einkünfte)

b) Nach Auffassung des OLG hat die Kl. ihren Unterhaltsanspruch nicht verwirkt. Zwar habe die **b** Kl. die von ihr seit Mai 2000 bezogene Rente erst in der mündlichen Verhandlung vom 17. 1. 2002 offen gelegt. Dieses Verhalten könne zwar grundsätzlich als versuchter Prozessbetrug den Unterhalts-anspruch der Kl. nach §§ 1361 III, 1579 Nr. 2 BGB beschränken. Der – für die Voraussetzungen dieser Vorschrift darlegungspflichtige – Bekl. habe jedoch nicht vorgetragen, dass die Kl. die Rentenbescheide vorsätzlich nicht vorgelegt habe, um den Bekl. zu schädigen. Die Zurückverweisung gibt dem Bekl. Gelegenheit, seinen Vortrag hierzu zu ergänzen.

BGH v. 9. 6. 2004 – XII ZR 308/01 – FamRZ 04, 1357 = NJW 04, 3106

(Trennungsbedingter Mehrbedarf ist nicht in den ehel. Lebensverhältnissen angelegt; nach Abkehr von der **R617** *Anrechnungsmethode erfasst der Quotenbedarf regelmäßig das gesamte Einkommen; daneben kann trennungs-bedingter Mehrbedarf nicht mehr geltend gemacht werden, weil er gegen den Halbteilungsgrundsatz verstieße)*

Ein weiterer trennungsbedingter Mehrbedarf, wie bei der Bekl. mit 150 DM berücksichtigt, ist dem **a** allerdings nicht hinzuzurechnen.

Schon nach der bisherigen Rechtsprechung des *Senats* durfte der Tatrichter zwar die Höhe eines trennungsbedingten Mehrbedarfs schätzen, was aber stets einen konkreten Vortrag des betreffenden Ehegatten zu solchen Mehrkosten voraussetzt, der hier fehlt (vgl. *Senat,* NJW-RR 1990, 578 = FamRZ 1990, 979 [981], und NJW 1995, 963 = FamRZ 1995, 346 [347]).

Nach der neueren Rechtsprechung des *Senats* (BGHZ 148, 105 = NJW 2001, 2254) ist schon der Quotenbedarf regelmäßig nach dem gesamten verfügbaren Einkommen zu bemessen, weil auch die Haushaltstätigkeit und Kindererziehung die ehelichen Lebensverhältnisse in einem Umfang geprägt haben, wie er sich aus dem sie zur Hälfte getretenen Einkommen ergibt. Neben dem deswegen im Wege der Differenzmethode zu ermittelnden (höheren) Unterhaltsbedarf würde ein konkret zu bemessender zusätzlicher Bedarf eines Ehegatten stets zu einem Verstoß gegen den Halb-teilungsgrundsatz führen. Weil ein trennungsbedingter Mehrbedarf regelmäßig auch nicht in den ehelichen Lebensverhältnissen angelegt ist, kann er deshalb in der Regel nicht neben dem nach der Differenzmethode ermittelten Quotenbedarf berücksichtigt werden (vgl. *Graba,* FamRZ 2002, 857 [859]; *Wendl/Gutdeutsch,* 6. Aufl., § 4 Rdnr. 432 a; *Johannsen/Henrich/Büttner,* EheR, 4. Aufl., § 1578 BGB Rdnrn. 25 ff.). Zugleich ist damit wegen der geänderten Rechtsprechung des *Senats* auch die auf der Grundlage der Anrechnungsmethode vereinbarte Vergleichsgrundlage insofern entfallen.

(Keine zeitliche Begrenzung bei Ehedauer von 17 Jahren einschließlich der Zeit der Kinderbetreuung)

Zu Recht hat das BerGer. eine Begrenzung des Unterhalts auch wegen der langen Ehedauer abge- **b** lehnt. Nach §§ 1573 V 2, 1578 I 3 BGB stehen die Zeiten der Kindererziehung der Ehedauer gleich. Die Ehe der Parteien dauerte bis zur rechtskräftigen Scheidung schon annähernd neun Jahre. Sodann ist die gemeinsame Tochter *N,* die seit der Trennung der Parteien im Haushalt der Bekl. lebte, allein von dieser erzogen worden. Das 16. Lebensjahr hat sie circa acht Jahre nach der rechtskräftigen Ehescheidung erreicht, so dass sich eine gesamte zu berücksichtigende Dauer von circa 17 Jahren ergibt. Auf dieser

Grundlage ist die Billigkeitsentscheidung des BerGer. nicht zu beanstanden. Zwar widerspräche es dem Sinn und Zweck der gesetzlichen Regelung in § 1573 V BGB, den Billigkeitsgesichtspunkt der „Dauer der Ehe" im Sinne einer festen Zeitgrenze zu bestimmen, von der ab der Unterhaltsanspruch grundsätzlich keiner zeitlichen Begrenzung mehr zugänglich sein sollte. Andererseits ist nicht zu verkennen, dass sich eine Ehedauer von mehr als zehn Jahren dem Grenzbereich nähern dürfte, in dem, vorbehaltlich stets zu berücksichtigender besonderer Umstände des Einzelfalls, der Dauer der Ehe als Billigkeitskriterium im Rahmen von § 1573 V BGB ein durchschlagendes Gewicht für eine dauerhafte Unterhalts-„Garantie" und gegen die Möglichkeit zeitlicher Begrenzung des Unterhalts zukommen wird (*Senat*, NJW 1990, 2810 = LM § 1573 BGB Nr. 29 = FamRZ 1990, 857 [859]). Eine weiter zunehmende Ehedauer gewinnt nach und nach ein Gewicht, das nur bei außergewöhnlichen Umständen eine zeitliche Begrenzung zulässt (*Senat*, NJW-RR 1991, 130 = FamRZ 1991, 307 [310]; vgl. auch *Hahne*, FamRZ 1996, 305 [307]; *Wendl/Pauling*, § 4 Rdnr. 592). Die sich hier aus der circa 17 Jahre dauernden Ehe ergebenden ehebedingten Nachteile hat das BerGer. aufgezeigt. Besondere Umstände, die trotz dieser Feststellungen für eine Befristung des Unterhaltsanspruchs sprechen könnten, ergeben sich weder aus dem Berufungsurteil noch zeigt die Revision solche auf.

Zu Recht hat das BerGer. mit den gleichen Erwägungen auch eine zeitliche Begrenzung oder Herabsetzung des Unterhaltsanspruchs nach § 1578 I 2 BGB abgelehnt. Hinzu kommt, dass die Bekl. mit der Tochter *N* nicht nur vorübergehend ein gemeinschaftliches Kind allein oder überwiegend betreut hat. Auch das steht nach § 1578 I 2, Halbs. 2 BGB einer Befristung des Unterhaltsanspruchs entgegen.

BGH v. 7. 7. 2004 – XII ZR 272/02 – FamRZ 04, 1370 = NJW-RR 04, 1300

R618   *(Unterhaltsbedarf bei Heimunterbringung)*

a   3.b) Der Kl. steht ein Unterhaltsanspruch gegen den Bekl. nicht zu. Dabei ist dessen Unterhaltspflicht gegenüber seinem Vater dem Grunde nach zwischen den Parteien nicht im Streit. Sie ergibt sich aus § 1601 BGB. Der Bedarf des Vaters wird durch seine Unterbringung in einem Heim bestimmt und entspricht den dort anfallenden Kosten, die das BerGer. entsprechend den von der Kl. eingereichten Aufstellungen zu Grunde gelegt hat.

(Kein unterhaltsrechtlicher Bedarf auf Grund von sozialrechtliche zu beachtenden Unterhaltspflichten)

b   d) Die Kl. ist gleichwohl von einem teilweise ungedeckten Bedarf des Vaters ausgegangen, weil sie dessen Rente nicht in vollem Umfang bedarfsmindernd angerechnet hat, sondern nur in Höhe von monatlich 851 DM bis 30. 6. 2001, von monatlich 890 DM ab 1. 7. 2001 und von monatlich 471 Euro ab 1. 7. 2002. Zur Begründung hat sie geltend gemacht, dass der von der Mutter nicht getrennt lebende Vater mit dieser eine Bedarfsgemeinschaft bilde, weshalb es im Rahmen der Bedürftigkeitsprüfung gem. § 28 I BSHG auf das nach den §§ 76 ff. BSHG anzurechnende Gesamteinkommen der Ehegatten ankomme. Diese Berechnung führt dazu, dass eine Unterhaltspflicht des Vaters gegenüber der Mutter bereits bei der Feststellung des einzusetzenden Einkommens berücksichtigt wird (vgl. auch Wendl/Scholz, 6. Aufl., § 6 Rdnrn. 517 f.). Der Mutter, die nur über eigene Renteneinkünfte von zunächst monatlich 1122,27 DM und schließlich (ab 1. 7. 2002) von monatlich 599,35 Euro verfügte, standen dadurch Gesamteinkünfte von monatlich 2629,84 DM bzw. zuletzt von 1387,94 Euro zur Verfügung.

e) Diese sozialhilferechtliche Berechnungsweise ist indessen, wie das BerGer. zutreffend ausgeführt hat, unterhaltsrechtlich nicht maßgebend. Dabei kann dahinstehen, ob und gegebenenfalls in welchem Umfang der Vater verpflichtet ist, der Mutter gem. §§ 1360, 1360 a BGB Familienunterhalt zu leisten, obwohl sein Einkommen seinen eigenen Unterhaltsbedarf nur geringfügig übersteigt (vgl. hierzu BVerfG, NJW 1984, 1523 = FamRZ 1984, 346 [350]; Staudinger/Hübner/Voppel, BGB, 1999, § 1360 Rdnr. 15 f.; Soergel/Lange, BGB, 12. Aufl., § 1360 Rdnr. 11; Wacke, in: MünchKomm, 4. Aufl., § 1360 Rdnr. 5). Denn durch eine eventuelle eigene Unterhaltsverpflichtung wird der Unterhaltsbedarf des Berechtigten nicht erhöht. Der Unterhaltsanspruch dient allein der Behebung des eigenen Unterhaltsbedarfs. Sein Zweck geht deshalb nicht dahin, dem Empfänger die Möglichkeit zu bieten, seinerseits aus der Unterhaltsleistung Verbindlichkeiten zu erfüllen. Andernfalls würde man zu einer mittelbaren Unterhaltsgewährung nicht oder noch nicht Unterhaltsberechtigter gelangen, die es nach dem Gesetz nicht gibt (*Senat*, NJW 1985, 806 = FamRZ 1985, 273 [275]; *Staudinger/Engler*, 2000, § 1602 Rdnr. 140; *Göppinger/Strohal*, 8. Aufl., Rdnr. 352; *Kalthoener/Büttner/Niepmann*, 8. Aufl., Rdnr. 383; *Palandt/Diederichsen*, 63. Aufl., § 1610 Rdnr. 9).

Dem kann entgegen der Auffassung der Revision nicht dadurch begegnet werden, dass die Berücksichtigung von Unterhaltsverpflichtungen des Berechtigten gegenüber einem Dritten davon abhängig gemacht wird, ob der auf Elternunterhalt in Anspruch genommene Unterhaltspflichtige auch seinerseits dem Dritten gegenüber unterhaltspflichtig ist. Denn auch dies würde auf die Anerkennung einer dem

Gesetz fremden mittelbaren Unterhaltspflicht hinauslaufen. Dabei bliebe zudem außer Betracht, dass das Maß der in Rede stehenden Unterhaltspflichten sich nicht entsprechen muss. Während nämlich nicht voneinander getrennt lebende Ehegatten gem. § 1360 BGB wechselseitig verpflichtet sind, einander durch ihre Arbeit und mit ihrem Vermögen den ehelichen Lebensverhältnissen entsprechend angemessen zu unterhalten, bestimmt sich der einem Elternteil geschuldete Unterhalt nach anderen Kriterien. Bei bescheidenen wirtschaftlichen Verhältnissen, wie sie hier mit Rücksicht auf die niedrige Rente der Mutter vorliegen, dürften als angemessener Unterhalt für diese nur diejenigen Mittel anzusetzen sein, durch die das Existenzminimum sichergestellt werden kann. Hierauf wären die Rente und gegebenenfalls zu gewährendes Wohngeld, soweit dieses nicht dem Ausgleich eines erhöhten Wohnkostenbedarfs dient, anzurechnen (vgl. *Senat,* NJW 2003, 1660 [1661] = FPR 2003, 378). Den Unterhaltsbedarf des Vaters um den Betrag zu erhöhen, den der Bekl. der Mutter eventuell an Unterhalt schulden würde, wäre mit den §§ 1601, 1602, 1610 BGB indessen nicht in Einklang zu bringen.

BGH v. 6. 10. 2004 – XII ZR 319/01 – FamRZ 05, 23 = NJW 05, 61

(Angemessene Erwerbstätigkeit des Berechtigten beim Trennungsunterhalt)

2. b) Zwar braucht sich ein Trennungsunterhalt beanspruchender Ehegatte ebenso wie ein geschiede- **R619** ner Ehegatte nur darauf verweisen zu lassen, eine den ehelichen Lebensverhältnissen entsprechende, also eheangemessene Tätigkeit aufnehmen zu müssen. Als Kriterien für die Beurteilung der Angemessenheit nennt § 1574 II BGB neben den ehelichen Lebensverhältnissen unter anderem Ausbildung, Fähigkeiten und Lebensalter eines Ehegatten. Daraus kann indessen nicht hergeleitet werden, dass allein eine der Ausbildung des Unterhaltsberechtigten entsprechende Tätigkeit als angemessen in Betracht kommt.

Die Beurteilung, welche Erwerbstätigkeit angemessen ist, hängt vielmehr von einer Gesamtwürdigung der in Betracht zu ziehenden Umstände ab, die dem Tatrichter obliegt (vgl. *Senat,* NJW 1984, 1685 = FamRZ 1984, 561 [562]).

Mit Rücksicht darauf hat das BerGer. zu Recht die Berufsausbildung des Kl. nicht als allein maßgebend angesehen, sondern in seine Beurteilung einbezogen, dass es dem Kl., der seine Ausbildung bereits 1994 abgeschlossen hatte, seitdem nicht gelungen war, in dem erlernten Beruf eine geregelte Beschäftigung zu finden. Er war mithin Anfang 2001 im Alter von 46 Jahren Berufsanfänger und verfügte zudem nicht über ausreichende EDV-Kenntnisse. Hinzu kommt, dass er sich nach den getroffenen Feststellungen in der deutschen Sprache mündlich nicht so auszudrücken vermag, wie es in einer herausgehobenen beruflichen Stellung erwartet wird. Soweit die Revision diese Feststellung als verfahrensfehlerhaft rügt, bleibt ihr Einwand ohne Erfolg. Das BerGer. hat den Kl. in zwei Verhandlungsterminen persönlich angehört und war deshalb in der Lage, sich einen unmittelbaren Eindruck über seine Fähigkeiten, in der deutschen Sprache zu kommunizieren, zu verschaffen. Der dabei gewonnenen Erkenntnis steht nicht entgegen, dass der Kl. in Deutschland das Fachabitur abgelegt und eine Fachhochschule besucht hat.

Die zuvor genannten Umstände haben letztlich dazu geführt, dass der Kl. lange vor der Trennung der Parteien den Entschluss fasste, nicht entsprechend seiner Ausbildung tätig zu werden, sondern mit dem Betrieb eines Lebensmittelgeschäfts eine selbstständige Tätigkeit aufzunehmen, die er auch drei Jahre lang ausübte. Im Vordergrund seines Erwerbslebens standen deshalb nach der Aufgabe des Gewerbebetriebs die hierbei erworbenen Kenntnisse und Fähigkeiten. Dass das BerGer. diesem Gesichtspunkt besondere Bedeutung beigemessen hat, ist rechtlich deshalb ebenso wenig wie die Beurteilung zu beanstanden, dem Kl. sei eine vergleichbare abhängige Beschäftigung auch unter Berücksichtigung der ehelichen Lebensverhältnisse zuzumuten.

BGH v. 3. 11. 2004 – XII ZR 120/02 – FamRZ 05, 101 = NJW 05, 142

(Abgrenzung Leistungsklage/Abänderungsklage nach Verurteilung nur zu Unterhaltsrückständen bei einem **R620** *neuen Unterhaltsbegehren)*

1. Der Senat hat bereits wiederholt ausgesprochen, dass ein Unterhaltsverlangen, das wegen fehlender Bedürftigkeit des Kl. rechtskräftig abgewiesen worden ist, nach Eintritt der vormals fehlenden Anspruchsvoraussetzungen im Wege einer neuen Leistungsklage, die nicht an die Voraussetzungen des § 323 ZPO gebunden ist, geltend zu machen ist (*Senat,* FamRZ 1985, 376 [377], u. FamRZ 1990, 863 [864]). Denn die Abänderung eines Urteils nach § 323 ZPO setzt schon nach dem Wortlaut eine Verurteilung zu künftig fällig werdenden wiederkehrenden Leistungen voraus. Nur ein der Unterhaltsklage für die Zukunft wenigstens teilweise stattgebendes Urteil wirkt über den Zeitpunkt der Entscheidung hinaus, indem seine Rechtskraft auch die erst künftig zu entrichtenden Unterhaltsleistungen erfasst, deren Festsetzung auf einer Prognose der künftigen Entwicklung beruht. Weicht die tatsächliche Entwicklung von dieser Prognose ab, handelt es sich deswegen nicht um eine neue Tatsachenlage,

sondern um einen Angriff gegen die Richtigkeit des früheren Urteils, das mit Hilfe von § 323 ZPO unter Durchbrechung seiner Rechtskraft den veränderten Urteilsgrundlagen angepasst werden kann.

Ist die Klage hingegen abgewiesen worden, weil der geltend gemachte Unterhaltsanspruch nicht bestand, so liegt der Abweisung für die Zukunft keine sachliche Beurteilung nach den voraussichtlich in der Zukunft bestehenden Verhältnissen zu Grunde. Deswegen kommt einem solchen klageabweisenden Urteil auch keine in die Zukunft reichende Rechtskraftwirkung zu, für deren Durchbrechung es der Vorschrift des § 323 ZPO bedürfte. Tritt in diesen Fällen die vormals fehlende Anspruchsvoraussetzung später ein, steht die Rechtskraft des klageabweisenden Urteils einer neuen Leistungsklage ebenso wenig im Wege wie in sonstigen Klageabweisungsfällen, in denen eine neue Tatsache eintritt, die einen anderen, vom rechtskräftigen Urteil nicht erfassten Lebensvorgang schafft (*Senat*, NJW 1985, 1345 = FamRZ 1985, 376 [377]; so auch *Wendl/Thalmann*, 6. Aufl., § 8 Rdnrn. 142 a ff.; *Graba,* Die Abänderung von Unterhaltstiteln, 3. Aufl., Rdnr. 78; *Eschenbruch/Klinkhammer*, 3. Aufl., Rdnr. 5316; *Thomas/Putzo,* 23. Aufl., § 323 Rdnr. 42).

Die gegen diese Rechtsprechung angeführten Argumente (vgl. *Göppinger/Vogel,* 8. Aufl., Rdnr. 2386 m. w. Nachw.) überzeugen nicht. Zwar ist der Ausgang des Vorprozesses letztlich ausschlaggebend dafür, ob eine neue Forderung im Wege der Abänderungsklage oder der Leistungsklage geltend zu machen ist. Das ist jedoch zwingend durch den Umfang der Rechtskraft der abzuändernden Entscheidung vorgegeben. Einer Urteilsabänderung nach § 323 ZPO als Durchbrechung der materiellen Rechtskraft bedarf es nur, wenn die frühere Entscheidung tatsächlich eine der Rechtskraft fähige Entscheidung für die Zukunft enthält. Umgekehrt steht die frühere Entscheidung einer neuen Leistungsklage nicht entgegen, wenn ihre Rechtskraft sich auf die Vergangenheit beschränkt. Ob dieses der Fall ist, kann sich nur aus dem Inhalt der Entscheidung ergeben, nämlich daraus, ob sich die frühere Entscheidung im Wege einer Prognose der künftigen Verhältnisse mit den Voraussetzungen des künftigen Unterhaltsanspruchs befasst hat. Das ist bei Abweisung der Klage schon auf der Grundlage der gegenwärtigen Verhältnisse nicht der Fall.

Die Rechtsprechung des Senats führt auch nicht zu der Konsequenz, dass im Falle eines der Klage auf laufenden Unterhalt teilweise stattgebenden Ersturteils hinsichtlich des abgewiesenen Teils eine neue Klage und im Übrigen eine Abänderungsklage zulässig ist (so aber Göppinger/Vogel, 8. Aufl., Rdnr. 2386, unter Hinw. auf Wax, FamRZ 1982, 347 [348]). Solche Ausgangsurteile beruhen, auch wenn sie der Klage nur teilweise stattgegeben haben, stets auf einer Prognose für die Zukunft und erwachsen damit auch für diese Zeit in Rechtskraft. Auch sie können deswegen insgesamt nur unter Durchbrechung dieser Rechtskraft nach § 323 ZPO abgeändert werden. Diese Auffassung steht auch im Einklang mit dem Senatsurteil vom 30. 1. 1985 (NJW 1985, 1348 = FamRZ 1985, 376 [377]), in dem der Senat eine Abänderungsklage gegen ein klagabweisendes Urteil für zulässig erachtet hat. Das abzuändernde Urteil beruhte dort nämlich trotz der Klagabweisung auf einer Zukunftsprognose, weil es seinerseits ein früheres (stattgebendes) Urteil auf künftige Unterhaltszahlungen abgeändert hatte.

2. Auf der Grundlage dieser Rechtsprechung ist das Begehren der Kl. nicht als Abänderungsklage, sondern als neue Leistungsklage zulässig.

Das AG hatte den Bekl. am 13. 3. 2001 zu (rückständigem) nachehelichem Ehegattenunterhalt für die Zeit vom 1. 7. bis zum 21. 12. 2000 verurteilt und die Klage für die Folgezeit abgewiesen, weil der Unterhaltsbedarf gedeckt war. Schon im Zeitpunkt der gerichtlichen Entscheidung bestand deswegen auf der Grundlage der tatsächlichen Verhältnisse kein Unterhaltsanspruch mehr. Die Klageabweisung für die Zukunft beruhte deswegen nicht auf einer Prognose der künftigen Entwicklung für die Zeit ab der letzten mündlichen Verhandlung, sondern auf den Verhältnissen im Zeitpunkt der Entscheidung. Die Rechtskraft dieses Urteils erstreckt sich deswegen auch nicht auf künftige Unterhaltsansprüche der Kl. Darin unterscheidet sich der vorliegende Fall von dem Sachverhalt im Senatsurteil vom 26. 1. 1983 (FamRZ 1984, 353). Dort hatte das Ausgangsgericht einen Unterhalt über den Entscheidungszeitpunkt hinaus zugesprochen, der erst in der Zukunft entfallen sollte. Jene Entscheidung beruhte deswegen auf einer Zukunftsprognose, ist somit auch insoweit in Rechtskraft erwachsen und konnte nur unter Durchbrechung der Rechtskraft nach § 323 ZPO abgeändert werden. Die Rechtskraft des hier vorliegenden Urteils vom 13. 3. 2001 erfasst hingegen künftige Unterhaltsansprüche nicht und steht deswegen einer neuen Leistungsklage auch nicht entgegen. Das Urteil kann somit mangels Rechtskraft für die Zukunft auch nicht im Wege des § 323 ZPO abgeändert werden. Weil die Kl. ihr Begehren allerdings hilfsweise auch im Wege der Leistungsklage verfolgt hat, kann der Senat den Entscheidungstenor auf der Grundlage des feststehenden Sachverhalts ändern.

BGH v. 3. 11. 2004 – XII ZR 128/02 = FamRZ 05, 182 = NJW-RR 05, 225

(Zustimmung zur Zusammenveranlagung auch bei unklarer steuerlicher Situation)

Würde die – zivilrechtliche – Verpflichtung eines Ehegatten, der Zusammenveranlagung zuzustimmen, voraussetzen, dass die hierfür nach § 26 I 1 EStG erforderlichen Umstände gegeben sind und sich infolge der Erklärung deshalb die steuerliche Belastung des anderen vermindert, so wäre hierüber durch die Zivilgerichte zu befinden. Wenn diese den Tatbestand des § 26 I 1 EStG verneinen, wäre dem eine Zusammenveranlagung begehrenden Ehegatten die Möglichkeit, auf diesem Weg eine steuerliche Entlastung zu erlangen, bereits im Vorfeld genommen, ohne dass er eine Klärung streitiger Fragen durch eine Entscheidung der Finanzbehörden bzw. der Finanzgerichte erreichen könnte. Eine entsprechend der vorgenannten Maßgabe eingeschränkte Zustimmungspflicht würde mit der familienrechtlichen Verpflichtung, dabei mitzuwirken, dass die finanziellen Lasten des anderen Ehegatten möglichst vermindert werden, nicht in Einklang stehen. Denn dieses Ziel kann nur erreicht werden, wenn dem betreffenden Ehegatten die Möglichkeit eröffnet wird, eine Entscheidung der hierfür zuständigen Finanzbehörden bzw. der Finanzgerichte darüber herbeizuführen, ob für einen bestimmten Veranlagungszeitraum eine Zusammenveranlagung erfolgen kann. Deshalb ist ein Ehegatte – bei Vorliegen der weiteren Voraussetzungen des Anspruchs – auch dann verpflichtet, einer Zusammenveranlagung zuzustimmen, wenn es zweifelhaft erscheint, ob die Wahlmöglichkeit nach § 26 I 1 EStG besteht (a. A.: *OLG Hamm,* FamRZ 1994, 893).

BGH v. 17. 11. 2004 – XII ZR 183/02 = FamRZ 05, 347 = NJW 05, 503

(Anspruch nach § 1615 l I 1, II BGB entfällt bei Heirat entsprechend § 1586 I BGB) R622

Nach § 1615 l III 1 BGB sind auf den Unterhaltsanspruch aus Anlass der Geburt grundsätzlich zwar nicht die Vorschriften über den Unterhalt des geschiedenen Ehegatten, zu denen nach der systematischen Stellung im Gesetz auch § 1586 BGB zählt, sondern die Vorschriften über die Unterhaltspflicht zwischen Verwandten entsprechend anwendbar. Wie sich allerdings schon aus der besonderen Vorschrift zur Rangfolge in § 1615 l III 2 BGB und der Regelung zur Fortdauer der Unterhaltspflicht beim Tod des Unterhaltspflichtigen nach § 1615 l III 5 BGB ergibt, kann auf die allgemeinen Vorschriften zur Unterhaltspflicht zwischen Verwandten nur dann zurückgegriffen werden, wenn es den Besonderheiten des Unterhaltsanspruchs aus § 1615 l BGB nicht widerspricht. Der fehlende Hinweis auf die Anwendbarkeit des § 1586 BGB schließt deswegen eine analoge Anwendung wegen der gleichen Interessenlage jedenfalls nicht aus. Der Unterhaltsanspruch des geschiedenen Ehegatten, der im Falle einer Wiederheirat nach § 1586 I BGB entfällt, ist sogar stärker ausgeprägt und beruht neben dem Zweck einer Sicherung der Pflege und Erziehung des Kindes auch auf einer fortgeltenden nachehelichen Solidarität der geschiedenen Ehegatten. Wenn bei Wiederheirat der Unterhaltsberechtigten selbst dieser Unterhaltsanspruch nach § 1586 I BGB entfällt, muss das aus Sicht des Unterhaltspflichtigen erst recht für den Anspruch aus § 1615 l II BGB gelten.

Eine abweichende Beurteilung ist auch aus der Sicht der unterhaltsberechtigten Mutter nicht geboten. Mit der Heirat erwirbt sie einen Anspruch auf Familienunterhalt nach § 1360 BGB, der zum Erlöschen früherer Unterhaltsansprüche führt, ohne nach einzelnen Unterhaltstatbeständen zu differenzieren (*Senat,* NJW 1988, 557 = FamRZ 1988, 46). Darin unterscheidet sich der Fall von dem Konstellation in dem Senatsurteil vom 21. 1. 1998. Dort war der Unterhaltsanspruch aus Anlass der Geburt erst entstanden, als die noch verheiratete Mutter von ihrem Ehemann bereits getrennt lebte und ihr ein Unterhaltsanspruch gem. § 1361 BGB zustand. Die anteilige Haftung des Ehemanns einerseits und des Vaters des Kindes andererseits in entsprechender Anwendung des § 1606 III 1 BGB bezog sich somit auf konkurrierende Unterhaltsansprüche aus gescheiterter Ehe einerseits mit einem neu hinzugekommenen Anspruch aus § 1615 l BGB andererseits. Im vorliegenden Fall ist dagegen während der laufenden Unterhaltspflicht gem. § 1615 l II 2 BGB durch die Heirat der Kl. ein neuer Anspruch auf Familienunterhalt nach §§ 1360, 1360 a BGB entstanden (zum Umfang des Anspruchs auf Familienunterhalt vgl. Wendl/Scholz, § 3 Rdnrn. 22 ff.). Dieser Anspruch auf Familienunterhalt geht nach der ausdrücklichen gesetzlichen Wertung in § 1586 I BGB sogar einem Anspruch auf nachehelichen Unterhalt gem. § 1570 BGB vor. Der stärkere Anspruch auf Familienunterhalt verdrängt deswegen auch den nach Wortlaut und inhaltlicher Ausgestaltung mit § 1570 BGB weitgehend vergleichbaren, nach dem Schutzzweck aber sogar noch schwächer ausgestalteten Unterhaltsanspruch gem. § 1615 l BGB. Im Zeitpunkt der Heirat sind auch hier die zu dem früheren Unterhaltsanspruch nach § 1615 l II BGB führenden Umstände bekannt und werden von den neuen Ehegatten bewusst in den Schutz ihrer neuen Ehe einbezogen.

BGH v. 1. 12. 2004 – XII ZR 75/02 – FamRZ 05, 1159 = NJW 05, 2077

(Fiktive Steuerberechnung bei unterhaltsrechtlich nicht berücksichtigungswürdigen steuerlichen Ausgabenpositionen; keine AfA bei Gebäuden; Instandhaltungskosten) R623

c) Im Ausgangspunkt zutreffend geht die Revision allerdings davon aus, dass eine fiktive Steuerlast a nur dann in Ansatz zu bringen ist, wenn steuermindernde tatsächliche Aufwendungen vorliegen, die unterhaltsrechtlich nicht zu berücksichtigen sind. Diese Voraussetzungen sind indessen nach dem eigenen Vorbringen der Ag. erfüllt. Sie hat, wie das BerGer. in dem von der Revision in Bezug genommenen streitigen Teil des Tatbestands des angefochtenen Urteils ausgeführt hat, nicht nur geltend gemacht, die negativen Einkünfte beruhen allein auf steuerlich erheblichen Abschreibungen, sie hat vielmehr auch vorgetragen, die Tilgungsleistungen des Ast. seien nicht zu berücksichtigen, weil er anderenfalls zu ihren Lasten Vermögen bilden könne. Daraus wird ersichtlich, dass selbst nach Auffassung der Ag. tatsächliche Aufwendungen erfolgt sind, die zu den Verlusten beigetragen haben. Denn Tilgungsleistungen bedingen regelmäßig, dass für in Anspruch genommene Fremdmittel Zinsen zu entrichten sind, die auch steuerlich als Kostenposition zu veranschlagen sind. Dieser Auffassung der Ag. entspricht im Übrigen, dass sie selbst nicht darauf abgehoben hat, unterhaltsrechtlich seien – an Stelle der Verluste – positive Einkünfte aus Vermietung und Verpachtung und Land- und Forstwirtschaft anzusetzen. Dem liegt ersichtlich die Annahme zu Grunde, dass sich – selbst wenn unterhaltsrechtlich Abzugspositionen außer Betracht zu bleiben hätten – noch keine positiven Einkünfte errechnen.

Für die Frage, in welcher Höhe unterhaltsrechtlich Abzugsposten zu berücksichtigen sind, kommt es unter anderem darauf an, ob etwa in Anspruch genommene steuerliche Absetzungs- und Abschreibungsmöglichkeiten auch unterhaltsrechtlich einkommensmindernd anzuerkennen sind. Nach der Rechtsprechung des Senats berühren Abschreibungen für die Abnutzung von Gebäuden das unterhaltsrechtlich maßgebende Einkommen nicht, weil ihnen lediglich ein Verschleiß von Gegenständen des Vermögens zu Grunde liegt und die zulässigen steuerlichen Pauschalen vielfach über das tatsächliche Ausmaß der Wertminderung hinausgehen. Darüber hinaus ist zu beachten, dass sie durch eine günstige Entwicklung des Immobilienmarkts ausgeglichen werden können. Instandsetzungskosten können unterhaltsrechtlich nur insoweit einkommensmindernd berücksichtigt werden, als es sich um notwendigen Erhaltungsaufwand handelt und nicht um solchen für Ausbauten und wertsteigernde Verbesserungen, die der Vermögensbildung dienen (*Senat,* NJW 1984, 303 = FamRZ 1984, 39 [41]; NJW-RR 1986, 66 = FamRZ 1986, 48 [49], u. NJW 1997, 735 = FamRZ 1997, 281 [283]). Inwieweit insbesondere an dieser Beurteilung der Abschreibung bei Gebäuden festzuhalten ist (vgl. zu für erforderlich gehaltene Einschränkungen etwa *Schwab/Borth,* 5. Aufl., Kap. IV Rdnr. 756, u. zur Behandlung der AfA bei kurzlebigen Wirtschaftsgütern *Senat,* NJW 2003, 1734 = FPR 2003, 327 = FamRZ 2003, 741 [743] m. krit. Anm. *Gerken,* u. im Wesentlichen zust. Anm. *Weychardt,* FamRZ 2003, 1001), bedarf im vorliegenden Fall indessen keiner Entscheidung.

Die Beurteilung, ob und gegebenenfalls inwieweit etwa die steuerlich zu Grunde gelegten Abschreibungen auch unterhaltsrechtlich anzuerkennen sind, hat nur Bedeutung dafür, ob die Verluste mehr oder weniger hoch anzusetzen sind. Letzteres vermag aber nichts an dem Umstand zu ändern, dass die Verluste auch auf tatsächlichen Aufwendungen, nämlich jedenfalls auf Zinsleistungen für bestehende Darlehensverbindlichkeiten, beruhen, die in die einheitliche Feststellung der Einkünfte aus Vermietung und Verpachtung bzw. Land- und Forstwirtschaft einfließen und nicht von den Abschreibungen isoliert betrachtet werden können. Denn ohne den mit tatsächlichen Aufwendungen verbundenen Grundbesitz gäbe es auch die Möglichkeit von Abschreibungen nicht.

Auf die Zinszahlungen kann der Ast. sich der Ag. gegenüber indessen nicht berufen. Denn der Unterhaltsverpflichtete ist nicht berechtigt, auf Kosten des Unterhaltsberechtigten Vermögen zu bilden; diesem Zweck dient aber die Darlehenstilgung, und damit mittelbar auch die für die Darlehensgewährung erforderliche Zinszahlung. Da andererseits dem Unterhaltspflichtigen aber die Vermögensbildung nicht verwehrt sein kann, solange die Belange des Unterhaltsberechtigten nicht berührt werden, kann Letzterer nur verlangen, so gestellt zu werden, als ob die vermögensbildenden Aufwendungen nicht stattfänden.

Für den vorliegenden Fall bedeutet dies, dass zwar zum einen die erzielten Verluste nicht einkommensmindernd berücksichtigt werden können, dass aber zum anderen auch die dadurch erzielte Steuerersparnis außer Betracht zu bleiben hat, weil sie ohne die Übernahme des Grundbesitzes nicht eingetreten wäre. Bei einer solchen Fallgestaltung ist – in Abweichung von dem Grundsatz, dass zur Feststellung des unterhaltsrelevanten Einkommens die tatsächlich entrichtete Steuer in Abzug zu bringen ist – eine fiktive Steuerberechnung vorzunehmen, nämlich zu ermitteln, in welcher Höhe Steuern auf das nicht durch die Verluste reduzierte übrige Einkommen des Unterhaltspflichtigen zu entrichten wären (vgl. *Senat,* NJW-RR 1987, 194 = FamRZ 1987, 36 [37], zur Berücksichtigung von Steuerersparnissen durch die Beteiligung an einem Bauherrenmodell, u. NJW-RR 2004, 1227 = FPR 2004, 498 = FamRZ 2004, 1177 [1179], zur Berücksichtigung von Steuerersparnissen durch später aufgelöste Ansparabschreibungen). Hierfür ist die Höhe der Verluste ohne Bedeutung; diese beeinflusst allein die tatsächliche Steuerschuld.

(Wohnwert als Nutzungsvorteil Einkommen; Zinsen als Surrogat bei Veräußerung)

b   Die ehelichen Lebensverhältnisse der Parteien waren dadurch geprägt, dass sie gemeinsam Eigentümer eines Hauses waren, in dem sie mietfrei wohnten. Der eheangemessene Bedarf erhöhte sich deshalb durch die gezogenen Nutzungsvorteile (st. Rspr. des *Senats;* vgl. etwa *Senat,* NJW 1998, 753 = FamRZ 1998, 87 [88]). Diese Nutzungsvorteile entfallen, wenn das gemeinsam genutzte Haus im Zusammenhang mit der Scheidung veräußert wird. An ihre Stelle treten allerdings die Vorteile, die die Ehegatten in Form von Zinseinkünften aus dem Erlös ihrer Miteigentumsanteile ziehen oder ziehen könnten (*Senat*, NJW 2001, 2259 = FamRZ 2001, 1140 [1143], u. NJW 2002, 436 = FPR 2002, 59 = FamRZ 2002, 88 [92]).

(Veräußerung Haushälfte an Ehepartner)

Das gilt auch dann, wenn das gemeinsame Haus nicht an einen Dritten veräußert wird, sondern   c wenn ein Ehegatte seinen Miteigentumsanteil auf den anderen überträgt. In diesem Fall tritt für den veräußernden Ehegatten der Erlös als Surrogat an die Stelle der Nutzungsvorteile seines Miteigentumsanteils. Für den übernehmenden Ehegatten verbleibt es grundsätzlich bei einem Wohnvorteil, und zwar nunmehr in Höhe des vollen Werts, gemindert um die schon bestehenden Kosten und Lasten sowie um die Zinsbelastungen, die durch den Erwerb der anderen Hälfte anfallen.

c) Entgegen der Auffassung des BerGer. dürfen die beiderseitigen Vorteile unterhaltsrechtlich nicht außer Betracht bleiben und die Ehegatten so behandelt werden, als hätten sie das Haus an einen Dritten verkauft, den Erlös geteilt und dadurch für beide gleiche – sich deshalb nivellierende – Verhältnisse geschaffen. Der Auffassung des BerGer. liegt ersichtlich die Erwägung zu Grunde, dass auf Seiten des veräußernden Ehegatten häufig Kapitalerträge aus dem erhaltenen Erlös zu berücksichtigen sind, die den dem erwerbenden Ehegatten zuzurechnenden Wohnvorteil übersteigen, die Höhe des Unterhalts mithin etwa davon abhängen kann, welchem Ehegatten es gelingt, das ehemals gemeinsame Haus zu übernehmen. Mit Rücksicht darauf wird auch in der Rechtsprechung anderer Oberlandesgerichte und im Schrifttum die Ansicht vertreten, der Veräußernde dürfe nicht schlechter gestellt werden, als wenn das Familienheim an einen Dritten verkauft worden wäre (vgl. OLG Hamm, NJW-RR 2003, 510; OLG Karlsruhe, NJW 2004, 859 [860]; *Gerhardt*, FamRZ 2003, 414 [415]; ähnl. *Büttner*, FF 2002, 31).

Diese Erwägungen vermögen es indessen nicht zu rechtfertigen, demjenigen Ehegatten, der den Miteigentumsanteil des anderen erwirbt, grundsätzlich fiktive Zinseinkünfte aus einem erzielbaren Veräußerungserlös zuzurechen, obwohl er das Familienheim übernommen hat und bewohnt. Vielmehr ist auf Seiten des Ast. der volle Wohnvorteil in die Unterhaltsberechnung einzustellen. Hiervon sind die Hauslasten in Abzug zu bringen, insbesondere die Zins- und Tilgungsleistungen auf die bereits vor der Veräußerung des Miteigentumsanteils bestehenden Kreditverbindlichkeiten, durch die bereits die ehelichen Lebensverhältnisse geprägt worden sind. Zahlungen, die für den Erwerb des Miteigentumsanteils der Ag. zu erbringen sind, mindern den Wohnvorteil dagegen nur hinsichtlich des Zinsaufwands. Um Tilgungsleistungen, die der Rückführung eines entsprechenden – nicht die ehelichen Lebensverhältnisse prägenden – Darlehens dienen, ist der Wohnvorteil dagegen nicht zu kürzen, weil anderenfalls dem Ast. zu Lasten der Ag. eine Vermögensbildung gestattet würde (vgl. *Senat*, NJW 2000, 2349 = FamRZ 2000, 950 [951 f.]). Diese Vorgehensweise hat nicht zur Folge, dass der die ehelichen Lebensverhältnisse prägende Nutzungsvorteil des Hauses mit einem insgesamt zu hohen Wert angesetzt wird. Denn der Wohnvorteil mindert sich nunmehr durch die zusätzlichen Zinsverbindlichkeiten für den Betrag, den die Ag. erhalten hat.

(Obliegenheit zur Vermögensumschichtung)

Nach der Rechtsprechung des Senats kann zwar auch bei derartigen Fallgestaltungen eine Obliegen-   d heit zur Vermögensumschichtung und dabei im Einzelfall auch zur Veräußerung des Hauses bestehen, etwa wenn anderenfalls keine wirtschaftlich angemessene Nutzung des nach dem neuen Lebenszuschnitt des Erwerbenden zu großen und seine wirtschaftlichen Verhältnisse übersteigenden Hauses zu verwirklichen ist (*Senat*, NJW 2000, 2349 = FamRZ 2000, 950 [951] m. w. Nachw.). Davon kann aber nicht bereits dann ausgegangen werden, wenn der zuzurechnende Wohnvorteil nicht den Ertrag erreicht, den der veräußernde Ehegatte aus dem erhaltenen Erlös erzielt bzw. erzielen könnte. Vielmehr muss sich die tatsächliche Anlage des Vermögens – unter Berücksichtigung der Umstände des Einzelfalls – als eindeutig unwirtschaftlich darstellen, bevor der erwerbende Ehegatte auf eine andere Anlageform und daraus erzielbare Erträge verwiesen werden kann (vgl. für den Unterhaltsberechtigten *Senat*, NJW 2001, 2259 = FamRZ 2001, 1140 [1143] m. w. Nachw.). Feststellungen, die eine solche Beurteilung zuließen, hat das BerGer. indessen nicht getroffen. Nach dem Vorbringen der Ag. ist der Wohnwert des – über eine Wohnfläche von etwa 200 m² verfügenden – Hauses mit mindestens 2000 DM und nach Abzug der unterhaltsrechtlich zu berücksichtigenden Belastungen mit mindestens 1000 DM monatlich zu bemessen. Entsprechende Aufwendungen stünden auch zu den Einkünften des Ast. nicht von vornherein außer Verhältnis. Im Hinblick darauf besteht aber kein Anlass, für die Unterhaltsbemessung von anderen als den tatsächlich bei dem Ast. vorliegenden Verhältnissen auszugehen. Dann kann der – vom BerGer. nicht festgestellte – Wohnwert des Hauses nicht unbeachtet bleiben.

d) Das Berufungsurteil kann aus einem weiteren Grund mit der gegebenen Begründung keinen Bestand haben. Auf Seiten der Ag. ist der Erlös aus der Veräußerung ihres Miteigentumsanteils als Surrogat an die Stelle des früheren Nutzungsvorteils getreten. Welcher Ertrag ihr hieraus zuzurechnen ist, hat das BerGer. ebenfalls nicht festgestellt.

(Verbrauch des Verkaufserlös; Ansatz fiktiver Zinseinkünfte)

e   Die Ag. hat den Erlös in Höhe von 90 000 DM unstreitig in einem Rentenfonds angelegt. Sie hat hierzu, wie die Revision zu Recht geltend macht, vorgetragen, für sie ergäben sich, bezogen auf Juli 2001, Rentenanwartschaften in der gesetzlichen Rentenversicherung von monatlich 887,40 DM, weshalb sie – anders als der über Vermögen verfügende Ast. – verstärkt für ihr Alter vorsorgen müsse. Mit Rücksicht auf die Versorgungslage der Ag. hat das AG den Versorgungsausgleich, der zu Gunsten des Ast. durchzuführen gewesen wäre, nach § 1587 c Nr. 1 BGB ausgeschlossen. Zur Begründung hat es unter anderem ausgeführt, auch unter Hinzurechnung der Anrechte, die die Ag. aus dem Rentenfonds erwerben werde, besitze sie, gemessen an den ehelichen Lebensverhältnissen, nur eine unzureichende Altersversorgung.

Ob und gegebenenfalls in welcher Höhe trotz dieses Vorbringens weitere (fiktive) Kapitalerträge zu berücksichtigen sind, hängt davon ab, ob die Ag. nach § 1577 I BGB die Obliegenheit trifft, durch eine verzinsliche Anlage des Kapitals höhere laufende Einnahmen zu erwirtschaften. Dies setzt eine Zumutbarkeitsprüfung voraus und ist, wie bereits ausgeführt wurde, nur dann zu bejahen, wenn die tatsächliche Anlage des Vermögens sich als eindeutig unwirtschaftlich erweist.

BGH v. 1. 12. 2004 – XII ZR 3/03 – FamRZ 05, 354 = NJW 05, 500

R624   *(Selbstbehalt des Pflichtigen bei § 1615 l II BGB)*

3. b) Umgekehrt kann der gegenüber dem Unterhaltsanspruch volljähriger Kinder stärker ausgestaltete Charakter des Anspruchs auf Unterhalt aus Anlass der Geburt auch zu einer stärkeren Haftung und damit zu einem geringeren Selbstbehalt führen, als dieses auf der Grundlage des § 1603 I BGB für den Unterhaltsanspruch volljähriger Kinder der Fall ist. Dabei ist allerdings weniger auf den Rang eines Unterhaltsanspruchs als vielmehr auf seinen Grund und Charakter abzustellen. Denn obwohl der Unterhaltsanspruch geschiedener Ehegatten nach § 1609 II BGB im Rang demjenigen minderjähriger Kinder gleichsteht, betrifft die verschärfte Haftung nach § 1603 II BGB und die daraus hergeleitete höhere Opfergrenze allein die Unterhaltsansprüche minderjähriger (und ihnen gleichgestellter) Kinder. Dieser Gedanke ist auch auf den Unterhaltsanspruch der Mutter aus Anlass der Geburt übertragbar. Schon im Rang geht dieser Anspruch nach § 1615 l III 3 BGB zwar den Unterhaltsansprüchen minderjähriger Kinder oder einer Ehefrau nach, den Unterhaltsansprüchen sonstiger Verwandter des Unterhaltspflichtigen geht er aber vor. Insoweit unterscheidet sich der Unterhaltsanspruch nicht von demjenigen einer geschiedenen Ehefrau des Unterhaltsschuldners. Hinzu kommt, wie schon ausgeführt, der gemeinsame Schutzzweck der Unterhaltsansprüche nach § 1615 l II BGB und § 1570 BGB, nämlich der Mutter jedenfalls während der ersten drei Lebensjahre des Kindes die Pflege und Erziehung des Kindes zu ermöglichen. Aus Rechtsgründen ist es deswegen nicht hinnehmbar, wenn das BerGer. den Selbstbehalt im Rahmen eines Unterhaltsanspruchs nach § 1615 l BGB grundsätzlich abweichend von demjenigen eines Unterhaltsanspruchs nach § 1570 BGB bemisst.

4. Auch bei der Bemessung der Leistungsfähigkeit des Unterhaltsschuldners ist somit entscheidend auf den Zweck des Unterhaltsanspruchs abzustellen.

Insoweit überzeugt die Begründung des BerGer. für die Annahme eines gleichermaßen für den Unterhaltsanspruch gegenüber volljährigen Kindern geltenden einheitlichen „großen Selbstbehalts" gem. § 1603 I BGB nicht. Der *Senat* hat schon darauf hingewiesen, dass sich der Unterhaltsanspruch der Mutter aus Anlass der Geburt nach § 1615 l II BGB nicht unerheblich von sonstigen Ansprüchen auf Verwandtenunterhalt unterscheidet (vgl. *Senat,* NJW 1998, 1309 = FamRZ 1998, 541 [543 f.]). Trotz der grundsätzlichen Verweisung in § 1615 l III 1 BGB auf die Vorschriften über die Unterhaltspflicht zwischen Verwandten geht der Unterhaltsanspruch der nicht verheirateten Mutter – wie ausgeführt – nach § 1615 l III 3 Halbs. 2 BGB den Ansprüchen der übrigen Verwandten des Vaters vor. Auch erlischt der Unterhaltsanspruch der Mutter entgegen § 1615 I BGB nicht mit dem Tod des unterhaltspflichtigen Vaters (§ 1615 l III 5 BGB). Deswegen und wegen der auch sonst weitgehenden Angleichung des Anspruchs an den Unterhaltsanspruch nach § 1570 BGB ist die Unterhaltspflicht des Vaters gegenüber der Mutter nach § 1615 l BGB eher mit dem Unterhaltsanspruch der geschiedenen Ehefrau als mit dem Anspruch auf Verwandtenunterhalt vergleichbar (vgl. auch *Senat,* NJW 2005, 503 und NJW 1998, 1309 = FamRZ 1998, 541 [543]).

Bei der Ausgestaltung des Unterhaltsanspruchs der Mutter gem. § 1615 l II BGB ist deswegen entscheidend auf den Grund dieses Anspruchs abzustellen, nämlich der Mutter während der ersten drei Lebensjahre die Pflege und Erziehung des Kindes zu ermöglichen, ohne auf eine Erwerbstätigkeit angewiesen zu sein. Dieser gesetzlich verfolgte Zweck, der neben der fortgeltenden ehelichen Solidarität auch dem Unterhaltsanspruch nach § 1570 BGB zu Grunde liegt, kann im Gegensatz zur Rechtsauffassung des BerGer. nur durch einen zur Höhe ausreichenden Unterhaltsanspruch der Mutter sichergestellt werden. Insbesondere wenn die Mutter – wie hier – ohnehin in beengten finanziellen Verhältnissen nicht einmal den für ihre Lebensführung zwingend notwendigen Bedarf erhielte, verbliebe ihr nicht die Möglichkeit, die Betreuung des Kindes zu Lasten des eigenen Unterhaltsbedarfs sicherzustellen. Die Mutter wäre dann entgegen dem ausdrücklichen Zweck der Unterhaltsvorschrift des § 1615 l II BGB gehalten, zu Lasten der Betreuung des Kindes eine eigene Erwerbstätigkeit aufzunehmen. Insoweit unterscheidet sich der Unterhaltsanspruch nach § 1615 l II BGB gerade nicht von dem Anspruch der geschiedenen Ehefrau wegen der Pflege oder Erziehung ehelicher Kinder gem. § 1570 BGB.

5. Nur in dieser Auslegung genügt der Unterhaltsanspruch nach § 1615 l II BGB auch den Anforderungen des Art. 6 IV und V GG, der einen Anspruch jeder Mutter „auf den Schutz und die Fürsorge der Gemeinschaft" sicherstellt und es gebietet, den nichtehelichen Kindern „die gleichen Bedingungen für ihre leibliche und seelische Entwicklung und ihre Stellung in der Gesellschaft zu schaffen wie den ehelichen Kindern". Danach muss auch einer nicht verheirateten Mutter die Wahl bleiben, bis zum Beginn des Kindergartenalters selbst für die Pflege und Erziehung des Kindes zu sorgen, ohne für ihren Lebensunterhalt auf eine eigene Erwerbstätigkeit angewiesen zu sein. Auch von Verfassungs wegen ist deswegen hinsichtlich des dem Unterhaltsschuldner zu belassenden Selbstbehalts eine Gleichbehandlung von Ansprüchen aus § 1615 l II BGB mit solchen nach § 1570 BGB geboten. Das hat das BerGer. nicht berücksichtigt.

III. Danach kann das Berufungsurteil nicht bestehen bleiben. Eine eigene Entscheidung in der Sache ist dem *Senat* indes verwehrt. Das *OLG* wird vielmehr in eigener tatrichterlicher Verantwortung als Selbstbehalt einen Betrag festzulegen haben, der nicht unter dem notwendigen, aber auch nicht über dem angemessenen Selbstbehalt liegt. Dabei wird es nicht zu beanstanden sein, wenn der Tatrichter im Regelfall von einem etwa hälftig zwischen diesen beiden Beträgen liegenden Betrag ausgeht.

BGH v. 15. 12. 2004 – XII ZR 212/03 – FamRZ 05, 442 = NJW 05, 818

(Unterhaltsbedarf bei Unterhalt nach § 1615 l II BGB) **R625**

II. a) Das Maß des der Kl. zu gewährenden Unterhalts bestimmt sich nach ihrer Lebensstellung. **a** Denn nach § 1615 l III 1 BGB sind auf den Unterhaltsanspruch der nicht verheirateten Mutter die Vorschriften über die Unterhaltspflicht zwischen Verwandten und somit auch § 1610 I BGB entsprechend anwendbar. In Rechtsprechung und Literatur wird deswegen regelmäßig auf das Einkommen der Mutter abgestellt, das sie ohne die Geburt des Kindes zur Verfügung hätte (OLG Celle, OLG-Report 2002, 19; OLG Köln, NJW-RR 2001, 364 = FamRZ 2001, 1322; OLG Koblenz, OLG-Report 2001, 87; OLG Hamm, FF 2000, 137, und OLG Zweibrücken, OLG-Report 2000, 392, sowie *Wendl/Pauling*, 6. Aufl., § 6 Rdnr. 364; *Göppinger/Wax/Maurer*, 8. Aufl., Rdnr. 1255; *Luthin/ Seidel*, 10. Aufl., Rdnr. 4219; *Kalthoener/Büttner/Niepmann*, 9. Aufl., Rdnr. 185; *Eschenbruch*, 3. Aufl., Rdnr. 4015; *Gerhardt*, in: FA-FamR, 4. Aufl., Rdnr. 210; *Weinreich/Klein/Schwolow*, Kompaktkomm. FamilienR, § 1615 l BGB Rdnr. 10, und *Scholz/Stein/Erdrich*, Praxishdb. FamilienR, K Rdnr. 248). Das ist nicht zu beanstanden, wenn der unterhaltsberechtigten Mutter aus eigenen Einkünften und Unterhaltszahlungen jedenfalls nicht mehr zur Verfügung steht, als dem unterhaltspflichtigen Vater verbleibt.

(Bedarfsbegrenzung durch den Halbteilungsgrundsatz bei Unterhalt nach § 1615 l II BGB)

b) In anderen Fällen ist der Unterhaltsbedarf der nicht verheirateten Mutter zusätzlich durch den **b** auch hier anwendbaren Grundsatz der Halbteilung begrenzt. Das folgt aus der weitgehenden Angleichung der Unterhaltsansprüche aus § 1615 l II 2 BGB mit denen auf nacheheliche Betreuungsunterhalt gem. § 1570 BGB.

aa) Beim nachehelichen Betreuungsunterhalt bestimmt sich das Maß gem. § 1578 I BGB nach den ehelichen Lebensverhältnissen. Damit erhält die geschiedene Mutter – vorbehaltlich eines dem Unterhaltspflichtigen zu belassenden Erwerbstätigenbonus – grundsätzlich die Hälfte des unterhaltsrechtlich bereinigten (ggf. beiderseitigen) Einkommens. Beiden geschiedenen Ehegatten verbleibt somit in gleichem Maße die zuvor erreichte oder eine durch spätere Veränderungen abgewandelte (vgl. insoweit *Senat*, NJW 2003, 1518 = FamRZ 2003, 590 [592]) Lebensstellung. In gleicher Weise wirkt es sich aus, wenn die nicht verheiratete und nicht berufstätige Mutter zuvor mit dem Vater ihres Kindes zusammengelebt hat. Denn wenn sich ihre Lebensstellung i. S. des § 1610 BGB allein nach dem (hälftigen) früheren Einkommen richtet, steht auch ihr Unterhalt nur bis zur Grenze der Halbteilung zu (vgl. *Büttner*, FamRZ 2000, 781 [783]).

bb) Aber auch wenn die Mutter des Kindes zuvor nicht mit dem Vater zusammengelebt hat, begrenzt der so genannte Halbteilungsgrundsatz ihren Unterhaltsbedarf. In solchen Fällen führt der Unterhaltsanspruch nach § 1615 l II BGB zwar dazu, dass das um den Kindesunterhalt geschmälerte Einkommen des Vaters auch dazu dient, den zuvor erreichten Lebensstandard der Mutter aufrechtzuerhalten. Dadurch nähern sich die verfügbaren Einkünfte beider Eltern einander an. Dieses findet seinen Grund in der besonderen Verantwortung des Vaters für die Pflege und Erziehung des gemeinsamen Kindes. Der *Senat* hat in jüngster Zeit wiederholt darauf hingewiesen, dass der Unterhaltsanspruch einer nicht verheirateten Mutter nach § 1615 l II BGB dem Anspruch auf nachehelichen Betreuungsunterhalt gem. § 1570 BGB weitgehend angeglichen worden ist (vgl. *Senat,* NJW 2005, 503 m. w. Nachw., und NJW 2005, 500). In beiden Fällen soll es der Mutter jedenfalls während der ersten drei Lebensjahre möglich sein, das Kind zu pflegen und zu erziehen, ohne auf eine Erwerbstätigkeit angewiesen zu sein. Insoweit unterscheidet sich der Unterhaltsanspruch nach § 1615 l II BGB in keiner Weise von dem Anspruch nach § 1570 BGB. Dieser Zweck rechtfertigt auch ohne nacheheliche Solidarität die unterhaltsbedingte Reduzierung der verfügbaren Einkünfte des Vaters bei gleichzeitiger Aufrechterhaltung des Lebensstandards der Mutter. Denn die Pflege und Erziehung des Kindes ist regelmäßig nur dann sichergestellt, wenn die Mutter nicht auf eine eigene Erwerbstätigkeit angewiesen ist, weil die Unterhaltsleistungen ihren Lebensstandard aufrechterhalten.

Der Unterhaltsbedarf der nicht verheirateten Mutter ist aber stets auf den Betrag begrenzt, der dem unterhaltspflichtigen Vater selbst verbleibt. Denn der Zweck des Unterhaltsanspruchs nach § 1615 l II BGB trägt den Anspruch schon nicht in gleichem Maße, wenn die Mutter wegen ihrer besonders hohen Einkünfte in der Vergangenheit eine höhere Lebensstellung als der Vater erreicht hatte. Dann ist es auch ihr – wie dem Vater – zuzumuten, Abstriche von dem erreichten Lebensstandard in Kauf zu nehmen, ohne sogleich auf eine eigene Erwerbstätigkeit angewiesen zu sein. Wie bei dem Unterhaltsbedarf nach den wandelbaren ehelichen Lebensverhältnissen (vgl. *Senat,* NJW 2003, 1518 = FamRZ 2003, 590 [592]) beeinflusst die Geburt des Kindes dann auch die Lebensstellung der unterhaltsbedürftigen nicht verheirateten Mutter. Eine durch ein höheres Einkommen der Mutter erreichte höhere Lebensstellung kann deswegen nicht stets im Sinne einer unverändert fortzuschreibenden Lebensstandardgarantie aufrechterhalten bleiben. Das Maß des Unterhalts wird vielmehr zusätzlich durch die Lebensstellung des unterhaltspflichtigen Vaters begrenzt, der zunächst vorrangig dem Kind unterhaltspflichtig ist und dem auch aus verfassungsrechtlichen Gründen jedenfalls ein Anteil seines Einkommens verbleiben muss, der die eigenen Einkünfte der Unterhaltsberechtigten zuzüglich des gezahlten Unterhalts nicht unterschreitet.

Für die Begrenzung des Unterhaltsbedarfs im Wege der Halbteilung spricht aber insbesondere eine – mit Blick auf Art. 6 I GG gebotene – vergleichende Betrachtung des Unterhaltsanspruchs aus § 1615 l II BGB mit dem Anspruch auf nachehelichen Betreuungsunterhalt aus § 1570 BGB. Während der nacheheliche Betreuungsunterhalt mit seinem zusätzlichen, auf der fortwirkenden ehelichen Solidarität beruhenden Zweck Unterhaltsleistungen auf der Grundlage der ehelichen Lebensverhältnisse erfasst und damit zugleich die Halbteilung des verfügbaren Einkommens sicherstellt, bezweckt der Unterhaltsanspruch der nicht verheirateten Mutter zunächst eine Sicherung ihrer erreichten Lebensstellung. Dieser grundsätzliche Unterschied entfällt aber, wenn das verfügbare Einkommen des nach § 1615 l II BGB unterhaltspflichtigen Vaters so weit reduziert ist, dass ihm nur so viel verbleibt, wie die unterhaltsberechtigte Mutter selbst zu Verfügung hat. Dann ist der Anspruch auch der Höhe nach mit dem Unterhaltsanspruch nach § 1570 BGB vergleichbar. Weil auch Letzterer die Pflege und Erziehung des gemeinsamen Kindes sicherstellen soll und nur zusätzlich auf einer nachehelichen Solidarität beruht, wäre es nicht nachvollziehbar, der nicht verheirateten Mutter einen höheren Anspruch zuzusprechen, als der geschiedenen Mutter auf der Grundlage des Halbteilungsgrundsatzes zusteht. Wenn also selbst der stärker ausgestaltete nacheheliche Betreuungsunterhalt stets durch den Halbteilungsgrundsatz begrenzt ist, muss dieses erst recht für den Unterhaltsanspruch der nicht verheirateten Mutter gelten. Denn die bloße Wahrung des dem Vater stets zu belassenden Selbstbehalts, der regelmäßig etwa hälftig zwischen dem notwendigen und dem angemessenen Selbstbehalt liegt (vgl. *Senat,* NJW 2005, 500), kann die Lebensstellung des Vaters nicht in gleichem Maße sichern, wie es ein durch Halbteilung begrenzter Unterhaltsbedarf vermag.

(Überobligationsmäßig erzieltes Einkommen der nach § 1615 l II BGB unterhaltsberechtigten Mutter)

c 2.b) Ob und in welchem Umfang sich die Mutter Einkünfte aus einer Erwerbstätigkeit anrechnen lassen muss, die sie gleichwohl neben der Kindesbetreuung ausübt, lässt sich nicht unmittelbar aus der gesetzlichen Regelung des § 1615 l BGB entnehmen. Dabei handelt es sich allerdings nicht um eine bewusste Regelungslücke des Gesetzgebers, weil der besondere Schutz der Ehe und Familie in Art. 6 I GG eine Schlechterstellung der geschiedenen Mutter nicht zulässt und umgekehrt nach Art. 6 IV und V GG auch die nicht verheiratete Mutter jedenfalls insoweit gleichzustellen ist. Deswegen und wegen der weitgehenden Angleichung des Unterhaltsanspruchs der nicht verheirateten Mutter an den nachehelichen Betreuungsunterhalt (vgl. *Senat,* NJW 2005, 503, zur Veröff. in BGHZ vorgesehen) ist auf den Unterhaltsanspruch nach § 1615 l BGB die für den Ehegattenunterhalt geltende Vorschrift des § 1577 II BGB entsprechend anwendbar (so auch *Wever/Schilling,* FamRZ 2002, 581 [586 f.] m. w. Nachw.; *Büttner,* FamRZ 2000, 781 [783] m. w. Nachw.). Entsprechend hat der *Senat* den Rechtsgedanken des § 1577 II BGB auch schon beim Verwandtenunterhalt, auf den § 1615 l III 1 BGB verweist, herangezogen (*Senat,* NJW 1995, 1215 = FamRZ 1995, 475 [477 f.]).

c) Ob ein eigenes Einkommen des unterhaltsbedürftigen Elternteils, das dieser neben der Kindeserziehung erzielt, nach § 1577 II BGB bei der Unterhaltsberechnung zu berücksichtigen ist, lässt sich
nach der Rechtsprechung des *Senats* aber nicht pauschal im Sinne der Zulassungsfrage des *OLG*
beantworten, sondern ist stets von den besonderen Umständen des Einzelfalls abhängig (vgl. *Wendl/
Gerhardt*, § 1 Rdnrn. 545 ff. m. w. Nachw.). Eine solche Abwägung lässt das angefochtene Urteil
vermissen. Das BerGer. hat sich lediglich pauschal darauf gestützt, dass die Kl. ihr Kind neben der
Berufstätigkeit betreut. Wie die Betreuung während dieser Zeit konkret geregelt ist, welche Hilfen ihr
dabei zur Verfügung stehen und ob der Kl. dafür gegebenenfalls zusätzliche Betreuungskosten entstehen, hat das BerGer. nicht festgestellt. Die Bemessung eines anrechnungsfrei zu belassenden Teils des
Einkommens, die sich auch nach den Leitlinien des BerGer. (vgl. Nr. 7 der Süddeutschen Leitlinien)
einer schematischen Beurteilung entzieht, wird im Einzelfall aber davon abhängen, wie etwa die
Kindesbetreuung mit den konkreten Arbeitszeiten unter Berücksichtigung erforderlicher Fahrzeiten zu
vereinbaren ist und ob und gegebenenfalls zu welchen Zeiten das Kind anderweit beaufsichtigt wird
und insofern zeitweise nicht der Betreuung durch die Kl. bedarf (vgl. *Senat*, NJW 2001, 973 = FamRZ
2001, 350 [352]). Nicht ohne Bedeutung ist in diesem Zusammenhang, ob die Kl. seit der Geburt ihrer
Tochter aus freien Stücken weiter erwerbstätig ist oder ob die Arbeitsaufnahme durch eine wirtschaftliche Notlage veranlasst war (vgl. zum nachehelichen Betreuungsunterhalt *Senat*, NJW-RR 1998,
721 = FamRZ 1998, 1501 [1502]). Denn die freiwillige Ausübung einer Berufstätigkeit kann ein
maßgebendes Indiz für eine vorhandene tatsächliche Arbeitsfähigkeit im konkreten Einzelfall sein
(*Senat*, NJW 1981, 2804 = FamRZ 1981, 1159 [1161]). Wegen der weitgehenden Angleichung des
Unterhaltsanspruchs der nicht verheirateten Mutter nach § 1615l II BGB mit dem Anspruch auf
nachehelichen Betreuungsunterhalt nach § 1570 BGB ist auch insoweit eine Gleichbehandlung geboten und deswegen konkret auf die Umstände des Einzelfalls abzustellen. Mit der gegebenen Begründung kann daher das Berufungsurteil nicht bestehen bleiben. Das Urteil war insoweit aufzuheben und
die Sache zur Nachholung der erforderlichen Feststellungen und zur erneuten Abwägung an das *OLG*
zurückzuverweisen.

III. Im Rahmen der erneuten Verhandlung wird das *OLG* im Übrigen die Bedürftigkeit der Kl. für
die Zeit ihres Mutterschutzes unter Berücksichtigung der §§ 3 II, 6 I, 13 MuSchG prüfen müssen.
Sollte die Kl. nach den dort in Bezug genommenen Vorschriften der Rechtsverordnung ihr zuvor
erzieltes volles Arbeitsentgelt während der letzten sechs Wochen vor und bis zum Ablauf von acht
Wochen nach der Entbindung weiter erhalten haben, wäre dieses im Rahmen der Unterhaltsberechnung zu berücksichtigen und würde ihre Bedürftigkeit entfallen lassen (vgl. *Wendl/Pauling*, § 6
Rdnr. 759; *Göppinger/Wax/Maurer*, Rdnr. 1257).

BGH v. 23. 2. 2005 – XII ZR 56/02 – FamRZ 05, 706 = NJW 05, 1493

(Umgangskosten als Abzugsposten, soweit durch Kindergeld nicht gedeckt sind) **R626**

An dieser Rechtsprechung kann im Hinblick auf die zwischenzeitlich veränderte Rechtslage nicht
mehr uneingeschränkt festgehalten werden. Nach § 1684 BGB, der inzwischen an Stelle des weggefallenen § 1634 BGB den Umgang des Kindes mit den Eltern regelt, hat einerseits das Kind das Recht auf
Umgang mit jedem Elternteil; andererseits ist aber auch jeder Elternteil zum Umgang mit dem Kind
berechtigt und verpflichtet (§ 1684 I BGB). Beides ist Ausfluss seiner Verantwortung für dessen Wohl
(§§ 1618 a, 1626, 1631 BGB). Die in § 1684 I BGB geregelten Rechte und Pflichten stehen ebenso
wie die elterliche Sorge des anderen Elternteils unter dem Schutz von Art. 6 II 1 GG (BVerfG, NJW
2002, 1863 = FamRZ 2002, 809).

§ 1612 b V BGB greift in dieses Recht zwar nicht unmittelbar ein. Seine Anwendung hat allerdings
zur Folge, dass dem barunterhaltspflichtigen Elternteil das anteilige Kindergeld ganz oder teilweise
nicht mehr zugute kommt, er hierdurch mithin auch keine finanzielle Entlastung hinsichtlich der durch
die Ausübung des Umgangsrechts entstehenden Kosten zu erlangen vermag. Er muss deshalb die
Umgangskosten mit seinem nach Abzug des Unterhalts verbleibenden Einkommen bestreiten. Wenn
und soweit die über den notwendigen Selbstbehalt hinaus noch vorhandenen Mittel hierfür aber nicht
ausreichen, kann dies einen Elternteil zu einer Einschränkung der Umgangskontakte veranlassen und
damit auch den Interessen des Kindes zuwiderlaufen.

Mit Rücksicht auf diese Konstellation hat der Senat bereits in seinem Urteil vom 29. 1. 2003 (NJW
2003, 1177 = FamRZ 2003, 445 [449]) darauf hingewiesen, dass zu erwägen sein wird, ob und in
welchem Umfang Umgangskosten eines Barunterhaltspflichtigen, dem sein Kindergeldanteil infolge
der Vorschrift des § 1612 b V BGB (teilweise) nicht zugute kommt, mit Blick auf die Neuregelung zu
einer angemessenen Minderung des unterhaltsrechtlich relevanten Einkommens oder einer angemessenen Erhöhung des Selbstbehalts des Unterhaltsverpflichteten führen können. Auch das BVerfG hält die
vorgenannten unterhaltsrechtlichen Möglichkeiten für das geeignete Mittel, um sicherzustellen, dass
Umgangskontakte zwischen dem Kind und dem Unterhaltspflichtigen nicht an den Kosten scheitern,

nachdem dieser insoweit nicht mehr bzw. nicht mehr uneingeschränkt auf den Einsatz des Kindergelds verwiesen werden kann (BVerfG, NJW 2003, 2733 = FamRZ 2003, 1370 [1377]).

Da das Unterhaltsrecht dem Unterhaltspflichtigen nicht die Möglichkeit nehmen darf, sein Umgangsrecht zur Erhaltung der Eltern-Kind-Beziehung auszuüben, sind die damit verbundenen Kosten konsequenterweise unterhaltsrechtlich zu berücksichtigen, wenn und soweit sie nicht anderweitig, insbesondere nicht aus dem anteiligen Kindergeld, bestritten werden können (ebenso *Wendl/Scholz*, 6. Aufl., § 2 Rdnr. 169; *Luthin/Margraf*, 10. Aufl., Rdnr. 1341 a; vgl. auch OLG Frankfurt a. M., FPR 2004, 398 [399]). Anderenfalls müsste der Unterhaltspflichtige wegen der betreffenden Kosten Leistungen der Sozialhilfe in Anspruch nehmen (vgl. zu dieser Möglichkeit nach der bis zum 31. 12. 2004 geltenden Rechtslage: BVerfG, NJW 1995, 1342 = FamRZ 1995, 86 [87]; BVerwG, NJW 1996, 1838 = FamRZ 1996, 105 [106]; zur Rechtslage seit dem 1. 1. 2005: vgl. *Müller*, KindPrax 2005, 3 [4]); er darf aber durch die Gewährung von Unterhalt nicht selbst sozialhilfebedürftig werden (*Senat*, NJW 1996, 2793 = FamRZ 1996, 1272 [1273]). Der dem Bekl. zu belassende Selbstbehalt wird deshalb so zu bemessen sein, dass er in die Lage versetzt wird, hiervon neben seinem eigenen notwendigen Bedarf auch die Kosten des Umgangs mit seinen Kindern zu bestreiten.

Welcher Umgang mit dem Kind angemessen ist und welche Kosten demgemäß zu berücksichtigen sind, richtet sich maßgeblich nach dessen Wohl (§ 1626 III 1 BGB). Wegen der betreffenden Kosten, die in der Regel das anteilige Kindergeld nicht übersteigen dürften, wird in den Fällen, in denen § 1612 b V BGB eingreift, in erster Linie eine maßvolle Erhöhung des notwendigen Selbstbehalts des Unterhaltspflichtigen in Betracht kommen, soweit er diese Kosten anderenfalls nur unter Gefährdung seines Selbstbehalts aufbringen könnte.

BGH v. 23. 2. 2005 – XII ZR 114/03 – FamRZ 05, 608 = NJW 05, 1279

R627   *(Obliegenheit zur Einleitung eines Insolvenzverfahrens beim Kindesunterhalt)*

a   1. Der Bekl. ist wegen seiner gesteigerten Unterhaltspflicht gegenüber dem minderjährigen Kl. (§ 1603 II BGB) gehalten, alle zumutbaren Möglichkeiten auszunutzen, um dessen Unterhaltsbedarf sicherzustellen. Dazu zählt grundsätzlich auch die Einleitung eines Insolvenzverfahrens, um den laufenden Unterhaltsverpflichtungen Vorrang vor den Darlehensverbindlichkeiten zu verschaffen.

a) Zwar schränkt schon eine gerichtlich angeordnete Unterhaltsleistung den Unterhaltspflichtigen in seiner durch Art. 2 I GG geschützten Handlungsfreiheit ein. Dieses ist im Rahmen der verfassungsgemäßen Ordnung, zu der auch das Unterhaltsrecht gehört, nur insoweit zulässig, als es mit Art. 6 I GG im Einklang steht. Der ausgeurteilte Unterhalt darf deswegen nicht zu einer unverhältnismäßigen Belastung des Unterhaltspflichtigen führen. Wird bei der Bemessung des Unterhaltsanspruchs hingegen die Grenze des Zumutbaren überschritten, ist die damit verbundene Beschränkung der finanziellen Dispositionsfreiheit des Verpflichteten nicht mehr Bestandteil der verfassungsmäßigen Ordnung und kann vor dem Grundrecht des Art. 2 I GG nicht bestehen (BVerfGE 57, 361 [381] = NJW 1981, 1771; *BVerfG*, NJW-RR 2002, 73 = FPR 2002, 13 = FamRZ 2001, 1685). Eine Ausprägung des Grundsatzes der Verhältnismäßigkeit im Unterhaltsrecht ist die Vorschrift des § 1603 I BGB, nach der nicht unterhaltspflichtig ist, wer bei Berücksichtigung seiner sonstigen Verpflichtungen außer Stande ist, ohne Gefährdung seines eigenen angemessenen Unterhalts anderen Personen Unterhalt zu gewähren. Dieser Grundsatz ist allerdings insoweit eingeschränkt, als Eltern gem. § 1603 II BGB ihren minderjährigen unverheirateten (und denen gleichgestellten) Kindern gegenüber verpflichtet sind, alle verfügbaren Mittel zu ihrem und der Kinder Unterhalt gleichmäßig zu verwenden. Grundvoraussetzung auch dieses Unterhaltsanspruchs bleibt allerdings die Leistungsfähigkeit des Unterhaltsverpflichteten. Die Gerichte haben deswegen im Einzelfall zu prüfen, ob der Unterhaltspflichtige in der Lage ist, den beanspruchten Unterhalt zu zahlen oder ob dieser unbeschadet der Zulässigkeit der Zurechnung fiktiven Einkommens die finanzielle Leistungsfähigkeit des Unterhaltspflichtigen übersteigt (*BVerfG*, NJW-RR 2002, 73 = FPR 2002, 13 = FamRZ 2001, 1685).

b) Allerdings hat es der Senat bislang stets abgelehnt, den Ansprüchen Unterhaltsberechtigter einen allgemeinen Vorrang vor anderen Verbindlichkeiten des Unterhaltspflichtigen einzuräumen (*Senat*, NJW 1984, 2351 = FamRZ 1984, 657 [658f.]). Auch aus verfassungsrechtlichen Gründen wäre es dem Unterhaltsschuldner nicht zumutbar, durch seine Unterhaltszahlungen immer tiefer in Schulden zu geraten (BVerfG, NJW-RR 2002, 73 = FamRZ 2001, 1685 [1686]; NJW 2002, 2701 = FamRZ 2002, 1397 [1399]; vgl. auch *Senat*, NJW 1989, 523 = FamRZ 1989, 272). Nachdem der Gesetzgeber mit den §§ 304ff. InsO die Möglichkeit einer Verbraucherinsolvenz mit Restschuldbefreiung geschaffen hat, kann an dieser Rechtsprechung nicht mehr uneingeschränkt festgehalten werden. Denn nun ist es dem Unterhaltsschuldner möglich, den ohne Berücksichtigung von Drittschulden bemessenen laufenden Unterhalt zu zahlen und durch seine Unterhaltszahlungen nach sechs Jahren seit Eröffnung des Insolvenzverfahrens Befreiung von seinen Schulden zu erlangen (§§ 286ff. InsO). Aus den Vorschriften über die Insolvenzmasse (§§ 35ff., 40 InsO) und dem Vollstreckungsverbot des § 89 I und II InsO folgt nämlich, dass dem Schuldner während der Dauer des Insolvenzverfahrens der nach § 850 c ZPO pfändungsfreie Teil seines

Einkommens verbleibt (vgl. Wendl/Gutdeutsch, § 5 Rdnrn. 122aff.; *Luthin/Margraf,* 10. Aufl., Rdnrn. 1327 ff.; *Kalthoener/Büttner/Niepmann,* 9. Aufl., Rdnrn. 113bff., 113 d; *Weisbrodt,* FamRZ 2003, 1240 [1241]; *Melchers,* FamRZ 2001, 1509; OLG Celle, FamRZ 2003, 1116; krit. *Wohlgemuth,* FF 2004, 9 [12]). Unterhaltsrückstände können ab Eröffnung des Insolvenzverfahrens hingegen nicht mehr im Wege der Zwangsvollstreckung beigetrieben werden und erlöschen im Falle einer späteren Restschuldbefreiung (§ 287 InsO; vgl. auch OLG Naumburg, ZInsO 2003, 1002, und OLG Koblenz, FamRZ 2002, 31). Auf dieser gesetzlichen Grundlage ist es dem Unterhaltsschuldner jetzt zumutbar, den Unterhaltsansprüchen seiner minderjährigen Kinder Vorrang vor sonstigen Verbindlichkeiten einzuräumen. Ob es ihm in Anbetracht der gesteigerten Unterhaltpflicht nach § 1603 II BGB obliegt, Verbraucherinsolvenz zu beantragen, kann sich nur aus einer umfassenden Würdigung aller vom Unterhaltsschuldner darzulegenden Umstände, zu denen auch die eigenen und die Interessen der Unterhaltsgläubiger zählen, ergeben.

(Voraussetzungen eines Insolvenzverfahrens)

2. Zu Recht hat das BerGer. zunächst die Voraussetzungen für eine Verbraucherinsolvenz mit Rest- **b** schuldbefreiungsmöglichkeit bejaht. Nach §§ 16ff. InsO setzt die Eröffnung des Insolvenzverfahrens einen Eröffnungsgrund voraus, der in einer Zahlungsunfähigkeit, einer drohenden Zahlungsunfähigkeit oder einer Überschuldung liegen kann. Im Falle einer nur drohenden Zahlungsunfähigkeit muss der allein antragsberechtigte Schuldner (§ 18 I InsO) eine längerfristige Liquiditätslücke belegen und dazu einerseits seine Verbindlichkeiten und andererseits sein Vermögen und seine Einkünfte in den nächsten ein bis zwei Jahren darlegen (vgl. Kirchhof, in: Heidelberger Komm. z. InsO, 3. Aufl., § 18 Rdnrn. 8f.). Hier ist nach den von der Revision nicht angegriffenen tatsächlichen Feststellungen des BerGer. hingegen nicht nur eine drohende, sondern bereits eine endgültige Zahlungsunfähigkeit i. S. des § 17 InsO eingetreten. Der Bekl. schuldet dem Kl. und dessen Bruder nach dem rechtskräftigen Urteil des AG monatlichen Kindesunterhalt in Höhe von 272,52 Euro (= 533 DM). Davon konnten in der Vergangenheit lediglich 116 Euro monatlich gepfändet werden (§§ 850 a ff., 850 d ZPO). Wegen der noch ausstehenden Unterhaltsschulden hat der Bekl. inzwischen die eidesstattliche Versicherung abgegeben (§§ 899 ff. ZPO). Er ist somit nicht in der Lage, seine fälligen Unterhaltspflichten zu erfüllen, was für eine Zahlungsunfähigkeit i. S. von § 17 II 1 InsO ausreicht (vgl. Melchers/Hauß, Unterhalt u. Verbraucherinsolvenz, Rdnr. 130; a. A. noch OLG Stuttgart, FamRZ 2002, 982, das seine gegenteilige Rspr. in dem Berufungsurteil aber ebenfalls aufgegeben hat).

Nach dem Vortrag der Parteien sind gegenwärtig auch keine durchgreifenden Gründe gegen eine spätere Restschuldbefreiung nach Maßgabe der §§ 286 ff. InsO ersichtlich. Über eine Versagung der Restschuldbefreiung wird letztlich erst nach Ablauf der Wohlverhaltensperiode von sechs Jahren entschieden (vgl. Pape, ZInsO 2004, 647 [649 f.]). Für die Stundung der Verfahrenskosten verlangt § 4 a InsO deswegen zunächst nur eine summarische Prüfung, ob Versagungsgründe der beantragten Restschuldbefreiung entgegenstehen (BGH, NZI 2005, 232). Nichts anderes kann für die Obliegenheit zur Durchführung der Verbraucherinsolvenz gelten. Solche durchgreifenden Gründe, die gegen eine Restschuldbefreiung sprechen könnten, ergeben sich aus den Feststellungen des angefochtenen Urteils nicht.

(Gründe für eine Unzumutbarkeit, ein Verbraucherinsolvenzverfahren einzuleiten)

3. Erscheint danach ein Verbraucherinsolvenzverfahren zulässig und geeignet, den Unterhaltsansprü- **c** chen minderjähriger oder ihnen gleichgestellter Kinder nach § 1603 II BGB Vorrang vor sonstigen Verbindlichkeiten des Unterhaltsschuldners einzuräumen, trifft den Unterhaltsschuldner eine Obliegenheit zur Einleitung dieses Verfahrens, wenn er nicht Umstände vorträgt, die eine Antragspflicht im konkreten Einzelfall als unzumutbar darstellen (so auch OLG Hamm, NJW-RR 2001, 220 = FamRZ 2001, 441; OLG Dresden, FamRZ 2003, 1028; OLG Karlsruhe, FamRZ 2004, 656; a. A. OLG Naumburg, NZI 2003, 615 = FamRZ 2003, 1215; OLG Düsseldorf, OLG-Report 2003, 30). Solche besonderen Umstände sind hier weder vorgetragen noch ersichtlich.

a) Durch die Einleitung des Insolvenzverfahrens wird der Bekl. als Unterhaltsschuldner zwar mit weiteren Kosten belastet. Nachdem der BGH die Beschränkung auf die regelmäßige Mindestvergütung in masselosen Insolvenzverfahren für verfassungswidrig erklärt hat (vgl. BGHZ 157, 282 = NJW 2004, 941, und NJW-RR 2004, 551), ist insoweit mit Kosten zu rechnen, die sich auf circa 3000 Euro belaufen können (zur Vergütung des Insolvenzverwalters vgl. auch BGH, NZI 2004, 626; NZI 2004, 589; NZI 2005, 161). Wegen dieser zusätzlichen Kosten kann dem Schuldner trotz seiner Zahlungsunfähigkeit oder Überschuldung auch keine Prozesskostenhilfe bewilligt werden, weil § 4 a InsO eine Stundung der Kosten des Insolvenzverfahrens vorsieht. Allerdings ist der Schuldner nach Abschluss des Insolvenzverfahrens und Erteilung der Restschuldbefreiung nur im Rahmen des § 115 I, II ZPO zur Rückzahlung dieser Kosten verpflichtet (§ 4 b InsO). Die durch das Verbraucherinsolvenzverfahren entstehenden Kosten belasten den Unterhaltsschuldner deswegen nicht unangemessen und sind für sich allein genommen noch nicht geeignet, das Verfahren für den Unterhaltsschuldner als unzumutbar darzustellen.

b) Durch die Bestellung eines Treuhänders im Insolvenzverfahren gem. §§ 313 I, 292 InsO wird der Unterhaltsschuldner in seiner wirtschaftlichen Selbstständigkeit nicht unerheblich eingeschränkt (vgl. Melchers/Hauß, Rdnrn. 131 ff.). Wie gegenüber einem Insolvenzverwalter bestehen nach §§ 97f. InsO auch gegenüber dem Treuhänder weitgehende Auskunfts- und Mitwirkungspflichten (vgl. auch § 305 I, II InsO). Durch die Eröffnung des Insolvenzverfahrens geht insbesondere das Recht des Schuldners, das zur Insolvenzmasse gehörende Vermögen zu verwalten und darüber zu verfügen, auf den Insolvenzverwalter bzw. den Treuhänder über (§§ 21 II, 80-82, 313 I InsO). Die begehrte Restschuldbefreiung setzt nach § 287 II InsO voraus, dass der Schuldner seine pfändbaren Forderungen auf Bezüge aus einem Dienstverhältnis für die Dauer des Insolvenzverfahrens an den Treuhänder abtritt. Diese besonderen Bindungen des Schuldners schränken ihn während der sechsjährigen Wohlverhaltensperiode gem. §§ 287 II, 292 I InsO (vgl. Art. 107 EGInsO) und zusätzlich während des circa sechsmonatigen vorbereitenden Verfahrens durch die Beratungsstelle (§ 305 I Nr. 1 InsO) ein. Gleichwohl überwiegen die Belastungen, die ein Insolvenzverfahren zwangsläufig für den Unterhaltsschuldner mit sich bringt, die Interessen seiner minderjährigen Kinder auf möglichst ungeschmälerte Unterhaltszahlungen regelmäßig nicht.

c) Betrachtet man im vorliegenden Fall die Dauer des Insolvenzverfahrens im Vergleich zu derjenigen der voraussichtlichen Unterhaltspflicht des Bekl. gegenüber dem noch bis Mai 2008 minderjährigen Kl., ergibt sich keine für ihn unzumutbar lange Bindung. Hätte der Bekl., wie ihm von den Vorinstanzen angesonnen wurde, am 1. 1. 2003 ein Verbraucherinsolvenzverfahren zur Eröffnung gebracht, wäre dieses Ende 2008 und somit nur wenige Monate nach Erreichen der Volljährigkeit des Kl. beendet gewesen. Die gesteigerte Unterhaltspflicht des Bekl. dauert nach § 1603 II 2 BGB sogar über die Volljährigkeit bis zur Vollendung des 21. Lebensjahrs des unterhaltsbedürftigen Kindes fort, wenn es noch im Haushalt eines Elternteils lebt und sich in der allgemeinen Schulausbildung befindet. Auch im Vergleich zu der Laufzeit des vom Bekl. geschuldeten Darlehens ergibt sich hier keine unzumutbar lange Bindungsfrist für den Bekl. Nach den von der Revision nicht angegriffenen Feststellungen des BerGer. müsste der Bekl. die geschuldeten Darlehensraten mindestens noch bis Ende 2006 zahlen, was seine Leistungsfähigkeit einschränken würde, bis der Kl. fast 17 Jahre alt und der gesteigerten Unterhaltsberechtigung alsbald entwachsen ist. Der Kl. hat ein berechtigtes Interesse, seinen Unterhaltsansprüchen Vorrang vor sonstigen Schulden zu verschaffen.

d) Mit der Einleitung des Insolvenzverfahrens sind zwar auch erhebliche Einschnitte in die Rechte anderer Gläubiger verbunden. Insbesondere können einzelne Insolvenzgläubiger, auch die Träger öffentlicher Leistungen wegen der auf sie übergegangenen Ansprüche, während der Dauer des Insolvenzverfahrens weder in die Insolvenzmasse noch in das sonstige Vermögen des Schuldners vollstrecken (§ 89 I InsO). Vorbehaltlich vorrangiger Rechte auf Absonderung (§§ 165 ff. InsO) sind sie auf eine quotenmäßige Befriedigung durch die Insolvenzmasse verwiesen (§§ 187 ff. InsO) und verlieren ihre Forderung im Fall der Restschuldbefreiung endgültig (§ 286ff. InsO). Das aber ist Folge der vom Gesetzgeber geschaffenen Verbraucherinsolvenz, die deswegen grundsätzlich nicht zu einer Unzumutbarkeit des Verfahrens für den Schuldner führen kann. Dem Bekl. wäre es auch ohne unterhaltsrechtliche Obliegenheit möglich, sich durch einen eigenen Antrag auf Einleitung eines Insolvenzverfahrens der bereits aufgelaufenen Unterhaltsrückstände zu entledigen.

(Unterhaltsrückstände bei Insolvenzverfahren)

d Allerdings zählen zu diesen Insolvenzforderungen auch die bei Eröffnung des Insolvenzverfahrens schon fälligen Unterhaltsrückstände, weil auch diese ab Eröffnung der Verbraucherinsolvenz nicht mehr im Wege der Einzelzwangsvollstreckung durchgesetzt werden können (vgl. *Melchers/Hauß*, Rdnrn. 142 ff.). Neben dem Kl. erhalten im Falle der Eröffnung des Insolvenzverfahrens also auch sein inzwischen volljähriger Bruder und seine Mutter wegen des Vollstreckungsverbots nach § 89 InsO Unterhaltsrückstände allenfalls durch eine Verteilung im Insolvenzverfahren und auch nur insoweit, als der Unterhaltsschuldner Einkünfte erzielt, die die Pfändungsfreigrenzen des § 850 c I 1 ZPO in Verbindung mit den Erhöhungsbeträgen nach Satz 2 übersteigen. Solche Einkünfte, die die Pfändungsgrenze nach § 850 c I ZPO von gegenwärtig 1475 Euro bei einer laufenden Unterhaltspflicht gegenüber zwei Kindern (930 Euro + 350 Euro + 195 Euro) übersteigen, erzielt der Bekl. aber nicht. Allerdings begehrt der Kl. selbst, vertreten durch seine Mutter, die Einleitung des Insolvenzverfahrens, um somit wenigstens seinen laufenden Unterhalt zu sichern. Umstände, die aus Sicht des ebenfalls unterhaltsberechtigten Bruders zur Unzumutbarkeit der Einleitung eines Insolvenzverfahrens führen könnten, sind vom BerGer. – von der Revision unangefochten – nicht festgestellt.

(Pfändungsfreie Unterhaltsbeträge bei Insolvenz)

e e) Die stets gebotene Abwägung der unmittelbaren Vorteile einer Einleitung des Insolvenzverfahrens mit dessen Nachteilen (vgl. insoweit Weisbrodt, FamRZ 2003, 1240 [1244]) führt hier zu einer

Obliegenheit des Bekl. zur Durchführung der Verbraucherinsolvenz. Denn gegenwärtig sind von dem erzielten Arbeitseinkommen des Bekl. nur sehr geringe monatliche Beträge pfändbar, die noch nicht einmal den ursprünglich titulierten Unterhalt des Kl. decken.

Unter Berücksichtigung der Rechtsprechung des BGH, nach der der einem Unterhaltsschuldner im Rahmen der Zwangsvollstreckung gem. § 850 d I 2 ZPO nur verbleibende notwendige eigene Unterhalt dem notwendigen Lebensbedarf im Sinne der Abschnitte 2 und 4 des BSHG (jetzt: SGB XII Kap. 3 u. 11) entspricht (NJW 2003, 2918 = FamRZ 2003, 1466; Zöller/Stöber, 25. Aufl., § 850 d Rdnr. 7), ergibt sich mit Einleitung des Insolvenzverfahrens neben der erhöhten Unterhaltpflicht auch eine ungeschmälerte Vollstreckbarkeit. Denn Unterhaltsgläubiger können fortan wegen des Verbots der Einzelzwangsvollstreckung für andere Gläubiger hinsichtlich ihrer laufenden Unterhaltsansprüche auf den Differenzbetrag zwischen den Pfändungsfreigrenzen des § 850 c ZPO und dem dem Schuldner zu belassenden Unterhalt i. S. von § 850 d I 2 ZPO zugreifen (*OLG Celle*, FamRZ 2003, 1116). Während der Kl. gegenwärtig monatlich nur 58 Euro (116 Euro: 2) beitreiben kann, was für die Zeit von Januar 2003 bis Mai 2008 insgesamt 3770 Euro ausmacht, wäre ab Einleitung des Insolvenzverfahrens jedenfalls der vom BerGer. für die Zeit ab Januar 2003 zugesprochene monatliche Unterhalt in Höhe von 222,50 Euro beitreibbar. Die Differenz beläuft sich mithin auf 164,50 Euro (222,50 Euro − 58 Euro) monatlich, was selbst bei einer Unterhaltspflicht von nur noch circa drei Jahren zu einem Mehrbetrag in Höhe von 5922 Euro (164,50 Euro × 36) führt.

BGH v. 23. 3. 2005 − XII ZB 13/05 − FamRZ 05, 883 = NJW 05, 1722

(Anspruch des volljährigen Kindes auf Prozesskostenvorschuss) **R628 a**

Auch dem volljährigen Kind steht ein Anspruch auf Zahlung eines Prozesskostenvorschusses gegen seine Eltern zu, wenn es sich noch in der Ausbildung befindet und noch keine selbstständige Lebensstellung erreicht hat.

Allerdings folgt dieser Anspruch auf Zahlung eines Prozesskostenvorschusses nicht schon aus § 1610 II BGB, der den Anspruch auf Verwandtenunterhalt nach dem gesamten Lebensbedarf bemisst. Denn auch das Maß des Anspruchs auf nachehelichen Ehegattenunterhalt nach § 1578 BGB umfasst grundsätzlich den gesamten Lebensbedarf. Gleichwohl schuldet ein geschiedener Ehegatte nach der Rechtsprechung des Senats seinem früheren Ehegatten keinen Prozesskostenvorschuss (*Senat,* NJW 1984, 291). Obwohl auch der Anspruch auf Familienunterhalt nach § 1360 a I BGB den gesamten Lebensbedarf umfasst, ist dem Ehegatten in § 1360 a IV BGB ausdrücklich ein über diesen allgemeinen Lebensbedarf hinausgehender Anspruch auf Zahlung eines Prozesskostenhilfevorschusses zugebilligt worden. Nach dem Gesetzeswortlaut ist diese Regelung allerdings auf den Familienunterhalt (und durch die Bezugnahme in § 1361 IV 4 BGB auf den Trennungsunterhalt) beschränkt. Für den nachehelichen Unterhalt ist § 1360 a IV BGB auch nicht entsprechend anwendbar, weil diese unterhaltsrechtliche Beziehung nicht in gleichem Umfang Ausdruck einer besonderen Verantwortung des Verpflichteten für den Berechtigten ist, die derjenigen von Ehegatten vergleichbar ist (*Senat,* BGHZ 89, 33 [39f.] = NJW 1984, 291).

Dass im Verwandtenunterhalt eine Regelung zur Zahlung eines Prozesskostenvorschusses fehlt, schließt allerdings eine entsprechende Anwendung des § 1360 a IV BGB für solche Fälle nicht aus, die der besonderen Unterhaltspflicht zwischen Ehegatten vergleichbar ist (*Senat,* NJW 1984, 291). Das ist nach inzwischen einhelliger Auffassung für die Unterhaltspflicht der Eltern gegenüber ihren minderjährigen unverheirateten Kindern der Fall (vgl. *Senat,* NJW-RR 2004, 1662 = FamRZ 2004, 1633 [1634], m. Anm. Viefhues, FamRZ 2004, 1635). Die dem gesetzlichen Zweck vergleichbare Situation ist jedoch nicht auf den Unterhaltsanspruch minderjähriger Kinder beschränkt, sondern im Wesentlichen darauf zurückzuführen, dass die Kinder wegen ihres Alters und Ausbildungsbedarfs noch keine eigene Lebensstellung erreicht haben und sich deswegen noch nicht selbst unterhalten können. Das allerdings gilt für volljährige Kinder vor Erreichen einer eigenen Lebensstellung entsprechend, zumal ihr Unterhaltsanspruch mit dem Anspruch auf Minderjährigenunterhalt identisch ist (*Senat,* FamRZ 1983, 582; Wendl/Scholz, § 3 Rdnrn. 17 u. 339).

Zwar sind durch die zum 1. 7. 1998 in Kraft getretene Neuregelung des § 1603 II 2 BGB nur solche volljährigen unverheirateten Kinder bis zur Vollendung des 21. Lebensjahrs den minderjährigen Kindern völlig gleichgestellt worden, die noch im Haushalt eines Elternteils leben und sich in der allgemeinen Schulausbildung befinden. Das kann eine Beschränkung des Anspruchs auf Prozesskostenvorschuss auf diese privilegierten Volljährigen aber nicht rechtfertigen. Denn § 1603 BGB verhält sich nicht zum Unterhaltsbedarf, sondern betrifft die Leistungsfähigkeit des Unterhaltspflichtigen und kommt somit erst im Mangelfall zum Tragen (Eschenbruch/Klinkhammer, Rdnr. 5172).

Das Gesetz enthält deswegen mit der unvollständigen Regelung des § 1610 BGB eine unbewusste Regelungslücke, die durch entsprechende Anwendung des § 1360 a IV BGB geschlossen werden kann, wenn die Situation des bedürftigen volljährigen Kindes derjenigen eines unterhaltsberechtigten Ehegatten vergleichbar ist. Das ist hinsichtlich des Unterhaltsanspruchs volljähriger Kinder dann der Fall, wenn sie wegen der Fortdauer ihrer Ausbildung noch keine eigene Lebensstellung erworben haben und deswegen übergangsweise wie minderjährige Kinder der Unterstützung durch ihre Eltern bedürfen. Das BerGer. hat die noch in Berufsausbildung befindliche volljährige Kl. somit zu Recht auf einen Anspruch auf Prozesskostenvorschuss gegen ihre Eltern verwiesen.

(Kindesunterhalt ist eine persönliche Angelegenheit)

b   Zwar besteht der Anspruch auf Zahlung eines Prozesskostenvorschusses, der die Bedürftigkeit der Kl. entfallen lässt, nur für solche Rechtsstreitigkeiten, die persönliche Angelegenheiten des Unterhaltsberechtigten betreffen (vgl. insoweit Dose, Rdnrn. 110 f.). Um eine solche Angelegenheit handelt es sich allerdings bei der hier beabsichtigten Klage auf Kindesunterhalt (vgl. BGH NJW 1960, 765 = FamRZ 1960, 130).

BGH v. 13. 4. 2005 – XII ZR 48/02 – FamRZ 05, 967 = NJW-RR 05, 945

R629   *(Wegfall von Verbindlichkeiten; kein Wegfall, wenn Abfindung einkommenserhöhend eingesetzt, aber tatsächlich Schulden bezahlt wurden)*

a   b) Hinsichtlich der Einkommensermittlung für die folgenden Jahre rügt die Revision allerdings zu Recht, dass der Bekl. nicht so hätte behandelt werden dürfen, als habe er die Bankverbindlichkeiten in vollem Umfang getilgt. Nach den Feststellungen des BerGer. beliefen sich diese Darlehensschulden auf insgesamt 90 111,21 DM. Hinzu kam der Sollsaldo von 14 101,63 DM auf dem laufenden Konto, so dass die Gesamtverbindlichkeiten gegenüber der Bank 104 212,84 DM betrugen. Die Abfindung von netto 83 536,23 DM sowie der Verkaufserlös aus dem Wertpapier-Depot von 19 903,41 DM, zusammen 103 439,64 DM, hätten deshalb ohnehin nur knapp ausgereicht, um die Verbindlichkeiten abzulösen. Wenn von dem Bekl. aber verlangt wird, die Abfindung teilweise einzusetzen, um zunächst den Unterhalt der Kl. und der gemeinsamen Kinder entsprechend dem bisherigen Lebensstandard sicherzustellen, was mit dem gegenüber dem durchschnittlichen monatlichen Nettoeinkommen von 4220 DM bei der D-Bank deutlich geringeren monatlichen Nettoeinkommen von ca. 2668 DM bei der G-GmbH nicht möglich war, standen die hierfür benötigten Beträge nicht mehr zur Schuldentilgung zur Verfügung. Das BerGer. hätte deshalb den Betrag, den der Bekl. von der Abfindung für Unterhaltszwecke einzusetzen verpflichtet war, ermitteln und die dann verbleibende Kreditbelastung auch für die Zukunft berücksichtigen müssen. Im Hinblick darauf ist der Unterhaltsberechnung für die Zeit ab 1999 ein zu hohes Einkommen des Bekl. zu Grunde gelegt worden.

(Zinsloses Darlehen als freiwillige Zuwendung eines Dritten)

b   Das Unterhaltsrecht wird u. a. von dem allgemeinen Grundsatz geprägt, dass ohne Rechtsanspruch gewährte, freiwillige Zuwendungen Dritter nur dem Zuwendungsempfänger allein zugute kommen, sich aber auf ein Unterhaltsrechtsverhältnis nicht auswirken sollen, es sei denn, dem Willen des Zuwendenden lässt sich anderes entnehmen. Deshalb sind freiwillige Leistungen Dritter an den Unterhaltsverpflichteten bei der Prüfung seiner Leistungsfähigkeit nur dann zu beachten, wenn sie nach dem Willen des Dritten nicht allein dem Unterhaltsverpflichteten, sondern auch dem Unterhaltsberechtigten zugute kommen sollen. Liegt keine ausdrückliche Willensbestimmung des Zuwendenden vor, lässt sie sich in der Regel aus den persönlichen Beziehungen der Beteiligten zueinander erschließen (*Senat,* NJW 1999, 2804 = FamRZ 2000, 153 [154]; NJW 1995, 1486 = FamRZ 1995, 537 [538 f.]).

Eine derartige Zuwendung ist in der zinslosen Gewährung des Darlehens durch die Eltern des Bekl. zu sehen. Auch wenn nach der von der Kl. eingeräumten Darlehensvertrag Zinsen nicht zu entrichten waren, vermag das an der Beurteilung nichts zu ändern. Denn nach dem Vorbringen der Kl. war für die Rückerstattung des Darlehens eine Zeit nicht bestimmt, so dass die Eltern das Darlehen mit einer Frist von drei Monaten hätten kündigen können (§ 609 II BGB a. F.). Nach der Kündigung hätte eine Zinsvereinbarung geschlossen werden können oder der Bekl. hätte sich anderweit um ein verzinsliches Darlehen bemühen müssen. Daraus wird ersichtlich, dass die Eltern rechtlich nicht gehindert waren, ihre Zuwendungen zu beenden. Da sie von dieser Möglichkeit keinen Gebrauch gemacht haben, liegt in der zinslosen Überlassung des Darlehens eine freiwillige Zuwendung, die wie aus den persönlichen Beziehungen geschlossen werden kann allein ihrem Sohn zugute kommen sollte. Auch ausgehend von dem Vorbringen des Bekl. liegt eine freiwillige Zuwendung der Eltern vor. Danach war das Darlehen zwar mit 7% pro Jahr zu verzinsen, die Eltern haben eine Zinszahlung aber nicht verlangt.

(Doppelbelastung bei Berufstätigkeit und Betreuung von 2 Kindern; überobligatorisches Einkommen)

c   Die Frage, ob und ggf. in welchem Umfang Einkommen aus einer überobligatorischen Tätigkeit des Unterhaltsberechtigten bei der Unterhaltsberechnung zu berücksichtigen ist, lässt sich nach der Rechtsprechung des Senats nicht pauschal beantworten, sondern hängt von den besonderen Umständen des Einzelfalles ab (vgl. zuletzt *Senat,* NJW 2005, 818 = FamRZ 2005, 442 [444]). Maßgebend ist dabei insbesondere, wie etwa die Kinderbetreuung mit den konkreten Arbeitszeiten unter Berücksichtigung erforderlicher Fahrzeiten zu vereinbaren ist und ob und gegebenenfalls zu welchen Zeiten die Kinder infolge eines Kindergarten- oder Schulbesuchs zeitweise der Betreuung nicht bedürfen (*Senat,* NJW 2001, 973 = FamRZ 2001, 350 [352]). Soweit das BerGer. das Einkommen der Kl. für die Zeit bis September 1999 in vollem Umfang unberücksichtigt gelassen hat, wird dies von den bisher getroffenen Feststellungen nicht getragen. Es ist nicht ersichtlich, in welchem zeitlichen Umfang und zu welchen Zeiten die Kl. seinerzeit gearbeitet hat, so dass sich nicht beurteilen lässt, welchen Schwierigkeiten sie hinsichtlich der Vereinbarkeit von Arbeit und Kinderbetreuung ausgesetzt war. Für die Zeit ab Oktober 1999 bestehen dagegen mit Rücksicht auf die ausgeübte anstrengende Tätigkeit im Schichtdienst keine Bedenken gegen die vorgenommene Einkommensbehandlung, die der Kl. die Hälfte ihres Einkommens (abzüglich eines Erwerbstätigkeitsbonus) anrechnungsfrei belässt.

(Kein Ansatz eines Einkommens aus Haushaltsführung für einen neuen Partner bei Ausübung einer Ganztagstätigkeit)

Auch gegen die Beurteilung, dass der Kl. keine fiktiven Einkünfte für haushälterische Leistungen **d** zuzurechnen sind, ist aus Rechtsgründen nichts einzuwenden. Nach den getroffenen Feststellungen stehen den Leistungen der Kl. vergleichbare Leistungen ihres Partners gegenüber.

BGH v. 13. 4. 2005 – XII ZR 273/02 – FamRZ 05, 1154 = NJW 05, 2145

(Minderjährige Kinder sind gleichrangig mit erster Ehefrau, wenn diese gegenüber der zweiten vorrangig ist) **R630**

1. Zu Recht ist das BerGer. allerdings davon ausgegangen, dass in die Mangelfallberechnung Unter- **a** haltsansprüche der zweiten Ehefrau des Bekl. dann nicht einzubeziehen sind, wenn der geschiedenen Ehefrau, der Mutter der Kl., noch ein Unterhaltsanspruch gegen den Bekl. zusteht. Reichen die Mittel, die nach Deckung des Selbstbehalts des Verpflichteten für den Unterhalt mehrerer Berechtigter zur Verfügung stehen, nicht aus, sämtliche Ansprüche zu erfüllen, so sind gleichrangig Berechtigte anteilig zu befriedigen. Hingegen kommt ein nachrangig Berechtigter mit seinem Anspruch nur zum Zuge, soweit nach voller Befriedigung der vorrangigen Ansprüche ein freier Betrag verbleibt (BGH, NJW 1980, 934 = FamRZ 1980, 555 [557]). Hier hat das BerGer. die neue Ehefrau des Bekl. zutreffend als gegenüber den minderjährigen Kindern nachrangig behandelt.

(Vorrang des Kindesunterhalts gegenüber dem Unterhalt des zweiten Ehegatten auch dann, wenn der vorrangige erste Ehegatte zwar ebenfalls unterhaltsberechtigt ist aber den Unterhalt nicht verlangt und mangels Verzugs auch nicht mehr verlangen kann)

Zu Recht weist das BerGer. darauf hin, dass ein Widerspruch zwischen § 1609 II BGB und § 1582 **b** BGB bereits dann besteht, wenn der geschiedene und der neue Ehegatte neben den Kindern unterhaltsberechtigt sind. Denn § 1582 BGB stellt nicht darauf ab, ob der geschiedene Ehegatte seinen Unterhaltsanspruch tatsächlich geltend macht, sondern lediglich darauf, ob dieser nach dem Gesetz überhaupt unterhaltsberechtigt ist. Zwar entfällt das relative Rangverhältnis der Unterhaltsansprüche zweier Ehegatten immer dann, wenn dem geschiedenen Ehegatten schon kein Unterhalt nach den §§ 1570 bis 1581 BGB zusteht, er nicht mehr unterhaltsbedürftig ist oder wenn der Unterhaltsanspruch aus sonstigen Gründen entfallen ist. Letzteres kann auch dann der Fall sein, wenn der geschiedene Ehegatte – zum Beispiel im Rahmen einer Scheidungsfolgenvereinbarung – wirksam auf nachehelichen Ehegattenunterhalt verzichtet hat (§ 1585 c BGB). Auch dann fehlt es an einem Unterhaltsanspruch der geschiedenen Ehefrau, der über den Vorrang nach § 1582 BGB das Rangverhältnis der neuen Ehefrau zu den minderjährigen Kindern beeinflussen könnte (vgl. *Wendl/Gutdeutsch,* 6. Aufl. § 5 Rdnr. 52; FA-FamR/*Gerhardt,* 5. Aufl., Kap. 6 Rdnr. 494; *Scholz/Stein/Kleffmann,* Praxishdb. FamilienR, Sept. 2004, Teil K Rdnr. 18; *Heiß/Born,* Jan. 2004, Kap. 4 Rdnr. 34; wohl auch *Eschenbruch/Wohlgemuth,* Der Unterhaltsprozess, 3. Aufl., Rdnr. 3121).

Anders ist die Rechtslage hingegen zu beurteilen, wenn der geschiedene Ehegatte noch immer unterhaltsberechtigt ist und er seine Ansprüche lediglich nicht geltend macht, sei es um den Unterhalt seiner minderjährigen Kinder nicht zu gefährden, sei es auch in Unkenntnis seiner Unterhaltsberechtigung oder aus anderen Gründen. Dann bleibt es beim (relativen) Vorrang der Unterhaltsansprüche und bei der sich nach der Rechtsprechung des Senats im Wege der teleologischen Reduktion des § 1609 II BGB ergebenden Nachrangigkeit der Unterhaltsansprüche einer neuen Ehefrau auch gegenüber den Unterhaltsansprüchen minderjähriger Kinder. Zu Recht weist das BerGer. darauf hin, dass der unterhaltsberechtigte geschiedene Ehegatte nicht gezwungen sein kann, einen eigenen Unterhaltsanspruch tatsächlich geltend zu machen, nur um den Vorrang der Unterhaltsansprüche seiner minderjährigen Kinder vor denen eines neuen Ehegatten zu wahren (so auch *Lier,* in: AnwK-BGB, 2005, § 1582 Rdnr. 10; *Kalthoener/Büttner/Niepmann,* 9. Aufl., Rdnr. 96; a. A. *Staudinger/Engler,* BGB, Neubearb. 2000, § 1609 Rdnr. 30; *Luthin,* 10. Aufl., Rdnr. 2260; *Johannsen/Henrich/Graba,* EheR, 4. Aufl., § 1609 Rdnr. 3).

Insbesondere wenn der geschiedene Ehegatte die Durchsetzung seiner eigenen Unterhaltsansprüche deswegen unterlässt, weil er seinen Kindern eine höhere Quote bei der Mangelverteilung sichern will, liegt darin eine zweckgerichtete Verfügung, die nicht dazu dient, dem sonst nachrangigen Recht des neuen Ehegatten Gleichrang mit dem Kindesunterhalt zu verschaffen. Damit verzichtet der unterhaltsberechtigte geschiedene Ehegatte weder auf seinen Unterhaltsanspruch noch auf den Vorrang gegenüber einem neuen Ehegatten. Die fehlende Durchsetzung des Unterhaltsanspruchs der geschiedenen Ehefrau ist deswegen nach der Zweckrichtung mit freiwilligen Leistungen Dritter vergleichbar, die ebenfalls nur demjenigen zugute kommen, dem sie nach der Bestimmung des nicht Leistungsverpflichteten allein Vorteile erbringen sollen (vgl. *Senat*, FamRZ 1980, 879; *Wendl/Scholz*, § 3 Rdnr. 114 a).

Daran ändert auch der Umstand nichts, dass die Mutter der Kl. nach § 1585 b II BGB mangels Verzugs oder Rechtshängigkeit ihres Unterhaltsanspruchs keinen rückständigen Unterhalt mehr verlangen kann. Auch dann verbleibt es bei dem einmal entstandenen (relativen) Vorrang gegenüber dem Unterhaltsanspruch der neuen Ehefrau nach § 1582 BGB.

(Überobligatorisches Einkommen; anrechnungsfreier Betrag wegen konkreter Betreuungskosten und Betreuungsbonus)

c aa) Ob und in welchem Umfang ein eigenes Einkommen des unterhaltsbedürftigen geschiedenen Ehegatten, das dieser neben der Kindeserziehung erzielt, nach § 1577 II BGB bei der Unterhaltsberechnung zu berücksichtigen ist, lässt sich nach der Rechtsprechung des Senats nicht pauschal beantworten, sondern ist stets von den besonderen Umständen des Einzelfalls abhängig (vgl. zuletzt *Senat*, NJW 2005, 818 = FamRZ 2005, 442 [444] m. w. Nachw.). Dabei kann die freiwillige Ausübung einer Berufstätigkeit ein maßgebendes Indiz für eine Vereinbarkeit von Kindererziehung und Arbeitsmöglichkeit im konkreten Einzelfall sein (*Senat*, NJW 1981, 2804 = FamRZ 1981, 1159 [1161]). Ein überobligatorisch erzieltes Einkommen ist bei der Unterhaltsbemessung deswegen nicht von vornherein unberücksichtigt zu lassen. Über die Anrechnung ist vielmehr nach Treu und Glauben unter Berücksichtigung der Umstände des Einzelfalls zu entscheiden. Dabei ist nicht zu beanstanden, wenn jedenfalls der Betrag abgesetzt wird, der für die infolge dieser Berufstätigkeit notwendig gewordene anderweitige Betreuung des Kindes aufgewendet werden muss (sog. konkreter Betreuungsaufwand; Schürmann, in: AnwK-BGB, § 1577 Rdnr. 64 m. w. Nachw.; zum Unterhaltpflichtigen vgl. *Senat*, NJW 1982, 2664 = FamRZ 1982, 779 [780]; NJW 1983, 1548 = FamRZ 1983, 569 [570], u. NJW 2001, 973 = FamRZ 2001, 350 [352]). Die Berücksichtigung eines anrechnungsfreien Betrags des auf einer überobligationsmäßigen Tätigkeit beruhenden Mehreinkommens hat der Senat aber auch dann für gerechtfertigt gehalten, wenn keine konkreten Betreuungskosten anfallen, etwa weil die zweite Ehefrau des Unterhaltsverpflichteten das Kind aus dessen Ehe mitbetreut (vgl. *Senat*, NJW 2001, 973 = FamRZ 2001, 350 [352]).

(Keine pauschale Kürzung des überobligatorischen Einkommens)

d bb) In welchem Umfang ein überobligatorisch erzieltes Einkommen nach diesen Grundsätzen unberücksichtigt bleiben kann, muss zwar grundsätzlich der tatrichterlichen Entscheidung überlassen bleiben. Der Senat hat einen Abzug von monatlich 300 DM in einem Fall, in dem die zweite Ehefrau des Unterhaltsverpflichteten dessen 13 und 14 Jahre alte Kinder aus erster Ehe mitbetreute, nicht beanstandet (*Senat*, NJW 1986, 2054 = FamRZ 1986, 790 [791]). Dabei entzieht sich die Bemessung des nach § 1577 II BGB anrechnungsfrei zu belassenden Teils des Einkommens allerdings nach ständiger Rechtsprechung des Senats einer schematischen Beurteilung und hängt im Einzelfall davon ab, wie etwa die Kindesbetreuung mit den konkreten Arbeitszeiten unter Berücksichtigung erforderlicher Fahrzeiten zu vereinbaren ist und ob und gegebenenfalls zu welchen Zeiten die Kinder infolge eines Kindergartenoder Schulbesuchs zeitweise der Betreuung ohnehin nicht bedürfen (*Senat*, NJW 2001, 973 = FamRZ 2001, 350 [352]).

Der vom BerGer. lediglich pauschal bemessene hälftige Ansatz der von der Mutter der Kl. erzielten Einkünfte hält diesen Anforderungen nicht stand. Konkrete Betreuungskosten habe die Kl. insoweit nicht vorgetragen. Bei der Bemessung eines anrechnungsfreien Betrags ist zu berücksichtigen, dass die Kl. im Zeitpunkt der Berufungsentscheidung 13 bzw. zehn Jahre alt waren und ihre Mutter einen Teil ihrer Tätigkeit während einer Zeit ausüben kann, in der die Kl. die Schule besuchen. Letztlich ist im Rahmen der Ermessensausübung auch zu berücksichtigen, dass die Mutter der Kl. durch ihre Teilzeittätigkeit immerhin ein monatliches Nettoeinkommen in Höhe von 2700 DM erzielt, während der Bekl. bei einem Monatseinkommen von circa 3400 DM neben den Kl. jedenfalls auch seinem weiteren Kind aus zweiter Ehe und seiner zweiten Ehefrau unterhaltspflichtig ist.

(Einkommen aus überobligatorischer Tätigkeit eheprägend nach Abzug anrechnungsfreier Betrag)

e b) Zu Recht hat das BerGer. ein der Mutter der Kl.gem. § 1577 II BGB nach Billigkeit zuzurechnendes eigenes Einkommen allerdings im Wege der Differenzmethode berücksichtigt.

aa) Der BGH hat im Jahre 2001 – unter Aufgabe der früheren Rechtsprechung – entschieden, dass die ehelichen Lebensverhältnisse nach § 1578 BGB nicht nur durch die Bareinkünfte des erwerbstätigen Ehegatten, sondern auch durch die Leistungen des anderen Ehegatten im Haushalt mitbestimmt werden und hierdurch eine Verbesserung erfahren. Denn die ehelichen Lebensverhältnisse umfassen alles, was während der Ehe für den Lebenszuschnitt der Ehegatten nicht nur vorübergehend tatsächlich von Bedeutung ist, mithin auch den durch die häusliche Mitarbeit des nicht erwerbstätigen Ehegatten erreichten sozialen Standard (*Senat* NJW 2001, 2254 = FamRZ 2001, 986 [989]). Entsprechend orientiert sich auch die Teilhabequote an der Gleichwertigkeit der beiderseits erbrachten Leistungen, so dass beide Ehegatten hälftig an dem durch Erwerbseinkommen einerseits, Haushaltsführung andererseits geprägten ehelichen Lebensstandard teilhaben. Nimmt der haushaltsführende Ehegatte nach der Scheidung eine Erwerbstätigkeit auf oder erweitert er sie über den bisherigen Umfang hinaus, so kann sie als Surrogat für seine bisherige Familienarbeit angesehen werden, weil sich der Wert seiner Haushaltstätigkeit dann, von Ausnahmen einer ungewöhnlichen, vom Normalverlauf erheblich abweichenden Karriereentwicklung abgesehen, in dem daraus erzielten oder erzielbaren Einkommen widerspiegelt. Wenn der unterhaltsberechtigte Ehegatte nach der Scheidung solche Einkünfte erzielt oder erzielen kann, die gleichsam als Surrogat des wirtschaftlichen Werts seiner bisherigen Tätigkeit angesehen werden können, ist dieses Einkommen nach der Differenzmethode in die Unterhaltsberechnung einzubeziehen (*Senat*, BGHZ 148, 105 [120 f.] = NJW 2001, 2254). Diese Rechtsprechung hat das BVerfG ausdrücklich gebilligt. Danach entspricht es dem gleichen Recht und der gleichen Verantwortung bei der Ausgestaltung des Ehe- und Familienlebens, auch die Leistungen, die jeweils im Rahmen der gemeinsamen Arbeits- und Aufgabenzuweisung erbracht werden, als gleichwertig anzusehen. Deshalb sind die von den Ehegatten für die eheliche Gemeinschaft jeweils erbrachten Leistungen unabhängig von ihrer ökonomischen Bewertung gleichgewichtig. Auch der zeitweilige Verzicht eines Ehegatten auf Erwerbstätigkeit, um die Haushaltsführung oder die Kindererziehung zu übernehmen, prägt also die ehelichen Verhältnisse, wie die vorher ausgeübte Berufstätigkeit und die danach wieder aufgenommene oder angestrebte Erwerbstätigkeit (BVerfGE 105, 1 [11 f.] = NJW 2002, 1185 = FamRZ 2002, 527 [529]; vgl. auch *Senat*, NJW 2004, 2303 = FamRZ 2004, 1170, u. NJW 2004, 2305 = FamRZ 2004, 1173).

bb) Ebenso hat der Senat bereits entschieden, dass bei der Berechnung des eheangemessenen Unterhaltsbedarfs gem. § 1578 BGB der sich im Surrogat fortsetzende Wert der Haushaltstätigkeit auch in den Fällen im Wege der Additions- oder Differenzmethode in die Unterhaltsberechnung einzubeziehen ist, „in denen ein Erwerbseinkommen des unterhaltsberechtigten Ehegatten bisher nicht als eheprägend in die Bedarfsbemessung einbezogen wurde, weil es durch eine unzumutbare und die ehelichen Lebensverhältnisse deshalb nicht nachhaltig prägende Erwerbstätigkeit erzielt wurde" (*Senat*, BGHZ 148, 368 [381] = NJW 2001, 3618 = FamRZ 2001, 1687 [1691]). Schon damit hatte der Senat seine frühere Rechtsprechung (vgl. *Senat*, NJW-RR 1998, 721 = FamRZ 1998, 1501 m. w. Nachw.) aufgegeben, wonach Einkünfte aus unzumutbarer Tätigkeit die ehelichen Lebensverhältnisse grundsätzlich nicht nachhaltig prägen können, weil der Unterhaltsberechtigte diese Tätigkeit jederzeit wieder aufgeben kann (zur Kritik an der früheren Rspr. vgl. *Scholz*, FamRZ 2002, 733 [734]).

Den Umfang des somit zu berücksichtigenden Einkommens hat der Senat bislang lediglich negativ dahin abgegrenzt, dass „bei der Berechnung des eheangemessenen Unterhaltsbedarfs gem. 1578 BGB nach der so genannten Additions- bzw. Differenzmethode ... ein vom Unterhaltsberechtigten überobligationsmäßig erzielter Einkommensanteil nicht einzubeziehen" ist (*Senat*, NJW 2003, 1181 = FamRZ 2003, 518 [520] m. Anm. *Büttner*). Denn auch als Surrogat kann nur der zu berücksichtigende Anteil eines überobligatorisch erzielten Einkommens an die Stelle der eheprägenden früheren Haushaltstätigkeit oder Kindererziehung treten. Zu Recht hat das BerGer. deswegen den nach den §§ 1577 II, 242 BGB zu bemessenden Anteil der überobligationsmäßigen Einkünfte (im Folgenden: unterhaltsrelevanter Anteil) der Mutter der Kl. in die Differenzmethode einbezogen.

Soweit teilweise aus dieser Rechtsprechung des Senats hergeleitet wird, ein nicht unterhaltsrelevanter überobligationsmäßig erzielter Einkommensanteil sei im Wege der Anrechnungsmethode in die Unterhaltsberechnung einzubeziehen (Büttner, Anm. zu *Senat*, NJW 2003, 1181 = FamRZ 2003, 518), verkennt dieses die Rechtsprechung des Senats. Mit Urteil vom 22. 1. 2003 (NJW 2003, 1181 = FamRZ 2003, 518 [522]) hat der Senat lediglich ausgeführt, dass bei der Berechnung des eheangemessenen Unterhaltsbedarfs gem. § 1578 BGB der nicht unterhaltsrelevante Teil eines vom Unterhaltsberechtigten überobligationsmäßig erzielten Einkommensanteils nicht in die so genannte Additions- bzw. Differenzmethode einzubeziehen ist. Damit hat der Senat seinen schon zuvor angelegten Wechsel der Rechtsprechung fortgeführt und entschieden, dass nur der unterhaltsrelevante Anteil eines überobligatorisch erzielten Einkommens die ehelichen Lebensverhältnisse prägen kann und deswegen bei der Bedarfsbemessung nach den ehelichen Lebensverhältnissen zu berücksichtigen ist. Umgekehrt prägt der in Anwendung der §§ 1577 II, 242 BGB nicht unterhaltsrelevante Anteil der überobligationsmäßig erzielten Einkünfte die ehelichen Lebensverhältnisse nicht. Das gilt allerdings in gleicher Weise auch für die Stufe der Bedarfsdeckung; auch insoweit ist nur der unterhaltsrelevante Anteil der überobligationsmäßig erzielten Einkünfte einzubeziehen. Der nicht unterhaltsrelevante Anteil der über-obligationsmäßig erzielten Einkünfte bleibt bei der Unterhaltsermittlung also vollständig unberück-sichtigt.

Denn eine Einbeziehung des nicht unterhaltsrelevanten Anteils der überobligationsmäßig erzielten Einkünfte würde stets zu Ergebnissen führen, die mit der Rechtsprechung des Senats nicht vereinbar sind. Würde dieser Einkommensanteil im Wege der Anrechnungsmethode berücksichtigt, widerspräche das schon allgemein der Surrogatrechtsprechung des Senats zur Bemessung des Umfangs der eheprägenden Haushaltstätigkeit bzw. Kindererziehung. Danach ist – von Ausnahmen einer unge-wöhnlichen, vom Normalverlauf erheblich abweichenden Karriereentwicklung abgesehen – ein später erzieltes Einkommen regelmäßig mit dem gleichen Betrag sowohl als eheprägend und damit als bedarfs-begründend, als auch als bedarfsdeckend zu berücksichtigen, was der Anwendung der Additions- bzw. Differenzmethode entspricht. Zudem würde eine Berücksichtigung dieses Anteils stets zu untragbaren Ergebnissen führen. Denn würde auch dieser Einkommensanteil im Wege der Additions- oder Diffe-renzmethode berücksichtigt, stünde der Unterhaltsberechtigte so wie ein Unterhaltsberechtigter, dem ein in gleicher Höhe erzieltes Einkommen in vollem Umfang zurechenbar ist und das deswegen insgesamt im Wege der Additions- bzw. Differenzmethode Berücksichtigung findet. Würde man den nicht unterhaltsrelevanten Anteil der überobligationsmäßig erzielten Einkünfte hingegen im Wege der Anrechnungsmethode berücksichtigen, stünde der Unterhaltsberechtigte mit überobligationsmäßig erzielten Einkünften sogar schlechter als ein Unterhaltsberechtigter, dem ein in gleicher Höhe erzieltes Einkommen in vollem Umfang zurechenbar ist.

Zu Recht und im Einklang mit dieser Surrogatrechtsprechung des Senats hat das BerGer. deswegen dem unterhaltsrelevanten und somit eheprägenden Teil der überobligationsmäßig erzielten Einkünfte der geschiedenen Ehefrau des Bekl. auch im Rahmen der Bedarfsdeckung nur Einkünfte in diesem Umfang gegengerechnet.

BGH v. 11. 5. 2005 – XII ZR 108/02 – FamRZ 05, 1162 = NJW 05, 2223

R631   *(Zustimmung zum Realsplitting Zug um Zug gegen bindende Freistellungserklärung)*

a   Nach ständiger Rechtsprechung des *Senats* (NJW 1983, 1545 = FamRZ 1983, 576; NJW 1985, 195 = FamRZ 1984, 1211, u. NJW 1986, 254 = FamRZ 1985, 1232 [1233]) kann der unterhaltspflichtige Ehegatte die Zustimmung des anderen zum so genannten begrenzten Realsplitting nach § 10 I Nr. 1 EStG regelmäßig nur Zug um Zug gegen eine bindende Erklärung verlangen, durch die er sich zur Freistellung des unterhaltsberechtigten Ehegatten von der Steuerschuld verpflichtet, die diesem als Folge der Besteuerung der erhaltenen Unterhaltszahlungen erwächst. Die diesbezüglichen Verpflich-tungen beider Seiten sind Ausprägungen des Grundsatzes von Treu und Glauben (§ 242 BGB) im Rahmen des zwischen ihnen bestehenden gesetzlichen Unterhaltsrechtsverhältnisses.

(Voraussetzungen § 1585 b III BGB)

b   § 1585 b III BGB schränkt die Forderung von Unterhalt für eine mehr als ein Jahr zurückliegende Zeit sowie von entsprechenden Erfüllungssurrogaten ein, weil die Unterhaltsverpflichtung grundsätz-lich darauf gerichtet ist, die Mittel für den laufenden Lebensbedarf des Berechtigten zur Verfügung zu stellen. Auch soll der Schuldner vor Härten geschützt werden, die sich aus der Inanspruchnahme für eine Zeit ergeben, in der er sich auf eine Unterhaltsverpflichtung nicht einzurichten brauchte.

(§ 1585 b III BGB gilt nicht für Ausgleichsansprüche nach dem Realsplitting)

c   2. Der Einschränkung des § 1585 b III BGB für die Durchsetzung von Unterhaltsforderungen, die länger als ein Jahr vor der Rechtshängigkeit fällig wurden, liegen Rechtsgedanken zu Grunde, die sich auf das Unterhaltsrecht beschränken. Das Gesetz will eine dergestalt verspätete Geltendmachung des Unterhaltsanspruchs dadurch sanktionieren, dass sie nur unter einer erschwerenden Voraussetzung durchgreifen kann. Dem Wesen nach handelt es sich um eine Ausformung des Rechtsinstituts der Verwirkung, die an eine „illoyal verspätete Geltendmachung" des Rechts nachteilige Folgen für den Rechtsinhaber knüpft (vgl. dazu auch BGHZ 84, 280 [283] = NJW 1982, 1999, u. *Senat,* NJW 1988, 1137 = FamRZ 1988, 370 [372 f.]). Der Gläubiger soll dadurch veranlasst werden, seinen Unterhalts-anspruch zeitnah zu verwirklichen, auch damit nicht beim Schuldner eine übergroße Schuldenlast anwächst (vgl. dazu auch *Senat,* NJW-RR 1987, 1220 = FamRZ 1987, 1014 [1015]). Das Gesetz bringt auch in weiteren Regelungen zum Ausdruck, dass Unterhaltsforderungen für eine mehr als ein Jahr zurückliegende Zeit mit einer besonderen Schwäche behaftet sind (*Senat,* NJW 1989, 526 = FamRZ 1989, 150 [152 f.], unter Hinw. auf die Vorschriften der § 1613 II Nr. 1 BGB u. § 850 d I 4 ZPO). Auch § 1585 b II BGB, wonach Unterhalt für die Vergangenheit erst vor der Zeit an gefordert werden kann, in der der Unterhaltspflichtige in Verzug gekommen oder der Unterhaltsanspruch rechts-hängig geworden ist, beruht auf dem Gedanken, dass Unterhalt seinem Wesen nach zur Bestreitung des laufenden Lebensbedarfs dient und die Befriedigung der Bedürfnisse einer zurückliegenden Zeit an sich nicht möglich ist, so dass grundsätzlich keine Notwendigkeit besteht, darauf beruhende Ansprüche fortdauern zu lassen. Zugleich soll der Unterhaltspflichtige durch diese Vorschrift vor Härten geschützt werden, die sich aus einer Inanspruchnahme für eine Zeit ergeben können, in der er noch nicht mit dem Unterhaltsanspruch rechnen musste (*Senat,* NJW 1992, 1956 = FamRZ 1992, 920 [921]). Um einen solchermaßen begrenzten Unterhaltsanspruch handelt es sich bei dem Anspruch des Unterhaltsberechtigten auf Ausgleich des Steuernachteils infolge seiner Zustimmung zum begrenzten Realsplitting hingegen nicht.

Zwar hat der Senat inzwischen entschieden, dass gegenüber dem Anspruch eines unterhaltsberechtigten geschiedenen Ehegatten auf Erstattung der ihm als Folge des begrenzten steuerlichen Realsplittings erwachsenden steuerlichen Nachteile grundsätzlich nicht mit Gegenforderungen aufgerechnet werden kann (*Senat,* NJW 1997, 1441 = FamRZ 1997, 544 [545 f.]). Dabei hat sich der Senat allerdings entscheidend auf den Zweck des § 850 b I Nr. 2 ZPO und die Entwicklung dieser Vorschrift gestützt. Danach erfasst die Regelung entgegen dem Wortlaut (Unterhalts-„Renten") generell Unterhalts-„Forderungen", die im Rahmen oder auf Grund einer gesetzlichen Unterhaltsverpflichtung geschuldet werden, und damit auch einmalig zu zahlende Unterhaltsbeträge. Denn auch diese sind dazu bestimmt, dem Berechtigten die zu seinem Lebensunterhalt bestimmten Mittel – unverkürzt und rechtzeitig – zukommen zu lassen.

Der Senat hat insoweit für den Ausgleichsanspruch aus dem begrenzten Realsplitting auf dessen (auch) unterhaltsrechtlichen Charakter abgestellt. Denn die Ausgleichsverpflichtung dient dem Zweck, dem Unterhaltsberechtigten durch die Ausgleichung der durch die begrenzten Realsplitting für ihn verbundenen Belastung den ihm zustehenden Nettounterhalt im Ergebnis ungeschmälert zu sichern. Wegen der damit erzielten Sicherung des Unterhalts ist der Anspruch des Unterhaltsberechtigten auf Erstattung der infolge des begrenzten Realsplittings entstehenden Steuerlast von dem weiten Geltungsbereich des § 850 b I Nr. 2 ZPO umfasst (*Senat,* NJW 1997, 1441 = FamRZ 1997, 544 [545 f.]). Der Ausgleichsanspruch sichert also den Unterhaltsanspruch des Berechtigten und genießt den gleichen Schutz wie dieser, ohne indessen selbst ein Unterhaltsanspruch zu sein. Deswegen hat der Senat daran festgehalten, dass die Verpflichtung des ausgleichsberechtigten Ehegatten zur Zustimmung zum begrenzten Realsplitting gegen Ausgleich der ihm hierdurch gegebenenfalls erwachsenden steuerlichen Nachteile „auf einer Ausprägung des Grundsatzes von Treu und Glauben im Rahmen des zwischen geschiedenen Ehegatten bestehenden gesetzlichen Unterhaltsrechtsverhältnisses" beruht (*Senat,* NJW 1986, 254 = FamRZ 1985, 1232 [1233]; NJW 1997, 1441 = FamRZ 1997, 544 [546], u. NJW-RR 1998, 1153 = FamRZ 1998, 953 [954]). Der Ausgleichsanspruch dient nicht der Befriedigung des laufenden Lebensunterhalts, denn dieser ist bereits gezahlt, sondern gleicht lediglich aus Gründen von Treu und Glauben einen konkret entstehenden Nachteil des Unterhaltsberechtigten im Hinblick auf den mindestens gleich hohen Vorteil beim Unterhaltspflichtigen aus. Auf diesen Anspruch ist § 1585 b III BGB deswegen nicht unmittelbar anwendbar.

3. Entgegen anderen Stimmen in Rechtsprechung und Literatur (OLG Hamburg, FamRZ 2000, 888 [889]; *Heiß/Born/Linderer,* Stand: Juli 2004, Kap. 43 Rdnr. 25 a; *Johannsen/Henrich/Büttner,* EheR, 4. Aufl., § 1585 b Rdnr. 4; FA-FamR/*Gerhardt,* 5. Aufl., Kap. 6 Rdnr. 71) ist § 1585 b III BGB auf diesen Ausgleichsanspruch auch nicht analog anwendbar. Die Vorschrift des § 1585 b III BGB beinhaltet nach einhelliger Auffassung eine spezielle Ausformung des allgemeinen Verwirkungsgrundsatzes (*Senat,* BGHZ 105, 250 = NJW 1989, 526 = FamRZ 1989, 150 [152 f.]). Liegen die Voraussetzungen dieses besonderen Anwendungsbereichs der Verwirkung nicht vor, verbleibt es deswegen bei der Anwendbarkeit des aus den Grundsätzen von Treu und Glauben (§ 242 BGB) folgenden allgemeinen Verwirkungsgrundsatzes als Unterfall der unzulässigen Rechtsausübung (*Senat,* NJW 1982, 1999; BGHZ 105, 290 [298] = NJW 1989, 836). Damit fehlt es auch an einer Regelungslücke für eine analoge Anwendung des § 1585 b III BGB (so i. E. auch *Göppinger/Wax/Kodal,* Rdnr. 1139; *Weinreich/Klein,* § 1585 b Rdnr. 15).

BGH v. 11. 5. 2005 – XII ZR 211/02 – FamRZ 05, 1817 = NJW 05, 3277

(Scheidung Einsatzzeit bei Ansprüchen nach § 1573 BGB) R632

II. 1. Zutreffend ist das BerGer. allerdings davon ausgegangen, dass Aufstockungsunterhalt gem. **a** § 1573 II BGB geschuldet wird, wenn die Anspruchsvoraussetzungen zur Zeit der Scheidung vorgelegen haben. Die in § 1573 III und IV BGB enthaltenen Regelungen wären nicht verständlich, wenn für den Anspruch nach § 1573 II BGB nicht die Zeit der Scheidung als Einsatzzeit gelten würde (vgl. *Senat,* NJW 1983, 2321 = FamRZ 1983, 886; Wendl/Pauling, 6. Aufl., § 4 Rdnr. 126; Schwab/Borth, 5. Aufl., Kap. IV Rdnr. 285; *Kalthoener/Büttner/Niepmann,* 9. Aufl., Rdnr. 439). Dass der Unterhaltsberechtigte den Anspruch erst zu einem späteren Zeitpunkt geltend macht, ist ohne Bedeutung.

(Splittingvorteil bei Wiederverheiratung und Vorrang des ersten Ehegatten nur für neue Ehe)

b   Hinsichtlich des Einkommens des Bekl. hat das BerGer. die Auffassung vertreten, dass – abgesehen von der gebotenen Außerachtlassung des Kinderfreibetrags für den Stiefsohn – auf die reale steuerliche Belastung abzustellen sei mit der Folge, dass der Splittingvorteil, der dem Bekl. zugute komme, sich auch zu Gunsten der Kl. auswirke. Das steht mit der früheren Rechtsprechung des Senats in Einklang. Mit Beschluss vom 7. 10. 2003 hat das BVerfG allerdings entschieden, dass der Gesetzgeber den Vorteil, der aus dem Steuersplitting folgen könne, der bestehenden Ehe von gemeinsam steuerlich veranlagten und zusammenlebenden Ehegatten zugewiesen habe. Der Splittingtarif falle deshalb weg, wenn die Eheleute dauerhaft getrennt lebten oder sich scheiden ließen. Um eine gleichzeitig mit dem Wegfall des Splittingvorteils durch einen Unterhaltsanspruch des getrennt lebenden oder geschiedenen Ehegatten eintretende Belastung des Unterhaltspflichtigen steuerlich aufzufangen, habe der Gesetzgeber geschiedenen Ehegatten die Möglichkeit des Realsplittings eingeräumt, die so lange eröffnet sei, wie die Unterhaltsverpflichtung bestehe. Gehe der Unterhaltspflichtige aber eine neue Ehe ein, sei dies bei Zusammenveranlagung der Ehegatten anspruchsbegründender Tatbestand für den Eintritt eines möglichen Splittingvorteils. Dabei handele es sich nicht um ein Wiederaufleben des steuerlichen Splittingvorteils, in dessen Genuss die geschiedenen Ehegatten bei Bestehen ihrer Ehe gekommen seien oder hätten kommen können. Vielmehr entstehe mit der neuen Ehe eine neue Einkommenskonstellation zwischen den nunmehr miteinander verbundenen Ehegatten, die maßgeblich dafür sei, ob und inwieweit ihre Ehe durch das Splittingverfahren steuerliche Vorteile erfahre. Der neuen Ehe und nicht der geschiedenen Ehe des wiederverheirateten Unterhaltspflichtigen solle also eine steuerliche Entlastung zuteil werden. Eine andere Interpretation von § 1578 I 1 BGB würde der neuen Ehe den Schutz nach Art. 6 I GG entziehen, der auch ihr in Ausformung des grundgesetzlichen Auftrags durch den Gesetzgeber zukomme, und sei deshalb mit dem Grundgesetz nicht vereinbar (BVerfGE 108, 351 [363 ff.] = NJW 2003, 3466).

Mit Rücksicht auf diese Entscheidung kann die bisherige Rechtsprechung des Senats zur Behandlung des Splittingvorteils bei der Bemessung des Ehegattenunterhalts nicht aufrechterhalten werden. Da eine hierauf beruhende steuerliche Entlastung von Verfassungs wegen der neuen Ehe zugewiesen ist, hat der betreffende Gesichtspunkt als ein die Lebensverhältnisse der geschiedenen Ehe prägender Umstand außer Betracht zu bleiben. Für die Ermittlung des unterhaltsrelevanten Einkommens des Unterhaltspflichtigen ist deshalb ein gegebenenfalls vorhandener Splittingvorteil zu eliminieren und eine fiktive Steuerberechnung anhand der Grundtabelle vorzunehmen, soweit es um die Inanspruchnahme auf Zahlung von Ehegattenunterhalt geht.

(Splittingvorteil bei Wiederverheiratung für alle Kinder)

c   Demgegenüber kommt Kindern aus einer früheren Ehe des Unterhaltspflichtigen der mit der Wiederheirat verbundene Steuervorteil zugute, da es im Verwandtenunterhalt grundsätzlich auf das tatsächlich vorhandene Einkommen, mithin auch auf die reale Steuerbelastung ankommt.

(Fiktive Steuerberechnung bei Wiederverheiratung Pflichtiger nach Grundtabelle mit Realsplittingvorteil)

d   Für die Berechnung des der Kl. zustehenden Unterhalts kann danach – im Gegensatz zum Kindesunterhalt, vgl. dazu III 2 – nicht von dem vom BerGer. festgestellten Einkommen des Bekl. ausgegangen werden, denn von dessen Bruttoerwerbseinkommen ist Lohnsteuer nach Steuerklasse III abgeführt worden. Erforderlich ist deshalb die Feststellung, welche steuerliche Belastung sich für den Bekl. in seiner konkreten steuerrechtlichen Situation bei Anwendung der Grundtabelle – gegebenenfalls aber unter Berücksichtigung eines Steuervorteils aus dem begrenzten Realsplitting bezüglich des in Höhe von monatlich 1000 DM freiwillig gezahlten Ehegattenunterhalts – ergeben würde.

(Kein Abzug Kindesunterhalt von Stiefkindern)

e   Das BerGer. ist weiter davon ausgegangen, die für den Stiefsohn eingegangene Zahlungsverpflichtung des Bekl. müsse unterhaltsrechtlich außer Betracht bleiben. Demgegenüber macht die Revision geltend, insoweit bestehe nicht nur eine sittliche Pflicht, sondern eine Rechtspflicht, die der Bekl. habe übernehmen müssen, um eine Familienzusammenführung zu ermöglichen. Dessen neue Familie, der auch der Stiefsohn angehöre, stehe unter dem Schutz von Art. 6 I GG, weshalb die mit der Familienzusammenführung verbundenen Kosten unterhaltsrechtlich zu berücksichtigen seien.

Dem vermag der Senat nicht zu folgen.

a) Es ist zwar zutreffend, dass unter der Familie i. S. des Art. 6 I GG jedenfalls die aus Eltern und Kindern bestehende Gemeinschaft zu verstehen ist, zu den Kindern aber auch Stief-, Adoptiv- und Pflegekinder sowie (im Verhältnis zur Mutter) nichteheliche Kinder gehören (BVerfGE 18, 97 [105 f.] = NJW 1964, 1536; BVerfGE 68, 176 [187] = NJW 1985, 423; Badura, in: Maunz/Dürig, GG, Art. 6 Rdnr. 60). Richtig ist auch, dass der besondere Schutz der staatlichen Ordnung, den die Familie mit ausländischen Angehörigen beanspruchen kann, hauptsächlich in den Regelungen des Ausländerrechts über das familiäre Zusammenleben (Aufenthaltsrecht, Familiennachzug, Schutz gegen aufenthaltsbeendende Maßnahmen) zur Geltung kommt (*Badura,* in: Maunz/Dürig, Art. 6 Rdnr. 63). Der Schutz des Art. 6 I GG gilt jedoch unterschiedslos jeder Ehe. Nicht nur die bestehende Ehe, sondern auch die Folgewirkungen einer geschiedenen Ehe werden durch Art. 6 I GG geschützt (vgl. BVerfGE 53, 257 [296] = NJW 1980, 692; BVerfGE 108, 351 [364] = NJW 2003, 3466). Damit erstreckt sich der Schutz auch auf die nach der Scheidung bestehenden Unterhaltsansprüche, die als Folgewirkung der personalen Verantwortung der Ehegatten füreinander anzusehen sind. Deshalb ist es verfassungsrechtlich nicht zu beanstanden, dass der Gesetzgeber beim Aufeinandertreffen von Unterhaltsansprüchen aus der geschiedenen und aus der neuen Ehe des Unterhaltspflichtigen dem geschiedenen Unterhaltsberechtigten durch § 1582 BGB einen Vorrang eingeräumt hat (vgl. auch *Senat,* NJW 2005, 2145 = FamRZ 2005, 1154 [1155f.]). Er hat damit dem Umstand Rechnung getragen, dass der Anspruch des geschiedenen Ehegatten schon bestanden hat, bevor die neue Ehe eingegangen worden ist, beide Ehegatten von dieser wirtschaftlichen Last aus der ersten Ehe gewusst haben und sich insoweit darauf haben einrichten können (BVerfGE 66, 84 [98] = NJW 1984, 1523). Das sind nach wie vor hinreichende Gründe, die die unterschiedliche unterhaltsrechtliche Behandlung von geschiedenen und verheirateten Unterhaltsberechtigten rechtfertigen (BVerfGE 108, 351 [365] = NJW 2003, 3466). Der neuen Ehe werden demgegenüber die steuerlichen Vorteile eingeräumt, deren Entstehen vom Eheschluss ausgelöst wird und die das Zusammenleben der Ehegatten voraussetzen.

Differenziert der Gesetzgeber in Erfüllung und Ausgestaltung seiner Verpflichtung aus Art. 6 I GG zwischen geschiedenen und bestehenden Ehen und gewährt er ihnen unterschiedliche Vorteile, mit denen er ihrer jeweiligen Bedarfslage gerecht werden will, haben die Gerichte dies bei ihren Entscheidungen zu beachten. Das folgt aus dem Gebot des Art. 6 I GG, jeder Ehe den Schutz zukommen zu lassen, der in der jeweiligen gesetzlichen Ausformung seine Konkretisierung findet (BVerfGE 108, 351 [365] = NJW 2003, 3466).

In das dem Ausgleich der jeweiligen Interessen dienende Gefüge würde aber eingegriffen, wenn die für ein Mitglied der neuen Familie aufzubringenden Lebenshaltungskosten bei der Bemessung der Unterhaltsansprüche der Mitglieder der Erstfamilie berücksichtigt würden. Das wird im vorliegenden Fall auch aus folgender Erwägung deutlich: Die zweite Ehefrau des Unterhaltspflichtigen geht der geschiedenen Ehefrau im Rang nach, obwohl ihr ebenfalls ein Unterhaltsanspruch, nämlich ein solcher auf Familienunterhalt, zusteht. Dann muss das Kind der neuen Ehefrau, für das keine gesetzliche Unterhaltspflicht des Ehemannes besteht, bei der Bemessung des der geschiedenen Ehefrau zustehenden Unterhalts erst recht außer Betracht bleiben. Das gilt entsprechend gegenüber dem Unterhaltsanspruch des erstehelichen Kindes. Dessen Unterhaltsanspruch kann nicht dadurch geschmälert werden, dass der Ehemann für den Sohn seiner zweiten Ehefrau aufkommen muss. Das ergibt sich bereits aus folgender Überlegung: Ist das ersteheliche Kind minderjährig, so steht es seiner Mutter, der geschiedenen Ehefrau, im Rang gleich, geht also ebenso wie diese der neuen Ehefrau vor. Ist das Kind volljährig, so geht es der neuen Ehefrau zwar im Rang nach. Durch den diesem Kind geschuldeten Unterhalt wurden aber die ehelichen Lebensverhältnisse der jetzt bestehenden Ehe geprägt, so dass auch der Unterhalt des volljährigen Kindes bei der Bedarfsbemessung vorweg zu berücksichtigen ist. Ein Stiefkind kann aber auch insoweit nicht besser stehen als seine Mutter. Das muss erst recht gelten, wenn die finanziellen Verhältnisse des Unterhaltspflichtigen es diesem – wie im vorliegenden Fall – erlauben, auch für den Lebensunterhalt der neuen Familie aufzukommen.

b) Das BerGer. hat weiter zu Recht angenommen, dass die gegenüber der Ausländerbehörde begründete Zahlungsverpflichtung nicht als sonstige Verbindlichkeit zu berücksichtigen ist. Ob vom Unterhaltspflichtigen eingegangene Schulden unterhaltsrechtlich zu beachten sind, ist unter umfassender Interessenabwägung zu beurteilen, wobei es insbesondere auf den Zweck der Verbindlichkeiten, den Zeitpunkt und die Art ihrer Entstehung, die Kenntnis des Unterhaltspflichtigen von Grund und Höhe der Unterhaltsschuld und andere Umstände ankommt (*Senat,* NJW 1992, 1624 = FamRZ 1992, 797 [798]).

Danach ist hier von Bedeutung, dass es sich nicht um eine – in Bezug auf die erste Ehe des Unterhaltspflichtigen – ehebedingte Verbindlichkeit handelt. Vielmehr hat er die Verpflichtungserklärung in Kenntnis seiner Unterhaltspflicht für die Kl. im Interesse der Beziehung zu seiner späteren Ehefrau abgegeben. Ein Vorwegabzug kommt auf der Stufe der Bedarfsbemessung aber nur in Betracht, wenn und soweit es sich um ehebedingte Verbindlichkeiten handelt, weil die entsprechenden Einkommensteile auch bei weiterem Zusammenleben der Ehegatten nicht zur Deckung des laufenden Bedarfs zur Verfügung gestanden hätten (vgl. *Senat,* NJW 1997, 1919 = FamRZ 1997, 806 [807]). Für die Bemessung des Unterhaltsbedarfs der Kl. hat die Verpflichtungserklärung deshalb unberücksichtigt zu bleiben.

(Keine Berücksichtigung von Kinderfreibeträgen für Stiefkinder bei Steuerlast)

c) Mit Rücksicht darauf ist es rechtlich nicht zu beanstanden, dass das BerGer. andererseits auch den **f** steuerlichen Vorteil, der dem Beklagten durch den Kinderfreibetrag für den Stiefsohn zukommt, außer

Betracht gelassen hat. Eine fiktive Steuerlast ist dann in Ansatz zu bringen, wenn steuermindernde tatsächliche Aufwendungen vorliegen, die unterhaltsrechtlich nicht anzuerkennen sind (*Senat,* NJW 2005, 2077 = FamRZ 2005, 1159 [1161]). Das ist hier der Fall.

(EheprägenderWohnwert; Zinsen Surrogat bei Veräußerung)

g Die ehelichen Lebensverhältnisse der Kl. und des Bekl. waren dadurch geprägt, dass sie gemeinsam Eigentümer eines Hauses waren, in dem sie mietfrei wohnten. Der eheangemessene Bedarf erhöhte sich deshalb durch die gezogenen Nutzungsvorteile (st. Rspr. des *Senats,* vgl. etwa *Senat,* FamRZ 1998, 87 [88]). Diese Nutzungsvorteile entfallen, wenn das gemeinsam genutzte Haus im Zusammenhang mit der Scheidung veräußert wird. An ihre Stelle treten allerdings die Vorteile, die die Ehegatten in Form von Zinseinkünften aus dem Erlös ihrer Miteigentumsanteile ziehen oder ziehen könnten (*Senat,* NJW 2001, 2259 = FamRZ 2001, 1140 [1143] und NJW 2002, 436 = FamRZ 2002, 88 [92]).

(Nutzungsentschädigung für gemeinsame Immobilie prägend; Bei Teiungsversteigerung und Erwerb einer Haushälfte bei einem Ehegatten Zinsen aus dem Erlös eheprägendes Surrogat, bei anderen Ehegatten voller Wohnwert abzüglich Verbindlichkeiten; Tilgung nur Abzugsposten, wenn zulässige Altervorsorge)

h Das gilt auch dann, wenn das Haus nicht an einen Dritten veräußert wird, sondern wenn ein Ehegatte seinen Miteigentumsanteil auf den anderen überträgt bzw. wenn einer von ihnen das Haus im Rahmen der Teilungsversteigerung erwirbt. In diesem Fall tritt für den seinen Anteil verlierenden Ehegatten der Erlös als Surrogat an die Stelle der Nutzungsvorteile seines Miteigentumsanteils, bei dem anderen Ehegatten ist dagegen der volle Wohnwert anzusetzen (*Senat,* NJW 2005, 2077 = FamRZ 2005, 1159 [1161]). Wird das Haus nicht veräußert, sondern von einem Ehegatten weiter genutzt, so verbleibt ihm der Wohnvorteil, allerdings vermindert um eventuelle Belastungen. Eine von ihm an den anderen Ehegatten gezahlte Nutzungsentschädigung tritt auf dessen Seite als Surrogat an die Stelle des früheren Nutzungsvorteils.

b) Deshalb hätte die von der Kl. entrichtete Nutzungsentschädigung bei dem Bekl. nicht unberücksichtigt bleiben dürfen. Vielmehr erhöhte sie sein Einkommen, soweit davon nicht Hauslasten, insbesondere Zins- und Tilgungsleistungen auf bestehende Kreditverbindlichkeiten, zu begleichen waren.

Für die Zeit nach dem Erwerb des Hauses durch den Bekl. ist bei diesem der volle Wohnwert anzusetzen und durch Abzug der Hauslasten der Wohnvorteil zu ermitteln. Dabei ist zu berücksichtigen, dass Zahlungen, die für den Erwerb des Miteigentumsanteils des Ehegatten bzw. zu diesem Zweck im Rahmen einer Teilungsversteigerung aufzubringen sind, den Wohnvorteil nur hinsichtlich des Zinsaufwands mindern. Um Tilgungsleistungen, die der Rückführung eines entsprechenden Darlehens dienen, ist der Wohnvorteil dagegen grundsätzlich nicht zu kürzen (*Senat,* NJW 2000, 2349 = NZM 2000, 778 = FamRZ 2000, 950 [951f.] und NJW 2005, 2077 = FamRZ 2005, 1159 [1161]). Allerdings können Tilgungsleistungen, die dem Erwerb einer Immobilie dienen, als Form der zusätzlichen Altersversorgung zu berücksichtigen sein (vgl. unter II 5).

(Direktversicherung und Gehaltsumwandlung; Altervorsorge)

i Von dem deshalb schon für die Bedarfsbemessung zu berücksichtigenden Einkommen der Kl. hat das BerGer. die Aufwendungen für die Direktversicherung abgezogen, die der Arbeitgeber der Kl. zu deren Gunsten abgeschlossen hat. Nach den getroffenen Feststellungen handelt es sich um eine betriebliche Altersversorgung. Wegen des Jahresbeitrags von 3408 DM findet eine Gehaltsumwandlung statt, der Betrag wird vom Gehalt der Kl. abgezogen und vom Arbeitgeber an die Versicherung abgeführt.

(Zusätzliche Altervorsorge bei Elternunterhalt von 5%, bei Ehegattenunterhalt von 4% als 2. Säule)

j a) Der Prämisse, durch die aus dem Erwerbseinkommen abzuführenden Beiträge zur gesetzlichen Rentenversicherung sowie die Durchführung des Versorgungsausgleichs werde eine angemessene Altersversorgung erreicht, kann im Hinblick auf die Entwicklung der gesetzlichen Rentenversicherung nicht mehr zugestimmt werden. Vielmehr hat sich zunehmend die Erkenntnis durchgesetzt, dass der Lebensstandard im Alter nur dann zu sichern ist, wenn neben der primären Vorsorge – unter anderem durch die gesetzliche Rentenversicherung – private Leistungen für eine zusätzliche Altersversorgung erbracht werden (vgl. Art. 6 des Altersvermögensgesetzes v. 26. 6. 2001, BGBl I, 1330 [1335]). Die zusätzliche, auf Freiwilligkeit und Eigeninitiative beruhende Altersversorgung wird vom Staat mit Zulagen und Steuererleichterungen, unter anderem durch die im Einkommensteuerrecht geregelte so genannte „Riester-Rente", gefördert. Dabei kann der Berechtigte zwischen einer privaten oder betrieblichen Altersvorsorgeart wählen. Eine Art der betrieblichen Altersversorgung stellt die so genannte Direktversicherung dar, bei der der Arbeitgeber als Versicherungsnehmer mit einer Versicherungsgesellschaft eine Lebensversicherung auf das Leben des Arbeitnehmers abschließt, aus der dieser und gegebenenfalls seine Hinterbliebenen bezugsberechtigt sind. Die Beitragszahlung erfolgt im Rahmen einer Gehaltsumwandlung. Leistungen an eine Direktversicherung sind pauschal mit 20% zu

versteuern (§ 40 b EStG); sozialversicherungsrechtlich gelten sie bis zum 31. 12. 2008 nicht als Arbeitsentgelt (vgl. *Strohal,* FamRZ 2002, 277 [280]).

b) Mit Rücksicht auf diese Entwicklung hat der Senat bei der Inanspruchnahme auf Zahlung von
Elternunterhalt Leistungen des Unterhaltspflichtigen für eine zusätzliche Altersversorgung als vom
Einkommen abzugsfähig anerkannt, soweit sich diese in einem angemessenen Rahmen halten. Dabei
ist er davon ausgegangen, dass in dem rechtlich schwächer ausgestalteten Unterhaltsrechtsverhältnis
zwischen erwachsenen Kindern und ihren unterhaltsbedürftigen Eltern ein um etwa 25% über der
gesetzlichen Rentenversicherung liegender Betrag als angemessen angesehen, also etwa in Höhe
weiterer 5% des Bruttoeinkommens zusätzliche Altersvorsorge betrieben werden kann (*Senat,* NJW-
RR 2004, 793 = FPR 2004, 408 = FamRZ 2004, 792 [793]).

c) Die unterhaltsrechtliche Berücksichtigungsfähigkeit von Leistungen für eine zusätzliche Altersversorgung kann indessen nicht auf die Unterhaltspflicht gegenüber Eltern beschränkt werden. Die
Notwendigkeit, für das Alter zusätzlich Vorsorge zu treffen, stellt sich letztlich für jeden. Im Verhältnis
zwischen geschiedenen Ehegatten sieht das Gesetz vor, dass zum Lebensbedarf auch die Kosten einer
angemessenen Versicherung für den Fall des Alters gehören (§ 1578 III BGB). Da eine solche allein
durch die gesetzliche Rentenversicherung nicht mehr gewährleistet werden kann, muss dem Unter-
haltsberechtigten und gleichermaßen dem Unterhaltspflichtigen zugebilligt werden, in angemessenem
Umfang zusätzlichen Vorsorgeaufwand zu betreiben, und beiden die Möglichkeit eröffnet sein, diesen
Umstand in die Unterhaltsbemessung einfließen zu lassen (ebenso *Kalthoener/Büttner/Niepmann,*
Rdnr. 988 a; *Wendl/Gerhardt,* § 1 Rdnr. 597 a; *Bergschneider,* FamRZ 2003, 1609 [1615]; *Strohal,*
FamRZ 2002, 277 [281]). Ob ein Ehegatte sich zum Zweck der ergänzenden Altersvorsorge für die
„Riester-Rente" entscheidet oder ein nicht zertifiziertes Produkt wählt, das ihm besser geeignet
erscheint, obwohl es steuerlich nicht privilegiert wird, muss grundsätzlich seiner eigenen Überlegung
vorbehalten bleiben.

d) Mit Rücksicht darauf bestehen dem Grunde nach keine rechtlichen Bedenken, Aufwendungen
der zusätzlichen Altersversorgung unterhaltsrechtlich anzuerkennen und durch einen Abzug vom
unterhaltsrelevanten Einkommen zu berücksichtigen. Im Übrigen erbringt nicht nur die Kl. – im Wege
des Direktabzugs vom Lohn – durch die von ihrem Arbeitgeber abgeschlossene Direktversicherung
Leistungen für eine zusätzliche Altersversorgung. Auch der Bekl. sorgt in zusätzlicher Weise für sein
Alter, da er das frühere Familienheim erworben hat und erhebliche Wohnkosten sparen wird, wenn er
die Kreditverpflichtungen (und zwar sowohl Zins- als auch Tilgungsanteile) zurückgeführt haben wird.
Das kommt ihm auch im Alter zugute.

Danach kann es dem Grunde nach jedenfalls nicht beanstandet werden, dass das BerGer. die
Aufwendungen für die Direktversicherung vom Einkommen der Kl. in Abzug gebracht hat.

Was die Höhe der Aufwendungen anbelangt, erscheint es nach Auffassung des Senats gerechtfertigt,
in Anlehnung an den Höchstförderungssatz der so genannten „Riester-Rente" einen Betrag von bis zu
4% des Gesamtbruttoeinkommens des Vorjahres als angemessene zusätzliche Altersversorgung anzusehen. Darüber hinausgehende Leistungen müssen unterhaltsrechtlich außer Betracht bleiben. Im Übrigen hängt die Berücksichtigungsfähigkeit davon ab, ob der als vorrangig anzusehende Elementarunterhalt und der der primären Altersversorgung dienende Altersvorsorgeunterhalt aufgebracht werden
können. Außerdem obliegt die Bemessung des auf der vorgenannten Grundlage ermittelten Unterhalts
einer abschließenden Angemessenheitsprüfung.

e) Nach diesen Grundsätzen scheidet im vorliegenden Fall allerdings ein voller Abzug der Aufwendungen für die Direktversicherung der Kl. in Höhe von 3408 DM aus. Denn nach den vom
BerGer. in Bezug genommenen Verdienstbescheinigungen überschreiten die Aufwendungen der Kl.
für ihre zusätzliche Altersversorgung 4% ihres jährlichen Gesamtbruttoeinkommens. Ob eine (eingeschränkte) Berücksichtigung der Leistungen letztlich zu einem angemessenen Ergebnis führt, lässt sich
im Übrigen erst beurteilen, wenn das Einkommen des Bekl. unter Außerachtlassung des Splittingvorteils einerseits und unter Hinzurechnung eines eventuellen Wohnvorteils andererseits festgestellt
worden ist.

BGH v. 25. 5. 2005 – XII ZR 296/01 – FamRZ 05, 1444 = NJW 05, 2386

(Teilnichtigkeit des Ehevertrages führt nach § 139 BGB regelmäßig zur Vollnichtigkeit)   R633

1. Das Senatsurteil vom 11. 2. 2004 wird verkannt, soweit aus ihm entnommen wird, der *Senat* a
erwäge bei Eheverträgen entgegen § 139 BGB generell nur eine Teilnichtigkeit oder eine geltungs-
erhaltende Reduktion. Ergibt die Wirksamkeitskontrolle, dass einzelne Klauseln eines Ehevertrags
schon im Zeitpunkt seines Zustandekommens nach § 138 I BGB nichtig sind, so ist nach § 139 BGB
in der Regel der gesamte Ehevertrag nichtig, wenn nicht anzunehmen ist, dass er auch ohne die
nichtigen Klauseln geschlossen sein würde, was sich insbesondere aus anderweitigen Parteivereinbarungen, zum Beispiel salvatorischen Klauseln, ergeben kann.

(Kein unverzichtbarer Mindeststandard an Scheidungsfolgen)

b   2. Aus den gesetzlichen Regelungen über nacheheliehen Unterhalt, Zugewinn- und Versorgungsausgleich lässt sich kein unverzichtbarer Mindeststandard an Scheidungsfolgen herauslesen (vgl. §§ 1585 c, 1408 II, 1587 o, 1408 I, 1414 BGB). Diese Regelungen legen als gesetzliches Leitbild eine Ehe zu Grunde, in der nur ein Ehegatte ein Erwerbseinkommen erzielt, während der andere unter Aufgabe eigener Erwerbstätigkeit die Familienarbeit übernimmt. Indessen können sich wegen der weitgehenden Autonomie der Ehegatten, ihr Verhältnis einvernehmlich zu gestalten, hiervon Abweichungen in mehrfacher Hinsicht ergeben. Die Ehegatten können, auch wenn die Ehe dem gesetzlichen Leitbild entspricht, den wirtschaftlichen Wert von Erwerbseinkünften und Familienarbeit unterschiedlich gewichten. Sie können aber auch die Ehe, abweichend vom gesetzlichen Leitbild, so ausgestalten, dass sich von vornherein für keinen ehelichen berufliche Nachteile ergeben, etwa in einer Doppelverdienerehe, in der die Kinder durch Dritte betreut werden. Korrespondierend zur Autonomie der Ehegatten bei der Ausgestaltung ihrer Lebensverhältnisse unterliegen die Scheidungsfolgen daher grundsätzlich der vertraglichen Disposition der Ehegatten. Andererseits liegt dem gesetzlichen Scheidungsfolgensystem der Gedanke zu Grunde, dass ehebedingte Nachteile, die ein Ehegatte um der Ehe oder der Kindererziehung willen in seinem eigenen beruflichen Fortkommen und dem Aufbau einer entsprechenden Altersversorgung oder eines entsprechenden Vermögens auf sich genommen hat, nach der Scheidung ausgeglichen werden sollen, wobei Erwerbstätigkeit und Familienarbeit – wenn die Parteien nichts anderes vereinbart haben – grundsätzlich als gleichwertig behandelt werden. Ob eine ehevertragliche Scheidungsfolgenregelung mit diesem Grundgedanken vereinbar ist, ist, wie dargelegt, in jedem Einzelfall nach den Grundlagen der Vereinbarung und den Vorstellungen der Ehegatten bei ihrem Abschluss sowie der verwirklichten Gestaltung des ehelichen Lebens konkret zu prüfen.

(Ungleiche Verhandlungsposition einer Schwangeren)

c   3. Hinsichtlich der subjektiven Unterlegenheit im Rahmen des § 138 BGB geht der *Senat* davon aus, dass eine Schwangerschaft der Frau bei Abschluss des Ehevertrags für sich allein zwar noch keine Sittenwidrigkeit des Ehevertrags zu begründen vermag. Sie indiziert aber eine ungleiche Verhandlungsposition und damit eine Disparität bei Vertragsabschluss.

(Stufenweiser Ausschluss des Betreuungsunterhalts nach Kindesalter und Unterhaltshöhe)

d   b) Zutreffend hat das *OLG* den Ehevertrag nicht schon deshalb für sittenwidrig erachtet, weil die Ehegatten den Betreuungsunterhalt abweichend von den gesetzlichen Vorschriften geregelt haben.

Zwar gehört der Betreuungsunterhalt zum Kernbereich der Scheidungsfolgen. Es ist jedoch nicht ersichtlich, dass die von den Ehegatten insoweit getroffene eigenständige Regelung die Ag. – gemessen an den Verhältnissen im Zeitpunkt des Vertragsschlusses – in sittenwidriger Weise benachteiligt. In zeitlicher Hinsicht ist eine solche Benachteiligung der Ag. zwar nicht schon deshalb ausgeschlossen, weil das Gesetz für den Unterhaltsanspruch der mit dem Vater nicht verheirateten Mutter einen ungleich engeren Zeitrahmen vorgibt. Andererseits ist die Regelung der Parteien nicht schon deshalb als sittenwidrig zu missbilligen, weil die Parteien die Betreuungsbedürftigkeit ihres erwarteten Kindes an niedrigere Altersgrenzen gebunden haben, als sie von der bisherigen Rechtsprechung für angemessen erachtet worden sind.

Die Parteien haben in ihrem Ehevertrag allerdings auch die Höhe des Betreuungsunterhalts abweichend von den gesetzlichen Vorgaben geregelt und auf einen Betrag von zunächst 2000 DM, für die Zeit ab Vollendung des sechsten Lebensjahres des Kindes auf 1000 DM festgeschrieben. Eine solche Fixierung der Unterhaltshöhe ist zwar nicht schon deshalb unproblematisch, weil der vorgesehene Unterhaltsbetrag den Betrag, der von der Rechtsprechung als Existenzminimum angesehen wird, übersteigt. Sie rechtfertigt das Verdikt der Sittenwidrigkeit aber nicht schon dann, wenn der eheangemessene Unterhalt (§ 1578 BGB) – nach den im Zeitpunkt des Vertragsschlusses bestehenden oder vorhersehbaren Einkommensverhältnissen – nicht erreicht ist, sondern allenfalls dann, wenn die vertraglich vorgesehene Unterhaltshöhe nicht annähernd geeignet ist, die ehebedingten Nachteile der Ag. auszugleichen. Das ist hier weder vorgetragen noch sonst ersichtlich. Auf einen Vergleich mit den (hier: späteren) ehelichen Lebensverhältnissen kommt es, wie dargelegt, nicht an, weil es insoweit nur um den Ausgleich ehebedingter Nachteile gehen kann.

BGH v. 25. 5. 2005 – XII ZR 221/02 – FamRZ 05, 1449 = NJW 05, 2391

R634   *(Unterhaltsverzicht zwischen berufstätigen Verlobten bei geplanter Fortsetzung der Berufstätigkeit)*

a   1.b) aa) Das *OLG* geht zu Recht davon aus, dass Umstände, die eine Zwangslage der Ag. begründet oder sie gehindert hätten, auf Abschluss oder Inhalt des Ehevertrags Einfluss zu nehmen, weder von ihr vorgetragen noch sonst ersichtlich sind.

bb) Auch der Inhalt der von den Parteien getroffenen Vereinbarung vermag den Vorwurf eines Verstoßes gegen die guten Sitten nicht zu begründen. Wie der *Senat* dargelegt hat, ist bei der gebotenen Ausrichtung am Kernbereich der Scheidungsfolgen für deren Disponibilität eine Rangabstufung zu beachten, die sich in erster Linie danach bemisst, welche Bedeutung die einzelnen Scheidungsfolgen für den Berechtigten in seiner jeweiligen Lage haben.

Zum Kernbereich der Scheidungsfolgen gehört vorrangig der Betreuungsunterhalt (§ 1570 BGB). Dessen vertraglicher Ausschluss kann hier jedoch unberücksichtigt bleiben, da beide Parteien im – für die Wirksamkeitskontrolle maßgebenden – Zeitpunkt des Vertragsschlusses keine Kinder wollten. Dem Unterhalt wegen Alters oder Krankheit (§§ 1571, 1572 BGB), den die Parteien hier ebenfalls ausgeschlossen haben, misst das Gesetz zwar als Ausdruck nachehelicher Solidarität besondere Bedeutung bei. Das schließt, wie der *Senat* ausgeführt hat (*Senat,* NJW 2004, 930 = FamRZ 2004, 601 [605 f.]), eine vertragliche Disposition über diese Unterhaltsansprüche jedoch nicht schlechthin aus. Da die Parteien im Zeitpunkt der Eheschließung berufstätig und damit auch gegen die Risiken von Alter oder Krankheit abgesichert waren und jeder von ihnen auch erwerbstätig bleiben wollte, war es jedenfalls nicht sittenwidrig, die wechselseitige unterhaltsrechtliche Einstandspflicht hierfür abzubedingen (vgl. auch *Senat,* NJW 2004, 930 = FamRZ 2004, 601 [607]). Insoweit ist auch der Verzicht auf Kranken- und Altersvorsorgeunterhalt als Bestandteile des Lebensbedarfs (§ 1578 II, III BGB) im Rahmen der Prüfung nach § 138 BGB unbedenklich. Der von den Parteien vereinbarte Verzicht auf Unterhalt für den Fall der Arbeitslosigkeit, auf Aufstockungsunterhalt und auf Billigkeitsunterhalt (§§ 1573 II, 1576 BGB) rechtfertigt, wie der *Senat* dargelegt hat, schon nach der Bedeutung dieser Unterhaltstatbestände im System des Scheidungsfolgenrechts das Verdikt der Sittenwidrigkeit regelmäßig nicht (*Senat,* NJW 2004, 930 = FamRZ 2004, 601 [607]). Für den Ausschluss des gesetzlichen Güterstands gilt nichts anderes (*Senat,* NJW 2004, 930 = FamRZ 2004, 601 [607]).

(Altersvorsorgeunterhalt als Bestandteil des Betreuungsunterhalts und Kernbereich der Scheidungsfolgen)

2. a) bb) Der Betreuungsunterhalt gehört, wie dargelegt, zum Kernbereich der Scheidungsfolgen. **b** Dieser besondere Rang kommt dabei nicht nur dem Teil des Betreuungsunterhalts zu, der als Elementarunterhalt geschuldet wird; er gilt auch für die Bestandteile des Betreuungsunterhalts, die den betreuenden Elternteil gegen die Risiken von Krankheit oder Alter sichern sollen. Der *Senat* hat zwar in seiner Entscheidung vom 11. 2. 2004 (NJW 2004, 930 = FamRZ 2004, 601 [605]) in der Rangabstufung der Unterhaltstatbestände dem Krankenvorsorge- und Altersvorsorgeunterhalt eine eher nachrangige Bedeutung zugemessen. Dieser Nachrang kann aber dort nicht zum Zuge kommen, wo die Unterhaltspflicht ehebedingte Nachteile ausgleichen soll. Das Unterhaltsrecht will in solchen Fällen die Risiken, die ein Ehegatte im Rahmen der gemeinsamen Lebensplanung auf sich genommen hat und die sich mit der Trennung und Scheidung der Ehegatten verwirklichen, gleichmäßig unter den Ehegatten verteilen. Eine solche gleichmäßige Lastenverteilung kann sich nicht auf den Elementarunterhalt beschränken und den Krankheits- und Altersvorsorgeunterhalt aussparen.

So liegen die Dinge auch hier:

Der Betreuungsunterhalt wird dem betreuenden Elternteil nicht nur um seiner selbst, sondern auch um der gemeinsamen Kinder willen geschuldet, deren Betreuung dem Elternteil durch den Unterhalt ermöglicht werden soll. Damit stellt sich der Betreuungsunterhalt zugleich als der typische Fall des Ausgleichs ehebedingter Nachteile dar: Die Pflege und Erziehung der gemeinsamen Kinder ist die gemeinsame Aufgabe der Ehegatten; wird diese Aufgabe nur noch von einem Ehegatten wahrgenommen, muss dieser wirtschaftlich so gestellt werden, dass ihm aus der Übernahme dieser Aufgabe keine Nachteile entstehen. Dies wird zum einen dadurch bewirkt, dass der Lebensunterhalt des Ehegatten, soweit er auf Grund der Betreuung zu eigener Berufstätigkeit nicht in der Lage ist, vom anderen, berufstätigen Ehegatten im Wege des geschuldeten Elementarunterhalts bestritten wird. Zum anderen wird durch den Kranken- und Altersvorsorgeunterhalt sichergestellt, dass der die Kinder betreuende Ehegatte auch während der Zeit der Kinderbetreuung seine Krankenversorgung aufrechterhalten und seine Altersversorgung weiter auf- oder ausbauen kann. Beide Teile des Betreuungsunterhalts – Elementar- wie Vorsorgeunterhalt – dienen dabei gleichermaßen dem Ausgleich ehebedingter Nachteile; beide teilen deshalb auch den besonderen Vorrang, der dem Betreuungsunterhalt in der Rangordnung der Scheidungsfolgen zukommt.

(Angemessener Ausgleich bei Verzicht auf Altersvorsorgeunterhalt)

b) Der angemessene Ausgleich des ehebedingten Nachteils, dem sich der Ast. somit nach § 242 **c** BGB nicht entziehen darf, besteht indes nicht in einem Altersvorsorgeunterhalt, dessen Höhe sich an den ehelichen Lebensverhältnissen orientiert.

Treu und Glauben entspricht vielmehr eine Unterhaltsbemessung, die sich auf den Ausgleich des konkreten Nachteils beschränkt, den der betreuende Elternteil als Folge seines zeitweiligen Verzichts auf eine eigene Berufstätigkeit zu tragen hat. Eine solche Handhabung, die den betreuenden Ehegatten wirtschaftlich nicht besser stellt als er sich bei Weiterführung seiner Erwerbstätigkeit ohne die Kinderbetreuung gestanden hätte, passt den Ehevertrag an den mutmaßlichen, den geänderten Umständen Rechnung tragenden Parteiwillen an. Mit einem wechselseitigen ehevertraglichen Unterhaltsverzicht geben die Eheleute regelmäßig zu erkennen, dass sie keine Teilhabe an dem vom jeweils anderen Ehegatten erwirtschafteten Erfolg beanspruchen wollen; jeder Ehegatte soll vielmehr – auch im Falle der Scheidung – das Einkommen behalten, das ihm auf Grund seiner eigenen beruflichen Qualifikation und Tüchtigkeit zufließt (vgl. auch *Senat,* NJW 2005, 139 = FamRZ 2005, 185 [187], betr. Ausschluss des Versorgungsausgleichs). Diesem mit dem Ehevertrag verfolgten Anliegen ist bei der Vertragsanpassung jedenfalls insoweit weiterhin Rechnung zu tragen, als die veränderten Umstände dem nicht entgegenstehen.

BVerfG v. 7. 6. 2005 –1 BvR 1508/96 – FamRZ 05, 1051 = NJW 05, 1927

R635   *(Keine Herstellung der Leistungsfähigkeit durch Grundstücksbelastung; Gleichzeitigkeit von Bedürftigkeit und Leistungsfähigkeit als Unterhaltsvoraussetzung)*

B. 3. a) Das *LG* hat die Leistungsfähigkeit der Bf. allein darauf gestützt, diese sei zum Einsatz ihres Vermögens durch Belastung ihres Miteigentumsanteils mit einer Grundschuld zur Sicherung des ihr vom Sozialhilfeträger angebotenen zinslosen Darlehens verpflichtet. Dieses Angebot müsse sie annehmen, um damit ohne Gefährdung ihres Unterhalts oder ihrer Altersvorsorge der Unterhaltspflicht ihrer Mutter gegenüber nachzukommen. Da das Darlehensangebot der Bf. nach dem Vergleichsvorschlag des *LG* unterbreitet worden ist, ist die vom Gericht angenommene Leistungsfähigkeit der Bf. erst zu diesem Zeitpunkt entstanden, also nach dem Tod der Mutter der Bf. Das Gericht hat damit einen Unterhaltsanspruch für einen vergangenen Zeitraum mit einer Leistungsfähigkeit der Bf. begründet, die eingetreten ist, nachdem mit dem Tod die Bedürftigkeit der Mutter schon zum Wegfall gekommen war.

Eine solche Rückbewirkung eintretender Leistungsfähigkeit auf davor liegende Zeiträume eines Unterhaltsbedarfs zur Begründung von Unterhaltsansprüchen für diese Zeiträume widerspricht schon in Wortlaut und Systematik den hier maßgeblichen unterhalts- und sozialhilferechtlichen Regelungen.

aa) Zwar enthalten §§ 1602 I und 1603 I BGB keine ausdrückliche Aussage über das zeitliche Verhältnis von Bedürftigkeit beim Unterhaltsberechtigten und Leistungsfähigkeit beim Unterhaltspflichtigen als Voraussetzung für das Bestehen eines Unterhaltsanspruchs. Wenn § 1603 I BGB formuliert, dass nicht unterhaltspflichtig ist, wer bei Berücksichtigung seiner sonstigen Verpflichtungen außer Stande ist, ohne Gefährdung seines angemessenen Unterhalts den Unterhalt zu gewähren, dann kommt damit jedoch zum Ausdruck, dass für die Dauer der Leistungsunfähigkeit ein Unterhaltsanspruch nicht entstehen kann. Dies wurde schon in den Motiven zum Bürgerlichen Gesetzbuch (Mot. z. Entw. eines Bürgerlichen Gesetzbuchs für das Deutsche Reich, Bd. IV, 2. Aufl. [1896], S. 687 f.) hervorgehoben. Da aber nach § 1602 I BGB wiederum ein Unterhaltsanspruch nur bei Bedürftigkeit des Berechtigten besteht, kann ein Unterhaltsanspruch nach § 1601 BGB allein gegeben sein, wenn beide Voraussetzungen zeitgleich vorliegen.

bb) § 90 I BSHG a. F. und § 91 I BSHG n. F. gingen nach Wortlaut und normativem Kontext bei der Überleitung von Unterhaltsansprüchen ebenfalls von einer zeitlichen Kongruenz zwischen Bedürftigkeit und Leistungsfähigkeit aus. Sie ermöglichten die Überleitung von Unterhaltsansprüchen, die dem Hilfeempfänger für die Zeit zustehen, für die Hilfe gewährt wird. Damit kommt zum Ausdruck, dass der Unterhaltsanspruch während des Zeitraums der Hilfegewährung bestehen muss, was voraussetzt, dass in diesem Zeitraum Leistungsfähigkeit beim Unterhaltpflichtigen vorliegt.

BGH v. 8. 6. 2005 – XII ZR 294/02 – FamRZ 05, 1479 = NJW 05, 2313

R636   *(Abänderungsklage bei nachträglichem Rentenbezug des Unterhaltsgläubigers; Rentenbezug prägend)*

a   II. 1. Für die Abgrenzung zwischen der Rechtsschutzmöglichkeit einer Abänderungsklage nach § 323 ZPO und einer Vollstreckungsabwehrklage nach § 767 ZPO ist grundsätzlich auf den Zweck und die Auswirkungen der jeweiligen Vorschrift abzustellen.

Die Abänderungsklage ist eine Gestaltungsklage, die sowohl vom Unterhaltsschuldner als auch vom Unterhaltsgläubiger erhoben werden kann und den Unterhaltstitel selbst – unter Durchbrechung seiner materiellen Rechtskraft – an die stets wandelbaren wirtschaftlichen Verhältnisse anpassen soll (vgl. *Senat,* NJW 2005, 142 = FamRZ 2005, 101 [102 f.]). Demgegenüber beschränkt sich der Streitgegenstand einer Vollstreckungsgegenklage auf die Beseitigung der Vollstreckbarkeit eines früheren Titels. Dabei geht es also nicht um die Anpassung des Unterhaltstitels an geänderte wirtschaftliche Verhältnisse, sondern allein um die Frage, ob die Zwangsvollstreckung aus dem Titel wegen der nunmehr vorgebrachten materiell-rechtlichen Einwendungen unzulässig (geworden) ist (*Wendl/Thalmann,* 6. Aufl., § 8 Rdnr. 145; *Johannsen/Henrich/Brudermüller,* 4. Aufl., § 323 ZPO Rdnr. 6; *Göppinger/Vogel,*

8. Aufl., Rdnrn. 2440 u. 2450; *Gerhardt* in: Hdb. d. Fachanwalts f. FamilienR, 5. Aufl., Kap. VI Rdnr. 619; *Eschenbruch/Klinkhammer*, 3. Aufl., Rdnr. 5323).

Wegen dieser unterschiedlichen Zielrichtung schließen sich die Vollstreckungsgegenklage und die Abänderungsklage für den gleichen Streitgegenstand grundsätzlich gegenseitig aus (*Wendl/Thalmann*, § 8 Rdnr. 146; *Johannsen/Henrich/Brudermüller*, § 323 ZPO Rdnr. 13; *Göppinger/Vogel*, Rdnr. 2447; *Graba*, Die Abänderung von Unterhaltstiteln, 3. Aufl., Rdnr. 481). Deswegen hat der Unterhaltsschuldner hinsichtlich konkreter Unterhaltsforderungen keine Wahlmöglichkeit zwischen der Vollstreckungsgegen- und der Abänderungsklage, sondern muss sein Rechtsschutzbegehren auf die Klageart stützen, die dem Ziel seines Begehrens für den entsprechenden Unterhaltszeitraum am besten entspricht (BGH, FamRZ 1977, 461 [462]; FamRZ 1988, 1156 [1157 f.]).

2. In welcher Form ein – wie hier – nach der Unterhaltstitulierung einsetzender Rentenbezug des Unterhaltsberechtigten prozessrechtlich zu berücksichtigen ist, hat der Senat in der Vergangenheit allerdings nicht einheitlich beantwortet.

a) Ursprünglich ist die Rechtsprechung des BGH davon ausgegangen, dass der Rentenanspruch, den ein unterhaltsberechtigter geschiedener Ehegatte auf Grund des mit der Scheidung durchgeführten Versorgungsausgleichs später erlangt, in entsprechendem Umfang zum Wegfall des rechtskräftig zuerkannten Unterhaltsanspruchs führt, und dass dieser Wegfall mit der Vollstreckungsabwehrklage gegen das Unterhaltsurteil geltend gemacht werden kann. Dabei hat der Senat die abweichende Auffassung in Rechtsprechung und Literatur, wonach solche Änderungen nur mit der Abänderungsklage geltend gemacht werden können (vgl. u. a. *Hoppenz*, FamRZ 1987, 1097; OLG Karlsruhe, FamRZ 1988, 195 [197]), ausdrücklich abgelehnt (*Senat*, FamRZ 1988, 1156 [1157]).

Allerdings hatte der Senat zunächst offen gelassen, ob die Umstände, die an sich eine Einwendung i. S. von § 767 ZPO begründen können, daneben nicht nur zur Rechtsverteidigung gegen eine Abänderungsklage des Unterhaltsgläubigers (so schon *Senat*, BGHZ 98, 353 = NJW 1987, 1201 = FamRZ 1987, 259 [261]), sondern – im Sinne einer Wahlmöglichkeit – auch zur Begründung einer eigenen Abänderungsklage dienen können. Für die Rechtsschutzmöglichkeit nach § 767 ZPO habe das allerdings keine Auswirkung, wenn der zu beurteilende Sachverhalt in der Vergangenheit liege. Dann scheide eine Abänderung wegen der Zeitschranke des § 323 III ZPO von vornherein aus. Auch sei § 323 ZPO nach seinem Sinn und Zweck für eine derartige Beurteilung, für die es keiner Prognose bedürfe, nicht bestimmt (*Senat*, FamRZ 1988, 1156).

b) In der Folgezeit hat der Senat entschieden, dass es dem Unterhaltsschuldner nicht verwehrt sein kann, die durch den Rentenbezug des Unterhaltsgläubigers eingetretenen Veränderungen im Wege einer eigenen Abänderungsklage nach § 323 ZPO geltend zu machen, wenn der Schuldner ausschließlich die Abänderung künftigen Unterhalts begehrt (*Senat*, NJW-RR 1989, 322 = FamRZ 1989, 159). Ein erst nach der Unterhaltstitulierung einsetzender Rentenbezug des Unterhaltsberechtigten, der auf der Übertragung von Versorgungsanwartschaften beim Versorgungsausgleich beruht, lasse sich nicht nur entweder dem Anwendungsbereich des § 323 ZPO oder demjenigen des § 767 ZPO zuordnen. Er habe vielmehr eine doppelte Bedeutung. Einerseits beziehe der Berechtigte eine Rente auf Grund eigenen Rechts, das vom Versorgungsschicksal seines geschiedenen Ehegatten losgelöst sei. Wie jedes andere Einkommen, das der Berechtigte erzielt, mindere der Rentenbezug unterhaltsrechtlich seine Bedürftigkeit. Damit liege eine Änderung in den wirtschaftlichen Verhältnissen vor, die dem Anwendungsbereich des § 323 ZPO zuzuordnen sei. Andererseits sei nicht zu verkennen, dass in den Fällen, in denen der Unterhaltsverpflichtete selbst schon Rente beziehe, die nunmehr infolge des Versorgungsausgleichs gekürzt werde, durch die etwa gleich hohen Rentenzahlungen an den Unterhaltsberechtigten ein der Erfüllung wirtschaftlich gleichkommender Vorgang einsetze (so auch schon *Senat*, FamRZ 1988, 1156). Die sich hieraus ergebende Einwendung müsse der Schuldner dem Gläubiger stets entgegensetzen können, und zwar, soweit eine Abänderung gem. § 323 ZPO wegen der Zeitschranke des Absatzes 3 nicht mehr möglich sei, jedenfalls gem. § 767 ZPO. Soweit sich aus der Ambivalenz des Rentenbezugs Überschneidungen zwischen Abänderungsklage und Vollstreckungsabwehrklage ergeben, seien diese hinzunehmen (vgl. auch *Senat*, NJW-RR 1990, 1410 = FamRZ 1990, 1095; zur Kritik an dieser Rspr. vgl. *Johannsen/Henrich/Brudermüller*, § 323 ZPO Rdnr. 11).

3. Diese Auffassung hält der Senat nicht mehr aufrecht. Bei geänderten wirtschaftlichen Verhältnissen führt die Vollstreckungsgegenklage nach § 767 ZPO – auch für Ansprüche aus der Vergangenheit – immer dann zu unbilligen Ergebnissen, wenn die Änderung zugleich auch Auswirkungen auf den Bedarf des Unterhaltsberechtigten hat. Denn § 767 ZPO erlaubt dem Gericht lediglich, die Vollstreckung auf der Grundlage des im Ausgangsurteil rechtskräftig festgestellten Unterhaltsbedarfs für unzulässig zu erklären. Erhöhen die vom Unterhaltsschuldner vorgebrachten Gründe aber – im Gegenzug – auch den Unterhaltsbedarf des Berechtigten, wie dieses insbesondere nach der neueren Rechtsprechung des Senats zur Differenz- bzw. Additionsmethode regelmäßig der Fall ist, trägt die bloße Anrechnung der eingetretenen Änderungen der materiellen Rechtslage nicht hinreichend Rechnung. Dann bedarf es einer vollständigen Neuberechnung des Unterhaltsanspruchs, die – unter Durchbrechung der Rechtskraft des früheren Urteils – nur im Wege der Abänderungsklage möglich ist.

a) Das gilt jedenfalls für den Wegfall des Anspruchs auf Altersvorsorgeunterhalt durch den eigenen Rentenbezug des Unterhaltsberechtigten. Denn der Vorsorgeunterhalt ist nur ein unselbstständiger Bestandteil des einheitlichen Lebensbedarfs (vgl. *Senat*, NJW 1983, 1547 = FamRZ 1982, 1187), der sich wegen des Halbteilungsgrundsatzes auch zur Höhe auf die Bemessung des geschuldeten Elementarunterhalts auswirkt (vgl. Wendl/Gutdeutsch, § 4 Rdnrn. 477 ff. m. w. Nachw.). Fällt also der Anspruch auf Altersvorsorgeunterhalt wegen des Rentenbeginns weg, erhöht sich dadurch der Anspruch auf Elementarunterhalt, was nur im Wege der Abänderungsklage und nicht mittels einer Vollstreckungsgegenklage erreicht werden kann.

b) Gleiches gilt aber auch für die weiteren Auswirkungen durch den Rentenbezug des Unterhaltsberechtigten. Wie der Senat inzwischen entschieden hat, prägt die von einem Ehegatten bezogene Rente die ehelichen Lebensverhältnisse selbst dann, wenn sie auf einer vor der Ehe ausgeübten Erwerbstätigkeit beruht und erst nach der Scheidung angefallen ist. Die Rente ist auch insoweit als ein Surrogat für den wirtschaftlichen Nutzen anzusehen, den der rentenberechtigte Ehegatte vor Eintritt des Rentenfalls aus seiner Arbeitskraft ziehen konnte. Hat ein Ehegatte während der Ehe seine Arbeitskraft auf die Führung des gemeinsamen Haushalts verwandt, so hat der Wert seiner Arbeitskraft, und zwar nunmehr in der Form der Familienarbeit, die ehelichen Lebensverhältnisse mitgeprägt. Da der Wert der Arbeitskraft in der von diesem Ehegatten später bezogenen Rente eine Entsprechung findet, ergibt sich, dass auch diese Rente bei der Bemessung der ehelichen Lebensverhältnisse zu berücksichtigen ist, und zwar auch dann, wenn diese Rente durch eine Erwerbstätigkeit vor oder nach der Ehe erworben ist. Mit der gleichen Begründung ist die Rente auch hinsichtlich des im Versorgungsausgleich erworbenen Anteils nicht mehr im Wege der so genannten Anrechnungsmethode in Abzug zu bringen, sondern nach der so genannten Additions- oder Differenzmethode bei der Bemessung des Unterhaltsbedarfs nach den ehelichen Lebensverhältnissen (§ 1578 I BGB) zu berücksichtigen (*Senat*, NJW 2002, 436 = FamRZ 2002, 88 [91], u. NJW 2003, 1796 = FamRZ 2003, 848 [851]).

Mit Beginn des Rentenanspruchs des Unterhaltsberechtigten ergibt sich mithin eine vollständig neue Bedarfs- und Unterhaltsberechnung, die einer Anpassung des laufenden Unterhaltstitels an geänderte wirtschaftliche Verhältnisse entspricht. Eine bloße Anrechnung von Rentenleistungen auf den zuvor ermittelten Unterhaltsbedarf würde dem nicht gerecht. Der Rentenbeginn wirkt sich deswegen nicht lediglich als ein der Erfüllung wirtschaftlich gleichkommender Vorgang aus und kann deswegen eine Anrechnung im Wege der Vollstreckungsgegenklage nicht mehr rechtfertigen (so auch *Graba*, Rdnrn. 156 ff., 482 f.; *Gerhardt*, in: FA-FamR, Kap. VI Rdnr. 625 a; *Johannsen/Henrich/Brudermüller*, § 323 ZPO Rdnr. 11). Die durch den Rentenbezug der Unterhaltsberechtigten gebotene Anpassung des Unterhaltsanspruchs an die geänderten wirtschaftlichen Verhältnisse hat somit nach dem Zweck der gesetzlichen Vorschrift stets im Wege der Unterhaltsabänderung gem. § 323 ZPO zu erfolgen.

(Zur Berechnung des Erstattungsanspruch (§ 242 BGB) nach Überzahlung bei Abänderungsklage)

b   4. Die Beschränkung des Rechtsschutzes in solchen Fällen auf die Möglichkeit einer Abänderungsklage nach § 323 ZPO führt auch dann nicht zu untragbaren Ergebnissen, wenn der Unterhaltsberechtigte (etwa wegen einer verzögerten Rentenberechnung) Rentennachzahlungen für Zeiträume erhält, in denen er schon den ungekürzten Unterhalt bezogen hat. Denn dann ist der unterhaltsberechtigte geschiedene Ehegatte dem Unterhaltspflichtigen zum Ausgleich der nachträglich bewilligten Rente verpflichtet, soweit sie die Unterhaltsschuld mindert (*Senat*, NJW 1990, 709 = FamRZ 1990, 269 [272 f.]). Allerdings handelt es sich dabei regelmäßig nicht um einen Bereicherungsanspruch hinsichtlich des auf der Grundlage der ursprünglichen gerichtlichen Entscheidung gezahlten Unterhalts (vgl. dazu *Senat*, NJW 1998, 2433 = FamRZ 1998, 951). Darauf, ob der frühere Unterhaltstitel als Rechtsgrund für die Unterhaltszahlungen durch eine Vollstreckungsabwehrklage nach § 767 ZPO überhaupt entfallen kann, kommt es mithin nicht an. Soweit Unterhalt für eine Zeit geleistet worden ist, für die dem Unterhaltsberechtigten nachträglich eine Rentenleistung bewilligt wird, kommt nach der Rechtsprechung des Senats vielmehr ein auf Treu und Glauben (§ 242 BGB) beruhender Erstattungsanspruch in Betracht, dessen Höhe sich danach bemisst, inwieweit sich der Unterhaltsanspruch ermäßigt hätte, wenn die Rente schon während des fraglichen Zeitraums gezahlt worden wäre (*Senat*, NJW 1983, 1481 = FamRZ 1983, 574 [575], u. NJW 1989, 1990 = FamRZ 1989, 718 [719 f.]). Das gilt erst recht, wenn der Unterhaltsgläubiger schon Rente bezieht und in Kenntnis dessen weiterhin die ungeschmälerten titulierten Unterhaltsleistungen entgegennimmt.

Dies steht nicht in Widerspruch zu der wegen § 323 III ZPO zunächst fortdauernden Rechtskraft des früheren Unterhaltstitels; denn es geht dabei nicht um eine Abänderung der früheren Entscheidung als Rechtsgrund für die Unterhaltszahlungen. Vielmehr ist allein der Anspruch auf einen Teil der Rentennachzahlung betroffen. Für den Rückzahlungsanspruch kommt es also nicht darauf an, ob der Bezug der Rente und die Nachzahlung für den entsprechenden Unterhaltszeitraum einen Abänderungsgrund darstellen und dieser nach § 323 II und III ZPO geltend gemacht werden könnte. Dass es bei der Beurteilung des Anspruchs auf Erstattung der Rentennachzahlung im Rahmen der Gesamtbetrachtung zur Prüfung der Frage kommt, welcher Unterhaltsanspruch dem Bekl. bei Berücksichtigung des Rentenbezugs von Anfang an zugestanden hätte, ist hier mit Blick auf § 323 ZPO ebenso wenig bedenklich wie in anderen Fällen, in denen – etwa im Deliktsrecht – im Rahmen sonstiger Rechtsbeziehungen die Höhe eines Unterhaltsanspruchs unter Berücksichtigung bestimmter hinzutretender Umstände fiktiv zu beurteilen ist (*Senat,* NJW 1990, 709 = FamRZ 1990, 269 [272 f.]).

BGH v. 8. 6. 2005 – XII ZR 75/04 – FamRZ 06, 26 = NJW 06, 142

(Selbstbehalt des vom Enkel auf Unterhalt in Anspruch genommenen Großelternteils)   **R637**

[21] b) Das BerGer. ist zutreffend davon ausgegangen, dass den in den Unterhaltstabellen angesetzten **a**
Selbstbehaltsbeträgen, die ein Unterhaltsverpflichteter gegenüber einem minderjährigen oder einem volljährigen Kind verteidigen kann, andere Lebensverhältnisse zu Grunde liegen, als im vorliegenden Fall zu beurteilen sind. Eltern müssen regelmäßig damit rechnen, ihren Kindern auch über die Vollendung des 18. Lebensjahres hinaus zu Unterhaltsleistungen verpflichtet zu sein, bis diese ihre Berufsausbildung abgeschlossen haben und wirtschaftlich selbstständig sind. Mit einer solchen, der natürlichen Generationenfolge entsprechenden Entwicklung kann indessen weder die Inanspruchnahme auf Elternunterhalt noch der Fall gleichgestellt werden, dass Enkel von ihren Großeltern Unterhalt verlangen, weil die – gem. § 1606 II BGB vorrangig haftenden – Eltern mangels Leistungsfähigkeit oder deswegen ausfallen, weil die Rechtsverfolgung gegen sie im Inland ausgeschlossen oder wesentlich erschwert ist (§ 1607 I und II BGB). Der Senat hat deshalb die Auffassung gebilligt, dass der angemessene Selbstbehalt, der einem Verpflichteten bei durchschnittlichen Einkommensverhältnissen gegenüber dem Unterhaltsbegehren eines volljährigen Kindes als Mindestbetrag gewährt wird, um einen maßvollen Zuschlag erhöht wird, wenn das Unterhaltsbegehren anderer Verwandter zu beurteilen ist (*Senat,* NJW 1992, 1393 = FamRZ 1992, 795 [797]).

[22] Wie der Senat zum Elternunterhalt entschieden hat, braucht der Unterhaltspflichtige eine spürbare und dauerhafte Senkung seines berufs- und einkommenstypischen Unterhaltsniveaus jedenfalls insoweit nicht hinzunehmen, als er nicht einen nach den Verhältnissen unangemessenen Aufwand betreibt. Mit Rücksicht darauf ist es gerechtfertigt, dass der Selbstbehalt des Unterhaltspflichtigen gegenüber seinen unterhaltsbedürftigen Eltern mit einem erhöhten Betrag, wie er in den Tabellen und Leitlinien insoweit als Mindestbetrag vorgesehen ist, angesetzt und gegebenenfalls noch dadurch erhöht wird, dass dem Unterhaltspflichtigen ein etwa hälftiger Anteil seines für den Elternunterhalt einsetzbaren bereinigten Einkommens zusätzlich verbleibt (*Senat,* NJW 2003, 128 = FPR 2003, 149 = FamRZ 2002, 1698 [1700ff.]).

[23] c) Diese Erwägungen können auf das Unterhaltsrechtsverhältnis zwischen Großeltern und Enkeln übertragen werden. Auch insofern gilt, dass eine Inanspruchnahme in der Regel erst stattfindet, wenn der Unterhaltsverpflichtete sich selbst bereits in einem höheren Lebensalter befindet, seine Lebensverhältnisse demzufolge bereits längerfristig seinem Einkommensniveau angepasst hat, Vorsorge für sein eigenes Alter treffen möchte oder sogar bereits Rente bezieht und sich dann einer Unterhaltsforderung ausgesetzt sieht, für die nach der natürlichen Generationenfolge die Eltern aufzukommen haben und für die er deshalb nur nachrangig haftet. Den Enkeln des Unterhaltspflichtigen gehen im Übrigen sein Ehegatte oder geschiedener Ehegatte, die nach § 1615 l BGB Unterhaltsberechtigten und seine Kinder im Rang vor (§§ 1609 I und II, 1605 l III 3 Halbs. 2 BGB).

[24] In tatsächlicher Hinsicht würde die Notwendigkeit, nicht unerhebliche Abstriche von dem derzeitigen Lebensstandard hinzunehmen, auf eine übermäßige Belastung des Unterhaltspflichtigen hinauslaufen. Er ist gehalten, soweit noch möglich, Vorsorge für seine weiteren Lebensjahre, auch unter Berücksichtigung einer eventuell eintretenden Pflegebedürftigkeit, zu treffen. Das gilt insbesondere, wenn er seinen Abkömmling im Fall der Bedürftigkeit nicht seinerseits auf Zahlung von Elternunterhalt wird in Anspruch nehmen können, weil dieser etwa schon keinen Kindesunterhalt gezahlt hat.

[25] Hinzu kommt ein weiterer Gesichtspunkt: Wenn Eltern außer Stande sind, ohne Gefährdung ihres eigenen angemessenen Bedarfs Unterhalt für ein Kind zu leisten, kommt gem. § 1603 II 3 BGB die Haftung eines anderen unterhaltspflichtigen Verwandten in Betracht. Das kann auch ein Großelternteil sein (ebenso Luthin, in: MünchKomm, 4. Aufl., § 1603 Rdnr. 81). Eine unterschiedslose Festsetzung des angemessenen Selbstbehalts der Eltern und der Großeltern würde aber dazu führen, dass ein minderjähriges Kind seinen leistungsfähigen Großvater schon dann in Anspruch nehmen könnte, wenn seinem Vater infolge der Unterhaltsleistung weniger als – derzeit – 1000 Euro verblieben und die Mutter nicht leistungsfähig ist. Wegen ihrer nur nachrangigen Verpflichtung müssen sich Großeltern indessen finanziell nicht in demselben Maße einschränken wie Eltern, zumal sie – anders als diese gem. § 1603 II 1 BGB – nicht gesteigert unterhaltspflichtig sind. Unbillige Ergebnisse können dadurch vermieden werden, dass der Selbstbehalt anderer unterhaltspflichtiger Verwandter als der Eltern, insbesondere der Großeltern, mit einem gegenüber dem angemessenen Selbstbehalt erhöhten Betrag angesetzt wird (so auch *Wendl/Scholz,* 6. Aufl., § 6 Rdnr. 273; *Luthin/Seidel,* 10. Aufl., Rdnr. 5042; Luthin, FamRB 2004, 177 [178]).

[26] Der Umstand, dass der unterhaltsrechtlichen Verantwortung von Großeltern ein geringeres Gewicht zukommt, wird auch durch den ihnen sozialhilferechtlich zugebilligten Schutz deutlich: Ein gesetzlicher Forderungsübergang von Unterhaltsansprüchen gegen Großeltern findet nach § 91 I 2 BSHG bzw. § 94 I 3 SGB XII nicht statt.

[27] d) Bei dieser Sach- und Rechtslage ist es rechtlich nicht zu beanstanden, wenn Großeltern im Fall der Inanspruchnahme auf Unterhalt für ihre Enkel zumindest die höheren Selbstbehaltsbeträge zugebilligt werden, die auch erwachsene Kinder gegenüber ihren unterhaltsbedürftigen Eltern verteidigen können (ebenso OLG Koblenz, OLG-Report 2005, 22 [23f.]; OLG Schleswig, NJOZ 2005, 444 = FamRZ 2004, 1058 [1060] m. Anm. Luthin, und OLG-Report 2004, 429; OLG Hamm, FamRZ 2005, 57 [58]; *Wendl/Scholz*, § 2 Rdnr. 273; *Schwab*, in: *Schwab/Henrich*, Familiäre Solidarität, S. 55 und 53 f.; *Lipp*, NJW 2002, 2201 [2204f.]; vgl. auch *Luthin*, FamRB 2005, 19 [21]; gegenüber volljährigen Enkeln: *Wendl/Pauling*, § 6 Rdnr. 20; *Luthin/Seidel*, Rdnr. 5041; *Gerhardt*, Hdb. des Fachanwalts FamilienR, 5. Aufl., 6. Kap. Rdnr. 208 b; für eine großzügige Bemessung des Selbstbehalts: OLG Oldenburg, NJW-RR 2000, 2516). Das gilt auch gegenüber minderjährigen Enkeln. Zwar sind diese in der Regel nicht in der Lage, ihren Lebensbedarf selbst zu decken. Deshalb ordnet das Gesetz in § 1603 II 1 BGB an, dass ihnen gegenüber eine gesteigerte Unterhaltspflicht besteht. Die vorgenannte Bestimmung gilt aber nur im Verhältnis zwischen Kindern und ihren Eltern. Für Großeltern besteht dagegen keine gesteigerte Unterhaltspflicht, sondern sie haften allein unter Berücksichtigung ihres angemessenen Eigenbedarfs, und zwar nachrangig. Das rechtfertigt es, ihnen generell die erhöhten Selbstbehaltsbeträge zuzubilligen. Auf die Frage, ob Großeltern das nach Abzug des Selbstbehalts verbleibende bereinigte Einkommen grundsätzlich nur zur Hälfte für den Unterhalt von Enkeln einzusetzen haben oder ob dies nur im Verhältnis zu volljährigen Enkeln gilt (so OLG Koblenz, OLG-Report 2005, 22 [23f.]), kommt es im vorliegenden Fall nicht an.

(Wohnwert beim Großelternunterhalt)

b [28] 2. Die Ermittlung des unterhaltsrelevanten Einkommens des Bekl. ist rechtlich ebenfalls nicht zu beanstanden. Das gilt insbesondere hinsichtlich der Berücksichtigung des bis 31. 7. 2000 bestehenden Wohnvorteils, den das BerGer. durch Abzug der Darlehensraten von dem als unstreitig festgestellten Wohnwert von monatlich 585 DM ermittelt hat. Dass ein zu geringer Wohnwert des ehemals im Miteigentum der Großeltern stehenden Hauses zu Grunde gelegt worden sei, macht die Revision nicht geltend. Den Abzug der vollständigen Darlehensraten, also sowohl des Zins- als auch des Tilgungsanteils, hat der *Senat* bei der Inanspruchnahme eines Unterhaltspflichtigen auf Zahlung von Elternunterhalt jedenfalls dann für rechtsbedenkenfrei gehalten, wenn und soweit sich die Verbindlichkeiten und die hieraus resultierenden Annuitäten in einer im Verhältnis zu den vorhandenen Einkünften angemessenen Höhe halten und die Verpflichtungen bereits zu einer Zeit eingegangen wurden, als der Unterhaltspflichtige noch nicht damit zu rechnen brauchte, für den Unterhalt seiner Eltern aufkommen zu müssen (*Senat*, NJW 2003, 2306 = FamRZ 2003, 1179 [1180 ff.]). Maßgebend dafür war die Erwägung, dass der Unterhaltspflichtige anderenfalls gezwungen sein könnte, das Familienheim zu verwerten, was ihm im Verhältnis zu seinen Eltern nicht obliegt.

(Enkelunterhalt; vorrangiger Familienunterhalt; latente Unterhaltslast; Mindestbedarf des Ehegatten)

c [30] 3. a) Zu den nach § 1603 I BGB zu berücksichtigenden sonstigen Verbindlichkeiten des Bekl. gehört, wie das BerGer. nicht verkannt hat, die Unterhaltspflicht gegenüber der Ehefrau, soweit diese nicht über ausreichendes eigenes Einkommen verfügt. Der Bekl. schuldet ihr insoweit gem. §§ 1360, 1360 a BGB Familienunterhalt. Dieser Unterhaltsanspruch lässt sich zwar nicht ohne weiteres nach den zum Ehegattenunterhalt nach Trennung oder Scheidung entwickelten Grundsätzen bemessen. Denn er ist nach seiner Ausgestaltung nicht auf die Gewährung einer – frei verfügbaren – laufenden Geldrente für den jeweils anderen Ehegatten, sondern vielmehr als gegenseitiger Anspruch der Ehegatten darauf gerichtet, dass jeder von ihnen seinen Beitrag zum Familienunterhalt entsprechend seiner nach dem individuellen Ehebild übernommenen Funktion leistet. Seinem Umfang nach umfasst der Anspruch auf Familienunterhalt gem. § 1360 a BGB alles, was für die Haushaltsführung und die Deckung der persönlichen Bedürfnisse der Ehegatten und eventueller Kinder erforderlich ist. Sein Maß bestimmt sich aber nach den ehelichen Lebensverhältnissen, so dass § 1578 BGB als Orientierungshilfe herangezogen werden kann (*Senat*, NJW 1995, 1486 = FamRZ 1995, 537; NJW 2003, 1112 = FamRZ 2003, 363 m. Anm. Scholz, FamRZ 2003, 514). Es begegnet deshalb keinen Bedenken, den – hier maßgeblichen – Anspruch auf Familienunterhalt im Fall der Konkurrenz mit anderen Unterhaltsansprüchen auf die einzelnen Familienmitglieder aufzuteilen und in Geldbeträgen zu veranschlagen (vgl. *Senat*, NJW 2003, 1660 = FamRZ 2003, 860 [864] m. w. Nachw.).

(Auch Abzug nachrangiger Unterhaltslasten prägend; latente Unterhaltslasten)

d [32] Bei der Bemessung des Unterhaltsanspruchs der Ehefrau nach den ehelichen Lebensverhältnissen stellt sich allerdings die Frage, ob diese bereits durch Unterhaltsleistungen für einen Elternteil geprägt waren. Denn der Unterhaltsanspruch eines Ehegatten kann auch durch Unterhaltsansprüche nachrangig Berechtigter eingeschränkt werden, soweit die sich aus einem entsprechenden Vorwegabzug ergebende Verteilung der zum Unterhalt zur Verfügung stehenden Mittel nicht zu einem Missverhältnis hinsichtlich des wechselnden Bedarfs der Beteiligten führt. Dabei kann auch schon die latente Unterhaltslast für einen Elternteil die ehelichen Lebensverhältnisse mitbestimmen (*Senat*, NJW 2003, 1660 = FamRZ 2003, 860 [865]; NJW-RR 2004, 217 = FamRZ 2004, 186 [187f.]).

(Anspruch des Ehegatten des in Anspruch genommenen Großelternteils auf Familienunterhalt)

[33] c) Die vorliegende Fallgestaltung unterscheidet sich von einer solchen auf Inanspruchnahme auf **e** Elternunterhalt dadurch, dass auch der nicht in Anspruch genommene Großelternteil mit dem Enkel – anders als die Ehefrau mit der Schwiegermutter – verwandt ist und ihm – Leistungsfähigkeit unterstellt – deshalb ebenfalls unterhaltspflichtig sein kann. Mit Rücksicht hierauf kann für beide Großelternteile bei absehbarem Ausfall eines vorrangig Unterhaltspflichtigen Anlass bestehen, sich darauf einzustellen, für den Unterhalt eines Enkels in Anspruch genommen zu werden (ebenso *Wendl/Scholz*, § 2 Rdnr. 273; vgl. auch *Luthin*, FamRB 2005, 19 [21 f.]; a. A. *Gerhardt*, 6. Kap. Rdnr. 208 b).

[34] Durch eine solche latent bestehende Unterhaltspflicht sind die ehelichen Lebensverhältnisse der Großeltern nach den getroffenen Feststellungen geprägt gewesen. Denn ihr Sohn hat seit Erlass des Versäumnisurteils am 9. 7. 1999 keinen Unterhalt gezahlt und war offensichtlich schon zuvor arbeitslos. Das hat zur Folge, dass – entgegen der Auffassung des BerGer. – der der Ehefrau des Bekl. zustehende Familienunterhalt nicht als Quote von ¹/₂ der Differenz der beiderseitigen Einkünfte, sondern nur mit einem Mindestbedarfsatz in Ansatz zu bringen ist, von dem ihr Einkommen abzusetzen ist.

[35] d) Dieser Mindestbedarfsatz ist indessen nicht mit dem notwendigen Eigenbedarf anzusetzen, wie er in den Unterhaltstabellen für einen Ehegatten vorgesehen ist, der mit dem Unterhaltspflichtigen in einem gemeinsamen Haushalt lebt (vgl. etwa B VI der Düsseldorfer Tabelle, Stand: 1. 7. 1999, die für den nicht erwerbstätigen Ehegatten einen notwendigen Eigenbedarf von 950 DM vorsieht). Vielmehr kann die Ehefrau des Bekl. verlangen, dass auch für sie der angemessene Eigenbedarf veranschlagt wird. Dieser ist in der Düsseldorfer Tabelle – unter Berücksichtigung der durch das Zusammenleben mit dem Unterhaltspflichtigen eintretenden Haushaltsersparnis – im Rahmen des Elternunterhalts mit mindestens 1750 DM (unter B I) vorgesehen.

(Darlegung der Voraussetzung für eine Ersatzhaftung des Großvaters; Ausschluss oder erhebliche Erschwerung der Rechtsverfolgung)

[37] 5. Gleichwohl ist das Berufungsurteil im Ergebnis zutreffend. Das BerGer. ist nämlich zu Recht **f** davon ausgegangen, dass die Kl. zu den Voraussetzungen einer Ersatzhaftung des Bekl. nicht hinreichend substanziiert vorgetragen hat, auch wenn es seine Entscheidung letztlich nicht auf diesen Gesichtspunkt gestützt hat.

[38] § 1607 II 1 BGB begründet eine Unterhaltspflicht des nachrangig haftenden Verwandten, wenn die Rechtsverfolgung gegen den vorrangig Haftenden im Inland ausgeschlossen oder erheblich erschwert ist. Voraussetzung ist mithin zunächst, dass der nähere Verwandte an sich leistungsfähig ist, was im vorliegenden Fall jedenfalls in Höhe einer möglichen Inanspruchnahme des Bekl. zu bejahen ist. Denn der Vater der Kl. hat nach dem ihm gegenüber ergangenen Versäumnisurteil monatlichen Kindesunterhalt von 341 DM zu zahlen.

[39] Ausgeschlossen oder zumindest erheblich erschwert ist die Rechtsverfolgung etwa, wenn der Unterhaltsberechtigte mit einem – auf der Zurechnung fiktiven Einkommens beruhenden – Vollstreckungstitel keinen Unterhalt erlangen kann, weil der Unterhaltspflichtige kein vollstreckungsfähiges Vermögen besitzt oder von dem Berechtigten nicht erwartet werden kann, die Zwangsvollstreckung in auch ihm dienende Vermögenswerte (etwa ein von ihm mitbewohntes Haus) zu betreiben (vgl. *OLG Hamm*, FamRZ 2005, 57; *OLG Karlsruhe*, FamRZ 1991, 971 [973]; *Luthin*, in: MünchKommBGB, § 1607 Rdnr. 5; *Staudinger/Engler*, BGB, Neubearb. 2000, § 1407 Rdnr. 21; *Erman/Hammermann*, 11. Aufl., § 1607 Rdnr. 10; *Palandt/Diederichsen*, 64. Aufl., § 1607 Rdnr. 11).

[40] Dass Vollstreckungsversuche gegen ihren Vater erfolglos waren, hat die Kl. nach den getroffenen Feststellungen nicht vorgetragen. Sie hat auch nicht dargetan, dass ihr Vater kein vollstreckungsfähiges Vermögen besitze, sondern sich auf die Angabe beschränkt, die Zwangsvollstreckung sei gegen ihn nicht erfolgversprechend, weil sein Einkommen unter der Pfändungsfreigrenze der §§ 850 c, 850 d ZPO liege. Das genügte zur Darlegung einer Ersatzhaftung des Bekl. gem. § 1607 II BGB nicht.

BGH v. 6. 7. 2005 – XII ZR 145/03 – FamRZ 05, 1897 = NJW-RR 05, 1450

(§ 1572 BGB: Beweislast des Berechtigten; Darlegungslast des Pflichtigen bei behaupteter Genesung)   **R638**

II. 1. Zu Recht geht das BerGer. zwar von einer Darlegungs- und Beweislast der Ag. für ihre **a** krankheitsbedingte Erwerbsunfähigkeit aus (*Senat*, NJW 1990, 2752 = FamRZ 1990, 496 [497] und

NJW-RR 1993, 898 = FamRZ 1993, 789 [791]). Wie der Senat schon wiederholt ausgeführt hat, dürfen aber die Anforderungen, die insoweit zu stellen sind, nicht überspannt werden, sondern müssen den Umständen des Falls entsprechen (*Senat*, NJW 1987, 898 = FamRZ 1987, 144 [145]). Auf dieser Grundlage hat das BerGer. die Voraussetzung eines Unterhaltsanspruchs nach § 1572 BGB ohne Verfahrensfehler schon anhand des unstreitigen Sachverhalts festgestellt. Der dagegen gerichteten Revision bleibt der Erfolg versagt, weil das BerGer. weder einen substanziierten Beweisantrag des Ast. übergangen hat noch gehalten war, die fortbestehende Erwerbsunfähigkeit der Ag. durch Einholung eines Sachverständigengutachtens zu klären.

a) Die Revision meint, die ärztlichen Untersuchungsberichte aus der Vergangenheit seien keine ausreichende Grundlage für die Feststellung einer fortdauernden Erwerbsunfähigkeit. Das BerGer. habe zudem keine hinreichende Sachkenntnis dargelegt, die eine Beweisaufnahme durch ein aktuelles Sachverständigengutachten entbehrlich mache. Das überzeugt nicht.

b) Das BerGer. hat sich zum Nachweis der Erkrankung der Ag. seit 1990 auf den unstreitigen Sachverhalt und die vorliegenden Sachverständigengutachten gestützt. Die Fortdauer der Erkrankung hat es aus der schon seinerzeit diagnostizierten Chronifizierung der Schizophrenie und dem Umstand hergeleitet, dass sich die Ag. auch in der Folgezeit nicht medikamentös hat behandeln lassen. Zudem hat das OLG während der Anhörung der Ag. die gleichen Symptome festgestellt, die in den ärztlichen Berichten von 1996 und 1998 festgestellt worden waren. Auch die festgestellte Schwerbehinderung und die Bewilligung einer dauerhaften Erwerbsunfähigkeitsrente hat es als entscheidendes Indiz für die Fortdauer der Erkrankung angesehen. Dem hat der Ast. im entscheidenden Punkt, nämlich in der Frage, ob die Ag. noch immer an Schizophrenie erkrankt ist, nur pauschal und unsubstanziiert widersprochen.

Nach der Rechtsprechung des BGH ist die Ablehnung eines für eine beweiserhebliche Tatsache angetretenen Beweises zulässig, wenn die unter Beweis gestellten Tatsachen so ungenau bezeichnet sind, dass ihre Erheblichkeit nicht beurteilt werden kann, oder wenn sie zwar in das Gewand einer bestimmt aufgestellten Behauptung gekleidet, aber aufs Geratewohl gemacht, gleichsam „ins Blaue hinein" aufgestellt, mit anderen Worten, aus der Luft gegriffen sind und sich deshalb als Rechtsmissbrauch darstellen. Zu einer näheren Darstellung kann eine Partei insbesondere dann gezwungen sein, wenn die Gegenpartei besonders substanziiert vorträgt. Denn der Umfang der jeweils erforderlichen Substanziierung des Sachvortrags bestimmt sich aus dem Wechselspiel von Vortrag und Gegenvortrag, wobei die Ergänzung und Aufgliederung des Sachvortrags bei hinreichendem Gegenvortrag immer zunächst Sache der darlegungs- und beweisbelasteten Partei ist (BGH, NJW 1999, 1859 [1860]).

Diesen Anforderungen an einen erheblichen Sachvortrag genügt der Vortrag des Ast. zu der von ihm behaupteten Genesung der Ag. nicht. Soweit der Ast., anknüpfend an den Umstand, dass die Ag. sich keiner weiteren Begutachtung unterziehen will, die Diagnose einer Schizophrenie bestreitet, ist dies mit keinen relevanten Tatsachen belegt und offensichtlich „ins Blaue hinein" erfolgt. Allein die Verweigerung der weiteren Begutachtung kann diese Behauptung nicht stützen, sondern findet eine plausible Erklärung in der schon früher diagnostizierten fehlenden Krankheitseinsicht. Der Ast. verkennt auch, dass die diagnostizierte Erkrankung einer Schizophrenie regelmäßig schubweise verläuft und eine etwaige Einsichtsfähigkeit zwischen solchen Phasen nichts über eine dauerhafte Erwerbsmöglichkeit aussagt. Entgegen der Rechtsauffassung der Revision spricht deswegen auch die vom BerGer. festgestellte Prozessfähigkeit der Ag. nicht denknotwendig gegen den Fortbestand ihrer Erkrankung. Wegen der in der Vergangenheit mehrfach diagnostizierten chronischen Erkrankung und der dauerhaft bewilligten Erwerbsunfähigkeitsrente hätte der Ast. vielmehr konkreter vortragen müssen, aus welchen Umständen er auf eine dauerhafte Genesung schließen will.

Auf der Grundlage dieser unsubstanziierten Angriffe des Ast. ist das OLG deswegen zu Recht vom Fortbestand der Erkrankung der Ag. ausgegangen. Danach hatte die Ag. ohnehin keine reale Beschäftigungschance, was als weiteres objektives Merkmal für eine Zurechnung eigener Einkünfte stets erforderlich ist (*Senat*, NJW 1987, 898 = FamRZ 1987, 144).

(Keine Verwirkung nach § 1579 Nr. 4 BGB bei fehlender Krankheitseinsicht)

b   2. Ebenfalls zu Recht hat das BerGer. die Voraussetzungen einer Verwirkung des Unterhaltsanspruchs nach § 1579 Nr. 3 BGB abgelehnt, weil die Ag. ihre Bedürftigkeit nicht mutwillig herbeigeführt hat. Die Ag. hatte schon während der Ehezeit keine kontinuierliche Behandlung der diagnostizierten Schizophrenie zugelassen, weil ihr die erforderliche Krankheitseinsicht fehlte. Entsprechend wurde schon 1996 im Zusammenhang mit der Verrentung eine Chronifizierung des Leidens festgestellt. Die unterlassene Behandlung beruht deswegen nicht auf einem mutwilligen Verhalten der Ag. i. S. von § 1579 Nr. 3 BGB, sondern auf der diagnostizierten Krankheit selbst. Die fehlende Krankheitseinsicht hat das BerGer. auch nicht aus eigener Sachkunde festgestellt, sondern es hat sich dabei auf die schon im Jahre 1996 erhobene und 1998 bestätigte Diagnose gestützt. Auch dem hat der Ast. nicht hinreichend substanziiert widersprochen.

BGH v. 10. 8. 2005 – XII ZR 73/05 – FamRZ 05, 1662 = NJW 05, 3282

(Keine Abänderung einer vereinbarten Abfindung – Unterschied zur Kapitalisierung einer Vorauszahlung;   R639
Bedeutung von Ratenzahlungen)

a) Wenn die Parteien eines Unterhaltsvergleichs mit der Vereinbarung eines Abfindungsbetrags eine restlose und endgültige Regelung wollten, liegt darin regelmäßig auch ein Ausschluss weiterer Ansprüche für nicht vorhersehbare Veränderungen (BGHZ 2, 379 [385 f.] = NJW 1951, 759). Die abschließende Wirkung auf der Grundlage einer bloßen Prognose ist dann wesentlicher Inhalt der vertraglichen Vereinbarung und nicht bloß dessen Geschäftsgrundlage. Gleiches gilt dann auch umgekehrt für die Nachforderung noch ausstehender Abfindungsansprüche und für die Rückzahlung schon geleisteter Beträge.

Eine andere rechtliche Beurteilung ist allenfalls für solche Fälle denkbar, in denen der Kapitalbetrag keine Abfindung, sondern eine bloße Vorauszahlung, also eine bloße Kapitalisierung, sein soll. Dann wird durch die Unterhaltsvereinbarung lediglich der gesetzliche Unterhaltsanspruch konkretisiert (vgl. insoweit *Senat*, NJW 1985, 2706 = FamRZ 1985, 263), während im Falle einer endgültigen, abschließenden Regelung an die Stelle des durch den Unterhaltsverzicht abbedungenen gesetzlichen Unterhalts eine eigenständige vertragliche Unterhaltsvereinbarung tritt (BGH NJW 1951, 759).

Es liegt im Wesen einer Abfindung, dass sie Elemente eines Vergleichs enthält. Wer statt laufender Unterhaltsbeträge einen festen Abfindungsbetrag wählt, nimmt das Risiko in Kauf, dass die für die Berechnung maßgebenden Faktoren auf Schätzungen und unsicheren Prognosen beruhen. Deswegen gewährt das Gesetz dem Unterhaltsberechtigten regelmäßig Unterhalt in Form einer monatlich im Voraus zu entrichtenden Geldrente (§ 1585 I BGB) und räumt ihm nur unter besonderen Voraussetzungen ausnahmsweise einen Anspruch auf Abfindung in Kapital ein (§ 1585 II BGB). Entscheidet sich der Unterhaltsberechtigte gleichwohl für eine Abfindung, dann deshalb, weil ihm dies, aus welchen Gründen auch immer, bei Abwägung solcher Risiken vorteilhafter erscheint. Darin liegt auch sein Verzicht darauf, dass ihm günstige zukünftige Entwicklungen der persönlichen und wirtschaftlichen Verhältnisse berücksichtigt werden. Der Unterhaltspflichtige wird und darf sich, wenn er auf Grund einer wirksamen Vereinbarung eine Kapitalabfindung leisten muss, andererseits darauf verlassen, dass mit der Erfüllung der Unterhaltsanspruch ein für allemal erledigt ist. Auch für ihn bestehende Unsicherheiten der künftigen Entwicklung sind regelmäßig in die Berechnung der Abfindungssumme eingeflossen (vgl. BGH NJW 1981, 818 [820]).

Entsprechend geht auch die weit überwiegende Auffassung in der Literatur davon aus, dass bei einer Abfindungsvereinbarung eine Anpassung an veränderte Umstände, zum Beispiel an eine Wiederverheiratung der Unterhaltsberechtigten, ausscheidet (*Wendl/Pauling*, 6. Aufl., § 6 Rdnr. 614; *Göppinger/Wax/Hoffmann*, 8. Aufl., Rdnrn. 1378 f.; *Johannsen/Henrich/Büttner*, EheR, 4. Aufl., § 1585 Rdnr. 12; *Luthin*, 10. Aufl., Rdnr. 2264; *Maurer*, in: MünchKommBGB, 4. Aufl., § 1586 Rdnr. 7; FA-FamR/*Gerhardt*, 5. Aufl., Kap. 6 Rdnr. 470; vgl. auch OLG Koblenz, NJW-RR 2002, 797 = FamRZ 2002, 1040). Soweit das OLG Hamburg in dem vom BerGer. zitierten Urteil (FamRZ 2002, 234) zu dem abweichenden Ergebnis gelangt ist, dass ein beim Tode des Unterhaltsberechtigten noch nicht erfüllter Anspruch auf Abfindung für künftigen Unterhalt erloschen und daher auch nicht vererbbar ist, beruht dies auf einer Auslegung des dortigen Einzelfalls, der neben dem nachehelichen Ehegattenunterhalt auch Ansprüche auf Trennungsunterhalt umfasste, auf die gem. §§ 1360 a III, 1614 I BGB ohnehin nicht endgültig verzichtet werden konnte. Dieser Gesichtspunkt ist jedenfalls nicht auf Vergleiche übertragbar, die – wie hier – einen wirksamen Verzicht auf den gesetzlich geschuldeten Unterhaltsanspruch beinhalten.

b) Nach der Auffassung des BerGer. wollten die Parteien den Anspruch der Bekl. auf nachehelichen Ehegattenunterhalt durch einen Kapitalbetrag endgültig abfinden. Diese Auslegung der Vergleiche liegt schon deswegen nahe, weil die vom Kl. zu leistenden Beträge als „Abfindungsbeträge" bezeichnet wurden. Außerdem haben die Parteien in dem Vergleich vom 7. 1. 2003 ausdrücklich wechselseitig auf nachehelichen Ehegattenunterhalt verzichtet und erklärt, dass mit den vereinbarten Zahlungen der Gesamtanspruch der Bekl. auf nachehelichen Unterhalt abgegolten sein sollte. Das wurde durch den späteren Wegfall des Abfindungsbetrags für 2005 und die neue Fälligkeitsregelung für die Abfindungsbeträge für 2004 auch nicht abgeändert.

Gegen den Charakter einer endgültigen Abfindung des nachehelichen Ehegattenunterhalts kann der Kl. auch nicht einwenden, dass die Parteien eine Ratenzahlung der Abfindungsbeträge vereinbart haben. Die Bewilligung von Ratenzahlung erfolgt regelmäßig im Interesse des Unterhaltsschuldners, weil sie ihm die Zeit einräumt, sich auf die erst künftig fällig werdenden Teilbeträge einzustellen. Zu Recht hat das BerGer. hier in der Möglichkeit des steuerlichen Realsplittings einen weiteren Grund gesehen, wonach die ratenweise Aufteilung des Abfindungsbetrags allein im Interesse des Kl. liegt. Denn sie ermöglicht es ihm, den gesamten Abfindungsbetrag – verteilt auf mehrere Jahre – als Sonderausgabe steuerlich abzusetzen, weil die jährlichen Abfindungsbeträge in Höhe von 13 500 Euro knapp unterhalb des Höchstbetrags liegen, der im Wege des steuerlichen Realsplittings nach § 10 EStG mit jährlich bis zu 13 805 Euro berücksichtigt werden kann. Nach den zutreffenden Feststellungen des

BerGer. erfolgte die Hinausschiebung der Fälligkeit von Teilen des Abfindungsbetrags deswegen allein im Interesse des Kl. Umstände, die gegen eine endgültige und abschließende Unterhaltsvereinbarung sprechen, lassen sich deswegen daraus nicht gewinnen.

BGH v. 7. 9. 2005 – XII ZR 311/02 – FamRZ 05, 1979 = NJW 05, 3639

R640   *(Keine kurze Ehedauer nach § 1579 Nr. 1 BGB bei Kinderbetreuung)*

a   Die fehlende Umsetzung eines gemeinsamen Lebensplans ist hingegen Voraussetzung des Verwirkungstatbestands des § 1579 Nr. 1 BGB, wonach ein Unterhaltsanspruch versagt, herabgesetzt oder zeitlich begrenzt werden kann, wenn die Ehe von kurzer Dauer war. Allerdings steht nach § 1579 Nr. 1 BGB der Ehedauer die Zeit gleich, in welcher der Berechtigte wegen der Pflege oder Erziehung eines gemeinschaftlichen Kindes nach § 1570 BGB Unterhalt verlangen kann. Bei der Prüfung des Verwirkungstatbestands ist zur Vermeidung verfassungswidriger Ergebnisse jedoch zunächst von der tatsächlichen Ehezeit auszugehen und erst anschließend die zur Wahrung der Belange des Kindes gesetzlich vorgesehene Abwägung vorzunehmen (BVerfG, NJW 1989, 2807 = FamRZ 1989, 941 [943 f.]; *Senat,* FamRZ 1990, 492 [494 ff.]).

Ausgehend hiervon hat das BerGer. zu Recht eine weitere Herabsetzung oder Begrenzung des Unterhaltsanspruchs der Bekl. abgelehnt. Soweit das BerGer. trotz der nur sehr kurzen Ehedauer entscheidend auf die Belange der gemeinsamen Tochter abgestellt und eine weitere Kürzung des Unterhaltsanspruchs der Bekl. abgelehnt hat, weil sogar die Summe aus eigenem Einkommen und Unterhalt unter dem notwendigen Bedarf der Bekl. liege, bestehen dagegen keine rechtlichen Bedenken. Das Argument der Revision, die Betreuungsleistungen der Bekl. für das gemeinsame Kind seien schon durch den Kindesunterhalt abgegolten, überzeugt nicht. Denn der Barunterhalt des Kl. für das gemeinsame minderjährige Kind sichert lediglich dessen finanziellen Unterhaltsbedarf, während die Bekl. daneben für die Betreuung und Erziehung des gemeinsamen Kindes haftet, wovon auch § 1606 III 2 BGB ausgeht. Der Unterhaltsanspruch nach § 1570 BGB ermöglicht der Bekl. erst diese Betreuungsleistung und ist deswegen jedenfalls nicht durch den Barunterhalt für das Kind abgegolten.

(Fiktives Einkommen wegen Verstoß gegen Erwerbsobliegenheit eheprägend)

b   a) Der BGH hat im Jahre 2001 – unter Aufgabe der früheren Rechtsprechung – entschieden, dass die ehelichen Lebensverhältnisse nach § 1578 BGB nicht nur durch die Bareinkünfte eines erwerbstätigen Ehegatten, sondern auch durch die Leistungen des anderen Ehegatten im Haushalt oder bei der Kindeserziehung mitbestimmt werden und hierdurch eine Verbesserung erfahren. Denn die ehelichen Lebensverhältnisse umfassen alles, was während der Ehe für den Lebenszuschnitt der Ehegatten nicht nur vorübergehend tatsächlich von Bedeutung ist, mithin auch den durch die häusliche Mitarbeit und die Kindesbetreuung des nicht erwerbstätigen Ehegatten erreichten sozialen Standard (*Senat,* NJW 2001, 2254 = FamRZ 2001, 986 [987]). Entsprechend orientiert sich auch die Teilhabequote an der Gleichwertigkeit der beiderseits erbrachten Leistungen, so dass beide Ehegatten hälftig an dem durch Erwerbseinkommen einerseits, Haushaltsführung oder Kindeserziehung andererseits geprägten ehelichen Lebensstandard teilhaben. Nimmt der nicht erwerbstätige Ehegatte nach der Scheidung eine Erwerbstätigkeit auf oder erweitert er sie über den bisherigen Umfang hinaus, so kann sie als Surrogat für seine bisherige Familienarbeit angesehen werden, weil sich der Wert seiner Haushaltstätigkeit oder der Kindeserziehung dann, von Ausnahmen einer ungewöhnlichen, vom Normalverlauf erheblich abweichenden Karriereentwicklung abgesehen, in dem daraus erzielten oder erzielbaren Einkommen widerspiegelt. Wenn also der unterhaltsberechtigte Ehegatte nach der Scheidung solche Einkünfte erzielt oder erzielen kann, die gleichsam als Surrogat des wirtschaftlichen Wertes seiner bisherigen Tätigkeit angesehen werden können, ist dieses Einkommen nach der Differenzmethode in die Unterhaltsberechnung einzubeziehen (*Senat,* NJW 2001, 2254 = FamRZ 2001, 986). Diese Rechtsprechung hat das BVerfG ausdrücklich gebilligt. Danach entspricht es dem gleichen Recht und der gleichen Verantwortung bei der Ausgestaltung des Ehe- und Familienlebens, auch die Leistungen, die jeweils im Rahmen der gemeinsamen Arbeits- und Aufgabenzuweisung erbracht werden, als gleichwertig anzusehen. Deshalb sind die von den Ehegatten für die eheliche Gemeinschaft jeweils erbrachten Leistungen unabhängig von ihrer ökonomischen Bewertung gleichgewichtig. Auch der zeitweilige Verzicht eines Ehegatten auf Erwerbstätigkeit, um die Haushaltsführung oder die Kindererziehung zu übernehmen, prägt ebenso die ehelichen Verhältnisse, wie die vorher ausgeübte und die danach wieder aufgenommene oder angestrebte Erwerbstätigkeit (BVerfGE 105, 1 [11 f.] = NJW 2002, 1185 = FamRZ 2002, 527 [529]).

(Für Surrogat der Familienarbeit weder Zeitpunkt Arbeitsaufnahme noch Lebensplan maßgebend)

c   Maßgeblich für die Bemessung der ehelichen Lebensverhältnisse ist nach der Rechtsprechung des Senats deswegen nicht mehr, ob eine spätere Tätigkeit noch vor der Trennung der Parteien aufgenommen wurde oder ob eine spätere Arbeitsaufnahme einem ehelichen Lebensplan entsprach, sondern allein, dass es sich bei der Aufnahme bzw. Ausweitung der Tätigkeit nach der Scheidung um ein Surrogat der früheren Haushaltsführung handelt (vgl. auch *Wendl/Gerhardt*, § 4 Rdnr. 184 a).

(Auch fiktives Erwerbseinkommen Surrogat der Familienarbeit)

b) Der Berücksichtigung im Wege der Differenzmethode steht auch nicht entgegen, dass die Bekl. **d** tatsächlich kein Einkommen bezieht und ihr ein solches lediglich fiktiv zugerechnet wird. Denn auch das Einkommen, das die Bekl. zu erzielen in der Lage ist, ist als Surrogat des wirtschaftlichen Wertes ihrer bisherigen Erziehung des gemeinsamen minderjährigen Kindes anzusehen, die die ehelichen Lebensverhältnisse der Parteien geprägt hat (vgl. *Senat,* FPR 2003, 245 = FamRZ 2003, 434 [435]).

BGH v. 26. 10. 2005 – XII ZR 34/03 – FamRZ 06, 99 = NJW 06, 57

(Identität von Minderjährigen- und Volljährigenunterhalt) **R641**

Der Kl. ist durch eine einstweilige Anordnung im Scheidungsverbund nach § 620 Nr. 2 ZPO zu **a** Unterhaltsleistungen an die Bekl. verurteilt worden, die wegen der Identität des Unterhaltsanspruchs volljähriger Kinder mit dem Minderjährigenunterhalt (vgl. *Senat,* NJW 1984, 1613 = FamRZ 1984, 682) fortgilt.

(Pauschalierung des ausbildungsbedingten Mehrbedarfs)

[15] 2. Auch soweit das BerGer. die Ausbildungsvergütung der Bekl. um die zusätzlich gezahlten **b** Fahrtkosten erhöht und davon den – höheren – pauschalen ausbildungsbedingten Mehrbedarf abgesetzt hat (vgl. Anm. 8 zur Düsseldorfer Tabelle), bestehen dagegen aus revisionsrechtlicher Sicht keine Bedenken. Daraus ergibt sich ein unterhaltsrelevanter Anteil der Ausbildungsvergütung für die Zeit bis Dezember 2001 in Höhe von 433,50 DM (550 DM Ausbildungsvergütung + 43,50 DM Fahrtkosten – 160 DM ausbildungsbedingter Mehrbedarf) und für die Zeit ab Januar 2002 in Höhe von 218,45 Euro (281,20 Euro Ausbildungsvergütung + 22,25 Euro Fahrtkosten – 85 Euro ausbildungsbedingter Mehrbedarf).

(Ausbildungsvergütung ist in voller Höhe auf den Volljährigenunterhalt anzurechnen)

[17] Die Ausbildungsvergütung, die ein volljähriges Kind erhält, ist als Einkommen zu berück- **c** sichtigen und deswegen – nach Abzug berufsbedingten Mehrbedarfs – in voller Höhe bedarfsmindernd anzurechnen (*Senat,* NJW 1981, 2462 = FamRZ 1981, 541 [542 f.]). Damit verringert die Ausbildungsvergütung die Bedürftigkeit des mit Volljährigkeit nur noch barunterhaltsberechtigten Kindes in vollem Umfang.

(„Betreuung" des Volljährigen ist freiwillige Leistung; Tabellenunterhalt schließt Wohnbedarf ein)

[18] Entgegen der Rechtsauffassung des BerGer. ist ab Eintritt der Volljährigkeit auch kein Grund **d** dafür ersichtlich, zu Lasten des allein barunterhaltspflichtigen Kl. der nicht leistungsfähigen Mutter der Bekl. Anteile der Ausbildungsvergütung zuzurechnen. Seit der Volljährigkeit der Bekl. schuldet die Mutter ihr auch keinen Betreuungsunterhalt mehr. Soweit sie ihr gleichwohl Betreuungsleistungen erbringt, stellen diese sich als freiwillige Leistungen dar, die unterhaltsrechtlich unberücksichtigt bleiben müssen. Die Bekl. kann mit ihrem eigenen Einkommen und mit dem vom Kl. geschuldeten Barunterhalt ihren gesamten Unterhaltsbedarf einschließlich des Wohnungsbedarfs abdecken. Denn die von ihm geschuldeten Unterhaltsbeträge nach der Düsseldorfer Tabelle schließen nach ständiger Rechtsprechung des Senats auch den Wohnbedarf des Kindes mit ein (*Senat,* NJW 1992, 1044 = FamRZ 1992, 423 [424] [unter 4 a], und NJW 1989, 2809 = FamRZ 1989, 1160 [1163]; *Wendl/Scholz,* 6. Aufl., § 2 Rdnr. 214). Zusammen mit den Unterhaltsleistungen des Kl. in Höhe des ungedeckten Barbedarfs nach der vierten Altersstufe der Düsseldorfer Tabelle ist die Beklagte deswegen in der Lage, ihrer Mutter Ersatz für eventuelle Naturalleistungen durch Wohnungsgewährung oder Verköstigung zu leisten.

(Kindergeld bei Volljährigen in voller Höhe bedarfsdeckend)

[19] 3. Auch die hälftige Teilung des Kindergeldes zwischen dem barunterhaltspflichtigen Kl. und **e** der nicht leistungsfähigen Mutter der Bekl. hält der rechtlichen Nachprüfung nicht stand. Allerdings ist die Frage, in welchem Umfang das an die nicht leistungsfähige Mutter eines volljährigen Kindes gezahlte Kindergeld auf den Barunterhalt anzurechnen ist, in Rechtsprechung und Literatur seit langem umstritten.

[20] a) Teilweise wird die Auffassung vertreten, das Kindergeld sei in Anwendung des § 1612 b I und II BGB zwischen den Eltern hälftig aufzuteilen, auch wenn nur ein Elternteil Barunterhalt schulde, während der andere Elternteil, bei dem das volljährige Kind wohne, nicht leistungsfähig sei. In solchen

Fällen würden dem Kind in aller Regel Naturalleistungen durch die gemeinsame Haushaltsführung erbracht, auch wenn sie nicht geschuldet seien. Die Vorschrift des § 1612 b III BGB sei auf solche Fälle nicht anwendbar, weil nicht nur der barunterhaltspflichtige Elternteil, sondern auch der Elternteil, bei dem das Kind wohne, Anspruch auf Kindergeld habe (OLG Celle [21. Zivilsenat] FamRZ 2003, 1408; OLG Celle [17. Zivilsenat], FamRZ 2001, 47 [48]; OLG Nürnberg, NJW-RR 2000, 598 = FamRZ 2000, 687 [688]; OLG Düsseldorf, FamRZ 1997, 1106 [differenzierend]; Soyka, FuR 2005, 97 [99 ff.]; *Wendl/Scholz* § 2 Rdnr. 515; *Luthin/Schumacher*, 10. Aufl., Rdnr. 3251; *Eschenbruch/Wohlgemuth*, Der Unterhaltsprozess, 3. Aufl., Rdnr. 3388; *Saathoff*, in: AnwKomm-BGB, § 1612 b Rdnr. 10; FA-FamR/*Gerhardt*, 5. Aufl., Kap. VI Rdnr. 157 a).

[21] b) Überwiegend wird in Rechtsprechung und Literatur allerdings die Auffassung vertreten, dass § 1612 b III BGB entsprechend anwendbar sei, wenn nur ein Elternteil Barunterhalt zu leisten in der Lage sei, während der andere Elternteil das Kindergeld ausgezahlt erhalte, weil das volljährige Kind noch bei ihm wohne. Die hälftige Aufteilung des Kindergeldes nach § 1612 b I und II BGB beruhe auf dem Grundgedanken, dass beide Eltern für ein minderjähriges Kind in gleichem Umfang Unterhalt erbringen, der eine in Form des Naturalunterhalts, der andere in Form von Barunterhalt (§ 1606 III 2 BGB). Weil es in solchen Fällen nach dem Halbteilungsgrundsatz geboten sei, das Kindergeld je zur Hälfte auf die beiden Eltern aufzuteilen, ermögliche § 1612 b I BGB eine entsprechende Verrechnung auf den geschuldeten Unterhalt. Weil aber dem volljährigen Kind kein – grundsätzlich gleichwertiger – Betreuungsunterhalt mehr geschuldet sei, passe die Regelung des § 1612 b I BGB nicht als Verrechnungsanordnung. Die Argumentation der Gegenmeinung, die darauf abstelle, dass der nicht barleistungsfähige Elternteil dem Kind gleichwohl noch Naturalleistungen erbringe, berücksichtige nicht, dass solche Leistungen dem volljährigen Kind nicht mehr geschuldet seien. Eine zusätzliche Naturalleistung mindere einerseits den Bedarf des Kindes, werde andererseits aber nicht zur Entlastung des barunterhaltspflichtigen Elternteils erbracht, weshalb dieser gleichwohl den vollen Barunterhalt schulde. Damit erhalte das volljährige Kind mehr, als ihm nach den unterhaltsrechtlichen Leitlinien als voller Unterhaltsbedarf zustehe (OLG Koblenz, NJW-RR 2005, 586 [587 f.]; FamRZ 2004, 562 [563]; OLG Stuttgart, FamRZ 2004, 219; OLG Celle [15. Zivilsenat], NJW-RR 2004, 438 = FamRZ 2004, 218; OLG Brandenburg, FamRZ 2003, 553; OLG Braunschweig, FamRZ 2000, 1246; OLG Schleswig [5. Familiensenat], NJW-RR 2000, 598 = FamRZ 2000, 1245; OLG Schleswig [14. Familiensenat], FamRZ 2000, 1245; *Schwonberg*, Das Jugendamt [JAmt] 2001, 310 [311]; *Palandt/Diederichsen*, 64. Aufl., § 1612 b Rdnr. 6; *Born*, in: MünchKomm, 4. Aufl., § 1612 b Rdnrn. 53, 57; *Schwab/Borth*, 5. Aufl., Teil V Rdnr. 188 [für Unterhalt über dem Existenzminimum]; *Göppinger/Wax/Häußermann*, 8. Aufl., Rdnr. 789; *Kalthoener/Büttner/Niepmann*, 9. Aufl., Rdnr. 831; *Viefhues*, in: JurisPK-BGB, § 1612 b Rdnr. 12; *Hoppenz/Hülsmann*, Familiensachen, 8. Aufl., § 1612 b Rdnr. 8; *Weinreich/Klein*, FamilienR, 2. Aufl., § 1612 b Rdnr. 34).

[22] c) Der Senat schließt sich der zuletzt genannten Auffassung an.

[23] aa) Das staatliche Kindergeld nach den Vorschriften des Bundeskindergeldgesetzes und den §§ 62 ff. EStG dient dem allgemeinen Familienlastenausgleich. Es ist eine öffentliche Sozialleistung, die den Eltern gewährt wird, um ihnen die Unterhaltslast gegenüber den Kindern zu erleichtern. Nach dem Grundgedanken der gleichen Beteiligung beider Eltern an der Unterhaltspflicht gegenüber minderjährigen Kindern (§ 1606 III 2 BGB) steht grundsätzlich auch das Kindergeld beiden Eltern zu gleichen Teilen zu. Lediglich aus Gründen der Verwaltungsvereinfachung wird das Kindergeld gem. § 64 I EStG nur an einen Berechtigten ausgezahlt. Den internen Ausgleich unter den Eltern hat die Praxis stets im Rahmen des Kindesunterhalts oder, sofern ein solcher nicht geschuldet ist, mittels eines familienrechtlichen Ausgleichsanspruchs durchgeführt (*Senat*, BGHZ 161, 124 [135 f.] = NJW 2005, 503 = FamRZ 2005, 347 [350]).

[24] Da mit dem Kindergeld die Unterhaltslast im Ganzen, also die Unterhaltslast aller Unterhaltspflichtigen erleichtert werden soll, muss das Kindergeld unterhaltsrechtlich, wenn mehrere Personen zu Unterhaltsleistungen verpflichtet sind, ohne Rücksicht darauf, wer öffentlich-rechtlich als Empfangsberechtigter bestimmt ist und wem das Kindergeld ausbezahlt wird, allen Unterhaltspflichtigen zugute kommen. Deswegen musste nach der bis zum 30. 6. 1998 geltenden Rechtslage, wenn das Kindergeld an einen von mehreren Berechtigten gezahlt wird, unter mehreren Unterhaltspflichtigen ein Ausgleich stattfinden, wobei es der Senat im Allgemeinen für angemessen erachtet hat, den Ausgleich entsprechend den Anteilen der Unterhaltspflichtigen an der Erfüllung der Unterhaltspflicht vorzunehmen (BGHZ 70, 151 [154] = NJW 1978, 753 = FamRZ 1978, 177 [178 f.]; *Senat*, NJW 1981, 170 = FamRZ 1981, 26; NJW 1982, 1983 = FamRZ 1982, 887 [889], und NJW 1988, 1720 = FamRZ 1988, 607 [609]).

[25] Wenn ein minderjähriges unverheiratetes Kind von seinen Eltern in der Weise unterhalten wird, dass der eine Elternteil das Kind pflegt und erzieht und der andere für den Barunterhalt aufkommt, so ist darin regelmäßig eine Unterhaltsleistung der Eltern zu gleichen Anteilen zu erblicken (§ 1606 III 2 BGB) mit der Folge, dass ihnen das Kindergeld je zur Hälfte zusteht. Entsprechend sieht § 1612 b I und II BGB für solche Fälle jetzt auch ausdrücklich einen hälftigen Ausgleich des Kindergeldes vor.

[26] Ist hingegen nur ein Elternteil einem volljährigen Kind (bar-)unterhaltspflichtig, widerspräche es dem Zweck des Kindergeldes als einer Erleichterung der Unterhaltslast im Ganzen, wenn das Kindergeld ihm – jedenfalls bis zur Höhe seiner Unterhaltsleistungen – nicht allein zugerechnet würde. Denn er haftet mit Eintritt der Volljährigkeit für den erhöhten Barunterhalt allein, während der Anspruch auf Betreuungsunterhalt gegen den anderen Elternteil entfallen ist (*Senat,* NJW 1994, 1930 = FamRZ 1994, 696 [698]). Eine Aufteilung des Kindergeldes kommt nach dessen Zweck dann nur noch insoweit in Betracht, als die Eltern den noch geschuldeten Barunterhalt anteilig erbringen. Eine solche Aufteilung lässt sich am einfachsten dadurch erreichen, dass das Kindergeld bedarfsdeckend auf den Unterhaltsbedarf des volljährigen Kindes angerechnet wird und damit beide Elternteile entsprechend der jeweils geschuldeten Quote vom Barunterhalt entlastet. Dabei ist unerheblich, welcher Elternteil hinsichtlich des Kindergeldes bezugsberechtigt ist, weil das volljährige Kind gegen diesen – vorbehaltlich eines eigenen Bezugsrechts nach § 74 I 3 EStG – im Innenverhältnis einen Anspruch auf Auskehr oder Verrechnung mit erbrachten Naturalleistungen hat.

[27] bb) Daran hat sich durch die zum 1. 7. 1998 neu geschaffene Vorschrift des § 1612b BGB nichts geändert. Denn diese Vorschrift regelt den häufig vorkommenden Fall nicht, dass ein Elternteil, bei dem das volljährige Kind wohnt und der deswegen das Kindergeld bezieht, nicht leistungsfähig und daher nicht barunterhaltspflichtig ist (vgl. insoweit auch *Wendl/Scholz,* § 2 Rdnr. 515; *Soyka,* FuR 2005, 97 [100]).

[28] § 1612b I BGB, der nur eine Anrechnung des hälftigen Kindergeldes vorsieht, wenn das Kindergeld nicht an den barunterhaltspflichtigen Elternteil ausbezahlt wird, knüpft an die Gleichwertigkeit des Barunterhalts mit dem Betreuungsunterhalt für minderjährige Kinder nach § 1606 III 2 BGB an. In solchen Fällen entspricht es dem Sinn des Kindergeldes als Familienlastenausgleich und der gleichen Beteiligung beider Eltern an der Unterhaltspflicht, wenn zur Entlastung auch das Kindergeld hälftig zwischen ihnen aufgeteilt wird. Eine solche Verrechnung ist aber dann nicht mehr gerechtfertigt, wenn nur ein Elternteil Unterhaltsleistungen für das gemeinsame Kind erbringt, während der andere dazu nicht in der Lage ist. Zwar sieht § 1612b II BGB auch für den Fall einer Barunterhaltspflicht beider Elternteile grundsätzlich einen hälftigen Ausgleich des Kindergeldes vor. Voraussetzung dafür ist aber, dass beide Eltern überhaupt unterhaltspflichtig sind und Unterhaltsleistungen erbringen. Außerdem ist der hälftige Ausgleich bei einer Unterhaltspflicht gegenüber – eventuell fremd untergebrachten – minderjährigen Kindern auch deshalb geboten, weil von beiden Elternteilen neben dem Barunterhalt in gewissem Umfang Betreuungsunterhalt geschuldet wird. Erbringt hingegen nur ein Elternteil Unterhaltsleistungen, während der andere dazu nicht in der Lage ist, handelt es sich schon nicht um einen Fall eines gebotenen Ausgleichs. In solchen Fällen ist nach dem Zweck des Kindergeldes als Familienlastenausgleich dem allein Unterhaltspflichtigen auch die volle Entlastung zuzubilligen. Umgekehrt wäre es auch nicht verständlich, einem Elternteil die Hälfte des Kindergelds zu belassen, obwohl er dem Kind keinerlei Unterhaltsleistungen schuldet.

[29] Soweit die Gegenmeinung darauf abstellt, dass auch volljährige Kinder durch das Zusammenleben mit dem nicht barunterhaltspflichtigen Elternteil Naturalleistungen erhielten, überzeugt dieses nicht. Denn jedenfalls wenn mit der Unterhaltsleistung eines Elternteils der gesamte Unterhaltsbedarf des Kindes gedeckt ist, bleibt für weitere Unterhaltsansprüche des Kindes kein Raum. Vielmehr ist es ihm zumutbar, an den nicht leistungsfähigen Elternteil für dessen Naturalleistungen wie Gewährung der Wohnung, Verpflegung und Ähnliches Anteile des vom anderen Ehegatten erhaltenen vollen Barunterhalts abzuführen. Dann handelt es sich bei den Leistungen des die Wohnung gewährenden Ehegatten um entgeltliche Leistungen und nicht um Unterhaltsleistungen. Gewährt der nicht leistungsfähige Elternteil solche Naturalleistungen hingegen unentgeltlich, handelt es sich dabei um freiwillige Leistungen, die den barunterhaltspflichtigen Ehegatten nicht entlasten und für die ein Ausgleich durch das Kindergeld deshalb nicht vorgesehen ist.

[30] Somit macht es auch keinen Unterschied, ob ein volljähriges unverheiratetes Kind bis zum 21. Lebensjahr noch eine allgemeine Schulausbildung absolviert und deswegen nach § 1603 II 2 BGB privilegiert ist, oder ob ein volljähriges unterhaltsberechtigtes Kind während der Ausbildung eine eigene Wohnung unterhält. Denn auch in diesen Fällen soll das Kindergeld nur den allein barunterhaltspflichtigen Elternteil entlasten.

BGH v. 9. 11. 2005 – XII ZR 31/03 – FamRZ 06, 108 = NJW 06, 369

(5% berufsbedingte Aufwendungen übersteigende Fahrtkosten bei Leiharbeitsverhältnissen berücksichtigungs- **R642**
fähig)

Der Bekl. ist Leiharbeitnehmer und wird auf kurzfristigen Abruf auf Großbaustellen im gesamten **a** Bundesgebiet eingesetzt. Angesichts der hierfür erforderlichen Mobilität wird er nicht auf die Benutzung öffentlicher Verkehrsmittel verwiesen werden können. Zu Recht weist die Revision darauf hin, dass eine Pauschale von 5% des Einkommens dem Aufwand für Fahrtkosten in einem solchen Fall jedenfalls dann ersichtlich nicht gerecht wird, wenn – wie hier – der Unterhaltspflichtige unter

Bezeichnung der wechselnden Arbeitsstellen nachvollziehbar darlegt, von Mai 2001 bis April 2002 rund 23 400 km, monatlich also fast 2000 km, für Fahrten zwischen seinem Wohnort bzw. dem Ort seiner auswärtigen Unterbringung und der jeweiligen Arbeitsstelle zurückgelegt zu haben, und der Arbeitgeber ihm diese Kosten nicht ersetzt.

[26] Angesichts der detaillierten und übersichtlichen Zusammenstellung in Form von Monatstabellen, in denen für jeden Arbeitstag der Einsatzort und die zurückgelegte Entfernung aufgeführt sowie angegeben wird, ob eine Heimfahrt oder eine Übernachtung am Einsatzort stattfand, hätte die Kl. sich nicht auf ein pauschales Bestreiten dieser Angaben beschränken dürfen. Zumindest hätten diese für eine nach § 287 ZPO vorzunehmende Schätzung ausgereicht.

(Steuerliche Berücksichtigung von Fahrtkosten als Werbungskosten oder Aufwendungen für doppelte Haushaltskosten)

b [27] Auch soweit der Bekl. für einzelne Monate, teilweise unter Vorlage von Gehaltsabrechnungen, Fahrtkostenerstattungen seines Arbeitgebers angegeben hat, waren diese nicht geeignet, den behaupteten Aufwand insgesamt in Frage zu stellen, sondern hätten davon abgezogen werden können.

[28] Entgegen der Auffassung des BerGer. dürfte auch der Umstand, dass der Bekl. ausweislich des Einkommensteuerbescheids für 2000 keine Fahrtkosten als Werbungskosten geltend gemacht hat, nicht geeignet sein, seine Darlegungen insgesamt in Zweifel zu ziehen. Denn immerhin wurden darin 4818 DM als Aufwendungen für doppelte Haushaltsführung anerkannt. Dem Arbeitnehmer stand nämlich bei Einsatzwechseltätigkeit ein Wahlrecht zu, Heimfahrten entweder als Fahrtkosten von und zum Arbeitsort und damit als Werbungskosten oder aber als Mehraufwand im Rahmen doppelter Haushaltsführung geltend zu machen (vgl. BFH, BB 1995, 179; Änderung dieser Rspr. erst durch BFH, NJW 2005, 2941 = BB 2005, 1826).

BGH v. 23. 11. 2005 – XII ZR 51/03 – FamRZ 06, 387 = NJW 06, 1794

R643 *(Prägung ehelicher Lebensverhältnisse nicht nur durch in der Ehe angelegte Einkommenssteigerungen sondern auch durch nicht unterhaltsbezogen leichtfertige Einkommenminderung, z. B. krankheitsbedingter Umsatzrückgang)*

a [14] b) Im Ansatz zutreffend hat das BerGer. allerdings angenommen, dass dem krankheitsbedingten Rückgang des Einkommens des Bekl. aus seiner Anwaltskanzlei unterhaltsrechtlich Bedeutung zukommt. Auch wenn sich der Bedarf des unterhaltsberechtigten Ehegatten nach den ehelichen Lebensverhältnissen bestimmt, schließt dieser Bezug die Berücksichtigung nachehelicher Entwicklungen nicht aus. So können sich Einkommensverbesserungen, die erst nach der Scheidung beim unterhaltspflichtigen Ehegatten eintreten, bedarfssteigernd auswirken, wenn ihnen eine Entwicklung zu Grunde liegt, die aus der Sicht zum Zeitpunkt der Scheidung mit hoher Wahrscheinlichkeit zu erwarten war und wenn diese Erwartung die ehelichen Lebensverhältnisse bereits geprägt hatte. Umgekehrt können auch nach der Scheidung eintretende Einkommensminderungen für die Bedarfsbemessung nicht grundsätzlich unberücksichtigt bleiben, sofern sie nicht auf einer Verletzung der Erwerbsobliegenheit des Unterhaltspflichtigen beruhen oder durch dessen freiwillige berufliche oder wirtschaftliche Dispositionen veranlasst sind und von ihm durch zumutbare Vorsorge hätten aufgefangen werden können. Auch die dauerhafte Absenkung der Erwerbseinkünfte des Unterhaltspflichtigen nach der Scheidung beeinflusst nicht erst dessen Leistungsfähigkeit, sondern bereits die ehelichen Lebensverhältnisse. Denn die Anknüpfung der nach § 1578 I BGB maßgebenden Umstände an den Zeitpunkt der Rechtskraft des Scheidungsurteils begründet für den unterhaltsberechtigten Ehegatten keine die früheren ehelichen Lebensverhältnisse unverändert fortschreibende Lebensstandardgarantie. Das Unterhaltsrecht will den bedürftigen Ehegatten nach der Scheidung im Grundsatz nicht besser stellen, als er ohne die Scheidung stünde. Bei Fortbestehen der Ehe hätte ein Ehegatte die – etwa krankheitsbedingte – negative Einkommensentwicklung des anderen Ehegatten aber wirtschaftlich mit zu tragen. Die Scheidung soll ihm dieses Risiko nicht abnehmen (*Senat*, BGHZ 153, 358 = NJW 2003, 1518 = FPR 2003, 330 = FamRZ 2003, 590 [591 f.], m. Anm. *Büttner*, FamRZ 2003, 594, und *Graba*, FamRZ 2003 746, und BGHZ 153, 372 = NJW 2003, 1796 = FPR 2003, 361 = FamRZ 2003, 848 [849 f.]).

[15] Das gilt auch im vorliegenden Fall. Auch unter den hier gegebenen Umständen muss die Kl. es hinnehmen, dass der Bemessungsmaßstab der ehelichen Lebensverhältnisse nach Eintritt der die Erwerbsfähigkeit des Bekl. einschränkenden Erkrankung abgesunken ist. Demnach ist im Grundsatz von den niedriger gewordenen Erwerbseinkünften des Bekl. auszugehen.

(24% des Gewinns Altersvorsorge bei Selbstständigen)

b [19] Zwar können Lebensversicherungen notwendige Vorsorgemaßnahmen von Personen darstellen, die der gesetzlichen Versicherungspflicht nicht unterliegen. Wenn diese nicht anderweitig Vorsorge für ihr Alter getroffen haben, können die Versicherungsprämien in angemessener Höhe von dem Einkommen des Unterhaltpflichtigen abgezogen werden (*Kalthoener/Büttner/Niepmann,* 9. Aufl., Rdnr. 987). Angemessen ist dabei regelmäßig der Betrag, den ein Nichtselbstständiger für seine Altersversorgung entrichtet, in der Regel circa 20% des Bruttoeinkommens (vgl. *Senat,* NJW 2003, 1660 = FPR 2003, 378 = FamRZ 2003, 860 [863] für den Elternunterhalt). Darüber hinaus ist einem Ehegatten grundsätzlich zuzubilligen, einen Betrag von bis zu 4% des Gesamtbruttoeinkommens des Vorjahres für eine – über die primäre Altersversorgung hinausgehende – zusätzliche Altersversorgung einzusetzen (*Senat,* NJW 2005, 3277 = FamRZ 2005, 1817 [1821 f.]).

(Keine zusätzliche Altervorsorge, wenn bereits anderweitig abgesichert ist)

Ist die Altersversorgung des Unterhaltpflichtigen allerdings schon auf andere Weise gesichert, dienen **c** Lebensversicherungen der Vermögensbildung und haben deshalb bei der Unterhaltsbemessung unberücksichtigt zu bleiben, es sei denn, die ehelichen Lebensverhältnisse wären hiervon bereits geprägt gewesen (vgl. *Senat,* NJW 1992, 1044 = FamRZ 1992, 423 [424]).

[20] Nach den vom BerGer. in anderem Zusammenhang getroffenen Feststellungen ist der Bekl. während des gesamten Zeitraums seiner vollen Berufstätigkeit davon ausgegangen, dass ihm eines Tages die Mieten aus dem Grundeigentum seiner Mutter zustehen würden und er damit ausreichend für das Alter versorgt sei. Auch der Bekl. hat mit der Revision geltend gemacht, dass er seine Altersversorgung jedenfalls bis zum Abschluss der streitigen Lebensversicherung als auf andere Weise hinreichend gesichert angesehen habe, nämlich zum einen durch seine fortdauernde Berufstätigkeit und zum anderen durch das frühere Familienheim in T., dessen Belastungen er – unter anderem durch eine 1995 fällig gewordene Lebensversicherung – abgetragen habe, sowie durch eine Rente der gesetzlichen Rentenversicherung in Höhe von monatlich rund 500 DM.

[21] Bei dieser Sachlage begegnet der Abzug der Lebensversicherungsprämien durchgreifenden rechtlichen Bedenken. Die ehelichen Lebensverhältnisse waren zur Zeit der Scheidung nicht davon geprägt, dass der Bekl. in dieser Form Altersvorsorge betrieben hat. Entsprechende Maßnahmen hat er nicht für notwendig erachtet, weil er seine Altersversicherung als auf andere Weise abgedeckt angesehen hat. Das war, wie insbesondere das nach dem Tod der Mutter des Bekl. angetretene Erbe zeigt, auch nicht unrealistisch.

(Prägung eheliche Lebensverhältnisse durch Erbschaft, wenn Mittel für Unterhalt der Familie zur Verfügung standen)

[25] b) Nach der ständigen Rechtsprechung des Senats werden die ehelichen Lebensverhältnisse **d** nicht nur durch Erwerbseinkünfte geprägt, sondern ebenso durch Kapital- und andere Vermögenserträge sowie sonstige wirtschaftliche Nutzungen, soweit diese den Eheleuten zur Verfügung standen (vgl. etwa *Senat,* NJW-RR 1995, 835 = FamRZ 1995, 869 [870]). Davon können auch Erträge aus einem durch Erbfall erworbenen Vermögen eines Ehegatten nicht ausgenommen werden, soweit sie zum Unterhalt der Familie zur Verfügung standen (*Senat,* NJW-RR 1988, 1282 = FamRZ 1988, 1145 [1146], und NJW 1982, 2732 = FamRZ 1982, 996 [997], bezüglich Einkünften aus einem Pflichtteil).

(Prägende Altersvorsorge durch nach der Scheidung erfolgte Erbschaft)

[26] Vorliegend ist der Erbfall, auf Grund dessen der Bekl. über Mieteinkünfte verfügt, allerdings erst **e** im Jahr 2000 eingetreten, während die Ehe der Parteien bereits 1996 geschieden wurde. Das schließt eine Berücksichtigung der Einkünfte aber nicht von vornherein aus. Auch wenn sich der Bedarf nach den ehelichen Lebensverhältnissen (§ 1578 I BGB) bestimmt, bedeutet dieser Bezug, wie bereits ausgeführt, nicht, dass nacheheliche Entwicklungen in jedem Fall außer Betracht zu bleiben hätten. Sie können sich vielmehr unter bestimmten Voraussetzungen bedarfssteigernd auswirken. Denn Ehegatten pflegen sich auf hinreichend sichere Einkommensverbesserungen schon im Vorhinein bei der Gestaltung ihrer Verhältnisse einzustellen und sie in ihre Entscheidungen einzubeziehen. In dieser Weise können voraussehbare Einkommensverbesserungen – bereits bevor sie eingetreten sind – eine die eheliche Lebensverhältnisse prägende Wirkung entfalten. Für diese Beurteilung ist der Gesichtspunkt maßgebend, dass die ehelichen Lebensverhältnisse mehr sind als die aktuellen Einkommensverhältnisse. Sie umfassen alles, was für den Lebenszuschnitt der Ehegatten tatsächlich eine Rolle spielt. Dazu gehört aber auch die begründete Aussicht, dass sich die Lebensumstände in kalkulierbarer Weise künftig günstiger gestalten werden. Bei der Einbeziehung künftiger Entwicklungen in die ehelichen Lebensverhältnisse ist indessen Zurückhaltung angezeigt. Eine Einkommensentwicklung, die zur Zeit der Scheidung noch im Ungewissen lag, muss daher außer Betracht bleiben. Entscheidend ist, ob sie bei Scheidung derart wahrscheinlich war, dass die Ehegatten ihren Lebenszuschnitt vernünftigerweise schon darauf einstellen konnten (*Senat,* NJW 1987, 1555 = FamRZ 1987, 459 [461], und NJW 2003, 1518 = FPR 2003, 330 = FamRZ 2003, 590 [591 f.]).

[27] Die zuletzt genannte Voraussetzung ist nach den getroffenen Feststellungen als erfüllt anzusehen. Der Bekl. war in dem von seinen Eltern errichteten Berliner Testament als (einziger) Schlusserbe eingesetzt und sein Vater bereits verstorben, als die Parteien noch nicht getrennt lebten. Damit bestand

die Testierfreiheit der Mutter gem. § 2271 II BGB nicht mehr, allerdings war sie an lebzeitigen Verfügungen nicht gehindert. Dass konkreter Anlass bestanden hätte, mit Rücksicht darauf eine erhebliche Schmälerung des beträchtlichen Erbes in Rechnung zu stellen, hat das BerGer. insoweit, von der Revision unbeanstandet, aber nicht festgestellt. Auch für den Fall längerer Pflegebedürftigkeit der Mutter hätte sie ihr Vermögen nicht verbrauchen können. Als hinreichend voraussehbar kann danach bereits zur Zeit der Scheidung angesehen werden, dass die Mutter des Bekl. ihm ein nicht unerhebliches Vermögen hinterlassen würde. Offen war allein die Frage, wann der Erbfall eintreten würde und ob der 1935 geborene Bekl. seine 1910 geborene Mutter überleben würde. Insofern kann allerdings nach der allgemeinen Lebenserfahrung davon ausgegangen werden, dass Kinder in der Regel ihre Eltern überleben. Allein mit Rücksicht auf die Möglichkeit des Vorversterbens eines Kindes den Eintritt der Erbschaft nach seinen Eltern als derart im Ungewissen liegend zu bezeichnen, dass eine diese einbeziehende Lebensplanung als unvernünftig angesehen werden müsste, erscheint jedenfalls nicht gerechtfertigt. Dass der Bekl. eines Tages das Erbe nach seiner Mutter antreten würde, kann deshalb als bereits zum Zeitpunkt der Scheidung sich abzeichnende Entwicklung angesehen werden.

[28] c) Daraus folgt indessen – entgegen der Annahme des BerGer. – nicht, dass die Mieteinnahmen des Bekl. in voller Höhe seinem bedarfsprägenden Einkommen hinzuzurechnen wären. Nach Auffassung des BerGer. hat die Erwartung des Erbes dazu geführt, dass der Bekl. keine weitergehende Vorsorge für sein Alter getroffen hat. Soweit die Revision diese Annahme angreift, bleibt sie ohne Erfolg. Es ist nach den getroffenen Feststellungen, insbesondere angesichts der günstigen Einkommensverhältnisse des Bekl. in der Zeit vor seiner Erkrankung, nicht nachvollziehbar, dass er seinen Lebensbedarf im Alter maßgeblich durch seine fortdauernde Berufstätigkeit sichern wollte, ohne eine mögliche krankheitsbedingte Einschränkung seiner Erwerbsfähigkeit in Rechnung zu stellen. Das Familienheim hätte ihm – nach Ablösung der Belastungen, für die dem Vortrag des Bekl. zufolge auch die 1995 ausgezahlte Lebensversicherung bei der A eingesetzt wurde – lediglich mietfreies Wohnen ermöglicht, daneben war nur eine geringe Rente aus der gesetzlichen Rentenversicherung vorhanden.

[29] Danach ist allerdings allein die Schlussfolgerung gerechtfertigt, dass der Bekl. im Hinblick auf das Erbe von weitergehenden Aufwendungen für seine Altersversicherung abgesehen hat und die dafür an sich in angemessener Weise aufzuwendenden Mittel für den ehelichen Lebensstandard erhöht, mithin die ehelichen Lebensverhältnisse geprägt haben. Diese Ersparnis ist aber, worauf die Revision zu Recht hinweist, nicht mit den Erträgen aus dem Nachlass identisch. Insofern besteht hinsichtlich der Höhe auch weder ein kausaler noch ein sonstiger Zusammenhang. Deshalb kann als eheprägend nur ein Teil der Einkünfte angesehen werden, nämlich derjenige, den der Bekl. – über die tatsächlich betriebene Altersvorsorge hinaus – für eine angemessene Altersversicherung hätte aufwenden müssen. Ausgehend davon, dass als angemessene (primäre) Altersvorsorge regelmäßig der Betrag anzusehen ist, den ein Nichtselbstständiger für seine Altersversicherung entrichtet, in der Regel also circa 20% des Bruttoeinkommens, und für eine zusätzliche Altersvorsorge bis zu 4% des Gesamtbruttoeinkommens des Vorjahres eingesetzt werden können (vgl. o. II 2 d), ist die (eheprägende) Ersparnis – bezogen auf die Zeit bis zur Rechtskraft der Scheidung – unter Berücksichtigung der tatsächlich erfolgten Aufwendungen zur Altersversicherung zu ermitteln. Zu diesen gehören allerdings auch die Tilgungsraten, die mit der Finanzierung des Erwerbs und des Ausbaus des Familienheims verbunden waren (vgl. *Senat,* NJW 2005, 3277 = FamRZ 2005, 423 [424]). Mit Rücksicht darauf bedarf die von der Revision aufgeworfene Frage, ob das BerGer. die Mieteinnahmen zu Recht um die steuerrechtlich vorgenommenen Absetzungen für Abschreibung erhöht hat, auch im vorliegenden Fall keiner Entscheidung (vgl. hierzu zuletzt *Senat,* NJW 2005, 2077 = FamRZ 2005, 1159 [1160]). Denn angesichts der beträchtlichen Höhe der Mieteinnahmen verbleiben auch ohne einen Aufschlag wegen der Abschreibungen jedenfalls Einkünfte in einer Höhe, die den Betrag übersteigt, der für eine – über die tatsächlich, auch in Form der Tilgungsleistungen, betriebene Altersversorgung hinaus – angemessene Alterssicherung erforderlich gewesen wäre.

(Bei Veräußerung des Familienheims Zinsen aus Erlös oder neuer Wohnwert eheprägendes Surrogat)

f   [38] Nicht zu beanstanden ist dabei der gewählte Ausgangspunkt. Die ehelichen Lebensverhältnisse der Parteien waren dadurch geprägt, dass sie gemeinsam Eigentümer eines Hauses waren, in dem sie zunächst zusammen mietfrei wohnten und das die Kl. seit der Trennung von dem Bekl. im Einvernehmen mit diesem und den gemeinsamen Kindern nutzte. Der eheangemessene Bedarf erhöhte sich deshalb durch die gezogenen Nutzungsvorteile (st. Rspr. des Senats, vgl. etwa *Senat,* NJW 1998, 753 = FamRZ 1998, 87 [88]). Diese Nutzungsvorteile entfallen, wenn das gemeinsam genutzte Haus im Zusammenhang mit der Scheidung – oder wie hier nach dem Auszug der Kinder, die das Haus bis dahin mitbewohnen konnten – veräußert wird. An ihre Stelle treten die Vorteile, die die Ehegatten aus dem Erlös ihrer Miteigentumsanteile ziehen oder ziehen könnten. Das können entweder Zinseinkünfte sein oder, soweit mit dem Erlös ein neues Eigenheim finanziert worden ist, der Vorteil, der in dem mietfreien Wohnen in diesem besteht (*Senat,* NJW 2001, 2259 = FamRZ 2001, 1140 [1143]; NJW 2002, 436 = FPR 2002, 59 = FamRZ 2002, 88 [92], und NJW 2001, 2254 = FamRZ 2001, 986

[991]). Nach der Rechtsprechung des Senats kann zwar auch in solchen Fällen eine Obliegenheit zur Vermögensumschichtung bestehen, etwa wenn anderenfalls keine wirtschaftlich angemessene Nutzung des Verkaufserlöses verwirklicht worden ist. Davon kann aber nicht schon dann ausgegangen werden, wenn der nunmehr zuzurechnende Wohnvorteil nicht den Ertrag erreicht, den der Ehegatte aus dem erhaltenen Erlös hätte erzielen können. Vielmehr muss sich die tatsächliche Anlage des Vermögens – unter Berücksichtigung der Umstände des Einzelfalls – als eindeutig unwirtschaftlich darstellen, bevor der ein neues Eigenheim erwerbende Ehegatte auf eine andere Anlageform und daraus erzielbare Erträge verwiesen werden kann (vgl. *Senat*, NJW 2005, 2077 = FamRZ 2005, 1159 [1162], und FamRZ 2001, 1140 [1143]).

(Kein Erwerbsbonus bei Kapitaleinkünften, Renten und Mieteinkünften)

[42] Eine solche Begründung hat das BerGer. nicht gegeben, soweit es dem Bekl. einen Bonus auch **g** hinsichtlich der Einkünfte aus Kapitalvermögen und aus seiner Rente zugebilligt hat. Hierfür ist auch eine Rechtfertigung nicht ersichtlich. Bezüglich des Einkommens aus Vermietung und Verpachtung hat das BerGer. für seine Vorgehensweise maßgeblich darauf abgestellt, der Umfang der Vermietungen komme einer entsprechenden beruflichen Betätigung nahe. Dies vermag den Abzug eines Bonus im vorliegenden Fall nicht zu tragen. Denn die Einkünfte aus Vermietung und Verpachtung haben, wie bereits ausgeführt, die ehelichen Lebensverhältnisse der Parteien nicht insgesamt geprägt, sondern nur in Höhe eines Teilbetrags, den der Bekl. – über die tatsächlich betriebene Altersvorsorge hinaus – für eine angemessene Altersversorgung hätte aufwenden müssen. Dann ist der entsprechende Teilbetrag aber in voller Höhe als bedarfsprägend zu berücksichtigen. Abgesehen davon würde wegen dieses Teilbetrags auch die vom BerGer. angeführte Begründung die Einräumung eines Bonus nicht rechtfertigen.

BGH v. 23. 11. 2005 – XII ZR 155/03 – FamRZ 06, 935 = NJW 06, 2037

(Vermögenseinsatz des nicht minderjährigen Unterhaltsberechtigten)   **R644**

[26] Ein – nicht minderjähriger – Unterhaltsberechtigter ist im Verhältnis zu dem Unterhaltspflichtigen grundsätzlich gehalten, vorhandenes Vermögen zu verwerten, soweit ihm dies – auch unter Wirtschaftlichkeitsgesichtspunkten – zumutbar ist. Das schließt es indessen nicht aus, dem Unterhaltsberechtigten eine gewisse Vermögensreserve als so genannten Notgroschen für Fälle plötzlich auftretenden (Sonder-)Bedarfs zu belassen. Auch betagte Eltern können noch Notfallreserven benötigen, deren Auflösung ihnen deshalb nicht angesonnen werden kann. Was die Höhe des so genannten Notgroschens anbelangt, ist nach Auffassung des Senats regelmäßig zumindest der sozialhilferechtliche Schonbetrag anzusetzen (NJW 2004, 677 = FamRZ 2004, 370 [371]).

[27] Als Form der Vermögensverwertung kam im vorliegenden Fall jedenfalls die Nutzung des Erbauseinandersetzungsanspruchs als Kreditunterlage in Betracht, wie sie seitens der Mutter auch tatsächlich erfolgt ist. Sie hat sich nämlich die für sie vorgelegten Kosten und das für die erbrachten Pflegeleistungen geschuldete Entgelt stunden und damit kreditieren lassen. Da die Stundungsabrede bis zur letzten mündlichen Verhandlung vor dem BerGer. nicht aufgehoben worden ist, war das Vermögen der Mutter jedenfalls geeignet, bis dahin als Kreditunterlage zu dienen. Ein Unterhaltsanspruch bestand deshalb nicht.

BGH v. 7. 12. 2005 – XII ZR 94/03 – FamRZ 06, 261 = NJW 06, 695

(Rüge der fehlenden Vollstreckungsfähigkeit durch prozessuale Gestaltungsklage analog § 767 ZPO; zur **R645** *Anrechnungsklausel „unter Anrechnung bereits gezahlter Beträge")*

[18] a) Soweit das BerGer. den Antrag des Kl., den Zwangsvollstreckung aus dem Anwaltsvergleich bzw. dem ihn für vollstreckbar erklärenden Beschluss des AG S. unter Abänderung der erstinstanzlichen Entscheidung „ab Rechtshängigkeit für unzulässig zu erklären", als prozessuale Gestaltungsklage analog § 767 ZPO aufgefasst hat, ist dies aus Rechtsgründen nicht zu beanstanden.

[19] Zwar mag die Einschränkung des Kl., die Unzulässigkeit der Zwangsvollstreckung erst ab Rechtshängigkeit der vorliegenden Klage festzustellen, darauf schließen lassen, dass der Kl. vorrangig nach wie vor eine Sachentscheidung über den Bestand und hilfsweise die Höhe seiner Unterhaltsverpflichtung erstrebte, wie er sie zunächst mit seiner Abänderungsklage nach § 323 ZPO begehrt hatte. Denn dieser Einschränkung hätte es bei einer prozessualen Gestaltungsklage nach § 767 ZPO analog, mit der die (von Anfang an) fehlende Vollstreckungsfähigkeit wegen mangelnder Bestimmtheit des Titels geltend gemacht wird, nicht bedurft.

[20] Gleichwohl war es zulässig und geboten, den Antrag des Kl. in diesem Sinne auszulegen oder gegebenenfalls umzudeuten, weil die Klage anderenfalls – sowohl als Abänderungsklage nach § 323 ZPO wegen veränderter Verhältnisse als auch als Vollstreckungsabwehrklage aus § 767 ZPO wegen

materieller Einwendungen gegen den titulierten Anspruch – bei fehlender Vollstreckbarkeit des Titels als unzulässig hätte zurückgewiesen werden müssen (vgl. BGHZ 22, 54 [64] = NJW 1957, 23 und BGHZ 124, 164 [169] = NJW 1994, 460; BGH, NJW-RR 2004, 1135).

[21] Hingegen kann die fehlende Vollstreckungsfähigkeit nach der neueren Rechtsprechung des BGH mit der prozessualen Gestaltungsklage analog § 767 ZPO geltend gemacht werden, ohne dass ein Rechtsschutzinteresse wegen der Möglichkeit, dies mit der Klauselerinnerung nach §§ 732, 797 III ZPO geltend zu machen, zu verneinen wäre (vgl. BGHZ 118, 230 [234] = NJW 1992, 2160; BGH, NJW-RR 2004, 472 = NZG 2004, 227 = ZIP 2004, 356 [358]).

[22] Die Auslegung seines Antrags im Sinne einer solchen Klage lag auch im Interesse des Kl., da sein Begehren, keinen Unterhalt mehr zahlen zu müssen, auch das Interesse umfasste, jedenfalls aus dem vorliegenden Titel nicht mehr im Wege der Zwangsvollstreckung auf Unterhalt in Anspruch genommen werden zu können.

[23] b) Zu Recht hat das BerGer. den Beschluss des AG vom 21. 3. 1996 wegen der darin enthaltenen Anrechnungsklausel als unbestimmt und daher nicht vollstreckungsfähig angesehen.

[24] Das Bestimmtheitserfordernis gilt (nur) für den Titel, aus dem die Zwangsvollstreckung betrieben werden soll. Das ist hier gem. § 794 I Nr. 4 a ZPO a. F. (jetzt § 794 I Nr. 4 b) nicht der Anwaltsvergleich nach § 1044 b ZPO a. F. (jetzt: § 796 a ZPO), sondern die gerichtliche Entscheidung nach § 1044 b II 2 i. V. mit § 1044 a ZPO a. F. (jetzt § 796 b ZPO), mit der dieser für vollstreckbar erklärt wurde (vgl. *Zöller/Geimer*, § 796 a Rdnr. 25).

[25] Ein Titel ist nur dann bestimmt genug und zur Zwangsvollstreckung geeignet, wenn er den Anspruch des Gläubigers ausweist und Inhalt und Umfang der Leistungspflicht bezeichnet. Bei einem Zahlungstitel muss der zu vollstreckende Zahlungsanspruch betragsmäßig festgelegt sein (BGHZ 22, 54 [57] = NJW 1957, 23) oder sich zumindest aus dem Titel ohne weiteres errechnen lassen (BGHZ 88, 62 [65] = NJW 1983, 2262). Notfalls hat das Vollstreckungsorgan den Inhalt des Titels durch Auslegung festzustellen. Dabei muss der Titel jedoch aus sich heraus für eine Auslegung genügend bestimmt sein oder jedenfalls sämtliche Kriterien für seine Bestimmbarkeit eindeutig festlegen. Es genügt nicht, wenn auf Urkunden Bezug genommen wird, die nicht Bestandteil des Titels sind, oder wenn sonst die Leistung nur aus dem Inhalt anderer Schriftstücke ermittelt werden kann (*Senat,* NJW 1986, 1440 = FamRZ 1986, 45 [46] m. w. Nachw.).

[26] Diesen Anforderungen genügt der Beschluss des AG vom 21. 3. 1996 nicht, weil der Anrechnungsklausel „unter Anrechnung bereits gezahlter Beträge" mangels Konkretisierung und Bezifferung nicht zu entnehmen ist, unter Abzug welcher Beträge der Unterhaltsanspruch von monatlich 800 DM jeweils zu vollstrecken ist. Dieser Anrechnungsklausel ist nicht einmal mit hinreichender Sicherheit zu entnehmen, ob unter „bereits" gezahlten Beträgen nur solche zu verstehen sind, die vor der Titulierung gezahlt wurden, oder auch solche, die jedenfalls vor der jeweiligen Vollstreckung gezahlt worden sind (zur Unbestimmtheit einer Klausel „abzüglich bereits geleisteter Zahlungen" vgl. auch LAG Köln, Urt. v. 26. 3. 2004 – 4 Sa 1393/03, BeckRS 2004, 41344; OLG Zweibrücken [6. Zivilsenat], MDR 2002, 541; a. A. OLG Zweibrücken [2. Zivilsenat], NJOZ 2003, 3095 = FamRZ 2003, 691).

[28] bb) Zutreffend hat das BerGer. auch berücksichtigt, dass grundsätzlich keine Bedenken bestehen, den in einer Unterwerfungserklärung vollstreckbar gestellten Anspruch von vornherein weiter zu fassen als die zu Grunde liegende materielle Forderung, namentlich, wenn deren endgültige Höhe noch nicht feststeht. Dies gilt aber nur dann, wenn jedenfalls die Auslegung des Vollstreckungstitels ergibt, dass sich der Schuldner der Zwangsvollstreckung in der bezifferten Höhe unterwirft und ein Zurückbleiben des materiellrechtlich geschuldeten hinter dem titulierten Betrag als materiell-rechtliche Einwendung deshalb nur im Verfahren der Vollstreckungsabwehrklage geltend zu machen wäre (vgl. BGH, NJW 1997, 2887, und NJW 1996, 2165 [2166]).

[29] Allerdings ist bereits zweifelhaft, ob diese Rechtsprechung, der jeweils titulierte Kaufpreisansprüche zu Grunde lagen, ohne weiteres auch auf Titel über laufende Unterhaltsansprüche übertragen werden kann. Dies bedarf jedoch ebenso wenig einer Entscheidung wie die Frage, ob die Auffassung des BerGer. zutrifft, es könne dem Vollstreckungsorgan nicht überlassen bleiben, durch Auslegung des Vollstreckungstitels zu ermitteln, ob die darin enthaltene Anrechnungsklausel lediglich materiell-rechtliche Wirkung entfalten oder auch die Vollstreckbarkeit des titulierten Anspruchs beschränken soll.

[30] Die Auffassung des BerGer., der Beschluss des AG S. sei wegen der unbestimmten Anrechnungsklausel nicht vollstreckbar, hält der rechtlichen Prüfung nämlich im Ergebnis schon deshalb stand, weil auch eine Auslegung dieses Titels nicht mit der für eine Vollstreckung erforderlichen Gewissheit ergibt, dass sich der Kl. der Vollstreckung in Höhe von monatlich 800 DM unterworfen hat und der Anrechnungsklausel nur materiell-rechtliche Wirkung zukommen sollte.

[31] Dagegen spricht zum einen, dass die Anrechnungsklausel überflüssig wäre, wenn sie nur materiell-rechtliche Wirkung entfalten sollte, da der Kl. Zahlungen auf die titulierte Forderung auch ohne eine solche Klausel im Wege der Vollstreckungsgegenklage geltend machen kann. Ob dies auch für Zahlungen gilt, die vor dem Abschluss des Anwaltsvergleichs oder seiner Vollstreckbarerklärung

erfolgten, oder ob insoweit die Präklusionsvorschrift des § 767 ZPO anwendbar ist (zum Meinungs-streit vgl. OLG Köln, NJW 1997, 1450 [1451]; LG Halle, NJW 1999, 3567; *Musielak/Voit,* ZPO, 4. Aufl., § 796 a Rdnr. 10; vgl. auch *Baumbach/Albers,* ZPO, 50. Aufl., § 1044 b Rdnr. 3 A c), ist insoweit belanglos, da eine unbestimmte Anrechnungsklausel jedenfalls nicht geeignet wäre, eine Präklusion zu verhindern.

[32] Zum anderen spricht gegen eine nur materiell-rechtlich gewollte Bedeutung der Anrechnungs-klausel, dass der Schuldner materiell zu Unrecht beigetriebenen laufenden Unterhalt in der Praxis regelmäßig schon deshalb nicht mit Erfolg zurückfordern kann, weil dieser vom Unterhaltsgläubiger sogleich verbraucht wurde. Bei der Auslegung einer solchen Anrechnungsklausel kann daher ohne entsprechende Anhaltspunkte nicht davon ausgegangen werden, dass der Schuldner sich durch uneinge-schränkte Unterwerfung unter die Zwangsvollstreckung diesem Risiko aussetzen wollte. Solche An-haltspunkte sind hier nicht ersichtlich und auch nicht vorgetragen.

[33] Etwas anderes ergibt sich auch nicht aus dem Argument der Revision, die Parteien seien schließlich übereingekommen, einen vollstreckbaren Titel zu schaffen, so dass im Zweifel die zur Vollstreckbarkeit des Vergleichs führende Auslegung geboten sei. Wollte der Kl. sich nur in Höhe der jeweils materiell-rechtlich geschuldeten Beträge der Zwangsvollstreckung unterwerfen, ist vielmehr davon auszugehen, dass er, wenn er die Problematik erkannt hätte, eher die fehlende Vollstreckbarkeit des Titels insgesamt in Kauf zu nehmen bereit gewesen wäre als einem Titel ausgesetzt zu sein, der eine Vollstreckung über den materiell geschuldeten Unterhalt hinaus erlaubt. Von einer gemeinsamen Interessenlage der Parteien, einen unabhängig von erbrachten Zahlungen in Höhe von jeweils 800 DM monatlich vollstreckbaren Titel zu schaffen, kann daher nicht ausgegangen werden.

BGH v. 21. 12. 2005 – XII ZR 126/03 – FamRZ 06, 1015 = NJW 06, 2258

(Tragweite des Obhutsverhältnisses für die gesetzliche Vertretung Minderjähriger (§ 1629 II 2 BGB) beim sog. **R646** *Wechselmodell)*

[7] 1. Das OLG hat die Zulässigkeit der von dem Kl., gesetzlich vertreten durch seine Mutter, **a** erhobenen Klage ohne nähere Ausführungen bejaht. Das ist im Ergebnis nicht zu beanstanden.

[8] Nach § 1629 II 2 BGB kann bei gemeinsamer elterlicher Sorge der geschiedene Elternteil, in dessen Obhut sich das Kind befindet, dieses bei der Geltendmachung seiner Unterhaltsansprüche gesetzlich vertreten. Der Begriff der Obhut stellt auf die tatsächlichen Betreuungsverhältnisse ab. Ein Kind befindet sich in der Obhut desjenigen Elternteils, bei dem der Schwerpunkt der tatsächlichen Fürsorge und Betreuung liegt, der sich also vorrangig um die Befriedigung der elementaren Bedürfnisse des Kindes kümmert (*Huber,* in: MünchKomm, 4. Aufl., § 1629 Rdnr. 87; *Johannsen/Henrich/Jaeger,* EheR, 4. Aufl., § 1629 Rdnr. 6; *Staudinger/Peschel-Gutzeit,* BGB, 2002, § 1629 Rdnr. 335; *Palandt/ Diederichsen,* BGB, 65. Aufl., § 1629 Rdnr. 31; *Erman/Michalski,* BGB, 11. Aufl., § 1629 Rdnr. 20; *Weinreich/Ziegler,* FamilienR, 3. Aufl., § 1629 Rdnr. 17; *Büttner,* FamRZ 1998, 585 [593]; *Roth,* JZ 2002, 651 [655]; OLG Frankfurt a. M., FamRZ 1992, 575; OLG Stuttgart, NJW-RR 1996, 67). Leben die Eltern in verschiedenen Wohnungen und regeln sie den gewöhnlichen Aufenthalt des Kindes in der Weise, dass es vorwiegend in der Wohnung eines Elternteils – unterbrochen durch regelmäßige Besuche in der Wohnung des anderen Elternteils – lebt, so ist die Obhut i. S. des § 1629 II 2 BGB deshalb dem erstgenannten Elternteil zuzuordnen.

[9] An einer solchen eindeutigen Zuordnungsmöglichkeit fehlt es nicht bereits dann, wenn die Eltern die Betreuung eines Kindes dergestalt aufteilen, dass es sich zu ⅔ der Zeit bei einem Elternteil und zu ⅓ der Zeit bei dem anderen Elternteil aufhält. Denn auch in einem derartigen Fall liegt der Schwerpunkt der tatsächlichen Betreuung regelmäßig bei dem Elternteil, der sich überwiegend um die Versorgung und die sonstigen Belange des Kindes kümmert (a. A. KG, FamRZ 2003, 53). Betreuen die Eltern ihr Kind dagegen in der Weise, dass es in etwa gleich langen Phasen abwechselnd jeweils bei dem einen und dem anderen Elternteil lebt (sog. Wechselmodell), so lässt sich ein Schwerpunkt der Betreuung nicht ermitteln. Das hat zur Folge, dass kein Elternteil die Obhut i. S. des § 1629 II 2 BGB innehat. Dann muss der Elternteil, der den anderen für barunter-haltpflichtig hält, entweder die Bestellung eines Pflegers für das Kind herbeiführen, der dieses bei der Geltendmachung seines Unterhaltsanspruchs vertritt, oder der Elternteil muss beim Familien-gericht beantragen, ihm gem. § 1628 BGB die Entscheidung zur Geltendmachung von Kindes-unterhalt allein zu übertragen (*Huber,* in: MünchKomm, § 1629 Rdnr. 88; *Johannsen/Henrich/Jaeger,* § 1629 Rdnr. 6; *Weinreich/Ziegler,* § 1629 Rdnr. 17; vgl. auch *Staudinger/Peschel-Gutzeit,* § 1629 Rdnr. 336).

[10] Im vorliegenden Fall ist nach der Auffassung der Revision davon auszugehen, dass der Kl. zu ⅓ durch den Bekl. mitbetreut wird. Liegt die Betreuung demzufolge aber zu ⅔ bei der Mutter, so befindet sich der Kl. in ihrer Obhut, weil das Schwergewicht der tatsächlichen Betreuung bei ihr liegt. Daher ist sie auch berechtigt, den Kl. im Rahmen des vorliegenden Rechtsstreits gesetzlich zu vertreten.

(Barunterhaltspflicht nur einen Elternteils bei umfangreicher Beteiligung an der Betreuung)

b   [15] Das ist – in Fällen der vorliegenden Art – so lange nicht in Frage zu stellen, wie das deutliche Schwergewicht der Betreuung bei einem Elternteil liegt. So lange ist es gerechtfertigt, davon auszugehen, dass dieser Elternteil die Hauptverantwortung für das Kind trägt und dadurch den Betreuungsunterhalt leistet, während der andere Elternteil zum Barunterhalt – auf der Grundlage nur seiner eigenen wirtschaftlichen Verhältnisse – verpflichtet ist. Deshalb ändert sich an der aus dem Schwergewicht der Betreuung durch einen Elternteil folgenden Aufteilung zwischen Bar- und Betreuungsunterhalt nichts, wenn der barunterhaltspflichtige Elternteil seinerseits Betreuungs- und Versorgungsleistungen erbringt, sei es im Rahmen eines Aufenthalts des Kindes bei ihm entsprechend einem nach den weitgehend üblichen Maßstäben gestalteten Umgangsrecht (z. B. bei einem oder zwei Wochenendbesuchen im Monat), sei es aber auch im Rahmen eines Aufenthalts entsprechend einem großzügiger gehandhabten Umgangsrecht, dessen Ausgestaltung sich bereits einer Mitbetreuung annähert. Wenn und soweit der andere Elternteil gleichwohl die Hauptverantwortung für ein Kind trägt, wofür der zeitlichen Komponente der Betreuung indizielle Bedeutung zukommen wird, ohne dass die Beurteilung sich allein hierauf zu beschränken braucht, muss es dabei bleiben, dass dieser Elternteil seine Unterhaltspflicht i. S. des § 1603 III 2 BGB durch die Pflege und Erziehung des Kindes erfüllt (ebenso *Wendl/Scholz,* 6. Aufl., § 2 Rdnr. 316 b).

[16] Anders wird es allerdings zu beurteilen sein, wenn die Eltern sich in der Betreuung eines Kindes abwechseln, so dass jeder von ihnen etwa die Hälfte der Versorgungs- und Erziehungsaufgaben wahrnimmt. In solchen Fällen wird eine anteilige Barunterhaltpflicht der Eltern in Betracht kommen, weil sie auch für den Betreuungsunterhalt nur anteilig aufkommen (*OLG Düsseldorf,* NJW-RR 2000, 74 [75] und NJW 2001, 3344 [3345]; *Wendl/Scholz,* § 2 Rdnrn. 226 und 316 b; *Luthin,* in: MünchKomm, § 1606 Rdnr. 34; *Büttner,* NJW 1999, 2315 [2322 f.]; *Luthin/Schumacher,* 10. Aufl., Rdnr. 3174; *Kalthoener/Büttner/Niepmann,* Die Rechtsprechung zur Höhe des Unterhalts, 9. Aufl., Rdnr. 148; *Scholz/Stein/Erdrich,* FamilienR, Teil I Rdnr. 155; *Eschenbruch/Wohlgemuth,* Der Unterhaltsprozess, 3. Aufl., Rdnr. 3135; *Gerhardt,* in: Hdb. des Fachanwalts FamilienR, 5. Aufl., 6. Kap. Rdnr. 154; *Weinreich/Klein,* § 1606 Rdnr. 42; *Hoppenz/Hülsmann,* Familiensachen, 8. Aufl., § 1606 Rdnr. 15; *Schwab/Borth,* 5. Aufl., Kap. V Rdnr. 58; *Erman/Hammermann,* § 1606 Rdnr. 11).

(Bei Wechselmodell anteiliger Kindesunterhalt Abzugsposten)

c   [17] Ein solcherart von den Eltern praktiziertes Wechselmodell bleibt allerdings auch auf die Bedarfsbemessung nicht ohne Einfluss. Wenn beide Elternteile über Einkommen verfügen, ist der Unterhaltsbedarf des Kindes an den beiderseitigen – zusammengerechneten – Einkünften auszurichten. Hinzuzurechnen sind die Mehrkosten (z. B. Wohn- und Fahrtkosten), die dadurch entstehen, dass das Kind nicht nur in einer Wohnung, sondern in getrennten Haushalten versorgt wird. Für den so ermittelten Bedarf haben die Eltern anteilig nach ihren Einkommensverhältnissen und unter Berücksichtigung der erbrachten Naturalunterhaltsleistungen aufzukommen (vgl. zur Berechnung etwa *OLG Düsseldorf,* NJW-RR 2000, 74 und NJW 2001, 3344; *Eschenbruch/Wohlgemuth,* Rdnr. 3135).

(Teilweise Deckung des Barunterhalts bei umfangreichem Umgangsrecht)

d   [19] 5. Demgemäß hat das BerGer. den Bedarf des Kl. zu Recht allein auf der Grundlage des Einkommens des Bekl. anhand der Düsseldorfer Tabelle ermittelt. Allerdings kann auch der auf diesem Weg bestimmte Bedarf eines unterhaltsberechtigten Kindes gemindert sein, wenn er zu einem Teil anderweitig gedeckt wird. Dies führt im Grundsatz zu einer entsprechenden Verringerung seines Unterhaltsanspruchs (§ 1602 I BGB). Wird mithin das Unterhaltsbedürfnis des Kindes, etwa durch Gewährung von Bekleidung und Verpflegung, unentgeltlich erfüllt, so kann das die Höhe des Barunterhaltsanspruchs verringern. Diese Folge kann auch dann eintreten, wenn es der barunterhaltspflichtige Elternteil selbst ist, der den Unterhalt des minderjährigen Kindes zu einem Teil in anderer Weise als durch die Zahlung einer Geldrente nach § 1612 I 1 BGB befriedigt (vgl. *Senat,* NJW 1984, 1544 = FamRZ 1984, 470 [472]).

[20] Von einer teilweisen Bedarfsdeckung kann im vorliegenden Fall indessen ebenfalls nicht ausgegangen werden. Dass der Bekl. seinerseits den Wohnbedarf des Kindes in der Zeit, in der es sich bei ihm aufhält, bestreitet, mindert dessen – ohne Berücksichtigung dieser Mehrkosten ermittelten – Bedarf nicht. Denn in den Tabellensätzen sind nur die bei einem Elternteil anfallenden Wohnkosten enthalten. Von einer – unterhaltsrechtlich erheblichen – teilweisen Bedarfsdeckung durch die Verpflegung des Kl. seitens des Bekl. kann ebenso wenig ausgegangen werden. Da die im Rahmen üblicher Umgangskontakte von etwa fünf bis sechs Tagen monatlich gewährte Verpflegung nicht zu Erstattungsansprüchen des besuchten Elternteils führt, sondern dieser die üblichen Kosten, die ihm bei der Ausübung des Umgangsrechts entstehen, grundsätzlich selbst zu tragen hat (vgl. *Senat,* NJW 2005, 1493 = FamRZ 2005, 706 [707 f.] m. w. Nachw.), führt die Verpflegung während weiterer vier bis fünf Tage nicht zu nennenswerten Ersparnissen des anderen Elternteils (vgl. *Wendl/Scholz,* § 2 Rdnr. 316 b). Sonstige den Bedarf des Kl. teilweise deckenden konkreten Aufwendungen des Bekl. hat dieser nicht vorgetragen.

BGH v. 15. 2. 2006 – XII ZR 4/04 – FamRZ 06,612 = NJW 06, 1509

(Abgrenzung Regelbedarf, Mehrbedarf, Sonderbedarf)   **R647**

Der nach Einkommensgruppen gestaffelte monatliche Tabellenunterhalt umfasst regelmäßig den **a** gesamten absehbaren Lebensbedarf (§ 1610 II BGB). Hat das unterhaltsbedürftige Kind neben dem allgemeinen Lebensbedarf über einen längeren Zeitraum einen zusätzlichen Bedarf, zum Beispiel für krankheitsbedingte Kosten oder den Besuch einer Privatschule, ist dieser als regelmäßiger Mehrbedarf schon bei der Bemessung des laufenden Unterhalts zu berücksichtigen (*Senat*, NJWE-FER 2001, 253 = FamRZ 2001, 1603 [1604 f.]; *Wendl/Scholz*, 6. Aufl., § 2 Rdnrn. 133 ff.).

[10] 2. Ausnahmsweise kann der Unterhaltsberechtigte neben dem laufenden Barunterhalt – auch für die Vergangenheit – weiteren Unterhalt wegen eines unregelmäßigen außergewöhnlich hohen Bedarfs (Sonderbedarf) verlangen (§ 1613 II Nr. 1 BGB). Nach der Rechtsprechung des *Senats* muss es sich dabei um einen Bedarf handeln, der überraschend und der Höhe nach nicht abschätzbar auftritt. Unregelmäßig i. S. von § 1613 II Nr. 1 BGB ist also nur der Bedarf, der nicht mit Wahrscheinlichkeit vorauszusehen war und deswegen bei der Bemessung der laufenden Unterhaltsrente nicht berücksichtigt werden konnte. Wann ein in diesem Sinne unregelmäßiger Bedarf zugleich außergewöhnlich hoch ist, lässt sich hingegen nicht nach allgemein gültigen Maßstäben festlegen; vielmehr kommt es insoweit auf die Umstände des Einzelfalls an, insbesondere auf die Höhe der laufenden Unterhaltsrente und die sonstigen Einkünfte des Berechtigten, auf den Lebenszuschnitt der Beteiligten sowie auf den Anlass und den Umfang der besonderen Aufwendungen. Letztlich richtet sich die Frage, ob ein Bedarf außergewöhnlich hoch ist, danach, ob und inwieweit dem Berechtigten, wenn der Verpflichtete an sich leistungsfähig ist, bei einer Gesamtbetrachtung zugemutet werden kann, den Bedarf selbst zu bestreiten (*Senat*, NJWE-FER 2001, 253 = FamRZ 2001, 1603 [1605 a. E.]; NJW 1984, 2826 = FamRZ 1984, 470 [472] unter II 2 b bb; NJW 1983, 224 = FamRZ 1983, 29 [30] und NJW 1982, 328 = FamRZ 1982, 145 [146 f.]).

(Vorhersehbarkeit der Zusatzausgaben, Kosten der Konfirmation)

[18] Der gesetzlich nur unter engen Voraussetzungen geschuldete Sonderbedarf kann von dem **b** regelmäßig geschuldeten Barbedarf, einschließlich eines eventuellen Mehrbedarfs, auch nicht nach den Einkommensverhältnissen im Einzelfall abgegrenzt werden. Soweit die Gegenmeinung auch einen langfristig absehbaren zusätzlichen Bedarf als Sonderbedarf einstuft, sofern der Unterhaltsgläubiger nicht in der Lage ist, die betreffenden Kosten von seinen laufenden Einkünften abzudecken, überzeugt dieses nicht. Denn neben dem monatlich geschuldeten Barunterhalt (§ 1612 I und III BGB), der regelmäßig den gesamten Lebensbedarf umfasst (§ 1610 II BGB), steht dem Unterhaltsgläubiger nur ausnahmsweise ein weitergehender Anspruch wegen eines unregelmäßigen und nicht mit Wahrscheinlichkeit vorauszusehenden außergewöhnlich hohen Bedarfs (Sonderbedarf) zu (*Weinreich/Klein*, § 1613 Rdnr. 52). Das ergibt sich aus dem Sinn der gesetzlichen Regelung, die sich darauf beschränkt, eine rückwirkende Geltendmachung eines überraschend entstandenen außergewöhnlich hohen Bedarfs zu ermöglichen. Selbst ein außergewöhnlich hoher Bedarf steht dem Unterhaltsgläubiger deswegen neben dem laufenden Unterhalt dann nicht als Sonderbedarf zu, wenn er mit Wahrscheinlichkeit voraussehbar war und der Gläubiger sich deswegen darauf einstellen konnte (*Senat*, NJW 1982, 328 = FamRZ 1982, 145 [146]). Das ist dem Unterhaltsgläubiger bei einem voraussehbaren Bedarf aber stets möglich.

[19] Handelt es sich nicht um außergewöhnlich hohe Kosten, scheidet ein zusätzlich geschuldeter Sonderbedarf schon deswegen aus. Übersteigt der zusätzliche Bedarf hingegen diese Grenze, ist der Unterhaltsgläubiger zunächst gehalten, diesen durch Bildung von Rücklagen aus seinem laufenden Unterhalt zu decken. Selbst wenn die laufenden Unterhaltsleistungen eine solche Rücklage ausnahmsweise nicht ermöglichen, etwa weil sie nur den notwendigen Lebensbedarf abdecken, kann dieses den Charakter des zusätzlich aufgetretenen Bedarfs als langfristig absehbarer Unterhaltsbedarf nicht ändern. Auch in solchen Fällen kann der Unterhaltsberechtigte den mit Wahrscheinlichkeit voraussehbaren zusätzlichen Bedarf also nicht als Sonderbedarf verlangen (*Senat*, NJWE-FER 2001, 253 = FamRZ 2001, 1603 [1604 f.]; vgl. auch *Wendl/Scholz*, § 2 Rdnrn. 133 ff., 317 ff.).

[20] 4. Die Kosten des Kl. zu 1 für seine Konfirmation im Jahre 2000 und die Kosten des Kl. zu 2 für dessen Konfirmandenfahrt im Jahre 2001 bilden deswegen jedenfalls keinen Sonderbedarf nach § 1613 II Nr. 1 BGB. Diese Kosten sind nicht überraschend entstanden, sondern waren spätestens mit dem Beginn des Konfirmandenunterrichts absehbar.

BGH v. 1. 3. 2006 – XII ZR 157/03 – FamRZ 06, 846 = NJW 06, 2182

(Ansatz der konkreten Fahrtkosten als Abzugsposten; in Kilometerpauschale auch Kosten Abnutzung und **R648** *Finanzierungsaufwand enthalten)*

Wenn ein Gericht insoweit die in seinem Bezirk gebräuchlichen unterhaltsrechtlichen Leitlinien zu **a** Grunde legt bzw. sich hieran anlehnt, so unterliegt das aus Rechtsgründen keinen Bedenken. Der *Senat* hat es in ständiger Rechtsprechung mangels sonstiger konkreter Anhaltspunkte für angemessen gehalten, die Kilometerpauschale nach § 9 III 1 des bis zum 30. 6. 2004 geltenden Gesetzes über die Entschädigung von Zeugen und Sachverständigen heranzuziehen (NJW-RR 1998, 721 = FamRZ 1998, 1501 [1502] m. w. Nachw.). Hiervon gehen auch die vom BerGer. angewandten Süddeutschen Leitlinien (Stand: 1. 1. 2002, Nr. 10 c) aus. Dass an Stelle des Betrags von 0,27 Euro nur ein solcher von 0,26 Euro zu Grunde gelegt worden ist, ist nicht zu beanstanden, zumal der Bekl. selbst keinen höheren Betrag in Ansatz gebracht hat. In der Kilometerpauschale sind aber regelmäßig sämtliche Pkw-Kosten einschließlich derjenigen für Abnutzung und Finanzierungsaufwand enthalten (*Kalthoener/Büttner/Niepmann,* 9. Aufl., Rdnr. 936; *OLG Hamm,* FamRZ 2000, 1367 und FamRZ 1998, 561; Süddeutsche Leitlinien Nr. 10 c). Letzterer kann deshalb nicht zusätzlich als abzugsfähig anerkannt werden. Dass ausnahmsweise eine andere Beurteilung geboten wäre, hat der Bekl. nicht dargetan.

(Bei Erwerbsobliegenheit bei Kinderbetreuung überdurchschnittlich hoher Betreuungsbedarf zu berücksichtigen)

b   [20] c) Inwieweit für einen Ehegatten, der ein gemeinsames Kind betreut, eine Erwerbsobliegenheit besteht, ist nach objektiven Kriterien zu entscheiden. Bei der vorzunehmenden Abwägung der Umstände des Einzelfalls kommt es neben den persönlichen Verhältnissen des Unterhalt fordernden Ehegatten vor allem auf die Betreuungsbedürftigkeit des Kindes an.

Dabei spielt nicht nur das Alter des Kindes eine Rolle, sondern insbesondere auch sein Gesundheitszustand, sein sonstiger Entwicklungsstand sowie möglicherweise bei ihm aufgetretene Verhaltensstörungen. Demgemäß ist auch ein überdurchschnittlich hoher Betreuungsbedarf so genannter Problemkinder zu berücksichtigen (*Senat,* NJW 1985, 429 = FamRZ 1985, 50 [51], und NJW 1984, 2355 = FamRZ 1984, 769 [770]; *Wendl/Pauling,* 6. Aufl., § 4 Rdnrn. 68, 70; *Schwab/Borth,* 5. Aufl., Kap. IV Rdnr. 162; *Kleffmann,* in: Scholz/Stein, Praxishdb. FamilienR, Teil H Rdnr. 65).

(Überobligatorische Tätigkeit bei Betreuung eines schwerbehinderten Kindes; auch bei Zahlung von Pflegekind)

c   [24] Entgegen der Auffassung der Revision lässt sich hieraus indessen kein für eine Erwerbsobliegenheit sprechender Grundsatz herleiten; vielmehr gilt es allein, die mögliche indizielle Bedeutung einer tatsächlich ausgeübten Erwerbstätigkeit zu beachten. Ob diese mit Rücksicht auf die Betreuungsbedürftigkeit eines Kindes zumutbar ist oder entsprechend dem Grundsatz, dass etwa bei Betreuung eines – wie hier zur Zeit der letzten mündlichen Verhandlung vor dem BerGer. – noch nicht acht Jahre alten Kindes regelmäßig keine Erwerbsobliegenheit besteht, als überobligationsmäßig zu bewerten ist, muss aber nach der konkreten Situation, in der sich ein Ehegatte nach der Trennung oder Scheidung befindet, beurteilt werden. Es ist deshalb auch zu berücksichtigen, dass mit der Trennung die Mehrbelastung des ein Kind betreuenden Ehegatten nicht wie früher durch den anderen Ehegatten aufgefangen werden kann, sondern der betreuende Ehegatte nunmehr grundsätzlich auf sich allein angewiesen ist, was die Fortsetzung der bisherigen Erwerbstätigkeit unzumutbar erscheinen lassen kann (vgl. *Senat,* NJW-RR 1988, 514 = FamRZ 1988, 145 [148 f.]; Göppinger/Bäumel, 8. Aufl., Rdnr. 957; *Wendl/Pauling,* § 4 Rdnr. 28; *Kleffmann,* in: *Scholz/Stein,* Teil H Rdnr. 67; *Johannsen/Henrich/Büttner,* EheR, 4. Aufl., § 1570 Rdnr. 24; *Schwab/Borth,* Kap. IV Rdnr. 172; *Gerhardt,* in: FA-FamR, 5. Aufl., 6. Kap. Rdnr. 264; *Luthin,* 10. Aufl., Rdnr. 2108; *Weinreich/Klein,* FamilienR, 2. Aufl., § 1570 Rdnr. 8; vgl. auch *Born,* FamRZ 1997, 129 [132]).

[25] Die vom BerGer. getroffenen Feststellungen tragen die tatrichterliche Würdigung, dass die Kl. überobligationsmäßig gearbeitet hat. Das BerGer. hat entscheidend darauf abgestellt, dass das zur Zeit der letzten mündlichen Verhandlung in der Berufungsinstanz sieben Jahre alte Kind auf Grund seiner Schwerbehinderung auf der Entwicklungsstufe eines Kleinkindes steht, weshalb die Mutter – bevor M morgens zum Kindergarten abgeholt wird sowie nach seiner Rückkehr bis zum Beginn der Tätigkeit der für die nächtliche Überwachung erforderlichen Hilfskräfte – ungleich mehr an Betreuungsleistungen für ihn zu erbringen hat als für ein gesundes Kindergartenkind. Auf den gesamten Tagesablauf bezogen ergibt sich deshalb durch den Besuch des Kindergartens keine nennenswerte Entlastung der Kl. gegenüber der Betreuungssituation für ein gesundes Kindergartenkind. Vielmehr war die Kl. darauf angewiesen, in der Zeit, während der sich M im Kindergarten aufhielt, die notwendige Hausarbeit zu verrichten, um sich dem Kind nach seiner Rückkehr (nach 15 Uhr) wieder uneingeschränkt widmen und es beaufsichtigen zu können. Die daneben ausgeübte Erwerbstätigkeit stellt deshalb, auch wenn sie im Wesentlichen von einem häuslichen Telearbeitsplatz aus verrichtet werden konnte, eine überobligationsmäßige Tätigkeit der Kl. dar, die von ihr nicht verlangt werden kann.

[26] e) Dieser Beurteilung steht nicht entgegen, dass die Kl. für ihre Betreuungsleistungen Pflegegeld in Höhe von monatlich 1300 DM bzw. 665 Euro erhält. Das nach § 37 I SGB XI gewährte Pflegegeld bleibt, wenn es an eine Pflegeperson weitergeleitet wird, bei der Ermittlung von Unterhaltsansprüchen der Pflegeperson grundsätzlich unberücksichtigt (§ 13 VI 1 SGB XI). Mit dieser Regelung soll erreicht werden, dass das Pflegegeld nicht nur dem Pflegebedürftigen selbst, sondern auch der Pflegeperson, die die häusliche Pflege unentgeltlich übernommen hat, möglichst ungeschmälert erhalten bleibt. In dem Entwurf eines 4. Gesetzes zur Änderung des SGB XI wird hierzu ausgeführt: Ohne eine gesetzliche

Regelung würde die unterhaltsrechtliche Berücksichtigung des Pflegegelds weiterhin allein durch richterliche Entscheidung bestimmt. Dabei ist davon auszugehen, dass auf der Basis der bisherigen zivilrechtlichen Rechtsprechung zum BSHG- und SGB V-Pflegegeld das vom Pflegebedürftigen an die Pflegeperson weitergeleitete Pflegegeld zu einem erheblichen Teil als „Vergütungsanteil" der Pflegeperson bewertet und demzufolge unterhaltsrechtlich als Einkommen der Pflegeperson berücksichtigt wird (so auch noch *Senat,* FamRZ 1996, 933 L = NJWE–FER 1996, 64). Dies ist mit dem sozialpolitischen Anliegen, die häusliche Pflege zu fördern und die Pflegebereitschaft und -fähigkeit im häuslichen Bereich zu stärken, nicht vereinbar. Mit der Neuregelung wird erreicht, dass zum Beispiel bei einer geschiedenen Ehefrau nicht mehr der Unterhaltsanspruch gegenüber dem geschiedenen Ehemann gemindert wird, wenn sie für die Pflege des gemeinsamen behinderten pflegebedürftigen Kindes Pflegegeld erhält (BT-Dr 14/580, S. 5).

[27] Der Senat hält mit Blick auf die zum 1. 8. 1999 in Kraft getretene Neufassung des § 13 VI SGB XI an seiner früheren Auffassung nicht mehr fest. Da einer der in § 13 VI 2 SGB XI geregelten Ausnahmefälle nicht vorliegt, verbietet sich mithin eine unterhaltsrechtliche Berücksichtigung des Pflegegelds, die zu einer Verkürzung des der Kl. zustehenden Unterhaltsanspruchs führen würde (vgl. auch *Trenk-Hinterberger,* in: Wannagat, SGB XI, § 13 Rdnr. 172 a).

(Überobligatorische Tätigkeit kann jederzeit beendet werden)

[28] 4. Die Bewertung der Erwerbstätigkeit der Kl. als überobligatorisch hat – wie das BerGer.   **d** zutreffend angenommen hat – zugleich zur Folge, dass sie diese Beschäftigung jederzeit aufgeben konnte. Das gilt vorliegend in besonderem Maße, da die Kl., wie sie in der mündlichen Verhandlung vor dem BerGer. dargelegt hat, keine Telearbeit mehr hätte verrichten können, sondern darauf angewiesen gewesen wäre, in der Behörde zu arbeiten. Diesem Vorbringen ist der Bekl. nicht mehr entgegengetreten.

(Überobligatorische Tätigkeit des Bedürftigen und Ausnahme des anrechnungsfreien Teils des Einkommens eheprägend)

[30] a) Nach der Rechtsprechung des *Senats* ist bei der Ermittlung des angemessenen Unterhalts-   **e** bedarfs nur der unterhaltsrelevante Anteil eines überobligatorisch erzielten Einkommens als eheprägend zu berücksichtigen. Der nicht unterhaltsrelevante Anteil der überobligationsmäßig erzielten Einkünfte prägt die ehelichen Lebensverhältnisse dagegen nicht (*Senat,* NJW 2005, 2145 = FamRZ 2005, 1154 [1157f.]). Damit steht nicht in Einklang, dass das BerGer. das volle Einkommen der Kl. in die Bedarfsbemessung einbezogen hat.

(Keine Pauschalierung des nach § 1577 II BGB anrechnungsfreien Betrages)

[31] b) Die Frage, ob und gegebenenfalls in welchem Umfang Einkommen aus einer überobliga-   **f** torischen Tätigkeit des Unterhaltsberechtigten bei der Unterhaltsberechnung zu berücksichtigen ist, lässt sich nach der Rechtsprechung des Senats nicht pauschal beantworten, sondern hängt von den besonderen Umständen des Einzelfalls ab. Maßgebend ist hierbei insbesondere, wie etwa die Kinderbetreuung mit den konkreten Arbeitszeiten unter Berücksichtigung erforderlicher Fahrzeiten zu vereinbaren ist und ob und gegebenenfalls zu welchen Zeiten die Kinder infolge eines Kindergarten- oder Schulbesuchs der Betreuung nicht bedürfen (vgl. zuletzt *Senat,* NJW 2005, 818 = FamRZ 2005, 442 [444], und NJW-RR 2005, 945 = FamRZ 2005, 967 [970]).

BGH v. 15. 3. 2006 – XII ZR 30/04 – FamRZ 06, 683 = NJW 06, 1654

(Fiktive Erwerbseinkünfte des Bedürftigen sind eheprägend)   **R649**

[13] b) Soweit der Kl. neben dem tatsächlich erzielten Einkommen aus ihrer Aushilfstätigkeit fiktive   **a** Einkünfte bis zur Höhe ihres zuvor erzielten Einkommens zuzurechnen sind, sind diese nach der Rechtsprechung des *Senats* im Wege der Differenz- oder Additionsmethode in die Unterhaltsberechnung einzubeziehen. Denn auch solche fiktiven Einkünfte hätten dann die ehelichen Lebensverhältnisse der Parteien geprägt (*Senat,* NJW 2005, 3639 = FamRZ 2005, 1979 [1981]).

(Über die Regelaltersgrenze von 65 Jahren hinausgehende Erwerbstätigkeit ist überobligatorisch)

[14] c) Für das weitere Verfahren wird das BerGer. allerdings zu beachten haben, dass die Kl. am   **b** 27. 1. 2005 65 Jahre alt geworden ist. Nach der Rechtsprechung des Senats ist sie mit Erreichen der allgemeinen Altersgrenze nicht mehr verpflichtet, eine Erwerbstätigkeit auszuüben, und kann diese deswegen jederzeit reduzieren oder vollständig aufgeben. Nur wenn die Kl. ihre Nebentätigkeit nach Renteneintritt weiterhin ausübt, bleibt das zusätzlich erzielte Einkommen nicht schon deswegen vollständig unberücksichtigt, weil es überobligationsmäßig erzielt wird. Dann ist der unterhaltsrelevante Anteil des überobligationsmäßig erzielten Einkommens nach Billigkeit zu ermitteln und – gegebenen-

falls neben den eigenen Renteneinkünften – im Wege der Differenz- oder Anrechnungsmethode in die Unterhaltsberechnung einzubeziehen (*Senat,* NJW 2005, 2145 = FamRZ 2005, 1154 [1157f.]).

(Schuldner darf durch Unterhaltszahlung nicht selbst sozialhilfebedürftig werden)

c   [16] a) Nach ständiger Rechtsprechung des *Senats* besteht eine Unterhaltspflicht nicht, soweit der Unterhaltschuldner infolge einer Unterhaltsleistung selbst sozialhilfebedürftig würde. Dem Unterhaltspflichtigen muss schon aus verfassungsrechtlichen Gründen jedenfalls der Betrag verbleiben, der seinen eigenen Lebensbedarf nach sozialhilferechtlichen Grundsätzen sicherstellt (*Senat,* BGHZ 111, 194 [198] = NJW 1991, 356 = FamRZ 1990, 849 [850], und NJW 1996, 2793 = FamRZ 1996, 1272 [1273]; *Scholz,* FamRZ 2004, 751 [757ff.]). Die finanzielle Leistungsfähigkeit endet jedenfalls dort, wo der Unterhaltspflichtige nicht mehr in der Lage ist, seine eigene Existenz zu sichern (*BVerfG,* NJW-RR 2002, 73 = FPR 2002, 13 = FamRZ 2001, 1685; zur Höhe vgl. *Klinkhammer,* FamRZ 2004, 1909 [1910ff.], und *Schürmann,* FamRZ 2005, 148).

[17] Die Bemessung dieses – auch verfassungsrechtlich zu beachtenden – Mindestselbstbehalts ist nach ständiger Rechtsprechung des *Senats* Aufgabe des Tatrichters. Dabei ist es diesem nicht verwehrt, sich an Erfahrungs- und Richtwerte anzulehnen, sofern nicht im Einzelfall besondere Umstände eine Abweichung gebieten (*Senat,* NJW 1984, 1614, und NJW-RR 1992, 1474 = FamRZ 1993, 43 [44f.]). Die Oberlandesgerichte haben solche pauschalen Selbstbehaltssätze als Grenzen der Leistungsfähigkeit für den Verwandtenunterhalt (§ 1603 BGB) oder den Ehegattenunterhalt (§ 1581 BGB) in ihre unterhaltsrechtlichen Leitlinien aufgenommen, stimmen dabei teilweise aber weder zur Höhe noch in der Abstufung gegenüber anderen Unterhaltsansprüchen überein. Beim Ehegattenunterhalt wird zum Teil zusätzlich danach unterschieden, ob der unterhaltsberechtigte Ehegatte minderjährige Kinder erzieht oder ob es sich um Trennungs- oder nacheheliche Ehegattenunterhalt handelt.

(Selbstbehalt des Pflichtigen beim Ehegattenunterhalt)

d   [18] Bei der Bemessung solcher Selbstbehalte haben die Gerichte die gesetzlichen Vorgaben zu beachten, die sich insbesondere aus dem Wesen der Unterhaltspflicht und der Rangfolge des Anspruchs im Verhältnis zu anderen Unterhaltsberechtigten ergeben (*Senat,* NJW 1989, 523 = FamRZ 1989, 272). Deswegen hat es der Senat nicht gebilligt, dass der angemessene Selbstbehalt gegenüber Unterhaltsansprüchen volljähriger Kinder (§ 1603 I BGB) mit dem notwendigen Selbstbehalt gegenüber Unterhaltsansprüchen minderjähriger und diesen nach § 1603 II BGB gleichgestellter Kinder gleichgesetzt wird (*Senat,* NJW 1989, 523 = FamRZ 1989, 272). Ebenso hat es der Senat aus Rechtsgründen nicht für vertretbar und auch nicht für billig gehalten, dem unterhaltspflichtigen geschiedenen Ehegatten regelmäßig nur den notwendigen Selbstbehalt zu belassen. Die darin zum Ausdruck kommende Gleichbehandlung des Unterhaltsanspruchs von Ehegatten mit demjenigen minderjähriger Kinder, wie sie für das Rangverhältnis in § 1609 II 1 BGB (noch) angeordnet ist, würde die gesteigerte Unterhaltspflicht nach § 1603 II BGB außer Betracht lassen. Der Regelungshintergrund dieser Vorschrift ist darin zu sehen, dass minderjährigen Kindern wegen ihres Alters von vornherein die Möglichkeit verschlossen ist, durch eigene Anstrengungen zur Deckung ihres notwendigen Lebensbedarfs beizutragen (*Senat,* NJW 2005, 500 = FamRZ 2005, 354 [355] m. w. Nachw.). Das gilt für geschiedene oder getrennt lebende Ehegatten nicht in gleichem Maße. Umgekehrt kann der gegenüber dem Unterhaltsanspruch volljähriger Kinder stärker ausgestaltete Charakter des Ehegattenunterhalts auch zu einer stärkeren Haftung und damit zu einem geringeren Selbstbehalt nach § 1581 BGB führen, als dieses auf der Grundlage des § 1603 I BGB gegenüber dem Unterhaltsanspruch volljähriger Kinder der Fall ist. Denn nach § 1609 II BGB stehen Ehegatten zwar den Kindern i. S. des § 1603 II BGB gleich; sonstigen Kindern gehen sie allerdings im Rang vor.

[19] Nach dieser gesetzlichen Wertung ist es geboten, den Selbstbehalt gegenüber dem Unterhaltsanspruch eines geschiedenen Ehegatten nach § 1581 BGB mit einem Betrag zu bemessen, der nicht unter dem notwendigen (§ 1603 II BGB), aber auch nicht über dem angemessenen (§ 1603 I BGB) Selbstbehalt liegt. Dabei wird es nicht zu beanstanden sein, wenn der Tatrichter für diesen – pauschalen – Ehegattenselbstbehalt im Regelfall von einem etwa in der Mitte zwischen diesen beiden Beträgen liegenden Betrag ausgeht, wie der Senat schon für den Unterhaltsanspruch nach § 1615l II BGB entschieden hat (vgl. NJW 2005, 500 = FamRZ 2005, 354 [355f.]). Für den Trennungsunterhalt fehlt zwar eine dem § 1581 BGB entsprechende Regelung, die den Selbstbehalt des unterhaltspflichtigen Ehegatten sicherstellt. Der Verhältnismäßigkeitsgrundsatz gebietet es jedoch, diese Vorschrift entsprechend anzuwenden, da sich auch der Anspruch auf Trennungsunterhalt wie jeder Unterhaltsanspruch an der Leistungsfähigkeit des Unterhaltspflichtigen auszurichten hat (BVerfG, NJW 2002, 2701 = FamRZ 2002, 1397 [1398]).

[20] b) Der Senat hat die Leistungsfähigkeit im Rahmen des Ehegattenunterhalts (§ 1581 BGB) bisher auch noch in weiterer Weise beschränkt (*Senat,* BGHZ 109, 72 [83ff.] = NJW 1990, 1172 = FamRZ 1990, 260 [264], und NJW 2004, 3106 = FamRZ 2004, 1357 [1358f.]; vgl. Wendl/Gut-

deutsch, 6. Aufl., § 4 Rdnrn. 567 ff.). Dessen bedarf es nach der neueren Rechtsprechung des Senats zur Ermittlung des Unterhaltsbedarfs eines getrennt lebenden oder geschiedenen Ehegatten nicht mehr.

(Kein Mindestbedarf beim Ehegattenunterhalt)

[25] Gemäß § 1578 I 1 BGB bestimmt sich das Maß des Unterhalts nach den ehelichen Lebens- **e** verhältnissen. Nach ständiger Rechtsprechung des *Senats* erfordert die Bedarfsermittlung deshalb regelmäßig eine konkrete Feststellung der Einkommens- und Vermögensverhältnisse, die den ehelichen Lebensstandard bestimmt haben. Dass auf diese Weise auch ein Unterhaltsbedarf ermittelt werden kann, der unter dem Selbstbehalt eines Unterhaltsverpflichteten gegenüber (sogar minderjährigen) Kindern liegt, veranlasst keine Korrektur. Der eheliche Lebensstandard ist grundsätzlich individuell angelegt. Er kann wirtschaftlich über oder unter dem Niveau von Tabellenwerten liegen, die in der Regel auf durchschnittlich ermittelten Kosten der allgemeinen Lebensführung beruhen und Besonderheiten daher nicht berücksichtigen. Darin unterscheidet er sich von dem Selbstbehalt des Unterhaltspflichtigen, der auf der Grundlage der Sozialhilfesätze mit Mindestbeträgen pauschaliert werden kann. Der Bedarf eines unterhaltsberechtigten Ehegatten kann auch nach der Scheidung je nach den Umständen des Einzelfalls beispielsweise dadurch beeinflusst werden, dass infolge gemeinschaftlichen Wirtschaftens mit anderen Personen – etwa Verwandten – die Generalkosten insbesondere für Wohnen niedriger gehalten werden können als im Falle des Alleinlebens. Inhalt der Unterhaltspflicht gegenüber einem geschiedenen Ehegatten ist es deswegen nicht, dem Berechtigten unter allen Umständen das so genannte Existenzminimum zu sichern – das ist notfalls Sache des Sozialhilfeträgers –, sondern nach Maßgabe des § 1578 I 1 BGB die Fortsetzung derjenigen – möglicherweise auch engen – Lebensverhältnisse zu ermöglichen, die die Ehe prägen (*Senat,* NJW 1995, 963 = FamRZ 1995, 346 [347]). Somit ist regelmäßig schon durch die Bedarfsermittlung auf Seiten des Unterhaltsberechtigten sichergestellt, dass dem Unterhaltspflichtigen ein – unter Berücksichtigung des Erwerbstätigenbonus – ebenso großer Anteil des verfügbaren Einkommens verbleibt, wie ihn der Unterhaltsberechtigte beanspruchen kann.

(Berücksichtigung von in der Ehe angelegten Einkommenssteigerungen und nicht unterhaltsbezogen leichtfertigen Einkommenssenkungen nach der Scheidung bei der Bedarfsbemessung; keine Lebensstandardgarantie; Berücksichtigung neuer vor- und gleichrangiger Unterhaltslasten)

[26] Zwar bestimmt sich der Bedarf des unterhaltsberechtigten Ehegatten nach den ehelichen **f** Lebensverhältnissen (§ 1578 I 1 BGB). Dieser Bezug schließt es jedoch nicht aus, nacheheliche Entwicklungen schon bei der Bedarfsermittlung zu berücksichtigen. So können sich nach der Rechtsprechung des Senats Einkommensverbesserungen, die erst nach der Scheidung beim unterhaltspflichtigen Ehegatten eintreten, bedarfsteigernd auswirken, wenn ihnen eine Entwicklung zu Grunde liegt, die aus der Sicht zum Zeitpunkt der Scheidung mit hoher Wahrscheinlichkeit zu erwarten war und wenn diese Erwartung die ehelichen Lebensverhältnisse bereits geprägt hatte. Umgekehrt können auch nach der Scheidung eintretende Einkommensminderungen für die Bedarfsbemessung nicht grundsätzlich unberücksichtigt bleiben, sofern sie nicht auf einer Verletzung der Erwerbsobliegenheit des Unterhaltsverpflichteten beruhen oder durch freiwillige berufliche oder wirtschaftliche Dispositionen des Unterhaltsverpflichteten veranlasst sind und von dem hier durch zumutbare Vorsorge aufgefangen werden können (*Senat,* BGHZ 153, 358 [364 f.] = NJW 2003, 1518 = FamRZ 2003, 590 [591]). Wie der Senat schon wiederholt ausgesprochen hat, müsste es auf Unverständnis stoßen, wenn eine nach der Trennung eintretende Arbeitslosigkeit des unterhaltsverpflichteten Ehegatten nicht schon die ehelichen Lebensverhältnisse, sondern erst seine Leistungsfähigkeit beeinflusst. Gleiches gilt für eine dauerhafte Absenkung der Erwerbseinkünfte des Unterhaltsschuldners nach der Scheidung. Auch hier muss es der Unterhaltsberechtigte hinnehmen, dass der Bemessungsmaßstab für seinen Unterhaltsanspruch gegenüber den Verhältnissen im Zeitpunkt der Scheidung abgesunken ist (*Senat,* BGHZ 153, 358 [364 f.] = NJW 2003, 1518 = FamRZ 2003, 590 [591]).

(Keine Lebensstandardgarantie; Bedarf des gesch. Gatten auch durch später entstandene vor- oder gleichrangige Unterhaltsverpflichtungen beeinflusst)

[27] Der Senat hat deshalb in seiner neueren Rechtsprechung ausdrücklich ausgesprochen, dass die **g** Anknüpfung der nach § 1578 I 1 BGB maßgebenden Umstände an den Zeitpunkt der Rechtskraft des Scheidungsurteils schon nach ihrem Zweck für den unterhaltsberechtigten Ehegatten keine die früheren ehelichen Lebensverhältnisse unverändert fortschreibende Lebensstandardgarantie begründet, deren Erfüllung nur in den Grenzen fehlender Leistungsfähigkeit des unterhaltsverpflichteten Ehegatten an dessen dauerhaft veränderte wirtschaftliche Verhältnisse angepasst und nur insoweit auch „nach unten korrigiert" werden kann. Für eine solche Absicherung böte das Recht des nachehelichen Unterhalts, das – jedenfalls im Prinzip – nur die Risiken der mit der Scheidung fehlgeschlagenen Lebensplanung der Ehegatten und der von ihnen in der Ehe praktizierten Arbeitsteilung angemessen ausgleichen will, keine gedankliche Rechtfertigung. Das Unterhaltsrecht will den bedürftigen Ehegatten nach der

Scheidung wirtschaftlich im Grundsatz nicht besser stellen, als er sich ohne die Scheidung stünde. Bei Fortbestehen der Ehe hätte ein Ehegatte die negative Einkommensentwicklung des anderen Ehegatten wirtschaftlich mit zu tragen. Es ist nicht einzusehen, warum die Scheidung ihm das Risiko einer solchen – auch vom unterhaltpflichtigen Ehegatten hinzunehmenden – Entwicklung, wenn sie dauerhaft und vom Schuldner nicht durch in Erfüllung seiner Erwerbsobliegenheit gebotenen Anstrengungen vermeidbar ist, abnehmen soll (*Senat,* BGHZ 153, 358 [368] = NJW 2003, 1518 = FamRZ 2003, 590 [592]). Nichts anderes kann für sonstige Änderungen der maßgeblichen Verhältnisse gelten, wenn sich dadurch das dem Unterhaltspflichtigen verfügbare Einkommen vermindert. Treten zum Beispiel vorrangige oder gleichrangige weitere Unterhaltsberechtigte hinzu, muss sich auch das auf den Unterhaltsbedarf des geschiedenen Ehegatten auswirken. Für den Trennungsunterhalt ergibt sich das schon aus der bisherigen Rechtsprechung des Senats, wonach die ehelichen Lebensverhältnisse jedenfalls durch die Entwicklung bis zur Rechtskraft der Scheidung geprägt werden (*Senat,* NJW 1999, 717 = FamRZ 1999, 367 [368 f.]).

(Grundsatz der Halbteilung; Berücksichtigung neuer nicht leichtfertig entstandener Ausgaben bereits bei Bedarfsermittlung, nicht erst bei der Leistungsfähigkeit)

h   [28] bb) Die genannte Einschränkung des sich aus der Ehe ergebenden Unterhaltsbedarfs folgt auch aus dem Grundsatz der unterhaltsrechtlichen Halbteilung. Dieser Gedanke der Gleichbehandlung beider Ehegatten ist nicht darauf beschränkt, dem Unterhaltspflichtigen die Hälfte seines im Zeitpunkt der Unterhaltsleistung vorhandenen Einkommens zu belassen, wenn er nicht durch Erfüllung seiner Erwerbsobliegenheit weitere Einkünfte sicherstellen kann. Der Halbteilungsgrundsatz gebietet vielmehr schon bei der Bedarfsermittlung, dem Unterhaltspflichtigen wie dem Unterhaltsberechtigten von seinem eigenen anrechenbaren Erwerbseinkommen einen – die Hälfte seines verteilungsfähigen Einkommens (sogar) maßvoll übersteigenden – Betrag anrechnungsfrei zu belassen (*Senat,* NJW-RR 1991, 132 = FamRZ 1991, 304 [305], und NJW-RR 1991, 130 = FamRZ 1991, 307 [310]). Aus entsprechenden Erwägungen hat der Senat auch das Maß des einer nicht verheirateten Mutter nach § 1615 l II BGB zu gewährenden Unterhalts schon auf der Bedarfsebene nach dem Halbteilungsgrundsatz begrenzt (NJW 2005, 818 = FamRZ 2005, 442 [443]).

[29] cc) Weil deswegen schon bei der Bedarfsbemessung (§ 1578 BGB) nach dem Grundsatz der gleichmäßigen Teilhabe vermieden werden kann, dass ein Ehegatte einen nach günstigeren Verhältnissen bemessenen, vollen eheangemessenen Unterhalt erhält, während der Unterhaltsverpflichtete auf einen geringeren Ehegattenselbstbedarf verwiesen ist, bedarf es keiner entsprechenden Einschränkung (erst) im Rahmen der Leistungsfähigkeit des Unterhaltspflichtigen (§ 1581 BGB). Im Einklang mit der Rechtsprechung zur Leistungsfähigkeit beim Verwandtenunterhalt (§ 1603 BGB) ist deswegen auch die Leistungsfähigkeit des unterhaltspflichtigen Ehegatten erst dann beeinträchtigt, wenn der eigene angemessene Unterhalt des Unterhaltspflichtigen gefährdet ist, weil ihm kein eigenes Einkommen verbleibt, das einen nach dem Wesen des Unterhaltsanspruchs für den Regelfall festzusetzenden Mindestbetrag unterschreitet. Dafür, den stets zu beachtenden angemessenen Unterhalt des Unterhaltspflichtigen (§ 1581 BGB) für den Regelfall mit einem dem Wesen des Ehegattenunterhalts entsprechenden festen Betrag auszufüllen, spricht auch der Wortlaut des Gesetzes, der sich insoweit von § 1603 I BGB nicht unterscheidet. Dass dieser Ehegattenselbstbehalt nach dem Rang und dem Wesen des Unterhaltsanspruchs gegenüber anderen Unterhaltsansprüchen zwischen dem für minderjährige Kinder geltenden notwendigen Selbstbehalt (§ 1603 II BGB) und dem zum Beispiel gegenüber volljährigen Kindern geltenden angemessenen Selbstbehalt (§ 1603 I BGB) liegen sollte, ist oben schon ausgeführt.

BGH v. 12. 4. 2006 – XII ZR 31/04 – FamRZ 06, 1010 = NJW 06, 2404

R650   *(Schuldner darf durch Unterhalt nicht selbst sozialhilfebedürftig werden)*

a   [19] Denn nach ständiger Rechtsprechung des *Senats* entfällt eine Unterhaltspflicht, soweit der Unterhaltsschuldner infolge seiner Unterhaltsleistungen selbst sozialhilfebedürftig würde. Schon aus verfassungsrechtlichen Gründen muss dem Unterhaltspflichtigen jedenfalls der Betrag verbleiben, der seinen eigenen Lebensbedarf nach sozialhilferechtlichen Grundsätzen sicherstellt. Die finanzielle Leistungsfähigkeit endet dort, wo der Unterhaltspflichtige nicht mehr in der Lage ist, seine eigene Existenz zu sichern (vgl. zuletzt *Senat,* NJW 2006, 1654 m. w. Nachw.). Diese Grenze der Leistungsfähigkeit des Unterhaltspflichtigen ist stets zu beachten, und zwar unabhängig davon, woraus die eigenen Einkünfte des Unterhaltspflichtigen herrühren.

[20] Bei der Bemessung dieses – auch verfassungsrechtlich zu beachtenden – Mindestselbstbehalts ist es dem Tatrichter nicht verwehrt, sich an Erfahrungs- und Richtwerte anzulehnen, sofern nicht im Einzelfall besondere Umstände eine Abweichung gebieten. Dabei haben die Gerichte allerdings die gesetzlichen Vorgaben zu beachten, die sich insbesondere aus dem Wesen der Unterhaltspflicht und der Rangfolge des Anspruchs im Verhältnis zu anderen Unterhaltsberechtigten ergeben (*Senat,* NJW 1989,

523 = FamRZ 1989, 272). Deswegen ist es nicht zu beanstanden, wenn die Gerichte dem gegenüber minderjährigen Kindern unterhaltspflichtigen Elternteil im Hinblick auf den Vorrang nach § 1609 I BGB und die gesteigerte Unterhaltspflicht nach § 1603 II BGB lediglich einen notwendigen Selbstbehalt belassen, der für den Regelfall nur wenig oberhalb des eigenen Existenzminimums liegt. Dieser – unterste – Selbstbehalt muss dem Unterhaltspflichtigen allerdings auf jeden Fall verbleiben (vgl. *BVerfG*, NJWE-FER 2001, 147 = FamRZ 2001, 541).

(Wechselseitige Beiträge zum Familienunterhalt)

[36] c) Der Revision ist zwar einzuräumen, dass bei bestehender Ehe beiden Ehegatten gleicherma-   **b** ßen die Verpflichtung obliegt, durch ihre Arbeit und mit ihrem Vermögen die Familie angemessen zu unterhalten (§ 1360 S. 1 BGB). Die Unterhaltspflicht der Ehegatten ist mithin eine wechselseitige; jeder Ehegatte ist gegenüber dem anderen zugleich Unterhaltsberechtigter und Unterhaltsverpflichteter. Dem Grundgedanken des § 1360 BGB entspricht es deswegen, dass die Last des Familienunterhalts von den Ehegatten gemeinsam getragen wird. Dabei kann der Verpflichtete im Verhältnis zu seinem Partner seinen Beitrag zum Familienunterhalt nicht unter Hinweis darauf verweigern, er sei ohne Gefährdung seines Eigenbedarfs zur Unterhaltsleistung nicht in der Lage. Ein solches Verhalten wäre dem ehegemeinschaftlichen Prinzip fremd und widerspräche der familienrechtlichen Unterhaltsregelung (*BVerfG*, NJW 1984, 1523 = FamRZ 1984, 346 [350]).

(Keine Erwerbsobliegenheit für Zahlung von Kindesunterhalt während des Bezugs von Erziehungsgeld)

[40] Während der ersten zwei Jahre seit der Geburt des Kindes R, in denen die Bekl. Erziehungsgeld   **c** erhielt, war sie nicht verpflichtet, neben der Betreuung des Kleinkindes aus der neuen Ehe eine Nebenerwerbstätigkeit auszuüben. Dem steht schon entgegen, dass minderjährige Kinder bis zum Alter von jedenfalls zwei Jahren regelmäßig ständiger Aufsicht und Betreuung bedürfen, die auch der neue Ehegatte unter Berücksichtigung seiner eigenen Erwerbstätigkeit nicht in dem erforderlichen Umfang sicherstellen kann. Dem Gleichrang der Unterhaltsansprüche aller Kinder aus verschiedenen Beziehungen trägt für diesen Zeitraum schon § 9 S. 2 BErzGG Rechnung. Denn während das Erziehungsgeld grundsätzlich bei der Bemessung von Unterhaltsverpflichtungen unberücksichtigt bleibt, ist es wegen der gesteigerten Unterhaltsverpflichtung gegenüber den minderjährigen Kindern aus erster Ehe als Einkommen zu berücksichtigen. Für die Zeit seines Bezugs ersetzt das Erziehungsgeld somit im Interesse der Betreuung des neugeborenen Kindes die sonst gegebenenfalls bestehende Erwerbspflicht des barunterhaltspflichtigen Ehegatten (vgl. auch *Wendl/Scholz*, § 2 Rdnrn. 177, 181).

BGH v. 3. 5. 2006 – XII ZR 103/03 – FamRZ 06, 1010 = BeckRS 06, 06835

(Keine Vereinbarung eines vertraglichen Unterhalts bei Verzicht bis auf konkrete Ausnahmen)   **R651**

[2] Die Auslegung des von den Parteien abgeschlossenen Ehevertrages durch das BerGer. hält der revisionsrechtlichen Prüfung allerdings nicht stand, da nicht sämtliche wesentliche Umstände berücksichtigt worden sind. Ausweislich der Ziff. IV des Ehevertrages haben die Parteien wechselseitig auf nachehelichen Unterhalt verzichtet, allerdings vereinbart, dass dieser Verzicht hinsichtlich der Ehefrau nicht gilt, solange und soweit von ihr (u. a.) wegen der Pflege und Erziehung ihrer erstehelichen Kinder eine Erwerbstätigkeit nicht erwartet werden kann. Der insoweit geschuldete gesetzliche Unterhalt sollte höchstens 1500 DM betragen.

[3] Damit ist die Annahme, die Parteien hätten eine vertragliche Unterhaltspflicht des Bekl. geregelt, nicht zu vereinbaren. Ausgenommen von dem Verzicht der Ehefrau auf den gesetzlichen Unterhalt ist lediglich der – festgelegte – Zeitraum der Kinderbetreuung; insoweit sollte nachehelicher Unterhalt nach den gesetzlichen Bestimmungen zu zahlen sein.

BGH v. 3. 5. 2006 – XII ZR 35/04 – FamRZ 2006, 1099 = NJOZ 2006, 2646

(Selbstbehalt gegenüber Enkeln nicht geringer als Selbstbehalt gegenüber Eltern)   **R652**

[10] a) Wie der *Senat* nach Erlass des angefochtenen Urteils entschieden hat, ist es rechtlich nicht zu beanstanden, wenn Großeltern im Fall der Inanspruchnahme auf Unterhalt für ihre Enkel zumindest die höheren Selbstbehaltsbeträge zugebilligt werden, die auch erwachsene Kinder gegenüber ihren unterhaltsbedürftigen Eltern verteidigen können. Das gilt auch gegenüber minderjährigen Enkeln. Zwar sind diese in der Regel nicht in der Lage, ihren Lebensbedarf selbst zu decken. Deshalb ordnet das Gesetz in § 1603 II 1 BGB an, dass ihnen gegenüber eine gesteigerte Unterhaltspflicht besteht. Die vorgenannte Bestimmung gilt aber nur im Verhältnis zwischen Kindern und ihren Eltern. Für Großeltern besteht dagegen keine gesteigerte Unterhaltspflicht, sondern sie haften allein unter Berücksichtigung ihres angemessenen Eigenbedarfs, und zwar nachrangig. Das rechtfertigt es, ihnen generell die erhöhten Selbstbehaltsbeträge, wie sie auch im Rahmen des Elternunterhalts gelten, zuzubilligen

(*Senat*, NJW 2006, 142 = FamRZ 2006, 26 [28] m. Anm. *Duderstadt*, FamRZ 2006, 30 und *Luthin*, FamRZ 2006, 4 und FF 2006, 54).

BGH v. 17. 5. 2006 – XII ZB 250/03 – FamRZ 06, 1097 = NJW 06, 2331

R653   *(Schwächere Verhandlungsposition als Prüfungspunkt bei der Wirksamkeitskontrolle)*

a   [14] Das *OLG* weist zu Recht darauf hin, dass sich die Ag., die beim Vertragsschluss erst 23 Jahre alt, in Deutschland fremd und der deutschen Sprache nicht mächtig war, die über keine Ausbildung verfügt hat und ohne die Eheschließung weder eine Aufenthalts- noch eine Arbeitserlaubnis erhalten hätte, sich gegenüber dem Ast., der elf Jahre älter, in Deutschland beheimatet und im öffentlichen Dienst wirtschaftlich abgesichert war, in einer sehr viel schwächeren Verhandlungsposition befunden hat. Diese Disparität stellt, wie das *OLG* ebenfalls nicht verkennt, eine evident einseitige Lastenverteilung zum Nachteil der Ag. dar. Denn die getroffenen Abreden würden, wären sie wirksam, dazu führen, dass die Ag. ohne jeden nachehelichen Schutz dastünde, und zwar auch dann, wenn sie – wie geschehen – gemeinsame Kinder betreut. Die Ag. hätte mithin die ehebedingten Nachteile, die sich – nach der Geburt ihrer Kinder – aus ihrem mit der Tätigkeit als Hausfrau und Mutter einhergehenden Verzicht auf eine eigene Erwerbstätigkeit ergeben, allein zu tragen – ein Ergebnis, das mit dem Gebot ehelicher Solidarität schlechthin unvereinbar wäre. Diese Schutzlosigkeit der Ag. war – als mögliche Folge einer Scheidung – auch schon bei Abschluss des Ehevertrags vorhersehbar; denn die Parteien sind, wie das *OLG* aus den getroffenen Abreden zutreffend gefolgert hat, bereits damals von der Möglichkeit ausgegangen, dass aus ihrer Ehe Kinder hervorgehen würden. Schließen Parteien unter solchen Voraussetzungen gleichwohl alle vermögensrechtlichen Scheidungsfolgen aus, so muss die Rechtsordnung einer solchen Abrede schon nach § 138 BGB die Anerkennung versagen.

(Gesamtnichtigkeit eines ausnahmslos benachteiligenden Ehevertrages)

b   [15] Diese Missbilligung gilt nicht nur für den Ausschluss jeglichen nachehelichen Unterhalts, sondern in gleicher Weise auch für den Ausschluss des Versorgungsausgleichs. Die von den Parteien vereinbarte salvatorische Klausel ändert daran – entgegen der Auffassung des *OLG* – nichts. Ergibt sich, wie hier, die Sittenwidrigkeit der getroffenen Abreden bereits aus der Gesamtwürdigung eines Vertrags, dessen Inhalt für eine Partei – wie hier für die Ag. – ausnahmslos nachteilig ist und dessen Einzelregelungen durch keine berechtigten Belange der anderen Partei gerechtfertigt werden, so erfasst die Nichtigkeitsfolge notwendig den gesamten Vertrag, hier also auch den für die Ag. nachteiligen Ausschluss des Versorgungsausgleichs. Für eine Teilnichtigkeit bleibt in solchem Fall kein Raum (vgl. etwa Brambring, FPR 2005, 130 [133]). Insbesondere lässt sich die Nichtigkeit des Ausschlusses des Versorgungsausgleichs nicht, wie das *OLG* meint, deshalb verneinen, weil bereits der Ausschluss des nachehelichen Unterhalts seinerseits nichtig sei und die Ag. deshalb mit Hilfe des Altersvorsorgeunterhalts eine eigene Altersvorsorge aufbauen könne. Eine solche Argumentation würde nicht nur zu einer beliebigen Austauschbarkeit der Nichtigkeit einzelner Vertragsteile führen; sie verkennt auch, dass der Versorgungsausgleich sich zwar seiner Zielrichtung nach als ein vorweggenommener Altersvorsorgeunterhalt verstehen lässt (*Senat* NJW 2004, 930 = FamRZ 2004, 601 [604]), dass der Altersvorsorgeunterhalt den Versorgungsausgleich aber nicht ersetzen kann, weil der eine für den zukünftigen Versorgungsaufbau bestimmt ist, während der andere den Versorgungsaufbau für die Vergangenheit ausgleichen soll.

BGH v. 17. 5. 2006 – XII ZR 54/04 – FamRZ 06, 1100 = NJW 06, 2984

R654   *(Eltern schulden dem Kind grundsätzlich nur eine angemessene Ausbildung)*

a   [14] a) Nach § 1610 II BGB umfasst der Unterhalt eines Kindes die Kosten einer angemessenen Vorbildung zu einem Beruf. Geschuldet wird danach eine Berufsausbildung, die der Begabung und den Fähigkeiten, dem Leistungswillen und den beachtenswerten Neigungen des Kindes am besten entspricht und sich in den Grenzen der wirtschaftlichen Leistungsfähigkeit der Eltern hält. Eltern, die ihrem Kind eine solche Berufsausbildung gewährt haben, sind daher nicht mehr verpflichtet, Kosten einer weiteren Ausbildung zu tragen.

[15] Ausnahmen hat der *Senat* nur unter besonderen Umständen angenommen, etwa wenn der Beruf aus gesundheitlichen oder sonstigen, bei Ausbildungsbeginn nicht vorhersehbaren Gründen nicht ausgeübt werden kann. Ferner kommt eine fortdauernde Unterhaltspflicht in Betracht, wenn die weitere Ausbildung zweifelsfrei als eine bloße in engem sachlichen und zeitlichen Zusammenhang stehende Weiterbildung zu dem bisherigen Ausbildungsweg anzusehen ist und von vornherein angestrebt war, oder während der ersten Ausbildung eine besondere, die Weiterbildung erfordernde Begabung deutlich wurde (NJW 1995, 718 = FamRZ 1995, 416 m. w. Nachw.; BGHZ 69, 190 [194] = NJW 1977, 1917 = FamRZ 1977, 629).

(Abitur – Lehre – Studium)

[16] b) Diese Grundsätze hat der *Senat* für die Fälle modifiziert, in denen ein Kind nach Erlangung **b**
der Hochschulreife auf dem herkömmlichen schulischen Weg (Abitur) eine praktische Ausbildung
(Lehre) absolviert hat und sich erst danach zu einem Studium entschließt (sog. Abitur-Lehre-Studium-
Fälle). Grund für die Modifizierung war das zunehmend geänderte Ausbildungsverhalten der Studien-
berechtigten, die sich durch eine praktische Berufsausbildung eine sichere Lebensgrundlage schaffen,
ein anschließendes Studium aber nicht von vornherein ausschließen wollen. Dabei hat der Senat
allerdings wegen des aus § 1610 II BGB abzuleitenden Merkmals der Einheitlichkeit des Ausbildungsgangs daran festgehalten, dass die einzelnen Ausbildungsabschnitte in engem zeitlichen und sachlichen
Zusammenhang stehen und die praktische Ausbildung und das Studium sich jedenfalls sinnvoll ergänzen müssen. Er hat es jedoch genügen lassen, dass der Studienabschluss nicht von vornherein, sondern
erst nach Beendigung der Lehre gefasst wird, weil es gerade der Eigenart des vom herkömmlichen Bild
abweichenden Ausbildungsverhaltens entspricht, dass sich der Abiturient bei Aufnahme der praktischen
Ausbildung vielfach noch nicht über ein anschließendes Studium schlüssig ist (*Senat,* BGHZ 107, 376
[381 ff.] = NJW 1989, 2253 = FamRZ 1989, 853 [854 f.], und NJW-RR 2002, 1 = FamRZ 2001,
1601).

(Realschule, Lehre, Fachoberschule, Fachhochschulstudium)

[17] c) Eine Übertragung dieser für die so genannten Abitur-Lehre-Studium-Fälle entwickelten **c**
Grundsätze auf Ausbildungsabläufe, in denen nach einem Realschulabschluss zunächst eine Lehre, dann
die Fachoberschule und später die Fachhochschule absolviert wird, hat der Senat stets abgelehnt. In
solchen Fällen hat er die einzelnen Ausbildungsabschnitte nur dann als einheitliche, von den Eltern zu
finanzierende Berufsausbildung angesehen, wenn schon bei Beginn der praktischen Ausbildung erkennbar eine Weiterbildung einschließlich des späteren Studiums angestrebt wurde (*Senat,* NJW-RR
1991, 195 = FamRZ 1991, 320 [321]). Denn auch insoweit können die Eltern nicht für die Kosten
einer zweiten oder weiteren Ausbildung herangezogen werden, wenn sie ihre Unterhaltspflicht durch
Finanzierung einer begabungsgerechten abgeschlossenen Berufsausbildung in rechter Weise erfüllt
haben. Dahinter steht der Gedanke, dass die Unterhaltpflicht der Eltern von der Frage mitbestimmt
wird, inwieweit sie damit rechnen müssen, dass ihr Kind nach einem Schulabschluss und einer zu Ende
geführten, in sich geschlossenen Berufsausbildung noch eine berufsqualifizierende Ausbildung – gegebenenfalls über weitere Ausbildungsstufen hinweg – anstrebt. Denn die Belange der Unterhaltspflichtigen dürfen insoweit nicht unberücksichtigt bleiben. Die Eltern müssen sich in ihrer eigenen Lebensplanung in etwa darauf einstellen können, wie lange sie mit einer Unterhaltslast zu rechnen haben. Das
Ausbildungsunterhaltsverhältnis zwischen Eltern und Kindern ist auch insoweit von gegenseitiger
Rücksichtnahme geprägt, als einerseits die Eltern leichtere Verzögerungen oder ein zeitweiliges Versagen hinnehmen müssen, andererseits das Kind seine Ausbildung mit Fleiß und Zielstrebigkeit
anzugehen hat.
[18] Vor diesem Hintergrund ergeben sich wesentliche Unterschiede zwischen den beiden Aus-
bildungsvarianten nach Abschluss des Abiturs einerseits oder der Realschule andererseits, die es rechtfertigen, jeweils auf andere Kriterien abzustellen. Während der Abiturient insbesondere in der Oberstufe mehr an das theoretische Denken herangeführt und damit auf das Hochschulstudium vorbereitet
wird, gewährt der Realschulabschluss dem Absolventen eine Vorbildung, die Grundlage für eine praxis-
orientierte Berufsausbildung sein soll. Hat ein Kind auf dem herkömmlichen schulischen Weg das
Abitur und damit die allgemeine Zugangsberechtigung zum Studium erlangt, müssen die Eltern regelmäßig von vornherein mit einer Hochschulausbildung rechnen. Auf Grund der allgemeinen Entwicklung des Ausbildungsverhaltens von Abiturienten müssen sie dabei allerdings gewärtigen, dass eine
praktische Ausbildung vorgeschaltet und der Entschluss zu dem fachlich darauf aufbauenden Studium
erst anschließend gefasst wird. Eine solche Vorhersehbarkeit ergibt sich demgegenüber nicht ohne
weiteres in den Fällen, in denen ein Kind, nachdem es auf Grund seiner Fähigkeiten und seines
Leistungswillens einen Haupt- oder Realschulabschluss erreicht hat, im Anschluss an eine Lehre
zunächst durch Wiederaufnahme der schulischen Ausbildung die Fachhochschulreife zu erlangen sucht,
um sodann ein Fachhochschulstudium anzuschließen (*Senat,* NJW 1995, 718 = FamRZ 1995, 416
[417 f.] m. w. Nachw.).
[19] Das spricht dafür, in den letztgenannten Fällen die Einheitlichkeit der Ausbildung jedenfalls
dann zu verneinen, wenn das Kind nicht von vornherein die Absicht geäußert hatte, nach der Lehre die
Fachoberschule zu besuchen und anschließend zu studieren und die Eltern mit einem derartigen
beruflichen Werdegang des Kindes auch nicht auf Grund sonstiger besonderer Anhaltspunkte zu
rechnen brauchten. Solche Anhaltspunkte können sich etwa aus der bisherigen schulischen Entwicklung ergeben oder auch in der anschließenden Lehre zeigen, indem sie eine deutliche Begabung,
insbesondere in theoretischer Hinsicht, für einen Fachbereich und für eine Weiterbildung auf diesem
Gebiet erkennen lassen. Auch wenn sich ein allgemein geändertes Ausbildungsverhalten feststellen
ließe, wonach Kinder mit Realschulabschluss in zunehmendem Maße nach einer praktischen Aus-

bildung die Fachoberschule besuchen und alsdann studieren, kann nichts anderes gelten. Denn wenn sich die schulische Ausbildung (zunächst) auf den Realschulabschluss beschränkt und beim Eintritt in die praktische Ausbildung weder die Absicht besteht, nach deren Abschluss die Fachoberschule zu besuchen und zu studieren, noch sonst nach der erkennbar gewordenen Begabung oder nach der Leistungsbereitschaft und dem Leistungsverhalten des Kindes eine entsprechende Weiterbildung nach Abschluss der Lehre zu erwarten ist, braucht der Unterhaltspflichtige nicht damit zu rechnen, nach dem Abschluss der berufsqualifizierenden praktischen Ausbildung des Kindes zu weiteren Unterhaltsleistungen herangezogen zu werden (*Senat,* NJW 1995, 718 = FamRZ 1995, 416 [418]).

(ausnahmsweise Finanzierung einer weiteren Ausbildung)

d [20] 3. Auch in anderen Fällen als einer gestuften Ausbildung hat der Senat stets betont, dass die Eltern ihrem Kind jedenfalls Unterhalt für eine Berufsausbildung schulden, die der Begabung und den Fähigkeiten, dem Leistungswillen und den beachtenswerten Neigungen des Kindes am besten entspricht und sich dabei in den Grenzen ihrer wirtschaftlichen Leistungsfähigkeit hält (*Senat,* NJW-RR 2002, 1 = FamRZ 2001, 1601).

[21] a) Der Senat hat insoweit ausgeführt, dass die Eltern ihrem Kind ausnahmsweise auch eine zweite Ausbildung finanzieren müssen, wenn sie es in einen unbefriedigenden, seinen Begabungen nicht hinreichend Rechnung tragenden Beruf gedrängt haben (*Senat,* NJW-RR 1991, 194 = FamRZ 1991, 322 und FamRZ 1980, 1115). Dem hat der *Senat* Fälle gleichgestellt, in denen dem Kind eine angemessene Ausbildung verweigert worden ist und es sich aus diesem Grund zunächst für einen Beruf entschieden hat, der seiner Begabung und seinen Neigungen nicht entspricht. Dabei hat der Senat ausdrücklich ausgeführt, dass die in der bisherigen Rechtsprechung entwickelten Ausnahmen von dem Grundsatz der Verpflichtung zur Finanzierung nur einer Ausbildung keineswegs als abschließender, andere Fallgruppen ausschließender Katalog verstanden werden können (*Senat,* NJW-RR 1991, 194 = FamRZ 1991, 322 [323]).

[22] Eine fortdauernde Unterhaltspflicht der Eltern hat der Senat deswegen auch für die Fälle angenommen, in denen die erste Ausbildung auf einer deutlichen Fehleinschätzung der Begabung des Kindes beruht. Auch in solchen Fällen haben die Eltern ihre Verpflichtung zur Finanzierung einer angemessenen Berufsausbildung noch nicht in rechter Weise erfüllt und sind im Einzelfall verpflichtet, dem Kind ausnahmsweise eine angemessene zweite Ausbildung zu finanzieren (*Senat,* NJW-RR 2000, 593 = FamRZ 2000, 420, und NJW 1993, 2238 = FamRZ 1993, 1057 [1058 f.]).

[23] b) Dabei begegnet es nach ständiger Rechtsprechung des Senats keinen rechtlichen Bedenken, wenn die Frage, ob der Erstausbildung des Kindes eine Fehleinschätzung seiner Begabung zu Grunde lag, nach den Verhältnissen beurteilt wird, die sich erst nach Beendigung dieser Ausbildung ergeben haben. Zwar ist die Frage der beruflichen Eignung eines Kindes grundsätzlich aus der Sicht bei Beginn der Ausbildung und den zu dieser Zeit zu Tage getretenen persönlichen Anlagen und Neigungen zu beantworten (*Senat,* FamRZ 1981, 437 [438]). Um eine unangemessene Benachteiligung von so genannten Spätentwicklern zu vermeiden, gilt dies aber schon dann nicht, wenn sich später herausgestellt hat, dass die zunächst getroffene Entscheidung auf einer deutlichen Fehleinschätzung der Begabung des Kindes beruht (*Senat,* NJW-RR 1991, 194 = FamRZ 1991, 322 [323], und NJW-RR 2000, 593 = FamRZ 2000, 420). Nur auf diese Weise lässt sich eine unangemessene Benachteiligung des im Rahmen der späteren Ausbildung besonders erfolgreichen Kindes vermeiden.

(Obliegenheiten des Kindes)

e [24] c) Der Verpflichtung des Unterhaltsschuldners, dem Unterhaltsberechtigten eine Berufsausbildung zu ermöglichen, steht zwar dessen Obliegenheit gegenüber, die Ausbildung mit Fleiß und der gebotenen Zielstrebigkeit in angemessener und üblicher Zeit zu absolvieren. Nach Treu und Glauben (§ 242 BGB) kann der Unterhaltsschuldner jedoch Verzögerungen in der Ausbildung des Kindes hinnehmen müssen, die auf ein leichteres, nur vorübergehendes Versagen des Kindes zurückzuführen sind (*Senat,* NJW 1993, 2238 = FamRZ 1993, 1057 [1055], und NJW-RR 2000, 593 = FamRZ 2000, 420 [421]). Deswegen steht der Verpflichtung der Eltern zur Zahlung von Ausbildungsunterhalt nicht entgegen, dass ein Kind die später zu finanzierende Ausbildung ohne gewichtiges Verschulden nicht sogleich nach Abschluss des vorangegangenen Ausbildungsabschnitts begonnen und zielstrebig fortgeführt hat. In solchen Fällen hat eine Obliegenheitsverletzung des Kindes jedenfalls kein solches Gewicht, dass sie die schwerwiegende Folge eines Verlustes des Unterhaltsanspruchs nach sich ziehen muss.

(fortgeschrittenes Alter des Kindes, besonders lange Verzögerung der Ausbildung)

f [26] Je älter ein Kind bei Aufnahme einer Ausbildung ist und je eigenständiger es seine Lebensverhältnisse gestaltet, desto mehr tritt die Elternverantwortung für seinen Berufs- und Lebensweg zurück. Die hinsichtlich der Angemessenheit der weiteren Ausbildung zu stellenden Anforderungen bedürfen deshalb mit zunehmendem Alter des Kindes der besonders sorgfältigen Prüfung (*Senat,* NJW-RR 2000, 593 = FamRZ 2000, 420 [421 f.]).

[27] Auch wenn das Kind noch keine oder keine angemessene Berufsausbildung erfahren hat, kann eine besonders lange Verzögerung dazu führen, dass sein Ausbildungsanspruch entfällt und es sich daher seinen Lebensunterhalt mit ungelernten Tätigkeiten oder auf Grund sonstiger Begabungen und Fertigkeiten verdienen muss (*Senat,* NJW 1998, 1555 = FamRZ 1998, 671 [672]).

(Wechsel und Verzögerung der Ausbildung sind nicht ohne Weiteres vorwerfbar)

[32] c) Einer Fortdauer der Unterhaltspflicht des Bekl. steht auch nicht entgegen, dass der Kl. vor **g** Beginn des Studiums für mehr als zwei Jahre im gehobenen Polizeidienst tätig war, bevor er diesen Berufsweg nach den nicht bestandenen Zwischenprüfungen beendete. Wie schon ausgeführt, steht der Verpflichtung des Unterhaltsschuldners zur Ermöglichung einer Berufsausbildung auf Seiten des Unterhaltsberechtigten zwar die Obliegenheit gegenüber, die Ausbildung mit Fleiß und der gebotenen Zielstrebigkeit in angemessener und üblicher Zeit zu absolvieren. Abhängig von Alter und Einsichtsfähigkeit des Unterhaltsberechtigten muss der Unterhaltspflichtige aber Verzögerungen der Ausbildung hinnehmen, die nur auf einem vorübergehenden leichten Versagen des Kindes beruhen. So liegt der Fall hier:

[33] Der Kl., der im Alter von 16 Jahren nach dem Realschulabschluss zunächst eine Maurerlehre durchgeführt hatte, sah nach Erreichen der Fachhochschulreife den gehobenen Polizeidienst als den seinen Neigungen am besten entsprechenden Ausbildungsgang an. Wenn er sich dabei mangels hinreichender Kenntnisse von diesem Berufsbild geirrt hat, liegt darin kein so gravierendes Verschulden, dass es den vollständigen Wegfall seines Anspruchs auf Ausbildungsunterhalt rechtfertigen könnte. Insbesondere ist dem Kl. unterhaltsrechtlich nicht vorwerfbar, dass er den Dienst nicht früher abgebrochen, sondern erst nach den nicht bestandenen Zwischenprüfungen beendet hat (vgl. auch *Senat,* NJW 1994, 2362 [2363]). Bei der Bewertung dieser Fehleinschätzung seiner Neigungen kann auch nicht unberücksichtigt bleiben, dass der Kl. sich nach den Feststellungen des BerGer. in der Vergangenheit stets bemüht hatte, den Bekl. nicht übermäßig finanziell zu belasten. Der Kl. hat lediglich im ersten Jahr seiner Maurerlehre bei dem Bekl. gewohnt und ihn in der Folgezeit bis zum Beginn des Studiums nicht mehr auf Unterhalt in Anspruch genommen. Zwar kann ein Kind, das eine seinen Anlagen entsprechende Ausbildung erhalten hatte, von seinen Eltern nicht deswegen die Kosten für eine weitere, bessere Ausbildung beanspruchen, weil die Eltern für die erste Ausbildung keine finanziellen Beiträge geleistet haben (*Senat,* FamRZ 1981, 437 [438]). Die Verpflichtung zur Gewährung von Ausbildungsunterhalt ist deshalb grundsätzlich unabhängig von der Höhe der Kosten einer vorangegangenen Ausbildung oder eines vorangegangenen Ausbildungsabschnitts. Die fehlende Unterhaltsbedürftigkeit in der Vergangenheit spricht aber gegen ein grobes Verschulden des Kl. im Rahmen seiner Fehleinschätzung beim Eintritt in den gehobenen Polizeidienst.

(Kindergeld bei Volljährigen bedarfsdeckend)

[39] b) Auf diesen Unterhaltsbedarf des volljährigen Kindes ist nach der neueren Rechtsprechung **h** des *Senats* das staatliche Kindergeld allerdings in voller Höhe anzurechnen (NJW 2006, 57 = FamRZ 2006, 99 [101 ff.]). Das Kindergeld entlastet damit den unterhaltspflichtigen Bekl. nicht lediglich hälftig, sondern entsprechend seines sich aus den Einkommens- und Vermögensverhältnissen beider Eltern ergebenden Anteils an der Unterhaltslast. Der ungedeckte Unterhaltsbedarf des Kl., für den der Bekl. und die Mutter des Kl. nach ihren Einkommensverhältnissen anteilig haften, betrug während der Zeit des Bezugs von Kindergeld bis zur Vollendung des 27. Lebensjahres (§ 2 II BKGG) mithin nur noch 446 Euro monatlich (600 Euro – 154 Euro).

(Wohnwert beim Verwandtenunterhalt entspricht nicht pauschal den im Selbstbehalt enthaltenen Mietkosten)

[41] Im Übrigen fehlen Feststellungen des *OLG* zu dem wirklichen Wohnwert der Eigentums- **i** wohnung des Bekl., zumal dieser nicht mit dem im angemessenen Selbstbehalt enthaltenen Wohnvorteil übereinstimmen muss. Auch den vom Bekl. vor dem Tod seiner zweiten Ehefrau im Rahmen des Familienunterhalts zu tragenden Anteil an der durch den Kauf der Wohnung übernommenen monatlichen Belastung hat das *OLG* nicht individuell festgestellt.

BGH v. 31. 5. 2006 – XII ZR 111/03 – FamRZ 06, 1178 = NJW 06, 2623

(Aufteilung der Steuerschulden bei gemeinsamer Veranlagung auf Grundlage fiktiver Aufteilung nach § 270 **R655** *AO)*

[21] c) Ganz überwiegend wird deshalb in Rechtsprechung und Literatur die Auffassung vertreten, die Steuerschuld und die sich hieraus ergebenden Erstattungs- bzw. Nachzahlungsansprüche seien unter entsprechender Heranziehung des § 270 AO auf der Grundlage fiktiver getrennter Veranlagungen der

Ehegatten zu ermitteln. Diese – aufwändigere – Vorgehensweise kann für sich beanspruchen, zu einem einkommensteuerkonformen Ergebnis zu führen, weil sie die konkrete steuerrechtliche Situation der Ehegatten berücksichtigt (so *Dostmann,* FamRZ 1991, 760 [762]; *Siebelt,* FamRZ 1993, 626 [633]; *ders.,* NJW 1993, 1741 [1742]; *Sonnenschein,* NJW 1980, 257 [262]; *Gernhuber,* JZ 1996, 765 [766]; *Genthe,* FuR 1999, 153 [156, 158]; *Bosch,* FamRZ 2002, 366 [368]; *Kotzur,* NJW 1989, 817 [818]; *Johannsen/Henrich/Jaeger,* § 1375 BGB Rdnr. 12; *Haußleiter/Schulz,* Kap. 6 Rdnr. 288; *Schwab/Borth,* 5. Aufl., Kap. IV Rdnr. 827; Palandt/Heinrichs, BGB, 65. Aufl., § 426 Rdnr. 9 c; *Staudinger/Noack,* BGB, 1999, § 426 Rdnr. 209; *Engels,* in: Schröder/Bergschneider, FamilienvermögensR, Rdnrn. 9.63 f.; OLG Düsseldorf, NJW-RR 2000, 1676 = FamRZ 2001, 96, und FamRZ 1991, 1315 [1316 f.]; OLG Hamm, FamRZ 1998, 1166 [1167]).

[22] d) Dieser Auffassung folgt auch der *Senat,* weil grundsätzlich nur mit einer einkommensteuerkonformen Aufteilung erreicht werden kann, dass im Verhältnis der Ehegatten zueinander jeder von ihnen für die Steuer aufzukommen hat, die auf seine Einkünfte entfällt. Dies gilt gleichermaßen für Steuererstattungen wie für Steuernachforderungen, und zwar unabhängig davon, ob Letztere erstmals oder nachträglich festgesetzt worden sind. Denn in allen Fällen geht es um die Steuerschuld, die die Ehegatten jeweils zu tragen haben.

BGH v. 5. 7. 2006 – XII ZR 11/04 – FamRZ 06, 1362 = NJW 06, 2687

R656

(Kindbezogene oder elternbezogene Gründe der Unterhaltsverlängerung bei § 1615l II BGB)

a   [34] a) Allerdings ist in Rechtsprechung und Literatur noch nicht abschließend geklärt, unter welchen Voraussetzungen von einer groben Unbilligkeit i. S. von § 1615l II 3 BGB auszugehen ist, die zu einer Verlängerung der Unterhaltspflicht über die Vollendung des 3. Lebensjahres hinaus führt. Im Einklang mit den verfassungsrechtlich stärker geschützten Belangen der minderjährigen Kinder wird überwiegend zwischen kindbezogenen und elternbezogenen Gründen für eine Verlängerung des Unterhaltsanspruchs unterschieden (vgl. *Puls,* FamRZ 1998, 865; *Wever/Schilling,* FamRZ 2002, 581; *Ehinger,* FuR 2001, 25 [26]; *Büttner,* FamRZ 2000, 781 [786]; *Wellenhofer-Klein,* FuR 1999, 448 [454 f.]).

[35] Kindbezogene Gründe liegen zum Beispiel dann vor, wenn das Kind behindert, dauerhaft krank oder schwer in seiner Entwicklung gestört und deshalb auf weitere Betreuung durch die Mutter angewiesen ist (BT-Dr 13/4899, S. 89; *Büdenbender,* FamRZ 1998, 129 [136]). Weil die kindbezogenen Gründe aus den dargestellten verfassungsrechtlichen Gründen besonderes Gewicht entfalten, kommt eine Verlängerung des Unterhaltsanspruchs in solchen Fällen schon dann in Betracht, wenn der Aufschub der Aufnahme einer Erwerbstätigkeit durch die Mutter aus objektiver Sicht wegen der besonderen Bedürfnisse des Kindes als vernünftig und dem Kindeswohl förderlich erscheint (OLG Celle, FamRZ 2002, 636) oder wenn das Kind in besonderem Maße betreuungsbedürftig ist (OLG Düsseldorf, FamRZ 2003, 184). Ausnahmsweise kann dazu auch eine fehlende Betreuungsmöglichkeit zu rechnen sein, etwa wenn kein Kindergartenplatz zur Verfügung steht (vgl. OLG Nürnberg, NJW 2003, 3065 = FamRZ 2003, 1320).

[36] Elternbezogene Gründe für eine grobe Unbilligkeit können hingegen vorliegen, wenn der Unterhaltspflichtige gegenüber dem Unterhaltsberechtigten einen besonderen Vertrauenstatbestand geschaffen hat, zum Beispiel weil die Eltern das Kind in der Erwartung eines dauernden gemeinsamen Zusammenlebens gezeugt haben. Anderenfalls würde sich der Vater mit seinem früheren Verhalten in Widerspruch setzen, wenn zum Beispiel in der nichtehelichen Lebensgemeinschaft ein gemeinsamer Kinderwunsch verwirklicht wurde und Einigkeit bestand, dass ein Elternteil das gemeinsame Kind betreut, während der andere den hierfür benötigten Unterhalt zur Verfügung stellt (vgl. OLG Frankfurt a.M., FamRZ 2000, 1522).

(Vermögenseinsatz der Kindesmutter bei Unterhalt nach § 1615l II BGB)

b   [47] c) Nach den Feststellungen des BerGer. sind der Kl. auch keine Erträgnisse aus den von ihrer Mutter ererbten Wertpapieren zuzurechnen. Das gilt schon deswegen, weil die Kl. unstreitig von diesem Vermögen zunächst Nachlassverbindlichkeiten tilgen musste und im Zeitpunkt der Berufungsverhandlung nur noch 10 000 Euro vorhanden waren. Selbst diesen Betrag konnte die Kl. nicht zinsbringend anlegen, zumal ihr kein Unterhalt leistete und sie auf den Verbrauch des Geldes angewiesen war. Demgegenüber hat schon das BerGer. der Kl. Zinseinkünfte aus dem Veräußerungserlös des Reihenhauses angerechnet, was den Bekl. nicht beschwert.

[48] Soweit die Kl. über ein restliches Vermögen in Form von Wertpapieren und den Vermögensstamm aus dem Verkauf des Reihenhauses verfügt, hat das BerGer. eine Verwertung wegen der besonderen Umstände des Einzelfalls hingegen zu Recht abgelehnt. Denn die Kl. muss dieses Vermögen für ihre eigene Alterssicherung einsetzen, während der Bekl. als Unterhaltsschuldner in guten Einkommensverhältnissen lebt, ebenfalls vermögend ist und seine Altersversorgung hinreichend gesi-

chert weiß. Auch das hält sich im Rahmen des tatrichterlichen Ermessens und ist von Rechts wegen nicht zu beanstanden.

BGH v. 23. 8. 2006 – XII ZR 26/04 – FamRZ 06, 1664 = NJW 06, 3561

(Anspruchsübergang nach §§ 7 III 2 UVG, 1604 BGB darf Berechtigten nicht benachteiligen) **R657**

[11] 3. Nach § 7 III 2 UVG kann der Übergang eines Unterhaltsanspruchs nicht zum Nachteil des **a** Unterhaltsberechtigten geltend gemacht werden, soweit dieser für eine spätere Zeit, für die er keine Unterhaltsleistung nach dem Unterhaltsvorschussgesetz erhalten hat oder erhält, Unterhalt von dem Unterhaltspflichtigen verlangt. Damit enthält das Gesetz eine ausdrückliche Regelung der widerstreitenden Interessen des Kindes einerseits und des Trägers der Unterhaltsvorschusskasse andererseits für den Fall, dass nach der Beendigung der Unterhaltsvorschussleistungen die Regressansprüche der öffentlichen Hand mit den dann bestehenden laufenden Unterhaltsansprüchen des Kindes konkurrieren. Eine vergleichbare Regelung findet sich zum Beispiel auch in § 1607 IV BGB. In beiden Fällen würde der Unterhaltsberechtigte benachteiligt, wenn der übergegangene Anspruch neben einem eigenen Anspruch besteht und der Unterhaltsschuldner nicht in der Lage ist, beide Ansprüche zu erfüllen. In diesem Fall hat – unter den in § 7 III 2 UVG genannten weiteren Voraussetzungen – der Anspruch des Unterhaltsberechtigten Vorrang gegenüber dem übergegangenen Anspruch.

(Berücksichtigung des Benachteiligungsverbots im Erkenntnisverfahren)

[12] Dieses Verbot, den Unterhaltsberechtigten zu benachteiligen, ist sowohl im Verhältnis zwischen **b** dem Unterhaltsberechtigten und dem Unterhaltspflichtigen als auch im Verhältnis zwischen dem Legalzessionar und dem Unterhaltsschuldner zu berücksichtigen. Fraglich ist allerdings, ob dies erst im Rahmen der Zwangsvollstreckung zu geschehen hat oder ob das Benachteiligungsverbot bereits der Geltendmachung der übergegangenen Ansprüche im Wege der Klage entgegenstehen kann.

[13] Wie das BerGer. zu Recht ausgeführt hat, lässt die in § 7 III 2 UVG verwandte Formulierung „Geltendmachen" nicht darauf schließen, dass die Bestimmung ein reines Vollstreckungsverbot beinhaltet. „Geltendmachen" bedeutet im juristischen Sprachgebrauch nicht nur das Betreiben der Zwangsvollstreckung, sondern auch bereits die Inanspruchnahme des Schuldners im Wege der Klage. Andererseits ist von Bedeutung, dass der Unterhaltsberechtigte erst benachteiligt wird, wenn die Leistungsfähigkeit des Schuldners durch Zugriff auf seine Einkünfte oder sein Vermögen gemindert wird. Allein auf Grund der Prozessführung ist dies noch nicht der Fall. Es darf zwar nicht verkannt werden, dass durch ein der Klage stattgebendes Urteil die Gefahr der Vollstreckung hieraus begründet wird, ohne dass das Vollstreckungsorgan von der bevorrechtigten Forderung des Unterhaltsgläubigers Kenntnis erlangt. Dem Schutz des Unterhaltsberechtigten wird aber bereits dadurch genügt, dass diese Gefahr durch entsprechenden Hinweis im Urteil, gegebenenfalls bereits im Tenor (vgl. dazu unter 4.), vermieden wird.

[14] Soweit demgegenüber die Auffassung vertreten wird, die Klage des Legalzessionars sei in voller Höhe abzuweisen, wenn feststehe, dass der Bekl. bei einer Befriedigung des Kl. nicht mehr in der Lage sei, den Anspruch des Unterhaltsgläubigers zu erfüllen (so OLG Koblenz, FamRZ 1977, 68 [69]; KG, FamRZ 2000, 441 [442]), vermag der Senat dem nicht zu folgen. Durch eine solche Handhabung des Benachteiligungsverbots würden die berechtigten Interessen des Legalzessionars in einer Weise beeinträchtigt, die der Schutz des Unterhaltsberechtigten nicht gebietet. Der Träger der Unterhaltsvorschusskasse müsste nach Beendigung der Unterhaltsverpflichtung seine Ansprüche erneut gerichtlich geltend machen und würde Gefahr laufen, dass inzwischen Verjährung eingetreten ist. Der Gefahr des Verjährungseintritts kann entgegen der Auffassung des BerGer. nicht dadurch begegnet werden, dass die übergegangenen Ansprüche früher geltend gemacht werden bzw. gem. § 7 IV 1 UVG auf künftige Leistung geklagt wird. Eine frühzeitigere Klage vermag nicht zu gewährleisten, dass ein Unterhaltsrückstand bis zum Auslaufen der Unterhaltsvorschussleistungen beglichen werden kann.

(Hinweis in der Urteilsformel auf das Benachteiligungsverbot)

[15] 4. Der Legalzessionar darf den auf ihn übergegangenen Anspruch aber nur in einer Weise **c** verfolgen, die dem Benachteiligungsverbot des Unterhaltsberechtigten Rechnung trägt. Zwar hat das Vollstreckungsorgan den Vorrang der Gläubigerforderung vor der des Legalzessionars nach den §§ 850 c I 2, 850 d I 2 ZPO von Amts wegen zu berücksichtigen. Es empfiehlt sich aber sicherzustellen, dass der Bestand einer solchen bevorrechtigten Forderung bekannt wird, und zwar auch für den Fall, dass der Zwangsvollstreckung eine abgekürzte Urteilsausfertigung (vgl. § 317 II 2 ZPO) oder ein Versäumnisurteil zu Grunde liegt. Dazu reicht es aus, wenn die Verurteilung – ähnlich wie bei dem Vorbehalt der beschränkten Erbenhaftung – mit der Einschränkung erfolgt, dass das Urteil nur vollstreckt werden darf, wenn und soweit der Unterhaltsgläubiger bei der Durchsetzung seiner Unterhaltsforderung nicht

benachteiligt wird (*Herpers,* AcP 166 (1966), 454 [460 f.]; vgl. auch *Staudinger/Engler,* BGB, Neubearb. 2000, § 1607 Rdnr. 52).

(Die Hemmung der Verjährung nach § 207 S. 2 Nr. 2 BGB gilt nicht bei übergegangenen Unterhaltsansprüchen)

d   Titulierte regelmäßig wiederkehrende, künftig fällig werdende Ansprüche auf Unterhalt unterfallen im Übrigen der dreijährigen Verjährungsfrist, während titulierte Unerhaltsrückstände erst in 30 Jahren verjähren (§§ 197 I Nr. 3, II, 195 BGB; vgl. im Einzelnen Bergjan/Wermes, FamRZ 2004, 1087 [1088 f.]). Der Lauf der dreijährigen Verjährungsfrist ist nicht nach § 207 S. 2 Nr. 2 BGB gehemmt. Die der Wahrung des Familienfriedens dienende Bestimmung (vgl. BGHZ 76, 293 [295] = NJW 1980, 1517) greift nicht mehr ein, wenn die in Frage stehenden Ansprüche auf einen Dritten – etwa wie hier auf das kl. Land – übergegangen sind (OLG Düsseldorf, FamRZ 1981, 308; OLG Brandenburg, NJW-RR 2002, 362 [363]; *Grothe,* in: MünchKomm, 4. Aufl., § 204 Rdnr. 1).

(Keine Herabsetzung notwendiger Selbstbehalt wegen unter den im Selbstbehalt angesetzten Wohnkosten niedrigeren Miete)

e   [22] Das BerGer. hat es hier letztlich offen gelassen, ob der Selbstbehalt des Bekl. mit Rücksicht auf die geringe Höhe der ihm entstehenden Wohnkosten herabzusetzen ist (für eine Herabsetzung allerdings in NJW-RR 1999, 1164 = FamRZ 1999, 1522). Eine solche Herabsetzung dürfte indessen rechtlichen Bedenken begegnen. Es unterliegt grundsätzlich der freien Disposition des Unterhaltspflichtigen, wie er die ihm zu belassenden, ohnehin knappen Mittel nutzt. Ihm ist es deshalb nicht verwehrt, seine Bedürfnisse anders als in den Unterhaltstabellen vorgesehen zu gewichten und sich zum Beispiel mit einer preiswerteren Wohnung zu begnügen, um zusätzliche Mittel für andere Zwecke, etwa für Bekleidung, Urlaubsreisen oder kulturelle Interessen, einsetzen zu können (*Senat,* NJW-RR 2004, 217 = FamRZ 2004, 186 [189] m. w. Nachw.). Diese Lebensgestaltungsautonomie kann dem Unterhaltsschuldner auch gegenüber Unterhaltsansprüchen für ein minderjähriges Kind nicht verwehrt werden. Denn auch insoweit ist ihm der notwendige Selbstbehalt zu belassen, über den er unter Berücksichtigung seiner eigenen Belange verfügen kann.

BGH v. 30. 8. 2006 – XII ZR 98/04 – FamRZ 06, 1511 = NJW 06, 3344

R658   *(Gleichzeitigkeit von Bedürftigkeit und Leistungsfähigkeit beim Unterhalt)*

a   [17] Ein Unterhaltsanspruch nach § 1601 BGB besteht nur dann, wenn der Unterhaltsberechtigte bedürftig und der Unterhaltspflichtige leistungsfähig ist, und zwar nach einhelliger Auffassung in Rechtsprechung und Literatur während der gleichen Zeit (*Senat,* NJW 2004, 769 = FamRZ 2004, 443 [444 f.]; *Wendl/Pauling,* 6. Aufl., § 2 Rdnrn. 638 ff.; vgl. auch *BVerfG,* NJW 2005, 1927 = FamRZ 2005, 1051 [1053] m. w. Nachw.).

(Selbstbehalt des Pflichtigen nach § 1603 I BGB im Verwandtenunterhalt)

b   [19] a) Die Verpflichtung zur Zahlung von Verwandtenunterhalt findet nach § 1603 I BGB dort ihre Grenze, wo der Unterhaltspflichtige bei Berücksichtigung seiner sonstigen Verpflichtungen außer Stande ist, ohne Gefährdung seines angemessenen Unterhalts den Unterhalt des Berechtigten zu gewähren. § 1603 I BGB gewährt damit jedem Unterhaltspflichtigen vorrangig die Sicherung seines eigenen angemessenen Unterhalts; ihm sollen grundsätzlich die Mittel verbleiben, die er zur angemessenen Deckung des seiner Lebensstellung entsprechenden allgemeinen Bedarfs benötigt. In welcher Höhe dieser Bedarf des Verpflichteten zu bemessen ist, obliegt der tatrichterlichen Beurteilung des Einzelfalls. Das dabei gewonnene Ergebnis ist revisionsrechtlich jedoch darauf zu überprüfen, ob es den anzuwendenden Rechtsgrundsätzen Rechnung trägt und angemessen ist (*Senat,* NJW 2003, 128 = FamRZ 2002, 1698 [1700]).

(Einsatz des Vermögensstamms durch Pflichtigen im Verwandtenunterhalt)

c   [26] a) Nach ständiger Rechtsprechung des *Senats* muss ein Unterhaltspflichtiger zwar grundsätzlich auch den Stamm seines Vermögens zur Bestreitung des Unterhalts einsetzen (vgl. Wendl/Dose, § 1 Rdnrn. 410 ff.). Eine allgemeine Billigkeitsgrenze, wie sie § 1577 III BGB und § 1581 S. 2 BGB für den nachehelichen Ehegattenunterhalt vorsehen, enthält das Gesetz im Bereich des Verwandtenunterhalts nicht. Deshalb ist auch hinsichtlich des einsetzbaren Vermögens allein auf § 1603 I BGB abzustellen, wonach nicht unterhaltspflichtig ist, wer bei Berücksichtigung seiner sonstigen Verpflichtungen außer Stande ist, ohne Gefährdung seines eigenen angemessenen Unterhalts den Unterhalt zu gewähren. Hierzu außer Stande ist jedoch nicht, wer über verwertbares Vermögen verfügt (*Senat,* NJW 1998, 978 = FamRZ 1998, 367 [369]).

[27] Einschränkungen der Obliegenheit zum Einsatz des Vermögensstamms ergeben sich aber daraus, dass nach dem Gesetz auch die sonstigen Verpflichtungen des Unterhaltsschuldners zu berücksichtigen sind und er seinen eigenen angemessenen Unterhalt nicht zu gefährden braucht. Daraus folgt, dass eine Verwertung des Vermögensstamms nicht verlangt werden kann, wenn sie den Unterhaltsschuldner von fortlaufenden Einkünften abschneiden würde, die er zur Erfüllung weiterer Unterhaltsansprüche oder anderer berücksichtigungswürdiger Verbindlichkeiten oder zur Bestreitung seines eigenen Unterhalts benötigt (*Senat,* NJW 1989, 524 = FamRZ 1989, 170 [171]; vgl. auch *Büttner/Niepmann,* NJW 2003, 2492 [2498]). Auch die Verwertung eines angemessenen selbst genutzten Immobilienbesitzes kann regelmäßig nicht gefordert werden (Brudermüller, NJW 2004, 633 [637] m. w. Nachw.). Allgemein braucht der Unterhaltsschuldner den Stamm seines Vermögens auch dann nicht zu verwerten, wenn dies für ihn mit einem wirtschaftlich nicht mehr vertretbaren Nachteil verbunden wäre (vgl. zum nachehelichen Unterhalt § 1577 III BGB); denn auch das wäre mit der nach dem Gesetz gebotenen Berücksichtigung der ansonsten zu erfüllenden Verbindlichkeiten nicht zu vereinbaren und müsste letztlich den eigenen angemessenen Unterhaltsbedarf des Verpflichteten in Mitleidenschaft ziehen (*Senat,* NJW-RR 1986, 66 = FamRZ 1986, 48 [50]). Diese für den Deszendentenunterhalt entwickelten Grundsätze müssen jedenfalls auch dann herangezogen werden, wenn ein Anspruch auf Zahlung von Elternunterhalt zu beurteilen ist. Denn in dem rechtlich sogar schwächer ausgestalteten Unterhaltsrechtsverhältnis zwischen unterhaltsberechtigten Eltern und ihren unterhaltspflichtigen Kindern können keine strengeren Maßstäbe gelten (*Senat,* NJW 2004, 2306 = FamRZ 2004, 1184 [1185]; mit Anm. *Born,* BGH-Report 2004, 1225 [1226]).

(Die Art der Altersvorsorge steht dem Unterhaltspflichtigen frei)

[30] Dem Unterhaltspflichtigen ist deshalb die Möglichkeit eröffnet, geeignete Vorkehrungen dafür   **d**
zu treffen, dass er nicht seinerseits im Alter auf Unterhaltsansprüche oder sonstige staatliche Förderung angewiesen ist. Vor diesem Hintergrund hat der *Senat* auch die zur zusätzlichen Altersvorsorge dienenden Aufwendungen bis zu 5% des Bruttoeinkommens als abzugsfähig anerkannt (*Senat,* NJW-RR 2004, 793 = FamRZ 2004, 792). Auf diese Weise kann in dem rechtlich schwächer ausgestalteten Unterhaltsrechtsverhältnis zwischen erwachsenen Kindern und ihren unterhaltsbedürftigen Eltern der notwendige Handlungsspielraum gewahrt werden, der es dem Unterhaltspflichtigen erlaubt, sich selbst für das Alter angemessen abzusichern.

[31] c) Ist es dem Schuldner des Anspruchs auf Elternunterhalt aber gestattet, die zur eigenen Alterssicherung notwendigen Beträge zusätzlich zurückzulegen, dann müssen auch die so geschaffenen Vermögenswerte als Alterssicherung dem Zugriff des Unterhaltsgläubigers entzogen bleiben, um den Zweck der Alterssicherung erreichen zu können. Zwar stellt sich dabei die Frage, ob vermögensbildende Aufwendungen, wie sie etwa auch der Erwerb von Immobilien, Wertpapieren oder Fondsbeteiligungen darstellen, ebenfalls als angemessene Art der Altersvorsorge anzuerkennen sind. Nach ständiger Rechtsprechung des *Senats* steht es dem Unterhaltspflichtigen aber grundsätzlich frei, in welcher Weise er – jenseits der gesetzlichen Rentenversicherung – Vorsorge für sein Alter trifft. Wenn er sich angesichts der unsicheren Entwicklung der herkömmlichen Altersversorgungen für den Abschluss von Lebensversicherungen entscheidet, muss dieser Entschluss unterhaltsrechtlich im Allgemeinen akzeptiert werden. Allerdings kann der Abschluss von Lebensversicherungen nicht die einzige Alternative für eine private Altersversorgung sein. Vielmehr müssen grundsätzlich auch sonstige vermögensbildende Investitionen als angemessene Art der Altersvorsorge gebilligt werden, soweit sie geeignet erscheinen, diesen Zweck zu erreichen. Da insoweit der Erwerb etwa von Wertpapieren oder Fondsbeteiligungen wegen der damit teilweise verbundenen Risiken unter Umständen nicht seinem Sicherheitsbedürfnis entspricht, kann im Einzelfall auch die Anlage eines bloßen Sparvermögens als anzuerkennende Art der Altersvorsorge bewertet werden (*Senat,* NJW 2003, 1660 = FamRZ 2003, 860 [863]).

(Beim Elternunterhalt ist auch das Vermögen einzusetzen; das Schonvermögen für die Altersvorsorge ist nicht nach festen Beträgen, sondern individuell zu bestimmen)

[32] 3. In welchem Umfang vorhandenes Vermögen im konkreten Einzelfall dem eigenen angemes-   **e**
senen Unterhalt einschließlich der eigenen Altersvorsorge dient und deswegen dem Zugriff der Unterhaltsgläubiger entzogen ist, kann wegen der besonderen Ausgestaltung des Elternunterhalts nur individuell beantwortet werden. Insoweit ergibt sich kein Unterschied zwischen dem anrechnungsfrei zu belassenden eigenen Einkommen und einem Schonvermögen des Unterhaltsschuldners. Hat er seine Lebensstellung auf bestimmte regelmäßige Einkünfte oder ein vorhandenes Vermögen eingestellt, ohne dabei unangemessenen Aufwand zu betreiben oder ein Leben in Luxus zu führen (vgl. *Senat,* NJW 2003, 128 = FamRZ 2002, 1698), oder ist das Vermögen erforderlich, um seine Lebensstellung im Alter auf Dauer aufrechtzuerhalten, bleiben solche Vermögenspositionen nach § 1603 I BGB dem Zugriff der Unterhaltsgläubiger entzogen, wobei der Unterhaltsbedarf während der gesamten voraus-

sichtlichen Lebensdauer des Unterhaltpflichtigen zu berücksichtigen ist (*Senat,* NJW 1989, 524 = FamRZ 1989, 170).

[33] a) Die notwendige individuelle Bemessung des dem Unterhaltsschuldner zu belassenden Vermögens wäre nicht gewährleistet, wenn im Rahmen der Billigkeit nach § 1603 I BGB auf feste Vermögensgrenzen, zum Beispiel aus § 88 BSHG (jetzt: § 90 SGB XII) zurückgegriffen würde (so *Herr,* FamRZ 2005, 1021 [1022 f.]). Denn diese Vorschriften, die das einzusetzende Vermögen des Sozialhilfeberechtigten regeln, nehmen keinerlei Rücksicht auf die individuellen Verhältnisse und die Lebensstellung des Unterhaltpflichtigen. Auch im Rahmen des Anspruchsübergangs nach § 91 II BSHG (jetzt: § 94 III Nr. 1 SGB XII) ist eine sozialhilferechtliche Vergleichsberechnung in solchen Fällen nur geboten, wenn die sozialhilferechtlichen Schonbeträge den Unterhaltsschuldner nach Unterhaltsrecht zu belassenden Betrag übersteigen (vgl. *Schibel,* NJW 1998, 3449 [3450]).

[34] Zu Recht hat es das BerGer. auch abgelehnt, das anrechnungsfreie Vermögen des Unterhaltsschuldners – wie bei der Berechnung des ihm monatlich zu belassenden angemessenen Eigenbedarfs – auf der Grundlage eines Festbetrags (hier der Vermögensfreigrenzen nach § 88 II Nr. 8 BSHG bzw. jetzt: § 90 II Nr. 9 SGB XII) zu ermitteln und von dem überschießenden Vermögen lediglich 50% heranzuziehen. Denn das würde, anders als bei dem Selbstbehalt hinsichtlich laufender Einkünfte, nicht die individuellen Verhältnisse des Unterhaltsschuldners berücksichtigen. Bei laufenden Unterhaltsansprüchen würde der die feste Vermögensfreigrenze übersteigende Betrag vielmehr für jeden künftigen Unterhaltsabschnitt erneut berechnet und bis zur Hälfte herangezogen, so dass sich das anrechnungsfreie Schonvermögen der festen Vermögensfreigrenze immer weiter annähern würde.

[35] b) Bei der Bemessung einer individuellen Vermögensfreigrenze sind deswegen die Besonderheiten des jeweiligen Einzelfalls zu berücksichtigen, ohne dass dies einer Pauschalierung für den Regelfall entgegenstehen müsste.

(Grundsicherung als eigenständige soziale Sicherung; eingeschränkte Regressmöglichkeit)

f [40] Die Grundsicherung soll dem Berechtigten eine eigenständige soziale Sicherung einräumen, die den grundlegenden Bedarf für den Lebensunterhalt sicherstellt. Durch diese Leistung soll im Regelfall die Notwendigkeit der Gewährung von Sozialhilfe vermieden werden, zumal gerade ältere Menschen aus Furcht vor dem Unterhaltsrückgriff auf ihre Kinder oft vom Gang zum Sozialamt Abstand genommen haben. Eine dem sozialen Gedanken verpflichtete Lösung muss hier einen gesamtgesellschaftlichen Ansatz wählen, der eine würdige und unabhängige Existenz sichert (vgl. Bericht des Ausschusses für Arbeit und Sozialordnung, BT-Dr 14/5150, S. 48, sowie BR-Dr 764/00, S. 168 f.). Aus diesen Gesetzesmotiven wird deutlich, dass – von besonders günstigen wirtschaftlichen Verhältnissen der Unterhaltsverpflichteten abgesehen – zu Lasten öffentlicher Mittel auf einen Unterhaltsregress verzichtet werden soll, weil dieser von älteren Menschen vielfach als unangemessen und unzumutbar empfunden wird und dieser Umstand Berücksichtigung finden soll (*Senat,* NJW 2003, 128 = FamRZ 2002, 1698 [1701]). Bei der Bedarfsermittlung bleiben deswegen Unterhaltsansprüche des Antragsberechtigten gegenüber seinen Kindern und Eltern unberücksichtigt, soweit deren jährliches Gesamteinkommen i. S. des § 16 SGB IV unter einem Betrag von 100 000 Euro liegt (§ 2 I 3 GSiG und so unverändert in § 43 II SGB XII übernommen). Zudem gilt die gesetzliche Vermutung, dass das Einkommen des unterhaltspflichtigen Kindes diese Grenze nicht überschreitet. Weil insoweit lediglich vom Gesamteinkommen des Unterhaltpflichtigen, nicht aber von dessen Vermögen die Rede ist, hat sich die Auffassung durchgesetzt, dass Grundsicherung im Alter und bei Erwerbsminderung unabhängig von dem Vermögen eines dem Grunde nach unterhaltspflichtigen Kindes zu bewilligen ist (Klinkhammer, FamRZ 2002, 997 [1000]).

(Beim Elternunterhalt Abzug von insgesamt 25% des Bruttoeinkommens für Altersvorsorge)

g [42] Bei der Beurteilung, ob und in welchem Umfang das Vermögen des unterhaltspflichtigen Kindes zur Sicherung des eigenen angemessenen Unterhalts einschließlich der Altersvorsorge benötigt wird, sind allerdings alle Vermögenswerte zu berücksichtigen, die für diesen Zweck zur Verfügung stehen. Verfügt der Unterhaltpflichtige etwa über Grundeigentum, ist zumindest zu berücksichtigen, dass er im Alter keine Mietkosten aufwenden muss und seinen Lebensstandard deswegen mit geringeren Einkünften aus Einkommen und Vermögen sichern kann. Solches ist hier aber nicht der Fall. Neben der – geringen – gesetzlichen Rente hatte der Bekl. Anspruch auf Auszahlung zweier Lebensversicherungen mit Rückkaufswerten von 13 933 DM und weiteren 23 100 DM. Auch damit wird er sein geringes Renteneinkommen aber nicht entscheidend aufstocken können, was die Sicherung der gegenwärtigen Lebensumstände ohne weitere Rücklagen für sonstige Unwägbarkeiten ausschließt.

[43] Die Höhe des dem Bekl. insbesondere für seine Altersversorgung zu belassenden Schonvermögens lässt sich nämlich konkret auf der Grundlage der Rechtsprechung des *Senats* zum Umfang unterhaltsrechtlich zuzubilligender ergänzender Altersvorsorge ermitteln (*Senat,* NJW-RR 2004, 793 = FamRZ 2004, 792). Danach ist der Unterhaltsschuldner berechtigt, neben den Beiträgen zur gesetzlichen Rente bis zu 5% seines Bruttoeinkommens für eine zusätzliche private Altersversorgung

aufzuwenden. Dann muss das aus diesen Beiträgen gewonnene Kapital aber auch für die Alterssicherung des Unterhaltspflichtigen zur Verfügung stehen und ist damit dem Elternunterhalt nach § 1603 I BGB entzogen. Das Bruttoeinkommen des ledigen Bekl. beläuft sich ausweislich der vorgelegten Lohn- und Gehaltsabrechnung auf monatlich 2143,85 Euro; für die private Altersvorsorge durfte er davon nach der Rechtsprechung des *Senats* also monatlich 107,19 Euro (= 5%) zurücklegen. Eine monatliche Sparrate in dieser Höhe erbringt während eines Berufslebens von 35 Jahren bei einer Rendite von 4% aber schon ein Kapital von annähernd 100 000 Euro. Jedenfalls in diesem Umfang ist dem Bekl. als Unterhaltsschuldner neben der gesetzlichen Rente eine zusätzliche Altersvorsorge zu belassen, wobei zu berücksichtigen ist, dass außer den Lebensversicherungen keine weitere Altersvorsorge, insbesondere kein Immobilieneigentum vorhanden war.

BGH v. vom 30. 8. 2006 – XII ZR 138/04 – FamRZ 06, 1597 = NJW 06, 3421

(Monetarisierung des Betreuungsunterhalts wg. Gleichwertigkeit mit Barunterhalt; Verdoppelung des Tabellen-   **R659**
unterhalts bei Fremdbetreuung)

[15] c) Der Senat schließt sich der zuerst genannten Auffassung an, denn nur diese trägt der vom   **a** Gesetz vorgegebenen Gleichwertigkeit des Barunterhalts mit dem Betreuungsunterhalt Rechnung.

[16] aa) Nach § 1606 III 2 BGB erfüllt der Elternteil eines minderjährigen unverheirateten Kindes, bei dem dieses lebt, seine Unterhaltsverpflichtung in der Regel durch dessen Pflege und Erziehung. Die Vorschrift stellt klar, dass diese Betreuungsleistungen und die Barleistungen des anderen Elternteils grundsätzlich gleichwertig sind. Damit wird das Gesetz nicht nur der gerade für das Unterhaltsrecht unabweisbaren Notwendigkeit gerecht, die Bemessung der anteilig zu erbringenden Leistungen zu erleichtern. Es trägt auch der Tatsache Rechnung, dass eine auf den Einzelfall abstellende rechnerische Bewertung des Betreuungsaufwands zumindest unzulänglich bliebe. Insbesondere bestehen Bedenken, den Geldwert der Betreuung, ähnlich wie im Schadensersatzrecht beim Ausfall von Leistungen der Hausfrau und Mutter, durch den Ansatz der Aufwendungen, die für die Besorgung vergleichbarer Dienste durch Hilfskräfte erforderlich sind, oder durch ähnliche Schätzungen zu ermitteln (vgl. *Senat*, NJW 1988, 2371 = FamRZ 1988, 159 [161]).

Denn gerade im Unterhaltsrecht ist eine Pauschalierung dringender erforderlich als im Schadens-ersatzrecht, weil es sich hier um ein Massenphänomen handelt und deswegen schon aus Gründen der Praktikabilität erleichterte Berechnungsregeln für die gerichtliche Praxis notwendig sind. Die aus § 1606 III 2 BGB abgeleitete Regel der Gleichwertigkeit von Bar- und Betreuungsunterhalt gilt dabei für jedes Kindesalter bis hin zum Erreichen der Volljährigkeit.

(Volle Anrechnung von Kindeseinkommen und Kindergeld auf Unterhaltsbedarf)

[21] 3. Auf den gesamten Unterhaltsbedarf der Kl. sind ihre Halbwaisenrente und das Kindergeld in   **b** vollem Umfang anzurechnen.

[22] a) Der Anspruch auf Verwandtenunterhalt setzt nach § 1602 I BGB die Unterhaltsbedürftigkeit des Berechtigten voraus. Dieser Grundsatz ist für minderjährige unverheiratete Kinder durch § 1602 II BGB dahin eingeschränkt, dass sie den Stamm ihres Vermögens nicht anzugreifen brauchen. Eigenes Einkommen des Kindes mindert jedoch dessen Unterhaltsbedürftigkeit und damit auch seinen Unterhaltsanspruch. Das gilt grundsätzlich für Einkommen jeder Art, einschließlich der nicht subsidiären Sozialleistungen. Entsprechend ist auch die der Kl. zustehende Halbwaisenrente in vollem Umfang auf ihren gesamten Unterhaltsbedarf anzurechnen (*Senat*, NJW 1981, 168 = FamRZ 1980, 1109 [1111]; *Wendl/Dose*, § 1 Rdnr. 440).

[23] b) Daneben ist auf den vollen Unterhaltsbedarf der Kl. auch ihr gesamtes Kindergeld anrechenbar. Denn das Kindergeld wird als öffentliche Sozialleistung gewährt, um den Eltern die Unterhaltslast gegenüber ihren Kindern zu erleichtern. Ist nach dem Tode eines Elternteils der andere in vollem Umfang unterhaltspflichtig, dient das Kindergeld folglich allein seiner Entlastung, so dass es dann grundsätzlich in vollem Umfang auf den geschuldeten gesamten Unterhaltsbedarf anzurechnen ist.

(kein Betreuungsbonus beim Kindesunterhalt)

[26] a) Von diesem verteilungsfähigen Einkommen sind im Rahmen des hier geschuldeten Kindes-   **c** unterhalts neben den gleichrangigen Ansprüchen auf Barunterhalt nur die Beträge abzuziehen, die der Bekl. zusätzlich in monetärer Form schuldet. Das gilt allein für den Betreuungsunterhalt der Kl., den der Bekl. – wie ausgeführt – neben dem Barunterhalt und in gleicher Höhe schuldet. Die persönliche Betreuung der Tochter *J* wirkt sich auf die Berechnung des Kindesunterhalts hingegen nicht aus, weil sie nicht in monetärer Form geschuldet ist. Insoweit wäre auch der Ansatz eines Betreuungsbonus verfehlt, zumal der Bekl. im Rahmen der gesteigerten Unterhaltspflicht nach § 1603 II 1 BGB verpflichtet ist, alle verfügbaren Mittel zu seinem und der Kinder Unterhalt gleichmäßig zu verwenden. Soweit einem Unterhaltpflichtigen nach der Rechtsprechung des *Senats* wegen einer überobligations-

mäßigen Erwerbstätigkeit neben der Kindeserziehung zusätzlich zu seinem Selbstbehalt ein bestimmter Bonus belassen werden kann (*Senat,* NJW 2005, 2145 = FamRZ 2005, 1154 [1156]), beschränkt sich dieses auf die Bemessung des Ehegattenunterhalts.

BGH, Urteil vom 5. 10. 2006 – XII ZR 197/02 – FamRZ 06, 1827 = NJW 07, 139

R660   *(Hausmannrechtsprechung; keine Begrenzung durch fiktives Einkommen bei Erwerbstätigkeit des Hausmanns)*

a   [12] Minderjährigen unverheirateten Kindern aus einer früheren Ehe, die nicht innerhalb der neuen Familie leben, kommt die Haushaltsführung in dieser Familie weder unmittelbar noch mittelbar zugute. Da diese Kinder den Mitgliedern der neuen Familie unterhaltsrechtlich nicht nachstehen (§ 1609 I BGB), darf sich der unterhaltspflichtige Ehegatte nicht ohne Weiteres auf die Sorge für die Mitglieder seiner neuen Familie beschränken. Auch dass die vom Bekl. betreuten jüngsten Kinder in der neuen Ehe geboren sind, ändert nichts daran, dass die Unterhaltsansprüche aller minderjährigen unverheirateten Kinder aus den verschiedenen Ehen gleichrangig sind und der Unterhaltpflichtige seine Arbeitskraft zum Unterhalt aller Kinder einsetzen muss. (...)

[14] Die Kinder aus erster Ehe müssen eine Einbuße ihrer Unterhaltsansprüche also nur dann hinnehmen, wenn das Interesse des Unterhaltspflichtigen und seiner neuen Familie an der Aufgabenverteilung ihr eigenes Interesse an der Beibehaltung der bisherigen Unterhaltssicherung deutlich überwiegt (*Senat,* NJW 1996, 1815 = FamRZ 1996, 796 [797]). Nur in solchen Fällen ist auch der neue Ehegatte nicht verpflichtet, insoweit auf die Unterhaltspflicht seines Partners außerhalb der Ehe Rücksicht zu nehmen, zum Nachteil seiner Familie auf eine eigene Erwerbstätigkeit zu verzichten und stattdessen die Kinderbetreuung zu übernehmen (*Senat,* NJW 2006, 2404 [2406] = FamRZ 2006, 1010 [1012] m. w. Nachw.). (...)

(Einsatz des fiktiven Einkommens aus Nebentätigkeit für den Kindesunterhalt; kein Festhalten des BGH an der Kontrollberechnung)

b   [19] Das Einkommen aus seiner Nebentätigkeit kann der Unterhaltsschuldner in vollem Umfang für den Unterhaltsanspruch der minderjährigen Kinder aus erster Ehe verwenden, wenn und soweit sein eigener Selbstbehalt durch seinen Anspruch auf Familienunterhalt in der neuen Ehe abgesichert ist. Nur wenn bei unterhaltsrechtlich hinzunehmender Rollenwahl der neue Ehegatte den Selbstbehalt des Unterhaltspflichtigen durch sein Einkommen nicht vollständig sicherstellen kann, darf der Unterhaltspflichtige seine Einkünfte aus der Nebentätigkeit zunächst zur Sicherung des eigenen notwendigen Selbstbehalts verwenden (*Senat,* NJW 2006, 2404 [2407] = FamRZ 2006, 1010 [1014]). (...)

[24] Der Senat hatte seine Rechtsprechung zur Kontrollberechnung schon bislang auf Fälle beschränkt, in denen der unterhaltspflichtige Elternteil die Hausmanntätigkeit in zweiter Ehe durch einen Rollentausch übernommen hatte. Müsse der Unterhaltsberechtigte aus der geschiedenen Ehe den Rollentausch nicht hinnehmen, sei dem Hausmann sein früheres Einkommen stets fiktiv zuzurechnen. Sei der Rollenwechsel hingegen gegenüber der früheren Familie gerechtfertigt, sei die regelmäßig vorliegende Obliegenheit zur Aufnahme einer Nebenerwerbstätigkeit entsprechend begrenzt. Eine Begrenzung ist aber dann nicht angebracht, wenn es nicht zu einem Rollentausch gekommen ist, der Unterhaltspflichtige also in der alten wie in der neuen Familie die Haushaltsführung und Kindesbetreuung übernommen hat. Denn die Leistungsfähigkeit des Unterhaltspflichtigen richtet sich nach den tatsächlichen Verhältnissen und nicht nach einer hypothetischen Situation, zu deren Herbeiführung den Unterhaltspflichtigen keine Obliegenheit trifft. Deswegen ist die Tatsache der Wiederverheiratung des unterhaltspflichtigen Elternteils unterhaltsrechtlich zu beachten. Ebenso wie die neue Ehe des Unterhaltspflichtigen wegen des Hinzutretens weiterer gleichrangiger Kinder zu einer Schmälerung des Unterhaltsanspruchs der minderjährigen Kinder aus erster Ehe führen kann, kann sich die Wiederverheiratung auch zum Vorteil der erstehelichen Kinder auswirken (*Senat,* NJW 2004, 1160 = FamRZ 2004, 364).

[25] Die zuletzt genannten Erwägungen sind aber nicht auf Fälle zu beschränken, in denen schon in erster Ehe eine Hausmanntätigkeit ausgeübt wurde und somit kein Rollentausch vorliegt; sie gelten vielmehr allgemein für Fälle, in denen der barunterhaltspflichtige Elternteil in einer neuen Ehe die Rolle des Hausmannes (oder der Hausfrau) übernommen hat. Nach ständiger Rechtsprechung wirkt sich eine Verbesserung der Einkommensverhältnisse des Unterhaltspflichtigen schon deswegen auf die Höhe des Unterhaltsanspruchs minderjähriger Kinder aus, weil sich deren Unterhaltsbedarf nach den Einkommensverhältnissen des barunterhaltspflichtigen Elternteils richtet, sie also an dessen verbesserten Verhältnissen teilhaben. Auch die Leistungsfähigkeit des unterhaltspflichtigen Ehegatten nach § 1603 I BGB ist stets mindestens nach den tatsächlichen Verhältnissen zu bemessen. Wenn der unterhaltspflichtige Elternteil in der neuen Ehe die Hausmannrolle tatsächlich übernommen hat, schuldet er seinen unterhaltsberechtigten Kindern aus erster Ehe deswegen stets mindestens den Unterhalt, der sich in dieser Konstellation aus seiner Obliegenheit zur Aufnahme einer Nebenerwerbstätigkeit ergibt.

[26] Weil der Unterhaltspflichtige wegen der gesteigerten Unterhaltspflicht aus § 1603 II 1 BGB zudem gehalten ist, wenigstens den notwendigen Bedarf minderjähriger Kinder sicherzustellen, wirkt sich eine Verbesserung seiner persönlichen Verhältnisse stets auch zu Gunsten der unterhaltsberechtigten Kinder aus erster Ehe aus. Deswegen ist der Umstand der Wiederverheiratung des barunterhaltspflichtigen Elternteils grundsätzlich unterhaltsrechtlich beachtlich (*Senat*, NJW 2002, 2404 [2407] = FamRZ 2006, 1010 [1014]; NJW 2004, 1160 = FamRZ 2004, 364 und FPR 2002, 266 = FamRZ 2002, 742).

[27] Insbesondere der Gleichrang der Unterhaltsansprüche aller minderjährigen Kinder aus den verschiedenen Ehen des Unterhaltspflichtigen, der die Grundlage der Hausmann-Rechtsprechung des Senats bildet, spricht deswegen gegen eine Begrenzung des Unterhalts in Fällen eines berechtigten Rollenwechsels. Durch das Hinzutreten weiterer Unterhaltsberechtigter in der neuen Ehe ist die gesamte Unterhaltslast angestiegen, was dem Unterhaltspflichtigen erhöhte Anstrengungen abverlangt. Wenn er sich einerseits überwiegend der Haushaltstätigkeit und der Kindererziehung in der neuen Ehe widmet, kann er sich andererseits gegenüber den Kindern aus erster Ehe nicht auf eine frühere – für die Kinder ungünstigere – Einkommenssituation zurückziehen. Geeignetes Kriterium für den Umfang der von ihm zu übernehmenden Nebentätigkeit kann deswegen nicht eine fiktive Einkommenssituation ohne Rollenwechsel, sondern nur die tatsächliche Leistungsfähigkeit nach den individuellen Verhältnissen in der neuen Ehe sein. Soweit der Senat in seiner früheren Rechtsprechung ausgeführt hat, dass der Unterhaltspflichtige durch die Übernahme der Rolle des Hausmannes nicht schlechter gestellt sein dürfe, als wenn er erwerbstätig geblieben wäre, hält er an diesem Kriterium nicht mehr fest. (...)

[29] Der Senat hat deswegen in jüngster Zeit allgemein darauf hingewiesen, dass die Wiederverheiratung, ebenso wie sie zur Schmälerung des Unterhaltsanspruchs als Folge des Hinzutretens weiterer minderjähriger Kinder aus der neuen Ehe führen kann, sich auch zum Vorteil der erstehelichen Kinder auswirken kann (*Senat*, NJW 2006, 2404 [2407] = FamRZ 2006, 1010 [1014]; NJW 2004, 1160 = FamRZ 2004, 364 und FPR 2002, 266 = FamRZ 2002, 742). Das kann dann der Fall sein, wenn der unterhaltspflichtige Elternteil, der die Hausmannrolle in seiner zweiten Ehe übernimmt, durch das Einkommen seiner Ehefrau bis zur Höhe des notwendigen Selbstbehalts abgesichert ist und deswegen eigenes Einkommen voll für den Unterhalt der Kinder aus erster Ehe verwenden kann. Solches Einkommen aus einer zumutbaren Nebentätigkeit und seinem Taschengeldanspruch in der neuen Ehe kann deswegen zu einem höheren Unterhaltsanspruch führen, als dies auf der Grundlage einer eigenen Vollzeiterwerbstätigkeit mit den sich daraus ergebenden weiteren Unterhaltspflichten der Fall wäre.

BGH v. 25. 10. 2006 – XII ZR 190/03 – FamRZ 07, 200 = NJW 07, 839

(Zur Begrenzung des Aufstockungsunterhalts)

[33] 2. Zutreffend ist das BerGer. allerdings davon ausgegangen, dass die Dauer der Ehe der Parteien **R661** einer Anwendung des § 1573 V BGB nicht entgegensteht. Das Gesetz legt weder in § 1578 I 2 BGB noch in § 1573 V BGB eine bestimmte Ehedauer fest, von der ab eine zeitliche Begrenzung des Unterhaltsanspruchs nicht mehr in Betracht kommen könnte. Wie der Senat ausgeführt hat, widerspräche es auch dem Sinn und Zweck des § 1573 V BGB, den Billigkeitsgesichtspunkt „Dauer der Ehe" im Sinne einer festen Zeitgrenze – etwa von zehn Jahren – zu bestimmen, von der ab der Unterhaltsanspruch grundsätzlich keiner Befristung mehr zugänglich sein sollte (NJW 1990, 2810 = FamRZ 1990, 857 [858 f.]; NJW-RR 1991, 130 = FamRZ 1991, 307 [310] und NJW 2006, 2401 = FamRZ 2006, 1006 [1007]).

[34] Das Gesetz stellt vielmehr die Ehedauer als Billigkeitsgesichtspunkt gleichrangig neben die „Gestaltung von Haushaltsführung und Erwerbstätigkeit". Dabei ist auch die Arbeitsteilung der Ehegatten – ebenso wie die Ehedauer – bei der Billigkeitsabwägung lediglich zu „berücksichtigen"; sie lässt sich also nicht zwingend für oder gegen eine Befristung ins Feld führen. Zudem beanspruchen beide Aspekte, wie das Wort „insbesondere" verdeutlicht, für die Billigkeitsprüfung keine Ausschließlichkeit. Die Abwägung aller danach in Betracht kommenden Gesichtspunkte ist Aufgabe des Tatrichters. Sie kann vom RevGer. nur daraufhin überprüft werden, ob der Tatrichter die im Rahmen der Billigkeitsprüfung maßgebenden Rechtsbegriffe nicht verkannt und alle für die Einordnung unter diese Begriffe wesentlichen Umstände berücksichtigt hat.

[35] Letzteres ist hier nicht der Fall.

[36] Die – erst durch das Unterhaltsänderungsgesetz (v. 20. 2. 1986, BGBl I, 301) eingefügte – Möglichkeit, den Aufstockungsunterhalt zu befristen, beruht auf dem Gedanken, dass eine lebenslange Beibehaltung des ehelichen Lebensstandards nur dann angemessen ist, wenn etwa die Ehe lange gedauert hat, wenn aus ihr gemeinsame Kinder hervorgegangen sind, die der Berechtigte betreut oder betreut hat, wenn er erhebliche berufliche Nachteile um der Ehe willen auf sich genommen hat oder wenn sonstige Gründe (z.B. Alter oder Gesundheitszustand des Berechtigten) für eine dauerhafte Lebensstandardgarantie sprechen. Liegen diese Voraussetzungen dagegen nicht vor, hat sich aber der Lebensstandard des Berechtigten durch die Ehe verbessert, wird es oft angemessen sein, ihm nach einer

Übergangzeit einen Lebensstandard zuzumuten, der demjenigen entspricht, den er vor der Ehe gehabt hatte. Ein Aufstockungsunterhalt kommt dann nicht mehr bis zum vollen eheangemessenen Unterhalt (§ 1578 I BGB) in Betracht, sondern allenfalls in dem Umfang, den der Berechtigte auf Grund seiner eigenen beruflichen Qualifikation ohne den Eintritt ehebedingter Nachteile hätte erreichen können (*Senat,* NJW 2006, 2401 = FamRZ 2006, 1006 [1007]).

[37] Bei einer diese Zweckrichtung berücksichtigenden Gesetzesanwendung hat der Tatrichter vorrangig zu prüfen, ob sich die Einkommensdivergenz der Ehegatten, die den Anspruch auf Aufstockungsunterhalt begründet, als ein ehebedingter Nachteil darstellt, der einen dauerhaften unterhaltsrechtlichen Ausgleich zu Gunsten des bedürftigen Ehegatten rechtfertigt. Das hat das OLG mit der Begründung verneint, die Kl. sei im Alter von 41 Jahren in der Lage gewesen, auf dem Arbeitsmarkt wieder Fuß zu fassen. Das ist im Ansatz nicht zu beanstanden. Unberücksichtigt bleibt indessen, dass die Kl. nach ehebedingter elfjähriger Berufspause Nachteile bezüglich der Höhe der von ihr erzielbaren Einkünfte erlitten haben kann, die möglicherweise auch nicht dadurch kompensiert werden, dass sie die einjährige Zusatzausbildung als Fremdsprachensekretärin absolviert hat. Zweifelhaft ist auch, ob das der Kl. zugerechnete fiktive Einkommen von monatlich 1800 DM netto dem Verdienst einer langjährig tätigen Sekretärin entspricht. Feststellungen hierzu hat das BerGer. jedenfalls nicht getroffen.

[38] Auch die weitere Annahme des BerGer., der Kl. sei es bei angemessener Lebensführung möglich gewesen, ihren – nach den ehelichen Lebensverhältnissen bemessenen – Unterhaltsbedarf eigenständig zu sichern, erweist sich nach den Ausführungen unter II 4 nicht als tragfähig. Eine solche Beurteilung kann erst erfolgen, wenn der Bedarf i. S. des § 1578 I BGB festgestellt worden ist.

[39] Schließlich sind – wie bereits ausgeführt – bei der Billigkeitsprüfung alle in Betracht kommenden Gesichtspunkte zu würdigen. Dazu gehört auch das Verhältnis des Unterhaltsbetrags zu den verbleibenden Mitteln des Unterhaltspflichtigen (vgl. *Senat,* NJW 1988, 2101 = FamRZ 1988, 817 [820]; *Kalthoener/Büttner/Niepmann,* 9. Aufl., Rdnr. 1035). Da das BerGer. sich mit der Frage der Leistungsfähigkeit des Bekl. nicht befasst hat, entzieht sich dieser für die Abwägung wesentliche Gesichtspunkt einer Beurteilung durch den Senat.

[41] IV. Für das weitere Verfahren weist der Senat auf Folgendes hin: [42] Im Rahmen der erneut vorzunehmenden Billigkeitsprüfung nach den §§ 1573 V, 1578 I 2 BGB wird dem Gesichtspunkt wesentliche Bedeutung zukommen, ob die Kl. erhebliche fortwirkende ehebedingte Nachteile in ihrer beruflichen Entwicklung zu tragen hat. Das Bestehen solcher Nachteile rechtfertigt – allerdings nur in ihrem jeweiligen Umfang und vorbehaltlich der entsprechenden Leistungsfähigkeit des Unterhaltspflichtigen – einen dauerhaften unterhaltsrechtlichen Ausgleich zu Gunsten des unterhaltsbedürftigen Ehegatten, auch wenn im Übrigen die Voraussetzungen einer zeitlichen Begrenzung bzw. einer Herabsetzung des Unterhalts auf den angemessenen Lebensbedarf (§ 1578 I 2 BGB) vorliegen.

BGH v. 25. 10. 2006 – XII ZR 141/04 – FamRZ 07, 117 = NJW 07, 144

(Altersvorsorgeunterhalt und Elementarunterhalt; einheitlicher Anspruch; kein Teilurteil; zweistufige Berechnung zu Sicherung der Halbteilung beim Elementarunterhalt)

R662 a

[9] Insbesondere bei Unterhaltsansprüchen, die den laufenden Bedarf für denselben Zeitraum betreffen, sind Teilurteile deswegen ausgeschlossen, wenn die Entscheidung über den weitergehenden Antrag von Umständen abhängt, die auch für den bereits ausgeurteilten Teil maßgeblich sind und die einer abweichenden Beurteilung, gegebenenfalls in der Rechtsmittelinstanz, unterliegen können (sog. horizontales Teilurteil, vgl. *Senat,* NJW 1999, 1718 = FamRZ 1999, 992 [993]).

[10] Solches gilt auch für Fälle, in denen der Unterhaltsgläubiger für den gleichen Unterhaltszeitraum neben dem Elementarunterhalt Altervorsorgeunterhalt begehrt (so auch Eschenbruch/Klinkhammer/Schürmann, Der Unterhaltsprozess, 4. Aufl., Rdnr. 1411). Denn bei dem Anspruch auf Vorsorgeunterhalt handelt es sich nicht um einen eigenständigen Anspruch, sondern um einen unselbständigen Teil des einheitlichen, den gesamten Lebensbedarf betreffenden Unterhaltsanspruchs (*Senat,* NJW 1982, 1873 = FamRZ 1982, 255). Zudem wirkt sich die Höhe des Vorsorgeunterhalts regelmäßig auf den geschuldeten Elementarunterhalt aus, weil der Elementarunterhalt nach ständiger Rechtsprechung des Senats zur Wahrung des Halbteilungsgrundsatzes regelmäßig in einer zweistufigen Berechnung zu ermitteln ist. Nachdem aus dem vorläufigen Elementarunterhalt und dem daraus entsprechend § 14 SGB IV ermittelten fiktiven Bruttoeinkommen der zusätzlich geschuldete Altersvorsorgeunterhalt in Höhe der Beiträge zur gesetzlichen Rentenversicherung errechnet wurde, ist in einer zweiten Stufe nach Abzug der Beträge des Vorsorgeunterhalts vom Einkommen des Unterhaltspflichtigen der endgültige Elementarunterhalt zu ermitteln (*Senat,* NJW 1981, 1556 = FamRZ 1981, 442 [445]). Zwar ist der Unterhaltsgläubiger nicht gehindert, Elementarunterhalt oder Altersvorsorgeunterhalt separat geltend zu machen. Ist allerdings sowohl der Elementarunterhalt als auch der Altersvorsorgeunterhalt rechtshängig geworden und betreffen beide Verfahren – wenigstens teilweise – denselben Zeitraum, sind solche Verfahren stets miteinander zu verbinden, weil sie einen einheitlichen Unterhaltsanspruch und

somit denselben Streitgegenstand betreffen. Soweit dem Urteil vom 6. 10. 1982 (NJW 1983, 1547 = FamRZ 1982, 1187) anderes entnommen werden könnte, hält der Senat daran nicht fest.

(Keine zweistufige Berechnung im Falle konkreter Bedarfsermittlung wegen besonders günstiger Einkommensverhältnisse; dann Teilentscheidung möglich)

[11] 2. Gleichwohl sind die eingeschränkte Revisionszulassung und die entsprechend auf die Höhe **b** des Altersvorsorgeunterhalts begrenzte Revision hier ausnahmsweise zulässig.

[12] Denn der Unterhaltsbedarf der Kl. wurde wegen der besonders günstigen Einkommensverhältnisse des Bekl. konkret ermittelt, weswegen sich eine zweistufige Berechnung des Elementarunterhalts aus Gründen der Halbteilung erübrigt. Der Senat hat bereits entschieden, dass in Fällen besonders günstiger wirtschaftlicher Verhältnisse die sonst übliche zweistufige Berechnung des Elementarunterhalts nicht erforderlich ist (NJW 1983, 1547 = FamRZ 1982, 1187 [1188]), zumal diese (nur) sicherstellen soll, dass nicht zu Lasten des Unterhaltsverpflichteten über den Grundsatz der gleichmäßigen Teilhabe der Ehegatten am ehelichen Lebensstandard hinausgegangen wird. Sind die wirtschaftlichen Verhältnisse in einer Ehe aber so günstig, dass der Vorsorgebedarf neben dem laufenden Unterhaltsbedarf befriedigt werden kann, besteht keine Notwendigkeit für die zweistufige Berechnungsweise (*Senat*, NJW-RR 1988, 1282 [1285]).

(Anknüpfung des Vorsorgeunterhalts an den Elementarbedarf durch Hochrechnung auf ein Brutto mit Lohnsteuer, GRV-Beiträgen und ALV-Beiträgen; Auffüllung von Lücken der sozialen Biografie)

[19] ... Nach dem Zweck der gesetzlichen Regelungen über den Vorsorgeunterhalt soll dem **c** Ehegatten, der nach Trennung und Scheidung aus den im Gesetz aufgeführten Gründen gehindert ist, einer Erwerbstätigkeit nachzugehen und so auf den ihm durch den Versorgungsausgleich übertragenen Versorgungsanrechten aufzubauen, die Möglichkeit verschafft werden, seine Versorgung im Wege der freiwilligen Weiterversicherung zu erhöhen, um damit die ansonsten entstehende Lücke in seiner „sozialen Biografie" zu schließen. Danach sollen mit unterhaltsrechtlichen Mitteln die Nachteile ausgeglichen werden, die dem Berechtigten aus der ehebedingten Behinderung seiner Erwerbstätigkeit erwachsen. ....

[21] Entsprechend hat das BerGer. den als Elementarunterhalt rechtskräftig zugesprochenen Betrag dem Nettoarbeitsentgelt gleichgestellt und dieses zur Ermittlung der darauf entfallenden Vorsorgebeiträge in ein fiktives Bruttoeinkommen umgerechnet. Zu diesem Zweck hat es den Bruttobetrag errechnet, der, vermindert um die Lohnsteuer sowie die dem Arbeitnehmeranteil entsprechenden Beiträge zur Sozialversicherung und die Beiträge zur Bundesanstalt für Arbeit, den Nettobetrag des Elementarunterhalts ergibt. Das entspricht der ständigen Rechtsprechung des Senats und der Regelung des § 14 II SGB IV, nach der in den Fällen von so genannten Nettolohnvereinbarungen das Nettoarbeitsentgelt zum sozialversicherungsrechtlichen Bruttolohn hochzurechnen ist (vgl. NJW 1981, 1556 = FamRZ 1981, 44 [444]). ...

(keine Begrenzung des Vorsorgeunterhalts durch Beitragsbemessungsgrenzen der GRV)

[22] 2. Ebenfalls zu Recht ist das BerGer. davon ausgegangen, dass der vom Bekl. zur Wahrung der **d** ehelichen Lebensverhältnisse im Alter geschuldete Vorsorgeunterhalt nicht durch die Beitragsbemessungsgrenze der gesetzlichen Rentenversicherung (§ 159 SGB VI; vgl. insoweit die Verordnung über die maßgeblichen Rechengrößen der Sozialversicherung für 2006, DStR 2005, 2195 = FamRZ 2006, 170) begrenzt ist.

[23] Eine die eheliche Lebensverhältnisse wahrende Altersversorgung kann die Kl. nur aufbauen, wenn sie bis zum Rentenbeginn Versicherungsbeiträge abführt, die mindestens dem Beitragssatz zur gesetzlichen Rentenversicherung auf der Grundlage ihres gesamten Unterhaltsbedarfs entsprechen (zur zusätzlichen privaten Altersversorgung durch den Unterhaltspflichtigen vgl. *Senat*, NJW 2005, 3277 = FamRZ 2005, 1817 [1821 f.]).

(Keine Begrenzung Altersvorsorge durch Beitragsbemessungsgrenze der Rentenversicherung)

[24] Weil es dem Unterhaltsberechtigten frei steht, den Altersvorsorgeunterhalt als freiwillige Leis- **e** tung in die gesetzliche Rentenversicherung einzuzahlen oder ihn ganz oder teilweise für eine private Altersvorsorge zu verwenden, kann der Beitragsbemessungsgrenze der gesetzlichen Rentenversicherung – die gegenwärtig monatlich 5250 Euro brutto beträgt (DStR 2005, 2195 = FamRZ 2006, 170) – kein geeignetes Kriterium für die Begrenzung des individuell geschuldeten Vorsorgeunterhalts entnommen werden (so auch *Weinreich/Klein*, FamilienR, 2. Aufl., § 1578 BGB Rdnr. 88; *Schwab/Borth*, 5. Aufl., Teil IV Rdnrn. 971 ff.; *Wendl/Gutdeutsch*, 6. Aufl., § 4 Rdnr. 455; *Göppinger/Wax/Bäumel*, 8. Aufl., Rdnr. 1031; *Kalthoener/Büttner/Niepmann*, 9. Aufl., Rdnr. 356; *Kaiser/Schnitzler/Friederici/Schürmann*, AnwKomm-BGB, Bd. 4, § 1578 Rdnr. 129; *Hoppenz/Hülsmann*, Familiensachen, 8. Aufl., § 1578 BGB Rdnrn. 63 ff.; *Johannsen/Henrich/Büttner*, EheR, 4. Aufl., § 1578 BGB

Rdnr. 42; *Bäumel/Büte/Poppen*, § 1578 BGB Rdnr. 35). Denn der Unterhaltsberechtigte ist nach ständiger Rechtsprechung des Senats nicht verpflichtet, den Altersvorsorgeunterhalt zur Aufstockung seiner Rentenanwartschaft aus dem Versorgungsausgleich in die gesetzliche Rentenversicherung einzuzahlen. Zwar mag die Entrichtung freiwilliger Beiträge an die BfA in gewissen Fällen wirtschaftlich sinnvoll sein. Gleichwohl ist dem Unterhaltsberechtigten diese Art seiner Altersversorgung nicht zwingend vorgeschrieben. Vielmehr kommt daneben oder an deren Stelle auch der Abschluss einer privaten Rentenversicherung in Betracht; dies würde nicht außerhalb der unterhaltsrechtlichen Zweckbindung liegen (*Senat*, NJW 1987, 2229 = FamRZ 1987, 684 [686]). Der unterhaltsberechtigte Ehegatte ist deswegen auch nicht verpflichtet, bei der Geltendmachung des Anspruchs auf Vorsorgeunterhalt eine bestimmte Form der Vorsorgeversicherung und die hiermit verbundenen konkret anfallenden Vorsorgeaufwendungen anzugeben (*Senat*, NJW 1982, 1983 = FamRZ 1982, 887 [889 f.], und NJW 1982, 1986 = FamRZ 1983, 152 [154]). Entsprechend begründet auch die Tatsache, dass der Unterhaltsberechtigte darauf besteht, die Art und Weise seiner Altersvorsorge selbst zu bestimmen, nicht die Besorgnis, er werde sie zweckwidrig verwenden (*Senat*, NJW 1983, 1547 = FamRZ 1982, 1187 [1189]).

[25] Der auf der Grundlage des gesamten Elementarunterhalts und des daraus errechneten fiktiven Bruttoeinkommens nach dem Beitragssatz der gesetzlichen Rentenversicherung (§ 158 SGB VI) errechnete Altersvorsorgeunterhalt ist nach ständiger Rechtsprechung des *Senats* deswegen nur dann zur Höhe begrenzt, wenn anderenfalls für den Unterhaltsberechtigten eine Altersversorgung zu erwarten steht, die diejenige des Unterhaltsverpflichteten übersteigt (*Senat*, NJW-RR 1988, 1282 = FamRZ 1988, 1145 [1147 f.]; vgl. auch Schwab/Borth, Rdnr. 973). Daneben ist regelmäßig auch der Halbteilungsgrundsatz zu beachten. In beiderlei Hinsicht gibt der vorliegende Fall aber keinen Anlass zu Bedenken.

BGH v. 25. 10. 2006 – XII ZR 144/04 = FamRZ 07, 197 = NJW 07, 904

(Sittenwidrigkeit eines Verzichts auf nachehelichen Unterhalt zum Nachteil eines Sozialhilfeträgers)

[18] 3. Entgegen der Auffassung des *OLG* ist der Unterhaltsverzicht auch nicht deshalb sittenwidrig und nichtig (§ 138 BGB), weil er den Träger der Sozialhilfe belastet.

[19] Nach der Rechtsprechung des Senats kann eine Vereinbarung, durch die Verlobte oder Eheleute für den Fall ihrer Scheidung auf nachehelichen Unterhalt verzichten, nach deren von Inhalt, Beweggrund und Zweck bestimmten Gesamtcharakter gegen die guten Sitten verstoßen, falls die Vertragsschließenden dadurch bewusst eine Unterstützungsbedürftigkeit zu Lasten der Sozialhilfe herbeiführen, auch wenn sie eine Schädigung des Trägers der Sozialhilfe nicht beabsichtigen (vgl. etwa *Senat*, BGHZ 86, 82 [88] = NJW 1983, 1891 = FamRZ 1983, 137, und NJW 1983, 1833 = FamRZ 1985, 788 [790]). Durch einen Unterhaltsverzicht werde eine Unterstützungsbedürftigkeit eines Ehegatten zu Lasten der Sozialhilfe allerdings dann nicht herbeigeführt, wenn die Ehegatten bei Abschluss des Ehevertrags noch nicht verheiratet gewesen seien, die Eheschließung aber vom vorherigen Unterhaltsverzicht abhängig gemacht hätten. Denn in einem solchen Fall habe der später bedürftige Ehegatte von vornherein keine Aussicht gehabt, einen Anspruch auf nachehelichen Unterhalt zu erwerben. Der Unterhaltsverzicht habe daher die Bedürftigkeit dieses Ehegatten und damit dessen Risiko, zur Bestreitung seines Lebensunterhalts auf Leistungen der Sozialhilfe angewiesen zu sein, nicht erhöht (*Senat*, NJW 1992, 3164 = FamRZ 1992, 1403).

[20] Diese Rechtsprechung zur Nichtigkeit von Unterhaltsvereinbarungen, die zu Lasten der Sozialhilfe abgeschlossen werden, ist durch die unter II 2 dargestellten Grundsätze, die der Senat zur Inhaltskontrolle von Eheverträgen entwickelt hat, nicht gegenstandslos geworden. Sie bedarf allerdings der Eingrenzung und Präzisierung: Wie der Senat ausgesprochen hat, gehört es zum grundgesetzlich verbürgten Recht der Ehegatten, ihre eheliche Lebensgemeinschaft eigenverantwortlich und frei von gesetzlichen Vorgaben entsprechend ihren individuellen Vorstellungen und Bedürfnissen zu gestalten. Die auf die Scheidungsfolgen bezogene Vertragsfreiheit entspringt insoweit dem legitimen Bedürfnis, Abweichungen von den gesetzlich geregelten Scheidungsfolgen zu vereinbaren, die zu dem individuellen Ehebild der Ehegatten besser passen. So können etwa Lebensrisiken eines Partners, wie sie zum Beispiel in einer bereits vor der Ehe zu Tage getretenen Krankheit oder in einer Ausbildung angelegt sind, die offenkundig keine Erwerbsgrundlage verspricht, von vornherein aus der gemeinsamen Verantwortung der Ehegatten füreinander herausgenommen werden. Entsprechendes gilt auch für andere nicht ehebedingte Risiken. Aus dem Gedanken der nicht allein auf die Ehezeit beschränkten Solidarität ergibt sich nichts Gegenteiliges: Dieser Gedanke ist weder dazu bestimmt noch geeignet, unterhaltsrechtliche Pflichten, in denen sich die nacheheliche Solidarität konkretisiert, als zwingendes, der Disposition der Parteien entzogenes Recht zu statuieren (*Senat*, BGHZ 158, 81 [95] = NJW 2004, 930 = FamRZ 2004, 601 [604]).

[21] Daraus folgt, dass ein ehevertraglicher Unterhaltsverzicht nicht schon deshalb sittenwidrig ist, weil er bewirkt, dass ein Ehegatte im Scheidungsfall auf Sozialhilfe angewiesen bleibt, während er ohne

den Unterhaltsverzicht von seinem geschiedenen Ehegatten Unterhalt beanspruchen und deshalb Sozialhilfe nicht mehr in Anspruch nehmen könnte. Denn die berechtigten Belange des Sozialhilfeträgers gebieten es Ehegatten nicht, mit Rücksicht auf ihn Regelungen zu unterlassen, die von den gesetzlichen Scheidungsfolgen abweichen, ihrem individuellen Ehebild aber besser gerecht werden als die gesetzliche Regelung. Eine Pflicht von Eheschließenden zur Begünstigung des Sozialhilfeträgers für den Scheidungsfall kennt das geltende Recht nicht. Dies gilt unabhängig davon, ob der Ehevertrag vor oder nach der Eheschließung vereinbart worden ist und ob die Ehegatten im ersten Fall die spätere Eheschließung vom Abschluss des Ehevertrags abhängig gemacht haben.

[22] Allerdings kann eine Unterhaltsabrede dann sittenwidrig sein, wenn die Ehegatten damit auf der Ehe beruhende Familienlasten objektiv zum Nachteil der Sozialhilfe geregelt haben (*Senat*, NJW 1985, 1833 = FamRZ 1985, 788 [790]). Das ist namentlich dann der Fall, wenn sich aus der Gestaltung der ehelichen Lebensverhältnisse, insbesondere aus der Verteilung von Erwerbs- und Familienarbeit, im Scheidungsfall Nachteile für einen Ehegatten ergeben, die an sich durch den nachehelichen Unterhalt ausgeglichen würden, deren Ausgleich die Ehegatten aber vertraglich ausgeschlossen haben. Das gilt auch dann, wenn ein von den Ehegatten vereinbarter Unterhaltsverzicht einer auf das Verhältnis der Ehegatten zueinander bezogenen Inhaltskontrolle standhält – etwa weil dieser Verzicht durch anderweitige Vorteile (z. B. durch Zuwendung eines Wohnrechts) des verzichtenden Ehegatten kompensiert wird, ohne dessen sozialhilferechtliche Bedürftigkeit entfallen zu lassen. Auch in einem solchen Fall können die Ehegatten ehebedingte Nachteile, die das Recht des nachehelichen Unterhalts angemessen zwischen ihnen ausgleichen will, nicht durch einen Unterhaltsverzicht auf den Träger der Sozialhilfe verlagern und damit die wirtschaftlichen Risiken ihrer individuellen Ehegestaltung gleichsam „sozialisieren". Ein solcher Fall liegt hier indes nicht vor, da nach der konkreten Fallgestaltung bei keinem der Ehegatten ehebedingte Nachteile zu befürchten waren, auf deren Ausgleich sie zu Lasten des Sozialhilfeträgers verzichten wollten. Die Ast. war bereits bei Vertragsschluss nicht in der Lage, für ihren Lebensunterhalt aufzukommen, und bezog deshalb Sozialhilfe. Selbst wenn die spätere Hirnblutung ihre Bedürftigkeit gesteigert hätte, wäre dies kein Nachteil, der durch die Gestaltung der ehelichen Lebensverhältnisse bedingt wäre. Auch in der Person des Ag., der bei Vertragsschluss keine Arbeitserlaubnis besaß und in dem auf die Eheschließung folgenden Monat Sozialhilfe beantragt und erhalten hat, sind ehebedingte Nachteile, die durch seinen Unterhaltsverzicht auf die Sozialhilfe übergeleitet würden, nicht erkennbar.

[23] Fraglich ist, ob ein Unterhaltsverzicht sich darüber hinaus auch in anderen Fällen als sittenwidrig erweisen kann, in denen auf Grund der Eheschließung eine Belastung des Sozialhilfeträgers eintritt, indem dieser für einen Ehegatten dauerhaft oder doch längerfristig aufkommen muss, weil die Ehegatten für den Scheidungsfall eine Unterhaltspflicht des anderen Ehegatten ausgeschlossen haben. Zu denken ist etwa an Fälle, in denen – wie hier von der Ast. geltend gemacht – ein mittelloser ausländischer Staatsangehöriger durch die Eheschließung mit einer deutschen Staatsangehörigen ausländerrechtliche Vorteile erstrebt, die zu einer dauerhaften oder doch langfristigen Inanspruchnahme des Sozialhilfeträgers führen würden, wenn der von den Ehegatten vereinbarte Unterhaltsverzicht wirksam wäre. Die Frage kann hier dahinstehen.

BGH v. 22. 10. 2006 – XII ZR 24/04 – FamRZ 07, 193 = NJW 07, 511

(Kein pauschaler Abzug berufsbedingter Aufwendungen bei geringere Kosten wie Kleider- und Hausreinigung;   **R664**
geringere Kosten sind im Erwerbsbonus enthalten)

[14] Zwar kann berufsbedingter Aufwand unter Berücksichtigung eventueller Eigenersparnisse vorab   **a** vom Einkommen abgezogen werden. Das setzt aber voraus, dass der Aufwand notwendigerweise mit der Ausübung einer Erwerbstätigkeit verbunden ist und sich eindeutig von den Kosten der privaten Lebenshaltung abgrenzen lässt. Letzteres ist, wie das *OLG* zu Recht angenommen hat, bezüglich der geltend gemachten Kosten nicht der Fall. Sowohl Kosten der Kleider- und Hemdenreinigung als auch Telefonkosten fallen allgemein an. Ein aus beruflichen Gründen entstehender Mehraufwand dieser Art lässt sich ohne konkrete Angaben hierzu grundsätzlich nicht mit der erforderlichen Zuverlässigkeit schätzen. Im Übrigen wird dem mit der Erwerbstätigkeit verbundenen erhöhten Aufwand bei der Bemessung des Ehegattenunterhalts auch dadurch Rechnung getragen, dass dem Unterhaltspflichtigen ein so genannter Erwerbstätigenbonus (hier: $^1/_5$ bzw. $^1/_7$) zugebilligt wird (vgl. *Senat*, NJW 1997, 1919 = FamRZ 1997, 806 [807]).

(Kein Abzug einer fiktiven Altersvorsorge)

[17] Die Revision räumt ein, dass der Bekl. bisher keine Aufwendungen für eine zusätzliche Alters-   **b** versorgung macht, sondern eine solche nur dann betreiben will, wenn dies unterhaltsrechtlich anerkannt wird. Voraussetzung für eine Absetzbarkeit von Vorsorgeaufwendungen ist indessen, dass derartige Aufwendungen tatsächlich geleistet werden. Fiktive Abzüge kommen insoweit nicht in Betracht

(*Senat,* NJW 2003, 1660 = FamRZ 2003, 860 [863]). Um Risiken hinsichtlich der unterhaltsrecht-
lichen Anerkennung vorzubeugen, hätte der Bekl. – zum Beispiel auf einem Sparkonto – entsprechen-
de Rücklagen bilden können, was hätte anerkannt werden können (vgl. *Senat,* NJW 2003, 1660 =
FamRZ 2003, 860 [863]). Falls der Aufwand als nicht gerechtfertigt angesehen worden wäre, hätte der
Bekl. über die zurückgelegten Mittel wieder verfügen können, ohne sich im Rahmen der „Riester-
Rente" gebunden zu haben.

(Umgangskosten Abzugsposten, soweit sie durch das Kindergeld nicht gedeckt sind)

c   [20] Der Senat hält allerdings, wie er inzwischen entschieden hat, an seiner früheren Rechtsprechung, nach der der Umgangsberechtigte die üblichen Kosten, die ihm bei der Ausübung des
Umgangsrechts entstehen, grundsätzlich selbst zu tragen hat, im Hinblick auf die durch das Inkrafttreten des Kindschaftsrechtsreformgesetzes zum 1. 7. 1998 veränderten Rechtslage nicht mehr uneingeschränkt fest. Nach § 1684 BGB, der inzwischen – an Stelle des weggefallenen § 1634 BGB – den
Umgang des Kindes mit den Eltern regelt, hat einerseits das Kind das Recht auf Umgang mit jedem
Elternteil; andererseits ist aber auch jeder Elternteil zum Umgang mit dem Kind berechtigt und
verpflichtet (§ 1684 I BGB). Beides ist Ausfluss seiner Verantwortung für dessen Wohl (§§ 1618a,
1626, 1631 BGB). Die in § 1684 I BGB geregelten Rechte und Pflichten stehen – ebenso wie die
elterliche Sorge des anderen Elternteils – unter dem Schutz von Art. 6 II 1 GG (BVerfG, NJW 2002,
1863 = FamRZ 2002, 809).

[21] Andererseits kann die Regelung des § 1612b V BGB über die Anrechnung des Kindergeldes
zur Folge haben, dass dem barunterhaltspflichtigen Elternteil das anteilige Kindergeld ganz oder teilweise nicht mehr zugute kommt, er hierdurch mithin auch keine finanzielle Entlastung hinsichtlich der
durch die Ausübung des Umgangsrechts entstehenden Kosten zu erlangen vermag. Er muss deshalb die
Umgangskosten aus seinem nach Abzug des Unterhalts verbleibenden Einkommen bestreiten. Wenn
und soweit das über den notwendigen Selbstbehalt hinaus noch vorhandene Einkommen hierfür nicht
ausreicht, kann dies einen Elternteil zu einer Einschränkung der Umgangskontakte veranlassen und
damit auch den Interessen des Kindes zuwiderlaufen.

[22] Da das Unterhaltsrecht dem Unterhaltspflichtigen nicht die Möglichkeit nehmen darf, sein
Umgangsrecht zur Erhaltung der Eltern-Kind-Beziehung auszuüben, sind die damit verbundenen
Kosten konsequenterweise unterhaltsrechtlich zu berücksichtigen, wenn und soweit sie nicht anderweitig, insbesondere nicht aus dem anteiligen Kindergeld, bestritten werden können (*Senat,* NJW 2005,
1493 = FamRZ 2005, 706 [708]).

(Keine Verwirkung durch Mitteilung an Finanzamt bei Warhnnehmung berechtigter Interessen)

d   [33] cc) Was die behauptete Anschwärzung des Bekl. beim Finanzamt anbelangt, trifft es nicht zu,
dass die Kl. diesen Vorwurf eingeräumt hätte. Ihre Ausführungen legen vielmehr die Annahme nahe,
dass sie von einem Bediensteten des Finanzamts angerufen und aufgefordert wurde, die Anlage U zur
Einkommensteuererklärung zu unterzeichnen, und sich bei diesem Telefonat herausstellte, dass der
Bekl. eine Anlage U mit einem darin angegebenen Betrag von 27 000 DM eingereicht hatte. Unzutreffende Angaben insofern brauchte die Kl. aber nicht hinzunehmen, zumal sie auf die im Rahmen des
begrenzten Realsplittings steuerlich geltend gemachten Unterhaltszahlungen ihrerseits Steuern zu
entrichten hat.

(Geltendmachung von Altervorsorge rückwirkend ab Auskunftsbegehren)

e   [42] 2. Nach § 1613 I 1 BGB, der gem. § 1360a III BGB auch für den Trennungsunterhalt gilt,
kann für die Vergangenheit Erfüllung unter anderem von dem Zeitpunkt an gefordert werden, zu
welchem der Verpflichtete zum Zwecke der Geltendmachung des Unterhaltsanspruchs aufgefordert
worden ist, über seine Einkünfte und sein Vermögen Auskunft zu erteilen. Von dem Zeitpunkt des
Zugangs dieses Begehrens an wird der Unterhaltspflichtige vom Gesetzgeber nicht mehr als schutzwürdig angesehen, weil er seine Einkommensverhältnisse kennt und gegebenenfalls Rücklagen bilden
muss (Born, in: MünchKomm, 4. Aufl., § 1613 Rdnr. 5; vgl. auch BT-Dr 13/7338, S. 31). Die
Schutzfunktion, die der früher erforderlichen Mahnung zukam (vgl. insoweit zum Altersvorsorgeunterhalt *Senat,* NJW 1982, 1983 = FamRZ 1982, 887 [890]), ist also bewusst abgeschwächt worden.

[43] Der Altersvorsorgeunterhalt gehört ab Beginn des Monats, in dem die Scheidungsklage rechtshängig wird (hier: April 1999), gem. § 1361 I 2 BGB zum Lebensbedarf im Rahmen des Trennungsunterhalts. Das Gesetz sorgt auf diese Weise für eine lückenlose „soziale Biografie", da der Versorgungsausgleich gem. § 1587 II BGB nur die Zeit bis zum Ende des Monats umfasst, der der Rechtshängigkeit
der Scheidungsklage vorangeht, und § 1578 III BGB erst ab dem Tag der Rechtskraft der Scheidung
eingreift. Dabei sind Elementar- und Altersvorsorgeunterhalt nicht Gegenstand eigenständiger Ansprüche, sondern lediglich Teile eines einheitlichen, den gesamten Lebensbedarf umfassenden Unterhaltsanspruchs (st. Rspr., vgl. etwa *Senat,* NJW 1982, 1875 = FamRZ 1982, 465, und NJW 2007, 144;
Johannsen/Henrich/Büttner, EheR, 4. Aufl., § 1361 Rdnr. 116; *Schwab/Borth,* 5. Aufl., IV 970).

[44] Mit Rücksicht darauf reicht es für eine Inanspruchnahme des Unterhaltspflichtigen für die Vergangenheit aus, wenn von diesem Auskunft mit dem Ziel der Geltendmachung eines Unterhaltsanspruchs begehrt worden ist. Eines gesonderten Hinweises, es werde auch Altersvorsorgeunterhalt verlangt, bedarf es nicht. Ob der Unterhaltsberechtigte letztlich auch Altersvorsorgeunterhalt beanspruchen kann, wird maßgeblich durch die Leistungsfähigkeit des Unterhaltspflichtigen bestimmt, die dieser selbst beurteilen kann (so i. E. für die sog. Stufenmahnung auch *Schwab/Borth*, IV 981).

BGH v. 22. 11. 2006 – XII ZR 152/04 – FamRZ 07, 453 = NJW 07, 1273

(Verwirkung eines Unterhaltsrückstandes; Zeit- und Umstandsmoment) R665

[21] Eine Verwirkung kommt nach allgemeinen Grundsätzen in Betracht, wenn der Berechtigte ein **a** Recht längere Zeit nicht geltend macht, obwohl er dazu in der Lage wäre, und der Verpflichtete sich mit Rücksicht auf das gesamte Verhalten des Berechtigten darauf einrichten durfte und eingerichtet hat, dass dieser sein Recht auch in Zukunft nicht geltend machen werde. Insoweit gilt für Unterhaltsrückstände, die hier allein Gegenstand der Revision sind, nichts anderes als für andere in der Vergangenheit fällig gewordene Ansprüche, wenngleich die kurze Verjährungsfrist von drei Jahren (§§ 195, 197 II BGB) dem Anwendungsbereich der Verwirkung enge Grenzen setzt (vgl. *Senat*, BGHZ 84, 280 [282] = NJW 1982, 1999 = FamRZ 1982, 898).

[22] Gerade bei Unterhaltsansprüchen spricht andererseits aber vieles dafür, an das so genannte Zeitmoment der Verwirkung keine strengen Anforderungen zu stellen. Nach § 1585 b II BGB kann Unterhalt für die Vergangenheit ohnehin nur ausnahmsweise gefordert werden. Von einem Unterhaltsgläubiger, der auf laufende Unterhaltsleistungen angewiesen ist, muss eher als von einem Gläubiger anderer Forderungen erwartet werden, dass er sich zeitnah um die Durchsetzung des Anspruchs bemüht. Anderenfalls können Unterhaltsrückstände zu einer erdrückenden Schuldenlast anwachsen. Abgesehen davon sind im Unterhaltsrechtsstreit die für die Bemessung des Unterhalts maßgeblichen Einkommensverhältnisse der Parteien nach längerer Zeit oft nur schwer aufklärbar. Diese Gründe, die eine möglichst zeitnahe Geltendmachung des Unterhalts naheelegen, sind so gewichtig, dass das Zeitmoment der Verwirkung auch schon dann erfüllt sein kann, sobald die Rückstände Zeitabschnitte betreffen, die ein Jahr oder länger zurückliegen. Denn nach den gesetzlichen Bestimmungen der §§ 1585 b III, 1613 II Nr. 1 i. V. mit §§ 1360 a III, 1361 IV 4 BGB verdient der Gesichtspunkt des Schuldnerschutzes bei mindestens ein Jahr zurückliegenden Unterhaltsrückständen besondere Beachtung. Diesem Rechtsgedanken kann im Rahmen der Bemessung des Zeitmoments in der Weise Rechnung getragen werden, dass das Verstreichenlassen einer Frist von mehr als einem Jahr für die Verwirkung früherer Unterhaltsansprüche ausreichen kann (*Senat*, BGHZ 103, 62 [69] = NJW 1988, 1137 [1138] = FamRZ 1988, 370 [372 f.], und BGHZ 152, 217 [220 f.] = NJW 2003, 128 = FamRZ 2002, 1698).

[23] Neben dem Zeitmoment kommt es für die Verwirkung auf das so genannte Umstandsmoment an. Beide Voraussetzungen hat das BerGer. in revisionsrechtlich nicht zu beanstandender Weise festgestellt. Dabei hat es zu Recht darauf abgestellt, dass die Ag. ihren Anspruch auf nachehelichen Ehegattenunterhalt erst mehr als drei Jahre nach der letzten Auskunft des Ast. zu seinen Einkommens- und Vermögensverhältnissen beziffert hat. Die Auskunft war bereits im Dezember 1998 erteilt und die Parteien wurden sodann im März 1999 rechtskräftig geschieden. Die Ag. war deswegen von diesem Zeitpunkt an auf nachehelichen Ehegattenunterhalt angewiesen. Gleichwohl verfolgte sie ihren Anspruch trotz mehrerer Anfragen des Gerichts über mehr als drei Jahre bis zum Mai 2002 nicht weiter. Weil die Parteien zudem über die Verpflichtung der Ag. zur Aufnahme einer eigenen Erwerbstätigkeit gestritten hatten, durfte der Ast. die Untätigkeit der Ag. so verstehen, dass sie keinen nachehelichen Ehegattenunterhalt mehr geltend machen werde. Erfahrungsgemäß pflegt ein Unterhaltsverpflichteter, der in ähnlichen wirtschaftlichen Verhältnissen wie der Ast. lebt, seine Lebensführung an die ihm zur Verfügung stehenden Einkünfte anzupassen, so dass er bei unerwarteten Unterhaltsnachforderungen nicht auf Rücklagen zurückgreifen kann und dadurch regelmäßig in Bedrängnis gerät (BGHZ 103, 62 [71] = NJW 1988, 1137 [1138] und BGHZ 152, 217 [223] = NJW 2003, 128 = FamRZ 2002, 1698]).

[24] Der Verwirkung rückständiger Unterhaltsansprüche steht auch nicht entgegen, dass seit dem im Scheidungsverbund eingereichten Stufenantrag rechtshängig waren. Denn weil die Ag. das Verfahren trotz mehrfacher Anfragen des Gerichts nicht betrieben hat, wäre nach § 204 II 2 BGB (in § 211 II BGB a. F. noch im Rahmen der Unterbrechung geregelt) sogar die die verjährungshemmende Wirkung der Rechtshängigkeit beendet gewesen.

(Keine Beseitigung der Vorzugsfolgen durch Verwirkung)

[25] c) Das BerGer. (ebenso wie im Ergebnis KG, NJW-RR 2005, 1308) verkennt aber, dass durch **b** die Nichtgeltendmachung nur der jeweilige, für einen bestimmten Zeitraum entstandene Unterhalts-

anspruch als solcher verwirkt werden kann, nicht aber ein einzelnes, diesen Anspruch qualifizierendes Merkmal wie etwa der Umstand, dass insoweit Schuldnerverzug vorliegt.

[26] Der Schuldnerverzug (§ 286 BGB) ist ein Unterfall der Verletzung der Leistungspflicht, nämlich die rechtswidrige Verzögerung der geschuldeten Leistung aus einem vom Schuldner zu vertretenden Grund, und damit zugleich die gesetzlich definierte Voraussetzung unterschiedlicher Rechtsfolgen, also lediglich „Vorfrage" für deren Beurteilung. Ein gegenüber dem ursprünglichen Schuldverhältnis eigenständiges „Verzugsverhältnis" kennt das Gesetz hingegen nicht. Dass der nicht leistende Schuldner in Verzug ist, bedeutet nämlich nur, dass er – vom Sonderfall des § 286 II BGB abgesehen – zur Erfüllung der fälligen Forderung gemahnt wurde und das weitere Unterbleiben der Leistung zu vertreten hat (vgl. insoweit *Senat*, NJW 2000, 2280 [2281], und NJW 2000, 2663 [2664]). Deswegen kann nicht der Schuldnerverzug als solcher verwirkt werden, sondern nur die jeweils rückständige Forderung, hinsichtlich derer er besteht.

[27] Anderes ergibt sich auch nicht aus der vom BerGer. zitierten früheren Senatsrechtsprechung. Mit Urteil vom 17. 9. 1986 (NJW 1987, 1546 = FamRZ 1987, 40 [41f.]) hat der Senat ausgesprochen, dass die durch eine Mahnung ausgelösten Rechtsfolgen nicht dadurch rückwirkend beseitigt werden, dass der Unterhaltsgläubiger die Mahnung einseitig zurücknimmt. Die eingetretenen Rechtsfolgen einer Mahnung können vielmehr nur durch eine Vereinbarung rückgängig gemacht werden, die auf einen Erlass des Unterhaltsanspruchs für die fragliche Zeit hinausläuft. Soweit der Senat daneben in Betracht gezogen hat, dass der Gläubiger sich aus besonderen Gründen nach Treu und Glauben (§ 242 BGB) – insbesondere unter dem Gesichtspunkt der Verwirkung – nicht auf die Rechtsfolgen einer Mahnung berufen kann (*Senat*, NJW 1987, 1546 = FamRZ 1987, 40 [41f.] und FamRZ 1988, 478 [479]), sagt das noch nichts dazu aus, welche in der Vergangenheit liegenden Zeitabschnitte von der Verwirkung erfasst werden.

(Verwirkung nur für vor dem Zeitmoment liegende Unterhaltsrückstände)

c   [28] Auch weil ein Unterhaltsanspruch nicht verwirkt sein kann, bevor er überhaupt fällig geworden ist, müssen die in Rede stehenden Zeitabschnitte gesondert betrachtet werden. Dabei ergibt sich, dass im Zeitpunkt der Weiterverfolgung des nachehelichen Ehegattenunterhalts durch den Eingang des bezifferten Zahlungsantrags Mitte Mai 2002 nur der Unterhaltsanspruch der Ag. bis Mai 2001 mehr als ein Jahr zurücklag und damit die an das Zeitmoment der Verwirkung zu stellenden Anforderungen erfüllte (vgl. *Senat*, BGHZ 152, 217 [221] = NJW 2003, 128 = FamRZ 2002, 1698; *BGHZ* 103, 62 [69] = NJW 1988, 1137 [1138] = FamRZ 1988, 370 [372f.]). Der Unterhaltsanspruch der Ag. für die Zeit ab Juni 2001 war deswegen – ebenso wie der laufende Unterhaltsanspruch ab Eingang des bezifferten Zahlungsantrags – noch nicht verwirkt. Insoweit hat das BerGer. die Klage deswegen zu Unrecht abgewiesen.

BGH v. 6. 12. 2006 XII ZR 197/04 = FamRZ 07, 377 = NJW-RR 07, 505

R666   *(Zeitlicher Geltungsbereich der Neufassung des SGB VIII)*

a   [11] II. Diese Erwägungen überzeugen auch gegenüber den Einwendungen der Revision.

[12] Das BerGer. hat die Klage zu Recht abgewiesen, weil der Unterhaltsbedarf der Kl. durch die Leistungen der Jugendhilfe vollständig gedeckt ist und dem Träger der Jugendhilfe lediglich ein Anspruch auf Zahlung eines öffentlich-rechtlichen Kostenbeitrags gegen die Bekl. zusteht. Dabei ist nach der Übergangsregelung zu den am 1. 10. 2005 in Kraft getretenen Änderungen des SGB VIII zwischen Unterhaltsansprüchen für die Zeit bis zum 31. 3. 2006 und solchen für die Zeit ab April 2006 zu unterscheiden. Denn nach § 97 b SGB VIII erfolgte die Heranziehung zu den Kosten für Leistungen und vorläufige Maßnahmen, die – wie hier – schon vor dem 1. 10. 2005 fortlaufend gewährt worden sind, bis zum 31. 3. 2006 nach dem früheren Recht und erst für die Zeit ab April 2006 nach den zum 1. 10. 2005 in Kraft getretenen geänderten Vorschriften des SGB VIII.

(Bar- und Betreuungsunterhalt auswärts untergebrachter Kinder)

b   [14] a) Der Unterhaltsbedarf der Kl. bemisst sich allerdings nach den konkreten Kosten für ihre Heimunterbringung. Zwar schulden die Eltern einem auswärts untergebrachten minderjährigen Kind neben dem Barunterhalt auch Betreuungsunterhalt, der sich regelmäßig pauschal nach der Höhe des Barunterhalts richtet (*Senat*, NJW 2006, 3421 = FamRZ 2006, 1597 [1598f.] mit Anm. *Born*). Sind die Kinder allerdings in einem Heim untergebracht, richtet sich ihr Unterhaltsbedarf nach den durch die Heimunterbringung veranlassten und konkret feststehenden Kosten. Der einer Heimunterbringung entgegenstehende Wille der Bekl. ist insoweit unerheblich, weil ihnen nach § 1666 BGB die elterliche Sorge entzogen wurde und das Recht zur Bestimmung der Art und Weise der Unterhaltsgewährung nach § 1612 II BGB somit auf das Jugendamt als Vormund übergegangen ist.

(Unterhaltsbedarf bei Leistungen der Kinder- und Jugendhilfe nach SGB VIII a. F.)

[15] b) Dieser Unterhaltsbedarf der Kl. war allerdings durch die Leistungen der Kinder- und Jugend- c hilfe in vollem Umfang gedeckt. Die nach den Vorschriften des SGB VIII in der bis zum 30. 9. 2005 geltenden Fassung (SGB VIII a. F.) gewährten Leistungen waren zwar grundsätzlich gegenüber Unterhaltsansprüchen subsidiär, zumal durch sie Verpflichtungen anderer, insbesondere Unterhaltspflichtiger ausdrücklich nicht berührt werden sollten (§ 10 I 1 SGB VIII a. F.; *Wiesner,* SGB VIII, Kinder- und Jugendhilfe, 2. Aufl., vor § 90 Rdnrn. 2f.). Allerdings wurde diese grundsätzliche Subsidiarität schon nach früherem Recht durch diverse Vorschriften eingeschränkt und speziell ausgestaltet (*Wiesner,* § 10 Rdnr. 22; *Schellhorn,* SGB VIII, § 10 Rdnrn. 13 f.m. w. Nachw.; *Wendl/Scholz,* 6. Aufl., § 2 Rdnr. 327 a und OLG Schleswig, OLG-Report 2001, 322).

[16] aa) Danach waren Kinder, Jugendliche oder deren Eltern teilweise individuell durch Erhebung eines Kostenbeitrags, der durch Leistungsbescheid festzusetzen war, zu den Kosten der Hilfe zur Erziehung in einem Heim heranzuziehen (§ 92 II i. V. mit § 91 I Nr. 4 SGB VIII a. F.). Teilweise ging der Unterhaltsanspruch des Kindes auf den Träger der öffentlichen Jugendhilfe über (§ 94 III 2 SGB VIII a. F.; OLG Karlsruhe, OLG-Report 1999, 276). Im Übrigen konnte der Träger der öffentlichen Jugendhilfe den Anspruch gegen einen nach bürgerlichem Recht Unterhaltspflichtigen bei Leistungen an einen jungen Volljährigen auf sich überleiten (§ 96 SGB VIII a. F.; *Münder,* Frankfurter Komm. z. SGB VIII, Kinder- und Jugendhilfe, 4. Aufl., § 96 Rdnr. 1). Für die Art der Heranziehung der Eltern des unterhaltsbedürftigen Kindes oder Jugendlichen unterschied die Sonderregelung in § 94 SGB VIII a. F. danach, ob sie vor Beginn der Hilfe mit dem Kind oder dem Jugendlichen zusammengelebt, ihm also im Wesentlichen Naturalunterhalt geleistet hatten (so § 94 II SGB VIII a. F.), oder ob die Eltern schon in diesem Zeitpunkt nicht mit dem Kind oder Jugendlichen zusammengelebt hatten, ihm also schon zuvor Barunterhalt schuldeten (§ 94 III SGB VIII a. F.). In beiden Fällen sollte die finanzielle Belastung der Eltern durch die Maßnahmen der Kinder- und Jugendhilfe nicht verändert werden, also gegenüber der vorher bestehenden Situation weder sinken noch steigen (*Wiesner,* § 94 Rdnr. 2).

[17] Nur wenn die Kinder schon zuvor von ihren Eltern getrennt lebten, war von diesen kein Kostenbeitrag zu erheben, da der (laufende) Unterhaltsanspruch des Kindes oder des Jugendlichen in Höhe des Betrags, der zu zahlen wäre, wenn die Leistungen der Jugendhilfe und der sie veranlassende besondere Bedarf außer Betracht bleibt, auf den Träger der öffentlichen Jugendhilfe überging. In solchen Fällen war der Unterhaltsbedarf der Kinder wegen der Subsidiarität der Kinder- und Jugendhilfe nicht gedeckt, was einen Übergang ihrer Forderungen auf den Träger der Jugendhilfe ermöglichte. Nur über diese Ansprüche, die der Träger der öffentlichen Jugendhilfe – wie hier geschehen – auf das Kind oder den Jugendlichen zurückübertragen kann (*Münder,* § 94 Rdnrn. 7 ff.; *Wiesner,* § 94 Rdnrn. 19 ff.), ist im Zivilrechtsweg zu entscheiden (§ 94 III 2 und IV SGB VIII a. F.; *Wiesner,* § 94 Rdnr. 2).

[18] Demgegenüber erfolgte die Heranziehung der Eltern, die bis zum Beginn der Jugendhilfe mit den Kindern oder Jugendlichen zusammenlebten, allein durch öffentlich-rechtlichen Leistungsbescheid. Um eine doppelte Inanspruchnahme der Eltern sowohl durch Leistungsbescheid als auch auf Grund des familienrechtlichen Unterhaltsanspruchs zu vermeiden, sah das Gesetz für diese Fälle keinen Übergang des Unterhaltsanspruchs vor. Diese gesetzliche Regelung sprach dafür, dass der Unterhaltsbedarf des Kindes oder Jugendlichen in solchen Fällen durch die Leistungen der öffentlichen Jugendhilfe voll abgedeckt und ein Rückgriff gegen die Eltern auf den öffentlich-rechtlichen Kostenbeitrag beschränkt sein sollte (vgl. *Münder,* § 94 Rdnrn. 1, 3 ff. und *Wiesner,* § 94 Rdnrn. 5, 12 ff.; zur Berechnung des Kostenbeitrags nach altem Recht vgl. BVerwGE 108, 222 [226 ff.] = NJW 1999, 2383).

[19] Aus diesen gesetzlichen Regelungen ergibt sich, dass die Leistungen der Kinder- und Jugendhilfe in Fällen, in denen die Eltern vor Beginn der Hilfe mit dem Kind oder dem Jugendlichen zusammenlebten, ausnahmsweise bedarfsdeckend auf den zivilrechtlichen Unterhaltsanspruch anzurechnen waren. Dafür spricht, dass die Eltern stets nur den Unterhalt schuldeten, der zu zahlen wäre, wenn die Leistungen der Jugendhilfe und der sie veranlassende besondere Bedarf außer Betracht blieb (§ 94 I 1, III 2 SGB VIII a. F.) und dieser Betrag in solchen Fällen als Kostenbeitrag zu erheben war (§§ 91 I Nr. 4 c u. V, 92 II SGB VIII a. F.). Wegen der Gefahr einer doppelten Inanspruchnahme konnte der zivilrechtliche Unterhaltsanspruch in solchen Fällen daneben nicht fortbestehen. Im Einklang damit sah das Gesetz für diese Fälle weder einen Anspruchsübergang noch eine Überleitungsmöglichkeit vor (§ 94 III 2, IV SGB VIII a. F.) und verwies zur Durchsetzung auch nicht auf den Zivilrechtsweg (§ 94 III 4 SGB VIII a. F.).

[20] bb) Zu Recht ist das OLG auch davon ausgegangen, dass die Bekl. bis zum Beginn der Leistungen öffentlicher Jugendhilfe mit den Kl. zusammengelebt haben und nach § 94 II SGB VIII deswegen nur eine Heranziehung zu öffentlich-rechtlichen Unterhaltsbeiträgen in Betracht kommt.

[21] Eltern oder Elternteile lebten mit dem Kind oder dem Jugendlichen i. S. des § 94 II SGB VIII a. F. zusammen, wenn mit ihm eine Wirtschafts- und Lebensgemeinschaft bestand. Nach dem Sinn der

Regelung war eine nur vorübergehende Unterbrechung der Wirtschafts- und Lebensgemeinschaft, etwa durch eine auswärtige Unterbringung, unschädlich (Wiesner, § 94 Rdnr. 5; BVerwGE 68, 299 [301] = NVwZ 1984, 516). Denn die unterschiedlichen Rechtsfolgen des § 94 II SGB VIII a. F. einerseits und des § 94 III SGB VIII a. F. andererseits fanden ihren Grund in dem Rechtsverhältnis zwischen Eltern und Kind bei Beginn der öffentlichen Jugendhilfe. Wurde diese in unmittelbarem Zusammenhang mit der Trennung der Kinder von ihren Eltern geleistet, war deren Kostenbeteiligung im Wege des öffentlich-rechtlichen Kostenbeitrags durchzusetzen.

[22] So lag der Fall hier. Grund für die Heimunterbringung der Kl. und somit für die öffentlich-rechtlichen Fürsorgeleistungen war die Entziehung des Sorgerechts nach § 1666 BGB und die Herausnahme der Kl. aus der Wirtschafts- und Lebensgemeinschaft mit den Bekl. Die Leistungen der Jugendhilfe waren mithin unmittelbare Folge der Herausnahme der Kl. aus der Familie der Bekl. Darauf, dass die Kl. schon im November 1999 vom Jugendamt in Obhut genommen worden waren, während sie nach den Feststellungen des BerGer. möglicherweise erst ab Dezember 1999 Hilfe zur Erziehung nach den Vorschriften des SGB VIII erhielten, kommt es nicht an. Die bei Beginn der Leistungen bestehende kurzfristige Unterbrechung der Wirtschafts- und Lebensgemeinschaft mit den Adoptiveltern ist für die Anwendbarkeit des § 94 II SGB VIII a. F. deswegen unerheblich.

[23] cc) Das BerGer. hat Unterhaltsansprüche der Kl. für die Zeit bis März 2006 deswegen zu Recht abgewiesen, weil ihr voller Unterhaltsbedarf durch die Leistungen der öffentlichen Jugendhilfe gedeckt war. Damit geht einher, dass solche Unterhaltsansprüche auch nicht mehr auf den Träger der öffentlichen Jugendhilfe übergehen konnten und dieser auf einen öffentlich-rechtlichen Kostenbeitrag der Eltern nach §§ 91 ff., 94 II SGB VIII a. F. verwiesen war. Ebenso schied eine Überleitung von Ansprüchen gegen einen nach bürgerlichem Recht Unterhaltspflichtigen aus, weil solches nach § 96 SGB VIII a. F. nur bei Unterhaltsansprüchen junger Volljähriger in Betracht kam und beide Kl. in der hier relevanten Zeit bis März 2006 noch minderjährig waren.

(Bedarfsdeckung und öff.-rechtl. Kostenbeitrag bei Leistungen der Kinder- und Jugendhilfe nach SGB VIII ab April 2006)

d   [24] 2. Unterhaltsansprüche der Kl. gegen die Bekl. scheiden erst recht auf der Grundlage der zum 1. 10. 2005 in Kraft getretenen Änderungen des Kinder- und Jugendhilferechts (SGB VIII) für die Zeit ab April 2006 aus.

[25] a) Zwar werden nach § 10 I SGB VIII Verpflichtungen anderer durch die Leistungen der Kinder- und Jugendhilfe weiterhin nicht berührt. Zugleich hat der Gesetzgeber in § 10 II SGB VIII aber die Inanspruchnahme unterhaltspflichtiger Personen dahin konkretisiert, dass diese nach den §§ 90 bis 97 b SGB VIII an den Kosten für Leistungen und vorläufige Maßnahmen zu beteiligen sind. Damit wollte der Gesetzgeber insbesondere die Eltern nicht aus ihrer Verantwortung zur Pflege und Erziehung und damit zur Sicherstellung des materiellen Wohls ihrer Kinder entlassen. Einen rechtlichen Nachrang der Leistungen der Kinder- und Jugendhilfe gegenüber der Elternverantwortung hat das Gesetz aber nur insoweit konkretisiert, als der Träger der Kinder- und Jugendhilfe öffentlich-rechtliche Kostenbeiträge erheben kann (*Münder*, 5. Aufl., § 10 Rdnr. 28; *Wiesner*, 3. Aufl., § 10 Rdnr. 28; *Jans/Happe/Saurbier/Maas*, Kinder- und JugendhilfeR, 3. Aufl. [Stand: Januar 2006], B II Art. 1 § 10 Rdnr. 23).

[26] aa) Unterhaltspflichten sind somit gegenüber Leistungen nach dem SGB VIII anders als gegenüber den meisten Leistungen nach dem SGB grundsätzlich nicht vorrangig. Im Recht der Kinder- und Jugendhilfe ist dies schon deswegen geboten, weil die Leistungsgewährung nicht wegen des Ausbleibens der Unterhaltszahlungen erfolgt, sondern unabhängig davon erzieherischen, behinderungsbedingten oder anderen Förderbedarf voraussetzt. Die Sicherung des notwendigen Lebensunterhalts durch den Jugendhilfeträger nach § 39 SGB VIII wirkt sich deswegen auch auf den zivilrechtlichen Unterhaltsbedarf des Kindes aus.

[27] Entsprechend ordnet § 10 II 2 SGB VIII nunmehr ausdrücklich an, dass der Bedarf des jungen Menschen durch Leistungen und vorläufige Maßnahmen nach dem SGB VIII gedeckt ist und dies bei der Berechnung des Unterhalts berücksichtigt werden muss. Zwar entfällt der zivilrechtliche Unterhaltsanspruch dadurch nicht dem Grunde nach. Die mit den Leistungen des Kinder- und Jugendhilferechts verbundene Bedarfsdeckung kann aber die Höhe des Unterhaltsanspruchs reduzieren oder zu seinem vollständigen Wegfall führen. Soweit der Unterhalt im Rahmen der Leistungsgewährung nach dem SGB VIII sichergestellt ist, ist auch der unterhaltsrechtliche Bedarf des Leistungsempfängers in aller Regel gedeckt (*Münder*, § 10 Rdnrn. 29 f.; BT-Dr 15/3676, S. 31). Dadurch wird der Unterhaltspflichtige seiner materiellen Verantwortung gegenüber dem jungen Menschen zwar nicht enthoben, weil er durch die Erhebung eines Kostenbeitrags in die Pflicht genommen werden kann. Eine doppelte Inanspruchnahme des Unterhaltspflichtigen mittels Kostenbeitrags einerseits und Unterhaltsanspruchs andererseits ist aber ausgeschlossen.

[28] bb) Im Einklang damit regelt § 92 II SGB VIII, dass die Heranziehung durch Erhebung eines Kostenbeitrags erfolgt. Zum Umfang der Heranziehung enthält § 94 V SGB VIII nunmehr eine Verordnungsermächtigung, von der durch die Verordnung zur Festsetzung der Kostenbeiträge für

Leistungen und vorläufige Maßnahmen in der Kinder- und Jugendhilfe (KostenbeitragsVO) vom 1. 10. 2005 (BGBl I, 2907; vgl. auch *Wiesner*, § 94 und *Münder*, Anh. zu § 94) Gebrauch gemacht wurde.

[29] Weil die Inanspruchnahme der Eltern nunmehr stets auf einen öffentlich-rechtlichen Kostenbeitrag beschränkt ist, hat der Gesetzgeber durch das Kinder- und Jugendhilfeweiterentwicklungsgesetz 2005 die frühere Vorschrift zur Überleitung von Ansprüchen gegen einen nach bürgerlichem Recht Unterhaltpflichtigen aufgehoben. Denn die Konzentration der Heranziehung auf einen öffentlich-rechtlichen Kostenbeitrag macht weitere Regelungen über die Überleitung von Ansprüchen gegen eine nach bürgerlichem Recht unterhaltspflichtige Person entbehrlich (BT-Dr 15/3676, S. 42; *Münder*, Anm. zu § 96).

[30] b) Für die Zeit ab April 2006 ist der zivilrechtliche Unterhaltsanspruch der Kl. dem Grunde nach zwar nicht entfallen, der Unterhaltsbedarf aber durch die Leistungen der Kinder- und Jugendhilfe vollständig gedeckt. Ein Unterhaltsanspruch der Kl. besteht somit auch für diese Zeit nicht mehr. Der Rückgriff gegen die dem Grunde nach unterhaltspflichtigen Eltern ist deswegen lediglich in Form der pauschalierten Kostenbeteiligung nach §§ 90 ff. SGB VIII im Wege des Verwaltungsverfahrens zulässig. Der Träger der Kinder- und Jugendhilfe muss sich deswegen auf das schon anhängige Verwaltungsverfahren verweisen lassen.

BGH v. 20. 12. 2006 – XII ZR 84/04 = FamRZ 07, 1158 = NJW–RR 07, 1513

(Leistungen der Grundsicherung im Alter und bei Erwerbsminderung sind im verhältnis zw. Eltern + Kindern grunds. unterhaltspflichtiges Einkommen)

[14] b) Nach § 1602 I BGB ist unterhaltsberechtigt nur, wer außer Stande ist, sich selbst zu **a** unterhalten. Zum unterhaltsrechtlich maßgeblichen Einkommen zählen grundsätzlich sämtliche Einkünfte, wenn sie geeignet sind, den gegenwärtigen Lebensbedarf des Einkommensbeziehers sicherzustellen. Dazu können auch dem Unterhaltsgläubiger zu gewährende Grundsicherungsleistungen gehören, wenn sie – anders als etwa Sozialhilfe- und Unterhaltsvorschussleistungen – nicht subsidiär sind. Nach § 43 II 1 SGB XII, der der bis zum 31. 12. 2004 geltenden, inhaltlich übereinstimmenden Vorschrift des § 2 I 3 GSiG entspricht, bleiben Unterhaltsansprüche der Leistungsberechtigten gegenüber ihren Kindern und Eltern unberücksichtigt, sofern deren jährliches Gesamteinkommen i. S. des § 16 des Vierten Buches unter einem Betrag von 100 000 Euro liegt. Sind diese Voraussetzungen erfüllt, erfolgen die Grundsicherungsleistungen nicht nachrangig. Sie sind mithin als Einkommen anzusehen und reduzieren den unterhaltsrechtlichen Bedarf des Leistungsempfängers, ohne dass es darauf ankommt, ob sie zu Recht oder zu Unrecht bewilligt worden sind (*Klinkhammer*, FamRZ 2002, 997 [1001]; *Günther*, FF 2003, 10 [14]; OLG Hamm, FamRZ 2004, 1061; vgl. auch *Senat*, NJW 2003, 128 = FamRZ 2002, 1698 [1701]).

[15] In Höhe der ihr ab 3. 11. 2003 gewährten Grundsicherungsleistungen ist die Bekl. mithin nicht mehr unterhaltsbedürftig. Dass die Leistungen zum 31. 12. 2004 tatsächlich eingestellt worden sind, wie die Revision unter Bezugnahme auf einen Bescheid vom 18. 11. 2004 darlegt, kann im Revisionsverfahren nicht berücksichtigt werden. Nach dem vorgenannten Bescheid beruht die Einstellung der Leistungen darauf, dass die Bekl. ab 15. 12. 2004 mit ihrem Lebensgefährten zusammenleben und dieser über Arbeitslosengeld verfügen werde. Ob diese Voraussetzungen tatsächlich und dauerhaft eingetreten sind, insbesondere wie sich die finanziellen Verhältnisse des Lebensgefährten längerfristig darstellen, und ob die Grundsicherungsleistungen weggefallen sind, wird im weiteren Verfahren zu prüfen sein.

[16] 4. Eine über den Umfang ihrer tatsächlichen Gewährung hinausgehende Anrechnung von Grundsicherungsleistungen kommt allerdings nicht in Betracht. Deshalb liegt für die Zeit vor dem 3. 11. 2003 keine zur Abänderung des Unterhaltstitels führende Veränderung der Verhältnisse vor.

(Tatsächlich geleisteter Unterhalt ist Einkommen i. S. d. § 82 SGB XII)

[17] a) Nach den von der Revision nicht angegriffenen Feststellungen des BerGer. wären die **b** Leistungen der Grundsicherung geringer gewesen als der vom Kl. zu zahlende Unterhalt. Grundsicherung ist aber nur zu gewähren, soweit Leistungsberechtigte ihren Lebensunterhalt nicht aus ihrem Einkommen und Vermögen gem. §§ 82 bis 84 und 90 SGB XII beschaffen können (§ 41 II SGB XII). Nach § 82 SGB XII gehören zum Einkommen alle Einkünfte in Geld oder Geldeswert mit Ausnahme der Leistungen nach diesem Buch, der Grundrente nach dem Bundesversorgungsgesetz und der Renten oder Beihilfen, die nach dem Bundesentschädigungsgesetz für Schäden an Leben sowie an Körper oder Gesundheit gewährt werden, bis zur Höhe der vergleichbaren Grundrente nach dem Bundesversorgungsgesetz. Der Begriff des Einkommens wird näher definiert in § 1 der Verordnung zu § 82 SGB XII. Hiernach sind bei der Berechnung der Einkünfte in Geld oder Geldeswert alle Einnahmen ohne Rücksicht auf ihre Herkunft und Rechtsnatur sowie ohne Rücksicht darauf, ob sie

zu den Einkunftsarten im Sinne des Einkommensteuergesetzes gehören und ob sie der Steuerpflicht unterliegen, zu Grunde zu legen.

[18] Als solche Einkünfte sind auch Unterhaltsleistungen zu berücksichtigen. Entgegen der Auffassung der Revision ergibt sich aus der Regelung des § 2 I 3 GSiG, die dem § 43 II 1 SGB XII entspricht, kein anderes Ergebnis. Die Vorschriften stehen nur der Anrechnung von Unterhaltsansprüchen, nicht jedoch der Berücksichtigung von tatsächlich geleisteten Unterhaltszahlungen entgegen. Dies ergibt sich sowohl aus dem Wortlaut der Regelung, der ausdrücklich nur Unterhaltsansprüche erfasst, als auch aus Sinn und Zweck der Vorschrift. In dem Bericht des Ausschusses für Arbeit und Sozialordnung wird hierzu ausgeführt, der Zweck des Gesetzes bestehe darin, für alte Menschen bzw. in Fällen voller Erwerbsminderung eine eigenständige soziale Leistung vorzusehen, die den grundlegenden Bedarf für den Lebensunterhalt sicherstelle; durch diese Leistung solle im Regelfall die Notwendigkeit der Gewährung von Sozialhilfe vermieden werden; außerdem habe vor allem ältere Menschen die Furcht vor dem Unterhaltsrückgriff auf ihre Kinder oftmals von dem Gang zum Sozialamt abgehalten; eine dem sozialen Gedanken verpflichtete Lösung müsse hier einen gesamtgesellschaftlichen Ansatz wählen, der eine würdige und unabhängige Existenz sichere (BT-Dr 14/5150, S. 48). Eine Privilegierung der Unterhaltsverpflichteten ist dagegen nicht bezweckt worden. Zum Einkommen des Grundsicherungsberechtigten gehören deshalb tatsächlich an ihn erbrachte Unterhaltszahlungen, selbst wenn das Einkommen des Unterhaltsverpflichteten die Einkommensgrenze des § 43 II 1 SGB XII unterschreitet (*Günther*, FF 2003, 10 [11]; *Klinkhammer*, FamRZ 2002, 997 [999 f.]; *Münder*, NJW 2002, 3661 [3663]; *Schoch*, ZfF 2003, 1 [9]; *Veldtrup/Schwabe*, ZfF 2003, 265 [267 f.]; *Grube/Warendorf*, SGB XII, § 43 Rdnr. 9; *Schellhorn/Schellhorn/Hohm*, SGB XII, § 43 Rdnr. 17; *Fichtner/Wenzel*, BSHG, 2. Aufl., § 2 GSiG Rdnr. 7; *VGH München*, FEVS 55, 557 [562]; *VGH Mannheim*, NDV-RD 2006, 21; *LSG Nordrhein-Westfalen*, FamRZ 2006, 1566 = BeckRS 2006, 44521; *VG Karlsruhe*, Urt. v. 15. 3. 2005 – 5 K 4713/03, juris, BeckRS 2005, 24999; *VG Ansbach*, Urt. v. 20. 1. 2005 – AN 14 K 04 02456, juris; *VG Aachen*, ZFSH/SGB 2005, 169 [170 f.]; *VG Arnsberg*, ZFSH/SGB 2004, 492 [493 f.]).

[19] b) Der Auffassung der Revision, die Regelung verstoße gegen Art. 3 I GG, weil die Gewährung von Leistungen der Grundsicherung letztlich davon abhänge, ob der Unterhaltpflichtige oder der Träger der Grundsicherung zuerst zahle, ist nicht zu folgen. Art. 3 I GG gebietet, alle Menschen vor dem Gesetz gleich zu behandeln. Dem Gesetzgeber ist damit zwar nicht jede Differenzierung verwehrt. Er verletzt aber das Grundrecht, wenn er eine Gruppe im Vergleich zu einer anderen Gruppe anders behandelt, obwohl zwischen beiden Gruppen keine Unterschiede von solcher Art und solchem Gewicht bestehen, dass sie die ungleiche Behandlung rechtfertigen können (st. Rspr. BVerfGE 112, 368 [401] = NJW 2005, 2213 = NVwZ 2005, 1302 L).

[20] Der Ungleichbehandlung, die darin zu sehen ist, dass Unterhaltsansprüche nicht berücksichtigt, Unterhaltsleistungen dagegen als Einkommen behandelt werden, liegt ein die Differenzierung rechtfertigender Umstand zu Grunde. Durch die Einführung der Grundsicherungsleistungen soll, wie schon ausgeführt wurde, die verschämte Armut im Alter und in Fällen voller Erwerbsminderung verhindert werden. Einer solchen Hilfeleistung bedarf es nicht, wenn und soweit der Lebensbedarf durch Unterhaltsleistungen sichergestellt wird. Dem Gesetzgeber war es deshalb jedenfalls von Verfassungs wegen nicht verwehrt, diesen Personenkreis von der Leistungsgewährung ganz oder teilweise auszunehmen und nur diejenigen zu unterstützen, die der Hilfeleistung bedürfen. Dass dadurch zugleich derjenige Unterhaltpflichtige begünstigt wird, der keine Unterhaltszahlungen erbringt mit der Folge, dass der Berechtigte insoweit nicht über anzurechnendes Einkommen verfügt, mag man zwar im Ergebnis für eine befremdliche Konsequenz halten. Dies begründet für den zahlungswilligen Unterhaltpflichtigen aber noch keinen Anspruch auf Gleichbehandlung. Dem Gesetzgeber obliegt es nicht, jedwede Missbrauchsmöglichkeit zu vermeiden. Der zahlungswillige Unterhaltpflichtige kann deshalb nicht etwa verlangen, dass auch dem zahlungsunwilligen Schuldner die Möglichkeit entzogen wird, den Unterhaltsberechtigten auf Grundsicherungsleistungen zu verweisen.

BGH v. 20. 12. 2006 – XII ZR 137/04 = FamRZ 07, 375 = NJW-RR 07, 433

R668   *(Ersatzhaftung der Großeltern für Kindesunterhalt)*

[10] a) Wie der Senat nach Erlass des angefochtenen Urteils entschieden hat, ist es rechtlich nicht zu beanstanden, wenn Großeltern im Fall der Inanspruchnahme auf Unterhalt für ihre Enkel zumindest die höheren Selbstbehaltsbeträge zugebilligt werden, die auch erwachsene Kinder gegenüber ihren unterhaltsbedürftigen Eltern verteidigen können. Das gilt auch gegenüber minderjährigen Enkeln. Zwar sind diese in der Regel nicht in der Lage, ihren Lebensbedarf selbst zu decken. Deshalb ordnet das Gesetz in § 1603 II 1 BGB an, dass ihnen gegenüber eine gesteigerte Unterhaltspflicht besteht. Die vorgenannte Bestimmung gilt aber nur im Verhältnis zwischen Kindern und ihren Eltern. Für Großeltern besteht dagegen keine gesteigerte Unterhaltspflicht, sondern sie haften allein unter Berücksichtigung ihres angemessenen Eigenbedarfs, und zwar nachrangig. Das rechtfertigt es, ihnen generell

die erhöhten Selbstbehaltsbeträge, wie sie auch im Rahmen des Elternunterhalts gelten, zuzubilligen (*Senat,* NJW 2006, 142 = FamRZ 2006, 26 [28] m. Anm. *Duderstadt,* FamRZ 2006, 30 und *Luthin,* FamRB 2006, 4; *ders.,* FF 2006, 54; NJOZ 2006, 2646 = FamRZ 2006, 1099).

[11] b) Deshalb hat das OLG zu Recht den Selbstbehaltsbetrag zu Grunde gelegt, der gegenüber der Inanspruchnahme durch Eltern verteidigt werden kann. Dieser belief sich nach der Düsseldorfer Tabelle (Stand: 1. 1. 2002) auf monatlich 1250 Euro bzw. auf 950 Euro für den mit dem Unterhaltspflichtigen zusammen lebenden Ehegatten. Nach der seit dem 1. 7. 2005 geltenden Düsseldorfer Tabelle sind Beträge von 1400 Euro bzw. von 1050 Euro anzusetzen. Es ist deshalb nicht zu beanstanden, dass das BerGer. für die Zeit bis zum Tod des Großvaters (Juni 2003) einen Selbstbehalt von insgesamt 2200 Euro und danach von 1250 Euro zu Grunde gelegt hat.

[12] c) Die Ermittlung des unterhaltsrelevanten Einkommens der Bekl. bzw. der Bekl. und ihres Ehemanns ist ebenfalls rechtsbedenkenfrei. Das BerGer. hat die jeweiligen − unstreitigen − Renteneinkünfte zu Grunde gelegt. Soweit die Revision beanstandet, dass von dem Einkommen zunächst die Kreditrate für den Pkw in Abzug gebracht und der Selbstbehalt wegen erhöhter Wohnkosten angehoben worden ist, hat sie keinen Erfolg.

[13] Der Selbstbehalt umfasst nur die Mittel, die der Unterhaltpflichtige zur angemessenen Deckung des seiner Lebensstellung entsprechenden allgemeinen Bedarfs benötigt. Dazu gehören Kreditraten für einen Pkw nicht. Derartige Aufwendungen können als abzugsfähig anerkannt werden, wenn und soweit sie sich in einer im Verhältnis zu den vorhandenen Einkünften angemessenen Höhe halten und die Verpflichtung bereits eingegangen wurde, als der Unterhaltspflichtige noch nicht damit zu rechnen brauchte, auf Unterhalt in Anspruch genommen zu werden. Denn Großeltern brauchen − ebenso wenig wie Kinder im Verhältnis zu ihren unterhaltsbedürftigen Eltern − keine spürbare und dauerhafte Senkung ihres einkommenstypischen Unterhaltsniveaus hinzunehmen, soweit sie keinen unangemessenen Aufwand betreiben (*Senat,* NJW 2006, 142 = FamRZ 2006, 26 [28]). Danach ist es revisionsrechtlich nicht zu beanstanden, dass das BerGer. die bei Gesamteinkünften der Großeltern von monatlich ca. 2560 Euro nicht unangemessen hohen Kreditraten abgesetzt und der Bekl. nach dem Tod ihres Ehemanns eine Übergangszeit von etwa zwei Monaten zugebilligt hat, um den Pkw zu veräußern.

[14] Rechtsbedenkenfrei ist schließlich auch die Annahme des BerGer., der Bekl. sei zuzugestehen, in der früheren ehelichen Wohnung zu verbleiben, um nicht im Alter noch umziehen zu müssen. Da die Warmmiete von 650 Euro den insoweit im Selbstbehalt enthaltenen Betrag von 440 Euro überschreitet, konnte der Selbstbehalt um den Mehrbetrag von 210 Euro erhöht werden.

BGH v. 17. 1. 2007 − XII ZR 104/03 − FamRZ 07, 1303 = NJW 07, 2409

(Obliegenheit zur Durchführung des Realsplittings)   **R669**

[12] Eine Obliegenheit zur Geltendmachung des begrenzten Realsplittings trifft den Unterhalts- **a**
schuldner, weil er gehalten ist, alle Einkommensmöglichkeiten in zumutbarer Weise auszuschöpfen, um seine Leistungsfähigkeit zu erhöhen (*Senat,* FamRZ 1983, 670 [673]; *Kalthoener/Büttner/Niepmann,* 9. Aufl., Rdnr. 890; Wendl/Gerhardt, 6. Aufl., § 1 Rdnr. 562 b). Da der Bekl. im Umfang der Entscheidung des AG rechtskräftig zur Zahlung von Trennungsunterhalt verurteilt worden ist, hätte er − wie die Revision der Kl. zu Recht geltend macht − seine steuerliche Belastung vermindern können, wenn er insoweit von dem begrenzten Realsplitting Gebrauch gemacht hätte (vgl. *Senat,* NJW-RR 1998, 1153 = FamRZ 1998, 953; NJW 2007, 1961 = FamRZ 2007, 793 [797], und NJW 2007, 1969 = FamRZ 2007, 882 [885]). Der entsprechende Vorteil ist seinem Einkommen deshalb fiktiv zuzurechnen.

(Bedarfsbestimmende eheliche Lebensverhältnisse unter Existenzminimum für nichteheliche Kindesmutter)   **b**

[19] Dabei wird die Frage, ob der Mutter generell ein Mindestbedarf zuzubilligen ist, in Rechtsprechung und Schrifttum nicht einheitlich beantwortet. Zum Teil wird dies mit der Begründung abgelehnt, die nichteheliche Mutter sei sonst besser gestellt als die eheliche Mutter, die nach der Rechtsprechung des Senats keinen pauschalen Mindestbedarf verlangen könne (OLG Köln, NJW-RR 2001, 364 = FamRZ 2001, 1322; OLG Zweibrücken, FuR 2000, 286 [288]). Überwiegend wird allerdings die Auffassung vertreten, für den Regelfall sei ein Mindestbedarf anzunehmen, da der angemessene Unterhalt i. S. des § 1610 I BGB das Existenzminimum nicht unterschreiten könne. Zu einer Besserstellung der ein eheliches Kind betreuenden Mutter führe dies letztlich nicht, denn wenn der trennungsbedingte Mehrbedarf berücksichtigt werde, liege deren Bedarf kaum unter den Mindestbedarfssätzen (OLG Karlsruhe, NJW 2004, 523 = FamRZ 2004, 974; *Wever,* in: Münchener Anwaltshdb., § 11 Rdnr. 59; *Wendl/Scholz,* § 6 Rdnr. 764; *Schwab/Borth,* 5. Aufl., IV Rdnr. 1418; *Büttner,* FamRZ 2000, 781 [784]). Auch die meisten Unterhaltstabellen sehen als Bedarf der Mutter oder des Vaters eines nichtehelichen Kindes einen Mindestbedarf vor (vgl. in diesem Sinne auch die Empfehlungen des 13. Deutschen Familiengerichtstags, FamRZ 2000, 273 [274]).

[20] Welcher dieser Auffassungen zu folgen ist, bedarf im vorliegenden Fall indessen keiner Entscheidung.

[21] c) Ist die Mutter – wie hier – verheiratet oder geschieden, so ergibt sich ihr Bedarf aus den ehelichen Lebensverhältnissen, die mithin auch den Maßstab für den Unterhaltsanspruch aus § 1615l BGB gegen den Vater des nicht von dem Ehemann abstammenden Kindes bilden (*Senat,* NJW 1998, 1309 = FamRZ 1998, 541 [544]).

[22] Maßgeblich für den Unterhaltsbedarf der verheirateten oder geschiedenen Mutter, die ein nichteheliches Kind betreut, ist deshalb jedenfalls ihre Lebensstellung nach Maßgabe der ehelichen Lebensverhältnisse, auch wenn diese unter den Mindestbedarfssätzen liegen. Trennungsbedingter Mehraufwand kann insoweit grundsätzlich nicht zu einer Erhöhung des Bedarfs führen. Denn er ist nicht in den ehelichen Lebensverhältnissen angelegt und kann deshalb nicht neben dem nach der Differenzmethode ermittelten Quotenunterhalt berücksichtigt werden (*Senat,* NJW 2004, 3106 = FamRZ 2004, 1357 [1359]). Der nichteheliche Elternteil braucht den anderen Elternteil aber nur so zu stellen, wie es dessen innegehabter Lebensstellung entspricht.

[23] d) Mit Rücksicht darauf ist es nicht gerechtfertigt, für die Kl. einen Mindestbedarf von 730 Euro zu Grunde zu legen. Ihr Bedarf nach Maßgabe der ehelichen Lebensverhältnisse beträgt unter Berücksichtigung des für das Revisionsverfahren zu Grunde zu legenden Realsplittingvorteils nur 572,95 Euro und hat während des Zusammenlebens mit S keine Verbesserung erfahren. Die Auffassung des BerGer. würde demgegenüber dazu führen, dass die Kl. insgesamt den Mindestbedarf (730 Euro) erhielte, den sie weder vom Bekl. noch von S allein beanspruchen könnte. Sie würde also allein deshalb besser stehen, weil sie Kinder von zwei verschiedenen Vätern betreut. Hätte sie dagegen zwei eheliche Kinder oder zwei nichteheliche Kinder von S, müsste sie sich mit einem geringeren Unterhalt begnügen. Eine derartige Besserstellung der Kl. wäre nicht gerechtfertigt.

c   *(Anteilige Haftung entsprechend § 1606 III 1 BGB bei mehreren auf Betreuungsunterhalt haftenden Vätern)*

[24] 5. a) Hinsichtlich der Aufteilung des Unterhaltsbedarfs in entsprechender Anwendung des § 1606 III 1 BGB führt es in einer Vielzahl von Fällen zu angemessenen Lösungen, wenn als Maßstab die jeweilige Einkommens- und Vermögensverhältnisse zu Grunde gelegt werden. Allerdings ist die Anknüpfung an diesen eher schematischen Maßstab nicht in jedem Fall zwingend. Da § 1606 III 1 BGB nur entsprechend anzuwenden ist, lässt er auch Raum für die Berücksichtigung anderer Umstände, insbesondere der Anzahl, des Alters, der Entwicklung und der Betreuungsbedürftigkeit der jeweiligen Kinder. So kann im Einzelfall von Bedeutung sein, dass die Mutter durch die vermehrte Betreuungsbedürftigkeit eines jüngeren Kindes von jeglicher Erwerbstätigkeit abgehalten wird, obwohl ihr das fortgeschrittene Alter eines anderen Kindes an sich eine Voll- oder zumindest Teilzeiterwerbstätigkeit erlauben würde. In einem solchen Falle wäre die schematische Aufteilung der Haftungsquote nach den jeweiligen Erwerbs- und Vermögensverhältnissen des Ehemannes und des Vaters unbefriedigend. Vielmehr muss der Erzeuger des vermehrt betreuungsbedürftigen Kindes entsprechend höher, gegebenenfalls auch allein zum Unterhalt für die Mutter herangezogen werden (*Senat,* NJW 1998, 1309 = FamRZ 1998, 541 [544]).

[25] Für die Ermittlung der Haftungsquoten sind danach zunächst die Einkommens- und Vermögensverhältnisse zu berücksichtigen. Im Anschluss daran kann – je nach den Umständen des Einzelfalls – der Haftungsanteil des Verpflichteten nach oben oder nach unten korrigiert werden (vgl. hierzu auch OLG Bremen, NJW-RR 2006, 723 = FamRZ 2006, 1207 [1208]).

d   *(Keine Verwirkung nach § 1579 Nr. 2 BGB trotz Zusammenleben und Geburt eines Kindes, wenn Beziehung von Anfang an problematisch war und auseinanderging)*

[30] Nach der Rechtsprechung des Senats kann das Zusammenleben des Unterhaltsberechtigten mit einem neuen Partner dann zur Annahme eines Härtegrunds i. S. von § 1579 Nr. 7 BGB – mit der Folge der Unzumutbarkeit einer weiteren (uneingeschränkten) Unterhaltsbelastung für den Verpflichteten – führen, wenn sich diese Beziehung in einem solchen Maße verfestigt, dass damit gleichsam ein nichteheliches Zusammenleben an die Stelle einer Ehe getreten ist. Nach welchem Zeitablauf – und unter welchen weiteren Umständen – dies angenommen werden kann, lässt sich nicht allgemein verbindlich festlegen. Vor Ablauf einer gewissen Mindestdauer, die im Einzelfall kaum unter zwei bis drei Jahren liegen dürfte, wird sich in der Regel nicht verlässlich beurteilen lassen, ob die Partner nur „probeweise" zusammenleben oder ob sie auf Dauer in einer gefestigten Gemeinschaft leben (*Senat,* NJW 1997, 1851 = FamRZ 1997, 671 [672]). Dabei obliegt es letztlich der verantwortlichen Beurteilung des Tatrichters, ob er den Tatbestand des nichtehelichen Zusammenlebens aus tatsächlichen Gründen für gegeben erachtet oder nicht (*Senat,* NJW-RR 1994, 1154 = FamRZ 1995, 540 [543]).

[31] Die tatrichterliche Beurteilung, das Zusammenleben habe – auf Grund der erheblichen Differenzen zwischen der Kl. und S – weder von der Qualität der Beziehung noch – auf Grund der erheblichen Zeiten des Getrenntlebens – von deren Dauer her den Charakter einer verfestigten Beziehung in dem vorgenannten Sinne, ist aus Rechtsgründen nicht zu beanstanden.

BGH v. 14. 2. 2007 – XII ZR 163/05 – FamRZ 07, 717 = NJW-RR 07, 722

(Anerkennung und Vollstreckbarkeitserklärung eines slowenischen Verbundurteils, soweit es die Verurteilung zu **R670**
Kindesunterhalt betrifft)

[6] a) Wie das BerGer. weiter zutreffend erkannt hat, ist die Anwendung der §§ 722, 723 ZPO hier weder durch „Brüssel I" (EuGVVO = Verordnung [EG] Nr. 44/2001 des Rates vom 22. 12. 2000 über die gerichtliche Zuständigkeit und die Anerkennung und Vollstreckung von Entscheidungen in Zivil- und Handelssachen) noch durch „Brüssel IIa" (EuEheVO = Verordnung [EG] Nr. 2201/2003 des Rates vom 27. 11. 2003 über die Zuständigkeit und die Anerkennung und Vollstreckung von Entscheidungen in Ehesachen und in Verfahren betreffend die elterliche Verantwortung und zur Aufhebung der Verordnung [EG] Nr. 1347/2000 [= „Brüssel II"]) ausgeschlossen.

[7] Zwar ist Slowenien seit 2004 Mitglied der europäischen Union, so dass diese Verordnungen im Verhältnis zwischen Slowenien und der Bundesrepublik Deutschland grundsätzlich vorrangig anzuwenden sind. Die EuGVVO = „Brüssel I" ist nach ihrem Art. 66 I und II aber nicht auf Titel anzuwenden, die wie hier (1990) vor ihrem Inkrafttreten geschaffen wurden, und die EuEheVO = „Brüssel IIa" gilt ohnehin nicht für Unterhaltspflichten (Art. 1 III lit. e EuEheVO). Auch deren Vorläuferregelung, das EuGVÜ, kommt hier nicht zur Anwendung, da Slowenien ihm nicht beigetreten war.

[8] b) Auch eine vorrangige Anwendung des Haager Übereinkommens vom 2. 10. 1973 über die Anerkennung und Vollstreckung von Unterhaltsentscheidungen kommt nicht in Betracht, da Slowenien nicht Vertragsstaat ist (vgl. *Wendl/Dose*, 6. Aufl., § 7 Rdnr. 226; *Rausch*, in: FA-FamR, 5. Aufl., Kap. 15 Rdnr. 95 Fußn. 172; *Luthin*, 10. Aufl., Rdnr. 8061).

[10] 3. Die erforderliche Prozessführungsbefugnis der Kl. für das vorliegende Verfahren nach §§ 722, 723 ZPO (vgl. *Göppinger/Wax/Linke*, 8. Aufl., Rdnr. 3287) ist hier unabhängig von der Frage gegeben, ob die Mutter der Kl. den ursprünglichen Titel nach slowenischem Recht als deren Vertreterin oder im Wege der Prozessstandschaft erstritten hat (vgl. *OLG Frankfurt a. M.*, FamRZ 1983, 1268; *AG Lahnstein*, FamRZ 1986, 289 [290] zum jugoslawischen Recht; a. A. wohl *OLG Stuttgart*, FamRZ 1999, 312). Beide Kl. waren nämlich im Zeitpunkt der letzten Tatsachenverhandlung volljährig, Art. 117 I des slowenischen Gesetzes über Ehe- und Familienbeziehungen vom 26. 5. 1976 (EheFamG; deutsche Übersetzung in *Bergmann/Ferid*, Internationales Ehe- und KindschaftsR, Länderteil Slowenien, S. 58 ff.), und schon deshalb befugt, das vorliegende Verfahren im eigenen Namen zu betreiben (vgl. *Zöller/Geimer*, ZPO, 26. Aufl., § 722 Rdnr. 64; *Senat*, NJW 1983, 1976 = FamRZ 1983, 806 zur Prozessführungsbefugnis des Kindes für eine Abänderungsklage).

[11] Die Kl. waren zwar nicht Partei des Scheidungsverfahrens, in dem das Ausgangsurteil ergangen ist. Dennoch ist ihr Unterhaltsanspruch – wie es in Art. 78 I des slowenischen EheFamG und in Art. 421 II des slowenischen Gesetzes über das Streitverfahren vom 15. 4. 1999 (deutsche Übersetzung in Bergmann/Ferid, Länderteil Slowenien, S. 80) vorgesehen ist – in diesem Urteil geregelt worden, und zwar nicht nur im Innenverhältnis der Ehegatten untereinander (vgl. *Zöller/Geimer*, § 722 Rdnr. 64; vgl. auch *OLG Hamburg*, FamRZ 1983, 1157 [1158] zum finnischen Ehegesetz). Dies folgt nicht nur aus Art. 103 I und Art. 123 EheFamG, die bestimmen, dass Eltern ihren Kindern unterhaltspflichtig sind, sondern auch aus der Überschrift zu Art. 78 ff. EheFamG („Beziehungen der Eltern zu den Kindern nach der Ehescheidung") und insbesondere aus Art. 79 S. 2 EheFamG, demzufolge auch das Kind eine Anpassung des im Scheidungsurteil festgelegten Unterhaltsbeitrags an veränderte Verhältnisse verlangen kann (vgl. *OLG Düsseldorf*, FamRZ 1982, 631 [632] zum bosnisch-herzegowinischen Recht). An der Art des Unterhaltsanspruchs des Kindes ändert sich durch die Trennung oder Scheidung der Eltern nichts (vgl. *Povh*, FamRZ 1991, 132 [136] zur Rechtslage vor der Unabhängigkeit Sloweniens).

[12] Die Kl. sind daher, auch ohne Titelgläubiger zu sein, für das Verfahren nach § 722 ZPO prozessführungsbefugt (vgl. *Stein/Jonas/Münzberg*, ZPO, § 722 Rdnr. 16; *Gottwald*, in: MünchKomm-ZPO, 2. Aufl., § 722 Rdnr. 27; *Baumbach/Lauterbach/Albers/Hartmann*, ZPO, 65. Aufl., § 722 Rdnr. 7).

[13] 4. Allerdings ist Vollstreckungstitel nicht das Urteil des *Grundgerichts Ljubljana* allein. Wie das BerGer. zutreffend ausführt, handelt es sich um einen dynamischen Unterhaltstitel. Die darin festgelegten Unterhaltsbeträge werden nach Art. 132 I EheFamG der Wandlung der Lebenshaltungskosten und der persönlichen Einkommen in Slowenien angepasst (vgl. *Novak*, FamRZ 2005, 1637 [1640]). Das zuständige Zentrum für Sozialarbeit benachrichtigt schriftlich den Verpflichteten und den Berechtigten über die jeweilige Anpassung und den neuen Unterhaltsbetrag, Art. 132 IV 1 EheFamG. Diese Benachrichtigung bildet gem. Art. 132 IV 2 EheFamG zusammen mit der Gerichtsentscheidung den Vollstreckungstitel (vgl. auch *OGH Wien*, ZfRV 2003, 189 L). Das AG hätte daher das Ausgangsurteil in Verbindung mit den im Tenor aufgeführten Benachrichtigungen des Zentrums für die Sozialarbeit Kranj für vollstreckbar erklären müssen.

[17] Für die Anerkennung und Vollstreckbarerklärung einer in einem ausländischen Scheidungsurteil getroffenen weiteren Nebenentscheidung, zum Beispiel einer Verurteilung zu Unterhaltszahlungen, ist das Verfahren vor der Landesjustizverwaltung nach Art. 7 § 1 FamRÄndG aber nicht erforderlich (vgl.

Geimer, NJW 1967, 1398 [1402]; zum Gesetzeszweck vgl. auch *Senat,* BGHZ 112, 127 [134] = NJW 1990, 3081). Nur wenn die weitere Entscheidung auf dem Eheurteil beruht, ohne dieses also keinen Bestand haben kann, darf sie erst nach Anerkennung des Scheidungsausspruchs für vollstreckbar erklärt werden (BGHZ 64, 19 [22] = NJW 1975, 1072 = FamRZ 1975, 273 [274]). Das ist hier nicht der Fall.

[19] Der *Senat* schließt sich daher der in Rechtsprechung und Literatur herrschenden Meinung an, dass die Vollstreckbarerklärung des Kindesunterhaltstitels nicht der vorherigen Anerkennung der Scheidung nach Art. 7 § 1 FamRÄndG bedarf (vgl. *OLG Karlsruhe,* DAVorm 1981, 166; *OLG München,* DAVorm 1982, 490; *OLG Köln,* FamRZ 1979, 718 [719]; *LG Frankenthal,* DAVorm 1977, 62 [64]; *Wieczorek/Schütze,* ZPO, 3. Aufl., § 722 Rdnr. 46; Soergel/Kegel, BGB, 12. Aufl., Art. 19 EGBGB Rdnr. 115; *Rahm/Künkel/Breuer,* Hdb. des Familiengerichtsverfahrens, VIII Rdnr. 180.7; *Beitzke,* ZfJ 1986, 477 [481]; *Göppinger/Wax/Linke,* Rdnr. 3285; a. A. *OLG Hamm,* FamRZ 1989, 785 m. abl. Anm. *Henrich,* IPrax 1990, 59). Denn das Anliegen des Art. 7 § 1 FamRÄndG, einander widersprechende Entscheidungen über die Wirksamkeit einer ausländischen Ehescheidung im Inland zu vermeiden (vgl. *Senat,* BGHZ 112, 127 [134] = NJW 1990, 3081), wird durch den Ausspruch der Vollstreckbarkeit des Titels über den Kindesunterhalt nicht tangiert.

BVerfG v. 28. 2. 2007 – 1 BvL 9/04 – FamRZ 07, 965 = NJW 07, 1735

R671   *(Kindbezogene oder elternbezogene Gründe für die Verlängerung des Betreuungsunterhalts)*

a   [17] d) Mittlerweile hat sich in der Rechtsprechung zu der Frage, wann eine grobe Unbilligkeit i. S. von § 1615l II Satz 3 BGB vorliegt, eine Kasuistik herausgebildet, die zwischen „kindbezogenen" und „elternbezogenen" Gründen unterscheidet (vgl. OLG Frankfurt, FamRZ 2000, S. 1522, 1523; OLG Celle, FamRZ 2002, S. 636; OLG Karlsruhe, NJW 2004, S. 523, 524; OLG Hamm, NJW 2005, S. 297, 298; OLG Düsseldorf, FamRZ 2005, S. 1772). Allerdings finden sich unter den veröffentlichten Entscheidungen nicht viele, in denen ein über das dritte Lebensjahr des Kindes hinausreichender Unterhaltsanspruch zuerkannt worden ist. Bei Annahme einer groben Unbilligkeit ist der Anspruch – soweit ersichtlich – zumeist nicht länger als bis zum sechsten beziehungsweise siebten Lebensjahr gewährt worden.

(Keine Privilegierung ehelicher Kinder beim Betreuungsunterhalt; mögliche Besserstellung eines geschiedenen Elternteiles)

b   [57] (1) Art. 6 V GG fordert, nichtehelichen Kindern gleiche Lebensbedingungen wie ehelichen Kindern zu schaffen. Damit untersagt die Verfassungsnorm zugleich eine Privilegierung ehelicher Kinder, die mit dem Schutz der Ehe aus Art. 6 I GG begründet wird, weil dies dem Gleichstellungsgebot gerade zuwiderliefe.

[58] Allerdings schließt dies nicht aus, wegen des Schutzes, den die eheliche Verbindung durch Art. 6 I GG erfährt, einen geschiedenen Elternteil unterhaltsrechtlich besserzustellen als einen unverheirateten Elternteil, was sich mittelbar auch auf die Lebenssituation der mit diesen Elternteilen zusammenlebenden Kindern auswirken kann (vgl. auch BVerfG, NJW 2007, 1343 = FamRZ 2007, 529). So hat ein geschiedener Elternteil ungeachtet des Alters des von ihm betreuten Kindes einen Unterhaltsanspruch gegen den anderen Elternteil, wenn er eine angemessene Erwerbsarbeit nicht findet, während einem nichtverheirateten Elternteil für den Fall der Arbeitslosigkeit kein Unterhaltsanspruch gegen den anderen Elternteil zur Seite steht. Dies kann zu unterschiedlichen sozialen Lagen auch der betroffenen Kinder führen. Dem Gesetzgeber ist es unbenommen, mit dem nachehelichen Ehegattenunterhalt dem geschiedenen Ehegatten Ansprüche einzuräumen, die mittelbar auch dem von ihm betreuten Kind zugute kommen, während nichteheliche Kinder von solchen Ansprüchen nicht profitieren können, weil ihre Eltern sich keinen solchen Unterhalt schulden. Dabei kann der Gesetzgeber auch berücksichtigen, dass aus der Aufgabenaufteilung, die die Ehegatten während der Ehe miteinander vereinbart und praktiziert haben, für einen der Ehegatten Schwierigkeiten erwachsen können, sich nach Scheidung wieder ins Erwerbsleben einzufinden, und dies zum Grund nehmen, dem hiervon betroffenen Ehegatten für einen bestimmten Zeitraum einen Unterhaltsanspruch zuzuerkennen.

[59] Räumt der Gesetzgeber aber dem geschiedenen Ehegatten einen Unterhaltsanspruch allein wegen der persönlichen Betreuung des gemeinsamen Kindes ein, dann verbietet es ihm Art. 6 V GG, die Dauer der für notwendig erachteten persönlichen Betreuung beim ehelichen Kind anders zu bemessen als bei einem nichtehelichen Kind. Denn wie lange einem Kind eine persönliche Betreuung durch einen Elternteil zuteil werden sollte, bestimmt sich nicht nach der ehelichen Solidarität, sondern nach den Bedürfnissen von Kindern, die sich bei ehelichen und nichtehelichen Kindern grundsätzlich nicht unterscheiden.

[60] (2) Es trifft nicht zu, dass der Anspruch aus § 1570 BGB nicht allein wegen der Kinderbetreuung eingeräumt worden ist, vielmehr darüber hinaus auf Grund der nachehelichen Solidarität

den geschiedenen Ehegatten in die Lage versetzen soll, bei Übernahme der Kinderbetreuung für längere Zeit keiner Erwerbsobliegenheit ausgesetzt zu sein, um damit einen späteren und leichteren Übergang und Wiedereinstieg in das Erwerbsleben zu finden. Die unterschiedliche Dauer des nach § 1570 BGB gewährten Unterhaltsanspruchs im Verhältnis zur Dauer des Anspruchs nach § 1615 l II 3 BGB lässt sich daher damit nicht rechtfertigen.

[61] (a) Weder dem Wortlaut von § 1570 BGB noch seiner Entstehungsgeschichte ist eine solche, über die Kinderbetreuung hinausgehende Ausrichtung des darin enthaltenen Unterhaltsanspruchs zu entnehmen.

[62] Der Normtext führt als einzigen Grund für die Unterhaltsgewährung die Pflege oder Erziehung eines gemeinsamen Kindes an. Auch die Frage der Anspruchsdauer ist allein auf diesen Grund bezogen. Durch die Überschrift der Vorschrift wird zudem hervorgehoben, dass der Unterhalt gerade wegen der Betreuung eines Kindes gewährt wird. Auch in der Gesetzesbegründung ist zwar die fortwirkende gemeinsame Verantwortung der Ehegatten füreinander als Grund dafür angeführt worden, trotz der Beendigung der wirtschaftlichen Beziehungen der Ehegatten durch die Scheidung einem geschiedenen Ehegatten dennoch in bestimmten Bedarfsfällen Unterhaltsansprüche gegen den anderen Ehegatten einzuräumen. Als solchen Bedarfsfall und damit Grund für die Abweichung von der generellen Selbstverantwortlichkeit der geschiedenen Ehegatten werden aber in § 1570 BGB ausschließlich die Kinderbetreuung benannt und die Dauer des Anspruchs allein davon abhängig gemacht, wie lange das Kind der Betreuung bedarf. Erstmals in den Gesetzesmaterialien zum Kindschaftsrechtsreformgesetz vom 16. 12. 1997 (BGBl I, 2942) ist bei der dort vorgenommenen Änderung von § 1615 l II 3 BGB die Auffassung vertreten worden, der Betreuungsunterhalt nach § 1570 BGB sei auch durch den zusätzlichen Schutzzweck der nachehelichen Solidarität begründet, was seine stärkere Ausgestaltung gegenüber § 1615 l II 3 BGB rechtfertige (vgl. BT-Dr 13/8511, S. 71).

[63] (b) Auch unter Berücksichtigung dieser vom Gesetzgeber nachgeschobenen Begründung vermag der Hinweis auf die nacheheliche Solidarität die unterschiedliche Dauer der beiden Unterhaltsansprüche vor Art. 6 V GG nicht zu rechtfertigen. Denn es findet sich in der vom Gesetzgeber durch die Offenheit der Norm angelegten und von ihm akzeptierten jahrzehntelangen Auslegung und Anwendung von § 1570 BGB durch die Rechtsprechung kein Anhaltspunkt dafür, dass bei der zeitlichen Bemessung dieses Unterhaltsanspruchs zusätzlich über den Betreuungsbedarf des Kindes hinaus dem Umstand zeitlich Rechnung getragen wird, dass sich ein kinderbetreuender Ehegatte auf die gemeinsam verabredete Aufgabenteilung in der Ehe dauerhaft eingestellt hat und ihm deshalb eine längere Zeit eingeräumt werden soll, sich wieder ins Berufsleben einfinden zu können. Die ausschließlich am Kindesalter orientierte und nach ihm bemessene Dauer des Unterhaltsanspruchs aus § 1570 BGB spricht vielmehr gegen die Annahme und Berücksichtigung eines solchen weiteren, die Dauer des Anspruchs bestimmenden Grundes und bestätigt, dass die unterschiedliche Dauer dieses Anspruchs gegenüber dem Anspruch aus § 1615 l II 3 BGB auf einer unterschiedlichen Einschätzung des Betreuungsbedarfs von nichtehelichen und ehelichen Kindern beruht. Dies aber verbietet Art. 6 V GG.

[64] (aa) Dabei ist schon zu fragen, ob § 1570 BGB für den Fall, er decke auch einen über den Kinderbetreuungsbedarf hinausgehenden, der ehelichen Solidarität geschuldeten Unterhaltstatbestand mit ab, ausreichend klar zum Ausdruck brächte, woran sich dieser, über die Zeitspanne der Kinderbetreuung hinausgehende, dem möglichen Verbleib in der ausschließlichen Rolle des betreuenden Elternteils dienende Anspruch in seiner Dauer auszurichten hätte. Denn als Maßstab der Dauer nennt § 1570 BGB lediglich die Notwendigkeit der Kinderbetreuung. Verfolgt der Gesetzgeber daneben aber mit dem Unterhaltsanspruch noch einen weiteren Zweck, hat er in der Regelung nicht nur diese Zwecksetzung deutlich zu machen, sondern auch, woran der Umfang dieses Teils des Unterhaltsanspruchs zu bemessen ist, wie dies der Gesetzgeber auch vorgeben müsste, wenn er für diesen Zweck einen eigenständigen Unterhaltsanspruch schaffen würde. Daran mangelt es bei § 1570 BGB.

(Unterhaltsbefristung des § 1615 l II 3 BGB a. F. verfassungsgemäß; Auflage für den Gesetzgeber)

[72] II. 1. § 1615 l II 3 BGB verletzt dagegen nicht das von Art. 6 II GG geschützte Elternrecht.　　　　c

[73] Art. 6 II GG begründet für Eltern gleichermaßen das Recht wie die Pflicht zur Pflege und Erziehung ihrer Kinder. Diese den Eltern zuvörderst zugewiesene Verantwortung für ihr Kind hat dessen Wohl zu dienen. Das Elternrecht ist insofern ein Recht im Interesse des Kindes (vgl. BVerfGE 75, 201 [218] = NJW 1988, 125). Gegen dieses Recht verstößt die in § 1615 l II 3 BGB vorgenommene Unterhaltsregelung, die dem Elternteil eines nichtehelichen Kindes einen in der Regel auf drei Jahre begrenzten Betreuungsunterhaltsanspruch einräumt, nicht. Der Gesetzgeber hat mit der Regelung sichergestellt, dass der das Kind betreuende Elternteil während der ersten drei Lebensjahre des Kindes keiner Erwerbsarbeit nachgehen muss, sondern sich dem Kinde widmen und damit seiner Elternverantwortung nachkommen kann. Die zeitliche Begrenzung des Unterhaltsanspruchs auf in der Regel drei Jahre ist im Lichte des Art. 6 II GG nicht zu beanstanden. Zum einen liegt es in der Einschätzungskompetenz des Gesetzgebers, für wie lange er es aus Kindeswohlgesichtspunkten für erforderlich und dem unterhaltspflichtigen Elternteil zumutbar erachtet, die persönliche Betreuung des Kindes

durch einen Elternteil mithilfe der Einräumung eines Unterhaltsanspruchs an diesen zu ermöglichen. Zum anderen hat er jedem Kind ab dem dritten Lebensjahr einen Anspruch auf einen Kindergartenplatz eingeräumt. Damit hat er sichergestellt, dass ein Kind ab diesem Alter in der Regel eine außerhäusliche Betreuung erfahren kann, während sein Elternteil einer Erwerbsarbeit nachgeht. Es ist eine vertretbare Einschätzung des Gesetzgebers, wenn er es deshalb nicht für notwendig erachtet hat, den betreuenden Elternteil länger von seiner Erwerbsobliegenheit zu entbinden, vielmehr unter Auswertung wissenschaftlicher Studien davon ausgegangen ist, eine Betreuung des Kindes im Kindergarten sei diesem nicht abträglich, sondern fördere wichtige Kompetenzen des Kindes. Hierin liegt keine Vernachlässigung des Elternrechts. Vielmehr hat der Gesetzgeber mit der Regelung die Interessen sowohl des betreuenden als auch des unterhaltspflichtigen Elternteils sowie des Kindes berücksichtigt und sie in einen Ausgleich gebracht. Insbesondere aber hat er über die Billigkeitsklausel in § 1615 l II 3 BGB die Möglichkeit geschaffen, im Einzelfall zu prüfen, ob die Einstellung der Unterhaltszahlung an den betreuenden Elternteil das Kindeswohl gefährden könnte, und für diesen Fall eine Verlängerung der Unterhaltsgewährung vorgesehen. Dies trägt dem Elternrecht des betreuenden Elternteils hinreichend Rechnung.

C. I. [75] Da die Verletzung von Art. 6 V GG in der unterschiedlichen Regelung der Unterhaltsansprüche wegen der Betreuung von Kindern in § 1570 einerseits und § 1615 l II 3 BGB andererseits liegt, scheidet eine Nichtigerklärung von § 1615 l II 3 BGB ebenso aus wie die Erklärung der Unvereinbarkeit dieser Norm mit Art. 6 V GG (vgl. BVerfGE 84, 168 [186 f.] = NJW 1991, 1944). Dem Gesetzgeber stehen zur Beseitigung des verfassungswidrigen Zustands mehrere Möglichkeiten offen. So kann er eine Gleichbehandlung der Regelungssachverhalte durch eine Änderung des § 1615 l BGB, durch eine Änderung von § 1570 BGB oder auch durch eine Neuregelung beider Sachverhalte vornehmen. Dabei hat er nur in jedem Fall einen gleichen Maßstab hinsichtlich der Dauer des wegen der Kinderbetreuung gewährten Unterhaltsanspruchs bei nichtehelichen und ehelichen Kindern zu Grunde zu legen.

BGH v. 28. 2. 2007 – XII ZR 161/04 – FamRZ 07, 707 = NJW 07, 1882

R672
a

(Vertretungsbefugnis und Unterhalt beim sog. Wechselmodell)

[16] (Die alleinige Barunterhaltspflicht eines Elternteils) ist – in Fällen der vorliegenden Art – so lange nicht in Frage zu stellen, wie das deutliche Schwergewicht der Betreuung bei einem Elternteil liegt. Solange ist es gerechtfertigt, davon auszugehen, dass dieser Elternteil die Hauptverantwortung für das Kind trägt und dadurch den Betreuungsunterhalt leistet, während der andere Elternteil – auf der Grundlage nur seiner eigenen wirtschaftlichen Verhältnisse – zum Barunterhalt verpflichtet ist. Deshalb ändert sich an der aus dem Schwergewicht der Betreuung durch einen Elternteil folgenden Aufteilung zwischen Bar- und Betreuungsunterhalt nichts, wenn der barunterhaltspflichtige Elternteil seinerseits Betreuungs- und Versorgungsleistungen erbringt, selbst wenn dies im Rahmen eines über das übliche Maß hinaus wahrgenommenen Umgangsrechts erfolgt, dessen Ausgestaltung sich bereits einer Mitbetreuung annähert. Wenn und soweit der andere Elternteil gleichwohl die Hauptverantwortung für ein Kind trägt, muss es dabei bleiben, dass dieser Elternteil seine Unterhaltspflicht i. S. des § 1606 III 2 BGB durch die Pflege und Erziehung des Kindes erfüllt. Zur Beantwortung der Frage, ob ein Elternteil die Hauptverantwortung für ein Kind trägt, kommt der zeitlichen Komponente der von ihm übernommenen Betreuung indizielle Bedeutung zu, ohne dass die Beurteilung sich allein hierauf zu beschränken braucht (*Senat,* NJW 2006, 2258 = FamRZ 2006, 1015 [1016 f.]).

b

(hälftige Aufteilung der Erziehungs- und Betreuungsaufgaben ist Voraussetzung für Wechselmodell)

[17] c) Im vorliegenden Fall hat der Bekl. in dem hier maßgeblichen Zeitraum nach den von der Revision nicht angegriffenen Feststellungen des BerGer. im Durchschnitt die Betreuung an fünf von 14 Tagen übernommen, und zwar dergestalt, dass sich die Kinder von mittwochs abends bis montags morgens beim Vater aufhalten und sodann nach der Schule in den Haushalt der Mutter wechseln, wo sie bis zum Mittwochabend der folgenden Woche bleiben. Damit entfällt auf den Bekl. ein Betreuungsanteil von etwas mehr als 1/3 (gerundet 36%). Auch wenn er – über den zeitlichen Einsatz hinaus – den entsprechenden Anteil der insgesamt anfallenden Betreuungsleistungen wahrgenommen haben sollte, was sich aus den getroffenen Feststellungen nicht zweifelsfrei ergibt, reicht das nicht aus, um von einer etwa hälftigen Aufteilung der Erziehungs- und Betreuungsaufgaben auszugehen. Vielmehr läge das Schwergewicht der Betreuung auch dann eindeutig bei der Mutter. Die Eltern praktizieren somit keine Betreuung in einem Wechselmodell mit im Wesentlichen gleichen Anteilen (vgl. hierzu *Senat,* NJW 2006, 2258 = FamRZ 2006, 1015 [1017]). Deshalb kommt die Mutter ihrer Unterhaltspflicht gegenüber den Kl. gem. § 1606 III 2 BGB durch deren Betreuung nach. Eine anteilige Barunterhaltspflicht besteht für sie entgegen der Auffassung des BerGer. nicht

(Konkrete Darlegung von Aufwendungen und Ersparnis des anderen Elternteils bei Bedarfsdeckung durch Leistungen des Barunterhaltspflichtigen)

[25] c) Von einer teilweisen Bedarfsdeckung kann im vorliegenden Fall indessen nicht ausgegangen **c** werden. Dass der Bekl. seinerseits den Wohnbedarf der Kinder in der Zeit, in der diese sich bei ihm aufhalten, bestreitet, mindert deren – ohne Berücksichtigung dieser Mehrkosten ermittelten – Bedarf nicht. Denn in den Tabellensätzen sind nur die bei einem Elternteil anfallenden Wohnkosten enthalten. Eine – unterhaltsrechtlich erhebliche – teilweise Bedarfsdeckung durch die Verpflegung der Kl. durch den Bekl. kann ebenso wenig angenommen werden. Die im Rahmen üblicher Umgangskontakte von etwa fünf bis sechs Tagen monatlich gewährte Verpflegung führt nicht zu Erstattungsansprüchen des besuchten Elternteils, vielmehr hat dieser die üblichen Kosten, die ihm bei der Ausübung des Umgangsrechts entstehen, grundsätzlich selbst zu tragen (vgl. *Senat,* NJW 2005, 1493 = FamRZ 2005, 706 [707f.]). Die Verpflegung während weiterer vier bis fünf Tage führt aber nicht zu nennenswerten Ersparnissen des anderen Elternteils. Sonstige den Bedarf der Kl. teilweise deckende konkrete Aufwendungen des Bekl. hat das BerGer. – von der Revision unangefochten – nicht festgestellt.

BGH v. 28. 2. 2007 – XII ZR 165/04 – FamRZ 07, 974 = NJW 07, 2848

(Keine Vertragsanpassung wegen außergewöhnlicher Einkommenssteigerung bei vertraglich limitiertem nachehe- **R673** *lichen Unterhalt)*

[22] aa) Eine die Vertragsanpassung rechtfertigende erhebliche Abweichung der tatsächlichen Ver- **a** hältnisse in der Ehe von der ursprünglichen Lebensplanung der Ehegatten kann – entgegen der Auffassung des OLG – nicht in dem Umstand gefunden werden, dass der Ehemann nach Abschluss des Ehevertrags eine außergewöhnliche Steigerung seines Einkommens erzielt hat. Denn mit der im Ehevertrag vorgesehenen Limitierung des nachehelichen Unterhalts haben die Parteien festgelegt, dass sich die Unterhaltshöhe gerade nicht nach den jeweiligen ehelichen Lebensverhältnissen bemessen, sondern sich nach der dort genannten Gruppe der Beamtenbesoldung als einer dynamischen Bezugsgröße bestimmen soll. Da der Ehevertrag wirksam ist, ist die von den Parteien gewollte Abkoppelung des nachehelichen Unterhalts von der späteren Einkommensentwicklung der Parteien bindend.

(Grenzen der richterlichen Vertragsanpassung bei der Ausübungskontrolle)

[28] d) Durch richterliche Anpassung von Eheverträgen sollen ehebedingte Nachteile ausgeglichen **b** werden. Solche Nachteile liegen vor, wenn ein Ehegatte um der gemeinsamen Lebensplanung willen für sein berufliches Fortkommen Risiken auf sich genommen hat, und wenn diese Risiken sich auf Grund von Abweichungen der bei Vertragsschluss vorgestellten Lebenssituation von der späteren tatsächlichen Lebenslage im Scheidungsfall als Nachteil konkretisieren. Denn es geht nicht an, dass das Risiko des Fehlschlagens eines gemeinsamen Lebensplans einseitig nur einen Partner belastet. Daraus folgt allerdings zugleich, dass ein durch einen wirksamen Ehevertrag benachteiligter Ehegatte im Rahmen der Ausübungskontrolle auch nicht besser gestellt werden darf, als er sich ohne die Übernahme dieser Risiken – also insbesondere bei kontinuierlicher Fortsetzung seines vorehelichen Berufswegs – stünde.

[29] Auch wenn im vorliegenden Fall – unter Berücksichtigung der unter II 3 b und II 3 c dargestellten Gesichtspunkte – eine Vertragsanpassung zu Gunsten der Ehefrau in Betracht käme, so könnte ein ihr zuzubilligender Unterhaltsbetrag deshalb jedenfalls den Verdienst nicht überschreiben, den sie erzielt hätte, wenn sie nach ihrer ersten Ehe nicht den Ast. geheiratet und in der mit ihm geführten Ehe auf eine Erwerbstätigkeit verzichtet hätte. Darüber hinaus ist im vorliegenden Fall auch zu bedenken, dass Nachteile, die sich für die „Berufsbiografie" der Ehefrau ergeben, weil diese bereits während und nach ihrer ersten Ehe, aus der ebenfalls ein Kind hervorgegangen ist, nur teilweise erwerbstätig war, nicht – als Ausgleichung ehebedingter Nachteile – auf den Ehemann der zweiten Ehe verlagert werden können. Ob die Ehefrau – sofern die übrigen Voraussetzungen einer richterlichen Vertragsanpassung vorliegen – bei Anwendung dieser Grundsätze das Zweifache der im Ehevertrag in Bezug genommenen Beamtenbesoldung als Unterhalt beanspruchen könnte, erscheint nach den vorliegenden Daten ihrer Erwerbsbiografie zweifelhaft und bedarf tatrichterlicher Klärung.

BGH v. 28. 2. 2007 – XII ZR 37/05 – FamRZ 07, 793 = NJW 07, 1961

(Beförderung vom Oberstudienrat (A14) zum Studiendirektor (A15) sog. Leistungsbeförderung; Mehrverdienst **R674** *nicht prägend; keine Lebensstandardgarantie)*

[20] 1. Zu Recht ist das BerGer. allerdings von einem Einkommen des Bekl. als Oberstudienrat **a** ausgegangen, weil nur dieses Einkommen nach den Ausführungen des abzuändernden Urteils die ehelichen Lebensverhältnisse der Parteien geprägt hat.

[21] An dieser Bewertung hat sich auch durch die neuere Rechtsprechung des Senats zu den wandelbaren ehelichen Lebensverhältnissen nichts geändert (*Senat,* BGHZ 166, 351 = NJW 2006, 1654 = FamRZ 2006, 683 [685], und BGHZ 153, 358 [364f.] = NJW 2003, 1518 = FamRZ 2003, 590 [591]). Zwar sind danach nachehelich eingetretene Einkommensminderungen bei der Bedarfsbemessung grundsätzlich zu berücksichtigen, sofern sie nicht auf einer Verletzung der Erwerbsobliegenheit des Unterhaltsverpflichteten beruhen oder durch freiwillige berufliche oder wirtschaftliche Dispositionen des Unterhaltsverpflichteten veranlasst sind und von diesem durch zumutbare Vorsorge aufgefangen werden können. Denn die Anknüpfung der nach § 1578 I 1 BGB maßgebenden Umstände an den Zeitpunkt der Rechtskraft des Scheidungsurteils begründet schon nach ihrem Zweck für den unterhaltsberechtigten Ehegatten keine die früheren ehelichen Lebensverhältnisse unverändert fortschreibende Lebensstandardgarantie.

[22] Umgekehrt hat der Senat wegen des Grundsatzes der Eigenverantwortlichkeit in § 1569 BGB daran festgehalten, dass nacheheliche Einkommenssteigerungen des Unterhaltspflichtigen sich nur dann bedarfssteigernd auswirken, wenn ihnen eine Entwicklung zu Grunde liegt, die aus der Sicht zum Zeitpunkt der Scheidung mit hoher Wahrscheinlichkeit zu erwarten war. Solches war nach dem Inhalt der abzuändernden Entscheidung bezüglich der Beförderung zum Studiendirektor nicht der Fall.

(Nach Scheidung neu entstandene Kirchensteuer prägender Abzugsposten; Abzugsposten berücksichtigungswürdig, wenn nicht vorwerfbar neu entstanden ist; keine Lebensstandardgarantie)

b [23] 2. Ebenfalls zu Recht hat das BerGer. für die Zeit ab November 2003 von dem Einkommen des Bekl. die von ihm gezahlte Kirchensteuer abgesetzt. Dabei kommt es nach der zitierten Rechtsprechung des Senats zu den wandelbaren ehelichen Lebensverhältnissen nicht entscheidend darauf an, ob der Bekl. bei Rechtskraft der Ehescheidung Kirchensteuer entrichten musste oder ob in diesem Zeitpunkt ein späterer Kircheneintritt zu erwarten war.

[24] Die Anknüpfung der nach § 1578 I 1 BGB maßgebenden Umstände an den Zeitpunkt der Rechtskraft des Scheidungsurteils begründet schon nach ihrem Zweck für den unterhaltsberechtigten Ehegatten keine die früheren ehelichen Lebensverhältnisse unverändert fortschreibende Lebensstandardgarantie, deren Erfüllung nur in den Grenzen fehlender Leistungsfähigkeit des unterhaltsverpflichteten Ehegatten an dessen dauerhaft veränderte wirtschaftliche Verhältnisse angepasst und nur insoweit auch „nach unten korrigiert" werden könnten. Für eine solche Absicherung böte das Recht des nachehelichen Unterhalts, das – jedenfalls im Prinzip – nur die Risiken der mit der Scheidung fehlgeschlagenen Lebensplanung der Ehegatten und der von ihnen in der Ehe praktizierten Arbeitsteilung angemessen ausgleichen will, keine Rechtfertigung. Das Unterhaltsrecht will den bedürftigen Ehegatten nach der Scheidung wirtschaftlich im Grundsatz nicht besser stellen, als er sich ohne die Scheidung stünde (*Senat,* BGHZ 166, 351 = NJW 2006, 1654 = FamRZ 2006, 683 [685f.], und BGHZ 153, 358 [364f.] = NJW 2003, 1518 = FamRZ 2003, 590 [591]).

[25] Bei fortbestehender Ehe hätte die Kl. den Kircheneintritt des Bekl. aber akzeptieren und die Verringerung des verfügbaren Nettoeinkommens mit tragen müssen. Dann kann auch die Scheidung ihr das Risiko einer solchen – auch den unterhaltspflichtigen Bekl. treffenden – Verringerung des verfügbaren Einkommens nicht abnehmen.

(Zusätzliche Altervorsorge von 5% beim Elternunterhalt und 4% im übrigen; nur soweit tatsächlich erbracht wird)

c [27] Dabei kommt es allerdings nicht darauf an, dass im Rahmen der früheren Unterhaltsvergleiche und der gerichtlichen Abänderung solche Beträge nicht abgesetzt worden sind. Denn insoweit weist die Anschlussrevision des Bekl. zutreffend darauf hin, dass nach der – nach Erlass des abzuändernden Urteils aus dem Jahre 1997 geänderten – Rechtsprechung des Senats grundsätzlich eine zusätzliche Altersversorgung betrieben werden darf, die unterhaltsrechtlich beim Elternunterhalt bis zu 5% des Bruttoeinkommens (*Senat,* NJW 2004, 769 = FamRZ 2004, 792 [793], und NJW 2006, 3344 = FamRZ 2006, 1511 [1514]) und im Übrigen bis zu 4% des Bruttoeinkommens (BGHZ 163, 84 [97ff.] = NJW 2005, 3277 = FamRZ 2005, 1817 [1821f.]) betragen kann. Das setzt aber stets voraus, dass solche Aufwendungen für die eigene Altersvorsorge tatsächlich geleistet werden. Hat der Unterhaltsschuldner solches nicht dargelegt, kommt ein fiktiver Abzug für eine zusätzliche Altersversorgung nicht in Betracht (*Senat,* NJW 2007, 511 = FamRZ 2007, 193).

(Wohnwert unterhaltsrechtliches Einkommen)

d [30] Zwar ist der Vorteil des mietfreien Wohnens im eigenen Haus nach ständiger Rechtsprechung des Senats grundsätzlich als Vermögensertrag unterhaltsrechtlich zu berücksichtigen (vgl. z. B. NJW 2005, 2077 = FamRZ 2005, 1159 [1161]; *Wendl/Gerhardt,* 6. Aufl., § 1 Rdnrn. 311 ff.).

(Abänderungsklage bei Änderung der höchstrichterlichen Rechtsprechung; Einsatzzeitpunkt; Präklusion auch für den Beklagten)

[32] 5. Zu Recht weist die Revision allerdings darauf hin, dass das BerGer. nicht schon für die Zeit   e
von April 2002 bis Oktober 2003 von einem fiktiven Einkommen des Bekl. nach der Steuerklasse I
ausgehen durfte, zumal die abzuändernde Entscheidung den Splittingvorteil des Bekl. aus seiner
zweiten Ehe – im Einklang mit der früheren Rechtsprechung des Senats – bei der Bemessung des
Unterhaltsanspruchs der Kl. berücksichtigt hatte.

[33] a) Zwar hat das BVerfG mit Beschluss vom 7. 10. 2003 entschieden, dass steuerliche Vorteile,
die der neuen Ehe eines geschiedenen Unterhaltspflichtigen durch das Ehegattensplitting erwachsen,
von Verfassungs wegen nicht schon in der früheren Ehe angelegt sind und deswegen die Lebensverhältnisse dieser Ehe nicht bestimmt haben. Denn diese steuerlichen Vorteile, die in Konkretisierung
des Schutzauftrags aus Art. 6 I GG durch das Gesetz allein der bestehenden Ehe eingeräumt sind, dürfen
ihr durch die Gerichte nicht wieder entzogen und an die geschiedene Ehe weitergegeben werden
(BVerfGE 108, 351 = NJW 2003, 3466 = FamRZ 2003, 1821 [1823]). Dem hat sich der Senat
inzwischen angeschlossen. Danach ist für den Ehegattenunterhalt bei der Bemessung des unterhaltsrelevanten Einkommens eines wiederverheirateten Unterhaltspflichtigen ein gegebenenfalls vorhandener Splittingvorteil außer Betracht zu lassen und eine fiktive Steuerberechnung anhand der Grundtabelle vorzunehmen (*Senat,* BGHZ 163, 84 [90f.] = NJW 2005, 3277 = FamRZ 2005, 1817 [1819]).

[34] b) Wegen der Rechtskraft des abzuändernden Urteils gilt dies im Rahmen der – hier gebotenen
– Abänderung nach § 323 ZPO aber erst für die Zeit ab Änderung der höchstrichterlichen Rechtsprechung durch den Beschluss des BVerfG vom 7. 10. 2003.

[35] Die Abänderung des bestehenden Unterhaltstitels richtet sich hier entgegen der Rechtsauffassung des BerGer. auch materiell-rechtlich nach § 323 ZPO und nicht – wie bei der Abänderung von
Prozessvergleichen – nach den Grundsätzen über die Änderung oder den Wegfall der Geschäftsgrundlage. Denn die Unterhaltspflicht des Bekl. ergab sich aus der materiellen Rechtskraft des Urteils des
OLG Hamm vom 19. 9. 1997. Auch wenn dieses Urteil einen früheren Prozessvergleich der Parteien
abgeändert hatte, ist eine Durchbrechung seiner Rechtskraft nur nach Maßgabe der materiellen
Voraussetzungen einer Abänderungsklage in § 323 ZPO möglich.

[36] Dabei ergeben sich aus der Zielsetzung des § 323 I ZPO, nämlich nur unvorhersehbare
Veränderungen der maßgebenden tatsächlichen Verhältnisse nachträglich berücksichtigen zu können,
zugleich die Grenzen für die Durchbrechung der bestehenden Rechtskraft. Die sich aus der Rechtskraft
ergebende Bindungswirkung des Ersturteils darf deswegen auf Abänderungsklage nur insoweit beseitigt
werden, als das Ersturteil auf Verhältnissen beruht, die sich nachträglich geändert haben. Bereits seit
längerem ist anerkannt, dass sich eine wesentliche Veränderung der maßgeblichen Verhältnisse nicht
nur aus einer Änderung der Gesetzeslage, sondern auch aus einer ihr gleichkommenden verfassungskonformen Auslegung einer Norm durch das BVerfG ergeben kann (*Senat,* NJW 1990, 3020 =
FamRZ 1990, 1091 [1094]). Außerdem hat der Senat inzwischen entschieden, dass dies auch für die
Änderung der höchstrichterlichen Rechtsprechung durch den BGH gilt (BGHZ 148, 368 [377f.] =
NJW 2001, 3618 = FamRZ 2001, 1687 [1690] für die Abänderung von Vergleichen sowie BGHZ
153, 372 [383f.] = NJW 2003, 1518 = FamRZ 2003, 848 [851f.] für die Abänderung von Urteilen). In
beiden Fällen kommt eine Abänderung des Unterhaltstitels wegen Änderung der Rechtsprechung aber
erst ab Verkündung des maßgeblichen Urteils des BVerfG oder des BGH in Betracht. Auf diese
Rechtsprechung des BGH hat das BVerfG in seiner Entscheidung zur Berücksichtigung des Splittingvorteils aus zweiter Ehe für weitere Verfahren, die nicht Gegenstand der Verfassungsbeschwerde waren,
ausdrücklich hingewiesen (BVerfGE 108, 351 = NJW 2003, 3466 = FamRZ 2003, 1821 [1825]).

[37] c) Eine entsprechende zeitliche Schranke gilt im Rahmen der hier vorliegenden Abänderungsklage auch für den Bekl., so dass er sich auch im Rahmen der Verteidigung gegen die Abänderungsklage der Kl. erst für die Zeit ab der Rechtsprechung des BVerfG zum Splittingvorteil darauf berufen
kann.

[38] Zwar gilt die in § 323 II ZPO für den Kl. eines Abänderungsverfahrens angeordnete Präklusion
von Abänderungsgründen nicht uneingeschränkt auch für den Bekl. dieses Verfahrens. Vielmehr kann
der Bekl. zur Verteidigung des Ersturteils gegen das Abänderungsbegehren des Kl. auch solche
Tatsachen in den Prozess einführen, die bereits während des Erstprozesses vorgelegen haben, dort aber
nicht vorgetragen wurden und infolgedessen unberücksichtigt geblieben sind (*Senat,* NJW-RR 2001,
937 = FamRZ 2001, 1364 [1365]). Diese Rechtsprechung des Senats beschränkt sich allerdings nach
§ 323 II ZPO auf die Präklusion solcher Tatsachen, die schon früher vorhanden und lediglich nicht
geltend gemacht waren. Sie ist auf die nach § 323 I ZPO relevante Frage, ob und ab wann überhaupt
wesentliche Änderungen der früher zu Grunde gelegten Verhältnisse eingetreten sind, nicht in gleicher
Weise übertragbar. Hier ist eine solche Änderung erst durch die Änderung der Rechtsprechung zum
Splittingvorteil mit Beschluss des BVerfG vom 7. 10. 2003 eingetreten (BVerfGE 108, 351 = NJW
2003, 3466 = FamRZ 2003, 1821 [1823]); früher konnte und kann auch der Bekl. diese nicht für sich
in Anspruch nehmen. Das hat das BerGer. verkannt.

(Im Regelfall tatsächliche Steuerlast einzusehen, auch bei Wechsel Steuerklasse; fiktive Steuerberechnung bei nichtprägenden Einkünften steuerlichen Vergünstigungen durch Wiederverhinderung oder Verletzung Obliegenheit, Freibeträge wahrzunehmen)

f [40] a) Nach ständiger Rechtsprechung des Senats ist bei der Ermittlung der ehelichen Lebensverhältnisse gem. § 1578 I 1 BGB grundsätzlich von den tatsächlich erzielten Einkünften auszugehen. Im Regelfall ist deswegen auch die Steuerlast in ihrer jeweils realen Höhe maßgebend, unabhängig davon, ob sie im konkreten Fall seit der Trennung gestiegen oder gesunken ist und ob das auf einem gesetzlich vorgeschriebenen Wechsel der Steuerklasse oder auf einer Änderung des Steuertarifs beruht. Berichtigungen der tatsächlichen, durch Steuerbescheid oder Lohnabrechnung nachgewiesenen Nettoeinkünfte sind nur in besonders liegenden Fällen vorzunehmen, etwa dann, wenn nicht prägende Einkünfte eingeflossen sind, steuerliche Vergünstigungen vorliegen, die – wie zum Beispiel das Ehegattensplitting – dem Unterhaltsberechtigten nicht zugute kommen dürfen oder wenn erreichbare Steuervorteile entgegen einer insoweit bestehenden Obliegenheit nicht in Anspruch genommen worden sind (*Senat*, NJW-RR 1990, 514 = FamRZ 1990, 503 [504]). Entsprechend trifft den Unterhaltspflichtigen grundsätzlich auch eine Obliegenheit, mögliche Steuervorteile im Wege des Realsplittings nach § 10 I Nr. 1 EStG zu realisieren, soweit dadurch nicht eigene Interessen verletzt werden (*Senat*, NJW-RR 1998, 1153 = FamRZ 1998, 953 [954]).

(Eintragung Freibetrag Realsplitting nur bei Anerkenntnis, freiwilliger Zahlung oder Verurteilung)

g [41] Die Verpflichtung des Unterhaltsschuldners zur Inanspruchnahme steuerlicher Vorteile aus dem Realsplitting geht allerdings nur so weit, wie seine Unterhaltspflicht aus einem Anerkenntnis oder einer rechtskräftigen Verurteilung folgt oder freiwillig erfüllt wird. Denn die steuerlichen Voraussetzungen des Realsplittings erfordern eine tatsächliche Unterhaltszahlung in dem jeweiligen Steuerjahr (zur Steuerpflicht des Unterhaltsberechtigten vgl. BFH, HFR 2006, 568). Auch das hat das BerGer. verkannt, indem es bei der Ermittlung des unterhaltsrelevanten Einkommens des Bekl. einen Realsplittingvorteil auf der Grundlage der erst jetzt neu berechneten Unterhaltspflicht berücksichtigt hat.

[42] b) Nach dem Inhalt des abzuändernden Urteils vom 19. 9. 1997 war der Bekl. zu monatlichem Unterhalt in Höhe von 824,87 DM (= 421,75 Euro) verpflichtet. Nur diesen Betrag musste er deswegen im Rahmen seiner Obliegenheit zur bestmöglichen Ausschöpfung seiner Einkommensmöglichkeiten im Wege des Realsplittings von seinem steuerlich relevanten Einkommen absetzen. Hinzu kommt, dass der Bekl. mit seiner Abänderungswiderklage vom 12. 11. 2003 eine Herabsetzung des geschuldeten Unterhalts auf 121 Euro monatlich beantragt hatte. Wegen des ungewissen Ausgangs des Rechtsstreits war er ab diesem Zeitpunkt nicht mehr verpflichtet, das Realsplitting in einem höheren Umfang geltend zu machen. Sonst hätte er bei Erfolg seiner Abänderungswiderklage eine nicht unerhebliche Steuernachzahlung leisten müssen. Eine unterhaltsrechtliche Obliegenheit, das steuerliche Realsplitting in Anspruch zu nehmen, bestand deswegen nur in Höhe der jeweils rechtskräftig feststehenden Unterhaltsschuld und hätte vom BerGer. auch nur in diesem Umfang der Einkommensermittlung zu Grunde gelegt werden dürfen.

[43] Andererseits hat das BerGer. zu Unrecht für die Zeit von November 2003 bis Dezember 2004 jegliches Realsplitting abgelehnt. Denn mit dem Antrag seiner Abänderungswiderklage hat der Bekl. einen monatlichen Unterhalt in Höhe von 121 Euro unangegriffen gelassen, so dass ihn wegen der Rechtskraft der abzuändernden Entscheidung insoweit auch weiterhin eine Obliegenheit zur Durchführung des Realsplittings trifft. Das wird das BerGer. im Rahmen seiner neuen Entscheidung zu berücksichtigen haben (vgl. insoweit *Wendl/Gerhardt*, § 1 Rdnrn. 592 b, 593).

(Bei Vorrang erster Ehegatte Familienzuschlag bei Wiederverheiratung je zur Hälfte für erste und zweite Ehe prägend)

h [46] b) Einen Familienzuschlag der Stufe 1 nach § 40 I BBesG erhalten Beamte, Richter oder Soldaten unter anderem, wenn sie verheiratet sind oder wenn sie geschieden und aus der geschiedenen Ehe mindestens in Höhe des Familienzuschlags zum Unterhalt verpflichtet sind (zum Ortszuschlag nach früherem Recht vgl. BVerwG, NJW 1992, 1251 = FamRZ 1992, 176 [177]; *Millack/Engelking/Laatermann/Henkel*, BesoldungsR des Bundes und der Länder [Stand Sept. 1998], § 40 BBesG Nr. 3 S. 19). Ist ein Ehegatte – wie hier – seinem geschiedenen Ehegatten aus erster Ehe vorrangig unterhaltspflichtig (§ 1582 I BGB) und ist er nach der Scheidung eine zweite Ehe eingegangen, beruht die Zahlung des Familienzuschlags somit auf zwei alternativen Rechtsgründen (§ 40 I Nr. 1 und Nr. 3 BBesG). Der Familienzuschlag ist deswegen – anders als der Splittingvorteil in der neuen Ehe – nicht stets der neuen Ehe vorbehalten und soll auch nicht nur deren Belastungen mildern. Nach § 40 I Nr. 3 BBesG wird er vielmehr auch bewilligt, um die Unterhaltslasten aus einer geschiedenen Ehe abzumildern. In solchen Fällen entsteht durch die neue Ehe des Unterhaltspflichtigen keine finanzielle Veränderung. Der Familienzuschlag wird dann nicht erst durch die neue Ehe ausgelöst, weil er schon zuvor wegen der fortdauernden Unterhaltspflicht aus erster Ehe gewährt wurde. Einem vorrangig unterhaltsberechtigten ersten Ehegatten kann der Anteil des Familienzuschlags deswegen nicht nachträglich durch

Eingehung einer zweiten Ehe vollständig entzogen werden (OLG Celle, NJW 2005, 1516 = FamRZ 2005, 716 [717f.]; OLG Oldenburg, NJW 2006, 2419 = FamRZ 2006, 1127).

[47] Andererseits ergibt sich aus der Begründung des Gesetzes zur Reform des öffentlichen Dienstrechts, mit dem der bis Juni 1997 geltende Ortszuschlag durch den neuen Familienzuschlag ersetzt wurde, dass damit die Funktion des „familienbezogenen Bezahlungsbestandteils" verdeutlicht werden sollte (BT-Dr 13/3994, S. 29, 42). Sinn und Zweck des Familienzuschlags ist es danach, den unterschiedlichen Belastungen des Familienstands Rechnung zu tragen. Weil der Familienzuschlag somit auch die zusätzlichen Belastungen in der neuen Familie abmildern will, ist es auch nicht gerechtfertigt, ihn weiterhin in vollem Umfang für einen – gegenüber dem neuen Ehegatten vorrangigen – Unterhaltsanspruch des geschiedenen Ehegatten zu verwenden (OLG Celle, NJW-RR 2006, 721 = FamRZ 2006, 1126). Das wäre aber der Fall, wenn der Familienzuschlag stets voll als Einkommen berücksichtigt würde und deswegen der jeweils nach § 1582 I BGB bevorrechtigte Unterhaltsberechtigte davon profitieren könnte. Wird der Familienzuschlag also wegen der bestehenden (zweiten) Ehe und zugleich nach § 40 I Nr. 3 BBesG wegen einer fortdauernden Unterhaltspflicht aus einer früheren Ehe gezahlt, ist er nach seinem Sinn und Zweck auf beide Ansprüche aufzuteilen und deswegen bei der Bemessung des Unterhaltsanspruchs der geschiedenen Ehefrau nur hälftig zu berücksichtigen. Das hat das BerGer. richtig erkannt (a. A. OLG Oldenburg, NJW 2006, 2419 = FamRZ 2006, 1127).

(Familienzuschlag für Stiefkind in 2. Ehe für erste Ehe nichtprägend)

[49] 8. Gleiches gilt für die Beurteilung des Familienzuschlags des Bekl., soweit er für den in **i** häuslicher Gemeinschaft mit ihm lebenden Sohn seiner zweiten Ehefrau gewährt wird (§ 40 II BBesG).

[50] Auch insoweit entsprach es der früheren Rechtsprechung des Senats, kinderbezogene Steigerungsbeträge zum Ortszuschlag als Einkommen für die Bemessung des Unterhaltsanspruchs eines geschiedenen Ehegatten zu berücksichtigen, soweit der einem früheren Ehegatten unterhaltspflichtige Beamte das zu Grunde liegende Kindergeld für das Stiefkind bezog, auch wenn er dem Kind nicht unterhaltspflichtig war (*Senat*, NJW 1989, 1033 = FamRZ 1989, 172 [173]).

[51] An dieser Rechtsprechung kann nach der Entscheidung des BVerfG vom 7. 10. 2003 zum Ehegattensplitting nicht mehr festgehalten werden, weil der Familienzuschlag für das Stiefkind allein der bestehenden Ehe, in der das Kind lebt, eingeräumt wird und deswegen den Unterhaltsanspruch eines geschiedenen Ehegatten nicht erhöhen kann (vgl. schon *Schürmann,* FamRZ 2003, 1825 [1826]).

(nachträgliche Befristung des Unterhalts als Abänderungsgrund; Grenzen der Präklusion)

[55] b) Obwohl sich der Unterhaltsanspruch der Kl. seit Abschluss des Vergleichs vom 27. 7. 1990 **j** teilweise und seit Erlass des abzuändernden Urteils vom 19. 9. 1997 in vollem Umfang aus § 1573 II und III BGB ergab und seinerzeit nicht befristet worden ist, ist der Bekl. mit seinem Befristungsbegehren nicht gem. § 323 II ZPO präkludiert.

[56] aa) Das ergibt sich hier schon daraus, dass die früheren Unterhaltstitel aus einer Zeit stammen, als die Frage der Befristung des Aufstockungsunterhalts noch nicht den Stellenwert hatte, den sie nunmehr nach der grundlegend geänderten Rechtsprechung des Senats zur Berücksichtigung der Haushaltstätigkeit und Kindererziehung bei der Bemessung der ehelichen Lebensverhältnisse nach § 1578 BGB hat (*Senat*, BGHZ 148, 105 = NJW 2001, 2254 = FamRZ 2001, 986). Die den abzuändernden Titeln zu Grunde liegende frühere Rechtslage ging nämlich davon aus, dass ein späteres Einkommen des Unterhaltsberechtigten voll auf einen Unterhaltsbedarf nach den ehelichen Lebensverhältnissen anzurechnen sei, der sich allein nach dem tatsächlich erzielten Einkommen während der Ehezeit ergab (Anrechnungsmethode). Wie die früheren Unterhaltsabänderungen zeigen, führte diese Methode mit zunehmendem Einkommen des Unterhaltsberechtigten zu einer entsprechend zunehmenden Deckung dieses Unterhaltsbedarfs. Sie führte schon dann zu einer vollständigen Bedarfsdeckung, wenn der Unterhaltsberechtigte ein Einkommen bezog, das den ursprünglichen Unterhaltsbedarf, regelmäßig also weniger als die Hälfte des eheprägenden Einkommens des Unterhaltspflichtigen, erreichte.

[57] Das gilt nicht mehr in gleicher Weise, seit der Senat in seiner (zitierten) neueren Rechtsprechung bei der Bedarfsbemessung auch ein vom Unterhaltsberechtigten erst nachehelich erzieltes Einkommen als Surrogat der früheren Haushaltstätigkeit und Kindererziehung berücksichtigt und dieses Einkommen deswegen im Wege der Differenzmethode in die Unterhaltsberechnung einbezieht. Dadurch erhöhen absehbare Steigerungen des Einkommens des Unterhaltsberechtigten regelmäßig auch dessen Unterhaltsbedarf, so dass es erst viel später zu einer vollständigen Bedarfsdeckung kommt, nämlich dann, wenn der Unterhaltsberechtigte mindestens das gleiche Einkommen erzielt wie der Unterhaltspflichtige. Auch deswegen hat der Senat dem Umstand der zeitlichen Befristung des Aufstockungsunterhalts in seiner neueren Rechtsprechung eine größere Bedeutung beigemessen (vgl. insoweit *Senat,* NJW 2006, 2401 = FamRZ 2006, 1006 [1007f.]; NJW 2007, 839 = FamRZ 2007, 200 [203f.] und schon BGHZ 148, 105 [121] = NJW 2001, 2254 = FamRZ 2001, 986 [991]).

[58] Die neuere Rechtsprechung des Senats zur Bewertung der Kindererziehung und Haushaltsführung während der Ehe wirkt sich deswegen unmittelbar auf die Höhe des geschuldeten Unterhalts und damit zugleich auf die Umstände aus, die der Gesamtwürdigung im Rahmen der Befristung des Aufstockungsunterhalts zu Grunde zu legen sind. Auch insoweit kommt die neuere Rechtsprechung des Senats deswegen einer wesentlichen Änderung der den früheren Unterhaltstiteln zu Grunde liegenden Verhältnisse gleich (vgl. insoweit BGHZ 153, 372 [383f.] = NJW 2003, 1518 = FamRZ 2003, 848 [851f.]), die einer Präklusion entgegensteht. Soweit der Senat dies nach der Änderung seiner Rechtsprechung zur Anrechnungs- und Differenzmethode zunächst abweichend beurteilt hat (*Senat,* NJW 2004, 1518 = FamRZ 2004, 1357 [1359f.]), hält er daran nicht mehr fest.

[59] bb) Hinzu kommt, dass sich im vorliegenden Fall seit Verkündung des abzuändernden Urteils des OLG vom 19. 9. 1997 auch tatsächliche Änderungen ergeben haben, die inzwischen sicher beurteilt werden können und eine Befristung rechtfertigen.

[60] Zwar setzt die Billigkeitsentscheidung nach § 1573 V BGB über eine Befristung des Aufstockungsunterhalts ab einem bestimmten Zeitpunkt nicht voraus, dass dieser Zeitpunkt bereits erreicht ist. Wenn sämtliche relevanten Umstände eingetreten oder zuverlässig voraussehbar sind, ist die Befristung vielmehr schon im Ausgangsverfahren auszusprechen und nicht einem späteren Abänderungsverfahren zu überlassen (*Senat,* NJW 2000, 3789 = FamRZ 2000, 1499 [1501] und FamRZ 2001, 905 [906]). Zuverlässig voraussehbar sind solche relevanten Umstände aber nur, wenn sie – etwa wie das Alter der Kinder – vom bloßen Zeitablauf abhängen. Konnte im Zeitpunkt der abzuändernden Entscheidung hingegen noch nicht abschließend beurteilt werden, ob das Einkommen aus einer neu aufgenommenen Vollzeittätigkeit die ehebedingten Nachteile vollständig und nachhaltig ausgleicht (vgl. insoweit *Senat,* NJW 2007, 839 = FamRZ 2007, 200 [204]), waren die Voraussetzungen einer Befristung nach § 1573 V BGB noch nicht erfüllt, was eine Präklusion mit solchen Umständen ausschließt.

(Umfassende Billigkeitsprüfung mit Abwägung aller Gesichtspunkte bei Unterhaltsbegrenzung)

k   [66] Das Gesetz legt in § 1573 V BGB, ebenso wie in § 1578 I 2 BGB, keine bestimmte Ehedauer fest, von der ab eine zeitliche Begrenzung des Unterhaltsanspruchs nicht mehr in Betracht kommt. Wie der *Senat* mehrfach ausgeführt hat, widerspräche es auch dem Sinn und Zweck des § 1573 V BGB, den Billigkeitsgesichtspunkt „Dauer der Ehe" im Sinne einer festen Zeitgrenze zu bestimmen, von der ab der Unterhaltsanspruch grundsätzlich keiner zeitlichen Begrenzung mehr zugänglich sein kann. Vielmehr stellt das Gesetz die Ehedauer als Billigkeitsgesichtspunkt gleichrangig neben die „Gestaltung von Haushaltsführung und Erwerbstätigkeit". Bei der Billigkeitsabwägung sind zudem die Arbeitsteilung der Ehegatten und die Ehedauer lediglich zu „berücksichtigen"; jeder einzelne Umstand lässt sich also nicht zwingend für oder gegen eine Befristung in das Feld führen. Zudem beanspruchen beide Aspekte, wie das Wort „insbesondere" verdeutlicht, für die Billigkeitsprüfung keine Ausschließlichkeit. Die Abwägung aller danach in Betracht kommenden Gesichtspunkte ist Aufgabe des Tatrichters. Sie kann vom RevGer. nur daraufhin überprüft werden, ob der Tatrichter die im Rahmen der Billigkeitsprüfung maßgebenden Rechtsbegriffe nicht verkannt und alle für die Einordnung unter diese Begriffe wesentlichen Umstände berücksichtigt hat (*Senat,* NJW 2006, 2401 = FamRZ 2006, 1006 [1007] und NJW 2006, 839 = FamRZ 2007, 200 [203]).

BGH v. 14. 3. 2007 – XII ZR 158/04 – FamRZ 07, 882 = NJW 07, 1969

R675   *(Präklusion, wenn im Vorverfahren tatsächlich bestehende höhere Fahrkosten nicht geltend gemacht wurden; fiktive Steuerberechnung, wenn Fahrtkosten unterhaltsrechtlich nur z. T. berücksichtigt werden)*

a   [22] a) Das BerGer. hat das festgestellte Nettoeinkommen des Kl. um Fahrtkosten zur Arbeitsstelle bereinigt, die es auf der Grundlage der im vorausgegangenen Rechtsstreit berücksichtigten kürzeren Fahrtstrecke ermittelt hat. Das ist rechtlich nicht zu beanstanden. Da der Kl. seinerzeit nicht mehr in H., sondern schon in S. lebte, ist es ihm gem. § 323 II ZPO verwehrt, nunmehr geltend zu machen, die Entfernung zwischen Wohnung und Arbeitsstelle betrage nicht 22 km, sondern mehr. Mit Rücksicht darauf hat das BerGer. zu Recht andererseits den steuerlichen Vorteil, der dem Kl. durch die insoweit tatsächlich höheren Werbungskosten zukommt, außer Betracht gelassen. Eine fiktive Steuerlast ist nach der Rechtsprechung des Senats dann in Ansatz zu bringen, wenn steuermindernde tatsächliche Aufwendungen vorliegen, die unterhaltsrechtlich nicht anzuerkennen sind (*Senat,* NJW 2005, 2077 = FamRZ 2005, 1159 [1161], und BGHZ 163, 84 [94] = NJW 2005, 3277 = FamRZ 2005, 1817 [1820]). Das ist hier der Fall.

(Beim Kindesunterhalt ist Splittingvorteil durch Wiederverheiratung zu berücksichtigen)

b   [26] Für die Bemessung des Kindesunterhalts ist dagegen nicht von einem um den Splittingvorteil bereinigten Einkommen des Kl., sondern von seinem tatsächlichen Einkommen auszugehen (*Senat,*

BGHZ 163, 84 [101] = NJW 2005, 3277; a. A. OLG Oldenburg, FamRZ 2006, 1223 [1224] = BeckRS 2006, 05422). Daran hält der Senat fest.

(Eintragung Freibetrag für Realsplitting nur bei Anerkenntnis, Verurteilung oder freiwilliger Zahlung)

[28] Nach der genannten Bestimmung sind als Sonderausgaben Unterhaltsleistungen an den geschie- **c** denen oder dauernd getrennt lebenden unbeschränkt einkommensteuerpflichtigen Ehegatten anzuerkennen, wenn der Geber dies mit Zustimmung des Empfängers beantragt hat (sog. Realsplitting). Dabei trifft den Unterhaltspflichtigen grundsätzlich eine Obliegenheit, mögliche Steuervorteile im Wege des Realsplittings zu realisieren, soweit dadurch nicht eigene Interessen verletzt werden (*Senat,* NJW-RR 1998, 1153 = FamRZ 1998, 953 [954]). Die Verpflichtung des Unterhaltsschuldners zur Inanspruchnahme steuerlicher Vorteile aus dem Realsplitting geht allerdings nur so weit, wie seine Unterhaltspflicht aus einem Anerkenntnis oder einer rechtskräftigen Verurteilung folgt oder freiwillig erfüllt wird (*Senat,* NJW 2007, 1961)

(Keine fiktive zweistufige Steuerberechnug mit Realsplittingvorteil, wenn Unterhaltshöhe strittig)

[29] Ist das nicht der Fall und wird der Unterhaltsschuldner erst zu Unterhaltsleistungen verurteilt, ist **d** nicht gewährleistet, dass er im Umfang der Verurteilung von der Möglichkeit des Realsplittings Gebrauch machen kann. Der maßgebliche Zeitpunkt des Abzugs richtet sich nämlich nach demjenigen der tatsächlichen Zahlung (§ 11 II 1 EStG). Unerheblich ist dagegen der Zeitraum, für den die Leistung wirtschaftlich erbracht wird (BFHE 193, 383 = NJWE-FER 2001, 221 [unter II 2 b]; BFHE 167, 58 = DStR 1992, 860; BFHE 145, 507 = DStR 1986, 307 [unter 2 e]). Unterhaltszahlungen können steuerlich deshalb nur für die Jahre berücksichtigt werden, in denen sie tatsächlich geleistet worden sind (sog. In-Prinzip).

[30] Im vorliegenden Fall war es danach zwar zutreffend, das Einkommen des Kl. ohne Berücksichtigung der steuerlichen Vorteile aus dem Realsplitting in Höhe des tatsächlich geleisteten Unterhalts von monatlich 480,10 Euro zu errechnen, da der Kl. die Abänderung dieses Unterhalts begehrt. Es geht aber nicht an, vorläufig ermittelte Unterhaltsbeträge in die steuerliche Berechnung einzustellen, da nicht absehbar ist, dass diese in dem Jahr, für das sie bestimmt sind, tatsächlich geleistet werden können und deshalb zu einer steuerlichen Entlastung noch in diesem Jahr führen. Anders verhält es sich vorliegend lediglich in Höhe eines Unterhalts von monatlich 150 Euro, nachdem der Kl. im Berufungsverfahren sein Abänderungsbegehren entsprechend eingeschränkt hat. Nachdem er im Termin zur mündlichen Verhandlung vor dem OLG erklärt hat, von dem Erweiterungsvorbehalt (Abänderung auf 0 Euro) keinen Gebrauch zu machen, stand fest, dass er in Höhe von 150 Euro monatlich unterhaltspflichtig bleiben würde. Deshalb wäre für das Jahr 2004 ein Betrag von 1800 Euro (150 Euro × 12) im Rahmen des Realsplittings zu berücksichtigen gewesen. Der zweistufigen Berechnung, die das BerGer. durchgeführt hat, bedarf es danach aber in keinem Fall. Sie wäre – abgesehen von den zuvor genannten Gründen – in den sich als Massenverfahren darstellenden Unterhaltsprozessen auch kaum praktikabel.

(Kinderzuschlag für leibliche Kinder prägend, unabhängig davon, aus welcher Ehe sie stammen)

[32] e) Das BerGer. hat den Kinderzuschlag (Kinderkomponente), den der Kl. von seinem Arbeit- **e** geber, der F-AG, für beide Kinder zusätzlich zu seiner Vergütung erhält, insgesamt als Einkommensbestandteil berücksichtigt. Auch dagegen ist rechtlich nichts zu erinnern.

[33] Nach der bisherigen Rechtsprechung des Senats war neben dem Kinderzuschlag auch der Ortszuschlag aus einer neuen Ehe für die Bemessung des Unterhaltsanspruchs eines geschiedenen Ehegatten zu berücksichtigen. Insoweit hat der Senat das jeweilige Nettoeinkommen für maßgebend gehalten, auch soweit es auf im Besoldungssystem vorgesehenen Zuschlägen beruht, die den persönlichen Verhältnissen des Einkommensbeziehers Rechnung tragen (*Senat,* NJW-RR 1990, 580 = FamRZ 1990, 981 [983]).

[34] An dieser Rechtsprechung hat der Senat aus Gründen, die auch gegen die Berücksichtigung des Splittingvorteils aus zweiter Ehe sprechen, nicht uneingeschränkt festgehalten. Für den Familienzuschlag nach § 40 I BBesG hat er vielmehr entschieden, dass dieser bei der Bemessung des Unterhaltsanspruchs der geschiedenen Ehefrau nur hälftig anzusetzen ist, wenn er sowohl wegen des Unterhaltsanspruchs aus einer geschiedenen Ehe als auch für eine bestehende Ehe gezahlt wird. Denn durch diesen Zuschlag soll den unterschiedlichen Belastungen des Familienstands Rechnung getragen, also auch die zusätzliche Belastung in der neuen Familie abgemildert werden (*Senat,* NJW 2007, 1961).

(Bei fiktiver Steuerberechnung kein Abzug Kinderfreibetrag für Kind 2. Ehe)

[36] f) Auch den dem Kl. für den Sohn J bei der Veranlagung zur Einkommensteuer gewährten **f** Freibetrag nach § 32 VI 1 EStG hat das BerGer. zu Recht einbezogen. Der Freibetrag von 1824 Euro für das sächliche Existenzminimum des Kindes (Kinderfreibetrag) sowie ein weiterer Freibetrag von 1080 Euro für den Betreuungs- und Erziehungs- oder Ausbildungsbedarf des Kindes werden nämlich

für jedes zu berücksichtigende Kind des Steuerpflichtigen gewährt (§ 32 VI 1 EStG). Die Berücksichtigung eines Kindes für einen Kinderfreibetrag setzt – außer bei Pflegekindern – grundsätzlich auch nicht voraus, dass der Steuerpflichtige das Kind in seinen Haushalt aufgenommen oder unterhalten hat (Schmidt, EStG, 25. Aufl., § 32 Rdnr. 4). Da diese Freibeträge mithin unabhängig von einer Ehe der Eltern und sogar unabhängig von deren Zusammenleben eingeräumt werden, brauchen sie nicht der bestehenden Ehe vorbehalten zu werden.

[37] Anders zu beurteilen sind dagegen die auf § 32 VI 2 EStG beruhenden Freibeträge. Nach dieser Bestimmung verdoppeln sich die vorgenannten Beträge, wenn die Ehegatten – wie hier – nach den §§ 26, 26 b EStG zusammen zur Einkommensteuer veranlagt werden und das Kind zu beiden Ehegatten in einem Kindschaftsverhältnis steht. Die Verdoppelung setzt mithin das Bestehen einer Ehe sowie das nicht dauernde Getrenntleben der Ehegatten voraus, so dass auf jeden Ehegatten ein Freibetrag von insgesamt 2904 Euro entfällt. Der aus § 32 VI 2 EStG folgende – und damit der Ehefrau des Kl. zukommende – Steuervorteil muss deshalb der bestehenden Ehe und nicht der geschiedenen Ehe zugute kommen (BVerfG, NJW 2003, 3466 = FamRZ 2003, 1821 [1823]). Das hat das BerGer. beachtet und im Rahmen der Berechnung des nachehelichen Unterhalts zu Recht für die Zeit ab November 2003 die bei der Steuerberechnung berücksichtigten Freibeträge von zuvor 8712 Euro um 2904 Euro auf 5808 Euro vermindert.

(Kindergartenkosten als Kinderbetreuungskosten oder Mehrbedarf der Kinder)

g   [41] aa) Die Frage, ob der barunterhaltspflichtige Elternteil zusätzlich zu dem zu leistenden Tabellenunterhalt auch die Kosten für den Besuch des Kindergartens schuldet und ob es sich insoweit um einen Anspruch des betreuenden Elternteils oder des Kindes handelt, wird nicht einheitlich beantwortet (vgl. die Nachw. bei Maurer, FamRZ 2006, 663). Soweit davon ausgegangen wird, der betreuende Elternteil sei anspruchsberechtigt, wird darauf abgestellt, dass diesem durch die Drittbetreuung eine Erwerbstätigkeit ermöglicht werde, so dass insoweit berufsbedingte Aufwendungen vorlägen (vgl. einerseits OLG Karlsruhe, NJW-RR 1999, 4, andererseits OLG Hamburg, DAVorm 1998, 710).

[42] Ob dieser Auffassung zu folgen ist, kann im vorliegenden Fall dahinstehen. Das BerGer. hat nicht festgestellt, aus welchen Gründen das Kind J den Kindergarten besucht. Deshalb ist offen, ob dies in erster Linie aus pädagogischen Gründen, also im Interesse des Kindes, erfolgt oder um der Mutter eine teilweise Erwerbstätigkeit zu ermöglichen. Falls Letzteres der Fall sein sollte, würde es sich um einen Anspruch der Ehefrau des Kl. handeln, die der Bekl. gem. § 1582 BGB aber im Rang nachgeht. Falls für den Kindergartenbesuch dagegen erzieherische Erwägungen im Vordergrund stehen sollten, handelt es sich hinsichtlich des Beitrags um einen Anspruch des Kindes. Denn dessen angemessener Unterhalt umfasst den gesamten Lebensbedarf, schließt also bei einem der Erziehung noch bedürftigen Kind auch die Kosten der Erziehung ein (§ 1610 II BGB).

(Halbtägiger Besuch des Kindergartens begründet weder Sonder- noch Mehrbedarf)

h   [43] Insoweit stellt sich die Frage nach der Art dieses Bedarfs. Als Sonderbedarf, das heißt als unregelmäßiger, außergewöhnlich hoher Bedarf (§ 1613 II Nr. 1 BGB), ist der Kindergartenbeitrag schon deshalb nicht zu qualifizieren, weil er regelmäßig anfällt. Mehrbedarf ist demgegenüber der Teil des Lebensbedarfs, der regelmäßig während eines längeren Zeitraums anfällt und das Übliche derart übersteigt, dass er mit den Regelsätzen nicht erfasst werden kann, andererseits aber kalkulierbar ist und deshalb bei der Bemessung des laufenden Unterhalts berücksichtigt werden kann (*Wendl/Scholz*, 6. Aufl., § 2 Rdnr. 133; *Maurer*, FamRZ 2006, 663 [667]).

[44] Der *Senat* teilt die Auffassung, dass jedenfalls der Beitrag für einen halbtägigen Kindergartenbesuch, wie er hier im Hinblick auf die zusätzlich geltend gemachten Betreuungskosten ersichtlich erfolgt, grundsätzlich keinen Mehrbedarf des Kindes begründet. Der halbtägige Besuch des Kindergartens ist heutzutage die Regel, so dass es sich bei dem hierfür zu entrichtenden Beitrag um Kosten handelt, die üblicherweise ab Vollendung des 3. Lebensjahres eines Kindes anfallen. Diese Kosten werden durch die Sätze der Düsseldorfer Tabelle gedeckt, bei denen es sich um Pauschalen handelt, mit denen die durchschnittlichen, über einen längeren Zeitraum anfallenden Lebenshaltungskosten eines Kindes der betreffenden Altersstufe zu begleichen sind. Im Tabellenbetrag der Gruppe 6 der Düsseldorfer Tabelle, bei dem das Existenzminimum eines Kindes als gesichert anzusehen ist, ist der Aufwand für den üblichen Kindergartenbesuch jedenfalls enthalten. In den niedrigeren Einkommensgruppen führt die Nichtanrechnung des Kindergeldanteils gem. § 1612 b V BGB dazu, die Lücken beim Kindesunterhalt zu schließen, so dass auch dieses Kind faktisch über den gleichen Betrag wie in der Gruppe 6 verfügt (ebenso OLG Nürnberg, FamRZ 2006, 642; vgl. auch *Maurer*, FamRZ 2006, 663 [669]). Da der Bekl. Kindesunterhalt nach Gruppe 5 bzw. ab Januar 2004 nach Gruppe 6 der Düsseldorfer Tabelle schuldet, ist der Kindergartenbeitrag jedenfalls nicht zusätzlich in Abzug zu bringen.

(Keine Verwirkung nach § 1579 Nr. 7 BGB bei nur pauschaler Behauptung der Vereitelung des Umgangsrechts)

[64] Zwar kann eine fortgesetzte massive und schuldhafte Vereitelung des Umgangsrechts zu einem **i**
Ausschluss oder einer Herabsetzung des Unterhaltsanspruchs des betreuenden Elternteils gem. § 1579
Nr. 6 BGB führen. Allerdings muss das Fehlverhalten schwerwiegend sein, um die Annahme der
Verwirkung zu rechtfertigen (*Senat,* NJW 1987, 893 = FamRZ 1987, 356 [358]). Nach diesem
Maßstab ist die Beurteilung des BerGer. nicht zu beanstanden. Der Kl. hat bereits nicht hinreichend
vorgetragen, dass dem Bekl. ein schwerwiegendes Fehlverhalten anzulasten ist. Der Einholung des
beantragten Sachverständigengutachtens bedurfte es deshalb nicht, vielmehr wäre dies auf einen
unzulässigen Ausforschungsbeweis hinausgelaufen.

[65] Der Kl. hat zum einen nicht dargetan, wie sich sein Umgang mit dem Kind und das Verhältnis
zu diesem nach der Trennung der Ehegatten im Einzelnen gestaltet hat. Ebenso wenig ist seinem
Vorbringen zu entnehmen, welche Bemühungen er selbst in der Vergangenheit unternommen hat, um
eine Änderung der ablehnenden Haltung des Kindes herbeizuführen, etwa indem er diesem durch
Briefe oder gelegentliches Übersenden von kleinen Geschenken seine fortbestehende Zuneigung
vermittelt hat. Zum anderen hat der Kl. das der Bekl. angelastete Verhalten nicht hinreichend konkretisiert, sondern nur pauschal einen von dieser verursachten Loyalitätskonflikt des Kindes angeführt.
Bei dieser Sachlage ist die Annahme des BerGer., es sei ebenfalls denkbar, dass die ablehnende Haltung
des Kindes auch auf das Verhalten des Kl. zurückzuführen sei, jedenfalls nicht auszuschließen. Solange
das aber der Fall ist, erscheint die Schlussfolgerung, der Bekl. sei ein schwerwiegendes Fehlverhalten
vorzuwerfen, bereits nicht gerechtfertigt. Dass diese möglicherweise auf K hätte einwirken können, um
ihn zu Besuchen beim Vater zu bewegen, rechtfertigt allein die Annahme einer Verwirkung ebenso
wenig wie bloße Schwierigkeiten bei der Ausübung des – tatsächlich gewährten – Umgangsrechts (vgl.
zu Letzterem *Senat,* NJW 2007, 511 = FamRZ 2007, 193 [195]).

BGH v. 28. 3. 2007 – XII ZR 163/04 – FamRZ 07, 983 = NJW 07, 2249

(Abgrenzung Leistungsklage/Abänderungsklage für ein neues Unterhaltsbegehren nach zeitlich bestimmten **R676**
Vergleich; Wegfall der Bedürftigkeit als Vergleichsgrundlage)

[17] II. 1. Zu Recht hat das BerGer. allerdings die von der Kl. erhobene Leistungsklage für zulässig **a**
gehalten.

Die Revision wendet insoweit ein, die Kl. begehre die Abänderung eines Prozessvergleichs, mache
aber keine wesentliche Änderung der wirtschaftlichen Verhältnisse der Parteien geltend. Die Vorinstanzen hätten eine solche Änderung auch nicht festgestellt. Die Kl. berufe sich allein auf die durch
Senatsurteil vom 13. 6. 2001 (BGHZ 148, 105 = NJW 2001, 2254) erfolgte Rechtsprechungsänderung, nach der im Falle der Aufnahme einer nachehelichen Erwerbstätigkeit durch den Unterhaltsberechtigten das dadurch erzielte Einkommen bei der Berechnung seines nachehelichen Unterhalts
nicht im Wege der Anrechnungs-, sondern im Wege der Differenzmethode zu berücksichtigen sei.
Eine solche Rechtsprechungsänderung könne zwar ein Begehren auf Abänderung eines Prozessvergleichs im Grundsatz rechtfertigen. Damit sei indessen die entscheidende Frage, ob und in welcher
Weise der Prozessvergleich an die geänderte Rechtslage anzupassen sei, nicht entschieden. Insofern
bedürfe es vielmehr einer sorgfältigen Prüfung unter Berücksichtigung der Interessen beider Parteien.
Es genüge nicht, dass ein weiteres Festhalten an dem Vereinbarten nur für eine Partei unzumutbar
erscheine; vielmehr müsse hinzukommen, dass das Abgehen von dem Vergleich der anderen Partei
auch zumutbar sei. Dabei sei zu beachten, ob die im Vergleich insgesamt getroffenen Regelungen noch
in einem ausgewogenen Verhältnis zueinander stünden. Das gelte insbesondere für Scheidungsfolgen-
vereinbarungen, die unterschiedliche Regelungen enthielten. Diese Grundsätze hätten die Vorinstanzen nicht beachtet.

[18] Hiermit vermag die Revision nicht durchzudringen.

[19] 2. a) Nach der Rechtsprechung des Senats kommt § 323 ZPO zwar auch dann zur Anwendung,
wenn ein Unterhaltsgläubiger, der einen Titel über seinen Unterhalt erlangt hatte, dessen Unterhaltsrente jedoch später im Wege der Abänderungsklage aberkannt worden ist, in der Folgezeit erneut
Unterhalt verlangt. Kommt es zu einer Entscheidung nach § 323 ZPO, so hat das Gericht – im Zuge
der Korrektur der ursprünglichen Prognose – seinerseits die künftige Entwicklung der Verhältnisse
vorausschauend zu berücksichtigen. Demgemäß beruht das abändernde Urteil sowohl im Falle der
Reduzierung als auch bei völliger Streichung der Unterhaltsrente weiterhin auf einer Prognose der
zukünftigen Entwicklung und stellt den Rechtszustand auch für die Zukunft fest. Eine spätere Klage
auf Wiedergewährung oder Erhöhung der Unterhaltsrente stellt daher abermals die Geltendmachung
einer von der Prognose abweichenden tatsächlichen Entwicklung der Verhältnisse dar, für die das
Gesetz die Abänderungsklage vorsieht, um die (erneute) Anpassung der Entscheidung an die veränderten Urteilsgrundlagen zu ermöglichen. Insoweit gilt nichts anderes als im Falle eines Urteils, durch das

der Unterhaltsanspruch für eine bestimmte Zeit zugesprochen und – etwa wegen der Annahme künftigen Wegfalls der Bedürftigkeit – ab einem in der Zukunft liegenden Zeitpunkt aberkannt worden ist. Hier beruht die Aberkennung auf der richterlichen Prognose, dass die zukünftige Entwicklung zu einem Wegfall des Anspruchs führen werde. Demgemäß hat der Senat entschieden, dass bei einer von dieser Prognose abweichenden tatsächlichen Entwicklung die Abänderung des Urteils nach § 323 ZPO in Frage kommt. Ebenso kommt § 323 ZPO auch dann zur Anwendung, wenn ein Unterhaltsgläubiger, der seinen Unterhalt erfolgreich eingeklagt hatte, dessen Unterhaltsrente jedoch später – etwa wegen Wegfalls der Bedürftigkeit – im Wege der Abänderung aberkannt worden ist, in der Folge erneut Unterhalt verlangt, weil sein Unterhaltsbedarf nicht mehr gedeckt sei (*Senat,* NJW 1985, 1345 = FamRZ 1985, 376 [377], und NJW 2005, 142 = FamRZ 2005, 101 [102f.]).

[20] b) Diese Rechtsprechung ist jedoch auf den Fall des durch Prozessvergleich titulierten Unterhalts, der nur für einen bestimmten Zeitraum vereinbart wird, für die Zukunft indessen nach der Auffassung der Prozessparteien mangels Bedürftigkeit nicht besteht, nicht übertragbar. Nach § 323 IV ZPO sind die Absätze 1 bis 3 der Bestimmung auf die Schuldtitel des § 794 I Nrn. 1, 2 a und 5 ZPO nur entsprechend anzuwenden, soweit darin Leistungen der in Absatz 1 bezeichneten Art übernommen oder festgesetzt worden sind. § 323 IV ZPO erfasst mithin nicht die Fälle, in denen für die Zukunft keine Leistungspflicht festgelegt worden ist. Eine analoge Anwendung über den Wortlaut des Absatz 4 hinaus kommt nicht in Betracht. Denn die prozessuale Situation nach Erlass eines rechtskräftigen Urteils ist mit derjenigen nach Abschluss eines Prozessvergleichs nicht vergleichbar. Die Rechtskraft des Urteils erstreckt sich im Falle eines der Klage auf Unterhalt nur teilweise stattgebenden Ersturteils auch auf die künftigen (aberkannten) Unterhaltsansprüche, so dass bei einer Veränderung der Verhältnisse Abänderungsklage zu erheben ist (*Senat,* NJW 2005, 142 = FamRZ 2005, 101 [102f.]). Bei einem Vergleich stellt sich das Problem der Durchbrechung der Rechtskraft hingegen nicht. Auch wenn die Prozessparteien mit der getroffenen Regelung zum Ausdruck bringen wollten, dass für die Zukunft kein Unterhaltsanspruch mehr besteht, beschränkt sich die Vereinbarung auf den materiellen Anspruch; sein Nichtbestehen ist nicht rechtskräftig festgestellt (vgl. OLG Hamm, NJWE–FER 2000, 129; *Göppinger/Vogel,* 8. Aufl., Rdnr. 2425).

[21] c) Im vorliegenden Fall war in dem von den Parteien geschlossenen Prozessvergleich ein Anspruch der Kl. auf nachehelichen Unterhalt nur für die Zeit bis einschließlich Juli 1997 festgelegt worden. Für die Zeit danach entfiel auf der Basis der damaligen Einkommensverhältnisse und unter Berücksichtigung des Umstands, dass die Hauslasten dann voraussichtlich weitgehend abgetragen sein würden, rechnerisch ein Unterhaltsanspruch. Das BerGer. hat diese Regelung nicht ausgelegt. Da weitere Feststellungen hierzu nicht zu erwarten sind, kann der Senat den Prozessvergleich insoweit selbst auslegen. Nach dem zum Ausdruck gekommenen Willen der Parteien waren sie darüber einig, dass ab August 1997 unter den genannten Voraussetzungen ein Unterhaltsanspruch der Kl. nicht mehr bestehen werde. Dabei sind sie rechnerisch von der so genannten „Mischmethode" ausgegangen, nach der ein Teil des von der Kl. erzielten Einkommens im Wege der Differenzmethode und ihr weiteres Einkommen im Wege der Anrechnungsmethode berücksichtigt wurde, so dass kein offener Unterhaltsbedarf verblieb. Für die Zukunft ist deshalb keine Leistungspflicht festgelegt worden. Das hat zur Folge, dass ein Unterhaltsanspruch der Kl. nunmehr durch Leistungsklage (§ 258 ZPO) geltend zu machen ist.

(Bei Wiederverheiratung Pflichtiger und Vorrang erster Ehegatte fiktive Steuerberechnung nach Grundtabelle unter Berücksichtigung Realsplittingvorteil; zu berücksichtigende Freibeträge bei fiktiver Steuerberechnung)

b   [30] 4. Zur Ermittlung des Ehegattenunterhalts ist eine fiktive Steuerberechnung vorzunehmen. Dabei ist neben dem Splittingvorteil auch der der zweiten Ehefrau des Bekl. bei der Veranlagung zur Einkommensteuer nach § 32 VI 2 EStG gewährte Freibetrag von 1824 Euro für das sächliche Existenzminimum des Kindes (Kinderfreibetrag) sowie ein weiterer Freibetrag von 1080 Euro für den Betreuungs- und Erziehungs- oder Ausbildungsbedarf des Kindes außer Betracht zu lassen. Denn dieser setzt das Bestehen einer Ehe sowie das nicht dauernde Getrenntleben der Ehegatten voraus und muss deshalb der bestehenden und nicht der geschiedenen Ehe zugute kommen. Demgegenüber ist der dem Bekl. selbst nach § 32 VI 1 EStG zukommende Kinderfreibetrag bei der Ermittlung des zu versteuernden Einkommens einzubeziehen. Die Freibeträge werden nämlich für jedes zu berücksichtigende Kind des Unterhalts- und Steuerpflichtigen gewährt. Die Berücksichtigung eines Kindes für einen Kinderfreibetrag setzt – außer bei Pflegekindern – grundsätzlich auch nicht voraus, dass der Steuerpflichtige das Kind in seinen Haushalt aufgenommen oder unterhalten hat (*Schmidt,* EStG, 25. Aufl., § 32 Rdnr. 4). Da diese Freibeträge mithin unabhängig von einer Ehe der Eltern und sogar unabhängig von deren Zusammenleben eingeräumt werden, brauchen sie nicht der bestehenden Ehe vorbehalten zu werden (*Senat,* NJW 2007, 1969).

[31] Den auf § 10 e EStG beruhenden Steuervorteil des Bekl. hat das BerGer. ebenfalls zu Recht unberücksichtigt gelassen, da es auch den mit dem Eigenheim des Bekl. verbundenen finanziellen Aufwand zutreffend unbeachtet gelassen hat. Eine fiktive Steuerlast ist nach der Rechtsprechung des

Senats dann in Ansatz zu bringen, wenn steuermindernde tatsächliche Aufwendungen vorliegen, die unterhaltsrechtlich nicht anzuerkennen sind (*Senat,* NJW 2005, 2077 = FamRZ 2005, 1159 [1161], und BGHZ 163, 84 [94] = NJW 2005, 3277).

(Erhöhung Arbeitslosengeld durch Wiederverheiratung gegenüber ersten Ehegatten nichtprägend; Erhöhung wegen Kindern prägend)

[34] 7. Für die Zeit nach dem Ausscheiden des 1944 geborenen Bekl. aus dem Erwerbsleben hat das **c** BerGer. zum einen das von diesem bezogene Arbeitslosengeld und zum anderen die Abfindung berücksichtigt, die er von seinem Arbeitgeber erhalten hat. Hinsichtlich des Arbeitslosengeldes hat es den Teil, der dem Bekl. auf Grund seiner Wiederverheiratung zukommt, nicht als unterhaltsrelevant angesehen. Das begegnet keinen rechtlichen Bedenken und wird auch von der Revision als ihr günstig nicht angegriffen.

[35] Zu Recht ist das BerGer. weiter davon ausgegangen, dass die wegen des Kindes M erfolgende Erhöhung des Arbeitslosengeldes nicht außer Betracht zu bleiben hat. Nach § 129 SGB III beträgt das Arbeitslosengeld für Arbeitslose, die mindestens ein Kind i. S. des § 32 I 3 bis 5 EStG haben, 67% (erhöhter Leistungssatz), während es sich für die übrigen Arbeitslosen auf 60% (allgemeiner Leistungssatz) des pauschalierten Nettoentgelts beläuft. Für den Kindesbegriff verweist die Vorschrift auf § 32 I EStG. Danach ist es unerheblich, ob es sich um eheliche Kinder oder um nichteheliche Kinder oder für ehelich erklärte Kinder handelt (Hauck/Noftz/Valgolio, SGB III, § 129 Rdnr. 18). Der erhöhte Leistungssatz wird dem Bekl. mithin nicht gewährt, weil er verheiratet ist, sondern weil er ein Kind hat. Die Erhöhung beruht also nicht auf der bestehenden Ehe; ihr Bezug setzt auch nicht voraus, dass die Eltern eines Kindes zusammenleben. Anders verhält es sich nur dann, wenn es um den erhöhten Leistungssatz für ein Stiefkind geht (*Hauck/Noftz/Valgolio,* § 129 Rdnr. 22). Der Mehrbetrag ist im Falle eines leiblichen Kindes deshalb auch im Fall der Wiederverheiratung Bestandteil des unterhaltsrelevanten Einkommens (vgl. auch *Senat,* NJW 2007, 1961, zum Familienzuschlag nach § 40 I BBesG für ein Stiefkind des Unterhaltpflichtigen, und NJW 2007, 1969, zu einem vom Arbeitgeber gezahlten Kinderzuschlag).

(Abfindung Lohnersatzfunktion)

[36] 8. Der Abfindung, die dem Bekl. aus Anlass der Auflösung seines Beschäftigungsverhältnisses im **d** Alter von 59 Jahren gezahlt worden ist, hat das BerGer. unter den hier vorliegenden Umständen zutreffend Lohnersatzfunktion zugebilligt und den Betrag auf die Zeit bis zum Rentenbeginn des Bekl. verteilt. Die Abfindung dient als Ersatz des fortgefallenen Arbeitseinkommens in solchen Fällen dazu, die bisherigen wirtschaftlichen Verhältnisse bis zum Eintritt in das Rentenalter aufrechterhalten zu können (vgl. *Senat,* NJW 1987, 1554 = FamRZ 1987, 359 [360]; Wendl/Dose, 6. Aufl., § 1 Rdnrn. 16 f., 71). Sie ist deshalb mit ihrem unter Außerachtlassung des Splittingvorteils zu ermittelnden Nettobetrag in das unterhaltsrelevante Einkommen einzubeziehen.

(Kein Abzug Erwerbsbonus von Arbeitslosengeld und Abfindung)

[37] 9. Sowohl von dem Arbeitslosengeld als auch von der auf 66 Monate umgelegten Abfindung hat **e** das BerGer. keinen Erwerbstätigenbonus in Abzug gebracht. Das steht mit der Rechtsprechung des Senats in Einklang.

[38] Hiernach widerspricht es dem Halbteilungsgrundsatz zwar nicht, zu Gunsten des erwerbstätigen Unterhaltspflichtigen von einer strikt hälftigen Aufteilung in maßvoller Weise abzuweichen, um dem mit einer Berufsausübung verbundenen höheren Aufwand Rechnung zu tragen und zugleich einen Anreiz zur Erwerbstätigkeit zu schaffen. Soweit Einkünfte nicht aus einer Erwerbstätigkeit herrühren, bedarf eine Abweichung vom Grundsatz der gleichmäßigen Teilhabe der Ehegatten am ehelichen Lebensstandard aber einer besonderen Begründung (*Senat,* NJW 2006, 1794 = FamRZ 2006, 387 [392]; vgl. u. a. zum Arbeitslosengeld auch *Palandt/Brudermüller,* BGB, 66. Aufl., § 1578 Rdnr. 48). Besondere Gründe hat das BerGer. indessen nicht festgestellt.

BGH v. 28. 3. 2007 – XII ZR 21/05 – FamRZ 07, 879 = NJW 07, 1974

(Wohnwert unterhaltsrechtliches Einkommen; beim Trennungsunterhalt zunächst angemessener Wohnwert) **R677**

[10] Nach ständiger Rechtsprechung des Senats ist der Wert derartiger Nutzungsvorteile den sons- **a** tigen Einkünften der Parteien hinzuzurechnen, soweit er die Belastungen übersteigt, die durch allgemeine Grundstückskosten und -lasten, Zins- und Tilgungsleistungen und sonstige verbrauchsunabhängige Kosten entstehen (*Senat,* NJW 1992, 2477 = FamRZ 1992, 1045 [1049], und NJW 1995, 1148 = FamRZ 1995, 291 [292] [zum nachehelichen Unterhalt]; NJW 1998, 2821 = FamRZ 1998, 899 [901] [zum Trennungsunterhalt], und NJW 2003, 2306 = FamRZ 2003, 1179 [1180] [zum Familienunterhalt]). Allerdings kommt der Wohnwert der insgesamt rund 100 m^2 großen Wohnung,

der während des Zusammenlebens der Parteien neben den beiderseitigen bereinigten Einkünften ihre Lebensstellung geprägt hat, seit dem Auszug des Bekl. aus der Ehewohnung nicht mehr in vollem Umfang zum Tragen. Weil der in der Wohnung verbleibende Ehegatte nach ständiger Rechtsprechung des Senats zunächst nicht gehalten ist, die Wohnung anderweit zu verwerten, ist der Wohnwert in dieser Zeit nur noch in einer Höhe in Rechnung zu stellen, wie er sich als angemessene Wohnungsnutzung des in der Ehewohnung allein verbliebenen Ehegatten darstellt. Der Gebrauchswert der − für den die Wohnung weiter nutzenden Ehegatten an sich zu großen − Wohnung ist deswegen regelmäßig danach zu bestimmen, welchen Mietzins er auf dem örtlichen Wohnungsmarkt für eine dem ehelichen Lebensstandard entsprechende angemessene kleinere Wohnung zahlen müsste (*Senat,* BGHZ 154, 247 [252f.] = NJW 2003, 2306 = FamRZ 2003, 1179 [1180]; BGH, NJW 2000, 284 = FamRZ 2000, 351 [353]; NJW 1998, 2821 = FamRZ 1998, 899 [901], und NJW 1989, 2809 = FamRZ 1989, 1160 [1162f.]).

(Angemessener Wohnwert nach Kosten angemessener kleiner Wohnung)

b   [11] Bei der Bemessung des ersparten Mietzinses für eine den ehelichen Lebensverhältnissen entsprechende angemessene kleinere Wohnung ist nach der Rechtsprechung des Senats eine strikte Anknüpfung an durchschnittliche Mietkosten (sog. Drittelobergrenze) nicht zulässig. Vielmehr sind die ersparten angemessenen Mietkosten nach den individuellen Verhältnissen der Parteien in dem zu entscheidenden Einzelfall zu ermitteln (*Senat,* NJW 1998, 2821 = FamRZ 1998, 899 [902]). Auch dies hat das BerGer. beachtet, indem es den von den Parteien unstreitig als angemessen benannten Mietwert für eine den ehelichen Lebensverhältnissen entsprechende kleinere Wohnung berücksichtigt hat.

(Abzug niedriger Abzahlung nach Umschuldung oder reduzierter Rückzahlung; bei Überschuldung Bildung eines negativen Wohnwertes)

c   [14] Das gilt aber nicht gleichermaßen für die Höhe der ab Januar 2003 geschuldeten Kreditraten. Denn unstreitig zahlt die Kl. seit dieser Zeit zur Darlehenstilgung nicht mehr monatlich 1007,26 Euro, sondern nur noch Raten in Höhe von 750 Euro. Dafür, dass dem keine abweichende Tilgungsvereinbarung zu Grunde liegt, sondern auch der jeweilige Restbetrag nur befristet gestundet wurde, ist nichts ersichtlich. Zu Lasten der Kl. würden sonst fällige Rückstände anwachsen, die sie nach ihren Einkommensverhältnissen auch später nicht aufbringen könnte. Das AG war deswegen zu Recht davon ausgegangen, dass die R-Bank seit Januar 2003 eine Darlehenstilgung in dieser geringeren Höhe akzeptiert, was − ebenso wie im Falle einer Umschuldung − nur noch zu einer geringeren monatlichen Darlehensbelastung führt. Für die Zeit ab Januar 2003 sind deswegen bei der Ermittlung der ehelichen Lebensverhältnisse monatlich nur noch Kreditraten in Höhe von 750 Euro neben den Zahlungen für die Bausparverträge in Höhe von 111 Euro zu berücksichtigen.

[15] c) Insgesamt ergibt sich deswegen für die Kl. folgender Unterhaltsbedarf nach den ehelichen Lebensverhältnissen:

unterhaltsrelevantes Einkommen des Bekl.	2042 Euro
unterhaltsrelevantes Einkommen der Kl.	592 Euro
Wohnvorteil der Kl.	500 Euro
Hauslasten (1007 Euro + 111 Euro)	− 1118 Euro
Gesamteinkünfte	2016 Euro
Unterhaltsbedarf der Kl. ($^1/_2$)	1008 Euro

(Kein Abzug der Tilgung bei einseitiger Vermögensbildung ab Scheidung; nur Abzug Zins für Hausschulden; Ausnahme bei Tilgung, wenn zulässige Altervorsorge)

d   [18] a) Nach der Scheidung der Ehe besteht grundsätzlich keine Veranlassung, ein zu großes Haus oder eine zu große Wohnung mit den sich daraus ergebenden unterhaltsrechtlichen Konsequenzen im Eigentum eines Ehegatten zu belassen. Vielmehr trifft den Eigentümer dann unterhaltsrechtlich die Obliegenheit − unter Beachtung von Zumutbarkeitsgesichtspunkten und nach Abwägung der beiderseitigen Interessen −, eine wirtschaftlich angemessene Nutzung des für ihn zu großen Hauses zu verwirklichen (*Senat,* NJW-RR 1988, 514 = FamRZ 1988, 145 [149], und NJW 1990, 709 = FamRZ 1990, 269 [271]). Zudem wird der Wertzuwachs für das im Eigentum eines geschiedenen Ehegatten stehende Haus durch weitere Darlehenstilgung dann nicht mehr über den Zugewinn ausgeglichen und kommt nur noch dem Eigentümer allein zugute. Nach ständiger Rechtsprechung des Senats ist der Tilgungsanteil der Darlehensraten, soweit er zur Rückführung des Darlehens und damit zur Vermögensbildung nur eines Ehegatten führt, im Rahmen des nachehelichen Ehegattenunterhalts deswegen grundsätzlich nicht mehr zu berücksichtigen (*Senat,* NJW 2000, 2349 = FamRZ 2000, 950 [952], und NJW 1998, 753 = FamRZ 1998, 87 [88f.]). Dann sind dem – dann relevanten – objektiven Mietwert bei der Bemessung des Unterhaltsbedarfs nach den ehelichen Lebensverhältnissen nur noch die Zahlungen für den Zinsaufwand gegenüberzustellen.

[19] Allerdings ist nach der neueren Rechtsprechung des Senats unter dem Gesichtspunkt einer zusätzlichen Altersvorsorge auch im Rahmen des nachehelichen Ehegattenunterhalts eine Vermögensbildung durch Zahlung von Tilgungsraten bis zur Höhe von 4% des eigenen Bruttoeinkommens zu berücksichtigen (*Senat*, NJW 2005, 3277 = FamRZ 2005, 1817 [1822]).

(Bei Bedürftigkeit kein Abzug Wohnwertschulden, die bei Alleineigentum Eigeneinkommen einschließlich Wohnwert übersteigen)

[22] bb) Allerdings ergibt sich im Rahmen der Bedürftigkeit – wie die nachfolgende Berechnung für **e** die Zeit von Oktober bis Dezember 2002 aufzeigt – eine andere Grenze für die Berücksichtigung von Kreditraten. Denn insoweit stellt sich nur die Frage, in welchem Umfang ein Unterhaltsbedarf nach den ehelichen Lebensverhältnissen durch eigene Einkünfte oder Gebrauchsvorteile gedeckt ist. Dieser Unterhaltsbedarf kann hingegen durch Kreditraten, die die Summe aus eigenen Einkünften und sonstigen Gebrauchsvorteilen übersteigen, nicht weiter erhöht werden. Deswegen können Kreditraten im Rahmen der Bedürftigkeit immer nur die Summe aus eigenen Einkünften und Gebrauchsvorteilen kompensieren, also auch nur bis zu deren Höhe berücksichtigt werden.

BGH v. 23. 5. 2007 – XII ZR 245/04 – FamRZ 07, 1232 = NJW 07, 2628

(Aufstieg vom leitenden Oberarzt zum Chefarzt Karrieresprung; Mehreinkommen nichtprägend)   **R678**

[12] a) Zutreffend hat das BerGer. dem Unterhaltsanspruch der Kl. ein Einkommen des Bekl. aus **a** seiner früheren Tätigkeit als leitender Oberarzt und ständiger Chefarztvertreter sowie weitere Einkünfte von jährlich 25 000 DM aus Gutachtertätigkeit zu Grunde gelegt.

[13] Nach ständiger Rechtsprechung des Senats wirkt sich eine nacheheliche Einkommenssteigerung, wie hier die Übernahme der Chefarzttätigkeit durch den Bekl., nur dann bedarfssteigernd aus, wenn ihr eine Entwicklung zu Grunde liegt, die schon aus der Sicht zum Zeitpunkt der Scheidung mit hoher Wahrscheinlichkeit zu erwarten war (vgl. zuletzt *Senat*, NJW 2007, 1961 = FamRZ 2007, 793 [795]). Entsprechend hatten die Parteien in dem früheren Unterhaltsvergleich vom 14. 12. 1995 vereinbart, einen für die Zeit ab September 2001 gegebenenfalls neu festzusetzenden Unterhalt auf der Grundlage der seinerzeit ausgeübten Tätigkeit des Bekl. zu bemessen.

(Fiktive Steuerberechnung bei Wiederverheiratung Pflichtiger und Vorrang erster Ehegatte nach Grundtabelle unter Berücksichtigung des Realsplittingvorteils; reale Steuerlast bei Steuerklassenwechsel)

[14] b) Ebenso zu Recht hat das BerGer. entschieden, dass der Unterhaltsanspruch der Kl. auf der **b** Grundlage eines fiktiv nach der Grundtabelle zu ermittelnden Einkommens des Bekl. zu bemessen ist. Dem steht nicht entgegen, dass der Bekl. inzwischen wieder verheiratet ist und deswegen lediglich nach der Splittingtabelle versteuert wird.

[15] Mit Beschluss vom 7. 10. 2003 (BVerfGE 108, 351 = NJW 2003, 3466 = FPR 2004, 41 = FamRZ 2003, 1821 [1823]) hat das BVerfG entschieden, dass steuerliche Vorteile, die der neuen Ehe eines geschiedenen Unterhaltspflichtigen durch das Ehegattensplitting erwachsen, von Verfassungs wegen nicht schon in der früheren Ehe angelegt sind und deswegen die Lebensverhältnisse dieser Ehe auch nicht bestimmt haben. Diese steuerlichen Vorteile, die in Konkretisierung des Schutzauftrags aus Art. 6 I GG durch das Gesetz allein der bestehenden Ehe eingeräumt sind, dürfen ihr durch die Gerichte nicht wieder entzogen und an die geschiedene Ehefrau weitergegeben werden. Dem hat sich der Senat angeschlossen. Danach ist für die Ehegattenunterhalt bei der Bemessung des unterhaltsrelevanten Einkommens eines wiederverheirateten Unterhaltspflichtigen ein gegebenenfalls vorhandener Splittingvorteil außer Betracht zu lassen und eine fiktive Steuerberechnung anhand der Grundtabelle vorzunehmen (*Senat*, BGHZ 163, 84 [90f.] = NJW 2005, 3277 = FamRZ 2005, 1817 [1819]; NJW 2007, 1961 = FamRZ 2007, 793 [796], und NJW 2007, 1969).

[16] c) Das Berufungsurteil hält den Angriffen der Revision aber auch insoweit stand, als es einen steuerlichen Realsplittingvorteil des Bekl. wegen des gezahlten nachehelichen Unterhalts nach der Grundtabelle berücksichtigt hat.

[17] aa) Das fiktiv errechnete unterhaltsrelevante Einkommen des Bekl. war um einen fiktiven Realsplittingvorteil zu erhöhen, weil der Bekl. in diesem Umfang tatsächlich nachehelichen Unterhalt geleistet hat und damit die Obliegenheit bestand, einen entsprechenden Steuerfreibetrag in Anspruch zu nehmen.

[18] Zwar ist nach ständiger Rechtsprechung des Senats bei der Ermittlung der ehelichen Lebensverhältnisse nach § 1578 I 1 BGB grundsätzlich von den tatsächlich erzielten Einkünften auszugehen. Im Regelfall ist deswegen auch die Steuerlast in ihrer jeweils realen Höhe maßgebend, unabhängig

davon, ob sie im konkreten Fall seit der Trennung gestiegen oder gesunken ist und ob das auf einem gesetzlich vorgeschriebenen Wechsel der Steuerklasse oder auf einer Änderung des Steuertarifs beruht. Berichtigungen der tatsächlichen, durch Steuerbescheid oder Lohnabrechnung nachgewiesenen Nettoeinkünfte sind nur in besonders gelagerten Fällen vorzunehmen, etwa dann, wenn nicht prägende Einkünfte eingeflossen sind, steuerliche Vergünstigungen vorliegen, die – wie das Ehegattensplitting – dem Unterhaltsberechtigten nicht zugute kommen dürfen, oder wenn erreichbare Steuervorteile entgegen einer insoweit bestehenden Obliegenheit nicht in Anspruch genommen worden sind (*Senat,* NJW-RR 1990, 514 = FamRZ 1990, 503 [504]). Entsprechend trifft den Unterhaltspflichtigen grundsätzlich auch eine Obliegenheit, mögliche Steuervorteile im Wege des Realsplittings nach § 10 I Nr. 1 EStG zu realisieren, soweit dadurch nicht eigene Interessen verletzt werden (*Senat,* NJW-RR 1998, 1153 = FamRZ 1998, 953 [954]).

(Eintragung Freibetrag Realsplitting nur bei Anerkenntnis, Verurteilung oder freiwilliger Zahlung)

c   [19] Die Verpflichtung des Unterhaltsschuldners zur Inanspruchnahme steuerlicher Vorteile aus dem Realsplitting geht allerdings nur so weit, wie seine Unterhaltspflicht aus einem Anerkenntnis oder einer rechtskräftigen Verurteilung folgt oder freiwillig erfüllt wird. Denn wenn diese Voraussetzungen nicht vorliegen, wäre nicht gewährleistet, dass der Unterhaltsschuldner in entsprechendem Umfang von der Möglichkeit des Realsplittings Gebrauch machen könnte. Der geleistete nacheheliche Unterhalt kann nämlich nur für den Zeitraum abgesetzt werden, in dem er tatsächlich gezahlt wurde (§ 11 II 1 EStG), und nicht für den Zeitraum, für den die Leistung geschuldet war (BFHE 193, 383 = NJWE-FER 2001, 221; BFHE 167, 58 = BeckRS 1992, 22010162 und BFHE 145, 507 = BeckRS 1985, 22007386). Auf der Grundlage seiner Obliegenheit zur Realisierung aller möglichen Steuervorteile können deswegen nur entweder tatsächlich geleistete Zahlungen oder – auf der Grundlage fiktiver Zurechnung – schuldhaft unterlassene Zahlungen, die auf Grund Verurteilung oder Anerkenntnis hätten erbracht werden müssen, berücksichtigt werden (*Senat,* NJW 2007, 1961 = FamRZ 2007, 793 [797], und NJW 2007, 1969).

[20] Hier hat der Bekl. nach den Feststellungen des BerGer. im Jahre 2004 insgesamt 9366 Euro Ehegattenunterhalt an die Kl. gezahlt. Nach der Rechtsprechung des Senats traf ihn deswegen die Obliegenheit, für diesen zunächst freiwillig gezahlten Unterhalt einen Freibetrag eintragen zu lassen, um damit die möglichen Steuervorteile voll auszuschöpfen.

(Bei Wiederverheiratung und fiktiver Steuerberechnung gegenüber erstem Ehegatten Realsplittingvorteil aus Grundtabelle)

d   [23] (1) Wie der steuerliche Vorteil des begrenzten Realsplittings in solchen Fällen der Höhe nach zu bemessen ist, ist in Rechtsprechung und Literatur umstritten. Teilweise wird vertreten, dass ein Realsplittingvorteil im Falle einer neuen Ehe des Unterhaltspflichtigen lediglich auf der Grundlage der tatsächlichen Steuerlast aus der Splittingtabelle entstehen könne. Sonst werde dem neuen Ehegatten im Ergebnis ein Teil seines Splittingvorteils entzogen, was nach der höchstrichterlichen Rechtsprechung nicht zulässig sei (FA-FamR/*Gerhardt,* 5. Aufl., Kap. 6, Rdnr. 69; *Borth,* FamRB 2004, 18). Nach anderer Auffassung ist der Realsplittingvorteil wegen des gezahlten nachehelichen Unterhalts als Surrogat des Splittingvorteils der alten Ehe aufzufassen. Dieser Vorteil könne sich nicht dadurch vermindern, dass der Unterhaltspflichtige neu heirate. Denn die neue Ehe führe nicht zu einer Einkommensminderung, sondern zu einem höheren verfügbaren Nettoeinkommen, und nur diese Erhöhung sei der neuen Ehe vorbehalten. Die Gegenmeinung habe zur Konsequenz, dass der unter Berücksichtigung eines Realsplittingvorteils bemessene nacheheliche Unterhalt absinken würde, wenn der Unterhaltsschuldner neu heirate, obwohl sich das Einkommen des Unterhaltspflichtigen durch die neue Ehe und den Splittingvorteil erhöhe. Das sei weder mit § 1582 BGB vereinbar noch nach der Rechtsprechung des BVerfG erforderlich (wie das BerGer. *Gutdeutsch,* FamRZ 2004, 501, und i.E. auch *Wendl/Gerhardt,* 6. Aufl., § 1 Rdnr. 591 b).

[24] (2) Der Senat schließt sich der zuletzt genannten Auffassung an. Nach der Rechtsprechung des BVerfG muss der neuen Ehe lediglich der Vorteil eines Ehegattensplittings verbleiben. Welche Höhe dieser Vorteil erreicht, hängt im Wesentlichen von dem zu versteuernden Einkommen des Unterhaltspflichtigen ab. Bei geringerem Einkommen des Unterhaltspflichtigen ist die Differenz des Nettoeinkommens nach der Grundtabelle und der Splittingtabelle nicht so hoch wie im Falle eines höheren Einkommens. Entsprechend geringer ist der Vorteil des Ehegattensplittings dann, wenn von dem zu versteuernden Einkommen des Unterhaltspflichtigen zunächst der Unterhalt für seine frühere Ehefrau abgezogen wird. Aber auch dann bleibt der neuen Ehe der – lediglich auf der Grundlage eines geringeren steuerpflichtigen Einkommens errechnete – volle Vorteil des Ehegattensplittings. Umgekehrt schuldete der Unterhaltspflichtige wegen seiner Scheidung zunächst nachehelichen Unterhalt nach der Grundtabelle und kann seine Steuerschuld durch die Möglichkeit des begrenzten Realsplittings auch auf dieser Grundlage reduzieren. Dann ist der Vorteil des begrenzten Realsplittings zweifelsfrei auf der Grundlage der tatsächlich geschuldeten Steuer nach der Grundtabelle zu berechnen. Geht der

Unterhaltspflichtige nun eine neue Ehe ein, kommt ihm künftig zwar das Ehegattensplitting zugute, was aber lediglich dazu führt, dass sein verbleibendes und zu versteuerndes Einkommen statt nach der Grundtabelle nunmehr nach der Splittingtabelle versteuert werden muss. Nur dieser Vorteil hat dem neu verheirateten Unterhaltspflichtigen folglich als Vorteil des Ehegattensplittings für seine neue Ehe zu verbleiben.

[25] Nach der zitierten Rechtsprechung des BVerfG und des Senats muss der Splittingvorteil aus der neuen Ehe grundsätzlich auch dieser Ehe vorbehalten bleiben. Die geschiedene unterhaltsberechtigte Ehefrau darf also nicht davon profitieren, dass ihr unterhaltspflichtiger früherer Ehemann wieder verheiratet ist und wegen der dadurch bedingten geringeren Steuerlast ein höheres Nettoeinkommen zur Verfügung hat. Umgekehrt darf die nach § 1582 I BGB gegenüber der neuen Ehefrau vorrangige geschiedene Ehefrau durch die neue Ehe des Unterhaltspflichtigen aber auch nicht schlechter gestellt werden. Deswegen muss sowohl der Unterhaltsanspruch der geschiedenen Ehefrau als auch der Steuervorteil aus dem begrenzten Realsplitting nach den Verhältnissen ohne Berücksichtigung der zweiten Ehe des Unterhaltspflichtigen bemessen werden. Wie das unterhaltsrelevante Einkommen des Unterhaltspflichtigen ist somit auch dessen Realsplittingvorteil nach der Grundtabelle zu bemessen.

[26] Soweit sich die Vertreter der abweichenden Auffassung auf Probleme bei der praktischen Umsetzung berufen, steht dies der Auffassung des Senats nicht entgegen. Die Einkünfte des wieder verheirateten Unterhaltspflichtigen müssen wegen des nicht zu berücksichtigenden Ehegattensplittings ohnehin fiktiv nach der Grundtabelle berechnet werden. Im Rahmen dieser Berechnung lässt sich problemlos ein weiterer Realsplittingvorteil berücksichtigen. Wäre der Realsplittingvorteil hingegen auf der Grundlage der tatsächlich nach der Grundtabelle zu zahlenden Steuern zu ermitteln, könnte dieser regelmäßig nicht unmittelbar aus den vorliegenden Einkommens- und Steuernachweisen entnommen werden, weil darin nicht zwischen der Steuerlast mit und ohne Realsplittingvorteil unterschieden wird. Erst recht gilt dies, wenn tatsächlich kein Freibetrag eingetragen war. Traf den Unterhaltspflichtigen – wie hier – also eine Obliegenheit zur Eintragung eines Freibetrags und war er dem nicht nachgekommen, müsste nach der Gegenmeinung eine weitere fiktive Berechnung auf der Grundlage der Splittingtabelle durchgeführt werden. Gerade das wäre kaum praktikabel. Dabei ist zu berücksichtigen, dass Unterhaltsrechtsfälle ein Massenphänomen sind und deswegen gerade in diesem Bereich der Rechtsprechung praktikable und nicht übermäßig aufwendige Berechnungsweisen notwendig sind.

(Abzug Kindesunterhalt beim Ehegattenunterhalt nur in Höhe des unterhaltsrelevanten Einkommens)

[28] Zwar weist die Revision zu Recht darauf hin, dass der Bekl. den beiden gemeinsamen Kindern **e** Barunterhalt auf der Grundlage seiner tatsächlich erzielten Einkünfte als Chefarzt schuldet. Denn das Maß des den Kindern geschuldeten Unterhalts richtet sich gem. § 1610 BGB nicht nach den ehelichen Lebensverhältnissen der Parteien, sondern nach der Lebensstellung der Unterhaltsbedürftigen. Diese Lebensstellung leiten die Kinder regelmäßig aus der gegenwärtigen Lebensstellung des barunterhaltspflichtigen Elternteils ab (*Senat*, NJW 2006, 1509 = FamRZ 2006, 612). Nur wenn das Kind – wie hier der ab Oktober 2004 studierende Sohn mit eigener Wohnung – schon eine eigene Lebensstellung hat, bemisst sich sein Unterhaltsbedarf danach, was einen festen Unterhaltsbedarf für studierende Kinder rechtfertigen kann (*Senat*, NJW 2006, 2984 = FamRZ 2006, 1100 [1103]). Im Rahmen einer Klage auf Kindesunterhalt hätte das BerGer. den Unterhaltsanspruch deswegen grundsätzlich nach den tatsächlichen Einkommens- und Vermögensverhältnissen des Bekl. bemessen müssen. Dieser – höhere – Unterhaltsanspruch der Kinder ist dann aber auch von dem höheren tatsächlich erzielten Einkommen des Bekl. abzusetzen.

[29] Demgegenüber darf der nacheheliche Unterhalt der Kl., der auf der Grundlage eines – ohne den Splittingvorteil aus der neuen Ehe geringeren – fiktiven Einkommens ermittelt wird, nicht zusätzlich durch die Berücksichtigung der höheren Kindesunterhalts reduziert werden. Denn schon die ehelichen Lebensverhältnisse sind regelmäßig dadurch geprägt, dass ein vorhandenes Einkommen in ausgewogenem Verhältnis für die Bedürfnisse aller Familienmitglieder verwendet wird (*Senat*, NJW 2003, 1112 = FPR 2003, 252 = FamRZ 2003, 363 [366], zu den Einsatzbeträgen im Mangelfall). Wenn das BerGer. im Interesse dieses ausgewogenen Verhältnisses der Unterhaltsansprüche von Kindern und geschiedenen Ehegatten nur einen Kindesunterhalt als eheprägend berücksichtigt hat, der sich ohne die nacheheliche Einkommenssteigerung durch Beförderung des Bekl. zum Chefarzt errechnet, ist dagegen aus Rechtsgründen nichts zu erinnern (*Senat*, NJW 2000, 3140 = FamRZ 2000, 1492 [1493], zur Reduzierung des Kindesunterhalts nach Bedarfskontrollbeträgen). Der auf der Grundlage des tatsächlichen Einkommens geschuldete höhere Kindesunterhalt kann deswegen nur von dem – höheren – verfügbaren Einkommen abgesetzt werden und nicht das für die Bemessung des Ehegattenunterhalts maßgebliche Einkommen nach den ehelichen Lebensverhältnissen beeinflussen (so auch *Gutdeutsch*, FamRZ 2004, 501, und Borth, FamRB 2004, 18).

[30] Soweit das unterhaltsrelevante Einkommen – wie hier – durch eine Vereinbarung der Ehegatten auf eine bestimmte berufliche Position festgeschrieben oder – allgemein – ein Einkommenssprung als nicht in den ehelichen Lebensverhältnissen angelegt unberücksichtigt zu lassen ist, ist dies folglich bei

der gesamten Bemessung des nachehelichen Unterhalts zu beachten. Anderenfalls wäre im Falle einer Einkommenssteigerung beim Unterhaltpflichtigen von seinem nach den ehelichen Lebensverhältnissen festgeschriebenen Einkommen ein höherer – nach den tatsächlichen Verhältnissen geschuldeter – Kindesunterhalt abzuziehen. Jede Einkommenssteigerung würde dann sogar zu einer Verringerung des durch den Kindesunterhalt geprägten nachehelichen Einkommens führen. Bei der Berechnung des Ehegattenunterhalts kann deswegen nur ein Kindesunterhalt nach den festgeschriebenen Verhältnissen als eheprägend abgesetzt werden. Eine spätere Einkommenssteigerung kann dann zwar zu einem tatsächlich höheren Kindesunterhalt führen; das muss aber bei der Bemessung des Ehegattenunterhalts unberücksichtigt bleiben.

(Auch erst nach Scheidung erfolgte zulässige Altersvorsorge ist eheprägend)

f [33] Nach der neueren Rechtsprechung des Senats zu den wandelbaren ehelichen Lebensverhältnissen (BGHZ 166, 351 = NJW 2006, 1654 = FamRZ 2006, 683 [685], und BGHZ 153, 358 [364f.] = NJW 2003, 1518 = FPR 2003, 330 = FamRZ 2003, 590 [591]) sind Minderungen des unterhaltsrelevanten Einkommens bei der Bedarfsbemessung grundsätzlich zu berücksichtigen, sofern sie nicht auf einer Verletzung der Erwerbsobliegenheit des Unterhaltsverpflichteten beruhen oder durch freiwillige berufliche oder wirtschaftliche Dispositionen des Unterhaltsverpflichteten veranlasst sind und von diesem durch zumutbare Vorsorge aufgefangen werden können. Danach kommt es nicht entscheidend darauf an, ob die Kl. die Beiträge für ihre Lebensversicherung schon bei Rechtskraft der Ehescheidung gezahlt hat. Denn bei fortbestehender Ehe hätte der Bekl. die zusätzliche Altersvorsorge ebenfalls akzeptieren und mittragen müssen. Dann kann auch die Scheidung ihm das Risiko einer solchen Verringerung des verfügbaren Einkommens nicht abnehmen (vgl. auch *Senat*, NJW 2007, 1961 = FamRZ 2007, 793 [795f.]).

[34] Einer Berücksichtigung steht auch nicht entgegen, dass die monatlichen Beiträge nach der nicht widerlegten Behauptung des Bekl. allein der Kapitalbildung dienen. Denn nach ständiger Rechtsprechung des Senats steht es sowohl dem Unterhaltsschuldner als auch dem Unterhaltsberechtigten grundsätzlich frei, in welcher Weise er von seinen eigenen erzielten Einkünften neben der gesetzlichen Rentenversicherung Vorsorge für sein Alter trifft (BGHZ 169, 59 = NJW 2006, 3344 = FamRZ 2006, 1511 [1514]). Das BerGer. hätte die monatlichen Beiträge der Kl. für ihre Lebensversicherung deswegen in Höhe von 4% ihres eigenen Bruttoeinkommens als zulässige zusätzliche Altersvorsorge berücksichtigen müssen (*Senat*, NJW 2005, 3277 = FamRZ 2005, 1817 [1821f.]).

R679

BGH v. 23. 5. 2007 – XII ZR 250/04 – FamRZ 07, 1229 = NJW 07, 2554

(Ausgleichspflicht bei Zusammenveranlagung nach § 426 BGB)

a [13] 4. Da die Voraussetzungen einer Zusammenveranlagung gem. § 26 I EStG im Jahr 2002 für die Parteien unstreitig vorgelegen haben, kommt es allein darauf an, ob die Bekl. hierdurch einer zusätzlichen steuerlichen Belastung ausgesetzt wird, die sie nach den gegebenen Umständen nicht zu tragen hat. Richtig ist zwar, dass der zu der Zustimmung verlangende Ehegatte regelmäßig zum internen Ausgleich verpflichtet ist, wenn sich bei dem anderen Ehegatten die Steuerschuld infolge der Zusammenveranlagung im Vergleich zur getrennten Veranlagung erhöht. Das gilt jedoch insoweit nicht, als die Ehegatten eine andere Aufteilung ihrer Steuerschulden konkludent vereinbart haben. Davon ist im vorliegenden Fall jedenfalls für die Zeit bis zur Trennung auszugehen.

[14] a) Die nach § 26 b EStG zusammen veranlagten Ehegatten haben gem. § 44 I AO als Gesamtschuldner für die festgesetzten Steuern aufzukommen. Im Innenverhältnis besteht zwischen Gesamtschuldnern eine Ausgleichspflicht nach § 426 I 1 BGB. Danach haften sie im Verhältnis zueinander zu gleichen Anteilen, soweit nicht ein anderes bestimmt ist. Eine solche abweichende Bestimmung kann sich aus dem Gesetz, einer Vereinbarung, dem Inhalt und Zweck des Rechtsverhältnisses oder der Natur der Sache, mithin aus der besonderen Gestaltung des tatsächlichen Geschehens, ergeben (BGH NJW 1983, 1845 = FamRZ 1983, 795; NJW 1980, 1520 = FamRZ 1980, 664; *Senat*, NJW 1995, 652 = FamRZ 1995, 216 [217]; NJW-RR 1993, 386 = FamRZ 1993, 676 [677 f.]; NJW 2002, 1570 = FamRZ 2002, 739 [740], und NJW 2006, 2623 = FamRZ 2006, 1178 [1179]). Vorrangig ist allerdings, was die Gesamtschuldner ausdrücklich oder konkludent vereinbart haben.

(Aufteilung auf Grund güterrechtlicher Beziehungen)

b [15] b) Die Notwendigkeit, die Aufteilung abweichend von der Grundregel des § 426 I 1 BGB vorzunehmen, kann sich dabei auch aus den güterrechtlichen Beziehungen der Ehegatten ergeben. Diese sind sowohl im Güterstand der Gütertrennung als auch im gesetzlichen Güterstand der Zugewinngemeinschaft (vgl. § 1363 II 1 BGB) hinsichtlich ihres Vermögens und ihrer Schulden selbstständig. Deshalb hat im Verhältnis der Ehegatten zueinander grundsätzlich jeder von ihnen für die Steuer, die auf seine Einkünfte entfällt, selbst aufzukommen (BGH NJW 1979, 546 = FamRZ 1979,

1115; *Senat,* FamRZ 1990, 375 [376]; NJW-RR 2002, 222 = FamRZ 2002, 769 [740], und NJW 2006, 2623 = FamRZ 2006, 1178 [1179]).

(Aufteilung auf Grund bisheriger Handhabung)

[16] c) Allerdings kann auch dieser Maßstab von einer anderweitigen Bestimmung i. S. des § 426 I 1 **c** BGB überlagert werden. Das ist hier der Fall. Die Parteien haben nach den Feststellungen des BerGer. durch ihre bisherige Handhabung eine solche anderweitige Bestimmung getroffen. Danach hat die Bekl. die Steuerschuld insoweit zu tragen, als sie Lohnsteuer im Abzugsverfahren entrichtet hat. Insofern ist davon auszugehen, dass die Parteien, auch wenn die Wahl der Steuerklassen die Höhe der sich nach Veranlagung ergebenden Steuer nicht beeinflusst, bewusst die Steuerklassen III und V gewählt haben, um damit monatlich mehr bare Geldmittel zur gemeinsamen Verwendung zur Verfügung zu haben, als dies bei einer Wahl der Steuerklassen IV und IV der Fall gewesen wäre. Dabei haben die Parteien in Kauf genommen, dass das wesentlich höhere Einkommen des Kl. relativ niedrig und das niedrige Einkommen der Bekl. vergleichsweise hoch besteuert wurde. Es besteht kein Anlass anzunehmen, dass sie ohne die Trennung an dieser Übung nicht festgehalten hätten. Dies hätte vielmehr einem normalen Verlauf entsprochen, da Ehegatten in intakter Ehe die Zusammenveranlagung wählen, wenn sie, wie im vorliegenden Fall, wegen der verschiedenen Höhe ihrer Einkommen auf Grund der Anwendung der Splittingtabelle eine wesentlich geringere gemeinsame Steuerlast als bei getrennter Veranlagung zu tragen haben. Dass sich die Bekl. für diesen Fall der Zusammenveranlagung einen Ausgleich vorbehalten hätte, ist vom BerGer. – von der Revision unangefochten – nicht festgestellt und wäre auch fernliegend.

(kein Ausgleich für die Zeit vor der Trennung)

[17] d) Die Bekl. kann grundsätzlich auch nicht wegen des Scheiterns der Ehe den Mehrbetrag, den **d** sie wegen der Besteuerung ihres Einkommens nach der Lohnsteuerklasse V im Vergleich zur Besteuerung bei getrennter Veranlagung geleistet hat, vom Kl. ersetzt verlangen. Der ehelichen Lebensgemeinschaft liegt nämlich die Auffassung zu Grunde, mit dem Einkommen der Ehegatten gemeinsam zu wirtschaften und finanzielle Mehrleistungen nicht auszugleichen. Es hätte deshalb einer besonderen Vereinbarung bedurft, wenn sich die Bekl. die Rückforderung dieser Mehrleistung für den Fall der Trennung hätte vorbehalten wollen (*Senat,* NJW 2002, 2319 = FPR 2002, 442 = FamRZ 2002, 1024 [1026]). Mit Rücksicht darauf hat für die Zeit bis zur Trennung keine Korrektur der von der Bekl. getragenen steuerlichen Belastung zu erfolgen. Deshalb kann sie ihre Zustimmung zur Zusammenveranlagung nicht von einem Ausgleich ihrer bis dahin zu verzeichnenden steuerlichen Mehrbelastung abhängig machen.

(Ausgleich über Unterhalt oder Erstattung nach der Trennung)

[18] 5. Nach Aufhebung der ehelichen Lebensgemeinschaft besteht für einen Ehegatten indessen **e** grundsätzlich kein Anlass mehr, an der früheren Übung festzuhalten. Mit dem Scheitern der Ehe ist insofern von einer grundlegenden Veränderung der Verhältnisse auszugehen (*Senat,* NJW 2006, 2623 = FamRZ 2006, 1178 [1180]). Zwar kann auch insofern der Gesichtspunkt zum Tragen kommen, dass mit dem aus den Steuerklassen III und V erzielten Einkommen gemeinsam gewirtschaftet worden ist, weil auf dieser Grundlage Ehegattenunterhalt gezahlt wurde (vgl. *Wever,* Vermögensauseinandersetzung der Ehegatten außerhalb des GüterR., 4. Aufl., Rdnr. 791). Ist das jedoch nicht der Fall, so besteht für den Ehegatten, der gleichwohl weiterhin die Steuerklasse V hat, kein Grund mehr, seine damit verbundene höhere steuerliche Belastung zu tragen und zugleich eine Entlastung des anderen Ehegatten zu bewirken, an der er nicht mehr teilhat. Vielmehr kommt bei einer solchen Fallgestaltung wiederum der Grundsatz zum Tragen, dass im Verhältnis der Ehegatten zueinander jeder von ihnen nur für die Steuer aufzukommen hat, die auf sein Einkommen entfällt (s. o. unter 4 b [Rdnr. 15]).

[19] 6. Danach kann die Bekl. zwar nicht beanspruchen, einer Zusammenveranlagung nur gegen Zahlung des Steuererstattungsbetrags von 2958,72 Euro zustimmen zu müssen. Ob ihr Nachteil lediglich den vom BerGer. ausgeurteilten Betrag von 302,97 Euro ausmacht, lässt sich indessen nicht feststellen. Ihr Nachteil wäre damit abgegolten, wenn der Kl. auf der Grundlage der nach den Steuerklassen III und V erzielten Einkünfte der Ehegatten Trennungsunterhalt für November und Dezember 2002 gezahlt haben sollte. Denn dann wäre die Bekl. an dem Gesamteinkommen beteiligt worden und könnte über die Zusage des Kl. hinaus, sie von einer Steuernachzahlung auf Grund der Zusammenveranlagung freizustellen, keinen weiteren Nachteilsausgleich verlangen, weil sie keiner zusätzlichen Belastung ausgesetzt wäre. Ist dagegen kein Trennungsunterhalt gezahlt worden, so entsteht für die Bekl. für die Zeit nach der Trennung eine zusätzliche Belastung, von deren Ausgleich sie ihre Zustimmung zur Zusammenveranlagung abhängig machen kann. Denn sie hat ihr Einkommen nach Steuerklasse V anstatt nach Steuerklasse II versteuert und dadurch einen steuerlichen Nachteil getragen, den sie durch eine getrennte Veranlagung hätte vermeiden können. In dem Fall kann sie deshalb

verlangen, so gestellt zu werden, als wäre für die Zeit nach der Trennung eine getrennte steuerliche Veranlagung durchgeführt worden (vgl. auch *Senat*, NJW 2006, 2623 = FamRZ 2006, 1178 [1180]).

BGH v. 4. 7. 2007 – XII ZR 251/04 – FamRZ 07, 1459 = NJW 07, 2921

R680   *(Zur Abänderungsklage beim Anerkenntnisurtei; materielle Rechtskraft und Bindungswirkungen; Beurteilung der maßgeblichen Verhältnisse)*

[4] Durch Anerkenntnisurteil vom 12. 3. 1999 ist der Kl. unter anderem verurteilt worden, an das Kind S. vom 1. 6. 2001 bis 30. 6. 2007 und an das Kind R. vom 1. 4. 2004 bis 31. 5. 2008 jeweils 100% des Regelbetrags der 3. Altersstufe abzüglich des hälftigen Kindergeldes von 125 DM zu zahlen.

[5] Mit der Abänderungsklage hat der Kl. den Wegfall dieser Unterhaltsverpflichtung geltend gemacht. Er hat vorgetragen, dass sich sein Gesundheitszustand erheblich verschlechtert habe, weshalb er in seinem erlernten Beruf keine Arbeit mehr finden könne. Wegen seines geringen Ausbildungsstandes sei ihm auch keine andere Tätigkeit möglich.

[6] Das AG hat der Klage teilweise stattgegeben und den Kindesunterhalt für die Zeit ab 6. 5. 2002 auf monatlich 67 € (Zahlbetrag) pro Kind herabgesetzt. Auf die Berufung der Bekl. hat das OLG das Anerkenntnisurteil dahin abgeändert, dass der Kl. an jedes der Kinder den folgenden Unterhalt zu zahlen hat: vom 6. 5. 2002 bis 6. 8. 2003 monatlich 124,50 €, vom 7. 8. 2003 bis 30. 6. 2005 monatlich 92 € und ab 1. 7. 2005 monatlich 35,1% des Regelbetrags der 3. Altersstufe gem. § 2 Regelbetrag-Verordnung. Mit ihrer – zugelassenen – Revision verfolgen die Bekl. ihr Klageabweisungsbegehren weiter. Entscheidungsgründe:

[11] 2. Zu Recht hat das BerGer. die Abänderungsklage allerdings für zulässig gehalten. Die Zulässigkeit setzt voraus, dass die klagende Partei Tatsachen vorträgt, aus denen sich – ihr Vorliegen unterstellt – eine wesentliche Veränderung derjenigen Verhältnisse ergibt, die für die Höhe oder Dauer der ausgeurteilten Unterhaltsleistung maßgebend waren.

[12] Der Kl. hat – gestützt auf seinen angeblich verschlechterten Gesundheitszustand und die deshalb nicht mehr bestehende Vermittelbarkeit in seinem erlernten Beruf – Umstände geltend gemacht, aus denen sich – ihre Richtigkeit unterstellt – eine wesentliche Veränderung der für die Verurteilung zur Zahlung von Kindesunterhalt maßgeblichen Verhältnisse ergibt. Denn angesichts seines niedrigen Ausbildungsstandes ist es ihm seinem weiteren Vortrag zufolge nicht möglich, eine andere Erwerbstätigkeit zu finden. Die von ihm bezogene Arbeitslosenunterstützung erreicht indessen den unterhaltsrechtlichen Selbstbehalt nicht. Damit hat der Kl. auch ohne Darlegung weiterer Umstände hinreichend geltend gemacht, dass die nachgesuchte Abänderung geboten ist.

[13] 3. Die Abänderungsklage ist begründet, wenn sich das Klagevorbringen als zutreffend erweist, im vorliegenden Fall also, wenn sich eine Veränderung der finanziellen Leistungsfähigkeit des Kl. ergibt.

[14] a) An dem Erfordernis einer Veränderung der maßgeblichen Verhältnisse ist ungeachtet des Umstandes, dass es sich bei der abzuändernden Entscheidung nicht um ein kontradiktorisches Urteil mit entsprechenden Tatsachenfeststellungen, sondern um ein Anerkenntnisurteil handelt, festzuhalten. Denn auch die materielle Rechtskraft eines Anerkenntnisurteils führt grundsätzlich zur Bindungswirkung und erlaubt deshalb weder eine freie, von der bisherigen Höhe unabhängige Neufestsetzung des Unterhalts noch eine abweichende Beurteilung derjenigen Verhältnisse, die bereits im vorausgegangenen Rechtsstreit eine Bewertung erfahren haben *(Johannsen/Henrich/Brudermüller* Eherecht 4. Aufl. § 323 ZPO Rdnr. 81; *Luthin/Margraf* Handbuch des Unterhaltsrechts 10. Aufl. Rdnr. 7292; OLG Hamm FamRZ 1992, 1201 und FamRZ 1997, 890; OLG Karlsruhe FamRZ 1994, 637, 638; OLG Köln NJW-RR 1987, 834; OLG Düsseldorf FamRZ 1981, 587, 588; vgl. auch Senatsurteil vom 31. 10. 2001 – XII ZR 292/99 – FamRZ 2002, 88, 90; einschränkend – jedenfalls bei Feststellbarkeit der einverständlich zugrunde gelegten Lebensverhältnisse -OLG Bamberg FamRZ 2001, 556; a. A. OLG Bamberg FamRZ 1986, 702, 703; Hk-ZPO/*Saenger* 2. Aufl., § 323 Rdnr. 57; *Christian* DA-Vorm 1988, 343, 347). Insofern ist die Rechtslage ähnlich zu beurteilen wie bei einem Versäumnisurteil, bei dem die Bindungswirkung nicht zweifelhaft sein kann. Für das ebenfalls regelmäßig (Ausnahme: § 313 b III ZPO) einer richterlichen Tatsachenfeststellung entbehrende Anerkenntnisurteil muss das erst recht gelten, da es nicht auf einer (passiven) Säumnis des Unterhaltsschuldners, sondern auf dessen aktivem Mitwirken beruht. Deshalb besteht kein Anlass, diesen hinsichtlich der Abänderbarkeit eines Anerkenntnisurteils besser zu stellen als bei einem Versäumnisurteil. Würde man dies anders sehen, könnte der Unterhaltsschuldner bei für ihn absehbarem ungünstigen Prozessverlauf den Klageanspruch anerkennen und sich dadurch eine freie Abänderbarkeit offen halten.

[15] b) Es stellt sich allerdings die Frage, auf welche Verhältnisse es für die Beurteilung einer Veränderung ankommt. Diese können im Fall eines Anerkenntnisurteils nicht ohne weiteres dem Klagevorbringen entnommen werden, denn die Erwägungen, die den Unterhaltsschuldner zu dem Anerkenntnis bewogen haben, können hiervon abweichen. Er hat sich letztlich nur dem geltend gemachten Anspruch gebeugt, woraus aber nicht darauf geschlossen werden kann, dass er auch der

Beurteilung der zur Begründung vorgetragenen Tatsachen folgt. Welche Beweggründe den Unterhalts- schuldner zu dem Anerkenntnis veranlasst haben, wird häufig nicht ersichtlich sein. Wenn es für die Frage, ob eine Änderung der maßgeblichen Verhältnisse vorliegt, gleichwohl hierauf ankäme, könnte der Unterhaltsschuldner unschwer mit einem Abänderungsbegehren durchdringen, ohne dass der Unterhaltsgläubiger dem Erhebliches entgegenhalten könnte. Deshalb können nur die dem Anerkennt- nisurteil zugrunde liegenden tatsächlichen Umstände dafür maßgebend sein, ob sich nachträglich eine Veränderung ergeben hat (ebenso *Johannsen/Henrich/Brudermüller* aaO§ 323 ZPO Rdnr. 64; *Soyka* Die Abänderungsklage im Unterhaltsrecht Rdnr. 65; *Luthin/Margraf* aaO Rdnr. 7292; a.A. *Graba* Die Abänderung von Unterhaltstiteln 3. Aufl. Rdnr. 270 und FamRZ 2002, 6, 8, der die vom Unterhalts- schuldner – subjektiv – zugrunde gelegten Verhältnisse für maßgebend hält). Lässt sich die Berechnung des titulierten Unterhalts unter Zugrundelegung der verschiedenen Faktoren nicht nachvollziehen und ist deshalb eine Anpassung des Anerkenntnisurteils an zwischenzeitlich geänderte Verhältnisse nicht möglich, so ist der geschuldete Unterhalt nach den gesetzlichen Vorschriften neu zu berechnen (so für einen Vergleich Senatsurteil vom 3. 5. 2001 – XII ZR 62/99 – FamRZ 2001, 1140, 1142).

[16] c) Eine Veränderung der objektiven Sachlage hat das BerGer. hinsichtlich der Erwerbsfähigkeit des Kl. nicht festgestellt. Es ist vielmehr zu dem Ergebnis gelangt, dass er eine wesentliche Verschlech- terung seines Gesundheitszustandes nicht nachgewiesen habe. Es hat daraus gefolgert, dass der Kl., der auch hinreichende Erwerbsbemühungen nicht dargetan habe, sich an dem Einkommen festhalten lassen müsse, das dem Anerkenntnisurteil zugrunde liege.

[17] d) Das BerGer. hat sich, wie die Revision zu Recht rügt, allerdings nicht mit dem Vortrag der Bekl. auseinandergesetzt, der Kl. könne inzwischen ein höheres Einkommen, nämlich 1400 € netto monatlich, erzielen, wenn er entsprechend seiner unterhaltsrechtlichen Obliegenheit einer Erwerbs- tätigkeit nachginge. Dieser Vortrag ist nicht „ins Blaue hinein" erfolgt. Er kann sich vielmehr darauf stützen, dass das Lohnniveau seit dem Jahr 1999 allgemein gestiegen ist, was auch in den angehobenen Bedarfssätzen und Selbstbehaltbeträgen der Unterhaltstabellen zum Ausdruck kommt, und dass der Kl. nach Bayern verzogen ist und dort generell günstigere Erwerbsmöglichkeiten bestehen dürften. Ein Anstieg des Nettoeinkommens kann im Übrigen auch mit einer möglicherweise gesunkenen steuerli- chen Belastung verbunden sein. Das BerGer. hätte deshalb den Beklagtenvortrag nicht übergehen, sondern in die Beurteilung einbeziehen müssen,

BGH v. 4. 7. 2007 – XII ZR 141/05 – FamRZ 07, 1532 = NJW 08, 57

(Eheliche Lebensverhältnisse sind wandelbar; Rente als Surrogat der früheren Erwerbstätigkeit) **R681**

[21] 1. Zutreffend ist das BerGer. zunächst davon ausgegangen, dass die ehelichen Lebensverhältnisse **a** der Parteien nicht mehr von dem früheren Arbeitseinkommen des Bekl., sondern von den an dessen Stelle getretenen Renten geprägt sind. Dabei kommt es nicht auf die neuere Rechtsprechung des Senats zu den wandelbaren ehelichen Lebensverhältnissen an, wonach grundsätzlich auch eine nachehelich eingetretene Einkommensminderung bei der Bedarfsbemessung zu berücksichtigen ist (*Senat*, NJW 2007, 1961 = FamRZ 2007, 793 [795] m.w. Nachw.). Denn der Bekl. hatte seine Erwerbstätigkeit bereits im Jahre 1996 und somit zwei Jahre vor der Trennung der Parteien im Einvernehmen mit der Kl. aufgegeben. Damit sind die Renten des Bekl. als Surrogat an die Stelle des früheren Erwerbs- einkommens des rentenberechtigten Ehegatten getreten (*Senat*, NJW 2005, 2313 = FamRZ 2005, 1479 [1480]). Zwar war der im Jahre 1943 geborene Bekl. bei Aufgabe seiner Erwerbstätigkeit im Jahre 1996 erst 53 Jahre alt und hatte somit noch keinen Anspruch auf Vollrente wegen Alters. Gleichwohl beruht der Wegfall seiner Erwerbseinkünfte nicht auf einer Verletzung seiner Erwerbsobliegenheit. Denn der Bekl. hatte seine Erwerbstätigkeit schon während der intakten Ehe im Einvernehmen mit der Kl. aus gesundheitlichen Gründen aufgegeben. Entsprechend erhält er ab der hier relevanten Zeit seit Dezember 1998 Erwerbsunfähigkeitsrente der gesetzlichen Rentenversicherung sowie Leistungen aus einer Berufsunfähigkeitsversicherung. Außerdem wurde ihm später Rente aus der Zusatzversorgung des Baugewerbes bewilligt. Damit sind die Renten schon für den Anspruch auf Trennungsunterhalt als eheprägend an die Stelle des früher erzielten Erwerbseinkommens getreten. Ob und in welchem Umfang der Bekl. den dadurch bedingten Rückgang seines Einkommens durch zumutbaren Einsatz seiner Vermögenserträge auffangen kann, wird unabhängig davon zu prüfen sein.

(Tatsächliche Mieteinkünfte eheprägend, soweit Wohnungen z. T. nicht vorwerfbar leer standen)

[22] 2. Weil das Dreifamilienhaus des Bekl. bereits im Jahre 1990 fertiggestellt war und seither als **b** weitere Einkommensquelle diente, hat das BerGer. zu Recht auch die daraus erzielten Mieten abzüglich der Kosten als eheprägend berücksichtigt. Zutreffend und von der Anschlussrevision der Kl. auch nicht weiter angegriffen geht das BerGer. davon aus, dass der Bekl. sich insoweit nur die tatsäch- lich erzielten Einkünfte zurechnen lassen muss, weil es ihm nicht vorwerfbar ist, dass die Wohnungen zeitweilig leer standen.

(Für Unterhaltsrückstand auf die in diesem Zeitraum erzielten Mieteinkünfte abzustellen; Mehrjahresdurch-schnitt möglich)

c   [23] Soweit das BerGer. die Höhe der in den einzelnen Unterhaltsabschnitten erzielten Mieten allerdings nicht konkret, sondern nach einem Mehrjahresdurchschnitt ermittelt hat, widerspricht dies der Rechtsprechung des Senats. Während die Bemessung eines Unterhaltsanspruchs für die Zukunft stets auf einer Einkommensprognose beruht (*Senat,* NJW 2005, 142 = FamRZ 2005, 101 [102f.]), ist für die in der Vergangenheit liegenden Unterhaltszeiträume stets von den in dieser Zeit tatsächlich erzielten Einkünften auszugehen, wobei zur Vereinfachung der Berechnung von einem Jahresdurch-schnitt ausgegangen werden kann. Von durchschnittlichen Einkünften aus mehreren Jahren darf das Gericht hingegen nur dann ausgehen, wenn es den rückständigen Unterhalt für diese Gesamtzeit ermittelt oder der laufende Unterhaltsanspruch auf der Grundlage einer Einkommensprognose ermittelt werden muss.

(Für Bemessung eheliche Lebensverhältnisse objektiver Maßstab maßgebend; Tatsächliches Konsumverhalten zu berücksichtigen; Für eheliche Lebensverhältnisse nicht benötigte Mittel sind nicht prägend)

d   [26] a) Die ehelichen Lebensverhältnisse, die sowohl für die Bemessung des Trennungsunterhalts (§ 1361 I BGB) als auch für die Bemessung des nachehelichen Unterhalts (§ 1578 I BGB) relevant sind, richten sich nach den für die allgemeine Lebensführung verfügbaren Einkünften der Ehegatten. Allerdings wird das verfügbare Einkommen – gerade bei gehobenen Einkünften – häufig nicht in vollem Umfang für den allgemeinen Lebensbedarf verbraucht, sondern teilweise auch der Vermögens-bildung zugeführt. Solche der Vermögensbildung vorbehaltenen Einkommensteile dienen dann nicht mehr der Befriedigung laufender Lebensbedürfnisse und sind damit grundsätzlich der Unterhaltsbemes-sung entzogen (*Senat,* NJW-RR 1987, 194 = FamRZ 1987, 36 [39]; NJW 1984, 292 = FamRZ 1984, 149 [151]).

[27] Allerdings ist nach ständiger Rechtsprechung des Senats sowohl bei der Bemessung des Trennungsunterhalts als auch bei der Bemessung des nachehelichen Unterhalts ein objektiver Maßstab anzulegen. Entscheidend ist derjenige Lebensstandard, der nach dem vorhandenen Einkommen vom Standpunkt eines vernünftigen Betrachters aus als angemessen erscheint. Dabei hat, gemessen am verfügbaren Einkommen, sowohl eine zu dürftige Lebensführung als auch ein übermäßiger Aufwand außer Betracht zu bleiben. Nur in diesem Rahmen kann das tatsächliche Konsumverhalten der Ehegatten während des Zusammenlebens berücksichtigt werden (*Senat,* NJW 1997, 735 = FamRZ 1997, 281 [284]; NJW 1989, 2809 = FamRZ 1989, 1160 [1161]; NJW-RR 1987, 1285 = FamRZ 1989, 838 [839]).

(Bei unangemessen sparsamer Lebensführung Ansatz fiktiver Zinseinkünfte bei Vermögensanlage thesaurierender Form)

e   [28] Soweit das BerGer. die Lebensführung der Parteien als unangemessen sparsam beurteilt hat, weil die Kl. lediglich ein Wirtschaftsgeld in Höhe von wöchentlich 240 DM sowie ein Taschengeld in Höhe von monatlich 200 DM erhielt, während der Bekl. ursprünglich 11 000 DM monatlich erzielt hatte und über Vermögen in Höhe von rund 1,3 Mio. DM verfügte, ist dagegen aus revisionsrechtlicher Sicht nichts zu erinnern.

[29] b) Im Gegensatz zur Rechtsauffassung des Bekl. steht der eheprägenden Berücksichtigung von Zinseinkünften auch nicht entgegen, dass er sein Vermögen in thesaurierenden Fonds angelegt hat, die keine laufenden Erträge abwerfen. Diese Anlageform steht der Berücksichtigung von Zinseinkünften schon deswegen nicht entgegen, weil der Bekl. mit Blick auf die objektiv geprägten ehelichen Lebens-verhältnisse aus unterhaltsrechtlicher Sicht gehalten war, laufende Vermögenseinkünfte für die allgemei-ne Lebensführung vorzuhalten. Wenn er nach der Trennung gleichwohl im Februar 1999 erhebliche Teile seines Vermögens in thesaurierenden Fonds angelegt hat, ist er nicht anders zu behandeln, als wenn die Erträge laufend ausgeschüttet und von ihm selbst wieder angelegt worden wären. Er ist deswegen fiktiv so zu behandeln, als wären seine Vermögenserträge laufend verfügbar gewesen (*Senat,* NJW-RR 1988, 514 = FamRZ 1988, 145 [149]; vgl. auch *Wendl/Dose,* 6. Aufl., § 1 Rdnrn. 425, 428 ff.). Allein durch die Anlageform kann der Bekl. also nicht bestimmen, ob Gewinne eines erheblichen Vermögens den unterhaltsrelevanten Einkünften zuzuordnen sind oder ob sie einer Ver-mögensbildung zu Lasten des Unterhaltsberechtigten vorbehalten bleiben.

(Objektiver Maßstab kann dazu führen, dass nur Teil der Zinsen heranzuziehen ist)

f   [30] c) Mit der Feststellung einer unangemessen sparsamen Lebensführung steht allerdings noch nicht abschließend fest, in welchem Umfang Vermögenseinkünfte des Bekl., die er in der Vergangenheit gerade nicht für den allgemeinen Lebensbedarf eingesetzt hatte, gleichwohl eheprägend sind. Denn auch unter Berücksichtigung des gebotenen objektiven Maßstabs ist ein Unterhaltsschuldner – ins-besondere bei erheblichen Vermögensbeträgen – nicht gehalten, sämtliche Vermögenseinkünfte dem

Verbrauch zuzuführen. Der für eine Korrektur der unangemessenen Vermögensbildung heranzuziehende Maßstab darf nämlich nicht dazu führen, dass der Boden der ehelichen Lebensverhältnisse verlassen und Einkünfte des Unterhaltspflichtigen als prägend zu Grunde gelegt werden, die auch nach einem objektiven Maßstab nicht für die Kosten der allgemeinen Lebensführung verwendet werden (vgl. *Senat,* NJW 1997, 735 = FamRZ 1997, 281 [284]). In welchem Umfang solches hier der Fall ist, hängt von den gesamten Umständen des Einzelfalls ab.

(Bei nachehelichem Unterhalt kein Verstoß gegen Verbot der Doppelverwertung, wenn aus nach Zugewinnausgleich noch vorhandenen Vermögen Zinsen angesetzt werden)

[32] aa) Nachehelichen Unterhalt schuldet der Bekl. lediglich unter Berücksichtigung der nach **g** Durchführung des Zugewinnausgleichs noch vorhandenen Vermögenseinkünfte. Umgekehrt muss sich die Kl. für diesen Unterhaltsanspruch das im Wege des Zugewinnausgleichs erhaltene Vermögen und somit die daraus erzielbaren Einkünfte entgegenhalten lassen. Weil der unterhaltspflichtige Bekl. nach § 1581 S. 2 BGB grundsätzlich nur die Vermögenseinkünfte und nicht den Vermögensstamm einsetzen muss, führt dies nicht zu einer Doppelberücksichtigung ein und desselben Vermögensbetrags im Zugewinnausgleich und im Unterhaltsrecht.

(Bei Trennungsunterhalt Verstoß gegen Verbot der Doppelverwertung, wenn Zinsen aus Vermögen angesetzt werden, das über den Zugewinn ausgeglichen wurde)

[33] bb) Insoweit unterscheidet sich die Situation allerdings von derjenigen beim Trennungsunter- **h** halt, was das BerGer. verkannt hat. Die Kl. konnte ihren Anspruch auf Zugewinnausgleich nur deswegen in der vereinbarten Höhe durchsetzen, weil der Bekl. die Vermögensgewinne während der Ehezeit und auch später nicht für die eheliche Lebensführung verwendet, sondern damit sein Vermögen gemehrt hatte. Auch während der hier relevanten Trennungszeit sind die Vermögenseinkünfte also dem Vermögen zugeflossen, das für die Zeit bis zur Rechtshängigkeit des Scheidungsantrags bereits über den Zugewinn ausgeglichen worden ist. Ist ein und dieselbe Vermögensmasse allerdings bereits durch den Zugewinn ausgeglichen, steht das Verbot der Doppelberücksichtigung einem erneuten Ausgleich dieses Betrags im Wege des Unterhalts entgegen (vgl. zur arbeitsrechtlichen Abfindung *Senat,* NJW 2004, 2675 = FPR 2004, 576 = FamRZ 2004, 1352 [1353]). Jedenfalls für die Zeit bis zur Rechtshängigkeit des Scheidungsantrags durfte das BerGer. deswegen nur von dem sonstigen Einkommen des Bekl. abzüglich der Kosten für Kranken- und Pflegeversicherung ausgehen. Kapitaleinkünfte konnten die ehelichen Lebensverhältnisse für diese Zeit hingegen nicht rückwirkend prägen (zur Unterscheidung zwischen dem Trennungsunterhalt und dem nachehelichen Unterhalt beim Wohnvorteil vgl. *Senat,* NJW 2007, 1974 = FamRZ 2007, 879 [881f.])

(Mutwillige Herbeiführung der Bedürftigkeit durch Aufgabe des Arbeitsplatzes Verwirkungsgrund nach § 1579 Nr. 4 BGB)

[37] c) Unabhängig davon kann die Erwerbslosigkeit der Kl. die Höhe ihres Unterhaltsanspruchs **i** auch aus einem weiteren Grund nicht zu ihren Gunsten beeinflussen. Denn nach § 1579 Nr. 3 BGB ist ein Unterhaltsanspruch zu versagen, herabzusetzen oder zeitlich zu begrenzen, soweit der Unterhaltsberechtigte seine Bedürftigkeit mutwillig herbeigeführt hat. Dabei muss es sich zwar nicht um ein vorsätzliches oder gar absichtliches Verhalten handeln, sondern es genügt auch eine leichtfertige Handlungsweise. Denn der Bereich der ehelichen Solidarität, die § 1579 BGB gegen grob unbillige Unterhaltsforderungen abgrenzt, würde auch verlassen, wenn der Unterhaltspflichtige die Folgen einer leichtfertigen Herbeiführung der Bedürftigkeit durch den anderen Ehegatten unterhaltsrechtlich mittragen müsste. Das Verhalten muss aber zu der Unterhaltsbedürftigkeit in einer Beziehung stehen, die sich nicht in bloßer Ursächlichkeit erschöpft; erforderlich ist vielmehr eine unterhaltsbezogene Leichtfertigkeit (*Senat,* FamRZ 1984, 364 [367f.]). Diese Voraussetzungen sind nach den Feststellungen des BerGer. ebenfalls erfüllt. Denn die Kl., die während der letzten Ehejahre und auch während der Trennungszeit einer Erwerbstätigkeit nachgegangen war, hat diese Tätigkeit trotz fortbestehender Erwerbsfähigkeit aufgegeben. Auch der Unterhaltsbezug dieser leichtfertigen Aufgabe des Arbeitsplatzes steht außer Zweifel.

(Bei gleich hohen Kapitaleinkünften der Eheleute gleich hohe Zinsen anzusetzen)

[45] b) Auch insoweit hält die Bemessung der zu berücksichtigenden Kapitaleinkünfte der revisions- **j** rechtlichen Prüfung allerdings nicht stand. Während das BerGer. dem Bekl. durchweg Kapitaleinkünfte auf der Grundlage eines erzielbaren Zinssatzes von 5% zurechnet, geht es bei den Kapitaleinkünften der Kl. nur hinsichtlich eines Anfang 2001 anzulegenden Betrags in Höhe von 200 000 DM von 4,5% und sonst durchweg lediglich von einem erzielbaren Zinssatz in Höhe von 4% aus. Die unterschiedliche Behandlung lässt sich jedenfalls nicht durch die Höhe der anzulegenden Beträge begründen, zumal die Kl. auf den Zugewinnausgleich insgesamt 696 000 DM erhalten hat, was auch ihr entsprechend güns-

tige Konditionen ermöglichen müsste. Zudem weist das BerGer. selbst darauf hin, dass der Bekl. ein Angebot der P-Bank vom 12. 6. 2002 vorgelegt hat, wonach seinerzeit jedenfalls noch Zinsen in Höhe von 4,3% jährlich erzielbar waren.

(Zinsen aus Zugewinnausgleich eheprägend)

k [47] d) Soweit der Kl. Zinseinkünfte aus ihrem ursprünglichen Vermögen und insbesondere aus dem im Zugewinnausgleich erlangten Vermögen zugerechnet wurden, sind diese Einkünfte nach ständiger Rechtsprechung des Senats auch als eheprägend bei der Bedarfsermittlung zu berücksichtigen. Das BerGer. hat die Revision insbesondere wegen der Frage zugelassen, „ob angesichts des Senatsurteils vom 13. 6. 2001 (NJW 2001, 2254 = FamRZ 2001, 986) die infolge eines vollzogenen Zugewinn-ausgleichs auf Seiten des Unterhaltsgläubigers erzielten oder erzielbaren Erträge im Rahmen der Unter-haltsberechnung als eheprägend anzusehen und mithin in die Differenzberechnung einzustellen" seien. Wenn das entsprechende Vermögen allerdings – wie hier – auch schon vor der Durchführung des Zugewinnausgleichs vorhanden war und die Vermögenserträge (§ 100 BGB) schon seinerzeit die ehelichen Lebensverhältnisse geprägt hatten, macht es keinen Unterschied, ob sie nach wie vor von einem Ehegatten gezogen werden oder ob sie jetzt – nach Durchführung des Zugewinnausgleichs – auf beide Ehegatten verteilt sind. In beiden Fällen prägen die dann zu berücksichtigenden Vermögens-einkünfte auch die ehelichen Lebensverhältnisse und sind deswegen im Wege der Differenzmethode in die Unterhaltsberechnung einzubeziehen (zum Wohnvorteil vgl. *Senat*, NJW 2005, 2077 = FamRZ 2005, 1159 [1161]).

(Falsche Angaben zum Einkommen Prozessbetrug nach § 1579 Nr. 3 BGB; fehlende grobe Unbilligkeit bei langer Ehedauer und vorangegangenen falschen Einkommensangaben des Pflichtigen)

l [54] a) Zutreffend hat das BerGer. zunächst die Voraussetzungen des § 1579 Nrn. 2 und 4 BGB festgestellt, zumal die Kl. ihr eigenes Einkommen aus Putz- und Haushaltstätigkeit bewusst erheblich niedriger dargestellt hat, als es den Tatsachen entsprach. Ebenso hat die Kl. den Bekl. ohne haltbare Begründung einer Urkundenfälschung bezichtigt. Auch den Umfang ihrer Haushaltstätigkeit zu Gunsten der Tochter hatte die Kl. falsch dargestellt, um dadurch – wenn auch geringe – unterhalts-rechtliche Vorteile zu gewinnen.

[55] Wenn das BerGer. trotz der erfüllten Tatbestandsvoraussetzungen im Rahmen der umfassenden Gesamtwürdigung zu dem Ergebnis gelangt ist, dass der Trennungsunterhalt weder zu versagen noch herabzusetzen noch zeitlich zu begrenzen ist, ist dagegen revisionsrechtlich nichts zu erinnern. Ins-besondere hat das BerGer. zu Recht berücksichtigt, dass die Ehe bis zur Trennung der Parteien 32 Jahre und bis zur Scheidung 34 Jahre gedauert hat und dass auch der Bekl. durch unrichtigen Sachvortrag versucht hat, sich der Unterhaltsforderung der Kl. zu entziehen. Insoweit stellt die Revision des Bekl. lediglich ihr eigenes Ermessen an die Stelle des Ermessens des BerGer., was ihr versagt ist.

[56] b) Soweit das BerGer. mit der gleichen Begründung auch eine Verwirkung des nachehelichen Unterhalts abgelehnt hat, wird aus der Entscheidung allerdings nicht hinreichend deutlich, ob es sich des Grundsatzes der nachehelichen Eigenverantwortung aus § 1569 BGB hinreichend bewusst war. Denn dadurch gewinnt auch die Bedeutung der Verwirkungsgründe für den nachehelichen Unterhalt stärkeres Gewicht, als es für den Trennungsunterhalt (§ 1361 III BGB) der Fall ist. Weil der Unterhalt, auch wenn die Voraussetzungen der Nrn. 1 bis 7 des § 1579 BGB erfüllt sind, ohnehin nicht zwingend in vollem Umfang zu versagen ist, sondern auch herabgesetzt oder zeitlich begrenzt werden kann, hätte das BerGer. auch diese Möglichkeiten in seine Billigkeitsprüfung einbeziehen müssen.

BGH v. 26. 9. 2007 – XII ZR 11/05 – FamRZ 07, 2049 = NJW–RR 08, 1

(„Dauer der Ehe" kein herausgehobenes Prüfungsmerkmal für Unterhaltsbegrenzung)

a [21] Zwar hat § 1573 V BGB als unterhaltsbegrenzende Norm Ausnahmecharakter und findet deswegen vor allem bei kurzen und kinderlosen Ehen Anwendung. Die Vorschrift ist allerdings nicht auf diese Fälle beschränkt. Denn das Gesetz legt in § 1573 V BGB, ebenso wie in § 1578 I 2 BGB, keine bestimmte Ehedauer fest, von der ab eine zeitliche Begrenzung des Unterhaltsanspruchs nicht mehr in Betracht kommt. Wie der Senat inzwischen mehrfach ausgeführt hat, widerspräche es auch dem Sinn und Zweck des § 1573 V BGB, den Billigkeitsgesichtspunkt „Dauer der Ehe" im Sinne einer festen Zeitgrenze zu bestimmen, von der ab der Unterhaltsanspruch grundsätzlich keiner zeitlichen Begrenzung mehr zugänglich sein kann. Vielmehr stellt das Gesetz die Ehedauer als Billigkeitsgesichts-punkt gleichrangig neben die „Gestaltung von Haushaltsführung und Erwerbstätigkeit". Bei der Billigkeitsabwägung sind zudem unter anderem die Arbeitsteilung der Ehegatten und die Ehedauer lediglich zu „berücksichtigen"; jeder einzelne Umstand lässt sich also nicht zwingend vor oder gegen eine Befris-tung ins Feld führen. Zudem beanspruchen beide Aspekte, wie das Wort „insbesondere" verdeutlicht, für die Billigkeitsprüfung keine Ausschließlichkeit (*Senat*, NJW 2007, 2628 = FamRZ 2007, 1232

[1236]; NJW 2007, 1961 = FamRZ 2007, 793 [799 f.]; NJW 2007, 839 = FamRZ 2007, 200 [203] und NJW 2006, 2401 = FamRZ 2006, 1006 [1007]).

[22] Die zeitliche Begrenzung des Aufstockungsunterhalts nach § 1573 V BGB setzt somit – wie die Begrenzung des Unterhalts nach den ehelichen Lebensverhältnissen gem. § 1578 I 2 BGB – stets eine individuelle Billigkeitsabwägung voraus, die alle Umstände des Einzelfalls einbezieht. Das Ergebnis dieser Billigkeitsabwägung kann deswegen auch bei länger als 20 Jahre andauernden Ehen zu einer Begrenzung des nachehelichen Unterhalts führen, während sie bei erheblich kürzeren Ehen aus anderen Gründen ausgeschlossen sein kann (*Senat*, NJW 2006, 2401 = FamRZ 2006, 1006 [1007]).

(Unterhaltsbegrenzung im Erst- oder Ausgangsverfahren)

[24] c) Die Begrenzung des Aufstockungsunterhalts aus Billigkeitsgründen nach § 1573 V BGB setzt **b** nicht zwingend voraus, dass der Zeitpunkt, ab dem der Unterhaltsanspruch entfällt, bereits erreicht ist. Wenn die dafür ausschlaggebenden Umstände bereits eingetreten oder zuverlässig voraussehbar sind, ist eine Entscheidung über eine Begrenzung nicht einer späteren Abänderung nach § 323 II ZPO vorzubehalten, sondern schon im Ausgangsverfahren zu treffen (*Senat*, NJW 2007, 1961 = FamRZ 2007, 793 [798 f.]). Ob die für eine Begrenzung ausschlaggebenden Umstände allerdings bereits im Ausgangsverfahren zuverlässig vorhersehbar sind, lässt sich nur unter Berücksichtigung aller Umstände des Einzelfalls beantworten (vgl. *Senat*, NJW 2006, 2401 = FamRZ 2006, 1006 [1008] und NJW 2007, 1961 = FamRZ 2007, 793 [800] einerseits sowie *Senat*, NJW 2007, 839 = FamRZ 2007, 200 [204] und NJW 2007, 2628 = FamRZ 2007, 1232 [1236] andererseits).

BGH v. 26. 9. 2007 – XII ZR 15/05 – FamRZ 07, 2052 = NJW 08, 148

(Zeitliche Begrenzung des Aufstockungsunterhalts bei mehr als 20 Jahren Ehedauer) **R683**

[20] Die zeitliche Begrenzung des Aufstockungsunterhalts nach § 1573 V BGB setzt somit – wie die **a** Begrenzung des Unterhalts nach den ehelichen Lebensverhältnissen gem. § 1578 I 2 BGB – stets eine individuelle Billigkeitsabwägung voraus, die alle Umstände des Einzelfalls einbezieht. Das Ergebnis dieser Billigkeitsabwägung kann deswegen auch bei länger als 20 Jahre andauernden Ehen zu einer Begrenzung des nachehelichen Unterhalts führen, während sie bei erheblich kürzeren Ehen aus anderen Gründen ausgeschlossen sein kann (*Senat*, NJW 2006, 2401 = FamRZ 2006, 1006 [1007]).

(Keine von ehebedingten Nachteilen unabhängige Lebensstandardgarantie durch Aufstockungsunterhalt)

[21] b) In seiner neueren Rechtsprechung stellt der *Senat* im Einklang damit und mit dem **b** vorrangigen Zweck des nachehelichen Unterhalts nicht mehr entscheidend auf die Ehedauer, sondern darauf ab, ob sich eine nacheheliche Einkommensdifferenz, die den Anspruch auf Aufstockungsunterhalt begründen könnte, als ein ehebedingter Nachteil darstellt, der einen dauerhaften unterhaltsrechtlichen Ausgleich zu Gunsten des bedürftigen Ehegatten rechtfertigen kann (zur Entwicklung der Rspr. vgl. *Dose*, FamRZ 2007, 1289 [1294 f.]). Der Anspruch auf Aufstockungsunterhalt nach § 1573 II BGB bietet deswegen keine – von ehebedingten Nachteilen unabhängige – Lebensstandardgarantie im Sinne einer fortwirkenden Mitverantwortung. Ist die nacheheliche Einkommensdifferenz nicht auf ehebedingte Nachteile, sondern darauf zurückzuführen, dass beide Ehegatten schon vorehelich infolge ihrer Berufsausbildung einen unterschiedlichen Lebensstandard erreicht hatten, kann es im Einzelfall dem unterhaltsberechtigten Ehegatten nach einer Übergangszeit zumutbar sein, auf einen Lebensstandard nach den ehelichen Lebensverhältnissen (§ 1578 I 1 BGB) zu verzichten und sich mit dem Lebensstandard zu begnügen, den er auch ohne die Ehe erreicht hätte (BT-Dr 10/2888, S. 19).

(Keine ehebedingten Nachteile bei Kinderlosigkeit und Tätigkeit im vorehelichen Beruf) **c**

[25] a) Soweit das BerGer. im Rahmen seiner Billigkeitsentscheidung zu dem Ergebnis gelangt ist, ehebedingte Nachteile der Ag. seien schon jetzt nicht mehr ersichtlich, wendet sich die Revision dagegen ohne Erfolg. Insbesondere hat das BerGer. zu Recht berücksichtigt, dass die Ehe der Parteien kinderlos geblieben ist und die Ag. bei Rechtshängigkeit der Scheidung erst das 41. Lebensjahr vollendet und eine Vollzeittätigkeit in dem vor der Ehe ausgeübten Beruf übernommen hatte. Anhaltspunkte dafür, dass die Ag. entgegen den Feststellungen des BerGer. jetzt weniger verdient, als sie ohne die Ehe verdient hätte, sind nicht ersichtlich, zumal sie auch während der Ehe ständig, wenn auch nur halbschichtig, berufstätig war. Damit ist das nacheheliche Einkommensgefälle der Parteien nicht auf ehebedingte Nachteile, sondern auf den schon vorehelich bestehenden unterschiedlichen Ausbildungsstand der Parteien zurückzuführen.

(Keine schematische Bindung der zeitlichen Begrenzung an die Ehedauer) **d**

[26] b) Auch soweit das BerGer. den Aufstockungsunterhalt auf die Dauer von sieben Jahren begrenzt hat, hält dies den Angriffen der Revision stand.

[27] Nach ständiger Rechtsprechung des Senats muss sich die Übergangszeit vom Wegfall ehebedingter Nachteile bis zum Fortfall des Unterhaltsanspruchs aus § 1573 II BGB nicht schematisch an der Ehedauer orientieren. Vielmehr findet die Übergangszeit ihren Grund darin, dass der Unterhaltsberechtigte nach der Ehescheidung Zeit benötigt, um sich auf die Kürzung des eheangemessenen Unterhalts einzustellen (*Senat,* NJW 1986, 2832 = FamRZ 1986, 886 [889]). Zwar kann auch dabei die Dauer der Ehe nicht völlig unberücksichtigt bleiben; auch bei sehr langer Ehedauer wird es dem Unterhaltsberechtigten aber in Fällen wie dem hier vorliegenden regelmäßig möglich sein, seine persönlichen und finanziellen Verhältnisse auf die Einkünfte einzurichten, die er ohne die Unterhaltsleistung des geschiedenen Ehegatten zur Verfügung hat.

BGH v. 31. 10. 2007 – XII ZR 112/05 – FamRZ 08, 137 = NJW 08, 227

R684

(Kein genereller Vorrang des Kindesunterhalts vor Schulden)

a   [22] Die erheblichen Verbindlichkeiten des Kl. hatten zu seiner Zahlungsunfähigkeit und somit zu einer gravierenden Beeinträchtigung seiner eigenen Lebensstellung geführt. Sie wären deswegen – auch ohne Insolvenzverfahren – bei der Bemessung des Unterhaltsanspruchs seines volljährigen Sohnes zu berücksichtigen. Denn nach ständiger Rechtsprechung des Senats ist es dem Unterhaltsschuldner schon aus verfassungsrechtlichen Gründen nicht zumutbar, durch seine Unterhaltszahlungen immer tiefer in Schulden zu geraten. Der Senat hatte es deswegen stets abgelehnt, den Ansprüchen Unterhaltsberechtigter schon bei der Unterhaltsbemessung einen allgemeinen Vorrang vor anderen Verbindlichkeiten des Unterhaltsschuldners einzuräumen (*Senat,* NJW-RR 1996, 321 = FamRZ 1996, 160 [161 f.]).

(Bei Verbraucherinsolvenzverfahren nur noch verbleibende Beträge für Unterhaltsbemessung maßgebend)

b   [23] Nachdem der Gesetzgeber mit den §§ 286ff., 304ff. InsO die Möglichkeit einer Verbraucherinsolvenz mit Restschuldbefreiung geschaffen hat, ist dieser Rechtsprechung, soweit eine Restschuldbefreiung in Betracht kommt, der Boden entzogen. Weil die sonstigen Verbindlichkeiten – einschließlich des rückständigen Unterhalts – als Insolvenzforderungen der Restschuldbefreiung unterliegen, sind sie im Insolvenzverfahren bei der Bemessung des laufenden Unterhalts, der nach § 36 I InsO i. V. mit den §§ 850 c, 850 i ZPO sichergestellt ist, nicht mehr zu berücksichtigen. Um dem Unterhaltsberechtigten trotz einer erheblichen Verschuldung des Unterhaltspflichtigen überhaupt einen Unterhaltsanspruch zu erhalten, kann den nach § 1603 II 1 und 2 BGB gesteigerten Unterhaltspflichtigen sogar eine Obliegenheit zur Einleitung der Verbraucherinsolvenz treffen (*Senat,* BGHZ 162, 234 [242 ff.] = NJW 2005, 1279 = FamRZ 2005, 608 [610 f.]). Nach der zuvor eingetretenen Zahlungsunfähigkeit ist der Kl. erst durch die Eröffnung des Insolvenzverfahrens wieder leistungsfähig geworden, so dass dessen Folgen zwangsläufig bei der Unterhaltsbemessung berücksichtigt werden müssen.

[24] b) Als Folge der Einleitung des Insolvenzverfahrens sind unterhaltsrechtlich nicht mehr die – mit den erheblichen Verbindlichkeiten belasteten – vollen Erwerbseinkünfte des Unterhaltsschuldners zu berücksichtigen, sondern nur noch die ihm in der Insolvenz für den eigenen Unterhalt und für die Ansprüche anderer Unterhaltsberechtigter nach Ermessen der Gläubigerversammlung bzw. des Insolvenzverwalters (vgl. BT-Dr 12/7302, S. 167 zu § 114) gewährten Beträge (§ 100 InsO).

(Unpfändbare Beträge bei nichtselbständiger Tätigkeit)

c   [25] Bezieht der Unterhaltsschuldner ein Arbeitseinkommen aus abhängiger Beschäftigung, ergibt sich der unpfändbare und somit nach § 36 I InsO nicht in die Insolvenzmasse fallende Teil seines Einkommens aus § 850 c ZPO. Werden Unterhaltsansprüche vollstreckt, ist zudem die Einschränkung in § 850 d ZPO zu beachten, den der Schuldner nur seinen eigenen angemessenen Unterhalt und den Unterhalt vorrangiger Unterhaltsberechtigter belässt. Aus der zu § 850 c ZPO erlassenen Pfändungsfreigrenzenbekanntmachung vom 25. 2. 2005 (BGBl I, 493) ergibt sich gegenwärtig bei einer Unterhaltspflicht für – wie hier – fünf oder mehr Unterhaltsberechtigte und einem Einkommen von bis zu 3020,06 Euro ein pfändbarer Betrag in Höhe von 83,79 Euro. Unpfändbar und somit außerhalb der Insolvenzmasse wären derzeit jedenfalls (3020,06 Euro – 83,79 Euro =) 2936,27 Euro.

(Unpfändbares Einkommen bei Selbständigen)

d   [26] Für die Bemessung des unterhaltsrelevanten Einkommens des Kl. gilt dies hingegen nicht, weil er selbstständig tätig ist, seine Honoraransprüche als Arzt in vollem Umfang und ohne Abzüge in die Insolvenzmasse fallen und sie ihm deswegen als verfügbares Einkommen entzogen sind (vgl. BGHZ 141, 173 [175 ff.] = NJW 1999, 1544, und BGH, NJW 2003, 2167). Weil die Honoraransprüche somit „nicht wiederkehrend zahlbare Vergütungen für persönlich geleistete Arbeiten oder Dienste" i. S. des § 850 i ZPO sind, kann der Kl. als Gemeinschuldner allenfalls beantragen, ihm von den pfändbaren Honoraransprüchen so viel als Einkommen zu belassen, wie er für den eigenen notwendigen Unterhalt und den seiner Unterhaltsberechtigten benötigt, höchstens aber so viel, wie ihm verbleiben würde, wenn sein Einkommen aus laufendem Arbeits- oder Dienstlohn bestände (§ 36 I InsO i. V. mit § 850 i I ZPO). Wird ein solcher Antrag gestellt, obliegt es nach allgemeinen Grundsätzen dem Schuldner, die Voraussetzungen für die Gewährung des geltend gemachten pfändungsfreien Anteils darzulegen. Kommt er seiner Darlegungslast nicht nach, hat dies zur Folge, dass eine Verringerung der zur Insolvenzmasse gehörenden Einkünfte gem. § 36 I 2 InsO i. V. mit § 850 i ZPO unterbleibt (BGH, NJW 2003, 2167) und ihm deswegen weniger für den eigenen Unterhalt und die Erfüllung seiner Unterhaltspflichten zur Verfügung steht.

[27] c) Seit der Eröffnung des Insolvenzverfahrens hat der Kl. deswegen nur noch Zugriff auf den ihm nach § 850 i I ZPO belassenen Anteil seiner Honoraransprüche.

[28] Allerdings kann der Schuldner vor dem Vollstreckungsgericht beantragen, ihm von dem nach § 850 i ZPO pfändbaren Teil seiner Honoraransprüche einen weiteren Teil zu belassen, der für seinen notwendigen Lebensunterhalt neben den geschuldeten Unterhaltsleistungen und für besondere Bedürfnisse aus persönlichen und beruflichen Gründen erforderlich ist (§ 850 f I lit. a und b ZPO). Das BerGer. hat den Kl. deswegen zu Recht für verpflichtet gehalten, eine Erhöhung der ihm zu belassenden Honoraransprüche nach §§ 850 f I, 850 i I ZPO zu beantragen.

[29] Der dem Kl. für den Unterhalt seiner getrennt lebenden Ehefrau und der bei ihr lebenden Kinder zu belassende Unterhalt ist aber auch aus einem anderen Grunde begrenzt. Wegen der hohen Zahl der Unterhaltsberechtigten wäre ein Einkommen aus abhängiger Erwerbstätigkeit – wie ausgeführt – nach § 850 c ZPO bis zur Höhe von derzeit 2936,27 Euro monatlich unpfändbar und damit der Insolvenzmasse entzogen. Wegen der Pauschalierung in § 850 c ZPO kommt es insoweit nicht darauf an, dass der Kl. seiner getrennt lebenden Ehefrau und den bei ihr lebenden vier Kindern nach dem Inhalt des Teilurteils vom 30. 6. 2004 lediglich Unterhalt in Höhe von insgesamt monatlich 790,05 Euro schuldet (BGH, NJW-RR 2007, 938 = FamRZ 2007, 1008).

[30] Zwar kann dieser pauschalierende Gesichtspunkt auf den Pfändungsschutz nach § 850 i I ZPO, der dem Schuldner lediglich solche Einkünfte aus seiner selbstständigen Erwerbstätigkeit belässt, die er für seinen eigenen notwendigen Unterhalt und den seiner Unterhaltsberechtigten benötigt, nicht übertragen werden. Wegen der gebotenen Gleichbehandlung von unselbstständigen und selbstständigen Erwerbstätigen scheint es aber geboten, auch insoweit die vollständige materielle Unterhaltsschuld zu berücksichtigen. Allerdings bemisst sich der dem Schuldner nach § 850 f ZPO vom Vollstreckungsgericht für Unterhaltszwecke zu belassende Betrag nach ständiger Rechtsprechung des BGH nicht nach unterhaltsrechtlichen Maßstäben, sondern ausschließlich nach den Vorschriften des Sozialhilferechts (BGH, NJW-RR 2004, 506 = FamRZ 2004, 620 [621 m. w. Nachw.]). Nur die sich daraus ergebenden Sätze, höchstens aber die nach § 850 c ZPO, sind dem Kl. somit zu belassen.

(Keine Berücksichtigung von Altervorsorge und Fahrtkosten)

[31] d) Von diesen unterhaltsrechtlich zu berücksichtigenden Einkünften des Kl. sind – entgegen der **e** Auffassung des BerGer. – allerdings keine weiteren Vorsorgeaufwendungen und auch keine Fahrtkosten abzusetzen.

[32] Zwar erstreckt sich der einem Selbstständigen nach § 850 i I ZPO zu belassende notwendige Unterhalt grundsätzlich auch auf dessen Vorsorgeaufwendungen. Denn diese werden im Insolvenzverfahren eines Selbstständigen nicht vorab durch den Insolvenzverwalter beglichen. Darin liegt ein wesentlicher Unterschied zu den Einkünften aus einer abhängigen Beschäftigung, die – nach Abzug der Vorsorgeaufwendungen – als Nettobetrag ausgezahlt werden. Die Pfändungsfreigrenzen des § 850 c ZPO sind deswegen nach § 850 e ZPO auch nur auf der Grundlage dieser Nettobeträge bemessen. Für Selbstständige sieht § 850 i ZPO demgegenüber eine individuellere Regelung vor, wie sich auch aus § 850 f lit. a und b ZPO ergibt. Insoweit obliegt es dem Schuldner, die Voraussetzungen für die Gewährung weiterer pfändungsfreier Anteile seiner Honoraransprüche darzulegen.

[33] Hier hat der Insolvenzverwalter dem Kl. aber lediglich ein pfändungsfreies Arbeitseinkommen i. S. von § 850 c ZPO belassen, was dafür spricht, dass die monatlich verfügbaren Einkünfte lediglich dem unmittelbaren Lebensbedarf des Kl. und seiner Unterhaltsberechtigten dienen sollen. Dass dieser Betrag auch Vorsorgeaufwendungen des Kl. umfassen soll, ist durch nichts belegt. Dann können solche Aufwendungen von dem für reine Unterhaltszwecke belassenen Betrag auch nicht zusätzlich abgesetzt werden. Deswegen ist unterhaltsrechtlich davon auszugehen, dass dem Kl. das zu berücksichtigende Einkommen in voller Höhe verbleibt, von dem er neben dem eigenen notwendigen Unterhalt auch den Unterhalt seiner getrennt lebenden zweiten Ehefrau und der bei ihr wohnenden Kindern sowie die Unterhaltsansprüche des bei ihm wohnenden Sohnes und des Bekl. sicherstellen muss. Das insgesamt verfügbare Einkommen liegt somit deutlich über dem angemessenen Selbstbehalt, weswegen der Unterhaltsanspruch des Bekl. jedenfalls nicht vollständig entfallen kann.

(Auch bei Insolvenzverfahren gelten für die dem Pflichtigen zu belassenden Mittel die jeweiligen Selbstbehalts-sätze)

f   [36] a) Gegenüber den minderjährigen Kindern aus zweiter Ehe kann der Kl. sich wegen seiner gesteigerten Unterhaltspflicht aus § 1603 II 1 BGB lediglich auf den notwendigen Selbstbehalt berufen. Das gilt auch gegenüber dem Unterhaltsanspruch des zunächst noch nach § 1603 II 2 BGB privilegierten Bekl. (so auch Nr. 21.2 der Leitlinien des BerGer., Beil. zu NJW H. 32/2003 und FPR H. 8/2003, S. 30 = FamRZ 2003, 1357 [1359]; Beil. zu NJW H. 30/2005 und FPR H. 7/2005, S. 28 = FamRZ 2005, 1321 [1323], und Beil. zu NJW H. 32/2007 und FPR H. 7–8/2007, S. 35 = FamRZ 2007, 1384 [1387]) und für den im Januar 2007 volljährig gewordenen und im Haushalt des Kl. wohnenden Sohn aus zweiter Ehe, falls dieser sich noch in der allgemeinen Schulausbildung befinden sollte. Erst für die Zeit ab Juli 2006 ist die gesteigerte Unterhaltspflicht des Kl. gegenüber dem Bekl. mit Erreichen des 21. Lebensjahres entfallen, so dass seitdem diesem gegenüber der angemessene Selbstbehalt des Kl. gewahrt bleiben muss (§ 1603 I BGB). Gegenüber dem Unterhaltsanspruch seiner zweiten Ehefrau kann sich der Kl. nach neuerer Rechtsprechung des Senats, die das BerGer. noch nicht berücksichtigen konnte, lediglich auf den Ehegattenselbstbehalt berufen (*Senat*, NJW 2006, 1654 = FamRZ 2006, 683 [684f.]).

[37] Die dem Kl. im Insolvenzverfahren nach §§ 850 i, 850 f ZPO zu belassenden Beträge über-steigen selbst den eheangemessenen Unterhalt des Kl., der nach den Leitlinien des BerGer. (Beil. zu NJW H. 32/2003 und FPR H. 8/2003, S. 30 = FamRZ 2003, 1357 [1359] für die Zeit ab Juli 2003; Beil. zu NJW H. 30/2005 und FPR H. 7/2005, S. 28 = FamRZ 2005, 1321 [1324] für die Zeit ab Juli 2005, und Beil. zu NJW H. 32/2007 und FPR H. 7–8/2007, S. 35 = FamRZ 2007, 1384 [1387] für die Zeit ab Juli 2007) ursprünglich 825 Euro betrug und seit Juli 2005 915 Euro beträgt, bei Weitem. Von der Differenz als verteilungsfähigem Einkommen haftete der Kl. deswegen allen gleichrangigen Unterhaltsberechtigten anteilig.

(Ersatzhaftung des betreuenden Elternteils nach § 1603 II 3 BGB)

g   [39] Die gesteigerte Unterhaltspflicht gegenüber minderjährigen und privilegierten volljährigen Kindern entfällt nach § 1603 II 3 BGB zwar dann, wenn ein anderer leistungsfähiger Verwandter vorhanden ist. Im Gegensatz zur Rechtsauffassung des BerGer. erfasst dies aber nicht die gesamte Unterhaltspflicht, sondern lediglich die gesteigerte Unterhaltspflicht nach § 1603 II 1 und 2 BGB. Ist also ein anderer leistungsfähiger Verwandter i. S. des § 1603 II 3 BGB vorhanden, entfällt die Unter-haltspflicht nur insoweit, als der Unterhaltspflichtige nicht in der Lage ist, den Unterhalt zu leisten, ohne seinen eigenen angemessenen Unterhalt zu gefährden (§ 1603 I BGB). Die Haftung mit Ein-künften, die den eigenen angemessenen Unterhalt übersteigen, bleibt davon unberührt.

[41] aa) Zwar kann ein anderer unterhaltspflichtiger Verwandter im Sinne dieser Vorschrift auch der andere Elternteil des Kindes sein. Dem steht die Vorschrift des § (1606) III 2 BGB nicht entgegen, wenn die Inanspruchnahme des grundsätzlich barunterhaltspflichtigen Elternteils zu einem erheblichen finanziellen Ungleichgewicht zwischen den Eltern führen würde, weil er wesentlich geringere Ein-künfte hat als der betreuende Elternteil, der in deutlich günstigeren wirtschaftlichen Verhältnissen lebt. Die Inanspruchnahme des nicht betreuenden Elternteils zum Barunterhalt darf also zu einem erheblichen finanziellen Ungleichgewicht zwischen den Eltern führen (st. Rspr. vgl. *Senat*, NJW-RR 1998, 505 = FamRZ 1998, 286 [287f.]; vgl. auch *Wendl/Scholz*, 6. Aufl., § 2 Rdnr. 274).

[42] Ob das hier der Fall ist, kann schon zweifelhaft sein, weil sich das Einkommen der Mutter des Bekl. – nach den von der Revision nicht angegriffenen Feststellungen des BerGer. – auf lediglich 1595,76 Euro monatlich beläuft. Allein diese Differenz des verfügbaren Einkommens kann es – auch unter Berücksichtigung der weiteren Unterhaltspflicht des Kl. gegenüber seinem bei ihm wohnenden Sohn aus zweiter Ehe – kaum rechtfertigen, die Unterhaltspflicht gegenüber dem Bekl. vollständig entfallen zu lassen.

(Die Ersatzhaftung des anderen Elternteils nach § 1603 III 2 BGB betrifft nicht den Fall der gemeinsamen Barunterhaltungspflicht, weil in diesem Fall die Mithaftung bereits durch die Verteilung berücksichtigt ist.)

h   [43] bb) Hinzu kommt, dass sich diese – auf den Unterhaltsanspruch minderjähriger Kinder abzielende – Rechtsprechung nicht in gleicher Weise auf den Unterhaltsanspruch privilegierter voll-jähriger Kinder übertragen lässt. Für volljährige Kinder haften die Eltern nach ständiger Rechtspre-chung des *Senats* nicht mehr gem. § 1606 III 2 BGB für Pflege- und Erziehung einerseits bzw. den Barunterhalt andererseits, sondern gem. § 1606 III 1 BGB anteilig nach ihren Erwerbs- und Ver-mögensverhältnissen. Der Umfang der anteiligen Unterhaltspflicht beider Eltern ist deswegen schon von Gesetzes wegen nach ihren finanziellen Möglichkeiten zu bemessen. Übersteigt das unterhalts-relevante Eiinkommen eines Elternteils dasjenige des anderen erheblich, wirkt sich das zwangsläufig auf die Quote des geschuldeten Unterhalts aus. Einer weiteren Einschränkung – wie sie bei minderjährigen Kindern wegen der Barunterhaltungspflicht nur eines Elternteils (§ 1606 III 2 BGB) notwendig sein kann – bedarf es hier also nicht. Dem privilegiert volljährigen Kind schuldet der Kl. deswegen nach

§ 1603 II 1 und 2 BGB regelmäßig jedenfalls Unterhalt bis zur Grenze seines notwendigen Selbstbehalts.

BGH v. 14. 11. 2007 – XII ZR 16/07 – FamRZ 08, 134 = NJW 08, 151

(Darlegungs- und Beweislast für die Begrenzung oder Befristung des nachehelichen Unterhalts)   **R685**

[22] II. 2. d) Die Darlegungs- und Beweislast für Tatsachen, die zu einer Befristung oder Beschränkung des nachehelichen Unterhalts führen können, trägt der Unterhaltsverpflichtete, weil sowohl § 1573 V als auch § 1578 I 2 BGB als Ausnahmetatbestände konzipiert sind. Hat der Unterhaltspflichtige allerdings Tatsachen vorgetragen, die – wie die Aufnahme einer vollzeitigen Erwerbstätigkeit in dem vom Unterhaltsberechtigten erlernten oder vor der Ehe ausgeübten Beruf – einen Wegfall ehebedingter Nachteile und damit eine Begrenzung des nachehelichen Unterhalts nahelegen, obliegt es dem Unterhaltsberechtigten, Umstände darzulegen und zu beweisen, die gegen eine Unterhaltsbegrenzung oder für eine längere „Schonfrist" sprechen (*Hahne,* FamRZ 1986, 305 [310]; *Dose,* FamRZ 2007, 1289 [1296]).

BGH v. 28. 11. 2007 – XII ZR 217/05 – FamRZ 08, 390 = NJW 08, 1531

(zeitliche Geltung des LugÜ)   **R686**

[11] a) Allerdings sind die Vorschriften des LugÜ hier nicht unmittelbar anzuwenden. Das zwischen **a** der Schweiz und Deutschland am 1. März 1995 in Kraft getretene Übereinkommen gilt gemäß Art. 54 Abs. 1 LugÜ nur für solche Klagen, die nach dem Inkrafttreten des Übereinkommens erhoben wurden, was hier nicht der Fall gewesen ist. Da das Urteil vom 31. März 1995 allerdings nach dem Inkrafttreten des Übereinkommens ergangen ist, könnte die Entscheidung des Bezirksgerichts P. aufgrund des erweiterten intertemporalen Anwendungsbereichs gemäß Art. 54 Abs. 2 i. V. m. Art. 5 Nr. 2 LugÜ gleichwohl auch nach den Vorschriften der Artt. 25 ff. LugÜ in Deutschland anerkannt und zur Zwangsvollstreckung zugelassen werden.

(Vollstreckbarkeit ausländischer Unterhaltstitel nach LugÜ oder anderen Spezialübereinkommen)

[12] b) Ausgangspunkt für die Prüfung, nach welchen Regelungen sich das Verfahren der Vollstreck- **b** barerklärung beurteilt, ist Art. 57 Abs. 1 LugÜ. Diese Vorschrift lässt Spezialabkommen unberührt, zu denen auch das unter anderem zwischen Deutschland und der Schweiz in Kraft befindliche HUVÜ 73 gehört. Somit besteht für den Titelgläubiger in jedem Fall die Möglichkeit, das Verfahren der Anerkennung und Vollstreckbarerklärung nach den Art. 25 ff. LugÜ in Anspruch zu nehmen (Art. 57 Abs. 5 Satz 2 LugÜ), wenn das Spezialabkommen insoweit keinen Vorrang beansprucht. Ist das Spezialabkommen – wie das HUVÜ 73 – im Hinblick auf die Ausgestaltung des Verfahrens offen, kann der Titelgläubiger in diesen Fällen das ihm am zweckmäßigsten erscheinende Verfahren nach seiner freien Entscheidung aus Art. 25 ff. LugÜ einerseits oder dem Spezialabkommen andererseits – in Verbindung mit den jeweiligen Ausführungsgesetzen – auswählen (vgl. zu Art. 57 EuGVÜ: EuGH Urteil vom 27. Februar 1997 – Rs. C-220/95 – Slg. 1997, I-1147, 1157 Rdn. 26 ff., 1183 Rdn. 17 – van den Boogaard/Laumen = IPrax 1999, 35; vgl. zu Art. 71 Brüssel I-VO: Senatsbeschluss vom 14. März 2007 – XII ZB 174/04 – FamRZ 2007, 989, 990 = BGHZ 171, 310). Von der Möglichkeit, für ein Verfahren der Vollstreckbarerklärung nach dem LugÜ zu optieren, hat die Antragstellerin keinen Gebrauch gemacht, wobei sich in Deutschland allerdings die Ausführung beider Übereinkommen nach dem AVAG richtet.

(Ordnungsgemäße Zustellung als Voraussetzung einer ausländischen Säumnisentscheidung)

[13] 2. Die materiellen Voraussetzungen für die Anerkennung und Vollstreckbarerklärung von **c** ausländischen Unterhaltsentscheidungen ergeben sich aus den Artt. 4 ff. HUVÜ 73. Allerdings gilt im Bereich des HUVÜ 73 das Günstigkeitsprinzip des Art. 23 HUVÜ 73, wonach auch andere internationale Übereinkünfte zwischen dem Ursprungsstaat und dem Vollstreckungsstaat – hier Artt. 26 ff. LugÜ – herangezogen werden können, um eine Anerkennung und Vollstreckung der Entscheidung zu erreichen.

[14] Einer näheren Erörterung dieser Frage bedarf es an dieser Stelle aber nicht, weil eine (nach dem autonomen Verfahrensrecht des Ursprungsstaates oder nach den im Urteilsstaat anwendbaren Staatsverträgen) ordnungsgemäße Zustellung des verfahrenseinleitenden Schriftstückes sowohl nach Art. 6 HUVÜ 73 als auch nach Art. 34 Abs. 2 i. V. m. Art. 27 Nr. 2 LugÜ Voraussetzung für die Anerkennung und Vollstreckbarerklärung einer ausländischen Säumnisentscheidung ist. Dabei hat das Gericht des Vollstreckungsstaates die Frage, ob die erfolgte Zustellung – hier nach dem Verfahrensrecht des schweizerischen Kantons Graubünden – ordnungsgemäß gewesen ist, in jedem Falle in eigener Zuständigkeit und Verantwortung und ohne Bindung an die Feststellungen des erststaatlichen Gerichts

zu beurteilen (vgl. zu Art. 27 Nr. 2 EuGVÜ: EuGH Urteil vom 3. Juli 1990 – Rs. C-305/88 – Slg. 1990, I-2725, 2749 f., Rdn. 28 f. – Lancray/Peters = IPrax 1991, 177; BGH Beschluss vom 2. Oktober 1991 – IX ZB 5/91 – NJW 1992, 1239, 1241).

(Öffentliche Zustellung im Kanton Graubünden, Schweiz)

d   [15] 3. Im Verfahren vor den Bezirksgerichten des Kantons Graubünden ist die von der Klagepartei bei Gericht angebrachte Prozesseingabe der beklagten Partei mit der Aufforderung zuzustellen, innerhalb von zwanzig Tagen eine Prozessantwort einzureichen (Art. 84 Abs. 1 ZPO-Graubünden). Zustellungen im Wege einer öffentlichen Bekanntmachung im kantonalen Amtsblatt (sog. Ediktalzustellungen) sind entsprechend Art. 55 Abs. 1 Satz 3 ZPO-Graubünden in solchen Fällen vorgesehen, in denen der Aufenthalt des Prozessgegners unbekannt ist.

[16] Der Aufenthalt einer Partei ist aber nicht bereits dann unbekannt, wenn die Gegenpartei oder das Gericht deren Aufenthaltsort nicht kennen. Der Begriff des „unbekannten" Aufenthalts in Art. 55 Abs. 1 Satz 3 ZPO-Graubünden stimmt insoweit mit demjenigen in Art. 66 Abs. 4 Nr. 1 des schweizerischen Bundesgesetzes über Schuldbeitreibung und Konkurs (SchKG) überein. Eine Ediktalzustellung nach Art. 66 Abs. 4 Nr. 1 SchKG kommt indessen nach der Rechtsprechung des schweizerischen Bundesgerichts nur in Betracht, wenn der Kläger bzw. das Gericht zuvor alle sachdienlichen Nachforschungen zur Ermittlung des Aufenthalts veranstaltet haben (vgl. bereits BGE 56 I 89, 94 f.). Der Grundsatz, dass vor einer Ediktalzustellung zweckmäßige Nachforschungen nach dem Aufenthaltsort des Zustellungsadressaten angestellt werden müssen, gilt in gleicher Weise auch für alle kantonalen Verfahrensrechte (vgl. etwa die ausdrücklichen Regelungen in § 183 Abs. 2 GVG-Zürich, § 119 GO-Schwyz oder Art. 68 Abs. 1 ZPO-Nidwalden; vgl. auch Vogel/Spühler, Grundriss des Zivilprozessrechts, 8. Aufl. S. 235; Guldener, Schweizerisches Zivilprozessrecht, 3. Aufl. S. 254 Fn. 76; Bischof, Die Zustellung im internationalen Rechtsverkehr in Zivil- oder Handelssachen, S. 72; vgl. weiterhin BGE 129 I 361, 364 zu Art. 111 ZPO-Bern). Dass dies für die Auslegung von Art. 55 Abs. 1 Satz 3 ZPO-Graubünden nicht anders sein kann, ergibt sich auch aus verfassungsrechtlichen Erwägungen. Art. 8 der Verfassung des Kantons Graubünden gewährleistet die Verfahrensgarantien und den Rechtsschutz im Rahmen der schweizerischen Bundesverfassung; zu diesen Verfahrensgarantien gehört auch der Anspruch auf rechtliches Gehör vor Gerichts- und Verwaltungsinstanzen (Art. 29 Abs. 2 der Bundesverfassung), aus denen die Verpflichtung zu Nachforschungen nach dem Aufenthaltsort des Zustellungsadressaten unmittelbar hergeleitet wird (vgl. BGE 56 aaO S. 96).

[27] Entsprechend Art. 55 Abs. 2 ZPO-Graubünden ist die öffentliche Zustellung gegenüber im Ausland wohnenden Personen allerdings auch dann zulässig, wenn sie es trotz Aufforderung unterlassen, durch Ernennung eines Vertreters im Kanton Zustellungsdomizil zu nehmen. Die Zulässigkeit der öffentlichen Zustellung setzt in diesen Fällen aber zwingend voraus, dass die im Ausland lebende Partei zuvor eine Mitteilung mit dem ausdrücklichen Hinweis auf die Vorschrift und ihre Rechtsfolgen zur Kenntnis erlangt hat. Bereits daran fehlt es im vorliegenden Fall.

[28] Ferner wird nach der Rechtsprechung des Kantonsgerichts Graubünden (Urteil vom 19. November 1996 – ZB 96 47 – Praxis des Kantonsgerichts Graubünden [PKG] 1996, Nr. 19, S. 87, 90 f.) über den Wortlaut des Art. 55 ZPO-Graubünden hinaus eine öffentliche Zustellung auch dann für zulässig gehalten, wenn die effektive Zustellung an eine im Ausland lebende Partei trotz größtem Bemühen unmöglich ist; dabei sind insbesondere solche Fälle ins Auge gefasst, in denen feststeht, dass der ersuchte Staat keine effektive Rechtshilfe bei der Zustellung leisten wird. Auch damit kann die Ediktalzustellung hier ersichtlich nicht gerechtfertigt werden.

(Feststellung eines unbekannten Aufenthaltes im Wege eines Freibeweises)

e   [20] a) Dies beruht aber – entgegen der Auffassung der Rechtsbeschwerde – nicht bereits darauf, dass die Gewinnung von Beweismitteln im so genannten Freibeweisverfahren schlechthin unzulässig gewesen wäre. Da weder die internationalen Übereinkommen noch das AVAG besondere Bestimmungen über die Art und Weise der Tatsachenermittlung und Wahrheitsfindung enthalten, richten sich diese grundsätzlich nach den einschlägigen Vorschriften der ZPO. In einem zivilprozessualen Beschwerdeverfahren (§§ 567 ff. ZPO) ist das Gericht an das sonst vorgeschriebene strenge Beweisverfahren der §§ 355 ff. ZPO nicht gebunden und auf die dort zugelassenen Beweismittel nicht beschränkt. Eine solche Beschränkung lässt sich weder aus dem Gesetz entnehmen noch aus allgemeinen zivilprozessualen Grundsätzen herleiten. Die Beweisaufnahmeregeln der §§ 355 ff. ZPO gelten unmittelbar nur für das landgerichtliche Erkenntnisverfahren im ersten Rechtszug; eine entsprechende Anwendung der für dieses Verfahren geltenden Vorschriften, die das Gesetz beispielsweise für das Verfahren vor den Amtsgerichten (§ 495 ZPO) sowie für das Berufungsverfahren (§ 525 ZPO) ausdrücklich angeordnet hat, ist für das Verfahren der sofortigen Beschwerde nicht vorgesehen. Auch ein allgemeiner Grundsatz, dass in allen Verfahren der ZPO vom Erfordernis des Strengbeweises auszugehen sei, lässt sich in dieser Form nicht aufstellen. Richtig ist zwar, dass bestimmte Grundlagen des Beweisrechts – insbesondere zum Vorgang der Beweiswürdigung und zum Beweismaß (§ 286 ZPO) – zu den wesentlichen Verfahrensgrundsätzen der ZPO gehören. Dies gilt aber nicht für die in §§ 355 ff. ZPO vorgeschriebene Art der Beweisaufnahme, weil diese eindeutig auf Verfahrensabschnitte zugeschnitten ist, in denen eine mündliche Verhandlung stattfindet (arg. §§ 358 a, 370 Abs. 1 ZPO). In einem Beschwerdeverfahren ohne (obligatorische) mündliche Verhandlung ist der Freibeweis demgegenüber nicht schon von vornherein ausgeschlossen (MünchKomm-ZPO/*Prütting* 2. Aufl. § 284 Rdn. 31; *Baumbach/Lauterbach/Albers/ Hartmann* ZPO 66. Aufl. vor § 284 Rdn. 9; *Rosenberg/Schwab/Gottwald* Zivilprozessrecht 16. Aufl. § 109 Rdn. 8; HK-ZPO/*Saenger* 2. Aufl. § 284 Rdn. 24). Daran hat sich durch die zum 1. September 2004 in Kraft getretene Neufassung des § 284 ZPO nichts geändert. § 284 Satz 2 ZPO ermöglicht es dem Gericht nunmehr, mit Zustimmung der Parteien im Wege des Freibeweises dort zu verfahren, wo bislang nur eine förmliche Beweisaufnahme nach Strengbeweisregeln stattfinden konnte. Für die Annahme, dass der Freibeweis jetzt auch in solchen Verfahrensabschnitten an das Einverständnis der Parteien gebunden sein sollte, in denen er bisher auch ohne diese Zustimmung für prozessual zulässig gehalten wurde, lässt sich indessen weder aus der Vorschrift selbst noch aus der Gesetzesbegründung (vgl. BT-Drucks. 15/1508, S. 18) etwas entnehmen.

(Beweisantrag für Kenntnis Dritter vom Aufenthaltsort und Strengbeweis)

[21] b) Auch steht es der Annahme einer ordnungsgemäßen Ediktalzustellung nicht entgegen, dass **f** den in Italien wohnenden Angehörigen des Antragsgegners dessen Aufenthaltsort in Deutschland bekannt gewesen ist. Der Aufenthaltsort einer Person kann auch dann allgemein unbekannt sein, wenn er von einem Dritten verschwiegen wird, der diesen Ort kennt (vgl. zu § 185 ZPO: Zöller/Stöber ZPO 26. Aufl. § 185 Rdn. 2). Dass die italienischen Angehörigen des Antragsgegners überhaupt bereit gewesen wären, der Antragstellerin den Aufenthaltsort des Antragsgegners in Deutschland preiszugeben, um ihr die Verfolgung von Unterhaltsansprüchen gegen den Antragsgegner zu ermöglichen, behauptet der Antragsgegner selbst nicht. Darüber hinaus ist nach dem unbestrittenen Vorbringen der Antragstellerin ein an die Schwester des Antragsgegners gerichtetes Anwaltsschreiben mit der Bitte um Bekanntgabe der Anschrift des Antragsgegners unbeantwortet geblieben. Unter diesen Umständen durften weitere Nachforschungen bei den Angehörigen des Antragsgegners in Italien nach dessen Aufenthaltsort unterbleiben.

[22] c) Bedenken begegnet demgegenüber die Feststellung des Oberlandesgerichts, dass den Söhnen der Parteien – mithin auch dem Sohn D. – in den Jahren 1994 und 1995 der Aufenthaltsort des Antragsgegners unbekannt gewesen sei. Ersichtlich und im Ansatz zutreffend geht das Oberlandesgericht davon aus, dass es bei der Beurteilung der Frage nach einem allgemein unbekannten Aufenthalt des Antragsgegners auch auf das Wissen der Söhne der Antragstellerin ankommen kann, weil die Antragstellerin nichts dazu vorgetragen hat, warum es ihr nicht möglich oder zumutbar gewesen seink soll, die erforderlichen Informationen zum Aufenthaltsort des Antragsgegners von ihren nächsten Angehörigen zu erhalten, wenn diese über die erforderlichen Kenntnisse verfügt haben sollten.

[23] Der Antragsgegner hat insoweit – nach den Umständen des Falles auch hinreichend substantiiert – unter Beweisantritt vorgetragen, dass der Sohn D. der Parteien im Jahre 1992 von dem Nachtclubbesitzer B. anlässlich eines Lokalbesuches Anschrift und Telefonnummer des Antragsgegners erhalten habe und dieses Vorbringen zusätzlich durch Vorlage einer eidesstattlichen Versicherung des B. glaubhaft gemacht. Soweit das Oberlandesgericht dazu (lediglich) ausführt, dass die von dem Antragsgegner beigebrachten eidesstattlichen Versicherungen nicht geeignet seien, die von der Antragstellerin beigebrachten eidesstattlichen Versicherungen zu entkräften, rügt die Rechtsbeschwerde in diesem Punkt zu Recht eine Verletzung des verfassungsrechtlich gewährleisteten Anspruchs des Antragsgegners auf rechtliches Gehör (Art. 103 Abs. 1 GG).

[24] aa) Durch die Zulassung des Freibeweises wird das Gericht lediglich im Rahmen pflichtgemäßen Ermessens bei der Gewinnung von Beweismitteln und im Beweisverfahren freier gestellt; dabei wird insbesondere die Bedeutung der zu beweisenden Tatsachen das gerichtliche Ermessen über Art und Umfang der Beweisaufnahme zu bestimmen haben (BGH NJW 1987, 2875, 2876). Dagegen werden die Anforderungen an die Beweismaß nicht vermindert; entscheidungserhebliche Tatsachen müssen weiterhin zur vollen richterlichen Überzeugung (§ 286 ZPO) bewiesen werden (BGH NJW 1997, 3319, 3320 und NJW 2001, 2722, 2723). Für diese Überzeugungsbildung wird die Würdigung einer eidesstattlichen Versicherung in den meisten Fällen nicht ausreichen, da der Beweiswert einer eidesstattlichen Versicherung lediglich auf Glaubhaftmachung angelegt ist, für die schon eine überwiegende Wahrscheinlichkeit des behaupteten Geschehensablaufs genügt. Nur ausnahmsweise kann auch eine eidesstattliche Versicherung für sich genommen zur Bildung der vollen richterlichen Überzeugung genügen (Senatsbeschluss vom 17. April 1996 FamRZ 1996, 1004).

[25] bb) Ein solcher Ausnahmefall liegt nicht vor, wenn – wie hier – hinsichtlich eines tatsächlichen Geschehensablaufs widerstreitende Sachverhaltsdarstellungen vorliegen, die auf der Grundlage der von den Parteien beigebrachten eidesstattlichen Versicherungen dritter Personen nicht miteinander in Einklang zu bringen sind. Kommt das Gericht zu dem Ergebnis, dass die von der einen Partei vorgelegten eidesstattlichen Versicherungen nicht ausreichen, um das Gericht von der Richtigkeit

seines Tatsachenvortrages zu überzeugen oder – im Falle des Gegenbeweises – die Überzeugung des Gerichts von der Wahrheit des gegnerischen Vorbringens zu erschüttern, muss das Gericht dieser Partei Gelegenheit zum Antritt des Zeugenbeweises und damit zur Einführung von Strengbeweismitteln mit einem höheren Beweiswert geben (vgl. BGH NJW 2000, 814 und NJW 2007, 1457, 1458). Dies gilt im vorliegenden Fall umso mehr, als der Antragsgegner zum Beweis für seine Behauptung, dass sein Aufenthaltsort und seine Telefonnummer in Deutschland dem Sohn D. der Parteien schon seit 1992 bekannt gewesen sei, die Vernehmung des Nachtclubbesitzers B. als Zeugen schon von sich aus mehrfach ausdrücklich angeboten hatte. Das Übergehen dieses Beweisantrages findet unter diesen Umständen im Prozessrecht keine Stütze und verletzt daher den Anspruch des Antragsgegners auf rechtliches Gehör (vgl. hierzu BVerfG NJW 2003, 1655; BGH NJW-RR 2007, 500, 501).

(Öffentliche Zustellung und Kenntnisnahme von der Antragsschrift)

g   [31] IV. 1. Sowohl nach Art. 6 HUVÜ 73 als auch nach Art. 27 Nr. 2 LugÜ sind Ordnungsmäßigkeit und Rechtzeitigkeit der Zustellung des verfahrenseinleitenden Schriftstücks kumulative Voraussetzungen für die Anerkennung und Vollstreckbarerklärung einer ausländischen Säumnisentscheidung. Fiktive Zustellungen – wie die öffentliche Zustellung oder die Zustellung durch Übergabe an den Staatsanwalt (remise au parquet) nach französischem Recht – werden im Regelfall nicht „rechtzeitig" im Sinne der Übereinkommen sein, weil sie dem Schuldner meistens keine effektive Möglichkeit eröffnen, vom Inhalt des zuzustellenden Schriftstücks tatsächlich Kenntnis zu nehmen und sich in das Verfahren im Ursprungsstaat einzulassen (vgl. zu Art. 27 Nr. 2 LugÜ: Österreichischer OGH Entscheidung vom 20. September 2000 – 3 Ob 179/00 w – ZfRV 2001, 114, 116; vgl. auch Linke IPrax 1993, 295, 296). Obwohl eine fiktive Zustellung aus diesem Grunde vielfach auch auf eine Fiktion der Kenntnisnahme hinausläuft, kann in einer fiktiven Zustellung aber kein generelles Anerkennungshindernis gesehen werden, weil auch im grenzüberschreitenden Rechtsverkehr nicht derjenige Schuldner begünstigt werden soll, der sich der Rechtsprechung im Ursprungsstaat durch Aufenthalt an einem unbekannten Ort entzieht (vgl. zu Art. 27 Nr. 2 EuGVÜ: BGH Beschluss vom 2. Oktober 1991 – IX ZB 5/91 – NJW 1992, 1239, 1241; Bülow/Bockstiegel/Geimer/Schütze/Wolf Internationaler Rechtsverkehr in Zivil- und Handelssachen [Stand: Mai 2007] Art. 27 EuGVÜ Rdn. 29; MünchKomm-ZPO/Gottwald ZPO 2. Aufl. Art. 27 EuGVÜ Rdn. 26). Um die Frage beurteilen zu können, ob sich die beklagte Partei im Exequaturverfahren auf die seine Verteidigungsmöglichkeiten beschränkende Ineffektivität der (ordnungsgemäßen) fiktiven Zustellung berufen kann, ist deshalb unter wertender Berücksichtigung aller Umstände des Einzelfalls eine Abwägung zwischen den schützenswerten Interessen des Gläubigers und des Schuldners zu treffen.

[32] a) Unter der Geltung des Art. 27 Nr. 2 LugÜ sind dabei diejenigen Grundsätze heranzuziehen, welche durch die Rechtsprechung des EuGH im Jahre 1985 zu Art. 27 Nr. 2 EuGVÜ entwickelt worden sind (zur Einheitlichkeit der Auslegungsgrundsätze von EuGVÜ und LugÜ vgl. BGH Urteil vom 23. Oktober 2001 – XI ZR 83/01 – NJW-RR 2002, 1149, 1150). Danach ist bei der Abwägung auf Seiten des Schuldners zu berücksichtigen, ob er die Ineffizienz der (fiktiven) Zustellung durch ein ihm vorwerfbares Verhalten herbeigeführt hat (EuGH Urteil vom 11. Juni 1985 – Rs. 49/84 – Slg. 1985, 1779, 1801, Rdn. 32 – Debaecker und Plouvier/Bouwman = RiW 1985, 967). Von vergleichbaren Grundsätzen geht auch Art. 6 HUVÜ 73 aus; die Frage, ob sich der Schuldner eine fiktive Zustellung des verfahrenseinleitenden Schriftstückes entgegenhalten lassen muss, wird dort unter Heranziehung der Maßstäbe aus Art. 2 Nr. 2 des Haager Übereinkommens über die Anerkennung und Vollstreckung von Entscheidungen auf dem Gebiet der Unterhaltspflicht gegenüber Kindern vom 15. April 1958 (im Folgenden: HUVÜ 58) beurteilt (vgl. *Staudinger/Kropholler* BGB [2003] Anh. III zu Art. 18 EGBGB Rdn. 176). Die Anerkennung einer Säumnisentscheidung kommt danach insbesondere in solchen Fällen in Betracht, in denen der Schuldner sich einer andersartigen Zustellung mutwillig entzogen oder auf andere Weise seine Unkenntnis vom Verfahren verschuldet hat (vgl. *Staudinger/Kropholler* aaO Rdn. 68 m. w. N.; *Bülow/Bockstiegel/Geimer/Schütze/Baumann* aaO Art. 6 HUVÜ 1973 Anm. IV 2 c). Nach beiden Übereinkommen kommt es bei der Abwägung auf Seiten des Schuldners entscheidend darauf an, ob dieser die Veranlassung der fiktiven Zustellung an ihn zu vertreten hat. Soweit es dabei um die Vollstreckung von Unterhaltsentscheidungen geht, wird hinsichtlich des Vertretenmüssens einer fiktiven Zustellung regelmäßig von einem Beweis des ersten Anscheins zu Lasten des Unterhaltsschuldners auszugehen sein, wenn dieser in Kenntnis seiner möglichen Unterhaltspflicht die ihm gegenüber unterhaltsberechtigten Personen ohne Nachricht von seinem Aufenthaltsort zurücklässt (vgl. zu Art. 2 Nr. 2 HUVÜ 58: Österreichischer OGH Entscheidung vom 30. Oktober 2000 – 3 Ob 118/00 z – ZfRV 2001, 233, 235).

[33] b) Andererseits sind in die Gesamtabwägung nicht nur die zurechenbaren Verhaltensweisen des Schuldners, sondern auch etwaige Nachlässigkeiten des Gläubigers einzubeziehen, die bei wertender Betrachtung möglicherweise zu einer Kompensation des auf Schuldnerseite liegenden Verhaltens führen. Dabei ist insbesondere an solche Fälle zu denken, in denen der Gläubiger nach der fiktiven Zustellung während des laufenden Verfahrens im Urteilsstaat den tatsächlichen Aufenthaltsort des

Schuldners erfährt oder unschwer in Erfahrung bringen könnte (vgl. EuGH Urteil vom 11. Juni 1985 aaO Rdn. 31). In diesen Fällen könnte dem Schutz der Rechte des Schuldners das höhere Gewicht beizumessen sein, wenn es der Gläubiger im Ursprungsverfahren noch in der Hand gehabt hätte, auf eine erneute Zustellung an die nunmehr bekannt gewordene Anschrift des Schuldners zu drängen (vgl. Linke IPrax 1993, 295, 296).

BGH v. 12. 12. 2007 – XII ZR 23/06 – FamRZ 08, 497 = NJW 08, 851

(Keine Obliegenheit zur Einleitung Verbraucherinsolvenzverfahren beim Trennungsunterhalt; Obliegenheit nur **R687** *beim Unterhalt minderjähriger Kinder)*

[10] 2. Entgegen der Auffassung des BerGer. obliegt es dem Bekl. im Rahmen des hier geschuldeten Trennungsunterhalts aber nicht, ein Verfahren der Verbraucherinsolvenz einzuleiten, um den Unterhaltsansprüchen der Kl. Vorrang vor den – die ehelichen Lebensverhältnisse prägenden – Kreditverbindlichkeiten zu verschaffen.

[11] a) Zwar hat der Senat eine Obliegenheit zur Einleitung der Verbraucherinsolvenz angenommen, wenn dieses Verfahren geeignet ist, den laufenden Unterhalt minderjähriger Kinder dadurch sicherzustellen, dass ihm Vorrang vor sonstigen, einer möglichen Restschuldbefreiung unterfallenden, Verbindlichkeiten eingeräumt wird. Das gilt nur dann nicht, wenn der Unterhaltsschuldner Umstände vorträgt und gegebenenfalls beweist, die eine solche Obliegenheit im Einzelfall als unzumutbar darstellen (BGHZ 162, 234 [240 ff.] = NJW 2005, 1279 = FamRZ 2005, 608 [609 ff.]). Diese Rechtsprechung hat der Senat mit der gesteigerten Unterhaltpflicht der Eltern gegenüber ihren minderjährigen und privilegierten volljährigen Kindern (§ 1603 II 1 und 2 BGB) begründet. Hinsichtlich dieser Ansprüche sind den Eltern stärkere Anstrengungen zumutbar, als es bei anderen Unterhaltatbeständen der Fall ist, was den Eingriff in ihre durch Art. 2 I GG geschützte Handlungsfreiheit rechtfertigen kann.

[12] aa) Die Einleitung der Verbraucherinsolvenz mit der Möglichkeit der Restschuldbefreiung führt stets zu einem Vorrang der laufenden Unterhaltsansprüche gegenüber den Insolvenzforderungen, einschließlich des rückständigen Unterhalts (vgl. insoweit BGH, NJW-RR 2008, 294 = NZI 2008, 50). Denn nach § 36 I InsO gehören Einkünfte nicht zur Insolvenzmasse, soweit sie nicht der Zwangsvollstreckung unterliegen. Das gilt nach den §§ 850 II, 850 c ZPO auch für pfändungsfreies laufendes Arbeitseinkommen, soweit es für den eigenen Unterhalt oder zur Erfüllung gesetzlicher Unterhaltsansprüche privilegiert ist (vgl. *Senat*, NJW 2008, 227 = NZI 2008, 114).

[13] bb) Auch die Möglichkeit, sich auf die Pfändungsgrenzen der ZPO zu berufen, lässt die Obliegenheit zur Einleitung einer Verbraucherinsolvenz nicht entfallen, weil eine Unterhaltspflicht in Fällen der Zahlungsunfähigkeit nach ständiger Rechtsprechung des Senats nur auf der Grundlage der im Insolvenzverfahren möglichen Restschuldbefreiung in Betracht kommt. Die Pfändungsgrenzen des § 850 c ZPO allein lassen die weiteren Verbindlichkeiten des Unterhaltsschuldners nicht entfallen, sondern führen im Gegenteil zu einer fortschreitenden Verschuldung, was dem Unterhaltspflichtigen nach ständiger Rechtsprechung des Senats nicht zugemutet werden kann und deswegen schon einer Titulierung des Unterhalts entgegensteht (BGHZ 162, 234 [240] = NJW 2005, 1279 = FamRZ 2005, 608 [609]). Erst angesichts der Verbraucherinsolvenz mit der Möglichkeit einer Restschuldbefreiung ist es vertretbar, eine nicht beizutreibende Forderung schon im Rahmen der Unterhaltsbemessung unberücksichtigt zu lassen (vgl. Wohlgemuth, FamRZ 2006, 308; a. A. Hauß, FamRZ 2006, 306, und Melchers/Hauß, Unterhalt und Verbraucherinsolvenz, Rdnrn. 106 ff.). Der Senat hält deswegen daran fest, dass den Unterhaltsschuldner auf der Grundlage seiner gesteigerten Unterhaltpflicht für minderjährige und privilegierte volljährige Kinder eine Obliegenheit zur Einleitung der Verbraucherinsolvenz treffen kann. Eine Obliegenheit, sich auf die Pfändungsfreigrenzen der §§ 850 a ff. ZPO zu berufen, kann diese Obliegenheit zur Einleitung einer Verbraucherinsolvenz nicht ersetzen.

[14] cc) Eines eigenen Antrags des Unterhaltsschuldners auf Einleitung der Verbraucherinsolvenz bedarf es auch deswegen, weil nur dann ein Vorrang des laufenden Unterhalts vor sonstigen Insolvenzforderungen gesichert ist. Zwar kann ein Insolvenzantrag nach § 13 I 2 InsO grundsätzlich sowohl vom Schuldner als auch von dessen Gläubigern gestellt werden. Die für die Nichtberücksichtigung der Kreditverpflichtungen ausschlaggebende Restschuldbefreiung setzt aber nach den §§ 305 I, 306 III InsO zwingend einen eigenen Antrag des Schuldners auf Eröffnung des Insolvenzverfahrens voraus (BGHZ 162, 181 [183] = NJW 2005, 1433 = FamRZ 2005, 703). Nur wenn der Unterhaltsschuldner auf Grund seiner unterhaltsrechtlichen Obliegenheit selbst die Verbraucherinsolvenz beantragt, ist eine Restschuldbefreiung möglich und es ihm damit zumutbar, die laufende Unterhaltspflicht vor allen anderen Verbindlichkeiten zu erfüllen. Die Eröffnung des Insolvenzverfahrens führt dann dazu, dass der Unterhaltspflichtige in Höhe der Differenz aus dem nicht zur Insolvenzmasse gehörenden Einkommen (§ 36 I InsO, §§ 850 ff. ZPO) und dem ihm gegenüber dem jeweiligen Unterhaltsanspruch zu belassenden Selbstbehalt leistungsfähig ist (vgl. insoweit *Senat*, NJW 2008, 227 = NZI 2008, 114).

[15] b) Umstritten ist allerdings, ob der Unterhaltsschuldner auch dann auf eine Obliegenheit zur Einleitung der Verbraucherinsolvenz verwiesen werden kann, wenn er nicht im Rahmen seiner

gesteigerten Unterhaltspflicht Kindesunterhalt, sondern Unterhalt für einen getrennt lebenden oder geschiedenen Ehegatten schuldet.

[16] aa) Teilweise wird dem Unterhaltsschuldner die Einleitung der Verbraucherinsolvenz generell schon dann zugemutet, wenn eine nachhaltige Überschuldung vorliegt, die Verbindlichkeiten also im Verhältnis zum Einkommen unangemessen hoch sind und sich über einen langen Zeitraum erstrecken (so OLG Koblenz, NJW 2004, 1256 = FamRZ 2004, 823 [824]; vgl. auch Melchers/Hauß, Rdnrn. 260 ff.). Wenn dem Schuldner nach diesem Maßstab die Einleitung eines Verbraucherinsolvenzverfahrens mit Restschuldbefreiung zumutbar sei, habe dies zur Konsequenz, dass er sich auch unterhaltsrechtlich nicht auf die bestehenden Verbindlichkeiten berufen könne. Diese Auffassung stellt somit vorrangig auf die unterhaltsrechtlichen Folgen der Obliegenheit zum Verbraucherinsolvenz mit Restschuldbefreiung ab, die grundsätzlich auch den Schuldner des Ehegattenunterhalts treffe. Die verfassungsrechtlich durch Art. 2 I GG geschützte allgemeine Handlungsfreiheit des Unterhaltsschuldners berücksichtigt sie erst im Rahmen der allgemeinen Zumutbarkeitsabwägung.

[17] bb) Demgegenüber wird überwiegend vertreten, eine Obliegenheit des Unterhaltsschuldners zur Einleitung der Verbraucherinsolvenz lasse sich allein durch die gesteigerte Unterhaltspflicht gegenüber minderjährigen und privilegierten volljährigen Kindern nach § 1603 II 1 und 2 BGB rechtfertigen. Insbesondere beim Anspruch auf Trennungsunterhalt scheide eine dem Unterhaltsanspruch minderjähriger Kinder vergleichbare Situation aus, weil es sich dabei regelmäßig um eine in den ehelichen Lebensverhältnissen angelegte Verschuldung handele, die der unterhaltsberechtigte Ehegatte mittragen müsse (OLG Celle, FamRZ 2006, 1536; OLG Koblenz, NJW-RR 2005, 1457 = NZI 2005, 637 [für einen Anspruch aus § 1615 I 1 und 2 BGB]).

[18] cc) Der Senat schließt sich im Grundsatz der zuletzt genannten Auffassung an. Die Gegenmeinung verkennt die Tragweite der verfassungsrechtlich geschützten allgemeinen Handlungsfreiheit des Unterhaltsschuldners. Eine Obliegenheit zur Einleitung der Verbraucherinsolvenz lässt sich deswegen nur aus besonders gewichtigen Gründen rechtfertigen, hinter denen die wirtschaftliche Selbstbestimmung des Unterhaltsschuldners zurücktreten muss.

[19] Solche Umstände sind regelmäßig in der gesteigerten Unterhaltspflicht gegenüber minderjährigen und privilegierten volljährigen Kindern nach § 1603 II BGB zu erblicken. Denn diese Unterhaltspflicht beruht auf dem verfassungsrechtlichen Gebot zur Pflege und Erziehung der Kinder aus Art. 6 II und V GG und überwiegt deswegen grundsätzlich die nur im Rahmen der allgemeinen Gesetze durch Art. 2 I GG gewährleistete allgemeine Handlungsfreiheit des Unterhaltsschuldners. Hinzu kommt, dass minderjährige und privilegierte volljährige Kinder in der Regel keine Möglichkeit haben, selbst für ihren Unterhalt zu sorgen. Der Senat hat deswegen in Fällen einer gesteigerten Unterhaltspflicht auch sonst stärkere Anstrengungen des Unterhaltsschuldners für zumutbar gehalten (BGHZ 162, 234 [239f.] = NJW 2005, 1279 = NZI 2005, 342 = FamRZ 2005, 608 [609]).

[20] Diese Begründung ist auf den Unterhaltsanspruch getrennt lebender oder geschiedener Ehegatten nicht in gleicher Weise übertragbar. Wegen der grundsätzlichen Möglichkeit getrennt lebender oder geschiedener Ehegatten, den eigenen Unterhalt selbst sicherzustellen, hat der Gesetzgeber die gesteigerte Unterhaltspflicht nicht – wie in § 1603 II BGB – auf den Ehegattenunterhalt erstreckt. Hinzu kommt, dass mit dem vom Bundestag und vom Bundesrat bereits beschlossenen Gesetz zur Änderung des Unterhaltsrechts vom 15. 6. 2006 (BT-Dr 16/830) auch der Rang des Ehegattenunterhalts gegenüber dem Unterhaltsanspruch minderjähriger und ihnen gleichgestellter Kinder geändert worden ist. § 1609 BGB weist jetzt nur noch Unterhaltsansprüchen minderjähriger und privilegierter volljähriger Kinder den ersten Rang zu. Erst mit einem späteren Rang folgen die Unterhaltsansprüche Kinder erziehender Eltern und sonstiger (früherer) Ehegatten.

[21] Im Gegensatz zur Rechtsauffassung des BerGer. kommt es nicht entscheidend darauf an, dass auch die Kl. in dem hier zu entscheidenden Einzelfall nicht in der Lage sein dürfte, ausreichend für ihren eigenen Unterhalt zu sorgen. Denn der Gesetzgeber hat im Rahmen des Ehegattenunterhalts selbst den notwendigen Unterhaltsbedarf nicht dem Kindesunterhalt gleichgestellt. Entsprechend hat der Senat in ständiger Rechtsprechung einen Mindestbedarf des getrennt lebenden oder geschiedenen Ehegatten abgelehnt (*Senat,* NJW 2003, 1112 = FamRZ 2003, 363 [364]). Im Gegensatz dazu sieht das vom Bundestag und vom Bundesrat bereits beschlossene Gesetz zur Änderung des Unterhaltsrechts vom 15. 6. 2006 in § 1612 a BGB für minderjährige Kinder einen Mindestunterhalt vor, der sich nach dem doppelten Freibetrag für das sächliche Existenzminimum eines Kindes (Kinderfreibetrag) nach § 32 VI 1 EStG richtet. Auch ein Verzicht auf Unterhaltsansprüche für die Zukunft ist nach § 1614 I BGB beim Verwandtenunterhalt nicht zulässig, während § 1585 c BGB eine Vereinbarung über den Unterhalt für die Zeit nach der Ehescheidung ausdrücklich zulässt. Die Ausgestaltung des Ehegattenunterhalts ist deswegen mit dem besonders stark ausgestalteten Unterhaltsanspruch minderjähriger und privilegierter volljähriger Kinder nicht vergleichbar.

[22] Den Schuldner des Trennungsunterhalts oder des nachehelichen Unterhalts trifft im Hinblick auf seine verfassungsrechtlich geschützte allgemeine Handlungsfreiheit deswegen regelmäßig keine Obliegenheit zur Einleitung der Verbraucherinsolvenz. Denn die Kreditbelastungen hatten regelmäßig

bereits die ehelichen Lebensverhältnisse geprägt und auch der unterhaltsberechtigte Ehegatte hatte seine Lebensverhältnisse auf diese Ausgaben eingestellt. Daran ändert sich auch nichts dadurch, dass die Ehegatten seit ihrer Trennung nicht mehr nach § 1360 a BGB zum Familienunterhalt verpflichtet sind, der ihnen die gleichmäßige Teilhabe an den für den Unterhalt der Familie zur Verfügung stehenden Mitteln sichert. Die Verpflichtung zum Trennungsunterhalt und zum nachehelichen Unterhalt setzt demgegenüber die Leistungsfähigkeit des unterhaltspflichtigen Ehegatten voraus, die nur vorliegt, wenn sein Ehegattenselbstbehalt gewahrt ist (*Senat*, BGHZ 166, 351 = NJW 2006, 1654 = FamRZ 2006, 683). Mit der Trennung der Parteien ist die Kreditbelastung deswegen nicht nur bei der Bemessung des Unterhaltsbedarfs nach den ehelichen Lebensverhältnissen, sondern auch im Rahmen der Leistungsfähigkeit zu berücksichtigen, was das BerGer. verkannt hat.

[23] c) Nach diesen Grundsätzen oblag es dem Bekl. im Rahmen seiner gesetzlichen Unterhaltspflicht gegenüber der getrennt lebenden Kl. nicht, wegen der ehebedingten Kreditverbindlichkeiten von monatlich 408 Euro ein Verfahren der Verbraucherinsolvenz einzuleiten.

[24] Ein solches Verfahren wäre für den Bekl., der ohnehin lediglich Erwerbsunfähigkeitsrente erzielt, mit erheblichen Einschnitten verbunden. Denn durch die Bestellung eines Treuhänders im Insolvenzverfahren nach den §§ 313 I, 292 InsO würde der Bekl. in seiner wirtschaftlichen Selbstständigkeit stark eingeschränkt. Wie gegenüber einem Insolvenzverwalter bestehen nach den §§ 97 f. InsO auch gegenüber einem Treuhänder weitgehende Auskunfts- und Mitwirkungspflichten (vgl. auch § 305 I und II InsO). Die Eröffnung eines Insolvenzverfahrens wäre für den Bekl. auch deswegen besonders belastend, weil damit sein Recht, das zur Insolvenzmasse gehörende Vermögen zu verwalten und darüber zu verfügen, auf den Insolvenzverwalter bzw. den Treuhänder übergeht (§§ 21 II, 80 bis 82, 313 I InsO). Zudem setzt die mögliche Restschuldbefreiung nach § 287 II InsO voraus, dass der Schuldner seine pfändbaren Forderungen auf Bezüge aus einem Dienstverhältnis für die Dauer des Insolvenzverfahrens an den Treuhänder abtritt. Das würde den Bekl. als Insolvenzschuldner nicht nur während des circa sechsmonatigen vorbereitenden Verfahrens durch die Beratungsstelle (§ 305 I Nr. 1 InsO), sondern auch während der folgenden sechsjährigen Wohlverhaltensperiode gem. §§ 287 II, 299 I InsO in seiner Verfügungsmöglichkeit einschränken. Hinzu kommt, dass infolge der Einleitung einer Verbraucherinsolvenz auch die allgemeine Kreditwürdigkeit des Unterhaltsschuldners leiden würde.

[25] Dem steht ein Anspruch der Kl. auf Trennungsunterhalt gegenüber, der schon von Gesetzes wegen nicht so stark ausgestaltet ist, wie es wegen der gesteigerten Unterhaltspflicht nach § 1603 II BGB für den Anspruch minderjähriger und privilegierter volljähriger Kinder der Fall ist.

BGH v. 9. 1. 2008 – XII ZR 170/05 – FamRZ 08, 594 = FPR 08, 172

(Selbstbehalt und Existenzminimum nach Sozialhilferecht; höherer notwendiger Selbstbehalt des Erwerbstätigen) **R688 a**

[25] Nach ständiger Rechtsprechung des Senats muss dem Unterhaltspflichtigen jedenfalls der Betrag verbleiben, der seinen eigenen Lebensbedarf nach sozialhilferechtlichen Grundsätzen sicherstellt. Eine Unterhaltspflicht besteht also nicht, soweit der Unterhaltsschuldner infolge einer Unterhaltsleistung selbst sozialhilfebedürftig würde. Die finanzielle Leistungsfähigkeit endet spätestens dort, wo der Unterhaltspflichtige nicht mehr in der Lage ist, seine eigene Existenz zu sichern (BGHZ 166, 351 [356] = NJW 2006, 1654 = FamRZ 2006, 683 [684]; vgl. dazu auch den Sechsten Existenzminimumbericht der Bundesregierung, BT-Dr 16/3265). Ob und in welchem Umfang der dem Unterhaltsschuldner zu belassende Selbstbehalt über den jeweils regional maßgeblichen sozialhilferechtlichen Mindestbedarf hinausgehen kann, haben die Gerichte unter Berücksichtigung der gesetzlichen Vorgaben zu bestimmen, die sich insbesondere aus der Bedeutung und Ausgestaltung des jeweiligen Unterhaltsanspruchs und seiner Rangfolge im Verhältnis zu anderen Unterhaltsansprüchen ergeben. Bei dem Unterhaltsanspruch minderjähriger Kinder ist somit die gesteigerte Unterhaltspflicht (§ 1603 II BGB) zu berücksichtigen. Hinzu kommt für die Zeit ab dem 1. 1. 2008 der durch das Gesetz zur Änderung des Unterhaltsrechts (vom 21. 12. 2007, BGBl I, 3189) geschaffene Vorrang dieses Unterhalts gegenüber allen übrigen Unterhaltsansprüchen (§ 1609 BGB). Dies gebietet es, den notwendigen Selbstbehalt gegenüber den Unterhaltsansprüchen minderjähriger oder privilegierter volljähriger Kinder mit Beträgen zu bemessen, die dem sozialhilferechtlichen Bedarf entsprechen oder allenfalls geringfügig darüber hinausgehen.

[26] Zu Recht gehen die Leitlinien der Oberlandesgerichte (Beil. zu NJW H. 32/2007 und FPR H. 7–8/2007 = FamRZ 2007, 1373, jew. unter Nr. 21.2) weiter davon aus, dass zusätzlich zwischen dem notwendigen Selbstbehalt eines erwerbstätigen Unterhaltsschuldners und demjenigen eines nicht erwerbstätigen Unterhaltsschuldners zu differenzieren ist. Insoweit weist die Revision zutreffend darauf hin, dass ein nicht erwerbstätiger Unterhaltsschuldner regelmäßig mehr Zeit zur Verfügung hat, seine Ausgaben durch sparsame Lebensführung zu reduzieren. Daneben dient ein so differenzierter Selbstbehalt auch dem gebotenen Erwerbsanreiz für den Unterhaltsschuldner, wie es beim Ehegattenunterhalt schon bei der Bemessung des Unterhaltsbedarfs durch Berücksichtigung eines Erwerbstätigenbonus der Fall ist (vgl. Klinkhammer, FamRZ 2007, 85 [92]).

(Ersparnis durch Zusammenleben des Pflichtigen mit neuem Partner)

b   [31] Allerdings ist in Rechtsprechung und Literatur umstritten, ob der dem Unterhaltspflichtigen zu belassende notwendige Selbstbehalt wegen eines Zusammenlebens mit einem neuen Partner weiter reduziert werden kann.

[32] aa) Mit dem BerGer. sind die OLGe Oldenburg (NJW-RR 2000, 1458 = FamRZ 2000, 1177, und FamRZ 2004, 1669 = BeckRS 2004, 12635) und Hamm (FamRZ 2003, 1214) der Auffassung, das Zusammenleben mit einem neuen Lebensgefährten könne nicht zu einer Reduzierung des Selbstbehalts führen, wenn keine neue Ehe geschlossen sei. Nur wenn der Unterhaltsschuldner mit dem neuen Partner verheiratet sei, könne sein Selbstbehalt durch dessen Beitrag zum Familienunterhalt ganz oder teilweise gedeckt sein. Ein Anspruch auf Familienunterhalt scheide hingegen aus, wenn der Unterhaltspflichtige nicht mit dem neuen Lebenspartner verheiratet sei. Auch wegen ersparter Aufwendungen komme eine Reduzierung des Selbstbehalts dann nicht in Betracht, denn es unterliege grundsätzlich der freien Disposition des Unterhaltspflichtigen, wie er die ihm belassenen Mittel nutze. Zwar sei der Unterhaltsschuldner einem Minderjährigen oder privilegiert volljährigen Kind gesteigert unterhaltspflichtig und müsse alle verfügbaren Mittel mit ihm gleichmäßig teilen. Die Grenze dieser Pflicht sei aber erreicht, wenn das Existenzminimum des Unterhaltspflichtigen gefährdet sei. Zu einem Konsumverzicht sei der Unterhaltsschuldner im Rahmen dieses Existenzminimums nicht verpflichtet. Einen solchen betreibe er indessen, wenn er sich durch die Wahl eines besonders bescheidenen Wohnraums oder den Eintritt in eine Wohngemeinschaft in der Befriedigung seines Wohnbedarfs beschränke. Soweit durch das Zusammenleben eine Kostenersparnis oder ein Synergieeffekt eintrete, sei nicht ersichtlich, warum ein solcher Vorteil nicht dem Unterhaltsschuldner verbleibe. Von einem Vorteil könne auch nur dann die Rede sein, wenn der neue Partner über ausreichende eigene Einkünfte verfüge, was Feststellungen des Gerichts zu dem Beitrag des neuen Partners für die gemeinsame Haushaltsführung voraussetzen würde. Schließlich beruhe ein Vorteil durch die neue Wirtschaftsgemeinschaft auf einem freiwilligen Verhalten des Dritten, der regelmäßig nicht den Unterhaltsberechtigten begünstigen wolle.

[33] bb) Demgegenüber wird in Rechtsprechung und Literatur überwiegend vertreten, dass eine Herabsetzung des notwendigen Selbstbehalts im Einzelfall in Betracht komme, wenn der Unterhaltspflichtige im Rahmen einer neuen Lebensgemeinschaft Lebenshaltungskosten erspare (OLG Hamm [8. Senat für Familiensachen], NJW 2003, 223 = FamRZ 2002, 1708 und FamRZ 2003, 1210, und [11. Senat für Familiensachen], FamRZ 2005, 53; OLG Nürnberg, NJW 2003, 3138 = FamRZ 2004, 300; OLG München, FamRZ 2004, 485; OLG Stuttgart, NJW-RR 2004, 1515 = FamRZ 2005, 54, und OLG Köln, OLG-Report 2004, 330; vgl. auch Wendl/Scholz, § 2 Rdnr. 270). Auch der Senat hat bereits in seiner früheren Rechtsprechung wiederholt darauf hingewiesen, dass sich durch die gemeinsame Haushaltsführung mit einem neuen Partner eine Ersparnis ergeben kann, die eine Herabsetzung des Selbstbehalts rechtfertigt (vgl. *Senat,* NJW-RR 1998, 505 = FamRZ 1998, 286 [288]; NJW 2002, 1646 = FPR 2002, 266 = FamRZ 2002, 742, und NJW 2003, 3770 = FPR 2004, 27 = FamRZ 2004, 24).

[34] cc) Der Senat hält an seiner Rechtsprechung fest, wonach eine Herabsetzung des notwendigen Selbstbehalts bis auf den notwendigen Lebensbedarf nach sozialhilferechtlichen Grundsätzen in Betracht kommt, wenn der Unterhaltspflichtige in einer neuen Lebensgemeinschaft wohnt, dadurch Kosten für die Wohnung oder die allgemeine Lebensführung erspart und sich deswegen auch sozialhilferechtlich auf einen – im Rahmen seiner Bedarfsgemeinschaft – geringeren Bedarf verweisen lassen muss.

[35] Dabei hat das BerGer. allerdings zu Recht danach differenziert, ob der Unterhaltsschuldner mit dem Partner verheiratet ist oder mit ihm in nichtehelicher Lebensgemeinschaft wohnt.

[36] Ist der Unterhaltsschuldner verheiratet, stellt sich zwar auch die Frage, ob seine Kosten für die Wohnung oder die allgemeine Lebenshaltung durch die gemeinsame Haushaltsführung reduziert werden. In solchen Fällen ist allerdings entscheidend darauf abzustellen, dass der Unterhaltsschuldner gegen seinen neuen Ehegatten nach § 1360 a BGB einen Anspruch auf Familienunterhalt hat, der – im Falle der Leistungsfähigkeit des neuen Ehegatten – seinen Selbstbehalt ganz oder teilweise deckt. Darauf hat der Senat insbesondere im Rahmen seiner Hausmannrechtsprechung (*Senat,* NJW 2006, 2404 = FamRZ 2006, 1010 [1013f.], und BGHZ 169, 200 [206] = NJW 2007, 139 = FamRZ 2006, 1827 [1828]) und seiner Rechtsprechung zum Elternunterhalt (*Senat,* NJW 2004, 677 = FPR 2004, 157 = FamRZ 2004, 370 [372]) abgestellt. Weil der Bekl. nicht wieder verheiratet ist, kommt ein solcher Anspruch auf Familienunterhalt hier nicht in Betracht.

[37] Steht dem Unterhaltspflichtigen weder ein Anspruch auf Familienunterhalt noch ein Anspruch für Versorgungsleistungen zu, schließt dies eine Herabsetzung des ihm zu belassenden notwendigen Selbstbehalts wegen ersparter Kosten durch die gemeinsame Haushaltsführung aber nicht aus. Das gilt in gleichem Maße für die Kosten der Wohnung wie für die allgemeinen Lebenshaltungskosten. Denn eine gemeinsame Haushaltsführung führt regelmäßig zu einer Kostenersparnis oder zu Synergieeffekten, die jeden Lebenspartner hälftig entlasten (vgl. *Senat,* NJW-RR 1998, 505 = FamRZ 1998, 286 [288]; NJW 2002, 1646 = FPR 2002, 266 = FamRZ 2002, 742, und NJW 2003, 3770 = FPR 2004,

27 = FamRZ 2004, 24). Exemplarisch ist insoweit auf Heizkosten hinzuweisen, die sich nicht dadurch erhöhen, dass sich mehrere Personen in einem Raum befinden. Selbst wenn der Raumbedarf durch die Anzahl der dort lebenden Personen regelmäßig steigt, erreichen die Wohnkosten der Gemeinschaft jedenfalls nicht die Summe der Wohnkosten mehrerer Einzelhaushalte.

[38] Soweit das BerGer. eine Rechtfertigung dafür vermisst, warum ein solcher Vorteil nicht dem Unterhaltsschuldner verbleibe, sondern er diesen an den Unterhaltsgläubiger weiterreichen müsse, verkennt es den Zweck des Selbstbehalts. Grundsätzlich ist der Unterhaltspflichtige nach § 1603 II BGB gehalten, alle verfügbaren Mittel zu seinem und der minderjährigen Kinder Unterhalt gleichmäßig zu verwenden. Der notwendige Selbstbehalt dient lediglich dazu, ihm einen Anteil seines Einkommens zu belassen, der jedenfalls den eigenen sozialhilferechtlichen Bedarf sichert und auf der Grundlage des jeweiligen Unterhaltsanspruchs und unter Berücksichtigung der Umstände des Einzelfalls angemessen darüber hinausgeht. Kann der Unterhaltspflichtige also nicht den vollen Unterhaltsbedarf des Berechtigten erfüllen, ist keine Rechtfertigung dafür ersichtlich, ihm mehr zu belassen, als er in seiner konkreten Situation für den notwendigen eigenen Bedarf benötigt.

(Ersparnis durch Zusammenleben keine freiwillige Leistung)

[39] Zwar weist das BerGer. zutreffend darauf hin, dass eine gemeinsame Haushaltsführung dem c
Unterhaltspflichtigen nur dann Kosten ersparen kann, wenn auch der Lebensgefährte über ausreichende Einkünfte, und sei es nur aus eigenem Sozialhilfebezug, verfügt, um sich an den Kosten der Lebensführung zu beteiligen. Das steht einer Berücksichtigung dieser Einsparung aber nicht generell entgegen. Da die Darlegungs- und Beweislast für seine Leistungsunfähigkeit ohnehin den Unterhaltspflichtigen trifft, dürfte es ihm regelmäßig möglich und zumutbar sein, substanziiert vorzutragen, dass sein neuer Lebensgefährte sich nicht ausreichend an den Kosten der gemeinsamen Lebensführung beteiligen kann.

[40] Im Gegensatz zur Rechtsauffassung des BerGer. tritt die Ersparnis durch gemeinsame Haushaltsführung auch nicht infolge einer freiwilligen Leistung des neuen Lebensgefährten ein. Denn sie beruht darauf, dass die Ausgaben infolge eines Synergieeffekts regelmäßig geringer sind, als sie es wären, wenn jeder Partner der Lebensgemeinschaft einen eigenen Haushalt führen würde. Deswegen werden beide Partner der Lebensgemeinschaft durch die gemeinsame Haushaltsführung entlastet, ohne dafür eine eigene Leistung erbringen zu müssen. Darauf, dass freiwillige Leistungen Dritter grundsätzlich bei der Unterhaltsbemessung unberücksichtigt bleiben, weil sie dem Unterhaltsberechtigten lediglich zu dessen eigener Entlastung und nicht zur Erweiterung seiner unterhaltsrechtlichen Leistungsfähigkeit gewährt werden (*Senat,* BGHZ 162, 384 [391] = NJW 2005, 2145 = FamRZ 2005, 1154 [1156]), kommt es mithin nicht an.

[41] Einer Berücksichtigung der Kostenersparnis in einer neuen Lebensgemeinschaft steht auch nicht entgegen, dass der Senat dem Unterhaltsschuldner die freie Disposition eingeräumt hat, wie er einen ihm zu belassenden Selbsthalt im Einzelfall verwendet. Danach ist es dem Unterhaltsschuldner nicht verwehrt, seine Bedürfnisse anders als in den Unterhaltstabellen vorgesehen zu gewichten und sich z. B. mit einer preiswerteren Wohnung zu begnügen, um zusätzliche Mittel für andere Zwecke, etwa für Bekleidung, Urlaubsreisen oder kulturelle Interessen einsetzen zu können (*Senat,* NJW 2006, 3561 = FamRZ 2006, 1664 [1666], und NJW-RR 2004, 217 = FamRZ 2004, 186 [189]). Denn bei der Herabsetzung des Selbstbehalts wegen Aufnahme einer neuen Lebensgemeinschaft geht es entgegen der Auffassung des BerGer. nicht um die Frage, ob dem Unterhaltsschuldner ein nur geringerer Selbstbehalt belassen werden darf, weil er sich in seinen Bedürfnissen teilweise (z. B. beim Wohnbedarf) bescheidet und dagegen auf andere Bedürfnisse mehr Wert legt. Entscheidend ist vielmehr, ob der Unterhaltsschuldner wegen des Synergieeffekts ohne Einbußen günstiger lebt und seinen Lebensstandard mit geringeren Mitteln aufrechterhalten kann als ein allein lebender Unterhaltsschuldner.

(Umzugskosten Abzugsposten)

[46] 2. Soweit das BerGer. schließlich eine – gegenläufige – Erhöhung des notwendigen Selbstbehalts d
wegen der vom Bekl. behaupteten Kosten des Umgangs mit dem Kl. abgelehnt hat, wird auch dies durch die Gründe der angefochtenen Entscheidung nicht getragen. Denn auch nach dem vom BerGer. zu Grunde gelegten Sachverhalt beschränken sich die Umgangskosten nicht auf die vom OLG berücksichtigten 15 Euro monatlich. Der Bekl. muss bei der Ausübung des 14-tägigen Umgangsrechts nicht nur die vom BerGer. berücksichtigten Kosten öffentlicher Verkehrsmittel aufwenden. Vielmehr entstehen jedenfalls zusätzliche Kosten durch die Benutzung des Fahrzeugs seiner Lebensgefährtin, mit dem er von dort zu dem ca. 15 km entfernten Wohnort der Kinder weiterfährt. Auch wenn der Bekl. für die Nutzung des Fahrzeugs kein Entgelt an seine Lebensgefährtin zahlen muss, durfte das BerGer. nicht davon ausgehen, dass auch keine Betriebskosten entstehen, für die der Bekl. aufkommen muss. Selbst wenn seine Lebensgefährtin diese Kosten trüge, lägen darin freiwillige Leistungen eines Dritten, die dem Kl. nicht zugute kommen sollen. Das BerGer. wird deswegen erneut prüfen müssen, ob es auch angesichts höherer Umgangskosten eine Anpassung des dem Bekl. zu belassenden notwendigen Selbstbehalts ablehnt. Dabei wird es auch zu berücksichtigen haben, dass dem Bekl. hier kein Anteil des

Kindergeldes anrechnungsfrei verblieb, mit dem er die Kosten der Ausübung seines Umgangsrechts finanzieren könnte. Der Senat hat bereits entschieden, dass dann bei nicht unerheblichen Umgangskosten, die der Unterhaltsschuldner nicht aus den Mitteln bestreiten kann, die ihm über den notwendigen Selbstbehalt hinaus verblieben, eine maßvolle Erhöhung des Selbstbehalts in Betracht kommt (*Senat,* NJW 2005, 1493 = FamRZ 2005, 706 [708]).

BGH v. 6. 2. 2008 – XII ZR 14/06 – FamRZ 2008, 968 = NJW 2008, 1663

R689 *(Darlegungs- und Beweislast für Verlängerung des Betreuungsunterhalts)*

a [30] cc) Für die Zeit ab dem 1. Januar 2008 wird das Berufungsgericht allerdings die Änderung des § 1570 BGB durch das Gesetz zur Änderung des Unterhaltsrechts vom 21. Dezember 2007 (BGBl. 2007 I S. 3189; vgl. insoweit *Borth* FamRZ 2008 2, 5 ff., *Meier* FamRZ 2008, 101, 102 ff.; *Weinreich/Klein,* Familienrecht 3. Aufl. § 1570 Rdn. 8 ff.; *Borth* Unterhaltsrechtsänderungsgesetz Rdn. 57 ff.; *Klein,* Das neue Unterhaltsrecht, 2008, S. 45 ff.) zu berücksichtigen haben. Danach kann der geschiedene Ehegatte Betreuungsunterhalt ohne weitere Begründung nur für die Dauer von drei Jahren nach der Geburt des Kindes beanspruchen (§ 1570 Abs. 1 Satz 1 BGB). Zwar kann der Anspruch auf Betreuungsunterhalt im Einzelfall aus kindbezogenen (§ 1570 Abs. 1 Satz 2 und 3 BGB) oder aus elternbezogenen (§ 1570 Abs. 2 BGB) Gründen verlängert werden (zum Unterhaltsanspruch nach § 1615l Abs. 2 BGB vgl. Senatsurteil FamRZ 2006, 1362, 1366 f.). Für die Umstände, die eine solche Verlängerung rechtfertigen können, ist allerdings die Beklagte zu 1 darlegungs- und beweispflichtig.

(Splittingvorteil bei Wiederverheiratung und Vorrang erster Ehegatte hat neuer Ehe zu verbleiben; fiktive Steuerberechnung)

b [32] a) Das für die ehelichen Lebensverhältnisse relevante Einkommen des Klägers hat das Berufungsgericht zutreffend ohne Berücksichtigung des Splittingvorteils aus seiner neuen Ehe ermittelt.

[33] aa) Mit Beschluss vom 7. Oktober 2003 hat das Bundesverfassungsgericht entschieden, dass steuerliche Vorteile, die der neuen Ehe eines geschiedenen Unterhaltspflichtigen durch das Ehegattensplitting erwachsen, nicht schon in der früheren Ehe angelegt sind und deswegen die Lebensverhältnisse dieser Ehe auch nicht bestimmt haben. Denn diese steuerlichen Vorteile, die in Konkretisierung des Schutzauftrags aus Art. 6 Abs. 1 GG durch das Gesetz allein der bestehenden Ehe eingeräumt sind, dürfen ihr von Verfassungs wegen durch die Gerichte nicht wieder entzogen und an die geschiedene Ehe weitergeleitet werden (BVerfGE 108, 351 = FamRZ 2003, 1821, 1823 = NJW 2003, 3466). Dem hat der Senat inzwischen Rechnung getragen. Danach sind bei der Bemessung des Unterhaltsanspruchs eines früheren Ehegatten der Splittingvorteil eines wiederverheirateten Unterhaltspflichtigen außer Betracht zu lassen und sein unterhaltsrelevantes Einkommen anhand einer fiktiven Steuerberechnung nach der Grundtabelle zu ermitteln (Senatsurteil FamRZ 2005, 1817, 1819 = NJW 2005, 3277).

(Splittingvorteil bei Wiederverheiratung beim Kindesunterhalt zu berücksichtigen)

c [34] bb) Bei der Bemessung der Unterhaltsansprüche der Beklagten zu 2 und 3 hat das Berufungsgericht den Splittingvorteil allerdings zu Recht berücksichtigt. Dieser steuerliche Vorteil aus der neuen Ehe ist schon deswegen bei der Bemessung des Kindesunterhalts zu berücksichtigen, weil das höhere Nettoeinkommen auch dem Kind des Klägers aus seiner zweiten Ehe zugute kommt und die Unterhaltsansprüche der leiblichen Kinder aus verschiedenen Ehen nicht auf unterschiedlichen Einkommensverhältnissen beruhen können (vgl. Senatsurteile FamRZ 2005, 1817, 1820 = NJW 2005, 3277, FamRZ 2007, 882, 885 = NJW 2007, 1969 und FamRZ 2007, 1081, 1082 = NJW 2007, 2412).

(Für eheliche Lebensverhältnisse tatsächlich erzielte Einkünfte maßgebend. Fiktive Steuerberechnung nur bei nichtprägenden Einkommen, steuerlichen Vergünstigungen oder Verletzung der Obliegenheit, Freibeträge einzutragen)

d [37] aa) Nach ständiger Rechtsprechung des Senats ist bei der Ermittlung der ehelichen Lebensverhältnisse gemäß § 1578 Abs. 1 Satz 1 BGB grundsätzlich von den tatsächlich erzielten Einkünften auszugehen. Im Regelfall ist deswegen auch die Steuerlast in ihrer jeweils realen Höhe maßgebend, unabhängig davon, ob sie im konkreten Fall seit der Trennung gestiegen oder gesunken ist und ob das auf einem gesetzlich vorgeschriebenen Wechsel der Steuerklasse oder auf einer Änderung des Steuertarifs beruht. Berichtigungen der tatsächlichen, durch Steuerbescheide oder Lohnabrechnungen nachgewiesenen Nettoeinkünfte sind nur in besonders gelagerten Fällen vorzunehmen, etwa dann, wenn nicht prägende Einkünfte eingeflossen sind, steuerliche Vergünstigungen vorliegen, die – wie z. B. das Ehegattensplitting – dem Unterhaltsberechtigten nicht zugute kommen dürfen oder wenn erreichbare Steuervorteile entgegen einer insoweit bestehenden Obliegenheit nicht in Anspruch genommen worden sind. Entsprechend trifft den Unterhaltspflichtigen grundsätzlich eine Obliegenheit, mögliche

Steuervorteile im Wege des Realsplittings nach § 10 Abs. 1 Nr. 1 EStG zu realisieren, soweit dadurch nicht eigene Interessen verletzt werden.

(Eintragung Freibetrag Realsplitting nur bei Anerkenntnis, freiwilliger Zahlung des Unterhalts oder Verurteilung)

[38] Die Verpflichtung des Unterhaltsschuldners zur Inanspruchnahme steuerlicher Vorteile aus dem   **e**
Realsplittings geht allerdings nur so weit, wie seine Unterhaltpflicht einem Anerkenntnis oder einer rechtskräftigen Verurteilung folgt oder freiwillig erfüllt wird. Denn die steuerlichen Voraussetzungen des Realsplittings erfordern eine tatsächliche Unterhaltszahlung in dem jeweiligen Steuerjahr. Hat der Unterhaltsschuldner nachehelichen Ehegattenunterhalt auf eine feststehende Unterhaltpflicht in dem betreffenden Jahr geleistet, konnte und musste er den steuerlichen Vorteil des Realsplittings in Anspruch nehmen. Stand seine Unterhaltspflicht aufgrund eines Anerkenntnisses oder eines Unterhaltstitels fest, hätte er bei Erfüllung dieser Unterhaltspflicht ebenfalls den steuerlichen Vorteil des Realsplittings in Anspruch nehmen können, was zur fiktiven Zurechnung dieses Steuervorteils führt (vgl. Senatsurteil FamRZ 2007, 793, 797).

(Bei Wiederverheiratung Pflichtiger und fiktiver Steuerberechnung erster Ehegatte Realsplittingvorteil aus Grundtabelle)

[40] cc) Auch soweit das Berufungsgericht den steuerlichen Vorteil des Realsplittings für die Zeit bis   **f**
einschließlich Juli 2004 auf der Grundlage des Einkommens des Klägers nach der Grundtabelle errechnet hat, entspricht dies der Rechtsprechung des Senats. Wie ausgeführt, muss der Splittingvorteil aus der neuen Ehe zwar grundsätzlich dieser Ehe vorbehalten bleiben. Die geschiedene unterhaltsberechtigte Ehefrau darf also nicht davon profitieren, dass ihr unterhaltspflichtiger früherer Ehemann wieder verheiratet ist und wegen der dadurch bedingten geringeren Steuerlast ein höheres Nettoeinkommen zur Verfügung hat. Umgekehrt darf die geschiedene Ehefrau durch die neue Ehe des Unterhaltspflichtigen aber auch nicht schlechter gestellt werden. Deswegen muss sowohl der Unterhaltsanspruch der geschiedenen Ehefrau als auch der Steuervorteil aus dem begrenzten Realsplitting nach den Verhältnissen ohne Berücksichtigung der zweiten Ehe des Unterhaltspflichtigen bemessen werden. Wie das unterhaltsrelevante Einkommen des Klägers ist somit auch dessen Realsplittingvorteil wegen der Unterhaltszahlungen an die Beklagte zu 1 fiktiv nach der Grundtabelle zu bemessen (Senatsurteil FamRZ 2007, 1232, 1234 f.).

(Zur Wandelbarkeit der unterhaltsbestimmenden ehelichen Lebensverhältnisse)

[43] aa) Nach der neueren Rechtsprechung des Senats zu den wandelbaren ehelichen Lebensverhält-   **g**
nissen will die Anknüpfung des § 1578 Abs. 1 Satz 1 BGB für den unterhaltsberechtigten Ehegatten keine die früheren ehelichen Lebensverhältnisse unverändert fortschreibende Lebensstandardgarantie begründen, die nur in den Grenzen fehlender Leistungsfähigkeit des unterhaltspflichtigen Ehegatten an dessen dauerhaft veränderte wirtschaftliche Verhältnisse angepasst und nur insoweit auch „nach unten korrigiert" werden könnte. Für eine solche Absicherung bietet das Recht des nachehelichen Unterhalts, das – jedenfalls im Grundsatz – nur die Risiken der mit der Scheidung fehlgeschlagenen Lebensplanung der Ehegatten und der von ihnen in der Ehe praktizierten Arbeitsteilung angemessen ausgleichen will, keine Rechtfertigung. Das Unterhaltsrecht will den bedürftigen Ehegatten nach der Scheidung wirtschaftlich nicht besser stellen, als er sich ohne die Scheidung stünde. Bei Fortbestehen der Ehe hätte ein Ehegatte die negative Einkommensentwicklung des anderen Ehegatten wirtschaftlich mit zu tragen. Es ist nicht einzusehen, warum die Scheidung ihm das Risiko einer solchen – auch vom unterhaltspflichtigen Ehegatten hinzunehmenden – Entwicklung, wenn sie dauerhaft und vom Schuldner nicht durch in Erfüllung seiner Erwerbsobliegenheit gebotene Anstrengungen vermeidbar ist, abnehmen soll (Senatsurteile BGHZ 153, 358, 364 f. = FamRZ 2003, 590, 591 f. und BGHZ 171, 206 = FamRZ 2007, 793, 795; s. auch *Gerhardt* FamRZ 2007, 845 f.). Nichts anderes kann für sonstige Änderungen der maßgeblichen Verhältnisse gelten, wenn sich dadurch das dem Unterhaltspflichtigen verfügbare Einkommen vermindert (vgl. schon BGHZ 166, 351, 361 f. = FamRZ 2006, 683, 685 f.). Daher muss eine Korrektur nicht erst bei der Leistungsfähigkeit, sondern schon bei der Bedarfsbemessung ansetzen.

[44] Die Anknüpfung an den Stichtag der rechtskräftigen Scheidung, wonach für die Bemessung der ehelichen Lebensverhältnisse grundsätzlich die Entwicklung bis zur Rechtskraft des Scheidungsurteils maßgebend und Änderungen in der Folgezeit nur dann zu berücksichtigen seien, wenn diese schon in der Ehe angelegt gewesen seien (vgl. Senatsurteil vom 25. November 1998 – XII ZR 98/97 – FamRZ 1999, 367, 368 f. mit kritischer Anmerkung Graba), ist damit überholt. Das gilt insbesondere für den früheren Ansatz, dass unvorhersehbare Änderungen nach der Trennung der Parteien nur deswegen grundsätzlich noch die ehelichen Lebensverhältnisse prägen sollten, weil sie – zufällig –noch vor Rechtskraft des Scheidungsurteils eintraten und deshalb etwa die Unterhaltspflicht für ein Kind aus einer anderen Verbindung bereits als „während der ehelichen Lebensgemeinschaft angelegt" anzusehen sei, wenn das Kind noch vor Rechtskraft der Scheidung geboren ist (vgl. Senatsurteil vom

25. November 1998 – XII ZR 98/97 – FamRZ 1999, 367, 368 f.). Entscheidend ist aber, wie der Senat in seiner neueren Rechtsprechung wiederholt betont hat, dass dem Recht des nachehelichen Unterhalts keine Lebensstandardgarantie entnommen werden kann (vgl. Senatsurteile vom 14. November 2007 – XII ZR 16/07 – FamRZ 2008, 134, 135; BGHZ 171, 206 = FamRZ 2007, 793, 795; BGHZ 166, 351, 361 f. = FamRZ 2006, 683, 685 f.; BGHZ 153, 358, 364 f. = FamRZ 2003, 590, 591 f.). Deswegen sind spätere Einkommensveränderungen bei der Bemessung des nachehelichen Ehegattenunterhalts grundsätzlich zu berücksichtigen, unabhängig davon, ob sie vor der Rechtskraft der Ehescheidung oder erst später eingetreten sind, und grundsätzlich auch unabhängig davon, ob es sich um Einkommensminderungen oder -verbesserungen handelt, wobei allerdings wegen der Anknüpfung an die ehelichen Lebensverhältnisse in § 1578 Abs. 1 Satz 1 BGB Ausnahmen geboten sind.

[45] Die Berücksichtigung einer nachehelichen Einkommensminderung findet ihre Grenze erst in der nachehelichen Solidarität der geschiedenen Ehegatten (vgl. dazu jetzt ausdrücklich BT-Drucks. 253/06 S. 59). Soweit das Gesetz einen Anspruch auf nachehelichen Unterhalt vorsieht, darf der Unterhaltspflichtige diesen nicht unterhaltsrechtlich leichtfertig gefährden. Beruhen Einkommensminderungen auf einer Verletzung der Erwerbsobliegenheit des Unterhaltspflichtigen (vgl. Senatsurteil vom 12. April 2000 – XII ZR 79/98 – FamRZ 2000, 815, 816 f.; zum umgekehrten Fall beim Unterhaltsberechtigten vgl. Senatsurteil vom 14. Dezember 1983 – IVb ZR 38/82 – FamRZ 1984, 364, 367) oder sind sie durch freiwillige berufliche oder wirtschaftliche Dispositionen des Unterhaltspflichtigen veranlasst und hätten sie von diesem durch zumutbare Vorsorge aufgefangen werden können (vgl. Senatsurteile vom 25. Februar 1987 – IVb ZR 28/86 – FamRZ 1987, 930, 933 und vom 21. Januar 1987 – IVb ZR 94/85 – FamRZ 1987, 372, 374; s. auch *Wendl/Dose* Das Unterhaltsrecht in der familienrichterlichen Praxis 6. Aufl. § 1 Rdn. 494 ff.) bleiben sie deswegen unberücksichtigt, sodass stattdessen fiktive Einkünfte anzusetzen sind.

[46] In gleicher Weise sind auch Einkommenssteigerungen grundsätzlich zu berücksichtigen, gleichgültig, ob sie vor oder nach Rechtskraft der Ehescheidung auftreten. Ausnahmen bestehen nur dort, wo die Steigerungen nicht schon in der Ehe angelegt waren wie etwa allgemeine Lohnsteigerungen, sondern auf eine unerwartete Entwicklung, z. B. einen Karrieresprung, zurückzuführen sind. Nur solche unvorhersehbar gestiegenen Einkünfte sind deswegen nicht mehr den ehelichen Lebensverhältnissen im Sinne des § 1578 Abs. 1 Satz 1 BGB zuzurechnen. Denn das Unterhaltsrecht will den geschiedenen Ehegatten nicht besser stellen, als er während der Ehezeit stand oder aufgrund einer schon absehbaren Entwicklung ohne die Scheidung stehen würde. Auch insoweit kommt es nicht darauf an, ob es sich um Einkommenssteigerungen des Unterhaltspflichtigen oder des Unterhaltsberechtigten handelt. Bereits in seiner Surrogatrechtsprechung zur Berücksichtigung der Erwerbseinkünfte aus einer späteren Erwerbstätigkeit anstelle früherer Haushaltstätigkeit und Kindererziehung (vgl. Senatsurteile vom 13. Juni 2001 – XII ZR 343/99 – FamRZ 2001, 986, 989 ff., vom 5. Mai 2004 – XII ZR 132/02 – FamRZ 2004, 1173, vom 13. April 2005 – XII ZR 273/02 – FamRZ 2005, 1154, 1157 und vom 7. September 2005 – XII ZR 311/02 – FamRZ 2005, 1979, 1981) hat der Senat ausgeführt, dass auch die später hinzugekommenen Einkünfte schon in Gestalt der Haushaltstätigkeit und Kindererziehung in der Ehe angelegt waren. Ebenso kann es nach ständiger Rechtsprechung keinen Unterschied machen, ob die Steigerung des für Unterhaltszwecke verfügbaren Einkommens auf einer Einkommenssteigerung oder darauf beruht, dass Zahlungsverpflichtungen aufgrund einer absehbaren Entwicklung entfallen sind.

[47] Im Hinblick auf diese Betrachtungsweise sind auch sonstige Veränderungen der maßgeblichen Verhältnisse zu berücksichtigen, wenn sie Einfluss auf das dem Unterhaltspflichtigen verfügbare Einkommen haben. Die Berücksichtigung dadurch bedingter Einkommensminderungen findet ihre Grenze ebenfalls erst in einem vorwerfbaren Verhalten, das – ähnlich wie bei der fiktiven Anrechnung vorwerfbar nicht erzielten Einkommens – unterhaltsbezogen mutwillig sein muss. Das ist nicht der Fall, wenn ein geschiedener Unterhaltsschuldner eine neue Familie gründet und in dieser neuen Ehe Kinder geboren werden. Auch in solchen Fällen wäre es verfehlt, die Unterhaltspflicht für das neu hinzugekommene Kind bei der Bemessung des Ehegattenunterhalts unberücksichtigt zu lassen, was dazu führen könnte, dass der Unterhaltsanspruch des geschiedenen Ehegatten das dem Unterhaltspflichtigen für den eigenen Unterhalt verbleibende Einkommen übersteigen würde, was nur im Rahmen des Selbstbehalts korrigiert werden könnte (vgl. insoweit Senatsurteil BGHZ 166, 351 = FamRZ 2006, 683, 685 f.). Bei der Neuberechnung des der Beklagten zu 1 zustehenden nachehelichen Unterhalts wird das Berufungsgericht deswegen auch den Unterhaltsbedarf des in zweiter Ehe geborenen Kindes zu berücksichtigen haben.

(Zwischen Ehegattenunterhalt und vorrangigem Kindesunterhalt ist ein ausgewogenes Verhältnis herzustellen. Dazu eignen sich die Bedarfskontrollbeträge.)

h   bb) Bei der Bemessung des Unterhaltsbedarfs nach den ehelichen Lebensverhältnissen hat das Berufungsgericht wiederum zu Recht den vollen Unterhaltsbedarf der Kinder des Klägers berücksichtigt. Daran hat sich auch durch das zum 1. Januar 2008 in Kraft getretene Gesetz zur Änderung des Unterhaltsrechts vom 21. Dezember 2007 nichts geändert. Denn mit dem nunmehr in § 1609 BGB geschaffenen Vorrang des Unterhalts minderjähriger und privilegierter volljähriger Kinder ist insoweit keine Änderung der früheren Rechtslage verbunden. Die Vorschrift des § 1609 BGB beschränkt sich auf die Regelung der Rangfolgen mehrerer Unterhaltsberechtigter, betrifft also die Leistungsfähigkeit. Auf die Höhe des Unterhaltsbedarfs hat diese Vorschrift hingegen keine Auswirkung. Soweit der Unterhaltsanspruch von Kindern ohne eigene Lebensstellung mit Ansprüchen anderer Unterhaltsberechtigter, wie Unterhaltsansprüchen getrennt lebender oder geschiedener Ehegatten oder Ansprüchen nach § 1615l BGB, konkurriert, kann eine ausgewogene Verteilung des Einkommens etwa mit Hilfe der Bedarfskontrollbeträge der Düsseldorfer Tabelle hergestellt werden (vgl. insoweit Klinkhammer FamRZ 2008, 193, 197 f.). Mit dem Vorrang des Unterhaltsanspruchs minderjähriger und privilegierter volljähriger Kinder haben derartige Korrekturen für die Bemessung eines ausgewogenen Unterhaltsbedarfs aller Berechtigten allerdings eine noch größere Bedeutung gewonnen.

(Bei Wiederverheiratung Pflichtiger wegen Ersparnis durch Zusammenleben Selbstbehalt herunterzusetzen; Höhe Selbstbehalt)

[52] 4. Im Ergebnis zu Recht hat das Berufungsgericht den dem Kläger zu belassenden Selbstbehalt **i** wegen des Zusammenlebens mit seinem neuen Ehegatten herabgesetzt. Die Bemessung des dem Unterhaltspflichtigen zu belassenden Selbstbehalts ist nach ständiger Rechtsprechung des Senats Aufgabe des Tatrichters. Dabei ist es ihm nicht verwehrt, sich an Erfahrungs- und Richtwerte anzulehnen, sofern nicht im Einzelfall besondere Umstände eine Abweichung gebieten (Senatsurteil FamRZ 2006, 683, 684). Der Tatrichter muss aber die gesetzlichen Wertungen und die Bedeutung des jeweiligen Unterhaltsanspruchs berücksichtigen.

[53] a) Nach ständiger Rechtsprechung des Senats muss dem Unterhaltspflichtigen jedenfalls der Betrag verbleiben, der seinen eigenen Lebensbedarf nach sozialhilferechtlichen Grundsätzen in der jeweiligen Lebenssituation sicherstellt. Eine Unterhaltspflicht besteht also nicht, soweit der Unterhaltsschuldner in Folge einer Unterhaltsleistung selbst sozialhilfebedürftig würde. Die finanzielle Leistungsfähigkeit endet spätestens dort, wo der Unterhaltspflichtige nicht mehr in der Lage ist, seine eigene Existenz zu sichern (BGH FamRZ 2006, 683, 684; vgl. dazu auch den 6. Existenzminimumbericht der Bundesregierung BT-Drucks. 16/3265).

[54] Ob und in welchem Umfang der dem Unterhaltsschuldner zu belassende Selbstbehalt über den jeweils regional maßgeblichen sozialhilferechtlichen Mindestbedarf hinausgehen kann, haben die Gerichte unter Berücksichtigung der gesetzlichen Vorgaben zu bestimmen, die sich insbesondere aus der Bedeutung und Ausgestaltung des jeweiligen Unterhaltsanspruchs und seiner Rangfolge im Verhältnis zu anderen Unterhaltsansprüchen ergeben. Für den Unterhaltsanspruch minderjähriger – wie der Beklagten zu 2 oder des weiteren Kindes des Klägers – oder privilegierter volljähriger Kinder ist nach ständiger Rechtsprechung deswegen von einem nur wenig über dem Sozialhilfebedarf der Beklagten zu 1 auf nachehelichen Ehegattenunterhalt der Ehegattenselbstbehalt (BGH FamRZ 2006, 683, 684) zu beachten ist.

[55] b) Der notwendige Selbstbehalt gegenüber den Unterhaltsansprüchen minderjähriger und privilegierter volljähriger Kinder kann entgegen der Auffassung des Berufungsgerichts allerdings schon dann bis auf den jeweils konkret maßgeblichen Sozialhilfesatz herabgesetzt werden, wenn der Unterhaltsschuldner in einer neuen Lebensgemeinschaft wohnt und dadurch Kosten der gemeinsamen Haushaltsführung erspart (Senatsurteil vom 9. Januar 2008 – XII ZR 170/05 – NJW 2008, 1373). Ist der Unterhaltsschuldner – wie hier – verheiratet, muss zusätzlich berücksichtigt werden, dass der Unterhaltsschuldner und der neue Ehegatte nach § 1360 a BGB einander zum Familienunterhalt verpflichtet sind. Wechselseitig erbrachte Leistungen erfolgen deswegen auf dieser rechtlichen Grundlage und nicht als freiwillige Leistungen Dritter.

[56] Zu Recht sehen die Leitlinien des Berufungsgerichts deswegen vor, dass der jeweilige Selbstbehalt beim Verwandtenunterhalt unterschritten werden kann, wenn der eigene Unterhalt des Pflichtigen ganz oder teilweise durch seinen Ehegatten gedeckt ist (FamRZ 2008, 231, 234 Ziff. 21.5.1) und dass der Bedarf des neuen Ehegatten bei Unterhaltsansprüchen nachrangiger geschiedener Ehegatten oder nachrangiger volljähriger Kinder lediglich mindestens 800 €beträgt und damit unter dem Ehegattenselbstbehalt liegt (FamRZ 2008, 231, 234 Ziff. 22.1). Das Berufungsgericht wird deswegen zu klären haben, ob das Einkommen der neuen Ehefrau des Klägers in ihrer Bedarfsgemeinschaft eine Höhe erreicht, die eine Ersparnis für den Kläger durch das gemeinsame Wirtschaften rechtfertigt.

(Mietfreies Wohnen im Haus des neuen Ehepartners beim Bedarf und bei der Leistungsfähigkeit zu berücksichtigen)

[57] c) Zu diesen allgemeinen Ersparnissen kommt hinzu, dass der Kläger mit seiner Familie in dem **j** Haus seiner neuen Ehefrau wohnt und diese ihm den Wohnvorteil nicht als freiwillige Leistung Dritter, sondern im Rahmen ihrer Pflicht zum Familienunterhalt nach § 1360 a BGB gewährt. Die Selbst-

behaltsätze der Leitlinien des Berufungsgerichts enthalten Kosten für Unterkunft und Heizung, die sich nach dem gegenwärtigen Stand beim notwendigen Selbstbehalt auf monatlich 360 € und beim Ehegattenselbstbehalt auf 400 € belaufen (vgl. die Leitlinien des Berufungsgerichts FamRZ 2008, 231, 233 Ziff. 21.2 und 21.4). Im Gegensatz dazu wohnt der Kläger mietfrei, was auch im Rahmen des Selbstbehalts unterhaltsrechtlich zu berücksichtigen ist.

Zwar sind die ersparten Mietkosten nach ständiger Rechtsprechung des Senats auch schon bei der Bemessung des Unterhaltsbedarfs zu berücksichtigen (vgl. zuletzt Senat FamRZ 2007, 879, 880 f.). Denn es handelt sich dabei um Gebrauchsvorteile im Sinne des § 100 BGB, die schon das verfügbare Einkommen entsprechend erhöhen. Dieser Umstand steht einer weiteren Berücksichtigung im Rahmen der Leistungsfähigkeit aber nicht entgegen.

(Keine grobe Unbilligkeit bei verspäteter Mitteilung einer Einkommensveränderung in der 1. Instanz durch Offenbarung in der Berufungsbegründung)

k   [59] 5. Soweit das Berufungsgericht eine Verwirkung des Unterhaltsanspruchs der Beklagten zu 1 verneint hat, ist dies aus revisionsrechtlicher Sicht nicht zu beanstanden. Nach ständiger Rechtsprechung des Senats setzt die Verwirkung eines Unterhaltsanspruchs nach § 1579 BGB neben der Feststellung eines Härtegrundes aus Ziff. 1 bis 8 dieser Vorschrift stets eine grobe Unbilligkeit der Inanspruchnahme des Unterhaltpflichtigen voraus (Senatsurteil FamRZ 2004, 612, 614). Das hat das Oberlandesgericht in seiner tatrichterlichen Verantwortung in revisionsrechtlich unbedenklicher Weise verneint.

Zwar war die Beklagte zu 1 im letzten Verhandlungstermin vor dem Amtsgericht am 2. März 2005 auch persönlich erschienen und hatte die Aufnahme ihrer Berufstätigkeit ab März 2005 nicht offenbart. Deswegen hat das Amtsgericht ihr auch nicht die damals tatsächlich erzielten 630 € monatlich zurechnen können, sondern lediglich ein fiktiv erzielbares Nettoeinkommen von 564 €. Schon in der Berufungsbegründung hat die Beklagte zu 1 dieses Versäumnis aber unaufgefordert klargestellt, was einen Schaden des Klägers verhindert hat. Unter Berücksichtigung der sehr engen finanziellen Verhältnisse der Beklagten zu 1 hat das Berufungsgericht deswegen zu Recht eine „grobe" Unbilligkeit verneint.

(Rückzahlung überzahlten Unterhalts; Entreicherung)

l   [61] 6. Im Grundsatz zu Recht hat das Berufungsgericht nur die Beklagte zu 1 zur Rückzahlung überzahlten Unterhalts verurteilt. Zutreffend hat es auch keine Bedenken dagegen erhoben, dass der Kläger seine Anträge auf Abänderung des Unterhaltsvergleichs und der Jugendamtsurkunden im Wege der Klagehäufung mit einer Klage auf Rückforderung überzahlten Unterhalts verbunden hat (vgl. Wendl/Gerhardt 6. Aufl. § 6 Rdn. 221).

[62] a) Zu Recht hat das Berufungsgericht eine Rückzahlung der vor Rechtshängigkeit der Klage geleisteten Unterhaltszahlungen abgelehnt. Denn insoweit können die Beklagten als Unterhaltsgläubiger sich gegenüber dem bereicherungsrechtlichen Anspruch nach § 818 Abs. 3 BGB auf den Wegfall der Bereicherung berufen. Diese Vorschrift dient dem Schutz des gutgläubig Bereicherten, der das rechtsgrundlos Empfangene im Vertrauen auf das Fortbestehen des Rechtsgrundes verbraucht hat und daher nicht über den Betrag der bestehen gebliebenen Bereicherung hinaus zur Herausgabe oder zum Wertersatz verpflichtet werden soll. Bei der Überzahlung von Unterhalt kommt es daher darauf an, ob der Empfänger die Beträge restlos für seinen Lebensbedarf verbraucht oder sich noch in seinem Vermögen vorhandene Werte – auch in Form anderweitiger Ersparnisse, Anschaffungen oder Tilgung eigener Schulden – verschafft hat (Senatsurteile FamRZ 1992, 1152, 1153 f. und FamRZ 2000, 751).

(Verschärfte Haftung nach § 818 IV BGB)

m   [63] b) Vom Eintritt der Rechtshängigkeit der Rückforderungsklage an kann sich der Empfänger einer rechtsgrundlos erbrachten Leistung nach § 818 Abs. 4 BGB allerdings nicht mehr auf den Wegfall der Bereicherung berufen, sondern haftet nach allgemeinen Vorschriften (Senatsurteile FamRZ 1992, 1152, 1154 und FamRZ 1998, 951).

(Berücksichtigung steuerlicher Freibeträge bei Geburt weiterer Kinder in neuer Ehe)

n   [71] Denn das Berufungsgericht hat bei der Ermittlung des unterhaltsrelevanten Einkommens des Klägers dessen höheren Freibetrag nach der Geburt des weiteren Kindes in neuer Ehe nicht berücksichtigt. Falls sich dies hier im Ergebnis auswirken würde, widerspräche das der neueren Rechtsprechung des Senats. Der Freibetrag in Höhe von 1824 € für das sächliche Existenzminimum des Kindes (Kinderfreibetrag) sowie ein weiterer Freibetrag in Höhe von 1080 € für den Betreuungs- und Erziehungs- oder Ausbildungsbedarf des Kindes werden nämlich für jedes zu berücksichtigende Kind des Steuerpflichtigen gewährt (§ 32 Abs. 6 Satz 1 EStG). Die Berücksichtigung eines Kindes für einen Kinderfreibetrag setzt – außer bei Pflegekindern – grundsätzlich nicht voraus, dass der Steuerpflichtige das Kind in seinen Haushalt aufgenommen oder unterhalten hat. Da diese Freibeträge mithin unabhängig von einer Ehe der Eltern und sogar unabhängig von deren Zusammenleben eingeräumt werden, brauchen sie nicht der bestehenden Ehe vorbehalten zu werden.

[72] Anders zu beurteilen sind lediglich die auf § 32 Abs. 6 Satz 2 EStG beruhenden Freibeträge. Nach dieser Bestimmung verdoppeln sich die vorgenannten Beträge, wenn die Ehegatten – wie hier – nach den §§ 26, 26 b EStG zusammen zur Einkommensteuer veranlagt werden und das Kind zu beiden Ehegatten in einem Kindschaftsverhältnis steht. Die Verdoppelung setzt mithin das Bestehen einer Ehe sowie das nicht dauernde Getrenntleben der Ehegatten voraus, so dass auf jeden Ehegatten ein Freibetrag in Höhe von insgesamt 2904 € entfällt. Nur der aus § 32 Abs. 6 Satz 2 EStG folgende – und damit der Ehefrau des Klägers zukommende – Steuervorteil muss deshalb der bestehenden Ehe vorbehalten werden und kann nicht der geschiedenen Ehe zugute kommen (Senatsurteil FamRZ 2007, 882, 885 f.).

BGH v. 20. 2. 2008 – XII ZR 101/05 – FamRZ 2008, 872 = NJW 2008, 1525

(Abänderungsklage des Unterhaltsschuldners nach Verurteilung zu Unterhaltszahlungen auf der Grundlage **R690** *fiktiver Verhältnisse)*

1. Zutreffend ist das Berufungsgericht allerdings davon ausgegangen, dass das Abänderungsbegehren **a** des Klägers gegen das Urteil des Amtsgerichts vom 13. März 2001 zu richten ist. Nach der Rechtsprechung des Senats kann § 323 ZPO auch bei klageabweisenden Urteilen zur Anwendung kommen, wenn diese – im Rahmen der Überprüfung der ursprünglichen Prognose – die künftige Entwicklung der Verhältnisse vorausschauend berücksichtigen. Eine spätere Abänderungsklage stellt dann abermals die Geltendmachung einer von der (letzten) Prognose abweichenden Entwicklung der Verhältnisse dar, für die das Gesetz die Abänderungsklage vorsieht, um die (erneute) Anpassung an die veränderten Urteilsgrundlagen zu ermöglichen (vgl. Senatsurteil vom 28. März 2007 – XII ZR 163/04 – FamRZ 2007, 983, 984).

Das Urteil des Amtsgerichts vom 13. März 2001 geht davon aus, der Kläger sei weiterhin im Umfang des vereinbarten Kindesunterhalts unterhaltspflichtig, weil er sich sein früheres Einkommen nunmehr fiktiv zurechnen lassen müsse. Es beruht damit auf einer Prognose der künftigen Entwicklung und stellt den Rechtszustand auch für die Zukunft fest. Da der Kläger die Korrektur dieser Prognose begehrt, steht die Abänderung der Entscheidung vom 13. März 2001 in Frage.

(Zulässigkeit der Abänderungsklage nur bei prognosebezogenen Darlegungen zu den jeweiligen fiktiven Verhältnissen)

2. Nach § 323 Abs. 1 ZPO kommt es hierfür auf die Änderung derjenigen Verhältnisse an, die für **b** die Verurteilung zur Entrichtung der Leistung sowie für ihre Höhe und Dauer maßgebend waren. Nach § 323 Abs. 2 ZPO ist die Klage nur insoweit zulässig, als die Gründe, auf die sie gestützt wird, erst nach dem Schluss der letzten mündlichen Verhandlung in dem vorausgegangenen Verfahren entstanden sind.

Für die Zulässigkeit der Abänderungsklage ist es erforderlich, dass der Kläger Tatsachen behauptet, die eine derartige Änderung ergeben.

a) Der Kläger hat nach den vom Berufungsgericht getroffenen Feststellungen geltend gemacht, seit März 2002 wieder einer Erwerbstätigkeit nachzugehen, jedoch nur ein monatliches Nettoeinkommen von 1499 € zu erzielen. Eine besser bezahlte Arbeitsstelle habe er trotz seiner Bemühungen, die er auch nach dem Beginn der Beschäftigung fortgesetzt habe, nicht zu finden vermocht. Es stellt sich deshalb die Frage, ob ihm die Abänderungsklage mit diesem Vorbringen eröffnet ist.

b) In Rechtsprechung und Schrifttum wird die Behandlung der Fälle, in denen fiktive Verhältnisse Grundlage der Abänderung sind, nicht einheitlich beantwortet. Insbesondere bereitet der Fall der fortdauernden Arbeitslosigkeit desjenigen Unterhaltsschuldners Probleme, dessen Leistungsfähigkeit fingiert wurde, indem ihm tatsächlich nicht erzielte Einkünfte wegen Verletzung seiner Erwerbsobliegenheit zugerechnet wurden. Hat er sich anschließend hinreichend, aber erfolglos um eine neue Beschäftigung bemüht, so steht ihm nach allgemeiner Meinung die Abänderungsklage offen (OLG Karlsruhe FamRZ 1983, 931, 932; KG FamRZ 1984, 1245 f.; OLG Hamm FamRZ 1995, 1217; *Soyka,* Die Abänderungsklage im Unterhaltsrecht Rdn. 83; *Wendl/Thalmann,* 6. Aufl. § 8 Rdn. 158 c; *Göppinger/Vogel* Unterhaltsrecht 8. Aufl. Rdn. 2404; *Kalthoener/Büttner/Niepmann,* 10. Aufl. Rdn. 729 ff.; *Gerhardt* in: Handbuch des Fachanwalts für Familienrecht 6. Aufl. 6. Kap. Rdn. 651; differenzierend *Johannsen/Henrich/Brudermüller,* Eherecht 4. Aufl. § 323 ZPO Rdn. 71; *Graba* FamRZ 2002, 6, 10 f.; *Schwab/Maurer/Borth* Handbuch des Scheidungsrechts 5. Aufl. Kap. I Rdn. 1031; MünchKommZPO/*Gottwald* 3. Aufl. § 323 Rdn. 81). Insoweit wird ausgeführt, bei einer fingierten Leistungsfähigkeit, die darauf beruhe, dass der Unterhaltspflichtige einer Erwerbsobliegenheit nicht nachkomme oder seine Arbeitsstelle mutwillig aufgebe und dadurch arbeitslos werde, könne seine zeitlich unbegrenzte Leistungsfähigkeit nicht unterstellt werden. Er könne nicht wegen eines einmal begangenen Fehlers für alle Zeit als leistungsfähig gelten. Denn es müsse immer mit gewissen Veränderungen im Arbeitsleben gerechnet werden, die dazu führen könnten, dass der Arbeitnehmer seinen Arbeitsplatz verliere, oder Gründe einträten, die ihn im Verhältnis zu dem Unterhaltsgläubiger zur Aufgabe der Arbeitsstelle berechtigten. Einem Unterhaltspflichtigen müsse daher nach einer gewissen Übergangszeit die Möglichkeit eingeräumt werden, darzutun und zu beweisen, dass er sich nach Kräften um eine angemessene Arbeitsstelle bemüht, seinen Fehler also wieder gutzumachen versucht habe, seine Bemühungen aber trotz aller Anstrengungen erfolglos geblieben seien.

Hinsichtlich der dogmatischen Behandlung dieser Fälle werden unterschiedliche Auffassungen vertreten. Teilweise wird nur eine Annexkorrektur im Rahmen einer aus anderen Gründen eröffneten Abänderungsklage für zulässig gehalten, teilweise wird § 323 Abs. 2 ZPO einschränkend angewandt, um die Prognose entsprechend den aktuellen Verhältnissen zu korrigieren (vgl. hierzu im Einzelnen *Johannsen/Henrich/Brudermüller* Eherecht 4. Aufl. § 323 ZPO Rdn. 71; *Graba,* FamRZ 2002, 6, 11).

c) Der Senat ist der Auffassung, dass die unterschiedlichen Fallgestaltungen der fingierten Leistungsfähigkeit eines Unterhaltsschuldners aufgrund einer Verletzung seiner Erwerbsobliegenheit einer differenzierten Beurteilung bedürfen. Denn es besteht ein entscheidender Unterschied zwischen dem Fall, in dem der Unterhaltspflichtige zunächst schuldlos seine Arbeitsstelle verliert und sich danach nicht in ausreichendem Maß um eine neue Arbeit bemüht, so dass ihm nunmehr fiktiv ein erzielbares Einkommen – gegebenenfalls entsprechend jetzt schlechterer Verhältnisse auf dem Arbeitsmarkt – zugerechnet wird, und jenem Fall, in dem er – wie hier – mutwillig einen gut bezahlten sicheren Arbeitsplatz aufgibt und deshalb fiktiv so behandelt wird, als ob er noch die frühere Arbeitsstelle mit dem dabei erzielten Einkommen habe. In dem letzteren Fall ist eine Abänderung des auf fiktiver Grundlage ergangenen Urteils nur dann zulässig, wenn er geltend macht, dass er die frühere Arbeitsstelle in der Zwischenzeit ohnehin verloren hätte, etwa weil er den Anforderungen aus gesundheitlichen Gründen nicht mehr gewachsen gewesen oder Personal abgebaut worden und er hiervon betroffen gewesen wäre (vgl. auch *Graba* FamRZ 2002, 6, 10). Es reicht dagegen nicht aus, wenn er vorträgt, inzwischen wieder einer Erwerbstätigkeit nachzugehen, mit ihr aber das frühere Einkommen nicht erzielen zu können. Denn er muss darlegen, dass die der Verurteilung zugrunde liegende Prognose aufgrund einer Veränderung der Verhältnisse nicht mehr gerechtfertigt ist. Die Prognose geht in Fällen der mutwilligen Aufgabe des Arbeitsplatzes aber regelmäßig dahin, dass der Unterhaltsschuldner ohne das ihm vorzuwerfende Verhalten weiterhin über seinen früheren Arbeitsplatz und das frühere Einkommen verfügen würde. Eine zeitliche Komponente derart, dass eine solche Prognose nur für einen bestimmten Zeitraum Geltung beansprucht, wie es das Oberlandesgericht meint, ist einer Verurteilung auf fiktiver Grundlage nicht immanent, es sei denn, das Gericht hätte eine ausdrückliche Einschränkung dieser Art gemacht.

(Verfassungsrechtliche Grenzen der Fortschreibung fiktiver Verhältnisse)

c   d) An dieser Betrachtungsweise sieht sich der Senat nicht aus verfassungsrechtlichen Gründen gehindert. Ausprägung des Grundsatzes der Verhältnismäßigkeit im Recht des Verwandtenunterhalts ist § 1603 Abs. 1 BGB, nach dem nicht unterhaltspflichtig ist, wer bei Berücksichtigung seiner sonstigen Verpflichtungen außerstande ist, ohne Gefährdung seines angemessenen Unterhalts den Unterhalt zu gewähren. Eltern, die sich in dieser Lage befinden, sind gemäß § 1603 Abs. 2 BGB ihren minderjährigen und privilegierten volljährigen unverheirateten Kindern gegenüber aber verpflichtet, alle verfügbaren Mittel zu ihrem und der Kinder Unterhalt gleichmäßig zu verwenden. Hieraus sowie aus Art. 6 Abs. 2 GG folgt auch die Verpflichtung der Eltern zum Einsatz der eigenen Arbeitskraft. Daher ist es verfassungsrechtlich nicht zu beanstanden, dass nicht nur die tatsächlichen, sondern auch die fiktiv erzielbaren Einkünfte berücksichtigt werden, wenn der Unterhaltsverpflichtete eine ihm mögliche und zumutbare Erwerbstätigkeit unterlässt, obwohl er diese bei gutem Willen ausüben könnte. Grundvoraussetzung eines jeden Unterhaltsanspruchs bleibt allerdings die Leistungsfähigkeit des Unterhaltsverpflichteten. Überschreitet der ausgeurteilte Unterhalt die Grenze des Zumutbaren, ist die Beschränkung der Dispositionsfreiheit des Verpflichteten im finanziellen Bereich als Folge der Unterhaltsansprüche des Bedürftigen nicht mehr Bestandteil der verfassungsmäßigen Ordnung und kann vor dem Grundrecht des Art. 2 Abs. 1 GG nicht bestehen (vgl. BVerfG FamRZ 2007, 273, 274). Ob dies uneingeschränkt auch für den Fall mutwilliger Arbeitsplatzaufgabe gilt, kann hier dahinstehen.

In einem Fall wie dem vorliegenden wird jedenfalls die Grenze des Zumutbaren schon deswegen nicht überschritten, weil ein Abänderungsbegehren nur nach den vorstehend aufgezeigten Maßgaben für zulässig erachtet wird. Das dem Unterhaltsschuldner fiktiv zugerechnete Einkommen war für ihn erzielbar und hätte – unveränderte Umstände unterstellt – ohne sein vorwerfbares Verhalten auch weiterhin erzielt werden können. Bei dieser Fallgestaltung gebietet es der Schutz der Unterhaltsberechtigten, den Unterhaltsschuldner an den fortwirkenden Folgen seines mutwilligen Verhaltens festzuhalten. Im Übrigen bleibt der Schutz des Unterhaltspflichtigen auch bei Berücksichtigung fiktiver Einkünfte durch seinen notwendigen Selbstbehalt gewährleistet der den eigenen Sozialhilfebedarf nicht unterschreiten darf (Senatsurteile BGHZ 166, 351, 356 = FamRZ 2006, 683, 684 und vom 9. Januar 2008 – XII ZR 170/05 – zur Veröffentlichung bestimmt). Einen weiteren Schutz gegenüber überzogenen Unterhaltsforderungen genießt der Unterhaltsschuldner auch durch die Pfändungsfreigrenzen des § 850 d ZPO. Der Beschränkung seiner Dispositionsfreiheit im finanziellen Bereich kann er schließlich durch die Einleitung eines Verbraucherinsolvenzverfahrens bezüglich der Unterhaltsrückstände entgegenwirken, wozu ihn nach der Rechtsprechung des Senats wegen seiner gesteigerten Unterhaltspflicht gegenüber minderjährigen und privilegierten volljährigen Kindern sogar eine Obliegenheit treffen kann (vgl. hierzu Senatsurteile BGHZ 162, 234 ff. = FamRZ 2005, 605 ff., vom 31. Oktober 2007 – XII ZR 112/05 – FamRZ 2008, 137 und vom 12. Dezember 2007 – XII ZR 23/06 – zur Veröffentlichung vorgesehen).

(Einkommensfiktion bei mutwilliger Arbeitsaufgabe; Hinweis auf Kurzarbeit oder Verschlechterung des Gesundheitszustandes zulässiger Abänderungsgrund)

3. Der Vortrag, den das Berufungsgericht seiner Entscheidung zugrunde gelegt hat, genügt danach **d** nicht, um dem Kläger die Abänderungsklage zu eröffnen. Das Urteil des Amtsgerichts vom 13. März 2001 ist ausdrücklich darauf gestützt worden, dass er seinen Arbeitsplatz aufgegeben habe, um sich der Unterhaltspflicht zu entziehen; wenn er in Kenntnis seiner Unterhaltspflicht und angesichts der bekannt schwierigen Situation auf dem Arbeitsmarkt mutwillig seine Arbeitsstelle aufgebe, müsse er im bisherigen Umfang als leistungsfähig angesehen werden. Dieser Fiktion liegt die Prognose zugrunde, dass der Unterhaltspflichtige ohne die unterhaltsrechtlich vorwerfbare Aufgabe seiner Arbeitsstelle weiter zu gleichen Bedingungen beschäftigt wäre. Mit Rücksicht auf diese Prognose ist eine Abänderungsklage nur dann zulässig, wenn der Kläger geltend macht, dass er die frühere Arbeitsstelle ohnehin verloren hätte, oder sein Einkommen daraus aus anderen Gründen (z. B. Kurzarbeit) zurückgegangen wäre, er mithin einen von dieser Prognose abweichenden Verlauf behauptet (vgl. Senatsurteil vom 18. März 1992 – XII ZR 24/91 – NJW-RR 1992, 1091, 1092).

4. Nach dem im Berufungsurteil in Bezug genommenen Klagevorbringen hat der Kläger allerdings auch behauptet, aufgrund der seit der vorausgegangenen Entscheidung fortschreitenden Verschlechterung seines Gesundheitszustands zu der früheren, in drei Schichten zu verrichtenden Tätigkeit nicht mehr in der Lage zu sein. Die bereits früher diagnostizierte Coxarthrose, an der er unter anderem leide, habe sich wesentlich verschlimmert, weshalb ihm ein Grad der Behinderung von 50% zuerkannt worden sei.

Damit stützt der Kläger sich auf eine nach Schluss der mündlichen Verhandlung in dem vorausgegangenen Rechtsstreit eingetretene Änderung der Verhältnisse, die – ihre Richtigkeit unterstellt – zu einer Korrektur der damaligen Prognose veranlassen und zu einer Anpassung des Unterhalts an die veränderten Verhältnisse führen würde. Mit dieser Begründung ist dem Kläger die Abänderungsklage deshalb eröffnet.

BGH v. 5. 3. 2008 – XII ZR 150/05 – FamRZ 08, 1152 = FPR 08, 299

(Bisheriger Streitstand zur Einordnung von Kindergartenkosten)   **R691**

Das Oberlandesgericht Hamburg (DAVorm 1998, 710, 711) geht – ohne zwischen halb- oder **a** ganztägigem Kindergartenbesuch zu differenzieren – von einem Bedarf des Kindes aus, wenn der betreuende Elternteil kein Einkommen erzielt. Ist dieser erwerbstätig, so seien die Kosten als berufsbedingte Aufwendungen von dessen Einkommen abzuziehen, minderten also sein unterhaltsrechtlich zu berücksichtigendes Einkommen (ebenso Schwab/Borth Handbuch des Scheidungsrechts 5. Aufl. Kap. V Rdn. 67; vgl. auch Spangenberg FamRZ 2007, 1022 f., der eine wahlweise Geltendmachung als Bedarf des Kindes oder des betreuenden Elternteils für möglich hält).

Überwiegend wird demgegenüber angenommen, die Kosten für den halbtägigen Besuch des Kindergartens stellten einen Bedarf des Kindes dar (KG FamRZ 2007, 2100, 2101; OLG Stuttgart FamRZ 2007, 150, 151 und FamRZ 2004, 1129; OLG Celle FamRZ 2003, 323 [LS]; OLG Bamberg FF 2000, 142; Scholz FamRZ 2006, 737, 740; Wendl/Scholz Das Unterhaltsrecht in der familienrichterlichen Praxis 6. Aufl. § 2 Rdn. 275; Staudinger/Engler/Kaiser BGB [2000] § 1610 Rdn. 68; Kalthoener/Büttner/Niepmann Die Rechtsprechung zur Höhe des Unterhalts 10. Aufl. Rdn. 350; Menne ZKJ 2006, 298), wobei teilweise zusätzlich gefordert wird, dass der Kindergartenbesuch allein aus pädagogischen Gründen erfolge und nicht, um dem betreuenden Elternteil eine Erwerbstätigkeit zu ermöglichen (OLG München OLGR 1993, 154; OLG Zweibrücken OLGR 2002, 230).

Zum anderen wird vertreten, die Kosten eines ganztägigen Kindergartenbesuchs könnten nicht als Bedarf des Kindes geltend gemacht werden, sondern seien allein im Rahmen des Ehegattenunterhalts zu berücksichtigen (OLG Frankfurt FamRZ 2007, 1353, 1354). Dies müsse jedenfalls mit Rücksicht auf die erweiterte Erwerbsobliegenheit eines Ehegatten nach der Neufassung des § 1570 BGB durch das zum 1. Januar 2008 in Kraft getretene Gesetz zur änderung des Unterhaltsrechts vom 9. November 2007 (BGBl. I 3189) gelten (Gerhardt in FA-FamR 6. Aufl. 6. Kap. Rdn. 153; Viefhues juris PR-FamR 15/2007 Anm. 4; Hollinger in juris Konkret Das neue Unterhaltsrecht § 1570 Rdn. 73).

Schließlich wird angenommen, die Kosten für den Kindergarten seien unabhängig davon, ob dieser ganztägig oder lediglich halbtägig besucht werde, wegen der von solchen Einrichtungen übernommenen pädagogischen und bildungsmäßigen Aufgaben als Bedarf des Kindes zu qualifizieren (Maurer FamRZ 2006, 663, 665 ff.; vgl. auch Eschenbruch/Klinkhammer/Wohlgemuth Der Unterhaltsprozess 4. Aufl. Rdn. 3043).

(Die für den Kindergartenbesuch anfallenden Kosten sind unabhängig davon, ob die Einrichtung halb- oder ganztags besucht wird, zum Bedarf eines Kindes zu rechnen.)

b   3. Der Senat, der diese Frage bisher nicht zu entscheiden brauchte, vertritt die Auffassung, dass die für den Kindergartenbesuch anfallenden Kosten, und zwar gleichgültig, ob die Einrichtung halb- oder ganztags besucht wird, zum Bedarf eines Kindes zu rechnen sind und grundsätzlich keine berufsbedingten Aufwendungen des betreuenden Elternteils darstellen.

a) Zwar hat der Senat Kosten, die einem erwerbstätigen Ehegatten für die Fremdbetreuung des bei ihm lebenden Kindes notwendigerweise entstehen, als mit der Erwerbstätigkeit verbundenen Aufwand angesehen (vgl. etwa Senatsurteil vom 29. November 2000 – XII ZR 212/98 – FamRZ 2001, 350, 352). Dies bezog sich indes auf Fälle, in denen der erwerbstätige Ehegatte, der für den Bar- und Betreuungsunterhalt der bei ihm lebenden Kinder aufkam und für deren zeitweise Fremdbetreuung Aufwendungen hatte, zugleich von dem anderen Ehegatten auf Unterhalt in Anspruch genommen wurde. Hierbei ging es um die Frage der Berechnung seines unterhaltsrelevanten Einkommens, also ob und in welcher Höhe sein – überobligationsmäßig erzieltes – Einkommen für den Ehegattenunterhalt heranzuziehen war und ob die Fremdbetreuungskosten von seinem Einkommen vorweg abzuziehen waren. Das betrifft nur das Unterhaltsrechtsverhältnis der Ehegatten zueinander und lässt den Unterhaltsbedarf des Kindes unberührt.

(Wenn Aufwendungen in erster Linie erzieherischen Zwecken dienen, wie es bei denjenigen für den Kindergartenbesuch der Fall ist, bestimmen sie jedenfalls den Bedarf des Kindes und nicht denjenigen des betreuenden Elternteils.)

c   b) Dass die mit einer Fremdbetreuung verbundenen Kosten berufsbedingte Aufwendungen des betreuenden Elternteils darstellen, kann aber nicht in allen Fällen angenommen werden. Vielmehr ist insofern eine differenzierte Betrachtungsweise geboten, die darauf Bedacht zu nehmen hat, dass der Unterhaltsbedarf eines Kindes dessen gesamten Lebensbedarf einschließlich der Kosten der Erziehung umfasst (§ 1610 Abs. 2 BGB). Wenn Aufwendungen in erster Linie erzieherischen Zwecken dienen, wie es bei denjenigen für den Kindergartenbesuch der Fall ist, bestimmen sie jedenfalls den Bedarf des Kindes und nicht denjenigen des betreuenden Elternteils.

[20] Durch die Kindergartenbetreuung soll ein Kind Förderung in seiner Entwicklung erfahren und den Eltern zugleich Hilfe bei der Erziehung zuteil werden. Diese Zielsetzung kommt auch in den Kindergartengesetzen der Länder zum Ausdruck. So heißt es etwa in Art. 13 des hier relevanten Bayerischen Kinderbildungs- und -betreuungsgesetzes vom 8. Juli 2005 (GVBl. S. 236 ff.): „Das pädagogische Personal . . . hat die Kinder in ihrer Entwicklung zu eigenverantwortlichen und gemeinschaftsfähigen Persönlichkeiten zu unterstützen mit dem Ziel, zusammen mit den Eltern die hierzu notwendigen Basiskompetenzen zu vermitteln. Dazu zählen beispielsweise positives Selbstwertgefühl, Problemlösefähigkeit, lernmethodische Kompetenz, Verantwortungsübernahme sowie Kooperations- und Kommunikationsfähigkeit. Das pädagogische Personal hat . . . die Kinder ganzheitlich zu bilden und zu erziehen und auf deren Integrationsfähigkeit hinzuwirken. Der Entwicklungsverlauf des Kindes ist zu beachten." Nach Art. 15 Abs. 2 des Gesetzes haben die Kindertageseinrichtungen mit Kindern ab Vollendung des 3. Lebensjahres im Rahmen ihres eigenständigen Bildungs- und Erziehungsauftrags mit der Grund- und Förderschule zusammenzuarbeiten. Sie haben die Aufgabe, Kinder, deren Einschulung ansteht, auf diesen Übergang vorzubereiten und hierbei zu begleiten. Vergleichbare Regelungen finden sich auch in den anderen Landesgesetzen, etwa in § 2 des Baden-Württembergischen Kinderbetreuungsgesetzes vom 9. April 2003 (GBl. S. 164 ff.). Nach § 22 Abs. 2 SGB VIII sollen Tageseinrichtungen für Kinder unter anderem die Entwicklung des Kindes zu einer eigenverantwortlichen und gemeinschaftsfähigen Persönlichkeit fördern und die Erziehung und Bildung in der Familie ergänzen.

Danach bietet der Kindergarten zum einen fürsorgende Betreuung mit dem Ziel einer Förderung sozialer Verhaltensweisen. Zum anderen stellt er zugleich eine Bildungseinrichtung im elementaren Bereich dar. Mit der Schaffung von Kindergärten gewährleistet der Staat Chancengleichheit im Bezug auf die Lebens- und Bildungsmöglichkeiten von Kindern und trägt damit sozialstaatlichen Belangen Rechnung (BVerfG FamRZ 1998, 887, 888 f.). Darüber hinaus wird in der aktuellen gesellschaftspolitischen Diskussion gerade unter Hinweis auf das Wächteramt des Staates zum Schutz des Kindeswohls (Art. 6 Abs. 2 Satz 2 GG) gefordert, dass Kinder Kindergärten oder vergleichbare Einrichtungen besuchen, damit sie selbst sowie die Eltern über das Erziehungsverhalten der Eltern einer Kontrolle unterliegen (vgl. KG FamRZ 2007, 2100, 2101). Nach alledem kann nicht bezweifelt werden, dass der Kindergartenbesuch dem Kindeswohl in maßgeblicher Weise dient. Ein Kind würde benachteiligt, wenn ihm die Möglichkeit, insofern Förderung in seiner Erziehung und Entwicklung zu erfahren, vorenthalten würde. Damit korrespondiert, dass ein Kind vom vollendeten 3. Lebensjahr an bis zum Schuleintritt

Anspruch auf den Besuch einer Tageseinrichtung hat. Die Träger der öffentlichen Jugendhilfe haben darauf hinzuwirken, dass für diese Altersgruppe ein bedarfsgerechtes Angebot an Ganztagsplätzen oder ergänzend Förderung in der Kindertagespflege zur Verfügung steht (§ 24 Abs. 1 SGB VIII). Dieser Anspruch dient in erster Linie dem Kind.

c) Bei dieser Sach- und Rechtslage stehen die erzieherischen Aufgaben des Kindergartens derart im Vordergrund, dass dem Gesichtspunkt der Ermöglichung einer Erwerbstätigkeit des betreffenden Elternteils nur untergeordnete Bedeutung, eher diejenige eines Nebeneffekts, zukommt. Deshalb müssen die durch den Kindergartenbesuch entstehenden Kosten als solche der Erziehung und damit als Bedarf des Kindes angesehen werden. Für die Beurteilung kann es auch nicht darauf ankommen, ob der Kindergarten halbtags, überhalbtags oder ganztags erfolgt. Denn die erzieherische Bedeutung ist davon unabhängig und in jedem Fall gegeben.

d) Abgesehen davon kann auch nur dann, wenn die entsprechenden Kosten dem Bedarf des Kindes zuzurechnen sind, gewährleistet werden, dass der betreuende Elternteil für einen hieraus folgenden Mehrbedarf des Kindes nicht allein aufzukommen braucht. Würden die Kosten demgegenüber als berufs-bedingte Aufwendungen behandelt, hinge die Beteiligung des barunterhaltspflichtigen Elternteils davon ab, ob der betreuende Elternteil überhaupt einen Unterhaltsanspruch hat. Dies wäre bei einem Ehegatten nach Wiederverheiratung oder Begründung einer Lebenspartnerschaft (§ 1586 Abs. 1 BGB) oder gege-benenfalls bei Verwirkung (§ 1579 BGB) nicht (mehr) der Fall. Denkbar ist auch, dass der Ehegatten-unterhalt wegen des nunmehr bestehenden Nachrangs (§ 1609 Nr. 2 BGB) nicht zum Tragen kommt. Die nichteheliche Mutter hat nach Ablauf von drei Jahren nach der Geburt des Kindes keinen Unterhalts-anspruch mehr, solange und soweit sich diese Frist nicht aus Billigkeitsgründen verlängert (§ 1615 l Abs. 2 bis 4 BGB n. F.; für die eheliche Mutter vgl. jetzt § 1570 Abs. 1 und 2 BGB n. F.). Ist sie – wie hier – vollschichtig erwerbstätig, wird ein Unterhaltsanspruch regelmäßig nicht in Betracht kommen mit der Folge, dass sie für ihren eigenen Unterhalt sorgen, das Kind betreuen und zusätzlich für die Kindergarten-kosten aufkommen muss, soweit diese nicht im Tabellenunterhalt enthalten sind. In der Begründung zum Unterhaltsrechtsänderungsgesetz wird indessen ausgeführt, die Kosten der Kinderbetreuung seien bei der Unterhaltsbemessung angemessen zu berücksichtigen (BT-Drucks. 16/1830 S. 17). Das ist über den Unterhaltsanspruch des betreuenden Elternteils jedoch nicht in allen Fällen möglich. Ein solches Ergebnis wäre deshalb weder angemessen (so auch Wellenhofer FamRZ 2007, 1282, 1284), noch mit der Ent-lastung des barunterhaltspflichtigen Ehegatten, die mit der durch das Unterhaltsrechtsänderungsgesetz verstärkten Eigenverantwortung des betreuenden Elternteils ohnehin schon einhergeht, zu vereinbaren.

(Kindergartenkosten stellen Mehrbedarf dar, an dem sich grundsätzlich auch der betreuende Elternteil zu beteiligen hat.)

4. a) Ob und gegebenenfalls inwieweit sich der barunterhaltspflichtige Elternteil an den Kinder-   **d**
gartenbeiträgen zu beteiligen hat, hängt allerdings auch von der Art des hierdurch begründeten Bedarfs ab. Kindergartenbeiträge können, schon da sie regelmäßig anfallen, keinen Sonderbedarf (§ 1613 Abs. 2 Nr. 1 BGB) darstellen. Als Mehrbedarf ist der Teil des Lebensbedarfs anzusehen, der regelmäßig während eines längeren Zeitraums anfällt und das Übliche derart übersteigt, dass er mit den Regelsätzen nicht erfasst werden kann, andererseits aber kalkulierbar ist und deshalb bei der Bemessung des laufenden Unterhalts berücksichtigt werden kann (Wendl/Scholz Das Unterhaltsrecht in der familien-richterlichen Praxis 6. Aufl. § 2 Rdn. 133; Maurer FamRZ 2006, 663, 667).

b) Hinsichtlich des Kindergartenbeitrags hat der Senat entschieden, dass der Beitrag für einen halbtägigen Kindergartenbesuch grundsätzlich keinen Mehrbedarf des Kindes begründet. Der halb-tägige Besuch des Kindergartens ist heutzutage die Regel, so dass es sich bei dem hierfür zu zahlenden Beitrag um Kosten handelt, die üblicherweise ab Vollendung des 3. Lebensjahres eines Kindes anfallen. Diese Kosten wurden durch die Sätze der damaligen Düsseldorfer Tabelle gedeckt, bei denen es sich um Pauschalen handelt, mit denen die durchschnittlichen, über einen längeren Zeitraum anfallenden Lebenshaltungskosten eines Kindes der betreffenden Altersstufe bestritten werden können. Der Tabel-lenbetrag der Gruppe 6 der Düsseldorfer Tabelle, bei dem das Existenzminimum eines Kindes als gesichert anzusehen war, schloss den Aufwand für den üblichen Kindergartenbesuch jedenfalls ein. In den niedrigeren Einkommensgruppen bewirkte die bis zum 31. Dezember 2007 unterbleibende Anrechnung des Kindergeldanteils gemäß § 1612 b Abs. 5 BGB a.F., dass die Lücken beim Kindes-unterhalt geschlossen wurden, weshalb auch dieses Kind faktisch über den gleichen Betrag wie in der Gruppe 6 verfügte (Senatsurteil vom 14. März 2007 – XII ZR 158/04 – FamRZ 2007, 882, 886).

(Bis etwa mtl. 50 € sind die Kindergartenkosten für den Halbtagskindergarten in den bis 31. 12. 2007 geltenden Zahlbeträgen ausgehend von von 135% des Regelbetrages – Einkommensgruppe 6 der Düsseldorfer Tabelle 2007 – enthalten. Das gilt ebenfalls für die nach § 36 Nr. 4 EGZPO ab 1. 1. 2008 fortgeschriebenen Zahlbeträge – Einkommensgruppe 1 der Düsseldorfer Tabelle 2008.)

c) An dieser Beurteilung, die sich auf sozialverträglich gestaltete Kindergartenbeträge bezieht, hält   **e**
der Senat für Fälle fest, in denen der nach der früheren Düsseldorfer Tabelle titulierte Unterhalt die

Kosten für den halbtägigen Kindergartenbesuch bis zu einer Höhe von etwa 50 monatlich umfasst. Sie kann im vorliegenden Fall auch für die Zeit ab 1. Januar 2008 Geltung beanspruchen. Denn durch die Übergangsregelung des § 36 Nr. 4 EGZPO ist der in § 1612 a BGB n. F. vorgesehene Mindestunterhalt angehoben worden. Ohne diese Anhebung hätte das Unterhaltsrechtsänderungsgesetz mit der Anknüpfung des Mindestunterhalts an den jeweiligen steuerlichen Freibetrag für das sächliche Existenzminimum zu niedrigeren Zahlbeträgen (West) geführt, als sie sich bislang aus den Regelbeträgen in Verbindung mit der eingeschränkten Kindergeldanrechnung gemäß § 1612 b Abs. 5 BGB a. F. ergeben haben. Die Regelung bewirkt unterhaltsrechtlich eine vorgezogene Anhebung des (seit 2003 unveränderten) sächlichen Existenzminimums (Klinkhammer FamRZ 2008, 193, 195). Sie führt im vorliegenden Fall zu einem unveränderten Zahlbetrag.

Der Beklagte, der sich zur Zahlung von 100 % des Regelbetrags verpflichtet hat, hatte unter Berücksichtigung der Regelung des § 1612 b Abs. 5 BGB zuletzt (bis zum 31. Dezember 2007) monatlichen Unterhalt für die Klägerin in Höhe von 196 zu entrichten (Regelbetrag: 202 × 135 % = 273 abzüglich hälftiges Kindergeld von 77). Die Berechnung nach der Übergangsregelung des Art. 36 Nr. 3 a EGZPO sichert diesen Zahlbetrag bei vorliegenden Titeln oder Unterhaltsvereinbarungen, aufgrund derer Unterhalt als Prozentsatz des jeweiligen Regelbetrags nach der Regelbetrag-VO zu leisten ist (vgl. die Berechnung von Vossenkämper FamRZ 2008, 201, 204), auch wenn das Kindergeld nunmehr gemäß § 1612 b BGB n. F. auf den Barbedarf hälftig anzurechnen ist. In diesem Zahlbetrag sind aber Kindergartenkosten bis zu einer Höhe von etwa 50 als üblicherweise anfallende Kosten enthalten.

(Über etwa 50 € hinausgehende Kindergartenkosten für den Halbtagskindergarten oder Kosten des darüber hinausgehenden Kindergartenbesuchs stellen sich nanhc derzeitiger Rechtslage – Übergangsbeträge nach § 36 Nr. 4 EGZPO – jedenfalls Mehrbedarf dar, für den die Eltern grundsätzlich anteilig haften.)

f b) Mehrbedarf stellen deshalb hier allein diejenigen Kosten dar, die den Aufwand für den halbtägigen Kindergartenbesuch bzw. einen Betrag von etwa 50 monatlich übersteigen. Insofern ist allerdings dem Grunde nach ein Anspruch der Klägerin gegeben, für den aber grundsätzlich nicht der baruntershaltspflichtige Elternteil allein, sondern beide Elternteile anteilig nach ihren Einkommensverhältnissen aufzukommen haben (vgl. hierzu etwa Wendl/Scholz Das Unterhaltsrecht in der familienrichterlichen Praxis 6. Aufl. § 2 Rdn. 136).

5. Das angefochtene Urteil kann danach keinen Bestand haben. Dem Senat ist es nicht möglich, in der Sache abschließend zu entscheiden, da das Berufungsgericht – von seinem Standpunkt aus folgerichtig – keine Feststellungen zur Leistungsfähigkeit des Beklagten und zu einer etwaigen Beteiligungsquote der Mutter getroffen hat. Ebensowenig ist festgestellt, in welcher Höhe Kosten für einen halbtägigen Kindergartenbesuch anfallen würden, so dass auch eine teilweise Zurückweisung der Revision nicht in Betracht kommt.

BGH v. 5. 3. 2008 – XII ZR 22/06 – FamRZ 2008, 693 = NJW 2008, 1946

R692 *(Übertragung Hälfteanteil Familienheim an Ehepartner)*

a [12] a) Zutreffend und im Einklang mit der Rechtsprechung des Senats hat das Berufungsgericht auf Seiten des Beklagten den Wohnwert des gesamten Reihenhauses berücksichtigt, weil er bereits zu Beginn der Trennungszeit den ideellen Miteigentumsanteil der Klägerin erworben hatte.

[13] Zwar entfallen die Vorteile der mietfreien Nutzung der Ehewohnung, wenn diese im Zusammenhang mit der Scheidung veräußert wird. An ihre Stelle treten aber die Vorteile, die die Ehegatten in Form von Zinseinkünften aus dem Erlös ihrer Miteigentumsanteile ziehen oder ziehen könnten. Das gilt im Grundsatz auch dann, wenn die Ehewohnung nicht an Dritte veräußert wird, sondern ein Ehegatte seinen Miteigentumsanteil auf den anderen überträgt. Auch in einem solchen Fall tritt für den veräußernden Ehegatten der Zins aus dem Erlös als Surrogat an die Stelle der früheren Nutzungsvorteile seines Miteigentumsanteils. Für den übernehmenden Ehegatten verbleibt es hingegen grundsätzlich bei einem Wohnvorteil, und zwar nunmehr in Höhe des Wertes der gesamten Wohnung, gemindert um die unterhaltsrechtlich zu berücksichtigenden Belastungen, einschließlich der Belastungen durch den Erwerb des Miteigentumsanteils des anderen Ehegatten (Senatsurteile vom 1. Dezember 2004 – XII ZR 75/02 – FamRZ 2005, 1159, 1161 und vom 11. Mai 2005 – XII ZR 211/02 –FamRZ 2005, 1817, 1820 f.).

(Angemessener Wohnwert in Trennungszeit nur, solange noch mit Wiederherstellung der ehelichen Lebensgemeinschaft gerechnet werden kann; ab endgültigem Scheitern der Ehe durch Zustellung Scheidungsantrag objektive Marktmiete als Wohnwert)

b [15] Zwar kommt der Wohnwert nach dem Auszug eines Ehegatten zunächst nicht mehr in vollem Umfang zum Tragen. Weil der in der Wohnung verbleibende Ehegatte nach ständiger Rechtsprechung des Senats noch nicht gehalten ist, die Wohnung sofort anderweit zu verwerten, ist der Wohnwert in

dieser Zeit nur noch in einer Höhe in Rechnung zu stellen, wie er sich als angemessene Wohnungsnutzung des in der Ehewohnung allein verbliebenen Ehegatten darstellt. Der Gebrauchswert der – für
den die Wohnung weiter nutzenden Ehegatten an sich zu großen – Wohnung ist deswegen regelmäßig
danach zu bestimmen, welchen Mietzins er auf dem örtlichen Wohnungsmarkt für eine dem ehelichen
Lebensstandard entsprechende angemessene kleinere Wohnung zahlen müsste (Senatsurteil vom
28. März 2007 – XII ZR 21/05 – FamRZ 2007, 879, 880 f.). Der volle Wohnwert kommt deswegen
regelmäßig erst dann zum Tragen, wenn nicht mehr mit einer Wiederherstellung der ehelichen
Lebensgemeinschaft zu rechnen ist und auch dem in der Wohnung verbliebenen Ehegatten eine
Verwertung zugemutet werden kann, etwa mit Zustellung des Scheidungsantrags.

*(Endgültiges Scheitern der Ehe auch, wenn in Trennungszeit Ehevertrag mit Übertragung Haushälfte geschlossen
wird)*

[16] In revisionsrechtlich nicht zu beanstandender Weise ist das Berufungsgericht allerdings davon   **c**
ausgegangen, dass im vorliegenden Fall die Berücksichtigung des vollen Wohnwerts schon seit der
Trennung der Parteien gerechtfertigt ist. Die Parteien streiten noch um Trennungsunterhalt für die Zeit
ab April 2005. Schon zuvor hatten sie mit der Trennung im Dezember 2004 einen notariellen
Ehevertrag geschlossen und darin ihre vermögensrechtlichen Ansprüche einschließlich der Auseinandersetzung des Miteigentums und der Ausgleichsansprüche abschließend geregelt. In einem solchen
Fall steht der Gesichtspunkt der Wiederherstellung der ehelichen Lebensgemeinschaft einer Berücksichtigung des vollen Wohnwerts nicht mehr entgegen. Das Berufungsgericht durfte dem Beklagten,
der das Alleineigentum an dem Reihenhaus erworben hat, deswegen den sich daraus ergebenden vollen
Wohnwert zurechnen.

*(In Trennungszeit zunächst Abzug von Zins und Tilgung der Hausschulden, wenn Ehepartner noch an
einseitiger Vermögensbildung durch Tilgung teilnimmt. Ab Rechtshängigkeit der Scheidung bei einseitiger Vermögensbildung nur nach Abzug Tilgung)*

[17] c) Nach ständiger Rechtsprechung des Senats sind von dem Wohnwert die mit dem Eigentums-   **d**
erwerb verbundenen Kosten abzusetzen, weil der Eigentümer nur in Höhe der Differenz günstiger lebt
als ein Mieter. Der Vorteil des mietfreien Wohnens ist während der Ehezeit sowohl durch die
verbrauchsunabhängigen Kosten als auch durch die gezahlten Zins- und Tilgungsleistungen geschmälert. Selbst wenn mit der Tilgung der Kredite stets eine Vermögensbildung verbunden ist, steht dies
zunächst einer Schmälerung des Wohnvorteils durch die tatsächlich geleisteten Zahlungen nicht entgegen, weil regelmäßig auch der andere Ehegatte über den Zugewinnausgleich von der Vermögensbildung profitiert.

[18] Erst wenn dies ausgeschlossen ist, betreibt der Eigentümer mit der Tilgung seiner Kredite eine
Vermögensbildung zu Lasten des Unterhaltsanspruchs des anderen Ehegatten. Dies hat den Senat in der
Vergangenheit veranlasst, zwischen dem Trennungsunterhalt und dem nachehelichen Ehegattenunterhalt zu differenzieren. Weil für die Trennungszeit wegen des sich erst aus der Zustellung des Scheidungsantrags ergebenden Endstichtags zunächst noch ein Zugewinnausgleich stattfindet, hat der Senat
im Rahmen des Trennungsunterhalts grundsätzlich neben den verbrauchsunabhängigen Grundstückskosten und den Zinsbelastungen auch die Tilgungsleistungen des Grundstückseigentümers berücksichtigt (Senatsurteil vom 28. März 2007 – XII ZR 21/05 – FamRZ 2007, 879, 881 f. m. w. N.).
Demgegenüber wird der Wertzuwachs für das im Eigentum eines geschiedenen Ehegatten stehende
Haus durch weitere Darlehenstilgung im Rahmen des nachehelichen Ehegattenunterhalts nicht mehr
ausgeglichen und kommt nur noch dem Eigentümer allein zugute. Nach ständiger Rechtsprechung des
Senats ist der Tilgungsanteil der Darlehensraten im Rahmen des nachehelichen Ehegattenunterhalts
grundsätzlich nicht mehr zu berücksichtigen, weil er zur einseitigen Vermögensbildung eines Ehegatten
führt (Senatsurteile vom 5. April 2000 – XII ZR 96/98 – FamRZ 2000, 950, 952 und vom
22. Oktober 1997 – XII ZR 12/96 – FamRZ 1998, 87, 88 f.). Spätestens dann sind dem objektiven
Mietwert bei der Bemessung des Unterhaltsbedarfs nach den ehelichen Lebensverhältnissen neben den
verbrauchsunabhängigenKosten grundsätzlich nur noch die Zahlungen für den Zinsaufwand gegenüber
zu stellen.

[19] In Fortführung dieser Rechtsprechung muss der Tilgungsanteil der Kreditraten stets dann
unberücksichtigt bleiben, wenn die damit einher gehende Vermögensbildung zu einer einseitigen
Belastung des Unterhaltsberechtigten führen würde, weil dieser von der mit der Tilgung einhergehen Vermögensbildung nicht mehr profitiert. Das wird regelmäßig der Fall sein, wenn bereits ein
Scheidungsantrag rechtshängig ist und ein künftiger Vermögenszuwachs wegen des Endstichtags nach
den §§ 1376 Abs. 2, 1384 BGB nicht mehr ausgeglichen wird.

(Bei Gütertrennung kein Abzug Tilgung ab Beginn Gütertrennung)

Gleiches gilt aber auch dann, wenn die Ehegatten Gütertrennung vereinbart haben und der Ver-   **e**
mögenszuwachs eines Ehegatten aus diesem Grund nicht (mehr) ausgeglichen wird. Für die Berück-

sichtigung des Tilgungsanteils kommt es deswegen allein darauf an, ob der andere Ehegatte im konkreten Einzelfall (noch) von der Vermögensbildung profitiert. Ist das nicht (mehr) der Fall, muss der Tilgungsanteil grundsätzlich als einseitige Vermögensbildung zu Lasten der Unterhaltsansprüche des anderen Ehegatten unberücksichtigt bleiben (vgl. auch FA-FamR/Gerhardt 6. Aufl. 6. Kapitel Rdn. 52 c).

[20] Im Einklang damit ist das Berufungsgericht hier zu Recht davon ausgegangen, dass wegen der ehevertraglich vereinbarten Gütertrennung grundsätzlich nur die verbrauchsunabhängigen Kosten und die Zinsbelastungen den Wohnwert reduzieren. Zutreffend hat das Berufungsgericht deswegen die Tilgung der Kredite nicht mehr bei der Bemessung des nach den Lebensverhältnissen angemessenen Unterhalts im Sinne von § 1361 BGB berücksichtigt.

(Abzug Tilgung zur einseitigen Vermögensbildung, wenn es sich um zulässige Altersvorsorge handelt)

f   [21] d) Abweichend von der Rechtsprechung des Senats und ohne nähere Begründung hat das Berufungsgericht den Tilgungsanteil der Kredite allerdings auch unter dem Gesichtspunkt der zusätzlichen Altersvorsorge unberücksichtigt gelassen.

[22] Der Senat geht in seiner neueren Rechtsprechung davon aus, dass der Lebensstandard im Alter nur dann zu sichern ist, wenn neben der primären Vorsorge – u. a. durch die gesetzliche Rentenversicherung – private Leistungen für eine zusätzliche Altersversorgung erbracht werden. Diese Notwendigkeit, für das Alter zusätzlich Vorsorge zu treffen, stellt sich letztlich für jeden, auch für den getrennt lebenden Ehegatten. Da eine angemessene Altersvorsorge nicht mehr allein durch die gesetzliche Rentenversicherung gewährleistet werden kann, muss dem Unterhaltsberechtigten und gleichermaßen dem Unterhaltspflichtigen zugebilligt werden, in angemessenem Umfang zusätzlich Vorsorgeaufwand zu betreiben und beiden die Möglichkeit eröffnet sein, diesen Umstand in die Unterhaltsbemessung einfließen zu lassen. Dabei ist es unterhaltsrechtlich unerheblich, ob sich der Erwerbstätige für eine Direktversicherung oder eine anderweitige Altersvorsorge entscheidet. Auch wenn er durch die Entschuldung des Familienheims weiteres Vermögen mit dem Ziel einer später miet-und belastungsfreien Wohnungsnutzung schafft, ist dies als besondere Form der zusätzlichen Altersvorsorge berücksichtigungsfähig (Senatsurteil BGHZ 163, 84, 97 ff. = FamRZ 2005, 1817, 1821).

[23] Zur Höhe hat der Senat in Anlehnung an den Höchstfördersatz der sog. „Riester-Rente" einen Betrag von bis zu 4% des Gesamtbruttoeinkommens des Vorjahres als angemessene zusätzliche Altersvorsorge angesehen (5% beim Elternunterhalt). Nur soweit tatsächlich erbrachte Leistungen der Altersvorsorge darüber hinausgehen, müssen sie als einseitige Vermögensbildung zu Lasten des Unterhaltsberechtigten unberücksichtigt bleiben.

(Bedarfsdeckung durch Kindergeld; Abzug Zahlbetrag Kindesunterhalt sowohl beim Volljährigen als auch beim Minderjährigen)

g   [36] Das Kindergeld nach den Vorschriften des BKGG und den §§ 62 ff. EStG dient dem allgemeinen Familienleistungsausgleich und will die Unterhaltslast im Ganzen, also die Unterhaltslast aller Unterhaltspflichtigen erleichtern. Wenn es deswegen in voller Höhe auf den Barbedarf des volljährigen Kindes anzurechnen ist (vgl. insoweit § 1612 b Abs. 1 Nr. 2 BGB in der seit 1. Januar 2008 geltenden Fassung), mindert es insoweit die sich aus den jeweiligen Einkommensverhältnissen ergebende anteilige Barunterhaltspflicht beider Eltern. Dieser Vorteil fließt nach der neueren Rechtsprechung des Senats auf die Weise in die Berechnung des Ehegattenunterhalts ein, dass nur noch der tatsächlich geleistete Zahlbetrag – und nicht ein um das (anteilige) Kindergeld erhöhter Tabellenbetrag – abgesetzt werden kann. Auch unter Berücksichtigung des sich dann ergebenden Ehegattenunterhalts verbleibt dem barunterhaltspflichtigen Elternteil jedenfalls die um seinen Erwerbstätigenbonus erhöhte Hälfte des Kindergeldes, während der andere Elternteil über den Ehegattenunterhalt nur in geringem Umfang von der Entlastung durch das Kindergeld profitiert. Auch wenn die Eltern anteilig für den Barunterhalt ihres volljährigen Kindes haften, führt die Berücksichtigung des Zahlbetrages im Rahmen des Ehegattenunterhalts nur zu einem hälftigen Ausgleich der Entlastung. Denn mit dem Ehegattenunterhalt wird dann nur die Differenz der unmittelbaren Entlastung beider barunterhaltspflichtigen Elternteile hälftig ausgeglichen (zur Berücksichtigung des Zahlbetrages bei dem um das hälftige Kindergeld geminderten Barunterhalt an minderjährige Kinder vgl. *Klinkhammer* FamRZ 2008, 193, 199; *Scholz* FamRZ 2007, 2221, 2224; *Dose* FamRZ 2007, 1289, 1292 f.; *Gerhard* FamRZ 2007, 945, 948).

(Zinsen aus Zugewinnausgleich eheprägendes Surrogat)

h   [37] 2. Schließlich hat das Berufungsgericht die dem Einkommen der Klägerin hinzuzurechnenden Zinserträge unzutreffend ermittelt. Denn es hat den von der Klägerin als Gegenleistung aus dem notariellen Ehevertrag erhaltenen Geldbetrag in Höhe von 75 000 € in einen als Surrogat des früheren Miteigentums eheprägenden und einen als Zugewinnausgleich nicht eheprägenden Anteil aufgegliedert. Auch das hält der revisionsrechtlichen Prüfung nicht stand.

[38] Denn der Senat hat inzwischen entschieden, dass auch die Erträge aus einem im Zugewinn-ausgleich erworbenen Vermögen bei der Bemessung des Unterhaltsbedarfs nach den ehelichen Lebens-verhältnissen zu berücksichtigen sind, wenn sie zuvor als Erträge des ausgleichspflichtigen Ehegatten die Lebensverhältnisse der Parteien bestimmt haben (Senatsurteil vom 4. Juli 2007 – XII ZR 141/05 – FamRZ 2007, 1532, 1536).

Register der auszugsweise abgedruckten Entscheidungen

R114	BGH	31. 03. 1982	IVb ZR 661/80	FamRZ 1982, 576	NJW 1982, 1870
R141	BGH	03. 11. 1982	IVb ZR 324/81	FamRZ 1983, 48	NJW 1983, 393
R149	BGH	12. 01. 1983	IVb ZR 348/81	FamRZ 1983, 670	
R154	BGH	26. 01. 1983	IVb ZR 351/81	FamRZ 1983, 352	NJW 1983, 2318
R168	BGH	27. 04. 1983	IVb ZR 372/84	FamRZ 1983, 678	NJW 1983, 1733
R169	BGH	27. 04. 1983	IVb ZR 378/81	FamRZ 1983, 689	NJW 1983, 2082
R173	BGH	01. 06. 1983	IVb ZR 365/81	FamRZ 1983, 892	NJW 1983, 2200
R178	BGH	29. 06. 1983	IVb ZR 391/81	FamRZ 1983, 996	NJW 1983, 2243
R210	BGH	28. 03. 1984	IVb ZR 53/82	FamRZ 1984, 1000	NJW 1984. 1614
R212	BGH	18. 04. 1984	IVb ZR 49/82	FamRZ 1984, 683	NJW 1984, 1813
R216	BGH	09. 05. 1984	IVb ZR 74/82	FamRZ 1984, 657	NJW 1984, 2351
R222	BGH	27. 06. 1984	IVb ZR 20/83	FamRZ 1985, 354	
R233	BGH	26. 10. 1984	IVb ZR 36/83	FamRZ 1985, 51	NJW 1985, 428
R235	BVerfG	14. 11. 1984	1 BvR 14/82	FamRZ 1985, 143	NJW 1985, 1211
R243	BGH	16. 01. 1985	IVb ZR 59/83	FamRZ 1985, 357	NJW 1985, 909
R259	BGH	03. 04. 1985	IVb ZR 19/84	FamRZ 1985, 690	NJW 1985, 1701
R275	BGH	23. 10. 1985	IVb ZR 52/84	FamRZ 1986, 48	NJW-RR 1986, 66
R276	BGH	23. 10. 1985	IVb ZR 68/84	FamRZ 1986, 553	NJW 1986, 985
R279	BGH	27. 11. 1985	IVb ZR 78/84	FamRZ 1986, 148	NJW 1986, 720
R290	BGH	19. 02. 1986	IVb ZR 16/85	FamRZ 1986, 439	NJW-RR 1986, 683
R291	BGH	19. 02. 1986	IVb ZR 71/84		NJW 1986, 1751
R297	BGH	23. 04. 1986	IVb ZR 30/85	FamRZ 1986, 790	NJW 1986, 2054
R308	BGH	17. 09. 1986	IVb ZR 59/85	FamRZ 1987, 40	NJW 1987, 1546
R310	BGH	01. 10. 1986	IVb ZR 68/85	FamRZ 1987, 36	NJW-RR 1987, 194
R314	BGH	29. 10. 1986	IVb ZR 82/85	FamRZ 1987, 144	NJW 1987, 898
R331	BGH	25. 03. 1987	IVb ZR 32/86	FamRZ 1987, 684	NJW 1987, 2229
R337	BGH	06. 05. 1987	IVb ZR 61/86	FamRZ 1987, 689	NJW 1987, 3129
R339	BGH	03. 06. 1987	IVb ZR 64/86	FamRZ 1987, 913	NJW-RR 1987, 1218
R350	BGH	25. 11. 1987	IVb ZR 96/86		NJW 1988, 1965
R353	BGH	09. 12. 1987	IVb ZR 99/86	FamRZ 1988, 478	
R354	BGH	16. 12. 1987	IVb ZR 102/86	FamRZ 1988, 265	NJW 1988, 2369
R356	BGH	13. 01. 1988	IVb ZR 15/87	FamRZ 1988, 375	NJW 1988, 1147
R358	BGH	10. 02. 1988	IVb ZR 16/87	FamRZ 1988, 927	NJW-RR 1988, 1218
R364	BGH	13. 04. 1988	IVb ZR 34/87	FamRZ 1988, 705	NJW 1988, 1722
R379	BGH	02. 11. 1988	IVb ZR 7/88	FamRZ 1989, 170	NJW 1989, 524
R382	BGH	07. 12. 1988	IVb ZR 23/88	FamRZ 1989, 483	NJW-RR 1989, 386
R405	BGH	19. 12. 1989	IVb ZR 9/89	FamRZ 1990, 269	NJW 1990, 709
R407	BGH	24. 01. 1990	XII ZR 2/89	FamRZ 1990, 499	NJW 1990, 1477
R413	BGH	31. 01. 1990	XII ZR 35/89	FamRZ 1990, 503	NJW-RR 1990, 514
R414	BGH	31. 01. 1990	XII ZR 36/89	FamRZ 1990, 496	NJW 1990, 2752
R415	BGH	14. 02. 1990	XII ZR 39/89	FamRZ 1990, 491	NJW 1990, 1476
R416	BGH	14. 02. 1990	XII ZR 51/89	FamRZ 1990, 981	NJW-RR 1990, 580
R418	BGH	11. 04. 1990	XII ZR 42/89	FamRZ 1990, 989	NJW 1990, 3274
R420	BGH	16. 05. 1990	XII ZR 40/89	FamRZ 1990, 851	NJW 1990, 2252
R421	BGH	30. 05. 1990	XII ZR 57/89	FamRZ 1990, 1095	NJW-RR 1990, 1410
R425	BGH	26. 09. 1990	XII ZR 45/89	FamRZ 1991, 304	NJW-RR 1991, 132
R430	BGH	07. 11. 1990	XII ZR 123/89	FamRZ 1991, 182	NJW 1991, 697
R433	BGH	28. 11. 1990	XII ZR 26/90	FamRZ 1991, 542	NJW-RR 1991, 514
R435	BGH	19. 12. 1990	XII ZR 27/90	FamRZ 1991, 416	NJW 1991, 1049
R437	BGH	10. 07. 1991	XII ZR 166/90	FamRZ 1991, 1163	NJW 1991, 2703
R440	BGH	27. 11. 1991	XII ZR 226/90	FamRZ 1992, 291	NJW 1992, 906
R442	BGH	18. 12. 1991	XII ZR 2/91	FamRZ 1992, 423	NJW 1992, 1044

R 443	BGH	18. 12. 1991	XII ZR 79/91	FamRZ 1992,535	NJW-RR 1992, 450
R 444	BGH	29. 01. 1992	XII ZR 239/90	FamRZ 1992, 539	NJW 1992, 1621
R 446	BGH	26. 02. 1992	XII ZR 97/91	FamRZ 1992, 1064	NJW-RR 1992, 1026
R 447	BGH	18. 03. 1992	XII ZR 1/91	FamRZ 1992, 797	NJW 1992, 1624
R 448	BGH	18. 03. 1992	XII ZR 23/91	FamRZ 1992, 1045	NJW 1992, 2477
R 449	BGH	29. 04. 1992	XII ZR 105/91	FamRZ 1992, 920	NJW 1992, 1956
R 452	BGH	17. 06. 1992	XII ZR 119/91	FamRZ 1992, 1152	NJW 1992, 2415
R 454	BGH	08. 07. 1992	XII ZR 127/91		NJW-RR 1992, 1282
R 458	BGH	25. 11. 1992	XII ZR 164/91	FamRZ 1993, 417	NJW-RR 1993, 322
R 460	BGH	27. 01. 1993	XII ZR 206/91	FamRZ 1993, 789	NJW-RR 1993, 898
R 461	BGH	21. 04. 1993	XII ZR 248/91	FamRZ 1993, 1065	NJW 1993, 1920
R 462	BGH	12. 05. 1993	XII ZR 18/92	FamRZ 1993, 1057	NJW 1993, 2238
R 462 A	BGH	12. 05. 1993	XII ZR 24/92	FamRZ 1993, 1055	NJW 1993, 1974
R 463	BGH	16. 06. 1993	XII ZR 6/92	FamRZ 1993, 1186	NJW 1993, 2105
R 464	BGH	16. 06. 1993	XII ZR 49/92	FamRZ 1993, 1304	NJW-RR 1993, 1283
R 465	BGH	29. 09. 1993	XII ZB 97/93	FamRZ 1994, 101	NJW 1993, 3206
R 466	BGH	06. 10. 1993	XII ZR 112/92	FamRZ 1994, 21	NJW 1994, 134
R 467	BGH	06. 10. 1993	XII ZR 116/92	FamRZ 1994, 28	NJW 1993, 3262
R 468	BGH	20. 10. 1993	XII ZR 89/92	FamRZ 1994, 87	NJW 1994, 190
R 470	BGH	10. 11. 1993	XII ZR 127/92	FamRZ 1994, 160	NJW 1994, 382
R 471	BGH	24. 11. 1993	XII ZR 136/92	FamRZ 1994, 228	NJW 1994, 935
R 472	BGH	01. 12. 1993	XII ZR 150/92	FamRZ 1994, 303	NJW 1994, 938
R 473	BGH	15. 12. 1993	XII ZR 172/92	FamRZ 1994, 372	NJW 1994, 1002
R 474	BGH	02. 02. 1994	XII ZR 191/92	FamRZ 1994, 562	DtZ 1994, 371
R 475	BGH	09. 02. 1994	XII ZR 183/92	FamRZ 1994, 566	NJW 1994, 1286
R 476	BGH	09. 02. 1994	XII ZR 220/92	FamRZ 1994, 558	NJW-RR 1994, 644
R 477	BGH	02. 03. 1994	XII ZR 215/92	FamRZ 1994, 696	NJW 1994, 1530
R 479	BGH	05. 05. 1994	XII ZR 98/93	FamRZ 1995, 348	NJW 1994, 2895
R 479 A	BGH	25. 05. 1994	XII ZR 17/93	FamRZ 1995, 540	NJW-RR 1994, 1154
R 480	BGH	25. 05. 1994	XII ZR 78/93	FamRZ 1994, 1102	NJW 1994, 2234
R 481	BGH	22. 06. 1994	XII ZR 100/93	FamRZ 1994, 1169	NJW 1994, 2618
R 482	BGH	29. 06. 1994	XII ZR 79/93	FamRZ 1994, 1100	NJW-RR 1994, 1155
R 482 A	BGH	21. 09. 1994	XII ZR 161/93		NJW-RR 1995, 129
R 483	BGH	09. 11. 1994	XII ZR 206/93	FamRZ 1995, 215	NJW 1995, 717
R 485	BGH	23. 11. 1994	XII ZR 168/93	FamRZ 1995, 221	NJW 1995, 534
R 485 A	BGB	24. 11. 1994	GSZ 1/94	FamRZ 1995, 349	NJW 1995, 664
R 485 B	BGB	30. 11. 1994	XII ZR 59/93	FamRZ 1995, 216	NJW 1995, 652
R 487	BGH	30. 11. 1994	XII ZR 226/93	FamRZ 1995, 291	NJW 1995, 717
R 488	BGH	14. 12. 1994	XII ZR 180/93	FamRZ 1995, 344	NJW 1995, 655
R 490 A	BGB	25. 01. 1995	XII ZR 195/93	FamRZ 1995, 1405	NJW-RR 1995, 449
R 491	BGH	25. 01. 1995	XII ZR 240/93	FamRZ 1995, 475	NJW 1995, 1215
R 492	BGH	25. 01. 1995	XII ZR 247/93	FamRZ 1995, 554	NJW 1995, 1345
R 492 A	BGB	01. 02. 1995	XII ZR 2/94	FamRZ 1995, 473	DtZ 1995, 207
R 493	BGH	22. 02. 1995	XII ZR 80/94	FamRZ 1995, 537	NJW 1995, 1486
R 493 A	BGB	22. 03. 1995	XII ZR 20/94	FamRZ 1995, 725	NJW 1995, 2032
R 493 B	BGB	15. 03. 1995	XII ZR 257/93	FamRZ 1995, 665	NJW 1995, 1891
R 494	BGH	29. 03. 1995	XII ZR 45/94	FamRZ 1995, 869	NJW-RR 1995, 835
R 496	BGH	25. 10. 1995	XII ZR 247/94	FamRZ 1996, 160	NJW-RR 1996, 321
R 498	BVerfG	18. 12. 1995	1 BvR 1206/92	FamRZ 1996, 343	NJW 1996, 915
R 501	BGH	20. 03. 1996	XII ZR 45/95	FamRZ 1996, 798	NJW 1996, 1817
R 505	BGH	15. 05. 1996	XII ZR 21/95	FamRZ 1996, 1067	NJWE-FER 1996, 15
R 507	BGH	10. 07. 1996	XII ZR 121/95	FamRZ 1996, 1272	NJW 1996, 2793
R 508	BGH	13. 11. 1996	XII ZR 125/95	FamRZ 1997, 484	NJW 1997, 731
R 509	BGH	20. 11. 1996	XII ZR 70/95	FamRZ 1997, 281	NJW 1997, 735
R 510	BGH	21. 01. 1997	XII ZR 257/95	FamRZ 1997, 483	NJW 1997, 1439
R 511 A	BGH	12. 03. 1997	XII ZR 153/95	FamRZ 1997, 671	NJW 1997, 1851

R511 B	BGH	19. 03. 1997	XII ZR 277/95	FamRZ 1997, 811	NJW 1997, 2176
R512	BGH	16. 04. 1997	XII 233/95	FamRZ 1997, 806	NJW 1997, 1919
R513	BGH	16. 04. 1997	XII ZR 293/95	FamRZ 1997, 873	NJW-RR 1997, 897
R514	BGH	01. 10. 1997	XII ZR 49/96	FamRZ 1998, 99	NJW 1998, 161
R515	BGH	22. 10. 1997	XII ZR 278/95	FamRZ 1998, 357	NJWE-FER 1998, 64
R516	BGH	22. 10. 1997	XII ZR 12/96	FamRZ 1998, 87	NJW 1998, 753
R517	BGH	05. 11. 1997	XII ZR 20/96	FamRZ 1998, 367	NJW 1998, 978
R518	BGH	19. 11. 1997	XII ZR 1/96	FamRZ 1998, 286	NJW-RR 1998, 505
R519	BGH	17. 12. 1997	XII ZR 38/96	FamRZ 1998, 426	NJW 1998, 1065
R520	BGH	21. 01. 1998	XII ZR 85/96	FamRZ 1998, 541	NJW 1998, 1309
R521	BGH	21. 01. 1998	XII ZR 117/96	FamRZ 1998, 1501	NJW-RR 1998, 721
R523	BGH	04. 03. 1998	XII ZR 173/96	FamRZ 1998, 671	NJW 1998, 1555
R524	BGH	11. 03. 1998	XII ZR 190/96	FamRZ 1998, 818	NJW 1998, 2219
R525	BGH	22. 04. 1998	XII ZR 161/96	FamRZ 1998, 899	NJW 1998, 2821
R526	BGH	22. 04. 1998	XII ZR 221/96	FamRZ 1998, 951	NJW 1998, 2433
R527	BGH	29. 04. 1998	XII ZR 266/96	FamRZ 1998, 953	NJW-RR 1998, 1153
R528	BGH	01. 07. 1998	XII ZR 272/97	FamRZ 1998, 1165	NJW 1998, 3116
R528 A	BGH	08. 10. 1998	VII ZB 21/98		NJW-RR 1999, 286
R529	BGH	25. 11. 1998	XII ZR 33/97	FamRZ 1999, 372	NJW-RR 1999, 297
R531	BGH	27. 01. 1999	XII ZR 89/97	FamRZ 1999, 710	NJW 1999, 1630
R532	BGH	03. 02. 1999	XII ZR 146/97	FamRZ 1999, 708	NJW 1999, 1547
R533	BGH	17. 03. 1999	XII ZR 139/97	FamRZ 1999, 843	NJW 1999, 2365
R534	BGH	19. 05. 1999	XII ZR 210/97	FamRZ 2000, 153	NJW 1999, 2804
R535	BGH	16. 06. 1999	XII ZA 3/99	FamRZ 1999, 1422	NJW-FER 1999, 269
R536	BGH	14. 07. 1999	XII ZR 230/97	FamRZ 2000, 420	NJW-RR 2000, 593
R537	BGH	13. 10. 1999	XII ZR 16/98	FamRZ 2000, 358	NJW 2000, 954
R538	BGH	20. 10. 1999	XII ZR 297/97	FamRZ 2000, 351	NJW 2000, 284
R539	BGH	27. 10. 1999	XII ZR 239/97	FamRZ 2000, 751	NJW 2000, 740
R540	BGH	05. 04. 2000	XII ZR 96/98	FamRZ 2000, 950	NJW 2000, 2349
R541	BGH	12. 04. 2000	XII ZR 79/98	FamRZ 2000, 815	NJW 2000, 2351
R543	BGH	31. 05. 2000	XII ZR 119/98	FamRZ 2000, 1358	NJW-RR 2000, 1385
R544	BGH	21. 06. 2000	XII ARZ 6/00	(FuR 2001, 136)	NJW 2000, 3214
R546	BGH	19. 07. 2000	XII ZR 161/98	FamRZ 2000, 1492	NJW 2000, 3140
R548	BGH	27. 09. 2000	XII ZR 174/98	FamRZ 2001, 619	NJW-RR 2001, 1081
R549	BGH	18. 10. 2000	XII ZR 191/98	FamRZ 2001, 1065	NJW-RR 2001, 361
R550	BGH	29. 11. 2000	XII ZR 165/98	FamRZ 2001, 282	NJW 2001, 828
R551	BGH	29. 11. 2000	XII ZR 212/98	FamRZ 2001, 350	NJW 2001, 973
R552	BGH	13. 12. 2000	XII ZR 278/98	FamRZ 2001, 412	NJWE-FER 2001, 115
R553	BVerfG	06. 02. 2001	1 BvR 12/92	FamRZ 2001, 343	NJW 2001, 957
R554	BGH	07. 02. 2001	XII ZB 2/01	FamRZ 2001, 1363	NJW 2001, 1646
R555	BGH	21. 02. 2001	XII ZR 34/99	FamRZ 2001, 541	NJW, 2001, 1789
R556	BGH	21. 02. 2001	XII ZR 308/98	FamRZ 2001, 614	NJW 2001, 1488
R557	BGH	14. 03. 2001	XII ZR 81/99	FamRZ 2001, 757	NJW 2001, 2170
R558	BVerfG	29. 03. 2001	1 BvR 1766/92	FamRZ 2001, 985	NJW 2001, 2248
R559	BGH	11. 04. 2001	XII ZR 152/99	FamRZ 2001, 1603	NJWE-FER 2001, 253
R560	BGH	03. 05. 2001	XII ZR 62/99	FamRZ 2001, 1140	NJW 2001, 2259
R561	BGH	10. 05. 2001	XII ZR 108/99	FamRZ 2001, 1068	NJW 2001, 2633
R562	BGH	23. 05. 2001	XII ZR 148/99	FamRZ 2001, 1601	NJW-RR 2002, 1
R563	BGH	13. 06. 2001	XII ZR 343/99	FamRZ 2001, 986	NJW 2001, 2254
R564	BGH	27. 06. 2001	XII ZR 135/99	FamRZ 2001, 1291	NJW 2001, 3260
R565	BGH	22. 08. 2001	XII ARZ 3/01	FamRZ 2001, 1705	NJW 2002, 444
R566	BGH	05. 09. 2001	XII ZR 108/00	FamRZ 2001, 1687	NJW 2001, 3618
R567	BGH	05. 09. 2001	XII ZR 336/99	FamRZ 2001, 1693	NJW 2001, 3779
R568	BGH	24. 10. 2001	XII ZR 284/99	FamRZ 2002, 23	NJW 2002, 217
R569	BGH	31. 10. 2001	XII ZR 292/99	FamRZ 2002, 88	NJW 2002, 436
R570	BGH	09. 01. 2002	XII ZR 34/00	FamRZ 2002, 815	NJW 2002, 2026

R571	BVerfG	05. 02. 2002	1 BvR 105/95, 559/95 und 457/96	FamRZ 2002, 527	NJW 2002, 1185
R572	BGH	06. 02. 2002	XII ZR 20/00	FamRZ 2002, 536	NJW 2002, 1269
R573	BGH	20. 02. 2002	XII ZR 104/00	FamRZ 2002, 813	NJW 2002, 1799
R574	BGH	20. 03. 2002	XII ZR 159/00	FamRZ 2002, 810	NJW 2002, 1947
R575	BGH	20. 03. 2002	XII ZR 176/00	FamRZ 2002, 739	NJW 2002, 1570
R576	BGH	20. 03. 2002	XII ZR 216/00	FamRZ 2002, 742	NJW 2002, 1646
R577	BGH	29. 05. 2002	XII ZR 263/00	FamRZ 2002, 1179	NJW-RR 2002, 1513
R578	BGH	12. 06. 2002	XII ZR 288/00	FamRZ 2002, 1024	NJW 2002, 2319
R579	BGH	02. 10. 2002	XII ZR 346/00	FamRZ 2003, 304	NJW-RR 2003, 433
R580	BGH	23. 10. 2002	XII ZR 266/99	FamRZ 2002, 1698	NJW 2003, 128
R581	BGH	06. 11. 2002	XII ZR 259/01	FamRZ 2003, 521	NJW-RR 2003, 505
R582	BGH	27. 11. 2002	XII ZR 295/00	FamRZ 2003, 444	NJW 2003, 969
R583	BGH	11. 12. 2002	XII ZR 27/00	FamRZ 2003, 432	NJW 2003, 1396
R584	BGH	22. 01. 2003	XII ZR 2/00	FamRZ 2003, 363	NJW 2003, 1112
R585	BGH	22. 01. 2003	XII ZR 186/01	FamRZ 2003, 518	NJW 2003, 1181
R586	BGH	29. 01. 2003	XII ZR 92/01	FamRZ 2003, 590	FPR 2003, 330
R587	BGH	29. 01. 2003	XII ZR 289/01	FamRZ 2003, 445	NJW 2003, 1177
R588	BGH	05. 02. 2003	XII ZR 29/00	FamRZ 2003, 848	NJW 2003, 1796
R589	BGH	05. 02. 2003	XII ZR 321/00	FamRZ 2003, 434	FPR 2003, 246
R590	BGH	19. 02. 2003	XII ZR 19/01	FamRZ 2003, 741	FPR 2003, 327
R590 A	BGH	19. 02. 2003	XII ZR 67/00	FamRZ 2003, 860	NJW 2003, 1690
R591	BVerfG	05. 03. 2003	1 BvR 752/02	FamRZ 2003, 661	FPR 2003, 479
R592	BGH	19. 03. 2003	XII ZR 123/00	FamRZ 2003, 1179	NJW 2003, 2306
R593	BVerfG	09. 04. 2003	1 BvR 1749/01	FamRZ 2003, 1370	NJW 2003, 2733
R594	BGH	07. 05. 2003	XII ZR 140/01	FamRZ 2003, 1095	FPR 2003, 490

Neue Entscheidungen der 7. Auflage

R595	BGH	25. 06. 2003	XII ZR 63/00	FamRZ 2004, 186	FPR 2004, 148
R596	BGH	25. 06. 2003	XII ZR 161/01	FamRZ 2003, 1454	NJW 2003, 2982
R597	BGH	17. 09. 2003	XII ZR 184/01	FamRZ 2003, 1734	NJW 2003, 3481
R598	BVerfG	07. 10. 2003	1 BvR 246/93	FamRZ 2003, 1821	NJW 2003, 3466
R599	BGH	15. 10. 2003	XII ZR 122/00	FamRZ 2004, 366	NJW 2004, 674
R600	BGH	29. 10. 2003	XII ZR 115/01	FamRZ 2004, 24	NJW 2003, 3770
R601	BGH	12. 11. 2003	XII ZR 109/01	FamRZ 2004, 612	NJW 2004, 1324
R602	BGH	10. 12. 2003	XII ZR 155/01	FamRZ 2004, 531	NJW-RR 2004, 649
R603	BGH	17. 12. 2003	XII ZR 224/00	FamRZ 2004, 370	NJW 2004, 677
R604	BGH	14. 01. 2004	XII ZR 69/01	FamRZ 2004, 443	NJW 2004, 769
R605	BGH	14. 01. 2004	XII ZR 149/01	FamRZ 2004, 792	NJW-RR 2004, 793
R606	BGH	28. 01. 2004	XII ZR 218/01	FamRZ 2004, 795	FPR 2004, 405
R607	BGH	28. 01. 2004	XII ZR 259/01	FamRZ 2004, 614	NJW 2004, 1326
R608	BGH	11. 02. 2004	XII ZR 265/02	FamRZ 2004, 601	NJW 2004, 930
R609	BGH	10. 03. 2004	XII ZR 123/01	FamRZ 2004, 800	NJW 2004, 1735
R610	BGH	21. 04. 2004	XII ZR 251/01	FamRZ 2004, 1097	FPR 2004, 521
R611	BGH	05. 05. 2004	XII ZR 132/02	FamRZ 2004, 1173	NJW 2004, 2305
R612	BGH	05. 05. 2004	XII ZR 10/03	FamRZ 2004, 1170	NJW 2004, 2303
R613	BGH	05. 05. 2004	XII ZR 15/03	FamRZ 2004, 1179	NJW-RR 2004, 1155
R614	BGH	19. 05. 2004	XII ZR 304/02	FamRZ 2004, 1559	NJW 2004, 3109
R615	BGH	02. 06. 2004	XII ZR 217/01	FamRZ 2004, 1177	NJW-RR 2004, 1227
R616	BGH	09. 06. 2004	XII ZR 277/02	FamRZ 2005, 97	NJW 2005, 433
R617	BGH	09. 06. 2004	XII ZR 308/01	FamRZ 2004, 1357	NJW 2004, 3106
R618	BGH	07. 07. 2004	XII ZR 272/02	FamRZ 2004, 1370	NJW-RR 2004, 1300
R619	BGH	06. 10. 2004	XII ZR 319/01	FamRZ 2005, 23	NJW 2005, 61
R620	BGH	03. 11. 2004	XII ZR 120/02	FamRZ 2005, 101	NJW 2005, 142
R621	BGH	03. 11. 2004	XII ZR 128/02	FamRZ 2005, 182	NJW-RR 2005, 225
R622	BGH	17. 11. 2004	XII ZR 183/02	FamRZ 2005, 347	NJW 2005, 503
R623	BGH	01. 12. 2004	XII ZR 75/02	FamRZ 2005, 1159	NJW 2005, 2077

R624	BGH	01. 12. 2004	XII ZR 3/03	FamRZ 2005, 354	NJW 2005, 500
R625	BGH	15. 12. 2004	XII ZR 212/03	FamRZ 2005, 442	NJW 2005, 818
R626	BGH	23. 02. 2005	XII ZR 56/02	FamRZ 2005, 706	NJW 2005, 1493
R627	BGH	23. 02. 2005	XII ZR 114/03	FamRZ 2005, 608	NJW 2005, 1279
R628	BGH	23. 03. 2005	XII ZB 13/05	FamRZ 2005, 883	NJW 2005, 1722
R629	BGH	13. 04. 2005	XII ZR 48/02	FamRZ 2005, 967	NJW-RR 2005, 945
R630	BGH	13. 04. 2005	XII ZR 273/02	FamRZ 2005, 1154	NJW 2005, 2145
R631	BGH	11. 05. 2005	XII ZR 108/02	FamRZ 2005, 1162	NJW 2005, 2223
R632	BGH	11. 05. 2005	XII ZR 211/02	FamRZ 2005, 1817	NJW 2005, 3277
R633	BGH	25. 05. 2005	XII ZR 296/01	FamRZ 2005, 1444	NJW 2005, 2386
R634	BGH	25. 05. 2005	XII ZR 221/02	FamRZ 2005, 1449	NJW 2005, 2391
R635	BVerfG	07. 06. 2005	1 BvR 1508/96	FamRZ 2005, 1051	NJW 2005, 1927
R636	BGH	08. 06. 2005	XII ZR 294/02	FamRZ 2005, 1479	NJW 2005, 2313
R637	BGH	08. 06. 2005	XII ZR 75/04	FamRZ 2006, 26	NJW 2006, 142
R638	BGH	06. 07. 2005	XII ZR 145/03	FamRZ 2005, 1897	NJW-RR 2005, 1450
R639	BGH	10. 08. 2005	XII ZR 73/05	FamRZ 2005, 1662	NJW 2005, 3282
R640	BGH	07. 09. 2005	XII ZR 311/02	FamRZ 2005, 1979	NJW 2005, 3639
R641	BGH	26. 10. 2005	XII ZR 34/03	FamRZ 2006, 99	NJW 2006, 57
R642	BGH	09. 11. 2005	XII ZR 31/03	FamRZ 2006, 108	NJW 2006, 369
R643	BGH	23. 11. 2005	XII ZR 51/03	FamRZ 2006, 387	NJW 2006, 1794
R644	BGH	23. 11. 2005	XII ZR 155/03	FamRZ 2006, 935	NJW 2006, 2037
R645	BGH	07. 12. 2005	XII ZR 94/03	FamRZ 2006, 261	NJW 2006, 695
R646	BGH	21. 12. 2005	XII ZR 126/03	FamRZ 2006, 1015	NJW 2006, 2258
R647	BGH	15. 02. 2006	XII ZR 4/04	FamRZ 2006,612	NJW 2006, 1509
R648	BGH	01. 03. 2006	XII ZR 157/03	FamRZ 2006, 846	NJW 2006, 2182
R649	BGH	15. 03. 2006	XII ZR 30/04	FamRZ 2006, 683	NJW 2006, 1654
R650	BGH	12. 04. 2006	XII ZR 31/04	FamRZ 2006, 1010	NJW 2006, 2404
R651	BGH	03. 05. 2006	XII ZR 103/03	FamRZ 2006, 1010	BeckRS 2006, 06835
R652	BGH	03. 05. 2006	XII ZR 35/04	FamRZ 2006, 1099	NJOZ 2006, 2646
R653	BGH	17. 05. 2006	XII ZB 250/03	FamRZ 2006, 1097	NJW 2006, 2331
R654	BGH	17. 05. 2006	XII ZR 54/04	FamRZ 2006, 1100	NJW 2006, 2984
R655	BGH	31. 05. 2006	XII ZR 111/03	FamRZ 2006, 1178	NJW 2006, 2623
R656	BGH	05. 07. 2006	XII ZR 11/04	FamRZ 2006, 1362	NJW 2006, 2687
R657	BGH	23. 08. 2006	XII ZR 26/04	FamRZ 2006, 1664	NJW 2006, 3561
R658	BGH	30. 08. 2006	XII ZR 98/04	FamRZ 2006, 1511	NJW 2006, 3344
R659	BGH	30. 08. 2006	XII ZR 138/04	FamRZ 2006, 1597	NJW 2006, 3421
R660	BGH	05. 10. 2006	XII ZR 197/02	FamRZ 2006, 1827	NJW 2007, 139
R661	BGH	25. 10. 2006	XII ZR 190/03	FamRZ 2007, 200	NJW 2007, 839
R662	BGH	25. 10. 2006	XII ZR 141/04	FamRZ 2007, 117	NJW 2007, 144
R663	BGH	25. 10. 2006	XII ZR 144/04	FamRZ 2007, 197	NJW 2007, 904
R664	BGH	22. 10. 2006	XII ZR 24/04	FamRZ 2007, 193	NJW 2007, 511
R665	BGH	22. 11. 2006	XII ZR 152/04	FamRZ 2007, 453	NJW 2007, 1273
R666	BGH	06. 12. 2006	XII ZR 197/04	FamRZ 2007, 377	NJW-RR 2007, 505
R667	BGH	20. 12. 2006	XII ZR 84/04	FamRZ 2007, 1158	NJW–RR 2007, 1513
R668	BGH	20. 12. 2006	XII ZR 137/04	FamRZ 2007, 375	NJW-RR 2007, 433
R669	BGH	17. 01. 2007	XII ZR 104/03	FamRZ 2007, 1303	NJW 2007, 2409
R670	BGH	14. 02. 2007	XII ZR 163/05	FamRZ 2007, 717	NJW-RR 2007, 722
R671	BVerfG	28. 02. 2007	1 BvL 9/04	FamRZ 2007, 965	NJW 2007, 1735
R672	BGH	28. 02. 2007	XII ZR 161/04	FamRZ 2007, 707	NJW 2007, 1882
R673	BGH	28. 02. 2007	XII ZR 165/04	FamRZ 2007, 974	NJW 2007, 2848
R674	BGH	28. 02. 2007	XII ZR 37/05	FamRZ 2007, 793	NJW 2007, 1961
R675	BGH	14. 03. 2007	XII ZR 158/04	FamRZ 2007, 882	NJW 2007, 1969
R676	BGH	28. 03. 2007	XII ZR 163/04	FamRZ 2007, 983	NJW 2007, 2249
R677	BGH	28. 03. 2007	XII ZR 21/05	FamRZ 2007, 879	NJW 2007, 1974
R678	BGH	23. 05. 2007	XII ZR 245/04	FamRZ 2007, 1232	NJW 2007, 2628
R679	BGH	23. 05. 2007	XII ZR 250/04	FamRZ 2007, 1229	NJW 2007, 2554
R680	BGH	04. 07. 2007	XII ZR 251/04	FamRZ 2007, 1459	NJW 2007, 2921
R681	BGH	04. 07. 2007	XII ZR 141/05	FamRZ 2007, 1532	NJW 2008, 57
R682	BGH	26. 09. 2007	XII ZR 11/05	FamRZ 2007, 2049	NJW-RR 2008, 1
R683	BGH	26. 09. 2007	XII ZR 15/05	FamRZ 2007, 2052	NJW 2008, 148

Sachverzeichnis

Sachverzeichnis

Sachverzeichnis

Sachverzeichnis

Sachverzeichnis

Sachverzeichnis

Sachverzeichnis

Sachverzeichnis

Sachverzeichnis

Sachverzeichnis

Sachverzeichnis

Sachverzeichnis

Sachverzeichnis

Sachverzeichnis

Sachverzeichnis

Sachverzeichnis

Sachverzeichnis

Sachverzeichnis

Sachverzeichnis

Sachverzeichnis

Sachverzeichnis

Sachverzeichnis

Sachverzeichnis

Sachverzeichnis

Sachverzeichnis

Sachverzeichnis

Sachverzeichnis

Sachverzeichnis

Sachverzeichnis

Sachverzeichnis

Sachverzeichnis

Sachverzeichnis

Sachverzeichnis

Buchanzeige

Ausländisches Familienrecht für alle wichtigen Staaten

Land für Land kompetent

Rechts- und Geschäfts-
fähigkeit • Ehe und Ehe-
wirkungen • Ehescheidung
• Scheidungsfolgen • Nichteheliche Lebensgemein-
schaft • Abstammung
• Familie • Adoption
• Internationales Privat-
und Prozessrecht.

Pro Land 1 Broschüre

Bei Rechtsänderungen mit
einem Griff auf neuestem
Stand. Kein Nachsortier-
aufwand!

Auf CD-ROM

Alle wichtigen Rechts-
normen im Original und-
teilweise mit deutscher
Übersetzung.

Rieck, Ausländisches Familienrecht

Hrsg. von Rechtsanwalt Jürgen Rieck, München

4. Auflage. 2008. Rund 1610 Seiten, 73 Broschüren.
In 2 Leinenordnern mit Text-CD-ROM

Vorzugspreis für das Grundwerk bei Bezug von 3 fortlaufenden Ergänzungslieferungen € 198,– (danach jederzeit kündbar)
ISBN 978-3-406-53140-8.

Preis ohne Ergänzungslief. € 248,–
ISBN 978-3-406-53153-8.

Erscheint im September 2008.

C·H·BECK